DR.-ING. RICHARD ERNST

WÖRTERBUCH

DER INDUSTRIELLEN TECHNIK

unter weitgehender Berücksichtigung neuzeitlicher Techniken und Verfahren

BAND I

DEUTSCH-ENGLISCH

Fünfte, vollkommen überarbeitete und erheblich erweiterte Auflage

OSCAR BRANDSTETTER VERLAG · WIESBADEN

DR.-ING. RICHARD ERNST

DICTIONARY

OF ENGINEERING AND TECHNOLOGY

with extensive treatment of the most modern techniques and processes

VOLUME I

GERMAN-ENGLISH

Fifth edition completely revised and enlarged

OSCAR BRANDSTETTER VERLAG · WIESBADEN

CIP-Titelaufnahme der Deutschen Bibliothek

Ernst, Richard:

Wörterbuch der industriellen Technik: unter weitgehender
Berücksichtigung neuzeitlicher Techniken und Verfahren/
Richard Ernst. – Wiesbaden: Brandstetter.
  Teilw. u. d. T.: Ernst, Richard: Dictionary of engineering and
technology.
  Ab Bd. 9 u. d. T.: Ernst, Richard: Comprehensive dictionary of
engineering and technology
NE: Ernst, Richard: Dictionary of engineering and technology; HST

Bd. 1. Deutsch-Englisch. – 5., vollkommen überarb. u.
erheblich erw. Aufl. – 1989
  ISBN 3-87097-145-2

5. Auflage 1989

Copyright © 1948 by
OSCAR BRANDSTETTER VERLAG GMBH & CO. KG, WIESBADEN

Datentechnische Verarbeitung: Siemens-Programmsystem-TEAM
Satzrechnen und Lichtsatz: RZB Rechenzentrum Buchhandel GmbH, Frankfurt/Main
Druck: Oscar Brandstetter Druckerei GmbH & Co. KG, Wiesbaden

Library of Congress Catalog Card Number Af 28085

ISBN 3-87097-145-2

Printed in Germany

VORWORT

zur fünften Auflage

Seit ich vor zehn Jahren die vierte Auflage dieser deutsch-englischen Version meiner Wörterbücher auf den damals letzten Stand brachte, haben sich weiterhin neue Begriffe in der Sprache der Technik in unverändert schnellem Maße durchgesetzt, und gerade das Wortgut aus Elektronik und Informatik ist in breiter Form in alle Bereiche technischer Tätigkeit eingedrungen.

So sind Verlag und Autor bemüht geblieben, möglichst viel davon auf möglichst gedrängtem Raum in dieser Neubearbeitung zu bieten. Daß die Menge der Einträge – über 197 000 – und damit das Volumen des Bandes weiterhin gewachsen sind, war trotz aller kritischen Sichtung unvermeidlich.

Auch bei dieser Ausgabe gilt mein Dank wieder den Benutzern, Firmen und wissenschaftlichen Instituten, die durch ihre Mithilfe meine Bemühungen unterstützten. Zahlreiche Beiträge, insbesondere aus dem USA-Sprachgebrauch, verdanke ich Herrn Hellmuth H. Herrmann, Consulting Linguist, in Douglaston, N.Y.

Besonders verpflichtet fühle ich mich auch bei diesem Band wieder Herrn O. Vollnhals und seinen Mitarbeitern der Abteilung Anwendungsprogrammierung im Bereich Kommunikations- und Datentechnik der Firma Siemens AG, München, für ihre tatkräftige Mitarbeit.

8022 Grünwald   Dr.-Ing. Richard Ernst
Juni 1989

PREFACE

to the 5th edition

In the 10 years since I last updated the 4th edition of this German-English version of my dictionary series there has been a further significant growth in technical language and a penetration on a broad scale of the latest electronics and computer technology into all areas of technical activity.

The concern of the author and publishers has therefore remained one of incorporating as much as possible of such vocabulary into this revised edition in the most concentrated form available. Despite the most painstaking sifting the total of over 197 000 entries has meant a further unavoidable increase in the size of the volume.

With the publication of this edition my thanks again go to those companies and institutions who will refer to it and whose collaboration has underpinned my work. My thanks also go to Herr Hellmuth H. Herrmann, Consulting Linguist, in Douglaston, N.Y., for very many contributions, particularly of terminology used in the U.S.A.

Again, I am specially indebted to Herr O. Vollnhals and his colleagues of Communication and Information Systems, Subdivision Application Software of Siemens AG in Munich for their most active assistance in the publication of this volume.

8022 Grünwald   Dr.-Ing. Richard Ernst
June 1989

A

@, kommerzielles Zu-Zeichen, zu je (Buch, DV) / at-sign, @
a = Jahr
A eins, AI, A_1 (Math) / A sub one, A_1
à jour, Ajour… (Bau, Textil) / a-jour
AAD (CD-Platte) / analogue recording and mixing/editing digital mastering
a-Ader f (Fernm) / a-wire
A-Adresse f der E/A-Einheit (DV) / input-output modifier
A-Adreßregister n (DV) / A-address register
Aalleiter f, -paß m (Hydr) / eel ladder
A-Anlasser m (Bosch) (Kfz) / inertia gear drive starter, Bendix type starter
AAS = Atom-Absorptionsspektroskopie
Aas n (Gerb) / flash
aasen (Gerb) / shave, skive, flesh out
Aasseite f / fleshside of skins
AB = Aussetzbetrieb
ab, abwärts / down ‖ ~ Grube / ex mine ‖ ~ jetzt / starting from now ‖ ~ Kai / ex wharf, ex quay ‖ ~ Stuttgart / ex Stuttgart ‖ ~ Werk / ex works, at works ‖ ~ Werk (Luftf) / fly-away [factory], FAF
ab…, an… (Bahn) / departure-arrival
Abaca, Abaka f, Manilafaser f, Abacahanf m, Musa textilis / abaca
Abachi n, Obeche n / obeche (from Nigeria), samba (from Ivory Coast), ayous (from Cameroon)
abändern / change, alter ‖ ~, umändern, bereinigen / correct ‖ ~, modifizieren / modify
Abänderung f / alteration ‖ ~, Modifikation, Variante f / modification
Abänderungspatent n / reissue patent
abarbeiten (Material) / work off ‖ ~ (DV) / service (interrupt, routine) ‖ einen Befehl ~ / process an instruction ‖ sich ~, sich abnützen / wear vi away
abarisch (Sehstörung bei verminderter Schwere) (Raumf) / oculogravic (illusion)
abaristischer Punkt (Phys) / libration point
Abart f, Modifikation f / modification ‖ ~, Spielart f / variation, variety
A-Batterie f, Anodenbatterie f (Elektronik) / A-battery
abätzen / remove by caustics o. etching
abbaggern, Halden ~ (Bau, Bergb) / reclaim
abbaken (Schiff) / mark by beacons o. buoys
Abbau m, Zerlegung, Demontage f (Masch) / dismounting, taking apart ‖ ~ (Chem) / decomposition, degradation, separation ‖ ~ (Plast) / degradation ‖ ~ (Biol) / decomposition ‖ ~ (Bergb) / mining, working, winning ‖ ~, Personalentlassung f / dismissal, discharge, reduction of personal staff ‖ ~ der Eigenspannungen, Nachrichten n (Draht) / dressing ‖ ~ der Gleise (Bahn) / dismantling o. removal of the track ‖ ~ der Stärke (Chem) / degradation of starch ‖ ~ in horizontalen Bänken, Teilsohlenbau m (Bergb) / stope ‖ ~ in regelmäßigen Abständen (Bergb) / pillar-and-room work ‖ ~ senkrecht zur Schlechten (Bergb) / face-on [working] ‖ ~ von Kohlen (Bergb) / mining of coal ‖ ~ von Spannungen (Mech) / strain relief o. relieving o. reduction
abbaubar (Plast) / degradable ‖ ~ (Biol) / decomposable
Abbaubeleuchtung, elektrische ~ / face lighting
Abbaubohrer m / stope drill
abbauen, demontieren (Bau) / strip, pull o. take down, dismount ‖ ~, entfernen (Ausrüstung) / unrig ‖ ~ (Kran) / take down, dismantle ‖ ~, auflösen (Chem) / decompose, degrade ‖ ~ (Bergb) / get, mine, win, work ‖ ~ n des Gesteins (Bergb) / stone work[ing] ‖ ~ des Gesteins (Bergb)"/ dead work[ing] ‖ den Ausstellungsstand ~ / dismount a stall ‖ sich ~ (Feld) / decay, die away ‖ Spannungen ~ / reduce tensions
Abbau·erzeugnis n / decomposition product ‖ ~feld n, Abteilung f (Bergb) / district ‖ ~förderer m (Bergb) / face

conveyor ‖ ~fördermittel n (Bergb) / hauling means ‖ ~förderstrecke f / haulage road ‖ ~front, Strosse f (Tagebau) / face ‖ ~halde f / extraction bank ‖ ~hammer m (Bergb) / mechanical pick ‖ von Hand umzusetzender ~hammer (Bergb) / hand rotated stoper ‖ ~hammer m für Kohle / coal pick hammer o. picker ‖ ~hammerstreb m / pneumatic pick longwall face ‖ ~höhe f, Vorgriff m (Bergb) / stoping width ‖ ~horizont m / mining horizon ‖ ~kratzer m / reclaiming scraper ‖ ~maschine f (Bergb) / winning machine ‖ ~meißel m (Bergb) / drill bit ‖ ~meißel m für Gestein / rock drill bit
abbäumen (Web) / unbeam
Abbau·mittel n (Gummi) / peptizer ‖ ~ort n (Kohle) / dead face of the workings, [working] stall, benk (GB) ‖ ~pfeiler m (Bergb) / post ‖ ~produkt n (Biol) / catabolic product ‖ ~produkt n (Chem) / decomposition product ‖ ~reaktion f / degradative reaction ‖ ~sohle (Bergb) / working level, worked stratum, worked streak of ore ‖ ~sohle (tonnlägig) (Bergb) / gallery, offing ‖ ~spieß m (Bergb) / pneumatic-pointed chisel ‖ ~stoß m (Bergb) / [stope o. working] face, (Streckenort:) head end ‖ ~stoß im Stollenbau (Bergb) / adit end ‖ ~strecke f (Bergb) / gate [road], panel entry ‖ ~strecke f, Förderstollen m (Bergb) / haulage road o. track ‖ ~strecke (parallel zur Grundstrecke), Sohlstrecke f / lift ‖ ~strecke f (Pfeilerbau, Bergb) / stall [road] ‖ ~strecke f (parallel zu den Schlechten) (Bergb) / wall ‖ ~strecke f (Bergb) / panel entry ‖ in Abbau befindliche ~strecke (Bergb) / going road ‖ ~strecke f senkrecht zu den Schlechten (Bergb) / face entry ‖ ~ -Streckenförderung f (Bergb) / haulage on driftways ‖ ~verfahren n / mining method ‖ ~würdig (Bergb) / worthy of being worked, workable, minable ‖ ~würdig, förderwürdig (Reserven) / recoverable ‖ ~würdig, gewinnbar (Bergb) / mineable ‖ ~würdige Eisenlager n pl / ferruginous deposits pl ‖ ~zeit f (Baukran) / strip-down time
abbeeren / pick off berries [from a bunch]
Abbeermaschine f / grape picker, stalk separator
Abbeilen n o. Absägen der Wurzelanläufe / removal of buttresses
abbeizen (Stahl) / dip, pickle ‖ ~, ablaugen / remove with corrosives, with lye o. mordant ‖ ~ von galvanischen Überzügen (Galv) / stripping
Abbeizmittel n (Farbe) / remover ‖ ~ für teilweisses Entmetallisieren (Galv) / partial stripping agent
Abbe·refraktometer, Eintauchrefraktometer n / dipping refractometer, Abbe refractometer ‖ ~sche Zahl f (Opt) / Abbe coefficient
abbiegen vt / bend off ‖ ~ vi (Kfz) / turn off ‖ ~ bei grünem Pfeil / turn off on "green arrow" ‖ ~der Verkehr / turning traffic
Abbieger m (Kfz) / car turning off, turning-off vehicle ‖ ~spur f (in Straßenmitte, in Dtschld nach links) mit Verzögerungsstrecke u. Stauraum (Straßb) / turn filter
Abbild der Ätzvorlage (Halbl) / artwork pattern ‖ ~ der Druckvorlage (Halbl) / pc board print layout ‖ ~ n der Leiterbahnen / printed conductor diagram
abbilden / picture ‖ ~ [auf] (Math, Mengenlehre) / map [on] ‖ ~ (DV) / image
Abbildung f, Illustration f / picture, image ‖ ~ (Math) / mapping, map ‖ ~, Projektion f (Kartographie) / projection, representation ‖ ~ (Buch) / block, picture, illustration ‖ ~, Darstellung f / representation, outline ‖ ~ (DV) / image ‖ ~ auf 2 gegenüberliegenden Seiten (Buch) / double spread, panorama image ‖ ~ von Informationen im Speicher (DV) / mapping of informations ‖ getrennt stehende ~ (Buch) / plate ‖ mit ~en versehen / illustrate
Abbildungs·fehler m (Opt) / image distortion o. defect ‖ ~fehler m, Aberration f / aberration ‖ ~fehler m, Bildfehler m / image defect ‖ ~funktion f (Math) / function of representation, transformal function (US) ‖

ᴸgesetz n nach Abbe / Abbe's law of imagery ‖ ᴸmagnet m, Fokussiermagnet m / focus[s]ing magnet ‖ ᴸmaßstab m, Lateralvergrößerung f (Opt) / lateral amplification ‖ ᴸmaßstab m (Radar) / image scale ‖ ᴸmaßstab m / magnification ‖ ᴸmaßstab m, Vergrößerung f / increase, enlargement, amplification ‖ ᴸmaßstab m der Aufnahme (Phot) / enlargement, enlarged print, blowup (coll) ‖ ᴸoptik f / projection lens ‖ ᴸschaltkreis, hochintegriert (Halbl) / imaging array ‖ ᴸspule, Fokussierspule f (TV) / focus[s]ing coil ‖ ᴸtiefe f (Phot) / depth of field o. focus ‖ ᴸverhältnis n (Faksimile) / reproduction ratio ‖ ᴸzeichen n (DV) / picture character

abbimsen, mit Bimsstein abschleifen / pumice, rub with pumice stone

Abbinde·beschleuniger m, BE, Erstarrungsbeschleuniger m (Beton) / accelerating admixture ‖ ᴸfaden m (Elektronik) / serving twine, lacing cord

abbinden, zulegen vt (Zimm) / join the timberwork, bond ‖ ~, umwickeln (Kabel) / serve ‖ ~, abschnüren / tie [off] ‖ ~ vi (Druckfarben) / set ‖ ~, losbinden / untie, unfasten ‖ ~ (Leim) / bind vi ‖ ~ (Zement) / bind, set, cement well ‖ ᴸ n (Zement) / set[ting], cementation ‖ ᴸ (Spanplatte) / curing ‖ ~ lassen / allow to set ‖ ein Seil mit Draht ~ / serve a rope with wire ‖ im ᴸ begriffener Beton / concrete during setting

Abbinde·prozeß m (Kunstholz) / hardening process, curing process ‖ ᴸprüfer m (Bau) / set tester ‖ ᴸprüfung f (Zement) / set test ‖ ᴸregler m (Bau) / setting regulation agent ‖ ᴸtechnik f (Textil) / tie technique ‖ ᴸverlauf, -prozeß m (Beton, Zement) / process of setting ‖ ᴸverzögerer m (Bau) / retarder, retarding agent ‖ ᴸzeit f (Beton, Zement) / setting time

Abbindungsschrumpfung f (Beton) / setting shrinkage

Abblase·druck m / blowing-off pressure, valving pressure (US) ‖ ᴸmast m (Schiff) / vent mast

abblasen, wegblasen / blow off ‖ ~, ablassen (Luft, Gas) / deflate, valve ‖ ~, sandstrahlen (Gieß) / sandblast ‖ ~ (stoßweise, Sicherheitsventil) / blow off noisily (safety valve) ‖ ᴸ n von Dampf / steam shedding ‖ Dampf ~ / let off steam

Abblase·rohr n (Hütt) / blow-off pipe ‖ ᴸschubventil n (Kfz) / diverter valve, air control o. bypass valve ‖ ᴸventil n / blow-off valve, relief valve

Abblatten n (Zuck) / defoliating, leaf-pruning

abblättern vi, -platzen / chip off, peel [off], flake, scale ‖ ~ (Hütt) / exfoliate ‖ ~, sich schuppen / scale ‖ ᴸ n / peeling, exfoliation ‖ ᴸ (Farbe) / flaking ‖ ᴸ, Abbröckeln n (Feuerfest) / spalling

Abblätterung f (Stahl) / surface flaking ‖ ᴸ, -walzung f (Hütt) / delamination

Abblend... / non dazzling, dipped

abblenden (Licht) / dim ‖ ~ (Kfz) / dip, dim ‖ ~ (Opt) / stop down, [set the] diaphragm ‖ ᴸ n (Opt) / stopping down, diaphragming ‖ ᴸ (Kfz) / dipping of lights, dimming

Abblendlicht n (Kfz) / low[er] beam, passing beam (US) / dipped beam (GB), meeting beam (GB) ‖ ᴸ / dimmers pl, headlights on low beam pl ‖ asymmetrisches ᴸ (Kfz) / asymmetric low beam

Abblend·schalter m (Kfz) / dimmer switch (US), dipper switch (GB) ‖ ᴸscheinwerfer m / lower beam (US) o. dipped beam (GB) headlamp

Abblendung f (Film) / fading-out

abbohren (z.B. Bolzen) / bore out (bolts) ‖ ein Gelände ~ / explore the ground by bore holes ‖ Gestein (o. Gebirge) ~ / cut rocks by boring

abböschen / scarp

Abbrand m (Elektrode) / consumption ‖ ᴸ (Hütt) / melting loss, deads pl ‖ ᴸ, Verzunderungsverlust m (Hütt) / scale loss ‖ ᴸ (beim Kalzinieren) / roasting residue ‖ ᴸ (Nukl, Vorgang) / burn-up ‖ ᴸ (Zündkerzen) / electrode erosion, burning away of electrodes ‖ spezifischer ᴸ (Nukl) / specific burn-up, fuel irradiation level ‖ ᴸfaktor m (Nukl) / combustion factor ‖ ᴸmechanismus m (Rakete) /

combustion mechanism ‖ ᴸrate f (Nukl) / mass burning rate ‖ ᴸring m (Elektr) / spark extinguishing ring ‖ ᴸverlust, Glühverlust m (Hütt) / loss on ignition, L.O.I., loss due to burning, loss at red heat ‖ ᴸwaage f / waste metal weigher ‖ ᴸziffer f (Reaktor) / burn-up level

abbrausen / shower, sprinkle, spray ‖ ᴸ n (Drahtz) / sull coating

abbrechen, losbrechen vt / break off ‖ ~ (Masch) / dismount, dismantle ‖ ~ (Bau) / strip, pull o. take o. break down, demolish ‖ ~ (Programm) / truncate ‖ ~ (Gerüst) / unscaffold ‖ ~ vi / break off ‖ ᴸ n (Math) / truncation ‖ die Spitze ~ / break off the point, dull ‖ Gestein ~ (Bergb) / break rocks ‖ von einer Oberfläche ~ vi (Bergb) / spall

Abbrech·fehler m (DV) / truncation error ‖ ᴸspitze f (Abfall) / break-off tip

abbremsbar / brakable

abbremsen / brake, reduce the speed by braking ‖ ~, moderieren (Nukl) / moderate ‖ ~ (Rakete) / kill for soft landing ‖ den Motor ~ / test the engine ‖ die Landungsgeschwindigkeit ~ (Luftf) / reduce the landing speed ‖ durch Gleichstrom ~ (Walzw) / brake dynamically

Abbremsung f, Abbremsen n (Kfz) / braking ratio ‖ ᴸ / gradual braking to slow down

abbrennbar·er Absorber (Nukl) / burnable absorber ‖ ~es Reaktorgift, abbrennbares Gift (Nukl) / burnable [reactor] poison

Abbrenneinrichtung f (Diesel) / trap oxidizer

abbrennen vt / burn away o. off ‖ ~, völlig verbrennen (Gebäude) / burn down ‖ ~, abflammen (Form) / skin-dry a mould ‖ ~ (Feuerwerk) / let off (fireworks) ‖ ~ vi / burn away o. down o. off vi ‖ ᴸ n, Flammenreinigung f (Anstrich) / flame cleaning ‖ ᴸ, Ablation f (Raumf) / ablation ‖ ᴸ (Sintern) / burn-off n ‖ ᴸ (z.B. von Lackierungen) / flame cleaning ‖ ᴸ (z.B. von Kartoffelstauden) (Landw) / burning off ‖ an der Oberfläche ~, absengen / flame vt ‖ Bohrlöcher (o. Schüsse) ~ / fire shots ‖ Rost ~ / deseam

Abbrenn·kontakt m / blow-out contact ‖ ᴸrate f (Diesel) / burn-off rate ‖ ᴸschutzschild m (Raumf) / ablation shield ‖ ᴸschweißmaschine f / flash-butt welder ‖ ᴸstumpfschweißen n / flash-butt welding ‖ ᴸtemperatur f (Sintern) / temperature of burn-off ‖ ᴸzeit f (Sintern) / duration of burn-off

Abbreviatur f (Buch) / abbreviation

abbröckeln / crumble [away] ‖ ᴸ n / crumbling away, spalling, scaling (as of stones)

Abbruch m, Niederreißen n / demolition, destruction, pulling down ‖ ᴸ (Geol) / subsidence of shore, broken-down bank ‖ ᴸ (DV) / abnormal termination, abortion (of program execution) ‖ ᴸ der Fahrleitung (Bahn) / recovery of the overhead line ‖ ᴸ eines Buchstabens (Buch) / break of a letter ‖ ᴸarbeit f (Bau) / demolition work ‖ ᴸauto n (Schweiz) / car wreck ‖ ᴸmaterial n / demolition material ‖ ᴸreaktion f (Chem) / termination reaction ‖ ᴸstelle, Spaltenbildung f (Bergb, Geol) / fracture ‖ ᴸufer n / eroding bank ‖ ᴸ-Unternehmen n, -Unternehmer m / wrecker (US), wrecking company, house breaker (GB), demolition company ‖ ᴸzone f (Geol) / shear zone

abbrühen, blanchieren (Lebensmittel) / blanch ‖ ~ (Textil) / scald, boil out ‖ ~ (Färb) / smother with boiling water

Abbuchungsvollmacht f / direct debiting mandate

abbuffen, die Narbenseite ~ / buff

abbürsten / brush away o. down o. off

a/b-Bürsten f pl (Fernm) / line wipers pl

ABC··Kriegsführung f (atomar, biologisch, chemisch) / ABC warfare ‖ ᴸ-Regeln f pl / alphabetic rules pl ‖ ᴸ-Rotor m (Hubschr) / advanced-blade-concept rotor, ABC rotor ‖ ᴸ-Waffen f pl / ABC weapons pl

Abdach n, einhängiges Dach (Bau) / descent of a gutter, caping

abdachen / scarp, escarp
Abdachung, Böschung f / slope ‖ ~ f (Zahn) / chamfer ‖ ~ éner Mauer (Bau) / batter, slope of a wall ‖ ~ eines Dammes / bank slope ‖ ~ zum Wasserablauf (Bau) / descent, ramp, weathering
abdämmen, eindeichen / dam in o. up, stop up, block
Abdämmung, Absperrung f (Hydr) / dike, barrage ‖ ~, Spundwanddamm m (Wassb) / cofferdam, sheet piling
Abdampf m / exhaust steam, spent o. waste steam
abdampfen [lassen], verdicken / volatilize
Abdampf·entöler m / exhaust steam oil separator ‖ ~gefäß n, Verdampfschale f / vaporization basin o. dish o. pan ‖ ~heizung f / heating by exhaust steam ‖ ~injektor m, Auspuffdampfstrahlpumpe f / exhaust steam injector ‖ ~kessel m / exhaust steam boiler ‖ ~kessel m, -pfanne f (Zuck) / evaporating boiler o. vessel ‖ ~leitung f / exhaust steam main ‖ ~probe, Verharzungsprobe f (Öl, Kraftstoff) / gum test ‖ ~rückstand m / solid residue from evaporation ‖ ~rückstand m (Öl, Kraftstoff) / existent gum ‖ ~rückstand nach der Alterung, potentieller Rückstand / potential gum ‖ ~schale f (Chem) / evaporating basin o. dish o. pan ‖ ~stutzen m / exhaust steam pipe ‖ ~turbine f / exhaust steam o. waste steam turbine ‖ ~verwertung f / waste steam [heat] utilization ‖ ~vorwärmer m / exhaust steam preheater
abdarren (Brau) / kiln-dry
Abdarrhorde f (Brau) / kiln floor
Abdeck·anstrich m, -anstrichfarbe f / masking paint ‖ ~band n (Masch) / cover band ‖ ~band n (Fördern) / sandwich conveyor ‖ ~band n (Nähm) / welt
abdeckbar (Skala) / occultable
Abdeck·blech n / cover plate ‖ ~blech n (Färb) / shielding cuff, sleeve ‖ ~blende f (Phot) / stop-out screen, printing mask
abdecken (Geräusch, Geruch) / mask ‖ ~, bedecken / cover ‖ ~, freimachen / uncover ‖ ~, mit einer Abdeckung versehen (Bau) / cap ‖ ~ (Dach) / take off the roof, untile ‖ ~, ausblenden (Opt) / stop out ‖ ~ (Phot) / blank out ‖ ~ (Lack) / mask ‖ ~, die Haut abziehen (Gerb) / skin, flay ‖ ~ [mit Schutzlack] n (IC, Galv) / stopping off ‖ mit einem Holzbelag ~ / plank ‖ mit Tusche ~ (Zeichn) / block out
abdeckendes Löschen (Schreibm) / cover-up correction
Abdeck·farbe f (Buch) / masking ink ‖ ~flansch m / covering flange ‖ ~flügel m, Flügelblende f (Film) / cutting blade, master blade ‖ ~frequenz f (Film) / shutter frequency ‖ ~gas n / covering gas ‖ ~gitter n (Schacht) / covering grid plate ‖ ~glas n, -scheibe f / sight glass ‖ ~haube f / covering cap ‖ ~haube f (Klemme) / shrouding cover ‖ ~kappe, -klappe f / cap, cover ‖ ~krepp m (Pap) / pressure sensitive crêpe paper ‖ ~lack m (Phot) / opaque, covering varnish ‖ ~lack m, Resist m / resist ‖ ~lack m für Äste / knotting, knot sealer ‖ ~leiste f (Tischl) / capping ‖ ~maske f (Halbl) / diffusion mask ‖ ~maske, -vorrichtung f (Lackiererei) / masker ‖ ~masse f (Lackiererei) / masking compound ‖ ~plane f (Wirkm, LKW, Bahn) / tarpaulin ‖ ~platte f (ein Brennhilfsmittel) / cover ‖ ~platte f / covering plate ‖ ~platte f (Straßb) / cover plate, coping stone ‖ ~platte f (Presse) / bedplate ring ‖ ~rost m, Gitterrost m / grating, gridiron ‖ ~scheibe f (Glas) / covering pane ‖ ~schieber m (Reaktor) / sliding shield ‖ ~schiene f / cover strip ‖ ~schiene f (Wirkm) / retaining plate for latch needles ‖ ~schirm m an Signalleuchten (Bahn, Straßb) / visor, vizor
Abdeckung f, Abdecken n, Bedeckung f / covering ‖ ~ (Nukl) / shrouding ‖ ~, Kappe f, Deckel m (Masch) / cap, cover ‖ ~, Mauerabdeckung f (Bau) / coping ‖ ~ (gedr.Schaltg) / resist ‖ ~, Maske f (Phot) / blanking-out mask ‖ ~ (Galv) / screen ‖ ~ (Elektr) / barrier ‖ ~ des Arbeitsraums (Wzm) / work area enclosure ‖ ~ des Landeklappenschlitzes (Luftf) / shroud ‖ ~ durch Vignette (Phot) / vignetting

Abdeckungs·frequenz f (Elektr) / occultation frequency
Abdeckwanne f (Straßenleuchte) / trough
abdestillieren / distil off
abdestilliert·es Lösungsmittel (Raffinerie) / stripped solvent ‖ ~es Wasser (Raffinerie) / stripped water
abdichten / seal, tighten, make close, stop up ‖ ~ (Ritzen) / caulk, calk (US), stop up chinks ‖ ~, verschließen / obturate ‖ ~ (mit Werg) / stop up [with tow etc.] vt ‖ ~, Verschließen n / sealing ‖ ~ der Mikroporen, Nachverdichtung f (Galv) / sealing of anodic coating ‖ ~ n von Rissen / stopping up of chinks ‖ ~ von Türen / weather stripping of doors
Abdicht·hülse f / sealing bush ‖ ~klappe f (Hydr) / valve ‖ ~masse f / sealing compound o. material
Abdichtung f (Bau) / sealing ‖ ~, -dichten n / packing, sealing ‖ ~ des Pulverraums (Mil) / obturation ‖ ~ éner Verwahrung (Bau) / sealing of a flashing
Abdichtungs·arbeit f / sealing work ‖ ~gummi[ring] m / rubber packing disk, rubber gasket
abdocken (Spinn) / unwind
abdrängen (Schiff) / drift vi
Abdräng·kraft f (Wzm) / resultant o. anti-penetration (US) cutting force ‖ ~ring, Abweisring m (Kabelherst) / fleeting ring
Abdrängung, Abtrift f, Abtrieb m (Luftf, Schiff) / drift, leeway
Abdrängungsschreiber m (Luftf) / recording driftmeter, drift recorder, derivograph
Abdreh·apparat m für Schleifscheiben / wheel dresser ‖ ~diamant m (Wzm) / dressing diamond
abdrehen (Dreh) / turn off on the lathe ‖ ~, abwürgen (Mech) / wring off ‖ ~ vt, verwinden (Mech) / wring off, twist off ‖ ~, zumachen (Hahn) / switch off ‖ ~, ausschalten / turn out ‖ ~ vi (Luftf, Schiff) / turn off vi, change course ‖ auf Maß ~ (Wzm) / turn to size ‖ das Gas ~ / turn out o. off the gas
Abdreh·rädchen n für Schleifscheiben / cutter for sharpening wheels ‖ ~vorrichtung f für Kollektoren / commutator turning device
abdrosseln (Masch, Mot) / choke vt, throttle
Abdruck m (eines Buches) / copy ‖ ~, gedrucktes Exemplar (Buch) / impression, printed copy, print ‖ ~, Eindruck m / mark, impression, stamp ‖ ~, Abformung f / mould, shape ‖ ~, Versteinerung f (Geol) / mould ‖ ~, Sonder[ab]druck m / [separate] reprint, off-print ‖ ~ dèr Typen (Schreibm) / reproduction of the types
abdrucken (Buch) / print, reprint ‖ ~, abziehen (Buch) / strike off
abdrücken (Bahn, Wagengruppe) / set back, push back ‖ ~, abprägen / impress, imprint ‖ ~, abscheren / shear off ‖ ~, durch Druck trennen / separate by force ‖ ~ n, Druckprüfung f (mittels Druckwasser) / hydraulic pressure test ‖ ~ von oben (Plast) / top ejection ‖ auf Wachs ~ / squeeze in wax ‖ einen Kessel ~ / test a boiler under pressure
Abdrücker m (Bergb) / kickback cylinder
Abdrückhebel m / pressure lever
Abdruckmasse, plastische Masse f / plaster, impressive mass, impression mass
Abdrück·mutter f / forcing nut ‖ ~schraube f (für Räder) / forcing screw (for wheels), pulling[-off] screw (US)
Abdrucktechnik f (Mat Prüf) / replica method
Abdrückungen, Drucklagen f pl (Bergb) / pressure partings pl
Abdrück·versuch m (Schweiß) / pillow o. burst (US) test ‖ ~versuch m (Hydr) / water pressure test, hydraulic pressure test
ABD-Transistor m / alloy bulk diffuse-base transistor
abdunkeln, nachdunkeln (Färb) / deepen ‖ ~ (Luftschutz) / black out vt
Abeggsche Regel f (Chem) / Abegg's rule
Abel·it m (Sprengstoff) / abelite ‖ ~[-Pensky] Test m / Abel[-Pensky] flash point test ‖ ~sche Gruppe,

kommutative Gruppe (Math) / Abelian group ‖ **˜sches Integral** / Abelian integral
Aberration f (Astr, Opt) / aberration
Aberrationskreis m / crown of aberration
aberregen (Elektr) / de-energize
Abessinierbrunnen, Ramm-, Schlagbrunnen m / Abyssinian well
A-Betrieb m (Fernm) / class A operation o. service
abfachen (Zimm) / panel
Abfackelmast m (Raffinerie) / flare conduit
abfackeln (Öl) / burn off, flare ‖ ˜ (Koksofen) / bleed off ‖ ˜ n (Öl) / burning off
Abfahr·auftrag m, -befehl m (Bahn) / order of departure ‖ **˜auftragssignal** (fest), -befehlssignal n (Bahn) / departure signal ‖ **˜bereit** (Bahn) / about to depart
abfahren vt, wegbringen / carry away o. off ‖ ˜ vi, abgehen / leave, depart ‖ ˜ (Ggs.: anfahren) (Elektr) / stop a turboset o. ‖ ˜, abschalten (Reaktor) / shut down ‖ **eine Anlage** ˜ / close down an installation ‖ **Lagerstätten** ˜ / examine beds by means of adits
abfahrend (Bahn, Schiff) / outgoing
Abfahrgleis n (Bahn) / departure line o. track
Abfahrt f / departure, dept. ‖ ˜, Auslaufen n (Schiff) / putting to sea ‖ **˜periode** f (zwischen Normalbetrieb u. Stillstand) (Turbosatz) / stopping period
Abfahrts·bahnsteig m (Bahn) / out-track platform (US), departure platform (GB) ‖ **˜signal** n (Bahn) / starting signal ‖ **˜tafel** f (Bahn) / departure table, train departure indicator ‖ **˜zeit** f (Bahn) / time of departure, departure time
Abfall m, Abfälle m pl / junk, trash, rubbish, refuse ‖ ˜ (z.B. in der Fertigung) / discard, waste, refuse ‖ ˜ (Schaumstoff) / waste loss ‖ ˜, Verschnitt m / clipping, chip[ing]s, cuttings pl ‖ ˜, Abfallstück n (Masch) / clipping, chip[ping], cutting, waster ‖ ˜, Überreste m pl / litter, leavings pl ‖ ˜, Abfälle m pl / odds and ends pl ‖ ˜, Abgang m / offal ‖ ˜, Ausgefälltes n / dross ‖ ˜ (Druckguß) / sprue ‖ ˜, Angußstutzen m (Plast) / cull, slug ‖ ˜ (Papierstanzung) / chads pl, chips pl ‖ ˜, Atommüll m (Nukl) / waste ‖ ˜, Abfälle m pl vom Entgraten / burring waste o. refuse ‖ ˜ (Relais) / dropout ‖ ˜, Verfall m, Abnehmen n / decline, decay, decrease ‖ ˜, Kurvenabfall m / drop of a curve ‖ ˜ (bei Mineralienaufbereitung) / tailings pl, tails pl ‖ ˜ **beim Kämmen** (Textil) / combing waste ‖ ˜ **der Spannung** / descent, drop of voltage ‖ ˜ **vom Beschneiden** (Pap) / trimming ‖ ˜ **von Baumwolle** / cotton waste, waste cotton, orts pl ‖ **[wiederverwendbarer]** ˜ / scrap ‖ **zusammengefegter** ˜ / sweepings pl, refuse ‖ **˜abzieher** m / refuse extractor ‖ ˜ **-Ansprechverzögerung** f (Relais) / releasing time o. delay ‖ **˜baumwolle** f / cotton waste, waste cotton ‖ **˜behälter** m / refuse tank ‖ **˜behälter**, -eimer m / garbage can ‖ **˜behälter**, -kasten m (Eisenb) / litter receptacle ‖ **˜beize** f (Hütt) / spent pickle liquor ‖ **˜beseitigung** f / refuse removal, waste disposal ‖ **˜blech** n, Entfallblech n / discharge sheet ‖ **˜boden**, Abschußboden m (Hydr) / protecting apron o. sill ‖ **˜eisen** n / waste iron ‖ **Klumpen ˜eisen** (Walzw) / cobble
abfallen, herabfallen / fall off ‖ ˜, nachlassen / taper off ‖ ˜, sich verschlechtern / fall off in quality ‖ ˜, den Gehalt verlieren / get base ‖ ˜, wegfallen / fall away ‖ ˜ (Geschwindigkeit) / drop ‖ ˜ (Gelände) / slope vi ‖ ˜ (Elektr) / fall [off], be released ‖ ˜ (Relais) / be released ‖ ˜, Sinken n / fall[ing] ‖ ˜ **des Relais** / opening of the relay
abfallend, geneigt / inclined, sloping ‖ ˜, laubwechselnd (Bot) / deciduous ‖ ˜ (Bild) (Buch) / bled off (illustration)
Abfall--Ende n / waste ‖ ˜ **-Ende** n (Gieß) / short end
"Abfall"-Entwicklung f (Raumf) / spin-off development, payback
Abfall·erzeugnis (unverwertbar), -produkt n / waste product ‖ **˜flanke** f (Impuls) / trailing edge ‖ **˜frei**, -los

(Stanz) / chadless ‖ **˜grube** f **für ausgesiebtes Grobes** (Rotarybohren) / shale pit ‖ **˜gummi** m / scrap rubber, waste rubber ‖ **˜halde** f, -platz m / rubbish pit o. dump ‖ **˜haufen** m / dump ‖ **˜holz** n / offal timber ‖ **˜-in-Energie…** (Recycling) / refuse-to-energy…, RTE… ‖ **˜kohle** f, Abrieb m / refuse coal ‖ **˜koks** m / scrap coke ‖ ˜ **-Lagerung** f / refuse piling ‖ **˜lauge** f / waste alkali ‖ **˜öl** n, Altöl n / waste oil
abfallos (Stanz) / scrap-free ‖ **˜er Rohling** (Schm) / cropped piece ‖ **˜es Stanzen**, Flächenschluß m (Stanz) / scrap-free blanking
Abfall·papier n, Makulatur f / maculature, maculation, macule, mackled paper, paper waste ‖ **˜produkt** n (verwertbar) / residuary product ‖ **˜produkt**, -erzeugnis n (unverwertbar) / waste product ‖ **˜produkt** n (auch aus der Forschung) / fall-out, spin-off (US) ‖ **˜recycling** n / waste recycling ‖ **˜reiniger** m (Spinn) / willow ‖ **˜rohr** n (Klosett) / cess pipe ‖ **˜rohr** n, Dachröhre f / spout pipe, gutter pipe ‖ ˜ **-Rückholung** f, -Ausgrabung f (Atom, Nukl) / disinternment of waste ‖ **˜s…** (Elektr) / negative-going ‖ **˜sammelanlage** f / refuse-collecting plant ‖ **˜saum** m (Blech) / cutoff edge ‖ **˜säure** f / residuary acid, waste acid ‖ **˜schacht** m (Hydr) / overflow shaft ‖ **˜schacht** m (f. Abfall) / waste disposer ‖ **˜schere** f / scrap cutter ‖ **˜schotter** (Bahn) / screenings [of ballast] pl ‖ **˜seide**, Bourette[seide] f / coarse silk, silk noil o. waste ‖ **˜seidengarn** n / spun silk [yarn] ‖ **˜sicherheitsfaktor** m (Relais) / safety factor for dropout ‖ **˜span** m (Spanplatten) / waste shaving ‖ **˜spannung** f (Relais) / drop-out o. drop-away value of a relay ‖ **˜spinnerei** f (Relais) / shoddy spinning mill ‖ **˜stoff** m (Pap) / recrement ‖ **˜stoffe** m pl, Fäkalien f pl / excrement, excreta pl, fecal matter, feces pl ‖ **˜strom** m (Relais) / drop current ‖ **˜strom** m (Reaktor) / tails stream ‖ **˜stromstärke** f (Relais) / drop-out value ‖ **˜stück** n, Ausschußstück n / waster ‖ **˜trichter** m, -rumpf m / waste hopper, waste bin ‖ **˜verbrennungsofen** m / incinerator ‖ **˜verwertung** f / waste utilizing o. utilization, salvage ‖ **˜verzögert** (Relais) / slow-release… ‖ **˜verzögerung** f (Relais) / fall-delay time, slow release ‖ **˜wärme** f / waste heat ‖ **˜wolle**, Klunkerwolle f / refuse wool ‖ **˜zeit** f (TV) / decay time ‖ **˜zeit** f (Signal, DV) / fall time ‖ **˜zeit** f (Relais) / releasing time o. delay ‖ **˜zeit** f (Transistor) / fall time ‖ **˜zerkleinerer** m / waste disintegrator
abfangen, abstützen / stay, [under-]prop, bear up, support ‖ ˜, auffangen, abschneiden, unterbrechen / intercept ‖ ˜, sammeln / recover, collect ‖ ˜, Weglaufen hindern / catch ‖ ˜, vor der Landung ausrunden / flare [out], flatten out ‖ ˜ n **beim Landen** (Luftf) / flattening-out, flaring ‖ **das Flugzeug** ˜ (Luftf) / right the plane, flatten out the plane ‖ **die Schmelze** ˜ (Hütt) / block ‖ **eine Nachricht** ˜ (Fernm) / intercept ‖ **mit Stempeln** ˜, abstempeln (Bergb) / underpin
Abfang·graben m / intercepting ditch ‖ **˜kanal** m (Hydr) / ring channel ‖ **˜klappe** f (Luftf) / recovery flap ‖ **˜kloben** m / grip block ‖ **˜lastvielfaches** n (Luftf) / manoeuvring load factor ‖ **˜neutralpunkt** m (Luftf) / manoeuvre point ‖ **˜radius** m (Luftf) / pull-out radius ‖ **˜ring** m (Plasma) / restraint ring (plasma) ‖ **˜sammler** m (Bau) / intercepting sewer ‖ **˜schmelze** f (Hütt) / catch carbon heat ‖ **˜seil** n (Flugzeugträger) / safety stop cable, check cable (US) ‖ **˜sicheres System** / anti-intercept system, AI-system ‖ **˜speicherstelle** f (DV) / intercept data storage position ‖ **˜stahl** m (Hütt) / carbon-restricted steel ‖ **˜substanz** f (Spektrum) / releaser ‖ **˜system** n **für Rendezvous** (Raumf) / homing system for rendez-vous ‖ **˜träger** m (z.B. über Türen) / breastsummer, bres[t]summer ‖ **˜weg** m (Luftf) / pull-out distance
abfärben / let go the colour, part with colour, stain ‖ ˜ **[auf]** / run [on] ("the colour runs on …")
abfasen / cant off, chamfer ‖ ˜ (Zimm) / taper, bevel
abfasern vi (Holz) / lose fibres, unravel

Abfaslanzette f (Gieß) / angle sleeker
Abfasung f / chamfer, bevel[ling]
abfaulen / rot [off]
abfedern / provide o. furnish with springs, spring, cushion ‖ ~ (Stöße) / buffer shocks
Abfederung f / padding, spring mounting o. suspension, springing ‖ ⁴, Federsystem n / spring system
abfeilen / file off
abfeimen (Glas) / skim
abfertigen (Bahn) / dispatch, start, despatch ‖ **am Schalter** ~ / serve, attend [to], wait [on] (US)
Abfertigung f, Versand m / dispatch, despatch ‖ ⁴ / dispatch
Abfertigungs·fahrzeug n (Luftf) / service vehicle ‖ ⁴feld n (Luftf) / apron ‖ ⁴halle f (Luftf) / check-in hall ‖ ⁴position f (Luftf) / loading position ‖ ⁴priorität f, Auswahlpriorität f (DV) / dispatching priority
abfeuern (Schuß) / discharge a shot
abfiltern / filter out
Abfindung f / severance pay
Abfinnhammer m / face hammer
abflachen / smooth down ‖ ~, abplatten / flatten
Abflachung f, Abplattung f / flattening ‖ ⁴ **der Ecken eines Kristalls** / bevelment ‖ ⁴ **einer Krümmung** / smoothing of a curvature
Abflach[ungs]…, **Glätt[ungs]…** (Elektronik) / smoothing…
Abflachungs·drossel f (Fernm) / smoothing choke ‖ ⁴gebiet n (Reaktor) / flattened o. flat region o. zone, flux flattening region o. zone ‖ ⁴mittel n (Reaktor) / flattening material
abflammen, abbrennen (Form) / skin-dry a mould ‖ ⁴, Sengen n (Textil) / singeing ‖ ~ / scarf vt ‖ ~ (Textil) / singe
abflauen (Wind) / abate
abfleischen (Gerb) / shave
Abfleischmaschine n (Gerb) / fleshing machine, scraping machine
abfliegen, starten (Luftf) / take off, start ‖ ~, wegfliegen / fly off o. away, (also:) …take one's flight
abfließen, -laufen / drain off, run off ‖ ~, sich ergießen / discharge ‖ ⁴ **von Luft** (Fallschirm) / spilling
Abflug m / departure, dept. ‖ ⁴, Start m (Luftf) / start, take-off ‖ ⁴ (Rakete) / first motion ‖ ⁴ **zum Mond** / lunar ascent ‖ ⁴fläche f / take-off climb surface ‖ ⁴gewicht n, -masse f / take-off weight ‖ ⁴hafen m / airport of departure ‖ ⁴meldung f, Startmeldung f / departure message ‖ ⁴schneise f / departure corridor o. lane ‖ ⁴sektor m / take-off climb area ‖ ⁴zeit f / time of departure
Abfluß m, Abführkanal m, Ableitungsgraben m, Freigerinne n / discharge, issue, drain channel, water duct ‖ ⁴ / outlet, discharge ‖ ⁴, Abfließen n / discharge, flowing off ‖ ⁴, Gully m (Bau, Straßb) / sink, gully [hole], drain ‖ ⁴, Drain[anschluß] m (Elektronik) / drain of a FET ‖ ⁴ **eines Staudammes** (Hydr) / fall, outfall ‖ ⁴becken n **für Schmutzwasser** (Bau) / basin, sink, gutter ‖ ⁴beiwert m, -verhältnis n (Hydr) / coefficient of discharge ‖ ⁴geschwindigkeit f / velocity of flow ‖ ⁴graben m, -rinne f / drain, ditch ‖ überwölbter ⁴graben (z.B. unter Bahndämmen) / culvert ‖ ⁴hahn m / outlet o. drain cock ‖ ⁴jahr n (Hydr) / water year ‖ ⁴kanal m / side canal o. channel ‖ ⁴kanal, Überlauf m (Talsperre) / spillway ‖ ⁴kühler, Übertreibkühler m / efflux condenser ‖ ⁴leitung, Ablaufleitung f / discharge o. drain o. outlet pipe ‖ ⁴leitung f (Abwasser) / drain ‖ gewöhnliche ⁴menge (Hydr) / mean run-off ‖ ⁴menge f **aus dem Hochwasser-Überschwemmungsgebiet** / flood plain discharge ‖ ⁴öffnung f / discharge orifice ‖ ⁴öffnung f (Bad) / waste hole ‖ ⁴querschnitt m / discharge cross section ‖ ⁴regler m (Wasserspeicher, Lagertank) / discharge regulator ‖ ⁴reiniger m / flexible cable for cleaning plumbery ‖ ⁴rinne f / sluice, drain ‖ ⁴rohr n / discharge pipe, outlet pipe o. tube, drain [pipe], exit pipe ‖ ⁴rohr n (senkrecht) / downpipe o.

-spout ‖ ⁴rohr n (senkrecht) (Abwasser) / soil pipe, S.P. ‖ ⁴röhre f / spout, jet pipe ‖ ⁴stopfen m (Waschbecken) / stopple, stopper, peg ‖ ⁴ventil n / overflow valve o. trap, escape valve o. trap ‖ ⁴verhältnis n, -beiwert m (Hydr) / coefficient of discharge ‖ ⁴wasser n / waste water
abformen, [zum Guß] formen (Gieß) / shape, model, mould ‖ ⁴ **vom Gußstück** / duplicate moulding, moulding from a casting
Abformung f (durch Gießen o. plastisches Verformen) (Erzeugnis) / cast taken from another, second cast ‖ ⁴, Abdruck m (Tätigkeit) / mould, shape, moulding, shaping
Abfrage f (eines Systems) (DV) / inquiry, enqu. ‖ ⁴ (DV) / inquiry ‖ ⁴ (mittels Display) (DV) / inquiry ‖ ⁴ (Radar) / interrogation ‖ ⁴ **nach jeweils gleichen Umlaufperioden** (Raumf) / equal period interception ‖ ⁴ **von Terminals** (DV) / poll ‖ ⁴apparat m (Fernm) / operator's phone o. set ‖ ⁴bake f (Radar) / beacon, responder [beacon] ‖ ⁴befehl m (DV) / sense command ‖ ⁴betrieb m (Fernm) / ring down junction ‖ ⁴einheit f (DV) / inquiry station ‖ ⁴einrichtung f (DV) / interrogate feature, scanner ‖ ⁴folge f (Radar) / interrogation sequence ‖ ⁴folgefrequenz f (Radar) / interrogation frequency ‖ ⁴frequenz f (Regeln) / sampling rate ‖ ⁴impuls m (Fernm) / examination pulse ‖ ⁴impuls m (DV) / read impulse ‖ ⁴impulspaar n (Radar) / interrogation pulse pair ‖ ⁴klinke f (Fernm) / answering jack
abfragen (Datenbank) / extract ‖ ~ (Fernm) / accept the call, answer o. interrogate a calling subscriber, inquire ‖ ~, durchsuchen (DV) / scan ‖ ~, Polling n (DV) / polling ‖ ⁴ (Fernm, Radar) / interrogation ‖ ⁴ **von o. aus Datenträgern** (DV) / scanning ‖ **[der Reihe nach]** ~ (durch den Zentralrechner) (DV) / poll ‖ ⁴orientierter Typ (DV) / ask type
Abfrage·platz m, -feld n, -amt n (Fernm) / answering o. outgoing board o. panel o. position, home jack panel, A-position ‖ ⁴programm n **für Dateien** / file interrogation program
Abfrager m, abfragende Stelle (Radar) / interrogator
Abfrage·schalter, Probenschalter m / sampler ‖ ⁴schalter, -knopf m, -taste f (Fernm) / listening key, monitoring key ‖ ⁴schaltung f (Telex) / answering circuit ‖ ⁴sender m (Radar) / interrogator, challenger ‖ ⁴station f, -terminal n (DV) / inquiry terminal ‖ ⁴station f, -platz m / inquiry station ‖ ⁴stromkreis m (Fernm) / operator's circuit ‖ ⁴taste f (Fernm) / 'who-are-you'-key ‖ ⁴ - u. Speicherglied n (Regeln) / sample and hold unit ‖ ⁴ -Verstärker m (Elektronik) / sense amplifier ‖ ⁴vorrichtung f (DV) / scanner ‖ ⁴weg m (Radar) / interrogation path
abfräsen / remove by milling, mill off
Abfühl·… (LoKa) / reading, sensing ‖ ⁴bürste f (LoKa) / reading brush
abfühlen (DV) / sense ‖ ~, abtasten / feel vt ‖ **[mechanisch]** ~ (LoKa) / read
Abfühl·nadel f **für Schablonen** (Fräs) / pecker, tracing needle o. stylus ‖ ⁴station f (LoKa) / sensing o. reading station ‖ ⁴stift m / sensing pin, pecker
Abfühlung f **bei ruhender Karte** (LoKa) / static sensing
Abfuhr f, Abführung f / carrying-off, conveyance, conveying, transport
abführen / carry away o. off ‖ **Wärme** ~ / dissipate heat ‖ **Wässer** ~ (Bergb) / drain water ‖ **Wetter** ~ (Bergb) / remove mine air
Abführkanal m, Freigerinne n / outlet, channel
Abfuhr·rollgang m (Walzw) / delivery roller table, discharge rollers pl ‖ ⁴system n (Fäkalien) / cesspool system
Abführung f (Spinn) / delivery ‖ ⁴ **des Dampfes** / eduction of steam
Abführungsscheibe f (Pap) / outlet disk
Abfüllanlage f, Rack n (Ölraffin) / rack

abfüllen, umfüllen / decant ‖ ～, zapfen (Bier) / draw beer ‖ ～, ablassen (Flüssigk) / rack [off] ‖ ～, teilweise [ent]leeren / empty *vt* partially ‖ ～, abziehen (Brau) / draw off, rack *vt* ‖ **auf Fässer** ～ / fill casks ‖ **auf Fässer** ～ / cask *vt*, barrel *vt* ‖ **auf, in Flaschen** ～ / bottle *vt* ‖ **in Säcke** ～ / bag, sack

Abfüll·maschine *f* (allg) / feeding o. filling machine ‖ **⌐pumpe** *f* / decanting pump ‖ **⌐waage** *f* / filling end weighing machine

Abgabe *f* (z.B. aus Glasuren) / delivery, elution (e.g. from glazes) ‖ ⌐ (von Leistung) / delivery of power, release of power ‖ ⌐ **von Elektronen** / donation of electrons ‖ **unter** ⌐ [von] (Chem) / with delivery [of], with liberation [of] ‖ **⌐druck** *m* / output pressure ‖ **⌐rutsche** *f* (Förderer) / discharge chute ‖ **⌐spannung** *f* (Akku) / discharge voltage ‖ **⌐tanklager** *n* (Öl) / from-depot (GB), from-tank farm (US) ‖ **⌐vorrichtung** *f* / distributing device, spending out device ‖ **⌐vorrichtung** *f* (für Kabel usw) / paying-out device

Abgang *m*, Verlust *m*, Schwund *m* (Handel, Spinn) / loss, perdition, wastage, deficiency ‖ ⌐ (Bergb, Hütt) / loss ‖ ⌐, Abfall *m* / offal ‖ ⌐ (WC) / soil pipe, S.P. ‖ ⌐, Ausgang *m* / exit ‖ ⌐, Bestandsabnahme *f* / amount decreased ‖ ⌐, Leckage *f* / leakage ‖ ⌐ **an Maß o. Gewicht** / loss in measure o. weight

Abgänge *m pl* (Hütt) / abatement *sg*

Abgangs·amt *n*, Abgangszentrale *f* (Fernm) / office of origin ‖ **⌐amt** *n* (Telegraf) / office of origin ‖ **⌐aufbereitung** *f* (Spinn) / waste processing ‖ **⌐bahnhof** *m* (Personenverkehr) (Bahn) / departure station ‖ **⌐fehler** *m* (Mil) / [vertical] pump ‖ **⌐fehlerwinkel** *m* (Mil) / angle of jump ‖ **⌐feld** *n* / outgoing panel o. section ‖ **⌐winkel** *m*, Erhöhungswinkel *m* (Ballistik) / angle of departure

abgaren (Koks) / carbonize (coke), coke

Abgas *n* / waste gas ‖ ⌐ (allg, Turbine) / exhaust gas ‖ ⌐ (Raffinerie) / off-gas ‖ ⌐ (Reaktor) / off-gas, waste-gas ‖ ⌐, Verbrennungsgas *n* (Kfz) / combustion gas ‖ **⌐e eines neuen Motors berechnet auf 100000 Meilen Stadtverkehr** (Kfz) / lifetime emission ‖ ⌐ **von Kesseln** / chimney o. flue gas ‖ **⌐aufladegebläse** *n*, Abgasturbogebläse *n*, -turbine *f* (Mot) / waste gas [turbine] supercharger ‖ **⌐behandlung** *f*, Abgasnachbehandlung *f* (Kfz) / exhaust treatment ‖ **⌐behandlung** *f* (Nukl) / off-gas treatment ‖ **⌐bestimmungen** *f pl* / exhaust gas regulations, auto pollution regulations *pl* ‖ **⌐druck** *m*, Abgasgegendruck *m* (Kfz) / exhaust gas back pressure ‖ **⌐echt** (Textil) / resistant to gas fading ‖ **⌐emission** *f* / exhaust emission ‖ **⌐-Entnahmesonde** *f* (Hütt) / wast gas probe ‖ **⌐fackel** *f* (Öl) / surplus gas burner ‖ **⌐fahne** *f* (Schornstein) / waste gas plume ‖ **⌐gebläse** *n* (Zement) / waste gas blower ‖ **⌐heizung** *f* (Kfz) / exhaust gas heating ‖ **⌐istwerte** *m pl* / exhaust emission levels *pl* ‖ **⌐kanal** *m* / waste gas duct, flue duct ‖ **⌐katalysator** *m* (Kfz) / exhaust gas catalyst ‖ **⌐katalysator-Baugruppe** *f* (Kfz) / exhaust gas catalytic converter ‖ **⌐-Leitschaufeln** *f pl* (Turbine) / exhaust stator blades *pl* ‖ **⌐leitung** *f* / exhaust pipe ‖ **⌐nachverbrennung** *f* (Kfz) / exhaust gas afterburning ‖ **⌐norm** *f*, Abgasgrenzwert *m* (Kfz) / exhaust emission standard ‖ **⌐pfosten** *m* (statt Schornstein), -mast *m* (Schiff) / waste gas pillar, exhaust mast ‖ **⌐prüfer** *m*, Rauchgasprüfer *m* / flue gas tester, exhaust emission control system ‖ **⌐reinigungsanlage** *f* / exhaust gaz cleaning equipment ‖ **⌐rohr** *n* (Mot) / tail-pipe ‖ **⌐rückführung** *f*, ARG (Kfz) / exhaust gas recirculation, EGR ‖ **⌐sammelring** *m* (Mot) / collector ring ‖ **⌐sammler** *m* (Turbine) / exhaust manifold ‖ **⌐schieber** *m* / flue gas valve ‖ **⌐-Schubrohr** *n* (Luftf) / ejector pipe ‖ **⌐sollwerte** *m pl* / exhaust emission specifications *pl* ‖ **⌐strahl** *m* (Rakete) / exhaust plume, rocket plume ‖ **⌐strahl** *m* (Rakete) / rocket plume ‖ **⌐test** *m* / emission test, exhaust gas test ‖ **⌐turbine** *f* (Kfz) / exhaust gas turbine ‖ **⌐turbolader** *m* (Mot) / exhaust gas

turboblower o. turbocharger ‖ **⌐überwachung** *f* / exhaust gas test o. control ‖ **⌐umwälzung** *f* / waste gas recycling, flue gas recirculation ‖ **⌐verwertung** *f* / waste gas o. exhaust gas utilization ‖ **⌐volumenstrom** *m* / exhaust flow rate ‖ **⌐vorschrift** *f*, Abgasbestimmung *f* (Kfz) / exhaust emission regulation ‖ **⌐vorwärmer** *m* (für Speisewasser) / economizer ‖ **⌐wärme** *f* / waste gas heat

abgebaut (z.B. Gerüst) (Bau) / struck ‖ **⌐e Strecke** (Bahn) / dismantled track ‖ **wenig** ～ (Zellulose) / slightly degraded

abgebeizte Wolle / skin o. skimmer o. slipe wool, pelt o. plucked o. pulled wool

abgeben (Wärme) / convey ‖ ～, abtreten / give [up], yield ‖ ～, freisetzen / deliver, set free, release ‖ ～, freisetzen (Chem) / yield ‖ ～ (Dampf) / give off steam ‖ ～ (Leistung) / deliver power, release power ‖ **einen Schuß** ～ / shoot *vi*, fire *vi*

abgebend, Sauerstoff ～ / yielding oxygen

abgeblendet (Kfz) / dipped

abgebrannt (Reaktorbrennstoff) / spent

abgebremst, retardiert (Phys) / retarded

abgebunden (Bau) / cemented

abgedreht (stirnseitig) (Dreh) / machine faced

abgefahren (Reifen) (Kfz) / bald (tire)

abgefallenes Blatt / fallen leaf

abgefast / canted, bevelled, chamfered ‖ **～er Balken** / bevelled beam ‖ **～e Mutter** / faced nut

abgefaste Spitze o. Ecke (Schneidwz) / chamfered corner

abgefedert / spring-suspended o. -mounted, spring-mounted ‖ **～es Gewicht** / spring-suspended weight

abgeflacht, -geplattet / flattened ‖ **～e Welle** (gegenüber der Sinusform) (Elektronik) / flat topped wave ‖ **～er Zapfen**, Blattzapfen *m* (Masch) / pivot with cheeks ‖ **[oben]** ～ / flat topped

abgegeben·e Leistung / outgoing output, power output ‖ **an die Umgebung** ～ / discharged to the environment

abgeglichen, gut ～ / flush

abgehackt, [oben o. unten] ～es Bild (TV) / truncated picture

Abgehauenes *n*, abgehauenes Stück (Schm, Zimm) / clipping

abgehen (Genageltes) / loosen, become loose (of nailed parts) ‖ ～, losgehen, aus dem Leim gehen, aus der Lötung gehen / come off, come undone ‖ ～, abfahren (Verkehr) / leave, depart ‖ ～ (Plast) / let-go

abgehend (Bahn, Schiff) / outgoing ‖ ～ (Elektr) / outgoing ‖ **～er Leitungskreis** (Elektronik) / outgoing line circuit ‖ **～er Strom** / outgoing current ‖ **～e [Verbindungs]leitung** (Fernm) / outgoing trunk o. junction ‖ **～er Verkehr** (Fernm) / originating traffic ‖ **～e Versorgungsleitung** / outgoing feeder

abgeholzt / logged-off, deforested, clear-cut

abgekantet (Blech) / folded

abgekommen, vom Kurs ～ **sein** (Raumf) / wander off-course

Abgekratztes *n*, Abschabsel *n* / scrapings *pl*

abgekröpft / bent at right angle

abgekürzt (allg) / short[cut], abbreviated ‖ ～ (Verfahren) / rapid, accelerated ‖ **～e Division, [Multiplikation]** / short[-cut] division, [multiplication] ‖ **～e Expansionsdüse** (Raumf) / truncated diverging section ‖ **～e Prüfung** ‖ **～e Schreibweise** / curtailed inspection / short way of writing

abgelagert, gealtert / matured, seasoned ‖ ～ (Bier) / vatted, aged ‖ ～, sedimentär (Geol) / sedimentary

abgelängt (Holz) / cross-cut

abgelaufen·er Fahrausweis / expired ticket, out-of-date ticket ‖ **～er Spurkranz** (Bahn) / worn-thin flange

abgelegte Buchstaben *m pl* (Buch) / sorts *pl*

abgeleitet, sekundär / derived, derivative, secondary ‖ ～ [von] / derived [from] ‖ **～e Einheit** / derived unit ‖ **～e Funktion** (Math) / differential function, derivative, differential coefficient o. quotient ‖ **～e Größe** / secondary quantity, derived quantity

abgelöst, lose / detached ‖ ~ (Furnier) / loose, slack ‖ ~e Strömung / separated flow

Abgeltung f / lump sum

abgemagert·es Gemisch (Kfz) / leaned mixture ‖ ~e Version / scaled-down version

abgemeißelter Grat (Gieß) / chiseled-off burr

abgenutzt, verbraucht / used [up], spent ‖ ~, abgelaufen, verschlissen / worn [out] ‖ ~, unbrauchbar / worn out, useless ‖ ~ (pneum. Ventil) / buffed ‖ ~, verschlissen (Tauwerk) / nagged ‖ ~er Spurkranz (Bahn) / worn-thin flange ‖ ~e Stelle / fret ‖ ~ werden / waste [away]

abgepackt / packed, prepacked

abgepaßt, eingepaßt / made fit ‖ ~, richtig bemessen / measured ‖ ~es Maß / cut size ‖ ~e Wellenlänge (Elektronik) / matched wavelength

abgeplattet, -geflacht / flattened ‖ [an den Polen] ~ o. abgeflacht (Math) / oblate

abgereichert (Uran) / depleted (uranium) ‖ ~es Material (Nukl) / depleted material, tails pl ‖ ~er o. verarmter Brennstoff / depleted fuel

abgeriebene Stelle / rub[-mark]

Abgeriebenes n, Abrieb m / rubbed-off particles pl

abgerissene Leiste (Web, Fehler) / torn selvedge

abgerundet, rund (Math, Material) / rounded ‖ ~e Anfangsstufe (Treppe) / curtail step ‖ ~es Pulver (Sintern) / modular powder ‖ ~e Schneidkante (Wz) / rounded cutting edge

abgeschaltet (Chem) / off-stream

abgeschäumtes Öl / skin oil

abgeschiefert (Schiene) / flaked, exfoliated ‖ ~e Schiene (Bahn) / exfoliated rail

abgeschirmt (ELektr, Elektronik) / shielded, sheathed, screened ‖ ~er Lagerraum (Nukl) / shielded store ‖ ~e Leuchte (Straßenbel) / full-cut-off fitting ‖ ~er Nasenausgleich (Luftf) / shrouded balance ‖ ~er Transportbehälter / shielded cask, shipping cask ‖ in der Ebene ~ (Straßenlat) / semi-cutoff

abgeschlagener Schuß (Web, Fehler) / slough-off n, sloughed-off pirn

abgeschleudert (Öl, Mot) / welled up, thrown about o. off

abgeschlossen / close[d] ‖ ~ [durch] / terminated [by] ‖ ~ (Intervall, Menge) (Math) / closed (interval, set) ‖ ~e Elektronenschale (Phys) / shut-off ring o. shell ‖ ~er Laser / sealed laser ‖ ~e Menge / closed set ‖ ~es Programm (DV) / closed routine ‖ ~es System (Vakuum) / sealed-off vacuum system ‖ ~es Unterprogramm / closed o. linked subroutine ‖ ~es Vakuumsystem / sealed-off vacuum system ‖ für sich ~ in einer Kapsel / isolated in a capsule ‖ in sich ~, unabhängig / self-contained, independent

abgeschmolzen (Glühlampe, Ampulle) / sealed off ‖ ~e Röhre / sealed tube

abgeschnitten / cut-off ‖ ~e Scheibe, abgeschnittener Streifen / slice

abgeschopftes Ende (Hütt) / crop, discard

abgeschorene Wolle / shorn o. sheared wool

abgeschrägt, angefast / bevelled, chamfered, camfered (US), canted ‖ ~, schräg [verlaufend] / skewed ‖ ~ (z.B. Zahn) / levelled, leveled, chamfered ‖ ~es Heck, Schrägheck n (Kfz) / outswept tail ‖ ~e Kante / bevel, chamfer

abgeschriebenes Material (Nukl) / discarded materials pl, measured discards pl

abgesehen [von] / apart [from]

abgesetzt, versetzt / offset, out-of-line ‖ ~, eingezogen (z.B. Werkzeugschaft) / reduced (e.g. tool shank) ‖ ~er Bohrer / step drill ‖ ~e Bohrung, Stufenbohrung f / shouldered drill hole, stepped hole ‖ ~e Ladung, Zweischrittladung f / two-rate charge, two-step charge ‖ ~er Lampenständer / stepped lighting column ‖ ~er Nadelschaft (Textil) / swaged shank ‖ ~e Peripherie (DV) / remote equipment ‖ ~es PPI-Sichtgerät (Luftf) / remote PPI ‖ ~er Schaft / stepped shank ‖ ~er Stirndrehmeißel / offset face turning tool ‖ ~e Teilung

(Schiften) / cross joint ‖ ~e Verjüngung / offset reduction ‖ ~er Zugriff (DV) / remote access ‖ zeitlich ~, in Absätzen / interrupted, broken, at intervals

abgesichert (Elektr) / protected by cut-out o. fuse ‖ gemeinsam ~e [Teil]stromkreise m pl / subcircuits pl

abgesondert / segregate[d] ‖ ~, lose / detached ‖ ~, isoliert / insulated, isolated

abgespannt (Mast) / guyed

abgesprengt, Fachwerk... / trussed, truss [frame]... ‖ ~ (z.B. Stufe der Kapsel) (Raumf) / severed explosively ‖ ~er (o. verfachter) Träger / truss beam

Abgesprungenes, abgesprungenes Stück n / chip

abgestalten / picture

abgestanden / dead, flat, stale ‖ ~er (o. abgestorbener o. verwitterter) Kalk / lime slaked in the air, dead lime, lime powder o. dust

abgestellt, mit ~em Motor (Kfz, Luftf) / power-off

abgestimmt, koordiniert / coordinated ‖ ~, passend / matching ‖ ~ (Akustik, Hohlraumresonator, Magnetron) / tuned ‖ ~ [auf] / keyed [to] (US), tuned-in ‖ ~e Antenne / resonant antenna ‖ ~e Leitung (Elektronik) / resonant line ‖ ~es Relais, Resonanzrelais n / tuned relay ‖ ~er Schwingungsdämpfer / dynamic vibration reducer, tuned reducer ‖ ~er symmetrischer Gegentaktverstärker / balanced tuned amplifier ‖ für eine bestimmte Wellenlänge ~er Empfänger / harmonic receiver ‖ in ~em Zustand (Elektronik) / on-tune...

abgestorben·er Baum, Dürrständer m / dry wood, dead standing tree ‖ ~es Holz / dead wood

abgestrahlt (Elektronik) / radiated

abgestreift (Atom) / stripped ‖ ~es o. trockenes Gas (Raffinerie) / stripped gas

abgestuft, stufenweise / graded ‖ ~, stufenweise (Bahn, Bremsen) / gradual (application of brake) ‖ ~ (Gelände), gestuft / rising in tiers ‖ ~, -getreppt (Bau, Bergb) / benched ‖ ~, gestaffelt / graduated ‖ ~, abgesetzt (Bohrung) / stepped ‖ ~ (Filter) / graded, graduated ‖ ~ (Werte) / stepped ‖ ~er Graukeil / sensitometric wedge ‖ ~e Spule (Elektr) / stepped [resistance] coil ‖ ~er Widerstand / graded resistance

abgestumpft (Ecke) (Bau) / blunt[ed] (corner) ‖ ~, stumpf / blunt, obtuse, dull ‖ ~ (Math) / truncated ‖ ~, abgebrochen / blunt adj, obtuse

abgestützt / stayed, underpropped

abgestütztes Gewölbe / sprung roof

abgetastet·es Band (Elektronik) / swath ‖ ~es Gebiet (Radar) / scanned area, [sweep] coverage

abgeteilt (allg) / partitioned ‖ ~e Menge, Posten m / parcel, batch, lot

abgetrennt / separated, detached ‖ ~er Teil (Raumf) / fallaway section

abgewandt, entgegengesetzt / opposite [to]

abgewickelte Reifenbreite / tread arc width

abgewinkelt (Schraubenschlüssel) / 90⁰ offset ‖ ~er Doppelsteckschlüssel / double end and 90⁰ offset one end socket wrench ‖ ~er Steckschlüssel / single end and 90⁰ offset socket wrench

abgewogenes Quantum (Chem) / weight

abgewürgt (Motor) / stalled

abgießen, dekantieren (Chem) / transfuse, decant ‖ ~, einen Abguß fertigen / cast in a mould ‖ ~, fortgießen / pour off o. out ‖ ~, Gießen n (Hütt) / founding, cast[ing]

abgittern / separate by lattice o. trellis ‖ ~, abzäunen / rail off, fence off

Abglänzen n (Galv) / colouring ‖ durch Reiben ~ (Tuch) / rumple vt

Abgleich m, Abgleichung f / equalization, compensation, levelling ‖ ~ (Elektronik) / alignment, alinement ‖ ~, Einregelung f, Einpegeln n (Elektr) / line-up, lining-up ‖ ~ (Bau) / levelling, making flush ‖ ~ (Thermoelement) / calibration, rating ‖ ~arbeit f (Datenfernverarb) / balancing ‖ ~bohle f (Bau) / screed

abgleichen, ein- oder anpassen / adjust ‖ ⌐, das Register zurichten, Seiten abgleichen (Buch) / range pages ‖ ⌐ (Uhr) / equalize ‖ ⌐, [aus]balancieren, im Gleichgewicht halten, aufwiegen, ausgleichen / equilibrate ‖ ⌐, justieren (Instr) / adjust ‖ ⌐, eintrimmen (Elektronik) / align, aline ‖ ⌐, ausbalancieren / balance, equipoise ‖ ⌐, in eine Ebene bringen / make even o. flush o. level ‖ ⌐ (DV) / match [for] ‖ ⌐, den Zeilen richtige Länge geben (Buch) / true ‖ **Bretter** ⌐ (auf gleiche Höhe bringen) / even boards ‖ **Kurven** ⌐ / ease curves ‖ **Seiten** ⌐ (Buch) / range pages

Abgleicher m, Nivellierer m / evener ‖ ⌐ (Straßb) / planisher

Abgleich·fehler m, Unbalanz f / balance error, unbalance ‖ ⌐**filter** m n (Funk) / smoothing filter ‖ ⌐**frequenz** f **eines Empfängers** / tie-down point of a receiver ‖ ⌐**indikator** m (Instr) / null indicator o. detector ‖ ⌐**klemme** f / compensation terminal ‖ ⌐**kondensator** m (Funk) / smoothing capacitor ‖ ⌐**reihen** f pl (Bau) / line o. stones of reference ‖ ⌐**säge** f (Tischl) / smoothing saw ‖ ⌐**schaltung** f **für Verstärker** (Fernm) / balancing circuit ‖ ⌐**spule** f / balancing coil, equalizing coil ‖ ⌐**steine** m pl (Bau) / levelling stones pl ‖ ⌐**tabelle** f (Instr) / alignment table ‖ ⌐**toleranz** f (Elektr) / accuracy of adjustment

Abgleichung f (Instr) / adjustment ‖ ⌐, Abstimmung f (Elektronik) / balancing ‖ ⌐, Mauergleiche f (Bau) / level[l]ing

Abgleich·vorrichtung f **für Meßgeräte** / servomechanism for measuring instruments ‖ ⌐**widerstand** m (Elektronik) / balancing resistance

abgleiten, abrutschen / slide [down o. off] ‖ ⌐ n **unter Scherbeanspruchung** / shear yielding

Abglimmen n, kathodisches Ätzen / cathodic etching, vacuum etching

abgraben / dig off

abgraten (allg) / burr, [de]bur (US), trim ‖ ⌐ (Schm) / clip, strip ‖ ⌐, entgraten (Schm) / clip, strip ‖ ⌐ / burring, burr removing, [de]buring (US)

Abgrat·kante, unsaubere (Gesenkschm) / fraze ‖ ⌐**maschine** f / burring machine, trimming machine ‖ ⌐**presse** f / edge finishing press, trimming press ‖ ⌐**presse** f / trimming press ‖ ⌐**scheibe**, Grobschleifscheibe f (Galv) / fettling wheel, snagging wheel ‖ ⌐**schnitt** m, Abgratwerkzeug n (Stanz, Schm) / trimming die

abgreifen / wear off by much handling ‖ ⌐, abnutzen / wear off by much handling ‖ ⌐ (z.B. einen Wert) / caliper v, calliper v ‖ **mit dem Zirkel** ⌐ / measure by compasses

Abgreifer m **am Wähler** (Fernm) / hunting switch

Abgreif·klemme f / tapping clip, alligator clip ‖ ⌐**schelle** f (Widerstand) / adjustable collar

abgrenzen / delimit, demarcate, divide by boundaries ‖ ⌐, definieren / define ‖ ⌐, trennen / border, separate

abgrenzende Ebene / determinating plane

Abgrenzung f / boundary ‖ ⌐ (Patent) / delimitation

Abgriff m, Abgriffstelle f (Elektr) / tap ‖ ⌐, Abnehmen n / calipering (measuring by or as if by calliper) ‖ ⌐ / sensing ‖ **mit** ⌐ (Elektronik) / tapped

Abguß m, Abformung f / cast taken from another, second cast ‖ ⌐, Gußstück n / casting ‖ ⌐, Abgießen n (Gieß) / founding, casting ‖ ⌐ **von einem Gußstück** / casting [taken] from another casting

abhaaren vt / depilate, unhair

abhacken / chop off, hack off ‖ ⌐, Scheren n (Schm) / cropping

Abhäkeln n, Abwerfen n (Spinn) / taking down the threads from the hooks

abhaken, anstreichen / check off, mark off, tick [off] ‖ ⌐ (z.B. einer Liste) / check listing, checking ‖ ⌐, Kontrollieren n / ticking off

abhalden (Bergb) / take from stock

abhämmern, mit dem Hammer abschlagen / hammer off

Abhang m / descent, declivity, flank of a hill ‖ ⌐, Neigung f / incline, inclination, slope ‖ **an einem steilen** ⌐ **liegend** / hanging

abhängen, abhängig sein [von] / depend [on, upon] ‖ ⌐, trennen / disconnect ‖ ⌐ (Bahn, Fahrzeug) / uncouple

abhängig [von] / dependent, conditional [on, upon] ‖ ⌐ (DV) / contiguous ‖ ⌐, nicht selbständig (LoKa) / on-line ‖ ⌐ [von], unterworfen / subject [to] ‖ ⌐, verschlossen (Bahn, Signal) / dependent, interlocked ‖ ⌐**e Größe** / dependent variable ‖ ⌐**es Segment in Zufallsfolge** (DV) / sequential dependent segment ‖ ⌐**e Verriegelung spitzbefahrener Weichen** (Bahn) / economical facing point lock ‖ ⌐ **verzögert** / dependent time-lag…, retarded in dependence [on] ‖ **gegenseitig** ⌐ / interdependent

Abhängigkeit f / dependence [on], dependance [on] ‖ ⌐ **vom Zufall** / contingency ‖ **in** ⌐ [von] / in dependence [on], in dependance [on]

Abhängigkeits·verhältnis (zeitlich) (Netzplan) / constraint ‖ ⌐**verschluß** m (Bahn) / interlocking, reverse interlocking

abhaspeln, abwickeln / unwind, wind off ‖ ⌐ (Walzw) / uncoil ‖ ⌐, abspulen / unspool, reel off ‖ ⌐ n (allg) / reeling off, winding off ‖ ⌐ (allg) / reeling ‖ ⌐ (Seide) / reeling of the cocoon

abhauen, abschlagen / beat loose, knock off o. down ‖ ⌐ (Bergb) / work to the dip ‖ ⌐ (durch Schneidwerkzeug) / crop by a cutting tool

abhäuten (Gerb) / skin, flay

Abhebe·festigkeit f (Furnier) / delamination o. face strength ‖ ⌐**formmaschine** f (Gieß) / pin-lift moulding machine ‖ ⌐**formmaschine** f **mit Wendeplatte** / roll-over draw [moulding] machine

abheben, wegnehmen / lift off vt ‖ ⌐ (z.B. Relaisanker, Flugzeug usw.) / lift off vi ‖ ⌐ n, Loskommen n (Luftf) / get-off, lift-off, take-off ‖ ⌐ (Raumf) / lift-off ‖ ⌐ / removing, removal, clearing away ‖ ⌐ **des Brückenlagers** (Tätigkeit) / raising, jacking up ‖ ⌐ **des Meißels** (Wzm) / rise of the tool ‖ ⌐ **o. Abblättern der Schicht** / spalling ‖ **sich** ⌐ / stand out ‖ **sich** ⌐ [von], kontrastieren / contrast [with] ‖ **sich** ⌐ [von], überragen / rise [above] ‖ **Späne** ⌐ (Wz) / detach chips

abhebendes Löschen (Schreibm) / lift-off correction

Abhebe·punkt m (Strangguß) / shrink point ‖ ⌐**punkt** m **beim Start** (Luftf) / unstick point

Abheber m (Hütt) / off-loader

Abhebestift, Formstift m (Gieß) / moulder's o. moulding pin o. stake

Abhieb m, Überhauen n (Bergb) / dipheading, downbrow ‖ ⌐ (Forstw) / hewing, cutting

Abhilfe f, Abhilfsmaßnahme f / remedy, remedial measures pl

Abhitze f / waste heat, lost heat ‖ ⌐**kessel** m / waste heat boiler ‖ ⌐**ofen** m / waste heat recovery furnace ‖ ⌐**rückgewinnung** f / waste heat utilization o. economy o. recovery ‖ ⌐**verwerter** m, Vorwärmer m / recuperator ‖ ⌐**verwerter** m (Hütt) / regenerator ‖ ⌐**verwertung** f / waste heat utilization o. economy o. recovery ‖ ⌐**verwertung** f (Kessel) / flue gas utilization

abhobeln (Fußboden) / dress ‖ ⌐, [ab]schlichten, abfalzen (Leder) / shave

abholzen / clear, deforest, dis[af]forest, untimber (GB), lumber (US)

Abhör·barkeit f (Fernm) / listening possibility ‖ ⌐**box**, Mischkabine f (Film, Radio) / control o. listening box o. booth ‖ ⌐**box** (fahrbar) (Film) / travelling box

abhorchen / listen ‖ **ein Gespräch** ⌐ (Fernm) / intercept

Abhorchgerät, Horchgerät n (Fernm) / listening device, monitor

Abhör·einrichtung, Mithöreinrichtung f (Fernm) / monitor ‖ ⌐**empfang** m, Abhören n (Telegraph) / aural reception

abhören, mithören (Fernm, TV, Elektronik) / listen, monitor ‖ ⌐ n (Tonaufzeichn) / playback ‖ ⌐, Mithören n (Fernm) / monitoring ‖ ⌐ (Diktiergerät) / review control ‖

[unbefugtes] ⌐ (Fernm) / wire tapping ‖ **Gespräche** ⌐, Leitung "anzapfen" (Fernm) / tap
Abhörer, Horcher *m* (Fernm) / snoop[er]
Abhör·gerät *n* (Elektronik) / check o. monitoring receiver ‖ ⌐**kabine** *f* (Elektronik) / control cubicle ‖ ⌐**kopf** *m* (Elektronik) / playback head ‖ ⌐**lautsprecher** *m* (Elektronik) / control o. listening o. monitor[ing] o. pilot loudspeaker ‖ ⌐**lautsprecher** *m,* Kontroll-Lautsprecher *m* / monitor[ing] loudspeaker ‖ ⌐**pegel** *m* (TV) / reproduction level ‖ ⌐**pegel** *m* (TV) / reproducing level ‖ ⌐**schalter** *m* (Fernm) / listening o. monitoring o. speaking key o. switch ‖ ⌐**tätigkeit** *f* / interception activity ‖ ⌐**tisch** *m* (Fernm) / wiretap ‖ [**Kontroll-]**⌐**tisch** *m* (Tonfilm) / playback desk ‖ ⌐**verstärker** *m* (Fernm) / monitoring o. bridging amplifier
Abietinsäure *f* / colophonic o. abietic acid
Ab-initio-Flugzeug *n,* Schulflugzeug *n* / ab-initio trainer, basic trainer, primary trainer
abiotisch / abiotic
abisolieren / strip the insulation, skin
abisoliert (Elektr) / bared
Abisolierzange *f* / stripping tongs *pl,* wire stripper
abkaltlehren (Plast) / cold-form
abkanten, -ecken, -stoßen, -fasen (Zimm) / bevel, cant off ‖ ⌐ (Blech) / edge, border ‖ ⌐ (Tuch) / cut off the selvage ‖ ⌐, falzen (Stanz) / fold
Abkant·maschine *f* **für Blech,** Abkantpresse *f,* Schwenkbiegemaschine *f* (DIN) / folding machine, folding o. bending press, press brake ‖ ⌐**maschine** *f* **für Muttern** / nut bevelling machine ‖ ⌐**presse** *f,* Schwenkbiegemaschine *f* (DIN) (Stanz) / folding press, bending press ‖ ⌐**presse** *f* **für dicke Bleche** (Wzm) / metal o. power brake, press brake (US) ‖ ⌐**profil** *n* (Blech) / canted o. bevelled profile ‖ ⌐**säge** *f* (Holz) / edge trimming saw
Abkapper *m* (Elektr) / clipper
abketteln (Wirkm) / fix the meshes, hook up ‖ ⌐ (Stiche) / fasten off the stitches
Abkippgeschwindigkeit *f* (Luftf) / stalling speed
abklappbar (Masch) / folding down, fold out
abklären (Zuck) / decolor ‖ ⌐, filtrieren / filter, clarify
Abklärgefäß *n* (Chem) / decanter
abklatschen (Stoffdruck) / pick-off ‖ ⌐ *n* **auf den Walzen** (Färb) / marking-off on the rollers
abklemmen, abpressen / separate by pressing, squeeze off, pinch off ‖ ⌐ (Textil) / unclipping ‖ ⌐ (Elektr) / disconnect, branch off
Abklingbecken *n* (Nukl) / fuel cooling installation
Abklingeln *n* (Kabel) / ringing test, buzz-out test ‖ **ein Kabel** ⌐ / buzz out o. ring out a cable
abklingen (Reaktor) / decay ‖ ⌐, verschwinden / decay, die away ‖ ⌐, Abklingung *f* (Nukl) / radioactivity decay, cooling ‖ ⌐ (Röhre) / dying out ‖ ⌐ **der Schwingung,** Ausschwingen *n* / dying out, decay ‖ **auf Null** ⌐ / die [out]
abklingend, konvergent (Nukl) / convergent ‖ ⌐ (Schwingung) / decaying ‖ ⌐**e aperiodische Bewegung** / subsidence
Abkling·konstante *t* (Röhre) / damping constant ‖ ⌐**konstante** α *f* (Nukl) / Rossi-alpha ‖ ⌐**kurve** *f* (Schwingung) / fading curve ‖ ⌐**kurve** *f* (Nukl) / decay curve, curve of radioactivity decay ‖ ⌐**modul** *m* / modulus of decay
Abklingzeit, Relaxationszeit *f* (Oszill) / relaxation time ‖ ⌐ (Radar) / ringing time ‖ ⌐ *f* (Linearverstärker) / ripple time ‖ ⌐ (Radar) / return-to-zero period ‖ ⌐ **von Impulsen** / pulse decay time o. fall time
abklopfen (Schw) / tap ‖ ⌐ (Radreifen) / hammer-test the tire *v*
Abkopf·hammer *m* (Kesselstein) / scaling hammer o. chipper, boilermaker's hammer ‖ ⌐**prüfung,** Abhörprüfung *f* / tapping test

abkneifen / pinch ‖ **Eingüsse** ⌐ (Gieß) / remove the gates
Abkneifer *m,* Abschneidegesenk *n* (Wzm) / cutoff
Abkneifpresse *f* (Gieß) / sprue cutting press
abknicken / kink *vt vi* ‖ ⌐ *n* **in Flankenlinien** (Abwälzfräsen) / lead error
abknickende Lenksäule / forward-folding steering column
Abkoch·apparat *m* (Web) / scouring apparatus, kier-boiling apparatus ‖ ⌐**druckapparat** *m,* Beuchapparat *m* (Web) / apparatus for scouring in autoclaves, scouring autoclave
abkochen / boil [out o. off] ‖ ⌐ (Chem) / decoct ‖ ⌐ (Milch) / scald
Abkocherei *f,* Reinigungsanlage *f* (Eisenbahnwerkstatt) / dye-vat (US), cleansing installation
Abkochung *f,* Absud *m* (Chem) / decoction
abkohlen (Bergb) / break, get, win, mine
Abkohler *m* (Bergb) / breaker
Abkohlung *f* (Hütt) / partial decarburization
abkommen, außer Gebrauch kommen / fall into disuse ‖ ⌐ (vom Kurs) / deviate
Abkommen *n* **betreffend den internationalen Eisenbahngüterverkehr,** AIM *n* / Agreement concerning the International Carriage of Goods by Rail ‖ ⌐ **betreffend den Internationalen Eisenbahn-Personen- u. -Gepäckverkehr,** AIV *n* / Agreement concerning the International Carriage of Passengers and Baggage by Rail
Abkömmling *m,* Derivat *n* (Chem) / derivative
Abkopplung *f,* Loskoppeln *n* (Raumf) / undocking
Abkrammen, Abziehen von Schlacke o. Krätze (Gieß) / skimming
abkratzen / scratch off, scrape off ‖ ⌐, auskratzen / erase ‖ ⌐ *n* **von Farbe** / stripping of paint
abkreiden (Bau) / line out with chalk
abkrümmen, abbiegen / bend off
abkühlen / cool [down] *vt* ‖ ⌐, im Kühlofen abkühlen (Glas) / anneal ‖ ⌐ (Nukl) / cool ‖ ⌐, -kühlung *f* / cooling-off o. -down ‖ ⌐, Erstarren *n* (Hütt) / congelation, congealing ‖ ⌐ **lassen** / let cool ‖ **scharf** ⌐ / chill ‖ **sich** ⌐, kühl werden / cool, refrigerate
Abkühlung, Kühlung *f* / cooling, refrigeration ‖ **schnelle starke** ⌐ / chilling
Abkühlungs·geschwindigkeit *f* / rate of cooling ‖ ⌐**kurve** *f* / cooling curve ‖ ⌐**rollgang** *m* / cooling roller table ‖ ⌐**vorrichtung** *f* (Gieß) / bosh ‖ ⌐**vorrichtung** *f* / cooling jig o. fixture
abkuppeln (Bahn, Fahrzeug) / uncouple
abkürzen (zeitlich), verkürzen / abbreviate, abridge, shorten, curtail ‖ ⌐ (Weg, Strecke) / abridge, cut off ‖ ⌐ (Lieferzeit) / shorten the time of delivery, cut the time of delivery ‖ ⌐, beschneiden / clip ‖ ⌐ *n* / shortening ‖ ⌐, Abbrechen *n* (DV) / truncation ‖ ⌐ **von Wörtern** / abbreviation ‖ **Wörter** ⌐ / abbreviate words
Abkürz·kreissäge *f* / circular cross-cut saw ‖ ⌐**kreissäge** *f,* Ablängkreissäge *f* / circular cross-cut saw ‖ ⌐**säge** *f* (Holz) / dimensioning machine, bucking saw, cross-cut saw
Abkürzung, Abkürzungsweg *m* / cutoff ‖ ⌐ / abbreviation
Abkürzungs·verfahren *n* (Prüfen) / accelerated o. rapid method of testing ‖ ⌐**verzeichnis** *n* (DV) / dictionary ‖ ⌐**zeichen** *n* / abbreviation mark
abladen / unload ‖ ⌐, schütten, auskippen, stürzen / tip out, dump
Ablade·platz *m* / discharging place ‖ ⌐**platz** *m* **für Schutt** / dump (US), dumping ground
Ablader *m* / discharger
Abladeschneidgebläse *n* (Landw) / unloader chopper blower
abladiert, abgetragen (Plasma) / ablated
Ablage *f,* Aufnahme *f* (Prüfen) / place of deposit ‖ ⌐, (spez.:) Handschuhkasten *m* (Kfz) / cubby hole, glove box ‖ ⌐ (allg) / stacker plate ‖ ⌐, Ablegen *n* (Büro) / filing ‖ ⌐ (Platz, Stelle) (Büro) / place of deposit ‖ ⌐,

Ablegeabteilung f, Registratur f / depository ‖ ~
(Mikrosk, Mil) / amount of deviation ‖ ~bläser m (Buch) /
delivery blower ‖ ~fach n (Tischl) / pigeon hole ‖ ~fach
n der Sortiermaschine (LoKa) / sorter pocket ‖
~instrument n, Kursanzeiger m (Schiff) / course
indicator
ablagern, altern / mature vt, age, season vt ‖ sich ~ o.
absetzen (Chem) / deposit vi, be deposited, precipitate,
sediment, settle to the bottom
Ablagerung f, Bodensatz m (Chem) / precipitation ‖ ~
(Geol) / deposit, layer, bed ‖ ~ / deposit, sediment ‖ ~,
Anlagerung f (Polymere) / addition of polymers ‖ ~ der
Sinkstoffe / silting-up ‖ ~ von Nukleiden, Plate-out n /
plate-out of nuclides
Ablagerungsgebiet n (Geol) / scree, talus
Ablage·stapel m (Buch) / delivery pile ‖ ~tisch m (Buch) /
delivery table
ablandig (Wind) / off-coast, off-shore
ablängen / cut into lengths o. sections, break down
Abländer m (Forstw) / bucker
Ablängsäge, -kreissäge f / circular cross-cut saw
ablaschen (Bahn, Schienen) / remove the fishplates
Ablaß m / outflow ‖ ~düker m / regulating siphon of a
canal
ablassen (Behälterinhalt) / let off o. out, bleed ‖ ~ (Dampf)
/ blow off ‖ ~ (Luft, Gas) / deflate ‖ ~, abfließen lassen /
drain ‖ ~, entweichen lassen / let escape, evacuate ‖ ~,
[ab]senken / lower, let down ‖ ~, abfüllen (Flüssig) /
rack [off] ‖ das Roheisen ~, aufbrechen (Hütt) / run off
the iron ‖ Öl ~ / drain the oil
Ablaß·graben m (Wassb) / outlet channel o. ditch ‖ ~hahn
m / drain cock ‖ ~hahn m für Schmutzwasser / mud
cock o. drain ‖ ~öffnung f / orifice, outlet ‖ ~rohr n,
Ablaß m / outlet tube o. pipe ‖ ~rohr n (senkrecht) /
downpipe o. -spout ‖ ~schieber m (Pipeline) / washout
valve ‖ ~schraube f, -stopfen m / discharging screw,
delivery screw ‖ ~schraube (nicht: -stopfen),
Verschlußschraube f (Kfz) / drain plug ‖ ~seite f (Gieß) /
side of the running ‖ ~stollen m (Talsperre) / tailrace
tunnel ‖ ~stopfen m / waste valve for sanitary fittings ‖
~stutzen m / drain o. outlet sleeve, delivery joint ‖
~stutzen m, Entleerungsstutzen m / discharging o.
draining connection ‖ ~ventil n / waste valve, drain
valve
Ablastebogen m (oben eben, unten gewölbt) / camber
arch
Ablation, Abschmelzung f (Geol, Raumf) / ablation ‖ eine
~ durchmachen / ablate
ablations·gekühlt / ablatively cooled ‖ ~material n,
ablativer Werkstoff m (Raumf) / ablation material ‖
~platte f, -kachel f (Raumf) / surface insulation tile ‖
~triebwerk n / ablation rocket
ablativ, wärmeabsorbierend (Raumf) / ablative, ablating
Ablauf m (Zuck) / runoff ‖ ~, Ausfluß m (Hydr) / delivery,
discharge, issue ‖ ~, Ausfluß m (Vorgang, Stoff,
Menge) / efflux, effluxion ‖ ~, Verlauf m / course,
march, development, run ‖ ~ (der Geltungsdauer)
(Patent) / expiration (of the availability) ‖ ~, Öffnung f /
outlet, discharge, issue ‖ ~ (von Überschüssigem) (allg)
/ run-off ‖ ~ (Destillat) (Chem) / running ‖ ~, Änderung
f (Meteorol) / march ‖ ~ (Straßb) / road gully ‖ ~ A, erster
Ablauf (Zuck) / first run-off o. runnings pl ‖ ~ des
Bremsmanövers (Raumf) / retrosequence ‖ ~ des
Gewindebohrers / back taper ‖ ~ des Wortes größter
Länge (DV) / maximum length sequence code, MLSC
‖ ~ eines Bearbeitungsvorgangs, (spez:)
Bearbeitungsstufe f / machining cycle ‖ ~ eines
Programms (DV) / logic operation ‖ ~ eines
Schneidwerkzeuges / run-off of a cutting tool ‖ ~ vom
Schleudern (Zuck) / run-off, molasses pl ‖ ~ von
Nachprodukt II (Zuck) / low green sirup ‖ ~ während
des Fluges (Raumf) / in-flight sequence ‖ ~ dicker (Zuck)
/ viscous molasses pl ‖ ~ weißer o. klarer (Destill) /
clear run-off ‖ ~anforderung f (DV) / sequence request,

routine request ‖ ~backe f (Bremse) / trailing o.
secondary shoe ‖ ~bahn f (Schiff) / launching ways pl,
slip [way], runway (US) ‖ ~bahn f, Schlipp, Slipp n
(Schiff) / launching ways pl, runway (US), slip[way] ‖
~bahn f (fester Teil der Stapellaufbahn) (Schiff) /
standing ways pl ‖ ~begrenzung f (Uhr) / stopwork ‖
~bereites Programm (DV) / loadable program,
executable program, operable program ‖ ~berg m
(Bahn) / hump, [double] incline, summit ‖ ~betrieb m
(Bahn) / gravity marshalling, gravity classification ‖
~betrieb m (Bahn) / gravity classification ‖ ~bock m
mit Achse (Kabelherstellung) / axle type take-up [stand] ‖
~bremse, Gleisbremse f (Bahn) / skate, slipper [wagon]
retarder ‖ ~diagramm n / flow chart ‖ ~diagramm n
(DIN 40719) (Schaltanlage) / flow chart o. sheet ‖
~diagramm n (ein Oberbegriff) (DV) / flow process
diagram ‖ ~diagramm n (DV) / logic[al] diagram
(deprecated), functional diagram ‖ ~eigenschaft f
(Email) / flowing property, drainage behaviour ‖
~einziehkasten m (Zuck) / vacuum pan supply tank for
run-off
ablaufen, -fließen / drain off ‖ ~ (Patent) / expire ‖ ~ (Uhr)
/ run down ‖ ~, abtreten vt / wear out by walking ‖ ~,
verlaufen (Bohrer) / run off center ‖ ~ (seitlich) (Riemen)
/ run off ‖ ~, verlaufen (Säge) / saw vi untrue ‖ ~ (Leim,
Farbe) / drip ‖ ~ (Flut) / run out ‖ ~ lassen (Flüssigkeit) /
drain vt ‖ ~ n von der Felge / rolling off the rim ‖ von
der Rolle ~ / run off the reel, reel off
ablaufend (Flut) / receding, subsiding ‖ ~e Backe (Bremse)
/ secondary shoe ‖ ~e Pol[schuh]kante (Elektr) / trailing
pole tip o. horn ‖ ~es Riementrumm / side of delivery
Ablaufende n des Bremsschuhes, Ankerseite f
(Trommelbremse) / face side of the brake shoe
Ablaufen·lassen n (Email) / draining ‖ ~lassen n des
Bildschirmtextes (DV) / scrolling
ablauf·fähig, -bereit (Programm) / executable, loadable ‖
~figur, Fließspur f (Fehler) (Email) / run-down ‖
~förderer m, Schwerkraftförderer m / gravity
conveyor ‖ ~gestell n, Ablauf m (Kabelherst) / pay-out
stand ‖ ~gleis n (Bahn) / hump o. lead (US) track ‖
~gleis n / hump o. lead (US) track ‖ ~glied n
(pneumatische Steuerung) / step logic element ‖
~haspel m f (Hütt) / uncoiler ‖ ~haspel m f (Spinn) /
running-off reel ‖ ~invariantes Programm /
reenterable program o. reentrant program ‖ ~kanal m, Gerinne n
/ flume ‖ ~kasten, unterer Wasserkasten (am
Motorkühler) m (Kfz) / lower water box ‖ ~kasten m
(Zuck) / tank for run-off ‖ ~kette f (Fluidtechnik) /
sequence cascade ‖ ~kondensator m (Brau) / outflow
condenser ‖ ~konzentration f (Chem) / tray affluent
concentration ‖ ~krone m (Kabelherst) / pay-off crown ‖
~kurve f (in der Fertigung) (F.Org) / learning curve ‖
~kurve f (Nocken) / drop o. return curve ‖ ~leitung f,
Abflußleitung f (allg) / drain pipe, discharge o. outlet
pipe ‖ ~linie f (Fehler im Email) / drain line ‖ ~linie f,
Flußlinie f (Plast) / flow line ‖ ~linie f im Flußplan (DV)
/ flow line ‖ ~öffnung f für Kondensat
(Wärmeaustauscher) / weephole ‖ ~parametergenerator
m (DV) / runtime parameter generator ‖ ~phase f (DV) /
program phase ‖ ~plan m (DV) / flow chart, flow sheet
‖ ~planung f / operational planning ‖ ~rampe f (Bahn) /
gravity incline, run-down ramp ‖ ~rangierbetrieb m
(Bahn) / gravity shunting o. sorting ‖ ~richtung f,
Flußrichtung f (DV) / flow direction ‖ ~rinne f,
Abzugsgraben m / channel, outlet ‖ ~rinne f, -gerinne n
(Gieß) / casting gutter ‖ ~rohr n (Bau) / waste pipe ‖
~rolle, -spule f / feed roller ‖ ~rollgang m (Walzw) /
live roller delivery bed ‖ ~rost m (Straßb) / drain cover ‖
~schacht m / downcomer ‖ ~schacht m einer Kolonne
(Chem) / downcomer of a column ‖ ~schaltwerk n
(pneum. Steuerung) / sequence processor ‖ ~schema n /
flow chart o. diagram, operational chart ‖ ~schlauch m
/ discharge hose, run-off hose ‖ ~schlitten,
Stapellaufschlitten m (Schiff) / launching cradle o. slide ‖

⌁sieb n / discharge strainer ‖ **⌁signal** n (Bahn) / humping signal ‖ **⌁sirup** m (Zuck) / centrifugal o. run-off syrup ‖ **⌁speicher** m (Bahn) / automatic marshalling controller ‖ **⌁spule** f (Magn.Bd, Film) / feed reel, tape supply reel, tape spool ‖ **⌁stellwerk** n (Bahn) / humpyard signal box (GB), humpyard interlocking (US), hump cabin o. tower (US) ‖ **⌁steuerung** f / run-off control ‖ **⌁stollen** m, Ablaßstollen m (Talsperre) / tailrace tunnel ‖ **⌁streifen** m (Email, Fehler) / drain line ‖ **⌁studie** f (F.Org) / flow process study ‖ **⌁tabelle** f (DIN 40719) / sequential diagram, time sequence table ‖ **⌁teil** m (Teil des Organisationsprogramms) (DV) / executive, executive routine, supervisory routine, supervisor ‖ **⌁teller** m (Kabelherst) / pay-off plate ‖ **⌁trennung** f (Zuck) / classification of runnings ‖ **⌁überwacher**, -verfolger m (DV) / trace o. tracing program o. routine ‖ **⌁- und Planungsforschung** f / operations o. operational research, OR ‖ **⌁unterbrechung** f (DV) / exception condition ‖ **⌁ventil** n / drain valve, waste valve ‖ **⌁ventilbetätigung** f (Waschbecken) / inverter ‖ **⌁verfolger** m, Ablaufüberwacher m (DV) / tracing o. trace program o. routine ‖ **⌁wasser** n (allg) / waste water ‖ **⌁wasser** n (Diffusion, Zuck) / battery waste water ‖ **⌁zähler** m / flow meter ‖ **⌁zeit** f (DV) / pass time ‖ **⌁zettel** m (Bahn) / cut list, shunting list ‖ **⌁zone**, Zerlegungs[gleis]gruppe f (Bahn) / set of splitting-up sidings

Ablauge f / spent lye, waste lye ‖ **⌁** (Pap) / waste liquor

ablaugen, abbeizen / remove by caustics

abläutern vt (Brau) / run off ‖ **~** (Glhütt) / fining, refining, planing

abledern (Kfz) / polish with a shammy

Ableerbütte f (Pap) / dump chest

Ablege·fach n s. Ablagefach ‖ **⌁fehler**, Zwiebelfisch m (Buch) / wrong letter o. fount ‖ **⌁kasten** m (Buch) / receiving box

ablegen / deposit, lay down ‖ **~** (Buch) / distribute ‖ **~** (Büro) / file ‖ **~** vi (Schiff) / put to sea, sail ‖ **⌁** n (Schm) / finishing of pressing o. hammering ‖ **⌁ der Schrift** (Buch) / distributing, distribution ‖ **⌁ der Warenbahn** (Textil) / plaiting of the fabric web ‖ **⌁ o. Auswechseln der Seile** (Seilb) / removal of cables in service

Ableger m (Textil) / folder, plaiter, cuttler ‖ **⌁ für Getreide**, Ablage f (Landw) / reaper o. reaping attachment

ablege·reif (Seil) / to be discarded ‖ **⌁reife** f (Seil) / replacement state of wear ‖ **⌁rutsche** f (Landw) / chute, shoot ‖ **⌁schrift** f, -satz m (Buch) / dead matter for distribution ‖ **⌁span** m (Buch) / distributing rule ‖ **⌁stapel** m (Buch) / delivery pile ‖ **⌁wagen** m (Textil) / folding truck, plaiting truck

Ablehnungsbereich m (Statistik) / rejection range, critical range

ableichtern (Schiff) / lighten

ableimen, ablösen / unstick vt, unglue vt

ableiten, -lenken / divert, deviate, turn off ‖ **~**, ablassen (Flüssigkeit) / let off ‖ **~** (Elektr) / derive, branch off ‖ **~** (Wärme) / carry away o. off ‖ **~**, folgern / deduce, derive ‖ **~**, differenzieren (Math) / derive, differentiate ‖ **sich ~**, herrühren [von] (Patent) / stem [from] vi

Ableiter m (für Verunreinigungen) (Plasma) / divertor ‖ **⌁** (Elektr) / charge eliminator

Ableit·fähigkeit f **für elektrostatische Ladungen** / derivation ability for electrostatic charges ‖ **⌁kondensator** m / by-pass capacitor ‖ **⌁strom** m (Elektr) / leakage current

Ableitung, Differentiation f (Math) / derivation, differentiation ‖ **⌁**, abgeleitete Funktion (Math) / differential function, derivative, differential coefficient o. quotient ‖ **⌁** f (Wirkleitwert der Isolation), "G" / conductance (of a dielectric), "G" ‖ **⌁**, Abzweigung f (Elektr) / derivation, branching off ‖ **⌁**, Verlust m (Elektr) / loss, leakage ‖ **⌁**, Streuung f (Elektr) / stray[ing] ‖ **⌁ des Stromes durch Nässe** (Elektr) / weather contact

‖ **⌁ des Wassers** (Wassb) / drain, draining, drainage ‖ **⌁ durch Nässe** (Elektr) / weather contact loss ‖ **⌁ durch Nässe von einer Leitung zur anderen** (Elektr) / weather contact o. cross ‖ **⌁ einer Ladung** (Elektr) / conductive discharge ‖ **⌁ eines Flusses** (Hydr) / diversion ‖ **⌁ nach der Zeit** / derivative with respect to time ‖ **⌁ radioaktiver Stoffe** (z.B. in der Luft) / disposal of radioactive waste ‖ **⌁ zur Erde**, Erdableitung f (Elektr) / earth contact (GB), ground contact (US) ‖ **erste ⌁** (Math) / first derivative

Ableitungs·belag m / conductance per unit length ‖ **⌁dämpfung** f (Fernm) / shunt loss, leakage attenuation ‖ **⌁kanal**, -graben m / lode, drain, ditch ‖ **⌁kanal**, Abzug m (Hydr) / outfall ‖ **⌁messer** m (Elektr) / leakage meter ‖ **⌁rohr** n **für Schmutzwasser** / sewage pipe ‖ **⌁widerstand** m (Elektronik) / bleeder resistor, shunting resistor

ablenkbar (Opt) / deflectable

Ablenkbarkeit f / deviability

Ablenk·blech n, -scheibe, -platte f / baffle plate ‖ **⌁blech** n / deflector plate ‖ **⌁blech** n, -scheibe f (Masch) / baffle [plate] ‖ **⌁block** m (Keram) / deflecting block ‖ **⌁dehnung** f (Radar) / expanded sweep, deflection magnification ‖ **⌁einheit** f, -gerät n (TV) / deflector, scanning component ‖ **⌁elektrode** f / deflecting electrode ‖ **⌁empfindlichkeit** f (in cm/V) / deflection sensitivity

ablenken / diverge vt, deflect, deviate ‖ **~**, abtasten (TV) / scan ‖ **~** (Astr) / perturb ‖ **~** (Phys, Opt) / deflect ‖ **~**, beugen / diffract

ablenkend, nach links ~ (Opt) / levorotatory, levogyric ‖ **nach rechts ~** (Opt) / dextrorotatory, dextrogyric

Ablenker m / deflector

Ablenk·fehler m (Kath.Str.) / deflection distortion ‖ **⌁feld** n (Elektr) / deflecting field ‖ **⌁frequenz** f (TV) / scanning frequency ‖ **⌁generator** m (TV) / deflection oscillator, scanning generator, time-base generator ‖ **⌁gerät** n (TV) / deflector ‖ **⌁geschwindigkeit** f (Kath.Str.) / spot velocity ‖ **⌁joch** n, Ablenkspulenjoch n (Kath.Str) / deflecting yoke, deflection yoke ‖ **⌁kraft**, Richtkraft f / deflecting force o. torque ‖ **⌁kraft** f (Elektr) / deviating power ‖ **⌁kreis**, -generator m (Elektronik) / sweep circuit ‖ **⌁mauer** f (Lawinen) / deflection o. diverting wall, avalanche key ‖ **⌁-Nichtlinearität** f (TV) / deflection non-linearity ‖ **⌁platte**, -scheibe f, -blech n (Masch) / baffle [plate] ‖ **⌁platte** f (TV) / deflector plate, deflecting electrodes pl ‖ **⌁platte** f (Braunsche Röhre) / deflector plate, deflecting electrodes pl ‖ **⌁platten-Zugstange** f / baffle tierod ‖ **⌁rad** n, -rolle f (Seilb) / caster roll ‖ **⌁rolle** f / deflecting roller ‖ **⌁rolle**, Führungsrolle, -scheibe f / guide o. guiding pulley o. roller o. sheave ‖ **⌁rolle** f (Walzw) / deflector roll ‖ **⌁rolle** f (Seilb) / castor wheel ‖ **⌁schaltung** f (TV) / sweep circuit ‖ **⌁schuh** m (Seilb) / deflection saddle ‖ **⌁spannung** f (TV) / deflecting voltage ‖ **⌁spule** f (Elektronik) / deflecting o. deflector coil, sweeping coil, (TV:) scanning coil ‖ **⌁spule** f (Nukl) / orbit shift coil ‖ **⌁spule** f (TV) / deflector, scanning component ‖ **⌁spulenjoch** n (Kath.Str.) / deflecting yoke, deflection yoke ‖ **⌁steuerung** f (Elektronik) / deflection control ‖ **⌁stufe** f (TV) / scanning stage ‖ **⌁trommel**, Einschnürtrommel f (Förderband) / snub pulley

Ablenkung f (Phys) / deflection, bending, deviation ‖ **⌁** (TV) / deflection, sweep ‖ **⌁** (z.B. Strömung) / diversion ‖ **⌁**, Umleitung f (Bahn) / route deviation o. diversion ‖ **⌁ durch den Wind** / windage ‖ **⌁ von Wellen** / deflection of waves ‖ **auf ⌁** (Weiche) / in reverse position

Ablenkungs·faktor m, Reziprokwert m der Ablenkempfindlichkeit (Kath.Str) / deflection factor ‖ **⌁generator** m **für X- o. Y-Achse** (TV) / time base generator ‖ **⌁kurve** f (Kompaß) / deviation curve ‖ **⌁magnet**, Deviationsmagnet m / deviation magnet ‖ **⌁magnetfeld** n (Elektr) / deflecting field ‖ **⌁messer** m / deflectometer ‖ **⌁methode** f / method of deviation ‖

⌐**prisma** *n* / deviation o. deviating prism ‖ ⌐**vermögen** *n* **für polarisiertes Licht** / rotatory power ‖ ⌐**weiche** *f* (Bahn) / trap points *pl* ‖ ⌐**winkel** *m*, Ablenkwinkel *m* (Opt) / deviation angle

Ablenkweite, Kippamplitude *f* (TV) / sweep amplitude

ablesbar / indicating, reading, registering ‖ **auf eine Bogenminute genau** ~ / reading to one minute of arc

Ablese·fehler *m* / reading error, error in reading ‖ ⌐**genauigkeit** *f* / accuracy of reading ‖ ⌐**mikroskop** *n*, -lupe *f* / reading microscope, reading glass

ablesen, eine Ablesung vornehmen / read [off], take a reading ‖ ~, sammeln / pick off ‖ **einen Zähler** ~ / read a counter

Ablese·okular *f* / reading eyeglass ‖ ⌐**schieber** *m* **der Nivellierlatte** (Verm) / vane ‖ ⌐**strich** *m* / reading line, graduation mark ‖ ⌐**system** *n* / read-out system ‖ ⌐**vorrichtung** *f*, -okular *n* / reading microscope ‖ **bewegliche** ⌐**vorrichtung** (Instr) / slide vane ‖ ⌐**vorrichtung** *f* **des Diopterlineals**, Diopter *n* / direct vision viewfinder, diopter, sight vane ‖ ⌐**zeit** *f* (DV) / read cycle time

Ablesung *f* (Instr) / observation ‖ ⌐ (Instr., Zähler) / reading ‖ ⌐ (Verm) / field observation ‖ ⌐, Meßergebnis *n* / test reading ‖ ⌐ **über den gesamten Meßbereich** / total indicator reading, TIR

ableuchten / inspect o. test by lighting ‖ ⌐ *n* (mit der Sicherheitslampe) (Bergb) / gas testing

Ableucht·lampe *f* / inspection lamp ‖ ⌐**lampe** *f* (Bergb) / lead lamp

Ablichten *n* / photocopying

Ablichtung *f* / photocopy, photoduplicate, -cation

Ablichtungspapier *n* / photocopying paper

Ablieferung *f* / delivery ‖ ⌐ (Spinn) / delivery, feed ‖ ⌐, Abgabe *f* (z.B. aus Glasuren), Übergabe *f* / elution (e.g. from glazes)

Ablieferungs·prüfung *f* / acceptance test ‖ ⌐**walzen** *f pl*, Abzugswalzen der Anlegemaschine *f pl* (Textil) / delivering rollers of a spreader *pl*

Abliegen *n* (Druckbogen) (Buch) / set-off, blot

abliegende Zunge (Weiche) / open point, open tongue

ablösbar / detachable, removable ‖ ~ (z.B. Tapete) / strippable (e.g. wall paper)

Ablösbarkeit *f* **von dem Schutzpapier** (Haftetikett) / release

ablöschen, auslöschen (Feuer, Kalk) / quench, slake ‖ ~ **beim Härten** / water-quench

Ablöschtemperatur *f* (Hütt) / quenching temperature

ablösen, lösen, losmachen / loosen, detach, remove ‖ ⌐, Abreißen *n* (Strömung) / separation ‖ ⌐ *n* **der Emulsion** (Phot) / stripping ‖ ⌐ **des Niederschlags** (Fehler) (Galv) / peeling of the electro-deposition ‖ **sich** ~ (Strömung) / separate *vi*

Ablösung *f* / detachment, separation ‖ ⌐ (Geol) / detachment ‖ ⌐ **einer laminaren Grenzschicht** / laminar separation

Ablösungs·fläche *f* (Geol) / cleats *pl*, cleat plane, main cleavage plane, joint ‖ ⌐**fläche** *f* (Krist) / cleavage face o. plane ‖ ⌐**mannschaft** *f*, Ablösung *f* / relief ‖ ⌐**mittel** *n* **für Farben** / sugar soap (US), paint remover ‖ ⌐**punkt** *m* / separation point of a flow

ablöten / unsolder, unsweat

Abluft *f* / drawing-off air, outgoing air

Ablüfter *m*, Abluftrohr *n* (Klimaanlage) / exhaust ventilator cowl

Abluft·haube *f* (Bau) / ventilator cowl ‖ ⌐**leitung** *f* / air evacuation duct ‖ ⌐**reinigung** *f* (Nukl) / exhaust air decontamination ‖ ⌐**rohr** *n* / outgoing air pipe ‖ ⌐**schacht** *m* (Bau) / exhaust shaft ‖ ⌐**ventilator** *m* / exhaust fan

abmachen, losmachen / detach, remove

Abmagern *n* (Keram) / grogging

Abmagerungsventil *n* (Kfz) / air gulp valve

abmaischen (Brau) / finish mashing

Abmangel *m*, fehlendes Gewicht, fehlende Menge / ullage, wantage

abmanteln, abisolieren (Elektr) / dismantle, peel off, strip

abmarken (Verm) / mark off

Abmaß *n*, Maßabweichung *f* (Zeichn) / deviation, variation ‖ ⌐, Abmessung *f* / measurement, dimension ‖ **oberes, [unteres]** ⌐ / allowance above [,below] nominal size, over- [,under-]allowance

abmeißeln / chisel o. chip off ‖ ⌐ **von Defektstellen** (Hütt) / chipping

abmelden (DV, Terminal) / sign off, log off

Abmeldezeit *f* (Ölbrenner) / response time after cut-off

Abmeldung *f* (DV) / logoff

Abmeßanlage *f* (Bau, Straßb) / batching plant

abmeßbar / measurable, mensurable ‖ **durcheinander** ~, maßlich vergleichbar / commensurable, -mensurate

abmessen, ausmessen / [ad]measure, gauge ‖ ~, abzirkeln / compass, mark with compasses ‖ ~, dosieren / meter ~, maßnehmen / take the measurements

Abmeß·gefäß *n* (Bau) / gauge box, batch box, batcher ‖ ⌐**pumpe** *f* / proportioning o. dosing pump

Abmessung, Ausdehnung *f* / dimension, measure [in one length] ‖ ⌐, Abmaß *n* / measurement, dimension ‖ ⌐, Form *f* (eines bearbeiteten Teils) / size, shape ‖ **größte** ⌐ (Ladung) (Bahn) / load limit ‖ **umfangreiche o. bedeutende** ⌐**en** / considerable dimensions

Abmessungs·faktor *m* (Reifen) / size factor ‖ ⌐**norm** *f*, Maßnorm *f* / size standard

ABM-Flugkörper *m* / antiballistic missile

abmildern (Färb) / tone down, soften

Abminderungsbeiwert *m*, -faktor *m* (Stahlbau) / reduction factor, diminution coefficient

Abmischen *n* (Phono) / mixing

AB-Mischer *m* (TV) / AB mixer

abmontieren / detach, dismount

Abmustern *n* (Färb) / matching ‖ ⌐ (Farbenkomparator) / matching

Abnadelvorrichtung *f* (Spinn) / unclipping device

Abnahme *f*, Verschlechterung *f* (allg) / decay ‖ ⌐, Verringerung *f* / diminution, decline, decrease ‖ ⌐, Inspektion *f* / official acceptance ‖ ⌐ **der Spannung** / voltage drop ‖ ⌐ **eines Neubaus** / taking over a newly erected house ‖ ⌐ **im Lieferwerk** / works acceptance, acceptance at supplier's ‖ ⌐ **je Stich** (Walzw) / draught of pass, reduction per pass ‖ ⌐ **von Lieferungen** / acceptance of deliveries ‖ **amtliche** ⌐ **o. Zulassung** / homologation, official approval ‖ **bei** ⌐ [von] / for an order [of] ‖ ⌐**beamter** *m*, Inspektor *m* / quality inspector, checker, receiving agent ‖ ⌐**bedingungen** *f pl* / acceptance conditions *pl*, test code ‖ ⌐**bereit** / ready for delivery ‖ ⌐**bericht** *m* / acceptance report ‖ ⌐**bescheinigung** *f* / acceptance certificate, approval note ‖ ⌐**bestimmung** *f* / specification for acceptance ‖ ⌐**boden** *m* (Chem) / draw-off tray ‖ ⌐**fahrt** *f* / acceptance run ‖ ⌐**flug** *m* / acceptance flight ‖ ⌐**grenze** *f*, -toleranz *f* / acceptance limit o. tolerance ‖ ⌐**kommission** *f* / control commission ‖ **durch die** ⌐**kontrolle gehender Artikel** (F.Org) / control item ‖ ⌐**lehre** *f* (des Käufers) / check gauge, inspection gauge ‖ ~**pflichtig** / subject to acceptance ‖ ⌐**protokoll**, Prüfprotokoll *n* [der Schlußprüfung] / production test document ‖ ⌐**protokoll** *n*, -niederschrift *f* / acceptance report ‖ ⌐**prüfprotokoll** *n* / inspection report ‖ ⌐**prüfung** *f* / acceptance test ‖ ⌐**prüfung** *f*, -versuch *m* / taking-over o. acceptance test o. trial ‖ ⌐**prüfung** *f* **für amtliche Zulassung** / approval test (by an Authority) ‖ ⌐**prüfzeugnis** *n* / inspection certificate ‖ ⌐**raum** *m* / inspection department ‖ ⌐**schmelze** *f* (Hütt) / inspection heat ‖ ⌐**stempel** *m* / acceptance stamp of the testing engineer o. officer ‖ ⌐**stichprobe** *f* (im Haus des Lieferanten) / acceptance sampling ‖ ⌐**toleranz** *f* / acceptance tolerance ‖ ⌐**versuch** *m* / acceptance test ‖ ⌐**verweigerung** *f* / rejection ‖ ⌐**vorrichtung** *f* / take-off device ‖ **⁓vorschrift**, -bestimmung f, -spezifikation f / specification for acceptance ‖ **⁓zeugnis** n / acceptance certificate

abnarben, schlichten (Gerb) / cut off o. peel off o. scrape the grain, smooth

abnehmbar, demontierbar, herausnehmbar / detachable, loose, dismountable, removable ‖ ⁓, trennbar / separable ‖ ⁓, beweglich (Räumnadel) / removable, pivoting ‖ **⁓er Felgenring** / detachable endless flange ‖ **⁓er Wulstring** (Kfz) / clincher side ring ‖ **leicht** ⁓ / pick-off…

abnehmen vt, entfernen / remove ‖ ⁓, losmachen (Masch) / take off, detach ‖ ⁓ (den Hörer) / lift (the receiver) ‖ ⁓, entgegennehmen / accept, take over ‖ ⁓ (die vollen Spulen) (Textil) / doff[er] ‖ ⁓ vi, sich vermindern / decrease, diminish ‖ ⁓, schwinden / dwindle ‖ ⁓, langsamer werden (Geschwindigkeit) / loose speed, retard vi, decelerate vi ‖ ⁓, geringer o. kleiner werden / lessen, diminish ‖ **das Format (o. die Stege)** ⁓ (Buch) / strip a forme ‖ **eine Arbeit** ⁓ / survey piece-work

abnehmend·e Lautstärke / descending loudness ‖ **⁓e Mondphase** (Astr) / wane

Abnehmepunkt m (o. Tastpunkt) bei Messungen / measuring point

Abnehmer m, Verbraucher m / consumer ‖ ⁓, Kunde m / customer ‖ ⁓, Benutzer m / user ‖ ⁓, Prüfer m / checker ‖ ⁓, Käufer m / purchaser, buyer ‖ ⁓ (an der Karde) (Textil) / doffer, doffing cylinder ‖ **⁓kamm** m (Textil) / noil-stripping comb, doffing comb ‖ **⁓walze der Walzenkrempel** / stripper roller of a card with workers

Abney-Farbsensitometer n / Abney sensitometer

abnieten / unrivet

abnorm, ungewöhnlich / abnormal

abnormale Ausführung / non-standard type

abnutschen, durch Filter absaugen (Chem) / filter by means of suction o. vacuum

Abnutzbarkeit f / wearability, wearing properties pl

abnutzen, verderben / wear off, spoil ‖ ⁓, abnützen / wear out, use up ‖ ⁓, abreiben, abschleifen vt / abrade ‖ **sich** ⁓, verschleißen / wear [and tear], wear out

abnutzend / wearing

Abnutzung, Abnützung f / wear [and tear], erosion, fret ‖ ⁓ (durch Reibung), Abrieb m / detrition, attrition, abrasion ‖ ⁓, Abnutzen, -reiben, Auswaschen n (Geol) / detrition ‖ ⁓, Verlust durch Verschleiß o. wastage ‖ ⁓ **und Bruch** / wear and breakage

Abnutzungsanzeiger m (Reifen) / wear indicator

Abnützungsdorn m **für Gewindelehre** / wear testing plug screw gauge

abnutzungs·fest / resisting wear ‖ **⁓fest**, haltbar o. lasting, made to last ‖ **⁓fläche** f (allg) / wearing surface ‖ **⁓fläche** f (Bahn, Fahrdraht) / sliding surface, wearing surface ‖ **⁓grenze** f / limit of wear ‖ **⁓messer** m / device for measuring wear ‖ **⁓muster** n **der Reifenlaufflächen** (Kfz) / abrasion pattern ‖ **⁓pigment** n, Lipofuscin n (Biol) / age pigment, lipofuscin ‖ **⁓prüflehre** f / wear testing gauge ‖ **⁓prüfmaschine** f (allg) / wear testing machine ‖ **⁓prüfmaschine** f (durch Abrieb) / abrasion testing machine ‖ **⁓prüfung** f / wear test ‖ **⁓spur**, Schleifspur f (auf der Filmseite) (Film) / stress mark ‖ **zulässige ⁓tiefe des Kollektors** (Elektr) / wearing depth ‖ **⁓trommelprobe** f (Straßb) / rattler test, Los Angeles test ‖ **⁓vorgang** m / wearing process, wear

Abonnement n / subscription

Abonnements·fernsehen n (USA) / pay television ‖ **⁓gespräch** n (Fernm) / subscription call

Abonnent m, Teilnehmer m (Fernm) / subscriber

Abort m, Wasserklosett n / lavatory (GB), toilet (US), WC ‖ **⁓becken** n, -schüssel f / lavatory bowl ‖ **⁓druckspüler** m / flushing valve ‖ **⁓sitz** m, Brille f / toilet seat (US), lavatory seat (GB) ‖ **⁓spülapparat** m / closet rinsing apparatus

aboxidieren vt / eliminate by oxidation

abpacken / package v, pack v

abpassen (Längen) / adjust to required length ‖ ⁓, anpassen / proportion

abplatten, ebnen / smooth, face ‖ ⁓ (z.B. Draht) / laminate, flatten

Abplattung f, Abflachung f / flattening ‖ ⁓ (Ellipsoid) / oblateness ‖ ⁓ (Himmelskörper) / compression of celestial bodies

Abplatzeffekt m (Hohlladung) / Hopkinson effect

abplatzen / chip off ‖ ⁓, abblättern / flake vi ‖ ⁓ n, Spalling n / spalling ‖ ⁓, Zerbröckeln n (Gummi) / chipping, flaking ‖ ⁓ (Farbe, Putz) / flaking ‖ ⁓ **an der Basis** (Reifen) / chipped base ‖ ⁓ **an der Klebestelle** (Reifen) / chipped splice ‖ ⁓ **der Reifen-Lauffläche** (Reifen) / tread separation ‖ ⁓ **durch Druck** (o. Schlag) (Keram) / mechanical spalling ‖ ⁓ **größerer Emailstücke** / chipping ‖ ⁓ **von Teilen der Reifenlauffläche** (Kfz) / chunking

abplatzsicher (Email) / chip-proof

abpölen, enthaaren (Gerb) / pare off o. scrape off the hair

abprallen, prallen / bounce, rebound ‖ ⁓ (Geschoß) (Mil) / glance off, ricochet, skip

Abprallpunkt m **eines Prellschusses** (Mil) / graze

abpressen, abklemmen / separate by pressing, squeeze off, pinch off ‖ ⁓ (Räder von der Achse) / remove wheels by pressure ‖ ⁓, verpressen (Bergb) / grout, inject under pressure ‖ ⁓ (Chem) / express, press o. squeeze out ‖ **Behälter** ⁓ / pressure-test

Abpreß·grad m (Pap) / press[ed] weight ratio ‖ **⁓maschine** f (Buch) / backing machine ‖ **⁓versuch** m / pressure test

abpuffern (Chem) / buffer

abpumpen / pump out o. down

abputzen (Bau) / plaster, coat ‖ ⁓, den Putz glätten (Bau) / float ‖ ⁓ (mit Stuckarbeit) (Bau) / parget (US)

Abquetsch·dichtung f (Vakuum) / pinch-off seal ‖ **⁓effekt** m **beim Foulardieren** (Textil) / squeezing effect

abquetschen (Textil) / squeeze off, quetch v (US) ‖ ⁓ n (nach dem Evakuieren) (Glühlampe) / sealing-off

Abquetsch·fläche f (Plast, Preßform) / flash edge o. ridge o. land, land area of a mould / spew area o. ridge ‖ **⁓form** f, Überlaufform f (Plast) / flash mould ‖ **⁓form** f **kombiniert mit Füllraumform** / landed positive mould ‖ **⁓foulard** m (Textil) / squeezing mangle ‖ **⁓kante** f **beim Blasformen** / flashland ‖ **⁓rand** m, -fläche f (Plast) / cutoff, shear edge ‖ **mit vertieftem ⁓rand** / semipositive ‖ **⁓ring** m (Plast) / spew, [flash] groove ‖ **⁓rolle** f **für Brammen** / squeeze roller for slabs ‖ **⁓vorrichtung** f, Quetschwalzen f pl / squeeze rollers pl ‖ **⁓walze** f (beim Überziehen mit Plasten) (Hütt) / consolidation roll ‖ **⁓walze** f, -rolle f (Hütt) / wringer roll for pickling ‖ **⁓walzenpaar** n / squeezing rollers pl

abrahmen (Flotation) / skim ‖ ⁓, entrahmen (Milch) / cream vt, skim, scum

Abrasion f, abrasiver Verschleiß / abrasion, fretting wear

Abrasionsplatte f (Geol) / abrasion platform

abrauchen, abbrennen (Sintern) / delub, degrease, dewax ‖ ⁓ n **mit Schwefelsäure** (Kautschuk) / fuming with sulfuric acid ‖ **maschinelles** ⁓ / machine smoking (testing cigarettes) ‖ **maschinelles** ⁓ (Zigaretten) / machine smoking of cigarettes

Abraum m (Geol) / carth, gobbing, roof ‖ ⁓ (Bergb) / spoil, excavated material, waste ‖ ⁓ (Keram) / strippings pl, callow, overburden ‖ ⁓ (Tagebau) / overburden, rubbish ‖ ⁓, Deckgebirge n, Abraummassen f pl / overburden ‖ **⁓bagger** m / overburden dredger ‖ **⁓bau** m (Bergb) / open cast o. cut o. digging o. pit o. work[ing] ‖ **⁓bau** m, Tagebau m / open-air mining ‖ **⁓beseitigung** f (Keram) / encallowing

abräumen, abtragen / clear ‖ ⁓, ab-, aufdecken (Bergb) / remove the overburden ‖ ⁓ n (Bergb) / removing the overburden ‖ **eine Darre** ⁓ (Brau) / unload o. discharge the kiln, clear the floor

Abraum·förderbrücke f / overburden conveyor gantry ‖ **⁓lokomotive** f (Bergb) / clearing locomotive ‖ **⁓salz**, (jetzt:) Kalisalz *n* / potassium salt, waste salt, [Stassfurt] abraum salt

abrechnen (z.B. Arbeit) (Bau) / bill (e.g. works)

Abrechnung *f*, Nachkalkulation *f* / accounting, following-up

Abrechnungsmaschine *f* (DIN 9763) / accounting machine

Abrechte *f*, linke Seite (Web) / wrong side of the cloth

abrechten, auf der linken Seite noppen / nap the wrong side

Abregelung *f* (Kfz) / speed regulation

abreiben, abnutzen / rub off, abrade ‖ ~ (sich), abschleifen / abrade ‖ **mit Bimsstein** ~, abbimsen / rub with pumice stone, pumice *v*

Abreibevorrichtung *f* **für Malz** / malt polishing apparatus

abreichern (Nukl) / deplete, degrade, downgrade, strip

Abreicherung, Verarmung *f* (Nukl) / depletion

Abreinigung *f* **von Staubfiltern** / dedusting of filters

Abreinigungskammer *f* (Sandstr) / dedusting chamber, blow-off chamber

Abreiß·... / pull-off..., tear-off... ‖ **~anschnitt** *m* (Plast) / sprue puller o. gate ‖ **~block** *m* / tear-off block ‖ **~bremse** *f* (Kfz) / rapid-emergency brake

abreißen *vt*, abbrechen *vt* / tear off, pull off, rip off ‖ ~, niederreißen *vt* / break down, demolish ‖ ~, völlig zerstören / raze ‖ ~ *vi*, abgehen / break *vi*, come off o. away, get off ‖ ~, unterbrochen werden / intermit ‖ ~ *n* / breakaway ‖ ~ *m* (Anhänger) (Kfz) / breaking away, separation ‖ ~, Einreißen *n* (Bau) / demolition, tearing down ‖ ~, Ablösen *n* (Strömung) / separation ‖ ~ **der Flamme** (Schw) / burning away of the flame from the nozzle ‖ ~ **der Kraftlinien** (Elektr) / snapping of the lines of force ‖ ~ **der Luftströmung** (Luftf) / airflow breakaway, stall ‖ ~ **der Schwingung** / oscillation hole ‖ ~ **des Lichtbogens** (Schw) / extinguishing of the arc ‖ ~ **des Wasserfilms** (Galv) / water break ‖ **schnell** ~ / tear off

Abreiß·feder, Gegenfeder *f* / antagonistic [spring] ‖ **~feder** *f* (Fernm) / retractile spring ‖ **~funke[n]** *m* / spark on break o. at breaking, breaking spark ‖ **~funkenstrecke** *f* / movable disk discharger ‖ **~kegel** *m* (Plast) / restricted gate ‖ **~kraft** *f* (IC) / pull-off strength ‖ **~[licht]bogen** *m* / break[-induced] arc, interruption arc ‖ **~schiene** *f* (Schreibm) / tear-off blade, tear bar ‖ **~schnur** *f* / pull-out string ‖ **~schnur** *f*, Reißleine *f* / breaking cord ‖ **~seil** *n* (Kfz-Anhänger) / contact-breaking cable ‖ **~versuch** *m* / adhesion test for fibrous insulating materials ‖ **~vorrichtung** *f* / pull-off attachment ‖ **~walze** *f* (Buch) / web breaking roller ‖ **~zettel** *m*, Allonge *f* (Büro) / stub ‖ **[umlaufende] ~zone** (Hydromech) / [rotating] stall ‖ **~zylinder** *m* (Cottonm) / detaching roller

Abricht·diamant *m* / dressing diamond, trueing o. trimming diamond ‖ ~ **-Dickenhobelmaschine** *f* / surface planing and thicknessing machine

abrichten, justieren / dress, adjust ‖ ~ **von Schleifscheiben** / trimming of grinding wheels ‖ **Schleifscheiben** ~ / dress o. true o. trim grinding wheels ‖ **Schleifscheiben** ~ (o. abdrehen) / true grinding wheels *v*

Abrichter *m* / stretcher-leveller

Abricht·hammer *m* / planing hammer ‖ **~hammer** *m*, Pritschhammer *m* (Schm) / planing hammer ‖ **~hobel** *m* (Holz) / straightening planer ‖ **~hobelmaschine** *f* / surface planing machine, smoothing planer o. machine, trueing-up machine ‖ **~hobelmaschine** *f* **für größere Dicken** (Holz) / sizer ‖ **~hobel- und Fügemaschine** *f* / surface planing and edge jointing machine ‖ **~hobel- und Fügemaschine** *f* **für Furnier** / veneer edge dressing machine ‖ **~lineal** *n* / straightedge ‖ **~rolle** *f* (Schleifscheibe) / dressing roll ‖ **~schleifmaschine** *f* (Holzbearb) / abrasive planer, disk grinder ‖ **~tisch** *m* / dressing plate, straightening o. surface plate, flattener ‖

~vorrichtung *f* (Wzm) / wheel trueing attachment ‖ **~werkzeug** *n* / dresser

Abrieb, Abgeriebenes *n* / rubbed-off parts *pl* ‖ ~ *m*, Abnutzung *f* durch Reibung / abrasion, attrition, detrition, wear by friction ‖ ~, Siebabrieb *m* (Bergb) / breeze from screening ‖ ~, Kohlenklein *n*, Kohlengrus *n* / breeze, fines *pl* ‖ ~ **nach Taber** / Taber abrasion ‖ **durch** ~ **zerstören**, abreiben / abrade ‖ **~bunker** *m* (Bergb) / trash bin ‖ **~eigenschaften** *f pl* / abrasiveness, abrasive properties *pl* ‖ **~fest** / abrasionproof, resistant to abrasion, non-abrasive ‖ **~feste Druckfarbe** (Buch) / non-scratch ink ‖ **~fester Fahrbahnüberzug** (Straßb) / traffic topping ‖ **~festigkeit** *f* / abrasion resistance ‖ **~protektor** *m* (Kfz, Reifen) / chafer strip ‖ **~prüfgerät** *n* / abrasion tester

Abriebs·korrosion *f* / fretting corrosion

Abriebversuch *m* / abrasion test, wear test

abriegeln, eindeichen / dam in o. up

abrinden, schälen / decorticate, bark, unbark, peel

Abriß *m*, Übersicht *f* / summary, digest ‖ ~ (Scheck) / counterfoil, stub ‖ **~birne** *f* / wrecker's ball, wrecking ball ‖ **~karte** *f* (LoKa) / stub card

Abroll·bahn *f* (Rad) / tread of wheels etc ‖ **~behälter** *m* / roller container ‖ **~behälter** *m* (Kfz) / swap body ‖ **~bock** *m* (Web) / warper's beam frame

abrollen *vt vi*, abwickeln / uncoil, unwind ‖ ~ *vt*, wegrollen *vt* / roll away o. off ‖ ~ *vi*, entlaufen (Bahn, Wagen) / break away ‖ ~ *n*, Abwickeln *n* (z.B. Garn) / uncoiling, unwinding, unrolling ‖ ~ **des Bildschirms** / rolling

abrollende Betätigung (Tastatur) / roll operation

Abroller *m* (Mikroskop) / unwind stand o. turret

Abroll·gerät *n*, Bandwiege *f* (Walzw) / coil cradle ‖ **~gerät** (für Drähte, Leitungen usw.) / wire dispenser ‖ **~haspel** *m f* (Hütt) / uncoiler, uncoiling reel, pay-off reel ‖ **~maschine** *f* (Walzw) / uncoiler ‖ **~spule**, Laufspule *f*, Garnwickel *m* (Textil) / loose cop, movable pirn, revolving bobbin ‖ **~stapler** *m* (Hütt) / coiling stacker ‖ ~ **- und Zunderbrechvorrichtung** *f* (Walzw) / processing uncoiler ‖ **~verhalten** *n* **von harzumhüllten Sanden** (Gieß) / peel-back of resin coated sand ‖ **~vorrichtung** *f* (Pap) / unroll stand ‖ **~wiege** *f* (Seitenkipper) / body carrier

abrösten (Erz) / calcine, roast, burn

abrücken / move off ‖ **die Zeilen** ~ (Buch) / indent ‖ **eine Leiter** ~ / move away a ladder

Abrückrelais *n* (Bahn) / unblocking relay

Abruf *m* **über Taste** (DV) / keyboard request ‖ ~ **von Terminals** (DV) / polling ‖ **~auftrag** *m* / make-and-hold order ‖ **~betrieb** *m* (DV) / polling mode

abrufen, im Abrufbetrieb arbeiten (DV) / poll ‖ ~ (aus einem Speicher) / call in, fetch (data) from a storage ‖ ~ *n* (Fernm) / request

Abruf·programm *n* **von Unterprogrammen** (DV) / calling program ‖ **~schaltung** *f* (DV) / pick-up circuit ‖ **~verfahren** *n* (DV) / polling technique

abrunden, arrondieren (Zahnrad) / round off, chamfer ‖ ~ (allg) / round, make round ‖ ~ (nach unten) / round down ‖ ~, Arrondieren *n* / rounding [off] ‖ **auf 1 [2] Stelle[n] nach dem Komma** ~ / round to one decimal place, [to two decimal places] ‖ **auf 1 Stelle vor dem Komma** ~ / round to one unit ‖ **Ecken** ~ / smooth off ‖ **eine Zahl** ~ / express in round numbers, eliminate odd numbers ‖ **einen Winkel** ~ / smooth off an angle ‖ **nach oben [unten]** ~ / round up, [down] ‖ **Zähne** ~ (Masch) / round off the teeth

Abrund·fräsmaschine *f* (Masch) / tooth chamfering machine ‖ **~maschine** *f* / tooth chamfering machine

Abrundung *f* (allg, Math) / rounding off ‖ ~ (Walzw) / tailoring (US), bell mouthing (GB) ‖ ~ **des Zahnes** / chamfer of a tooth ‖ ~ **einer Treppenstufe** (Bau) / rounding of a stair

Abrundungs·bogen *m* / quarter circle ‖ **~fehler** *m* / error in rounding off ‖ **~platte** *f* (Bau) / bull nosed tile ‖

⋆radius m / rounding-off radius ‖ ⋆tiefe (Zähne) /
pointing depth ‖ ⋆ - und Entgratmaschine f (Getriebe) /
gear chamfering and deburring machine
abrupt adv / abrupt, sudden
abrüsten / strip down ‖ einen Lehrbogen ~ o. ausrüsten
o. wegnehmen / strike down o. take down a center
abrutschen (Luftf) / side-slip vi ‖ ~ (Fäden von der Spule)
(Textil) / slough off ‖ ⋆ n (Geol) / slump ‖ ⋆ von Fäden
(Spinn) / sloughing off ‖ nach außen ~ (Luftf) / skid ‖
nach innen (o. über den Flügel) ~ (Luftf) / roll-off ‖
nach innen (o. über den Flügel) ~ (Luftf) / side-slip,
roll-off ‖ über den Schwanz ~ (Luftf) / tail-slide
Abrutsch-Instabilität f (Luftf) / spiral instability
ABS (Kfz) = Antiblockiersystem ‖ ⋆ n (= Acrylnitril-
Butadien-Styrol) (Plast) / ABS ‖ ⋆ (Chem) = Alkylbenzol-
sulfonat
absacken, in Säcke füllen / bag, sack ‖ ~ (beim Landen)
(Luftf) / pancake ‖ ⋆, Zusammenfallen n (Erdboden) /
slumping
Absack-·Körnerschnecke f (Landw) / sacking auger
conveyor ‖ ⋆schnecke f / sack filling screw, bagging
auger ‖ ⋆stand m (Mähdrescher) / bagging stand
Absackung f eines Ufers / slump of a bank
Absackwaage f / sack filling and weighing machine,
sacking weigher, bagging scale
absägen / saw off ‖ Holz quer ~ / saw across the grain
Absalzung f, Entsalzung f / desalination, desalting
absanden, [mit Sandpapier] schleifen (Holz) / sand
Absatz m, Stufe f (Masch) / step, shoulder, relief ‖ ⋆ (von
Unterbrechung beim Gießen von Stahlguß) (Fehler) /
teeming arrest, double teem ‖ ⋆ (Schuh) / heel ‖ ⋆ (Bergb)
/ change of direction ‖ ⋆, Ferse f / heel ‖ ⋆,
Treppenvorplatz m (Bau) / landing-place ‖ ⋆ (Buch) /
break, period ‖ ⋆, Abschnitt m (Buch) / paragraph, par.
‖ ⋆, Einzug m (Buch) / inden[ta]tion ‖ ⋆ in der
Gesenkoberfläche (Schm) / crank of a die ‖ ⋆ in der
Mauerdicke, Mauerabsatz m, Rücksprung m (Bau) /
batter in a stepped wall ‖ mit ⋆ versehen / shouldered ‖
vor- o. rückspringender ⋆ (Bau) / return ‖
⋆aufnagelmaschine f / heel attacher ‖ ⋆gestein n,
Sedimentit m / aqueous o. sedimentary rocks pl ‖
⋆kappe f, Absatzsteife f, hintere Kappe (Schuh) / back
puff, heel cap o. stiffener ‖ ⋆muffe f / reducing socket
o. sleeve o. pipe-joint ‖ ⋆steife f (Schuh) / counter ‖
⋆stift, Formstift m (Schuh) / square pin ‖ ⋆streifen m
(Lack) / belt ‖ ⋆teer, Holzteer m / wood tar ‖ ⋆weg m /
avenue for products ‖ ~weise, intermittierend /
intermittent, intermitting ‖ ~weise adv / intermittently,
intermittingly, at intervals, at stages ‖ ~weise, in
Absätzen (Bau) / return… ‖ ~weise Beschickung / batch
charging ‖ ~weise Summierung (Zähler) / intermittent
integration
Absäuern n / acid treatment
absaufen (Bergb) / drown
Absaug·anlage f, Absaugevorrichtung f / suction plant ‖
⋆anlage f (Hütt) / exhauster ‖ ⋆anlage f (Schleif) /
extraction system
Absauge·gerät n / suction implement ‖ ⋆klosett n /
syphonic type W.C. ‖ ⋆maschine f (Textil) / extractor
absaugen / suck off ‖ ~, hebern / suck liquids by siphon
Absauge·schwenkrüssel m (Schw) / movable extractor
duct ‖ ⋆verfahren n (Technicolor) (Phot, Buch) /
imbibition
Absaug·filter n / exhauster filter, exhauster filter
assembly ‖ ⋆gebläse n / extraction fan ‖ ⋆haube f /
fume hood ‖ ⋆klappe f (Luftf) / suction flap ‖ ⋆luftspalt
m (Reaktor) / air extraction vent ‖ ⋆maschine f (Wolle) /
suction extractor ‖ ⋆ -Melkanlage f (Landw) / pipeline
milking plant, releaser milking plant ‖
⋆ -Milchsammelwagen m (Landw) / bulk milk collection
lorry ‖ ⋆pumpe f (Schmierung) / scavenge pump ‖
⋆schlitz m (Luftf) / suction slot
Absaugung f / [removal by] suction

Absaug·ventil n (Kfz) / purging valve, scavenging valve ‖
⋆ventilator m / exhauster, suction fan ‖
⋆ventilmagnet m, Absaugrelais n (Kfz) / cannister
purge solenoid ‖ ⋆vorrichtung f (Spinn) / broken-end
collecting device
abschaben, abschleifen / abrade ‖ ~, aasen (Gerb) / shave,
skive, flesh out
Abschaber, Kratzer m / grater
abschaffen, aufheben / abolish
Abschaffung f, Aufhebung f / abolishment
abschalen, Bruchsteine putzen / chisel off o. clean off the
soft of stones
abschälen / peel vt ‖ ⋆ n, Abblättern n (Walzw) / shelling,
peeling, flaking ‖ ⋆, Absplittern n (Email) / peeling,
spalling ‖ sich ~ (Holz) / leave the bark, exfoliate
Abschälkraft f (IC) / peel strength
Abschalt·… (Halbl) / turn-off ‖ ⋆arbeit f (Elektr) / work
done on breaking
abschaltbar·er Thyristor, GCS-Thyristor m / gate
controlled turn-off switch
Abschalt·batterie f (Fernm) / cutout battery ‖ ⋆drehzahl f
/ cutoff speed ‖ ⋆druck m (Kompressor) / cutting-off
pressure
abschalten, von der Erreger-Stromquelle trennen /
deenergize ‖ ~, (spez:) abklemmen, ausschalten (Elektr)
/ put out of circuit ‖ ~ (Elektr) / disconnect, cut off,
switch off, turn out ‖ ~ (Reaktor) / shut down ‖ ~ (Relais)
/ cut off ‖ ⋆ n, -schaltung f (Elektr) / breaking of circuit,
disconnecting, cutting o. switching off ‖ ⋆ (Reaktor) /
shutdown ‖ ⋆ einer Düse (Raumf) / unpriming
abschaltend·er Regler / switching regulator
Abschaltenergie f / energy released during cut-off, cutoff
energy
Abschalter m (Elektr) / circuit breaker
Abschalt·funke[n] m (Elektr) / spark on break o. at
breaking, break[ing] spark ‖ ⋆funkenstrecke f
(Elektronik) / earth arrester, cutout to earth ‖ ⋆klinke f
(Fernm) / cutoff jack ‖ ⋆knopf m für Lautsprecher /
mute button ‖ ⋆kontakt m (Elektr) / disconnecting
contact ‖ ⋆kontakt, Sperrkontakt m / disabling contact
‖ ⋆kreis m (NC) / cutoff circuit of a closed-loop system
‖ ⋆leistung f (Nukl) / scram power, shutdown power ‖
⋆leistung f (Elektr) / breaking o. rupturing capacity ‖
⋆leistung f (Nennwert) / interrupting rating ‖
⋆reaktivität f / shutdown reactivity ‖ ⋆relais n / cutoff
relay ‖ ⋆relais n für Notabschaltung, Entriegelrelais n
(Reaktor) / overflux relay ‖ ⋆signalverstärker m
(Reaktor) / shut-down o. trip amplifier ‖ ⋆ -Spitzenstrom
m (Elektr) / cutoff current ‖ ⋆stab m (Nukl) / emergency
rod, safety o. scram o. shut-down rod ‖ ⋆stromstärke f
/ cutoff current strength, current on breaking ‖
⋆thyristor m / gate turn-off switch, GTO
Abschaltung f (Fernm) / all-busy circuit ‖ ⋆ (Elektr) /
disconnection, cutoff, switching-off
Abschalt·vorgang m (Elektr) / power-down cycle ‖ ⋆zeit f
/ disable time ‖ ⋆zeit f (DV) / switched-off time ‖ ⋆zeit f
zum Zwecke der Reinigung (Wiederaufbereitung) / turn-
around time ‖ ⋆zelle f (Akku) / spare cell
Abschälvorrichtung f (Gummi, Leder) / skiving unit, skiver
abschärfen (Leder) / pare
Abschattierung f (TV) / corner cutting
abschätzen, schätzen / assess, compute
Abschätzungsfehler m / incorrect rating
Abschaum m (Hütt) / scum, spume
abschäumen (Glas) / skim
Abschäumer m / skimmer
Abschäumvorbau m, -nische f, Abfeimnische f (Glas) /
skimming pocket
abscheidbar (Chem) / precipitable, separable
Abscheide·gewebe n für Tröpfchen (Entsalzung) /
demister screen ‖ ⋆grad m (Luftfilter) / filtration
efficiency
abscheiden, sich ~ (Chem) / deposit, be deposited,
precipitate

15

Abscheider m, Sammler m / collector ‖ ~, Fang m (Straßb) / interceptor ‖ ~ (Nukl) / stripper ‖ ~ (Chem) / trap, separator ‖ ~ (Vakuum) / trap, separator, catch-pot ‖ ~ (Spinn) / blowroom condenser ‖ ~, Trennanlage f / separating plant o. installation ‖ ~, Separator m (Raffinerie) / precipitator
Abscheidevermögen n, -grad m / separating power o. capacity
Abscheidung f (Keram) / precipitation
Abscher·arbeit f / shearing work ‖ ~bolzen, Überlastungsschutz m / shear[ing] pin
abscheren, abdrücken / shear off ‖ ~, mit der Schere schneiden (abfallos über die ganze Breite) (Stanz) / cut vt with blade ‖ ~ n, [Ab]scherung f / shearing[-off]
Abscher·kupplung f / [shear] pin clutch ‖ ~meißel m für Blechenden / shear pick ‖ ~platte, Brechplatte f / shear plate ‖ ~stift m / shear[ing] pin
Abscherungsfläche f (Geol) / detachment fault
abscheuern vt / rub [off], chafe ‖ ~, aufscheuern / scour vt, scrub ‖ ~ n der Isolation / abrasion of the insulation
Abschieber m (z.B. am Hubstapler) / pusher
Abschiebern n, Schließen n des Schiebers / valving off o. out
Abschiebevorrichtung f (Walzw) / stripping device
abschiefern, sich schiefern / exfoliate, scale off
abschießen / shoot, fire ‖ ~ n, Schuß m / firing of a weapon ‖ Bohrlöcher ~ (Bergb) / fire shots ‖ eine Rakete ~ / launch a rocket
Abschirm·becher m (Elektronik) / screening can o. box ‖ ~behälter m (Reaktor) / shielded container ‖ ~blech n (Spinn) / shielding plate
abschirmen [gegen] / cover, protect [from] ‖ ~, verdecken / screen, hide ‖ ~, entstören (Elektronik) / radioshield o. -screen
Abschirm·fenster n (Nukl) / shielding window ‖ ~kappe f, -haube f (Entstörung) / screening cover, shielding cover (US) ‖ ~konstante f (Elektronik) / screening constant ‖ ~korrektur f (Math) / screening correction ‖ ~schlauch, Entstörschlauch m (Elektronik) / screening tube ‖ ~tiefe f / shielding depth ‖ ~topf m / screen can o. box ‖ ~tür f (Nukl) / shielding gate
Abschirmung f, Scheibe zum Abschirmen / screen, blind ‖ ~, Haube f / shroud ‖ ~ (Elektr, Elektronik, Nukl) / shield[ing], [protective] screen ‖ ~, Entstörung f (Elektr) / screening, radio-shielding ‖ ~, Schirmwirkung f (Elektronik) / screening effect ‖ ~ (Lautsprecher) / shading ring ‖ ~, Schirm m (Elektronik) / sheath of a shielded line ‖ ~, Strahlenschutz m (Luftf) / radiation shielding ‖ ~ gegen glühende Metallteile (Luftf) / glow screen ‖ ~ gegen Magnetminen (Schiff, Mil) / degaussing, demagnetization ‖ ~ gegen Wärme / heat shield ‖ leichte ~ (Reaktor) / shield
Abschirmwinkel m (Leuchte) / cut-off angle
abschlacken / deslag, tap the slag, scum off
Abschlag·... (Wirkm) / knocking-over... ‖ ~ im Streckenvortrieb (Bergb) / round of shots
abschlagen / beat loose, knock off o. down, strike off ‖ ~ (Wirkm) / knock over ‖ ~ (Bau) / separate by a partition ‖ ~ (Bergb, Wagen) / unhook ‖ ~, abwinden (Spinn) / back vt off ‖ ~ n des Gießsystems vor dem Ende der Erstarrung / hot sprueing ‖ ~ des verlorenen Kopfes (Gieß) / topping
Abschläger m (Gieß) / fettler
Abschlag·kamm m (Wirk) / evener comb ‖ ~kasten m, -rahmen m, Spreizkasten m (Gieß) / snap flask mould, boxless mould ‖ ~maschine f (Zündholzfert) / chopping machine ‖ ~platine f, -kamm m (Wirkm) / knockover bit o. comb ‖ ~stellung f (Textil) / cast-off position ‖ ~vorrichtung f (Spinn) / backing-off motion ‖ ~vorrichtung, Kappvorrichtung f (Buch) / sheet severer ‖ ~zahn m (Wirkm) / knock-over tooth
Abschlämmasse f / colluvium, eroded material
abschlämmen / clear from mud ‖ ~ (Zuck) / clarify by filter presses

Abschlämmentsalzen n (Ionenaustauscher) / blow-down demineralization
Abschlammventil n, Ausblasventil n / blow-off valve
abschleifen (Schienen) / grind ‖ ~, schleifen (Masch) / grind [off] ‖ ~, abreiben / abrade ‖ ~, -scheuern (Geol) / corrade ‖ ~, Abschaben n / abrasion ‖ ~, Schleifputzen n (Gieß) / snagging, grinding ‖ mit Sandpapier ~ / sandpaper
abschleifend / abrasive, wearing
Abschleifer m / abrading machine
Abschleifversuch m (Straßb) / abrasion test
Abschlepp·[an]hänger m / vehicle trailed by a service car ‖ ~dienst m (Kfz) / towing service, wrecking station o. service (US), breakdown service (US)
abschleppen (Kfz) / tow, take in tow, tug ‖ ~ n (Kfz) / towing, driveaway-towaway operation (US)
Abschlepp·haken m (Kfz) / tow-hook ‖ ~kran m (Kfz) / salvage crane, wrecking crane (US) ‖ ~kupplung f (Kfz) / draw bar coupling ‖ ~kupplung f (am Fahrzeug vorn) (Kfz) / breakdown coupling ‖ ~platz m / towaway place (for motorcars), pound, car pound ‖ ~seil n (Kfz) / tow[ing] rope ‖ stählernes ~seil / steel towing rope ‖ ~stange f (Kfz) / tow-rod ‖ ~stange f (an der Stoßstange befestigt) (Kfz) / bumper tow-bar ‖ ~vorrichtung f (Kfz) / towing attachment ‖ ~wagen m (Kfz) / service car, salvage lorry (GB) o. car (US), breakdown lorry (GB), towing ambulance (US), wrecking car (US), trouble car (US) ‖ ~wagen m für Panzer / tank retriever
abschleudern (Textil) / hydroextract ‖ ~ (Öl) / throw about, throw off ‖ ~ (Zuck) / spin off
abschlichten (Tünche) / prime
abschließbar / lockable
abschließen / occlude ‖ ~, zuschließen / lock ‖ ~ (z.B. Leitungen) / blank off (e.g. pipes) ‖ ~, beenden / terminate, end
Abschließung f / occlusion
Abschluß m, Schluß m / end, conclusion, close ‖ ~, Verschluß m / closing, locking ‖ ~ (Wellenleiter) / adapted load ‖ ~, Rand m / edge, border[ing] ‖ ~ (Tätigkeit) / cutoff ‖ ~ (Buchung) / settlement of an account ‖ luftdichter ~ / airtight lock o. seal ‖ oberer ~ einer gemeinsamen Grenzmauer / point of disjunction (point at which a party wall ceases to be common) ‖ zum ~ bringen / finish vt, bring to an end, complete ‖ ~anweisung f (DV) / close statement ‖ ~bericht m / final report ‖ ~blech n (Anker) (Elektr) / armature endplate o. head ‖ ~blende f (Opt) / front diaphragm ‖ ~deckel m / cover plate o. strip, sealing cover ‖ ~deich m / closing dike ‖ ~ereignis n (PERT) / completion o. end event ‖ ~flansch m / blind o. blank o. sealing flange ‖ ~gitter n / interlocking grate ‖ ~glas n / cover glass ‖ ~hülse f / terminal sleeve ‖ ~immitanz f / terminating immittance ‖ ~impedanz f / terminating impedance ‖ ~kabel n (Fernm) / terminal cable ‖ ~kante, -leiste f, -band n (Web) / border, rim ‖ ~kappe f / cover plate o. strip ‖ ~klappe f / closing flap o. gate ‖ ~kondensator m (Elektronik) / block[ing] capacitor ‖ ~körper m / closing component ‖ obere ~leiste der Täfelung / dado rail, surbase ‖ ~muffe, Kabelendmuffe f / terminal box ‖ ~platte f / closing plate ‖ ~schirm m (Magnetron) / end hat ‖ ~stein m (Glasofen) / tuck stone ‖ ~übertrager m (Elektronik) / terminal transformer ‖ ~ventil n / closing valve ‖ verschiebbarer ~widerstand (Wellenleiter) / moving load
Abschmelz·brenner m (Glühlampe) / tipping torch ‖ ~draht m (Elektr) / fusible wire ‖ ~-Elektrode, Consutrode f (Hütt) / consumable o. fusible electrode, consutrode
abschmelzen vt / fuse off, flash off, melt off ‖ ~ vi / fuse off vi, melt off vi ‖ ~, zuschmelzen (Glühlampe) / seal
Abschmelz·kapillare f / seal-off capillary ‖ ~kapillare f / seal-off capillary ‖ ~kathode f / melt-stock cathode ‖ ~konstante f / fusion coefficient ‖ ~schweißmaschine

f / flash welding machine ‖ **⌐schweißung** f,
Abbrennschweißung f / flash [butt] welding, fusion
welding ‖ **⌐sicherung** f (Elektr) / wire fuse ‖ **⌐streifen**
m (Elektr) / safety strip ‖ **⌐stromstärke** f / fusing current
strength o. intensity, fusing current

Abschmelzung, Ablation f (Geol, Raumf) / ablation

abschmieren / grease ‖ **⌐**, -ziehen n (Druckbogen) (Buch) /
set-off, blotting

Abschmier·fett n (Kfz) / car grease ‖ **⌐grube** f (Kfz) /
repair-pit, working pit ‖ **⌐plan** m, -tabelle f /
lubrication chart o. diagram o. plan ‖ **⌐presse** f / grease
gun ‖ **⌐schutz** m (Spritzemulsion) (Buch) / anti-set-off
spray ‖ **⌐schutz** m **für den Druckzylinder** (Buch) / anti-
set-off tympan cover ‖ **⌐wagen** m / greasing car,
lubricating car

abschmirgeln / emery

Abschmutzbogen m (Buch) / interleaving paper

abschmutzen (Buch) / macul[at]e (of fresh letterpress), set
off, blot ‖ **⌐**, unsauber abziehen (Buch) / smut

Abschmutzpapier n / set-off paper

abschnappen, ausschnappen (Feder, Schnur) / spring off,
snap [off]

Abschnappstarter m (Luftf) / impulse coupling o. starter

Abschneide·gesenk n, Abkneifer m (Wzm) / cutoff ‖
⌐messer n (Teppich) / cutter

abschneiden / cut off ‖ **⌐** (Programm) / truncate ‖ **⌐**
(Verbindung) / cut off, intercept ‖ **⌐**, scheren / shear ‖ **⌐**,
kreuzen / intersect vt ‖ **⌐**, begrenzen (Math) / subtend vt
‖ **den verlorenen Kopf ⌐** (Gieß) / top, knock off the
feeder head ‖ **Impulsspitzen ⌐** (Elektronik) / clip peaks ‖
schräg ⌐, die Kante brechen / bevel vt, chamfer vt ‖
Zahlen ⌐ / truncate numbers

Abschneider m, Abschneideapparat m / cutter, cutting
tool ‖ **⌐** (Feuerfest) / cutter, cutting-off table ‖ **⌐** (Stanz) /
shearing o. cropping tool

Abschneideschere, Glasschere f / shears for cutting glass

Abschneid·linie, Schnittlinie f (eines gezogenen Teils)
(Plast) / trim line ‖ **⌐stempel** m, -werkzeug n (Stanz) /
cropping tool, cut-off press tool

abschnellen, auffedern, schnappen / snap, fly back, spring
off, snatch away o. off, unbend itself ‖ **⌐** n, Schlag m
(Web) / picking [motion]

Abschnellfeder f / starting spring

Abschnitt m, Teilstück n / section, portion, part ‖ **⌐** (z.B.
aus Rollenmaterial) / length ‖ **⌐**, Blechabfall m / plate
o. sheet scrap, waster, cut, slice ‖ **⌐**, Kontrollabschnitt
m / counterfoil (GB), stub (US) ‖ **⌐**, Stufe f / step, loop,
stage ‖ **⌐**, Abfall m / cuttings pl ‖ **⌐**, Unterabteilung f /
subdivision, branch ‖ **⌐**, Abteilung f (Buch) / division,
section, part ‖ **⌐**, Kapitel n (Buch) / chapter ‖ **⌐**, Absatz
m (Buch) / paragraph, par. ‖ **⌐**, Segment n (DV) /
segment ‖ **⌐ auf der x-Achse** (Math) / X-intercept ‖ **⌐**
auf der z-Achse / Z-intercept ‖ **⌐ auf einer Geraden**,
Strecke f (Math) / line segment ‖ **in ⌐e zerlegen** (DV) /
sample ‖ **[perforierte] ⌐karte** (LoKa) / stub card ‖
⌐punkt m (Fernm) / transposition point

Abschnitts·marke f (Magn.Bd) / tape mark

abschnitt·weise (DV) / batch-bulk... ‖ **⌐zeichen** n,
Paragraph m (Buch) / section [mark]

abschnüren / constrict, contract ‖ **⌐** (Bau) / mark with a
line, line out, chalk v ‖ **⌐** (Verm) / realign by string line
and versine offset ‖ **⌐** (Schnürbodenarbeit) (Schiff) /
laying-off ‖ **⌐ der Gleisbogen** (Bahn) / realignment by
string line and versine offset

Abschnürspannung f (Feldeffekttransistor) / cut-off voltage

Abschnürung f / pinch-off ‖ **⌐** (Web) / tying up

abschöpfen (Hütt, Knüppel) / chop

abschöpfen, ausschöpfen / ladle [out] ‖ **⌐** (Gewinn) / skim
off, siphon off, absorb ‖ **Schaum ⌐** / skim, scum

Abschöpfgerät n, Löffel m (Verzinken) / ladle, scoop

Abschöpfung f (z.B. Kapital...) / levy (e.g. on the capital)

abschrägen / make slanting, skew ‖ **⌐**, zuschärfen /
chamfer, bevel, lighten down ‖ **⌐**, dossieren, abwässern
(Bau) / slope, weather vi

Abschrägung f, Zuschärfung f / bevel[ling], chamfer ‖ **⌐**,
Dossierung f (Bau) / sloping ‖ **⌐ der Flügelenden** (Luftf)
/ rake of the wing tips ‖ **⌐ zum Wasserablauf** (Bau) /
descent, weathering

Abschrägungs·fläche / sloping edge o. face ‖ **⌐fläche**,
Fase f / basil, bezel

abschrauben / screw off, unscrew ‖ **⌐**, das Gewinde
aufbrechen (Öl) / unscrew, back-off ‖ **⌐** n, Aufbrechen n
von Gewinde (Öl) / back-off n

Abschreck·alterung f / quench aging ‖ **⌐anomalie** f /
quenching anomaly ‖ **⌐austenit** m (Hütt) / retained
austenite ‖ **⌐bad** n (Hütt) / quenching bath ‖
⌐biegeprobe f / quench bending test ‖ **⌐dauer** f /
quenching time ‖ **⌐empfindlichkeit** f,
Härtungsempfindlichkeit f / quench sensitivity,
sensitivity to hardening

abschrecken (Hütt) / plunge, chill, quench ‖ **⌐** (Chem) /
chill ‖ **⌐** n (Hütt) / chilling, quenching ‖ **⌐** (Glas) /
tempering, toughening ‖ **⌐ an der Düse** (Spinn) / jet
quenching ‖ **⌐ im Beta-Temperaturgebiet** (Atom, Nukl)
/ beta quench ‖ **gestuftes ⌐** / step quenching

Abschreck·härten n / quench hardening ‖ **⌐heftigkeit** f,
-schärfe f / severity of quench ‖ **⌐mittel**, Härtemittel n /
quenchant ‖ **⌐platte** f (Gieß) / chill plate ‖ **⌐probe** f /
chill test piece, chill block (US) ‖ **⌐rißempfindlichkeit**
f / heat treatment crack sensitivity ‖ **⌐schale**, -platte,
-schicht f (Hütt, Gieß) / chill ‖ **⌐temperatur** f (Hütt) /
temperature of quench

Abschreckungs·... / deterrent adj ‖ **⌐mittel** n (Mil) /
deterrent

Abschreckversuch m (Glas) / thermal shock test

Abschreibung f / depreciation

abschreiten / pace vt, measure by paces ‖ **eine Strecke ⌐** /
pace a distance

Abschrift f / [type]written copy, transcription

Abschrot m (Schm) / hot o. anvil chisel o. cutter

abschroten (Schm) / cut vt by chisel

Abschroter m (Schm) / hardy, hardie

Abschrotmeißel m (Schm) / blacksmith's cold chisel

abschruppen (Masch) / rough down, rough-work v ‖ **⌐**
(Tischl) / plane off

Abschuppung f / exfoliation

abschuppen / scale off

abschürfen, abschleifen / abrase

Abschuß, Start m (Rakete) / launch, launching, blast-off
(coll) ‖ **vor ⌐** (Raumf) / prelaunch ... ‖ **⌐base** f (Rakete) /
launching site ‖ **⌐basen-Reihe** f / missile row ‖
⌐boden, Abfallboden m (Hydr) / protecting apron o. sill

abschüssig, [sanft] geneigt / shelving ‖ **⌐**, geneigt /
sloping, aslope, inclinch ‖ **⌐**, steil / precipitous ‖ **⌐e**
Bahn / chute

Abschüssigkeit f / declivity, precipitousness

Abschuß·plattform f **für senkrecht aufgestellte Raketen**
/ launching pad ‖ **⌐punkte** m pl (Raketen) / launch points
pl ‖ **⌐rampe**, Startrampe, -plattform f (Raumf) / launch
o. launching pad o. platform o. base o. frame ‖ **geneigte**
⌐rampe / launching ramp ‖ **⌐rinne** f (Fernlenkgeschoß) /
launching rail ‖ **⌐rohr** n (Rakete) / launcher tube

abschütteln, Staub **⌐** / shake off the dust

abschwächen (Kräfte) / rebate, diminish the force ‖ **⌐**,
schwächen, erniedrigen / lessen, reduce, weaken ‖ **⌐**,
schwächen, verdünnen, verwässern / dilute v, weaken,
water [down] ‖ **⌐**, dämpfen (Stöße) / damp[en], deaden,
cushion, soften ‖ **⌐** (Phot) / reduce ‖ **ein Bad ⌐** (Färb) /
lessen a bath ‖ **eine Farbe ⌐** / diminish a colour, ease a
colour

Abschwächer m (Phot) / reducer ‖ **⌐**, Minderer m /
reductor

Abschwächungs·blende f (Röntgen) / absorption screen ‖
⌐faktor m (Fernm) / screening factor ‖ **koaxiales ⌐glied**
mit Blindleitungen (Fernm) / chimney attenuator ‖
⌐lösung f (Phot) / reducer solution ‖ **⌐widerstand** m
(Elektr) / diminishing o. reducing resistance

abschweißen / cut by the torch

Abschweiß-Ofen, Entzunderungs-Ofen *m* / wash heating furnace
abschwelken, trocknen *vt* (Malz) (Brau) / wither, air-dry, A.D.
abschwemmen / float off, wash away ‖ ~ (Kies im Flußbett) / wash away the gravel ‖ ~ *n* **der Erze** (Bergb) / hydraulic transport of ores
Abschwemmung, Ausspülung *f* (Abwasser) / scour ‖ ~ *f*, [Selbst]reinigung *f* / scouring ‖ ~, Erosion *f* / erosion ‖ ~ **bei Deichbruch** / avulsion
abschwenken, spülen / rinse off
Abscisinsäure *f* / abscisic acid
Absehen *n* (Gewehr) / graticule
Abseifen *n* (Antifoulingfarbe) / selfpolishing
Abseite *f* (Web) / rear side ‖ ~, Langseite *f* des Daches / long pane of a roof
absenden, befördern / expedite, dispatch
Absender *m* / sender, originator ‖ ~ **-Empfänger-Differenz** *f* (Nukl) / SRD, shipper-receiver difference
absengen / scorch, singe *vt*
absenkbar / lowerable ‖ ~**es Trägerschiff** / float-on/float-off ship, swim-on/swim-off ship
absenken, senken / let down, lower ‖ ~ (Grundwasser) / depress, lower ‖ ~ (Schacht) (Bergb) / drive, sink
Absenk·formmaschine *f* (Gieß) / drop plate type moulding machine ‖ ~**geschwindigkeit** *f* (Strangguß) / withdrawal speed ‖ ~**rolle**, Strangförderrolle *f* (Strangguß) / pinch roll
Absenkungs·faktor *m*, -verhältnis *n* (Nukl) / disadvantage factor
Absenk·vorrichtung *f* / lowerator ‖ ~**walze** *f*, Transportrolle *f* (Walzw) / withdrawal roll, pinch roll ‖ ~**ziel** *n*, Mindeststauhöhe *f*, -stau *m* (Wassb) / minimum height of raised [water] level
Absentismus *m* / absenteeism
Absetz·anlage *f* (Bergb) / sedimentation plant ‖ ~**apparat** *m* (Bergb) / gravitational settler ‖ ~**becken** *n*, Versitzbecken *n* / sedimentation basin o. tank o. pit ‖ ~**becken** *n* **für Wiederentnahme** / dredging sump
absetzen (sich), niederschlagen (sich) / deposit, settle, precipitate ‖ ~ (Bau) / set off ‖ ~, einen Absatz bilden (Masch) / step *vt*, relieve, shoulder ‖ ~, versetzen (Bau) / retreat *vt*, step *vt* ‖ **den Gang** ~ (Bergb) / lose the direction ‖ **ein Manuskript** ~, setzen (Buch) / compose, set ‖ **ein Programm** ~ (DV) / initiate a program, execute a program ‖ **eine Nachricht** ~ / transmit a message ‖ **Fahrgäste** ~ / drop passengers ‖ **Lasten genau** ~ / spot loads ‖ **sich** ~ (Bergb, Gang) / lose the direction ‖ **sich** ~ / deposit, be deposited, subside ‖ **Versteifungsglieder** ~ (um die Dicke des Anschluß-Winkelflansches) (Stahlbau) / crimp
Absetzer *m* (Bergb) / spreader (GB), stacker (US)
Absetz·kipper *m* (Müll) / multi-bucket system vehicle, tipping container vehicle ‖ ~**streifen** *m* (Anstrich) / belt (between different coulours) ‖ ~**verfahren** *n* (Schmierölreinigung) / decantation process for regenerating oil ‖ ~**wagen** *m* (Ziegelei) / mechanical finger stack ‖ ~**zeit** *f* (Chem) / settling time ‖ ~**zyklon** *m* / settling cyclone
ABS-Harze *n pl* (aus Acrylnitril, Butadien u. Styrol) / ABS-resins *pl*
absichern (Elektr) / protect by fuse ‖ **zu stark** ~ / overfuse
Absicherung *f* (Elektr) / fuse protection
Absichtserklärung *f* / declaration of intent
absicken, walzsicken / bead, neck-in
absickern, langsam abfließen / trickle down
absieben / sift, sieve, screen *v*
absinken (Geschwindigkeit) / drop, fall ‖ ~ *n* **der Gicht** (Hütt) / descent of charge ‖ ~ **der Wirkung** (Bremse) / fading
Absitz… s. auch Absetz…
Absitzen *n* **in beengtem Raum** (Bergb) / hindered settling

Absitz·gefäß, Abklärgefäß *n* (Chem) / decanter ‖ ~**grube**, Versitzgrube *f* (Abwasser) / settling o. sedimentation tank ‖ ~**tank** *m* / quiescent tank
Absitzung *f* / sedimentation, settling ‖ ~ (Zuck) / clarification, sedimentation, decantation
Absitzverfahren *n* / gravity settling process
absolut (allg, Chem) / absolute, ab, abs ‖ ~, unbenannt (Math) / abstract ‖ ~ (Vakuum) / perfect ‖ ~**e Adresse** (DV) / specific address ‖ ~**er Alkohol** / 100 % pure alcohol ‖ ~ **anzeigendes Radargerät** / true motion radar ‖ ~**er Block** (mit unbedingten Haltesignalen) (Bahn) / absolute block ‖ ~**es Blocksystem mit Nachfahrmöglichkeit** / absolute permissive block, A.P.B. ‖ ~**e Codierung** (DV) / absolute programming ‖ ~**e Dielektrizitätskonstante** / permittivity ‖ ~**er Differential-Kalkül**, Ricci-Kalkül *m* / Ricci calculus ‖ ~**es Druckmeßgerät o. Manometer** / absolute pressure gauge ‖ ~**e Effektivität einer Schätzfunktion** (Statistik) / absolute efficiency of an estimator ‖ ~**e Feuchtigkeit** (Meteorol) / vapour concentration ‖ ~**er Geräuschmesser** / objective noise meter ‖ ~**es Haltsignal** (Bahn) / absolute stop light ‖ ~**e Häufigkeit** (Statistik) / absolute frequency ‖ ~**er Höchstwert** (Schwingungen) / maximax ‖ ~**e Höhe**, Höhe über Normal-Null o. über NN / absolute altitude ‖ ~**e Koinzidenz** (Nukl) / true coincidence ‖ ~ **konvergent** (Math) / absolutely convergent ‖ ~**e Luftfeuchtigkeit** (Gramm Wasserdampf auf 1m³ Luft) / absolute humidity ‖ ~**e Massenzahl** / total mass number ‖ ~**es Maßsystem** / absolute system of measures ‖ ~**er Nullpunkt** (= -273,15 ⁰C) (Temperatur) / absolute zero ‖ ~**er Pegel** (Fernm) / absolute level, test level ‖ ~**es Potential** (Chem) / absolute potential ‖ ~**e Programmierung**, Programmierung *f* in Maschinensprache / absolute coding, actual coding ‖ ~**er Spannungspegel**, Meßpegel *m* (Fernm) / expected level (US) ‖ ~**e Temperatur** (gemessen in K) / absolute temperature ‖ ~**e Temperatur-Skala** (in K) / Kelvin scale, Kelvin thermodynamic scale of temperature (expressed in kelvins o. K) ‖ ~ **trocken** / absolutely dry, moisturefree, -less ‖ ~**es Vakuummeter** / high-vacuum manometer, Knudsen type ‖ ~**e Viskosität** / absolute viscosity ‖ ~**e Wanderungsgeschwindigkeit** (Phys) / transference speed ‖ ~ **zuverlässig** (Elektronik) / fail-safe ‖ ~**druck in Atmosphären** (veraltet) *m*, ata / absolute atmosphere ‖ ~ **-Encoder** *m* / absolute encoder ‖ ~**grenzdaten** *pl* / absolute maximum ratings *pl* ‖ ~**ladedruck** *m* (Mot) / manifold absolute pressure, M.A.P. ‖ ~**messung** *f* / absolute measuring, zero-based measuring ‖ ~**meßverfahren** *n* (NC) / absolute measuring system, zero-based measuring system ‖ ~**wert** *m* / absolute value
absondern / detach, isolate, separate ‖ ~, dissoziieren / dissociate ‖ ~, abscheiden / secrete ‖ ~, entziehen (Chem) / abstract ‖ **sich** ~ (Chem) / part *vi*, segregate *vi*
Absonderung *f*, Trennung *f* / isolation, separation ‖ ~ (Geol) / joints *pl*, jointing ‖ ~, Ausscheidung *f* (Chem, Math) / elimination ‖ ~, Absondern *n* (Chem) / segregation ‖ ~, spez.: Wasserentziehung *f* (Chem) / abstraction ‖ ~, Entmischung *f* (Plast) / segregation ‖ ~**en** *f pl*, Schlacke *f* / recrement, dross, scoria
Absonderungs·fläche *f* (Geol) / cleats *pl*, cleat plane, main cleavage plane ‖ ~**fläche** *f* (Bergb) / breakage plane ‖ ~**kluft** *f* (Geol) / segregation crevasse
Absorber *m* (Nukl, Kältetechnik) / absorber ‖ ~ (z.B. Kadmium) (Nukl) / absorber ‖ ~**finger** *m*, Absorberstab *m* (Nukl) / absorber finger, rod cluster control rodlet ‖ ~ **-Neutralisator** *m* **für Ergol** / absorber-neutralizer
absorbierbar / absorbable
Absorbierbarkeit *f* / absorbability
absorbieren / absorb, sorb
absorbierend, Absorptions… / absorbing, absorbent, absorptive
Absorbierung, Absorption *f* / absorption, absorbing

Absorption f der Ionosphärenwellen an den polaren
Kappen / polar cap absorption ‖ ⌐ **durch molekulare**
Resonanz / molecular resonant absorption ‖ ⌐ **von**
Wasserdampf / water vapour absorption ‖ **äußerst**
wirksame ⌐ **von Gas durch feste Körper** / occlusion ‖
⌐ **-Desorption** f / absorption-desorption process
Absorptions·bande pl (Opt) / absorption bands pl ‖
⌐**erscheinungen** f pl **an den Polkappen** / polar cap
absorption events, PCA ‖ ⌐**fähigkeit** f / stopping
power, absorbing power ‖ ⌐**falle** f / absorption trap ‖
⌐**färbung** f / absorption colouring ‖ ⌐**filter** n /
absorption filter ‖ ⌐**fläche** f, Wirkfläche f (Antenne) /
absorption area, effective area o. surface ‖
⌐ **-Flammenphotometrie** f / absorption flame
photometry ‖ ⌐**gefäß** n / absorption cell o. vessel,
absorber ‖ ⌐**grad** m (Opt) / absorption coefficient o.
factor o. ratio, absorptance ‖ ⌐**hygrometer** n / chemical
hygrometer ‖ ⌐**kältemaschine**, -kühlmaschine f /
absorption [type] refrigerating machine, absorber (coll)
‖ ⌐**kältemaschine** f / absorption type refrigerating
machine ‖ ⌐**kante** f (Röntgen) / absorption edge ‖
echter o. **absoluter** ⌐**koeffizient** (Nukl) / true
absorption coefficient ‖ ⌐**koeffizient** m, -faktor m /
absorption coefficient ‖ ⌐**kolonne** (Chromatogr.) /
scrubber column ‖ ⌐**kolonne** f (Öl) / absorber ‖ ⌐**kreis**
m (Elektronik) / absorption circuit, [spark] absorber ‖
⌐**kühlschrank**, Absorber m / absorption [type]
refrigerator ‖ ⌐**kurve** f (Nukl) / absorption curve ‖
⌐**küvette** f (Chem) / absorption cell o. vessel ‖ ⌐**linie** f
(Opt) / absorption line ‖ ⌐**meßgerät** n / absorptiometer ‖
⌐**methode** f / absorption method ‖ ⌐**mittel** n,
Absorbens n / absorbent ‖ ⌐**modulation** f (Elektronik) /
absorption modulation ‖ ⌐**prüfung** f (Pap) / mounting
test ‖ ⌐**rohr** n (Chem) / absorption tube ‖
⌐**schwächungskurve** f (Atom, Nukl) / attenuation curve
‖ ⌐**spektrum** n / absorption spectrum ‖ ⌐**sprung** m /
absorption discontinuity ‖ ⌐**stab** m (Nukl) / absorbing
rod, neutron absorber rod ‖ **[spektrale]** ⌐**stärke** /
absorption strength ‖ ⌐**turm** m (Öl) / absorption column
‖ ⌐**verlust** m (Elektronik) / ground absorption ‖
⌐**vermögen** n, Aufnahmefähigkeit f / absorbing power
o. capacity, absorptivity ‖ ⌐**wellenmesser** m /
absorption wavemeter
absorptiv, absorbierend / absorptive, absorbing,
absorbent
Absortiergerät n (Lager) / dual-side-loading lift truck
abspalten / split off ‖ ⌐ (Chem) / separate ‖ **A von B** ⌐
(Chem) / hydrolyze B to A ‖ **sich** ⌐ (Nukl) / separate vi
Abspaltung f (Phys, Chem) / separation
Abspaltungsreaktion f (Chem) / elimination reaction,
cleavage reaction
Abspanarbeit f / cutting force o. energy
abspanen (Wzm) / machine vt, remove metal
Abspann·abschnitt m (Freileitg) / section between stayed
poles ‖ ⌐**bock** m **der Eimerleiter** / gantry of an
excavator ‖ ⌐**bügel** m (Elektr) / anchoring bracket ‖
⌐**bund** m (Freileitung) / dead ending ‖ ⌐**draht** m, -seil n
/ stay o. bracing wire o. cable, anchoring wire
abspannen, verspannen / brace, wire, span by wires ‖ ⌐,
verankern / stay, anchor ‖ ⌐, nachlassen, schlaff
machen / slacken vt ‖ ⌐ (Werkz) / unclamp ‖ ⌐
(Werkstück) / unload ‖ ⌐, herabtransformieren (Elektr) /
step down ‖ ⌐ n (Plast, Wz) / stripping ‖ ⌐ **mit**
Halteseilen / guying ‖ **den Dampf** ⌐ (Dampfm) / expand
the steam
Abspanner m s. Abspanntrafo
Abspann·gelenk n (Freiltg) / strain hinge ‖ ⌐**gerüst** n
(Elektr) / straining gantry, stay poles ‖ ⌐**gestänge** n
(Elektr) / anchoring pole ‖ ⌐**gestänge** n, Hausstütze f
(Elektr) / house attachment o. pole ‖ ⌐**isolator** m (Elektr)
/ strainer, shackle insulator, strain insulator ‖ ⌐**isolator**
m (am Gebäude, zu dem die Zuleitung führt) / service
insulator ‖ ⌐**kette** f (Isolator) / tension string ‖ ⌐**klemme**
f (Elektr) / straining clamp ‖ ⌐**klemme**, -befestigung f

(Fernm) / terminal clamp ‖ ⌐**mast** m (Elektr) / anchoring
tower, span pole, stay pole ‖ ⌐**mast** m, Eckmast m
(Hochsp.Ltg) / rigid support o. tower ‖ ⌐**mast** m,
Endmast m (Elektr, Fernm) / terminal pole, end pole,
dead-end tower, span pole, stay pole ‖ ⌐**mast** m
(Fahrleitung) / anchoring support, end tensioning post ‖
⌐**material** n / stays and guys pl, rigging material ‖
⌐**ring** m / bull ring ‖ ⌐**stange** f (Fahrleitung) / end-
tensioning post ‖ ⌐**stempel** m (Bergb) / anchor prop ‖
⌐**stütze** f (Fernm) / straining o. terminal pin o. pole ‖
⌐**stütze** f **am Haus** (Fernm) / stop bracket ‖ ⌐**trafo** /
reducing transformer, step-down transformer, buck
transformer ‖ ⌐**trafostation** f / step-down transformer
station
Abspannung f, Verspannung f / bracing ‖ ⌐ (Freileitg) /
terminating
Abspann·werk n (Elektr) / transformer station
Abspan·rate f, zerspante Menge (Wzm) / chip production
‖ ⌐**weg** m (Wzm, Wz) / cutting path
abspeichern (DV) / store
Abspeicherroutine f (DV) / storing routine
Absperr·armatur f (Abwasser) / shut-off device ‖ ⌐**blase** f
(Chem) / gas bag
absperren / bar, stop ‖ ⌐, blockieren, verriegeln / block
[up], [inter]lock, bolt ‖ ⌐, sperren (allg, Leitung) / close,
lock, shut off, turn off ‖ ⌐, stopfen / halt, check ‖
Dampf [Gas, Strom, Wasser] ⌐ / cut off o. shut off the
steam
Absperr·furnier n / cross-band veneer, top veneer, face
veneer ‖ ⌐**hahn** m (Masch) / stop valve ‖ ⌐**hahn** m (Kfz)
/ gasoline (US) o. petrol (GB) o. fuel shut-off o. faucet
o. valve ‖ ⌐**klappe** f / shutting clack o. flap o. gate ‖
⌐**klappe** f (DIN 3538) (Gas) / butterfly valve ‖ ⌐**klappe**
f (Öl) / lock-up valve ‖ ⌐**leuchten** f pl (Straßb) / lights pl
marking an obstruction ‖ ⌐**mittel** n, Porenschließer m
(Farbe) / sealer ‖ ⌐**organ** n / shut-off device, obturator ‖
⌐**organe** n pl / blockage and control units pl ‖
⌐**schieber** m / gate [stop] valve, stop [slide] valve ‖
⌐**schieber**, Hauptschieber m / main slide o. sluice
valve ‖ ⌐**schieber** m (Wasserturbine) / main slide valve,
stop valve ‖ ⌐**ventil** n / stop valve o. cock, shut-off o.
check valve ‖ ⌐**ventil** n (Vakuum) / isolating valve ‖
⌐**ventil** n (Gas) / cut-off valve
Abspieldauer f / playback time, audition time
Abspielen n **eines Bandes** (Funk) / playing of a tape
abspitzen (Steine) / ax[e] o. dress quarry stones ‖ ⌐,
aufstocken (Beton) / scabble ‖ ⌐ (weiche Steine) / drag ‖ ⌐,
bossieren (Bau) / pick ashlars
ABS-Plaste m pl / ABS resins pl
Absplithebel m (LoKa) / column split
absplitten, Splitt ausbreiten / grit
absplittern vi / come off in splinters ‖ ⌐, abblättern / shell
vi, peel vi, flake vi
abspreizen, absteifen (Zimm) / fasten by cross-ties, stay,
shore
absprengbare Kapsel (Raumf) / ejection capsule
absprengen / blast off, shoot off ‖ ⌐, sprengen (Glas) /
crack ‖ ⌐, mit Hänge- o. Sprengwerk absteifen (Zimm) /
strut o. truss a beam ‖ ⌐ (Raumf) / sever explosively ‖ ⌐
n(Raumf) / blow-off ‖ **einen Bogen** ⌐ (Bau) / strut a vault
Abspreng·kanone, Schleuderkanone f (Luftf) / ejection
gun ‖ ⌐**kappe**, Kuppe f (Handarbeit) (Glas) / moil
abspringen (Email) / pop off, jump ‖ ⌐, abprallen /
rebound, bounce, kick ‖ ⌐ (Splitter) / come off, crack off
‖ ⌐ (Fallschirm) / descend by parachute, parachute, jump
‖ ⌐, sich ablösen / come off o. down ‖ ⌐, Abschnappen
n / snapping ‖ ⌐ **des Reifens von der Felge** / unseating
of bead
abspritzen, farbspritzen / spray-paint, -coat ‖ ⌐ / wash
down
Absprung m (Luftf) / descent by parachute, parachute
jump
abspulen, abhaspeln / reel off, unreel, unspool, unwind,
wind off ‖ ⌐ n (Tonband) / unwinding

abspülen / wash out o. off o. up, rinse ‖ ~ (Wassb) / erode ‖ ~, unterspülen (Bau) / lay bare

Abspul·gerät *n* / pay-off reel ‖ **~maschine** *f* **für Kokons**, Kokonhaspler *m* (Spinn) / cocoon reeler

Abspülung *f* (Geol) / overland flow, erosion, rainwash ‖ ~, Auswaschen *n* (Chem) / ablution, washing out

ABS-Schaumstoff *m* / ABS-foam

abstammen [von] (Chem) / be derived

Abstand *m*, Entfernung *f* / distance ‖ ~ (z.B. zwischen Nieten) / pitch, distance ‖ ~, Zwischenraum *m* / space, spacing, interspace, clearance ‖ ~, Intervall *n* (zeitlich, räumlich) / interval ‖ ~ (z.B. Nutzabstand) (Funk) / ratio (e.g. speech/noise ratio) ‖ ~, Entfernung *f* / separation, gap ‖ ~, Hubverhältnis *n* (Elektronik) / deviation ratio ‖ ~ **der Bandsprossen** (DIN 44300) (Magn.Bd) / frame spacing ‖ ~ **der Säulen**, Säulenweite *f* / intercolumniation ‖ ~ **der Signale** (Bahn) / signal headway ‖ ~ **der Zwillingsreifen** / dual spacing ‖ ~ **einführen**, mit Zwischenraum anordnen / space [out] ‖ ~ **haben** / be distant ‖ ~ **Nietmitte zu Außenkante Hindernis** / rivet driving clearance ‖ ~ **von Mitte zu Mitte** / distance from center to center, centre distance ‖ ~ **zum Raster** (Bau) / modular gap ‖ ~ **zweier Gleise** / midway between tracks ‖ ~ **zweier Schienen eines Gleises** / distance between the rails of a track, gauge ‖ ~ **zwischen Überholungen** (Luftf) / time between overhauls, TBO, tbo, overhaul period ‖ **den** ~ **anpassen [an]** / accommodate the distance, adapt the distance ‖ **größerer örtlicher o. zeitlicher** ~ / remoteness, distance ‖ **in genügendem** ~ / clear, distant ‖ **in gleichem** ~ / equally distant ‖ **in regelmäßigem** ~ (zeitlich) / periodically ‖ **mit einem** ~ **von …** / at a distance [of]

Abstände *m pl* **der Ölbohrungen untereinander** (Öl) / spacing of shafts

abständig (Bot) / dead

Abstandrohr *n* / stay tube ‖ ~ (Kfz) / spacer [sleeve], distance sleeve

Abstands·bremsung *f* (Bahn) / distance braking, spaced braking ‖ **~gestell** *n*, -behälter *m* (Reaktor) / bird cage ‖ **~getreu**, äquidistant (Math, Geogr, Fernm) / equidistant ‖ **~gleich** / equally spaced ‖ **~halt** *m* (Bahn) / outer stop, stop to maintain block distance ‖ **~halter**, Spreizer *m* / spreader ‖ **~halter** *m* / distance piece, spacer ‖ **~halter** *m* (Fahrleitung) / brace ‖ **~halter** *m* **für Doppelkettenisolatoren** / double-string yoke ‖ **~halter** *m* **zwischen Leiterseilen** / yoke ‖ **~hülse** *f*, Distanzröhre *f* / distance sleeve o. tube ‖ **~hülse** *f* **des Zugankers** (Presse) / tie rod spacer ‖ **~isolator** *m* (Elektr) / stand-off insulator ‖ **~klemme** *f* (Elektr) / distance terminal ‖ **~kurzschluß** *m* / short-line fault ‖ **~melder** *m* / proximity sensor ‖ **~messer** *m* / distance meter ‖ **~messer** *m*, Entfernungsmesser *m* / telemeter ‖ **~meßmarke** *f* (Radar) / range marker ‖ **~meßsystem** *n* (Raumf) / sensing system ‖ **~messung** *f* (Radar) / range measurement ‖ **elektronische ~messung** / distance sensing ‖ **~platte**, -scheibe *f* / distance plate ‖ **~regelung** *f* (Verkehr) / longitudinal control, headway control ‖ **~ring** *m* / spacer ring ‖ **~ring** *m* (Ventil) / spool ‖ **~ring** *m*, -scheibe *f* / distance washer ‖ **~ring** *m* (Radar) / range ring ‖ **~rohr** *n* / spreader tube, stay tube ‖ **~rohrschelle** *f* / two-piece spacing clip ‖ ~ **-Schirm**, A-Schirm *m* (Radar) / range-amplitude display (GB), A-display, A-scope (US) ‖ **~schraube** *f* / spacing screw ‖ **~stabilisiert** (Satellit) / attitude stabilized, station-keeping ‖ **~zünder** *m* / [radio-]proximity fuse, velocity-time fuse, V.T.-fuse

Abstanzen *n* / die cutting

abstäuben, ausstäuben / dust *vt*, make free of dust

Abstech·arbeit *f* (Dreh) / slicing, skiving ‖ **~[dreh]maschine** *f* (Wzm) / slicing lathe o. machine ‖ **~drehmaschine** *f* **für Blöcke**, Blockteilmaschine *f* / ingot parting o. slicing lathe o. machine ‖ **~eisen** *n*, Planierschaufel *f* / trenching shovel o. spade

abstechen (Dreh) / cut off, crop ‖ ~ (in Scheiben) (Dreh) / slice, skive, pare, truncate ‖ ~ (Rasen) / cut sods ‖ ~, abziehen (Flüssigk) / rack [off] ‖ **den Hochofen** ~ (Hütt) / run off the iron from the blast furnace, tap the blast furnace

Abstecher *m*, Abstichspieß *m* (Hütt) / tapping bar o. rake o. rod

Abstech·herd *m* (Gieß) / basin, sump ‖ **~herd** *m* (Hütt) / pit, sump ‖ **~maschine** *f* (Wzm) / cropping machine, cutting-off machine ‖ **~meißel** *m*, Stechdrehmeißel *m* (DIN) / parting[-off] o. cutting[-off] tool, narrow square-nose cutting tool ‖ **~pflug** *m*, Schäl-, Rasenpflug *m* / paring cutter o. plough ‖ **~schleifen** *n* / abrasive cut-off o. cutting, parting-off grinding, cut-off grinding ‖ **~seite** *f* (Dreh) / cutoff end

Absteckarbeiten *f pl* (Bau) / staking out

abstecken, markieren (Verm) / peg out, stake out o. off ‖ ~, trassieren / peg out, stake out o. off ‖ **die Baugrube** ~ / set out the foundation trench ‖ **Kurven** ~ (Verm) / range curves, set out curves

Absteck·fähnchen *n*, Richtfähnchen *n* / surveyor's flag ‖ **~pfahl**, -stab *m*, -stange, Bake *f* (Verm) / directing staff, marking pole ‖ **~pfahl (für Höhen)** *m*, -pflock *m* / gradient peg, surface mark ‖ **~pflock** *m* (Verm) / tracing peg ‖ **~stab**, Festpunkt *m* (Verm) / picket ‖ **~stift** *m* (Wzm) / rig pin

Absteckungslinie *f* (Verm) / tracing

Abstehbehälter *m* (Keram) / conditioner, conditioning zone of the furnace

abstehen, entfernt sein / be distant ‖ ~, schal werden / get stale o. flat ‖ ~ *n* (Gieß) / dead-melting, killing ‖ ~ **lassen**, beruhigen (Schmelze) (Hütt) / kill a melt, quiet, dead-melt ‖ **ein Bad** ~ **lassen** (Gieß) / stew *vt*, quiet *vt*

Absteh·ofen *m* (Keram) / soaking pit ‖ **~wanne** *f* (Glasofen) / conditioner, cooling tank ‖ **~zone** *f* (Keram) / conditioning section

Absteifbrett *n*, -bohle für Baugruben *f* / [close] poling board o. plank

absteifen, abfangen (Bau, Bergb) / stay, underprop, shore [up], underpin ‖ ~ (in Querrichtung), -streben / strut, strut-brace, brace ‖ ~ (Schlacke) / thicken the slag ‖ **mit Bögen** ~ (Bau) / stay by flying buttresses, buttress *v*

Absteifung *f*, Abstützung *f* / propping, staying, support ‖ ~ (Bau, Bergbau) / shore, stay

absteigend (Kurvenast, Ordnung) / descending, degressive ‖ **~er Knoten** (Raumf) / descending node ‖ **~e Programmierung** / top-down design

Abstell·bahn *f* (Hängebahn) / free track (monorail) ‖ **~bahnhof** *m* / railway yard, storage sidings *pl* ‖ **~bezirk** *m* (Bahn) / stabling zone ‖ **~brett** *n* (Buch) / storage shelf for forms

abstellen, niedersetzen / deposit, lay down ‖ ~ [auf] / tailor [to] ‖ ~ (Bahn) / sidetrack, park ‖ ~ (Maschine) / stop ‖ ~, -drehen, -schalten (Radio) / tune out ‖ ~ (Wasser) / shut off, turn off water ‖ ~ (Bahn) / stabling ‖ ~ (Fahrzeuge) / garage *vt* ‖ ~ **auf Sommer- o. Winter-Spezifikationen** (Öl) / seasonal balancing ‖ **den Wind** ~ (Hütt) / shut off the blast ‖ ~ **die Zündung** ~ (Mot) / cut off o. switch off the ignition

Abstell·fläche *f*, -bahn *f*, Abfertigungsvorfeld *n* (Luftf) / apron ‖ **~gelände** *n* (Bergb) / empty car yard ‖ **~gleis** *n* (Bahn) / dead-end siding, storage siding o. track ‖ **beiderseits angeschlossenes ~gleis** (Bahn) / through siding ‖ **auf das ~gleis bringen** (Bahn) / dock ‖ **~hahn** *m* / regulating tap ‖ **~hebel** *m* / stop[ping] o. catch lever, throw-off lever ‖ **~knopf** *m*, -taste *f* / stop key ‖ **~platte** *f* / side extension o. rest ‖ **~platz** *m*, -ecke *f* / bin ‖ **~platz** *m*, Lagerplatz *m* / storage area ‖ **~platz** *m*, Absetzplatz *m* / lay-down location ‖ **~sicherung** *f* (Textil) / stop-motion device ‖ **~tisch** *m* / stand, base ‖ **~vorrichtung** *f* (Schreibm) / releasing device o. mechanism ‖ **~vorrichtung** *f*, Selbstabstellung *f* / stop

motion ‖ **⁓vorrichtung** *f* **für volle Kötzer** (Textil) / full-cop stop motion
abstemmen, abmeißeln / chisel off
abstempeln (Bergb) / stay, prop ‖ **eine Marke** ⁓ / cancel a stamp ‖ **Papier** ⁓ / stamp paper
absterben (Mot) / die ‖ **⁓** *n* (Halbl) / black death
Absteuerung *f* (z.B. Regler) / gradual shutoff
Abstich *m* (Hütt) / tapping, run[ning]-off ‖ **⁓**, Abziehen *n* (Brau) / racking, tapping ‖ **⁓**, Abstichöffnung *f* (Hütt) / discharge aperture ‖ **⁓ -Aufbrennmaschine** *f* (Ofen) / stinger electrode ‖ **⁓brust** *f*, Ablaßseite *f* (Gieß) / side of the running ‖ **⁓entgasung** *f* / runoff degassing, tap degassing ‖ **⁓grube** *f* (Gieß) / basin, sump ‖ **⁓ladung** *f* (Hütt) / explosive charge for the tap hole, jet tapper ‖ **⁓loch** *n* / tap hole ‖ **⁓rinne** *f* (Hütt) / tapping launder ‖ **⁓rinne** *f*, Gießschnauze *f* / casting spout ‖ längsgeteilte **⁓rinne** (Gieß) / breeches runner ‖ **⁓schlacke** *f* (Hütt) / flush slag, flushing cinder ‖ **⁓seite** *f* **für Schlacken** (Hütt) / slag tapping side ‖ **⁓sohle** *f* / pouring level ‖ **⁓spieß** *m*, -stange *f* (Gieß) / tapping bar o. rake o. rod, lancet, opening tool ‖ **⁓ -zu-Abstichzeit** *f*, Schmelzenfolgezeit *f* (Hütt) / tap-to-tap time
Abstieg *m* / descent
Abstiegs·bahn *f* (Raumf) / descent path ‖ **⁓phase** *f* **im luftleeren Raum** (Raumf) / pump down *n* ‖ **⁓triebwerk** *n* (Raumf) / descent engine
Abstimm·… (Elektronik) / on-tune… ‖ **⁓anzeige** *f* (Decca) / focussing indicator ‖ **⁓anzeige** *f* (Radar) / tuning crystal meter ‖ **⁓anzeiger** *m* (Radio) / tuning indicator ‖ **⁓anzeigeröhre** *f*, magisches Auge / electron-ray indicator tube, cathode-ray tuning indicator, cathodic o. magic o. tuning eye ‖ **⁓automatik** *f* / automatic tuner
abstimmbar (Elektronik) / tunable, tuneable ‖ **⁓es Röhrenvoltmeter** / selective VT-voltmeter
Abstimm·bereich *m* (Elektronik) / tuning range ‖ **⁓diode** *f* / tuning diode ‖ **⁓empfindlichkeit** *f* / tuning sensitivity
abstimmen [in bezug auf] / match [for] ‖ **⁓**, in Übereinklang bringen / phase ‖ **⁓**, auf die richtige Wellenlänge (o. Frequenz) einstellen / tune-in, syntonize ‖ **⁓**, modulieren / modulate ‖ **⁓** [auf] / coordinate [with] ‖ **⁓** *n* (Elektronik) / tuning ‖ **⁓**, Zusammenpassen *n* / mating ‖ **auf gleiche Frequenz** ⁓ (Elektronik) / tune ‖ **auf Resonanz** ⁓ / tune to resonance ‖ **Farben** ⁓ / match colours
Abstimm·gerät, -variometer *n* (Radio, TV) / tuner, tuning variometer ‖ **⁓geschwindigkeit** *f* / tuning rate, tuning speed ‖ **⁓häuschen** *n* (Antenne) / dog-house ‖ **⁓knopf** *m* (Radio) / tuning knob o. control ‖ **⁓kondensator** *m* / tuning capacitor ‖ **⁓kreis** *m* / tuning circuit ‖ **⁓kreis** *m* (abgestimmter Kreis) / tuned circuit ‖ **⁓kurve** *f* (Elektronik) / tuning curve ‖ **⁓lampe** *f* / tuning lamp ‖ **⁓leitung** *f* (Antenne) / stub line ‖ **⁓loch** *n* / timing hole ‖ **⁓pfosten** *m* (Wellenleiter) / slug tuner ‖ **⁓rauschen** *n* (Radio) / inter-station noise ‖ **⁓scharf** / selective ‖ **⁓schärfe** *f* (Elektronik) / clearness of modulation o. tuning, tuning precision ‖ **⁓schärfe** *f*, Selektivität *f* / selectivity ‖ **⁓spule**, Resonanzspule *f* / tuning coil o. inductance ‖ **⁓spule** *f* / tuning coil o. inductance ‖ **⁓ -Stichleitung** *f* (Wellenleiter) / stub tuner, tuning stub ‖ **⁓ton** *m* / tuning note
Abstimmung *f* (Antenne) / modulation ‖ **⁓**, Abstimmen *n* (Radio) / tuning[-in] ‖ **⁓**, Anpassung *f* / accommodation, adaptation ‖ **⁓** (Baugruppe) / tuning control (device) ‖ **⁓**, Kontenabstimmung *f* (Buch.m) / balancing ‖ **⁓** (o. Einstellung) **des Regelkreises** (Regeln) / loop tuning ‖ **⁓ mittels Peilrahmen** (Radar) / loop tuning
Abstimmungsantenne *f* / balancing antenna
Abstimm[ungs]kondensator *m* / tuning capacitor ‖ **⁓kreis** *m* (für Kompensation) / balancing circuit
Abstimm·variometer *m* (Radio, TV) / tuner, tuning variometer ‖ **⁓verfahren** *n* (Normen) / voting procedure ‖ **⁓widerstand** *m* / tuning resistance
abstocken (Steine, Beton) / granulate
Abstopfen *n* (Kabel) / filling, blocking

abstoppen, anhalten / arrest *vt*, stop *vt* ‖ **⁓**, die Zeit nehmen / take the time
abstoßen, -schieben, wegstoßen / push off, kick (US) ‖ **⁓**, abstoßend wirken (Phys) / repel ‖ **⁓** (Bahn) / push ‖ **⁓** (Gerb) / ungrain ‖ **⁓**, Abdrücken *n* (Bahn) / pushing off, kicking (US) ‖ **⁓ der Trägerrakete** (Raumf) / dropping of launcher stage ‖ **eine Wand oder Decke** ⁓ (Bau) / scrape off a wall ‖ **sich** ⁓ / rub [off] ‖ **sich gegenseitig** ⁓ / repel mutually ‖ **Wasser** ⁓ (Beton) / bleed, shed water
abstoßend / repellent *adj*, repellant, repulsive
Abstoß·gleis *n* (Bahn) / fly-shunting line ‖ **⁓greifer** *m* (Buch) / frisket [finger] ‖ **⁓mechanismus** *m* (Raumf) / kick-off mechanism ‖ **⁓[rangier]betrieb** *m* (Bahn) / fly shunting o. switching, shunting by pushing off
Abstoßung *f* (Phys, Biol) / repulsion
Abstoßungsvermögen *n*, -kraft *f* / repulsive power
abstrahieren / abstract *vt*
Abstrahlblech *n* (Elektronik) / heat sink, dissipator
abstrahlen (Energie) / release energy by radiation ‖ **⁓** (Wärme) / radiate heat ‖ **⁓**, zerstreuen, abführen / dispel, scatter (e.g. fog) ‖ **⁓** *vt* / effuse, radiate ‖ **⁓ mit Sand** / sand-blast ‖ **⁓ mit Schrot** / shot-blast, blast with steel grit ‖ **hinter einem Satelliten** ⁓ / beam from a satellite ‖ **nasses** ⁓ (Gieß) / hydraulic blast o. fettling, hydroblast
abstrahlend (Wärme) / radiating
Abstrahlrichtung *f* (Elektronik) / direction of beam
Abstrahlung *f*, Wiedereinstrahlung *f* / reradiation
Abstrahlungs·fläche *f* / radiating surface ‖ **⁓winkel** *m* (Phys) / angle of reflection
Abstrahlwinkel *m* (Radar) / angle of radiation
abstrakt / abstract
abstreben, abspreizen / stay, brace, prop up ‖ **⁓**, -steifen (in Querrichtung) / strut, strut-brace, brace ‖ **mit Drähten** ⁓ / stay with wires
Abstrebung, stählerne ⁓ (Stahlbau) / steady point
Abstreck·drücken *n*, Fließdrücken *n* / hydrospinning, flow turning ‖ **⁓durchziehen** *n* (Stanz) / plunge and iron ‖ **⁓[gleit]ziehen** *n* / ironing ‖ **⁓tiefziehen** *n* / draw and [wall-]iron, D & I ‖ **⁓tiefziehen** *n* / drawing and [wall-]ironing, D & I ‖ **⁓ziehen**, abstrecken (Stanz) / iron ‖ **⁓zug** *m* (Wz) / drawing and [wall-]ironing die
Abstreich·blech *n* (Pflug) / mould board, plow board o. breast ‖ **⁓bohle** *f* / screed
abstreichen (DV) / drop off, discard (decimals) ‖ **⁓**, mit Komma trennen (DV) / point off ‖ **⁓**, abschlacken (Hütt) / skim *vt* ‖ **⁓**, glattstreichen / strickle off level ‖ **⁓** *n*, Glattstreichen *n* / strickling ‖ **mit dem Lineal** ⁓ (Bau) / draw-off with the rule
Abstreicher *m*, Bandabstreicher *m* / conveyor plough o. scraper ‖ **⁓** (Gieß) / strickle
Abstreich·feile *f* / equalling file ‖ **⁓lineal** *n*, -holz *n* / striker ‖ **⁓messer** *n*, Walzenreiniger *m* (Textil) / ink ductor ‖ **⁓messer** *n* (Buch) / ductor blade o. knife ‖ **⁓messer** *n* **zum Beschichten**, Rakel *f* (Tuch) / film applicator ‖ **⁓plan** *m* (F.Org) / check-off list ‖ **⁓teller**, -tisch *m* / disk feeder ‖ **⁓walze** *f* (Spinn) / evener roller
Abstreif·band *n* (Gurtförderer) / stripping-off band ‖ **⁓blech** *n* (Spinn) / stripping plate ‖ **⁓bohle** *f* (Straßb) / strike-off screed ‖ **⁓dichtung** *f* / wiping seal
abstreifen, abziehen / strip *vt* ‖ **⁓** (Kokillen) / eject ‖ **⁓** *n* (Walzw) / stripping
Abstreifer *m* (Öl) / stripper, stripping column ‖ **⁓** (Nukl) / stripper ‖ **⁓** (Mähmasch) / cleaner of the reaper ‖ **⁓** (Repro) / squeegee ‖ **⁓[ring]** (z.B. an Kolbenstangen) / wiper ring ‖ **⁓**, Abstreicher *m* / scraper, drag bar ‖ **⁓** (am Stanzwerkzeug) / stripper, stripping device, shedder (US) ‖ **⁓ der Mähmaschine** (Landw) / cleaner of the reaper ‖ **⁓form** *f* (Plast) / stripper plate mould ‖ **⁓kran** *m* (Gieß) / stripping crane ‖ **⁓platte** *f* / stripper plate ‖ **⁓werkzeug** *n* (Stanz) / stripper punch
Abstreif·faktor *m* (Atom) / burnup fraction ‖ **⁓formmaschine** *f* (Plast) / stripping-plate mo[u]lding machine ‖ **⁓halle** *f* (Walzw) / stripping bay ‖ **⁓kamm** *m*

(Textil) / noil stripping comb ‖ ~ -**Konzentration** f einer **Kaskade** (Nukl) / stripping concentration of a cascade ‖ ~**maschine** f (Gieß) / stripping machine ‖ ~**meißel** m (Hütt) / guard, stripping plate ‖ ~**messer** n (Spinn) / mote knife ‖ ~**platte** f / guard plate ‖ ~**platte** f (Gieß) / stripper plate ‖ ~**reaktion** f, Stripping n (Nukl) / stripping reaction ‖ ~**ring** m (für Öl) / oil [control] ring, oil wiper o. wiping ring o. deflector, scraper ring ‖ ~**verzinkt** / wiped galvanized ‖ ~**walze** f (Spanplatten) / scraper roll ‖ ~**walze** f, Ausputz-, Ausstoßwalze f (Spinn) / stripper roller of a Gilljam carding machine ‖ ~**walze** f (Schärmasch.) / stripping brush roller ‖ ~**walze** f, Rückstreifwalze f (Ballenbrecher) / stripping o. cleaner roller of a bale breaker

Abstreuung f (Bau) / sanding, coat of sand

Abstrich m, Grundstrich m (Buch) / down-stroke ‖ ~, Schlicker m (Hütt) / dross ‖ ~, Kompromiß m n / trade-off ‖ ~ **des "S"** (Schrift) / spine of "S" ‖ **dicker** ~ (Schrift) / thick stroke ‖ ~**blei**, Hartblei n (Hütt) / drop lead, lead skim, skim[med] lead, scum lead ‖ ~**ofen** m (Hütt) / drossing-oven

abstrossen, abstufen (Bergb) / work by banks o. benches o. gradations

abstufbar / gradual, stepped

abstufen, einteilen / grade ‖ ~ (Bergb) / cut by degress, work by gradations ‖ ~ (Maur) / slope, work by gradations ‖ ~, terrassieren / step, graduate ‖ ~ (Tiefzieh) / reduce [by steps] ‖ ~ (Färb) / grade, graduate, variegate ‖ ~ n / stepping ‖ ~ **eines Mauerendes** / raking-back of a wall ‖ **die Einlagen** ~ / step plies ‖ **[sich]** ~ / gradate, graduate

Abstufung f / gradation, graduation ‖ ~ **des Geländes** (Bau) / working by banks o. graduations

Abstufungs·gerät n (Beleuchtg) / dimmer ‖ ~**ventil** n (Bremse, Bahn) / graduated release valve, graduating valve

abstumpfen (Chem, Galv) / neutralize ‖ ~ vi, stumpf werden / become dull, dull vi, blunt vi ‖ ~ vt, stumpf machen / blunt the point v, dull ‖ ~ (Geom) / truncate ‖ ~ (Gerb) / basify ‖ ~ ~ n (Gerb) / basification ‖ ~, Abstumpfung f (Werkz) / making dull o. blunt ‖ **absichtlich** ~ / blunt [intentionally] vt ‖ ~**de Stoffe** m pl (Straßb) / abrasives pl

Abstumpfmittel n (Gerb) / basifying agent

Abstumpfung f (fig) / sensory fatigue ‖ ~ **der Spitze** (Rakete) / nose bluntness

Absturz m (Luftf) / crash ‖ ~ (Hydr) / drop structure ‖ ~ **ins Meer** (Raketenstufe) / splashdown of a rocket stage ‖ ~**bahn** f (Fördern) / elevated dumping o. discharging track ‖ ~**bett** n (Hydr) / bed of fall ‖ ~**datum** n (Raumf) / decay date

abstürzen, abschüssig sein / descend steeply ‖ ~, herabfallen / fall down ‖ ~ vt (Bergb) / dump vt ‖ ~ (Flugz) / crash vi

Absturz·halde f / dumping ground o. yard ‖ ~**positionsbake** f (Luftf) / crash position buoy ‖ ~**schacht** m (Hydr) / gully, well ‖ ~**treppe** f (Hydr) / stepped fall o. drop

Abstützbock m / support, truss (US), bracket

abstützen / stay, support, [under]prop

Abstutzen n einer Kette (Math) / truncation

Abstütz·fläche f (Verpackung) / hook suspension face ‖ ~**fuß** m (Baukran) / screw jack, outrigger ‖ ~**lager** n / supporting bearing, rest ‖ ~**stempel** m (Weiche) / stretcher bar ‖ ~**winkel** m / angle [bracket], support

absuchbar, durchsuchbar (DV) / searchable

absuchen (TV, Elektronik) / sweep ‖ ~ (Datei) / scan the file, search the file

Absuch·vorgang m (Fernm) / searching ‖ ~**wähler** m (Fernm) / sweep selector

Absud m, Ansud m (Färb) / scouring

absüßen, den Filterkuchen ~ (Zuck) / sweeten off o. out

Absüßung f (Zuck) / sweetening off

Absüßwässer n pl, Absüßer m pl / sweetwater

Abszisse f / absciss[e] (pl: abscisses), abscissa (pl: abscissae, abscissas) ‖ **als** ~ **auftragen** / lay off as abscissa

Abszissen·achse f / X-axis, axis of abscisses ‖ ~**differenz** f **zweier Punkte** (Math) / run between two points

abtafeln (Tuch) / take off ‖ ~, ablegen, breitfalten / cuttle v

Abtaflerschwinge f (Tex, Veredelung) / rocker bar

abtakeln / unrig

Abtast·bürste f (Elektr) / scanning brush ‖ ~**dose** f, Pick-up m (Phono) / pick-up [head]

abtasten (TV, Radar) / scan, sample, sweep ‖ ~ (DV) / strobe, sense, scan ‖ ~ (Kopierfräsmasch) / trace the shape, follow the pattern ‖ ~ n, Aufnahme f (TV) / pick-up ‖ ~, Abtastung f (TV, Radar) / scanning, scan, scansion (GB), sampling, sweep ‖ ~ **des mikroskopischen Bildes** (Opt) / image plane scanning ‖ ~ **des Objekts durch Verschieben relativ zu einem stationären Detektor** (Opt) / specimen plane scanning ‖ ~ **des Objekts mit einem Lichtpunkt** (Opt) / source-plane scanning ‖ ~ **mit Scintillationszähler** / scintiscanning ‖ **langsames** ~ (TV) / low-velocity scanning

Abtaster m (Prozeßrechn) / sampler ‖ ~ (Regeln) / pick-up, scanner, detector ‖ ~ (Funktionseinheit für zeitlich gerasterte Abfrage eines Eingangssignals) / sampler, sampling controller ‖ ~ / pick-up, scanner, detector

Abtast·fenster n (TV) / scanning gate ‖ ~**finger** m, Abtaster m, Fühler m (Wzm) / feeler ‖ ~**fläche** f (TV) / scan area ‖ ~**frequenz** f (Prozeßrechn) / sampling frequency ‖ ~**gatter** n / sample gate ‖ ~**generator** m (TV) / time base circuit ‖ ~**geschwindigkeit** f (TV) / scanning speed, pick-up velocity ‖ ~**gitter** n (Opt) / scanning grating ‖ ~ -**Halte-Schaltung** (DV) / sample and hold device ‖ ~**impuls** m (Kath.Str.) / sampling pulse ‖ ~**kopf** m (Elektronik) / sensing head, scanning head ‖ ~**lichtstrahl** m / scanning light beam ‖ ~**linearität** f (TV) / scanning linearity ‖ ~**linie** f (TV) / scanning line ‖ ~**loch** n, -öffnung f (TV) / scanning aperture ‖ ~**matrix** f (DV) / scan matrix ‖ ~**mikroskop** m (nach dem Fernsehprinzip) / flying-spot microscope, scanning electron microscope ‖ ~**nadel** f (Schallplatte) / pick-up style o. stylus ‖ ~ -**Oszilloskop** n / sampling oscilloscope ‖ ~**periode** f (Radar) / sampling period ‖ ~**punkt** m, Lichtpunkt m (TV) / scanning spot o. element, picture element o. point ‖ ~ -**Radiometer** n (Raumf) / scanning radiometer ‖ ~**raster** m / scanning raster ‖ ~**regelsystem** n, Abtastsystem n (Regeln) / sampling control system, sampled-data system ‖ ~**röhre** f, Aufnahmeröhre f (TV) / pick-up tube, flying spot scanning tube, camera tube ‖ ~**schlitz** m / scanning slit ‖ ~**sektor** m (Antenne) / scanning zone ‖ ~**spannung** f / scanning voltage ‖ ~**steuerung** f (NC) / tracer control ‖ ~**stift**, Taster m (Wzm) / tracing pin, tracer ‖ ~**strahl** m (TV) / scanning beam ‖ ~**system** n (Photogrammetrie) / scanner (system) ‖ **[auswechselbares]** ~**system**, Tonabnehmereinsatz m (Phono) / pick-up cartridge ‖ ~**technik** f (Kath.Str.) / sampling technique ‖ ~**theorem** n / Shannon's theorem

Abtastung f, Abtasten n (Wzm) / tracing ‖ ~ (punktförmig) (TV) / spot scanning ‖ ~ **mit veränderlicher Geschwindigkeit** (TV) / variable speed scanning ‖ **mechanische** ~ (LoKa) / pin reading

Abtastungswert m / sample

Abtast·verstärker m (Elektronik) / scanner amplifier ‖ ~**vocoder** m (Fernm) / scan-vocoder ‖ ~**vorrichtung** f (TV) / sweep device ‖ ~**vorschub** m / scanning traverse, spot travel ‖ ~**walze** f (Repro) / scanning drum ‖ ~**winkel** n / scan angle ‖ ~**zeile** f / scan[ning] line, active line ‖ ~**zeit** f / scanning time ‖ ~**zeitpunkt** m (Elektronik) / sampling point ‖ ~**zyklus** m **der Gruppe** (Fernm) / array sweep cycle

abtauen vt / defrost

Abteil n, Box f (Bau) / box ‖ ~ (allg, Bahn) / compartment, compt. ‖ ~, Raum m (Luftf) / nacelle

abteilen / division [off] ‖ ~, aufteilen / parcel ‖ ~, abbrechen (Buch) / divide, hyphen[ate] ‖ ~ **in Felder oder Fächer** / compartitioning ‖ **[durch eine Wand]** ~ /partition off

Abteilung f, Abteilen n / division ‖ ~ (Geol) / series ‖ ~, Stamm m (Bot) / division ‖ ~ (Bergb) / district ‖ ~ (z.B. in einem Schrank), Fach n / partition, case, compartment ‖ ~, Dienststelle f / section, division (US) ‖ ~ **einer Firma**, Hauptabteilung f / department, dept ‖ **in mehrere ~en durch Querbalken geteilt** (Zimm) / bayed

Abteilungs·leiter m / departmental head o. chief ‖ ~**zeichen** n (Buch) / hyphen, division mark

Abteilwagen m (Bahn) / compartment coach

abteufen, absenken, niederbringen (Bergb) / sink ‖ ~ n / sinking of a pit

Abteuf·gerüst n / sinking trestle ‖ ~**kübel** m (Bergb) / sinking bucket, mine kibble (GB) ‖ ~**pumpe** f (Bergb) / submersible sinking pump ‖ ~**pumpe** f, Bohrlochpumpe f / bore hole pump

abtönen, [ab]tonen / tone, tint, shade ‖ ~ n / tinting, shading

Abtön·maschine f (Farbe) / tinting machine ‖ ~**pigment** n (Pap) / stainer, colouring o. shading-off pigment

Abtönungsfarbstoff m (Textil) / toning dye

Abtoppanlage f (Öl) / reducing still

Abtöten n (Chem) / destruction, extinction

Abtötung f (Schädlinge) / mortality

Abtrag m, Einschnitt m (Bahn, Straßb) / cut, digging, cutting ‖ ~, abgetragene Erde / excavated earth o. material, dug earth ‖ ~**blech** n (für Oberflächenbearb.) / abrasive sheet

Abtrageböschung f, Tiefböschung f / cutting o. excavation slope

abtragen (Gelände) / cut, excavate, dig ‖ ~, abreißen (Bau) / dismount, dismantle, strip, pull down, take down ‖ ~, abnützen / wear ‖ ~, wegnehmen / take away o. off o. along ‖ ~ (Straßb) / dig, excavate ‖ ~, wegnehmen / carry away ‖ ~, denudieren, entblößen / degrade, denude ‖ ~ n (DIN 8590) (Wzm) / removing metal ‖ **Abraum** ~ / strip the overburden ‖ **auf der Abszisse** ~ / lay off as abscissa ‖ **eine Strecke** ~ (Zeichn) / lay off a [straight] line ‖ **in dünnen Lagen** ~ / skive, slice, pare ‖ **sich** ~, fadenscheinig werden (Web) / become threadbare ‖ **Strecken** ~ (Math) / mark off sections, measure off

Abtraghöhe f (Bagger) / digging height

Abtragsböschung f (Bahn) / slope of cutting

Abtragung, Denudation f (Geol) / denudation, degradation ‖ ~, Erosion f / erosion ‖ ~ **gewachsenen Bodens** (Bau, Straßb) / primary excavation

Abtragungs·effekt m (Halbl) / denudation effect ‖ ~**rate** f **durch Korrosion** / corrosion rate

Abtransportvorrichtung f (Buch) / delivery

Abtreibe·arbeit, -zimmerung, Getriebearbeit f (Bergb) / piling through quicksand ‖ ~**arbeit** f (Hütt) / refining by cupellation

abtreiben, kupellieren / cupel, capel, refine ‖ ~ vi, vom Kurs abkommen / be driven off its course, drift off, make leeway ‖ ~ n (Öl) / stripping ‖ **mit Wasserdampf** ~ (Chem) / strip by means of steam

abtreibend·e Welle / output shaft, driving shaft

Abtreibesäule, -kolonne f (Chem) / column stripper

abtrennbar / separable ‖ ~**er Teil** (Raumf) / fallaway section

abtrennen (mit Gewalt) / sever ‖ **Angüsse** ~ (Gieß) / remove heads, break off o. cut off runners ‖ **die Gießrinne** ~ / cut the runner system ‖ **durch eine Wand** ~, abschauern / partition off ‖ **vom Atomrumpf** ~, strippen / strip the atom

Abtrennschalter m / section switch, isolating switch

Abtrennung f (Raumf) / separation ‖ ~ (Elektr) / disconnection, cutoff

Abtrennungsarbeit f (zur Loslösung von Elektronen) (Nukl) / expulsion energy

abtreppen (Giebel, Bau) / build in corbie steps ‖ ~ (Bau) / wall stairswise o. in recesses ‖ ~ n **von Fundamenten** (Bau) / stepping of foundations ‖ **Fundamentgruben** ~ (Bau) / dig in steps

Abtreppung f (Bau) / indented end of a wall

abtreten, ablaufen / wear out by walking

Abtretung f **der Interessen** (Öl) / farm out n

Abtrieb m, negativer Auftrieb / depression, descending force, negative lift ‖ ~, Abtrift f / drift, leeway ‖ ~, Zapfwellenantrieb m (Landw) / power take-off, p.t.o. ‖ ~ (Getriebe) / main drive pinion ‖ ~ **vom Getriebe** (Landw) / power take-off from the shift gear ‖ ~**drehzahl** f / output speed ‖ ~**rechner** m (Luftf, Schiff) / drift computer

Abtriebs·aggregat n / driven assembly

Abtrieb·säule f, Abtreibesäule f / column stripper ‖ ~**scheibe** f / driven pulley ‖ ~**seite** f (Mot) / drive side, power take-off side

Abtriebs·rad n (Kfz) / driven gear ‖ ~**ritzel** n / output gear ‖ ~**welle** f, angetriebene Welle / driven shaft

Abtrift, Abdrängung f, Abtrieb m (Luftf, Schiff) / drift, leeway ‖ ~**anzeiger** m / drift indicator ‖ ~**geschwindigkeit**, Schiebegeschwindigkeit f (Luftf) / lateral velocity ‖ ~**kompaß** m (Luftf) / drift compass ‖ ~**meßsonde** f, Einfallwinkelsonde f (Raumf) / sideslip probe ‖ ~**rechner** m (Luftf, Schiff) / drift computer ‖ ~**schreiber** m, Abdrängungsschreiber m (Luftf) / recording driftmeter, drift recorder, derivograph

abtripeln / polish with tripoli

abtrocknen vt / dry up

abtropfen, -tröpfeln / drop off, drain off, trickle off ‖ ~ **lassen** / let drop ‖ ~ **lassen** (Drahtzieh) / drain ‖ ~ n **von Wasser** / dropping off

Abtropf·gestell n, -ständer m (Phot) / draining rack o. board ‖ ~**kante** f (Bau) / drip stone ‖ ~**schale** f / drip pan ‖ ~**sieb**, -gefäß n / colander, cullender ‖ ~**turm** m / draining tower

abtrudeln, sich abtrudeln lassen (Luftf) / go into a tailspin, stalldive (US) ‖ ~ n (Luftf) / tail-spin

abtrumpfen, auswechseln (Zimm) / cut off the end

Abtsche [Lamellen-]Zahnstange f (Bahn) / Abt rack, flat bar toothed rack

abtupfen / dab

Ab- und Aufrollvorrichtung f / unwinding and rewinding unit

abundant (Math, DV) / abundant, redundant

ABV (Kfz) = automatischer Blockierverhinderer

AB-Verstärker m (Elektronik) / AB-amplifier

abwägen, gegeneinander ~ / weigh [the consequences]

abwalzen, abgleichen / roll down vt, level by roller

abwälzen / roll off ‖ **[sich]** ~ / seesaw, move on rolling contact

Abwälz·fräsautomat m / automatic gear hobbing machine ‖ ~**fräsen** / hob vt, generate gears ‖ ~**fräsen**, -fräsverfahren n / hobbing, self-generating milling ‖ ~**fräser** m / [self-]generating milling cutter, hob [cutter], gear hob[bing mill] ‖ ~**fräsmaschine** f / hob milling machine, hobbing machine, hobber ‖ ~**mechanismus** m (als Antriebsglied) / direct contact mechanism ‖ ~**umfang** m / rolling circumference

Abwalzung, -blätterung f (Hütt) / delamination

Abwälzverzahnung f / involute toothing o. gear teeth pl

abwandeln / change, alter, modify

Abwärme f, Abhitze f / lost heat, waste heat ‖ ~... s. auch Abhitze... ‖ ~**verwertung** f / waste heat recovery o. utilization o. economy, congeneration (US)

abwärts, zurück (Kontroller) / retrograde ‖ ~, von der Raffinerie weg (Öl) / downstream ‖ ~, von oben herab / down ‖ ~, ab! (Aufzug) / down! ‖ ~, unterstromig / down the river, downstream ‖ ~ **fördernder Kettenförderer** / downward chain conveyor ‖ ~ **gerichtet** / directed downward, pointed downward ‖

⁴bahn f (Raumf) / down-path ‖ ⁴bewegung f, -fahrt f / downward movement ‖ ⁴bohrung f (Bergb) / downhole drilling ‖ ~fahren (Fluß) / descend a river ‖ ⁴förderer m / downhill conveyor ‖ ~gehen, -kommen, -fahren, -fließen / descend ‖ ~gehender Kolbenhub, Abwärtshub m (Mot) / down-stroke, return stroke, descending stroke ‖ ~getriebene Förderstrecke, Einfallende f, schwebende Strecke / jinny road, downgrade engine road ‖ ⁴hub m des Kolbens (Mot) / downstroke of piston, return o. descending stroke ‖ ~kompatibel (DV) / downward compatible ‖ ⁴kompatibilität f / downward compatibility ‖ ⁴regelung f / downward adjustment o. control ‖ ⁴regelung f (Transistor) / reverse automatic gain control ‖ ⁴richtung z, Richtung f Erde (Raumf) / down-direction ‖ ⁴schalten n (Kfz) / going into lower gear ‖ ⁴schalten n, Zurückschalten n (Elektr) / switching back ‖ ⁴schweißen n / downhand o. flat-position welding ‖ ⁴strecke f der Bahn (Raumf) / downward leg of trajectory ‖ ⁴strom m, -fluß m / downflow, downrun ‖ ⁴transformator m / step-down o. reducing transformer, buck transformer (US) ‖ ⁴umsetzer m (Radio) / down converter ‖ ⁴verbindung f (Raumf) / down-link ‖ ⁴verdampfung f / down evaporation, inverted evaporation ‖ ⁴-Visur f (Verm) / plunging shot ‖ ⁴wandler m, -übertrager m (Elektronik) / down converter ‖ ~zählen / count down ‖ ⁴zähler m (Mikroprozessor) / decrementer ‖ ⁴zug m (von der Hauptstadt gerechnet) / down train (GB, Japan)

abwaschbar, waschecht / washable ‖ ~, durch Waschen entfernbar / removable by washing ‖ ~e Tapete / sanitary wallpaper

Abwaschbecken n (mit Zu- und Ablauf) (Bau) / gutter, sink

abwaschen / wash out o. off o. up, rinse

Abwaschung f, Auswaschen n (Chem) / ablution, washing out

Abwaschwasser, Spülwasser n / dish water

Abwasser n (allg) / waste water ‖ ~ (Sanitär) / sewage [water], sewerage ‖ ⁴, Flüssigabfälle m pl (Reaktor) / liquid waste ‖ ⁴ (Pap) / waste o. white o. pulp water ‖ [vor]gereinigtes ⁴ (Aufber) / effluent ‖ ⁴ableitung, -beseitigung f, -reinigung f / sewerage, sanitation, effluent disposal ‖ ⁴anlagen f pl (Bau) / sewage installations pl ‖ ⁴aufnehmer m (für Abtransport) / holding tank ‖ ⁴bakterien pl / wastewater bacteria pl ‖ ⁴behandlung f (Sanitär) / treatment of waste water o. of sewage ‖ ⁴entgiftung f / waste water detoxification ‖ ⁴faulraum m / septic tank ‖ ⁴graben m / open drain ‖ ⁴kanal m (Sanitär) / drain, sewer, cloaca ‖ ⁴kanal m (als Bauwerk) / underground brick culvert ‖ ⁴kanal m (Wassb) / diversion cut ‖ ⁴kläranlage f / plant for sewage purification, sewerage plant ‖ ⁴klärteich m / lagoon ‖ ⁴landbehandlung f / land treatment ‖ ⁴last f / sewage load ‖ ⁴leitung f (Kraftwerk) / water outlet ‖ ⁴leitung, Kanalisation f / drain channel, sewerage, drains pl ‖ ⁴leitungen legen, kanalisieren / sewage, sewer

abwässern, abschrägen (Bau) / weather

Abwasser·pilz m, Leptomitus m / sewage fungus ‖ ⁴reinigung f / sewage clarification, purification of sewage water ‖ völlige ⁴reinigung / advanced sewage treatment ‖ ⁴rohre n pl / sewage piping ‖ ⁴schacht m / sewer manhole, SMH ‖ ⁴schlamm m, -rückstand m / sewage sludge ‖ ⁴teich m / oxidation pond ‖ ⁴verrieselung f / broad irrigation ‖ ⁴verwertung f / salvage of sewage ‖ ⁴zone f / sewage laden zone ‖ ⁴zufluß m / sewage flow ‖ ⁴zufluß m während des Tages / daytime sewage flow

abweben / weave out v

abwechseln / exchange, interchange ‖ **regelmäßig** ~ / alternate vi

abwechselnd adv / alternating adj, altern[ate] adj, alternately adv ‖ ~, diskontinuierlich / discontinuate ‖

~, umschichtig / in turns, alternate ‖ ~ angetriebener/ballistischer/angetriebener Flug / thrust-coast-thrust, TCT ‖ ~ betreiben / operate alternately ‖ ~ setzen, im Zickzack setzen / stagger ‖ mannigfach ~ / varied, varying, diverse, diversified

abwedeln (Phot) / dodge

Abwehr [von, gegen] f, Schutz m [vor, gegen] / defence (GB), defense (US) [of, against] ‖ ⁴mittel n, Repellent n / repellent ‖ ⁴tätigkeit f / defensive activity ‖ ⁴waffe f / defensive weapon

abweichen vi / deviate ‖ ~ (Magn) / decline vi ‖ ~, sich unterscheiden / differ, be different ‖ ~, verschieden sein / differ, vary ‖ ~ (Säge) / cut untrue ‖ ~ (Opt) / deflect ‖ ~ [von … um] / vary [from … by] ‖ ~ vt, losweichen / macerate, soak off ‖ ~ n des Bohrers (Öl) / slippage phenomena pl ‖ ~ [lassen] / diverge ‖ ~ vom Fahrplan (die Fahrzeiten betreffend) (Bahn) / run out of schedule

abweichend, verschieden / variant ‖ ~ (Richtung) / divergent, diverging ‖ ~ vom Üblichen / aberrant, deviating

Abweichung f, Verschiedenheit f / divergence, divergency, difference, diff., variance, variation ‖ ⁴, Anomalie f / anomaly, abnormality ‖ ⁴, Toleranz f, Zugabe f / allowance, tolerance ‖ ⁴ (z.B. sphärische) (Opt) / aberration ‖ ⁴, Unterschied m / variety ‖ ⁴, Deklination f (Kompaß) / declination, dec ‖ ⁴ (Phys) / deviation ‖ ⁴ (Wzm) / deviation, variation in dimension ‖ ⁴ eines synchronen Apparates / slip of a synchronous apparatus ‖ ⁴ im Beharrungszustand, statische Abweichung / steady state variation ‖ ⁴ vom Sollwert / deviation from desired value ‖ ⁴ von Bestimmungen / deviation, diverging from rules ‖ ⁴ von der Geraden / deviation from the straight line ‖ ⁴ von der Kreisform / deviation from circular form ‖ ⁴ von der Kugelgestalt / asphericity ‖ ⁴ von der Nennübersetzung (Elektr) / ratio error ‖ ⁴ von der Rechtwinkligkeit / deviation from squareness ‖ ⁴ von der Regel / exception to the rule ‖ ⁴ von einem Gesetz (Phys) / deviation from a law ‖ [fehlerhafte] ⁴ / error ‖ [größte] ⁴ von der Geradheit (Walzw) / deviation from straightness, curvature ‖ [zulässige] ⁴ in der Form / tolerance on the shape ‖ zulässige ⁴ innerhalb eines Viereckes um den durch Koordinaten festgelegten Punkt / coordinate tolerance

Abweichungs·quadrate-Summe f (Math) / deviance ‖ ⁴summe f / deviance ‖ ⁴verhältnis n (Regeln) / deviation ratio, offset ratio ‖ ⁴winkel m der Magnetnadel / magnetic azimuth

Abweiseblech n (Bau) / flashing

abweisen, ablehnen / reject

Abweiser m, Dalbe f (Brücke) / dolphin before the pier of a bridge ‖ ⁴ (Schiff) / guard o. fender pile ‖ ⁴ (Mähm, Landw) / main shoe o. inner shoe divider rod ‖ ⁴, Abweisbalken m / keep-off rail ‖ ⁴, Ablenker m / deflector ‖ ⁴ (Straßb) / guard fender o. post

Abweis·messer n (Kabelherst) / fleeting knife ‖ ⁴ring, Abdrängring m (Kabelherst) / fleeting ring ‖ ⁴signal n (Fernm) / non-acceptance signal

Abweisungsmaßzahl f (DV) / reject level

Abweitung, Breitenentfernung f (Verm, Luftf) / departure, dept.

abwelken (Leder) / sam, dewater

Abwelkpresse f (Gerb) / dewatering press, drying press

abwerfbar, Abwurf... (Luftf) / jettisonable, droppable, releasable ‖ ~ (im Notfall) (Luftf) / dischargeable ‖ ~es Fahrgestell (Luftf) / releasable undercarriage, droppable landing-gear ‖ ~es Zusatztriebwerk (Raumf) / velocity package

Abwerfeinrichtung f (Fernm) / test board for lost calls

abwerfen (allg) / discard, shed ‖ ~ (Rechen) (Landw) / dump, tip ‖ ~ (Entbehrliches) (Luftf, Schiff) / jettison, drop, let fall ‖ ~, abschleudern / throw off ‖ ~, eintragen, -bringen / yield ‖ ~, wegwerfen / reject vt

~ (DV) / dump ‖ **Ballast** ~ / release ballast ‖ **Bomben** ~ /drop, release ‖ **einen Behälter** ~ (Luftf) / drop a container ‖ **mit Fallschirm** ~ / air-drop, parachute
Abwerf·vorrichtung f, Abwerfer m / discarding device ‖ ~vorrichtung f (Luftf) / jettison gear
Abwesenheit f / absence
Abwetter n pl (Bergb) / return air
abwetzen (sich), scheuern (sich) / chafe
Abwickelachse f (Filmkamera) / feed spindle
abwickelbar (Math) / developable
Abwickel·bock m (Spinn) / running-off frame ‖ ~einrichtung f (Appretur) / unbatcher ‖ ~gerüst n (Walzw) / swift ‖ ~geschwindigkeit f / unwinding speed ‖ ~haspel f m (Hütt) / uncoiler, decoiler
abwickeln tr (Verkehr) / handle, control ‖ ~, abrollen vt vi / uncoil, unwind, wind off ‖ ~, -haspeln / unspool ‖ **das Coil** ~ / decoil, uncoil ‖ **eine Fläche** ~ (Math) / unroll, develop ‖ **eine Kurve** ~ (Math) / unwind a curve, lay out a curve
Abwickel·spule, -rolle f (Magn.Bd) / take-off reel, supply reel ‖ ~walze f / take-off roller ‖ ~walze f **der Karde** (Spinn) / lap roller ‖ ~werk n / unwinder, uncoiler
Abwickler m / unwinder ‖ ~ (des Baumfärbeapparats) / dye beam unbatcher
Abwicklung f (Zeichn) / developed view ‖ ~, Durchführung f / transaction ‖ ~ **des Verkehrs** / traffic regulation, traffic control ‖ ~ **einer krummen Fläche** (Math) / layout ‖ **positive** ~ **der Kette** (Web) / winding off the warp
Abwicklungskurve, Involute f, Kreisevolvente f (Geom) / involute
Abwiegemaschine, Dosiermaschine f / dosing machine
abwiegen / weigh out, weigt (US) ‖ ~, Wiegen n / act of weighing
Abwind m (Meteorol) / descending current, downdraught, -draft ‖ ~ (Luftf) / downwash
Abwinderegler m (Textil) / backing-off control o. regulator o. retarding motion o. chain-tightening motion
Abwind·feld n / downwind area ‖ ~[winkel] m (Luftf) / downwash angle
abwinkeln, seitlich ~, hochstellen (Stanz) / tangent-bend vt, U-bend vt
Abwischbausch m, Trockenbausch m / wiping pad
abwischen / rub, wipe ‖ ~, abstäuben / dust vt vi ‖ ~, abtrocknen / wipe dry ‖ **mit dem Schwamm** ~ / sponge [up] vt
abwracken (Schiff) / break up, wreck, dismantle
Abwurf m / throwing off ‖ ~, Speicherauszug m (DV) / dump ‖ ~ **der Verkleidung** (Raumf) / fairing ejection ‖ ~ausleger m (Bagger) / stacker boom ‖ ~auslöser m (Flugz) / jettisoning trigger ‖ ~band n (Bergb) / stacker belt ‖ ~behälter m (Luftf) / droppable [fuel] tank, drop o. slip tank, belly tank ‖ ~ende n, -kopf m (Förderband) / discharge end of belt ‖ ~haube f (Förderband) / discharging hood ‖ ~kontrolle f (DV) / dump check ‖ ~schurre f / throw-off chute ‖ ~stelle f (Förderband) / discharge station o. end, unloading station ‖ ~tisch m (Pulv.Met) / deflector table ‖ ~trommel f (Förderband) / discharging drum ‖ ~wagen, Bandschleifenwagen m / travelling tripper, throw-off car, discharging car[riage]
abwürgen (Gewinde) / strip the thread ‖ ~ (Kfz) / kill the engine, stall, lug down
abyssisch, Tiefsee... / abyssal, bathysmal ‖ **am** ~**en Meeresboden lebend** / abyssobenthic ‖ **im** ~**en Bereich schwimmend** / bathypelagic, abyssopelagic
abzählbare Menge (Math) / denumerable o. [e]numerable o. countable set
Abzählen n / enumeration, numbering
Abzähl·maschine f, -gerät n / counting machine ‖ ~werk n / counting device
abzapfen (Flüssigk) / draw-off, broach, tap
Abzapfhahn m / drawing-off cock
Abzeichen n / distinguishing mark, attribute ‖ ~, Ansteckmarke f / badge

abzeichnen (Zeichn) / copy
abzetteln, Gewebtes auftrennen (Web) / take off the warp, undo, unravel, unweave
Abzieh·apparat m (Buch) / proof-press ‖ ~apparat m (Büro) / mimeograph ‖ ~apparat m (Brau) / bottling o. racking apparatus ‖ ~apparat m **für Klingen** / strop[ping apparatus] ‖ ~bad, Entmetallisierbad n (Galv) / stripper, stripping solution
abziehbar (z.B. Lackauftrag) / strippable ‖ ~ (Tapete) / peelable ‖ ~er Film m (Buch) / stripfilm
Abziehbarkeit f / stripability
Abzieh·bild n / transfer [picture], decalcomania, decal, metachromotype ‖ ~bilderverfahren n / metachromotype process ‖ ~bogen m, Einstechbogen m (Buch) / inset sheet
abziehen / pull off, draw off ‖ ~, auslösen / pull the trigger ‖ ~, abstreifen / strip ‖ ~ (z.B. Klebeband von der Unterlage) / yank off ‖ ~ (Bürstenabzug) (Buch) / beat ‖ ~, abdrucken (Buch) / print vt ‖ ~, einen Abzug machen (Phot) / copy, print ‖ ~, wegnehmen (Math) / deduct ‖ ~, subtrahieren / subtract ‖ ~, dekantieren (Chem) / decant ‖ ~ (Klingen) / whet, sharpen on a strop ‖ ~, rektifizieren / rectify ‖ ~, destillieren / draw by distillation, distil ‖ ~, abstechen (Flüssigk) / rack [off], draw off ‖ ~ (auf Fässer) / cask v, barrel v ‖ ~ (auf Flaschen) / bottle v ‖ ~, ausschaben (Gerb) / pare, scrape ‖ ~, entfärben (Textil) / decolour, strip ‖ ~ vi (Rauch) / escape ‖ ~ n, Schleifen n / sharpening, whetting ‖ ~ (Farbe) / stripping ‖ ~ **auf Fässer** (Brau) / barrelling, kegging, casking ‖ ~ **der Abgase**, Abzug m der Abgase / escape of fumes ‖ ~ **der Matrize** (Sintern) / withdrawal process ‖ ~ **des Fadens** (Spinn) / unwinding of bobbins ‖ ~ **hochwertiger Verkehre**, Verkehrsabschöpfung f / discrimination of traffic ‖ ~ **von Abziehbildern** / transfer of decals ‖ ~ **von einem Spulengatter** (Textil) / unwinding from a warp reel ‖ ~ **von Schlacke o. Krätze**, Abkrammen / skimming, slagging off ‖ ~ **von Steindrucken auf Zink** / transfer of lithographs ‖ **Abziehbilder** ~ / transfer decals ‖ **[auf dem Stein]** ~ / hone ‖ **den Drücker** ~ / pull the trigger ‖ **den Faden** ~, abspulen / reel off, unreel, unspool, unwind ‖ **den Rauch** ~ **lassen** / discharge the smoke ‖ **Erz aus Bunkern** ~ / draw-off ore from bins ‖ **Häute** ~ (Gerb) / skin v ‖ **in Fahnen** ~ (Buch) / pull proofs ‖ **Leder** ~ / rub the leather with pumice-stone ‖ **mit dem Lineal** ~ (Bau) / draw-off with the rule ‖ **Schlacke** ~ (Hütt) / pull slag, slag off, skim
Abzieher m (für Naben usw.), Abziehvorrichtung f / pulling-off device, puller, extractor
Abzieh·etikettenpapier n / decalcomania simplex paper ‖ ~feile f, Schlichtfeile f / smoothing file ‖ ~festigkeit f, Haftvermögen n (DIN) (gedr.Schaltg) / peel strength ‖ ~film, Stripfilm m (Buch) / stripfilm, stripping film ‖ ~futter n / pulling chuck ‖ ~hahn m (Brau) / tap cock ‖ ~hebel m, Abzug m (Masch) / trigger ‖ ~hülse f (Lager) / withdrawal sleeve ‖ ~hülse f **für Schrauben** / withdrawal sleeve for bolts ‖ ~kraft f / stripping force ‖ ~kraft f (Magnet) / tractive force o. effort ‖ ~kraft f (Sintern) / ejection force ‖ ~latte f, Scheibe f (Bau) / smoothing board, long float ‖ ~papier n **für Trockenabziehbilder** (Pap) / release paper ‖ ~pflug m, Grabenpflug m / rotary spading machine ‖ ~presse f, Korrekturpresse f (Buch) / proof press ‖ ~presse f **für Reparaturen** (Kfz) / garage press ‖ ~schraube f (Masch) / withdrawing screw, pulling[-off] screw (US) ‖ ~stahl m, Wetzstahl m / tool sharpening steel ‖ ~stein m / rubber, grindstone, whetstone, rubstone, grinding slip ‖ ~stein m, Ölstein m / oil rubber o. stone ‖ ~stein m in Messerklingenform / slip stone ‖ ~verfahren n (Sintern) / pull-off method ‖ ~vorrichtung f (Extruder) / take-off ‖ ~walze f, Abstreichwalze f des Ballenbrechers / stripper roller of a bale opener, evener roller of a bale opener ‖ ~walze f, Abstreifwalze f der Karde / doffer cylinder of a card ‖ ~werkzeug n (für

Schleifscheiben) / true diamond ‖ ⁀**widerstand** *m* (gedr.Schaltg) / resistance to peeling

abzirkeln, mit dem Zirkel abgreifen / compass, measure o. mark with the compass

Abzug *m* (für Gas o. Luft) / outlet, discharge, conduit ‖ ⁀, Auspuff *m* / escape, exhaust ‖ ⁀, Abzugsschrank *m* (Chem) / fume cupboard o. hood, closed hood ‖ ⁀, Ableitungskanal *m* (Hydr) / outfall ‖ ⁀ (Buch) / pull, proof ‖ ⁀ (Phot) / copy, print ‖ ⁀ (Kabelherst) / capstan, haul-off ‖ ⁀, Drücker *m* (Gewehr) / finger of the trigger, trigger ‖ ⁀, Abstrich *m* (Hütt) / dross ‖ ⁀, Masselgraben *m* (Hütt) / launder, pig bed ‖ ⁀ (Spinn) / pull-off, drawing-off ‖ ⁀, Abziehen *n* (Tätigkeit) / taking-off a quota, deduction in advance ‖ ⁀ (bei Nichterfüllung) / penalty ‖ ⁀ **auf Kunstdruckpapier** / art pull, glossy print proof (US) ‖ ⁀ **aus dem Speicher** (DV) / storage dump ‖ ⁀ **der Spulen** (Spinn) / doffing ‖ ⁀ **für Steuern** / tax deduction ‖ ⁀ **für Verbrennungsgase** (Ofen) / waste gas flue ‖ ⁀ **ins Freie** / local vent ‖ **einen** ⁀ **machen,** abziehen (Phot) / print *v*, copy *v* ‖ ⁀**hechel,** Grobhechel *f* (Flachs) / long ruffer ‖ ⁀**los** / unvented ‖ ⁀**mantelmatrize** *f* (Sintermetall) / withdrawal die ‖ ⁀**papier** *n* / duplicating paper ‖ ⁀**röhre,** Dole *f* / culvert

Abzugs·bandstraße *f* / discharging belt conveyor ‖ ⁀**bogen** *m* (aus billigem Papier) (Buch) / proof[ing] sheet ‖ ⁀**bügel** *m* (Gewehr) / trigger guard o. handle o. bow ‖ ⁀**bunker** *m* / discharge o. discharging hopper

Abzug·scheibe *f* (Kabelherst) / capstan gear ‖ ⁀**schieber** *m* / sluice valve, drain valve

Abzugseil *n* / pull-off rope

Abzugs·feder *f* (Gewehr) / trigger spring ‖ ⁀**gewicht** *n* (Textil) / take-down weight ‖ ⁀**graben** *m* (Hydr) / drawing ditch, drain, outlet trench ‖ ⁀**graben** *m* (Straßb) / gutter ‖ ⁀**graben** *m* **für Flutwasser** (Hydr) / warping drain o. cut ‖ ⁀**grube** *f* / sinkhole o. -trap ‖ ⁀**hängebank** *f* (Bergb) / delivery platform ‖ ⁀**haube** *f*, -glocke *f* s. Abzugsschrank ‖ ⁀**kanal** *m* / delivery canal o. channel, drain channel, drains *pl* ‖ ⁀**kanal** *m* (Bergb) / offtake ‖ ⁀**kanal** *m* (Entwässerung) / delivery canal o. channel, drain channel, drains *pl* ‖ ⁀**kanal** *m* **für giftige Abwässer** / drain for poisonous waste ‖ ⁀**kopf** *m*, abziehender Kopf (Hütt) / offtake end ‖ ⁀**kupfer** *n* / copper recovered from cinders ‖ ⁀**loch** *n* **im Dach** (Bau) / ventilating brick ‖ **mit** ⁀**löchern versehen** / gully ‖ ⁀**los** (Ölofen) / flueless ‖ ⁀**mantelmatrize** *f* (Sintern) / retracting die ‖ ⁀**papier** *n* (Buch) / proof paper ‖ ⁀**plattenband** *n* / discharging plate conveyor ‖ ⁀**rohr** *n* / offlet ‖ ⁀**rohr** *n* (Chem) / discharge duct ‖ **abwärtsgehendes** ⁀**rohr** / downtake ‖ ⁀**rohr** *n* **für Klosettentlüftung** / vent pipe, V.P., continuous vent ‖ ⁀**schieber** *m* / drain valve ‖ ⁀**schlacke** *f* (Hütt) / metallic scoria, dross ‖ ⁀**schlacke** *f*, übergeflossene Schlacke (Hütt) / boilings *pl*, overflow slag ‖ ⁀**schleuse** *f* (Hydr) / drain sluice o. -trunk, outlet-sluice ‖ ⁀**schleuse** *f*, Fluchtschleuse *f* (Wassb) / sweeping sluice ‖ ⁀**schlot** *m* / vent pipe, continuous vent ‖ ⁀**schnecke** *f* (Förderer) / extracting screw ‖ ⁀**schrank** *m* (Chem) / closed hood, fume cupboard o. hood

Abzugstellung *f* (Sintern) / withdrawal position

Abzugs·vorrichtung *f* (Mil) / trigger mechanism ‖ ⁀**vorrichtung** *f* (OCR) / picker ‖ ⁀**walze** *f* (Web) / take-down roller ‖ ⁀**walzen** *f pl*, Ablieferungswalzen *f pl* der Anlegemaschine (Spinn) / delivering rollers of the spreader ‖ ⁀**wehr** *n* / waste weir

Abzug·vorrichtung *f* **des Dokumentenlesers** / picker of the document reader ‖ ⁀**walze** *f*, -zylinder *m* (Wollkämmen) / calender sliver, calender [take-off] roller, draw-off roll, withdrawal roll ‖ ⁀**walze** *f* (Wirkerei) / delivery roller

abzulehnender Ausdruck / deprecated notion, term that should be phased out

abzuschalten, bei Spitzenlast ⁀ (Elektr) / dispensable

Abzweig *m* s. Abzweigung ‖ ⁀**bahnhof** *m* (Schweiz), Trennungsbahnhof *m* / branch-off station ‖ ⁀**befehl** *m* (DV) / branch order ‖ ⁀**bund** *m* (Freileitung) / tapping binding ‖ ⁀**dose** *f* (Elektr) / branch box ‖ ⁀**dose** *f* (Kfz) / branch connector ‖ ⁀**dose** *f* (im Haus) (Elektr) / conduit box

abzweigen *vt*, -trennen / branch, derive, fork [off] ‖ ~ (Bahn, Straßb) / bifurcate *vt* ‖ ~ (Elektr) / branch off ‖ ~ (sich) / bifurcate ‖ ~ *vi* (Straße) / branch ‖ ⁀ *n* **eines Speicherzyklus** (DV) / cycle stealing

abzweigend, [Ab]zweig… / branching, branch… ‖ ~**es Gleis,** krummer Strang (Bahn) / diverted line o. track, deviation ‖ ~**e Leitung** (Elektr, Fernm) / submain

Abzweig·filter *m n* / ladder filter ‖ ⁀**kabel** *n*, Stichleitung *f* / stub cable ‖ ⁀**kasten** *m*, -dose *f* (Elektr) / distributing o. distribution o. distributor o. dividing box, connector o. junction box ‖ ⁀**kasten** *m* (Kabel) / branch box ‖ ⁀**kasten im Hause** (Elektr) / conduit box ‖ ⁀**klemme** *f* (Elektr) / derivating post o. screw, branch terminal ‖ ⁀**leitung** *f* / branch circuit connection, branch conduit ‖ ⁀**leitung** *f* **der Freileitung** / branch conduit of the aerial line ‖ ⁀**methode** *f* / shunt method ‖ ⁀**muffe** *f* / branch sleeve o. socket ‖ ⁀**punkt** *m* / branch point ‖ ⁀**reaktanzspule,** Speisedrossel *f* (Elektr) / feeder reactor ‖ ⁀**spule** *f* (Fernm) / repeating coil ‖ ⁀**spule** *f* (Elektr) / tapped coil ‖ ⁀**stange** *f* (Fernm) / forking pole ‖ ⁀**station** *f* (Elektr) / tee-off substation ‖ ⁀**stelle** *f* (allg) / branch-off point ‖ ⁀**stelle** *f* (Leitung) (Fernm) / branch-off point ‖ ⁀**stück** *n* / Y-branch 45⁰ lateral ‖ ⁀**stück** *n* (Rohr) / branch piece o. -T o. tee ‖ ⁀**stutzen** *m* / branch socket

Abzweigung *f* (gabelförmig) / bifurcation ‖ ⁀, Gabelung *f* (Bahn, Straßb) / branch, branching, junction ‖ ⁀, Verzweigung *f* / junction, fork, branching ‖ ⁀ (Fernm) / dropping, drop ‖ ⁀ (bei der Kernmaterialüberwachung) / diversion ‖ ⁀ (Autobahn) / junction of motor roads ‖ ⁀, Abzweigstromkreis *m* (Elektr) / derivation ‖ ⁀ **in Form des halben Kleeblatts** (Autobahn) / clover leaf junction

Abzweigungs·weiche *f* (Bahn) / diverging points *pl* ‖ ⁀**weiche** *f* (Bahn) / diverging points *pl*

Abzweig·verstärker *m* (Fernm) / drop repeater ‖ ⁀**vorrichtung** *f* / branch circuit connection ‖ ⁀**wicklung** *f*, Parallelwicklung *f* / shunt winding, bleeder winding ‖ ⁀**widerstand** *m* / branch resistance

abzwicken / nip off, pinch off ‖ ~ (Nägel) / nip off ‖ **den Knoten** ~ (Tuch) / burl *v*, nop *v*

Acajou *m*, Nierenbaum *m* / acajou, Swietania mahagoni, Anacardium occidentale o. orientale, cashew tree ‖ ⁀**nuß-Flüssigkeit** *f* (Lack) / cashew shell liquid, C.S.L. ‖ ⁀ **-Öl** *n* / cashew-nut oil

Accelerator, Akzelerator *m* (Abwasser) / accelerator

Accent aigu *m* / acute accent ‖ ⁀ **grave** / grave accent

ACC-Regelung *f*, Grenzregelung *f* (Dreh) / ACC, adaptive control constraint

A.C.C.-Test *m* (Bau) / A.C.C. test

ACE *n* (= automatic calling equipment) (DV) / automatic calling equipment, ACE

Acet… / aceto…

Acetal *n* (Chem) / acetal ‖ ⁀ **-Copolymerisat** *n* (Chem) / acetal copolymer

Acet·aldehyd *m*, Ethanal *n* / acetaldehyde, (preferred chemical name:) ethanal ‖ **trimerer** ⁀**aldehyd** / paraldehyde, paracetaldehyde

Acetal·harz *n* / acetal resin

Acetamid *n* / acetamide

Acetat, Azetat *n* / acetate ‖ ⁀**band** *n* (Magn.Bd) / acetate base tape ‖ ⁀**cellulosefasern** *f pl* (Chem, Textil) / estron ‖ ⁀**film** *m* / acetate film ‖ ⁀**seide** *f*, -reyon *m n* / acetate silk

Acet·essigester *m*, Acetessigsäureethylester *m* / aceto-acetic ester ‖ ⁀**essigsäure** *f* / aceto-acetic acid, diacetic acid ‖ ⁀**essig[säureethyl]ester,** β-Ketobuttersäureethylester *m* / aceto-acetic ester, ethyl aceto-acetate

Acetin, Glyzerinmonoacetat *n* / monacetin, glycerylmonoacetate
Aceton, Dimethylketon *n* / acetone, dimethylketone, propanone ‖ ⁴ -**Benzol-Prozeß** *m* (Öl) / acetone-benzole process ‖ ⁴**cyanhydrin** *n* / acetone cyanhydrin ‖ ⁴**harz** *n* / acetone resin
Acetonitril *n*, Methylcyanid *n* / acetonitrile
Aceton·kollodium *n* / acetone collodion ‖ ⁴**lack** *m* / acetone lacquer ‖ ~**löslich** / acetone-soluble ‖ ⁴**öl** *n* / acetone oil
Aceto·phenon *n* / acetophenone
Acet·oxisilan *n* / acetoxysilane ‖ ⁴**oxylgruppe** *f* / acetoxyl group ‖ ⁴**oxylierung** *f* / acetoxylation
Acetyl, Azetyl *n* / acetyl ‖ ⁴**cellulose** *f*, Celluloseacetat *n* / acetyl cellulose, cellulose [tetr]acetate ‖ ⁴**celluloselack** *m* / acetyl cellulose lacquer ‖ ⁴**chlorid** *n* / acetyl chloride
Acetylen, Azetylen *n*, Ethin *n* / acetylene ‖ **gelöstes** ⁴, Dissousgas *n* / dissolved acetylene ‖ ⁴**bindung** *f* / acetylene linkage, triple bond ‖ ⁴**brenner** *m* / acetylene burner ‖ ⁴**entwickler**, -erzeuger *m* / acetylene generator o. producer ‖ ⁴**entwickler** *m* **nach dem Schubkastensystem** (Schweiß) / draw-system generator ‖ ⁴**entwickler** *m* **nach dem Tauchsystem** (Schweiß) / diving-bell generator ‖ ⁴**entwickler** *m* **nach dem Tropfsystem** / drip-feed generator ‖ ⁴**flasche** *f* / acetylene gas bottle o. tank o. cylinder ‖ ⁴**gas** *n* / acetylene gas ‖ ⁴**kohlenwasserstoffe** *m pl* / acetylenic hydrocarbons ‖ ⁴**reihe** *f* / acetylenes *pl* ‖ ⁴**ruß** *m* / acetylene black ‖ ⁴**sauerstoffschneidbrenner** *m* / oxyacetylene cutting blowpipe ‖ ⁴**schneidverfahren** *n* / acetylene cutting ‖ ⁴**schweißanlage** *f*, Acetylenanlage *f* / acetylene welding outfit ‖ ⁴**schweißbrenner** *m* / oxyacetylene blowpipe o. torch ‖ ⁴**schweißen** *n* / acetylene welding ‖ ⁴**sicherheitsvorlage** *f* / water seal ‖ ⁴**tetrachloräthan** *n*, Tetrachlorethan *n* / tetrachloroethane ‖ ⁴**tetrachlorid** *n*, Tetrachlorethin *n* / acetylene tetrachloride ‖ ⁴**werk** *n* / acetylene [producing] plant
Acet[yl]essigsäure *f* / aceto-acetic acid, diacetic acid
Acetylgruppe *f* / acetyl group
Acetylid *n*, Acetylenid *n* / acetylide
acetylieren (Chem) / acetylate
Acetylierung *f* / acetylation
Acetylierungsmittel *n* / acetylation agent
Acetyl·nitrozellulose *f* / acetylated nitrocellulose ‖ ⁴**phenylhydrazin** *n* / hydracetin ‖ ⁴**salizylsäure** *f*, Aspirin *n*, ASS / acetylsalicylic acid, aspirin ‖ ⁴**zahl** *f*, -**wert** *m* / acetyl number
Ac-Grenzregelung *f* / adaptive control constraint
Achat *m* / agate ‖ ⁴**bohrer** *m* / agate drill ‖ ⁴**farbenes Steingut** / agate ware ‖ ⁴**mörser** *m*, -reibschale *f* / agate mortar ‖ ⁴**nadel** *f* (Plattensp) / jewel stylus ‖ ⁴**schreiber** *m* (Tachograph) / jewel stylus ‖ ⁴**spitze** *f* / agate point
Achesongraphit *m* / Acheson graphite
Achromasie *f*, Achromatismus *m* / achromatism
Achromat *m* / achromatic objective o. lens
achromatisch / achromatic, antispectroscopic ‖ ~, grau (Phot, Opt) / neutral ‖ ~**er Bereich** (TV) / achromatic locus ‖ ~**er Farbbereich** / achromatic colour
achromatisieren, achromatisch machen / achromatize
Achromatismus *m*, Achromasie *f* / achromatism
Achs·abstand *m* (Bahn, Kfz) / axle base ‖ ⁴**abstand** *m* **eines Bandförderers** / distance between conveyor centers ‖ ⁴**abstandsänderung** *f* / center distance variation ‖ ⁴**abstrebung** *f* / axle stay ‖ ⁴**anordnung** *f* (Bahn) / wheel arrangement ‖ ⁴**antrieb** *m* (Bahn) / axle drive ‖ ⁴**aufhängung** *f* / axle suspension ‖ ⁴**bruch** *m* / breaking of axle ‖ ⁴**buchse**, -büchse *f* (Bahn) / axle box, wheel box o. bush ‖ ⁴**buchsenführung** *f* (Bahn) / axle box guide, pedestal frame, hornblock patches *pl* ‖ ⁴**bund** *n* / axle collar ‖ ⁴**drehung**, Umdrehung *f* / rotation ‖ ⁴**druck** *m*, -last, -belastung *f* / axle pressure o. load[ing], weight on the axle ‖ **zulässiger** ⁴**druck** /

permissible axle pressure o. load ‖ ⁴**druck-Ausgleichvorrichtung** *f* / axle-load adjusting device ‖ ⁴**druck-Ausgleichzylinder** *m* (Bahn) / compensating axle-load cylinder ‖ ⁴**druckentlastung** *f* / weight transfer from an axle, load transfer from an axle ‖ ⁴**druckgesperre** *n* / axle pressure locking gear ‖ ⁴**druckwaage** *f* / locomotive axle weighbridge
Achse *f*, Mittellinie *f* (Math, Mech, Opt) / axis (pl: axes), center line ‖ ⁴, Erdachse *f* / earth's axis ‖ ⁴, Welle *f* (Masch) / arbor ‖ ⁴, Radachse *f* (allg, Bahn) / axle ‖ ⁴ **der natürlichen Zahlen** (Math) / natural scale ‖ ⁴ **der Waage** / pivot of a balance ‖ ⁴ **in Platinenmitte** (Uhr) / center arbor ‖ ⁴ **mit Doppel-T-Querschnitt** (Kfz) / I-beam axle ‖ ⁴ **mit U-Querschnitt** / channel section axle ‖ **kleine** ⁴, Nebenachse *f* (Math) / minor axis ‖ **per** ⁴ / on track ‖ **von** ⁴ **zu Achse** / center to center, C to C
Achsel·band *n* (Zimm) / [angle] brace, bracket, strut, shoulder tree ‖ ⁴**[fläche]** *f* (Buch) / shoulder of a letter ‖ ⁴**schräge** (Buch) / shoulder bevel
Achsel[ung] *f* (Zimm) / peg shoulder
Achsen·..., axial, Axial... / axial ‖ ⁴**abschnitt** *m* (Math) / intercept of an axis ‖ ⁴**abstech- und Zentriermaschine** *f* / axle cutting-off and centering lathe ‖ ⁴**bildertubus** *m* / axial image tube ‖ ⁴**drehung**, Kreisdrehung *f* / gyration ‖ ⁴**ende** *n* / axle arm o. journal ‖ ⁴**kreuz** *n*, Koordinatenkreuz *n* / axes of coordinates ‖ ⁴**kreuz** *n* (Opt) / graticule, reticule, reticle ‖ ⁴**kreuz** *n* (Math) / system of [the two] coordinates ‖ ⁴**kreuz** *n*, Koordinatendreibein *n* (Luftf) / air-path axis system ‖ ⁴**libelle** / axis level ‖ ⁴**moment** *n* / axial momentum of a couple ‖ ⁴**neigung** *f* (Math) / obliquity of axes ‖ ~**parallel**, paraxial (Opt) / paraxial ‖ ⁴**pol** *m* / axial pole ‖ ⁴**richtung** *m* (Kompaß) / axial direction ‖ ⁴**schnitt** *m* (Math) / meridional section, section through the axis ‖ ⁴**schnittpunkt** *m* (Kegelräder) / common apex, reference cone apex ‖ ~**stabilisierter Satellit** / attitude stabilized satellite ‖ ~**symmetrisch** / axially symmetric[al], axisymmetric ‖ ⁴**system** *n* / system of coordinates ‖ ⁴**system** *n* (Krist) / system of crystal symmetry ‖ **parallaktisches** ⁴**system** / equatorial head ‖ ⁴**teilung** *f* **2 : 1** (Log.Pap) / scales *pl* in the ratio 2/1 ‖ ⁴**vergrößerung**, Längsvergrößerung *f* (Opt) / longitudinal magnification ‖ ⁴**verhältnis** *n* / axial ratio ‖ ⁴**winkel** *m* (Kegelräder) / angle of axes, shaft angle ‖ ⁴**winkel** *m* (Opt) / axis angle
Achs·feder *f* (Blattfeder) / axle spring ‖ ⁴**federung** *f* (allg) / axle spring mounting, axle springing ‖ ⁴**federung** *f* **des Drehgestellrahmens** (Bahn) / primary suspension of the bogie ‖ ⁴**folge** *f* (Bahn) / wheel arrangement ‖ ⁴**gehäuse** *n* / axle housing ‖ ⁴**generator** *m* (Bahn) / axle-driven generator ‖ ⁴**hals**, -stummel *m*, Achsenhals *m* / bearing neck o. journal o. throat ‖ ⁴**halter** *m* (DIN 15058) (Traktor, Landw) / axle stirrup ‖ ⁴**halter** *m* (Bahn) / horn plate, horn stay, axle guard ‖ ⁴**halter** *m* (Masch) / axle bracket ‖ ⁴**halter-Gleitbacke** *f* (Bahn) / horn cheek ‖ ⁴**halterpaar** *n* (Bahn) / pedestal, axlebox guide, axle guard ‖ ⁴**haltersteg** *m* (Bahn) / pedestal tie bar, axle guide stay ‖ ⁴**höhe** *f* (Elektr) / shaft center [height] ‖ ⁴**kappe** *f*, Nabenkappe *f*, Achsdeckel *m* / axle cap, hub cap ‖ ⁴**kappenzähler** *m* (Kfz) / hub [cap] counter, axle cap counter, hub mileometer, hub odometer ‖ ⁴**kilometer** *m*, Achs-km *m* (Bahn) / axle kilometre, distance [run] per axle [measured] in km ‖ ⁴**kompressor** *m* (Bahn) / axle compressor ‖ ⁴**körper** *m* / body of axle, axle shaft ‖ ⁴**kraftverlagerung** *f* (Kfz) / axle load transfer
Achslager *n* (Bahn) / axle bearing, axle-box ‖ ⁴ (Masch) / journal bearing o. box o. rest ‖ ⁴**ausschnitt** *m* (Bahn) / sole-bar cage, opening for axle box guide ‖ ⁴**bügel** *m* (Bahn) / stirrup of the axle box ‖ ⁴**führung** *f* (Bahn) s. Achslagerausschnitt ‖ ⁴**gehäuse** *n* (Bahn) / axle box case o. body ‖ ⁴**motor** *m* (Bahn) / axle o. nose suspension motor, nose[-and-axle] suspended motor ‖ ⁴**motor rückseitig auf federndem Joch gelagert** (Bahn) / bar o.

yoke suspension motor ‖ **⁓staubring** *m* (Bahn) / dustguard of the axle box ‖ **⁓unterkasten** *m* (Bahn) / axle box seating

Achs·last, -belastung *f* / weight on the axle, axle load ‖ **⁓lenker** *m* (Bahn) / axle guide ‖ **⁓meßgerät** *n* (Kfz) / wheel alignment analyzer ‖ **⁓meßgerät** *n* (Kfz) / wheel alignment indicator ‖ **⁓mittig** / truly axial ‖ **⁓montageständer** *m* / axle assembling stand ‖ **⁓motor** *m* (Bahn) / direct drive motor ‖ **⁓motorantrieb** *m* (Bahn) / direct drive ‖ **⁓nabe** *f* / capped nut ‖ **⁓neigung** *f* (Getriebe) / inclination error ‖ **⁓nennlast** *f* (Flurförderer) / laden axle weight ‖ **⁓parallel** / parallel to the axis ‖ **⁓reibung** *f* / axle friction ‖ **⁓satz** *m* (Bahn) / wheel and axle set ‖ **⁓schaft** *m* / body of axle, axle shaft ‖ **⁓scheibe** *f* / axle flange o. disk o. plate (US)

Achsschenkel *m* (Kfz) / steering knuckle, steering stub axle ‖ ⁓ (Masch, Kfz, Bahn) / steering knuckle ‖ **⁓befestigung** *f* / stub axle mounting ‖ **⁓bolzen** *m* (Kfz) / king pin, pilot [pin], king bolt (US), steering [knuckle o. pivot] pin (US), steering swivel pin (GB) ‖ **⁓bruch** *m* / fracture of the steering knuckle ‖ **⁓büchse** *f* / journal bush ‖ **⁓bund** *m* / axle journal head ‖ **⁓drehmaschine** *f* / journal lathe ‖ **⁓lenkung** *f* (Kfz) / axle pivot steering, Ackermann steering ‖ ⁓ -Prägepoliermaschine *f* / axle journal burnishing lathe ‖ **⁓schleifmaschine** *f* / axle journal grinding machine ‖ **⁓stütze** *f* (Kfz) / steering knuckle bracket

Achs·schnitt *m* / axial o. axis section ‖ **⁓schnittprofil** *n* (Verzahnung) / axial profile ‖ **⁓schränkung** *f* (Getriebe) / axis crossing ‖ **⁓schränkung** *f* (Fehler) / deviation error ‖ **⁓senkbühne** *f* (Bahn) / wheel lifting device, wheel-and-axle elevator (US), drop table (US) ‖ **⁓senke** *f* (Bahn) / jack for inspection pits, wheel-and-axle elevator (US), drop table (US) ‖ **⁓sitz** *m* / axle seat ‖ **⁓spiegeldrehmaschine** *f* / lathe for facing axle ends ‖ **⁓spiel** *n* / axle clearance ‖ **⁓stand**, Radstand *m* (Bahn) / axle o. wheel base ‖ **⁓steuerung** *f* (NC) / axis control ‖ **⁓stummel** *m* / axle journal, axle stub, neck of the axle ‖ **⁓sturz** *m* (Kfz) / axle camber ‖ **⁓stütze** *f* (Kfz) / axle bracket ‖ **⁓symmetrisch** / axisymmetrical o. axially symmetric[al] ‖ **⁓teilung** *f* (Zahnrad) / axial pitch ‖ **⁓verkleidung** *f* / axle fairing ‖ **⁓versetzt** / axially shifted o. displaced ‖ **⁓versetzung** *f* / pinion offset ‖ **⁓waage** *f* / axle weighbridge ‖ **⁓welle** *f* (Bergb, Kfz) / axle shaft ‖ **⁓welle** *f* (Bahn) / body of axle ‖ **⁓wellen[kegel]rad** *n* (Kfz) / axle drive bevel gear ‖ **⁓wickler** *m* (Kabelmasch) / axle type take-up [stand] ‖ **[elektrischer] ⁓widerstand** (Bahn) / train shunt ‖ **⁓winkel** *m* (Kegelgetriebe) / angle between axes, shaft angle ‖ **⁓wirbel** *m* (Aerodynamik) / axial vortex ‖ **⁓zähler** *m* (Bahn) / axle counter, wheel counting device ‖ **⁓zapfen, -schenkel** *m* / axle end o. arm o. journal, spindle, pivot

Acht *f*, achtförmig verbogenes Rad *n* / buckled wheel ‖ **⁓bindig** (Satin) / eight-harness, eight-shaft, eight-end ‖ ⁓ -Bit-Byte *n* / byte (of eight bits), 8 bit-byte ‖ **⁓eck** *n* / octagon ‖ **⁓eckig** / eight-angled, octagonal ‖ **⁓eckig** (Math) / octangular

Achtel *n* (Himmelsfläche, Meteorol) / okta ‖ **⁓kreis** *m* / octant of a circle ‖ **⁓kreisig**, Oktant... (Peilung) / octantal

Achter *m* (Math) / figure eight ‖ **⁓bündel** *n* (Elektr) / eight-wire core ‖ **⁓charakteristik** *f* (Elektronik) / bidirectional characteristic ‖ **⁓deck** *n* (Schiff) / afterdeck ‖ **⁓diagramm** *n* (Ortung) / figure-of-eight diagram ‖ **⁓feld-Antenne** *f* / eight-element dipole array ‖ **⁓lastig** / down by the stern, stern-heavy ‖ **⁓leitung** *f*, -kreis *m* (Fernm) / double phantom circuit ‖ **⁓luke** *f* (Schiff) / stern hatch ‖ **⁓mikrophon** *n* (Elektr) / bidirectional o. bilateral microphone o. transmitter

achtern (Schiff) / astern, aft

Achter·piek, Hinterpiek *f* (Schiff) / after-peak ‖ **⁓raum** *m*, hinterer Laderaum / stern hold ‖ **⁓schale** *f* (Phys) / eight-lamina shell, octet shell ‖ **⁓schaltung** *f*, -kreis *m* (Fernm) / double phantom circuit ‖ **⁓schiff** *n* / after-body

‖ **⁓spant** *n* / stern frame o. rib ‖ ⁓ -Steckscheibe *f* (Pipeline) / spectacle blind ‖ **⁓steven** *m* (Schiff) / stern frame o. post ‖ **⁓verseilung** *f* (Fernm) / quad pair formation

acht·fach, achthaltig / octuple, eightfold ‖ **⁓facher Verzug** (Textil) / draft of eight ‖ **⁓fachschreiber** *m* / eight-point recorder ‖ **⁓fachtelegrafie** *f* / octoplex telegraphy ‖ **⁓fach-Weg-Modell** *n*, Oktett-Modell *n* (Nukl) / eightfold way ‖ **⁓flach** *n*, vierseitige Doppelpyramide / octahedron ‖ **⁓flächig** / octahedral ‖ **⁓fontourige Cottonmaschine** / eight-at-once *n* ‖ **⁓förmig** (allg) / figure-eight ... ‖ **⁓förmige Steckscheibe** (Masch) / figure-eight blank ‖ **⁓kantig** / octagon[al] ‖ **⁓kantige Reibahle** / eight-square broach ‖ **⁓kantmaterial** *n*, -kantstahl *m* / octagon stock o. bars, octagons *pl* ‖ **⁓kantmutter** *f* / octagon nut ‖ **⁓kantprofil** *n* / octagon profile ‖ **⁓kant-Schliffstöpsel** *m* (Chem) / octagonal ground-glass stopper ‖ **⁓kantschraube** *f* / octagon bolt ‖ **⁓kantstab** *m* / octagon [bar] ‖ **⁓litzig** (Kabel) / eight-strand... ‖ **⁓mal jährlich** (Buch) / sesquimestrial ‖ **⁓polröhre** *f* / octode ‖ **⁓polschaltung** *f* / eight-terminal circuit ‖ **⁓rädrig**, vierachsig / eight wheel[ed], four-axle ‖ **⁓schloß-Maschenware** *f* / eight-lock knitted fabric ‖ **⁓schloßstrickmaschine** *f* / eight-cam machine ‖ **⁓seitig**, -eckig / octagonal ‖ **⁓seitig**, -flächig (Krist) / eight-sided ‖ **⁓seitiger Körper** / octagonal body ‖ **⁓seitige Pyramide** / octagon[al] pyramid ‖ **⁓spindel-Automatendrehmaschine** *f*, Achtspindler *m* / eight-spindle automatic lathe ‖ **⁓strang...** / eight-strand... ‖ **⁓teiliger Ringzähler** (DV) / ring-of-eight counter

Achtung !, Vorsicht! / look out!, take care! ‖ ⁓ !, Gefahr! / warning!, attention! ‖ ⁓ ! **Lebensgefahr!** / danger! ‖ ⁓ ! **Steinschlag!** (Straßb) / fallen rock zone! ‖ ⁓ ! **Stufe!** / Watch your step! ‖ ⁓ ! **unten!** (Schiff) / stand-by below

Achtungs·signal *n* / attention signal

acht·wertig (Chem) / octavalent ‖ **⁓zählige Symmetrie** (Phys) / octad symmetry ‖ **⁓zehnflächig** (Math) / octodecimal ‖ **⁓zylindermotor** *m* / eight cylinder engine ‖ **⁓zylindermotor** *m* in Reihenanordnung, 8-Zylinder-Reihenmotor *m* / eight cylinder in-line engine, straight eight ‖ **⁓zylindermotor** *m* in V-Anordnung, 8-Zylinder V-Motor *m* / V-eight [engine], eight-cylinder V-engine

Acidimetrie *f* / acidimetry, acid determination

acidisch / acidic

Acidität, Azidität *f* / [degree of] acidity ‖ m-⁓ *f* / equivalent mineral acidity ‖ p-⁓ *f* / total acidity

acidophil[e] / acidophil[e]

Acker *m*, Feld *n* (Landw) / field, [arable] land ‖ **⁓anhänger** *m* / farm trailer ‖ **⁓bau** *m* / agriculture, farming, husbandry ‖ **⁓bau**, Anbau *m* (Landw) / culture ‖ **⁓bau...**, landwirtschaftlich / agricultural ‖ **⁓bauchemie** *f* / chemurgy ‖ **⁓bauerzeugnisse** *n pl*, landwirtschaftliche Erzeugnisse / agricultural products *pl* ‖ **⁓baukunde** *f* / agronomy, agronomics ‖ **⁓baumaschine** *f* / agricultural machine, farming machine ‖ **⁓boden** *m* / arable land o. soil, plow land ‖ **⁓egge** *f* / heavy harrow ‖ **⁓fräse** *f* / tiller ‖ **⁓früchte** *f pl* / field crop ‖ **⁓furche** *f* / furrow, drill ‖ **⁓gerät** *n*, -werkzeug *n*, -gerätschaften *f pl* / farming utensils *pl*, ploughing tools *pl*, agricultural implements *pl* ‖ **⁓krume** *f* / top soil, tilled soil

Ackermann·effekt, Spurdifferenzwinkel *m* (Kfz) / relative steering angle ‖ **⁓lenkung** *f* (Kfz) / Ackermann steering

Ackern, Beackerung *f* / tilling, tillage, ploughing (GB), plowing (US)

Acker·schädling *m* (Landw) / field pest, injurious insect ‖ **⁓schiene** *f* (starr) (Landw) / tractor linkage drawbar ‖ **⁓schleppe** *f*, Ackerschleife *f* / clod crusher, leveller, sweeper (US) ‖ **⁓schlepper** *m* / farming tractor, cultural tractor, agrimotor ‖ **⁓schnecke** *f*, Agriolimax agrestis / grey field slug ‖ **⁓scholle**, Scholle *f* (Landw) /

furrow slice ‖ ⌐wagen m / farm gear (US) o. truck o.
wagon ‖ ⌐wagen- u. -maschinenreifen m / implement
tire ‖ ⌐walze f / cylinder roller, land roller
Ack/Nack n / acknowledg[e]ment/not acknowledgment
Acmespindel f (Spinn) / acme spindle
Acmetrapezgewinde n / acme screw thread, American
Standard General Purpose Acme Thread
Aconitin n / aconitine
ACO-Regelung, Optimierregelung f / adaptive control
optimization
Ac-Punkt m der Schmelzkurve (Hütt) / Ac-point
Acre n / acre, A. (= 10 square chains = 4840 sq.yards =
4046,873 m²)
Acridin n / acridine ‖ ⌐farbstoff m / acridine dye ‖ ⌐gelb
n / acridine yellow ‖ ⌐orange n / acridine orange
Acri·flavin n / acriflavine ‖ ⌐lan n (Synthesefaser) / acrilane
Acrolein n, Allylaldehyd m / acrolein[e], allyl aldehyde
Acryl·... / acrylic ‖ ⌐at n / acrylate ‖ ⌐ester m / acrylic
ester ‖ ⌐faser f / acrylic fiber ‖ ⌐glas n / acrylic glass,
(proprietary type:) plexiglass ‖ ⌐harz n / acrylic resin
Acrylic-Lack m / acrylic enamel
Acrylierung f, Beschichtung f mit Acryl / coating with
acrylic resin
Acryl·nitril n / acrylonitrile, pentenenitrile ‖ ⌐nitril-
Butadien-Styrol-Copolymerisat n, ABS / acrylonitrile-
butadiene-styrene copolymer, ABS copolymer ‖
⌐ -Nitrilkautschuk m / acrylonitrile rubber ‖ ⌐nitril-
Styrol-Acrylester m, ASA / acrylonitrile-styrene-
acrylester, ASA ‖ ⌐säure f / acrylic acid ‖ ⌐säureester
m / acrylate ‖ ⌐säuremethylester m / methyl acrylate
ACSR-Seil n (Elektr) / aluminium conductor steel-
reinforced, ACSR
AC-System n (Regeln) / adaptive control system
ACTH, Corticotropin n / corticotropin, adreno-
corticotropic hormone, ACTH
Actiniden pl, -gruppe f (Chem) / actinides pl
Actinium n, Ac (Chem) / actinium ‖ ⌐ -Emanation f,
Actinon n / actinium emanation, Ac Em, actinon
Actinomycetes pl, Strahlenpilze m pl / actinomycetes pl
Actinouran n, Uran 235 n / actino-uranium, U 235
ACV = Arbeitsgemeinschaft Chemische Verfahrenstechnik
acyclisch (Chem) / acyclic
Acyl·... / acyl ‖ ⌐gruppe f (Chem) / acyl group, negative
group
Acylierung f / acylation
Acylradikal, Säureradikal n / acid radical
AD (DV) s. Ablaufdiagramm ‖ ⌐ (Masch) = Arbeitsgemeinschaft
Druckbehälter
A/D, analog/digital (DV) / analog/digital
ADA = Atomic Development Authority
adamantin (Krist) / adamantine
Adams (Software-Wz von Mechanical Dynamics Inc.) /
Adams
Adantverfahren n (Zuck) / adant cube process
Ada-Programmsprache f / Ada (programming language
for MAP)
ADAPT (eine Programmiersprache) / ADAPT
(programming language for N/C)
Adap[ta]tion, Adaptierung, Anpassung f / adaptation
Adaptations·breite f / range of adaptation ‖ ⌐brille f
(Röntgen) / X-ray protective glasses
Adapter m (Phot, Raumf) / adapter, adaptor ‖ ⌐,
Verlängerungsstück n / extension piece ‖ ⌐, Paßstück,
-teil n / fitting piece o. part ‖ ⌐ für
Telefonantwortgeräte / telephone pick-up ‖
⌐ -Molekül n / adapter molecule ‖ ⌐ring m (Phot) /
adapter ring
adaptierbar / adaptable, adaptive
adaptieren / adapt, convert
adaptiert / adapted
Adaption f, Adaptation f, Adaptierung f / adaption
Adaptions·prozessor m (DV) / interface processor ‖
⌐vermögen n / adaptability

adaptiv, lernend (DV) / adaptive ‖ ⌐, selbstanpassend /
self-adaptive ‖ ⌐, selbsteinstellend (Regeln) / self-
adjusting ‖ ⌐e Deltamodulation / adaptive delta
modulation ‖ ⌐e differentielle Pulscodemodulation /
ADPCM, adaptive differential pulse code modulation ‖
⌐e elektronische Regelung / adaptive control
electronics ‖ ⌐er Laufzeitentzerrer / adaptive delay
equalizer ‖ ⌐e Regelung (NC) / adaptive control, AC ‖
⌐e Transform-Codierung / adaptive transform coding,
ATC ‖ ⌐e Voraussage-Codierung / adaptive predicting
code, APC ‖ ⌐steuerung f (Wzm) / adaptive control
adäquat / adequate
Adar n (Elektronik) / advanced design array radar, ADAR
ADC, Azodicarbonamid n / azodicarbonamide
Adcock-Antenne f / Adcock antenna, Adcock direction
finder
ADD (Phono) / analog tape recorder for recording - digital
tape recorder for mixing, editing and mastering
Addend m, Summand m / addend, summand
Addendenregister n (DV) / addend register
addieren / add ‖ ⌐, zusammenzählen / sum ‖ sich zu Null
⌐ / sum up to zero
addierend, akkumulierend, wachsend / accumulative ‖
⌐er Zähler / summation counter ‖ sich ⌐ / cumulative
‖ sich ⌐e Fehler / systematic o. cumulative errors pl
Addier·glied n (DIN), Volladdierer m (DV) / full·adder ‖
streifendruckende ⌐maschine / adding-listing machine
‖ ⌐ -Subtrahierwerk n / adder-subtracter ‖ ⌐werk n,
Additionseinrichtung f / adding device, adder,
summing-up mechanism ‖ ⌐werk n (DV) / electronic
accumulator
Addition f, Addieren n (Math) / addition, add[ing],
summing up
Additions·befehl m, Additionsanweisung f (DV) / add
statement ‖ ⌐duplex n (Fernm) / incremental duplex ‖
⌐färbung f / addition dyeing ‖ ⌐fehler m / mistake in
adding [up] ‖ ⌐kamera f (IC) / step-and-repeat camera ‖
⌐kontrollbuchse f (LoKa) / plus hub ‖ ⌐polymerisation
f / addition polymerization ‖ ⌐rolle, Journalrolle f
(Belegleser) / tally roll, journal tape roll ‖ ⌐schaltung f
(TV) / adder ‖ ⌐stelle, Vergleichsstelle f (Regeln) /
summing point ‖ ⌐streifen m (Add.m.) / addition slip ‖
⌐verbindung f, Addukt n (Chem) / addition compound
‖ ⌐verfahren n (Phot) / additive process ‖
⌐verhinderung f (Bremse) / compounding prevention ‖
⌐zähler m (LoKa) / adding counter ‖ ⌐zeichen n /
addition sign, positive o. plus sign
additiv (Math, Färb) / additive ‖ ⌐ (Chem) / additive,
addition agent ‖ ⌐, Wirkstoff m (Öl, Treibstoffe) / dope,
additive ‖ ⌐, Zusatzstoff m (Chem, Waschmittel) / additive
n, ancillary ‖ ⌐e Grundfarbe / primary additive colour
‖ ⌐ zur Vergaserreinigung (Kfz) / carburettor detergent
‖ ⌐farbe f / additive colour
Additivität f (Chem) / additive property, additivity
additiv·-kompoundiert, Mitverbund... (Elektr) /
cumulatively compound ‖ ⌐kreis m (TV) / adder ‖
⌐ -Verfahren n / additive process ‖ ⌐verfahren n (IC) /
superposition
Addukt n (Chem) / addition compound
A-Deck n (Schiff) / A-deck
Adenin n (Chem) / adenine, 6-aminopurine
Adenosin n (Chem) / adenosine ‖ ⌐monophosphat n /
adenosine monophosphate ‖ ⌐triphosphat n, ATP /
adenosine triphosphate, ATP
Adenylcyclase f (Chem) / adenyl cyclase
Ader f (Bergb) / vein, lode, ledge ‖ ⌐ (Holz, Marmor) / vein,
streak ‖ ⌐, Schicht f (Bergb) / vein, seam ‖ ⌐ eines
Kabels / lead of a cable ‖ anstehende aber überdeckte
⌐ (Bergb) / blind apex o. lode o. vein ‖ schieflaufende
⌐ von fremdem Gestein (Bergb) / cross-vein ‖ ⌐bruch
m (Kabel) / break of a single conductor ‖ ⌐bündel n
(Kabel) / conductor bunch ‖ ⌐ -Endhülse f (Litze) / end
sleeve for strands, end splice ‖ ⌐ -Endhülse f (Draht) /
wire end ferrule

aderig, gemasert (Holz) / streaked, streaky, veined, veiny
Adermahagoni n / veined mahogany, curled mahogany
adern, masern (Holz) / grain, marble, vein
Adernpaar n / pair of wires
Aderquerschnitt m / metallic section, wire cross section
Aderung f der Kerne (Gieß) / veining of cores
Ader·verseilmaschine f (Kabel) / core laying-up machine ‖ ~**vierer** m / quad cable, quadruple ‖ ~**zahl** f / number of wires o. conductors
AdEW (Elektr) = Arbeitsgemeinschaft der Landesverbände der Elektrizitätswerke
Adhäsion, Adhäsionskraft f, -vermögen n / adherence, adherency, adhesion, adhesiveness, adhesive force o. power o. strength ‖ ~, Reibungskraft f / frictional force ‖ ~, Oberflächenanziehung f / surface adhesion
Adhäsions·eisenbahn f / adhesion railway ‖ ~**grenze** f / limit of adhesion ‖ ~**kraft** f / adhesive power ‖ ~**prüfer** m / adhesion tester
ADI (USA), Haupt-Verbreitungsgebiet n (TV) / area of dominant influence, ADI
Adiabate f, adiabatische Kurve / adiabatic curve o. line
adiabatisch / adiabatic ‖ ~e **Ausdehnung** / adiabatic expansion ‖ ~e **Entmagnetisierung** / adiabatic demagnetization ‖ ~er **Fluß** / adiabatic flow ‖ ~ **invariant** (Nukl) / adiabatic invariant ‖ ~es **Strangpressen** (Plast) / adiabatic o. autothermal extrusion ‖ ~e **Wärmeabgabe** (o. Abkühlung) / adiabatic heat drop ‖ ~er **Wirkungsgrad** / adiabatic efficiency ‖ ~e **Zustandsänderung** / adiabatic change of condition
adiaktinisch (Phys) / adiactinic
adiaphor (Chem) / adiaphorous
Adion n, Haftion n / adion, adsorbed ion
Adipin·keton n / adipic ketone ‖ ~**säure** f / adipic acid
ADI-Wert m (Landw, Chem) / acceptable daily intake
ADI-Werte m pl (= acceptable daily intake) (Chem) / ADI values (= acceptable daily intake zones for man)
adjektiv (Färb) / adjective
adjungiert (Math) / adjoint, adjunctive ‖ ~ (Nukl) / adjoint
Adjungierte f der Neutronenflußdichte / adjoint flux, adjoint of the neutron flux density
Adjunkte f (Math) / cofactor
Adjunktion f (Math) / adjunction
Adjustage f (Walzw) / finishing department o. shop, finishing line ‖ ~, Zurichterei f / finishing ‖ ~**maschine** f (Walzw) / ending machine, dressing and straightening machine
adjustieren, Gewichte ~, eichen / gauge weights
ADL (DV) = Verband für Informationsverarbeitung, Hamburg
administrativ·e Datenverarbeitung / administrative data processing ‖ ~e **o. kaufmännische o. kommerzielle Datenverarbeitung** / administrative o. business data processing
Admiralitäts·anker m (Schiff) / Admirality o. stocked anchor ‖ ~**metall** n, -legierung f, Kondensatormessing n / Admiralty metal
Admittanz f, Scheinleitwert m (Elektr) / admittance
Adobe, Luftziegel m / adobe, airdried o. unburnt brick
Adrenalin n / adrenaline
Adreß·... (DV) / address... ‖ ~**anhang** m / address appendix ‖ ~**buch** n (DV) / [symbolic] address table ‖ ~**buchpapier** n / directory paper ‖ ~**bus** m / address bus ‖ ~**distanz** f (DV) / address displacement
Adresse f (allg, DV) / address ‖ ~ **der Einheit** (DV) / unit address
Adressen·beginn m (DV) / start of heading, SOH ‖ ~**draht** m / A-wire ‖ ~**druckmaschine** f / address printing machine ‖ ~**frei** (DV) / zero-address ‖ ~**leerstelle** f / address blank ‖ ~**lesedraht** m (DV) / A-R wire ‖ ~**modifikation**, -umrechnung f / address modification ‖ ~**platte**, Adressierplatte f / address plate ‖ ~**rechnung** f (DV) / address arithmetic o. calculation o. computation ‖ ~**register** n, -datei f / address file ‖ ~**register** n (DV) / address register ‖ ~**schlüssel** m / address reference

number ‖ ~**schreibdraht** m / AW-wire, address write wire ‖ ~**schreibung** f (LoKa) / address printing ‖ ~**umrechnung** f / address modification ‖ ~ **-Umwandlung** f / address conversion ‖ ~**verschränkung** f / address intercalation ‖ ~**zähler**, Zuordnungszähler m (DV) / location counter ‖ ~**zuweisung** f (DV) / orienting
Adreßfeld n / address array
adressierbare Uhr (DV) / program addressable clock
adressieren / address, consign
Adressier·maschine f, Anschriftenmaschine f / addressing machine ‖ ~**maschine** f mit Rotationsdruck, Rotationsanschriftenmaschine f / rotary addresser ‖ ~ - **und Frankiermaschine** f / mailing machine, mailer
Adressierung f (DV) / addressing ‖ ~ **für direkten Zugriff**, Einzeladressierung f / random addressing
Adressierungsbereich m / address space
Adreß·index m (DV) / distribution index ‖ ~**pegel** m **beim Assemblieren** / location counter ‖ ~**raum** m / virtual address space ‖ ~**rechnung** f s. Adressenrechnung ‖ ~**schalter** m (DV) / address switch ‖ ~**schreibweise** f (NC) / address block format, address programming ‖ ~**speicher für Multiplex-Adreß-Datenübertragung** m / address latch ‖ ~**spur** f / address track ‖ ~**teil** m (DV) / address part ‖ ~**treiber** m / address driver ‖ ~**umsetzung** f, -umwandlung f (DV) / address conversion ‖ ~ - **und Befehlswörter** n pl / address and command words pl ‖ ~**wiederholung** f / repetitive addressing ‖ ~**zettel** m / docket
Adriabindung f (Textil) / diagonal rib
ADS-Ofen m (futterloser Ofen nach Albert De Sy) (Hütt) / ADS furnace
Adsorbat n / adsorbate
Adsorberharz n, (jetzt:) Scavenger m / scavenger
adsorbierend / adsorbent, adsorptive
Adsorption f (Phys) / adsorption
Adsorptions·analyse f / chromatographic analysis, chromatography ‖ ~**chromatographie** f / adsorption chromatography ‖ ~ **-Druckfarbe** f, Pressure-Set-Druckfarbe / pressure set ink ‖ ~**exponent** m / adsorption number ‖ ~**fähigkeit** f, -vermögen n (Phys) / adsorption power ‖ ~**grad** m / adsorption factor ‖ ~**isotherme** f / adsorption isotherm ‖ ~**pumpe** f / adsorption pump ‖ ~ **-Vakuummeter** n / adsorption vacuum gauge ‖ ~**verdrängung** f / adsorption displacement
Adsorptiv n / adsorbate o. ~ adj / adsorbent
Adstringens n / adstringent n
adstringierend, zusammenziehend / adstringent, styptic adj
ADT (Textil) = Arbeitsgemeinschaft Deutscher Textilingenieure im VDI
AD-Technik f (Halbl) / alloy-diffusion technique
ADU, A/D-Umsetzer m = Analog-Digitalumsetzer
Adular m, Mondstein m (Min) / adularia
A/D-Umwandlung f / A/D conversion, analog-digital conversion
ADV s. automatische Datenverarbeitung ‖ ~ (Luftf) = Arbeitsgemeinschaft Deutscher Verkehrsflughäfen ‖ ~ (DV) = Arbeitskreis Datenverarbeitung
Advektion f (Meteorol) / advection
Adventivwurzel f / adventitious root
A/D-Winkelumsetzer m / angular digitizer
AE, astronomische Einheit / astronomical unit
AECMA / AECMA (Association Européenne des Constructeurs de Matériel Aérospatial)
AEF (Phys) = Ausschuß für Einheiten und Formelgrößen
A-Elektrode f (Transistor) / collector
AEN, Span. Normenausschuß / Spanish Standards Committee ‖ ~ n, Ersatzdämpfung f (Fernm) / equivalent articulation loss
Aeraulik f / aeraulics pl
Aero-Aufnahme f (Verm) / aerophotogram
aerob / aerobic

Aeroballistik f / aeroballistics
Aeroben, Aerobier, Aerobionten pl / aerobes pl
Aero·bus m, Schwebebus m (eine Seilbahn) / aerobus
(ropeway) ‖ ⁀**cart** m (Flurfördermittel) / aerocart ‖
⁀**dynamik** f (Phys) / aerodynamics sg ‖ ⁀**dynamiker** m
/ aerodynamicist
aerodynamisch / aerodynamic[al] ‖ ~**er Abtrieb** (Kfz) /
reduction of aerodynamic lift ‖ ~**e Aufheizung** (Raumf) /
aerodynamic heat ‖ ~**er Auftrieb** (Luftf) / aerodynamic
lift ‖ ~**er Krängungswinkel** (Luftf) / air-path bank angle
‖ ~**e Luftfahrzeuge** n pl / heavier-than-air craft,
aerodyne ‖ ~**er Mittelpunkt** / aerodynamic center ‖
~**es Moment** / aerodynamic moment ‖ ~**e Waage** /
aerodynamic balance ‖ ~ **wirksame Fläche** /
aerodynamic surface
aero·elastisch / aeroelastic ‖ ⁀**elastizität** f / aeroelasticity
‖ ⁀**elektrik** f (vom Flugzeug aus betriebene
Geoelektrik) (Geol) / aeroelectric method, geoelectricity
‖ ⁀**fallmühle** f (Bergb) / aerofall mill ‖ ⁀**gel** n, fester
Schaum, poröser fester Stoff / aerogel, solid foam,
porous solid ‖ ⁀**geodätisches Gerät** / instrument for
aerial survey ‖ ⁀**graphie** f (Studium der Atmosphäre) /
aerography ‖ ⁀**kartograph** m / aerocartograph ‖ ⁀**lith**
m (Meteorstein) / aerolite, aerolith ‖ ⁀**logation** f,
meteorologische Navigation (Luftf) / pressure-pattern
flying ‖ ⁀**loge** m (Wissenschaftler) / aerographer,
aerologist ‖ ⁀**logie** f, Erforschung f der Atmosphäre /
aerology ‖ ⁀**magnetik** f (Geol) / aeromagnetic method,
geomagnetics ‖ ⁀**mechanik** f / aeromechanics sg ‖
⁀**nomie** f (Physik und Chemie der höchsten
Luftschichten) / aeronomy ‖ ⁀**pause** f (Zone in 20 - 200
km Höhe) / aeropause ‖ ⁀**skop** n (zur Prüfung der
Luftzusammensetzung) / aeroscope
Aerosol n (Chem, Meteorol) / aerosol ‖ ⁀**dose** f,
-verpackung f / aerosol can ‖ ⁀**-Spray** m n / aerosol
spray ‖ ⁀**technik** f, Sprühverfahren n / aerosol mist o.
fog technology
Aero·space m / aerospace ‖ ⁀**sphäre** f / aerosphere ‖
⁀**spike-Düse** f (Raumf) / aerospike nozzle ‖ ⁀**statik** f /
aerostatics sg ‖ ~**statisch** / aerostatic ‖ ~**statisches**
Lager / gas bearing ‖ ~**therm** / aerothermal ‖
~**thermochemisch** adv / aerothermochemically ‖
⁀**triangulation** f / aerotriangulation ‖ ⁀**tronik** f /
aerotronics sg ‖ ⁀**zin 50** (Gemisch von UDMH und
Hydrazin) n (Raumf) / aerozine 50
AES = Auger-Elektronenspektroskopie
Aestimation f (DV) / estimation
AEV = Arbeitsgemeinschaft Erdölgewinnung und -verarbeitung
AF (Elektronik) = Audiofrequenz
AFB, automatische Fahr- und Bremssteuerung (Bahn) /
automatic control equipment
Affenschaukel f (coll), Schneider m (Glas) / bird cage o.
swing
Affichenpapier n / blank paper
affin (Math) / affine ‖ ~**e Abbildung**, Affinität f (Math) /
affine mapping, affinity ‖ ~**e Funktion** (Math) / linear
function variable to another variable
Affinade f (Zuck) / affinated o. affination sugar
Affinage f / refining
Affination f, Affinage f / fining
Affinauswertung f (Photogramm) / affine plotting
Affinerie, Raffinerie f (Hütt) / finery, refinery
affinieren (Zuck) / affine ‖ ⁀ n (Metalle) / fining, refining
Affiniermaische f (Zuck) / raw sugar mixer
Affinität f (Chem) / [chemical] affinity
Affinograph, -pantograph, -zeichner m / affinograph
Affinor, Tensor m (Math) / tensor
Affintransformation f (Verm) / affine transformation
Affix n, Ableitungselement n (Wortelement) / affix n
affizieren / affect
AF-Hypoidöl n (Kfz) / axle fluid, A.F.
AfK = Arbeitsgemeinschaft für Kerntechnik (Düsseldorf)
AFK, Aramidfaser f / aramide fiber

A.F.M.E. = Agence Française pour la maîtrise de l'énergie
A-Formwinkel m (am Flugzeugflügel) / downward
dihedral o. negative dihedral angle (of the wing)
After·burner m, Nachbrenner m (Luftf) / afterburner ‖
⁀**strom** m (Hydr) / eddy, swell
Aft-Fan-Triebwerk n / aft-fan drive
Agalmatolith m, Pagodit m (Min) / agalmatolite
Agar-Agar m n / agar, agar-agar, Bengal o. Ceylon o.
Chinese o. Japan gelatin o. isinglass
Agave f (Bot) / agave, pita
A-Gemisch n (TV) / blanking o. blackout (US) pulse
Age-Näherung f (Nukl) / age approximation
Agens, Mittel n (Chem) / agent
Agentur f / agency
Agglomerat n (Geol) / agglomerate o
Agglomerieranlage f (Bergb, Hütt) / agglomerating plant
Agglomerieren n, Agglomeration f (Hütt) / nodulizing
agglomeriert / agglomerate[d] ‖ ~**es Mehl**, Instant-Mehl
n / instant flour
Agglutination f, Agglutinierung f / agglutination
Aggregat n, Gehäuf n (Geol) / aggregate ‖ ⁀, Einheit f /
unit ‖ ⁀, gleichartige Massen f pl (Chem) / aggregate
body ‖ ⁀ (Phys) / aggregation ‖ ⁀, Menge f (Math) /
aggregate ‖ ⁀, Satz m, Gruppe f (Masch) / aggregate,
agg, unit, set, group ‖ ⁀, Zuschlagstoffe m pl (Bau) /
aggregate ‖ ⁀... (Chem) / aggregative ‖ ⁀**form** f / state
of aggregation
Aggregation f (Chem) / aggregation
Aggregat·lagewinkel m / missile angle ‖ ⁀**rückstoß** m
(Nukl) / aggregate recoil ‖ ⁀**zustand** m / state of
aggregation, condition of aggregation, physical
condition ‖ **fester**, [flüssiger, gasförmiger] ⁀**zustand** /
solid, [liquid, gaseous] state of aggregation o. matter
aggressiv, angreifend / aggressive ‖ ~**e Umgebung**
(Masch) / hostile environment
Aggressivität f / aggressivity, aggressiveness
Agirin m (Min) / aegirine, aegirite
Agone f (Phys) / agonic line
AGR = fortgeschrittener gasgekühlter Reaktor
Agrar·..., landwirtschaftlich / agrarian ‖ ⁀**schaum** m
(Plast) / foam for agricultural uses
Agrément n (Bau) / agrément (GB), approval ‖
⁀**-Bestätigung** f (Bau) / agrément confirmation
Agrikultur·chemie f, Agrarchemie f / agricultural
chemistry, chemurgy ‖ ⁀**chemikalie** f / agrochemical
ägyptische Baumwolle, Mako m f n / Egyptian cotton,
jumel cotton
Ah, Amperestunde f / ampere-hour
A-Harz, Resol n (Plast) / resol
AH-Felge f (Kfz) / asymmetric hump rim
Ahle f / awl, bodkin, broach, pricker ‖ ⁀, Reibahle f
(Masch) / reamer ‖ **flache** ⁀ / bradawl
Ahming f (Tiefgangmarke) (Schiff) / draft marks pl
ähnlich / similar ‖ ~, fast gleich / like, similar
Ähnlichkeit f / similarity, likeness, resemblance ‖ ⁀
(Math) / similarity, similitude, analogy ‖ ⁀,
Vergleichsmöglichkeit f / comparison ‖ ⁀**en suchen** /
match v
Ähnlichkeits·gesetz n, -satz / law of similiarity, of
similitude, similarity law ‖ ⁀**punkt** m, -zentrum n
(Math) / center of similarity, ray center ‖ ⁀**theorie** f /
similitude theory ‖ ⁀**transformation** f (Verm) /
similarity transformation ‖ ⁀**verhältnis** n (Math) / ratio
of similitude, correlation ratio
A-Horizont m, Oberkrume f (Boden) / A-horizon
Ahorn m / maple ‖ **stumpfblättriger** ⁀, Bergahorn m /
sycamore (GB), harewood (US) ‖ ⁀**maser** f,
Vogelaugenahorn m / curled maple, bird's eye maple ‖
⁀**sirup** m / maple syrup
Ähre f / ear, spike
ähren·förmig / spicular, -late, spiculiform ‖ ⁀**heber** m
(Landw) / ear's lifter, crop lifter ‖ ⁀**mähmaschine** f,
Ährenköpfer m / header ‖ ⁀**silber** n, ährenförmiges
Graukupfererz / spicular silver

AH-Salz *n*, adipinsaures Hexamethylendiamin / adipic hexamethylene diamine

AHT = Arbeitsgemeinschaft Härtereitechnik ‖ ~ = Arbeitsgemeinschaft Heizungs- und Lüftungstechnik im VDI

AIF = Arbeitsgemeinschaft Industrieller Forschungsinstitute

Aikencode *m* / Aiken code

Airbag *m* (Kfz) / air bag

Airborne-Messung *f* (Lagerstättenforschung) / airborne prospecting

Air·bus *m* (Luftf) / airbus ‖ ~ **-Gulp-System** *n*, Abmagerungssystem *n* (Kfz) / air-gulp system ‖ ~ **-Gun-Verfahren** *n* / air gun exploration method ‖ ~ **lift** *m*, Lufteinpressen *n* (Öl) / airlift ‖ ~ **-Shuttle** *n*, Kurzstreckenverkehr *m* / air shuttle ‖ ~ **-Slip** *n* **Verfahren mit.Luftkissen**, Vakuumformen *n* mit Luftblase (Plast) / air-slip vacuum thermoforming ‖ ~ **solutizer-Verfahren** *n* (Süßung von Benzinen zu Disulfiden) (Öl) / air-solutizer process ‖ ~ **-Terminal** *m* / air terminal, airways terminal

Aitkensscher Staubzähler / Aitkens' dust counter

AiZ (Bahn) = Automation im Zug

Ajour·gewebe *n* / a-jour fabric ‖ ~ **streifen** *m pl* (Textil) / open-worked stripes *pl*

AK (Bahn) = automatische Mittelpufferkupplung

Ak (Schraube) = Ansatzkuppe

akademischer Beruf / professional career, profession

Akaganeit *m* ("Seerostmineral") / acaganeit

Akajou *m*, Nierenbaum *m* / Anacardium occidentale ‖ ~ **nuß** *f* / cashew nut

Akanthit *m* (Min) / acanthite, vitreous silver

Akanthus *m* (Bau) / acanthus

Akaride, Milbe *f* / acaride

Akarizid *n* (Chem) / acaricide, miticidal chemical, miticide ‖ ~ / acaricide

Akaroidharz *n*, -gummi *n*, Botanybaiharz *n* / acaroid resin

Akaziengummi, Akazin *n* / arabine, acacin[e]

Akklimatisation *f* (Zustand) / state of being acclimatized

akklimatisieren *vt* / acclimatize, acclimate (US)

Akklimatisierung *f* / acclimat[iz]ation, acclimation

Akkommodation *f*, Akkommodierung *f* / accommodation

Akkommodations·… / accomodating ‖ ~ **breite** *f* / amplitude of accommodation ‖ ~ **ruhe** *f* / relaxed state of accommodation ‖ ~ **vermögen** *n* / power of accommodation

akkommodieren, anpassen (Opt) / accommodate, adapt

akkomodieren (Wolle) / sort

Akkomodierung *f*, Einstimmung *f* / accommodation

Akkord *m* (Musik) / chord ‖ ~, Stücklohn *m* / piece wage ‖ **in** ~ / by contract ‖ **in** ~ **arbeiten** s. Akkordlohn ‖ ~ **arbeit** *f* / piecework, contract o. task work ‖ ~ **arbeiter** *m* / workman by the job o. piece o. task, jobman, piece o. task worker ‖ ~ **arbeiter** *m* (F.Org) / operator on incentive [pay], incentive operator ‖ **gut eingearbeiteter** ~ **arbeiter** (F.Org) / qualified operator ‖ ~ **berechnung** *f* / rate fixing o. setting ‖ ~ **durchschnitt** *m* / average piecework rate ‖ ~ **durchschnittssatz** *m* / average incentive rate o. piecework rate

Akkordeon *m* (Musik) / accordion, accordeon

Akkordfolge *f* (Akust) / chord sequence

akkordieren *vt* / arrange ‖ ~ *vi*, sich vertraglich verpflichten / contract

Akkord·kommission *f* / joint committee for rate fixing ‖ ~ **leistung** *f* / incentive performance ‖ **100%** ~ **leistung** (F.Org) / task ‖ ~ **lohn** *m* / piece wage, piece[work] pay ‖ **im** ~ **lohn arbeiten** / work by contract, by the piece ‖ ~ **minuten** *f pl* (F.Org) / base time ‖ ~ **richtsatz** *m* / incentive rate basic pay, piecework base rate ‖ ~ **richtsatzleistung** *f* / break-even performance ‖ ~ **satz** *m* / piece[-per-hour] rate ‖ ~ **schere** *f* / rate cutting ‖ ~ **stundenanteil** *m*, -stunden *f pl* / hours *pl* on incentive o. on piecework pay ‖ ~ **system** *n* / piece rate plan, incentive system ‖ ~ **tempo** *n* / incentive pace ‖ ~ **verdienst** *m* / piece rate earnings *pl* ‖ ~ **vereinbarung**

f / piecework agreement ‖ ~ **zettel** *m* / job ticket, work o. time ticket ‖ ~ **zuschlag** *m* / piecework supplement, incentive earning o. wage

Akkretionsmaterie *f* (Raumf) / accreting matter

Akkumulationszeit *f* / accumulation period

akkumulativ / accumulative

Akkumulator *m*, AC (DV) / accumulator [register] ‖ ~, Akku *m*, Sammler *m*, [Sammler]batterie *f* / accumulator, storage battery ‖ ~ **mit Laugenfüllung** / alkaline accumulator ‖ ~ **mit Säurefüllung**, Bleibatterie *f* / lead-acid accumulator ‖ ~ **-Abbau-Lokomotive** *f* (Bergb) / storage battery locomotive for collection service

Akkumulatoren·batterie *f*, Akku *m* / accumulator o. storage battery ‖ ~ **fahrzeug** *n*, -wagen *m* / accumulator o. battery car o. vehicle ‖ ~ **fahrzeug** *n*, -wagen *m* / battery car o. vehicle ‖ ~ **gitter** *n* / accumulator grid, plate grid ‖ ~ **grubenlokomotive** *f* / battery driven mine locomotive ‖ ~ **klemme** *f* / battery clip o. terminal ‖ ~ **lokomotive** *f* / battery driven locomotive ‖ ~ **platte** *f* / battery plate ‖ ~ **raum** *m* / battery room ‖ ~ **säure** *f*, Batteriesäure *f* / accumulator acid ‖ ~ **-Triebwagen** *m* / accumulator railcar ‖ ~ **zentrale** *f* / battery control station

Akkumulator·gestell *n* (Elektr) / battery rack ‖ ~ **kasten** *m*, Batteriekasten *m* / accumulator case o. box ‖ ~ **zelle** *f* / cell of a storage battery

akkumulieren / accumulate

akkumulierte Energiedosis (Strahlung) / cumulative absorbed dose, accumulated dose

Akkuspeisung, mit ~ / battery-powered

Akline *f* / aclinal line

aklinisch, aklin / aclinic, aclinal

Akmit, Ägirin *m* (Geol) / acmite

Akon *n*, Calotropis-, Pflanzenseide *f*, Yerkum *n* / Yercum o. Madar fiber, calotropis

Akonitsäure *f* / aconitic acid

Akronym *n* (Initialwort) / acronym

Akt *m*, Ereignis *n* / act, event

Akten·deckelkarton *m* (Pap) / folder stock, cover board ‖ ~ **heftmaschine** *f* / stitching machine ‖ ~ **vernichter**, -wolf *m* (Büro) / shredder, paper shredder

aktinisch / actinic ‖ ~ **e Lichtausbeute** / actinic efficiency ‖ ~ **e Wirkung** / actinic power ‖ **die** ~ **e Wirkung herabsetzend** (Filter) / adiactinic

Aktino·…, Strahlen… / actino… ‖ ~ **-elektrisch** / actino-electric ‖ ~ **meter** *n* / actinometer ‖ ~ **metrie** *f* (Phys) / actinometry ‖ ~ **uran** *n* / actino-uranium

Aktion, in ~ **treten** / start acting o. working o. running

Aktions·bereich, Flugbereich *m*, -weite *f* / flying range ‖ ~ **prinzip** *n*, Bewegungsgleichung *f* / Newton's law of motion ‖ ~ **rad** *n* (Turbine) / action wheel ‖ ~ **radius** *m* (meist Strecke hin und zurück) (allg, Luftf) / radius of action, cruising range (US) ‖ ~ **turbine**, Gleichdruckturbine *f* / impulse o. action turbine

aktiv, tätig, wirkend / active, acting ‖ ~, heiß (Nukl) / hot, radioactive ‖ ~ **es Bauteil** (Elektronik) / active component ‖ ~ **e Elektrode** (Elektronik) / active electrode ‖ ~ **e Entflammbarkeit** / primary fire risk ‖ ~ **er Heizfaden** (Elektronik) / activated heating filament ‖ ~ **er Kabelquerschnitt** / effective cross sectional area of a cable ‖ ~ **er Kreislauf** (Nukl) / active loop, hot loop ‖ ~ **er Lautsprecher**, Aktivbox *f* / active loudspeaker ‖ ~ **es Lösungsmittel** / active solvent ‖ ~ **e Masse** (Gramm-Moleküle je Liter) (Chem) / active mass ‖ ~ **e Masse** (Akku) / active material ‖ ~ **er Mikrofilm**, Arbeitsfilm *m* / working film ‖ ~ **er Pegel** (Elektronik) / active level ‖ ~ **er Pegelübergang** (Elektronik) / active transition ‖ ~ **e Phase**, katalytische Beschichtung (Kfz) / catalyst coating, catalytic layer ‖ ~ **e Prüfung** (Nukl) / hot testing ‖ ~ **es Radar** / primary radar ‖ ~ **e Reserve** (DV) / equipment in parallel operation ‖ ~ **er Satellit** / active satellite ‖ ~ **er Sauerstoff**, Ozon *n* / active

oxygen, ozone ‖ ~es **Schaltglied** (Pneum) / active
function relay ‖ ~er **Schlamm** (Nukl) / active deposit ‖
~er **Schwefel** / corrosive sulphur ‖ ~e **Sicherheit** (Kfz)
/ active safety ‖ ~er **Stickstoff** / active nitrogen ‖ ~es
Tastenfeld (DV) / live keyboard ‖ ~er **Wandler** (Fernm)
/ active transducer ‖ ~e **Wärmeregelung** (Raumf) /
active control ‖ ~e **Zeichnung** / active drawing ‖ ~es
Zentrum (Enzym) / active center ‖ ~e **Zone** f / active
zone ‖ ~e **Zone** (Nukl) / active area
Aktivation f / activation
Aktivator m, Koenzym n / activation agent, activator,
coenzyme ‖ ⁀, Promotor, Verstärker m (Chem) /
sensitizer ‖ ⁀, Promotor m (Katalyse) / promoter ‖ ⁀,
Luminogen, Phosphorogen n (Leuchtstoff) / activator
Aktiv·füller m (Plast) / reinforcing filler ‖ ⁀getter n /
active getter
Aktivierbarkeit f **von Reaktorstählen** / activability of
reactor steels
aktivieren / activate ‖ **Seide** ~ / brighten silk
aktiviert / activated ‖ ~e **Adsorption** / activated
adsorption, chemisorption ‖ ~e **Bleicherde** (Öl) /
activated earth, activated clay ‖ ~e **Bleicherde** (Öl) /
activated clay ‖ ~e **Diffusionsheilung** (für
Turbinenschaufeln) / activated diffusion healing for
turbine blades, ADH ‖ ~es **Sintern** / activated sintering
Aktivierung f, Aktivieren n / activation ‖ ⁀ (gasgef.Röhre) /
firing ‖ ⁀ **von Kathoden** / activation of thermionic
cathodes
Aktivierungs·analyse f / [radio]activation analysis ‖
⁀**detektor** m (Nukl) / activation detector ‖ ⁀**energie** f
(Chem, Transistor) / activation energy, energy of
activation ‖ ⁀**folie** f (Nukl) / foil detector ‖ ⁀**impuls** m
(TV) / sensitizing pulse (GB), indicator gate (US) ‖
⁀**kurve** f (Nukl) / activation curve ‖ ⁀**mittel** n /
activator ‖ ⁀**potential** n (Stahl) / activation potential ‖
⁀**produkt** n (Nukl) / activation product ‖ ⁀**querschnitt**
m (Nukl) / activation cross section ‖ ⁀**wärme** f / heat of
activation
Aktivimeter n (Nukl) / activity meter
Aktivität f / activity
Aktivitäts·dauer f (Netzplan) / time of activity ‖
⁀**koeffizient** m / activity coefficient ‖ ⁀**konzentration**
f (Nukl) / activity concentration, volume activity ‖
⁀**kurve** f (Nukl) / decay curve, activity disintegration
curve ‖ ⁀**verminderung** f (Radioaktivität) / cooling ‖
⁀**zentrum** n **der Sonne** / plage
Aktiv·kohle f / activated carbon o. charcoal ‖
⁀**kohleanlage** f (Tex Veredelung) / activated carbon
filtering plant ‖ ⁀**kohlefilter** n, -behälter m (Kfz) /
activated carbon filter o. cannister o. trap, adsorption
cannister ‖ ⁀**-Kohlenhobel** m / activated coal plow ‖
⁀**-Kohlenhobel** m **mit Selbstauslösung** / auto-
percussive coal plow ‖ ⁀**ruder** n (Schiff) / active rudder
‖ ⁀**satellit** m / active satellite ‖ ⁀**turm** m (Kohle) / active
dripping tower
Aktor m (Informatik) / actuator
aktualisieren, fortschreiben (DV) / update ‖ ⁀ n,
Fortschreiben n (DV) / updating
Aktualisierung f **der Lagerbewegungskartei** / to-date
inventory activity
Aktualparameter m / actual argument o. parameter
aktueller Stand der Technik / state of the art
A-Kurve f, Verwachsungsgrundkurve f (Bergb) /
instantaneous ash curve, characteristic ash curve
A$_e$-Kurve, Waschgrundkurve f (Kohle) / effective
instantaneous ash curve
A$_1$-Kurve f, Schwimmgutkurve f (Bergb) / cumulative float
curve
A$_{1e}$-Kurve, Leichtgut-Kurve f / effective cumulative float
curve
A$_2$-Kurve f, Sinkgutkurve f (Bergb) / cumulative sink curve
A$_{2e}$-Kurve, Schwergut-Kurve f / effective cumulation sink
curve

Akustik f (Wissenschaft) / acoustics, phonics sg ‖ ⁀,
Hörsamkeit f / acoustics pl ‖ ⁀**platte**,
Schallschluckplatte f / acoustic panel o. board o. tile ‖
⁀ **-Putz** m / acoustic plaster
akustisch, Gehör… / acoustic[al], audible, áudio… ‖ ~e
Abschirmung (o. Dämpfung) (Akustik) / cushioning,
acoustic baffle ‖ ~e **Anpassung** / acoustical impedance
matching ‖ ~e **Anzeige** / acoustical indication, audible
alarm o. indication ‖ ~e **Beantwortung** (DV) / audio-
response ‖ ~er **Blindwiderstand** / acoustic reactance ‖
~er **induktiver Blindwiderstand**, akustische
Federung / acoustic compliance ‖ ~er **kapazitiver
Blindwiderstand**, akustische Masse / acoustic inertance
‖ ~es **Echolot** (Luftf) / sound o. sonic altimeter ‖ ~er
Empfang (Elektronik) / audio-reception ‖ ~e **Ermüdung**
(Luftf) / noise fatigue ‖ ~e **Federung** / acoustic
compliance ‖ ~es **Hologramm** / acoustic hologram ‖ ~e
Holographie / acoustic holography ‖ ~e **Impedanz**, -er
Scheinwiderstand / acoustic impedance ‖ ~e **Kopplung**
/ acoustic coupling ‖ ~e **Kopplung zwischen
Mikrophon u. Lautsprecher** / throwback ‖ ~e
Laufzeitkette s. akustischer Speicher ‖ ~es **Meldegerät**
(zur Anzeige, daß der Zug eisen bestimmten Punkt
passiert hat) (Bahn) / annunciator ‖ ~es **Mikroskop** /
acoustic microscope ‖ ~e **Oberflächenwelle** / surface
acoustic wave, SAW ‖ ~es **Ohm** (veraltet) / acoustic
ohm ‖ ~e o. **mechanische Rückkopplung** / acoustic
feedback ‖ ~er **Scheinwiderstand** / acoustic impedance
‖ ~e **Schwingungen** f pl (Raumf) / acoustic noise ‖ ~es
Signal / acoustic o. audible o. aural o. sound signal ‖
~er **Speicher**, akustische Laufzeitkette, akustische
Verzögerungsstrecke (DV) / sonic delay line, acoustic
delay line ‖ ~er **Strahler** (Elektronik) / acoustic radiator
‖ ~es **Thermometer** / acoustic thermometer ‖ ~es
Warnsignal / aural alarm ‖ ~es **Warnsignal** (an
Meßinstrumenten) / flag indicator o. alarm, alarm flag ‖
~er **Wellenfilter** / acoustic wave filter ‖ ~er
Widerstand / acoustic resistance
Akusto·elektronik f / acousto-electronics ‖ ~ -**optisch** /
acousto-optical ‖ ~ -**optischer Modulator** / acousto-
optical modulator
Akzeleration f (Astr, Uhr) / acceleration
Akzelerator, Accelerator m (Abwasser) / accelerator
Akzent m (Buch) / accent
Akzentuierung, Preemphasis f (Elektronik) / accentuation,
pre-emphasis
Akzeptor m (Halbl) / acceptor ‖ ⁀ -**Fremdstoff** m /
acceptor type impurity ‖ ⁀**gebiet** n (Halbl) / acceptor site
‖ ⁀**niveau** n (Elektronik) / acceptor level
Akzidenz·arbeit f, -druck m (Buch) / jobbing ‖ ⁀**drucker**
m (Buch) / job printer ‖ ⁀**druckerei** f / jobbing office ‖
⁀**druckrotation** f / commercial printing rotary ‖
⁀**presse** f (Buch) / jobbing machine ‖ ⁀**schnellpresse** f
(Buch) / high-speed jobbing machine ‖ ⁀**schriften** f pl
(Buch) / jobbing founts pl
Alabandin m, Manganblende f (Min) / alabandite, -dine
Alabaster m / alabaster ‖ ⁀**gips** m, Gipsalabaster m,
Alabastrit m / gypseous alabaster ‖ ⁀**glas** n / alabaster
glass
Alanin n / alanine
Alantstärke f, Alantin n, Inulin n / alant starch, inulin
Alarm m / alarm ‖ ⁀**apparat** m, -vorrichtung f,
-einrichtung f / alarm ‖ ⁀**bearbeitungsprogramm** n /
alarm signal processing routine ‖ ⁀**eingang** m (DV) /
alarm entry ‖ ⁀**glocke** f, -klingel f (Elektr) / alarm bell ‖
⁀**patrone** f (Bahn) / torpedo (US), detonating cartridge
‖ ⁀**routine** f (DV) / alarm routine ‖ **selbsttätiger**
⁀**schalter** / automatic alarm switch ‖ ⁀**schwimmer** m /
alarm float ‖ ⁀**sicherung** f / alarm safety device ‖
⁀**signal** n, -zeichen n / danger-signal, emergency
signal, alarm, distress signal ‖ ⁀**sirene** f / air-raid siren
‖ ⁀**stufe** f / emergency phase ‖ ⁀**stufe 2** / emergency
phase 2, alert phase ‖ ⁀**stufe 3** f (Luftf) / emergency
phase 3, distress phase ‖ **automatische** ⁀**vorrichtung** /

automatic call device ‖ **elektrische ~vorrichtung** / electric alarm ‖ **~zentrale** f / ring-out point

AlAs, Aluminiumarsenid / aluminium arsenide

Alaun m / alum[en] ‖ **mit ~ behandeln** / aluminate, aluminize ‖ **~bad** n (Chem) / alum bath ‖ **~beize** f / alum[inous] mordant, alum steep ‖ **~beize** f (Färb) / red liquor o. mordant ‖ **~blumen** f pl, Alaunmehl n / flowers pl of alum

Alaunen n, Sieden n im Alaunwasser, Alaunung f / steeping in alum, aluming

Alaun·erde f / aluminous earth ‖ **~erz** n / alumn ore ‖ **~gar**, weißgar (Gerb) / alumed, dressed with alum, tawed ‖ **~gerben**, weißgerben / taw vt ‖ **~gerben** n / tawing ‖ **~gerber** m, Weißgerber m / tawer ‖ **~gerberei** f / tawery ‖ **~gips** m / alum-soaked gypsum ‖ **~grube** f, -[berg]werk n, -bruch m / alumn mine ‖ **~haltig** / aluminous ‖ **~hütte** f, -siederei f, -werk n / alumn works pl

alaunieren, mit Alaun beizen (Textil) / alum vt

Alaun·kies m / aluminous pyrites ‖ **~kuchen** m (Pap) / alum cake ‖ **~leder** n / alum o. white leather ‖ **~leim** m (Pap) / alum glue ‖ **~schiefer** m / alum shale ‖ **~stein**, Alunit m (Min) / alum stone, alunite, stone alum

ALB, Bremskraftregler m (Kfz) / anti-wheel-lock braking system

Albanit m, Albalith n, Permanentweiß n / albanite

Albardinzellstoff m / esparto pulp

Albedo f (Phys, Astr) / albedo

Albertschlag, Längs-, Gleichschlag m (Seil) / Lang['s] lay, long lay

Al-beruhigt / aluminium-killed

Albit m, Natronfeldspat m (Geol) / albite ‖ **weißer ~** (Min) / peristerite

Albumin n (wasserlösliches Eiweiß) / albumin ‖ **~** (Eiweißkörper) / albumin[oid] ‖ **~at** n / albuminate ‖ **~haltig** / albuminous

albuminisieren / albuminize

Albuminometer n / atoll

Albumin·papier n (Phot) / albumin[ized] paper ‖ **~schleppe** f (Chem) / albumin drag ‖ **~verfahren**, Albuminisieren n (Phot) / albumin process, albuminizing

Älchenkrankheit f (Landw) / eelworm o. nematode disease

Alchlorverfahren n (Schmieröl) / alchlor process

Aldehyd m / aldehyde ‖ **~harz** n / aldehyde resin

Aldimin n / aldimine

Aldol n / aldol ‖ **~kondensation** f / aldol condensation

Aldose f, Aldohexose f (Chem) / aldo[hexo]se

Aldoxim n / aldoxime

Aldoxprozeß m (Chem) / aldox process

Aldrey n (AlMgSi-Legierung) / Aldrey

Aldrin n (Chem) / aldrin

Ale n / ale

Aleflasche f / ale-shape bottle

Alembertsches Prinzip, Prinzip n der virtuellen Arbeit / d'Alembert's principle

A-Lenkung f (Kfz) / Ackermann steering

Aleph Null n (Mengenlehre) / aleph zero, aleph-null

Alexanderson·-Antenne f / multiple tuned antenna ‖ **~ -[Hochfrequenz]maschine** f (Elektronik) / Alexanderson alternator

Alexandrit m (Min) / alexandrite ‖ **~laser** m / alexandrite laser

Alfa, Halfa f, Esparto m, Stipa tenacissima / alfa [grass], esparto, alfalfa

Alfalfa, Luzerne, Medicago sativa f (Landw) / lucern[e]

Alfapapier n (Pap) / esparto

Alfaverfahren n (Butter) / Alfa process

Alfin-Kautschuk m / alfin coutchouc

Alfol-Isolierung f / Alfol [heat] insulation

Alford-Schleife f (Antenne) / Alford loop

Alfvén·-Geschwindigkeit f (Atom, Nukl) / Alfvén velocity ‖ **~ -Wellen** f pl (Atom, Nukl) / Alfvén waves pl

Algarobilla f / algarobilla

Alge f / alga

Algebra f (pl: Algebren), Buchstabenrechnung f / algebra

algebraisch / algebraic[al] ‖ **~e Funktion** / algebraic function ‖ **~e Gleichung** (o. Buchstabengleichung) / algebraic equation, literal equation ‖ **~es Moment** / algebraic moment ‖ **~e Summe** / algebraic[al] sum

Algen f pl / algas, algae pl ‖ **~befall** m von Reis / algal control on paddy rice ‖ **~bekämpfungsmittel** n, Algicid n / algicide ‖ **~faser** f / seaweed fiber

Algenstärke f / floridean starch

Alginat, Salz der Alginsäure n / alginate ‖ **~reyon** m n / alginate rayon ‖ **~seide** f / alginate silk o. filament, alginic man-made silk ‖ **~verdickung** f, Lichenverdickung f / alginate thickening

Alginsäure f, Algensäure f / alginic acid, norgine

ALGOL n (DV) / ALGOL, algorithmic language

Algolfarbstoff m / Algol dye[stuff]

algorithmisch / algorithmic

Algorithmus m (sorgfältige Schritt-für-Schritt-Annäherung) (Math) / algorithm ‖ **~ zur Adreßberechnung** (DV) / resource name hashing scheme

Algraphie f (Aluminiumdruck) / algraphy, aluminium print

Alhidade f (Verm) / alidade, sight rule ‖ **~**, Meßarm m (Sextant) / index arm

Alhidadenkreis m / alidade circle

Aliasing n (DV) / aliasing

Alias·name m, Parallelbezeichnung f / alias (an alternate name) ‖ **~spektrum** n (TV) / aliasing components pl ‖ **~störung** f (TV) / foldover distortion

alicyclisch (Chem) / aliphatic-cyclic, alicyclic

Aliesterase f / aliesterase

Alinea-Zeichen n (Buch) / reversed o. blind P

Aliphate n pl / aliphatic compounds pl

aliphatisch (Chem) / aliphatic, acyclic ‖ **~e Kohlenwasserstoffe** m pl / aliphatics pl ‖ **~ -cyclisch** / aliphatic-cyclic, alicyclic

ali·quant (Math) / aliquant n and adj ‖ **~quante** f / alignant number ‖ **~quot** (Math) / aliquot ‖ **~quot…**, Resonanz… (Akustik) / aliquot adj ‖ **~quote** f (Math) / aliquot number

alitieren (Masch) / alitize, alite

Alizarin n (Färb) / alizarin ‖ **~blau** n / alizarin o. anthracene blue ‖ **~bordeaux** n, Chinalizarin n / alizarin bordeaux ‖ **~braun**, Anthrazenbraun n / alizarine o. anthracene brown ‖ **~farbstoff** m, Alizarinfarbe f / alizarin[e] dye[stuff] ‖ **~farbstoffe** m pl / alizarine o. anthracene dyestuffs pl ‖ **~gelb** n / orange R ‖ **~gelb** n C o. R / alizarin yellow C o. R ‖ **~gründeldruck** m / alizarin blotch printing ‖ **~orange** n / 3-nitroalizarin ‖ **~rot**, Türkischrot n (Textil, Galv) / Turkey red ‖ **~säure** f, Phthalsäure f / benzene dicarboxylic acid, phthalic acid ‖ **~violett**, Gallein n / alizarin violet

alizyklisch, -cyclisch, aliphatisch-zyklisch (Chem) / alicyclic

Alkali n / alkali [salt] ‖ **~ enthaltend** / containing alcali, alkaliferous ‖ **~ zusetzen** / alkalify, alkalize ‖ **[sich] in ~ verwandeln** / alkalify ‖ **~beständig**, -echt / alkalifast, -proof, lye-proof ‖ **~bildend** / alkalifying ‖ **~bildner** m / alkalifier ‖ **~ -Elektrolyse** f / alkali electrolysis

Alkalien n pl / alkalis pl ‖ **~gehalt** m, Alkalinität f / alkali content

Alkali·feldspat, Orthoklas m / potassium feldspar, orthoclase ‖ **~gestein** n / alkali rock ‖ **~glas** n mit 10-15% Alkali / A-glass ‖ **~ -Granit** m / alkali-granite ‖ **~halogenid** n / alkali halide ‖ **~haltig** / alkaliferous, alkaline ‖ **~hydroxid** n / caustic alkali ‖ **~ -Kalk-Glas** n / alkali-lime glass ‖ **~karbonat-Kohlegemisch** n / black flux ‖ **~lauge** f / alkaline lye ‖ **~löslich** / alkali-soluble ‖ **~metalle** n pl / alkali metals pl ‖ **~metrie** f / alkalimetry

Alkali[ni]tät f, alkalische Beschaffenheit / alkalescence, -ency, alkalinity
Alkali·photozelle f / alkaline photoelectric cell ‖ ~regenerat n (Gummi) / digester reclaim
alkalisch / alkaline ‖ ~er Akkumulator / alkaline accumulator o. [storage] battery ‖ ~e Entfettung (Galv) / alkaline cleaning ‖ ~e Erden f pl / alkaline earths pl ‖ ~es Fluten (Öl) / alkaline flooding ‖ ~ machen / alkalify, alkalinize, render alcaline ‖ ~ reagieren / react alkaline ‖ ~e Schwärzung (Galv) / alkaline blackening ‖ ~es Stannatbad / alcaline stannate bath ‖ ~e Verkupferung / cyanide copper plating, alcaline copper plating
alkalisieren / alkalify, alkalize
Alkalisierung f (Chem) / alkalinization ‖ ~, Fäulung f durch Alkalien, Faulgärung f / alcalescency, alcalescence, putrefaction by alcalis
Alkali·silikat n / alkali silicate ‖ ~ -Silikat-Glas n / alkali silicate glass ‖ ~syenit m / alkali-syenite
Alkalität f (Chem) / alkalescence, -ency, alkalinity ‖ m-~ f / bicarbonate alcalinity ‖ p-~ f / total alkalinity
Alkali·verdampfung f (Glasofen) / flume ‖ ~waschstufe f (Pap) / E-stage ‖ ~zelle f (Elektr) / alkaline cell ‖ ~zellulose f / alkaline cellulose
Alkaloid n, Pflanzenbase f / alkaloid, vegetable base
Alkan n (Chem) / alkane
Alkannarotpapier n / alkannin paper
Alkannin, Anchusin, Alkannarotpulver n./ alkannin, anchusin, alkanet
Alkanolamin n, Alkamin n, Aminoalkohol m / alkanolamine, aminoalcohol
Alkansulfonat n / alkane sulphonate
Alkarsin, Kakodyloxid n / alcarsine
Alken n (früher: Alkylen), Olefin n / alkene, alkylene ‖ ~ -Derivat n, Dihalogenid n / alkene derivative
Alkin n / alkine ∴
Alkohol, Ethylalkohol m / alcohol ‖ ~..., alkoholisch / alcoholic ‖ ~ m für die Getränkeindustrie / potable spirits pl ‖ unreiner ~ / phlegm ‖ ~at n (Metallsalz des Alkohols) / alcoholate ‖ ~bildung f (durch Gärung) / formation of alcohol ‖ ~dämpfe m pl / alcohol vapours pl ‖ ~derivat n / alcohol derivative ‖ ~faktor m / alcohol factor ‖ ~feucht (Nitrozellulose) / alcohol-dampened ‖ ~frei / non-alcoholic ‖ ~freie Getränke / soft drinks pl ‖ ~freies Bier / non alcoholic beer ‖ ~gärung f / alcoholic fermentation ‖ ~gehalt m / alcoholic strength ‖ ~gehalt m im Blut (Verkehr) / percentage of alcohol ‖ ~gehalt m in % / degree Gay-Lussac, alcoholic strength, GL, ^{0}GL, GL^0 ‖ ~gruppe f / alcohol group
alkoholisch, Alkohol... / alcoholic ‖ ~ (durch Destillation) (Brau) / spirituous, spirit... ‖ ~es Getränk / liquor, spirits pl
Alkoholisierung f (Verwandlung in Alkohol) / alcoholization, reduction into alcohol
alkohol·löslich / alcohol soluble ‖ ~modifiziert (Kunstharz) / alcohol modified
Alkoholo·meter n / alcoholometer ‖ ~metrie f / alcoholometry
Alkohol·prozeß m (Öl) / alcohol slug process ‖ ~prüfung f durch Blasen (Verkehr) / alcotest ‖ ~thermometer n / alcohol thermometer ‖ ~verdrängung f (Nitrozellulose) / alcoholization ‖ ~waage f, Weingeistmesser m / spirit gauge ‖ ~waage f nach Masse-, [Volumen]prozent / alcoholmeter working by mass-, [volume-]percentage
Alkoholyse f / alcoholysis
Alkosol n / alcosol
Alkoven m / nook, alcove
Alkoxid n / alkoxide
alkoxylieren / alcoxylate
Alkyd·harz n / alkyd resin ‖ ~harzlack m / alkyd resin varnish ‖ ~preßmasse f / dough-moulding compound
Alkyl n, Alkylrest m / alkyl ‖ ~amin n / alkyl amine ‖ ~arylsulphonat n / alkyl aryl sulphonate ‖ ~at n /

alkylate ‖ ~benzolsulfonat n, ABS n / alkylbenzenesulfonate
Alkylen n, (jetzt:) Alken n / alkylene, alkene
Alkyl·gruppe f / alkyl group ‖ ~halogenid n / alkyl halide
Alkyliden n / alkylidene
alkylieren / alkylate
Alkylierung f, Alkylation f / alkylation
Alkylierungs·anlage f / alky[lation] plant o. unit
Alkyl·magnesiumverbindung f (Chem) / organomagnesium compound ‖ ~merkaptoalkylrest m / alkylmercaptoalkyl radical ‖ ~phenol n / alkyl phenol ‖ ~phenolharz n / alkyl phenol[ic] resin ‖ ~polysulfid n / alkyl polysulphide ‖ ~rest m / alkyl radical ‖ ~sulfhydrat n, Merkaptan n / alkyl sulphhydrate, mercaptan, thioalcohol ‖ ~sulfid n, Thioether m / alkyl sulphide ‖ ~sulfosäure f / alkyl sulphonic acid
Alkyn n (Chem) / alkyne
All-Aft-Typ m (Schiff) / all-aft-type
Allanit, Orthit m (Min) / allanite, orthite
All·bereich-Kanalwähler m / all-band tuner ‖ ~drehzahlregler m (Kfz, Diesel) / variable-speed governor
alle, an ~ ! (Elektronik) / all stations!
Allee f / alley ‖ ~ in Straßenmitte / terrace
allein / lone, alone, by itself ‖ ~, isoliert, freistehend / self-contained, stand-alone... (US) ‖ ~flug m / solo flight
alleinig, Eigen... / sole adj
alleinstehend (Bau) / detached, isolated
Alleinvertreter m / exclusive agent o. distributor, sole agent
allelomorph / allelic, allelomorphic
Allemontit m, Arsenikantimon n, -spießglanz m (Min) / allemontite
Allen, Propadien n (Chem) / allene, propadiene
Allen-Methode f (Strömung) / cloud velocity gauging
Aller-Steinsalz n (Nukl) / Aller rock salt
"Alles fürs Auto" / autocenter
alles in Ordnung, alles i. O. / all systems go ‖ ~ oder nichts / all or nothing ‖ über ~ (z.B. Länge) / over-all, overall ‖ ~kleber m / all-purpose glue o. cement ‖ ~schneider m / universal slicer, food slicer ‖ ~vergaser m (Schweiß) / all-grain acetylene generator
All·film-Kondensator m / all-film capacitor ‖ ~gasbrenner m / all-gas burner, universal burner ‖ ~gebrauchs... / general-purpose ... ‖ ~gebrauchslampe f / general lighting service lamp
allgemein, generell / general ‖ ~ [verbreitet o. üblich], universell / general, universal ‖ ~e Abmessungen f pl / outline and dimensions ‖ ~e Adressierung (DV) / broadcast addressing ‖ ~e Fahrbahn (Straße) / non-reserved lane ‖ ~es Integral / general integral ‖ ~er Lageplan / general location o. general arrangement drawing ‖ ~e Physik / basic physics ‖ ~es Programm (DV) / general routine o. program ‖ ~e Regel / general rule ‖ ~es Register, Mehrzweckregister n / general purpose register ‖ ~e Relativitätstheorie / general relativity theory ‖ ~e sequentielle Zugriffsmethode (DV) / generalized sequential access method, GISAM ‖ ~e Unkosten pl / loading, oncosts, establishment charges o. ~es Unterprogramm / general routine ‖ ~e Wechselstromgröße (Elektr) / general periodic function ‖ ~beleuchtung f / general lighting
allgemeinen, im ~ / generally speaking
allgemein·gültig / generally o. universally valid ‖ ~gültigkeit f / universal validity
Allgeschwindigkeits-Querruder n / all-speed o. inner aileron
Alligator·haut f (Email) / alligator hide ‖ ~schere f (Walzw) / alligator shearing machine
Allihn·kühler m (Chem) / Allihn condenser ‖ ~ -Thermometersatz m / Allihn thermometer set
All-in-Mehl n / all-in flour

allmählich *adv*, nach und nach / by degrees ‖ ~ *adj* (steigend o. fallend) / gradual, progressive, regressive ‖ ~e **Entladung** / successive discharge ‖ ~es **Härten des Stahls** / gradual tempering of steel ‖ ~er **Übergang** / gradual transition ‖ ~e **Verformung**, Kriechen *n* (Stahl) / creep ‖ ~ **wandern** (Kupplung) / creep

Allo·bar *n* (Nukl) / allobar ‖ ~**chroisch**, die Farbe wechselnd / allochroic, allochrous ‖ ~**chromatisch** (durch Beimengungen gefärbt) (Min) / allochromatic ‖ ~**chthon** (Geol) / alloc[h]thonous ‖ ~**mer** (Krist) / allomeric ‖ ~**morph** (Min) / allomorph[ic] ‖ ~**morphie** *f* (Krist) / allomorphisme

Allonge *f*, Abreißzettel *m* (Büro) / stub ‖ ~ (Film) / leader and trailer

Allo·phan, Allophanit, Riemannit *m* (Min) / allophane ‖ ~**pren** *n*, Chlorkautschuk *m* / alloprene, chlorinated rubber ‖ ~**sterisch** (Chem) / allosteric ‖ ~**trop** / allotropic[al] ‖ ~**tropie** *f*, Isomerismus *m* / allotropy, -tropism

Alloxan *n* / alloxane

All·paß... (Elektronik) / all-pass... ‖ ~**polig** / all-polo... ‖ ~**radantrieb** *m* (Kfz) / all-wheel drive ‖ ~**radantrieb**, Geländeantrieb *m* (des Vierrad-Fahrzeugs) / fourwheel drive ‖ ~**richtungs...** (Elektronik) / omnidirectional, -directive, -bearing ‖ ~**richtungsantenne** *f* / omnidirectional o. omni-antenna ‖ ~**richtungsfunkfeuer** *n* / omnidirectional range, omnirange, ODR ‖ ~**roundfahrzeug** *n* (Kfz) / allround vehicle ‖ ~**round-Terminal** *m* (Hafen) / multi-purpose terminal ‖ ~**seitig**, Rund... / polydirectional ‖ ~**seitig**, Allround... / universal, allround ‖ ~**seitig bearbeitet** / machined allover, finished allover ‖ ~**seitige Einschließung** / recess ‖ ~**seitige Bearbeitung** / finish all over, F.A.O. ‖ ~**sperrbereich** *m* / common suppressed frequency band ‖ ~**strom...**, Universal... (Elektr) / A.C.-D.C., ac-dc (US), D.C.-A.C., dc-ac (US), universal ‖ ~**strom...** (Radio) / all-mains... ‖ ~**stromgerät** *n* (Elektronik) / universal receiver ‖ ~**strommotor** *m* (Elektr) / universal o. series motor ‖ ~**synchrongetriebe** *n* (Kfz) / fully synchronized gear

alluvial / alluvial, alluvious ‖ ~e **Seifen** *f pl* (Bergb) / alluvial placers *pl* ‖ ~**gold** *n*, Seifengold *n*, Flußgold *n* / placer gold, river gold, alluvial gold ‖ ~**kies** *m* / alluvial gravel

Alluvion, Anlandung *f* / alluvion

Alluvium, Holozän *n* (Geol) / alluvium

Allwellen·... (Elektronik) / all-pass..., multirange... ‖ ~**bereichstuner** *m* (TV) / all-wave tuner ‖ ~ **-Empfänger** *m* / all-wave receiver

Allwetter·... / all-weather... ‖ ~ **-Instrumentlandesystem** *n* / advanced integrate landing system, AILS ‖ ~**landung** *f* / all-weather landing, blind landing

Allyl *n* / allyl ‖ ~**...** / allylic ‖ ~**aldehyd** *m*, Acrolein *n* / allyl aldehyde, acrolein[e] ‖ ~**alkohol** *m*, Propenol-3 *n* / allyl alcohol ‖ ~**derivat** *n* / allyl derivative ‖ ~**en**, Allen (Chem) / allylene, propine ‖ ~**ester** *n* / allyl ester ‖ ~**ester-Kunststoff** *m* / allyl plastic ‖ ~**gruppe** *f* / allyl group ‖ ~**harz** *n* / allyl resin ‖ ~**isothiocyanat**, [Allyl]senföl *n* / allyl isothicyanate, allylic mustard oil ‖ ~ **-Silatran** *n* (eine Si-C-Verbindung) / allyl silatran ‖ ~**stärke** *f* / allyl starch

Allzweck·... / general-purpose... ‖ ~**...**, Universal... / all-purpose..., general-purpose... ‖ ~**...** (Luftf) / pantobase... ‖ ~**farbstoff** *m* / workhorse dyestuff ‖ ~ **-Kesselwagen** *m* (Bahn) / general-purpose tank wagon ‖ ~**klappe** *f* / general-purpose flap ‖ ~**schlepper** *m* (Landw) / general-purpose tractor

Almandin *m*, Eisentongranat *m* o. gemeiner Granat (Min) / almandine, -dite

Almasil[ium] *n* (Legierung) / almasilium

Almen-Wieland-Prüfer *m* (Schmieröl) / Almen-EP lubricant tester

Alnico *n* (Magn.Werkstoff) / alnico ‖ ~ / alnico

Alnimagnet *m* / alni magnet

Aloe·faser *f* / aloe hemp o. fibre ‖ ~**hanf** *m* von Agave americana und mexicana, Pitefaser *f* / Mexican fiber o. grass

Alpaka *n*, Neusilber *n* / argentan, alpaca ‖ ~, Pako[tier] *n* (Textil) / alpaca ‖ ~**garn** *n* / alpaca yarn ‖ ~**haar** *n*, -wolle *f* / alpaca hair o. wool ‖ ~**reyon** *m* (Textil) / alpaca rayon

Alpax *n* (Art Silumin) / Alpax (US)

Alpha·..., alphabetisch (DV) / alphabetic[al], alpha ‖ ~ **-Aktivitätskonzentration** *f* / alpha activity concentration ‖ ~ **-Beta-Messing** *n* / alpha-beta brass, duplex brass

alphabetisch·er Code / alphabetic code ‖ ~ **geordnet** / arranged alphabetically o. in alphabetic order ‖ ~e **Ordnung** / alphabetic arrangement o. order

Alphabet·locher *m*, Alphalocher *m* (LoKa) / alphameric punch ‖ ~**lochprüfer** *m* (LoKa) / alphabetic verifier ‖ ~**schreibend** (LoKa) / alphabetic ‖ ~**schreiblocher** *m* (LoKa) / alphabetic printing punch

Alpha·bronze *f* / alpha bronze ‖ ~ **-Cellulose** *f* (Plast) / alpha cellulose ‖ ~**eisen** *n* / alpha iron ‖ ~ **-Energieinhalt** *m* (Nukl) / alpha potential energy ‖ ~**geometrisch** / alphageometric ‖ ~**harz** *n* / amorphous resin of colophony ‖ ~**kartenleser** *m* (LoKa) / alphabetic interpreter ‖ ~**locher** *m* / alphabetic punch ‖ ~**messing** *n* / alpha brass ‖ ~**numerisch** / alpha[nu]meric ‖ ~**numerische Anzeige** (DV) / alpha[nu]meric display ‖ ~**quarz** *m* / alpha quartz ‖ ~**spektrum** *n* / alpha-ray spectrum ‖ ~**strahlen** *m pl* / alpha rays *pl* ‖ ~**strahlenemission** *f* / alpha particle radiation ‖ ~**strahlen-Reflexionsgerät** *n* (Raumf) / alpha back-scatterer ‖ ~**strahler** *m* / alpha emitter ‖ ~**strahlung** *f* / alpha radiation ‖ ~**tastatur** *f* / alphabetic keyboard ‖ ~**teilchen** *n* / alpha particle, α-particle ‖ ~**teilchendetektor** *m* / alpha detector ‖ ~**teilchen-Zähler** *m* (Nukl) / alpha counter

Alphatisation *f* (Art Chromierung) / alphatization

Alpha·-Zellstoff *m* (Pap) / alpha o. dissolving pulp ‖ ~ **-Zerfall** *m*, -umwandlung *f* (Atom, Nukl) / alpha transformation

Alphyl *n* / alkyl-phenyl

ALR s. automatische Lautstärkeregelung

alt, altmodisch, überholt, veraltet / superannuated, out-of-date ‖ ~, verbraucht, abgenutzt / old, worn ‖ ~, veraltet / obsolete ‖ ~, altmodisch / old-fashioned, outdated

ALT = Arbeitsgemeinschaft Luftfahrttechnik

Alt·arm *m*, Ausriß *m* (Fluß) / oxbow (US), blind river arm, bayou (US), stagnant water, dead channel ‖ ~**azimut** *m* (Verm) / altazimuth ‖ ~**bausanierung** *f* (mit Eigenmitteln) / refurbishing ‖ ~**bausanierung** *f* (mit öffentlichen Mitteln) / rehabilitation ‖ ~**bauten** *pl* / old buildings *pl* ‖ ~**bestand** *m*, -holz *n* / matured forest o. stand o. timber, old [high] forest [crop] ‖ ~**blei** *n* / scrap lead ‖ ~**eisen** *n* (Gieß) / cast scrap

Alter *n* / age ‖ ~, Reife *f* / maturity ‖ ~ **des Mondes** (ein Zifferblatt) (Uhr) / moon's age

alterierte Rüben *f pl* / beets of inferior value, (esp.:) frozen beets *pl*

Alter Mann *m*, Altemann *m*, Alter *m* (Bergb) / abandoned workings *pl*, old *pl* [filled up] work[ing]s, gob, goaf

altern, alt werden *vi*, durch Altern besser werden / age, mature, season ‖ ~, ermüden / strain *vi*, age *vi* ‖ ~ *vt* (Chem) / cure ‖ ~ *vt* (Hütt) / age, age-harden ‖ ~ *n*, Alterung *f* / ag[e]ing ‖ **künstlich** ~ (Hütt) / quench-age

alternativ, Ersatz... / alternative ‖ ~ / alternative *adj*

Alternative *f* / alternative ‖ ~ (Info) / selective *n*

Alternativ·energie *f* / alternative energy ‖ ~**kraftstoff** *m* / replacement fuel, alternative fuel ‖ ~**vorschlag** *m* / overture

alternierend / alternating, altern[ate] ‖ ~e **Reihe** (Math) / alternating series

Alters·bestimmung, Geochronologie *f* / age determination, geochronology ‖ ~**bestimmung** *f* durch

Messung von U238-Spaltung (Geol) / fission track dating ‖ ~datierung f von Böden / dating of soil ‖ ~gleichung f von Fermi (Nukl) / age equation ‖ ~gruppen-Ausfallrate f / local failure rate ‖ ~klasse f (Holz) / age bracket, age class
Altersriß m / ag[e]ing crack
altersspezifische Ausfallrate / age specific failure rate
Alterung f, Altern n / maturing, seasoning, ag[e]ing ‖ ~ **von Aluminium bei Umgebungstemperatur** / precipitation- o. age-hardening of aluminium ‖ ~ **von Magnesit** / souring of magnesite
alterungs·beständig / non-ageing ‖ ~beständigkeit f, -festigkeit f / ag[e]ing stability ‖ ~charakteristik f, -verhalten n / ag[e]ing characteristics pl ‖ ~empfindlichkeit f / sensitivity to ageing ‖ ~neigung f, -anfälligkeit f / ag[e]ing tendency ‖ ~ -Rückbiegeversuch m / alternate bending test ‖ ~schleier m (Phot) / ag[e]ing fog ‖ ~schrank m / ag[e]ing apparatus, ag[e]ing oven ‖ ~schutzmittel n (gegen Sauerstoffeinwirkung) / antioxidant agent, antioxygen ‖ ~schutzstoff m (Öl) / ag[e]ing protecting agent, anti-ag[e]ing dope ‖ ~sprödigkeit f (Leichtmet) / precipitation brittleness
Alt·glasrückführung f / glass recyling ‖ ~gold n (Färb) / old gold ‖ ~gold n (Metall) / old gold (for recycling) ‖ ~grad m (90. Teil des rechten Winkels) / degree (the 360[th] part of the circumference of a circle) ‖ ~gummi m, Regeneratgummi m / reclaim[ed rubber], devulcanized waste rubber, recuperated o. regenerated waste [rubber] ‖ ~gummimehl n / ground rubber scrap o. waste ‖ ~holz n s. Altbestand
Alti·graph, Barograph m / altigraph, altitude recorder ‖ ~meter n, Höhenmesser m / altimeter
Alt·kupfer n / scrap copper, shruff copper ‖ ~lasten f pl (Umwelt) / abandoned polluted areas pl ‖ ~material n / salvaged o. old material ‖ ~material n, Lumpen m pl (Web) / rags pl ‖ aus ~material gewinnen (o. sammeln) / recover, salvage ‖ ~materialsammlung f / salvaging ‖ ~metall n / scrap metal, old metal
Altokumulus m, Altokumuluswolke f (Luftf) / alto-cumulus cloud
Alt·öl n / used o. waste oil ‖ ~ölauffangschale f / collecting pan for waste oil
Alto·stratuswolke f / alto-stratus cloud
Alt·papier n / used o. waste paper ‖ ~papierpresse, Paket[ier]presse f / waste paper compressing press ‖ ~rosa (RAL 3014) / antique pink
Altrose f (Chem) / altrose
Alt·sand m (Gieß) / used sand ‖ ~sandaufbereitung f (Gieß) / sand reconditioning ‖ ~schrott m (Hütt) / capital scrap ‖ ~stadtring m / loop ‖ ~stadtsanierung f / urban renewal ‖ ~wasser n, toter Arm s. Altarm
ALU (DV) = arithmetic logic unit
Alu s. Aluminium
Aludel m (Quecks) / aludel
Alu·durlegierung f / Aludur ‖ ~folie f / aluminium foil, leaf aluminium ‖ dickere ~-Folie (ca. 0,05 mm) / solid foil ‖ mit ~-Folie kaschiert (Pap) / foil laminated o. mounted ‖ ~ -kaschiertes Papier / foil craft ‖ ~ -Knetlegierung f AlMgMn (DIN 1725) / Alclad 3004
Alumel n (Legierung) / alumel
alumetieren / alumetize, aluminium-coat by spraying ‖ ~, mit Aluminium bespritzen / alumetize, aluminium-coat by spraying
Aluminat n / aluminate ‖ ~zement m / aluminous cement
aluminieren, Alu(minium) aufdampfen, aluminisieren / aluminize ‖ ~ durch Eindiffundieren / aluminize by diffusion
Aluminiosilikatglas n / aluminio-silicate glass
alumin[is]iertes Gewebe / aluminium painted o. coated fabric o. texture
Aluminium, Alu n, Al / aluminium, aluminum (US) ‖ ~... / aluminic ‖ ~ K.S. Seewasser / thalassal ‖ ~amalgam n / hydrogenite ‖ ~barren m, -knüppel m /

aluminium bar ‖ ~bedampfung f, -aufdampfung f / vacuum metallization with aluminium, aluminizing ‖ ~beruhigt (Stahl) / killed by aluminium ‖ ~blech n / aluminium sheet o. plate ‖ ~breitbandkabel n / aluminium wide band cable ‖ ~bronze f, -pulver n / aluminium powder ‖ ~bronze f (Legierung) / aluminium bronze ‖ ~chlorid n / aluminium chloride anhydrous ‖ ~chloridhydrat n / aluminium chloride ‖ ~[hydroxid]diformiat n / aluminium diformate ‖ ~dose f / aluminium box ‖ ~druck m, Algraphie f / aluminium print, algraphy ‖ ~druckguß m (Verfahren) / aluminium die casting ‖ ~ -Elektrolytkondensator m / aluminium electrolytic capacitor ‖ ~email n / aluminium enamel ‖ ~farbe f / aluminium paint ‖ ~fett n / aluminium-base grease ‖ ~folie f / aluminium foil ‖ ~grieß m / aluminium grit ‖ ~guß m (Werkstoff) / cast aluminium ‖ ~guß m (Tätigkeit) / aluminium casting ‖ ~haltig / aluminiferous, aluminous ‖ ~hydrat, -oxidhydrat, -hydroxid n / aluminium hydrate o. hydroxide, hydrated alumina ‖ ~kabel n mit Stahlseele / aluminium-steel cable ‖ ~ -Knetlegierung f / aluminium forging alloy ‖ ~kokillenguß m / shell cast aluminum ‖ ~kolben m (Kfz) / aluminium alloy piston ‖ ~legierung f / aluminium alloy ‖ ~leichtbauweise f / light-gauge aluminium construction ‖ ~lot n / aluminium solder ‖ ~mantel m (Kabel) / aluminium sheath ‖ ~ -Maschen-Antenne f / parabolic aluminium-mesh antenna ‖ ~oxid n / aluminium (GB) o. aluminum (US) oxide, alumina ‖ ~oxidkügelchen m pl (Kfz) / aluminia beads pl ‖ ~plattiert / aluminium-plated (GB), aluminum-clad (US) ‖ ~plattiertes Dural / Alclad, Aldural ‖ ~pulver, -pigment n / aluminium powder ‖ ~schicht f der Bildröhre / aluminium screen of the TV tube ‖ ~schweißung f / aluminium welding ‖ ~seil n (Elektr) / aluminium cable ‖ ~silikat n / aluminium silicate ‖ ~silikathydrat n (z.B. Kaolin) / hydrated aluminium silicate ‖ ~sulfat n, Tonerdesulfat n / aluminium sulphate, sulphate of alumina ‖ handelsübliches o. technisches ~sulfat / patent alum, cake alum ‖ ~sulfid n / aluminium sulphide ‖ ~walzwerk n / aluminium rolling mill ‖ ~zellen-Blitzableiter m / aluminium arrester ‖ ~zellen-Gleichrichter m / aluminium anode cell ‖ ~ -20%Zinn-Legierung f / aluminium-20%tin alloy
Aluminogel n / aluminogel
Aluminose, Aluminiumlunge f (Gewerbekrankheit) / aluminosis
Alumino·silikat n (Keram) / aluminosilicate ‖ ~thermie f / aluminothermics pl ‖ ~thermisch / aluminothermic ‖ ~thermische Schweißung / aluminothermic o. thermite process o. welding ‖ ~thermische Schweißverbindung / aluminothermic welded joint, thermite welded joint
Alumo·borosilikatglas n / alumoborosilicate glass ‖ ~silikat n / alum[ino]silicate ‖ ~silikat-FF-Erzeugnis n / alumino-silicate refractory
Alundum n (reines kristallisiertes Aluminiumoxid) / Alundum
Alunit, Alaunstein m (Min) / alunite, alum stone
Alunogen, Keramohalit m, Federalaun m (Min) / alunogen
Alu-·Sintererzeugnis n / sintered aluminium product (SAP) ‖ ~ -Stahlseil n / aluminium cable steel reinforced, A.C.S.R. ‖ ~zink n / galvalume
ALVRJ = air launched low volume ramjet
AM s. Amplitudenmodulation
AMA = Arbeitsgemeinschaft Meßwertaufnehmer
Amalgam n / amalgam
Amalgamationsplatte f (Bergb) / amalgamating plate
amalgamieren / amalgamate ‖ ~ n, Amalgamierung f / amalgamation
Amalgamier·pfanne f (Hütt) / amalgamation pan
Amalgam·presse f, -filter m n (Bergb) / amalgam squeezer ‖ ~vergoldung f / mercurial gilding

Amarantholz, Bischofsholz *n*, Purpurholz *n* / purpleheart, amaranth (US)

amaranthrot, purpurrot / amaranth[ine]

A-Mast *m* (Elektr, Fernm) / A-type pole, compound mast

Amateur·band *n*, CB-Band *n* (Radio) / citizen's band, CB-channel ‖ **⁀funk** *m* / amateur radio ‖ **⁀funker** *m* / CBiste, CeBeiste ‖ **⁀photograph** *m* (Phot) / hobbyist

Amazonenstein *m*, Amazonit *m* (Min) / Amazonite, amazone stone

Ambiophonie *f* (Elektronik) / ambiophony

ambipolar / ambipolar

Amblygonit *m* (Min) / amblygonite

Amboß *m*, Schmiedeamboß *m* / anvil ‖ **⁀ des Unterbrechers** (Kfz) / stationary arm ‖ **⁀ mit zwei Hörnern** / bick iron o. anvil, bickern ‖ **⁀ zum Auftiefen** / anvil for metal shaping ‖ **⁀angel** *f* / anvil beak ‖ **⁀bahn** *f* / anvil face o. plate ‖ **⁀bett** *n*, -futter *n*, Schabotte *f* / anvil bed o. stock o. stand ‖ **⁀block** *m*, -klotz *m*, -untersatz *m* / anvil bolster ‖ **⁀einsatz** *m*, Einsatzstöckel *n* / holdfast, anvil inset stake ‖ **⁀fuß** *m* / anvil foot ‖ **⁀horn** *n* / anvil beak ‖ **⁀kontakt** *m* (Unterbrecher) / fixed contact ‖ **⁀loch** *n*, Durchschlag *m* / hardyhole ‖ **⁀schenkel** *m* / anvil side ‖ **⁀schroter** *m* / hardy

Ambretteöl *n* / ambrette seeds oil

Ameisen·…, Formyl… / formic ‖ **⁀aldehyd** *m*, Formaldehyd *m* / formaldehyde, formic aldehyde, formal, (preferred chemical name:) methanal ‖ **⁀säure** *f*, Methansäure *f* / formic acid

Amelioration *f*, Bodenverbesserung *f*, Melioration[en] *f*, l] / amelioration, land improvement

Americium *n*, Am / americium

amerikanisch·e Axt / Canadian ax[e] ‖ **⁀e Darstellung** (Zeichn) / third angle projection ‖ **⁀e Normalblechlehre** / U.S. Standard sheet metal gage ‖ **⁀es Normgewinde** / American screw thread ‖ **⁀e Numerierung** (Spinn) / cut system ‖ **⁀e Platane** / sycamore (USA), buttonwood, Platanus occidentalis ‖ **⁀es Poleiöl**, Pennyroyalöl *n* / penny-royal oil, hedeoma oil

Amertap-Rohrreinigungssystem *n* / Amertap system of cleaning pipes

A-Meson *n* / A-meson

amethystfarben / amethystine

AM/FM-Empfänger *m*, [kombinierter] AM/FM-Empfänger (Funk) / AM/FM receiver

Amiant *m* (feinfaseriger Strahlstein) (Min) / amianthus

Amici-Prisma *n* (Opt) / Amici prism

AMI-Code *m* / alternated mark inversion code, AMI code

Amid *n* / amide ‖ **⁀harze** *n pl* / melamine resins *pl*, dicyandiamide resins *pl*

Amidierung *f* / amidation, amide formation

Amidogruppe *f* / amido group

Amidol *n*, 1,2,4-Diaminophenol-Entwickler *m* / amidol

Amido·phenol *n* / aminophenol ‖ **⁀sulfosäure** *f*, Sulfaminsäure *f* / sulfamic acid

Amidstickstoff *m* / amidated nitrogen

Amikron *n* (Teilchen unter 5 x 10^{-6} mm) (Nukl) / amicron, subsubmicron

Amin *n* / amine ‖ **⁀absorption** *f* / amine absorption ‖ **⁀harz** *n*, (jetzt:) Anionenaustauscher *m* / amine resin, anion exchanger

Aminierung *f* / amination

Amino·…, amino… / amino… ‖ **⁀alkohol** *m*, Alk[anol]amin *n* / aminoalcohol ‖ **⁀antipyrin** *n* / aminoantripyrine ‖ **⁀azobenzol** *n* / aminoazobenzene ‖ **p-⁀azobenzol**, Anilingelb *n* / p-aminoazobenzene ‖ **⁀benzoesäure** *f* / aminobenzoic acid ‖ **⁀benzol**, Anilin *n* / aminobenzene, aniline, phenylamine ‖ **⁀bernsteinsäure** *f*, Asparginsäure *f* / aspartic acid ‖ **⁀bernsteinsäureamid** *n* / asparagine ‖ α-**⁀buttersäure** *f* / 2-aminobutanoic acid ‖ **⁀buttersäure** *f* / aminobutyric acid ‖ **⁀caprolactam** *n* / aminocaprolactam ‖ **⁀capronsäure** *f*, Leucin *n* / leucine ‖ **⁀essigsäure** *f* / aminoacetic acid, glycocoll ‖ **⁀ -Gasentschwefelung** *f* (Öl) / amino-gas

desulphurizing ‖ **⁀glutarsäure** *f* / glutamic acid, glutaminic acid ‖ **⁀gruppe** *f* / amino group ‖ **⁀harz** *n*, -plastharz / amino [plastic] resin ‖ **⁀keton** *n* / aminoketone ‖ **⁀methylpropanol** *n*, AMP / aminomethylpropanol ‖ **⁀naphthol** *n* / aminonaphthol ‖ **⁀phenol** *n*, Oxyanilin *n* / aminophenol ‖ **⁀säure** *f* / amino acid ‖ **⁀säureamid** *n* / amino acid amide

Aminzahl *f* / amine value

AM-Kreis *m* (Funk) / AM circuit

AMMA = Acrylnitril-Methylmethacrylat-Copolymere

Amminsalz, Ammoniakat *n* / ammine

Ammon·al *n* (Sprengstoff) / ammonal ‖ **⁀bifluorid** *n* / ammonium bifluoride ‖ **⁀bisulfit** *n* / ammonium bisulphite ‖ **⁀gelatine** *f* (Sprengstoff) / ammonia gelatine

Ammoniak *n*, Ammoniakgas *n* / ammonia, ammonia[cal] gas, alcaline air ‖ **wässerige Lösung von ⁀**, Salmiakgeist *m* / liquid ammonia, ammonia solution o. water, ammonium hydroxide, aqueous ammonia ‖ **⁀at** *n*, Amminsalz *n* / ammine ‖ **⁀ -Atomuhr** *f* / ammonia gas clock ‖ **⁀behälter** *m* / liquid ammonia receiver ‖ **⁀dämpfe** *m pl* / ammonia vapours *pl* ‖ **⁀dünger** *m*, Ammondünger *m* / ammonia fertilizer ‖ **⁀flasche** *f* (Korbflasche) / ammonia carboy ‖ **⁀flüssigkeit** *f* / liquid ammonia ‖ **⁀gasatmosphäre** *f* / atmosphere of ammonia gas ‖ **⁀gewinnungsanlage** *f* / ammonia producing o. recovery plant ‖ **⁀haltig**, ammoniakalisch / ammoniacal ‖ **⁀haltige Luft** / ammoniacal atmosphere ‖ **⁀harz**, -gummi, Ammoniacum *n* / gum ammoniac, ammoniacum ‖ **⁀kältemaschine** *f* / ammonia [compression] refrigerating machine ‖ **⁀lecksuche** *f* / ammoniac leak detection ‖ **⁀pflanze** *f* / ammonia plant ‖ **⁀salz** *n* / ammonia salt ‖ **⁀soda** *f* / ammonia soda ‖ **⁀sodaprozeß** *m*, Leblancprozeß *m* / Leblanc process of soda manufacture ‖ **⁀ -Spaltgas** *n* / dissociated ammonia ‖ **⁀stickstoff** *m* / ammonia nitrogen ‖ **⁀synthese** *f* / ammonia synthesis ‖ **⁀verbindung** *f* / ammonia compound ‖ **⁀verdampfer** *m* / ammonia vapourizer ‖ **⁀wäsche** *f* (Kammgarn) / washing in ammonia ‖ **⁀wascher** *m* / ammonia washer o. scrubber, washer-scrubber, gaswasher ‖ **⁀wäscherei** *f* (Hütt) s. Ammoniakgewinnungsanlage ‖ **⁀wasser** *n*, Gaswasser *n* / ammoniacal gas liquor, gas liquor o. water ‖ **⁀wasser** *n*, Salmiakgeist *m* s. Ammoniak, wässrige Lösung von ⁀ ‖ **⁀zerfall** *m* / decomposition of ammonia

Ammonit *n*, [sprengölfreier] Ammon-Salpeter-Sprengstoff *m* / ammonite ‖ **⁀** *m*, Ammonshorn *n* (Geol) / ammonite, ammonoid

Ammonium, Ammon *n*, NH_4 / ammonium ‖ **⁀base** *f* / ammonium base ‖ **⁀carbonat** *n* / ammonium carbonate ‖ **⁀chlorid**, Chlorammonium *n* / ammonium chloride, sal-ammoniac, ammoniac salt, ammoniak (US) ‖ **⁀cyanat** *n* / ammonium cyanate (I) ‖ **⁀hexachloroplatinat**, Ammoniumplatinchlorid *n* / platinic ammonium chloride ‖ **⁀hydrogencarbonat** *n* / bicarbonate of ammonia ‖ **⁀hydroxid** *n* / caustic ammonia, spirit of ammonia, ammonium hydroxide ‖ **⁀ -Kupfersulfat**, Kuprammon[ium]sulfat *n* / cupric ammonium sulphate ‖ **⁀nitrat** *n*, Ammonsalpeter *m* / ammonium nitrate ‖ **⁀nitrat-Kohlenstoff-Sprengstoff** *m*, Andex *n* / ammonium-nitrate-carbon explosive ‖ **⁀perchlorat**, AP *n* / ammonium perchlorate, AP ‖ **⁀phosphat** *n* / ammonium phosphate ‖ **⁀pikrat** *n* / explosive D, ammonium picrate ‖ **⁀radikal** *n*, NH_4 / ammonium radical, Am ‖ **⁀rhodanid** *n*, -thiocyanid *n*, -sulfocyanid *n*, Rhodanammonium *n* / ammonium thiocyanate o. rhodanide ‖ **⁀sulfamat** *n* / ammonium sulphamate ‖ **⁀sulfat** *n*, schwefelsaures Ammonium / ammonium sulphate ‖ **⁀sulfid**, Schwefelammonium *n* / ammonium sulphide ‖ **⁀sulfit** *n* / ammonium sulphite ‖ **⁀uranat** *n* / uranium yellow, ammonium uranate ‖ **⁀zinnchlorid**, Pinksalz *n* (Färb) / double chloride of tin and ammonium, ammonium stannic chloride, pink salt

o. colour ‖ **mit ⤳zinnchlorid beschweren** (Seide) / load with ammonium stannic chloride
Ammono·lyse f / ammonolysis ‖ **⤳system** n / ammono system
Ammon·salpeter m / nitrate of ammonium ‖ **⤳salz** n / ammonia salt ‖ **⤳sulfatlaugenbad** n / ammonia sulphate bath ‖ **⤳sulfatsalpeter**, Montansalpeter m / ammonia sulfa-nitrate
Ammoxidation f, Ammonoxidation f / ammoxidation
Amöbe f / amoeba, ameba
Amöben... / amebic, ameban, amebous
A-Modulator m (Elektronik) / modulator class A
Amorceswaffe f (DIN) / toy weapon using snap caps
amorph, gestaltlos / amorphous, noncrystalline, unorganized ‖ **⤳es Metall** / amorphous metal ‖ **⤳e Metallegierung** / amorphous alloy ‖ **⤳er Schwefel** / amorphous sulphur ‖ **⤳es Silizium**, a-Si / amorphous silicon
A.M.P. = American melting point
AMP, Aminomethylpropanol n (Chem) / aminomethylpropanol
Ampas m n, Trash m (Zuckerrohr) / trash, [fine] fiber bagasse ‖ **⤳balken** m (Zuck) / trash beam o. bar o. turner
Ampel, Hängelampe f / hanging lamp ‖ **⤳** f, Verkehrsampel f, -licht n / traffic signal o. light ‖ **⤳pfosten** m, -säule f, -mast m / traffic light post
Ampere n, A / ampere, amp ‖ **⤳meter** n / ammeter ‖ **⤳meterumschalter** m, Meßumschalter m / range selector of an ammeter
Ampèresch·es Moment n / Ampère's moment ‖ **⤳e Regel** f / Ampère's rule, Amperian float law
Ampere·sekunde f, Asec, Coulomb, C n / ampere-second, coulomb, C ‖ **⤳stunde** f, Ah / ampere-hour, amp.hr. ‖ **⤳stundenzähler** m / ampere-hour meter, a.h.m. ‖ **⤳windungen** f pl, -windungszahl f, AW, Durchflutung f / ampere-turns o. -windings pl, number of ampere-turns, linkage ‖ **⤳windungen** f pl / ampere turns pl ‖ **⤳zahl** f, Stromstärke f / amperage
amperometrisch / amperometric
Amphibien·fahrzeug n / amphibian vehicle ‖ **⤳flugzeug** n / amphibian [plane] ‖ **⤳ -Lkw** m (Mil) / duck, amphibian [tank] ‖ **⤳raupenschlepper** m / swamp tractor
amphibisch, Amphibien... / amphibian, amphibious
Amphi·bol m (Hornblendeart) / amphibole ‖ **⤳bolit** m, Hornblendenfels m (Geol) / amphibolite ‖ **⤳genstoffe** m pl, Amphide n pl / amphides pl ‖ **⤳phil** (Chem) / amphiphilic ‖ **⤳protisch** (Chem) / amphiprotic
Ampholyt m, amphoterer Elektrolyt / ampholyte
Amphotensid n, ampholytisches Tensid / ampholytic surface active agent
amphoter / amphoteric ‖ **⤳er Elektrolyt**, Ampholyt m / ampholyte ‖ **⤳es Kolloid** / ampholytoid ‖ **⤳es Oxid** / amphoteric o. intermediate oxide ‖ **⤳e Verbindung** f / amphoteric compound
Amplidyne·maschine f (Elektr) / amplidyne generator ‖ **⤳ -System** n (Radar) / meta drive
Amplistat m / amplistat
Amplitron n / amplitron
Amplitude f / amplitude ‖ **⤳ der Wechsellast** / range of stress ‖ **⤳ einer Welle** (Elektr, Elektronik) / swing of a wave
amplituden·abhängige Dämpfungsänderung (Fernm) / amplitude distortion (GB), net loss variation with amplitude (US) ‖ zeitliche **⤳änderung** / variation of amplitude in time ‖ **⤳aufschaukelung** f (TV) / amplitude increase ‖ **⤳begrenzer** m (TV) / amplitude limiter circuit o. separation circuit o. lopper (US) ‖ doppelseitiger **⤳begrenzer** / amplitude gate ‖ **⤳begrenzer für Tonfrequenz** (Elektronik) / audiofrequency peak limiter ‖ **⤳begrenzerdiode** f / clipper diode, peak limiting diode ‖ **⤳entzerrung** f (TV) / correction of amplitudes ‖ **⤳entzerrung** f (Fernm) / equalization of the amplitude ‖ **⤳faktor** m / crest o. peak factor ‖ **⤳gang** m / amplitude

characteristic, amplitude response ‖ **⤳hub** m / amplitude swing ‖ **⤳konstant** / constant amplitude... ‖ **⤳mäßige Bandbreite** (Elektronik) / band width in relation to the amplitude ‖ **⤳modulation** f, AM / amplitude modulation, AM ‖ **⤳moduliert** / amplitude modulated ‖ **⤳ -Phasen-Modulationsumsetzung** f / amplitude-to-phase modulation conversion ‖ **⤳schrift** f (Film) / variable area recording o. track ‖ **⤳schwund** m / amplitude fading ‖ **⤳selektion** f (Elektronik) / amplitude discrimination o. selection ‖ **⤳sieb** n (TV) / sync separator, amplitude filter ‖ **⤳unterdrücker** m s. Amplitudenbegrenzer ‖ **⤳verfahren** n (Schallaufzeichnung) / amplitude modulation method ‖ **⤳verlauf** / amplitude characteristic ‖ **⤳verzerrung** f / amplitude distortion ‖ **⤳weite** f, Größe f des Amplitudenvektors / amplitude swing ‖ **⤳ -Zeit-Coder** m (TV) / run-length coder
Amplitude-Zeit-Umsetzer m / height-to-time converter
AM/PM-Übertragungskoeffizient m / AM/PM transfer coefficient
Ampulle f / amp[o]ule, ampulla ‖ **⤳ mit leicht brechbarer Spitze** / break seal amp[o]ule
Ampullenzertrümmerer m / ampoule opener o. smasher
AMP-Verbinder, Kantenverbinder m (Elektr) / edge connector
AMS (Mikrocomputer) / AMS, advanced microcomputer system
AMS-System n (Fernkopierer) / automatic machine selection, AMS
Amsterdamer Pegel m, NN (Verm) / Amsterdamsch Peil, A.P.
Amt, Fernsprechamt n (Fernm) / exchange, [central] office
amtlich·e Güteprüfung / Government inspection ‖ **⤳ zugelassen** / authorized
Amtrak (US) (Bahn) / Amtrak (US)
Amts·anruf m (Fernm) / exchange call ‖ **⤳batterie** f (Fernm) / exchange battery ‖ **⤳bauunterlagen** f pl (Post) / Central Office keysheet drawings and lists pl ‖ **⤳bescheid** m (Patent) / official letter (GB) (patent), official action (US) (patent) ‖ **⤳gespräch** n / exchange line call ‖ **⤳intern** (Fernm) / cross-office... ‖ **⤳intern durchschalten** (Fernm) / switch cross-office ‖ **⤳interne Zeit** (Fernm) / cross-office handling time ‖ **⤳klinke** f (Fernm) / exchange jack ‖ **⤳leitung** f (Fernm) / control line, [direct] exchange line, individual line ‖ **⤳leitung** f (Datenfernverarbeitg) / local loop ‖ **⤳leitungszweig** m (Fernm) / branch of the exchange line ‖ **⤳schalter** m (Fernm) / exchange switch ‖ **⤳verbindungsleitung** f (Fernm) / junction line, interexchange line ‖ **⤳wähler** m (Fernm) / code selector ‖ **⤳zeichen** n (Fernm) / audible ringing tone, audible signal, dial hum, dial [ringing] tone, DT
Amygdalin n / amygdalin[e], amygdaloside
Amyl, Pentyl n / amyl[e], pentyl ‖ **⤳acetat** n / amyl acetate, banana oil ‖ **⤳acetatlampe** f / acetate-of-amyl lamp ‖ **⤳aldehyd** m, Pentanal n / amyl aldehyde ‖ **⤳alkohol** m / amyl alcohol, pentanol ‖ **ase**, Diastase f / amylase, diastase
Amylen n / pentene, amylene ‖ **⤳hydrat** n / amylene hydrate
Amylnitrit n, Salpetersäureamylester m / amyl nitrite
amylobacter, Bazillus ⤳ / amylobacter
Amyl·ocellulose f / amylocellulose ‖ **⤳odextrin** n (lösliche Stärke) / amylodextrine
Amyloid n / amyloid ‖ **⤳** adj, stärkehaltig / amyloid[al]
Amylose f / amylose
Amyl·radikal n, C_5H_{11} / amyl radical, Am ‖ **⤳schwefelsäure** f, Sulfamylsäure f / sulfamylic acid ‖ **⤳um** n, Stärke f / amylum
Amyrisharz n / gum elemi
an (in Fahrplänen) / arrival ‖ **⤳ Bord** / on board
ANA (Luftf, Schiff) / = atomuhrgesteuerte Navigationsanlage
Anabasin n (Insektizid) / anabasine
anabatischer Wind / anabatic wind
Anabolismus m, Aufbau m / anabolism

Anaconda-Verfahren *n* (Hütt) / Anaconda process
anaerob / anaerobic, anaerobiotic ‖ **~e Atmung**,
intramolekulare Atmung / intramolecular respiration
Anaeroben, Anaerobiontes *pl* / anaerobes, anaerobiontes
pl
Anaerobiose *f*, Anoxybiose *f* / anaerobiosis (pl.: -ses)
ana·galaktisch / extra-galactic ‖ **~glyph…** / anaglyphic ‖
~glyphe *f*, Anaglyphenbild *n*, Anaglypte *f* (Verm) /
anaglyph
anakustisch (Raumf) / anacoustic
Analcim *m* (Min) / analcime, analcite, analcidite
Analemma *n* / analemma
anallaktisch (Verm) / analla[c]tic ‖ **~er Punkt** / anallactic
point
analog, entsprechend / analogous ‖ **~…** (Ggs.: Digital…)
(DV) / analogue, analog (US) ‖ **~-Analog…** / analog to
analog ‖ **~ausgabe** *f* (DV) / analog output ‖
~ -Darstellung *f* / analog representation ‖ **~daten** *pl* /
analog data ‖ **~ -Digital…** / analog to digital, A/D ‖
~ -digital wandeln / digitize ‖ **~ -Digital-Umwandler**,
ADU *m* / analog to digital converter, ADC ‖
~ -Digitalwandler, Größenwerter *m* / digitizer,
quantizer ‖ **~ -Digitalwandler** *m* **mit**
Abfühlstiftsteuerung / pencil follower ‖ **~eingabe** *f* /
analog input
Analogie *f* / analogy ‖ **~rechentechnik** *f*, -rechnung *f* /
analog computation
Analog·modelle *n pl* / analog models *pl* ‖ **~plotter** *m* /
analog plotter ‖ **~prozessor** *m*, Signalprozessor *m* /
analog processor
Analogrechner *m* / analog computer ‖ **~ für**
Differentialgleichungen (DV) / differential analyzer
Analog·regelung *f* / analogous adjustment ‖
~ -Schallplatte *f* / analog audio disk record ‖
~zeitkarte *f* / timer card
Analysator *m* / analyzer, analyst
Analyse *f* (Chem) / analysis, analyse (GB), analyzation ‖ **~**,
Erzprobe *f* (Bergb) / assaying ‖ **~ auf nassem Wege** /
analysis by wet process, fluid o. humid analysis ‖ **~ auf**
trockenem Wege / analysis by dry process o. way, dry
analysis ‖ **~ von Einschwingvorgängen** (Fernm) /
transient analysis
Analysen·ergebnis *n* (Chem) / analytical finding ‖
~feuchtigkeit *f* / hygroscopic humidity at time of
taking the analysis ‖ **~gang** *m* / course of an analysis,
analyses process ‖ **~gewicht** *n*, Feingewicht *n* / weight
for precision balance ‖ **~koffer** *m* (Chem) / test kit ‖
~ -Kontrollprobe *f* (Hütt) / chemical standard ‖ **~probe**
f / analytical sample ‖ **~rein**, p.a., pa / analytically pure
‖ **~spanne** *f* / range of analyses ‖ **~verfahren** *n* (Chem) /
method of analysis ‖ **~waage** *f* / analytical balance,
chemical o. precision balance
Analyseprobe *f* / analysis sample
analysierbar / analyzable
Analysierbarkeit *f* / possibility of analyzing, analyzability
analysieren / analize ‖ **~** *n*, Analysierung *f* / scanning of
an analyzer
Analysis *f* (Math) / analysis ‖ **~ situs**, (jetzt:) Topologie *f*
(Math) / topology, (formerly:) analysis situs
Analytiker *m* (Chem, DV) / analyst
analytisch / analytic[al] ‖ **~e Arbeitsbewertung** (F.Org) /
job analysis ‖ **~e Arbeitsuntersuchung** (F.Org) /
operational analysis ‖ **~e Chemie** / analytical chemistry
‖ **~e Geometrie** / analytical o. coordinate geometry ‖
~e Spaltung / analytical reaction ‖ **~ -organische**
Chemie / analytical inorganic chemistry
Anamor·phogramm *n* (Aufber) / mathematically
transformed diagram ‖ **~phose** *f* (Kino, Math) /
anamorphosis (pl.: -phoses) ‖ **~phose-Abzug** *m* /
deanamorphosing, anamorphosing
Anamorphoskop *n* / anamorphoscope
anamor·photisch (Opt) / anamorphic ‖ **~photlinse** *f*,
Anamorphot *m* / anamorphic lens
Anaphorese *f* (Galv) / anaphoresis

Anastas *m* (Min) / anastase
anastatisch / anastatic ‖ **~er Druck**, anastatisches
Druckverfahren *n* (Buch) / anastatic printing process
Anastigmat *m* (Opt) / anastigmat[ic lens]
anastigmatisch / anastigmatic
Anastigmatismus *m* / anastigmatism
Anatas, **[bipyramidaler] ~**, Titandioxid *n* (Min) / anatase,
octahedrite
anätzen / etch [slightly]
Anätzung *f* (Fehler, Hütt) / etching
An-Aus-Übergang *m* / on-to-off transition
Anbacken *n* **der Kohle** / caking, slagging
Anbau *m* (pl.: Anbauten) (Bau) / lean-to, penthouse ‖ **~**
(Bau, Masch) / directly attached construction ‖ **~**,
Ackerbau *m* (Landw) / culture ‖ **~ten** *m pl* / extensions
pl ‖ **~…**, angebaut (Masch) / mounted [on], [directly]
attached ‖ **~…** (Kfz) / externally mounted, built-on
execution o. type ‖ **~…**, Erweiterungs… / additional,
add-on ‖ **im ~** (Landw) / under crop ‖ **~ -Ausführung** *f* /
exterior model ‖ **~bar**, -fähig (Landw) / arable ‖
~ -Beetpflug *m* / mounted general purpose plow,
mounted orchard plow
anbauen, zufügen / annex, add ‖ **~**, anfügen / mount on ‖
~ [an] (Bau) / build [against o. on] ‖ **~**, anpflanzen
(Landw) / rear, grow, cultivate ‖ **~** (von Flüssen) /
deposit *vt*
Anbau·fläche, Kulturfläche *f* / cultivated area ‖ **~flansch**
m / mounting flange ‖ **~flügel** *m* (Bau) / additional wing
‖ **~gerät** *n* / add-on unit ‖ **~gerät** *n* (Landw) / mounted
implement ‖ **~geräte** *n pl* / ancillary equipment,
attachments *pl* ‖ **~hobel** *m* (Bergb) / mounted coal plow
‖ **~ -Kehrrollpflug** *m* / mounted roll-over type
reversible plough ‖ **~leuchte** *f* / built-on lamp o.
illuminator ‖ **~mähwerk** *n* (Landw) / mid-mounted
mower ‖ **~möbel** *pl* / unit o. sectional furniture ‖
~motor *m* (Nähm) / flange motor ‖ **~pflug** *m* / mounted
o. hitched plow ‖ **~rohr** *n* (Pyrometer) / pyrometer vision
tube ‖ **~ -Scheibenpflug** *m* / mounted disk plow ‖
~schürfkübel *m* **für Motorgrader** / grader scraper ‖
~stecker *m* (Kfz) / externally mounted plug ‖ **~streuer**
m (Straßb) / mounted sander ‖ **~teil** *m n* / add-on piece ‖
~vorrichtung *f* **am Traktor** (Landw) / hitch ‖
~vorschlag *m* / suggestion for mounting ‖ **~zeichnung**
f / assembly drawing
anbei, als Anlage / annexed
anbiegen [an] / bend [to]
anbieten, ein Angebot machen / offer *v* ‖ **~** (Fernm) /
present (signal, information)
Anbieter *m* (Ausschreibung) / tenderer, bidder
Anbiet·verfahren *n* (Fernm) / trunk offering method ‖
~wähler *m* (Fernm) / trunk offering selector
anbinden (m. Schnur) / bind, tie up o. down ‖ **~** / tie up o.
down ‖ **~** (Straßb) / connect
Anbindung *f* (Schweiz), Anschnitt *m* (Plast, Wz) / gate,
feed orifice ‖ **~** (Web) / tying
anblasen / blow [against] ‖ **~** (Feuer) / fan a fire ‖ **~** *n*
(Hütt) / blowing in ‖ **das Versuchsmodell ~**
(Aerodynamik) / direct the airflow against the model ‖
den Hochofen ~ (Hütt) / set the furnace to work, blow in
‖ **[wieder] ~** (Hütt) / blow in [again]
Anblaswinkel *m* / air flow angle
anblatten (Zimm) / simple lap join *v* ‖ **~** (Zimm) / assemble
by straight halving ‖ **auf Gehrung ~** (Tischl) / assemble
by mitred halving
Anblattung *f* (Zimm) / simple lap joint, straight halving
Anblick *m*, Durchblick *m* / view, prospect, vista
anbluten (Färb) / bleed [into], stain
Anbohr·apparat *m*, -schelle *f* (Rohrleger) / boring pipe
box, tapping sleeve ‖ **~armatur** *f* / tapping stop valve
anbohren (zur Harzgewinnung) / tap pine trees ‖ **~**,
ankörnen (Masch) / spot-drill ‖ **~** (Bergb) / discover by
boring ‖ **Wasser ~** / tap water

Anbohr·maschine f (Wzm) / centering machine ‖ **~schieber** m / tapping slide valve ‖ **~ständer** m (für Rohre) / drilling and tapping stand

Anbrechbohrer m (Bergb) / pitching-borer

anbrechen vt (Bergb) / break ground ‖ ~, in Angriff nehmen / start vt, begin, commence vt ‖ ~ vi / begin to break ‖ ~, anknacksen (z.B. Steingut) / crack vt

anbrennen, anzünden / ignite vt ‖ ~, zu brennen beginnen / catch fire ‖ ~ (z.B. im Topf) / burn vi (e.g. potatoes) ‖ ~ (Vulkanisation) / scorch vi, become scorched ‖ ~ **[lassen]**, versengen / scorch vt ‖ **mit Neigung zum ~** (Gummi) / scorchy

anbringen, anfügen / attach, add, append ‖ ~, vorsehen / contrive, provide, apply ‖ ~, befestigen / fit, install, fix ‖ ~ (Masch) / mount, lodge, place ‖ **~ n von Gütezeichen** / grade labelling

Anbringung f, Anbringen n, Anfügung f, Befestigung f / fitting, mounting

Anbruch m / incipient fracture o. crack, cleft

anbündeln, die Röhrentouren ~ (Bergb) / fasten the pipes to the terrier

Anchusin, Alkannarot, Alkannin n / alkanet, anchusin

ANC-Sprengstoff m / ammonium-nitrate-carbon explosive

Andalusit m (Min) / andalusite

andämmen (Hydr) / dam

Andauern n / persistence

andauernd, ununterbrochen / sustained

ändern, abändern / modify ‖ ~ / change v, alterate ‖ ~, verbessern / improve ‖ **die Farbe ~** / change vi colour ‖ **sich ~**, variieren / vary

Andersartigkeit f / hetcrogcneity, -geneousness

anderthalb (Chem) / sesqui... ‖ **~ Stein stark** (Bau) / fourteen inches, brick-and-a-half ‖ **~haariger Samt** / three-thread velvet

Änderung f / change, alteration ‖ ~, Modifikation f / fix, modification ‖ ~ (Patent) / amendment ‖ ~, Ablauf m (Meteorol) / march ‖ **~ der Lagerringbreite** / ring width variation ‖ **~ der Umlaufbahn** / orbit modification ‖ **~en vorbehalten** / subject to alteration[s]

Änderungs·band n (DV) / change tape, amendment o. modification tape, updating tape ‖ **~befehl** m (DV) / alteration command ‖ **~datei** f, Fortschreibungs-, Bewegungsdatei f / transaction file, activity file, update file, modification file ‖ **~dienst** m (F.Org) / modification o. updating service ‖ **~ -Genehmigung** f (Masch) / modification permit ‖ **~geschwindigkeit**, Wachstumsgeschwindigkeit f / rate of increase ‖ **~lauf** m (DV) / modification run ‖ **~lauf** m (zum Fortschreiben) (DV) / updating run ‖ **~mitteilung** f (F.Org) / document change notice, variation instruction o. order ‖ **~protokoll** n (DV) / modification log ‖ **~satz** m (DV) / modification record, change record, amendment record ‖ **~vorschlag** m (Norm) / request for change

anderweitig benutzen, aufarbeiten / work up ‖ **~ entnommen** (Bau) / elsewhere taken, E.W.T.

Andesin m (ein Feldspat) (Min) / andesine

Andesit m (Geol) / andesite

Andex n, Ammoniumnitrat-Kohlenstoff-Sprengstoff m / ammonium-nitrate-carbon explosive

Andickung f, Eindicken n / thickening

Andirobaholz n / crabwood

AN-DK-Sprengstoff m (Bergb) / Anfo-explosive, ammonium nitrate fuel oil explosive

andocken, koppeln (Raumf) / dock ‖ **~ n** (Raumf) / docking ‖ **erster Kontakt beim ~** (Raumf) / grappling

Andradit m (Kalkeisengranat) / andradite

andrahten (Galv) / wire [individually]

Andrang m (Verkehr) / rush ‖ **~** (Wassb) / strain

Andreaskreuz n (Zimm) / [St. Andrews] cross ‖ **~**, Ungültigkeitszeichen n (Bahn) / St. Andrew's cross (not-in-use sign) ‖ **halbes ~** (Zimm) / oblique cross

andrehen (z. B. einen Absatz) (Wzm) / turn-on the lathe ‖ ~, ankurbeln, anwerfen (Kfz) / crank ‖ ~ (Dreh) / turn-on the lathe, work out a certain shape ‖ ~, anziehen (Schrauben) / screw down, tighten ‖ ~, in Drehung bringen (allg) / start rotating ‖ ~ (Anfangen) (Dreh) / turning the first diameter ‖ ~ (Spinn, Web) / piecing ‖ ~, Verdrehen n / twisting ‖ **Fäden ~** (Web) / join by twisting ‖ **Heizung ~** (Gas) / turn on the gas

Andreher m (Spinn, Web) / piecer

Andreh·kurbel f (Kfz) / starting crank o. handle ‖ **~kurbelklaue** f (Kfz) / cranking jaw, starting crank dog o. jaw ‖ **~kurbellager** n (Kfz) / starting crank bearing o. bracket ‖ **~kurbelwelle** f (Kfz) / starting crankshaft ‖ **~vorrichtung** f / cranking device

Andruck m, Anpressung f (Buch) / contact pressure ‖ **~** (Buch) / proof copy, proof (printing)

Andrück·band [für steile Steigungen] n (Fördern) / hugger belt ‖ **~betrag** m (Räumwz) / amount of back taper ‖ **~bürste** f / pressing brush

andrücken / press [against]

Andrück·etikett n / self-adhesive label ‖ **~hülle** f (Nukl) / collapsible cladding

Andruck·maschine f (Buch) / proofing machine o. press ‖ **~platte** f (Film) / platen ‖ **~rolle** f (Schreibm) / pressure roller, pad-roll ‖ **~rolle** f (Magn.Bd) / capstan idler, puck (US)

Andrück·rolle f (Textil) / billy-roller ‖ **~rolle** f (Filmapp) / pad-rol[ler]

Andruckschiene f (Schreibm) / form guide rail

Andrückwalze f (Schreibm) / feed roll

aneinander befestigen / connect ‖ **~ gestoßen** (Bretter) / abuting ‖ **~betonieren** (Bau) / match-cast ‖ **~fügen**, zusammenbauen (allg) / assemble, fit together ‖ **~fügen** (stumpf) / butt, abut ‖ **~fügen**, verbinden / join ‖ **~fügung** f (allg) / joining ‖ **~grenzen** / be adjacent, adjoin ‖ **~grenzen**, -liegen, -stoßen n / contiguity ‖ **~grenzend** / adjacent, adjoining, contiguous ‖ **~grenzende Gebäude** n pl / adjacencies pl ‖ **~hängen** vt, verketten / concatenate ‖ **~hängen** vi / adhere, cohere, be adhesive, stick close o. fast o. o. together ‖ **~hängend**, -klebend / sticking together ‖ **~hängend**, fortlaufend / contiguous, continuous ‖ **~kleben** vi / cohere ‖ **~prallen** / collide ‖ **~prallen** n / collision ‖ **~prallen**, Stoß m / shock ‖ **~reiben** n / rubbing ‖ **~reiben**, Abnützen n / attrition ‖ **~reihen** (Math) / combine numbers ‖ **~schlagen** vt / strike together ‖ **~schweißen**, zusämmenschweißen / weld together ‖ **~schweißen**, Anschweißen n / welding [on o. together] ‖ **~stoßen**, sich berühren / meet ‖ **~stoßen**, -liegen, -grenzen n / contiguity ‖ **[stumpf] ~stoßen** vi / butt, abut ‖ **~stoßen [lassen]** / abut ‖ **~stoßend** / meeting adj ‖ **~stückeln**, ansetzen, an etwas befestigen / retie ‖ **~stückeln**, auf verschiedene Zeitpunkte verteilen / spread out

Anelektrolyt m / anelectrolyte

Anellierung f (Chem) / anellation

Anemo·graph, Windschreiber m / anemograph ‖ **~meter** n, Windmesser m / anemometer, air speed indicator o. meter, ASI, wind gauge, wind velocity indicator

Anergie f (nutzloser Arbeitsanteil) / anergy

Anergol n / anergolic propellant

aneroid / aneroid adj ‖ **~[barometer]** n / aneroid[al barometer]

Anethol n (Chem) / anethole

anfachen (Feuer) / fan, kindle, blow into a flame ‖ **~** (Schwingung) / incite, stimulate

Anfachraum m (Röhre) / generator space

Anfachung f (Elektronik) / triggering

Anfahr·beschleunigung f / starting acceleration, acceleration from dead stop (US) ‖ **~brennelement** n (Nukl) / booster element ‖ **~drehmoment** n, -moment n / starting torque

anfahren [an, gegen] / run o. drive [against] ‖ **~** vt, starten (Masch) / start vt ‖ **~** vi, anlaufen / start vi ‖ ~, einfahren (Bergb) / descend, go down o. underground, ride in o. inbye || ~ [gegen, an], kollidieren [mit] (Schiff) / run foul [of] || ~ [an], auffahren [auf] (Kfz) / collide [with], foul || ~ *n* (Masch) / start || ~, Auffahren *n* (Kfz) / grazing, collision || ~ eines Langsamläufers (Elektr) / break-away || ~ eines Reaktors / start-up of a reactor || eine Anlage ~ / start up an installation || stoßfrei ~ / start smoothly o. without jerks

Anfahr·federung *f* (Seilb) / spring buffer || **~leistung** *f* / starting capacity o. output || **~moment-Abstützung** *f* (Kfz) / antisquat support || **~motor** *m* / starting motor || **~schacht** *m* (Bergb) / shaft for descent || **~strecke** *f* / starting distance || **~stück** *n*, Kaltstrang (Strangguß) / dummy bar

Anfahrt *f* (Bergb) / pit entrance || ~, Rampe (Bau) / approach ramp o. incline || ~ (NC) / approach || **~brennelement** *n* (Nukl) / booster element || **~[sstraße]** *f* / approach [road] || ~ - **und Bremswegschreiber** *m* / starting and braking distance recorder

Anfahr·widerstand *m* / starting resistance || **~zeit** *f* (Bahn) / starting time || **~zeit** *f*, Einführungszeit *f* / initiation time || **~zugkraft** *f* (Bahn) / starting tractive power

anfallen (als Ergebnis) / come as result, be developed

anfallender Abfall / waste arising, volume of waste

anfällig [für] / susceptible [to]

Anfälligkeit [für] *f* / susceptibility [to] || ~, Empfindlichkeit *f* / sensitiveness, sensitivity, sensibility

Anfang *m* / commencement, prime, beginning, outset, start || ~, Beginn *m* / begin *n*, beginning || ~ (Lochstreifen) / front end || ~ **der Kette**, Garnende *n* (Web) / porter || ~ **des Blockabschnittes** (Bahn) / entry to a block section

anfangen *vt vi*, beginnen / begin *vt vi*, start *vt vi*, commence *vt vi* || ~, Anpacken *n* / attack || ~ **zu bohren** (Öl) / spud

Anfänger *m* (allg) / learner, beginner || ~ (Kfz) / learner driver (US) || ~ (Glas) / gatherer || ~ (Bau) / springer, springing stone

Anfangs·..., Grund... / elementary || ~... / initial || **~adresse** *f* (DV) / starting address o. location || **Zeit der ~anfälligkeit** (Elektronik) / debugging time || **~anflug** *m* (Luftf) / initial approach || **~anschlußspannung** *f* (Gleichrichter) / initial a.c. voltage || **~anweisung** *f* (DV) / header statement || **~ausfälle** *m pl* (DV) / infant mortality || **~baustein** *m* (Pneum) / entry sequencer || **~beanspruchung** *f*, -belastung *f* / initial load || **~bedingungen** *f pl* / initial conditions || **~bestand** *m* **an heilen Bauteilen** / initial number of undamaged components || ~ **-Bit** *n* (o. -Zeichen) (DV) / sentinel || **~blocksperre** *f* (Bahn) / mechanical device locking the lever of the entry signal to a section || **~buchstabe** *m*, Großbuchstabe *m*, Versalie *f* (Buch) / capital [letter], cap, majuscule || **~bund** *m* (Spinn) / starting coils *pl* || **~dienstgrad** *m* (Bahn) / commencing grade || **~drehzahl** *f* / primitive speed || **~druck** *m* / initial pressure || **~durchbiegung** *f* / initial deflection || **~ereignis** *n* **der Tätigkeit** (PERT) / beginning point o. node, start o. initial event || ~ **-Erregungsgeschwindigkeit** *f* (Elektro) / initial symmetrical short-circuit response || **~erzeugnis** *n* (Chem) / first runnings product || **~fehler** *m*, inherenter Fehler *m* (DV) / inherent error || **~feuchte** *f* (Textil) / initial moisture contents *pl* || **~furche** *f* (beim Pflügen) (Landw) / land, first furrow || **~geladen** (DV) / initially loaded || **~geschwindigkeit** *f* / initial o. primitive speed o. velocity || **~glied** *n* / first link || **~glied** *n* (Math) / leading term || **~kegel** *m* **für Superkopse** (Spinn) / initial cone for supercops || **~kolumne** *f* (Buch) / opening column || **~konsonanten-[Logatom-]Verständlichkeit** *f* (Fernm) / initial consonant articulation || ~ **-Kurzschlußwechselstrom** *m*, subtransienter Kurzschlußwechselstrom / initial symmetrical short-circuit current || **~ladeadresse** *f* (DV) / initial loading location || **~laden** *n* **des Programms** (DV) / preloading ||

~laden *n* **von Registern** / preloading of registers || **~ladespannung** *f* (Akku) / initial voltage on charge || **~lohn** *m* / entrance wage o. rate || **~masse** *f* (Rakete) / lift-off mass || ~ **-Mikroprogramm-Ladung** *f*, IMPL (DV) / initial microprogram loading || **~permeabilität** *f* / initial permeability o. reluctivity || **~punkt** *m* / starting o. initial point, point of origin || **~punkt**, Nullpunkt *m* / zero point || **~punkt** *m* **einer Kurve** / origin of a curve || **~punkt** *m* **Wiederholung** (NC) / starting point of repetition || **~querschnitt** *m*, Anstich *m* (Walzw) / starting section, initial [pass] section || **~reaktanz** *f* / subtransient reactance || **~schwierigkeiten** *f pl* / teething troubles *pl*, first-time production difficulties *pl* || **~spalte** *f* (DV) / begin column || **~spannung** *f* (Entladung, Elektronik) / critical voltage || **~spannung** *f* (Elektr) / initial voltage || **~spannung** *f* (Mech) / preliminary tension || **~spannung** *f* **bei Relaxation** / initial stress in stress relaxation || **~stadium** *n* / initial stage || **~stellung** *f* / initial position || **~stellung** *f* (Elektr) / neutral o. open position || **~strahl** *m* **eines Winkels** / initial side of an angle || **~stufe** *f*, Antrittsstufe *f*, Anfänger *m* (Bau) / entrance step || **~stufe mit Volute** (Bau) / curtail step || **~verformung** *f* / initial strain || **~versagen** *n* (Rakete) / early ascent failure || **~wert** *m* / initial value || **~wert** *m* (z.B. einer Reihe) / hop-on value || **~wert-Anweisung** *f* (FORTRAN) (DV) / data initialization statement || **~windungen** *f pl*, erste Windungen / starting turns *pl* || **~zeile** *f* (Buch) / opening o. first line

Anfärbbarkeit *f* (Textil) / affinity for dyestuffs, dye absorption o. affinity

Anfärbeversuch *m* / staining test

anfasen / bezel, chamfer

Anfas·maschine *f* / chamfering machine || ~ - **und Ankuppmaschine** *f* **für Bolzen** / bolt chamfering machine || ~ - **und Entgratmaschine** *f* (Zahnrad) / chamfering and deburring machine

anfechten, die Gültigkeit ~ (Patent) / contest the validity, dispute

Anfechtung *f* / contestation

anfeilen, eine Spitze ~ / file a point [to]

anfertigen / make, fabricate, manufacture, produce || **eine Zeichnung** ~ / execute a drawing || **nach Maß o. Kundenwunsch** ~ / custom-build

Anfertigung, Herstellung *f* / production, fabrication, manufacture

anfetten / grease slightly

Anfeuchtemittel *n* (Chem) / moistening agent, damping agent

anfeuchten / moisten, humidify, wet, damp[en] || ~, Benetzung *f* / dampening, moistening, humidification

Anfeuchter *m* / moistener, dampener

Anfeuchtmaschine *f* / moistening machine, wetting machine, humidifier

anfilzen / plank, full lightly (US)

anflachen / flatten

Anflachung *f* / flattening || ~, flache Stelle, (spez:) Abflachung *f* **eines Zylinders** / flat surface o. part

anflanschen / flange-mount, flange [to] || **im rechten Winkel** ~ / flange at right angle

Anflicken *n* **von Bohrstangen**, Anstückeln *n* (Öl) / stubbing

anfliegen (Luftf) / head o. make [for] || **[regelmäßig]** ~ (Luftf) / provide regular services || **mittels Leitstrahl** ~ (Luftf) / home

anfliegend, im Anflug (Luftf) / incoming

Anflug *m* (Luftf) / approach || ~ (Bergb) / slight coat || ~, Stich *m* (Färb) / tinge, tint || ~, Hauch *m* / touch, trace || **~antenne** *f* (Raumf) / inflight antenna || **~bahn** *f* (zur endgültigen Bahn) (Raumf) / drift orbit || **~befeuerung** *f* (Luftf) / approach lighting || **~blitzbefeuerung** *f* (Luftf) / flashlight approach system || ~ **-Führungssender** *m* (Luftf) / radio homing beacon || **~funkbake** *f*, -funkfeuer *n* (Luftf) / radio marker || **~genehmigung**, -freigabe *f*

(Luftf) / approach clearance || ⊷ -**Gleitwinkelbefeuerung** f / visual approach slope indicator || ⊷**grundlinie** f (Luftf) / extended centerline, flight base line || ⊷ -**Kontrollradar** m n / approach control radar, A.C.R. || ⊷**kontrollzentrum** n (Luftf) / radar approach control center || ⊷**leitstrahl** m (Luftf, Elektronik) / front beam || ⊷**leuchtfeuer** n / approach light || ⊷**punkt** m (Luftf) / point of destination || ⊷**schneise**, Landeschneise f, Landekorridor m (Luftf) / landing lane, approach corridor o. lane || ⊷ -**Sinkverfahren**, Sinkverfahren n (Luftf) / letting down, landing procedure

Anflugs·kurs m **über Grund** / inbound track
Anflug·system n (Luftf) / approach system || ⊷ - **und Landeeinrichtung** f (Luftf) / approach and landing aid || ⊷**winkel** m (Luftf) / angle of approach, approach angle || ⊷**winkel** m (Rakete) / incidence angle || ⊷**zeichensender** m / approach marker beacon

Anforderer m (DV) / requestor
anfordern / ask [for], call [for], demand, request || ⊷ n (Fernm) / request
Anforderung f, Vorschrift f / demand, requirement || ⊷**en erfüllen** / meet the requirements || ⊷ **Preisangabe** / request for price quotation, RPQ || **den** ⊷**en entsprechen** (o. Rechnung tragen o. genügen) / meet the requirements || **hohe** ⊷ / stretch (an overexercise) || **hohe** ⊷**en stellend** / exacting || **schwere o. übermäßige** ⊷ / exaction
anforderungs·abhängiges Programm (DV) / demand-driven program || ⊷**art** f (F.Org) / job factor || ⊷**klasse** f / category of service requirements || ⊷**signal**, Freizeichen n (Fernm) / dialling tone || ⊷**zeichen** n (DV) / prompt character
Anfrage f (DV) / INQ, inquiry || ⊷ -**Antwort-Sendung** f / request/reply transmission || ⊷**muster** n, -probe f / inquiry sample
Anfragensprache f (DV) / query language
Anfräsen n (Zähne) / initial hob contact
anfressen (Chem, Masch) / eat away, erode, pit
anfügen [an], ansetzen, anstücken / add [to], join on, attach || ⊷, anhängen, anschnallen / strap-on v
Anfügung f, bündiger Stoß / flush joint, levelling of two surfaces
anfühlen, sich ⊷ / have a feel
anführen, die Spitze bilden / head
Anführungszeichen n pl **in gebrochenen Schriften** / duck-foot quotes pl, guillemets pl || **halbes** ⊷ / single quote
Angabe, Feststellung f / statement || ⊷ f (DV, COBOL) / option || ⊷**n** f pl, Merkmale n pl, Daten pl / data pl, details pl || ⊷**n** f pl, Beschriftung f / marking || ⊷**n** f pl **des Benutzers** (DV) / user specifications, user-supplied information
angearbeitete Unterlage (Teppich) / combined underlay
angebaut (z.B. Doppelhaushälften) (Bau) / annex[e] adj || ⊷, Anbau… (Masch) / mounted [on] || ⊷ (Landw) / under crop, cultivated
angeben / signal[ize], indicate || ⊷, bestimmen / signalize, point out
angeblasen / blown || ⊷ (Hochofen) / in blast, blown-in || ⊷, halbgeblasen (Bitumen) / semiblown
angeblockt, angeflanscht (Getriebe) / flanged-on, embodied
angeboren, kongenital / congenital
Angebot n (Handel) / offer || ⊷ **auf eine Ausschreibung**, Submission f / tender, bid || **ein** ⊷ **unterbreiten** / tender v
angeboten, dargeboten / available || ⊷**er Platz** (Bahn) / seat provided || ⊷**e Rauschleistung** (Elektronik) / available noise power || ⊷**e Tonnenkilometer** m pl (Bahn) / available ton kilometres, ATK pl || ⊷**e Tonnenmeilen** f pl (Luftf) / capacity ton miles, CTM pl
Angebots·einholung f / call for tender || ⊷**ingenieur** m / project engineer || ⊷**muster** n, -probe f / sample accompanying the offer || ⊷**zeichnung** f, Projektzeichnung f / project drawing

angebrannt, verkohlt / charred || ⊷ (Guß) / sintered || ⊷**er Abfall** (Gummi) / scorched scrap
angefachte aperiodische Schwingung (Luftf) / divergence
angefahrene, aufgeschüttete Erde / filled-up soil
angefärbt, an der Spitze stärker ⊷ (Wolle) / tippy
angefeuchtet / moistened
angeflanscht / flanged, flange-mounted
angefräster Nocken (Masch) / integral cam
angegeben, deklariert / declared || ⊷**e Pumpenleistung** / pump rating
angegossen / cast en bloc o. integral, integrally cast || ⊷**er Auspuffkrümmer** (Kfz) / integral exhaust manifold || ⊷**er Flansch** / integrally cast flange || ⊷**er Probestab** (Gieß) / cast-on test bar || ⊷**e Probestücke** (Gieß) / attached test coupons || ⊷**er Sitz** / bracket, lug, bearer || ⊷**er Sitz im Hahn** / integral seat of a valve || ⊷**er Zylinderkopf** (Mot) / solid head
angegriffen [von o. durch] / affected [by]
angehängt (Fahrzeug) / hauled || ⊷ (z.B. Symbol) / attached || ⊷ (z.B. Pflug) / trailed
angehen (Licht) / go on
angehoben, überhöht (Elektronik) / exalted
angehren (Tischl) / miter v, mitre (GB)
angeklebt / bonded, affixed, pasted on || ⊷**es Teil** / adherend
angekreuzt / crossed
angekuppt·e Kugelkuppe (Schraube) / rounded-off end with round point || ⊷**e Linsenkuppe** (Schraube) / rounded-off end with cap point
Angel f (Fenster) / casement hinge || ⊷ (Tür) / hinge, spindle || ⊷, Hamen m (Sense) / handle-end || ⊷ **an Werkzeugen** / tang || ⊷ **der Säge** / tang of saw || ⊷ **des Messers** / knife tang || **mit** ⊷**n versehen** / hinged
angelassen (Stahl) / tempered
Angelaufensein, Beschlagensein n (Fenster) / fogginess
angelegt, aufgedrückt (Spannung) (Elektr) / applied (voltage) || ⊷**e Last** (Prüfung) / applied load || ⊷**e Zeichnung**, Tusche-Zeichnung f / washed drawing
angelenkt / hinged, tilting || ⊷**e Hinterkantenklappe** (Luftf) / plain trailing edge flap || ⊷**er Massenausgleich** (Luftf) / remote mass-balance weight || ⊷**e Nasenklappe** (Luftf) / plain leading edge flap
angelernt (Arbeiter) / semiskilled
Angelikäsäure f, Tiglinsäure f / angelic acid
Angeliqueholz n (Hydr) / basralocus wood
Angelpunkt m (Mech) / pivotal point || ⊷ (Kinematik) / centering point
angemalt, gestrichen / painted, coated
angemessen, hinreichend / adequate || ⊷, passend / pertinent || ⊷, im richtigen Verhältnis / proportionate, proportional
Angemessenheit f **einer Verteilung** / goodness of fit of a distribution
angemietete Leitung (Fernm) / leased line
angenähert (Math) / approximate adj, approximative || ⊷**er Durchschnitt** / rough average || ⊷**e Nachbildung** (Fernm) / compromise balance o. network || ⊷**es Synchronisieren** (Elektr) / random synchronizing || ⊷**er Wert** / approximate[d] value, approximate, approximation
angenieteter Flansch / riveted flange
angenommen, vorausgesetzt / assumed, assumptive || ⊷**e Arbeitsebene** (Wzm) / assumed working plane || ⊷**e Daten** (DV) / simulated data pl
angeordnet / placed || ⊷ **sein** [um] / be arranged [around]
angepaßt, passend / matched || ⊷ / adapted, made fit || ⊷ (Form) / shaped (form) || ⊷**e Antenne** / loaded antenna || ⊷**er Gegentaktverstärker** / loaded push-pull amplifier (obsolete), low loading amplifier || ⊷**er Scheinwiderstand** (Elektronik) / matched impedance || ⊷**e T-Antenne** / T-matched antenna || **dem Gebäude** ⊷**e Ausführung** / as built execution
angeregt (Phys, Nukl) / excited

angereichert (Hütt, Nukl, Chem) / enriched || ~es Blei / enriched lead, lead-riches pl || ~er Brennstoff / enriched fuel || ~es Material (Nukl) / enriched material || ~er Reaktor / enriched-uranium[-fueled] reactor, enriched reactor || ~es Spaltmaterial / enriched fission material || ~es Wassergas / carburetted water gas

angerollter Kopf (eines Niets) / roller-formed rivet head

angerostet / slightly rusty

angerufen (Fernm) / called || ~ werden (Fernm) / receive a call

Angerufener m, B-Teilnehmer m (Fernm) / called sub[scriber]

angesäuert, gebrochen (Textil) / soured

angeschellter Nietkopf, Schließkopf m / rivet point

angeschlagenes Schloß / case[d] lock, box o. outside o. rim lock

angeschlossen (Abnehmer) (Elektr) / in circuit, connected || ~, Beitrag liefernd / contributory || ~e Aufgabe / attached task || ~ werden [an] / be plugged [into]

angeschmiedet (z. B. Flansch) / solid forged

angeschnitten (Pap) / two edges guillotine trimmed, with two edges trimmed || ~es Bild (o. dergl.) / bleed n || ~e Faser (Furnier) / short grain || ~e Lagen f pl (Schichtstoff) / cut layers pl

angeschraubt / bolted, srewed-on, fastened with screw

angeschuht / stub-reinforced

angeschwemmter Boden, angeschwemmtes Land (Geol) / alluvial soil o. deposits pl

angespannt (Phys) / strenuous

angesteifte Masse / stiffed mass

Angestellte pl / personnel (GB), staff (US)

Angestelltensiedlung f (in unerschlossenem Gebiet) / company town

Angestellter m /·salaried employee o. worker (US)

angestockt, morsch (Holz) / rotten

angestoßen (z.B. Atom) / knocked on, knock-on... || ~, getriggert (Elektronik) / triggered || ~es Atom / knocked-on atom

angestrahlt / illuminated

angetrieben / driven || ~ [von] / geared [to] || ~er Flug (Rakete) / thrust application flight || ~es Organ / driven member || ~es Rad / driven wheel || ~es Ritzel (Übersetzung ins Schnelle) / follower || ~e Rollenbahn / powered roller conveyor || ~e Welle / live shaft || ~es Zahnrad (Untersetzung ins Langsame) / follower || auf der ganzen Strecke ~ / powered all the way, paw

angewalzter Flansch / rolled-on flange

angewandt (z.B. Wissenschaft, Statik, Mathematik, Mechanik usw.) / applied || ~, praktisch / economic, -cal, practical || ~e Botanik / economic botany || ~e Chemie / applied chemistry || ~e Geologie / engineering geology || ~e Meteorologie / operational meteorology || ~e Seismik (Bergb) / seismic exploration method

angezapft (Leiter) / tapped

angezeigt (Meßgeräte) / indicated || ~er Kurs / indicated course || ~e Machzahl / registered Mach number

angezielter Planet / target planet

angezogen (Magnet) / attracted || ~es Teilchen (Nukl) / dressed particle || von Hand ~ / finger-tight

angezündet, erleuchtet / lit, lighted

angießen (Gieß) / cast-on [with] v || ~ [an] / cast integral o. on o. in one piece [with] || ~ (an vorhandenen Guß) / burn on || ~ n (Email) / cupping, slushing || ~ von Probestücken / integral casting of test specimens

Anglasung f, Anschmelzung f (Vakuum) / glass seal

angleichen, anpassen / adjust, match || ~ / match, adjust || ~ (Kurven) / adapt || ~, assimilieren / assimilate

Angleichmenge f (Mot) / torque-control quantity

Angleichung f / balancing n || ~, Anpassung f / conformation, adjustment, adaptation

Angleichverfahren n (Farbprüfg) / matching method

Anglesit m, Vitriolbleierz m (Min) / anglesite

Angora·garn n / mohair yarn || ~wolle f, Mohairwolle f / angora goat hair, mohair wool || ~wolle f, Angorakaninwolle f / angora rabbit hair

angreifen, korrodieren / corrode || ~ / attack v || ~, einwirken [auf] / act [upon] || ~, ätzen / affect, attack || ~ vi (Kräfte) / be applied || ~, in Angriff nehmen / engage [in], set about || ~, packen vi / catch, bite-in

angreifend, zerfressend / corrosive

angrenzend [an] / contiguous, adjacent, conterminous [to]

Angrenzer m / adjoining owner, abutter

Angriff m, Korrosion f / corrosion || ~ (Web) / upper end of the web || ~ (im Schlüsselbart) (Schloß) / ward of key bit || ~ am Riegel (Schloß) / bolt toe || in ~ nehmen / set about, engage [in], attack a work || ~hemmend, schlagfest (Glas) / attack-blocking

Angriffs·, größte ~reichweite, Standoff-Entfernung f (Flugkörper) / stand-off range || ~fläche f (Korrosion) / corroding surface || ~fläche f, wirksame Oberfläche / working surface || ~fläche für Schraubenschlüssel / driving flat || ~linie f (Mech) / working o. straining line || ~punkt m, Druckmittelpunkt m (Mech) / center of pressure, C.P. || ~punkt m der Reibung / frictional contact point || ~punkt m einer Kraft (Mech) / point of application, working o. straining point, origin of force || ~punkt m einer Kraft, Stoßstelle f / point of impact || ~-Schnellboot n (Schiff) / fast strike craft

Ångström (veraltet), Å n (1 Å = 10^{-10} m) / Angström unit (= 10^{-10} m)

angurten (sich) (Kfz, Luftf) / fasten the belt

Anguß m (Plast) / sprue, stalk || ~ (Öffnung) (Druckguß) / gate system, gating || ~, verlorener Kopf / feeder o. sink head, feeder || ~ f, Engobe f (Keram) / engobe, slip || ~ m in der Angußbuchse (Plast) / sprue bush o. puller || ~abstanzer m (Plast) / gate knife || ~buchse f / feed bush, sprue bush || ~druckstift m (Plast) / sprue ejector || ~farbe f (Keram) / coloured clay || verjüngter ~kanal (Plast) / restricted gate || ~kegel m (Plast) / sprue [slug] || ~los (Plast) / runnerless || ~loses Spritzen / runnerless injection moulding || ~platte f / sprue plate || ~spinne f (Plast) / spiderlike sprue, sprue spider || ~stelle f (auf dem gespritzten Teil) (Plast) / gate mark || ~stutzen, Abfall m (Plast) / cull, slug || ~verteiler m (Plast) / runner || ~verteiler m, Hauptkanal m (Druckguß) / runner || ~zieher m / sprue puller, anchor

anhaften [an] vi / cling [to], adhere [to] || von Natur ~ / be inherent [to]

anhaftend, anhängend / adherent, adhesive || ~, bindend / adsorptive || ~er Fehler / inherent error || ~e Feuchtigkeit / adherent moisture

Anhaftungslänge f (Stahlbeton) / grip length

anhaken / fasten with hooks

anhalten vt, stoppen / arrest, stop, check, halt || ~ vi, sich fortsetzen / continue || ~ (Kfz) / pull up o. in, stop, come to a stop || ~ n / stop, stoppage || ~ (infolge Überlastung) / stalling, stall

anhaltend, bleibend / permanent, sustained || ~e Datenübertragung / data streaming || ~er Druck (Taste) / sustained depression || ~e Regelabweichung (DV) / sustained deviation

Anhalte·stift m, Sperre f (Schl) / detent pin || ~vorrichtung f / stopping device || ~weg m, Anhaltestrecke f (Kfz) / stopping distance

Anhalts·punkt m (Bergb) / starting point || ~wert m / reference value || ~zahlen f pl / reference figures, auxiliary data pl

Anhang, Nachtrag m / add, addendum || ~, Zusatz m / annex, supplement, appendix

Anhänge·... (Kfz) / towed, trailing || ~adresse f / baggage tag (US), luggage label (GB) || ~-Aufreißer m (Straßb) / trailing ripper || ~deichsel f (Landw) / drawbar || ~egge f für Pflüge / offset harrow for plows || ~fahrzeug n / towed vehicle || ~gerät n (Landw) / trailed implement || ~-Kehrpflug m / trailed reversible plough || ~-Kipppflug m / balance type reversible plough ||

ᵼkupplung f (Landw) / drawbar coupling ‖ ᵼlast f,
Schlepplast f / trailing load ‖ ᵼlast f (Bahn) / load hauled
‖ ᵼleiter f (F'wehr) / trailer ladder ‖ ᵼmarke,
Ansteckmarke f / badge
anhängen, anheften / affix, attach, append ‖ ~,
aufhängen / hang up ‖ ~ (Mech) / gear ‖ ~ (ohne Absatz)
(Buch) / run on (GB), run in (US) ‖ ᵼ n (Buch) / run-in n
‖ Wagen ~ (Bahn) / couple cars
anhängend, anhaftend / sticking adj, clinging
Anhängepflug m / pull type plow, tractor[-drawn] plow,
trailed plough
Anhänger m, Anhängezettel m / [string] tag ‖ ᵼ,
Anhängefahrzeug n (Kfz) / towed vehicle (ISO), trailer
‖ ᵼ für lange Gegenstände (Kfz) / pole trailer ‖ ᵼ für
Sattelschlepper / semitrailer ‖ ᵼ mit Zweiachslenkung
/ fourwheel steer trailer ‖ selbständiger ᵼ (Ggs.:
Sattelauflieger) / full trailer ‖ ᵼbremse f / trailer air
brake ‖ ᵼbremskraftregler m (Kfz) / brake regulator of
the trailer ‖ ᵼbremsventil n (Kfz) / emergency relay
valve ‖ ᵼdeichsel f (Kfz) / trailer draw bar ‖
ᵼdrehgestell n für Sattelschlepper (Kfz) / trailer dolly
(US), fifth wheel ‖ ᵼgewicht n (Kfz) / towed weight ‖
ᵼkabel n (Kfz) / [truck-]trailer jumper cable, trailer
conduit ‖ ᵼkupplung f (Kfz) / trailer coupling ‖
ᵼsteckdose f (Kfz) / connector socket [for truck-trailer
jumper cable] ‖ ᵼstecker m (Kfz) / cable plug for
jumper cable ‖ ᵼsteuerventil n / trailer control valve ‖
ᵼ -Zuggabel f (Kfz) / towing fork ‖ ᵼ -Zughaken m /
tow-hook for trailers ‖ ᵼ -Zugmaul n (Kfz) / coupler
head
Anhänge-·-Scheibenpflug m / trailed disk plough ‖
ᵼschiene f, Ackerschiene f (Landw) / tractor linkage
drawbar ‖ ᵼschürfzug m (Straßb) / scraper trailer ‖
ᵼvorrichtung f (Landw) / hitch ‖ ᵼzahl f (Werkstoff) /
sixth and seventh digit of a coded number
Anhangseiten f pl (Buch) / end matters pl
Anhänguhr f / pendant watch
Anhaublech n (Landw, Mähm) / metal sweep
anhauen (Bergb) / open, examine by cutting
anhäufeln, mit Erde bedecken (Landw) / earth up, hill
anhäufen, sich ~ / accumulate, bank, collect, heap up ‖
sich ~ (Chem) / condense
anhäufend, sich ~ / cumulative
Anhäufung, Ansammlung f / accumulation, piling up,
heaping up ‖ ᵼ, Massierung f / agglomeration,
aggregate ‖ ᵼ, Komplex m / congeries, congery ‖ ᵼ f,
Haufen m / mass, conglomeration ‖ ᵼ, Stauung f
(Verkehr) / congestion ‖ ᵼ von Mattschweißen (Hütt) /
surging lap, recurrent lap
Anhäufungszeichen n (Fernm) / group busy signal
anheben, aufheben / lift ‖ ~, erhöhen (Elektr) / boost ‖ ᵼ
des Signals (Elektronik) / peaking ‖ eine Last ~ / heave a
load ‖ Frequenzen ~ / preemphasize frequencies ‖ hier
~ ! / lift here!
Anhebung f, Akzentuierung f (Frequ.) / preemphasis ‖ ᵼ
der Tonlage (Elektronik) / accentuation
Anhebungsfilter n (Elektronik) / emphasizer
anheften (Masch) / fasten provisionally
Anheizeinrichtung, -vorrichtung f / preheater
anheizen / begin to heat, heat up ‖ ~ (Kessel) / fire, stoke
up o. start up boilers ‖ ~, vorwärmen / preheat ‖ ᵼ,
Aufheizen n / heating-up
Anheiz·kerze f / heater plug ‖ ᵼkurve f / heating-up curve
‖ ᵼstopfenloch n (Hütt) / by-pass plug hole ‖ ᵼzeit f
(Röhre) / [pre]heating time
Anhören n, Abhören n / listening-in
Anhub m, Anheben n / first lift ‖ ᵼ, Ansaugung f (Pumpe) /
fetching
Anhydrase f / anhydrase
Anhydrid n (Chem) / anhydride
Anhydrit m (Min) / anhydrite ‖ ᵼbinder m (Bau) /
anhydrite plaster ‖ ᵼestrich m / anhydrite floor
Änigmatit, Kölbingit m (Min) / aenigmatite
Anilid n / anilide

Anilin, Aminobenzol n / aminobenzene, aniline,
phenylamine ‖ ᵼblau n / azurine, azuline ‖ ᵼdruck m /
aniline printing, flexo[graphic] printing ‖ ᵼfarbe f
(Teerfarbstoff) / aniline dye ‖ ᵼharz n / aniline resin ‖
ᵼöl n, technisches Anilin / aniline oil ‖ ᵼpunkt m, AP
(Chem) / aniline point, an.pt. ‖ ᵼpurpur m, Mauvein z /
aniline purple o. violet ‖ ᵼrot n / aniline red, anileine,
tyraline·ⅼl ᵼsalz, -hydrochlorid n / aniline salt o.
hydrochloride ‖ ᵼschwarz n / aniline black ‖
ᵼsulfo[n]säure f / aminobenzene-sulphonic acid,
aniline-sulphonic acid ‖ ᵼvergiftung f, Anilismus m /
aniline poisoning, anilinism ‖ ᵼviolett n / regina purple
animalisch, tierisch / animal… ‖ ~ geleimt (Pap) / animal
o. tub sized ‖ ᵼes Schmiermittel / animal lubricant
animalisieren (Zellulosefaserstoffe) / animalize
Animeharz n, Animegummi n / anime [resin], gum
anime, soft copal
Anion n (Elektr) / anion
anionen·aktiv (Chem) / anionic-active ‖ ᵼaustauscher m /
anion[ic] exchanger
anionische Netzmittel n pl / anionic detergents pl
Aniontensid n / anionic surface active agent
Anisaldehyd m / anisaldehyde, anisic aldehyde
Aniseikonie f (Opt) / aniseikonia
aniso·elastisch (Drift) / aniosoelastic (drift)
Anisöl n / anise[ed] oil
aniso·mer / anisomeric ‖ ~metrisch (Zeichn) / anisometric
‖ ᵼmetropie f / anisometropia ‖ ~tonisch / anisotonic
anisotrop·[isch] (Phys) / anisotropic, acolotropic ‖ ~e
Flüssigkeit, Flüssigkristall m / anisotropic liquid, liquid
crystal, LC
Anisotropie f / anisotropy, anisotropism
anisotropischer Komafehler m (TV) / anisotropic coma
Ankathete f zu α (Math) / side adjacent to α
Anke f, Vertiefstempel m (Schm) / thimble of the anvil
Anker m (Schiff) / anchor ‖ ᵼ, Läufer m (Elektr) / armature,
rotor ‖ ᵼ (Hochofen) / belt, tie element ‖ ᵼ (Teil der
Hemmung) (Uhr) / pallets pl ‖ ᵼ (Grubenausbau) / roof
bolt for mining support ‖ ᵼ (Relais, Regler usw.) / cutout
blade o. arm, relay armature, keeper ‖ ᵼ, Schlauder f
(Bau) / wall anchor, tie bolt ‖ ᵼ des Spannungsreglers
(Kfz) / regulator armature ‖ ᵼ für Aufhängung von
Wandelementen (Bau) / load-bearing nib-fixtures of
cladding panels pl ‖ ᵼ mit geschlossenen [oder
offenen] Nuten (Elektr) / closed, [open] slot armature
‖ ᵼ mit geschlossener [oder offener] Wicklung (Elektr)
/ closed, [open] coil armature ‖ ᵼ mit Spulenwicklung,
Drahtanker m / wire-wound armature ‖ ᵼ mit
Stabwicklung, Stabanker m (Elektr) / bar[-wound]
armature, [squirrel-] cage rotor ‖ ᵼ von Pfosten,
Verankerung f / bracing, stay ‖ geradliniger ᵼ s.
Ankerhemmung in gerader Linie ‖ ruhender o.
feststehender ᵼ (Elektr) / fixed o. stationary armature ‖
umlaufender oder rotierender ᵼ, Drehanker m (Elektr)
/ revolving o. rotating armature ‖ ᵼabfall m (Relais) /
drop-out of the pallet ‖ ᵼabfallverzögerung f (Relais) /
controlled drop-away o. dropout ‖ ᵼanzug m (Relais) /
pick-up ‖ ᵼarm m (Schiff, Fernm, Fahrleitung) / anchor
arm ‖ ᵼauge n (Schiff) / anchor ring ‖ ᵼausbau m
(Bergb) / anchor support system, roof bolting ‖
ᵼbandage, -bandagierung f (Elektr) / armature binding
o. bands pl
ankerben / notch, mark with notches
Anker·blech n, -schnitt m (Elektr) / core disk o. plate o.
punching o. stamping, armature core disk, lamination ‖
zusammengesetztes ᵼblech, Segmentblech n (Elektr) /
segmental core disk ‖ ᵼbohrung f / armature bore
[chamber] ‖ ᵼbohrung f, -ausbohrung f (Elektr) /
armature bore ‖ ᵼbohrung f, Ankerluft f / armature gap
‖ ᵼboje f (zur Markierung des Ankers) / cable o. anchor
buoy ‖ ᵼboje f, Festmacheboje f (Schiff) / mooring buoy
‖ ᵼbolzen m / stay bolt, tie bolt ‖ ᵼbuchse f / rotor bush
‖ ᵼdeckplatte, -kopfdruckplatte f (Elektr) / armature
endplate o. head ‖ ᵼeisen n, -kern m / armature core,

rotor core ‖ **⁓fallvorrichtung** f (Schiff) / slipper ‖ **⁓feder** f **am Läutewerk** / inductor spring ‖ **⁓feld** n (Elektr) / armature field ‖ **⁓flansch** m (Elektr) / armature flange, core head of the armature ‖ **⁓flunke** f, **-schaufel** f, **-schar** f / fluke, anchor palm ‖ **⁓fluß** m, **-kraftfluß** m / armature flux ‖ **⁓fütterung** f (Schiff) / anchor lining, lining of the bow ‖ **⁓gabel** f (Uhr) / fork ‖ **⁓gang** m, -hemmung f (Uhr) / anchor escapement ‖ **⁓gang** m **mit Rechen u. Trieb** (Uhr) / rack lever pallets pl ‖ **⁓gegenwirkung** f / armature reaction ‖ **⁓geschirr** n (Schiff) / anchor equipment o. gear, ground tackle ‖ **⁓gruppe** f (Ionentauscher) / anchor group, fixed group ‖ **⁓haken** m (Freileit) / guy rope o. stay rope hook ‖ **⁓haken** m (Leitungsmast) / guy rope hook, stay rope hook ‖ **⁓hals** m, -krone f, -kreuz n (Schiff) / trend of an anchor, throat of an anchor, anchor crown o. head ‖ **⁓hemmung** f (Uhr) / anchor o. lever escapement ‖ **⁓hemmung** f **in gerader Linie**, geradliniger Anker (Uhr) / straight-line lever [escapement], clubtooth lever escapement ‖ **⁓hemmung mit Doppelrolle** (Uhr) / double roller escapement ‖ **⁓induktion** f (Elektr) / rotor induction

Ankerit m (Min) / ankerite

Anker·kausche f (Elektr, Fernm) / thimble for guy ropes, guy o. stay thimble ‖ **⁓kausche** f (Leitungsmast) / guy o. stay thimble ‖ **⁓kern** m (Elektr) / armature core, rotor core ‖ **⁓kette** f (Schiff) / anchor chain o. cable, cable chain ‖ **⁓kette** f **von 15 ft Länge** / shackle (a unit) ‖ **⁓klebblech** n (Relais) / antiresidual stop ‖ **⁓kloben** m (Uhr) / pallet cock ‖ **⁓klotz** m (Leitungsmast) / anchor log o. block ‖ **⁓klüse** f (Schiff) / mooring pipe, hawsepipe, hawse hole ‖ **⁓konstante** f (Elektr) / constant of armature ‖ **⁓kopfdruckplatte** f (Elektr) / armature endplate o. head ‖ **⁓körper** m (Elektr) / armature spider o. body ‖ **⁓[kraft]fluß** m / armature flux ‖ **⁓kraftlinie** f / armature line of force ‖ **⁓kühl[ungs]kanal** m (Elektr) / armature duct ‖ **⁓kurzschlußbremse** f / armature short circuiting brake ‖ **⁓laterne** f, -licht n (Schiff) / anchor o. riding light ‖ **⁓lichtmaschine** f / capstan engine ‖ **⁓loch** n (Bergb) / lewis hole, block hole ‖ **⁓lochbohrmaschine** f (Bergb) / roof bolting jumbo ‖ **⁓masse** f (Elektr) / rotor inertia ‖ **⁓mauer** f / anchoring wall, braced wall, abutment

ankern vi (Schiff) / anchor vi, cast the anchor ‖ **⁓** n / casting of anchor

Anker·nische f, -tasche f (Schiff) / hawse ‖ **⁓nut** f (Elektr) / armature slot ‖ **⁓paket** n (Elektr) / laminated armature core ‖ **⁓pfahl** m (Bau) / anchoring pole ‖ **⁓pfahl**, -klotz m / stay block ‖ **⁓pfeiler** m (Brücke) / abutment pier ‖ **⁓platte**, -rosette f (Bau) / anchor plate o. slab, tie plate, wall washer ‖ **⁓platz** m / anchorage [ground], berth[age] ‖ **⁓prüfgerät** n (Elektr) / armature tester, growler ‖ **⁓querfeld** n (Elektr) / cross induction ‖ **⁓radtrieb** m (Uhr) / escape wheel pinion ‖ **⁓rakete** f (Schiff) / projectile anchor ‖ **⁓riegel** m (Bau) / tie cotter ‖ **⁓rohr** n (Hütt) / axial conduit ‖ **⁓ -Röring** m / anchor ring o. shackle ‖ **⁓rückwirkung** f / armature reaction ‖ **⁓rührer** m / anchor agitator, anchor [agitated] mixer ‖ **⁓säule** f, -mast m (Keramikofen) / buckstay, buckstave ‖ **⁓schaft** m (Schiff) / anchor shank ‖ **⁓schar**, Flunke f (Schiff) / anchor palm, fluke ‖ **⁓schelle** f (Leitungsmast) / guy clamp ‖ **⁓schnitt** m (Elektr) / punching, stamping, lamination ‖ **⁓schraube** f (Bau) / anchor bolt, fixing o. foundation anchor o. bolt ‖ **⁓seil** n, Halte-, Verankerungsseil n (Bau) / stay rope ‖ **⁓seil**, Führungskabel n (Fallschirm) / static cable ‖ **⁓seite** f, Ablaufende n des Bremsschuhes (Trommelbremse) / face side of the brake shoe ‖ **⁓spannschraube** f / stay tightener ‖ **⁓spill** n (senkrechte Achse) / anchor capstan ‖ **⁓spitze** f / anchor bill ‖ **⁓spule** f / armature coil ‖ **⁓stab** m, Ankerwicklungsstab m (Elektr) / armature bar, rotor bar ‖ **⁓stab** m, Ankerwicklungsstab m (Elektr) / rotor bar ‖ **⁓stegkette** f (Schiff) / studded anchor chain ‖ **⁓stein** m

(Bau) / binder, bond o. binding stone, perpendstone, perpend[er], header ‖ **⁓stein** m **in der Hemmung** (Uhr) / pallet jewel o. stone ‖ **⁓stern** m (Elektr) / armature cross o. spider ‖ **⁓stift** m (Uhr) / pallet pin, dart ‖ **⁓stift** m (Plast) / anchor pin ‖ **⁓stock** m (Schiff) / anchor stick o. stock ‖ **⁓streufluß** m (Elektr) / armature leakage flux o. stray flux ‖ **⁓streuung** f (Elektr) / armature leakage ‖ **⁓strom** m (Elektr) / armature current ‖ **⁓stromzweig** m / path of the armature circuit ‖ **⁓stütze** f (Leitungsmast) / stay crutch ‖ **⁓trommel** f (Elektr) / armature drum ‖ **⁓ -Türstock-Ausbau** m (Bergb) / roof-bolt frame timbering ‖ **⁓uhr** f (Uhr) / anchor escapement watch, lever watch ‖ **⁓welle** f (Uhr) / lever o. pallet staff ‖ **⁓welle** f (Elektr) / rotor shaft ‖ **⁓welle** f **und Gabel** (Uhr) / jewelled pallets pl ‖ **⁓wickelmaschine** f (Elektr) / winding machine for armatures ‖ **⁓wicklung** f (Elektr) / armature o. rotor winding ‖ **⁓wicklung** f, -wicklungszweig m / armature winding path ‖ **⁓[wicklungs]stab** m (Elektr) / armature bar ‖ **⁓widerstand** m (Elektr) / armature resistance ‖ **⁓winde** f (mit waagerechter Achse) / windlass ‖ **⁓zweig**, Stromzweig m (Elektr) / path of the armature circuit, winding path

anketteln / stitch on ‖ **⁓** n / stitching on, linking on, looping into a chain

anketten / chain, fasten with a chain

Ankitten n (Keram) / luting

anklammern, mit Klammern befestigen / brace, cramp ‖ **⁓**, mit Klammern verbinden / connect by clamps o. cramps

ankleben vt / paste, stick ‖ **⁓** (Tapeten) / paper vt, hang wall papers ‖ **⁓** vi, kleben bleiben / stick [to]

Ankleideraum m (Bau) / wardrobe-room, dressing room, changeroom (US)

Ankleidezimmer n **[mit Bad]** / toilet

anklemmen [an] / pinch o. squeeze [against] ‖ **Draht ⁓** (Elektr) / connect to the binding post

Anklingzeit, Steigzeit f (Lumineszenz) / rise o. build-up time

anknallen (coll), Schrauben fest anziehen / cinch screws

Anknoten n **der Ketten** (Web) / joining of warp

anknüpfen, anknoten (Web) / tie, join ‖ **⁓**, Anknoten (Spinn) / joining, piecing, knotting and twisting and tying-in

Anknüpfer m (Web) / piecer, knotter

Anknüpfmaschine f (Web) / knotting and twisting machine

ankohlen (Holz) / carbonize ‖ **⁓** n (Holzpfähle) / charring

ankommend (Bahn) / incoming ‖ **⁓e** (o. hereinkommende) **Leitung** (Fernm) / leading-in wire, incoming circuit ‖ **⁓er Verkehr** / arriving traffic ‖ **⁓e Züge** (o. Schiffe) pl / arrivals pl

anköpfen, Köpfe anstauchen (Masch) / head, upset heads

Ankoppeln n (Raumf) / docking ‖ **⁓** / couple, connect

Ankopplung f (Ultraschall) / probe-to-specimen contact

Ankopplungs·manöver n (Raumf) / docking maneuver ‖ **⁓spule** f / coupling coil, jigger (coll) ‖ **⁓trichter** m (Wellenleiter) / launcher, launching device

ankörnen (Wzm) / centre (GB), center (US), mark with the center [punch] ‖ **⁓** n (Wzm) / cent[e]ring

Ankörnmaschine f (Wzm) / centering machine

Ankratzbild n / scraping impression

Ankreis m (Math) / excircle

ankreiseln, die Hubschraube ⁓ (Luftf) / rev up the helicopter screw

ankreuzen / mark with a cross

Ankündigung f **einer Geschwindigkeitsbeschränkung** (Bahn) / restricted speed aspect

Ankündigungs·bake f (Bahn) / visual warning sign ‖ **⁓signal** n (Vorsignal) (Bahn) / distant o. warning signal ‖ **⁓signal** n **des Vorsignals** (Bahn) / outer distant signal

Ankunft f (Schiff) / arrival

Ankünfte und Abflüge / arrivals and departures

Ankunfts·anzeige f / arrival note ‖ **⁓bahnsteig** m / arrival platform, in-track platform (US) ‖ **⁓gleis** n (Bahn) /

arrival o. reception siding o. track, in-track (US),
inbound o. receiving track (US) ‖ **⁀zeit** *f* / arrival time
ankuppeln (Bahn) / couple, connect
ankurbeln (Kfz) / crank
Anlage *f*, Anordnung *f* / arrangement, lay[ing]-out *n* **⁀**,
Werk *n* / installation, plant, works *sg* ‖ **⁀**, Einrichtung *f*
/ installation, facility (US), project (US) ‖ **⁀**, Beilage *f* /
enclosure, appendix (of a document) ‖ **⁀** (Schl) / cramp
‖ **⁀** (Pflug) / landside ‖ **⁀**, System *n* (DV) / system ‖ **⁀**
(Buch) / lay, feed, feed guide ‖ **⁀ eines Weges am
Abhang** (Straßb) / side cutting ‖ **⁀ ohne stabilisierte
Plattform** (Raumf, Navigation) / strapdown installation ‖
zur ⁀ kommen (Schraube) / rest [on], take its bearing
[on] ‖ **⁀apparat** *m* (Buch) / feeder [mechanism], feeding
apparatus ‖ **⁀bedingt** / constitutional ‖ **⁀daten** *pl* (bei
Kernmaterialüberwachung) / design information ‖
⁀fläche *f* (allg) / bearing surface ‖ **⁀fläche** *f*
(Schleifscheibe) / hub ‖ **⁀fläche** (Kegelrad) / locating face ‖
⁀goniometer *n* (Krist) / contact goniometer ‖ **⁀kosten**
pl / first o. initial o. prime cost *pl*, cost of construction,
building o. construction expenses *pl*
anlagenabhängig (DV) / site-dependent, configuration
dependent
Anlagenbau u. -betrieb / terotechnology
anlagen·bezogen (DV) / site-oriented ‖ **⁀bildsteuerung** *f*
(Elektr) / system control panel ‖ **⁀fehler** *m* / system
error, system fault ‖ **⁀kennwerte** *m pl* / system
characteristics *pl* ‖ **⁀komplex** *m* / plants *pl*, facilities *pl*
‖ **⁀konfiguration** *f* / equipment configuration,
hardware o. system configuration ‖ **⁀mechaniker** *m* /
plant fitter ‖ **⁀programm** *n* (DV) / site program ‖
⁀schaltbild *n*, Geräteschaltbild *n* (Elektr) / appliance
connection scheme ‖ **⁀spezifisch** (DV) / system-
dependent ‖ **[industrielle] ⁀technik** / plant engineering
Anlageplan *m* (Bau) / plan of site, layout plan, plot,
drawing
anlagern *vt* (Chem) / add ‖ **sich ⁀** (Chem) / settle down
Anlagerung *f* (Chem) / addition [reaction] ‖ **⁀** (Geol) /
agglomeration, juxtaposition ‖ **⁀** (Polymere) / addition of
polymers ‖ **⁀ von Elektronen** [an] / electron caption,
attachment of electrons ‖ **⁀ von Schadstoffen**
(Katalysator) / adsorption
anlagerungs·fähig (Chem) / capable of addition reaction ‖
⁀fähigkeit *f* (Chem) / additive property ‖ **⁀reaktion** *f*,
Additionsreaktion *f* (Chem, Nukl) / addition reaction ‖
⁀verbindung *f* (Chem) / addition compound, additive
compound ‖ **⁀wahrscheinlichkeit** *f* / attachment
probability ‖ **⁀wasser** *n*, hygroskopisches Wasser (Geol)
/ hygroscopic moisture o. water ‖ **⁀wasser** *n*,
hygroskopisches Wasser / moisture of condensation
Anlage-stirnfläche *f* (Getriebe) / contact face ‖ **⁀weit**, in
der gesamten Anlage o. Fabrik / plantwide
Anlandung *f* (Hydr) / alluvion, alluvial deposit
Anlaß·..., Start... (Mot) / starting ‖ **⁀ätzung** *f* (Hütt) /
temper etch ‖ **⁀bad** *n* (Hütt) / tempering bath ‖
⁀batterie *f* (Kfz) / starter battery ‖ **⁀beständigkeit** *f*
(Stahl) / good tempering properties *pl*, retention of
hardness ‖ **⁀drehzahl** *f* / starting speed, cranking speed
‖ **⁀druckknopf** *m* (Kfz) / starter [push-]button, starting
button ‖ **⁀einspritzpumpe** *f* (Luftf) / primer
anlassen (Leichtmetall) / age artificially ‖ **⁀** (Hütt) / anneal,
draw the temper, temper, let down ‖ **⁀** (Masch, Mot) /
start ‖ **⁀**, Starten *n* (Mot) / cranking, starting ‖ **⁀** *n* (nach
dem Härten) (Stahl) / tempering ‖ **⁀ unter geringer
Last, [Halblast, Vollast]** / starting with low [o. half o.
full] load, low-[etc] load start ‖ **⁀ unter Luftabschluß**
(o. in Kisten) / close o. box o. pot annealing ‖ **⁀ vom
Fahrersitz aus** (Luftf) / in-seat starting ‖ **bei 200 °C
⁀** (o. nachlassen) (Hütt) / temper o. redraw to 200 °C ‖
Gebläse ⁀ (Hütt) / blow up the blast
Anlasser *m* (Kfz) / cranking o. starting motor, starter ‖ **⁀**,
Anlaßwiderstand *m* (Elektr) / starting resistor,
[rheostatic] starter ‖ **⁀ mit Langsamgang** / inching
starter ‖ **⁀ mit Langsamschaltvorrichtung** (Elektr) /

time-delay starter ‖ **⁀kabel** *n*, -leitung *f* (DIN) (Kfz) /
starter cable ‖ **⁀motor** *m* (Elektr) / starting motor ‖
⁀ritzel, -getriebe *n* / starter pinion o. gear ‖ **⁀schalter**
m (Kfz) / starting motor relay ‖ **⁀stromkreis** *m* (Fernm,
Kfz) / starting circuit
Anlaß·fahrschalter *m* (Bahn) / starting switch o. control ‖
⁀farbe *f* / annealing colour, temper[ing] colour ‖
⁀-Ferritisierung *f* / ferritizing by annealing ‖ **⁀flasche**
f / starting air cylinder ‖ **⁀gasturbine** *f* (Luftf) / turbo-
starter ‖ **⁀gefüge** *n* (Hütt) / structure as tempered ‖
⁀härte *f* / as tempered hardness ‖ **⁀härtung** *f* /
hardening by drawing o. tempering ‖ **⁀hebel** *m* / start-
stop lever ‖ **⁀hilfsgerät** *n*, Starthilfsgerät *n* / auxiliary
starting device ‖ **⁀-Hilfswicklung** *f* (Elektr) / starting
[auxiliary] winding ‖ **⁀kondensatormotor** *m* /
capacitor-start motor ‖ **⁀kranz** *m* (Kfz) / starting ring
gear ‖ **⁀luftsteuerung** *f* / starting air distribution ‖
⁀magnetschalter *m* (Kfz) / starting motor relay ‖
⁀motor *m* (Nähm) / sewing machine motor ‖ **⁀motor** *m*
(Mot) / cranking o. starting motor, starter ‖ **⁀motor**,
Schwungraddrehmotor *m* / barring motor ‖ **⁀nocken** *m*
(Kfz) / starting cam ‖ **⁀ofen** *m* (Hütt) / tempering furnace
‖ **⁀öl** *n* (Hütt) / annealing oil, tempering oil ‖ **⁀pumpe** *f*
(Vergaser) / starting pump ‖ **⁀rückschlagventil** *n* /
starter check valve ‖ **⁀schalter** *m* / starting switch,
switch starter ‖ **⁀schalter** *m* **kombiniert mit dem
Gaspedal** (o. Zündschloß) (Kfz) / coincidental starter
switch ‖ **⁀schalter** *m* **mit mehreren Schaltstellungen**
(Kfz) / multiple switch starter o. controller ‖
⁀schleifringläufermotor *m* (Elektr) / sliping motor
with brush-lifting and short-circuiting device ‖ **⁀schütz**
n (Elektr) / accelerating contactor ‖ **⁀schwere** *f*
(Verhältnis der Leistungsaufnahme) (Elektr) / starting
duty ‖ **⁀sprödigkeit** *f* (Hütt) / temper[ing] brittleness ‖
⁀spule *f* (Mot) / booster coil ‖ **⁀steuerwalze** *f* (Elektr) /
drum starter o. controller ‖ **⁀stufe** *f* (Elektr) / starter step
‖ **⁀stufe** *f* **eines Kontrollers** (Elektr) / starting position
o. point of a controller ‖ **⁀temperatur** *f* (Stahl) /
tempering temperature ‖ **⁀transformator** *m* (Elektr) /
starting transformer ‖ **⁀umschalter** *m* (Elektr) / starting
changeover switch ‖ **⁀ventil** *n* (Mot) / auxiliary o.
starting valve ‖ **⁀vergütung** *f* (Stahl) / hardening with
subsequent tempering ‖ **⁀verzahnung** *f* (Kfz) / toothing
of the flywheel rim ‖ **⁀walze** *f*, Kontrollerwalze *f* /
drum of the drum starter ‖ **⁀wert** *m* **des Schlickers**
(Email) / yield value ‖ **⁀wicklung** *f*, Hilfswicklung *f* zum
Anlassen / starting winding ‖ **⁀widerstand**, Anlasser *m*
(Elektr) / starting resistor, [rheostatic] starter ‖
gußeiserner ⁀widerstand (Bahn) / grid resistance ‖
⁀zahnkranz *m* / flywheel ring gear, starting gear ring
Anlauf *m*, Versuch *m* / attempt ‖ **⁀**, Vorlauf *m* (Wzm) /
run-on ‖ **⁀**, Anschlag *m* (Wzm) / stop ‖ **⁀**, Start *m*,
Anlaufen *n* (Mot) / start[ing] ‖ **⁀**, Anfänger *m* (Bau) /
springer, springing stone ‖ **⁀... s. auch Anlaß... ‖ ⁀...**,
Beschleunigungs... / accelerating ‖ **⁀ am Achsschenkel**
/ shoulder of the journal ‖ **⁀ der Nocke** (Mot) / cam
catch ‖ **⁀ der [Sperr]mauer** (Bau) / batter of the barrage
dam ‖ **⁀ unter geringer Last, [Halblast, Vollast]** /
low, [o. half o. full] load start ‖ **⁀wolkiger** **⁀** (Glhütt) /
whitish film ‖ **⁀automat** *m* (Textil) / automatic starting
device ‖ **⁀bahn** *f*, Startbahn *f* (Luftf) / runway ‖
⁀bedingungen *f pl* / start conditions *pl* ‖ **⁀belastung** *f* /
starting load ‖ **⁀buchse** *f*, -block *m* / gudgeon stop
block ‖ **⁀bund** *m* (Masch) / stop collar ‖ **⁀daten** *pl*,
Anlaßkennlinie *f* / start characteristics *pl* ‖
⁀[dreh]moment *n* / motor starting torque
anlaufen, anfahren / start ‖ **⁀** *vi*, angelassen werden (Mot,
Masch) / start acting o. working o. running ‖ **⁀**,
anschwellen / swell *vi* ‖ **⁀** (Bau) / slope, rise ‖ **⁀** (Schiff) /
touch, call [at] ‖ **⁀**, beschlagen (Fenster) / fog ‖ **⁀**,
schwitzen / show condensation, sweat ‖ **⁀**, blind
werden / tarnish *vi* ‖ **⁀** *n* (Farbe) / bloom[ing], blushing,
clouding ‖ **⁀**, Beschlag *m* auf Metall / tarnish ‖ **⁀ des
Spurkranzes** (Bahn) / striking of the flange against the

rail head ‖ ~ **lassen** (Masch, Mot) / start, set going ‖
belastet o. unter Last ~ / start under load ‖ **leer** ~ /
start without load, start with no load ‖ **probeweise o.
langsam** ~ **lassen** / jog (US) ‖ ~**lassen** (Draht) (Hütt) /
sull-coat
Anlauf·fläche *f* / stop[ping] face ‖ ~**flansch** *m* / stop o.
check flange ‖ ~**kohlenstoff** *m* (Hütt) / melt carbon,
melt-down C, carbon at melt down ‖ ~**kurve** *f* (Nocke) /
lift o. rise curve (of a cam) ‖ ~**länge** *f*, -strecke *f*,
Startlänge *f* (Luftf) / take-off distance ‖ ~**länge** *f* in
Pupinleitungen (Fernm) / first section of coil loading ‖
~**leistung** *f* / starting capacity o. output ‖ ~**palette** *f*
(Uhr) / warning piece ‖ ~**periode** *f* / starting period,
start-up ‖ ~**rad** *n* (Uhr) / warning wheel, moderator of
the clock-work ‖ ~**reibung** *f* / starting friction ‖ ~**relais**
n / starter relay ‖ ~**ring** *m* (Pumpe) / wearing ring of
pumps ‖ ~**rinne** *f* (Walzw) / approach channel ‖ ~**schritt**
m (Fernm) / start element o. pulse ‖ ~**schutz** *m* / tarnish
preventive ‖ ~**schütz** *n* (Elektr) / accelerating contactor ‖
~**schwierigkeiten** *f* pl / first-time production
difficulties, teething troubles *pl* ‖ ~**steigung** *f* (mit
Anlauf zu befahrende Steigung) (Bahn) / incline
overcome by forward impetus ‖ ~**stift** *m* (Uhr) /
moderator ‖ ~**strecke** *f* (Heizofen) / flue ‖ ~**strecke** *f*
(Strömung) / entrance region, entry region ‖ ~**strom** *m* /
starting current ‖ ~**strom** *m* (Röhren) / residual current ‖
~**verlust** *m* / starting loss ‖ ~**vorgang** *m*, Anlauf *m* /
starting process ‖ ~**wärme** *f* / starting heat ‖ ~**wert** *m*,
Ansprechzeit *f* (Regeln) / reaction time o. period ‖ ~**wert**
m (Meßinstr) / reaction time o. period ‖ ~**winkel** *m*
(Bahn) / striking angle ‖ **[größter]** ~**winkel**
(Kabeltrommel) / fleet angle ‖ ~**wippe** *f* (Uhr) / flirt ‖
~**zeit** *f* / starting time ‖ ~**zeit** *f* (Regeln) / rise o. build-up
time, response time ‖ ~**zeit** *f* (Reaktor) / equilibrium o.
starting time ‖ ~**zustand** *m*, -stromgebiet *n* (Röhre, Funk)
/ residual-current state
Anlege·apparat *m*, Anleger *m* (Buch) / sheet feeder,
feeding attachment ‖ ~**boje** *f* / mooring buoy ‖
~**goniometer** *n* (Krist) / contact goniometer ‖ ~**hub** *m*
(Bremse) / application stroke ‖ ~**instrument** *n* (Elektr) /
clip-on instrument, tong-test instrument ‖ ~**kante** *f*,
Führungskante *f* / guide edge, lay edge ‖ ~**kante**,
Vorderkante *f* (Formular) / leading edge ‖ ~**leiter** *f* /
simple ladder ‖ ~**marke** *f* (Repro) / centering arrows *pl* ‖
~**marke** (Buch) / lay mark ‖ ~**maschine** *f* (Spinn) /
spreader, spreadboard, spreading machine ‖ ~**maßstab**
m / contact rule
anlegen [an] *vt* / put [against] ‖ ~ (Bau) / set up, erect ‖ ~
(Spinn) / spread ‖ ~, bauen, ausführen (Bau) / lay on o.
down, construct ‖ ~, errichten / edify ‖ ~, kolorieren /
colour, color (US) ‖ ~ *vi* (Schiff) / land ‖ ~ *n* des
Fundaments (Bau) / planting ‖ ~ **einer Sprengkammer**
/ excavation of a blasting chamber ‖ **Bogen** ~ (Repro,
Buch) / feed ‖ **eine Straße** ~ (o. bauen) / lay down o.
construct a road ‖ **Spannung** ~ / feed
Anlege·öl *n* (Maler) / oil gold size ‖ ~**ponton** *m*, Vorleger
m (Hafen) / landing ponton o. stage ‖ ~**schiene** *f* (Buch) /
feeder guide bar ‖ ~**stab** *m*, -holz *n* (Seidenspinn) / piecer
‖ ~**strommesser** *m* / tong-test ammeter, clip-on
ammeter ‖ ~**tisch** *m* (Spinn) / feed table, spreading
lattice ‖ ~**trommel** *f* (Offset) / feed drum ‖ ~**wandler** *m*
(Elektr) / split core type transformer ‖ ~**winkel** *m* (Buch)
/ feed angle ‖ ~**winkel** *m* **von 90⁰** / try square ‖
~**winkelmesser** *m*, -goniometer *n* *m* / contact
goniometer
anlegiertes Pulver (Sintern) / partially alloyed powder
anlehnen (Bau) / build [against o. on] ‖ **sich** ~ [an], sich
stützen [auf] / lean against
anleimen, verleimen / glue
Anleimer *m* (Tischl) / edge band
Anleimmaschine *f* (Bb) / glueing machine
Anleitung *f* / instructions *pl*, directions *pl*
Anlenkbolzen *m*, Kurbelzapfen *m* des angelenkten Pleuels
(Mot) / wrist o. knuckle pin

anlenken / couple, link
Anlenkpleuelstange *f* / articulated o. link rod
Anlern·lohn *m* / learner's wage rate ‖ ~**zeit** *f* / training
period ‖ ~**zeit** *f*, -dauer *f* (F.Org) / learning time,
training period
Anleuchtgerät *n*, Anstrahler *m* / floodlight [projector]
Anleuchtungswinkel *m* / entrance angle
Anlieferung *f* / delivery, consignment
Anlieferungs·zustand *m* / state o. condition at time of
supply ‖ ~**zustand** *m* (Gußteil) / as cast state ‖
Duktilität *f* im ~**zustand** (Ni-Legierung) / as-cast
ductility (Ni-alloy)
anliegen, dicht o. eng o. satt ~ / sit close ‖ **eng** ~ (Masch) /
fit close[ly]
anliegend, benachbart / adjacent ‖ ~ (Weichenzunge) /
closed ‖ ~, daran befindlich / close[-lying] ‖ ~,
anstoßend, angrenzend / adjacent ‖ ~**-tangierend** (Math)
/ escribed
Anlieger *m*, Anrainer *m* / adjoining owner ‖ **für** ~ **frei** /
no public throughfare ! ‖ ~**straße** *f* (entlang einer
Fernverkehrsstraße) / service road ‖ ~**weg** *m* /
accommodation road
anlösen, ätzen (Oberflächen) / etch
anlöten / solder [on]
anmachen (o. anrühren) (Mörtel) / temper o. beat-up o.
puddle the mortar ‖ ~ *n* des Mörtels / ga[u]ging of
mortar ‖ **Feuer** ~ / light a fire
Anmacher *m* (Bwoll) / piecer
Anmachwasser *n* (für Beton) (Bau) / mixing water (for
concrete)
Anmaischen (Kohle) / slurrying
anmalen, anstreichen / paint
Anmeldedatum *n*, -tag *m* (Patent) / application date
anmelden, Bedarf ~ / define requirements ‖ **ein
Gespräch** ~ (Fernm) / call the operator ‖ **ein Patent** ~ /
apply for a patent ‖ **eine Terminalsitzung** ~ (DV) / log-
on, sign-on [to]
anmeldepflichtig / subject to registration
Anmelder *m* (Patent) / applicant ‖ ~ (Fernm) / calling
subscriber
Anmelde·stelle *f*, -zentrale *f* (Fernm) / originating
exchange ‖ ~**verfahren** *n* (DV) / sign-on, log-on ‖ ~**zeit**
f (Fernm) / request time ‖ ~**zeit** *f* (Ölbrenner) / response
time after cutting-in
Anmeldung *f*, Logon *n* / log-on ‖ ~ (Patent) / application
‖ ~ (Gespräch) (Fernm) / booking of a call ‖ ~ **einer
Terminalsitzung** (DV) / logging-on of a terminal
session
Anmerkung *f*, Bemerkung *f* (DV) / comment, annotation
Anmischbehälter *m* (Bergb, Konzentr) / conditioner
anmontieren / mount on [to]
Annabergit *m*, Nickelblüte *f* (Min) / annabergite
annageln [an] / nail [up o. on], pin [to] ‖ ~, festnageln /
pin [together], nail ‖ ~ *n* von Leisten (Bau) / strapping
annähen / sew on
annähernd, angenähert / approximate, -mative ‖ ~ **gleich**
(Math) / approximately equal [to] ‖ ~**es Quadrat**,
annähernder Würfel / quadrate *n*
Annäherung *f* / approach ‖ ~ (allg, Math) / approximation
‖ ~ **in Genauigkeit** / approximation in accuracy ‖ ~ **mit
fortschreitenden Versuchswerten** / trial-and-error
method ‖ ~ **von Linien** (Math) / convergence
Annäherungs·abschnitt *m* (Bahn) / approach section ‖ **mit**
~**beleuchtung** (Bahn) / approach lighted ‖
~**beleuchtung** *f* **für Signale** (Bahn) / approach lighting ‖
~**detektor** *m*, -initiator *m* / proximity detector ‖
~**geschwindigkeit** *f* / approach speed ‖ ~**grad** *m* /
degree of approximation ‖ ~**navigation** *f* (Luftf) /
approach navigation ‖ ~**schalter** *m* / proximity switch ‖
~**verschluß** *m*, (früher) Anrücksperre *f* (Bahn) /
approach lock[ing] ‖ ~**zünder** *m* (Mil) /
[radio-]proximity fuse ‖ ~**zünder** *m* (Schiff) / magnetic
proximity fuse

Annahme, Voraussetzung f / assumption, supposition ‖ ~ f, Warenannahme f / acceptance, reception ‖ ~kennlinie f (Qual Pr) / OCC, operating characteristic curve ‖ ~prüfung f / acceptance inspection ‖ ~prüfung f bei Eingabe / acceptance on input test
Annalin n, Annaline f, Milchweiß n (Pap) / unburnt [powdered] plaster
Annatto, Methylgelb n (Färb) / annatto, methyl yellow
annehmbar, brauchbar / acceptable, admissible, tolerable ‖ ~e Qualitätslage, AQL / acceptable quality level, AQL ‖ ~e Zuverlässigkeitslage / acceptable reliability level, ARL
annehmen, einsaugen / absorb ‖ ~, empfangen / accept ‖ ~, voraussetzen / presume, suppose, surmise ‖ ~ (Kalk, Öl) / suck in ‖ Beize ~ / seize the mordant ‖ Formen ~ / take on forms o. shapes
Annehmlichkeit, mit allen ~en (Bau) / with full amenities
annieten / fasten by rivets, rivet on [to]
Annietmutter f / plate nut (DIN 987)
Annihilation f (Paarvernichtung) (Phys) / annihilation
annuell, annual (Bot) / annual
annullieren / cancel, delete, cross out
Anode f (der Photodiode) / collector ‖ ~ / anode ‖ ~ (des MOSFET) (Elektronik) / drain of MOS-FET
Anoden·abstimmkreis m / tuned-anode circuit ‖ ~ankopplung f / tuned-anode coupling ‖ ~anschluß m, -klemme f / anode plate, anode terminal ‖ ~basisverstärker m, Kathodenverstärker m (Elektronik) / grounded anode amplifier, grounded plate amplifier, cathode amplifier, cathode-coupled circuit ‖ ~batterie f / anode battery, high-tension battery, plate battery, B-battery (US) ‖ ~ -Bereitschaftsspannung f (Elektronik) / anode voltage before breakdown ‖ ~betriebsspannung, -speisespannung f / anode supply voltage ‖ ~blende f, anode diaphragm ‖ ~detektor m / anode bend o. plate bend detector ‖ ~dichte f / anodic density ‖ ~dunkelraum m / anode dark space ‖ ~durchführung f / anode feedthrough ‖ ~emission f (Elektronik) / back emission ‖ ~entladung f / anode discharge ‖ ~fall, -verlust m / anode drop o. fall ‖ ~film m (Galv) / anode film ‖ ~gekühlte [Sende]röhre / cooled anode [transmitting] valve, CAT ‖ ~gleichrichter m / anode rectifier, plate o. anode detector ‖ ~gleichrichtung f / anode [bend] rectification ‖ ~gleichspannung f / anode D.C.-voltage ‖ ~glimmlicht, -glimmen n (Elektronik) / anode o. positive glow ‖ ~glimmlicht n / anode glow ‖ ~kaltspannung f / cold anode voltage ‖ ~kapazität f / plate capacity ‖ ~kapazität f gegen Gitter, Anoden-Gitter-Kapazität f / anode-grid capacitance ‖ ~kapazität f gegen Kathode, Anoden-Kathoden-Kapazität f / anode-cathode capacitance ‖ ~kennlinie f, Anodenstrom-, Anodenspannungskennlinie f / anode [current] characteristic, tube characteristic, dynamic characteristic ‖ ~klemme f, -anschluß m (Kath.Str) / anode plate ‖ ~koppelleitung f (Röhre) / anode strap ‖ ~kreis m / plate to filament circuit ‖ ~kreisspule f / plate o. anode coil ‖ ~kühlblech n / anode heat sink o. heat dissipator ‖ ~leistung f / anode efficiency ‖ ~meßeinrichtung f / anode current measuring apparatus ‖ ~modulation f / plate [circuit] modulation, anode modulation ‖ ~netzanschluß m (Elektronik) / high-tension battery eliminator, battery o. B-eliminator ‖ ~neutralisation f / anode o. plate neutralization ‖ ~polarisierung f (Galv) / anode polarization ‖ ~relais n / relay for plate potential ‖ ~rückkopplung f / plate o. anode feedback ‖ ~rückwirkung f, Rückwirkungsleitwert m (Elektronik) / feedback admittance o. susceptance ‖ ~ruhestrom m / feed current ‖ ~sack, -beutel m, -tasche f (Galv) / anode bag ‖ ~sättigungsspannung f / anode saturation voltage ‖ ~schlamm m (Raffinerie) / anode slime o. mud ‖ ~schutzgitter, -schutznetz n / anode screen[ing] grid ‖ ~schutzwiderstand m / anode stopper ‖ ~schwamm m (Blei) / anode sponge ‖ ~schwanz m (untere Krümmung

der Anodenkennlinie) (Elektronik) / bottom o. anode bend ‖ ~seitig steuerbarer Thyristor / N-gate thyristor ‖ ~spannung f / anode o. plate potential o. voltage ‖ ~spannung f, Stahlspannung f (Elektronik) / beam voltage ‖ ~spannung f (Photodiode) / collector voltage ‖ ~spannungsabfall m s. Anodenfall ‖ ~spannungsmodulation f / constant current modulation, choke modulation ‖ ~spannungsteiler m (Widerstandskette) (Elektronik) / bleeder [chain] ‖ ~speisespannung f / anode supply voltage ‖ ~sperrspannung f / inverse anode voltage ‖ ~stange f (Galv) / anode carrying rod ‖ spezifische ~stärke / anodic density ‖ ~stift m / anode pin ‖ ~strahlung f, -strahlen m pl / positive o. anode rays pl ‖ ~strapp m (Röhre) / anode strap ‖ ~strom m / plate o. anode current ‖ ~strombegrenzer m / anode current limiter ‖ ~stromcharakteristik, Röhrenkennlinie f / anode [current] characteristic, tube o. valve characteristic, dynamic characteristic ‖ ~stromgegenkopplung f (Elektronik) / negative anode current feedback ‖ ~stromkennlinie f, Röhrencharakteristik f / anode current characteristic ‖ ~stromkreis m / plate o. anode circuit ‖ ~stromversorgung f / anode current supply ‖ ~tastung f / plate o. anode keying ‖ ~trafo m / anode supply transformer ‖ ~verlust, -fall m / anode drop o. fall ‖ ~verlustleistung f / anode dissipation ‖ ~verstärker m / anode follower ‖ ~wechselspannung f / anode A.C. voltage ‖ ~wechselstrom m / anode A.C. ‖ ~wechselstromleitwert m / differential anode conductance ‖ ~widerstand m, -wechselstromwiderstand m / anode [A.C.] resistance ‖ ~wirkungsgrad m / anode o. plate efficiency ‖ ~zündspannung f / anode breakdown voltage ‖ ~zündspannung f (Thyratron) / peak anode breakdown voltage ‖ ~zündung f / anode breakdown
anodisch / anodic, anodal ‖ ~ (Galv) / electrochemical, anodic ‖ ~e Entfettung (Galv) / anodic cleaning ‖ ~e Färbung o. Passivierung / dyeing in anodizing ‖ ~er Korrosionsschutz / plate protection ‖ ~e Oxidation / anodic o. electrolytic oxidation ‖ ~ oxidieren / oxidize, anodize ‖ ~ polieren / electrobrighten, electropolish, anode-brighten ‖ ~es Polieren / electrolytic polishing, electropolishing, -brightening, reverse current polishing, anodic brightening ‖ ~es Reinigungsbad (Galv) / electrochemical o. electric cleaner ‖ ~er Überzug / anodic coating
Anodisieren, Eloxalverfahren n / electrolytic oxidation process, anodic oxidation [treatment]
Anolyt m (der die Anode umgebende Elektrolyt) / anolyte
anomal / anomalous ‖ ~, anormal / anomalous, abnormal
Anomalie f, Abnormalität f / anomaly ‖ ~ (Winkel des Radiusvektor) (Astr) / polar angle
anomalistisch (Astr) / anomalistic
Anomaloskop n (Opt) / anomaloscope
anomer (Chem) / anomer
Anonaöl n (für die Parfümerie) / ylang-ylang oil, cananga oil
anoptisch (Opt) / anoptic
anordnen, anbringen / arrange, contrive, provide ‖ ~, festsetzen / ordain ‖ ~, ordnen / order ‖ ~, plazieren / arrange, place ‖ ~, vorsehen / arrange, provide
Anordnung f, Anlage f / arrangement, laying out ‖ ~, Gruppierung f / arrangement, array ‖ ~, Aufstellung f / line-up ‖ ~, Unterbringung f / placing ‖ ~, Weisung f / prescript, direction, rule ‖ ~ / arrangement ‖ ~, Gesamtordnung f / arrangement, disposition, scheme, ordering ‖ ~, Struktur f / structure ‖ ~, Gestaltung f (Gieß) / lay-out ‖ ~, Konfiguration f / configuration ‖ ~ des Getriebegehäuses (Kfz) / gearbox position ‖ ~ im Speicher / layout of storage ‖ ~ in Zeilen / lineation ‖ ~ nach der Größe / arrangement according to size ‖ ~ senkrecht / plumbing ‖ festgelegte ~ von Buchstaben, Feld, Format n (DV) / format ‖ räumliche ~ der Atome (Nukl) / diffraction pattern

Anordnungsplan

Anordnungsplan *m* / layout
anorganisch (Chem) / inorganic, mineral ‖ ~e **Analyse** / inorganic analysis ‖ ~er **Binder** / inorganic binder ‖ ~e **Chemie** / inorganic chemistry ‖ ~es **Glas** / [mineral] glass ‖ ~es **Pigment** (Färb) / body o. mineral colour ‖ ~e **Verbindung** / inorganic compound
anormal *adj* / abnormal, anomalous ‖ ~er **Skin-Effekt** (Raumf) / anomalous skin effect
Anorthit *m,* Kalkfeldspat *m* (Min) / anorthite
Anortho·klas *m* (Min) / anorthoclase ‖ ~sit *m* (Geol) / anorthosite
Anorthosit *m* / anorthosite
anpacken, eine Arbeit ~ / attack a work
Anpaß *m* (Dreh) / projection, shoulder
anpassen, akkommodieren (Opt) / accommodate, adapt ‖ ~, passend machen / adapt, adjust, accommodate, suit, make fit ‖ ~, assimilieren / assimilate ‖ ~, umwandeln / convert, adapt ‖ ~, aufpassen / fit on o. to, fix, match ‖ ~, abpassen / proportion ‖ ~, eingewöhnen / acclimatize, accustom ‖ ~ *n,* Einpassen *n* (Masch, allg) / adjusting, adjustment, fitting [work] ‖ ~ **der Glasur** / fitting of the glaze ‖ **nicht richtig** ~ / mismatch ‖ **sich** ~ **[an], sich richten [nach]** / conform [to]
Anpaß·körper *m* (Wellenleiter) / slug ‖ ~**optimum** *n* / matched load ‖ ~**regelung,** adaptive Regelung *f* / adaptive control ‖ λ/4 ~**stück** *n* (Wellenleiter) / phasing section ‖ ~**teil** *m n,* Adapter *m* / adapter ‖ ~**teil** *n* (Roboter) / interface
Anpassung, Akklimatisierung *f* / acclimat[iz]ation, acclimation ‖ ~, Akkommodation *f* / accommodation ‖ ~ *f,* Adap[ta]tion *f* / adaptation ‖ ~, Korrektur *f,* (z.B. von Meßwerten) / adjustment, reduction ‖ ~, Assimilation *f* / assimilation ‖ ~, Angleichung *f* / conformation ‖ ~ (DV) / matching ‖ ~ *f* **an das Kundensystem** (DV) / system integration ‖ ~ *f* **an Kundenwünsche** / customization ‖ ~ **an Weltraumbedingungen** / space conditioning
Anpassungs·..., Akkommodations... / accommodating ‖ ~**...,** / matching ‖ ~**atmosphäre** *f* (Versuch) / conditioning atmosphere ‖ ~**blende** *f* (Hohlleiter) / resonant diaphragm ‖ ~**dämpfung** *f* (Fernm) / matching attenuation ‖ ~**einheit** *f* (Elektronik) / adapter unit ‖ ~**fähig** / adaptive ‖ ~**fähig,** vielseitig / flexible, versatile ‖ ~**fähig machen** (Bot) / acclimatize, naturalize (US) ‖ ~**fähigkeit** *f,* -vermögen *n* / accommodating power, adaptability ‖ ~**fähigkeit** *f,* Flexibilität *f* / flexibility, versatility ‖ ~**fähigkeit** *f,* Systemstabilität *f* (DIN 40042) / dependability ‖ ~**fähigkeit** *f,* Lernfähigkeit *f* (Roboter) / compliance ‖ ~**fähigkeit** *f,* Adaptionsvermögen *n* / adaptability ‖ ~**faktor** *m* (Elektr) / inverse standing wave ratio ‖ ~**filter** *n* (Elektr) / impedance transforming filter ‖ ~**glied** *n,* Adapter *m* / adapter ‖ ~**koeffizient,** -fehler *m* (Fernm) / return current coefficient ‖ ~**leitung** *f* (Wellenleiter) / matching stub ‖ ~**netzwerk** *n* (Fernm) / four-wire network ‖ ~**parameter** *m* / fitting parameter ‖ ~**programm** *n,* Postprocessor *m* (DV) / postprocessor ‖ ~**reaktion,** Modifikation *f* (Bot) / modification ‖ ~**schaltung** *f* (Fernm) / accommodating connection ‖ ~**schaltung** *f* (DV) / matching equipment ‖ ~**schaltung** *f,* Schnittstellenleitung *f* (DV) / interface circuit ‖ ~**streifen** *m* (Wellenleiter) / matching strip ‖ ~**trafo** *m* (bes. zum Einschrauben in Lampenfassungen) / adapter transformer ‖ ~**trafo** *m,* -transformator *m* (Ultraschall) / matching transformer ‖ ~**trafo** *m,* -transformator *m* (Indukt Wärme) / workhead transformer ‖ ~**trafo, -transformator für Impedanzen** / impedance corrector ‖ ~**-Übertrager** *m* (Elektronik) / interstage transformer ‖ ~**übertrager** *m* **für Lautsprecher** / sound output transformer ‖ ~**-Übertrager für Röhren** / intervalve transformer ‖ ~**wirkungsgrad** *m* / adaptation efficiency ‖ ~**zeit** *f* (Instr) / preconditioning time
anpeilen (Schiff) / take a bearing

Anpeilung *f,* Auffinden *n* (Fremdobjekte) / locating, localizing ‖ ~ (Schiff) / taking a bearing
AN-Peilung *f* (Luftf) / AN direction finding
Anpfahl *m,* Quetschholz *n* (Bergb) / head block o. board, cap piece
Anpfropfung *f* (Zimm) / assembling butt on butt
ANPN-System *n* (Oktanzahl) / Army-Navy-Performance Number, A.N.P.N.
Anprall, Aufprall *m* / shock, impact, dash, bound
anprallen [gegen] / dash o. bound [against]
Anpreß·balken *m* / clamp[ing] bar ‖ ~**druck** *m* (Kolbenring) / piston ring pressure ‖ ~**druck** *m* / pressure o. force [acting against] ‖ ~**druck** *m* (Bremse) / application force ‖ ~**druckkraft** *f* (des Stromabnehmers) (Bahn) / contact pressure (of the pantograph)
anpressen / press [against]
Anpreß·hydraulik *f* (Pap) / hydraulic system for the press rolls ‖ ~**kraft** *f* / force o. pressure acting against
Anpressung *f,* Andruck *m* (Buch) / contact pressure
anräuchern / smoke[-dry] slightly
anrauhen, besporen (Bau) / prick-up, roughen ‖ ~, Mattieren *n* (Bau) / deadening
anregen / incite, stimulate ‖ ~, erzeugen / spin-off *v* ‖ ~ (Phys, Nukl) / excite ‖ ~ (Fernm) / start up
Anreger, Flotationszusatz *m* (Bergb) / activator
Anregung *f* / incitation, stimulation, spin-off (US) ‖ ~, Stimulus *m* / stimulus ‖ ~ (Phys, Nukl) / excitation
Anregungs·arbeit *f* (Phys) / excitation state o. level ‖ ~**band** *n* (Phys) / excitation band ‖ ~**energie** *f* (Phys) / excitation energy ‖ ~**funktion** *f* / excitation function ‖ ~**impuls** / exciting pulse ‖ ~**spannung** *f* (Gasionisation) / exciting potential, excitation o. resonance potential ‖ ~**wahrscheinlichkeit** *f* / excitation probability ‖ ~**zustand** *m* (Atom) / excited state o. condition, state of excitation
Anreibe·film *m* / dry-transfer film ‖ ~**verfahren** *n* (für dünne Metallüberzüge) / cold plating, plating by rubbing o. friction
anreichern (Chem) / enrich, strengthen ‖ ~, einengen (Chem) / concentrate ‖ ~ (Erz, Bergb) / upgrade, beneficiate, concentrate ‖ ~ (Nukl) / enrichment, enriching ‖ **sich** ~ / build up
Anreicherung *f* (Bergb) / upgrading, beneficiation, grading of ores, ore o. mineral dressing o. processing ‖ ~, Konzentration *f* (Hütt) / concentration, concentrating, preparation ‖ ~ **mit Kohlensäure** / carbon[at]ation ‖ **grobe** ~ (Erz) / ragging, framing
Anreicherungs·anlage *f,* Anreicherungsbetrieb *m* / enrichment plant ‖ ~**betrieb** *m* (Halbl) / enhancement-mode operation ‖ ~**faktor** *m* (Nukl) / enrichment o. separation factor ‖ ~ **-Isolierschicht- Feldeffekt-Transistor,** Anreicherungs-IG-FET *m* / enhancement-type field-effect transistor ‖ ~**methode** *f* (Chem) / build-up method ‖ ~**methode** *f* / build-up method ‖ ~**produkt** *n,* Schlich *m* (Hütt) / concentrate, -trates *pl* ‖ ~**randschicht** *f* (Halbl) / enhancement marginal zone ‖ ~**schicht** *f* (Halbl) / enrichment layer ‖ ~**transistor** *m* / enhancement transistor ‖ ~**ventil** *n* (Kfz) / power valve ‖ ~**verfahren** *n* (Lecksuche) / accumulation method ‖ ~**vorgang** *m* (Chem, Hütt) / enriching process
anreihen / string, attach [to], add [to]
Anreihverteiler *m* (DIN) (Elektr) / terminal junction
anreißen *vt,* einreißen *vt* / begin tearing ‖ ~ *n* (Schiff) / lofting ‖ ~, vorreißen (Masch) / mark, scribe, trace, delineate ‖ ~ (z.B. Bohrungen) (Uhr) / plant ‖ ~ *vi* / crack superficially ‖ ~ *n* (Wzm) / laying out
Anreißer *m* (Wz) / scriber ‖ ~ *n* (Uhr) / flirt ‖ ~ *n* (Arbeiter) / marker, scriber
Anreiß·feder *f* (Uhr) / clock-starting spring ‖ ~**kopie** *f* (photographische Anzeichnung von Werkstücken) (Wzm) / photo lofting ‖ ~**lehre** *f* / marking o. scribing gauge ‖ ~**maß,** Wurzelmaß *n* (Stahlbau) / marking off dimension, tracing dimension ‖ ~**nadel,** -spitze *f*

50

(Masch) / scriber, marking tool ‖ **⁓platte** f / surface plate, marking[-off] table o. plate ‖ **⁓winkel** m / scriber's square, try square

anreizen (Fernm) / start up

anreizend, stimulierend / stimulant

Anrempeln n (Grubenwagen, Hütt) / pushing the tubs into the cage

anrennen [gegen] / bump [against]

Anrichte f (Bau) / sideboard ‖ **⁓**, Pantry f (Schiff) / pantry

anrichten / prepare, arrange

Anriß m / incipient crack o. fracture, superficial fissure, cleft ‖ **⁓** (Holz) / check ‖ **⁓**, Anbruch m im tiefgezogenen Blech / deep-drawing crack ‖ **⁓**, Anbruch m / superficial fissure ‖ **⁓prüfung** f / fissure test

anritzen, schrammen / slit slightly

Anrollbahn f zum Start (Luftf) / taxi lane

anrollen, niederrollen (Gummi) / stitch

Anrollstart m (Luftf) / rolling take-off

Anruf m / telephone call o. connection o. conversation o. communication, [originating] call ‖ **nicht zustandegekommener ⁓**, Fehlanruf m (Fernm) / lost call ‖ **⁓apparat** m / call signal apparatus ‖ **⁓batterie** f / calling battery ‖ **⁓beantworter**, Antwortgeber m (Fernm) / telephone responder o. answerer ‖ **⁓betrieb**, -verkehr m (Fernm) / straightforward junction working, direct trunking

anrufen / ring up, call up

anrufend (Fernm) / calling adj ‖ **⁓er Teilnehmer**, A-Teilnehmer m (Fernm) / caller, calling sub[scriber]

Anrufender, als ⁓ / being caller

Anruf·glocke f, -wecker m (Fernm) / call bell ‖ **⁓induktor** m (Fernm) / magneto [inductor], calling magneto[-generator] ‖ **⁓klappe** f (Fernm) / switchboard drop, drop shutter ‖ **⁓lampe**, Ruflampe f / line lamp, calling[-in] lamp ‖ **⁓leitung** f zum Meldefernplatz (Fernm) / recording completing circuit (GB) o. trunk (US) ‖ **⁓ordner**, -verteiler m (Fernm) / allotter, consecution controller ‖ **⁓relais**, Linienrelais n (Fernm) / line relay o. contactor, call relay ‖ **⁓schaltung** f / calling connection scheme ‖ **⁓schrank** m / calling concentrator ‖ **⁓schranke** f (Bahn) / on-call barrier ‖ **⁓signal** n, -zeichen n (Fernm) / line signal ‖ **⁓sucher** m (Fernm) / call finder, line finder o. selector o. switch, finder switch ‖ **⁓taste** f (Fernm) / call button of a multiple switch board ‖ **⁓technik** f (zentrales Abrufen von Informationen) (DV) / polling ‖ **⁓teilung** f (Fernm) / call sharing ‖ **⁓tisch** m (Fernm) / concentrating table ‖ **⁓ -Übernahme** f (Fernm) / pick-up facility ‖ **⁓umschaltung** f (Fernm) / transfer to another number ‖ **⁓verteiler** m (Fernm) / call distributing o. receiving switch, hunting switch ‖ **⁓vorrichtung** f / calling device ‖ **⁓vorrichtung** f mit Rückstellung (Fernm) / throwback indicator ‖ **⁓wecker** m (Fernm) / call bell ‖ **⁓welle** f / calling wave ‖ **⁓wiederholung** f / call repeating ‖ **⁓zeichen** n (Bahn, Rangieren) / calling-on signal ‖ **⁓zeichen** n (Fernm) / line signal ‖ **⁓zusammenfassung** f (Fernm) / concentration of incoming calls, call concentration

Anrührbehälter m (Bergb, Konzentr, Bau) / conditioner

anrühren (Chem) / mix, compound ‖ **⁓**, berühren / contact v, touch ‖ **⁓** n des Mörtels / mixing mortar o. cement

anrußen (Kokille) / reek

Ansage f / announcement ‖ **automatische ⁓** (Fernm) / playout message ‖ **⁓mikrophon** n / announcing microphone

ansägen / give a cut with the saw

Ansager, Rundfunksprecher m / announcer, narrator, speaker

ansammeln / assemble, pile up ‖ **⁓**, speichern / accumulate ‖ **sich ⁓** / accumulate, collect, gather

Ansammlung, Anhäufung f / accumulation ‖ **⁓**, Schar f / assemblage ‖ **⁓**, Masse f / mass

Ansammlungs·behälter m, -tank, Regenklär-, -wasserbecken n / storm water tank o. reservoir ‖ **⁓mittel** n (Aufber) / collector agent, promoter

Ansatz m (Schraube) / dog point ‖ **⁓**, Anpaß m (Dreh) / projection, shoulder ‖ **⁓**, Mitnehmer m (Masch) / carrier, catch, driver, dog ‖ **⁓**, Vorsprung m, Paßleiste f (Masch) / fitting strip ‖ **⁓** (am Flansch) / neck (of a flange) ‖ **⁓**, Nase f (Masch) / nose, heel, lug, projection, shoulder, set-off ‖ **⁓**, hervortretendes Stück, z.B. [angearbeiteter] Nietansatz / stud ‖ **⁓**, Nase f (an bewegten Teilen) (Masch) / tappet ‖ **⁓**, angesetztes Stück / thing annexed ‖ **⁓**, Verlängerung f / lengthening piece, piece joined on ‖ **⁓**, Kruste f / crust, incrustation, deposit, accretion[spl] **ansäuerbar** / acidifiable

ansäuern (Teig) / leaven (dough)

Ansaug·abschluß m (Mot) / cut-off ‖ **⁓druck** m (Vakuum) / intake o. inlet o. fine-side pressure ‖ **⁓druck** m (Mot) / intake pressure

ansaugen / take in ‖ **⁓** (Flüssig) / draw-off ‖ **⁓** n / intake, suction ‖ **⁓** (Pumpe) / lighting ‖ **zum ⁓ bringen**, ansaugen lassen (Pumpe) / light (a pump), prime, fetch ‖ **⁓lassen** n (Pumpe) / priming

Ansauge·pumpe f / priming pump ‖ **⁓schlitz** m (Dampfm, Mot) / port ‖ **⁓vorrichtung** f (Stufenpresse) / suction blank feed attachment

Ansaug·filter m n / suction extractor o. filter ‖ **⁓geräuschdämpfer** m / inlet silencer, intake muffler ‖ **⁓[hilfs]ventil** n (Pumpe) / primary valve ‖ **⁓höhe** f, Hubhöhe f (Pumpe) / suction height ‖ **⁓hub**, -takt m (Mot) / intake o. induction o. suction stroke ‖ **⁓ -Körnergebläse** n / aspirated-air grain conveyor ‖ **⁓krümmer** m, -leitung f (Mot) / induction pipe o. elbow, intake o. suction manifold ‖ **⁓leistung** f / suction capacity ‖ **⁓leitung** f, Ansaugrohr n (Mot) / suction pipe ‖ **⁓luft** f / intake air ‖ **⁓ -Lufteinspritz-Reaktor** m (Kfz) / manifold air oxidation system ‖ **⁓luft-Temperaturregelung** f (Kfz) / air intake temperature control ‖ **⁓luftverteiler** m (Mot) / induction o. inlet manifold ‖ **⁓luftvorwärmer** m, Vergaserluftanwärmer m (Mot) / intake air heater, carburettor air heater o. heat jacket ‖ **⁓ -Normzustand** m (Kompressor) / standard inlet condition ‖ **⁓öffnung** f, Einlaß m / aspirating hole o. mouth o. port, intake ‖ **zentrale ⁓öffnung** (Turbokompr) / eye, central inlet passage ‖ **⁓platte** f (Repro) / vacuum holder ‖ **⁓raum** m des Injektors / steam cone of the injector ‖ **⁓rohr** n / suction pipe ‖ **⁓rohr** n für Kurbelgehäusebelüftung (Kfz) / road draft tube ‖ **⁓schacht** m / air intake scoop ‖ **⁓schlauch**, Zuführschlauch m / suction hose ‖ **⁓schlauch für Löschmittelzusätze** (F'wehr) / pick-up hose ‖ **⁓seite** f (Mot) / induction side, inlet side ‖ **⁓strahlgeschwindigkeit** f (Mot) / velocity of inflow ‖ **⁓stutzen** m / aspiration hole o. mouth o. port, air intake fitting ‖ **⁓takt** m (Mot) / intake o. induction o. suction stroke ‖ **⁓trichter** m (Turbine) / suction head ‖ **⁓ - u. Auspuffkrümmer** m / intake and exhaust manifold

Ansaugung f, Einlaß m (Mot) / induction

Ansaug·ventil n / admission valve, inlet o. intake valve, sucking o. suction valve ‖ **⁓ventil** n (Pumpe) / priming valve ‖ **⁓volumen** n (Mot) / intake o. suction volume ‖ **⁓zylinder** m (Gebläse) / aspirating cylinder

Ansa-Verbindung f (Chem) / ansa compound

Anschaffungs·kosten pl / first cost, initial o. installation o. prime cost, cost-price ‖ **⁓wert** m / original value

anschäften, stielen / put a handle to o. helve o. handle tools ‖ **⁓**, anpfropfen (Zimm) / scarf

anschallen / scan by sound waves

anschalten (Elektr) / connect, cut in, insert, join up in circuit

Anschaltenetz n (Fernm) / access network

Anschalter m, Klinke f (Fernm) / jack, conjoiner

Anschalt·gerät n (Fernm) / switching-in device ‖ **⁓klinke** f (Fernm) / operator's jack ‖ **⁓relais** n / connecting relay

51

Anschaltung f (Elektr) / connection
anschären, anzetteln (Web) / warp the yarn
anschärfen (Kanten) / scarf
Anschärfmaschine f (Leder) / scarfing machine
Anschauungs·bild n / visual aid ‖ **~mittel** n / means for object lessons, for intuitive method of instruction
anscheinende spezifische Dicke / bulking thickness
Anscheuern n (Textil) / abrasion test
anschichten / build up in layers
anschieben (Parallel-Endmaß) / slip o. wring on
anschießen vi (Chem) / crystallize ‖ **~** n **zu Kristallen** (Chem) / concretion, crystallization
anschiften, zusammenblatten (Zimm) / graft up
Anschlag m / limit stop, buffer, catch, stop, stopper, stop motion device, dog ‖ **~**, Voranschlag m / estimate ‖ **~**, Falz m, Fuge f (Tischl) / groove of a window ‖ **~**, Anschlaggeräusch n / striking noise of a limit stop ‖ **~**, Führung f (Wzm) / cheek, fence, ledger ‖ **~**, Türfalz m / door folding o. rabbet ‖ **~**, Falz m eines Fensters o. einer Tür / groove of a window o. door ‖ **~**, Randsteller m (Schreibm) / margin setter ‖ **~** (Tastenbetätigung) (Schreibm) / stroke, blow, touch, typing [action] ‖ **~**, Anschläge m pl je Sekunde / strokes per second ‖ **~** (Schreibm) / typing [action] ‖ **~** (Schachtförderung) (Bergb) / inset ‖ **~** (Drahtziehen) / first draw ‖ **~**, Plakat n / poster, bill, placard ‖ **~**, Anschlagsart f (Mil) / firing position ‖ **~ beim Bohren** (Wzm) / bit stop o. gauge ‖ **~ für den Förderkorb** (Bergb) / kep, fang ‖ **~ für Langzug** (Wzm) / length stop ‖ **~ für Planzug** / crossfeed stop ‖ **hinterer ~ der Kontaktfeder** (Relais) / back stop, spacing stop ‖ **mit ~ versehen** / shouldered ‖ **vorderer ~ der Kontaktfeder** (Relais) / marking stop ‖ **~bohren** (Masch) / trip vi ‖ **~bolzen**, -nocken, -stift m, -nase f / trip dog, detent, stop pin ‖ **~bühne** f, Anschlagbügel m (Bergb) / charging platform for the mine hoist ‖ **~dämpfung** f / fixed stop absorption ‖ **~drucker** m / impact printer
anschlagen, annageln [an] / nail [to] ‖ **~** (Last) (Schiff) / sling v ‖ **~**, Anschlag machen / post vt ‖ **~**, anstoßen, anprallen (allg) / dash o. bound [against], strike, hit, knock ‖ **~** (den Schußfaden) (Web) / loop by hand ‖ **~** (Bergb) / push tubs into the cage ‖ **~** (Tischl) / fit the garnishments ‖ **~** vi vt, läuten (Glocke) / ring vt ‖ **~** n (Schuß, Textil) / beating-up ‖ **~ von Netzen** (Schiff) / mounting of fishing nets ‖ **~ von Rohrleitungen** / pipe whip ‖ **[am Fangstift] ~** / pilot vi ‖ **die Kette ~** (Web) / beat up the warp ‖ **eine Glocke o. Taste ~** / touch, strike ‖ **eine Tür ~** (Tischl) / mark [and fasten] ‖ **oben ~** vi (Federn) / top
Anschläger m (am Schacht) (Bergb) / pusher ‖ **~**, Fahrtzeichengeber m (Bergb) / signalman ‖ **~**, Hämmerchen n, Docke f (Instr) / jack, hammer, fly-finisher ‖ **~ am Füllort** (Bergb) / bottom cager ‖ **~ am Kran** / hanger on, striker ‖ **~ an der Hängebank** (Bergb) / hitcher
Anschlag·fläche f / stop[ping] face ‖ **~freier Drucker** / non-impact printer ‖ **~galvanisierung** f, Decken n (Galv) / striking, flash electroplating ‖ **~geschirr** n (Schiff) / sling gear ‖ **~geschwindigkeit** f (Schreibm) / stroke speed ‖ **~kammer** f, Füllort n (Bergb) / plat ‖ **~kette** f (Schiff) / sling chain ‖ **einfache ~kette mit 2 Ösen** / plain sling with 2 hard eyes ‖ **~kreuz** n (Wzm) / multiple stop device ‖ **~last** f, angeschlagene Last (Schiff) / sling load ‖ **~leiste** f (Tür) / rabbet, rebate ‖ **~lösung** f (Galv) / striking solution ‖ **~mauer** f (für Fenster) / rabbet o. rebate (GB) wall ‖ **~nase** f / stop boss ‖ **~ort** n, Füllort n / bottom landing, shaft o. filling station ‖ **~pfosten** m **der Türzarge** / hanging o. hingeing o. swinging post ‖ **~platte** f / stop plate ‖ **~rad**, Warnungsrad n (Uhr) / pin wheel, striking wheel ‖ **~randsteller**, Randsteller m (Schreibm) / margin o. marginal stop ‖ **~säule** f (Schleuse) (Hydr) / meeting post ‖ **~scheibe** f, -ring m / stop ring ‖ **~scheibe** f (Wz) / limit stop washer ‖ **~schiene** f (Tür) / stop rail ‖

~schiene f (Weiche) / rigid o. stock rail ‖ **~schraube** f / stop screw, adjusting o. butt screw ‖ **~seil** n, -kette f (Schiff) / sling rope ‖ **~stange** f (Wzm, Druckguß) / bumper bar ‖ **~stärke** f (Schreibm) / striking intensity, impression density, print intensity ‖ **~stift** m / detent, stop pin ‖ **~stift** m (Stanz) / pilot [pin] ‖ **~stift** m, Positionsstift / positioning pin ‖ **~stift** m (Uhr) / striking peg ‖ **~stift** m **an der Hemmung**, Begrenzungsstift m (Uhr) / banking pin ‖ **~stift** m **für den Handgriff** / handle latch ‖ **~tafel** f / notice board ‖ **~verkupferung** f / flash copper-plating, copper flash o. strike ‖ **~verstellung** f (Schreibm) / impression control ‖ **~winkel** m (Tischl) / back square, try-square ‖ **~winkel** m (verstellbar) / shifting square ‖ **~zug** m (Stanz) / deep drawing against stop
anschleifen, die Ziehschnüre ~ (Web) / tie ‖ **~, schärfen** / start grinding
anschließen, anfügen / annex, add, join ‖ **~** (Elektr) / connect ‖ **~** (mit Schloß) / fasten with a lock ‖ **Gebäude an die Kanalisation ~** / drain buildings
anschließend·e Aufgabe / attaching task ‖ **~e Fertigung** / follow-on production ‖ **~es Halbbild** (TV) / consecutive o. opposite field
Anschließer [am Anschlußgleis] m (Bahn) / owner of a private siding
Anschliff m, Schliff m (Metallographie) / polished section ‖ **~** (Bohrer) / removing the wire edge ‖ **~ätzung** f (Hütt) / chromographic contact printing ‖ **~tisch** m (Opt) / auto-levelling stage
Anschlitzung f (Zimm) / cross joint
Anschluß m, Verbindung f / connection, (GB) a.: connexion, hook-up ‖ **~**, Verbindung f (Fernm) / connection ‖ **~** (für Wasserversorgung, Gas, Licht) / supply ‖ **~** [nach] (Bahn) / correspondence, -ency [with o. to], communication, connection [with o. to] ‖ **~**, Verzweigung f (Bahn, Straßb) / junction ‖ **~**, Nebenanschluß m (Fernm) / substation, subscriber's station, extension ‖ **~**, Zuleitung f (Halbl) / lead, bump ‖ **~ für Kraftstoffaufnahme** (Raumf) / hard docking for fuel transfer ‖ **~ für Leser** (DV) / reader attachment ‖ **~ für Zusatzgeräte** (DV) / attachment ‖ **~ haben** (Fernm) / get the connection, get through ‖ **~ in der Vermittlungsstelle** (Fernm) / terminal connection ‖ **Anschlüsse umwickeln** (z.B. an Widerständen) / clinch leads ‖ **~adresse** f (DV, Platte) / chaining address ‖ **~auge** (gedr.Schaltg) s. Anschlußfläche ‖ **~bahn**, -linie f (Bahn) / branch line, feeder [line] (US) ‖ **~bahnhof** m (Bahn) / connecting station ‖ **biegsames ~band** / connecting strand o. braid ‖ **~befehlsfolge** f (DV) / linking sequence ‖ **~belegung** f (DV) / pin configuration o. connection ‖ **~bereich** m (Fernm) / service area, exchange area ‖ **~bezeichnungen** f pl (Elektr) / terminal marking, pin name ‖ **~blech** n / joining o. joint plate ‖ **~block** m (DV, Regeln) / terminal block ‖ **~bolzen** m (Elektr) / connecting o. connector bolt, terminal stud o. screw ‖ **~bolzen** m (Masch) / assembling bolt ‖ **~brett** n, -leiste f (Elektronik) / tagboard ‖ **~dose** f (meist rund) (Elektr) / connecting o. connector box ‖ **~dose**, Übergangsdose f (Elektr) / contact box ‖ **~dose** f (für Stecker) / wall socket o. outlet (US) ‖ **~dose** f mit Schraubgewinde (Elektr) / screw plug box ‖ **~draht** m **an Bauteilen** (Elektronik) / lead of a component ‖ **~druck** m (Gas) / inlet pressure
Anschlüsse, mit Anschlüssen (Chip) / leaded ‖ **ohne ~**, flach (Chip) / leadless, surface mounted
Anschluß·einheit f, [-]multiplexer m (DV) / terminal multiplexer ‖ **~eisen** n (Bau) / projecting reinforcement, connection rebars (US) pl ‖ **~erweiterung** f (Terminal) (DV) / terminal extension ‖ **~fahne** f (Akku) / terminal lug ‖ **~fertig** (Elektr) / ready for connection, in working order ‖ **~fläche**, Flanschfläche f (Masch) / flange facing ‖ **~fläche** f (gedr.Schaltg) / blivet, boss, land, pad, spot, terminal area o. point, donut (coll) ‖ **~fläche** f am Chip, Bond-Pad n / bond pad ‖ **~fläche** f **für SMD** /

footprint for SMD ‖ **~flansch** *m* / connecting flange, fitting o. joining flange ‖ **~gebühr** *f* (Elektro, Gas, Wasser, Kanal, TV) / charge for being connected ‖ **~gerät** *n* (DV) / peripheral unit o. equipment ‖ **~gerechtes Baukastensystem** (Bau, Schiff) / podul system ‖ **~gleis** *n* (Bahn) / connecting line, connecting cut-off, junction cut-off, siding track, private sidings *pl* ‖ **~gleis** *n* (Fabrikbahn) / factory siding, spur track ‖ **~höhenfixpunkt** *m* (Verm) / altitude junction point ‖ **~hülse** *f* / conductor barrel ‖ **~inhaber** *m*, Teilnehmer *m* (Fernm) / party, subscriber ‖ **~kabel** *n*, -leitung *f* / connection o. connecting cable ‖ **~kabel** *n*, Zuführungskabel *n* / power supply lead ‖ **[biegsames] ~kabel** (Elektronik) / flylead ‖ **~kabel** *m* **mit anvulkanisiertem Stecker** / cord with non-rewirable plug ‖ **~kabel** *n* **zwischen Amt u. Teilnehmer** (Fernm) / exchange cable ‖ **~kasten** *m* (meist eckig) (Elektr) / connecting o. connector box ‖ **~klemme** *f* (Elektr) / binding post o. screw, connection o. connecting terminal, terminal [plug], connector ‖ **~klemme** *f* (Fahrdraht, Bahn) / feeder clamp ‖ **~klemme** *f* (für Netzstrom) / supply terminal ‖ **~kopf** *m* (Zündkerze) / solid post terminal ‖ **~kopf** *m* (Raumf) / connecting head ‖ **~kupplung** *f* (zum Auftanken) (Luftf) / reception coupling ‖ **~leiste** *f* (Elektr) / connecting o. connector block ‖ **~leitung** *f* (Elektr) / connecting o. junction line ‖ **~leitung** *f* (Rohr) / supply pipe ‖ **~leitung** *f*, Teilnehmerleitung *f* (Fernm) / physical extension circuit, service wire (Canada) ‖ **~leitung** *f* **für Kopfhörer** / headphone cord o. cable ‖ **~linie** *f* (Bahn) / branch line, feeder [line] (US) ‖ **~litze** *f*, bewegliches Anschlußkabel (Elektr, Elektronik) / pigtail ‖ **~loch** *n* (gedr.Schaltg) / component hole ‖ **~maße** *n pl* (Mech) / mating o. companion o. fitting dimensions *pl*, connecting o. inter-related dimensions ‖ **~mutter** *f* (Elektr) / terminal nut ‖ **~nummer** *f* (Fernm) / subscriber's number ‖ **~pföstchen** *n* (Fernm) / port ‖ **~plan** *m* (für Klemmen) / terminal connecting plan ‖ **~programm** *n* / interfacing program ‖ **~punkt** *m* (Mech) / point of attachment o. connection ‖ **~[punkt]**, Ein- o. Ausgang *m* (Elektronik) / terminal ‖ **~punkt** *m*, -stelle *f* (Elektr) / connecting point, wiring point ‖ **~punkt** *m* (Verm) / transfer point, junction o. turning point ‖ **~querschnitt** *m* / cross section for connection ‖ **~rahmen** *m* (Traktor) / drawbar frame ‖ **~raum** *m*, [Haus-]Anschlußraum *m* / room for service o. house connections ‖ **~rohr** *n* / joining pipe o. socket, joint pipe ‖ **~rohr** *n* (Gas, Wasser etc) / supply o. service pipe o. tube ‖ **~routine** *f* / exit routine ‖ **~schlauch** *m* / connecting hose ‖ **~schnur** *f* (Elektr) / connecting cord o. flex (GB) o. lead, power cord ‖ **~spannung** *f*, Netzspannung *f* (Elektr) / mains voltage ‖ **~spannung** *f* (Gleichrichter) / a.c. voltage ‖ **~stecker** *m* / connector plug ‖ **~stelle** *f* (Autobahn) / junction of highway and motor road ‖ **~stelle** *f* (Rohrleitg) / tie-in point ‖ **~stelle** s. auch Anschlußpunkt ‖ **~stift** *m* (am Sockel) (Elektronik) / connection pin ‖ **~stück** *n*, angefügtes Teil (Mech) / thing annexed ‖ **~stück** *n*, Nippel *m* / fitting ‖ **~stutzen** *m* (Rohr) / connecting branch o. sleeve, pipe union, branch neck ‖ **~stutzen** *m* **für Hähne usw** / connecting branch to bib-cock ‖ **~stutzen** *m* **mit Gewinde** / threaded adapter ‖ **~system** *n* (Fernm) / tie-in system ‖ **~teil** *m n* s. Anschlußstück / connecting piece, connector, -ter ‖ **~wagen** *m*, Außenstromaggregat *n* (Luftf) / auxiliary power unit, APU ‖ **~weiche** *f* / junction points *pl* ‖ **~wert** *m* (Elektr) / connected load o. wattage ‖ **~winkel** *m* (Stahlbau) / connection o. lug angle, angle cleat, splicing angle ‖ **~zapfen** *m* **des Manometers** / connection shank ‖ **~zug** *m* (Bahn) / connecting train, connection, corresponding train

anschmelzen / join by casting, melt on

Anschmelzung *f*, Anglasung *f* (Vakuum) / glass seal

anschmieden / forge on o. together

anschmiegen (Kurven) / adapt ‖ **sich ~**, sich anpassen / conform

Anschmiegungspunkt *m*, Berührungspunkt *m* zweiter Ordnung (Geom) / point of osculation

Anschmutzen *n* (Textil) / soiling

anschnallen / buckle [on], fasten by buckles ‖ **bitte ~ !** (Luftf) / fasten seat belts! ‖ **sich ~** (Kfz) / strap into the seat, belt *vi*

Anschnallgurt *m* (Luftf, Kfz) / safety o. seat belt ‖ **~ für Hintersitze** / rear seat belt ‖ **automatischer ~** / inertia reel seat belt

Anschnall·pflicht *f* / compulsory fastening of seat belt, seat belt fastening required!, mandatory seat belt! ‖ **~ -Starttriebwerk** *n* (Raumf) / strap-on rocket motor ‖ **~vorrichtung** *f* (Luftf) / safety o. seat belt assembly

anschneiden / begin to cut ‖ **~** (Böschung) (Bahn, Straßb) / slope steeply ‖ **~** (Verm) / take an aiming ‖ **~**, Einschneiden *n* (Tagebau) / cutting ‖ **die Form ~** (Gieß) / gate *v*

Anschneidestempel *m* (Folgeschnitt) / spanking punch

Anschnitt *m* / first cut ‖ **~**, Einschnitt *m* / notch, nick, chamfretting ‖ **~** (Straßb) / side cutting ‖ **~**, Anschnittfläche *f* (allg, Straßb) / face of the cut ‖ **~** (Gewindebohrer) / chamfer o. start of a tap ‖ **~** (Schneideisen) / chamfer of lead (die stock) ‖ **~** (Plast) / gate (US), feed orifice ‖ **~** (Gieß) / ingate, gate ‖ **~ der Gewindeschneidbacke** / throat of threading die ‖ **~ in der Teilungsebene** / parting gate ‖ **~ und Auftrag** (Straßb) / cut-and-fill ‖ **~böschung** *f*, Böschung im Abtrag (Straßb) / slope of cutting ‖ **~fläche** *f*, Anschnitt *m* / cut edge ‖ **~ -Hinterschliff** *m* (Schneideisen) / radial thread relief (die stock) ‖ **~spanwinkel** *m* (Schneideisen) / rake angle on cutting part (die stock) ‖ **~steuerbar** (Elektr, Ventil) / phase controllable ‖ **~steuerung** *f* (Elektr) / phase-angle control ‖ **~steuerung** *f* **für Stromleitungsende** (Elektr) / termination control ‖ **~ -Technik** *f* (Gieß) / gating ‖ **~winkel** *m* (Gewinde) / lead angle

anschnüren (Web) / cord [up]

Anschnürung *f*, Harnischschnüren *n* (Web) / cording

anschrauben / fasten with screws, screw down

Anschraub·nabe *f* / screw-down hub ‖ **flacher ~sockel** (Elektr) / backplate o. batten lampholder

Anschreiben *n* **druckfertiger Daten** (DV) / slave printing

Anschriften·maschine *f* / addressing machine ‖ **~platte** *f* / address plate

Anschriftzeile *f* (DV) / heading line o. record

anschuhen, einen Pfahl ~ / shoe a pile

Anschuhung, Anstückung *f* (Zimm) / lengthening

anschütten, hinterfüllen / backfill ‖ **~** (Straßb) / embank, fill [up] ‖ **~**, auffüllen (Bau) / bank up ‖ **~ und feststampfen** (Bau) / place and stamp

Anschüttung, Hinterfüllung *f* / backfill, backing ‖ **~**, Aufstürzung *f* / side piling, dump

Anschütz-Thermometersatz *m* / Anschütz thermometer set

anschwänzen (Brau) / sparge

Anschwänzer *m* (Brau) / Scotch cross, rotary sparger

anschwärzen, die Form ~, mit Graphit einpudern (Gieß) / blacken the mould

Anschwebe·bahn *f* (Luftf) / descent path ‖ **~licht** *n* (Luftf) / flattening-out light

anschweben (Luftf) / float

Anschwebestrecke *f* (Luftf) / distance between flattening-out and landing, float

Anschweiß·armaturen *f pl* / weld-on valves *pl* ‖ **~bund** *m* (Flansch) / stub end

anschweißen *vt* / weld on ‖ **~** *vi*, klebenbleiben (Elektrode) / freeze ‖ **~**, Klebenbleiben der Elektroden *n* / freezing of the electrode

Anschweiß·ende *n* (Rohr) / welding socket piece ‖ **~ende** *n* **für Schrauben** / welding stud ‖ **~hahn** *m* / weld-on valve ‖ **~kegel** *m* / conical iron stud, conical welding stud ‖ **~schraube** *f* / welding stud (DIN 525)

53

anschwellen, sich bauchen / belly, bulk up ‖ ~ (Fluß) / rise, swell *vi* ‖ ~ *n* / swelling, bulging-out ‖ ~ (Fluß) / swelling of water ‖ ~ (Elektr) / surge, brief rise in power ‖ ~ lassen (z.B. durch Aufblasen) / swell, distend ‖ ~ lassen, ausbauchen / belly, bulk

anschwellend·er Anstrich / intumescent paint ‖ ~e Erzader / belly of ore

Anschwellung *f* (Elektronik) / hump

anschwemmen (Fluß) / deposit ‖ ~ *n* (Lack) / flushing process

Anschwemm·filter *n m* (Zuckerf.) / precoated filter ‖ ~löten *n* / flow solder method, wave soldering ‖ ~schicht *f* (Filter) / precoat

Anschwemmung *f* / deposit, aterration ‖ ~ (Reaktor) / precoat

Anschwingbedingungen *f pl* (Laser) / lasing conditions *pl*

Anschwingen *n*, Schwingungsanfachung *f* / stimulation of oscillations

Anschwingsteilheit *f* (Röhre) / starting transconductance

anschwöden (Gerb) / daub with ashes and lime

ansenken, [mit Spitzsenker] ~ (Wzm) / countersink ‖ mit Stirnsenker [zylindrisch] ~ / counterbore

ansetzbar, verlängerbar / capable of being put on o. adapted

Ansetz·behälter *m* (Chem) / batching tank ‖ ~blatt *n* (Buch) / fly leaf ‖ ~bohrer *m* (Bergb) / starter

ansetzen, festsetzen / specify, determine ‖ ~, anstücken, verlängern / lengthen, add ‖ ~, verbinden / join ‖ ~, an etwas befestigen / put on o. to ‖ ~ (Gleichungen) / arrange, put up ‖ ~ (Buchbinderei) / mark out ‖ ~ (Chem, Farbe) / prepare, mix ‖ ~ (Spinn) / piece up the broken end ‖ ~, anstoßen (Web) / add [to], join by weaving ‖ ~ n̦ Ansatz *m* (Galv) / preparation, make-up ‖ ~ einer Gleichung / arranging an equation ‖ ~ einer Mischung / compound preparation ‖ ~ von Kristallen / accretion of crystals ‖ den Zirkel ~ / set the compasses ‖ rechtwinklig ~ / fix at right angles ‖ sich ~ (Chem) / become o. get incrusted ‖ zur Landung [Wasserung] ~ (Luftf) / prepare for approach, come in to land, [to water]

Ansetzer, Lehrstein *m* (Maurer) / guide stone

Ansetzpunkt *m* (z.B. für Kranhaken) / hard point

ANSI = Am National Standards Institute

Ansicht *f* / sight, view ‖ ~ halb von oben / semiplan view ‖ zur ~ / on appro[val]

Ansichts·ebene, Zeichenebene *f* / plane of projection ‖ ~sendung *f* / consignment on approval

Ansicht[szeichnung] *f*, Riß *m*, Anriß *m* (Zeichn) / projection ‖ ~ (Bau) / scenograph[y]

Ansiedescherben *m* (Dokimasie) / assay porringer

anspannen, unter Spannung setzen / strain, stress, stretch ‖ ~, festziehen / stretch *vt*, strain ‖ stark ~ / rack

Anspannung *f* / exertion ‖ ~ der Kette (Web) / pacing ‖ ~ des Fadens (Textil) / tension of the thread

anspinnen, einen Faden ~ (Textil) / join a thread ‖ frisch ~ / start spinning

Anspinner *m* / piecer

anspitzen / sharpen, point ‖ ~ *n*, Anspitzung *f* / pointing, sharpening

Anspitz·maschine *f*, -walzmaschine *f* (Walzw) / pointer, pointing machine ‖ ~walzwerk *n* / rolling mill for pointing wires, pointing roll stand

anspleißen (Kabel) / splice on [to]

anspornend, Anreiz... / incentive

Ansprech·bedingung *f* (Fernm) / operate characteristic ‖ ~dauer *f* (Sicherung) / pre-arcing time ‖ ~dauer *f* (Phys, Sicherung) / response time ‖ ~druck *m*, Öffnungsdruck *m* (Atemgerät) / opening pressure ‖ ~druck *m* / pick-up pressure ‖ eingestellter ~druck *m* (Sicherheitsventil) / set pressure, start-to-leak pressure ‖ ~empfindlichkeit *f* / responsiveness, operating threshold sensibility ‖ ~empfindlichkeit *f* (Fernm) / responsiveness ‖ ~empfindlichkeit *f* des Mikrophons / microphone response

ansprechen *vi*, reagieren (Elektr) / come into action, act, react, respond ‖ ~, auslösen / actuate ‖ ~ *n*, Reaktion *f* / response, reaction ‖ schwaches ~ (Elektronik) / flat response

ansprechend [auf] / responsive [to]

Ansprech·geschwindigkeit *f* / rate of response ‖ ~geschwindigkeit *f* der Regelstrecke (Regeln) / process reaction rate ‖ ~grenzen *f pl* / operate margins *pl* ‖ ~konstante *f* (Mikrophon) / sensitivity constant ‖ ~schwelle *f* / response level, reaction point, [operating] threshold ‖ ~schwelle *f* der Geräuschsperre (Elektronik) / muting threshold ‖ ~schwelle *f* des Impulses / control resolution ‖ ~sicherheitsfaktor *m* / safety factor for pick-up ‖ ~spannung *f* (DV) / pick-up voltage ‖ ~spannung *f* (Elektr) / response voltage ‖ ~strom *m* (Sicherung) / minimum blowing o. fusing current ‖ ~strom *m* (Schalter) / release current ‖ ~verhalten *n* / response characteristic ‖ ~wert *m* (Regeln) / resolution sensitivity, threshold value ‖ ~zeit *f* (Bremse) / time necessary for applying ‖ ~zeit *f*, Reaktionszeit *f* / reaction time ‖ ~zeit *f* (Transistor) / rise time

ansprengen (Endmaß) / wring

anspringen, anlaufen / start running ‖ ~ *vi* (Mot) / start off ‖ ~ *n* (der Vernetzung), Vernetzungsbeginn *m* (Plast) / begin of cross-linking ‖ ~ lassen (Mot) / start, (by hand:) crank

Anspring·temperatur *f* (Katalysator) / light-off temperature ‖ ~verhalten *n* (Katalysator) / light-off performance

Anspruch *m*, Forderung *f* / claim ‖ ~ im Patent / patent claim ‖ ~, allen Ansprüchen gerecht werden / meet even the most exacting requirements

Anspruchs·berechtigter *m* (Patent) / rightful claimant ‖ ~los (z.B. in der Wartung) / easy to maintain

anspruchsloser Schrenzkarton (Pap) / non-test chip board

Ansprungziel *n* (DV) / transfer target

Anspülung *f* (Hydr) / alluvion, deposit, aterration, wash

Anstaltspackung *f* (Pharm) / hospital package

anstauchen / head *vt*, upset *vt*, jolt ‖ Nieten ~ / settle rivets into the holes

anstauen (Hydr) / bank, pen up, stem ‖ sich ~ / bank, accumulate, swell

anstechen, den Anstich machen (Hütt) / stroke, tap o. open the furnace ‖ ~, -zapfen (Brau) / tap

ansteckbar, anfügbar / attachable

anstecken, mit einer Nadel anheften / clip, pin on ‖ ~ (Med) / infect, disease (US)

Ansteckteil *n*, loses Teil / detachable part, impression block

Ansteckungskeim *m*, -gift *n* / infection, infecting microorganism

anstehen, ausstreichen (Bergb) / appear on the surface, crop out, outcrop, basset

anstehend (Arbeit) / awaiting attention, pending ‖ ~e aber überdeckte Ader (Bergb) / sub-outcrop, blind apex o. lode o. vein ‖ ~e Ader (Bergb) / outcrop, apex, outburst ‖ ~es Erz (für Berechnung von Erzreserven) / ore in sight ‖ ~es Gestein / solid o. bed rock, rock in place

ansteigen, steigen / mount, rise ‖ ~ (Spannung) / increase, rise, climb ‖ ~ *n*, Steigung *f*, Gefälle *n* / ascending gradient o. slope

ansteigend, aufsteigend / ascending, upgrade

Anstell·bewegung *f* (Wzm) / tool approach motion, initial setting motion ‖ ~bottich *m* (Brau) / pitching tub o. vessel, starting tub

anstelle [von] / in lieu [of]

Anstelleiter *f* / simple ladder

anstellen (sich), eine Warteschlange bilden / queue [up] ‖ ~ (Wzm) / set, adjust ‖ ~, einschalten (z.B. Radio, TV) / turn on ‖ ~ (Walzw) / screw down, adjust ‖ ~ (Brau) / pitch ‖ ~ *n*, Anstellung *f* (Walzw) / screwing down ‖ das Gebläse ~ (o. laufen lassen) / work the fan

Anstellgeschwindigkeit *f* (Walzw) / screw-down speed

Anstelligkeit *f*, Geschick *n* / knack

Anstellschraube *f* (Walzw) / screw-down gear

Anstellung *f* (Propeller) / incidence
Anstell·vorrichtung *f* / adjusting equipment ‖
~vorrichtung *f* (Walzw) / screw-down gear
Anstellwinkel *m* (Luftf) / angle of attack o. incidence ‖ ~
beim Spanflächenschleifen (Räumwz) / setting angle for
grinding the cutting face ‖ ~ der Schleifscheibe / set
angle of the grinding wheel ‖ ~ des Hobeleisens (Holz) /
pitch of the blade ‖ ~ des Stabilisators (Raumf) /
stabilizer setting ‖ ~ geringsten Widerstands (Luftf) /
angle of attack of minimum drag ‖ scheinbarer o.
geometrischer ~ (Luftf) / geometrical angle of attack ‖
~anzeiger *m* (Luftf) / incidence indicator, angle-of-
attack indicator ‖ ~bereich *m* (Luftf) / incidence range,
range of attack ‖ ~verstellung *f* (Hubschr) / feathering
Anstell, zyklische ~winkel-Verstellung (Hubschrauber) /
collective pitch control
anstempeln (F.Org) / check-in
ansteuern (Schiff) / steer o. sail [for] ‖ ~ *n* (Elektronik) /
triggering ‖ sein Ziel selbst ~ (Radar) / home
Ansteuersperrung *f* (Elektronik) / tube blocking
Ansteuerung *f* (Elektronik) / drive
Ansteuerungs·feuer *n* (Luftf) / approach o. orientation o.
location beacon ‖ ~impuls *m* (Regeln) / drive pulse ‖
~prüfung *f* (DV) / selection check ‖ ~sender *m*,
Landeführungsgerät *n* (Funk, Luftf) / localizer ‖ ~strom
m (Elektronik) / drive current ‖ ~tonne *f* (Schiff) / making
buoy, landfall buoy, fairway buoy ‖ ~verhältnis *n* (DV)
/ selection ratio
Anstich *m* (Brau) / racking, tapping ‖ ~ (Walzw) / initial
pass ‖ ~hahn *m* (Brau) / faucet, spigot ‖ ~kaliber *n*
(Walzw) / initial pass, leading pass, first pass ‖ ~öffnung
f (Glas) / tap hole ‖ ~querschnitt *m* (Walzw) / leading
pass section, initial pass section
Anstieg *m* (Spannung) / voltage rise o. build-up ‖ ~,
Aufstieg *m* / climb[ing], ascent ‖ ~, Anwachsen *n* /
rise, growth, accretion
Anstiegs·flanke *f* (Impuls) / leading edge ‖
~geschwindigkeit *f* (Operationsverstärker) (DV) / slew
rate ‖ ~verzögerungszeit *f* (Elektronik) / turn-on delay ‖
~zeit *f* (Impuls) / rise o. build-up time ‖ ~zeit *f*
(Transistor) / build-up time ‖ ~zeit *f*, Steigzeit *f* (Phys,
Funk) / rise time, build-up time ‖ ~zeit *f* der
Vorderflanke (Elektronik) / leading edge pulse time
anstiften, verstiften / tack, pin, peg
Anstocker *m*, Aufstecker *m* (Arbeiter) (Spinn) / rail setter
o. filler, bobbin layer-on o. setter
Anstoß *m* (Vorgang) / push, impulse ‖ ~ (Zimm) / butt joint
‖ den ~ geben, anstoßen / initiate ‖ ~elektron *n* /
impact electron
anstoßen / push against ‖ ~, zusammenfügen / adjoin ‖ ~,
einleiten (Elektronik) / trigger ‖ ~ [an] *vi* / border ‖ ~,
aneinander stoßen / end [in] ‖ ~ *n*, Triggern *n* (Funk) /
triggering ‖ ~ der Filze / planking ‖ am Bordstein ~
(Kfz) / bump against the curb ‖ eine Turbine ~ / start a
turbine for the first time
anstoßend, Stoß... / abutting ‖ ~, aneinanderstoßend /
adjacent, adjoining, contiguous
Anstoß·impuls *m* (Radar, Elektronik) / trigger pulse ‖
~pegel *m*, Triggerspannung *f* (Radar) / trigger level ‖
~schalter *m* (gestängebetätigter Schalter) / flag switch
anstrahlen / irradiate, illuminate ‖ mit Scheinwerfern ~ /
floodlight *vt*, spotlight
Anstrahler *m* / floodlight projector
Anstrebekraft *f* / centripetal force
Anstreben *n* / appetence
anstrecken, spannen (Web) / stenter *vt* (GB), tenter *vt*
(US)
anstreichen, tünchen / paint, white-wash, coat ‖ ~,
anmalen / paint *v* ‖ ~, anzeichnen / mark *v* ‖ ~,
abhaken / mark off, check off ‖ mit Lackfarbe ~ /
lacquer *vt* ‖ mit Teer ~ / tar *v*
Anstreicher *m* / house painter ‖ ~, Tüncher *m* / limer

Anstreich·gerät, Spritzgerät *n* (Bau) / spray diffuser for
wall painting ‖ ~pinsel *m* / painter's o. painting brush,
(esp.:) rough surface paint brush
anstrengen (sich) / exert, strain
Anstrengung *f*, Schwere *f* der Arbeit (F.Org) / strain ‖ ~,
Mühe *f* / effort ‖ ~, Zwang *m* (Mech) / constraint
anstreuen, Schwad ~ (Landw) / spread windrows
Anstrich *m* / coat of paint ‖ ~, Anstreicherarbeit *f* / house-
painting, painter's work ‖ ~, Tünche *f* / whitewash,
limework ‖ vorletzter ~ für Glanzeffekt / obliterating
paint ‖ ~farbe *f* / paint, colouring ‖ ~film *m* / coating
film ‖ ~fläche *f* / painted surface, surface to be painted
‖ ~halle *f* (Stahlbau) / painting shop ‖ ~mittel *n*, -stoff *m*
/ coating materials *pl*, lacquers and paints *pl*, paints
varnishes, and similar products *pl* ‖ ~technik *f* / paint
practice
anströmen, anblasen / flow against, blow [against]
Anströmgeschwindigkeit *f* / velocity in blower stream
Anströmung, parallele ~ von Platten / laminar flow past
plates
Anstückelmaschine *f* (Spinn) / piecing machine
anstückeln, verlängern / piece on o. together ‖ ~ *n* der
Züge (Spinn) / planking
Anstück[el]ung *f* (Masch) / projection, prolongation
anstücken, ansetzen, anfügen / add [to] ‖ ~, an
Bodenpfähle ansetzen (Fernm) / stub
Anstückung, Anschuhung *f* (Zimm) / lengthening
Ansturm *m* / assault
antarktisch / antarctic
anteigen, verpasten (Teig herstellen) (Textil) / prepare the
paste, mix into paste, stir to a paste
Anteigungsmittel *n* (Textil) / pasting agent o. compound
Anteil *m* / quota, share, part, portion ‖ ~ der prompten
Neutronen / prompt neutron fraction ‖ ~ der
Sonneneinstrahlung / insolation fraction ‖ ~ der
verzögerten Neutronen / delayed neutron fraction ‖ ~
in Prozenten ausgedrückt / percentile
anteilig *adj* / proportional ‖ ~ *adv* / proportionally, pro
rata, shared ‖ ~es Elektron / shared electron ‖
~werden *n* der Elektronen (Phys) / electron sharing
Antenne *f* / antenna (pl: -nae, -nas) (US), aerial (GB) ‖ ~
der Raumstation / space antenna ‖ ~ mit 1
Strahlenbündel / single-beam antenna ‖ ~ mit 2
Strahlungsbündeln / double-beam antenna ‖ ~ mit
abgeschirmter Zuleitung / anti-interference o.
antistatic antenna ‖ ~ mit besonderer
Richtcharakteristik / shaped-beam antenna ‖ ~ mit
eng gebündeltem Strahl, scharfgebündelte Antenne /
spot-beam antenna ‖ ~ mit fortschreitenden Wellen /
travelling wave antenna, T.W. o. TW antenna ‖ ~ mit
schwenkbarer Richtcharakteristik / scanning antenna,
electrically steerable antenna ‖ ~ mit Sperrtopf / sleeve
antenna ‖ ~ mit stehenden Wellen / stationary wave
antenna ‖ ~ drehbare ~ / mechanically steerable antenna
‖ im Tragflügel verlegte ~ / wing antenna ‖ in
Oberwellen erregte ~ / harmonic antenna
Antennen·abgleichung *f*, -abstimmung *f* / aerial
syntonizing, antenna tuning ‖ ~abschwächer *m* /
antenna attenuator ‖ ~abstimmspule *f* / ATI, antenna
tuning inductance ‖ ~anlage, -anordnung *f*, -system *n* /
antenna array ‖ ~anpassung *f* / antenna matching ‖
~anschluß *m* / antenna pick-up ‖ ~aufschaukelung *f* s.
Antennengewinn ‖ ~aufzugseil *n* / halyard [rope] ‖
~[aus]strahlung *f* / antenna radiation ‖ ~bandfilter *n*
m / antenna bandpass ‖ ~bau *m* / antenna erection
[service], antenna rigging ‖ ~dämpfung *f* / antenna
decrement ‖ ~diagramm *n* / antenna pattern ‖ ~dipol *m*
/ dipole antenna o. radiator ‖ ~draht *m*, -leiter *m* /
aerial (GB) o. antenna (US) wire ‖ ~drehmast *m* /
rotary antenna mast ‖ ferngesteuerte
~drehvorrichtung / antenna rotor ‖ ~durchführung *f*
/ antenna duct o. lead-in ‖ ~ebene *f* / antenna stack ‖
~effekt *m* / antenna o. vertical effect ‖ ~eingang *m* /
antenna input [power] ‖ ~eingangswiderstand *m*,

-eingangsimpedanz f / antenna feed impedance ‖
⊾element n / elementary antenna ‖ ⊾energie f / energy
to aerial ‖ ⊾ -Erdungskreis m / antenna-ground system
‖ ⊾ -Fußpunkt m / antenna base ‖ ⊾gewinn m / antenna
gain ‖ praktischer ⊾gewinn / antenna power gain ‖
⊾gewinn m bezogen auf die Feldstärke in 1 Meile
Entfernung bei 1 kw Sendeleistung (TV) / antenna
field gain ‖ ⊾gruppe f, Array n / antenna array ‖ ⊾höhe
f / antenna height ‖ effektive ⊾höhe / effective antenna
height ‖ ⊾höhe f in Wellenlängen x 360⁰ / angular
height of antenna ‖ effektive ⊾höhe zu physikalischer
Antennenhöhe / antenna form factor ‖ ⊾induktanz f,
-induktivität f / antenna inductance ‖ ⊾kabel n, -litze f /
antenna strand ‖ ⊾kapazität f / antenna capacity o.
capacitance ‖ ⊾keule f / antenna lobe ‖ ⊾klemme f /
antenna terminal ‖ ⊾kopplung f / antenna coupling ‖
⊾kopplungsspule, -verlängerungsspule f / antenna coil
‖ ⊾kreis m, -stromkreis m / antenna circuit ‖
⊾kreistastung f / back-shunt keying o. signalling ‖
⊾kuppel f, Radom n (Luftf) / radome, raydome, blister
‖ effektive ⊾länge / effective antenna length ‖
⊾leistung f / antenna power ‖ zugeführte ⊾leistung /
antenna input [power] ‖ ⊾linse f (Radar) / antenna lens ‖
⊾litze f / antenna cord[ing] ‖ ⊾mast m / antenna mast,
radio mast ‖ ⊾mast m (Strahler) / mast radiator ‖
⊾modulation f / absorption modulation ‖
⊾nachlaufsteuerung f (Radar) / antenna following
control ‖ ⊾ -Nebenzipfel m / secondary lobe ‖ ⊾neigung
f (Radar) / tilt of the antenna ‖ ⊾niederführung,
-[her]ableitung f / antenna download ‖ ⊾ -Querstrebe f,
Antennenrah f / antenna yard ‖ ⊾rauschen n / antenna
pickup ‖ ⊾ -Referenzimpuls m / antenna reference pulse
‖ ⊾richtwirkung f / antenna directivity ‖ ⊾rotor m,
-drehvorrichtung f / antenna rotor ‖ ⊾seitenwinkel m /
antenna azimuth angle ‖ ⊾ -Sende-Empfangsweiche f,
Sende-Empfangsweiche f, Duplexer m / duplexer,
antenna two-way splitter ‖ ⊾speiser m / antenna feeder
‖ ⊾spule f, Antenne f in Spulenform / antenna coil ‖
⊾stab m, Stabantenne f / bar o. rod o. flagpole antenna,
vertical whip ‖ ⊾standort m / antenna site ‖ ⊾steckdose
f / antenna socket ‖ ⊾steuerung f (für
Satellitenverfolgung) / antenna pedestal system ‖
⊾strahler m / antenna radiator, radiating element of an
antenna ‖ ⊾strahlung f / energy radiated by the antenna
‖ ⊾[strom]kreis m / antenna circuit ‖ ⊾träger m (Schiff)
/ antenna mast ‖ ⊾tragwerk n (DIN), Funkturm m /
radio tower o. mast ‖ ⊾übertrager m / antenna
transformer ‖ ⊾umschalter m s. Antennenweiche ‖
⊾umschaltung f / antenna change-over ‖ zyklische
⊾umtastung / commutated antenna direction finding
system, CADF ‖ ⊾verkürzungskondensator m /
antenna shortening condenser, antenna series capacitor
o. condenser ‖ ⊾verlängerungsspule f / antenna
loading coil o. loading helix ‖ ⊾verlust m / antenna loss
‖ ⊾verstärker, Trennverstärker m / distributing
amplifier (US), multi-coupler ‖ ⊾verstärkung f /
directivity (US), directive o. power o. antenna gain ‖
⊾verstimmung f / antenna misalignment ‖ ⊾wald m /
antenna jungle, antenna farm ‖ ⊾wand f / billboard
antenna, curtain array ‖ ⊾weiche f / antenna duplexer,
antenna two-way splitter ‖ ⊾widerstand m / antenna
resistance ‖ ⊾wirkfläche f / effective area of antenna ‖
⊾wirkungsgrad m / radiation efficiency ‖ ⊾zubehör n
/ antenna hardware ‖ ⊾zuleitung f, Feeder m / feeder to
antenna
Antext m (Fernschr) / intro[duction], lead-in, cue
Antho·cyan, Blattblau n / anthocyanin ‖ ⊾phyllit,
Antholit m (Min) / anthophyllite ‖ ⊾xanthin,
Blumengelb n / anthoxanthin
Anthra·cen s. Anthrazen ‖ ⊾chinon n / anthraquinone ‖
⊾chinonazin n / anthraquinone azine ‖
⊾chinonfarbstoffe m pl / anthraquinone dyes pl ‖
⊾flavin n (Färb) / anthraflavine ‖ ⊾flavon n (Färb) /
anthraflavone ‖ ⊾gallol, Anthrazenbraun n / anthracene

o. alizarine brown ‖ ⊾kose, Kohlenstaublunge f /
anthracosis ‖ ⊾nilsäure f / anthranilic acid ‖ ⊾nol n
(Chem) / anthranol ‖ ⊾pyrimidin n / anthrapyrimidine ‖
⊾robin n / leucoalizarin
Anthrazen n, Anthräzenblau n / anthracene ‖ ⊾braun,
Alizarinbraun n / alizarine o. anthracene brown ‖
⊾farbstoffe m pl / anthracene dyes pl ‖ ⊾öl n, Grünöl n
(Straßb) / anthracene oil, green oil
Anthrazit m / hard coal (US), anthracite ‖ ⊾ zwischen 1/2
und 1/8″ / bird's eye
Anthron n, Anthranon n (Chem) / anthrone
anthropo·gene Moorboden m pl, Moorkulturboden m pl /
cultivation bog soils pl ‖ ⌐morph / antropomorph ‖
⊾sphäre f / antroposhere, noosphere ‖ ⊾technik f /
anthropotechnics, human engineering
Anti·abschirmungsfaktor m / antishielding factor ‖
⌐adhäsiv / antiadhesive ‖ ⊾atom n / antiatom ‖
⊾ballistik-Rakete f / antiballistic missile, ABM ‖
⊾ballonvorrichtung f, Schleierbrecher m (Spinn) /
antiballooning device ‖ ⊾baryon n / antibaryon ‖
⌐bindendes Elektron, Antivalenzelektron n /
antibonding electron ‖ ⊾bindungselektron n /
antibonding electron ‖ ⊾biotikum n / antibiotic ‖
⌐biotisch / antibiotic adj, microbicidal ‖
⊾blockiersystem n, ABS (Kfz) / antilocking system,
antiskid system ‖ ⊾chlor n, Natriumthiosulfat n /
antichlor[ine], sodium thiosulphate ‖ ⊾choc...,
stoßsicher (Uhr) / shock-resistant, shockproof ‖
⊾deuteron n / antideuteron ‖ ⊾diazoverbindung f /
antidiazo compound ‖ ⊾ -Distributivität f (Math) /
antidistributivity ‖ ⊾dot n, Gegenmittel n / remedy ‖
⊾dröhn n, -dröhnmasse f / antidrumming o. antinoise
compound ‖ ⊾dröhnmethode f / silencing ‖ ⊾elektron
n, Positron n / positron, anti-electron ‖
⊾emulgiermittel n / antiskimming agent ‖ ⊾fading... /
antifading ‖ ⊾fadingantenne f / antifading antenna ‖
⊾fäulnisfarbe f, Antifouling-Anstrich m / antifouling
[composition o. paint], antifoulant ‖ ⊾felt... (Textil) /
antifelt[ing] ‖ ⊾ferment n, -enzym n / antifermenting
agent ‖ ⊾ferromagnet m / antiferromagnet ‖
⌐ferromagnetisch / antiferromagnetic ‖
⊾ferromagnetismus m / antiferromagnetism ‖
⊾filzausrüstung f (Wolle) / antifelting finish ‖
⊾friktions... / antifriction ‖ ⊾friktionslager n /
antifriction bush o. bearing ‖ ⊾ -g Anzug m (Raumf) /
anti-g suit, g-suit (coll) ‖ ⊾gel n / antigel ‖ ⊾gen n (Biol)
/ antigen ‖ ⊾glisse... (Textil) / antigliss ‖ ⊾gorit m
(grüner Serpentin) (Min) / antigorite ‖ ⊾halobelag m,
Lichthofschutzschicht f / antihalation backing ‖
⊾histamin n / antihistamine ‖ ⊾histamin... /
antihistaminic ‖ ⊾katalysator, Inhibitor m (Chem) /
anticatalyst ‖ ⊾kathode f / anticathode ‖ ⊾kern m (Nukl)
/ antinucleus ‖ ⊾klebemittel n / antiadhesive n ‖
⊾klin[al]e f (Sattel einer Falte) (Geol) / anticline ‖
⊾klopfmittel n (Mot) / antiknock compound ‖
⊾kohärer m, Antifritter m (Funkw) / anticoherer,
decoherer ‖ ⊾koinzidenzjoch n (Nukl) / anticoincidence
mantle ‖ ⊾koinzidenzschaltung f / anticoincidence
circuit ‖ ⊾koinzidenzzähler m (Nukl) / anticoincidence
counter ‖ ⊾kollisionslicht n (Luftf) / anticollision beacon
‖ ⊾körper m, Ak / antibody [substance] ‖ ⊾körper
gegen Enzyme / anti-enzym ‖ ⊾körperfluoreszenz f /
antibody fluorescence ‖ ⊾lepton n (Nukl) / antilepton ‖
⊾logarithmentafel f / table of antilogarithma ‖
⊾logarithmus m / antilogarithm ‖ ⌐magnetisch /
antimagnetic, non-magnetic ‖ ⊾materie f (Phys) /
antimatter ‖ ⊾mer, optisch isomer / antimer ‖ ⊾mer m /
antimer n ‖ ⌐metrisch, -symmetrisch / antimetrical ‖
⌐metrische Funktion / antimetric function ‖
⌐mikrophonisch (Röhre) / antimicrophonic
Antimon n, Sb / antimony, stibium, Sb ‖ ⊾... /
antimony..., antimonial ‖ ⊾(III)-... / antimonous,
stibous ‖ ⊾(V)-... / antimonic, stibic ‖ ⊾at,
Antimonsalz n / antimoniate, antimony salt ‖ ⊾blei,

Hartblei *n* / antimonous lead, antimony lead ‖
~**bleiblende** *f*, Boulangerit *m*, Kermesit *n*,
Rotspießglanz *m* / boulangerite ‖ ~**blüte** *f*, Valentinit *n*,
Weißspießglanz *m* (Min) / antimony bloom, valentinite ‖
~**(III)-chlorid** *n* / antimony o. -monous chloride ‖
~**(III)-chloridlösung** *f* / liquid butter of antimony ‖
~**[erstarrungs]punkt** *m* (630,5 °C) / antimony point ‖
~**erze** *n pl* / antimonides *pl* ‖ ~**fahlerz** *n*, Tetraedrit *m*
(Min) / tetra[h]edrite, fahlerz, fahlore, grey copper ore ‖
~**glanz**, Antimonit *m* (Min) / needle antimony,
antimonite ‖ **gediegener** ~**glanz** / black antimony
[sulphide] ‖ ~**halogen** *n* / antimony halide ‖ ~**haltig** /
antimonial ‖ ~**hydrid** *n* / antimony hydride
Antimonialblei *n*, Hartblei *n* / antimonial o. -monous o.
-mony lead, hard lead
antimonige Säure / antimonous acid
Antimonit *m*, Antimonglanz / needle antimony
Antimon·lactat *n*, Antimonin *n* / antimony lactate,
antimonine ‖ ~**legierung** *f* / antimonide ‖ ~**nickelglanz**,
Ullmanit *m*, Kiesnickelglanz *m* (Min) / nickel antimony
glance, ullmanite ‖ ~**ocker** *m* (Min) / cervantite ‖
~**(V)-oxid** *n* / antimonic anhydride o. "acid" ‖
~ **-Regulus, 99,9% Sb** / antimony regulus ‖ ~**schwarz**,
Antimon(III)-sulfid *n* / antimony black o. needles *pl* ‖
~**sulfid** *n* / antimony sulphide ‖ ~**vergiftung** *f* /
stibialism ‖ ~**wasserstoff** *m*, Stibin *n* (Chem) / stibin[e]
‖ ~**weiß**, -deckweiß, -oxid *n* / antimony white o. oxide
‖ ~**zinnober**, Goldschwefel *m* / antimony grey o.
orange o. pentasulphide, crocus of antimony
Anti·myon *n* (Nud) / antimuon ‖ ~**neutrino** *n* (Phys) /
antineutrino ‖ ~**neutron** *n* (Phys) / antineutron ‖
~**nukleon** *n* / antinucleon ‖ ~**oxidantien** *n pl* /
antioxidant agents, antioxygenes *pl* ‖ ~**ozonans** *n* /
antiozonant ‖ ~**parallaxeneinrichtung** *f* / antiparallax ‖
~**parallel** (Math) / antiparallel ‖ ~**parallelschaltung** *f* /
antiparallel connection ‖ ~**parallel-Viergelenkgetriebe**
n / antiparallelogram four-bar linkage ‖ ~**partikel** *f* /
antiparticle ‖ ~**pilling-Ausrüstung** *f* (Textil) / antipilling
finish ‖ ~**pitting**, porenverhütend / antipitting ‖ ~**pode**
m, enantiomorphe Form (Chem) / antipode ‖ ~**poden...**
(Math) / antipodal ‖ ~**pollutionsmaßnahme** *f* /
antipollution measures *pl* ‖ ~**prelleinrichtung** *f*,
Entpreller *m* / antibeat device ‖ ~**proton** *n* / antiproton
‖ ~**quark** *n* / antiquark
Antiqua[schrift] *f* (Buch) / Roman character o. print
Anti·radar... / antiradar ‖ ~**radar-Flugkörper** *m* /
antiradar missile ‖ ~**rakete** *f*, Raketenabwehrgeschoß *n*
/ anti-missile missile ‖ ~**raketenrakete** *f* / antiballistic
missile, ABM ‖ ~**redeposition power** *n* (Waschmittel) /
antiredeposition power ‖ ~**reflexbelag** *m* (Opt) /
blooming, lumenizing ‖ ~**reflex-Spray** *m n*, -Spraydose
f / antireflex spray ‖ ~**resonanz** *f* (Elektronik) /
antiresonance ‖ ~**resonanz** *f* (Rakete) / tail wags dog ‖
~**resonanzfrequenz** *f* / antiresonance frequency ‖
~**resonanzkreis** *m* (Elektronik) / antiresonant circuit ‖
~ **-Ruckelfunktion** *f* (Kfz) / antijerking function ‖
~**rutsch** *m* (Textil) / antigliss ‖ ~**schallquelle** *f* /
electronic sound absorber ‖ ~**schaummittel** *n* /
antifoam o. antifroth additive, defoaming agent ‖
~**schaumöl** *n* / antifroth oil ‖ ~**schleiermittel** *n* /
antifoggant ‖ ~**schlupf-Regelung** *f*, ASR / antiskid
device, acceleration skid control ‖ ~**schlupf-Zubehör** *n*
(Landw) / traction aids *pl* ‖ ~**schwerkraft** *f* / antigravity
‖ ~**schwerkraft...** / antigravity *adj*, antigravitational ‖
~**septikum** *n* / antiseptic ‖ ~**septisch** / antiseptic *adj* ‖
~**septisch** (Pap) / medicated ‖ ~**skating-Vorrichtung** *f*
(Phono) / antiskating device, antiskate control ‖
~**snagmittel** (Textil) / antisnag agent ‖ ~**statikreifen** *m*
(Luftf) / earthing tire ‖ ~**statik-Spray** *m n*, -Spraydose *f*
/ antistatic spray ‖ ~**statisch**, Antistatik... / antistatic,
anti-electrostatic ‖ ~ **-Stokes-Linien** *f pl* (Spektrum) /
anti-Stokes lines *pl* ‖ ~ **-Stokes-Vorgang** *m* / anti-Stokes
process ‖ ~**symmetrie** *f* (Math) / antisymmetry ‖
~**symmetrisch**, antimetrisch / antisymmetric,

antimetrical ‖ ~**tank...**, Panzerabwehr... (Mil) / antitank
‖ ~**teilchen** *n* (Phys) / antiparticle ‖ ~**therm** (Stahl) / heat
resistant ‖ ~ **-Thixotropie** *f* (Chem) / antithixotropy,
rheopexy ‖ ~**toxin** *n* / antitoxin[e] ‖ ~**toxineinheit** *f*,
A.E. / antitoxin unit ‖ ~**toxisch**, Gegengift... /
antitoxic, antidote ‖ ~**toxisch** (gegen tierische Gifte) /
antivenomous ‖ ~**toxisch**, Gegengift... (gegen Pflanzen
u. Chemikalien) / antidote ‖ ~ **-Ubootwaffen** *f pl* /
antisubmarine weapons *pl*, ASW ‖ ~**valenz** *f* (DIN),
exklusives ODER (DV) / non-equivalence operation,
exclusive OR-operation, anticoincidence operation ‖
~**valenz-Schaltung** *f*, -Schaltelement *n* (NC) / exclusive
OR-switch, anticoincidence element ‖ ~**vortexsystem** *n*
(Raketen) / antivortex system
Antizipation, Antezepation *f* / anticipation
Anti·zyklone *f*, Hoch, Hochdruckgebiet *n* (Meteorol) /
high, high [pressure] area, anticyclone ‖ ~**zyklotron** *n*
(Nukl) / anticyclotron
Antrag *m*, Gesuch *n* / application, request
Antragsformular *n* / proposal form
Antragsteller *m* / applicant, petitioner
antreiben, treiben / move, drive, run, work, set going
antreibend, vorwärtstreibend / propelling, propulsive ‖ ~,
treibend / motive, driving, actuating ‖ ~**e Kraft** /
propelling o. propulsive power
antreten, kickstarten (Motorrad) / kick *v*
Antrieb *m* / actuation ‖ ~ (Art) (Masch) / actuation, kind of
actuation ‖ ~, Triebwerk *n* / driving gear o. apparatus
o. machinery o. mechanism, movement ‖ ~, Vortrieb *m*
(Luftf) / propulsion ‖ ~ (Uhrpendel) / impulse on the
pendulum ‖ ~ **mit Doppelkette** / double chain drive ‖ ~
über Planetengetriebe / control by epicyclic or planet
gear ‖ **mit elektrischem** ~ / electric[ally] driven o.
operated ‖ **mit mechanischem, elektrischem usw.**
~ **versehen** / power...
Antriebs... / driving ‖ ~**achse** *f* (Kfz) / driving axle, live
axle ‖ ~**aggregat** *n* / drive assembly, drive unit, prime
mover ‖ ~**art** *f* / [kind of] drive, mode of driving ‖
~**bahn** *f* (Raumf) / powered ascent ‖ ~**batterie** *f* /
traction battery
Antrieb·scheibe *f* / main o. driving pulley o. sheave ‖
~**scheibe** *f* **für das Werkstück** (Poliererei) / live
spindle driving pulley ‖ ~**scheibe** *f* **für die Spitze**
(Poliererei) / dead center driving pulley
Antriebs·[dreh]moment *n* / driving torque ‖ ~**drehzahl** *f*
/ speed of the driving motor
Antrieb·seite *f* (Getriebemotor) / pinion end ‖ ~**seite** *f*
(Lichtmaschine) / rear [end] side ‖ ~**seitig** / at the driving
end
Antriebs·elemente *n pl* / driving elements *pl* ‖ ~**feder** *f* /
moving spring ‖ ~**gelenk** *n* (Kfz) / universal joint ‖
~**gestänge** *n* / driving linkage ‖ ~**gestell** *n* / gearing end
frame ‖ ~**getriebe** *n* (Spinn) / drive gearbox ‖ ~**kegelrad**
n (Ausgleichgetr, Kfz) / drive [bevel] wheel, differential
master gear, crown wheel ‖ ~**kette** *f* / driving chain ‖
~**kraft** *f* (z.B. Muskelkraft) / prime mover ‖ ~**kraft** *f* /
propelling power o. force, driving power, propulsion,
propulsive power, motive force ‖ ~**kraft** *f* (Luftf) /
propulsive force ‖ ~**kupplung** *f* / drive clutch ‖
~**kurbel** *f*, Handkurbel *f* / driving crank, winch ‖
~**lagerschild** *n* (Elektr, Kfz) / rear end plate of a dynamo
‖ ~**leistung** *f* / driving power ‖ ~**leistung** *f* (Masch) /
[required] power ‖ ~**los fliegen** (Raumf) / coast ‖ ~**lose**
Flugdauer (Raumf) / coast period ‖ ~**lose Phase** (Rakete)
/ coasting ‖ ~**maschine** *f* / prime mover ‖ ~**maschine** *f*,
-motor *m* / driving o. propelling engine o. motor ‖
~**maschinenanlage** *f*, Triebwerk *n* (Luftf) / power plant
‖ ~**mittelpunkt** *m* / center of propulsion o. of traction
o. of thrust ‖ ~**moment** *n* / driving torque ‖ ~**motor** *m*
(Masch) / driving motor ‖ ~**motor** *m* (Bandgerät) / deck
motor ‖ ~**nocken** *m* / actuating cam ‖ ~**organ** *n*, -teil *n*
/ driving element ‖ ~**phase** *f* (Satellit) / ascent ‖ ~**quelle** *f*
(Instr) / power source ‖ ~**rad** *n* (Kfz) / driving wheel ‖
großes ~**rad** / bull wheel ‖ ~**reaktor** *m* / propulsion

reactor ‖ ⤴**riemen** m / driving belt ‖ ⤴**[riemen]scheibe** f / driving [belt] pulley ‖ ⤴**ritzel** n / driving pinion, input gear ‖ ⤴**rohrwelle** f (Kfz) / tubular transmission shaft ‖ ⤴**rolle** f (Magn.Bd) / drive capstan ‖ ⤴**rolle** f / driving roller, power roll ‖ ⤴**rolle** f / driving roller ‖ **untere** ⤴**rolle** (gezahnt) (Film) / bottom sprocket ‖ ⤴**scheibe** f / drive wheel ‖ ⤴**schnur**, Pese f / round belt, endless string ‖ ⤴**schraube** f (Schiff) / propelling screw ‖ ⤴**schraube** f, Führungsschraube f / drive screw ‖ ⤴**seite** f s. Antriebseite ‖ ⤴**station** f (Seilb) / driving station o. terminal ‖ ⤴**stufe** f (Rakete) / propulsion stage ‖ ⤴**stufe** f **für Nutzlasten des Space Shuttle** (Raumf) / inertial upper stage ‖ ⤴**stufenscheibe** f / driving cone pulley ‖ ⤴**system** n **komplett** (Raumf) / propulsion system ‖ ⤴**technik** f / motive power engineering ‖ ⤴**trommel** f / driving drum ‖ ⤴**turas** m (Becherwerk) / head sprocket ‖ ⤴**turm** m (Repro) / drive unit ‖ ⤴**welle** f / primary shaft ‖ ⤴**welle** f (Kfz) / axle drive shaft, propeller shaft ‖ ⤴**welle** f (im Motor) / motor shaft ‖ ⤴**wellen-Schwungrad** n / drive shaft flywheel ‖ ⤴**wellenstumpf** m / input shaft extension ‖ ⤴**zahnrad** n / driving toothed wheel

antriggern (Elektronik) / trigger

Antritts·pfosten m (Treppe) / newel (at the foot of a stairway) ‖ ⤴**stufe** f, Anfänger m, Anfangsstufe f, Antritt m (Bau) / log o. curtail o. entrance o. bottom o. first step ‖ **gebogene** ⤴**stufe** / commode step

Antwort, Reaktion f / answer, reaction ‖ ⤴**...** (Fernm) / reply…, answering ‖ ⤴**-[Sende]bake** f (Ortung) / racon, responder beacon ‖ ~**abhängige Nachricht** (DV) / response message ‖ ⤴**baken-Ausbeute** f (Radar) / countdown ‖ ⤴**code** m (Radar) / reply code ‖ ⤴**empfänger** m (Luftf) / responsor

antworten, Antwort geben / answer

Antwort·geber, [automatischer] (Radar) / responder ‖ ⤴**impuls** m (Fernm) / reply pulse ‖ ⤴**klinke** f (Fernm) / answering jack, subscriber's jack ‖ ⤴**modus** m (DV) / response mode ‖ ⤴ **-Radarbake** f, -[Sende]bake f (Ortung) / racon, responder beacon ‖ ⤴**[sende]gerät** n, Transponder m (Elektronik) / transponder ‖ ⤴**sender** m **mit Frequenzversetzung** / frequency offset transponder ‖ ⤴**stöpsel** m (Fernm) / answering plug ‖ ⤴**treffer** m (Radar) / reply hit ‖ ⤴**trefferzahl** f / reply hits per scan ‖ ~**unabhängige Nachricht** (DV) / non-response message ‖ ⤴**unterdrückung** f **im Hauptstrahl** (Elektronik) / main beam killing ‖ ⤴**weg** m (Radar) / reply path ‖ ⤴**zeichen** n, -signal n / acknowledge signal, response signal

An- und Abfahrkondensator m (Nukl) / start-up and shut-down condenser

An- und Aufbaumöbel n / combination furniture

anvisieren (Mil) / aim [at], sight, level

Anvulkanisation f (Fehler) (Fehler) / scorch

Anvulkanisations·dauer f (bestimmt mit dem Mooney-Viskometer) / scorch time ‖ ⤴**geschwindigkeit** f (gemessen mit dem Mooney-Viskometer) / cure time ‖ ⤴**zeit** f **nach Mooney** / Mooney scorch

anvulkanisieren / start vulcanizing

anvulkanisiert / moulded-on (caoutchouc)

anwachsen vi, zunehmen / accumulate ‖ ~, Wurzel fassen (Landw) / take root ‖ ~ (Belag) (Schiff) / grow (fouling) ‖ ⤴ n, Zunahme f / accretion

Anwachskurve f (Nukl) / growth curve

Anwahlbefehl m (DV) / selection command

anwählen (Fernm) / call

Anwahlverbindung f (Fernm) / dialed-up connection (US)

Anwärm·brenner m (Hütt) / heating blowpipe o. torch ‖ ⤴**einrichtung**, -vorrichtung f / preheater

anwärmen / warm up vt ‖ ~, vorwärmen / preheat ‖ **den Hochofen** ~ / prepare the furnace ‖ **die Maschine** ~ (Mot) / preheat the engine

Anwärm·gefäß n **für Pfeifen** (Glas) / shoe ‖ ⤴**zeit** f, -dauer f / warming-up time

Anwebstelle f (Web, Fehler) / starting bar o. place

Anweisung f (FORTRAN, DV) / statement ‖ ⤴ **an den menschlichen Geist** (Patent) / function that can be handled mentally

Anweisungsnummer f (FORTRAN, DV) / statement label

Anwelksilage f (Landw) / wilted silage

anwendbar, verwendbar / applicable

Anwendbarkeit f / applicability, us[e]ability

anwendeln (Kabel) / lash

anwenden [auf] / apply a thing [to], bring to bear [upon] ‖ ~, benutzen / use vt, make use [of], utilize, employ ‖ ~ (z.B. Kraft) / exert ‖ **[Methoden]** ~, zurückkommen [auf] / resort [to]

Anwender m (DV) / user ‖ **vom** ⤴ **programmierbar**, feldprogrammierbar (DV) / field programmable ‖ ⤴**betrieb** m (DV) / user mode ‖ ⤴**konfiguration** f (DV) / user environment, user operating environment ‖ ~**orientiert** / user-oriented ‖ ⤴**programm** n (DV) / user program[me] ‖ ⤴ **-Programmbibliothek** f / program load library ‖ ⤴**schnittstelle** f / user interface ‖ ⤴ **-Software** f (selbsterstellt) / user software ‖ ⤴**-Überlagerung** f (DV) / user overlay

Anwendung f / application ‖ ⤴, Gebrauch m / exercise ‖ ⤴, Benutzung f / use, using, employment, making use [of] ‖ **industrielle** ⤴ / industrial application ‖ **praktische** ⤴ / exploitation

Anwendungs·beispiel n / example for application ‖ ⤴**beratung** f / advice for application o. use ‖ ⤴**bereich** m, -gebiet n / range o. field of application, scope ‖ ~**bezogen** / application[s] oriented ‖ ⤴**datei** f (DV) / where-used file, WU-file ‖ ⤴**gebiet** n, Zweck m / planned use ‖ ⤴**kurs** m / application course o. class ‖ ⤴**programm** n (DV) / application program ‖ ⤴**programmierer** m (DV) / application programmer ‖ ⤴**satellit** m / application satellite ‖ ⤴ **-Software** f / application software ‖ ~**spezialisiert** (DV) / application-unique, user-specific ‖ ~**spezifische integrierte Schaltung** / application-specific integrated circuit, ASIC ‖ ~**spezifischer Baustein** / user-specific component ‖ ~**spezifischer Logikbaustein** / user specific logic chip ‖ ⤴**technik** f (Chem) / application technology o. technique ‖ ⤴**techniker** m / application engineer ‖ ~**technisch** / application technology… ‖ ~**technische Abteilung** / department for application technique ‖ ⤴**verfahren** n / way of application o. utilization ‖ ~**verfügbare Zeit**, Produktionszeit f (DV) / system production time

anwerfen, ankurbeln (Kfz) / crank, start by hand

Anwesen n (Landw) / messuage

Anwesenheit, Präsenz f / presence

Anwesenheits·prämie f / attendance bonus ‖ ⤴**zeit** f (ohne Arbeitsleistung) (F.Org) / attendance time

Anwuchs m (Schiff) / fouling, incrustation of fouling matter

Anwurf m, rauher Putz (Bau) / rendering, rough-cast ‖ **zweiter** ⤴ (Bau) / second coat of rough-cast ‖ ⤴**motor** m **für Synchronmaschinen** (Elektr) / pony motor

Anzahl f, Menge f / amount ‖ ⤴, Zahl f / number, count (US) ‖ ⤴ **aufeinanderfolgender Dinge** / series ‖ ⤴ **der Biegevorgänge** (Masch) / number of bends ‖ ⤴ **der Bilder je Sek.** (Film) / film speed ‖ ⤴ **der Dimensionen** (Math) / dimensionality ‖ ⤴ **der freien Veränderlichen** (Math) / variance ‖ ⤴ **im Gang befindlicher Maschinen** / train, truck ‖ ⤴ **-Attribut** n (Assemblierer) / number attribute ‖ ⤴**dichte** f **der Atome** / number density of atoms

Anzapf·anpassung, Deltaanpassung f (Antenne) / delta matching ‖ ⤴**dampf** m / bleeder steam

anzapfen (Flüssigk., Bäume) / bleed, broach ‖ ~, anstechen (Brau) / tap, rack ‖ ⤴ n (Trafo, Batt.) / tapping, tap changing ‖ **die Leitung** ~ (Dampf) / have extraction points installed in the line, extract, bleed ‖ **einen Leiter [widerrechtlich o. unrechtmäßig]** ~ (Elektr) / tap o. milk the wire

Anzapf·rohr n (Dampf) / bleed pipe ‖ **~schütz** n (Elektr) / tapping contactor ‖ **~stelle** f (Elektr) / wiring point, tapping point ‖ **~stelle** f, Anzapfung f (Dampf) / bleeding point, extraction point ‖ **~transformator** m / tapped transformer ‖ **~turbine** f / bleeder type turbine, bleeding o. tapped turbine, extraction type turbine

Anzapfung f (Elektr) / tap, [interstage] leak-off ‖ **~** (Dampfm) / bleeding, extraction

Anzapf·ventil n (Dampf) / bleeder valve ‖ **~verbindung** f (Elektr) / tap connection

Anzeichen n, Symptom n / indication, symptom, mark

anzeichnen, markieren / mark [out] ‖ **~** (Bäume) / blaze ‖ **mit Kreide ~** / chalk a line

Anzeichnung f **auf einem Werkstück** / scribing

Anzeige f, Annonce f / advertisement, ad ‖ **~**, Anzeichen n / indication ‖ **~**, Mitteilung f / notice ‖ **~**, Stand m (des Zeigers, Thermometers usw) / reading ‖ **~**, Sichtbarmachung f (DV) / display ‖ **~ der translatorischen Bewegung** (Luftf) / HSD, horizontal situation display ‖ **~ des Betriebszustandes** (DV) / condition code indicator ‖ **~ gültiges Feld** (DV) / valid field indicator ‖ **~ in Prozenten** / percentage indication ‖ **~ "letzte Karte"** (LoKa) / last card indication ‖ **~ mit nichtkohärenter Festzeichenunterdrückung** (Radar) / non-coherent moving target indication, non-coherent MTI ‖ **~ mit unterdrücktem Zwischenbereich** (Instr) / offset characteristic ‖ **~ -Ausgabe** f (DV) / display ‖ **~befehl** m (DV) / [check] indicator instruction ‖ **~bereich** m / indicating range ‖ **~bereich**, Meßbereich m / instrument range ‖ **im ~bereich** (Instr) / on-scale... ‖ **außerhalb des ~bereichs** (Instr) / off-scale... ‖ **~breite** f (Radar) / displayed beam width ‖ **~dauer** f / display duration ‖ **~einheit**, -vorrichtung f / indicating element ‖ **~einheit** f, Display n (DV) / display unit ‖ **~einrichtung** f, Anzeiger m (Instr) / telltale ‖ **~element** n (DV) / display element ‖ **~empfänger** m für die Belegung von Frequenzbändern / panoramic receiver ‖ **~ -Empfindlichkeit** f (z. B. einer Waage) / sensitiveness, displacement sensitivity ‖ **~fahne** f (Instr) / indicating flag ‖ **~fehler** m / indication error ‖ **~gerät** n, -instrument n / indicator ‖ **~gerät** n, Display-Unit f / display unit ‖ **~gerät** n für codierte Anrufe (Fernm) / coded call indicator ‖ **~instrument** n / indicating instrument ‖ **~lampe**, -leuchte f / pilot lamp o. indicator o. signal [lamp] ‖ **~lampe** f (DV) / indicator [lamp] ‖ **~lampe** f (Konsole) / indicator

anzeigen, bedeuten / denote ‖ **~** (Uhr) / show v ‖ **~** (Instr) / register, indicate ‖ **~** vi, stehen [auf] (Instr) / read ‖ **~** (Leuchte) / light ‖ **~ optisch** (DV) / display by visual means o. visually

anzeigend, Anzeige... / indicating, reading, registering ‖ **~** (Instr) / tell-tale

Anzeigen·register n (DV) / indicating register

Anzeigepflicht f / obligation to inform

Anzeiger m, Anzeigevorrichtung f / indicator, detector ‖ **~**, Index m (allg) / slide [index] ‖ **~ für Funkenentladungen** / arcing monitor

Anzeige-·Rauschabstand m (Ultraschall) / echo-to-noise ratio ‖ **~register** n (DV) / condition code register ‖ **~röhre** f (Kath.Str) / indicator tube, display tube ‖ **~skala** f / indicator scale ‖ **~steuerung** f (DV) / display control unit ‖ **~tafel** f / indicator panel ‖ **~tafel** f (z.B. für Ergebnisse) (Elektronik) / tote board ‖ **~trägheit** f / inertia of indication, indicator lag (US) ‖ **~umgehung** f (DV) / display bypass ‖ **~verstärker** m / detector amplifier ‖ **~vorrichtung** f, Indikator m / indicating device, indicator ‖ **~vorrichtung** f (Walzw) / indicator for rough and fine adjustment ‖ **~vorrichtung**, -tafel f (Fernm) / annunciator board ‖ **~[vorrichtung]** f (Zähler, Registrierkasse usw) / register ‖ **~vorrichtung** f (Web) / full-cone indicator ‖ **~wahrscheinlichkeit** f (Radar) / blip-scan ratio ‖ **~widerstand**, Glühüberwacher m (Kfz) / pilot resistance for glow plugs

anzetteln (Web) / warp

Anziehdrehmoment n (Schraube) / tightening moment

anziehen vt, an sich ziehen (allg, Magnet) / attract ‖ **~** (Schrauben) / tighten, screw down ‖ **~** vi (Leim, Mörtel) / set, cement ‖ **~** (Relais) / pick up ‖ **~** (Farbe) / begin to dry ‖ **~**, packen (von Schrauben) / take, put on ‖ **~** (Magnet) / attract ‖ **den Relaisanker ~** / make respond, make pick-up ‖ **die Bremse ~** (Kfz) / apply the brake, put on o. pull the brake ‖ **[fest] ~** (Schrauben) / drive home o. in ‖ **Schrauben fest ~**, anknallen (coll) / cinch screws ‖ **Schrauben zu stark ~** / overtorque screws, overtighten ‖ **sich gegenseitig ~** / attract each other mutually

anziehend (Phys) / attractive

Anziehung f, Anziehungsvermögen n, -kraft f (Magn) / attraction, attractive power, force of attraction

Anziehungs·kraft f **innerhalb des Kerns** / nuclear attraction ‖ **~[mittel]punkt** m / center of attraction

Anzug m, Anlauf m (Bau) / batter, slope of a wall ‖ **~** (Gieß, Schm, Plast, Wzm) / draft, taper ‖ **~** (Relais) / pick-up ‖ **~ eines Keiles** / taper of a wedge ‖ **~ geben** / taper v ‖ **~ luftseits** (Wassb) / batter upstream ‖ **~ wasserseits** / batter downstream ‖ **mit verzögertem ~**, anzugsverzögert (Relais) / time-delay adj ‖ **Schrauben auf ~ prüfen** / check the tightness of screws ‖ **~keil** m / taper wedge

Anzugs·bereich m / field of attraction ‖ **~bolzen** m **für Zangenspannung** (Dreh) / retention knob for collet clamping ‖ **~[dreh]moment** n (Motor) / starting torque ‖ **~kraft** f, -vermögen n (Masch) / starting power ‖ **~schraube** (Wzm) / clamping o. retaining screw ‖ **~spule** f (Schalter, Relais) / trip coil

Anzug·stange f / draw-in rod ‖ **~strom** m (Relais) / pick-up current ‖ **~strom** m (als Rechenwert) / break-away starting current

Anzugs·verhältnis n (Verhältnis der Drehmomente) (Elektr) / torque ratio ‖ **~vermögen** n, Pick-up m (Kfz) / pick-up ‖ **~verzögerung** f / slow operation ‖ **~zeit** f (Relais) / operating time

anzünden / ignite, kindle, light ‖ **~** n / lighting

Anzünder m / igniter, ignitor

Anzünd·initiator m (Feststoffrakete) / squib ‖ **~litze** f (Bergb) / igniter cord

anzunehmender Unfall (Nukl) / credible accident, conceivable accident

anzuwendende Vorschrift / specification to be applied

anzwecken / fasten with tacks

AOD-Verfahren n (Nickel) / argon-oxygen decarburizing, AOD-process

äolisch, vom Wind geformt o. abgelagert (Geol) / wind blown o. deposited, aeolian ‖ **~e Erosion** (Geol) / deflation ‖ **~es Gestein** / aeolian rocks pl ‖ **~er Ton** (z.B. an Spanndrähten) / aeolian tone

Apartment n, Suite f / apartment, suite ‖ **~haus** n / apartment house ‖ **~haus** n **mit Eigentumswohnung** / condominium (US) ‖ **~wohnung** f / apartment (US), apartments pl (GB), flat (GB)

Apastron n / apastron

Apatit m (Min) / apatite, asparagus stone

aperiodisch / aperiodic ‖ **~** (Elektr) / dead-beat ‖ **~** (Phys) / non-resonant ‖ **~e Antenne** / untuned antenna ‖ **~e Dämpfung** (Phys) / critical damping ‖ **~es Galvanometer** / dead-beat galvanometer ‖ **~er Kompaß** / aperiodic compass

Apertometer n (für Mikroskope) / apertometer

Apertur f (Phot, TV) / aperture ‖ **kleine ~** / small aperture ‖ **~abschattung** f / aperture blocking ‖ **~blende** f (Opt) / aperture diaphragm o. plate ‖ **~blendenebene** f (Opt) / plane of the aperture diaphragm ‖ **~blendenfehler** m / aperture diaphragm error ‖ **~blendenschieber** m (Teleskop) / aperture-stop slide ‖ **~blendentrieb** m, -einstellung f / aperture diaphragm adjusting screw ‖ **~flächenausleuchtung** f, -flächenbelegung f (Antenne) / aperture illumination (US), field distribution of the aperture (GB) ‖ **~strahler** m (Antenne) / aperture antenna ‖ ~verzerrung f / aperture distortion ‖ ~winkel m (Opt) / aperture angle pl

Apex m (Astron) / apex (pl.: apexes, apices)

Apfel m / apple ‖ ~blattlaus f, Aphis o. Doralis pomi o. mali / apple aphid ‖ ~blattmotte f, Simaethis pariana / apple leaf skeletonizer ‖ ~blattsauger m, Psylla mali / apple leaf sucker ‖ ~blütenstecher m, Anthonomus pomorum / apple blossom weevil ‖ ~gespinstmotte f, Yponomëuta padellus / apple ermine moth ‖ ~kernöl n / apple kernel oil ‖ ~made f / apple worm ‖ ~mehltau m, Podosphaera leucotricha / apple [powdery] mildew ‖ ~motte f, Argyresthia conjugella / apple fruit moth ‖ ~röhre f (TV) / apple tube ‖ ~sägewespe f, Hoplocampa lestudinea / apple saw fly ‖ ~säure, Hydroxybernsteinsäure f / malic acid ‖ ~[schalen]wickler m / fruit surface eating tortrix moth ‖ ~schorf m, Venturia inaequalis / apple scab

Apfelsinen·haut f (Tiefziehen) / orange peel effect ‖ ~schaleneffekt m (Lack, Email) / orange peel ‖ ~schalenöl n / sweet orange oil

Apfelwickler m, Carpocapsa pomonella / codling moth, Rhagoletis pomonella walsh

Aphanit m (Geol) / aphanite

APHA-Verfahren n (= American Public Health Association) (Chem) / APHA-method

Aphel n (Astr) / aphelion

Aphide, Blattlaus f / aphid

API = American Petroleum Institute

Apiezon-Öl, [-fett] n (Vakuum) / apiezon oil, [grease]

API·-Gewinde n / API o. A.P.I. thread ‖ ~ -Muttergewinde n / box thread ‖ ~ -Ölabscheider m / API o. A.P.I. oil separator (= American Petroleum Institute)

APL (eine Programmiersprache) (DV) / APL (a programming language)

Aplanasie f (Opt) / aplanatism

Aplanat m / aplanatic lens

aplanatisch / aplanatic

A-Platz m (Fernm) / A-position, trolleyphone, outgoing position

Aplit m (Geol) / aplite, haplite

Apo·chromat m / apochromatic lens ‖ ~enzym n, Apoferment n / apoenzyme

Apogäum n, Erdferne f (Astr) / apogee ‖ ~ der ungestörten Umlaufbahn (Raumf) / conic apogee ‖ tiefes ~ / low apogee

Apogäums·motor m (Raumf) / apogee motor ‖ ~stufe f (Raumf) / apogee stage

apokrin (Biol) / apocrine

apolar / nonpolar

apollonisch (Math) / apollonian

Apollo-Raumkapsel f / Apollo space capsule

Apollo·-Teleskop-Plattform f (Raumf) / Apollo telescope mount, ATM

Apo·lun n / apolune, apocynthion ‖ ~morphin n / apomorphine ‖ ~phyllit, Ichthyophthalm m (Min) / apophyllite, ichthyophthalm[it]e ‖ ~physe f (Geol) / apophysis (pl.: -yses) ‖ ~stilb n (veraltet), asb (Opt) / apostilb, asb

Apostroph m (Buch) / colon

apothekenfreie Medikamente / OTC drugs pl (= over the counter)

Apotheker m / pharmac[eut]ist, dispensing chemist (GB), druggist (US) ‖ ~buch n / dispensatory ‖ ~waage f / tare balance

AP-Papier n, Packpapier n aus Altpapier / packaging paper made of waste

Apparat m, Mechanismus m, Ein-, Vorrichtung f / apparatus, device, contrivance ‖ ~ (Phot) / camera ‖ ~ (eines angeschlossenen Teilnehmers), Hausapparat m (Fernm) / extension, ex ‖ ~ für kalorimetrische pH-Wertbestimmung / capillator ‖ am ~ bleiben (Fernm) / hold the line o. wire

Apparate·bau m / apparatus engineering, construction of apparatus ‖ ~brett n, -tisch m / instrument board ‖ ~fuß m (Chem) / support for vessels ‖ ~gestell n / apparatus rack ‖ ~glas n / glass for instruments ‖ ~saal m, -raum m (Fernm) / signal room, instrument room ‖ ~schrank m / shelf of apparatus ‖ ~symbol n / symbol for components ‖ ~tisch m (Fernm) / control panel o. bench ‖ ~tisch m (Opt) / stage

apparative Anlagen f pl / industrial instrumentation

Apparatur, Einrichtung f / equipment, installation

Apparatverzerrung f (Fernm) / characteristic distortion

Appartement n, Wohnung f / suite, apartment, flat (GB)

Appleton-Schicht f (Ionosphäre) / Appleton o. F_2-layer

Applikation f (Math) / adaptation

Applikations·arbeit f (Textil) / appliqué ‖ ~farbe f, -druck m (Textil) / chemical colour ‖ ~generator m / application generator

Appliziereinrichtung f (Textil) / applicator

appm / appm, atomic parts per million

Appret n s. Appretur

appretieren, garmachen (Gerb) / dress hides ‖ ~, zurichten (Textil) / finish, dress ‖ ~ (Teppich) / size v, finish

Appretierhilfsmittel n / retexturing agent, auxiliary finishing agent (cotton), finishing assistant

Appretur f (Textil) / finish, appret ‖ ~ für Wollgarne / Scotch dressing ‖ ~anstalt f / chemical finishing plant ‖ ~brechmaschine f / finish breaker, cloth breaking machine, softener ‖ ~fähigkeit f / capacity to take the finish ‖ ~flotte f, Ausrüstungsflotte f (Textil) / finishing liquor ‖ ~foulard m / finish padding mangle, starching padder ‖ ~maschine f (Textil) / finishing o. dressing machine ‖ ~mittel n / finishing o. dressing o. sizing preparation o. agents pl ‖ ~nachbehandlung f / final finish (textile) ‖ ~öl n / textile oil, batching o. finishing oil ‖ ~seife f / soap for finishing purposes

AP-Projektion f (Röntgen) / AP-projection (= anterior/posterior)

Approximation f (Math) / approximation

Approximations·fehler m (DV) / error of approximation, truncation error ‖ ~theorie f (Math) / theory of approximation

approximativ / approximate, -mative

approximieren, sich nähern (Math) / approximate

APR m (Verm) / airborne profile recorder

Aprikosenkernöl n / apricot seed oil

A-priori-Information f (Monte-Carlo-Methode) (DV) / a priori information (Monte Carlo method)

A-Produkt n (Walzw) / half-finished steel product

Apsidalkurve (Geom) / apsidal curve

Apside f (Astr) / apse, apsis

Apsidenlinie f (Astr) / line of apsides

aptieren, anpassen / adapt

APT-Personenzug m (DV) / advanced passenger train, APT ‖ ~ / APT (GB), Advanced Passenger Train

APT-Programm n (NC) / APT-program (automatically programmed o. positioned tools o. tooling)

AP-Treibstoff m / AP fuel (= ammonium perchlorate)

APU n, Rechenwerk n (DV) / arithmetic processing unit

AQL, annehmbare Qualitätslage / acceptable quality level

Aqua destillata f, Aquadest n / distilled water

Aquadag n (kolloid. Graphit-Wasser-Dispersion) / aquadag

Aquädukt m / aqueduct

Aqua·glas-Methode f, Nutschmethode f (Plast) / aquaglass preform method ‖ ~kultur f (eine Fischzucht) / mariculture, aquiculture, aquaculture ‖ ~lack m, Wasserlack m / water lacquer o. enamel ‖ ~lunge f (Tauchgeräte) / aqualung ‖ ~marin (Min) / aquamarine ‖ ~naut m / aquanaut ‖ ~planing n, Aufschwimmen n, Wasserglätte f (Kfz) / aquaplaning, hydroplaning ‖ ~pulsverfahren n / aquapulse exploration method

Aquarellfarbe f / water-colo[u]r

Aquat n (Chem) / aqueous compound

aquatisch (z.B. Umweltverträglichkeit) / aquatic
Äquator m (Geogr, Astr) / equator
äquatorial (Geogr) / equatorial adj || ⭝, **Äquatoreal** n
(Fernrohr) / equatorial || **⭝e Bindung** / equatorial bond ||
⭝er Elektrojet (Meteorol) / equatorial electrojet || **⭝e**
Quantenzahl / total angular momentum quantum
number || **⭝er Synchronsatellit** / stationary satellite ||
⭝e Umlaufbahn, Äquatorialbahn f / equatorial orbit
äquator·nahe / near-equatorial || **⭝passage** f (Raumf) /
equatorial crossing || **⭝wulst** m (Astr) / equatorial bulge
Äqui·densite f (Phot) / equidensity line ||
  ⭝densitenverfahren n (Opt) / equidensity technique ||
  ⭝distant, abstandsgetreu (Math, Geogr, Fernm) /
  equidistant
Aquifer-Speicher m (Erdgas) / aquifer storage
äqui·molekular / equimolar, -molal || **⭝noktialpunkte** m
pl / equinoctial points pl || **⭝noktium** n / equinox ||
  ⭝partition, Gleichverteilung f [auf] / equipartition
  [for] || **⭝partitionsgesetz** n / theorem o. principle of the
  equipartition of energy || **⭝potential**, isoelektrisch /
  equipotential, isoelectric || **⭝potentialfläche**,
  Niveaufläche f / equipotential surface o. region ||
  ⭝potentialkathode f, indirekt geheizte
  Potentialkathode / equipotential cathode ||
  ⭝potentialkurve, Niveaulinie f (Elektr) / equipotential
  line
äquivalent [zu] / equivalent, in balance || **⭝** n,
  gleichwertiger Grad / equivalent || **⭝e Binärzeichen** n
  pl, äquivalente Binärziffern f pl / equivalent binary
  digits pl || **⭝er Bremsdurchmesser** (Nukl) / stopping
  equivalent || **⭝e Echofläche** (Radar) / echoing area || **⭝e**
  Eigengeschwindigkeit (Luftf) / equivalent air speed,
  EAS || **⭝es Eingangsrauschen** / ENI, equivalent noise
  input || **⭝e Grubenweite**, -öffnung (Bergb) / equivalent
  width o. opening o. orifice of a mine || **⭝e Höhe**,
  Strahlungshöhe f (Antenne) / equivalent height || **⭝er**
  Impuls / equivalent response pulse || **⭝e isotrope**
  Abstrahlleistung (Raumf) / effective isotropically
  radiated power || **⭝er Kreisdurchmesser** / equivalent
  diameter || **⭝e Kugelbeleuchtungsstärke** / equivalent
  sphere illuminance || **⭝e proportionale Dämpfung** /
  equivalent viscous damping || **⭝er Rauschdruck**
  (Elektronik) / transducer equivalent noise pressure || **⭝e**
  Rauschleistung / ENI, equivalent noise input || **⭝e**
  Rauschspannung (Halbl) / equivalent noise voltage ||
  ⭝er Rauschstrom (Halbl) / equivalent noise current ||
  ⭝er Scheitelpegel (Fernm) / equivalent peak level, EPL
  || **⭝e Seitenband-Rauschleistung** f / ENSI, equivalent
  noise sideband input || **⭝e statische Beschleunigung** /
  equivalent static acceleration || **⭝e Störspannung** /
  equivalent disturbing voltage || **⭝es Stufenprofil**
  (Glasfaser) / equivalent step index profile, ESI-profile ||
  ⭝es Wälzgetriebe / equivalent wheel gear pair ||
  ⭝anode f / equivalent anode || **⭝brennweite** f (Opt) /
  equivalent focal length || **⭝dosis** f / dose equivalent ||
  ⭝dosis-Leistung f / dose equivalent rate || **⭝gewicht** n
  (Chem) / combining o. equivalent weight, weight
  equivalent || **⭝höhe** f, Maßstabhöhe f (Raumf) / scale
  height || **höchste ⭝leitfähigkeit** (Elektrolyse) / maximum
  equivalent conductance || **⭝leitwert** m / equivalent
  conductance || **⭝leitwert m bei unendlich starker**
  Verdünnung (Elektrolyt) / limiting conductivity ||
  ⭝volumen n / atomic volume || **⭝widerstand m des**
  Steuerkreises / equivalent control circuit resistance
Äquivalenz f (allg, DV) / equivalence || **⭝** (NC) / bi-
  conditional equivalence operation || **⭝ von Masse und**
  Energie / mass-energy equivalence || **⭝anweisung** f
  (FORTRAN) / equivalence statement || **⭝brennpunkt**
  m (Opt) / equivalent focus || **⭝glied** n (DV) / equivalence
  element, equivalent-to element || **⭝punkt** m (Chem) /
  neutral point || **⭝schaltung** f (DV) / equality circuit o.
  unit || **⭝verknüpfung** f / IF-AND-ONLY-IF operation,
  equivalence operation
Äquivokation f / equivocation

Aquosystem n (Chem) / aquo system
Ar n (1a = 100 m^2) / are
ARA-Aufzeichnung f (DV) / automatic read amplification
  burst
Arabin n, -säure f, Akazin, Akaziengummi n / arabic
  acid, arabine, arabin, acacin[e] || **⭝ose** f, Pektinzucker
  m / arabinose, pectin sugar || **⭝verfahren** n (Phot) /
  arabin process, gum bichromate process
arabisch (Zahlen) / arabic
Aragonit m (Min) / aragonite, aragon spar || **massiver ⭝** /
  flos ferri
Aragoscher Punkt m (Opt) / Arago point
Araldit n (Plast) / araldite
Aramid n / aramide || **⭝ -Faserkunststoff** m / aramide
  fiber composite || **⭝faser-Laminat** n, AFK-Laminat n /
  aramide fiber laminate
Aräo·meter n, Senkwaage f / areometer, araeometer,
  densimeter, hydrometer || **⭝pyknometer** n (Aräometer
  für viskose Flüssigkeiten) / areopyknometer
Araukarie f (Bot) / araucaria
Arbeit f (Phys) / work || **⭝**, Aufgabe f, Tätigkeit f / job || **⭝**,
  Pensum n / task || **⭝**, Machart f / make, making,
  workmanship || **⭝**, Arbeiten n / working, labour || **⭝ am**
  Zughaken / work at draw-hook || **⭝ an der Werkbank**
  / bench work || **⭝ an unter Spannung stehenden Teilen**
  / live working || **⭝ außerhalb des Betriebes** / outside
  work || **⭝ einer Schicht** / day-work || **⭝ im Fels** (Bergb) /
  hard rock mining || **⭝ im Stücklohn** / piecework || **⭝ in**
  der Zeiteinheit, Leistung f (Phys, Mech) / power,
  activity || **⭝ in heißer Umgebung** / work in heat || **⭝ vor**
  Ort (Bergb) / work to the heading o. at the face ||
  größere ⭝en / operations pl || **in ⭝** / work in progress,
  WIP || **in ⭝** (DV-Anlage) / busy || **[körperliche] ⭝** /
  labour, labor (US) || **letzte ⭝**, Fertigmachen n /
  dressing, finishing || **von u. zur ⭝** / on-and-off duty
arbeiten / operate, work || **⭝** [an] / work [on] || **⭝**,
  funktionieren (Masch, Mot) / run, work, function || **⭝**,
  sich krümmen (Holz) / warp, get warped, set, cast || **⭝**,
  gären (Chem) / be [up]on the fret, ferment, work || **⭝** n,
  Arbeit f / working, labour || **⭝** (Beton) / internal action
  || **⭝** (Holz) / warping, working || **⭝**, Gärung f / working,
  fermentation || **⭝ an unter Spannung stehenden Teilen**
  / live working || **⭝ im Morse-Rhythmus** / Morse signal
  rate operation || **⭝ lassen** (Masch) / operate || **⭝ mit**
  mehrfacher Genauigkeit o. Wortlänge (DV) /
  multiple-length arithmetic o. working, multiple-
  precision working || **⭝ mit zuviel Gas** (Gasbrenner) /
  overgassing || **auf gut Glück** (o. unsystematisch o.
  planlos) **⭝** (Bergb) / gopher || **auf Menge, auf Quantität**
  ⭝ / work for quantity o. volume || **mit Gleichstrom ⭝** /
  operate on d.c. || **schwer ⭝** / labour, labor (US) || **zu**
  ⭝ anfangen (Masch) / start acting o. working o. running
  || **zu schwer o. zu hart ⭝** (Masch) / work too heavy
arbeitend, Arbeits… / working
Arbeiter m / man, workman, worker || **⭝** (Textil) / minder
  || **⭝**, Bedienungsmann m (Hütt) / operative || **⭝**,
  Arbeitswalze f der Krempel (Textil) / worker || **⭝ m pl**,
  Arbeitskräfte f pl (allg) / labour || **⭝ m am**
  Montageband / assembling operator, assembler (US)
  || **⭝ bei Druckluftgründung** (Bau) / sandhog ||
  ungelernter ⭝ / labourer (GB), laborer (US)
Arbeiterin f / female worker o. labo[u]rer, workwoman
Arbeiter·kolonne f, -trupp m, -rotte f / gang of workmen,
  working squad || **⭝löhne** m pl / labour wages pl ||
  ⭝schutz m / protection of workers || **⭝vertreter** m /
  shop steward
Arbeit·geber, Unternehmer m / employer, boss (coll) ||
  ⭝geber und Arbeitnehmer pl / employers and
  employed pl || **⭝nehmer** m / employee, employe,
  employé || **⭝nehmer** m, Belegschaft f / employees ||
  ⭝nehmererfindung f / employee invention
Arbeits·ablauf m (im einzelnen) / operating sequence ||
  ⭝ablauf m, -verlauf m / working o. operating cycles ||
  ⭝ablauf, Weg m / procedure, process ||

ᵇablaufanalyse f (F.Org) / process analysis ‖
~**ablaufbedingte Brachzeit** (F.Org) / machine idle time
‖ ~**ablaufbedingte Brachzeit bei
Mehrstellenbedienung** / interference time ‖
~**ablaufbedingte Wartezeit** (F.Org) / inherent delay,
unavoidable delay, unoccupied time ‖
ᵇablaufdiagramm n (F.Org) / operation flow chart,
simultaneous motion cycle chart, simo chart,
operational chart ‖ **ablaufplan, -bogen** m (F.Org) /
flow diagram, flow process chart ‖ **ablaufstudie** f
(F.Org) / methods study
arbeitsam / laborious, industrious
Arbeits·anforderungen f pl / job requirements pl ‖
ᵇanhängefahrzeuge n pl / communal trailers pl ‖
ᵇanleitung f [für bestimmte Betriebsvorgänge] /
standard practice manual ‖ **ᵇanweisung** f (F.Org) / job
instruction, instruction card ‖ **ᵇanzug** m / work dress,
workman's overall ‖ **ᵇanzug, -mantel** m / smock ‖
ᵇarchiv n (Mikrofilm) / operation registry ‖ **art-
Schlüssel** m (DV) / occupation code ‖ **ᵇaufgliederung** f
(Netzplan) / work breakdown structure ‖ **ᵇaufgliederung**
f **nach Fertigteilen** / hardware work breakdown
structure (PERT) ‖ **ᵇaufnahmefähigkeit** f (Feder) /
resilience ‖ **ᵇauftrag** m / factory o. work order ‖
ᵇaufwand m, **-bedarf** m / expenditure of work o.
labour, labour consumption, energy expended ‖
~**aufwendig** / labour-consuming ‖ **ᵇausfall** m, **-ruhe** f /
non-working time ‖ **ᵇ-Ausschuß** m, **Ausschuß** m
(F.Org) / scrap, rejects pl ‖ **ᵇbahn** f (Fernm) / working
way ‖ **ᵇband** n (zur Zwischenspeicherung) (DV) /
scratch tape ‖ **ᵇbedingungen** f pl / working o. operative
o. job conditions pl ‖ **ᵇbelastung** f **des Menschen** /
work load ‖ **ᵇbeleuchtung** f / localized work
illumination ‖ **ᵇbereich** m / field of action o. activity,
operative range, working area, working radius o. range
‖ **ᵇbereich** m (verfügbar) (Wzm) / machining range ‖
ᵇbereich m (Relais) / region of operation ‖ **ᵇbereich** m
(Ofen) / gathering zone ‖ **ᵇbereich** m (DV) / work area ‖
ᵇbereich m **auf externen Speichern** (DV) / work file ‖
obere ᵇbereichsgrenze, Aussteuerungsgrenze f
(Elektronik) / operating limit ‖ **ᵇbereitschaft** f **in der
Wohnung,** [am Arbeitsplatz] (F.Org) / standby duty at
home, [at the place of working] ‖ **ᵇbeschaffung** f (allg) /
provision of work o. employment, creation of work ‖
ᵇbescheinigung f / worksheet ‖ **ᵇbeschreibung** f
(F.Org) / job description ‖ **ᵇbestgestaltung** f / methods
engineering ‖ **ᵇbewegung** f (Wzm) / cutting movement ‖
ᵇbewertung, -auswertung f (F.Org) / job evaluation ‖
ᵇblendenmessung f (Phot) / stopped-down metering ‖
ᵇbreite f / working width ‖ **ᵇbreite** f (Lagerhaus) /
gangway space ‖ **ᵇbrücke** f / working platform ‖
ᵇbühne f (Öl) / crown safety platform ‖ **ᵇbühne** f (allg)
/ working platform, man-carrying platform ‖
ᵇcharakteristik f (Röhre) (Funk) / dynamic
characteristic ‖ **ᵇdargebot** n, Energiedargebot n /
available energy in a given period ‖ **ᵇdatei** f (DV) /
workfile ‖ **ᵇdauer** f, **-zeit** f / working o. operating time,
duration of work ‖ **ᵇdauer, Beschäftigungsdauer** f /
spell o. duration of employment ‖ **ᵇdeck** n (Schiff) /
working deck ‖ **ᵇdiagramm** n, -schaubild n / working
diagram ‖ **ᵇdiagramm,** PV-Diagramm n (Phys) /
pressure-volume diagram ‖ **ᵇdiagramm** n (DV) /
sequence chart ‖ **ᵇdiagramm** n (Magnetron) /
performance chart ‖ **ᵇdruck** m / working pressure ‖
ᵇdruck, Schlagdruck m (Schm) / weight of blow ‖
ᵇdruckbereich m, nutzbarer Bereich / useful pressure
range ‖ **ᵇebene** f (Bergb) / working plane ‖ **ᵇeichkreis**
m (Fernm) / working standard ‖ **ᵇeifer** m (F.Org) /
enthusiasm for work ‖ **ᵇeingriffslinie** f (Zahnrad) / path
of working contact ‖ **ᵇeinheit** f (Phys) / dynamic unit ‖
ᵇeinheit f (Manipulator) / slave unit ‖ **ᵇeinsatz** m / work
input ‖ **ᵇeinsatz** m **von Arbeitskräften** / deployment of
labour, work input ‖ **ᵇeinstellung, Entlassung** f / lay-
off, shut-down ‖ **ᵇeinstellung** f, Streik m / cessation of

work, strike ‖ **ᵇeinteilung** f, **-zuweisung** f / distribution
of work ‖ **ᵇelektrode** f (Transistor) / collector ‖
ᵇerlaubnis f (Erdölraffinerie) / safety certificate ‖
ᵇersparnis f, **-vereinfachung** f / labour saving,
operational saving, work o. job simplification ‖ ~**fähig**
(Med) / able to work, (man:) able-bodied ‖ **ᵇfähigkeit** f,
Energie f / energy ‖ **technische ᵇfähigkeit,** Exergie f /
exergy ‖ **ᵇfähigkeitsdauer** f (DV) / uptime ‖ **ᵇfeld,
-gebiet** n / field of action o. activity, working scope o.
sphere ‖ **ᵇfeld** n, Hallenfeld n (Luftf) / bay ‖ **ᵇfestigkeit**
f / working resistance, endurance ‖ **ᵇfilm** m, aktiver
Mikrofilm / working film ‖ **ᵇfläche** f, Tragfläche f
(Luftf) / working surface, bearing surface ‖ **ᵇfläche** f
(Kran, Bagger) / working area ‖ **ᵇfläche** f **am
Werkstück,** Bearbeitungsfläche f / machining surface ‖
ᵇflugzeug n / aerial work aircraft ‖ **ᵇfluß** m /
production flow ‖ **ᵇflußdiagramm** n eines Werkes /
plant flow diagram, work flow diagram ‖ **ᵇfolge** f /
sequence of operations ‖ **ᵇfolgeventil** n (Luftf, Masch) /
sequence valve ‖ **ᵇfortschritt** m / work progress,
progress of work ‖ **ᵇfortschrittsdiagramm** n / work
progress diagram ‖ **ᵇ-Fortschrittskurve** f / progress
curve ‖ ~**freier Tag** / holiday ‖ **ᵇfrequenz** f, Ist-
Frequenz f (Funk) / actual frequency ‖ ~**freudiger
Mensch** / laborious person ‖ **ᵇfuge** f, Dehnfuge f (Bau) /
construction joint
Arbeitsgang m (Lagerhaus) / gangway ‖ **ᵇ** (Wzm) / working
o. operating cycle ‖ **ᵇ,** Platz m (am Band) / station of an
assembly line ‖ **ᵇ,** Korridor m / working aisle ‖ **ᵇ,**
Durchlauf m (DV) / pass ‖ **ᵇ des Hoblers** / cutting
stroke of shaper ‖ **ᵇ des Kreuzschlittens** (Wzm) /
working feed of compound slide ‖ **ᵇ in der Herstellung** / course
of manufacture, phase of operation ‖ **ᵇ während einer
Arbeitsphase** / in-process operation ‖ **ᵇ in einem
[einzigen]** **ᵇ** / in one single operation ‖ **zwei
Arbeitsgänge gleichzeitig ausführend** / coincidental ‖
zweiter ᵇ / second-operation work
Arbeits·gebiet n / working scope o. sphere ‖
ᵇgemeinschaft f, ARGE (Bau) / group of building o.
construction firms ‖ **ᵇgerät** n (Gesamtheit) / tools pl,
outfit ‖ **ᵇgerüst** n / work scaffolding ‖
ᵇgeschwindigkeit f / working o. operating speed o.
velocity, speed of operation ‖ **ᵇgeschwindigkeit** f (DV)
/ calculating speed ‖ **ᵇgestalter** m, Methodiker m /
methods engineer ‖ **ᵇ[gestaltungs]studie** f / method
study ‖ **ᵇgewölbe** n (Hütt) / fauld, fold, working o. tymp
arch ‖ **ᵇgleichung** f / equation of kinetics, equation of
kinetic and potential energy ‖ **ᵇgröße** f (Phys) / quantity
having the dimensions of work ‖ **ᵇgrube** f (Bahn) /
assembly pit ‖ **ᵇgrube** f (Kfz) / inspection pit, engine o.
repair o. working pit ‖ **ᵇgruppe** f, Mannschaft f / team,
working group ‖ **ᵇhandschuh** m / work glove ‖ **ᵇhöhe**
f (Wzm) / working height ‖ **ᵇhub** m (Mot) / firing o.
expansion o. power o. working stroke, combustion
stroke ‖ **ᵇhub** m (des Hoblers) / cutting stroke of shaper
‖ **ᵇhürde** f (Textil) / sorting screen ‖ **ᵇhygiene** f / work
hygiene ‖ **ᵇinformationen** f pl (NC) / machining data
pl, functional control information ‖ **ᵇinhalt** m / job
content ‖ **ᵇinhalt** m, Energiespeicherung f / energy
storage ‖ **ᵇinsel** f (Öl) / offshore floating terminal ‖
ᵇintensität, -kraft f / working intensity, rate of
working ‖ **ᵇintensiv** / labour-consuming,
labour-intens[iv]e, with a high labour content ‖
ᵇkammer f (Caisson) / working chamber ‖ **ᵇkarte,**
Teilebegleitkarte f (F.Org) / operating sheet, work ticket
‖ **ᵇkennlinie** f / working characteristic ‖ **ᵇkennlinie** f,
-charakteristik f (Röhre) (Funk) / dynamic characteristic
‖ **ᵇkleidung** f, Berufskleidung f / workwear, industrial
clothing ‖ **ᵇklima** n / shop moral, in-house environment
(US) ‖ **ᵇkolben** m / working o. main piston ‖ **ᵇkolonne**
f, Bautrupp m / gang ‖ **ᵇkontakt** m (Hauptkontakt) /
main o. operating o. working contact ‖ **ᵇkontakt** m
(Ggs. Ruhkontakt) (Relais) / make contact, normally

open contact || ~kontakt, Kopfkontakt m (Fernm) / offnormal contact || [fester] ~kontakt (Relais) / front contact || ~kopie f, WP (Film) / work print, WP, rush print, cutting-copy print || ~kosten pl / labour cost || ~kraft f, Menschenkraft f / man power || ~kraft f, -intensität f / working power o. intensity || ~kräfte f pl, Arbeiterschaft f, Arbeiter m pl (allg) / labour [force], workmen pl || ~kräfte, die der Bauherr selbst stellt / direct labour (GB) || unter ~kräftemangel leidend / shorthanded || ~kraftfahrzeug n, Gemeindekraftfahrzeug / public utility vehicle, communal vehicle || Gebiet mit ~kraftreserven / labour-surplus area || ~kurve f, -diagramm n / characteristic curve o. line || ~ -Latzhose f / trousers with blib pl || ~lehrdorn m / workshop plug gauge || ~lehre f (des Herstellers) / inspection gauge || ~lehre f / manufacturing o. shop gauge, working gauge o. standard || ~leistung f / labour efficiency || ~leistung f (Phys) / activity, work output || ~leistung f, Effekt m / intensity of work || ~leuchte f / working place light fixture || ~loch n, -tür f, -öffnung f (Hütt) / working hole || ~losenunterstützung f / dole || ~losen-Unterstützung f / unemployment benefit o. pay, dole (GB, coll) || ~maschine f (Ggs.: Kraftmaschine) / machine || ~maschine f, Werkzeugmaschine f / machine tool || ~matrix f (Digitalschaltung) / working o. phase matrix || ~matrix f (DV) / function matrix || ~matrix f einer Folgeschaltung (Elektronik) / working matrix of sequence control || ~medium n (Energieumwandlung) / working medium (as in power conversion) || ~medium n (DV) / working medium || ~medizin f / industrial medicine || ~merkmal n, Workfaktor m (F.Org) / work factor || ~methode f / working manner o. method o. mode || ~ -Minute f, Mann-Minute f / man minute, manite || ~mittel, Übertragungsmittel n / working substance || ~modell n / working model || ~muster n (Web) / sample of fabric || ~niederlegung f, -einstellung f / cessation of work, strike || ~öffnung f, Fenster n / aperture, window || ~ordnung f / shop rules pl, factory regulations pl, plant regulation || ~pause, Ruhepause f / pause, break (US) || ~pause f (Betrieb) (Bergb) / non-working time || ~periode f, -takt m / work cycle, operating cycle || ~phase f (Elektronik) / duty factor of tubes || ~physiologische Verbesserungen f pl / ergonomic improvements pl || ~plan m, -programm n / working plan o. program || ~planer m / methods o. production engineer || ~planung f / operations scheduling || ~planungsbogen m (F.Org) / multiple activity chart || ~platte f (Ofen) / sill plate

Arbeitsplatz m (Wzm) / workstation || ~ des Arbeiters / work[ing] place || am ~ / occupational || am ~ wohnen / live in || nicht am ~ wohnen, pendeln / live out || ~ -Absauger m / vacuum cleaner for working places || ~beleuchtung f / working place illumination o. lighting, bench illumination, localized lighting || ~computer m / office computer || ~gestaltung f / work place layout || ~leuchte f / workplace illuminator || ~orientierte Datenverarbeitung, mittlere Datentechnik / distributed data processing (GB) || ~putzen n (F.Org) / clean-up || ~system n (z.B. IBM 5080), Workstation f (DV) / workstation || ~ -Unterlagen f pl / work place casebook || ~wechsel m / job rotation

Arbeits·preis m (Elektr) / kilowatt hour rate || ~prinzip n / working principle || ~probe f, -muster n / work specimen || ~produktivität f / productivity of work || ~programm, Problemprogramm n (DV) / problem program || ~projektor m (Diaskop mit großem Objektfeld), Overhead-Projektor m / overhead projector || ~punkt m, Betriebspunkt m (Elektronik) / operating point || ~rachenlehre f / workshop gap gauge || ~raum m / work[ing] room || ~raum m in einer Maschine (Wzm) / working area || ~rechner m (DV) / slave ||

~recht n / labour laws pl, labour legislation || ~reichweite f (Radar) / overall-system performance || ~richtung f / working direction || ~rollgang m (Walzw) / working roller table, mill table || ~rückstand m / backlog || ~ -Ruhe-Zustand m (Telegrafie) / mark-space condition || ~saal m / working room || ~ -Schaubild n (F.Org) / flow chart, operational chart, working diagram || ~schauuhr f / chronograph, time recorder || ~schein m, -zettel m, -karte f / job o. work o. time ticket || ~schicht, Schichtarbeit f / shift, working shift, turn, task || ~schicht f (Belegschaft) / working shift, workmen on shift || ~schiene f (Elektr) / power rail || ~ -Schnellwalze, Wendewalze f, Wender m (Spinn) / stripper, stripping machine || ~schutz m / protection of labour || ~schutzkleidung f / protection o. protective suit o. clothes pl || ~schutzvorschriften f pl / worker's protection rules || ~seite, Vorderseite f / face, working o. operating side || ~spannung f, Ist-Spannung f (Elektr) / effective voltage, operating voltage || ~spannung f (Akku) / working (US) o. on-load (GB) voltage || ~sparend / labour-saving || ~speicher m (DV) / main [frame] o. working memory o. storage (US) o. store (GB), operating o. primary store || ~speicherabzug m (DV) / memory dump || ~speicheradresse f / main memory address || ~speicherbelegung f (DV) / main memory allotment o. map || ~speichererklärung f / [data] record description entry || ~speicherplatz m, -speicherzelle f (DV) / main memory location || ~spiel n (Masch) / working o. operating cycle, cycle, trip || ~spiel n, jetzt: Beladung f (Ionenaust.) / exhaustion || ~spindel, Hauptspindel f (Wzm) / work spindle, (esp.:) lathe spindle || ~spur f (Magn.Bd) / work track || ~station f (DV) / work center || ~stätte f / place of work o. employment || ~steilheit f, dynamische Steilheit (Elektronik) / dynamic slope, dynamic mutual conductance || ~stellenscheinwerfer m / industrial floodlight || ~stellung f / working position, all-clear position || ~stoß m (Bergb) / working face || ~stoß m senkrecht zu den Schlechten (Bergb) / face-on end || ~strom m (Röhre) (Funk) / thermionic o. space current || ~strom m (Regeln) / load current || ~strom-Betrieb m / open-circuit operation o. working || ~stromkreis m / operating circuit, operation o. working circuit || ~stromrelais n / working current relay || ~stromschaltung f (Relais) / circuit closing connection || ~stromstärke f (Relais) / pick-up value of current || ~stück, Werkstück n / work piece, production (US), subject (US) || ~studie, Zeitaufnahme f / time [and motion] study, timing, work study || ~studienmann m, Refa-Ingenieur m / time study man || ~studienwesen n (F.Org) / methods engineering || ~stunde f / man hour || ~stunden f pl / work hours pl || ~tabelle f (Digitalschaltung) / function o. work table || ~tag m / working day, workday || ~tag m (Rechenwert) / man day || ~tag m, Werktag m (i. Kälender) / working day || ~täglich / per working day || ~tagung f, Seminar n / workshop (US) || ~takt, Takt m (F.Org, Mot) / phase, cycle, pace || ~takt m (Mot) / working cycle o. stroke || ~takt m / cycle of work, cyclic element || ~takt m, -tempo n/ speed, rate || ~ -Task f n (DV) / problem task || ~temperatur f / working temperature || ~tempo n / working speed || ~tier m / workaholic || ~tisch m / work bench o. table, working table || ~tisch m (Färb) / operating table || ~tisch m (Chem) / laboratory work table || durch Spindel verstellbarer ~tisch (Wzm) / screw-spindle adjustable plate || ~trübe f, Arbeitsschwertrübe f (Bergb) / dense medium in the separating bath || ~tür f (Hütt, Masch) / working o. charging door || ~tür f des Roheisenmischers (Hütt) / paddling door || ~unfähigkeit f / unfitness, inability || ~unfall m, Betriebsunfall m / occupational accident || ~unfallversicherung f / occupational accident insurance || ~unterbrechung, Betriebs-Pause f / stop, intermission || ~unterbrechung f von mehr als 15 min

Dauer (Kfz) / pause || ~**unterteilung** f (F.Org) / job breakdown || ~**unterweisungskarte** f (F.Org) / instruction card || ~**vereinfachung** f / work o. job simplification || ~**verfahren** n, -vorgang m / operating o. working process o. manner o. method o. mode || ~**verfügbarkeit** f (Nukl) / availability factor || ~**verhältnis** n / terms pl of employment || ~**verhältnisse** n pl / working conditions pl || ~**verlauf** m / work flow || ~**verlust** m (Masch) / los of energy, loss of working power || ~**verlust** m **bei Zustandsänderung** (Phys) / unavailable energy || ~**vermögen** n (Akku) / battery power || ~**vermögen** n, Energie f / energy || ~**vermögen** n, -fähigkeit f (Phys) / energy, available power, work capacity || ~**versäumnis** n (F.Org) / absence without leave, AWOL || ~**vorbereiter** m / methods engineer || ~**vorbereitung** f, Disposition f (F.Org) / job engineering || ~**vorbereitung** f (Abteilg) / Planning Department || ~**vorbereitungsphase** f / operations scheduling phase || ~**vorgang** m (F.Org) / operation, work cycle || ~**walze** f (Spinn) / worker, stripper || ~**walze** f (Walzw) / work[ing] roll || ~**walze der Rollerkrempel** / working organ || ~**wanne** f (Glas) / refiner || ~**wanne** f **des Glasofens** / working end || ~**wanne** f **im Tank** (Glas) / nose || ~**weise** f, Verfahren n / functioning, procedure, process || ~**weise** f (Masch) / principle o. mode of work[ing] o. operation, operational characteristics, working manner o. method o. mode || ~**weise** f **mit festem Takt o. Zyklus** (DV) / fixed-cycle operation || ~**welle** f (Elektronik) / transmitting wave || ~**welle** f (für Zeichen geeignete Welle) (Fernm) / signal wave, working wave || ~**welt** f / working environment || ~**wert** m **der Wärmeeinheit** / mechanical equivalent of calory || ~**widerstand**, Außenwiderstand m (Elektronik) / load resistance o. resistor || ~**winkel**, Phasenanschnittwinkel m (Elektronik) / operating angle || ~**winkel** m **der Luftschraube** / slip angle of the propeller || ~**wirkungsgrad** m / efficiency (ASME) || ~**wissenschaft**, Ergonomie f / ergonomics (GB), biotechnology (US)
Arbeitszeit, -dauer f / working o. operating time o. hours pl, work time || ~ f, (spez:) Arbeitsstunden f pl (z.B. bei Abrechnung) / work hours pl || ~ **(o. -anfang o. -ende) registrieren** / clock in o. out, clock on o. off || ~ **der Fahrer** (Kfz) / service hours of drivers pl, on-duty time (US) || ~**anteil** m (Fernm) / marking percentage
Arbeits, sonstige ~**zeiten** (Kfz) / other work done outside of cab
Arbeitszeit·kontrolluhr f / time printer || ~**überwachung** f / work time control || ~ **-Überwachungsgerät** n / work timing apparatus || ~**verlust** m / waste of labour, loss of work
Arbeits·zettel m / work ticket || ~**zeug** n (Wzm) / case of tools and implements || ~**zimmer** m (Bau) / studio, study || ~**zug** m (Bahn) / work train || ~**zustand** m (Masch) / working [conditions] || ~**zustand** m, dynamischer Arbeitspunkt o. Betriebspunkt (Röhre) / working point || ~**zuteilung** f / allocation of labour || ~**zweck** m, -ziel n / purpose o. object of work || ~**zweck** m / purpose of work, object of work || ~**zyklus** m (Mot) / working o. operating cycle || ~**zylinder** m / working cylinder || ~**zylinder** m (Druckluft) / ram cylinder
Arbiter m (DV) / arbiter
arbiträr, willkürlich / arbitrary, by arbitration
Arbitrationbus m (DV) / arbitration bus
arc cos, Arkuskosinus m / cos⁻¹, inverse cosine
Arcatom-Schweißung f, Wolfram-Wasserstoff-Schweißen n / atomic-hydrogen welding, atomic [hydrogen] arc welding
Archaikum, Archäikum n, archäische Formationsgruppe f / Archaean rocks pl
archimedisch·e Hubkurve / Archimedean stroke curve || ~**es Prinzip** (Hydr) / principle of Archimedes, Archimedes' principle || ~**e Schraube** (Pumpe) / Archimedean screw, lifting screw, spiral pump

Architekt m / architect
Architektenbüro n / architect's office o. studio o. firm
architektonisch, Architektur... / architectonic
Architektur f (Bau, DV) / architecture || ~**...** / architectural || ~ **des Systemnetzes** (DV) / system network architecture, SNA
Architekturalbronze f / architectural bronze
Architektur·lehre f / science of building || ~**zeichnung** f / architectural drawing
Archiv n (allg) / archives, records pl || ~ (der Raum) / storage vault
Archivar m / archivist, librarian
Archiv·aufnahme f (Film) / stock shot || ~**band** n (Magn.Bd) / permanent record tape, library tape || ~**daten** n pl, -datei f (DV) / archive file || ~**fähigkeit** f (Buch) / archival quality || ~**film** m / permanent record film, file copy
Archivierung f (Büro) / filing
Archivnummer f (DV) / volume serial number
ARD = Arbeitsgemeinschaft der öffentlich-rechtlichen Rundfunkanstalten der Bundesrepublik Deutschland
Ardée, Kantonbatist m (Textil) / grass cloth
Ardein n (Chemiefaser) / arachin
Ardil n (Erdnuß-Proteinfaser) (Textil) / Ardil
Ardometer n, Gesamtstrahlungspyrometer n / total radiation pyrometer
Areafunktion f (Math) / area function, inverse o. reciprocal hyperbolic function
Arganddarstellung f (Math) / Argand diagram
ARGE, Arbeitsgemeinschaft f (Bau) / group of building o. construction firms
Argentan, Neusilber n / argentan, German silver || ~**schlaglot** n / argentan solder
Argentine, Silberfarbe f / argentine, silver colour
Argentit m, Argirit m, Silberglanz m (Min) / argentite
Argentometrie f (Chem) / argentometry
argentometrisch (Chem) / argentometric
Ärgerlichkeit f, Mißstand m / nuisance
Arginase, Desaminase f / argenase, desaminase
Arginin n (eine Aminosäure) (Chem) / arginine
Argomatschweißung f / argon metal arc welding
Argon n, A (Chem) / argon || ~**arc-Schweiß[verfahr]en** n / argon-arc welding process || ~**arc-Verfahren** n (Schweiß) / argon-arc process || ~ **-Ionenlaser** m / argon-ion laser || ~**laser** m / argon laser
Argument, Vektorargument n (Math) / argument
Argumentation, Beweisführung f / reasoning
Argus-Schmidt-Rohr n / pulse jet type Argus-Schmidt
Argyrodit m (Min) / argyrodite
arid, dürr, trocken / arid
Aridisierungsmittel n / aridizing agent
Arithmetik f / arithmetic || ~ **-Logik-Einheit** f (DV) / arthmetic and logic unit, ALU
arithmetisch / arithmetic[al] || ~**e Anweisung** (DV) / arithmetic statement o. instruction || ~**er Ausdruck** / arithmetic expression || ~**es Mittel** / arithmetical mean || ~**er Mittenrauhwert**, R_a (Masch) / arithmetic[al] average (AA) height (US), centre line average (CLA) height (GB) || ~**e Reihe** / arithmetical progression || ~**e Wenn-Anweisung** (DV) / arithmetic if-statement || **in** ~ **Form bringen** (DV) / encipher || ~ **-logische Einheit** (DV) / arithmetic-logic unit, ALU
Arkade f, Bogenlaube f (Bau) / arcade || ~, gedeckter Gang / cloister || ~, Arkadenbogen m (Dampfturb) / arcade || ~**n** f pl, Aufheber m (Web) / cords to raise the threads pl, harness cords pl
Arkanit n / aphtitalite, Vesuvian salt
Arkansasstein m (Abziehstein), Arkansas-Ölstein m / Arcansas stone, novaculite
Arkose f, feldspatreicher Sandstein m / arcose, arkose
arktisch / arctic
Arkus·funktion f / function of arcus, antitrigonometrical o. cyclometric function || ~**kosinus** m, arc cos / arc cosine, inverse cosine, arc cos, anticosine, cos⁻¹ ||

⌐**kotangens** *m* / arc cotangent, anticotangent ‖ ⌐**sekans** *m* / arc secant ‖ ⌐**sinus**, arcsin / antisine, arc sin, sin⁻¹ ‖ ⌐**tangens** *m*, arc tg / arc tangent o. tan, antitangent, inverse tangent, tan⁻¹, arc tann
ARM *n* / atomic resolution microscope, ARM
Arm *m* (Masch) / arm ‖ ⌐, Hebelarm *m* / lever arm of a force ‖ ⌐, Horn *n* der Spannsäge / slit set pin ‖ ⌐, Träger *m* / bracket *n* ‖ ⌐**e** *m pl*, Radstern *m* (Riemensch) / wheel spider
arm, taub (Erz) / base, lowgrade, lean ‖ ~, dürftig / lean ‖ ~, ärmlich / poor ‖ ~**es Gemisch** (Mot) / weak o. rare mixture
Armabstand *m* (Punktschweißm) / vertical arm spacing, horn spacing
Armatur *f*, Beschlag *m* (Schloss) / brace, armature ‖ ⌐ (Masch) / fitting, mounting part ‖ ⌐ **eines Magneten** / armature of a magnet ‖ ⌐ **für Leuchtstoffröhren** / fluorescent fixture
Armaturen *f pl* / mountings, fittings *pl* ‖ ⌐ (Rohrleit) / accoutrements, accouterments *pl* ‖ ⌐ **für Heißwindkuppelöfen** / cowper *pl* fittings ‖ ⌐ **mit Innengewindeanschluß** / valves *pl* with screwed sockets ‖ **[kleine]** ⌐ , Fittings *pl* (Wasserltg) / fittings ‖ ⌐**brett** *n* (Kfz) / dashboard, fascia, instrument panel ‖ ⌐**gehäuse** *n* / valve body ‖ ⌐**lenker** *m* (Motorrad) / handlebar with instrument panel ‖ ⌐**tafel** *f*, -pult *n* (Diesellok) / dashboard ‖ ⌐**teil** *n* / fitting, staple part
Armband·chronometer *n* / wrist chronometer ‖ ⌐**uhr** *f* / wrist watch
Armco·eisen *n* / armco iron o. steel ‖ ⌐ **-Verfahren** *n* (zur direkten Stahlerzeugung) (Hütt) / Armco process
Arm·drehung *f* (Roboter) / shoulder rotation, azimuth rotation ‖ ⌐**drehung** *f* **von der Vertikalebene** (Roboter) / vertical elbow sweep
Armee-Seriennummer *f* / army serial number, ASN (US)
Ärmel *m* / sleeve
Arm·gas, Schwachgas *n* / lean gas ‖ ⌐**gas** *n* (Öl) / residue gas, dry gas
armieren, bewehren, verstärken (Bau) / reinforce concrete, armour concrete ‖ **ein Kabel** ~ / sheathe, armo[u]r *vt*
armiert·es Bleikabel / lead covered armoured cable ‖ ~**e Erde** (Bau) / armoured soil
Armierung *f* / armouring ‖ ⌐, Bewehrung *f* (Bau) / reinforcement ‖ **kreuzweise** ⌐ (Bau) / mattress
Armierungs·platte *f* (Hütt) / reinforcing plate ‖ ⌐**stahl** *m* / reinforcing steel
Arm·kreuz *n* **der Riemenscheibe** / spider ‖ ⌐**lehne** *f* / armrest ‖ ⌐**lehne** *f* (Kfz) / armrest ‖ ⌐**lenker am Drehstabstabilisator**, Drehkurbelarm *m* (Kfz) / track control arm ‖ ⌐**säge** *f* / arm o. hand saw ‖ ⌐**schiene**, -auflage *f* (Drechs) / support for the arm ‖ ⌐**signal** *n*, Flügelsignal *n* (Bahn) / semaphore signal ‖ ⌐**signal** *n* **auf Signalbrücke** (Bahn) / doll ‖ ⌐**stütze** *f* / armrest
Armure *f* (Gewebe) / armure
Aroma *n* / aroma, fragrance ‖ ⌐**stoff** *m* / flavo[u]r
Aromaten *pl*, aromatische Verbindungen *f pl* (Chem) / aromatic compounds *pl* ‖ ⌐**chemie** *f* / chemistry of aromatic compounds ‖ ⌐**extraktion** *f* (Benzol) / removal o. extraction of aromatics ‖ ⌐ **-Extraktionsverfahren** *n* (Öl) / aromatics extraction process ‖ ~**öl** *n* / aromatic oil
aromatisch / aromatic ‖ ~**e Hydrierung** / aromatic hydrogenation ‖ ~**e Kohlenwasserstoffe** *m pl* / aromatic [series of] hydrocarbons *pl* ‖ ~**es Lösungsmittel** / high-aromatic solvent ‖ ~**es Polyamid**, Aramid *n* / aromatic polyamide, Aramid ‖ ~**e Säure** / aromatic acid ‖ ~**e Substanz**, Duftstoff *m* / flavo[u]r
aromatisieren / aromatize
Aromax-Verfahren *n* (Öl) / Aromax process
Aronzähler *m* (Elektr) / pendulum o. Aron meter
Arosolvan-Verfahren *n* (Öl) / Arosolvan process
Arosorbprozeß *m* (Öl) / Arosorb process
ARPA = Radar-Navigationshilfe für die Seeschiffahrt
Arpillit *m* (Min) / china clay

AR-Punkt *m* (Hütt) / arrest o. Ar-point
arrangieren / arrange
Array-Antenne *f* / array antenna
arretieren, festsetzen / arrest, stop
Arretier·hebel *m* / stop[ping] lever ‖ ⌐**hebel** *m* (Fernm) / detent lever ‖ ⌐**kegel** *m* **am Ventilschaft** (Mot) / cone stop, stop collar ‖ ⌐**stift**, Haltestift *m* / retention pin
Arretierung *f* / lock, catch, locking o. fixing device ‖ ⌐, beweglicher Anschlag / detent
Arretierungs·lamelle *f* / terminal plate ‖ ⌐**scheibe**, Rastscheibe *f* / star wheel, locking disk
arrondieren, abrunden (Zahnrad) / round off
Arrowroot *m*, Pfeilwurzelmehl *n* / arrowroot, maranta starch ‖ **brasilianischer** ⌐ / Tapioka *f* / manihot starch ‖ ⌐ **-Stärke** *f* / arrowroot starch
Arsen *n*, As / arsenic ‖ **gediegenes, natürliches** ⌐ / reguline arsenic ‖ **gelbes nichtmetallisches** ⌐, Rauschgelb *n* / α- o. yellow arsenic ‖ **graues metallisches** ⌐ / β- o. black arsenic ‖ **mit** ⌐ **verbinden** (o. behandeln) / arsenicate ‖ ⌐**at** *n* / arsen[i]ate ‖ ⌐**at III** (früher: Arsenit) *n* / arsenate III, (formerly:) arsenite ‖ ⌐**at V** (Salz der Arsensäure) *n* / arsenate V ‖ ⌐**blei**, Bleiarseniat *n* / lead arsen[i]ate ‖ **rote** ⌐**blende**, Realgar *m* / realgar ‖ ⌐**blüte**, Arsenikblüte *f*, Arsenolith *m* / arsen[ol]ite ‖ ⌐**(III)-chlorid** *n* / arsen[i]ous chloride, arsenic trichloride ‖ ⌐**fahlerz** *n*, Tennantit *m* / [arsenical] fahlerz, tennantite ‖ ~**führend**, -haltig / arseniferous ‖ ⌐**glas** *n* (kompaktes Giftmehl) / arsenic glass ‖ ⌐ **-Halogenverbindung** *f* / arsenic halide ‖ ~**haltig**, Arsen… / arsenic[al] ‖ ⌐**hütte** *f* / arsenic works ‖ ⌐**id** *n*, Arsen-Metallverbindung *f* / arsenide
arsenig, Arsen(III)-… / arsen[i]ous ‖ ~**e Säure** / arsen[i]ous acid, H_3AsO_3 (ortho-isomer), $HAsO_2$ (meta-isomer)
Arsenik, Arsen(III)-oxid *n* / arsenic trioxide, arsenous oxide, white arsenic
Arsen·kies *m*, Arsenopyrit *m*, Mißpickel *m* (Min) / arsenical iron [pyrite], arsenopyrite ‖ ⌐**kupferlegierung** *f* (0,6 % As) / arsenical copper ‖ ⌐**nickel** *n* (Min) / arsenical nickel, niccolite ‖ ⌐**(III)-oxid** *n* s. Arsenik ‖ ⌐**säure** *f* / arsenic acid ‖ ⌐**silber** *n* (Min) / chanarcilite ‖ ⌐**spiegel** *m* / arsenic stain, stain of arsenic ‖ ⌐**(III)-sulfid**, Rauschgelb *n*, Auripigment *n* / arsenic trisulfide, arsenic [sulfide] yellow, orpiment, auripigment ‖ ⌐**sulfidgelb** *n* / arsenic [sulfide] yellow, orpiment, king's gold o. yellow ‖ ⌐**triselenid** *n* / arsen[i]ous selenide, arsenic triselenide ‖ ⌐**wasserstoff** *m*, Arsin *n* / arseniuretted hydrogen, arsine
ARS-Nietautomat *m* / automatic riveting assembly system
Art, Sorte *f* / description, kind, type ‖ ⌐, Sorte, Klasse *f* / sort, class ‖ ⌐, Sorte, Spezies *f* / species ‖ ⌐, Form *f* / style, form ‖ ⌐ *f*, Typ *m* / type, kind ‖ ⌐, Stilart *f* / style, architecture ‖ ⌐, Rasse *f* / breed ‖ ⌐, Kategorie *f* / category ‖ ⌐, Güte *f* / condition, quality ‖ ⌐ **der Bearbeitung** / workmanship ‖ ⌐ **und Weise** / manner ‖ ⌐ **und Weise**, Methode *f* / method, mode ‖ **nach der** ⌐ **[von]** / in the nature [of]
artesisch·er Brunnen / Artesian well
Artgewicht *n*, Wichte *f* / weight of unit volume
-artig (Chem) / -like (e.g. ketone-like)
Artikel *m* / article, item, commodity ‖ ~**bezogene Prüfung** (Qual.Prüf) / commodity test ‖ ⌐**schlüssel** *m* / hardware code (PERT)
Artikulationsmenge *f* / articulation quantity
Artischocken·grün *n* (Färb) / artichoke green
art·reiner Zug (Bahn) / homogeneous train ‖ ⌐**unähnlichkeit** *f* (Biol) / heterogeneity, -geneousness ‖ ~**verwandt** / cognate ‖ ⌐**verwandtschaft** *f* (Min) / consanguinity
Arve *f*, Zirbelkiefer *f* / Swiss stone pine, cembran pine, Siberian yellow pine
arw, ohne Integralsättigung (Regeln) / anti-reset-windup

Aryl n / aryl ‖ **~amin** n / aryl amine ‖ **~arsinsäure** f / arylarsinic acid ‖ **~halogen** n / aryl halide ‖ **~harnstoff** m, -karbamid n / aryl urea
arylieren / convert into aryle
Arylierung f / arylation
Arznei·buch n (Pharm) / dispensatory ‖ amtliches **~buch**, Pharmakopöe f / pharmacopeia ‖ **~flasche** f / medicine bottle ‖ **~kapsel** f / medicine capsule ‖ **~mittel** n / drug, medicine ‖ **~mittellehre**, -mittelkunde f, Pharmakologie f / pharmaceutics sg, pharmacy ‖ **~mittelsynthese** f / drug synthesis ‖ **~stoffträger** m, Vehikel n (Pharm) / vehicle, excipient, menstruum
Ärztelampe f / medical lamp
A.S.A. (US-Normenausschuß) / A.S.A., American Standards Association
ASA, Acrylnitril-Acrylester m / ASA ‖ **~ -Grade** m pl (Filmempfindlichkeit) / degres A.S.A.
Asant m, Asa foetida f (Pharm) / asa-fetida, assa-fetida
A-Säule f (Kfz) / A-column
Asbest m / asbestos ‖ **~...**, aus Asbest / asbestrine ‖ mit **~** umwickelt / asbestos covered, asb.c. ‖ **~aufschlemmung** f / asbestos milk ‖ **~bekleidung** f, -anzug m, -schutz m / asbestos covering o. sheathing ‖ **~beton** m / asbestos concrete ‖ **~dichtung**, -packung f / asbestos joint o. packing ‖ **~draht** m / asbestos covered wire ‖ **~einlage** f / [intermediate] asbestos layer o. ply ‖ **~faden** m, -garn n / asbestos yarn ‖ **~faser** f / asbestos fiber ‖ **~faserverstärkter Kunststoff**, AFK / asbestos fiber reinforced plastic ‖ **~gewebe**, -tuch n / asbestos cloth o. fabric ‖ **~grube** f / asbestos quarry ‖ **~krempel** f (Textil) / asbestos card ‖ **~membran-Brennstoffzelle** f / asbestos fuel cell ‖ **~ose**, -lunge f, (Gewerbekrankheit) / asbestosis ‖ **~pappe** f / asbestos [mill] board ‖ **~platte** f / asbestos sheet o. plate o. tray ‖ **~pulver** n, gepulverter Asbest / asbestos powder, powdered asbestos ‖ **~pseudomorpher ~quarz** (Min) / cat's eye ‖ **~schiefer** m / asbestos slate ‖ **~schnur** f, -kordel f, -seil n / asbestos rope ‖ **~spinnmaschine** f / asbestos spinning machine ‖ **~teppich** m / asbestos blanket o. mat ‖ **~umhüllung** f, -umwicklung f (Elektr) / asbestos covering ‖ **~unterlage** f / asbestos base o. square ‖ **~verstärkung** f / asbestos reinforcement ‖ **~vorhang** m / asbestos curtain ‖ **~zement** m / asbestos cement, transite ‖ **~zementplatte** f / asbestos cement sheet ‖ **~zementrohr** n / asbestos ciment pipe
Asbolan m, Asbolit m, Kobaltmanganerz n (Min) / asbolane, asbolite
Asche f / ash[es] pl, cinders pl ‖ **~**, Schlacke f / cinder, (pl:) ashes ‖ **eigene ~** / inherent ashes ‖ **~frei** / free from ashes, ashless ‖ **~frei**, ungefüllt (Pap) / ashless ‖ **~messer** m für Kohle / coal ash content meter
Aschen n des Formens (Gieß) / ashing-over, blackening ‖ **~abzug** m (Kraftwerk) / ash pit, clinker pit ‖ **~arm** (Bergb) / low-ash ‖ **~aufzug** m / ash hoist ‖ **~bahn** f (Kfz) / dirt-track, cinder track ‖ **~bestimmung** f, -gehaltbestimmung f / ash determination ‖ **~beton** m / ash[es] concrete, cinder concrete ‖ **~brenner** m / cinder burner ‖ **~ -/Dichtekurve** f / ash/relative density curve ‖ **~eimer**, Ascheimer m / ash bin o. can (US) ‖ **~fall** m / cinder dump, ash pit ‖ **~falltür**, Asch[fall]klappe f / ash pit damper o. door ‖ **~fehler** m / ash error ‖ **~förderanlage**, -transportanlage f / ash conveyor, ash conveying o. handling plant ‖ **~frei** / free from ashes ‖ **~gehalt** m / ash content, contents of ashes pl ‖ **~gehalt in %** / ash percentage ‖ **~kasten**, -fall, -raum m, -grube f / ash box o. chest o. pan o. pit ‖ **~kasten** m des Gaserzeugers / ash pan of a gas producer ‖ **~ofen** m (Glas) / ash furnace ‖ **~paste** f (Pap) / ash paste ‖ **~raum** m / cinder dump ‖ **~schieber** m / ash stop ‖ **~schnellbestimmer** m / apparatus for the rapid determination of ash ‖ **~sichter** m / cinder garbler ‖ **~spülrinne** f / ash race ‖ **~stein** m / cinder brick ‖

~tuff m / unconsolidated tuff, volcanic ash ‖ **~zieher**, -räumer m / ash drawing tool
Äscher m, Äschergrube f (Gerb) / lime pit ‖ **~**, Gerberkalk m (Gerb) / slaked o. slack lime, buck-ashes pl
aschereich / high-ash…
äschern, schwöden (Gerb) / lime
Asche·rückstand m / incineration residue ‖ **~schichtenkurve** f (Kohle) / instantaneous ash curve ‖ **~ -Schmelzverhalten** n / ash fusibility ‖ **~ - und wasserfrei** (Bergb) / dry [and] ash free, DAF ‖ **~wert** m / ash value
aschfleckig (Hütt) / flawy
A-Schirm, Abstands-Schirm m (Radar) / range-amplitude display (GB), A-display, A-scope (US)
Aschkasten m (Bahn) / ash pan
ASCII-Code m (DV) / American Standard Code for Information Interchange, ASCII-code, USASCII
Ascorbinsäure f / ascorbic acid
ASDIC n (Mil) / ASDIC (Allied Submarine Detection Investigation Committee)
aseptisch, keimfrei / aseptic
a-Si, amorphes Silizium / amorphous silicon
ASIC, applikationsspezifische Schaltung / application specific IC, ASIC
ASK, asbestfaserverstärkter Kunststoff / asbestos-fibre-reinforced plastics
Askarel n (Isolierflüssigkeit) (Gen. El.), Chlophen n (Bayer) / askarel
A.S.M.E. = Am. Society of Mechanical Engineers
ASME-Maschinenschraubengewinde n / A.S.M.E.-screw thread
ASP (DV) = Arbeitsspeicher
Asp (Schraube) = Ansatzspitze
Asparagin, Asparamid n / asparagine ‖ **~ase** f / asparaginase ‖ **~säure** f, Aminobernsteinsäure f / aspartic acid
Aspe, Espe, Zitterpappel f, AS, Populus tremula / aspen tree
Aspekt m / aspect ‖ **~name** m / aspect name
Asphalt m (Straßb) / asphalt, asphaltum ‖ **~** (Geol) / bitumen ‖ **~...** / asphaltic ‖ **~ für Straßensplitt** (Straßb) / dope ‖ **gereinigter und entwässerter ~** (Straßb) / épuré ‖ **mit ~ bestreichen** / asphalt vt, bituminize ‖ **~arbeiten** f pl, Asphaltieren n / asphalt laying ‖ **~arbeiter** f / asphalt worker o. man, asphalter ‖ **~arbeiter** m / asphalter, asphalt man ‖ **~ -Aufbereitungsanlage** f (Straßb) / hot mix plant ‖ **~beton** m / asphalt[ic] concrete ‖ **~beton-Zwischendecke** f, Asphaltbinder m (Straßb) / asphalt binder ‖ **~bitumen** n (aus Ölraffinerien) / asphaltic bitumen ‖ **~brenner** m (Straßb) / devil ‖ **~brote** n pl / asphalt blocks o. cakes pl ‖ **~decke** f / asphalt o. bitumen layer o. pavement o. paving, bituminous carpet, black top
Asphaltene n pl / asphaltenes pl
Asphalt·erzeugnis n / bituminous product ‖ **~estrich** (Bau) / asphalt floor[ing] ‖ **~farbe** f, -lack m / bituminous paint ‖ **~feinbeton** m / asphaltic fine concrete ‖ **~filz** m / asphalted o. asphaltic felt ‖ **~fliese** f / asphalt flagstone ‖ **~[fuß]boden**, -estrich m / asphalt floor[ing] ‖ **~gesteine** n pl / asphalt rocks pl ‖ **~gewebebahn** f / bitumenized jute fabric ‖ **~grobbeton** m / asphaltic coarse concrete ‖ **~grobbinder** m / asphaltic coarse binder ‖ **~grundanstrich** m / asphalt primer
asphaltieren, mit Asphalt belegen o. bestreichen / asphalt v, bituminize
Asphaltiergerät n (Straßb) / asphalt spreader
asphaltiert / asphalted ‖ **~es Bleikabel** / bitumen cable
Asphalt·kitt m / asphalt cement ‖ **~kocher** m / asphalt boiler ‖ **~kompoundmasse** f / asphalt paste o. cement for filling ‖ **~lack**, -firnis m / asphalt varnish, black japan ‖ **~lager** n, -vorkommen n (Geol) / asphalt deposit ‖ **~makadam** m n / asphalt macadam work, tarmac ‖ **~mastix** m / asphalt mastic ‖ **~mehl** n / asphalt powder

‖ ⊰mörtel *m* / asphalt mortar ‖ ⊰mörtel *m* (Bau) / sheet asphalt ‖ magerer ⊰mörtel / sand asphalt ‖ ⊰oberbau *m* (Straßb) / full-depth asphalt construction ‖ ⊰ofen *m* / asphalt oven ‖ ⊰papier *n* / asphalt[um] paper ‖ ⊰pappe *f*, Dachpappe *f* / prepared roofpaper ‖ ⊰pech *n*, -teer, flüssiger Asphalt *m* / mineral tar o. pitch, natural asphalt (US), maltha (GB) ‖ ⊰platte *f* / asphalt slab ‖ ⊰sand *m* / asphaltic sand ‖ ⊰schiff *n* / asphalt carrier ‖ ⊰splitt *m*, bituminierter Zuschlag (Straßb) / precoated aggregate ‖ ⊰stein *m* / asphalt block, crude asphalt ‖ ⊰teer *m*, flüssiger Asphalt / bituminous tar o. pitch, Barbados tar, pissasphaltum, semicompact bitumen ‖ ⊰tränkmakadam *m n* (Straßb) / asphalt-grouted surface
asphärisch / non-spheric[al], aspherical
Asphodillwurzel *f* (Bot) / asphodel root
Aspirateur *m* (Landw) / aspirator, grain receiving and milling separator
Aspiration *f* / aspiration
Aspirator *m* / aspirator
Aspirin *n* / aspirin
Asplundzellstoff *m* / Asplund pulp
ASQ = Arbeitsgemeinschaft für Statistische Qualitätskontrolle (Deutsche Gesellschaft für Qualität)
ASR, automatische Schlupfregelung (Kfz) / automatic slip control
ASROC, U-Boot-Abwehrrakete *f* / ASROC, antisubmarine rocket
ASS, Acetylsalizylsäure *f* / acetylsalicylic acid, aspirin
Assel *f* (Schädling) / woodlouse
Assembler *m*, Assembler-Sprache *f*, -Umwandlungsprogramm *n*, (Übersetzer für systemorientierte Programmsprache) (DV) / assembler ‖ ⊰ in Kartenform / card assembler ‖ ⊰beschreibung *f* / assembly system reference manual ‖ ⊰betrieb *m* (TV) / assemble mode ‖ ⊰ -Kartensatz *m* (DV) / assembler deck ‖ ⊰protokoll *n*, Übersetzungsprotokoll *n* für Assembler / assembly program listing ‖ ⊰sprache *f* / assembler o. assembly language ‖ ⊰ -Steuerbefehl *m* (DV) / program control instruction
assemblieren (DV) / assemble ‖ ⊰ *n*, Zusammenbäumen *n* (Textil) / assembly beaming
Assemblierer *m* (DV) / assembler
Assemblier·programm *n* / assembly routine ‖ ⊰zeit *f* (DV) / assembling time, assemble duration
Assiette *f* für Fertiggerichte / [aluminium] food container
Assimilat *n*, Assimilationsprodukt *n* / assimilate *n*
Assimilation, Assimilierung *f* / assimilation
assimilieren / assimilate *v*
Assistent *m*, ⊰in *f* / assistant
Assistententubus *m* (Opt) / observation tube for assistant or guest
assistieren / assist
assouplieren, Seide halb entbasten / partially boil ‖ ⊰ *n* / assouplissage ‖ ⊰ / partial boiling
assoupliert (Seide) / partially boiled o. scoured
Assoziation *f* / association
assoziativ, inhaltsadressiert / associative ‖ ⊸e Elektronenablösung / associative detachment ‖ ⊸es Gruppoid *n*, Halbgruppe *f* / monoid ‖ ⊸er Speicher, inhaltsadressierbarer Speicher, CAM / contents addressable memory, CAM, associative memory ‖ ⊸er Zugriff (DV) / associative access
Assoziativität *f* (Math) / associativity, associative property
Assoziativspeicher *m*, CAM (DV) / content addressable memory, CAM, associative memory
assoziieren / associate
Ast *m*, Hauptast *m* (Bot) / branch, bough ‖ ⊰, Astknorren *m* / knot, knag
astabil / unstable, astable ‖ ⊸e Kippschaltung / astable circuit ‖ ⊸er Kreis, astabile Kippschaltung / astable o. free-running circuit, astable multivibrator
Asta·cin *n* (Chem) / astacene, astacin
Astanschluß *m* an eine Gesellschaftsleitung (Fernm) / affiliation to a party line

Astasie *f*, astatischer Zustand (Phys) / astaticism
Astat *n* (radioaktives Element, OZ = 85), At / astatine
astatisch / astatic ‖ ⊸es Galvanometer / astatic galvanometer ‖ ⊸e Regelung / floating control
astatisieren (Geol) / astatize
Astbohrer *m* / knot borer
Astenosphäre *f* (zwischen Lithosphäre u. Erdkern) / astenosphere
Asterie *f*, Asterismus *m* (Min) / asteria
Asterismus *m* (Min) / asterism
Asteroid *m*, kleiner Planet zwischen Mars und Jupiter / asteroid, planetoid
Ästestoff *m* (Zellstoff) / rejects *pl*
Ast·fänger *m* (Pap) / branch catcher ‖ ⊸frei, astrein, astlos (Holz) / knotless ‖ ⊸freies Rundholz / body wood ‖ ⊰holz *n* / branch timber
ästig, verzweigt / ramified, ramiform, branched ‖ ⊸, voll Knorren (Holz) / knotty ‖ ⊸es Eisenerz / ramified iron ore
astigmatisch / astigmatic ‖ ⊸e Stärke / astigmatic power
Astigmatismus *m* / astigmatism
Ast·knorren *m* (Fehler im Holz) / knot, knag ‖ ⊰knorren *m* unter 1/4" Durchm. / pin knot ‖ ⊰loch *n* / knot hole ‖ ⊰lochbohrmaschine *f* / knot boring machine
ASTM, American Society for Testing Materials / ASTM
ASTM-Farbzahl *f* (für Öl) / ASTM-color number
ASTM·-Korngrößenkennzahl *f* / ASTM index [of grain size] ‖ ⊰ -Thermometer *n* / ASTM thermometer
ASTM-Trübungs- und Fließpunkt *m* / ASTM cloud and pour point
ASTM-Verfahren *n* / ASTM method
Astonscher Dunkelraum / Aston dark space
Astrachan *m* (Textil) / astrakhan ‖ ⊰it, Astrakanit *m* (Min) / astrakanite, bloedite ‖ ⊰wolle *f* / astrakhan wool
astrein (Holz) / knotless
Astringenz *f* / astringency
Astrionik *f* (Raumfahrtelektronik) / astrionics
Astro·biologie *f* / astrobiology ‖ ⊰blem *n*, Einschlagkrater *m* (Geol) / astrobleme, impact crater ‖ ⊰dom *m* (Luftf) / astrodome ‖ ⊰dynamik *f* (Raumf) / astrodynamics ‖ ⊰graph *m* (Teleskop mit Photoansatz) (Phot) / astrograph ‖ ⊰graphie, Sternbeschreibung *f* / astrographics
Astroide *f*, Sternkurve *f* / astroid, tetracuspid
Astro·kompaß *m* / astrocompass ‖ ⊰kuppel *f*, Astrodom *m* (Luftf) / astrodome ‖ ⊰lab *n* / astrolabe ‖ ⊰lit *m* (Min) / astrolite ‖ ⊰metrie, Positionsastronomie *f* / astrometry
Astron *n* (veraltet), Parsec *n* (1 Astron = 3,0837 · 10^{18} cm) / parsec, parallax second
Astro·naut *m* / astronaut (US), cosmonaut (GB), spaceman ‖ ⊰nautik *f* (Raumfahrt) / astronautics *sg*, cosmonautics ‖ ⊰navigation *f* (Navigation nach den Sternen) / astronavigation, celestial o. star navigation
Astronmaschine *f* (Plasma) / astron engine
Astronom *m* / astronomer
Astronomie *f* / astronomy ‖ ⊰ des Weltraums / space astronomy
astronomisch / astronomic[al] ‖ ⊸es Besteck, astronomischer Schiffsort *m* / ship's place by observation, position by astrocalculation ‖ ⊸e Einheit, AE (= 149565800 km) / astronomical unit, AU ‖ ⊸es Fernrohr / astronomical telescope, celestial telescope ‖ ⊸er Kalender / astronomical almanac ‖ [umlaufendes] ⊸es Observatorium / orbiting astronomical observatory, OAO
Astro·photographie *f* / astrophotography ‖ ⊰photometrie *f* / astrophotometry ‖ ⊰phyllit *m* (Min) / astrophyllite ‖ ⊰physik *f* / physical astronomy, astrophysics ‖ ⊸physikalisch / astrophysical ‖ ⊰platte *f* (Phot) / astro plate ‖ ⊰spektroskopie *f* / astrospectroscopy ‖ ⊰torus-Baffle *n* (Vakuum) / astrotorus baffle ‖ ⊰vision *f* (Unterhaltungsfernsehen im Flugzeug) (TV) / astrovision
Ast·säge *f* / pruning saw ‖ ⊰stumpf *m* / snag

Ästuar *n*, Mündungsgebiet *n* (Geogr) / estuary

ASU, Abgassonderuntersuchung *f* (Kfz) / special exhaust gas test

Asymmetrie *f* / asymmetry, dissymetry, nonsymmetry, unsymmetry ‖ ⁓ **-Meßgerät** *n* (Elektr) / asymmeter ‖ ⁓**zentrum** *n* / asymmetric center

asymmetrisch / asymmetric[al], dis-, non-, unsymmetrical ‖ ⁓e **Dispersion** (Krist) / asymmetric dispersion ‖ ⁓e **Doppelleitung** (Elektr) / asymmetrical two-wire system ‖ ⁓er **Fehlerbereich** (DV) / bias ‖ ⁓es **Kohlenstoffatom** / asymmetric carbon atom ‖ ⁓e **Leitfähigkeit** (Krist) / unilateral conductance ‖ ⁓es **Objektiv** / asymmetric lens ‖ ⁓es **Seitenband** / asymmetric sideband ‖ ⁓e **Spule** (Elektr) / skew coil ‖ ⁓e **Störspannung** / common mode noise voltage ‖ ⁓e **Synthese** (Chem) / asymmetric synthesis

Asymptote *f* (Math) / asymptote, asymptotic line o. curve

asymptotisch / asymptotic ‖ ⁓e **Flußdichte** (Atom, Nukl) / asymptotic flux density ‖ ⁓e **Gleichverteilung** / theorem of McMillan ‖ ⁓e **Spalterwartung** (Nukl) / iterated fission expectation ‖ ⁓en **Verlauf nehmen** / take an asymptotic course ‖ **sich** ⁓ **nähern** / approach asymptotically

asynchron / asynchronous, nonsynchronous ‖ ⁓e **Adressierung** (DV) / deferred addressing ‖ ⁓ **[arbeitend]** (DV) / deferred ‖ ⁓er **Ausgang**, **[Eingang]** (DV) / deferred exit, [entry] ‖ ⁓er **Motorgenerator** / induction motor-generator ‖ ⁓ **rotierende (o. asynchrone) Funkenstrecke** / asynchronous spark gap ‖ ⁓es **Zeitmultiplexverfahren** / asynchronous time division multiplexing, ATDM ‖ ⁓**betrieb** *m* / asynchronous operation ‖ ⁓ **-Drehstromgenerator** *m* / three-phase asynchronous alternator, three-phase induction generator ‖ ⁓**drehzahl** *f* / asynchronous speed ‖ ⁓**generator** *m*, -maschine *f* / asynchronous o. induction generator

Asynchronismus *m*, Asynchronität *f* / asynchronism

Asynchron·-Kleinstmotor *m* / asynchronous pilot motor ‖ ⁓**motor** *m*, Induktionsmotor *m* / asynchronous o. induction motor ‖ ⁓ **-Phasenschieber** *m* / asynchronous phase compensator ‖ ⁓**rechner** *m* / asynchronous computer ‖ ⁓**schleifringläufermotor** *m* / asynchronous slip-ring motor

ata (veraltet), Atmosphäre *f* absolut / absolute atmosphere, atm_abs

Atakamit *m* (Min) / atacamite, halochalzite

ataktisch (Chem, Plast) / atactic

Atebrin[e], Atabrin *n* (u. dergl) (Chem) / Atebrin, mepacrine

A-Teilnehmer *m* (Fernm) / caller, calling sub[scriber]

A₁-Telegrafie *f* (tönend), A_1 / interrupted continuous wave telegraphy, I.C.W.T.

A₂-Telegrafie *f* / modulated continuous-wave telegraphy

Atelier *n* / studio ‖ ⁓**kamera** *f* / studio skylight ‖ ⁓**lampen** *f pl* / studio lights *pl*

Atem…, Atmungs… / respiratory

atembar, einatembar / respirable

Atembarkeit *f* (z.B. in Tunneln) / ease of breathing

Atem·begiftung *f* / respiratory poisoning ‖ ⁓**filter** *n* / breathing filter ‖ ⁓**gerät** *n* / breathing apparatus ‖ ⁓**gerät** *n* **mit flüssiger Luft** / liquid air breathing apparatus (US) ‖ ⁓**geräusch**, Atmen *n* (Akustik) / breathing ‖ ⁓**gift** *n* / breathing poison ‖ ⁓**hilfe** *f* / facilitation of breathing ‖ ⁓**luft** *f* / inhaled air ‖ ⁓**maske** *f* / breathing mask ‖ ⁓**prüfer** *m* / breathalyser ‖ ⁓**schutzgeräte** *n pl* / respiratory equipment, gas mask and breathing equipment ‖ ⁓**wege** *m pl* / airways *pl*

ATF, Öl für automatisches Getriebe (Kfz) / ATF, automatic transmission fluid ‖ ⁓, automatische Spurnachführung (Video) / ATF, automatic track following

Äther s. Ether

athermal, athermisch (Chem) / athermal

atherman, wärmeundurchlässig / athermanous, impervious to radiant heat

athermische Umwandlung (Hütt) / athermal transformation

Äthyl s. Ethyl

ATI-System *n* (= air target indication) (Luftf) / ATI, air target indication

Atkins-System *n* (Luftf) / Atkins system

Atlas *m*, Kettatlas *m* (Textil) / sateen, warp sateen ‖ ⁓, Schußatlas *m* (Textil) / satin, weft satin (GB), filling satin (US) ‖ ⁓, Atlant *m* / atlas ‖ ⁓**band** / satin ribbon ‖ ⁓**barchent** *m* / satin top ‖ ⁓**bindung** *f* (Web) / atlas weave, satin o. sateen weave ‖ ⁓**brokat** *m* / brocaded satin ‖ ⁓**format** *n*, Atlantenformat *n* (Buch) / large square folio, atlas [folio] ‖ ⁓**glanz** *m*, -schimmer *m* / satin lustre ‖ ⁓**[köper]** *m* / satin ‖ ⁓**papier** *n* / atlas paper ‖ ⁓**punkt** *m* (Textil) / satin point ‖ ⁓**reihung** *f* / satin drawing-in draft ‖ ⁓**spat** *m* (Min) / satin spar

atmen / breathe ‖ ⁓ *n*, Atmung, Respiration *f* / respiration ‖ ⁓ (z.B. Behälter) / breathing of a tank ‖ ⁓ **des Austauschers** (Ionenaust.) / expansion of the resin ‖ ⁓ **des Werkzeugs** (Plast) / swelling of the mould

atmend (Textil) / breathing

Atmolyse *f* (Gastrennung) (Chem) / atmolysis

Atmometer *n m*, Verdunstungsmesser *m* / atmometer

Atmosphäre *f* / atmosphere ‖ ⁓, Klima *n*, Umgebung *f* / atmosphere, climate, element ‖ ⁓ **oberhalb der Troposphäre** / upper atmosphere ‖ ⁓ **Überdruck** (veraltet), atü / atmosphere above atmospheric pressure ‖ **absolute** ⁓ (veraltet), ata / atm_abs ‖ **dumpfe (o. drückende o. schwüle)** ⁓ / close air ‖ **physikalische** ⁓, atm (1 atm = 1 013 250 dyn/cm² = 1,033 227 at) / pressure of the atmosphere ‖ **technische** ⁓, at, kg cm⁻² (1 at = 0.908665 bar) / technical atmosphere, 14,22 lbs/sq.in.

Atmosphären·druck *m* / atmospheric pressure ‖ ⁓**masse** *f*, -gewicht *n* / atmospheric mass, AM ‖ ⁓**thermisches Aufwindkraftwerk** / solar chimney ‖ ⁓**welle** *f* (Radio) / atmospheric radio wave ‖ ⁓ **-Windkanal** *m* / atmospheric tunnel

Atmosphäre-Schweißen *n* (Ggs.: Vakuumschweißen) / welding under atmospheric pressure

atmosphärisch / atmospheric[al], aerial ‖ ⁓e **Absorption** (Akustik) / atmospheric absorption ‖ ⁓e **Aufladung** / static, atmospheric ‖ ⁓e **Dampfmaschine**, Luftdruckmaschine *f* / atmospheric engine ‖ ⁓er **Druck**, Luftdruck *m* / atmospheric o. air pressure, pressure of the air ‖ ⁓e **Entladung** / atmospherical discharge ‖ ⁓e **Gezeiten** *f pl* / atmospheric tides *pl* ‖ ⁓e **Korrosion** / atmospheric corrosion ‖ ⁓es **Leuchten** / airglow ‖ ⁓e **Luft** / atmospheric[al] air, air of the atmosphere, common air ‖ ⁓e **Masse**, AM / air mass, AM ‖ ⁓er **Niederschlag** / precipitation ‖ ⁓es **Rauschen** (Elektronik) / natural static ‖ ⁓er **Speiser**, geschlossener o. Williams-Speiser, Blind- o. Druckspeiser (Gieß) / blind feeder o. riser (US), blind head ‖ ⁓e **Störung** (Meteorol) / atmospheric disorder ‖ ⁓e **Störungen** *f pl* / atmospherics *pl*, strays *pl* ‖ ⁓er **Toprückstand**, abgetopptes Rohöl / reduced crude ‖ ⁓e **Trübung** / atmospheric turbidity o. murkiness

atmosphärischer o. Blind- o. Druckspeiser, geschlossener o. Williams-Speiser / blind head

Atmospherics *pl*, Spherics *pl* / atmospherics *pl*, strays *pl*

Atmos-Uhr *f* / Atmos clock

Atmungs-… s. auch Atem… ‖ ⁓**differenz** *f*, Austauschquellung *f* (Ionenaustauscher) / exchange swelling ‖ ⁓**ferment** *n*, Oxygenase *f* / oxygenase, respiratory enzyme, atmungsferment ‖ ⁓**ferment** *n*, Oxygenase *f* / oxygenase, respiratory enzyme, atmungsferment ‖ **künstliches** ⁓**mittel** / artificial means of respiration ‖ ⁓**organe** *n pl* (Biol) / respiratory organs o. system

Atom *n* / atom ‖ ⁓**…** / atomic ‖ ⁓e *n pl* **unterschiedlichen Atomgewichts** / heterobares *pl* ‖ **physikalisches** ⁓ /

[atomic] mass unit ‖ **vom Gitter losgelöstes** ⌁ / extra-lattice atom ‖ ⌁**abbrand** *m*, atomarer Abbrand (Reaktor) / burn-up fraction ‖ ⌁**-Absorption** *f* / atomic absorption ‖ ⌁**absorptionsspektrometrie** *f*, AAS / atomic absorption spectrometry ‖ ⌁**abstand** *m* / interatomic distance ‖ ⌁**anordnung** *f* / atomic arrangement, chemical constitution

atomar, Atom... / atomic ‖ ~, nuklear / nuclear ‖ ~**er Absorptionskoeffizient**, τ_a / atomic absorption coefficient ‖ ~**e Brechung** / atomic refraction ‖ ~**es Bremsvermögen** / [total] atomic retarding o. stopping power ‖ ~**e Einheit** / atomic unit ‖ ~**e Fernordnung** / atomic long range order ‖ ~**er Gefechtskopf** / nuclear warhead ‖ ~**e Größenordnung** / atomic order ‖ ~**e Polarisation** / atomic polarization ‖ ~**er Streufaktor** / atomic scattering factor ‖ ~**es System** / atomic system ‖ ~**es Teilchen** / atomic particle ‖ ~**er Wasserstoff** / active o. atomic hydrogen ‖ ~**er Wasserstoffbrenner** / atomic hydrogen torch ‖ ~**es Zeitnormal** / atomic time standard ‖ ~**e Zustände** *m pl* / atomic orbitals *pl* ‖ ~**er Zwischenraum** / atomic interspace

Atom·bahn *f* (nach Bohr-Sommerfeld) / atomic orbit of Bohr-Sommerfeld ‖ ⌁**batterie** *f* (Raumf) / atomic battery ‖ ⌁**bau** *m*, -struktur *f* / atomic structure ‖ ⌁**beschuß** *m* / atomic bombardment ‖ ⌁**bestandteil** *m* / subatom ‖ ⌁**bindung** *f* / atomic bond o. linkage ‖ ⌁**bindungsenergie** *f* / nuclear energy ‖ ⌁**bindungsvermögen** *n* / atomic combining power ‖ ⌁**bombe** *f* / atomic o. atom (US) bomb, A-bomb, fission bomb ‖ ⌁**-Eigenfrequenz** *f* / atomic frequency ‖ ⌁**-Eigenstrahlung** *f* / characteristic atom radiation ‖ ⌁**elektron** *n* / atom bound electron ‖ ⌁**energie** *f*, (besser:) Kernenergie *f* / atomic o. nuclear energy ‖ ⌁**energie** *f* **für Friedenszwecke** / peaceful use of atomic energy ‖ ⌁**energiekommission** *f* / Atomic Energy Commission, AEC (US) ‖ ⌁**erregung** *f* / atom excitation ‖ ⌁**explosion** *f* / atomic explosion ‖ ⌁**explosions-Effekt**, EMP-Effekt *m* / electromagnetic pulse effect, EMP effect ‖ ⌁**-Fluoreszenzspektrometrie** *f* / atomic fluorescence spectroscopy ‖ ⌁**formfaktor** *m* / atomic form factor ‖ ⌁**forschung** *f*, -technik *f*, -wissenschaft *f* / atomistics *sg* ‖ ⌁**forschungsreaktor** *m* / atomic research reactor ‖ ⌁**-Frequenznormal** *n* / atomic reference oscillator ‖ ⌁**gefechtskopf** *m* / atomic warhead ⌁**geschoßteilchen** *n* / atomic bombardment particle ‖ ~**getrieben** / nuclear-powered ‖ ⌁**gewicht** *n* / atomic weight ‖ ⌁**gewichtseinheit** *f* / atomic weight unit ‖ ⌁**gewichtsnormal** *n* / [atomic] mass unit ‖ ⌁**gewichtstafel** *f* / atomic chart ‖ ⌁**gitter** *n* / atom[ic] lattice, covalent lattice ‖ ⌁**gramm** *n* / gram-atom ‖ ⌁**halbmesser** *m* / atomic radius ‖ ⌁**hülle** *f* / atomic shell ‖ ⌁**hypothese** *f* / atomic hypothesis ‖ ⌁**ion** *n* / atomic ion

atomisieren, zerstäuben (Fest- u. Flüssigstoffe) / atomize

Atomistik *f*, Atomtheorie (Chem) / atomistics *sg*, atomology

atomistisch / atomistic

Atom·kern *m* / atomic core o. nucleus, core of an atom ‖ ⌁**kern** *m* **ohne Elektronen**, Kernatom *n* / nuclear atom ‖ ⌁**kernform**, Kernform *f* / nuclear shape ‖ ⌁**kontrolle** *t* / atomic control ‖ ⌁**kraft**, Kernkraft *t* / nuclear power ‖ ⌁**kraftwerk** *n*, (jetzt:) Kernkraftwerk *n* / atomic o. nuclear power station ‖ ⌁**kriegführung** *f* / nuclear warfare ‖ ⌁**ladung** *f* / atomic charge ‖ ⌁**lampe** *f* / atomic lamp ‖ ⌁**-Laser** *m* / atom laser ‖ ⌁**lehre** *f*, Atomistik *f* / atomology, atomistics *sg* ‖ ⌁**leitfähigkeit** *f* / atomic conductance ‖ ⌁**masse** *f* / atomic mass, isotopic mass ‖ ⌁**-Masseneinheit** *f* (Nukl) / physical mass unit, atomic mass unit, a.m.u. ‖ ⌁**massenkonstante** *f* / atomic mass unit, a.m.u ‖ ⌁**modell** *n* / atom model ‖ ⌁**müll** *m* / radioactive waste ‖ ⌁**müll-Lager** *n*, Atommülldeponie *f*, -Lagerplatz *m* / radioactive burial, waste storage ‖ ⌁**nummer** *f* s. Atomzahl ‖ ⌁**orbital** *n*,

AO *n* / atomic orbital ‖ ⌁**physik** *f* / atom physics, metachemistry ‖ ⌁**pilz** *m* / mushroom cloud ‖ ⌁**-ppm** *n pl* / appm, atomic parts per million ‖ ⌁**radius** *m* / effective o. atomic radius ‖ ⌁**rakete** *f* / nuclear powered rocket, nuclear rocket ‖ ⌁**reaktor** *m* / atom reactor ‖ ⌁**refraktion** *f* / atomic refraction ‖ ⌁**ring** *m*, Ringverbindung *f* / cyclic o. ring compound ‖ ⌁**rumpf**, -rest *m* / atomic residue ‖ ⌁**spaltung** *f*, Kernspaltung *f* / nuclear fission ‖ ⌁**spektrum** *n* / atomic line spectrum ‖ ⌁**sprengkopf** *m* / atomic warhead ‖ **mit** ⌁**sprengkopf** (Mil) / nuclear armed ‖ ⌁**strahl** *m* / atomic beam ‖ ⌁**strahlung** *f*, -strahlen *m pl* / atomic radiation o. rays ‖ ⌁**strahlungen o. -explosionen aussetzen** / atomize, subject to atomic bombing ‖ ⌁**strahlungsresonanzmethode** *f* / atomic radiation resonance method ‖ ⌁**theorie** *f* / atom theory ‖ ⌁**überwachung** *f* / nuclear test detection ‖ ⌁**überwachungssatellit** *m* / nuclear detection satellite, NDS ‖ ⌁**-U-Boot** *n*, -Unterseeboot *n* / atomic submarine ‖ ~**uhr** *f* / atomic clock ‖ ~**uhrgesteuerte Navigationsanlage**, ANA / navigational installation controlled by an atomic clock ‖ ⌁**umlagerung** *f* (Nukl) / discomposition ‖ ⌁**umwandlung** *f*, -zerfall *m* / atomic disintegration ‖ ⌁**- und Kernphysik** *f* / subatomics ‖ ⌁**verband** *m* / atomic union ‖ ⌁**verhältnis** *n* / atomic ratio ‖ ⌁**verkettung** *f* / atomic linkage ‖ ⌁**verschiebung** *f* / atomic displacement o. shift ‖ ⌁**versuch** *m* / nuclear test ‖ ⌁**volumen** *n* / atomic volume ‖ ⌁**waffen** *f pl* (amtlich für Kernwaffen) / atomic o. nuclear weapons *pl* ‖ ⌁**wärme** *f* / atomic heat ‖ ⌁**zahl** *f*, OZ, Ordnungszahl *f* / nuclear charge [number], atomic number, at. no., charge on the nucleus ‖ ⌁**zahl** *f* **im Molekül** / atomicity ‖ ⌁**zeit** *f* / atomic time, AT ‖ ⌁**zeitalter** *n* / atomic age ‖ ⌁**zerfall** *m* / radioactive disintegration o. degradation ‖ ⌁**zertrümmerung**, -spaltung *f* / atom fission o. smashing o. splitting

atonal / atonal

Atonalität *f* / atonality

ATP, Adenosintriphosphat *n* / adenosine triphosphate

atramentieren / atramentize

Atriumhaus *n* / atrium-type building

atro / abs. dry

Atropamin *n* (Chem) / atropamine, apoatropine

Atropin *n* (Chem) / atropine

Attenuation, Extinktion *f* (Licht) / extinction of light

Atterbergsche Grenzen *f pl* (Boden) / Atterberg's limits *pl*

Atto..., 10^{-18} (bei Einheiten) / atto…

Attrappe *f* / decoy ‖ ⌁, Schaupackung *f* / display specimen, sham package ‖ ⌁, Anschauungsmuster *n* / experimental model, dummy, mock-up (US) ‖ ⌁ **M 1:1** / full-size mock-up ‖ ⌁ *f* **mit genauen Abmessungen** / hard mockup

Attribut, Merkmal *n* / attribute ‖ ⌁ *n* (Bau) / emblem ‖ ⌁ / attribute ‖ ⌁**prüfung** *f* (DV) / attribute testing, inspection by attributes ‖ ⌁**-Stichprobe** *f* / sampling by attributes

Attritor-Mahlung *f* (Sintern) / attritor grinding

atü (veraltet), Atmosphäre *f* Überdruck [über 1 at] / atmosphere above atmospheric pressure

ATV = Abwassertechnische Vereinigung ‖ ⌁ = Allgemeine Technische Vorschriften

AT-Verfahren *n* (Regeln, Schiff) / automatic tracking o. AT-method

Ätz·alkalien *n pl* / caustic alcalines *pl* ‖ ⌁**alkalilauge** *f* / caustic lye ‖ ⌁**alkalisch** / caustic alcaline ‖ ⌁**Alkalität** *f* / caustic alkalinity ‖ ⌁**ammoniak** *n* / caustic ammonia ‖ ⌁**anstalt** *f* (Buch) / photogravure shop ‖ ⌁**bad** *n* / caustic bath

Ätzbarkeit *f* (allg) / corrodibility, corrosibility ‖ ⌁ (Textildruck) / dischargeability

Ätz·baryt *m* / caustic baryta, barium [hydr]oxide ‖ ⌁**[beiz]druck** *m*, Enlevage *f* (Mustern durch örtliches Entfärben) (Gewebedruck) / enlevage, discharge printing ‖ ⌁**beize** *f*, -mittel *n*, -papp *m* (Färb) / chemical discharge ‖ **⌐bild** n, -figur f / etch figure, corrosion aspect ‖ **⌐druck** m, Ätze f (Gravur) / etching [done with caustic]

ätzen (Chem) / etch ‖ ~, beizen (allg, Hütt) / pickle ‖ ~, beizen (Textil) / mordant ‖ ~, angreifen / affect, attack, corrode, bite-in ‖ ~, gravieren (Gravur) / engrave ‖ ~ (gedr.Schaltg) / engrave ‖ **⌐** n (gedr.Schaltg) / engraving ‖ **⌐ auf richtige Frequenz** (Piezoelektr) / etching to frequency ‖ **⌐ mit Brom** (Farb) / bromine discharge ‖ **⌐ von Metall** / metal etching, pickling ‖ **auf Zink** ~ / operate zincography ‖ **ein Klischee** ~ / etch a block

ätzend, korrodierend / corroding, corrosive ‖ ~, Ätz…, beizend, Beiz… / caustic, etching ‖ ~, Ätz… (Chem) / caustic ‖ ~ (Geruch) / pungent ‖ **~es Flußmittel** / corrosive soldering flux

Ätz·faktor m (gedr.Schaltg) / etch factor ‖ **⌐farbe** f (für Enlevage) / etching ink, discharge printing paste ‖ **⌐figur** f / etched figure, etch[ing] figure ‖ **⌐flanke** f, Flanke f / sidewall of etched figure ‖ **⌐flüssigkeit** f (gedr.Schaltg) / etchant ‖ **⌐grübchen** n, -grube f / etch pit, etching pit ‖ **⌐grubendichte** f (Nukl) / etch density ‖ **⌐kali**, Kaliumhydroxid n / caustic potash, potassium hydroxide o. hydrate ‖ **⌐kalilösung** f / caustic potash solution ‖ **⌐kalk** m, ungelöschter o. gebrannter Kalk / unhydrated lime, quick lime ‖ **⌐kraft** f / causticity ‖ **⌐mittel** n, -stoff m / corrosive, corroding agent ‖ **⌐mittel** n (gedr.Schaltg) / corrosive, etchant ‖ **⌐mittel** n (Textil) / discharging agent, discharge ‖ **⌐näpfchen** n (Buch) / etched cell ‖ **⌐natron**, Natriumhydroxid n / sodium hydroxide o. hydrate, caustic soda ‖ **⌐natronlauge** f, Natronlauge f / lye, soda lye ‖ **⌐papp** m, Enlevage f (Textil) / discharge resist, resist paste ‖ **~polieren** / attack-polish, etch-polish ‖ **⌐stoff** m / corrosive, corroding agent ‖ **⌐tinte** f (Glas) / diamond o. etching ink ‖ **⌐trog** m / etching trough ‖ **⌐verfahren** n (Textildruck) / discharge method ‖ **⌐weiß** n (Stoffdruck) / white discharge

Aubépine n, Anisaldehyd m / anisaldehyde, anisic aldehyde

A1-Überlagerer m / beat frequency oscillator

Audio·…, Ton… / audio… ‖ **⌐band** n / audio tape ‖ **⌐frequenz** (etwa 30 bis 20000 Hertz), Tonfrequenz f, Hörfrequenz f / audiofrequency, AF, a.f., a-f ‖ **⌐gramm** n, Audiometerkurve f / audiogram ‖ **⌐-Leistung** f / audio performance ‖ **⌐meter** n, Hörschwellenmeßgerät n / audiometer ‖ **⌐metrie** f / audiometry

Audion·gleichrichter m / grid leak detector ‖ **⌐gleichrichtung** f (Funk) / grid leak rectification

Audio·synchronkopf m (Video) / audio sync head ‖ **⌐verstärker** m / audioamplifier ‖ **⌐-Video-Trennung** f / audio-video split ‖ **⌐vision** f / audiovision ‖ **~-visuell** / audio-visual ‖ **~-visuelle Hilfsmittel** n pl / audio-visual aids pl

Audit n (Buchhaltung) / audit

Auditorium n (Bau) / auditorium, auditory

Auelehm m / meadow loam

Auer·brenner m / Welsbach burner ‖ **⌐metall** n, Cer-Eisenstein m / Auerstein, -metal, ceresite, ferrocerium, mischmetal

auf ! (Bergb) / up ! ‖ **~ - ab** (Aufzug) / up-down ‖ **~ - zu** (Hahn) / off - on, open - closed ‖ **~ Putz** (Install) / on the surface ‖ **~ Touren kommen** (Mot) / rev up vi ‖ **⌐ - Abwärts-Transformator** m / buck boost transformer

aufarbeiten, anderweitig benutzen / convert into something else, reuse, work up ‖ ~, vollenden / finish, work up ‖ ~, auffrischen / regenerate ‖ ~ (Rückstand) / catch up [with] ‖ **⌐** n der Brennstäbe (Nukl) / reprocessing ‖ **⌐ von Stangen** (Öl) / stubbing

Aufarbeitung f der Schwellen, Binden der Schwellen n / bracing of sleepers

Auf-Band-Spielen n / transcription, rerecording on tape

Aufbanker m (Säge) / log roller

Aufbau m, Konstruktion f / design, construction ‖ ⌐, Installation f / installation ‖ ⌐, Struktur f / texture, structure ‖ ⌐, Synthese f (Vorgang) (Chem) / synthesis, building-up ‖ ⌐, Montage f (Masch, Bau) / erection, mounting, assembly, assembling, assemblage, raising ‖ ⌐, Karosserie f (Kfz) / body, bodywork ‖ ⌐ (Instr) / set-up ‖ ⌐, Außenanbau m (Kfz) / surface mounting ‖ ⌐ (DV) / format ‖ ⌐ (Schiff) / superstructure ‖ ⌐, Dachaufbau m / turret ‖ ⌐, Zuwachs m (Nukl) / build-up ‖ ⌐ der Materie (Chem, Nukl) / structure of matter ‖ ⌐ des magnetischen Feldes / build-up [period] of the magnetic field ‖ ⌐ mit Gestelleinschüben / rack mounting ‖ ⌐ zum Schutz gegen herabfallende Gegenstände (Kfz) / falling-object protective structure, FOPS ‖ ⌐ in den einbezogen (Kfz) / paddle boxed ‖ langer ⌐ (mittragend) (Schiff) / long superstructure ‖ [Schalttafel-]⌐ (Ggs: Einbau) (Instr) / panel mounting ‖ übereilter ungeschickter o. schlechter ⌐ / kluge (US coll) ‖ **⌐ausführung** f (Kfz) / built-on execution o. type, surface-mounting type

auf, sich ~bauchen (Keram) / bloat vi

Aufbauchung f (Keram) / bloating ‖ ⌐ des Drahtziehsteins / fattening of a wire-drawing die ‖ ⌐ durch eine Linse (Opt) / bulge

Aufbau·deck n (Schiff) / superstructure deck ‖ **⌐einheit** f (Wzm) / building block machine, constructional unit

aufbauen, bilden / constitute ‖ ~, bauen, erbauen / construct ‖ ~ [auf], überbauen / superstruct ‖ ~, zusammensetzen / construct, put together

Aufbau·faktor m (Nukl) / build-up factor ‖ **⌐instrument** n / built-on o. salient instrument ‖ **⌐länge** f (Kfz) / bodywork length ‖ **⌐maschine** f (für Reifen) (Kfz) / lay-up machine (for tires) ‖ **⌐maschine** f (Wzm) / modular-unit construction and transfer machine

aufbäumen, die Kette auf den Baum winden (Web) / beam vt, roll on the beam, wind up, batch ‖ **⌐** n / beaming, batching up, winding up ‖ ~ (sich) (Traktor, Flugz.) / rear up, jack up ‖ ⌐ (Web) / turning-on, beaming, batching-up ‖ ⌐ (Luftf) / pitch-up ‖ ⌐ (Traktor) / jacking-up, lifting of front wheels

Aufbäumgestell n (Web) / beaming slide

Aufbau·platte, Montageplatte f / mounting plate o. base ‖ **⌐programm** n (DV) / system generating program ‖ **⌐prozeß** m (Kernchemie) / nuclear building-up reaction ‖ **⌐schlosser** m (Kfz) / body mechanic ‖ **⌐schneide** f (Wzm) / built-up edge ‖ **⌐speiser** m, Speiserverlängerung f (Gieß) / feeder o. pouring o. rising bush ‖ **⌐stoff** m (Biol) / anabolic matter ‖ **⌐system**, Baukastensystem n / building block system

Aufbauten pl (Schiff) / superstructure, upper works

Aufbau·trichter m, aufgebauter Einguß (Gieß) / rising bush, riser bush ‖ **⌐ - und Verbindungstechnik** f / mounting and connecting technics ‖ **⌐ - und Verbindungstechnik** f, AVT / mounting and connecting technics ‖ **⌐werkzeug** n (Dreh) / doubledeck tool, duplex tool ‖ **⌐zeit** f (Magnetfeld) (Elektr) / formation time ‖ **⌐zeit** f (Entladung) / formative time ‖ **⌐zeit** f (Gasentlad.Röhre) / breakdown time, formative time ‖ **⌐zeit** f (Bremsung) / build-up time

aufbereiten, redigieren (DV) / edit ‖ **⌐** n zum Drucken (Befehl) (DV) / edit ‖ **Brauchwasser** ~ / demineralize water, desalt water ‖ **Erze** ~ / concentrate o. prepare o. treat ores ‖ **Trinkwasser** ~ / condition o. treat water

aufbereitetes Signal / processed signal

Aufbereitung, Anreicherung f (Bergb) / beneficiation, ore o. mineral dressing o. processing ‖ ⌐, Konzentration f (Bergb.) / concentration, concentrating, preparation ‖ ⌐, Separation f / separation, screening o. dressing o. separating plant ‖ ⌐ f (Wasser) / water conditioning o. treatment ‖ ⌐ (DV) / preparation of data ‖ ⌐ bei hohen Temperaturen / pyro-processing ‖ ⌐ des Kondensats (Ionenaustauscher) / polishing ‖ ⌐ n durch Absieben (Erz) / preparation by screening ‖ ⌐ f von

Metallrückständen / preparation of metal residues || ⁔
zum Druck (DV) / editing
Aufbereitungs·anlage *f* / mineral processing plant ||
⁔**anlage** *f*, Konzentration *f* / concentration plant ||
⁔**code** *m* (DV) / edit code || ⁔**heberad** *n* (Aufber) / ferris
wheel || ⁔**sieb** *n* (Hütt) / revolving bar screen ||
⁔**stammbaum** *m* / ore dressing scheme o. system ||
⁔**verdampfer** *m* (Kessel) / make-up evaporator ||
⁔**verfahren** *n* (Bergb) / processing route || ⁔**verlust** *m*
(Bergb) / dressing loss || ⁔**versuchsanstalt** *f* /
experimental station for dressing o. separating o.
treating ores
Aufbeton *m* (Bau) / layer of concrete
aufbewahren, aufheben / keep, preserve, store || ~ (Daten)
/ retain || **sorgfältig** ~ (z.B. Daten) / keep carefully
Aufbewahrung, zur ⁔ **geben** (o. annehmen) (Bahn) /
check (US)
Aufbewahrungs·ort *m* / enclosure || ⁔**raum** *m* /
depository || ⁔**raum** *m* (Reaktor) / storage space
auf·biegen / bend up || ⁔**binden** *n* des Satzes (Buch) /
tying-up tie matter || ~**blähen**, aufblasen / inflate, pump
up, blow up, swell, distent || ~**blähen** (Steine) / bloat *vt* ||
~**blähen** (Schlacke) / bloat, puff out || ⁔**blähen** *n*,
Padding *n* (DV) / padding || [sich] ~**blähen** (Keram) /
bloat || **sich** ~**blähen** (Schlamm) / bulk up || ⁔**blähen** *n*
durch Porenbildung (Sintern) / swelling due to
excessive pore formation by oversintering || ⁔**blähung** *f*
/ inflation, swelling || ⁔**blähung**, Ausdehnung *f* (Phys) /
distention, -tension, swell[ing] || ⁔**blähung** *f* **von**
Schlacke / foaming of slag || ~**blasbar** / inflatable *adj* ||
~**blasbarer Gegenstand** (Gummi) / inflatable *n* ||
~**blasbare Halle**, Traglufthalle *f* / inflatable hall,
airhouse (US) || ~**blasbare Radarkuppel** / inflatable
radome || ~**blasbarer Rettungsgürtel** / inflatable life
belt || ~**blasbare Schwimmweste** / inflatable life jacket,
life vest, Mae West || ~**blasen**, [auf]blähen / inflate,
swell, distend, blow up || ~**blasen** (Hütt) / blow up, top-
blow || ⁔**blasestelle** *f* (Fehler, Hütt) / hot spot,
impingement area in top blowing || ⁔**blaseverfahren** *n*
(Hütt) / top blowing || ⁔**blaseverfahren** *n* (Öl) / air-jet
evaporation method || ⁔**blasstahl** *m* (Hütt) / BOF steel ||
⁔**blasverhältnis** *n* (Plast) / blow ratio, blow-up ratio ||
~**blättern** *vi* (Schichtstoffe) / delaminate, cleave ||
~**blättern** *n* (Laminat) / cleaving, delamination ||
~**blenden** (Kfz) / switch to the main o. country beam ||
~**blenden** (Phot) / fade up o. in, open diaphragm o.
aperture || ⁔**blitzen** *n* (Licht) / coruscation, flashing ||
⁔**blitzen** *n* (Metall) / glint || ~**bocken** (Kfz) / jack up ||
⁔**bockpunkt** *m* (Kfz) / jacking point, jacking pad ||
~**bohren**, tunen (Mot) / rebore || ~**bohren**, ausbohren /
bore *vt*, open by boring || ~**bohren** (bes. auf der
Drehbank) / bore || ⁔**bohrer** *m*, langer Spiralsenker /
core drill || ⁔**bohrer** *m*, Spiralsenker *m* / core drill ||
⁔**bohrreibahle** *f* / drilling reamer || ⁔**brauch** *m*,
[totale] Erschöpfung *f* / exhaustion || **teilweiser**
⁔**brauch**, Verbrauch *m* / partial consumption ||
~**brauchen** / consume, use up || ~**brausen** *vi* (Chem) /
effervesce || ⁔**brausen** *n* / effervescence || ~**brausend**,
schäumend / effervescent, effervescing || ~**brechen**,
öffnen mit Gewalt / break open || ~**brechen**, einstoßen /
break in, open [by force] || ~**brechen**, -wuchten / prize
open, open with a lever *vt* || ~**brechen**, das Roheisen
ablassen (Hütt) / run off the iron, tap || **die Gußform**
~**brechen** (Gieß) / open the mo[u]ld || ~**brechen** (Straßb)
/ tear up || ⁔**brechen** *n*, Aufbruch *m* (Bergb) / overbreak,
upraise || ⁔**brechen** *n*, Aufbruch *m*, Aufhauen *n* (Bergb)
/ upraise || ⁔**brechen** *n* des Schaums (Flotation) /
breaking-up of the froth || ⁔**breitmaschine** *f* (Spinn) /
stretcher, spreading machine || ⁔**brennen** *n* /
deflagration || ⁔**brennen** *n* des Stichloches (Hütt) /
burning-out of the taphole || ~**bringen** (Schicht),
auftragen / deposit *v* || ⁔**bringen** *n* des Straßenbelags /
road surfacing || ⁔**bruch** *m*, nach oben getriebener
Blindschacht (Bergb) / rise, riser, raise, blind pit leading

upward, shaft cut upwards, rising shaft || ~**brühen** /
infuse || ~**bürsten** / apply by brush || ⁔**chromen** *n* /
chromium plating for thickness || ⁔**dampfen** *n* (im
Vakuum) / vacuum metallizing o. metallization, cathode
o. cathodic sputtering o. evaporation, vacuum
evaporation || ⁔**deckarbeit** *f* (Steinbruch) / uncaping ||
~**decken**, erschürfen (Bergb, Lagerstätten) / uncover ||
⁔**decken**, Weitern *n* (Strumpf) / widening || ⁔**dehnung** *f*
(Dichtring) / elastic expansion || ⁔**dornbarkeit** *f* (Rohre) /
expandability of pipes || ~**dornen**, weiten / broach,
drift, widen || ⁔**dornen** *n* / drifting, opening out,
widening || ~**drehen** (Regler) / advance || ~**drehen**,
aufdrallen (Garn) / untwist, untwine || ~**drehen** (Hähne)
(Gas) / turn on || ~**drehen** (Deckel, Gewinde) / screw on
o. off || [sich] ~**drehen** (z.B. Seil) / untwist, untwine ||
ein Seil ~**drehen** / unravel, untwist || ⁔**drehen** *n* **der**
Litzen / untwisting of strands || ⁔**drehverfahren** *n*
(Textil, Prüf) / untwisting method || ~**drieseln** (Web) /
take off the warp || ~**dringlich**, schreiend (Farben) / loud
|| ⁔**druck**, Überdruck *m* (Buch) / overprint || ⁔**druck** *m* /
imprint, impression || ⁔**druck** *m* (gedr.Schaltg) / print ||
⁔**druck anbringen** (Marken) / overprint || ~**drücken**,
-pressen / press on, force on || ~**drücken**, öffnen / press
open || ~**drucken**, bedrucken / imprint *v*, overprint *v* ||
~**drücken** (Stempel) / affix || **eine Spannung**
~**drücken** (Elektr) / impress a voltage || **auf den**
Ablaufberg ~**drücken** (Bahn) / push up on the hump
aufeinander abstimmen / coordinate, match ||
~ **einwirken** / interact || ~ **schichten** (o. lagern),
übereinanderlagern / superpose || ~ **schichten** (Lagen) /
sandwich *v* || ~**folge**, Folge *f* / succession, sequence,
series || **zeitliche** ⁔**folge** / succession in time || ~**folgend**
/ consecutive, successive, sequential || ~**folgende**
Gänge *m* *pl* (DV) / successive cycles *pl* || ~**folgendes**
Gießen (Hütt) / sequence casting || **genaues** ⁔**legen von**
Blechen (vor dem Glühen) / sheet sweep || ~**passen**
(Teile, Flächen) / match || ~**prallen** / collide ||
~**schichten** / tier || ⁔**schlagen** *n* (Typenhebel)
(Schreibm) / striking of the type bars
Aufenthalt *m* (Bahn) / stop, stoppage, halt || ⁔ **im Ofen** /
holding time, stay[ing] in furnace || ⁔ **im Raum** (Raumf)
/ sortie into space || ⁔ **zwischen zwei Einsätzen**
(Raumfähre) / turn-around
Aufenthalts·bahnhof *m* (Bahn) / intermediate stopping
station o. stop-off point (US) || ⁔**dauer** *f*, -zeit *f* / stay ||
⁔**dauer** *f* (Bahn) / stopping time || ⁔**raum** *m* (Bau) /
recreation room
Auferregung *f* (Elektr) / voltage build-up
auffädeln / thread *v* || ⁔ *n* (Muttern beim
Gewindeschneiden) / lining up of nuts when tapping
auffahrbare Weiche (Bahn) / trailable point
auffahren *vt*, vortreiben (Bergb, Strecken, Tunnel) / drift,
drive || ~, -schneiden (Bahn, Weichen) / force o. burst
open || ~ (Richtstrecken) (Bergb) / head out || ~ [auf] /
drive [against] || ~ *vi*, ausfahren (Bergb) / ascend, ride
outbye, get up, leave the mine || ~, Anstoßen *n* (Bahn) /
buffing || **auf ein Auto** ~ (Kfz) / crash into a car || **auf**
Fußgänger o. Radfahrer ~ (Kfz) / run over, knock
down || **zu nahes** ⁔ / tailgating
Auf·fahrmulde *f* (Autotransporter) (Bahn) / hinged upper
deck || ⁔**fahrschuh** *m*, -fahrschiene *f* (Bahn) / rerailing
frog o. ramp
Auffahrt *f* / ascent || ⁔, Rampe *f* / approach ramp, access
ramp || ⁔ (Autobahn) / access road
Auffahrtsrampe *f* (Straßb) / ramp lane
Auffahr·unfall *m* (Kfz) / rear end collision, tailgating (US)
|| ⁔**unfall-Verletzung** *f* / whiplash injury
auffallend (Farbe) / conspicuous (landmark), showy
(colour) || ~, einfallend (Licht) / incident
Auffang *m*, Auffänger *m* / drip pan, dish || ⁔, -trichter *m* /
receiving hopper || ⁔ (beim Sieben) / receiver ||
⁔**ausbeute** *f* (Photovervielfacher) / collection efficiency ||
⁔**blech** *n*, Tropfblech *n* / drip plate || ⁔**bunker** *m* (zum

Puffern) (Öl) / surge bin o. tank ‖ **⁓elektrode** *f* (Elektronik) / electron collector

auffangen (Funkspruch) / pick up, intercept ‖ **⁓** (in der Luft) / catch (in midair) ‖ **⁓** (Radio) / capture ‖ **Flüssigkeit ⁓** / catch o. collect a liquid ‖ **Gas ⁓** / collect gas, trap gas

Auffänger *m*, Target *n* (Nukl) / target

Auffang·gefäß *n*, Sammelgefäß *n* / collecting basin ‖ **⁓gitter** *n* (Hütt) / collector ‖ **⁓gurt** *m* / safety harness ‖ **⁓platte** *f* / spill plate ‖ **⁓querschnitt** *m* (Atom) / absorption o. capture cross section ‖ **⁓schale** *f*, Tropfbecher *m* / drip cup ‖ **⁓schale**, Tropfschale *f* / drip pan, dish ‖ **⁓schale** *f* **für Altöl** (Garage) / collecting pan for waste oil ‖ **⁓schale** *f* **für Späne** (Dreh) / chip tray ‖ **⁓stange** *f* (Blitzableiter) / lightning rod ‖ **⁓stift** *m* (Stanz) / pilot [pin] ‖ **⁓trichter** *m* / collecting funnel o. hopper ‖ **⁓trichter** *m* **für Schüttgut** / receiving hopper ‖ **⁓verhältnis** *n* (des Wassers in der Flugbahn) (Luftf, Meteorol) / efficiency of catch

auf·färben / dye again o. afresh, new-dye, redye ‖ **⁓fasern** / unravel, ravel out, fray [out] ‖ **⁓fassen** *vi* (Radar) / catch ‖ **⁓faßwahrscheinlichkeit** *f* (Radar) / acquisition probability ‖ **⁓federn** *vi* / unbend itself, spring off ‖ **⁓federn**, rückfedern / expand by elasticity ‖ **⁓federung** *f* (Presse) / frame spring o. stretch ‖ **⁓federung** *f* **des Preßlings** (Sintern) / spring-back of compact ‖ **⁓finden**, anhauen (Bergb) / open, examine by cutting ‖ **⁓finden** *n*, Finden, Suchen *n* / location, localization ‖ **⁓flackern** *n*, Verpufferung *f* / flaming up, flaring up ‖ **⁓flammen** / burst into flame, flame [up o. out], flare up ‖ **⁓flammen** *n* / flare, flash ‖ **⁓flammen** *n*, Entzündung *f* (Chem, Phys) / inflammation ‖ **⁓flammen lassen** / flare ‖ **⁓fliegen** *n*, Explodieren *n* / burst ‖ **⁓fordern** [zu] (DV) / prompt the operator [for] ‖ **⁓fordern zum Empfang** (DV) / select a terminal ‖ **⁓forderung** *f* (DV) / data link establishment ‖ **⁓forderung** *f* (zum Aufbau einer logischen Verbindung) (DV) / logon request ‖ **⁓forderungssignal** *n*, -zeichen *n* (Fernm) / forward transfer signal ‖ **⁓forderungszeichen** *n*, Aufforderung *f*, (spez:) Eingabeaufforderung (DV) / prompt *n*, prompt character ‖ **⁓forsten**, wieder aufforsten / reafforest, reforest ‖ **⁓forsten** *n*, -forstung *f* / forestation, afforestation

auffrischen / furbish [up], brush o. touch o. vamp up, refresh ‖ **⁓**, -arbeiten, überholen (Masch) / overhaul ‖ **⁓** (Farbe), übermalen, streichen / paint anew o. afresh o. out o. over, repaint, retouch, new-paint ‖ **⁓**, regenerieren / regenerate ‖ **⁓**, wiederbeleben / refresh, revive ‖ **⁓**, Ladungsverluste ausgleichen (Halbl) / refresh ‖ **⁓** *vi* / freshen [up] *vi* ‖ **⁓** *n* (DV) / refresh [mode] ‖ **das Bad ⁓**, nachsetzen (Färb) / replenish, feed up ‖ **das Bad ⁓** (Galv) / top up

auf·, **ein Gebäude ⁓führen** / build, erect, construct ‖ **⁓führung** *f* (Bau) / construction, cons. ‖ **⁓führung** *f*, Errichtung *f* / erection ‖ **⁓füllen**, anschütten / back-fill ‖ **⁓füllen**, komplettieren / complete *vt*, fill up ‖ **mit Nullen ⁓füllen** / zerofill *vt* ‖ **⁓füllen** (z.B. Wasser, Benzin) (Kfz) / top up ‖ **das Lager ⁓füllen** / restock ‖ **mit Zeichen ⁓füllen** / character-fill *vt* ‖ **⁓füllen** *n*, -pumpen *n* (Reifen) / inflation ‖ **⁓füllen** *n*, Padding *n* / padding ‖ **⁓füllgerät** *n* **für Tagebauten** / backfilling equipment for open cuts ‖ **⁓füllung** *f* (Bau) / back-fill

Auffüllung *f* (Lagerbestände) / restocking

Aufgabe *f*, Pflicht *f* / business, task, mission ‖ **⁓**, Zweck *m*, Auftrag *m* / function [to do] ‖ **⁓**, Job *m* (DV) / job ‖ **⁓**, [Art der] Arbeit *f* (F.Org, DV) / job title ‖ **⁓**, Aufgeben *n*, Zuführen *n* (Material) / feeding, charging ‖ **⁓** (Aufber) / feed[ing] ‖ **⁓** Aufhören *n* / giving up ‖ **errechnete ⁓** (Aufber) / reconstituted feed, calculated feed ‖ **gefundene ⁓** (Aufber) / real feed[ing] ‖ **gleichmäßige ⁓** / uniform feeding ‖ **⁓apparat** *m* (Walzw) / donkey arms *pl* ‖ **⁓band** *n* / feeding conveyor ‖ **⁓becherwerk** *n* /

charging o. feeding bucket conveyor ‖ **⁓gut** *n* / material to be fed, charging material ‖ **⁓gut** *n* (Aufber) / feed

aufgaben·orientiert (DV) / job oriented ‖ **⁓ -Prioritätssteuerung** *f* (DV) / task scheduler ‖ **⁓stellung** *f* / problem definition ‖ **⁓ -Steuerungsroutine** *f*, Task-Zuteiler *m* / task dispatcher ‖ **⁓wert** *m* (Regeln) / desired o. index value of controlled variable (GB)

Aufgabe·rührwerk *n* / feeder with stirring apparatus o. with agitator ‖ **⁓rumpf** *m* s. Aufgabetrichter ‖ **⁓rutsche**, -schurre *f* / feeding chute ‖ **⁓schein** *m* / receipt ‖ **⁓schlitten** *m* (Bergb, Förderband) / feeder skid ‖ **⁓stempel** *m*, **⁓tisch**, -teller *m* / feeding disk ‖ **⁓trichter** *m*, -rumpf *m* / charging hopper o. bin, feeding hopper ‖ **⁓vorrichtung** *f* / distributing device ‖ **⁓walze** *f* (Hütt) / feeding roller

Aufgang *m* (Bau) / ascent, stairs *pl*, steps *pl* ‖ **⁓**, Niedergang *m* (Schiff) / companion ladder o. way ‖ **⁓** (Masch) / ascent, service ramp ‖ **⁓** (z.B. eines Satelliten am Horizont) / appearance (e.g. of a satellite on horizon)

aufgearbeitet, wieder vermahlen / reground ‖ **⁓e Lasche** (Bahn) / reformed bar (US), renovated fishplate ‖ **⁓es Material** *n* (Plast) / reworked material ‖ **⁓er Spaltstoff** (Nukl) / regenerated fuel

aufgebaut, Aufbau... (Ggs: Einbau) / built-on ‖ **⁓er Einguß**, Aufbautrichter *m* (Gieß) / rising bush, riser bush, top gate ‖ **⁓er Schalter** / surface switch ‖ **⁓es Schiff** / raised vessel (with raised deck)

aufgeben *vt*, beschicken / charge, serve, feed, load ‖ **⁓** (Patent) / surrender *v* ‖ **⁓**, verlassen (Schiff) / abandon ‖ **⁓**, auflassen (Bergb) / abandon, give up

Aufgeber *m*, Aufgabeeinrichtung *f* (Brennstoff) / fuel charging machine ‖ **⁓**, Verteiler *m* / feeder

Aufgeber-Kenngruppe *f* / originator indicator

aufgebläht (DV) / souped-up

aufgebogen·es Deck (Nav) / cambered deck ‖ **⁓e Flügelhinterkante** (Luftf) / washed-out o. reflex trailing edge ‖ **⁓er Rand** / offset edge

aufgebraucht werden / waste [away]

aufgedampft / vapour-deposited ‖ **⁓e Schicht** / vapour-deposited layer, vacuum coated film

aufgedoppelte Tür / rebated and beaded door, doubled door

aufgedrucktes Muster (Textil) / printed fabric pattern

aufgedrückt, angelegt (Spannung) (Elektr) / applied (voltage) ‖ **⁓er Wechselstrom** / superimposed a.c.

aufgefangene Funkmeldung (Elektronik) / intercept

aufgefrischter Träger (Elektronik) / reconditioned carrier

aufgefüllt (Elektronenschale) / closed, completed, filled ‖ **⁓** (Boden) / made

aufgehalten, durch ... zeitlich ⁓ (DV) / limited

aufgehängt·e Fahrbahn (Brücke) / suspended deck ‖ **⁓ sein**, hängen / hang ‖ **in Gummi ⁓** / rubber suspended o. cushioned

aufgehäuft, geballt / agglomerate[d]

aufgehellt (Pap) / dyed white, blued

aufgehen, sich öffnen / open *vi* ‖ **⁓**, sich trennen (zweier Teile) / break up ‖ **⁓**, teilbar sein (Math) / be divisible ‖ **⁓**, stimmen (Math) / add up, come out even ‖ **⁓** (ohne Rest) (Math) / leave no remainder, divide ‖ **⁓**, größer werden / dilate *vi* ‖ **⁓** (von Kalk) / grow ‖ **⁓** (Pulvermet) / expand ‖ **⁓** (Textil) / bulk *vi* ‖ **⁓** *n* **der Form** (Plast) / swelling of the mould ‖ **⁓ lassen** (Teig) / leaven (dough) ‖ **⁓ lassen** [in], verschmelzen / merge ‖ **in der Naht ⁓**, aufreißen / rip *vi*, rend

aufgehend (Bau) / rising (e.g.: wall) ‖ **⁓e Mauer** (Bau) / wall rising through all stories ‖ **⁓es Verhältnis** (Getriebe) / integer ratio ‖ **nicht ⁓** (Math) / aliquant ‖ **ohne Rest** (Math) / aliquot

Auf·gehmaß *n* (Sintermet) / elastic growth ‖ **⁓gehobener Horizontalschub** / counterbalanced horizontal thrust ‖ **⁓geklebt** / bonded ‖ **⁓gekohlter Stahl** / carburized steel

aufgeladen (Mot) / supercharged, boosted, blown || **nicht** ~ (Mot) / naturally aspirated, normally aspirated
aufgelassener Schacht (Bergb) / disused shaft
aufgelaufene Fehler *m pl* / accumulated errors *pl*
aufgelegt (Hörer) / on-hook || ~**es Gelenk** (Zange) / lay-on joint || ~**er Siebboden** / unstretched screen desk || **nicht** ~ (Hörer) / off-hook
aufgeleimt (Tischl) / laid-on
aufgelöst, [in Einzelteile] ~**e [perspektivische] Darstellung,** Explosionszeichnung *f* / exploded view
aufgenommen, absorbiert / absorbed || ~**e Leistung** (Elektr) / wattage, input || ~**e Leistung** / power consumption o. input || ~**e Wirkleistung** (Elektr) / active input
aufgeprägt (z.B. Druck) / impressed
aufgepreßt / pressed on || ~, unter Reibschluß / friction-tight
aufgerauht (Textil) / roughened || ~, geätzt (Alufolie) / etched || ~**e o. flauschige Oberseite** (Textil) / fleeced surface
aufgesattelt (z.B. Pflug) / semi-mounted (e.g. plough) || ~**e Treppe** / saddle stairs *pl*
aufgeschaltet, auf das Netz ~**er Transformator** / transformer booster
aufgeschäumter Kunststoff / foamed plastic
aufgeschnitten / cut up o. open *adj* || ~**e Breite** / cut-open width || ~**er Schlingenflorteppich** / cut-pile tufted carpet
aufgeschraubt / screwed on || ~ (z.B. Schneide) / insert || ~**es Messer** (Reibahle) / insert blade
aufgeschrumpft [auf] / shrunk [on] || ~**es Rad** / press-on wheel || ~**er Radreifen** (Flurförderer) / press-on tire wheel
aufgeschütteter Boden / filled-up soil, made ground
aufgesetzt / fitted (e.g. coupling) || ~ (Dachrinne) / concealed || ~ (z.B. Spülkasten des W.C.) / close-coupled (e.g. cistern of a W.C.) || ~**er Einguß** (Gieß) / top gate || ~**er Spanbrecher** (Wzm) / clamped chip breaker
aufgespreiztes Ende von Verankerungseisen (Bau) / calked end
aufgespultes Magnetband / tape pad
aufgespülter Damm (Bau) / hydraulic fill dam
aufgeständert (Stahlbau) / spandrel-braced, elevated
aufgestäubte Schicht (Sintern) / sputtered film
aufgetragen·e Haut (Plast) / applied skin || ~**e Magnetspur** (Film) / pre-striped magnetic track, single-system stripe
aufgetreten·e Schwierigkeiten *f pl* / experienced difficulties *pl*
aufgetrocknetes Blatt (Pap) / dry sheet
aufgewachsene Oberflächenschicht (Halbl) / overgrowth
aufgewickelt, mit Spannung ~ (Draht) / bad cast || **ohne Spannung** ~ (Draht) / dead cast
aufgeworfener Kraterrand (Nukl) / upthrust lip of the crater
aufgezeichnete Sendung (Radio, TV) / prerecorded broadcast
aufgezogen (z.B. Landkarte) / fabric-covered, cloth-lined || ~**er Radreifen** (Bahn) / separate tire
auf·gichten (Hütt) / charge, feed || ~**glasurfarbe** *f* (Keram) / overglaze colour || ~**gleisen** (Bahn) / rerail || ~**gleisungsschuh** *m*, -gleisungsschiene *f* (Bahn) / rerailing frog o. ramp || ~**gliedern** / classify, organize || ~**gliederung** *f* (in Sparten) / breakdown || ~**gliederung,** Unterteilung *f* / subdivision ~**greifpunkt** *m*, Übernahmepunkt *m*, Ansatzpunkt *m* (Roboter) / gripping point
Aufguß *m* / infusion || ~, Nachfüllung *f* / adding of liquid || ~**apparat** *m* (Brau) / sprinkler, sprinkling apparatus
auf·hacken, -spitzen / pick || ~**haldeleistung** *f* (Kohle) / dumping o. stockpiling capacity || **Berge** ~**halden** / dump, heap deads || **Kohle** ~**halden** / stockpile coal || ~**halten,** zurückhalten / arrest, stop, check, keep back, retain || ~**halten,** abfangen / catch || ~**halten,** offenhalten / keep open
Aufhänge·bock *m* / hook trestle || ~**bügel** *m* (Schlachthof) / gambrel [stick] || ~**draht** *m* / suspension wire || ~**draht,** Spanndraht *m* (Oberleitung) / span wire || ~**fahne,** -nase *f* (Akku) / [suspension] lug || ~**haken** *m* / suspension hook || ~**kette** *f* (Isolator) / suspension string || ~**kette** *f,* Zughakenkette *f* (Landw) / hook-up chain
aufhängen *vt* / suspend, hang [up] || ~ [an] / hang [on] *vt* || **einen Vorhang**~ / hang a curtain
Aufhängeöse *f* / suspension shackle o. eye, attachment eye
Aufhänger *m* (Hütt) / hooker || ~ (für den Hörer) (Fernm) / telephone switch hook
Aufhänge·rohr *n* (Leuchte) / suspension conduit || ~**schürfkübel** *m* / crawler-drawn scraper || ~**seil** *n* / riser of the parachute || ~**vorrichtung** *f* / suspension arrangement
Aufhängung *f* / suspension || ~ **an Ketten** / chain suspension || ~ **der Schäfteschnürung** (Textil) / tie-up of shafts in pairs
Auf·härtbarkeit *f* / potential hardness increase || ~**härten** *vi* (Hütt) / take the hardening || ~**härtung** *f* (Hütt) / hardness increase || ~**härtungszone** *f* (Schweiß) / hard region || ~**haspeln,** Garn zu Strähnen haspeln (Spinn) / wind o. spool off || ~**haspelung** *f* **in Ringen** (Walzw) / winding in reels || ~**hau** *m,* Aufhauen *n* (Bergb) / upbrow, upset, cutting upwards || ~**hauen** / pick up || ~**hauen** *n* **der Lattung** (o. Schalung) **zum Putzen,** Besporung *f* (Bau) / pricking up || ~**häufen** / accumulate, pile up || ~**häufen** (Schüttgut) / bulk
aufheben (Lasten), aufnehmen / lift up || ~, aufbewahren / keep, store || ~, abschaffen / abolish, lift || ~, aufwiegen / compensate || **[sich]** ~ / cancel out || **sich** ~, im Gleichgewicht sein / counterbalance each other || **sich** ~**de o. zufällige Fehler** *m pl* / compensating errors *pl*
Aufheber *m,* Arkaden *f pl* (Web) / cords to raise the threads *pl,* harness cord || ~, Platinenschnur *f* (Web) / neck twine
Aufhebung *f,* Neutralisierung *f* / neutralization, neutralizing
Aufheiterung *f,* Aufklärung *f,* Aufklären *n* / bright period o. interval
aufheizen / heat up, raise the temperature
Aufheizgeschwindigkeit *f* / heating-up rate
Aufheiz·kathode *f* (Gasentl.Röhre) / ionic-heated cathode || ~**methode** *f* (Löten) / reflow method || ~**mittel** *n* (Gieß) / exothermic mass || ~**tiefe** *f* (indukt. Erhitz) / heating depth || ~**zeit** *f* / heating-up time, temperature rise time
aufhellen (Phot) / brighten || ~ (Färb) / clear, brighten || ~, hervorheben (Färb) / raise || ~, erhellen / clear up || ~, weißfärben (Textil) / bleach and blue || **den Lichtfleck** ~ (TV) / bright-up the spot || **sich** ~ (Meteorol) / brighten, lighten
Aufheller *m* (Textil) / whitener, fluorescent whitening agent, FWA, optical brightening agent, OBA || ~, Stativscheinwerfer *m* (Studio) / fill-in light, klieg o. kleig light
Aufhell·impuls *m* (TV) / bright-up pulse || ~ **-Licht** *n* / fill[-in] light
Aufhellung *f* / brightening || ~ (Färb) / clearing, brightening
Aufhellvermögen *n* (Färb) / whitening power
auf·heulen (Mot) / roar || ~**hieb** *m* (Bergb) s. Aufhau || **eine Mauer** ~**höhen** / raise a wall || ~**höhungsstrecke** *f* (Hydr) / raising zone of impoundage
aufholen (Zeit) / make up [for], recover || ~, hissen (Schiff) / hoist, draw up || **ein Kabel** ~ / pick up a cable
Auf·holer, Bohrfänger *m* (Bergb) / rod catch[er] || ~**hören** *vt,* nachlassen / cease, discontinue || ~**hören,** Schluß machen / finish, terminate, end || ~**hören** *vi,* wegfallen / be omitted || ~**hören,** stocken / stop, cease || ~**hören,** nachlassen, stocken / desist (from) || ~**hören zu brennen** / cease burning || ~**integration** *f* (TV) /

signal integration ‖ ~integrieren (TV) / integrate ‖
~kaden, aufkasten (Hydr) / raise a dam ‖
~kalandrieren vt, aufkaschieren / calender-coat ‖
~kanten, hochkant[ig] legen / lay o. set on edge ‖
~karter m (Textil, Garn) / card winding machine o.
winder ‖ ~keilen, durch Keilwirkung festsetzen / wedge
up ‖ ~kimmung f (Schiffsboden) / rise of floor line, slope
of the ship's bottom ‖ ~kippen n (Luftf) / pitch-up ‖
~kitten / paste on ‖ ~klammern / fasten by cramps
[on]
aufklappbar, klappbar / swivelling, swinging out,
opening by hinges ‖ ~ (Lager) / latch type ‖ ~e Form /
book mould ‖ ~e Rollenbahn / hinged roller conveyor
auf·klappen, öffnen / unfold, swing open ‖ ~klappen,
öffnen / swing open ‖ das Verdeck ~klappen (Kfz) /
open the folding hood ‖ sich ~klären (Wetter) / clear up
‖ ~klärung f (Mil) / recon[naissance] ‖ ~klärung u.
Erkundung f (Mil) / intelligence and reconnaissance, I
& R
Aufklärungs·flugzeug n, Aufklärer m / reconnoitering o.
reconnaissance plane, scout plane ‖ ~gondel f (Raumf) /
sensor pod ‖ ~satellit m / spy satellite
auf·klauen (Zimm) / join by a triangular notch ‖ ~klebbar
/ sticking [on]
Aufklebe·adresse f / stick-on o. gummed address label ‖
~karton m (Phot) / paste-on mount
Auf·kleber m, Aufklebezettel m / pressure sensitive
adhesive label ‖ ~klettern n o. Auflaufen (des
Spurkranzes) (Bahn) / overriding of the rail ‖ ~klinken
(Tür) / unlatch ‖ ~klotzen, klotzen (Färb) / pad ‖
~klotzen (Buch) / block, mount printing blocks ‖
~kochen [lassen] / boil up ‖ ~kochen n des Saftes
(Zuck) / boiling of the juice ‖ ~kocher m (Zuck) / boiling
vessel ‖ ~kocher m an der Fraktionierkolonne /
reboiler ‖ ~kohlen (Stahl) / carburize, carbonize, cement
‖ ~kohlen, im Einsatz härten (Stahl) / case-harden ‖
~kohlen n durch Roheisen (Hütt) / pigging [back o. up]
‖ ~kohlen n im Kasten (Hütt) / pack carburizing ‖
~kohlung f, Aufkohlen n (Stahl) / carburization,
carbonization, cementation
Aufkohlungs·härtung f / case-harden ‖ ~mittel n (Hütt) /
carburizing o. carbonizing agent ‖ ~mittel n (Gieß) /
carbon raiser ‖ ~pulver n / cementation o. cementing
powder, carbonizing powder ‖ ~tiefe f / carburization
depth
Auf·kommen n / arisings pl ‖ ~konzentrierung f (Erze) /
upgrading ‖ ~kratzen, Aufrauhen n (Textil) / raising the
nap, napping, teasing, gigging ‖ ~kratzmaschine f
(Textil) / napper, napping mill, gig[ging machine] ‖
~krümmen n von Walzgut (Walzw) / cradling ‖
~kugeln, mit einer Kugel eine Bohrung glätten u.
aufweiten / press-finish [by means of a ball] ‖
~kupferung f (Galv) / re-copperplating ‖ ~kupferung f
von Druckwalzen / copperplating of printing rollers ‖
~kurssignal n (Mil, Leitstrahlverfahren) / on-course signal
‖ ~ladbare Batterie / recharge[able] battery
Auflade·… (Mot) / supercharged, boosted, blown ‖
~betrag m, Maß der Aufladung n (Mot) / boost (in
lbs/sq.in.) ‖ ~druck m (Mot) / boost pressure
Aufladegebläse n / supercharger, blower
Auflademotor m / supercharger engine, supercharged o.
supercharging engine
aufladen, beladen / load into cars ‖ ~, laden (z.B. mit
Schaufeln) / pitch, throw ‖ ~ (Akku, Kondens) / charge ‖
~ (Mot) / supercharge, boost, blow (coll) ‖ ~ n des
Werkzeugs (NC) / tool loading
Aufladeturbokompressor m, -turbogebläse n / centrifugal
supercharger high pressure type
Aufladung f (Mot) / supercharging, pressure charging ‖ ~
(Nukl) / refuelling ‖ ~, Laden n (Elektr) / charging ‖ ~
durch zerstäubende Wassertropfen, Balloelektrizität f
/ spray electrification
Aufladungs·emission f (Elektronik) / thin-film field
emission ‖ ~störungen f pl (Radar) / precipitation noise

Auflage f, Stütze f / rest, support ‖ ~ (Buch) / edition ‖ ~,
Auflegevorrichtung f (Spinn) / laying-on device ‖ ~n f
pl, Konditionen f pl / conditions pl ‖ ~, Schicht f /
couch, coat ‖ ~, dünne Schicht / layer, thickness ‖ ~,
Überzug m (nicht galvanisch) / coat[ing], bed ‖ ~ f
(Galv) / deposit, plating ‖ ~ (Regalbrett) / shelf rest ‖ ~
der Deckenauszimmerung (Bau) / hitch of a rock tunnel
‖ ~ des Anfängers (Bau) / springing stone rest ‖ ~ des
Stahls (Dreh) / heel ‖ ~ des Werkstücks / rest of a
workpiece ‖ ~ einer Zeitung / circulation of a
newspaper ‖ ~balken m an Wänden / joist ‖ ~bereich
m / bearing area ‖ ~block m, Prisma n / prism ‖
~bolzen m (Wzm) / headed dowel ‖ ~druck m / bearing
pressure o. stress, pression on the support o. bearing ‖
~druck m (Phono) / stylus pressure, vertical tracking
force ‖ ~fläche f / seat-engaging surface, bearing area
o. surface ‖ ~fläche f, tragende Fläche / supporting
surface, area of support ‖ ~fläche f, Sitz m (z.B.
Kanaldeckel) / seat ‖ ~holz, Polsterholz n / head tree ‖
~humus m (Forstw) / mor ‖ ~kraft f (Mech) / pressure
by a load ‖ ~kraft f (Tonarm) / stylus force, tracking
force ‖ ~nase f / supporting bracket o. lugs
auflagen·stark (Buch) / high-circulation ‖ ~verzeichnis n
(Buch) / biblio, list of circulation ‖ ~zähler m (Buch) /
circulation counter
Auflage·platte f, Auflagerplatte f / bed plate, base plate,
supporting plate ‖ ~platte f (Kopiergerät) / platen ‖
~punkt m / point of support
Auflager n (Masch, Stahlbau) / bearing, support ‖ ~,
Brückenlager n / bridge bearing ‖ ~bock m / support,
bracket ‖ ~druck m / bearing pressure o. stress,
pression on the support o. bearing ‖ ~fläche f s.
Auflagefläche ‖ ~platte f, Auflageplatte f / bed plate,
base plate, supporting plate ‖ ~schuh m (Brücke) /
supporting shoe o. saddle ‖ ~spannung f (Bau) / bearing
stress
Auflagerung f (Stahlbau) / bearing, support
Auflage·schiene f / bearing rail ‖ ~stärke f (Galv) /
thickness of deposit ‖ ~teller m (Plattenspieler) / feed
table ‖ ~tisch m (Wzm) / supporting table ‖ ~tränken n
(Sintern) / infiltration by overlay ‖ ~[zahl] f / run of a
newspaper, circulation [figure]
auf·landig (z.B. Wind) / on-shore ‖ ~landung, Kolmation
f (Hydr) / colmation ‖ ~lassen, aufgeben (Bergb) /
abandon, give up ‖ ~last, [Trag]last f (Mech) / load,
burden ‖ ~gerahmter Latex, Rahm-Latex m / creamed
rubber latex
Auflauf·backe f, auflaufende Backe (Bremse) / leading o.
primary shoe ‖ ~bremse f (Kfz) / overrunning brake
Auflaufen n (Spinn) / winding-on ‖ ~, -fahren n (Bahn) /
buffing, bumping ‖ ~ des Riemens (Masch) / ascent of
the belt ‖ ~ des Spurkranzes / overriding of the rail
auflaufend·e Backe s. Anlaufbacke / primary shoe ‖ ~e
Pol[schuh]kante (Elektr) / leading pole tip o. horn ‖ ~es
Riementrum[m] / side engaging with the pulley
Auflauf·ende n (Stromschiene) (Bahn) / leading ramp
(conductor rail) ‖ ~-Ende n der Bremsbacke (Kfz) / toe
of a brake shoe ‖ ~geschwindigkeit f (Bahn) / speed of
impact, buffing speed ‖ ~haspel m f (Hütt) / winding
drum, coiler ‖ ~horn, Stromabnehmerhorn n (Bahn) /
horn of the pantograph ‖ ~nocken m / stopping cam ‖
~rollgang m / live roller feed bed ‖ ~stelle f einer
Kette / nip point ‖ ~weg m (Bremse) / overrun travel ‖
~winkel m (Spule) / winding angle ‖ ~zunge f, -stück n
(Bahn) / ramp for climbing
Auflegeapparat m / feeder
auflegen, [Farbe] aufstreichen / lay on ‖ ~ (allg) / put on ‖
~ (Fernm) / disconnect the set, ring off (GB), clear out,
restore [the receiver] ‖ ~ (Schiff) / lay up, tie up ‖ den
Hörer ~ (Fernm) / cradle the receiver, replace ‖ ein
Buch ~ (Buch) / publish, issue
Auflege·tisch m (Buch, Wirkm) / feedboard, feed table
auf·legieren (Hütt) / alloy up ‖ ~-Leistung-Bringen,
Einregeln n (Mot) / tuning ‖ ~leuchten vi / light up ‖

~**leuchten** (Lichtquelle) / flash *vi*, break forth ‖ **rot** ~**leuchten** / show red

Auflicht *n* (Opt) / incident o. impinging light ‖ ⁺**aufnahme** *f* / incident light photography ‖ ⁺**beleuchtung** *f* (Opt) / vertical illuminator, epi-illuminator ‖ **direkte** ⁺**beleuchtung** / vertical illumination ‖ **gebrochene** ⁺**beleuchtung** / reflected illumination ‖ ⁺**-Dunkelfeld** *n* / direct-light dark field ‖ ⁺**hologramm** *n* / reflected light holgram ‖ ⁺**mikroskop** *n* / reflected light microscope, epimicroscope ‖ ⁺**projektion** *f* / direct front projection ‖ ⁺**spiegel** *m* / reflected light mirror

auf·liegen, sich stützen [auf] / lean [on], lie [on] ‖ ~**liegen**, gestützt werden / be supported ‖ ~**liegend** (Ggs.: versenkt) / salient ‖ ~**liegend**, Aufschraub…, Kasten… (Schl) / surface-mounted, screw-on… ‖ **auf der ganzen Länge** ~**liegend** (Balken) / solid bearing ‖ ⁺**liegezeit** *f* (Seil) / service life ‖ ⁺**liegezeit** *f* **im Dock** (Schiff) / lay-up days *pl*

auflisten / list ‖ ⁺ *n* / listing, list printing ‖ ⁺ (DV, Betriebssystem) / display ‖ ⁺ **der Großspeicher** (DV) / display on-line catalog

auf·lockern / loosen [up], separate, open ‖ ~**lockern** (Landw, Gieß) / loosen the ground, mellow soil ‖ **Gewebe** ~**lockern** (Textil) / disaggregate the fabric, open, loosen the loops ‖ **die Bettung** ~**lockern** (Bahn) / scarify the ballast ‖ **den Sand** ~**lockern** (Gieß) / aerate the sand

Auflockerung *f* (Boden) / loosening the ground ‖ ⁺ (gebaggerter Boden) / loosening, breaking up ‖ ⁺, Zerstreuung *f* / dispersion ‖ ⁺ **des Fadengefüges** (Textil) / relaxation of the structure

Auflockerungsmaschine *f* (Gieß) / sand cutting machine

auflodern (Flammen) / shoot *vi*

auflösbar, lösbar (Math) / dissoluble, solvable ‖ ~, löslich (Chem) / dissoluble, soluble

Auflöseholländer *m* (Pap) / breaker beater

auflösen (Chem) / dissolve ‖ ~, abbauen (Chem) / decompose ‖ ~, aufschließen (Chem) / disintegrate ‖ ~, peptisieren (Kolloid) / disperse, peptize ‖ ~, lösen (Math) / resolve, solve ‖ ~, entwirren / ravel, unravel, disentangle ‖ ~ (Zuck) / remelt, melt ‖ ~ (Mühle) / reduce, detach ‖ ⁺ *n* **der Fahrstraße** (Bahn) / route release, route cancellation ‖ **die Klammer** ~ (Math) / remove the brackets ‖ **sich** ~ (Chem) / dissolve ‖ **sich** ~, verwesen / decompose ‖ **sich** ~ (o. ausfasern) / ravel, unravel ‖ **sich in dünne Schichten** ~ (o. spalten) / laminate

Auflöse·stuhl *m*, -walzenstuhl *m* (Mühle) / reducing rollers *pl* ‖ ⁺**walze** *f* (Textil) / opening cylinder

Auflösung *f* (Chem) / dissolution ‖ ⁺, Lösung *f* (Math, Chem, Regeln) / resolution ‖ ⁺, Zersetzung *f* / decomposition, decay, rot ‖ ⁺, Aufschließung *f* / disintegration ‖ ⁺ (Malz), Reife *f* (Brau) / disaggregation, mellowness, friability ‖ ⁺, Bildauflösung *f* (TV) / definition, resolution ‖ ⁺ **der Verbindung nach Auflegen beider Teilnehmer** (Fernm) / joint party control ‖ ⁺ **von Nebel** / dissipation of fog ‖ **geringe** ⁺ (unter 200 Zeilen/Bild) (TV) / low definition ‖ **mit hoher** ⁺ (Opt) / high-resolution… ‖ **starke spektrale** ⁺ / large spectral dispersion

Auflösungs·grenze *f* (Opt) / resolving limit, limit of resolution ‖ ⁺**keil** *m* (TV) / resolution wedge ‖ ⁺**mittel** *n*, Lösemittel *n* / solvent, menstruum ‖ ⁺**unschärfe**, Aperturverzerrung *f* (Opt) / aperture distortion ‖ ⁺**vermögen** *n* (Elektronik) / selectivity, resolution (US) ‖ ⁺**vermögen** *n* (Auge) / resolving power ‖ ⁺**vermögen** *n* (Chem) / dissolving power ‖ ⁺**vermögen** *n* (Radar, Kath.Str.) / discrimination, resolution (US) ‖ ⁺**vermögen** *n* (Opt) / resolving capacity o. power, definition, resolution (US) ‖ ⁺**vermögen** *n* **eines Sensors** / spatial resolution of a sensor ‖ ⁺**zeit** *f* (Schaltung) / resolution time ‖ ⁺**zeitkorrektion** *f* (Nukl) / resolution o. resolving time correction ‖ **im** ⁺**zustand** / decomposed, under decomposition

auf·löten / solder [on] ‖ ~**löten**, loslöten / unsolder ‖ **eine dünne Metallplatte** ~**löten** / close-plate ‖ ⁺**lötverfahren** *n*, SM-Verfahren *n* (gedr.Schaltg) / surface mounting ‖ ~**machen**, entfalten / unfold a paper ‖ ⁺**machung** *f* (Textil) / make-up, making-up, presentation ‖ ⁺**machung** *f*, Aufbereitung *f* / conditioning ‖ ⁺**machung** *f*, Verpackung *f* / get-up, packaging ‖ ⁺**machungsform** *f* (Textil) / make-up ‖ ⁺**machungsmaschine** *f* (Textil) / making-up machine ‖ ~**magnetisieren** / magnetize ‖ ⁺**maische**, Maische *f* (Zuck) / magma mixer ‖ ~**maischen**, einmaischen (Zuck) / mingle *vt*, mix magma ‖ ~**maschen** (Wirkm) / mend a ladder in ‖ ⁺**maß** *n* **für Bearbeitung** / overmeasure ‖ ~**mauern**, aufhöhen / raise a wall ‖ ~**meißeln** / open with a chisel ‖ ~**messen** (Schiff) / take o. lift the offsets ‖ ⁺**messung** *f* (Bau) / measurement of finished work ‖ ⁺**messung** *f* **nach den Regeln der Chartered Surveyors' Institution** (Bauw) / standard measurement (GB) ‖ ⁺**metallisieren** *n* (gedr.Schaltg) / plating-up ‖ ~**nadeln** / pin *v* ‖ ~**nageln** / nail [on] ‖ ~**nähen** / sew

Aufnahme *f*, Annahme *f* / acceptance ‖ ⁺, Sitz *m* (Masch) / receiver, seat, receptacle ‖ ⁺, Käfig *m* (Masch) / retainer ‖ ⁺ (Ton) / sound recording ‖ ⁺ (z.B. von Fremdstoffen) / capture ‖ ⁺ (Wasser) / water absorption ‖ ⁺ (Magn.Bd) / recording, (spez.:) session recording ‖ ⁺, Nest *n* (Mehrfachwerkzeug) / nest ‖ ⁺, Planarbeit *f* (Bau) / plan, layout ‖ ⁺ (Topographie) / mapping out, plotting, sketch ‖ ⁺, Belichtung *f* (Phot) / taking, shot, snapshot, exposure ‖ ⁺, Bild *n* (Phot) / copy, print, reproduction ‖ ⁺, Abtasten *n* (TV) / pick-up ‖ ⁺, Take *m* (Film) / take ‖ ⁺, Vermessungsarbeiten *f pl* / surveying ‖ ⁺ **des Farbstoffs** / dye pick-up o. uptake ‖ ⁺ **des Grubenplans** (Bergb) / dialling ‖ ⁺ **durch ein Organ** (Nukl) / uptake by an organ ‖ ⁺ **einer Laufmasche** / mending a ladder ‖ ⁺ **in Teilbildern** (Repro) / sectioning ‖ ⁺ **von Kräften** / taking up forces ‖ ⁺ **von oben** (Phot) / top shot ‖ ⁺ **von unten** (Phot) / low-angle shot, tilt-up ‖ **[photografische]** ⁺, Negativ *n* / negative [material], exposure ‖ **auf** ⁺ **stellen** (Recorder) / set to record function ‖ ⁺**apparat** *m* / photo-camera ‖ ⁺**apparat** *m* (z.B. Mikrofilm) / microfilm camera ‖ ⁺**atelier** *n*, Filmatelier *n* / film studio ‖ ⁺**ausklinkung** *f* / location notch ‖ ⁺**bildgröße** *f* (Film) / camera aperture produced image area ‖ ⁺**block** *m*, Zielblock *m* / sink ‖ ⁺**bogen** *m* (Zeitstudie) / time study sheet ‖ ⁺**bohrung** *f* / location hole ‖ ⁺**bolzen** *m* / locating bolt ‖ ⁺**bunker** *m* / receiving bunker o. hopper ‖ ⁺**dorn** *m* (Wzm) / holding arbor, expanding mandrel ‖ ⁺**eisen** *n* **für Preßglas** / punty, gathering iron ‖ ~**fähig**, absorptiv / absorptive ‖ ~**fähig** (Physiol) / perceptive ‖ ⁺**fähigkeit** *f*, -vermögen *n* (Physiol) / receptivity, receptiveness, capacity ‖ ⁺**fähigkeit** *f*, Absorptionsvermögen *n* / absorbing power o. capacity, degree of absorption, absorbency, absorbability ‖ ⁺**fähigkeit** *f* **eines Datenträgers** / medium registering capacity ‖ ⁺**fähigkeit** *f* **für Farben** (Textil) / receptivity for dyes, absorbing power, dye affinity ‖ ⁺**fähigkeit** *f* **für Farben**, Färbbarkeit *f* (Textil) / dyeability, dye substantivity ‖ ⁺**fähigkeit** *f* **für Feuchtigkeit** / hygroscopicity ‖ ⁺**fähigkeit** *f* **für Schmierölverunreinigungen** / embeddability of a bearing ‖ ⁺**flansch** *m* (Wzm) / hub flange ‖ ⁺**gerät** *n*, -apparat *m* (Phot) / photo-camera ‖ ⁺**geschwindigkeit** *f* (Phot) / speed of exposure ‖ ⁺**geschwindigkeit** *f* (Registrierung) / recording speed ‖ ⁺**halle** *f* (Film) / film studio ‖ ⁺**kamera** *f* (TV) / cathode ray camera, TV-camera ‖ ⁺**kamera** *f* (Film) / shooting camera ‖ ⁺**kamera** *f* **für schwachleuchtende Sterne** / faint object camera, FOC ‖ ⁺**kopf** *m*, Sprech-, Schreibkopf *m* (Diktiergerät) / recording head, write head ‖ ⁺**lampen** *pl* / studio lights *pl* ‖ ⁺**leiter** *m* (Film) / director ‖ ⁺**loch** *n* (Wz) / location hole ‖ ⁺**mikrophon** *n* / receiving transmitter, reception microphone ‖ ⁺**mittel** *n* (Lasten) / load suspension means ‖ ⁺**modul** *m* (Wzm) / adapter modul ‖ **⊰objektiv** *n* / lens for shooting ‖ **⊰optik** *f* / lens system of camera ‖ **⊰platte** *f* (Diktiergerät) / recording disk, transcription record ‖ **⊰punkt** *m* **für Bearbeitung** (Wzm) / locating point ‖ **⊰raum** *m*, -atelier *n* (TV, Funk) / dubbing studio, recording studio ‖ **⊰richtung** *f* (Phot) / camera axis ‖ **⊰röhre** *f* (TV) / camera tube ‖ **⊰spule** *f* (im Apparat) (Phot) / spool ‖ **⊰spule** *f*, Bandteller *m* (Magn.Bd) / reel ‖ **⊰stellung** *f* (Recorder) / record position ‖ **⊰stromkreis**, Vorkreis *m* (Elektronik) / input circuit ‖ **⊰ -Stummschaltung** *f* / record mute ‖ **⊰taste** *f* (Recorder) / recording button o. key ‖ **⊰technik** *f* (Mikrofilm) / technical proceeding of recording ‖ **⊰tubus** *m* (Röntgen) / direction cone ‖ **⊰ - u. Wiedergabegerät** *n* / recording player o. reproducer ‖ **⊰verstärker** *m* (Phono) / recording amplifier ‖ **⊰wagen** *m* (Radio) / recording car ‖ **⊰wandler** *m*, elektroakustischer Wandler / electroacoustic transducer ‖ **⊰winkel** *m* (Film) / camera angle ‖ **⊰zähler** *m* / exposure counter ‖ **⊰zapfen** *m* / centering pivot ‖ **⊰zeit** *f* (Magn.Aufzeichn) / recording time

aufnehmen, [ent]halten / contain ‖ ⊲, aufheben / lift up, pick up ‖ ⊲, einsaugen (Chem) / take up, absorb ‖ ⊲, eine Aufnahme machen (Phot) / shoot, take a picture, photograph ‖ ⊲, vermessen (Verm) / survey ‖ ⊲ (Glas) / gather ‖ ⊲ (Waldbestand) / cruise, survey, scale, estimate ‖ ⊲ (Schall) / record ‖ ⊲, fassen (Personen) / hold, take, accommodate ‖ **auf Band** ⊲ (Magn.Bd) / tape *v* ‖ **auf Platte** ⊲ (Phono) / record on disk ‖ **den Betrieb** ⊲ / start operations ‖ **den Zug** ⊲ / reduce the tension ‖ **ein Verzeichnis** ⊲ / draw up a list ‖ **einen Film** ⊲ / film *vt* ‖ **Spitzen** ⊲ o. **puffern** / buffer *vt*

aufnehmendes Element / female component, housing

Aufnehmer *m* (Masch) / feeder, pick-up, lifter ‖ ⊲, Greifer *m* (Landw) / pick-up ‖ ⊲ (Strumpf) / taker-up ‖ ⊲ (Regeln) / sensor, sensing element ‖ ⊲, Kratzer-Aufgeber *m* / drag bar feeder ‖ ⊲ **für Bewegungen o. Deformationen** / displacement transducer o. pickup ‖ **⊰presse** *f* (Landw) / pick-up baler

Aufnehme-- u. Streichwalze *f* / pick-up roll ‖ **⊰vorrichtung** *f* (Masch) / pick-up attachment

auf·opfernd, Opfer… (z.B. Opferanode) (Galv) / sacrificial ‖ **⊳passen** *vt* / fit on, adapt ‖ **⊰pflasterung** *f* (Straßb) / ramble strip (GB), speed bump (US) ‖ **⊳plattiertes Gold** / filled gold ‖ **⊳platzen** / burst open, split ‖ **⊳platzen**, platzen / crack, splinter ‖ **⊳platzen** *n* **der Blattknospen** / bud burst ‖ **⊰platzen** *n* **von Pfählen beim Einschlagen** (Bau) / mushrooming of piles when being driven, brooming ‖ **⊳polieren** / polish up, refurbish ‖ **⊳polstern** / upholster ‖ **⊳prägen** (Elektr) / impress [a voltage]

Aufprall *m* (Phys) / impingement, impact, clash ‖ ⊲, Anprall *m* / collision, crash ‖ **elastischer** ⊲ / bounce, bound

aufprallen [auf], aufstoßen / impinge [upon], strike, collide [with], bump [on]

Aufprall·fläche *f* **des Spanbrechers** (Wzm) / active face of the chip-breaker ‖ **⊰geschwindigkeit** *f* (Kfz-Versuche) / barrier impact speed ‖ **⊰korrosion** *f* / impingement attack ‖ **⊰schutz** *m* (Kfz) / impact protection, crash protection ‖ **⊳sicher** (Kfz) / crash resistant ‖ **⊲ -Testanlage** *f*, Bopper *m* (Kfz) / crash barrier, bopper (US) ‖ **⊰versuch** *m* / collision test, crash test, impact test

Auf·preßbuchse *f* / pressed-on bush, press-fit bush ‖ **⊳pressen** / force on by pressure, press on ‖ **⊰projektion** *f* / front projection ‖ **⊰pudern** *n* (Email) / dusting ‖ **⊰pudern** *n* **auf glühendes Metall** (Email) / dredging ‖ **⊳pumpen** / pump up, inflate tires ‖ **⊳pumpen**, das Baggergut aufspülen / pump up the spoil ‖ **⊳pumpen** *n* / inflation

Aufputz·… (Bau) / surface type ‖ **⊲ -Steckdose** *f* (Elektr) / surface socket ‖ **⊰verlegung** *f*, -montage *f* (Elektr) / surface wiring

auf·quetschen (z.B. auf Seile) / swage on ‖ **⊳rahmen** (Tuch) / stenter *v* (GB), tenter *v* (US) ‖ **⊰rahmen** *n* (Emulsion) / creaming, forming a cream ‖ **⊰rahmstraße** *f* (Schaum) / cream line ‖ **⊰randelung** *f* (Glas) / glass flare ‖ **⊳rauhen**, aufstocken (Steinmetz) / pick, tooth ‖ **⊳rauhen** / roughen (Walzw) / rag *vt*, roughen ‖ **⊳rauhen** (Textil) / raise, nap, tease, brush up ‖ **⊳rauhen** (auf der Maschine) (Textil) / gig *v* ‖ **⊳rauhen** *n* (Tuch) / napping, raising the nap, teasing ‖ **⊰rauhen** *n* **für die nächste Putzlage** (Bau) / devilling ‖ **⊰rauhfräsen** *n* / rough milling ‖ **⊰rauhung** *f* (Uran) / [surface] wrinkling ‖ **⊰rauhung** *f*, Runzelbildung *f* (Uran) / surface wrinkling ‖ **⊰rauhwerkzeug** *n* / roughing tool ‖ **⊰räumungsarbeiten** *f pl* / removal work, clearing, freeing from ruins ‖ **⊳rechnen** (DV) / itemize

aufrecht transportieren! / keep upright! ‖ **⊳erhalten**, erhalten / maintain ‖ **⊳erhalten** (Gespräch) (Fernm) / maintain the connection ‖ **⊰erhaltung** *f* / retention

Auf·reiben *n* (Wzm) / reaming ‖ **⊰reihklemme** *f* (Elektr) / connector fitting on bus bars ‖ **⊰reihung** *f* / [con]catenation ‖ **⊰reißdeckel** *m* (Konserven) / easy-open tinplate end, pull-tab lid

aufreißen *vt*, einreißen *vt* / tear open, rip open ‖ ⊲ / tear open, fling open (e.g. door) ‖ ⊲, entwerfen, auftragen / design, draw, sketch, delineate ‖ ⊲, aufschnüren (Schiff) / trace in full size ‖ ⊲ (Straßb) / take up, unpave, break o. tear o. cut up ‖ ⊲ *vi*, reißen / crack open, chap

Aufreißer *m* (Straßb) / scarifier ‖ **leichter** ⊲ **mit Reißschenkeln u. Zähnen** (Straßb) / ripper-scarifier

Aufreiß·hammer *m* / conrete breaker ‖ **⊰streifen** *m*, -lasche *f* (Verpackung) / tear tab, tear-off strip ‖ **⊰verschluß** *m* (Dose) / tear-off can top ‖ **⊰versuch** *m* (Mat Prüf) / tear test

Aufrichtbock *m* (Baukran) / mast gantry

aufrichten / erect, mount, raise, rear up, put o. set upright, right ‖ ⊲ (sich) / right *vi* ‖ ⊲ *n*, Montage *f* / erection, assembly ‖ ⊲ **des Buges** (im Seegang) / scending ‖ **das Bild** ⊲ / errect inverted image

Aufrichter *m* (Gerüst) / standard of a scaffold

Aufrichtschachtel *f*, zusammenklappbare Faltschachtel / collapsible folding box

Aufrichtung *f* **der Schichten** (Geol) / uplift of strata

Aufrichtungsvermögen *n*, Aufrichtemoment *n* (Schiff) / righting capacity o. moment

Aufriß *m* (Zeichn) / elevation, upright projection, vertical plan ‖ ⊲, senkrechter Schnitt (Zeichn) / vertical section ‖ ⊲, Vorderansicht *f* / front view ‖ ⊲, Orthogonalprojektion *f* / orthogonal projection, orthograph ‖ ⊲, Seitenriß *m* / profile, section ‖ ⊲ (Schiff) / sheer draught o. plan ‖ **⊰darstellung** *f* **eines Handlaufs** (Bau) / falling mould ‖ **⊰ebene** *f* / vertical projection plane

Auf·rollautomat *m* (Sicherheitsgurt) (Kfz) / automatic seat belt winder ‖ **⊰rolleinrichtung** *f* (Pap) / wind up turret

aufrollen / roll up ‖ ⊲, abwickeln, auswickeln / unroll ‖ ⊲ [auf] / roll up [on] ‖ ⊲ (sich) (wie ein Blatt) / exfoliate *vi* ‖ ⊲ *n*, zu Rollen wickeln (Pap) / reeling

Auf·roller *m*, Vliestrommel *f* (Spinn) / fleece roller, lap winder ‖ **⊰rollvorrichtung** *f*, Aufrollung *f* / rolling-up attachment, rewinder ‖ **⊰rollvorrichtung** *f* (Hütt) / coiling device ‖ **⊰rollwalze** *f* (Pap) / delivery reel ‖ **⊰ruf** *m* (z.B. eines Unterprogramms) (DV) / call-in, invocation ‖ **⊰ruf** *m* (z.B. eines Unterprogramms) (DV) / invocation ‖ **⊰rufanweisung** *f* (FORTRAN) (DV) / call statement ‖ **⊳rufbar** (DV, Speicherplatz) / addressable, callable ‖ **⊰rufbefehl** *m* / call[ing] instruction ‖ **⊰rufbetrieb** *m* (DV) / polling-selecting mode ‖ **⊳rufen**, abrufen (DV) / call, invoke ‖ **⊰ruffolge** *f* **der Programme** / calling sequence ‖ **⊰ruf-Verhältnis** *n* / call report ‖ **⊳rühren**, umrühren / agitate, stir [up] ‖ **⊳runden** (nach oben) (Math) / round up ‖ **um eine Stelle ⊳runden** (Math) / round up by one digit ‖ **⊰rundung** *f* (Math) / round-off, rounding up ‖ **⊳rüsten** (Mil) / rearm ‖ **⊰rüstposition** *f* (Luftf) / rigging position

‖ ⌐rüstung f (Luftf) / rigging ‖ ⌐sammel-Ballenlader m (Landw) / pick-up bale loader ‖ ⌐sammelpresse f (Landw) / pick-up baler
Aufsattel m (Kfz) / turntable of the semi-trailer truck tractor, [lower half of the] fifth wheel ‖ ⌐... (Landw) / semimounted ‖ ⌐einrichtung f am Anhänger (Kfz) / upper half of the fifth wheel ‖ ⌐last f (Kfz) / fifth-wheel load ‖ ⌐pflug m / semimounted plough ‖ ⌐ -Scheibenpflug m / semimounted disk plough ‖ ⌐ -Scheibensaatbeetpflug m / semimounted non-reversible disk plough ‖ ⌐vorrichtung [für LKW mit offener Pritsche] f (Kfz) / saddle-mount (US) ‖ ⌐zapfen m (Kfz) / fifth-wheel king pin
Aufsattler m, Sattelschlepper m, -zugmaschine f / semitrailer truck [tractor] (US) ‖ ⌐, Sattelanhänger m / semitrailer
Aufsatz m, Kappe f / cap, top ‖ ⌐, Kranz m (Bau) / crown, crest ‖ ⌐ (Hofablauf) / frame with grating for yard gullies, gully grating, gully top ‖ ⌐ (Geschütz) / telescopic sight, range finder ‖ ⌐, technische Abhandlung / treatise ‖ ⌐ des Schiebers, Bockaufsatz m / yoke of a slide valve ‖ ⌐backe f (Wzm) / interchangeable false jaw ‖ ⌐hammer m / cup-shaped die ‖ ⌐kamera f (Phot) / camera with an adapter ‖ ⌐leuchte f (Straßb) / pole-top lantern ‖ ⌐ring, -kranz m (Bergb) / tubbing ring ‖ ⌐spitze f (Schweiß) / contact point insert ‖ ⌐ -Ventil n / yoke-type valve
auf·saugen, ansaugen / absorb vt, take up ‖ ∼saugen, absorbieren (Chem) / soak [in o. up], absorb ‖ **Rauch o. Staub ∼saugen** / control dust v ‖ ⌐saugen, Ansaugen n / aspiration ‖ ⌐saugend, absorbierend / absorbent, absorbing, absorptive ‖ ∼saugender Stoff / absorbent ‖ ⌐saugung, Absorption f / absorption ‖ **sich ∼schalten** (zum Unterbrechen o. Mithören) (Fernm) / offer ‖ **sich ∼schalten** (Radar) / lock on ‖ **Meßton ∼schalten** / send [reference] tone ‖ ⌐schalten n des Suchkopfes auf das Ziel (Flugkörper) / lock-on n ‖ ⌐schaltstrom m (Bahn, Steuerung) / pick-up current ‖ ⌐schaltung f (Fernm) / intrusion ‖ ⌐schaltung f (Radar) / lock-on ‖ ⌐schaltung f auf Leitstrahl (Luftf) / automatic track correction ‖ ⌐schaukeln n (Schwingungen) / building-up process ‖ **sich ∼schaukeln** (Schwingung) / build up vi ‖ ⌐schaukeln n durch Resonanz / resonant o. resonance rise ‖ **sich ∼schaukelnde Schwingung** / unstable oscillation ‖ ⌐schäumen, schäumen vt (Plast) / foam, expand ‖ ⌐schichten, -stapeln / pile up [in layers] ‖ ⌐schichten, Stapeln des Brenngutes n (Email) / decking ‖ ⌐schichtung, Stratifikation f (Geol) / stratification ‖ ∼schiebbar (auf Welle), Aufschiebe... / slip-on... ‖ ∼schieben, zeitlich verschieben / defer, postpone ‖ ∼schieben vi (Anhänger) / slide on ‖ ⌐schieben n (zeitlich), Verschieben n / postponement ‖ **Förderwagen [auf den Förderkorb] ∼schieben** (Bergb) / insert tubs, push tubs ‖ ⌐schieber m (Arbeiter) (Bergb) / car pusher ‖ ⌐schieber m (Aufber) (Bergb) / ram ‖ ⌐schiebevorrichtung, Aufstoßvorrichtung f (am Schacht) (Bergb) / decking plant ‖ ⌐schiebling m (Bau) / chantlate, rafter foot ‖ ⌐schiebling m, Saumlatte f (Bau) / eaves lath, furring, firring ‖ **aufgenagelter ⌐schiebling** (Bau) / sprocket ‖ ⌐schiebseite f am Schacht (Bergb) / caging side ‖ **sich ∼schiefern** / split up, fly up in shivers ‖ ⌐schießen (Seil) / coil [round o. up], fake v ‖ ∼schießen (Bergb) / open by blasting ‖ **gegen die Sonne ∼schießen** / coil against the sun
Aufschlag m, Schlag m / dash, strike, impact ‖ ⌐, Zusatzgebühr f / additional charge ‖ ⌐ auf Fahrzeugteile beim Zusammenstoß, Sekundäraufprall m (Kfz) / second collision ‖ ⌐ -Abscheider m / impingement separator ‖ ⌐draht m (Textil) / building wire, copping wire, upper wire, faller-wire, front-faller, guide wire
aufschlagen, öffnen / knock up o. open ‖ ∼ (Druckhammer) / strike ‖ ∼ [auf] / dash [against], bump o. strike [on], impact ‖ **Stempel ∼** / stamp vt

Aufschlag·fläche f (Gesenk), Stoßfläche f (Schm) / cushion face ‖ ⌐gerät n (Papierherstellung, Zellulose) / desintegrator, disintegrator ‖ ⌐granate f / impact shell ‖ ⌐wasser n (Hydr) / driving water ‖ ⌐winkel m (Mech) / angle of impact ‖ ⌐zone f (Raumf) / impact area ‖ ⌐zünder m / percussion fuse, contact fuse
Auf·schlämmbarkeit f (DIN) / capacity of elutriation ‖ ∼schlämmen / reduce to slime o. slurry ‖ ⌐schlämmung f (Keram) / slurry ‖ ⌐schlämmungsverfahren n (Raketen) / slurry method ‖ **auf die Unterlage ∼schleifen** / grind on ‖ ⌐schleppdock n (Schiff) / slip dock ‖ ⌐schleppe f, Schlipp m, Slip m (Schiff) / slip, slipway ‖ ∼schleppen (Schiff) / slip up, haul up, draw up ‖ ⌐schlepphelling f, -helgen m (Schiff) / hauling-up slip, railway slip o. dry-dock ‖ ⌐schleppwagen m (Schiff) / railway cradle ‖ ⌐schleuderverfahren n / spin-on deposition ‖ ⌐schlickung f, Kolmation f / colmation
Aufschließbarkeit f (Hütt) / capacity for decomposition
aufschließen, öffnen / unlock ‖ ∼ (Rückstände) / fuse ‖ ∼ (Pap) / cook, digest ‖ ∼ (Aufber) / liberate, free v ‖ ∼ (Holz) / pulp, break up ‖ ∼, löslich machen (Chem) / render soluble, solubilize ‖ ∼, zerlegen (Chem) / desintegrate, disintegrate ‖ ∼, entwickeln, erschließen (Bau) / open up, develop ‖ ∼ (Buch) / drop o. unlock o. untie a form[e] ‖ ∼ n durch Einbruchschießen (Bergb) / unkeying ‖ **Stärke ∼** / hydrolyze starch
Aufschließung f (Bergb) / exposing
aufschlitzen / split, slit
Aufschluß m, Aufschließung[sverfahren n] f (Chem) / fusion process ‖ ∼ (Chem) / disintegration ‖ ∼ (Hütt) / treatment ‖ ∼ (Pap) / digestion ‖ ∼ (Altpapier) / repulping ‖ ∼ geben [über] / inform [about] ‖ ⌐arbeiten f pl, Aufschluß m (Bergb) / dead works pl ‖ ⌐bohrung f / exploratory o. experimental boring o. drilling, prospective drilling ‖ ⌐bohrung f (auf Neuland) (Öl) / wildcat [drilling] ‖ ⌐bohrung f, Kernbohrung f (Öl) / core drilling ‖ ⌐bohrungen f pl / test drills pl
auf·schlüsseln, detaillieren / break down ‖ ⌐schlüsselung f / breakdown
Aufschluß·grad m (Pap) / degree of digestion ‖ ⌐grad m (Aufber) / degree of dissociation ‖ ⌐mittel n (Chem) / means of attack, means of dissolution ‖ ⌐verfahren n (Bodenverbesserung) / digestion method ‖ ⌐verfahren n (Chem) / disintegration method
auf·schmelzen [auf] / join by casting, melt on ‖ ∼schmelzen, losschmelzen / melt open ‖ ⌐schmelzlötung f / reflow soldering ‖ ⌐schmelzpreßschweißen n / combined fusion and pressure welding ‖ ⌐schmelzriß m (Schw) / liquation cracking ‖ ∼schnappbare Kappe / grip-in cap ‖ ∼schnappen vt (z.B. Schaltgeräte auf Schienen) / snap on ‖ ⌐schnappen n / snap action ‖ ∼schneidbare Weiche (Bahn) / trailable point ‖ ∼schneiden / cut open o. up ‖ **Schlauchware ∼schneiden** / slit open tubular knitted fabrics ‖ ∼schneiden (Weichen, Bahn) / burst open, force open, run through [switches] (US) ‖ ∼schnüren, aufreißen (Schiff, Zimm) / trace in full size ‖ ∼schnüren (Bau) / mark with a line ‖ ∼schottern / coat with broken stones ‖ ∼schraubbar / provided with [screw-] thread ‖ ∼schrauben, ab-, losschrauben / unscrew, screw off ‖ **den Deckel ∼schrauben** / screw on a cover ‖ ∼schrauben, anschrauben / screw on ‖ ⌐schraubstutzen m mit reduzierten Anschlüssen / reducer-increaser ‖ ⌐schreibung f (DV) / log sheet ‖ ⌐schrieb m / record ‖ ⌐schrieb m schreibender Geräte, Diagrammblatt n / chart ‖ ∼schroten, aufspalten (Schm) / slot ‖ ∼schrumpfen, warm aufziehen / shrink on, sweat [on], hoop ‖ ⌐schrumpfen n, Snap-Back-Verfahren n zur Herstellung von Gegenkrümmungen (Plast) / vacuum snap-back forming ‖ ⌐schrumpfen n im Vakuum, Vakuum-Snap-Back-Formverren n (Plast) / vacuum snap-back thermoforming ‖ ⌐schrumpfprozeß m (Nukl) / creep

shrinking ‖ ~schub m / delay, prorogation ‖
~schütten, -füllen (Bau) / fill up ‖ ~schütten,
nachfüllen / feed ‖ ~schütten (z. B. Schutt), abladen /
deposit, dump ‖ ~schüttung f, Ablagerung f (Geol) /
accumulation ‖ ~schüttung, Damm m / earth bank o.
wall o. dam, embankment ‖ ~schüttung f, Auftrag m /
filling, [back-]fill, made ground ‖
~schweiß-Biegeversuch m / weld bead bend test ‖
~schweißbund m / welded-on collar ‖
~schweiß-Bundflansch m / weld neck flange ‖
~schweißen [auf] / weld on [to] ‖ ~schweißen n von
Stahlplättchen / steel facing ‖ ~schweißflansch m /
weld[ing] flange ‖ ~schweißlegierung f / hardfacing
alloy ‖ ~schweißpresse f / welding press ‖
~schweißprobe f / bead bending test ‖ ~schweißung f,
Kleben n (Wzm) / pick-up ‖ ~schweißverfahren n
(gedr.Schaltg) / surface mounting ‖ ~schweißwerkstoff
m / depositing m material ‖ ~schwemmung f (Chem) /
suspension ‖ ~schwimmen, flottieren vt (Aufber) / float
‖ ~schwimmen vi (Färb) / float on the surface ‖
~schwimmen, Aquaplaning n (Kfz) / aquaplaning ‖
~schwung m (Wirtschaft), Aufstieg m / progress, rise ‖
~seher m / supervisor, overseer, headman ‖ ~seher m,
Wärter m / attendant ‖ ~senken n (Wzm) / boring
aufsetzbar / detachable, slip-on…
aufsetzen / place [upon] ‖ ~, stapeln (z. B. Ziegel) / pack
closely, pile [bricks], stack up ‖ ~ vi (Luftf) / contact,
touch down ‖ ~ (Fördergefäß) / become o. be o. get
caught ‖ ~ n (Luftf) / touch-down ‖ ~ der Raumkapsel
auf dem Wasser (Raumf) / splashdown ‖ ~ des Bugs
(Schiff) / slamming ‖ hartes ~, Bumslandung f (Luftf) /
pancake landing, squash landing
Aufsetzer, Rammknecht m / pile extension for ramming
Aufsetz·feuer n pl, -befeuerung f / landing o. contact
lights pl ‖ ~gewicht n (Waage) / rider ‖ ~kasten m (Gieß)
/ cope ‖ ~kern, falscher Kern (Gieß) / inset core,
drawback ‖ ~kübel m (Hütt) / set-down bucket ‖ ~licht
n (Flughafen) / contact light, set-down light ‖ ~punkt m
(Luftf) / touch-down ‖ ~rahmen m für Paletten, -gestell
n / pallet collar o. converter ‖ ~schlüssel m,
Steckschlüssel m / box o. socket wrench ‖
~vorrichtung, Fangstütze f (Bergb) / kep, fang, holding
apparatus ‖ ~vorrichtung f an der Hängebank / pit
landing dogs pl, cap ‖ ~zeit f (Plattenspeicher) / set-up
time ‖ ~zone f (Luftf) / touch-down zone ‖
~zonenbefeuerung f / touch-down zone lights pl
Aufsicht f, Leitung f / supervision, supervising,
superintendence ‖ ~ (Person) (Fernm) / chief operator
‖ ~ (eine Darstellung) / aspect
Aufsichts·beamter m, amtlicher Aufseher / surveyor ‖
~beamter m / controller ‖ ~behörde f / Supervisory
Board, supervising authority, regulatory authority ‖
~farbe f (Öl) / reflected colour, bloom ‖ ~kopie f (Buch)
/ opaque copy, hard copy ‖ ~platz, -tisch m (Fernm) /
supervision table, deck of clerk in charge, chief
operator's desk ‖ ~rat m / board of governors,
supervisory board ‖ ~sucher m (Phot) / reflector view
finder, brilliant view finder
auf·sintern / sinter-fuse ‖ ~sitzen, ruhen / rest ‖ ~sitzen
(Federung) / bottom ‖ ~sitzen n beim Durchfedern /
bottoming ‖ ~sitzen n des Kopfes (Plattenspeicher) /
crash ‖ ~sitzmäher m, Rasentraktor m / riding mower
‖ ~spalten / split up ‖ ~spalten (Benzin) / crack ‖ eine
Bindung ~spalten (Chem) / break a linkage ‖ ~spaltung
f (Nukl) / splitting ‖ ~spaltung f (Röntgenspektrum) / line
splitting
Aufspann·bolzen, -dorn m / work arbor ‖ ~buchse f /
tension bush for external application ‖ ~bügel m /
clamping bow
aufspannen / grip, fix ‖ ~, ausspannen / stenter (GB),
tenter (US) ‖ ~ (Teile) (Wzm) / chuck (parts), grip,
clamp, load ‖ ~, spannen (Tuch) / tenter (US), stenter
(GB) ‖ Werkzeuge ~ / mount tools
Aufspann·fläche f (Wzm) / mounting table, clamping
surface ‖ ~kopf m (Wzm) / work head ‖ ~platte f /

clamping plate, clip plate, holding-down plate, plate
chuck ‖ ~platte f (mit Schlitzen) (Wzm) / floor plate
[with slots] ‖ ~platte f (Gieß) / mounting plate,
clamping plate ‖ ~platte f (Revolverkopf) / turret block ‖
~platte f (Spritzguß, Wzm) / backing plate ‖ ~schlitz m,
-nute f / fixing o. T-slot ‖ ~tisch, Positioner m (Schweiß)
/ positioner ‖ ~tisch m (Wzm) / clamping table ‖ ~topf
m (Wzm) / pot-type fixture ‖ ~transformator m / step-
up transformer
Aufspannung f, -spannen n (Wzm) / chucking, clamping
Aufspannute f, Aufspann-Nute f / fixing o. T-slot
Aufspann·vorrichtung f, Spannvorrichtung f (Wzm) /
work [holding o. gripping o. chucking] fixture, holding
o. fixing attachment, mounting o. setting attachment ‖
~werkzeug n (Wzm) / gripping o. chucking tool o.
implement ‖ ~winkel m (Wzm) / angle plate ‖ ~zeit,
Spannzeit f (Wzm) / setting-up time
Auf·spindelmaschine f (Spinn) / roller forcing machine ‖
~spitzen (Steine) / pick ‖ ~spleißen (Seil) / fan out ‖
~sprechen (Magn.Bd) / record vi ‖ ~sprechentzerrer m
(Magn.Aufzeichn) / recording equalizer ‖
~sprechfrequenzgang m / recording frequency
response ‖ ~sprechverstärker m / recording amplifier
‖ ~sprengen vt, burst [open] ‖ ~sprengen,
aufschnappen [lassen] / snap on ‖ ~springwinkel m
(Textil) / elastic recovery angle, snap-back angle ‖
~spritzen vt, spritzlackieren / spray-paint ‖ ~spritzen n
einer Schutzhaut / cocooning ‖ ~spritzsintern n /
sintering by spraying ‖ ~sprudeln / bubble up, rise in
bubbles ‖ ~sprühverfahren n / spray process ‖
~spulen / bobbin v, reel v, quill, wind up ‖ ~spulgerät
n, Aufspuler n / spooling frame, spooler ‖ ~spülung f
(Bau) / hydraulic fill ‖ ~stampfboden, Leerboden m
(Hütt) / joint board ‖ ~standsfläche f (Kfz) / contact
surface of the tire, wheel tread, foot print ‖ ~stapeln,
-speichern / store up, stockpile ‖ ~stapeln,
aufschichten / pile up, stack ‖ ~stapeln, fast trockenes
Email aufsammeln / dust enamel ‖ ~stäubebürste f /
dusting brush (for powder) ‖ ~stäuben / powder, dust ‖
~stauchen, aufstoßen / jump ‖ ~stauen (Hydr) / bank
vt, dam [up] ‖ sich ~stauen / bank vi ‖ ~stauung f,
Stauwasser n / banking, banked-up water, dammed-up
water ‖ ~stechen / puncture ‖ ~stechversuch m
(Sperrholz) / delamination test
Aufsteck·… (Werkz) / shell-type ‖ ~apparat m für
Hülsen (Textil) / tubing apparatus ‖ ~-Aufbohrer,
-Senker m / shell counterborer
aufsteckbar, abnehmbar / detachable, slip-on… ‖ ~,
ansteckbar / attachable
Aufsteck·brett n (Textil) / creel board ‖ ~einheit f
(Elektronik) / plug-in device ‖ ~einrichtung f
(Spulmasch) / yarn supply creel
aufstecken / pin up ‖ ~ (Spinn) / creel bobbins ‖ ~ n von
Reservespulen (Web) / reserve creeling ‖ im Gatter ~,
aufspindeln (Spinn) / creel vt
Aufsteck·-Endverschluß m (Elektr) / plug-in sealing end ‖
~filter n (Phot) / push-on o. slip-on filter ‖ ~fräser m /
shell end mill, shell type milling cutter ‖ ~fräserdorn
m / shell end mill arbor, milling arbor for shell end
mills ‖ ~fuß m (Phot) / slip-on mount ‖ ~gatter n,
-rahmen m (Spinn) / creel, beam creel ‖ ~getriebe n /
slip-on gear mechanism ‖ ~glas n (Opt) / slip-on reading
lens ‖ ~-Grundreibahle f (DIN) / rose shell reamer ‖
~hülse f (Spinn) / tube for peg o. skewer ‖
~-Kabelschuh m / push-on type socket ‖ ~kopf m,
Spindelkrone f (Spinn) / spindle cap ‖ ~reibahle f / shell
reamer, arbour mounted reamer ‖ ~schiene f
(Ringzwirnmasch) / creel rail ‖ ~schild n / map-on
marking tag ‖ ~schlüssel m (DIN 904) / socket Tee-
wrench ‖ ~senker m / shell drill ‖ ~spindel f (Spinn) /
spool carrier o. holder, skewer ‖ ~spule f / slip-on coil
‖ ~wechselrad n (o. loses Wechselrad) (Dreh) / loose
change gear wheel ‖ ~werkzeug n / shell tool ‖
~-Winkelfräser m / angular cutter with bore

auf·steigen / mount, ascend ‖ ~**steigen** (Luftf) / take to the air ‖ ~**steigen** (Gasblasen) / bubble up (gas) ‖ ~**steigen** [auf] / mount [on] ‖ ~**steigen** *n*, Ansteigen *n* / mounting, rising ‖ ~**steigend** (Reihe, Math) / ascending ‖ ~**steigender Kanal o. Zug** (Hütt) / uptake ‖ ~**steigender Luftstrom**, Bö *f* / air bump, upward current ‖ ~**steigende Reihenfolge** / ascending order

aufstellen, plazieren / place ‖ ~, -richten, montieren / erect, mount, put up, fix, rear up, pitch ‖ ~, gebrauchsfertig machen / rig ‖ ~ (Liste) / make up a table ‖ ~ (senkrecht) / righting up, putting upright ‖ **ein Problem** ~ (Math) / state o. pose a problem ‖ **[sich] in einer Reihe** ~ / line up

Aufsteller, Monteur *m* / engine fitter

Aufstellkarton *m* / display unit

Aufstellmaschine *f* (Post) / intermediate stacker

Aufstellung f, Anordnung *f* / line-up ‖ ~, Register *n* / record, index ‖ ~ (z.B. von Rechnern) / installation (e.g. of computors) ‖ ~, Montage *f* / erection, assembly ‖ ~ **an gemeinsamem Platz** / colocation ‖ ~ **einer Gleichung** (Math) / construction of an equation ‖ ~ **von Notsteifen** (Bau) / needling

Aufstellungs·mittel, Stellmittel *n* (Email) / floating agents *pl* ‖ ~**ort** *m* (Masch) / place of installation, site ‖ ~**ort** *m*, Standort *m* / location ‖ ~**plan** *m*, Platzverteilung *f* / space assignment plan

Auf·stelzung, Voute *f* (Bau) / concrete haunch ‖ ~**stemmen** / open with a chisel ‖ ~**stemmung f**, -schmelzung *f*, Platzaustausch *m* (Geol) / [magmatic] stoping ‖ ~**steppen** / quilt on ‖ ~**sticken**, nitrieren / nitrogenize ‖ ~**stickung** *f* (Hütt) / nitrogen content increase

Aufstieg *m*, Aufsteigen *n* / ascension, ascent ‖ ~**geschwindigkeit** *f* (Luftf) / rate of ascent

Aufstiegs·bahn *f* (Raumf) / upper leg, up-leg

Aufstieg·stufe *f* (Raumf) / ascent stage ‖ ~**triebwerk** *n* (Rakete) / ascent engine

auf·stocken, erhöhen (Bau) / raise, increase, heighten ‖ ~**stocken** (Bruchsteine) / ax[e] o. dress, pick ‖ ~**stocken**, abspitzen (Bau) / scabble ‖ ~**stoppen** (Schiff) / brake ‖ ~**stoßeinrichtung** *f* (Web) / transferring device ‖ ~**stoßen**, aufstauchen / jump ‖ ~**stoßen** (Wirkm) / run on loops ‖ **Karten** ~**stoßen** (LoKa) / joggle cards ‖ ~**stoßgerät** *n* (Buch) / back rounding mandrel ‖ ~**stoßkamm** *m* (Textil) / transferring comb ‖ ~**stoßnadel** *f* (Wirkw) / topping point, transfer needle ‖ ~**stoßnadelbarre** *f* (Wirk) / points bar ‖ ~**stoßvorrichtung**, Aufschiebevorrichtung *f* (am Schacht) (Bergb) / decking plant ‖ ~**streichen** / spread, brush ‖ ~**streichen**, auflegen (Farbe) / lay on ‖ ~**streichen** (Tuch) / spread-coat ‖ **mit Messer o. Rakel o. Spachtel** ~**streichen** / knife-coat ‖ ~**streichen** (Kleber) / apply ‖ ~**streichkamm** *m* (Tuch) / napping comb ‖ ~**streichmesser** *n* (Buch, Web) / doctor [blade] ‖ ~**strich**, Haarstrich *m* (Buch) / upstroke ‖ ~**strom** *m* (Abgas) / up-current ‖ ~**stromklassierer** *m* / up-current classifier ‖ ~**stromwäsche** *f* / upward current washer ‖ ~**stürzung** *f* (Boden), Seitendeponie *f*, Seitenablagerung *f* / side piling, spoil bank, dump ‖ ~**summieren**, aufaddieren / add [up] ‖ ~**tanken** (Kfz) / refill, replenish, tank up ‖ ~**tanken** (Luftf) / refuel ‖ ~**tankfahrzeug** *n* (Luftf) / refueling tanker ‖ ~**tastgenerator** *m* (Radar) / gate generator ‖ ~**tast[im]puls** *m* (Elektronik) / strobe [pulse] ‖ ~**tastimpuls** *m* (Radar) / trigger pulse ‖ ~**tastimpulskreis** *m* (Radar) / gate ‖ ~**tastimpulsstufe** *f* (im Einfallsfeld) (Radar) / double limiter, window ‖ ~**tauchen**, herauskommen / emerge ‖ ~**tauchen** (z.B. Torpedos) / broach, surface ‖ ~**tauchstufe** *f* (Taucher) / ascent stage (diver) ‖ ~**tauen** *vt*, schmelzen *vt* / thaw ‖ ~**teilbar** (Verpackung) / fractional

aufteilen / partition *vt* ‖ ~, zumessen / apportion, proportion ‖ ~, zumessen, zuteilen, dosieren / measure out ‖ ~, abteilen / parcel ‖ **ein Gut** ~ / partition, break up an estate ‖ **eine Wohnung** ~ / convert a flat

aufteilend, ohne Rest ~ (Math) / aliquot

Aufteil- und Sägestraße *f* (Holz) / panel-sawing and cut-to-size equipment

Aufteilung f / partition *n*, division, (also: sharing) ‖ ~ **des Bildschirms** / screen splitting

Aufteilungs·kabel *n* / distributing cable ‖ ~**muffe** *f* / multiple joint box ‖ ~**stelle** *f* **von Kabelbäumen** / breakout (US) ‖ ~**verhältnis** *n* (Isotopen) / cut

Auftief·meißel *m* (Kupferschm) / drift, blunt chisel

Auftourenkommen *n* / revving up

Auftrag *m*, Order *f* / order (a comission to supply goods o. perform work) ‖ ~, Überzug *m* / layer, thickness, coat[ing], bed ‖ ~, Aufschüttung *f* / made ground ‖ ~, Böschung *f* im Auftrag (Straßb) / embankment, slope ‖ ~ (DV) / job ‖ **erster** ~, Grundanstrich *m* / couch

auftragen, applizieren / apply ‖ ~ (Farben) / distribute colours ‖ ~, aufreißen / plot ‖ ~ (maßstäblich) (Math, Verm) / protract ‖ ~ [als] (im Diagramm) / outline [as] ‖ ~, übertragen (Zeich) / lay off ‖ ~ (Straßb) / embank, fill [up] ‖ ~ *n* **mit vollem Pinsel** (Farbe) / flowing-on ‖ **eine dünne Schicht (o. Haut)** ~ / skim, scum

Auftrag·farbe *f* (Färb) / topical colour ‖ ~**geber** *m* / orderer, customer, client ‖ ~**geber** *m*, Benutzer *m* (DV) / user ‖ ~**maschine** *f* / coating machine, coater

Auftrags·abrechnung *f* / job accounting ‖ ~**anreicherung** *f* (Nukl) / toll enrichment ‖ ~**anweisung** *f* (DV) / job description ‖ ~**begleitdokument** *n* / job control document ‖ ~**bestand** *m* / orders *pl* in hand, unfilled orders *pl*, level of orders, back-log of orders ‖ ~**bezogen** (DV) / job-oriented ‖ ~**bindung** *f* (DV) / job commitment ‖ ~**buch** *n* / order book

Auftrag·schüssel *f* (Email) / dip tank ‖ ~**schweißen** / build-up weld, resurface by welding ‖ ~**schweißung** *f* / build-up weld, resurfacing by welding ‖ ~**schweißung** *f* **mit Stellit** / stellite surfacing ‖ ~**schweißung f von Verschleißschichten** / hardfacing

Auftrags·daten *pl* / data given in order ‖ ~**dienst** *m* (Fernm) / absent subscriber service, page boy service (USA) ‖ ~**farbe** *f* **für Maserung u. ähnliche Effekte** / scumble ‖ ~**gebundene Kostenrechnung** / job order cost system ‖ ~**gewicht** *n* (Email) / pick-up ‖ ~**größe**, Losgröße *f* (F.Org) / job lot o. size ‖ ~**höhe** (Straßb) / height of an embankment ‖ ~**material** *n* (Galv) / plating material ‖ ~**metall** *n* (Schweiß) / deposited metal ‖ ~**muster** *n*, -probe *f* / order sample o. specimen ‖ ~**naheingabe** *f*, Jobnaheingabe *f* / local job entry, LJE

Auftrag-Spritzpistole *f* / spray gun

Auftrags·steuersprache *f* (DV) / job control language, JCL, job description language, JDL ‖ ~**verteilung** *f* / order release ‖ ~**verwaltung** *f* (DV) / job management

Auftrag·walze *f* / spreader roll, spreading roll ‖ ~**walze** *f* (Buch) / form inking roller ‖ ~**walze** *f* (Buch) / forme o. inking roller, inker, forme inking roller ‖ ~**walze** *f* (Plast, Textil) / applicator roll ‖ ~**walze** *f* **für Leim** (Tischl) / glue spreading roll ‖ ~**walzenstreichmaschine** *f* (Buch) / print roll coater

aufträufeln / trickle [on]

auftreffen [auf] / strike, meet, impact ‖ ~ (Opt) / impinge *vi* ‖ ~ *n*, Aufschlag, Einschlag *m* (Geschoß) / impact

auftreffend (Opt) / impinging

Auftreff·geschwindigkeit *f* / impact speed o. velocity, velocity of impact ‖ ~**platte** *f* (Kath.Str, TV) / target ‖ ~**punkt** *m*, Treffpunkt *m* (Geschoß) / point of impact ‖ ~**punkt** *m* (Raumf) / impact location ‖ ~**punkt**, Angriffspunkt *m* einer Kraft / landing point, point of impact ‖ ~**winkel** *m* (Mil) / angle of impact ‖ ~**wucht** *f* (Luftf) / ram effect

auftreiben, aufblähen / swell, distent, inflate ‖ ~ (Glas) / flare ‖ **Faßreifen** ~ / truss

auftrennen / undo, unravel ‖ ~ (Näh) / unstitch, unrip, rip up

Auftrenntechnik *f* (Fernm) / sectional toll switching

auftreten

auftreten (Math) / appear ‖ ~ (in einer Gleichung) / intervene ‖ ~ (z.B. Nebel) / occur ‖ ⌁ *n* (z.B. von Störungen) / occurrence

Auftrieb *m* (Hydr) / buoyancy ‖ ⌁ (Luftf) / lift, ascending force ‖ ⌁ (Meereskunde) / upwelling ‖ ⌁, Niederwald *m* (Forstw) / coppice ‖ ⌁ **eines Schwimmers** / buoyancy of a float ‖ **freier** ⌁, Auftriebsüberschuß *m* / excess lift, net lift ‖ ⌁**anzeiger** *m* (Luftf) / lift indicator

Auftriebs·achse *f* (Luftf) / lift axis ‖ ⌁**anzeiger** *m* (Luftf) / lift indicator ‖ ⌁**belastung** *f* (Luftf) / lift loading ‖ ~**erhöhende Klappe** (Luftf) / wing flap, lift flap ‖ ⌁**klappe** *f* (Luftf) / lift flap ‖ ⌁**körper** *m*, Schwimmer *m* (Schleuse) / float ‖ ⌁**korrektur** *f* / correction of buoyancy ‖ ⌁**kraft** *f* / lifting force o. power ‖ ⌁**mittelpunkt** *m* / center of buoyancy o. of lift ‖ ⌁**reserve** *f* (Schiff) / reserve buoyancy ‖ ⌁**verlust** *m* (Luftf) / lift decrement ‖ ⌁**winkel** *m* (Luftf) / lifting angle ‖ ⌁**zahl** *f*, -koeffizient *m* (Luftf) / lift coefficient, coefficient of lift ‖ ⌁**zahl** *f* **in Nm⁻³**, Einheitsauftrieb *m* (Luftf) / specific lift

Auftritt *m*, Trittfläche *f* (Bau) / tread ‖ ⌁, Estrade *f* / half-pace (in a room) ‖ ⌁ **der Stufe** (Bau) / go, going ‖ ⌁ **vor einem Haus** (Bau) / raised foot-step

auf·tröpfeln / apply by dropping ‖ ⌁**türmen** *n* (optische Täuschung, die die Senkrechten länger erscheinen läßt) / towering ‖ ⌁**- u. Abwärtszähler** *m* (DV) / incrementer and decrementer ‖ ⌁**- u. Abwerk** *n* (Uhr) / up-and-down indicator

auf- und abschwingende Kokille / oscillating mould

Auf- und Niederbewegung *f*, Auf- und Abbewegung *f* (Masch) / up-and-down motion o. travel o. movement

Auf·- und Nieder-Steven *m* (Schiff) / straight stem ‖ ⌁**- und Niederzugvorrichtung** *f* (Textil) / lifting and lowering mechanism ‖ ~**vulkanisieren** / vulcanize [on] ‖ ~**vulkanisieren**, runderneuern (Kfz) / retread tires ‖ ~**vulkanisierter Reifen** (Kfz) / moulded-on tire ‖ ⌁**wachsen** *n*, Epitaxie *f* (Krist) / epitaxial growth, epitaxy ‖ ⌁**wachsverfahren** *n* (Sintern) / vapor deposition process, CVD process ‖ ~**wallen** (beim Kochen) / boil briskly, boil up, bubble ‖ ~**wallen**, -sprudeln / effervesce ‖ ⌁**wältigung** *f*, Aufwltigen *n* (Ölbohrung) / clearing-out ‖ ~**walzen** (Walzw) / roll on ‖ ~**walzen** (Kesselrohr) / expand a tube ‖ **Kunststoffolien** ~**walzen** (Walzw) / laminate ‖ ⌁**walzen** (von Hand) / apply by roller o. by rolling ‖ ⌁**walzen** *n* **von Edelmetall** / roller plating ‖ ⌁**walzflansch** *m* / expanded flange

Aufwand *m*, Kostenaufwand *m* / expenditure ‖ ⌁ **von Energie** / expenditure of energy ‖ **räumlicher** ⌁ / spatial requirement ‖ ⌁**nutzen** *m* / cost-benefit ratio

auf[wärts] (Hebezeug, Aufzug) / going up

aufwärts / upward ‖ ~, stromauf / upstream ‖ ~, zur Raffinerie hin (Öl) / upstream ‖ ~, auf! (Hebezeug) / up ! ‖ ~ **führend** (Straße) / uphill ‖ ⌁**bewegung** *f* / up[ward] movement ‖ ⌁**bewegung** *f* (Masch) / upswing ‖ ⌁**bewegung** *f* **der Brennelemente** (Nukl) / fly-off of fuel rods ‖ ⌁**bohrung** *f* / inverted drilling ‖ ⌁**-Chlorierung** *f* (Pap) / upstream chlorination ‖ ⌁**empfänger** *m* (Rohrpost) / receiver unit for upward reception ‖ ⌁**flug** *m* / climb ‖ ⌁**fluß** *m*, -strömung *f* / upflow, uprun ‖ ⌁**förderer** *m* / upbrow conveyor ‖ ⌁**frequenz** *f* (Satellit) / up-link frequency ‖ ~**führende Zuleitung** (Sanitär) / supply riser ‖ ~**[gerichtet]** / upward ‖ ⌁**hub** *m*, -gang *m* / upstroke, ascending stroke, ascent ‖ ⌁**hub** *m*, -gang *m* / ascending stroke ‖ ⌁**hub** *m* **des Kolbens** (bei untenliegender Kurbelwelle) (Mot) / outstroke (GB) ‖ ~**kompatibel** / upward compatible ‖ ⌁**komponente** *f* / upward component ‖ ⌁**regelung** *f* (Elektronik) / forward [automatic gain] control o. AGC ‖ ⌁**regelung** *f* (Instr) / upward adjustment o. control ‖ ⌁**schweißen** *n* / uphand welding ‖ ⌁**schweißung** *f* **mit Unterraupe** / double cordon welding [with one operator] ‖ ⌁**strecke** *f* (zur Hauptstadt) (Bahn) / up-line ‖ ⌁**strecke** *f* (Radio, Raumf) /

up-link ‖ ⌁**streuung** *f* (Nukl) / upscattering ‖ ⌁**strömgeschwindigkeit** *f* / ascensional velocity of flow ‖ ⌁**transformator**, -trafo, -übertrager *m* / step-up transformer ‖ ⌁**umsetzer** *m*, -wandler *m* (Radio) / up converter ‖ ⌁**verdampfung** *f* / up-evaporation, vertical evaporation ‖ ⌁**wandler** *m* (Elektronik) / up converter ‖ ⌁**zug** *m* (zur Hauptstadt) (Bahn) / up train (GB, Japan)

auf·, Boden ~**weichen** / make sodden ‖ ⌁**weichungsmittel** *n* / emollient agent ‖ ~**weisen** (Eigensch.) / show properties ‖ ⌁**weiteinrichtung** *f*, Ausbreiteinrichtung *f* / splaying device ‖ ~**weiten**, aushalsen (Stanz) / drift, expand, widen ‖ ⌁**weiten** *n* **von Rohren** / expanding of tubes, flaring ‖ ⌁**weitepresse** *f* / reaming press ‖ ⌁**weiteprobe** *f*, Aufweitungsversuch *m* (Rohre) / flaring test, expanding o. expansion test, drift expansion test ‖ ⌁**weiter** *m* (Install) / expanding mandrel ‖ ⌁**weitmaschine** *f* (Wzm) / expanding machine ‖ ⌁**weitung** *f* (trompetenförmig) (Rohr) / socket (GB), hub, bell (US) ‖ ⌁**weitung** *f* **des Strahls** / divergence of rays ‖ ⌁**weitwalzwerk** *n* / expanding mill ‖ ⌁**weitwerkzeug** *n* (Wzm) / sizing tool ‖ ~**wendig** / expensive, costly ‖ ~**werfen** (Straßb) / throw up the ground o. dam ‖ **sich** ~**werfen** (von Brettern) / warp *vi*, get warped ‖ ⌁**werfung** *f*, Trompetenform *f* / bell mouth

Aufwickel·apparat *m*, -vorrichtung *f* / reeling o. winding-up apparatus, take-up roller ‖ ⌁**friktion** *f* (Film) / take-up friction ‖ ⌁**geschwindigkeit** *f* (DV) / take-up speed ‖ ⌁**hülse** *f* (Pap) / rewinding tube ‖ ⌁**kern** *m* (Film) / take-up core ‖ ⌁**maschine** *f* (Web) / winding-on frame o. machine, canroy frame ‖ ⌁**maschine** *f* **für Tuch** / batching machine ‖ ⌁**maschine** *f* **mit Mittelantrieb** (Textil) / center driven batcher

aufwickeln, wickeln / roll, coil round o. up, wind up ‖ ~, den Faden auf die Spindel laufen lassen (Spinn) / take up, cop ‖ ~, aufdrehen / undo, untwist *vi* ‖ ~, zu Knäueln wickeln (Garn) / ball *vt* ‖ ~, loswickeln / unwind, undo ‖ ⌁ *n*, Aufrollen *n* / coiling ‖ ⌁ **in Rollen** (Hütt) / winding in coils

Aufwickel·rolle, -spule *f* (Phot, Magn.Bd) / take-up [reel] ‖ ⌁**vorrichtung** *f* / take-up unit

Aufwickler *m* (Kabel) / take-up stand ‖ ⌁ **mit spiralförmiger Bandspeicherung** (Hütt) / spiral looper accumulator

auf·wiegen, ausgleichen / compensate, counterbalance, make up [for] ‖ ⌁**wind** *m* / ascending current of air, upwind, upwash ‖ ~**winden**, hochwinden / weigh, wind up, lift, raise, hoist ‖ ~**winden**, aufbocken / jack ‖ ~**winden**, aufkurbeln / retract, pull in ‖ **zu weit** ~**winden** / overwind ‖ ~**winden** s. auch aufwickeln ‖ ⌁**winden** (Spinn) / winding up, rewinding ‖ ⌁**winderdraht** *m* (Spinn) / guide o. faller wire, copping wire ‖ ⌁**winderegler** *m* (Textil) / governor motion ‖ ⌁**windschlauch** *m* (Meteorol) / thermal *n* ‖ ⌁**windung** *f* (Textil) / winding o. building motion ‖ ⌁**windvorrichtung** *f* / hoisting o. lifting device o. apparatus o. tackle o. gear ‖ ~**wirbeln** *vt vi* / whirl up *vt vi* ‖ ⌁**wölbung** *f* (Geol) / arching ‖ ⌁**wuchs** *m* (z.B. Saprobien auf lebenden Körpern) / growth on the surface (e.g. saprobes) ‖ ~**wühlen** (Boden) / turn up ‖ **das Meer** ~**wühlen** (Nav) / churn up the foam ‖ ~**zählen** / enumerate ‖ ⌁**zählung** *f* / enumeration

aufzeichnen, vorzeichnen / design, sketch ‖ ~, aufreißen / trace, delineate ‖ ~ (Instr) / record ‖ ⌁ *n* **einer Übergangsfunktion** / transient recording ‖ ~ **[in Abhängigkeit von]** / plot [against] ‖ **auf Diagrammscheiben** ~ / scribe on charts

Aufzeichnung *f* / record *n* ‖ ⌁ (Instr) / recording ‖ ⌁, Diagramm *n* / chart ‖ ⌁, Linienzug *m* (Schreibinstr) / trace, continuous line ‖ ⌁, Niederschrift *f* / write-put ‖ ⌁, Notation *f* (allg, Programm) / notation ‖ ⌁ **auf Kassette** / cassette recording ‖ ⌁ **mit konstanter Amplitude** (Phono) / constant-amplitude recording ‖ ⌁ **mit konstanter Geschwindigkeit** / constant velocity recording ‖ ⌁ **mit Rückkehr nach Null** (DV) /

[polarized] return-to-zero recording ‖ **⁺ mittels Elektronenstrahl** / electronic beam recording ‖ **⁺ nach dem Kellerungsprinzip** (DV) / pushdown list
Aufzeichnungs·abstand *m* / data spacing ‖ **⁺dichte** *f* (Plattensp.) / storage density, areal recording density ‖ **⁺ende** *n* (DV) / end of medium ‖ **⁺kanal** *m* / recording channel ‖ **⁺spur** *f* (DV) / recording track ‖ **⁺träger** *m* / chart ‖ **⁺träger** *m* (Faksimile, DV) / recording medium ‖ **⁺verfahren** *n* / recording mode o. technique
aufziehbar·e Schlinge / noose
Aufziehbaum *m* (Kratze) / tension bar, winder beam
aufziehen, hochziehen (Bergb) / lift, hoist, draw up ‖ ⁓, hochziehen (Bergb) / draw up ‖ ⁓ (Uhr) / wind ‖ ⁓ (Färb) / attach, be absorbed ‖ ⁓ (auf Leinwand) / mount (on fabric) ‖ **⁺** *n* (Brau) / rousing, aerating ‖ **⁺ von Farbstoff,** Absorption *f* (Färb) / absorption ‖ **Gestricktes** ⁓ (Textil) / unravel ‖ **im Gärbottich** ⁓ / aerate, rouse in the vat
Aufzieh·fallschirm *m* / extractor parachute ‖ **⁺grad** *m* (Färb) / absorption level, absorption ratio ‖ **⁺kleber** *m* (Phot) / mountant ‖ **⁺leine** *f* (Fallschirm) / rip[ping] cord ‖ **⁺platte** *f* / stripping plate ‖ **⁺presse** *f* (Phot) / mounting press ‖ **⁺stange** *f* (Fernm) / tie rod, drawing rod ‖ **⁺vermögen** *n* (Färb) / attachment capacity of dyes ‖ **⁺vorrichtung** *f* (Uhr) / winding-up mechanism ‖ **⁺zapfen** *m* (Uhr) / winding square
auf-zu (Fenster) / open-closed
Aufzug *m*, Lift *m* / lift, elevator (US) ‖ **⁺** (Uhr) / winding device ‖ **⁺,** Aufzugrad *n* (Rollfilmkamera) / winding key ‖ **⁺ für Lasten** / building elevator (US) o. lift (GB) o. hoist ‖ **⁺ für Speisen** / food [service] lift (GB), dumb waiter (US) ‖ **⁺ mit Trommelwinde** / lift o. elevator with drum ‖ **⁺hebel** *m* (Phot) / setting lever for the shutter ‖ **⁺klappe,** Brückenklappe *f* / leaf of a bridge ‖ **⁺ -Maschinenhaus** / penthouse on a roof
Aufzugs·... / elevating ‖ **⁺bühne** *f* / elevator platform ‖ **⁺feder** *f* (Uhr) / rectangular section clock type spring, clock o. main spring ‖ **⁺führer,** Fahrstuhlführer *m* / lift o. elevator operator ‖ **⁺kabine** *f*, Fahrkorb *m* / elevator car, lift car o. cage ‖ **⁺kette** *f* (Web) / warp thread ‖ **⁺kübel,** -kasten *m* / lifting bucket ‖ **⁺maschine** *f* / windlass ‖ **⁺motor** *m* (Elektr) / lift motor, elevator motor (US) ‖ **⁺rad** *n* (Uhr) / crown wheel ‖ **⁺schacht** *m* (Bau) / elevator shaft, lift shaft, hoist shaft, well ‖ **⁺seil** *n* / lift o. elevator cable o. rope ‖ **⁺stängelchen** *n*, Waage *f* (Web) / spring shaft ‖ **⁺steuerapparat** *m*, -steuerung *f*, / elevator o. lift control [gear] ‖ **⁺ -Tauenpapier** *n*, Aufzugspapier *n* / tympan paper
Aufzugsteuerung *f* (als Ganzes) / elevator control system
Aufzugs·tür *f* (Glühofen) / lift door
Aufzug·tür *f* / landing entrance ‖ **⁺welle** *f* (Uhr) / stem of a watch, winding stem, setting stem ‖ **⁺winde** *f*, -maschine *f* / windlass
Auf-Zu-Regler *m*, Zweipunktregler *m* / on-off o. bang-bang-controller
aufzutankendes Flugzeug / receiver aircraft
Aug·abstand *m* (Masch, Gieß) / distance between centers of bosses ‖ **⁺abstand** *m* (Opt) / interocular distance, interpupillary distance ‖ **⁺bolzen** *m*, Kranöse *f* / jack ring (e.g. on heavy machinery)
Auge *n*, Ohr *n*, Öse *f* / lug, eye ‖ **⁺** (allg) / eye ‖ **⁺,** Litzenhäuschen *n*, -auge *n* (Web) / eye of the heddle, mail ‖ **⁺,** Drahtöse *f* / wire eye ‖ **⁺,** Formauge *n*, -öffnung *f* (Hütt) / orifice o. eye of the tuyere ‖ **⁺** (Gieß) / boss ‖ **⁺ -Gabel-Verbindung** *f* (Schiff) / eye and fork assembly
Augen·... / optic ‖ **⁺achse** *f* / collimation line ‖ **⁺akrobatik** *f*, -ziehen *n* (Stereo) / eye strain ‖ **⁺blick,** Moment *m*, Zeitpunkt *m* / instant ‖ **⁺blicklich,** laufend / current ‖ **⁺blicklich,** unmittelbar (o. ohne Zeitverlust) erfolgend, Augenblicks... / immediate, instantaneous, momentary ‖ **⁺blicklich,** dringend / instant *adj*

Augenblicks·... / momentary ‖ **⁺belastung** *f* / momentary o. instantaneous load ‖ **⁺frequenz** *f* / instantaneous frequency ‖ **⁺pol** *m* (Kinematik) / instantaneous center of rotation, velocity pole ‖ **⁺strom** *m* / instantaneous current ‖ **⁺wert** *m*, Momentanwert *m* / momentary o. instantaneous value ‖ **⁺wert** *m* **der akustischen Sprechleistung** / instantaneous speech power ‖ **⁺wert** *m* **der Schallintensität** / instantaneous acoustic power ‖ **⁺zünder** *m*, Momentzünder *m* / instantaneous fuse o. detonator
Augend *m* (Math) / augend
Augen·glas *n*, Augengläser *n pl*, Brille *f* / spectacles *pl*, glasses *pl* ‖ **⁺gneis** *m* (Geol) / augen-gneiss, eyed gneiss ‖ **⁺hintergrund** *m* (Opt) / eyeground, fundus of the eye ‖ **⁺höhe** *f* / eye-level ‖ **⁺lager** *n* (Masch) / eye type bearing, solid journal bearing ‖ **⁺linse** *f*, Okular *n* / eyepiece lens ‖ **⁺marmor** *m* / eye-spotted marble ‖ **⁺maß** *n* / estimation by the sight o. at random o. by the eye, judgement by the eye ‖ **nach ⁺maß arbeiten** (Verm) / bone ‖ **gutes ⁺maß haben** / have an accurate eye ‖ **⁺muschel** *f*, Okularmuschel *f* (Opt) / cup of the eye-piece ‖ **⁺optiker** *m* / eyeglass optician ‖ **⁺ort** *m* (Opt) / eye location ‖ **⁺punkt,** Gesichtspunkt *m* (Opt) / point of sight, of the eye, principal point ‖ **⁺refraktometer** *n* / binocular refractometer ‖ **⁓richtige Anordnung** (Stereobild) / L-R alignment ‖ **⁓scheinlich,** offensichtlich / obvious, evident ‖ **⁺scheinlichkeit** *f* / evidence ‖ **⁺scheinprüfung** *f* / visual inspection ‖ **⁺schirm** *m* / eyeshade ‖ **⁺schraube** *f* / eye bolt ‖ **⁺schutz** *m*, -schirm *m* / eye shield ‖ **⁺schutzfilter** *n* / eye protecting filter ‖ **⁺spezialist,** -arzt *m* / oculist, ophtalmologist ‖ **⁺spiegel** *m* / ophthalmoscope ‖ **⁺spleiß** *m* / eye splice ‖ **⁺stab** *m* (Stahlbau) / eye bar ‖ **⁺stand Z** *m* (Web) / direction of eye "Z" ‖ **⁺trägheit** *f* / retinal fatigue ‖ **⁺trägheit** *f*, Nachwirkung *f* im Auge / persistence o. permanency of vision ‖ **⁓widrige Anordnung** (Stereobild) / R-L alignment, contrary alignment
Auger·-Effekt *m* (Nukl) / Auger effect ‖ **⁺ -Elektron** *n* / Auger electron ‖ **⁺ -Elektronenspektroskopie** *f*, AES *f* / Auger electron spectroscopy, AES, AES
Augit *m* (Min) / augite, maclurite ‖ **⁺e,** Pyroxene *m pl* (Min) / pyroxene group ‖ **⁺porphyr** *m* (Geol) / augite o. black porphyry, melaphyre
"Augmented"-Proportionalnavigation *f* (Radar) / augmented proportional navigation
Augplatte *f* **mit Langloch** / oval eyeplate
A- und R-Darstellung *f* (Radar) / A and R display
Auramin *n*, Diphenylmethanfarbstoff *m* (Färb) / auramine
Aurat, Goldsalz *n* / aurate
Aureole *f*, Hof *m* (Meteorol) / aureole, aureola, halo ‖ **⁺** (Astr) / corona, aureole, aureola ‖ **⁺** (Bergb) / firedamp cap o. gaseous cloud in a safety lamp, flame cap
Aureomyzin *n* / aureomycin
Auri·..., Gold(III)-... / auric ‖ **⁺chlorid,** Gold(III)-Chlorid *n* / gold trichloride
Aurin *n* / aurin, pararosolic acid
Aurioxid *n* / auric oxide, gold trioxide
Auro..., Gold(I)-... / aurous
Auronalfarbe *f* / auronal dyestuff
aus, erloschen (Licht, Feuer) / out ‖ ⁓, hergestellt [aus] / made [of], from
"aus" (z.B. Kühlmittel) (NC) / off
"Aus", abgeschaltet (Schaltstellung) / off-position
aus - ein (Elektr) / off - on
"aus", abgeschaltet / "off"
ausarbeiten / work out ‖ ⁓, überarbeiten / complete, perfect *v* ‖ ⁓, planen / plan, map out ‖ ⁓, lösen (Math) / work out
Ausarbeitung *f* / working up ‖ **⁺,** Machart *f* / workmanship, make ‖ **⁺ im Detail,** Fertigbearbeitung *f* / elaboration
aus·ästen / prune *vt*, trim, lop, poll ‖ **⁓atmen** / expire ‖ **⁺atmen** *n* / expiration ‖ **⁺baggern** (unter Wasser),

Baggern *n* / dredging ‖ **Wurzeln ~baggern** / grub ‖ **die Fahrrinne ~baggern** / deepen the shipping channel by dredging ‖ **~baggern** *n* **naß** / deepening o. cleaning by dredging, dragging, excavation ‖ **~balancieren** / balance, equilibrate, counterbalance, compensate ‖ **~balancierter Empfänger** (Elektronik) / balanced receiver

Ausbau *m*, Vervollständigung *f* / completion ‖ ⌐, Innenausbau *m* (Bau) / interior works *pl* ‖ ⌐, Erweiterung *f* / enlargement, expansion ‖ ⌐, Vorbau *m* / fore-part of a building, projection ‖ ⌐, Demontieren *n* / disassembly, removal ‖ ⌐, Schachtausbau *m* (Bergb) / shaft lining o. walling ‖ ⌐, Verzugsholz *n* (Bergb) / lagging ‖ ⌐, Grubenausbau *m* (Bergb) / timbering and walling ‖ ⌐ **der Firste mit Holzpfeilern** / cribbing of the roof ‖ **nachgiebiger** ⌐ (Bergb) / flexible support ‖ **⌐arbeiten** *f pl*, Erweiterung *f* / extension work ‖ **⌐arbeiten** *f pl*, Fertigstellung *f* / completion, finishing works *pl*

ausbaubar, erweiterungsfähig (Anlage) / expandable ‖ ~, herausnehmbar / detachable, dismountable, removable

ausbauchen, beulen / bulge, belly ‖ ~, bombieren / emboss ‖ ~, -tiefen (Blech) / beat out ‖ **sich** ~ / belly, bulge

ausbauchend (Mauer) / battering, having a false bearing

Ausbauchung *f*, Wölbung *f* / convexity, bulge, bulging, barrelling, flare[-out], swell, protuberance ‖ ⌐ (als Defekt), Wulstung *f* (Reifen) / bulge ‖ ⌐ **für Instrumente** (Raumf) / dog-house ‖ ⌐ **zylindrischer Wände** / swelling

Ausbauchungsbetrag *m* (Kfz) / lift

ausbauen, entfernen / break up, dismantle, remove, disassemble ‖ ~, fertigstellen / complete, finish a construction ‖ ~, begradigen (Hydr) / correct ‖ ~, erweitern / enlarge ‖ ~ (Trafo) / dismantle ‖ ~ (Bergb) / support ‖ **ein Schloß** ~ / remove a lock ‖ **komplett** ~ / remove as a whole ‖ **mit Holz** ~ (Bergb) / timber, box ‖ **Walzen** ~ (Walzw) / take off

Ausbau·fähigkeit *f* **[durch Anbau weiterer Einheiten]** / unit-by-unit expansibility ‖ **⌐gestell** *n* (Bergb) / stope support ‖ **⌐leistung** *f* (Masch) / capacity when completed ‖ **⌐maß** *n* (Bau) / size when completed ‖ **⌐material** *n* (Bergb) / timbering o. lining material ‖ **⌐material** *n* (für den Schacht) / tubbing material ‖ **⌐möglichkeit** *f* / accommodation for an ultimate size o. of later extensions, possibility of later extensions ‖ **⌐möglichkeit** *f*, Demontierbarkeit *f* / demountability ‖ **⌐plan** *m* / development study, scheme for extensions ‖ **⌐rahmen** *m* (Bergb) / roof support system ‖ **⌐strecke** *f* (Straßb) / finished section ‖ **⌐zufluß** *m* (Hydr) / designed capacity

ausbeißen (Bergb) / crop out, outcrop, basset

ausbessern / repair, make a repair ‖ ~, [aus]flicken / mend, patch ‖ ~ (Hütt) / patch the furnace lining, reline

Ausbesserung *f* / repair[ing], mending ‖ ⌐ (Textil) / mending, darn[ing]

ausbesserungs·bedürftig / in need of repairs ‖ **⌐dock** *n* (Schiff) / repair[ing] dock ‖ **⌐gleise** *n pl* (Bahn) / repair sidings *pl* ‖ **⌐werkstatt** *f*, -werk *n* / repair[ing] shop ‖ **⌐werkstatt** *f* (Bahn) / main workshop

ausbeulen / flatten, planish, beat out o. remove dents o. bumps, straighten ‖ **sich** ~ / bulge *vi*

Ausbeul·hammer *m* / dinging hammer ‖ **⌐werkzeug** *n* **für Kotflügel** / dolly ‖ **⌐werkzeuge** *n pl* (Kfz) / body and fender tools

Ausbeute *f* / effect, yield ‖ ⌐, Leistung *f* / production, yield ‖ ⌐ (Opt) / efficiency ‖ ⌐ **des Nachweisgerätes für Gesamtabsorption** (Nukl) / total absorption detector efficiency ‖ **⌐erz** *n* / milling grade ore (sufficiently rich to repay cost of processing) ‖ **⌐faktor** *m* (Öl) / ultimate recovery ‖ **⌐gleichung** *f* (Phys) / gain equation ‖ **⌐kurve** *f* / yield curve

ausbeuten, [nur das Trächtige] ~ (Bergb) / exploit

Ausbeutezeche, -grube *f* (Bergb) / copious o. productive mine

Ausbeutung, Gewinnung *f* (Bergb) / winning, working, mining ‖ ⌐, Förderung *f* (Bergb) / extraction ‖ ⌐ **in Feldern** (Bergb) / panel work

ausbiegen, auswärts biegen / bend out[wards]

ausbilden, entwickeln / develop ‖ ~, durchbilden / model *v* ‖ ~, unterweisen / educate, instruct, train *vt*

Ausbilder *m* / instructor, trainer

Ausbildung *f*, Gestaltung *f*, Formgebung *f* / formation ‖ ⌐ **durch Lehrmaschine** / machine learning [in data processing] ‖ ⌐ **in einer Lehrwerkstatt** (F.Org) / vestibule training

Ausbildungs·hilfen *f pl* / aid for personnel training, training aids *pl* ‖ **⌐lehrgang** *m*, -kurs *m* / training course ‖ **⌐reaktor** *m* / training reactor ‖ **⌐seminar** *n* / seminar, workshop (US) ‖ **⌐zeit** *f*, -dauer *f* / education time ‖ **⌐zentrum** *n* / training center ‖ **⌐zentrum** *n* (für Lehrlinge) / training center for apprentices

Aus·binden *n* **des Kabelbaums** / lacing of the cable harness ‖ **⌐biß** *m* (Bergb, Geol) / basset edge, outcrop

Ausblase·hahn, Schlammhahn *m* / mud cock o. drain, purging cock ‖ **⌐mundstück** *n* / blow-out nozzle

ausblasen, entleeren / blow out o. off ‖ ~, durchblasen / blow through ‖ ~, auslöschen / blow out ‖ ~ (Hochofen), niederblasen (Hütt) / blow down o. out, stop the furnace ‖ ⌐ **von Bohrspänen [während des Bohrens]** (Wzm) / puff blowing ‖ ⌐ **von Zusatzluft** (Luftf) / jet flap method (by blower)

Ausbläser *m* (Bergb) / blow-out, blown-out shot, failed hole

Ausblase·rohr *n* (Hütt) / blow-off pipe

Ausblas·meßpipette *f* / blow-out scale pipette ‖ **⌐öffnung** *f* / exhaust opening ‖ **⌐öffnung** *f* (Web) / blower aperture ‖ **⌐pipette** *f* / blow-out pipette ‖ **⌐pistole** *f* / blow-out gun ‖ **⌐rohr** *n* (Dampfm) / blast pipe, escape pipe ‖ **⌐ventil** *n* / forcing valve, blow-off valve ‖ **⌐vollpipette** *f* (Chem) / blow-out delivery pipette

aus·bleiben, wegbleiben (Strom) / fail ‖ **⌐bleichbarer Absorber** (Holografie) / decolouring absorber ‖ **~bleichen** *vt* / bleach ‖ **~bleichen** *vi* / fade, change, bleach out ‖ **~bleichen** *n* / discolo[u]ration, discharge o. fading [of colours] ‖ **~bleichen** *n* **durch Ozon** (Textil) / o-fading ‖ **~bleichen** *n* **in Licht bestimmter Wellenlängen** (Färb) / phototropy ‖ **~bleien**, mit Blei auskleiden / line with lead ‖ **⌐blendebefehl** *m* (DV) / extract[ion] instruction, mask instruction ‖ **~blenden** (Film) / darken until lost, fade-out ‖ **~blenden** (DV) / extract, mask ‖ **~blenden** (Radar) / mask ‖ **~blenden** (Opt) / stop down ‖ **~blenden** (TV) / blank [out] ‖ **⌐blenden** *n* (Radio) / tuning-out ‖ **⌐blenden** *n* (Film) / fading out ‖ **⌐blend[im]puls** *m* (Elektronik) / strobe [pulse] ‖ **⌐blendstufe** *f* (im Einfallsfeld) (Radar) / double limiter, window ‖ **⌐blickfenster** *n* (Reflexkamera) / viewfinder window ‖ **~blühen** *vi* (Chem, Min) / effloresce ‖ **~blühen**, bäumchenartig auswachsen (Galv) / tree ‖ **~blühen**, ausschwitzen (Plast) / bloom ‖ **⌐blühen** *n* (Gerb) / blooming ‖ **⌐blühung** *f* (Schweiß) / blistering ‖ **⌐blühung** *f* (Fehler) (Email) / bloom (defect) ‖ **⌐blühung** *f* (Gummi, Leder) / bloom ‖ **~bluten** (Färb) / mark-off ‖ **⌐bluten** *n*, Ausschwitzen *n* des Öls (Schmierfett) / bleeding (grease) ‖ **⌐bluten** *n* (Farbe) / bleeding ‖ **⌐bluten** *n* **von Farbstoff** / staining of dye, marking off ‖ **~bogen**, [aus]schweifen *vt*, cut curvely, cut into a bend, scallop *vt*

Ausbohr·arbeit *f* / boring work

aus·bohren, aushöhlen / rebore *vt* ‖ **⌐bohren** *n* / rebore, reboring

Ausbohr·meißel *m* (Wzm) / reboring tool

ausbojen / buoy *v*

ausbrechen *vi* (Feuer) / break out ‖ ~ *vt*, herausbrechen / tweak out ‖ ~ *vi* (Zähne) / break off teeth ‖ ⌐ *n* (aus der Fahrtrichtung) (Kfz, Luftf) / swing ‖ ⌐ **beim Bremsen** / jack-knifing, swerving ‖ ⌐ **des Kranzes** (Konverter) /

clearing the rim ‖ ⌐ **von Teilchen aus der
Walzoberfläche** / shelling ‖ **eine Schneide** ～ / jag,
notch *vt* ‖ **einen Ofen** ～ / clear a furnace
Aus·brechspule *f* (Spinn) / break-out bobbin ‖
⌐**brechwand** *f* (Plast) / side wall with break-through
area ‖ ～**breiten** / spread, stretch, splay ‖ ～**breiten**
(Spinn) / spread out the threads ‖ ～**breiten**,
verstreichen / dilate *vt*, distend *vt* ‖ ～**breiten**, streuen /
spread *vt*, scatter *vt* ‖ ～**breiten**, ausschütten / diffuse ‖
～**breiten**, entfalten / unroll ‖ **[sich]** ～**breiten** /
disperse, dissipate, disseminate, spread ‖ **sich** ～**breiten**
(Wellen) / expand ‖ **sich [undefiniert]** ～**breitend** /
effuse ‖ ⌐**breiter** *m* (Appretur) / spreading machine
Ausbreit·leiste *f* (Textil) / scrimp rail ‖ ⌐**maschine** *f*
(Textil) / expander, spreader, stretcher ‖ ⌐**maschine** *f* /
unfolder ‖ ⌐**maßprüfung**, Konsistenzprüfung *f* (Beton) /
slump test ‖ ⌐**probe** *f* (Walzw) / flattening test
Ausbreitung *f*, Verbreitung *f* / dissemination, dispersion,
spreading ‖ ⌐, (Brand) / spreading, propagation ‖ ⌐,
Verbreiterung *f* / extension, enlargement ‖ ⌐, Diffusion
f (Phys) / diffusion ‖ ⌐, Verbreitungsgebiet *n* (Radio) /
coverage ‖ ⌐ **drahtloser Wellen** / propagation of waves
‖ ⌐ **im Raum** / propagation in space
Ausbreitungs·faktor *m*, Hyaluronidase *f* (Biol) / spreading
factor, hy[ali]dase, hyaluronidase ‖ ⌐ **-Koeffizient** *m*
(Flüssig-Fest) / spreading tension o. coefficient ‖
⌐**konstante** *f*, -faktor *m* / spreading factor ‖ ⌐**verlust**
m (Elektronik) / propagation loss ‖ ⌐**vermögen** *n* (Wärme)
/ diffusivity ‖ ⌐**widerstand** *m* (Opt) / diffusion o.
radiation resistance ‖ ⌐**widerstand** *m* (Elektr) /
resistance of the earth plate ‖ ⌐**widerstand** *m* (Halbl) /
spreading resistance
Ausbreit·walze *f* (Spinn) / rotary stretcher
Ausbrennartikel *m* (Textil) / burnt-out o. etched-out
article, cauterized article
ausbrennen *vt* / erode by heat ‖ ～ (Keram) / bake
thoroughly ‖ ～ *vi*, erlöschen / burn out, cease burning
Ausbrenn·stoff *m* (Keram) / opening material ‖ ⌐**stoff
zufügen** (Keram) / add opening material
aus·bringen / bear, yield ‖ ～**bringen** / space out,
lead ‖ ⌐**bringen** *n*, Schrottverbrauch pro t Rohstahl
(Hütt) / scrap consumption per to of crude steel ‖
⌐**bringen** *n*, Ausstoß *m* (Bergb, Masch) / output, yield,
production ‖ **eine Hochzeit** ～**bringen** (Buch) / drive out
a double ‖ ⌐**bringen** *n* / winnings *pl* ‖ ⌐**bringen** *n* **in
Gew.%** / weight percentage ‖ ⌐**bringen** *n* **von Chrom**
(Hütt) / chromium recovery ‖ ～**bröckeln** (Stahl) / crack,
fly, splinter ‖ ～**bröseln**, auszwicken (Glasschleifer) /
chisel off
Ausbruch *m* (Tunnel) / excavation ‖ ⌐ (Bergb) / open space
‖ ⌐, Teilschnitt *m* (Zeichn) / partial section ‖ ⌐, Eruption
f (Öl) / blow-out ‖ ⌐ (Feuer) / outbreak of a fire ‖ ⌐
(Vulkan) / outburst, eruption ‖ ⌐ **von Spaltgas** /
breakaway release of fission gas ‖ ⌐**querschnitt** *m*
(Bergb) / excavated cross-section ‖ ⌐**schieber** *m*,
-verhüter *m* (Öl) / blow-out preventer, BOP
aus·büchsen, -buchsen / box, line, bush ‖ ～**büchsen**
(Lager) / line bearings ‖ **sich** ～**platte**, sich ausbiegen /
batter *vi*, buckle *vi* ‖ ⌐**buchtung** *f*, Auszahnung *f*,
-zackung *f* / dents *pl* ‖ ⌐**bürsten** *n* / brushing ‖ **Apparat
zum** ⌐**bürsten der Deckel** (Spinn) / self-acting stripper ‖
～**dampfen** / evaporate *vi* ‖ ～**dämpfen** (Zuck) / steam
out
Ausdämpfer *m* (Öl) / stripping column
Aus·dämpfwasser *n* (Zuck) / steaming-out liquor,
steamings *pl* ‖ ⌐**dauer**, Haltbarkeit *f* / endurance ‖
⌐**dauer**, Stärke *f* / stamina, staying power ‖ ⌐**dauer**,
Hartnäckigkeit *f* / perseverance, persistency ‖
～**dauernd**, perennierend (Bot) / perennial ‖ ～**decken**
(Strumpf) / widen
Ausdehnbarkeit *f* (eindimensional), Dehnbarkeit *f*
(Wärme) / dilatability ‖ ⌐ (dreidimensional),
-dehnungsvermögen *n*, -dehnungsfähigkeit *f* (Phys) /

expansibility (in all directions), extensibility
(lengthwise)
ausdehnen, dehnen / stretch, distend, draw-out, lengthen
‖ ～, verlängern / prolong[ate] ‖ ～, ziehen / expand,
extend ‖ ～, erweitern / enlarge, expand ‖ **[sich]** ～,
[sich] dehnen / stretch *vi*, expand
Ausdehnung *f*, Ausmaß *n* (Größe, Breite, Weite, Höhe) /
extent ‖ ⌐, Bereich *m* / compass, reach, stretch, extent
‖ ⌐, Abmessung *f* / dimension, measure [in one length]
‖ ⌐, Aufblähung *f* (Phys) / distention, -tension,
swell[ing] ‖ ⌐, -breitung *f* (räumlich) (Phys) / expansion
‖ ⌐, -dehnen *n*, Streckung *f* / extension, lengthening ‖
⌐, Ausweitung *f*, Erweiterung *f* / extension,
enlargement
Ausdehnungs·..., ausdehnend... / expansion...,
expansive ‖ ⌐**arbeit** *f* / work done on expansion ‖ ⌐**fuge**
f / dry joint, expansion joint ‖ ⌐**gefäß** *n* (Heizung) /
expansion tank for boiler ‖ ⌐**gefäß** *n* (Trafo) / oil
conservator ‖ ⌐**hub** *m* (Mot) / firing o. expansion o.
power o. working stroke ‖ ⌐**koeffizient** *m* / coefficient
of expansion o. of dila[ta]tion ‖ ⌐**koeffizient** *m* (Gas) /
expansibility factor, expansion factor ‖ ⌐**kraft** *f* / force
of expansion ‖ ⌐**kupplung** *f* / slip joint ‖ ⌐**messer** *m*,
Extensometer *n* / extensometer ‖ ⌐**rohrverbindung** *f* /
compensating joint of pipe lines, expansion joint ‖
⌐**schülpe** *f* / expansion scab ‖ ⌐**-Schwingungsart** *f*
(Krist) / extensional mode of vibration ‖ ⌐**thermometer**
n / expansion thermometer ‖ ⌐**vermögen** *n*, -kraft *f* /
force of expansion ‖ ⌐**vermögen** *n* (von Gasen) /
fugacity of gases
Aus·diffundieren *n* / out-diffusion, post-alloy diffusion ‖
～**docken** *vt* (Schiff) / undock
ausdrehen (Wzm) / hollow out by turning, turn-out o.
hollow, bore
Aus·drehfutter *n*, Innen[spann]futter *n* (Wzm) / internal
chuck ‖ ⌐**drehhaken** *m* (Drechsler) / hollowing tool ‖
⌐**drehmeißel** *m* (Wzm) / boring tool ‖ ～**dringen**,
entweichen / escape *vi*, loose *vi* ‖ ⌐**dringen** *n*,
Entweichen *n* / escape, loosing
Ausdruck *m*, Glied *n* (DV) / element ‖ ⌐, Terminus *m*
(Math) / expression, term ‖ ⌐, Hardcopy-Ausgabe *f* (DV)
/ hard copy output, printout ‖ **zum** ⌐ **bringen** / express
‖ **zum** ⌐ **kommen** (Math) / develop *vi*
Aus·drückanschlag *m* (Plast) / ejector pad ‖
⌐**drückbolzenfeder** *f* (Plast) / return spring ‖
～**drücken**, aussprechen / express ‖ ～**drucken**,
-schreiben / print o. type out ‖ ～**drucken** *vt* (DV) / print
out ‖ ～**drucken** *vi* (Buch) / finish printing ‖ ⌐**drucken** *n*
(DV) / printout ‖ ～**drücken**, -werfen, -stoßen (Plast) /
eject ‖ ～**drücken**, -quetschen, -pressen / press out,
wring o. squeeze [out], express ‖ ⌐**drücken** *n* **von
oben**, Abstreifen *m* vom Stempel (Plast) / top ejection ‖
⌐**drücken** *n* **von unten** (Plast) / bottom ejection ‖
⌐**drücker-Verbindungsstange** *f* (Plast) / ejection tie bar
Ausdruckfähigkeit, Druckbreite *f* (DV) / print-span
Ausdrück·kolben *m* (Plast) / ejection ram
ausdrücklich *adj*, fest / positive
Ausdrück·maschine *f* **für Koks** / pusher machine ‖
⌐**platte** *f* (Plast) / ejection plate ‖ ⌐**rahmen** *m*,
Ausheberrahmen *m* (Plast) / ejector frame ‖ ⌐**schraube** *f*
/ setbolt ‖ ⌐**seite** *f* (Koks) / machine side, pusher side,
ram side ‖ ⌐**stange** *f* (Hütt) / pushing ram, ram bar o.
rack ‖ ⌐**stange** *f* (Hütt) / pushing ram ‖ ⌐**traverse** *f*
(Plast) / ejection connecting bar ‖ ⌐**tube** *f* **für Paste** /
paste tube, spreader tube
Aus·drusch *n* (das Ergebnis) / yield of threshing ‖
⌐**dünnmaschine** *f* (Landw) / thinner ‖ ⌐**dünnung** *f* /
thinning ‖ ～**dünsten** / exhale ‖ ⌐**dünstung** *f*,
Exhalation *f*, Brodem *m* / exhalation, vapour
auseinander, in Teile zerlegt / apart, asunder, separate[d]
‖ ～**drehen**, aufdrehen / untwist *vi*, unravel, untwine ‖
⌐**driften** *n* **des Meeresbodens** / seafloor spreading ‖
～**fallen** / collapse, fall asunder ‖ ～**falten**, -breiten /
unfold, stretch, spread ‖ ⌐**fliegen** *n* / blasting ‖ ～**gehen**,

-laufen / diverge *vi*, spread *vi* out in opposite directions ‖ ~**gehen**, zerfallen / break, come asunder o. apart ‖ ~**gehen**, sich trennen / part, separate ‖ ⌐**gehen** *n*, Divergenz *f* / divergence, divergency ‖ ~**gehen lassen** / diverge ‖ ~**gehend** / divergent ‖ ~**gezogener Perspektivschnitt** / exploded view ‖ ~**gezogener Perspektivschnitt**, Darstellung *f* in aufgelösten Einzelteilen / disassembled view ‖ ~**nehmen**, unterscheiden / distinguish ‖ ~**nehmbare Kette** / detachable chain ‖ ~**nehmen**, zerlegen / break up, dismantle, dismount, take apart o. asunder, undo ‖ ~**reiben** / spread by rubbing ‖ ~**reißen**, aufreißen *vt vi* / rift ‖ ~**rücken**, Abstände vergrößern / thin ‖ ~**schrauben** / unscrew ‖ ⌐**strebend**, divergierend / disparate ‖ ~**wickeln**, entwirren / disentangle ‖ ~**ziehen**, längen / extend
auserlesen, sorgfältig ausgewählt / choice
aus·ethern (Ausleger) / shake out with ether ‖ ~**fachen** (Tischl) / shelve ‖ ~**fächern**, sich verzweigen (DV) / fan out ‖ ⌐**fachungsstab** *m* (Stahlbau) / bar, member, strut member ‖ ⌐**fädelung** *f* des Verkehrs / separating the traffic stream ‖ ⌐**fahrarm** *m*, Teleskoparm *m* (Roboter) / extension arm
ausfahrbar / run-out… ‖ ~ (Schalter) / carriage- o. truck-type, horizontal draw-out… ‖ ~ (DV) / telescoping, self-erecting ‖ ~**er Herd** (Hütt) / mobile hearth, car-bottom hearth, car type furnace bottom ‖ ⌐**e Hilfsstütze** (Autokran) / stabilizer, outrigger ‖ ⌐**er Solarzellenträger** *m* (Raumf) / roll-out solar array, ROSA
ausfahren (Ausleger) / telescope ‖ ~, herausziehen (Einschub) (Elektronik) / draw out the rack ‖ ~, zerfurchen (Straßb) / rut ‖ ~ *vi* (Bergb) / ascend, ride outbye, get up, leave the mine ‖ ~ (z.B. Kolbenstange) / extend, be extended ‖ **das Fahrgestell** ~ (Luftf) / extend the landing gear ‖ **den Durchlaß einer Brücke** ~ / open the passage
Ausfahr·gerät *n* (Schiff) / retractable instrument ‖ ⌐**gruppe** *f* (Bahn) / set of departure sidings ‖ ⌐**höhe** *f* **des Stromabnehmers** / reach of a pantograph ‖ ⌐**schacht** *m* (Bergb) / ascending shaft ‖ ⌐**signal** *n* (Bahn) / exit signal
Ausfahrt *f* (Bahn) / departure ‖ ~ (Autobahn) / exit road ‖ ~ (Bergb) / ascent of miners ‖ ~ **freihalten!** / keep clear!
Ausfahrwagen *m* (Walzw) / travel-out carriage
Ausfall *m*, Ergebnis *n* / outcome, result ‖ ~ / failure, breakdown, interruption, outage (US) ‖ ~, Defekt *m*, Panne *f* / check, defect ‖ ~, Stillstand *m* (DV) / outage ‖ ~, Mangel *m*, Fehlen *n* / lack, want ‖ ~… (Zuck) / drain… ‖ ~ **im geöffneten Zustand** (Öl, Ventil) / fail-open action ‖ ~ **im geschlossenen Zustand** (Öl, Ventil) / fail close action ‖ ~ **infolge Blitzschlag** (Fernm) / lightning fault ‖ ⌐**art** *f* / failure mode ‖ ⌐ **-Autobahn** *f* / motorway circuit, orbital motorway, by-pass motor road ‖ ⌐**dauer** *f* / outage time ‖ ⌐**dichte** *f* (Elektronik) / mortality
ausfallen (gut/schlecht) (Ergebnis) / result *vi*, turn out, prove ‖ ~, herausfallen / fall out ‖ ~, versagen, defekt werden / fail, break down ‖ ~, nicht stattfinden / not to take place
ausfällen, fällen / precipitate
ausfallend (z.B. Lichtstrahl), -tretend / emergent
Ausfall·folge *f*, Auswirkung *f* eines Fehlers / failure effect ‖ ⌐**gliederung** *f* **nach Schwere der Auswirkung** / classification of failures by effects ‖ ⌐**haftung** *f* / contingent liability ‖ ⌐**häufigkeit** *f* / failure frequency ‖ ⌐**häufigkeitsdichte** *f* / failure density ‖ ⌐**häufigkeitsverteilung** *f* / failure frequency distribution ‖ ⌐**kosten** *pl* (PERT) / outage losses *pl* ‖ ⌐**kriterien** *n pl* / failure criteria *pl* ‖ ⌐**muster** *n*, -probe *f* / outfall sample, outturn sample ‖ ⌐**muster** *n* (Pap) / outturn [sheet] ‖ ⌐**quote** *f*, -rate *f* / failure quota ‖ ⌐**rate** *f* (Halbl) / force of mortality ‖ ⌐ **-Risikoanalyse** *f* / fault hazard analysis ‖ ⌐**rutsche** *f* (Walzw) / billet chute ‖

~**sicher** / fail operational, fail-safe ‖ ⌐**straße** *f* / arterial road ‖ ⌐**summenhäufigkeit** *f*, Ausfallsatz *m* / cumulative failure frequency ‖ ⌐**summenverteilung** *f* (Qual.Kontr) / cumulative failure distribution ‖ ⌐**ursache** *f* / failure cause ‖ ⌐**vorhersage** *f* (DV) / prediction of failure ‖ ⌐**wahrscheinlichkeit** *f* / failure probability ‖ **bedingte o. temporäre** ⌐**wahrscheinlichkeit** / conditional failure probability ‖ ⌐**winkel** *m* (Opt) / angle of reflection ‖ ⌐**zeit** *f* (DV) / downtime, fault time, outage (US) ‖ ⌐**zeit** *f* (Fahrzeug) (Bahn) / period of immobilization ‖ ⌐**zeit** *f*, Totzeit *f* (F.Org) / nonproductive time ‖ ⌐**zeit** *f* (DV) / loss time ‖ ⌐**zeitpunkt** *m* / moment of breakdown o. failure, instant of failure
aus·faltbares System (Raumf) / fold-out array ‖ ~**färben** (Färb) / finish dyeing ‖ ~**fasern** *vt* [*vi*] (Textil) / fray, unravel ‖ ~**fasern** *vi* / ravel out, unravel, fray ‖ ~**fassen vom Lager** / pick from stock ‖ ⌐**faßliste** *f* (Lager) / pick list ‖ ⌐**faulbehälter** *m* / putrefaction basin ‖ ~**faulen lassen** / putrefy *vt* ‖ ⌐**federung** *f* (Kfz) / rebound [travel] ‖ ⌐**federungsweg** *m* / rebound clearance o. travel, static wheel deflection ‖ ⌐**feilen** / deepen by filing ‖ **in zweifacher** ⌐**fertigung** / in duplicate ‖ ~**feuern lassen** (Schleifsch) / spark out ‖ ~**filtern** / extract by filtering, filter out ‖ ⌐**filterung** *f* / extraction by filter ‖ ⌐**filterungskondensator** *m* (Elektronik) / band eliminating capacitor ‖ ⌐**flecken** *n* (Repro) / spotting ‖ ⌐**fleischmesser** *n* (Gerb) / paring knife ‖ ~**flicken**, -bessern / patch up, mend ‖ ~**flicken**, zusammenflicken / piece up ‖ ⌐**flicken** *n*, Ausfüttern *n* (Bau) / patching up, padding ‖ ~**fließend**, ausströmend (Phys) / effluent ‖ ~**flocken** / separate as a flocculent precipitation, flocculate, coagulate ‖ ⌐**flockung** *f* / coagulation, flocculation ‖ ~**fluchten** (Verm) / sight out ‖ ~**fluchten von Rädern** / alignment o. alinement of wheels ‖ ⌐**flug**, Spaziergang *m* (Raumf) / excursion, spacewalk ‖ ⌐**flug** *m* **im Weltraum** / space travel ‖ ⌐**flugschneise** *f* (Luftf) / departure corridor o. lane
Ausfluß *m*, Entleerung *f* / flowing out, outflow ‖ ~ (Phys) / discharge, outflow ‖ ~, Ablauf *m* (Hydr) / outflow ‖ ~ (Rohr) / spout ‖ ~ (Radioaktivität) / effluent *n* ‖ ⌐**blende** *f*, -stauscheibe *f* / discharge [measuring] orifice, discharge diaphragm plate ‖ ⌐**düse** *f* / delivery nozzle ‖ ⌐**gefäß** *n* (Metrologie) / flow meter ‖ ⌐**geschwindigkeit** *f* **des Stoffstrahls** (Pap) / spouting velocity ‖ ⌐**kanal** *m* / discharge canal, exhaust way o. canal ‖ ⌐**koeffizient** *m* / coefficient of expenditure o. of effluxion ‖ ⌐**menge** *f* / delivery, discharge, escape, [rate of] flow ‖ ⌐**monitor** *m* / effluent monitor, effluent activity meter ‖ ⌐**öffnung** *f*, Ausfluß *m* / orifice, outlet ‖ ⌐**rohr** *n*, Effuser *m* (Luftf) / effuser ‖ ⌐**röhre** *f*, -rohr *n* / spout, jet pipe ‖ ⌐**seite** *f* **der Pumpe** / delivery side of the pump ‖ ⌐**ventil** *n* / delivery valve ‖ ⌐**winkel** *m* **von staubförmigem Gut** / angle of repose ‖ ⌐**zeit** *f* (Teerprüf) / flow time
aus·fördern, fördern, gewinnen, abbauen (Bergb) / extract ‖ ⌐**formanlage** *f* (Butter) (Landw) / shaping machine ‖ ⌐**formen** *n* (Gieß) / drawing of the pattern ‖ ⌐**formfinger** *m* (Gieß) / mould release trigger
Ausforming (Verformung durch Walzen vor dem Übergang aus metastabilem austenit. in martensitischen Bereich) (Hütt) / ausforming
Aus·fransen *n* (Opt) / bleeding ‖ ~**fräsen** (Buch) / rout ‖ ⌐**fräsung** *f*, ausgefräster Rand (Schloss, Tischl) / countersinking ‖ ~**frieren** / freeze out ‖ ~**frieren den Boden** ~**frieren** (Landw) / loosen by frost ‖ ⌐**friertasche** *f*, Kühlfalle *f* (Vakuum) / liquid air trap ‖ ⌐**fugekelle** *f* (Maur) / jointing spoon ‖ ~**fugen** (Maurer) / fill-in o. fill-up o. point o. rejoint the commissures, joint the joints, spaul the joints ‖ **[wieder]** ~**fugen** / rejoint, repoint ‖ ⌐**fugen mit hohlen Lagerfugen** (Bau) / struck-joint pointing, weathered pointing ‖ ⌐**fugmasse** *f* / pointing compound ‖ **flache, gerade, ebene** ⌐**fugung** / flat joint

pointing ‖ **⁃führbalken,** Austrittsbalken *m* (Walzw) / delivery beam
ausführbar, machbar / executable, realizable, feasible, practicable
Ausführbarkeit *f* / feasibility, practicability
ausführen / execute, realize, fulfill, carry out o. into effect ‖ ~, durchführen / accomplish, carry out, perform ‖ ~, anlegen, bauen (Bau) / lay on o. down
ausführlich *adj adv,* umfassend / extensive
Ausführmeißel, -hund *m* (Walzw) / delivery guide
Ausführung *f* / execution, carrying-out, performance ‖ ⁃, Gestaltung *f* / construction, style, design ‖ ⁃, Bauart *f* (Herkunftsangabe) / make, workmanship ‖ ⁃, Typ *m,* Modell *n* / type, model ‖ ⁃, Oberfläche *f* / finish ‖ ⁃**en** [über] *f pl* / exposition [of] ‖ ⁃ **I, II usw** / mark I, II, etc ‖ ⁃ *f* **grob,** (bisher:) roh (U'scheibe) / coarse finish ‖ ⁃ **mittel,** (bisher:) blank (U'scheibe) / medium finish ‖ ⁃ **von Einzel- o. Kundenaufträgen** / job work ‖ **beste** ⁃ / highest quality finish ‖ **übliche** ⁃, Normal-Ausführung *f* / normal o. standard design o. execution o. type
Ausführungs·analyse *f* / execution analysis ‖ ⁃**art** *f* / style of execution ‖ ⁃**arten** *f pl* / types *pl* ‖ ⁃**befehl** *m* (DV) / executive instruction ‖ ⁃**bestimmungen** *f pl* / implementing regulations *pl* ‖ ⁃**genauigkeit** *f* / accuracy of construction ‖ ⁃**phase** *f* / execute o. execution phase ‖ ⁃**planung** *f* (Netzplan) / planning of execution ‖ ⁃**qualität** *f* / quality of performance ‖ ⁃**walze** *f* (Strangguß) / pinch roll ‖ ⁃**zeichnung** *f* / detailed drawing ‖ ⁃**zeit** *f* / execution time
Ausführzylinder *m* (Buch) / delivery cylinder
ausfüllen (Formular) / complete (form), fill in (GB), fill out (US) ‖ ~ (Straßb) / embank, fill [up] ‖ ~, ausschmieren / fill up ‖ ~ (mit Leisten u. dergl.) (Bau) / fur ‖ ~ (Buch) / prick in [with type], come in ‖ ~, zuschütten (Bau) / fill up ‖ ~ *n* von Fehlstellen (Gieß) / surfacing, refilling, depositing ‖ ⁃ **von Tanks mit Stickstoff** / nitrogen purging of tanks ‖ **Fragebogen** ~ / fill in questionaries ‖ **Fugen** ~ / fill-in o. -up commissures, point o. rejoint commisures ‖ ~ **mit Kies oder Steinen** ~ (Straßb) / bottom *vt,* lay the metal foundation (US) ‖ **mit Kies oder Steinen** ~ (Straßb) / lay the metal foundation (US) ‖ **mit Substanz** ~ / body out
Aus·füllung *f,* Ausfüllen *n* / filling up o. in ‖ ⁃**füllung** *f* **mit losen Steinen** (Maurer) / enrockment ‖ ⁃**füllungsfäden** *m pl* (Textil) / stuffer threads *pl* ‖ ~**funken** (z.B. abgebrochene Bohrer) / extract by sparking ‖ ⁃**funken** *n* (Schleifm.) / spark-out
ausfüttern / pad ‖ ~, -kleiden (Bohrloch) / line ‖ ~, -kleiden / coat, line, lay out ‖ ~ (Hydr) / clay the bed ‖ ~ (Ofen) / line *vt,* fettle
Aus·fütterung *f* (Bau) / casing, lining ‖ ⁃**fütterung** *f,* dünner geköperter Futterstoff, Futter *n* (Textil) / lining
Ausgabe *f* (DV) / output ‖ ⁃ (Buch) / edition, issue ‖ ⁃, Geldausgabe *f* / expenditure ‖ **auf Datenträger,** Hardcopy *f* (DV) / hard copy ‖ ⁃ **ohne Anfrage** (DV) / non-ask type ‖ ⁃**aufbereitung** *f* (DV) / editing ‖ ⁃**band** *n* (DV) / output tape ‖ ⁃**befehl** *m* (DV) / output instruction ‖ ⁃**datei** *f* (DV) / output file ‖ ⁃**daten** *pl* / output data, output ‖ ⁃**drucker** *m* (DV) / output printer ‖ ⁃**einheit** *f* (DV) / output unit ‖ ⁃**feinheit** *f* (NC) / output sensitivity, smallest output increment ‖ ⁃**gerät** *n,* Spender *m* / dispenser ‖ ⁃**gerät** *n* (DV, Elektronik) / output device ‖ ⁃**geschwindigkeit** *f* / output speed ‖ ~**limitiert** (DV) / output-limited, output-bound ‖ ⁃**lochstreifenstanzer** *m* (DV) / output perforator ‖ ⁃**nachsatz** *m* (DV) / output trailer label ‖ ⁃**nummer** *f,* Ausnummer *f* (Strecken der Baumw) / count of delivered sliver, count on delivery side ‖ ⁃**pilz** *m,* Gepäckkarussel *n* (Luftf) / luggage carrousel ‖ ⁃**programm** *n* (DV) / output program ‖ ⁃**schreibmaschine** *f* (DV) / output typewriter ‖ ⁃**speicher** *m* (DV) / transmit buffer ‖ ⁃**stauraum** *m* / let-out area ‖ ⁃ **-Steuerkarte** *f* (LoKa) / output option

card ‖ ⁃**verteiler** *m* (Prozeßrechn) / output multiplexer ‖ ⁃**vorsatz** *m* (DV) / output header label ‖ ⁃**wahl-** und **-listsperre** *f* (DV) / output select and ready interlock ‖ ⁃ **-Warteschlange** *f* (DV) / output work queue ‖ **⁃werk** *n* (DV) / output unit o. device ‖ ⁃**wickel** *m* (Textil) / finisher lap ‖ ⁃**zone** *f* (DV) / output area
Ausgang *m* / exit, way out ‖ ⁃, Gate *n* (Luftf) / gate ‖ ⁃, Öffnung *f* / orifice, opening ‖ ⁃, Ergebnis *n* / issue ‖ ⁃ (Elektr) / low tension side ‖ ⁃ (Buch) / break line ‖ ⁃ **kurzgeschlossen** (Halbl) / output shorted ‖ **auf den** ⁃ **bezogen** (Elektronik) / RTO, rto, referred to output ‖ **einen schlechten** ⁃ **haben** (Buch) / be badly registered
Ausgangs·… / original, primitive ‖ ⁃**…** (Spinn) / delivery… ‖ ⁃**…** (DV, TV, Elektronik) / output… ‖ ⁃**admittanz** *f* / output admittance ‖ ⁃**amt** *n* (Fernm) / originating exchange ‖ ⁃**anpassung** *f* (DV) / output matching ‖ ⁃**anschluß** *m* (DV) / output terminal ‖ ⁃**atom** *n* / parent atom ‖ ⁃**belastbarkeit** *f* (DV) / output loading capability ‖ ⁃**belastbarkeit** *f* (Verstärker) / output capability ‖ ⁃**belastung,** -fächerung *f,* -verzweigung *f* (Elektronik, DV) / fan-out ‖ ⁃**beton** *m,* Nullbeton *m* / base concrete ‖ ⁃**buchse** *f* (Elektronik) / exit hub ‖ ⁃**buchse** *f,* Impulsbuchse *f* / OUT hub ‖ ⁃**code** *m* (DV) / output code ‖ ⁃**dicke** *f* / initial thickness ‖ ⁃**draht** *m* (Drahtziehen) / starting round ‖ ⁃**ebene,** Grund-Ebene *f* (Zeichn) / datum level o. plane ‖ ⁃**einheit** *f* (Spinn) / count on delivery side ‖ ⁃**faktor** *m* (DV) / fan-out [factor] ‖ ⁃**fläche** *f* (für Bearbeitung) / working face ‖ ⁃**form** *f,* Grundform *f* / fundamental o. basic shape o. form, elementary o. simple o. primitive form ‖ ⁃**form** *f,* Rohling *m* (Gesenkschm) / slug ‖ ⁃**freigabe** *f* (DV) / output enable ‖ ⁃**freigabe** *f* **Eingang** (DV) / output enable input ‖ ⁃**gestein** *n,* Muttergestein *n* / parent material ‖ ⁃**größe** *f* (Regeln) / output quantity, output [signal] ‖ ⁃**härte** *f* / original hardness ‖ ⁃**holozellulose** *f* (Pap) / initial holocellulose ‖ ⁃**immittanz** *f* / output immittance ‖ ⁃**impedanz** *f* / output impedance ‖ ⁃**kante** *f* (für Bearbeitung) / working edge ‖ ⁃**kapazität** *f* (Elektronik) / output capacitance ‖ ⁃**kennlinie** *f* / output characteristics ‖ ⁃**kolumne** *f* (Buch) / end of a break ‖ ⁃**konfiguration** *f* (Elektronik) / output configuration, output pattern ‖ ⁃**kreis,** Verbraucherstromkreis *m* (DV) / load circuit ‖ ⁃**lage** *f* (Instr) / home position ‖ ⁃**land** *n* (Fernm) / outgoing country ‖ ⁃**leistung** *f* (Elektronik) / output ‖ ⁃ **-Leistungsmesser** *m* / output meter ‖ ⁃**material** *n* (eines Bodens), -stoff *m* (Landw) / base o. basic material ‖ ⁃**material** *n* (Chem) / starting material ‖ ⁃**material** *n* (Nukl) / source material ‖ ⁃**material** *n* (Öl) / feedstock ‖ ⁃**menge** *f* **der Veraschung** / mass of material to be ashed or dried ‖ ⁃**molekül** *n,* -materie *f* (Kettenreaktion) / initiator ‖ ⁃**monitor** *m,* -kontrollgerät *n* (Elektronik, TV) / output monitor ‖ ⁃**nuklid** *n* / parent nuclide ‖ ⁃**oberwalze** *f* (Spinn) / top delivery roller ‖ ⁃**öffnung** *f* (Ziehstein) / exit cone ‖ ⁃**palette** *f* (Ankerhemmung) / exit o. discharging pallet ‖ ⁃**pegel** *m* (Elektronik) / output level ‖ ⁃**pfahl** *m* (Verm) / main station peg, datum peg ‖ ⁃**punkt** *m* / starting point, point of origin o. start ‖ ⁃**punkt** *m,* Basis *f* (Math) / base, ground line ‖ ⁃**punkt** *n,* Abgangspunkt *m* / point of departure, initial point ‖ ⁃**punkt** *m* (Verm) / fixed datum o. point o. station, datum mark o. point ‖ ⁃**punkt,** Festpunkt *m* (Verm) / point of reference ‖ ⁃**punkt** *m,* -stelle *f* [z.B. für einen Bruch] / starting point ‖ ⁃**resonator** *m* (Elektronik) / catcher, output resonator of velocity modulated valves ‖ ⁃**signal** *n* (DV) / output signal ‖ ⁃**signal** *n* **Eins** / one-output [signal] ‖ ⁃**signal** *n* **Null** / nought o. zero output [signal] ‖ ⁃**spannung** *f* (Elektronik) / output voltage o. potential ‖ ⁃**sprache** *f* (DV) / source language ‖ ⁃**sprache** *f,* Quellsprache *f* (Übersetzen) / starting language, source language ‖ ⁃**station** *f* (Fernm) / outgoing station ‖ ⁃**stelle** *f* (Info) / out-connector ‖ ⁃**stellung** *f* / starting position, original o. initial position ‖ ⁃**stellung** *f,* Normalstellung *f* / normal

85

position ‖ **⁓stellung, -lage** f (Instr) / home position ‖
⁓stoff m s. Ausgangsmaterial ‖ **⁓strahl** m (Nukl) / ejected
beam ‖ **⁓strom** m (DV) / fan-out current ‖ **⁓stromkreis**
m / output circuit ‖ **⁓übertrager** m,
Mikrophonübertrager m (Fernm) / output transformer ‖
⁓übertrager m **für den Lautsprecher** / speaker output
transformer ‖ **⁓unterwalze** f (Spinn) / bottom delivery
roller ‖ **⁓verbindung** f (Fernm) / originating connection,
outgoing call ‖ **⁓verstärker, Leistungsverstärker** m
(Elektronik) / pack amplifier ‖ **⁓walze** f (Spinn) /
withdrawal roller, front o. delivery roller ‖
⁓warteschlange f (DV) / output work queue ‖ **⁓wert** m
/ initial value ‖ **⁓zustand** m / initial state ‖ **⁓zustand,**
Grundzustand m / ground level state

Aus·gasen, Gasen n (Hütt) / gas evolution ‖ **⁓gasung** f **von**
Gips / exhalation of gypsum ‖ **⁓geben** vt (z.B. Daten)
(DV) / output vt ‖ **⁓geber** m (Regeln) / output unit ‖
⁓gebeult / bulged ‖ **⁓gebildete Strömung** / steady
[state] flow ‖ **⁓geblasenes Zink** / blown zinc

ausgeblendete Signale n pl / gated signals pl

ausgebrannt (Nukl) / depleted ‖ **⁓er Brennstoff** (Nukl) /
spent fuel, irradiated fuel, nuclear ash ‖ **⁓e Stufe**
(Raumf) / spent stage

ausgebreitet, entfaltet / deployed

ausgedehnt / extended, extensive ‖ ⁓, geräumig / ample ‖
⁓, weit / broad, wide ‖ ⁓, umfassend / comprehending,
comprehensive ‖ **⁓e Fläche,** weiter Raum / expanse,
sheet ‖ **nicht sehr** ⁓ / measurable

ausgedruckt·e Fehlermeldung (DV) / console error
typeout ‖ **⁓er Speicherinhalt** (DV) / dump ‖ **⁓er Text**
(DV) / printout

ausgefahren, -gekurbelt / reeled-out ‖ ⁓, ausgestreckt /
outspread, unfolded, (esp:) reeled-out ‖ ⁓ (mit
Spurrinnen) (Straßb) / rutty ‖ **⁓e Stellung** / extended
position ‖ **auf Länge** ⁓ / reeled-out fully, stretched o.
unfolded fully

ausgefallen, ungewöhnlich / unusual, not accustomed ‖ **⁓e**
Größe / odd size ‖ **⁓e Größen** (z.B. bei Schuhen) f pl /
end sizes pl

ausgefällt (Chem) / thrown down

ausgefault (Schlamm) / digested, ripe

ausgeflocktes Sol (Chem) / coagulated sol, flocculated sol

ausgefranst, eingerissen / lacerated

ausgeführtes Maß (Bau) / work size

ausgegangen (Schriftgarnitur) (Buch) / out of sorts

ausgegart, -gekocht (Stahl) / overrefined

ausgegeben·e Menge (Lager) / quantity issued o.
withdrawn ‖ **⁓e Meßwerte** m pl / readout of measured
values

ausgeglichen / uniform, well balanced ‖ ⁓, entlastet /
balanced ‖ ⁓, kompensiert / compensated ‖ **⁓es**
Seitenruder (Luftf) / balanced rudder

Ausgeglichenheit f / balance, equilibrium

ausgeglüht·er Formsand / burnt sand ‖ **⁓e Kohle** (Geol) /
cinder coal, natural coke

ausgegossen (Elektr) / compound-filled

ausgehen, -streichen (Bergb) / outcrop, crop out, basset ‖
⁓ [von] / originate, issue ‖ ⁓ (Farbe) / loose colour,
bleed ‖ ⁓ (Vorrat) / run short, come to an end ‖
⁓ **lassen** (Hütt) / blow out, blow down ‖ **mit der Seite** ⁓
(Buch) / make up the page, finish square

ausgehend (z.B. von einem Punkt) / starting (e.g. from a
point) ‖ **⁓e Leitung** (Elektr) / leading-out wire, outgoing
circuit ‖ **⁓er Schnitt** (TV) / outgoing splice

Ausgehendes n, Ausbip m (Bergb, Geol) / basset, outcrop
‖ ⁓, Mundloch m (Bergb) / [adit] end

ausgehobenes Fach (Web) / formed shed

ausgekleidet·er Auslauf (Hütt) / dabbed spout ‖ **⁓er**
Schieber / lined valve ‖ **mit Lehm** ⁓ (Hütt) / clay
dabbed

ausgeklügelt / ingenious, clever, well-contrived

ausgekragt·er Fußweg (Brückb) / salient sideway (GB) o.
sidewalk (US)

ausgekuppelt fahren (Kfz) / overrun

ausgekurbelt (Antenne) / paid-out, reeled out

ausgelassener Stich (Näh) / skipped stitch

ausgelastet, voll ⁓ / running to capacity

ausgelaufen, abgenutzt / attrited, worn [out], spent ‖ ⁓
(Lager) / burnt-out ‖ **⁓er Block** (Hütt) / bled ingot ‖ **⁓es**
Metall (Gieß) / runout ‖ **⁓er Tintenstrich** (Pap) /
feathering ‖ **nicht [voll]** ⁓ (Hütt) / short-run

ausgelaugt (Erzaufbereitung) / barren ‖ ⁓ (Nukl) / leached ‖
⁓er Boden / bleached soil

Ausgelaugtes n, ausgelaugte Diffusionsschnitzel n pl
(Zuck) / pulp

ausgelegt·es Maß, Flächenmaß n (Holz) / surface measure
(contr.dist.: board measure) ‖ **⁓es o. harzgetränktes**
Verstärkungsmaterial (Plast) / lay-up

ausgelesen, sortiert / sorted

ausgeleuchtete [Gleis]meldetafel (Bahn) / illuminated
diagram o. track diagram

ausgemauert (Hütt) / brick lined ‖ **⁓es Fachwerk** (Bau) /
nogged bay work, nogging

ausgenutzt·e Tonnenkilometer m pl (Luftf) / revenue
tonne kilometres, RTK pl ‖ **⁓e Tonnenmeilen** f pl
(Luftf) / load ton miles, LTM pl

ausgeprägt, charakteristisch / distinctive, characteristic ‖
⁓, deutlich / marked ‖ **⁓er Pol,** Schenkelpol m (Elektr) /
salient pole

ausgepreßt·e Rübenschnitzel pl / pressed pulp ‖ **nicht**
voll ⁓ (Plast, Fehler) / short

ausgeprüft (DV) / checked-out

ausgereifte Konstruktion / perfected type

ausgerissen, davongelaufen (Meßwert) / runaway ‖ ⁓
(Gewinde) / stripped

ausgerückt (Kupplung) / out-of-gear o. action o. operation

ausgerundet, hohl (Fuge) / keyed ‖ **⁓es Kaliber** (Walze) /
curved groove ‖ **⁓er Zahnfuß** (Getriebe) / full fillet
radius

ausgerüstet [mit] / provided o. equipped [with]

ausgesalzene Natronkernseife (Textil) / salted-out hard
curd soap

ausgeschaltet (ohne Belastung) (Elektr) / off-load ‖ ⁓,
"aus" (Elektr) / switched off, off, open

ausgeschlagen, -gehämmert / beaten ‖ ⁓, abgenutzt /
worn out ‖ **⁓e Teile** / worn out parts

Ausgeschrämtes n, Schram m (Bergb) / cutting slit, kerfing
slit

Ausgesiebtes n / siftings pl

ausgesondert / separated ‖ **⁓e Räume** m pl (Schiff) /
exempted spaces pl

ausgespart (im Material) / recessed

ausgestanztes Stück / blank

ausgestattet [mit] / provided [with], equipped [with]

ausgesteifte Platte (Bau) / stiffened panel

ausgesteuert (Elektronik) / swung, driven ‖ ⁓ (Verstärker) /
limited

ausgestrahlte Energie / antenna radiation

ausgesucht / picked, choice, select ‖ **⁓er Arbeiter** /
picked man

ausgetrocknet (z.B. durch Grundwasserabsenkung)
(Boden) / dried up

ausgewählt, Sonder... / select

ausgewaschen, ausgelaugt (Boden) / lixiviated

ausgewechselter Balken, Stichbalken m / trimmed joist

ausgeweitet, -gedehnt / expanded

ausgewogen / properly proportioned ‖ **⁓e Mischung** /
blending

Ausgewogenheit f / balance

ausgewuchtet·e Kurbel / counterbalanced crank,
balanced crank ‖ **⁓er Rotor** / balanced rotor

ausgezogen (Linie) / full, unbroken

Ausgiebigkeit f (Anstrichfläche aus einer bestimmten
Farbmenge) / obscuration, spreading capacity o. power,
spread, holdout (US)

ausgießen / effuse vt, pour out ‖ ⁓ n (Kabelendverschluß) /
plugging, compound filling ‖ ⁓ (Flüssigkeit) / pouring out
‖ **Lager** ⁓ / line bearings, metal bearings ‖ **mit Blei** ⁓ /

lead vt ‖ [mit Material] ~ (Masch) / run in ‖ mit Weißmetall ~ (Lager) / babbitt ‖ mit Zement ~ / grout [in] with cement

Ausgieß·verschluß m (Dose) / pouring spout seal o. spout closure

aus·gipsen / grout vt, plaster ‖ ~gitterung f (Hütt) / checker work

Ausgleich m, Ausgleichung f / compensation, offset ‖ ~ (durch gegenseitiges Unwirksammachen) / neutralization, neutralizing ‖ ~, Abgleich m (Funk) / alignment, alinement ‖ ~, Abgleich m, Abgleichung f (Thermoelement) / calibration, rating ‖ ~ der Trapezverzerrung durch entsprechendes Raster / keystoning ‖ ~ des Echorückstrahlverlustes (Radar) / echo return loss enhancement, ERLE ‖ ~ im Verteilergetriebe (Kfz) / transfer case differential ‖ ~aggregat n, -satz m / compensation set ‖ ~antenne f / balancing antenna ‖ ~becken n (Hydr) / equalizing basin ‖ ~behälter m / equalizing reservoir ‖ ~behälter m (Kfz) / compensator reservoir ‖ ~brückenschaltung f (Elektr) / balanced bridge transition ‖ ~düse f (Kfz) / air correction jet, compensation o. compensator jet ‖ ~düse f / air correction jet

Ausgleichen n / levelling out ‖ ~, kompensieren / compensate ‖ ~, im Gleichgewicht halten / equipoise, balance, equalize, counterbalance ‖ ~, egalisieren / level, even ‖ ~ (z.B. Boden), nivellieren / level, planish ‖ ~, ausmitteln / take the average o. a medium ‖ ~ (Bau) / level out vt, mend ‖ ~ m der Pulverkorngröße (Pulv.Met) / blending ‖ durch Beilagen ~ / shim ‖ Kräfte ~ / balance forces, equilibrate ‖ Unebenheiten ~ / level up, even out

ausgleichend, kompensierend / compensating ‖ ~, abgleichend / evening adj ‖ ~er Erdschluß (Elektr) / ground counterpoise ‖ ~e Kraft, Ausgleichskraft f / equilibrant of forces

Ausgleicher m, Kompensator m / compensator ‖ ~, Ausgleicheinrichtung, -maschine f / equalizer ‖ ~ (Papiermaschine) / jobber ‖ ~ (Kran) a. Ausgleichgehänge

Ausgleich·estrich m / levelling course o. layer ‖ ~feder f / compensating spring ‖ ~feile f / equalling file ‖ ~feuchte f (Holz) / moisture content equilibrium ‖ ~gefäß n, Niveaugefäß n (Chem) / equalizing vessel ‖ ~gehänge n (Kran) / self-balancing suspension tackle ‖ ~gehäuse n (Kfz) / differential [gear] case, axle drive casing ‖ ~getriebe n (allg) / differential motion o. mechanism o. gear, differential ‖ ~getriebe n (Masch) / differential [gear], equalizing gear ‖ ~getriebe n (Textil) / jack-in-the-box ‖ ~gewicht n, Dämpfungsgewicht n / damper weight ‖ ~gewicht n, Gegengewicht n / balance o. balancing o. counterbalance weight, counterweight, counterpoise ‖ ~gewicht n (Reifen) / balance patch o. dough (US) ‖ ~glied n der Getriebekette (Mot) / hunting link ‖ ~grad m (Regeln) / self-regulation rate ‖ ~grube f (Walzw) / soaking pit ‖ ~hebel m / compensating lever ‖ ~herd m (Hütt) / soaking hearth o. chamber ‖ ~holz n (Bau) / skid ‖ ~impuls m (TV) / equalizing pulse ‖ ~kamm m (Spinn) / evener comb ‖ ~kegelrad n (nicht: kleines Differentialkegelrad) (Ausgleichgetr, Kfz) / drive pinion, differential bevel pinion ‖ ~kolben m (Dampfturb) / balance o. dummy piston ‖ ~kolben m, Entlastungskolben m / relieving piston ‖ ~kondensator m (Kabel) / building-out capacitor ‖ ~kreis m / balancing circuit, corrector circuit ‖ ~krümmer, -balg m (Rohr) / expansion bend ‖ ~kupplung f (Masch) / compensating coupling ‖ ~ladung f (Akku) / equalizing charge ‖ ~leitung f (Elektr) / compensating line, interconnector, interconnecting feeder ‖ ~leitung f (Thermoelement) / compensating circuit ‖ ~leitung f s. auch Ausgleichverbindung ‖ ~maschine f (Elektr) / d.c.-balancer ‖ ~maschinensatz m (Elektr) / balancer ‖ ~rohrverbindung f, Ausdehnungsrohrverbindung f / compensating joint of pipe lines, expansion joint ‖

~rohrverbindung f, Ausdehnungsrohrverbindung f / expansion joint ‖ ~ruder n, Balanceruder n (Luftf) / balance tab

Ausgleichs·... s. auch Ausgleich... ‖ ~bunker m / surge bin o. tank, catch bin, surge hopper

Ausgleich·schaltung f (Regeln) / compensating circuit o. network ‖ ~schaltung f, Fehlerschutz m (Fernm) / differential protecting system o. protection ‖ ~schicht, Daraufschicht f (Maurer) / even bed of mortar ‖ ~schicht, Ausgleich m, Gleichschicht f (Bau) / level course ‖ ~schicht f (Straßb) / levelling layer ‖ ~schicht f aus Beton / level[l]ing layer of concrete ‖ ~schiene, Differenzschiene f (Bahn) / make-up rail, closure rail ‖ ~seil n, Unterseil n (Bergb) / balance rope

Ausgleichs·entwickler m (Phot) / retarding developer ‖ ~herd, Schweißherd m (Hütt) / soaking hearth o. chamber, holding chamber o. hearth ‖ ~impuls m / equalizer pulse ‖ ~kapazität f (zum Ausgleich der Gitter-Anodenkapazität) (Elektronik) / balancing o. neutrodyne o. neutrodyning o. neutralizing capacitance ‖ ~kissen n (Roboter) / interface cushion ‖ ~korngröße f (Bergb) / effective separating size ‖ ~kreis m (Elektronik) / corrector circuit ‖ ~kurve f / compensating curve, fitted curve ‖ ~luft f (Vergaser, Kfz) / compensating airstream ‖ ~netz n (Elektr) / correcting network ‖ ~netzwerk n (Fernm) / compensating circuit o. network

Ausgleich·speiser m (Elektr) / equalizing feeder ‖ ~sperre f (Differential) / differential lock

Ausgleichs·platte f (Opt) / compensation plate

Ausgleichspule f (Elektr) / bucking o. backing coil, equalizing coil

Ausgleichs·riet n (Web) / spacing reed ‖ ~schleife f (Magn.Bd) / tape loop ‖ ~stromkreis m (TV) / compensation circuit

Ausgleich·stern m (Differential) / differential spider ‖ ~stirnrad n / differential spur gear ‖ ~stopfbuchse f / compensation packing box, expansion stuffing box

Ausgleichs·trichter m / surge bin o. tank

Ausgleich·strom m (Elektr) / compensating current, equalizing current ‖ ~strom m [bei Schwingungen] (Elektr) / transient [current] ‖ ~stück n / level[l]ing piece ‖ ~stufe f (Bau) / connecting stairs pl

Ausgleichs·wichte f (Bergb) / effective separating density ‖ ~zahl f, -faktor m, Stoßfaktor m (Mech) / shock coefficient

Ausgleich·tank m / capacity tank ‖ ~tiefofen m / soaking pit ‖ ~transformator m / hybrid transformer o. coil, balancing transformer

Ausgleichung f / compensation

Ausgleich·verbindung f (Elektr) / equalizer connection ‖ ~verbindung f s. auch Ausgleichleitung ‖ ~vorgang m (Elektr, Fernm, Funk) / transient effect o. phenomenon ‖ ~welle f / balancer [shaft] ‖ ~welle f, Differentialwelle f / differential gear shaft ‖ ~wicklung f (Elektr) / compensating winding, equalizing winding

ausgleiten / slip, slide

ausglühen / bake thoroughly, glow out ‖ ~ vt (Stahl) / anneal [for relieving stresses] ‖ ~ (Chem) / calcine ‖ ~ vi / burn out ‖ ~ n (Stahl) / annealing ‖ ~ (über A_3) / full annealing ‖ ~ und Schlichtwalzen (Walzw) / annealing and second laminating of the slabs ‖ [gehärtete Teile durch unvorsichtiges Schleifen] ~ / draw the temper when grinding

Ausguß m, Ausgußöffnung f / outlet, discharge ‖ ~ (Gefäß) / spout, snout, nozzle ‖ ~ (Bau) / sink, gutter, basin ‖ ~becken n / sink basin ‖ ~masse f / box o. filling compound o. composition ‖ ~pfanne f (Hütt) / nozzle type ladle ‖ ~rinne f (Ofen) / spout ‖ ~rohr n, -röhre f / delivery pipe, waste pipe ‖ ~stellung f (Gieß) / discharging position ‖ ~stopfen m / sink stopper ‖ ~ventil n (Schiff) / discharge valve

aus·haken / hook out o. off, unhook ‖ das Flugzeug ~hallen / run the airplane out of the shed

aushalten, ausdauern / persist, persevere, continue steadily ‖ ~, ertragen / tolerate, bear, endure ‖ ~, bestehen / stand, withstand, last ‖ ~, widerstehen / withstand, resist

aus·hämmern / batter even, hammer out ‖ **~hämmern** (Hohlgefäße) / beat out, widen by hammering ‖ **~hängbar** / demountable ‖ **~hängebogen** m (Buch) / proof sheet o. copy, show o. specimen [sheet], clean sheet ‖ **~hängen** (Tür) / take off its hinges, unhinge ‖ **~hangfahrplan** m / timetable poster o. sheet ‖ **~härtbar**, -härtend (Plast) / thermosetting ‖ **~härtbar durch Alterung** (Leichtmetall) / age-hardenable, heat treatable

aushärten, ausscheidungshärten (Leichtmetall) / precipitation-harden, harden by dispersion o. precipitation ‖ **~** (Plast) / cure ‖ **~** n (Plast) / curing ‖ **~** (Duralumin) / secondary hardening, structural hardening, hardening by precipitation ‖ **~ durch elektrischen Strom[stoß]** (Plast) / shock curing ‖ **bei erhöhter Temperatur ~ lassen** (Leichtmetall) / age artificially, temper-harden ‖ **bei normaler Temperatur ~** (Leichtmetall) / age-harden ‖ **in Wärme ~de Kunstharze** n pl, Duroplaste m pl / thermosetting plastics pl ‖ **[thermoplastisches] Kunstharz ~** / plasticize, plastify

Aushärtung f (Duralumin) / spontaneous increase in hardness

Aushärtungs·behandlung f (Stahl) / aged-and-welded treatment ‖ **~zeit** f (Elastomere) / cure time

aus·hauen, nibbeln (Wzm) / nibble ‖ **~hauer**, Aushiebmeißel m / punch

Aushau·maschine f (Blech) / stamping machine, blanking machine ‖ **~messer** n / nibbling blade ‖ **~schere** f, Nibbelmaschine f / nibbling machine, nibbler ‖ **~stempel** m (Folgeschnitt) / spanking punch ‖ **~ - und Lochmaschine** f / combined nibbling and punching machine ‖ **~werkzeug** n (für nichtmetallische Werkstoffe) / hollow punch

Aushebemaschine f / stripping machine

Ausheben n des Modells (Gieß) / lifting of the pattern ‖ **aus der Form [maschinell] ~** (Gieß) / eject, knock out ‖ **den Boden ~** (Bau) / break ground, cut the ground

Aus·hebeplatte f (Gieß) / lifting plate of a pattern ‖ **~heber**, Schiebeelevator m (Wolle) / lifter, lifting fork ‖ **~heberrahmen** m (Textil) / nipper frame ‖ **~hebeschräge** f, Formschräge f / draft of the mould ‖ **~hebeschraube** f (des Modells) (Gieß) / draw screw ‖ **~hebewalze** f (Karde) / fancy roller ‖ **~heizbar** (Vakuum) / bakeable ‖ **~heizen mittels Gasflamme** (Vakuum) / torch with a gas burner ‖ **~hieb** m schlechter Hölzer / improvement felling, cull ‖ **~hilfs…** / auxiliary, provisional, back-up…, temporary

Aushilfs·…, Not… / emergency ‖ **~arbeit** f / temporary work, odd job ‖ **~kupplung** f (Bahn) / emergency coupling

aus·höhlen, hohl machen / hollow, deepen ‖ **~höhlen** (Hydr) / wash out, cave in ‖ **~höhlung** f / hollow, recess ‖ **~höhlung** f (z.B. von Steinen) / cavity (e.g. of stones) ‖ **~hub** m, Baugrube f / ditch for the foundation, excavation ‖ **~hub** m, gebaggertes Material / excavated earth o. material ‖ **~hub** m eines Kanals / excavation of a canal ‖ **~hubquerschnitt** m / excavation cross section ‖ **~karde** f / finishing card, finisher ‖ **~kehlen** n / grooving, channeling ‖ **~kehlung** f (Masch) / recess, channel ‖ **~kehlung** f (Tischl) / concave o. hollow moulding ‖ **~keilen** vi (Bergb, Geol) / thin out, pinch ‖ **~kernen**, enthülsen / shell, husk, shuck (US) ‖ **~kernmaschine** f (Steinobst) / stoning appliance ‖ **~kippen**, ausschütten / dump ‖ **kritische ~kippgeschwindigkeit** (Luftf) / divergence speed ‖ **~kitten**, verstopfen (Email) / plug ‖ **~klammern** (Math) / factor out ‖ **~klappbar**, herausklappbar / swinging out ‖ **~klappbar**, aufklappbar / tiltable, folding up o. down ‖ **~klappbarer Halter** (Opt) / swing-out holder ‖ **~klappen** (Opt) / swing out vt ‖ **~kleiden** / face, line,

lay out ‖ **mit Bohlen o. Brettern ~kleiden** (Bau) / line, board, plank, timber ‖ **~kleidung** f (allg) / lining ‖ **~kleidung** f des Himmels (Kfz) / head lining ‖ **~klingen**, verhallen (Schall) / die

ausklinken (Stanz) / cope, notch ‖ **~** (Buchstaben) (Buch) / mortise (on the side), pierce (in the middle) ‖ **~** (Segelflugzeug) / release ‖ **die Sperrung ~** / release the lock pin, unlatch

Aus·klinkmaschine f (Masch) / notching o. coping machine, coper ‖ **~klinkmechanismus** m, -klinkvorrichtung f / releasing gear, trip gear[ing], tripping gear ‖ **~klinkung** f, Einschnitt m / notch, jog ‖ **~klinkvorrichtung** f (f. Einschnitte), -klinkwerkzeug n (Stanz) / notching tool o. die ‖ **~klinkvorrichtung** f (um außer Eingriff zu bringen) / unlatching device ‖ **~klinkvorrichtung** f der selbsttätigen Kupplung (Bahn) / release device of the automatic coupling ‖ **~klopfanlage** f für Säcke / sack beating o. dusting installation ‖ **die Form ~klopfen** (Gieß) / maul a flask ‖ **~klopfen**, Schlagen n (Textil) / batting ‖ **die Beulen ~klopfen** / hammer out o. punch out o. take out the dents ‖ **~knicken** / collapse, buckle (US) ‖ **~knicken** n / collapsing, buckling (US) ‖ **~knicken** n (Kurve) / bow, change of direction ‖ **~kochen** / boil [off o. out] ‖ **~kochen** (Chem) / decoct ‖ **~kochen**, durch Kochen extrahieren (Chem) / extract by boiling ‖ **~kochen**, auslaugen (Holz) / lixiviate, macerate ‖ **~kochen** (Gefäße) / scald ‖ **~kochen** vi, ausbrennen vi (Schuß, Bergb) / squeal, blow-out ‖ **Seide ~kochen o. -sieden** / ungum silk, scour, boil ‖ **~kohlung** f (Hütt) / total decarburization ‖ **~kolken** (Hydr) / undermine, underwash, erode ‖ **~kolkung** f (am Drehmeißel) (Wzm) / crater ‖ **~kolkung** f, Unterspülung f (Hydr) / erosion, scouring, underwashing, deepening ‖ **~kolkung** f, Kolkbildung f (Drehmeißel) / formation of craters ‖ **~koppelmodulation** f / decoupling modulation ‖ **~koppeln** (Laser) / decouple ‖ **~koppelraum** m (Elektronik) / catcher space ‖ **~koppelspalt**, -koppelraum m (Elektronik) / gap ‖ **~koppelspiegel** m, -platte f (Laser) / output mirror, semi-reflecting mirror ‖ **~kopplung** f (Elektr) / uncoupling, decoupling ‖ **~körnen** (Textil) / gin, clean cotton ‖ **~kragen** [aus o. Über), ausladen / project [from o. above o. over], be salient, protrude, overhang, corbel outwards ‖ **~kragend** / projecting, salient, protruding, overhanging ‖ **~kragung** f, Ausladung f (Bau) / projection, projecture, bearing-out, overhang ‖ **~kratzen** / scratch out ‖ **~kreuzen** n (Schw) / chipping ‖ **~kreuzung** f des Formkastens (Gieß) / cross ‖ **~kreuzungskasten** m (Elektr) / crossbonding o. link box ‖ **~kristallisation**, Verwitterung f (Chem, Min) / efflorescence ‖ **~kristallisation** f an der Gefäßwand bei Verdunstung (Chem) / creep ‖ **~kristallisieren** vi / crystallize out vi ‖ **~kristallisieren** (Chem, Min) / effloresce ‖ **~kristallisieren** (Zuck) / crystallize out, candy, sugar ‖ **~kristallisieren** n (Keram, Fehler) / sulphuring, sulphurization ‖ **[wieder] ~kristallisieren** / recrystallize ‖ **~kristallisieren lassen** / let crystallize ‖ **~kühlen** n (Radioaktivität) / cooling ‖ **~kühlen** n von Stählen zur Gefügeveränderung / refrigerating of steels

Auskunft f (allg) / information ‖ **~** (Bahn) / inquiries pl, enquiries pl ‖ **~**, Auskunftsstelle f, -platz, -tisch m (Fernm) / information board o. desk, inquiry position

Auskunfts·beamter m / inquiry clerk ‖ **~bearbeitung** f (DV) / inquiry processing ‖ **~system** n (DV) / inquiry system

aus·kuppeln (Kupplung) / throw off, disengage the clutch, declutch ‖ **~kuppeln** (Kfz) / throw out of gear ‖ **~kuppelstelle** f (Seilb) / uncoupling point ‖ **~ladebrücke** f, -rampe f, -plattform f / discharging platform o. ramp

ausladen / discharge, unload ‖ **~**, löschen (Schiff) / land vt, unload ‖ **~** n / discharge, unloading

ausladend / projecting, salient, protruding, overhanging ‖ ~, Ausladungs… (Wzm) / throat-type, throated
Auslader m / discharger
Ausladung f (Bau) s. Auskragung ‖ ~ (Schraubstock) / jaw capacity ‖ ~ (Böschung) / projection of a talus ‖ ~ (Wzm) / throat, overhang, sally ‖ ~ (Kran) / length of jib ‖ ~ (einer Radialbohrmaschine o. eines Drehkrans) / working radius o. range ‖ ~ **aus der Senkrechten** / overhanging
Ausladungs·…, C-Form… (Wzm) / gap type ‖ ~**blechschere** f / open-gap [plate] shear ‖ ~**gestell**, C-Gestell n (Wzm) / gap frame ‖ ~**presse** f (Stanz) / gap press
Auslage, Vitrine f / show case o. cage o. box ‖ ~ (Buch) / delivery ‖ ~**fenster** n, Schaufenster n / show window, shopwindow
auslagern (z.B. Betriebe) / dislocate ‖ ~ (Alu) / age ‖ ~, aushärten (Stahl) / age ‖ ~ (Stahl) / ag[e]ing at ambient temperature
Auslagetrommel f (Buch) / delivery cylinder
ausländisch, importiert / imported ‖ ~e Arbeitskräfte f pl / foreign workers pl ‖ ~es Holz / foreign wood
Auslands·-Direktwahl f / international direct dialling, IDD ‖ ~**gespräch** n (Fernm) / international call, long-distance call o. connection o. conversation o. communication (GB) ‖ ~**gespräch** n **über 1 Grenze** / direct call ‖ ~**vermittlungsstelle** f (AuslVst) (Fernm) / international call exchange ‖ **führende** ~**vermittlungsstelle** (Fernm) / controlling exchange
Auslaß m, Auslaßöffnung f / exhaust, outlet, outflow ‖ ~ (Hydr) / outlet ‖ ~ (Wasserarmatur) / exhaust nipple ‖ ~**deckung** f (Dampfm) / exhaust lap, inside lap ‖ ~**emission** f (Kfz) / outlet emission
auslassen, ablassen, hinauslassen / let flow ‖ ~, weglassen / omit, leave out ‖ ~, überspringen / skip
Auslaß·hub, Auspuffhub m / exhaust stroke ‖ ~**nocken** m (Mot) / exhaust cam ‖ ~**öffnung** f (Katalysator) / rear opening ‖ ~**querschnitt** m / outlet section ‖ ~**rohr** n / discharge pipe, outlet o. outflow o. eduction pipe ‖ ~**schieber** m / outlet slide, outlet valve ‖ ~**schleuse** f (Bunker) / seal of a hopper, feeder ‖ ~**schleuse** f **mit Klappen** (Bunker) / flap type seal ‖ ~**schleuse** f **mit Schiebern** (Bunker) / gate type seal ‖ ~**schleuse** f **rotierend** / rotary seal o. feeder ‖ ~**schlitz** m / outlet gap ‖ ~**schütz** n (Hydr) / outlet gate ‖ ~**temperatur** f, Enddrucktemperatur f (Kompressor) / descharge temperature (compressor)
Auslassung f / skip, omission ‖ ~, Leiche f (Buch) / omission, out
Auslassungs·punkte m pl (Buch) / suspension points, break ‖ ~**zeichen** n (Buch) / mark of elision, caret
Auslaß·-Vaterteil n (Wasserarmatur) / threaded nipple ‖ ~**ventil** n / eduction o. discharge valve ‖ ~**ventil** n (Vakuum) / discharge valve ‖ ~**ventil** n, -schieber m, Abgasventil n / exhaust valve ‖ ~**ventil** n (Hütt) / escape valve ‖ ~**ventilverschraubung** f (Kfz) / exhaust valve cap ‖ ~**voreilung** f (Dampfm) / inside lead ‖ ~**zeichen** n (DV) / ignore o. error character
auslasten / charge to capacity
Auslastung f, Einschaltdauer f / duty ‖ ~ / burden, charge, load ‖ ~, Ausnutzungsgrad m (DV) / work-load ‖ **volle** ~ **eines Zuges** / heavy composition of a train
Auslastungs·grad m / rate of utilization ‖ ~**grad** m (Luftf) / overall o. all-up o. weight load factor, revenue ton mile load factor ‖ ~**grad** m (Kraftwerk) / average load percentage ‖ ~**grad** m, relative Einschaltdauer, ED / duty cycle [factor] ‖ ~**grad** m (F.Org) / overall performance
Auslauf m, Ausmündung f / flowing-out hole ‖ ~ (Gewinde) / runout of thread ‖ ~ (Luftf) / landing run ‖ ~, Ausmündung f (einer Rinne) / gutter piece o. mouth o. spout ‖ ~, Trichter m / throat, funnel ‖ ~ (Hütt) / down spout ‖ ~, -rollen n (Bahn) / coasting, drifting ‖ **im** ~**[en]** (Geschwindigkeit) / coasting ‖ ~ **einer Böschung** (Bau) /

footing, patten o. projection o. sally o. sole of a talus ‖ ~**bahn** f (Elektronik) / expansion orbit ‖ ~**becher** m, -viskosimeter n (Farbe) / flow cup ‖ ~**doppelventil** n, Flügelhahn m (Sanitär) / supatap
auslaufen (Flüssigkeit) / drain off, bleed ‖ ~ [lassen] (DV) / run out ‖ ~, ausfließen, lecken (Flüssigkeiten) / lose, leak ‖ ~, sich ergießen / flow, overflow ‖ ~, ausrollen (Kfz, Bahn) / coast vi ‖ ~ **der Kugelspur** / runout of raceway ‖ ~ **lassen**, schrittweise aus dem Programm nehmen (F.Org) / phase-out ‖ ~ **lassen** (Kette) / let go, slip v ‖ **[antriebslos]** ~ / drift ‖ **horizontal** ~ (Kurve) / taper off horizontally ‖ **[sich]** ~, weiter werden / widen by wear
auslaufend (Fertigung) / phasing out
Auslaufende n **der Stromschiene** (Bahn) / trailing ramp of conductor rail
Ausläufer m (Bergb) / branch o. leader of a lode ‖ ~, Sporn m (Geogr) / spur
Auslauf·feld n (Textil) / delivery end ‖ ~**geschwindigkeit** f (Kfz, Bahn, Schiff) / drifting speed ‖ ~**hahn** m / drain cock ‖ ~**länge** f (Pupinkabel) / end section ‖ ~**öffnung** f / discharge o. discharging hole o. mouth, issue ‖ ~**pipette** f (Chem) / [calibrated] delivery pipette ‖ ~**reibung** f (Phono) / coasting friction ‖ ~**rille** f (Phono) / lead-out o. run-out groove ‖ ~**rohr** n / outlet tube o. pipe ‖ ~**rohr** n (senkrecht) / downpipe o. -spout ‖ ~**rollgang** m (Walzw) / run-out [roller table] ‖ ~**rutsche**, -schurre f / discharge chute ‖ ~**schieber** m / outlet gate ‖ ~**seite** f (Walzw) / outgoing side ‖ ~**stein** m (Drehrohrofen) (Hütt) / nose-ring block ‖ ~**trichter** m / discharge o. discharging hopper ‖ ~**ventil** n (Sanitär) / draw-off tap (GB), fancet (US) ‖ ~**versuch** m (elektr.Masch) / retardation test ‖ ~**zeit** f (Masch) / slowing-down time to full stop ‖ ~**zeit** f (Flüssigkeit) / runout time ‖ ~**zeit** f (Turbine) / run-down time
Auslaugbeständigkeit f (Nukl) / leach resistance
auslaugen / lixiviate, leach [out] ‖ ~, -ziehen / extract ‖ ~, digerieren (Chem) / digest ‖ ~, mazerieren (Chem) / macerate ‖ ~, naß aufbereiten (Bergb, Aufbereitg) / wash ‖ ~ n **von Gestein** / dissolving of rocks
Aus·laugmethode f (Zellenmetall) / leaching process ‖ ~**laugung** f (Nukl) / leaching ‖ ~**laugungsrückstände** m pl (des Zechsteins) (Nukl) / residue of leached zechstein ‖ ~**leeren** (Formkästen) (Gieß) / shake out, knock out ‖ **Absitzgruben** ~**leeren** / empty cesspits ‖ ~**leerung** f / evacuation, exhaustion
Auslege·…, Wand-zu-Wand… / wall-to-wall ‖ ~**apparat** m (Buch) / feeder
auslegen [für] / design [for] ‖ ~ (Patent) / place open ‖ ~, ausstellen / display ‖ ~ (Bogen) (Buch) / deliver (sheets) ‖ ~ (Beobachtung) / explain ‖ ~, Anordnung f / lay out o. down ‖ **ein Tau o. Seil o. Kabel** ~ / pay out a cable ‖ **eine Boje** ~ / place a buoy ‖ **mit Fliesen** ~ / lay flags, pave with flags ‖ **mit Papier** ~ / line with paper ‖ **verschieden** ~ / realize in several designs
Ausleger m, Auslegerarm m (Masch) / extension arm, bracket ‖ ~ (Bagger) / boom ‖ ~ **des Schaufelradbaggers** / boom of a bucket wheel excavator ‖ ~**[arm]**, -balken m (Hebezeug) / outrigger, jib [boom], gibbet, cantilever arm, beam ‖ ~**arm** m **einer Straßenleuchte** / bracket projection of a lighting column ‖ ~**band** n / boom conveyor ‖ ~**brücke** f / cantilever bridge ‖ ~**brücke mit lasttragenden Obergurten** / cantilever deck bridge o. deck ‖ ~**brücke mit lasttragenden Untergurten** / cantilever through bridge o. through ‖ ~**feder** f (Kfz) / cantilever spring ‖ ~**-Fußgelenk** n (Löffelbagger) / foot pins pl ‖ ~**gerüst** n / suspended o. flying scaffold, needle scaffold ‖ ~**gerüst** n (Bau) / needle scaffold, bracket scaffold ‖ ~**-Hebewerk** n (Bagger) / boom elevator ‖ ~**isolator** m / bracket insulator ‖ ~**[lauf]katze** f / gib trolley ‖ ~**kran** m / cantilever o. jib crane ‖ ~**kran** m, Derrick m / derrick ‖ ~**länge** f / jib length ‖ ~**mast** m (Fahrleitung) / bracket pole ‖ ~**rückhaltekabel** n (Raumf) / reefing line ‖ ~**spitze** f (Kran) / jib head, point of the jib ‖

~steuerung f (Satellit) / reaction boom control ‖ ~stütze f (Kran) / jack leg ‖ ~werkzeug n (Stanz) / horn die
Auslege·schrift f (Patent) / document laid open to public inspection ‖ ~tisch m (Buch) / delivery table ‖ ~tuchcode m (Luftf) / panel code ‖ ~ware f (Teppichboden) (Bau) / wall-to-wall carpeting ‖ ~ware f, Textilbelag m (Bau) / fitted carpet[ing]
Auslegung f, Entwurf m / concept, design, layout ‖ ~, Dimensionierung f / dimensioning ‖ ~, Grundriß m (Bau) / layout ‖ ~ der Linie, Trassieren n (Bahn, Seilbahn) / location of the line
auslegungs·bedingt / as designed ‖ ~fehler m / concept error ‖ ~geschwindigkeit f (Straßb) / design speed ‖ ~störfall m (Nukl) / design-basis accident ‖ ~ -Wärmebelastung f / design heat load
Aus·lenkstrahl m (Nukl) / ejected beam ‖ ~lenkung, -wanderung f / excursion ‖ radiale, [vertikale] ~lenkung des Kath. Strahls / radial excursion of cathode ray ‖ ~lernen / finish apprenticeship o. time ‖ ~lesegeschwindigkeit f (aus dem Speicher) (DV) / reading speed, reading rate ‖ ~lesen, sortieren / separate, sort ‖ ~lesen, -suchen / single ‖ ~lesen (von innerem zu äußerem Speicher) / fetch out ‖ ~lesen, klauben (Bergb) / cull ‖ ~lesen n (aus dem Speicher) (DV) / read-out ‖ ~lesepaarung f (Masch) / selective assembly ‖ ~leseprozeß m / process of selection ‖ ~lese- und Sortiermaschine f / selecting and sifting machine ‖ ~leuchtbare Gleistafel (Bahn) / visual control panel, illuminated diagram ‖ ~leuchten vt / light, illuminate ‖ ~leuchtlampe f / inspection lamp ‖ ~leuchtungsgrad m / illumination level ‖ ~leuchtungs-Wirkungsgrad m / illumination efficiency ‖ ~lichten, lichten (Forstw) / thin vt ‖ ~liefern, liefern / deliver ‖ ~lieferungslager n / distributor ‖ ~lieger, Vorberg m (Geol) / outlier, klippe (pl: klippen) ‖ ~litern (allg) / gage the capacity by liters ‖ ~löschbar / effaceable, erasable ‖ ~löschen, löschen (allg) / extinguish ‖ ~löschen, vernichten / obliterate ‖ ~löschen, löschen (DV) / efface, delete ‖ ~löschknopf m / erase button
Auslöse·bereich, Geiger-Müller-Bereich m (Nukl) / Geiger region o. plateau ‖ ~druck m, Ansprechdruck m / pick-up pressure, triggering pressure ‖ ~haken m s. Auslösungsschere ‖ ~hebel m / engaging and disengaging lever, coupling o. release lever ‖ ~hebel m (Fernm) / detent lever ‖ ~impuls m (Radar, Elektronik) / trigger pulse, pilot pulse ‖ ~kabel n (Phot) / flexible o. cable release o. trigger ‖ ~klinke f / trip latch ‖ ~knagge f, -daumen m / releasing cam, release catch ‖ ~knopf m (Mech) / release button ‖ ~knopf m (Phot) / shutter release [button] ‖ ~leitung f (Fernm) / release wire ‖ ~magnet m / release o. releasing magnet
auslösen, anstoßen, starten, einleiten (DV) / trigger vt ‖ ~, freigeben / release, disengage
Auslöse·nocken m / releasing cam ‖ ~quittungszeichen n (Fernm) / release guard signal
Auslöser m (Masch, Phot) / release, tripping device ‖ ~, Verschlußauslöser m (Phot) / shutter release ‖ ~, Unterbrecher m (Elektr) / circuit breaker
Auslöse·relais n / release relay ‖ ~schalter m / release switch ‖ ~schalter m für Fernsteuerung (Elektr) / trip switch, mechanically operated switch ‖ ~schwelle f / minimum triggering level ‖ ~sperre f eines Crimpwerkzeuges (Elektr) / full cycle crimp mechanism ‖ ~spule f (Schalter, Relais) / trip coil ‖ ~stift m / detent pin ‖ ~strom m / release current ‖ ~strom m (Schalter) / breaking current ‖ ~stromkreis m (Elektr) / trip circuit ‖ ~synchronimpuls m (Radar) / tripping pulse ‖ ~taste f / release button o. key ‖ ~vorrichtung f / disengaging o. releasing device ‖ ~vorrichtung f (zum Auslösen eines Vorgangs) / trip, tripping device ‖ ~zähler m (Nukl) / pulse ionization chamber ‖ ~zeichen n (Fernm) / clear forward signal, disconnect signal ‖ ~zeit f (Elektronik) / time of liberation

Auslösung f (Fernm, Masch) / disengaging [mechanism], release ‖ ~, Entschädigung f / living allowance ‖ ~ des Triebwerks (Raumf) / firing
Auslösungs·feder, Goldfeder f (Uhr) / passing spring ‖ ~hebel m (Uhr) / lifting piece ‖ ~schere f, Auslöse-, Scherenhaken m / tongs o. pincers of a pile-engine, detaching hook ‖ ~widerstand m (Uhr) / unlocking resistance
aus·löten (Elektronik) / unsolder ‖ ~lüften / aerate, air ‖ ~lüften n, Auslüftung f / aeration, airing, ventilation
ausmachbar, schwer ~, schwer erkennbar (Radar) / by stealth
aus·machen vt, bedingen / condition, make conditional ‖ ~machen, darstellen / constitute ‖ ~machen, ernten (Kartoffeln) / lift, dig o. take up ‖ ~machen vi, betragen / amount [to] ‖ ~machhechel f (Hanf) / finishing o. fine heckle, switch [heckle] ‖ ~mahlen (Mühle) / comminute ‖ ~mahlgrad m (Mühle) / comminution rate ‖ ~mahlmehl n / third flour ‖ ~mahlprodukt n / attrition product ‖ ~mahlstuhl m (Mühle) / second reduction rolls pl ‖ ~mahlung f, Vermahlen n / comminution
Ausmaß, Maß n / dimension, measure [in one length] ‖ ~, η Ausdehnung f (Größe, Breite, Weite, Höhe) / extent ‖ ~, Umfang m / scope, scale ‖ geringe ~e n pl / little [floor]space required
aus·mauern (Fachwerk) / brick, nog the bay-work ‖ ~mauern (Bau, Bergb, Tunnel) / wall, face with a wall, line with masonry ‖ ~mauerung, Futtermauer f, Ofenfutter n (Hütt) / lining, bricking up ‖ ~mauerung f (Ofen) / brick lining ‖ ~meißeln / work out with the chisel ‖ ~mergeln (Erdreich) / impoverish, exhaust ‖ Fehler ~merzen / smooth away, eradicate, weed out ‖ ~meßbar, meßbar / measurable ‖ ~messen / measure ‖ ~messen (Gefäß) / gauge, gage (US) ‖ mit dem Meterstab ~messen / measure by the meter ‖ Land ~messen / survey v ‖ den Rauminhalt ~messen / determine the capacity ‖ ~messung f (allg) / measurement, mensuration ‖ ~messung f, Messen n (Gefäß) / ga[u]ging ‖ ~misten (Landw) / muck ‖ ~mitteln, mitteln / take the mean, take the average ‖ ~mitteln, vergleichmäßigen (Werte) / even out values ‖ ~mulden n (Gieß) / hollowing ‖ ~multiplizieren / multiply out ‖ ~mündung f (Rohr) / discharge o. discharging hole o. mouth, issue, exit ‖ ~mündung f (Hydr) / disemboguement, mouth of a river ‖ ~mündung f, Auslauf m (einer Rinne) / gutter piece o. mouth o. spout ‖ ~mündungsstück n (Kanalisation) / scouring outlet with grate ‖ ~münzen, ausprägen / mint, coin ‖ ~mustern (Bahn) / scrap, place out of service ‖ ~nadeln n (Textil) / unpinning
Ausnahme f / exception ‖ eine ~ [von etwas] bilden / be an exception [of s. th.]
ausnehmen, Werkstoff entfernen, an einer Stelle dünner machen (Wzm) / relieve ‖ ~, ausweiden / gut
Ausnehmung f (Masch) / recess
aus·noppen (Textil) / burl, nop ‖ ~nummer f (Baumwolle) / count of delivery side ‖ ~nutzen / utilize, exploit ‖ ~nutzen, erschöpfen, verbrauchen / spend, exhaust ‖ ~nutzung, Verwertung f / utilization ‖ geringe ~nutzung (Speicher) / loafing (e.g. of memory) ‖ volle ~nutzung des Reibungsgewichts (Bahn) / total adhesion ‖ ~nutzungsgrad m / coefficient of utilization, load factor, utilization factor o. coefficient ‖ ~nutzungsgrad m, Auslastung f (DV) / work-load ‖ ~nutzungsgrad m (Container) / utilization ‖ ~nutzungsgrad m des Kraftwerks (Elektr) / plant load factor ‖ ~nutzungsgrad m [einer Anlage etc] / unit capacity factor ‖ ~nutzungsziffer f, Geschoßflächenzahl f (Bau) / utilization factor ‖ ~packen (Pakete, Kisten) / unpack, unwrap ‖ ~packen (Formen) / shake out moulds ‖ ~packrüttler m (Gieß) / vibratory shake-out o. knock-out ‖ ~parken (Kfz) / park out ‖ ~pfeifen (Bergb) / blow off (e.g. a shot) ‖

~pflocken (Verm) / set out with poles ‖ ⁺platzen n von Stuck / popping of plasterwork ‖ ⁺platzer m (Email) / pop-off, -out, poppers pl ‖ ⁺platzungen f pl (Email) / spalling ‖ ~polstern / upholster, stuff ‖ ~prägen, ausmünzen / mint vt, coin vt ‖ ⁺preßdruck m (Strangpresse) / ejection pressure ‖ ~pressen, ausdrücken (Saft) / express, press o. squeeze out ‖ ~pressen (Pap) / dry by pressing ‖ ⁺preßmörtel m / grouting mortar, injection mortar ‖ ⁺probieren n einer Kurve (DV) / curve fitting ‖ ~prüfen (DV) / debug

Auspuff m, Auspuffrohr n (Kfz) / exhaust ‖ ⁺ ins Freie / exhaust in open air, open exhaust ‖ ⁺blende f (Kfz) / exhaust embellisher ‖ ⁺bremse f (Kfz) / exhaust brake, exhaust retarder ‖ ⁺dampf m, Abdampf m / escape o. dead steam ‖ ⁺dampfmaschine f / non-condensing steam engine ‖ ⁺druck m (Mot) / exhaust o. back pressure, terminal pressure ‖ ⁺ -Führung f / exhaust strainer ‖ ⁺ -Führung f / exhaust piping ‖ ⁺gas n (Kfz) / exhaust gas ‖ ⁺gasanalyse f / exhaust gas analysis ‖ ⁺ -Gegendruck m / exhaust back pressure ‖ ⁺ -Hauptschalldämpfer m (Kfz) / main exhaust silencer (GB) o. muffler (US) ‖ ⁺hub m / exhaust o. scavenging stroke ‖ ⁺kanal m, -öffnung f / exhaust port ‖ ⁺klappe f (Kfz) / exhaust o. muffler cutout ‖ ⁺knall[er] m (Kfz) / muffler explosion o. back-firing, exhaust detonation, chug ‖ ⁺kopf, -sammler m / exhaust head ‖ ⁺krümmer m (Kfz) / exhaust manifold ‖ ⁺leitung f (Kfz) / exhaust pipe [assembly] ‖ ⁺pfeife f, -signal n (Kfz) / exhaust alarm o. siren o. signal o. whistle ‖ ⁺retarder m (Kfz) / exhaust retarder ‖ hinteres ⁺rohr (Kfz) / muffler o. exhaust tail pipe ‖ vorderes ⁺rohr / muffler o. exhaust front pipe ‖ ⁺rohrschelle f / exhaust manifold clamp ‖ ⁺sammler m / exhaust head ⁺schlitz m (Dampfm, Mot) / port ‖ ⁺seite f des Motors / exhaust side ‖ ⁺stutzen m am Motorkopf (Kfz) / exhaust stub o. head ‖ ⁺topf m (Kfz) / muffler (US), silencer (GB) ‖ ⁺turbine f (Gas) / exhaust gas turbine ‖ ⁺turbine f (Dampfm) / non-condensing steam turbine ‖ ⁺ -Vorschalldämpfer m (Kfz) / pre-expansion chamber

aus·pumpen / pump out ‖ ~pumpen (Behälter) (Vakuum) / pump down o. out, evacuate, exhaust ‖ ⁺pumpzeit f / pump-down time ‖ ⁺putz m (Karde) (Textil) / card waste ‖ ~putzen (Landw) / muck ‖ ~putzen (Schuh) / finish, trim ‖ ~putzen (Web) / burl, pinch ‖ ⁺putzmaschine f (Schuh) / combined finisher and trimmer ‖ ⁺putzwalze, Ausstoßwalze f (Karde) / stripping roller ‖ ~quadrieren / square out ‖ ~quetschen / crush out ‖ ~radieren, streichen / delete, erase, rub out pencil writing ‖ ~rangieren / cast off, discard ‖ ~rangieren, außer Dienst stellen / take off the line ‖ ~rauben (Bergb) / draw timbers, clear, encroach ‖ ~räuchern, ausschwefeln / sulphur ‖ ~räumen, leeren / clean out, clear, empty ‖ ~räumen n des Verschleißfutters (Hütt) / reaming of the wear lining ‖ ~rechnen / calculate, reckon, figure o. work out, cipher ‖ ~rechnen, berechnen (Math) / evaluate ‖ ⁺rechnung f / calculation ‖ ⁺reckmaschine f (Leder) / scouring machine ‖ ~regeln / adjust to maximum of power ‖ ⁺regelung f / fully stabilizing ‖ ⁺regelung f einer Abweichung (Regeln) / deviation control ‖ ⁺regelzeit f / settling time ‖ ~reiben / rub out ‖ ~reichend, hinreichend [für] / adequate [to], competent [for] ‖ ~reichende Oberflächengüte / satisfactory character of surface ‖ ~reifen lassen / mature

ausreißen vt / draw-out, pull out, tear out ‖ ~ vi (Schraube, Gewinde) / strip vi, be stripped ‖ den Rand ~ / tear the edge ‖ [Schraubengewinde] ~ vt / strip threads, cross-thread v

Ausreißer m (Statist) / freak value, maverick (coll) ‖ ⁺ (Hütt, Qual.Kontr) / outlier ‖ ⁺ (bei Versuchsergebnissen usw) / runaway ‖ ⁺ (Bergb) / vein disappearing in the rock, side lode going upward

Ausrichtdorn m (Wzm) / aligning arbor

ausrichten (in eine gerade Linie bringen) / align, aline ‖ ~, geraderichten (Masch) / adjust, straighten ‖ ~ (mittig) (Räder) / centre (GB), center (US), true, align, aline ‖ ~, orientieren (Bau) / orient ‖ ~ (Verm) / sight ‖ ~ (LoKa) / joggle ‖ ~ (Antenne) / direct ‖ ~ (Seitenschlag) / eliminate the wobble ‖ ⁺ n, Ausrichtung f / alignment, alinement, dressing, snubbing (US) ‖ ⁺, Schürfen n (Bergb) / exploration, search ‖ ⁺ mit der Piste (Luftf) / runway alignment, localizing ‖ auf ein Ziel ~ / look onto ‖ auf gleiche Höhe ~ / adjust to the same level ‖ auf Wortgrenzen ~ / align on word boundaries ‖ aufeinander ~ / bring into line ‖ ein Möbel ~ (durch Unterlegen der Füße) / level a piece of furniture ‖ [sich] ~ / right

Ausricht·fläche f (Wzm) / locating face ‖ ⁺gerät n / aligner, aliner ‖ ⁺keil m / cone block ‖ ⁺leiste f (im Drucker) / bail of a printer ‖ ⁺platte f (LoKa) / joggle plate ‖ ⁺skala f / aligning scale ‖ ⁺spitze f (Wzm) / aligning centre

Ausrichtung f (von Molekülen) / orientation, ordering of molecules ‖ ⁺ (Gestein, Bergbau) / opening-out, quarrying-out of rocks, dead works pl ‖ ⁺ auf die Sonne / sun pointing ‖ ⁺ des Divisors (DV) / divisor line-up

Ausrichtungsfehler m (Antenne) / loop alignment error

ausrollen vi (Kfz) / coast ‖ ~ (Luftf) / roll out ‖ ⁺ n (Bahn) / coasting, drifting ‖ Kabel ~ vt / run out, pay out

Ausroll·geschwindigkeit f (Kfz, Bahn, Schiff) / coasting speed ‖ ⁺grenze, Plastizitätsgrenze f (Boden) / plastic limit ‖ ⁺winkel, Landewinkel m (Luftf) / landing angle

ausrotten, vertilgen / exterminate

ausrückbar / disengageable ‖ ~e Kupplung / [engaging and disengaging] clutch

ausrücken / disengage, uncouple, disconnect, throw out [of gear] ‖ ~ (Buch) / set full measure o. with hanging indent, run-out and indent ‖ ~ s. auch auslösen u. auskuppeln

Ausrücker m, Ausrückvorrichtung f (zum Trennen) (Masch) / disconnecting lever, releasing device ‖ ⁺, Ausrückvorrichtung f (zum Anhalten) (Masch) / stop motion device, stopper

Ausrück·gabel f (Masch) / clutch coupling box, clutch fork, clutch throw-out yoke o. shifter yoke, disconnecting o. uncoupling fork ‖ ⁺hebel m (allg) / release o. disengaging lever ‖ ⁺hebel m, Auslösehebel m / lifter lever ‖ ⁺hebel m (zum Anhalten) / stop[ping] lever ‖ ⁺hebel m (Kupplung) / clutch release fork lever ‖ ⁺muffe f, -lager n (Kupplung) / clutch release sleeve, clutch throw-out sleeve, coupling socket joint ‖ ⁺platte f (Kupplung) / clutch release plate ‖ ⁺welle f (Masch) / disengaging shaft

ausrufen, jemanden durch Lautsprecher ~ lassen (Elektronik) / page (US)

Ausrufezeichen n (Buch) / exclamation mark o. note o. point (US)

Ausrundung f (von Ecken), Verkleidungsübergang m (Luftf) / fillet[ing], streamline fairing o. filleting ‖ ⁺, Kehle f / fillet ‖ ⁺ fillet ‖ ⁺ -Abfallrücken m (Hydr) / ogee ‖ ⁺ von Kanten (Gußmodell) / hollow

Ausrundungsbogen, [senkrechter] ⁺ (Bahn) / vertical curve

ausrupfen, -putzen, noppen (Textil) / pinch, burl

ausrüsten [mit] / equip o. furnish o. fit out o. provide [with], outfit ‖ ~ (Textil) / finish ‖ ~, einen Lehrbogen wegnehmen / strike down o. take down a center ‖ ~, Gerüste abschlagen / unscaffold ‖ ~ (Schiff) / fit out

Ausrüster m (Schiff) / fitter

Ausrüstmaschine f (Textil) / finishing machine

Ausrüstung f / equipment, outfit ‖ ⁺, Zubehör n (Masch) / appurtenances pl ‖ ⁺ (Schiff) / gear, tackle ‖ ⁺, gesamte Installation (Bau) / servicing ‖ ⁺ (Textil) / finish, appret, dressing ‖ ⁺, Kriegsmaterial n (Mil) / Ordnance materiel, accouterments, accoutrements pl ‖ ⁺ (Pap) /

finishing ‖ ⁒ **einer Anlage** (DV) / configuration ‖ [zweckmäßig zusammengestellte] ⁒ / kit
Ausrüstungs·einrichtungen f pl, Veredelungseinrichtungen f pl (Textil) / finishing equipment ‖ ⁒**hafen** m, -dock n / fitting-out basin ‖ ⁒**kai** m / fitting-out quai o. pier ‖ ⁒**kapsel** f (Raumf) / service module ‖ ⁒**maschine** f / processing machine ‖ ⁒**maschine** f (Textil) / finishing machine ‖ ⁒**mittel** n (Textil) / finishing agent ‖ ⁒**teil** n / plant component ‖ ⁒**teile** n pl / accessories pl, equipment, outfit
aus·rutschen [auf] / slip, side-slip, skid ‖ ⁒**saat** (Landw) / sowing ‖ ⁓**sacken** / empty a bag o. sack
Aussage, Information f (Kybernetik) / signal, statement, information ‖ ⁒**funktion** f (Math) / propositional function
aussägen / saw out
Aussagen·logik f, -kalkül m (Math) / propositional calculus o. logic ‖ ⁒**variable** f (Math) / boolean variable ‖ ⁒**verbindung** f (Kybernetik) / sentential combination o. connective ‖ ⁒**wert** m (DV) / logical value
Aussage·wahrscheinlichkeit f (Qual.Kontr) / confidence coefficient o. level, confidence factor
aus·salzen (Seife) / salt out ‖ ⁒**salzen** n (Nukl) / salting-out ‖ ⁒**samer** m (Forstw) / seed tree ‖ ⁓**säuern** / treat with acid ‖ **Boden** ⁓**saugen** / exhaust the soil, drain, impoverish ‖ ⁒**schachten**, ausheben / excavate ‖ ⁓**schachten** (Bergb) / deepen, sink ‖ ⁒**schachtung** f / excavation ‖ ⁒**schachtung**, Grube f / pit ‖ **flache** ⁒**schachtung** / shallow excavation ‖ ⁒**schachtung** f **zur Gewinnung von Auffüllmaterial** (Bau, Straßb) / borrow pit ‖ ⁓**schäkeln** (Schiff) / unshackle ‖ ⁓**schalen**, Schalung entfernen (Bau) / remove the casings, dismantle the formwork ‖ ⁓**schaltbar** (Masch) / disengageable
ausschalten (Elektr) / cut out, switch off, put out of circuit, disconnect ‖ ⁓, -rücken / throw out of gear ‖ ⁓, abdrehen (Licht) / turn out ‖ ⁓ vt (Relais) / trip vt ‖ ⁓, abschalten, (spez:) abklemmen (Elektr) / branch off ‖ ⁒ n (Elektr) / disconnection ‖ ⁒**kuppeln** n / throwout ‖ **Widerstand** ⁒ / short-cut resistance
Ausschalter m (Elektr) / circuit breaker ‖ ⁒ (Messerschalter) (Elektr) / throw-off knife [switch] ‖ ⁒ **am Mikrophon** / mute switch ‖ ⁒ **mit verschiedenen Anschlüssen** / multiple cut-out
Ausschalt·funke m / disconnect spark ‖ ⁒**impuls** m / disconnect pulse ‖ ⁒**kontakt** m (Elektr) / disconnecting contact ‖ ⁒**rille** f (Schallplatte) / lead-out o. run-out groove ‖ ⁒**stellung** f (Elektr) / neutral o. open position, [switch-]off position ‖ ⁒**strom** m / cutoff current ‖ ⁒**verlustleistung** f (Halbl) / turn-off loss ‖ ⁒**wischrelais** n / wipe contact relay, flick contactor
Ausschalung f (Zimm) / boarding, encasing ‖ ⁒, Schalung f (Bergb, Hydr) / sheeting, lagging ‖ ⁒, **Entfernen** n **der Schalung** (Bau) / removal of casings, dismantling of formwork
Aus·schankapparat m, Pression f (Brau) / retailing apparatus ‖ ⁓**scharen** (Bergb, Gang) / ramify ‖ ⁓**schaufeln**, -schöpfen / scoop out
ausscheiden, trennen / separate, sort, eliminate, segregate ‖ ⁓, auslesen (Bergb) / cull, pick vt, sort, segregate ‖ ⁓, entwickeln o. evolve ‖ ⁓ (Math) / eliminate ‖ ⁓, ausschließen / discard, scrap, reject
Ausscheidequerschnitt m (Nukl) / removal cross section
Ausscheider m (Koksofen) / extractor
Ausscheidung, Absonderung f (Chem, Math) / elimination ‖ ⁒ f, Niederschlag m / deposit, sediment, precipitation ‖ ⁒, Ausscheidungskoeffizient m (Nukl) / removal ‖ ⁒ (Metallurgie) / precipitation, dispersion
Ausscheidungs·einrichtung f (DV) / discriminating equipment ‖ ⁓**gehärtet** / precipitation-hardened ‖ ⁒**glühen** n (Leichtmetall) / precipitation annealing ‖ ⁓**härten**, aushärten (Leichtmetall) / precipitation-harden
Aus[scheidungs]härtung f, Dispersionshärten n (Leichtmetall) / dispersion o. precipitation hardening

Ausscheidungs·verfestigen n / dispersion strengthening
aus·scheren (Textil) / crop o. nap the pile ‖ ⁓**scheren** (Verkehr) / move out ‖ ⁓**schießen** (Bergb) / clear by blasting ‖ ⁒**schießen** n (Buch) / imposing, imposition ‖ ⁒**schießkessel** m (Zuck) / filler ‖ ⁒**schildern**, beschildern (Straßb) / signpost vt, provide with road signs ‖ ⁓**schlachten** / cannibalize, exploit, take apart for reutilization ‖ ⁓**schlacken** / draw the slags, remove slag, deslag
Ausschlag m, Ausschlagweite f / amplitude ‖ ⁒, [vollständiger] Einschlag der Vorderräder (Kfz) / steering lock ‖ ⁒ (Zeiger, Magnetnadel) / deflection ‖ ⁒ (Gerb) / bloom, spue ‖ ⁒ **der Waage** / turn of the scale ‖ ⁒ **des Drehgestells** (Bahn) / clearance of the bogie ‖ ⁒ **des Schreibstiftes** / deflection ‖ ⁒ **einer Mauer** / exudation, efflorescence ‖ ⁒ **geben**, überwiegen (Waage) / weigh down the scale ‖ ⁒ **von 40⁰ nach beiden Seiten** (Kfz) / steering lock of 40⁰ on either side ‖ ⁒ **zeigen** (Gerb) / bloom ‖ ⁒**becken** n (Bergb) / slurry pond ‖ ⁒**bildung** f (Galv) / spotting out
ausschlagen [mit] vt / line [with] ‖ ⁓ (Gieß) / shake out ‖ ⁓ vi (Zeiger) / deflect ‖ ⁓, einen Ausschlag bilden (Galv) / spot out ‖ ⁓ (Waage) / turn ⁓, schwitzen (Mauer) (Bau) / exude ‖ ⁒ n (Pendel) / swing ⁒, Putzen n (Gieß) / shaking out, knocking out ‖ **nach unten** ⁓ (Waage) / drop, descend
Ausschläger m, Feinschläger m (Baumwolle) / finisher scutcher
ausschlag·gebend / decisive ‖ ⁒**leitung** f (Brau) / pump pipe ‖ ⁒**maschine**, Dessiniermaschine f (Textil) / reading and stamping machine, reading and cutting machine, punching machine ‖ ⁒**rost** m (Gieß) / shake-out grid ‖ ⁒**weite** f / modulus, amplitude ‖ ⁒**winkel** m, Ablenkungswinkel m / angle of deflection ‖ ⁒**winkel** m (Lenkung) (Kfz) / angle of [steering] lock
aus·schlämmen, vom Schlamm reinigen / cleanse, clear from mud ‖ ⁓**schleifen**, innenschleifen / grind internally ‖ ⁒**schlepptank** m (Galv) / drag-out tank ‖ ⁓**schleudern** (Nukl) / eject ‖ ⁓**schleudern**, zentrifugieren / hydro-extract, centrifuge ‖ ⁒**schleusen** n (Reaktor) / outward transfer
Ausschließbereich m (Buch) / justification range
ausschließen (Buch) / justify ‖ ⁓ **[von]** / exclude [from] ‖ **erneut** ⁓ (Buch) / re-impose ‖ **sich gegenseitig** ⁓ / be mutually exclusive
ausschließend, exklusiv (DV) / exclusive ‖ ⁓**e Oder-Relation** / mutual exclusive relation
Ausschließlich-Verfügung f / exclusive disposal
Ausschließ·mechanismus m (Buch) / quadder ‖ ⁒**trommel** f (Buch) / justifying scale ‖ ⁒**walze** f (Buch) / set drum
Ausschluß m (Buch) / justifier, spaces pl ‖ ⁒ **von mehr als 6p. Dicke** (Buch) / clumps pl ‖ **hoher** ⁒ (Buch) / high spaces ‖ ⁒**keil** m (Buch) / justification wedge ‖ ⁒**stück** n, Spatie f (Buch) / lead, space ‖ ⁒**trommel** f (Buch) / justifying scale
aus·schmelzen, durch Schmelzen gewinnen / melt out ‖ **Schlacke** ⁓**schmelzen** / fuse again the slag ‖ ⁓**schmieden**, recken / extend, beat out, draw down o. out ‖ ⁓**schmiegen** / splay out ‖ ⁒**schmiegung** f, Schmiege f / splay ‖ ⁓**schmieren** (mit Fett) / smear ‖ ⁓**schmieren** (Feuerfest) / fettle ‖ ⁒**schmückung**, Verzierung f / decoration, ornament ‖ ⁓**schnappen**, abschnappen (Feder, Schnur) / spring off, snap [off] ‖ ⁓**schneiden** / cut out, clip ‖ ⁓**schneiden**, ausstanzen (Stanz) / blank out ‖ ⁓**schneiden** [aus] / clip [from], excise ‖ ⁓**schneiden**, zacken / pink [out] ‖ **nach Schablone** ⁓**schneiden** / cut to pattern
Ausschnitt m / cutout, cutting[-out] (GB), clipping (US), thing cut out ‖ ⁒ (Phot) / trimmed area ‖ ⁒ **aus Zeitschriften**) / clip[ping], cut[ting] ‖ ⁒, Einschnitt m / notch, nick ‖ ⁒, Platine f (Stanz) / blank ‖ ⁒ **aus einer Fläche** / piece o. patch of a surface
aus·schöpfen (Behälter) / exhaust, empty ‖ ⁓**schöpfen** (Möglichkeiten) / exhaust, utilize ‖ ⁓**schoten**,

[aus]schälen / hull, husk ‖ [öffentliche] ~schreibung /
call for bids, invitation o. request for tenders ‖
~schreibung f eines Wettbewerbs / announcement of
requests to tender ‖ ~schreibungsangebot n /
submission, tender, bid ‖ ~schrot m, -kleie f (Mühl) /
fine bran ‖ ~schroten (Kleie) / mill again, grind again vt
Ausschuß m, Komitee n / Board ‖ ~ (Unbrauchbares) /
refuse, rubbish, rejections pl, spoilage ‖ ~, Schund m
(Masch) / trash ‖ ~, Schrott m / waste, scrap, refuse ‖ ~,
Ausschußteile n pl / rejects pl, scrap ‖ ~, Kollerstoff m
(Pap) / broke ‖ ~ (Gieß) / waster ‖ **verwertbarer o.
nacharbeitbarer** ~ / rejects pl (reusable) ‖ **~anteil** m,
-rate, -quote f, -prozentsatz m (F.Org) / reject rate ‖
~blech n / rejected sheet o. plate, waster ‖ ~grenze f /
rejection limit ‖ ~lehrdorn m / plug gauge "NOT GO"
‖ ~lehre f/ "NOT GO" gauge ‖ ~ -Lehrring m / NOT-
GO ring gauge ‖ ~maß n / NOT-GO gauge end ‖
~ -Prozentsatz m / fraction defective, per cent defective
‖ ~rachenlehre f / snap-gauge "Not-Go", not-go gap
gauge ‖ ~schiene f (Bahn) / scrap rail ‖ ~seite f,
Schlechtseite f einer Lehre / scrap side of a gauge,
"NOT-GO" side ‖ ~teil n, -stück n / reject, defective
[item] ‖ ~wolle f / waste o. cast o. outshot wool ‖ ~zahl
f / rejection number o. criterion
Aus·schütteln n, Solvent-Extraktion f (Chem) / solvent
extraction ‖ ~schütteln n (z.B. mit Ether) (Chem) /
shaking out ‖ ~schütten, ausbreiten / diffuse ‖
~schütten, auskippen, leeren / dump, empty ‖
~schütthöhe f (Bagger) / dumping height ‖ ~schweben
(Luftf) / flatten out ‖ ~schwebestrecke f (Luftf) / float ‖
~schwefeln, -brennen (Faß) / cleanse by fumigation,
season with sulphur ‖ ~schwemmen / flush, scour ‖
~schwemmen, unterspülen / scour, wash away ‖
~schwenkbar / swing-out, swinging out ‖
~schwenken vi / traverse, rotate ‖ ~schwenken (Kran)
/ swing out ‖ ~schwimmen (Aufber) / float ‖
~schwimmen n von Lack (inhomogene Verteilung der
Pigmente) / floating o. flooding of paint ‖
~schwingbarer Einlagedorn (Wzm) / swing-out
mandrel ‖ ~schwingdauer f / attenuation time ‖
~schwingen, ersterben (Schwingung) / die ‖
~schwingen, sich beruhigen (Meßinstr) / settle ‖
~schwingen (Uhr) / overbank ‖ ~schwingen,
Abklingen n der Schwingung / dying out ‖ ~schwingen
lassen (Mech) / extinguish oscillations ‖ ~schwingstrom
m / decay current ‖ ~schwingungskurve f (Schiff) /
curve of extinction of rolling ‖ ~schwingversuch m
(Mat.Prüf) / test by free oscillations ‖ ~schwitzen n (Fett,
Gieß) / sweat ‖ ~schwitzen, ausblühen (Plast) / bloom ‖
Öl ~schwitzen (Schmierfett) / bleed, exude ‖ ~schwitzen
n des Gleitmittels / lubricant exudation ‖ ~schwitzen n
des Teeröls (Holzkons.) / sweating of the creosote ‖
~schwitzen n von Leim / glue penetration ‖
~schwitzzahl f (Fett) / bleeding number ‖ ~sehen n /
sight, appearance, aspect, look ‖ ~sehen n, äußere
Erscheinung / look, physical appearance ‖ ~sehen n
einer Probe / appearance of the test piece ‖
~sehensmuster n / mockup (US) ‖ ~seigern vt (Hütt) /
reduce by liquation
außen adv, außerhalb / without, outside ‖ ~..., Außer-
Haus... (DV) / off-premises ‖ ~ adj [befindlich o.
liegend], Außen..., äußere[r] / outer ‖ von ~ / from
outside ‖ von ~ angeregte Schwingung / extraneous
vibration ‖ von ~ bis außen / out-to-out, outside-to-
outside ‖ von ~ wirkend / extrinsic ‖ ~abmessung f /
external dimension, overall dimension, total dimensions
pl ‖ ~anbau, Aufbau m (Kfz) / external mounting ‖
~anlage f / outdoor installation ‖ ~anlagen f pl (Öl) /
off-sites pl ‖ ~anstrich m (Bau) / exterior finish ‖
~antenne f / exterior o. external antenna ‖ ~antenne f,
Hochantenne f / elevated antenna ‖ ~anwendung f,
-einsatz m / outside use ‖ ~arbeiten f / outside work ‖
~arbeiter m, Mann für Außenarbeiten / field worker ‖
~armatur f (Lampe) / weatherproof o. splashproof

fitting ‖ ~aufnahme f (TV) / exterior filming o. shot ‖
~backenbremse f / external shoe brake ‖ ~bahn f
(Atom) / outer orbit ‖ ~bandbremse f (Kfz) / outer band
brake ‖ ~bekleidung f / outer lining ‖ ~belag m
(Kondensator) / capacitor outer electrode ‖ ~belag m
(Elektronik) / outer coating ‖ ~beleuchtung f / outdoor
illumination o. lighting, exterior lighting ‖ ~belüftet /
externally cooled ‖ ~beplankung f (Schiff) / outside
plating ‖ ~bestrahlt / externally radiated ‖ ~bezirk m,
Bannmeile f / urban area, municipal area ‖ ~bezirke m
pl / suburban areas pl ‖ ~blechverkleidung f / external
sheet metal covering ‖ **einfache ~bogen-
Kreuzungsweiche** (Bahn) / outside single slip on straight
track ‖ ~bogenweiche f / right-hand turnout with
contraflexive curve, left-hand turnout with contraflexive
curve
Außenbord m (Rollenlager) / lipped outer race ‖ ~anschluß
m (Luftf) / ground connection ‖ ~ -Druckanzug m
(Raumf) / extravehicular pressure garment
Außenborder m, Speed-Boot n / speed-boat
Außenbord·fahrzeug n (Raumf) / extravehicular mobility
unit, EMU ‖ ~ -Kabelrinne f (Raumf) / external cable
duct ‖ ~leiter f / outboard ladder ‖ ~ -Manövergerät n
(Raumf) / manned maneuvering unit, MMU ‖ ~motor m
/ outboard engine
außenbords (Schiff) / outboard, outside the ship
Außenbord·tätigkeit f, EVA, Aufenthalt im Raum m
(Raumf) / extravehicular activity, EVA ‖ ~tätigkeit f in
der Luke stehend (Raumf) / stand-up extravehicular
activity ‖ ~treppe f (Schiff) / outboard ladder
Außen·bremse f / outside o. outer brake ‖ ~deichland n,
Vorland n / outland, foreland
aus·senden / give off, send forth (e.g. smell) ‖ ~senden
(Strahlen) / radiate, emit ‖ ~sendend / emissive,
emittent, emitting
Außendichtung f (Bau) / facing
Außendienst m / field service, outdoor employment ‖ ~
(im Kundendienst) / field servicing (after-sales service)
‖ ~ / outdoor employment ‖ ~ -Ingenieur, -Techniker m
/ field engineer ‖ ~personal m / operational staff,
outdoor staff ‖ ~techniker m (DV) / customer technician
außen·drehen (Dreh) / turn [outside] diameter ‖ ~druck m
/ external pressure ‖ ~auf bringen (Luftf, Kabine)
/ depressurize ‖ ~durchmesser m / outside diameter ‖
~ecke f (NC) / external angle ‖ ~elektron n / outer
electron ‖ ~feinhonen n (Superfinish) / superfinish,
superhoning ‖ ~fläche f, -seite f / front, outside, outer
surface ‖ ~fläche f des Beitels / chisel face ‖ ~fläche f
eines Gewölbes / extrados ‖ ~fläche f eines Objektes /
periphery ‖ ~fläche f von gesägtem Holz / external
face of sawn timber ‖ ~flügel m (Luftf) / outer wing ‖
~form f / external form ‖ ~fräsen n, Formfräsen n
(Wzm) / external milling ‖ ~gelagertes Ritzel (Kfz) /
pinion with extended bracket ‖ ~gewinde n / external o.
exterior o. male [screw] thread, outside thread ‖ mit
~gewinde versehen / threaded ‖ ~gewindekupplung f
(Rohr) / coupling with male ends ‖ ~gitter n (Elektronik) /
outer o. outward grid ‖ ~glied n, erstes o. letztes Glied
einer Gleichung (Math) / extreme [term] ‖ ~hafen m
(Schiff) / outer dock o. harbour, outport ‖ ~haut, Haut f
(Schaumstoff) / skin ‖ ~haut f (Schiff) / shell, [outer] skin,
hull o. outside plating ‖ ~haut der Karosserie (Kfz) /
shell of body ‖ ~[haut]planke f (Schiff) / outer
plank[ing] ‖ ~hydrant m / street hydrant ‖
~interpolator m (NC) / external interpolator ‖
~isolationsmaterial n (nicht feuerfest) (Ofen) /
insulating back-up material ‖ ~kabel n / outside cable,
external cable ‖ ~kante f / outer edge ‖ ~kegel m,
-konus m (Wzm) / male taper ‖ ~kontakt m / external
contact ‖ ~kontaktsockel m (Lampe) / side-contact base
‖ ~konturfräsen n / routering ‖ ~kurbel f / outside o.
overhung crank ‖ ~lager n / outside o. external bearing
‖ ~läufermotor m (Elektr) / external rotor motor,
outside rotor motor ‖ ~lautsprecher m / external

loudspeaker ‖ ~leiter m (Elektr) / external o. outer conductor ‖ ~leiterspannung, verkettete Spannung f (Elektr) / phase-to-phase o. line-to-line voltage ‖ ~leuchte f / outdoor light fixture ‖ ~leuchte, Straßenlaterne f / lantern for street lighting ‖ ~liegend (Zündkerzenelektrode) / with projected tip ‖ ~linie, Kontur f / contour, outline ‖ ~linie, Profil n / profile outline ‖ ~luft f / outer air, surrounding air ‖ ~mantel m (einer Trommel) / lagging of a drum ‖ ~maß n / overall size ‖ ~mattiert / outside frosted ‖ ~mauer f / outer o. outside wall, outwall, containing o. external wall ‖ ~mikrometer n, -bügelmeßschraube f / external micrometer ‖ ~packmaschine f / exterior packaging machine ‖ ~pfahl m eines Fangdammes (Hydr) / gauge[d] pile o. standard pile of a coffer dam ‖ ~planetenachse f (Differential) / planetary hub reduction axle ‖ ~poldynamo m / exterior o. external pole dynamo ‖ ~programmiert / programmed externally ‖ ~putz m / exterior rendering ‖ ~radpaar n / external gear pair ‖ ~rand m (von Buchseiten) (Buch) / fore-edge, foredge ‖ ~räummaschine f / surface broaching machine ‖ ~räumwerkzeug n / pot broach, surface broach ‖ ~reede f / outer harbour area ‖
~ -Reflexionsanteil m des Tageslicht-Quotienten / externally reflected component of a daylight factor ‖ ~reportage, -aufnahme f (Elektronik) / O.B., outside broadcasting, O.B. commentary, nemo (not emanating from main office) (US) ‖ ~ring m (Kugellager) / outer ring ‖ ~Rolljalousie f (Bau) / canalette blind ‖ ~rotor m (Auswuchtmasch) / outboard rotor ‖ ~rücklauf m, Feedback n (DV) / feedback ‖ ~rundläppen / lap a cylindrical surface ‖ ~rundschleifmaschine f / cylindrical surface grinder ‖ ~schälen n (Wzm) / external skiving ‖ ~schicht f / outer layer ‖ ~schicht f (Plast) / skin ‖ ~schleifen n / external grinding ‖ ~schwingtür f (Kfz) / outward opening door ‖ ~sechskant m / hexagon insert bit ‖ ~seite f / outside, exterior ‖ ~seite f einer Mauer, Stirnseite f / surface of a wall ‖ ~seite f eines Stoffes (Web) / front ‖ ~speicher m (DV) / external store ‖ ~sperrholz n / plywood for external use, exterior plywood ‖ ~spiegel m, -rückblickspiegel m (Kfz) / exterior mirror, exterior rear view mirror, outside rear view mirror ‖ ~station f, Raumstation f / space platform o. station ‖ ~station f am Boden (Raumf) / remote ground site, remote site ‖ ~stoßen n (Wzm) / external shaping ‖ ~strom m (Fernm) / external current ‖ ~stromaggregat n, Anschlußwagen m (Luftf) / auxiliary power unit, APU ‖ ~tank m (Luftf) / slipper tank ‖ ~taster m / outside calipers pl ‖ ~tätigkeit f (Monteur) / outdoor job, field service ‖ ~temperatur f / outside o. outdoor temperature, temperature of the external surroundings ‖ ~tief, Butentief n (Hydr) / leat ‖ ~transformator m / free air transformer ‖ ~treppe f / flight of outside steps, perron, fliers pl ‖ ~tür f, äußere Tür / outside o. outer door, external door ‖ ~übertragung f (Sendung im Freien) (TV, Elektronik) / remote ‖ ~ - und Innentaster m / external and internal cal[l]ipers pl ‖ ~versatz m (Flurförderer) / outset ‖ ~verzahnung f / external teeth pl, external toothing ‖ ~vibrator m (Bau) / external o. form vibrator ‖ ~vierkant m / external square ‖ ~wand f / outer o. outside wall, outwall ‖ tragende ~wand / supporting outer wall ‖ ~wand f des Ofens (Hütt) / external face of furnace walls, second o. third lining o. casing of furnace walls ‖ ~wand f eines Stahlskelettbaus / clothing ‖ ~wandfuge f / outside wall joint ‖ ~wange, Wandwange f (Treppe) / outer o. wall string [board] ‖ ~welle f (bei 3-Schraubenschiff) / wing shaft ‖ ~widerstand, Arbeitswiderstand m (Elektronik) / load resistance o. resistor ‖ ~widerstand m im Anodenkreis / anode load resistance ‖ ~winkel m (Math) / exterior angle ‖ ~[zug]jalousie f / Italian o. canalette blind ‖ ~zylinder m (Schneckengetriebe) / tip cylinder

außer Betrieb, außer Gang / out of gear o. action o. operation, at rest ‖ ~ dem Haus, im Freien / outdoor ‖ ~ Gleichgewicht / unpoised, unbalanced ‖ ~ Tritt / out of step, dropped from synchronism ‖ ~ Tritt fallen (Elektr) / slip out of step o. of synchronism, drop from synchronism ‖ [zeitweilig] ~ Kraft setzen / suspend, stop ‖ ~atmosphärisch adj / exoatmospheric ‖ ~atmosphärisch adv / outer space... ‖ ~axiale Aberration / extra-axial aberration ‖ ~band... (Fernm) / out-of-band ‖ ~band-Impulsabklingen n / out-of-band pulse ringing ‖ ~betriebliche Anlage / out-plant installation ‖ ~betriebsetzung f, -setzen n, -nahme f / putting out of action, placing out of service, stopping, closing down
äußere~r / outer, outside ‖ ~r, äußerlich, Fremd... / exterior, extraneous, external ‖ ~ Abschirmung (Elektronik) / external shield ‖ ~ Adresse (DV) / external address ‖ ~ Begrenzung (Geom) / perimeter ‖ ~ Einflußprüfung / environmental testing ‖ ~s Elektron / outer-shell electron, bonding o. peripheral o. valence electron ‖ ~ Erscheinung / appearance, look ‖ ~ Form / external form ‖ ~ gemauerte Schicht (Bau) / chain course ‖ ~r Gewindedurchmesser / outside o. full diameter of thread ‖ ~ Kegellänge (Zahnrad) / cone distance ‖ ~ Kennlinie (Elektr) / external characteristic of a generator ‖ ~ Kraft / external force ‖ ~ Last o. Belastung / external stress ‖ ~r Makrobefehl (DV) / outer macro instruction ‖ ~ Mauerschale (Bau) / mantle ‖ ~r Photoeffekt / photoelectric emission ‖ ~r Planet / outer planet, superior planet ‖ ~ Planeten m pl / major planets ‖ ~s Produkt, Vektorprodukt n (Math) / vector o. cross product, external o. outer product, Cartesian product ‖ ~r Ring (Straßb) / outer ring road, belt highway (US) / beltway (US) ‖ ~r Ring, ringförmige Umgehungsstraße (Straßb) / belt highway (US) ‖ ~ Spannung (Mech) / external stress ‖ ~r Speicher (DV) / external memory o. store ‖ ~ Steilheit (Halbl) / external transadmittance o. -conductance ‖ ~r Stromkreis / external circuit ‖ ~ Teilkegellänge (Zahnrad) / cone distance ‖ ~r Totpunkt (Mot) / top o. inner dead centre, T.D.C. ‖ ~ Treppenwange / outer o. wall string [board] ‖ ~ Überhitzung / external superheat ‖ ~r Wärmewiderstand (Halbl) / thermal impedance, case to coolant ‖ ~r Wenderadius / outside turning radius ‖ das ~ / exterior
außer·europäisch / extra-European ‖ ~fahrplanmäßig / nonscheduled ‖ ~galaktisch / extragalactic ‖ ~gewöhnlich Großes (o. Starkes) / buster
außerhalb adv / outside ‖ ~, äußerlich gemessen / out-to-out, outside-to-outside ‖ ~ der Maschine (Pap) / off-machine ‖ ~ der Spitzenzeit (Verkehr) / off-peak ‖ ~ des Kerns (Reaktor) / out-of-core ‖ ~ des Kerns befindlich (Phys) / extranuclear ‖ ~ gemessen (Bau) / without doors (dimension)
außer·-Haus... / extramural ‖ ~ -Haus..., Außen... (DV) / off-premises ‖ ~ -Haus-Anlage f / out-plant installation ‖ ~ -Haus-Vergabe f / contracting out
äußerlich gemessen, außerhalb / out-to-out, outside-to-outside
außer·mittig / off-center, eccentric ‖ ~mittigkeit f (Fehler), Rundlauffehler m / beat (defect), eccentricity ‖ ~ordentlich (allg) / out of the way, extraordinary ‖ ~ordentlich (Opt) / extraordinary ‖ ~planmäßig / unscheduled, not on schedule ‖ ~planmäßige Wartung / supplementary maintenance, unscheduled maintenance
äußerst, Höchst... / utmost, ultimate, extreme ‖ ~e Spitze (Rakete) / tip of nose cone
außer·terrestrisch, außerirdisch / extraterrestrial ‖ ~terrestrische Biologie / extraterrestrial biology ‖ ~trittfallen n (TV) / phase swinging ‖ ~trittfallen n (Elektr) / pulling out of synchronism
aussetzbar von Hand (Bahn) / removable, derailable Aussetzbetrieb m, AB m (Elektr) / intermittent service ‖ ~ -Leistung f (Elektr) / periodic rating

aussetzen vt, einstellen / discontinue, intermit, interrupt ‖ ~, preisgeben / expose ‖ ~ (einem Einfluß) / subject [to] ‖ ~ (der Hitze) / subject to heat ‖ ~ (der Sonne, Wärme usw.) / expose [to] ‖ ~ (Luftt, Verbrennung) / burn out ‖ ~ vi / discontinue ‖ ~ (Zündung usw.) / fail, misfire, conk [out] (coll) ‖ ~ (periodisch) / intermit ‖ ⌃ n/ interruption, fading ‖ ⌃, Nachlassen n / intermission, -mittence, -mittency ‖ ⌃, Ausmusterung f (Bahn) / derailing, removing from the track ‖ ⌃ der Verbrennung (Luftt) / flaming out, erratic burn

aussetzend, diskontinuierlich / intermittent, intermitting, at intervals, discontinuous ‖ ~ (zeitweise) / fitful ‖ ~, periodisch / periodical adj, periodic

Aussetzer m, Fehlzündung f (Mot) / misfire ‖ ⌃regelung f, Ein-Aus-Regelung f / on-off o. on-and-off control, intermittent control o. function

Aussetz·rampe f / evacuation ramp ‖ ⌃spannung f / extinction voltage

Aussichts·fenster m / picture window, view window ‖ ⌃punkt m / point of view, outlook ‖ ⌃triebwagen m (Bahn) / observation railcar ‖ ⌃wagen m (in Zugmitte) (Bahn) / dome car (US) ‖ ⌃wagen m (am Zugende) (Bahn) / observation carriage o. coach o. car (US) ‖ ⌃wagen m (Kfz) / excursion vehicle

aus·sieben / screen out ‖ ~sieben, filtern (Elektronik) / filter ‖ ~sieden (Silber) / blanch ‖ ⌃solen n von Salzstöcken / solution mining ‖ ~sondern (nach scharfer Prüfung) / screen, eliminate ‖ ⌃sonderungsversuche m pl / screening ‖ ~sortieren (DV) / extract ‖ ~spachteln (Bau) / trowel off ‖ ~spannen (Werkz) / unclamp, unload ‖ ~spannen, gleichziehen (Strumpf) / equalize, stretch, extend ‖ ⌃spanner m (Textil) / temple

aussparen / leave open, spare, reserve for subsequent filling out ‖ ~, freisparen (Masch) / relieve

Aussparung f (Masch, Wz) / relief, relieving, sparing, recess ‖ ⌃ (Zange) / groove, pipe grip ‖ ⌃ in der Mauer für Leitungen / chase ‖ längliche ⌃ / oblong opening ‖ rechteckige ⌃, Ausklinkung f (z.B. als Aufnahme) / jog

aus·speichern (DV) / roll-out ‖ ⌃speichern n (DV) / roll-out n ‖ ⌃speisen n / feed-out ‖ ⌃speisung f (Elektr) / output ‖ ⌃sperrung f (F.Org) / lock-out ‖ ~spitzen, -hauen (Bergb) / cut, pick [out] ‖ ⌃sprache f (Fernm) / diction ‖ ~spreizen (Bergb, Bau) / shove, brace ‖ ~sprießen (Tunnel) / timber vt ‖ ~springen (DV) / branch out ‖ ⌃springen n (Email, Fehler) / jumping ‖ ~springend (Winkel) / convex ‖ ~spritzen vt, -stoßen / jet ‖ ~spritzen vi, heraus-, hervorspritzen / squirt, spout out ‖ ⌃spritzer m (Email, Fehler) / spit-out ‖ ~spülen / scour ‖ ~spülen (Gase) / expel o. scavenge gases ‖ ~spülen (Hydr) / scour ‖ ⌃spülhub m (Kfz) / scavenging cycle o. stroke ‖ ⌃spülung f, Ausspülen n / flush, rinse, rinsing ‖ ⌃spülung f, Unterhöhlen n / baring, undermining, laying bare ‖ ⌃spülung, Abschwemmen f (Abwasser) / scour ‖ ~stampfen / ram [down], stamp ‖ ⌃stand m, Streik m / strike ‖ ~stanzen / punch out ‖ ⌃stanzen n / punching ‖ ~statten / equip, fit out, outfit ‖ ~statten [mit] / furnish o. fit [out] o. provide [with] ‖ mit Werkzeugen o. Maschinen ~statten / tool

Ausstattung f / equipment, outfit ‖ ⌃ (Buch) / get-up ‖ ⌃ für Telegrafie im Sprachband in beiden Richtungen (Fernm) / S + D equipment (= speech plus duplex) ‖ ⌃ mit Zubehör / providing with accessories o. requisites

Ausstattungs·papier n / paper for personal stationery

aus·stäuben (Textil) / dust ‖ ~steifen, verstärken / stiffen, reinforce, cradle ‖ ~steifen, -streben / strut, strut-brace, brace ‖ ~steifen, unbiegsam machen / toughen ‖ ⌃steifungswinkel m (Stahlbau) / stiffener angle ‖ ~steigen, Fertigung o. Vertrieb einstellen / opt out ‖ ⌃steigen n (Schiff) / disembarcation ‖ ⌃steigen n im Weltraum / space step-out

Ausstell... (z.B. Rolladen), ausstellbar / hook-out (e.g. roller blind)

ausstellbarer Rolladen / hook-out blind

ausstellen, eine Ausstellung beschicken / exhibit, expose ‖ ~ (Scheck) / write [out], issue ‖ **Waren** ~ / display goods

Aussteller m (Messe) / exhibitor, exhibiting firm

Ausstellfenster n (Kfz) / knockout o. ventilator window

Ausstellung f / show, exhibition ‖ ⌃ einer amtlichen Bescheinigung über Leergewicht, Bruttogewicht u. Achslast für LKW (GB) (Kfz) / plating

Aus-Stellung f (allg) / idle o. inoperative position ‖ ⌃ (Schalter) / off-position

Ausstellungs·modell n / exhibition o. showroom pattern o. model ‖ ⌃raum m / showroom ‖ ⌃stand m / booth, stall, exposition stand ‖ ⌃stück n, -gegenstand m, Exponat n / exhibit ‖ ⌃theke f / display case ‖ ⌃zelt, -Gebäude n / pavilion

aus·stemmen (Tischl) / chisel out ‖ ~steuern (LoKa) / match ‖ ~steuern, durchsteuern (Regeln) / drive to full output ‖ ~steuern, auswählen (Regeln) / select ‖ in Ablagefach ~steuern (LoKa) / select to stacker

Aussteuerung f, Pegelregler m / level control ‖ ⌃ (Elektronik) / swing of a tube, drive of a transmitter ‖ ⌃, -grad m / level control coefficient ‖ **gleichmäßige** ⌃ (Elektronik) / uniform control ‖ **kleine** ⌃ (Halbl) / small-signal... ‖ **volle** ⌃ / 100 % modulation

Aussteuerungs·anzeiger m / percent modulation indicator ‖ ⌃anzeiger m (Magn.Aufzeichn) / record[ing] level indicator ‖ ⌃automatik f / automatic select control ‖ ⌃befehl m (LoKa) / select instruction ‖ ⌃bereich m (TV) / contrast o. dynamic range ‖ ⌃drift f (Halbl) / control drift ‖ ⌃gerät n (TV) / volume indicator ‖ ⌃grenze f (Elektronik) / operating limit ‖ ⌃messer m (Radio) / VU meter, volume unit meter, peak program meter ‖ ⌃messer m, Modulationsgradmesser m (Elektronik) / percentage modulation meter ‖ ⌃messer m (Fernm) / signal level meter, speech level meter ‖ ⌃regler m (Magn.Bd) / recording level control

Ausstieg m, Aussteigtür f (Bahn) / exit door of vehicles ‖ ⌃ in Weltraum / space walk ‖ ⌃luke f (Satellit) / hatch

Ausstoß m, Ausbringen n (Bergb, Masch) / output, yield ‖ ⌃, ununterbrochen produzierte Menge o. Länge (Masch, Textil) / run ‖ ⌃ von Gasen / discharge, emission of gas

ausstoßen / eject, expel ‖ ~ (Spinn) / eject, strip ‖ ~ (Schmutz u. Fett) (Gerb) / slime vt, sleek off (remove dirt and fat) ‖ ~, abblasen / blow off, exhaust ‖ ~, produzieren / turn out, produce ‖ **Kerne** ~ (Gieß) / decore, fettle-out sand cores

Ausstoßer m (Kratzer) / ejector ‖ ⌃, Vordrücker m / pusher ‖ ⌃ (Wzm) / ejector ‖ ⌃marke f / ejector pin mark ‖ ⌃markierung f (Druckguß) / pin mark

Ausstoß·hobel m / plough plane ‖ ⌃kamm m (Spinn) / stripping comb, evener comb ‖ ⌃maschine f für Koks / coke pusher machine ‖ ⌃seite f (Koksofen) / ram side, machine side, pusher side ‖ ⌃stempel m / discharging stamp, pushing ram ‖ ⌃vorgang m / ejection process ‖ ⌃vorrichtung f, Auswerfer m (Wzm) / ejector, knock-out ‖ ⌃vorrichtung f für Kokillen (Hütt) / pusher ‖ ⌃walze f, Ausputzwalze f (Karde) / stripping roller

aus·strahlen / eradiate, radiate, emit ‖ ~strahlen vt / radiate ‖ ~strahlen vi, -senden (Phys) / radiate, beam, effuse vi ‖ ~strahlend, -strömend / emissive, emittent, emitting ‖ ⌃strahlspitze f (Blitzableiter) / terminal point ‖ ⌃strahlung f (Radio) / radiation, transmission, broadcasting ‖ ~straken, glätten (Luftf, Schiff) / fair, streamline ‖ ~streben, -steifen / brace, shore v ‖ ~strecken, recken / flat down ‖ ~streichen, wegstreichen / cross out, delete, strike out, cross out ‖ ~streichen, löschen / efface ‖ ~streichen, auskitten (Ritzen) / fill up, point, grout, daub, stop ‖ ~streichen (Fugen) / point flat the joints, fill up joints ‖ ~streichen vi (Bergb) / approach the surface of the earth, crop out,

outcrop, basset ‖ **~strömdüse** f / ejection nozzle ‖
~strömen vt, -strahlen / give out, emit ‖ **~strömen**
(Geruch) / emanate vt ‖ **~strömen** vi, -strahlen / emanate
vi, effuse vi ‖ **~strömen** n (Flüssigkeit) / discharge,
escape, streaming o. flowing off o. forth ‖ **~strömen** n
(Gas) / escape ‖ **~strömend**, -strahlend / emissive,
emittent, emitting ‖ **~strömend** (Flüssigkeit) / effluent,
emanating, outgoing ‖ **~strömkrümmer** m / elbow on
exhaust pipe ‖ **~strömraum**, Diffusor m (Mot) /
delivery space, diffuser, volute chamber ‖ **~strömung**,
-strahlung f (Phys) / emission ‖ **~ström[ungs]menge** f **in
einer gegebenen Zeit** (Hydr) / discharge [rate] ‖
~ström[ungs]öffnung, Zylinderöffnung f (Dampfm) /
exhaust port ‖ **~ström[ungs]rohr** n / delivery tap o.
pipe, exhaust pipe ‖ **~stufen** / cut into steps ‖
~stülpung, Protuberanz f / excrescence, protuberance
‖ **Fördergefäße ~stürzen** (Bergb) / dump the tubs ‖
~suchen, sortieren / pick, gather, sort ‖ **~suchen**,
auswählen / select, screen vt ‖ **~tarieren** /
counterbalance, tare
austasten (TV) / blank [out] ‖ **~** (Elektronik) / blanking [out]
Austast·impuls m (TV) / blanking o. blackout (US) pulse ‖
~lücke f (TV) / blanking interval ‖ **~pegel** m (TV) /
blanking o. pedestal level ‖ **~schulter** f (TV) / front and/
or back porch ‖ **~signal** n (Elektronik) / blanking o.
blackout (US) signal ‖ **~verstärker** m (TV) / blanking
amplifier ‖ **~wert**, -pegel m (TV) / blanking level
Austausch m / exchange (of goods), interchange (of
informations) ‖ **~**, Ersatz m / replacement ‖ **~**,
Diffusion f (Flüssig) / diffusion of liquids ‖ **~**,
Substitution f (Chem) / substitution
austauschbar, ersetzbar / replaceable ‖ **~e Gruppe**
(Ionenaustauscher) / functional group ‖ **untereinander ~** /
interchangeable
Austauschbarkeit f / interchangeability
Austausch·batterie f (Kfz) / exchange battery ‖ **~bau** m /
interchangeable manufacture ‖ **~boden** m (Chem) /
bubble plate, [exchange] plate ‖ **~container** m / lease
container
austauschen / exchange ‖ **~** [anstelle von] / substitute,
replace [by] ‖ **untereinander ~** / interchange vt ‖
Zahlen ~ (DV) / transpose figures
Austauschenergie f (Nukl) / exchange energy, interchange
o. resonance energy
Austauscher m / exchanger ‖ **~harz** n, (jetzt:)
Ionenaustauscher m / ion exchanger
Austausch·integral n (Math) / exchange integral ‖
~kapazität f, T-Wert m (Boden) / cation exchange
capacity ‖ **~kräfte** f pl (Phys) / exchange force ‖
~ -Lufthitzer, -Luftvorwärmer m / regenerative
airheater ‖ **~motor** m (Kfz) / rebuilt engine ‖ **~muster** n
/ exchange sample ‖ **~palette** f / pool pallet ‖
~programmierbare Steuerung / programmable
controller with interchangeable memory ‖ **~quellung** f,
Atmungsdifferenz f (Ionenaustauscher) / exchange
swelling ‖ **~reaktion** f (Chem) / exchange reaction ‖
~reparatur f / standard repair, substitute servicing ‖
~röhre f (Elektronik) / tube equivalent, equivalent tube ‖
~stoff m / substitute ‖ **~strom** m / exchange current ‖
~vergoldung f, stromlose Vergoldung / currentless o.
electroless gold plating ‖ **~werkstoff** m, Ersatz m /
substitute material ‖ **~zeichen** n (DV) / replacement
character ‖ **~zyklus** m (Ionenaust.) / exchange cycle
aus·teilen / serve out, share out, spend ‖ **~teilung** f /
distribution
Austenit m (Chem, Hütt) / austenite ‖ **~formpatentieren** n /
ausformpatenting ‖ **~formschmieden** n / ausforging
austenitisch / austenitic
austenitisieren (Hütt) / austenitize, austenize
Austenitisierung f / austenit[iz]ing
Austenit·stahl m / austenitic steel
aus·testen, entflöhen / debug ‖ **~testen**, -prüfen n (DV) /
check-out, debugging ‖ **~tiefen** / hollow v, sink v ‖
~tiefhammer m / embossing hammer ‖ **~tiefung** f /

concavity, concave[ness] ‖ **~tiefung** f **im Ziegel** / frog
(as in a brick) ‖ **~tonnen** (Schiff) / buoy vt, mark by
buoys ‖ **~tonnung** f, Betonnung f / laying-out buoys ‖
den Faden ~tordieren / destroy the torsion of the fiber
Austrag m, Ausschüttung f / discharging, shedding ‖ **~**
(Bergb) / delivery, discharge ‖ **~**, Herausgeschlepptes n
(Galv) / entrained matter, drag-out ‖ **~ des Siebfeinen** /
fines removal
austragen, ausfahren (Ofen) / withdraw from the furnace
Austrag·grube f / drawing pit ‖ **~kammer** f (Aufber) /
refuse extraction chamber ‖ **~kammer** f / delivery
chamber ‖ **~regler** m (Aufber) / refuse extractor ‖
~regler m (automatisch) (Aufber) / automatic extractor,
de-shaler ‖ **~schieber** m / discharge plough ‖
~schnecke f **für Rückstände** / refuse worm
Austrags·ende n (Förderband) / delivery end of belt ‖ **~gut**
n (Aufber) / discharge ‖ **~plattenband** n / discharge
apron conveyor ‖ **~rohr** n **für Abgänge** (Aufber) / refuse
discharge pipe ‖ **~rutsche** (aus Bunkern), -schurre f /
delivery chute
Australit m (Geol) / australite
Aus·transfer m, Ausspeicherung f (DV) / roll-out n, roll-
off n ‖ **~treiben**, -stoßen / expel, expulse ‖ **~treiben**,
sperren (Buch) / white out ‖ **Luft ~treiben**, entlüften /
deaerate ‖ **Bolzen ~treiben** / start bolts ‖ **~treiben** n
des Benzols, Entbenzolung f / debenzolation, benzol
stripping ‖ **~treiber** m (Werkz) / ejector drift ‖ **~treiber**
m (Bohrm) / drill drift ‖ **~treiblappen** m (Werkz) / flat
tang ‖ **~treiblappen** m **am Bohrer** / drift tang ‖
~treibung f / expulsion ‖ **~treten** (Flöz) (Bergb) / back
vi, be exposed ‖ **~treten** (Licht) / emerge ‖ **~treten**
(Hydr) / overflow its banks ‖ **~treten** (Wasser, Bergb) /
penetrate ‖ **~treten** (Flöz) / exposure ‖ **Stufen ~treten**
/ wear down steps ‖ **~tretend**, -fallend (Phys) / emergent
‖ **~tretende Flanke** (Getriebe) / exit flank ‖ **~trieb** m,
Aufplatzen n der Blattknospen / bud burst ‖ **~trieb** m
(Schaumkunststoff) / lateral waste ‖ **~trieb** m (Gummiform)
/ lateral flow ‖ **~triebnut** f (Plast) / flash groove, spew
groove ‖ **~triebspritzung** f (Landw) / bud burst spraying
Austritt m **einer Treppe**, Podest m, n (DIN) / stair head
o. top, stairs-head, mouth of a staircase ‖ **unter ~** [von]
/ with delivery [of] ‖ **~eingriff** m (Zahnrad) / recess
contact
Austritts·arbeit f (Elektronik) / electron affinity, work
function, work of emission ‖ **~arbeit** f **bei
Glühemission** / thermionic work function ‖ **~arbeit** f
der Photoelektronen / photoelectronic work function ‖
~balken, Ausführbalken m (Walzw) / delivery beam ‖
~durchmesser m (Scheinwerfer) / effective diameter ‖
~ebene f / emergence plane
Austrittseite f (Zahn) / recess side
Austritts·fenster n (TV) / beam hole ‖ **~geschwindigkeit** f
/ outgoing speed ‖ **~geschwindigkeit** f **der Brenngase**
(Rakete) / exhaust velocity ‖ **~kante** f (Luftf) / trailing o.
following edge ‖ **~kante** f (Turbinenschaufel) / outlet edge
‖ **~leitkranz** m (Turbine) / outlet nozzle ring ‖ **~meißel**,
-hund m (Walzw) / delivery guide ‖ **~öffnung** f / outlet ‖
~potentialminimum n (Elektronik) / emission potential
minimum ‖ **~pupille** f, -blende f (Opt) / exit pupil ‖
~seite f (an der Walze) (Walzw) / outgoing side ‖
~spannung f (Elektronik) / work function voltage ‖
~stufe f / landing step of stairs, end- o. head-step ‖
~temperatur f / outlet temperature ‖ **~winkel**,
Ausfallwinkel m (Phys) / angle of emersion
aus·trocknen vt, trocknen / desiccate, dry ‖ **~trocknen**,
dörren / exsiccate ‖ **~trocknen** vi (durch Lagern) /
season ‖ **~trocknen** vi / dry in o. up ‖ **~trocknen** n,
Austrocknung f / drying-out ‖ **~trocknend** / desiccative
adj ‖ **~trocknendes Mittel** n / desiccant ‖ **~tüfteln** /
puzzle out ‖ **~tuschen** / shade with Indian ink ‖ **~ - u.
Vorrichtungsarbeiten** f pl (Bergb) / search work ‖
~üben, betreiben / pursue, practice, -tise (GB),
exercise ‖ **die Kontrolle ~üben** / control ‖ **einen
Druck ~üben** / press ‖ **ein Patent ~üben** / work a

patent ‖ ~**ufern**, über die Ufer treten / overflow its
banks ‖ ⌖ - **und Eingang** *m* / egress and ingress ‖
⌖**vierung**, Quadratur *f* (Bau) / quadrature ‖
⌖**vulkanisierung** *f* / complete o. tight o. full cure o.
vulcanization ‖ ~**wachsen auf dem Halm** (Getreide) /
sprout
Auswahl *f*, Wahl *f* / choice, selection ‖ ⌖ **zwischen zwei
Möglichkeiten** / alternative ‖ **eine große** ⌖ / a wide
range ‖ ⌖**befehl** *m* (DV) / seek o. select command ‖
⌖**einrichtung** *f* (DV) / sample selection feature
auswählen / choose, select ‖ ~ (Regeln) / select
Auswahl·prüfung *f* (LoKa) / selection check ‖ ⌖**regel** *f*
(Nukl) / rule governing the selection ‖ ⌖**reihe** *f*
(Normung) / selection series ‖ ⌖**satz** *m* / sampling
fraction ‖ ⌖**sortierung** *f* (DV) / extraction o. selection
sorting ‖ ⌖**system** *n* (Passung) / selection system of fits
‖ ⌖**test** *m* (Qual.Prüf) / screening test ‖ ⌖**vorrichtung** *f*,
Selektor *m* / selector
aus·walzen (Hütt) / roll off o. out ‖ ⌖**walzen** *n* (Hütt) /
rolling off, rolling out ‖ **dünn** ~**walzen** / roll out ‖
~**wandern**, weglaufen (Nullpunkt) / drift ‖ ⌖**wandern**,
Weglaufen *n* (Nullpunkt) / drift ‖ ⌖**wanderung**, -lenkung
f / excursion ‖ ⌖**wanderung** *f* **der Abtastung** / sweep
excursion ‖ ⌖**wanderungsgrad**, Driftgrad *m* (Elektronik)
/ drift percentage ‖ ⌖**wanderverlust** *m* (Holografie) /
drift loss
auswärts verlaufende Osmose / exosmosis
auswaschen (Chem) / wash out o. off o. up, rinse ‖ ~,
schlämmen / elutriate ‖ ~, unterspülen / wash [away],
erode ‖ ⌖, Abnutzen, -reiben *n* (Geol) / detrition ‖ ⌖ **der
Stranghaut** (Strangguß) / decanting o. draining of the
strand ‖ ⌖ **mit Säurebrause** / degging
Auswasch·platte *f*, photopolymere Druckplatte (Buch) /
photo-polymeric printing plate ‖ ⌖**reliefdruckstock** *m*
(Buch) / nylon printing plate, collobloc plate ‖ ⌖**tiefe** *f*
(Buch) / washing-out depth
Auswaschung *f*, Auslaugung *f* (Boden) / eluviation ‖ ⌖ **des
Geländes** / washout, erosion
Auswaschverlust *m* / loss of weight by washing out
auswechselbar / exchangeable, replaceable ‖ ~,
demontierbar / demountable, removable ‖
~ (gegeneinander) / interchangeable ‖ ~**e Bohrbuchse** /
renewable bush ‖ ~**er Einsatz** (allg) / cartridge ‖ ~**es
Farbwerk** (Buch) / portable ink duct o. fountain ‖ ~**e
Platte** (DV) / removable disk ‖ **mit [leicht]** ~**en
Lampen** / relampable (US)
Auswechselbarkeit, leichte ⌖ / ease of exchangeability
auswechseln / exchange, interchange ‖ ~, ersetzen /
change, replace ‖ ~, erneuern / renew ‖ ⌖ *n*,
Auswechselung *f* / exchanging ‖ ⌖ (gegeneinander) /
interchanging ‖ ⌖ **von Rohren** / retubing ‖ **Balken** ~
(Zimm) / join by a binding joist
Auswechsel·platte *f* (Spritzwz) / duplicate plate ‖ ⌖**teil** *n* /
replacement piece ‖ ⌖**teil an Generatorgasbrennern** *n*
m / scotch block
Ausweg *m*, Behelfsmittel *n* / shift, makeshift
Ausweich·..., abwechselnd / alternate ‖ ⌖**...**, alternativ /
alternative, second-source ‖ ⌖**arbeit** *f* / temporary
work, odd job
Ausweiche *f* (Bergb) / double parting ‖ ⌖ (Straßb) /
overhaul, road widening, turnout (US) ‖ ⌖ (in einem
Kanal) / tie-up basin, lay-by
ausweichen (Magnetnadel) / turn off ‖ ~ (Magnetnadel,
Kreiselkomp) / vi. ‖ ~ [auf] / resort [to], have recourse
[to] ‖ ~, umgehen (Installation) (Elektr) / avoid, go
round, evade ‖ ⌖ *n* / lateral yielding ‖ ⌖ **des Bohrers**
(Öl) / slippage ‖ **seitliches** ⌖ (o. Nachgeben) (Bau) /
lateral yielding
ausweichend·e Prellung (Uhr) / resilient escapement
Ausweich·flugplatz *m* / alternat[iv]e airfield ‖
⌖**frequenzen** *f pl* / alternat[iv]e route ‖ ⌖**gleis** *n*,
-stelle, Weiche *f* (Bahn) / siding, passing track ‖ ⌖**kabel**
n / emergency cable ‖ ⌖**leitung** *f* / by-pass line ‖ ⌖**stelle**

f, Ausweiche *f* (Bahn, Straßb) / passing [place o. point],
turn-out, turnout ‖ ⌖**stelle** *f*, Kreuzungsstelle *f* (Hydr) /
lay-by
Ausweichung *f* (Kreiselkompaß) / deflection of the compass,
declination, dec
Ausweich·verbindungsart *f* / alternative means of
communication ‖ ⌖**weg** *m* (Fernm) / emergency route ‖
⌖**werk** *n*, -fabrik *f* / shadow factory, emergency plant
Ausweis·leser *m* / badge reader ‖ ⌖**pflicht** *f* / obligatory
identification
ausweiten (Bergb) / excavate ‖ ~ (Schuh) / stretch ‖ **mittels
Dorn** ~ (Bohrung) / drift, open out, widen ‖ **mittels
olivenförmigem Hilfsmittel** ~ (Bohrung) / olive *vt*,
olivate
auswerfen / throw out ‖ ~ (Stanz, Plast) / eject, knock out ‖
den Boden ~ (Bau) / throw up the ground
Auswerfer *m*, Ausstoßer *m* (Wzm) / ejector, knock-out,
knockout ‖ ⌖ **mit Rückfall** / ejector with relapse ‖
⌖**anschlagschraube** *f* (Presse) / knockout screw ‖
⌖**buchse** *f* / ejector sleeve ‖ ⌖**deckplatte** *f* / ejector
retaining plate ‖ ⌖**formhälfte** *f*, bewegliche Formhälfte
(Druckguß) / ejector die ‖ ⌖**lappen** *m* / ejector lug ‖
⌖**platte** *f* (Plast) / ejection plate ‖ ⌖**platte** *f* (Gieß) / top
plate ‖ ⌖**rückholstift** *m* (Gieß) / ejector return pin ‖
⌖**seite** *f* (Plast) / ejector side, knockout side ‖ ⌖**sockel** *m*
(Presse) / knockout bracket ‖ ⌖**stange** *f* (Presse) /
knockout bar ‖ ⌖**[stift]** *m* / ejector pin, knockout pin ‖
⌖**stoßstange** *f* (Plast) / ejection tie bar ‖ ⌖**verbindung** *f*
(Plast) / ejection connecting bar
Auswerf·kasten *m* (Druckguß) / ejector box ‖ ⌖**taste** *f*
(Recorder) / eject key
aus·, **nicht** ~**wertbar** / avaluative ‖ ~**wertbar**, ablesbar *f* /
reading
Auswerte·bogen *m*, -formular *n* / answer sheet ‖ ⌖**impuls**
m (Elektronik) / gating pulse, strobing pulse ‖
⌖**impulsgenerator** *m* (Radar) / strobing [pulse]
generator (GB), gating pulse generator ‖ ⌖**logik** *f* (DV) /
scoring logic
auswerten / evaluate ‖ ~, verwerten / exploit, utilize,
make full use [of] ‖ **[Kurven]** ~ / reduce, evaluate ‖
Daten ~ o. interpretieren / interpret data ‖ **Ergebnisse
grafisch** ~ / evaluate, plot ‖ **Photogramme** ~ / filter
photogrammetric records
Auswerte·stelle *f* / plotting station ‖ ⌖**system** *n* (DV) /
plotting system ‖ ⌖**tisch** *m* / plotting table
Auswertung *f* / evaluation, exploitation, interpretation
‖ ⌖, Verarbeitung *f* / evaluation, analysis ‖ ⌖, Wertung
f / evaluation ‖ ⌖ **von Beobachtungen** / evaluation o.
analysis of observations, interpretation of observations
Auswertungs·formular *n* (DV) / answer o. scoring sheet
Aus·wickelöffnung *f* (Kabel) / take-off hole ‖ ⌖**wiegen** *n*
(Luftf) / ballasting-up ‖ ~**winden**, auswringen / wring
[out] ‖ ~**winkeln** / take the squaring ‖ ~**wintern** *vi*
(Landw) / be killed by frost o. parasites ‖ **sich** ~**wirken**
[in] (Math) / result [in], affect ‖ ⌖**wirkung** *f* **eines
Fehlers**, Ausfallfolgen *f pl* / failure effect ‖ ~**wischen**,
wegwischen / efface ‖ ~**wittern**, -wettern, der
Witterung aussetzen / season, weather ‖ ~**wittern** *vi*
(Chem, Min) / effloresce ‖ ⌖**wuchs** *m* (auf Holz) /
excrescence (on wood), wart, upgrowth ‖ ~**wuchten**
(Räder) / counterbalance wheels, balance wheels ‖
⌖**wuchten** *n* (Masch) / balancing of wheels ‖ ⌖**wuchten**
n **an Ort und Stelle** / field balancing ‖ ⌖**wuchten** *n* **in
mehreren Ebenen** (Masch) / multiplane balancing ‖
⌖**wuchtgüte** *f* / balance quality ‖ ⌖**wuchtmaschine** *f* /
balancing machine ‖ ⌖**wuchtscheibe** *f* (Mot) / thrust
washer ‖ ⌖**wuchtzyklus** *m* / balancing run on a
balancing machine ‖ ⌖**wurf** *m* (Hütt) / slopping, spittings
pl ‖ ⌖**wurf** *m* **des Schützen** (Web) / ejection of the
shuttle ‖ ⌖**wurfbegrenzung** *f*, Emissionsbegrenzung *f*
(Umwelt) / emission control ‖ ⌖**wurfklappe** *f* (Spinn,
Baumw) / dust ejection door ‖ ⌖**wurföffnung** *f* / ejection
hole o. slot ‖ ⌖**wurföffnung** *f* (Reißwolf) / ejection slot ‖
⌖**wurfstoff** *m* / recrement ‖ ~**zacken** / indent *vt*, jag,

notch ‖ ⮥**zackung** f / notching, jagging, indentation, denticulation ‖ ~**zahlen** (sich), lohnen (sich) / pay ‖ ~**zahlen**, zählen / number, count out ‖ ⮥**zählen** n eines **Textes** (Buch) / casting-off ‖ ⮥**zählverfahren** n [**nichtmetallischer Einschlüsse**] / inclusion count ‖ ~**zeichnen**, markieren / mark ‖ ~**zeichnen** (Preise) / ticket articles, mark ‖ ⮥**zeichnen** n, Etikettieren n / labelling, ticketing ‖ ⮥**zeichnung**, Hervorhebung f (Buch) / display

Ausziehantenne f / telescopic antenna

ausziehbar / pull-out…, draw-out…, extractable ‖ ~ (gleitend) / telescopic, telescoping, sliding ‖ ~ (Spinnlösung) / ductile ‖ ~, einschiebbar / extendable ‖ **nach unten** ~e **gußgekapselte Schaltvorrichtung** / vertical draw-out metal-clad switchgear

ausziehen, ziehen / stretch, distend, draw-out ‖ ~ (DV) / extract vt ‖ ~, -laugen / extract, lixiviate, leach [out] ‖ ~ (Zeichn) / ink v ‖ ~ n, Strecken n (Spinn) / drafting, drawing ‖ ⮥ **des Heizschlauchs** (Gummi) / debagging ‖ ⮥ **nach der Breite** (Web) / tentering ‖ **das Bad** ~ (Textil) / exhaust the bath ‖ **Nägel** ~ / pull nails, extract nails ‖ **zu Fäden oder Drähten** ~ / wire-draw

ausziehen (Chem) / extractive ‖ ~e **Schacht** (Bergb) / upcast ventilating shaft, uptake ‖ ~e **Wetterstrecke** (Bergb) / return gate road, return aircourse o. airway

Auszieher m (Walzw) / withdrawing machine ‖ ⮥ **für abgebrochene Schrauben** / screw extractor

Auszieh·fallschirm m, Hilfsfallschirm m / pilot parachute ‖ ⮥**flügel** m (Luftf) / variable span wing, telescope wing ‖ ⮥**hebel** m, Wuchtbaum m / pile heaving lever ‖ ⮥**kraft** f (Steckverbinder) / extraction force ‖ ⮥**leiter** f / extension ladder ‖ ⮥**rohr** n / draw tube ‖ ⮥**schnecke** f (Zuck) / drawing-out worm ‖ ⮥**schraube** f / withdrawing screw ‖ ⮥**stoß** m, Schienenauszugsvorrichtung f (Bahn) / feathered joint, chamfered joint ‖ ⮥**tisch** m / pull-out table, extension o. telescopic table ‖ ⮥**tür** f / telescopic door ‖ ⮥**tusche** f / Indian o. Chinese o. drawing ink, China ink

Ausziehung, -laugung f (Chem) / extraction

Auszieh·vorrichtung f (Ofen) (Hütt) / drawing device ‖ ⮥**walze**, Streckwalze f (Textil) / drawing o. delivering roller

auszimmern (Bergb) / timber ‖ ~, unterbauen (Bergb) / prop ‖ ~ (Schacht) (Bergb) / tub

Auszubildender, Lehrling m, Azubi / apprentice ‖ ~, Anlernling m / trainee

Auszug m (Phot) / colour separation ‖ ~, Zug m (Tischl) / drawer, chest of drawers ‖ ~, Extrakt, Extraktivstoff m / extract, spirits pl ‖ ~ (aus einem Schriftstück) / excerpt, abstract, compendium, summary ‖ ~ **der Kamera** (Phot) / extension ‖ ⮥**maschine** f (Ofen) (Hütt) / drawing machine ‖ ⮥**schnecke** f am Selfaktor (Spinn) / backshaft [drawing-out] scroll

Auszugs·walze f (Färb) / pull-out roller, drawing roller ‖ ⮥**welle** f (Spinn) / back shaft ‖ ⮥**zylinder** m, Ausgangswalze f (Ringspinnm) / front roller, delivery roller

auszupfen (Textil) / unravel ‖ ~, akkommodieren (Wolle) / sort

Aus·-Zustand m (Elektr) / off-condition ‖ ~**zwicke[l]n** (Bau) / spaul o. spall the joints ‖ ~**zwirnen** n (Spinn) / twisting at the head

Authentisierung f / authentication

Authentisierungsabfrage u. -antwort f / challenge and reply [for authentication]

Auto n (Kfz) / auto[mobile], motorcar ‖ ⮥**aktivierung** f / autoactivation ‖ ⮥**anhänger** m / motorcar trailer ‖ ⮥**antenne** f / car antenna ‖ ⮥**-Ausleger[dreh]kran** m / truck mounted slewing crane ‖ ⮥**bahn** f / autobahn, (GB): motorway, (US): express way, parkway, freeway, superhighway

autobahnähnliche Bundesstraße / motor highway

Auto·bahnanschluß m / junction of a motor road ‖ ⮥**bahnauffahrt** f / highway approach o. entrance ‖

⮥**bahnkreuz** n, Autobahndreieck n, -anschluß m / motorway interchange cloverleaf ‖ ⮥**bahnmeisterei** f / motorway maintenance area ‖ ⮥**bahnring** m / circumferential highway ‖ ⮥**bahnspange** f / motorroad link o. junction ‖ ⮥**batterie** f / car battery ‖ ⮥**briefkasten** m / drive-up letter box ‖ ⮥**bus** m, Bus m / autobus, motorbus, [omni]bus ‖ ⮥**bus** m **für Reiseverkehr** / motor coach, bus ‖ ⮥**bus** m **für Stadtverkehr** / city bus ‖ ⮥**bus** m **ohne Oberdeck** / saloon coach ‖ ⮥**busbahnhof** m / bus terminal o. station ‖ ⮥**chemogramm** n / autochemograph ‖ ~**chrom** (Phot) / autochrom[e] ‖ ⮥**chromdruck** m / autochrome n

autochthon / autochthonous, indigenous, native

Auto·code m (DV) / autocode ‖ ⮥**coder** m / autocoder ‖ ⮥**dyn-Empfänger** m (Elektronik) / auto[hetero]dyne receiver ‖ ⮥**elektrik** f / electric motorcar equipment ‖ ~**elektronischer Effekt** / autoelectronic o. field emission ‖ ⮥**empfänger** m (Elektronik) / automobile receiver, car radio (US) ‖ ⮥**fabrikant** m / automobile manufacturer, motor vehicle manufacturer, automaker ‖ ⮥**fähre** f / motorcar ferry, ferry[boat] ‖ ⮥**fahren** (Kfz) / motor v, drive v ‖ ⮥**feder** f / motorcar spring ‖ ⮥**fining** n (Öl) / autofining ‖ ⮥**fokussierung** f / autofocussing ‖ ⮥**frettage**, Kaltreckung f (Geschütz) / radial expansion, autofrettage ‖ ~**frettieren** (Geschützrohr) / cold-work, self-hoop ‖ ⮥**friedhof** m / car dump, car breaker's yard ‖ ⮥**garage** f / motorcar garage

autogen / autogenous ‖ ~**es Brennschneiden** / oxyacetylene cutting, oxy-cutting, autogenous cutting, flame cutting, torch cutting ‖ ~**es Entspannen** (Hütt) / low temperature annealing o. stress-relieving ‖ ~**es Mahlen** / autogenous grinding, rock-on-rock grinding ‖ ~**e Plattenschneidemaschine** / flame plate cutting machine ‖ ~**e Preßschweißung** / solid phase welding ‖ ~**es Schmelzen** (Hütt) / pyritic smelting ‖ ~**es Schneiden** / oxyacetylene cutting, gas-cutting ‖ ~ **schneiden**, brennschneiden / gas-cut v ‖ ~ **schweißen** / gas-weld v ‖ ⮥**gas** n / oxyacetylene gas ‖ ⮥**gas** n, Dissousgas n / dissolved acetylene ‖ ⮥**mühle** f / autogenous grinding mill ‖ ⮥ **-Schneidbrenner** m / oxyacetylene cutting apparatus o. torch ‖ ⮥**schweißbrenner** m / gas welding torch ‖ ⮥**schweißen** n, (veraltet für): Gasschweißen n / autogenous welding, gas welding ‖ ⮥**schweißer** m, Gasschweißer m / gas welder

Auto·giro n, Tragschrauber m / Autogiro, windmill airplane ‖ ⮥**glühlampe** f / automobile bulb

Autographen·… (Buch) / autographic[al] ‖ ⮥**film** m / autographic film ‖ ⮥**papier** n / retransfer paper ‖ ⮥**tinte** f / autographic ink

Autographie f, Autolithographie f / autolithography, autography

Auto·heterodyn n (Elektronik) / auto[hetero]dyne ‖ ~**induktiv**, mit gemeinsamer Induktivität / autoinductive ‖ ⮥**industrie** f / motorcar industry ‖ ⮥**jigger** m (Elektr) / autojigger ‖ ⮥**katalyse** f / autocatalysis ‖ ⮥**katalytisch** (Galv) / electroless, autocatalytic ‖ ⮥**klav** m (Chem) / autoclave ‖ ⮥**klaven-Behandlung** f / autoclave treatment, autoclaving ‖ ~**klavieren**, im Autoklaven behandeln (Lebensmittel) / autoclave, treat by autoclave ‖ ⮥**kollimation** f / autocollimation ‖ ⮥**kollimations…** / autocollimation… ‖ ⮥**kollimationsfernrohr** n / autocollimator ‖ ⮥**kolonne**, Schlange f (coll) (Kfz) / line of cars, motorcade (coll) ‖ ⮥**korrelation** f / autocorrelation ‖ ⮥**korrelationsanalyse** f / autocorrelation analysis ‖ ⮥**korrelationsfunktion** f / autocorrelation function ‖ ⮥**korrelationskoeffizient** m / autocorrelation coefficient / ⮥**kran** / automobile crane, mobile crane ‖ ⮥**kühler** m / motorcar radiator ‖ ⮥**lackierer** m / body painter ‖ ⮥**lackiererei** f / automotive paint shop ‖ ⮥**lenkung** f, Achsschenkellenkung f (Landw) / axle pivot steering

Automat *m* / automatic [machine] ‖ ~, Warenautomat *m* / vending machine, vendometer (US), automatic retailer, automatic delivery apparatus, automaton ‖ ~, Spielautomat *m* / gambling machine ‖ ~, Selbstausschalter *m* (Elektr) / overload o. overcurrent circuit breaker o. cutout o. switch, automatic [safety] switch ‖ ~, Automatendrehmaschine *f* (Dreh) / automatic lathe, autolathe
Automaten·amt *n*, Selbstwählamt *n* / automatic exchange ‖ ~drehmeißel *m* / tool for automatic lathes ‖ ~ -Fernsehen *n* / fee television ‖ ~kurve *f* (Wzm) / cam of the automatic lathe ‖ ~legierung *f* / free-cutting steel alloy ‖ ~messing *n* / free cutting brass, machining brass (US) ‖ ~münze *f* / slot coin, slug, token (US) ‖ ~ -Reibahle *f* / stub reamer ‖ ~saal *m* (Wzm) / screw machine department ‖ ~schützen *m* (Web) / shuttle for automatic looms ‖ ~stahl *m* / free cutting steel, machining steel (US) ‖ ~teil *n*, Fassondrehteil *n* (Wzm) / screw machine product o. part ‖ ~teile *m n pl* (Wzm) / repetition work ‖ ~teile [hoher Genauigkeit] *n pl* / precision screw machine parts *pl* ‖ ~webstuhl *m* (Textil) / automatic loom
Automatik *f* / sequence of automatic operations, automatism ‖ ~ (Vorgang) / automatism, automatic action ‖ ~ (Einrichtung) / automatic [machine] ‖ ~, Automatikgetriebe *n* (Kfz) / automatic transmission ‖ ~ -Schalthebel *m* (Kfz) / selector, automatic gear-shift lever ‖ ~ -Sicherheitsgurt *m* (Kfz) / inertia reel belt, retractor belt ‖ ~tuner *m* (Elektronik) / self-seeking tuner
Automation, Automatisation *f* / automation ‖ ~ *f* mit Hilfe von Datenverarbeitung / datamation
Automations·grad *m* / degree of automation ‖ ~maschine *f* / automation machine ‖ ~technik *f* / automation technology
Automatisation *f* ohne Selbstkontrolle / open-loop automation
automatisch / automatic, self-acting ‖ ~e Abfrage (DV) / autopolling ‖ ~ ablaufender Arbeitsgang / controlled cycle ‖ ~es Analysegerät / autoanalyzer ‖ ~e Anhänger-Drillmaschine (Landw) / self-lift tractor seed drill ‖ ~ anlegender Gurt / automatic belt, passive belt ‖ ~e Anmeldung / automatic logon ‖ ~er Anruf (Fernm) / automatic calling ‖ ~e Antwort (DV) / auto-answering ‖ ~e Armbanduhr / self-winding [wrist] watch ‖ ~ aufblasbare Rettungsinsel (Schiff) / automatic life-raft ‖ ~es Ausdrücken (Plast) / automatic ejection ‖ ~er Azimutanzeiger (Radar) / omnibearing indicator, OBI ‖ ~er Bankschalter / automated teller ‖ ~e Bildübertragung von Satelliten / automatic picture transmission, ATP ‖ ~er Blattwechsel / automatic skipping ‖ ~er Blockierverhinderer, ABV *m*, BLV *m* / anti-lock device, anti-skid system ‖ ~e Breithaltungsvorrichtung (Textil) / self-acting temple ‖ ~e Chrominanzregelung (TV) / automatic chrominance control, ACC ‖ ~e Codierung / automatic coding, autocoding, machine-aided programming ‖ ~e Datenerfassung / automatic data acquisition ‖ ~e Datenträgererkennung (DV) / automatic volume recognition ‖ ~e Datenverarbeitung, ADV / automatic data processing, ADP ‖ ~er Ein-Ausschalter / attentunattent switch ‖ ~e Einfädelung (Phot) / autoload ‖ ~er Einschalter (Elektr) / self-acting switch ‖ ~e Einzugsvorrichtung (Schreibm) / autofeed ‖ ~e Empfindlichkeitssteuerung / automatic sensitivity control, ASC ‖ ~e Entmagnetisierschaltung (Band) / auto-degausser ‖ ~es Entwurfsprogramm (DV) / automatic engineering design program, AEDP ‖ ~e Erdung (Luftf) / static ground ‖ ~e Ergänzung der technischen Unterlagen / automated design engineering ‖ ~ fertigen / automate ‖ ~er Filmtransport (Phot) / autofilm advance ‖ ~e Flugzeugsteuerung s. Autopilot ‖ ~e Frage und Rückfrage (Fernschreiber) / automatic request and question, ARQ ‖ ~e Funktionen *f pl* / automatic control

functions *pl* ‖ ~e Gepäckaufgabe (Luftf) / computer check-in ‖ ~es Getriebe (Kfz) / automatic transmission ‖ ~e [Gitter]vorspannung / automatic bias ‖ ~es Gurten o. Filmbonden (Halbl) / tape automatic bonding ‖ ~er Heurechen (Landw) / self-dump rake ‖ ~e Höhenschaltung / automatic altitude hold ‖ ~e Informations-Wiedergewinnung / automatic information retrieval, AIR ‖ ~e Kartenzuführeinrichtung, -vorsteckeinrichtung *f* (Buch.m) / automatic account card feed device ‖ ~e Konstruktion, CAD *n* (DV) / automated design engineering, ADE ‖ ~e Kontrolle (DV) / built-in check ‖ ~e Korrektur (DV) / autocorrection ‖ ~er Kübelaufzug / automatic skip hoist ‖ ~e Kupplung (allg, Bahn) / automatic coupling, autocoupling ‖ ~e Kurssteuerung (Luftf) / autopilot, automatic o. robot pilot ‖ ~e lastabhängige Bremskraftregelung, ALB *f* / automatic load-controlled braking ‖ ~e Lautstärkeregelung, ALR s. automatischer Schwundausgleich ‖ ~e Leitwegwahl / self-routing ‖ ~es Löschen (DV) / autopurge ‖ ~e Maschine / automatic ‖ ~ maßkontrolliert / size controlled ‖ ~e M.C.B.-Kupplung (Bahn) / M.C.B. coupling (US) ‖ ~er Probenwechsler (Radar) / automatic sample changer ‖ ~er Rauschbegrenzer (Radar) / automatic noise limiter, ANL ‖ ~es Regelsystem mit Rückführung / automatic feedback control system ‖ ~e Regelung / automatic control ‖ ~e Regelungstechnik, Rückführung *f* (Regeln) / feedback ‖ ~e Rostbeschickungsanlage / automatic stoker ‖ ~e Rückkehr / return action ‖ ~e Rückspulung (Phot) / autorewind ‖ ~e Rückstellung, Rückstell… / self-restoring o. resetting ‖ ~er Ruf (Fernm) / keyless ringing ‖ ~er Schalter (Elektr) / self-acting switch ‖ ~e Scharfabstimmung (Elektronik) / automatic frequency control, AFC ‖ ~e Scharfeinstellung, Autofokus *m* / autofocus ‖ ~e Schlupfregelung, ASR (Kfz) / automatic slip control ‖ ~es Schützentor (Hydr) / self-acting shutter ‖ ~e Schwellwertregelung (Radar) / automatic sensitivity control, ASC ‖ ~er Schwundausgleich, automatische Lautstärkeregelung (Elektronik) / automatic amplitude control o. gain control, AGC, automatic volume control, AVC ‖ ~er Schwundausgleich mit Schwellenwerteinstellung / quiet automatic volume control ‖ ~er Siebdruck (Textil) / automatic screen printing ‖ ~e Speichervermittlung (Fernm) / automatic message exchange, AMX ‖ ~e Spurnachführung (Video) / automatic track following, ATF ‖ ~e Startklappe, auotchoke ‖ ~er Streckenblock (Bahn) / automatic block apparatus ‖ ~er Streckenblock mit Lichtsignalen / automatic colour light block ‖ ~e Synchronisiereinrichtung / automatic synchronizer ‖ ~er Toaster / pop-up toaster ‖ ~e Trennschärferegelung (Elektronik) / automatic selectivity control, ASC ‖ ~ Überlastregelung / automatic overload control, A.O.C. ‖ ~ übertragene Leitwegkennzahl (Fernm) / automatic routing character ‖ ~e Umführung (Walzw) / mechanical repeater ‖ ~er Umschalter / self-reversing switch ‖ ~e Verstärkerregelung mit Unterdrückung / quiet AGC o. automatic gain control ‖ ~er Verstellpropeller (Luftf) / feathering airscrew ‖ ~er Vorschub / automatic advance ‖ ~e Vorschubeinrichtung (LoKa) / automatic carriage ‖ ~e Waffe / automatic weapon o. gun o. rifle, automatic ‖ ~er Wagenrücklauf[hebel] / new line control, line spacer and carriage return control ‖ ~e Wähler-Prüfeinrichtung (Fernm) / routiner ‖ ~e Wählvermittlung (Fernm) / automatic circuit exchange, ACE ‖ ~er Werkzeugwechsler / automatic tool changer, ATC ‖ ~er Wickelapparat (Spinn) / automatic lap doffer ‖ ~e Wiederholaufforderung (Fernm) / automatic request for repeat, ARQ ‖ ~e Wiederholeinrichtung / automatic retry facility ‖ ~e Wiederholungsanforderung (DV) / automatic repeat request, ARQ ‖ ~e **Zeichenerkennung** / automatic character recognition o. detection of signs ‖ ~e **Zeilenwahl** (DV) / selective line printing ‖ ~e **Zielverfolgung** / automatic target tracking ‖ ~e **Zugsicherung** (Schweiz) (Bahn) / automatic train stop, automatic warning system, AWS ‖ ~er **Zünder** / [radio-]proximity fuse ‖ ~e **Zündverstellung** (Kfz) / automatic [spark] advance, automatic timer ‖ mit ~er **Brennstoff- o. Werkstoffzufuhr** / self-feeder o. feeding ‖ mit ~er **Rückstellung**, Rückstell… / self-resetting

automatisch-digitales Meßverfahren / measurementation (US)

automatisieren / automate, automatize, make automatic

Automatisierung, Automation f / automatization, automation

Automatisierungstechnik f / automation systems pl

Automatismus m (z.B. körperlicher Bewegungen), Automatie f / automaticity, automatism

Automechaniker m / motorcar mechanic

Automobil n s. Auto ‖ ⌐**ausstellung** f / motor show ‖ ⌐**bau-Sondermaschine** f / special machine tool for manufacturing automobiles ‖ ⌐ **-Drehkran** m / slewing mobile crane ‖ ⌐**fabrik** f, Autofabrik f / automobile o. automotive (US) factory, motorcar factory ‖ ⌐**hersteller** m, -bauer m / automobile manufacturer, motor vehicle manufacturer, auto maker

Auto[mobil]industrie f / automobile o. automotive (US) industry, motorcar industry

Automobilismus m / automobilism, motoring

Automobil·kran m (Kfz) / truck [mounted] crane ‖ ⌐**kran** m (selbstfahrend) (Kfz) / truck crane ‖ ⌐ **-Kratzbagger** m / slusher ‖ ⌐**mechaniker** m, (früher:) Kraftfahrzeugschlosser / motorcar mechanic

Auto[mobil]omnibus m s. Autobus

Auto[mobil]reparaturwerkstatt f / motorcar repair shop

Automobil·technik f / automotive engineering ‖ ⌐**verkehr** m, Kraftfahrzeugverkehr m / motor traffic

auto·morph (Math) / automorphous, -morphic ‖ ⌐**morphismus** m (Math) / automorphism

autonom / autonomic[al], -nomous ‖ ~e **Befehlsausführung** / autonomous working ‖ ~e **Einheit** / self-contained unit ‖ ~e **Plattenkassette** / data module (a disk charger) ‖ ~es **Regelsystem** n / independent control system

Autonomie f (Regeln) / autonomics

Autonomisierung f (Regeln) / autonomization

Auto·oxidation f (Chem) / autooxidation ‖ ⌐**paster** m (Buch) / autopaster, flying paster, automatic reel changer ‖ ⌐**pilot** m (Luftf) / autopilot, automatic pilot ‖ ⌐**plate** f (Buch) / autoplate ‖ ⌐**politur** f / car polish, motorcar polish ‖ ⌐**polymerisation** f / self-polymerization

AUTOPROMT (Programmiersprache zur numerischen Steuerung von Werkzeugmaschinen) (Wzm) = automatic programming of machine tool

Autor m, Verfasser m / writer, author

Auto·radio n / car radio, in-car radio ‖ ~**radiografisch** / autoradiographic ‖ ⌐**radiogramm** m (Mat.Prüf) / autoradiograph, -gram ‖ ⌐**radiographie** f (Mat.Prüf) / autoradiogram, -graph ‖ ⌐**radiolyse** f / autoradiolysis ‖ ⌐**rahmen** m / automobile frame ‖ ⌐**reifen** m / automobile tyre (GB) o. tire (US) ‖ ⌐**reisezug** m / car-sleeper train, motorail ‖ ~**relativ** (DV) / self-relative ‖ ⌐**reparaturwerkzeug** n / motorcar repair tools pl

Autorität f, Fachmann m / expert, authority

Autor·korrektur f / author's proof

Auto·rotation f (Luftf) / autorotation ‖ ⌐**rotationserprobung** f (Hubschrauber) / autorotation test ‖ ⌐**schalter** m / drive-up window ‖ ⌐**schlosser** m (jetzt: Automobilmechaniker) / car mechanic ‖ ⌐**schütter**, Dumper m (Bau, Straßb) / dumper ‖ ⌐**sitz** m / automotive seating ‖ ⌐**steckdose** f / vehicle socket ‖ ⌐**stecker** m / vehicle plug ‖ ⌐**stereograph** m / autostereograph ‖ ⌐**stoßdämpfer** m / shock absorber, pad (mot.veh) ‖

⌐**straße** f / motor highway, motorway (GB), automobile o. motorcar road ‖ ⌐**straße** f, (in BRD:) autobahnähnliche Bundesstraße / motor road ‖ ⌐**syn-Drehmelder** m / autosyn ‖ ⌐**telefon** n, Sprechfunkgerät n im öffentlichen beweglichen Landfunk o. im Öbl / mobile radio telephone, motorcar telephone ‖ ⌐ **-Teleskopkran** m / truck crane with telescoping boom ‖ ⌐**thermikkolben** m / autothermic piston ‖ ⌐**transduktor** m (Elektr, Elektronik) / autotransductor ‖ ⌐**transformator** m (Elektr) / autotransformer, one-coil transformer ‖ ⌐**transportfahrzeug** m (Kfz) / haulaway ‖ ⌐**transport-Unternehmer**, Transport-Unternehmer m / motor carrier ‖ ⌐**transportwagen** m (Bahn) / car carrier ‖ ~**troph** / autotrophic ‖ ⌐**typie** f (veraltet für: Rasterätzung) (Buch) / autotype ‖ ⌐**typieplatte** f (Buch) / halftone plate ‖ ⌐**unfall** m / motorcar accident ‖ ⌐**verdeck**, -dach n / motorcar hood o. top ‖ ⌐**verladerampe** f / car loading platform o. bay ‖ ⌐**verschrott- und Kompaktieranlage** / scrapping and compacting plant for motorcars, carbecue (US) ‖ ⌐ **-Winder** m (Phot) / autowinder ‖ ⌐**wrack** n / car wreck

Autoxidation f / autoxidation

Autozubehör n / motorcar accessories pl

Autunit m (Min) / autunite, lime- o. calco-uranite

Auxin n, pflanzlicher Wuchsstoff / auxin

Auxochrom n / auxochrome

AV = audiovisuell

AVA (Luftf) = Aerodynamische Versuchsanstalt

Available-Light-Photographie f / available-light photography

Avalanche·-Injektion f / avalanche injection ‖ ⌐ **-Laufzeitdiode** f, Lawinen-Diode f / avalanche diode o. transit-time diode ‖ ⌐ **-Transistor** m / avalanche transistor

Avcat n (Flugkraftstoff) / avcat

Aventurin m (Min) / [a]venturine, aventurin ‖ ⌐**feldspat** m / aventurine feldspar ‖ ⌐**glas** n / aventurine glass, avanturin[e]

Avers m, Vorderseite f (von Münzen) / face of coins, obverse [side]

A-Verstärker m (Elektronik) / A-amplifier, class A amplifier

Averytest m (Einbeulen) / Avery test

Avgas n (Fliegerbenzin) / avgas (US), aviation gasoline

AV-Gerät n / audio-visual set

AVI = Arbeitsgemeinschaft der eisen- und stahlverarbeitenden Industrie

Avigation, Flugnavigation f / avigation

Avionik f / avionics sg ‖ ⌐ **-Konsole** f (Raumf) / avionics console

Avivage f, Aufhellen n (Textil) / brightening ‖ ⌐, Weichmachen n (Appretur) / softening, soft finish, avivage ‖ ⌐**mittel** n (Appretur) / softener

Avivierechtheit f (Färb) / brightening fastness

avivieren, aufhellen (Textil) / brighten ‖ ~ (Seide) / scroop v

Avocadoöl n / avocado oil

Avogadro·sches Gesetz / Avogadro's hypothesis ‖ ⌐ **-Konstante** f (= 6,022124 · 10^{23}mol[-1]), N_A, Avogadro-Zahl f / Avogadro's constant ‖ ⌐ **-Konstante** f (2,686754 10^{19}cm[-3]), Lohschmidt-Konstante f, n_A / Avogadro's constant, Lohschmidt constant

AVON n (Amtliches Verzeichnis der Ortsnetzkennzahlen für den Selbstwähldienst) / STD, subscriber's trunk dialling directory

AVR = Atomversuchsreaktor ‖ ⌐ (Elektronik) = automatische Verstärkungsregelung

AVS-Flugzeug n / AVS [plane] (= advanced vertical and short take-off and landing system)

AVT, Aufbau- und Verbindungstechnik / mounting and connecting technics

Avtur n (Flugkraftstoff) / avtur

AWACS-System n (= airborne warning and control system) / AWACS

AWE (Fernm) = automatische Wählereinheit
AWF = Ausschuß für wirtschaftliche Fertigung
Awningdeck *n,* Shelterdeck *n* (Schiff) / shelter deck
AWV = Ausschuß für wirtschaftliche Verwaltung
axial / on-axis, axial ‖ **~...** (Gebläse) / axial flow... ‖ **~ ausgerichtet** / true, aligned ‖ **~es Bauteil** (Elektron) / axial component ‖ **~e Dichtung** (Gasturb) / end seal ‖ **~e Kreiselpumpe** / axial-flow pump ‖ **~e Labyrinthdichtung** / axial [clearance type] labyrinth gland ‖ **~er Mode** (Holografie) / axial mode ‖ **~er Turboverdichter** / axial compressor ‖ **~ zueinander versetzt** / axially offset ‖ **~beanspruchung** *f* / axial load ‖ **~belastung** *f,* -schub *m* / thrust load ‖ **~druck** *m* / thrust, thrust load, axial o. end thrust ‖ **~druck** *m,* -schub *m* / thrust load ‖ **~[druck]lager** *n* (Masch) / thrust bearing o. block ‖ **~exzenter** *m* / axial cam ‖ **~fluß-Gaslaser** *m* / axial flow gas laser ‖ **~freiwinkel** *m,* -keilwinkel *m* (Wzm) / tool back rake o. wedge angle, tool back clearance angle ‖ **~gebläse** *n* / axial[-flow] blower
Axialität *f* (Masch) / alignment
Axial·kegelrollenlager *n* / taper roller thrust bearing ‖ **~kolbenkompressor** *m* / axial piston compressor ‖ **~kolbenpumpe** *f* / axial piston pump ‖ **~kraft** *f* / axial force ‖ **~kreisel** *m,* Kurskreisel *m* / axial gyro ‖ **~kugellager** *n* / thrust ball bearing ‖ **~lader** *m* (Mot) / axial-flow supercharger ‖ **~lager** *n* (ein Gleitlager), Längslager *n* / thrust bearing ‖ **~-Leuchtkörper** *m* (Lampe, Elektr) / longitudinal filament ‖ **~luft** *f* / axial clearance o. play ‖ **~mode** *f* (Laser) / axial mode ‖ **~-Pendelrollenlager** *n* / self-aligning roller thrust bearing ‖ **~pumpe** *f* / axial-flow pump ‖ **~-radial hinterarbeitet** (Getriebe) / axial-radial relieved ‖ **~-Radikal-Verdichter** *m* / axial-centrifugal compressor ‖ **~-Rillenkugellager** *n* / deep groove ball thrust bearing ‖ **~rollenlager** *n* / thrust roller bearing ‖ **~schlag** *m,* Planlaufabweichung *f* / axial run-out ‖ **~schneider** *m* (Werkz) / transverse end cutting plier ‖ **~schnitt** *m* / axial o. axis section ‖ **~schraubengebläse** *n* / axial-flow fan ‖ **~schub** *m* / thrust [load], axial thrust ‖ **~-Spanwinkel** *m* s. Axialfreiwinkel ‖ **~spiel**, Längsspiel *n* (Welle) / end play ‖ **~spiel** *n* (Schneckengetriebe) / normal backlash ‖ **~steigung** *f* (Schraube) / axial pitch ‖ **~symmetrisch** / axisymmetric[al] ‖ **~turbine** *f* / axial-flow turbine ‖ **~turboverdichter** *m* / axial-flow turbo-compressor ‖ **~vakuumpumpe** *f* / axial flow vacuum pump ‖ **~ventil** *n* / axial valve ‖ **~ventilator** *m* / axial fan ‖ **~verdichter** *m* / axial-flow compressor ‖ **~verschiebung** *f* / axial displacement o. shift ‖ **~verschoben** / axially displaced ‖ **~wälzfräsen** *n* / axial hobbing ‖ **~zylindermotor** *m* / barrel engine ‖ **~-Zylinderrollenlager** *n* / thrust cylindrical roller bearing
Axinit *m* (Min) / axinite, hyalite
Axiom *n* / axiom
Axiomatik *f* / axiomatic theory, axiomatization
axiomatisch / axiomatic
Axiometer *n* (Schiff) / axiometer, telltale
Axminster-Teppich *m* / Axminster carpet
Axonometrie *f* / axonometry
axonometrisch (Zeichn) / axonometric
Axt *f* / axe, ax (US) ‖ **~blatt** *n* / ax[e] blade ‖ **~hammer** *m* (Bergb) / hatchet hammer, hammer axe ‖ **~haupt** *n* / ax[e] head o. poll (GB) ‖ **~helm**, -holb, -holm, -stiel *m* / ax[e] handle ‖ **~rücken** *m,* -nacken *m,* -platte *f* / poll of an ax[e]
azeotrop / azeotropic, constant-boiling ‖ **~e Destillation** / azeotropic distillation
Azeotropie *f* / azeotropism
Azeotroppunkt *m* / point of inflection
Azetylen, Acetylen *n* / acetylene
Azid, Trinitrid *n* / azide, hydroazoate, trinitride
Azidinblau *n* / diamine blue
Azimut *n m* / azimuth ‖ **~**, Peilwinkel, Richtungswinkel, Seitenwinkel *m* / radio bearing, azimuth direction angle
azimutal / azimuthal ‖ **~e Auflösung** (Radar) / bearing discrimination ‖ **~e Einschnürung** / tangential constriction ‖ **~e Quantenzahl** / orbital o. second quantum number ‖ **~abbildung** *f,* -kartenentwurf *m* / azimuthal projection ‖ **~diagramm** *n* (Richtcharakteristik) / azimuth diagram
Azimutalhidade *f* / azimuth circle o. instrument o. sight, azimuth reading device
Azimutal·kompaß *m,* Peilkompaß *m* / amplitude compass ‖ **~projektion** *f* / azimuthal projection
Azimut·anzeiger, automatischer (Radar) / OBI, omnibearing indicator ‖ **~auflösung** *f,* -auflösungsvermögen *n* (Radar) / azimuth discrimination (GB) o. resolution ‖ **~daten** *pl* / azimuth data *pl* ‖ **~fehler** *m* (TV) / azimuth loss ‖ **~film** *m* / azimuth alignment test film ‖ **~höhenbildschirm** *m* (Radar) / azial display or scope (US), A-scope (US), one-man ground control approach o. G.C.A. ‖ **~kreis** *m* (Astr) / azimuth circle ‖ **~kreisel** *m* / azimuth gyro ‖ **~stabilisiert** (Rundsichtanzeige) (Radar) / azimuth stabilized (PPI) ‖ **~winkel** *m* (Astr) / azimuth angle ‖ **~zeiger** *m,* Azimutpeilgerät *n* / azimuth finder o. instrument
Azin *n* (Färb) / azine
Azo·... (Chem) / azo... ‖ **~benzol** *n* / azo benzene ‖ **~dicarbonamid** *n,* ADC / azodicarbonamide ‖ **~farbstoff** *m,* -farbe *f* / azo dye ‖ **~gruppe** *f* / azo group
Azoikum *n,* azoische Formationsgruppe / Archaean rocks *pl*
Azo·imid *n,* Stickstoff-Wasserstoffsäure *f* / azoimide, hydronitric acid ‖ **~-Komponente** *f* / azo component ‖ **~körper** *m,* -verbindung *f* / azo compound ‖ **~-Kupplungskomponente** *f* / azoic coupling component
Azol *n* (Chem) / azole, pyrrole
Azolitmin *n,* Lackmus *m n* / turnsole [acid], litmus ‖ **~papier** *n* / azolitmin paper
Azoniumbase *f* (Chem) / azonium base
Azotometer *n* / nitrometer, azotometer
Azo-Verbindung *f* / azoic composition
Azoxyverbindung *f* / azoxy compound
Azubi *m* (Neol.), Lehrling *m* / apprentice
Azubistand *m* (Neol), Lehrlingsstand *m* / traineeship
azur·blau / azure[d] ‖ **~blau** *n* / copper carbonate ‖ **~garn** *n* / hard twisted mungo yarn ‖ **~[it]**, Lazurit *m* (Min) / azurite (of Beudant), mountain blue
A-Zustand *m* (Plast) / A-stage
azyklisch (allg) / acyclic ‖ **~** (Chem) / acyclic, aliphatic ‖ **~e Maschine**, Unipolarmaschine *f* (Elektr) / acyclic machine

B

B, Bel *n* (Akustik) / bel, ten decibels
b (Phys) = bar = 10^5 Pa = 1.45038.10 lbf/in^2
BA = Bundesanstalt
Baadertest *m* (Alterungstest) (Öl) / Baader copper test
BAB = Bauaufsichtsbehörde ‖ **~** (Straßb) = Bundesautobahn
Babbeln *n* (Fernm) / babble
Babbittmetall *n* (Lagermetall) / Babbitt['s] metal, Bab., Bb., bearing metal
Babinet·-Kompensator *m* / Babinet's compensator ‖ **~sches Theorem** / Babinet's principle
Babingtonit *m* (Min) / babingtonite
Baboen *n* (Holz) / banak

Baby·-Bessemerei f / baby Bessemer works ‖ ~ **-Spot** m (Scheinwerfer) (Film) / baby [spot o. keg spot] ‖ ~ **-Zelle**, Rundzelle R14 f (Elektr) / round cell R14 DIN 40865

Back f, Vordeck n (Schiff) / foredeck, forecastle, fo'c's'le ‖ ~**bord** / aport ‖ ~**bord** n (Schiff) / port, port-side ‖ ~**bordflügel** m (Luftf) / port wing ‖ ~**bordlaterne** f, -bordlicht n / port light ‖ ~**bordmaschine** f, -bordmotor m / port engine ‖ ~**bord-Positionslaterne** f / side light port ‖ ~**bordtonne** f (rot) / port hand buoy ‖ ~**deck** n (Vordeck) (Schiff) / raised deck

Backe f, Seitenwand f / cheek ‖ ~, Anlagefläche f (Wzm) / fence, jaw ‖ ~, Backenanschlag m (Gewehr) / cheek piece of a shaft ‖ ~ (Schiffsmast) / cheek of the mast ‖ ~ (Zange) / jaw, nose ‖ ~ der Flachzange / jaw of the flat pliers ‖ ~ der Reißschiene / head o. stock of the T square ‖ ~ einer Spritzform / follower of a mould ‖ bewegliche ~ (Schraubstock) / chop of the vice

backen vi (Kohle) / bake, cake ‖ ~, schlacken (Steinkohle) / clinker ‖ ~**bohrer** m **für Gewindeschneidbacken** / original tap, master tap ‖ ~**brecher** m / jaw crusher o. breaker ‖ ~**brecher mit untenliegender Schwingachse** / dodge-type jaw crusher ‖ ~**breite** f (Flachzange) / thickness of jaw ‖ ~**bremse** f / block o. shoe brake

Back-End-Rechner m / back-end computer

Backen·futter n (Dreh) / jaw chuck ‖ ~**greifer** m (Roboter) / pair of gripper jaws ‖ ~**hobel** m / fence plane ‖ ~**schiene** f (Weiche) / rigid o. stock rail ‖ ~**werkzeugteile** n pl (Plast) / splits pl of a mould

Bäckerei f / breadmaking, bakery ‖ ~**maschine** f / bakery machine

back·fähig (Kohle) / baking adj, caking, swelling ‖ ~**fähigkeit** f, -vermögen n (Kohle) / baking capacity, caking capacity o. property ‖ ~**fett** n / shortening (US)

Back-filler m (Straßb) / backfiller

Backfire-Antenne f / backfire antenna

Background·... (DV) / background...

Back·hefe f / barm, yeast, baker's yeast ‖ ~**kohle** f / caking o. coking coal, rich coal

Backloader m (Straßb) / backloader

Back·muffel f / baking muffle ‖ ~**ofen** m / baking oven ‖ ~**ofen** m **mit Auszugsherd** / draw-plate baking oven ‖ ~**ofenwrasen** m pl / baking oven vapours pl

Back-off-Methode f (Ölbohrg) / back-off method

Back·pulver n / baking powder ‖ ~**pulver** n **aus Natriumbikarbonat** / baking soda ‖ nutzbarer ~**raum** / useful baking space

Backsaufbau m (Schiff) / forward superstructure

Back·schergang m / foredeck sheer strake ‖ ~**stand** m (Galv) / backstand ‖ ~**stein**, (veraltet für:) Mauerziegel m / brick ‖ ~**nachgeahmte** ~**steinarchitektur** / counterfeit brickwork ‖ **auf** ~**steinart bemalen** / brick

Back-up·..., Reserve... (DV) / back-up, standby ‖ ~ **-Ring** m, Stützring m / back-up ring

Backwarddiode, Unitunneldiode f / backward o. unitunnel diode, AU diode

Backzahl f (Blähgrad) (Kohle) / caking index

Bad n (Techn; allg) / bath ‖ ~, Badezimmer n / bathroom, toilet (US) ‖ ~ (Färb) / dip, bath, liquor ‖ ~, Badflüssigkeit f, Elektrolyt m (Galv) / bath, electrolyte ‖ ~, Badbehälter m (Galv) / tank, plating tank o. unit ‖ **durch das** ~ **gehen lassen** / run through the bath ‖ **ein** ~ **abschwächen** (Färb) / lessen a bath ‖ ~**ablauf** m / bath waste gully o. drain ‖ ~**ansatz** m (Galv) / solution preparation ‖ ~**aufkohlen** n / bath carburizing ‖ ~**bedeckung** f (Galv) / tank cover ‖ ~**bewegung** f (Galv) / circulation of the electrolyte

Baddeleyit m (Min) / baddeleyite

Bade·kaue f (Bergb) / wash house

Badentfettung f / soak cleaning

b-Ader f (Fernm) / ring-wire, R-wire

Bade·wanne f / bath tub ‖ ~**wannenkurve** f (Elektronik) / bath-tub life curve ‖ ~**zimmereinrichtung** f / bathroom installation o. plumbing o. equipment

Badgalvanisierung f / vat o. still (US) plating

Badge-Leser m / badge reader

Bad·generator m (Galv) / electroplating o. plating generator ‖ ~**gummiert** (Textil) / dipped ‖ ~ **-Kryostat** m / bath cryostat

Badlands pl (Geol) / badland

Bad·nebel m (Galv) / bath vapour ‖ ~**nitrieren** n / bath nitriding, liquid nitriding ‖ ~**patentieren** n (Hütt) / bath patenting

B-Adreß-Register n (DV) / B-address register

Bad·rezept n, Badformel f (Galv) / solution formula[tion] ‖ ~**schlamm** m / sludge, muddy deposit ‖ ~**schmierung** f (Mot) / sump lubrication ‖ ~**spannung** f (Galv) / cell o. tank voltage ‖ ~**strom** m (Galv) / bath current ‖ ~**uhr** f (Galv) / electroplating clock ‖ ~**zementieren** n / salt bath nitriding ‖ ~**zusatz** m (Galv) / addition agent

Baeyersche Spannungstheorie (Chem) / Baeyer's strain theory o. tension theory

Baffle n, Dampfsperre f (Vakuum) / baffle, vapour trap ‖ ~ **-Struktur** f (Vakuum) / baffle system

BAG = Bundesanstalt für den Güterfernverkehr

Bagasse f (Zuck) / bagasse, cane trash, megass ‖ **zerkleinerte** ~ **als Filtrierhilfsstoff** (Zuck) / bagasillo

Bagger m, Trockenbagger m / digger, excavator ‖ ~, Schwimmbagger m / dredger ‖ ~, Hafenbagger m / harbour dredger ‖ ~ **mit Bandabsetzer** (Tagebau) / elevating grader, belt loader ‖ ~**ausleger** m, -stiel m / boom of a shovel ‖ ~**ausleger** (der während des Baggerns gehoben u. gesenkt werden kann) / live boom ‖ ~**betrieb** m, Baggern n (Schiff) / operation of a dredger ‖ ~**bolzen** m / dredger joint pin, dredger bolt ‖ ~**boot** n (Hydr) / mud boat o. lighter ‖ ~**eimer** (naß), -kübel m / dredging bucket ‖ ~**eimer** m **mit Zähnen** / excavator bucket ‖ ~**[eimer]messer** n (Naßbagger) / dredging bucket knife ‖ ~**[eimer]messer** n, -zahn m (Trockenbagger) / excavator bucket tooth ‖ ~**führer** m (Naßbagger) / dredgerman ‖ ~**führer** m (Löffelbagger) / shovelman ‖ ~**gerät** n (Löffelbagger) / rig ‖ ~**greifer** m / excavator o. excavating grab ‖ ~**grube** f (naß) / dredged pit ‖ ~**grube** f (trocken) / excavated pit ‖ ~**grube** f, Schnitzelsumpf m (Zuck) / pulp silo ‖ ~**gut** n, Erdaushub m / spoil, excavated earth o. material, waste ‖ ~**gut-Hinterfüllung** f (Wassb) / backfill by excavated material ‖ ~**lader** m / tractor backhoe loader ‖ ~**lader** m (Straßb) / combined dredger-loader ‖ ~**löffel** m (Schwimmbagger) / dipper ladle (US) ‖ ~**löffel** m (Löffelbagger) / shovel (US)

baggern / excavate (dry), dredge (in water) ‖ ~ n (trocken), Ausbaggern n (allg) / digging ‖ ~ **mit Schwimmbagger** / dredging ‖ **Gräben** ~ **o. ausräumen**, ausschlämmen / clean out ditches ‖ **Kies** ~ / draw out gravel

Bagger·planum m (Bergb) / working plane ‖ ~**prahm** m, -schiff n / dredging boat, dredge[r] ‖ ~**schaufel** f, Kratzer m / drag, dredging shovel ‖ ~**schute** f (Hydr) / mud boat o. lighter, dredger barge ‖ ~**schute** f / mud boat o. lighter ‖ ~**see** m / flooded gravel pit, excavation pond ‖ ~**strosse** f (Tagebau) / working bench, excavator face ‖ ~**sumpf** m / sedimentation pond ‖ ~**tieflader** m / semitrailer for shovel dredgers ‖ ~**trommel** f, Turas m / dredging tumbler o. drum ‖ ~**unternehmer** m (Schiff) / dredging contractor ‖ ~**unterwagen** m / base of an excavator ‖ ~**zahn**, Grabzahn m / digging tooth

bähen (Keram) / wet with warm water

Bahn f, Weg m (allg) / road, path ‖ ~, Kreisbahn f / circuit (a circular line encompassing an area) ‖ ~, Weg m (Mech) / path, way ‖ ~ (Eisenb) / railroad (US), railway (GB) ‖ ~ (Tuch, Tapete) / breadth, width ‖ ~ (Hammer, Amboß) / face ‖ ~ (Kaliber) (Walzw) / body ‖ ~, Bahnlänge f, Gang m (Spinn) / table ‖ ~, Schützenbahn f (Web) / shuttle course o. race o. path, lay o. loom race ‖ ~ (Pap) / web ‖ ~**...** adj (Astr, Nukl) / orbital ‖ ~ f **am Schnittwerkzeug** / cutting edge ‖ ~ **der Schiene**, Schienenlaufbahn f / tread of rail, running surface o. table of rail ‖ ~ **der Ware** (Textil) / line, run ‖ ~ **eines**

Tiefs (Meteorol) / trough axis ‖ ~ frei (Bahn) / all right, line clear ‖ ~ gesperrt (Eisenb) / line blocked ‖ ~ innerhalb der Lageabweichungsgrenzen (Raumf) / limit cycling ‖ ~ nicht frei (Bahn) / caution! line not clear ‖ mit der ~ / by rail o. train ‖ ~abweichung f / disturbed orbit ‖ ~achse f (Luftf) / axis parallel to the path ‖ ~anlagen f pl / railway facilities pl ‖ ~anschluß m / connecting track o. line ‖ ~arbeiter m (Bahn) / gangman, railway workman (GB), construction laborer (US) ‖ ~aufseher m / railroad inspector ‖ ~aufzeichnung n (evtl. nachträglich) (Raumf) / trajectory calculation ‖ ~ausrüstung f, -material n / railway equipment ‖ ~bau m / railway (GB) o. railroad (US) construction ‖ ~beamter m / regular clerk o. employee ‖ ~begehung f (Bahn) / inspection of the line ‖ ~behälter m, pa-Behälter m / [railway] container with special fittings for handling ‖ ~benutzer m (Eisenb) / railway user ‖ ~berechnung f (Phys) / orbit prediction ‖ ~berührende f / tangent of motion, tangential path ‖ ~beschleunigung f / acceleration along the path ‖ ~bestimmung f (Satellit) / orbit tracking ‖ ~betriebswagenwerk n, Bww (Bahn) / shop for light repairs to trailer stock ‖ ~betriebswerk n, Bw n / engine shed, running shed ‖ ~betriebswerkstatt f, Eisenbahnausbesserungswerk n / railroad shop, railway repair[ing] workshop ‖ ~böschung f (Eisenb) / slope of the embankment ‖ ~brechend / innovative ‖ ~breite f (Elektronik) / breadth ‖ ~breite f (Pap) / web width ‖ ~damm m / railway embankment ‖ ~drehimpuls m (Nukl) / orbital angular momentum, path spin ‖ ~durchmesser m (Nukl) / diameter of the orbit ‖ ~eigen / railway owned ‖ ~einflug m, Einschuß m (Raumf) / orbital injection ‖ ~eintauchpunkt m / orbital injection point ‖ ~eintrittsbedingungen f pl (Raumf) / final orbital conditions pl ‖ ~elektron n / orbital electron ‖ ~elemente n pl / orbital elements

bahnen (Weg) / clear, beat
bahn·erzeugend (Getriebe) / path generating ‖ ~fahrzeug n des öffentlichen Nahverkehrs (DIN) / suburban traffic vehicle ‖ ~fremd (Bahn) / non-railway… ‖ ~gelände n / railway territory ‖ ~generator m / traction generator ‖ ~generator für Straßenbahnen m / tramway dynamo o. generator ‖ ~geschwindigkeit f (Luftf, NC) / path speed o. velocity, velocity along the path ‖ ~gleis n / rails pl ‖ ~graben m (Bahn) / side drain ‖ ~greifer m (Nähm) / barrel shuttle
Bahnhof m / station, [railroad] depot (US), railway station (GB) ‖ ~ (Bahn) / railroad depot (US)
Bahnhofs·anlagen f pl (Bahn) / station premises and plant ‖ ~block m, -blockung f (Bahn) / station block ‖ ~gebäude n / station building ‖ ~halle f (Bahn) / station hall, concourse ‖ ~kopf, Weichenkopf m (Bahn) / station gridiron ‖ ~uhr f / station clock ‖ ~umgehungsleitung f (Bahn) / by-pass conductor ‖ ~vorstand m, -vorsteher m (Bahn) / stationmaster
bahnig (Bergb) / flat, even
Bahn·impuls m / orbital moment ‖ ~kantensteuerung f (Buch) / side [margin o. lay] control ‖ ~konstanz f / orbital stability ‖ ~körper m, Planum n (Bahn) / subgrade (US), formation (GB) ‖ ~korrektur f (Raumf / orbit correction, orbit trimming, path correction ‖ ~schräge ~kreuzung (Bahn) / diamond crossing ‖ ~kurve f (Raumf, Ballistik) / leg of trajectory ‖ ~kurvengetriebe n / path generator ‖ ~länge f (Blech) / table ‖ ~linie f (Schm) / flow line ‖ ~linie f, Schienenstrang n / track, line ‖ ~mäßig verpackt / packed for rail ‖ ~material n, -ausrüstung f / railway equipment ‖ ~meisterei f (Bahn) / permanent way and structures district ‖ ~meßsystem, Wegmeßsystem n (NC) / path measuring system ‖ ~metall n, Weißguß m / white metal ‖ ~moment n, -impuls m / orbital moment ‖ ~motor m (Bahn) / rail traction motor ‖ ~neigung f (Satellit) / inclination of the orbit ‖ ~neigungswinkel m / flight path angle ‖ ~netz, Liniennetz n / traction system o. network ‖ ~oberbau m

(Eisenb) / superstructure, permanent way ‖ ~post f / railway post office, travelling post office ‖ ~postwagen m (Bahn) / postal van, post wagon (GB), mail car o. van (US) ‖ ~-Quantenzahl f / orbital o. second quantum number ‖ ~räumer m (Bahn) / cow-catcher (US), sweeper (GB), rail guard ‖ ~räumer für Traktoren m (Landw) / crop divider ‖ ~regelung f (Satellit) / orbit control ‖ ~rißschalter m (Buch) / web-break detector, detector finger ‖ ~schranke f / railway barrier o. gate ‖ ~schwankungen f pl (Raumf) / straggling ‖ ~selbstanschlußanlage f, Basa, Bahnfernsprechwählnetz n / automatic railway telephone system ‖ ~spannung f, -zug m (Pap) / web tension ‖ ~spin m (Nukl) / path spin ‖ ~spur f (Nebelkammer) / track
Bahnsteig m (Bahn) / [station] platform ‖ hoher ~ (Bahn) / elevated platform ‖ ~dach n / platform shelter, platform roofing ‖ ~gleis n (Bahn) / platform line ‖ ~halle f / platform shelter, roofed platform, overall roof o. span of a station ‖ ~kante f / edge of platform ‖ ~sperre f / platform barrier o. gate ‖ ~tunnel m, -unterführung f / platform subway o. tunnel ‖ ~uhr f / station clock, platform clock
Bahn·stelle f (Kinematik) / position on the path ‖ ~steuerung f (NC) / continuous-path control, contouring control system ‖ ~steuerungsempfänger m (Raumf) / command receiver ‖ ~strecke f, Streckenabschnitt m (Bahn) / piece o. portion of a line ‖ ~strom m / traction current ‖ ~stromnetz n (Elektr) / traction network o. system ‖ ~tangente, -berührende f / tangent of motion, tangential path ‖ ~transport m / rail transport ‖ ~transport m, -verladung f / railway carriage o. transport, transport by rail ‖ ~überführung f (Pap) / sheet transfer ‖ ~überführung f (Straßb) / overbridge, overpass, overhead crossing ‖ ~übergang m (schienengleich) / level crossing, grade crossing (US) ‖ ~übergang m (Elektronen) / trajectory transfer ‖ ~übergang m (Raumf) / orbital transfer ‖ ~übergangsfahrzeug n (Raumf) / orbital transfer vehicle, OTV ‖ ~unterführung f / underbridge, underpass[age], undergrade crossing (US) ‖ ~[unterhaltungs]arbeiter m (Bahn) / platelayer, trackman (US) ‖ ~unterhaltungsdienst m (Bahn) / permanent-way maintenance department ‖ ~unterhaltungsrotte f, Bautrupp m (Bahn) / permanent-way gang ‖ ~verfall m / orbital decay ‖ ~verfolgung f (Raumf) / space tracking ‖ ~verfolgungs… / tracking adj ‖ ~verfolgungs- und Datenerfassungs-Netzwerk n / space tracking and data acquisition network, STADAN ‖ ~versandkarton m / rail shipping box ‖ ~wärter, Streckenaufseher m (Bahn) / ganger, lineman, patrol man, trackman (US), trackwalker (US) ‖ ~wärter m, -arbeiter m (Bahn) / lengthman, platelayer ‖ ~wärterhaus n (Bahn) / signalman's cabin o. box ‖ ~wechsel m / orbit transfer ‖ ~wechselstufe f (Raumf) / transtage ‖ ~widerstand m / track resistance ‖ ~widerstand m (Halbl) / bulk resistance
Baikalit m (Min) / baikalite
Bailey-Brücke f / Bailey bridging equipment o. bridge
Bainit m (Hütt) / bainite (US) ‖ ~härtung f (Hütt) / austempering
Bajonett·korn n / locking ring pin ‖ ~mutter f / bayonet nut ‖ ~scheibe f (Wzm) / bayonet-type face plate ‖ ~sockel m (Elektr) / bayonet o. swan cap, B.C. ‖ ~steckdose u. -stecker, Bajonettverbinder m (Elektronik) / quarter-turn type connector (US), bayonet type connector (GB) ‖ ~verriegelung f / bayonet locking ‖ ~verschluß m / bayonet catch o. joint o. fixing o. socket (GB), quarter-turn fastener (US)
Bake f, Landzeichen n (Schiff) / navigation guide, landmark, beacon ‖ ~ (Bahn) / visual warning, warning sign ‖ ~, Visierbake f (Verm) / station staff o. pole o. rod ‖ ~ (Straßb) / distance marker
bakelisieren / bakelize

103

bakelisierte Leinwand / linen delecto, dilecto
Bakelit n / bakelite, Bakelite ‖ **~bindung** f / bakelite bond ‖ **~faserstoff** m / fibrous bakelite
Baken·boje f, -tonne f / beacon buoy, topmark buoy ‖ **~empfänger** m / beacon receiver ‖ **~generator** m (Satellit) / beacon generator ‖ **~leitstrahl** m (Radar) / radio range beam ‖ **~tonne** f (Schiff) / beacon [surmounted] buoy
Baker-Nathan-Effekt m (Chem) / no-bond resonance, hyperconjugation
Bakterie f / germ
Bakterien pl (sg: Bakterium n Bakterie f) / bacteria pl (sg: bacterium) ‖ **~...**, bakteriell / bacterial ‖ **~artig** / bacteroid ‖ **~enzym** n / bacterial enzyme ‖ **~gift** n / bacterial poison ‖ **~hemmend** / bacteriostatic ‖ **~hemmstoff** m / bacteriostat ‖ **~krieg** m / germ warfare ‖ **~kultur**, -züchtung f / bacterial o. bacteriological culture ‖ **~laugung** f (Bergb) / bacterial leaching ‖ **~pilze** m pl, Polyangiden pl / myxobacteria pl ‖ **~träger** m / bacteria carrier ‖ **~-Transformation** f / bacterial transformation o. modification ‖ **~zahl** f (Wasser) / bacterial count
Bakterioid n, Knöllchenbakterie f / bacter[i]oid
Bakteriologe m / bacteriologist
Bakteriologie, Bakterienkunde f / bacteriology
bakteriologisch / bacteriological ‖ **~e Filter** n pl m pl (Abwasser) / bacteria beds pl ‖ **~er Kulturapparat** / bacteriological culture apparatus ‖ **~e Reinkultur**, -zucht / pure culture
Bakteriophag, Bakterienfresser m / bacteriophage
Bakteriostase f / bacteriostasis
Bakterizid n / bactericide ‖ **~** adj / bactericidal
BAL n (ein Gelbkreuzgas-Gegenmittel) / BAL, British anti-levisite
Balance f, Gleichgewicht n / balance, equilibrium ‖ **~regler** m (Stereo) / balance control ‖ **~ruder** m (Schiff) / balance[d] rudder
Balancier m (Dampfm) / cartwright beam ‖ **~** (Ölbohrung) / walking beam
balancieren, im Gleichgewicht halten / poise, keep in equilibrium
Balancier·feder f / equalizer spring ‖ **~signal** n (Elektr) / balance signal ‖ **~zylinder** m am Einbaustück (Hütt) / roll balance
Balata f / balata ‖ **~treibriemen** m / caoutchouc driving belt
Baldachin m / canopy
Balgelement n (ein Schlauch) / corrugated sheathing hose
Balgen m (Phot usw) / bellow ‖ **~gaszähler** m / positive displacement gas meter ‖ **~kamera** f / extensible camera, bellows camera ‖ **~material** n (Kabel) / corrugated sheathing material
Balg·feder f (Kfz) / cushion-type pneumatic spring ‖ **~kompensator** m (Rohrleitung) / expansion bellows, bellows joint ‖ **~zarge** f (Gaszähler) / diaphragm ring of a gas meter
Balken m, Träger m (Mech) / girder ‖ **~** (TV, Störung) / flagpole ‖ **~** (beim Pflügen), [Erd]balken m (Landw) / banked-up bed, list (US) ‖ **~** (Buch) / crosspiece ‖ **~ auf dem Zifferblatt** (Uhr) / baton ‖ **~ der Brillenfassung** / brow bar ‖ **~ einziehen** / insert beams ‖ **~ mit Keilzinkenverbindung** / dovetailed beam ‖ **~ über 4 x 6''** (Bau) / timber ‖ **~ von mehr als 6 x 6''** / ba[u]lk ‖ **~ zwischen den Furchen** (Landw) / ridge between furrows ‖ **~ abgeschrägter** (Dachbau) / chamfered beam ‖ **~ aus ~ gebaut**, Balken... (Bau) / trabeated ‖ **~ mit ~ versehen** vt / beam ‖ **~anker** m (Bau) / beam tie, crampoon ‖ **~auflager** n, -auflagerung f (Bau) / beam o. joist bearing ‖ **~auflager** n an der Wand / corbel ‖ **~auflager** n innerhalb der Wand, Balkenkammer f (Bau) / wall box o. pocket, beam aperture ‖ **~aufschrieb** m (Instr) / bar type marking o. recording ‖ **~biegeverfahren** n (Viskosität) / beam bending method ‖ **~bogenbrücke** f, Hängeträgerbrücke f / bridge on the bow-string principle ‖ **~brücke** f / continuous girder bridge ‖ **~code** m (DV) / bar code ‖ **~damm** m (Hydr) / stop gate ‖ **~decke** f, Decke mit sichtbaren Balken / span flooring, joist ceiling o. floor, trabeated ceiling o. floor ‖ **~diagramm**, -schaubild n / bar chart o. graph ‖ **~fach** n, Balkenjoch n / distance between beams, bay ‖ **~generator** m (TV) / bar generator ‖ **~gleisbremse** f (Bahn) / jaw-type rail brake o. retarder (US) ‖ **~herdofen** m / walking beam type furnace, rocker bar furnace ‖ **~holz** n / squared timber, timber in logs, beam ‖ **~kiel** m, massiver Kiel (Schiff) / bar keel ‖ **~konstruktion** f / trabeation, timbers pl, beaming ‖ **~kopf** m, -ende n / beam head ‖ **~lage** f (ohne Dielen) (Zimm) / naked flooring ‖ **~lage** f, Balkenwerk n / framing, timber work ‖ **~lage** f, -verband m / framing, timber work, frame of joists ‖ **~lage** f im Balkenrost / grill ‖ **~lager** n s. Balkenauflager ‖ **~methode** f (Pap Prüf) / beam test ‖ **~riß** m, Zulage f zum Dache / plan o. frame of a timber work o. roof ‖ **~rost** m (Bau) / grating [of timbers], grillage ‖ **~schalung** f / girder casing ‖ **~schaubild** n / bar chart o. graph ‖ **~träger** m, -unterlage f / summer, bearer ‖ **~träger** m (Stahlbau) / plate girder ‖ **~trägerbrücke** f / plate girder bridge ‖ **~trägervollwandbrücke** f / continuous plate girder bridge ‖ **~waage** f / beam and scales pl, beam balance, pair of scales ‖ **~werk** n, Gebälke n / trabeation ‖ **~werk** n s. auch Balkenlage
Balkhaken m (Tischl) / dog, bench iron
Balkon m / balcony ‖ **~tür** f / French window o. door o. casements pl
Balkweger m (Schiff) / beam-shelf, shelf[-piece]
Ball m / ball ‖ **~** (Phys) / globe
Ballard·haut f (Buch) / Ballard skin ‖ **~verfahren** n (Buch) / Ballard process
Ballas, Industriediamant m / ballas
Ballasrubin m / balas ruby
Ballast m (Schiff) / ballast ‖ **~** (Kohle) / inerts pl ‖ **~** (Menge der bei einem Suchlauf anfallenden Fehlselektionen) (DV) / noise ‖ **~ abwerfen oder löschen** / discharge ballast ‖ **~ an Bord nehmen** / ballast vi ‖ **~gehalt** m (Kohle) / inerts content ‖ **~kohle** f / low grade coal ‖ **~pumpe** f (Schiff) / ballast pump ‖ **~schlacke** f (Hütt) / ballast slag ‖ **~stab** m (Strömungsmessung) / velocity rod ‖ **~stoffe** m pl / inerts pl, deads pl, roughage ‖ **~tank**, -behälter m / ballast tank o. container ‖ **~widerstand** m (Elektr) / ballast o. fixed o. loading resistor ‖ **~widerstand** m (Elektronik) / ballast tube, baretter
Ball·eisen n, Drehmeißel m (Holzbearb) / paring chisel ‖ **~empfang** m (TV) / ball o. rebroadcast reception, relay television ‖ **~empfang**, Richtfunk-Empfang m / radio relay reception ‖ **~empfänger** m / direct-pick-up receiver, repeater receiver
ballen, zu Klumpen ballen / ball vt, conglobate, conglobe ‖ **~**, in Ballen verpacken / bale ‖ **sich ~** / form into a ball, ball ‖ **sich ~**, klumpig werden, Klumpen bilden / lump
Ballen m, Packballen m / bale n ‖ **~**, Klumpen m Baumwolle / cluster of cotton ‖ **~**, Posten m (Glhütt) / gob ‖ **~**, Walzenballen m (Walzw) / roll barrel o. body ‖ **~** (Landw) / bale ‖ **~ am Hobel**, Nase f / horn o. handle of a plane, ramshorn handle ‖ **~ an Schneidewerkzeugen** / blade taper ‖ **~brecher**, -öffner (Spinn) / cotton puller, bale opener o. breaker o. picker ‖ **~eisen** n (Steinmetz) / boaster, boasting chisel ‖ **~gabel** f, -greifer m, (Handgerät) (Landw) / bale fork ‖ **maschinelle ~gabel**, -zange f (Landw) / bale stock lifter ‖ **~gebläse** n (Landw) / pneumatic bale conveyor ‖ **~greifer** m, -lader m (Landw) / bale gripper loader ‖ **~griff** m (Wzm) / machine handle ‖ **[fester o. drehbarer] ~griff** / handle of a wheel ‖ **~klammer** f, -zange f (Kran) / bale tongs pl ‖ **~lader** m (Landw) / bale thrower, bale loader ‖ **~länge** f (Walzw) / surface length of roll ‖ **~oberfläche** f (Walzw) / ball o. cylinder o. working surface ‖ **~[pack]presse** f / baling o. packing

press ‖ ⌐rollpresse f (Landw) / bale rolling press ‖ ⌐-Sammelkarre f (Landw) / bale bogie ‖ ⌐schleuder f, -lader m (Landw) / bale thrower ‖ ⌐schnur f / packing cord ‖ ⌐-Stapelförderer m (Landw) / bale elevator ‖ ~weise / by the bale, in bales

Ball·hammer m, schräger Setzhammer (Schm) / round set hammer, bevel start hammer ‖ ⌐hupe f / bulb horn o. hooter

ballig (allg, Zahn) / crowned ‖ ~ (Bergb) / lumpy ‖ ~ (Baumw) / motty ‖ ~ **drehen** / crown vt, turn spherically o. high-on-face ‖ ~ **gedreht** (Riemenscheiben) / crowned, turned spherically, high-faced ‖ ~ **schaben** / crown-shave ‖ ⌐**drehen** n / crowning, spherical turning ‖ ⌐**drehvorrichtung** f (Wzm) / convex turning attachment ‖ ⌐**fräseinrichtung** f (Zahnrad) / copy hobbing equipment, crown hobby equipment ‖ ⌐**hammer** m / embossing hammer

Balligkeit f (Getriebe) / crowning

Ballig·schleifeinrichtung f (Wzm) / cambering attachment ‖ ⌐**schleifen** n / camber grinding ‖ ⌐**verzahnung** f / crowned gear

Ballinganzeige f (Brau) / original gravity

Ballistik f / ballistics sg

ballistisch / ballistic ‖ ~**er Flugkörper** / ballistic missile, B.M. ‖ ~**e interkontinentale Rakete** / ICBM, I.B.M., intercontinental ballistic missile ‖ ~**e Kurve** / ballistic curve ‖ ~**e Meßkammer** / ballistic camera ‖ ~**e Methode** (Induktivitätsmessung) / ballistic method ‖ ~**e Mittelstrecken-Rakete** / IRBM, intermediate range ballistic missile ‖ ~**es Pendel** / ballistic pendulum ‖ ~**e Rakete** / ballistic rocket ‖ ~**er Transistor** / ballistic transistor

Balloelektrizität f / ballo-electricity

Ballon, Luftballon m / balloon, aerostat ‖ ⌐ m, Vorlage f (Chem) / recipient, spherical glass receiver, balloon ‖ ⌐, Säurebalon m / acid carboy, demi-john ‖ ⌐**bahn** f, Hüllenbahn f (Luftf) / fabric gore o. panel ‖ ⌐**bau** m, (auch:) -benutzung f / aerostation ‖ ⌐**bildung** f (Textil) / ballooning ‖ ⌐**bremse** f / bag type brake ‖ ⌐-**Elastikreifen** m (Kfz) / cushion tire

Ballonett n / ballonet

Ballon·hülle f / envelope of the balloon ‖ ⌐**kipper** m / carboy tipper ‖ ⌐**korb** m, -gondel f / car, basket ‖ ⌐**netz** n / balloon net ‖ ⌐**rahmen** m (Bau) / balloon frame ‖ ⌐-**Raketenstart** m / rockoon, balloon-launching of rockets ‖ ⌐**reifen** m / balloon tyre, low-pressure tire ‖ ⌐**ring** m (Textil) / anti-balloon ring, balloon control ring ‖ ⌐**satellit** m / balloon satellite, satelloon ‖ ⌐**schirm** m, Ballonfallschirm m (Raumf) / ballute (balloon-parachute) ‖ ⌐**segel** n, Raumballon m / balloon jib, spinnaker ‖ ⌐**seide** f, -stoff m / balloon silk o. fabric ‖ ⌐**sonde** f, Registrierballon m / recording o. sounding balloon, balloon sonde ‖ ⌐**trichter** m (Buch) / balloon former ‖ ⌐**tube** f (Kabel) / balloon tube ‖ ⌐**zug** m des Fadens / balloon tension of the yarn

Ball·sender m (Elektronik) / relay transmitter, relay [broadcasting] station, radio relay station, rebroadcasting o. repeat[er] station, reradiating sender, retransmitter ‖ ⌐**sendung** f / relay transmission, repeating

Ballung, Anhäufung f / agglomeration ‖ ⌐, Klumpen m / cluster ‖ ⌐, Phasenfokussierung f (Elektronik) / bunching ‖ ⌐ **von Kabeln** / grouping of cables

Ballungs·fähigkeit f / balling property ‖ ⌐**gebiet** n / densely populated area, agglomeration ‖ ⌐**maß** n (Elektronik) / bunching parameter ‖ ⌐**zone** n (ausgedehntes Ballungsgebiet), Oberzentrum n / conurbation

Ballute n (Raumf) / ballute (balloon-parachute)

Balmer-Serie f / Balmer series

Balneologie f, Bäderkunde f / balneology

Balsaholz n, Bombax pyramidale / balsa [wood]

Balsam m / balsam, balm ‖ ⌐**harz** n / balsamic resin ‖ ⌐**harz** n, Takamahakgummi m / tacamahac ‖ ⌐**holz** n / balm wood ‖ ⌐ -**Terpentinöl** n / balsam turpentine

Balun m (Dezileitungen) / balun, balanced[-to]-unbalanced transformer

Baluster m, Geländerdocke f / baluster

Balustrade f (Bau) / balustrade

BAM = Bundesanstalt für Materialprüfung

Bambus m / bamboo ‖ ⌐**rohr** n / bamboo cane

ban = bundeseinheitliche Artikelnummern

Banachscher Raum (Math) / Banach space

Bananen·schiff n, -dampfer m / banana boat ‖ ⌐**stecker** m (Elektronik) / pin o. banana plug, split plug ‖ ⌐**zweig** m / stem

Banbury·mischer m / Banbury mixer ‖ ⌐**plüsch** m / Banbury plush

Bancomat m, Geldautomat m / bank note dispenser, cash dispenser

Band m, Teil m eines Buchwerkes / volume

Band n, Befestigung f, Bund m / fastener, holding o. fastening strap ‖ ⌐ (allg, Textil) / ribbon, band, tape ‖ ⌐, Florband n (Spinn) / sliver, card sliver, slubbing ‖ ⌐, Magnetband n / [magnetic] tape ‖ ⌐, Frequenzband n (Elektronik) / frequency band ‖ ⌐, Förderband n / band (GB) o. belt conveyor ‖ ⌐, Klebeband n / adhesive tape ‖ ⌐, Stahl-, Eisenband n, Bandstahl m (Walzw) / steel strip o. hoop ‖ ⌐ (Schl) / hinge, spindle ‖ ⌐, Rand m, Einfassung f, Saum m / ribbon ‖ ⌐, Bandage f (kastenloses Formen) / jacket, binder ‖ ⌐, Bändchen n (Bau) / fascia ‖ ⌐, Rand m (Textil) / cover, selvedge ‖ ⌐ (Feinkarde, Textil) / card end ‖ ⌐, Befestigung f / strap, tie ‖ ⌐, Bindung f / bond ‖ ⌐, Scharnierband n / flap hinge ‖ ⌐, Zange f (Zimm) / tie ‖ ⌐ **für Bandsägen** / band- o. belt-saw blade o. web ‖ ⌐ **mit simulierten Daten** (DV) / simulated data tape ‖ ⌐ **von Pfahlrosten** / brace of a pile grating ‖ ⌐ **zusammenhängenden Materials** / carpet of material sticking together ‖ **10 kHz breites** ⌐ / standard broadcast channel (USA) ‖ **auf** ⌐ **speichern** (o. spielen o. aufnehmen) (Elektronik) / transcribe ‖ **Bänder durchfädeln** / lace ‖ **innerhalb des** ⌐**es** (Elektronik) / in-band ‖ **nicht entzundertes** ⌐ (Hütt) / black strip ‖ **[schmales]** ⌐, Streifen m (auch Metall) / tape ‖ ⌐, serienmäßig / from the assembly line ‖ ⌐**ablaufzähler** m (Video) / tachometer ‖ ⌐**abroller** m (Walzw) / strip unspooling hasp ‖ ⌐**abschneidemaschine** f (Hütt) / strip cutting-off machine ‖ ⌐**absetzer** m (Bergb) / belt type spreader (GB) o. stacker (US) ‖ ⌐**abstand** m, Energielücke f (Halbl) / band gap, energy gap ‖ ⌐**absteller** m (Spinn) / sliver stop motion ‖ ⌐**abstreifgebläse** n / belt stripping blower o. blast ‖ ⌐**abzugwalze** f (Spinn) / sliver calender, slipper delivery roller

Bandage f (Elektr) / binding, binding band ‖ ⌐, (jetzt:) Radreifen m (Bahn) / tire (US), tyre (GB) ‖ ⌐, Ausfütterung f (z.B. von Rollen) / roller lining

Bandagen·draht m / tie wire, binding wire ‖ ⌐**halter** m (Elektr) / anchor clip, tie wire o. binding wire clip ‖ ⌐ -**Nachdrehmaschine** f (Bahn) / railway workshop wheel lathe ‖ ⌐**nute** f (Elektr) / binding recess ‖ ⌐**walzwerk** n / strip rolling mill for tires

bandagieren / put on tires

bandagiertes Rad / hoop wheel

Bandagierung f, Umwickeln n (Kabel) / armouring ‖ ⌐ (mit Band) / taping ‖ ⌐ (mit Draht) / armouring, binding with wire

Band·andruck m (Magn.Bd) / contact pressure, head-to-tape pressure ‖ ⌐**anfang** m (Magn.Bd) / leader of a tape ‖ ⌐ -**Anfangskennsatz** m (Magn.Bd) / volume header label ‖ ⌐**anfangsmarke** f (Magn.Bd) / beginning-of-tape marker ‖ ⌐**anlagen-Rückvorrichtung** f / conveyor shifting device ‖ ⌐**ansagegerät** n / message reporter ‖ ⌐**antenne** f (Elektr) / band antenna, tape antenna ‖ ⌐**antrieb** m (DV) / tape transport o. drive ‖ ⌐**antriebsmotor** m (Tonband) / capstan motor ‖

⤙antriebsrolle f (Tonband) / capstan ‖ ⤙antriebssystem n (Magn.Bd) / capstan servo system ‖ ⤙anzeige f (Tachometer) / tape type indication ‖ ⤙arbeit, -fertigung, -fabrikation f / continuous o. flow production, progressive operations pl ‖ ⤙armierung f, Stahlbandbewehrung f (Kabel) / steel tape armouring, STA ‖ ⤙aufbereitung f (DV) / band editing ‖ ⤙aufgeber m (Masch) / belt feeder ‖ ⤙aufnäher m (Nähm) / ribbon sewer ‖ ⤙aufnahme f / tape recording, taping ‖ ⤙aufnahme f (aus Radio) / transcription ‖ ⤙ausleger m / conveyor jib ‖ automatischer ⤙-Backofen / travelling plate oven ‖ ⤙ -Band-Umsetzer m (DV) / tape-to-tape converter ‖ ⤙[be]druckmaschine f (Textil) / ribbon printing machine ‖ ⤙befehl m (DV) / bootstrap ‖ ⤙beschichtung, (jetzt:) Spulenbeschichtung f (Galv) / coil coating ‖ ⤙betriebssystem n (DV) / tape operating system ‖ ⤙bewehrt, -gepanzert / band-armoured ‖ ⤙bewickelungsmaschine f / cabling machine ‖ ⤙bezugskante f / reference edge of tape ‖ ⤙bibliothek f, Magnetothek f / tape library ‖ ⤙blech n, Breitband n (Hütt) / wide strip, broad strip ‖ ⤙blechwalzwerk n / broad strip mill ‖ ⤙blitz m / ribbon lightning ‖ ⤙block m (Magn.Bd) / tape block ‖ ⤙breite f (Elektronik) / band width ‖ ⤙breite f der Frequenz (Elektronik) / width of the frequency band ‖ ⤙breite f eines äquivalenten idealen Filters (Elektronik) / effective bandwidth ‖ ⤙breite zur Erde (Satellit) / bandwidth down ‖ ⤙breitenmaß n (Röhre) / figure of merit of a tube ‖ ⤙breitenregelung f (Radio) / band width control ‖ ⤙bremse f / band o. belt o. strap brake ‖ ⤙brenner m / ribbon-flame burner ‖ ⤙brücke f (Bergb) / conveyor bridge ‖ ⤙bunker m / belt bunker ‖ ⤙bürstmaschine f (Textil) / belt-brushing machine

Bändchen, Leistchen, Riemchen n (Bau) / list, listel, fillet, small band ‖ ⤙galvanometer n / tape galvanometer

Band·datei f (DV) / tape file ‖ ⤙dehnung f, -spreizung f (Elektronik) / band spread, band expansion ‖ ⤙dehnungsfaktor m (Fernm) / band expansion factor ‖ ⤙diagramm n, Streifendiagramm n / band chart ‖ ⤙dichte f (DV) / tape packing density ‖ ⤙dicke f / strip thickness o. gauge ‖ ⤙dicken-Meßgerät n (Walzw) / gauge measuring device ‖ ⤙drucker m (DV) / belt type printer, chain printer ‖ ⤙ -Durchlaufglühanlage f / continuous strip annealing line ‖ ⤙durchziehofen m, -durchlaufofen m (Hütt) / continuous strand furnace ‖ ⤙einengung f (Elektronik) / compression of the band ‖ selbsttätige ⤙einfärbung (DV) / ribbon inking device ‖ ⤙einfasser m (Nähm) / ribbon binder ‖ ⤙eisen n, -stahl m / hoop iron o. steel, steel tape ‖ ⤙eisen n, Verpackungsband n / baling hoop ‖ ⤙eisenarmierung f / steel tape armouring ‖ ⤙eisenbewehrtes Erdkabel / STA-cable, steel tape armoured buried cable ‖ ⤙eisenlehre f, Blechlehre f / Birmingham wire gauge for sheets and hoops, sheet gauge ‖ ⤙eisenreif m / iron hoop o. strap, band iron hoop ‖ ⤙eisenschleudervorrichtung f / tumbling device for hoop iron

Banden pl (Spektrum) / bands pl ‖ ⤙ f pl, Schußbanden f pl (Web) / bar marks pl, barré effect, barré

Bandende n (Walzw) / end of strip ‖ ⤙ (DV) / end of tape ‖ ⤙ -Kennsatz m (Magn.Bd) / end-of-volume label ‖ ⤙marke f (Magn.Bd) / end-of-tape marker

Banden·durchlässigkeit f (Phys) / band permeability ‖ ⤙frei (Färb) / non-barry ‖ ⤙gruppe f (Phys) / series of bands ‖ ⤙spektrum n / band spectrum

Bänder·... (Glimmer) / ruled ‖ ⤙fallschirm m (Luftf) / ribbon parachute ‖ ⤙modell n (Halbl) / energy band diagram

Banderole f, Verschlußstreifen m (für fiskalische Zwecke) / revenue stamp

Banderolenpapier n / band stock

banderolieren / secure by revenue stamp

Bänderton, Warventon m (Geol) / varve clay

Bänderung f, Begurtung f / harness

Band·fänger, -führer m (Spinn) / sliver guide, roving o. slubbing o. traverse guide ‖ ⤙feder f / flat spiral spring ‖ ⤙federstahl m / spring band steel ‖ ⤙fehler m (Magn.Bd) / tape error ‖ ⤙fehlstelle f (Magn.Bd) / bad spot ‖ ⤙feilmaschine f / band filing machine ‖ ⤙fertigung f / assembly line production, continuous o. flow production ‖ ⤙filter n (Elektronik) / band[-pass] filter, zonal filter ‖ ⤙filterkopplung f (TV) / band-pass tuning, filter coupling ‖ ⤙flußdämpfung f, Selbstmagnetisierungseffekt m (Magnetton) / self-magnetization [effect] ‖ ⤙förderer m / band (GB) o. belt conveyor, conveying belt ‖ ⤙formverfahren n / continuous moulding process on conveyor ‖ ⤙führer m (Spinn) / sliver guide ‖ ⤙führer m, Luntenführer m s. Bandfänger ‖ ⤙führerschiene f, Luntenführerschiene f / sliver guide rail ‖ ⤙führung f (Schreibm) / ribbon guide ‖ ⤙führung f (Tonband) / wrap of the tape, tape guide ‖ alpha, [omega] ⤙führung / alpha, [omega] wrap ‖ ⤙führungssegment n (Magn.Bd) / tape guide segment ‖ ⤙führungstrommel f (Magn.Bd) / tape drum ‖ ⤙generator, Van-de-Graaff-Generator m / Van de Graaff generator, ribbon generator ‖ ⤙gerät n, -spieler m (Magn.Bd) / tape recorder ‖ ⤙gerät n als Hauptspeicher, Tape-Deck n / tape deck ‖ ⤙gerüst n (Förderer) / belt-supporting structure ‖ ⤙geschwindigkeit f beim Abspielen (Funk) / tape speed ‖ ⤙geschwindigkeitsschalter m (Tonband) / tape speed selector ‖ ⤙gesteuert / tape-controlled o. -operated ‖ ⤙gewickelt (Widerstand) / ondulated-edgewound ‖ ⤙gießen n / continuous casting of hoop-steel ‖ ⤙glimmer m / ribboned mica ‖ ⤙grenze f eines Bandes / limit frequency ‖ ⤙güte f (Elektronik) / band merit ‖ ⤙heizkörper m (Elektr) / heater band ‖ ⤙höhenlage f (Magn.Bd) / guide height ‖ ⤙kabel n, -leitung f (Elektr) / flat [twin] cable, ribbon cable ‖ ⤙kabel n mit Flachleitern / flat-conductor flat cable, flat-flat-cable ‖ ⤙kabel n mit runden Leitern / round-conductor flat cable, round-flat cable ‖ ⤙kantenenergie f (Halbl) / band-edge energy ‖ ⤙kanu n (TV) / canoe ‖ ⤙kassette f (DV) / cassette, tape cartridge ‖ ⤙kern m / tape[-wound] core ‖ ⤙kette f / band chain ‖ ⤙kontakt m (Elektronik) / ribbon contact ‖ ⤙kontrolle f (F.Org) / assembly line inspection ‖ ⤙kratze f (Spinn) / sliver card, fillet card ‖ ⤙kratzersieb n (Bergb) / drag screen ‖ ⤙kupplung f / band coupling ‖ ⤙lackieranlage f (Walzw) / coil coater ‖ ⤙längenangabe f (DV) / tape time ‖ ⤙lauf m (DV) / tape run ‖ ⤙lautsprecher m / ribbon loudspeaker ‖ ⤙legemaschine f (faserverstärkt. Plast) / tape application machine ‖ ⤙lehre f / metal gauge, hoop gauge ‖ ⤙leitung f (HF) (Elektronik) / metal strip (HF), stripline ‖ ⤙leitung, Stegleitung f, -leiter m / ribbon conductor ‖ ⤙leitungsmaschine, -vereinigungsmaschine f (Textil) / lapping machine, sliver lap machine ‖ ⤙leserichtung f / tape travel direction for reading ‖ ⤙löscher m (Magn.Bd) / tape eraser ‖ ⤙lücke f, Energielücke zwischen zwei Bändern (Halbl) / energy gap, band gap ‖ ⤙marke, -anfangs-, -endemarke f (Magn.Bd) / tape mark ‖ ⤙marke f, -abschnittsmarke f / control mark ‖ ⤙maschine f (Textil) / draught frame ‖ ⤙maß n (Verm) / measuring tape, tape measure, tapeline (US) ‖ ⤙maß n aus dehnfestem Material / dimensionally stable tape measure ‖ ⤙material n (Stanz) / strip stock ‖ ⤙material n in Ringen (Stanz) / coiled stock ‖ ⤙messer-Spaltmaschine f (Gerb) / rotation hoop knife splitting machine ‖ ⤙methode f für Kaltbandherstellung (Walzw) / strip process ‖ ⤙mikrophon n / ribbon o. moving-conductor microphone o. transmitter, velocity microphone ‖ ⤙mittenfrequenz f / midband frequency ‖ ⤙montage f (F.Org) / conveyor line assembly, fitting on the assembly line ‖ ⤙ofen m, Förderbandofen m / belt kiln, conveyor furnace ‖ ⤙orientiert (DV) / tape-oriented ‖ ⤙paß m, -paßfilter n (Elektronik) / band[-pass] filter ‖ ⤙paßresonator m / band-pass resonator ‖ ⤙ -Platte-Betriebssystem n, BPBS (DV) / tape-disk operating system, TDOS ‖ ~**platz** *m*, -station *f* (F.Org) / assembly station ‖ ~**poliermaschine** *f* / polishing machine with polishing band ‖ ~**rauschen** *n* / tape hiss o. noise ‖ ~ -**Rauschzahl** *f* (Elektronik) / average noise factor ‖ ~**recorder** *m* / tape recorder ‖ ~**richtmaschine** *f*, Bandricht- und Ablängmaschine (Hütt) / strip straightening machine ‖ ~**ring** *m*, -kern *m* (DV) / tape [-wound] core ‖ ~**ring** *m*, Coil *n* (Walzw) / coil ‖ ~**rolle** *f* (Fördern) / conveyor drum ‖ ~**rolle** *f* (Schreibm) / ribbon spool ‖ ~**rolle** *f* (Web) / bobbin of the bar loom ‖ ~**rolle** *f*, Umkehrrolle *f* / tape idler ‖ ~**rücksetzen** *n* (DV) / backspace, -spacing ‖ ~**rückspulen** *n* (DV) / rewind ‖ ~**saat** *f* / seed sown in bands ‖ ~**säge** *f* (Bandbreite ⟨ 50 mm) / ribbon saw ‖ ~**sägeblatt** *n* / endless saw blade ‖ ~**sägefeile** *f* (dreikantig) / three-square bandsaw file ‖ ~**säge[maschine]** *f* / band o. belt o. strap saw ‖ ~**sägezusatz** *m* (Dreh) / belt saw attachment ‖ ~**scheibe** *f* (Pap.Spinn) / tape coil o. pad ‖ ~**scheider** *m* / belt separator ‖ ~**schleife** *f*, endloses Band / continuous loop, endless loop ‖ ~**schleife** *f* (Magn.Bd) / tape loop ‖ ~**schleifen** (Galv) / strap ‖ ~**schleifen**, kontaktschleifen (Holz) / grind on abrasive belt ‖ ~**schleifenwagen**, Abwurfwagen *m* / travelling tripper, (South Africa:) wing tripper ‖ ~**schleifmaschine** *f* (Galv, Metall) / belt grinding machine, belt grinder ‖ ~**schleifmaschine** *f* (Holz) / belt sanding machine ‖ ~ -**Schleif- u.** Abputzmaschine *f* (Holz) / belt sanding and polishing machine ‖ ~**schleuder** *f*, Sandkämmer *m* (Gieß) / royer ‖ ~**schlüssel** *m* / strap wrench ‖ ~**[schnecken]mischer** *m* / ribbon mixer ‖ ~**schneidemaschine** *f* (Textil) / ribbon cutter, sliver cutter ‖ ~**schneidemaschine** *f* (Wzm) / alligator sheet o. band metal shearing machine ‖ ~**schräglauf** *m* (DV) / tape skew ‖ ~**schreiber** *m* / band recorder, band recording indicator, strip chart o. continuous chart recorder ‖ ~**seil** *n* / flat o. band rope **Bänd·selleine** *f* / seizing line **Band·sieb** *n* / screening belt ‖ ~**sinteranlage** *f* / belt type sintering plant ‖ ~**sintern** *n* / strand o. strip sintering ‖ ~**spalt-Schere** *f*, Bandteilschere *f* / slitting shears *pl* ‖ ~**span** *m* (Wzm) / ribbon chip ‖ ~**spannvorrichtung** *f* / taut tape attachment ‖ ~**spannvorrichtung** *f* (Förderer) / belt tensioning roller o. pulley ‖ ~**speicher** *m* / tape store o. memory ‖ ~**speicherung** *f* / tape storage ‖ ~**sperrefilter** *m n* (Elektronik) / band elimination filter, band rejection o. stop filter ‖ ~**spreiztechnik** *f* (Fernm) / spread spectrum technology ‖ ~**spreizung**, -dehnung *f* (Elektronik) / band spread ‖ ~**sprosse** *f* (Magn.Bd) / frame ‖ ~**spule** *f* (Elektr) / ribbon coil ‖ ~**spule** *f* (Mag.Bd) / tape pack, tape reel o. spool ‖ ~**stahl** *m* / steel strip o. hoop, strips *pl*, hoops *pl* ‖ ~**stahl** *m* (für Verpackung) / steel band o. strip, metal strapping ‖ ~**stahlhaspel** *m* / hoop-steel spool o. reel ‖ ~**stahlschläger** *m* (Spanplatten) / hammer mill hog plate ‖ ~**stahlschrappmaschine** *f* / hoop-steel roughing device ‖ ~**stahl-Walzwerk** *n* (Hütt) / hoop mill, strip [rolling] mill ‖ ~**stahlwickler** *m* / band winder ‖ ~**stahlzange** *f* (Hütt) / coil tongs ‖ ~**steuereinheit** *f* (DV) / tape control unit ‖ ~**stift** *m*, Dorn *m* (Schl) / hinge pin, broach ‖ ~**stopp**, -stillstand *m* (F.Org) / line stoppage ‖ ~**straße**, -strecke *f* (Fördern) / belt conveyor flight o. road, conveyor road ‖ ~**straße** *f* (Walzw) / broad o. wide strip rolling mill, strip rolling mill ‖ ~**streifen** *m* (Walzw) / flat strip ‖ ~**streuer** *m* **für Dünger** (Landw) / conveyor feed distributor ‖ ~**stuhl** *m* (Textil) / ribbon loom, bar loom ‖ ~**teller** *m*, Aufnahmespule *f* (Film) / reel ~**tellerbefestigung** *f* (Magn.Bd) / reel hold-down ‖ ~**tresse** *f* / livery lace ‖ ~**trichter** *m* (Spinn) / sliver funnel ‖ ~**trockner** *m* / belt drier ‖ ~**trockner** *m* (Textil) / drying conveyor ‖ ~**trum[m]** *n* / side o. end of a belt ‖ ~**turbine** *f* (Bergb) / compressed-air turbine for belt conveyors ‖ ~**übertrager** *m* (Spinn) / ribbon feeler ‖ ~ **- u.** **Flechtindustrie** *f* / narrow fabric and braiding industry ‖ ~**umlenker** *m* (Magn.Bd) / tape deflection roller ‖ ~**umschaltkonsole** *f* (Magn.Bd) / switch control console

‖ ~**umschaltung** *f* (Einrichtung) (Magn.Bd) / switching unit ‖ ~**umschaltung** *f*, -umkehr *f* (Magn.Bd) / tape reverse ‖ ~**umschaltung** *f* (auf verschiedene Kanäle) / tape switching ‖ ~**umsetzung** *f*, Gruppentausch *m* (Höchstfrequ) / frequency frogging ‖ ~**verbinder** *m* (Walzw) / strip connecting machine ‖ ~**verdehnung** *f* (Tonband) / tape curvature ‖ ~**verdichtung** *f* (Spinn) / sliver condensing ‖ ~**vereiniger** *m* / sliver lapper ‖ ~**vereinigungsmaschine** *f* (Textil) / lapping machine, sliver lap machine ‖ ~**verformung** *f* (Tonband) / tape curling o. deformation ‖ ~**verpackungslinie** *f* (Walzw) / coil packing line ‖ ~**version** *f* **eines Programmes** (DV) / tape option ‖ ~**verständlichkeit** *f* (Fernm) / band articulation ‖ ~**verteilanlage** *f* (Post) / letter sorting device ‖ ~**verziehen** *n* (Spinn) / sliver draft ‖ ~**vorlaufschalter** *m* / tape feed switch ‖ ~**vorsatz** *m* (DV) / tape leader ‖ ~**vorschubrichtung** *f* (Magn.Bd) / tape feed ‖ ~**waage** *f* / belt weigher, conveyor type weigher ‖ ~ **automatische** ~**waage mit Schreiber** / weightometer ‖ ~**wachstum** *n* (Wafer-Produktion) / ribbon growth ‖ ~**wagen** *m*, -beschickungswagen *m* / transfer conveyor ‖ ~**walze** *f* (Hütt) / strip mill roller ‖ ~**walzwerk** *n* / strip [rolling] mill, strip steel sheet mill ‖ ~**ware** *f* (Textil) / smallware, narrow o. tape goods o. fabrics *pl* ‖ ~**warenspeicher** *m* (Textil) / accumulator of fabrics on conveyor ‖ ~**weber**, -wirker *m* / ribbon weaver ‖ ~**weberei** *f* / ribbon weaving o. knitting ‖ ~**[web]stuhl** *m* (Textil) / bar o. ribbon loom, smallwares loom ‖ ~**wendelkabel** *n* / Heliax [type] cable ‖ ~**wickelapparat** *m* (Web) / comber lap machine ‖ ~**wickelmaschine**, -um-, -bewickelungsmaschine *f*, Bandwickler *m* / taping machine ‖ ~**wickelmaschine** *f* (Kabelherst) / strip winding machine ‖ ~**wickelmaschine** *f* (Textil) / ribbon folder, comber lap machine, doubler, sliver lap machine ‖ ~**wicklung** *f* (Elektr) / tape winding ‖ ~**widerstand** *m* (Elektr) / flexible resistor ‖ ~**wiege** *f* (Walzw) / coil cradle ‖ ~**wölbung** *f* (Walzw) / crown of a strip ‖ ~**wölbung** *f* (Magnetband) / tape cupping ‖ ~**zuführung** *f* (Masch) / belt feeder ~**zuführung** *f*, -transport, -vorschub *m* (DV) / tape feed o. transport ‖ ~**zug** *m* (Walzw) / front tension ‖ ~**zug** *m* (Magn.Bd) / tape tension ‖ ~**zug** *m* (Bergb) / curving shuttle conveyor

Bang-Bang-System *n* (Regeln) / bang-bang-system of control

Ban[g]kazinn *n* / Banka o. Straits tin

Banjo·achse *f* (Kfz) / banjo axle ‖ ~**achskörper** *m* (Kfz) / banjo axle casing

Bank *f* (pl.: Bänke), Sitzbank *f* / bench ‖ ~, Werkbank *f* / bench, work bench ‖ ~, Lagerstätte *f* (Bergb) / bed, seam ‖ ~, Strosse *f* (Tagebau) / bench ‖ ~ (pl.: Banken) (Geldinstitut) / bank ‖ ~ **im Ziegelofen** / partition-wall of a brick kiln ‖ ~ **ohne Lehne** / carriage seat, coach seat ‖ ~**auszugdrucker** *m* / bank statement printer ‖ ~**automat** *m*, Bancomat *m* / cash dispenser, banknote dispenser, bancomat ‖ ~**automat-Drucker** *m* / bancomat printer ‖ ~**eisen** *n* (Tischl) / timber dog

Bankenverkehr *m* (DV) / transit operation

Banket *n* (goldführende Schicht im Transvaal) (Geol) / banket

Bankett *n* (Straßb) / flank, haunch, shoulder, raised verge (US) ‖ ~ (Bahn) / track bench ‖ ~, Berme *f* (Wassb) / berm ‖ ~ s. auch Fundamentabsatz ‖ ~ **nicht befahrbar !** / soft shoulder! ‖ ~**markierung** *f* (Bcrgb) / bcnchmark

Bank·former *m* (Gieß) / bench moulder ‖ ~**haken**, Kloben *m* (Tischl, Zimm) / timber dog, hold-fast, cramp iron, bench stop ‖ ~**hammer** *m* / fitter's hammer, cross-pane hammer ‖ ~**hammer** *m*, Handhammer *m* / bench o. hand o. engineer's hammer ‖ ~**hobel** *m* / bench plane

bänkig (Bergb) / in layers

Bank·karte *f* / bank card ‖ ~**karte** *f* **für Geldentnahme an Terminals** / credit card for drawing money on terminals ‖ ~**leitzahl** *f* / routing symbol, transit number, bank sort code, A.B.A. number (US) ‖ ~**leitzahlfeld** *n* (auf Schecks) / transit routing field ‖ ~**note** *f* / banknote

‖ ⁓notendruck *m* / banknote o. bill (US) printing ‖
⁓notenpapier *n* / bank and bond paper, foreign note
paper ‖ ⁓postpapier *n* / bank post [paper], bank paper,
bond paper ‖ ⁓recht (Bergb) / perpendicular to the
stratification ‖ ⁓rechter Abstand von zwei Flözen
(Bergb) / vertical distance of veins ‖ ⁓schalter-Terminal
n / bank teller's terminal ‖ ⁓scheck *m* / bank cheque
(GB) o. check (US) ‖ ⁓schere *f* / bench shears *pl* ‖
⁓schleifmaschine *f* / bench grinder ‖ ⁓schraubstock
m / bench vice, standing o. table vice ‖ ⁓stampfer *m*
(Gieß) / bench rammer ‖ ⁓steuerung *f* der Steuerstäbe
(Nukl) / control group control

Bankung *f* (Geol) / bed-like jointing
Bankzange, -zwinge *f* (Tischl) / bench screw, screw-check
B-Anlasser (Bosch), Schubankeranlasser *m* / Rushmore
type starter
Banndeich *m*, Winterdeich *m* / main dam o. dike
Bantamröhre *f* (Elektronik) / bantam tube
BAQ = Bundesanstalt für Qualitätsforschung
Bar *n*, b (1 b = 0,1 MPa = 10^5 Nm^{-2} = 750,062 Torr =
1,01972 kg m^{-2}) / bar, b
Bar *f*, Schanktisch *m* / bar, counter
bar / [in] cash (payment)
Bär *m*, Fallbär *m* (Bau) / monkey, tup, beetle head ‖ ⁓,
Hammerbär *m* / ram hammer, pile hammer ‖ ⁓,
Pfannenbär *m* (Hütt) / ladle skull, button
Baracke *f*, Hütte *f* / hut, wooden hut
Barathea *m* (Web) / barathea
Barbados-Asphalt *m* / Barbados tar
Barbiturat *n* / barbiturate
Barbitur·säure *f* / barbituric acid ‖ ⁓säure *f* / barbituric
acid
Barchan *m*, Sichel-, Bogendüne *f* / barkhan
Barchent *m*, Doppel-, Futterbarchent *m* / fustian,
flannelette, dimity, swansdown, barchent, barchant ‖
⁓garn, Baumwollstreichgarn *n* / barchant o. condenser
o. condensed yarn ‖ ⁓rauhmaschine *f* (Web) / top-gig
Barcode *m*, Balkencode *m* (DV) / bar code
Bärenbildung *f* (Hütt) / formation of skull
barettförmige Feile, Barettfeile *f* / barrette file, small
pointed file
Barfreimachungsmaschine *f* / postage meter machine,
postal franker o. franking machine
Bärführung *f* (Masch) / hammer guides *pl*
Barge *f* (Schiff) / barge ‖ ⁓ **Carrier** *m* (Schiff) / barge
carrier
Bargeld·automat *m*, Geldautomat *m* s. Bankautomat ‖ ⁓los
/ not-in-cash, no cash, cashless (US) ‖ ⁓terminal *n* /
cash dispensing terminal, cash dispenser
Barilla *f* (unreines Natr.-Karbonat) / barilla
barisches Windgesetz / Buys-Ballot's law
Barium *n*, Ba / barium ‖ ⁓brei *m* (Röntgen, Med) / barium
meal ‖ ⁓carbonat *n* / barium carbonate ‖ ⁓chromat,
Barytgelb *n*, gelber Ultramarin / barium chromate o.
yellow, chromate of baryta o. barytes, gelbin ‖
⁓chromat, Zitronengelb *n* / lemon-yellow (GB), lemon
chrome (US) ‖ ⁓chromatpigment *n* / barium chromate
pigment ‖ ⁓fett *n* / barium base grease ‖ ⁓fluorsilikat *n*
/ barium fluorosilicate, barium silicofluoride ‖ ⁓getter
n (Elektronik) / barium getter ‖ ⁓gips *n* / barium plaster
‖ ⁓hydroxid *n*, Barythydrat *n* / barium hydroxide,
caustic baryta ‖ ⁓manganat *n* (Farbe) / Rosenstiehl's
green ‖ ⁓mörtel *m* / baryum mortar o. plaster ‖ ⁓oxid *n*
/ barium oxide, oxide of barium, calcined baryta ‖
⁓oxidkathode *f* / barium oxide cathode ‖
⁓platincyanür *n* / bariumtetracyanoplatinate(II) ‖
⁓polysulfit *n* / barium polysulfide ‖ ⁓sulfat *n*, Baryt *m*
/ tiff (US), barium sulphate, barite ‖ ⁓sulfid *n* (Flotation)
/ black ash ‖ ⁓titanat, -metatitanat *n* / barium titanate ‖
⁓wolframat *n* / barium tungstate o. wolframate ‖
⁓wolken-Experiment *n* (Raumf) / barium release
Barkasse *f*, großes Beiboot *n* (Schiff) / launch
Barkevikit *m* (Min) / barkevikite

Barkhausen·effekt *m* / Barkhausen effect ‖
⁓ -Kurz-Schwingung *f* / Barkhausen-Kurz oscillation
Bärklotz *m* (Schmiedemasch) / ram, tup
Barlowsches Rad *n* (Phys) / Barlow's wheel
Bärme, Hefe *f* (Brau) / lees *pl*
barn (Maßeinheit des Wirkungsquerschnittes) (1b = 10^{-24}
cm^2), b / barn, b
Barnett-Effekt *m* (Phys) / Barnett effect
Barograph *m*, selbstschreibendes o. -registrierendes
Barometer / baro[metro]graph, recording barometer,
self-registering aneroid
baroklin (Phys) / baroclinic
Barometer *n* / barometer ‖ ⁓kapsel *f* / barometric cell,
sylphon bellows of the aneroid barometer ‖ ⁓röhre *f* /
tail-pipe ‖ ⁓säule *f* / barometric column ‖
⁓schwankung *f* / barometrical variation ‖ ⁓stand *m*,
-anzeige *f*, -ablesung *f* / barometer reading ‖ ⁓stand,
Luftdruck *m* / barometric height o. pressure
barometrisch / barometric[al] ‖ ⁓es
Druckausgleichventil (Luftf) / barometric relief valve ‖
⁓e Höhe, Druckhöhe *f* / pressure altitude ‖ ⁓e
Höhenformel / Boltzmann barometric equation ‖ ⁓e
Höhenmessung / barometric altitude measuring
Baro·stat *m*, Druckwächter *m* (Druckregler) / barostat ‖
⁓thermograph *m* / barothermograph, meteorograph ‖
⁓ -Thermo-Hygrograph *m* / meteorograph ‖ ⁓trop
(Phys) / barotropic
Barpreis *m* / cash price
Barras *m*, Fichtenharz *n* / barras
Barre *f* (Hydr) / coastal bar ‖ ⁓, Verteilplatine *f* (Strumpf) /
dividing sinker
Barrel *n* (Öl: 42 US Gallonen = 159 l, Brau: 31 1/2 US
Gallonen = 119,5 l) / barrel
Barren *m* (Metall) / bar, ingot ‖ ⁓ (Walzw) / (less than 36
sq.in.:) billet, (more than 36 sq.in.:) bloom ‖ ⁓gold *n* /
bar o. ingot gold ‖ ⁓kupfer *n* / bar o. rod copper ‖
⁓rahmen *m* (Bahn) / sectional frame o. underframe ‖
⁓zink *n*, Blockzink *n* / bar zinc
Barrette *f*, Kurzbalken *m* (Luftf, Bodenfeuer) / barrette
Barretter *m* (Meßinstr. für schwache HF-Ströme) /
barretter ‖ ⁓anordnung *f*, Bolometer *n* / bolometer
Barriere *f* (allg, Geol) / barrier ‖ ⁓, Fangvorrichtung *f*
(Flugplatz) / arrester barrier
Barscheck *m* / cashable cheque (GB) o. check (US), open
cheque (GB) o. check (US)
Bart *m*, Angriff *m* am Riegel (Schl) / beard, bolt toe ‖ ⁓,
Schlüsselbart *m* (Schl) / key bit o. web ‖ ⁓ (Galv) /
whisker ‖ ⁓ansatz *m* beim Verzinnen / whisker
formation
Bartlett-Kraft *f* (Nukl) / Bartlett force
Bartnagel *m* / spike nail
Bartonmeßzelle *f* / Barton cell
Bartstruktur *f* (Zink) / whisker structure
Barvorschuß *m* (F.Org) / paid-on, cash advance
Barylit *m* (Min) / barylite
Baryon *n* (Nukl) / baryon
Baryonen·zahl *f* (Nukl) / baryon number
Bary·silit *m*, Bleisilikat *n* / barysilite ‖ ⁓sphäre *f* (Geol) /
barysphere
Baryt, Schwerspat *m* (Min) / barite, barytes, heavy spar ‖
unreiner ⁓ (Bergb) / dowk ‖ ⁓beton *m* / baryta concrete
‖ ⁓erde *f* / barium oxide, baryta ‖ ⁓flußspat *m* /
fluorspar of baryta ‖ ⁓gelb *n* / barium yellow o.
chromate, chromate of baryta o. barytes ‖ ⁓grün *n* /
Cassel's green, manganese green ‖ ⁓hydrat *n* / barium
hydroxide, caustic baryta ‖ ⁓okalzit *m* / barytocalcite ‖
⁓papier *n* / baryta paper ‖ ⁓wasser *n* / baryta water ‖
⁓weiß *n* / baryta white, blanc-fixe, fixed white
baryzentrisch, Schwerpunkts... / barycentric, centrobaric
Basa (Bahn) = Bahnselbstanschlußanlage (Telefon)
basal (Geol) / basal
Basalt *m* / basalt, basaltes *pl* ‖ ⁓... / basaltic ‖ ⁓grau
(RAL 7012) / basalt grey ‖ ⁓lava *f* / basaltic lava ‖
⁓orgel *f* (Geol) / basalt columns *pl* ‖ ⁓tuff *m*,

-konglomerat n / basaltic tuff || **⁓wacke** f / basaltic wacke || **⁓wolle** f / basalt fibers pl
Basalzement m (Feuerfest) / basal cement
Basan n, Basil n (braunes Schafleder) (Gerb) / basan, basil
Basanit m (Geol) / basanite
Base f (Chem) / base
Baseload-Anlage f (Gasverflüss) / baseload plant
Basen·austauscher m, (jetzt) Kationenaustauscher m (Chem) / cation exchanger || **⁓bildend** (Chem) / base forming || **⁓bildner** m / basifier || **⁓bildung** f (Chem) / basification, conversion into a base || **⁓fest** / base resistant || **⁓paarung** f / base pairing
BASF-Prüfmotor m / BASF-motor
Basic n (Sprache) / Basic
Basidiomyceten pl, Ständerpilze m pl / basidiomycetes pl
basieren [auf] / be based [upon]
Basil, Basan n (Gerb) / basan, basil
Basilikumöl n / basil oil
Basis f, Grundlage f / foundation, basis || **⁓**, Fundament n / base, foundation || **⁓**, (Math, Halbl) / base || **⁓**, Fuß m der Säule (Bau) / foot, base || **⁓**, Unterbau m (Bau) / substructure, substruction || **⁓**, Grundlinie f (Verm) / datum line, base o. basis line || **⁓**, Stützpunkt m (Mil) / base || **⁓**, Basiselektrode f (Transistor) / base electrode || **⁓**, Basiszone f (Transistor) / base region || **⁓...**, basal / basal || **⁓ der halblogarithmischen Schreibweise** (DIN) (DV) / floating point radix || **⁓ des Logarithmus** / base of logarithm || **⁓ des Luftschlauches** (Kfz) / base of a tire tube || **⁓ des Transistors** / base of the transistor || **auf ⁓** [von] / basing [on], taking... as a basis || **die ⁓ bildend** / basic || **sehr lange ⁓** (Verm) / very long baseline || **⁓adresse** f (DV) / base address || **⁓anschluß** m, Basis f (Transistor) / base terminal || **⁓bahnwiderstand** m (Halbl) / extrinsic base resistance
basisch (Chem) / basic, alkaline || **⁓**, Grund... / primitive, basic || **⁓es Aluminiumacetat**, Lenicet n / printer's acetate || **⁓er Blasstahl** / basic Bessemer o. converter steel || **⁓es Blasstahl- o. Bessemerverfahren** / basic Bessemer o. converter (US) process || **⁓es Bleichromat** / basic lead chromate, chrome red || **⁓es Bleikarbonat** / basic lead carbonate, lead hydroxycarbonate || **⁓es Erzeugnis** (feuerfest) / basic refractory || **⁓e Farbstoffe** m pl / basic dyes pl || **⁓es Futter** (Ofen) / basic lining || **⁓e Gesteine** n pl / basic rocks pl || **⁓es Kupferazetat** / green verdigris || **⁓es Kupferkarbonat** / basic copper carbonate || **⁓ machen** / basify || **⁓es Ofenfutter** (Hütt) / basic refractory o. lining || **⁓es Oxid** / basic oxide || **⁓es Pinakoid** (Krist) / basal pinacoid || **⁓es Roheisen** / basic pig iron || **⁓es Salz** / basic salt, subsalt || **⁓er Sauerstoff-Aufblas-Konverter** (Hütt) / basic oxygen furnace, basic top-blowing furnace || **⁓e Schlacke** (Hütt) / basic slag || **⁓e Schlackenführung** (Hütt) / basic slag practice || **⁓er Siemens-Martinstahl** / basic open-hearth steel || **⁓er Stahl** / basic steel || **⁓ umhüllte Elektrode** (Schweiß) / basic coated electrode || **⁓es Verfahren** (Hütt) / basic process
Basis·dicke, -breite f (Halbl) / base thickness || **⁓-Dienstprogramme** n pl (DV) / base utilities pl || **⁓dotierung** f (Halbl) / base doping || **⁓druck** m (Raumf) / base pressure || **⁓druck** m (Vakuum) / base pressure || **⁓-Durchmesser** m (Fallschirm) / mouth diameter || **⁓[elektrode]** f (Transistor) / base electrode || **⁓[fläche]** f / base || **⁓fläche** f / base || **⁓flächenzentriert** (Krist) / end-centered || **⁓frequenz** f (Elektronik) / base frequency || **⁓größe** f (Math) / base quantity || **⁓innenwiderstand** m (Halbl) / internal base resistance, base spreading resistance || **⁓klemme** f (Transistor) / base terminal || **⁓klemmschaltung** f (TV) / level setting || **⁓komplement** n (DV) / radix o. naughts o. true complement || **⁓kontakt** m / base contact || **⁓ladung** f (Transistor) / base charge || **⁓legierungspulver** n (Sintern) / master alloy powder || **⁓linie** f, Bezugslinie f / fiducial o. reference line || **⁓material** n (gedr.Schaltg) / supporting board || **⁓messung** f (Verm) / base line work

|| **⁓metall** n, Grundmetall n / base metal || **⁓programm-Dokumentation** f / basic programming documentation || **⁓programmpaket** n / basic programming package || **⁓register** n (DV) / base register || **⁓register** n, Bezugsregister n (IBM) (DV) / B-Register n (IBM) || **⁓schaltung** f (Transistor) / common base o. grounded base [circuit] || **⁓schaltung rückwärts** f (Halbl) / inverse common base circuit || **⁓sensor** m (Regeln) / base sensor || **⁓-Software** f / base software || **⁓spannung** f (Halbl) / base voltage || **⁓spreizung** f (Kath.Str) / expanded sweep || **⁓strom** m (Halbl) / base current || **⁓technologie** f / fundamental technology || **⁓verlängerung** f (allg, Radar) / base line extension || **⁓vorspannung** f (Halbl) / basis bias || **⁓wandler** m (DV) / radix converter || **⁓weite** f (Halbl) / base width || **⁓zone** f (Transistor) / base region || **⁓zwischenzone** f (Halbl) / interbase region
Basizität f, basische Eigenschaft (Chem) / basicity
Basizitätsgrad m, Schlackenzahl f (Hütt) / slag ratio
Baskül·kloben m (Fenster) / staple || **⁓verschluß** m (ohne Drehbewegung) (Fenster) / bascule[-bolt] (US), espagnolette [bolt] (GB)
basophil (Färb) / basiphil, basophil
Basralocusholz n / basralocus wood
Baß m (Elektronik) / bass || **⁓anhebung** f, -regelung f / bass accentuation o. boost[ing] o. control, bass emphasis o. lift || **⁓beschneidung** f / bass cut
Basselissestuhl m (Textil) / low-warp loom
Baß·entzerrung f / bass compensation o. correction || **⁓frequenz** f (Akustik) / bass o. base frequency
Baßholz n, amerikanische Linde / white basswood
Bassiafett n / bassia oil o. fat o. butter
BAS-Signal n (Bild-, Austast- u. Synchronisiersignal) (TV) / image, blanking, and synchronizing signal, composite television o. video signal
Bassin n / basin, pool
Baß-Lautsprecher m (30-2000 Hz) / woofer, boomer, bass speaker
Bass-Reflex... (Lautsprecher) / bass-reflex...
Baß·reflexgehäuse n (Elektronik) / bass-reflex enclosure || **⁓regelung** f, -anhebung f / bass accentuation o. boost[ing] o. control, bass emphasis o. lift || **⁓saite** f / bass string
Bast m / bast || **⁓ der Kokosnuß**, Kokosfaser f / bark of the coco[a] nut
Bastard m (Biol) / cross[breed], hybrid || **⁓bahn** f, Valenzorbital n (Chem) / valence o. hybrid orbital || **⁓hieb** m (Feile) / bastard cut
bastardieren, kreuzen (Biol) / hybridize
bastardisierter Zustand (Phys) / hybrid orbital
Bastardisierung f, Bastardierung f (Bot, DV) / hybridization
Bastard·riffelfeile f / bastard riffler || **⁓schrift** f (Buch) / bastard fount o. type
Bastbandmaschine f (Textil) / parcelling-tape machine
Basteln n, Heimwerken n / craftwork, do-it-yourself work
Bast·faser f / bast fibre (Am.: fiber) || **⁓fasern bleichen** (Textil) / croft (GB) || **⁓hanf** m / raw hemp
Bastit m, Schillerspat m (Min) / bastite
Bastler, Heimwerker m / amateur [mechanic], hobbyist, workshopper, do-it-yourselfer (coll)
Bastmaschine f (Textil) / filling machine
Bastnäsit m (Min) / bastnaesite
Bast·papier n / bask o. bast paper || **⁓schicht** f (Seide) / gummy layer, sericine coating || **⁓seide** f / unboiled o. unscoured silk, raw silk || **⁓seifenbad** n (zum Entbasten) (Textil) / bast soap bath
Batch·destillation f / batch distillation || **⁓-Verarbeitung** f (DV) / batch processing
Bathmetall n / Bath metal
Batho·chrom m (Chem) / bathochrome || **⁓lit** m, Tiefengestein n (Geol) / batholith, bathylite || **⁓meter**, Bathymeter n, Tiefenmesser m / bathometer, bathymeter

bathy·al (Meerestiefen von 200-800 m) / bathyal ‖
⌐**metrie**, Meerestiefenmessung f / bathymetry ‖
⌐**skaph**, -scaphe m / bathyscaph[e] ‖ ⌐**sphäre** f /
bathysphere
Batik m, gebatikter Stoff / batik [cloth]
Batist m / batiste, cambric, lawn ‖ ⌐**garn** n / unbleached
yarn for cambric ‖ ⌐**musselin** m / cotton cambric
batschen (Jute) / batch ‖ ⌐ n (Spinn) / batching
Batschmaschine f (Jute) / batching machine
Battensystem n (Sichtprüfung durch Aufeinanderlegen)
(LoKa) / Peek-a-Boo- o. Batten system
Batterie f (Brau) / tapping apparatus ‖ ⌐ (Elektr, Mil,
Wasserhähne) / battery ‖ ⌐ (DIN) (Kfz) / storage battery
‖ ⌐ (o. Gruppe) **von Maschinen** / group, set of
machines ‖ ⌐**betrieb** m, Lade-Entladebetrieb m (Akku) /
battery operation ‖ ~**betrieben**, -gespeist, Batterie…
(Radio, Geräte etc.) / battery-operated, battery-powered,
operated off battery, self-powered ‖ ⌐ -**Empfänger** m /
portable receiver o. radio (US) o. wireless (GB) ‖
⌐**entladung** f / discharging of a battery ‖ ⌐**fahrbetrieb**
m / accumulator o. battery traction ‖ **die** ⌐**flüssigkeit**
nachfüllen / top up the battery ‖ ⌐**gefäß** n, -behälter m
/ accumulator case o. box o. tank, battery case o. box ‖
⌐**gestell** n / battery rack ‖ ⌐**halter** m (Kfz) / battery tray
‖ ⌐**haltung** f (Landw) / battery o. cage system ‖
⌐**hauptschalter** m / battery main switch ‖
⌐ -**Innenwiderstand** m / internal battery resistance ‖
⌐**kabelschuh** m / battery clip ‖ ⌐**kasten** m (Kfz) /
accumulator case o. box ‖ ⌐**klemme** f / battery terminal
o. stop ‖ ⌐**klemme** f, Überbrückungsklemme f / bridge
connector ‖ ⌐**klemme** f **für Einzelzellen** / cell terminal
‖ ⌐**klinke** f (Fernm) / battery jack ‖ ⌐**ladegerät** n /
battery charger o. charging set ‖ ⌐**ladeklip** m / battery
charging clip ‖ ⌐**ladestation** f / charging station ‖
~**loser Fernsprecher** / sound power[ed] telephone ‖
⌐ -**Netzempfänger** m, Empfänger m für Batterie- u.
Netzbetrieb / battery and mains operated set, battery/
mains receiver ‖ ⌐**öfen** m pl / bank furnaces o. ovens pl
‖ ⌐**platte** f / battery plate ‖ ⌐**prüfer** m / battery tester ‖
⌐**raum** m / battery room ‖ ⌐**säure** f (Elektr) /
accumulator acid ‖ ⌐**schalttafel** f / battery switchboard
o. panel ‖ ⌐**schiene** f / battery bar ‖ ⌐**schrank** m / cell
box, battery cupboard ‖ ⌐**[schutz]schalter** m / battery
switch ‖ ⌐**setzmaschine** f (Bergb) / jig battery ‖ ⌐**träger**
m, -trog m (Akku) / battery tray ‖ ⌐**umschalter** m /
commutator, reversing switch ‖ ⌐**verteilungstafel** f /
battery distribution table ‖ ⌐**werk** n (Uhr) / battery
driven works pl ‖ ⌐**wirkungsgrad** m / ampere-hour
efficiency of a battery ‖ ⌐**zelle** f / cell of a storage
battery ‖ ⌐**zündung** f (Kfz) / battery[-coil] ignition, coil
ignition
Batteur, Baumwollschläger m / scutcher ‖ ⌐**wickel** m /
scutcher lap
Batzen m (Keram) / clot
Bau m (pl.: Bauten), Gebäude n, Bauwerk n, Baulichkeit f
/ building, structure, edifice ‖ ⌐, Aufbau m, Bauen n /
construction, cons. ‖ ⌐, Gestaltung f / configuration,
conformation ‖ ⌐, Beschaffenheit f / constitution,
structure ‖ ⌐…, baulich / constructional, structural ‖
⌐…, Konstruktions… / constructive ‖ ⌐…,
Architektur… / architectural ‖ ⌐ **mit großflächigen**
Betonfertigteilen / construction with precast concrete
panels ‖ **im** ⌐, im Bauzustand / under construction ‖
⌐**abnahme** f / acceptance of work ‖ ⌐**abschnitt** m /
phase of construction, stage of a programme ‖
⌐**abteilung** f / construction department ‖ ⌐**abteilung** f
(Bahn) / Civil Engineer's Department (GB), Way and
Structures Department (US) ‖ ⌐**abteilung** f (Bergb) /
district ‖ ⌐**abteilung** f, Baubüro n / building department
‖ ⌐**akustik** f / architectural acoustics pl ‖ ~**akustische**
Prüfung / acoustic testing for buildings ‖ ⌐**anordnung**
f / disposition of the building ‖ ⌐**anschlag** m,
Kostenvoranschlag m / builder's o. contractor's
estimate ‖ ⌐**arbeiten** f pl / building activities pl ‖

⌐**arbeiter** m / builder's labourer, hardhat (US) ‖
⌐**arbeiter** m pl, Rotte f / construction gang, builder's
labourer pl ‖ ⌐**art** f, Stil m, Stilart f / architecture,
style, structure ‖ ⌐**art**, Form f / build ‖ ⌐**art**, Bauweise
f / construction, style ‖ ⌐**art**, Ausführung f
(Herkunftsangabe) / make, workmanship ‖ ⌐**art**,
Modell n / pattern, design ‖ ⌐**art** f, System n / system,
design ‖ ⌐**art**, Art f des Entwurfs, Bauart und -form /
type and style ‖ ⌐**art** f, System n / system, design ‖
⌐**art** f, Modell n, Typ m, Ausführung f / design, type ‖
⌐**art** f (allg) / structural shape ‖ ⌐**artgenehmigung** f /
design certification o. approval ‖ ⌐**artspezifikation** f /
blank detail specification ‖ ⌐**artzulassung** f /
qualification approval, homologation ‖ ⌐**aufsicht** f /
building o. construction o. site supervision o. inspection
‖ ⌐**aufzug** m / building elevator (US) o. hoist o. lift
(GB) ‖ **freistehender** ⌐**aufzug** / self-supporting
building hoist ‖ ⌐**ausführung** f / [execution of]
construction work ‖ ⌐ -**Ausführungszeichnung** f (Bau) /
production drawing ‖ ⌐**[aus]trockner** m / drying oven
for the building trades ‖ ⌐**bahn** f / construction
[rail]way, portable railway, temporary line
baubar / buildable
Bau·bedarf m / building material o. requisites ‖ ⌐**beginn**
m (Bau) / housing start ‖ ⌐**behörde** f, -amt n / Office o.
Board of Works, building authorities pl ‖ ⌐**beschlag** m,
Baubeschläge m pl, Bauutensilien pl / building
hardware, iron fittings pl ‖ ⌐**beschrieb** m / building
specifications pl ‖ ⌐**blech** n / structural sheet [steel],
structural plate ‖ ⌐**blocktechnik**, Modulartechnik f
(DV) / modular technique ‖ ⌐**breite**, Gesamtbreite f /
overall width ‖ ⌐**bude** f, -hütte f (Bau) / shed, site hut ‖
⌐**bude** f **für den Bauführer** / cabin ‖ ⌐**büro** n / site
office
Bauch m, konvexe Form / convexity ‖ ⌐, Unterseite f /
lower side o. [sur]face, underside, bottom ‖ ⌐
(Schwingung) / antinode, antinodal point, internode, loop,
bulge ‖ ⌐, Kohlensack m (Hochofen) / coal sack, camber,
boshes pl ‖ ⌐, fehlerhafte Ausladung oder Ausbauchung
(Bau) / battering n, belly, bulge ‖ ⌐ **der Bessemerbirne**
/ breast of the converter ‖ ⌐ **des Kupolofens** / breast of
cupola ‖ ⌐**behälter** m (Luftf) / belly tank ‖ ⌐**bildung** f,
Schleierbildung f (Textil) / ballooning ‖ ⌐**binde** f (Buch) /
blurb
bauchen, bauchig machen / render convex, swell, distend
‖ **sich** ~ / batter, belly, bulge, swell, rise
Bauch·etikette f (Brau) / body label ‖ ⌐**freiheit** f,
Bodenfreiheit f (Kfz) / clearance above road surface
bauchig, bellied, bulged, bulgy ‖ ~, geschwollen /
bulged, bulging, swollen ‖ ~ (Mauer) / battering
bauch·landen (Luftf) / belly-land ‖ ⌐**landung** f (mit
eingezogenem Fahrgestell) (Luftf) / belly-landing, crash
landing ‖ ⌐**reif** m (Faß) / center hoop ‖ ⌐**seite** f (Gerb) /
belly ‖ ⌐**wolle** f / bellies pl, bellow wool, skirting ‖
⌐**zange** f, Tiegelzange f / crucible tongs
Baud n, Bd (1 Bd = 1 Schritt/s) (Fernm) / baud
Bau·denkmal n / architectural monument ‖ ⌐**dock** n
(Schiff) / building basin o. dock
Baudot-Code m (Fernm) / Baudot code, five-unit code
Baudot-Drucker m / Morse printer
Baudouinsche Probe (für Speiseöl) / Baudouin reaction
Bau·ebene f, Bauhorizont m, -spiegel m / regulating
ground o. level o. line o. plane ‖ ⌐**einheit** f (im
Baukastensystem) / building block o. unit, packaged
unit ‖ ⌐**einheit**, Aufbaueinheit f / constructional unit,
modular unit ‖ ⌐**einheit Tür** / doorset ‖ ⌐**element** n /
element, member ‖ ⌐**element** n, -teil m, im Aufbau
wichtiges [Form]stück / structural member ‖
elektronisches ⌐**element** / component [part]
bauen, erbauen / edify ‖ ~ (Masch) / engineer v, construct,
lay out ‖ ~, abbauen (Bergb) / work ‖ ~, entwerfen,
entwickeln (Masch) / conceive, design ‖ ⌐, Errichten n /
erection, building ‖ **eine Brücke** ~ / construct a bridge,

lay a bridge ‖ **eine Straße** ~ (o. anlegen) / lay down a road, construct a road
Bauentwurf m, Projektierung f / design, planning, scheme of work
bäuerlicher Kleinbetrieb (Landw) / small farm
Bauern·hof m, Gehöft n / farmstead
Bau·erwartungsland n / yet unbuilt land, land included in the plan for house building ‖ **~erz** n / native ore, virgin ore ‖ **~fähig** (Bergb) / worthy of being worked, workable, pay[ing] ‖ **~fällig**, in Verfall geraten / falling to ruin, dilapidated, out-of-repair, ramshackle, ruinous ‖ **~fälligkeit** f, Verfall m / disrepair, ruinous state, dilapidation, state of decay, deterioration, falling-in ‖ **~feld** n (Bergb) / working field ‖ **~fest** / built substantially ‖ **~feuchtigkeit** f / building moisture ‖ **~flucht** f, -linie f, Fluchtlinie f / building line ‖ **~form** f / structural shape ‖ **~formstahl** m / concrete reinforcing steel bars pl ‖ **~führer** m / assistant architect, general foreman ‖ **~führung** f / management of works, supervision of works ‖ **~führung** f s. auch Bauaufsicht ‖ **~** **-Furnierplatte** f / veneer board ‖ **~gelände** n, -grund m, -platz m, -stelle f / building site ‖ **~gelände** n, -grundstück n / building estate ‖ **~genehmigung** f, -erlaubnis f, -konzession f / building permit o. license (US) ‖ **~genehmigungsbehörden** f pl, Baubehörde f / chief building authorities pl ‖ **~genossenschaft** f / building society (GB), building and loan association (US) ‖ **~geräte** n pl / building implements pl ‖ **~gerippe** n / framework ‖ **~gerüst** n (Bau) / scaffolding ‖ **~geschäft** n, Baufirma f / contractors pl ‖ **~gewerbe**, -handwerk n / building trade ‖ **~gewicht**, Rüstgewicht n (Luftf) / construction weight, structural weight ‖ **~gips** m / building plaster, gypsum plaster ‖ **~glas** n / glass for building purposes, glazing glass, GG ‖ **~glaser** m / building glazier
Baugröße f (Pumpe) / size of a pump
Bau·grube f / ditch for the foundation, excavation ‖ **~grubenumschließung** f / cleading of foundation ditches ‖ **~grund** m (allg) / building ground ‖ **~grund** m, Untergrund m (Bau) / subsoil, substratum, foundation soil ‖ **guter ~grund** (Bau) / firm soil ‖ **~grundbohrung** f / subsoil drilling ‖ **~grundstück** n / housing estate ‖ **~grunduntersuchung** f / subsoil test ‖ **~gruppe** f (Luftf, Masch) / subassembly, structural component ‖ **~gruppe** (Elektronik) / componentry ‖ **~gruppe** f (z.B. Dioden...) / stack (e.g. diode...) ‖ **~gruppenkonstruktion** f / componentized construction ‖ **~gruppen-Prüfautomat** m / automatic board tester ‖ **~gruppenträger** m (Elektr) / sub-rack ‖ **~guß** m / cast iron for building purposes ‖ **~handwerk** n / building trade ‖ **~handwerker** m / building tradesman ‖ **~herr** m / building sponsor o. owner ‖ **~hilfsarbeiter** m / assistant building labourer ‖ **~hof** m, Zimmerplatz, -hof m / timber yard ‖ **~hof** m, -hütte f (Steinmetz) / stone yard ‖ **~höhe** f, lichte Höhe (allg, Bergb) / headroom, headway ‖ **~höhe** f (Masch, Bau) / overall height ‖ **flache ~höhe** (Bergb) / projection of face length on a horizontal plane ‖ **~holz** n, Zimmerholz n / straight o. strength o. structural timber ‖ **altes ~holz**, Abbruchholz n / timber from demolished buildings ‖ **~holz** n **von mehr als 6 x 6 Zoll** / whole timber ‖ **~horizont** m (Bergb) / mining horizon ‖ **~hütte** f / shed, site hut ‖ **~industrie** f / construction industry ‖ **~ingenieur** m / civil engineer, structural engineer ‖ **~ingenieurwesen** n / civil engineering [and building activities] ‖ **~jahr** m / date o. year of construction ‖ **~jahr 1989** (Kfz) / model 1989 ‖ **~kabel** n / building site cable ‖ **~kalk** m / lime for building purposes, building lime ‖ **~kalk** m / building lime
Baukasten m / construction kit ‖ **in ~form aufbauen** / matizize ‖ **~greifer** m (Roboter) / modulated manipulator arm ‖ **~prinzip** n / building block flexibility, modular organization o. concept, unit[ized construction] principle ‖ **~prinzip** n (DV) / modularity ‖ **~system** n /

modular construction o. design, building block o. building brick system ‖ **~system** n, Modulsystem n (Elektronik) / modular system ‖ **~system für Fabrikbauten** / add-a-plant technique
Bau·keramik f / architecturally applied ceramics pl ‖ **~klammer** f / dog, cramp [iron] ‖ **~klempner** m, -spengler m (süddeutsch) / building plumber ‖ **~kolonne** f / construction gang o. team o. unit ‖ **~konstruktion** f, -plan m / structural design ‖ **~kontrakt** m / building contract ‖ **~körper** m, -masse f (Bau) / solidium ‖ **~kosten** pl / building expenses pl, construction expenses pl ‖ **~kostenabrechnung** f / contractor's account memorandum of costs ‖ **~kostenvoranschlag** m / contractor's estimate ‖ **~kran** m / building crane, tower gantry ‖ **~kran**, Montagekran m / assembly crane ‖ **~kunst** f, Architektur f / art of building, architecture ‖ **~landerschließung** f / breaking of fresh ground, development of building sites ‖ **~landumlegung** f / land reallotment ‖ **~länge**, Gesamtlänge f / overall length ‖ **~länge** f (Armatur) / face-to-face dimension ‖ **~länge** f (o. wirkliche Länge) **eines Kabels** / laying-out length o. paying-out length of a cable ‖ **~länge** f **von Einklemmarmaturen** / face-to-face dimension of wafer-type valves ‖ **~länge** f **von Flanscharmaturen** / face-to-face dimension of flange-type valves ‖ **~lärm** m / construction noise ‖ **~leistung** f / building works and supplies ‖ **~leistungen** f pl / building works ‖ **~leiter** m / chief superintendent engineer o. resident engineer, builder's manager, clerk of works ‖ **~leitplan** m (Städtebau) / development plan ‖ **~leitplanung** f / general development plan ‖ **~leitung** f / direction o. management of works, supervision of works
baulich / constructional, structural ‖ **~e Änderung** / structural alteration ‖ **~e Anlagen** f pl / structural works pl ‖ **~e Anlagen** f pl (Bahn) / fixed track installations pl ‖ **~e Durcharbeitung** / structural design ‖ **~e Maßnahme** / constructionel measure ‖ **~** **symmetrisch** (Fernm) / structurally symmetrical ‖ **~er Zierat** / constructional ornament
Baulichkeit f / building, construction, structure
Bau·linie f / building o. frontage line ‖ **~lücke** f / gap between buildings
Baum m (Bot, Techn) / tree ‖ **~**, Hebel m / pole ‖ **~**, Kettbaum m / beam, loom roller ‖ **~** (Schiff) / boom ‖ **~** (Präzis.Guß) / wax tree
Baumalerei f / decoration painting
Baumannabdruck m, Baumannsche Schwefelprobe (Hütt) / sulphur o. Baumann print
baum·artig [verzweigt] / arborescent ‖ **~artige Ausblutung** (Galv) / tree
Bau·maschine f / building o. construction machine o. engine ‖ **~maschinen** f pl / building machinery ‖ **~maß** n (Masch) / structural dimension, space requirement ‖ **~masse** f, -körper m (Bau) / solidium ‖ **~massen** f pl / cubage (in m³) of residential occupancies in a building ‖ **~massenzahl** f, BMZ / building mass index ‖ **~materialien** n pl, Baubedarf m, Baustoff m / building material
Baum·auflager n (Schiff) / boom crutch o. cradle ‖ **~axt** f, -hacke f / cleaver, telling axe
Bäume anzeichnen o. anlaschen / blaze trees ‖ **~** **fällen u. abästen**, Wald abholzen / log v
Baumeister m / master-builder
baumeln, schaukeln / swing
bäumen (Web) / beam the warp ‖ **~** n / beaming
Bäumer m (Textil) / beaming machine minder
Baumerkmale n pl / constructional characteristics pl
Baumé-Skala f / Baumé hydrometer scale
baumförmig, verästelt / dendroid, dendriform
Bäumgeschwindigkeit f (Web) / beaming speed
Baum·graph m / tree ‖ **~grenze** f / timber line (US), tree line ‖ **~harz** m / resin, tree gum ‖ **~harz**, Harzpech n / liquid pitch ‖ **~kante**, Waldkante f (Holz) / dull o. rough

edge, wane ‖ ⌐**kantig** (Holz) / dull o. rough edged ‖
⌐**kluppe** f / tree gauge ‖ ⌐**krone** f / crown of a tree
Bäummaschine f (Web) / beaming machine o. device o.
headstock
Baum·netz n / tree-type network
Baumodul m / basic modular dimension
Baum·schären n (Textil) / beam warping ‖ ⌐**schere** f /
pruning shear, pruner, garden shears pl ‖ ⌐**schere** f **mit
kurzen Klingen** / sécateurs pl (GB), pruning shears pl ‖
⌐**spritze** f, Motor-Baumspritze f / motor-driven
orchard sprayer ‖ ⌐**stamm, Stock** m / stem, stock o.
trunk of a tree ‖ **starker** ⌐**stamm** / bole
Bäumstuhl m (Textil) / beaming creel
Baum·stumpf m, Stock m [oberhalb der Erde] / stump o.
stub of a tree ‖ ⌐**stumpf** m **[mit Wurzel], Stubben** m /
stump of a tree
Baumuster n, -art f, Modell n / design, type
Bäumvorrichtung f (Web) / beaming device
Baum·wachs n / grafting wax ‖ ⌐**wipfel** m, -krone f /
crown of a tree
Baumwoll·abfall m, -abfälle m pl / cotton waste, waste
cotton, orts pl ‖ ⌐**anbau** m / cultivation of cotton ‖
⌐**artig, Baumwoll…** / cottony, gossypine ‖ ⌐**artiger
Griff** / cottony feel ‖ ⌐**aufbereitung** f / cotton dressing
‖ ⌐**ausbreiter** m / cotton lapper o. lap machine minder
‖ ⌐**ballen** m / cotton bale ‖ ⌐**band** n (Elektr) / cotton
tape ‖ **schmales** ⌐**band** / ferret ‖ ⌐**batist** m / cotton
cambric ‖ ⌐**blau** n / brilliant cotton blue, methyl blue ‖
⌐**bleiche, -bleichung** f / cotton bleaching ‖ ⌐**dämpfer**
m / cotton steamer ‖ ⌐**decke** f / cotton blanket ‖ ⌐**drell**
m / cotton drill
Baumwolle f, Co / cotton, Co ‖ ⌐ **in Lagen** (für
Polsterungen) / cotton wool, cotton batting ‖ ⌐ **klopfen**
(o. schlagen) / beat cotton ‖ **aus offenen o. trockenen
Kapseln gepflückte** ⌐ (Textil) / pulled cotton ‖
ungereinigte ⌐ / cotton in the seed
baumwollen / made of cotton ‖ ⌐**e Polierscheibe** (Galv) /
cotton dolly o. mob ‖ ⌐**e Putzwolle** / cotton cleaning
waste ‖ ⌐**es Webgarn** / cotton twist o. yarn
Baumwoll·entkörnungsmaschine f / cotton gin ‖ ⌐**fabrik**
f / cotton factory ‖ ⌐**faden** m / cotton twist o. yarn ‖
stark gestärkter ⌐**faden** / straw cotton ‖ ⌐**farbstoff** m
/ cotton dyestuff ‖ ⌐**faser** f, -stapel m / cotton staple ‖
⌐**feinstrecker** m / cotton speeder tenter ‖ ⌐**flocken** f pl
/ cotton flock ‖ ⌐**[flug]staub** m (Textil) / cotton dust,
evaporation, flyings pl ‖ ⌐**flusen** f pl / cotton fluff[ing]
‖ ⌐**garn** n, -zwirn m / cotton twist o. yarn, spun cotton
‖ ⌐**gaze** f / cotton gauze ‖ ⌐**gebiet** n, -gürtel m / cotton
growing area, cotton belt ‖ ⌐**gewebe, -zeug** n, -stoff m /
cotton fabric o. goods o. cloth pl ‖ **rohes** ⌐**gewebe** /
sheeting ‖ ⌐**gewebe** n **aus gefärbtem Garn** /
cottonnade ‖ ⌐**gewebeeinlage** f (Gummi) / cotton fabric
ply ‖ ⌐**glattzwirn** m / lisle thread ‖ ⌐**grobgarn,**
Zweizylindergarn n / condenser yarn ‖ ⌐**gurt** m / cotton
strap o. webbing ‖ ⌐**haspler** m, -weifer m / cotton
reeler ‖ ⌐**industrie** f / cotton industry o. trade ‖
⌐**interlock** n / cotton interlock
Baumwollinters pl / cotton linters pl
Baumwoll·kämmaschine f / combing machine for cotton
‖ ⌐**kämmerei** f, -kämmen n / cotton combing ‖
⌐**kammgarn** n / combed cotton yarn ‖ ⌐**kapselkäfer,**
Antonomus grandis Boh m / cotton boll weevil, wool
weevil ‖ ⌐**kapselwurm** m (Larve von Heliothis
armigera) / boll worm ‖ ⌐**kette** f (Web) / cotton warp ‖
⌐**köper** m / cotton twill o. serge ‖ ⌐**kratze, -karde,**
-krempel f / cotton card[ing engine] ‖ ⌐**kunstspinnerei**
f / cotton waste spinning ‖ ⌐**mitläufer** m / cotton back
grey, cotton carrier blanket ‖ ⌐**molton** m / beaverteen ‖
⌐**musselin** m / cotton o. leno muslin ‖ ⌐**noppe** f /
cotton knop o. burl ‖ ⌐**öffner** m, Opener m / opener ‖
⌐**pflanze** f, Gossypium n / cotton plant, gossypium ‖
⌐**pflanzer** m / cotton grower ‖ ⌐**pflanzung** f, -plantage
f / cotton plantation ‖ ⌐**pflückmaschine** f / cotton
picker o. stripper, mechanical cotton picker o. plucker,

cotton sled ‖ ⌐**plüsch** m / cotton plush, plush velveteen,
cotton shag ‖ ⌐**presse** f / cotton press ‖ ⌐ **-Preßkuchen**
m / cotton cake ‖ ⌐**raupe** f / cotton leaf worm, cotton
leaf caterpillar (larva of Alabama argillacea) ‖
⌐**reiniger** m / cotton cleaning machine, depurator ‖
⌐**rips** m / cotton rep ‖ ⌐**samen** m, -saat f / cotton seed,
seed-cotton ‖ ⌐**samenkuchen** m / cotton seed cake ‖
⌐**samenöl** n / cotton seed oil, cotton oil ‖ ⌐**samt** m /
cotton velvet ‖ ⌐**satin** m / sateen ‖ ⌐**schädlinge** m pl /
cotton pests pl ‖ ⌐**schnur** f / cotton cord ‖ **ungenähte**
⌐**-Schwabbelscheibe** (Galv) / cotton dolly o. mob ‖
genähte ⌐**schwabbelscheibe** (Galv) / stitched cotton
buff ‖ ⌐**seiden…** / silk-and-cotton covered ‖ ⌐**spinnerei**
f (Tätigkeit u. Fabrik) / cotton spinning [process o.
mill] ‖ ⌐**spinnerei** f (**und Weberei**) / cotton mill ‖
⌐**spinnmaschine** f / cotton spinning frame o. loom ‖
⌐**spinnmaschine** f **für Kabel** / cotton covering
machine ‖ ⌐**stapel** m, -faser f / cotton staple ‖ ⌐**stoff** m
/ cotton cloth ‖ **bunter** ⌐**stoff** / common prints pl ‖
⌐**stramin** m / fine canvas, cotton duck ‖
⌐**streckmaschine** f, -strecker m / cotton drawing frame
‖ ⌐**streichgarn** n / condenser yarn, barchent yarn ‖
⌐**überspinner** m / cotton covering machine for cables ‖
⌐**umklöppelung** f / cotton braiding ‖ ⌐**umspinnung** f
(Kabel) / cotton covering ‖ ⌐**umsponnen,**
[doppelt]baumwollumsponnen (Elektr, Kabel) / double
cotton covered, [d.]c.c., cotton covered
Baumwollunge f / cotton mill fever, cotton dust asthma,
byssinosis
Baumwoll·vorgarnspinnmaschine f / cotton roving frame
‖ ⌐ **-Vorhangstoff** m / casement ‖ ⌐**ware** f in
Leinwandbindung / plain cotton goods pl ‖ ⌐**weberei** f
/ cotton weaving mill ‖ ⌐**zopf** m, gezopfter oder
gedogter Strang / cotton tress ‖ ⌐**zug** m / cotton sliver
‖ ⌐**zwirn** m / cotton twist o. yarn ‖ ⌐**zwirnerei** f /
cotton thread mill, cotton twist o. twine mill ‖
⌐**zwirnkette** f / cotted worsted weft
Baum·zange f (Kran) / tree tongs
Bau·nennmaß n / nominal dimension (without joints) ‖
⌐**nummer** f, Werknummer f / factory number,
constructor's number ‖ ⌐**nutzungskosten** pl / user costs
of buildings ‖ ⌐**ordnung** f / building ordinance o.
regulations pl ‖ ⌐**ordnung** f (Abstimmung der Maße) /
dimensional coordination of buildings ‖ ⌐**ornamente** n
pl, -dekor m n (Bau) / ornaments pl ‖ ⌐**pappe** f / fiber
board sheathing, structural fibre insulation board,
building paper ‖ ⌐**parzelle** f / estate, plot, ground, land
‖ ⌐**physik** f / building physics ‖ ⌐**plan** m (Bau) /
architect's plan, building plan, working drawing o. plan
‖ ⌐**plan** m, Montageplan m (Masch) / set-up diagram ‖
⌐**plan** m **für die Erweiterung eines Netzes** (Elektr) /
development study of a network ‖ ⌐**platte** f (Bau) /
patent board, building board, structural panel ‖ ⌐**platte**
f (Material) / building slab ‖ ⌐**platz** m, -stelle f / building
ground o. lot o. plot o. site o. yard, location, site ‖
⌐**platz,** Zimmerhof m / carpenter's yard ‖
⌐**platzkosten** pl / building lot cost ‖ ⌐**polizei** f /
Building Department ‖ ⌐**programm** n / program o.
schedule of work ‖ ⌐**pumpe** f, Grubenpumpe f /
building pump ‖ ⌐**recht** n / building right ‖ ⌐**reif,**
erschlossen / ready for building ‖ **nicht** ⌐**reif** /
undeveloped ‖ ⌐**reihe** f (von Erzeugnissen) / line (of
products) ‖ ⌐**reihe** f (allg) / line of products ‖ **schwere,
[leichte]** ⌐**reihe** / heavy-, [light-] duty series ‖
⌐**reihennummer** f (Masch) / serial number ‖
⌐**richtmaß,** Rastermaß m (Bau) / modular dimension ‖
⌐**richtmaß** n (Ggs: Baunennmaß) / nominal dimension
(including joints) ‖ ⌐**riß** m (Bergb) / plan of the lode ‖
⌐**ruine** f / ruin of a new building ‖ ⌐**sachverständiger**
m / building expert ‖ ⌐**sand** m / sand for building
purposes ‖ ⌐**satz** m / kit
Bausch m (Chem) / pad, plug ‖ ⌐ (Web) / undulation
Bau·schaltung f (Elektr) / construction circuit ‖ ⌐**scheibe** f
(Bergb) / slice

bauschen, sich ~ / flare, bulge
Bauschgarn n, texturiertes Garn / textured yarn
Bau·schlosser m / locksmith specialized in construction work, building locksmith ‖ **~schlosserei** f (Bau) / smithery ‖ **~schnittholz** n / converted building timber ‖ **~schreiner, -tischler** m / carpenter and joiner
Bausch·stapel-Garn n, Hochbauschgarn n / high bulked yarn
Bau·schutt m / rumble, [chips and] rubbish ‖ **~seitig** (in Verträgen usw.) / by customers ‖ **~silber** n / argentan for building purposes ‖ **~sparkasse** f / building society (GB), saving and loan association (US) ‖ **~spengler** m (Südd.) / building plumber ‖ **~spiegel** m s. Bauebene ‖ **~stahl** m / structural steel, constructional steel ‖ **allgemeine o. gewöhnliche ~stähle** m pl / general-purpose constructional steels pl ‖ **~stahlmatte** f (Bewehrungsmatte, z.B. Baustahlgewebe) (Bau) / welded wire mesh (GB) o. fabric (US), (spez:) British Reinforced Concrete o. B.R.C. fabric ‖ **~stahlträger** m / steel girder ‖ **~statik** f / statics pl ‖ **~steiger** m (Bergb) / foreman of buildings
Baustein m (beliebiger Art) / building block ‖ **~**, behauener Werkstein m / building stone ‖ **~**, Bauelement n (Elektronik) / component ‖ **~artig**, Modul… / modular ‖ **~gruppe** f (Elektronik) / pod ‖ **~system** n / building block method
Baustelle f (die eigentliche), Baugelände n / building ground o. lot o. site, site (GB), field (US) ‖ **~** (Lage, allg) / onsite area, lie of the ground, erection site ‖ **~ des Ingenieurbaus** / building site for civil engineering works ‖ **Achtung ~** ! (Straßb) / road works!, construction works!, danger! men at work! ‖ **auf der ~** / at site
Baustellen·anschluß m, Montagestoß m (Stahlbau) / site (GB) o. field (US) connection, site joint (GB), field splice (US) ‖ **~anstrich** m / site (GB) o. field (US) painting ‖ **~bedingungen** f pl, -verhältnisse n pl / field conditions pl ‖ **~einrichtung** f / building site qupiment, erection plant ‖ **~einsatz** m / construction-site service, site work ‖ **~kompressor** m (Straßb) / job compressor, compressor for road works ‖ **~mischer** m (Bau) / job mixer ‖ **~niet** m / assembly rivet, field[-driven] (US) o. site[-driven] (GB) rivet ‖ **~schweißung** f / site o. field (US) weld ‖ **~seilbahn** f / flying fox (US) ‖ **~signal** n (Bahn) / slow flag (US), working site signal (GB) ‖ **~straße** f / pioneer road ‖ **~versuch** m (Bau) / field test
Bau·stil m, Bauweise f / constructional form, style ‖ **~stoff** m / building material ‖ **~stoffindustrie** f, Baumaterialindustrie f / industry of building materials ‖ **~stofflieferant** m (Bau) / materialman (US) ‖ **~stoffprüfmaschine** f / machine for testing building materials ‖ **~stromverteiler** m (Elektr) / building site main cabinet, workside general supply cabinet ‖ **~stufe** f, Ausbaustufe f / construction stage ‖ **~substanz** f / built volumes pl ‖ **~tätigkeit** f / building activities pl ‖ **~technik** f, -wesen n / structural engineering ‖ **~teil** n (Elektronik) / component [part] ‖ **~teil** m (Bau) / building component ‖ **wichtiges ~teil** / structural member ‖ **aktives, [passives] ~teil** (Elektronik) / active, [passive] component ‖ **~teile** n pl, Einzelteile (zum Zusammenbau) / piece parts, prefabricated parts pl ‖ **~telleschaltplan**, Verlegungsplan m (Elektronik) / hook-up ‖ **~teileseite** f (gedr.Schaltg) / component side ‖ **~teile-Zählung** f / component count ‖ **~teilfuß** m, Bauteilende n / component lead ‖ **~teil-Test** m / structural test ‖ **~teilzugänglichkeit** f / assembly accessibility
Bauten·abdichtung f / waterproofing of buildings ‖ **~anstrichfarbe** f / house paint ‖ **~schutzmittel** n pl / building protective agents pl
Bau·tischler m, -schreiner m / building joiner ‖ **~tischlerei** f, -schreinerei f / building joinery ‖ **~tischlerei-Außenarbeiten** f pl / exterior wood finishing ‖ **~tischlerei-Innenausbau** m / interior wood finishing ‖ **~träger** m / building promoter ‖ **~trupp** m, Bahnunterhaltungsrotte f (Bahn) / permanent-way gang ‖ **~trupp** m, Montagekolonne f / construction gang o. team o. unit ‖ **~truppführer** m (Fernm) / wire chief, gang foreman ‖ **~ - und Betriebsvorschriften** f pl / standard specifications pl ‖ **~unternehmer** m / [building] contractor, [master-] builder ‖ **~unternehmung** f, -unternehmen n / contractors pl ‖ **~unternehmung f für schlüsselfertige Bauten** / turnkey contractors ‖ **~vorhaben** n / building project ‖ **~vorschrift** f / construction regulation o. requirement, building code o. regulations pl ‖ **~vorschriften** f pl (Schiff) / rules for the building of vessels ‖ **~wagen** m (Fernm) / construction car ‖ **~wagen** m / site caravan ‖ **~weise**, -art f / construction, style ‖ **~werk** n, Baulichkeit f / edifice, building ‖ **schlechtes o. billiges ~werk** / ramshackle building ‖ **~wesen** n (allg) / building trade ‖ **öffentliches ~wesen** / civil engineering and building activities pl ‖ **~winde** f / builder's winch o. windlass o. hoist ‖ **~winde** f, Zahnstangenwinde f / rack [-and-pinion]-jack, tooth-and-pinion-jack, lifting jack ‖ **[handbetätigte] ~winde** (Bau) / gin ‖ **~wirtschaft** f, -industrie f, -gewerbe n / building industry ‖ **~würdig**, abbauwürdig (Bergb) / worthy of being worked ‖ **~würdiger Boden** (Bergb) / pay dirt
Bauxit m / bauxite ‖ **~frächter** m / bauxite freighter ‖ **~grube** f / bauxite quarry ‖ **~ofen** m / bauxite furnace
Bau·zaun m / hoarding, boarding, fencing, paling, railings pl ‖ **~zeichnung** f (Bau) / constructional drawing ‖ **~zeichnungen** f pl (Sammelbegriff) / building and civil engineering drawings pl ‖ **~zeit** f / time of construction ‖ **~zeitplan** m / construction schedule ‖ **~zeug** n (Fernm) / iron material ‖ **~zug** m (Bahn) / train for railway construction, work train ‖ **~zug-Wohnwagen** m (Bahn) / living van
Bayer·it m (Min) / bayerite ‖ **~prozeß** m (Alu) / Bayer process
Bayesscher Satz (Math) / Bayes' theorem
Bazillenträger m / bacillus carrier
Bazillus m (pl: Bazillen) / bacillus (pl: bacilli) ‖ **~**, Bakterie f / bacillus, bacterium
BBD (= bucket brigade device), Eimerketten-Schaltung f (Halbl) / bucket-brigade device
B-Betrieb m / class B operation o. service
BB-Filztuch n (= batt-on-base), Vliesnadelfilztuch n / batt-on-base woven felt
BBK = Breitbandkommunikation
BBS = Bedienungsblattschreiber
BB-Stück n, Muffenkreuz n / all-socket cross
Bc, Becquerel n (früher Curie) / Bc, becquerel
BCD…, binär codiert dezimal / BCD, binary coded decimal ‖ **~ -Code** m (DV) / binary coded decimal code, BCDC ‖ **~ -Transcode** m (6-Bit-Code) (DV) / BCD transcode
BCH-Code m pl / Bose-Chaudurt-Hocquenghem codes pl, BCH-codes pl
BDA = Bundesvereinigung Deutscher Arbeitgeberverbände ‖ **~** =Bund Deutscher Architekten
B-Darstellung f (für Abstand u. Azimutdarst.), Höhenschirm m, B-Schirm m (Radar) / B-display
BDE = betriebsdatenerfassend
BDI = Bundesverband der Deutschen Industrie
BE (Bau) = Abbindebeschleuniger
Bé (Chem) = Baumé
beabsichtigt, freiwillig / controlled
Beam-Lead n (Halbl) / beam lead ‖ **~ -Technik** f (IS) / beam lead technology
Beamter m / official n, civil servant ‖ **~ auf Lebenszeit** / permanent employee o. clerk
beanspruchen, belasten / stress vt ‖ **~** (als Recht) / claim ‖ **den Motor voll ~** / run the engine at wide-open o. full throttle ‖ **den Querschnitt auf Zug ~** / subject the cross section to tensile stress ‖ **den Stab auf Druck ~** / subject to compressive stress

beansprucht, zu 100 % ~ **sein** / be used up to 100 %
Beanspruchung f (Mech) / stress, strain, load ‖ ~, Inanspruchnahme f / effort ‖ ~ (Patent) / claim ‖ ~ **auf Biegung** / work done on bending ‖ ~ **auf Drehung o. durch Torsion**, Verdrehungsbeanspruchung f / work done on torsion ‖ ~ **auf Druck** / compression o. compressive stress ‖ ~ **auf Scheren o. [Ab]scherung**, Scherbeanspruchung f / transverse force o. load, shearing force o. load ‖ ~ **auf Zug** / work of extension ‖ ~ **innerhalb der Tragwerksebene** (Mech) / in-plane loading ‖ ~ **unterhalb der Elastizitätsgrenze** / elastic strain ‖ **für geringe** ~, Leicht… / light-duty… ‖ **für hohe** ~ / heavy duty… ‖ **zu hohe** ~ / excessive overload
Beanspruchungs·art f / kind of straining o. loading o. stressing ‖ ~**beginn** m / initial stress ‖ ~**bereich** m / stress range ‖ ~ **-Charakteristik** f / load spectra under service conditions ‖ ~**gruppe** f / stress group ‖ ~**höhe** f / stress value ‖ ~**verhältnisse** n pl / stress conditions pl ‖ ~ **-Zeit-Funktion** f (DV) / service-loading time-function ‖ ~**zyklus** m / stress cycle
beanstanden / claim ~, zurückweisen / object, refuse
Beanstandung [an] f / objection [to], claim ‖ ~, Reklamation f / dispute, claim
Beanstandungsmuster n / sample supporting a claim
bearbeitbar / workable, fabricable ‖ ~ (maschinell) / machinable
Bearbeitbarkeit f / workability, (esp:) machinability ‖ **maschinelle** ~ / machinability
bearbeiten, work, (spec.:) machine v ‖ ~ (Landw) / work, cultivate ‖ **aus dem Gröbsten** ~ / roughen, rough-out ‖ **[maschinell]** ~ / tool, machine ‖ **Steine** ~ / trim, cut stones
bearbeitet, geformt (Masch) / formed ‖ ~ (Wzm) / shaped, worked, machined ‖ ~**e Fläche** / machined surface ‖ ~**er Flansch** / machine-faced flange ‖ ~**es Formstück** / fabricated shape ‖ ~**e Paßfläche** (Masch) / facing
Bearbeitung f, Behandlung f, Formgebung f / treatment, processing (US) ‖ ~, Bearbeitungsvorgang m (Wzm) / machining [operation] ‖ ~ (Hütt, Chem) / processing ‖ ~, Umformung f / transformation, conversion ‖ ~, Vervollkommnung f / elaboration, perfection, shaping ‖ ~ (TV) / arrangement of a play, adaptation ‖ ~ (DV) / processing ‖ ~ **auf der Drehbank** / lathe machining ‖ ~ **bei Tiefsttemperaturen** / subzero machining ‖ **éines Projekts** / project work ‖ ~ **plastischer Stoffe** / plastics processing ‖ **maschinelle** ~ (Wzm) / forming ‖ **spanabhebende (o. maschinelle)** ~ (Wzm) / machining
Bearbeitungs·bereich m, Kapazität f (Wzm) / work[ing] capacity ‖ ~**dauer** f, -zeit f (Wzm) / machining time ‖ ~**fehler** m / faulty machining ‖ ~**fläche** f (Wzm) / working surface ‖ ~**gang** m / phase of operation ‖ **nach dem** ~**gang** / post-process… ‖ ~**güte** f / machining quality ‖ ~**maß** n / finished dimension ‖ ~**riefe** f / tool mark ‖ ~**spur**, Schleifriefe f (Wzm) / ghost line ‖ ~**stufe** f, -phase f / machining step ‖ ~**technologie** f / processing technology ‖ ~**verfahren** n / machining operation o. process ‖ ~**zeichnung** f / machining drawing ‖ ~**zeit**, Durchlaufzeit f [durch einen Fertigungsvorgang] / processing time ‖ **[reine]** ~**zeit** / essential operation time ‖ ~**zentrum** n (Wzm) / machining center ‖ ~**zugabe** f (NC) / machining allowance, oversize for machining
Beaufort-Skala f / Beaufort scale
beaufschlagen (Turbine) / impinge [on], admit ‖ **partiell, [voll]** ~ (Turbine) / make impinge partly, [fully]
Beaufschlagung f (Wasserturb) / admission, throw of the water ‖ ~ (Sieb) / effective hourly capacity of a screen
beaufsichtigen, leiten / direct, manage ‖ ~, überwachen / superintend, supervise, inspect, overlook, oversee
Beaufsichtigung f / inspection, supervision
Beauty-Quark n, Bottom-Quark n (Nukl) / beauty o. bottom quark
Bebakung f, Besetzung f mit Baken / beaconing
Bebänderung f / tape lapping

bebaubar, kulturfähig (Landw) / arable ‖ ~, erschlossen / developed ‖ ~**es Gelände** / buildable ground
bebauen, erschließen (Bau) / cover with buildings ‖ ~, bewirtschaften (Landw) / cultivate, farm
bebaut (Gelände) / built-up ‖ ~ (Landw) / cultivated
Bebauung f, Bestellung f (Landw) / cultivation, culture ‖ ~ / house building ‖ **unter** ~ (Landw) / under crop
Bebauungs·dichte f / building density ‖ ~**plan** m / local plan for development, plan for house building ‖ ~**zone** f / building area
beben, zittern / tremble, quiver ‖ ~ n, Erdbeben n / earthquake ‖ ~**stärke** f / earthquake intensity
Bebung, Schwingung f (Phys) / vibration ‖ ~, Schwebung f (Orgel) / waving
Becher m, Napf m / bowl ‖ ~ (Trockenbatt, Kondensator etc) / can ‖ ~…, vergossen (Elektronik) / potted ‖ ~ **des Becherwerks** / elevator bucket o. scoop ‖ ~ **des Eimerkettenbaggers** / bucket ‖ ~ **des Peltonrades** / bowl of the Pelton wheel ‖ ~**abstand** m (Förderer) / pitch of buckets ‖ ~**bruch** m (Hütt) / cupping, cup-and-cone fracture ‖ ~**druse** f / crystallized hyaline transparent quartz ‖ ~**fließzahl** f (Plast) / cup flow figure ‖ ~**förmig** / cupular, cupulate ‖ ~**förmige Aufsatzleuchte** (Straßb) / pole-top lantern with beaker bowl ‖ ~**glas** n (Chem) / beaker [glass] ‖ ~**gurt** m **des Baggers**, Becherkette / excavator belt ‖ ~**inhalt** m / bucket capacity ‖ ~**[ketten]förderer** m / bucket chain conveyor ‖ ~**kippvorrichtung** f (Becherwerk) / bucket turnover device ‖ ~**kondensator** m / encased capacitor
bechern vt (Relais) / encase, pot
Becher·relais n / can relay ‖ ~**relais** n **in Miniaturbauweise** (Elektronik) / crystal can[-size] relay ‖ ~**spritzpistole** f / cup gun ‖ ~**spulmaschine** f / cup winder ‖ ~**werk** n, -kettenförderer m / bucket [chain] conveyor, bucket elevator ‖ ~**werk** n **für Abgänge** (Aufber) / reject elevator ‖ ~**werkgerüst** n / elevator frame ‖ ~**werkgrube** f / elevator pit, boot of a bucket elevator ‖ ~**werkkopf** m / elevator head ‖ ~**werksfuß** m / feed boot of the bucket elevator ‖ ~**werkslader** m / multiple-bucket loader
Beck n, Scherenblatt, -messer n / scissor blade
Becken n (Geol, Bergb) / basin ‖ ~, Reservoir n / basin, reservoir ‖ ~ (WC) / bowl, pan ‖ ~ (Reaktor) / pond ‖ ~, Abklingbecken n (Nukl) / cooling pond, spent fuel pit o. pool ‖ ~ **zwischen 2 Piers** (Hafen) / dock ‖ ~**bewässerung** f / irrigation by means of ponds ‖ ~**haus** n (Nukl) / spent fuel pit building
Beckesche Linie f (Krist) / Becke line
Becklampe f (Elektr) / Beck arc lamp
Beckmann·sche Umlagerung (Chem) / Beckmann rearrangement ‖ ~ **-Thermometer** n / Beckmann thermometer
Becquerel n, Bq n (Maßeinheit für Aktivität der Strahlenquelle) / becquerel, Bq ‖ ~ **-Effekt** m / Becquerel effect
bedachen / roof v
Bedachung f / covering of a building o. of roofs, roofing
Bedachungsblech n / roofing sheet
bedampfen, aufdampfen, mit Metalldampf überziehen / vaporize, vapour-deposit, -plate ‖ ~, Metallisieren n / vapour-deposition o. vaporization technique, vacuum metallizing, vacuum coating ‖ **mit Alu** ~ / aluminize
Bedampfungs·anlage f / vaporization plant, metallizer ‖ ~**schiffchen** n / evaporation boat
Bedarf m / requirement, need ‖ ~, Verbrauch m / consumption ‖ **bei** ~, Bedarfs… / on demand ‖ **den** ~ **decken** / furnish o. meet the demand ‖ **nach** ~, je nachdem / as required
Bedarfs·… (Halt) / on request ‖ ~**abhängiges Paging** / demand paging ‖ ~**analyse** f (DV) / demand analysis ‖ ~**artikel**, -gegenstände m pl, -güter n pl / commodity goods [o. wares], [daily] commodities pl ‖ **im** ~**fall** / in case of need, if need be ‖ ~**haltestelle** f (Bahn) / optional halt o. stop, flag halt o. stop o. station (US), conditional

stop (US) ‖ ⁓**haltestelle** f (Bus) / optional stop ‖
⁓**steigerung**, -zunahme f / increased demand ‖
⁓**wartung** f, -ausbesserung f / corrective maintenance
bedecken, abdecken / cover ‖ ⁓, belegen / overlay, coat ‖
⁓, mit einem Deckel versehen / top ‖ ⁓ n / coating,
covering ‖ ⁓ (von Güterwagen) (Bahn) / sheeting of
freight cars ‖ **mit Laub (o. Stroh)** ⁓, mulchen (Landw) /
mulch
bedeckt / coated, covered ‖ ⁓ (Meteorol) / overcast
Bedeckung, Decke f / cover, covering
Bedeckungs·grad m (Meteorol) / cloud amount ‖
⁓**veränderliche** m pl, photometrischer Doppelstern /
eclipsing binary
bedeuten / signify, mean ‖ ⁓, anzeigen / denote
bedeutsam (Math, DV) / significant
Bedeutung f / reference, meaning, acceptation,
signification ‖ ⁓, Wichtigkeit f / account ‖ ⁓ **eines
Begriffes** / connotation of a concept, meaning,
significance, sense of a term
Bedeutungsdefinition f / extensional definition
bedeutungslos, unbedeutend, unwichtig / insignificant ‖ ⁓
(Math) / meaningless ‖ ⁓**e Extrabits** n pl (DV) / noise
Bedien·... s. Bedienungs... ‖ ⁓**aufruf** m (DV) / service
request o. call, console request o. call ‖ ⁓**element** n /
operational control, operator's control
bedienen (Wzm) / operate ‖ ⁓ (Textilmaschinen) / mind ‖
⁓, umstellen (Weichen) / throw over
Bediener m, Operator m (DV) / operator ‖ ⁓,
Bedienungsapparat m (Kybernetik) / server ‖
⁓**führungseinrichtung** f (DV) / prompt facility
Bedien·feld n / control panel ‖ ⁓**form** f (DIN) (Schraube) /
service head form ‖ ⁓**form** f / operation form ‖ ⁓**gerät**
n / operator device, control unit ‖ ⁓**gruppe** f **im Abteil**
(Bahn) / switchbank in passenger compartment ‖
⁓**organe** n pl (Luftf) / flying controls pl ‖ ⁓**raum** m
(Roboter) / load/unload area
bedient·er Betrieb / attended operation
Bedienteil n, -gerät n / operating device o. element,
service part
Bedienung f, Betreiben n / operation, control ‖ ⁓,
Steuerung f / control, command ‖ ⁓, Wartung f /
attendance ‖ ⁓, Umgang m [mit] / manipulation ‖ ⁓
(DIN), Kundendienst m / servicing ‖ ⁓ (Instr) / control ‖
in einem Punkt vereinigte ⁓ / centralized control ‖
leichte ⁓ / maneuverability, ease of operation ‖ **ohne** ⁓
/no attendance, no service
Bedienungs·anforderung f, -aufruf m (DV) / operator call
o. request ‖ ⁓**anleitung** f, Bedienungsanweisung f /
operating o. working instructions pl, instruction o.
information book, manufacturer's instructions pl ‖
⁓**anleitung** f (DV) / operator's manual ‖ ⁓**apparat** m
(Kybernetik) / server ‖ ⁓**blattschreiber** m / console
typewriter, CTW ‖ ⁓**bühne** f, -podest m n / operating
floor o. platform ‖ ⁓**einheit**, Raumkabine f (Raumf) /
service module ‖ ⁓ **-Einheit** f (Manipulator) / master unit
‖ ⁓**element** n / operating element, control ‖ ⁓**fehler** m
(DV) / operator's mistake, operating error ‖ ⁓**feld** n,
-tafel f (DV) / control panel o. bench ‖ ⁓**feld** n **eines
Bildgerätes** / display panel ‖ ⁓**freundlich und sicher** /
compatible and safe handling ‖ ⁓**freundlichkeit** f /
operating facility ‖ ⁓**gang** m, -steg m (Bau) / operating
aisle o. corridor ‖ ⁓**gang** m, Laufbühne f / passage
gallery, [service] platform ‖ ⁓**gleis** n (Bahn) / line
serving a siding ‖ ⁓**hebel**, -griff m / operating handle o.
lever, control o. working lever ‖ ⁓**hilfen** f pl (DV) /
[executive] console routines pl ‖ ⁓**kasten** m
(Deckwinde) / winch controller ‖ ⁓**knopf** m /
attendance button, control button, control knob ‖
⁓**komfort** m / operating convenience ‖ ⁓**konsole** f /
operator control panel ‖ ⁓**kurbel** f, Handkurbel f /
operating crank ‖ ⁓**mann** m, -kraft f / attendant,
operator ‖ ⁓**mann** m **für Zentrifugen** (Zuck) /
centrifugal operator ‖ ⁓**mannschaft** f, -personal n /
attendance crew, service staff o. personnel ‖ ⁓**pult** n,

-konsole f / control console o. desk o. panel, console ‖
⁓**pult**, Steckpult n (DV) / patch panel ‖ ⁓**schalter** m
(Schreibm) / start print button ‖ ⁓**schild** n / instruction
plate ‖ ⁓**seite** f (Masch) / tending side ‖ ⁓**stand**, -platz m
/ operator's stand, working position, control platform o.
station ‖ ⁓**steg** m (Wehr) / service bridge o. walkway ‖
⁓**steuerpult** n (IBM) (DV) / operator control panel ‖
⁓**tastatur** f / control keyboard ‖ ⁓**technische
Anforderungen** f pl / technical handling requirements ‖
⁓**teil** n / control element ‖ ⁓**tür** f (Hütt) / charging door
‖ ⁓**vorschrift** f s. Bedienungsanleitung
Bedienung[sweise] f / handling
Bedienzeichen n / service symbol
bedingen, verursachen / cause vt, condition, give rise [to]
bedingt (DV) / conditional ‖ ⁓ [durch] / conditional [on,
upon] ‖ ⁓, eingeschränkt / qualified, qualificatory ‖ ⁓e
Anweisung (DV) / conditional statement ‖ ⁓e o.
temporäre Ausfallwahrscheinlichkeit / conditional
probability of failure ‖ ⁓er **Befehl** (DV) / conditional
instruction ‖ ⁓er **Block** (Bahn) / permissive block ‖ ⁓e
Entropie (DV) / average conditional information content
‖ ⁓er **Haltbefehl** (o. Stopp) (DV) / conditional
breakpoint instruction ‖ ⁓es **Haltsignal** (Bahn) /
permissive signal o. light ‖ ⁓ **identisch** / identical to a
limited extent ‖ ⁓ **konvergent** (Math) / conditionally
convergent ‖ ⁓ **richtig** (Math) / conditionally correct ‖
⁓er **Sprung** (DV) / conditional jump o. branch,
conditional transfer [of control] ‖ ⁓er **Sprungbefehl** /
conditional jump instruction ‖ ⁓ **stabil** (Fernm,
Verstärker) / conditionally stable ‖ ⁓e **Umwandlung**
(DV) / conditional assembly
Bedingung f (DV) / condition ‖ ⁓en f pl / terms pl ‖ ⁓en
erfüllen / conform to requirements, meet the
requirements ‖ **unter [sonst] gleichen** ⁓en f pl / under
otherwise equal conditions ‖ **zur** ⁓ **machen** / condition
Bedingungs·gleichung f (Math) / equation of condition ‖
⁓**schlüssel** m (DV) / condition code ‖ ⁓**variable** f (DV) /
conditional variable
Bedruckbarkeit f / printability
Bedruckbarkeitsprüfung f / printing test
Bedrucken n / printing, imprinting ‖ ⁓ **beider
Gewebeseiten** (Textil) / register print ‖ **Stoff o. Papier**
⁓ (Buch) / print
bedruckter Baumwollstoff (Textil) / print cloth
Bedruckungsseite f (Elektronik) / printed side
beeinflußbar / influenceable
beeinflussen / affect, influence v
Beeinflussung f / influence ‖ ⁓ **durch
Starkstromanlagen** (Fernm) / interference by a power
line through coupling
beeinträchtigen, verunstalten / spoil the beauty, mar the
beauty ‖ ⁓, gefährden / impair ‖ ⁓ (Interessen) /
prejudice
Beeinträchtigung f / impairment [of], prejudice [to] ‖ ⁓,
Nachteil m / drawback
beeisen / frost
beendigen / end, finish, terminate
Beendigung f / ending, finishing
beerdigte Schicht (Halbl) / buried layer
Beerenobst n / small fruits pl
Beersches Gesetz (Phys) / Beer's law
Beet n (Landw) / bed
beeteln, beetlen (Textil) / beetle
Beetle·maschine f, Beetlingmaschine f (Textil) / beetling
engine o. mill o. machine, beetle[r]
Beet·pflug m / general-purpose plow, one-way o. non-
reversible plough ‖ ⁓**pflügen** n / conventional
ploughing (GB)
befähigt, qualifiziert / qualified
Befähigung, Fähigkeit f / aptitude ‖ ⁓, Eignung f /
qualification
befahrbar, schiffbar / navigable ‖ ⁓ (Straß) / practicable,
fit for traffic
Befahrbarkeit f / practicability

befahren, besichtigen / examine, get [into] ‖ ~ (Bergb) / inspect ‖ ~ n (Straßb) / travelling [on], passing [over] ‖ ~ **werden** (Bergb) / being worked

Befahrung f (einer Grube) (Bergb) / descending (of a pit)

Befall m (Landw) / infection

befallen [von] / affected [by] ‖ ~ v (z.B. Schädlinge) (Bot) / affect

befallsfrei (Landw) / unaffected, free from parasites ‖ ~ (Landw) / free from parasites

befassen, sich ~ [mit] / be occupied [with], deal [with]

Befehl m / command, comd ‖ ~ (DV) / instruction ‖ ~ **mit Selbsthaltung** (Fernwirken) / maintained command ‖ ~ **zu einem Winkelausschlag** (Raumf) / engine angle command ‖ ~ **zum Übergang in ein Unterprogramm** (DV) / call instruction

Befehls·ablauf m (DV) / instruction execution cycle, instruction cycle ‖ ~**abruf** m (DV) / instruction fetch ‖ ~**adresse** f (DV) / instruction address, location instruction ‖ ~**adreßregister** n / instruction address register, [sequence] control register, control counter, control instruction register ‖ ~**anweisung** f (DV) / instruction statement, command statement ‖ ~**aufbau** m / instruction format ‖ ~**aufbau** m (Mikroprozessor) / command syntax ‖ ~**bestätigung** f (Elektronik) / command acknowledgment ‖ ~**bibliothek**, -sammlung f (DV) / program library ‖ ~ **-Bodenstation** f (Raumf) / command earth station ‖ ~**code** m (DV) / instruction code ‖ ~**codeeinheit** f (DV) / instruction processing unit ‖ ~**empfänger** m (Rakete) / command receiver ‖ ~**endezeichen** n (Mikroprozessor) / command terminator ‖ ~**folge** f (DV) / instruction sequence, P-sequence ‖ ~**folgeregister** n, -folgezähler m / sequence [control] register, control instruction register [deprecated], instruction o. control o. program counter, P-counter ‖ ~**geber** m / pick-up ‖ ~**gerät** n (Elektr) / control switch ‖ ~**gesteuert** (DV) / command-controlled, instruction-driven ‖ ~**hebel**, Zustimmungshebel m (Bahn) / permission o. permissive lever ‖ ~**kette** f (DV) / instruction chain ‖ ~**liste** f, -katalog m (DV) / instruction list o. repertoire, command list ‖ ~**nummer**, Operations-Ordnungszahl f (DV) / operating number ‖ ~**rechner** m (Raumf) / order computer ‖ ~**register** n / instruction register ‖ ~**schema** n, Programmablaufplan m (Progr) / flow chart ‖ ~**serie** f / catena ‖ ~**sprache** f (Unix) / shell language ‖ ~**stab** m (Bahn) / signal ‖ ~**stelle** f, Einsatzleitstelle f / center of control ‖ ~**stellwerk** n, Oberzugleitung f (Bahn) / district control office ‖ ~**steuerblock** m (DV) / command control block ‖ ~**struktur** f, -typ m (DV) / instruction format ‖ ~**teil** m des Programms / operation part [of the program(me)] ‖ ~**übermittelung** f / transmission of orders ‖ ~**übermittler** m (Bahn) / transmitter ‖ ~**übernahme** f (DV) / [instruction] staticizing ‖ ~**übertrager** m / command transmitter ‖ ~ **- und Adreßregister** n (DV) / staticizing register ‖ ~ **- und Daten-Verwaltungssystem** n (Raumf) / command and data management subsystem ‖ ~**verkettung** f / chaining of instructions ‖ ~**vorrat** m (DV) / instruction set ‖ ~**wagen** m / command car ‖ ~**wort** n (DV) / instruction word, verb ‖ ~**zähler** m / control register, instruction counter ‖ ~**zählergesteuert** / consecutive sequence... ‖ ~**zählergesteuerter Rechner** / consecutive sequence computer

Befehlzeile f (DV) / coding line

Befensterung, Fensteranordnung f / fenestration

befestigen [an] (Masch) / mount, lodge ‖ ~ / fasten, make fast, secure ‖ ~, anbringen / attach, affix [to], fix [to] ‖ ~, anstecken / clip ‖ ~, abspannen (Bau) / anchor, secure, lash ‖ ~, fest o. stabil machen / settle, make firm ‖ **das Ufer** ~ (Hydr) / protect a bank ‖ **in einer passenden Aufnahme** ~ / nest ‖ **mit Klammern** ~ / cramp ‖ **sich** ~ **lassen**, befestigt werden ‖ **pin** ‖ **wieder o. besser** ~, Schrauben nachziehen / retighten

Befestigung f, Befestigen n / fastening, fixing, attachment ‖ ~, Befestigungsmittel n / fixing device, fixture ‖ ~, Verstärkung f (Straßb, Bau) / fortification ‖ ~ **mit Dübeln** / pegging, plugging, fastening

Befestigungs·art f / manner of tightening o. of fastening ‖ ~**band** n / holding strap ‖ ~**bolzen** m / fastening bolt ‖ ~**bügel** m / fastening bow ‖ ~**eisen** n / fastening hook, (esp.:) gambrel [stick] ‖ ~**element** n (Masch) / fastening element, fastener, fastening ‖ ~**fläche**, Sitzfläche f (Masch) / seat, seating ‖ ~**flansch** m / attachment o. fixing o. mounting flange ‖ ~**fuß** m der Klosettschüssel / closet flange, cabinet bowl floor flange ‖ ~**gewinde** n / fastening thread ‖ ~**kappe** f / fixing cap ‖ ~**klemme** f / anchoring clip ‖ ~**lasche** f (Stahlbau) / fixing o. mounting link o. plate o. strap ‖ ~**loch** n (IC) / mounting hole ‖ ~**mittel** n / fixing agent o. medium o. means, fixture ‖ ~**öse** f / fixing eyelet ‖ ~**ring** m (frontseitig für Schalter) / ring fastener, fastening ring ‖ ~**schelle** f, -klammer f / mounting clip, bracket ‖ ~**schelle** f (Elektr) / pipe clamp o. clip o. bracket ‖ ~**schlaufen** f pl / fixing lugs o. plate ‖ ~**schraube** f / fastening screw ‖ ~**schraube** f (senkrecht) / holding down bolt ‖ ~**teile** n pl / mounting parts, retaining components pl ‖ ~**vorrichtung** f / mounting device, fastening [device] ‖ ~**winkel** m / angle bracket ‖ ~**winkel** m (Stahlbau) / clip angle ‖ ~**zapfen** m (Stanz) / fastening spigot of a die set ‖ ~**zubehör** n / mounting devices pl ‖ ~**zwinge** f / clamp, clip

befeuchten / damp[en], moisten, humidify, wet

Befeuchter m, Befeuchtungsvorrichtung f / moistening apparatus, humidifier

Befeuchtungs·dämpfer m (Textil) / steam applicator ‖ ~**maschine** f (Textil) / wetting and damping machine, humidifier

Befeuerung f (Schiff, Luftf) / navigation lights pl

beflechten, umflechten (Elektr) / braid

Beflechtung f (Kabel) (Elektr) / plaiting

beflecken, beschmutzen / spot, stain, maculate ‖ **mit Fett** ~ / stain with fat

befliegen (Luftf) / navigate

Beflocken n, Velour[t]ieren n (Textil) / flock coating, flocking, dry coating, flock spraying

Beflockmaterial n (Textil) / flock

Beflockungsmaschine f / flock-printing o. flocking machine

befohlen (DV) / separately instructed

befördern / transport, convey, carry ‖ ~, absenden, -schicken / dispatch, despatch, expedite, forward ‖ ~ (Züge, Güter) / route ‖ **im Flugzeug** ~ / fly

Beförderung f, Transport m / transport, conveyance, conveying ‖ ~, Versendung f / dispatch, despatch ‖ ~, Ernennung f (F.Org) / promotion, upgrading, advancement ‖ ~ **auf dem Luftwege** / flying ‖ ~ **in Rohren** / pipage ‖ ~ **von Personen** / carrying of passengers ‖ **zur** ~ **geben** (o. annehmen) (Bahn) / check (US)

Beförderungs·gesellschaft f (Luftf) / carrier ‖ ~**kosten** pl / cost of conveyance, of transportation, of carriage, shipping charges pl ‖ ~**mittel** n / means of conveyance o. transport o. communication ‖ ~**tuch** n (Textil) / travelling apron

befrachten, beladen (Schiff) / lade

befreien, von bestehenden Auflagen ~ / deregulate (US)

befreundete Zahlen f pl (Math) / amicable numbers pl

befriedigen, zufriedenstellen / satisfy

Befrostung f / freezing

Befruchtung f / fertilization, fecundation

BEG = Bodeneffektgerät

begegnen, sich ~ (Kfz) / meet

Begegnung f im Gegenverkehr / passing [in oncoming traffic]

begehbar / accessible, passable ‖ ~ (Tunnel) / man-sized ‖ ~**e Kabelabdeckung** (DV) / false floor

Begehkomfort m (Teppich) / walking comfort

Begehungs·erlaubnis f (Erdölraffinerie) / safety certificate
Begehversuch m (Abnutzung) / walk test
begichten (Hütt) / charge, burden
Begichtungs·anlage f / charging plant o. hoist ‖ **˂aufzug** m / top-charging hoist ‖ **˂bühne** f / charging floor o. gallery o. platform
begießen / perfuse ‖ **mit Glasur** ~ (Keram) / wash ‖ **ringsherum** ~ / circumfuse
Beginn m / commencement, beginning, outset, start ‖ **˂ der Arbeiten** / beginning of works ‖ **˂ der Einflugschneise** (Luftf) / gate ‖ **bei ˂ des Schäumens** (Plast) / just foaming
beginnen, eine Arbeit ~ / set about
beginnend, Anfangs... / incipient ‖ **~e Rotglut** (550-600 ^{0}C) / incipient red heat ‖ **~e Weißglut** (1200-1400 ^{0}C) / incipient white heat
Beginn·zeichen n (Fernm) / off-hook signal ‖ **˂zeichen** n **in Rückwärtsrichtung** (Fernm) / answer signal
beglaubigen / certify, attest
Begleit·adresse f, **-papier** n / declaration form, bill of parcels ‖ **˂effekt** m (Elektronik) / concomitant effect ‖ **˂element** n / companion element
begleitend (z.B. Wirbel) / accompanying
Begleit·erscheinung f / accompaniment, concomitant phenomenon ‖ **˂karte** f, **Laufkarte** f / operation card o. sheet ‖ **˂linie** f (Spektrum) / satellite line ‖ **˂matrix** f (Math) / companion matrix ‖ **˂mineral** n / accompanying o. accessory mineral ‖ **˂musik** f (Film) / incidental music ‖ **˂ort** n (Bergb) / parallel gallery ‖ **˂rohr** n (von Förderleitungen) / tracing pipe ‖ **˂stoff** m (Chem) / escòrt substance, attendant material ‖ **˂straße** f (Straßb) / frontage o. service road ‖ **˂strecke** f (Bergb) / parallel road ‖ **˂text** m, Dopesheet n (Film) / dope sheet, report sheet ‖ **kleiner ˂trum eines Ganges** (Bergb) / rider ‖ **˂welle** f (Nukl) / associated wave ‖ **˂wetterstrecke** f (Bergb) / parallel ventilating road ‖ **˂zettel** m, **-schein** m / detailed statement
Begohm, 10^3 Megohm n / begohm
begradigen, ausbauen (Hydr) / correct, regulate ‖ ~ (Straßb) / straighten
Begramm n (DV) / two-digit group
begrenzen, einfassen / border ‖ ~, abgrenzen / limit, delimit
begrenzend, Begrenzungs-, Grenz... / limiting ‖ **~e Wortmarke** (DV) / defining word mark
Begrenzer m (DV) / delimiter, limiter ‖ **˂**, Begrenzungsröhre f (TV) / limiter [valve o. tube] ‖ **˂** (Regeln) / transfer element with limitation ‖ **˂diode** f / threshold diode ‖ **˂schaltung** f / limiting o. clipper circuit ‖ **˂stufe** f (Funk) / limiter stage
begrenzt (Regeln) / bounded ‖ ~, limitiert, beschränkt / limited, restricted, partial ‖ ~, endlich / terminate ‖ **~es Ansprechen auf einen Impuls** (Fernm) / finite impulse response, FIR ‖ **~e Mietdauer** / part-time lease ‖ **~e Stabilität** (Fernm, Regeln) / limited stability ‖ **~es Wasser** (o. Gerinne) / bounded stream ‖ **mit ~er Austauschbarkeit** / of limited interchangeability ‖ **von 2 Flächen** ~ / dihedral
Begrenzung f / delimitation ‖ **˂**, Wegschneiden n von Geräuschen (Akust) / limiting ‖ **˂**, Abgrenzung f / demarcation ‖ **˂**, Eingrenzung f / localization ‖ **˂**, Begrenzungsanschlag m / limit stop
Begrenzungs·..., Grenz..., begrenzend / limiting ‖ **˂ebene** f / terminating o. determinating plane ‖ **˂feuer** n (Luftf) / marker light ‖ **˂fläche** f / periphery ‖ **˂leuchte** (Kfz) / fender (US) o. mudguard (GB) o. side lamp, side marker lamp (GB) ‖ **obere o. seitliche ˂leuchte für sehr hohe o. breite Fahrzeuge** (USA) / clearance lamp ‖ **˂linie** f / boundary line ‖ **˂linie** f (Bahn) / loading gauge ‖ **˂linie** f **für Transitwagen** (Bahn) / transit gauge ‖ **˂schraube** f / check screw ‖ **˂seil** n / check cable, boundary cable ‖ **˂stift** m (Uhr) / banking pin ‖ **˂symbol**, **-zeichen** n (DV) / delimiter

Begriff m, Vorstellung f / notion ‖ **˂**, Benennung f / term ‖ **˂** (Wörterbuch) / concept ‖ **˂e** m pl, Begriffsbestimmungen f pl / definitions pl
Begriffs·inhalt m / conceptual meaning ‖ **˂system** n / system of concepts
begründet, technisch ~ / for technical reasons, technically justified
Begründung f / justification
begrünen (Straßb) / grass
Begurtung f, Bebänderung f / harness
Begutachtung, Expertise f / expert opinion, expertise
Behaglichkeitsindex m (Meteorol) / comfort index, CI, temperature-humidity index, THI
behalten (Eigenschaften) / preserve
Behälter m, Behältnis n / receptacle ‖ **˂**, Gefäß n / vessel ‖ **˂**, Kasten m / receiver, container ‖ **˂** (Raffinerie) / drum ‖ **˂** (Shuttle) / can ‖ **˂**, Schachtel f / box, case ‖ **˂**, Reservoir n, Tank m / tank, storage basin, cistern ‖ **˂** (für Versand) / container ‖ **˂** (Landw) / bin (GB), crib (US) ‖ **˂ für innerbetriebliche Transporte** / box, stock box ‖ **˂ für staubförmige Güter** (Bahn) / container for goods in powder form ‖ **˂ mit Tragwagen**, pa-Behälter m (Bahn) / container with special fittings for handling ‖ **abgeteilter ˂** / compartment ‖ **zusammenklappbarer ˂** (Bahn) / collapsible o. folding container ‖ **˂bau** m / tank construction ‖ **˂blech** n / tank sheet steel, tank plate ‖ **˂boden** m / tank bottom ‖ **˂ -Bruchlast** f / tank rupture charge ‖ **˂druck** m / pressure in the tank ‖ **˂entleerung** f (Raumf, Treibstoff) / propellant acquisition ‖ **˂entlüftungsleitung** f (Luftf) / vent pipe of tank ‖ **˂inhalt** m, -fassungsvermögen n / tank capacity ‖ **˂mantel** m / outer wall of a container ‖ **˂ölkühler** m (Luftf) / tank oil cooler ‖ **˂pumpe** f / submersible pump ‖ **˂schiff** n / container ship o. vessel ‖ **˂sieden** n, (besser): freies Sieden im Behälter (Verdampfung) / pool boiling ‖ **˂ -Terminal** m n / container terminal ‖ **˂verkehr** m / container traffic ‖ **˂wagen** m, Silowagen m / silo wagon ‖ **˂wagen** m, Kesselwagen m (Bahn) / tank wagon o. car (US) ‖ **˂wagen** m **für Schüttgut** / bulk railway car ‖ **˂wagen** m **mit mehreren Flüssigkeitsbehältern** (Bahn) / carboy o. jar wagon
Behältnis n / case, receptacle ‖ **˂**, Gehäuse n / sheath, box
behandeln / treat vt, deal [with] ‖ ~ (Masch) / handle
Behandlung f / treating, treatment, handling ‖ **˂**, Konditionieren n / conditioning ‖ **˂**, (auch:) Manipulieren n / managing, management ‖ **˂**, Handhabung f / management, handling ‖ **˂ der Rückstände** (Nukl) / management of tailings ‖ **˂ im Vakuum** / vacuum treatment ‖ **˂ mit Gas** / gassing
Behandlungs·anweisung f (Textil) / working instruction, -s pl ‖ **˂vorschrift** f / instruction for operation o. working
Behang m, Wandbehang m / hangings pl
Behänge n, ausgeschnittene Holz- o. Blecharbeit (Bau) / scallop
beharren [auf] / persist [in], continue steadily
Beharrungs·bremsung f / continuous braking ‖ **˂drehzahl** f (Elektr) / steady speed ‖ **˂fahrt** f / normal running ‖ **˂geschwindigkeit** f (Bahn) / balancing o. free-running speed ‖ **˂gesetz**, -prinzip n / Newton's law of gravitation ‖ **˂temperatur** f / steady-state temperature ‖ **˂vermögen** n, Trägheit f (Phys) / inertia, force o. power of inertia, vis inertiae ‖ **˂wert** m (Regeln) / final value, steady-state value ‖ **˂zustand** m / equilibrium ‖ **˂zustand** m, Zustand m der Ruhe / permanence state of inertia o. equilibrium, permanency, steady condition ‖ **˂zustand** m (Regeln) / steady state condition ‖ **in ˂zustand** / at equilibrium
Beharzungs- und Imprägniermaschine, Lackiermaschine f (Plast) / resin smearing machine
behauen (Bruchsteine) / ax[e] o. dress o. work stones, spall o. broach ashlars ‖ ~ (Zimm) / trim by the ax[e] ‖ **~er Bruchstein** / dressed ashlar ‖ **~er Stein** (im rechten

Winkel) / squared stone, building stone ‖ **im Steinbruch fertig** ~ (Bergb) / quarry-faced (GB) ‖ **im Steinbruch grob** ~ / quarry-pitched (GB) ‖ **mit der Axt** ~ / ax[e] v ‖ **[rechteckig]** ~ (Holz) / trim, square

Behäufelungspflug m / ridge plough

Behauptung f, Postulat n / thesis

behebbar (z.B. Fehler) / recoverable, correctable

beheben, eliminieren / remove, eliminate ‖ **Störungen** ~ / repair failures

Behebung f von Mehrdeutigkeit / ambiguity resolution

beheizen, heizen / heat

beheizt·er Container / heated freight container ‖ ~es **Durchziehwerkzeug** / hot dimpling tool

Behelf m, Hilfsmittel n, Behelfsvorrichtung f / contrivance, expedient, device, vehicle, dodge

Behelfs·..., behelfsmäßig / auxiliary, provisional ‖ ~..., Not... / emergency ‖ ~**ausbesserung** f (Kfz) / roadside repair ‖ ~**ausfahrt** f (Autobahn) / improvised exit ‖ ~**bahnsteig** m (Bahn) / emergency platform ‖ ~**beleuchtung** f / standby lighting ‖ ~**brücke** f / flying o. provisional bridge, temporary bridge ‖ ~**flugplatz** m / air strip ‖ ~**mäßig** (Elektr) / hospital ‖ ~**maßnahme** f, -lösung f / stop-gap, makeshift ‖ ~**mittel** n, Ausweg m / shift, makeshift ‖ ~**sammelschienen** f pl (Elektr) / hospital bus bars pl

Behen·öl n (für Uhren) / behen oil ‖ ~**säure** f / behenic acid

Beherrschbarkeit f / controllability

beherrschen (Gebiet) / command ‖ ~, regeln / govern, control

beherrscht / under control ‖ ~e **Kettenreaktion** / controlled chain reaction ‖ ~er **Prozeß** (Qual. Pr.) / process in control

Beherrschung f (von Wissen) / mastery, command, expertness ‖ ~ **des Hangenden** (Bergb) / ground control

behilflich, mitwirkend, Hilfs... / subsidiary

behindern, blockieren / obstruct ‖ ~ / hinder, impede, hamper

Behinderung f / hindrance, impediment

behördliche Belastungsvorschriften (GB) f pl (Brücke) / Ministry of Transport loading

behördliche Eingriffe erfordernd / regulatory

Beibehaltung f / retention ‖ **unter** ~ [von] / while maintaining, while retaining

Beiboot n (Binnenschiff) / ship's boat ‖ **großes** ~ (Schiff) / launch

beidachsig gerecktes Polypropylen, OPP / simultaneously biaxially stretched polypropylene

beiderseitig, zweiseitig / double sided, on both sides ‖ ~, gegenseitig / mutual ‖ ~ **eingespannt** (Mech) / fixed at both ends, constrained ‖ ~ **emailliert** / double-face ‖ ~ **gelagerte Kurbel** / inside crank

beiderseits frei aufliegend (Träger) / simple

Beiderwand f n (Textil) / two-sided stuff

Beid·handarbeiten n (F.Org) / two-handed working, right- and left-hand working ‖ ~**händig [geschickt]** / ambidextrous ‖ ~**handtastatur** f / two-hand keyboard ‖ ~**rechter Köper** m (Textil) / double-face o. reversible twill

beidrehen (Schiff) / heave to

beidrücken (Bahn) / close up

beidseitig (Textil) / face and back ‖ ~ s. auch beiderseitig ‖ ~es **Bedrucken** (Textil) / double-face printing ‖ ~ **beschichtet** / double-coated ‖ ~er **Druck** (auf beiden Papierseiten) (DV) / duplexing ‖ ~ **gefärbtes Papier** / two-sides coloured paper ‖ ~ **gestrichen** (Pap) / twoside[d] coated ‖ ~ **gestrichenes Papier** / two-layer paper, duplex ‖ ~er **Informationsfluß** / both way communication

Beifahrer m (Kfz) / co-driver, assistant driver ‖ ~**verschluß** m (Bahn) / nose-to-nose locking

beige (RAL 1001) / beige

beigemengt, beigemischt (Chem) / accessory

beigerot (RAL 3012) / beige-red

beigeschliffen, auf Blechdicke ~ (Schw) / ground down to plate thickness

beigestellt, vom Benutzer ~ / user-provided

Beil, Handbeil n / axe, ax (US)

Beiladung f / additional load

Beilage f, Beilagscheibe f, Beilageblech n (Masch) / shim ‖ ~ (Zeitung) / supplement, addition, insert

Bei·lageleiste f (Räumwz) / shim of a broach ‖ ~**lagenblech** n, Blech zur Herstellung von Beilagen / shim stock ‖ ~**lagering** m, federnder Stahlring (Mot) / elastic packing ring ‖ ~**lauf** m (Hochspannungskabel) / filler, valley sealer ‖ ~**lauffaden** m (Elektr) / tracer ‖ ~**laufspule** f (Kabel) / filler bobbin

Beilby-Schicht f / Beilby layer

Bei·leger m (Web) / rod of the warpbeam ‖ ~**leg[e]scheibe** f s. Beilage / shim ‖ ~**leitung** f (Hydr) / water supply

Beil·hammer m, beilförmiger Hammer / mason's hammer ‖ ~**hieb** m / stroke of an ax[e] o. hatchet

Beilsteinsche Probe (Chem) / Beilstein test

Beilstiel m / ax[e] handle

Beiluft f / admixed air

Bei·mann m (Bahn) / assistant driver ‖ ~**mengen**, beimischen / add, admix ‖ **störende** ~**mengung** / undesirable constituent ‖ ~**mengung** f, -mischung / addition [by mixing], admixture ‖ ~**mischer** m (TV) / adder

Bein n / leg ‖ ~ (Luftf) / landing gear strut o. leg ‖ ~ (Zirkel, Gestell) / branch, leg ‖ ~, Strumpfform f / leg of the stocking ‖ ~ **des Montagedreibeins** / pry pole of the [triangle] gin, gin pole

beinig (Zuck) / forked

Bein·raum m (Kfz) / legroom, leg space ‖ ~**wolle** f / breech wool, shanking

Bei·paßregler m / by-pass regulator, circulation regulator ‖ ~**pfahl** m (Verm) / subsidiary station peg ‖ ~**produkt** n, Nebenerzeugnis n / byproduct ‖ ~**produktkoksofen** m / byproduct coke oven ‖ ~**satz** m (DV, Platte) / trailer [label] ‖ ~**satzblock-Bereich** m (DV) / trailer-file block ‖ ~**satzrad** n (Uhr) / intermediate wheel

beiseite räumen, - schieben / side, shunt

Beisetztisch m / nest of tables

Beispiel n / example

Beispitze f des Herzstücks (Kreuzung) (Bahn) / wing rail of a crossing

beißen, packen (Masch) / bite-in ‖ **sich** ~ (Farben) / conflict, clash [with each other]

beißend, penetrant / penetrating, penetrative ‖ ~ (Geruch) / pungent, sharp, penetrating, acrid

Beiß·schneiden n (Stanz) / cutting with two approaching blades ‖ ~**zange** f, Kantenzange f (DIN) / pincers pl, [cutting] nippers, nipper pliers pl ‖ ~**zange** f (Zimm) / carpenter's pincers ‖ **kleine** ~**zange** / pliers pl ‖ **große** ~**zange** / large pincers pl

bei·stellen, zur Verfügung stellen / place at disposal ‖ ~**stellung** f (Bahn) / addition [of a wagon] ‖ ~**stopperwinde** f (Schiff) / towing bridle winch ‖ ~**strich** m (Buch) / comma

Beitel m, Stemmeisen n (Holz) / chisel ‖ ~**griff** m / chisel shank o. fang o. prong o. tongue

Beitrag [zu] m / comment, -s [on] pl ‖ ~ **liefernd** / contributory

Bei·wagen m, Anhänger m (Straßenbahn) / trailer, second car (GB) ‖ ~**wagen** m, Seitenwagen m (Motorrad) / sidecar, side carriage ‖ ~**wagenmaschine** f / sidecar motorcycle ‖ ~**wert** m (Funkmeß) / correction value ‖ ~**winkel** m (Stahlbau) / connection angle, angle cleat

Beiz·ablauge f (Hütt) / pickling acid waste ‖ ~**anlage** f (Hütt) / pickling plant ‖ ~**anlage** f, Beizautomat m (Landw) / dressing plant for seed ‖ ~**bad** n (Hütt) / pickling bath ‖ ~**bast** m (Hütt) / pickling deposit ‖ ~**behälter** m (Galv) / pickling tank ‖ ~**beschleuniger** m (Galv) / pickling accelerator ‖ ~**blasen** f pl (Hütt) / pickling blistering, pickling blow holes ‖ ~**brühe** f / black mordant

Beize f (z.B. für Gelbbrennen) / etch[ant] ‖ ⌐, Beizmittel n (Chem) / caustic, mordant ‖ ⌐, Beizmittel n (Färb) / mordant, mordanting agent ‖ ⌐, Schutzbeize f (Färb) / resist, resisting agent ‖ ⌐, Beizmittel n (Landw) / seed dressing agent ‖ ⌐ (Hütt) / pickle ‖ ⌐, Beizbrühe f (Gerb) / bate ‖ ⌐, rote Beize (Gerb) / ooze ‖ ⌐, Gelbbrenne f (Galv) / pickling bath, pickle ‖ ⌐, Beizfarbe f (Holz) / water stain ‖ ⌐, Brühe f (Tabak) / sauce ‖ ⌐ **annehmen** (Holz) / seize the mordant

beizen, angreifen / attack, affect, corrode ‖ ~ (allg, Färb) / mordant, steep in mordant ‖ ~, sossieren (Tabak) / sauce ‖ ~, einweichen (Gerb) / drench the hides, bate, puer ‖ ~, ätzen / etch ‖ ~, dekapieren (Hütt, Galv) / pickle ‖ ~ (Landw) / dress seed ‖ ~ (Holz) / impregnate, steep ‖ **in Alaun (o. Aluminiumsulphat)** ~ (Färb) / steep in alum ‖ **wie Ebenholz o. schwarz** ~ (Holz) / ebonize

beizend, Beiz… / caustic, corroding, corrosive, mordant

Beizen·farbe f (Textil) / chrome mordant dyestuff ‖ ⌐**farbstoff** m (Färb) / mordant dye, lake, adjective dyestuff ‖ ~**ziehend** (Färb) / capable of fixing mordants

Beizerei f, Beizanlage f (Hütt) / pickling plant ‖ ⌐**abwässer** n pl / sewage of pickling plants

Beiz·flüssigkeit f im Gebrauch (Galv) / mother liquor ‖ ⌐**korb** m, Beizgestell n (Hütt) / pickling crate o. basket ⌐‖ ⌐**lauge** f / causticity ‖ ⌐**lösung** (Hütt) / pickling acid ‖ ⌐**lösung** f / pickling solution ‖ ⌐**mittel** n s. Beize ‖ ⌐**probe** f, Beizversuch m (Hütt) / pickle test ‖ ⌐**rückstände** m pl / pickling residue o. smut ‖ ⌐**salz** n / caustic salt ‖ ⌐**scheibe** f / etched slice ‖ ⌐**scheibenprüfung** f / segregation testing on etched slices ‖ ⌐**sprödigkeit** f / pickle brittleness ‖ ⌐**strecke** f (Hütt) / pickling line o. section ‖ ⌐**tonung** f (Phot) / mordanting ‖ ⌐**vergoldung** f / pigment gilding ‖ ⌐**versuch** m (Hütt) / pickling test ‖ ⌐**zusatz** m (Hütt) / pickling compound ‖ ⌐**zusatz** m, Inhibitor m / inhibitor

Bekämpfung, Niederschlagung f / abatement

Bekämpfungsmittel n / abatement means

bekannt, an sich ~ (Patent) / known in the art

Beklebemaschine f / glu[e]ing o. gumming machine

Beklebpapier n / liner paper

beklebt (Pap) / laminated

bekleiden / plate, line ‖ ~ (Maur, Stmetz) / face vt

Bekleidung f von Böschungen (Bahn) / revetment o. soiling of slopes

Bekleidungs·blech n / curtain wall sheet ‖ ⌐**bleche** n pl (Walzw) / facing sheets pl ‖ ⌐**industrie** f / clothing industry ‖ ⌐**leder** n / clothing o. garment leather

beklopfen (Bergb) / assay by the hammer, test

bekohlen / coal v

Bekohlungs·anlage f / coaling plant ‖ ⌐**gleis** n (Bahn) / coal track (US), coaling road ‖ ⌐**kran** m / coal loading o. coaling crane ‖ ⌐**vorrichtung**, -möglichkeit f / coal handling o. coaling facility

bekömmlich, verdaulich (Nahrung) / digestible ‖ ~, verdauungsfördernd / digestive

bekrönen (Bau) / cap

Bel n (Dämpfungsmaß), b / bel, ten decibels

Beladefähigkeit f / loading capacity

beladen / charge, load ‖ ~ [mit] / load [with] ‖ ~**es Harz** (Ionenaust.) / exhausted resin ‖ **bis zum Rand** ~ / level loaded ‖ **nicht voll** ~ / under-loaded

Belade·station f (Seilb) / loading station o. terminal ‖ ⌐**vorrichtung** f / loader ‖ ⌐**vorrichtung** f (Bergb) / car loader

Beladung f (Tätigkeit) / charging ‖ ⌐ (Ionenaustauscher) / exhaustion

beladungs·abhängig (Bremse) / load-dependent, load-proportional, load-sensitive ‖ ⌐**erfassung** f / load monitoring ‖ ⌐**form** f des frischen Harzes, chemische Zustandsform (Ionenaustauscher) / ionic form ‖ ⌐**lösung** f, Zulauf m (Ionenaustauscher) / feed solution

Belag m, Auflage f / coating, covering ‖ ⌐, Überzug m (Förderband) / lagging ‖ ⌐ (Bremse) / lining ‖ ⌐ (Kondensator, Spiegel) / coating ‖ ⌐ (von

Keramikkondensatoren) / terminal ‖ ⌐ (Diamantscheibe) / diamond section ‖ ⌐ **des Leiters**, lineare Stromdichte (Elektr) / linear current density ‖ ⌐**blech** n / flooring plate ‖ ⌐**brettchen** n (Spinn) / lag of the dobby ‖ ⌐**korrosion** f (Angriff unter Ablagerungen) / deposit attack ‖ ⌐**platte** f (Dachd) / tile ‖ ⌐**stahl**, Zoresstahl m / Zorès section

belanglos, Schein… (DV) / dummy ‖ ~**er Text** / rag-chew (coll.)

belangreich, erheblich / relevant

belastbar, tragfähig / capable of bearing

Belastbarkeit f / carrying o. loading capacity, load carrying ability, burden ‖ ⌐ (z.B. Kran), Tragfähigkeit f, Hubkraft f / lifting capacity o. power ‖ ⌐, Standfestigkeit f (Mech) / stability under load ‖ ⌐ (Nukl) / load factor ‖ ⌐, zulässige Stromstärke (Kabel) / current-carrying capacity ‖ ⌐ (Halbl) / power dissipation, rating of components ‖ ⌐ **der Anlage** (Nukl) / plant load factor ‖ ⌐ **eines Widerstandes** / rating of a resistor ‖ ⌐ **im Gebrauch** / working stress

belasten / charge, load, burden ‖ **mit einem Gewicht** ~ / weight

belastend / understressing

belastet / loaded ‖ ~ (Bahn, Strecke) / carrying dense o. heavy traffic ‖ ~ **anlaufen**, unter Last anlaufen / start off under load ‖ ~**e Antenne** / loaded antenna ‖ **voll** ~ / fully loaded

Belästigung f, Störung f / annoyance ‖ ⌐ **durch Umweltverschmutzung** / nuisance

Belastung f / charge, load[ing], strain ‖ ⌐ (Buchung) / debit, charge ‖ ⌐ (Schwingquarz) / level of drive ‖ ⌐ (Mat.Prüf) / stress ‖ ⌐ **auf der Spannweite** (Stahlbau) / span loading ‖ ⌐ **des Baugrundes** / pressure on the building ground o. soil ‖ ⌐ **durch Menschengedränge**, Menschenlast f / load by human crowd ‖ ⌐ **einer Leitung** (Elektr) / burden on a line, load on a line ‖ **spezifische** ⌐, Spannung f / stress

Belastungs·… / on-load… ‖ ⌐**…** (als Belastung dienend) / weighting ‖ ~**abhängiger Münzzähler** (Elektr) / load-rate prepayment meter ‖ ⌐**angabe** f (Reifen) / load index ‖ ⌐**annahme** f (Bau) / assumed load ‖ ⌐**annahme** f (Mech) / assumed loading, loading sollicitation ‖ ⌐**anzeige** f / load shown by the counter o. indicator ‖ ⌐**arm** m (Spinn) / weighting arm ‖ ⌐**art** f / nature of load ‖ ⌐**ausgleich** m / load compensation o. balance ‖ ⌐**bedingungen** f pl (bei Versuch) / load conditions ‖ ⌐**bereich** m (Mat Prüf) / load range ‖ ⌐**charakteristik** f / load characteristic ‖ ⌐**dauer** f / load period o. duration ‖ ⌐**diagramm** n, -kurve f / load diagram o. curve ‖ ⌐**dreieck**, Lastdreieck n / load triangle ‖ ⌐**einrichtung** f (Mat Prüf) / loading mechanism ‖ ⌐**erhöhung** f / increment of load ‖ ⌐**fähigkeit** f (Elektr) / permissible current density ‖ ⌐**fähigkeit** f eines Katalysators (Chem) / productive capacity in kg/h ‖ ⌐**faktor** m (Kraftwerk) / coefficient of utilization ‖ ⌐**faktor**, Lastfaktor m (Elektr) / load factor ‖ **[jahreszeitliches]** ⌐**gebirge** (Elektr) / seasonal load curve ‖ ⌐**geschwindigkeit** f / speed of load application ‖ ⌐**gewicht** m (Ventil) / load of a safety valve ‖ ⌐**grad** m, Ausnutzungsgrad m / utilization factor ‖ ⌐**grenze** f / load limit ‖ ⌐**immitanz** f / load immittance ‖ ⌐**kennlinie** f (Elektr) / voltage regulation characteristic ‖ ⌐**klasse** f (Elektr) / rating class ‖ ⌐**kondensator** m / load capacitor ‖ ⌐**kraft** f, Belastung f / load, stress, pressure, tension ‖ ⌐**kreis** m (Elektr) / load circuit ‖ ⌐**kurve** f (Elektronik) / working line, load line ‖ ⌐**lampe** f (Fernm) / ballast lamp ‖ ⌐**linie** f (Mech) / load line ‖ ⌐**moment** n / moment of load ‖ ⌐**nachbildung** f (Elektronik) / phantom load circuit ‖ ⌐**probe** f / loading test ‖ ⌐**prüfung** f, -versuch m, statische Prüfung / static load test ‖ ⌐**scheibe** f (Spinn) / tension device

Belastungsschema n (Brücke) / load train, bridge-testing train

Belastungs·schwankung, -änderung f / variation of o. in load, load change o. variation, fluctuation of load ‖ **~spitze**, Spitzenlast f / load peak, peak load ‖ **~steigerung** f / increase of load ‖ **~stoß** m / sudden increase of load ‖ **~tal** n (Elektr) / off-peak load, (esp.:) seasonal o. daily minimum ‖ **~teilung** f / load sharing ‖ **~verteilung**, Lastverteilung f, -ausgleich m / load distribution ‖ **~vorschriften** f pl / regulations regarding loads pl ‖ **~widerstand** m (Elektr) / bleeder [resistor] ‖ **~widerstand** m (Elektronik) / load resistance o. resistor ‖ **~widerstand**, Eisen-Wasserstoff-Widerstand m (Elektronik) / ballast tube, barretter ‖ **~zahl** f, -ziffer f / charge coefficient ‖ **~zug** m, Belastungsschema n (Brücke) / load train, bridge-testing train ‖ **~zuschlag**, Gewichts-, Lastzuschlag m / load allowance o. tolerance

belatten, latten (Bau) / lath v

Belattung f (Bau) / laths pl, lathing

beleben (Flotation) / activate

Belebtschlamm m / activated sludge ‖ **~flocken** f pl / activated sludge flocculi pl

Belebungsverfahren n (Abwasser) / activated sludge process

beledern / leather, line with leather

Beleg m (DV) / voucher, document ‖ **~ablage** f / document distribution ‖ **~abschnitt** m / counterfoil, stub of a cheque ‖ **~abstand** m (DV) / document spacing ‖ **~analyse** f / check analysis ‖ **~anstoß** m (DV) / jam ‖ **~aufbereitung** f / records preparation ‖ **~codierung** f / voucher encoding ‖ **~drucker** m / document o. voucher printer o. encoder

belegen, eine Leitung **~** (Fernm) / seize a line, tie up a line ‖ **einen Platz ~ o. reservieren** / reserve a seat ‖ **einen Spiegel ~** / silver a mirror, foliate, coat

Beleg·erstellung f / document preparation ‖ **~exemplar** n / proof copy, file copy ‖ **~klampe** f (Schiff) / belaying cleat ‖ **~leser** m (DV) / document reader ‖ **~leserpapier** n / paper for document readers ‖ **~lesung** f (DV) / character recognition o. reading ‖ **~muster** n, -probe f / proof sample o. specimen ‖ **~muster** n (z.B. für Zulassung) / sealed pattern (e.g. for approval) ‖ **~nagel** m (Schiff) / belay pin ‖ **~poller** m (am Kai) / bollard (am Kai), bitt (an Deck)

Belegschaft f (Industrie) / employees pl ‖ **~** (Bergb) / miners pl

Belegschafts·angehöriger m, -angehörige f (Lohn- o. Gehaltsempfänger) (Lohn- o. Gehaltsempfänger) / employee, employe, employé

Beleg·sortierer m / document sorter ‖ **~sortierleser** m / document reader sorter ‖ **~stapelvorrichtung** f, -stapler m / document stacker

belegt / reserved ‖ **~** (allg, Fernm) / occupied ‖ **~lampe** f (Fernm) / busy lamp ‖ **~zeichen** n (Fernm) / engaged signal ‖ **~zeichen** n, Besetzt-Ton m (Fernm) / number-unobtainable-tone, N.U.tone, N.U.T.

Belegung f (Fernm) / seizure, tying-up, busying, holding ‖ **~** (Raumf) / tapering ‖ **~ des Spektrums** / spectrum occupancy ‖ **~ mit Kabeln** / accumulation o. grouping of cables ‖ **~ von Klemmen** / assignement, configuration of terminals ‖ **~ von Schmirgelpapier** / coating with abrasives

Belegungs·bit n im Datennetz / token ‖ **~dauer** f (Fernm) / [circuit] holding time ‖ **~dichte** f einer Datei (DV) / file packing ‖ **~minute** f (Fernm) / call minute ‖ **~zähler** m (Fernm) / position meter, peg count meter ‖ **~zeichen** n (DV) / availability indicator

Beleg·verarbeitung f (DV) / document handling ‖ **~verarbeitungsanlage** f / voucher processing system ‖ **~verfilmung** f / storage filming, microfilming of records o. vouchers ‖ **~zettel** m / record slip ‖ **~zuführung**, Einzugsvorrichtung f (Buch.m) / document feeder

beleuchten / illuminate, light, lighten

Beleuchter m (Film) / studio o. lighting electrician, lighting technician

Beleuchtung f / illumination, lighting

Beleuchtungs·anlage f, -einrichtung f / lighting plant o. installation ‖ **~armatur** f / light fixture ‖ **~einrichtung**, -ausrüstung f / lighting equipment ‖ **~einrichtung** f für Instrumente / illuminating device o. attachment ‖ **~glas** n / glass for lighting purposes ‖ **~grenze** f (Astr) / boundary of illumination, limit of illumination ‖ **~ingenieur** m / illuminating o. lighting engineer ‖ **~körper** m, Leuchte f / lighting gear o. fixture o. fitting, fixture, lamp ‖ **~kupplung** f (Bahn) / illumination circuit o. light circuit coupling ‖ **~mast** m / lighting pylon, lighting mast ‖ **~messer** m / illumination [photo]meter ‖ **~optik** f (Mikroskop) / illumination optics ‖ **~plan** m / lighting drawing ‖ **~regler** m / dimming resistance ‖ **~schacht** m, -öffnung f (Abwasser) / lamp hole ‖ **~spiegel** m / illuminating mirror ‖ **~stärke** f / luminous intensity ‖ **~stärke** f (als Meßgröße) / density of light ‖ **~stärke** f in Lux (Phys) / illumination, illuminance ‖ **~stärkeeinheit** f / unit of illumination ‖ **~[stärke]messer** m, Luxmeter n / luxmeter ‖ **~strahlengang** m / illumination beam path ‖ **~stunde**, Brennstunde f / light[ing] hour ‖ **~technik**, Lichttechnik f / illuminating o. lighting engineering ‖ **~techniker** m, Beleuchter m / lighting engineer ‖ **~wesen** n / lighting ‖ **~wirkungsgrad** m / coefficient of utilization

belichten, exponieren (Phot) / expose ‖ **~ u. entwickeln u. abziehen** (Phot) / process

Belichtung f, Exposition f, Belichten n (Phot) / exposure, exposition ‖ **~** (Produkt aus Beleuchtungsstärke u. Belichtungszeit), Energiedichte f (Laser) / lumination

Belichtungs·automatik f / automatic exposure timer ‖ **~einstellung** f / exposure time adjustment o. setting ‖ **~feld** n, -fläche f (Repro) / recording area ‖ **~fenster** n / film window o. gate, gate [window] ‖ **~keil** m, Graukeil m / [sensitometric] step wedge ‖ **~lampe** f (Tiefdruck) / exposure lamp ‖ **~messer** m (Phot) / exposure meter ‖ **~messerfenster** n (Phot) / meter cell ‖ **~meßkassette** f (Phot) / probe exposure meter ‖ **~schaltuhr** f (Phot) / exposure timer ‖ **~spielraum** m (Repro) / exposure tolerance ‖ **~spielraum** m (Phot) / latitude ‖ **~steuergerät** n (Phot) / exposure control device ‖ **~steuernut** f (Film) / exposure meter control step ‖ **~tabelle** f (Phot) / exposure chart o. table ‖ **~tabelle** f am Apparat / exposure scale ‖ **~wert** m (Phot) / exposure value ‖ **~zeit** f, -dauer f (Phot) / exposure time ‖ **~zeiteinstellung** f (Offset) / exposure timer

beliebig, willkürlich [angenommen] / random any, any ‖ **~ gerichtete Kraft** / force acting in any direction ‖ **~ groß** / unlimited, arbitrarily big ‖ **~ klein** / indefinite small ‖ **~e Stellenzahl** / arbitrary precision ‖ **~ verstellbar** / adjustable at will, variable at will ‖ **~e Zahl**, Zufallszahl f / random number ‖ **~ ziehen** / draw at random ‖ **eine x-~e Form** / any form o. shape

Belleville·-Dichtungsring m / Belleville washer ‖ **~feder** f, Tellerfeder f / Belleville spring washer, cup o. saucer spring, disk spring

Belly, Bauch m (Fischnetz) / belly

Belt-Pressform f / belt-type pressure apparatus

belüften / aerate, air

Belüfter m, Belüftungsventil n (Rohrleitung) / ventilation valve ‖ **~** / aerator

belüftet (Elektr) / ventilated ‖ **~er Container** / ventilated container

Belüftung f mittels Saugventilator (Bau) / ventilation by aspiration

Belüftungs·becken n / aeration tank ‖ **~einrichtung** f, Durchlüfter m / aerator ‖ **~element** n (Korros.Prüf.) / aeration cell ‖ **~haube** f / airscoop ‖ **~klappe** f / ventilating flap ‖ **~loch** n / breather ‖ **~öffnung** f / ventilation aperture

bemalen / paint ‖ **~**, beklecksen / daub

bemannen / man v

bemannt (allg) / manned ‖ ~ (Raumf) / man-controlled, manned ‖ ~er Flug / manned flight ‖ ~er Raumflug / manned space flight ‖ ~e Raumstation, bemanntes Raumlabor / manned orbiting laboratory, MOL ‖ ~e Raumwerkstatt (Raumf) / manned workshop ‖ ~er Satellitenflug / manned orbital space flight ‖ ~e Weltraumforschung / manned space research

Bemannung f (Schiff) / crew

Bemaßung f (Zeichn) / dimensioning ‖ ~ von einer Grund- o. Bezugslinie aus / base line dimensioning

bemerken, sich klar werden / realize, be aware

Bemerkung f, Anmerkung f (DV) / comment, annotation

Bemerkungsfeld n (DV) / comments field

bemessen [nach] / proportion [to] ‖ ~, dimensionieren [für] / dimension o. design [for], calculate o. rate [for] ‖ ~ adj / dimensioned ‖ **reichlich** ~ / dimension amply v

Bemessung f / dimensioning

Bemessungsdaten pl / rating (e.g. of a machine)

Bemessungs·flugzeug, Referenzflugzeug n (Flughafenplanung) / reference aircraft ‖ ~gesamtgewicht n (Luftf) / design gross weight ‖ ~kapazität f / rated capacity ‖ ~rollgewicht n (Luftf) / design taxying weight ‖ ~welle f (Öl) / design wave

bemustern / sample, supply with samples

benachbart, angrenzend / adjacent, adjoining ‖ ~, vicinal (Chem) / vicinal ‖ ~e Schicht / neighbo[u]ring layer o. stratum ‖ ~es Atom / contiguous atom

benachrichtigen, informieren / inform

Benachrichtigungsgebühr f (Fernm) / report charge (Canada)

Benadelung f, Besetzung f mit Nadeln (Kämmaschine) / needle setting

Benadelungsprüfer m (Textil) / pinning controller

Benadlung f, Besetzung f mit Nadeln (Kämmasch) / needling, needle setting

benannt, bezeichnet / designated ‖ ~, dimensionsbehaftet / denominational ‖ ~ (Math) / denominate, concrete, defined, determinate ‖ ~ (DV) / labelled, labeled (US) ‖ ~er Beiwert o. Koeffizient / determinate o. defined coefficient ‖ ~e Konstante (DV) / named constant ‖ ~er Speicherbereich (DV) / labelled common

benarben, berasen (Straßb) / grass

Benardos-Verfahren n, Kohlelichtbogenschweißung f / welding with carbon electrode

Bénardzelle f / Bénard cell

Bench·mark f, Bewertungsprogramm n (DV) / benchmark ‖ ~mark-Methode f (für den Vergleich von Rechnern), Vergleichstest m / benchmark method, benchmark test o. program o. problem

Bendix·anlasser m, -starter m (Kfz) / inertia gear drive starter, Bendix type starter ‖ nach außen wirkendes ~getriebe / outboard Bendix drive

Bendixgetriebe, einziehendes o. nach innen gehendes ~ (Kfz) / inboard Bendix drive

Bendixmeßgerät n (Masch) / pneumatic gauge

Benedicts Reagens n (Chem) / Benedict's reagent

benennen, bezeichnen / denote, nominate ‖ ~, kenntlich machen (DV) / label

Benennung f / designation ‖ ~, Begriff m / term ‖ ~ (Math) / denomination

Benennungssystem n / system of naming

benetzbar / wettable ‖ ~es Pulver, Wettable Powder n / wettable powder ‖ leicht ~ / easily wetted

Benetzbarkeit f / wettability

benetzen, befeuchten / damp[en], moisten, wet

Benetzer m (Masch) / sprinkler, sprinkling apparatus

benetzter Umfang (Hydr) / wetted perimeter

Benetzung f, Befeuchtung f / moistening, wetting

Benetzungs·energie f / energy of wetting ‖ ~hysterese f / wetting hysteresis ‖ ~mittel n / wetting agent ‖ ~spannung f / wetting tension ‖ ~spannung f bei

vorrückender [,rückläufiger] Randlinie / advancing [,receding] wetting tension ‖ ~wärme f (Getreidekörner) / heat of wetting ‖ ~winkel m / wetting angle of contact

bengalischer Hanf / Bengal o. Sunn hemp

Benham-Scheibe f (Phys) / Benham disk

Benitoit m (Min) / benitoite

Benito-Navigation f / benito navigation system

benötigt / required

Bensonkessel m / Benson boiler

benthal, Benthos…, benthisch / benthal, benthonic

Benthos n (Lebensgemeinschaft des Gewässergrundes o. Benthals) / benthos

Bentonit m / bentonite ‖ ~zahl f (Bau) / A.C.C. test

benummern, nummern / number

Benummerung f / count, number

benutzen, benützen, verwenden / use, make use [of], utilize ‖ ~, Nutzen ziehen / derive advantage [from] ‖ ~ n, Tragen n (z.B. Kleidung) / use, using, wearing

Benutzer m / user ‖ ~bibliothek f (DV) / user library ‖ ~bit (frei verfügbar) (DV) / user bit ‖ ~codiert / user-coded, user-written ‖ ~daten pl / user data pl ‖ ~definierbar, vom Benutzer festlegbar (DV) / user-definable ‖ ~definiert (DV) / user-defined ‖ ~dienst m / user service ‖ ~freundlich / optimized for use, user-optimized, user-friendly ‖ ~freundlichkeit f / user friendliness ‖ ~führung f, Bedienerführung f (DV) / user guidance ‖ ~geschrieben / user coded, user generated ‖ ~hinweise m pl / considerations for use pl ‖ ~identifikation f, -kennzeichnung f / user identification o. identifier ‖ ~information f / user's information ‖ ~-Kennzeichen n, -Kennung f, -Identifikation f (DV) / user ID ‖ ~klasse f / user class of service ‖ ~-Nachrichtentabelle f (DV) / user message table ‖ ~oberfläche f / user surface, user/system interface ‖ ~orientiert (DV) / problem oriented ‖ ~programm n (DV) / application[s] program ‖ ~schnittstelle f (DV) / user exit ‖ ~station f (DV) / user terminal ‖ ~zugänglich / user-visible

Benutzung, Anwendung f / use, using, usage

benutzungs·abhängiger Tarif (Fernm) / usage sensitive pricing ‖ ~dauer f / period of service, operating time ‖ ~gebühr f / usage fee ‖ ~grad m (Straßb) / degree of utilization ‖ ~vereinbarung f (DV) / use declarative ‖ ~zähler m (DV) / usage meter

Benzal n, Benzyliden n / benzal, benzylidene ‖ ~chlorid n / benzal o. benzylidene chloride

Benzaldehyd m, Bittermandelöl n / benzaldehyde, benzenecarbaldehyde ‖ ~grün n / benzal[dehyde] green

Benzaldoxim n / benzaldoxime

Benzal·umlagerung f / benzylidene rearrangement

Benz·amid n / benzamide ‖ ~amin n / benzamine, betacaine ‖ ~aminfarbstoff m / benzamine dyestuff ‖ ~anilid n / benzanilide ‖ ~anthron n / benzanthrone ‖ ~cuprolmarineblau n / benzo cuprol navy blue ‖ ~edrin n / benzedrine, amphetamine

Benzen, Benzol n (Chem) / benzene, benzol

Benzhydrol n / benzhydrol

Benzidin n / benzidine ‖ ~umlagerung f / benzidine conversion o. transformation

Benzil n / benzil, bibenzoyl

Benzin n (Chem) / benzene, benzine ‖ ~ (als Lösungsmittel), Petrolether m / naphtha ‖ ~, Gasolin n (für chemische Zwecke) (Chem) / petroleum spirit ‖ ~, Motorenbenzin n / gasoline, gas[olene] (US), petrol (GB), motor spirit o. fuel (GB) ‖ ~ mit 10% Alkohol / gasohol, gazohol ‖ ~abscheider, -fänger m (Bau) / gasoline (US) o. petrol (GB) trap o. separator ‖ ~-Alkoholgemisch n / alcogas, alkygas ‖ ~ausflußregler m / gasoline outlet checker ‖ ~brikett n / gasoline brick ‖ ~dampf m (Masch) o. petrol (GB) vapo[u]r ‖ ~einspritzung f / gasoline (US) o. petrol (GB) o. fuel injection ‖ ~elektrisch / petrol-(GB) o. gasoline- (US) electric ‖ ~elektrischer Stromerzeuger / gas-electric generating set ‖

⌐**ersparnis** f / gasoline (US) o. petrol (GB) o. fuel saving ‖ ⌐**faß** n / petrol o. gasoline barrel o. drum ‖ ~**fest und ölfest** / fast to petrol (GB) o. gasoline (US) and oil ‖ ⌐**filter** n, -reiniger m (Kfz) / gasoline filter (US), petrol filter (GB) ‖ ~**getrieben** / gasoline powered ‖ ⌐**gewinnung** f / gasoline recovery
Benzingsicherung f / circlip [securing ring]
Benzin·kanister m / petrol (GB) o. gasoline (US) can ‖ ⌐**lager** n, -lagerung f / gasoline storage (US), petrol storage (GB) ‖ ⌐**lampe** f, Wetterlampe f (Bergb) / safety lamp ‖ ⌐**mengenmesser** m (z.B. der Zapfsäule) / fuel volumeter ‖ ⌐**motor** m / carburetor o. Otto engine, carburetor type petrol (GB) o. gasoline (US) engine ‖ **durch** ⌐**motor angetrieben** / gasoline (US) o. petrol (GB) driven o. operated ‖ ⌐**pumpe** f / petrol pump, roadside gasoline pump ‖ ⌐ **-Reinigungszentrifuge** f / centrifugal gasoline cleaner ‖ ⌐**rücklauf** m, –überlauf m (Mot) / petrol o. gasoline by-pass o. overflow ‖ ~**sparend**, sparsam im Benzinverbrauch / fuel-thrifty, fuel-efficient ‖ ⌐**stand** m / gasoline (US) o. petrol (GB) o. fuel level ‖ ⌐**synthese** f / gasoline synthesis ‖ ⌐**tank** m, -behälter m (Kfz) / petrol o. gasoline tank ‖ ⌐**tankdeckel** m, -verschlußschraube f / fuel tank o. gas tank (US) cap, petrol tank cap (GB) ‖ ⌐**uhr** f (coll), Kraftstoff-Vorratszeiger m (DIN) (Kfz) / petrol [tank] gauge o. meter (GB), gasoline [level] gage (US), tank o. fuel gauge ‖ ⌐**verbrauch** m / petrol o. gasoline consumption ‖ ⌐ **-Verdampfer** m (Kocher) / fuel evaporator ‖ ⌐**zapfung** f, -zapfen n / filling of fuel ‖ ⌐**zuführung** f / gasoline feed[ing] pipe
Benzo·... / benzo... ‖ ⌐**at**, Benzoesalz n / benzoate ‖ ⌐**azurin** n / benzo azurine ‖ ⌐**chinon** n / benzoquinone ‖ ⌐ **-Diaminfarbstoffe** m pl / Congo dyes pl
Benzoe f, Benzoeharz n / [gum o. resin] Benjamin o. benzoin ‖ ⌐**baum** m / storax tree
Benzo·echtfarbstoff m / benzo fast dye ‖ ⌐**echtgelb** n / benzo fast yellow ‖ ⌐**echtkupferfarbe** f / benzo fast copper colour
Benzoe·harz n / gum o. resin benjamin o. benzoin ‖ ⌐**säure** f / benzoic acid, benzene carboxylic acid ‖ ⌐**[säure]...** / benzoic ‖ **wasserfreie** ⌐**säure** / benzoic acid anhydride ‖ ⌐**säureanilid** n / benzanilide ‖ ⌐**säureester** m / benzoic ester, benzoate ‖ ⌐**säuresulfimid** n / benzosulfimide, gluside (GB) ‖ ⌐**tinktur** f / benzo dyestuff
Benzofarbstoffe m pl / benzochrome
Benzoin n (Chem) / benzoin
Benzol n, Benzen n (Chem) / benzene, benzol[e] ‖ ⌐ (Handelsbezeichnung) / benzine, commercial grade ‖ ⌐ (Vergasertreibstoff) / benzene ‖ ⌐ **in Nitrier-, [Normal-, Synthese]qualität** / nitration grade, [pure, synthesis grade] benzene ‖ ⌐ **und verwandte Produkte** / benzole and allied products ‖ ~**absorbierendes Öl** / benzol absorbing oil ‖ ⌐**äquivalent** n (Benzin) / benzene equivalent ‖ ⌐**ausbeute** f / benzol[e] yield ‖ ⌐**chlorierung** f / benzene chlorination ‖ ⌐**derivat** n / benzene derivative ‖ ⌐**dicarbonsäure** f, Phthalsäure f / benzene dicarboxylic acid, phthalic acid ‖ ⌐**formel** f / benzene formula ‖ ⌐**gemisch** n / benzole mixture ‖ ⌐**gewinnung**, -abscheidung f / benzol[e] recuperation ‖ ~**haltig** (Gas) / unstripped ‖ ⌐**hexachlorid** n / benzene hexachloride, BHC ‖ ⌐**kern** m / benzene nucleus ‖ ⌐**kohlenwasserstoff** m / benzene hydrocarbon ‖ ⌐**ring** m (Chem) / benzene ring ‖ ⌐**sulfo[n]säure** f / benzene-sulfonic acid, phenyl-sulfonic acid ‖ ~**unlöslich** / benzene insoluble ‖ ⌐**unlösliches** n (Chem) / benzene insolubles pl ‖ ⌐**vergiftung** f / benzolism ‖ ⌐**vorprodukt** n / primary benzol ‖ ⌐**wäsche** f / debenzolation ‖ ⌐**wäscher** m, -wascher m (Kokerei) / benzol scrubber ‖ ⌐**waschöl** n / benzol wash oil
Benzo·naphthol n, Benzoesäure-β-Naphthylester m / benzonaphthol ‖ ⌐**nitril** n / benzonitrile ‖ ⌐**phenol** n / carbolic acid, phenol ‖ ⌐**phenon** n / benzophenone, diphenylketone ‖ ⌐**purpurin** n, Diaminrot n,

Baumwollrot n / benzopurpurine, diamine red, Sultan red (US) ‖ ⌐**purpurin 4 B** n / fast scarlet, cotton red [4 B]
Benzoyl n / benzoyl ‖ ⌐**chlorid** n / benzoyl chloride
Benzpyren n / benzpyrene
Benzpyridin n / benzopyridine
Benzpyrrol n / benzopyrrole
Benzyl·... / benzyl [group] ‖ ⌐**acetat** n, Essigsäurebenzylester m / benzyl acetate ‖ ⌐**alkohol** m / benzyl alcohol ‖ ⌐**amin** n / benzylamine ‖ ⌐**anilin** n / benzyl aniline ‖ ⌐**bromid**, Monobromtoluol n / benzyl bromide, α- o. ω-bromotoluene ‖ ⌐**cellulose** f / bencyl cellulose ‖ ⌐**chlorid**, Monochlortoluol n / benzyl chloride ‖ ⌐**idenchlorid**, Benzalchlorid n / benzal o. benzylidene chloride
beobachtbar / observable
Beobachtbarkeit f / observability
beobachten, überwachen / observe, watch ‖ ~, durchsehen, sichten / inspect closely
Beobachter m / observer ‖ ⌐**tubus** m (Opt) / observation tube
beobachtet·e mittlere Ausfallquote / mean failure rate observed ‖ ~**e Verfügbarkeit** (Qual.Kontr) / observed availability ‖ ~**er Winkel** (Radar) / bearing taken o. observed ‖ ~**er (o. gemessener) Winkel** / angle taken o. observed o. of observation
Beobachtung f / observation
Beobachtungs·bogen m (F.Org) / observation form ‖ ⌐**brett** n (F.Org) / observation board ‖ ⌐**bühne** f / observation platform ‖ ⌐**fehler** m / error of observation ‖ ⌐**fenster** n (Masch) / sight glass, peephole ‖ ⌐**fenster** n (Raumf) / viewing port ‖ ⌐**leichter** ⌐**hubschrauber** / light observation helicopter, LOH ‖ ⌐**katalog** m (Astr) / observed catalogue ‖ ⌐**leitung** f (Fernm) / observation line ‖ ⌐**oszilloskop** n, (Ggs.: Meßoszillogr.) / observation oscilloscope ‖ ⌐**plattform** f / monitoring platform ‖ ⌐**rohr** n, -gerät n / viewing device, observation tube ‖ ⌐**satellit** m / integrated satellite, IS ‖ ⌐**schacht** m (Astr) / observation opening ‖ ⌐**spiegel** m / observation mirror ‖ ⌐**stand** m / observation post ‖ ⌐**system** n (von Erdstationen aus) (Raumf) / tracking system ‖ ⌐**verfahren** n / mode of observation ‖ ⌐**wert** m / observed value
bepflanzen / plant
bepicken, aufhauen (Bau) / notch, roughen
beplanken / plank vt
Beplankung f (Schiff) / planking
Bepp n, Bindungsenergie f je Partikel / bepp ‖ ⌐ **-Kurve** f / bepp curve (= binding energy per particle)
Bepudern n / powdering, dusting
bequem, behaglich / comfortable ‖ ~, leicht / ready ‖ ~ **zu handhaben** / convenient in operation
Bequemlichkeit f / convenience, accommodation ‖ ⌐, Komfort m / comfort ‖ **[materielle]** ⌐ (Bau) / convenience, -ency
Bérangerwaage f / counter scale type Beranger
Berappen n, Berappung f, Unterputz m (Bau) / rendering, roughcast plastering
berasen, besoden / sod
beraten / advise vt, counsel
beratend·er Ingenieur, Zivilingenieur m / consulting engineer ‖ ~**er Ingenieur im Verkauf** / sales engineer
Beratungs·bezirk m (Luftf) / advisory area ‖ ⌐ **-Ingenieur**, -Techniker m / field engineer
beräumen, bereißen (Bergb) / clean
Beraunit m (Min) / beraunite
berauschendes Getränk / intoxicant
Berberin n / berberine, jamaicin, xanthopicrite
berechenbar / calculable, computable
berechnen / calculate, reckon, compute ‖ ~, ausrechnen (Math) / evaluate, cipher ‖ ~, zusammenrechnen (Math) / work out ‖ ~, in Rechnung stellen / invoice vt, bill vt ‖ ~, überschlagen / estimate ‖ ~ **oder beziehen [auf]** / refer [to] vt ‖ ~ **bis zur 3. Dezimale** ~ / carry to three

decimal places || **das Besteck** ~ (Schiff) / work o. make
the reckoning, work up the fix
berechnet, nicht ~ (Kosten) / not charged
Berechnung f / calculation, computation || ~,
Zusammenzählung f / cast || ~, Zählung f / count || ~,
Fakturierung f / invoicing, billing || ~ **von**
Wärmekraftanlagen / computation of thermal power
plants || **eine** ~ **anstellen** / make a calculation || ~**en je**
Sekunde f pl (DV) / flops pl (= floating point
operations/s)
Berechnungs·druck m / calculated pressure || ~**formel** f /
formula of calculation || ~**grundlage** f / basis of design,
design fundamentals pl || ~**regen** m / calculated amount
of precipitation || ~**weise** f / method of calculation ||
~**zustand** m / calculated state
berechtigen, ermächtigen / enable
Berechtigung f (Eintrag im Ausweis) (Luftf) / rating
Berechtigungs·marke f (DV, IBM) / token || ~**nachweis-**
Übersicht / authorization table || ~**signal** n /
authentication signal
Berechtsame f, Berg-Gerechtsame f (Bergb) / right of
mining, mineral right (US)
beregnen / sprinkle, spray
Beregnung f (Landw) / overhead irrigation
Beregnungs·apparat m, -gerät m / sprinkler, sprinkling
installation || ~**düngung** f / fertilizer irrigation ||
~**versuch** m (Mat Prüf) / rain test
Bereich m / region || ~, Intervall-Länge f (Math) / range
|| ~ (Toleranz) / range || ~, Kreis m / sphere, domain || ~,
Ausdehnung f / compass, reach || ~ (DV, PL/1, ALGOL,
Fortran) / array || ~ (DV, Speicher) / area || ~ (Phys) /
domain || ~ (z.B. auf dem Plattenspeicher) / extent (e.g.
disk extent) || ~ (Skala) / range || ~ (Radio) / band,
channel || ~ **begrenzter Proportionalität** (Nukl) / region
of limited proportionality || ~ **des negativen**
differentiellen Leitwerts (Tunneldiode) / negative
differential conductance region || ~ **des thermischen**
Ausgleichs / regular regime of heat conduction ||
~ **eines Überweisungsamtes** (Fernm) / trunk group area
|| ~ **eines Unternehmens**, Unternehmensbereich m /
division || ~ **größter Genauigkeit** (Instr) / effective
range || **ein weiter** ~ **von Leistungen u. Spannungen** /
wide horsepower-voltage range
Bereichs·abbildung f / zone imaging || ~**adresse** f / area
address || ~**antenne** f / band antenna || ~**auswahl** f /
range select || ~**automatik** f (DV) / automatic ranging
[unit] || ~**bezeichnung** f (DV) / area identification ||
~ -**Einengung** f (Regeln) / range suppression || ~**faktor**
m (Meßgerät) / multiplying factor || ~**fernmeldezentrale**
f / area communication center || ~**markierung** f / range
marking || ~**schalter** m, -wähler m (Elektronik) / band
switch o. selector || ~**schutz** m (DV) / area protection ||
~**schutz-Fehler** m (DV) / protection error || ~**spule** f
(Elektronik) / band coil || ~**struktur** f (Phys) / domain
structure || ~**überschreitung** f / limit error, overflow,
OV || ~**umschalter** m (Radio) / wave-change switch,
range-changing switch, change-tune switch ||
~**unterschreitung** f, Unterlauf m (DV) / underflow ||
~**wahl** f (Elektronik) / channel selection || ~**widerstand**
m (Instr) / multiplier [resistor]
bereifen, beeisen / cover with hair frost, frost || ~,
beringen / hoop || ~, Reifen aufziehen (Kfz) / tire vt, tyre
(GB)
bereift, voll Reif (Meteorol) / rimy, frosty || ~ (z.B. Faß) /
hooped, with hoops
Bereifung f (Kfz) / tire equipment
bereinigen, von Nutzlosem befreien (DV) / edulcorate
bereinigt·e Ausgabe (Datenübertragung) / clean tape || ~e
Daten pl / reduced data || ~**er Mittelwert** (Math) /
corrected o. modified mean
Bereißen n (nach dem Sprengen) (Bergb) / scaling
bereit [zu] / prepared [for] || ~, fertig / ready || ~ **für**
Start Belegzufuhr (Leser) / ready to engage
bereiten, den Papierstoff ~ / prepare the stock

bereitlegen (F.Org) / preposition
Bereitschaft f / readiness, preparedness || ~, Reserve f
(DV) / stand-by || **in** ~ / prepared, ready, in readiness
Bereitschafts·... / support..., stand-by... || ~**dienst** m /
stand-by service || ~**lokomotive** f / emergency o.
reserve locomotive || ~**parallelbetrieb** m (Akku) /
continuous battery power supply || ~**personal** n /
skeleton staff || ~**raum** m (Luftf) / ready room ||
~**rechner** m / back-up computer, standby computer ||
~**redundanz** f (DV) / stand-by redundancy ||
~**schaltung** f (Elektr) / stand-by mounting || ~**signal** n
(Elektronik) / return light || ~**stellung** f / ready position ||
~**system** n (DV) / stand-by system || ~**tasche** f (Phot) /
ever-ready case || ~**verlust** m (Elektr) / stand-by loss ||
~**zustand** m (Messen) / standby conditions pl
bereitstehen, als Ablösung o. Ersatz ~ / relieve vi
Bereitstellung f / placing at disposal o. in readiness,
making available
Bereitstellungs·aufruf m (DV) / load call || ~**ort** m
(Roboter) / pick-up position || ~**programm** n / job
control programm
Bereitung, Gewinnung f (Chem) / preparation
Berg m (Phys, Elektr) / peak n || ~ / mountain, hill || ~ **von**
versandfertigem Meersalz / a large pile of sea salt
ready for shipment || ~**abwärts**, abwärts / downhill ||
~**ahorn** m / sycamore || ~**akademie** f / mining academy
Bergamottöl n / bergamot oil
Berg·amt n (Bergb) / Board of Mines || ~**arbeit** f /
underground mining || ~**arbeiter** m, Grubenarbeiter m /
miner, (esp:) coal worker, collier
bergauf, bergan / ascending || ~**fahren** (Kfz) / go uphill
Berg·[auf]fahrt f / hill climb[ing], upward run ||
~**aufrutsche** f, Wendelschwingrinne f (Bergb) / uphill
shaker conveyor || ~**bahn** f, Gebirgsbahn f / mountain
railway (GB), alpine railroad (US)
Bergbau m / winning and working of mines, mining || ~,
Bergbauindustrie f / mining industry || ~...,
bergbaulich / mining adj || ~ **betreiben** / mine ||
~**berechtsame** (DIN), Bergbaugerechtsame f,
Bergfreiheit f / right of mining || ~**kunde** f / science of
mining || ~**liche Lagerstätten** f pl / mineral deposits pl
|| ~**treibender** m / mining company || ~**wesen** n /
mining engineering
Bergblau n, Azurit n (Min) / azurite (of Beudant),
mountain blue
Berge m pl, Versatzgut n (Bergb) / dirt || ~, Abgänge m pl
(Bergb) / refuse, rubbish || ~, taubes Gestein (Bergb) /
deads pl, rocks pl || ~ m pl (Goldbergb) / tailings pl ||
anfallende ~ / made refuse || **mit** ~**n versetzen** (Bergb) /
gob, pack, stow || ~**ausbringen** n in % (Bergb) /
percentage of waste || ~**austrag** m (Bergb) / refuse o.
rubbish extraction || ~**austraggerät** n (Bergb) / refuse o.
rubbish extractor || ~**austragrutsche** f (Bergb) / rubbish
withdrawal chute || ~**austragsvorrichtung** f (Aufber) /
primary reject elevator || ~**bunker** m, -tasche f / refuse
bin
Bergecho, [störendes] ~ (Radar) / mountain effect
Berge·damm m / pack, side packs pl || ~**damm** m,
Versatzrippe f / dam of packing materials || ~**förderung**
f (Bergb) / conveyance of rocks || ~**gehalt** m (Bergb) /
contents of shale pl
Bergegge f (Landw) / upland harrow
Berge·halde f / heap of refuse o. rubbish o. waste, rubbish
dump, pit heap, refuse tip || ~**haltig** (Bergb) / dirty ||
~**kipper** m (Bergb) / rubbish tipper o. tipping device ||
~**klein** n / rubbish || ~**klein** n, unverwertbarer
Ausschuß / refuse, rejections pl || ~**kübel** m (Bergb) /
debris kibble || ~**mauer** f (Bergb) / wall made of deads,
pack-wall || ~**mittel** n / vein of rock, slate, dirt band ||
dünnes ~**mittel** (Bergb) / drift band || ~**mittel im Flöz** n
(Bergb) / band, parting || ~**mühle** f, Gesteinsmühle f
(Bergb) / subterraneous quarry
bergen (Schiff) / salvage, salve
Ber.-Gen., Berufsgen. = Berufsgenossenschaft

Bergen *n*, Bergung *f* / salvage, recovery
Berge·panzer *m* (Mil) / retrieving tank ‖ **~pfeiler** *m*
(Bergb) / rubbish pillar ‖ **~reinigerzelle** *f*,
Nachschäumerzelle *f* / scavenger cell ‖ **~rolle** *f* (Bergb) /
fill-raise, rubbish dumping shaft ‖ **~schleuderband** *n*
(Bergb) / centrifugal packing belt, mechanical packing o.
stowing machine ‖ **~strecke** *f* (Bergb) / dirt road ‖
~teich *m* / tailings pond ‖ **~versatz**, Versatz *m* (Bergb) /
packing, stowing, stowage, gob[bing], goaf, pack,
stope filling ‖ **~versatzmaschine** *f* (Bergb) / stowing
machine ‖ **~zuführstrecke** *f* / dirt supply road
Berg·fahrt *f* (Schiff) / upward journey ‖ **~fein**, gediegen
(Bergb) / native ‖ **~feld** (unverritzt) (Bergb) / mine field ‖
~fertig / disabled ‖ **~feste** *f*, Sicherheitspfeiler *m*
(Bergb) / barrier pillar ‖ **~feste** *f*,
Schacht[sicherheits]pfeiler *m* (Bergb) / shaft pillar ‖
~freiheit *f* s. Bergbauberechtsame ‖ **~gang** *m*,
-ganggetriebe *n* (Kfz) / hill gear ‖ **~gesetz** *n*, Bergrecht *n*
/ miner's code of laws, miner's statutes and regulations
‖ **~gold** *n* / native gold ‖ **~haspel** *m* *f* (Bergb) / engine,
windlass, mining winch ‖ **~hoheit** *f* / mining rights *pl* ‖
~ingenieur *m* / mining engineer ‖ **~ingenieurwesen** *n* /
mining engineering ‖ **~inspektor** *m* / mining inspector
Bergius-Verfahren *n* (Chem) / Bergius process
(hydrogenation of coal)
Berg·knappschaft *f* / body of miners ‖ **~kristall** *m* /
mountain o. rock crystal, pebble ‖ **~mann**, -arbeiter *m* /
miner, pitman ‖ **~mann** (Kohle) / collier ‖ **~männisch**,
bergüblich, -mäßig / mining, practiced by miners ‖
~männisch bauen (Tunnel etc.) (Bergb) / work
systematically ‖ **~männisches Rißwerk** / mine *pl* plans
Bergmannserie, Fundamentalserie *f* (Spektrum) /
fundamental series
Bergmannshelm *m* / safety helmet for miners, miner's
cap
Berg·mehl, Steinmehl *n* (Kalzium-Karbonat) (Min) / rock
meal ‖ **~milch**, Mondmilch *f* (Min) / rock milk ‖
~mittel s. Bergemittel ‖ **~ordnung** *f* (Bergb) / mining
laws *pl* ‖ **~polizeiverordnung** *f* / mining regulations *pl*
‖ **~recht** s. Berggesetz ‖ **~regal** *n*, Bergwerksregal *n*,
Berghoheit *f* (Bergb) / mining rights ‖ **~revier** *n* (Bergb) /
mining [administration] district ‖ **~rücken** *m* / ridge ‖
~rutsch *m*, -sturz *m* / mountain slide o. creep ‖
~rutsch, -sturz *m* / landslip, landslide (US) ‖
~schaden *m* (Bergb) / damage done by mining ‖
~sitzpflug für Seilzug (Landw) / upland plow, winch
traction ‖ **~station** *f* (Seilb) / mountain station ‖
~steigefähigkeit *f* (Kfz) / hill climbing ability, climbing
ability o. capacity ‖ **~straße**, Gebirgsstraße *f* /
mountain road ‖ **~striche** *m pl*, -schraffen *f pl*
(Landkarte) / hill shading ‖ **~sturz** *m* / landslip ‖
~technik *f* / mining ‖ **~üblich** s. bergmännisch ‖ **~ulme**
f, Bergrüster *f* / mountain elm
Bergung *f* (Satelliten) / recovery, recuperation, salvage ‖ **~**
dnes Wracks / wreck raising operation ‖ **~ und**
Wiedergewinnung / salvage and recovery
Bergungs·arbeiten *f pl* / salvage operations *pl* ‖ **~fähig**
(Raumf) / recoverable ‖ **~fahrzeug** *n*, -wagen *m* /
recovery vehicle ‖ **~fallschirm** *m* (Raumf) / recovery
parachute ‖ **~hilfseinheit** *f* (Raumf) / recovery package ‖
~hubschrauber *m* / recovery helicopter ‖ **~kran** *m*
(Schiff) / salvage crane ‖ **~kran** (Kfz, Fwehr) / lifting
crane ‖ **~lohn** *m* / salvage ‖ **~mannschaft** *f* / wrecking
crew ‖ **~schiff** *n* / salvage vessel, salvor, wrecker (US)
‖ **~schlepper** *m* / salvage tug ‖ **~werkzeug** *n* /
retrieving tool
Bergwerk / mine *n* ‖ **~**, Zeche *f* (Kohle) / coal mine,
colliery (GB)
Bergwerks·bedarf *m* / mining supplies o. materials *pl* ‖
~betrieb *m* / mine operation ‖ **~betrieb**, Verhieb *m*
(Bergb) / mining, working, winning ‖ **~direktor** *m* /
agent (GB) ‖ **~feld** *n* (verritzt) (Bergb) / mine field ‖
~förderanlage, Förderanlage, -maschine *f* / mine hoist
‖ **~gesellschaft** *f* / mining company ‖ **~gesellschaft** *f*

(Kohle) / coal mining company ‖ **~kunde** *f* / [science of]
mining ‖ **~maschine** *f* / mining machine
Berg·wesen *n* / industrial mining ‖ **~wind** (Ggs:
Talwind), Fallwind *m* / katabatic wind ‖ **~wirtschaft** *f* /
mine economics *pl sg* ‖ **~zinn** *n* (Min) / cassiterite ‖
~zinnerz *n* / primary tin ore
Bericht *m* / report, statement ‖ **~**, Protokoll *n* / record,
report, minutes *pl* ‖ **~ des Sachverständigen** / survey,
expert's report ‖ **[regelmäßiger] ~** (F.Org) / chronicle ‖
[wissenschaftlicher] ~ / transaction
berichten *vt* / report *vt*
Berichterstellung, -schreibung *f* (DV) / report preparation
berichtigen, richtigstellen, in Ordnung bringen / rectify,
set right, correct
berichtigend, verbessernd / corrective
berichtigt, korrigiert / rectified, corrected ‖ **~e**
Fluggeschwindigkeit (Luftf) / rectified air speed, RAS
Berichtigung *f* / correction o. rectification of an error
Berichtigungs·faktor *m* / correction factor ‖ **~marke** *f* /
correction mark ‖ **~tabelle** *f* / correction table ‖ **~wert**
m, -koeffizient *m* / coefficient of correction, correction
value
berieseln, beregnen, benetzen / water, irrigate
Berieselung *f* (Landw) / sprinkling, [surface] irrigation
Berieselungs·anlage *f* (Chem) / dripping o. trickling
installation ‖ **~anlage** *f*, Berieseler *m* (Landw) /
irrigation plant ‖ **~anlagen** *f pl*, -werk *n* / irrigation
works *pl* ‖ **~graben**, -kanal *m* (Landw) / irrigating ditch,
watering o. irrigation ditch, catch feeder o. drain, drain
for irrigation ‖ **~kondensator** *m* / atmospheric
condenser, surface spray condenser ‖ **~kühler**,
-kühlapparat *m* / surface irrigation cooler, spray cooler,
rinsing recooler ‖ **~musik** *f* / soothing music ‖ **~turm**
m / tower scrubber ‖ **~wäscher** *m* (Chem) / spray tower
Berkefeldfilter *m* *n* / Berkefeld filter
Berkelium *n*, Bk, (OZ = 97) / berkelium
Berl-Füllkörper *m pl* (Chem) / Berl saddles *pl*
Berline *f* (Kfz) / saloon (GB), sedan (US), berline (Europ.
Continent)
Berliner Blau *n*, Preußischblau *n* / mineral o. Berlin o.
Prussian blue (ferric ferrocyanide) ‖ **~braun** *n* / copper
precipitate
Berme *f*, Böschungsabsatz *m* (Hydr) / offset, set-off,
retreat of a sloping
Berner Vierkantschlüssel *m* (Dreh) / Berne key, carriage
key
Bernotar *n*, Polarisations-Lichtfilter *n* / Bernotar type
polarizing filter
Bernoulli-·Box (ein Plattenspeicher) / Bernoulli box ‖
~sche Gleichung / Bernoulli's equation
Bernstein, Succinit *m* (Min) / amber, succinite ‖ **~gelb**,
-farben / amber ‖ **~harz** *n* / amber resin, resin of amber
‖ **~lack**, -firnis *m* / amber varnish ‖ **~säure** *f* / succinic
acid
berohren (Bau) / reed *vt*
Berst·dehnung *f* / expansion on bursting ‖ **~druck** *m* /
bursting pressure ‖ **~druckprüfer** *m* / burst[ing] tester
bersten, platzen / burst *vi*, explode ‖ **~**, reißen / crack *v*,
rupture *v* ‖ **~** *n*, Zersplittern *n* / splitting, split ‖ **~** (z.B.
Schleifscheibe), Zerspringen *n* / rupture, bursting ‖ **~**,
Platzen *n*, Explosion *f* / burst *n* ‖ **~ der**
Brennelementhülle / cladding rupture
Berst·festigkeit *f* / bursting strength ‖ **~festigkeit** *f* (Pap) /
points per pound *pl*, pop strength, mullen ‖ **relative**
~festigkeit, spezifischer Berstwiderstand, Berstindex *m*
(Pap) / burst factor, burst ratio ‖ **~festigkeitsprüfer** *m*
(Pap) / mullen tester ‖ **~festigkeitsprüfung** *f* (Pap) /
bursting o. cady test ‖ **~festigkeitsprüfung** *f* (Textil) /
bursting test ‖ **dumpfes ~geräusch** (Bergb) / growl ‖
~scheibe, -platte *f* / bursting o. rupture disk ‖
~versuch *m* (Textil) / bursting test
Berthelotsche Bombe *f* (Phys) / Berthelot's calorimeter
Berthierit *m* / berthierite
berücksichtigen / take into account, allow [for]

Berücksichtigung *f* der Computertechnik / deference to the computer
Beruf *m* / vocation, occupation, calling, business, job (coll) ‖ handwerklicher ⌐ / skilled trade
beruflich, Berufs… / vocational, occupational, professional ‖ ~ strahlenbelastet / occupationally exposed
Berufs·[aus]bildung *f* / vocational training o. education ‖ ⌐beratung *f* / vocational guidance o. advice o. councelling ‖ ⌐bild *n* / vocational description ‖ ⌐erfahrung *f* / professional practice ‖ ⌐fahrer *m*, -kraftfahrer *m* / commercial driver ‖ ⌐feuerwehr *f* / professional firemen ‖ ⌐flieger *m*, -pilot *m* / professional pilot ‖ ⌐ -Fortbildungslehrgang *m* / vocational education course ‖ ⌐gebiet *n*, -feld *n* / professional domain ‖ ⌐geheimnis *n* / professional secret, privileged communications *pl* ‖ unter ⌐geheimnis fallen / be classified as privileged communications ‖ ⌐genossenschaft *f* / [German] employer's liability insurance association ‖ ⌐kleidung *f* / work[ing] clothes *pl* ‖ ⌐köper *m* / denim, dungaree ‖ ⌐krankheit *f* / industrial disease, occupational o. professional o. vocational disease, technopathy ‖ [anerkannte] ⌐krankheit / [prescribed] industrial disease ‖ ⌐organisation *f* / professional association o. organization ‖ ⌐pendlerverkehr *m* / commuter traffic ‖ ⌐schule *f* (für Lehrlinge) / vocational training school ‖ ⌐schulunterricht *m* / vocational school education, trade school education ‖ ⌐tätig, erwerbsttig / practicing a profession, professional ‖ ⌐tätigkeit *f* / professional activity ‖ ⌐verband *m*, -vereinigung *f* / professional association o. body, professional organization ‖ ⌐verkehr *m* / commuter traffic, office-hour traffic
beruhigen, mildern / allay, mollify, appease, quiet ‖ ~, abstehen lassen (Schmelze) (Hütt) / kill a melt ‖ ~, sichern, stabilisieren / steady ‖ das Flugzeug ~ / steady the plane ‖ sich ~ / quiet down ‖ sich ~, nachlassen / abate, quiet ‖ sich ~ (Chem) / calm down ‖ sich ~, ausschwingen (Meßinstr) / settle
Beruhiger *m*, Schikane *f* (Strömung) / tranquil[l]izer, baffle
beruhigter Stahl / dead o. [fully] killed steel, solid steel
Beruhigung *f* / allaying ‖ ⌐, Nachlassen *n* / abatement, moderation, relaxation ‖ ⌐ (Hütt) / deoxidizing
Beruhigungs·filter *m n* / smoothing filter ‖ ⌐kondensator *m* (Elektronik) / smoothing o. suppressing capacitor ‖ ⌐mittel *n* (Hütt) / calming agent ‖ ⌐widerstand *m* (Elektr) / steadying resistance ‖ ⌐zeit *f* / damping period
berühren / contact, touch ‖ ~ (Elektr) / contact, make contact
berührend / contacting ‖ sich ~ / in contact, contiguous
Berührung *f*, Kontakt *m* / contact, touch ‖ ⌐ im Zahnfuß / contact with the crest of the corresponding wheel ‖ leichte ⌐ / tip, tap
Berührungs·austritt *m* (Zahnrad) / recess contact ‖ ⌐bildschirm *m* / touch-panel display ‖ ⌐dichtung *f* / contacting joint ‖ ⌐ebene *f* (Math) / tangent plane, plane of osculation ‖ ⌐eintritt *m* (Zahnrad) / contact approach ‖ ⌐elektrizität *f* / contact electricity ‖ ~fest (Farbe) / dry-to-touch ‖ ⌐fläche *f* (allg) / contact surface, surface of contact ‖ ⌐fläche *f* (Bau) / meeting faces *pl* ‖ ⌐fläche *f* (Elektr) / contact surface ‖ wirkliche ⌐fläche / asperity ‖ ⌐fläche an Ventilen / contact zone ‖ ⌐fläche *f* im Werkzeug (Plast) / mating surface ‖ ⌐gefahr *f* (Elektr) / hazard of contact, shock hazard ‖ ~geschützt (Elektr) / screen-protected, protected [against accidental contact], all-insulated ‖ ~geschützte Sicherung (Elektr) / protected fuse ‖ ⌐gift *n*, Kontaktgift *n* / contact poison ‖ ⌐kathode *f* / contact cathode ‖ ⌐korrosion *f* / contact corrosion ‖ ⌐linie, Tangente *f* / tangent [line] ‖ ⌐linie *f* (Getriebe) / line o. path of contact ‖ ~los, -frei / contactless, non-contact ‖ ~loser Grenztaster / proximity switch ‖ ~loser Magnetkopf (Magn.Bd) / flying head ‖ ~lose Prüfung (Ultraschall) / gap scanning ‖ ~los wirkender Schalter / proximity switch ‖ ~loser

Sensor / non-contact object detector ‖ ~loses Positionieren / contactless positioning ‖ ⌐punkt *m*, -stelle *f* / contact point, point of contact, nip ‖ ⌐punkt *m*, Tangentialpunkt *m* / osculation point ‖ ⌐punkt *m* zweier Zahnräder [im Teilkreis] / pitch point of two mating gears ‖ ⌐schutz *m* (Elektr) / protection against accidental contact ‖ mit ⌐schutz, berührungssicher (Elektr) / all-insulated, contact-voltage proof, protected type ‖ ohne ⌐schutz / not protected ‖ ⌐schutz… / contact-voltage proof ‖ ⌐schutzkondensator *m* (Elektr) / safety capacitor ‖ ⌐sehne *f* (Math) / chord of contact ‖ ~sicher abgedeckt (Elektr, bewegte Teile) / protected[-type…] ‖ ⌐spannung *f* (Phys, Elektr) / contact voltage, touch voltage ‖ gefährliche [o. zu hohe] ⌐spannung / shock-hazard voltage ‖ ⌐stelle *f* / contact point ‖ ⌐system-Entwickler *m* (Schweiß) / contact generator ‖ ⌐tastatur *f* / touch-panel keyboard ‖ ⌐widerstand *m* (Elektr) / contact resistance ‖ ⌐winkel *m* (Math) / angle of contingence ‖ ⌐zwilling *m* (Krist) / juxtaposition twin
berußen / soot
Beryll *m* / beryl
Beryllium *n*, Be (Chem) / beryllium, Be ‖ ⌐bronze *f* / beryllium bronze ‖ legierungen *f pl* / beryllides *pl* ‖ ⌐ -Moderator *m*, -Bremssubstanz *f* (Nukl) / beryllium moderator ‖ ⌐oxid *n* / beryllium oxide, glucina ‖ ⌐oxid-FF-Material *n* / beryllia refractory ‖ ~[oxid]moderierter Reaktor / beryllium-[oxide-]moderated reactor ‖ ⌐oxid-Prospektierungsgerät *n* (Atom, Nukl) / beryllium prospecting meter
besaiten / string *vt*
besandete Teer[dach]pappe (Bau) / sanded fluxed pitch felt
Besatz *m*, Lettenbesatz *m* (Sprengloch, Bergb) / stemming, tamping ‖ ⌐ (Nähm) / border, trimming, braid, edging ‖ ⌐, Blatt *n* (Teil des Schuhschaftes) / vamp ‖ ⌐ *n* von Bohrlöchern, Nachschuß *m* (Bergb) / bulling ‖ ⌐apparat *m* (Bergb) / tamper ‖ ⌐feinheit *f* (Karde) / wire spacing, needling pitch ‖ ⌐gewicht *n* (Winderhitzer) / filler brick weight ‖ ⌐leder *n* (Schuh) / trimming leather ‖ ⌐pfropfen *m* (Bergb) / tamping clay for blast holes ‖ ⌐schnur *f* / gimp ‖ ⌐stein *m* (Hütt) / filler brick, checker o. chequer brick
Besatzung *f* (Luftf, Schiff) / crew ‖ ⌐ (Schlüssel) / wards of key bit ‖ ⌐, Besetzung *f* (Landw) / stocking (e.g. of fish pond) ‖ volle zulässige ⌐ (Schiff) / complement of a ship
Besatzungs·mitglied *n* / crew member ‖ ⌐raum *m*, Cockpit *n* (Luftf) / flight deck, cockpit ‖ ⌐raum *m* (Raumf) / crew compartment
besäumen (Blech) / edge-plane, trim
Besäum·kreissägemaschine *f* (Holz) / edging circular sawing machine ‖ ⌐maschine *f* (Blech) / trimming cutter ‖ ⌐säge *f* / trimmer saw ‖ ⌐schere *f* / side-cut shears *pl*
besäumt (Holz) / square-edged sawn ‖ ~e Blockware (Holz) / sawn through and through
beschädigen / deteriorate ‖ ~, verderben / damage *vt*, impair ‖ einen Wagen ~ (Verkehr) / damage a car
beschädigt / damaged ‖ ~, schadhaft / defective
Beschädigung *f* / damage ‖ ⌐ (LoKa) / card wreck
beschaffen, besorgen / procure
Beschaffenheit *f*, Natur *f* / condition, nature, quality ‖ ⌐, Gefüge *n* / structure, constitution ‖ ⌐, augenblicklicher Zustand / condition, circumstance
Beschaffung *f*, Erwerb *m* / acquisition, procurement
Beschaffungs·kosten *pl* / cost of acquisition ‖ ⌐phase *f* (PERT) / acquisition phase ‖ ⌐ -Vorlaufzeit *f* (Netzplan) / procurement lead time
beschäftigen / keep busy ‖ ~, Arbeit geben / employ
Beschäftigte *pl* / workforce
Beschäftigung *f*, Beruf *m* / calling, occupation, vocation, business ‖ ⌐, Stellung *f* / employment, occupation ‖ ⌐, Arbeit *f* / employment, work, job

Beschäftigungs·dauer, Arbeitsdauer f / spell ‖ **⁻grad** m (F.Org) / degree of occupation

beschallen, [mit Ultraschall] ~ / expose to ultrasonic waves

Beschallung f / acoustic irradiation, exposure to sonic waves

Beschallungsanlage f (Radio) / public address o. PA system

beschalten / wire

beschatten / shade

Beschaufelung f (Tätigkeit) / mounting of blades

Bescheid m (Patent) / decision ‖ **⁻leitung** f (Fernm) / intercepting trunk

Bescheinigung f / certificate

beschichten / coat ‖ **⁻** n, Beschichtung f / coating ‖ **⁻ durch Eintauchen** / immersion coating ‖ **⁻ mit Titancarbid** / TiC-[coating] layer ‖ **Stahl mit Alu** ~ / alucoat

beschichtet (gedr.Schaltg) / copper-clad ‖ ~ (Sperrholz) / overlaid ‖ **~es Gewebe** / coated o. laminated fabric ‖ **~es Seil** / coated rope ‖ **~es Teilchen** (Nukl) / coated particle

Beschichtungs·kanone, Detonationskanone f / detonation gun (for coatings) ‖ **⁻maschine** f (Film) / coating machine ‖ **⁻menge** f / mass of coating ‖ **⁻papier** n (mit Asphalt-Zwischenschicht) / tarred sheathing paper

Beschickband n / feed belt

Beschickblech n, Druckkissen n (Sperrholzpresse) / caul

beschicken, zuführen (Ofen) / charge, burden v ‖ **⁻** (Ofen) / charging an oven ‖ **⁻ einer Feuerung** / baiting ‖ **⁻ u. Entladen** (Reaktor) / loading and unloading ‖ **eine Ausstellung** ~ / exhibit [at]

Beschicker m, Beschickungsmaschine f, -vorrichtung f / charger, charging machine, loader

Beschickkran, Chargierkran m / charging crane

beschickter Kurs (o. Kartenkurs) (Schiff) / real course

Beschickung f, Charge f (Hütt) / batch, charge, burden ‖ **⁻**, Funkbeschickung f (Funkmeß) / correction ‖ **⁻** (Nukl) / feed, supply ‖ **⁻ mit Löffel** (Gieß) / ladling ‖ **⁻ von Hand** / hand feed

Beschickungs·band n (Bergb) / charging conveyor ‖ **⁻bühne** f (Hütt) / charging floor o. gallery o. platform ‖ **⁻faktor** m (Pap) / furnish factor ‖ **⁻gerät** n (Ofen) / loading machine ‖ **⁻geschwindigkeit** f / feeding rate ‖ **⁻maschine** f / feeding machine ‖ **⁻maschine** f (Bergb) / cager ‖ **⁻mulde** f (Hütt) / charging box ‖ **⁻öffnung** f (Masch, Hütt) / charging door ‖ **⁻roboter** m / material handling robot ‖ **⁻säule** f (Hochofen) / stock column ‖ **⁻seite** f / feeding side ‖ **⁻trichter** m / charging hopper o. bin ‖ **⁻-Trogkettenförderer** m / feeding chain trough conveyor ‖ **⁻tür** f (Glühofen) / service door ‖ **⁻tür** f (Kessel) / service door, charging door ‖ **⁻tür** f (Ofen) / service door ‖ **⁻wagen** m / charge o. charging carriage o. bogie o. wagon

beschießen, bombardieren (allg, Nukl) / bombard

Beschießmeister m (Gewehr) / trier

Beschießung f (Nukl) / bombardment with o. by particles

Beschilderung f (mit Verkehrszeichen) (Straßb) / marking of roads

Beschlag m, Armatur f (Schloss) / armature, brace ‖ **⁻**, Mauerausschlag m / coating, efflorescence ‖ **⁻** (an Glas), Kondensation f / damp ‖ **⁻**, Beschläge m pl (Bau) / iron furniture o. mounting o. garnishment, small iron work ‖ **⁻ an Glasscheiben**, Trübung f / dimness ‖ **⁻ auf Metall**, Anlaufen n / tarnish ‖ **⁻arbeiten** f pl (Bau) / ironmongery works, mounting of metal fittings

beschlagen, verstärken (Schl, Zimm) / truss v, strengthen ‖ **mit Feuchtigkeit** ~, schwitzen / sweat, show condensation ‖ **mit Nägeln** ~ / stud vt ‖ **[sich]** ~ (Glas) / steam, fog, grow damp

beschlag·frei / non fogging ‖ **⁻kitt** m (Hütt) / fire lute ‖ **⁻nagel** m, plattierter Nagel / stud, bullen nail ‖ **⁻nummer** f (Karde) / card clothing o. wire clothing

number ‖ **⁻teile** m pl, Beschläge m pl (Schl) / lock furniture

beschleunigen (Phys) / accelerate ‖ ~, fördern / expedite, promote, advance ‖ ~, vorantreiben / hasten, push on ‖ ~ / quicken, accelerate, speed [up] ‖ ~, vorantreiben / push on

beschleunigend, Beschleunigungs... / acceleratory, accelerative

Beschleuniger m (Chem, Phot) / accelerator ‖ **⁻**, Aktivator m / activator ‖ **⁻**, Vermittler m (Chem) / mediator ‖ **⁻** (Nukl) / accelerator ‖ **⁻pumpe** f (Kfz) s. Beschleunigungspumpe

beschleunigt / accelerated ‖ **~e (o. künstliche) Trocknung** / forced drying

Beschleunigung f (Phys) / acceleration

Beschleunigungs·..., Anlauf... / accelerating ‖ **⁻änderung** f (Raumf) / jerk load ‖ **⁻anreicherung** f (Kfz) / acceleration enrichment ‖ **⁻düse** f (Kfz) / accelerating nozzle ‖ **⁻elektrode** f (Elektronik) / accelerating electrode, accelerator ‖ **⁻feder** f (Kfz) / accelerating spring ‖ **⁻fehler** m (Magnetkompaß, Luftf) / acceleration error ‖ **⁻hebel** m / accelerating lever ‖ **⁻kammer** f (Nukl) / accelerating chamber ‖ **⁻kammer** f (Druckluftbremse) / air lock ‖ **⁻kraft** f / accelerating power ‖ **⁻kraft** f (Satellit) / boost ‖ **⁻krümmer** m (Kreiselpumpe) / suction bend ‖ **⁻linse** f (Elektronik) / accelerator lens ‖ **⁻messer** m / acceleration meter, accelerometer ‖ **⁻moment** n (Phys) / acceleration torque ‖ **⁻plan** m / acceleration vector diagram ‖ **⁻pol** m / instantaneous center of acceleration ‖ **⁻potential** n (Elektronik) / acceleration potential ‖ **⁻prüfer** m (Raumf) / G-table o. arm (US) ‖ **⁻pumpe** f (Kfz) / accelerating pump, dashpot pump (US), starter jet pump (US) ‖ **⁻rakete** f (Raumf) / acceleration rocket ‖ **⁻schreiber** m / recording accelerometer ‖ **⁻spalt** m, -strecke f (Teilchen) / gap ‖ **⁻spannung** f (Magnetron) / beam potential ‖ **⁻spur** f (Straßb) / interweaving lane ‖ **⁻strecke** f / distance of acceleration ‖ **⁻vermögen** n / accelerating power ‖ **⁻vorrichtung** f / accelerator ‖ **⁻vorrichtung** f **für Ablaufberge** (Bahn) / wagon accelerator (hump working) ‖ **⁻zähler** m (Luftf) / counting accelerometer ‖ **⁻zunahme** f / acceleration build-up

Beschlickung f (Meer) / sea ooze deposit ‖ **⁻** (Fluß) / alluvial deposit (i.e. by running water)

beschmieren, -streichen / daub

beschmutzen, dirty, spoil, foul ‖ ~, verunreinigen / pollute (GB), polute (US)

beschmutzt, fleckig / stained

Beschmutzung, Verschmutzung f / pollution (GB), polution (US)

Beschneidanlage f [für Blechtafeln] / sheet trimming plant

Beschneide·abfall m (Kork) / trimming corkwaste ‖ **⁻hobel** m (Buch) / plough knife, trimming knife ‖ **⁻maschine** f (Film) / print trimmer ‖ **⁻maschine** f (Pap) / trimmer, trimming machine, polling engine ‖ **⁻messer** n (Pap) / trimming knife ‖ **⁻messer** n / paring knife

beschneiden, Kanten trimmen / trim, cut the edges ‖ ~, aufschneiden (Buch) / cut open ‖ ~ (Bäume etc.) / trim (e.g. hedges) ‖ ~, aufschneiden (Buch) / trim, cut open ‖ **⁻**, Stutzen n / paring ‖ **⁻** (Stanz) / clipping, trimming ‖ **⁻** (Stanz) / trimming ‖ **⁻ von Kanten** (Hütt) / side shearing, edge trimming, edging ‖ **Enden senkrecht** ~ / end-square ‖ **nach dem Zirkel, Lineal** ~ / cut by the compass o. by the rule ‖ **Streifen [schmäler]** ~ / trim ‖ **zu eng** ~ (Buch) / bleed

Beschneide·presse f (Buch) / cutting press ‖ **⁻presse** f (zum Entgraten) / trimming press

Beschneidwerkzeug n **für den Flansch tiefgezogener Teile** (Stanz) / clipping tool for deep-drawn articles ‖ **⁻ für Konturen [mit Schiebern]** (Stanz) / trimming tool [with slides]

beschnitten (Hütt, Kante) / sheared ‖ ~ (Pap) / trimmed

Beschnitt·rand m (Buch) / trimming edge ‖ **auf der ⁻seite** (Pap) / offcut

Beschnürung, Gallierung f (Textil) / harness tie, harness lacing, harness mounting

beschossenes Teilchen / bombarded particle, target particle

beschottern, schottern (Straßb) / metal vt (GB), coat with broken stones, ballast vt ‖ **neu** ~ (Bahn) / re-ballast

Beschotterungsmaschine f (Bahn) / machine for reballasting the track

beschränken, einschränken / curtail ‖ ~, lokalisieren, eingrenzen / localize, locate

beschränkt, begrenzt, limitiert / limited, restricted ‖ ~es **lineares Bremsvermögen**, lineares Energieübertragungsvermögen (Nukl) / limited stopping power, limited slowing-down power ‖ ~ **mischbar** (Chem) / non-consolute ‖ ~e **Variable** (DV) / bounded variable ‖ ~ **zugängliches Gebiet** (Nukl) / regulated work area

Beschränkung, Begrenzung, Grenze f / limitation, restriction

Beschreibbarkeit f (Pap) / writing properties pl

beschreiben / describe ‖ ~, beschriften / write, inscribe

beschreibend / descriptive

Beschreibung f / description ‖ ~ **des Netzwerkes** (DV) / schematic capture

Beschreibungsfunktion f (Regeln) / describing function

beschriften / write, inscribe ‖ ~ (Zeichn) / letter a drawing ‖ ~, kenntlich machen / label

Beschrifter m / inscriber

Beschriftung, Aufschrift f, Beschriften n (auch: Vorgang) / inscription ‖ ~ f (Zeichn) / lettering ‖ ~ (IC) / legend, marking

Beschriftungs·einheit f (LoKa) / interpreter ‖ ~**feld** n (Zeichn) / title block ‖ ~**lack** m / inscription paint ‖ ~**programm** n (DV) / annotation routine ‖ ~**schablone** f (Zeichn) / writing pattern ‖ ~**schild**, Firmenschild n / nameplate, plate, sign board

Beschuß m, Beschießen n (allg, Atom) / bombardment ‖ ~ **mit Teilchen** / particle bombardment

Beschwerde f, Anfechtung f (Patent) / claim, dispute ‖ ~**stelle** f (Fernm) / complaints office

beschweren, schwerer machen (allg, Textil) / weight, load ‖ ~, belasten / burden, load, weight, put weights [on] ‖ ~, pressen / apply pressure ‖ **eine Form** ~ **o. belasten** / weight a mould

Beschwer·gewicht n (Gieß) / top weight, mould weight ‖ ~**mittel**, Streckmittel n (Plastik) / extender ‖ ~**mittel** n (Farbe) / inert filler ‖ ~**platte** f / weighting plate for mould ‖ ~**stoff** m / make-up medium [solids pl.]

beschwert (Appretur) / weighted, loaded ‖ ~, versteift (Tuch) / filled ‖ ~e **Antenne** / loaded antenna ‖ ~e **Seide** / weighted silk ‖ ~e **Ware** / loaded cloth, weighted o. filled fabric

Beschwerungs·appretur f (Textil) / weight giving finish, weighting size ‖ ~**mittel** n (Chem, Textil) / loading, weighting o. loading agent

Beschwerwalze, Reiterwalze f (Buch) / rider o. riding roller

Besegelung f / sails pl

beseitigen / eliminate, remove ‖ **eine Schwierigkeit** ~ / remove a difficulty ‖ **eine Störung** ~ / eliminate troubles ‖ **Nachteile o. Schwierigkeiten** ~ / eliminate inconveniencies ‖ **Spiel** ~ / eliminate backlash

Beseitigung f, Eliminierung f / elimination ‖ ~, Entfernung f / removal ‖ ~, Vernichten n / disposal ‖ ~ **der Nulleffektspuren** (Atom, Nukl) / background eradication ‖ ~ **der Spaltungsprodukte** / fission product disposal ‖ ~ **von Abfällen** (Nukl) / waste disposal ‖ ~ **von Anlagen** (Nukl) / decommissioning of facilities ‖ ~ **von Anwuchs** (Schiff) / removal of marine fouling o. growth

Beseitigungsmilieu n / disposal medium

Besenputz m, gestrippter Putz, Besenspritzbewurf m (Bau) / regrating skin

besetzen (mit Band usw) / edge (with ribbon, tape etc), border ‖ **Bohrlöcher** ~ (Bergb) / ram bore-holes ‖ **den Ofen** ~ / charge, feed ‖ **[mit Personal]** ~ / staff

besetzt / taken up ‖ ~ (allg) / occupied, in use, busy, engaged ‖ ~, arbeitsfähig / working ‖ ~ (Fernm) / unobtainable, busy, engaged ‖ ~ (z.B. Band) (Elektronik) / occupied (e.g. channel) ‖ ~ (Bau) / ornate ‖ ~ (Bahn, Luftf) / full, occupied ‖ ~ (Hydr) / overgrown ‖ **durch eigenen Anruf** ~ (Fernm) / being caller ‖ ~**fall** m (Fernm) / engaged condition ‖ ~**flackerzeichen** n (Fernm) / busy-flash signal ‖ ~**klinke** f (Fernm) / jack for busy tone, busy jack ‖ ~**lampe** f (Fernm) / busy lamp, hold lamp ‖ ~**probe** f (Fernm) / busy test, engaged test ‖ ~**schauzeichen** n (Fernm) / busy indicator ‖ ~**ton** m, Besetztzeichen n (Fernm) / busy o. engaged tone o. signal, number unobtainable tone, N.U. tone

Besetzung f **des Bandes** (Elektronik) / population of the band ‖ ~ **von Reisezügen** / traffic carried by passenger trains

Besetzungs·plan m (Lokomotiven) / driver's roster ‖ ~**umkehr** f, Populationsinversion f (Laser) / population inversion ‖ ~**wahrscheinlichkeit** f, Fermi-Verteilungsfaktor m (Halbl) / occupation probability ‖ ~**zahl** f (Nukl) / occupation number, population number ‖ ~**zahl** f, absolute Häufigkeit / absolute frequency ‖ ~**zahl-Operator** m (Nukl) / particle number operator

besichtigen / inspect

Besichtigungs·gang m / examination gallery ‖ ~**grube** f (Kfz, Bahn) / examination pit, inspection pit ‖ ~**tür** f / inspection door ‖ ~**wagen** m, -gondel f (Brücke) / inspection trolley, inspection platform

Besitz m / possession ‖ ~, Gut n (Landw) / estate, property

besitzen (Patent) / hold

Besonderheit f / characteristic feature, peculiarity ‖ ~, Spezialität f / speciality

besonders, eigen / own

bespannen (z.B. Tennisschläger) / string ‖ ~ (mit Stoff) / cover with cloth

Bespann·gewebe n / fabric covering ‖ ~**stoff** m (vor Lautsprecheröffnungen) / grille cloth

Bespannung f (Bahn) / coupling of the locomotive ‖ ~ (z.B. des Rumpfes) (Luftf) / covering, skin ‖ **einfache** ~ (Bahn) / single traction

bespielt (Band) / pre-recorded

bespinnen, umspinnen / cover with web

Bespinnung f **von Drähten** (Elektr) / web covering

besponnenes Garn, überzogenes o. versteiftes Garn / plated yarn

besporen, rauhpicken (Holz) (Bau) / prick up, roughen

Besporung f, Aufhauen der Lattung o. Schalung zum Putzen n (Bau) / pricking up

Besprechung f (einer Veröffentlichung), Rezension f / review

Besprechungszimmer n, Konferenzzimmer n, -raum m / conference room

besprengen / shower, sprinkle, spray, sparge

bespritzen / shower, sprinkle, spray, bespatter, splash ‖ **mit Schmutz o. dgl.** ~ / splash, besputter

besprühen / drizzle

bespulen (den Webstuhl), mit Spulen versehen (Textil) / load the loom, creel the bobbins ‖ ~ (Kabel, Fernm) / coil-load, load with coils ‖ ~, Pupinisieren n / Pupin loading, loading with coils

Bespulungsplan m (Fernm) / loading scheme

Bespurungsmaschine f, -gerät n (Film) / striping o. tracking apparatus

besputtern / sputter [on]

Bessel·funktion f (Math) / Bessel function ‖ ~**punkt** m (Messen) / Bessel point

Bessemerbirne f, Konverter m (Hütt) / Bessemer converter

Bessemerei f, Bessemerwerk n / Bessemer plant o. steelworks

Bessemer-Frischverfahren n / Bessemer refining process

bessemern / bessemerize, convert pig-iron into steel by the Bessemer process

Bessemer·roheisen n / [acid] Bessemer pig [iron] ‖ **⁎stahl** m / Bessemer steel ‖ **saurer ⁎stahl** / acid Bessemer steel ‖ **basischer ⁎stahl** / basic Bessemer steel ‖ **⁎verfahren** n, Windfrischverfahren n, Bessemern n / Bessemer process, acid converter process

besser [als] / better [than]

best·e Betriebsfrequenz (Fernm) / optimum working frequency (OWF) o. traffic frequency (OTF) ‖ **⁎e Wiedereintrittsschneise** (Raumf) / optimum earth reentry corridor

Bestand m (Fortbestehen) / consistency, duration ‖ **⁎**, Beständigkeit f / constancy ‖ **⁎**, Existenz f, Bestehen n / existence ‖ **⁎** (Wald) / stand ‖ **⁎**, Vorrat m / supplies pl, stock ‖ **⁎**, Überrest m / remainder, rest ‖ **⁎**, Haltbarkeit f, Fortbestehen n / consistency, duration, stability ‖ **⁎**, Vorrat m, Bedarfsartikel m pl / requisites pl ‖ **⁎**, Haltbarkeit f, Fortbestehen n / lasting quality ‖ **⁎** (an heilen Bauteilen) / surviving components pl, survivals pl ‖ **⁎ an leeren Bändern** (DV) / scratch pool

beständig, stabil (Chem, Phys) / permanent, stable ‖ **~** (Wetter) / set fair, settled ‖ **~** [gegen] / stable [to], resistant o. resisting [to], …-proof ‖ **~**, fortdauernd, anhaltend o. persisting ‖ **~e Farbe** / permanent colour ‖ **~es Gas** (Chem) / permanent gas

Beständigkeit, Dauer f / continuance, permanence, lastingness ‖ **⁎** f, Festigkeit f [gegen] / endurance, resistance ‖ **⁎**, Echtheit f (Farbe) / lasting properties pl, fastness ‖ **⁎ gegen Pilzbefall** / fungus resistance ‖ **⁎ gegen rauhe Behandlung** / scuff resistance ‖ **⁎ von Schaum** / persistence of foam

Beständigmachen einer Bindung (Chem) / stabilization

Bestands·abnahme f / amount decreased ‖ **⁎alter** n von Holz / age class ‖ **⁎änderung** f / inventory change ‖ **⁎aufnahme** f / inventory taking, stock taking ‖ **⁎band** n (DV) / master tape ‖ **⁎daten** n pl (DV) / inventory data pl ‖ **⁎führung** f (Zu-, Abgänge usw) (DV) / maintenance ‖ **⁎karte** f (LoKa) / master card ‖ **⁎kartei** f / inventory file ‖ **⁎liste** f, -verzeichnis n / inventory, stocklist ‖ **⁎prüfung** f / inventory control ‖ **⁎zunahme** f / amount increased

Bestandteil m (Masch) / component [part] ‖ **⁎**, Komponente f (Chem) / constituent ‖ **⁎**, Zutat f / ingredient ‖ **⁎ eines Signals** (Fernm) / component [part] ‖ **wichtiger ⁎** / essential part ‖ **⁎e** m pl (beim Glühen flüchtig) / matter volatile on glowing

bestätigen / confirm, verify, certify ‖ **~**, quittieren (Fernm) / acknowledge, ack (coll) ‖ **~**, beweisen / prove, demonstrate

bestätigte Prüfberichtzusammenfassung, BPZ (CENEL) / certified test record, CTR

Bestätigungs·-Ausschuß m / certification body ‖ **⁎system** [durch Dritte] n / [third party] certification system

Bestattungskraftwagen m (DIN 75081) / funeral car

bestäuben / cover with dust ‖ **zu ⁎des Werkstück** (Kathodenzerstäubung) / substrate

Bestäubung f mittels Flugzeug / scattering dust from a plane, air plane dusting

Bestäubungswagen m, -maschine f / cart dusting machine

Besteck n, Standortbestimmung f (nach der Karte) (Schiff) / reckoning, fix (US) ‖ **⁎**, Eßbesteck n / flatware ‖ **⁎**, Präparierbesteck n / dissecting instruments pl ‖ **das ⁎ machen**, den Schiffsort beobachten / work o. make the reckoning, work up the fix, prick up the chart ‖ **⁎macher** m / cutlery maker ‖ **⁎rechnen** n (Nav) / dead reckoning

bestehen [aus] / be composed [of], consist [of] ‖ **~**, fortdauern / last ‖ **~** (Prüfung) / pass o. withstand a test, prove successful in a test

bestehend [aus] / consisting [of], made up [of], being composed [of]

besteigbar (Schornstein) / ascendable, accessible, man-sized ‖ **~er Schornstein** / ascendable o. accessible chimney ‖ **[innen] ~** (Schornstein) / man-sized

besteigen / ascend, mount ‖ **~** (Bahn, Luftf, Schiff) / board ‖ **~** / ascension ‖ **Fahrrad ~** / mount, get on

Bestellbestand m (F.Org) / minimum inventory

bestellen / order ‖ **~**, ansetzen (Färb) / prepare the bath ‖ **~**, beackern (Landw) / till, cultivate, dress ‖ **⁎** n beim Versandhaus, Bestellen n per Katalog / armchair shopping (US)

Besteller m, Auftraggeber m / orderer

Bestell·gewicht n / ordered weight ‖ **⁎muster** n, -probe f / order sample ‖ **⁎nummer** f / stock number ‖ **⁎punkt** m (Lager) / reorder point ‖ **⁎schein** m / written order

bestelltes Land / tillage, cultivated ground

Bestellung f / order ‖ **⁎** (Zeitung) / subscription ‖ **⁎**, Bebauung f (Landw) / cultivation, culture ‖ **auf ⁎ angefertigt** / custom-made o. -moulded o. built, made on order

Best·-Fit n, Best-Einpassen n (Wzm) / best fit ‖ **⁎gestaltung** f, Methodik f (F.Org) / systems engineering

bestimmbar (Chem) / estimable

bestimmen, ermitteln / determine ‖ **~**, festlegen / fix, appoint ‖ **~** [aus] (Math) / determine [from] ‖ **~**, bezeichnen / designate ‖ **~**, definieren / define ‖ **~**, festlegen / determine ‖ **~**, festlegen, regeln, entscheiden / appoint ‖ **quantitativ oder qualitativ ~** (Chem) / analyze

bestimmend, entscheidend / pacing, determining ‖ **~er Bestandteil** / determining constituent o. member, submember ‖ **~e Größe** / controlling factor

bestimmt, eindeutig / definite ‖ **~**, deutlich / determinate ‖ **~**, starr / positive ‖ **~** [für] / meant [for], destined [for] ‖ **~e Anzahl** / given number ‖ **~er Bestandteil** / determined constituent o. member ‖ **~e Form** / given shape ‖ **~e Integral** / definite integral ‖ **der Form nach ~** / determined as to the shape ‖ **[vorher] ~** / set

Bestimmtheit f / definition

Bestimmtheitsaxiom n (Math) / identity condition

Bestimmung f, Ziel n / destination ‖ **⁎**, Festlegung f / fixing, settling ‖ **⁎**, Determinierung f / definition ‖ **⁎**, Vorschrift f / regulation, instruction, prescription ‖ **⁎**, Analyse f (Chem) / determination, analysis ‖ **⁎ der Trommelfestigkeit und des Abriebs**, Micum-, Trommelprobe f / attrition test, Micum test ‖ **⁎ des Bleigehalts** / determination of the content of lead ‖ **⁎** m über Höhenstaffelung in verschiedenen Quadranten / quadrantal height separation rule

Bestimmungs·amt n (Fernm) / called exchange ‖ **⁎dreieck** n (Verm) / reference triangle ‖ **⁎flughafen** m / airport of destination ‖ **⁎gleichung** f / conditional equation ‖ **⁎grenze** f / limit of determination ‖ **⁎größe** f / fundamental quantity ‖ **⁎karte** f (LoKa) / definition card, specification card ‖ **⁎ort**, Zielpunkt m / destination, point of destination

Best·last f, optimale Last / optimum load ‖ **⁎melierte** f (Kohle) / best quality coal (US)

bestoßen, beschädigen / mar ‖ **~** (Schriftg) / trim, shave, plane ‖ **Kanten ~** / chamfer, bevel ‖ **Schnitzelmesser ~** (Zuck) / slot

Bestoßhobel m / chipping plane

bestrahlen lassen / expose to radiation ‖ **von der Sonne ~ lassen** / insolate

bestrahlt / radiation-exposed ‖ **~**, abgebrannt (Atom, Nukl) / irradiated, spent

Bestrahlung f / [ir]radiation, exposure to rays ‖ **⁎ an einem Punkt einer Fläche** (Licht) / radiant exposure at a point of a surface

Bestrahlungs·apparat m (Med) / radiation apparatus o. lamp ‖ **⁎dichte** f, Strahlungsintensität f / irradiance ‖ **⁎dosisleistung** f / exposure dose rate ‖ **⁎gerät** n / irradiator ‖ **⁎gestell** n / irradiation rig ‖ **⁎kammer**, -zelle f / radiation chamber ‖ **⁎kanal** m / experimental irradiation channel ‖ **⁎produkt** n / irradiation product ‖

~reaktor *m* / irradiation reactor ‖ ~stärke *f* (Phot) / exposure rate ‖ ~stärke *f*, -intensität *f* (Phys) / intensity of irradiation ‖ ~versuch *m* **innerhalb des Reaktors** / in-pile test

Bestreben *n*, Neigung *f* / tendency

bestreichen [mit] / brush over ‖ ~, -schmieren / daub ‖ ~ (Antennenstrahl) / scan ‖ ~ (Kran) / serve a stockyard ‖ **mit Asphalt** ~ / coat with bitumen

bestreuen [mit] / spangle [with] ‖ **mit Sand** ~ / sand *vt*, sprinkle with sand

bestrichen·er Bereich (Radar) / swept area ‖ ~**e Bremsfläche** / swept brake area

bestücken (Wzm) / hard-face, tip

Bestückmaschine *f* (gedr.Schaltg) / onserter

bestückte Leiterplatte / printed-board assembly

Bestückung, maschinelle reihenweise ~ **gedruckter Schaltungen** (Elektronik) / in-line assembly

Bestückungs·automat *m* / pick-and-place machine, automatic placement machine ‖ ~**maschine** *f* (Elektronik) / insertion machine ‖ ~**seite** *f* (gedr.Schaltg) / components side

bestürzen, bedecken (Bergb) / cover

Best·wert *m*, Optimum *n* / optimum ‖ ~**zeitprogramm** *n* (DV) / optimal program, optimally coded program ‖ ~**zeitprogrammierung** *f* / minimum access time o. latency programming, minimum-delay coding, optimum programming

Besucher·bühne *f*, -galerie *f* / visitors gallery ‖ ~**rufanlage** *f* / visitor-announcing equipment

Beta *n*, *β* / beta ‖ ~**-aktiv** / beta-active, beta-radioactive ‖ ~**-Applikator** *m* (Nukl) / beta applicator ‖ ~ **-Cloth** *n* (Raumf) / beta-cloth ‖ ~ **-Eisen** *n* / beta iron ‖ ~ **-Ell** *n* (Fernm) / beta ell, *β*l ‖ ~**fit** *m* (Min) / betafite ‖ ~**in** *n* / betaine ‖ ~**messing** *n* / beta brass

betanken / tank up, refuel

Betankungs·ausleger *m* (Luftf) / refuelling boom ‖ ~**magnetventil** *n* (Luftf) / solenoid refuelling valve ‖ ~**schwimmerventil** *n* (Luftf) / float refuelling valve ‖ ~ **-u. Enttankungsventil** *n* / refuel/defuel valve

Beta·radiografie *f* / beta radioautography ‖ ~**rückstreuverfahren** *n* (Oberfl.dicke) / beta back scatter method ‖ ~**spektrometer** *n* / beta spectrometer ‖ ~**spektrum** *n* / beta-ray spectrum ‖ ~**strahlen** *m pl* / beta rays *pl* ‖ ~**strahlendetektor** *m* / beta detector ‖ ~**strahlen-Dickenmeßgerät** *n* / beta thickness gauge ‖ ~**strahlen-Prüfgerät** *n* (Pap) / beta ray gauge ‖ ~**strahler** *m* / beta emitter ‖ ~**strahlkammer** *f* / beta radiation chamber ‖ ~**strahlung** *f* / beta particle radiation ‖ ~**strom-Neutronendetektor** *m*, Kollektron *n* (Nukl) / collectron ‖ ~**synchrotron** *n* / beta synchrotron ‖ ~**teilchen** *n* / beta particle ‖ ~**test** *m* / beta test

betätigen, bewegen / set going, work, move, actuate, operate, control ‖ **einen Hebel** ~ / manipulate a lever ‖ **mit einem Finger** ~ / operate with one finger

betätigend / actuating

betätigt / set into motion, moving, actuated ‖ ~ **durch**, .-betätigt / controlled [by], actuated [by], driven [by]

Betätigung *f* / operation, control, actuation ‖ ~ **der Bremse** / application of the brake ‖ ~ **durch Gewicht** / gravity control ‖ ~ **durch Seilzug** / cable control

Betätigungs·art *f* / method of actuating ‖ ~**dauer** *f* / duration of application ‖ ~**einrichtung** *f*, -gerät *n* / operating device o. mechanism ‖ ~**gerät** *n* / actuating gear, operating gear ‖ ~**getriebe**, -gestänge *n* / control[ling] gear o. mechanism ‖ ~**hebel**, -griff *m* / operating handle o. lever, control lever ‖ ~**knopf** *m* / control knob o. button ‖ ~**kraft** *f* (Bremse) / operating force ‖ ~**kreis** *m* (Elektr) / trip circuit ‖ ~**nocken** *m* / actuating cam ‖ ~**öffnung** *f* / actuating opening ‖ ~**organe** *n pl* / actuating mechanism o. appliances *pl* ‖ ~**rad** *n* / control gear ‖ ~**richtung** *f*, -sinn *m* / direction of actuation ‖ ~**schalter** *m* / control switch ‖ ~**schalter** *m* **für Fernsteuerung** (Elektr) / trip switch,

mechanically operated switch ‖ ~**seil** (Seilzug), -kabel *n* / control cable, check cable (US) ‖ ~**strom** *m* / actuating current ‖ ~ **-Stromkreis** *m* (Relais) / arming circuit ‖ ~ **-Übertragungsfunktion** *f* (Regeln) / actuating transfer function ‖ ~**weg** *m* (Bremse) / pedal travel ‖ ~**zug** *m* / actuating link o. pull

beta·tope Nuklide *n pl* / betatopic nuclides *pl* ‖ ~**tron** *n* (Nukl) / betatron, rheotron ‖ ~**tron-Radiografie** *f* / industrial betatron radiography ‖ ~**tron-Schwingungen** *f pl* / betatron oscillations *pl*

Betäubungsgerät *n* (Schlachthof) / stunning device, stunner

Beta·-Uran *n* / beta uranium ‖ ~**wert** *m* (Plasma) / beta value ‖ ~**zerfall** *m* / beta decay o. disintegration

beteeren / tar *vt*

Bethe·-Effekt *m* (Nukl) / Lamb shift ‖ ~**kupplung**, Lochkupplung *f* (Wellenleiter) / multihole coupler ‖ ~ **-Weizsäcker-Zyklus** *m* (Nukl) / Bethe-Weizsäcker progressive reaction

Beton *m* (pl: Betone) / concrete, (less used): béton ‖ ~ **brutal** (Bau) / brutalisme ‖ ~ **mit Wasserüberschuß** / wet mix ‖ **mit Polypropylenfasern verstärkter** ~ / polypropylene reinforced concrete ‖ ~**abstellplatz** *m* (Luftf) / hardstanding ‖ ~**arbeiten** *f pl* / concrete work ‖ ~**arbeiter** *m* / concrete worker ‖ ~**bau** *m*, -gebäude *n* / concrete building ‖ ~**bau** *m*, -konstruktion *f* / concrete construction ‖ ~**bau** *m* (nicht armiert) / plain concrete structure ‖ ~**bauer** *m* / concrete worker ‖ ~**bereitung** *f*, -mischen *n* / preparation of concrete ‖ ~**bett** *n* / concrete bed ‖ ~**brecher** *m* (Straßb) / paving breaker ‖ ~**brenner** *m* / concrete burner ‖ ~**brücke** *f* / concrete bridge ‖ ~**dachstein** *m* / concrete roofing tile ‖ ~**decke** *f*, -fußboden *m* / concrete floor ‖ ~**decke** *f*, -straßendecke *f* / concrete pavement o. paving ‖ ~**deckenfertiger** *m*, -straßenfertiger *m* / concrete road finisher ‖ ~**deckung** *f* / concrete cover ‖ ~**dichtungsmittel** *n*, DM / waterproofing compound ‖ ~**fabrik** *f* / concrete factory ‖ ~**-Fahrbahnplatte**, -tafel *f* (Brücke) / floor plate (of concrete) ‖ ~**farbe** *f* / concrete coating ‖ ~**fenster** *n* (DIN 18057) / concrete window ‖ ~**fertigeinheit** *f* / precast concrete unit ‖ ~**fertigteil** *m* *n* / precast concrete part ‖ ~**förderschlauch** *m* / concrete delivery hose ‖ ~**formstein** *m* / concrete block ‖ ~**fundament** *n*, -gründung *f*, -unterbau *m* / concrete foundation ‖ ~**fußboden** *m* / concrete floor o. ceiling ‖ ~**gießturm** *m* / concrete chuting o. placing tower, tower concrete spouting plant ‖ ~**gläser** *n pl*, -glas *n* / glasses *pl* for floors of reinforced concrete ‖ ~**glätter** *m* / concrete flat pan ‖ ~**grau** (RAL 7023) / concrete gray ‖ ~**härtung** *f* / setting of concrete ‖ ~**hohlblock** *m* / hollow concrete block

Betonierarbeiten *f pl* / concrete work

betonieren (Bau) / concrete, work concrete ‖ ~, zubetonieren / cover with concrete ‖ ~ *n*, Betonierung *f* / concrete work, concreting

betoniert·e Rollbahn (Luftf) / concrete pavement o. paving ‖ ~**e Start- und Landebahn** (Luftf) / concrete runway ‖ ~**es Vorfeld** (Luftf) / concrete apron

Beton·kanone *f* s. Betonspritzmaschine ‖ ~ **-Kerndamm** *m*, Kernmauerdamm *m* (Hydr) / earth dam with concrete core ‖ ~**kies** *m* / gravel for concrete ‖ ~**kübel** *m* / concrete bucket ‖ ~**lack** *m* / concrete coating ‖ ~**marmor** *m* / artificial marble made from cement ‖ ~**mast** *m*, -pfosten *m* / concrete pole ‖ ~**mauerwerk** *n* / concrete masonry ‖ ~**mischanlage** *f* / concrete mixing plant ‖ ~**mischen** *n* **nach Gewicht** / weigh batching ‖ ~**mischer** *m* (als Lkw) / truck mixer ‖ ~**mischmaschine** *f*, -mischer *m* / concrete mixer o. mixing machine

betonnen / place buoys

Beton·panzer *m*, Betonabschirmung *f* (Reaktor) / concrete shield ‖ ~**pfahl** *m* / concrete pile ‖ ~**pfeiler** *m* / concrete pillar ‖ ~**platte** *f* / concrete slab ‖ ~**prüfmaschine** *f* / concrete testing machine ‖ ~**pumpe** *f* / concrete pump ‖ ~**randstreifen** *m* (Straßb) /

haunching ‖ ~rippenstahl *m* / ripped bars, re-bars *pl* ‖
~rohr *n* / concrete pipe ‖ ~rundstahl *m* / plain
reinforcing bar, rounds for reinforced concrete *pl* ‖
~rutsche, -schurre *f* / concrete funnel o. chute ‖
~rutsche *f* für Unterwasserarbeiten / tremie ‖
~rüttler *m* / concrete vibrator ‖ ~schalung *f* (Bau) /
form, mould, concrete boarding ‖ ~schicht *f* / concrete
bed o. layer ‖ ~schüttung *f* / concrete heap[ing] o.
layer ‖ ~[schutz]decke *f* / concrete cover ‖
~schutzmantel *m* (Reaktor) / concrete shield ‖
~schwelle *f* (Bahn) / concrete sleeper (GB), concrete tie
(US) ‖ ~schwellenoberbau *m* (Bahn) / track with
concrete ties ‖ ~ -Schwergewichtsmauer *f* (Hydr) / solid
concrete gravity dam ‖ ~sockel *m* / concrete socle ‖
~spritzmaschine *f* / concrete gun ‖ ~spritzmaschine *f*
für Injektion / concrete injection gun ‖ ~stahl *m* /
concrete steel, reinforcing steel, reinforced concrete
rounds *pl* ‖ ~stahlmatte *f* (Bewehrungsmatte, z.B.
Baustahlgewebe) (Bau) / welded wire mesh (GB) o.
fabric (US), lock-woven mesh, woven steel fabric,
(spez:) British Reinforced Concrete o. B.R.C. fabric ‖
~stahlschneider *m*, -schere *f* / round steel cutting o.
shearing machine ‖ ~stampfer *m* / concrete rammer ‖
~ -Staumauer *f* / concrete dam ‖ ~straße *f* / concrete
road ‖ ~[straßen]decke *f* / concrete pavement o. paving
‖ ~straßenfertiger *m* / concrete road finisher ‖
~straßenwerker *m* / concrete road worker ‖
~ -Streckenausbau *m* (Bergb) / massive concrete
arching ‖ ~transporter *m* / béton-bus ‖
~[über]deckung *f* / cover ‖ ~ummantelung *f*,
-verkleidung *f* / concrete casing ‖ ~ - und
Stahlbetonbauer *m* (Handwerksberuf) / concrete worker,
concreter ‖ ~unterbau *m* / concrete foundation ‖
~unterboden *m* (direkt auf dem Erdreich) (Bau) /
oversite concrete ‖ ~unterlage *f* / concrete bed ‖
~verdichter, -vibrator *m* / concrete vibrator ‖
~verflüssiger *m*, BV / plasticizer, wetting agent (GB) ‖
~verteiler *m* (Bau) / concrete distributor ‖
~[verteilungs]rutsche, -schurre *f* (Bau) / flume ‖
~waren *f pl* / concrete articles *pl* ‖ ~werk *n*, -fabrik *f* /
concrete factory ‖ ~werker *m* (Industrie-Lehrberuf) /
concrete worker, concreter ‖ ~[werk]stein *m* (früher:
Kunststein) (Bau) / concrete block ‖ ~werksteinarbeiten
f pl / cast stone works *pl* ‖ ~zusatz *m* / admixture for
concrete ‖ ~zuteil- u. Mischanlage *f* / concrete
batching and mixing plant ‖ ~zylinder *m* (Reaktor) /
annular concrete shield

Betracht *m* / respect ‖ außer ~ lassen / leave out of
consideration o. account, disregard ‖ in ~ gezogene
Druckschriften (Patent) / reference cited ‖ in
~ kommend / of interest ‖ in ~ ziehen / take into
consideration o. account, consider ‖ nicht in
~ kommend / out of interest o. consideration ‖ nicht in
~ kommend, unwesentlich / unimportant

betrachten (DV) / view
Betrachter *m* (Mikrofilm) / viewer
Betrachtungs·einheit *f* (Inspektion) / item, unit, individual
‖ ~parallaxe *f* / observation parallax ‖ ~schirm *m* /
viewing screen

Betrag *m* / rate, amount ‖ ~ , um den eine nicht
bearbeitete Fläche zurücksteht (Masch) / relief ‖ ~ der
Drehung, Twistwert *m* (Spinn) / amount of twist ‖ ~ des
Nachlaufs (Kfz) / trail ‖ dem ~e nach / by module
betragen, ausmachen / amount [to] ‖ ~ (z.B. in U/Min.) /
come o. run [to], work out [at]
Betrags·element *n* (Analogrechner) / absolute value circuit ‖
~feld *n* (LoKa) / amount field

betreffend / concerning, regarding, relating to, referring
[to]

betreiben (z.B. Fabrik, Bgb) / operate, practise ‖ ~,
bedienen (Masch) / run, operate, jockey *v* ‖ ein
Bergwerk ~ / work a mine, exploit a mine ‖ einen
Ofen ~ / run a furnace ‖ Maschinen ~ / run machines

Betreuung *f* (von Geräten und Anlagen) / technical
support
Betrieb *m*, Funktionieren *n* / operation, functioning ‖ ~,
Fabrik *f* / factory, works *sg* ‖ ~, Werkstatt *f* /
workshop, shop ‖ ~ (einer Maschine) / running,
operation ‖ ~ (Bahn) / traffic ‖ ~, Verkehr *m* (Bahn, Luftf)
/ service, operation ‖ ~ mit mehreren Arbeitsweisen
(DV) / multi-mode operation ‖ ~ mit periodisch
veränderter Belastung (Elektr) / periodical duty ‖ ~ mit
veränderlicher Belastung (Elektr) / intermittent duty ‖
außer ~ sein / be out of action ‖ außer ~ setzen / stop ‖
den ~ aufnehmen / go into operation, start operations ‖
in ~ / in operation ‖ in ~ (Chem) / on stream ‖ in
~ befindliche Leitung (Elektr) / live wire ‖ in
~ nehmen / commission *v* ‖ in ~ sein / be at work ‖ in
~ sein (Bergb) / being worked ‖ in ~ sein, Strom liefern
(Kraftwerk) / be in o. at power ‖ in ~ setzen / set
working, activate ‖ in vollem ~ / at full blast, in full
operation ‖ umfangreicher ~ / works, plant, factory
betrieblich / working, operative ‖ ~, Verkehrs… (Bahn) /
traffic… ‖ ~e Anforderungen *f pl* (Raumf) / operational
requirements *pl* ‖ ~e Arbeiten *f pl* / operations *pl*
included in factory working ‖ ~e Bedingungen *f pl* /
service conditions *pl* ‖ ~es Rechnungswesen / internal
operational cost accountancy, performance cost
accountancy ‖ ~e Verfahrensuntersuchung, BVU /
operations o. operational research, OR ‖ [inner]~es
Vorschlagswesen / suggestion back system
Betriebs·… / operational, op, operative, working ‖ ~…,
Industrie… / industrial ‖ ~ablauf, Dienst *m* / working,
service ‖ ~ablauf *m* / industrial process ‖
~ablaufschema *n* / flow chart ‖ ~ablaufsteuerung *f* /
operating sequence control ‖ ~abrechnung *f* / factory
accounting, processing account ‖
~abrechnung[sabteilung] *f* (F.Org) / cost center ‖
~abrechnungsbogen *m* / manufacturing cost sheet ‖
~abteilung *f* (Bergb) / production department ‖
~abwicklung *f* / operating procedure ‖ ~anforderung
f / operational o. operative o. working condition ‖
~angaben *f pl* / operational data *pl* ‖ ~anlage *f* (Hütt) /
operational plant ‖ ~anlagen *f pl* / installations *pl* of a
plant ‖ ~anleitung, -anweisung, -vorschrift *f* /
operating o. working instructions, instruction o.
information book, operating manual ‖ ~anweisung *f* (an
das Betriebssystem) (DV) / directive ‖
~anweisungsschild *n* / instruction plate ‖
~anzeigelampe *f* / equipment-on indicator lamp ‖
~anzeige- und Störungsmeldesystem *n* / status and
fault monitoring system ‖ ~art *f* (TV) / operational
mode ‖ ~art *f*, -bedingungen *f pl* (Elektr) / character of
operating methods, mode of operation, working o.
operating method o. mode, operating o. operative
conditions *pl* ‖ ~art *f* (Elektr) / class of rating, duty cycle
‖ ~art *f*, -zweig *m* / kind of works ‖ ~art *f* "Halt" (DV)
/ hold mode ‖ ~artenänderung *f* (DV) / set mode ‖
~artenkennung *f* (TV) / identification of the
operational mode ‖ ~art[en]schalter *m* (Elektr) /
function selector ‖ ~artenstecker *m* / mode-of-
operation plug ‖ ~artenwahltafel *f* (Luftf) / mode select
panel, MSP ‖ ~assistent *m* / assistant [to the] works
manager, junior o. shop assistant ‖ ~aufseher (Rg),
-meister *m* (Rg), Rangiermeister *m* (Schw) (Bahn) /
foreman shunter ‖ ~aufseher St *m*, Stellwerkswärter *m*
(Bahn) / points man, signalman, switchman (US) ‖
~auftrag *m* (F.Org) / work order ‖ ~ausfall *m*,
Produktionsverlust *m* / loss of output ‖ ~ausfall *m*,
Störung *f* / operational failure ‖ ~ausfall *m* (F.Org) /
stop-down ‖ ~ausstattung *f*, -geräte *n pl* / works
equipment ‖ ~beanspruchung *f* (allg) / operating stress
‖ ~beanspruchung *f* (Elektr) / operating duty ‖
~bedingungen *f pl* / operating o. working conditions
pl, service conditions *pl* ‖ ~behälter *m* vor dem
Motor, Servicetank *m* / service tank ‖ ~berater *m* /
management counsellor o. consultant ‖ ~beratung *f* /

industrial consultation || **˅bereich** m (Reaktor) / instrument o. operating range || **~bereit** / ready for work, operative, operable || **~bereit** (Aggregate, Nukl) / packaged || **~bereit machen** / ready || **˅bereitschaft** f / readiness for service o. working || **˅bericht** m / management report || **~blind** / department centered || **˅breite** f (Reifen) / overall width || **˅bremse** f / service brake || **˅bremsstellung** f (Bahn) / position for gradual application of driver's brake valve || **˅buch** n (Fernm) / operator's log || **˅chemiker** m / working chemist || **˅dampf** m, Prozeßdampf m / process steam || **˅dämpfung** f (Fernm) / overall attenuation, composite o. effective attenuation, overall [transmission] loss || **˅daten** n pl / operational characteristics o. data pl || **~datenerfassend**, BDE / logging the operational data || **˅dauer** f / service[able] life || **˅dienst** m (Bahn) / technical service || **˅drehzahl** f (Mot) / operating speed, normal o. service speed || **˅druck** m / working pressure || **˅druck** m (Hydraulik) / accumulator pressure || **˅ -Druckmeßgerät** n / industrial type pressure gauge || **~eigen**, Eigen... / in-house... (US) || **~eigenes Programmieren** / open shop programming || **˅eingriffswinkel** m (Schrägverzahnung) / effective pressure angle || **˅einheit** f (DV) / resource || **˅einrichtung** f / works equipment || **˅einrichtung** f, -programm n, Prozessor m (DV) / processor || **˅einsatz** m / operational use || **Duktilität** f **nach ˅einsatz** (Ni-Legierung) / retained ductility (Ni-alloy) || **˅einschränkung** f / restriction of output || **˅einstellung** f / stoppage of operations || **˅elektriker** m / works electrician || **˅erde** f (Elektr) / system earth (GB) o. ground (US) || **˅erfahrung** f / experience gained in the operation || **˅erfindung** f / service invention || **˅ergebnisse** n pl / operating results pl || **˅erlaubnis** f (z.B. f. Kfz) / type approval || **˅erweiterung** f / enlarging a plant || **~fähig** (Masch) / serviceable, working, in working order || **beschränkt ~fähig sein** / fail softly o. passively || **~fähiges Aussehensmuster** / complete mock-up || **˅fähigkeit** f / operating ability || **˅faktor** m (Chem) / stream factor || **˅faktor** m (Getriebe) / application factor || **˅fernsehen** n / closed-circuit television, CCTV || **˅fernsprecher** m, -fernsprechanlage f / service [tele]phone || **~fertig** / ready for work || **~fertiges Gewicht** (Kfz) / kerb weight || **~fertiges Kunden-FFS** (= flexibles Fertigungssystem) / custom turnkey FMS (= flexible manufacturing system) || **˅folgediagramm** n, Flußbild n (Regeln) / flow diagram || **˅frequenz** f / operating frequency || **˅frequenzbereich** m (Funk) / service band || **~führend**, leitend / managing || **˅führung** f / works management || **Art** f **der ˅führung** / arranging, preparation || **˅gas** n / fuel gas || **˅gebäude** n (Raumf) / operation building || **˅gemeinschaft** f / operating association || **˅gemeinschaft** f **der EUROP-Wagen** (Bahn) / EUROP wagon pool || **˅geräte** n pl / works equipment || **˅gewicht** n (Bahn) / weight in working order || **˅gewicht** n (Masch, Luftf) / operating weight || **˅gipfelhöhe** f (Luftf) / service ceiling || **˅güte** f / grade of service || **˅induktivität** f (Elektr) / [full] service inductivity || **˅ingenieur** m / production o. manufacturing o. works engineer, operating engineer || **˅ingenieur** m (Bahn) / district permanent way inspector || **˅inhalt** m (Destill.Kolonne) / hold-up || **˅jahr** n (Masch) / year of operation || **˅jahr** n, Wirtschaftsjahr n (Finanz) / working year, year of traffic o. of operation o. of service || **˅kapazität** f (einer Anlage) / operating capacity || **˅kapazität** f (Fernm) / mutual capacitance || **˅kapsel** f (Raumf) / service module || **˅kategorie** f (Luftf) / operational category || **˅kennlinie** f / working characteristic || **~klar** / operable || **˅klima** n / shop moral, in-house environment (US) || **˅kontrolle** f / manufacturing control || **˅kontrollgerät** n (Radar) / performator (US), performance monitor (GB) || **˅kosten** pl, -lasten pl / operating expenses pl, operation

o. working expenses pl || **˅labor** n / industrial laboratory, works laboratory o. lab (US) || **˅länge** f (Bahn) / length of line operated || **˅last** f (Brücke) / traffic o. travelling load, working o. moving o. rolling load, live o. movable load || **˅laufzeit** f (Fernm) / overall transmission time || **˅lebensdauer** f / operational lifetime || **˅leiter** m, -direktor m / works manager o. superintendent, shop manager || **verantwortlicher ˅leiter** / acting manager || **˅leitung** f / works management || **˅mannschaft** f (Fabrik) / operating crew || **˅manometer** n / industrial type pressure gauge || **˅mittel** n, -material n / working stock, operating material || **˅mittel** n pl (DV) / resources pl || **elektrische ˅mittel** / electrical equipment || **˅mittelplanung** f (DV) / resource scheduling || **˅mittel-Zugriffsschutz** m (DV) / resource access security || **˅modul** m (Zahnrad) / standard module || **˅[ober]meister St** (St = Stellwerks- und Weichendienst) m (Bahn) / chief signalman (GB) o. towerman (US) || **˅ordnung** f / shop rules pl, factory regulations pl || **˅pause**, Arbeitsunterbrechung f / stop, intermission || **˅perioden** f pl / working periods pl || **˅personal** n (Bahn) / operational staff || **˅phasenwinkelmaß** n (Fernm) / effective phase angle || **˅plan** m (Bergb) / plan of working || **˅programm** n (DV) / general program, operating o. running program || **˅programm** n, Prozessor m (DV) / processor || **˅programm** n **[für Basisfunktionen]** (DV) / symbiont || **˅psychologe** m / industrial psychologist, soul engineer (US coll) || **˅punkt** m (Bergb) / working point, heading || **˅punkt** m (Elektronik) / operating point || **˅rat** m (Gesamtheit) / work council || **˅ratsmitglied** n / shop steward || **˅räume** m pl / operational premises pl || **˅rechner** m / operational computer || **˅schalter** m (Elektr) / operating switch, duty switch || **˅schaltung** f (Elektr) / service o. working connections pl || **˅schlosser** m, (jetzt:) Industriemechaniker der Fachrichtung Betriebstechnik / shop mechanic || **˅schreiber** m / operations recorder || **˅schutz** m / operational safety || **˅ -Schwingversuch** m / fatigue test under actual service conditions || **˅selbstkosten** pl / operation first cost o. prime cost || **~sicher** / reliable, operationally reliable || **~sicher**, fail-safe (Elektronik) / fail-safe || **˅sicherheit**, Zuverlässigkeit f / operational dependability o. reliability, reliability of operation o. of service, working reliability o. safety, operating safety || **˅sicherheit**, Mißbrauchsicherheit f / foolproofness || **˅spannung** f / operating o. circuit voltage, service o. working voltage || **˅spannung**, Netzspannung f (Elektr) / line voltage || **˅spannung** f, Nennspannung f / rated voltage || **˅spindel** f, -senkwaage f / workshop hydrometer || **˅sprache** f (DV) / operating language || **˅stätten** f pl, -räume m pl / shops and offices of a factory || **˅stelle** f (Bahn) / operating control point || **˅stellung** f / operating position || **˅stellung eines Wechselgetriebes** (Kfz) / mated position of a shift gear || **˅stillegung** f / shut-down of works || **˅stockung**, -störung, -unterbrechung f / breakdown, failure, interruption, trouble || **˅stoff** m, Betriebsmittel m (Kfz) / fuel || **˅stoff-Versorger** m (Schiff) / fuel supply ship || **˅strom** m / working o. operating current || **˅stromkreis** m (Elektr) / service o. operating circuit || **˅stromkrcis** m (Instr) / auxiliary circuit || **˅stromversorgung** f (Instr) / auxiliary power supply || **˅stundenzähler** m (Masch) / elapsed time indicator o. clock o. meter, time meter, working hour meter, running time meter (US) || **˅system, BS** (DIN), Operating System n (DV) / operating system, OS || **~system-unabhängig** / standalone || **˅tag** m (Öl) / streamday || **˅taste** f / operating key || **˅temperatur** f / working temperature || **˅temperaturbereich** m (allg) / working temperature range || **˅überwachung**, Überwachung f / monitoring || **˅überwachung** f / plant supervision, shop control || **˅überwachungsdaten** pl (DV) / housekeeping data pl || **˅überwachungsgerät** n / autographic recording instrument for machine tools || **˅ -**

und Arbeitsanweisungen f pl / procedures pl ‖ **⁓unfall** m / industrial accident, operating o. shop accident ‖ **⁓unterbrechung** f s. Betriebsstockung ‖ **⁓unterdruck** m (Saugluftbremse, Bahn) / rated depression ‖ **⁓vereinbarung** f / employment agreement ‖ **⁓verfahren** n / operating method ‖ **⁓verfassungsgesetz** n / works council bill (GB), shop organization law (US) ‖ **⁓verhalten** n / operating performance, performance in service ‖ **⁓verhältnis** n (DV) / uptime ratio ‖ **⁓verhältnisse** n pl, -bedingungen f pl / operating o. working conditions pl ‖ **⁓verstärkung** f (Fernm) / composite gain ‖ **⁓verzerrungsgrad** m (Fernm) / degree of distortion in service ‖ **⁓vorbereitung** f / placing in running order ‖ **⁓vorräte** m pl / working stocks pl ‖ **⁓vorschriften** f pl / operating instructions pl ‖ **⁓wälzkreis** m (Getriebe) / effective pitch circle ‖ **⁓wart** St, Signalwärter m (Bahn) / towerman (US), block post keeper (GB) ‖ **⁓wasser** n / process water, service water ‖ **⁓wasser**, Nicht-Trinkwasser n / nondrinkable water for industrial etc purposes ‖ **⁓wasser**, Aufschlagwasser n (Hydr) / driving water ‖ **⁓weise** f / operating method o. mode ‖ **⁓welle** f (für Zeichen geeignete Welle) (Fernm) / signal wave ‖ **⁓werkzeuge** n pl / operating tools pl ‖ **⁓wert** m (DV) / rating ‖ **⁓wirkungsgrad** m / operative efficiency ‖ **⁓wirt[schaftler]** m / expert on industrial management ‖ **⁓wirtschaft** f / industrial administration o. management, works economy ‖ **⁓wirtschaftslehre** f / science of industrial management, applied economics pl ‖ **⁓zahlen** f pl / operating figures pl, operational data pl ‖ **⁓zeit** f (DV) / attended time, running time ‖ **⁓zeitzähler** m (DV) / running-time meter ‖ **⁓zubehör** n, -mittel n pl / operational accessories pl ‖ **⁓zugehörigkeit** f / seniority ‖ **⁓zustand** m / operating state ‖ **⁓zustand** m / running state ‖ **⁓zustand** m / working order, operating status, operating o. running state ‖ **⁓zuverlässigkeit** f / use reliability

betrifft nur / unique to

Bett n (Masch) / bed ‖ **⁓**, Schlafbett n (Schiff, Bahn) / berth ‖ **⁓** (Wzm) / base, bed, bottom ‖ **⁓ der Plandrehmaschine** / bed of a front-operated lathe ‖ **⁓bahn** f (Wzm) / bed track o. ways pl, slide way, guiding ways pl ‖ **⁓einsatz** m, -brücke f (Wzm) / bed insert

Betten·drell m (Textil) / ticking

Bett·fräsmaschine f (Wzm) / plano-milling machine ‖ **⁓gefälle** n (Hydr) / bottom slope ‖ **⁓inlett-Drell** m / drill ticking ‖ **⁓kröpfung** f (Wzm) / bed gap, gap ‖ **⁓platte**, Fundamentplatte f / bed o. base o. foundation o. sole plate ‖ **⁓prismen** n pl, prismatische Bahn (Wzm) / prismatic guide o. way, V-guide ‖ **⁓schlitten** m (Revolverdrehm.) / lathe saddle o. slide ‖ **⁓schlitten** m (Horizontalfräsmaschine) / table saddle ‖ **⁓schlittenrevolverdrehmaschine** f (DIN), Schlittenrevolver m / saddle type turret lathe (US), combination turret lathe (GB) ‖ **⁓setzen** n (Konzentr) / ragging, framing ‖ **⁓setzmaschine** f (Aufber) / feldspar type washbox ‖ **⁓tuchleinwand** f (Web) / sheeting, linen sheeting

Bettung f (Bahn) / ballast ‖ **⁓**, Lager n (Bau) / bedding ‖ **⁓ einer Schleuse oder zwischen den Pfeilern** (Hydr) / platform of the sluice ‖ **⁓ vor Kopf [der Schwelle]** (Bahn) / ballast shoulder

Bettungs·fuß m (Bahn) / toe of the ballast ‖ **⁓höhe** f (Bahn) / depth of ballast ‖ **⁓material** n, -stoff m (Bahn) / ballast ‖ **⁓reinigungsmaschine** f (Bahn) / ballast-cleaning o. -screening machine ‖ **⁓tiefe**, Verlegungstiefe f (Kabel) / depth of trench, laying depth, depth under surface

Bettvolumen m (Ionenaustauscher) / bed volume

betupfen / dab

Beuch·apparat m, Abkochdruckapparat m (Web) / apparatus for scouring in autoclaves ‖ **⁓echtheit** f (Textil) / fastness to kier-boiling

beuchen (Textil) / buck, kier-boil, scour cotton ‖ **⁓** n, Laugen n, Beuche f (Textil) / bucking, kier boiling

Beuch·hilfsmittel n / kier boiling assistant ‖ **⁓jigger** m (Textil) / kier-boiling jigger ‖ **⁓kessel** m / bucking kier, scouring boiler

beugen / bow, bend ‖ **⁓** (Phys) / diffract

beugend, ablenkend (Phys) / diffractive

Beugung f (Phys) / diffraction ‖ **⁓ langsamer Elektronen** / low energy electron diffraction, LEED

Beugungs·analyse f (Röntgen) / diffraction analysis ‖ **⁓begrenzt** / diffraction limited ‖ **⁓bild** n (Laser) / diffraction pattern ‖ **⁓bild** n **eines Punktes** (Laser) / diffraction pattern of a point ‖ **⁓farbe** f (Opt) / prismatic colour ‖ **⁓gitter** n / diffraction grid o. grating ‖ **⁓gitter** n (Ultraschall) / multiple grating ‖ **⁓kreis** m / diffraction ring ‖ **⁓messer** n / diffractometer ‖ **⁓streifen** m / diffraction fringe ‖ **⁓welle** f (Phys) / diffracted wave ‖ **⁓winkel** m / diffraction angle

Beuldruck m / buckling pressure

Beule f, Delle f / dent, ding (coll), bulge ‖ **⁓n ausklopfen** / beat out dents ‖ **⁓ im Reifen** (Kfz) / bulge of a tire ‖ **⁓ im Rohr** / bulge of a pipe ‖ **⁓ in einer Mauer** / bulge of a wall ‖ **⁓ machen** / dent, bruise, bust, indent

Beulen, mit inneren ⁓ (Reifen) / snagged

beulen, ausbauchen / bulge ‖ **⁓ glätten o. ausklopfen**, ausbeulen, planieren (Metall) / beat out dents o. humps ‖ **sich ⁓** / bulge, dent ‖ **sich ⁓**, Beulen werfen / be protuberant

Beul·festigkeit f, -steifigkeit f / buckling resistance o. strength, deflection strength ‖ **⁓sicherheit** f / safety against buckling o. warping ‖ **⁓spannung** f (Mech) / buckling stress, warping stress

Beulung [nach außen] f, Ausbeulen n (Mech) / bulging

Beul·verformung f **von Platten** (Akku) / buckling of plates ‖ **⁓versuch** n / buckling test

Be- und Entladen n / loading and unloading

Beurteilung f, Bewertung f / judgement, criticism, opinion [of, on] ‖ **⁓ der Leistung** (F.Org) / performance evaluation

Beurteilungsmaßstab m / judgement scale

Beutel m, Sack m / bag n, sack (US) ‖ **⁓** (Textil, Kardenflor) / pocket ‖ **⁓filter** m n / bag filter ‖ **⁓füll- u. -verschließmaschine** f / bag filling and sealing machine ‖ **⁓maschine** f (Pap) / paper bag machine ‖ **⁓maschine** f (Mehl) / bolting machine, bolter

beuteln (Mehl) / bolt, sift, shake

beutelnd, beutelig (Pap) / baggy

Beutel·netz n, Schnürwade f (Fischerei) / purse seine ‖ **⁓packmaschine** f / packing machine for small bags ‖ **⁓packung**, Weichpackung f / packaging in paper bags ‖ **seidenes ⁓tuch**, Beutelgaze f / bolting silk, silk gauze bolter ‖ **metallenes ⁓tuch** / metal gauze bolter

BeV, 10⁹ Elektronenvolt / BeV, billion electron volts

Bevatron n (Synchrotron der Berkeley University) / bevatron

Beverage-Antenne f / Beverage antenna

Bevölkerungs·äquivalentdosis f (Nukl) / population dose equivalent ‖ **⁓dichte** f, Einwohnerzahl f je km² / population density

Bevölkerungsdichte, hohe ⁓ / high population density

Bevölkerungs·durchschnitt m / population mean ‖ **⁓reaktion** f **auf Lärm** / community reaction to noise ‖ **⁓wachstum** n / population growth

Bevorrechtigung f / priority status

bevorzugender, zu ⁓ Ausdruck / preferred term

bewachen, Wache halten / maintain watch ‖ **Bahnübergänge ⁓** (Bahn) / staff level crossings

bewachsen adj (Boden) / overgrown, grown-up, covered ‖ **⁓**, benarbt / grass-covered, -grown, grassy ‖ **⁓es Schiff** / foul vessel

bewacht (Bahn, Übergang) / manned ‖ **⁓er Parkplatz** / car park with attendant (GB), supervised parking lot (US) ‖ **⁓er Wohnwagen-Parkplatz** / caravan garden

Bewachung f (Bahnübergang) / staffing of level crossings

bewährt / well tried, proved, [fully] up to the mark ‖ ~e
Konstruktion / proven design
Bewahrung f, Erhaltung f / conservation ‖ ~ [vor] /
preservation [from]
bewaldet / timbered
Bewässerung f (Landw) / [furrow] irrigation
Bewässerungs·anlage f / irrigating plant, trickling
installation ‖ ~arbeiten f pl, -werk n / irrigation works
pl ‖ ~graben m, Berieselungsgraben m / watering o.
irrigating ditch ‖ ~kanal m / irrigation channel o. canal
‖ ~schleuse f (Landw) / irrigation sluice
bewegbarer Schnabel (Schieblehre) / movable jaw
bewegen / move ‖ ~, betätigen / work, set going, actuate ‖
~, antreiben / drive vt, propel ‖ ~, [durch]rühren / stir,
agitate ‖ ~, schaukeln / sway, swing ‖ sich ~ / move ‖
sich ~, sich kräuseln / ripple ‖ sich auf und ab ~ (Wzm)
/ move up and down ‖ sich im Kreis o. auf einer
Spirale ~ / gyre vi ‖ sich in einer Richtung ~,
tendieren [nach] / tend [to]
bewegend / motive, moving ‖ ~, wirksam / active, acting,
working ‖ ~e Kraft, Bewegkraft f / impelling o. motive
power o. force, momentum ‖ sich ~ / moving
beweglich (Tür) / openable ‖ ~, lose / mobile, movable,
travelling, loose ‖ ~, transportabel / locomotive,
portable ‖ ~, sich bewegend / moving ‖ ~, flexibel /
flexible ‖ ~e Achse, Lenkachse f (Bahn) / radial o.
steering axle, adjustable axle ‖ ~e Achse, Lenkachse f
(Bahn) / adjustable axle ‖ ~e Aufhängung / flexible
fastening, flexible suspension ‖ ~e Aufspannplatte
(Gieß) / moving o. sliding platen ‖ ~er Ausleger (Bagger)
/ live boom ‖ ~e Ausrüstung (Bahn) / stock ‖ ~e Backe
(Schieblehre) / sliding jaw ‖ ~es Bohrfutter (Wzm) /
floating chuck ‖ ~e Brecherbacke / movable breaker
jaw ‖ ~e Brücke / movable bridge ‖ ~es Brückenlager
/ bridge roller bearing, expansion bearing ‖ ~es
Element, gelenkiges Element (Mech) / linked element ‖
~er Flugfunkdienst / aeronautical radio mobile service
‖ ~e Funkstation, -stelle f (Elektronik) / mobile station ‖
~es Gleichgewicht / mobile equilibrium ‖ ~es
Herzstück (Bahn) / movable frog, switch diamond ‖ ~er
Kontakt, Unterbrecherhebel m (Kfz) / movable arm ‖
~e Kupplung / flexible coupling ‖ ~es
Kupplungslager (Kfz) / throwout bearing ‖ ~es
Ladesäule f (Öl) / articulated loading column, ALC ‖
~es Landamt (Fernm) / mobile land station ‖ ~er
Landfunkdienst / land mobile [radio] service ‖ ~e
Landfunkzentrale (Fernm) / mobile land station ‖ ~e (o.
wandernde) Last / live load ‖ ~er Nähfuß / sewing
foot with hinged shoe, hinged pressure foot ‖ ~es Netz
(Mech) / unstable frame ‖ ~es Organ (Meßgerät) / moving
element ‖ ~es Paketfunknetz / mobile packet radio
network, MPRN ‖ ~e Rolle / idle pulley, running pulley
‖ ~er Seefunkdienst / mobile sea [radio] service ‖ ~e
Skala / gliding o. sliding scale ‖ ~er Streichbaum
(Web) / roving beam ‖ ~es System (Mech) / movable
system ‖ ~es Wasserstoffatom / mobile hydrogen atom
‖ ~es Wehr, Klappwehr n (Hydr) / movable dam ‖ um
zwei Achsen ~ / two-axis…
Beweglichkeit f / mobility, movability, moveability,
mov[e]ableness ‖ ~ (Spiel) / play, backlash ‖ ~ des
Quecksilbers / unsteadiness o. variableness of mercury
Beweglichkeitsgrad m (Mech) / number of degrees of
freedom, degree of mobility
bewegt / agitated ‖ ~, in Bewegung / in motion ‖
~ (Konto) / active (account) ‖ ~ (Meer) / troubled ‖
~ (z.B. Schaufensterfiguren) / animated, full of
movement ‖ ~, unruhig (Meer) / choppy ‖ ~, betrieben /
propelled ‖ ~es Lötbad / agitated soldering bath ‖ ~e
Luft / air in motion ‖ ~e Masse / moving mass ‖ ~es
Objekt / travelling object ‖ ~bettverfahren n (Chem) /
moving bed process ‖ ~bild-Abruf m (DV) / moved
pictures retrieval ‖ ~bilddialog m / television dialogue
Bewegung f / motion, move, movement ‖ ~ (Verkehr) /
circulation ‖ ~en f pl (Luftf) / arrivals and departures ‖

~ f der Luftblase (Verm) / run of the bubble ‖ ~ des
Liegenden (Bergb) / soil creep ‖ ~ eines Getriebes,
einer Maschine / working of a mechanism ‖ ~
entgegen dem Uhrlauf, edul-Bewegung f /
counterclockwise movement ‖ ~ in Pfeilrichtung /
direction of arrow ‖ ~ mit dem Uhrzeigerlauf, mul-
Bewegung f / clockwise movement ‖ ~ nach vorn /
forward movement, progressive movement o. motion,
progression ‖ ~ von Unterlagen (DV) / activity ‖ eine
~ erteilen (o. mitteilen) / impart a motion ‖ in ~ setzen
/ put into action o. motion o. in gear o. to work, actuate,
move ‖ in vollem Gang befindliche ~ / full motion ‖
~en ausführen, sich hin- u. herbewegen / move about
Bewegungs·… / motional, motion… ‖ ~analyse f (F.Org) /
motion analysis ‖ ~band n (DV) / change tape,
transaction tape ‖ ~bereich m (Roboter) / motion travel,
travel ‖ ~bild n (F.Org) / cyclograph picture ‖ ~datei f /
activity o. transaction file, update o. modification file ‖
~element n (F.Org) / basic element o. motion, motion,
movement, therblig ‖ ~energie f, kinetische Energie /
momentum, kinetic energy, vis viva ‖ ~fähig / mobile ‖
~fähigkeit f / motivity ‖ ~fläche (Luftf) / movement
area ‖ ~freie Tastatur / touch contact keyboard ‖
~freiheit f / freedom of motion ‖ ~fuge f (Bau) / joint
for movements, settlement joint ‖ ~geschwindigkeit f /
rate of motion ‖ ~gleichung f (Math) / motion equation ‖
~gleichung f (für einen Massenpunkt), Aktionsprinzip
n / Newton's law of motion ‖ ~größe f / quantity of
motion, [linear] momentum ‖ ~größe f, Impuls m (Phys)
/ impulse ‖ ~häufigkeit f (DV) / activity rate o. ratio ‖
~impedanz f, -scheinwiderstand m / motional
impedance ‖ ~kraft f / motivity ‖ ~lehre f, Kinematik f
/ kinematics sing ‖ ~los, feststehend / static, statical,
motionless ‖ ~mechanismus m, Triebwerk n / gear,
movement ‖ ~-Periode f, -Intervall n (Film) / moving
period ‖ ~reibung f / motional friction ‖ ~richtung f /
moving direction o. sense ‖ umgekehrte ~richtung /
opposite direction ‖ ~rückkopplung f, MFB
(Lautsprecher) / motional feedback, MFB ‖ ~satz m,
Transaktionssatz m (DV) / change record, transaction
record ‖ ~schleife f (Kabel) / slackness loop ‖
~schraube f / leading screw ‖ ~simulator m für
Lageregelung (Luftf) / follow-up simulator ‖ ~sitz m,
Lauf-, Spielsitz m / running fit ‖ ~spalt m (Geol) / fault
fissure ‖ ~spindel, -schraube f / screw drive
[mechanism] ‖ ~studie f (F.Org) / motion study ‖
~überlagerung f / superposed motion ‖ ~übertragung
f / transmission of motion, motion transfer ‖ ~umkehr f
/ return of motion ‖ ~unfähig / stuck ‖ ~ -Unschärfe f /
movement blur ‖ ~verlauf m (F.Org) / movement
pattern, path of movement ‖ ~vermögen n / motivity ‖
~vorgänge m pl am Webstuhl / principles pl of
weaving mechanics ‖ ~vorrichtung f / mover, moving
apparatus, motor, movement ‖ ~widerstand m (Phys) /
kinetic resistance ‖ ~zählung f (DV) / activity count ‖
~zentrum n / center of attraction ‖ ~zyklus m (F.Org) /
motion cycle
bewehren, armieren (Kabel) / sheathe, armour (GB),
armor (US) ‖ ~, armieren (Bau) / reinforce (concrete),
armour (GB), armor (US)
bewehrte Erde (Bau) / reinforced earth
Bewehrung f, Armierung f (Bau) / reinforcement,
armouring ‖ ~ (Kabel) / armour[ing] ‖ ~ mit Ringen /
ring-shaped armouring ‖ ~ von Pfählen / reinforcement
of piles ‖ ~ kreisrunde (o. spiralige) ~ / hooping
Bewehrungs·bügel m (Beton) / clip ‖ ~klemme f
(Kabelkasten) / armour clamp o. gland o. clip ‖ ~korb m
/ reinforcing cage ‖ ~matte f (Bau, Straß) s.
Betonstahlmatte ‖ ~platte f / reinforcing plate ‖ ~stahl m,
Betonstahl m (Bau) / reinforcing steel
Beweis m (Math) / verification, proof ‖ ~ antreten / prove
‖ ~analyse f (Chem) / documentary analysis
beweisen (Math) / demonstrate, prove

Beweis·führung f / demonstration, proof, evidence ‖ ⤷führung, Argumentation f / reasoning, argumentation ‖ ~kräftig / conclusive

bewerten, abschätzen / assess, estimate, evaluate, value, rate ‖ ~, gewichten / weight

bewertende Prüfung / evaluating test

bewertet·e Geräuschspannung / weighted noise level o. voltage ‖ ~er Lärmpegel, L_{ePN} / effective perceived noise level ‖ ~es Schalldämm-Maß / airborne sound insulation index ‖ ~e Spannung / weighted tension

Bewertung f / benchmarking ‖ ⤷ / assessment, [e]valuation, estimation, rating ‖ ⤷ aller vorauszusehenden Einflüsse technischer Neuerungen auf Gesellschaft, Umwelt und Wirtschaft / technology assessment

Bewertungs·aufgabe f, -problem n (DV) / benchmark problem ‖ ⤷faktor m (Strahlenschutz) / quality factor ‖ ⤷lampe f (rot/grün) / light readout ‖ ⤷maßstab m (Qualität) / criterion of quality ‖ ⤷problem n / benchmark problem ‖ ⤷programm n / benchmark ‖ ⤷schaltung f, -netzwerk n (Fernm) / weighting network ‖ ⤷schlüssel m (Arbeit) / evaluation formula, scale of point values ‖ ⤷tabelle f (Radio) / table of subjective grades ‖ ⤷ziffer f / rating number

bewettern (Bergb) / ventilate, aerate

Bewetterung f (Bergb) / ventilation ‖ gute ⤷ / improved ventilation

Bewetterungs·probe f (Textil) / weathering test ‖ ⤷versuch m für Flüssiggas / weathering test for liquefied petroleum gases

bewickeln / spool

Bewicklung f / winding-on ‖ ⤷ (Kabel) / lapping

bewirken, bewerkstelligen / effect ‖ ~, führen [zu] / lead [to] ‖ ~, veranlassen / occasion

bewittern (Mat.Prüf) / weather

Bewitterung f / weathering [exposure]

Bewitterungs·apparat m (Plast) / weatherometer ‖ ⤷versuch m / weather [exposure] test ‖ ⤷versuch, -test auf dem Dach / roof top test

bewohnbar / habitable ‖ ~, beziehbar / liv[e]able, habitable

Bewohnbarkeit f, Geräumigkeit f / capacity, roominess, ampleness

Bewohner m / resident

bewohnter Dachstock / habitable attic

bewohnte Räume / residential occupancies pl

Bewölkung f / clouds pl, cloudiness

Bewölkungs·messer m, Nephoskop n (Meteorol) / nephoscope ‖ ⤷zunahme f / increasing cloudiness

Bewuchs m (Schiff) / growth of algae, fouling, incrustation of foreign matter ‖ ⤷verhinderungsfarbe f / antifouling [composition o. paint] ‖ ⤷versuch m (Pilze) / fouling test

Bewurf m, Berappen n (Bau) / laying ‖ ⤷ mit Mörtel, Putz m (Bau) / lorication

bezahlt·er Feiertag / holiday with pay ‖ ~er Urlaub / leave with pay

Bezahlung f / pay ‖ ⤷ der Feiertage (F.Org) / holiday pay

bezeichnen, benennen / denote, nominate ‖ ~, markieren (Masch) / mark [out] ‖ ~, markieren (Bäume) / blaze

bezeichnend / denotative

Bezeichner m (DV) / designator

bezeichnet [als] / designated [as]

Bezeichnung f, Name m (DV) / identifier, name ‖ ⤷, Markierung f / mark ‖ ⤷, Werkzeichen n / sign, mark ‖ ⤷ (allg) / designation ‖ ⤷, Darstellung f (DV) / notation ‖ ⤷, Herauspicken n (DV) / pick

Bezeichnungs·fahne f für Kabeladern / circuit marking tag ‖ ⤷nagel m (Fernm) / number[ing] nail, letter nail ‖ ⤷schild n / signboard, plate ‖ ⤷schild n, Markierungsschild n / marking tag ‖ angeheftetes ⤷schild / designation card ‖ ⤷streifen m (Fernm) / marking strip ‖ ⤷weise f / system of notation

bezetteln, etikettieren / label

Bezettelungsmaschine, Etikettiermaschine f / labelling machine

beziehbar, bewohnbar / liv[e]able, habitable ‖ sofort ~ (Bau) / ready for immediate occupation

beziehen (mit Stoff) / cover with fabric ‖ ein Gehalt ~ / draw a salary ‖ sich ~ [auf] / refer [to], apply [to]

Beziehung f (Geom) / relation ‖ ⤷ [zu] / concern [with]

Beziehungs·gleichung f (Math) / regression equation ‖ ⤷schaubild n / correlogram

beziffern / number ‖ ~, numerieren / ticket, mark the number o. cipher ‖ ~, schätzen / estimate

Bezifferung f / numbering, assigning a number

Bezirk m / district

Bezirks·amt, Endamt n (Fernm) / district exchange, main district office ‖ ⤷kabel n (zwischen Städten) (Fernm) / exchange o. intercity o. trunk cable ‖ ⤷leitstelle f / area control center ‖ ⤷leitung f (Fernm) / semidirect line ‖ ⤷verkehr m (Fernm) / district traffic, toll traffic (GB) ‖ ⤷wähler m (Fernm) / code selector

bezogen [auf] / referred [to] ‖ ~, spezifisch / specific ‖ ~e Formänderung (Schm) / degree of deformation ‖ ~er Regelbereich (Regeln) / relative control range ‖ ~er Strom, Fremdstrom m (Elektr) / external o. outside current ‖ auf einen Punkt ~e Höhe (Verm) / reduced level ‖ mit Leder ~ / leather-covered

Bezug m (z.B. für Möbel), Überzug m / cover[ing] ‖ ⤷, Beziehung f / relation[ship] ‖ ⤷ (Walzenbezug) (Buch) / [roller] covering ‖ ⤷ auf Normen ohne Datumsangabe / undated identification ‖ ⤷ nehmen [auf] / refer [to] vi ‖ in ~ [auf] / versus

Bezüge m pl, Gehalt n / emolument

Bezugnahme f / reference

Bezugs·... / reference..., basic, normal, standard ‖ ⤷achse f / reference axis ‖ ⤷achsenkreuz n / pitch, roll, and yaw axes pl ‖ ⤷adresse f (DV) / reference address, base address ‖ ⤷artikel m / procured commodity o. part ‖ ⤷atmosphäre f / reference atmosphere ‖ ⤷ausschnitt m / reference notch ‖ ⤷ -Auswerteformular n / master answer sheet ‖ ⤷band n (Magn.Bd) / reference tape, standard o. test tape ‖ ⤷bremsvermögen n (Nukl) / relative stopping power ‖ ⤷bündel n (Licht) / reference bundle ‖ ⤷dämpfung f (Fernm) / reference equivalent o. attenuation ‖ ⤷dämpfungs-Meßplatz EATMS m (Fernm) / electroacoustic transmission measuring system ‖ ⤷druck m / reference pressure ‖ ⤷durchmesser m der Fasern (Glas) / nominal diameter of filaments ‖ ⤷ebene f, -niveau n für Höhenangaben (Luftf) / datum level, rigging datum ‖ ⤷einheit f / unit ‖ ⤷elektrode f / reference electrode ‖ ⤷ -Empfindlichkeit f / relative response ‖ ⤷farbträger m (TV) / reference subcarrier ‖ ⤷film m / reference film ‖ ⤷fläche, Teilfläche f (Getriebe) / reference surface ‖ ⤷flugweite f (Luftf) / equivalent range ‖ ⤷formstück n, Kopiermodell n (Wzm) / master template o. pattern o. form, master, original ‖ ⤷formstück n, Modell n (Schm) / master pattern o. form ‖ ⤷frequenz f / reference frequency ‖ ⤷geschwindigkeit f (Luftf) / datum speed ‖ ⤷gitter n (Bau) / grid, reference grid ‖ ⤷größe f / reference quantity ‖ ⤷helligkeit f / reference luminosity ‖ ⤷kante f / reference edge ‖ ⤷kante f (Schm) / match[ed] edge o. line ‖ ⤷kompaß m (Luftf) / landing compass ‖ ⤷koordinatensystem n / three-dimensional axes pl ‖ ⤷kopie f / reference print ‖ ⤷kraftstoff m (Kfz) / reference fuel ‖ ⤷kreise m pl des CCITT / master telephone transmission reference systems of CCITT ‖ ⤷lautstärke, -leistung f, -pegel m (Fernm) / reference volume ‖ ⤷lautstärke f der Sprache (Fernm) / reference vocal level, RVL ‖ ⤷leistung f, übliche Leistung (F.Org) / reference performance ‖ ⤷linie, Null-Linie, Nullinie f (Meßtechnik) / fiducial line, reference o. datum o. gauge line, line of reference ‖ ⤷linie f (Zeichn) / leader ‖ ⤷linie f (Bau) / grid line ‖ ⤷linie f (IC) / datum reference ‖ ⤷linie f im Massenspektrum (Nukl) / parent [mass]

peak ‖ ⌐loch n / reference o. indexing o. registration hole ‖ ⌐lösung f (Chem) / reference solution ‖ ⌐luftdichte f / datum air density ‖ ⌐marke f (Mot.Zündung) / reference mark ‖ ⌐maß n (NC) / absolute dimension ‖ ⌐niveau n für Höhenangaben (Luftf) / datum level, rigging datum ‖ ⌐pegel m (Fernm) / reference level ‖ ⌐potential n / reference potential ‖ ⌐profil n (Zahnrad) / basic profile o. rack, basic rack tooth profile ‖ ⌐punkt m / point of reference, reference point ‖ ⌐punkt m (Verm) / reference mark o. object ‖ ⌐punkt m, -linie f (IC) / datum reference ‖ ⌐punkt m, Referenzpunkt m (NC) / home position ‖ ⌐radius m (Luftf) / standard radius ‖ ⌐raster m (Bau, Zeichn, gedr Schltg) / reference grid, reference network ‖ ⌐rauschwert m (Fernm) / reference noise ‖ ⌐register n (DV) / base o. B-register, indexing o. modifier register ‖ ⌐richtung f (Antenne) / zero line ‖ ⌐schaltung f (Gleichrichter) / reference rectifier stack ‖ ⌐schnitt m (Mech) / reference section ‖ ⌐schwingung n (Elektron) / reference oscillation ‖ ⌐seifenlösung f (Wasserenthärt) / standard soap solution ‖ ⌐signal n, -schwingung f (Funk) / reference signal o. oscillation ‖ ⌐spannung f (Elektr) / reference voltage ‖ ⌐spannungsquelle f / voltage reference ‖ ⌐sprache f (DV) / reference language ‖ ⌐sprechkreis m (Fernm) / reference phantom circuit ‖ ⌐ -Stirnfläche f (Zahnrad) / locating face ‖ ⌐stromkreis m, Eichleitung f / reference circuit ‖ ⌐system n / reference system ‖ ⌐system n (Phys) / referential ‖ ⌐system n (Nukl) / frame of reference ‖ ⌐temperatur f / reference temperature ‖ ⌐ -Verzerrung, Geh-Steh-Verzerrung f (Fernm) / start-stop distortion, reference distortion ‖ ⌐verzerrungsgrad m (Fernm) / amount of start-stop distortion ‖ ⌐verzerrungsmelder m / start-stop monitor ‖ ⌐verzerrungsmesser m / start-stop distortion meter ‖ ⌐weiß n (TV) / reference white ‖ ⌐weißpegel m (TV) / reference white level ‖ ⌐wert m (allg) / reference value ‖ ⌐wert m (Instr) / fiducial value ‖ ⌐zahnstange f / basic rack ‖ ⌐zustand m / standard operating conditions pl ‖ ⌐zylinder m, Teilzylinder m (Zahnrad) / reference cylinder
BFS (Luftf) = Bundesanstalt für Flugsicherung
BGR = Bundesanstalt für Geowissenschaften u. Rohstoffe (früher:) Bundesanstalt für Bodenforschung
B-Graphit m (Gieß) / rosette o. B-type graphite
B-H-Kurve f, Magnetisierungskurve f / magnetization curve
biaxial (Math, Krist) / biaxial
Bibeldruckpapier n / bible paper
Biber m n (Textil) / beaver cloth ‖ ⌐plüsch m / beaver plush ‖ ⌐schwanz m (GB: 10 1/2 x 6 1/2'') (Bau) / plain o. plane o. crown tile ‖ ⌐schwanzantenne f / fanned beam antenna, beavertail (coll) ‖ ⌐schwarz n / brownish black
Bibliothek f / library
Bibliotheks·programm n (DV) / library routine ‖ ⌐verwaltungsprogramm n / librarian ‖ ⌐wesen n / librarianship
Bibliothek-Verwaltungsprogramm n (DV) / librarian
Bicarbonat n / bicarbonate ‖ ⌐ -Härte f (Wasser) / carbonate o. temporary hardness
bicharakteristische Verteilung (Statistik) / bicharacteristic distribution
Bichromat n, Dichromat n / bichromate, dichromate
bicyclisch / bicyclic
bidirektional·er Fluß, Übertragung in beiden Richtungen f / bidirectional flow ‖ ⌐er Zähler (DV) / bidirectional counter, forward/backward counter
Bieberit m / cobalt vitriol, bieberite
Biebricher Scharlach m (Färb) / Sudan IV, scarlet red
Biegbarkeit f / flexibility
Biege·..., Biegungs... / flectional, flexional ‖ ⌐... s. auch Biegungs... ‖ ⌐achse f (Mech) / neutral axis ‖ ⌐arbeit f / work done on folding ‖ ⌐bank [für Blech] f (Wzm) /

edging o. folding machine ‖ ⌐belastung, -beansoruchung f / bending load ‖ ⌐block m (Schm) / dresser ‖ ⌐[bruch]festigkeit f / bending strength ‖ ⌐bruchprobe f / transverse rupture test piece ‖ ⌐bruchspannung f / transverse rupture stress ‖ ⌐dauerfestigkeit f im Schwellbereich / fatigue strength under repeated (or under pulsating) bending stresses ‖ ⌐dehnung f / bending elongation ‖ ⌐dorn m / bending block ‖ ⌐drillknicken n / torsional-flexural buckling ‖ ⌐eisen n (Beton) / bending iron ‖ ⌐fähigkeit f, Biegbarkeit f / flexibility ‖ ⌐feder f (Instr) / spiral spring ‖ ⌐festigkeit f, Biegungsfestigkeit f / flectional o. flexural strength o. resistance ‖ ⌐festigkeit f bei der Streckgrenze / flexural yield strength ‖ ⌐festigkeit f bei der technischen Streckgrenze / flexural principal mode ‖ ⌐gelenk n / flector ‖ ⌐gesenk n / snaker ‖ ⌐gravur f (Schm) / bender, setter ‖ ⌐grenze f / bending limit ‖ ⌐knicken n, -knickung f / flexural buckling ‖ ⌐kraft f / lateral power ‖ ⌐kritische Drehzahl / critical whirling speed, whipping speed ‖ ⌐linie f (Mech) / elastic line ‖ ⌐maschine f / bending machine ‖ ⌐moment n s. Biegungsmoment
biegen / bend, bow ‖ ~, krümmen / curve, crook ‖ ~, beugen (Phys) / inflect ‖ ~, falten, umbiegen / ply, bend ‖ ~, rundbiegen, rollen (Hütt) / roll, bend round ‖ ~, Krümmen n / curving ‖ ~, biegung n ⌐, Krümmen n / flection, flexion (GB), curving ‖ ~ (nach außen), wölben / raise, bend about two axes o. two planes ‖ nach innen ~, einwärts krümmen / incurve, incurvate, bend inward ‖ sich ~ / bend vi ‖ um gekrümmte Kanten ~ (Stanz) / raise
Biege·pfeil m (Mech) / bending deflection [before break] ‖ ⌐presse f / bending press ‖ ⌐probe f (Schweiß) / bead bend test ‖ ⌐probe f, Probestück n / bending sample, sample of bending work ‖ ⌐prüfmaschine f / bending test machine ‖ ⌐radius m, Biegungsradius m / bending radius ‖ ⌐schiene f (Schwenkbiegem.) / bending rail ‖ ⌐schlagversuch m / bending impact test ‖ ⌐schubspannung f / combined bending and shearing stress ‖ ⌐schwellfestigkeit f / pulsating fatigue strength under bending stresses ‖ ⌐schwinger m / flexural resonator ‖ ⌐schwingungen f pl, Biegungsschwingungen f pl / bending vibrations pl ‖ ⌐schwingungsfestigkeit f / bending vibration strength ‖ ⌐schwingungsform f (Krist) / flexural mode ‖ ⌐schwingungskristall m (Elektronik) / flexure crystal ‖ ⌐schwingungsprüfung f / bending vibration test ‖ ⌐spannung f / bending stress ‖ ⌐standversuch m / transverse creep test ‖ ⌐stanzen n / combined cutting and bending ‖ ~steif, biegungssteif / resistant to bending, deflection resistant ‖ ~steifer Rahmen / rigid frame ‖ ⌐steifigkeit f / flexural strength ‖ ⌐stelle f / bending point ‖ ⌐stempel m / bending punch ‖ ⌐ -Streckgrenze f / flexural yield strength ‖ ⌐teil n / bent component ‖ ⌐tisch m / bending table ‖ ⌐träger m / girder subject to bending ‖ ⌐umformen n (DIN 8586) / forming under bending conditions ‖ ⌐ - und Formpresse f / bending and forming press ‖ ⌐ - und Richtpresse f / bending and straightening press ‖ ⌐verformung f / bending strain ‖ ⌐versuch m / bending test ‖ ⌐vorrichtung f / bending device, bender ‖ ⌐walze f / bending roller[s;pl.] ‖ ⌐walzen n / roll bending ‖ ⌐walzwerk n, -walze f / roller type sheet bending machine ‖ ⌐walzwerk n, Biegewalze f / bending machine ‖ ⌐wange f / bending cheek ‖ ⌐wechselfestigkeit f / fatigue strength under reversed bending stresses ‖ ⌐wechselfestigkeitsversuch m / reversed bending fatigue test ‖ ⌐wechselversuch m / flexural-type test ‖ ⌐[wechsel]zahl f / number of reversed bending stresses, number of alternate bends ‖ ⌐werkzeug n (allg) / bending tool ‖ ⌐werkzeug n für V-förmige Abwinkelung (Stanz) / angle bender, vee bending tool ‖ ⌐zange f / bending iron o. wrench ‖ ⌐zange f für Isolierrohre / bending pliers o. tongs pl,

hickey (US) ‖ **~zange** *f* **für Kotflügel** / fender flange pliers *pl* (US) ‖ **~zugabe** *f* (Stanz) / bend allowance ‖ **~zugfestigkeit** *f* (Beton) / bending tensile strength ‖ **~zyklen** *m pl* / bending cycles *pl*

biegsam, biegbar, elastisch / pliant, supple, pliable, flexible, limber ‖ ~ (Buch, Einband) / limp ‖ **~e Aufhängung** (Elektr, Bahn) / flexible suspension ‖ **~es Fahrleitungsjoch** (Bahn) / flexible gantry ‖ **~es Flügelende** (Luftf) / flexible tip ‖ **~e Leitung,** Geräteschnur *f* (Elektr) / flexible lead o. cord ‖ ~ **machen** / supple, render pliant ‖ **~er Streifen** (aus Holz o. Metall) **zum Straken** / spline ‖ **~es Verbindungsstück** / flexible joint ‖ **~e Welle** (Kfz) / flexible cable o. shaft

Biegsamkeit, Geschmeidigkeit *f* / flexibility, pliability, suppleness

Biegung *f* (allg) / bend, curve, curvature, winding, turn ‖ ~, Beugung *f* / inflection, inflexion (GB) ‖ ~, Krümmung, Durchbiegung *f* / flection (US), flexion (GB) ‖ ~ (Wasserlauf) / bend ‖ ~, Kurve *f* (Straßb) / sweep, curve ‖ ~ (unter Last) / deflection (US), deflexion (GB) ‖ ~ **mit Torsion** / bending torsion

Biegungs~... s. auch Biege... ‖ **~achse** *f* / bending axle ‖ **~beanspruchung,** -spannung *f* / bending stress ‖ **~belastung** *f* / transverse load, bending load ‖ **~elastizität** *f* / flectional elasticity, elasticity of flexure ‖ **~festigkeit** *f* / strength of flexure, flexural o. flectional strength o. resistance ‖ **~frei gezogen** (Draht) / dead-drawn ‖ **~halbmesser,** -radius *m* / bending radius ‖ **~kraft** *f* / transverse power ‖ **~linie** *f,* elastische Linie / elastic line ‖ **~mittelpunkt** *m* (Mech) / flexural center ‖ **~moment** *n* / bending moment, moment of flexion, transverse moment

Bienen·korb *m* / beehive ‖ **~korb[koks]ofen** *m* / beehive coke oven ‖ **~korbkühler,** Wabenkühler *m* (Kfz) / honeycomb radiator ‖ **~korbspule,** Flachspule *f* (Fernm) / honeycomb [coil], duolateral coil ‖ **~wabe** *f* / honeycomb ‖ **~wabenmaterial** *n* (Plast) / alveolate material ‖ **~zellenförmig,** -wabenförmig, zellig / alveolate[d], alveolar[y]

Bier *n* / beer ‖ **~abfüllung** *f* (Flaschen) / drawing off of beer ‖ **~bottich** *m* / beer vat o. back ‖ **~brauen** *n* / beer brewing ‖ **~brauer** *m* / brewer ‖ **~brauerei** *f* / brewery, brewing house ‖ **~druckapparat** *m,* Bierpumpe *f,* Pression *f* / beer engine o. fountain o. pump ‖ **~druckapparat** *m* **mit 6 Hähnen** (Brau) / six motion beer engine ‖ **~druckregler** *m* / beer pressure regulator ‖ **~faß** *n* / beer barrel ‖ **~flasche** *f* / beer bottle ‖ **~glasuntersetzerpappe** *f,* Bierdeckelpappe *f* / beer mat board

Biergol *n* (Kraftstoff) / biergol

Bier·hefe *f* / barm, yeast ‖ **~kasten** *m,* -trage *f* / stacking box for beer bottles ‖ **~kläre** *f* / beer fining ‖ **~kühlapparat** *m* / beer cooler ‖ **~leitung** *f* / beer pipe ‖ **~pumpe** *f* [zum Füllen der Fässer] / beer engine o. fountain o. pump ‖ **~schaum** *m* (Brau) / foam, head ‖ **~stein** *m* / beer scale ‖ **~treber** *pl* / malt husks o. grains o. returns *pl,* spent barley o. grains *pl,* draff ‖ **~trubsack** *m,* Trubsack *m* / beer filter bag ‖ **~wagen** *m* / beer lorry (GB) o. truck (US) ‖ **~würze,** Würze *f* (Brau) / wort, sweet wort, gyle ‖ **~zapfanlage** *f* / beer fountain o. tapping apparatus

Biesenfuß *m* (Nähm) / piping o. welting foot ‖ **~ mit Zusatzloch** (Nähm) / French piping foot

Bifa = Bundesinstitut für Arbeitsschutz

Bifaser *f* (Spinn) / bi-fiber, bicomponent fiber

bifilar·e Aufhängung, Bifilaraufhängung *f* / bifilar suspension ‖ ~ **gewickelt** / double-wound, bifilar ‖ **~e Wicklung,** Bifilarwicklung *f* (Elektr) / bifilar winding

Bifilare *f* / bifilary, bifilar conductor

Bifilar·spule *f* / bifilar coil ‖ **~wicklung** *f* (Elektr) / bifilar winding

bifokal / bifocal ‖ **~brille** *f,* -gläser *n pl* / bifocal glasses *pl*

bifunktionell / duofunctional

Bigfon *n,* breitbandiges integriertes Glasfaser-Fernmeldeortsnetz / integrated wide band local telephone network using glass fiber conductors, Bigfon

biharmonisch (Math) / biharmonic

Bikomponentengarn *n* / bicomponent yarn, conjugate yarn

bikonische Hülse (Spinn) / pineapple bobbin, biconical tube

bikonkav / biconcave, concavo-concave, double-concave

bi·konvex / biconvex, convexo-convex, double-convex ‖ **~lateral** / bilateral

Bild *n,* Abbildung *f* / figure, illustration, picture ‖ ~ (TV, Opt) / picture, image ‖ ~, Schema *n* / diagram, scheme ‖ ~, Abbildung *f* (Buch) / block, illustration, picture ‖ ~ (Münzw) / effigy ‖ ~, Lichtbild *n* / photograph, photographic picture ‖ ~ (IC) / pattern ‖ ~, Vollbild *n* (TV) / frame (the total picture) ‖ **~...,** Video… (TV) / video…, vision…, visual ‖ ~ **der Ware** (Textil) / appearance o. face of the cloth ‖ **im Raum erzeugtes** ~ (nicht auf der Leinwand) / aerial image ‖ **~abbereitung** *f* (Video) / image reconversion ‖ **~ablenkgenerator** *m* (TV) / field o. framing oscillator, frame sweep unit ‖ **~ablenkschaltung** *f* / vertical scanning circuit ‖ **~ablenkspule** *f* (TV) / frame deflecting coil ‖ **~ablenkung** *f* (TV) / picture scan ‖ **~abschattung** *f* (TV) / shading ‖ **~abstand** *m,* Entfernung Linse-Leinwand *f* (Film) / throw ‖ **~abtaster** *m* (TV) / scanner ‖ **~abtaströhre** *f* (TV) / flying-spot scanning tube ‖ **~abtastscheibe** *f* (TV) / disk scanner ‖ **~abtastung** *f,* -abtasten *n* (TV) / frame scan o. sweep ‖ **~amplitude** *f* (TV) / frame amplitude ‖ **~analysator** *m* (DV) / image-analyzing computer ‖ **~analyse** *f* / image analysis ‖ **~antenne** *f* / image antenna ‖ **~aufbereitung** *f* / image conversion ‖ **~auflösung,** Rasterfeinheit *f* (TV) / screen definition ‖ **~auflösung,** Wiedergabeschärfe *f* (TV) / resolution ‖ **~auflösung** *f* (Phot) / picture definition ‖ **~aufnahme** *f* / picture recording ‖ **~aufnahmegerät** *n,* -apparat *m,* -kamera *f* (TV) / pick-up equipment, film camera ‖ **~aufnahmeröhre** *f* (TV) / camera tube, image dissector ‖ **~aufnahmeröhre** *f* **mit eingebautem Sekundärelektronenvervielfacher** / image dissector multiplier ‖ **~aufrichtend** (Opt) / image erecting ‖ **~aufrichtung** *f* / erecting of the image ‖ **~aufrichtungssystem** *n,* -linsen *pl* (Opt) / image erecting system ‖ **~aufzeichnung** *f* (Tätigkeit) / picture o. vision o. visual recording ‖ **~aufzeichnungsgerät** *n* (Ferns) / television recording equipment ‖ **~ausfall** *m* / image drop-out, vision break ‖ **~ausschnitt** *m* / picture detail, trimming ‖ **~aussteuerung** *f* (TV) / picture control ‖ **~austastung,** -unterdrückung *f* (TV) / frame blanking o. suppression ‖ **~auswertung** *f* (Verm) / image evaluation, photo interpretation ‖ **~auszug** *m* **in Sepiafarbe** (Film) / sepia prints ‖ **~bahn** *f* (Film) / picture track ‖ **~band** *n* (Film) / film strip ‖ **~band** *n,* Diafilm *m* / slide film ‖ **~band** *n* (TV) / video tape, vision band ‖ **~bandbreite** *f* (TV) / video bandwidth ‖ **~bandkassettengerät** *n* / cassette video tape recorder ‖ **~bank** *f* / picture data base ‖ **~begrenzung** *f* (Dia) / dimension of mask ‖ **~bereich** *m* (Regeln, Math) / complex variable domain ‖ **~betrachter** *m* / film viewer ‖ **~breite** *f* (TV) / frame width ‖ **~breitenregelung** *f* (TV) / width control ‖ **~codiereinrichtung** *f* / frame coding device ‖ **~darstellung** *f* (Radar) / presentation ‖ **~datei** *f* / graphical metafile ‖ **~daten** *pl* (Raumf) / imagery ‖ **~dauer** *f* (TV) / picture duration (GB), frame rate (US) ‖ **~demodulation** *f* (TV) / video detection ‖ **~demodulator** *m,* -gleichrichter *m* / video rectifier ‖ **~dezentrierung** *f* (Radar) / off-centering ‖ **~drehung** *f* / image rotation ‖ **~ -Duplikat** *n* (Film) / picture dupe ‖ **~ -Dup-Negativ** *n* / negative picture dupe ‖ **~ -Dup-Positiv** *n* / positive picture dupe ‖ **~durchlauf** *m* (Plotter, Fehler) / scrolling ‖ **~durchlauf** *m* **[nach**

oben o. unten] (TV) / rolling [up o. down] of the picture, picture slip, field foldover ‖ ⮭**ebene** *f* / focal plane ‖ ⮭**eindruck** *m* (TV) / impression made by the picture ‖ ⮭**einstellknopf** *m* (Film) / image framing knob ‖ ⮭**einstellsignal** *n* (Faksimile) / framing signal ‖ ⮭**einstellspule** *f* (TV) / picture control coil ‖ ⮭**einstellung** *f*, -ausrichtung *f* (TV, Phot) / picture shift ‖ ⮭**element** *n* (TV) / picture element o. point ‖ ⮭**element-Folgefrequenz** *f* (Sichtanzeige) / refresh rate ‖ ⮭ **-Empfang** *m* / video reception ‖ ⮭**empfänger**, Faksimileempfänger *m* (Fernm) / phototelegraphic receiver

bilden, aufbauen / constitute ‖ ⬃, herstellen / compound ‖ ⬃, formen / mould (GB), mold (US) ‖ ⬃ (Zugang) / command ‖ ⮭ *n* **einer Warteschlange** / queueing *n*, queuing ‖ **[sich]** ⬃ / build up

bildend, darstellend / forming

Bild·endstufe *f* (TV) / final video stage ‖ ⮭**endverstärker** *m*, IPA *m* (TV) / IPA, image power amplifier

Bilder·haken *m* / wall hook

Bilderkennung *f* (Roboter) / image analysis, connectivity analysis

Bilderleiste *f*, -rahmenleiste *f* / chamfer for picture frames

bildern (Fehler) (Textil) / figure up, form patterns ‖ ⮭ *n*, Bildherstellung *f* / imagery, manufacture of prints

Bild·expansion *f*, Zeilenversatz *m* (TV) / line-pulling ‖ ⮭**fahrplan** *m* (Bahn) / graphic timetable, train diagram ‖ ⮭**fang** *m* (TV) / framing control, vertical hold control ‖ ⮭**fang** *m*, -fangregler *m* (TV) / vertical lock ‖ ⮭**fehler** *m* (TV) / image distortion o. defect ‖ ⮭**feinheit** *f* (Phot) / picture definition ‖ ⮭**feld** *n*, -fläche *f* (Opt) / picture field, image field ‖ ⮭**feld** *n*, -fläche *f* (Phot) / camera shooting field ‖ ⮭**feld** *n*, nutzbare Bildfläche (Buch) / image frame ‖ ⮭**feld** *n* (Film) / film frame ‖ ⮭**feldebener** *m* (Opt) / field flattener ‖ ⮭**feldlinse** *f* (Phot) / field lens ‖ ⮭**feldwähler** *m* (Phot) / single-window range-viewfinder ‖ ⮭**feldzerleger** *m* (TV) / picture dissector ‖ ⮭**fenster** *n* (Phot) / film o. picture window o. gate ‖ ⮭**fenster** *n* (Film) / image aperture ‖ ⮭**fensteraussparung** *f* / film gate opening ‖ ⮭**fernschreiben** *n* / telescript, telewriting ‖ ⮭**fernsprechen** *n* / conversation on the picturephone, videophone system o. service, television telephony ‖ ⮭**fernsprechen** / videophone *vi* ‖ ⮭**fernsprecher** *m*, Videophon *n*, Bildtelephon *n* / videophone, viewphone, picturephone (ATT) ‖ ⮭**fernsprechkonferenz** *f* / videophone conference, video conference ‖ ⮭**fläche** *f*, -ebene *f* (Phot) / perspective plane ‖ ⮭**fläche** *f*, -feld *n* / picture area ‖ ⮭**flugzeuge** *n pl* / mapping aircraft, aerial survey craft ‖ ⮭**folge** *f* (Phot) / time interval between exposures, timing of the shutter, consecutive release (US) ‖ ⮭**folge** *f* (Film) / frame rate ‖ ⮭**folgefrequenz** *f* (TV) / picture [repetition] frequency (GB), frame [repetition] frequency (US) ‖ ⮭**folgezeit** *f* (Verm) / exposure interval ‖ ⮭**format** *n* (Verhältnis Bildbreite zu Bildhöhe) (TV) / aspect o. picture ratio ‖ ⮭**frequenz** *f* (Phot) / filming speed, frames *pl* per second, fps ‖ ⮭**frequenzbereich** *m*, -abweichung *f* (TV) / white-to-black frequency deviation ‖ ⮭**funk** *m*, -telegrafie *f*, -übertragung *f* / video communication ‖ ⮭**funk…** / phototelegraphic ‖ ⮭**funk** *m* **für Halbtöne** / facsimile class B ‖ ⮭**funk** *m* **für Strichzeichnungen** / facsimile class A ‖ ⮭**funk** *m* **System Bélin** / video communication ‖ ⮭**funksender** *m* / video transmitter ‖ ⮭**funktion** *f* (Verm) / image function ‖ ⮭**generator** *m* (TV) / field oscillator, field-scan[ing] generator ‖ ⮭**gerät** *n* (Raumf) / imaging device o. system ‖ ⮭**gestalter** *m* (Film) / scenic designer ‖ ⮭**gewebe** *n* / figured fabric ‖ ⮭**gießerei** *f* / statue-casting ‖ ⮭**gleichlauffehler** *m* (TV) / frame slip o. pulling ‖ ⮭**gleichlaufimpuls** *m* (TV) / picture o. vertical sync[hronizing] pulse ‖ ⮭**gleichrichtung** *f* / video detection ‖ ⮭**grabscher** *m* (DV) / frame grabber ‖ ⮭**größe** *f* / size of the image ‖ ⮭**größe** *f* (Film) / size of picture area ‖ ⮭**größe** *f* (Repro) / image area ‖ ⮭**größe** *f*

bei Aufnahme u. Wiedergabe (Film) / photographed image size ‖ ⮭**größeneinstellung** *f* / picture size adjustment ‖ ⮭**güte** *f*, -qualität *f* / picture quality ‖ ⮭**hauptpunkt** *m* (Opt) / principal point of image ‖ ⮭**helligkeit** *f* (TV) / brightness (GB), brilliance (US) ‖ ⮭**helligkeitssteuerung** *f* / brilliance (US) o. brightness (GB) control o. modulation ‖ ⮭**höhe** *f* (TV) / picture height ‖ ⮭**höhenverstellung** *f* (TV) / height control ‖ ⮭**horizont** *m* (Opt) / image horizon ‖ ⮭**ingenieur** *m* (TV) / video engineer, vision control supervisor ‖ ⮭**intermodulation** *f* / crossview ‖ ⮭**kippen** *n*, -durchlauf *m* / picture o. frame roll, loss of picture lock ‖ ⮭**kippgenerator** *m* (TV) / vertical sawtooth generator o. sweep generator o. time-base generator ‖ ⮭**kippgerät** *n* / frame sweep unit ‖ ⮭**kippkreis** *m* (TV) / picture traversing circuit o. traverse ‖ ⮭ **-Kippschwingung** *f* (TV) / picture time-base oscillation ‖ ⮭**kippspannung** *f* (TV) / framing frequency voltage ‖ ⮭**kippstrom** *m* (TV) / framing frequency current ‖ ⮭**konservierung** *f* (Oszilloskop) / image persistence ‖ ⮭**kontrollempfänger** *m* / vision check receiver, television monitor ‖ ⮭**kontrollgerät** *n* (TV) / picture and waveform monitor ‖ ⮭**korrektur**, -störsignalkompensation *f* (TV) / frame bend ‖ ⮭**kraft** (Halbl) / image force ‖ ⮭**krümmung** *f* (Opt) / curvature of the field, field curvature ‖ ⮭**lage** *f* (Repro) / image orientation ‖ ⮭**länge** *f* (TV) / picture length, frame length ‖ ⮭**langspielplatte** *f* (TV) / video long play, VLP ‖ ⮭**leiste**, Buchdruckerleiste *f* / printer's flower ‖ ⮭**leitung** *f* (TV) / vision o. video circuit ‖ ⮭**leuchtdichte** *f* (TV) / luminance

bildlich·e Darstellung / pictorial representation

Bild·lupe *f* / magnifying picture viewer ‖ ⮭**marke** *f* (Film) / collimating point ‖ ⮭**marke** *f* (Mikrofilm) / document mark, blip ‖ ⮭**maske** *f* (TV) / framing mask ‖ ⮭**maske** *f* (Film) / filmgate mask ‖ ⮭**maß** *n* (Repro) / image area ‖ ⮭**maßstab** *m* (Phot) / photo scale ‖ ⮭**meßtechnik** *f* (Verm, Luftf) / photogrammetry, metrophotography ‖ ⮭**mischgerät** *n*, -mischer *m* (TV) / video mixer, vision mixer ‖ ⮭**mischpult** *n* / video mixing desk ‖ ⮭**mittendehnung**, -aufweitung *f* (Radar) / center expand ‖ ⮭**modulation** *f* (TV) / vision modulation ‖ ⮭**monitor** *m* (TV) / picture monitor ‖ ⮭**muster** *n pl* (Film) / rushes *pl* ‖ ⮭**mustererkennung** *f* (DV) / pattern recognition ‖ ⮭**mustergenerator** *m* (TV) / pattern generator ‖ ⮭**musterverarbeitung** *f* (DV) / pattern processing ‖ ⮭**negativ** *n* (Film) / picture negative ‖ ⮭**nummernfenster** *n* (Phot) / film window ‖ ⮭**öffnung** *f* (Film) / aperture ‖ ⮭**ort** *m* (Opt) / locus of the picture ‖ ⮭**pegelschwankung** *f* / fluctuation of picture level ‖ ⮭**plan** *m* (Luftf) / aerial o. air map ‖ ⮭**plastik**, Verwaschung *f* (Fehler, TV) / plastic effect ‖ ⮭**platte** *f* (TV) / video disk, television storage disk ‖ ⮭**plattenspieler** *m* / video disk player ‖ ⮭**positiv** *n* / positive [picture] ‖ ⮭**positiv** *n* **mit Magnetstreifen** (Film) / combined print ‖ ⮭**punkt** *m* (TV) / picture element o. point, scanning element, elemental area ‖ ⮭**punktdauer** *f* (TV) / persistence of the image spot ‖ ⮭**punktfrequenz** *f*, Videofrequenz *f* (TV) / video frequency, VF ‖ ⮭**punkthelligkeit** *f* / brightness of the image spot, brilance of the image spot ‖ ⮭**punktzahl** *f* / image spot number ‖ ⮭**randverschärfer** *m* / contour correction unit ‖ ⮭**raster** *m* / picture frame ‖ ⮭**rasterwandler** *m* (TV) / scan converter ‖ ⮭**raum** *m* / image space ‖ ⮭**reaktor** *m* (Nukl) / image o. virtual reactor ‖ ⮭**reporter** *m* / reporter-cameraman ‖ ⮭**röhre** *f* / kinescope (US), teletube (GB), [television] picture tube ‖ ⮭**röhrengeometrie** *f* / picture tube geometry ‖ ⮭**röhrenkennlinie** *f* / picture tube characteristic

bildsam, plastisch / plastic, ductile, kneadable ‖ ⬃**e Formgebung** / ductile forming

Bildsamkeit *f* / plasticity, ductility ‖ ⮭, Plastizität *f* (Ton) / plasticity

Bild·schaltung *f* (Film) / feed of frame ‖ ⮭**schärfe**, Tiefenschärfe *f* (Phot, Opt) / definition of the image, picture definition, focus (US) ‖ ⁓**schärfe, -güte** f / picture quality ‖ ⁓**schärfe** f (Phot, Opt) / definition ‖ ⁓**schärfe, Tiefenschärfe** f (Phot, Opt) / focus (US) ‖ ⁓**schaukeln** n (TV) / image drift ‖ ⁓**schieber** m (Diaskop) / picture slider

Bildschirm m, Display n (DV) / display [unit] ‖ ⁓, **-wand** f (Film) / projecting screen ‖ ⁓ (Ferns) / screen, telescreen ‖ ⁓ (Kath.Str) / tube face ‖ ⁓ (Repro) / translucent screen ‖ ⁓ (Radar) / display scope ‖ ⁓ **mit Bildwiederholung** / refresh display ‖ ⁓ **-Arbeitsplatz** m / video [work] station ‖ ⁓**ausdruck** m (DV) / screen dump ‖ ⁓**gerät** n, -terminal m / video terminal, CRT [display] screen, visual display unit, visual display terminal, VDT ‖ ⁓ **-Maßstab** m (Kath.Str) / display scale ‖ ⁓ **-Monitor** m / video monitor ‖ ⁓**programmierung** f (Über Bildschirmterminals) / VDT programming ‖ ⁓ **-Seitenwechsel** m (DV) / video terminal paging ‖ ⁓**text** m (über Telefon übertragen), Btx / viewdata pl, vidiotext, Vtx, interactive videography ‖ ⁓**text** m **für Heimgerät** / home video service ‖ ⁓ **-Textseite** f / full screen data pl ‖ ⁓**textsystem** n / view data system ‖ ⁓**träger** m (Radar) / display console ‖ ⁓**vorsatz** m (Radar) / control overlay ‖ ⁓**wandung** f (Kath.Str) / glass envelope of the TV-tube

Bild·schlupf (TV) / picture slip ‖ ⁓**schnitt** m (Film) / picture cutting o. editing ‖ ⁓**schreiber** m / facsimile recorder ‖ ⁓**schritt** m (TV) / frame gauge ‖ ⁓**schwarz** n (TV) / picture black ‖ ⁓**seite** f, Avers m (Münzw) / obverse [side], face of coins ‖ ⁓**seitenverhältnis** (TV) / aspect ratio, picture ratio ‖ ⁓**seitenverschiebung** f (Kath.Str) / horizontal centering control ‖ ⁓**seitenverschiebung** f (TV) / lateral shift ‖ ⁓**seitiger Hauptpunkt** (Opt) / internal perspective center ‖ ⁓**sendeausgang** m (TV) / video output ‖ ⁓**sender** m / video transmitter ‖ ⁓**signal** n (TV) / picture o. video signal, vision signal (GB) ‖ ⁓**signal** m **mit Austastung** (TV) / blanked picture signal ‖ ⁓**signalgeber** m (TV) / picture signal generator ‖ ⁓**signalmittelwert** m (TV) / video signal mean level, DC level ‖ ⁓**signal-Verteilverstärker** m (TV) / picture signal distribution amplifier ‖ ⁓**sondenröhre** f (TV) / image dissector ‖ ⁓**speicher** m, -speicherröhre f / image storage ‖ ⁓**speicherplatte** f (Röntgen, TV) / image storage plate o. retaining panel ‖ ⁓**speicherröhre** f (TV) / image storing tube, storage [camera] tube, iconoscope ‖ ⁓**speicherröhre** f, Ikonoskop n / iconoscope ‖ ⁓**speicherung** f **auf Band** / image storage on tape ‖ ⁓**speicherung** f (Kath.Str) s. Bildkonservierung ‖ ⁓**speicherung** f / image retention ‖ ⁓**sperre** f (TV) / picture trap ‖ ⁓**sperrschwinger** m (TV) / image output transformer ‖ ⁓**sprung** m / break of vision ‖ ⁓**sprungfreiheit** f (Opt) / zero image jump ‖ ⁓**stand** m / picture steadiness ‖ ⁓**standmeßfilm** m / picture steadiness measuring film ‖ ⁓**standsregelung** f (TV) / centering control ‖ ⁓**standsschwankungen** f pl (TV) / picture jitter ‖ ⁓**stein** m, Pagodit m (Min) / figure stone, agalmatolite, pagodite ‖ ⁓**stempel** m (Münzw) / effigy die ‖ ⁓**stern** m (TV) / vision switching center ‖ ⁓**stillstand** m (Kath.Str.) / display stabilization ‖ ⁓**stock** m (Buch) / [printing] block, cut, plate ‖ ⁓**störeinrichtung** f (Spinn) / antipatterning device, ribbon-breaker ‖ ⁓**stören** n (Spinn) / ribbon breaking ‖ ⁓**störsignalkompensation** f (TV) / frame bend ‖ ⁓**störung** f (TV) / image interference ‖ ⁓**störung durch zu lange Leitung** (TV) / long-line effect ‖ ⁓**streifen** m (TV) / film strip ‖ ⁓**strich, -steg** m (Film) / frame line o. bar, picture line ‖ ⁓**stricheinstellung** f (Filmprojektor) / framing ‖ **falsche** ⁓**strich-Einstellung** (Film) / misframing ‖ ⁓**strichgeräusch** n (Film) / frame [line] noise ‖ ⁓**suchlauf** m / cue review ‖ ⁓**synchronisierimpuls** m / picture sync[hronizing] pulse, vertical sync[hronizing] pulse ‖ ⁓**synchronisierlücke** f (TV) / frame sync gap ‖ ⁓**synchronisierung** f (TV) / vertical o. frame

synchronization ‖ ⁓**tanzen** n (TV) / unsteadiness of picture ‖ ⁓**telefon** n s. Bildfernsprecher ‖ ⁓**telegrafie** f / phototelegraphy, picture transmission, telephotography, facsimile, fax ‖ ⁓**telegramm** n / photoradiogram ‖ ⁓ **-Testfilm** m / picture test film ‖ ⁓**theodolit** m, -meßtheodolit m / photogrammetric theodolite ‖ ⁓**tiefensimulation** f (DV) / depth cueing ‖ ⁓ **-Ton-...** / picture-and-sound..., audio-visual ‖ ⁓ **-Ton-Abstand** m (Film) / picture-sound spacing ‖ ⁓ **-Ton-Kamera** f / double-headed camera ‖ ⁓**tonkopie** f (Film) / composite print ‖ ⁓ **-Tonträgerabstand** m (TV, Film) / vision to sound carrier spacing ‖ ⁓**träger** m (TV) / picture o. vision carrier ‖ ⁓**träger** m pl / image recording media pl ‖ ⁓**trägerabstand** m (TV) / [adjacent] vision carrier spacing ‖ ⁓**trägerplatte** f (Opt) / photocarrier ‖ ⁓**trägersperre** f (TV) / [adjacent] picture carrier trap ‖ ⁓**überblendung** f / cross-fading, [lap-]dissolve, mix[-through] ‖ ⁓**übersetzer** m / image processor ‖ ⁓**übertragung** f, Bildtelegrafie f / phototelegraphy ‖ ⁓**übertragung** f (TV) / video transmission ‖ ⁓**umformer** m / image converter ‖ ⁓**umkehrung** f / reversion of the image ‖ **[elektronische]** ⁓**umkehrung** (TV) / picture inversion ‖ ⁓**umlauf** m, Umlauf m (Anzeigegerät) / wraparound

Bildung, Erzeugung f / production

Bildungs·energie f / energy of formation ‖ ⁓**enthalpie** f / enthalpy of formation ‖ ⁓**fernsehen** n / educational television ‖ ⁓**geschwindigkeit** f / velocity of formation ‖ ⁓**reaktion** f (Chem) / reaction of formation ‖ ⁓**wärme** f (Chem) / heat of formation

Bild·unschärfe f / unsharpness ‖ ⁓**unterdrückung** f (TV) / frame blanking o. suppression ‖ ⁓**unterschrift**, -überschrift f, Legende f / caption, legend ‖ ⁓**verarbeitung** f (TV) / image processing ‖ ⁓**verdoppelung** f (TV) / ring[ing], split image (US) ‖ ⁓**verdrängung** f (Opt) / displacement ‖ ⁓**verriegelung** f (TV) / picture lock ‖ ⁓**verschiebung** f (Opt) / displacement ‖ ⁓**verschiebung** f (TV) / picture shift ‖ ⁓**verschiebung** f (Kath.Str.) / positioning ‖ ⁓**verstärker** m (TV) / image intensifier ‖ ⁓**verstärkerröhre** f / image intensifier tube ‖ ⁓**verstärkung** f (TV) / image amplification ‖ ⁓**verstärkung** f (Phot) / image enhancement ‖ ⁓**verzerrung**, -verzeichnung f (TV) / frame o. image distortion o. defect ‖ ⁓**verzerrung** f (infolge schlechter Synchronisierung) (TV, Radar) / jitter ‖ ⁓**vorlage** f (Phot, Zeichn) / original [picture] ‖ ⁓**wand** f, -schirm m / projecting screen ‖ ⁓**wand** f (Repro) / opaque screen ‖ ⁓**wandausleuchtung** f (Film) / screen luminance ‖ ⁓**wanderung** f / image motion ‖ ⁓**wandler** m / image converter ‖ ⁓**wandler** m (TV) / image sensor, photo-sensor ‖ ⁓**wandler** m **für Aufklärungszwecke** / reconnaissance image sensor ‖ ⁓**wandlerikonoskop**, Superikonoskop n (TV) / superemitron ‖ ⁓**wandlerröhre** f (TV) / image converter [tube] o. viewing tube ‖ ⁓**wandlerstufe** f, Vorabbildungsteil m / image converter stage ‖ ⁓**weberei** f, Muster-, Jacquardweberei f / fancy [jacquard] weaving, figure[d] weaving ‖ ⁓**wechselfrequenz** f (TV) / vertical o. frame o. picture frequency, frame repetition rate ‖ ⁓**[wechsel]zahl** f, Bildwechsel m pl (Film) / number of frames/sec ‖ ⁓**weiche** f (Mikrosk) / observation module ‖ ⁓**weise Schaltung** (Film) / intermittent film feed o. motion ‖ ⁓**weiß** n (TV) / picture white ‖ ⁓**weite** f / image distance ‖ ⁓**werfer** m / projecting o. projection apparatus, projector ‖ **tragbarer** ⁓**werfer** (in Kasten) / projection kit ‖ ⁓**werfer** m **für Stehbilder**, [Epi]diaskop n / epidiascope ‖ ⁓**werferlampe**, -wurflampe f / projection o. projector lamp ‖ ⁓**werferraum** m (in dem die Projektionsausrüstung installiert ist) / projection booth ‖ ⁓**wicklung** f (Spinn) / ribbon winding ‖ ⁓**wiedergabe** f / reproduction of the picture o. image, pictorial reproduction ‖ ⁓**wiedergabe** f (Plotter) / verification plot ‖ ⁓**wiedergabe** f **aus Kassetten** / video playback ‖

~wiedergaberöhre f / television o. picture o. pick-up tube, kinescope (US) ‖ ~wiederherstellung f / image conditioning ‖ ~wiederholspeicher m (DV) / display memory ‖ ~winkel m (Film) / image angle ‖ ~wirksam / photogenic ‖ ~wölbung f (Opt) / curvature of the field ‖ ~zahl f (Film) / frames/sec ‖ ~zähler m, -zählwerk n (Film) / frame counter ‖ ~zeichen n (allg) / graphical symbol ‖ ~zeile f (TV) / line of a scanned image, picture o. scanning line ‖ ~zeile, -unterschrift f (Buch) / cut-line ‖ ~ -Zeit-Basis f / picture time base ‖ ~zerleger m (TV) / picture analyzer ‖ ~zerlegung f (bei Aufnahme) (TV) / scanning ‖ ~ -zu-Bild-Codierung f / interframe coding ‖ ~zusammensetzung f (bei Wiedergabe) (TV) / scanning ‖ ~zwischenfrequenzfilter n (TV) / picture carrier filter ‖ ~zwischenfrequenzgleichrichter m, -demodulator m (TV) / picture carrier demodulator
Bilge f (Schiff) / bilge, bottom, bulge
Bilgen·pumpe f / bilge pump ‖ ~rohr n / bilge pipe ‖ ~wasser n / bilge water
Bilharziose f / bilharziasis
bilinear / bilinear
Bili·rubin n (Gallenfarbstoff) / bilirubin ‖ ~verdin, Gallengrün n / biliverdin
"Billard"-System n (von Planet A zu B getrieben werden) (Raumf) / billiard system
Billardtuch n (Textil) / billiard cloth
Billet n, Fahr-, Eintritts- usw. -karte f / ticket
Billettdruckmaschine f (Buch) / ticket printing machine
Billian n, Borneo-Eisenholz n / billian
Billiarde f, 10^{15} / one thousand billions (GB) o. trillions (US), quadrillion (US))
billig, wirtschaftlich / economical ‖ ~tarifzeit f (Fernm) / non-busy hour
Billingschrift f / Billing script
Billion f, 10^{12} / billion (GB), trillion (US))
Billitonzinn n / Billiton tin
Billon n (Metall-Legierung) / billon
Billy-Roller m (Spinn) / billy-roller
Biluxlampe f (Kfz) / bilux bulb
Bimetall m / bimetal ‖ ~auslöser m / bimetallic release ‖ ~druckplatte f (Buch) / bimetallic printing plate ‖ ~relais n, -schalter m / thermorelay ‖ ~schalter m / bimetallic release o. cutoff, thermal time delay switch ‖ ~sicherung f (Elektr) / bimetal fuse strip ‖ ~streifen m / bimetallic strip ‖ ~thermometer n / bimetallic strip thermometer
Bimli m, Bimli-Jute f, Kenaf m / kenaf
bimolekular / bimolecular
Bimos, bipolarer CMOS (Halbl) / bimos
Bims·beton m / pumice stone concrete ‖ ~betonstein, Schwemmstein m / Rhenish o. floating brick ‖ ~diele f, Bimsbeton-, -zementdiele f / pumice stone concrete deal o. slab
bimsen, dolieren (Leder auf der Fleischseite) / fluff (leather on the flesh side) ‖ ~, abbimsen, mit Bimsstein abschleifen / sleeken with pumice stone
Bims·hohlblockstein m / pumice block ‖ ~kies, Naturbimsstein m (Geol) / pumice ‖ ~stein m / pumice stone ‖ ~steinartig, -haltig, -ähnlich / pumiceous ‖ ~steinpapier n / pouncing paper ‖ ~steinpulver n / pounce ‖ ~steinseife f / pumice soap ‖ ~tuff m, -konglomerat n / pumice stone tuff
binär, Binär... / binary, radix two... ‖ ~ codiert dezimal, BCD... (DV) / binary coded decimal ‖ ~es Element (DV) / binary cell, binary logic element ‖ ~ gelocht / binary punched ‖ ~ gesetzte Dezimalschreibweise / binary coded decimal notation ‖ ~e Legierung / binary alloy ‖ ~er Nullzustand (DV) / nought state ‖ ~e Pulslagenmodulation / binary phase shift keying, BPSK ‖ ~e Rechenoperation / binary arithmetic operation ‖ ~e [Schalt]variable / binary variable ‖ ~e Speicherzelle, Binärzelle f, -element n / binary cell ‖ ~er Stellenwert / binary weight ‖ ~e Suche (DV) / dichotomizing search, binary chop, binary search ‖ ~es

System (Hütt) / binary system ‖ ~e Variable (DV) / two-valued variable ‖ ~e Verbindung (Chem) / binary compound, homochemical compound ‖ ~es Verschieben (DV) / logic[al] shift, circular shift ‖ ~ verschlüsselte Dezimalziffer / binary coded decimal digit ‖ ~es Zahlensystem / binary number system ‖ ~code für Dezimalziffern (DIN) m / binary coded decimal code, BCDC ‖ ~code m für Dezimalziffern, BCD-Code m / BCDC, binary coded decimal code ‖ ~ -codierte Darstellung / binary-coded notation ‖ ~codierung f / binary coding ‖ ~darstellung f / binary notation ‖ ~daten pl / binary coded data ‖ ~ -Dezimal-Umwandlung f / binary-to-decimal conversion ‖ ~ -Dezimal-Wandler m / binary-to-decimal converter ‖ ~element n (DV) / binary cell, binary logic element ‖ ~inverter m (Elektronik) / binary inverter ‖ ~lochkarte f / row-binary card ‖ ~lochkarte f / row binary card ‖ ~operator m / binary operator ‖ ~punkt m (Math) / binary point ‖ ~signal n (DV) / binary signal ‖ ~spalte f / binary column ‖ ~stelle f, Bit n / binary digit, bit ‖ ~stelle f (in einem Wort) / bit position ‖ ~stelle f, Binärspeicherelement n (DV) / two-state device, bit location ‖ ~system n (Math) / binary system ‖ ~ im ~system ausgedrückt / binary adj ‖ ~untersetzer m, -zählstufe f / binary divider ‖ ~zahl f / binary number ‖ ~ zusammenhängendes ~zahlenwort (DV) / gulp ‖ ~zähler m / binary counter ‖ ~zeichen n / binary character ‖ ~ziffer f (IBM) / binary numeral ‖ ~ziffernreihe f / binary digit string
binaural, zweiohrig / binaural
Binde f, Band n / band ‖ ~, Verbandszeug n, Verband m / bandage, swathe ‖ ~..., Kohäsions... / cohesive ‖ ~balken, -riegel m (Hydr) / bind-rail ‖ ~balken, Zugträger m (Bau) / tie beam ‖ ~balken m (Dach) / principal beam o. girder, chief beam o. girder ‖ ~band n / binding tape ‖ ~band n für Kabelbäume / lacing tape ‖ ~blech n (Stahlbau) / batten o. tie o. stay plate ‖ mit ~blechen zusammengesetzt (Stahlbau) / connected by batten plates ‖ mit ~blechen zusammengesetzte Stütze (Stahlbau) / battened stanchion ‖ ~draht m / binding wire, nealed wire ‖ ~draht m (Elektr, Fernm) / tie wire for insulators ‖ ~draht m für Seile / seizing wire ‖ ~eisen n, Nabeleisen n (Glas) / pontil, spinning rod, punty, puntee, pontie, sticking-up iron (US) ‖ ~fäden m pl (Textil) / binding threads pl ‖ ~fähigkeit s. Bindekraft ‖ ~fehler m (Schw) / lack of fusion ‖ ~garn n (Landw) / binding twine ‖ ~garn n (für Ballen) (Landw) / baler twine ‖ ~gewebsleim m / collagen, collagen ‖ ~glied n / tie, link ‖ ~kette f (Web) / binder o. binding warp, stitching warp ‖ ~klammer f / clamp connector ‖ ~kraft, Klebkraft f / adhesiveness, adhesive force ‖ ~kraft f / setting strength ‖ ~kraft, -fähigkeit f, -vermögen n (allg, Leim) / binding power o. strength ‖ ~kraft, -fähigkeit f, -vermögen n (Farbe, Zement) / setting power o. strength ‖ ~kraft, Kohäsion f / coherence, coherency, cohesive force ‖ ~latte f (Tischl) / tie lath ‖ ~mäher m, Mähbinder m (Landw) / harvester-binder ‖ ~mäher für Schlepperzug (Landw) / tractor binder ‖ ~metall n (Pulv.Met) / auxiliary metal, binder o. binding metal ‖ ~metall-Legierung f (Sintern) / binder alloy ‖ ~mittel n / fixing agent o. medium o. means ‖ ~mittel n, Kitt m / lute, luting ‖ ~mittel n, Binder m / binding agent, binder, bonding agent o. medium ‖ ~mittel n, Kleber m / adhesive [cement o. substance], agglutinant, cement ‖ ~mittel n, Vehikel n (Farbe) / vehicle, medium ‖ ~mittel n (Pulv.Met) / plasticizer ‖ ~mittel n (Schleifscheibe) / bonding material ‖ ~mittel n (Straßb) / binder ‖ ohne ~mittel / uncemented ‖ ~mittelabwanderung f / migration of binders ‖ ~mitteldispersion f / dispersion binder ‖ ~mitteleinspritzung f (Straßb) / binder injection ‖ ~mittelemulsion f / emulsion binder ‖ ~mittelgehalt m (Bau) / proportion of cementing agent ‖ ~mittellösung f (Farbe) / vehicle, medium ‖ ~mittelsuspension f /

binder suspension ‖ **~mittelüberzug** *m* (Straßb) / binder coating

binden *vi* (Zement) / set, bind, cement o. hold well ‖ **~**, ver-, zusammenbinden / band, bind, tie [up] ‖ **~** (Buch) / bind ‖ **~**, Schnüren *n* / tying **~** *n*, Abbinden *n* (Zement) / setting, cementing ‖ **~** (Leitungsdraht) / ligature, binding ‖ **die Wärme ~** / store up heat ‖ **in Pappe ~** / board *v* ‖ **Staub ~** / consolidate dust

Bindenaht *f* (Plast) / joint line

bindend *adj* / binding

Binde·phase *f* (Sintern) / binder phase ‖ **~programm** *n* (DV) / connective program ‖ **~punkt** *m* (Textil) / interlacing point, tie-up point ‖ **gezeichneter ~punkt** (Textil) / riser

Binder *m* (durchgehender Stein) (Bau) / binder, bond o. binding stone, perpendstone, perpend[er] ‖ **~**, Kopfziegel *m* (Maur) / header ‖ **~** (Dach) / main couple o. truss ‖ **~**, Modulbinder *m* (DV) / linkage editor ‖ **~**, Bindemittel *n* (Straßb) / binder ‖ **~ für Programme** (DV) / linkage editor ‖ **~ mit runder Ecke** (Bau) / bullheader (brick) ‖ **falscher ~**, ausgewechselter Balken, Stichbalken *m* / trimmed joist **~abstand** *m*, -entfernung *f* / distance between trusses, spacing of trusses

Binderand *m* (Buch) / bindery edge

Binder·ansammlung *f* (Hartmetall) / binder pool ‖ **~balken** *m* (Dach), Bundbalken *m* / principal o. chief beam o. girder, main beam of a truss-frame ‖ **~dach** *n* / couple-close roof

Bindereif *m* (Faß) / binding hoop

Binder·farbe f, Dispersionsanstrichmittel *n* (mit Bindemittelsuspension) / dispersion paint ‖ **~farbe** *f* (mit Bindemittelemulsion) / emulsion paint, oil-bound water paint ‖ **~gespärre** *n* (Bau) / principal rafters *pl*

Binde·riegel *m* (Zimm) / tie, rail, cross-bar ‖ **~ring** *m* **für Planen** (Bahn) / tie ring, tarpaulin eye

Binder·phase *f* (Sintern) / binder phase ‖ **~scheibe** *f* (Bau) / truss float ‖ **obere ~schicht** (Straßb) / binder course ‖ **untere ~schicht** (Straßb) / base course ‖ **~schicht** *f* (Bau) / heading course ‖ **~sparren** *m*, Bundsparren *m* (Zimm) / common o. binding rafter, principal rafter ‖ **~verband** *m* (Bau) / quarter o. header o. heading bond

Binde·schicht *f* (Gummi) / bonding layer ‖ **~strich** *m* / division, hyphen ‖ **~strich** (von 1 Quadrat Länge) (Buch) / em-rule o. -score, metal o. mutton rule ‖ **~strich** (von 1/2 Quadrat Länge) (Buch) / en-rule o. score (half the width of an em-rule) ‖ **~strich**, Gedankenstrich *m* (je nach Dickte) (Buch) / score ‖ **~symbol** *n* (DV) / series connective ‖ **~vorrichtung** *f* (Landw) / binder attachment

Bindfaden, Strick *m* / cord, string ‖ **[grober] ~** / coarse o. pack thread, packing cord, twine ‖ **~brücke** *f* (Spinn) / twine holder ‖ **~knäuel** *n*, -rolle *f* / string reel ‖ **~-Leistenzusammensetz-Maschine** *f* (Holzbearb) / twine type matching machine ‖ **~rolle** f, -abroller *m* / twine dispenser

bindig (Boden) / cohesive

Bindigkeit *f* **des Bodens** / coherence, coherency

Bindigkeits·prüfung *f* (Straßb) / friability test

Bind- und Flechtindustrie *f* / narrow fabric and braiding-industry

Bindung f, Binden *n* / binding, bond ‖ **~** (Chem, Phys) / linkage, bond ‖ **~**, Bindungsart *f* (Web) / [kind of] weave, texture ‖ **~** (Schleifscheibe) / bond ‖ **~** (Schw) / fusion ‖ **~ von Sieben** / joint of sieves ‖ **eine ~ zeichnen** (o. entwerfen) (Web) / plot a weave ‖ **koordinative ~** (Chem) / dative bond

Bindungs·art *f* (Phys) / kind of linkage ‖ **~bild** *n* (Web) / weave pattern ‖ **~elektron** *n* (Phys) / bonding electron, linkage electron ‖ **~energie** *f* (Phys) / bond o. binding energy, linkage energy ‖ **~energie** *f* **pro Partikel**, Bepp *n* (Nukl) / binding energy per particle, bepp ‖ **~fähigkeit** *f* (Chem) / combining capacity ‖ **~fähigkeit** *f* (allg) / adhesive force o. power ‖ **~fehler** *m* (Web) / weave o.

weaving fault ‖ **~isomer** *n* / place-isomeric by linkage ‖ **~kraft** *f* (Chem) / linkage force ‖ **~lehre** *f* (Textil) / theory of interlacing ‖ **~muster** *n*, Webmuster *n* / weave design o. pattern ‖ **~patrone** *f* (Web) / weave design o. diagram ‖ **~punkt** *m* (Textil) / stitcher, crossing o. interlacing point ‖ **~rapport** *m* (Textil) / repeat of pattern o. weave, pattern repeat ‖ **~struktur** *f* (Chem) / bonding structure, bond structure ‖ **~system** *n* (Chem) / bond system ‖ **~wärme**, Hydratationswärme *f* / heat of linkage, hydration heat ‖ **~wechsel** *m* (Web) / change of weave ‖ **~wertigkeit** f, Kovalenz *f* / covalence, -ency ‖ **~zeichnung** *f* (Web) / point paper design o. draft

Bineutron *n*, Dineutron *n* / dineutron

Binghamsch·er Körper / Bingham body ‖ **~e Strömung** / Bingham flow

Binistor *m* (bistabiles Kippglied) / binistor

Binit, Bit *n* (DV) / binit, bit

binnen·bords (Schiff) / inboard ‖ **~container** *m* / inland container, binnen container (DIN 15190) ‖ **~deich** *m* (Hydr) / inner dam ‖ **~gewässer** *n pl* / inland o. fresh waters *pl*, continental waters (US) *pl* ‖ **~hafen** *m*, Hafenbecken *n* / inner harbour, basin ‖ **~hafen** *m*, Flußschiffhafen *m* / river harbour ‖ **~hafen-Bahnhof** *m* / riverside station ‖ **~haut** *f* (Schiff) / ceiling plate ‖ **~kanal** *m* / inland canal ‖ **~kiel** *m* (Schiff) / kelson ‖ **~land-Frachtpalette** (Schiff) / [cargo] flat ‖ **~schiff** *n* / river boat ‖ **~schiffahrt** *f* / inland navigation ‖ **~verkehr** *m* / home o. internal o. inland traffic o. communication, domestic traffic ‖ **~wasser** *n* s. Binnengewässer ‖ **~wasserstraße**, -schiffahrtsstraße *f* / inland waterway

Binnit *m* (von Des Cloizeau) (Min) / binnite

Binodalkurve *f* / binodal curve

Binode, Doppeldiode *f* (Elektronik) / binode, double diode, duo-diode

binokular / binocular ‖ **~tubus** *m* / binocular body

Binom *m* (Math) / binomial

binomial·e Grundgesamtheit / binomial population ‖ **~koeffizient** *m* / binomial coefficient ‖ **~satz** *m* / binomial theorem ‖ **~-Torder** *m* (Wellenleiter) / step (US) o. binomial (GB) twist ‖ **~verteilung** *f* (Statistik) / binomial distribution ‖ **~wahrscheinlichkeit** *f* / binomial probability

binomisch, binomial / binomial ‖ **~e Gleichung** / binomial equation ‖ **~e Reihe** / bonomial series ‖ **~e Verteilung** / binomial distribution

Bio·astronautik *f* / bi[o]astronautics *sg* ‖ **~bewuchs** *m* (Schiff) / biofouling ‖ **~chemie** *f* / biochemistry ‖ **~chemisch** / chemischer Sauerstoffbedarf, BSB (Abwasser) / biochemical oxygen demand, B.O.D. ‖ **~chip** *n* / biochip ‖ **~dynamik** *f* / biodynamics *sg* ‖ **~dynamisch** / biodynamic ‖ **~elektronik** *f* / bioelectronics ‖ **~gas**, Faulgas *n* / fermentation gas, biogas, digester gas ‖ **~gen**, aus Leben entstanden / biogenous ‖ **~genes Gestein** *n*, Biolith *m* / biolith, biolite, biogenic rock ‖ **~genetisches Grundgesetz** / biogenetic law ‖ **~geochemisch** / biogeochemical ‖ **~instrumentierung** *f* (DV) / bio-instrumentation ‖ **~katalysator** *m* / biocatalyst ‖ **~klimatologie**, Bioklimatik *f* / bioclimatology ‖ **~kristall** *m* / biocrystal ‖ **~kristallographie** *f* / biocrystallography ‖ **~kybernetik** *f* / biocybernetics *sg* ‖ **~logie** *f* / biology

biologisch / biological ‖ **~er Abbau** / biological degradation, biodegradation ‖ **~ abbaubar** / biodegradable ‖ **~e Abbaubarkeit** / biodegradability ‖ **~e Abfallstoffe** *m pl* (Raumf) / biowaste ‖ **~e Abschirmung**, biologischer Schild / biological shield ‖ **~er Betonschild** (Reaktor) / concrete biological shield ‖ **~e Forschung** / bioresearch ‖ **~e Halbwert[s]zeit** / biological half-life ‖ **~er Isolieranzug** (Raumf) / BIG, biological insulation garment ‖ **~e Kampfmittel** *n pl* / biological weapons *pl* ‖ **~e Kläranlage** / biological

filter plant ‖ ~e **Klärgrube** (Abwasser) / septic tank ‖
~er **Kohlenstoff-Kreislauf** / biological carbon cycle ‖
~e **Konzentration** / biological concentration ‖ ~er
Landbau / biological agriculture ‖ ~e **Oxidierung** /
biological oxidation ‖ ~e **Pflanzenzucht** / biological
engineering ‖ ~e **Prüfung**, Biotest *m* / bioassay ‖ ~er
Rasen (Abwasser) / filter film ‖ ~es **Röntgenäquivalent**,
rem, Rem *n* / rem, röntgen equivalent man ‖ ~er
Sauerstoffbedarf, B.S.B. 5 / biological oxygen
demand, B.O.D.5 ‖ ~er **Schild** (Nukl) / biological shield
‖ ~es **Spektrum** / biological spectrum ‖ ~e **Statistik** s.
Biometrik / biometry ‖ ~er **Strahlenschaden** / radiation
injury ‖ ~e **Uhr** / biological clock, body clock,
biorythm ‖ ~e **Verschmutzung** / biological
contamination ‖ ~e **Wirkung** / biological effect ‖
~ **zersetzbar** / biodegradable, biodestructible,
bioderiable ‖ ~ **-medizinisch** / biomedical
Bio·lumineszenz *f* / bioluminescence ‖ ~**masse** *f* /
biomass ‖ ~**medizinischer Reaktor** / biomedical
reactor ‖ ~**medizinische Technik** / biomedical
engineering ‖ ~**meteorologie** *f* / biometeorology ‖
~**metrik**, -metrie *f*, biologische Statistik / biometry ‖
~**mineralisation** *f* / biomineralization
Bionik *f* / bionics *sg*
Bio·nutzlastbehälter *m* (Raumf) / biopack ‖ ~**physik** *f* /
biophysics *sg*
Bios *n* **eines Gebietes** / biota *pl* ‖ ~ **I**, Inosit I *m* (Chem) /
bios
Biosatellit *m* (Raumf) / biosatellite
Biose, Disaccharose *f*, Disaccharid *n* / disaccharose,
disaccharide
Bio·sensor *m* / biosensor ‖ ~**sphäre** *f* / biosphere ‖ **durch**
menschliche Einwirkung sich ändernde ~**sphäre** /
noo-sphere
Biot, Bi (Einheit des Stromes, 1 Bi = 10 A) (veraltet) /
biot
Bio·technik *f* / biotechnics *sg*, bio-engineering ‖
~**technologie** *f* (Lehre von der Biotechnik) /
biotechnology ‖ ~**telemetrie** *f* / biotelemetry,
ecotelemetry
Biotin, Anorthit *m* (Min) / biotine, anorthite ‖ ~ *n*, Vitamin
H *n* / biotin, vitamin H
biotisch, Lebens… / biotic ‖ ~er **Faktor** / biotic factor
Biotit *m* (Glimmer) (Min) / biotite, black mica ‖ ~**granit** *m*
(Geol) / granitite
Biotop *n* / biotope
Biot·-Savartsches Gesetz / Biot-Savart's law
Bio·-Wissenschaft *f* / life science ‖ ~**zid** *n* / biocide *n* ‖
~**zid** *adj* / biocide, -cidal
bipolar (Phys, Elektr) / bipolar, double-pole… ‖ ~er **Code**
hoher Dichte / high-density bipolar code ‖ ~er
Kondensator / d.c. electrolytic capacitor ‖ ~e **Technik**
(Halbl) / bipolar technology ‖ ~er **Transistor** / bipolar
transistor
Bi·prisma *n* (Opt) / biprism ‖ ~**quadratisch** (Math) /
biquadratic, fourth-power…
Biquarz *m*, Doppelquarz *m* / biquartz
biquinär, Biquinär… (Math) / biquinary ‖ ~**code** *m* /
biquinary code
Bireflexion, Reflexionspleochroismus *m* (Krist) / double
reflection
Birke *f*, Betula / birch, betula
Birken·holz *n* / birchwood ‖ ~**[holz]teer** *m* (aus Betula
alba) / empyreumatic birch tar oil ‖ ~**maser** *f* / curled
birch wood
Birma-Eisenholz *n* / pyinkado, Burmese ironwood
Birnbaumholz *n* / pear [tree] wood
Birne *f* (Elektr) / glass bulb ‖ ~ (Hütt) / converter
Birnen·blattsauger *m* / pear sucker, Psylla pyricola ‖
~**blitz** *m* (einmal verwendbar) (Phot) / photoflash
[lamp], flash bulb ‖ ~**ester** *m* / isoamyl acetate, pear oil
‖ ~**förmig** / pear-shaped, pyriform
Birntaster *m* (Elektr) / pear switch
Birotation *f* / birotation, mutarotation

Bisazofarbstoff *m* / bisazo dyestuff
bi·sektionelles Suchen (DV) / dichotomizing o. binary
search ‖ ~**sektrix** *f* (Krist) / bisectrix ‖ ~**silikat** *n* /
bisilicate
Biskuit *m*, getrockneter Emailauftrag / bisque ‖ ~**brand**
m (Keram) / biscuit baking ‖ ~**ofen** *m* (Keram) / biscuit
oven ‖ ~**porzellan** *n* (mattweißes Porzellan) /
semivitrified porcelain, biscuit, bisque
Bismarckbraun *n*, Vesuvin *n* (Färb) / Bismarck- o. gold
brown, English o. cinnamon brown, Manchester o.
phenylene brown
Bismuthinit, Bismutin *m*, Wismutglanz *m* (Min) /
bismuthinite, bismuth glance
Bismutylnitrat *n* / bougival white
bisphärische Linse *f* / bispheric lens
Bisphenoid *n* (Krist) / bisphenoid
Bisphenol-A-Epoxydharz *n* / bisphenol-A-epoxy resin
Biß *m* / nip
Bissel-Drehgestell *n* (Bahn) / bissel-type truck
Bißwinkel *m* (Brecher) / angle of nip
bistabil / bistable ‖ ~es **Bauelement** (Elektronik) / two-state
device ‖ ~es **Kippglied**, Flip-Flop *m n* / bistable
[trigger] circuit, bistable trigger, Eccles-Jordan circuit,
flip-flop (term strongly deprecated) ‖ ~er **Kreis**
(Elektronik) / lock-over circuit ‖ ~er **Kreis**,
Zweifachuntersetzer *m* / scale-of-two [circuit] ‖ ~es
Relais / side-stable relay
Bister *n* (Farbe) / bistre, bister (US) ‖ ~ *adj*,
bisterfarben / bistered, bistre, bister (US)
Bi·sulfat *n* / bisulphate ‖ ~**sulfid** *n*, Disulfid *n* / disulphide
‖ ~**sulfit** *n* / bisulphite, hydrogen sulphite
Bit *n* / bigit, binary digit ‖ ~, Shannon *n* (Einheit für die
Anzahl der Binärentscheidungen) / shannon ‖ ~s
eliminieren / strip ‖ ~ **je Sekunde** *n pl* / bps ‖ ~**anzahl**
f / bit rate ‖ ~**bündel** *n* (DV) / burst ‖ ~**dichte** *f* (DV) /
bit density, packing density ‖ ~**ebene** *f* (DV, Speicher) /
digit plane
biternär / biternary
Bit·fehlerquote *f* / bit error rate, BER, binary digit error
rate ‖ ~**fluß** *m*, Bitstrom *m* / bit stream ‖ ~**folge** *f* / bit
rate ‖ **feste** ~**gruppe**, Maske *f* (DV) / mask ‖ ~**ketten-**
Operator *m* / bit-string operator ‖ ~ **-Kombination** *f*,
Bitmuster *n*, -struktur *f* (DV) / bit configuration, bit
pattern ‖ ~**organisierter Speicher** (DV) / bit-organized
memory ‖ ~**parallel** (DV) / parallel by bit ‖
~**ratenkompression** *f* (DV) / bit rate compression ‖
~**regler** *m* / bit conditioner ‖ ~**/Sekunde** / bits per
second, bps ‖ ~**seriell** (Elektronik) / serial by bit ‖
~ **-Slice-Processor** *m*, kaskadierbarer Prozessor / bit-
slice processor ‖ ~ **-sparsam** (DV) / bit efficient ‖
~**stelle** *f* (innerhalb eines Worts) / bit position ‖
~**strom-Chiffrierung** *f* (DV) / stream ciphering ‖
~**sucher** *m* / bit viewer ‖ ~**takt** *m* / bit timing
bitte Kleingeld bereithalten / please pay correct money,
please have change ready ‖ ~ **warten!** (Fernm) / stand-
by!, hold the line! (US)
bitter / bitter ‖ ~e **Orange** *f* / bitter o. Seville orange ‖
~**erde** *f* / oxide of magnesium, magnesia ‖ ~**keit** *f*,
Herbe / acerbity, tartness ‖ ~**magnet** *m* (nach Francis
Bitter) / Bitter magnet ‖ ~**mandelgrün** *n* /
benzal[dehyde] green, malachite green, solid green O ‖
~**mandelöl** *n*, Benzaldehyd *m* / bitter almond oil,
benzaldehyde ‖ ~**salz** *n* (Chem, Min) / bitter salt, Epsom
salts *pl*, epsomite, magnesium sulphate ‖ ~**salzappretur**
f (Textil) / magnesium sulphate finish ‖ ~**spat** *m*,
Magnesiumcarbonat *n* / bitter spar ‖ ~**spule** *f* (Phys) /
Bitter coil ‖ ~**stoff** *m* (Chem) / bitter principle ‖ ~**stoff**
m, -mittel *n* (Brau) / bittern ‖ ~**stoffwert** *m* (Brau) /
bittering power ‖ ~**streifen** *m pl* (Magnet) / Bitter
powder o. pattern
Bit-Übertragungsschicht *f*, Schicht 1 *f* (OSI) / physical
layer
Bitukies *m* (Straßb) / bituminous base course

Bitumen *n,* Asphaltbitumen *n* / bitumen, asphalt (US) ‖ ⁓ für Schwarzdeckenmischgut (Straßb) / enamel ‖ ⁓ mit Fluxmittel / fluxed bitumen ‖ ⁓ -Asbest-Überzug *m* / bitumen-asbestos mastic ‖ ⁓bahn *f* / bitumen sheeting ‖ ⁓beständig (Plast) / bituminous-resistance… ‖ ⁓dachpappe *f* / bitumen roofing felt, bituminized felt ‖ ⁓dachschindel *f* / asphalt shingle ‖ ⁓decke *f* (Straßb) / bitumen pavement, bituminous layer o. carpeting o. pavement, black top ‖ ⁓emulsion *f* / bituminous emulsion, cut-back [bitumen], asphalt emulsion (US) ‖ ⁓erzeugnis *n* / bituminous product ‖ ⁓farbe f, -lack *m* / bituminous paint ‖ ⁓farbe *f* / bituminous paint ‖ ⁓heiß- o. -kaltanstrich *m,* Goudron *m n* / goudron ‖ ⁓ -Holzfaserplatte f, BPH / asphalt-treated board ‖ ⁓isolierpappe *f* / bituminous felt ‖ ⁓kitt *m* / bituminous cement, asphalt cement (US) ‖ ⁓klebstoff *m* / bituminous mastic ‖ ⁓korkfilz *m* / bituminized cork felt ‖ ⁓ -Korrosionsschutz *m* (Rohre) / bitumen coating o. lining ‖ ⁓lack *m* / bitumen varnish ‖ ⁓lack *m* für Rohre / enamel for pipes (GB) ‖ ⁓preßmassen *f pl* / bituminous plastics *pl* ‖ ⁓zwischenlage *f* (Straßb) / bituminous layer

bituminieren, mit Bitumen bestreichen / bituminize, asphalt (US)

bituminiert·e Dehnungsfuge / asphalt expansion joint ‖ ⁓es Kraftpapier / ibeco wrapping ‖ ⁓es Papier, Teerpapier *n* / tarred brown paper ‖ ⁓er Zuschlag, Asphaltsplitt *m* (Straßb) / precoated aggregate

bituminös / bituminous ‖ ⁓es o. teerhaltiges Bindemittel (Straßb) / asphalt binder (US), bituminous binder (GB) ‖ ⁓e Braunkohle / bituminous lignite ‖ ⁓e Makadamdecke (o. Schotterdecke) (Straßb) / tarmacadam ‖ ⁓er Maueranstrich (o. Betonanstrich) / bituminous protective coating ‖ ⁓er Schiefer / bituminous schist o. shale, oil shale, black batt ‖ ⁓es Sedimentärgestein / bituminous sedimentary rock ‖ ⁓e Siegelschicht (Straßb) / slurry seal ‖ ⁓e Tragschicht (Straßb) / bituminous base course ‖ ⁓er Wagendachbelag (Bahn) / roofing asphalt

bit·verschachtelt (DV) / bit-interleaved

Bi·uret *n* (Chem) / biuret ‖ ⁓valent (Chem) / bivalent, divalent ‖ ⁓valenter Kabelcode / two-condition cable code ‖ ⁓variant, mit zwei Veränderlichen (Math) / bivariate

Bixin *n* (Färb) / bixin[e]

b-Komplement *n* (Math) / radix o. naughts o. true complement

bl (Fernm) = blau

Black·band *n* (Bergb) / blackband, carbonaceous ironstone ‖ ⁓bean (Holz) / black bean ‖ ⁓box *f* (Gerät unbekannten Aufbaus) / blackbox, black box ‖ ⁓butt *m* (Schwarzgummibaum) / blackbutt

Black Death *m* (Halbl) / black death

Blackwood *n* (Australien) / black wattle, Australian blackwood

blähen, treiben *vi* (Koks) / swell

Bläh·glimmer *m* / expanded mica ‖ ⁓mittel *n* (Gummi, Plast) / blowing agent ‖ ⁓schlamm *m* (Abwasser) / bulking sludge ‖ ⁓ton *m,* Quellton *m* / swelling clay

Blähung *f* (Keram) / exfoliation

Blähzahl f, Blähgrad *m* (Steinkohle) / crucible swelling number, swelling index

Blake-Backenbrecher *m* / Blake crusher

blaken, rauchen (z.B. Petroleumlampe) / fume, smoke (e.g. petrol lamp)

Blake-Nähmaschine *f* (Schuh) / Blake sewing machine

Blanc-fixe *n,* Permanentweiß *n* / blanc-fixe, baryta o. fixed white

blanchieren (Lebensmittel) / blanch ‖ ⁓, schlichten (Leder) / sleek

blank *adj,* weiß / blank ‖ ⁓, glänzend / bright, polished, glossy ‖ ⁓ (Masch) / bright[-finish…], plain ‖ ⁓, nackt (Elektr, Leiter) / naked, bare, uninsulated ‖ ⁓, geläutert /

refined ‖ ⁓ *n* (DV) / blank [space] ‖ ⁓er Draht (Elektr) / bare wire, exposed wire ‖ ⁓er Flachstahl / bright flat steel ‖ ⁓ gedreht (Wzm) / bright turned ‖ ⁓ geglüht / bright annealed ‖ ⁓ gewalzt / bright rolled ‖ ⁓ geworden (Schleifsch) / glazed ‖ ⁓ gezogen (Draht) / bright o. cold drawn, white ‖ ⁓es Kabel / uncovered cable ‖ ⁓er Messingdraht / clear brass wire ‖ ⁓e Mutter / bright nut ‖ ⁓es o. einfaches Bleikabel / plain lead covered cable ‖ ⁓er Rundstahl / bright round steel ‖ ⁓er Stahl / bright steel ‖ ⁓e Teile *n pl* (Masch) / bright work ‖ ⁓e Unterlegscheibe / polished o. bright washer, machined washer ‖ ⁓beizen (Hütt) / bright-pickle ‖ ⁓draht *m* / white wire ‖ ⁓drahtelektrode *f* (Schw) / bare-wire electrode ‖ ⁓drehen *n* / lathe turning ‖ ⁓druck *m* (Buch) / blanking

Blanket *n* (Brutreaktor) / blanket

Blankett *n* (Salzstock-Aussolung) / blanket ‖ ⁓, ausgestanzter Rohling / blank

Blank·film *m* / blank o. clear film ‖ ⁓fix *n,* Blanc-fixe *n* / blanc-fixe ‖ ⁓gezogen (Draht) / rack drawn ‖ ⁓glühen / bright anneal ‖ ⁓glühen *n* / bright annealing ‖ ⁓glühofen *m* (Hütt) / scaling furnace, non-oxidizing annealing furnace ‖ ⁓glühofen *m* (Hütt) / nonoxidizing annealing furnace ‖ ⁓haken *m* (Dachd) / roof hook ‖ ⁓hart / bright-hard ‖ ⁓hart gewalzt / bright dense rolled ‖ ⁓härten *n* / bright hardening ‖ ⁓härteöl *n* / non-oxidizing annealing oil ‖ ⁓kochen *n* (Zuck) / boiling of the juice in vacuum without crystallizing ‖ ⁓leder, Geschirrleder *n* / sleek leather

Blanko·-Fahrausweis *m* (Bahn) / blank-to-blank ticket ‖ ⁓taste *f* / unlabeled key

Blank·scheibe *f* (Opt) / transparent glass screen ‖ ⁓seite *f* (Buch) / blank page ‖ ⁓seite des Films (Phot) / base side ‖ ⁓stahl *m* / bright steel ‖ ⁓stahl *m* / cold drawn steel ‖ ⁓taste f, Abstandstaste *f* (Fernm) / blank key ‖ ⁓verdrahtung *f* (Elektronik) / bare o. bright wiring ‖ ⁓walzöl *n* / straight mineral oil ‖ ⁓weich / bright-soft ‖ ⁓ziehen (Stanz) / bright-draw

Blasbarkeit, Blaseigenschaft *f* (Hütt) / blowability

Blas·bitumen *n* / blown bitumen ‖ ⁓ -Blasemaschine *f* (Glas) / blow-and-blow machine

Bläschen *n* / bead, froth bubble ‖ ⁓dichte *f* / bubble density ‖ ⁓strich *m* (Pap) / bubble coating

Blas·düse f, -mundstück *n* (Sandstrahlen) / sand blast nozzle ‖ ⁓düse, -form *f* (Hütt) / tuyère, twyer (US), twyere (GB), blast pipe, nozzle

Blase f, Dampfblase *f* / vapour o. steam bubble ‖ ⁓, Gasblase *f* (Schw) / blowhole, void, pocket ‖ ⁓ / bubble ‖ ⁓ (Pap) / blister ‖ ⁓, Luftblase f, Gasblase *f* (allg, Gieß) / bubble ‖ ⁓ (Glas) / seed ‖ ⁓, Destillierkolben *m* / still-head ‖ ⁓n bilden (Farbe) / bubble *vi* ‖ ⁓ im Anstrich (Farbe) / boil ‖ ⁓n ziehen (o. bilden), sich mit Blasen bedecken / blister, raise blisters ‖ aufgeplatzte ⁓ (Plast, Gummi) / open bubble ‖ gestreckte kleine ⁓ (Glas) / blibe ‖ ⁓balg *m* / bellow[s;pl.] ‖ ⁓flasche *f* / musical glass

Blaseignung f, Verblasbarkeit *f* (Hütt) / blowability

Blasemeister *m* (Hütt) / blower

blasen *vt* (allg, Hütt) / blow ‖ ⁓, pusten / puff ‖ ⁓, sandstrahlen / sand-blast ‖ ⁓ *n* (allg, Hütt, Glas, Plast) / blowing, blow ‖ ⁓ (Hütt, Glas, Blow[ing]) ‖ ⁓ (Hochofen) / blast, blowing ‖ ⁓ mit gepasteter Form, Drehformverfahren *n* (Glas) / paste mould blowing, turn mould blowing ‖ ⁓ ohne Form (Plast) / free blowing ‖ ⁓bahn *f* / torpedo track o. furrow ‖ ⁓bildung *f* (Flüssigkeit) / bubbling ‖ ⁓bildung *f* (Hütt) / formation of blowholes ‖ ⁓bildung *f* (Stahlblock, Sintern, Farbe, Email) / blistering ‖ ⁓bildung f, Gasen *n* (Akku) / formation of bubbles (GB), gassing (US) ‖ ⁓bildung *f* (Reaktorbrennstoff) / pimpling ‖ ⁓bildung *f* (Luftblasen, Vakuum) / puffing ‖ starke ⁓bildung, Blasigwerden *n* (Lack, Galv) / cissing ‖ ⁓destillation *f* / batch distillation ‖ ⁓erzeugend, blasenziehend / vesicant *adj* ‖ ⁓fest (Öl) / bubble-tight ‖ ⁓frei (Schweiß) / dense, non-porous ‖

⌐helm m (Chem) / still-head ‖ **⌐kammer** f (Nukl) / bubble chamber ‖ **⌐koeffizient** m **der Radioaktivität** / void coefficient of reactivity ‖ **⌐krepp** m (Textil) / cloqué ‖ **⌐kupfer** n (98,5 - 99,5% Cu) / blister copper, coarse o. crude o. black o. blown copper ‖ **⌐loch,** Schlackenloch n (Defekt, Hütt) / pit hole ‖ **⌐packung** f / blister pack ‖ **⌐punkt** m (Öl) / bubble point ‖ **⌐rost** m, Cronartium ribicola (Landw) / blister rust ‖ **⌐säule** f (Chem) / bubble column ‖ **⌐schleier** m (Glas) / feather, dirt ‖ **⌐sieden** n (Nukl) / nucleate boiling ‖ **freies ⌐sieden** / nucleate pool boiling ‖ **⌐speicher** m (DV) / bubble memory ‖ **⌐sprudelbereich** m / zone of bubbling ‖ **⌐spur** f (in der Nebelkammer) (Nukl) / bubble track ‖ **⌐strömung** f / bubbly flow ‖ **⌐struktur** f (Geol) / vesicular structure ‖ **⌐verdampfung** f (Öl) / bubble vaporization o. evaporation ‖ **⌐zähler** m (Chem) / bubble counter ‖ **⌐zählmethode** f (Chem) / bubble counting method ‖ **~ziehende Mittel** n pl, Vesicantia n pl (Med) / vesicants pl
Blaser m, Erddampfquelle f / soffione
Bläser m, gasführende Schicht (Bergb) / blower ‖ **⌐antrieb** m (Luftf) / fan drive ‖ **⌐triebwerk** n (Luftf) / fan jet
Blas·flügel m **für STOL** (Luftf) / jet flap[ped wing] ‖ **⌐folie** f (Plast) / blown film ‖ **⌐form** f (Glas) / blow form ‖ **⌐form** f (Plast) / blowing mould ‖ **⌐formen** n (Kunstharz) / blow moulding ‖ **⌐formebene** f (Hütt) / tuyère level ‖ **⌐[form]maschine** f (Plast) / blow moulding machine ‖ **⌐[form]verfahren** n (Plast) / blow moulding
blasig (allg) / blistered ‖ **~**, porös, mit vielen Gasblasen (Gieß) / blowy ‖ **~** (Hütt) / blistered, cavernous ‖ **~**, porös (Gieß) / blown, blowy ‖ **~** (Glas) / seedy, flawy, having flaws ‖ **~**, Blasen… (Bot, Zoo) / vesicular ‖ **~e Bogen** m pl (Pap) / cockle sheets pl ‖ **~e Stelle** (Schweißfehler) / flaw in welding ‖ **~ werden** (Lack) / blister vi
Blas·kammer, Sandstrahlkammer f / sand blast chamber ‖ **⌐kern** m (Gieß) / blown core ‖ **⌐kopf** m (Kernformmasch) / blowing/shutting head ‖ **⌐luft** f (Hütt) / blast air ‖ **⌐luftzufuhrrohr** m (Hütt) / blast feeding pipe ‖ **⌐lunker** m (Hütt) / drawhole, draw ‖ **⌐magnet**, Bläser (Elektr) / arc blow[ing]-out magnet, blow magnet ‖ **⌐maschine** f **für gepastete Form** (Glas) / paste-mould blowing machine ‖ **⌐mundstück** n (Sandstrahlen) / sand blast nozzle ‖ **⌐öl** n / stripped oil (from bitumen blowing process) ‖ **⌐probe** f (Zuck) / bubble test ‖ **⌐rohr** n (Hütt) / blast pipe ‖ **⌐rohr** n, [Glasmacher]pfeife f / blowing iron, blowpipe ‖ **⌐rohr** n (Lokom) / blast pipe ‖ **⌐rohrleitung** f (Bergb) / stower pipe line
blaß werden, verblassen (Farben) / fade
Blassand m (Gieß) / abrasive [sand], blast sand
blaß·blau / pale blue ‖ **⌐blau** n, Lichtblau n / pale blue
Blas·schemata n pl (Glas) / blowing processes ‖ **⌐schlacke** f **von 18-8-Ni-Chromstahl** / chromium bearing slag
blaß·grün / bluish green ‖ **~grün** (RAL 6021) / pale-green ‖ **~rot** / pink, roseate
Blas·stahl m (Hütt) / converter steel ‖ **⌐stahlwerk** n / basic oxygen steelmaking plant ‖ **⌐stellung** f **des Konverters** / blow position of the converter
Blastomyceten pl / blastomycetes pl
Blas·versatz m (Bergb) / pneumatic packing o. stowing ‖ **⌐versatzmaschine** f (Bergb) / pneumatic packer o. stower ‖ **⌐walze** f **für Filztaschen** (Pap.masch) / pocket ventilation roll ‖ **⌐wirkung** f (Magnet) / blowing action ‖ **⌐wirkung** f, Spitzenwirkung f (Elektr) / point effect action
Blatt n (Axt, Säge, Schaufel, Schere) / blade ‖ **~** (Buch, Bot) / leaf ‖ **~**, Bogen m (Pap) / sheet, leaf ‖ **~**, Webblatt n / reed ‖ **~**, Besatz m (Teil des Schuhschaftes) / vamp ‖ **~** (Diamantschleifscheibe) / steel blade ‖ **~** (Zimm, Tischl) / scarf ‖ **~**, Schale f, Doppelschicht f (Magnet) / magnetic shell ‖ **~**, Verschiebung f (Geol) / horizontal flexure, strike slip fault ‖ **~**, Scheibe f (Glas) / piece o. sheet of glass ‖ **~**, Blattverzierung f (Bau) / leaf, foil ‖ **~**,

Platte f des [Werk]tisches / top of the work bench ‖ **~**, Klinge f / blade ‖ **~ der Kratze** (Spinn) / card sheet ‖ **~ der Luftschraube, des Ruders o. Riemens** / blade ‖ **~ des Beitels** / blade of the chisel ‖ **gerades ~** (Zimm) / plain o. straight scarf ‖ **schräges ~** (Zimm) / skew scarf ‖ **⌐abnehmer** m, -heber m (Buch) / sheet lifter ‖ **⌐aluminium** n, Aluminiumfolie f / aluminium foil, leaf aluminium ‖ **⌐andrücker** m (Schreibm) / auxiliary feed roller rod ‖ **⌐ansatzstelle** f (Zuckerrübe) / leaf scar ‖ **⌐anstellung** f (Verstellpropeller) / blade pitch ‖ **⌐ausschnitt** m (Schuh) / throat ‖ **~ -Azimutwinkel** m (Hubschrauber) / blade azimuth angle ‖ **⌐befall** m (Parasiten) / infestation of leaves with parasites ‖ **⌐belastung** f (Luftf) / blade load ‖ **⌐bildung** f (Pap) / sheet forming o. making ‖ **⌐bildungszone** f (Pap) / [sheet] forming zone ‖ **⌐binden**, Rietmachen n (Web) / reed binding o. making ‖ **⌐binder** m (Web) / reed maker, reeder ‖ **⌐blau** n, Anthocyan n / anthocyanin ‖ **⌐breite, -tiefe** f (Luftf) / blade width ‖ **⌐breite** f (Web) / reed space
Blättchen n, Lamelle f / lamella ‖ **~**, Plättchen n, dünne Schicht f / lamina ‖ **⌐eis** n (Kältetechn) / flake ice, flakice ‖ **⌐elektroskop** n / leaf electroscope ‖ **~förmig,** schilfrig (Min) / flaky ‖ **~förmiges Pulver**, flittriges Pulver / plate-like powder ‖ **⌐gefüge,** Streifen-, Schichtgefüge n / lamellar structure ‖ **~ -Resonanzfilter** m n / reed resonance filter
Blatt·dichte f (Web) / set of the reed ‖ **⌐draht** m (Web) / reed wire ‖ **⌐druckseite** f (Propeller) / pressure face ‖ **⌐einstellwinkel** m, Blattanstellwinkel m (Luftf) / blade angle ‖ **⌐einzug** m (Web) / reeding, reed fill, reed drawing-in ‖ **⌐einzugfehler** m (Web) / wrong denting ‖ **⌐elevator** m (Land) / halm elevator
blatten (Zimm) / scarf, scarph
Blätter·bürste f, lamellierte Bürste (Elektr) / lamellar brush ‖ **~förmig,** blättrig, Blätter… / lamellar, laminar, laminate[d], laminose, lamelliform ‖ **~gips** m, Gipsspat m / gyps[e]ous spath, lamellar gypsum ‖ **⌐kohle** (eine Braunkohle), Papierkohle f (Bergb) / papyraceous lignite, paper coal, [slate-]foliated coal ‖ **⌐magnet** m / lamellar o. laminate[d] magnet
blättern, am Bildschirm ~ / scroll vi ‖ **sich ~** (Töpf) / spall
Blatterstein m (Geol) / variolite
Blätter·tellur n, -tellurerz n / black tellurium, foliated tellurium ‖ **~tragend**, blatttragend / foliaceous ‖ **⌐zeolith** m (Min) / foliated zeolite
Blatt·fallkrankheit f / dawny mildew ‖ **⌐fänger** m (Zuck) / leaf catcher ‖ **⌐feder** f / leaf o. coach spring, compound spring, laminated spring, plate spring ‖ **⌐federhammer** m / leaf spring hammer ‖ **⌐federkupplung** f / leaf spring coupling ‖ **⌐fehleinstellung** f (Luftf, Prop) / out-of-pitch ‖ **⌐fehler** m (Web) / reed mark ‖ **⌐fernschreiber** m (DV) / page [copy] teleprinter, operator's console, console typewriter ‖ **⌐film** m (Repro) / sheet film ‖ **⌐fleckenkrankheit** f **der Tomate** / tomato leaf spot ‖ **⌐formation** f (Pap) / look-through ‖ **⌐formular** n (DV) / paper form ‖ **⌐futter** n (Schuh) / vamp fabric ‖ **echtes ⌐gold** / foliated o. leaf gold, beaten gold, gold leaf ‖ **⌐goldreibemaschine** f / grinding machine for gold leaf ‖ **~grün**, Chlorophyll n / leaf green, green of leaves, chlorophyll ‖ **[hohe] ⌐hacke** (Landw) / draw hoe ‖ **⌐haller** m / Blatthaller loudspeaker ‖ **⌐halter,** Vorlagenhalter m / copy holder ‖ **⌐halter der Säge** / cheeks pl, blade holder ‖ **⌐häutchen** n (Getreide) / ligule, ligula (pl: -lae, -las) ‖ **⌐hornkäfer** m (Landw) / common cockchafer ‖ **⌐krankheit** f (Landw) / leaf blight ‖ **amerikanische ⌐krankheit**, Schwarzblättrigkeit f (Kaffee) / leaf spot ‖ **⌐kupfer** n / copper foil ‖ **⌐laus,** Aphide f / aphid ‖ **⌐laus**, Reblaus f, Phylloxera vastatrix, Viteus vitifolii / vine fretter o. louse ‖ **⌐lautsprecher** m / reed loudspeaker ‖ **⌐leser** m (DV) / page scanner o. reader ‖ **⌐marke** f, -fehler m (Web) /

143

reed mark, reed rake, reediness ‖ ⁓**messer** n (Web) / reed hook ‖ ⁓**metall** n, Metallfolie f / leaf metal, foil metal ‖ ⁓**numerierung** f (Web) / reed counting ‖ ⁓**papier** n (Ggs: Rollenpapier) (Phot) / sheet of photographic paper ‖ ⁓**pfeilung** f (Luftf) / blade sweep ‖ ⁓**pflanze** f / foliage plant ‖ ⁓**pflücker** m (Landw) / leaf strip harvester ‖ ⁓**pigment** n / chromule

blättrig, lamellar / foliated, leafy, leaved ‖ ⁓ (Min) / bladed ‖ ⁓, schieferig / scaly ‖ ⁓**es Eisen** / lamellar iron, scaly iron ‖ ⁓**er Gips** / foliated gypsum ‖ ⁓**e Steinkohle** / schistous coal ‖ ⁓**e Struktur**, Blättrigkeit f / tabular structure

Blättrigkeit, Schieferung f / foliated structure, foliation

Blatt·roll n (Krankheit) (Landw) / leaf roll ‖ ⁓**rollkrankheit** f (Landw) / leaf roll disease ‖ ⁓**rübentrocknung** f / desiccation of untopped beets ‖ ⁓**rührer** m / blade agitator, paddle mixer ‖ ⁓**schaufel** f / plane shovel ‖ ⁓**scheide** f (Bot) / leaf sheath, vagina ‖ ⁓**schraube** f (Masch) / flat leaf bolt ‖ ⁓**schreiber** m (DV) / page printer ‖ ⁓**schreiber** m (Fernm) / page teleprinter ‖ ⁓**silber** n, Silberfolie f / silver leaf o. foil ‖ ⁓**spaltsäge**, Spaltsäge f (früher Brett-, Dielen-, Längensäge) / rip[ping] saw ‖ ⁓**spaltsäge** f (mit geradem Blatt) / pit o. cleaving saw ‖ ⁓**spitzenantrieb** m (Luftf) / tip drive ‖ ⁓**spitzen-[Düsen]antrieb** m (Luftf) / tip mounted turbojet ‖ ⁓**spitzenebene** f (Luftf) / tip-path plane ‖ ⁓**spitzengeschwindigkeit** f (Hubschrauber) / tip speed ‖ ⁓**spitzen-Machzahl** f / tip Mach number ‖ ⁓**spitzenturbine** f (Luftf) / tip-mounted turbojet ‖ ⁓**spitzenwirbel** m (Luftf) / trailed tip vortex ‖ ⁓**spreite** f, -fläche f (Bot) / leaf blade ‖ ⁓**stab** m, Richtstab m / reed dent ‖ ⁓**stechen** n, -einzug m (Web) s. Blatteinzug ‖ ⁓**stecher** m, -stechapparat m (Web) / reed hook ‖ ⁓**stiel** m / petiole ‖ **gerader** ⁓**stoß** (Zimm) / plain scarf ‖ **schräger** ⁓**stoß** (Zimm) / skew scarf ‖ ⁓**streifenkrankheit** f / leaf stripe disease ‖ ⁓**streifiger Köper**, Rietköper m / reeded twill ‖ ⁓**streifigkeit** f (Web, Fehler) / reed mark o. rake, reediness ‖ ⁓**system** n (Zuckerrübe) / bunch of leaves ‖ ⁓**uhr** f (Web) / reed index o. counter ‖ ⁓**vergoldung** f / gilding with gold leaf ‖ ⁓ ⁓ -**V-Stellung** f (Luftf) / blade tilt ‖ ⁓**weite** f (Textil) / maximum reed width ‖ ⁓**wickler** m (Insekt) / leaf roller ‖ ⁓**winkel** m (Luftf) / blade angle o. twist ‖ ⁓**zapfen** m (o. abgeflachter Zapfen) (Masch) / pivot with cheeks ‖ ⁓**zapfen** m (Tischl) / scarf tenon ‖ ⁓**zinn** n / tin foil o. foiling, foil tin

blau, BU (Fernm) / blue, BU ‖ ⁓ (Gasflamme) / non-luminous ‖ ⁓, blaue Farbe / blue ‖ ⁓ **anlaufen lassen** (Stahl) / blue [anneal], temper, draw [the temper] ‖ ⁓**es Elektronenstrahlsystem** (TV) / blue electron gun ‖ ⁓**er Grund** (frischer Kimberlit) (Geol) / Blue Ground ‖ ⁓**er Kittelstoff** / blue dungaree ‖ ⁓**er Lias** / lias clay ‖ ⁓**er Quarz** / sapphire quartz ‖ ⁓**algengift** n / cyanophycea's poison ‖ ⁓**anlaufen** n (Farbe) / bloom[ing], blushing ‖ ⁓**anlaufen**, Blauwerden n (Mot) / blueing ‖ ⁓**anteil** m **der Lichtempfindlichkeit** (Phot) / blue contribution o. fraction ‖ ⁓**blind**, tritanopisch / tritanopic ‖ ⁓**brüchigkeit**, -sprödigkeit f / blue brittleness ‖ ⁓**druck** m (Färb) / [indigo] blue print[ing]

Bläue f, Blaufäule f (Holz) / blue stain

Blau·eisenerde f, -eisenerz n / blue iron ore, vivianite ‖ ⁓**empfindliche Zelle**, Violettzelle f / violet cell

blauen, bläuen (Textil, Zuck) / blue

bläuen (Stahl) s. blau anlaufen lassen

Blau·fäule, Bläue f (Holz) / blue stain, blueing ‖ ⁓**feuer** n (Nav) / blue [flare-up] light ‖ ⁓**filter** m n (Phot) / blue filter ‖ ⁓**gas** n, Cyanogen n, Cyangas n / cyanogen, carburet of nitrogen ‖ ⁓**gel** n (Chem) / blue gel ‖ ⁓**glasurpigment** n / blue glaze pigment ‖ ⁓**glühen** (Hütt) / open-anneal, blue-anneal ‖ ⁓**glühen** / blue o. open annealing ‖ ⁓**grau**, bläulichgrau / bluish gray ‖ ⁓**grün**, blaß-, meergrün / bluish green, sea-green, celadon ‖ ⁓**grünfilter** m (Phot) / cyan filter ‖ ⁓**holz** n (von Haematoxylon campechianum), Kampescheholz n,

CAM (Färb) / campeachy o. campeche wood, logwood ‖ ⁓**holzeinbadschwarz** n (Textil) / single-bath logwood black ‖ ⁓**kolbenblitz** m (Phot) / blue [coated] flash bulb ‖ ⁓**kreuzgas** n / diphenyl arsinchloride, D.A., diphenyl arsincyanide, blue cross gaz ‖ ⁓**küpe** f (Färb) / blue vat ‖ ⁓**lateralmagnet** m (TV) / blue lateral magnet

bläulich / bluish

Blau·licht n (Kfz) / blue light ‖ ⁓**licht** n (TV) / blue luminescence ‖ ⁓**papier** n (Büro) / blue carbon paper ‖ ⁓**pause** f / blueprint ‖ ⁓**pause** f (blaue Schrift auf weißem Grund) / blue line print ‖ ⁓**pauspapier** n / blueprint paper ‖ ⁓**sand** m (Boden) / blue sand ‖ ⁓**säure** f, Cyanwasserstoff m / hydrocyanic acid, prussic acid, hydrogen cyanide ‖ ⁓**schimmel** m (Tabak) / blue mold ‖ ⁓**schreiber** m / dark trace oscilloscope ‖ ⁓**schriftröhre** f (Kath.Str) / dark-trace tube ‖ ⁓**sprödigkeit** f, Blaubrüchigkeit f / blue brittleness ‖ ⁓**stich** m (Phot) / blue o. bluish cast ‖ **den** ⁓**stich unterdrücken**, entscheinen (Öl) / debloom ‖ ⁓**wärme** f (Hütt) / blue temper heat ‖ ⁓**zwecke** f / blueheaded tack

Blazegitter n (Opt) / blazed grating

blazen (Opt) / blaze v

Blazewinkel m (Opt) / blaze angle

Blech, Eisen-, Stahlblech n (dünn) / sheet steel ‖ ⁓ n (allg) / sheet metal ‖ ⁓ (unter 1/4'' Dicke), Feinblech n / sheet metal, sheets pl ‖ ⁓, Weißblech n / tin [plate] ‖ ⁓ **als Unterlage bei der Spanplattenfertigung** / caul ‖ ⁓ **erster Wahl** (Hütt) / prime sheet ‖ ⁓ **in Stanzqualität** / punching sheet [steel] ‖ ⁓ **in Tiefziehqualität** / deep-drawing sheet ‖ ⁓ **verarbeiten** / fabricate ‖ ⁓ **zweiter Wahl** / mender ‖ **[grobes]** ⁓ (über 0,118 Inch) / [steel] plate ‖ ⁓, **das durch Stillstand einer kontinuierlichen Anlage abfällt** / unit stops sheet ‖ **gekümpeltes (o. gepreßtes)** ⁓, Preßblech n / dished plate ‖ ⁓**abfall** m / plate scrap, sheet scrap, waster, cut, slice ‖ ⁓**abfälle** m pl / sheet clippings pl ‖ ⁓**arbeit**, -bearbeitung f (Masch) / sheet work, sheet metal forming, tin plate work[ing] ‖ **ausgeschnittene** ⁓**arbeit** / label, scallop ‖ ⁓**auflagetisch** m (Wzm) / plate supporting table ‖ ⁓**bearbeitungsmaschine** f für Feinbleche / sheet metal working machine ‖ ⁓**behälter** m / sheet metal case ‖ ⁓**beilage** f / shim ‖ ⁓**belag** m (Dach) / sheet metal roofing ‖ ⁓**beschlag** m, Metallbeschlag m / metal sheathing ‖ ⁓**biegemaschine** f / plate bending machine o. press ‖ ⁓**biegeprobe** f / plate bending test ‖ **einwandiger** ⁓**bogen** (Brückb) / single-web plate girder ‖ ⁓**bördelmaschine** f / plate-flanging machine, sheet-bordering machine ‖ ⁓**büchse**, -dose f, -gefäß n / tin can o. canister ‖ **in** ⁓**büchsen [o. -dosen] verpacken** / tin v, can v (US) ‖ ⁓**decke** f **des Kessels** / boiler top casing ‖ ⁓**dicke** f / sheet o. plate thickness, gauge number ‖ ⁓**dickenlehre** f / plate gauge ‖ ⁓**doppler** m, -**doppelmaschine** f / plate-doubling machine, sheet doubler ‖ ⁓**dose** f / can, tin, box ‖ ⁓**druck** m (Buch) / tin printing ‖ ⁓**druckfarbe** f / tin plate ink ‖ ⁓**druckschnellpresse** f / tin high-speed printing machine ‖ ⁓**duo** n (Walzw) / two-high plate mill ‖ ⁓**email** n / sheet iron porcelain enamel ‖ ⁓**emballage**, -[ver]packung f / tin box o. container, sheet metal box o. container

Blechen n, Paketieren n (Elektr) / bundling of armature laminations

Blech·erzeugnisse n pl / sheet metal goods ‖ ⁓**festhaltung** f (Wzm) / holding down clamp o. device for plates ‖ ⁓**fritte** f (Email) / sheet iron frit ‖ ⁓**gefäß** n, -geschirr n / tin vessel, hollow o. tin ware ‖ ⁓**gehäuse** n / sheet metal casing ‖ ⁓**gehäuse** n **für Schaltschränke** / sheet metal cubicle for switch cupboards ‖ ⁓**gekapselt** / sheet metal clad ‖ ⁓**gekapselte Schaltanlage** (Elektr) / cellular switchboard ‖ ⁓**glühofen** m / sheet steel annealing furnace ‖ ⁓**glühofen** m (für Platten) / plate heating furnace ‖ ⁓**halter** m (Abkantpresse) / hold-down device ‖ ⁓**handknabber** m (Wzm) / hand nibbler ‖ ⁓**haube** f, Blechkappe f / sheet metal hood o. cap, tin cap ‖ ⁓**haut**

f, Metallbeplankung, -bekleidung f / metal trim o. plating, sheet metal skin ‖ ⌐hobelmaschine f / plate planing machine ‖ ⌐hülse f / bush, sheet metal sleeve ‖ ⌐kanne f, -geschirr n / sheet metal can, tin can ‖ ⌐kante f / plate edge ‖ ⌐kantenanbiegepresse f (Wzm) / plate-edge bending press ‖ ⌐kantenhobelmaschine, Blech[kanten]säummaschine f / plate edge-planing o. edging machine, edger ‖ ⌐kasten m / sheet steel case ‖ ⌐kasten m (Dünnblech) / tin box ‖ ⌐kern m (Elektr) / [compact] laminated core ‖ ⌐kette f, -joch n (elektr. Masch.) / segmental rim ‖ ⌐kettenläufer m, Schichtpolrad n (Elektr) / segmental rim rotor ‖ ⌐konstruktion f, Blechbauweise f / fabricated steel sheet structure, steel plate work o. construction ‖ ⌐lack m, Ofenlack m / tinplate varnish ‖ ⌐lager n (offen) / sheet metal stockyard ‖ ⌐lager n, -magazin n / sheet metal magazine ‖ ⌐lehre f, -dickenlehre f / Birmingham gauge for sheets and hoops (GB) ‖ ⌐lochmaschine f / plate punching machine ‖ ⌐mantel m / sheet cover[ing] o. case, steel o. metal jacket ‖ ⌐marke f / tin control plate, badge ‖ ⌐maß n (Walzw) / size, caliber ‖ ⌐nagel m / flat headed sheet metal nail ‖ ⌐niederhaltung f, -niederhalter m (Wzm) / holding down appliance ‖ ⌐niet m / plate rivet ‖ ⌐niet, Linsenniet m / oval head rivet ‖ ⌐packung f, -verpackung f / sheet metal box o. container ‖ ⌐paket n (Walzw) / pack, sheet stack ‖ ⌐paket n, Ankerpaket n (Elektr) / bundle of laminations, (esp.:) armature stampings pl ‖ zusammenklebendes ⌐paket (Hütt) / sticker ‖ das ⌐paket aufsetzen, blechen (Elektr) / stack, bundle laminations ‖ ⌐paketkern m (Elektr) / [compact] laminated core ‖ ⌐panzer m / sheet steel armouring ‖ ⌐platine f / steel sheet billet, steel sheet mill bar ‖ ⌐platte f / sheet metal plate ‖ ⌐prägeteil m n, -preßteil n / sheet steel stamping ‖ ⌐prüfmaschine f / sheet metal testing machine ‖ ⌐rahmen m (Kfz, Lok) / sheet steel chassis ‖ ⌐rand m, -kante f / plate edge ‖ ⌐[richt]hammer m, Ausbeulhammer m / dinging hammer ‖ ⌐richtmaschine f / plate straightening press, levelling machine ‖ ⌐rohr n, -röhre f / sheet metal pipe ‖ ⌐rolle f (Walzw) / sheet metal coil ‖ ⌐rundbiegemaschine f, -rundmaschine f / sheet metal bending rolls pl, plate-bending machine o. press ‖ ⌐schablone f / plate template ‖ ⌐schaden m (Kfz) / body-work damage, fender-bender accident (US) ‖ ⌐schaden verursachen (Kfz) / crash, bust (US) ‖ ⌐schälbohrer m / conical one-lip bit for sheet metal ‖ ⌐scheibe f, Beilegescheibe f / shim ‖ ⌐scheibe f, Ronde f, Stanzling m / blank, round blank ‖ ⌐scheibenrad n (Kfz) / disk wheel ‖ ⌐schere f (Wzm) / plate shears pl, sheet shears pl ‖ ⌐schere f, Handschere f / snips pl ‖ ⌐schere f mit Hebelbewegung, Hebelschere f / crocodile shears pl, lever shears pl ‖ ⌐schere f mit Parallelbewegung / seesaw shears pl ‖ ⌐schließer m (Nieten) / rivet setter ‖ ⌐schlosserei f (Kfz Reparatur) / panel beating ‖ ⌐schornstein m / smoke pipe of sheet iron ‖ ⌐schornstein m mit Venturidüsenform / evase (US) ‖ ⌐schraube f / sheet metal screw, [self-]tapping screw ‖ ⌐schraube f (mit grober Steigung), Treibschraube f / Parker screw ‖ ⌐schraubengewinde n / sheet metal screw thread, tapping screw thread ‖ ⌐schrott m (Hütt) / sheet scrap ‖ ⌐schrott m (Masch) / cuttings pl, clippings pl ‖ ⌐spannvorrichtung f / sheet clamping device o. holder ‖ ⌐stapel m / bundle of sheet steel ‖ ⌐stapler m / sheet metal stacking machine ‖ ⌐stärke, -dicke f / sheet o. plate thickness, gauge number ‖ ⌐straße f (Walzw) / plate [rolling] mill, sheet mill (finer sizes) ‖ ⌐streifen m / strip ‖ ⌐tafel f / metal sheet ‖ ⌐tafel (dick) / plate ‖ ⌐tafel f (dünn) / tin plate, sheet-metal plate ‖ dünne o. kleinere ⌐tafel / panel ‖ ⌐träger m, Vollwandträger m / plate girder, solid web girder ‖ gepreßter ⌐träger / pressed [plate] girder ‖ ⌐träger m mit Kastenquerschnitt / box plate girder ‖ ⌐treibschraube f / Parker screw ‖ ⌐trommel f (Verpackung) / steel barrel

‖ ⌐trommel f (dünn) / tin drum ‖ ⌐trommel f, Seil[antriebs]trommel f aus Blech / rope drum made from steel plate ‖ ⌐umformen n / pressing ‖ ~ummantelter Feuerfeststein m / metal-cased refractory ‖ ⌐ - und Bandwalzwerk n / flatting mill ‖ ⌐ - und Drahtindustrie / sheet and wire industry

Blechung f, Paketierung f (Elektr) / bundling of laminations

blech·verarbeitende Industrie / sheet fabricating industry ‖ ⌐verbindung f durch Hohlnietenbildung / eyeletting, riveting, burring ‖ ⌐verkleidung f / sheet metal sheathing ‖ ⌐verpackung f / sheet metal packing ‖ ⌐[ver]packung f (Gegenstand) / tin box o. container, sheet metal box o. container ‖ ⌐[versand]gefäß n, Kanister m / canister ‖ ⌐verschluß m, Verschlußscheibe f / locking tin disk ‖ ⌐verwahrungen f pl (Dach) / sheet metal flashing ‖ ⌐walze f / plate roll ‖ ⌐walzwerk n s. Blechstraße ‖ ⌐wanne f / tin tub ‖ ⌐waren f pl / tinware ‖ ⌐wendevorrichtung f, Blechwender m (Wzm) / plate tilter ‖ ⌐zwischenlage, -unterlage f / shim

Blei n, Pb ‖ ⌐ (Alchimie) / saturnum ‖ ⌐, Senkblei n / lead, plumb bob ‖ ⌐(II)-..., Plumbo-... / plumbous ‖ ⌐(IV)-..., Plumbi... / plumbic ‖ ⌐..., aus Blei / plumbeous, leaden ‖ ⌐ über 99,94 % Reinheit (zur Herstellung von Bleiweiß) / corroding lead ‖ ⌐ unter 99,85% Reinheit / common lead ‖ ⌐ von mehr als 99,9 % Reinheit (für Schwefelsäurekammern) / chemical lead ‖ mit ⌐ bekleiden / leaden ‖ ⌐ belastet (o. beschwert) / shotted ‖ mit ⌐ vergießen, ein-, ausgießen / bed in o. run in with molten lead, lead v ‖ ⌐abfälle m pl / lead waste o. parings pl ‖ ⌐abgabe f, -lässigkeit f (Glasur) / lead release, elution of lead ‖ ⌐ablagerung f (Kfz) / lead deposit ‖ ⌐abschirmung f / lead protection ‖ ⌐abschlußmuffe f für Kabel / leaden end box ‖ ⌐basisches acetat / monobasic lead acetate, lead subacetate ‖ ⌐[neutrales] ⌐acetat, -zucker m / [neutral o. normal] lead acetate, acetate of lead, lead sugar ‖ basische ⌐acetatlösung / monobasic lead acetate solution, lead subacetate solution ‖ ⌐[acetat]papier n (Chem) / lead acetate paper ‖ ⌐aggressivität f von Trinkwasser / plumbo-solvency ‖ ⌐akkumulator m, -batterie f / lead accumulator, lead storage battery ‖ ⌐alkyl n / lead alkyl [compound] ‖ ⌐alter n (Nukl) / lead age ‖ ⌐antimonat, Neapelgelb n / lead antimon[i]ate ‖ ⌐ -Antimon-Legierung f / lead-antimony alloy ‖ ⌐apatit f (Min) / pyromorphite ‖ ⌐äquivalent n, Bleigleichwert m (Nukl) / lead equivalent ‖ ⌐arbeit, -verarbeitung f / lead work ‖ ⌐arbeiter m / plumber, lead caster, lead worker ‖ ~arm (Kraftstoff) / low-lead, lead-restricted ‖ ⌐arsenat, Arsenblei n / lead arsen[i]ate ‖ ⌐arsenglanz m, Sartorit m / sartorite ‖ ~artig / plumbeous ‖ ⌐asche f, -krätze f, -schaum m / lead dross o. ashes pl ‖ ⌐auskleidung f, -ausschlag m / inside lead lining o. facing ‖ ⌐azid n / lead azide ‖ ⌐azid[spreng]kapsel f / lead azide detonator ‖ ⌐babbit n (78 % Pb, 14 % Sb, 8 % Sn) / lead babbit ‖ ⌐backe f am Schraubstock / leaden jaw ‖ ⌐bad n / lead bath ‖ ⌐bad n (Kupferhütte) / liberator, liberation tank o. cell (electrolysis) ‖ ⌐badhärten (Hütt) / lead hardening ‖ ⌐barren m / lead pig o. lump ‖ ⌐batterie f, -sammler m / sulphuric acid battery, lead storage battery, lead accumulator ‖ ⌐baum m / lead tree ‖ ⌐behälter m / leaden container

bleiben / remain ‖ ~ [bei] / adhere [to]

bleibend, anhaltend / permanent ‖ ~e Ablenkung / residual deviation ‖ ~e Belastung / permanent load, basic load ‖ ~ deformierende Spannung / permanent distortion strain ‖ ~e Dehnung / permanent elongation ‖ ~e Dehnung kurz vor dem Bruch / ductile yield ‖ ~e Durchbiegung (eines Trägers) / permanent set ‖ ~e Gesamtverformung / total plastic strain ‖ ~e Härte (Wasser) / non carbonate hardness ‖ ~e

Längenänderung / permanent linear deformation ‖ ⌐e
Längenänderung beim Nachbrennen (Keram) /
permanent linear change on reheating, PLC ‖ ⌐e
Regelabweichung (Regeln) / offset [behaviour], steady
state error ‖ ⌐e Setzung (einer Wand) (Bau) / permanent
set ‖ ⌐e Verdrehung (Seil) / permanent twisting ‖ ⌐e
Verformung (o. Formänderung) / permanent
deformation o. set ‖ ⌐e Verformung (o. Dehnung) /
residual elongation ‖ ⌐e Verformung (Plast) /
permanent set, set
Blei·benzin n, verbleites Benzin / leaded petrol (GB) o.
gasoline (US) ‖ ⌐bergwerk n, Bleimine, -grube f / lead
mine ‖ ⌐blech n / flat o. sheet lead ‖ ⌐blech n für
Dachkehlenverwahrung / gutter lead ‖ ⌐blick m
(Probierkunst) / glance o. lightning of lead ‖
⌐bromofluorid n / lead bromofluoride ‖ ⌐bronze f
(8-30% Pb, 5-10% Sn, Rest Cu) / lead o. leaded bronze
‖ ⌐bronze 80 T Cu, 10 T Pb, 10 T Zn / high-lead
bronze ‖ ⌐burg f (Nukl) / lead castle ‖ ⌐carbonat n,
Bleiweiß n / lead carbonate ‖ ⌐carbonat n,
Schwarzbleierz n (Min) / black lead spar
Bleich·anstalt f, -anlage f / bleachery, bleach[ing] works
o. house ‖ ⌐apparat m / bleaching apparatus ‖ ⌐bad n /
bleaching bath o. liquor ‖ ⌐druckapparat m (Textil) /
apparatus for bleaching in autoclaves ‖ ⌐echt / fast o.
resistant to bleaching
bleichen vt / bleach vt, whiten vt, clear vt ‖ ⌐, waschen
und mischen (Pap) / potch ‖ ⌐ vi, verblassen / bleach vi,
whiten vi, fade ‖ ⌐ n, Bleiche f, Bleichverfahren n /
bleaching ‖ ⌐, Entfärben n / decolorization,
discoloration ‖ ⌐ (Baumwolle) / chemicking, bleaching ‖
in Kalkwasser ⌐ (Baumwolle) / bock v, buck
bleichend, farbensziehend / bleaching
Bleich·erde f (Färb) / active o. bleaching earth ‖ ⌐erde f
(Öl) / clay ‖ ⌐erde f, Podsol m (Geol) / podzol, podsol ‖
⌐erde f, podsoliger Lehm / podzol loam ‖ ⌐erde f,
Smektit m / smectite ‖ [englische] ⌐erde / fuller's
earth, bentonite ‖ ⌐erdebehandlung f (Öl) / clay
treatment, clay contacting ‖ ⌐erderegeneration f (Öl) /
clay regeneration
Bleiche[rei] f, Bleichanstalt f / bleachery, bleaching works
o. house
Bleicherei f (Gewerbe) / bleaching
Bleich·fixierbad n (Phot) / bleach-hardener ‖ ⌐flotte,
-flüssigkeit f (Textil) / bleaching liquor o. bath ‖ ⌐gefäß
n, Badbehälter m / bleaching vessel ‖ ⌐hilfsmittel n /
bleaching assistant ‖ ⌐holländer m (Textil) / bleaching
kier ‖ ⌐holländer, Wasch- und Mischholländer m (Pap)
/ potcher, bleaching engine ‖ ⌐holländer m, Stoffmühle
f (Pap) / rag engine ‖ ⌐kalk, Chlorkalk m / bleaching
lime, bleaching powder, chemic ‖ ⌐kessel m /
bleaching boiler ‖ ⌐lauge f, -flüssigkeit f / bleaching lye
‖ ⌐lauge f, Eau n de Javel / Javel[le] water, eau de
Javelle
Bleichlorid n / chloride of lead, lead chloride
Bleich·mittel n, -pulver n / bleaching agent o. powder,
bleach ‖ ⌐mittel n s. auch Bleichkalk ‖ ⌐mittel n,
Entfärbungsmittel n / decoloring o. decolorizing agent,
decolorizer, decolorant
Blei·chromat n / lead chromate ‖ ⌐chromatgelb n / lead
chromate [yellow], king's yellow ‖ ⌐chromatschwarz
n (Textil) / lead chromate black
Bleich·soda f / bleaching soda ‖ ⌐stiefel m (Textil) /
bleaching J-box ‖ ⌐turm m (Pap) / bleach[ing] tower
Blei·dach n, -bedachung f / plumb roofing, lead covering
‖ ⌐dämpfe m pl / lead smoke o. fume, white powder of
lead ‖ ⌐detektor m, -kristall m / galena o. crystal
demodulator ‖ ⌐dichtung f / lead joint[ing] o. packing
‖ ⌐dioxid n / plumbic oxide, lead (IV) oxide, lead
[su]peroxide ‖ ⌐disilikat n, -fritte f / lead frit o.
disilicate ‖ konzentrisches ⌐doppelkabel / double lead
sheathed concentric cable ‖ ⌐draht m / lead wire,
plumb wire, spun lead ‖ ⌐ -Druckrohr n / lead service

pipe ‖ ⌐einsatz m (Zirkel) / pencil point ‖ ⌐email n /
lead enamel
bleiern, von Blei / leaden
Blei·erz n / lead ore ‖ ⌐erz, Bunt-, Braun-, Grünbleierz n
/ brown o. green lead ore, pyromorphite ‖
⌐[erz]bergwerk n, Bleimine, -grube f / lead mine ‖
[basischer] ⌐essig / [basic] acetate of lead, hydrated
[monobasic] lead acetate ‖ ⌐ethanoat n, Bleizucker m
(veraltet) / lead (II) ethanoate ‖ ⌐farbe f / plumbiferous
o. lead paint ‖ ⌐farbig, -grau, bleiern / lead coloured,
leady, livid, plumbeous ‖ ⌐fassung f, -falz m / window
leads pl ‖ ⌐fassung f bei Glas- o. Mosaikarbeiten /
resille ‖ ⌐fluid n, Tetraethylblei n, TEL / tetraethyl lead,
T.E.L. ‖ ⌐fluß m (Keram) / colourless enamel ‖ ⌐folie f
/ lead foil ‖ ⌐frei, ungebleit (Kfz) / non-leaded ‖ ⌐fritte
f, -disilikat n / lead frit o. disilicate ‖ ⌐führend,
-haltig / bearing lead, plumbiferous, containing lead ‖
⌐fuß m (Min) / crystallized lead ‖ ⌐fuß m (Buch) / lead
base, lead mount ‖ ⌐gang m, -ader f (Bergb) / lead vein
‖ ⌐gehalt m (Kraftstoff) / lead content ‖ ⌐gelb n (Farbe)
/ antimonate, massicot, yellow lead ‖ ⌐gepanzertes
asphaltiertes Kabel / asphalted lead-covered cable ‖
⌐geruchsverschluß m / lead trap ‖ ⌐gewicht n,
-klumpen m, -kugel f / plumb, sinker ‖ ⌐gewicht n
(Uhr, Lot) / plummet, lead weight ‖ ⌐gießer, -arbeiter m
/ plumber, lead caster ‖ ⌐gitter n (Akku) / accumulator
grid ‖ ⌐glanz, Galenit m (Min) / lead glance, galena,
blue lead, potter's ore ‖ ⌐[glanz]detektor, Bleikristall
m / galena o. crystal demodulator ‖ ⌐glas n, -kristall m /
potassium lead crystal o. glass, lead glass, lead crystal ‖
⌐[glas]fenster n (Bau) / leaded light ‖ ⌐glasiert (Keram)
/ plumbeous ‖ ⌐glasur f, bleihaltige Glasur (Keram) /
lead glazing, potter's lead, glost ‖ ⌐glätte,
(Bleimonoxid), Schuppenglätte f / litharge, lead
[mon]oxide ‖ ⌐glätte-Glycerinkitt m / lead glyceride ‖
⌐gleichwert m, -äquivalent n (Röntgen) / lead equivalent
‖ ⌐gummihandschuhe m pl / lead-rubber gloves ‖
⌐gummischürze f / lead rubber apron ‖ ⌐guß m / lead
casting ‖ ⌐haltig, -führend / plumbiferous ‖ ⌐haltig,
verbleit (Benzin) / leaded ‖ ⌐haltige Glasur s. Bleiglasur ‖
⌐hammer m / lead hammer ‖ ⌐härten, Patentieren n
(Draht) / lead patenting ‖ Draht ⌐härten / lead-patent
the wire ‖ ⌐häutchen n / oxide skin ‖ ⌐hütte, -gießerei
f / lead manufactory o. works ‖ ⌐hüttenmann m / lead
founder ‖ ⌐hydroxid n / lead hydroxide ‖ ⌐kabel n,
-mantelkabel n / lead-covered cable ‖ ⌐kabel n mit
asphaltierter Jute-Umhüllung / served lead cable ‖
⌐kabelpresse, -mantelpresse f / lead sheathing press,
extruding o. extrusion press for lead covered cables ‖
⌐ -Kalzium-Zinn-Gitter n (Akku) / cast lead-calcium-tin
alloy grid ‖ ⌐kammer f (Chem) / lead chamber ‖
⌐kammerkristalle m pl / nitrosyl sulfuric o.
nitrosulfuric acid, chamber crystals pl ‖ ⌐kern m / lead
core ‖ ⌐klemme f (Kabel) / lead grip ‖ ⌐klotz m / lead
brick ‖ ⌐korn n / bead of lead ‖ ⌐kristall n s. Bleiglas ‖
⌐kristall m (Radio) / galena o. crystal demodulator ‖
⌐ -Lagerbronze f (72 - 84% Cu, 5 - 10% Sn, 8 - 20%
Pb u.a.) / plastic bronze ‖ ⌐lagermetall n / lead base
bearing metal ‖ ⌐lässigkeit f (Glasur) s. Bleiabgabe ‖
⌐legierter Tombak m / leaded semi-red brass, brass
81-3-7-9 ‖ ⌐legierung f / lead alloy ‖ ⌐legierungsrohr
n (Install) / compo pipe ‖ ⌐linie f (Buch) / lead rule ‖
⌐linoleat n / lead linoleate ‖ ⌐loser Satz (Buch) / cold
type, cold composition ‖ ⌐lot n, Schnurlot n (Bau, Schiff)
/ plumb line ‖ ⌐lot n, Senkblei n / lead, plumb [bob] ‖
⌐lot mit 35 % Zinn / wiping solder ‖ ⌐lot n zum
Löten / lead solder, plumber's solder ‖ ⌐löten n,
Bleilötung f / lead soldering ‖ ⌐löten durch
Zusammenschmelzen / lead burning o. welding ‖
⌐mantel m, Bleihülle f / lead coating o. covering ‖
⌐mantel m (Kabel) / leaden case o. covering o.
sheath[ing] o. jacket, lead cover ‖ ⌐mantelkabel n /
lead sheathed cable, lead covered cable, L.C.-cable ‖
⌐mantelkabel mit PET-Umhüllung / lepeth cable ‖

~mantelleitung f, -leiter m (Elektr) / plain lead covered cable ‖ ~mantelpresse f / lead cable press ‖ ~mantelverlust m (Kabel) / sheathing loss ‖ ~masselform f für Kabelummantelung / slug mould ‖ ~mennige f, rotes Bleioxid / minium, mineral red o. orange, red lead ‖ ~methode f / lead method for age definition ‖ ~mine f, -einlage f / pencil lead ‖ ~mine f, Bleibergwerk n / lead mine ‖ ~muffe f / lead sleeve ‖ ~mulde f, -block, -barren m / lead pig o. lump ‖ ~nagel m (aus Messing) / lead nail ‖ ~nitrat n, -salpeter m / lead nitrate ‖ ~ofen m / lead calcining furnace ‖ ~oleat n / lead oleate ‖ ~(II)-oxid n, Bleimonoxid n / plumbous oxide, lead [mon]oxide, lead (II) oxide ‖ ~(IV)-oxid n, Bleidioxid n / plumbic oxide, lead dioxide o. [su]peroxide, lead (IV) oxide ‖ rotes ~oxid, Bleimennige f, Bleirot n / minium, lead oxide red ‖ ~oxid-Vidikon n / lead oxide vidicon ‖ ~patentieren n, -härten n (Drahtz) / lead patenting ‖ ~pigment n / lead pigment ‖ ~platte, -tafel f / sheet o. plate of lead ‖ ~platte f (Röntgen) / lead sheathing o. plate ‖ ~plombe, Plombe f / lead[en] seal, leading ‖ ~rohr n / lead o. leaden pipe o. tube ‖ ~rot n, Mennige f / lead oxide red, minium ‖ ~rute f, -steg m, -sprosse f (Verglasung) / fretted lead, leaden came o. fillet ‖ ~satz m (Buch) / hot o. lead composition ‖ ~scheibe, Polkopfverstärkung f (Akku) / lead disk ‖ ~scheibe f, -unterlegscheibe f / leaden washer ‖ ~scheibe f, -dichtungsscheibe f / leaden sealing washer ‖ ~schicht f (Galv) / lead coat ‖ ~schirm m (Nukl) / lead screen ‖ ~schlacke / lead slag, dross of lead ‖ ~schlamm m (Akku) / lead sludge o. deposit ‖ ~schmelzwanne f / lead-melting kettle ‖ ~schrank m (für Radium), -tresor m / lead cubicle ‖ ~schrot m n / lead shot ‖ ~schürze f (Röntgen) / body o. protective apron ‖ ~schutz m / lead protection ‖ ~schutzmantel m, -abschirmung f (Reaktor) / lead screen ‖ ~schwamm m / spongy lead ‖ ~seife f (Chem) / lead soap ‖ ~setzmaschine f / line[s] casting machine, slug casting machine ‖ ~sicherung, Schmelzsicherung f / lead fuse o. cut-out ‖ ~siegelwand f, Bestrahlungsschutzwand f (Reaktor) / lead shielding wall, protective shield ‖ ~sikkativ n / lead drier ‖ ~silikat n, Barysilit m / barysilite ‖ ~silikat n / silicate of lead ‖ ~sprosse s. Bleirute ‖ ~stannat n / lead stannate ‖ ~staub m / white powder of lead ‖ ~stearat n / lead stearate ‖ ~stege m pl (Buch) / leads pl, lead furniture ‖ ~stein n, Hartblei n / matte of lead, uncalcined lead ‖ ~stemmer m (Wz, Installateur) / ca[u]lking iron ‖ ~stift m / lead pencil ‖ ~stift-Anschnitt m (Gieß) / pencil gate ‖ ~stift[an]spitzer m / pencil sharpener o. pointer ‖ ~stiftgraphit m / pencil lead ‖ ~stiftgummi m / pencil eraser ‖ ~stiftmine f / lead refill, spare lead ‖ ~stiftzeichnung f / pencil drawing ‖ ~strangpresse f / lead extrusion press ‖ ~streifen m / strip of lead ‖ ~stufe f (Flotation) / lead floating cycle ‖ ~sulfat n / lead sulphate ‖ ~(II)-Sulfat aus Bleikammern / sublimed white lead ‖ ~sulfid n / lead sulphide ‖ ~superoxid n, -peroxid n s. Bleidioxid ‖ ~taschen f pl (Galv) / lead pockets pl ‖ ~teilzirkel m / spring-bow pencil ‖ ~tellurid n / lead telluride ‖ ~tetraethyl, Tetraethylblei n / lead tetraethyl ‖ ~tolerant (Katalysator) / lead-tolerant ‖ ~-Trinitroresorzinat n / lead trinitroresorcinate ‖ ~tube f / lead tube ‖ ~umhüllung, -mantelung f / lead covering o. sheathing ‖ ~[unterleg]scheibe f / leaden washer ‖ ~verarbeitung f / lead work ‖ ~vergiftung f, Saturnismus m / lead poisoning, plumbism, saturnism ‖ an ~vergiftung leidend / saturnine ‖ ~verglastes Fenster / leaded window o. lights pl ‖ ~verglasung, Verbleiung f (Bau) / lead glazing ‖ ~verschluß m / leaden seal ‖ unter ~verschluß / sealed with lead ‖ ~weiß n, basisches Bleikarbonat / [basic] lead carbonate, white lead subcarbonate, white o. flake lead, ceruse, cerussa ‖ ~weiß in Flockenform / flake white ‖ ~weißölfarbe f / white lead paint ‖ ~weiß-Ölgrund m / white lead

priming paint ‖ ~-Zinnlegierung f (80 % Pb, 18 % Sn, 2 % Sb) / terne metal ‖ mit ~zinnlegierung überziehen / terne v ‖ ~zucker m / lead sugar, [neutral o. normal] lead acetate, acetate of lead, lead (II) ethanoate ‖ ~zusatz m / lead-base additive ‖ ~zwischenlage, -einlage f / insertion of lead

Blend·…, blind (Bau) / mock, dead ‖ ~arkade f (Bau) / dead o. shallow arcature, sham arcades pl

Blende f, Schild m / screen, blind ‖ ~ (TV) / tube surround, screen surround ‖ ~, Blendschirm m (Kfz) / light shade o. screen ‖ ~, Abschirmung f / screen, light shade, shade ‖ ~, Blendscheibe f (Rohrleitung) / stop plug ‖ ~ (Opt, Phot) / stop, diaphragm ‖ ~, Filter n (Opt) / screen ‖ ~ (= Leitzahl geteilt durch den Abstand in Metern) / aperture (= guide number divided by distance in feet) ‖ ~, Maske f (Radar) / hood ‖ ~ (Bergb) / door of an airshaft ‖ ~, blindes Fenster (Bau) / blank window ‖ ~ (Taxameter) / shutter ‖ ~ (Karosserie) / cover, panel ‖ ~, Buchweizen m (Landw) / buckwheat ‖ ~ (Schwefelerz von Metallen) (Min) / black-jack, blende, glance ‖ ~ öffnen / open aperture o. diaphragm, open up ‖ ~ schließen / close aperture o. diaphragm, stop down ‖ [die eigentliche] ~ (Hydr) / orifice plate ‖ um 1/3 ~ erhöhen (Phot) / open by 1/3 stop

blenden vt / blind, dazzle ‖ ~, Ein-, Ausblenden n (TV) / dissolve ‖ ~ n der Scheinwerfer (Kfz) / headlamp o. -light glare o. dazzle[ment] ‖ ~automatik f (Film) / exposure timer ‖ ~automatik f (Phot) / automatic diaphragm (o. exposure) control ‖ ~bandkopiermaschine f (Film) / control band printer

blendend (Licht) / blinding, dazzling ‖ ~, grell (Licht) / glaring ‖ ~er Glanz / glare ‖ ~es Licht, Blendlicht n / glare ‖ ~er Lichtschein, Lichtblitz m / flash of light, glare ‖ ~ weiß / shining o. snow white

Blenden·ebene f (Opt) / diaphragm plane ‖ ~einsatz m (Opt) / diaphragm insert ‖ ~einstellung f (Opt) / diaphragm setting, adjusting the depth of focus o. of definition ‖ ~einstellung, Blende f (Phot) / aperture o. f-number, lens stop ‖ ~folie f / masking tape ‖ ~gekoppelt / iris-coupled ‖ ~lamelle f / diaphragm blade o. leaf ‖ ~loch n (Kath.Str) / anode aperture ‖ ~nummer f, -zahl f (Phot) / lens stop, f-number ‖ ~öffnung f (Phot) / camera aperture, diaphragm opening, focal aperture, F-number, FL, fl ‖ ~regulierschieber m / iris diaphragm control valve ‖ ~ring m (Phot) / aperture [setting o. control] ring ‖ ~schieber m (Opt) / slider, sliding diaphragm ‖ ~skala f / aperture scale, stop scale ‖ ~strömungsmesser m / orifice flow meter ‖ ~vorwahl f / presetting of aperture ‖ ~vorwahl[einrichtung] f / preset diaphragm mechanism

blend·frei s. blendungsfrei ‖ ~glas n (Opt) / moderating glass ‖ ~rahmen, Blindrahmen m (Tür, Fenster) (Bau) / door frame, window frame ‖ ~scheibe f (Glas) / glare shield ‖ ~schirm m, -schutzschirm m / light shade o. screen ‖ ~schutz m, -schutzvorrichtung f / antiglare device ‖ ~schutz m am Instrumentenbrett / glare shield ‖ ~schutz m an Scheinwerfern / headlamp, -light dimming device ‖ ~schutz m gegen heiße Abgase (Luftf) / glare shield ‖ ~schutzbrille f / antidazzle spectacles pl ‖ ~schutzleuchte f / antidazzle lamp ‖ ~stein m, Verblendstein m / facing brick o. stone

Blendung f / dazzlement, blinding

blendungs·frei, nicht blendend / non dazzling, antidazzle, non-glare, antiglare ‖ ~grenze f / maximum dazzle of signal lights ‖ ~index m / glare index

Blend·verband m (Bau) / curtain wall bond ‖ ~winkel m, Blendungswinkel m / angle of glare ‖ ~wirkung f, -nachwirkung f / dazzling

Bleu-Blindlandeverfahren n (Luftf) / blind landing experimental unit, BLEU system (GB)

Blick m, Sicht f (Opt) / sight, vision ‖ ~, Gold-, Silberblick m (Hütt) / glance, lightning

blicken, blinken (Chem) / glance vi

Blick·fang m / eye-catcher ‖ **~feld** n, Gesichtsfeld n / field of view o. vision ‖ **~felddarstellungsgerät** n (Radar) / head-up display ‖ **~feuer** n / signal light, blue-light ‖ **~punkt** m (Opt) / point of vision o. sight ‖ **~richtung** f / viewing direction ‖ **~silber** n / lightened silver ‖ **~sprungfreiheit** f (Stereobild) / usable viewing zone ‖ **~winkel** m (Opt) / angular field, angle of view

Blimp m (Filmaufnahme) / blimp, soundproof housing ‖ **~** (Kleinluftschiff) / blimp ‖ **~kamera** f (Film) / blimp ·camera

blind, falsch (Bau) / mock, sham, dummy, feigned, blind, blank ‖ **~**, ohne Ausgang, stillgelegt / dead-ended ‖ **~** / blind ‖ **~**, trübe (Metall, Glas) / dull ‖ **~** (Metalle), angelaufen / tarnished ‖ **~**, unpoliert (Glas) / unpolished ‖ **~**... ‖ **~es Chorfüllgarn** (Teppich) / dead frame yarn ‖ **~es Färbebad**, blinde Färbeflotte / blank bath ‖ **~e Kreuzung** (Web) / blank crossing ‖ **~e Küpe** (Textil) / blank vat ‖ **~ machen** (o. werden) (Metall, Glas) / tarnish ‖ **~er Schornstein** (Schiff) / dummy funnel ‖ **~e Spule** (Elektr) / dummy coil ‖ **~e trockene Bohrung** (Öl) / dry well o. hole ‖ **~e Tür** / dead door ‖ **~e verlorene Verrohrung** (Öl) / blank liner ‖ **~es Zapfen- o. Stemmloch** (Zimm) / blind mortise ‖ **~achse** f (Bahn) / intermediate driving axle, loose axle ‖ **~anflug** m (Luftf) / approach under IFR (= instrument flight rules) ‖ **~anteil** m, -komponente f (Elektr) / reactive o. wattless component ‖ **~aufkohlen** n (ohne Aufkohlungsmittel) (Hütt) / blank carburizing, pseudocarburizing ‖ **~band** m, -exemplar n (Buch) / dummy [copy] (GB), made-up (US) ‖ **~bedienung** f (Schreibm) / touch operation ‖ **~befehl**, Scheinbefehl m (DV) / dummy o. quasi instruction ‖ **~befestigung** f / blind fastening ‖ **~belastung** f, wattlose Belastung (Elektr) / reactive load ‖ **~belegung** f (Fernm) / [line] permanent, dummy connection ‖ **~boden**, Fehlboden m (Bau) / dead floor, false floor ‖ **~boden** m (für Parkett) (Bau) / counterfloor, subfloor ‖ **~boden** m (Uhr) / support of the dial-plate ‖ **~buchse** f (Fernm) / dummy jack ‖ **~buchse** f (Räumwz) / spacer of a broach ‖ **~druck** m, -prägung f (Buch) / blind blocking o. tooling, blinding, blocking, relief print[ing] o. embossing, antique ‖ **~drucken**, -prägen (Buch) / blind-block, blind-emboss, blind-tool ‖ **~einschub** m (Elektr) / dummy module ‖ **~element** n (Reaktor) / dummy element

Blindenschrift, Brailleschrift f / braille o. embossed printing, relievo-print

Blind·film m / blacking, [black] spacing ‖ **~flansch** m, X-Stück n / black o. blind o. blank flange, dummy flange ‖ **~fliegen** n, -flug m / blind flying ‖ **~flugberechtigung** f / instrument rating of aviators ‖ **~guß** m (ohne Matrize) (Buch) / blank casting ‖ **~härten** / blank-harden ‖ **~härtungsversuch** m / blank hardness test ‖ **~holz** n (im Sperrholz) / core of plywood ‖ **~kaliber** n (Walzw) / dummy pass, false pass ‖ **~komponente** f (Elektr) / reactive component ‖ **~kupplung** f (F'wehr) / cap fire hose coupling ‖ **~kupplung** f (Bahn) / dummy coupling ‖ **~ -kVA** n pl / reactive kilovoltamperes pl ‖ **~landeanlage** f (Bodenhilfsmittel) (Luftf) / landing aid, lan, LAN ‖ **~landeanlage** f nach UKW-Lorentz / equal signal system ‖ **~landesystem** [durch Eigenpeilung] n (Luftf) / instrument landing system, ILS ‖ **~landung** f / blind landing ‖ **~landung [durch Eigenpeilung]** f / instrument landing, IL ‖ **~landung mit impulsmodulierten Baken** / blind o. beam approach landing system, B.A.B.S. ‖ **~last** f (Elektr) / reactive load ‖ **~laststoß** m (Elektr) / blind load impulse ‖ **~last-Transduktor** m / transductor reactor ‖ **~leistung** f (Elektr) / wattless o. idle o. reactive power o. volt-amperes pl, var ‖ **~leistung f der Gegenkomponente**, Gegenleistung f (Elektr) / negative sequence power ‖ **~leistungseinheit** f, Var n / var, VAR (= reactive volt-ampere), VAr ‖ **~leistungsfaktor** m, sin φ (Elektr) / reactive factor, RF, sin φ ‖ **~leistungsmaschine** f (Elektr) / phase advancer

o. adjuster o. changer o. shifter, phase converter ‖ **~leistungsmesser** m / varmeter, vari-, varometer ‖ **~leistungsmessungs...** / varmeter... ‖ **~leistungsregler** m / reactive power compensator ‖ **~leistungsschreiber** m / recording varmeter ‖ **~leistungszähler**, Blindverbrauchszähler m / idle-current wattmeter, reactive energy meter o. power meter, reactive volt-ampere-hour meter, wattless component meter ‖ **~leitung** f (Wellenleiter) / adjustable short, stub ‖ **~leitwert** m (Elektr) / susceptance ‖ **~lochscheibe** f, Umsteckscheibe f / "figure 8" blank, spectacle flange ‖ **~material** n (Buch) / blank material, spacing material, leads pl ‖ **~modulator** m / reactance modulator ‖ **~muschel** f (Mikroskop) / blind cup ‖ **~niet** m / blind rivet ‖ **~nieten** n / blind riveting ‖ **~nitrieren** n (ohne Nitriermittel) / blank nitriding, pseudonitriding ‖ **~ort** m (Bergb) / blind drift, dummy road ‖ **~ortversatz** m (Bergb) / dummy packing o. stowing ‖ **~patrone** f / blank cartridge ‖ **~platte** f (Buch) / dummy plate, blind [printing] plate ‖ **~prägung** f / blind stocking, blind tooling ‖ **~probe** f (Chem, Analyse) / blank [test] ‖ **~rahmengerippe** n (Spanplatten) / concealed frame core ‖ **~raupe** f / melt run ‖ **~röhrenmodulator** m / reactance tube modulator ‖ **~schacht**, Stapel m (Bergb) / wince, winze staple [pit], staple [pit], jack-head pit ‖ **~schaltbild** n (Elektr) / mim[et]ic diagram, matrix mimic board ‖ **~scheibe** f (Pap) / blind sieve ‖ **~schloß** n / mortise lock ‖ **~schreiben** / touch-type ‖ **~schwanz** m, Stichleitung f (Antenne) / stub ‖ **~sicherung** f (Elektr) / dummy fuse ‖ **~spannung** f (Elektr) / reactive voltage ‖ **~speiser** (Gieß) / blind feeder o. riser (US), blind head ‖ **~spule** f / dummy coil, dead coil ‖ **~spur** f (Nukl) / false curvature ‖ **~stecker**, Isolierstöpsel m (Elektr) / dummy plug ‖ **~stich** m (Walzw) / dummy pass, blind pass ‖ **~stichfuß** m (Nähm) / blindstitch foot ‖ **~stopfen** m, -verschluß m / blind plug, filler plug, dummy ‖ **~stopfen** m (in einer Gußform) (Gieß) / welch o. welsh plug ‖ **~strom** m (Elektr) / wattless o. idle o. blind current, reactive current o. amperes pl ‖ **~strom...**, wattlos / reactive, inactive, wattless, quadrature, idle ‖ **~stromkomponente** f, -stromanteil m (Elektr) / reactive o. idle component, wattless component ‖ **~stromzähler** m / reactive current meter, reactive ampere-hour meter ‖ **~übermittlung** f (Fernm) / blind transmission ‖ **~verbrauchszähler** m s. Blindleistungszähler ‖ **~verkehr** m (Fernm) / dummy traffic ‖ **~verschluß** m s. Blindstopfen ‖ **~versuch** m (Reaktor) / dry run ‖ **~versuch** m (Chem) / blank test o. trial ‖ **~vierpol** m / reactance quadripole ‖ **~walze** f (Walzw) / dummy roll ‖ **~walze** f (Web) / low back roller ‖ **~welle** f (Bahn, Lok) / jack shaft ‖ **~wert** m, wattlose Komponente / reactive o. wattless component, idle component ‖ **~wert** m (Chem, Phys) / blank value ‖ **~wertfrei** (Chem) / without numerical result of blank test ‖ **~wertlösung** f / chemical blank solution ‖ **~widerstand** m (Elektr) / reactive impedance, [inductive and capacitive] reactance ‖ **~[widerstand]röhre** f (Elektronik) / reactance tube

Blink·anzeige f / flashing indicator ‖ **~apparat** m, -gerät n / lamp signalling station, flashing apparatus

blinken (Metall) / sparkle, glitter, gleam ‖ **~** (mit den Scheinwerfern) (Kfz) / flash the high beams ‖ **~**, intermittierend leuchten, glitzern / blink, flash ‖ **~**, strahlen / beam ‖ **~**, blicken (Metall) / lighten, shine intermittently ‖ **~ lassen**, zum Blinken bringen / twinkle vt

Blinker s. Blinkgeber und Blinkleuchte ‖ **~hebel** m / direction indicator control ‖ **~kontrolleuchte** f / direction indicator o. turn signal (US) pilot lamp ‖ **~schalter mit eingebauter Kontrollampe** (Kfz) / illuminated [indicator] control switch

Blink·feuer, -licht n (Nav) / blinker beacon o. light ‖ **~feuer**, Blitzfeuer n (Schiff) / flashing light ‖ **~feuer** n, unterbrochenes Feuer / occulting light ‖ **~folge** f / flash period ‖ **~geber** m (Kfz) / flasher [unit], clignoteur (GB)

‖ ≺gerät n / lamp signalling station, flashing apparatus ‖ ≺komparator m (Opt) / blink microscope ‖ ≺leuchte f, Fahrtrichtungsanzeiger m, Blinklicht n (Kfz) / flashlight turn signal (US), turn signal lamp (US), direction indicator [lamp], flasher lamp, clignoteur (GB), blinker (GB) ‖ gelbes ≺licht (Straßb) / winking warning light ‖ ≺licht n für Polizei- und Krankenfahrzeuge / flashing lamp of police cars o. ambulances ‖ ≺lichtanzeigeleuchte f für Zugmaschinen, [für Sattelanhänger] / trailer flashlight (US) o. clignoteur (GB) pilot lamp ‖ ≺motor m / flasher motor ‖ ≺relais n / flashlight relay ‖ ≺-Schlußleuchte f (Kfz) / combined flasher and tail lamp ‖ ≺zeichen, -signal n / flash[light] signal, intermittent signal ‖ ≺zeichen n (mit Scheinwerfern) (Kfz) / headlamp signal o. flash

Blip m, Zacke f (Radar) / blip ‖ ≺, Bildmarke f (Film) / collimating point ‖ ≺ (Repro) / document mark, blip

Blister·-Kupfer n / blister copper ‖ ≺packautomat m / blister packing machine ‖ ≺packung f (Gegenstand) / blister pack

Blitz m (Meteorol) / bolt of lightning, lightning [flash] ‖ ≺, Aufblitzen n / flash ‖ ≺ (Wirkung beim Einschlagen) / lightning ‖ ≺ableiter, -schutz m (Fernm) / lightning arrester o. conductor o. discharger o. guard ‖ ≺ableiter m (Bau) / lightning rod ‖ ≺ableiterstange f, Auffangstange f / lightning rod o. stem, lightning conductor ‖ ~artig aufleuchten lassen / flash ‖ ≺bahn f / lightning path ‖ ≺befeuerung f (Luftf) / flash lighting ‖ ≺birne f (Phot) / flash bulb

blitzen, leuchten / flash

Blitz·entladung f, blitzförmige Entladung / lightning discharge ‖ ≺erdung (Vorgang), -erde f (Elektronik) / ground (US) o. earth (GB) wire ‖ ≺gerät n (komplett mit Reflektor), Blitzlichtgerät n (Phot) / flashgun ‖ ≺gruppenfeuer n / group blinker (US) ‖ [einmal verwendbare] ≺lampe (Phot) / flashbulb, photoflash lamp ‖ ~lampengepumpt (Laser) / flashlamp-pumped ‖ ≺lampensystem n "Topflash/Flipflash" / topflash/ flipflash photographic flashlamp array ‖ ≺licht n (Phot) / flashlight ‖ ≺lichtaufnahme f, -lichtphoto n / flashlight photo ‖ ≺lichtcomputer m / flashlight·computer ‖ ≺lichtkontakt m, -anschluß m (Phot) / flash contact ‖ ≺lichtlampe f, Kolbenblitz m / flash bulb ‖ ≺lichtlampe f (Phot) / flashlamp ‖ ≺lichtleitzahl f (Phot) / flash exposure guide number ‖ ≺lichtquellen f pl / flashlight sources pl ‖ ≺licht-Steckverbindung f / flash synchronizing socket ‖ ~loses Pulver / flashless powder ‖ ≺löter m, Schnellötgerät n / highspeed soldering iron ‖ ≺rekorder m / lightning recorder ‖ ≺röhrengerät n (Phot) / flashtube, electronic flashlamp ‖ ≺[rohr]zange f / self-gripping general-purpose pliers, quick-grip pliers ‖ ≺röntgengerät n / flash x-ray equipment ‖ ≺rösten n (Hütt) / flash o. suspension roasting ‖ ≺schaden m / lightning damage ‖ ≺schlag m, zündender Blitz / lightning stroke ‖ ≺schutz m (Elektr) / high-voltage fuse o. protector, protector [block] ‖ ≺schutzautomat m (Antenne) / antenna fuse ‖ ≺schutzerde f, -schutzerdung f / lightning protection ground (US) o. earth (GB) ‖ ≺schutzpatrone t (Elektronik) / fuse cartridge for lightning protector ‖ ≺schutzschalter m / lightning switch ‖ ≺schutzseil n (Hochsp.-Ltg.) / lightning protection rope ‖ ≺schutzsicherung f (Elektronik) / lightning protection fuse ‖ ≺stärke f / lightning flash intensity ‖ ≺synchronkontakt m mit einstellbarer Kontaktscheibe (Phot) / synchronized flash contact with synchronous dial ‖ ≺temperatur f (Getriebe) / flash temperature ‖ ≺trockner m / flash drier ‖ ≺würfel m (Phot) / flash cube, photoflash cube

Blob n (Traube in der Kernemulsion) (Nukl) / blob

Bloch·-Band n (Atom, Nukl) / Bloch band ‖ ≺wand f (Magnet) / Bloch o. domain wall

Block m (allg, Bahn) / block ‖ ≺, Gruppe f [gleicher Dinge] / group ‖ ≺, Klotz m / log, trunk ‖ ≺, [gegossener] Barren (Hütt) / ingot [bar] ‖ ≺, Schreibblock m / memo o. scribbling pad ‖ ≺, Häuserblock m / block of houses ‖ ≺ (zusammenhängende Wort- o. Informationsgruppe) (DV) / block ‖ ≺ (Nukl) / slug ‖ ≺ (Schiff) / system of pulleys ‖ ≺, Blockstrecke f (Bahn) / block section ‖ ≺, Findling m (Geol) / boulder ‖ ≺ mit 4 Rollen (Schiff) / four-pulley block ‖ ≺ mit bedingten Haltesignalen (Bahn) / permissive block ‖ ≺ mit unbedingten Haltesignalen (Bahn) / absolute block ‖ ≺ [von Informationen], physischer Satz (Programm) / physical record ‖ ≺ von Zahnrädern, Pilz m / gear cluster ‖ durch Nachgießen aufgefüllter ≺ / slop ingot ‖ im ≺ gegossen / cast en bloc o. integral ‖ ≺ (Hütt) / (less than 36 sq.in.:) billet, (more than 36 sq.in.:) bloom ‖ ≺abbruch m (DV) / abort ‖ ≺abschnitt m (Bahn) / block section o. action ‖ ≺abschnitt m (Bahn) / block section ‖ ≺abstand m (Bahn) / block space ‖ ≺abstechmaschine f (Hütt) / ingot parting lathe o. machine, ingot slicing lathe ‖ ≺abstreifer m, Strippen m (Hütt) / ingot stripper ‖ ≺abstreifkran m, Stripperkran m / ingot stripping crane ‖ ≺abzug m / ingot retractor

Blockade f, Fliegenköpfe m pl (Buch) / turned letters o. sorts pl ‖ ≺, gegenseitiges Sperren (DV) / deadlock, deadly embrace

Block·adresse f (DV) / block address ‖ ≺ansteuerung, -auswahl f (DV) / block selection ‖ ≺apparat m (Bahn) / block apparatus, electric signalling/block-apparatus ‖ ≺auflegevorrichtung f (Walzw) / putting-on device for ingots ‖ ≺aufsatz m (Hütt) / shrink head casing ‖ ≺ausschalter m (Bahn) / block switch ‖ ≺auszieher m (Walzw) / drawing-out device, ingot withdrawing device ‖ ≺ausziehkran m / ingot drawing crane ‖ ≺bandsäge[maschine] / log band sawing machine ‖ ≺batterie f (Kfz) / compound battery, battery in a one-piece composition case ‖ ≺bauweise f / block assembly ‖ ≺bauweise f, Baukasten-, Aufbausystem n / modular construction o. design ‖ für ≺bauweise vorgesehen / designed for modular concept ‖ ≺beutel m, -bodenbeutel m (Pap) / square bottom bag ‖ ≺bild n (Regeln) / block diagram ‖ ≺bild n (früher: Blockdiagramm) / block diagram ‖ ≺bildung f, Blocken n / blocking ‖ ≺blei n / pig o. raw lead, pig [of] lead, lead pig o. lump ‖ ≺bodensackmaschine f (Pap) / self-opening satchel o. S.O.S. -type tuber-bottomer ‖ ≺bohrbank f / ingot boring lathe ‖ ≺ -Brammen-Walzwerk n / ingot slab mill ‖ ≺brecher m / ingot breaker o. crusher ‖ ≺bruchbau m (Bergb) / block caving

Blöckchen n, Stangenabschnitt m (Schm) / slug ‖ ≺ (Ferromangan) / pig

Block·chiffrierung f (DV) / block ciphering ‖ ≺codierung f (DV) / block coding ‖ ≺ -Copolymer[isat] n (Plast) / block copolymer ‖ ≺daten pl (DV) / block data pl ‖ ≺datenanweisung f / block data instruction ‖ ≺deckel m (Akku) / battery block cover, one-piece cover ‖ ≺diagramm n, -darstellung f (DV) / block diagramm ‖ ≺drehmaschine t / ingot-turning lathe ‖ ≺druck m (Textil) / printing from plates ‖ ≺drücker m (Walzw) / block o. furnace pusher ‖ ≺drucker m (DV) / block printer ‖ ≺eigenschaft f, Blocken n (Plast, Folie) / blocking effect ‖ ≺einsetzkran m / ingot charging crane ‖ ≺einsetzwagen m / ingot charging bogie ‖ ≺empfänger m (TV) / secondary television receiver

blocken vt (Bahn) / provide blocks ‖ ~ (DV) / block ‖ ~ vi (Folien) (Plast) / block v (sheets) ‖ neu ~ (DV) / reblock

Blockende n (DV) / end of block, EOB ‖ ≺, -rest m (Walzw) / ingot butt ‖ abgeschopftes ≺ (Hütt) / crop ‖ oberes ≺ / ingot top ‖ unteres ≺ / bottom of ingot

Block-Endstelle f (Bahn) / end block station

Blocker m, Blockkondensator m / blocking capacitor, stopping capacitor
Block·fehlerquote f (DV) / block error rate ‖ **⁎feld** n (Bahn) / block post panel ‖ **⁎fenster** n (Bahn) / block indicator ‖ **⁎fernsprecher** m (Bahn) / block telephone ‖ **⁎fett** n / block grease ‖ **⁎flämmen** n (Walzw) / flame-chipping of blooms ‖ **⁎flansch** m, loser Flansch / loose flange ‖ **⁎form**, Kokille f / ingot mo[u]ld o. chill ‖ **festes, [variables] ⁎format** / fixed, [variable] block format ‖ **⁎format-Spezifikation** f / block format specification ‖ **⁎gatter** n, -säge f / single-blade frame saw ‖ **⁎gerüst** n (Hütt) / blooming stand ‖ **⁎geschwindigkeit** f (Luftf) / block speed ‖ **⁎gießkran** / teeming crane ‖ **⁎-Gießmaschine** f / block casting machine ‖ **⁎gießwagen** m (Hütt) / ingot casting car ‖ **⁎glimmer** m / mica slabs pl ‖ **⁎guß** m / ingot casting, ingotting ‖ **⁎gußstück** n / monobloc casting, en bloc casting ‖ **⁎haubentechnik** f, Blockkopf-Nachwärmen n (Hütt) / hot topping ‖ **⁎haus** n, -hütte f / log cabin ‖ **⁎haus** n (Raketenstart) / blockhouse ‖ **⁎heftmaschine** f (Buch) / block stitching machine, book stitching machine ‖ **⁎heftmaschine** f (mit Draht) (Buch) / stapling machine for blocks ‖ **⁎-Heizkraftwerk** n, BHKW / block-type thermal power station ‖ **⁎hobler** m (Schw) / deseaming torch ‖ **⁎holz** n (in handelsüblichen Abmessungen) / stock lumber ‖ **⁎hydraulik** f (Landw) / integral hydraulic lift system
Blockier·... (DV) / inhibit... ‖ **⁎-Draht** m, Inhibit-Draht m (Elektronik) / inhibit [wire]
blockieren, sperren / stop, block ‖ ~, lahmlegen / tie up ‖ ~ vt, verriegeln, sperren / bar vt, lock[-up] ‖ ~, inhibieren (Elektronik) / inhibit ‖ ~ (Straße) / block ‖ ~, verstopfen (Fernm, Verkehr) / jam ‖ ~, behindern / obstruct ‖ ~ (Buch) / turn letters ‖ ~ vi (Mot) / stall ‖ ~ (Räder) / lock up ‖ ⁎, Festfressen n (Masch) / jamming ‖ ⁎ n (Räder) / locking of wheels, wheel lock-up ‖ ⁎ der Bremsen / locking of brakes, brake lock-up
Blockier·impuls m / inhibit pulse ‖ **⁎schaltung** f (Elektronik) / clamp[ing] circuit, clamping ‖ **⁎schutz** m (Kfz) s. Blockierverhinderer
blockiert / stuck
Blockierung f, Hindernis n / block, obstruction ‖ ⁎, Unterbrechung f, Sperrung f / blockage ‖ ⁎ / blocking ‖ ⁎, Verstopfung f (Fernm, Verkehr) / blocking, jam ‖ ⁎, Weichensicherung f (Bahn) / point locking ‖ ⁎ (DV) / internal blocking ‖ ⁎ (Ionenaustauscher) / fouling ‖ ⁎, Arretierung f / locking device ‖ ⁎ (Meteorol) / blocking action ‖ ⁎ s. auch Blockieren ‖ **unerklärliche ⁎** (DV) / hang-up (coll)
Blockierungs·zeit f (Nukl) / paralysis time
Blockier·verhinderer m (Kfz) / antilock system, wheel-slip brake control system (US) ‖ **~verhindernd** / antilock...
Blockingoszillator m / blocking oscillator
Block·kalander m, -mangel f (Leinwand) / calender, mangle ‖ **⁎kaliber** n (Walzw) / blooming pass, cogging o. breaking-down o. roughing pass ‖ **⁎karren** m (zweirädrig, für lange Gegenstände) / two-wheeled timber cart ‖ **⁎kasten** m (Kfz) / monobloc container, battery container, one-piece composition case ‖ **⁎kette** f / block chain ‖ **⁎kette** f (Bagger) / bush[ed] roller chain ‖ **⁎kies** m (> 63 mm) / coarse gravel ‖ **⁎kippstuhl** m, -kipper m (Hütt) / tilting chair o. device, tilter ‖ **⁎kippwagen** m (Hütt) / ingot tipping o. tilting car ‖ **⁎kokille** f (Hütt) / ingot mould ‖ **⁎kondensator** m (Elektronik) / block type capacitor ‖ **⁎kondensator** m, Sperrkondensator m / blocking capacitor, stopping capacitor ‖ **⁎konstruktion** f / unit construction ‖ **in ⁎konstruktion** / consisting of a single piece ‖ **⁎kopf-Nachwärmen** n, Blockhaubentechnik f (Hütt) / hot topping ‖ **⁎kraftwerk** n (Elektr) / block power station, unit-type power station ‖ **⁎kran** m (Walzw) / ingot crane ‖ **⁎kran** m (Bau) / gantry crane for blocks ‖ **⁎kreissägemaschine** f (Holz) / log circular sawing machine ‖ **⁎kupfer** n / pig copper ‖

⁎laden n (DV) / block loading ‖ **⁎länge** f (DV, NC) / block length o. size ‖ **⁎länge** f (Feder) / solid length, φ_b ‖ **⁎lehm**, Tillit m (Geol) / boulder clay, till[ite] ‖ **⁎leitgerät** n (Kraftwerk) / unit coordinator ‖ **⁎leser** m (DV, NC) / block reader ‖ **⁎lücke** f (DV) / interblock space o. gap ‖ **⁎messing** n / block brass ‖ **⁎metall** n / ingot ‖ **⁎mischpolymerisation** f / mass polymerization ‖ **⁎motor** m / block motor, engine with cylinders cast en bloc ‖ **⁎multiplexkanal** m (DV) / block multiplex channel ‖ **⁎nachwärmeofen** m / ingot reheating furnace ‖ **⁎ofen** m / block furnace ‖ **⁎orientierung** f (Regeln) / block diagrammatic programming ‖ **⁎pflaster** n (Straßb) / block pavement ‖ **⁎platte** f (Tischlerplatte) / core of plywood ‖ **⁎polymer** n, Substanzpolymer n, Massepolymer n / mass polymer ‖ **⁎polymerisation** f, (jetzt:) Substanzpolymerisation f / block o. bulk polymerization ‖ **⁎presse** f (Plast) / block press ‖ **⁎prüfung**, -sicherung f, -paritätsprüfung f (DV) / longitudinal redundancy check (LRC) o. parity check, block check ‖ **⁎prüfzeichenfolge** f (DV) / block check sequence, frame check sequence, FCS ‖ **⁎putzen** n / dressing of ingots ‖ **⁎reifen** m (Kfz) / block tyre ‖ **⁎relais** n (Bahn) / block relay ‖ **⁎rest**, Stummelblock m / ingot butt ‖ **⁎rolle** f / tie of a pulley block ‖ **⁎rollofen** m (Walzw) / gravity discharge furnace ‖ **⁎säge**, Klotzsäge f / log frame ‖ **⁎satz** m (Buch) / grouped style ‖ **⁎säulenbauart** f (Kran) / unit-column design ‖ **⁎schachtelung** f (DV) / block nesting ‖ **⁎schale**, Überwalzung f (Fehler, Walz) / double skin, curtaining, bottom splash ‖ **⁎schälmaschine** f / ingot peeling machine ‖ **vom Rechner erstelltes ⁎schaltbild** / automated logic diagram, ALD ‖ **⁎schaltbild** n / modular mimic display ‖ **⁎schaltplan** m (Elektronik) / block diagram ‖ **⁎schaltplan** m, -schaltschema n (Bahn) / diagram of connections for stations ‖ **⁎schauzeichen** n, Blockfenster n (Bahn) / block indicator ‖ **⁎schere** f (Hütt) / bloom o. billet o. ingot shears pl ‖ **⁎schiene** f, Vollschiene f (Bahn) / filled section rail ‖ **⁎schloß** n / block connecting link ‖ **⁎schlüssel Algorithmus** m (TV) / block cipher algorithm ‖ **⁎schneidemaschine** f (Holz) / blocking machine ‖ **⁎schnitt** m (Stanz) / combination tool ‖ **⁎schrift** / block letters pl ‖ **⁎schrott** m (Hütt) / heavy scrap, bloom scrap ‖ **⁎schütz** n / block-type contactor ‖ **⁎seigerung**, Primärkornbildung f (grobstengelige Struktur) / ingotism, ingot structure, major segregation ‖ **[normale] ⁎seigerung** / normal segregation ‖ **⁎signal** n (Bahn) / block signal ‖ **⁎span** m / laminated pressboard ‖ **⁎speiseleitung** f (Bahn) / signal feeder [line] ‖ **⁎spiegelfeld** n (Bahn) / block repeater ‖ **⁎stanzer** m (LoKa) / block punch[ing unit] ‖ **⁎stelle** f (Bahn) / block [signal] post o. station ‖ **⁎stelle** f mit Achszähleinrichtung / block signal box with axle counter ‖ **⁎stichelhaus** n (Wzm) / holder for the tool block ‖ **⁎straße** f (Walzw) / blooming train ‖ **⁎strecke** f (Bahn) / block section ‖ **⁎stufe** f (Treppe) / massive tread, square step ‖ **⁎support** m (Wzm) / block rest ‖ **⁎system** n (Bahn) / block system, space system ‖ **⁎system** n mit 1 Zug im Abschnitt (Bahn) / absolute block system ‖ **⁎system** n mit mehreren Zügen im Abschnitt / permissive block system ‖ **⁎system** n mit Signalverschluß (Bahn) / interlocked block ‖ **⁎system** n mit Zugeinwirkung (Bahn) / lock and block ‖ **⁎tastatur** f / block keyboard ‖ **⁎taste** f (Bahn) / block signalling ‖ **⁎tiefofen** m / soaking pit [furnace] for ingots ‖ **⁎transportvorrichtung**, -vorrollvorrichtung f (Walzw) / ingot conveying device ‖ **⁎trennmaschine** f, -teilmaschine f (Hütt) / slicing lathe o. machine for ingots ‖ **⁎übertragung** f, -transfer m, blockweise Übertragung (DV) / block transfer ‖ **⁎- und Trennbandsäge** f (Holz) / log and cut-off band saw
Blockung f von Daten (DV) / blocking of data
Blockungs·faktor m / blocking factor ‖ **⁎temperatur** f, Stockungstemperatur f / blocking temperature o. point
Block·-Ungültigkeitszeichen n (DV) / block cancel

character ‖ ~verband m (Bau) / block bond, [Old]
English bond ‖ ~verfügbarkeit f (DV) / block
availability ‖ ~verschluß m (Bahn) / interlocking with
the block system ‖ ~verschluß m (Mil) / block lock ‖
~vorspann m (DV) / block header ‖ ~wagen m (für
schwere Lasten) / trundle ‖ ~wagen, -schlitten m (Säge)
/ drag, log carriage ‖ ~wagen m (Hütt) / ingot buggy o.
chariot o. truck, ingot transfer car ‖ ~walzen n (Hütt) /
blooming ‖ ~walzwerk n / blooming mill (US), breakdown mill, cogging mill ‖ ~walzwerk n (für anderes als
Tafelmaterial) / billet mill ‖ ~wand f, Schrotwand f
(Zimm) / log wall ‖ ~wandwehr n (Hydr) / timber dam ‖
~warte f (Kraftwerk) / switching station, switch gallery
‖ ~wärter m, Betriebswart St (St = Stellwerks- und
Weichendienst m, Signalwärter m (Bahn) / signalman,
block post keeper ‖ ~weise / block by block ‖ ~zählung
f (DV) / block count ‖ ~zange f / ingot dog o. tongs pl ‖
~zarge f, Türstock m / upright standing pillar ‖ ~zeit f
(Zeit vom Entfernen der Bremsklötze bis zum
Wiederanlegen) (Luftf) / block time, block-to-block
time, chock-to-chock time ‖ ~zeit f von
Wasserflugzeugen / buoy-to-buoy time ‖ ~zelle f
(Chem) / cavity cell ‖ ~zentrierbank f / ingot centering
machine ‖ ~ziehkran m / stripping crane ‖ ~zink n /
bar zinc ‖ ~zinn n / block tin ‖ ~zug m (Bahn, Schweiz) /
block train ‖ ~zwischenraum m / interblock gap, block
gap
Blödit m (Min) / bloedite, astrakanite
Blooming n (TV) / blooming
bloß (Auge) (Opt) / unaided, naked ‖ mit ~em Auge
sichtbar / visible to the naked eye
Blöße f, Blößling m (Gerb) / skin free from hair, smoothed
skin ‖ ~, Kahlhieb m (Forstw) / clear cutting o. felling
bloßlegen, denudieren (Geol) / denude, denudate, expose ‖
~, freilegen, unterhöhlen (Bau) / lay bare, bare,
excavate
Blowby-Gase m pl (Kfz) / blowby gas
Blowdown-Windkanal m / blow-down tunnel
Blow-out-preventer m (Öl) / blow-out preventer
Blubbern n (Elektronik) / motor-boating
Blue-Jeans-Stoff m / blue jeans fabric
Blue John m (amethystfarbener Fluorit) (Min) / blue john
Blume f (allg, Bau, Färb) / flower ‖ ~ (Gerb) / bloom, spue
blümen, blumen (Textil) / diaper
Blumen·blau n, Blattblau n / sap blue, anthocyanin ‖
~damast m / flower damask ‖ ~draht m / florist's
wire, binding wire ‖ ~gelb n, gelbes Blumenpigment /
anthoxanthin ‖ ~seite f (Gerb) / outside of the skin
Blumlein-Übertragungslinie f (Nukl) / Blumlein
transmission line
Blut·..., Blutgefäß... / h[a]emal, -mic, -matal ‖ ~buche f,
Fagus silvatica / copper beech ‖ ~echtheit f (Farbe) /
fastness to bleeding
bluten (Anstrich, Beton) / bleed
Blüten·farbstoff m / colouring matter of flowers ‖
~knospenstadium n (Biol) / flower bud stage ‖ ~öl n /
flower oil ‖ ~stadium n / flower stage ‖ ~stecher m /
blossom weevil ‖ ~tropfen m pl / floral essence
Blut·kohle f / animal charcoal ‖ gelbes ~laugensalz /
potassium ferrocyanide ‖ gelbes ~laugensalz / potassium
ferricyanide, [tri]potassium hexacyanoferrate (III), red
prussiate of potash ‖ ~laugensalzabschwächer m (Phot)
/ Farmer's reducer ‖ ~laus f, Eriosoma lanigerum /
woolly aphis ‖ ~lauskrebs m (Landw) / canker due to
woolly aphis ‖ ~mehl n / blood meal, dried blood ‖
~mehl n / dried blood ‖ ~orange n (RAL 2002) /
vermilion ‖ ~orange f (Frucht) / blood-orange ‖ ~rot /
blood-red, dark crimson ‖ ~stein (Keram) / burnishing
stone ‖ ~wolle f / skin wool, fellmongered o. plucked
wool
BMBW = Bundesministerium für Bildung und Wissenschaft
BMC-Verfahren m (Plast) / bulk moulding compound
technology, BMC technology
BMFT = Bundesministerium für Forschung u. Technologie

B-Minus-Eins-Komplement n / diminished radix
complement, radix-minus-one-complement
B-Modulator m / class B modulator
BMP = Bundesministerium für das Post- und Fernmeldewesen
BMT (F.Org) / basic motion times pl
BMV = Bundesminist. für Verkehr
BN-Metall n, Bahnmetall n / white metal
BNR-Diode f (= bonded negative resistance) / bonded
negative resistance diode
BO (Bahn) = Eisenbahnbau- und Betriebsordnung
Bö f, Windstoß m / gust, flaw, squall, scud
Board Foot (= 1/12 cu.ft. Holz, Holz von 1'' Dicke und
12 x 12'' Fläche, = 2,36 dm3) m (Einheit) / board foot ‖
~ -Foot-Maßsystem n / board measure
Bob[b]inet-Tüll- und Bob[b]inet-Spitzenmaschine f /
bobbinet and net lace machine
Bobine f (Textil) / bobbin ‖ ~, Drahthaspel m f (Hütt) / reel,
bobbin ‖ ~ (Pap) / reel of paper
Bobinet m, englischer Tüll / bobbinet, bobbin net ‖
~maschine f, -webstuhl m / bobbinet frame
Bochumer Koksprobe f / coking test
Bock m, Gestell n / frame, stand, trestle ‖ ~, Sägebock m
/ saw horse o. buck o. trestle ‖ ~, angegossener Sitz /
bracket, bearer, lug, standard ‖ ~, Rammklotz m /
battering ram ‖ ~ einer Bockbrücke / bent, trestle ‖
Böcke m pl (Bergb) / chock ‖ ~aufsatz m, Aufsatz m des
Schiebers / yoke of a slide valve ‖ ~ausbau m (Bergb) /
chock-type support ‖ ~bier n / bock ‖ ~brücke,
Gerüstbrücke f / trestle bridge, trestlework (US), bent
bridge (US)
bocken, mit den Vorderrädern hochgehen (Traktor) / rear
bockig, böig (Luftf) / bumpy
Bock·konstruktion f / trestle structure ‖ ~kran m, kleiner
Portalkran / frame crane, trestle crane ‖ ~kran m auf
Rädern (Bau) / traveller gantry ‖ ~lager, Stehlager n
(Masch) / pedestal bearing ‖ ~leder n, Hirschleder n /
buckskin ‖ ~leder n, Zickenleder n / kid-skin ‖ ~leiter f
/ double ladder ‖ ~pfette f / lean-to roof purlin ‖ ~rolle
f / fixed castor ‖ ~rolle f (eine Industrierolle) / fixed
roller (for heavy loads) ‖ ~schere f, Stockschere f /
bench shears pl ‖ ~sprungprüfprogramm n (DV) /
leap-frog test ‖ ~stempel m (Bergb) / chock-prop ‖
~stütze f (Stahlbau) / lean-to strut ‖ ~waage f (DIN
8120) / elevated weigher ‖ ~winde f / simple frame
winch, cable winch
Bode-Diagramm n (Nukl) / Bode's diagram o. plot
Boden, Grundbesitz m (Bau, Landw) / ground ‖ ~ m,
Dachboden m, Speicher m / attic, loft, garret ‖ ~,
Fußboden m / floor ‖ ~, Gefäß-, Kesselboden m /
bottom ‖ ~, Grund m, Baugrund m, Erdboden m (Bau,
Landw) / ground, soil, land ‖ ~, Grund m (Web) /
foundation, ground ‖ ~ (Taschenuhr) / back [cover] ‖ ~,
Sumpf m (Bergb) / bottom, bottoms pl ‖ ~ (der Kolonne)
(Chem) / deck, plate, tray ‖ ~, Hintergrund m (Färb) /
back, ground ‖ ~ (Gefäß) (Glas) / punt, base, bottom ‖
~... (Personal) / ground... (crew) ‖ ~ , der seit langem
unter Kultur steht (Landw) / anthropic soil ‖ ~ , der
sich gesetzt hat, gesetzter Boden / settled earth ‖ ~ des
Fraktionierturms / fractionating tray ‖ ~ eines Kanals
/ bottom of a channel ‖ am ~ / on the floor, on the
ground ‖ am ~ aufgebaut / ground mounted ‖
elektrisch stark dämpfender ~ (Radar) / poor land ‖
oberer und unterer ~ in einer Uhr / watch frame ‖
rötlichbrauner ~ (Geol) / orthid ‖ zu ~ fallen (Chem) /
be deposited ‖ ~abdeckplatte f / ground plate ‖
~ablauf m (Bau) / floor drain ‖ ~-Ablaufkonzentration
f (Chem) / tray effluent concentration ‖ ~abstand m /
clearance from ground ‖ ~aggregat n (Luftf) / ground
power unit ‖ ~analyse, -untersuchung f / soil analysis ‖
~anlagen f pl (Raumf) / ground support equipment, GSE
‖ ~anlasser m (Luftf) / ground starter ‖ ~anschlüsse m
pl / ground test couplings pl ‖ ~anteil m (Siebanalyse) /
bottom fraction ‖ ~antriebsrad n (Landw) / bull wheel
(US), driving wheel ‖ ~antwortstation f (Ortung) /

racon, responder beacon, responder ‖ ~arbeiten f pl (Landschaftsbau) / soil working ‖ ~art f / character o. nature of soil, soil o. ground conditions pl ‖ ~ausrüstung f, -gerät n (Luftf) / ground equipment ‖ ~auszug m (Phot) / base extension ‖ ~balken m / joist ‖ ~band n (Förderer) / bottom belt ‖ ~bart m des Blocks (Hütt) / bottom flash o. fin ‖ ~bearbeitung f / soil cultivation o. tilling ‖ ~bearbeitungsgeräte n pl / agricultural implements pl ‖ ~bediengeräte n pl (F.Org) / ground handling equipment ‖ ~bedingt, edaphisch (Bot) / edaphic ‖ ~bedingungen vor Start f pl (Raumf) / ground conditions before launch ‖ ~befehl m (vom Erdboden aus) (Raumf) / ground command ‖ ~behandlung f (Bau) / floor treatment ‖ ~belag m (Kfz) / floor covering ‖ ~belagarbeiten f pl (Bau) / flooring works pl ‖ ~beläge m pl / flooring materials pl ‖ ~belastung f / floor load ‖ ~belastung f (Hydr) / pressure on the bottom ‖ ~beschaffenheit f (Geol) / composition of the ground ‖ ~bestellung f, Aussaat f / sowing ‖ ~betrachtung f (Radar) / ground mapping ‖ ~beutel m / folded bag, flat-bottom bag ‖ ~bewegung f, Erdbewegung f / earth work o. shifting, soil shifting ‖ im Vertragspreis einbegriffene ~bewegung / free o. normal haul ‖ ~bewegung f über die vertragliche Entfernung hinaus (Bau, Straßb) / overhaul, over-haul (contr. dist.: free haul) ‖ ~blasendes Sauerstoffverfahren (Hütt) / OBM-process (oxygen bottom blowing) ‖ ~blech n / bottom plate ‖ ~blech n (Karosserie) / floor panel ‖ ~blech n (Schloß) / coverlet ‖ ~blechhöhe f (Flurförderer) / height of floor ‖ ~ -Boden-Flugkörper m / ground-to-ground missile, surface-to-surface missile, SSM ‖ ~ -Bord... (Luftf) / ground-air... ‖ ~ -Bord-Verkehr m (Luftf) / ground-to-air[craft] communication ‖ ~brett n (Bau) / floor board ‖ ~brett n des Fasses / bottom board of cask ‖ ~bretter n pl (Faß) / barrel head staves pl ‖ ~chemie f / agricultural chemistry ‖ ~clutter n (Radar) / ground clutter ‖ ~dämpfung f (Elektr) / earth attenuation ‖ ~daten pl (Raumf) / ground data ‖ ~deckblatt n (Papiersack) / bottom cap ‖ ~dichte f (Baugrund) / bulk density (of subsoil) ‖ ~dicke f (Schleifscheibe) / thickness at bore ‖ ~dicke f (Kaltverform) / thickness at bottom ‖ ~druck m (Bau) / soil o. foundation pressure, load o. pressure on the building ground o. soil ‖ ~druck m, -schub m (Bau) / ground thrust ‖ ~druck m, Sohldruck m (Bau) / load on the building ground o. soil ‖ ~druck m im Gefäß (Phys) / pressure on the bottom ‖ ~druckellipse f (Kfz) / contact surface of the tire ‖ ~echo n (Ultraschall) / earth reflection ‖ ~echo n (Radar) / ground returns pl ‖ ~echo n auf See (Radar) / sea returns pl ‖ ~echounterdrückung f (Radar) / ground echo killing ‖ ~effekt m / ground cushion o. effect ‖ ~effektfluggerät, Luftkissenfahrzeug n / ground effect vehicle, air cushion vehicle o. craft, ACV, aeromobile (US), air car (US) ‖ ~effekt-Fluggerät, Hovercraft-Luftkissenboot n (Schiff) / hovercraft, -ship, air-cushion boat, surface effect ship, S.E.S. ‖ ~effektgerät n, BEG / ground effect machine, GEM ‖ ~effekt-Start m u. Landung / ground effect take-off and landing, GETOL ‖ ~einrichtungen n pl (Luftf) / ground installation ‖ ~entlader, -entleerer m (Kfz) / bottom discharger o. discharging truck, bottom dumper ‖ ~entleer-Anhänger m / bottom dumper trailer ‖ ~entleerer m (Bahn) / drop bottom car, bottom discharge wagon ‖ ~entleerschute f / hopper barge, dredger's mud barge ‖ ~entleerung f / bottom discharge ‖ ~entwässerung, Drainung f / soil draining o. drainage ‖ ~erhebung, Boden-, Erdwelle f / undulation of ground, rising ground ‖ ~erosion f / soil erosion ‖ ~erschütterung f / ground vibration ‖ ~falz m (Stahlfaß) / bottom seam o. fold ‖ ~falzmaschine f / bottom seaming machine ‖ ~fenster n (Bau) / attic window ‖ ~feuchtigkeit f / soil moisture ‖ ~feuchtigkeitsmesser m / soil moisture meter ‖

~fläche f (Masch) / floor space, ground area ‖ ~fläche f (Güterwagen) / floor area ‖ ~fläche f (Bau) / floor area ‖ ~flansch m (Stahlbau) / bottom flange ‖ ~fliese, -platte f / floor tile ‖ ~flora f / soil flora ‖ ~formation f, -verhältnisse n pl / formation of soil o. land ‖ ~formen n (Gieß) / floor moulding ‖ ~forschung f / pedology (science dealing with the ground) ‖ ~fräse f (Landw) / rotary hoe ‖ ~fräse f (Bau) / pulvimixer ‖ ~freiheit f, -abstand m (Kfz) / ground o. bulk o. road (US) clearance, clearance above road surface ‖ ~freiheit auf konvexer Fläche / ground clearance on a convex surface ‖ ~frost m / ground frost ‖ ~fügemaschine f (Faßherst) / head jointing machine ‖ ~funkanlage f / ground radio beacon ‖ ~funkstelle, -funkstation f / ground [radio] station, aeronautical o. surface station ‖ ~funkstelle f für Weltraumforschung / space research earth station ‖ ~gang m (Schiff) / bottom plating ‖ ~gare, Dauerkrümelstruktur f (Landw) / optimum soil condition ‖ ~gefüge n / soil structure ‖ ~gerät n (Luftf) / ground equipment ‖ ~gestell n (Akku) / battery rack, floor rack ‖ ~gestützter Marschflugkörper / ground launched cruise missile ‖ ~glas n (Spiegel) / underplate ‖ ~gleiche f (Bau) / ground level ‖ unter ~gleiche (Bau) / sublevel ‖ ~glocke f (Füllkörper der Dest.-Kolonne) / bubble cap ‖ ~gruppe f (Karosserie) (Kfz) / underbody, understructure of the body ‖ ~haftung f (Kfz) / wheel grip, road adherence ‖ ~hefe f (Brau) / bottom yeast, low fermentation yeast ‖ ~heizung f, Fußbodenheizung f / floor heating ‖ ~hilfe f (Luftf) / ground aid ‖ ~hobelmaschine f (Faß) / head planing machine ‖ ~höhe f (Bau) / normal level ‖ ~insekt n / soil insect ‖ ~isolator m (Elektr) / floor insulator ‖ ~kammer f (Bau) / garret o. attic boxroom ‖ ~klappe f / bottom flap, drop bottom ‖ ~klappe f (Bahn) / drop door, hinged bottom ‖ ~klappe f (Bagger) / cover slide ‖ ~kolonne f (Chem) / plate column ‖ ~kontakt m (Tür) / tread mat ‖ ~körper m (Chem) / solid remaining at the bottom of a solution ‖ ~korrosion f / soil corrosion ‖ ~krume f / top soil ‖ ~krume f (über dem A-Horizont) / solum (pl: sola, solums) ‖ ~kunde, Pedologie f, Edaphologie f / pedology (science dealing with the ground) ‖ ~landung f (Luftf) / alighting on ground, ground landing ‖ ~längsträger m (Kfz) / bottom runner ‖ ~lattentuch n (Spinn) / bottom lattice ‖ ~lauf m (Luftf) / ground running ‖ ~laufschiene f (Tischl) / floor guide ‖ ~leder n / vache leather ‖ ~leerlaufzustand m (Luftf) / ground idling conditions pl ‖ ~legerkelle f / floor tiler's trowel ‖ ~leitung f, -leiter (Elektr) / floor leads pl ‖ ~lenkung f (Raumf) / systems evaluation ‖ ~lotung f (Radio) / bottomside sounding ‖ ~ -Luft-... (Luftf, Rakete) / ground-air, surface-to-air... ‖ ~luftdruck m / air pressure at ground level ‖ ~ -Luft-Rakete f, Fla-Flugkörper m / surface-to-air missile, SAM ‖ ~lüftung f (Landw) / soil ventilation ‖ ~luke f, Dachluke f (Bau) / scuttle, hatch ‖ ~luke f (waagerechte Öffnung) / trap door (a horizontal cover) ‖ ~mannschaft f (Luftf, Raumf) / ground crew ‖ ~matte f (Kfz) / floor mat ‖ ~mechanik f / soil mechanics ‖ ~mechanik-Probennehmer m / soil mechanics surface sampler ‖ ~meißel, Untergrundlockerer m (Landw) / subsoiler, subsoiling attachment ‖ ~melioration f / amelioration ‖ ~montage f (Stahlbau) / ground erection ‖ ~nagel m, -rückstrahler m (Straßb) / reflecting road stud ‖ ~naher Kanal, Oberflächenwellenleiter m (Elektronik) / surface duct, ground-based duct ‖ ~naher Satellit / near earth satellite ‖ ~nahe Schicht (Luft) / surface layer, SL ‖ in ~nähe / near to ground ‖ ~nullpunkt m, Hypozentrum n (nukl.Bombe) / actual ground zero, surface ground zero ‖ ~nutzung f (Städtebau) / land use ‖ ~oberfläche f (Geol) / terrene ‖ ~öffnung f (Schiff) / scuttle n ‖ die ~öffnungen anbringen (Schiff) / scuttle v ‖ ~organisation f (Luftf) / ground organization ‖ ~peiler m, -peilstation f / ground direction finding station ‖ ~peilsystem n durch Sprechfunk (Luftf) / talkdown system, G.C.A. ‖ ⌐**peilung** f (Radar, Luftf) / ground direction finding ‖ ⌐**personal** n, -mannschaft f / ground crew o. personnel, groundsmen pl ‖ ⌐**planum** n (Straßb) / formation (GB), subgrade (US) ‖ ⌐**platine** f (Uhr) / bottom plate, dial plate ‖ ⌐**platte** f (allg) / base plate ‖ ⌐**platte** f, Fundamentplatte f / bearing o. sole plate ‖ ⌐**platte** f, Fußbodenplatte f / floor plate ‖ ⌐**platte** f, Gespann n, Gespannplatte f (Hütt) / bottom plate, ground plate, stool ‖ ⌐**platte** f, Fliese f / floor tile ‖ ⌐**platte** f, Unterdeck n (Palette) / bottom board ‖ ⌐**platte**, Zündplatte f (Lichtbogenofen) / starting plate ‖ ⌐**pressung** f (Bau) / soil o. foundation pressure ‖ ⌐**prisma** n (Akku) / bottom prism ‖ ⌐**probe** f (Landw, Bau) / sample of the soil ‖ ⌐**probe** f (Bergb) / core sample ‖ ⌐-**Probenahme** f / soil sampling, grab sampling (US) ‖ ⌐**probenehmer** m / soil sampler, grab sampler (US) ‖ ⌐-**Probenehmer** m (Meer) / bottom sampler ‖ ⌐**produkt** n (Öl) / bottom product ‖ ⌐**profil** n / profile section of the surface of ground ‖ ⌐**prüfeinrichtungen** f pl (Raumf) / ground test facilities pl ‖ ⌐**punkt** m (Verm) / point on the ground ‖ ⌐**rad** n (Uhr) / third wheel ‖ ⌐**radar** m n / ground radar [set] ‖ ⌐**radar** n **zur Erfassung von Überwasserfahrzeugen** / ground-to-surface vessel radar, GSV ‖ ⌐**rahmen** m (Kfz) / floor frame ‖ ⌐**rahmen** m (Container) / bottom side rail ‖ ⌐**reflexion** f (Radar) / ground reflection ‖ ⌐**reinigungsmaschine** f / floor cleaning machine ‖ ⌐**reißer**, -riß m (Tiefziehen) / crack, cup base fracture ‖ ⌐**ring** m / bottom ring ‖ ⌐**ring des Konverters** (Hütt) / casing ‖ ⌐**rippe** f (Bahn) / crosspiece ‖ ⌐**riß** m, Erdspalte f (Geol) / fissure ‖ ⌐**rost** m (Bau) / sewer o. gully grating ‖ ⌐**rückleitung** f (Fernm) / ground return ‖ ⌐**rückstrahler** m (Straßb) / reflecting road stud ‖ ⌐**satz** m / residue, grounds, foots pl ‖ ⌐**satz** m, Stärke f / starchiness ‖ ⌐**satz** m (Bier) / foots pl ‖ ⌐**satz** m, Hefe f (Brau) / feculency ‖ ⌐**satz** m (Brau) / bottom, bottoms pl, deposit, sediment ‖ ⌐**satz**, Niederschlag m (Chem) / deposit, sediment ‖ ⌐**satz** m (Farbe, Öl) / foots pl ‖ ⌐**satz bilden** / deposit, be deposited ‖ ⌐**satz** m **der Klärgrube** / cesspit sludge ‖ ⌐**satz von Wein** / lees pl ‖ ⌐**sau** f (Hütt) / sow n, furnace sow, salamander ‖ ⌐**schädling** m / soil pest ‖ ⌐**schale**, Überwalzung f (Fehler) (Hütt) / bottom splash (defect) ‖ ⌐**schätze** m pl / mineral resources pl, mineral wealth, wealth underground ‖ ⌐**schicht** f (Geol) / bottom layer ‖ ⌐**schieber** m / bottom slide, sliding bottom ‖ ⌐**schlitz** m **des Schützen** (Web) / bottom slot o. recess of the shuttle ‖ ⌐**schub** m (Luftf) / ground thrust ‖ ⌐**schub** m (Bau) / horizontal thrust ‖ ⌐**schutz** m / soil conservation ‖ ⌐**schwelle** f (Bau, Hydr) / tie, ground beam ‖ ⌐**seitig gelenkt** (Raumf) / ground controlled ‖ ⌐**senke** f, -senkung f (Geol) / shallow subsidence of ground, depression ‖ ⌐**senke**, Senke f (Geol) / sink ‖ ⌐**senkung** f / subsidence, subsidency, subsiding, set[tling], settlement ‖ ⌐**senkung**, Bergsenkung f (Bergb) / subsidence, caving-in ‖ ⌐**senkung** f (unter den Wasserspiegel) / submergence of ground ‖ ⌐**sicht** f (Luftf) / ground visibility ‖ ⌐**stampfer** m, Explosionsramme f / detonating rammer ‖ ⌐**stampfer** m (Gieß) / floor rammer ‖ ⌐**stampfmaschine** f (Hütt) / bottom o. plug ramming machine ‖ ⌐**station** f (Radar) / ground station ‖ ⌐**station** f (Raumf) / earth station ‖ ⌐**station** f **auf Schiff** / maritime earth station ‖ ⌐**stativ** n / floor stand ‖ ⌐**staubsauger** m / floor-type vacuum cleaner ‖ ⌐**stehend** (WC) / pedestal type ‖ ⌐**stehend** (Waschbecken) / pedestal type ‖ ⌐**stein** m (Hütt) / bottom block, hearth block ‖ ⌐**stein** m, Tiegeluntersatz m / stool ‖ ⌐**stelle** f (eines Satelliten) (Raumf) / down-range station ‖ ⌐**störsender** m / ground jamming transmitter ‖ ⌐**stromgerät** n (Luftf) / ground power unit ‖ ⌐**strömung** f / bottom current ‖ ⌐**stück** n **des Mörsers** (Mil) / breech end ‖ ⌐**tank** m (Schwimmdock) / bottom pontoon ‖ ⌐**tank** m (Schiff) / bottom tank, water bottoms pl ‖ ⌐**teppich** m (allg) / floor carpet ‖ ⌐**teppich** m (Kfz) /

automobile carpet ‖ ⌐**träger** m (für Schrankplatten) / shelf support ‖ ⌐**treppe** f / garret-stairs pl ‖ ⌐**trichterwagen** m (Bahn) / hopper bottom wagon ‖ ⌐**trocknung** f **von Heu** / curing, hay making ‖ **mit** ⌐**tubus** (Chem) / with outlet at bottom ‖ ⌐-**Türschließer** m / floor-concealed door closer ‖ ~**unabhängige Navigationshilfe** / self-contained navigation aid ‖ ⌐- **und Deckelfalzmaschine** f / double-ended seaming machine ‖ ⌐**untersuchung** f / soil testing, soil analysis ‖ ⌐**ventil** n, -klappe f (Pumpe) / foot valve ‖ ⌐**ventil** n (Luftf) / dump valve ‖ ⌐**ventil** n (Schiff) / bottom valve, sea valve ‖ ⌐**verbesserer** m / soil improver ‖ ~**verbessernd** (Landw, Bot) / improving the soil adj ‖ ⌐**verbesserung** f (Landw) / amelioration, land improvement ‖ ⌐**verbesserung** f (Straßb) / soil stabilization ‖ ⌐**verbesserungsmittel** n (Landw) / soil conditioner ‖ ⌐**verdichter** m (Landw) / smooth roller ‖ ⌐**verdichter** m (Bau) / soil tamper, rammer ‖ ⌐**verdichter**, Untergrundpacker m (Landw) / land packer ‖ ⌐**verdichtungsmesser** m / settlement meter ‖ ⌐**verfestiger** m / tamper, rammer ‖ ⌐**verfestiger** m (Straßb) / rammer ‖ ⌐**verfestigung** f, -vermörtelung f (Straßb) / ground stabilization [by soil-cement mix] ‖ ⌐**verfestigung** f **durch Druckluft** (Bergb) / producing a plenum ‖ ⌐**verhältnisse** n pl / soil conditions pl ‖ ⌐**verheerung**, -erosion f / soil erosion ‖ ⌐**verkehr** m (Luftf) / ground traffic ‖ ⌐**verkrustung** f / surface crusting ‖ ⌐**vermörtelung** f s. Bodenverfestigung ‖ ⌐**verseuchung** f / staling ‖ ⌐**versorgungs-Aggregat** n (Luftf) / ground power unit ‖ ⌐**verstärkung** f **von Masten** (Fernm) / underground pole reinforcement ‖ ⌐**versuch** m (Luftf) / captive test ‖ ⌐**waage** f (DIN 8120) / dormant scale ‖ ⌐**wärme** f (Landw) / heat of soil ‖ ⌐**wasser** n / soil solution o. water ‖ **das gesamte** ⌐**wasser** (Landw) / holard ‖ **Gesamtmenge des für Pflanzen nutzbaren** ⌐**wassers** / chresard ‖ ⌐**wegerung** f (Schiff) / bottom ceiling o. ⌐**welle** f, direkte Welle (Elektronik) / ground o. direct wave o. ray ‖ ⌐**wind** m / ground wind ‖ ⌐**wirkungsgrad** m (Chem) / plate efficiency, Murphy grade efficiency ‖ ⌐**wrange** f (Schiff) / floor [plate], frame of floor ‖ ⌐**wrangen-Außenende** n, Kimmung f (Schiff) / floor heads ‖ ⌐**zahl** f (Chem) / number of [exchange] plates ‖ ⌐**zapfen**, Stalagmit m (Geol) / stalagmite ‖ ⌐**zeit** f (Raumf) / ground elapse time ‖ ⌐-**Zirkulier- und Rücklaufpumpe** f (Chem) / tray pumparound and runback pump

Bodymaker m (Anlage zum Tiefziehen und Abstrecken von Konservendosen-Körpern) / bodymaker

Boehmit m / boehmite

Böen·belastung f / gust load ‖ ⌐**detektor**, -sichter m / gust detector ‖ ⌐**linie** f / squall line ‖ ⌐**schreiber** m (Luftf) / gust recorder ‖ ⌐**sonde** f / gust sonde ‖ ⌐**tiefe** f / gust gradient distance

Boerschscher Strahlengang (Elektr) / Boersch's configuration

Bogen m (allg, Math) / arc, bow ‖ ⌐, Biegung f, Krümmung f (allg, Masch) / bend, curve ‖ ⌐, Rundung f / rounding ‖ ⌐, Lichtbogen m (Elektr) / electric arc ‖ ⌐ (Bau) / arc, bow ‖ ⌐ (Steinbrücke) / arch of a stone bridge ‖ ⌐ (Masch) / curve of an arch ‖ ⌐ (Brille) / bridge ‖ ⌐ (Pap) / sheet ‖ ⌐ **aus sauber zugerichteten Ziegelsteinen** (Bau) / ga[u]ged arch, Gd.A. ‖ ⌐ **für Bogenausbau** (Bergb) / arch type support ‖ ⌐ **mit konzentrischen Innen- u.** **Außenflächen** (Bau) / extradossed arch ‖ ⌐ **mit Lehrgerüst** / centered vault, cent[e]ring ‖ **90°-**⌐ / sharp bend ‖ **auf** ⌐ **sátteln** / erect upon vaults ‖ **einen** ⌐ **einbauen** (o. vorsehen) (Bau) / spring an arch ‖ **flacher** (o. **gedrückter**) ⌐ (Bau) / scheme o. skene o. segmental arch ‖ **gerader** ⌐, Sturzbogen m / straight bow ‖ **in** ⌐ (Buch) / not bound, in sheets ‖ ⌐**abstreicher** m (Buch) / stripping fingers, strippers pl ‖ ⌐**achse** f (Stahlbau) / axis of the arc ‖ ⌐**achsel** f, -schenkel m (Bau) / haunch of an arch ‖ ⌐**anfänger** m, Anfangstein m (Bau) / springer, springing stone, cushion, rein, coussinet, skewback ‖ **⁓anfänger** m (Bau) / springer of arch ‖ **⁓anlage** f (Strangguß) / arc-type plant ‖ **⁓anleger** m (Buch) / sheet feeder, feed, feeding attachment, automatic o. paper feeder ‖ **⁓ausbau** m (Bergb) / arch-type supports pl, arch sets pl ‖ **⁓ausleger** m (Buch) / sheet delivery ‖ **⁓aussteifung** f / arch stiffening ‖ **⁓bau** m / arch construction ‖ **⁓bildung** f (Elektr) / arcing, arking ‖ **⁓blende** f, Blendbogen m / blind arch ‖ **⁓brücke** f, Gewölbebrücke f / arched bridge ‖ **⁓brücke mit eingehängter Fahrbahn** / arched trough bridge ‖ **⁓[buch]druckmaschine** f / sheet-fed letterpress printing machine ‖ **⁓dach** n / cambered roof ‖ **⁓decke** f / vaulted ceiling ‖ **⁓druck** m (Buch) / sheet printing ‖ **⁓druckmaschine** f (Buch) / sheet-fed printing press ‖ **⁓einheit** f (Math) / radian ‖ **⁓endanzeige** f (Schreibm) / page gage (US) ‖ **⁓entladung** f (Elektr) / arc discharge ‖ **⁓entladungsröhre** f (Elektronik) / arc tube ‖ **⁓fachwerkbrücke** f, Bogengitterbrücke f / arch truss bridge ‖ **⁓fachwerkbrücke** f (mit aufgeständerter Fahrbahn) / spandrel braced arch bridge ‖ **⁓feder** f (Fahrzeug) / bow spring ‖ **⁓feintrieb** m (beim Meßgerät) / fine adjustment for arcs ‖ **⁓fenster** n / arc-shaped window ‖ **⁓format** f / sheet format o. size ‖ **⁓förmig** / arc-shaped

bogenförmig, gebogen / bent, curved, arcuate[d] ‖ **⁓**, gewölbt / arched ‖ **⁓er Ausschnitt** / scalloping ‖ **⁓ machen** / arch v ‖ **⁓es Maschinenteil** / sector ‖ **⁓e Sohle** (Strumpf) / bow-shaped splicing ‖ **⁓e Verbiegung** (Atom, Nukl, Öl) / bowing ‖ **⁓e Verformung** (Atom) / bowing

Bogen·führung f (Masch) / curved guide pl ‖ **⁓gang** m, Arkade f / arcade ‖ **⁓geradeleger** m Papierrüttler m (Buch) / sheet jogger ‖ **⁓gerüst** n (Bau) / center scaffolding o. cradling, scaffolding of a center vault, soffit scaffolding, falsework ‖ **⁓gewichtsmauer** f (Hydr) / arch-gravity dam ‖ **⁓gewichtssperre o. -mauer** f / arch gravity dam ‖ **⁓gewölbe** n / vault in full centre, entire arch ‖ **⁓gießanlage** f / curved mould cont. cast. machine ‖ **⁓glättwerk-Glätte** f (Pap) / bunch plater finish ‖ **⁓gurt** m, -gurtung f (Stahlbau) / arched o. curved boom (GB) o. chord (US) ‖ **⁓hängewerksbrücke** f / tension bridge, bridge hanging on bent beams, bridge on the bow-string principle ‖ **⁓hintermauerung** f / brick lining of an arc ‖ **⁓höhe** f, [Bogen]stich m, -pfeilhöhe f (Bau) / rise o. height of an arch ‖ **⁓kalander** m (Pap) / sheet calender, plate glazing calender ‖ **⁓kämpfer** m (Bau) / abutment ‖ **⁓kaschiermaschine** f (Pap) / sheet lining machine ‖ **⁓klammerschraube** f / raised T-head bolt, mushroom-head anchor screw ‖ **⁓korrektur** f (Buch) / proof in sheets ‖ **⁓lampe** f / arc lamp ‖ **⁓länge** f / arc o. curve length ‖ **⁓länge** f (Getriebe) / distance measured along the pitch circle ‖ **⁓läufigkeit** f (Bahn) / compliance with curves ‖ **⁓lehre** f (Bau) / bow member ‖ **⁓leibung** f (Bau) / intrados ‖ **⁓licht** n / arc light ‖ **⁓linie** f / bow line, curvature ‖ **⁓maß** n, Arcus m (Math) / circular measure by radians, radian measure ‖ **⁓minute** f / angular minute, arc minute ‖ **⁓norm** f (Buch) / signature [code] ‖ **⁓offsetpresse** f / sheet-fed offset machine ‖ **⁓pfeiler** m (Bau) / buttress, spur ‖ **⁓pfeilermauer** f (Hydr) / round-head buttress wall ‖ **⁓profil** n, -linie f / outline of arch o. vault ‖ **⁓rechen** m (Abwasser) / curved bar screen ‖ **⁓rippe** f (Bau) / nerve, nervure ‖ **⁓rohr**, Kniestück n / elbow ‖ **⁓rohr** n, Rohrbogen m / pipe o. tube bend ‖ **⁓ -Rotations-Buchdruckmaschine** f / sheet-fed letterpress rotary ‖ **⁓rücken** m (äußere Bogenfläche) / back of an arch, extrados ‖ **⁓rundung** f (Gewölbe) / concavity of a vault ‖ **⁓rutsche** f **für Ballen** (Landw) / curved bale chute ‖ **⁓säge** f, Schweifsäge f / bow saw, coping saw ‖ **⁓säge** f (im Bogen gefaßt) / saw in D-shaped bow, jig saw ‖ **⁓satz** m (Buchbind) / quires pl ‖ **⁓schablone**, Lehre f (Bau) / template, templet, reverse (GB) ‖ **⁓scheibe** f (Bau) / arched [concrete] plate ‖ **⁓scheitel** m / crown of an arch ‖ **⁓schenkel** m (Bau) /

haunch of an arch ‖ **⁓schluß**, Gewölbescheitel m (Bau) / key stone ‖ **⁓schlußstück** n (Steven) (Schiff) / arch piece ‖ **⁓schneiden** n, Formatschneiden (Buch) / guillotine-trimming ‖ **⁓schneider** m (Buch) / sheet cutter ‖ **⁓schub** m, waagerechter Seitenschub (z.B. eines Gewölbes) / horizontal thrust ‖ **⁓schub**, Tangentialschub m (Bau) / tangential thrust ‖ **umlaufende ⁓schubkurbel** / beam-and-crank mechanism, crank and rocker ‖ **⁓schuß** m (Fehler) (Textil) / bowed filling (defect) ‖ **⁓schuß** m (Web, Fehler) / bowed filling ‖ **⁓ -Schwergewichtsmauer** f (Hydr) / arch gravity dam ‖ **⁓sehne** f (Math) / bowstring, chord ‖ **⁓sehnenträger** m (Stahlbau) / bowstring girder ‖ **⁓sekunde** f / angular second ‖ **⁓skala** f / graduated arc ‖ **⁓spannung** f (Lichtbogen) / arc voltage drop ‖ **⁓spannweite** f (Brücke) / arch span ‖ **⁓spektrum** n / arc spectrum ‖ **⁓[sperr]mauer** f, Bogen[stau]mauer f, Gewölbe[stau]mauer f / arch dam ‖ **⁓spitze** f, Ogive f / ogive ‖ **⁓stapler** m (Buch) / sheet piler ‖ **⁓staumauer** f, -staudamm m (Hydr) / arch dam ‖ **⁓stich** m (Bau) / pitch o. camber of an arch, rise, height ‖ **⁓stück** n, sektorartiges Maschinenteil (Masch) / sector ‖ **⁓stück** n, segmentartiges Maschinenteil / segment, bow-shaped connection ‖ **⁓sturz** m (Bau) / arched o. circular head o. lintel o. head-piece ‖ **⁓tester-Verfahren** n (Textil) / semi-circle tester method ‖ **⁓tiefdruckmaschine** f / sheet-fed gravure press ‖ **⁓träger** m / arched girder ‖ **⁓träger** m (in senkr. Ebene gebogen) / camelback truss ‖ **⁓träger mit aufgehobenem Horizontalschub** / arched girder with balanced horizontal thrust ‖ **⁓träger** m **mit geradem Untergurt** (Stahlbau) / hog-back girder, hogging girder ‖ **⁓träger mit Zugstange** (Stahlbau) / bowstring girder ‖ **⁓verschalung** f / arch casing ‖ **⁓verzahnung** f / spiral toothing ‖ **⁓verzug** m (Web) / curved draft ‖ **⁓verzugsrichter** m (Textil) / bowed weft adjuster ‖ **⁓weiche** f (Weiche und Kreuzung im Bogen) (Bahn) / switch and crossing work with main line curved ‖ **⁓widerlager** n, -kämpfer m (Brückb) / arch abutment ‖ **⁓winkel** m (Bau) / spandrel ‖ **⁓zählwerk** n, Bogenzähler m (Buch) / sheet counter ‖ **⁓zahn** m (Fräse) / parabolic tooth ‖ **⁓zahnkupplung** f / curved teeth coupling ‖ **⁓zeichen** n, Signatur f (Buch) / signature [mark], sheet signature ‖ **⁓zirkel** m / wing divider o. compass[es pl.], compasses with a quadrant pl ‖ **⁓zuführer** m (Buch) / sheet feeder o. feeding arrangement ‖ **⁓zuführtisch** m (Buch) / feeding board ‖ **⁓zuführtisch** m, Anlagetisch m (Buch) / layout board

Bogheadkohle f, Mattkohle f / boghead coal

Bogie m, Achsaggregat n (Kfz) / bogie ‖ **zweiachsiger ⁓** / tandem axle bogie

bogige Webkante / dog-legged selvedge

Bohle, Planke f (allg) / board ‖ **⁓ f**, Planke f / deal (width 9 to 11''; thickness 2 to 4'')

Bohlen·belag m / plank bottom o. covering ‖ **⁓rost** m (Bau) / plank grating ‖ **⁓stamm** m / plank log o. timber, saw log ‖ **⁓wand** f (Bau) / planking ‖ **⁓wand**, Bohlwand, Kaje f (Hydr) / enclosure of sheet piles, [sheet] piling, timber walling ‖ **⁓zarge** f (Tür) / plank frame

Bohlwand s. Bohlenwand

Bohnen·blattlaus, schwarze / black aphid, aphis fabae ‖ **⁓förmig** (Min) / pisiform, pisolitic ‖ **⁓käfer** m / bean weevil ‖ **⁓laus** f / bean aphid, doralis fabae ‖ **⁓öl** n, Soya-Bohnenöl m / soybean o. soya bean oil

Bohner·maschine f / floor polisher ‖ **⁓masse** f, -wachs n / floor polish, floor wax

bohnern (Fußböden) / wax

Bohnerwachszerstäuber m / wax sprayer and atomizer

Bohnerz n / oölitic o. pisiform iron ore, pea ore

Bohr·abfall m (Öl) / cuttings ‖ **⁓anlage** f (Bergb) / drilling gear ‖ **⁓anlage f für Schrägbohrung** / offset drilling installation ‖ **⁓arbeiten** f pl (Wzm) / drilling o. boring work ‖ **⁓arbeiten** f pl (Bergb) / drilling work ‖ **⁓ausrüstung** f / drilling equipment ‖ **⁓ausrüstung** f,

-gestell n, -turm m (Öl) / rig, oil drilling rig ‖ ⌁automat m (Wzm) / automatic boring machine ‖ ⌁automat m (Öl) / automatic rig ‖ ⌁bank f / boring bench ‖ ⌁bericht m (Ölbohrung) / log[-book] ‖ ⌁brunnen m / tube well, drilled o. bore well ‖ ⌁buchse f / press fit [jig] bush, drill bush, liner ‖ ⌁bügel m / drill yoke ‖ ⌁bündel n (Bergb) / boring clamp ‖ ⌁diamant m / drill diamond ‖ ⌁druckmesser m (Öl) / weight indicator ‖ ⌁durchmesser m (Wzm) / diameter drilled ‖ ⌁einheit f (Wzm) / drilling unit ‖ ⌁einheit f (zum Ausbohren) (Wzm) / boring unit ‖ ⌁einrichtung f / drilling appliance ‖ ⌁einsatz, -meißel m, -klinge f / bore bit

Bohr-Einsteinsche Frequenzbedingung f / Bohr-Einstein frequency relation

Bohreisen n, Stein-, Stoßbohrer m (Bergb) / jumper bar

bohren (mit drehendem Wz) / drill vt ‖ ~, ausbohren / rebore vt ‖ ~ (schürfend), sondieren (Bergb) / drill vt ‖ ~ (auf der Drehbank) / bore ‖ ~ (mit Zimmermanns- o. Erdbohrer) / bore vt ‖ ~, auffahren (Tunnel) / excavate, cut a tunnel, pierce a tunnel ‖ ~, anfangen zu bohren (Öl) / spud ‖ ⌁ / boring ‖ ⌁, Bohrarbeit f (Bergb, Öl) / drilling ‖ ⌁ / well drilling ‖ ⌁ **aus dem Vollen** (Masch) / drilling ‖ ⌁ **mit Flüssigkeitsstrahl** (Wzm) / electro-stream process ‖ ⌁ **mit Pinolenvorschub** (Dreh) / quill feed drilling ‖ ⌁ **von Sprenglöchern** (Bergb) / drilling of blast holes ‖ **drehendes** ⌁, Drehbohren n (Bergb) / rotary drilling ‖ ⌁ **einen Brunnen oder Schacht** ~ / sink a fountain o. shaft ‖ **einen Tunnel** ~ **o. auffahren** (Tunnel) / cut a tunnel ‖ **[nach Öl]** ~ (Öl) / drill a well ‖ **stoßendes** ⌁, Stoßbohren n (Bergb) / percussive o. percussion o. jumper boring o. drilling ‖ **Zentrierlöcher** ~ / center, mark with the center punch

bohrend (Insekt) / boring

Bohrer m (Arbeiter) / drilling machine worker ‖ ⌁ / drill [bit] ‖ ⌁, Spiralbohrer m (Wzm) / twist drill ‖ ⌁, Drehbohrer m für Handarbeit (Bergb) / auger [drill] ‖ ⌁, Stoßbohrer m (Bergb) / percussion borer o. drill, jumper ‖ ⌁, Meißel m (Bergb) / cutter ‖ ⌁ (komplett mit Stange u. Spitze) (Bergb) / steel ‖ ⌁ (Öl) / drill[ing] bit ‖ ⌁ (Arbeiter) (allg) / drilling machine worker ‖ ⌁ **für Bohrwinden**, Zentrumsbohrer m / brace bit ‖ ⌁ **für die Knarre**, Spitzbohrer m / ratchet borer ‖ ⌁ **für Holz** / drill barrel, box ‖ ⌁ **mit geraden Nuten** / straight flute drill bit ‖ ⌁ **mit Hartmetallschneide** / carbide-tipped drill ‖ ⌁ **mit Ringgriff** (DIN 6445), (früher:) Nagelbohrer m / gimlet with ring handle, twist gimlet ‖ ⌁ **mit Wendeeisen** / wrench borer ‖ ⌁ **umsetzen** (Bergb) / shift drills ‖ glatter⌁ / plain gimlet ‖ ⌁abmessungen f pl **in Buchstaben** / letter sizes o. gauge (A...Z = 0.234'' ... 0.413'') ‖ ⌁abmessungen f pl **in Nummern** / number sizes o. gauge (80 ... 1 = 0.0135,, ... 0.228'') ‖ ⌁aufnahme f **der Bohrwinde** / pod ‖ ⌁auszieher m (Öl) / drill ejector o. extractor ‖ ⌁[einsteck]hülse f (Bergb) / drill sleeve ‖ ⌁lehre f / drill gauge ‖ ⌁schaft m (Bergb) / auger shank ‖ ⌁schärfmaschine f (Bergb) / drill grinder ‖ ⌁schneide f / cutting edge ‖ ⌁spitze f / bit ‖ ⌁stange f, Bohrstahl m (Bergb) / mining drill steel, drill steel ‖ ⌁stauchmaschine f (Bergb) / drilling bit upsetting machine ‖ ⌁-Verlängerung[sstange] f (Bergb) / lengthening rod

Bohr·fänger m, Fangglocke f (Bergb) / rod catcher ‖ ⌁fäustel m (Bergb) / hammer o. mallet for driving the bores, miner's hammer ‖ ⌁fett n (Wzm) / boring grease, soluble oil paste ‖ ⌁fräse f (Drechs) / rose countersink ‖ ⌁ - n pl, **Fräs- u. Schleifinstrumente** (Dentaltechnik) / burs and cutters pl ‖ ⌁futter n (Spannfutter) / drill chuck ‖ ⌁futter n **mit Zahnkranz** / key type drill chuck ‖ ⌁futteraufnahme f / taper shaft for drill chucks ‖ ⌁gabel f / fork to catch rods ‖ ⌁gerät n (Wzm) / boring implement o. instrument o. tool ‖ ⌁gerät n (Öl) / drilling implement o. instrument o. tool ‖ ⌁gerät n (Bgb) / deep boring implements pl ‖ ⌁gerät n **mit Druckluftvorschub** (Bergb) / autostoper ‖ ⌁gerüst n

(Bergb) / boring frame ‖ ⌁gestänge n (Bergb) / boring rods o. tools pl ‖ ⌁gestänge n (Diamantbohren) (Öl) / drill column o. rods pl ‖ ⌁gestänge n (Rotarybohren) (Öl) / pipe string, drill pipes pl ‖ ⌁gestell n, -ständer m / drilling rick ‖ ⌁gezähe n (Bergb) / blasting o. shooting tools pl ‖ ⌁grat m / burr ‖ ⌁greifer m / hammer o. drilling grab ‖ ⌁hammer m (Bergb) / drill[ing] hammer, hammer drill ‖ ⌁hammer m (für Gestein) / rock drilling hammer ‖ ⌁hammer m **für Beton** / jack hammer ‖ ⌁honmaschine f / drilling and honing machine ‖ ⌁hubinsel f (Öl) / jack-up drilling platform ‖ ⌁hülse f, -buchse f / sleeve o. socket of a drill jig ‖ ⌁ingenieur m (Öl) / logging engineer ‖ **[seegehende]** ⌁insel, -plattform f / mobile drilling barge o. platform ‖ ⌁inselversorger m / offshore drilling jig supply vessel ‖ ⌁käfer m (metallbohrendes Insekt) / borer (insect) ‖ ⌁käfer m (holzbohrend) / wood-boring beetle o. borer ‖ ⌁kern m (Bergb) / carrot, [drilling] core ‖ ⌁klein n (Bergb) / drillings pl ‖ ⌁knarre, Ratsche f / ratchet o. lever brace o. drill, cat-rake ‖ ⌁kopf m, Kopfstück n des Erdbohrers / stirrup brace head ‖ ⌁kopf m, Messerkopf m / cutter o. milling o. facing head, inserted tooth milling cutter ‖ ⌁kopf m (Wzm) / boring head o. wheel ‖ ⌁kopf m **für mehrere Bohrer**, Mehrspindelbohrkopf m / multi[ple] spindle drill head ‖ ⌁kranz m **des Kernbohrers** (Bergb) / calyx ‖ ⌁kratzer m (Bergb) / scraper, reamer, scoop, cleaner-up, wimble ‖ ⌁krone f (Bergb) / cutter, drill bit ‖ ⌁krone f (Öl) / annular bit, bore-crown ‖ ⌁kurbel, -winde f (Tischl) / brace, crank brace, breast borer o. drill, bit stock ‖ ⌁lehre f (Meßinstrument) / hole gauge ‖ ⌁leistung f, -durchmesser m (Bohrm) / diameter drilled, drilling capacity

Bohrloch n, Bohrung f / drill[ed] hole ‖ ⌁, Sprengloch n (Bergb) / shot o. blast hole, bore [hole], hole ‖ ⌁ (Steinbruch) / borehole ‖ ⌁ (Öl) / well, well hole ‖ **Bohrlöcher abschießen** / blast mines ‖ **Bohrlöcher besetzen** (o. stopfen) (Bergb) / tamp v, ram boreholes ‖ **Bohrlöcher besetzen** (o. stopfen) (Bergb) / stem holes in rocks, temp, clay ‖ **Bohrlöcher säuern** (Öl) / acidize wells ‖ **Bohrlöcher schlagen** (o. stoßen) / bore holes in rocks, jump bore holes ‖ **ein** ⌁ **anfangen** (Bergb) / collar v ‖ **unverschaltes** ⌁ (Öl) / well ‖ ⌁absperrvorrichtung f / blowout preventer ‖ ⌁abstand zur Oberfläche m (Bergb) / burden ‖ ⌁abweichung f (Bergb) / throw of a borehole ‖ **den** ⌁besatz entfernen (Unterwasserbohren) / untamp v ‖ ⌁kammer f (Unterwasserbohren) / wellhead chamber ‖ ⌁kratzer m / scraper ‖ ⌁-Meßausrüstung f / bore hole logging equipment ‖ ⌁messen (Öl) / log ‖ ⌁meßinstrument n (Öl) / logging instrument ‖ ⌁messung f **ohne Ziehen des Gestänges** (Öl) / drill-stem logging ‖ ⌁öffnung f (Öl) / collar ‖ ⌁pfeife f (Bergb) / blown-out hole ‖ ⌁pumpe f / bailer, sand pump, sludger ‖ ⌁räumer m, Erweiterungsbohrer m (Öl) / reamer, enlarging bit ‖ ⌁schieber m, -sicherung f, Preventer m (Öl) / preventer, blow-out preventer ‖ ⌁serie f (Bergb) / group of shots ‖ ⌁-Televisor m (Bergb) / televisor for borehole ‖ ⌁tiefstes n (Bergb) / back of the borehole ‖ ⌁vorbereitung f (für Inbetriebsetzung) (Öl) / well completion ‖ ⌁zementierung f / bore hole cementation

Bohr·löffel m, Schaumlöffel m / bailer, scooping iron, shell o. spoon of an auger, scouring bit, sludger ‖ ⌁lokation f (Öl) / drilling location

Bohrmaschine f (Bergb) / drill, rock o. coal drill ‖ ⌁ (zum Durchbohren für leichte Arbeiten u. für Holz) / drilling machine ‖ ⌁ (für schwerere Arbeiten) / boring machine for heavy work ‖ ⌁ (für Aufbohren), Bohrwerk n / horizontal boring machine o. mill ‖ ⌁, Handbohrmaschine f (Wzm) / hand drill, portable drill ‖ ⌁ (Zahnarzt) / dental engine ‖ ⌁ **für Holz** (Holzbearb) / boring machine ‖ ⌁ **mit Handhebelvorschub** / sensitive drill ‖ ⌁ **mit verstellbarem Arm** / sliding head drill[ing machine]

Bohr

Bohr·mehl n, -staub m (Bergb) / bore dust, boring [dust] ‖ ⁓**mehl** n, Gesteinsstaub m (für Schlagwetterschutz) (Bergb) / stone o. quarry dust ‖ ⁓**meißel**, Rammeißel m (Bergb) / trepan ‖ ⁓**meißel** m (Wzm) / boring bit o. tool ‖ ⁓**[meißel]stahl** m (Bergb) / drill steel ‖ ⁓**[meißel]stahl** m mit Hohlkern (Bergb) / hollow core drill steel ‖ ⁓**meister** m (Öl) / foreman driller ‖ ⁓**meister** m, Bohringenieur m (Öl) / master borer ‖ ⁓**muschel** f (Zool) / piddock, Pholas ‖ ⁓**öffnung** f kleiner Bohrungen / boring ‖ ⁓**öl** n, -emulsion f (Masch) / drilling oil ‖ ⁓**öl**, -wasser n / diluted soluble oil ‖ ⁓**pfahl** m (Bau) / shell-less o. uncased [cast-in-situ-] concrete pile, drill-foundation pile, [large] bored pile, drilled-in caisson (under water) ‖ ⁓**plattform** f (Öl) / drilling rig o. platform, oil rig (GB) ‖ ⁓**prisma** n (Wzm) / V-block ‖ ⁓**probe** f (Bergb) / core sample ‖ ⁓**probe** f, Bodenprobe f / soil sample ‖ ⁓**probennehmer** m / drillings sampler ‖ ⁓**profil** n (Öl) / drill log ‖ ⁓**punktmarkierer** m / drill marker ‖ ⁓**ratsche** f s. Bohrknarre ‖ ⁓**räumnadel** f (Wzm) / combined broaching and boring tool ‖ ⁓**rohr** n, Futterrohr m, Verrohrung f (Öl) / casing pipe, bore hole tubing ‖ ⁓**rohrkopf** m (Öl) / driving cap ‖ ⁓**säule** f (Bergb) / trestle, tripod

Bohrsch·es Atommodell, Bohr-Sommerfeldsches Atommodell / Bohr atom ‖ ⁓**e Atomvorstellung**, -theorie f, Bohrsches Atommodell n / Bohr atom o. theory ‖ ⁓**es Korrespondenzprinzip** / Bohr correspondence principle ‖ ⁓**es Magneton** (Einheit des Magnetmomentes) / Bohr magneton o. unit ‖ ⁓**er Radius** / Bohr radius

Bohr·schablone f / drilling jig ‖ ⁓**schacht** m (Bergb) / pit ‖ ⁓**schappe** f (Bodenprobe) / spoon sampler ‖ **zweischneidige aufklappbare** ⁓**schappe** / split spoon sampler ‖ ⁓**schiff** n (Öl) / drilling ship, drillship ‖ ⁓**schlamm** m, -schmant m (Bergb) / slime, sludge, drilling mud, ooze of borings ‖ ⁓**schlamm-Pumpe** f (Rot. Bohren) / sludge pump ‖ ⁓**schlitten** m (senkrecht) / sliding drill head o. arm ‖ ⁓**schneide** f / bit ‖ ⁓**schrämlader** m (Bergb) / trepanner, buttock machine o. miner ‖ ⁓**schraube** f / drilling screw ‖ ⁓**schwengel**, Schlaghebel m (Ölbohr) / rocking lever ‖ ⁓**seil** n (Öl) / drilling cable o. line, block line ‖ ⁓**seiltrommel** f (Öl) / bull wheel

Bohr-Sommerfeldsches Atommodel / Bohr-Sommerfeld model of the H-atom

Bohr·späne m pl / drilling o. bore chips pl, borings pl ‖ ⁓**spindel** f (Bohrmaschine) / drill[ing] spindle ‖ ⁓**spindel** f / boring spindle ‖ ⁓**spindelausladung** f (Wzm) / distance from center of drill spindle to column ‖ ⁓**spindel-Einheit** f (Wzm) / drilling spindle unit ‖ ⁓**spindelführung** f / drilling spindle guide ‖ ⁓**spindelhub** m / travel of a drill spindle ‖ ⁓**spindelkopf** m / drill head ‖ ⁓**stahl** m, -stange f (Bergb) / [mining] drill steel ‖ ⁓**stahl mit Bleikern** (Bergb) / lead-core drill [steel] ‖ ⁓**stahl** m mit Sandkern (Bergb) / sand-core drill [steel] ‖ ⁓**ständer** m (Bohrmaschine) / upright of sensitive drill ‖ ⁓**stange** f (Bergb) / drill rod ‖ ⁓**stange** f, -welle f (Wzm) / boring bar, cutter bar ‖ ⁓**stange** f, -eisen n (Bergb) / borer, jumper ‖ ⁓**stangenschloß** n / tool joint ‖ ⁓**stangenständer** m, -stangengegenlager n (Bohrwerk) / boring bar end support ‖ ⁓**staub** m (Bergb) / bore dust, boring [dust] ‖ ⁓**strang** m (Öl) / drill string ‖ ⁓**technik** f, Bohren n (Öl) / drilling ‖ ⁓**tiefe** f / drilling depth ‖ ⁓**tisch** m (Wzm) / drilling machine table ‖ ⁓**tisch** m (Öl) / rotary o. rotating table ‖ ⁓**turbine** f (Bergb) / drilling turbine ‖ ⁓**turm** m, -plattform f (Bergb) / boring platform, shaft house ‖ ⁓**turm** m (Öl) / [oil] derrick, drilling rig ‖ ⁓**turmplattform** f (Öl) / drilling platform ‖ ⁓**- und Fräsmaschine** f (Metall) / drilling and milling-machine ‖ ⁓**- und Fräsmaschine** f (Holz) / boring and mortising machine ‖ ⁓**- und Fräswerk** n (Metall) / boring and milling machine ‖ ⁓**- und Schießarbeit** f

(Bergb) / shooting and blasting ‖ ⁓**- und Schießzeug** n (Bergb) / shooting o. blasting tools pl

Bohrung f / bore [hole], boring ‖ ⁓, Bohrloch n (aus dem Vollen) / drill[ed] hole ‖ ⁓, Bohren n (Masch) / boring [operation o. work] ‖ ⁓, Bohrloch n / bore hole ‖ ⁓, Bohrungsdurchmesser m / bore size ‖ ⁓ **auf der Mittellinie** / straddle hole over center line ‖ ⁓ **auf unerforschtem Gelände** (Öl) / wildcat [drilling] ‖ ⁓ **für Gastreibverfahren** (Öl) / gas injection well ‖ ⁓ **großen Durchmessers** / heavy bore ‖ ⁓ **mit Innengewinde und Zentrierung** / bore with internal thread and centering location ‖ ⁓ **mit Keilnut** / bore with keyslot

Bohrungs·durchmesser m (Masch) / diameter of bore ‖ ⁓**durchmesser** m, Kaliber n (Mil) / calibre (GB), caliber, bore f ‖ ⁓**-Meßgerät** n / measuring instrument for bores ‖ ⁓**sicher** (Geschoß) / boresafe

Bohr·versuch m (Bergb) / trial boring, exploratory o. experimental boring o. drilling ‖ ⁓**vorrichtung** f / drilling device ‖ ⁓**vorrichtung**, -lehre, -schablone f / [drilling] jig ‖ ⁓**vorschub** m / drill feed ‖ ⁓**vorschub[mechanismus]** m / drill feed ‖ ⁓**wagen** m (Bergb) / drill carriage, waggon drill ‖ ⁓**wasser** n / diluted soluble oil ‖ ⁓**welle** f (Wzm) / boring o. cutter bar ‖ ⁓**werk** n / horizontal boring machine o. mill ‖ ⁓**werksständer** m / boring mill column ‖ ⁓**werksupport** m (Wzm) / boring slide ‖ ⁓**winde** f / crank brace ‖ ⁓**wurm** m, Holzwurm m / wood fretter ‖ ⁓**wurm** m, Schiffswurm m / ship worm, marine borer (US), teredo navalis

Boi, Boy m (Flanell) (Textil) / boy, baize

böig, stürmisch / gusty ⁓, bockig (Luftf) / bumpy

Boiler, Heißwasserbereiter m / hot-water apparatus, storage water heater ‖ ⁓, Warmwasserspeicher m der Heizung / boiler, hot water tank

Boil-in Verpackung f / boil-in package (US)

Boje, Boy f [floating] buoy ‖ ⁓**n legen**, ausbojen / buoy v ‖ **stumpfe** ⁓ / can buoy

Bojentau n / buoy line

BOKraft (Kfz) = Verordnung über den Betrieb von Kraftfahrunternehmen im Personenverkehr

BO-Kreis m, Betriebsordnungskreis m (Lenkung) (Kfz) / turning circle according to German regulations

boldrig (Web) / baggy ‖ ⁓, lose hängend (Textil) / baggy

Bolid m, Feuerkugel f / bolide

Bollen m (Baumwolle) / boll ‖ ⁓**wurm** m (Baumwolle) / boll worm of cotton

Bollwerk n, Wellenbrecher m / bulwark

Bolometer n (Phys) / bolometer

bolometrisch / bolometric

Boltzmann·sche Gleichung / Boltzmann equation ‖ ⁓**konstante** f / Boltzmann's constant k, black body constant ‖ ⁓**-Statistik** f / Maxwell-Boltzmann statistics

Bolus m, Bol m (Min) / bole ‖ **roter** ⁓, Poliment n (Galv) / red bole o. chalk, reddle ‖ ⁓**material** n (Nukl) / bolus material

Bolzen m / pin, parallel pin, stud ‖ ⁓, Achsbolzen m / axle, pin, shaft ‖ ⁓, Schraubenbolzen m mit Mutter / bolt ‖ ⁓ (Kupferhütte) / copper billet ‖ ⁓, Drehbolzen m (Masch) / gudgeon, clevis pin ‖ ⁓, Riegel m / bar, bolt ‖ ⁓ (Kupferhütt) / billet of copper ‖ ⁓ (für Ausbau) (Bergb) / stay, sprag, prop ‖ ⁓ **für Stößelrolle** (Mot) / tappet roller pin ‖ ⁓ **für Strangpressen** / billet ‖ ⁓ **mit Freistich** / stud with undercut o. groove ‖ ⁓ **mit Gewinde an beiden Enden** / double-ended bolt ‖ ⁓ **mit Splintloch** (DIN) / split-pin bolt ‖ ⁓ **mit versenktem Kopf** / countersunk-headed bolt ‖ ⁓ **mit Vierkantkopf** / machine bolt (US), square head bolt ‖ ⁓ **mit Vierkantschaft** / stud with square shank ‖ ⁓ **ohne Kopf** / clevis pin without head ‖ **mit** ⁓ **befestigen** / bolt v ‖ ⁓**auge** n / bolt eye ‖ ⁓**dübel** m (Stahlbau) / stud shear connector ‖ ⁓**gelenk** n, -verbindung f (Stahlbau) / pin joint ‖ ⁓**gewinde** n, Außengewinde n / exterior o. male [screw] thread ‖ ⁓**gewinde-Schneidemaschine** f / bolt threading machine ‖ ⁓**klemme** f (Elektr) / stud terminal ‖

156

~kopf *m* / bolt head ‖ ~kopfanstauchmaschine *f* / bolt header ‖ ~kupplung *f* / pin o. bolt coupling ‖ ~lagerung *f* / pin support o. suspension ‖ ~querverbindung *f* (Bahn) / cross-bolt fastening ‖ ~riegel *m* (Schl) / pin bolt ‖ ~schießgerät, -setzgerät *n* / bolt-firing tool, cartridge-operated hammer, explosive-actuated tool ‖ ~schneider *m*, -schere *f* / bolt cutter ‖ ~schrotzimmerung *f* (Bergb) / cross-timbering ‖ ~schußapparat *m* (Schlachthof) / captive bolt pistol, pneumatic gun, human killer ‖ ~schweißen *n*, Bolzenschweißverfahren *n* / stud welding ‖ ~schweißen *n* mit Hubzündung / drawn arc stud welding ‖ ~schweißen *n* mit Spitzenzündung / stud welding with tip ignition ‖ ~setzer *m* s. Bolzenschießgerät ‖ ~treiber *m* / pin drift o. driver ‖ ~treibwerkzeug *n* / cartridge tool ‖ ~verbindung, -verschraubung *f* / screw-bolt-joint, -bolt-connection ‖ ~verbindung *f* (Stahlbau) / pin joint ‖ ~zieher *m*, Bolzentreiber *m* / bolt drawer, stud wrench o. remover

Bombage *f* (Vorgang) (Konserven) / swell ‖ ~ (Ergebnis) / flipper

bombardieren (allg, Nukl) / bombard

Bombaxwolle *f*, Kapok *m* / kapok, capoc

Bombayhanf, (besser): Sunn *m* / Bombay o. Bengal hemp, sun[n] [hemp]

Bombe *f* (allg, Geol) / bomb

Bomben·kalorimeter *m* / bomb calorimeter ‖ ~ofen *m* (Chem) / bomb oven, Carius oven ‖ ~rohr *n* (Chem) / Carius tube ‖ ~schacht *m* / bomb bay o. recess ‖ ~test *m* (Flugkraftstoff) / bomb test

bombieren, treiben, ausbauchen / chase, emboss

bombiert (Instr) / bomb shaped

Bombierung *f* (Reifen, Kfz) / cambering of a tire ‖ ~ (Walzw) / crown bow, camber ‖ ~ im Durchmesser (Büchse) / bowing of cans ‖ ~ von Blech (Hütt) / bow

Bömer-Zahl *f* (Fett) / Bömer value

Bond-Albedo *f* (Raumf) / physical albedo, Bond albedo

bonden (IC, Web) / bond ‖ ~ *n* (Halbl) / bonding ‖ ~ / bonding ‖ ~ bei Raumtemperatur (IC) / cool-soldering

bondern, phosphatieren / bonderize

Bondings *pl* (Textil) / bondings *pl*

Bond-out-Variante *f* (Mikroprozessor) / bond-out version

Bondrucker *m* / ticket printer

Bonität, Ertragsklasse *f* (Aufber) / yield power

Bonitierung *f* (Landw) / classification of soil, valuation

Bonus *m*, Prämie *f* / bonus

boolesch (Math) / boolean ‖ ~ (COBOL, FORTRAN) / logical (COBOL, FORTRAN) ‖ ~e Algebra / boolean algebra o. notation ‖ ~er Ausdruck (Math) / compound condition, Boolean o. conditional o. logical expression ‖ ~er Elementarausdruck (FORTRAN) / logic[al] element ‖ ~er Faktor (DV) / logical factor ‖ ~e Funktion [Logik, Variable] / boolean function [logic, variable] ‖ ~e Komplementierung, Negation *f* (DV) / negation, NOT-operation ‖ ~e o. nicht additive Multiplikation (DV) / intersection, logic[al] multiplication ‖ ~e Operation, boolesche Verknüpfung / boolean o. logical operation ‖ ~er Operator (DV) / logic[al] connective o. connector o. connection o. operator ‖ ~er Primär-[Sekundär]ausdruck / boolean primary [secondary] ‖ ~er Term (DV) / logical term ‖ ~e Verknüpfungstafel (Math) / truth table ‖ ~er Wert (o. Wahrheitswert) (DV) / logical value

Booster *m*, Zwischenpumpe *f* (Vakuum) / booster [pump], medium vacuum pump ‖ ~ (Raumf) / booster ‖ ~ -Diode *f* / Booster diode ‖ ~gebläse *n* / booster fan ‖ ~maschine *f* (Elektr) / booster [machine], positive booster ‖ negative ~maschine, Zusatzmaschine *f* in Gegenschaltung (Elektr) / negative booster

Boot *n* / boat ‖ ein ~ aussetzen, zuwasserlassen (Schiff) / lower a boat, launch ‖ kleines ~ / canoe, dinghi ‖ ~ähnlich / boat-shaped

Boots·ausrüstung *f* / boat furnishing ‖ ~bau *m* / boat building

Bootschleuse *f* / boat lock

Boots·davit, -kran *m*, -aussetzkran *m* / boat davit ‖ ~deck *n* / boat deck ‖ ~haken *m* / boathook ‖ ~haus *n*, Bootshalle *f*, Bootsschuppen *m* / boat-house ‖ ~haut *f* / rubber-covered canvas hull ‖ ~körper, -rumpf *m* (Schiff) / hull, body of the boat ‖ ~mann *m* / boatswain ‖ ~motor *m* / boat motor o. engine ‖ ~steg *m* / jetty, landing stage ‖ ~stropp *m* / boat sling ‖ ~taljenläufer *m* / boat fall

Bootstrap *m*, Ureingabe *f* (DV) / bootstrap ‖ ~hypothese *f* (Phys) / bootstrap hypothesis ‖ ~-Methode *f* (Luftf) / bootstrap method ‖ ~schaltung *f* (DV) / bootstrap circuit

Boots·wendegetriebe *n* (Schiff) / reverse o. reversing gear [box] ‖ ~werft *f* / boat building work[ing]s, boat builders *pl* ‖ ~winde *f* / boat hoist o. winch

Boot-Topanstrich *m* (Schiff) / boat top paint

Bopper *m*, Aufprall-Testanlage *f* (Kfz) / crash barrier, bopper (US)

Bor *n*, B (Chem) / boron, B ‖ ~... / bor[ac]ic

Boral (Alu-Bor-Legierung) (Nukl) / boral

BORAM, block-orientierter Schreib-Lesespeicher (RAM) (DV) / block oriented random access memory, BORAM

Boran *n*, Borwasserstoff *m* / borane, boroethane, boron hydride

Boräquivalent *n* (Atom, Nukl) / boron equivalent

Borat *n* / borate

Borax *m* / borax, hydrated sodium borate ‖ ~ enthaltend / containing borax, bor[ac]ic ‖ roher (o. natürlicher) ~, Tinkal *n* / tincal ‖ ~ wasserfreier ~ / anhydrous o. fused sodium [tetra]borate ‖ ~glas *n* (Chem) / borax glass ‖ ~perle *f* / borax bead ‖ ~pulver *n*, -platten *f pl* / fused borax ‖ ~see *m* / borax lake

Bor·azit, Anhydritspat *m* (Min) / boracite ‖ ~azon *n* (ein Bornitrid) / borazon

Bord *m*, Rand *m* / brim, rim ‖ ~ (Luftf, Schiff) / board ‖ ~..., im Flugzeug befindlich (Luftf) / airborne ‖ ~..., Schiffs... / ship-born ‖ ~ an Bord in gleicher Fahrtrichtung (Nav) / abreast ‖ an ~ von Raumflugkörpern / spaceborne ‖ ~aggregat *n* (Schiff) / marine set ‖ ~aggregate *n pl*, -ausrüstung *f* (Luftf) / airborne equipment, equipment on board ‖ ~anlage *f* / installation on board ‖ ~anlagen *f pl* (Luftf) / aircraft equipment ‖ ~anlasser *m* (Luftf) / on-board starter ‖ ~ -Betriebsdaten *pl* (Raumf) / housekeeping data ‖ ~blech *n* (Dach) / brim plate ‖ ~ -Boden... (Luftf) / air-to-ground..., air-to-surface..., air-ground... ‖ ~ -Boden-Verbindung *f* / air-to-ground link ‖ ~ -Bord... (Schiff) / ship-to-ship... ‖ ~ -Bord... (Luftf) / air-to-air... ‖ ~ -Bord-[Funk]verkehr *m* (Luftf) / air-to-air communication ‖ ~buch *n* (Luftf) / log

Bordeaux *n* (Farbe) / claret, Bordeaux ‖ ~ B (Färb) / Bordeaux B, acid bordeaux ‖ ~rot / bordeaux ‖ ~violett (RAL 4004) / claret violet

bordeigene Flugzeugwägeanlage *f* / on-board aircraft weighing system, OBAWS

Bordelaiser Brühe, Bordeaux-Brühe *f* (Landw) / Bordeaux mixture

Bördel·arbeit *f* / flanged sheet work ‖ ~blech *n* / steel plate for flanging ‖ ~blech *n*, gebördeltes Blech / flanged steel plate

Bord·elektrik *f* (Luftf) / electric aircraft equipment ‖ ~elektronik *f* (Luftf) / aircraft electronics

Bördel·gerät *n* für Rohre / tube flaring tool ‖ ~halbmesser *m*, Eckradius *m* / flanging radius ‖ ~maschine *f* / bordering o. beading machine ‖ ~maschine *f* für Rohre / pipe flanging machine ‖ ~mutter *f* / rivet[ing] nut

bördeln (Stanz) / bead, flange, border ‖ ~ (Schm) / burr up, edge ‖ ~, abkanten (Blech) / edge, edge-form o. -raise, border ‖ ~, drahtinlegen (Blech) / curl, wire, bead ‖ ~, falten (um den Durchmesser zu verringern) / crimp

Bördel·naht f / edge-formed o. -raised seam ‖ ⌐**presse** f / bordering press ‖ ⌐**rand** m / flared flange ‖ ⌐**rand** m **von Dosen** / flange of cans ‖ ⌐**rohr** (DIN), Flanschrohr n / flanged pipe ‖ ⌐**schweißung** f, -naht f / square-edge joint, double-flanged butt joint ‖ ⌐**schweißung** f (Schweiß) / double flanged butt joint ‖ ⌐**stecker** m / beading plug ‖ ⌐**verbindung** f / edged connection, flared joint ‖ ⌐**versuch** m **an Rohren** / flanging test ‖ ⌐**walze** f (Sickenmaschine) / flanging wheel ‖ ⌐**werkzeug** n / bordering tool ‖ ⌐**zange** f / flanging pliers pl

Bordenführer m (Nähm) / welt guide

Borderline-Methode f (Oktanbestimmung) / borderline method (octane)

bord·feste Anlage (Elektronik) / strapdown equipment ‖ ⌐**flugzeug** n / ship plane ‖ ⌐**frühwarnung** f, -frühwarn… / airborne early warning, AEW ‖ ⌐**funker** m (Luftf) / aircraft wireless (GB) o. radio (US) operator ‖ ⌐**funkgerät** n (Luftf) / airborne o. aircraft o. airplane radio [equipment o. set] ‖ ⌐**funkstelle** f (Schiff) / ship radio o. wireless station ‖ ⌐**funkstelle**, -funkstation f (Luftf) / airplane radio station ‖ ⌐**ingenieur** m (Luftf) / flight engineer ‖ ⌐**intern**, bordseitig / on-board ‖ ⌐**kante** (Masch) / edge of flange ‖ ⌐**kante** f, Bordschwelle f (Straßb) / kerb (GB), curb (US) ‖ ⌐**kommandowerk** n (Luftf) / flight sequencer ‖ ⌐**kran** m (Schiff) / shipboard [cargo] crane ‖ ⌐**lader** m (Schiff) / ship[s]tainer ‖ ⌐ **-Land…** / ship-to-shore… ‖. ⌐**mechaniker** m (Luftf) / operational engineer, board o. flight mechanic, air mechanic ‖ ⌐**mittel** n pl (Luftf, Schiff) / makeshift means pl, emergency means pl ‖ ⌐**netz** n (Luftf) / airborne supply system, aircraft wiring ‖ ⌐**netz** n (Schiff) / ship electrical system, ship network, ship's supply system ‖ ⌐**peiler** m (Luftf) / airborne direction finder o. DF ‖ ⌐**peilstelle** f (Schiff) / ship direction finding installation ‖ ⌐**pfahl** m **eines Fangdammes** (Hydr) / gauge[d] pile, standard pile of a coffer dam ‖ ⌐**radar** m n (Luftf) / airborne radar, board radar ‖ ⌐**radar für die Marine** m n / naval radar ‖ ⌐**radar** m **für Seezielortung** (Luftf) / aircraft-to-surface vessel radar ‖ ⌐**rechner** m, -rechengerät n (Luftf) / board computer, airborne computer ‖ ⌐**rechner** m (Raumf) / onboard computer ‖ ⌐**rinne** f (Straßb) / gutter ‖ ⌐**scheibe** f / flanged wheel ‖ ⌐**schicht**, Traufschicht f (Dach) / margin tiles pl ‖ ⌐**schicht** f (Schieferdach) / extreme row of slates ‖ ⌐**schwelle** f, Schrammbord m (Brücke) / curb, kerb ‖ ⌐**sprechanlage** f (Luftf) / aircraft intercommunication o. interphone system, interphone ‖ ⌐**stein** m, Randstein m (Straßb) / kerbstone (GB), curb[stone] (US) ‖ ⌐**stein** m, Bordziegel m (Dach) / border o. edge stone, check stone ‖ ⌐**stein** m (Keram) / flux line block ‖ ⌐**stein** m / flux-line block ‖ ⌐**stein** m (Glasofen) / flux [line] block ‖ ⌐**steinschaden** m (Reifen) / curbing damage ‖ ⌐**steinschutzprofil** n / kerbing rib, scuff (US), curb rib (US) ‖ harter ⌐**steinstoß** / kerbing (GB) o. curbing (US) shock on the tire ‖ ⌐**störsender** m / airborne jamming transmitter

Bordüre f (Textil) / bordering ‖ ⌐ (Schuh) / top band o. facing

Bordüren·band n / trimming ribbon ‖ ⌐**muster** n (Textil) / border pattern

Bord·wand f (Schiff) / ship's side ‖ hintere ⌐**wand** (Kfz) / tailboard (GB), tailgate (US) ‖ ⌐**werkzeuge** n pl (Kfz) / tool outfit o. kit ‖ ⌐**zeit** f (Schiff) / ship's time ‖ ⌐**zentrale** f (Schiff) / central station

Bore f, Flutbrandung f (Wasserwalze) / bore

Bor·faden m (Verstärkerfaser) / boron filament ‖ ⌐**faser-Aluminium-Werkstoff** m / fiber composite of boron and aluminium ‖ ⌐**faserkunststoff** m, BFK / boron fiber composite ‖ ⌐**fluorwasserstoffsäure** f / fluoboric o. borofluoric acid, hydrofluoboric acid ‖ ⌐**glyzerin** n / boric acid glyceride, -cerite

Borgübertrag m, geborgte Zahl / borrow digit

Borg-Warner-Getriebe n (Kfz) / Borg-Warner transmission

bor·haltig / boronic ‖ ⌐**hydrid** n / hydroboron

Borid, Bormetall n / boride

borieren / treat with boron ‖ ⌐ / boronizing

borimplantiert (Elektronik) / boron implanted

Borin… (Chem) / borine…

Bor·ionenkammer f (Nukl) / boron [-lined ionization] chamber ‖ ⌐**karbid** n / boron carbide ‖· ⌐**karbonwiderstand** m / boro-carbon resistor

Borke, Rinde f / bark

Borken·käfer, Splintkäfer m / bark beetle ‖ ⌐**krepp** m (Web) / tree bark crepe

Bornan, (früher:) Camphan n / bornane, (formerly:) camphane

Born-Annäherung f (Quantenmech) / Born approximation

Borneokampfer, -campher m, Borneol n / Borneo o. Malay o. bhimsaim camphor, borneol

Borneol n (Chem) / borneol, 2-camph[an]ol

Bornit m (Nebenname für Buntkupfererz) (Min) / bornite

Bornitrid n / boron nitride

Bornyl n (Chem) / bornyl

Boronatrokalzit m, Ulexit m / boronatrocalcite

Borophosphat·glas n / borophosphate glass

Borsäure f / bor[ac]ic acid

Borsäure·anhydrid, Bortrioxid n / boric anhydride o. oxide ‖ ⌐**haltig** / containing boric acid ‖ ⌐**methylester** m / boric acid methyl ester

Börsentelegraf, -ticker m (Fernm) / exchange telegraph, stock-and-share telegraph, stock indicator o. telltale, ticker

Bor·silikatglas n / borosilicate glass ‖ ⌐**silikat-Kronglas** n / borosilicate [optical] crown glass, BSC ‖ ⌐**stab** m (Nukl) / boron rod ‖ ⌐**stahl** m / boron steel, boralloy

Borste f / bristle

Borstenhaar n (Wolle) / bristly wool

Bort, Industriediamant m / bort [stone], boart, bortz

Borte f / border, trimming, braid ‖ ⌐, Tresse f / galloon ‖ ⌐, Besatz m (Textil) / lace, braid ‖ ⌐, Kante f (Tapete) / edge

Borten·weber m / trimming maker ‖ ⌐**wirkerstuhl** m, Rundschnurmaschine f / trimming frame

Bort·kugel f (Diamant) / ballas

Bor·[tri]fluorid, Fluorbor[on] n / boron trifluoride, fluoride of boron ‖ ⌐**vergiftung** f / borism ‖ ⌐**wasserstoff** m / borane, boroethane, boron hydride ‖ ⌐**wasserstoff** m, Boran n / borane, boroethane, boron hydride

böschen / escarp

Böschmauer f, geböschte Mauer / sloped o. sloping wall, escarped wall

Böschung f, Rampe f / acclivity ‖ ⌐, Abdachung f / slope, talus ‖ ⌐, [seitliche] Abdachung f (z.B. eines Dammes) / side slope ‖ ⌐, Abhang m / flank of a hill ‖ ⌐, Damm m / dam ‖ ⌐ **einer Mauer** / batter of a wall, slope ‖ ⌐ **eines Dammes** / bank slope ‖ ⌐ **eines Grabens** / escarp ‖ ⌐ **im Abtrag**, Anschnittböschung f (Straßb) / slope of cutting ‖ ⌐ **im Auftrag** (Straßb) / embankment, slope [of an embankment]

Böschungs·absatz m, Berme f (Hydr) / berm[e], offset, set-off, retreat of a sloping ‖ ⌐**bagger** m (Straßb) / sloper ‖ ⌐**befestigung**, -verfestigung f / side slope stabilization ‖ ⌐**brett** n / sloping rule ‖ ⌐**bruch** m / slope failure ‖ ⌐**drainage** f (Straßb) / sough ‖ ⌐**ebene**, -fläche f / face o. plane of a slope, battered face ‖ ⌐**grad** m, natürlicher Böschungswinkel / natural angle of repose o. of incline o. of slope, natural slope ‖ ⌐**kegel** m / cone of a slope ‖ ⌐**mauer** f / retaining o. breast wall, supporting wall ‖ ⌐**pflaster** n, Steinverkleidung f (Bahn) / facing of an embankment ‖ ⌐**pflaster** n (Seedeich) / slope pavement, breakwater glacis, pitched work ‖ ⌐**schraffen** f pl (Verm) / hill shading ‖ ⌐**stabilisierung** f (Bahn, Straßb) / slope stabilization ‖ ⌐**waage** f / batter level, slope level, clinometer ‖ ⌐**winkel** m (Bahn) / gradient of slope ‖

natürlicher ⌐winkel, Böschungsgrad *m* / natural angle of repose o. of incline o. of slope, natural slope
böse Wetter *n pl* (Bergb) / foul o. noxious air
Bose·[-Einstein]-Statistik *f* (Phys) / Bose[-Einstein] statistics *pl* ‖ ⌐**flüssigkeit** *f* / Bose fluid
Boson *n* (Nukl) / boson ‖ ⌐**en** *n pl* **der Eichfelder** / gauge particles *pl*
boss[el]ieren, in Ton o. Wachs modellieren / emboss
boss[el]ieren, treiben (Metall) / boast
Bossen *m*, Bosse *f* (Bau) / boss ‖ ⌐**werk** *n* (Bau) / rustication, rustic work
Bossiereisen *n* (Bau) / boaster, boasting chisel, pitcher
bossieren (Steine) / ax[e] o. dress quarry stones
Bossier·hammer, Fäustel *m* (Steinmetz) / stone mason's hammer ‖ ⌐**holz** *n*, -griffel *m* (Keram) / pallet, modelling tool
böswilliger Anruf / malicious call
Botany-Köper *m* (Textil) / Botany twill
Boten-Ribonukleinsäure *f*, Boten-RNS *f* / messenger ribonucleic acid, mRNA
Botryolith *m*, Traubaustein *m* (Min) / botryolite
Botrytispilz *m* (Botrytis cinerea) / botrytis cinerea
Botschaftsfunktion *f* **zwischen zwei Tasks** (DV) / message oriental synchronization between two tasks
Böttcher, Fassbinder *m* / cooper, hooper, barrel-maker
Böttcherei *f*, Böttcherwerkstatt *f* / cooper's workshop, cooperage
Böttcherhandwerk *n* / cooperage
Böttger·sche Probe (Zuck) / Boettger's test ‖ ⌐**sches [Alkannin-]Reagenzpapier** / Boettger's paper
Bottich *m* / tun, vat ‖ ⌐, Trog *m* / trough, vat ‖ ⌐**gärung** *f* / tun fermentation
Bottom-Lift-Gerät *n* (Straßb) / bottom-lift implement
Bottomonium *n* (ein Elementarteilchen) / bottomonium
Bottom-Quark *n* (Nukl) / beauty quark, bottom quark
Bottoms·kupfer *n* / bottoms ‖ ⌐**verfahren** *n* (Kupfer) / bottom process
Bottoniumsystem *n* / bottonium system
Botulismus *m* / botulism
boucherisieren (ein Holzschutz) / boucherize
Bouclé *n*, -zwirn *m* (Textil) / bouclé [yarn]
Boudinage *f* (Geol) / boudinage
Bougierohr, Isolierrohr *n* (Kfz) / loom, sleeving
Bougram, Buckram *m* (Buch) / buckram
Bouguer-Lambertsches Gesetz (Opt) / Lambert-Bouguer law of absorption
Boulangerit *m*, Antimonbleiblende *f* / boulangerite
Boulevard *m*, Pracht-, Ringstraße *f* / boulevard, avenue, ave
Bounce-light *n*, Pingpongblitz *m* (Phot) / bounce light
Boundary-Element-Methode *f*, BEM / boundary element method, BEM
Bourdon·druckmesser *m*, -manometer *n* / Bourdon pressure gauge, Bourdon manometer ‖ ⌐**feder** *f*, Bourdonsche Röhre, Bourdonrohr *n* / Bourdon tube
Bourette[seide], Abfallseide *f* / coarse silk, silk noil o. waste, bourette
Bournonit *m* (Min) / bournonite, antimonial lead ore, cogwheel ore
Bowden·betätigung *f*, -zug *m* / Bowden control ‖ ⌐**spirale** *f*, Bowden spiral ‖ ⌐**zug** *m* / Bowden cable o. wire, Bowden pull wire ‖ ⌐**zughebel** *m* / Bowden wire lever
Bowscher Kräfteplan (Mech) / Bow's o. reciprocal force polygon
Box *f* (Bau) / box ‖ ⌐, (Phot) / box camera ‖ ⌐, Gitterbehälter *m* / skeleton container ‖ ⌐, Einzelgarage *f* (Kfz) / separate box, lock-up ‖ ⌐**calf[leder]** *n*, Boxalbleder *n* / boxcalf ‖ ⌐**container** *n* / box container
Boxer·motor *m* / opposed cylinder engine, horizontally opposed engine, flat engine ‖ **2-Zyl.-** *m*, **[4-Zyl.-]** ⌐**motor** / flat twin [,flat-four] engine
Boxfilter *n* / box filter

Boxingsystem, Kastensystem *n* (Brille) / boxing system for dimensioning
Box·palette *f* / box pallet, pallet box ‖ ⌐**palette** *f* **mit Deckel** / covered box pallet
Boyle-Mariottesches Gesetz *n* / Boyle's law, Mariotte's law
BPA, Paraffinausscheidungspunkt *m* / cloud point
BPH = Bitumen-Holzfaserplatte
bpi (Magn.Bd) = Bits per Zoll
B-Platz [bei Wählvermittlung] *m* / dial system B switchboard, DSB
BPol., B.Pol (Bau) = Baupolizei ‖ ⌐, B.Pol (Bergb) = Bergpolizei
BPZ = bestätigte Prüfberichtszusammenfassung
br (Fernm) = braun
brach (Landw) / fallow *adj*
Brache *f*, Brachacker *m*, -feld *n* / fallow [ground]
Brach·land *n*, Brache *f* / waste o. fallow land ‖ ⌐**pflügen** / break up the ground
Brachyachse *f* (Krist) / brachy-axis
Brachzeit *f* (F.Org) / idle machine time ‖ **störungsbedingte** ⌐ (F.Org) / machine down time
Brackett-Linien *f pl*, -Serie *f* (Spektrum) / Brackett series
brackig (Wasser) / brackish
Brackwasser *n* / brackish water, briny water
Bradel-Einband *m* (Buch) / combination style
Bragg·-Brentano-Methode *f* (Röntgen) / Bragg-Brentano method ‖ ⌐**-Grayscher Hohlraum** *m* (Atom, Nukl) / Bragg-Gray cavity ‖ ⌐**-Graysches Prinzip** *n* (Atom, Nukl) / Bragg-Gray principle ‖ ⌐**sche Gleichung** *f* (Röntgen) / Bragg law ‖ ⌐**sche Goniometermethode** *f* (Röntgen) / Bragg rotating crystal method ‖ ⌐**sche Kurve** *f* (Nukl) / Bragg curve ‖ ⌐**sche Regel** *f* (Nukl) / Bragg rule ‖ ⌐**sche Streuung** *f* / Bragg scattering ‖ ⌐**scher Winkel** *m* (Nukl) / Bragg angle ‖ ⌐**stellung** *f* (Krist) / Bragg position ‖ ⌐**-Zelle** *f* / Bragg cell
Brail *n*, Schwimmer *m* (Fischnetz) / dan buoy, bowl, pellet, buff
Brailleschrift, Blindenschrift *f* / braille o. embossed printing
Brailtau *n* / dan line o. tow, bowl line
Brainstorming *n* / brainstorming
Bramme *f* (Hütt) / [plate] slab
Brammen·block *m*, Rohbramme *f* / slab ingot ‖ ⌐**blockstraße** *f* (Hütt) / blooming and slabbing mill ‖ ⌐**drehkreuz** *n*, Brammendrehkreuzwender *m* (Walzw) / lift-and-turn transfer, lift-and-turn table device ‖ ⌐**drehvorrichtung** *f* / slab turning device ‖ ⌐**greifer** *m*, -greifzange *f* / slab grab ‖ ⌐**kaliber** *n* / slabbing pass ‖ ⌐**presse** *f* **zur Kantenbegrenzung** (Walzw) / squeezer ‖ ⌐**schere** *f* (Hütt) / slab shears *pl* ‖ ⌐**[tief]ofen** *m* / slab furnace ‖ ⌐**walzwerk** *n* / slab cogging o. slabbing mill ‖ ⌐**wendevorrichtung** *f* / slab turn-over device ‖ ⌐**zange** *f* / slab tongs
"Branch-and-bound"-Verfahren *n* (F.Org) / branch-and-bound method
Branchen·-Fernsprechbuch *n* / classified directory, yellow pages *pl* ‖ ⌐**orientiert** / branch-oriented ‖ ⌐**schlüssel** *m* (Bankkarte) / merchant's type ‖ ⌐**schlüssel** *m* (DV) / industry code
Branch-Highway *m* (DV) / branch highway
Brand *m*, Brennen *n* / combustion, burning ‖ ⌐, brennendes Holzstück / brand ‖ ⌐, Feuersbrunst *f* / conflagration ‖ ⌐, Brennen *n* (Keram) / burning, baking ‖ ⌐, Satz *m*, Schicht *f* (Keram) / batch, burning, baking ‖ ⌐ (Befall durch Ustilago) (Getreide) / loose smut of wheat ‖ ⌐ (Befall mit Tilletsia), Stein-, Stink-, Schmierbrand *m* (Getreidekrankheit) / [black] smut ‖ ⌐, Mehltau *m* (Bot) / blight, blast, mildew ‖ ⌐, Mutterkorn, Secale cornutum *n*, (Befall mit Claviceps purpurea) (Landw) / ergot ‖ ⌐... / incendiary, incendive ‖ **in** ⌐ **setzen** / set on fire ‖ **in vollem** ⌐ / blazing ‖ **vom** ⌐ **befallen**, brandig (Landw) / smutted ‖ ⌐**abschnitt** *m* (Bau) / fire lobby ‖ ⌐**bombe** *f* / incendiary o. fire bomb

159

‖ **⌐damm** m (Bergb) / fire dam ‖ **⌐eisen** n, -stempel m, Brenneisen n, -stempel m / brand[ing] o. burning iron o. stamp ‖ **⌐feld** n (Bergb) / pit on fire ‖ **⌐fleck** m (Keram) / stain from baking, burn ‖ **⌐gase** n pl / conflagration gases pl ‖ **⌐gasse** f / lane to prevent the spreading of fire ‖ **⌐gefahr** f / fire hazard o. risk ‖ **⌐geruch** m / smell of burning ‖ **⌐giebel** m / strong wall above the roof, fire gable ‖ **⌐herd** m / seat of fire, source of fire

brandig, stockig (Holz) / fusty, rotten, beginning to decay

Brand·klasse f / fire classification ‖ **⌐last**, -belastung f (Versuch) / fire load ‖ **⌐last-Dichte** f (Versuch) / fire-load density ‖ **⌐marke** f / brand, burned-in stamp ‖ **mit einer ⌐marke versehen** / brand v ‖ **⌐mauer** f (Hütt, Schm) / fire wall, breast, chimney back ‖ **⌐mauer**, -wand f (durch alle Stockwerke gehend) (Bau) / fire wall, strong wall ‖ **⌐mauer** f zwischen zwei Bauwerken / fireproof party wall ‖ **⌐meister** m (F'wehr) / head fireman, divisional officer of the fire-department o. -brigade (GB) ‖ **⌐meldegeber** m / signalling fire detector ‖ **⌐melder** (Österreich), Feuermelder m (Dtschld) / fire alarm box, call point ‖ **⌐meldezentrale** f / central fire alarm system ‖ **⌐meldung** f, Feuermeldung f / fire alarm ‖ **⌐pilze** m pl / Ustilaginales, (coll:) smut fungi, smuts pl ‖ **⌐probe** f, Probiergeschirr n (Keram) / essaying vessel, show, sample of the baking ‖ **⌐raumabschließende Wirkung** / fire integrity ‖ **⌐riß** m (Hütt) / fire check o. crack ‖ **⌐riß** m (Keram) / heat check ‖ **⌐rodung** f / fire clearing ‖ **⌐satz** m, -masse f / incendiary composition ‖ **⌐schaden** f / damage o. losses [caused] by fire ‖ **⌐schiefer** m / bituminous schist o. shale, carbonaceous shale, black batt ‖ **⌐schneise** f / fire lane, firebreak ‖ **⌐schott** m (Schiff) / fireproof bulkhead ‖ **⌐schutz** m (Bau) / fire barrier o. stop ‖ **⌐schutz** m, Feuerfestmachen n / fireproofing ‖ **⌐schutz** m, Feuerverhütung f / fire protection ‖ **⌐schutzstreifen** m, Brandschneise f / fire break [inside a building o. in the open] ‖ **⌐schutztür** f / fire door o. stop, draft stop ‖ **⌐schwaden** m / incendiary fumes pl ‖ **⌐ -Sicherheitspfeiler** m (Bergb) / fire-rib ‖ **⌐silber** n / refined silver ‖ **⌐sohle** f (Schuh) / insole ‖ **⌐sohlleder** n / vache leather ‖ **⌐spore** f (Landw) / loose smut spore ‖ **⌐stelle** f, -stätte f / scene of conflagration ‖ **⌐stelle** f (Keram) / burn, stain from baking ‖ **⌐stoff** m / incendiary matter ‖ **⌐überwachungsschrank** m (Bergb) / fire control switchboard

Brandung f / breakers pl, surf

Brandungs·linie f / coast line ‖ **⌐welle** f / breaker

Brand·verfahren, Feuerlöschverfahren n / fire extinguishing method ‖ **⌐verhalten** n / behaviour in fire ‖ **⌐verhütung** f / fire prevention ‖ **⌐versuch** m / fire behaviour test ‖ **⌐wache** f (Bergb) / fire hunter

Brannt·hefe f / spent yeast ‖ **⌐kalk** m, Ätzkalk m / quick lime, unhydrated lime ‖ **⌐wein** m aus Wein / wine brandy ‖ **⌐wein von 57.10 + n Vol.% Alkoholgehalt** / n % overproof spirits pl ‖ **⌐wein von 57,10 minus n Vol.% Alkoholgehalt** / n % underproof spirits pl ‖ **⌐weinbrenner**, Destillateur m / distiller ‖ **⌐weinbrennerei** f / distillery [of spirits], brandy distillery, still [house]

Brasilettoholz n / brasiletto wood

Brasilholz n, Pernambuc[holz] n / Brazil o. Queen's wood, Caesalpinia echinata

Brasilin n (Färb) / brazilin[e], brasilin, breziline

Brasil·kiefer f, Araucaria angustifolia / Parana pine ‖ **⌐nuß** f, -kastanie f / Brazil nut, Para nut

Brauch m / practice, praxis

brauchbar, nützlich / useful, serviceable ‖ **⌐**, geeignet / usable, available, suitable

Brauchbarkeit f / usefulness, utility, serviceableness, serviceability ‖ **⌐**, Verwendbarkeit f / usability

Brauchbarkeitsdauer f / service life, life utility

Brauchwasser n, (jetzt:) Betriebswasser n / water for industrial use, service water ‖ **⌐** (Haushalt) / water for domestic use

brauen / brew

Brauerei f, Bierbrauerei f, Brauhaus n / brewery, brewing house ‖ **⌐kühlanlage** f / brewery refrigerating plant ‖ **⌐maschine** f / brewing machine

Brau[erei]wesen n, Braugewerbe n / brewing industry, brewing trade

Brauerei·wissenschaft f / zymurgy

Brau·kessel m, -pfanne f / brewer's copper ‖ **⌐malz** n / brewing malt ‖ **⌐meister** m / brewing master, head brewer ‖ **⌐methode** f, -verfahren n / brewing method o. process

braun / brown ‖ **⌐er Bodensatz** (im Trafo) / sludging ‖ **⌐er Glaskopf** s. Brauneisen ‖ **⌐er Holzstoff** / brown mechanical pulp ‖ **⌐er Rauch** (Hütt) / brown fume ‖ **⌐es Steingut** / brown ware ‖ **⌐e Ware** (Haushalt, z.B. Nähmaschinen) / brown goods pl ‖ **⌐e Ware** (Elektronik) / entertainment electronics o. equipment, electronic home entertainment equipment ‖ **⌐e Wickelpappe** / brown-stained millboard ‖ **⌐er Zucker** / brown sugar (of beets), soft sugar (of cane) ‖ **sich ⌐ färben** / take a brown tinge ‖ **⌐algen** f pl, Phaeophyzeen f pl / brown algae pl ‖ **⌐beige** (RAL 1011) / brown beige ‖ **⌐beizen** n, Brünieren n / blueing of iron ‖ **⌐bleierz** n, Pyromorphit m (Min) / brown lead ore, pyromorphite ‖ **⌐eisen** n, Brauneisenstein m, Brauneisenerz n, Limonit m (Min) / limonite, brown hematite ‖ **⌐eisenocker** m, erdiger Brauneisenocker / ochreous-brown iron ore ‖ **⌐eisenoolith** m / oölitic iron-ore

bräunen, braun färben / brown v ‖ **⌐** (Messing) / burnish brass

Braun·fäule f (Landw) / brown rot ‖ **⌐fleckigkeit** f der Tomate, Krautfäule f / tomato leaf mould ‖ **⌐gelb**, gelblichbraun / tawny, brownish yellow ‖ **⌐holzpapier** n / mechanical wrapping, brown [paper], nature brown ‖ **⌐holzpappe**, Braunschliffpappe f / brown cardboard

Braunit m, Hartbraunstein m (Min) / braunite

Braunkohle f / brown coal ‖ **erdige (o. mulmige) ⌐** / earthy brown coal, earth coal ‖ **holzige ⌐**, Lignit m / lignite

Braunkohlen·aufbereitungsanlage f / lignite dressing plant ‖ **⌐bagger** m / brown coal o. lignite excavator ‖ **⌐benzin** n / petrol from lignite, lignite benzine (US) ‖ **⌐brikett** n / brown coal o. lignite briquet[te] ‖ **⌐gas** n / brown coal gas ‖ **⌐gebiet** n / brown coal o. lignite district ‖ **⌐großabbauanlage** f / large open cast lignite mining installation ‖ **⌐grube** f, Braunkohlenberwerk n / brown coal o. lignite mine o. pit ‖ **⌐ -Hochtemperaturkoks** m, BHT-Koks m / high-temperature carbonised coke ‖ **⌐kraftwerk** n / brown coal fired power station ‖ **⌐sandstein**, -quarzit m (Min) / brown coal grit o. quartzite ‖ **⌐schwelkoks** m / carbonized lignite ‖ **⌐schwelkraftwerk** n / lignite carbonization power station ‖ **⌐schwelung** f / lignite [low temperature] carbonization o. coking ‖ **⌐staub** m / pulverized lignite ‖ **⌐tagebau** m / brown coal open cast o. open cut o. strip mining ‖ **⌐teer** m / brown coal o. lignite tar ‖ **⌐vorkommen** n, -lagerstätte f / brown coal o. lignite beds pl

Braunlehm m, -plastisol m / brown loam o. plastisol

bräunlich / brownish ‖ **⌐rot**, -gelb / testaceous

braun·oliv (RAL 6022) / olive drab ‖ **⌐pappe** f / brown solid board ‖ **⌐pause** f / brown print ‖ **⌐pulvereffekt** m (auf Kontakten) / brown-powder effect (on contacts) ‖ **⌐rost** m (Landw) / brown [leaf] rust ‖ **⌐rot**, ziegelrot / terra-cotta adj

Braunsche Röhre f / Braun tube

Braun·schliff m, Holzschliff m (Pap) / brown mechanical pulp ‖ **⌐schwarz** / sooty, fuliginous

Braunschweiger Blau (o. Grün) n / mineral blue o. green (cupric carbonate)

Braun·spat m, Ankerit m (Min) / brown spar ‖ **⁓stein** m, Mangandioxid n, Pyrolusit n (Min) / brownstone, manganese dioxide o. peroxide o. ore ‖ **⁓stein** m **für Leclanché-Elemente** / battery manganese ‖ **⁓steinelement,** Leclanché-, Salmiakelement n (Elektr) / Leclanché cell ‖ **⁓töpferei** f / fireclay pottery ‖ **⁓tran** m (Gerb) / blubber

Braupfanne f, -kessel m / brewer's copper

Brause f, Dusche f / shower, douche ‖ **⁓,** Brausekopf m / sprinkling rose ‖ **⁓ für Warmwasser** / hot head o. spur ‖ **rohrförmige ⁓** / pipe shower ‖ **⁓becken** n, -wanne f / trough for showers, shower receptor, shower bath ‖ **⁓garnitur** f (Bau) / shower fittings o. fixtures pl ‖ **⁓kopf** m, Brause f / rose head, shower o. spray head ‖ **⁓kopf** m (Textil, Kunstseide) / spraying nozzle ‖ **⁓sieb** n (Bergb) / rinsing-spraying screen ‖ **⁓sieb,** Sieb n an der Brause / shower sieve

Brau·technik f / brewing technique ‖ **⁓wasser** n (Brau) / mash[ing] liquor ‖ **⁓wert** m (Gerste) / fermentation value ‖ **⁓wissenschaft** f / brewing science

Bravais-Gitter n (Krist) / Bravais lattice

Bravoit m (Min) / bravoite

Brazilit m (Min) / baddeleyite

Breccie, Brekzie f (Geol) / breccia

Breccienachat m / broken agate

Brech·anlage f / crushing o. breaking plant ‖ **⁓backe** f / breaker jaw, crusher jaw

Brechbarkeit f (Phys, Opt) / refrangibility ‖ **⁓** / crushability

Brech·berge m pl (Bergb) / broken rocks pl ‖ **⁓eisen** n, -stange f / crowbar, pinching o. pinch-bar, pincher, handspike (GB), jim-crow (GB), pry (US) ‖ **[kurzes] ⁓eisen,** -stange f / handspike, jemmy, jimmy

Brecheisen f **für Steinbrüche** / crow bar for quarries

brechen, zerbrechen / break vt, fracture ‖ **⁓** vt, in Stücke zerbrechen / shatter, break up, crash, smash, kluge (US coll) ‖ **⁓,** durch den Brecher schicken, zerkleinern / break, crush ‖ **⁓,** schürfen (Bergb) / dig ‖ **⁓,** gewinnen (Bergb) / break, win ‖ **⁓** (Phys) / refract ‖ **⁓,** falten (Pap) / fold ‖ **⁓** n, Bruch m / break[ing], breakage, fracture ‖ **⁓** / break[ing] ‖ **⁓** (Latex) / breaking ‖ **⁓ mit offenem Ausgang** / arrested crushing ‖ **die Spalten ⁓** (Buch) / make up, adjust ‖ **fein ⁓** / mill v ‖ **Flachs ⁓** / break flax ‖ **Latex ⁓** / break latex ‖ **Malz ⁓** (Brau) / bruise malt ‖ **Schotter ⁓** / stub stones ‖ **sich ⁓** / be refracted ‖ **sich ⁓,** Brüche bekommen (Tuch) / rub out in the folds ‖ **Steine ⁓** / quarry vi

brechend, licht-, strahlenbrechend (Phys) / refracting, refractive, refringent

Brecher m, Brechwerk n / crusher, breaker ‖ **⁓** (auf hoher See) / breaker, comber, surf ‖ **⁓,** Brandungswelle f / breaker ‖ **⁓backe** f, -platte f / breaker o. crusher jaw ‖ **⁓mantel** m / shell of the crusher ‖ **⁓maul** n / jaws of a crusher pl, mouth ‖ **⁓platte** f / jaw plate ‖ **⁓schwinge** f / rocker bar ‖ **⁓trommel** f, Brechtrommel f / breaking drum o. barrel

Brech·flüssigkeit f / milling liquid ‖ **⁓gut** n / material to be broken ‖ **⁓gut** n, gebrochenes Gut / mill product ‖ **⁓hammer** m / pick hammer ‖ **⁓kegel** m / crushing o. breaking cone, crusher head ‖ **⁓kohle** f / broken coal ‖ **⁓koks** m / broken coke, coke nuts pl ‖ **⁓koks II** / egg coke ‖ **⁓koks 60/90 mm** / crushed coke 60/90 mm ‖ **⁓kopf** m (ein Scherglied) (Wzm) / shear coupling ‖ **⁓kraft** f (Opt) / refractive power, refrangibility, refringence, -ency ‖ **die ⁓kraft bestimmen** / determine the refractive power ‖ **⁓kraft [in Dioptrien]** f / power of a lens, focal power ‖ **⁓maschine** f (Wolle) / milling machine for wool ‖ **⁓maschine** f (Flachs) / breaking machine, scutcher ‖ **⁓platte,** Abscherplatte f / shear plate ‖ **⁓punkt,** Gefällwechsel m / change in gradient ‖ **⁓punkt** m **nach Fraaß** (DIN 52012) (Bitumen) / Fraass breaking point ‖ **⁓ring** m / breaking o. crushing ring ‖ **⁓rolle** f (Spinn) / breaking roller ‖ **⁓rumpf** m / crushing bowl ‖ **⁓schotter** m / broken o. crushed stone ‖ **⁓schwinge** f (Spinn) / breaking scutcher ‖ **⁓spindel** f

(Walzw) / breaking shaft ‖ **⁓stange** f s. Brecheisen ‖ **⁓topf** m, Bruchglied n / breaking piece, shearing member

Brechung, Refraktion f (Opt) / refraction ‖ **⁓ f der Lichtstrahlen** / refraction of light rays

Brechungs·abweichung f / refractive o. Newtonian aberration ‖ **⁓achse** f / axis of refraction ‖ **⁓fuge** f, Bruchfuge f (Bau) / breaking joint ‖ **⁓gesetz** n (Opt) / law of refraction, law of Snell, Snell's law ‖ **⁓koeffizient,** -exponent, -index m, -zahl f (Opt) / refractive index, index of refraction ‖ **⁓lehre** f (Opt) / dioptrics ‖ **⁓prisma** n / refractive prism ‖ **⁓quotient** m, -verhältnis n / relative refraction coefficient ‖ **⁓vermögen** n, Brechkraft f / refrangibility, refractive power ‖ **⁓winkel** m (Phys) / angle of refraction, refracting o. refraction angle

Brech·walze f (Flachs) / spiked o. toothed roller ‖ **⁓walzwerk** n, Walzenbrecher m / crushing roll ‖ **⁓weinstein** m (Med, Färb) / tartar emetic, potassium antimonyl tartrate ‖ **⁓werk** n / pounding o. crushing o. stamp[ing] mill ‖ **⁓werk** n, Steinbrecher m / breaking mill for stones ‖ **⁓wert** m (in Dioptrien) (Linse) / power of a lens ‖ **⁓zahl** f s. Brechungskoeffizient ‖ **⁓zahlmesser** m, Refraktometer n (Phys) / refractometer

B-Register n (DV) / B- o. base o. index register

Bréguetspirale f (Uhr) / bréguet spring

Brei m, breiartige Masse / mush, mash ‖ **⁓,** dünnflüssiger Schlamm / slurry ‖ **⁓** (Chem) / magma ‖ **⁓** (Pap) / mash, pulp ‖ **⁓** (Keram) / paste ‖ **⁓artig,** breiig / pulpy ‖ **⁓kutsche** f (Zuck) / massecuite wagon ‖ **⁓mühle** f (Pap) / pulper

breit, weit / broad, wide ‖ **⁓** (Buchstaben) / flat faced ‖ **⁓,** voll (Schiffsbug) / bluff ‖ **⁓** (I-Träger) / wide-flange… ‖ **⁓…** (Textil) / full-width…, open-width… ‖ **⁓ arbeitend** (Färb) / working in open width ‖ **⁓es Blech** / wide sheet o. plate ‖ **⁓er I-Träger** (DIN), Breitflanschträger m / broad-flanged beam, wide flanged I-beam, H-beam ‖ **⁓er machen** / widen, stretch ‖ **⁓es Mattblech** / long terne plate ‖ **⁓ säen** (Landw) / broadcast ‖ **⁓e Seite,** Breitseite f / broadside ‖ **⁓e Seite,** kritische Abmessung (Wellenleiter) / broad dimension ‖ **⁓es Strahlenbündel,** breiter Strahl m / broad beam ‖ **⁓er (o. weiter) werden** / grow wider, widen vi ‖ **oben ⁓er als unten** (Buchstabe) / bottlenecked

Breitbahn f (nach der Faserung) (Pap) / short grain ‖ **⁓** (Abmessung) (Pap) / broad web

Breitband n, Bandblech n (Hütt) / broad o. wide strip, wide band, strip sheet ‖ **⁓** (Walzw) / wide strip, wide band, broad band ‖ **⁓** (Elektronik) / broad o. wide band ‖ **⁓** (DV) / wide punched tape ‖ **⁓achse** f **des Chrominanzsignals** (im N.T.S.C.-System) (TV) / I-signal ‖ **⁓antenne** f / wide band antenna, all-channel antenna ‖ **⁓empfang** m (Radio) / barrage reception

breitbandige Nachrichtenübertragung / broadband communication

Breitband·kabel n (Funk) / broad-band o. large-band cable ‖ **⁓kabel,** Fernsehkabel n / television cable ‖ **kontinuierliche ⁓-Lackierung** (Hütt) / roll coating ‖ **⁓lärm** m (Luftf) / broadband noise ‖ **⁓meterware** f (Textil) / material in continuous lengths ‖ **⁓mikrophon** n / wide-response microphone ‖ **⁓photometrie** f (Astr) / wide band photometry ‖ **⁓rauschen** n / wide band random vibration, picture noise, grass (US) ‖ **⁓schelle** f **für Schläuche** / large strip hose clamp ‖ **⁓schelle** f **mit Spannbacken** / wide strip hose clamp with fastening lug ‖ **⁓speisung** f (Antenne) / wide band supply ‖ **⁓-Stören** n, -Rauschen n (Elektronik) / wide band random vibration ‖ **⁓strahlung** f **der Magnetosphäre** / broadband emission from magnetosphere, whistler (coll) ‖ **⁓straße** f / broad strip train ‖ **⁓verstärker** m (TV) / wide band amplifier ‖ **⁓verzerrung** f / wide band distortion, WBD ‖ **⁓walzwerk** n / wide strip mill ‖ **⁓wellenmesser** m (Elektronik) / wide-band wavemeter

Breit·beil n, -axt f / blocking ax[e], chip o. bench o. broad ax[e] ‖ **⁓bettfelge** f (Kfz) / wide base rim ‖ **⁓bild** (Film)

s. Breitwand ‖ ⌐**bildkamera** f, Cinemascopekamera f / wide-screen cinemascope camera ‖ ⌐**blattluftschraube** f (Luftf) / wide-blade propeller ‖ ⌐**blattspaten** m (Bahn) / blunt-end spade ‖ ⌐**bleiche** f / open-width bleaching ‖ ⌐**dreschmaschine** f / broad threshing machine

Breite f / breadth ‖ ⌐, Tiefe f / depth ‖ ⌐, Weite f / width ‖ ⌐ (z.B. Daumenbreite) / breadth ‖ ⌐, Spielraum m / latitude ‖ ⌐ **auf Spanten** (Schiff) / moulded beam o. breadth ‖ ⌐ **der Spannut** (Wzm) / width of the flute ‖ **der** ⌐ **nach** / broadwise ‖ **größte** ⌐ / maximum width ‖ **[größte]** ⌐ **eines Schiffs** / beam

Breiteisen n (Wz) / broad chisel

Breiteisen n, Scharriereisen n (Wz) / bricklayer's chisel (US), broad chisel

breiten, strecken (Walzw) / flatten ‖ ~ (Schm) / plate ‖ ⌐ (Schm) / plating

Breiten... (Geogr) / latitudinal

Breiten·abweichung f, -abmaß n / width deviation ‖ ⌐**ausdehnung** f (allg) / spreading ‖ ⌐**ausdehnung** f (Geogr) / divergence of lines of latitude ‖ ⌐**balligkeit** f (Getriebe) / crowning ‖ ⌐**drift** f (Raumf) / latitude drift ‖ ⌐**eingang** m (Web) / shrinkage in width ‖ ⌐**entfernung**, Abweichung f (Verm, Luftf) / departure, dept. ‖ ⌐**fehler** m / error in latitude ‖ ⌐**grad** m / degree of latitude ‖ ⌐**intervall** n / latitude bin ‖ ⌐**kreis** m (Geogr) / parallel [of latitude] ‖ ⌐**metazentrum** n (Schiff) / transverse metacenter ‖ ⌐**regelung** f / adjustment of width ‖ ⌐**streuung** f / dispersion in breadth o. in direction ‖ ⌐**verstellung** f / change in width

Breit·falten n (Textil) / cuttling, plaiting ‖ ⌐**färbemaschine** f, Jigger m (Textil) / wide-open dyeing machine, jigger ‖ ⌐**felgenreifen** m (Kfz) / wide-base tire ‖ ⌐**film** m (mehr als 35 mm) (Phot) / wide film ‖ ⌐**flachstahl** m, Rohschiene f (Walzw) / mill bar, semifinished flats pl, sheet bars pl ‖ ⌐**flachstahl** m, Universalstahl m / wide flat [steel], universal [mill] plate, universals ‖ ⌐**flanschträger** m, breiter I-Träger (DIN) / broad flanged beam, wide-flanged I-beam, H-beam ‖ ⌐**flanschträger** m, Grey-Träger m / Grey girder ‖ ~**füßiger T-Stahl** / broad- o.wide-flanged T-bar o. -steel ‖ ⌐**fußschiene** f (Bahn) / flat-bottomed rail, A.S.C.E. standard T-rail (US), vignoles (GB) o. vignol (US) rail, girder rail (US), one-headed rail, T-rail ‖ ~**gefahren** (Bahn, Radreifen) / with widened tread ‖ ⌐**hacke** f, -haue f / mattock ‖ ⌐**halter** m (Web) / temple, expander ‖ **[schraubenförmiger]** ⌐**halter** m / [screw type] spreader roll ‖ ⌐**halter** m **für Folien** (Plast) / stretcher bar (GB), expander (US) ‖ ⌐**halterschaden** m (Textil, Fehler) / temple mark ‖ ⌐**haltestab** m (Färb) / expander rod ‖ ⌐**hammer** m / drop o. swage hammer ‖ ⌐**haue** f (Bergb) / mattock ‖ ⌐**imprägniermaschine** f (Färb) / machine for impregnating in open width ‖ ⌐**keilriemen** m / variable speed belt, wide V-belt ‖ ~**köpfig** / broad-headed ‖ ⌐**kopfnagel** m / clout nail ‖ ~**[laufend]** (Buch, Typen) / expanded, extended ‖ **liegende Maschenware** / knitted fabrics in open width pl ‖ ~**mauliger Feilkloben** / broad chap o. cross chap hand vice ‖ ⌐**meißel** m (Steinmetz) / boaster, boasting chisel ‖ ⌐**-Neutralisiermaschine** f (Färb) / machine for neutralizing in open width, neutralizer for fabrics in open width ‖ ⌐**passage** f (Textil) / passage in full width ‖ ⌐**rauhen** n (Textil) / cross raising ‖ ⌐**rillenfahrdraht** m / wide-grooved wire ‖ ⌐**sämaschine** f, Breitsaat-Sämaschine f / broadcast sowing machine o. seeder, [seed] broadcaster ‖ ⌐**sattel**, Schmiedesattel m / swaging die ‖ ⌐**säuermaschine** f (Textil) / acidifier for fabrics in open width, beck for acidifying in open width ‖ ⌐**schar** f (Landw) / sweep, broad duckfoot ‖ ⌐**scheibenschliff** m / wide-wheel grinding ‖ ⌐**schleuder** f (Textil) / wide-open hydroextractor ‖ ⌐**schlichten** n (Textil) / beam sizing ‖ ⌐**schlitzdüse** f (Plast) / sheet die, slit die ‖ ⌐**schrift** f / wide-spaced lettering ‖ ⌐**seite** f (Schiff) / broadside ‖ ⌐**seite** f (Brett) / face of a plank ‖

⌐**seitenverleimmaschine** f (Tischl) / surface joining machine ‖ ⌐**spannmaschine** f (Textil) / stretching frame ‖ ⌐**spülmaschine** f (Textil) / neutralizer for fabrics in open width, rinsing machine in open width ‖ ⌐**spur** f (Bahn) / broad o. wide gauge ‖ ⌐**spur...** / broad o. wide-gauge... ‖ ⌐**spur-Schlepper** m (Landw) / row-crop tractor ‖ ⌐**strahler** m (allg) / spread beam lamp, wide-spread light ‖ ⌐**strahler** m (Kfz) / wide o. broad beam headlight, spread-beam headlamp, wide angle light fitting ‖ ⌐**strahlerlicht** n (Kfz) / widespread light ‖ ⌐**streckegalisiermaschine** f (Web) / broad drawing equalizing machine, stenter for straightening ‖ ⌐**streckeinrichtung** f (Färb) / expanding device ‖ ~**strecken** (Web) / stretch, adjust the width ‖ ~**strecken** (Web) / adjust the width ‖ ⌐**streckmaschine** f (Textil) / width adjusting machine ‖ ⌐**streckwalze** f (Textil) / rotary stretcher, expander roller ‖ ⌐**streumaschine** f (Dünger) / fertilizer spreader

Breitung f (Walzw) / broadside rolling ‖ ⌐ (unerwünscht) (Walzw) / lateral flow

Breitungs·gerüst n (Walzw) / broadside rolling mill stand

Breitverweileinrichtung f (Textil) / machine for storage and reaction in open width

Breit-Wagner-Formel f (Nukl) / Breit-Wagner formula

breit·walzen / roll flat ‖ ⌐**wand** f (Film) / wide screen, large screen ‖ ⌐**wandbild** n / anamorphic image ‖ ⌐**wandfilm** m / large screen movie ‖ ⌐**wandprojektion** f (Film) / wide angle projection ‖ ⌐**wandprojektor** m / wide-angle projector ‖ ⌐**wand-Raumtonfilm** m / wide screen stereo sound film ‖ ⌐**waschmaschine** f (Textil) / full-width washing machine, open-width washing machine ‖ ~**würfig** (Landw) / broadcast adj ‖ ~**würfig säen** (Landw) / broadcast vi ‖ ~**würfiges Roden** (Kartoffeln) / broadcast potato digging ‖ ⌐**zettlerei** f (Textil) / full-width warping ‖ ⌐**ziegel** m, Krempziegel m (Dach) / flap tile

Brekzie, Breccie f (Geol) / breccia

Bremer Blau (o. Grün) n / mineral blue o. green (cupric carbonate)

Brems·abschlußstellung f / balancing position ‖ ⌐**abstimmung** f / brake adjustment ‖ ⌐**achse** f / braking axle ‖ ⌐**aktivierungszeit** f / initial delay time ‖ ⌐**ankerplatte** f (Kfz) / brake backing plate ‖ ⌐**anordnung** f / arrangement of brakes ‖ ⌐**anpreßdruck** m / brake pressure ‖ ⌐**[anpreß]druck** m / brake pressure ‖ ⌐**anschlag** m / brake stop ‖ ⌐**anschlag** m (puffernd) / brake buffer ‖ ⌐**[anzieh]schraube** f / set screw for brake ‖ ⌐**arbeit** f / braking energy o. work ‖ ⌐**arbeitsvermögen** n / brake capacity ‖ ⌐**arretierhebel** m / brake lock ‖ ⌐**art** f / method of braking ‖ ⌐**art** f (Bahn) / brake operating conditions pl ‖ ⌐**audion** n / electron-oscillating detector ‖ ⌐**ausgleich** m (Kfz) / brake compensator o. equalizer ‖ ⌐**ausgleich** m (gegen Blockieren) (Kfz) / skid sensor ‖ ⌐**ausgleicher** m / brake-compensating device ‖ ⌐**ausgleichhebel** m (Kfz) / brake beam ‖ ⌐**ausgleichwelle** f (Kfz) / brake-compensating shaft ‖ ⌐**auslösevorrichtung** f (Bahn) / brake releasing device ‖ ⌐**automat** m, Anlauf-und Bremsautomat m (Textil) / automatic starting and braking device ‖ ⌐**backe** f (Kfz) / brake block o. shoe ‖ ⌐**backe** f (Bahn) / brake clip, brake gripper ‖ ⌐**backenabstandstück** n (Kfz) / brake shoe spacer ‖ ⌐**backen-Bremsweg** m (Kfz) / braking distance less brake lag distance ‖ ⌐**backendrehbolzen** m, -lagerbolzen m / brake anchor pin ‖ ⌐**backenlager** n (Kfz) / brake shoe pin bushing ‖ ⌐**balken** m (Gleisbremse) / brake beam, retarder beam ‖ ⌐**band** n / brake band o. strap ‖ ~**bar** / brakable ‖ ⌐**behälter** m (Bahn) / brake tank ‖ ⌐**belag** m / brake lining o. covering o. facing ‖ ⌐**belag-Kontrolleuchte** f / brake lining wear indicator ‖ ⌐**berechnung** f / brake calculation ‖ ⌐**berg** m (Bergb) / brake o. braking incline, running jig ‖ ⌐**berg** m (zweitrümig) (Bergb) / double acting incline[d plane] ‖ ⌐**berg** m (abwärts fördernd) (Bergb) / [downward]

incline o. inclined plane, self-acting incline ‖ ~berg *m*
mit Gegengewichtswagen / self-acting incline ‖ ~berg
m mit vollen und leeren Wagen / double-acting
inclined plane ‖ ~bergführer *m* (Bergb) / incline man o.
braker, jinnier (GB) ‖ ~bergstrecke *f* (Bergb) / gravity
road ‖ ~berg-Unterwagen *m*, -Gestell *n* (Bergb) / gang
rider, jig trolley ‖ ~bergwagen *m* für
Personenbeförderung (Bergb) / mantrip car ‖
~beschleuniger *m* (Bahn) / brake accelerator ‖
~betätigung *f* / brake application o. operation ‖
~betätigung *f* durch die Achse / axle control ‖
~betätigungshebel *m* / brake [operating] lever ‖
~betätigungskraft *f* / brake application force ‖ ~block
m (unter den Rädern) (Luftf) / chock (for wheels) ‖
~bolzen *m* / brake bolt ‖ ~dauer, -zeit *f* / braking
period, duration of brake application ‖ ~dichte *f* (Nukl) /
slowing-down density ‖ ~drosselspule *f* / brake
induction coil ‖ ~druck *m* / brake pressure ‖
~druckmesser *m*, Bremsmanometer *n* (Bahn) / brake
pressure gauge ‖ ~druckregler *m* / brake pressure
regulator ‖ ~düse *m* (Rakete) / reaction control jet ‖
~dynamo *m* / brake dynamo ‖ ~dynamometer *n* /
absorption dynamometer ‖ ~dynamometer *n*,
Pronyscher Zaum / dynamometrical brake, Prony brake
o. dynamometer ‖ ~dynamometer *n* mit
Seilumschlingung / Hirn's rope brake
Bremse *f* / brake *n* ‖ ~, Friktion *f* (Textil) / friction ‖ ~,
Viehfliege *f* / horse fly ‖ die ~ anziehen / brake, set o.
apply o. put on o. pull the brake ‖ die ~ feststellen /
lock, block [up] ‖ die ~ lüften / release the brake ‖
ohne ~ / brakeless
Brems·einstellschraube *f* / brake setscrew ‖
~einstellung, -regulierung *f* / brake adjusting ‖
~elektrode *f* (allg) / decelerating electrode ‖ ~elektrode
f (TV) / retarding o. reflecting electrode
bremsen / brake ‖ ~ *vi*, schleifen / drag ‖ ~, abbremsen /
reduce the speed ‖ ~, drosseln / check *vt*, curb, restrain,
reduce ‖ ~, abbremsen, die Bremse anziehen / brake *v*
‖ ~ *n*, Retardieren *n* / retarding ‖ scharf ~ / jam on the
brakes
bremsend, verlangsamend / retarding
Bremsen·nachstellung *f* / brake clearance adjustment ‖
~ -Schiefziehen *n* (Kfz) / brake pull to one side
Bremsentwässerungsventil, Löseventil *n* (Bahn) /
discharge valve, drain cock valve
Bremsenüberhitzung *f* / brake overheating
Bremser *m* (Bergb, Bahn) / brakeman, braker ‖ ~haus *n*
(Bahn) / brakeman's cabin, brakeman's caboose (US)
Brems·exzenter *m* / brake eccentric ‖ ~fading *n* / brake
fading ‖ ~[fall]schirm *m* / brake parachute, parabrake ‖
~fallschirm *m* (Raumf) / drogue [para]chute, parachute
brake ‖ ~fallschirmpatrone *f* (Raumf) / drogue gun ‖
~feder *f* / brake spring ‖ ~federzange *f* (Garage) / brake
spring pliers ‖ ~feld *n* (Elektronik) / brake field,
retarding field ‖ ~feldaudion *n* (Elektronik) / retarding
field detector ‖ ~feldgenerator *m* (Elektronik) / retarding
field oscillator, negative transconductance generator ‖
~feldgenerator, Barkhausen-Kurz-Oszillator *m* /
Barkhausen-Kurz oscillator, positive grid oscillator ‖
~feldklystron *n*, Reflexklystron *n* / reflex klystron ‖
~feldkollektor *m* (Elektronik) / depressed collector ‖
~feldröhre *f* (Elektronik) / brake field o. retarding field
tube ‖ ~fläche *f* / braking area o. surface ‖ ~fläche *f*
(Nukl) / slowing down area ‖ ~flügel *m*, -fahne *f* (Instr) /
damping vane ‖ ~flüssigkeit *f* / brake fluid ‖
~flüssigkeit nachfüllen (Kfz) / charge the brake ‖
~flüssigkeitsanzeiger *m* (Kfz) / brake fluid pressure
light ‖ ~flüssigkeitsbehälter *m* / brake fluid reservoir ‖
~flüssigkeitsstand *m* / brake fluid level ‖ ~förderer *m*
(Bergb) / downward conveyor, retarding conveyor ‖
~fördergestell, Haspelfördergestell *n* (Bergb) / jig
trolley ‖ ~führung *f* / brake guide ‖ ~fußhebel *m*,
Bremspedal *n* / brake pedal ‖ ~gabel *f* / slotted jaw for a
brake ‖ ~gehänge *n*, -hängeeisen *n* (Bahn) / brake

hanger o. hangers *pl*, brake suspension link ‖ ~gestänge
n / brake linkage o. rigging, brake rods *pl* ‖ ~gewicht *n*
/ brake loading weight ‖ ~gewicht *n* (Webstuhl) /
control weight for the treadle ‖ ~gitter, *n*, Fanggitter *n*
(Elektronik) / suppressor grid ‖ ~gitter *n* (bei der
Verstärkerröhre) (Elektronik) / decelerating grid ‖
~gitter-Regelröhre *f* / exponential pentode ‖
~grenzneigung *f* / maximum braking gradient ‖
~handhebel *m*, Handbremshebel *m* / brake lever ‖
~haspel *m* (Bergb) / drag-reel, brake winch ‖ ~haspel
m f (maschinell) / jig winch, jig haulage[-engine] ‖
~hebel *m* / brake lever ‖ ~hebel *m*, -bedienungshebel
m (Bahn) / air brake lever ‖ ~hebel *m* am Freilauf /
brake arm ‖ ~hebelgriff *m* / brake handle ‖
~hundertstel *n* (am Bremsklotz), Brensprozent *n* (Bahn)
/ percentage of brake power, effective braking power ‖
~hütte *f* (Bahn) s. Bremserhaus ‖ ~kennwert *m* / brake
coefficient ‖ ~kern *m* (Nukl) / slowing-down kernel ‖
~kettenförderer *m* (Bergb) / scraper conveyor ‖
~klappe *f* (Luftf) / air brake o. deflector ‖ ~klotz *m*,
Hemmschuh *m* (Kfz, Luftf) / chock [block] ‖ ~klotz *m*
(Trommelbremse) / brake block o. shoe ‖ ~klotz, -block
m (Bahn) / brake block ‖ ~klotz *m* (Scheibenbremse) /
brake pad ‖ ~klotzhalter *m* (Bahn) / brake block holder
‖ ~[klotz]sohle *f* / brake shoe insert ‖ ~kolben *m* /
brake piston ‖ ~kompressor *m* (Bahn) / brake
compressor ‖ ~kontakt *m* / braking contact ‖ ~konus
m (Freilauf) / brake cone ‖ ~kraft *f* / brake force o.
power, brake effort ‖ ~kraftbegrenzer *m* (Kfz) / brake
pressure reducer ‖ ~kraftminderer *m* / braking force
attenuator ‖ ~kraftmodulator *m* / brake pressure
modulator ‖ ~kraftregler *m* (manuell) / brake pressure
regulator, brake power regulator ‖ ~kraftregler *m*,
ALB *f* (Kfz) / anti-wheel-lock braking system ‖
~kraftregler *m* (automatisch) (Druckluftbremse) /
variable load valve ‖ ~kraftverstärker *m* / servobrake,
servo-unit for brakes, brake booster, power brake ‖
~kraftverteiler *m* / brake effort proportioning system ‖
~kupplung *f* (Bahn) / brake hose half coupling, brake
hose coupling ‖ ~kupplungsschlauch *m* (Bahn) /
coupling hose ‖ ~kurbel *f* / brake crank ‖ ~länge *f*
(Nukl) / slowing-down length ‖ ~leistung *f* / braking
power ‖ ~leitung *f* (Bahn) / brake air conduit, train pipe
o. line ‖ ~leitungswagen *m* (Bahn) / through-pipe
wagon, fitted wagon ‖ ~leuchte *f*, Stopplicht *n* (Kfz) /
stop light ‖ ~licht-Drehschalter *m* / stop light rotating
switch ‖ ~licht-Öldruckschalter *m* / hydraulic stop
light switch ‖ ~lichtschalter *m* (Kfz) / stop switch ‖
~lichtzugschalter *m* / stop light pull switch ‖
~lösefeder *f* / brake release spring ‖ ~lösezeit *f* / final
release time, brake release [activation] time (US) ‖
~luft, Korrekturluft *f* (Vergaser) / compensating air ‖
~lüfter *m* / brake lifter ‖ ~[lüft]magnet *m* (Kran) /
solenoid, brake [lifting] magnet (US), operator (US) ‖
~[lüft]motor *m*, Bremslüfter *m* (Elektr) / brake [lifting]
motor, motor-driven brake operator ‖ ~luftschraube *f*,
-propeller *m* / reversible o. reversing airscrew, braking
airscrew ‖ ~lüftung *f* (Masch) / releasing of the brake ‖
~magnet *m* (Instr) / brake magnet, braking magnet,
retarding magnet ‖ ~mantel *m* / brake jacket of
the free wheeling hub ‖ ~mechanismus *m*, anordnung
f / brake gear ‖ ~medium, -mittel *n*, -stoff *m*, -substanz
f (Nukl) / moderator ‖ ~mittel *n* (gegen Verwendung in
Nuklearwaffen) (Nukl) / denaturant ‖ ~mittel *n* (Farbe) /
retarding agent ‖ ~moment *n* / braking moment o.
torque ‖ ~moment-Abstützung *f* (Kfz) / anti-lift support
‖ ~motor *m* (Hebezeuge) / braking motor ‖ ~nabe *f*
(Freilauf) / brake hub ‖ ~nickabstützung *f* (Kfz) /
antidive mechanism ‖ ~nicken *n*, -tauchen *n* / brake
diving ‖ ~nocken *m* / brake cam o. toggle ‖
~nockenscheibe *f* / brake cam disk ‖ ~nockenwelle *f* /
brake camshaft o. toggle shaft ‖ ~nummernleuchte *f* /
combined stop and license-plate light ‖ ~nutzung *f*
(Nukl) / resonance escape probability ‖ ~pedal *n* / brake

pedal ‖ ~platte f / brake backplate ‖ ~potential n (Phys) / stopping potential ‖ ~probe f, -prüfung f / brake test ‖ ~probe f im Stillstand (Bahn) / standing brake test ‖ ~querbalken m (Bahn) / brake balancing arm ‖ ~querschnitt m (Nukl) / stopping cross-section ‖ ~quietschen n / brake squeal ‖ ~rakete f (Raumf) / retroactive o. retro-rocket ‖ ~rand m / brake rim ‖ angegossener ~rand / integrally cast brake rim ‖ ~reaktion f / brake reaction o. response ‖ ~regler m / brake regulator ‖ ~regler m (Wasserturbine) / brake type speed regulator ‖ ~regulierschraube f / brake adjusting screw ‖ ~regulierung f / brake adjusting ‖ ~reibung f / brake friction ‖ ~riemen m / restraint belt ‖ ~ring m / brake ring ‖ ~rupfen n / brake grabbing ‖ ~sattel m, Bremsjoch n, Bremszange f (Scheibenbr.) / caliper ‖ ~schacht m (Bergb) / brake shaft ‖ ~scheibe f / brake disk o. pulley o. sheave ‖ ~scheibe f (Nähm) / tension disk ‖ ~schicht f (Reaktor) / moderating zone ‖ ~schiene, Gleisbremse f (Bahn) / retarder, rail brake ‖ ~schirm m (Luftf) / drag o. brake chute ‖ ~schlauch m (Bahn) / brake [air] hose ‖ ~schlauchstutzen m / brake hose joint o. connecting nipple ‖ ~schlupf m / wheel slip (when braking), [skidding] wheel slip ‖ ~schlupfregler m (Kfz) / anti-wheel lock system, skid control ‖ ~-Schluß-Kennzeichenleuchte f (Kfz) / [combined] stop, tail, and license-plate light ‖ ~schlußleuchte f (Kfz) / [combined] stop and tail lamp ‖ ~schuh m (Bahn) / brake shoe, brake block ‖ ~schwund m / brake fading ‖ ~seil n, -seilzug m / brake cable ‖ ~seil n (elastisch b. Flugzeugträger) (Luftf) / arrester wire ‖ ~seilzug m / brake pull cable, brake cable assembly ‖ ~spannung f (Elektronik) / negative anode potential ‖ ~spiel n (Gesamtspiel im Bremsmechanismus) / brake slack ‖ ~spindel f / brake spindle ‖ ~sporn m (Luftf) / brake skid o. shoe ‖ ~spreizfeder f / brake expanding spring ‖ ~spur f / wheel traces pl (US), skid mark (GB) ‖ ~stab m (Cottonm.) / braking shaft ‖ ~stab m (Reaktor) / control rod ‖ ~stand, Prüfstand, -raum m (Masch, Mot) / torque stand o. bed o. room ‖ ~stange f (Bahn) / truss bar of the brake ‖ ~stellung f / brake position ‖ ~stellung f (Luftf, Propeller) / brake pitch ‖ ~steuerung f, BSG (Bahn) / brake control ‖ ~störung f, -versagen n / brake failure ‖ ~stoß m / brake jerk o. knock o. shock ‖ ~strahlung f (Nukl) / bremsstrahlung ‖ ~strecke f s. Bremsweg ‖ ~strom m / brake current ‖ ~stromkreis m / brake circuit ‖ ~stromventil n (Bahn) / brake-current valve ‖ ~stufe f (Elektr) / brake step o. notch ‖ ~stufe f (Bahn, Raumf) / brake step ‖ ~substanz f, -stoff m (Nukl) / moderator ‖ ~technischer Begriff / brake engineering term ‖ ~träger m (Kfz) / brake anchor plate ‖ ~trommel f / brake drum ‖ ~trommelrückwand f / brake backing plate ‖ ~übersetzung f / brake leverage ‖ ~übersetzung f, Übersetzung f im Bremsgestänge / brake leverage

Bremsung f (allg) / braking ‖ ~ (Nukl) / retardation ‖ ~ auf Halt / braking to a stop ‖ ~ in der Fabrik (Kfz) / factory brake test

Brems·ventil n, -anlegeventil n / brake [application] valve ‖ ~ventil n (Druckluftbremse) / air brake valve ‖ ~verband m (Stahlbau) / brake structure ‖ ~verhalten n / brake reaction ‖ ~verhältnis n (Nukl) / moderating ratio ‖ ~vermögen n / slowing down o. stopping power ‖ ~verstärker m s. Bremskraftverstärker ‖ ~versuch m / braking (GB) o. brake (US) test ‖ ~versuch m, -probe f / brake test (US) ‖ ~versuch m mit Pendelmaschine / dynamometer test ‖ ~verzögerung f / braking deceleration ‖ ~vorrichtung f / brake gear ‖ ~wächter m / brake control ‖ ~wagen m (Bahn) / brake van o. car, caboose (US) ‖ ~wärme f / braking heat ‖ ~weg m, -strecke f / stop[ping] distance, length of brake path ‖ kurzer ~weg ! / power brakes! ‖ ~welle f / brake axle o. shaft ‖ ~wellenhebel m / brake toggle lever ‖ ~wert m, -leistung f / braking power ‖ ~widerstand m / brake

o. braking resistance ‖ ~wirkung f / braking effect ‖ Nachlassen der ~wirkung infolge Erwärmung / brake fade ‖ ~zahnbogen m / brake [lever] segment o. sector, brake pinion o. quadrant ‖ ~zaum m s. Bremsdynamometer ‖ ~zeit f / braking period, duration of brake application ‖ ~zeitspektrometer n (Nukl) / retardation time spectrometer ‖ ~zugstange f / brake lever connecting rod, brake pull bar o. rod ‖ ~zusatz m für Aufwärts-Anfahren (Kfz) / hill holder ‖ ~zylinder m / brake o. braking cylinder

Brenn·achse f (Optik) / focal axis ‖ ~apparat m, -gerät n (Chem) / distilling apparatus, still

brennbar / combustible ‖ ~er Bestandteil der Kohle / body of coal ‖ ~e Reste m pl (Müllverbrennung) / cinders pl ‖ ~es technisches Gas / fuel gas ‖ schwer ~ / hardly combustible

Brennbare[s] n / fuel n, combustible matter

Brennbarkeit f / combustibility ‖ ~, Entflammbarkeit f / inflammability, inflammableness

Brenn·bock m (Textil) / crabbing jack ‖ ~bohren n / flame boring ‖ ~dauer f (Beleucht) / time alight, lighting hours pl ‖ ~dauer f (Rakete) / burning period ‖ ~dauer f (Raumf) / combustion time ‖ ~dauer f (Keram) / burning hours pl ‖ mittlere ~dauer f (Nukl) / fuel burn-up ‖ ~düse f (Heizung) / pilot light ‖ ~ebene f (Opt) / focal plane ‖ hintere ~ebene / back focal plane ‖ ~eigenschaften f pl von Leuchtpetroleum / luminosity of burning oil ‖ ~eigenschaftsprüfung f (Öl) / luminosity test ‖ ~eisen n, -stempel m / marking iron, branding iron o. stamp

Brennelement n (Nukl) / fuel element o. assembly ‖ ~bündel n / fuel element assembly ‖ ~ewechsel m / fuel element interchange ‖ ~greifer m / fuel grab o. grapple ‖ ~hülse f (Nukl) / fuel can[ning], sheath, jacket, fuel can ‖ ~kanal m (Nukl) / fuel canal ‖ ~lager n (Nukl) / new fuel storage [area] ‖ ~leck n (Nukl) / burst slug, failed element ‖ ~stab m (Nukl) / fuel rod o. pin ‖ ~-Umsetzmaschine f / fuel handling machine, fuel transfer machine ‖ ~wechsel m / refueling, reloading

brennen vi vt, verbrennen o. burn vi vt ‖ ~ (Gips, Kalkstein) / calcine ‖ ~ vt (Keram) / fire, bake, burn vt ‖ ~ (Branntwein) / distil ‖ ~, mit einer Brandmarke versehen / mark, brand ‖ ~ vi, leuchten / burn, light ‖ ~ n (allg) / burning ‖ ~ (Keram, Zement) / burning, baking ‖ ~, Rösten n (Hütt) / burning, roasting ‖ ~ (Steine und Erden) / calcination, calcining ‖ ~, Brand / combustion, burning ‖ ~ (Branntwein) / distillation ‖ ~ (Textil, Ausrüstung) / crabbing, wet setting ‖ ~ eines Lichtbogens / arcing, arking ‖ ~ eines Sterns (Astr) / burning of a star ‖ ~ mit Flamme / flame ‖ Kaffee ~ /roast coffee ‖ Mehl ~ / roast flour ‖ mit halber Stärke ~ vi / smolder, smoulder ‖ Ziegel ~ / fire bricks ‖ zu ~ beginnen / catch fire

brennend, beißend / burning, biting ‖ ~, angezündet / lighted, lit, alight ‖ ~ abstürzen (Luftf) / crash in flames ‖ ohne Rückstand ~ / clean burning ‖ sehr heiß ~ / flaming

Brenner m / burner ‖ ~ (Schw) / welding torch (US), welding blowpipe (GB) ‖ ~ (Beruf) (Schweiß) / firer ‖ ~ für flüssigen Brennstoff / liquid fuel burner ‖ ~ in Rohrform / pipe burner, line burner ‖ ~ mit Vormischung (Gas) / premix burner ‖ geschützter ~ / drip-proof burner ‖ [wirtschaftliche] ~belastung / burner loading ‖ ~düse f, -mundstück n / burner head o. jet o. nozzle ‖ ~düse f (Schw) / cutting nozzle

Brennerei f (Branntwein) / distillery ‖ ~abwässer n pl / distillery waste water

Brenner·einbruch m (Bergb) / burn cut ‖ reihenförmiger ~einbruch (Bergb) / seam schedule burn cut ‖ ~einstellung, -regulierung f / combustion adjustment ‖ ~führungswagen m (Schw) / blowpipe roller guide ‖ ~kopf, Ofenkopf m / port-end o. -block of a furnace ‖ ~kopf m, -spitze f, -mundstück n (Schweiß) / torch tip ‖ ~kopf m (allg, Hütt) / burner head o. tip ‖ ~maul n,

-mund *m* (Hütt) / burner mouth ‖ ⌐ -**Mindestbelastung** *f* (im Verhältnis zur Maximal-Leistung) / burner turndown factor ‖ ⌐**mundstück** *n* / burner head o. jet o. nozzle ‖ ⌐**mundstück** *n*, -spitze *f* (Schweiß) / torch tip ‖ ⌐**mündung** *f* (Gasretorte) / nostril ‖ ⌐**öffnung** *f* / quart ‖ ⌐**röhre** *f*, Reihenbrenner *m* (Gas) / line burner, pipe burner ‖ ⌐**spiegel** *m* (Kessel) / burner array ‖ ⌐**stein** *m* / burner firing block, burner port ‖ ⌐**stein**, Lochstein *m* (Hütt) / nozzle brick ‖ ⌐**stein** *m*, -partie *f* (Ölfeuerung) / quart block ‖ ⌐**stein** *m* (Feuerfest) / throat, quarl ‖ ⌐**trennwand** *f* (Glasofen) / uptake partition ‖ ⌐**zange** *f*, Wasserpumpenzange *f* / adjustable joint pliers ‖ ⌐**zange** *t* (für Gasbrenner) / burner o. gas pliers *pl*

Brenn·fläche *f* (Opt) / focal surface ‖ ⌐**fläche** *f* (Spiegel) (Opt) / caustic [surface] ‖ ⌐**flämmen** *n* / flame scarfing ‖ ⌐**fleck** *m* (Kath.Str) / cathode spot ‖ ⌐**fleck** *m* (Röntgen) / focal spot ‖ **[bandförmiger]** ⌐**fleck** (Opt) / linear focus ‖ ⌐**fleckenkrankheit** *f* (der Bohne) (Landw) / anthracnose ‖ ⌐**form** *f* (Keram) / firing mould ‖ ⌐**fugen** *n* / flame grooving ‖ ⌐**gas** *n* (allg) / burnable gas ‖ ⌐**gas** *n* (Schweiß) / [oxy-]fuel gas ‖ ⌐**gasventil** *n* (Schw) / fuel gas valve ‖ ⌐**geschwindigkeit** *f* / rate of combustion ‖ ⌐**glas** *n* / burning glass ‖ ⌐**härten** *n* / flame- o. torch-hardening ‖ ⌐**haut**, Formhaut *f* (Keram) / firing skin ‖ ⌐**hilfsmittel** *n pl* (Keram) / kiln furniture ‖ ⌐**hobeln** *n* (Schweiß) / flame gouging ‖ ⌐**holz** *n* / firewood ‖ ⌐**holz** *n* in Kloben / cordwood (US) ‖ ⌐**holzstapel** *m* / rick ‖ ⌐**kammer** *f* / combustion chamber o. space ‖ ⌐**kammer** *f* (Gasturb) / gas turbine combustor ‖ ⌐**kammer** *f* (Glühofen) / firebox ‖ ⌐**kammer** *f* **der Rakete** / rocket engine ‖ ⌐**kammerkühlmantel** *m* / combustion chamber cooling jacket ‖ ⌐**kammerzwischenstück** *n* (Gasturb) / interconnector ‖ ⌐**kapsel** *f*, -kasten *m*, Koker *m* (Keram) / saggar, sagger, seggar ‖ ⌐**kasten** *m* (Mat Prüf) / combustion box ‖ ⌐**kegel** *m*, SK / Seger o. fusion cone ‖ ⌐**kolben** *m*, Destillierkolben *m* (Chem) / pot still ‖ ⌐**kraft...** / internal combustion..., I.C., i.c. ‖ ⌐**kraft-Elektrotriebwagen** *m* / gasoline- (US) o. petrol- (GB) o. diesel-electric rail [motor] coach ‖ ⌐**kraftlokomotive** *f*, Diesellokomotive *f* / gasoline- (US) o. petrol- (GB) o. diesel-engined locomotive ‖ ⌐**kraftmaschine** *f*, Verbrennungsmotor *m* / internal combustion engine, IC-engine ‖ ⌐**krafttriebwagen**, (amtlich für:) Dieseltriebwagen *m* / internal combustion engined railcar, power railroad car (US), self-contained motor coach, diesel railcar ‖ ⌐**linie** *f*, Brennachse *f* (Opt) / focal line ‖ ⌐**linie** *f* (Spiegel) (Opt) / caustic line ‖ ⌐**malz** *n* / malt cured at low temperature ‖ ⌐**material** *n*, -stoff *m* / combustible, firing, fuel ‖ ⌐**material** *n*, Brennstoff *m* / combustible, fuel ‖ ⌐**ofen** *m* / furnace, oven ‖ ⌐**ofen** *m* (Keram, Ziegl) / baking o. burning oven, burning kiln ‖ ⌐**ofen** *m* (Steine u. Erden) / calcining furnace, calciner ‖ ⌐**ofen** *m* (Porzellan) / biscuit oven ‖ ⌐**ofen** *m*, Muffelofen *m* (Keram) / muffle kiln ‖ ⌐**ofen** *m*, Einbrennofen *m* / burning-in oven ‖ **runder** ⌐**ofen** (Keram) / round kiln ‖ ⌐**öl** *n* / burning oil ‖ ⌐**öl**, Leucht-, Steinöl *n* / lamp oil ‖ ⌐**petroleum** *n* / lamp oil, kerosine, -sene ‖ ⌐**platte** *f*, (auch:) Brennbruch *m* / bat[t] ‖ ⌐**probe** *f* (Textil) / burning test

Brennpunkt *m* (Röntgen) / focal spot ‖ ⌐, Fokus *m* (Opt) / focus, focal point ‖ ⌐ (Chem) / flash point ‖ ⌐ (Öl) / burning point, fire point ‖ ⌐ **der Elektronenlinse**, Bündelknoten *m* (Elektr.Mikrosk) / crossover ‖ **den** ⌐ **betreffend**, Brennpunkts... / focal ‖ **gedachter o. virtueller** ⌐, Zerstreuungspunkt *m* (Opt) / point of divergence ‖ **in den** ⌐ **bringen** / focus, bring into focus ‖ **mit gemeinsamem** ⌐ / confocal ‖ **nicht im** ⌐, unscharf / out-of-focus ‖ ⌐**los** (mit Brennpunkt im Unendlichen) (Opt) / afocal ‖ ⌐**regelung** *f* (Opt) / focus adjustment

Brennpunkts·abstand *m*, Brennweite *f* / focal distance o. depth o. length ‖ ⌐**abstand** *m* **von der Linsenrückseite** / back focal length, back focus ‖ ⌐**ebene** *f* (Opt) / focal plane ‖ ⌐**ferne** *f* (Raumf) / apoapsis

Brenn·putzen *n* (Hütt) / flame chipping o. descaling o. deseaming o. scarfing, torch deseaming, hot scarfing ‖ ⌐**raum** *m* (des Töpferofens) / laboratory ‖ ⌐**raum** *m* (Mot) / combustion chamber o. space ‖ ⌐**rohr** *n* (Zuck) / bagasse ‖ ⌐**rolle** *f* **vom Flämmputzen** (Hütt) / groove ‖ ⌐**schacht**, Heizschacht *m* (Ringofen) / fire pillar ‖ ⌐**schacht** *m* (Winderhitzer) / combustion chamber ‖ ⌐**schluß** *m* (Raumf) / engine shutdown, cutoff ‖ ⌐**schluß** *m* (Rakete) / burn-out, all-burnt (GB) ‖ ⌐**schluß** *m* (ungewollt) (Rakete) / flame-out ‖ ⌐**schluß durch Abschalten der Treibstoffzufuhr** / [propellant] cutoff, thrust cutoff ‖ **bei** ⌐**schluß erreichte Höhe, Bahnwinkel u. Geschwindigkeit** (Geschoß) / injection conditions ‖ ⌐**schluß** *m* **infolge Treibstofferschöpfung** (Raumf) / depletion cutoff ‖ ⌐**schlußgeschwindigkeit** *f* (Raumf) / all-burnt velocity ‖ ⌐**schluß[punkt]** *m* (Rakete) / cutoff point ‖ ⌐**schneidanlage** *f* / gas cutting installation ‖ ⌐**schneidemaschine** *f*, -gerät *n* / blow-torch cutting-off machine ‖ ⌐**schneiden** / cut autogenously, flame-cut ‖ ⌐**schneiden** *n* / gas o. torch o. flame cutting ‖ **durch** ⌐**schneiden erzeugte Form** / burn-out contour, torch-cut contour ‖ ⌐**schneiden** *n* **mit Acetylen** / acetylene cutting ‖ ⌐**schnitt** *m* / gas cut, flame cut ‖ ⌐**schnittspalt** *m* (Schweiß) / cutting kerf ‖ ⌐**schwinden** *n* (Ziegl) / firing shrinkage ‖ ⌐**spannung** *f* (Lichtbogen) / arc drop voltage ‖ ⌐**spannung** *f* **einer Entladungsstrecke** / voltage drop of a discharge gap ‖ ⌐**spiegel** *m* / burning mirror o. reflector ‖ ⌐**spiritus** *m*, denaturierter Spiritus / methylated spirit ‖ ⌐**spitzen** *f pl* **der Brennunterlage** (Email) / point bars *pl* ‖ ⌐**stab** *m*, -element *n* (Nukl) / fuel rod ‖ ⌐**staub** *m* / pulverized fuel ‖ ⌐**stelle** *f* (Licht) / lighting unit ‖ ⌐**stelle** *f* (Bau) / lighting point ‖ ⌐**stempel** *m*, Brenneisen *n* / branding iron

Brennstoff *m* (allg) / combustible, fuel ‖ ⌐... (Nukl) s. auch Brennelement ‖ ⌐ **aufnehmen**, tanken / [re]fuel ‖ ⌐ **erschöpft o. aus** (Raumf) / fuel depleted ‖ ⌐ **vergasen** / carburate, carburet ‖ ⌐**asche** *f* / fuel ash ‖ ⌐**aschen-Korrosion** *f* / fuel-ash corrosion ‖ ⌐ **-Aufbereitung** *f* (Nukl) / reprocessing of fuel ‖ ⌐**chemie** *f* / fuel chemistry ‖ ⌐**einnahme** *f* (z.B. in der Luft) / refuel[l]ing ‖ ⌐**einsatz** *m* (Nukl) / fuel inventory ‖ ⌐ **-Element** *n*, -zelle *f*, BS-Zelle *f* (Elektr) / fuel cell ‖ ⌐**elementenbündel** *n* (Reaktor) / fuel element assembly ‖ ⌐**entlademaschine** *f* (Nukl) / fuel discharging machine ‖ ⌐**ersparnis** *f* / fuel economy, saving in fuel ‖ ⌐ **-Feinfilter** *m n* / fuel fine filter ‖ ⌐**gekühlt**, regenerativgekühlt / fuel-cooled ‖ ⌐**gewinnung** *f* / fuel extraction ‖ ⌐**grundlage** *f* / fuel base ‖ ⌐**hauptbehälter** *m* / main fuel tank ‖ ⌐**hülle**, -hülse *f* (Nukl) / fuel can, can, jacket, sheath ‖ ⌐**inventar** *n* (Reaktor) / fuel inventory ‖ ⌐**kassette** *f* (Nukl) / fuel assembly ‖ ⌐**kreislauf** *m* (Nukl) / fuel cycle ‖ ⌐**leistung** *f* (Nukl) / fuel power ‖ **spezifische** ⌐**leistung** / fuel rating ‖ ⌐**leistungsdichte** *f* (Nukl) / fuel power density ‖ ⌐**mangel** *m*, -knappheit *f* / fuel shortage o. scarcity, lack o. want of fuel ‖ **eingefüllte** ⌐**menge** (Raumf) / fuel uplift ‖ ⌐**Nennleistung** *f* (Nukl) / rated fuel power ‖ ⌐ **-Nennleistungsdichte** *f* (Nukl) / rated power density ‖ ⌐**nocken** *m* / fuel cam ‖ ⌐**notentleerung** *f* (Luftf) / fuel jettison gear ‖ ⌐**pumpe** *f* / fuel pump ‖ ⌐**schicht** *f* (Hütt) / fuel bed ‖ ⌐**schwelung** *f* / low-temperature carbonization of fuels ‖ ⌐**tablette** *f* (Nukl) / fuel pellet ‖ ⌐**teilchen** *n* / fuel particle ‖ ⌐**umhüllung** *f* s. Brennstoffhülle ‖ ⌐**verbrauch** *m* / fuel consumption ‖ ⌐**versorgung** *f* / fuel feed, fuelling ‖ ⌐**versorgung** *f*, -zufuhr *f* / fuelling ‖ ⌐ **-Versorgungssystem** *n* (Luftf) / hydrant system ‖ ⌐ **-Vorratsmesser** *m* (Raumf) / fuel measuring unit ‖ ⌐**zähler** *m* / fuel meter ‖ ⌐**zelle** *f* (Elektr) / fuel cell ‖ ⌐**zelle** *f* (Raumf) / fuel cell, cell for fuel ‖ **zu starke** ⌐**zufuhr** (Mot) / overfuelling ‖ ⌐**zuführung** *f*, -zufuhr *f* / fuel supply

Brenn·strahl m (Opt) / focal ray ‖ **⁓strahl** m des Kegelschnittes (Geom) / focal distance o. radius ‖ **⁓stufe** f **für Eintauchen in die Mondumlaufbahn** (Raumf) / lunar orbit injection burn, LOI burn ‖ **⁓stufe** f **zum Eintauchen in eine Erdumlaufbahn** (Raumf) / transearth injection burn, TEI burn ‖ **⁓stufe zur Beschleunigung in eine Mond-Umlaufbahn** (Raumf) / translunar injection burn, TLI burn ‖ **⁓stunde** f / burning hour ‖ **⁓stunde**, Beleuchtungsstunde f / light[ing] hour ‖ **⁓stütze** f (Keram) / point bar, dot ‖ **⁓stützenanordnung** f (Keram) / dottling ‖ **⁓verhalten** n / burning behaviour ‖ **⁓wachsen** n (Keram) / firing expansion ‖ **⁓wachsen** n (Ziegl) / firing expansion ‖ **⁓weite** f, Brennpunktsabstand m (Opt) / focal distance o. depth o. length, focus ‖ **mit konstanter ⁓weite** / fixed focus... ‖ **⁓weite** f des Okulars / focal length of the eyepiece ‖ **die ⁓weite umschalten** (Phot) / zoom ‖ **⁓weitenbereich** m (Phot) / focus(s)ing range, zoom ratio ‖ **⁓weitenverstellung** f / zooming ‖ **⁓wert** m, Wärmeleistung f (Heizgerät) / useful output o. heat ‖ **⁓wert** m, (früher:) oberer Heizwert (Brennstoff) / gross calorific value ‖ **⁓wertkessel** m / condensing boiler, condensing value boiler ‖ **⁓zeit**, Stromflußzeit f (Gleichrichter) / conducting period ‖ **⁓zeit** f (Licht) / period of lighting ‖ **⁓zeit** f (Brenner) / burning time, firing period ‖ **⁓zeit**, Antriebszeit f (Rakete) / propulsion time ‖ **⁓zeit** f (Raumf) / burn period ‖ **⁓zone** f (allg) / zone of incandescence ‖ **⁓zünder** m (Bergb) / burning fuse, powder-train time-fuse
Brenz·catechin n / catechol ‖ **⁓catechingerbstoff** m / catecholtannin
brenzlig·es Birkenteeröl / white birch tar oil ‖ **⁓er Ölgeruch** (o. -geschmack) / empyreum[a] ‖ **⁓er Ölgeruch oder Geschmack** / empyreum[a] ‖ **⁓ [riechend]** / tasting tarry o. of burning ‖ **⁓ riechend** / tasting tarry o. of burning
Brenztraubensäure f / pyruvic acid
Bresche f (Bau) / breach
Breschmauer f, entlastete Futtermauer / counterarched revetment
Brett n / board ‖ **⁓** (DIN: Schnittholz von 10-35 mm Dicke) / sawn timber between 10 and 35 mm thickness ‖ **⁓er für Breitenverbindungen** / matched boards ‖ **⁓ im Regal** / shelf ‖ **⁓ mit Schattennut** / profiled board with broad root ‖ **⁓ von 5 bis 8" Breite und 2 bis 4" Dicke** / batten ‖ **⁓ von 40 mm Stärke** / one-cut ‖ **⁓ von 25 mm Stärke**, Schalbrett n (Tischl) / two-cut ‖ **⁓ von 20 mm Stärke** (Tischl) / three-cut ‖ **4" breites ⁓** (Bau) / quarter ‖ **dünnes ⁓** / scale board ‖ **halbzölliges ⁓**, Kisten-, Tafelbrett n / half[-inch] plank ‖ **in ⁓er gesägt** / plankway[s cleaved] ‖ **mit ⁓ern verschalen**, verkleiden / line with boards ‖ **⁓aufbau** m (Labor) (Elektronik) / breadboard assembly, breadboarding ‖ **⁓binder** m / plank truss
Brettchen n / small board ‖ **⁓schneidemaschine** f (Holz) / slicing machine for board production
Brettdecke f (Bau) / boarded ceiling
Bretter·dach n / board roof ‖ **⁓fußboden** m / boarded floor[ing] ‖ **⁓lager** n / timber store ‖ **⁓schalung** f / planking ‖ **⁓schalung** f (Kofferdamm) / cleading of a coffer dam ‖ **⁓tür** [mit aufgenagelten Leisten], Leistentür f / ledged door ‖ **⁓verkleidung** f / plank revetment, planking ‖ **⁓verkleidung** f, Ausschalung f / boarding, encasing ‖ **⁓verleimmaschine** f / solid wood edge joining machine ‖ **⁓verschlag** m / partition boards pl ‖ **⁓verschlag** m, -schuppen m / timber lined shed (US) ‖ **⁓wand** f / boarded partition ‖ **überlappte ⁓wand** (Zimm) / lap-jointed sheeting ‖ **⁓weg** m über **Schlamm** / duck boards pl ‖ **⁓zaun** m / planking, boarding [fence]
Brett·fallhammer m / board [drop] hammer, gravity drop hammer ‖ **[eingelegte] ⁓feder** (Tischl) / tongue ‖ **⁓fuß** m s. Board Foot
brettiger Griff (Textil) / boardy feel

Brett·nagel m, Dielennagel m / plank nail ‖ **⁓säge**, Gattersäge f / rift saw ‖ **⁓schalung** f (des Daches) / slate boarding ‖ **⁓schichtträger** m / glued laminated girder, glulam girder (US) ‖ **⁓schichtverleimt** (Holzträger) / glued laminated ‖ **⁓schneidemaschine** f / siding machine (US)
Brettung f (Steinmetz) / wooden templet
Breunnerit m (Min) / breunnerite
Brewster--Neodymstab m (Laser) / Brewster neodymium rod ‖ **⁓platte** f (Laser) / Brewster plate ‖ **⁓winkel**, Polarisationswinkel m / Brewster o. polarizing angle
Bride f, Federbride f / shackle, strap ‖ **⁓**, Schlauchschelle f / hose clip, hose clamp
Bridge-Plug m (Öl) / bridge plug
Bridging n (Transfer von Datenbeständen) (DV) / bridging
Brief m / letter (a written communication) ‖ **⁓ Nadeln** / book of needles ‖ **⁓beförderung** f, -abgangsdienst m / forwarding of letter mail ‖ **⁓einwurf** m (Bau) / letter plate o. box o. drop ‖ **⁓falt- u. Kuvertiermaschine** f / letter folding and enveloping machine ‖ **⁓förderband** n / letter belt ‖ **⁓hülle** f, -umschlag m / envelope
Briefing n (Luftf) / briefing
Brief·kasten, säulenförmiger / pillar o. pill box ‖ **⁓klammer** f, Büroklammer f / letter clip, paper clip ‖ **⁓kopf** m / letterhead ‖ **⁓marke** f / postage stamp ‖ **⁓markenautomat** m / stamp machine, postage stamp slot machine ‖ **⁓ordner**, Ordner m / letter file ‖ **⁓papier** n / note paper ‖ **⁓stempelmaschine** f / postmarking machine ‖ **⁓telegramm** n / letter telegram ‖ **⁓träger** m / mailman, post man (GB) ‖ **⁓umschlag** m / envelope ‖ **⁓umschlag** m **mit Klappe an der längeren Seite** / banker envelope ‖ **⁓verteilung**, -sortierung f / letter sorting ‖ **⁓waage** f / letter balance o. scales pl
Briggs·scher Logarithmus / common logarithm, decimal logarithm, Briggs' logarithm ‖ **⁓ -Gewinde** n / Briggs thread
Brightstock m (Öl) / bright stock
Brikett n / briquet[te] ‖ **⁓** (Kohle) / coal brick o. briquette ‖ **⁓fabrik**, Brikettieranlage f / briquetting plant ‖ **⁓fett** n / block grease
brikettieren / briquet v ‖ **⁓** / briquetting
Brikett[ier]presse f / briquetting press
Brikettierung f (z.B. Heu) (Landw) / wafering
Brikett·pech n / briquetting pitch ‖ **⁓presse** f **für Heu**, Heuwaffelpresse f / hay wafering machine o. waferer ‖ **⁓preßstempel** m / briquet[te] press piston
Brillant m / cut diamond ‖ **⁓blau** (RAL 5007) / brilliant blue ‖ **⁓garn** n / brilliant lisle ‖ **⁓gelb** n / brilliant yellow ‖ **⁓gelbgrün** n (Zeichn) / brilliant yellow green ‖ **⁓grün** n / diamond green G, ethyl o. emerald o. solid green, fast green J, malachite green G ‖ **⁓in** m (Textil) / brilliantine ‖ **⁓schliff** m (Glas) / grinding with facets ‖ **⁓schwarz** n / diamond black ‖ **⁓sucher** m, Aufsichtsucher m (Phot) / reflector view finder ‖ **⁓weiß** n / brilliant white, powdered plaster
Brillanz f / brilliance, -ancy
Brille f, Augengläser n pl / [a pair of] spectacles o. [eye] glasses, specs pl ‖ **⁓**, Lünette f, Setzstock m (Dreh) / back rest o. stay ‖ **⁓** (Drechs) / cone plate, horseshoe ‖ **⁓** (Textil, Strumpfwirken) / dividing cam ‖ **⁓**, Klosettsitz m / seat of a toilet, toilet seat ‖ **feststehende ⁓** (Dreh) / steady rest
Brillen·bogen, -steg m / bridge, nose saddle o. piece ‖ **⁓bügel** m / bow of spectacles ‖ **⁓fassung** f, -einfassung f, -gestell n, -rand m / spectacle frame, spectacle mount o. rim ‖ **⁓glas** n / spectacle glass o. lens ‖ **⁓glas** n **mit 3 1/2" Wölbungsradius** / coquille ‖ **⁓glas** n **mit 7" Wölbungsradius** / micoquille ‖ **⁓lupe** f / spectacle magnifier ‖ **⁓ofen** m, Spurofen mit zwei Herden (Hütt) / spectacle furnace, furnace with two hearths ‖ **⁓ofen** m, Spurofen mit zwei Herden (Hütt) / furnace with two hearths ‖ **⁓optik** f / ophthalmic o. eyeglass optics sg ‖ **⁓schieber** m, Schmidtbrille f (Hütt) / goggle valve ‖

~schieber n (Pneum.Förderung) / spectacle type slide valve ‖ ~steg m / bridge of spectacles ‖ ~tragend / spectacled ‖ ~träger m / eyeglass wearer, spectacled person

Brillouin--Streuung f (Plasma) / Brillouin scattering ‖ ~-Zone f (Nukl) / Brillouin zone

Brinell·härte f, HB / Brinell hardness ‖ ~-Härteprüfer, -Apparat m / ball thrust apparatus, Brinell [hardness testing] apparatus ‖ ~-Härteprüfung f / Brinell test o. ball-thrust test of hardness ‖ ~härtezahl f / Brinell hardness figure

Bringanweisung f (COBOL) / move statement

bringen / bring ‖ ~ (DV) / move ‖ ~ n des Holzes / timber hauling, logging ‖ auf Tempo ~ / get up speed ‖ aus dem Zentrum ~ / bring out of center

brisant / high-explosive… ‖ ~es Pulver / fast powder

Brisanz f (Mil) / brisance, detonating violence, shattering power ‖ ~munition f / H.E. ammunition ‖ ~pulver n / detonating powder

Brise, frische ~, Windstärke 5 / fresh breeze ‖ leichte ~, Windstärke 2 / light breeze ‖ mäßige ~, Windstärke 4 / moderate breeze ‖ schwache ~, Windstärke 3 / gentle breeze

Briseur, Vorreißer m (Spinn) / licker-in

Bristolkarton m (feiner glatter Karton) / Bristol board o. paper, Balston's paper ‖ unechter ~, Bristolkarton-Imitation f / imitation bristol

Britanniametall n (Zinn-Antimon-Kupfer-Legierung) / Britannia o. britannia metal

Brite = Basic Research in Industrial Technology for Europe

Britisch·e Normaldrahtlehre (Nr.6 = 0,192'' bis Nr.50 = 0,001'' Durchmesser) / British Standard wire gauge, B.S.W.gauge ‖ ~e Pharmakopöe, BP / British Pharmakopeia, B.P. ‖ ~e Standardskala / British Standard Scale o. Rating Scale

Britische Standard-Spezifikation / British Standard Specification, B.S.S.

Britischgummi n / British gum

Brittle-Punkt m, Versprödungspunkt m / brittle point

Brixgrad m (1⁰Brix = 1 Gew. % Saccharose) (Zuck) / Brix degree, degree Brix

Broché m (Web) / broché ‖ ~… (Web) / brocaded, broché… ‖ ~-Weben n / swivel weaving

bröckeln, [sich] ~ / crumble vt

Bröckelspan m (Wzm) / discontinuous chip

Brocken m im Mahlgut (unerwünscht) / nib ‖ großer ~, Klumpen m / chunk ‖ ~fühler m (Öl) / junk feeler

bröcklig, brüchig / friable, crumbling, crumbly ‖ ~, zu Staub zerfallend / pulverulent

Bröckligkeit f / friability

Brodeln n (Elektronik) / boiling

Brodem m / steam ‖ ~, Ausdünstung f / vapour, exhalation ‖ ~klappe f / ventilator valve

Brokat m (Textil) / brocade ‖ ~ (Textil) / brocade n ‖ ~papier n / brocaded paper

Brom n, Br / bromine ‖ ~… / bromic ‖ ~aceton n / bromacetone, BA₁ ‖ ~[argyr]it m, Bromyrit m (Min) / brom[yr]ite ‖ ~at n / bromate ‖ ~atik, Bromatologie, -graphie f / bromatology ‖ ~[at]ometrie f / brom[at]ometry ‖ ~benzin n / bromobenzene ‖ ~benzylcyanid n (Tränengas) / bromobenzyl cyanide, B.B.C. ‖ ~chlorbenzol n / bromochlorobenzene ‖ ~chlorphenolblau n / bromochlorphenol blue ‖ ~elain n, Bromelin n (Chem) / bromelin ‖ ~entziehung f / debromination ‖ ~ethyl n / bromoethyl ‖ ~gelatine f / gelatino-bromide ‖ ~gesättigte Kieselgur / bromine solidificatum ‖ ~hydrin n / bromohydrine

Bromid, Bromsalz n / bromide ‖ ~-Bromat-Ätze f (Färb) / bromide-bromate discharge ‖ ~feuerlöscher m / bromide fire extinguisher

bromierbar / brominable

bromieren / brominate

Bromierung f / bromification, bromination

Brom·kali[um] n, Kaliumbromid n / potassium bromide ‖ ~kresolgrün n / bromcresol green ‖ ~kresolpurpur m / bromcresol purple ‖ ~methyl, Methylbromid n / methyl bromide ‖ ~oform n / bromoforme ‖ ~öldruck m (Phot) / bromoil process ‖ ~ometrie f / brom[at]ometry ‖ ~phenol n / bromophenol ‖ ~phenolblau n / bromophenol blue ‖ ~säure f / bromic acid ‖ ~silberdruck m, Rotationsfotografie f / bromide [printing] process ‖ ~silbergelatine f (Phot) / bromide emulsion ‖ ~silbergelatineschicht f / bromide emulsion coat ‖ ~silberpapier n (Phot) / silver halide paper, reversal paper ‖ ~styrol n / bromostyrene ‖ ~thymolblau n (pH-Indikator) / bromothymol blue ‖ ~vergiftung f, Bromismus m / bromine poisoning, bromism ‖ ~wasserstoff n / hydrogen bromide, bromide of hydrogen ‖ ~wasserstoffsäure f / hydrobromic acid ‖ ~[yr]it m, Bromsilber n (Min) / brom[yr]ite ‖ ~zahl f / bromine number o. value

Brönnersche Säure f (Färb) / Brönner's acid

Bronze f (Metall) / bronze ‖ echte ~, Goldbronze f / real o. gilt bronze ‖ ~blau n (Färb) / reflex blue ‖ ~buchse f / bronze bush ‖ ~druck m / bronze printing ‖ ~farbe f / bronze pigment ‖ ~farben / bronze coloured ‖ ~lack m / bronze varnish o. lacquer ‖ ~lager n (Masch) / bronze o. gunmetal bearing o. bush ‖ ~papier n / bronze-glazed paper ‖ ~pigment n / bronze pigment ‖ ~pigment, Musivgold n / mosaic gold ‖ ~strangguß m / continuous casting of bronze ‖ ~tinktur f / bronzing tincture

Bronzierdruck m / bronze printing

bronzieren / bronze v ‖ ~ n, Streichen n mit Bronzefarbe / bronzing

Bronzit m (Min) / bronzite

Brooke f (Schiff) / canvas sling net

Brookit m (Min) / brookite

Brookstropp m / web sling

Brosche f (eine Hilfsspindel) (Uhr) / runner

broschieren (Web) / figure, form ‖ ~, durchweben (Web) / brocade v, figure ‖ ~, heften (Buch) / stitch, sew

Broschier·schiffchen n (Web) / swivel shuttle, small broché shuttle ‖ ~schuß m, Figur[en]schuß m (Web) / figuring filling o. shoot, brocade o. broché weft

broschiert (Seide) / broché ‖ ~, geheftet (Buch) / in paper cover, paper-bound, sewed, stitched, soft bound ‖ ~es Gewebe / swivel fabric

Broschierung f (Web) / brocading

Broschierwebmaschine f / swivel loom, broché weaving machine

Broschur f (auf gazegeheftetes Buch) (Buch) / stitched o. unbound book

Broschüre, Druckschrift f, Prospekt m / leaflet, prospectus, folder ‖ ~ aus losen Bogen / loose-leaf pamphlet

Broschuren[einhänge]maschine f / casing-in machine

Broschürenheftmaschine f / booklet stitching machine

Broschuren·maschine f (Buch) / block stitching machine ‖ im ~schnitt (Buch) / cut flush

Brot·backen n / breadmaking ‖ ~einheit f (in der Ernährungswissenschaft), BE / bread unit ‖ ~getreide n / bread-stuffs pl, bread grain o. cereals pl ‖ ~käfer m / drugstore beetle ‖ ~schneidemaschine f / bread slicer o. cutter, loaf splitter ‖ ~schrift f (Buch) / body o. book type

Brougham m, Stadtkupee n (Kfz) / brougham, town coupé (US)

Brown--Powder-Effekt m (auf Kontakten) / brown-powder effect (on contacts) ‖ ~sche Molekularbewegung (o. Wärmebewegung) / Brownian o. colloidal movement

Brown & Sharpe-Drahtlehre f (Nr. 4/0 bis 48 = 0,46'' bis 0,00124'') / Brown and Sharpe Wire Gage, American Standard Wire Gage **BRT** = Bruttoregistertonnen

Bruch m, Brechen n / rupture, fracture, break, breach ‖ ⌁, Falte f (Pap) / fold ‖ ⌁, Scherben (Glas) / cullet, broken glass, scraps pl of waste glass ‖ ⌁, Moor n / marsh ‖ ⌁, Mauerriß m (Bau) / chink, cranny in a wall ‖ ⌁, Zerbrochenes n / broken pieces pl ‖ ⌁, Zusammenbrechen n / breakdown, breaking-down, breakage ‖ ⌁, Sprung m (Geol) / slip, shifting, fault ‖ ⌁, Querriß m (Bergb, Geol) / breakage, fracture ‖ ⌁, Einbruch m (Bergb) / falling-in, choke ‖ ⌁ (Draht, Schienen) / rupture, breaking ‖ ⌁ (Damm) / bursting ‖ ⌁ (Math) / fraction ‖ ⌁ eingeleitet [durch] / failure commenced [in] ‖ ⌁ im Biegungsbereich (Reifen) / flex break ‖ ⌁ in einer Kurve, Knickpunkt m / break point ‖ ⌁ machen (Luftf) / crash a plane ‖ bis zum ⌁ / until breakage occurs ‖ zu ⌁ gegangen (Bergb) / caved ‖ zu ⌁ gehen / break ‖ zu ⌁ gehen (o. kommen) (Bergb) / fall in, fail ‖ zu ⌁e bauen, den Bruch niedergehen lassen (Bergb) / run the roof to fall down, work by thrusts ‖ ⌁arbeitsvermögen n / ultimate resilience ‖ ⌁art f (Schleifmittel) / method of fracture ‖ ⌁aussehen n / appearance of fracture, fracture appearance ‖ ⌁aussehen n, Struktur f (Hütt) / structure, texture ‖ ⌁bau m (Bergb) / working by thrusts, caving ‖ ⌁beanspruchung f, -spannung f / breaking stress, stress at break o. at failure ‖ ⌁belastung f / breaking load ‖ ⌁belastungsprobe f / stress-to-rupture test ‖ ⌁berechnung f (Mech) / rupture calculation ‖ ⌁blei n / broken lead, scrap lead ‖ ⌁dehnung f / elongation at rupture, breaking elongation, stretch at break ‖ ⌁dehnung f, bleibende Dehnung kurz vor dem Bruch / ductile yield ‖ ⌁dehnung f (Gummi) / ultimate elongation ‖ ⌁einschnürung f, -kontraktion f / reduction of o. in area when breaking ‖ ⌁eisen n / cast iron scrap ‖ ⌁energie f / energy at break ‖ ⌁erscheinungen f pl / fragmentation ‖ ⌁faktor m (Luftf) / ultimate factor ‖ ⌁faltengebirge n (Geol) / anticilinorium ‖ ⌁ -Feinkohle f / small caused by breakage ‖ ⌁feld n (Bergb) / caved area, fall-in area ‖ ⌁fest, -sicher / break-proof, resisting to fracture o. breaking ‖ ⌁festigkeit f / breaking strength, resistance to fracture o. breaking ‖ ⌁fläche, -oberfläche f (allg) / surface of fracture ‖ ⌁fläche f (Bergb) / cleavage, fissure ‖ ⌁gefahr f / risk of fracture ‖ ⌁gefüge n / fracture ‖ ⌁glied n (Masch) / breaking piece, shearing member ‖ ⌁glied n, [Ab]scherbolzen m / shearing pin ‖ ⌁grenze f (allg) / breaking point ‖ ⌁grenze f (Bergb) / breaking limit, fault limit ‖ ⌁holz n (Holz) / brash

brüchig, zerbrechlich / fragile, shattery ‖ ~, abgenutzt / worn ‖ ~, spröde (Metall) / brittle, short, shivery ‖ ~, bröcklig / friable, crumbling, crumbly ‖ ~, morsch / decayed, decaying, rotten ‖ ~, rissig / flawy ‖ ~, bröcklig, zu Staub zerfallend / pulverulent ‖ ~ (Bergb) / fallen-in ‖ ~ (Hütt, Block) / broken ‖ ~es Deckgebirge (Bergb) / drawrock, drawslate ‖ ~e Fläche (Hütt) / spongy surface ‖ ~e Kanten / broken corners pl, cracked o. checked edges

Brüchigkeit f, Sprödigkeit f / brittleness ‖ ⌁, Zerbrechlichkeit f / fragility ‖ ⌁ (Kalt-, Warmbrüchigkeit) (Eisen) / shortness (cold- o. hotshortness)

Bruch·kante f (Tuch) / fold ‖ ⌁kohle f / broken coal ‖ ⌁kupfer n / scrap copper ‖ ⌁kupfer n, altes Kupfer / scrap copper ‖ ⌁kupplung f / shearing coupling ‖ ⌁lager n, Lagerseite f (Stein) / cleaving grain, natural bed of a stone, lay of a stone ‖ ~landen (Luftf) / crash-land ‖ ⌁landung f (Luftf) / crash[-landing], prang (coll), crack-up ‖ ⌁last f, -belastung f (Mech) / breaking load, load at rupture ‖ ⌁last f, höchstzulässige Last / fully factored load ‖ ⌁lastspielzahl f, Zahl der ertragenen Lastwechsel (Dauerprüfung) f / number of [stress] cycles endured before rupture, number of cycles to failure ‖ ⌁linie f (Geol) / line of fault[ing] o. dislocation o. fracture o. breakage ‖ ⌁linie f (Bau) / rupture line ‖ ⌁linientheorie f (Mech) / yield-line theory ‖

⌁lochwicklung f (Elektr) / fractional slot winding ‖ ⌁mechanik f / fracture mechanics ‖ ~mechanische Eigenschaften f pl / mechanical fracturing properties pl ‖ ⌁messing n / brass shruff ‖ ⌁meßlänge f (Prüfstab) / ultimate gauge length ‖ ⌁modul m eines Kabels (Fernm) / modulus of rupture ‖ ⌁moment n / ultimate moment, failure moment ‖ ⌁muster n, -aussehen n / breaking pattern ‖ ⌁ort n (Bergb) / gallery cut through loose rocks ‖ ⌁probe f, -versuch m / breaking test ‖ ⌁probe f (Hütt) / breakdown test, fracture test ‖ ⌁querschnitt m / cross-section of rupture ‖ ⌁querschnittsverminderung f s. Brucheinschnürung ‖ ⌁rechnung f / fractions pl, fractional arithmetic ‖ ⌁schlagfestigkeit f / impact bending strength ‖ ⌁schollengebirge n (Geol) / fault-block mountain ‖ ⌁schrott m (Hütt) / broken scrap, lump scrap ‖ ~sicher / fracture-proof ‖ ~sicher, bruchstabil (Bau) / break-proof, resisting to fracture o. breaking ‖ ⌁sicherheit f / security against fracture ‖ ⌁sicherung f, Scherbolzen m / shearing pin ‖ ⌁spalte f (Bergb) / break ‖ ⌁span m (Wzm) / fragmental o. segmental chip ‖ ⌁spannung f / stress at break, stress at failure ‖ ⌁stauchung f / compressive failure

Bruchstein m / unshaped stone, quarrystone, rubble stone (US) ‖ ⌁e m pl, Schotter m / rubble ‖ ⌁e behauen (o. abschalen o. putzen) / pare ashlars ‖ ⌁e m pl für das Steinbett (Straßb) / spalls pl ‖ abgespitzter o. bossierter ⌁ / dressed quarry-stone, pointed ashlar ‖ auf das Lager behauener o. lagerecht gelegter ⌁ / stone laid upon its cleaving grain ‖ schlichter ⌁ / plane ashlar ‖ ⌁beton m / rubble concrete ‖ ⌁gewölbe n / quarrystone vault, rubble vault (US) ‖ ⌁lage f, Koffer m (Hydr) / layer of broken stones ‖ ⌁mauer f / quarry stone wall, rubble masonry wall (US) ‖ ⌁mauerwerk n / quarrystone work, rubble [masonry o. work] (US) ‖ glattes ⌁mauerwerk (Bau) / squared rubble ‖ ⌁mauerwerk n zwischen Ziegelhäuptern / coffer work, rubble packed walling ‖ ⌁schüttung f / dry stone revetment

Bruch·stelle, -fläche f (Min) / fracture ‖ ⌁stelle f / point of break, location o. spot of rupture ‖ bis zur 3. ⌁stelle berechnet / carried to three decimal places ‖ ⌁stempel m (Bergb) / breaker prop ‖ ⌁strich m (horizontal) (Math) / fraction bar o. line ‖ ⌁strich m (schräg) (Math) / stroke, fraction stroke ‖ ~stückartig / fragmentary ‖ ⌁stücke n pl / broken pieces pl, breakage ‖ ⌁stücke n pl, Splitter m pl, Trümmer n pl / flinders pl, fragments, ruins pl ‖ ⌁stücke, Fragmente n pl / scraps, fragments pl ‖ ⌁teil m (Math) / part, fraction ‖ ⌁teilunterdrückung f / fraction blockout ‖ ⌁wand f (Steinbruch) / quarry face ‖ ⌁widerstand m (Pap) / tensile strength ‖ ⌁zähigkeit f / fracture toughness ‖ ⌁zahl f, gebrochene Zahl (Math) / fractional number o. quantity ‖ ⌁zahl f (Mech) / breaking factor ‖ ⌁zerreißprobe f / stress-to-rupture test ‖ ⌁zone f (Geol) / fracture zone ‖ ⌁zone f über dem Abbau (Bergb) / [caved] mat

Brucin n / brucin[e]

Brucit m (Min) / brucite, texalite

Brücke f (allg, Dentist) / bridge ‖ ⌁, brückenförmiges Gerüst / scaffold frame ‖ ⌁ (Schiff) / bridge ‖ ⌁, Zwischen-, Brücken-, Trennwand f / bridge wall ‖ ⌁ (Uhr) / bridge, bar, cock ‖ ⌁ (Elektr) / bridge, balance ‖ ⌁, kleiner Teppich / [scatter- (US) o. floor- (GB)] rug ‖ ⌁ einer Brückenwaage / platform of a weigh-bridge ‖ ⌁ mit Hänge- und Sprengwerk / strut and truss-framed bridge ‖ ⌁ mit obenliegender Fahrbahn / deck bridge ‖ ⌁ mit untenliegender Fahrbahn (Stahlbau) / through-bridge ‖ ⌁n und Hochstraßen (Bergb) / bridges, elevated roads, and flyovers pl ‖ bewegliche ⌁ / draw bridge ‖ eine ⌁ bauen (o. schlagen) / throw a bridge ‖ mit einer ⌁ überspannen / bridge v ‖ ⌁n abgleichen (Elektr) / adjust for balance

Brücken·abgleich m (Elektr) / bridge balance ‖ ⌁atom n / bridge atom ‖ ⌁aufbau m (Schiff) / bridge ‖ ⌁auffahrt, -rampe f / bridge approach ‖ ⌁auffahrt f / bridge approach ‖ ⁓**auflager** n / bridge bearing ‖ ⁓**bahn**, Fahrbahn f / floor o. platform of a bridge ‖ ⁓**balken** m / bridge beam ‖ ⁓**bau** m / bridge building o. construction ‖ ⁓**bauer**, -bauingenieur m / bridge engineer ‖ ⁓**baustahl** m / steel for bridges ⋅ ⁓**belag** m / bridge covering, bridge flooring ‖ ⁓**besichtigungsbühne** f / inspection platform for bridges ‖ ⁓**bildung** f (Halbl) / channeling ‖ ⁓**bildung** f (Pulv.Met) / bridging ‖ ⁓**bildung** f im Schüttgut / arching, bridging ‖ ⁓**bogen** m (Steinbrücke) / arch of a bridge ‖ ⁓**bogen** m, -joch, -feld n / bay, gullet ‖ ⁓**bogen** m, -gewölbe n / vault of a bridge ‖ ⁓**boot**, -schiff n / bridging boat, pontoon, pont (US) ‖ ⁓**brecher** m (Zerkleinerung) / bridge breaker ‖ ⁓**deck** n (Schiff) / bridge deck ‖ ⁓**demodulator** m (Elektr) / ratio detector ‖ ⁓**draht** m (Elektr) / bridge wire ‖ ⁓**fahrbahn** f (Bahn, Straßb) / bridge deck o. platform o. road o. way ‖ ⁓**fahrstand** m (Schiff) / bridge console ‖ ⁓**feld** n s. Brückenbogen ‖ ⁓**fernsteuerung** f (Schiff) / remote bridge control ‖ ⁓**filter**, Kreuzglied n (Fernm) / lattice filter ‖ ⁓**floß** n, -prahm m / floating support ‖ ⁓**gebühr** f / pike (US), toll ‖ ⁓**gegensprechschaltung** f (Fernm) / bridge duplex connection ‖ ⁓**geländer** n / bridge rails pl ‖ ⁓**gerät** n (Mil) / bridging equipment, dismountable o. sectional bridge ‖ ⁓**gleichrichter** m / bridge [connected] rectifier ‖ ⁓**gleis** n / bridge rail ‖ ⁓ -**Gleisrückmaschine** f (Bahn) / bridge-type rail shifter ‖ ⁓**glied** n, -joch n (Pontonbrücke) / bridge member ‖ ⁓**glied** n des Vierpols / bridge network ‖ ⁓**gradient** m (Straßb) / bridge gradient ‖ ⁓**hammer** m / bridge type hammer ‖ ⁓**klappe**, Aufzugklappe f / leaf of a bridge ‖ ⁓**kontakt** m (Elektr) / bridge forming contact ‖ ⁓**kran** m / bridge crane [on elevated track] ‖ ⁓**kran** m, Portalkran m / gantry crane ‖ ⁓**lager** n s. Brückenauflager ‖ ⁓**leger-Fahrzeug** n (Mil) / bridge laying vehicle ‖ ⁓**lift** m für RoRo-Verkehr / gantry ‖ ⁓**meßgerät** n / measuring bridge ‖ ⁓**messung** f (Elektr) / measuring by resistance bridge ‖ ⁓**methode** f (Elektr) / balance method ‖ ⁓**niet** m / round rivet ‖ ⁓**nock** f (Schiff) / wing of the bridge ‖ ⁓**oberbau**, -überbau m / superstructure of a bridge ‖ ⁓**öffnung** f / bridge opening ‖ ⁓**ohmmeter** n, -isolationsmesser m / bridge megger ‖ ⁓**pfeiler** m / bridge pier ‖ ⁓**pfeiler** im Fluß, Strompfeiler m / standing pier ‖ ⁓**portal** m, Pylon m / tower of a bridge ‖ ⁓**rampe**, -auffahrt f / bridge approach ‖ ⁓**rückkopplung** f (Elektronik) / bridge o. Black feedback ‖ ⁓**schaltung** f (Elektr) / bridge circuit o. connection o. method, lattice network ‖ ⁓**schaltung**, Frequenzweiche f (Elektronik) / diplexer ‖ ⁓**sicherung** f (Elektr) / bridge fuse ‖ ⁓**spannung** f / bridge voltage ‖ ⁓**ständer** m / bridge strut ‖ ⁓**stein** m (Glasofen) / shut-off n ‖ ⁓**träger** m / bridge girder o. truss ‖ ⁓**träger** m (Lok) / girder-built underframe ‖ ⁓**tragwerk** n / supporting structure of a bridge ‖ ⁓**überbau** m / superstructure of a bridge ‖ ⁓**überbau** m (bei obenliegender Fahrbahn) (Bahn, Straßb) / bridge deck o. platform ‖ ⁓**überführung** f (elektr. Leitung) / bridge crossing ‖ ⁓**übertrager** m (Elektronik) / bridge transformer (hybrid coil) ‖ ⁓**übertrager** m, Differentialübertrager m (Elektronik) / differential transformer ‖ ⁓ - und Straßenbauingenieur m / bridge and highway engineer ‖ ⁓**verdrahtung** f / strap wiring ‖ ⁓**verfahren** n (Elektr) / balance method ‖ ⁓**verstärker** m (Elektronik) / bridge amplifier ‖ ⁓**waage** f / platform weighing machine, weighbridge ‖ ⁓**waage** f, Straßenwaage f / truck balance, truck weighbridge ‖ ⁓**widerlager** n / abutment ‖ ⁓**zug** m (Kfz) / platform road train ‖ ⁓**zünder** m (Bergb) / bridge-wire cap

Brücker m (Anschlußbolzen) / link
Brüden pl, Brüdendampf m / exhaust vapours pl ‖ ⁓, Wrasen m pl / [water] vapours pl ‖ ⁓**abzug** m / vapour escape ‖ ⁓**kondensator** m / vent condenser ‖ ⁓**raum** m (Zuck) / vapour chamber o. space

Brühe f (Färb) / scouring, liquor, bath ‖ ⁓ zum Spritzen (Landw) / spray fluid

brühen / steep, infuse in hot water ‖ ⁓, ab-, ausbrühen / scald vt ‖ ⁓, abbrühen (Lebensmittel) / blanch (food) ‖ ⁓, ankochen / parboil ‖ ⁓ (Schnitzel) / scald cossettes before diffusion
Brüh·schnitzel n pl (Zuck) / Steffen sugar pulp ‖ ⁓**trog** m, -kessel m / scalding tub
Brühung f, Brühen n, Überbrühung f / scalding
Brumm m, Brummgeräusch n (Elektronik) / hum[ming] noise, hum, ripple, noise interference ‖ ⁓**abstand** m (in dB) / signal-to-hum ratio o. to-noise ratio, speech-to-noise ratio, S/N ratio ‖ ⁓**abstand** m (in dB) zum Batteriestrom (Elektronik) / signal-to-battery supply circuit noise ratio ‖ ⁓**bake** f (Schiff) / drone beacon ‖ ⁓**einkopplung** f / hum pick-up
brummen, dröhnen / boom ‖ ⁓, summen / buzz, hum, zoom ‖ ⁓ n, Summen n (Elektr) / buzzing noise, hum, zoom
Brumm·filter n, Glättungssiebkette f (Elektronik) / ripple filter ‖ ⁓**frequenz** f / ripple o. hum frequency ‖ ⁓**komponente** f (Elektronik) / hum o. ripple component ‖ ⁓ -**Modulation** f (Röhre) / hum modulation ‖ ⁓**schleife** f über Isolation (Elektronik) / leakage pickup ‖ ⁓**spannung** f / ripple voltage ‖ ⁓**spannungsverhältnis** n, -spannungsfaktor m / ripple factor o. ratio ‖ ⁓**spule** f / hum-bucking coil ‖ ⁓**streifen** m (TV) / hum bar ‖ ⁓**zeichen** n (Fernm) / buzzer signal
Brünierbeize f (Stahl) / bronzing o. burnishing pickle
brünieren (Stahl) / bronze, barnish v ‖ ⁓ n, Brünierung f (Galv) / black finishing, chemical black process ‖ ⁓ (Stahl) / bronzing, browning, burnishing ‖ ⁓ (Galv) / chemical black process
Brünier·maschine f / burnishing machine ‖ ⁓**öl** n / browning oil, burnishing oil ‖ ⁓**stein** m (Keram) / burnishing stone
brüniert (Wz) / gunmetal finish
Brunnen m, Schachtbrunnen m, gegrabener Brunnen / well n ⁓, Kabelschacht m (Elektr, Fernm) / cable pit o. shaft o. manhole ‖ **gefaßter** ⁓ / fountain ‖ ⁓**abdeckung** f (Fernm) / cover of a manhole, lid of manhole ‖ ⁓**ausmauerung** f, -mantel m / lining of a well, sinking masonry ‖ ⁓**bau** m / well sinking o. building o. tubbing ‖ ⁓**bauer** m / well sinker o. borer, well digger ‖ ⁓**bohren** n / well digging ‖ ⁓**bohren** n, -bau m, -abteufung f / well boring ‖ ⁓**bohrgerät** n / well sinking implements pl ‖ ⁓**deck** n (Schiff) / well deck ‖ ⁓**einfassung** f, -brüstung f / curbstone o. brim o. head of a well, border steaning ‖ ⁓**greifer** m (Bagger) / well grab ‖ ⁓**gründung** f (Bau) / cylinder o. well foundation, foundation on cylinders ‖ ⁓**kammer** f / manhole of a water conduct ‖ ⁓**loch** n, -schacht m / well pit o. shaft ‖ ⁓**ring** m, Schachtring m / well casing ‖ ⁓**schacht** m / well pit o. shaft ‖ ⁓**schale** f, -becken n / fountain basin o. vase ‖ ⁓**schalter** m, -wächter m (Elektr) / well pump switch ‖ ⁓**stube**, -kammer (Wasserversorgg) / water chamber, well chamber o. house ‖ ⁓**wasser** n / well water, fountain water ‖ ⁓**ziegel** m / radial brick
Brunsvigit m (Min) / brunsvigite
Brust f / breast ‖ ⁓, Vorderseite f / front, breast ‖ ⁓ (Bergb, Hütt) / facing, breast ‖ ⁓**baum** m (Web) / breast [cloth] beam, front roller ‖ ⁓**etikett** n (von Flaschen) (Brau) / neck label ‖ ⁓**fallschirm** m / chest pack parachute ‖ ⁓**höhe** f / breast height ‖ ⁓**mauer** f, erweiterte Anfahrt zu einer Brücke / wing of a bridge ‖ ⁓**mikrophon** n / breast plate transmitter ‖ ⁓**platte** f (Bohrm) / breast plate of the hand drill ‖ ⁓**riegel** m am Geländer (Zimm) / head rail, lists pl ‖ ⁓**riemen** m / breast strap ‖ ⁓**schild** m (Tunnel) / shield frame ‖ ⁓**sprechsatz** m (Fernm) / head-and-chest set
Brüstung f (gemauert), Brüstungsmauer f (Bau) / breastwork, parapet ‖ ⁓, Geländer n (Bau) / side rail ‖ ⁓ énes Fensters / elbow place
Brüstungs·geländer n / balustrade ‖ ⁓**mauer** f / parapet, wall breast-high, window breast ‖ ⁓**stein** m / parapet stone ‖ ⁓**streiche** f (beim Gerüst) (Bau) / platform

railing ‖ ~teil n (Prefab) / spandrel ‖ ~träger m / railing beam ‖ ~verankerung f (Bau, Fertigbau) / link fixings for spandrel joints pl ‖ ~verkleidung f, Brustgetäfel n / socle wainscoting
Brust·walze f (Pap) / breast roll ‖ ~zapfen m (Zimm) / axled o. shouldered tenon
Brutalismus m (Bau) / brutalism
Brutapparat, -kasten, -schrank m, -maschine f / breeding o. hatching apparatus, incubator
brütbar, brutfähig (Nukl) / fertile
Brut·element n (Nukl) / breeder element ‖ ~elementbündel n (Nukl) / breeder o. blanket subassembly
Brüten n (Nukl) / breeding
Brüter m s. Brutreaktor ‖ ~brennstoff m / breeding fuel
Brut·gewinn m / breeding gain ‖ ~kasten m (Seidenwurm) / silkworm breeding farm ‖ ~mantel m (Reaktor) (Nukl) / breeding blanket ‖ ~reaktor, Brüter m / breeding reactor, [nuclear] breeder ‖ ~stoff, Spaltstoff m (Nukl) / fertile material
brutto / gross ‖ ~absackwaage f / sack gross weigher ‖ ~betrag, Gesamtbetrag m / gross amount ‖ ~formel f (Chem) / total formula ‖ ~gefälle n (Hydr) / gross head ‖ ~gewicht n, Rohgewicht n, Bruttomasse f / gross weight ‖ ~leistung f (Nukl) / gross electric[ity] output ‖ ~lohn m (F.Org) / total compensation, gross earnings pl ‖ ~raumzahl f, BRZ (1 BRZ = 2 BRT) (Schiff) / gross ton index, gross tonnage, GT ‖ ~registertonnen pl, BRT / gross registered tons pl, G.R.T. ‖ ~ -Sozialprodukt n, BSP / GNP, gross national product ‖ ~spannung f im Querschnitt (Mech) / gross sectional stress ‖ ~tonnengehalt m, Bruttoraumzahl f, Bruttotonnage f (Schiff) / gross tonnage ‖ ~tonnenkilometer m, TKBR (Bahn) / gross ton-kilometer [hauled] ‖ ~tragfähigkeit f, Deadweight n (Schiff) / dead-weight capacity ‖ ~tragfähigkeit f [in Tonnen] (Schiff) / deadweight tonnage ‖ ~verkehr m (Bahn) / gross traffic hauled
Brütungsgrad m, -verhältnis n / breeding ratio
Brut·verfahren, Brüten n (Nukl) / breeding process ‖ ~zone f (Nukl) / blanket ‖ ~zyklus m (Nukl) / breeding cycle
BS = Betriebssystem
B-Säule f (Kfz) / B-column
BSB5 = biochemischer Sauerstoffbedarf (in 5 Tagen)
BSC-Datenübertragung f / binary synchronous communication, BSC
B-Schirm, Höhenschirm m (Radar) / B-scope o. -display
B-Schrank m (Fernm) / dial system B switchboard, DSB
BSC-Technik f (Fernm) / B.S.C.-mode (=binary synchronous communications)
BSDG = Bundesdatenschutzgesetz
B&S-Drahtlehre f / Brown and Sharpe Wire Gage, American Standard Wire Gage
BSF = Bundesanstalt für Flugsicherung
BSG (Bahn) = Bremssteuerung
BSI-Zeichen n (= British Standards Institute) / kitemark
B-Stück, Muffenstück n (Rohr) / standard tee ‖ ~ **mit Flanschabzweigung** / double socket tee with flanged branch
BS-Zelle f, Brennstoffzelle f (Elektr) / fuel cell
BTA-Vollbohrer m / BTA drill
B-Teilnehmer m (Fernm) / called subscriber
BT-Kristall m (mit negativem Temperaturgang) / BT-cut crystal
BTMOS-Modul m (=MOSFET + bipolarem Transistor) / BTMOS module
Btx, Bildschirmtext m / videotex, Vtx
BUA = Bakteriologische Untersuchungsanstalt
Bubblepackung f / bubble pack
Buch n / book ‖ ~ (Pap) / quire (formerly 24, now 25 sheets) ‖ ~, Heft n (DV) / file, casebook ‖ **ungebundenes, rohes** ~ / book in sheets ‖ ~beschneidemaschine f / trimming machine ‖

~bestand m (Lager) / book inventory ‖ ~binde f (Buch) / blurb, band ‖ ~binder m (Buch) / binder
Buchbinderei f / [book] bindery, book binder's workshop ‖ ~ (Gewerbe) / bookbinding trade ‖ ~maschine f / book binding machine
Buchbinder·gold n / foliated gold ‖ ~kleister m (Buch) / pap, bookbinding paste ‖ ~leder n / book leather ‖ ~leinen, -bindergewebe n / book cloth ‖ ~pappe f / bookbinder's board, bookboard ‖ ~presse f / binding press ‖ ~zuschlag m (Buch) / extra sheet
Buch·block m / inner book ‖ ~block m (ungeheftet) / book in sheets ‖ ~decke f, -deckel m / book cover, book case ‖ ~deckelpappe f / dobby board ‖ ~deckenmaschine f (Buch) / book case machine ‖ ~druck, Hochdruck m (Verfahren) / letterpress printing ‖ ~druck m (Tätigkeit) / letterpress printing ‖ ~druck m, -druckerkunst f / art of letterpress printing, art of printing ‖ ~druckautomat m / automatic letterpress machine ‖ ~drucker, Drucker m / letterpress printer, printer, pressman, typographer ‖ ~druckerei f / printing house o. office, letterpress plant ‖ ~druckerei f s. auch Buchdruck ‖ ~druckereimaschine f / printing machine ‖ ~druckerleiste, Bildleiste f / printer's flower, head-and-tail piece ‖ ~druckerschriften f pl / printing types pl ‖ ~druckpapier n / letterpress paper ‖ ~druckpresse f / letterpress printing machine ‖ ~druckschnellpresse, Schnellpresse f (Buch) / high-speed printing machine [for letterpress work], printing fly press ‖ ~druckverfahren n / letterpress method o. process
Buche f, Fagus / beech
Bucheckernöl, Buch[el]öl n / beech [nut] oil ‖ ~ n / beechnut oil
Buch·einband m / binding of a book ‖ ~einhängemaschine f / insetting machine
buchen (allg, Platz usw) / book v ‖ ~, Buchung[en] vornehmen (Buch.m) / book, enter in the books ‖ **einen Posten** ~ (Buch.m) / post an item
Buchenholzteer m / beech wood tar
Bucher[in] m f / bookkeeping machine operator
Bücherpapier n / account book paper
Bucherzeichen n (Buch.m) / accountant's identification
Buch·, in ~form / in book form ‖ ~format n / book size ‖ ~führen / keep accounts ‖ ~führung f / accountability ‖ [doppelte] ~führung / bookkeeping [by double entry] ‖ ~gewebe n / book cloth ‖ ~gewerbe n / book trade ‖ ~halter m / accountant ‖ ~haltung, -führung f, Rechnungswesen n / accountancy ‖ ~haltung (Abteilung) / bookkeeping department, accounting o. accounts department
Buchholz-Schutz m, -Relais n (Elektr) / Buchholz relay, gas pressure relay, Gp
Büchi-Aufladegebläse n (Mot) / Büchi-type supercharger
Büchnertrichter m, -nutsche f (Chem) / Buchner funnel
buch·prüfen / audit vt ‖ ~prüfung f, Rechnungs-prüfung f / audit[ing] ‖ ~rücken m / book back, back of a book, spine, backbone (US)
Buchsbaum·brett n / box board ‖ ~holz n / box[wood], Buxus sempervirens
Buchschnitt m / edge of a book ‖ ~ **dekorieren** (Buch) / goffer ‖ **streifiger, flammiger** ~ (Bb) / marbling
Buchse, Büchse f (Masch) / liner, lining, bush[ing] ‖ ~ f, Lagerbuchse f / bearing bush, bearing shell, brass ‖ ~ (Elektr) / jack, socket ‖ ~ (LoKa) / hub
Büchse f, Dose f / box, case ‖ ~, Blechbüchse f / tin, tin box o. can ‖ ~, [Konserven]dose f / preserve tin o. can ‖ ~ (aus Porzellan) / pot ‖ ~, kurzes Rohr / sleeve ‖ ~, Hülse f (Öl) / socket ‖ ~, gezogenes Gewehr / rifled gun ‖ ~, Buchse f (Masch) / liner, lining, bush[ing] ‖ ~, Einsatzfutter n (Uhr) / bouchon ‖ ~, Zylinderbüchse f / cylinder liner ‖ ~ (für Tee o. Kaffee) / canister (Australia)
Buchseiten, geradzahlige o. linke ~ / back pages pl

Büchsen…, in Büchsen, Konserven… / canned (US), tinned (GB)
Buchsenanschluß m (Elektr) / sleeve terminal
Büchsen·fisch m / preserved fish ‖ ⁻**fleisch** n / tinned o. canned (US) meat
Buchsenförderkette f / bush conveyor chain
Büchsengemüse n / tinned vegetables
Buchsen·kette f / bush chain ‖ ⁻**klemme** f / tunnel terminal ‖ ⁻**klemme** f (DIN) (eine Klemmplatte) (Elektr) / connecting o. connector block ‖ ⁻**leiste** f (Elektr) / socket board, socket terminal strip
Büchsen·milch f / evaporated milk, tinned (GB) o. canned (US) milk ‖ ⁻**obst** n / preserved fruits pl ‖ ⁻**öffner** m / tin o. can (US) opener
Buchsen·pumpe f / high-pressure [Bosch] gear pump ‖ ⁻**schleifmaschine** f / bush grinding machine
Büchsenwinkel m (Drahtzieh) / die angle
Buchsenzieher m, Buchsenausziehvorrichtung f / bush extractor
Büchsflinte f / combination rifle and shotgun
Buchsmaser f / boxwood root
Buchstabe m (Buch) / character, letter, type ‖ ⁻ **mit Längsstrich** (z.B. ā) (Buch) / long letter ‖ ⁻ **mit Oberlänge** / ascending letter ‖ ⁻ **mit Signatur** / type with a kern, kerned o. under-cut type ‖ ⁻ **mit Unterlänge**, langer Buchstabe (Buch) / descending letter, long letter ‖ ⁻ π (Buch) / pi ‖ **[halb]fetter** ⁻ / bold-faced type, fat type ‖ **großer verzierter** ⁻ (20 p) (Buch) / text letter ‖ **mit Figuren verzierter** ⁻ / ornamented letter
Buchstaben·… (Math, DV) / literal ‖ ⁻**abstand** m (von Mitte zu Mitte) / character spacing ‖ ⁻**bezeichnung** f (Math) / literal notation ‖ ⁻**bild** n (Buch) / face of the letter, type face ‖ ⁻**blanktaste** f (Fernm) / letter-blank key ‖ ⁻**breite** f / width of a letter ‖ **durchschnittliche** ⁻**breite** (Buch) / en ‖ ⁻**code** m / letter code, mnemonic code ‖ ⁻**drucker** m (DV) / character[-at-a-time] printer ‖ ⁻**form** f / type mo[u]ld ‖ ⁻**gießapparat** m / type caster ‖ ⁻**gleichung** f, algebraische Gleichung / algebraic o. literal equation ‖ ⁻**holz** n (Bot) / snakewood, letterwood, leopard o. tortoiseshell wood ‖ ⁻**kette**, -reihe f (DV) / letter string ‖ ⁻**kette** f (desselben Alphabets) (DV) / alphabetic string ‖ ⁻**lage** f (Fernschr) / letters case ‖ ⁻**model** m, Schablone f (zum Zeichnen der Ballen) / letter model ‖ ⁻**rechnung** f, Buchstabenrechnen n, Algebra f / algebra ‖ ⁻**schloß**, Kombinationsschloß n / puzzle lock, wheel lock, letter[-keyed] lock ‖ ⁻**schrift** f / alphabetic script o. writing ‖ ⁻**setzmaschine**, Setzmaschine f (Buch) / type setting machine ‖ ⁻**stellung** f (Drücker) / letters case ‖ ⁻**taste** f (Reg.Kasse) / initial key ‖ ⁻ -**Umschaltung** f (Schreibm) / letter shift ‖ **[automatische]** ⁻**umschaltung** [bei Zwischenraumzeichen] (Fernschr) / unshift-on-space ‖ ⁻**umschaltungssignal** n / letter shift signal ‖ ⁻ - **und Ziffernumschaltung** f / letter/figure shift, case shift ‖ ⁻**verteilung** f, Ablegen n der Schrift / distribution o. spreading of type matter ‖ ⁻**weiß**, -blank n, Leerschritt m (Fernm) / letter blank ‖ ⁻**zeichen** n, -symbol n / algebraic symbol, letter symbol ‖ ⁻**zeichen** n / letter symbol
Buchstabiertafel f (Fernm) / spelling table
Bucht f, Bai f / bay ‖ ⁻, Einschnitt m (Geogr) / indentation ‖ **kleine** ⁻ (Geogr) / cove, bight ‖ **voll** ⁻**en** / indented
Buch·titel m / head of a book, book title ‖ ⁻**umschlag** m / book jacket
Buchung f (Vorgang) / accounting, booking
Buchungs·automat m / bookkeeping machine ‖ ⁻**beleg** m / accounting voucher ‖ ⁻**gebühr** f / service charge ‖ ⁻**karte** f (LoKa) / posting card ‖ ⁻**maschine** f / accounting machine ‖ ⁻**papier** n / statement ledger paper ‖ ⁻**platz** m (Verkehr) / booking o. reservation terminal ‖ ⁻**taste** f (Bürom.) / account entry key ‖ ⁻**transparentpapier** n / parchment for accounting machines ‖ ⁻**vorgang** m / posting

Buch·weizen m, Fagopyrum esculentum / buckwheat ‖ ⁻**wippe** f (Buch) / book holder, book carriage
Buckel m / bulge ‖ ⁻, Höcker m / hunch, hump ‖ ⁻, erhabener Beschlag / boss ‖ ⁻ **prägen** / emboss, indent ‖ **mit** ⁻**n versehen** / bulged, dented ‖ ⁻**blech** n / buckle[d] plate, embossed plate
buckeln, sich ~ / dent vi
Buckel·nahtwiderstandsschweißung f / resistance projection seam welding ‖ ⁻**schweißen** n, Warzenschweißen n / projection welding ‖ ⁻**tisch** m (Scheren) (Hütt) / hump table
bucklige (o. ungleichmäßige) Kurve / lobed curve
Buckling n, Flußwölbung f (Reaktor) / buckling
Buckram, Bougram m (Buch) / buckram
Buckskin m (Web) / buckskin
Bucky-Strahlen m pl (Atom, Nukl) / Bucky rays pl
Bude f / cottage, hut
buffen (Textil) / velour-finish
Buffetwagen m (Bahn) / buffet car o. coach
Bug m (Schiff) / bow ‖ ⁻ (Luftf) / nose ‖ ⁻ (Caravan) / front ‖ **mit vollem breiten** ⁻ (Schiff) / bluff-bowed o. -headed ‖ ⁻**anker** m (Schiff) / bower anchor, mooring anchor
Bügel m / bow, hoop, shackle, strap ‖ ⁻, Spriegel m (Kfz) / hoop ‖ ⁻, Steg m (Gieß) / stay ‖ ⁻ (Beton) / stirrup ‖ ⁻, Hängeeisen n (Bahn) / strap, stirrup piece ‖ ⁻, Spannbügel m / clamp, clip ‖ ⁻ (dreiseitiger; dem Steigbügel ähnlich) / stirrup ‖ ⁻ **der Nietmaschine** / bale, yoke ‖ ⁻ **der Taschenuhr** / bow o. pendant of a watch ‖ ⁻ **des Vorhängeschlosses** / shackle of a padlock
"Bügel ab"-Signal n (Bahn) / signal to lower pantograph
"Bügel an"-Signal n (Bahn) / signal to raise pantograph
bügel·arm, Rapid-Iron… (Textil) / minimum-iron, rapid-iron ‖ ⁻**aufhängung** f / shackle suspension ‖ ⁻**aufzug**, Remontoir m (Uhr) / stem winding ‖ ⁻**automat** m (Textil) / ironing machine ‖ ⁻**brille** f (Opt) / temple spectacles pl ‖ ⁻**echt** / fast to ironing o. pressing, ironproof ‖ ⁻**echtheit** f / fastness to ironing o. pressing ‖ ⁻**echtheit** f **von Färbungen** (Färb) / colour fastness to hot pressing ‖ ⁻**echtmachen** n (Textil) / ironproofing ‖ ⁻**eisen** n, Plätteisen n / smoothing iron ‖ ⁻**eisen** n (Straßb) / asphalt smoothing iron ‖ ⁻**eisen**, Gewerbebügeleisen n / pressing iron ‖ ⁻**eisenstecker** m / electric heater attachment plug (US) ‖ ~**förmig** / bow-shaped, stirrup- o. U-shaped ‖ ~**förmiger Verbindungsdraht** (Beton) / binding wire in shape of a stirrup ‖ ~**frei**, pflegeleicht (Textil) / wash-and-wear (GB) ‖ ⁻**frei-Ausrüstung** f (Textil) / non-iron o. no-iron finishing ‖ ⁻**griff** m / bow-type handle, stirrup-shaped handle ‖ ⁻**krehl** m (Landw, Wz) / beet hoe ‖ ⁻**maschine** f / smoothing machine, ironing machine, ironer ‖ ⁻**meßschraube** f (DIN) / external micrometer, micrometer [gauge], (US coll:) mike ‖ ⁻**mutter** f (DIN 28129) / lifting nut
bügeln, Textil / iron linen, press clothes
Bügel·presse f, Plättmaschine f / ironing press ‖ ⁻**säge** f / coping saw ‖ ⁻**säge[maschine]** f / hacksaw, hack sawing machine ‖ ⁻**schake** f / clevis, U-type shackle ‖ ⁻**schake** f / U-type shackle ‖ ⁻**[schleif]kontakt** m / sliding bow contact ‖ ⁻**[schleif]kontakt** m (Elektr) / sliding bow contact ‖ ⁻**schloß** n (Kette) / shackle type connector [unit] ‖ ⁻**schraube** f / stirrup bolt, strap bolt ‖ ⁻**schraube** f, U-Bolzen m / U-bolt ‖ ⁻**stromabnehmer** m (Bahn) / bow collector, current collector bow ‖ ⁻**verschluß** m (für Flaschen) / cliplock ‖ ⁻**verseilmaschine** f / flyer-type stranding machine
Bugfahrwerk n (Luftf) / front o. nose landing gear
Buggy n (Kfz) / beach buggy, buggy
Bug·klappe f (Schiff) / bow flap o. door, end prow ‖ ⁻**konus** m (Rakete) / nose cone ‖ ⁻**kühler** m (Luftf) / nose radiator ‖ ~**lastig** (Schiff) / bow-heavy, trim by the bow ‖ ~**lastig** (Luftf) / nose- o. bowheavy ‖ ⁻**licht** n **des Ankerliegers** (Schiff) / bow light ‖ ⁻**[luft]schraube** f /

nose propeller ‖ **⌐rad** n (Luftf) / nose wheel ‖ **⌐ruder** n / bow rudder, (submarine:) bow plane

bugsieren (Schiff) / tow, tug ‖ **⌐**, schleppen (Schiff) / tow, tug

Bugsier·schiff n, -schlepper m / towboat, tug[boat], towing boat ‖ **⌐schiffahrt** f / towing, towage, tugging ‖ **⌐tau** n (Schiff) / tow[ing] [line o. cable o. hawser o. rope], dragging cable

Bug·spitze f / prow, head ‖ **⌐spoiler** m (Kfz) / front spoiler ‖ **⌐spriet** n (Schiff) / bow sprit ‖ **⌐strahlruder** n (Schiff) / bow thruster, lateral-thrust unit ‖ **⌐versteifungsträger** m (Schiff) / bow stiffener ‖ **⌐versteifungsträger** m (Luftf) / nose stiffener ‖ **⌐welle** f (Schiff) / bow wave ‖ **⌐wulst** m n (Schiff) / bulb of a prow

Buhne f (Hydr) / groin, groyne (GB), jetty, croy (GB) ‖ **⌐n anlegen** / groin v ‖ **⌐ aus Faschinen** (Hydr) / kid

Bühne f, Plattform f / stage, scaffold ‖ **⌐** (Bergb) / platform ‖ **⌐**, Gerüst n / scaffold ‖ **⌐**, Dachboden m / garret, attic, loft ‖ **⌐** (Theater) / stage

Bühnen·beleuchtung f / stage lighting ‖ **⌐bildprojektionsapparat** m / scenery projector ‖ **⌐haus** n (Theater) / stage house

Buhnen·kammer f (Hydr) / basin of the groin o. jetty ‖ **⌐kopf** m / groin head

Bühnen·maschine f, -maschinerie f / stage machine ‖ **⌐vorhang** m, eiserner Vorhang / fireproof curtain ‖ **⌐vorhang** m, Zwischenaktvorhang m / drop scene

Buhnenwurzel f (Hydr) / root end o. land end of the groyne

Builder m, Gerüststoff m (Waschmittel) / builder, ancillary

Buk m, Brand m unter Kontrolle (F'wehr) / fire under control

Bulbkiel m (Schiff) / bulb keel

Bulkladung f, Schüttgut n (Schiff) / bulk [cargo]

Bullauge n (Schiff) / bull's eye, porthole (GB), air port (US)

Bulldozer m / bulldozer, dozer [tractor] ‖ **⌐**, Schürfraupe / earth mover, bulldozer

Buller-Ring m (feuerfest) / Buller's ring

Bullion n (Metall-Legierung) / billon ‖ **⌐**, Münzgold, -silber n / bullion

bülwern (Glas) / block, pole

Bummelstreik m / go-slow strike, slow-down strike (US) ‖ **⌐ durchführen** / work to rule

Bump m, Abweichung f beim Einschwingen (Kath.Str) / bump

"Bumsen"-Prüfung f / bump test

Bumslandung f, hartes Aufsetzen (Luftf) / pancake landing, squash landing

Buna m n / buna (made by Hüls), GR-S (USA Gvt), Polysar S (Sarnia Corp)

Bund[1] m, Band n / band, bond ‖ **⌐** (z.B. Welle) / collar (e.g. of a shaft) ‖ **⌐** (des Achsschenkels), Schulter f (Masch) / shoulder of the journal ‖ **⌐**, Anschlag m (Masch) / collar, shoulder ‖ **⌐**, Rippe f, Schnur f (Bb) / cord[ing] ‖ **⌐** (angegossener) / cast-on flange ‖ **⌐…** (Zimm) s. Binder… ‖ **⌐ des Beitels** / bolster of the chisel ‖ **⌐ an einem Gehäuse** / collar of a housing, flange ‖ **⌐ am Schraubenkopf** / collar ‖ **⌐ von Verschlußschrauben** / collar of a screw plug

Bund[2] n, Bündel n / bundle, bunch, parcel, packet ‖ **⌐**, Gebinde n (Textil) / skein, bunch ‖ **⌐** (Leinen) (Textil) / linen bundle of 60000 yards of yarn ‖ **⌐ Baumwolle** / cotton hank of 100.15 lbs ‖ **⌐ Draht** / wire coil ‖ **⌐ Flachs** / hank of flax ‖ **⌐ Stroh o. Heu** / truss of straw o. hay

Bund·auswerfer m (Walzw) / coil ejector ‖ **⌐bildelinie** f (Hütt) / coil build-up ‖ **⌐bohrbuchse** f / headed press fit bush, headed drill bush ‖ **⌐breite** f (Warenbaum) / length of boss ‖ **⌐buchse** f / flange sleeve ‖ **⌐buchse** f (Wzm) / headed liner ‖ **⌐buchse für Hartlötung** (Rohr) / brazed nipple type fitting ‖ **⌐buchse für Stumpfschweißung von Rohren** / butt-welded type nipple

Bündel n / bunch n ‖ **⌐**, Bund n / bundle, bunch ‖ **⌐**, gebündelte Strahlen / beam o. bundle o. pencil of rays ‖ **⌐** (Schriftstücke, Papier usw) / bundle ‖ **⌐** (Datenübertragg) / trunk group ‖ **⌐ Bremsraketen** (Raumf) / retropack ‖ **kleines ⌐** / wad, small bundle ‖ **⌐breite** f (Radar, Antenne) / apex angle, aperture angle (US), beam width (GB) ‖ **⌐durchschnitt** m (TV) / aperture of the beam ‖ **⌐ -Endröhre** f (Elektronik) / beam power valve ‖ **⌐ -Endröhre** f (Elektron) / aligned grid tube ‖ **⌐festigkeit** f / breaking tenacity of flat bundles ‖ **⌐garn** n / bundle yarn, yarn in bundles ‖ **⌐kabel** n / bunch[ed] cable ‖ **⌐knoten** m, Brennpunkt der Elektronenlinse m (Elektr.Mikrosk) / crossover ‖ **⌐konvergenz** f / beam convergence ‖ **⌐leiter** m (Fernleitung) / multiple o. bundle conductor

bündeln / bunch, bundle, pack, put up o. tie up in bundles ‖ **⌐** (Strahlen) / focus, concentrate ‖ **⌐** / bundle v, bunch vt ‖ **⌐** n / bundling ‖ **Garn ⌐** / bundle yarn v

Bündel·presse f (Textil) / bundle o. bundling press ‖ **⌐säule** f, -pfeiler m / clustered column, compound pillar o. pier ‖ **⌐säule** f, -pfeiler m (aus einem Stück) (Bau) / multiple rib pillar ‖ **⌐schloß** n / bundle clamp ‖ **⌐tasche** f (Hütt) / cradle ‖ **⌐tetrode** f (Elektronik) / beam tetrode

Bündelung f (Antenne) / directionality

Bündelungs·elektrode f, Fokussierelektrode f (TV) / focussing electrode ‖ **⌐grad** m / degree of convergence, -ency ‖ **⌐magnet** m (TV) / convergence magnet ‖ **⌐spule** f (TV) / convergence coil

bündelverseilt (Kabel) / unit-stranded

Bundes·straße f (Westdeutschland) / national highway, state road, trunk road (GB) ‖ **autobahnähnliche ⌐straße** / motor highway

Bund·flansch m / movable o. saddle flange, loose flange, lapped flange ‖ **⌐formierung** f (Walzw) / coil forming ‖ **⌐gatter** n, Vollgatter n (Holz) / multiple blade frame saw ‖ **⌐gewicht** n (Walzw) / coil weight ‖ **⌐haken** m / point hook with suspending collar ‖ **⌐hubwagen** m / coil lift truck

bündig, in gleicher Höhe / flush ‖ **⌐** [mit], eben [mit] / even [with] ‖ **⌐er Anstoß** (Zimm) / flush joint ‖ **⌐ eingebaut** / flush mounted ‖ **⌐ eingelassen**, versenkt / let-in flush ‖ **⌐ einlassen** (o. machen) / make even o. flush o. level, level, trim flush ‖ **⌐e Füllung** (Tischl) / flush panel ‖ **⌐ machen** / justify ‖ **⌐es Trichterrohr** (Keram) / bottom guide tube ‖ **⌐schaltung** f (Fahrstuhl) / automatic flush levelling

Bund·mutter f / flanged o. collar nut ‖ **⌐öffner** m (Draht) / coil opener ‖ **⌐patentieren** n (Draht) / coil patenting ‖ **⌐ring** m, Schrumpfband n (Zimm) / hoop ring ‖ **⌐ring m an Achsen** / axle band, hoop ring of axles ‖ **⌐sägefeile** f / knife saw file with round back ‖ **⌐säule** f, -ständer, -stiel m (Zimm) / head post ‖ **⌐schraube** f (DIN 173) / collar screw ‖ **⌐schraube f für Bohrbuchsen** / fixing screw ‖ **⌐sparren** m (Zimm) / principal rafter ‖ **⌐steg** m (unbedruckter Streifen am Innenrand) (Buch) / gap, space between pages, back margin, inside margin ‖ **⌐wand** f / quartered partition, Q.P. ‖ **⌐zeichen** n (Zimm) / jointing mark

Bungalow m, Haus im Bungalowstil n / bungalow, cottage (Australia) ‖ **⌐ mit ausgebautem Dachgeschoß** / semibungalow

Bunjakowskische Ungleichung (Math) / Schwarz's inequality

Bunker m, Behälter m / bunker, bin ‖ **⌐** (für Schüttgut), Trichter m / cone, hopper ‖ **⌐**, Kohlenbunker m (Schiff) / bunker ‖ **⌐**, Schutzraum m / air-raid shelter o. refuge, shelter ‖ **⌐schachtartiger ⌐ über einem Förderband** (Bergb) / glory-hole ‖ **⌐abzug** m / hopper discharge ‖ **⌐auslauf** m, Schurre f / escape gate, chute, shoot ‖ **⌐beton** m / tremie concrete ‖ **⌐füllstand** m / material level ‖ **⌐inhalt** m (Schiff) / bunker capacity ‖ **⌐kohle** f /

bunker coal ‖ **⁀köpfroder** *m* (Landw) / complete beet harvester ‖ **⁀luke** *f*, Decksloch *n* (Schiff) / deck scuttle
bunkern, Kohle einnehmen (Schiff) / bunker *vi*, coal *vi* ‖ ⁀ (Öl) / bunker oil *v*
Bunker·öl *n* (Schiff) / bunker fuel ‖ **⁀räumer** *m* / bunker-reclaiming wheel ‖ **⁀rutsche**, -schurre *f* / hopper chute ‖ **⁀standsanzeiger** *m* / stock level o. stock line indicator, silometer ‖ **⁀standsanzeiger** *m*, (Hochofen:) Gichtsonde *f* / silometer ‖ **⁀tasche** *f* / collecting bin ‖ **⁀verschluß** *m* / hopper gate o. chute o. trap-door, bin gate ‖ **⁀verschluß** *m* **für Überdruckbunker** / lockhopper valve ‖ **⁀wagen** *m* (Hütt) / travelling hopper, travelling bin ‖ **⁀zug** *m* (Bergb) / hopper train
Bunsen·brenner *m* / Bunsen burner ‖ **⁀element** *n* (Elektr) / Bunsen cell ‖ **⁀it** *m* (Min) / bunsenite ‖ **⁀photometer** *n* / grease spot o. Bunsen photometer, translucent disk photometer
bunt / many-coloured, multicoloured, checkered ‖ ⁀, vielfarbig / varicolo[u]red, many-coloured, variegated ‖ ⁀ **bedrucken** / stain, dye ‖ ⁀ **benutzbar** (Gleise) / for two-way working, reversible (US) ‖ **⁀e Druckfarbe** / printing colour, printer's colour ‖ **⁀e Farbe** / chromatic colour ‖ **⁀e Färbung** (Textil) / uneven dyeing ‖ **⁀e Farbvalenz** / chromatic colour ‖ **⁀es Gemisch** (allg) / mottle ‖ ⁀ **gereihte Wagengruppe** (Bahn) / collected group of wagons ‖ **⁀er Streifen** (entlang dem Rand) (Textil) / stripe, coloured band ‖ **⁀achat** *m* / variegated agate ‖ **⁀äderiges Holz** / bird's eye wood ‖ **⁀ätze** *f*, -ätzdruck *m* (Textil) / colour discharge printing ‖ **⁀bartschloß** *n* (Schloß mit 1 Zuhaltung) / single tumbler lock ‖ **⁀bartschlüssel** *m* / snapped key bit ‖ **⁀bleiche** *f* (Textil) / bleaching of coloured goods ‖ **⁀bleichecht** (Textil) / resistant to bleaching in piece ‖ **⁀bleierz** *n*, Pyromorphit *m* (Min) / brown o. green lead ore, pyromorphite ‖ **⁀druck** *m* (Buch) / colour print[ing] ‖ **⁀farbiger Marmor** / variegated marble, compound marble ‖ **⁀gewebe** *n* / dyed o. coloured cloth ‖ **⁀glas** *n* / coloured glass, stained glass ‖ **⁀glaspapier** *n* / diaphanic o. vitrauphanic paper ‖ **⁀härtung** *f*, Bunteinsatzhärtung *f* / colour case hardening
Buntheit *f*, -scheckigkeit *f* / variegation of colours
Buntheits·grad *m*, Sättigungsstufe *f* (Farben) / saturation
Bunt·information *f* (TV) / chrominance o. colour information ‖ **⁀kupfererz** *n*, Buntkupferkies, Bornit *m* / variegated o. purple copper ore, bornite, erubescite, horseflesh o. peacock ore ‖ **⁀metall** *n* / nonferrous heavy metal ‖ **⁀metallindustrie** *f* / nonferrous industry ‖ **⁀metallwalzwerk** *n* / nonferrous mill ‖ **⁀papier** *n*, gestrichenes Papier / coated paper o. stock ‖ **⁀papier** *n*, Glanzpapier *n* / glazed o. glossy o. coated paper ‖ **⁀papier** *n* (in der Masse gefärbt) / colo[u]red o. fancy paper, tinted paper ‖ **⁀papier** *n*, marmoriertes Papier / domino paper ‖ **⁀papier** *n* (an der Oberfläche gefärbt) / stained paper ‖ **⁀papierfabrikant** *m* / paper stainer ‖ **⁀pigment** *n* / coloured pigment ‖ **⁀regler** *m* (TV) / colour control ‖ **⁀reserve** *f* (Textil) / colour resist ‖ **⁀sandstein** *m* / mottled sandstone ‖ **⁀sandstein** *m* (Bau) / variegated sandstone ‖ **⁀scheckig** / variegated, spotted, motley ‖ **⁀spinnerei** *f* / spinning of coloured yarns ‖ **⁀stift** *m* / coloured crayon o. pencil, pastel [crayon] ‖ **⁀ton** *m* (Min) / mottled o. motley clay ‖ **⁀ton** *m*, (früher:) Farbton *m*, Farbe *f* / colour shade ‖ **⁀tonung** *f* (Phot) / chromotoning ‖ **⁀-Uni-Glasierung** *f* (Keram) / mono-coloured glaze ‖ **⁀wäsche** *f* / coloured wash ‖ **⁀weben** (Web) / weave in colours ‖ **⁀weberei** *f* / colour o. tinted weaving, fancy weaving
Bunze, Punze *f* / puncheon
Bürde *f*, Last *f* / working resistance ‖ ⁀ (Stromwandler) (Elektr) / burden o. load on an instrument transformer, apparent ohmic resistance ‖ ⁀ (Spannungswandler) / apparent power of the voltage transformer
Bürette *f* / buret[te]
Büretten·ausflußrohr *n* / glass-jet of the dropping glass ‖ **⁀hahn** *m* / burette stop cock ‖ **⁀kappe** *f* / burette head

‖ **⁀klemme** *f* / burette clamp ‖ **⁀kugel** *f* / burette globe ‖ **⁀ständer** *m*, -stativ *n* / burette stand
bürgerliches Jahr / calendar year
Bürgersteig *m* / pavement (GB), sideway (GB), sidewalk (US), foot-walk (US) ‖ **⁀absenkung** *f* / depression of the curb ‖ **⁀platte** *f* / pavement plate o. slab o. tile (GB) ‖ **⁀rand** *m* / curb
Burmesterpunkt *m* (Getriebe) / Burmester point
Burnout *n*, Durchbrennen *n* (Nukl) / burnout
Büro *n*, Büroraum *m* / office ‖ ⁀ **der Zukunft** / office of the future ‖ **⁀angestellter** *m* / [general] office worker, clerical employee ‖ **⁀arbeit**, -tätigkeit *f* / desk o. office work ‖ **⁀automation**, -automatisierung *f* / office automation ‖ **⁀bedarf** *m*, -bedarfsartikel *m pl* / office requisites *pl*, office materials *pl*, office supplies *pl* ‖ **⁀beleuchtung** *f* / indoor lighting for offices, office lighting ‖ **⁀computer** *m* / office computer ‖ ⁀ **-Computertechnik** *f* / bureautics ‖ **⁀druckmaschine** *f*, Kopiergerät *n* / duplicating machine ‖ **⁀fernschreiben** *n*, Teletex *n* / telecommunication typewriter service ‖ **⁀gebäude** *n* / office block ‖ **⁀haus**, -gebäude *n* / office building ‖ **⁀heftgerät** *n* / stapler ‖ **⁀hochhaus** *n* / multistory office building ‖ **⁀klammer** *f* / letter o. paper clip ‖ **⁀kommunikation** *f* / interoffice communication ‖ **⁀kommunikation** *f*, -automation *f*, Bürotik *f* / office automation, bureautics ‖ **⁀kopie** *f* / office copy ‖ **⁀kopiergerät** *n* / office copying apparatus ‖ **⁀maschine** *f* / business machine, office machine ‖ **⁀maschinenindustrie** *f* / business machine industry ‖ **⁀maschinenmechaniker** *m* / office machine mechanic o. technician ‖ **⁀material** *n*, Schreibmaterialien *pl* / stationery ‖ **⁀orientiert** (DV) / office-oriented ‖ **⁀papier** *n* / office paper ‖ **⁀schreibmaschine** *f* / office typewriter ‖ **⁀stunden** *f pl* / office hours *pl*
Burst *m* (TV) / colour burst
Bürstbesen *m* / dust brush
Burstcanmonitor *m*, Überwacher *m* schadhafter Brennelemente (Atom, Nukl) / burst can monitor
Bürste *f* (allg) / brush ‖ ⁀, Kohle *f* (Elektr) / carbon brush ‖ ⁀ **für Straßenreinigung** / brush roll o. cylinder
Bürsteinsprengmaschine *f* (Textil) / tissue damper with brushes
bürsten / brush *v*
Bürsten·abhebe- und Kurzschlußvorrichtung *f* (Elektr) / brush lifting and short-circuiting device ‖ **⁀abhebevorrichtung** *f* (Elektr) / brush lifting device o. lifter ‖ **⁀abstreicher** *m* (Förderband) / scraper brushes *pl* ‖ **⁀abzug** *m* (Buch) / brush o. galley proof, rough proof ‖ **⁀bolzen** *m*, Bürstenhalterbolzen *m* (Elektr) / brush bolt o. stud, trip spindle, brush spindle ‖ **⁀brille**, -brücke *f* (Elektr) / brush rocker o. yoke ‖ **⁀brücke** *f*, -träger *m* / brush yoke o. rocker, brushholder o. support ‖ **⁀brücke** *f* (Kleinmotoren) / brush rocker (of small motors) ‖ **⁀brücke** *f*, -joch *n*, -ring *m* / brush yoke o. ring
Bürst[en]erz *n* / capillary native silver
Bürsten·fabrik *f* / brush factory ‖ **⁀feder** *f* (Elektr) / brush spring ‖ **⁀feuchtwerk** *n* (Offset) / brush-type damp[en]ing system ‖ **⁀feuer** *n* / commutator sparking ‖ **⁀galvanisierung** *f* / brush plating ‖ **⁀halter** *m* (Elektr) / brush holder ‖ **⁀halterachse** *f* / brush bolt o. yoke ‖ **⁀halterring** *m*, Bürstenbrille *f* (Elektr) / rocker [ring] ‖ **⁀kabel** *n* (Elektr) / pigtail ‖ **⁀kasten** *m* (Elektr) / brush box ‖ **⁀kette** *f* / chain brush ‖ **⁀kontakt** *m* (Elektr) / brush type of contact, laminated contact ‖ **⁀loser Induktionsmotor mit gewickeltem Läufer** / brushless wound-rotor induction motor ‖ **⁀putzmaschine** *f* (Mühle) / scourer ‖ **⁀reibung** *f* / brush friction ‖ **⁀rückstellwinkel**, -rückschubwinkel *m* (Elektr) / angle of [brush] lag ‖ **⁀satz** *m* / set of brushes ‖ **⁀schalter** *m* / laminated brush switch ‖ **⁀scheibe** *f* / brush wheel ‖ **⁀schlitten** *m* (Elektr) / brush carriage ‖ **⁀schlüssel** *m* (Elektr) / brush holder key ‖ **⁀schnecke** *f* (Mühle) / brushing worm ‖ **⁀siebzeug** *n* (Mühle) / brush strainer ‖ **⁀stellung** *f*, -einstellung *f* (Elektr) / brush position ‖

~streichverfahren n (Pap) / brush coating ‖ **~stromabnehmer** m (Elektr) / brush gear ‖ **~tasche** f (Elektr) / brush box ‖ **~träger** m (Elektr) / brush holder o. support ‖ **~träger-Haltevorrichtung** f / brush yoke ‖ **~übergangswiderstand** m / brush contact resistance ‖ **~verschiebung**, -verstellung f (Elektr) / brush adjustment o. displacement o. lead o. shift, shifting o. lead of brushes ‖ **~verschiebung aus der neutralen Zone** (Elektr) / staggering ‖ **~verschiebungswinkel** m, -vorschubwinkel m (Elektr) / angle of [brush] lead ‖ **~verstelleinrichtung** f (Elektr) / rocker gear ‖ **~verstellhebel** m (Elektr) / adjusting lever for brushes ‖ **~verstellmotor** m / brush shifting motor ‖ **~verstellvorrichtung** f / brush rocker gear ‖ **~vorderkante** f, auflaufende Bürstenkante (Elektr) / entering o. leading edge of brush, toe of brush ‖ **~vorschub** m (Elektr) / forward brush displacement, forward lead o. shift ‖ **~wähler** m (Fernm) / brush selector ‖ **~walze** f / brush roll o. cylinder, brushing roller ‖ **~walze** f (Straßb) / revolving o. rotary brush o. broom ‖ **~werk** n (Mühle) / brushing cylinder ‖ **~werk** n (Hydr) / border piling, pile planking

Bürstfärberei f (Textil) / brush dyeing

Burst-Kennimpuls m (TV) / burst flag

Bürst·maschine f / brushing machine o. mill ‖ **~maschine** f (Textil) / cloth brushing machine

Burst-Mode f, Einpunktbetrieb m (DV) / burst mode

Bürst·scheibe f / brush wheel ‖ **~spanen** n / machining with brush-like tools ‖ **~ - und Dämpfmaschine** f (Textil) / brushing and steaming machine

burtonisieren (Wasser mit Gips entkarbonisieren) (Brau) / burtonize

Bus m, Peripherie-Anschlußleitung f (DV) / bus ‖ **~**, Autobus m / autobus, motorbus, [omni]bus ‖ **~ im Linienverkehr** / public service vehicle, PSV ‖ **einen ~ herstellen** (DV) / bus vi ‖ **~breite** f (DV) / band width of a bus

Busch m (Baumform) (Landw) / bush ‖ **~bett** n, -bettung f (Hydr) / brushwood revetment ‖ **~egge** f (Landw) / bush harrow

Büschel n (z.B. Gras) / tuft (e.g. grass) ‖ **~** m n, Faserbüschel n / fiber bunch, fiber bundle ‖ **~** / pencil ‖ **~** n (Phys) / brush, aigrette ‖ **~entladung** f / brush discharge

büschelig / tufted

Büschel·kohle f / slate-foliated coal ‖ **~stecker** m (Elektr) / bunch plug ‖ **~teiler** m (Web) / separator, ravel

Busch·flugzeug n / bush aircraft ‖ **~holzhacker** m (Landw) / brushwood chopper ‖ **~werk** n / brush, shrubs pl, shrubbery, bushes pl

Bus·erweiterung f / bus extension ‖ **~fahrer** m **für Reisebusse** / bus driver ‖ **~freigabe** f / bus enable ‖ **~ -Haltestelle** f / bus stop

Bushel n (GB=36,3687dm^3, USA=35,2393dm^3) (Getreidemaß) / bushel

Bus·-Nennspannung f / nominal bus voltage ‖ **~ -orientiert** (DV) / bus oriented

Bussole f, Kompaß m (Verm, Schiff) / compass

Bussolen·zug m (Verm) / draft of traverse, compass traverse, free-needle traverse

Bus·spur f / bus lane ‖ **~steuerung** f / bus control

Bustamit m (Min) / bustamite

Büstenmarmor m / marble for statuaries

Bustreiberkreis m / bus driver circuit

Butadien n / butadiene, divinyl [B] ‖ **~ -Acryl-Nitril-Kautschuk** m / butadiene acrylonitrile rubber ‖ **~kautschuk** m / butadiene rubber

Butamerprozeß m (Öl) / butamerization

Butan n / butane

Butanal n, **n-~** / butyraldehyde

Butangas n **in Flaschen** / butagas ‖ **~flasche** f / butane gas bottle ‖ **~tanker** m / butane carrier

Butanol n, Butylalkohol m / butanol, butyl alcohol

Butanon, Methylethylketon n / methyl ethyl ketone, MEK, 1-butanone

Buten n, (früher:) Butylen n / butene, normal butylene

Butenabdachung, Flutseite f (Deich) / floodside of a dam

Buten·land, Vorland n (Hydr) / outland, foreland ‖ **~tief**, Außentief n (Hydr) / leat

Bütte f, Bottich m (Färb) / tub, vat ‖ **~** (Wein) / trough for grapes

Bütten·aquarellpapier n / hand-made paper for aquarelle painting ‖ **~fertiger Stoff**, Gutstoff m (Pap) / accepted stock ‖ **~leimung** f (Pap) / tub sizing ‖ **~papier** n / mould-made o. hand-made paper, vat paper ‖ **~presse** f (Pap) / vat press, pulp press ‖ **~rand** m (Pap) / deckle edge

Butter·ausform- und -packmaschine f / butter forming and wrapping machine ‖ **~farbe** f / butter colouring ‖ **~faß** n / churn ‖ **~fertiger** m, Butter[ungs]maschine f (Maschine) / butter worker ‖ **~gelb**, Methylgelb n (Färb) / orlean, annatto, methyl yellow ‖ **~hahn** m, Einzugsventil n für Entschäumer (Zuck) / defoamer charge valve ‖ **~knetmaschine** f / butter kneader ‖ **~maschine** f / churning machine, churner

buttern / churn

Butter·refraktometer n / Abbe refractometer ‖ **~säure** f / butyric acid, butanoic acid ‖ **~säureethylester** m / ethyl butyrate ‖ **~säuregärung** f / butyric fermentation ‖ **~serum** n / butter serum

Butyl·acetat n / butyl acetate ‖ **~alkohol** m, Butanol n / butyl alcohol, butanol

Butylen n, (jetzt:) Buten n / but[yl]ene

Butyl·gruppe f / butyl group ‖ **~kautschuk** m / butyl rubber, Government rubber isobutylene, GRI

Butyraldehyd, Butylaldehyd m / butyraldehyde

Butyrin n, reines Butterfett / butyrine

Butyrometer n / butyrometer

Butzen m (kleine Luftblase) (Glas) / bleb ‖ **~** (Fließpressen) / slug ‖ **~ beim Walzen von Stahlringen** (Walzw) / center punching ‖ **~scheibe** f, Mondscheibe f (Glas) / bullion point sheet, glass roundel

Buys-Ballotsches Gesetz (Phys) / Buys-Ballot's law

BV (Bau) = Betonverflüssiger

B-Verstärker m (Fernm) / B-amplifier, class B amplifier ‖ **~ im Gegentaktbetrieb** (Fernm) / quiescent push-pull amplifier

BVF (Luftf) = Bauvorschrift für Flugzeuge

BVU, betriebliche Verfahrensuntersuchung / operations research

BV-Verfahren h (= Bochumer Verein) (Hütt) / BV process

BVW = Innerbetriebliches Vorschlagswesen

Bw = Bahnbetriebswerk

BWB (Mil) = Bundesamt für Wehrtechnik und Beschaffung

B-Welle f (51 Wellen von 3,2 mm Höhe auf 1 ft Länge) (Pap) / B-flute

BWG-Drahtlehre f (von No. 4/0 bis 36 = 0,454'' bis 0,004'') / Birmingham wire gauge

BWR = Siedewasserreaktor

BWVO (Schiff) = Binnenwasserstraßen-Verkehrsordnung

Bww = Bahnbetriebswagenwerk

Bypass m, Umgehungsleitung f / by-pass ‖ **~...**, Doppelweg... (jetzt) / bypass... ‖ **~ -Triebwerk** n (Luftf) / by-pass engine o. power-unit o. turbine, ducted-fan turbine engine ‖ **~ventil** n / bypass valve ‖ **~ -Verhältnis** n (Luftf) / by-pass ratio

Byssolith m, haarförmiger Strahlstein (Min) / byssolite

Byssus m (Textil) / byssus

Byte n (DV) / byte ‖ **~ von n Bits** / n-bit byte ‖ **~ zu 8 Bit** / octet ‖ **~ zu 4 Bit** / four bit byte, quartet ‖ **~ zu 6 Bit** / six bit byte ‖ **2-Bit-~** / doublet, 2-bit-byte ‖ **~dichte** f (Magn.Bd) / bytes per inch, BPI ‖ **~ -Grenze** f / byte boundary ‖ **~modus** m / byte mode ‖ **~multiplexierfähigkeit** f / byte multiplexing capability ‖ **~ -Multiplexkanal** m / byte multiplex channel ‖ **~seriell-bitparallel** / byte-serial bit-parallel ‖

⤙verzahnungsmodus *m* / byte interleave mode ‖
~weise *adj* / byte-serial ‖ ~weise *adv* / [computed] byte
by byte, on a byte by byte basis ‖ ~weise **Adressierung**
/ byte addressing ‖ ⤙zeit *f* / byte time
Bz-Sicherung *f*, Benzing-Sicherung *f*, Sicherungsring *m*
(DIN) (Schraube) / circlip [securing ring]
B-Zustand *m* (Plast) / B-stage

C

C (Thermometer) / Celsius, centigrade
C14, ^{14}**C** / carbon 14, C144 ‖ ⤙ -**Datierung** *f* / dating by
radiocarbon
CA = Celluloseacetat
CAB = Celluloseacetobutyrat
Cabover-Bus *m* / forward drive bus, cabover bus, C.O.E.
bus (= cab over engine)
Cache⤙-Platte *f* (DV) / cache disk ‖ ⤙ -**Speicher** *m* (DV) /
cache memory, cache ‖ ⤙**speicher** *m* **auf dem**
Prozessoreinschub / cache on board ‖ **in den** ⤙-
Speicher bringen / cache *vi*
Cachounuß *f* / cashew nut
CAD, rechnergestützter Entwurf / computer aided design
Cadaverin *n* / cadaverine, pentamethylenediamine
CAD/CAM, rechnergestützter Entwurf und Fertigung /
computer aided design and manufacturing
Cadeöl, Wacholderteeröl *n* / cade oil, [oil of] juniper tar,
empyreumatic oil of juniper
c-Ader, -Leitung *f*, -Draht *m* (Fernm, Siemens) / C-wire,
testing wire
Cadetsche Flüssigkeit / cacodyl oxide
Cadmium s. Kadmium
CADT-Prozeß *m* (Display-Herstellung) / chemical
aerosol deposition technique, CADT technique
CAF (Chem) = Celluloseacetatfilm;m.; -folie;f.
Caisson, Senkkasten *m* / caisson ‖ **offener** ⤙ / stranded
caisson, American caisson ‖ ⤙**krankheit** *f* / caisson
disease, compressed-air disease
Calambakholz *n*, edles Paradiesholz / agalloch,
agalwood, eaglewood
calciothermisch / calciothermic
Calcit *m* (Min) / calcite, calcareous spar
Calcium *n* s. Kalzium
Calco-Wüstit *m* (Hütt) / calco-wüstite
Caldera *f* (Geol) / caldera
Calf *n* (Gerb) / calf
Calgon *n* (Wasserenthärter) / calgon (sodium
hexametaphosphate)
Caliche *f* (Rohstoff von Chilesalpeter) / caliche
Calico[t] *m* (Textil) / calico
California-Schuh *m* / California o. slip-lasted o. platform
shoe
Californium *n*, Cf / californium
cal$_{IT}$, internationale Tafel-Kalorie (veraltet) / international
table calorie
Call-Instruktion *f* (DV, IBM) / call instruction
Calutron *n* (Massenspektrometer für Isotopentrennung,
California University cyclotron) / calutron
Calyx *m* (Bohrkranz) (Bergb) / calyx ‖ ⤙**bohrer** *m* / calyx
drill
CAM, Assoziativspeicher *m* (DV) / CAM, content
addressable memory, associative memory ‖ ⤙,
rechnergestützte Fertigung / computer aided
manufacturing
CAMAC *n* (computer aided measurement and control)
(Prozeßrechner) / CAMAC, computer aided measurement
and control, CAMAC system ‖ ⤙ **Interface-System mit**
serieller Ringleitung / CAMAC serial highway

interface system ‖ ⤙ **Mehrrahmen-System** / CAMAC
multi-crate system ‖ ⤙ -**Rahmen** *m* / CAMAC crate ‖
⤙ -**Rahmensteuerung** *f* / CAMAC crate controller
Cambric *m* (Textil) / cambric, cotton cambric ‖ ⤙**papier** *n*
/ cambric paper
Cambridgewalze *f* (aus glatten und gezahnten Ringen)
(Landw) / Continental Cambridge roller
Cambrium *n* (Geol) / Cambrian formation, Cambric
Camcorder *m* / camcorder
Camera lucida *f* (Opt) / camera lucida ‖ ⤙ **obscura** /
camera obscura
Camouflage *f*, Tarnung *f* / camouflage *n*
Campecheholz *n* (Färb) / campeachy o. campeche wood
Camphan *n* (Chem) / camphane
Camphen *n* (Chem) / camphene
Campher *m*, Kampfer *m* / [common o. Japan] camphor
Camphin *n*, harzfreies Terpentinöl / camphine
Camping·anhänger *m* (Kfz) / camping trailer ‖ ⤙**flasche** *f*
(Gas) / camping cylinder ‖ ⤙ -**Wagen** *m*, Wohnmobil *n*,
Camper *m* / camping car, motor home
Camptonit *m* (Geol) / camptonite
Camwood *n*, Baphia nitida (Färb) / barwood
Canadabalsam *m* / Canada balsam o. turpentine
C^{14}**-Analyse** *f* / carbon 14 analysis
Candela *f*, cd / candela
Candelillawachs *n* / candelilla wax, vegetable wax
Candolumineszenz *f* (Strahlung nichtschwarzer Körper
bei hohen Temperat.) / candoluminescence
C-Anlasser *m* (Bosch), Schubtrieb-Starter *m* / mechanical
gear shift starter
Cannelébindung *f* (Web) / cannele weave
Cannelierfeile *f* / hand checkering file
Cannelkohle *f*, Cändelkohle *f* / cannel coat
Cannetteseide *f*, Schappegarn *n* / single schappe silk
Canning *n* (Nukl) / canning, jacket
Cantharidin *n* (Chem) / cantharidin
Cantileverfeder *f* / cantilever spring
Cantorsche Menge *f* (Math) / Cantor set
Canyon *m* (Geol) / can[y]on
CAO, rechnergestützte Organisiation / CAO, computer
assisted organization
CAP, rechnergestützte Verlagsarbeit / CAP, computer
assisted publishing ‖ ⤙ = Celluloseacetopropionat ‖ ⤙,
rechnergestützte Planung / computer assisted planning
Capacitron *n* / band-ignitor tube, capacitron
CAPP, rechnergestützte Verfahrensvorbereitung / CAPP,
computer assisted process planning
Caprinsäure *f* / capric acid
Caprolaktam *n* (Chem) / caprolactam
Capronsäure *f* / caproic acid
Capryl·alkohol *m* / caprylic alcohol ‖ ⤙**säure** *f* / caprylic
acid
Capstanmotor *m* (Elektronik) / capstan motor
Caput mortuum *n*, feinpulvriges Eisen(III)-oxid, Eisenrot
n / caput mortuum, colcothar ‖ ⤙ **mortuum**, Polier-,
Englischrot *n* / jeweller's [trip] red, English o. Paris red
Cap-Zwirnmaschine, Ring-Zwirnmaschine *f* (Textil) /
down twister
CAQ, rechnergestützte Qualitätskontrolle / computer
assisted quality control
Caramel *m* (Zuck) / caramel
caramelisieren *vi vt* / caramelize
Caravan *n* / caravan
Carbamat, Carbaminat *n* / carbamate
Carbamid *n* / carbanide, urea, carbonyldiamide ‖ ⤙**harz** *n*
/ aminoaldehyde o. -aldehydic resin, carbamide o.
carbamidic resin, urea resin ‖ ⤙**säureethylester** *m*,
Urethan *n* / ethyl carbamate
Carbaminsäure *f* / carbamic acid
Carbanilid *n* / carbanilide
Carbanion *n* (Chem) / carbanion
Carbazol *n* / carbazol[e]
Carben *n* / carbene
Carbenium-Ion *n* / carbenium o. carbonium ion

Carbid (Chem) / carbide, carburet ‖ ⁀... s. auch Karbid... ‖ ⁀**ausscheidung** f (Hütt) / carbide precipitation ‖ ⁀**vergröberung** f (Hütt) / coarsening of carbides ‖ ⁀**verstärkung** f (Hütt) / carbide strengthening ‖ ⁀**zeiligkeit** f (Hütt) / carbide bending
Carbinol n / carbinol, methanol, methyl alcohol
Carbitol n (Chem) / carbitol
Carbo·cerin n, kohlensaures Zer[ium] / carbocerine ‖ ⁀cyclisch, (besser:) isocyclisch / carbocyclic, isocyclic
Carbogen n (90 % O₂, 10 % C) / carbogen
Carbohydrase f / carbohydrase
Carboide n pl (koksartige Bestandteile in überhitztem Bitumen) / carboids pl
Carbokation n (Chem) / carbocation
Carbolineum n / carbolineum
Carbon... s. auch Karbon...
Carbonado m (schwarzer Diamant) / carbon[ado], black diamond
Carbonat, Karbonat n / carbonate
Carbonatation f (Zuck) / carbonation ‖ ⁀ **in zwei Stufen** / double carbonatation
Carbonatationsschlammtrockner m (Zuck) / waste slurry drier
Carbonateur m (Zuck) / carbonation pan o. tank, carbonator
Carbon Black n / carbon black
Carbonium-Ion n / carbonium o. carbenium ion
Carbon·papier n / carbon paper ‖ ⁀**papier-Vordruck** m / carbonized form
Carbonyl n / carbonyl ‖ ⁀**chlorid** n, Phosgen n / chloride of carbonyl, carbonyl chloride, phosgene gas, chlorocarbonic acid ‖ ⁀**diamid** n / carbonyldiamide, urea, carbamide ‖ ⁀**eisen** n / carbonyl iron ‖ ⁀**nickel** n / carbonyl nickel ‖ ⁀**pulver** n (Sintern) / carbonyl powder ‖ ⁀**verbindung** f / carbonyl compound
Carborane n pl (Chem) / carboranes pl
Carborundscheibe f / carborundum wheel
Carborundum n / carborundum
Carbo-Verschluß m (Phot) / carbon injection shutter
Carboxyl n / carboxyl
Carboxylase f / carboxylase
Carboxyl·gruppe f / carboxyl group ‖ ⁀**säure** f / carboxylic acid
Carboxy·methylcellulose f / carboxymethylcellulose ‖ ⁀**methylstärke** f / carboxymethyl starch
Carbrodruck m (Buch) / carbro [printing] process
Carbylamin n / carbylamine
Carcinotron n (C.S.F. France), Rückwärtswellenröhre f (Phys) / carcinotron
Cargo m (Schiff) / cargo
Carlson-Methode f (Nukl) / SN-method
Carnallit m (Min) / carnallite
Carnaubawachs n / carnauba wax, caranda
Carnitin n (Chem) / carnitin
Carnotit m (Min) / carnotite
Carnotscher Kreisprozeß (Phys) / Carnot cycle ‖ umgekehrter ⁀ **Kreisprozeß** / vapour compression cycle
Carosche Säure / Caro's acid, Caro acid, peroxosulphuric acid
Carotin n / carotene ‖ ⁀**oide** n pl / carotenoids pl
Carport m (Kfz) / carport, car shed
Carrageen n, irisches Moos / carrag[h]een ‖ ⁀**schlichte** f (Web) / carragheen size
Carraramarmor m / Carrara marble
Carrier m (Färb) / carrier ‖ ~**frei färbbar** / no-carrier dyable
Carrollit m (Art Linneit) (Min) / carrollite
Carry·-Flag n, CY (Zustandsbit in Mikroprozessoren) / carry flag, CY ‖ ⁀ **-Look Ahead** (Parallelübertragungsgenerator) n / carry look ahead
CARS, kohärente f Anti-Stokes-Raman-Streuung / CARS, coherent anti-Stokes Raman-seattering
Cartilago f, Knorpel m / cartilage

Carvacrol, Carvon-Isomer n (Chem) / carvacrol
Carvon n (Chem) / carvone
Cascodeschaltung f (Elektronik) / cascode circuit
CASE / computer aided software engineering
Casein n, Kasein n / casein ‖ ⁀**kunststoffe** m pl / casein plastics pl, galalith ‖ ⁀**ogen** n (Caseinvorstufe) / caseinogen
Caseose f (Milch-Proteose) / caseose
Cashemire m (Textil) / cas[h]mere, cassimere
Cashew·nuß f, ⁀**-kern** m / cashew nut ‖ ⁀ **-Nußschalenöl** n (Plast) / cashew-nut oil
Cashflow m / cash flow
Casing n, Verrohrung f (Öl) / tubing, completion, casing
Cäsium s. Zäsium
Cassegrain-Spiegel m (Opt) / Cassegrain telescope
Cassette f (Elektronik) s. Kassette
Cassia·öl n (Parfümerie) / cassia oil ‖ ⁀**öl** n / Chinese oil ‖ ⁀**rinde** f / cassia bark
Cassinische Kurve (Math) / oval of Cassini ‖ ⁀ **Kurven** f pl (Math, Astr) / Cassini's curves pl
Cassiopeium n, Cp (jetzt: Lutetium) / cassiopeium
Cassiterit n (Min) / cassiterite
Cassiusscher Purpur / purple of Cassius, gold purple, (US also:) mineral purple
Castaingsche Mikrosonde / electron probe microanalyzer
Castnersche Schmelzflußelektrolyse / Castner's process
Castor, Kastor, Petalit m (Min) / petalite
CAT, rechnergestützter Versuch / computer aided test
Catcher m (Isotopentrenn.) / catcher
Catechin n (Färb, Gerb) / catechin
Catechol n / catechol, pyrocatechin
Catechu n (Färb, Gerb) / catechu [black], cashoo, cutch ‖ ⁀**beize** f / catechu mordant, cutch mordant
Catenaverbindung f, Catenan n (Chem) / catena compound
Catergol n (Raumf) / catergol
Caterpillar-Lader (ein Raupenkettenbagger der Caterpillar Tractor Co.), Traxcavator m / traxcavator
Catgang m (Schiff) / safety net
CATV, Gemeinschaftsantennen-Fernsehen / community antenna television, CATV
Cauchy-Riemannsche Differentialgleichungen f pl / Cauchy-Riemann equations pl
CaZ (Cetanzahl) / cetane number
CB-Amateur m, -Funker m / CB [fan], cibiste
C-Band n (Radar) / = 5 - 5,25 GHz / C-band
CB-Band n, 11-m-Band n (Radio) / citizen's band
C-Behälter m (Versand) / carrier-owned container
CB-Greifer m, Zentralspulengreifer m (Nähm) / central bobbin shuttle, CB-shuttle
CBN, kubisches Bornitrid (Keram) / CBN, cubical boron nitride
CBN-Feinschleifen n / CBN finish grinding
CBR-Verfahren n zur Bestimmung der Bodenfestigkeit / California bearing ratio
CBR-Waffen f pl (chemisch, biologisch, radioaktiv) / CBR weapons pl (= chemical, biological, radioactive)
CBS-System (= Columbia Broadcasting), -Farbfernsehen n / CBS-system, Columbia Broadcasting System color television
cc, Neugradsekunde f / grade second, second of a centesimal degree
C&C / cash-and-carry
CCBA-Regeln f pl (Bau) / CCBA-rules pl
CCD, ladungsgekoppelter Speicher, Ladungsverschiebeelement n (Elektronik) / charge coupled device
CCD-Photoelement-Anordnung f / CCD line array, charge transfer device, CTD
CCI[F] = Comité Consultatif International [F = Fernsprech]
CCIR = C.C.I.R. = Comité Consultatif International de Radiocommunications ‖ ⁀ **-Norm**, Gebernorm f (625 Zeilen usw) (TV) / European television standard, C.C.I.R. standard

CCIT-Schnittstelle f / CCIT interface
CCITT-Alphabet Nr. 5 n, ISO-7-Bit-Code m
  (Lochstreifen) / ISO-7-bit code
CCTV / closed circuit television, CCTV
CCV-Technik f (Luftf) / control configured vehicle
  technics, CCV technics
CCW-Kette f, Kanalbefehlskette f (DV) / channel
  command word sequence
CD, Circulardichroismus m (Spektroskopie) / circular
  dichroism
cd = Candela
CD, Compact Disk f / compact disk, CD ‖ ⁑-DA n / CD-
  DA, compact disk digital-audio
CD-4[-Diskret]-System n (Phono) / CD-4-system (=
  compatible discrete 4 channel)
CDI, Kollektordiffusions-Isolation f (Halbl) / collector
  diffusion isolation
CD-I n / CD-I (= information)
CD-I n, interaktives CD (Phono) / CD-I, interactive
  compact disk
C-Diodenabstimmung f / variable capacitance diode
  tuning
CD-Platte f, Digital-Schallplatte f / CD, compact disk
c-Draht m, -Leitung f (Fernm, Siemens) / C-wire, testing
  wire
CD-4-Rille f / CD-4 groove
CD⁑-ROM n / CD-ROM (= read-only memory) ‖
  ⁑-Speicher m / CD-memory ‖ ⁑-Video n / CD-video
Ceanderkabel n / waveconal cable
CECC (CENELEC-Kommission für Gütesicherung von
  Bauelementen) / CECC, CENELEC electric
  components committee ‖ ⁑-Arbeitsgruppe f / CECC
  working group
CED (TV) / CED, capacitance electronic disk
Cedille f (Buch) / cedilla
Cedren n (Chem) / cedrene
Cedro m (Holzart) / cedro, American cedar
Cedrol n, Zedernholzkampfer m / cedrol, cedar wood
  camphor
Ceilograph m, Ceilometer n / ceilograph, ceilometer
Celanese f / celanese
Cellit n / cellite, cellulose acetate
Cellophan n / cellophane
Cellosolve (Lösungsmittel für Zellulose), Ethylglykol n /
  cellosolve, 2-ethoxyethanol
Cellulase f / cellulase
Celluloid n, Zellhorn n / celluloid
Cellulon n (Chemiefaser) / cellulon
Cellulose f / cellulose ‖ ⁑... s. a. Zellulose... ‖ ⁑acetat n /
  acetyl cellulose, cellulose [tetr]acetate ‖ ⁑acetobutyrat
  n, CAB / cellulose acetobutyrate ‖ ⁑acetopropionat m
  / cellulose acetopropionate
cellulosisch / cellulosed, of cellulose
Celluronsäure f / cellulosic acid
Celsian m (Barium-Anorthit) (Min) / celsian
Celsius·grad m, ⁰C / degree Celsius, ⁰C ‖ ⁑skala f /
  Celsius o. centesimal [temperature] scale, (formerly:)
  centigrade scale ‖ ⁑thermometer n / centigrade
  thermometer
CENELEC (Comité Européen de Normalisation
  Electrotechnique), CENEL / European Committee for
  Electrotechnical Standardization ‖ ⁑-Komitee für
  Bauelemente der Elektronik / CENELEC electronic
  components committee
Cent n, 1/100 Reaktivitätseinheit f (Nukl) / cent
Cental n (= 45,3592 kg) (veraltet) / cental, short
  hundredweight (= 100 lb)
Center Line Average, CLA-Wert m (Oberfläche) / center
  line average
Center-Cutter m (Wz) / center cutter
centesimal / centesimal
Centigon n / centigon
Centri·cleaner m (Pap) / centricleaner ‖ ⁑finer m (Pap) /
  centrifiner

Cephaelin n (Chem) / cephaeline
Cephalin, Kephalin n (Chem) / cephalin
Cepheiden pl **und RV-Tauri-Sterne** (Astr) / short-period
  variables
CEPT = Conférence Européenne des Administrations des Postes
  et des Télécommunications
Cer n, Cerium n, Ce / cerium ‖ ⁑..., (spez.:) Zer(IV)-... /
  ceric ‖ ⁑(III)-... / cerous
Ceramoplastic n (Glas und Glimmer) / ceramoplastics
Cer·argyrit m (Silberhalogen) / cerargyrite ‖ ⁑dioxid,
  Cer(IV)-oxid n / cerium dioxide, ceria (US) ‖ ⁑eisen,
  Auermetall n / ferrocerium, Auer metal, mischmetal
Čerenkov·-Richtstrahler m / directional Cerenkov
  radiator ‖ ⁑-Strahlung, Tscherenkow-Strahlung f,
  (beim Übergang auf Überlichtgeschwindigkeit) /
  Čerenkov o. Cherenkov radiation
Ceresfarbstoffe m pl / oil soluble dyes pl
Ceresin n (gereinigtes u. gebleichtes Erdwachs) /
  ceresin[e] [wax], cerosin, purified ozokerite
Cer·esit n / ceresite ‖ ⁑it m (Min) / cerite
Cermet n (metallkeram. Werkst) / cermet ‖ ⁑-Brennstoff m /
  cermet fuel
CERN = Organisation Européenne pour la Recherche Nucléaire
  (Europäische Organisation für Kernforschung)
Cer(III)-Nitrat n / cerium nitrate
Cerotin·farbe f / cerotic colour ‖ ⁑säure f / cerotic acid,
  cerin of bees-wax
Cerussa n, basisches Bleikarbonat / basic lead carbonate
Cerussit m (Min) / cerussite, black o. white lead ore
  (depending on colour)
Cervantit m (Min) / cervantite
C/E-System n (Opt) / C/E-system
Cetan, n-Hexadecan n / cetane, hexadecane
Cetanzahl f (C₁₆H₃₄) (Kfz) / cetane number
Cetazin n (Chem) / cetazine
Cetenzahl f (C₁₆H₃₂) (Kfz) / cetene number
Cetimin n (Chem) / cetimine
Cetylsäure f / cetylic o. palmitic acid
Ceylonit m, Eisenspinell m, Pleonast m (Min) / ceylonite,
  pleonaste
Ceyssatit m (Infusorienerde aus Ceyssat (Puy-de-Dôme)) /
  ceyssatite
CF = Kresolformaldehyd
C-Faser f, Kohlenstoff-Faser f / carbon fiber
C-Feder, Schwanenhalsfeder f / C-spring
CFK = carbonfaserverstärkter Kunststoff ‖ ⁑-Laminat n /
  carbon fiber laminate
C₃-Fraktion f, PP-Fraktion f, PP n
  (Propan-Propylen-Mischung) (Öl) / PP fraction
C₄-Fraktion f (Öl) / butane plus fraction
CFR-Motor m / C.F.R. engine (= Cooperative Fuel
  Research Committee)
C-Gelenk n / C-link
C-Gestell-Exzenterpresse f / open-front o. throat-type o.
  gap-frame eccentric press
C-Glied n (Funk) / capacitor, C-component
CGS·-Nummern f pl (Uhr) / c.g.s.-numbers pl ‖
  ⁑-System, Zentimeter-Gramm-Sekunde-System n (Phys)
  / centimetre-gramme-second system, c.g.s.-system
Chabasit, Phakolith m (Min) / chabazite, -site, phacolite
Chagrin, Narbenleder n, genarbtes o. körniges Leder /
  shagreen
chagrinieren, narben (Leder) / shagreen v
Chagrinpapier n / shagreen paper
chaisen (Art Kalandern) / treat on the cha[i]sing calender
C-Haken m **mit Auge, [mit Schaft]** / eye, [shank] C hook
Chalcogen n / chalcogen
Chalcolith m (Min) / chalcolite
Chaldäische Periode f, Saros-Periode f (Astr) / saros
Chalet n (Bau) / chalet
Chalkanthit m (Min) / chalcanthite
chalko·phil (Chem) / chalcophilous ‖ ⁑pyrit, Kupferkies
  m / chalcopyrite, yellow copper ore, copper pyrite ‖

~siderit m (Min) / chalcosiderite ‖ ~sin m (Min) / chalcosite, redruthite, cupreine, copper glance ‖ ~stibit m (Min) / chalcostibite, wolfsbergite ‖ ~trichit m (Min) / chalcotrichite, plush copper ore
Chalybit m (Min) / chalybite, siderite, carbonaceous ironstone
Chalzedon m (Min) / chalcedony
Chamois n (Färb) / chamois ‖ ~ (Farbe) / chamois [colour] ‖ ~leder n / chamois [leather]
Chamosit (in oolithischen Eisenerzen), (jetzt): Berthierin m (Min) / chamosite
Changeant m (Web) / shot silk, shot cloth ‖ ~ färben (Textil) / shot-dye
Changeant-Effekt m, Schillern n, Changieren n / changeable effect, shot effect, iridescent o. nacre effect
changierend, changeant (Textil) / changeable, shot coloured, glacé, iridescent, fickle [coloured]
Changier·fadenführer m / traversing thread guide ‖ ~rahmen m (Textil) / jigging frame ‖ ~vorrichtung f (Web) / cross-winding device (side traverse motion)
Channingsche Lösung (Chem) / mercury potassium iodide solution
Chaplash m (Holzart) / chaplash
Chapron·wicklung f (Elektr) / chapron winding ‖ ~widerstand m (frei von Blindwiderstand) (Elektronik) / chapron resistor
Charakter m, Art f / condition, character, kind ‖ ~, Wert m / nature, quality
Charakteristik f, Kennlinie f / characteristic curve o. line ‖ ~ des Potentiometers / taper of a potentiometer
Charakteristikum n / characteristic feature
charakteristisch / characteristic ‖ ~ [verschieden] / differential ‖ ~, ausgeprägt / distinctive, characteristic ‖ ~e Anodenspannung (Magnetron) / characteristic anode voltage ‖ ~e Eigenwurzel einer Matrix / characteristic value, eigenvalue of a matrix ‖ ~e charakteristische wave impedance ‖ ~e Funktion / Gibbs' function, G ‖ ~e Funktion einer Menge (Math) / characteristic function of a set ‖ ~e Gleichung (Math) / characteristic equation ‖ ~e Induktion (Magnetron) / characteristic magnetic field ‖ ~e Konstruktion / distinctive design ‖ ~e Länge (Rakete) / characteristic length ‖ ~er [Leitungs]widerstand (Wellenleiter) / characteristic impedance ‖ ~es Merkmal / characteristic n ‖ ~es Polynom / characteristic polynomial ‖ ~e Rechenzeit (DV) / representative calculating time ‖ ~e Strahlung / spectrum signature ‖ ~er Strömungsleitwert, Strömungseigenleitwert m / intrinsic conductance ‖ ~er Verhaltensplan / characteristic behaviour plan ‖ ~er Wert, Eigenwert m / characteristic root ‖ ~e Zahl o. Wurzel, Eigenwurzel f einer Matrix / characteristic value, eigenvalue of a matrix
Charas n (Haschisch) / charas
Charge f, Beschickung f, Einsatz m (Hütt) / batch, charge, burden ‖ ~, Hitze f, Schmelzgut n (Hütt) / heat, melting charge ‖ ~ (Chem) / feed, batch ‖ ~ (Seide) / weighting
Chargen·dauer f (Hütt) / duration of heat ‖ ~größe f, -umfang m / charge quantity ‖ ~nummer f (Chem) / batch number ‖ ~pulper m (Pap) / batch pulper ‖ ~streuung f / batch variation ‖ ~waage f / batch scale ‖ ~weise / in batch quantities ‖ ~zahl f (Zuck) / number of cycles
Charge-Transfer-System n (Halbl) / charge transfer system
Chargier·apparat m / charging device o. apparatus ‖ ~bühne f / charging platform
chargieren, beschicken (Hütt) / charge, burden
chargier·fähig (Hütt) / ready to be charged ‖ ~korb m (Hütt) / charging cage ‖ ~kran m (Hütt) / charging crane ‖ ~maschine f / charging machine ‖ ~mulde f (Hütt) / charging box o. tray ‖ ~waage f / charging weigher
Charlier-Versuch m (Hütt) / Charlier check
Charm n (Nukl) / charm

Charmeuse f / locknit fabric, charmeuse
Charming-Quantenzahl f (Phys) / charming quantum number, supercharge, peculiarity
Charm-·Quark n / charm quark ‖ ~ -Theorie f (Phys) / charm theory
Charpy-Spitzkerbprobe f / Charpy V-notch test
Charter f / charter ‖ ~ m f, Chartern n (Tätigkeit) / chartering ‖ ~flug m / charter flight
chartern (Luftf, Schiff) / charter v
Chartervertrag m / charter
Chasing·kalander m (Textil) / chasing calender ‖ ~ -Vorrichtung f (Textil) / chasing device
Chassis n (Kfz, Radio) / chassis ‖ ~, Fahrgestell n (Masch) / running gear ‖ ~ (Spritzgußform) / bolster, chase, frame ‖ ~ (Färb) / dye box, through ‖ ~ mit geraden Trägern / straight chassis ‖ ~ mit geraden, [Schwanenhals-]Trägern (Kfz) / straight, [gooseneck] chassis ‖ ~dynamometer n (Kfz) / chassis dynamometer ‖ ~gewicht fahrbereit n / bare chassis kerb weight ‖ ~gewicht trocken nackt n / bare chassis dry weight
Chatoyieren n (Min) / chatoyancy
chatoyierend / chatoyant
Chatterton-Compound n (Isoliermasse) / Chatterton's compound
Chauffeur m / driver, chauffeur
Chayen-Impulsverfahren o. Kaltschmelzverfahren (zur Aufsprengung von Zellwänden) n / Chayen impulse method
Chaywurzel f, Chayroot m (Färb) / chay root
Check m (gewürfeltes Gewebe) / check
checken / check out
Checkliste f, Prüfliste f / check list
Checkout n (Raketen) / check-out
Check-out-·System n (Raumf) / check-out system
Check·up n, Endkontrolle f / check-up ‖ ~weigher m / checkweigher
Cheddit m (Sprengstoff) / cheddite
Chef·navigator m (Luftf) / leader navigator ‖ ~pilot m, erster Flugzeugführer / leader pilot
Chelat n (Chem) / chelate ‖ ~ seltener Erden / rare earth chelate (e.g.: Europium trisbenzoylacetonate) ‖ ~bildend / chelating ‖ ~bildung f, Chelation f / chelation, chelate formation ‖ ~bildungsvermögen n / chelating power ‖ ~ometrie f (Chem) / complexometry ‖ ~ring m / chelate ring ‖ ~süßung f (Öl) / chelate sweetening
Chelen, Chlorethyl n / chelen, chloroethane
Chemical-Vapour-Deposition-Verfahren n, CVD-Verfahren n / chemical vapour deposition process, CVD process
Chemie f / chemistry ‖ ~ der Kohlen- u. Erdöl-Abkömmlinge / carboleochemistry ‖ ~abwässer n pl / chemical drains pl ‖ ~draht m / synthetic monofilament, man-made wire ‖ ~-Email n / vitreous and porcelain enamel ‖ ~faser f / chemical o. synthetic fiber, man-made fiber ‖ ~faser f auf Viskosebasis (Textil) / rayon ‖ ~faser-Endlosgarn n / multifilament [yarn] ‖ ~fasergewebe n pl, -stoffe m pl (Textil) / synthetics pl ‖ ~faser-Industrie f / industry of man-made fibers ‖ ~faserverstärkt (Plast) / chemical fiber reinforced ‖ ~faserverstärkter Kunststoff / chemical fiber reinforced plastics ‖ ~holz n / chemical pulp wood ‖ ~ingenieur m / chemical engineer, industrial chemist ‖ ~-Ingenieurwesen n / chemical engineering ‖ ~kupferfaser f / cuprammonium filament ‖ ~kupferseide f / cuprammonium o. cuprated silk o. rayon, copper rayon, lustracellulose ‖ ~ -Monofilament n / synthetic monofilament ‖ ~müll m / chemical waste ‖ ~pulpe f (Pap) / chemical o. chemiground [wood] pulp, chemiground [wood] pulp ‖ ~pumpe f / chemical pump, centrifugal volute pump ‖ ~reaktor m (Chem) / chemical processing reactor ‖ ~reaktor m (Nukl) / chemonuclear reactor ‖ ~rohstoff m / chemical feedstock ‖ ~[spinn]faser f / man-made [spinning] fiber

‖ ⌐zellstoff m / rayon pulp, chemical conversion pulp ‖ ⌐zellstoff m (für chem. Zwecke) / alpha dissolving pulp
Chemigraphie f, Zinkflachdruck m / chemigraphy, process engraving
Chemikalie f / chemical reagent, chemical n
Chemikalien·behälter m (Ölraffinerie) / chemical drum ‖ ⌐flasche f / reagent bottle ‖ ⌐fleck m / chemical stain ‖ ⌐ -Rückgewinnung f / chemical recovery
Chemiker m / chemist
Chemilumineszenz f / chemiluminescence
Chemiluminiszenzanalyse f (Kfz) / chemiluminescent analysis
chemisch / chemic[al] ‖ ~ **abtragen** / chem-mill ‖ ~**es Agens** / chemical agent ‖ ~ **aggressives Medium** / chemically corrosive matter ‖ ~**e Analyse** / chemical analysis ‖ ~**e Aufbereitung** (Abwasser) / chemical treatment ‖ ~ **aufgeschäumt** (Plast) / chemically foamed ‖ ~**er Austausch** (Isotopentrennung) / chemical exchange ‖ ~**e Bearbeitung** / contour etching, chemical contouring ‖ ~**es Beizen** (Galv) / chemical pickling ‖ ~ **beständig** (Chem) / chemically stable ‖ ~ **binden** / combine chemically ‖ ~**e Bindung** / chemical bond ‖ ~**e Bleiche** / chemical bleaching ‖ ~ **desinfizieren** / medicate ‖ ~**e Eigenschaften** f pl / chemistry ‖ ~**es Element**, chemischer Grundstoff / chemical element ‖ ~ **entfettete Wolle** / solvent degreased wool ‖ ~**es Enthüllen** (Nukl) / chemical decladding ‖ ~**e Fabrik** / chemical works pl ‖ ~**er Fabrikant** / manufacturing chemist ‖ ~**e Fällung** (Abwasser) / chemical precipitation ‖ ~**e Farbbildung** (z.B. bei NCR-Papier) / chemical coloration ‖ ~**er FET-Sensor**, CHEMFET m / chemical FET-sensor, CHEMFET ‖ ~**e Formel** / chemical notation ‖ ~**es Fräsen** (Wzm) / chemical machining o. milling ‖ ~**e Gasphasenabscheidung** / chemical vapour deposition, CVD ‖ ~ **gebunden** (Chem) / chemically combined ‖ ~ **gebunden** (Keram) / chemically bonded ‖ ~ **gebundener basischer Stein** (Keram) / chemically bonded basic brick ‖ ~ **gebundenes Wasser** / combined water ‖ ~**e Grundverfahren** n pl / unit processes pl ‖ ~**er Holzstoff** (Pap) / chemical o. chemiground [wood] pulp ‖ ~**e Industrie** / chemical industry ‖ ~**er Katalysator** / chemical catalyst ‖ ~ **konservieren** (durch Benzoesäuresulfimid) (Holz) / powellize ‖ ~**e Kriegführung** / chemical warfare ‖ ~**er Kupferniederschlag** / electroless copper ‖ ~**es Labor** / chemistry lab[oratory] ‖ ~**e Oberflächenbehandlung**, chemischer Niederschlag (Galv) / chemical plating ‖ ~**es Polieren** / chemical polishing ‖ ~**es Präparat** (o. Erzeugnis) / chemical product ‖ ~**es Radikal** / chemical radical ‖ ~**e Raffination**, Treating n (Öl) / chemical treatment, treating of petrochemicals ‖ ~ **raffiniertes Kupfer** / chemically refined copper ‖ ~**es Raketentriebwerk** / chemical rocket ‖ ~**e Reaktion** / chemical reaction ‖ ~ **rein** / chemical[ly pure], chempure, C.P. ‖ ~ **reines Blei** / chemical lead ‖ ~**e Reinigung** / dry-cleaning ‖ ~**e Reinigung**, Chemischreinigen n (Chem) / chemical purification ‖ ~**er Sauerstoffbedarf**, CSB / chemical oxygen demand, COD ‖ ~**er Schutzstoff** (Nukl) / chemical protector ‖ ~ **sensitiv** / chemically sensitive ‖ ~**es Sterilisierungsmittel** (Pestizid) / chemosterilant ‖ ~**e Struktur**, Konstitution f (Chem) / configuration ‖ ~**es Symbol o. Zeichen** / chemical symbol ‖ ~**e Technologie** / chemico-technology ‖ ~**e Thermodynamik** / thermochemistry ‖ ~**es Trimmen** (Nukl) / chemical shimming ‖ ~**e Trimmregelung** (Nukl) / chemical shim control ‖ ~**e Umwandlung** / chemical change ‖ ~ **unveränderlich** (Kampfgas) / persistent ‖ ~**e Vektorenbekämpfung** (Parasiten) / chemical vector control ‖ ~**e Verbindung** / chemical compound ‖ ~**e Verfahrenstechnik** / chemical engineering ‖ ~ **vernetzt** / chemically cross-linked ‖ ~**e Verwitterung** (Geol) / chemical decay ‖ ~**e Waage** / analytical o. chemical

balance ‖ ~**er Weich- o. Zartmacher für Fleisch** (Chem) / meat tenderizer ‖ ~**e Werke** n pl / chemical works o. industries pl ‖ ~ **widerstandsfähig** / chemically resistant ‖ ~**e Widerstandsfähigkeit** / chemical resistance ‖ ~**e Zersetzung** / chemical corrosion ‖ ~**e Zusammensetzung** / chemical composition, structure ‖ ⌐**blau** n / chemic blue ‖ ~**braun** / bistre, bister (US), copper precipitate ‖ ⌐**gelb** n / Cassel's yellow ‖ ~ **-metallurgisch** / chemical-metallurgical ‖ ~ **-pharmazeutisch** / chemical-pharmaceutical ‖ ~ **-physikalisch** / chemico-physical ‖ ~ **-technisch** / chemico-technical ‖ ~ **-technisches Porzellan** / porcelain for chemico-technical purposes ‖ ~ **-technologisch** / chemico-technological
Chemismus m / chemism
Chemisorption f / chemisorption, activated adsorption
Chemnitzer Grobstich (Jacquard) m / Chemnitz coarse pitch
Chemo·lumineszenz f / chemiluminescence, oxyluminescence ‖ ⌐**sphäre** f (Atmosphäre bis 80 km) / chemosphere ‖ ⌐**sterilans** n (Pestizid) / chemosterilant ‖ ⌐**synthese** f / chemosynthesis ‖ ⌐**technik** f / chemical engineering ‖ ⌐**techniker** m / laboratory technician ‖ ~**technische Unterlagen** f pl / chemical engineering data pl ‖ ⌐**therapie** f / chemotherapy, -therapeutics pl
Chemurgie, Ackerbauchemie f / chemurgy
Chenille f, Chenillegarn n / chenille ‖ ⌐**samt** m / chenille velvet ‖ ⌐ **-Schneidmaschine** f / chenille machine ‖ ⌐**teppich** m, Raupenteppich m / chenille carpet
Cheralith m (Min) / cheralite
Chessylith m (Min) / chessylite, azurite (of Beudant)
Chevillieren n (Seidengarn) / glossing
Chevilliermaschine f (Textil) / softener, stretcher and polisher for hanks, lustring machine, glazing o. glossing machine
Cheviot m / cheviot ‖ ⌐**garn** n / cheviot yarn ‖ ⌐**wolle** f / cheviot wool
Chevreauleder n, Kid n (Leder) / kid leather, kidskin
Chevron·-Baffle n, Rasterdampfsperre f / chevron baffle ‖ ⌐ **-Form** f (Magnetblasen) / chevron shape
Chi n, X / chi
Chiastolith m (Min) / chiastolite, cross stone
Chicarot n, Carajuru n (Färb) / chica
Chiffon m (Textil) / chiffon
Chiffre, Kennzahl f / key, cipher ‖ ⌐**mitteilung** f / cryptogram ‖ ⌐**schrift** f / cryptograph, cipher, code ‖ ⌐**schrift** f als System / cryptography
Chiffreur m (DV) / cipher clerk
chiffrieren (DV) / code, cipher
Chiffriermaschine f / ciphering machine
Chiffrierung f (DV) / ciphering, coding
Child-Langmuir[-Schottky]-Gleichung f (für Anodenstrom) (Elektronik) / Child-Langmuir[-Schottky] equation o. law **Childsches Gesetz** / space charge law
Chile·salpeter m (Natriumnitrat) / Chile saltpetre o. saltpeter (US) o. nitre o. niter (US)
Chi-Meson n / Chi meson
China·blau, Reinblau n (Färb) / China o. soluble blue, water blue ‖ ⌐ **-Clay** m (Appretur) / China clay ‖ ⌐**gras** n, Ramie f / ramie fiber, China grass fiber, cambric grass fiber, caloee fiber, rhea ‖ ⌐**grün**, Chinesisch Grün n / China o. Chinese green, lokao, malachite green
Chinaldin n (Chem) / quinaldine ‖ ⌐**rot** n / quinaldine red, Eastman No. 1361
Chinalizarin n / alizarin bordeaux
China·papier n / China o. Japan paper, Japanese paper ‖ ⌐**rinde** f, Cortex Chinae o. peruvianus / China o. Peruvian bark, cinchona bark ‖ ⌐**rot** n (Textil) / lead oxychromate
Chiné n (Textil) / chiné
chinesisch·er Talg, (fälschlich): chinesisches Wachs / Chinese tallow ‖ ~**e Tusche** / Indian o. Chinese o. drawing ink ‖ ~**es Wachs** (von Coccus pela) (Zool) /

Chinese wax (from ericerus o. coccus pela) ‖ ~er **Zimt** / cassia bark, Cassia lignea

Chinhydronelektrode f (o. -Halbzelle) (Chem) / quinhydrone electrode (o. half-cell)

Chinieren n (Tätigkeit), Schinieren n, Flammieren n / chiné dyeing o. printing

Chinin n / quinine ‖ ~**tannat** n / quinine tannate

chinoid (Chem) / quinonoid, quinoid

Chinolin, Leukol n / quinoline, chinoleine (US) ‖ ~**blau** n / quinoline blue, cyanine ‖ ~**farbstoff** m / quinoline dye ‖ ~**gelb** n / chinolin[e] yellow

Chinon n (Färb) / quinone

Chin[on]oid-Formel f (Färb) / quinonoid formula

Chinoxalin n (Chem) / quinoxaline

Chintz m (Textil) / chintz ‖ ~**papier** n / chintz paper ‖ ~**verfahren** n / chintz printing

Chip m (IC), Substrat n / chip, dice ‖ **in** ~s **zerschneiden** (IC) / dice, scribe into chips ‖ ~**ausbeute** f / chip yield ‖ ~**-Carrier** m, -Träger m, Substrat n / chip-carrier, substrate ‖ ~**-Carrier-Gehäuse** n, -Träger-Gehäuse n / chip carrier package ‖ ~**-Düse** f (Diesel) / chip nozzle (the central hole in pintle) ‖ ~**-Freigabe** f, Chip-Enable n (Baustein-Aktivierung) / chip enable ‖ ~**-Kondensator** m / chip capacitor ‖ **1-**~**-Mikroprozessor** m / single chip microprocessor ‖ ~**-Montage** f / diebonding ‖ ~**-Select** n (Chip-Auswahl) / chip select ‖ ~**-Träger** m / chip carrier ‖ ~**-Träger-Gehäuse** n (Halbl) / chip carrier package ‖ ~**-Verarbeitungsanlage** f / slice-processing facility ‖ ~**-Verteiler** m / chip handler ‖ ~**-Widerstand** m / chip resistor

Chi-Quadrat~-Probe f, ~Test m (Statistik) / Chi-square test ‖ ~**-Verteilung** f (Statistik) / chi-square o. χ^2-distribution

chiral, spiegelbildlich isomer (Chem) / chiral, inverse isomer ‖ ~es **Molekül** / chiral molecule

Chiralität f (Math, Nukl) / chirality

Chireix-Modulation f (Elektronik) / Chireix modulation

Chirp~-Modulation f, Pulskompressionsverfahren n (Elektronik) / chirp modulation (the name was given because it was introduced inconspicuously with "little chirp") ‖ ~**-Radar** m n / chirp radar

chirurgisch / surgical

Chitin n / chitin

Chitinisierung f / chitin formation

Chladnische Klangfiguren f pl (Phys) / sonorous o. Chladni's o. sound figures pl

Chlamydobakterien, Faden-, Seidenbakterien f pl / chlamydobacteriales pl

Chlamydospore f (Landw) / brand spore

Chloanthit m (Weißnickelkies) (Min) / c[h]loanthite

Chlophen n (Bayer) / Chlophen (chlorinated diphenyl), Askarel

Chlor, Cl / chlorine, chloric gas ‖ **mit** ~ **sättigen** / chloruret ‖ ~**acet...** / [mono]chloroacetic ‖ ~**aceton** n / chloroacetone ‖ ~**acetophenon** n / chloracetophenone, C.A.P. ‖ ~**acetsäure** f, -essigsäure f / chlor[o]acetic acid ‖ ~**acetyl** n / acetyl chloride

Chloral n / chloral ‖ ~**hydrat** n / chloral hydrate, 2,2,2-trichloro-1,1-ethanediol

Chlor-Alkali-Elektrolyse f / chlor-alkali electrolysis

Chloralose f / chloralose

Chlor·aluminium n / chloride of aluminium ‖ ~**ameisensäureester** m / chloroformic acid ester ‖ ~**amin** n / chloramine ‖ ~**anil** n / chloranil ‖ ~**argyrit** m, Hornerz n / argyroceratite

Chlorat n / chlorate ‖ **fünfwertiges** ~ / chlorate(V) ‖ **siebenwertiges** ~ / chlorate(VII)

Chloration f (Goldgewinnung) / chlorination

Chlorat·sprengstoff m (Bergb) / chlorine explosive, chlorate

Chlor·azid n / chlorazide, nitrogen trichloride ‖ ~**benzol** n / chlorobenzene ‖ ~**bestimmung** f / chlori-, chlorometry ‖ ~**blei** n, Cotunnit m / cotunnite, chloride of lead ‖ ~**bleichlauge** f, -bleiche f, -bleichmittel n /

chlorine bleaching, chemic[k] ‖ ~**bromid** n / chlorobromide ‖ ~**brommethan** n, CB / chlorobromomethane ‖ ~**bromsilberpapier** n (Phot) / contact paper, (formerly:) gaslight paper ‖ ~**butadien** n / chloroprene ‖ ~**butylkautschuk** m / chlorbutyl rubber ‖ ~**dan** n (Insektizid) / chlordane ‖ ~**darstellungsapparat** m / chlorine apparatus ‖ ~**echt** / chlorine fast ‖ ~**echtheit** f (Textil) / resistance to chemicking

chloren, in Chlorid überführen, mit Chlor behandeln / chlorinate ‖ ~, chlorieren (Textil) / chemick vt, chlorinate ‖ ~ n, Chlorgabe f (Wasser) / chlorination, chlorine application ‖ ~, Chlorierung f (Chem) / chlorination, substitution o. addition of chlorine ‖ **Trinkwasser schwach** ~ / chlorinate drinking water lightly

Chlor·essigester m / chlor[o]acetic ester ‖ ~**essigsäure** f / chlor[o]acetic acid ‖ ~**ester** m / chlorester ‖ ~**ethyl** n / chloroethane, ethyl chloride ‖ ~**ethylen** n, Chlorethen n / ethylene dichloride

Chlorexprozeß m (Öl) / chlorex process

Chlor·fabrik f, -hersteller m / chlorine maker o. factory ‖ ~**faser** f / chlorofiber ‖ ~**fest**, -echt / fast to chlorine, chlorine resistant, fast to chemicking ‖ ~**fluorkohlenwasserstoff-Schmiermittel** n / chlorofluorocarbon oil ‖ ~**frei** / FFC, free from chlorine ‖ ~**gabe** f, Chloren n (Wasser) / chlorine application, chlorination ‖ ~**gas** n / chlorine, chloric gas ‖ ~**gasgerät** n (Wasser) / chlorinator ‖ ~**gehalt** m / chlorine content ‖ ~**gelatine** f / gelatino-chloride ‖ ~**gesättigt** / chlorine saturated ‖ ~**gold** n, -aurat n / gold chloride ‖ ~**haltig** / chloric, chlorous ‖ ~**heptoxid**, Dichlorheptoxid n / chlorine heptoxide ‖ ~**hydrin** n / chlorohydrin[e]

Chlorid, (früher:) Chlormetall n / chloride ‖ **mit** ~**en behandeln**, chlorieren (z.B. Phot, Hütt) / chloridize ‖ ~**haltig** / containing chloride ‖ **stark** ~**haltiges Flußwasser** / high-chloride river water ‖ ~**korrosion** f / chloride corrosion

Chlorieranlage f (Wasser) / chlorination plant

Chlorieranlage f (Hütt) / chloridizing plant for ore

chlorieren (z.B. Wasser) / chlorinate ‖ ~ (Textil) / chemic v, chlorinate ‖ ~ n, Chlorierung f / chlorination

chlorierend (Röstung) / chlorinating ‖ ~es **Auslaugen** / chlorine extraction process ‖ ~e **Röstung** (Hütt) / chloridizing o. chlorinating roasting

chloriert / chlorinated ‖ ~es **Diphenyl** (z.B. Chlophen von Bayer, Askarel von General Electric, Arochlor von Monsanto usw.) / chlorinated diphenyl ‖ ~es **PVC** / chlorinated polyvinyl chloride, CPV

Chlorierung f / chlorination, substitution o. addition of chlorine ‖ ~ **mit Hypochloriten** / javellization

chlorig, Chlor... / chloric ‖ ~e **Säure** / chlorous acid

Chlori·meter n / chlori-, chlorometer ‖ ~**metrie** f / chlori-, chlorometry

Chlorinationsprozeß m (Gold) / chlorination process

Chlorit n, Salz n der chlorigen Säure (Chem) / chlorite ‖ ~ m(Min) / chlorite ‖ ~**haltig** / chloritic ‖ ~**oid**, Ottrelith m (Min) / chloritoid, masonite ‖ ~**schiefer** m / chlorite schist o. slate

Chlor·kadmium n, Kadmiumchlorid n / cadmium chloride ‖ ~**kalk** m / chlorinated lime, (improperly:) chloride of lime ‖ ~**kalkbleiche** f (Textil) / chloride of lime bleaching ‖ ~**kalklösung** f / solution of chlorinated lime, chemic (US) ‖ ~**kalziumrohr** n (Chem, Labor) / absorption tube with bulb ‖ ~**kalziumrohr** n (gerade), [U-förmig] (Chem) / absorption tube with bulb, [U-shaped] ‖ ~**kautschuk** m / chlorine rubber ‖ ~**knallgas** n / chlorine-hydrogen gas (mixture of chlorine and hydrogen by equal volumes), chlorine detonating gas ‖ ~**knallgasreaktion** f / chlorine hydrogen reaction, chlorine detonating gas reaction ‖ ~**kohlenoxidgas** n / phosgene gas, carbonyl chloride, chloride of carbonyl, chlorocarbonic acid ‖

~kohlenstoff m / carbon tetrachloride, tet (US), tetrachloromethane || ~kohlenwasserstoff m, CKW / chlorinated hydrocarbon || ~lauge f (Pap) / bleach liquor || ~lithium n / lithium chloride || ~log n (Öl) / chlorine log[ger] || ~magnesium, Magnesiumchlorid n / magnesium chloride || ~mangan n / manganese dichloride || ~maschine f (Textil) / chlorine machine, chemic machine (US) || ~methyl n, Methylchlorid n / methyl chloride, chloromethane || ~monoxid, Dichlor[mon]oxid n / chlorine monoxide || ~natronzellstoff m (Pap) / sodachlorine pulp || ~nickel n / nickel chloride

Chloro·form n / chloroform || ~formieren / chloroform vt || ~formierung f / chloroforming || ~gensäure f / chlorogenic acid || ~goldsäure f / chlor[o]auric acid, acid gold trichloride || ~meter n / chloro-, chlorimeter || ~metrie f / chloro-, chlorimetry || ~phait m (Min) / chlorophaeite || ~phyll, Blattgrün n / chlorophyll, green of leaves, leaf green || ~phyllhaltig / chlorophyllous, -phyllose || ~phyllkorn n, Chloroplast m / chloroplast || ~phyzeen pl, Grünalgen f pl / green algae || ~pikrin, Klop n (Mil) / chloropicrin, aquinite (US) || ~platinsäure f / chloroplatinic acid || ~pren n, CR / chloroprene, 2-chlorobutadiene || ~pren-Kautschuk m, CR / chloroprene rubber, CR || ~propionsäure f / chlorpropionic acid || ~quin n (Pharm) / chloroquine || ~se, Gelbblättrigkeit f (Bot) / chlorosis || ~thene n (Reinigungsmittel) / Chlorothene

Chlor·oxon n (Unkrautvern.) / Chloroxone || ~phenol n / chlorophenol || ~phenolrot n / chlorophenol red || ~pikrin n / nitrochloroform || ~platin n, Platin(II)-chlorid n / platinum II chloride || ~säure f / chloric acid || ~schwefel m, Schwefelmonochlorid n / sulphur chloride || ~schwefel-Vulkanisation f / sulphur chloride vulcanization || ~silber n (Min) / chlorargyrite || ~silberelement n / De la Rue cell, chloride of silver cell || ~stickstoff m / hydrochloride of nitrogen, nitrogen [tri]chloride || ~sulfoniert / chlorosulfonated || ~sulfoniertes Polyethylen, CSM / chlorosulfonated polyethylene || ~toluol n / chlorotoluene, chlortoluene || ~trifluorid n / chlorine trifluoride

Chlorung f (Wasser) / chlorination, chlorine application

Chlor·verbindung f / compound of chlorine || ~verdampfer m (Pap) / chlorine gasifier || ~vinyldichlorarsin, Lewisit n (Chem, Mil) / lewisite || ~wasser n / chlorine o. chloruretted water || ~wasser, Bleichwasser n / liquor of Javelle, Javel water || ~wasserstoff m, Hydrochlorgas n / hydrogen chloride, hydrochloric gas, chloric acid gas || ~wasserstoffsäure, Salzsäure f / hydrochloric acid, (formerly:) muriatic acid || ~zahl f (Wasser) / chlorine number || ~zink n / zinc chloride

CHMOS-Technologie f (= complementary high performance metal oxide semiconductor) (Halbl) / CHMOS technology

Choke m, Starterklappe f (Kfz) / choke || ~bohrung (Geschütz), Würgebohrung f / choke of a gun

Choker m (Kfz) / choke pull o. button

Cholesterin n / cholesterol, -sterin (US)

cholesterisch (Krist) / cholesteric || ~er Flüssigkristall, CLC / cholesteric liquid crystal, CLC

cholester[in]ische Phase (Chem) / cholesteric phase

Cholin n / choline

Cholsäure f / cholic acid

Chondrin n / chondrin[e]

Chondrit m (Geol) / chondrite

Chondro·dit m (Min) / chondrodite || ~itin n (Chem) / chondroitin

Chopper m / chopper

Chorbrett n (Web) / harness o. hole board, comber board

C-Horizont m / C-horizon

Christoffel-Symbole n pl (Math) / Christoffel symbols pl

Chrom n, Cr / chromium, chrome (US) || ~ (Färb) / bichromate of potash || ~(II)-..., Chromo... / chromous

|| ~(III)-..., Chromi... / chromic || ~(VI)... / chromate of ...

Chroma n, Farbton und -sättigung (TV) / chroma

Chromacetat n / chromium acetate

Chroma--Key-Methode f (TV) / chroma-key method

Chromalaun m / chromic alum, chrome-alum

Chromat n, Chromsäuresalz n (Chem) / chromate || ~ m (Opt) / chromatic lens

chromatieren, inchromieren (Stahl) / chrom[al]ize || ~ n (Bildung von chromhaltigen Verbindungen) / chromating || ~, Inchromieren n (Stahl) / chrom[al]izing, chrome diffusion

Chromatik f, Farbenlehre f (Phys) / chromatics, science of colours

Chromatin n (Biol) / chromatin

chromatisch (Opt) / chromatic || ~e Abweichung o. Aberration / chromatic aberration, chromatism || ~er Fehler (Opt) / chromatic o. colour defect

Chromatisieren n, Passivieren n / chromating

chromato·gen (TV) / chromatogenous || ~graphie f / chromatography || ~graphieren / chromatograph

Chromatom n (TV) / chromatom

Chromato·metrie, Farbmessung f / chromatometry || ~phor n (Bot) / chromatophor

Chromatron n (Farbbildröhre) (TV) / chromatron

Chromat·verfahren n (Kraftstoffprüfg) / fuel testing by the chromate process

Chromausbringen n (Hütt) / chromium recovery

Chromax n (hochtemperaturfester Cr-Ni-Stahl) / chromax

Chrom·az[id]olfarbe f / chromium azidol dye || ~bad n / chrome bath || ~carbid n / chromium carbide || ~dolomit m / chrome-dolomite || ~-Dolomit-FF-Material n / chrome dolomite refractory || ~echtgrün n / chrome-phthalocyanine blue || ~echtgrünpigment n / lead chrome-phthalocyanine blue pigment || ~eisen[erz] n, -eisenstein m / chrome o. chromic iron [ore], chromite || ~el n (Legierung aus 80% Ni, 20% Cr) / chromel || ~element n (Elektr) / chromic acid cell || ~erz n / chrome ore || ~erzeugnis n (feuerfest) / chrome refractory || ~erzmörtel m / furnace chrome || ~erz-Sillimanit-Erzeugnis n / chrome-sillimanite refractory || ~erzstein m, Chromitziegel m / chromite brick || ~farbe f, Chromierfarbstoff m / chrome colour || ~farbstoff, Chrombeizen-, -entwicklungsfarbstoff m / chrome developed dyestuff, chrome mordant dyestuff || ~gelatine f (Labor) / chrome gelatine, bichromated o. bichromatic gelatine || ~gelb n / lead chromate, chrome yellow || ~gelb, Leipzigergelb n / lemon chrome, Leipzig yellow || ~gerbung f / chrome tanning || ~grün n (allg, Galv) / chrome green, chromic oxide, chromium sesquioxide || ~grün, Poliergrün n (Galv) / green rouge || ~grün, -oxid, Guignetgrün n / Guignet's o. Guinea o. viridian green || ~grünpigment n / lead chrome green pigment || ~gußeisen n / chromium alloy cast iron || ~haltiger Kohlenstoffstahl / carbon-chrome low alloy steel || ~haltiger Rostfreistahl / stainless chromium steel

Chromi..., Chrom(III)-... / chromic

chromieren (Textil) / chrome, chromate || ~ (Hütt) / chromize

Chromierfarbstoff m s. Chromfarbstoff

Chrominanz f (Opt) / chrominance || ~information f (TV) / chrominance o. colour information || ~regelung f / chrominance control || ~signal, Farbsynchronsignal n, -impuls m (TV) / chrominance sync o. signal, chrom. sig. || ~steuerfrequenz f / chroma pilot frequency || ~-Störabstand m / chrominance signal to random noise ratio || ~träger m (TV) / chrominance carrier

Chromit·ziegel m, -stein m (Hütt) / chrom[it]e brick

Chrom·-Korund m / chrome-alumina || ~leder n / chrome leather || ~löschpapier n / enamel blotting paper || ~-Magnesit m / magnesite-chrome, chrome-magnesite || ~-Magnesit-Stein m / chrome-magnesite

brick ‖ ~molybdänstahl *m* / chromium o. chrome molybdenum steel ‖ ~nickeldraht *m* / chrome nickel wire ‖ ~nickelstahl *m* / nickel chromium steel, chrome nickel steel
Chromo·buntpapier *n* / fancy chromo paper
Chromocker *m* (Min) / chrome ochre
Chromo·duplexkarton *m* / chrome litho duplex board ‖ ~ersatzkarton *m* (Pap) / bleached lined folding boxboard
chromogen (Chem) / chromogen ‖ ~er Entwickler, Farbentwickler *m* (Phot) / dye coupling developer
Chromo·isomer *n* / chromoisomer ‖ ~isomerie, -tropie *f* / chromoisomerism, chromotropy ‖ ~karton *m* / coated folding boxboard ‖ ~lithographie *f* (Verfahren, Erzeugnis) / chromolithography ‖ ~lithographie *f* (Abdruck) (Abdruck) / chromo *n* ‖ ~meter *n*, Farbmesser *m* / chromometer
Chromon, Benzopyron *n* (Färb) / chromone
Chromo·papier *n* (Buch) / chromo paper ‖ ~phor, Hypsochrom *n* (Chem, Spektrosk) / hypsochrome ‖ ~phor, farbgebend / chromophore
Chromorange *n* (Pigment) / chrome orange
Chromo·rohpapier *n* / chromo base paper ‖ ~schwefelsäure *f* / chromosulphuric acid ‖ ~scope *n* (Farbbildröhre) (TV) / chromoscope ‖ ~som *n*, Kernschleife *f* (Biol) / chromosome ‖ ~somenkarte *f* / chromosome map ‖ ~sphäre *f* (Sonne) / chromosphere ‖ ~sphärenfackel *f* / chromospheric flare ‖ ~tropie *f* / chromoisomerism, chromotropy ‖ ~typie *f* / multicolour printing
Chrom·oxid *n* / chromium oxide ‖ ~(III)-oxid *n* / chromium(III) oxide, chromic oxide ‖ ~oxidband *n* / chromium oxide tape ‖ ~oxidgrün *n* / chrome oxide green ‖ ~oxidhydratgrün *n* / hydrated chromium sesquioxide ‖ ~oxidpigment *n* / chromic oxide pigment ‖ ~phosphat[grün] *n* / Plessy's green ‖ ~rot *n* / chrome red, basic lead chromate ‖ ~(II)-Salz, Chromsalz *n* / chromous salt ‖ ~(III)-Salz, Chromisalz *n* / chromic salt ‖ ~säure *f*, Chromsäureanhydrid *n*, Chromtrioxid *n*, Chrom(VI)-oxid *n* / chromic acid o. anhydride, chromium trioxide ‖ ~säureelement *n* (Elektr) / chromic acid cell, bichromate cell ‖ ~schicht *f* / chromium deposit ‖ ~schwefelsäure, Chromsäuremischung *f* / chromic-sulfuric acid mixture ‖ ~ -Silica *n* / chrome-silica ‖ ~ -Sillimanit *m* / chrome-sillimanite ‖ ~stahl *m* / chrome steel, chromium steel ‖ ~stahlguß *m* (Erzeugnis) / chromium steel casting ‖ ~stein *m* (Hütt) / chrome block ‖ ~sulfat *n* (Chem) / chromium sulfate ‖ ~sulfat *n* (Textil) / wool mordant, chromic sulfate ‖ ~(II)-sulfat *n* / chromous sulfate ‖ ~trioxid, Chrom(VI)-oxid *n* / chromium trioxide, chromic acid anhydride ‖ ~überzug *m* / chromium coating ‖ ~vanadiumstahl *m* / chrome vanadium steel ‖ ~verarmung *f* (Hütt) / chrome depletion ‖ ~walze *f* / chromium-plated roller ‖ ~wolframstahl *m* / chrome tungsten steel
Chromyl *n* / chromyl ‖ ~gruppe *f* (Chem) / chromyl group
Chronistor *m* (ein Benutzungszeitmesser) / chronistor
Chrono·cyclegramm *n* (Bild des stereoskopisch aufgenommenen Bewegungsweges) (F.Org) / chronocyclegraph ‖ ~graph *m* / chronograph ‖ ~logisch / chronological ‖ ~logischer Startablauf (Raumf) / chronology of launching ‖ in ~logischer Reihenfolge / in chronological order ‖ ~meter *n m*, Präzisionszeitmesser *m* / timekeeper, chronometer ‖ ~meter *m n* (Schiff) / box chronometer ‖ ~meterhemmung, (besser): Riegelhemmung *f* (Uhr) / chronometer o. detent escapement ‖ ~meter-Herstellung *f* / chronometer making ‖ ~meterschloß *n* / time lock ‖ ~skop *n* (Kurzzeitmesser) / chronoscope ‖ ~tron *n* (Zeitmesser) (Elektr) / chronotron ‖ ~trop / chronotropic

Chrys·anilin *n* (Färb) / chrysaniline, phosphine, leather yellow ‖ ~arobin *n* (Chem) / chrysarobin *n*
Chrysen *n* (hochsiedender Kohlenwasserstoff) / chrysene
Chryso·beryll *m* (Min) / chrysoberyl ‖ ~idin *n* (Färb) / chrysoidine ‖ ~koll *m* (Min) / chrysocolla ‖ ~lith *m* (Min) / chrysolite ‖ ~phansäure *f* / chrysophanic acid
Chrysopras *m*, grüner Calzedon / chrysoprase
Chrysotil[asbest] *m* / chrysotile, Canadian asbestos
Chubb-Schloß *n* / Chubb lock
Chugging *n* (Rakete) / chugging
Chymosin, Rennin *n* / chymosin, rennin, ferment of rennet
Chymotrypsin *n* (Chem) / chymotrypsin
Ci = Curie
CIAM-Formgebung *f* / CIAM, computerized integrated and automated manufacturing
CID *n*, Ladungsinjektions-Bauelement *n* (Laser) / CID, charge injection device ‖ ~, rechnergestütztes Konstruieren / CID, computer integrated design
CIE, C.I.E. = Commission Internationale de l'Eclairage ‖ ~ -Farbmaßsystem, Normvalenzsystem *n* / C.I.E. standard colorimetric system ‖ ~ -Norm *f* des bedeckten Himmels / CIE standard overcast sky
cif / cif
CILPE = Conférence Intern. de Liaison entre Producteurs d'Energie Electrique (= Intern. Liaison Conference for Producers of Electrical Energy)
CIM *n*, rechnergestütztes Management / computerized integrated management, CIM ‖ ~ *m*, computer-integrierte Fertigung / CIM, computer integrated manufacturing
CIM-Film *m*, Mikrofilm *m* für Eingabe (DV) / computer-input microfilm, CIM
Cinchonin *n* / cinchonine
Cinemascope *n* (Breitwandverfahren) / CinemaScope
Cineol *n* (Chem) / cineole, eucalyptol[e]
Cinerama *n* (ein Breitwandverfahren) / Cinerama
Cinnabarit *m* (Min) / cinnabarite
Cipolino *m*, Kalkglimmerschiefer *m* / cipolino
CIP-Reinigung *f* (cleaning in place) (Rohre) / CIP method
Circular pitch *m*, Zahnteilung *f* im Teilkreis gemessen / circular pitch, C.P.
C.I.R.P., Internat. Forschungsgemeinschaft für Mechanische Produktionstechnik / Int. Institution for Production Engineering Research
Cirrokumuluswolke *f* / cirrocumulus
Cirrostratuswolke *f*, Eisschleierwolke *f* / cirrostratus
Cirruswolke *f* / cirrus
CISC, Rechner *m* mit komplettem Befehlssatz / CISC, complex instruction set computer
Cis-Form *f* (Chem) / cis-form
Cis-Mond-Raum *m* / cis-lunar space
CISPR *n*, Internationaler Sonderausschuß für Funkstörungen / International Special Committee on Radio Interference
Cis-Trans-Isomerie *f* (Chem) / cis-trans isomerism
Citral *n* (Chem) / citral, geranialdehyde
Citrat *n*, Salz *n* der Zitronensäure / citrate
Citrico-Dehydrase *f* / citric dehydrogenase
Citrin *n* (Min) / citrine, yellow quartz ‖ ~ *n* (Färb) / citrine [dye]
Citro·mycetin *n* (Farbstoff) / citromycetin ‖ ~nellal *n*, Citronellaldehyd *m* (Chem) / citronellal, rhodinal ‖ ~nellol *n* (ein Rosenalkohol) / citronellol
Citronellöl *n*, Lemongrasöl *n* / Indian melissa oil, lemon grass oil
Citronin A, Naphtholgelb S *n* (Färb) / citronin A, acid yellow S
Citrus, Zitrusfrucht *f* / citrus ‖ ~früchte *f pl* / citrus fruits *pl* ‖ ~rote ~milbe, Panonychus citri / citrus red spider o. red mite ‖ ~öl *n* / citrus oil
C-Kampfstoff *m* (Mil) / chemical agent
CKD, vollkommen demontiert / completely knocked down, ckd

Claisen·kolben *m* (Chem) / Claisen flask ‖ ~kondensation *f* / Claisen condensation ‖ ~reaktion *f* (Chem) / Claisen reaction

Clamp *m* (TV) / clamp

Clampdiode *f* (Elektronik) / clamp[ing] diode

Clamping *n*, Clamp *m* (TV) / clamping

Clampingschaltung *f* (Elektronik) / clamp[ing] circuit, clamping

Clapeyronsche Gleichung, Dreimomenten-Gleichung *f* (Mech) / three-moment equation

Clarit *m* (Bergb) / clarain

Clark-Drehscheibengießmaschine *f* (Kupfer) / Clark casting wheel for copper, Clark machine

Clarke·-Zahl *f*, Clarke *m* (Einheit) / Clarke number, clarke

Clark·-Normalelement *n* / Clark cell ‖ ~verfahren *n* für Wasserenthärtung / Clark process

CLAS-Schiff *n* (containerized lighter aboard ship) / CLAS-ship

Clathrat *n*, Käfig-, Einschlußverbindung *f* / cage compound, clathrate ‖ ~bildung *f* / clathration

Claudeverfahren *n* zur Ammoniakgewinnung / Claude process

Clausanlage *f* (Öl) / Claus plant

Clausius·-Clapeyronsche Gleichung (Thermodynamik) / Clausius-Clapeyron equation ‖ ~ -Mosottische Gleichung (Dielektrikum) / Clausius-Mosott's equation ‖ ~ -Rankine-Prozeß *m* / Rankine cycle ‖ ~scher Satz (Wärme) / Clausius' theorem

Claus-Ofen *m* / Claus furnace o. kiln

Clausthalit *m* (Min) / clausthalite

Clausverfahren *n* zur Schwefelrückgewinnung (Öl) / Claus [sulphur recovery] process

CLA-Wert *m*, Centre Line Average (Rauhigkeit) / center line average

Claydeneffekt *m* (Phot) / Clayden effect

Clayless Treatment *n* (Schmieröl) / clayless treatment

Claypigment *n*, Tonpigment *n* (Pap) / clay pigment

Clayton Yellow *n* / titan yellow

CLC = cholesterischer Flüssigkristall

CLDATA (= cutter location data, Werkzeugpositionsdaten) (NC) / CLDATA

CLDATA-Programmiersprache *f* (NC) / CLDATA programming language

Clean Room *m*, sauberer Raum (gegen Umwelteinflüsse geschützt) (DV) / clean room ‖ ~ -Air-Bedingungen *f pl* / clean-air conditions

Cleaning *n* (Fliehkraftausscheidung von Stoffunreinheiten) (Pap) / cleaning

Clean·-up *n* (Chem) / clean-up ‖ ~ -up *n* (Vakuum) / clean-up

Clear-Air-Turbulenz *f* / clear-air turbulence, CAT

Clearance-Antenne *f* / clearance antenna

Clear-Octanzahl *f* / clear octane number

c-Leitung *f* (Fernm) / C-wire, testing wire

Clemmensen-Reduktion *f* / Clemmensen reduction

Cleveit *m* (Pechblendeart) (Min) / cleveite

Clevesäure *f* (Färb) / Cleve's acid

CLIC *m* (linearer integrierter Schaltkreis für Nachrichtenzwecke) / communication linear integrated circuit, CLIC

Clinchen *n* (Schw) / clinching

Clinch·zange *f* (Aerosolpackung) / clinch tongs *pl*, clinching tool ‖ ~zange *f* (Aerosolpackung) / clinching tool

C-Linie *f* (6562,8 Å) (Spektrum) / C-line

Clip *m*, Krokodilklemme *f* / [crocodile] clip

Clip-on-Kältesatz *m* für Container / clip-on refrigerating machine

Clipper *m* (Luftf) / clipper ‖ ~, Trennstufe *f* für Video- und Synchronisationssignale (TV) / clipper

Clipsmutter *f* / clips nut

clo (thermischer Widerstand der Kleidung) / clo (thermal resistance of clothing)

Cloisonné[email] *n* / cloisonné [enamel]

Clone *m* (direkter IBM-Nachbauer) (DV) / clone

Cloqué *m*, Blasenkrepp *m*, Reliefware *f* / blister cloth, crimped cloth, cloqué [fabric]

cloqueliert (Textil) / blister effect …

Closed Shop *m* (DV) / closed shop ‖ ~ Shop (F.Org) / closed shop

Closed-Loop Regelung *f* / closed-loop control system (GB), feedback control (US)

Close-up *n*, Großaufnahme *f* von Einzelobjekten (Film) / close-up [view]

Clostridiensporen *f pl* (Gärung) / spores of clostridium *pl*

Cloudpoint *m* (Öl) / cloud point

CLR-Prüfmotor *m* / CLR-test engine (= coordinating lubricant and equipment research)

Clupanadonsäure *f* / clupanadonic acid

Clupein *n* (Chem) / clupeine

Clusius-[Isotopen]trennrohr *n* / Clusius column

Cluster *m* (Krist) / cluster [of pores] ‖ ~ (Molekülagglomerat) / cluster ‖ ~ (DV) / cluster of terminals ‖ ~ (Tastatur) / cluster (of keys) ‖ ~analyse *f* / cluster analysis ‖ ~ -Controller *m* (Tastatur) / cluster controller ‖ ~modell [für leichte Atomteilchen] *n* / cluster model

CMC = Carboxymethylcellulose

C-Modulator *m* / C-type modulator

CMOS *m n* (= complementary metal oxide semiconductor), CMOS-Halbleiter *m* / CMOS, C/MOS ‖ ~ -FET *m* (Halbl) / CMOS-FET

CN, Cellulosenitrat *n* / cellulose nitrate, nitrocellulose

CNC-Maschine *f* / CNC-machine

CNC-Steuerung *f* (Wzm) / computerized numerical control, CNC-control

C.N.C.T. = Centre National de Coordination Technique

C-Neutron *n* (Energie unter 0,3 eV) / C-neutron

CNMA = Communication Network for Manufacturing Application

C.N.R.S. (Frankreich) = Centre National de la Recherche Scientifique

C/N-Verhältnis *n* (Boden) / C/N ratio, carbon/nitrogen ratio

CN-Zyklus *m* (Nukl) / Bethe-Weizsäcker progressive reaction, Bethe cycle

Coagulum, Gerinnungsmittel *n* / coagulum

Coalescer *m* (zur Tropfenbildung in disperser Phase) (Öl) / coalescer

Coalite-Prozeß *m* (Kohleschwelung) / coalite process

Coanda-Effekt *m* (Phys, Umlenkung tangentialer Strömung) / Coanda effect

Coaster-Schütz *n* (Hydr) / coaster gate

Coastingaufstieg *m* (Raumf) / coasting ascent

Coated Particles *pl* (Nukl) / coated particles *pl*

Coating *m* (ein Mantelstoff), Flausch *m* (Textil) / coating ‖ ~s *pl*, verschleißfeste Überzugsschichten *f pl* / coatings *pl*

COB (Halbl) / COB, chip on board

Cobaltin *m* (Min) / bright white cobalt glance

COBOL·-Programmiersprache *f* (DV) / COBOL (common business oriented language) ‖ ~ -Wort *n* (DV) / reserved word

Coca *m*, Erythroxylon coca (Bot) / coca ‖ ~ *f* (Extrakt) / coca ‖ ~nuß *f* / hayo, coca

Cocarboxylase *f* / co-carboxylase

Coccusrot *n*, Karminlack *m* / lake

Cochenille *f* / cochineal

Cocin… (Chem) / cocinic

Cockpit *n*, Plicht *f* (Schiff) / cockpit ‖ ~, Pilotenraum *m* (Luftf) / pilot's cockpit ‖ ~ (Kfz) / center console ‖ ~ (Motorrad) / instrument housing

Cocobolo *n*, zentralamerikanische Grenadille (Holz) / cocobolo

Code, Kode *m* (DV) / code [set] ‖ ~ *m* mit gleicher Schrittzahl (Fernm) / equal-length code ‖ ~ mit Hammingabstand Eins (DV) / unit-distance code ‖ ~ nit Mindest-Hammingabstand (DV) / minimum distance code ‖ 6-Bit-~ (DV) / six-bit code ‖ den

˅ festlegen / codify ‖ ˅-**Aufbau** m (DV) / key ‖ ˅**bake** f (Radar) / code beacon ‖ ˅**block** m (Bahn) / coded current block

Codec m / coder-decoder

Code·-Element n (Lochstreifen) / code element ‖ ˅-**Erzeuger** m, -erzeugung f (DV) / generator ‖ ˅-**Funkrufsystem** n / radio code paging system ‖ ˅-**Gleisstrom** m (Bahn) / coded track-circuit current ‖ ˅-**Gleisstromkreis** m (Bahn) / coded current track circuit

Codein n / codein, methylmorphine

Code·-Karte f (LoKa) / code card ‖ ˅**liste** f / code set ‖ ~**mäßige Anpassung** (DV) / adaptation of the code system ‖ ˅**name** m (DV) / label ‖ ˅**name** m **für Funkmeldungen** (Raumf) / radio-communications code-name ‖ ˅**prüfung** f (DV) / code check

Codep-Verfahren n (Galv) / codep coating, co-deposition process

Coder m (Fernm) / coder

Code·selector m (DV) / encoder ‖ ˅**steuerzeichen** n, Steuerzeichen n zur Codeerweiterung / code extension character ‖ ˅**strom** m (Bahn) / coded current ‖ ~**transparent** (DV) / code transparent ‖ ˅-**Umsetzer** (DIN), -[um]wandler m (DV) / code translator o. converter, transcriber, translate feature ‖ ˅**umstellung** f / code changing ‖ ~**unabhängig** (DV) / code-independent ‖ ˅**verwirrung** f (Mil) / code garbling ‖ ˅**vielfachzugriff** m (DV) / code division multiple access, CDMA ‖ ˅**wort** n / code word ‖ ˅**zeichen** n / code character ‖ ˅**zuordnung** f / code assignment

Codier·blatt n, -formular n / program sheet, coding sheet, instruction sheet ‖ ˅**drucker** m (Bürom.) / code printer ‖ ˅**einrichtung** f / encoder

codieren, kodieren / code, encode ‖ ˅ n, Codierung f, Code-Umsetzung f / coding, encoding, keying ‖ ˅ **mit unterteilten Bändern** / sub-band coding, SBC

Codierer m, Codiergerät n (DV) / coder, encoder

Codier·maschine f (Buch.m) / document inscriber ‖ ˅**matrix** f (DV) / code o. coding matrix ‖ ˅**platz** m (Fernm) / coding position ‖ ˅**schaltung** f / coding circuit ‖ ˅**scheibe** f / code disk ‖ ˅**sprache** f / coding language ‖ ˅**system** n **nach Strobe-Dauer** / hop time system, time hopping system

codiert / coded ‖ ~**es Bild** / coded image ‖ ~**e Darstellung** / coded element o. representation ‖ ~**er Signal-Impuls** (Fernm) / intelligence level ‖ ~**es Zeichen** (Fernm) / coded digit

Codiertastatur f / encoding keyboard

codiert-dezimal / coded decimal

Codierung f, Kodierung f / codification

Codierwerk n, Größenwerter m / digitizer, encoder

Codimer n (Chem) / codimer

Codirverfahren n (Hütt) / coal-ore direct iron reduction

Codleine f (Fischerei) / cod line

Coelostat m (Astr) / coelostat

Coenzym n, Coferment n / coenzyme ‖ ˅ **I**, Cozymase f / coenzyme I, cozymase ‖ ˅ **II** / coenzyme II ‖ ˅ **Q**, Ubichinon n / coenzyme Q, ubiquinone

Coësit m (Min) / coesite

Coextrusion f (Plast) / coextrusion, Coex

Coffein n, Koffein n / caffeine

Coffinit m (Min) / coffinite

CO-Filter-Selbstretter m (Bergb) / CO-filter self-rescuer

CO_2**-Gastransportlaser** m / CO_2 gas transport laser

Coil n (Walzw) / coil ‖ ˅-**Coatingmaschine** f / coil coating machine

Coiler m (Walzw) / coiler

Coilgewicht n (Walzw) / coil weight

Coion n (ein Ion) / coion

Coir n, technisch verarbeitbare Kokosfaser / coconut fibre, coir [fibre]

CO-Konvertierung f / shift reaction, CO-conversion

CO-Konvertierungsanlage f / CO-converter

Colchicin n / colchicine

Colcothar m (Chem) / colcothar ‖ ˅, Kolkothar m, Eisenrot n / Venetian red, red hematite

Colcrete·-Beton m (Bau) / colcrete, colloid concrete ‖ ˅-**Schlamm** m / colgrout

cold shot (Druckguß) / cold shot ‖ ˅-**Box** f (Gieß) / cold core box ‖ ˅-**Box-Verfahren** n (Gieß) / cold box casting ‖ ˅-**Cranking-Simulator** m, CCS (Schmieröl) / cold cranking simulator

Cold Rubber, Kaltkautschuk m / cold rubber

Cold-Stream-Verfahren n (Prallzerkleinerung) / cold-stream process

Colemanit m (Bormineral) / colemanite ‖ ˅**beton** m / colemanite concrete

Coleopter m (Luftf) / coleopter [plane]

Cölestinblau n / cobalt blue

Colibakterien pl / bacteria coli pl

Colidar n, optischer Radar / colidar (coherent light detection and ranging)

coliforme Keime m pl / coliforms pl

Collapsing-Verschluß m (Phot) / collapsing foil shutter

Collargol, Kolloidsilber n / collargol

Collotype-Verfahren n / collotype process

Coloradokäfer m, Kartoffelkäfer m / Colorado beetle, potato-bug

Color·-Arbeitsstation f / color workstation ‖ ˅**falle** f (TV) / color trap

colorimetrieren / determine by colorimetry

coloristisch (Färb) / colo[u]ristic

Color·killer m (TV) / colour killer ‖ ˅**papier** n / color paper

Colpitts-Oszillator m (Elektronik) / Colpitts oscillator

Colzaöl, Kohlsaatöl n (von Brassica campestris) / colza oil

COM = Computerausgabe auf Mikrofilm

Coma n, Leuchtfleckverzerrung f / coma (spot distortion)

COM·-Anlage f (für alphanumerische Zeichen) / COM printer ‖ ˅-**Anlage** (für alphanumerische und grafische Darstellungen) / COM printer-plotter

Combine f, Mähdrescher m / combine, harvester-thresher

Combinggarn n, Flachswerggarn n / combing yarn

Combustor m, Zweistufen-, Vergasungsbrenner m / combustor, two-stage burner, gasification burner

Comeback-Wolle f / comeback wool

COM-Film m (= computer-output microfilm) / computer output microfilm, COM-film

Comité Consultatif International (Fernm) s. C.C.I.

Commuter-Flugzeug n / commuter plane

Compact-Disk f, CD-Platte f, Digitalschallplatte f (TV) / compact disk, CD

Compandor m (Fernm) / compandor, -der

Compiler, Compilierer m (DIN) (Übersetzer für systemunabhängige Programmiersprache) (DV) / compiler, compiler routine, compiling program

Complexon n / complexone

Compliance f (Reziprokwert der Steifheit in cm/dyn) (Phys, Phonograph) / compliance

COM-Plotter m, Mirofilmplotter m / COM plotter

Compo m (SiO_2-reiches Stampfgemisch) / Compo (a ramming mass rich in SiO_2)

Composit n (Rakete) / composite [fuel] ‖ ˅**stein** m / composite brick ‖ ˅**werkstoff** m / composite material

Compound... (Elektr) s. Kompound...

compoundieren / compound

compoundiert·es Öl, Compoundöl n, Mischöl n / compoundage (oil of vegetable and mineral oil)

Compound·kern m (Nukl) / compound nucleus ‖ ˅**kernmodell** n / compound nuclear model ‖ ˅-**Triebwerk** n (Ottomotor kombiniert mit leistungsabgebendem Abgasgebläse) (Luftf) / compound engine

Compression-Set m (Meßtechnik) / compression set

Compton·-Absorption f / Compton absorption ‖ ˅ -**Effekt** m (Nukl) / Compton effect ‖ ˅**elektron** n / Compton electron ‖ ˅**kante** f / Compton edge ‖ ˅ -**Spektrometer** n / Compton meter ‖ ˅ -**Streuung** f / Compton scattering

|| ⌁ -**Verschiebung** f / Compton shift || ⌁ -**Wellenlänge** f / Compton wavelength

Computer, [elektronischer programmgesteuerter o. innenprogrammierter] Rechner m / [electronic] computer || ⌁ -**Anwendung** f / computer application, computerization || ⌁ -**Ausgabe** f **auf Mikrofilm,** COM-Film m / COM, computer output on microfilm || ⌁**bild** n / computer-generated image || ∼ -**erzeugt** / computer-generated || ∼**gerecht** / computer-compatible || ∼**gesteuert** / computer controlled || ∼**gestützt** / computer aided a. assisted || ⌁**grafik** f / computer graphics || ⌁ -**Industrie** f / datamation || ∼ -**integrierte Fertigung,** CIM / compter integrated manufacturing

computerisieren / computerize

Computer·-Landkarte (vom Computer erzeugt) / computerized map, computer map || ⌁**lauf** m / computer run || ⌁ -**Metrologie** f / compumetrics || ⌁ -**Mikrografik** f / computer micrographics || ⌁ -**NC-Steuerung** f (Wzm) / computer numeric control, CNC, soft-wired NC || ∼**orientiertes Informationssystem,** CIS / computer-oriented information system, CIS || ⌁**satz** m (Buch) / computer typesetting || ∼**speziell** (Zubehör) / computergrade || ⌁**tomograph** m (Röntgen) / scanner, scannograph || ∼ -**unterstützt,** -gestützt / computer assisted o. aided || ∼**unterstützter Unterricht,** CUU / computer aided o. assisted instruction, CAI || ∼ -**unterstützte Tätigkeiten** f pl / computer-aided activities, CAx || ⌁ -**Verband** m / computer grid o. network

Concast-Stranggußverfahren n / concast process

Concentrator m (Zement) / concentrator

Conche f (Schokolade) / conche

conchieren (Schokolade) / conche, treat in the conche

Cone f (Textil) / cone

Conen n (Textil) / coning

Coniferyl... (Chem) / coniferyl...

Coniin n (Schierlingalkaloid) (Chem) / coniine

Conlock n (Container-Verriegelung) / conlock

Connoranschnitt m, Gratanschnitt m (Gieß) / Connor runner bar

Conradson·kohle f (Öl) / Con carbon, Conradson carbon || ⌁ -**Test** m (Öl) / Conradson carbon test

Consolsystem n (Radar) / Consol [long distance radio navigation] system

Cont. (Bahn, Schiff) = Container

Container m, Transportbehälter m / container, transport box || ⌁ **beladen** (o. verladen) / van containers || ⌁ **entleeren, [füllen]** / strip, [stuff] containers || ⌁ **für den kombinierten Verkehr** / intermodal container || ⌁ **für namentlich bezeichnetes Gut** / named cargo container || ⌁ **für Überseeverkehr** / transcontainer || ⌁ **mit Kühlaggregat** / refrigerator container || ⌁ **mit Sammelgut** / consolidated container || **halbhoher** ⌁ / demi-container || **kleiner** ⌁ / small-container || **zusammenlegbarer** ⌁ / collapsible container, coltainer || ⌁ -**Anschlaggeschirr** n, Spreader m (Cont.Brücke) / spreader || ⌁ -**Aufstellfläche** f / marshalling area || ⌁**bahnhof** m / container station || ⌁**brücke** f, -kran m, Portainer m / portainer || ⌁ -**Eckbeschlag** m / lifting o. securing eye || ⌁ -**Flachpalette** f / [cargo] flat || ⌁ -**Hebevorrichtung** f (Kfz) / container lift[ing device]

containerisierbar, containerfähig / containerizable

containerisiert / containerized

Containerisierung f / containerization

Container·-Leichter-Trägerschiff n / CLAS-ship (containerized lighter aboard ship) || ⌁**pier** m f / container pier || ⌁**schiff,** Behälterschiff n (Schiff) / container vessel || ⌁**terminal** m / container terminal o. berth || ⌁**tragwagen** m (Bahn) / container wagon o. car (US) || ⌁ -**Umschlag** m / container handling o. transshipment || ⌁**umschlagsanlage** f / container handling facility || ⌁ -**Verladebrücke** f s. Containerbrücke

Containment n (Reaktor) / containment [shell]

Continue-Appart f **für Kabelherstellung aus Stapelfasern** / continuous machine for staple fiber in tow

CONTRAN n (DV) / Contran (= control translator)

Conurbation f, Oberzentren-Bildung f / conurbation

Converter m (Elektronik) / converter

Convertiplan m / convertiplane, convertible [plane]

Convertol-Verfahren n / Convertol process

Cookesches (o. **Taylorsches**) **Triplet** (Phot) / Cooke triplet

Coolidge-Röhre f (Röntgen) / Coolidge tube

Cooperit m (Platinmineral) / cooperite

Cooper-Paar n / Cooper pair

Cop m, Kötzer m (Spinn) / cop

Copalit, Copalin m (Min) / copalite, copaline, Highgate resin

Copolykondensation f / copolycondensation

Copolymerisat, (früher:) Mischpolymer[isat] n / copolymer[ide]

Copolymerisation f / copolymerization, heteropolymerization

Coprosterin n (Chem) / coprosterol

Coprozessor m / coprocessor

CO₂-Prüfer m / CO_2-recorder

Copyrapid-Verfahren, Diffusionskontakt-Verfahren n / diffusion contact printing

Copyright n / copyright

Corastahl m / Cora steel

Cord, -stoff, -samt m / cord[uroy], cord fabric || ⌁ (Reifen) / cord || ⌁**barchent** m / corded fustian || ⌁**einlage** f **in Reifen** (Kfz) / cord ply in tires

Cordierit n (Chem) / cordierite || ⌁, Dichroit m (Min) / cordierite, dichroite, iolite

Cordit n (Raketentreibstoff) / Cordite

Cordonnet m (Textil) / cordonnet

Cord·reifen m (Kfz) / corded tire || ⌁**samt,** -stoff m / cord[uroy], cord fabric || ⌁**samt** m, Rippensamt m / cannele cord || ⌁ -**Schneidemaschine** f / corduroy-cutting machine

Corduroy s. Cord

Cordzwirn m (Textil) / cordonnet, cabled yarn, cord thread

Core n (Nukl) / reactor core || ⌁**daten** pl (Reaktor) / core data pl

Core-spun-Garn n, Seelengarn n (Textil) / core-spun yarn

Coriolis·beschleunigung f / Coriolis [component of] acceleration || ⌁**kraft** f / Coriolis force

Corium n, Lederhaut f / corium

Corkscrew m (Textil) / corkscrew twill || ⌁... (Zwirn) / corkscrewed

Cornu··-Prisma n (Opt) / Cornu prism || ⌁ -**Spirale** f / Cornu o. Euler's spiral, clothoid

Cornwallit m, Erinitit m (von Heidinger) (Min) / cornwallite, erinite (of Heidinger)

Corona-Aufladung f (Repro) / corona charging

Coronen n (Chem) / coronene

Corotron n (Aufladestation des Kopierers) / corotron

Corozo n, vegetabilisches Elfenbein / vegetable ivory, corozo

Corporate Identity f (Btx) / corporate identity

Correns-Gitterplatte f / Correns grid

Corrodkote-Verfahren n (Korros.Prüfg) / Corrodkote test

Corticotropin n, ACTH / corticotropin, adreno-corticotropic hormone, ACTH

Cortison n / cortisone

Corydalin n (Chem) / corydaline

COS (DV) = Corporation for open Systems

cos, Kosinus m (Math) / cos, cosine

cos-β-Dipol m, Hertzscher Dipol / radiating doublet, infinitesimal dipole

CO₂-Schweißen n / CO_2-shielded metal-arc welding

cosec, csec, Cosecans m (Math) / cosec[ant] || ∼ -**Antenne** f / cosec[ant] antenna

cosec²-Antenne f / cosec[ant] squared antenna

cosec²-Muster n (Radar) / cosecant squared pattern

cosh, Cosinus m hyperbolicus / hyperbolic cosine

Cosmotron n (Nukl) / cosmotron
Cosserat-Kontinuum n (Mech) / Cosserat continuum
Cossyrit, Rhönit m (Min) / cossyrite
Costa-Schleife f (Fernm) / Costa's loop
cot, Kotangens m (Math) / cot, cotangent
Coteline m (Web) / coteline
Cottage n, kleines Landhaus / cottage, small house
Cotton· Bagging (schweres Jutegewebe als Packmaterial für Baumwollballen) n / cotton bagging || ⁀ -**Fettsäure** f / cotton seed fatty acid
cottonisieren / cottonize
Cotton·maschine f / Cotton's patent type machine o. full fashioned knitting machine, straight bar knitting machine, fully fashioned hosiery knitting machine || ⁀ -**Moutoneffekt** m / magnetic double refraction, Cotton-Mouton effect || ⁀**nadel** f / narrowing point, cotton frame needle || ⁀**öl** n / cotton [seed] oil || ⁀**strumpf** m / full[y]-fashioned stocking || ⁀ -**Waage** f, Feldwaage f nach Cotton (Magn) / Cotton balance || ⁀**wood** n, kanadische Pappel / Canadian poplar, cottonwood
Cottrell·-Gasreinigungsanlage f, -Entstauber m / Lodge-Cottrell precipitator || ⁀ -**Verfahren** n (Hütt) / Cottrell type precipitation of dust
Cotunnit m (Min) / cotunnite
Coudé-Anordnung f (Dispersions-Spektroskopie) / coudé mounting o. telescope
Coudé-Refraktor m / Coudé telescope
Coulomb n, C, Amperesekunde f, Asec f / coulomb, C || ⁀... / coulomb[ic] adj || ⁀ -**Anregung** f / Coulomb excitation || ⁀ -**Energie** f / coulomb energy || ⁀ -**Kraft** f / coulomb force || ⁀ -**Lorentz-Kraft** f / Coulomb-Lorentz force
Coulo[mb]meter, Voltameter n (Instr) / Coulomb meter, coulometer, voltameter
Coulombmeter m, C-m (Einheit) / coulomb-meter
Coulomb·-Potential n / coulomb potential || ⁀**sches Gesetz** n / law of electrostatic attraction, Coulomb's law || ⁀**sche Waage** (zur Messung von Anziehungskräften) / torsion balance || ⁀ -**Schwelle** f / Coulomb barrier || ⁀ -**Wall** m, -Schwelle f, -Barriere f / coulomb barrier
Coulometrie f (Chem) / coulometry
coulometrisch / coulometric
Countdown m, Rückwärtszählen n zum Start / countdown
Count-down-Wiederholung f / recycling
Counterflush-Verfahren n / counterflush method
Coupé n (Kfz) / coupé
Coupüre f, Verschnitt m (Färb) / reduction of print pastes, reduced print
Courbaril, Jatoba n (Holz) / courbaril
Covar n (Legierung) / covar (Co-Va-Rh-alloy)
Covellin, Kupferindig m (Min) / covellite
Co-Volumen n (Chem) / co-volume
Cowper, Winderhitzer m (Hütt) / [regenerating] air heater, regenerator, recuperator, hot blast stove || ⁀**besatz** m (Hütt) / blast stove fillers pl || ⁀**stein** m / hot blast stove brick
Cozymase f, Nicotinamidadenin-dinucleotid, NAD, Diphospho-pyridin-nucleotid, DPN / cozymase, NAD, DPN
CPM-Methode f, Kritisch-Pfad-Methode f / critical path method, CPM
CPT-Theorem n (Phys) / CPT theorem (C = charge conjugation, P = parity operation, T = time reversal)
CPU, Zentraleinheit f (DV) / CPU (central processing unit)
CPVA = Chemisch-Physikalische Versuchsanstalt
CQ, "an alle" (Elektronik) / CQ, call "to all stations"
CR = Chloropren
Crab-Nebel m (Astr) / Crab nebula
Crack·anlage f / cracking installation || ⁀**benzin** n / cracked gasoline || rohes ⁀**benzin**, Druckdestillat n / pressure distillate, PD
crackelierte Ware / crackleware
cracken / crack v

Cracker-Effekt m (Öl) / cracker effect
Crackingprozeß m (Chem) / cracking process
C³RAM n (DV) / continuously charged coupled random access memory, C³RAM
craquelieren (Keram) / crackle, crack, craze || ⁀ / crazing
Crash·-Pad m (Kfz) / crash-pad || ⁀ -**Test** m / crash test || ⁀**verhalten** n (Kfz) / crash behaviour
Crawl-Effekt m (TV) / crawl effect
CRC·-Prüfung f (= cyclic redundancy check) (DV) / CRC check, cyclic redundancy check || ⁀ -**Prüfzeichen** n (DV) / cyclic-redundancy-check character
Creedscher Interpolator / cable interpolator
Creme f, Krem m / cream || ⁀**weiß** (RAL 9001) / cream
Cremonascher Kräfteplan / Cremona's polygon of forces
Crêpe·-Chiffon m (Textil) / chiffon || ⁀ -**de-Chine**, Chinakrepp m / crêpe-de-Chine || ⁀ -**Garn** /, georgette twist || ⁀ -**Georgette** m / crepe georgette || ⁀**kautschuk** m / pale crêpe, crêpe rubber
Crepeline m (Textil) / crepeline
Crepon m (Textil) / crepon
Cresol n, Cresolsäure f, Kresol n / cresylic acid
Cresyl n / cresyl || ⁀**acetat** n / cresylacetate
Cretonne[rohware] f (Web) / cretonne
Crew f (Schiff) / crew
C.R.-Gesetz n (Fernm) / C.R.-law
CR-Glied n (Elektronik) / capacitor/resistor
Crightonöffner m (Textil) / Crighton o. beater opener
Crimp-Amboß m / crimp anvil
Crimpen n (Leiteranschluß), Crimpverbindung f / crimping of connecting wires, crimp connection || ⁀ / crimp vi
Crimp-Hülse f / crimp barrel
Crimps m (durch Webeeffekt gekräuselt) (Baumwolle, Textil) / crimp cloth
Crimpzange f / crimping tool
Crinkle-Verfahren n (Textil) / crinkle process
Cristobalit m (tetragonaler Quarz) (Min) / cristobalite
Crith n (Masse von 1 Liter Wasserstoff bei Normalbedingungen) (Nukl) / crith (unit of mass, that of 1 litre H at s.t.p.)
Crocin n (gelber Safranfarbstoff) / crocine
Croningverfahren, Form[masken]verfahren n (Gieß) / mould casting system Croning, Croning process, lost-plastic moulding
Crookes·glas n (ein Filterglas) (Opt) / Crookes' glass || ⁀**it** m (Min) / crookesite || ⁀**scher Dunkelraum** (Elektronik) / cathode dark space, Crookes' dark space || ⁀**sche [Gasentladungs]röhre** / Crookes' tube || ⁀**sche Lichtmühle**, Radiometer n (Phys) / [Crookes'] radiometer
Cross Interleave Solomon Code m, CIRC / Cross Interleave Reed Solomon Code || ⁀ -**Assembler** m, Kreuzassembler m / cross assembler
Crossbar·system n (Fernm) / crossbar system || ⁀**verteiler** m (Fernm) / crossbar distributor || ⁀**wähler** m (Fernm) / crossbar selector o. switch
Crossbred·..., Kreuzungs... (Wolle) / crossbred || ⁀**wolle** f / crossbred wool
Cross·-Color-Effekt m / cross colour effect || ⁀ -**Color-Störung** f (TV) / cross-colour distortion || ⁀**compiler** m / crosscompiler
Crossfield-Technik f (Magnetton) / cross-field method
Crossing-Reaktion f (Phys) / crossing reaction
Crosskill-Walze / Crosskill roller
Crosslinking·-Ausrüstung f (Textil) / crosslinking finish || ⁀ -**Ausrüstung** f für Textilglas / glass finish
Crossplotting n (DV) / cross-plot
Crosspoint-Vermittlungszentrale f (Fernm) / crosspoint exchange
Crossverfahren n (Bau) / Cross method
Croton·aldehyd m / crotonaldehyde || ⁀**säure** f / crotonic acid
Crotonyl..., Crotyl... / crotonyl
Crotylalkohol m / crotyl alcohol

Croupon m (Leder) / butt ‖ ⁓**hälfte** f (Leder) / bend
crouponieren (Leder) / butt, round
Crownglas n (Opt) / crown glass
CRP / CRP, capacity resource planning
Crude n / crude [oil], petroleum crude
Cruise Missile, Marschflugkörper m / cruise missile
Crusher m (Zuck) / defibrator ‖ ⁓ (Mat.Prüf) / crusher ‖
⁓**leistung** f (Zuck) / crushing o. defibrating performance
crushierbare Bindung (Schleifscheibe) / crushable bond
Cryo·genik, Tieftemperaturtechnik f / cryogenics ‖
⁓**physik** f / cryophysics ‖ ⁓**pumping** n, Pumpen n bei
Niedrigsttemperatur / cryopumping ‖ ⁓**trapping** n
(Vakuum) / cryotrapping ‖ ⁓**tron** n (DV) / cryotron
Cryotronik f / cryotronics
Cryovac-Verfahren n / cryovac process
CS = Casein
C-Schicht f (35 - 70 km über der Erde) / C-layer
C-Schirm m (Radar) / selected range indicator
CSD-Kupplung f (Kfz) / CSD, controlled slip differential
CSMAICD-Verfahren n (LAN) / carrier sense multiple
access with collision detection
C₃-Stripper m (Öl) / C₃-stripper
C-Stück n (Rohr) / wye, Y-pipe
CTBC / CTBC
CTL-Logik f (DV) / CTL, capacitor-transistor logic
CTOL-Flugzeug n / CTOL- o. NTOL-aircraft (=
conventional o. normal take-off and landing)
CT-Schnitt m (Kristall) / CT-cut
CTT-Simulator m (eine Sicherheitsvorrichtung), (coll:)
Schnapsnadel f (Kfz) / CTT-simulator (= critical
tracking task), liquor needle (coll)
ct-Wert f, (Produkt aus Belegungszahl (=call) und -dauer
(=time)) (Fernm) / ct-value, erlang
Cuba-Mahagoni n, westindisches Mahagoni / Cuban
mahagony
Cuban n (Chem) / cubane
Cueing n / cueing
Cue/Review n (Video) / cue/review
Cuiteseide f / cuite, bright silk
Culmannsche Momentenfläche / Culmann's diagramm
of moments
Cumarin n (Chem) / coumarin[e] ‖ ⁓**säure** f / coumarinic
acid
Cumaron n, Benzofuran n / benzofuran ‖ ⁓**harz** n /
c[o]umarone resin
Cuma[sina]-Verfahren n (Wasserentkeimung durch
Silber) / Cumasina process
Cuminöl n / cumin oil
Cummingtonit m (Min) / cummingtonite, amphibole-
anthophyllite
Cumol, Isopropylbenzol n / cumene, isopropylbenzene
Cumulonimbuswolke f, Schauerwolke f / cumulonimbus
Cumuluswolke f, Haufenwolke f / cumulus
CUNA = Commissione Unificazione Normalizzazione
Autoveicoli (Italien)
Cupal n, kupferplattiertes Aluminium / copper clad
aluminium stock o. sheet
Cupferron, Kupferon n (Chem) / cupferron
Cuprammoniumsulfat n / tetrammine copper(II)
sulphate(VI)
Cupri·..., Kupfer(II)-... / cupric ‖ ⁓**chlorid**,
Kupfer(II)-chlorid n / cupric chloride ‖ ⁓**hydroxid** n /
cupric hydroxide ‖ ⁓**rhodanid** n / cupric thiocyanate ‖
⁓**salz** n / cupric salt
Cuprit m, Rotkupfererz n / cuprite, red copper ore
Cupro·..., Chemiekupferseide f / cuprammonium filament
‖ ⁓**...**, Kupfer(I)-... / cuprous ‖ ⁓**chlorid** n / cuprous
chloride ‖ ⁓**faser** f (Textil) / cupro fiber, cuprammonium
spin yarn ‖ ⁓**[faser]** f / cupro ‖ ⁓**jodid** n / cuprous
iodide ‖ ⁓**rhodanid** n / cuprous thiocyanate ‖ ⁓**salz**,
Kupfer(I)-salz n / cuprous salt ‖ ⁓**sulfid** n / cuprous
sulphide
Curare n, Urare n, Curari n / curare, curari
Curbmodulation f (Fernm) / curbed modulation

Curbsender m (Fernm) / curb transmitter
Curcumin, Kurkumagelb n / curcumin
Curie (veraltet), Ci n, (= 3,7 · 10¹⁰ Zerfallsakte/s) / curie,
Ci ‖ ⁓**punkt** m, -temperatur f / Curie point o.
temperature, magnetic transition temperature ‖ ⁓**sches
Gesetz** / Curie's law ‖ ⁓ **-Weiss-Effekt** m / Curie-Weiss
effect ‖ ⁓**zelle** f (Nukl) / junior cave
Curit m (Min) / curite
Curium n, Cm / curium, Cm
Curl n, Drehung f (Elektr) / curl, rotation
Curling n, Schraubenzieher-Drehung f (Magnet) / curling
Current-mode-Logik f (DV) / current mode logic, CML,
emitter coupled logic, ECL
Cursor m (DV) / cursor ‖ ⁓ **-Positionierung** f / cursor
positioning ‖ ⁓**steuertaste** f (DV) / cursor key, C-key ‖
⁓**steuerungsfeld** n / cursor control key pad, touch pad
Curtain Wall m (Bau) / curtain wall
Curtisturbine, Gleichdruck-, Aktionsturbine f / action o.
Curtis turbine
Curv n (Unterwasserabbau) / Curv (= controlled
underwater recovery vehicle)
Cusp-Anordnung f (Nukl) / cusp arrangement
Cutback n (Verschnittbitumen o. auch Kaltbitumen)
(Straßb) / cutback, cutback bitumen, bituminous
emulsion, cut-back asphalt (US)
Cut-off m (Kath.Str) / cutoff
Cutpoint m (Öl) / cutpoint
cutten (Film) / cut v
Cutter, Schnittmeister m (Film) / cutter ‖ ⁓, Kutter m
(Fleischerei) / cutter ‖ ⁓**bagger** m / cutter excavator
CUU = computerunterstützter Unterricht
CVCC (Kfz) / CVCC, compound vortex controlled
combustion
CVD-Verfahren n / chemical vapour deposition process,
CVD process
C-Verstärker m / C-type amplifier
CVS-Methode f (Kfz) / constant volume sampling method
CV-Verfahren n (Kabelherst) / continuous vulcanization
CW·-Laser m, Dauerstrichlaser m / continuous-wave
laser, c.w. laser ‖ ⁓ **-Radar**, Dauerstrich-Radar m n /
continuous wave radar
Cw-Wert m, Luftwiderstands-Beiwert m (Kfz) /
aerodynamic drag factor, Cd factor
CW-Zielerfassungsradar m n / C.W. acquisition radar
CX-Technik f / compatible expansive o. CX technology
Cyan n / cyanogen, carburet of nitrogen ‖ ⁓**acrylat** n /
cyanoacrylate ‖ ⁓**acrylharz** n / cyanide acrylic resin ‖
⁓**amid** n / cyanamide, carbodiimide ‖ ⁓**at** n / cyanate ‖
⁓**bad** n / [sodium] cyanide bath ‖ ⁓**base** f / cyanogen
base ‖ ⁓**benzol** n / cyanobenzene ‖ ⁓**eisen** n / ferrous
cyanide, ferrocyanide, prussiate ‖ ⁓**härtung** f / cyanide
o. cyanogen hardening ‖ ⁓**hydrin** n / cyan[o]hydrin ‖
⁓**id** n, Salz n der Blausäure / cyanide, prussiate ‖ ⁓**idin**
n / cyanidine ‖ ⁓**[id]laugenbad** n / cyanidation vat ‖
⁓**idverfahren** n, Cyanidlaugerei f (Gold) / cyanide
process ‖ ⁓**idverkupferung** f / alkaline o. cyanide
copper-plating
Cyanin n / cyanin, cyanidin glucoside ‖ ⁓, Cyaninblau n
(Phot) / cyanine, chinolin[e] blue ‖ ⁓, Anthocyan n (Bot) /
anthocyanin
cyanisieren / treat by potassium cyanide
Cyan·it, Kyanit, Disthen m (Min) / cyanite, kyanite,
disthene ‖ ⁓**kali[um]**, Kaliumcyanid n / potassium
cyanide
Cyano·platinit n (Röntgenschirm) / cyano platinite ‖ ⁓**typie**,
Blaupause f / cyanotype
Cyan·säure f / cyanic acid ‖ ⁓**silber** n / silver cyanide ‖
⁓**silikon** n / cyanosilicone ‖ ⁓**toluol**, Tolunitril n /
cyanotoluene ‖ ⁓**ur[säure]farbstoff** m / cyanuric
dyestuff ‖ ⁓**ursäure** f / cyanuric acid ‖ ⁓**wasserstoff** m,
Blausäure f / hydrocyanic acid, prussic acid, hydrogen
cyanide
Cyc-Arc-Schweißen n / cyc-arc welding
Cyclamin, Primulin n (Färb) / primulin[e]

Cyclan, Cycloparaffin *n* / cyclane, cycloparaffin
Cyclen, Cycloolefin *n* / cyclene, cyclo-olefine
Cycle-Stealing-Verfahren *n* (DV) / cycle stealing
cyclisch, zyklisch / cyclic
cyclo·aliphatisch (Harz) / cyclo-aliphatic ‖ **⁓alkan** *n* / cycloalkane ‖ **⁓butan**, Tetramethylen *n* / cyclobutane, tetramethylene ‖ **⁓dextrin** *n* / cyclodextrin ‖ **⁓graph** *m* (F.Org) / cyclegraph, cyclograph ‖ **⁓hepten** *n*, Cycloheptan *n* / cycloheptene, cycloheptane ‖ **⁓hexan** *n*, Hexahydrobenzol, Naphthen *n* / cyclohexane, hexamethylene, hexanaphthene, hexahydrobenzene ‖ **⁓hexanol** *n* / cyclohexanol, hexahydrophenol ‖ **⁓hexanonharz** *n* / cyclohexanone resin ‖ **⁓hexanonoxim** *n* / cyclohexanonoxim ‖ **⁓hexylacetat**, -hexanolacetat *n* / cyclohexanol acetate ‖ **⁓kautschuk** *m* / cyclocaoutchuc, cyclorubber ‖ **⁓nit**, Hexogen *n* / cyclonite, hexogen ‖ **⁓olefin**, Cyclen *n* / cyclene, cyclo-olefine ‖ **⁓paraffin**, Cyclan *n* / cyclane, cycloparaffin ‖ **⁓paraffine** *pl* / cycloparaffins *pl* ‖ **⁓pentadien** *n* / cyclopentadiene ‖ **⁓pentan**, Pentamethylen *n* / cyclopentane, pentamethylene ‖ **⁓pentanon** *n* (Chem) / cyclopentanone, ketocyclopentane ‖ **⁓propan** *n* / cyclopropane ‖ **⁓rama** *n* / cyclorama ‖ **⁓silikat** *n* / cyclosilicate
Cymol *n* (Chem) / cymene
Cymophan *m* (Min) / cymophane, chrysoberyl o. Oriental cat's eye
Cystein *n* / cysteine ‖ **⁓säure** *f* / cysteic acid
Cystin *n* / cystine
Cytase *f* / cytase
Cytisin *n* / cytisine, ulexine
Cyto·..., Zyto..., Zell... / cyto... ‖ **⁓chrom** *n*, Zellfarbstoff *m* (Chem) / cytochrome ‖ **⁓sin** *n* / cytosin
Czochralski-Ziehverfahren *n* / Czochralski method of pulling crystals

D

d = Tag
3-D..., räumlich (Opt, Akustik) / 3-D..., three-dimensional
D2, duobinär codiert / duobinary encoded
DAB = Dauerbetrieb mit aussetzender Belastung ‖ **⁓**, D.A.B. = Deutsches Arznei-Buch
Dach *n* (Bau) / roof[ing], covering ‖ **⁓**, Dachstuhl *m* mit Dachdeckung / roof ‖ **⁓** (Impuls) / top ‖ **⁓**, Deckgebirge *n* (Bergb) / cap rock ‖ **⁓**, Firste *f* (Bergb) / back[s], roof ‖ **⁓** (Kfz) / roof, top ‖ **⁓**, Decke *f* (allg) / cope ‖ **⁓ mit Oberlicht** / clerestory roof ‖ **⁓ über einem Eingang** / porte-cochère, porte cochere ‖ **gewölbtes ⁓** / compass roof ‖ **mit ⁓ versehen** / roof *v* ‖ **unter ⁓** / roofed ‖ **unter ⁓ bringen** / complete roofing *v* ‖ **weit überhängendes ⁓** (z.B. für Laderampen) / umbrella roof ‖ **⁓abdichtung** *f* / waterproofing of roofs ‖ **⁓abdichtungsarbeiten** *f pl* / roof sealing works *pl* ‖ **⁓anstrichstoffe** *m pl* / roofing paints *pl* ‖ **⁓antenne** *f* / roof o. top antenna ‖ **⁓antenne** *f* (von Dach zu Dach gespannt) / overhouse aerial ‖ **⁓antenne** *f* (Kfz) / over-car antenna ‖ **⁓aufsatz** *m*, Haube *f* (Bau) / lantern tower ‖ **⁓ausmittelung**, -zerlegung *f* / roof design ‖ **⁓[aussteige]luke** *f*, -ausstieg *m* / trap door, skylight, exit opening ‖ **⁓balken** *m* / roof beam ‖ **⁓bauspezialist** *m* / roofing expert ‖ **⁓belag** *m*, -haut *f* / roofing, roof covering ‖ **⁓beplankung** *f* (Kfz) / roof panel ‖ **⁓binder** *m* (Zimm) / main o. principal couple o. truss ‖ **⁓binder-Obergurt** *m* / truss rafter ‖ **⁓binder-Untergurt** *m* / main beam of a truss frame ‖ **⁓blech**, Bedachungsblech *n* (Hütt) / roofing sheet ‖ **⁓boden** *m*, -geschoß *n* / attics *pl*, attic storey o. floor, loft ‖ **⁓decken** / roof *v* ‖

⁓decker *m* / roofer, tiler ‖ **⁓deckerarbeiten** *f pl* / roof covering ‖ **⁓deckerhammer** *m* / tiler's hammer, roofer's hammer ‖ **⁓deckung** *f*, Eindeckung *f* / roofing, covering of roofs ‖ **⁓details** *n pl* / roof design ‖ **⁓dichtungsbahn** *f* / waterproof sheetings for roofs *pl* ‖ **⁓durchbruch** *m* / roof penetration ‖ **⁓einfassung** *f* / roof kerb weathering ‖ **⁓element** *n* / roofing member o. panel o. slab ‖ **⁓falzziegel** *m* / grooved roof tile ‖ **⁓fasenring**, D-Ring *m* (Mot) / narrow-land drain oil-control ring, ventilated oil ring with bevelled outer edges ‖ **⁓fenster** *n*, -luke *f* (Bau) / skylight ‖ **ausstellbares ⁓fenster** / pop-up moonroof ‖ **⁓first** *m* / ridge of a roof, comb ‖ **⁓fläche**, -seite, [Dach-]Langseite *f* / pane of a roof ‖ **⁓fläche** *f* (als Maß) / roofage ‖ **⁓fläche** *f* **des Flachdaches**, Flachdach *n* / roof top ‖ **⁓förmig** / rooflike ‖ **⁓formquerneigung** *f* (Straßb) / cambering ‖ **[überhängender] ⁓fuß**, Dachüberhang, -vorsprung *m* / eaves *pl* ‖ **⁓fuß** *m* **mit massivem Sims** (Bau) / ruille[d] eaves *pl* ‖ **⁓fuß** *m* **mit sichtbaren Aufschieblingen** / chantlate eaves *pl* ‖ **⁓garten** *m* / roof garden ‖ **⁓gaube** *f* / lucarne, dormer ‖ **⁓gaubenfenster** *n* / dormer window ‖ **⁓gebinde** *n* / roof course ‖ **⁓gepäckhalter** *m* (Kfz) / roof rack ‖ **⁓geschoß** *n*, [Dach]boden *m* / garret storey ‖ **⁓gesims** *n* (Bau) / principal cornice o. moulding, cornice, eaves mouldings *pl* ‖ **⁓gestänge** *n*, -ständer *m* (Elektr) / house pole ‖ **⁓gestänge** *n* (Fernm) / roof standard ‖ **⁓grat** *m* / arris ‖ **⁓größenwert** *m* / top magnitude ‖ **⁓haken**, -knappe *m* (Bau) / roof hook, S-hook, slater's hook o. crook ‖ **⁓haut** *f* **im Flachdach**, Dampfsperre *f* / vapour barrier o. seal ‖ **[unbewohnbare] ⁓kammer** / attic o. garret boxroom ‖ **bewohnbare ⁓kammer**, Dachstube *f* / attic-floor room, garret chamber ‖ **⁓kammer** *f* **mit Gipswänden** / panelled attic room ‖ **⁓kantprisma** *n* / ridge prism ‖ **⁓kehle** *f* / channel of a roof, valley channel o. gutter, neck gutter, hollow ‖ **⁓kehle** *f* **zwischen parallelen Dächern** / valley, valley gutter ‖ **⁓klappe** *f* / folding skylight ‖ **⁓kollektor** *m* (Sonnenwärme) / roof collector ‖ **⁓konstruktion** *f* / roof construction ‖ **⁓korn** *n* (Mil) / triangular front sight ‖ **⁓kühler** *m* (Mot) / saddle radiator (US) ‖ **⁓längsträger** *m* / roof coping o. girder ‖ **⁓last** *f* / roof load ‖ **⁓laterne** *f* (Bau) / lantern light ‖ **offene ⁓laterne** / open roof ‖ **⁓latte** *f* / tiling o. roof batten, roof lath ‖ **⁓latte** *f* (für Schieferdach) / slating batten ‖ **⁓lattung** *f* / roof battens *pl* ‖ **⁓leitung** *f* (Bahn) / roof cable ‖ **⁓leitungsstütze** *f* (Blitzableiter) / lightning conductor holder ‖ **⁓licht** *n* (Kfz, Taxi) / domelight ‖ **⁓liegefenster** *n* / garret window ‖ **⁓lüfter** *m* / roof ventilator ‖ **[aufgesetzter] ⁓lüfter** (Bau) / monitor ventilator ‖ **⁓luke** *f*, -gaube *f* (Bau) / dormer window ‖ **⁓luke** *f* (Kfz) / roof light ‖ **⁓neigung** *f*, Abfall *m* / pitch of a roof ‖ **⁓oberlicht** *n* / roof light, roof window ‖ **⁓pappe** *f* / [tar] roofing paper o. fabric, felt roofing, roofing felt o. cardboard, asphalt board, asphalted cardboard o. felt ‖ **besandete ⁓pappe** / mineral surface roofing paper ‖ **⁓pappe** *f* **für Zwischenlagen** (Bau) / sarking felt ‖ **⁓[papp]nagel** *m* / roofing nail, clout nail ‖ **⁓[papp]nagel** *m* **aus Ms 60** / composition nail ‖ **⁓pfanne** *f*, Dachstein *m* (DIN) / roofing tile ‖ **⁓pfette** *f*, Dachstuhlpfette *f*, Pfette *f* / purlin ‖ **verzinkte ⁓platte** / galvanized roofing plate ‖ **⁓prisma** *n* (Wzm) / inverted veeway o. vee o. V ‖ **⁓prisma** *n* (Opt) / Amici prism ‖ **⁓programm** *n*, Supervisorprogamm *n* / supervisory program ‖ **⁓rahmen** *m* (Kfz) / roof frame ‖ **⁓rahmen** *m* (Container) / roof rail ‖ **⁓reiter** *m* / ridge o. louver turret ‖ **⁓rinne** *f* / eaves gutter o. trough, cullis (US) ‖ **liegende ⁓rinne** / parapet gutter ‖ **vierkantige ⁓rinne**, Kastenrinne *f* / trough gutter ‖ **⁓rinne** *f* **zwischen parallelen Dächern**, Kehlrinne *f* / valley gutter ‖ **innen angebrachten ⁓rinne** *vi* ‖ **⁓rinneneinguß**, Dachrinnenmund, -kessel *m* / rain water head, collector ‖ **⁓rinnenhaken** *m*, Rinneneisen *n* / brace o. bracket of a gutter ‖ **⁓rippenmesser** *n* (Zuck) / ridge o. splitter knife, tile shaped knife ‖

⌐rippenmesserschnitzel *n pl* / ridge slices o. cossettes *pl* ‖ **⌐röhre** *f*, Fallrohr *n* (Bau) / spout o. gutter pipe ‖ **⌐rutsche** *f* (Bergb, Hütt) / elevated inclined chute ‖ **⌐schalung** *f* / roof boarding o. planking, roofers *pl* ‖ **innere ⌐schalung** / ashlaring, ashlering ‖ **äußere ⌐schalung** / roof boarding o. planking ‖ **⌐schiefer** *m* / roof[ing] slate ‖ **⌐schifter** *m*, Schift-, Halbsparren *m* / jack o. dwarf rafter ‖ **⌐schindel** *f* / shingle, clap-board (US) ‖ **⌐schräge** *f* (Bau) / pitch of a roof ‖ **⌐schräge** *f* (die Fläche) / roof slope ‖ **[positive] ⌐schräge** (Elektronik) / tilt of an impulse, pulse tilt ‖ **[negative] ⌐schräge** (Elektronik) / droop ‖ **⌐schwelle** *f* (Bahn) / sole plate

Dachshaarpinsel *m* (Zeichn) / badger pencil
Dach·sitz *m* (Kfz) / roof-seat ‖ **⌐sparren**, Sparren *m* (Bau) / rafter ‖ **⌐speicher** *m* s. Dachboden ‖ **⌐spriegel** *m* (Kfz) / roof bow ‖ **⌐spriegel** *m* (Bahn) / roof arch, roof stick ‖ **⌐sprossen** *f pl* **für Glasdächer** / trellis for glass roofs ‖ **⌐ständer** *m* (Fernm) / roof standard ‖ **⌐ständer** *m*, -gestänge *f* (Elektr) / house pole ‖ **⌐stein** *m* (DIN), Dachpfanne *f* / roofing tile ‖ **⌐streben-Zuschnittsäge** *f* / roof-truss cutting machine ‖ **⌐stuhl** *m* / roof truss, main couple o. truss, framework o. woodwork of a roof ‖ **hölzerner ⌐stuhl** / timberwork o. timbering of a roof ‖ **⌐stuhlrahmen** *m* / principal frame of a roof ‖ **⌐stuhlsäule** *f*, Ständer *m* / main joist, truss post ‖ **⌐sturzbügel** *m*, Überrollbügel *m* (Kfz) / roll hoop, closed-top hat section ‖ **⌐[terrassen]wohnung** [auf einem Flachdach], Penthouse *n* / penthouse on a roof ‖ **⌐träger in Gemischtbauweise**, Verbundträger *m* / composite truss ‖ **⌐trennschalter** *m* (Bahn) / roof disconnector ‖ **⌐überhang**, -vorsprung *m* / eaves *pl* ‖ **⌐verband** *m* (Bau) / roofing bond ‖ **⌐verfallung**, -zerfallung *f* (Bau) / roof design ‖ **⌐wehr** *n*, Dachstauwehr *n* / bear-trap gate ‖ **⌐wippe** *f* (Walzw) / lifting levers [suspended from the roof structures] *pl* ‖ **⌐zerlegung** *f* / roof design ‖ **⌐ziegel** *m*, -platte *f* / tile, roof tile ‖ **⌐ziegel** *m*, Biberschwanz *m* / plain tile, plane tile ‖ **überstehende ⌐ziegel** (am Giebel) *m pl* / barge course ‖ **⌐ziegel einhängen** / lay the tiles ‖ **~ziegelartig** [übereinanderliegend] / imbricated ‖ **⌐ziegelverband** *m* (Bau) / imbricated work

Dacron *n* / Dacron
Dahllit *m* (Min) / dahllite
Daisy-Chain-Betrieb *m* (DV) / daisychaining
Dakeit *m*, Schroeckingerit *m* (Uran Min) / dakeite, schroeckingerite
D/A-Konverter *m* / digital-to-analog converter (DAC), D-A converter
Dalbe *f*, Dückdalbe *f* (Schiff) / dolphin ‖ **⌐**, Abweiser *m* (Brücke) / dolphin before the pier of a bridge
d'Alembertsches Prinzip, Prinzip *n* der virtuellen Arbeit / d'Alembert's principle
Dalitz-Diagramm *n* (Nukl) / Dalitz plot
Dalle *f*, Einbeulung *f* / dent
Dalton *n* (Atom-Masseneinheit) (veraltet) / dalton ‖ **⌐ismus** *m*, Farbenblindheit *f* / daltonism ‖ **⌐sches Gesetz**, Partialdruckgesetz *n* / Dalton's law of partial pressures
Damassé *m* (Web) / damassé
Damast *m*, Damaststoff *m* / damask *n* ‖ **⌐arbeit** *f* / damask work ‖ **~artig weben** / damask *v* ‖ **⌐bindung** *f* / damask weave ‖ **⌐leinwand** *f* / damask linen, dornick ‖ **⌐webstuhl** *m* / damask loom
Damen·konfektionsstoffe *m pl* / ladies' dress materials *pl* ‖ **⌐oberbekleidungs-Industrie** *f* / industry of lady's outer wear ‖ **⌐strumpfindustrie** *f* / manufacture of lady's hosiery
Damm *m* / dike, bank ‖ **⌐** (Bahn) / fill (US), embankment ‖ **⌐**, Staudamm *m* (Hydr) / dam ‖ **⌐** (Bergb) / dam, seal ‖ **⌐**, Schwelle *f* (Hütt) / dam ‖ **mit einem ⌐ umgeben** / bank ‖ **wasserabsperrender ⌐** (Bergb) / dam
Dammarharz, Dammar *n* / dam[m]ar, dammer, demara resin

Damm·ausspülung *f* / washout of the embankment, erosion of the embankment ‖ **⌐blockkette** *f* (Hütt) / damming chain ‖ **⌐böschung** *f*, Böschung *f* im Auftrag (Straßb) / slope of embankment ‖ **⌐bruch**, -riß *m* / bursting of a dam, breach in a dam (GB), crevasse (US) ‖ **⌐brust**, Flutseite *f* (Hydr) / upstream slope ‖ **⌐bürste** *f*, Federstriegel *m* (Landw) / ridge weeder unit, ridge comb ‖ **⌐drillmaschine** *f* (Landw) / ridge drill ‖ **⌐elektrode** *f* / perineal electrode
dämmen (allg) / stop up, dam in o. up, block ‖ **~**, eindämmen / restrain, check ‖ **~** (Wärme) / insulate ‖ **~** (Hydr) / obstruct, dam
Dämmerlicht-Einsteller *m* (Elektronik) / dimmer
Dämmerung *f*, Morgen- o. Abend-⌐ / twilight
Dämmerungs-... / crepuscular ‖ **⌐blindheit**, Hemeralopie *f* / hemeralopia ‖ **⌐effekt** *m* (Peil) / polarization error, (formerly:) night-effect o. -error ‖ **⌐leistung**, -zahl *f* (Opt) / twilight output ‖ **⌐rakete** *f* (Raumf) / dawn o. dusk rocket ‖ **⌐sehen**, Übergangssehen *n* / mesopic vision ‖ **⌐zahl** *f* (Opt) / twilight output
Damm·fuß *m* (Hydr) / footing of a dam ‖ **⌐grube** *f* (Gieß) / casting pit, foundry pit, moulding hole, moat ‖ **⌐grubenformer** *m* (Hütt) / floor mo[u]lder ‖ **⌐höhe** *f* (Hydr) / structural height of a dam ‖ **⌐kern** *m*, Kernmauer *f* (Staudamm) / core wall ‖ **⌐körper**, -kasten *m* (Straßb) / solid body ‖ **⌐krone** *f* (Hydr) / summit of a dike ‖ **⌐krone** *f* (Bahn) / top, crest
Damm·pappe *f* / structural fibre insulation board ‖ **⌐platte** *f* (Spanplatten) / insulating board, softboard ‖ **⌐platte** *f* (Wärme) / heat insulation board
Damm·rutsch *m* (Bahn) / slip[ping] of an embankment ‖ **⌐stein** *m*, -platte *f* (Hütt) / dam stone ‖ **⌐stein** *m*, Siphonstein *m* (Gieß) / skimmer brick
Dämm·stoff *m*, Isolierstoff *m* (Elektr) / insulating material, insulant ‖ **⌐stoff** *m*, Wärmeschutz *m*, -dämmung *f* (Material) / heat relief
Damm·tafel *f* (Hydr) / bulkhead gate ‖ **⌐tor** *n* (Bergb) / door of a dam
Dämmung *f* **gegen Fußbodenschall** (Bau) / dead sounding, pugging
Dämmwert *m* / insulating value
Dampf, Wasserdampf *m* / steam ‖ **⌐** / steam ‖ **⌐**, Dunst *m* / exhalation, damp, vapour, vapor (US), reek ‖ **⌐**, aggressiver Dunst / fume ‖ **⌐abgabe** *f* **für Heizzwecke** / steam utilization for heating purposes ‖ **⌐ableitungsrohr** *n* (Dampfm) / exhaust pipe ‖ **⌐abscheider** *m* / steam separator, steam trap ‖ **⌐abscheider** *m* (Raffinerie) / steam knock-out drum o KO.-drum ‖ **⌐absperrschieber** *m* / steam gate valve (US) o. stop valve ‖ **⌐abstreifer** *m* (Chem) / steam heated stripper ‖ **⌐anilinschwarz**, Ferrocyankaliumschwarz *n* (Färb) / Prud'homme aniline o. steam aniline black
Dämpfanlage *f* **für Holz** / wood steaming installation
Dampf·antrieb *m* / steam drive ‖ **⌐anzapfung** *f* / steam tapping
Dämpfapparat *m* / steaming apparatus
Dampf·armaturen *f pl* / steam boiler fittings *pl* ‖ **⌐-Auslaßrohr** *n* / outlet pipe ‖ **⌐austritt** *m*, Dampfauslaß *m* / exhaust ‖ **⌐backofen** *m* / steam baking oven ‖ **⌐bad** *n* (allg, Chem) / steam o. vapour bath ‖ **⌐bedarf** *m* / steam requirement o. required ‖ **⌐befeuchtungsanlage** *f* / steam moistening unit ‖ **⌐behälter** *m* (Raffinerie) / steam drum ‖ **⌐behandlung** *f*, Dämpfen *n* (Färb, Tuch) / vaporization ‖ **⌐behandlung** *f* (Pap, Färb) / steam finish ‖ **⌐beheizte Etagenpresse** / steam platen press ‖ **⌐betrieb** *m* / steam operation o. drive ‖ **⌐betrieb** *m* (Bahn) / steam traction ‖ **~betriebenes Wärmekraftwerk** / central steam power station o. power plant ‖ **⌐bildung** *f* / steam generation o. formation ‖ **⌐bildung** *f* (ungewollt) / production of steam ‖ **⌐bildung** *f*, Verdampfung *f* / vaporization, volatilization ‖ **⌐blase** *f* / vapour o. steam bubble ‖ **⌐blase** *f* (Nukl) / slug, steam void ‖ **⌐blaseneinschluß**

189

m, -blasenbildung *f* (Kfz) / vapour lock ‖ **~blasen-Koeffizient** *m* **der Reaktivität** (Nukl) / void coefficient of reactivity ‖ **~boden** *m* (Brau) / jacketed bottom ‖ **~bremse**, -sperrschicht *f* (im Flachdach) (Bau) / vapour barrier o. seal ‖ **~bügeleisen** *n* / steam ironer ‖ **~bügelmaschine** *f* / steam press ‖ **~bügeln** *n* / steam pressing o. ironing

Dampfbunker *m* (Spanplatten) / steaming o. soaking pit

Dampf·bürsten *n* (Textil) / brushing with steam ‖ **~chloren** *n* (Textil) / steam chemicking ‖ **~crackanlage** *f* / steam cracking plant ‖ **~cracken** *n* / steam cracking ‖ **~darre** *f* (Brau) / steam kiln ‖ **~decke** *f* (Zuck) / steam washing ‖ **~deckeinrichtung** *f* (Zuck) / steaming apparatus [to purge the sugar] ‖ **~dekatur** *f* (Textil) / steam decatizing ‖ **~destillation** *f* / distillation by steam entraining ‖ **~dicht** / steam-tight ‖ **~dichte** *f* (Phys) / vapour o. steam density ‖ **~dichtemesser** *m*, Vakuummeter *n* / condenser gauge ‖ **~diffusion** *f* / diffusion of vapour ‖ **~dom** *m* / steam dome ‖ **~dom** *m* **des Kühlers** (Mot) / steam dome of the radiator

Dampfdruck *m*, -spannung *f* / steam pressure ‖ **~** **des Wassers** / vapour pressure of water ‖ **~ nach Reid, DDR** (DIN 51754), absoluter Kohlenwasserstoff-Dampfdruck (Kraftstoff) / Reid vapour pressure ‖ **~anzeiger** *m* / steam pressure indicator ‖ **~ausgleichschicht** *f* (im Flachdach) (Bau) / vapour pressure equalizing layer ‖ **~diagramm** *n*, -druckkurve *f* / vapour [pressure] diagram ‖ **~erniedrigung**, -druckherabsetzung *f* / lowering of vapour pressure ‖ **~federthermometer** *n* / spring type steam pressure thermometer ‖ **~messer** *m*, Manometer *n* / steam [pressure] gauge ‖ **~minderventil** *n* / steam pressure reducing valve ‖ **~pumpe** *f* / steam pump ‖ **~regler** *m* / steam pressure regulator ‖ **~topf** *m* / pressure tooker ‖ **~ -** u. **Dichtemesser** *m* / densi-tensimeter

Dampf·durchlässigkeit *f* / vapour permeability ‖ **~durchlässigkeitszahl** *f* / moisture vapour transmission rate, MVT[R] ‖ **~düse** *f* / steam nozzle

Dämpfechtheit *f* (Textil) / fastness to steaming

Dampf·einblasen *n* / steaming ‖ **~einlaß** *m* / steam inlet ‖ **~einlaßkanal** *m* / steam admitting port ‖ **~einlaßschieber** *m* / steam admission [slide] valve ‖ **~einpressen** *n*, Dampfliften *n* (Öl) / steam drive

Dämpfeinrichtungen *f pl* / steaming equipment

Dampf·eintritt *m*, -zutritt *m*, -zuführung *f* / steam admission ‖ **~eintrittsspannung** *f* / admission pressure of steam

dampfen / vapo[u]r, steam, give off o. emit vapour o. steam

dämpfen, abschwächen / cushion, damp[en], deaden ‖ **~**, unterdrücken / choke ‖ **~** (Feuer) / bank, damp down ‖ **~** (Fernm, Elektronik) / attenuate ‖ **~** (Akustik) / muffle ‖ **~** (Geräusch) / dim, deaden, silence, slacken noises ‖ **~** (Licht) / dim (light) ‖ **~** (Hochofen) / damp down ‖ **~**, mit Dampf behandeln (Färb) / steam, vaporize, age ‖ **~** *n*, Dampfbehandlung *f* (Färb, Tuch) / vaporization, ag[e]ing, steaming ‖ **Kartoffeln, Holz, Obst ~** (Landw) / steam, stew ‖ **Stöße ~** / buffer ‖ **Töne ~** / muffle ‖ **Vibrationen ~** / cushion against vibrations

dämpfend / damping *adj*, deadening ‖ **~**, mäßigend / moderating, restraining ‖ **~e Zwischenschicht** (Straßb) / bedding layer

Dampf·entladungslampe, -lampe *f* (Elektr) / vapour discharge lamp ‖ **~entnahme** *f* / steam tapping ‖ **~entöler** *m*, -entölvorrichtung *f* / oil o. grease separator o. filter for steam ‖ **~entwässerungsapparat**, -trockner *m* / water trap o. separator ‖ **~entwicklung**, -freisetzung *f* / release of steam ‖ **~entwicklungsfarbe** *f* (Färb) / steam developing dye

Dämpfer *m* (Masch) / damper ‖ **~**, Stoßdämpfer *m* (Kfz) / shock absorber, pad ‖ **~**, [Rauch]schieber *m* (Bau) / damper register ‖ **~** (Licht) / dimmer ‖ **~** (Geräusche, Licht) / moderator ‖ **~** (Schall) / damper, silencer ‖ **~**, Tondämpfer *m* (Mus.Instr) / mute ‖ **~** (Fernm) / attenuator ‖ **~** (Landw) / steamer, stewer ‖ **~** (Textil) / steam box,

steamer, ager ‖ **~**, Stoßdämpfer *m* (Instr) / snubber ‖ **~diode** *f* (Elektronik) / damper diode, damping diode ‖ **~flügel** *m* (Meßinstr) / damper vane ‖ **~käfig** *m* (Synchronmot) / dampening cage

Dampferlicht *n*, Topplaterne *f* (Schiff) / steaming light

Dämpfer·spule *f* (Elektr) / damping coil ‖ **~stab** *m* (Elektr) / bar of the damping cage ‖ **~wicklung** *f* (Elektr) / damping winding (GB), amortisseur o. damper winding (US)

dampf·erzeugender Reaktor / steam generating reactor ‖ **~erzeugender Schwerwasser-Reaktor** / SGHWR, steam generating heavy water reactor ‖ **~erzeuger** *m* / steam generator, steam raising unit ‖ **~erzeugerbatterie** *f* / boiler battery ‖ **~erzeugung** *f* (ungewollt) / production of steam ‖ **~erzeugung**, -entwicklung *f* / steam generation o. raising ‖ **~farbe** *f* / steam colour ‖ **~farbendruck** *m* / steam colour printing ‖ **~ -Flüssigkeitsgleichgewicht** *n* / steam- o. vapor-liquid equilibrium ‖ **~fluten** *n* (Öl) / steamage ‖ **~fördermaschine** *f* / steam-driven hauling machine o. engine ‖ **~förmig expandiert** / vapour-expanded ‖ **~förmiger Zustand** / vapour state ‖ **~gebläse** *n* / steam blast o. blower o. blowing engine ‖ **~gehalt** *m* **der Luft** / water content of the air ‖ **~geschwefelt**, -vulkanisiert / steam vulcanized ‖ **~geschwefelter Stoff** / steam vulcanized fabric, vapour cured fabric ‖ **~halten** *n* / keeping up the steam ‖ **~haltig** / steamy ‖ **~hammer** *m* / block o. steam o. stamp hammer ‖ **~haube** *f* / steam cone o. dome ‖ **~heizplatte** *f* / steam plate ‖ **~[heiz]schlange** *f* / steam coil ‖ **~heizschlange** *f* (für Überhitzung) / superheater coil ‖ **~heizung** *f* / steam heating ‖ **~heizungskörper** *m* / steam radiator ‖ **~hydraulisch** / steam-hydraulic ‖ **~injektion** *f* / steaming ‖ **~kalorimeter** *n* / condensation calorimeter ‖ **~kammer** *f* / steam chamber o. reservoir ‖ **~kanal** *m* / steam passage

Dämpfkasten *m* / steam chest

Dampfkessel *m* / steam boiler ‖ **~ für ortsfesten Betrieb**, Landdampfkessel *m* / land type boiler, stationary boiler ‖ **~ für Schiffe**, Schiffsdampfkessel *m* / marine boiler ‖ **~ mit rückkehrender Flamme**, mit Pultfeuerung / return flame boiler

Dämpfkessel *m* / evaporator

Dampf·kesselanlage *f* / steam boiler installation ‖ **~kesselarmaturen** *f pl*, -kesselgarnituren *f pl* / steam boiler fittings *pl* ‖ **~kesseleinmauerung** *f* / boiler immuration o. masonry o. setting ‖ **~kesselfundament** *n*, -kessellagerung *f* / boiler seat ‖ **~kesselspeisung** *f* / boiler feed ‖ **~kesselüberwachung**, Dampfkesselprüfung, -revision, -untersuchung *f* / boiler inspection o. testing ‖ **~kesselüberwachungsverein** *m* / Boiler Inspection Association ‖ **~kesselwesen** *n* / boiler engineering ‖ **~klärung** *f* (Zuck) / clearing sugar by steam ‖ **~kochtopf**, Autoklav *m* / digester ‖ **~kochtopf** *m* (Haushalt) / pressure cooker ‖ **~kolonne** *f* / column type steam oven ‖ **~kompression** *f* / vapour compression ‖ **~kracken** *n* (Chem) / steam cracking ‖ **~kraft** *f* / steam power ‖ **~kraftmaschine** *f* / steam engine ‖ **~kraftwerk** *n* / steam generating station (GB) o. power station o. plant ‖ **~kreislauf** *m* / steam circuit ‖ **~krumpe** *f*, -krimpe, Glanzkrumpe *f* (Tuch) / damping by steam, steaming, decatizing, hot-pressing ‖ **~kühler** *m* (Reaktor) / steam condenser ‖ **~ladewinde** *f* (Schiff) / steam winch ‖ **~lampe** *f*, -entladungslampe *f* (Elektr) / vapour discharge lamp ‖ **~leistung** *f* / steam generating capacity ‖ **~leitung** *f*, -rohre *n pl* / steam line o. main ‖ **~lok[omotive]** *f* / steam locomotive ‖ **~löten** *n* (IS) / steam soldering ‖ **~luftpumpe** *f* / steam air pump

Dämpfmansarde *f* (Textil) / steaming chamber

Dampf·mantel *m* / steam casing o. jacket ‖ **[doppelwandig] mit ~mantel** / steam jacketed ‖ **~maschine** *f* / steam engine ‖ **~maschine** *f* **mit Zwischenüberhitzung** / reheater engine ‖ **~maschine** (mit anderem als Wasserdampf) / vapour engine

Dämpfmaschine *f* (Textil) / steaming engine o. machine
Dampf·[mengen]messer *m*, -[verbrauchs]messer *m* /
steam [consumption] meter, steam counter ‖ ~molkerei
f / steam dairy ‖ ~motor *m* / steam motor ‖ ~öffnung *f*,
-kanal, -einlaß, -auslaß *m* / porthole, steam port ‖
~pfeife *f* / steam whistle ‖ ~phase *f* / vapour phase ‖
aus der ~phase gezüchtet (Krist) / vapour-grown ‖
~phasenepitaxie *f* / vapour-phase epitaxy, VPE ‖
~phasenlöten *n*, Kondensationslöten *n* / vapour phase
soldering, condensation soldering ‖ ~phasennitrierung
f / vapour-phase nitration ‖ ~platte *f* zum Heißpressen
/ steam press plate for hot pressing ‖ ~plattenpresse *f*
(Textil) / flat steam press ‖ ~presse *f* (Textil) / steam
press ‖ ~pumpe *f* / direct acting steam pump ‖ ~punkt
m (Phys) / steam point ‖ ~purpur *m* (Färb) / steam
purple ‖ ~raum *m*, Brüdenraum *m* im Verdampfapparat
(Zuck) / calandria, steam chest ‖ ~raum *m* im Kessel /
steam room o. space ‖ ~reformieren *n* (Öl) / steam
reforming ‖ ~rohr *n* / steam pipe ‖ ~rotte *f*, -röste *f*
(Flachs) / steam retting ‖ ~sack *m* (Kfz) / vapour pocket ‖
~sägewerk *n* / steam saw mill ‖ ~sammler *m* / steam
collecting vessel ‖ ~schieber *m*, Steuerung *f* (Dampfm) /
steam distributor slide [valve], distributing governor ‖
~schiff *n* / steamship, steamer ‖ ~schlange *f* / steam
coil ‖ ~schmalz, Steamlard *n* / steamlard ‖
~schmiedepresse *f* / steam power forging press ‖
~schnatter *f* (Zuck) / perforated steam [injection] coil ‖
~schwarz *n* (Färb) / steam black, noir réduit ‖ ~seite *f*
(Zuck) / steam end ‖ ~sirene *f* / steam siren ‖
~spannung *f*, -druck *m* / tension of steam ‖
~spannung *f* des Wassers / vapour tension of water ‖
~speicher *m* / steam accumulator ‖ ~speisepumpe *f* /
steam feed pump ‖ ~sperre *f* (Öl) / vapour binding,
vapour screen ‖ ~sperre *f* (im Flachdach) (Bau) / vapour
barrier, vapour seal ‖ ~sperre *f*, Baffle *n* (Vakuum) /
baffle, vapour trap ‖ ~spinne *f* (Zuck) / steam spider ‖
~steuerapparat *m*, Rudermaschine *f* (Schiff) / steam
rudder gear ‖ ~steuerung *f* (Bahn) / steam reversing
gear ‖ ~stoßeffekt *m* / steam shock ‖ ~stoßschäumen *n*
(Plast) / expanded bead moulding ‖ ~strahl *m* / steam jet
‖ ~strahlejektorpumpe *f* (Vakuum) / steam ejector ‖
~strahlgebläse *n* / steam jet [blower] ‖
~strahlkältemaschine *f* / steam jet refrigerating
machine ‖ ~strahl-Luftsauger *m* (Vakuum) / steam jet
air ejector ‖ ~strahlpumpe *f*, Injektor *m* / injector ‖
~strahlpumpe *f*, -strahlsauger *m*, Ejektor *m* / steam
ejector ‖ ~strahlpumpe *f* (Vakuum) / vapour pump ‖
~strahlreinigung *f* / steam jet cleaning ‖
~strahlrührgebläse *n*, -rührwerk *n* / steam mixing jet ‖
~strahlsauger *m* (Vakuum) / booster ‖
~[ström]geschwindigkeit *f* / flow rate of steam ‖
~synthese *f*, Metallchemie *f* / steam synthesis,
metallochemistry ‖ ~tafel *f*, -tabelle *f* (Phys) / steam
table o. chart ‖ ~technik *f* / steam technology, steam
engineering
Dämpftisch *m* / steaming table
Dampf·trockenapparat *m* (Chem) / steam oven ‖
~trockenfarbe *f* (Buch) / moisture-set ink ‖
~trockenschrank *m* (Chem) / steam oven ‖ ~trockner
m, -entwässerungsapparat *m* / water trap o. separator ‖
~trommel *f* (Kessel) / steam collecting drum ‖ ~turbine
f / steam turbine ‖ ~turbine *f* kombinierter Bauart /
impulse-reaction turbine, disk-and-drum turbine,
combination turbine ‖ ~turbinenkraftwerk *n* / steam
turbine power station ‖ ~überdruck *m* / effective steam
pressure, steam pressure above atmospheric ‖
~überhitzer *m* / steam superheater ‖
~überströmleitung *f* / steam transfer pipe
Dämpf- und Fixiermaschine *f* (Färb) / steaming and
setting machine
Dämpfung *f*, Dämpfen *n* / damping, decay[ing] ‖ ~,
Abschwächung *f* / damping, absorbing ‖ ~ (Chem,
Elektronik, Fernm) / attenuation ‖ ~ (DV) / loss ‖ ~,
Dämpfen *n*, Dampfbehandlung *f* (Färb) / steaming,

ageing, vaporization ‖ ~ (in dB) (Fernm) / current
attenuation ‖ ~ aus räumlichen Gründen (Fernm) /
attenuation ‖ ~ aus zeitlichen Gründen (Fernm) /
damping ‖ ~ der Echoströme (Fernm) / echo attenuation
‖ ~ durch Luftwiderstand / aerodynamic damping ‖ ~
im Filter (Hochfr) / roll-off ‖ ~ im Sendekanal / send-
path loss ‖ ~ von Licht / subdueing of light ‖
spezifische ~ je Längeneinheit (Fernm) / attenuation
factor
Dämpfungs·, amplitudenabhängige ~änderung (Fernm) /
amplitude distortion (GB), net loss variation with
amplitude ‖ ~ausgleich *m* (Fernm) / attenuation
equalization ‖ ~ausgleicher *m* (Kabel) / attenuation
equalizer ‖ ~dekrement *n* / damping decrement ‖
~drossel *f* / attenuation inductance ‖ ~entzerrer *m*
(Fernm) / attenuation equalizer ‖ ~fähigkeit *f* / buffering
capacity ‖ ~faktor, -grad *m*, -konstante *f* (Fernm) /
attenuation factor ‖ ~faktor *m*, -konstante *f* je km
(Fernm) / specific damping ‖ ~faktor *m* (Luftf, Masch) /
damping factor ‖ ~faktor *m* (Masch) / fraction of critical
damping, damping ratio ‖ ~feder *f* / absorbing spring ‖
~feder *f*, Ausgleichfeder *f* / compensating o. equalizing
spring ‖ ~flüssigkeit *f* / damping fluid ‖ ~frequenz *f*
(Radio) / lowest usable frequency, LUF ‖ ~glied *n*
(Elektronik) / absorptive attenuator, attenuator [pad] ‖
~kissen *n*, Puffer *m* / resilient pad ‖ ~koeffizient *m*
(Elektr) / damping coefficient ‖ ~koeffizient *m* der
inneren Reibung / viscous damping coefficient ‖
~kompensation, -entzerrung *f*, -ausgleich *m* (Fernm) /
attenuation compensation o. correction ‖ ~konstante *f*,
-faktor *m* (Fernm) / attenuation coefficient o. factor ‖
~konstante *f* (Instr) / damping constant ‖ ~konstante *f*
(Fernm) / attenuation constant ‖ ~kraft *f* / damping force
‖ ~kreis *m* (Fernm) / damping circuit ‖ ~kreis *m* für
Nebengeräusche (Elektronik) / squelch [circuit] ‖
~magnet *m* / damping magnet ‖ ~maß *n* (Fernm) /
attenuation measure, transmission equivalent ‖ ~mittel
n / retardant ‖ [endliches] ~moment / finite damping
moment ‖ verschwindendes ~moment / vanishing
damping moment ‖ ~perle *f* (Fernm) / ferrite bead ‖
~platte *f* (Filz) / felt pad o. cushion o. mat ‖ ~pol *m*
(Fernm) / attenuation peak ‖ ~regler *m* (Luftf) / stability
augmentation system, SAS ‖ ~regler *m* (Fernm) /
variable attenuator ‖ ~ring *m* (Elektr) / damper o.
damping winding o. ring ‖ ~schalter *m* (Elektr) /
dimmer ‖ ~typ *m* (Wellenleiter) / evanescent mode ‖
~verhältnis *n* (Fernm) / attenuation ratio ‖ ~vermögen
n (Gummi) / buffering capacity ‖ ~verzerrung *f* (Fernm) /
attenuation o. frequency distortion ‖ ~vorrichtung *f*
(Masch, Phys) / dampener, damping device ‖ ~wicklung
f (Elektr) / damping winding o. grid (GB), damper
winding (US), amortisseur (US) ‖ ~widerstand *m*
(Bauteil) (Elektr) / buffer resistor, damping resistor ‖
~widerstand *m* (Elektromot) / field breaking resistance,
field discharge resistance ‖ ~widerstand *m* (beim
Einschalten) (Elektr) / charging resistor ‖ ~widerstand
m, [Ab]schwächungswiderstand *m* (Elektr) / reducing
resistance o. resistor ‖ ~zahl *f* (Masch, Elektronik) /
damping o. decay factor ‖ ~zeit *f* (Schwingung) / decay
time ‖ ~zylinder *m* (Masch, Elektr) / damping tube,
dashpot

Dampf·ventil *n* / steam valve ‖ ~ventil *n* zum Reinigen
des Kondensators / upper blow-trough valve ‖
~verbrauch *m* / steam consumption ‖
~verbrauchsmesser *m* / steam [consumption] meter,
steam counter ‖ ~verlust *m* / steam leak-off ‖ ~versuch
m (Korrosion) / steam exposure test ‖ ~verteiler *m* /
steam distributor o. header ‖ ~vorwärmer *m* / steam
preheater ‖ ~vulkanisator *m* / steam vulcanizer ‖
~wärmeaustauscher *m* (Bahn) / steam heat exchanger ‖
~wäscherei *f* / steam laundry ‖ ~ -Wasser-Gemisch *n* /
steam/water mixture ‖ ~zähler *m* / steam
[consumption] meter, steam counter ‖ ~zufuhr *f* /

steam supply ‖ ~zutritt *m*, -zuführung *f* / steam admission

Dämpfzylinder *m* / steaming cylinder

Danalith *m* (Min) / danalite

Dancoff-Korrektur *f* (Nukl) / Dancoff correction

Dandy·roller *m*, -walze *f*, Egoutteur *m* (Pap) / egoutteur, dandy[roller] ‖ ~webstuhl *m* (Textil) / dandy-loom

Daniell-Element *n* / Daniell cell

Dänischleder *n* / Danish leather, suede

D-Anlasser *m* (Bosch), Schraubtriebstarter *m* / sliding gear starter, coaxial-type starting motor

DAP-Effekt *m* (= Deformation der aufgerichteten Phasen) (Flüssigkristall) / DAP-effect

Daphnit *m* (Min) / daphnite

Daraf *n* (Reziprokwert der Kapazität) / daraf (unit of elastance)

Daraufschicht, Ausgleichschicht *f* (Maurer) / even bed of mortar

Darcy *n*, D, d (Einheit der mech. Permeabilität) / darcy ‖ ~sches Filtergesetz / Darcy's law

Dargebot *n*, Darbietung *f* / availability, supply

dargeboten / available

Darlington-Anordnung, -Schaltung *f* (Elektronik) / Darlington arrangement o. circuit o. combination, compound-connected transistors *pl*

Darm *m*, Darmschlauch *m* / gut ‖ ~beize *f* / gut mordant ‖ ~saite *f* / gut string

Darrblech *n*, -boden *m*, -horde *f* (Brau) / drying hurdle o. plate, kiln floor o. hurdle

Darre *f* / drying kiln ‖ ~, Trockenhaus *n* (Brau) / drying house o. room ‖ ~ mit einer Horde (Brau) / one-floored kiln ‖ ~ zum Trocknen von Gerste (Brau) / barley sweating kiln

darren, dörren / kiln-dry, kiln ‖ ~ (Kupfer) / liquate

Darr·gewicht *n*, Trockengewicht *n* / dried weight of malt ‖ ~malz *n* / kiln-dried malt, kiln malt ‖ ~staub *m* (trockene Malzkeime) (Brau) / maltdust ‖ ~system *n* (Brau) / kiln heating system ‖ kombiniertes ~system (Brau) / combined lattice and through kiln system ‖ ~trommel *f* (Brau) / kilning drum ‖ ~wender *m* (Brau) / kiln turner

darstellen (Geom) / describe ‖ ~ (Chem) / obtain, prepare, disengage ‖ ~, zeigen / display, picture, present ‖ ~, ausmachen / constitute ‖ ~, verkörpern / represent ‖ ~, gestalten / mould, work, fashion ‖ ~, auftragen / outline ‖ auf dem Plotter ~ / plot ‖ im Profil o. [Quer- o. Längs]schnitt ~ (o. zeichnen) / profile ‖ Kräfte ~ (Mech) / represent forces

darstellende Geometrie / descriptive geometry

Darstellung *f*, Darstellungsweise *f* (allg) / representation, presentation, display, layout ‖ ~ (Chem) / disengagement, preparation ‖ ~, Wiedergabe *f* (Inform. Theorie) / intelligence ‖ ~, Bezeichnung *f* (Math, DV) / notation ‖ ~ (DV) / display ‖ ~, Figur *f* / outline, representation ‖ ~, Projektion *f* (Zeichn) / projection ‖ ~, Verwirklichung *f* / implementation, representation ‖ ~ der Erfindung / disclosure of invention ‖ ~ in aufgelösten Einzelteilen / exploded view, disassembled view ‖ ~ in Maschinensprache (DV) / machine format ‖ allgemeine ~ / representative view ‖ zeichnerische ~ der Umrisse, Zeichnung *f* / delineation

darstellungs·abhängig, konkret (DV, Syntax) / concrete ‖ ~fenster *n* (Plotter) / view port ‖ ~kontext *m* (DV, OSI) / presentation context ‖ ~-Regler, Mode-Regler *m* (DV) / mode control ‖ ~schicht *f*, Schicht 6 *f* (OSI) / presentation layer ‖ ~unabhängig, abstrakt (DV, Syntax) / abstract ‖ ~verfahren *n* (Chem) / method of disengagement

darüberliegend / lying above o. on top

darunterliegend, Unter…, Grund… / subjacent

das heißt / id est

Dassel·beule *f* (Leder) / warble lump, grub boil ‖ ~fliege *f* / ox warble fly, hypoderma ‖ ~geschwür *n* (Leder, Fehler) / warble

Dasymeter *n*, Rauchgasanalysator *m* / dasymeter, flue gas analyser

DAT, Digital-Audio-Tape *n* / DAT, digital audiotape

Datagramm *n* / datagram

Datapost *f* / datapost

DA-Technik *f* (Halbl) / diffused-base alloy technique

Datei, Datengruppe *f*, gesammelte Informationen *f pl* (DV) / data set o. file ‖ ~ auf Magnetband, Stream File *m* (DV) / computer o. stream file ‖ ~ mit mehreren Bereichen (DV) / multi-extent file ‖ ~-Anfangsetikett *n* / beginning file label ‖ ~attribut *n* / file attribute ‖ ~aufbau *m* (DV) / file layout o. format ‖ ~bearbeitung *f* / file handling ‖ ~bereich *m* / file extent ‖ ~bezeichnung *f*, -identifikation *f* / file identification o. ID ‖ ~ende *n* / end of file, EOF ‖ ~-Etikett *n* / file label ‖ ~folgenummer *f* / file sequence number ‖ ~-Fortschreibung *f* / file maintenance ‖ ~generator *m* / data generator ‖ ~kennung *f* / file name ‖ ~menge *f* / file set ‖ ~name *m*, file name ‖ ~organisation *f* / file organization ‖ ~sperre *f* / data set lock ‖ ~spule *f* (Magn.Bd) / file reel ‖ ~steuerblock *m* / data control block, D.C.B. ‖ ~steuerung *f* / file control ‖ ~verarbeitungssystem *n* / file processing system ‖ ~verzeichnis *n* / file directory ‖ ~vorsatz *m* / beginning file label, file header label ‖ ~wechsel *m* / file changeover ‖ ~zugriff *m* / file access

Dateldienst *m* (Fernm) / Datel service, data telecommunication service

Daten *pl* (DV) / data *pl* (US auch *sg*) ‖ ~ *n pl*, Angaben *f pl* / data specification, data *pl*, specifications *pl* ‖ ~ aufbereiten (DV) / condition o. prepare data ‖ ~ erfassen (DV) / collect o. capture data ‖ ~ *pl* im Hauptbereich (RAM) / prime area data *pl* (RAM) ‖ ~ suchen (im Plattenspeicher) (DV) / scan the disk ‖ ~ verarbeiten (DV) / process data ‖ in Massen anfallende ~ / mass data ‖ ~abhängiger Fehler / data sensitive fault, pattern-sensitive fault ‖ ~abrufsignal *n* / polling signal ‖ ~abtastbreite *f* (Raumf) / data sample width, sampling width ‖ ~anbieter *m* (DV) / host ‖ ~anforderung *f* / data request ‖ ~annahmestation *f* (Raumf) / readout station ‖ ~anordnung *f*, -struktur *f* / file structure ‖ ~attribut *n* / data attribute ‖ ~aufbereitung *f* / data preparation, data conditioning ‖ ~aufzeichnung *f*, -registrierung *f* / data recording ‖ ~ausgabe, -senke *f* (DV) / data output ‖ ~ausgabegeräte *n pl* / data originating equipment ‖ ~austausch *m* / data exchange, DX, data interchange ‖ ~austauschsteuerung *f*, DAST / DXC, data exchange control ‖ ~auswertung *f* / data processing ‖ ~bank (pl:) -banken, -zentrale *f* / data bank o. base, information bank o. base ‖ ~bank *f* für Dialogverarbeitung / immediate data base ‖ ~bank *f* für Zwischenspeicherung / intermediate data base ‖ ~bank *f* öffentlicher Ausschreibungen (des DIANE-Dienstes) / TED, tenders electronic daily ‖ ~bank-Bereichskopie *f* / data base replication ‖ ~bank-Beschreibungssprache *f* / data base description language ‖ ~banksprache *f* / data base language ‖ ~bank-Verwalter *m* / data base administrator o. manager ‖ ~bank-Verwaltung *f* / data base management, DBM ‖ ~bank-Verwaltungssystem *n* / data base management system ‖ ~behandlungs-Ausrüstungen, -behandlungs-Anlagen *f*, / data processing systems equipment ‖ ~benutzer *m* / information retriever ‖ ~beschreibung *f* / data description ‖ ~bestand *m* / data stock ‖ ~bestandsverwaltung *f* / data set management ‖ ~bibliothek *f* / library of data ‖ ~bit *n* (DV) / data bit ‖ ~blatt *n*, -bogen *m* (DV) / specification sheet, spec sheet, data sheet ‖ ~block *m* / data block, physical record ‖ kurzer ~block / blockette ‖ ~block-Composer *m* / page composer ‖ ~code *m* / data code ‖ ~diktionär *n* / data dictionary ‖ ~direktübertragung *f* / direct data transmission ‖ ~durchsatz *m*, Lauf *m* (DV)

/ throughput, thruput, run ‖ ⌐-Ein/Ausgabe f / input/ output of data ‖ ⌐eingabe f (DV) / data input, data entry ‖ ⌐eingabegerät n, -eingabestation f / data input device ‖ ⌐eingabekanal m / digital input channel ‖ ⌐-Eingabe- u. Darstellungssystem n, DEDS (Luftf) / DEDS, data entry and display subsystem ‖ ⌐eingeber m auf Band / data inscriber, data entry device ‖ ⌐element n (COBOL) (DV) / elementary item ‖ ⌐empfangsstation f / RO-terminal, receive only terminal ‖ ⌐endeinrichtung f, -endstation f, DEE, Terminal n, Fernbetriebeinheit f (DV) / data processing terminal equipment, DTE terminal [station], data circuit terminating equipment, DCE, data terminal ‖ ⌐endgerät, Terminal n (Fernm) / digital subset, digital terminal ‖ ⌐erfasser m (DV) / data logger ‖ ⌐erfassung f (z.B. über Tastatur) / data entry ‖ ⌐erfassung f / data acquisition o. collection, data logging o. recovery o. preparation, data gathering o. capture ‖ ⌐erfassung f am Entstehungsort (Fernm) / local source recording ‖ ⌐erfassungssystem n, DAS (Luftf) / DAS, data acquisition subsystem ‖ ⌐erklärung f (DV) / record description entry ‖ ⌐erneuerungsrate f / data refresh rate ‖ ⌐erstellung f (DV) / preparation of data ‖ ⌐feld n, -bereich m (DV) / array, data field ‖ ⌐feldbeschreiber m / zone description ‖ ⌐feld-Kontrollbyte n (DV) / string control byte ‖ ⌐feldlänge f (DV) / field width ‖ ⌐fernsprecher m / dataphone ‖ ⌐fernsteuereinheit f / data adapter unit ‖ ⌐fernübertragung f (DV) / remote data transmission, [data] telecommunication ‖ ⌐fernübertragung f, Telemetrie f (Regeln) / telemetry ‖ ⌐fernverarbeitung f, DFV (DV) / teleprocessing of data, tele-dataprocessing ‖ ⌐fernverarbeitung f, On-line-Verarbeitung f / on-line processing ‖ ⌐fluß m / data flow ‖ ⌐flußplan m (DV) / flow chart o. sheet, dynamic flow chart, data flow chart o. diagram ‖ ⌐flußsteuerung f / data flow control, DFC ‖ ⌐format n / data format ‖ ⌐gesteuert / data-driven ‖ ⌐kanal m / data channel ‖ zweiter ⌐kanal (DV) / dual synchronizer adapter ‖ ⌐kanalanschluß m / data channel adapter ‖ ⌐kassette f, -cartridge f / data cartridge ‖ ⌐keller m / data stack ‖ ⌐kettenübertragung f über Meteore / meteor burst-link ‖ ⌐kettung f (DV) / chain data flag, data chaining ‖ ⌐kollision f / data collision ‖ ⌐konzentrator m (DV) / data concentrator ‖ ⌐leitung f / data line ‖ ⌐logger m, Meßwerterfasser m / data logger ‖ ⌐management n (DV) / data management ‖ ⌐mengen f pl / multitude of data ‖ es gibt beträchtliche ⌐mengen / there is considerable data ‖ ⌐-Modem n / data modem ‖ ⌐multiplexer m (DV) / data multiplexer ‖ ⌐name m / data name ‖ ⌐netz n / data o. information network ‖ ⌐-Neubenennungsklausel f (DV) / rename o. renaming clause ‖ ⌐paket n / data packet ‖ ⌐paket-Übermitteln n / packet-mode operation ‖ ⌐prozessor m, DPS (Luftf) / DPS, data processing subsystem ‖ ⌐quelle f / data source ‖ ⌐reihe f (DV) / stream of data ‖ ⌐sammeln n, Notieren n von Ablesungen / logging ‖ ⌐-Sammel-System n / data collection system, DCS ‖ ⌐sammlung f, -sammeln / data marshalling, data pooling o. collection ‖ ⌐sammlung f, Pool m / data pool ‖ ⌐satz m (Ggs: Block) (DV) / logic[al] record, [data] record ‖ ⌐satzname m (DV) / record name ‖ ⌐satztrennzeichen n / record separator ‖ ⌐schub m / data strobe ‖ ⌐schutz m (DV) / protection of stored data, data protection ‖ ⌐schutz m (gegen Mißbrauch) / data privacy protection ‖ ⌐schutzbeauftragter m (amtlich) / Federal Commissioner for Data Protection ‖ ⌐schutzbeauftragter m (privat) / controller for data protection ‖ ⌐schutzgesetz n / Act on Protection against the Misuse of Personal Data in Data Processing, Data Surveillance Act (GB) ‖ ⌐schutzwartung f (DV) / security maintenance ‖ ⌐senke f (DV) / data sink ‖ ⌐senke, -ausgabe f (DV) / data output ‖ ⌐senke f, Empfangsterminal n, -station f (DV) / receiving terminal

‖ ⌐sicherheit f, -integrität f / data integrity ‖ ⌐sicherung f / data protection, data safeguarding, data security ‖ ⌐sicherung f, -schutz m (DV) / methods pl of protecting stored data ‖ ⌐sicherung f (durch Mitschreiben) (DV, Terminal) / local record ‖ ⌐sichtgerät n (DV) / display unit ‖ ⌐signal n / data signal ‖ ⌐speicher m (DV) / memory (US), store (GB), storage (US) ‖ ⌐speicherung f (DV) / reading-in, storing (GB), data storage ‖ ⌐stapel m (LoKa) / data deck ‖ ⌐station f / data station, terminal station ‖ entfernt aufgestellte ⌐station / remote terminal ‖ ⌐stationsschutz m / terminal security ‖ ⌐streamer m / data streamer ‖ ⌐streifen m, Informationsstreifen m / data tape ‖ ⌐strom m, -kette f (DV) / stream ‖ ⌐struktur f (DV) / file structure, data format ‖ ⌐suchen n (DV) / file scan ‖ ⌐technik f / data systems engineering o. technology ‖ ⌐teil, Operand m (DV) / operand ‖ ⌐teil m (COBOL) / data division (COBOL) ‖ ⌐träger m (DV) / recording o. data o. storage medium, data carrier, volume (IBM) ‖ ⌐trägeretikett n / volume label, VOL ‖ ⌐trägerzeichen n / end of medium character, EM ‖ ⌐transfer m (die nutzbare Übertragung) / data transfer ‖ ⌐transfer-Bus m / data transfer bus, DTB ‖ ⌐transfer-Rückmeldung f / data transfer acknowledgement, DTACK ‖ ⌐typistin f (LoKa) / punch operator, puncher ‖ ⌐überführung f / code transposition of data ‖ ⌐übermittlung f / data communication ‖ ⌐übermittlungsabschnitt m / data transmission link, communication link ‖ ⌐übermittlungssystem n / data transmitting system, communication transmitting system

Datenübertragung f (allg) / data communication ‖ ⌐ (die Übertragung von nutzbaren und verstümmelten Daten) / data transmission ‖ ⌐ (die nutzbare Übertragung) / transferring of data, data transfer ‖ ⌐ auf überlassenem Breitbandweg (Fernm) / telpak service ‖ ⌐ mit 44,7 Mb/s / digital signal-3, DS-3 (USA)

Datenübertragungs·anlage f / data transmission plant ‖ ⌐anlage, -verbindung f / data link, DL ‖ ⌐block m / data transmission block, frame ‖ ⌐einrichtung f, DÜE / data communication (o. circuit) terminating equipment, DCE ‖ ⌐gerät n / data transmission unit ‖ ⌐geschwindigkeit f / data signalling rate o. transfer rate ‖ ⌐glied n / communication link ‖ ⌐kanal m / data o. information channel ‖ ⌐-Steuereinheit f, Multiplexer m (DV) / transmission control unit, multiplexer, -plexor, MUX ‖ ⌐steuerung f, DÜST (DV) / data transmission control, transmission controller, communication controller, CC ‖ ⌐system n / data link system ‖ ⌐weg m / data bus

Daten·umsetzer m / data translator, data converter ‖ ⌐ursprung m / data origination ‖ ⌐ursprungsstation f / data originating station ‖ ⌐verarbeitend / data-processing ‖ ⌐verarbeitung f / data processing, data handling ‖ ⌐verarbeitung f in der Konstruktion / data processing in design ‖ ⌐verarbeitung f innerbetrieblich (o. innerhalb eines Gebäudes o. Werkes) / in-plant system ‖ ⌐verarbeitungsanlage f (DIN), DVA, Rechner m / computer ‖ ⌐verarbeitungsgerät n / dp-equipment ‖ ⌐verarbeitungsmarkt m / data processing market ‖ ⌐verarbeitungsmaschine f / data processing machine o. unit ‖ ⌐verarbeitungsspezialist m / data processing expert ‖ ⌐verarbeitungssystem, Rechensystem n / data processing system ‖ ⌐verarbeitungszentrale f, -verarbeitungszentrum m / data processing center ‖ ⌐verbindung f, Datenübertragungsstrecke f / Datenleitung f / data circuit ‖ ⌐verdichtung f, Kompression f (DV) / data compression o. reduction ‖ ⌐verlust m (infolge Überlastung des Kanals) / overrun ‖ ⌐vermittlung f / data switching ‖ ⌐vermittlungsstelle f / data switching center ‖ ⌐verschlüsselungs-Einheit f / data encryption unit ‖

⁓verschmelzung f (DV) / file consolidation ‖
⁓verteiler m, DVT (Fernm) / intermediate distributing
frame, intermediate frame ‖ ⁓wählnetz n / switched
data network ‖ ⁓weg m / data path ‖ ⁓weiche f (DV) /
data selector ‖ ⁓werte-Tabelle f (DV) / truth table ‖
⁓wort, Element n, Daten[wort]element n (Programm) /
data item, data element ‖ ⁓zeile f (Drucker) / data line ‖
⁓zeilensignal n (TV) / data line signal ‖ ⁓zelle f / data
cell ‖ ⁓zuordner m (DV) / sequencer

Datex·dienst m / datex service, data exchange service ‖
⁓ -L-Netz n / datex circuit switchinq network ‖ ⁓netz n
/ datex network ‖ ⁓ -P-Netz n / datex package switching
network

Datiervorrichtung f / dating device

Datolith m (Min) / datolite, date stone

DATTS-Antenne f / DATTS antenna, data acquisition
telemetry and tracking station antenna

Datum n / date ‖ ⁓ (Angaben für das Koordinatensystem
eines Landes) (Verm) / datum (pl.:) datums ‖ ⁓ (Math) /
datum ‖ ⁓presse f (Bahn) / ticket dating machine ‖

Datums·anzeige f (Uhr) / calendar work ‖ ⁓druck m / date
printing ‖ ⁓gesteuert / date driven

Datumstempel m / date stamp, dater

Datums·uhr f / watch with calender work

Datum·-Umschaltung f (Uhr) / movement of the calendar
‖ ⁓ -Zeitgruppe f (Fernm) / date-time group

DAU = Digital-Analog-Umsetzer

Daube f, Faßdaube f / stave

Daubenbiegemaschine f / stave bending machine

Dauberit, Zippeit m (Min) / zippeite, dauberite

Dauer f, Zeitdauer f / duration, length of time ‖ ⁓, Zeit f /
term ‖ ⁓, Beständigkeit f / continuance ‖ ⁓,
Fortbestehen n / duration, consistency ‖ ⁓... /
continuous, continued, non-intermittent ‖ ⁓...,
Langzeit... / long duration... ‖ ⁓..., ununterbrochen
aufrechterhalten / continuous, uninterrupted ‖ ⁓...,
wiederverwendbar / reutilizable ‖ ⁓ einer Periode /
duration of a cycle ‖ auf die ⁓ / for long, in the long run
‖ ⁓abfrage f / on-line inquiry ‖ ⁓anforderung f (DV) /
continuous request ‖ ⁓anriß m / fatigue crack ‖
⁓auftrag m (Bank) / standing order ‖ ⁓aufzeichnung f /
permanent record ‖ ⁓beanspruchung f (Wechsellast) /
continuous stress ‖ ⁓befehl m / persistent command ‖
⁓befestigt / hard mounted ‖ ⁓belastung f, Dauerlast f /
permanent o. steady load ‖ für ⁓belastung berechnet
(o. gebaut) / continuously rated ‖ ⁓beseitigung f des
Abfalls (Nukl) / permanent disposal ‖ ⁓betrieb m /
continuous operation o. working o. running ‖ ⁓betrieb
m (F.Org) / continuous process ‖ ⁓betrieb m
(Kurzzeichen S1, früher DB) (Elektr) / continuous duty ‖
für ⁓betrieb berechnet (o. gebaut) / continuously rated
‖ ⁓betrieb m mit aussetzender Belastung, DAB /
continuous duty with intermittent loading ‖ ⁓betrieb m
mit veränderlicher Belastung / continuous duty with
variable load ‖ ⁓bewässerung f / permanent irrigation ‖
⁓biegeermüdung f / constant strain flexural fatigue,
[repeated] flexing o. flexural fatigue (US) ‖
⁓biegefestigkeit f / bending endurance, bending stress
fatigue limit, repeated flexural strength (US) ‖
⁓biegeprüfmaschine f Bauart Wöhler / Wöhler
fatigue testing machine for rotating beam o. cantilever
test piece ‖ ⁓biegespannung f / repeated flexural stress
‖ ⁓brandherd m (Küche) / slow combustion cooker ‖
⁓brandlampe f (eine Lichtbogenlampe) (Elektr) /
enclosed arc lamp ‖ ⁓brandofen m / slow combustion
stove ‖ ⁓brandofen m mit Vorratsbehälter / base
burner (US) ‖ ⁓bremse f / sustained-action brake ‖
⁓bremse f (Kfz) / retarder ‖ ⁓bruch m / fatigue
fracture, endurance failure o. fracture ‖ ⁓bruchbeginn
m / incipient crack ‖ ⁓dehngrenze f / fatigue yield limit
‖ ⁓dehngrenze f, Dauerstandkriechgrenze f / creep
strength ‖ ⁓dehngrenze f (warm) / continuous creep
strain limit ‖ ⁓drehwechselfestigkeit f / constant
reverse-torsion fatigue strength ‖ ⁓druck m (Taste) /

sustained depression ‖ ⁓durchfluß, -zufluß m /
continuous flow ‖ ⁓echo, Festecho n (Radar) / fixed
echo ‖ ⁓echo n (Radar) / permanent echo, continuous
wave echo ‖ in ⁓eingriff (Getriebe) / constant-mesh... ‖
⁓einschaltung f (Elektr) / permanent connection ‖
⁓elastischer Kitt (Bau) / permanently elastic cement ‖
⁓elektrode f (Hütt) / continuous o. self-baking o.
permanent electrode ‖ ⁓element n (Elektr) / inert cell ‖
⁓entladung f (Elektr) / permanent discharge ‖
⁓erdschluß m (Elektr) / continuous earth o. ground,
permanent earth ‖ ⁓erfolg m / permanent success ‖
⁓ertrag m / sustained yield ‖ ⁓fahrt f / long-distance
run ‖ ⁓falte f (Textil) / permanent crease ‖ ⁓fehler m /
stable failure ‖ ⁓fehler, Eigenfehler m (DV) / inherent
error, inherited error ‖ ⁓festigkeit f / fatigue strength,
fatigue [endurance] limit ‖ ⁓festigkeit f im Druck-,
[Zug-]Schwellbereich / pulsating fatigue limit under
compression, [tensile] stress ‖ ⁓festigkeit f unter
schwellender Beanspruchung / pulsating fatigue limit
o. strength ‖ ⁓festigkeitsbereich m beiderseits der
Nullinie (Mech) / limiting range of stress ‖
⁓festigkeitskurve, Wöhlerkurve f / S/N curve, stress-
number curve ‖ elektromagnetische ⁓festigkeits-
Prüfmaschine / Haigh fatigue testing machine ‖
⁓festigkeitsschaubild n / fatigue strength diagram,
stress-number curve, S/N-curve, stress-cycle diagram ‖
⁓festigkeitsverhältnis n / fatigue ratio ‖ ⁓fixierung f
(Wolle) / permanent setting ‖ ⁓flamme f (Gas) / by-pass,
pilot light ‖ ⁓flug m / endurance flight ‖ ⁓förderer m /
continuous conveyor o. transporter ‖ ⁓form, Kokille f
(Gieß) / casting die, lasting o. permanent mould ‖
⁓ -Formfestigkeit f / form conditioned fatigue limit ‖
⁓formguß m / gravity die-casting, permanent-mold
casting (US) ‖ ⁓formmaschine f / permanent-mould
machine ‖ ⁓fortschaltung f / continuous switching ‖
⁓frostboden m, Permafrost m / permafrost ‖
⁓funktionstaste f / repeat key ‖ ⁓futter m (Hütt) / outer
lining ‖ ⁓gebrauch m / continued use ‖ ⁓geschmiert /
prelubricated ‖ ⁓geschwindigkeit f (Luftf) / cruising
speed ‖ ⁓glanzappretur f / permanent sheen finish ‖
⁓gleichgewicht n (Nukl) / secular equilibrium ‖
⁓gleichstrom m (Halbl) / continuous on-state current ‖
⁓grenzstrom m (Halbl) / limiting value of mean on-state
current

dauerhaft, Dauer-... / permanent ‖ ⁓, fest / fast, firm,
strong ‖ ⁓, für die Dauer gearbeitet / lasting, made to
last, stable, durable ‖ ⁓, sich gut tragend (Tuch) /
wearing well ‖ ⁓e Verbrauchsgüter n pl / durable
goods pl, consumer durables pl ‖ sehr ⁓ / perdurable

Dauerhaftigkeit f, Stetigkeit f / permanency ‖ ⁓,
Haltbarkeit f / solidity, firmness ‖ ⁓, Lebensdauer f /
lasting ‖ ⁓, Bestand / durability, durableness, stability
‖ ⁓ des Glanzes / gloss retention ‖ ⁓ von Farben /
permanency of colours

Dauer·haltbarkeit f (Material) / service life ‖
⁓höchstleistung f / continuous maximum rating, CMR
‖ ⁓hub m (Presse) / continuous stroke ‖ ⁓justage f
(Verm) / permanent adjustment ‖ ⁓karte f, Zeitkarte f /
season ticket ‖ ⁓kennzeichen n (Fernm) / continuous
signal ‖ ⁓kerbschlagversuch m / repeated notched-bar
impact test ‖ ⁓knickversuch m (DIN 53522) / repeated
bending test ‖ ⁓kontaktgabe f (Elektr) / latching contact
operation ‖ ⁓kontakt-Sperrschichtgleichrichter m /
welded-contact rectifier ‖ ⁓kriechgrenze f,
Zeitstandkriechgrenze f / creep fatigue limit ‖
⁓krümelstruktur, Bodengare f (Landw) / optimum soil
condition ‖ ⁓kurzschluß m / sustained short circuit ‖
⁓kurzschlußstrom m / continuous short-circuit current
‖ ⁓last, -belastung f / permanent o. steady load ‖
⁓lastkurve f (Transistor) / d.c. curve ‖ ⁓lauf m, -fahrt f
/ endurance run ‖ ⁓laufversuch m / endurance test run
‖ ⁓leistung f / permanent o. continuous o. constant
power o. output ‖ ⁓leistung f, -betrieb m (Elektr) /
continuous duty ‖ menschliche ⁓leistung / permanent

work ‖ **[nominelle] ⌐leistung** (Elektr) / continuous
rating ‖ **⌐leistungs-Drehzahl** f / continuous speed ‖
⌐licht n / steady burning light ‖ **mit ⌐licht** (Kfz) /
steady-burning (US) ‖ **⌐lichtzeichen** n / permanent light
sign ‖ **⌐linie** f, durchgezogene Linie (Zeichn) /
continuous line ‖ **⌐lochstreifen** m / high-durability tape
‖ **⌐magnet** m / permanent magnet ‖ **⌐magnet-**
Generator m (Elektr) / permanent-magnet generator ‖
~magnetisch / permanent-magnetic ‖ **⌐magnetismus**
m, permanenter Magnetismus / permanent magnetism ‖
⌐magnetplatte f / permanent-magnetic [holding] plate
‖ **⌐magnet-Sinterlegierung** f / sintered hard magnetic
material ‖ **⌐magnet-Werkstoff** m / permanent magnetic
material
dauernd / continuous, continued, non-intermittent ‖ **~**,
permanent / permanent ‖ **~ dienst- o. arbeitsunfähig** /
disabled ‖ **~ drücken** (z.B. Knopf) / press down
continuously ‖ **~es radioaktives Gleichgewicht** /
secular [radioactive] equilibrium ‖ **~es Vorkommen** /
persistence
Dauer·palette f / returnable pallet ‖ **⌐prägung** f (Textil) /
permanent embossing o. goffering ‖ **⌐präparat** n /
permanent slide culture ‖ **⌐prüfmaschine** f / fatigue
testing machine ‖ **⌐prüfschlagwerk** n / impact fatigue
testing machine ‖ **⌐prüfung**, -probe f / fatigue test ‖
⌐ruf m, -signal n (Fernm) / continuous ringing,
permanent call ‖ **⌐ -Schablonenpapier** n / stencil-base
paper ‖ **⌐schallerzeuger** m (Ultraschall) / continuous-
wave generator ‖ **⌐schallpegel** m / continuous sound
level ‖ **⌐schlagfestigkeit** f / impact fatigue strength ‖
⌐schlagprüfung f, -schlagversuch m / repeated impact
test ‖ **⌐schmierung** f / permanent lubrication ‖ **mit**
⌐schmierung / permanently lubricated ‖
⌐schweißbetrieb m / continuous weld ‖
⌐schwingbeanspruchung f / fatigue loading,
alternating [cyclic] stress, repeated alternating stress,
constant vibrational stress ‖ **⌐ -Schwingbruch**,
-Schüttelbruch m / vibration failure ‖
⌐schwingfestigkeit, Ursprungsfestigkeit f / fatigue o.
endurance limit ‖ **⌐[schwing]festigkeit** f,
-festigkeitsbereich m (beiderseits der Nullinie) /
endurance range, limiting range of stress ‖
⌐schwingung f / steady-state vibration ‖
⌐schwingversuch m (DIN 53574) / endurance o.
fatigue test ‖ **⌐schwingversuch m in der Wärme** /
elevated temperature fatigue test ‖ **⌐sicherung** f (Elektr)
/ miniature automatic circuit breaker ‖ **⌐signal** n (Fernm)
/ continuous call, permanent signal ‖
⌐spannungsfestigkeit f (Kabel) / voltage life ‖
⌐standfestigkeit f / fatigue strength for infinite time,
time yield ‖ **⌐standfestigkeit** f (Wzm) / cutting edge
fatigue strength ‖ **⌐standfestigkeit** f (warm) /
continuous creep strength ‖ **⌐[stand]kriechgrenze** f /
continuous creep limit ‖ **⌐störung** f (Elektronik) /
continuous interference ‖ **⌐strich** m (Fernm) /
continuous dash, long dash ‖ **strich** m (ungedämpfte
Welle) / continuous wave, C.W., c.w. ‖ **⌐strichbetrieb**
m / continuous wave mode, CW mode ‖ **⌐strichlaser**
m, CW-Laser m / continuous-wave o. c.w. laser ‖
⌐strichleistung f (Laser) / continuous wave o. c.w.
power ‖ **⌐strich-Magnetron** m / c.w. magnetron ‖
⌐strichradar m n, CW-Radar m / continuous-wave
radar ‖ **⌐strichverfahren** n (Luftt, Schiff) / continuous
wave method ‖ **⌐strich-Wanderfeldröhre** f **für**
Leistungsverstärker / c.w. power-amplifier travelling
wave tube ‖ **⌐strom** m / constant current ‖
⌐tauchversuch m, Tauchstandversuch m (Korrosion) /
static immersion test ‖ **⌐ton** n (Fernm) / continuous
tone, permanent note o. signal ‖ **⌐tonsektor** m,
Leitstrahlsektor m, -zone f (Luftt) / equisignal zone o.
sector ‖ **⌐umschaltung** f (Lochstreifen) / shift-out ‖ **⌐ -**
und Ermüdungsversuch m / endurance and fatigue test
‖ **⌐verbindung** f, Direktverbindung f (Fernm) / direct o.
permanent connection ‖ **⌐versuch**, Langzeitversuch m /

long-time test, extended time test ‖ **⌐versuch** m,
Ermüdungsversuch m / fatigue test ‖ **⌐wahl** f,
"Durchdrehen" n (Fernm) / continuous hunting ‖
⌐wanne f (Glas) / permanent tank ‖ **⌐waren** f pl /
nonperishable foodstuff ‖ **⌐wärmebeständigkeit** f,
Dauerwarmfestigkeit f / fatigue strength at elevated
temperatures ‖ **⌐wechselfestigkeit** f / fatigue strength
under reversed stresses ‖ **⌐wechselfestigkeit** f eines
Materials / fatigue properties pl ‖ **⌐wert** m / permanent
value ‖ **⌐wirkung** f (Regeln) / permanent action ‖
⌐wühler m (Bergb) / continuous miner ‖ **⌐zufluß**,
-durchfluß m / continuous flow ‖ **⌐zugfestigkeit** f /
endurance tensile strength ‖ **⌐zugkraft** f (Kfz) /
continuous tensile o. tie (US) force o. load ‖
⌐zugversuch m / tensile fatigue test ‖ **⌐zündflamme** f
/ permanent pilot flame ‖ **⌐zustand** m / steady state
condition, permanence
Daumen, Zapfen m (Masch) / cog, tappet, lift ‖
⌐ausschnitt m (Papierbeutel) / thumb cut ‖ **⌐drücker** m,
Drückerfalle f (Tür) / thumb latch ‖ **⌐drücker** m (Web) /
frame handle ‖ **⌐einschnitt** m, -index m, -register n
(Buch) / side index ‖ **⌐eisen** n (Schm) / anvil for beating
vessels ‖ **⌐index** m, -register n (Buch) / thumb index,
banks pl ‖ **⌐probe** f (Berstfestigkeit) / thumb testing ‖
⌐rast f / thumb rest ‖ **⌐regel** f / rule-of-thumb ‖
⌐schlepper m (Hütt) / dog-bar [type] conveyer ‖ **⌐welle**
f / camshaft
D/A-Umsetzer m s. D/A-Wandler
daunen·artig, daunig (Textil) / downy ‖ **~dicht** (Appretur)
/ downproof, down resistant ‖ **⌐satin** m / mitcheline
Davit m n (Schiff) / davit
davongelaufen, ausgerissen (Meßwert) / runaway
D/A-Wandler m / digital-to-analog converter, dac
Dazit m (Geol) / dacite
dazwischen·liegend, Zwischen... / intermediary adj,
intermediate ‖ **⌐nahme**, Zwischenschaltung f /
intercalation, insertion
DB = Deutsche Bundesbahn
dB = Dezibel (1 dB = 0,1151 Np)
D-Bank, Dopplerbank f (Reaktor) / Doppler o. D-bank,
Doppler group of control rods
DBGM = Deutsches Bundesgebrauchsmuster
dBm-Messer, Dezibel/Milliwatt-Messer m / dBm-meter
DBP = Deutsche Bundespost ‖ **⌐** = Deutsches Bundespatent
DB-Technik f (Halbl) / diffused-base technology
DB-Transistor m / diffused-base transistor
DC-Behälter m (Transport) / disposable C-container
DC-DC-Wandler m (Elektronik) / DC-DC converter
DCDR-Reaktor m (Nukl) / direct cycle diphenyl reactor,
DCDR
DChG = Deutsche Chemische Gesellschaft
DDA = digitaler Differentialanalysator
DDC-Regelung f, [direkte] digitale Regelung (o.
Prozeßsteuerung) / DDC, direct digital control
DDM-Meßgerät n / DDM-instrument (=difference in
depth of modulation)
DDR (Phys) = Dampfdruck nach Reid
DDT n (Chem) / DDT, pp'-dichlorodiphenyl trichlorethane
DE = Datenerfassung ‖ **⌐** (DV) = Datenend...
Deacon-Verfahren n (zur Chlordarstellung) (Chem) /
Deacon process
Dead-Stop-Verfahren n (Chem) / dead-stop titration o.
method
Deadweight n, dw, Bruttotragfähigkeit f (Schiff) / dead-
weight capacity ‖ **⌐tons** pl, dw (Schiff) / deadweighttons
pl, dw
Deaktivierungsrate f (Katalyt) / deactivation rate
deakzentuieren / deaccentuate, deemphasize
Dealkylierung f / dealkylation
DEAS = Datenerfassungs- und -Auswertesystem
Debet·-Nota f, Lastschriftzettel m / debit note ‖ **⌐posten**
m / debit item o. entry
Debitorenbuchhaltung f, Debitoren m pl / accounts
receivable pl

Deborahzahl f (Viskosität) / Deborah number
De-Broglie-Wellen f pl / De Broglie waves pl
Debugging n, Entwanzen (coll) (DV) / debugging
Debye n, D (Einheit des Dipolmoments) / Debye unit,
D.U. (= 10^{-18} electrostatic units) ‖ ⌐ **-Hückel-Theorie** f
(Chem) / Debye-Hückel theory ‖ ⌐ **-Länge** f (Halbl) /
Debye length ‖ ⌐ **-Scherrer-Methode** f (Röntgen Krist) /
Debye and Scherrer method ‖ ⌐ **-Sears-Effekt** m /
Raman-Nath diffraction ‖ ⌐ **-Sphäre** f (Atom, Nukl) /
Debye sphere
De-Carbon-Stoßdämpfer m / dashpot system De Carbon
Decarboxylase f / decarboxylase
Decca·-Empfänger m / decca receiver ‖
⌐ **-Navigationssystem** n / decca navigation system
Decca-Sturmwarnungsradar m n / decca storm warning
radar
Dechargiereinrichtung f (Walzw) / decharging installation
DECHEMA = Deutsche Gesellschaft für Chemisches
Apparatewesen e.V.
dechiffrierbar, nicht ~ (DV) / undecipherable
Dechiffriervorrichtung f / deciphering device
Dechsel f, Dachsbeil n (Böttcher) / cooper's adze ‖ ⌐
(Zimm) / adze, adz
dechseln (Zimm) / dub ‖ Holzschwellen ~ (Bahn) / adze the
sleepers
Deck n (Schiff) / deck ‖ ⌐ (Omnibus) / top ‖ **das einzelne**
⌐ **einer mehrdeckigen Hochstraße** (Straßb) / tier ‖ **mit**
einem ⌐ **versehen** / provide a deck ‖ ⌐**ablauf** m (Zuck) /
purging o. wash syrup ‖ ⌐**anstrich** m / finishing o. top
coat ‖ ⌐**appretur** f (Textil) / coating finish ‖ ⌐**aufbau** m
(Schiff) / deck o. ship's superstructure ‖
⌐**aufstrichmittel** n (Bau) / bituminous protective
coating ‖ ⌐**balken** m (Schiff) / deck beam, beam ‖
⌐**band** n (Masch) / shroud[ing], cover band ‖ ⌐**band** n
(Bergb) / cover band, sandwich band ‖ ⌐**band** n **für**
Turbinenschaufeln (Turbine) / shroud ‖ ⌐**beize**,
Ätzpaste f (Textildruck) / reserve, resist [paste], resisting
agent ‖ ⌐**blatt** n (Buch) / correction sheet, drawsheet,
paster ‖ ⌐**blatt** n (Zigarre) / outside leaf, wrapper ‖
durchsichtiges ⌐**blatt** (Verm) / transparent plan ‖ ⌐**blatt**
des Hopfens (Brau) / bract[ea] of hops ‖ ⌐**blech** n /
cover plate ‖ ⌐**bogen** m, -blatt n (Schichtstoffe) / top
lamination ‖ ⌐**bogen**, Straffer m (Buch) / [top] draw
sheet, top o. tympan sheet ‖ ⌐**bogen** m (Pap) / cover
sheet ‖ ⌐**brett** (einseitig zugeschärft),
Stulpschalungsbrett n (Bau) / weather board ‖ ⌐**brücke** f
(mit obenliegender Fahrbahn) / deck bridge ‖ ⌐**draht** m
(Kabel) / covering wire ‖ ⌐**druck**, Überdruck m (Färb) /
overprint
Decke f, Bedeckung f / cover, covering ‖ ⌐, Laufdecke f,
Mantel m, Reifen m (Kfz) / outer cover, casing (US)
‖ ⌐, Hangendes n (Bergb) / [hanging] roof, hanging wall
‖ ⌐, Zimmerdecke f / ceiling ‖ ⌐ (Web) / blanket ‖ ⌐
(Straßb) / surfacing ‖ ⌐ (Zuck) / yeast ‖ Gärdecke f
(Brau) / yeast head ‖ ⌐ **mit sichtbaren Unterzügen** (Bau)
/ open floor ‖ **beiderseits abgeschrägte** ⌐ (Bau) / camp
ceiling ‖ **mit niedriger** ⌐ / with low ceiling
Deckeinrichtung f (Cottonm.) / narrowing device
Deckel m / [top] cover, lid ‖ ⌐, Schraubdeckel m / screw
cap o. cover ‖ ⌐, Kardendeckel m (Spinn) / card flat ‖ ⌐,
Lagerdeckel m / bearing cap, plummer block cover ‖ ⌐
(Masch) / cap, top [cover] ‖ ⌐ **für Plattenstapel** (DV) /
disk pack canister o. container ‖ **den** ⌐ **abnehmen** /
uncover ‖ ⌐**austoß** m (Spinn) / flat strippings pl ‖
⌐**bauweise** f / underground construction work under
top cover ‖ ⌐**behälter** m (DIN 6644) / drum with
removable cover, open head drum ‖ ⌐**bildung** f (Block) /
top freezing, [ingot] top crust, capping ‖ ⌐**dohle** f,
Plattendurchlaß m / slab culvert ‖ ⌐**einstellung** f,
-regelung f (Spinn) / card top adjustment ‖ ⌐**falz** m
(Stahlfaß) / cover seaming ‖ ⌐**flansch** m, Blind-,
Abschlußflansch m / black o. blind o. blank flange,
dummy flange ‖ ⌐**glas** n, Schraubglas n / cap jar ‖
⌐**griff** m (Kfz) / deck lid handle ‖ ⌐**haken** m / cover

hook of the shuttle ‖ ⌐**karde**, -krempel, -kratze f (Textil)
/ flat o. fillet card ‖ ⌐**kette** f (Textil) / flat chain ‖ ⌐**lager**
n, geteiltes Stehlager / cap bearing, slit bearing ‖
⌐**putzapparat** m (Karde) / flat stripping apparatus ‖
⌐**riemen** m (Pap) / deckle strap ‖ ⌐**ring** m (Instr) / bezel,
annular bezel ‖ ⌐**ring** m, Scheibenfassung f
(Scheinwerfer) / front rim ‖ ⌐**ring** m (Konservendose) /
lever ring ‖ ⌐**schützen** m (Web) / shuttle with cover ‖
⌐**stein** m, Sattelstein m (Bau) / rounded block of a cope
‖ **[durchknickende]** ⌐**stütze** (des Kofferraums) / elbow
brace ‖ ⌐**verkleidung** f / cover dressing ‖ ⌐**verschluß**
m, -verriegelung f / lid catch o. lock, cover lock ‖
⌐**verschraubung** f / screw cap o. cover ‖ ⌐**wagen** m
(Bahn) / cover car ‖ ⌐**wagen** m (Hütt) / soaking pit cover
carriage, cover carriage
Deckemailschicht f / cover coat
decken, mit Dach versehen / cover, roof ‖ ~, mindern
(Textil) / narrow, fashion v ‖ ~ (Zuck) / wash, whiten ‖ ⌐
n Anschlaggalvanisierung f (Galv) / striking, flash
electroplating ‖ **den Bedarf** ~ / furnish o. meet the
demand ‖ **ein Dach mit Ziegeln** ~ / tile a roof ‖ **sich** ~ /
coincide ‖ ⌐**ablauf** m (Bau) / floor gully ‖ ⌐**arbeiten** f pl
(Bau) / ceiling work ‖ ⌐**aufbringung** f,
Oberflächenüberzug m (Straßb) / surface treatment ‖
⌐**balken** m / ceiling joist, ceiling beam ‖ ⌐**bekleidung**
f / covering of the ceiling ‖ ⌐**belastung** f / floor load ‖
⌐**beleuchtung** f / ceiling illumination ‖ ⌐**beleuchtung**
f, -beleuchtungskörper m / ceiling lamp ‖ ⌐**brenner** m
(Kessel) / roof burner ‖ ⌐**bügel** m (Bau, Beton) / loop for
ceilings
deckend (Farbe) / opaque ‖ ~, Deck…, Abdeck… (allg,
Farbe) / covering ‖ ~ **machen** (Farbe) / body
Decken·durchführung f / ceiling duct ‖ ⌐**einbauleuchte** f
/ built-in ceiling lamp ‖ ⌐ **-Einschienenbahn** f /
overhead runway o. monorail ‖ ⌐**fach** n, Kassette f
(Bau) / [case-]bay ‖ ⌐**fächer**, -ventilator m / ceiling fan
‖ ⌐**fassung** f / ceiling lamp holder ‖ ⌐**halterung** f
(Rohr) / conduit ceiling hook ‖ ⌐**heizung** f / radiant
ceiling heating, overhead radiation heating ‖ ⌐**höhe** f,
Stehhöhe f / deck to ceiling height ‖ ⌐**höhe** f / stud
(height from floor to ceiling) ‖ ⌐**hohlkörper** m (Bau) /
hollow filler tile o. block ‖ ⌐**kassette** f / bay, coffer ‖
⌐**kehlung** f (Bau) / coving ‖ ⌐**konstruktion** f / floor
construction ‖ ⌐**lager** n (Vorgelege) / hanger ‖ ⌐**last** f
(Bau) / floor o. imposed loading ‖ ⌐**laufkatze** f /
overhead trolley ‖ ⌐**laufkran** m / overhead [travelling]
crane, ceiling travelling crane, ceiling crane o. crab ‖
⌐**leuchte** f, -beleuchtungskörper m / ceiling light
fitting, ceiling lamp ‖ ⌐**leuchte**, Oberflächenleuchte f /
surface mounted luminaire ‖ ⌐**leuchte** f (Kfz) / dome
lamp ‖ ⌐**lochstein** m / perforated brick ‖ ⌐**montage**,
-befestigung f / ceiling suspension ‖ **[ober]licht** n /
overhead light, skylight, lay light, roof window, abat-
jour ‖ ⌐**papier** n (Sammelname für Kraftliner u.
Testliner) / liner ‖ ⌐**putzschalung** f / dressed ceiling
boarding ‖ ⌐**rosette** f (Beleuchtung) / ceiling rose[tte] ‖
⌐**säulenstativ** n (Röntgen) / overhead support ‖
⌐**schalter** m / ceiling switch ‖ ⌐**schalung** f (Beton) /
form o. falsework for ceilings, ceiling boarding ‖
doppelte ⌐**schalung** / ceiling with counter-ceiling ‖
⌐**shoddy** m (Textil) / blanket shoddy ‖ ⌐**spannung** f
(Elektr) / ceiling voltage ‖ ⌐**stativ** n (Röntgen) / ceiling
mount ‖ ⌐**stein** m / stone for ceilings ‖ ⌐**stoff** m (Web) /
blanket[ing], blanket cloth ‖ ⌐**[strahlungs]heizung** f /
[radiant] ceiling heating ‖ ⌐**täfelung** f / wainscoting on
the ceiling ‖ ⌐**träger** m / ceiling beam ‖ ⌐**träger** m
(Feuerung) / roof o. crown bar ‖ **[hölzerner o.**
stählerner] ⌐**träger** (Bau, Stahlbau) / joist, girder ‖
⌐**tuch** n (Wollkrempel) / endless cloth ‖ ⌐**verhältnis** n
(Tagebau) / stripping ratio ‖ ⌐**[ver]putz** m / plastering on
a ceiling ‖ ⌐**vorgelege** n (Masch) / overhead o. ceiling
countershaft ‖ ⌐**vorgelegewelle** f / jack shaft ‖ ⌐**wulst**
m f (Reifen) / tire bead ‖ ⌐**ziegel** m / cap[p]ing brick

Decker, Decknadelhalter *m* (Cottonm) / narrowing finger o. comb ‖ ~**griff** *m* (Textil) / tickler narrowing finger ‖ ~**schiene** *f* (Cottonm) / narrowing rod ‖ ~**tapete** *f* / ingrain wall paper

Deck·faden *m* (Web) / plating thread ‖ ~**fähigkeit**, -kraft *f* (Email, Farbe) / covering power o. capacity, hiding power, opacity ‖ ~**farbe** *f* / opaque pigment o. ink, body colour ‖ ~**farbe** *f*, Deckbeize *f* (Färb) / reserve, resist [paste] ‖ ~**filz** *m* (Pap.m) / pilcher ‖ ~**fläche** *f* am Schieber, Überstand *m* (Dampfm) / overlap ‖ ~**flachstahl** *m* (Gurtung) (Stahlbau) / chord (US) o. boom (GB) plate, cover strip, top flange plate ‖ ~**flansch** *m* (Schiff) / deck flange ‖ ~**flüssigkeit** *f* (Zuck) / wash liquor ‖ ~**folie** *f* (Verpackung) / lidding foil ‖ ~**form** *f* (Gewebedruck) / ground block ‖ ~**fuge** *f*, Überdeckungsfuge *f* (Bau) / covering joint ‖ ~**furnier** *n* / face veneer ‖ ~**gebirge**, -gestein *n* (Bergb) / cap [rock] of a deposit, capping, overlying rock, roof [rock] ‖ brüchiges ~**gebirge** (Bergb) / drawrock ‖ ~**gesims** *n* (Bau) / top moulding ‖ ~**glas** *n*, -gläschen *n* (Opt) / cover slip ‖ ~**glas** *n* (f. Lampen) / cover glass for lamps ‖ ~**glas** *n* der Anzeigelampe / cover glass, jewel of the signal lamp ‖ ~**glas-Ausdrehung** *f* (Uhr) / bezel ‖ ~**grün** *n* / chrome green, chromic oxide, chromium sesquioxide ‖ ~**hilfsmaschine** *f* / deck auxiliary ‖ ~**hilfsmotor** *m* / donkey engine ‖ ~**höhe** *f* (Schiff) / height between decks, deck height ‖ ~**kalk** *m* / burnt o. calcined gypsum ‖ ~**karton** *m* / liner ‖ ~**kette** *f* (Cottonm.) / narrowing chain ‖ ~**kette** *f* (Wirkm) / covering warp ‖ ~**kläre** *f* (Zuck) / covering liquor, clearing ‖ ~**klüse** *f* (Schiff) / chain pipe ‖ ~**kraft** *f* (Farbe) s. Deckfähigkeit ‖ ~**kraftprüfer** *m* (Farbe) / cryptometer ‖ ~**lack** *m* / coating o. covering varnish o. lacquer ‖ ~**lage** *f*, Außenlage *f* / top layer ‖ ~**lage**, -schicht *f* (Straßb) / upper layer of ballast ‖ ~**lage** *f* (Schw) / final run o. pass ‖ ~**lage** *f*, -bogen *m* (Pap) / liner ‖ ~**lage**, fehlerhafte Außenschicht eines Papierballens (Pap) / outsides *pl* ‖ ~**lage** *f* (Mauer) (Bau) / barge-course of a wall ‖ ~**lage** *f* (Transportband) / tie cloth ‖ ~**lage einer Sandwichkonstruktion** / face sheet of sandwich ‖ ~**lagespäne** *m pl* (Spanplatten) / texture material ‖ ~**landeflugzeug** *n* / ship-borne aircraft ‖ ~**lande-Spiegelvisier** *n* (Luftf) / decklanding mirror sight ‖ ~**lasche** *f* (Stahlbau) / cover plate ‖ ~**lehm**, Formkitt *m* (Gieß) / moulding clay ‖ ~**leiste** *f* (Tischl) / moulding, ledge, tringle ‖ ~**leiste** *f*, Fugen[deck]leiste *f* (Zimm) / ledge, tringle, cover strip ‖ ~**leiste** *f*, Nut[verschließ]keil *m* (Elektr) / slot wedge ‖ ~**masche** *f* / narrowing stitch, transfer stitch ‖ ~**maschine** *f* (Wirkm) / tickler machine ‖ ~**maschine** *f* (Cottonm) / narrowing machine, decreasing machine ‖ ~**masse** *f* / cover o. finish coat ‖ ~**mittel** *n*, -papp *m* / resist[ing] agent, reserving agent ‖ ~**nadel** *f* (Cottonm) / narrowing point, point ‖ ~**pappdruck** *m* (Textil) / resist cover print ‖ ~**patent** *n*, Minderkopf *m* (Wirkm) / spindle control mechanism for the narrowing rod travel, narrowing head ‖ ~**peilung** *f* (Nav) / alignment bearing ‖ ~**planke** *f* (Schiff) / outer plank[ing] ‖ ~**plättchen** *n*, -gläschen *n* (Mikrosk) / cover slip o. slide ‖ ~**platte** *f* (allg) / cover plate, junction plate ‖ ~**platte** *f*, Oberdeck *n* (Palette) / top deck ‖ ~**platte** *f* (Sandwich) / top panel ‖ ~**platte** *f*, -streifen *m* (Stahlbau) / butt plate ‖ ~**platte** *f*, Lagerdeckel *m* (Masch) / crown ‖ ~**platte** *f* einer Mauer / cap[p]ing, coping ‖ ~**platten-Abschrägung** *f* (Palette) / deck board chamfer ‖ ~**putz** *m* (Bau) / cover coat, finishing coat ‖ ~**rad** *n*, Rad *n* zum Abdecken der Saat (Landw) / covering wheel ‖ ~**rasen** *m*, Plagge *f* / lining turf, facing sod ‖ ~**ring**, Deckring *m* (Instr) / annular bezel ‖ ~**rohr** *n* (Bau) / cane, reed, reeds-thatch ‖ ~**sand** *m* (Geol) / cover sand

Decks·aufbauten *m pl*, -aufbau *m* (Schiff) / superstructure ‖ ~**band** *n* (Schiff) / deck hook ‖ ~**bucht** *f* (Schiff) / round o. camber of beam o. of deck

Deck·scheibe *f* der Schnitzelmaschine (Zuck) / cover disk ‖ ~**schicht** *f* (allg) / cover, outer layer ‖ ~**schicht** *f*, Schutzschicht *f* / protective coating ‖ ~**schicht** *f* (Straßb) / surfacing ‖ ~**schicht** *f* (Bergb, Öl) / cap of a deposit ‖ ~**schicht** *f* (Sandwich) / facing ‖ ~**schicht-Aufbringer** *m* / coating and wrapping machine ‖ ~**schichtenbildner** *m* / former of protective coatings ‖ ~**schleuder** *f* (Zuck) / centrifugal machine for washing sugar, sugar washing centrifugal [machine] ‖ ~**scholle**, Klippe *f* (Geol) / outlier ‖ ~**schutt**, Abhub *m* (Bau, Straßb) / overburden ‖ ~**schwelle**, Oberschwelle *f* (Hydr) / coping, capping piece ‖ ~**schwelle**, Oberschwelle *f* (Hydr) / capping piece

Decks·glas *n* (Schiff) / deck light ‖ ~**haus** *n*, Decksaufbau *m* (Schiff) / deck house ‖ ~**hilfsmaschine** *f* (Schiff) / deck auxiliary

Deck·sitz *m* (Kfz) / roof-seat ‖ ~**sitzomnibus** *m* / doubledeck bus

Decks·kran, Ladekran *m* (Schiff) / deck crane ‖ ~**ladung** *f* (Schiff) / deck cargo o. load ‖ ~**maschinen** *f pl* (Schiff) / deck machinery

Deck·spindel *f* (Cottonm) / narrowing spindle ‖ ~**[s]planke** *f* (Schiff) / deck plank ‖ ~**sprung** *m*, Decksstrak *m* (Schiff) / sheer

Decks·schraube *f*, Flachkopfschraube *f* mit Vierkantansatz (Schiff) / cover screw (DIN 80441) ‖ ~**talje** *f* (Schiff) / deck tackle

Deckstein, -ziegel *m* / cap[p]ing brick ‖ ~ *m*, -platte *f* / cover slab ‖ ~**flach/bombiert** (Uhr) / straight cap jewel ‖ ~**plättchen** *n* (Unruh) / cap jewel

Deck·stringer *m* (Schiff) / deck stringer ‖ ~**stück**, Füllstück *n* (Tischl) / piece let in o. fitted in, filling piece

Decks·unterzug *m* (Schiff) / riser ‖ ~**verschraubung** *f* (Schiff) / deck partners *pl* ‖ ~**weite** *f* (Schiff) / deck breadth ‖ ~**wölbung** *f* (Schiff) / camber

Deckung, Überdeckung *f* (Masch) / cover, [over]lap ‖ ~, Rundumstrahler *m* (Landekurssender) / clearance

Deckungs·fehler *m* (Raster) / registration o. convergence error ‖ ~**gleich** (Math) / congruent ‖ ~**gleichheit**, Kongruenz *f* (Math) / coincidence, congruence ‖ ~**gleichheit**, Konvergenz *f* (TV) / convergence ‖ ~**verfahren** *n* (Luftf) / beam rider system

Deck·vermögen *n* s. Deckfähigkeit ‖ ~**walzen** *n*, Mantelwalzen *n* (Walzw) / sheath rolling ‖ ~**wasser** *n*, Decke *f* (Zuck) / washwater ‖ ~**weiß**, Schneeweiß *n* (Farbe) / zinc white ‖ ~**werk** *n* (Hydr) / fence of fascines ‖ ~**winde**, Winsch *f* (Schiff) / winch ‖ ~**winkel** *m* (Stahlbau) / angle [steel] covering a joint ‖ ~**winkelverlaschung** *f* (Stahlbau) / wrapper ‖ ~**wort**, Codewort *n* / code word ‖ ~**ziegel** *m* (Bau) / cap[p]ing brick

Decoder *m* (im Stereo-Tuner) / decoder ‖ ~ **mit bewerteten Entscheidungen** / soft decision decoder

Decodier-Anzeige-Modul *n* / decode-display-module

decodieren / decode *v*

Decodierer *m* (DIN), Decodiergerät *n* (DV) / decoder

Decodierkontrollbox *f* (Luftf) / decoding control box

Decodierung *f* (DV) / decoding

Dectra-Navigations-System *n* / DECTRA, Decca tracking and ranging

Decylalkohol *m*, Dekanol *n* / decyl alcohol

Dedekindscher Schnitt (Math) / Dedekind cut

dedeuterieren (Nukl) / dedeuterize

De-Dion Achse *f* (Kfz) / De-Dion axle

dediziert, zugeschnitten [auf] / dedicated

deduktiv, herleitbar / deductive

deduzieren / deduce

Dee *n* (Zyklotron) / dee

DE-Einrichtung *f*, DEE (DV) / data circuit terminating equipment, DCE

Deemphasis, Deakzentuierung *f* (Akustik) / deemphasis

Deerit *m* (Min) / deerite

Default'-Aufforderung f / default prompt ‖ **<-Wert** m, Standardannahme f (Textverarbeitg) / default value o. state

Defekation, Hauptscheidung f (Zuck) / defecation

Defekationspfanne f (Zuck) / defecator, defecation o. defecating pan o. tank

defekt, schadhaft / faulty, defective, damaged ‖ <- m / defect, check ‖ <-, Schwierigkeit f / trouble, failure ‖ <-, Schaden m / failure, damage ‖ <-, Makel m / flaw, defect ‖ <- (Buch) / faulty sheet ‖ <-bogen m (Buch) / oversheet ‖ <-buchstaben m pl (Buch) / batter ‖ <-elektron n, Mangelelektron n, Loch n (Halbl) / hole [electron], electron o. mobile o. positive hole ‖ <-leitung f (Halbl) / p-type o. hole conduction ‖ <-struktur f (Krist) / defect structure ‖ <-teil n, Ausschußteil n / defective [item]

Defibrator m (Spanplatten) / defibrator

Defibreur, Zerfaserer m (Pap) / stuff grinder

definieren / define v ‖ <- n (DV) / define

definiert / defined ‖ <- [durch] (DV) / colon equal, : = ‖ <-es Energieniveau / discrete energy level

Definiertheit f, Genauigkeitsgrad m (DV) / precision

Definition f / definition ‖ <- durch Kontext / definition by context, contextual definition

Definitions·valenzen f pl (Licht) / cardinal stimuli pl ‖ <-weise f (Chem) / notation

definitiv, endgültig / definitive

defiziente Zahl (Math) / defective number

Defizienz f (Math) / deficiency

Defizit n / deficit, deficiency, shortage

Deflagration f, schnelles Abbrennen / deflagration

Deflagrierbarkeit f / deflagrability

Deflation, Windabtragung f (Geol) / deflation

Deflektor m, Saugkopf, Sauger m (Bau, Schornsteinaufsatz) / deflector

Defo..., Deformations... (Prüfwesen) / deformational

Defohärte f (Gummi) / deformation hardness, defo hardness

defokussieren / defocus

defokussiert / out-of-focus

Defokussierung f / defocussing, out of focus

Defo[plasto]meter n / defometer

Deformation f, Deformierung f / deformation, change in dimensions o. in shape

Deformations·methode f (Statik) / deformation method ‖ <-potential n (Elektronik) / deformation potential ‖ <-prüfgerät n / deformeter ‖ <-relaxation f / strain relaxation, relaxation of deformation ‖ <-schwingungen, Knickschwingungen f pl (Nukl) / bending vibrations pl ‖ <-verhältnis n (Math) / deformation ratio

Deformierbarkeit f / deformability

deformieren, verformen / deform

deformierende Wirkung / deformation, deforming influence

deformiert / deformed

Defruiter, SSR-Störunterdrücker m (Radar) / defruiter

Degeneration, Entartung f / degeneration

Degenerationsneigung f (Biol) / degeneracy

Degorgieranlage f / installation for the removal of sediment from champagne

degradieren, herabsetzen / downgrade

Degras n (Gerb) / spent fish oil o. train oil, moellen, degras

degressive Staffelung, Degressivität f / tapering scale, decreasing scale

degummieren (Leinen, Seide) / boil off, degum ‖ <-, Entbasten n / boiling off, degumming, scouring

Degummierpfanne f (Seide) / boiling pan

de Haansches Verfahren / de Haan carbonatation process

dehnbar / ductile ‖ ~, nachgebend / expandable ‖ ~, streckbar / extendible, extensible, extensile ‖ ~, ziehbar / tractile, tensile, tensible ‖ ~, streckbar (Metall) / ductile, flexible ‖ ~, ausbreitbar / extensible, extensile ‖ ~, elastisch / elastic adj ‖ ~ (Gase) / expansible,

expansile ‖ ~, geschmeidig (Leder) / soft, pliable ‖ durch Wärme ~ (Metalle) / dilatable ‖ nicht ~ (z.B. Pap) / stretchless

Dehnbarkeit f, Ausdehnbarkeit f (Phys) / dilatability, extensibility ‖ <-, Hämmerbarkeit f / malleableness, malleability, ductility ‖ <-, Streckbarkeit f / tractility ‖ <- (Textil) / stretching ability, extensibility

dehnen, ausdehnen, strecken / lengthen, elongate, prolongate, extend, stretch ‖ ~ (z.B. schwarz) (TV) / stretch ‖ <-, Strecken n / extending, stretching ‖ <-, Ziehen n / tension ‖ durch Wärme ~ / dilate, expand vt ‖ sich ~, nachgeben / expand, dilate, spread vi ‖ sich ~, sich verlängern / lengthen vi ‖ sich ~ (Web) / stretch vi ‖ [sich] ~, sich ausdehnen / dilate, spread, expand

Dehn·geschwindigkeits-Empfindlichkeit f / stain-rate sensitivity ‖ <-grenze f (z.B. 0,1%) / offset yield stress (e.g. 0.1 per cent) ‖ <-grenze f, bleibende Dehnung / permanent elongation limit (0,2%), 0,2% proof stress ‖ <-hülse f / resilient sleeve ‖ <-krepp m (Pap) / creped extensible paper ‖ <-passung f (Umformen) / shrink o. expansion fit ‖ <-schaft m (Taillenschraube) / reduced shaft, antifatigue shaft ‖ <-schaftschraube f / reduced-shaft o. antifatigue-shaft bolt ‖ <-spanner m (Wzm) / expansion chuck ‖ <-Stauch-Zyklus m / extension and compression cycle

Dehnung f (Mech) / extension, stretching ‖ <-, Dilatation f, Volumenausdehnung f (Phys) / dilatation ‖ <-, Bruchdehnung f / elongation after fracture ‖ <-, Längung f / elongation, extension ‖ <-, Expansion f (Gas, Mot, Dampf) / expansion ‖ <- (Oszillogr) / expansion, magnification ‖ <- an der Einschnürungsstelle / local extension (tensile test) ‖ <- beim Einbau / elongation during installation ‖ geringe <- / limited extensibility

Dehnungs·anschluß m / expansion joint ‖ ~arm / with limited extensibility ‖ <-aufnehmer m / extension sensor ‖ <-ausgleicher m, -balg m (Rohrltg) / extension compensating member, expansion bellows pl ‖ <-ausgleichrohr n / expansion pipe ‖ <-band n (Sammelschiene) / expansion joint ‖ <-beanspruchung f / tensile stress ‖ <-elastizität f / elasticity of [ex]tension, of elongation ‖ <-faktor, K-Faktor m (Dehnungsmesser) / gauge factor ‖ <-fuge, Stoßlücke f (Bahn) / expansion gap o. joint, scarfed joint, joint clearance ‖ <-fuge f (Straßb) / expansion joint ‖ <-grenze f / elongation limit, permanent elongation limit ‖ <-grenze, Streckgrenze f / apparent yielding point ‖ <-koeffizient m, -zahl f / reciprocal value of modulus of elasticity ‖ <-linse f (Projektor) / spreading lens ‖ <-messer m / tensometer ‖ <-meßgerät n, -messer m (nach Martens) / strain ga[u]ge, extensometer ‖ <-meßstreifen m / wire [resistance] strain gauge ‖ <-meßuhr f, -feinzeiger m (DIN) / dial extensometer ‖ <-messung f / strain control ‖ <-modul m (Mech) / modulus of elasticity [for tension] ‖ <-muffe f, -zwischenstück n / expansion box

Dehnung-Spannung-Kurve f / stress-strain curve

Dehnungs·rest m (Gummi) / permanent deformation ‖ ~riß m / expansion crack ‖ <-rohrkrümmer, -rohrbogen m (Rohr) / expansion bend ‖ <-rollenlager m (Brücke) / expansion bearing o. rollers pl ‖ <-strich m (über einem Buchstaben) (Buch) / macron, long accent ‖ <-stufe f / extension stage ‖ <-toleranz f (Reifen) / growth allowance ‖ <-verhältnis n (Gas) / ratio of expansion ‖ <-verlauf m / progression of elongation ‖ <-verlauf m, -kurve f / elongation curve ‖ <-welle f (Phys) / extensional wave, dilatational wave ‖ <-zwischenstück n, -muffe f / expansion box

Dehnzahl f, reziproker Elastizitätsmodul / reciprocal value of modulus of elasticity

Dehydrase f, (jetzt:) Dehydrogenase f / dehydr[ogen]ase

Dehydratase f / dehydra[ta]se

dehydratisieren, entwässern / dehydrate

dehydratisierend / dehydrating ‖ ~es Mittel (Chem) / dehydrating agent

Dehydratisierung, Wasserentziehung f / dehydration

Dehydratisierungsversuch m, -kurve f / dehydration test o. curve
Dehydrator m / dehydrator
dehydrieren / dehydrogenize
Dehydrierung f, **Entziehung** f von Wasserstoff / dehydrogenation
dehydrisiert, entwässert / dried, dehydrated ‖ ~er **Glucosesirup** / dried glucose syrup
Dehydro·cyclisierung f (Öl) / dehydrocyclization ‖ ~ **-Gefrieren** n / dehydro-freezing ‖ ~**genisierung** f (Öl) / dehydrogenation ‖ ~**thiotoluidin** n (Färb) / dehydrothiotoluidine
Deich m, **Damm** m / dike, embankment ‖ ~ (mit dichtem Kern), **Schutzdamm** m (Hydr) / levee ‖ ~**anker** m, -**fuß** m (Hydr) / embankment, footing of a sea embankment ‖ ~**aufhöhung** f / heightening o. raising of a dam ‖ ~**bau** m, -aufschüttung f / dam construction ‖ ~**bruch** m / dike breach, crevasse (US) ‖ ~**brust** f / floodside of a dam ‖ ~**kappe** f, **Kamm** m des Dammes (Hydr) / top, summit ‖ ~**schleuse** f, -siel m n / drainage lock o. sluice, dike lock o. drain ‖ ~**schutz** m / apron of a dike
Deichsel f / shaft, pole ‖ ~ **für Schlepperzug** / tractor drawbar o. hitch (US) ‖ ~**anhänger** m / draw-bar trailer ‖ ~**arm** m, -schere f / shaft pole, pole arm (US) ‖ ~**geführter Anhänger** (Kfz) / pole trailer ‖ ~**hubwagen** m / lift truck hand-guided ‖ ~**kraft** f / thrust on drawbar ‖ ~**lenkung** f (Kfz) / fifth-wheel steering
Deich·verband m / dike union ‖ ~**weg** m / dike path o. way
De-inken n (Pap) / deinking
Deionat n (ein Wasserzustand), vollentsalztes Wasser / deionized water, demineralized water
Deionisationsschalter m / de-ionizing switch
deionisieren / de-ionize
Deisterformation, **Wälderformation** f / Wealden series
dejustiert / out of alignment, maladjusted
Dejustierung f / maladjustment
Deka·..., **Zehnfaches** n / deca..., ten times the unit ‖ ~**boran** n (Chem) / decaborane
Dekade, **Zehnerstelle** f (Math) / decade
Dekaden·abstufung f (Phys) / decade relationship ‖ ~**kette** f (Elektronik) / cascade of decimal counting units ‖ ~**kondensator** m / decade capacitor ‖ ~**kontakt** m (Fernm) / level contact ‖ ~**meßbrücke** f (Elektr) / decade bridge ‖ ~**schalter** m (Elektronik) / decade switch ‖ ~**widerstand** m (Elektr) / decimal resistor, decadal resistor, decade resistance box ‖ ~**zähler** m (Atom) / decade counter
Dekadik f, **Dezimalsystem** n / decimal system, decadic [number] system
dekadisch / decadic, decimal ‖ ~e **Extinktion**, dekadisches Absorptionsmaß (Lichttechnik) / internal transmission density ‖ ~er **LC-Oszillator** (LC = Induktivität-Kapazität) / decade LC oscillator, DLCO ‖ ~e **Schreibweise** / decimal notation ‖ ~e **Steuerstufe** (Elektronik) / decade frequency oscillator, DFO ‖ ~es **[Zahlen]system** / decimal system, decadic [number] system ‖ ~e **Zählröhre**, **Dekatron** n / dekatron
Deka·eder n / decahedron ‖ ~**gramm** m, **dag** (10 Gramm) / decagram[me] ‖ ~**hydronaphthalin**, **Dekalin** n / decahydronaphthalene, decalin, dec ‖ ~**meter** m n, dam (10 Meter) / decameter ‖ ~**meterwellen** f pl (10 - 100 m) / decametric waves pl ‖ ~**metrie** f / measuring of dielectric constant ‖ ~**mired** n, dM, daM (Opt) / deca-mired (mired = micro reciprocal degree)
Dekan n / decyl hydride
Dekanewton n, daN (= ca. 1.0197 kg) / decanewton, daN
Dekanol n, **Decylalkohol** m / decyl alcohol
Dekantat n (Zuck) / clarified juice
Dekanter m (Chem) / decanter
dekantieren, abgießen (Chem) / decant, transfuse ‖ ~, durch Dekantieren klären (Zuck) / clarify the juice ‖ ~ n / decantation

Dekantier·glas n (Chem) / decantation o. decanting glass, precipitation vessel ‖ ~**ständer**, **Entwässerungsapparat** m (Teer) / hydro-extractor
Dekapieranlage f (Hütt) / pickling plant
dekapieren, beizen (Hütt) / pickle
Dekapiersäure f / pickling acid
dekarbonisieren, entkohlen (Hütt) / decarbonize, decarburate, decarb (US), free from carbon
dekarburieren (Gieß, Gas) / decarburize, decarbonate
dekatieren (Web) / decatize (GB), steam, hot-press, decate (US)
Dekatier·maschine f / decatizing machine, steaming engine o. machine, sponger ‖ ~**maschine** f (trocken) (Textil) / hot-pressing machine ‖ ~**tuch** n / decatizing cloth
Dekatierung f, **Dekatur** f / decatizing (GB), decating (US)
Dekatier·walze f / decatizing roller
Dekatron n, **dekadische Zählröhre** / dekatron
dekatur·echt / fast to decatizing ‖ ~**echtheit** f / decatizing fastness
deklariert, angegeben / declared
Deklination, [Orts-]Mißweisung f (Kompaß) / magnetic declination o. deviation, declination, dec
Deklinations·achse f (Opt) / declination axis ‖ ~**bussole** f / declination compass, rectifier ‖ ~**getriebe** n (Opt) / declination gear ‖ ~**kreis** m, **Stundenkreis** m / declination circle ‖ ~**nadel** f / declining needle
Deklinator m, **Deklinometer** n (Elektr) / declinimeter
dekodieren s. decodieren
Dekokt n (Chem) / decoction
Dekoktions·maischverfahren n (Brau) / decoction mash method ‖ ~**verfahren** n (Brau) / decoction method, thick mash method
Dekommutation f (Prüfung und Entschlüsselung) (DV) / decommutation
Dekompression f, **Kompressionsverminderung** f (Masch) / decompression ‖ ~, **Entkomprimierung** f (DV) / decompression
Dekompressions·einrichtung f, -raum m / compression chamber relief (US), decompression device (GB) ‖ ~**hebel** m (Mot) / compression relief (US) o. decompression (GB) lever, pressure reduction lever ‖ ~**krankheit** f / decompression sickness
dekomprimieren / decompress
Dekontamination f, **Dekontaminierung** f / decon
Dekontaminationsfaktor m (Nukl) / decontamination factor
Dekontaminierbarkeit f / decontamination properties pl
dekontaminieren, [Gase] entgiften / decontaminate
Dekontaminierung f / decontamination
Dekorateur m / decorator
Dekoration f (Bau) / decoration
Dekorations·folie, -platte f (Plast) / decorative sheet ‖ ~**maler** m / decorator, ornamental painter, painter-decorator ‖ ~**malerei** f / decoration painting ‖ ~**papier** n / decorating o. fancy paper ‖ ~**stoff** m (Textil) / tapestry, decoration stuff, decorative fabric ‖ ~**wellpapier** n / corrugated fancy paper
dekorativ / decorative ‖ ~er **Schichtpreßstoff** / decorative laminate
Dekor·brand m (Porzellan) / graining ‖ ~**papier** n / paper impregnated with synthetic resin ‖ ~ **-Rohpapier** n / paper-base impregnated with synthetic resin
Dekostoff m s. Dekorationsstoff
Dekrement n (Phys) / decrement ‖ ~**messer** m (Elektronik) / decremeter
dekrepitieren (Chem) / decrepitate, crackle
Dekulator, **Entlüfter** m (Pap) / deculator
Dekupiersäge f / scroll saw, mechanical fret saw
Delaminierung f (gedr.Schaltg) / delamination
Delaminierungsbeständigkeit f (Pap) / delamination resistance
Deleaturzeichen n (Buch) / dele[atur], deletion mark
D-Elektrode f (Zyklotron) / dee

Delessit *m* (Min) / delessite
Delignifizierung *f* (Pap) / delignification
Delle *f*, Dalle *f* (allg) / dent *n*, ding (coll)
dellen / dent *v*
Delon-Schaltung *f* (Elektr) / Delon rectifier
Delphinidin *n* (ein Blütenfarbstoff), Delphinin *n* / delphinine, delphinidine glucoside
Delphinin *n* (aus Samen von Delphinium staphisagria) (Chem) / delphinine
Delrin *n* (ein Acetalharz) / Delrin (an acetal resin)
Delta *n* (Geogr) / delta ‖ ⋞ **28** (Nukl) / delta 28 ‖
  ⋞**anpassung**, Anzapfanpassung *f* (Antenne) / delta matching ‖ ⋞**antenne** *f* / delta [matched impedance] antenna ‖ ⋞ **-Cephei-Veränderliche** *f* (Astr) / cepheid variable ‖ ⋞ **-Drei-Winkel** *m* (Hubschrauber) / delta-three angle ‖ ⋞**-Eisen**, δ-Eisen *n* / delta iron ‖ ⋞**falz** *m* (Buch) / delta fold ‖ ⋞**ferritstahl** *m* / delta ferrite steel ‖ ⋞**flügel** *m* (Luftf) / delta wing ‖ ⋞**flugzeug**, Pfeilflugzeug *n* / airplane with sweptback o. sweepback (US) wings ‖
  ⋞**funktion** *f* (Kybernetik) / unit pulse function, delta finction ‖ ⋞ **-Funktional** *n*, Diracsche Deltafunktion (Math) / delta functional ‖ ⋞**isolator** *m* / delta [high tension] insulator ‖ ⋞ **-Lichtimpuls** *m* / delta light impulse ‖ ⋞**metall** *n* / delta metal ‖ ⋞**modulation** *f*, DM (TV) / delta modulation, DM, differential modulation ‖
  ⋞**partikel** *f*, -teilchen *n*, -strahl *m* / delta particle, δ-particle ‖ ⋞**rauschen** *n* **im Kernspeicher** (DV) / delta noise ‖ ⋞**relais** *n* (Fernm) / delta relay ‖ ⋞ **-Röhre** *f* (TV) / delta tube ‖ ⋞**schaltung**, Dreieckschaltung *f* (Elektr) / delta o. triangle connection, mesh connection ‖
  ⋞ **-Sinkstoffe** *m pl* / deltaic deposits *pl* ‖ ⋞ **-Strahlen**, δ-Strahlen *m pl* / delta rays *pl*
Deltoid... (Krist) / deltoid...
Demand Paging *n* (DV) / demand paging
Dematerialisation *f* (Nukl) / dematerialization
dementsprechend *adv* / for equivalent merit
Demerararharz *n* / demerara resin
Demethanisierkolonne *f* (Öl) / demethanizer tower
Demex-Prozess *m* (Öl) / demex process, demetallization process
Demicontainer *m* / demi-container, half-height container
Demijohn *m* (20 - 50 Liter) / demi-john
Demineralisation *f* / demineralization
demineralisiertes Wasser, (jetzt:) Acionat / demineralized water
Demister, Entnebler *m* / demister
Demodulation *f*, Demodulierung *f* (Radio) / demodulation, demod, rectification, detection
Demodulationsstufe *f* / demodulation stage
Demodulator *m* (Fernm, Elektronik) / demodulator, rectifier, detector ‖ ⋞ **im Überlagerungsempfänger** (Radio) / second detector
demodulieren, gleichrichten (Elektronik) / demodulate, rectify, detect
Demodulierung *f*, Gleichrichtung *f* (Radio) / detection
demolieren / demolish, destroy
Demolierung *f* / demolition
Demonstration *f* / demonstration
Demonstrationsmodell *n* / demonstration model, apparatus for demonstrating purposes
demonstrieren, zeigen / demonstrate
demontierbar, abnehmbar / detachable, dismountable, demountable, removable
demontieren, abbauen / detach, dismount ‖ ~, zerlegen / dismantle ‖ ~, abbauen (Bau) / strip, pull o. take down ‖
  Genietetes ~ (Stahlbau) / unbutton
Demulgator *m*, Schaumgegenmittel *n* / defoaming agent, demulsifying agent, antifoam o. antifroth [additive], dismulgator
Demulgierbarkeit *f* / demulsibility
demulgieren / demulsify, de-emulsify
Demulgierung *f* / demulsification, de-emulsification
Demulgierungszahl *f* / demulsification number
Demulgiervermögen *n* / demulsifying power

Demultiplexer *m* (DV) / demultiplexer
Demurrage, Überliegezeit *f* (Schiff) / demurrage
den s. Denier
Denärsystem *n* / denary system
Denaturant *m* (Nukl) / denaturant
denaturieren (Lebensmittel) / denature ‖ ~, vergällen (Alkohol) / denature, methylate ‖ ~, unspaltbar machen (Nukl) / denature fission material
denaturiert⋅er Alkohol / denatured alcohol o. spirit ‖ ~**er Spiritus**, Brennspiritus *m* / methylated spirit, industrial methylated spirit, I.M.S.
Denaturierung *f* (Chem, Nukl) / denaturation
Denaturierungsmittel *n* / denaturant
Dendrit *m* (Min, Biol, Kybern) / dendrite
Dendriten⋅achat, Baumachat *m* / dendragate ‖ ⋞**arm** *m* / dendrite arm ‖ ~**artig**, dendritisch (Min) / dendritic, arborescent
dendritisch⋅es Pulver (Sintern) / dendritic powder ‖ ~**es Wachstum** / dendritic [web] groath
Dendro⋅gramm *n* / tree representation ‖ ⋞**logie**, Gehölzkunde *f* / dendrology ‖ ⋞**meter** *n* (Baummesser) / dendrometer
Dengel⋅amboß *m* / scythe anvil ‖ ⋞**hammer** *m* / scythe hammer
dengeln (Sense) / beat out, sharpen (by hammering) ‖ ⋞, Schweifen *n* (Masch) / stretching (coll)
Denier *n* (Masseneinheit von 0,05 g), den (veraltet) (Textil) / denier ‖ ⋞**waage** *f* / denier balance
Dénigésches Reagens / Schiff's reagent
Denim, Berufsanzugköper *m* (Textil) / denim
denitrieren / denitrate, denitrify
Denitrierung *f* / denitration
Denitrifikant *m* / nitrogen reducing bacterium, denitrifying bacterium
Denitrifikation *f* (Landw) / denitrification
denitrifizierend (Bakterien) / nitrate-reducing
denoxieren (Rauchgas) / free from NO_x *v*
Densecoal (Kohlepulver mit 10% Wasser) / dense coal
Densimeter *n* / densimeter
Densito⋅meter *n*, Schwärzungsmesser *m* (Phot) / densitometer ‖ ⋞**metrie** *f* (Phot) / densitometry
Dental⋅instrument *n* / dental instrument ‖ ⋞**zement** *m* / dental cement
Dentsche Anomalie, sekundärer Kompensationsfehler (Uhr) / middle temperature error, Dent's anomaly
Denudation, Abtragung *f* (Geol) / denudation, degradation
denudieren, bloßlegen (Geol) / denude, denudate
Depalettieren *n*, Depalettierung *f* / depalletizing
depermed / demagnetized
Depescheneindruckwerk *n* / late news fudge box
Dephlegmator *m* (Destill) / dephlegmator, reflux condenser, analyzer
dephlegmieren, entwässern / dephlegm[ate]
Deplacement *n* (Schiff) / displacement
Depolarisation *f* / depolarization
Depolarisationserscheinung *f* / depolarization effect
Depolarisator *m* / depolarizer
depolarisieren, die Polarisierung aufheben / depolarize ‖ ~, entpassivieren (Galv) / depassivate
Depolymerisat *n* / depolymer
Depolymerisation *f* / depolymerization
depolymerisieren / depolymerize
Deponie *f* (Müll) / garbage dump[ing] ground (US), dumping ground (US), waste dump (US), dust tip (GB)
deponieren, Müll ~ / shoot o. dump garbage
Depot *n*, Niederlassung *f* / depot ‖ ⋞**schiff** *n* / depot vessel ‖ ⋞**wirkung** *f* (Chem) / depot effect, repository effect
Depression *f*, Unterdruck *m* (Masch) / ventilating pressure ‖ ⋞ (Phys, Astr, Meteorol, Bergb) / depression ‖ ⋞ (Landsenke unter Meeresspiegel) (Geol) / depression ‖ ⋞ des Nullpunktes (Thermometer) / depression of the zero point
Depsid *n* / depside
Deputatkohle *f* / allowance-coal

Derb·erz *n* (Bergb) / rough ore ‖ **⊰rüssler** *m*, Bothynoderus punctiventris / beet root weevil

Derbyblatt *n* (Schuh) / derby vamp

Dériaz-Turbine *f*, halbaxiale Turbine (Hydr) / Dériaz-type turbine

Dérimotor *m*, Einphasenrepulsionsmotor *m*, Derimotor *m* / Deri motor

Derivat *n*, Abkömmling *m* (Chem) / derivative, derivate

Derivation, Drallabweichung *f* (Mil, Geschoß) / drift

Derivationswinkel *m* (Nav) / derivation angle

Derivator *m*, Derivimeter *n* (Differenziergerät) (Math) / derivator

Dériwicklung *f* (Elektr) / Deri winding

Derizinöl *n* (mineralöllösliches Rizinusöl) (Schmierung) / dericin oil

Derjaginwasser, Superwasser *n* / polywater, superwater

Derrick, Ladekran, -baum, -mast *m* (Schiff) / derrick ‖ **⊰ mit Vollwandmast** / derrick pole ‖ **mit Seilen verspannter ⊰** / guy derrick ‖ **⊰[kran]** *m* / derrick ‖ **⊰kran** *m* (Bau) / derrick tower gantry ‖ **kleiner ⊰kran** (Luftf) / cherry picker ‖ **⊰kran** *m* **mit 270⁰ Schwenkbereich** / stiff-leg o. Scotch derrick

Derrid *n*, Elliptton *n* (ein Derris-Harz) (Chem) / elliptone

Derriswurzel *f* / derris root, tuba o. Deguelia root ‖ **⊰extrakt** *m*, -harz *n* (Chem, Insektizid) / rotenone, derris

derzeitig·er Entwicklungsstand / latest state of development ‖ **⁓es Modell** (Kfz) / current model

DES / DES (US) = Data Encryption Standard

desacetyliert / deacetylated

desaktivieren / desactivate

Desalkylierung *f* / desalkylation

Desaminase, Arginase *f* / desaminase

Desaminierung *f* / desamination

Descartesche Zeichenregel *f*, Cartesische Zeichenregel *f* (Math) / Descartes' rule of signs

Descloizit *m* (Min) / descloizite

Descrambler *m* (DV) / data descrambler

desemulgieren s. demulgieren

desensibilisieren (Phot) / desensitize

Desensibilisierung *f* (Phot) / desensitization, -tizing

Design *n*, Formgestaltung *f* / design

Designer *m*, Formgestalter *m*, Stilist *m* / designer, styling man

Designüberprüfung *f* (DV) / design rule check

desilizieren (Hütt) / desiliconize

Desinfektion *f* / disinfection

Desinfektions·apparat *m* / disinfector ‖ **⊰mittel** *n* / disinfectant, antiseptic ‖ **⊰mittel**, Germizid *n* / germicide

desinfizieren / disinfect

Desintegrator *m*, Schleudermühle *f* / disintegrating mill, disintegrator, centrifugal flour mill ‖ **⊰** (Keram) / desintegrator, disintegrator ‖ **⊰**, Dismembrator *m* (Mühle) / dismembrator

Deskriptor *m* (DV) / uniterm, descriptor

Desktop Publishing *n*, -Verlegen / desktop publishing

Deslandrescher Term (Bandenformel) / Deslandres equation

Des·min, Stilbit *m* (Min) / desmine, stilbite ‖ **⁓modrome Steuerung** / positive control ‖ **⊰modur** *m* (Plast) / Desmodur ‖ **⁓motrop** / desmotrope, -tropic ‖ **⊰motropie** *f* (Sonderfall der Tautomerie) (Chem) / desmotropism ‖ **⁓odorieren**, desodorisieren, den Geruch entfernen / deodorize ‖ **⊰odorierungsmittel** *n*, Desodorans *n* / deodorant, deodorizer ‖ **⊰odorisierer** *m* **für Paraffin** / destinker ‖ **⊰odorisierung** *f* (Chem) / deodorizing

Desolite *n* (Mot) / desolite

Desorption *f* (Chem) / desorption

Des·oxidationsführung *f* (Hütt) / deoxidizing practice ‖ **⊰oxidationslegierung** *f* (Hütt) / deoxidation alloy ‖ **⊰oxidator** *m* (Hütt) / deoxidizer, deoxidant ‖ **⁓oxidieren**, reduzieren / deoxidize, reduce ‖

⊰oxidieren *n*, Reduktion *f* / deoxidation, reduction ‖ **⁓oxidierend** *adj* / deoxidant *adj*

Desoxycorticosteron *n* / desoxycorticosterone ‖ **⊰acetat** *n*, DOCA / desoxycorticosterone acetate, DOCA

Des·oxyribonucleinsäure *f*, DNS, DNA / deoxyribonucleic acid, DNA ‖ **⊰oxyribonukleotid** *n* / desoxyribonucleotid

Dessin *n* (Web) / design, figure, figuring, pattern

Dessinateur *m* (Web) / designer, stylist

dessinieren (Textil) / design

Dessiniermaschine, Ausschlagmaschine *f* (Textil) / punching machine, reading and stamping machine, reading and cutting machine

dessiniert (Pap) / patterned, fancy

Dessin·maschine *f*, Hebemaschine *f*, Mustermaschine *f* (Textil) / figuring machine ‖ **⊰papier** *n*, Patronenpapier *n*, Linienpapier *n* / design paper, endless pattern card, pattern paper ‖ **⊰papier** *n* (Textil) / endless pattern card ‖ **⊰zylinder**, Figurzylinder *m* (Web) / design cylinder

Destabilisator *m* (Plast) / destabilizer

Destillat *n* / distillate ‖ **⊰eis** *n* / crystal ice, transparent ice

Destillateur, Branntweinbrenner *m* / distiller

Destillation *f*, Destillierung *f*, Destillieren *n* (Chem) / distillation ‖ **⊰ durch eine Dialysemembran** / perdistillation ‖ **⊰ mittels Sonnenenergie** / solar distillation ‖ **abwärtsgehende ⊰** / distillation by descent ‖ **aufsteigende o. gerade ⊰** / distillation by ascent ‖ **leichte ⊰**, Toppen *n* (Chem) / topping ‖ **wiederholte ⊰** (Chem) / doubling, cohobation

Destillations·..., Straight-Run... (Öl) / straight-run..., SR... ‖ **⊰ -Anfangspunkt** *m* / initial boiling point ‖ **⊰ -Benzin**, Roh-Benzin *n* / straight-run gasoline ‖ **⊰bitumen** *n* / straight-run [asphaltic] bitumen, straight-run asphalt (US) ‖ **⊰ -Endpunkt** *m* / final boiling point ‖ **⊰gas** *n* / distillation gas ‖ **⊰gut** *n* / mixture to be distilled ‖ **⊰kokerei** *f* / byproduct coke oven plant ‖ **⊰kolben** *m* / distillation o. distilling flask o. head o. retort ‖ **⊰kolonne** *f* / distillation tower o. column, distilling column ‖ **⊰kurve** *f* (Öl) / distillation curve ‖ **⊰ofen** *m*, Koksofen *m* mit Beiproduktgewinnung / regenerator system coke oven, byproduct coke oven ‖ **⊰rückstand** *m* (Erdöl) / petroleum stock ‖ **⊰schnitt** *m* / distillation cut ‖ **⊰thermometer** *n* / distillation thermometer ‖ **⊰turm** *m* **für stufenweises Arbeiten** (Chem) / tray-type tower o. column ‖ **⊰verlauf**, Siedeverlauf *m* / distillation range

Destillatöl *n* / distillate fuel (US), heavy oil

Destillier·apparat *m* / distilling apparatus ‖ **⊰aufsatz** *m* (Chem) / ball top attachment ‖ **⊰blase** *f* (Kunstharz) / condensing and distilling kettle

destillieren, abziehen / distil, draw by distillation, abstract ‖ **in Retorten ⁓** / retort ‖ **wiederholt (o. zum zweitenmal) ⁓** / redistil

Destillier·kolben *m*, -blase *f* / distilling o. distillation flask o. head o. retort, still[-head], bolt head ‖ **⊰rohr**, Siederohr *n* / distilling tube

destilliert / distilled ‖ **⁓**, Essenz... (Chem) / essential ‖ **⁓es Wasser**, Dest-Wasser *n*, aqua *f* destillata / distilled water ‖ **leicht ⁓**, getoppt / topped

Destillierung *f*, Destillieren *n* / distillation

Destraktion *f* (Stofftrennung mit überkritischen Gasen) / distraction

Destriaueffekt *m* (Lumineszenz) / Destriau effect

Desulfonierung *f*, Desulfurierung *f* / desulfonation

DESY = Deutsches Elektronensynchrotron

DETAB-Programmiersprache *f* (DV) / DETAB programming language (using decision tables)

Detacheur *m* (Mühle) / detacher

detachieren, Flecke entfernen / remove stains

Detachiermittel *n* / stain remover, spotting agent

Detachment *n* (Elektron-Abspaltung von negativem Ion) / detachment

detaillieren, spezifizieren / itemize ‖ **⁓**, aufschlüsseln / break down

detailliert·es Angebot (Leistungen) (Bau) / bill of quantities ‖ **~es Angebot** (Preise) (Bau) / schedule of prices

Detail·wiedergabe f / detail rendition o. reproduction ‖ **~zeichner** m / detail man, detailer

Detektor m (allg) / detector, sensor ‖ **~**, -empfänger m (Radio) / demodulator, (formerly:) detector ‖ **1/v-~** (Nukl) / 1/v detector ‖ **~abschluß** m (Wellenleiter) / detector load ‖ **~apparat** m, -empfänger m (Radio) / demodulator receiver, crystal receiver ‖ **~diode** f / detector diode ‖ **~kristall** m (Elektronik) / detecting crystal ‖ **~nadel** f, -pinsel m (Elektronik) / catwhisker ‖ **~röhre** f / demodulator valve o. tube ‖ **~spirale** f, Detektorfederspitze f (Radio) / demodulator point ‖ **~vorspannung** f / detector polarizing voltage

Detergens n, synthetisches Waschhilfsmittel / [synthetic] detergent ‖ **~** (Additiv) (Öl) / dispersant

Detergentienhersteller m / producer of detergents

Detergentwirkung f (Öl) / detergent effect

Determinante f (Math) / determinant

Determinanten... / determinantal

Determination f / determination

determinieren, feststellen / determine

determinierter Fehler / determinate error

Determinierung, Determination f (Math) / determination

deterministisch / deterministic ‖ **~e Funktion** (Schwingungen) / deterministic function

Detonation f / detonation, burst ‖ **~ in der Luft** (Nukl) / air blast ‖ **~ unter Wasser** / underwater blast

Detonations·fähigkeit, -neigung f / detonation susceptibility ‖ **~kanone**, Beschichtungskanone f / detonation gun (for coatings) ‖ **~messer** m zur Klopffestigkeitsbestimmung / detonation meter o. tester (CFR-engine) ‖ **~spritzen** o / detonation spraying ‖ **~welle** f / detonation wave ‖ **~wert** m (in kT o. MT) / detonation value ‖ **~zentrum** n, Explosionsherd m / detonation point ‖ **~zündschnur** f / detonating fuse, primacord fuse

Detonator m, Initialzünder m (Bergb) / detonator ‖ **~ für Schwarzpulver** (Bergb) / squib

detonieren, explodieren / detonate, explode

Detoxikation f / detoxication

Detraktion f (Geol) / glacial quarrying

Detritus, Gesteinschutt m (Geol) / detritus, detrital minerals pl ‖ **~** m, Schwebe- und Sinkstoffe m pl (Abwasser) / suspended and settleable solids pl

deuteranopisch, grünblind / deuteranopic

deuterieren (Nukl) / deuterize

Deuterium m, D, schwerer Wasserstoff, ²H / deuterium, D ‖ **~oxid** n, D₂O, schweres Wasser / deuterium oxide, heavy water

Deuteron n (Deuteriumkern) (Phys) / deuteron (deuterium nucleus)

Deuteronenmasse f / deuteron mass

deutlich / distinct, clear ‖ **~**, scharf (Opt, Druck) / sharp, distinct, well defined

Devarda-Legierung f (50 T.Cu, 45 T.Al, 5 T.Zn) / Devarda's metal o. alloy

Deviation f (Fehlweisung infolge Eigenstörung) (Schiff) / deviation

Deviations·bake f (Schiff) / deviation beacon ‖ **~empfindlichkeit** f / deviation sensitivity ‖ **~magnet**, Ablenkungsmagnet m / deviation magnet ‖ **~prüfung** f (Schiff) / deviation control ‖ **~tafel** f (Luftf) / deviation table ‖ **~wert** m (Schiff) / deviation figure o. value

Deviatorspannung f (Mech) / deviatoric o. reduced stress

Device-Server m, Geräte-Ein-Ausgabeprogramm n / device server, device driver, device handler

DEVO = Datenerfassungsverordnung

Devon n, Devonische Formation / Devonian [formation o. system] ‖ **~...**, devonisch / Devonian

Dewar-Gefäß n / Dewar vessel o. flask

Dextran n (Chem) / dextran

Dextrin n, -klebstoff m, Stärke[mehl]gummi m / dextrin[e], starch gum ‖ **~industrie** f, -fabrik f / dextrin[e] industry o. plant ‖ **~leim**, -klebstoff m / dextrin[e] o. crystal gum

dextrogyr (Opt) / dextrogyre

Dextrose, Glukose f / dextrose, glucose, glycose, grape sugar ‖ **~einheit** f / dextrose equivalent, DE

dezentral adv (DV) / locally

dezentralisieren / decentralize

dezentrieren / bring out of center

Dezentrierung f / bringing out of center

Dezi..., Zehntel..., d / deci...

Dezibel n, dB / decibel, dB, (formerly:) transmission unit, T.U. ‖ **~ bezogen [auf] o. je...** / decibel referred [to] o. relative [to]

Dezi-Empfang m (Elektronik) / decimetric wave reception

Dezil n (Statistik) / decil[e]

Dezi·leitung f / ultrahigh frequency conductor ‖ **~liter** m n / deciliter

dezimal, nach Zehnersystem, Dezimal..., Zehner... / decimal, denary ‖ **~-binär** / decimal to binary ‖ **~-Binärumsetzung** f / decimal-to-binary conversion ‖ **~bruch** m / decimal fraction

Dezimale f, Dezimalstelle f, -zahl f / decimal [fraction] ‖ **~**, Dezimalstelle, Stelle f hinter dem Komma / decimal [place], place after the decimal point ‖ **bis zur 3. ~ berechnen** / carry to three decimal places

Dezimal·exponent m (Math) / decimal exponent ‖ **~exponent D** (FORTRAN) m / double precision exponent (FORTRAN) ‖ **~klassifikation** f, DK / [Dewey] decimal classification, universal decimal classification, UDC ‖ **~punkt** m, Komma n (Math) / decimal point o. Pt ‖ **~rechnung** f / decimal arithmetic ‖ **~schreibweise** f / decimal notation ‖ **~stelle** f (Math) / decimal [-place] ‖ **~stellen abstreichen** (o. wegstreichen) / reject decimals ‖ **~system** n, Dekadik f / decimal system, decadic [number] system ‖ **~-Tabulatortaste** f / decimal tabulating key ‖ **~titer** m, Td (Chem, Textil) / decimal titer, Td ‖ **~waage** f / decimal balance o. weighing machine, decimal ratio weighing machine ‖ **~zahl** f / decimal number ‖ **~zahlensystem** n / decimal number[ing] system ‖ **~zeichenschieber** m (Rechenm) / movable decimal marker ‖ **~ziffer**, -stelle f / decimal digit, decit

Dezi·meter m / decimetre (GB), -meter (US) ‖ **~meter...** / decimetric ‖ **~meterwelle** f / decimetric wave, UHF ‖ **~meterwellenbereich** m / ultrahigh frequency wave band ‖ **~neper**, 1/10 Neper n, dN (Fernm) / decineper, hyp ‖ **~-Verstärker** m / microwave amplifier ‖ **~wellenmesser** m / UHF wavemeter

DFB, Druckfeuerbeständigkeit f (Keram) / refractoriness under load, RUL ‖ **~-Prüfung**, Druckfeuerbeständigkeitsprüfung f (Keram) / hot load test

DFG = Deutsche Forschungsgemeinschaft

DFG-Laser m / DFG-laser

D-förmig / D-shaped

DFÜ = Datenfernübertragung

DFV, Datenfernverarbeitung f / teleprocessing of data, TP

DFVLR = Deutsche Forschungsanstalt für Luft- und Raumfahrt

DGLR = Deutsche Gesellschaft für Luft- und Raumfahrt

D-Graphit m / interdendritic graphite, E-Graphit m

D-Griff m / D-handle

DHDN (Verm) = Deutsches Haupt-Dreiecksnetz

DHD-Prozeß m, Druck-Hydrierung-Dehydrierung f (Öl) / DHD-process

DHI (Schiff) = Deutsches Hydrographisches Institut

DHÜ = Drehstrom-Hochspannungsübertragung

DH-Verfahren n (= Dortmund-Hörde) (Hütt) / DH process

Dia n s. Diapositiv

Dia-Abtaster m / slide scanner

Diabantit m (Min) / diabantite

Diabas, Urgrünstein *m* / diabase (GB), greenstone (US) ‖
  ⌐**schiefer** *m* / greenstone slate, memphytic slate ‖ ⌐**tuff**
  m, Grünsteintuff *m* / diabasic tuff, greenstone tuff
Dia-Betrachter *m* (Opt) / slide viewer
Diac *m*, Zweiweg-Schaltdiode *f* (Elektronik) / diac
Diacetonalkohol *m*, Diaceton *n* / diacetone alcohol
Diacetsäure *f*, Acetessigsäure *f* / acetoacetic acid
Diacetyl *n* / diacetyl
Dia··Deckglas *n* (Phot) / cover slip ‖ ⌐ **-Einfaßstreifen** *m*
  (Phot) / slide binding strip ‖ ⌐ **-Fassung** *f*, -Rähmchen *n* /
  slide frame o. mount ‖ ⌐**film** *m*, Bildband *n* /
  diapositive film, slide film ‖ ⌐**genese** *f* (Geol) /
  diagenesis
Diagnose *f* / diagnosis, diagnostic[s pl] ‖ ⌐ **-Anschluß** *m*
  (Kfz) / diagnostic link ‖ ⌐ **-Meßprotokoll** *n* / diagnosis
  test record ‖ ⌐**programm** *n* / diagnostic program o.
  routine
Diagnostik·öffnung *f* (Plasma) / view port ‖ ⌐**programm** *n*
  (DV) / diagnostic program o. routine, malfunction
  routine ‖ ⌐**röhre** *f* (Röntgen) / diagnostic tube
diagnostisch / diagnostic
diagnostizierbar (Fehler) / diagnosable
diagonal, schräg / diagonal ‖ ⌐, transversal / transversal,
  transverse ‖ ⌐ *adv*, eckweise / diagonally, cornerwise,
  -ways ‖ ⌐…, konventionell (Reifen) / bias belted ‖ ⌐**er**
  Abbau (Bergb) / diagonal mining ‖ ⌐ **gesägt** / cut arris-
  wise ‖ ⌐**anker**, Eckanker *m* / diagonal stay qf a boiler ‖
  ⌐**bewehrung**, -armierung *f* (Bau) / diagonal
  reinforcement ‖ ⌐**beziehung** *f*, schräge Analogie (Chem)
  / diagonal relationship ‖ ⌐**bindung** *f* (Textil) / diagonal
  weave, twill o. corkscrew weave ‖ ⌐**deckung** *f*
  (Schiefer) (Bau) / diagonal slating
Diagonale *f*, Diagonallinie *f* / diagonal ‖ ⌐ (Bergb) /
  diagonal drift ‖ ⌐, Diagonalstab *m* (Stahlbau) / diagonal
  rod o. stay o. brace ‖ ⌐ **am Gerüst**, Schwert *n* / strut of
  a scaffolding, bracing
Diagonalegge *f* (Landw) / diagonal harrow
diagonalen·loser Träger / open-frame girder
Diagonal·kraweelbeplankung *f* (Schiff) / diagonal carvel
  planking ‖ ⌐**matrix** *f* (Math) / diagonal matrix ‖
  ⌐**pflaster** *n*, Querpflasterung *f* (Straßb) / diagonal
  paving ‖ ⌐**register** *n* / diagonal register ‖ ⌐**reifen** *m*
  (Kfz) / diagonal o. conventional o. bias [ply] tire ‖
  ⌐**schichtung** *f* (Geol) / cross bedding, current bedding ‖
  ⌐**schlag**, Kreuzschlag *m* (Textil) / diagonal arrangement
  of the layers of the double fabric ‖ ⌐**stab** *m*,
  -versteifung *f* (Stahlbau) / diagonal rod o. stay o. brace ‖
  ⌐**stich**, Diamantstich *m* (Textil) / diagonal stitch ‖
  ⌐**stoff** *m*, -gewebe *n* / biassed cloth ‖ ⌐**strebe** *f*
  (Stromabn.) / pantograph diagonal ‖ ⌐**verband** *m*
  (Stahlbau) / diagonal bracing ‖ ⌐**versteifung** *f* / diagonal
  trussing, lacing bar ‖ ⌐**verstrebung** *f* (Stahlbau) /
  counters *pl* ‖ ⌐**verwerfung** *f* (Geol) / oblique fault
Diagramm *n* / diagram, graph[ical representation], plot
  ‖ ⌐ **des Funktionsfähigkeitsbereiches** (Elektronik) /
  shmoo plot ‖ ⌐ **in Ziffernblattform**, Polar-,
  Scheibendiagramm *n* / circular o. clockface diagram,
  pie chart (US) ‖ ⌐**antrieb** *m* (Instr) / chart-driving
  mechanism ‖ ⌐**blatt** *n* / chart ‖ ⌐**papier** *n* / chart paper,
  graph paper, functional paper ‖ ⌐**rolle** *f* / roll of a
  recorder ‖ ⌐**scheibe**, Tachographenscheibe *f* / speed-
  time chart, tachograph o. record chart, chart ‖
  ⌐**scheiben-Auswerter** *m* (Tachograph) / chart analyzer ‖
  ⌐**scheibenpapier** *n* / recording chart paper ‖ ⌐**streifen**
  m / diagram strip ‖ ⌐**trommel** *f* (Indikator) / 'chart
  [bearing] drum
Dia··Impulse *m pl* / pulses *pl* for pulse controlled slide
  change ‖ ⌐**kartogramm** *n* (graph. Darstellung auf
  Landkartenbasis) / diacartogram ‖ ⌐ **-Kasten** *m* (Phot) /
  slide file ‖ ⌐**kritisches Zeichen** (Buch) / diacritical
  mark, diacritic[al] sign
Dialdehyd *m* / dialdehyde ‖ ⌐**stärke** *f* / dialdehyde starch
Dialkylzinn *n* / dialkyltin
Diallag *m* (Min) / diallage

Diallogit, Rhodochrosit *m* (Min) / diallogite, rhodochrosite
Dialog *m* (DV) / conversational communication, interactive
  communication ‖ ⌐…, Zwischenverkehrs… (DV) /
  conversational ‖ ⌐**betrieb** *m* (DV) / conversational mode
  o. processing ‖ ⌐ **-Datenendstation** *f*, -Terminal *n* /
  conversational terminal ‖ ⌐**fähig** (DV) / interactive ‖
  ⌐**fernsehen** *n* / interacting television ‖
  ⌐ **-Jobverarbeitung** *f* (DV) / conversational remote
  batch entry, CRBE, low speed remote job entry,
  conversational o. interactive mode ‖
  ⌐ **-Programmiersystem** *n* / conversational
  programming system, CPS ‖ ⌐**spur** *f* (DV) / dialog track
  ‖ ⌐**verbindung** *f* / conversational link ‖ ⌐**zeichen** *n*
  (DV) / dialog character
Dia·lysator *m* (Chem) / dialyzer ‖ ⌐**lyse** *f* (Chem) / dialysis
  ‖ ⌐**lysierbar** (Chem) / dialyzable ‖ ⌐**lysieren** / dialyze ‖
  ⌐**lysiergeschwindigkeit** *f* (Chem) / rate of dialysis ‖
  ⌐**magazin** *n* / slide magazine ‖ ⌐**magnetikum** *n*,
  diamagnetischer Stoff / diamagnetic substance ‖
  ⌐**magnetisch** / diamagnetic ‖ ⌐**magnetischer Effekt** /
  diamagnetic effect ‖ ⌐**magnetismus** *m* / diamagnetism
Diamant *m* (Min) / diamond ‖ **schwarzer** ⌐ / carbon[ado]
  ‖ ⌐**artig**, -glänzend, -hart / adamantine ‖ ⌐**besatz** *m*
  (Wz) / diamond impregnation ‖ ⌐**besetzt** (Werkz) /
  diamond charged o. impregnated ‖ ⌐**bohren** *n* (Bergb) /
  boring by diamond drill ‖ ⌐**bohrer** *m* / diamond drill ‖
  ⌐**[bohr]krone** *f* / diamond bit ‖ ⌐**bohrmaschine** *f*
  (Bergb) / diamond [rock] drill ‖ ⌐**bohrung** *f* (Bergb) /
  diamond bore
Diamanten·fundstätte *f* (Südafrika) / digging ‖
  ⌐**konkretion** *f* (Ölbohrung) / diamond concretion
Diamant·farbstoffe *m pl* / diamond dyes *pl* ‖
  ⌐ **-Gesteinssäge** *f* / diamond saw ‖ ⌐**grube**, -mine *f* /
  diamond mine ‖ ⌐**halter** *m* / diamond tool holder ‖
  ⌐**haltig**, -führend / diamantiferous, diamondiferous ‖
  ⌐**kitt** *m*, Galbanum *n* (Masch) / galbanum ‖ ⌐**messer** *n*
  (Wz) / ID blade (= industrial diamond) ‖ ⌐**metall-**
  Legierung *f* / metal bonded diamonds *pl* ‖ ⌐**pulver** *n*,
  -staub *m* / diamond powder o. dust ‖ ⌐**scheibe** *f* **zum**
  Schneiden (Uhr) / skive ‖ ⌐**schleifen** o. / cutting of
  diamonds ‖ ⌐**schleifer**, -schneider, -reiber, -säger *m* /
  diamond cutter ‖ ⌐**schleifpaste** *f* / diamond paste ‖
  ⌐**schleifscheibe** *f* / diamond wheel ‖ ⌐**schleifstift** *m* /
  abrasive diamond pencil ‖ ⌐**schleifwerkzeug** *n* /
  diamond lap ‖ ⌐**schneide** *f* / diamond cutting point ‖
  ⌐ **-Schneidwerkzeug** *n* (Glas) / diamond scriber ‖
  ⌐ **-Standardscheibe** *f* (zum Schleifen von Hartmetall) /
  standard diamond wheel ‖ ⌐**staub** *m* / diamond dust o.
  powder ‖ ⌐**tinte** *f* (zum Glasätzen) / diamond ink ‖
  ⌐**werkzeug** *n* / diamond tool ‖ ⌐**ziehstein** *m* / diamond
  die ‖ ⌐**ziehstein-Poliermaschine** *f* / diamond-die
  polishing machine
diametral, genau entgegengesetzt / diametrical ‖ ⌐**e**
  Anzapfungen *f pl* / diametrical tappings ‖ ⌐**e**
  Bruchfestigkeit (Sintern) / diametrical compression
  resistance
Diametral Pitch *m*, Zähnezahl *f* je Zoll / diametral pitch,
  D.P. ‖ ⌐ **des Werkzeugs** / cutter diametral pitch ‖ ⌐ **im**
  Axialschnitt / axial diametral pitch ‖ ⌐ **im**
  Normalschnitt (Schrägstirnrad) / normal diametral pitch
  ‖ ⌐ **im Stirnschnitt** / transverse diametral pitch
Diamid, Hydrazin *n* / diamide, hydrazine
Diamin *n* / diamine ‖ ⌐**blau** *n* / Congo blue ‖
  ⌐ **-Farbstoffe** *m pl* / diamine dyes *pl* ‖ ⌐**hydrat** *n* /
  diamine hydrate
Diamino·diphenyl *n* / benzidine ‖ ⌐**phenol** *n* (Phot) /
  diaminophenol
Diaminschwarz *n* BH / diamine black
Diane *n*, Europäisches System des direkten
  Informationszugangs / diane (= direct information
  access network Europe)
Dia·phanie *f*, Durchscheinen *n* / diaphaneity ‖
  ⌐**phaniepapier** *n* / diaphanic paper ‖ ⌐**phragma** *n*
  (Masch, Opt) / diaphragm ‖ ⌐**phragma** *n*, poröse

Scheidewand / [porous] diaphragm ‖ **~phragmapumpe**
f / diaphragm pump ‖ **~phragmazelle** *f* (Elektrol) /
diaphragm cell
Diapir *m* (Geol) / salt dome ‖ **~faltung** *f* / diapirism
dia·plektisch (Geol) / diaplectic ‖ **~positiv** *n*, Dia *n*,
Glaspositiv *n* / transparency, positive [transparency],
lantern slide, diapositive ‖ **~projektion** *f* / slide
projection ‖ **~ -Projektor** *m*, Diaskop *n* / still projector,
diascope ‖ **~ -Rähmchen** *n*, -Fassung *f* / slide frame o.
mount ‖ **~spor** *m* (Tonerdemonohydrat) (Min) / diaspore
‖ **~spor-Erzeugnis** *n* (feuerfest) / diaspore refractory ‖
~stase, Amylase *f* (Brau) / amylase, diastase ‖
~stasereich (Brau) / buoyant ‖ **~stereomer** *n* (Chem) /
diastereoisomer
Diät... / dietary *adj*
dia·therm, Wärme durchlassend / diathermic, diathermanous ‖ **~thermie** *f* / diathermy, radiothermy ‖
~thermiegerät *n* / diathermic apparatus ‖ **~thermisch**
(Med) / diathermic ‖ **~thermisches Medium** (Phys) /
transport medium
Diatomee, Kieselalge *f* / diatom
Diatomeen·erde *f* / diatom[aceous] earth, diatomite,
infusorial earth, celite, tripolite, siliceous earth (US) ‖
~schlamm *m* / diatom[aceous] deposits *pl*, diatom ooze
Diatomit[-Formstein] *m* / diatomite
Diazo·... / diazo... ‖ **~benzol** *n* / diazobenzene ‖
~ -Duplikat *n* / diazo duplicate ‖ **~ -Duplikatkarte** *f* /
diazo duplicate card ‖ **~emulsion** *f* (UV-empfindliche
Schicht) / diazo emulsion ‖ **~farben** *f pl* (mit zwei
Azogruppen) / diazo o. bis-azo dyes *pl*, fast diazo
colours *pl* ‖ **~film** *n* / diazofilm ‖ **~kopie** *f* / diazocopy
‖ **~kopie-Verfahren** *n* (Buch) / primulin[e] process ‖
~körper *m* (Chem) / diazo compound ‖ **~kupplung** *f*
(Chem) / diazo coupling ‖ **~materialien** *pl* / diazo
appurtenances o. supplies *pl* ‖ **~methan** *n* /
diazomethane ‖ **~niumsalz** *n* (Färb) / diazo[nium] salt ‖
~papier, Lichtpauspapier *n* / diazo paper, dyeline
paper ‖ **~prozeß** *m* (Phot) / diazo o. primuline process ‖
~tierbar / diazotizable ‖ **~tieren** / diazotize ‖ **~tierung**
f / diazot[iz]ation ‖ **~typie** *f* (Phot) / diazotype ‖
~typieverfahren *n* (Buch) / diazotype process ‖
~verbindung *f* / diazo compound ‖ **~verfahren** *n* /
dyeline o. diazo process
Dibbel·saat, Häufchensaat *f* (Landw) / dibbling ‖
~[sä]maschine *f* / dibbling machine
Dibenzoylperoxid *n* / dibenzoyl-peroxide
Dibenzylamin *n* / dibenzylamine
Dibit *n* (DV) / dibit
Dibutyl·phthalat *n* / n-butyl phthalate, dibutyl phthalate ‖
~zinn-Dilaurat *n* / dibutyltin dilaurate
Di[calcium]phosphat *n* (Düngemittel) / di[calcium]phospate
dicen / dice *v* ‖ **~**, Zerschneiden *n* in Chips / dicing
Dichloralharnstoff *m* / dichloralurea
Dichlor·benzol *n* / dichlorobenzene ‖ **~diethylsulfid**,
Senfgas *n* / dichlorodiethyl sulphide, mustard gas ‖
~essigsäure *f* / dichloroacetic acid ‖ **~ethan** *n* /
dichloroethane ‖ **~ethylen** *n* / dichlorethylene, ethylene
dichloride ‖ **~hexoxid** *n* / chlorine trioxide ‖ **~methan**,
Methylenchlorid *n* / dichloromethane, methylene
chloride ‖ **~propan** *n*, Propylendichlorid *n* / 1,2-
dichloropropane
Dichotomie *f* / dichotomy
dichotomisch / dichotomic, bifurcated ‖ **~e Suche** (DV) /
dichotomizing search
Dichro·ismus *m*, Zweifarbigkeit *f* / dichroism ‖ **~itisch**
(Opt, Min) / dichroic, dichroitic ‖ **~itische Oberfläche** /
selectively reflecting surface ‖ **~itischer Schleier** (Phot)
/ dichroic fog
dichrom, zweifarbig / dichromatic
Dichromat *n* / bichromate, dichromate
Dichroskop *n* (Opt) / dichroscope
dicht, fest, zusammengedrängt / dense bodied ‖ **~**,
festhaltend, nicht entweichen lassend / impervious,

impenetrable, tight ‖ **~**, lecksicher / leakproof ‖ **~** (Bau)
/ retentive ‖ **~**, gedrängt / compact, concrete ‖ **~**
(Gewebe) / dense, tight, strong ‖ **~**, schwer (Phys) /
dense, heavy ‖ **~**, fest (Web) / having [firm] body, tight,
close, thick, full ‖ **~**, undurchdringlich, undurchlässig,
hermetisch / impermeable, impervious, tight ‖ **~**
(Streuung) / close ‖ **~**, massiv (Geol) / compact ‖ **~** [bei] /
near, close [to] ‖ **~**, eng anliegend / tight-fitting ‖
~ auffahren / drive nose to tail o. bumper to bumper ‖
~es Erz / compact ore ‖ **~er Formsand** (Gieß) / close
sand ‖ **~ gedrängt** / tightly packed ‖ **~es Gefüge** /
close-grained structure ‖ **~ gehäuft** / congregate ‖
~ gekapselt (Elektr, Maschine) / sealed ‖ **~est gepackt**
(Krist) / close-packed ‖ **~e Impulsaufzeichnung** /
impulse packing ‖ **~ machen** / densify ‖ **~e Menge**
(Math) / dense set ‖ **~er Rauch**, Qualm *m* / dense smoke
‖ **~ strukturiert** / dense bodied ‖ **~ verschlossen**,
gekapselt / canned, sealed ‖ **~e Walke** / hard milling ‖
~e Wolkendecke / overcast field ‖ **~band** *n* / sealing
tape ‖ **~[besetzt, -gesetzt]** / thickset ‖ **~besiedeltes**
Gebiet / congested area, intensely populated landscape
‖ **~brand** *m*, -brennen *n* (Keram) / dense o. tight burning
‖ **~brandtemperatur** *f*(Keram) / densification o.
vitrification temperature
Dichte *f* (allg) / density ‖ **~**, Dicke *f* (Flüssigk) / spissitude
‖ **~** (Quotient aus Masse und Volumen),
volumenbezogene Masse, (früher:) spezifisches
Gewicht / density ‖ **~** (Web) / thickness ‖ **~ des Bodens**
/ consistency ‖ **~ des Energieniveaus** / energy level
density ‖ **~ des Preßlings** (Sintern) / green density ‖ **~**
des Sinterkörpers / density of the sintered body ‖ **~**
eines Waldes / thickness of a forest ‖ **mit geringer**
~ (z. B. Verkehr) / low-density... ‖ **von hoher ~**
(Sintern) / heavy ‖ **~anreicherer** *m* (Keram) / gravity
enriching machine ‖ **~ -Aräometer** / density
hydrometer, density areometer ‖ **~effekt** *m* (Phys) /
density effect ‖ **~feld** *n* (Raumf) / flow field ‖ **~filter** *n*
(Film) / neutral [density] film ‖ **~funktion** *f* (Statistik) /
density function ‖ **~gitter** *n* / regulating grid ‖ **~kurve** *f*
(Aufber) / densimetric curve, relative density curve ‖
~messer *m* (Photo) / densitometer ‖ **~messer** *m* **für**
Flüssigkeiten, Senkwaage *f* / hydrometer, areometer,
araeometer ‖ **~messung** *f*, Densimetrie *f* / densimetrie,
density measuring ‖ **~modulation** *f* (Elektr) / density
modulation
dichten / make close o. [water]tight, pack, seal, stuff,
obturate ‖ **~**, undurchdringlich machen / proof, make
impervious ‖ **~** (Faß) / make leakproof ‖ **~**, verdichten /
compact *vt* ‖ **~**, verstemmen / seal *vt* ‖ **~**, verkleben /
lute ‖ **Fugen ~** (Bau) / seal joints ‖ **mit einer Packung ~**
/pack, stuff *vt* ‖ **mit Lehm ~** (Hydr) / puddle (a basin)
Dichte·schrift *f* (Film) / variable density recording o. track
‖ **~spezifischer Impuls** (Raumf) / density specific
impulse ‖ **~umfang** *m* (Repro) / tonal range ‖
~verhältnis *n* (Phys) / density ratio ‖ **~waage** *f* /
hydrostatic balance ‖ **~wert**, Schwärzungswert *m* (Phot)
/ density value
Dicht·faltversuch *m* (Hütt) / close flattening test ‖ **~fläche**
f **mit formschlüssiger Dichtung** (Flansch) / raised and
flat face ‖ **~gas** *n* / seal gas ‖ **~gepackt** (Chem) / tightly
packed ‖ **~geschlagen** (Web) / closely o. tightly woven,
thick-woven ‖ **~gewalkt** (Textil) / hard milled ‖
~gewebt / thick-woven ‖ **~halten** *n* (Nietnaht) / tightness
of a rivet joint
Dichtheit, Undurchlässigkeit *f* / imperviousness,
impermeability, tightness ‖ **~** *f*, Kompaktheit *f* / density
‖ **~**, Luftundurchlässigkeit *f* / air-tightness ‖ **~** (Textil) /
closeness, denseness, density
Dichtheits·prüfmasse *f* / leak test agent o. material,
bubbling agent, bubbling fluid ‖ **~prüfung** *f* / leak test
Dichtigkeit *f*, Dichtheit *f* / closeness ‖ **~**, Dichte *f* /
consistency, consistence ‖ **~** (Pap) / texture
Dichtigkeitsgrad *m* (Festkörper) / degree of consistency,
-ency

Dicht·kappe f / seal bonnet ‖ ⋆**kegel** m (Masch) / conical nipple ‖ ⋆**leiste** f (Mot) / seal ‖ ⋆**lippe** f / sealing lip ‖ ⋆**lippe** f (Atemgerät) / revert[ed] edge seal ‖ ⋆**masse** f / jointing compound ‖ ⋆**material** n **für Tiefbau** / tanking ‖ ⋆**naht** f (Schw) / tight joint o. weld ‖ ⋆**naht,** Stemmnaht f / caulked o. seal weld ‖ ⋆**nietung** f / staunch rivet joint ‖ ⋆**öl** n (Generator) / sealing oil ‖ ⋆**öl-Zusatzpumpe** f / booster seal oil pump ‖ ~**packen,** verdichten / pack ‖ ⋆**polen** n (Kupfer) / toughening of copper ‖ ⋆**rille** f / sealing groove ‖ ⋆**ring** m / conical nipple ‖ ~**säen** / sow large ‖ ~**schließend** / tightly closing ‖ ⋆**schweißung** f / seal weld ‖ ⋆**sintern** n (Pulv.Met) / dense sintering ‖ ⋆**stemmen** n / ca[u]lking

Dichtung f / seal ‖ ⋆ (aus Gummi o. Kork) / gasket ‖ ⋆ (Hahn) / packing ‖ ⋆ s. auch Dichtungsring ‖ ⋆**en** f pl (allg) / gaskets and washers pl ‖ ⋆ **für Ausdehnungsrohrverbindungen** / loose gland

Dichtungs·anstrich m / sealing paint ‖ ⋆**bahn** f (Gummi, Dachpappe) / waterproof sheeting, damp-proof layer ‖ ⋆**befestigung,** -halterung f (Walzw) / seal retention ‖ ⋆**blech** n / skinplate ‖ ⋆**draht** m (Glühlampe) / seal wire ‖ ⋆**fläche** f / sealing surface ‖ ⋆**fläche** f, Berührungsfläche f (Masch) / contact o. faying surface ‖ **die ⋆fläche bearbeiten** (Mot) / face the cylinder ‖ ⋆**graben** m, -schürze f / puddle trench ‖ ⋆**gummi** m / joint o. packing rubber ‖ ⋆**gummi** m **an Türen, [an Windschutzscheiben],** Keder m (Kfz) / rubber profile for door, [for windscreen] ‖ ⋆**gummi** m **für Fenster** (Kfz) / weather stripping ‖ ⋆**gürtel** m, -schirm m (Hydr) / watertight injection screen ‖ ⋆**hülse** f (Elektr) / grommet ferrule o. follower ‖ ⋆**kammer** f (Walzw) / seal housing ‖ ⋆**kegel** m / sealing cone ‖ ⋆**kern** m (Hydr) / watertight core ‖ ⋆**kitt** m (Hütt) / luting agent, lute, putty ‖ ⋆**kitt** m **für Rohrgewinde** (Masch) / dope ‖ ⋆**kragen** m / packing collar ‖ ⋆**kühlwasser** n (Öl) / packing cooling water ‖ ⋆**laufrad** n, Gegenläufer m (einer Sandpumpe) / expeller of a sandpump ‖ ⋆**leder** n (Lederart) / hydraulic o. oil-seal o. valve leather ‖ ⋆**lippe** f / sealing lip ‖ ~**los** / packingless ‖ ~**lose Metallverbindung** / face-to-face joint ‖ ⋆**manschette** f / leathering ‖ ⋆**masse** f / sealant, proofing compound ‖ ⋆**masse** f (Bau) / sealing compound, putty, jointing compound ‖ ⋆**material,** -mittel n / packing o. sealing material, jointing o. leakproofing material ‖ ⋆**material** n, Material für Flachdichtungen / gasket material ‖ ⋆**mutter** f (Elektr) / grommet nut ‖ ⋆**nietung** f, dichte Nietung / staunch rivet joint, fluid-tight rivet joint, ca[u]lked joint ‖ ⋆**nippel** m (Öl) / seal nipple ‖ ⋆**nut** f (Masch) / lining groove ‖ ⋆**packer** m (Öl) / packing follower ‖ ⋆**platte** f, It-Platte f / gasket sheet ‖ ⋆**profil** n / profiled joint ‖ ⋆**rille** f, Dichtrille f (Masch) / packing groove ‖ ⋆**ring** m, -scheibe f / packing ring o. disk o. washer, joint disk o. gasket o. ring ‖ ⋆**ring** m (für Öl) / oil retainer ring, oil seal ‖ ⋆**scheibe** f / sheet gasket ‖ ⋆**scheibe** f, -ring m / sealing washer ‖ ⋆**scheibe** f, -ring m (für Flanschverb.) / flange packing ‖ ⋆**schicht** f **aus Lehm** (Hydr) / puddle [of clay and sand] ‖ ⋆**schirm** m, -gürtel m (Hydr) / watertight injection screen ‖ ⋆**schleier** m (Staudamm) / curtain wall, grout curtain ‖ ⋆**schnur** f / packing cord ‖ ⋆**schnur** f, -profil n (aus Gummi usw) / sealing profile ‖ ⋆**schnur** f (Hahn) / gasket ‖ ⋆**schürze** f, -teppich m, -vorlage f (Hydr) / apron ‖ ⋆**sporn** m, Trennmauer f (Hydr) / toe wall ‖ ⋆**stück** n **im Bohrgestänge** (Öl) / packer ‖ ⋆**teppich** m (Hydr) / blanket ‖ **äußere ⋆wand** (Bau) / reception o. retention wall

dicht·werden, zusetzen (sich) / get choked, choke [up], clog ‖ ⋆**werden,** Festwerden n / consolidation

Dick n, Ethylarsindichlorid / dick

dick / thick ‖ ~, geschwollen / swollen [up] ‖ ~, stark / big ‖ ~ **angemachter Gips** / stiff plaster ‖ ~ **anmachen** / temper stiff ‖ ~ **auftragen** (Farbe) / flow-on ‖ ~**e Lage** / thick layer ‖ ~**er machen** / thicken vt, make thicker ‖ ~**e Quelle** (Nukl) / thick source ‖ ~**e Scheibe** / slab ‖

~ **werden** (Milch) / curdle ‖ **2 cm** ~ / 2 cm thick ‖ ~**drähtiges Drahtseil** / thick ply o. thick stranded wire cable ‖ ⋆**druckpapier** n / bulky o. bulking paper, featherweight paper

Dicke f, Dickenabmessung f / thickness ‖ ⋆, Tiefe, Höhe f / depth ‖ ⋆, Konsistenz f / consistency, consistence ‖ ⋆, Konsistenz f (Farbe) / build ‖ ⋆ **der Form** (Gieß) / casing

Dicken·empfindlichkeit f (Gieß) / section sensitivity ‖ ⋆**erholung** f (Textil) / ease of recovery of thickness after compression ‖ ⋆**hobel** m / thicknesser ‖ ⋆**hobelmaschine** f / thicknessing machine, panel-planing machine ‖ ⋆**lehre** f / feeler [gauge], thickness ga[u]ge ‖ ⋆**messer** m / thickness tester ‖ ⋆**meßgerät** n (Galv) / magnetic thickness tester ‖ ⋆**messung** f / thickness gauging ‖ ⋆**quellung** f (Holz) / thickness swell ‖ ⋆**scherungsschwingung** f (Krist) / thickness shear mode ‖ ⋆**verhältnis** n, Dicke-Tiefenverhältnis n (Luftf) / thickness ratio ‖ ⋆**wachstum** n / diameter growth ‖ ⋆**zugabe** f **von Metall** / metal allowance

Dicker·werden, Eindicken n (Farbe) / feeding, livering

Dicke-·Tiefenverhältnis n (Flügel) (Luftf) / thickness[-chord] ratio

Dick·film..., Dichschicht... (Elektronik) / thick-film... ‖ ⋆**film-Einbrennofen** m / thick film firing furnace ‖ ⋆**filmhybridkreis** m / thick film hybrid circuit ‖ ⋆**filmschaltkreis** m (Elektronik) / thick-film [integrated] circuit ‖ ⋆**filmtechnik** f (Elektronik) / thick-film technology, cermetology ‖ ~**flüssig** / thick[-flowing] ‖ ~**flüssig,** verharzt (Öl, Farbe) / gummy ‖ ~**flüssig,** viskos / consistent, viscous, viscid ‖ ~**flüssig,** verdickt / concreted, thickened ‖ ~**flüssig,** schlammig / turbid ‖ ~**flüssig machen** / thicken vt, inspissate ‖ ~**flüssiges Öl** / thick o. viscous oil ‖ ~**flüssig werden** / thicken vi, be inspissated ‖ ⋆**flüssigkeit** f, Viskosität f / consistency, siziness, viscousness ‖ ⋆**glas** n, Fensterglas n über 4,5 mm / thick window glass

Dickit m (Min) / dickite

Dick·öl n / bodied oil, standoil ‖ ⋆**saft** m (Zuck) / concentrated o. thick juice, juice concentrate, syrup ‖ ⋆**saftkarbonatation** f / thick juice carbonatation ‖ ⋆**saftkörper** m (der Stoff) / thick juice body ‖ ⋆**saftkörper** m, -aufkocher m (Zuck) / thick juice blow-up ‖ ⋆**saftschwefelung** f / thick juice sulphitation ‖ ⋆**schicht...** s. Dickfilm... ‖ ⋆**schlamm** m (Zement) / slurry ‖ ⋆**schlamm** m, Eindickerunterlauf m (Aufber) / thickener underflow ‖ ⋆**schlammsaft** m, Schlammsaftkonzentrat n / thickened carbonation slurry ‖ ⋆**schlammverfahren** n / thick slurry process ‖ ⋆**spülung** f (Öl) / drilling fluid ‖ ⋆**spülverfahren** n (Bergb) / scavenging by argillaceous water ‖ ⋆**stoff** m / thick matter ‖ ⋆**stoffpumpe** f / thick matter pump

Dickte f, dünne Holzlage / lamina of wood, thin board ‖ ⋆ (Buch) / set

Dick·trübe f (Aufber) / dense medium ‖ **wiedergewonnene** ⋆**trübe** (Bergb) / regenerated dense medium ‖ ~**wandig** / thick-walled ‖ ~**wandige Ionisationskammer** / thick-wall ionization chamber ‖ ~**werden** n (Chem) / concretion, coagulation ‖ ⋆**werden** n, Konsistenzzunahme von Lack in der Kanne f (Lack) / feeding-up, livering ‖ ⋆**werden,** Verdicken n (durch Eindampfen) / inspissation ‖ ⋆**werden** n, Gerinnen n (Chem) / concretion, coagulation

Dicyan·amid n / dicyanamide, dicy (US) ‖ ⋆**diamid** n / dicyanodiamide, cyanoguanidin ‖ ⋆**diamidharz** n, Didi-Harz n / dicyanodiamide resin

DI-Dose f (Verpackung) / D I can (drawn and ironed)

Didotsystem n (Buch) / Didot point system

Didym n (Chem) / didymium

diebessicher, diebstahlsicher / burglarproof, unpickable, pilferproof

Diebstahlsicherung f (Kfz) / theft (GB) o. joy-ride (US) protection

Diebstahlverhütung f / loss prevention (US)

Dieder, Zweiflach n / dihedral, dihedron

Dieldrin

Dieldrin *n* (Kontaktinsektizid) (Chem) / dieldrin (contact insecticide)

Diele, Bohle *f* / board ‖ ~, Bodenbrett *n* (Bau) / floor board ‖ ~ *f*, Fußboden *m* / floor ‖ ~, Dielenfußboden *m* / deal floor ‖ ~, Hausflur *m* / entrance hall, entry, entrance ‖ ~, Vorhalle *f* / hall, vestibule

Dielektrikum *n*, Nichtleiter *m* / dielectric, nonconductor, insulator

dielektrisch, nichtleitend / dielectric ‖ ~e Ableitung / dielectric leakance, leakage inductance ‖ ~e Ermüdung / dielectric fatigue ‖ ~e Erwärmung / capacitance current heating, dielectric heating ‖ ~e Erwärmung quer zur Stoffbahn (Elektronik) / transverse heating ‖ ~e Festigkeit, Durchschlagsfestigkeit *f* / dielectric strength o. rigidity ‖ ~er Leiter / dielectric guide (v.h.f.) ‖ ~e Linse (Radar) / dielectric lens ‖ ~e Nachwirkung / dielectric relaxation o. afterworking o. viscosity ‖ ~er [Ohmscher] Widerstand / dielectric resistance ‖ ~er Phasenwinkel / dielectric phase angle ‖ ~e Polarisation / dielectric polarization ‖ ~er Spiegel / dielectric mirror ‖ ~er Stielstrahler (Antenne) / dielectric rod antenna o. rod radiator ‖ ~e Suszeptibilität / dielectric susceptibility ‖ ~er Verlust (Kabel) / dielectric loss, leakage inductance, leakance ‖ ~er Verlustfaktor / dissipation factor ‖ ~e Verlustzahl / loss index ‖ ~e Verschiebung / dielectric displacement ‖ ~er Verstärker / dielectric amplifier ‖ ~er Wellenleiter / dielectric waveguide

Dielektrizitäts·konstante *f* / relative permittivity ‖ absolute ~konstante, ϵ_{abs} (Phys) / permittivity, absolute permittivity ~konstante, ϵ_{rel}, Dielektrizitätszahl *f*, er / relative permittivity, specific inductive capacity, dielectric constant

dielen / board, plank ‖ ~balken s. Dielenträger ‖ ~boden *m*, Riemenparkett *n* / plain woodstrip flooring ‖ ~brett *n*, Bohle von 9'' Breite [unter 1 1/2'' Dicke] / deal board ‖ ~fußboden *m* / batten floor ‖ gefugter o. gefügter ~fußboden (Bau) / plain jointed floor ‖ ~futter *n* von Balken / plank casing of beams ‖ ~lager, Lagerholz *n* / flooring sleeper ‖ ~nagel *m* / plank nail ‖ ~träger, -balken *m*, -lager *n* / cross member

Dielung *f*, Fußboden *m* / boarding, flooring ‖ ~ auf Lagerhölzern / flooring on joists

Dien, Diolefin *n* (Chem) / diene ‖ ~-Addukt *n* / diene addition

dienen [als] / serve [as], be used [as]

dienend, als Werkzeug o. Mittel ~ / instrumental

dienhaltig (Chem) / containing diene

Dienst *m* / duty, service ‖ ~ nach Vorschrift / work-to-rule ‖ im u. außer ~ / on-and-off duty, in-and-out of commission ‖ in ~ stellen (Schiff) / commission a ship ‖ wieder in ~ stellen (Schiff) / recommission ‖ ~ablösung *f* (Fernm) / change, relief, relieving ‖ ~abteil *n* (Bahn) / service compartment ‖ ~alter *m* / seniority ‖ ~anweisung *f* / service rules o. instructions *pl* ‖ ~einteilung *f*, -plan *m* / duty roster, roster[ing] ‖ ~geschwindigkeit *f* (Schiff) / cruising speed ‖ ~gespräch *n* (Elektr) / service call ‖ ~gipfelhöhe *f* (Luftf) / practical o. service ceiling ‖ ~grad *m* (Bahn) / grade, service rank ‖ ~gutbeförderung, -gutsendung *f* (Bahn) / deadhead traffic (US), non-revenue earning traffic ‖ ~güte *f* (Fernm) / service quality ‖ ~kanal *m* (Elektronik) / service channel ‖ ~leistung *f* / service ‖ ~leistungsbetrieb *m* / service enterprise ‖ ~leistungsindustrie *f* / service industry ‖ ~leistungsrechenzentrum *n* / service computing center, service bureau ‖ ~leitung *f* (Fernm) / call o. speaker o. service circuit o. wire, order o. talking wire ‖ ~leitungswähler *m*, DLW (Fernm) / call circuit selector ‖ ~plan *m* / rota, rooster ‖ ~plan *m*, -einteilung *f* / duty roster, roster[ing] ‖ ~programm *n* (DV) / service program o. routine, utility software ‖ ~programme *n pl*, Serviceprogramme *n pl* (DV) / utilities *pl* ‖ ~programm *n* für statistische Analysen

(DV) / statistical analysis utility ‖ ~programm *n* zum Datenbankdurchsuchen / data base scan utility ‖ ~programm *n* zur Zusammenfassung von Datenbankveränderungen / data base change accumulation utility ‖ ~programm-Steuerungseinrichtung *f* (DV) / utility control facility ‖ ~raum *m* (Bahn) / office, duty room ‖ ~stelle *f* einer Behörde / department, dept. ‖ ~stunden *f pl* / duty hours *pl* ‖ ~taste *f* (Fernm) / order wire key ‖ ~verkehr *m* (Fernm) / service traffic ‖ ~vorschrift *f*, -anweisung *f*, -ordnung *f* / regulations *pl*, service rules o. instructions *pl* ‖ ~vorschrift *f* (Bahn) / traffic instructions o. regulations *pl* ‖ ~wagen *m* (Bahn) / service coach o. wagon ‖ ~wagen *m* (Kfz) / officiel car ‖ ~wähler *m* (Fernm) / service connector, special code selector, sender selector ‖ ~wähler, Vorwähler *m* (Fernm) / preselector ‖ mit ~wohnung / accommodated

Dien·synthese *f* (Chem) / diene synthesis, Diels-Alder reaction ‖ ~wert *n* / diene value

Diergol *n* (Kraftstoff) / biergol

Diesel *m* s. Dieselmotor ‖ ~..., diesel... / diesel... ‖ ~aggregat *n* / Diesel generator o. set ‖ ~antrieb *m* / diesel drive ‖ ~ausrüstung *f* / diesel equipment ‖ auf ~betrieb umstellen / verdieseln (Bahn) / dieselize ‖ ~elektrisch / diesel-electric ‖ ~elektroschiff *n*, DES / diesel-electric ship, DES ‖ ~-Gas-Motor / dual-fuel engine ‖ ~generator, -stromerzeuger *m* / diesel generator o. set

Dieselhorst-Martin-Vierer, D.-M.-Vierer *m* (Fernm) / multiple twin [quad], DM-quad ‖ ~-verseiltes Kabel / multiple twin-quad cable

diesel·hydraulisch / diesel-hydraulic ‖ ~-Index *m* (der Zündwilligkeit) / diesel index, DI ‖ ~kraftwerk *n* / diesel generating station ‖ ~lokomotive *f*, Diessellok *f* / diesel locomotive, oil engined locomotive ‖ ~mechaniker *m* / diesel mechanic *n* ‖ ~mechanisch / diesel-mechanic ‖ ~motor *m*, -maschine *f* / diesel engine, compression-ignition o. C.I.-oil engine ‖ ~[motor] *m* mit direkter Strahleinspritzung / solid- o. direct-injection diesel engine, compressorless diesel engine ‖ ~[motor] *m* mit Drucklufteinspritzung / compressor type diesel engine ‖ ~motorschiff, Motorschiff *n* / diesel o. motor ship, MS, motor vessel

dieseln (Mot) / diesel, run diesellike ‖ ~ *n* (Mot, Fehler) / diesel knock

Diesel·öl *n*, -treibstoff, -kraftstoff *m* / diesel oil, fuel oil for IC engines, motor oil ‖ ~ramme *f*, Explosionsramme *f* / detonating rammer ‖ ~ruß *m* / diesel exhaust particulates *pl* ‖ ~-Straßenfahrzeug *n*, -Wagen *m* / diesel-engined road vehicle, D.E.R.V., derv ‖ ~stromerzeuger, -generator *m* / diesel generator o. set ‖ ~triebwagen *m* / diesel railcar, self-contained motor coach ‖ ~verfahren *n* / diesel cycle o. process

diesig, dunstig (Wetter) / hazy

diesjähriges Modell (Kfz) / current model

Diesterase *f* / diesterase

Diethanolamin *n* / diethanolamine

Diethyl·amin *n* / diethylamine ‖ ~carbinol *n* / diethylcarbinol ‖ ~dicarbonat *n* / diethyldicarbonate

Diethylen·... / diethylene... ‖ ~glykol *n* / diethylene glycol

Diethyl·ether *m* / diethyl ether ‖ ~etherextrakt *m* (Ölkuchen) / diethylether extract ‖ ~sulfat *n* / ethyl sulfate

Dietze-Anleger *m* (Elektr) / tong-test instrument

Differential *n*, Ausgleichsgetriebe *n* (Kfz) / differential [gear] ‖ ~... (Math) / differential ‖ ~..., Nichtverbund... (Elektr) / decompounded ‖ vollständiges o. totales ~ (Math) / exact differential ‖ ~-Analysator *m* (DV) / differential analyzer ‖ großes ~antriebskegelrad (Kfz) / differential master gear ‖ ~bewegung *f* (Masch) / differential motion o. movement ‖ ~bremse *f* / differential brake ‖ ~-Drehfeldempfänger *m* (Regeln) / differential motor ‖ ~-Drehfeldgeber *m*, -Drehmelder *m* (Regeln) /

differential generator o. transmitter, differential selsyn ‖ ⌐**druckmesser** m, -manometer n (Mot) / differential manometer o. pressure ga[u]ge ‖ ⌐**empfänger** m (Regeln) / differential repeater o. receiver ‖ ⌐**entwickler** m (Färb) / differential developer ‖ ⌐**entzerrung** f (Verm) / differential rectification ‖ ⌐**färben** n / differential dyeing, DD ‖ ⌐**flaschenzug** m / differential pulley-block o. chain-block o. tackle ‖ ⌐**flyer** m, -spulmaschine f, -fleier (Textil) / differential fly-frame ‖ ⌐**-Gegensprechsystem** n (Fernm) / differential duplex ‖ ⌐**gehäuse** n, Ausgleichgehäuse n / differential casing ‖ ⌐**geometrie** f / differential geometry ‖ ⌐**getriebe** n / differential motion o. mechanism o. gear, differential ‖ ⌐**getriebe** n (Textil) / jack-in-the-box, compensation gear ‖ ⌐**gleichung** f / differential equation ‖ ⌐**haspel** f / differential windlass ‖ ⌐**instrument** n / differential measuring instrument ‖ ⌐**-Interferenz- Kontrast-Zusatz,** DIK-Zusatz m (Mikrosk) / differential interference contrast attachment, DIC-attachment ‖ ⌐**-Interferenzkontrast** m, DIK (Opt) / differential interference contrast, DIC ‖ ⌐**-Interferenzkontrast-Mikroskopie** f / differential interference contrast microscopy ‖ ⌐**-Ionisationskammer** f / differential ionization chamber ‖ ⌐**kalorimeter** n / differential scanning calorimeter ⌐**kegelrad** (veraltet für: Ausgleichskegelrad) (Kfz) / axle drive bevel gear ‖ ⌐**kolben** m / double diameter piston, step piston ‖ ⌐**-kompoundiert** (Elektr) / differentially compounded ‖ ⌐**kondensator** m / differential capacitor ‖ ⌐**-Löse- und Überlade-Ausgleichventil** n (Bremse, Bahn) / differential and equalizing no-load and overload valve ‖ ⌐**mikrophon,** Doppel[kapsel]mikrophon n / double-button microphone o. transmitter ‖ ⌐**mutter** f (Masch) / differential nut ‖ ⌐**operator** m (Math) / differential operator ‖ ⌐**pumpe** f / step-piston pump ‖ ⌐**quotient** m (Math) / differential function, derivative, differential coefficient o. quotient ‖ ⌐**rechnung** f / differential calculus, method of fluxions o. fluctuations ‖ ⌐**regler** m (Masch) / differential governor ‖ ⌐**regler** m (Regeln) / derivative control unit ‖ ⌐**relais,** Fehlerrelais n / differential relay, discriminating relay o. contactor ‖ ⌐**relais** n, Fehlerrelais n / balancing relay ‖ ⌐**ruderanschlag** m (Luftf) / differential aileron linkage ‖ ⌐**schaltung** f (Elektr) / differential system ‖ ⌐**schraube** f / differential screw, hunter's screw ‖ ⌐**schutz** m, Vergleichsschutzeinrichtung f (Elektr) / differential protecting system o. protection ‖ ⌐**schutz** m, Fehlerschutz m in Ausgleichschaltung (Elektr) / balanced protective system ‖ ⌐**schütz** n / differential reverse-current relay ‖ ⌐**seitenrad** n, Hinterachswellenrad n (Kfz) / differential side gear, axle drive bevel gear ‖ ⌐**selfaktor** m (Textil) / self-acting differential mule ‖ ⌐**signal** n (Fernm) / differential-mode signal ‖ ⌐**sperre** f / differential pawl, differential lock ‖ ⌐**spindelbank,** -spulmaschine f, -fleier, -flyer m (Textil) / differential fly-frame ‖ ⌐**stern** m, Ausgleichstern m (Kfz) / differential spider ‖ ⌐**streufluß** m (Elektr) / differential leakage flux ‖ ⌐**thermoanalyse** f, DTA / differential thermal analysis, DTA ‖

Differentialthermogravimetrie f, DTG / DTG, derivative thermogravimetry

Differential·transformator m, Brückenübertrager m (Elektronik) / differential transformer ‖ ⌐**übertrager,** Gabelübertrager m (Fernm) / hybrid coil ‖ ⌐**- und Integralrechnung** f / differential and integral calculus o. method, infinitesimal calculus o. analysis ‖ ⌐**ventil** n / differential control valve ‖ ⌐**verbundmaschine** f (Elektr) / differentially excited compound generator ‖ ⌐**-Verhalten** n, -Wirkung f (Regeln) / derivative o. derivation action ‖ ⌐**verstärker** m / differential amplifier ‖ angepaßte ⌐**verzweigung** (Wellenleiter) / magic T ‖ ⌐**walzwerk** n (Hütt) / differential speed rolls ‖ ⌐**wandler,** Drehmomentverteiler m / torque divider ‖

⌐**weiche** f (Elektronik) / differential separating filter ‖ ⌐**wicklung** f (Fernm) / differential winding ‖ ⌐**winde** f, -haspel m f / differential windlass ‖ ⌐**zylinder** m (Druckluft) / differential thrustor

Differentiation [nach] f (Math) / differentiation [with respect to] ‖ ⌐ **nach der Zeit [im Originalbereich]** / differentiation in the time domain

Differentiationszeichen n / differential sign, differentiation sign

Differentiator m, Enttrübung f (Radar) / differentiating circuit ‖ ⌐ (Modulation) / differentiator, differentiating circuit o. network

differentiell / differential

differentieller digitaler Analysator / differential digital analyzer

differentiell·er Durchlaßwiderstand (Halbl) / differential forward resistance ‖ ⌐**e Empfindlichkeit** (Photoelement) / dynamic sensibility ‖ ⌐**e Flotation** / differential flotation ‖ ⌐**er Hystereseverlust** (Elektr) / incremental hysteresis loss ‖ ⌐**e Induktion** (Elektr) / incremental induction ‖ ⌐**e Injektion** (Elektr) / differential injection ‖ ⌐**e Ionisierung** (Elektronik) / specific ionization coefficient ‖ ⌐**e Kapazität** / small-signal capacitance ‖ ⌐**er Leitwert** (Halbl) / incremental conductance ‖ ⌐**e PCM** / differential PCM, DPCM ‖ ⌐**e Permeabilität** (Elektr) / incremental permeability ‖ ⌐**e Phase** (TV) / differential phase ‖ ⌐**er Phasenfehler** (TV) / differential phase distortion ‖ ⌐**e Phasenverschiebung** / differential phase shift ‖ ⌐**e Pulslagenmodulation** / differential phase shift keying, DPSK ‖ ⌐**er Rückwärtswiderstand** (Halbl) / differential inverse resistance, reverse a. c. resistance ‖ ⌐**er Verstärkerfehler** (TV) / differential gain distorsion ‖ ⌐**e Verstärkung** / differential gain ‖ ⌐**er Widerstand** (Halbl) / incremental resistance ‖ ⌐**er Wirkungsquerschnitt** (Nukl) / differential cross-section

Differenz f, Unterschied m / difference ‖ ⌐ **der Glieder einer arithmetischen Reihe** / difference of consecutive terms in an arithmetic progression ‖ ⌐ **zwischen Anzugs- u. Haltestrom** (Relais) / current margin ‖ ⌐ **zwischen Flanken- u. Kernradius** (Bolzen), zwischen Flanken- u. Gewinderadius (Mutter) / dedendum ‖ ⌐**bildung,** Subtraktion f / subtraction ‖ ⌐**codierung** f (TV) / differential coding ‖ ⌐**druck** m (Regeln) / differential pressure ‖ ⌐**druckschalter** m / differential pressure switch ‖ ⌐**druckumformer** m / differential pressure transducer

Differenzen··-Pulscodemodulation f, DPCM-Verfahren n / differential pulse code modulation, DPCM ‖ ⌐**rechnung** f (Math) / difference calculus

Differenzfrequenz f / difference frequency

differenzierbar (Math) / differentiable

Differenzierbarkeit f (Math) / differentiability

differenzieren, unterscheiden / differentiate ‖ ⌐, ableiten (Math) / derive, differentiate

differenzierend / differentiating, derivative, differentiator... ‖ ⌐, Differenzier..., die Ableitung bildend (Math) / derivative ‖ ⌐ (Instr) / derivative, differentiating ‖ ⌐**es Netzwerk** (Elektronik) / differentiating network ‖ ⌐**e Rückkopplung** (Regeln) / derivative feedback

Differenzier·gerät n / differentiator ‖ ⌐**glied** n, Komparator m (Regeln) / differential element ‖ ⌐**schaltung** f (DV) / differentiator [circuit o. network], differentiating circuit ‖ ⌐**schaltung** f, -kreis m, -glied n, Enttrübung f (Radar) / fast time [gain] control, F.T.C., peaker (US), differentiating circuit

Differenzierung f (allg) / differentiation

Differenz·-Impulszähler m / difference pulse counter ‖ ⌐**-Kathodenverstärker** m (Elektronik) / differential cathode follower ‖ ⌐**kontrolle** f / difference check ‖ ⌐**menge** f (Math) / difference of two sets ‖ ⌐**-Puls-Code-Modulation** f / difference-pulse-code-modulation, DPCM ‖ ⌐**rechner** m / difference computer, differential computer ‖

˞**scanning-Kalorimetrie** f / differential scanning calorimetry ‖ ˞**schiene**, Ausgleichschiene f (Bahn) / make-up rail, closure rail ‖ ˞**spiel** n (DV) / differential game ‖ ˞**strom** m / differential current ‖ ˞**strom** m, Reststrom m in Schutzeinrichtungen / residual current ‖ ˞**thermoanalyse** f, DTA f / differential thermal analysis ‖ ˞**thermoelement** n / differential thermocouple ‖ ˞**ton** m / difference tone ‖ ˞**tonfaktor** m (nach CCIF) / intermodulation distortion ‖ ˞**tonverfahren** n (Fernm) / C.C.I.F. intermodulation method ‖ ˞**tonverfahren** n (Lichtton) / difference frequency method ‖ ˞**träger**, Zwischenträger m (TV) / intercarrier ‖ ˞**träger-Tonstörung** f (TV) / intercarrier distortion ‖ ˞**trägerverfahren**, -trägersystem n (TV) / intercarrier system ‖ ˞**verstärker** m (Elektronik) / long-tail[ed] pair amplifier, differential amplifier ‖ ˞**verzinnt** (Hütt) / with differential tinning

differieren, nicht übereinstimmen / differ, be different

Diffluenz, Gabelung f (Geol, Meteorol) / diffluence

Diffraktion, Beugung f (Phys) / diffraction

Diffraktions·analyse f (Röntgen) / diffraction analysis ‖ **Vorrichtung zur Herstellung von** ˞**gittern** (Opt) / ruling engine ‖ ˞**streuung** f (Phys) / shadow scattering

diffundierbar / diffusible

diffundieren vt [vi], durchdringen (Phys, Chem) / diffuse

diffundiert / diffused ‖ ˞e **Oberflächenschicht** / diffused skin ‖ ˞er **Übergang** (Halbl) / diffused junction

diffus, zerstreut / diffuse, random ‖ ˞e **Beleuchtung** / diffuse[d] lighting o. illumination ‖ ˞e **Durchlassung** (Opt) / diffuse transmission ‖ ˞e **Nebel** m pl (Astr) / irregular o. diffuse nebulae pl ‖ ˞e **Reflexion** / diffuse reflection ‖ ˞er **Schall** / random sound ‖ ˞er **Schall**, Nachhall m / reverberant sound ‖ ˞e **Serie** (Spektrum) / diffuse series ‖ **Schall** ˞ **zurückwerfen** / reverberate sound

Diffusat n / diffusion product

Diffuserlinse f / diffuser o. diffusing lens, soft-focus lens

Diffuseur m, Diffusionsapparat m (Zucker, Pap) / diffuser

Diffus·feld n (Akustik) / diffuse field ‖ ˞**feld-** n, **[Freifeld-]Übertragungsmaß** / diffuse, [free] field response o. sensitivity, frequency response in the diffuse field, [free field]

diffusibel / diffusible

Diffusion f, Austausch m (Flüssigk) / diffusion of liquids ‖ ˞, Ausbreitung f (Phys) / diffusion ‖ ˞, (jetzt) Extraktion f (Zuck) / diffusion ‖ ˞ **bei turbulenter Strömung** / eddy diffusion ‖ ˞ **durch Feststoffe** / solid diffusion

Diffusions·-Ablaufwasser n (Zuck) / battery waste water ‖ ˞**anlage** f (Nukl) / diffusion plant ‖ ˞**apparat** m, Diffuseur m (Zuck) / diffusion apparatus o. cell, diffuser ‖ ˞**ausgleich** m / balancing by diffusion ‖ ˞**bahn**, -strecke f, -weg m / diffusion path ‖ ˞**batterie** f / diffuser battery ‖ ˞**behandlung** f (Galv) / diffusion treatment ‖ ˞**chromieren** n / chromium diffusion coating ‖ ˞**detektor** m (Halbl) / diffused detector ‖ ˞**diaphragma** n (Nukl) / diffusion barrier ‖ ˞**dreieck**, Ladungsdreieck n (Halbl) / diffusion triangle ‖ ˞**ejektorpumpe** f (Vacuum) / diffusion ejector pump ‖ ˞**erwärmung** f / diffusion heating ‖ ˞**filter** n (Beleuchtung) / scrim ‖ ˞**fläche** f (Nukl) / diffusion area (squared diffusion length) ‖ ˞**front**, Dotierungsfront f (Halbl) / diffusion front ‖ ˞**geschwindigkeit** f / diffusion rate ‖ ˞**gleichung** f (Atom, Nukl) / diffusion equation ‖ ˞**glühen** (Hütt) / homogenize ‖ ˞**glühen** n / homogenizing [anneal] ‖ ˞**kammer** f / spray chamber ‖ ˞**kammer** f (Atom, Nukl) / scattering chamber ‖ ˞**kapazität** f (Halbl) / hole storage effect, diffusion capacitance ‖ ˞**koeffizient** m (Chem) / diffusivity, diffusion coefficient, diffusivity value ‖ ˞**koeffizient** m **für Neutronenflußdichte** (Atom, Nukl) / diffusion coefficient for neutron flux density ‖ ˞**koeffizient** m **für Neutronenzahldichte** (Atom, Nukl) / diffusion coefficient for neutron number density ‖ ˞**kolonne** f /

diffusion column ‖ ˞**konstante** f (Halbl) / diffusion constant ‖ ˞**-Kontaktherstellung** f (IC) / diffusion bonding o. welding ‖ ˞**kontakt-Verfahren**, Copyrapid-Verfahren n / diffusion contact printing ‖ ˞**kreis** m (Phot) / circle of diffusion o. of confusion ‖ ˞**kühlung** f (Nukl) / diffusion cooling ‖ ˞**länge** f (Halbl, Nukl) / diffusion length ‖ ˞**leitwert** m (Halbl) / diffusion conductance ‖ ˞**membrane** f / diffusion barrier ‖ ˞**messer** m / diffusion meter ‖ ˞**nebelkammer** f / diffusion cloud chamber ‖ ˞**ofen** m / diffusion furnace o. oven ‖ ˞**porosität** f (Sintern) / diffusion porosity ‖ ˞**potential**, Flüssigkeitspotential n (Chem) / diffusion potential, liquid junction potential, liquid-liquid potential ‖ ˞**pumpe** f / diffusion [air] pump ‖ ˞**saft** m, Rohsaft m (Zuck) / impure juice ‖ ˞**schicht** f (Halbl) / diffuse junction ‖ ˞**schicht** f (Chem) / diffusion layer ‖ ˞**schweißen** n / diffusion welding ‖ ˞**spannung** f (Halbl) / diffusion potential ‖ ˞**strecke** f, -bahn f, -weg m / diffusion path ‖ ˞**strom** m / diffusion current ‖ ˞**theorie** f / diffusion theory ‖ ˞**tränkung** f (Holz) / diffusion o. osmotic impregnation ‖ ˞**transistor** m / diffused transistor ‖ ˞**turm** m / diffusion tower ‖ ˞**verbrennung** f (Öl) / diffusive burning ‖ ˞**verfahren** n (Repro) / diffusion transfer process, chemical transfer process ‖ ˞**verfahren** n **für Metallüberzüge** / diffusion coating ‖ ˞**vermögen** n / diffusibility ‖ ˞**vorgang** m / diffusion process ‖ ˞**vorsatz** m (Phot) / diffusion attachment ‖ ˞**wand** f (Isotopentrenn.) / diffusion barrier ‖ ˞**wasser** n (Zuck) / diffusion feed water ‖ ˞**wässer** n pl, Ablaufwässer n pl (Zuck) / diffusion waste water o. pulp water ‖ ˞**weg** m, -strecke, -bahn f / diffusion path ‖ ˞**zelle** f (für Wasserstoffgewinnung) (Chem) / diffusion cell ‖ ˞**zone** f (Halbl) / diffusion zone

Diffusität f (Akustik) / diffusivity

Diffusor m (Gebläse, Licht) / diffuser ‖ ˞ (Vakuum) / diffuser ‖ ˞, Ausströmraum m (Mot) / delivery space, diffuser, volute chamber ‖ ˞, Schraubengebläse n / airscrew blower ‖ ˞, Diffusorverteiler n (Pap) / distributor ‖ ˞**kalotte** f **für Lichtmessungen** / diffuser for incident light measurement ‖ ˞**schaufel** f (Turbine) / diffuser vane ‖ ˞**-Verteiler** m (Pap.m) / tapered duct distributor

Difluordichlormethan, F 12 n, Frigen n, Freon n / difluorodichloromethane, Frigen

Digenit, Kupferglanz m (Min) / digenite

Digerierapparat m (Chem) / digestor

digerieren, auslaugen (Chem) / digest ‖ ˞ n (Chem) / digestion

Digestion f, Auszug m (Pharm) / digestion

Digestor m (Brau) / digestor

Digiskop n, digitales Oszilloskop / digiscope

digital / digital, numerical, discrete ‖ ˞, schrittweise / discontinuously modulated ‖ ˞**...** / digital data... ‖ ˞e **Anzeige** / digital o. numerical display, digital readout ‖ ˞es **Anzeigegerät** / digital panel meter, DPM ‖ ˞e **Audioplatte o. Tonplatte** / digital audiodisk, DAD ‖ ˞ **darstellen** / digitize, digitalize ‖ ˞e **Darstellung** / digital representation ‖ ˞e **Daten** pl / digital data pl ‖ ˞e **Datenverarbeitungsanlage** / digital computer ‖ ˞er **Differential-Analysator**, Digital-Differential-Analysator m, integrierender Schrittrechner / digital differential analyzer, DDA ‖ ˞e **elektrische Größe** / digital electric quantity o. signal ‖ ˞er **Fernkopierer** / digital facsimile recorder ‖ ˞ **gesteuert** / numerically controlled ‖ ˞es **Integriergerät** / incremental computer ‖ ˞e **Meßanlage** / digitales Meßgerät / digital measuring unit ‖ ˞es **Mikrowellen-Übertragungssystem** / digital microwave transmission system ‖ ˞es **optisches Lesen** / digital optical reading, DOR ‖ ˞es **Oszilloskop**, Digiskop n / digiscope ‖ ˞er **Rechner**, Digitalrechner m / digital computer ‖ ˞er **Rechner mit Analog-Ein-u. Ausgang** / quantized computer ‖ ˞es **Selbststeuergerät**, digitaler Autopilot / digital autopilot ‖ ˞es **Signal** / digital signal ‖ ˞er **Sonnensensor** (Raumf) / digital sun sensor ‖ ˞es **Sortieren** (DV) / radix sorting ǁ ~e **Strömungselemente**, Fluidelemente *n pl* / fluidics *pl*, fluid elements, fluidic devices *pl* ǁ ~er **Teilnehmeranschluß** / digital subscriber line, DIGON ǁ ~es **Tonbandgerät bei der Aufnahme, bei Schnitt und/oder Abmischung, bei Überspielung**, DDD / digital tape recorder during session recording, mixing and/or editing and mastering (transcription), DDD ǁ ~e **Uhr** (DV) / digital time unit, digital clock ǁ ~e **Vermittlung im Fernsprechnetz**, DIV / digital telephone exchange ǁ ~es **Vielfachmeßgerät** / digital multimeter ǁ ~er **Vorwählschalter** (Elektronik) / thumb wheel switch ǁ **in ~e Signale umwandeln**, digitalisieren / digitize ǁ ~-**analog** / digital-analog, d-a ǁ ~-**Analog-Umsetzer** *m* (DIN nicht "Wandler"), DAU *m* / digital-to-analog converter, dac ǁ ~-**Analog-Umsetzung** *f*, D/A-Umsetzung *f* / digitization, quantization ǁ ~**anzeige** *f*, digitale Sichtanzeige *f*, Digitalbildschirmdarstellung *f* (DV) / DID, digital information display, digital display, DD ǁ ~-**Audio-Tape** *n*, DAT / digital audio tape, DAT ǁ ~**aufnahme** *f* (Phono) / digital recording ǁ ~**ausgabe** *f* / digital output ǁ ~**darstellung** *f* / digital representation ǁ ~**datendemodulator** *m* / digital data demodulator, DDD ǁ ~**daten-Demodulator** *m* größter Wahrscheinlichkeit / maximum likelihood digital data demodulator, MLDDD ǁ ~-**Dopplergerät** *n* (Radar) / digital doppler ǁ ~**eingabe** *f* (DV) / digital input ǁ ~**elektronik** *f* / digital electronics ǁ ~**empfänger** *m* / digital data receiver, DDR ǁ ~**geber** *m* / digital data transmitter, DDT

Digitalin *n* (Chem) / digitalin
digitalisieren, in digitale Signale umwandeln / digitize
Digitalisierer *m* / digitizer
digitalisiert / digitized ǁ ~e **Geländehöhenkarte** *f* / digital map ǁ ~e **Sprache** / digitized voice
Digitalisiertableau *n* / digitizing tablet
Digitalisierung *f* / digitizing
Digital--**Meßwertaufzeichnung** *f*, -Meßwertausdruck *m* / digital recording ǁ ~**modulator** *m* / digital data modulator, DDM ǁ ~**rechentechnik** *f* / digital calculation method ǁ ~**rechner** *m* / digital computer ǁ ~**schallplatte** *f* / digital audio disk, digital record ǁ ~**schaltung** *f* / digital circuit ǁ ~**schnittstelle** *f* (DV) / digital interface ǁ ~**sender** *m* / digital data transmitter, DDT ǁ ~**speicher-Oszilloskop** *n* / digital storage oscilloscope ǁ ~**sprecher** *m* (Fernm) / digi-talker ǁ ~**steuerung** *f* / digital control ǁ ~**uhr** *f* / digital clock ǁ ~**umsetzer** *m* / digital data conversion unit o. element, DDCE ǁ ~**voltmeter**, DVM *n* / digital voltmeter, DVM ǁ ~**wähler** *m* / digital dialler ǁ ~**wecker** *m* / digital alarm clock ǁ ~**zähler** *m* / digital counter
Digitonin *n* (Chem) / digitonin
Diheptalsockel *m* (Elektronik) / diheptal base
Dihydrit *n* (Phosphorkupfererz) (Min) / dihydrite
Dihydroresorcinol *n* / [di]hydroresorcinol
Di[hydr]oxyphenylalanin *n*, Dope *n* / di[hydr]oxyphenylalanine
Diisoamylether *m* / [di]isoamyl ether, isoamyl oxide
Diisocyanat-Polyadditionsverfahren *n* (Farb) / di-isocyanate polyaddition
DIK (Opt) = Differential Interferenz-Kontrast
Diketen *n* (Chem) / diketen
Diketon *n* / diketone
Diktaphon *n* (ein Diktiergerät) / dictaphone
Diktat *n* / dictation ǁ ~**block** *m* / log pad ǁ ~**zeichen** *n* / reference sign
diktieren / dictate
Diktierender *m* / dictator
Diktiergerät *n* / dictating machine
Dilatanz *f*, Kelvin-Effekt *m* (Rheologie) / Kelvin effect, dilatancy effect, [viscous] dilatancy
Dilatation *f*, Wärmedehnung *f* (Phys) / dilatation
Dilatations·verlauf *m* (Steinkohle) / dilatation ǁ ~**vorrichtung** *f* (Schweiz) (Bahn) / expansion device for

continuously welded rails
Dilatometer *n* (Phys) / dilatometer
dilatometrisch / dilatometric ǁ ~e **Kurve** (Chem) / dilatometric curve
dilettantisch / amateurish
DIL-Gehäuse *n* (IC) / dual-in-line package
Dilitho *n*, Dilitho-Verfahren *n* (Repro) / direct lithography [process]
Dill *m* / dill, Anethum odorans
Dillöl *n*, Oleum Anethi *n* / dill [seed] oil
dilut *adj* (Min) / dilute
Dilutor *m* (Labor) / dilutor
diluvial / diluvial, diluvian ǁ ~e **Ablagerungen** *f pl* / drift deposits *pl*
Diluvium, (jetzt): Pleistozän *n* (Geol) / Diluvium, Pleistocene
Dimension *f*, Abmessung *f* / dimension ǁ ~, Größenordnung *f* / dimension, measure [in one length]
dimensionieren [für] / rate [for], calculate o. design [for] ǁ ~, bemaßen / dimension
dimensioniert (NC) / dimensioned ǁ **reichlich** ~ / amply dimensioned, conservative
Dimensionierung *f* / dimensioning
Dimensionierungsleistung *f*, Entwurfsleistung *f* (Bahn) / dimensional output
Dimensions·..., dimensional / dimensional ǁ ~**analyse** *f* (Math) / dimensional analysis ǁ ~**behaftete Maßgröße** / dimensional quantity ǁ ~**gerecht** / dimensional ǁ ~**hölzer** *n pl*, Listenware *f* / dimension lumber o. timber ǁ ~**los**, unbenannt (Math) / non-dimensional, pure, dimensionless ǁ ~**lose Geschwindigkeit** / dimensionless velocity ǁ ~**loser Koeffizient** / non-dimensional coefficient, undefined o. indeterminate coefficient ǁ ~**stabilität** *f* (Pap, Plastik) / dimensional stability
dimer, zweigliedrig (Chem) / dimeric ǁ ~ *n* (Chem) / dimer ǁ ~**isation** *f*, Dimerisierung *f* (Chem) / dimerization
Dimethyl *n* / dimethyl ǁ ~**anilin** *n* / dimethylaniline ǁ ~**arsin** *n* / cacodyl ǁ ~**hydrazin** *n* / dimethylhydrazine ǁ ~**hydrochinon** *n* / dimethylhydroquinone ǁ ~**keton**, Aceton *n* / dimethylketone, acetone ǁ ~**phenol**, Xylenol, Monooxyxylol *n* / dimethylphenol, xylenol ǁ ~**quecksilber** *n* / dimethyl mercury ǁ ~**sulfat** *n* / dimethylsulphate ǁ ~**sulfoxid**, DMSO *n* / dimethylsulfoxide ǁ ~**terephthalat**, DMT *n* / dimethylterephthalate
dimmen (Licht) / dim
Dimmer *m* (Elektr) / dimmer [resistor o. switch]
dimorph / dimorphic, -ous
Dimorphie, Zweigestaltigkeit *f* (Krist) / dimorphic condition, dimorphism
Dimorphismus *m* (Biol) / dimorphisme
Dimrothkühler *m* (Chem) / Dimroth cooler
DIN·... (Markenname = Deutsche Industrienorm o. Deutsches Institut für Normung) / DIN... ǁ ~ **A4 mißt 210 x 297 mm** / DIN A4 measures 210 by 297 mm ǁ ~-**A4-Format** *n* / size A4
Dinasstein, -Ziegel, Quarz-Schamotte-Stein *m* (Hütt) / ganister o. dinas brick, silica o. siliceous brick o. refractory ǁ **natürlicher** ~ / dinas rock
Dinatrium·... (Chem) / disodic ǁ ~**zellulose** *f* / disodic cellulose
DIN--**Bezugsband** *n* (Magn.Bd) / DIN standard tape, DIN test tape ǁ ~-**Bezugsfilm** *m* BF-8S / film 8 mm type S
Dineutron *n* / dineutron
DIN-Farbenkarte *f* / DIN colour chart
Ding[h]i *n* / dinghi
Dingpunkt, Objektpunkt *m* (Opt) / object point
DIN-Grade *m pl* (Phot) / degrees DIN *pl*
ding·seitig (Opt) / object [side]... ǁ ~**seitiger Hauptpunkt** (Opt) / external perspective center
Dinitro·benzol *n* / dinitrobenzene ǁ ~**naphthalin** *n* / dinitronaphthalene ǁ **4,6-**~**-o-Kresol** *n* / DN[OC], dinitroorthocresol ǁ ~**phenol** *n* / dinitrophenol ǁ ~**toluol** *n* / dinitrotoluene, di-oil (US)

Dinkel, Spelz *m* / spelt

DIN·-Kreisbogen-Bezugsprofil *n* (Film) / DIN reference profile ‖ **⌐-links** (Schloß) / DIN-left-handed ‖ **⌐-[Norm]blatt** *n* / DIN [standard] sheet ‖ **⌐-Papierformate** *n pl* / ISO paper sizes *pl* ‖ **⌐-rechts** (Schloss) / DIN-right-handed ‖ **⌐-Sockel** *m* (Video) / DIN-socket ‖ **⌐-Zahl** *f* (in ⁰DIN), DIN-Grad *m* (Phot) / DIN-speed, degree DIN

Dioctylzinn *n* / dioctyltin ‖ **⌐stabilisator** *m* / dioctyltin stabilizer

Diode *f* (Elektronik) / diode ‖ **⌐ hoher Strahldichte** / high density diode, high radiance diode

Dioden·begrenzer *m* / diode limiter, diode clipper ‖ **⌐gleichrichtung** *f* / diode rectification ‖ **⌐gleichstrom** *m* / diode continuous current ‖ **⌐kenndaten** *pl* / diode characteristic ‖ **⌐matrix** *f* / diode matrix ‖ **⌐perveanz** *f* / diode perveance ‖ **⌐quadrierschaltung** *f* / diode squaring circuit ‖ **⌐-Transistor-Logik**, DTL-Technik *f* / diode-transistor logic, DTL ‖ **⌐trennung** *f* / diode isolation ‖ **⌐voltmeter** *n* / diode voltmeter

Dioktaeder *n* (Krist) / dioctahedron

Diol *n* (Chem) / diol

Diolefin *n*, Dien *n* / diolefin, diene

diophantische Gleichung (Math) / diophantine equation

Diopsid *m* (Min) / diopside

Dioptas *m* (Min) / dioptase, emerald copper

Diopter, Visierinstrument *n* / diopter, direct vision view finder, sight vane ‖ **⌐lineal** *n*, Alhidade *f* / alidade, sight rule

Dioptrie *f*, D (Opt) / diopter, dioptre, dioptric

Dioptrien·einstellung *f* / diopter focussing mount, diopter control ring ‖ **mit ⌐einstellung** / adjustable o. graduated in terms of diopters

dioptrisch / dioptric ‖ **⌐es Fernrohr** / dioptric telescope

Diorama *n* / diorama

Diorganozinn *n* / diorganotin *f* ‖ **⌐-Stabilisator** *m* (Plast) / diorganotin stabilizer

Diorit *m*, Grünstein *m* / diorite

Dioxan, Diethylendioxid *n* (Lösemittel) / dioxan

Dioxazinfarbstoff *m* / dioxazine dye

Dioxid *n* / dioxide, bioxide

Dioxim *n* (Chem) / dioxime

Dioxin *n*, Tetrachlordibenzo-p-dioxin *n* / 2,3,7,8 TCDD, tetrachlorodibenzo-p-dioxine

Dipenten *n* / dipentene

Dip-Forming *n* (Draht) / dip forming

Dip-Gehäuse, Dual-in-line Gehäuse *n* (IC) / DIP, dual-in-line o. dip package

Diphenyl *n*, Biphenyl *n* / diphenyl, biphenyl ‖ **⌐amin** *n* / diphenylamine ‖ **⌐aminarsinchlorid** *n*, Diphenylaminchlorarsin *n* / diphenyl aminochlorarsine, D.M., adamsite ‖ **⌐aminorange** *n*, Tropäolin *n* / trop[a]eolin[e] 00 ‖ **⌐arsinchlorid** *n*, Clark I *n*, Blaukreuzgas *n* / diphenyl arsinchloride, D.A. ‖ **⌐arsincyanid** *n*, Clark II *n*, Blaukreuzgas *n* / diphenyl arsincyanide, blue cross gas ‖ **⌐ether** *m* / diphenyl ether ‖ **⌐guanidin** *n* (Chem, Gummi) / diphenylguanidine ‖ **⌐harnstoff** *n* / sym. diphenylurea, carbanilide ‖ **⌐keton** *n* / benzophenone, diphenylketone ‖ **⌐methan** *n* / diphenylmethane ‖ **⌐[methan]farbstoffe** *m pl* / diphenylmethane dyes *pl* ‖ **⌐olpropan** *n* (für Epoxydharze) / diphenylol propane ‖ **⌐oxid** *n*, -ether *m* / diphenyloxide

Diphyl, Diphenyl-Diphenyloxid *n* (Wärmeübertragungsmittel) / diphenyl-diphenyloxide

Diplex *n* (Fernm) / diplex

Diplexer *n* / diplexer

Diplex·system *n* (Kanalbelegung mit gleichzeitig zwei Informationen in gleicher Richtung) (Fernm) / diplex [system] ‖ **⌐verkehr** *m* / diplex transmission

Diploeder *n* (Krist) / diploid

Diplomingenieur *m* / chartered engineer (GB), professional engineer ((US)

Diplory *m* (Schweiz), Spurwagen *m* (Bahn) / plate-layer's trolley

Diploskop *n* / diploscope

Dipol *m* (Phys, Elektronik, Chem) / dipole ‖ **dicker ⌐** (Elektronik) / fat dipole ‖ **⌐antenne** *f* / dipole antenna o. radiator, doublet [antenna] (US) ‖ **⌐antennenwand** *f* / dipole antenna curtain system ‖ **⌐ebene** *f* (Elektronik) / broadside o. christmastree antenna ‖ **⌐kraft** *f* (Chem) / dipole force ‖ **⌐molekül** *n* / dipole molecule ‖ **⌐moment** *n* (Phys) / dipole moment, moment of a dipole ‖ **⌐reihe** *f*, -zeile *f* (Antenne) / linear array, array of parallel dipoles ‖ **⌐schicht** *f* (Nukl) / electric double layer ‖ **⌐strahler** *m* / broadside dipole array ‖ **⌐wand** *f* (Antenne) / dipole curtain

Diproton *n* (Nukl) / di-proton

Dipyr, Schmelzstein *m* (Min) / dipyre

Dirac·-Funktion *f*, Einheitsstoß *m* / unit [im]pulse, Dirac function ‖ **⌐-Gleichung** *f* / Dirac's equation ‖ **⌐-Konstante** *f* / Dirac's constant, h-bar, ₕ ‖ **⌐sche Deltafunktion**, Delta-Funktional *n* (Math) / delta functional ‖ **⌐-Stoß** *m* (Phys) / pulse function ‖ **⌐teilchen** *n* / Dirac's particle

direkt (allg) / direct ‖ **~ [von]**, unmittelbar [von] / direct [from] ‖ **~**, geradlinig, in direkter Linie / lineal ‖ **~** (nicht von Platten usw), Original… (Ton, Bild) / live, real ‖ **⌐…**, substantiv (Färb) / substantive, direct ‖ **mit ~er Ablesung** (Instr) / direct reading ‖ **~er Abzug** (Film) / one-to-one printing ‖ **~ angeschlossen [und gesteuert]**, online (DV) / on-line ‖ **~er Anguß** / direct gate ‖ **~er Antrieb** / direct drive ‖ **~e Auffindung** (Raumf) / non-coherent detection ‖ **~e Auftriebssteuerung** / direct lift control, DLC ‖ **~e Aufzeichnung** / push-up list ‖ **~er Baumwollfarbstoff** / direct cotton colour ‖ **~ beheizte Röhre** / directly heated valve o. tube ‖ **~e Beleuchtung** / direct lighting ‖ **~e Betrachtung** / direct viewing ‖ **~e Blendung**, Infeldblendung *f* / direct glare ‖ **~e digitale Prozeßregelung** / direct digital control, DDC ‖ **~es Drillen** (Landw) / direct drilling ‖ **~es Druckverfahren** (Buch) / direct printing ‖ **~ durchgeschaltet** (Fernm) / direct station-to-station ‖ **~ im Eingriff** / direct geared ‖ **~em Einschlag** (in Leitungen usw) (Blitz) / direct stroke ‖ **~er Flug** (ohne zwischengestaltete Erdumlaufbahn) (Raumf) / direct ascent ‖ **~e Folge** / direct sequence, DS ‖ **~e Fourier-Transformation** / direct Fourier transform, direct Fourier integral equation ‖ **~er Gang** (Kfz) / direct drive o. speed ‖ **~er Gang** (wenn höchster Gang) (Kfz) / high, high gear ‖ **~ geheizt** (Hütt) / direct-fired ‖ **~ gekoppelte Transistor-Logik**, DCTL-Technik *f* / direct coupled transistor logic, DCTL ‖ **~ gekoppelter Differential-Verstärker** / differential d.c.-amplifier ‖ **~ gekoppelter Sender** / plain antenna transmitter ‖ **~ gekoppelter Verstärker**, Gleichstrom-Verstärker *m* / direct resistance-coupled amplifier ‖ **~ gekuppelt** / directly joint ‖ **~ gekuppelt** (Antrieb) / direct-coupled o. -driven ‖ **~ gespeist** (Funk) / direct drive…, direct feed… ‖ **~ gespeiste Antenne** / driven antenna (US), directly fed aerial (GB) ‖ **~e Handhabung** (Reaktor) / direct operation ‖ **~er Hochofenguß** / direct casting ‖ **~e Instandhaltung** / contact maintenance ‖ **~e Kopplung** (Wellenleiter) / junction coupling ‖ **~e Kosten** *f pl* / direct cost ‖ **~e Kupplung** (Masch) / direct coupling ‖ **~er Kurzschluß** (Elektr) / dead short ‖ **~e Leiterkühlung** (Kabel) / internal cooling ‖ **~e Lithographie**, Dilitho *n* (Repro) / direct lithography ‖ **~e Messung** / direct measuring ‖ **~e Methode der Kesselwirkungsgradprüfung** / boiler efficiency test by input-output method ‖ **~e numerische Steuerung**, DNC (Wzm) / direct numerical control, DNC, direct digital control, DDC ‖ **~e Oberflächenfühlung** (Kabel) / integral cooling ‖ **~es Produkt**, Skalarprodukt *n* (Math) / direct product ‖ **~e Programmierung** / machine-level programming ‖ **~ proportional** / directly proportional ‖ **~e Rekombination** (Halbl) / radiative recombination ‖ ~e Seitenkraftsteuerung / direct side force control, DSFC ‖ ~ sichtbar / line-of-sight..., LOS ‖ ~er Steckverbinder / edge socket connector ‖ ~ trocknende Farbe (o. Moistureset Farbe) (Buch) / moisture-set ink ‖ ~e Verarbeitung (DV) / on-line processing ‖ ~e Verbindung (Fernm) / through connection ‖ ~er Verkehr (Fernm) / forward service ‖ ~ von Fabrik / direct from factory ‖ ~e Welle, Bodenwelle f (Elektronik) / ground o. direct wave o. ray ‖ ~ wirkend (Dampfm) / direct-action ‖ ~e Wirkungsgradmessung / direct calculation of efficiency ‖ ~e Wortauswahl (im Speicher) (DV) / linear selection ‖ ~e Zeit (F.Org) / productive time ‖ ~er Zugriff (DV) / direct o. immediate access ‖ ~er Zugriff (wenig um den Mittelwert schwankend), Random access m (DV) / random access ‖ ~ zuzurechnend (Kosten) / allocated on a direct basis ‖ ~es Zweiphasen-Titrationsverfahren / direct two-phase titrage ‖ ⌐adresse f / direct address, one-level address ‖ ⌐anschluß m / direct connection ‖ ⌐antrieb m / direct drive, positive drive ‖ ⌐aufhängung f (Fahrleitung) / direct suspension construction ‖ ⌐aufnahme, -aufzeichnung f / direct recording ‖ ⌐begasung f (Plast) / direct gassing ‖ ⌐beschichter m (Galv) / direct coater ‖ ⌐bildfilm m / direct image film ‖ ⌐bindung f (Keram) / direct bonding ‖ ⌐daten pl (DV) / immediate data ‖ ~-dessiniert (Textil) / directly designed ‖ ~druck m (Stoffdruck) / direct printing ‖ ⌐druckartikel m (Textil) / print-on style ‖ ⌐einschalter m (Elektr) / direct switching starter ‖ ⌐einspritzer m (Ottomotor) / direct injection engine ‖ ⌐einspritzung f / direct injection, open combustion-chamber injection ‖ ⌐entgiftung f, Lancy-Verfahren (Galv) / integrated system, Lancy system ‖ ⌐farbstoff m / direct dyestuff, substantive dyestoff ‖ ⌐feld n (Schall) / direct field ‖ ⌐führung f, DNC-Betrieb m (NC) / direct numerical control, DNC ‖ ⌐gespräch n, -verbindung f (Fernm) / direct call o. connection ‖ ⌐härten n, Härten n aus dem Einsatz / direct hardening, carburization quenching

Direktions·assistent, technischer / assistant to the technical director ‖ ⌐moment, Rückstellmoment n / righting moment

Direktiven f pl / guardlines pl

Direkt·kreis m (Reaktor) / direct cycle ‖ ⌐kreisreaktor m / direct cycle reactor ‖ ⌐leitung f (journalistisch: "heißer Draht") (Fernm) / hot line o. loop ‖ ⌐modulation f / direct modulation ‖ ⌐modulation f (Richtfunk) / final modulation of a radio relay ‖ ⌐motor m (Bahn) / direct motor, drive motor ‖ ⌐operand m (DV) / immediate operand

Direktor m (Yagi-Antenne) / director of the Yagi antenna ‖ ⌐ (ein Wellenrichter für Antennen) / director element ‖ ⌐ (Radar) / director ‖ verantwortlicher ⌐ / acting manager ‖ ⌐kreis m (Math) / orthoptic o. director circle ‖ ⌐system n (Fernm) / director system ‖ ⌐wähler, Zahlenverteiler m (Fernm) / digit selector (e.g. A-digit selector)

Direkt·positiv n (Repro) / direct positive ‖ ~-Positiv-Prozeß m (Phot) / direct positive process ‖ ⌐reduktion f (Hütt) / direct reduction process, solid-state reduction ‖ ⌐regelung f / self-acting control

Direktrix, Leitlinie f / directrix, directrice (US)

Direkt·rufnetz n / network for fixed connections ‖ ⌐sendung f / direct broadcast, D.B. ‖ ~-Sendung, Live-Sendung f (TV, Elektronik) / live transmission ‖ ⌐sicht[bild]röhre f, Direkt[sicht]röhre f (TV) / direct viewing tube ‖ ⌐sichtempfänger m / direct vision TV-receiver ‖ ⌐signalsteuerung f (DV) / direct control ‖ ⌐sinterofen m / furnace for direct sintering ‖ ⌐sinterung f / direct sintering ‖ ⌐-Speicherformat n (DV) / immediate-to-storage format ‖ ⌐-Speicherzugriff m, DMA (DV) / direct memory access, DMA ‖ ⌐spinnmaschine f / direct spinning machine ‖ ⌐spinnverfahren n (Textil) / direct spinning,

tow-to-yarn system, sliver-to-yarn spinning ‖ ⌐sprechen n, -verbindung f (Fernm) / direct communication ‖ ⌐steuerung f (Luftf) / direct control ‖ ⌐übertragung f (TV) / direct pickup, on-the-spot pickup, live transmission ‖ ⌐übertragung, Reportage f (Radio) / running commentary ‖ ⌐umrichter m (Elektr) / direct a.c. converter ‖ ⌐umwandlung f, direkte Energieumwandlung / direct conversion of energy ‖ ⌐verarbeitung f (DV) / transaction processing ‖ ⌐verbindung f, -gespräch n (Fernm) / direct call o. connection ‖ ⌐verbindung, -leitung f, "heißer Draht" (Fernm) / hot line o. loop o. wire ‖ ⌐verbindung f, feste Verbindung / non-dialed connection ‖ ⌐verbindung f zwischen Satelliten / satellite-to-satellite link ‖ ⌐wahl f / direct subscriber dialling ‖ ⌐wahl f von der Nebenstelle (Fernm) / direct outward dialling ‖ ⌐wähler m für ersten Buchstaben (Fernm) / A-digit hunter ‖ ⌐weg m (Fernm) / direct route ‖ ⌐wert m (Assembler) / self-defining value ‖ ~ziehend, direktfärbend (Färb) / direct-dyeing, substantive ‖ ⌐-Zugriff m (DV) / direct o. immediate access ‖ ⌐zugriff m über Tastatur / keyed direct access

Dirichlet·sches Problem n (Math) / Dirichlet's problem ‖ ⌐scher Stabilitätssatz / least energy principle

DIR-Kuppler m (= development inhibitor release) / DIR coupler

Dirt-Track m / dirt track

Disaccharid n, Disaccharose, Biose f / disaccharose, disaccharide, saccharobiose

Disassembler m, Rückübersetzungsprogramm n (DV) / disassembler

Disazofarbstoff m / disazo dye

Dischwefelsäure f / pyrosulphuric ester

Discount-Haus n / discount house

Disdodekaeder m (Krist) / disdodecahedron

Disilan, Silikoethan n / disil[ic]ane, silicoethane

Disjunktion f (DV) / disjunction, OR[-circuit] ‖ ⌐ [zweier Signale] (Prüfung) / disjunction

Disk-Elektrophorese f / disk electrophoresis

Diskette f, flexible Magnetplatte, Floppy-Disk n / floppy disk, diskette, flexible disk cartridge

Disketten·lesegerät n / diskette reader

Disk-·Jockey m / disk jockey ‖ ⌐-Kamera f / disk camera

Diskonantenne f / discone antenna (v.h.f.)

Diskontinue-·Bleiche f / discontinuous bleaching plant ‖ ⌐-Breitbleiche f (Textil) / discontinuous open-width bleaching ‖ ⌐-Färbeanlage f / discontinuous dyeing range ‖ ⌐-Strangbleiche f (Textil) / discontinuous rope bleaching ‖ ⌐verfahren n (Färb) / discontinuous process

diskontinuierlich / discontinuous ‖ ~, aussetzend / intermittent, intermitting, at intervals ‖ ~ betrieben / batch-processed o. agitated ‖ ~e Destillationsanlage / intermittent retort setting, batch distillation ‖ ~e Förderung / intermittent operation ‖ ~er Regelkreis / discontinuous control system ‖ ~es Spektrum, Linienspektrum n / discontinuous o. line spectrum

Diskontinuität, Unstetigkeit f (Phys) / discontinuity, dis.

Diskontinuitätsfläche, Unstetigkeitsfläche f / discontinuity surface

Diskontinuum n (Math, Krist) / discontinuum

diskordant (Geol) / discordant

Diskordanz f, diskordante Lagerung (Geol) / disconformity, discordance

Disk-Qualität f für rotierende Teile / disk quality

diskret, unstetig (Math) / discrete ‖ ~, getrennt (Elektronik) / discrete ‖ ~e Darstellung / discrete representation ‖ ~e Darstellung (Statistik) / discrete characteristic ‖ ~e Daten pl / discrete data pl ‖ ~ verdrahtet (Elektronik) / discretionary wired ‖ ~e Zufallsvariable / discrete random variable ‖ ~-verschieden / varying discontinuously

Dis·kriminante f (Math) / discriminant ‖ ⌐kriminator m (Math) / discriminator ‖ ~kriminierend, unterscheidend / discriminating ‖ ⌐kriminierung,

Unterscheidung *f* / discrimination

Diskus *m* (Sport) / discus ‖ ⁀**brecher** *m*, Kreiselbrecher (Aufber) / rotary o. Bradford breaker ‖ ~**förmig** / discus shaped ‖ ⁀**getriebe** *n*, Reibscheibengetriebe *n* / disk friction gear

Diskussionstubus *m* (Mikrosk) / discussion tube

Disky *n* (Lichtanzeige u. Tastatur für den Bordrechner) (Raumf) / DISKY, disky

Dis·lokation, Lagerungsstörung *f* (Geol) / dislocation ‖ ⁀**membrator**, Desintegrator *m* (Mühle) / dismembrator ‖ ⁀**membrator** *m*, Schlagstiftmühle *f* / pin disintegrator, pin beater mill ‖ ⁀**mulgierung** *f* (Öl) / demulsification ‖ ⁀**mutation** *f* (Chem) / dismutation ‖ ~**parat**, unvereinbar / disparate

Dispatcher, Zuteiler *m* (DV) / dispatcher ‖ ⁀ *m*, Verteiler *m* (Öl) / dispatcher

Dispatching *n*, Lastverteilung *f* / dispatching

Dis·pergator, Peptisator *m* (Pap) / dispergator, peptizer ‖ ⁀**pergens** *n* (grenzflächenaktives Mittel) (Chem, Öl) / dispersant (capillary active medium) ‖ ⁀**pergens** *n*, disperse Phase / disperse[d] phase, discontinuous phase ‖ ⁀**pergier[ungs]mittel** *n*, Dispergator *m* (Chem, Aufber) / dispersing agent, dispergent ‖ ~**pergieren**, feinst verteilen (Chem) / disperse ‖ ⁀**pergiermaschine** *f* / dispersing machine ‖ ~**pergiert** / disperse ‖ ~**pergierter Brennstoff** (Nukl) / dispersion fuel ‖ ⁀**pergiervermögen** *n* / dispersing power ‖ ⁀**pergiervorgang** *m* / dispersion process ‖ ⁀**pergierwirkung** *f* (Öl) / dispersing effect ‖ ⁀**pergierzusatz** *m* (Öl) / dispersing additive

dispers, dispergiert (Chem) / disperse ‖ ~**e Phase** (Chem) / disperse[d] o. discontinuous phase ‖ ~**e Phase**, Suspensoid *n* / suspensoid, suspension colloid ‖ ~**e Phasenregel** / disperse[d] phase rule ‖ ~**es** (o. dispergiertes) **System** / disperse system

Dispersant *n*, Dispersantzusatz *m*, Dispergens *n* (Öl) / dispersant, dispersing additive

Dispersion *f*, [Zer]streuung *f* (Opt) / dispersion, straggling ‖ ⁀, disperses o. dispergiertes Gebilde o. System (Phys) / dispersion ‖ ⁀, Farbenzerstreuung *f* (TV) / colour dispersion ‖ ⁀, Latex *m*, Milch *f* (Plast) / latex

Dispersions·... / dispersive ‖ ⁀**anstrichmittel** *n*, Binderfarbe *f*, (mit Bindemittelsuspension) / dispersion paint ‖ ⁀**brennelement** *n* (Nukl) / dispersion fuel element ‖ ⁀**farbe**, Latexfarbe *f* / latex paint ‖ ⁀**farbstoff** *m* (Färb) / disperse dye ‖ ⁀**gehärtetes [Sinter]metall** / dispersion-strengthened material ‖ ⁀**härten** *n*, Aus[scheidungs]härtung *f* (Leichtmetall) / dispersion o. precipitation hardening ‖ ⁀**hof** *m* / dispersion halo ‖ ⁀**kleber** *m* / dispersion binder o. adhesive ‖ ⁀**kneter** *m* / dispersion kneader ‖ ⁀**kräfte** *f pl*, van-der-Waalssche-Kräfte (Chem) / dispersion o. van der Waals forces *pl* ‖ ⁀**kurve**, Streuungskurve *f* (Opt, Geol) / dispersion curve ‖ ⁀**relation** *f* (Nukl) / dispersion relation ‖ ⁀**-Sinterwerkstoff** *m* / sintered metal hardened in disperse phase ‖ ⁀**-Spektroskopie** *f* / dispersion spectroscopy ‖ ⁀**spektrum** *n* / dispersion spectrum, prismatic spectrum ‖ ⁀**überzug** *m* (Galv) / dispersion-hardened coating ‖ ⁀**verfestigung** *f* (Sintern) / dispersion strengthening ‖ ⁀**vermögen** *n* (Chem) / dispersibility, dispersive power ‖ ⁀**vermögen** *n*, Dispergierfähigkeit *f* (Färb) / dispersive capacity

Dispersität *f*, Dispersionsgrad *m* (Textil) / dispersivity

Dispersoid *n* / dispersoid

Dispersol·... (Färb) / dispersol... ‖ ⁀**farbe** *f* (Färb) / dispersol dye

Display·gerät *n*, optische Anzeige-Einheit, Display-Unit *f* (DV) / visual display device, display device o. unit, display ‖ ⁀**-Terminal** *n* / visual display terminal ‖ ⁀**- und Dialog-Konsole** *f* / display and dialogue console

Disposable *n*, Einwegartikel *m* (Textil) / disposable

Disposition *f*, Anordnung *f* / arrangement ‖ ⁀, Verteilung *f* / disposition ‖ ⁀, Arbeitsvorbereitung *f* / job o. operations planning

Dispositions·gleis *n* (Bahn) / relief track for several groups ‖ ⁀**palette** *f* / disposable pallet ‖ ⁀**plan** *m* (F.Org) / job-scheduling plan

Disproportionierung *f* (Chem) / disproportionation ‖ ⁀ (Sauerstoff, Wasserstoff) / dismutation

disruptiv, den Durchschlag herbeiführend (Elektr) / disruptive

Dissektor··Kamera *f* / image dissector camera system, IDCS ‖ ⁀**röhre**, Farnsworth-Bildröhre *f* (TV) / Farnsworth tube

Dissertation, Doktorarbeit *f* / doctoral dissertation, thesis

Dissertationsreferat *n* / thesis abstract

Dissimilation *f* (Physiol) / dissimilation

Dissipation *f*, Schalldämpfung *f* / sound dissipation ‖ ⁀ (Übergang in Wärme) (Elektr) / dissipation ‖ ⁀ **der Energie** (Phys) / dissipation of energy

Dissolution *f* (Kolloid) / introfier

Dissonanz *f* / dissonance

Dissousgas *n* / dissolved acetylene

Dissoziation *f*, Zerfall *m* / dissociation

Dissoziations·energie *f* / energy of dissociation ‖ ~**fähig**, dissoziierbar / dissociable ‖ ⁀**grad** *m* / degree of dissociation ‖ ⁀**konstante** *f* / dissociation constant ‖ ⁀**vorgang** *m*, Dissoziation *f* / dissociation process ‖ ⁀**wärme** *f* / heat of dissociation

dissoziativer Einfang (Nukl) / dissociative capture

dissoziieren *vi*, zerfallen (Chem) / dissociate

Distallinie *f* / distal line

Distanz *f* / distance ‖ ⁀**adresse** *f* / displacement [address] ‖ ⁀**block** *m*, -stück *n* / spacer block ‖ ⁀**bolzen** *m* / distance bolt ‖ ⁀**büchse** *f*, -hülse *f* / distance bush o. sleeve ‖ ⁀**-Fäden** *m pl* (Verm) / stadia hairs ‖ ⁀**feinrelais** *f* / precision type distance relay ‖ ⁀**klemme** *f* (Elektr) / distance terminal ‖ ⁀**leiste** *f* am Stanzwerkzeug / bumper block o. die ‖ ⁀**platte**, -scheibe *f* / distance plate ‖ ⁀**relais** *n* / distance relay ‖ ⁀**relais** *n* **für Impedanzschutz** / impedance relay ‖ ⁀**rohr** *n* / distance sleeve o. tube, spacer tube ‖ ⁀**säule** *f* (el. Klemmen) / distance sleeve ‖ ⁀**schutz** *m* (Elektr) / distance protective system ‖ ⁀**schutz**, Impedanzschutz *m* (Elektr) / distance o. impedance protective system ‖ ⁀**schutzplanke** *f* (Straßb) / safety fence ‖ ⁀**stück** *n* (Bau, Masch) / separator ‖ ⁀**stück** *m*, -block *m* / spacer block ‖ ⁀**stück** *n*, -rolle *f* (Plast) / spacer

Di-Stärke *f* / di-starch

Distarlinse *f* (zur Brennweitenverlängerung), Distar *m* / distar lens

Disthen, Cyanit, Kyanit *m* (Min) / disthene, cyanite, kyanite ‖ ⁀**glimmerschiefer** *m* / cyanite mica schist ‖ ⁀**-Porphyroblast** *m* (Geol) / cyanite porphyroblast

Distickstoff·oxid *n*, Lachgas *n* / dinitrogen monoxide, laughing gas ‖ ⁀**-Tetroxid** *n* / dinitrogen tetroxide

Distribution *f*, verallgemeinerte Funktion (Math) / distribution

Distributionentheorie *f* (Math) / theory of distributions

Distribution-Oktanzahl *f* / distribution octane number

distributiv (Math) / distributive

Distributivität *f* (Math) / distributivity

Distrikt *m*, Gebiet *n* / area, district ‖ ⁀**straße** *f* / district road

Disulfid *n* / bisulphide, -sulfide (US), disulphide

disulfonblau-aktiv / disulfon blue active

Disziplin *f*, Fach *n* / discipline, branch

Diterpen *n* / diterpene

Dithionat *n* / dithionate

dithionige Säure, unterschweflige Säure, $H_2S_2O_4$ / hyposulphurous o. hydrosulfurous acidd

Dithionit, Hyposulfit *n* / hyposulphite

Dithionsäure *f*, Unter-Dischwefelsäure, $H_2S_2O_6$ / hyposulphuric o. dithionic acid

Dithiophosphat *n* / dithiophosphate

divariant (Chem) / bivariant, divariant

D+I-Verfahren *n* (Tiefziehen u. Abstreckziehen) / drawing and ironing, D+I process

divergent, divergierend (Math, Opt) / divergent ‖ ~e Reihe / divergent o. oscillating series

Divergenz f (allg, Math) / divergence, divergency ‖ ~ des Strahlenbündels / beam spread ‖ ~winkel, Streuungswinkel m (Opt) / divergence angle

divergieren / diverge

divergierend / divergent ‖ ~e Düse / divergent nozzle

Diverses (z.B. in Rechnungen), Verschiedenes n / sundries pl

Diversifikation f, Diversifizierung f, Mannigfaltigkeit f / diversification ‖ ~ des Herstellungsprogramms, Übergang m auf Vielfältigkeit / diversification of program

diversifiziert (Herstell.-Programm) / diversified

Diversity f, Verschiedenartigkeit f / diversity ‖ ~ mit linearer Addition (Elektronik) / equal gain diversity ‖ ~-Betrieb m / diversity operation ‖ ~-Empfang m / diversity reception ‖ ~faktor, Verschiedenheitsfaktor m / diversity factor ‖ ~-Radar m n / diversity radar

Divertor m (Plasma) / divertor

Dividend m (Math) / dividend

Dividende f / divided

Dividend[en]taste f (DV) / divided entry key

dividieren [durch] (Math) / divide [by]

Dividierwerk n (DV) / digital divider

Divis n, Teilungsstrich m (Buch) / hyphen, division

Division f (Math) / division, div. ‖ ~ mit Bildung eines positiven Restes (Math) / restoring division

Divisions·anweisung f (DV) / divide statement ‖ ~zeichen, Teilungszeichen n (Buch, Math) / division sign o. mark, sign of division

Divisor m (Math) / divisor

Dixon-Füllkörper m pl (Chem) / Dixon type packing

DK s. Dezimalklassifikation ‖ ~ = Dieselkraftstoff ‖ ~ (Elektr) = Dielektrizitätskonstante

D₂-Kurve f, Trenndichtekurve f (Aufber) / effective washability curve based on specific gravity

D-Lampe f (Elektr) / coiled-coil filament lamp

DLG = Deutsche Landwirtschaftsgesellschaft

DLTG = Deutsche Lichttechnische Gesellschaft

DLW (Fernm) s. Dienstleitungswähler

DM = Dieselmotor ‖ ~ (Bau) = Betondichtungsmittel ‖ ~ (Elektr) = Dieselhorst-Martin ‖ ~, Deltamodulation f (TV) / DM, delta modulation

DMA (DV) = Direkt-Speicherzugriff

D2-Mac Standard m (TV) / D2-Mac standard

DME·-Gerät n (Luftf) / distance measuring equipment ‖ ~-Verfahren n (Luftf) / DME- (o. distance measuring equipment) method

DMM-Platte f (Phono) / DMM record (direct metal mastering)

D/MOS-Halbleiter m (= double-diffused MOS) / D/MOS semiconductor

DMS = Dehnungsmeßstreifen

DMT = Dimethylterephthalat

DNA (Chem) = Desoxyribonukleinsäure

DNA-Kopie f / cDNA

DNB (= departure from nucleate boiling), kritische Überhitzung (Nukl) / departure from nucleate boiling, DNB ‖ ~-Wärmestromdichte f (= departure from nucleate boiling) (Nukl) / DNB o. critical heat flux

DNC-Steuerung f, direkte numerische Steuerung (Wzm) / direct numerical control, DNC

DNS (Textil) s. Doppelnadelstabstrecke ‖ ~ = Desoxyribonukleinsäure

Dobby m, Schaftmaschine f (Textil) / dobby, dobby head o. machine

Döbners Violett / Doebners violet

DOCA = Desoxycorticosteronacetat

Docht m, Docht m der Kerze (allg) / wick ‖ ~, Lunte f (Spinn) / slab, slub ‖ ~effekt m (gedr.Schaltg) / wicking ‖ ~garn n (Spinn) / roving garn, weck yarn o. roving ‖ ~kohle f (Bogenlampe) / cored carbon ‖ ~öler m / wick oiler ‖ ~schmierung f / wick o. pad lubrication ‖

~schraube f / wick rack

Dock n / dry o. wet dock ‖ ~arbeiter m / dockman, docker ‖ ~bank f (Schiff) / dockside ‖ ~boden m, -bett n, -sohle f (Schiff) / apron of a dock

Docke f (Textil) / skein, cloth o. fabric batch, rap ‖ ~, Geländersäule, -docke f (Bau) / baluster, banister ‖ ~, Dockenspindel f (Drechs) / poppet ‖ ~ zu 5 Strähnen (Spinn) / knot of 5 hanks

docken, eindocken vi (Schiff) / dock ‖ ~ n, Kopfmachen n (Garn) / winding into skeins ‖ direktes ~ (Raumf) / impact docking ‖ Garn ~ (Spinn) / wind up, wind into skeins ‖ ~vorrichtung f (Spinn) / skeining device ‖ ~wagen m (Spinn) / portable batch carrier ‖ ~wickler m (Spinn) / batch winder, lapping unit

Dock·grube f (Schiff) / dock basin ‖ ~hafen m / basin, inner harbour, wet dock

Docking n, Ankoppeln n (Raumf) / docking ‖ ~einschitt m (Raumf) / docking target recess

Dock·körper m (Schiff) / dock structure ‖ ~kran m / dockside [cargo] crane ‖ ~schiff n (Mil) / dock ship ‖ ~schleuse f / harbour lock, entrance lock ‖ ~sohle f (Schiff) / dock floor o. bottom ‖ ~stapel m, Kielstapel m, Kielpallen m (Schiff) / building block ‖ ~stoß m (Raumf) / impact shock

Doctor-Verfahren n (Öl) / doctor process

Dodecan n (Chem) / dodecane ‖ ~al n, Laurinaldehyd m / lauryl aldehyde ‖ ~säure f, Laurinsäure f / lauric acid

Dodecyl·-Alkohol m / lauryl alcohol, dodecyl alcohol, 1-decanol ‖ ~benzol n / dodecyl benzene

Dodeka·eder, Zwölfflach n, Zwölfflächner m / dodecahedron ‖ ~gon, Zwölfeck n / dodecagon

Doeskin m (Web) / doeskin, winter buckskin

Dogger m, brauner Jura / lower oolite

Doherty·modulator m (Elektronik) / Doherty modulator ‖ ~-Verstärker m (Elektronik) / Doherty amplifier

Do-it-yourself n, Heimwerken n / do-it-yourself [preparation]

Dokimasie, Probierkunde f (Hütt) / dokimasy, docimasy, assaying

Doktortest m (Öl) / doctor test ‖ ~ (Benzol) / sodium plumbite test

Dokument n / document

Dokumentar·film m / documentary film, fact film (US) ‖ ~sendung f, Feature n (TV, Radio) / feature

Dokumentation f, technische Unterlagen f pl / engineering data, reference material ‖ ~ (DV) / documentation

Dokumentations·verfahren KWIC n / keyword-in-context-indexing, KWIC ‖ ~zentrum n / documentation centre

dokumenten·echt, unlöschbar (Tinte) / indelible, permanent ‖ ~feste Tinte / permanent ink, record ink ‖ ~papier n / paper for long storage documents, deed paper, document paper ‖ ~pergament n / art parchment ‖ ~projektor m / viewgraph ‖ ~verfilmung f / filming of documents ‖ ~vernichter m / paper shredder

Dolby-System n (Rauschunterdrückung) (Magn.Bd) / Dolby system

Dolde f (Bot) / umbel[la]

Dolden·blatt n (Hopfen) / bract[ea] of hops ‖ ~spindel f des Hopfens / cone sprig o. stem of hop

Dole f (Bau, Straßb) / culvert, canal

Dolerit m (Geol) / dolerite, diabase (US) ‖ ~ der Whin-Sill-Formation (Geol) / whin[stone]

Doline f, Karsttrichter m (Geol) / doline, sinkhole

Dollar m (veraltet) (Nukl, Reaktivitätseinheit) / dollar ‖ ~zeichen n (Buch) / dollar sign

Dollbord n (Schiff) / gunwale

Dolle f (Riemenauflage) (Schiff) / rowlock, oarlock

Dolly m (Containerwagen, Luftf) / container dolly ‖ ~, Kamerakran m (Film) / [camera] dolly, doll buggy (US) ‖ ~-Achse f (Hilfsachse für Sattelanhänger) / dolly axle

Dolomit m (Geol) / dolomite ‖ ~... / dolomitic ‖ **dichter** ~, Zechsteindolomit m, Devon m / compact dolomite ‖

körniger ⌐, Dolomitmarmor *m* / granular dolomite ‖
reiner ⌐ / dolostone ‖ **⌐brennofen** *m* / dolomite
calcining kiln ‖ **⌐gesteine** *n pl* / dolomite rocks *pl*
dolomitischer Kalk, Dolomitkalk *m* / dolomitic limestone
Dolomitisierung *f*, Dolomitierung *f* (Geol) / dolomitization
Dolomitstein *m* (Hütt) / dolomite brick
Dom *m*, Dampfdom *m* / dome ‖ ⌐ **für Chemietank** /
dome of tanks for chemical products
Domain-Netzwerk *n* / domain network
Domäne, Sphäre *f* / domain, sphere
Domänen·bildung *f* (Elektronik) / domain formation ‖
⌐**-Magnetspeicher**, DOT-Speicher *m* / DOT memory,
domain tip propagation storage device ‖ **⌐-Oszillation** *f*
/ domain oscillation ‖ **⌐transportspeicher** *m*,
Magnetblasenspeicher *m* (DV) / magnetic bubble
memory
domatisches Dieder, Doma *n* (Krist) / dome
Domestik *m* (Web) / domestic
Domeykit *m*, Arsenkupfer *n* (Min) / domeykite
Dominante *f* (Bau) / dominant factor
Dominantfrequenz *f* / dominant frequency
Dominanz, Farbtongleichheit *f* (Opt) / dominance
dominierend, vorherrschend / dominant, commanding
Domring *m* (Masch) / dome barrel
Donator *m*, Donor *m* (Halbl) / donor, actor ‖ ⌐, Donor *m*
(Chem) / donor atom ‖ **⌐niveau** *n* (Halbl) / donor level ‖
⌐**-Verunreinigung** *f* (Halbl) / donor-type impurity
Donegal *m* (Web) / donegal tweed
Dongolagerbung *f* / Dongola tannage
Donkey *m* (Hilfskessel) / donkey boiler
Donnan·gleichgewicht, Membrangleichgewicht *n* (Biol) /
Donnan o. membrane equilibrium ‖ **⌐potential**,
Membranpotential *n* / membrane potential
donnernd (Geräusch) / roaring, thundering (noise)
Donner[schlag] *m* / thunderclap
Donor *m* (Halbl) s. Donator
Dopa = Di[hydr]oxyphenylalanin
Dopamin *n* / dopamine
Dopant, Dotierstoff *m* (Halbl) / dopant
Dopefaktor, Dotierungsfaktor *m* / doping factor
dopen, dotieren (Halbl) / dope ⌐, Dotieren *n* (Halbl) /
doping, dotation
Dopesheet *n*, Begleittext *m* (Film) / dope sheet, report
sheet
Doppel·... / double, duplex ‖ ⌐**...**, Zwillings... / twin,
geminate ‖ ⌐**...** (Bahn) / twin articulated ‖ ⌐**...** (Haus) /
semi-detached ‖ **⌐abnehmerkrempel** *f* (Textil) / double
doffer card ‖ **⌐abtastung** *f*, V-Abtastung *f* (von
Binärskalen) / double scanning (of binary scales) ‖
⌐**abzweigung** *f*, -abzweig *m*, -abzweigrohr *n* / double
branch pipe ‖ **⌐achse** *f*, Tandemachse *f* (Kfz) / tandem
axle ‖ **⌐achse** *f* (Kfz) / tandem o. twin axle ‖ **⌐achtfilm**
m / standard-eight film, double-run 8 mm film, double-
eight film (coll) ‖ **⌐ader** *f* / dual wire, twin wire ‖
⌐**aderleitung** *f* (Fernm) / loop cable ‖ **⌐aderlitze**,
-aderschnur *f* (Elektr) / double flex, twin cord (US) o.
flex, twin flexible cord ‖ **⌐adrig** (Elektr) / bifilar ‖
⌐**amplitude** *f* / peak-to-peak o. double amplitude ‖
⌐**amplitudenbegrenzung** *f* / double limiting of
amplitudes ‖ **⌐anker** *m* (Elektr) / double armature ‖
⌐**ankermotor** *m* (Elektr) / double-armature motor ‖
⌐**ankrige Tastung** / double-pole keying ‖ **⌐anlage** *f*,
Doppelsystem *n* (DV) / dual system, dupliacted system ‖
⌐**anoden-Glimmröhre** *f* / double-anode glow tube ‖
⌐**anordnung** *f* (von Teilen) / duplicate arrangement (of
parts) ‖ **⌐anschaltklinke** *f* (Fernm) / operator's jack ‖
⌐**antrieb** *m* / double drive ‖ **⌐antrieb** *m* (Kinematik) /
double input ‖ **⌐arbeitskontakt** *f* / double make
contact ‖ ⌐**armig** (Hebel) / double- o. two-armed ‖ **⌐ast**
m (Holz) / branched knot ‖ **⌐atlas** *m* (Textil) / satin
double-face ‖ **⌐aufhängung** *f*, Bifilaraufhängung *f*
(Instr) / bifilar suspension ‖ **⌐aufzeichnung** *f* aus
Sicherheitsgründen (DV) / shadow recording ‖ **⌐axt** *f* /
double-bit ax[e] ‖ **⌐backenbremse** *f* (Masch) / double

jaw brake, double shoe brake ‖ **⌐backenbremse** *f*
(Bahn) / double jaw brake, clasp brake (US) ‖
⌐**bandschleifer** *m* (Glas) / twin grinder ‖ **⌐bart** *m*
(Schloß) / two-way key bit ‖ **⌐bartschlüssel** *m* / two-way
key ‖ ⌐**basiger Festtreibstoff** (Raumf) / double base
reactant ‖ **⌐basisbinder** *m* (Raketentreibstoff) / double
base binder ‖ **⌐basis-Diode** *f*, Unijunktions-Transistor
m / double-base diode, unijunction transistor ‖
⌐**begrenzer** *m* (Elektronik) / double limiter, slicer ‖
⌐**begrenzung** *f* / slicing ‖ **⌐belichtung** *f* (Phot) / double
exposure ‖ **⌐belichtungs-Interferometrie** *f* (Laser) /
time lapse interferometry ‖ **⌐belichtungsmethode** *f*
(Holographie) / time lapse method ‖ **⌐belichtungssperre**
f (Phot) / double-exposure prevention o. lock ‖
⌐**bereifung** *f* (Kfz) / dual o. twin tires *pl* ‖
⌐**besäumsäge** *f* / twin o. double edger ‖ **⌐besetzung** *f*
(Bahn) / double crew ‖ **⌐bestimmung** *f* (Chem) / repeat
determination ‖ **⌐betrieb** *m* (Fernm) / quadruplex
telephony ‖ **⌐bett übereinanderliegend** (Bahn) / two-
tiered couchettes *pl* ‖ **⌐bett, übereinanderliegend**
(Schiff) / two-tiered berth ‖ **⌐bewegung** *f* / double
motion ‖ **⌐bild**, Geisterbild *n* (TV) / double o. ghost
image ‖ **⌐bild-Entfernungsmesser** *m* / double image
range-finder ‖ **⌐bildverfahren** *n* (Opt) / double-image
procedure ‖ **⌐bildwinkel** *m* (Glas) / secondary-image
separation ‖ **⌐bindung** *f* (Chem) / double bond o.
linkage ‖ **⌐bindungsnachweis** *m* (Chem) / unsaturation
test ‖ **⌐blatt** *n* (Buch) / four-page folder ‖ **⌐blattsperre** *f*
(Buch) / double sheet interlock, double feed stop ‖
⌐**blinkleuchte** *f* / twin flasher lamp ‖ **⌐boden** *m* /
double bottom, false floor ‖ **⌐bodensieb** *n* (Chem) /
double-deck screen ‖ **⌐bogen** *m*, -krümmer *m* (Masch) /
double bend ‖ **⌐bogen** *m* (Buch) / double sheet ‖
⌐**bogenanlage** *f* / two-up feeding ‖ **⌐bogenkalander** *m*
/ twin calender ‖ **⌐bohrung** *f* / twin bore ‖ ⌐**brechend**
(Opt) / double refracting o. refractive, birefringent ‖
⌐**brechender Kalkspat** s. Doppelspat ‖ **⌐brechung** *f*
(Krist) / double refraction, birefringence ‖ ⌐**breit** / of
double width ‖ **⌐brenner** *m* (Gasturbine) / duplex burner
‖ **⌐brenner** *m* (Schweiß) / twin-flame blowpipe o. torch
‖ **⌐bruch** *m* (Math) / complex o. compound fraction ‖
⌐**brücke** *f* / twin bridge ‖ **⌐brücke**, Thomsonbrücke *f*
(Elektr) / Thomson o. double bridge ‖ **⌐brücke**,
Kelvinbrücke *f* / Kelvin [double] bridge ‖
⌐**brückenverstärker** *m* (Fernm) / double bridge two-
way repeater ‖ **⌐buchstabe** *m*, Ligatur *f* (Buch) / double
letter, ligature ‖ **⌐bytestruktur** *f* (DV) / double-byte
structure ‖ **⌐chip** *m* / duo-chip ‖ **⌐dach** *n* / close-
boarded battened roof ‖ **⌐deck...** (Brücke) /
doubledeck... ‖ **⌐decker** *m* (Luftf) / biplane ‖ **⌐decker**
m (Sieb) / double deck screen ‖ **⌐decker-Drosselklappe**
f (Hydr) / biplane butterfly valve ‖ **⌐deck-Flachpalette** *f*
/ double-decked flat pallet ‖ **⌐deckkarte** *f* / double deck
punched card ‖ **⌐deckomnibus** *m*, Decksitzautobus *m* /
doubledeck bus ‖ **geschlossener ⌐deckomnibus** /
doubledeck topcovered bus ‖ **⌐deckpalette** *f* /
doubledeck pallet ‖ **⌐deckung** *f* (Ziegeldach) / double-lap
roofing ‖ **⌐deckzelt** *n* / tent with fly-sheet ‖
⌐**deltaflügel** *m* (Luftf) / double delta wing ‖ **⌐diele** *f*
(starkes Brett) / plank (thickness 2 - 6 in., width from
11 in. up) ‖ **⌐diode** *f* / double diode, dinode ‖ **⌐diode** *f*,
Vollweggleichrichter *m* (Funk) / double diode, duo-
diode, full-way rectifier ‖ **⌐diskettenlaufwerk** *n* / dual
floppy drive ‖ **⌐drahtauslöser** *m* (Photo) / double-cable
release ‖ ⌐**drahtbewehrt** (Kabel) / double wire
armoured ‖ **⌐drahtsystem** *n* (Elektr) / double- o. two-
wire system ‖ **⌐drahtzwirnmaschine** *f* / double-twist
frame, two-for-one twister ‖ **⌐drahtzwirnspindel** *f* /
two-for-one twisting spindle ‖ **⌐drehfalttür** *f* (Bahn) /
double-folding door ‖ **⌐drehfeuer** *n* (Schiff) / light house
with double revolving light ‖ **⌐drehkondensator** *m* /
variable two-disk capacitor ‖ **⌐-Dreieckschaltung** *f*
(Elektr) / double delta connection ‖ **⌐druckkugellager** *n*
/ double thrust ball bearing ‖ **⌐druckmaschine** *f* (Buch)

/ perfecting press, perfector ‖ ~druckmesser *m* / dual pressure gauge ‖ ~druckminderventil *n* / two-stage reducing valve ‖ ~druckwerk *n* (Offset) / perfecting o. double unit ‖ ~duowalzwerk *n* / rolling mill two-high, double two-housing mill ‖ **fortlaufend arbeitendes** ~duowalzwerk / rolling mill two-high non reversible ‖ ~düsenvergaser *m* / double jet carburettor ‖ ~einlaufmethode *f* (Photoemulsion) / double jet process ‖ ~empfang *m* (an der gleichen Antenne) (Radio) / double reception ‖ ~endig / double-ended ‖ ~endprofiler *m*, -profilmaschine *f* (Holz) / double-end shaping machine, double-end tenoner o. profiler ‖ ~end-Tischfräsmaschine *f* (Holzbearb) / double end moulding machine ‖ ~erdschluß *m*, zweiphasiger Erdschluß (Elektr) / double earth fault, ground (US) o. earth (GB) leakage on two phases ‖ ~-Europaformat *n* (DV) / double European standard size ‖ ~fach *n* (Web) / double shed ‖ ~faden, Grobfaden *m* (Spinn) / double end, double filament ‖ ~faden *m* (Web, Fehler) / double thread, flat ‖ ~fadenlampe *f* / double filament lamp ‖ ~fadenwicklung *f* (Elektr) / bifilar winding ‖ ~fahrleitung *f* (Bahn) / twin contact wire ‖ ~falttür *f* (Kfz, Bahn) / double folding door ‖ ~falz *m* (Zimm) / double rabbet ‖ ~falz *m* (Klemp) / double welt o. seam ‖ ~falz *m*, doppelter Anschlag (Tischl) / double rabbet ‖ ~fang *m* (Textil) / double tuck stitch ‖ ~feder *f* (für Drehgestelle) (Bahn) / elliptical bogie spring ‖ ~federring *m* / double coil washer with spring lock ‖ ~feinfleier *m*, -flyer / fine-roving frame ‖ ~fenster *n* / double o. winter window, counterwindow ‖ ~fernrohr *n* / binocular telescope ‖ ~filter *n*, Doppelsieb *n* (Elektronik) / constant-k filter ‖ ~flächig (Web) / double-faced, reversible ‖ ~flächig (Trikot) / double-bed… ‖ ~flächige Ware (Wirken) / double-knit goods *pl*, double-jersey ‖ ~flächiger Kettenstuhl / double bed tricot machine ‖ ~flammig / double-fired ‖ ~flanschgelenkwelle *f* / double flange cardan shaft ‖ ~flor *m* (Textil) / double web ‖ ~florbindung *f* (Textil) / double pile weave ‖ ~florig (Textil) / double pile ‖ ~florkrempel *f* (Textil) / double doffer card ‖ ~flor-Zweikrempelsatz *m* / two-doffer two-card set ‖ ~flügel *m* (Luftf) / extending flap ‖ ~flügeläste *m pl* (Holz) / double spike knots *pl*, double splash knots *pl*, double splay knots *pl* ‖ ~flutig (Turbine) / double-flow ‖ ~flutiges Turbogebläse / double-entry compressor ‖ ~fokusglas *n*, Bifokalglas *n* / bifocal lens ‖ ~frequenz *f* / double frequency ‖ ~frequenzempfänger *m* / dual receiver ‖ ~frequenz-Fortpflanzung *f* (Fernm) / dual frequency propagation ‖ ~frequenzlok[omotive] *f* / dual frequency locomotive ‖ ~führung *f* eines Zuges (Bahn) / duplication of a train ‖ ~funktionstaste *f* (DV) / double-function key ‖ ~fußnadel *f* (Nähm) / double butt needle ‖ ~gabelechosperre *f* (Fernm) / duplex terminal echo suppressor ‖ ~gabelstiel *m*, doppelt gegabelte Strebe / double forked strut, K-strut ‖ ~gängig (Gewinde) / double-thread[ed], two-start ‖ ~-Gauß-Objektiv *n* / double Gauss lens ‖ ~gegenschreibtelegrafie *f* (Fernm) / quadruplex telegraphy ‖ ~gegensprechbetrieb *m* (Fernm) / quadruplex operation o. service ‖ ~gegensprechen *n* für Gabelverkehr (Fernm) / split quadruplex ‖ ~-Gegentaktgleichrichter *m* (Elektr) / ring type modulator ‖ ~gehäuse *n*, -mantel *m* (Turbine) / double casing ‖ ~gekröpft, doppeltgekröpft (Kurbel) / two-throw… ‖ ~gelenk *n* (Vorderachse, Kfz) / constant velocity joint ‖ ~gelenk… / double-jointed, double hinged ‖ ~gelenkarm *m* (Roboter) / double hinged arm ‖ ~gelenksteckschlüssel *m* / double ended swivel wrench, double end and flex head socket wrench ‖ ~gelenkwelle *f* / double-jointed cardan shaft ‖ ~generator, -stromerzeuger *m* / double-current generator ‖ ~gestänge *n* (Fernm) / double pole ‖ ~getriebe *n* (Kfz) / compound transmission ‖ ~gewebe *n* (Textil) / double cloth two distinct cloths woven and

bound together, two-ply fabric ‖ ~gitterröhre *f* (Elektronik) / double o. two-grid valve, bigrid [valve] ‖ ~gleis *n* (Bahn) / two sets of tracks *pl* ‖ ~gleisig (Bahn) / double-tracked ‖ ~gleisige Bahnlinie / line with two tracks, double tracked railroad, double track line (US), railway with double way (GB) ‖ ~gleisiger Bremsberg (Bergb) / double-acting inclined plane ‖ ~glockenisolator *m* (Elektr) / double shed o. double petticoat insulator ‖ ~gurtförderer *m* / twin-belt conveyor ‖ ~haken *m*, -hebehaken *m* (Kran) / sister o. ramshorn hook, clove hook ‖ ~hakenriegel *m*, Flügelriegel *m* / double hook bolt, double wing bolt ‖ ~härten *n*, -härtung *f* (Hütt) / double hardening ‖ ~haus *n* / duplex [house] (US), two semi-detached houses (GB) ‖ ~hebel *m*, Gelenkhebel *m* / articulated lever ‖ ~heber *m* / duplex siphon ‖ ~hechelfeldstrecke *f*, Doppelnadelstabstrecke ‖ ~herdofen *m* (Hütt) / twin-bath furnace ‖ ~herzstück *n* (Bahn) / diamond crossing, double frog ‖ ~heterostruktur-Laser *m* / double heterostructure injection laser ‖ ~hitzdraht-Instrument *n* / compensated hot-wire instrument ‖ ~hobel *m*, Schrupphobel *m* (Holz) / jack plane ‖ ~-Hobeleisen *n* (Tischl) / double iron ‖ ~hobelmaschine *f* / duplex planing machine ‖ ~höckereffekt *m* (Elektronik) / double hump effect ‖ ~hornantenne *f* (Radar) / dual cone radar antenna ‖ ~hornstrahler *m* (Antenne) / double-horn antenna ‖ ~-H-Schaltung *f* (Kfz) / double H gear control ‖ ~hub *m* / cycle to-and-fro n ‖ ~hub *m* des Kolbens / turn of the piston, up-and-down stroke ‖ ~hub-Jacquardmaschine *f* / double-lift jacquard ‖ ~hub-Schaftmaschine *f* (für Hoch- und Tieffach) (Textil) / double-lift dobby ‖ ~hubschrauber *m* (Luftf) / superposed lifting screw helicopter, double helicopter ‖ ~hülsenkette *f* / double bush chain ‖ ~impuls *m* / double pulse ‖ ~impulsschrift *f* (Magn.Bd) / double pulse recording ‖ ~impulssystem *n* (Regeln) / doublet pulse control system ‖ ~impulsverfahren *n*, Doppelbelichtung *f* (Laser) / double exposition ‖ ~index *m* (Math) / double subscript ‖ ~injektor *m* / Koerting injector ‖ ~integral *n* / double integral ‖ ~isolator *m* (Elektr, Bahn) / double insulator ‖ ~isolator, Kreuzungsisolator *m* (Fernm) / transposition insulator ‖ ~isolator *m* s. auch Doppelglockenisolator und Doppelkappenisolator ‖ ~joch-Magnetprüfer *m* / double-yoke magnet tester ‖ ~käfigankermotor *m*, Doppelkäfigläufermotor *m* / double [squirrel-] cage motor, Boucherot motor ‖ ~käfigwicklung *f* / double squirrel cage winding ‖ ~kalander *m* / tandem calender ‖ ~kammer-Gefrierlagerung *f* / jacketed storage of deep-frozen pack ‖ ~kammerofen *m* / twin-chamber[ed] furnace ‖ ~kammerschleuse *f* / double-chamber lock ‖ ~kamm-Magnetron *n* / interdigital magnetron ‖ ~kammwalzmaschine *f*, Walzenstreckwerk *n* (Spinn) / drawing rollers *pl* ‖ ~kappenisolator *m* / double cap insulator ‖ ~[kapsel]mikrophon, Differentialmikrophon *n* / double-button microphone o. transmitter ‖ ~karde *f*, -krempel *f* (Textil) / double card ‖ ~kaschierwerk *n* / double facer ‖ ~kasten *m* (Buch) / pair of cases ‖ ~kathodenröhre *f* / double cathode ray tube ‖ ~kegel *m* / double cone ‖ ~kegelig, Doppelkonus…, doppelkonisch / double-conical ‖ ~kegelkupplung *f* / double cone coupling ‖ ~kegelmischer *m*, Doppelkonusmischer / double-cone mixer ‖ ~kegel-Probenteiler *m* / double-cone sample divider ‖ ~kegelring *m* (Rohrverbind) / double conical ring ‖ ~kegelring *m* für lötlose Rohrverschraubung / double conical ring, olive ‖ ~kegelspule *f* (Spinn) / double conical bobbin, cheese with tapered ends ‖ ~keilriemen *m* / twin V-belt ‖ ~kernbohrer *m* / double-core barrel drill ‖ ~kern[mess]wandler *m* (Elektr) / double-core instrument transformer ‖ ~kettenförderer *m* / double chain conveyor ‖ ~kettenförderer *m* mit

Schubstangen / push-bar chain conveyor ‖ ⌐kettenisolator m (Elektronik) / double-string insulator ‖ ⌐kettenstich m (Textil) / double in-and-out stitch, double chain stitch ‖ ⌐kettenstich-Zweifadennaht f / double locked stitch with double thread sewing ‖ ⌐kettgarn n (Textil) / double warp ‖ ⌐kettstuhlgewebe n (Wirkm) / double cord lap fabric, double 2 x 1 warp knitted fabric ‖ ⌐kipper m, Zweiseitenkipper m / two-way dumper ‖ ⌐klappenschleuse f (Silo) / double flap sluice ‖ ⌐klemme f (Elektr) / double clamp insulator, double connector binding screw ‖ ⌐klinke f (Fernm) / double jack ‖ ⌐klöppel m (Freiltg) / twin-balled pin, double ball o. pin ‖ ⌐kniestück n, Doppelknie n (Rohr) / U-bend, return bend ‖ ⌐knippmaschine f (Zuck) / double acting cutting machine ‖ ~kohlensaurer Kalk / calcium bicarbonate ‖ ⌐kolben m / double piston ‖ ⌐kolbenmotor m mit entgegengesetzt arbeitenden Kolben / opposed- o. double-piston engine, J-engine ‖ ⌐kolbenpresse f (Plast) / double ram press ‖ ⌐kollektormotor m, -kommutatormotor m / double commutator motor ‖ ~konisch, Doppelkonus…, -kegel… / biconical, double-cone …, double-conical ‖ ⌐kontakt m / collateral contacts pl ‖ ⌐kontakte m pl (Relais) / twin contacts pl ‖ ⌐-Kontrolle f (DV) / twin check ‖ ⌐kontur f (TV) / ghosting, echo effect ‖ ⌐konus… s. doppelkonisch ‖ ⌐konusantenne f, -kegelantenne f / biconical antenna ‖ ⌐konushornantenne f, -konustrichter m / biconical horn ‖ ⌐konus-Lautsprecher m / duocone loudspeaker ‖ ⌐köper m, zweiseitiger Köper (Textil) / double-face twill, double twill ‖ ⌐kopfschiene f (Bahn) / double-head[ed] rail, bullhead[ed] rail, chair rail ‖ ⌐kopfsystem n (Ultraschall) / double-probe system ‖ ⌐kreischarakteristik, Peilacht f (Radar) / figure-eight pattern ‖ ⌐kreisdiagramm n (Ortung) / figure-of-eight diagram ‖ ⌐krempel, -karde f / double card ‖ ⌐krempziegel m / double roll tile ‖ ⌐kreuz n (Buch) / double dagger, diesis ‖ ⌐[kreuzhieb]feile f / cross-cut file ‖ ⌐kreuzpoller m / double [cross-shaped] riding bitt o. bollard ‖ ⌐kreuzrahmenantenne f / double crossed loop antenna ‖ ⌐kreuzschalter m (Elektr) / double fourway switch ‖ ⌐kreuzsupport m (Wzm) / duplex compound rest ‖ ⌐krümmer, S-Krümmer m (Rohr) / double bend, S-bend ‖ ⌐kuppel f (Bau) / double dome ‖ ⌐kurbel f (Masch) / double crank ‖ ⌐kurbel f (Mech) / drag-link double crank ‖ ⌐kurbel f (Pumpe) / kneeler, quadrant, tumbler ‖ [umlaufende] ⌐kurbel, Doppelkurbelgetriebe n (Mech) / drag-link mechanism, Cardan drag link ‖ ⌐kurbelsieb n / double-crank screen ‖ gleichläufiger ⌐kurbelwiderstand (Fernm) / double resistance box ‖ ⌐-Kurvenreißfeder f / double curve pen ‖ ⌐kurzschlußankermotor, Dokamotor m / double cage short circuit motor ‖ ⌐lager n / double bearing ‖ längslenkerachse f (Kfz) / double longitudinal control arm axle ‖ ⌐laschen… (Stahlbau) / double-cover… ‖ ⌐laschennietung f, zweiseitige Laschennietung / double butt strap joint, double strap butt joint ‖ ⌐lauf m (Gewehr) / double barrel ‖ ⌐läufermotor m (Elektr) / double rotor motor ‖ ⌐leerstelle f (Halbl) / bivacancy ‖ ⌐leiter (klappbar) / stepladder ‖ ⌐leiterzahnstange f (Bergbahn) / Locher-type rack ‖ ⌐leitplanke f aus Stahl (Straßb) / blocked-out metal beam barrier ‖ ⌐leitung f (Elektr) / twin conductor o. cable ‖ ⌐leitung f (Hochspannung) / double line (H.T., threephase) ‖ ⌐leitung f (Hohlleiter) / double conductor ‖ ⌐leitung f, Adernpaar n / pair of wires ‖ ⌐leitung, Schleifenleitung, Leitungsschleife f (Fernm) / looped circuit, loop, double wire circuit ‖ ⌐leitung f (ohne Erdrückleitung) (Fernm) / metallic circuit ‖ ⌐leitungs-Widerstand, Schleifen-Widerstand m (Fernm) / loop resistance ‖ ⌐leitwerk n (Luftf) / double tail unit, twin tail unit ‖ ⌐lenker-Wippkran m / double-link level luffing crane ‖ ⌐lesekopf m / preread head ‖ ⌐limes m (Math) / double limit ‖ ⌐linie f (Buch) / double

rule ‖ ⌐linie f (Opt) / doublet ‖ ⌐loch- u. Leerspaltenkontrolle f (LoKa) / double-punch blank-column detection o. check ‖ ⌐lochung f (in einer Kolonne) (LoKa) / double punch ‖ ⌐-Logarithmenpapier n / double-logarithmic paper ‖ ⌐löschsystem n, -verfahren n, doppelte Unterdrückungsschleife (MTI-Radar) / double suppression loop ‖ ⌐lötung f (Glas) / double seal ‖ ⌐magazinsetzmaschine f (Buch) / double-magazine composing machine ‖ ⌐mantel m / double shell ‖ ⌐mantel m, -gehäuse n (Turbine) / double casing ‖ ⌐mantelmotor m (mit Mantelkühlung) (Elektr) / frame cooled enclosed motor ‖ ⌐masche f (Web) / double stitch ‖ ⌐maschine f (Schuhe) / sole stitcher ‖ ⌐maßstab m / two-scale rule ‖ ⌐maulschlüssel m / double-ended open-jawed spanner, double [head] open ended wrench o. spanner ‖ ⌐messer-Mähwerk n (Landw) / double-knife mower ‖ ⌐metall-Leiter m (z.B. Stahl-Alu) / composite conductor ‖ ⌐modulation f / dual modulation, compound o. double modulation ‖ ⌐molekül n / double molecule ‖ ⌐muffe f (Masch) / double socket ‖ ⌐muffe f mit Flanschstutzen, MMA-Stück (DIN 28530) / double-socket tee with flanged branch ‖ ⌐muffe f mit Muffenstück, MMB-Stück n (DIN 28532) / all-socketed tee ‖ ⌐muffenbogen m, MMK-Stück (DIN 28529) / double-socket bend (45°, 22 1/2°, 11 1/4°) ‖ ⌐muffenkrümmer m, MMQ-Stück / double socket bend 90° ‖ ⌐muffen-Übergangsstück, MMR-Stück (DIN 28534) / double socket taper o. reducer ‖ ⌐muster-Einrichtung f (Textil) / double-pattern attachment ‖ ⌐mutter f / two nuts pl, nut and counternut

doppeln (allg) / double v ‖ ~, dublieren (Spinn) / double, twist ‖ ~ (Web) / ply, double, fold ‖ ~ (Walzw) / laminate, double ‖ ~ (LoKa) / duplicate, reproduce

Doppel·nadel f (Nähm) / twin needle ‖ ⌐nadelstabstrecke f (Textil) / intersecting [gill box], pin drafter, double needle o. D.N. draft ‖ ⌐nadelwalzenstrecke f (Textil) / double-head porcupine drawing ‖ ⌐naht f / double stitch[ing] ‖ ⌐natur f (Phys) / dual nature ‖ ⌐normalstein m (Ofen) / double standard [brick] ‖ ⌐nutmotor m / double [squirrel-] cage motor ‖ ⌐-Oberleitung f (Bahn) / double trolley system, double wire contact line ‖ ⌐objektiv n, Zweilinser m (Phot) / doublet ‖ ⌐öse f / double eye ‖ ⌐pechpapier n / union paper o. kraft ‖ ⌐automatischer ⌐peiler / dual automatic direction finder, dual ADF ‖ ⌐peilung f (Nav) / running fix ‖ ⌐pendelwaage f / double pendulum weighing machine ‖ ⌐pentode f / double pentode ‖ ⌐pentoden-Endröhre f (Elektronik) / double output pentode ‖ ⌐perlfang m (Textil) / double pulled-up pearl stitch ‖ ⌐pflug m / two-bottom plow (US), two- o. double-furrow plough (GB) ‖ ⌐phantomkreis m / double phantom circuit ‖ ⌐-Pi-Schaltung f (Fernm) / O-network ‖ ⌐planscheibenmaschine f (Bronzeguß) / dual face plate centrifugal casting machine ‖ ⌐platine f / double sinker ‖ ⌐-Plattendurchlaß m (Straßb) / twin slab culvert ‖ ⌐plattenkeilschieber m / double disk wedge valve ‖ ⌐-P_N-Methode f (Nukl) / double spherical harmonics method, Yvon's method ‖ ~polarisiert (Elektr) / double-biased ‖ ⌐polig (Elektr) / double-pole…, two-pole…, bipolar ‖ ~poliger Ausschalter / bipolar cut-out ‖ ~poliger Messer-Umschalter / double-pole double-throw knife switch, d.p.d.t. ‖ ⌐poller m / double bitt ‖ ⌐potentiometer n / dual-ganged potentiometer ‖ ⌐pressen n (Pulv.Met) / double pressing ‖ ⌐preßtechnik f / double-pressing technique ‖ ⌐priorität f (DV) / dual precedence, dual priority ‖ ⌐prismaführung f (Wzm) / double V-guide ‖ ⌐prismenfernrohr n / binocular prism telescope ‖ ⌐-Probenahme f / double sampling ‖ ⌐produktion f / double production ‖ ⌐projektor m (Opt) / double projector ‖ ⌐punkt m, Eigenschnittpunkt m (einer Kurve) (Math) / crunode, double point ‖ ⌐punkt m,

Kolon n (Buch) / colon ‖ ~pyramide f / double pyramid, bipyramid ‖ vierseitige ~pyramide, Achtflach n / octahedron ‖ sechsseitige ~pyramide / dodecahedron ‖ ~pyramiden... / bipyramidal ‖ ~querlenkervorderachse f / double wishbone front axle ‖ ~rad, Schieberad n (Kfz) / sliding gear wheel ‖ ~rahmenantenne f / rotating spaced loop ‖ ~rand m (Strumpf) / double top, welt, inturned welt, garter top ‖ ~randeinrichtung, -umhängung f (Strumpf) / welt turner o. turning attachment ‖ ~randrechen m (Wirkw) / welt bar o. hook ‖ ~randrecheneinführung f (automatisch) (Wirkw) / hook-up attachment ‖ ~randschloß n (Textil) / welt cam ‖ ~randspule f, Scheibenhülse f (DIN) / double flanged bobbin of an uptwister ‖ ~ratsche f / reversible ratchet ‖ ~rechnersystem n (DV) / double o. dual computer system ‖ ~reduzierstraße f (Walzw) / double cold reducing mill ‖ ~reflexion, Bireflexion f (Krist) / double reflection ‖ ~regelung f / simultaneous dual control ‖ ~reif m (Faß) / double hoop at end of barrel ‖ ~reifen m pl (Kfz) / double tires pl ‖ ~reihe f (Math) / double series ‖ ~reihenmotor m / twin bank engine ‖ ~relais n (Elektronik) / duo relay ‖ ~resonanzkreis m (Elektronik) / dual tank ‖ ~riegel m (Schloß) / lever bolt, cross bolt ‖ ~riemchen-Streckwerk n (Spinn) / double apron drawing equipment ‖ ~riemen m / double belt, two-ply belt ‖ ~riet n (Spinn) / double comb ‖ ~ringe m pl / hand-in-hand rings pl ‖ ~ringig (Kette) / with hand-in-hand rings ‖ ~ring-Kompensationsschleifen f pl (Peilen) / small twin correcting loops pl ‖ ~ringschlüssel m / double-ended ring spanner ‖ offener ~ringschlüssel / double ended flat flare nut ring wrench, flare nut spanner ‖ flach, [tief] gekröpfter ~ringschlüssel / double ended offset, [double offset] ring wrench ‖ ~ringschlüssel, abgewinkelt / double ended cranked ring wrench ‖ ~ringsystem n (Chem) / bicyclic system ‖ ~rinnenofen m (Hütt) / double ring-type furnace ‖ ~rippware f, Interlockware f, Interlock m / interlock fabric ‖ ~rohr-Bohrverfahren n (Öl) / duotube drilling ‖ ~röhre f, Kombinationsröhre f (Elektronik) / double tube o. valve ‖ ~röhre f, Triode-Hexode-Mischröhre f / triode-hexode [frequency changer] ‖ ~rohrnippel m / double socket ‖ ~rohrwärmeaustauscher m / double-pipe heat exchanger ‖ ~rolle f, einfacher Flaschenzug / double purchase pulley, spectacle pulleys pl ‖ ~rollen-Gestell n / sling block ‖ ~rollenkette f, Zweifachrollenkette f / double roller chain, twin roller chain ‖ ~rückschlagventil n / double check valve ‖ ~rumpfflugzeug n / double fuselage plane, twin boom aircraft ‖ ~rundkipper m / twin rotary cardump ‖ ~salz n / double salt ‖ ~sammelschienen f pl / two sets of bus bars ‖ ~sammlerkarde f (Textil) / double doffer card ‖ ~samt m / double velvet ‖ ~-Sattel-Dach n (o. M-Dach) / M-roof ‖ ~satz m, Dublette f, Hochzeit f (Buch) / double, doublet ‖ ~säulen f pl (Bau) / twin columns pl ‖ ~schacht-Kalkofen m / parallel flow shaft lime kiln ‖ ~schäkel n / double shackle ‖ ~schalig (Waage) / double-basin... ‖ ~schaliges Raumfachwerk / double layer space frame shell ‖ ~scheibe f (für Kleinuhren) / watch plate ‖ ~scheibe f (Fenster) / sealed double pane ‖ ~scheibenegge f mit Drilleinrichtung / tandem disc harrow with seed drill ‖ ~scheibenfräser m (Wzm) / straddle cutter ‖ ~scheibenrad / double-disk wheel ‖ ~scheibenwicklung f (Elektr) / double-disk winding ‖ ~scheiben-Ziehmaschine f (Walzw) / double block drawing machine ‖ ~schelle f (Rohr) / double pipe clip ‖ ~schicht f / double layer ‖ ~schichtadsorber m mit Aktivkohle / two-bed activated carbon adsorber ‖ ~schichtiger Karton / duplex, two-layer board o. paper ‖ ~schiebefenster (senkrecht) / double-hung window ‖ ~schieber m (Kinematik) / ellipsograph ‖ ~schieber m (Öl, Dampfm.) / straddle packer ‖ ~schifter m (Zimm) / double jack ‖ ~schlag m (Seil) / double twist ‖ ~schlagmaschine f, -schlagverseilmaschine f (Kabelherst) / double twist buncher o. strander ‖

~schlagmaschine f (Spinn) / double scutcher ‖ ~schlagmaschine f (Wirkm) / double picker ‖ ~schlagwalzenprallmühle f / double impeller impact breaker (US) ‖ ~schlauch m (Luftf, Fahrwerk) / dual seal tube ‖ ~schleife f (Kinematik) / inversion of Scotch-yoke mechanism where the crank is the frame ‖ ~schleifenrahmen m (Motorrad) / lightweight cradle frame ‖ ~schlepper m (Landw) / tandem tractor ‖ ~schleuse f (Hydr) / twin lock ‖ ~schlichtfeile f / second-cut file, superfine file ‖ ~schlichtmaschine f (Textil) / double slasher sizing machine ‖ ~schlinge f (Seil) / parbuckle ‖ ~schlittenkassette f (Phot) / double dark slide, double book ‖ ~schloß n (von zwei Seiten zu öffnendes Schloß) / mortise dead lock, double shutting lock ‖ ~schloßmaschine f (Wirkm) / two-cam knitting machine ‖ ~schluß..., Verbund..., Kompound... (Elektr) / compound[-wound], double-wound ‖ ~schlußerregung f (Elektr) / compound excitation ‖ ~schlußmotor m (Elektr) / compound motor ‖ ~schmiege f / T-bevel ‖ ~schnecke f / double-lead screw ‖ ~schneckenextruder m, Bitruder m (Plast) / twin screw o. double screw extruder ‖ ~schneide f / double bit ‖ ~schnittfugen-Kreissäge f / duokerf circular saw ‖ ~schrägverzahnung f / double helical gearing ‖ ~schrauben... (Schiff) / twin-screw..., twinscrew... ‖ ~schraubenschiff n / twinscrew [ship] ‖ ~[schrauben]schlüssel m s. Doppelmaulschlüssel ‖ ~schreiben n (Fernm) / diplex telegraphy ‖ ~schußfaden m pl (Fehler) / double picks pl ‖ ~schwalbenschwanz m / twin fish tail ‖ ~schwanzflugzeug n / twin [tail] boom airplane ‖ ~schweißung f / double cordon welding with two operators ‖ ~schwelle f (Bahn) / twin sleeper, sleeper block ‖ ~schwellenstoß m (Bahn) / double sleeper rail joint ‖ ~schweres Wasser, T₂O / double-heavy water ‖ ~schwingengetriebe n / double rocker mechanism ‖ ~schwingenlager n (Brücke) / double rocker bearing ‖ ~sechskantprofil n / double hexagon profile ‖ ~sehen n, Diplopie f / diplopia ‖ ~seilförderung f (Bergb) / main and tail rope haulage ‖ ~seitenband-Modulation f / double-sideband o. dsb modulation ‖ ~seitenbandtelefonie f / double sideband telephony ‖ doppelseitig / double sided ‖ ~, beidrecht (Web) / double-faced, reversible ‖ ~, bilateral / bilateral ‖ ~, nach beiden Richtungen / in either direction ‖ ~er Antrieb / bilateral drive ‖ ~er Begrenzer / clipper-limiter ‖ ~ eingespannter Balken / fixed o. constrained beam o. girder ‖ ~ geheizt / double-fired ‖ ~ gekerbte Probe (Mat Prüf) / double edge-notched specimen ‖ ~ geschliffen (Messer) / bidirectional ‖ ~er Mitnehmer / double-ended driver ‖ ~es Papier, doppelschichtiger Karton / duplex, two-layer board o. paper ‖ ~es Papier n, gleichseitiges Papier / twin wire paper ‖ ~es Pappe, gleichseitige Pappe / twin wire board ‖ ~e Pressung / double-action pressing ‖ ~es Schloß s. Doppelschloß ‖ ~e Schußspulmaschine / double-sided pirn winder ‖ ~er Verkehr (Fernm) / two-way traffic ‖ ~er V-Stoß (Schweiß) / double bevel joint ‖ ~e Ware, Doubleface m n, (auch:) Reversible m (Web) / double-faced cloth o. fabric, reversible [fabric] ‖ Doppel·sieb n, -filter m, n (Produkt der Impedanzen des Längs- und Querzweiges ist frequenzunabhängig) (Elektronik) / constant-k filter, k-filter ‖ ~siebblattbildner m (Pap) / two-wire former, twin-wire former ‖ ~siebmaschine f (Pap) / twin wire paper machine ‖ ~silikat n von Eisen und Mangan / acid silicate o. double silicate of iron protoxide and manganese ‖ ~sitz m (hintereinander) / tandem seat ‖ ~sitzer m, Zweisitzer m, zweisitziges Flugzeug / two-seated airplane ‖ ~sitzventil n / double seat valve, double-beat valve ‖ ~sitzventil n, doppelsitziges Ventil (Masch) / double seat valve ‖ ~spalt-Fowlerklappe f (Luftf) / double-slotted Fowler flap ‖ ~spalt-Oszillator, Hellscher Oszillator m / floating drift oscillator ‖

~spannung f (Fernm) / polar square wave voltage ‖
~spannvorrichtung f (Wzm) / duplicate work holding
fixture ‖ ~spat, Kalzit, Kalkspat m (Min) / lime spar,
calcareous spar, double spar calcite ‖ ~spatium n (Buch)
/ stick space ‖ ~speiseleitung f (Antenne) / twin feeder ‖
~sperrklinke f / double ratchet ‖ ~spinsatellit m /
dual-spin satellite, gyrostat spinner ‖ ~spitzhacke f /
double pointed pick ‖ ~spitzhacke f (Bergb) / miner's
pick ‖ ~spitznadel f / double-ended bearded needle ‖
~sprechen n, Duplexbetrieb m (Fernm) / phantom
working o. telephony, phantoming ‖
~sprech-Übertrager m (Fernm) / phantom repeating
coil, phantom transformer ‖ ~sprungstaffelung f
(Räumwz) / double skip stepping ‖ ~spule f (Elektr) /
compound coil ‖ ~spüle f (Bau) / double bowl sink ‖
~spulen-Lautsprecher m / double-coil loudspeaker ‖
~spur... (Magn.Bd) / dual track... ‖ ~spur f, Duoplay n
(Film) / separate music and effects track, dual track ‖
~spurband n (Elektron) / double track tape ‖ ~spurige
Strecke (Bahn) / double line, double-track line ‖
~spur-Tonbandgerät n / half track recorder ‖
~ständer m, -gestänge n (Fernm) / H[-type] pole,
coupled o. double pole ‖ ~ständer... (Wzm) / double
column..., double-sided ‖ ~ständerbohrwerk n /
double column boring machine ‖ ~ständermaschine f,
Zweiständermaschine f (Wzm) / double column machine
‖ ~ständerpresse f / double-sided press ‖
~ständerschleifmaschine f / double-column grinding
machine, planer type grinding machine ‖ ~stator m
(Linearmotor) / double stator ‖ ~steckdose f (Elektr) /
double [wall] socket o. outlet (US) ‖ ~stecker m (Elektr)
/ two-way adapter, double plug ‖ ~stecker m an der
Stecktafel (DV) / squid ‖ ~steckschlüssel m aus Rohr
(Wz) / double-ended tubular box wrench ‖
~steckschlüssel, abgewinkelt / double-end socket
wrench, 90⁰ offset one end ‖ ~steckschlüssel, massiv /
Tee-handled socket wrench ‖ ~stegig, zweistegig (Stahl)
/ double-webbed ‖ ~stempelform f (Plast) / double force
mould ‖ ~steppstich m (Nähm) / two-thread lock stitch ‖
~stern m (Färb) / star frame, star dyeing machine ‖
~sterne m pl / double stars pl ‖ ~sternkabel n / quad-
pair cable ‖ ~sternmotor m / two- o. double-bank o.
-row (US) radial engine ‖ ~sternschaltung f (Elektr) /
double star connection ‖ ~sternverseilung f (Elektr) /
spiral-eight twisting ‖ ~sternvierer m (Fernm) / quad
pair ‖ ~steuerung f / dual o. double control ‖
~steuerung f, automatische und Handsteuerung
(Aufzug) / dual lift control ‖ ~stichleitung f (Wellenleiter)
/ double-stub tuner ‖ ~stöckiger Autotransportwagen,
Doppelstockwagen m (Bahn) / doubledeck car carrier,
bi-level rack car (US) ‖ ~stock[-Reise]wagen m (Bahn)
/ doubledeck coach ‖ ~stock-Triebwagenzug m /
doubledeck coach train ‖ ~stockzug m / doubledeck
train ‖ ~strahlröhre f (Kath.Str) / split-beam o. double-
beam CRT ‖ ~strahltechnik f (Nukl) / dual beam
technique ‖ ~strang m / double line, pair [of lines] ‖
~stretchware, Zweizugware f (Textil) / double-stretch
articles ‖ senkrechter ~ (Buch) / parallel ‖
~strichanzeige f (Radar) / double slash presentation ‖
~strickmaschine f / double knitting loom ‖ ~strom...
(Elektr, Fernm) / double current... ‖ ~strombetrieb m
(Fernm) / double current working, polar direct current
system (US) ‖ ~stromerzeuger m, Doppeldynamo m /
double-current generator ‖ ~strom-Gegensprechen m
(Fernm) / polar duplex ‖ ~stromrichter m / double
converter ‖ ~stromsignal n (Fernm) / polar signal (US)
‖ ~stromtaste, Indotaste f (Fernm) / double current key
‖ ~[stuhl]teppich m / face-to-face carpet ‖ ~stütze f
(Bau) / counterbracket ‖ ~stütze f, U-förmige
Doppelstütze (Fernm) / double pin o. pole, U-cupholder
‖ ~stütze f (Gieß) / double chaplet ‖ W-förmige ~stütze
/ terminal double pin ‖ ~stutzen m (Rohr) / double
socket ‖ ~sulfat n / double sulphate ‖ ~supereffekt m
(TV) / double superheterodyne effect ‖ ~superhet m,

-überlagerungsempfänger m (Elektronik) / double
superheterodyne receiver ‖ ~support m (Wzm) / double
o. duplex tool rest, connected rests pl ‖ ~support mit
getrennten Unterschiebern / connected rests on
separate slides pl ‖ ~symmetrisch / double-symmetrical
doppelt / double ‖ ~, zweifach / dual, duplex, twofold,
duplicate ‖ ~ adv / doubly ‖ ~er Anschlag (Zimm) /
double rabbet ‖ mit ~em Auspuff / double-exhaust... ‖
~er Betazerfall (Nukl) / double beta decay ‖ ~e
Bindung (Chem) / double bond o. linkage ‖ ~er
Bohlenbelag / plank bottom o. covering ‖ ~e
Bohrerschneide / double bit ‖ ~e einseitig ebene
Einfach-Falzverbindung / keyed lock seam joint (GB),
cap strip seam (US) ‖ ~ exponentielle Verteilung /
double-exponential o. Gumbel distribution ‖ ~e
Fachwand (Bau) / double framed wall ‖ ~er falscher
Splint (Holz) / double sap, blown sap ‖ ~e
[Frequenz]überlagerung / double frequency changing,
DFC ‖ ~e gekröpfter Steckschlüssel / deep end and
deep offset box wrench ‖ ~e Genauigkeit o. Präzision
o. Stellenzahl (DV) / double precision ‖ ~es Gewinde /
double [start] thread, two-start thread ‖ ~e
Gleisverbindung (Bahn) / double-cross-over ‖ in ~er
Größe / twice full size ‖ ~ hohe Platte (IC) / two-high
card ‖ ~es Knierohr (o. Kniestück) / double knee o.
elbow ‖ ~e Kreuzung (Bahn) / double crossing o.
junction, obtuse crossing ‖ ~e Kreuzungsweiche [mit
außenliegenden Zungen] (Bahn) / double slip crossing ‖
~e Kreuzungsweiche mit innenliegenden Zungen
(Bahn) / double slip [crossing] on straight tracks ‖ ~er
Lochbandvorschub / dual feed tape carriage ‖ ~e
Nietnaht / double riveted seam ‖ ~er Plattensatz (Buch)
/ double plate, two set ‖ ~e Räummaschine / double
pull broaching machine ‖ ~e Schneckenuntersetzung /
double reduction worm gear ‖ ~es Schrumpfmaß (Gieß)
/ double shrinkage o. contraction ‖ ~e
Spannvorrichtung (Seilb) / double tensioning station ‖
~e Spektrallinie (Opt) / doublet ‖ ~e Stegverlaschung
(Stahlbau) / double strap web joint ‖ ~es Systemjournal
(DV) / dual system log ‖ ~e Umsetzung (Chem) / double
decomposition ‖ ~es Untersetzungsgetriebe / double
reduction gear ‖ ~e Vorsteckeinrichtung (Buch.m) /
double front feed ‖ ~e Wortlänge (DV) / double
precision o. length ‖ ~er Zeilenabstand (Drucker) /
double space ‖ ~er Zungenantrieb (Einzelantrieb jeder
Zunge) (Bahn) / split switches pl ‖ mit ~er
Papierführung (DV) / two-stream...
doppeltabgeschirmt (Elektronik) / double-screened o.
-shielded
Doppel·tangente f, Tangente f an zwei verschiedenen
Punkten einer Kurve / bitangent adj ‖ ~-T-Anker m
(Elektr) / shuttle o. H-armature, Siemens armature ‖
~-T-Antenne f / double o. two tariff o. two-rate o. double-rate
(Elektr) / double o. two tariff o. two-rate o. double-rate
meter ‖ ~taste f (Fernm) / double [tapper] key ‖ ~taste f
für Kabelbetrieb (Fernm) / recorder signalling key ‖
~tastung f / double-pole keying
doppelt·baumwollumsponnen (Elektr) / double cotton-
covered, d.c.c. ‖ ~bewehrt (Kabel) / double-armature... ‖
~breit (Textil) / of two widths, double-width
Doppelte n / double n
Doppelteleskopmast m / double-telescoping mast
Doppelt·falzen n (Blech) / tacking and fastening ‖
~gegabelte Strebe / double-forked strut ~geknickter
Stromabnehmer / double-articulated pantograph ‖
~gekröpft (Kurbel) / two-throw o. ~gekröpfter Rahmen
(Kfz) / double-drop frame ‖ ~gelagert / two-bearing... ‖
~geschalteter Kondensator (Elektronik) / twin-coupled
capacitor ‖ ~geschlossen (Elektr, Wicklung) / doubly
reentrant ‖ ~gespeist / double-fed ‖ ~gewebt
(Textil) / double pile ‖ ~gewendelt, Doppelwendel...
(Lampe) / coiled-coil... ‖ ~gewölbt / bivaulted ‖
~kaschiertes Mylarband / paper-mylar-paper tape
doppeltkohlensauer·es Ammoniak / bicarbonate of

ammonia ‖ ⁓es **Natron**, Natriumbikarbonat *n* / sodium bicarbonate o. hydrogen carbonate o. acid carbonate ‖ ⁓es **Salz** / bicarbonate

doppelt·konische Seiltrommel / double barrels o. cone ‖ ⁓**logarithmisch** / log-log… ‖ ⁓**logarithmisches Diagramm** / log-log plot ‖ ⁓**logarithmisches Millimeterpapier** / log-log paper

Doppel·-T-Netz *n* (Elektronik) / parallel-T-network ‖ ⁺**ton[druck]farbe** *f* (Buch) / double-tone o. duotone o. bitone o. duplex ink ‖ ⁺**ton…** (Fernm) / two-tone… ‖ ⁺**tondruck** *m* (Buch) / double-tone o. duotone printing ‖ ⁺**tonfärbung** *f* (Textil) / two-tone dyeing ‖ ⁺**ton-Frequenzvervielfachung** *f* / dual-tone multifrequency, DTMF ‖ ⁺**tonkonversionsartikel** *m* (Web) / two-tone conversion style ‖ ⁺**tonmodulation** *f* / TTM, two-tone modulation ‖ ⁺**tontastung** *f* (Fernm) / two-tone keying ‖ ⁺**tonverfahren** *n* (Fernm) / frequency exchange signalling ‖ ⁺**topfanlage** *f* (Kfz) / two-pot silencer ‖ ⁺**topfscheibe** *f* (Wzm) / double tub o. double cup wheel ‖ ⁺**-T-Profil** *n*, -T-Träger *m* / standard beam, H- o. I-beam o. girder, joist ‖ ⁺**-T-Querschnitt**, -Profil *n* / double T-section, H- o. I-section ‖ ⁺**tragkette** *f* (Elektr) / double string of insulators ‖ ⁺**tragwalzenroller** *m* (Pap) / two-drum winder

doppelt·reduziert / double cold reduced ‖ ⁓**reduziertes Weißblech** / double-reduced tinplate

Doppel·trichter, Ballonformer *m* (Buch) / balloon former ‖ ⁺**-T-Richtkoppler** *m* (Wellenleiter) / cross-guide coupler ‖ ⁺**triebwerk** *n* (Luftf) / double-engine power unit ‖ ⁺**trikot** *m* / lined tricot, double tricot ‖ ⁺**triode** *f* (Elektronik) / double triode, twin triode ‖ ⁺**triowalzwerk** *n* / rolling mill three-high ‖ ⁺**konische ⁺trommel** / double barrels o. cone ‖ ⁺**trommelhubwerk** *n* (Kran) / tandem hoist drums *pl* ‖ ⁺**trommelkessel** *m* / bi-drum boiler ‖ ⁺**Straßenbetoniermaschine mit ⁺trommelmischer** (Straßb) / dual drum [concrete] paver, twin-batch paver

doppelt·rotierender Satellit, Doppelspinsatellit *m* (Raumf) / gyrostat spinner, dual-spin satellite ‖ ⁺**schlichtmaschine** *f* (Web) / double slasher sizing machine ‖ ⁓**schließen** (Schloß) / double-lock ‖ ⁓**schnell** / two times as fast ‖ ⁺**seideumsponnen** (Elektr) / double silk-covered, d.s.c. ‖ ⁺**substituiert** (Chem) / double-substituted

Doppel-T-Träger *m* (Walzw) / standard beam, H- o. I-beam o. girder, beam

doppelt·umsponnen / double-covered

Doppelt·tür *f*, verdoppelte, aufgedoppelte Tür / fancy door ‖ ⁺**tür** *f*, Vortür *f* (Bau) / double door ‖ ⁺**tür** *f*, Flügeltür *f*, zweiflügelige Tür / double wing door

doppelt·wirkend / double action o. acting ‖ ⁓**wirkender Motor** / double-acting engine ‖ ⁓**wirkende Pumpe**, Saug- und Druckpumpe *f* / lifting and forcing pump, lift and force pump, sucking and forcing pump, double-acting pump ‖ ⁓**wirkende Ziehpresse** / double-action drawing press ‖ ⁓**wirkende Presse** (Sintern) / double action press ‖ ⁓**zwirnen** (Textil) / organzine

Doppel·überlagerung *f* (Elektronik) / double conversion ‖ ⁺**umlaufgreifer** *m* (Nähm) / rotary hook ‖ ⁺**- und Fehlloch-Aussuchvorrichtung** *f* / double punch and blank column detection device

Doppelung *f* s. Dopplung

Doppel·unterbrecher *m* (Elektr) / two-way switch ‖ ⁺**unterbrechungsklinke** *f* (Fernm) / double-break jack ‖ ⁺**unterdrückung** *f* (Radar) / double suppression ‖ ⁺**unterlagerungsfernschreiben** *n* / subaudio telegraphy over open wire lines ‖ ⁺**-U-Stoß** *m* (Schweiß) / double-U-butt weld ‖ ⁺**ventil** *n* / bell-shaped valve ‖ ⁺**verbund…** (Elektr, Dampfm) / double-compound… ‖ ⁺**verbundpumpe** *f* (Bahn) / bi-compound pump ‖ ⁺**vergaser** *m* / duplex carburet[t]or, dual carburet[t]or ‖ ⁺**vergasung** *f* (Kfz) / double carburation ‖ **beschlaggeschützte ⁺verglasung** (Bau) / double glazing ‖ ⁺**verhältnis** *n* (Math) / cross ratio ‖ ⁺**verhältnis** *n*

(Verm) / double ratio ‖ ⁺**verzinken** *n* / double galvanizing ‖ ⁺**villa** *f* s. Doppelhaus ‖ ⁺**vollgummireifen** *m pl* / twin solid tires *pl* ‖ ⁺**-V-Stoß**, X-Stoß *m* (Schweiß) / double V-butt weld ‖ ⁺**waage** *f* / double platform weighing machine ‖ ⁺**wägung** *f*, Vertauschungsmethode *f* / Gauss method of weighing, double weighing ‖ ⁺**wandankerplatte** *f* (Elektr) / double eyed wall plate ‖ ⁓**wandig** / two- o. double-walled ‖ ⁓**wandig** (Zylinder) / jacketed ‖ ⁓**wandig** (Presse) / open-back, double column…, double-sided ‖ ⁓**wandiger Beutel** (Pap) / duplex bag ‖ ⁓**wandige C-Gestell-Exzenterpresse** / open-gap type o. throat-type double sided eccentric press ‖ ⁓**wandiger Träger** / double-plate girder, trough-shaped girder ‖ ⁓**wandiges Wasserbecken** / water basin with overpack ‖ ⁺**waschbecken** *n* / double washbasin ‖ ⁺**wasserglas**, Kali- und Natronwasserglas *n* / water glass of potassium and sodium ‖ ⁺**weggleichrichter** *m* (Elektr) / full-wave rectifier ‖ ⁺**wegschaltung** *f* / push-pull circuit o. connection ‖ ⁺**weiche** *f* (Bahn) / double switch, double o. tandem turnout, three-throw turnout ‖ ⁺**weife** *f* (Garn) (Textil) / doubling reel ‖ ⁺**wellenbrecher** *m* / twin shaft crusher ‖ ⁺**wellenmischer** *m* / double-shaft mixer ‖ ⁺**wendel**, Gegenwendel *f* / double helix ‖ ⁺**wendellampe** *f* / coiled-coil filament lamp ‖ ⁺**wertig** / bivalent, divalent ‖ ⁺**wicklung** *f* (Elektr) / compound winding ‖ ⁺**widerstandsthermometer** *n* / double input resistance thermometer ‖ ⁺**wiege** *f* (Kabinenlaufwerk) (Seilb) / double cradle ‖ ⁺**winkellasche** *f* (Bahn) / double-angle fish plate ‖ ⁺**wipper** *m* (Bergb) / two-tub wippler ‖ ⁓**wirkend** / double-action o. -acting ‖ ⁺**wirkung** *f* / double action ‖ ⁺**wort** *n* (DV) / double word ‖ ⁺**zackenschrift** *f* (Film) / duplex variable area track, bilateral area track, double-edged variable width [sound] track ‖ ⁺**zange** *f* (Dachstuhl) (Zimm) / double tie ‖ ⁺**zapfen** *m* (Zimm) / twin tenons *pl* ‖ ⁺**zeile** *f* (beim Zeilenguß) (Buch) / double line ‖ ⁺**zelle** *f* (Akku) / two-cell accumulator ‖ ⁺**zellenschalter** *m* / double battery [regulating] switch, double accumulator switch ‖ ⁺**-Zentner** *m* (= 100kg, veraltet) / [metric] quintal ‖ ⁺**zickzackschaltung** *f* (Elektr) / double zigzag connection ‖ ⁺**zug** *m* (Stanz) / double draw ‖ ⁺**zugang** *m* (DV) / dual port ‖ ⁺**zünder** *m*, kombinierter Zeit-Aufschlagzünder (Mil) / time and percussion fuse, double-acting fuse, combination fuse ‖ ⁺**zündung** *f* (Batterie und Magnetzündung) (Kfz) / dual o. double ignition ‖ ⁺**zweck…** / dual o. double purpose… ‖ ⁺**zwirn**, Kabelfaden *m* (Textil) / corded o. elephant thread ‖ ⁺**zwirn** *m*, zweifädiger o. zweidrähtiger Zwirn / double thread, two-cord, two-threads *pl*

Döpper, Nietstempel *m* / snap [head] die, riveting die o. header o. set, set (US)

Doppi-Grège *n*, Douppion-Grège *n* (Seidengarn) / douppion grège

Doppler *m*, Bandwickler *m* (Spinn) / sliver lap machine ‖ ⁺ (LoKa) / [card] reproducer, reproducing punch o. unit ‖ ⁺ (Hütt) / doubler ‖ ⁺ (LoKa) / reproducing punch o. unit ‖ ⁺**bank**, D-Bank *f* (Reaktor) / Doppler o. D-bank, Doppler group of control rods ‖ ⁺**-Beiwert** *m*, -koeffizient *m* / Doppler coefficient ‖ ⁺**effekt** *m* (Phys) / Doppler's principle o. effect, Doppler beat ‖ ⁺**-Einbruchmelder** *m* / mobile target indicator ‖ ⁺**-Funkbake** *f* / radio Doppler beacon ‖ ⁺**in** *f*, Bandwicklerwärterin *f* (Textil) / doubler, sliver lap machine tenter ‖ ⁺**navigationsverfahren** *n* / Doppler navigation system ‖ ⁺**querschnitt**, Wirkungsquerschnitt *m* (Nukl) / Doppler averaged cross-section ‖ ⁺**radar** *m n* / Doppler [effect] radar ‖ ⁺**verbreiterung** *f* (Nukl) / Doppler broadening ‖ ⁺**verschiebung** *f*, -frequenz[verschiebung] *f* / Doppler shift o. displacement ‖ ⁺**-Zielverfolgungsgerät** *n* (Radargerät) / dovap

Dopplung *f*, Verdopplung *f* / doubling ‖ ⁺, Paarung *f* / copulation ‖ ⁺ (Walzw) / lamination, lap ‖ ⁺ (Draht,

Fehler) / double draw ‖ ⁓, Dublierung f, Dublieren n, Fachung f (Textil) / doubling
Dopsubstanz f (Sintern) / dope
DOP-Test m (Luft) / dop test, dioctylphthalate test
Doransystem n (Mil) / doran (= Doppler range)
Dored-Verfahren n (Hütt) / Dored process
Dorémetall n / doré silver
DORIS = Doppelringspeicher des Elektronensynchrotrons Hamburg
Dorn m (jeder Art, z.B.: Aufweit-, Richt-, Spann-, Ziehdorn) (Wzm) / mandrel, mandril (GB), arbor (US) ‖ ⁓, Stachel m / spike, thorn ‖ ⁓, Zapfen m / gudgeon ‖ ⁓, Durchschlag m (Werkz) / drift ‖ ⁓, Kernstab m (Schweiß) / core rod ‖ ⁓ (Gabelstapler) / ram attachment ‖ ⁓ **der Auswuchtmaschine** / mandrel, balancing arbor ‖ ⁓ **für Bandstahltransport** (Walzw) / boom, ram ‖ ⁓ **für Nietlöcher** / drift ‖ ⁓ **zum Ausweiten von Löchern** / triblet, tribolet ‖ **fester** ⁓ **zum Rohrziehen** (Hütt) / broach ‖ ⁓**biegeversuch** m (Plast) / mandrel bending test
Dornen, Aufdornen n / opening out [by a mandrel] ‖ ⁓, Einsenken n (Umformen) / hobbing, indenting
Dorn·gradierung f (Salz) / graduation by brambles, thorn graduation ‖ ⁓**hubwagen** m / ram truck ‖ ⁓**presse** f / piercing press, arbor press (US) ‖ ⁓**schloß**, Rohrschloß n / bay lock, pipe-keyed o. pin lock ‖ ⁓**schlüssel** m (Schloß) / piped key ‖ ⁓**schmieden** n / forging on the mandrel ‖ ⁓**stange** f (Strangpressen) / mandrel bar o. rod ‖ ⁓**stange** f (Transport) / reel carrier ‖ ⁓**stapler** m (Hütt) / mandrel piler ‖ ⁓**widerlager** n (Hütt) / mandrel thrust block ‖ ⁓**zange** f / tongs for blacksmiths ‖ ⁓**ziehen** n (Hütt) / plug drawing, drawing over mandrel
Dorr-Eindicker m / Dorr agitator
dörren (Gemüse) / desiccate, dehydrate, dry ‖ ⁓, austrocknen / exsiccate ‖ ⁓, darren / kiln-dry ‖ ⁓, rösten / torrefy
Dörr·fleckenkrankheit f **des Hafers** / gray speck o. grey speck disease ‖ ⁓**gemüse** n / dried o. dehydrated vegetables pl
Dorschtran, [Kabeljau]lebertran m / cod liver oil
Dortmundbrunnen m (Abwasser) / Dortmund tank
Dose f, Deckeldose / lidded case o. box ‖ ⁓ (für Konserven usw.) / can (US), tin (GB) ‖ ⁓, Wanddose f (Elektr) / wall outlet ‖ ⁓, Unterdruckdose f am Verteiler (Kfz) / distributor vacuum dashpot ‖ ⁓, Dosis f / dose ‖ ⁓n **für Erzeugnisse der Fischindustrie** / cans for fish products ‖ ⁓ **mit Eindrückdeckel** / friction top can ‖ ⁓ **mit Falz** / hooded lid can
Dosen·bier n / canned beer ‖ ⁓**endverschluß** m (Fernm) / box head ‖ ⁓**endverschluß** m (Elektr) / box head ‖ ⁓**fernhörer** m (Fernm) / watch [case] receiver, box receiver ‖ ⁓**füllmaschine** f / canning machine ‖ ⁓**herstellung** f / body making ‖ ⁓**libelle** f / box level, boxed air level, circular bubble o. level ‖ ⁓**linie** f (Konservenfabrik) / can line ‖ ⁓**milch** f, Kondensmilch f / canned milk ‖ ⁓**öffner** m / tin o. can (US) opener ‖ ⁓**relais** n (Elektr) / box relay o. contactor ‖ ⁓**schalter** m (Elektr) / round o. rotary switch, box cutout ‖ ⁓**schaum** m (Plast) / PUR foam in cans ‖ ⁓**sextant** m, Taschensextant m / pocket sextant ‖ ⁓**sicherung** f / box fuse ‖ ⁓**spindel** f (Spinn) / pot spindle ‖ ⁓**spinnmaschine** f (Textil) / can spinning o. box spinning frame ‖ ⁓**-Verschlußmaschine** f / sealing machine for cans ‖ ⁓**wecker** m (Fernm) / circular bell
Dosier·apparat m / measurer, dosing apparatus ‖ ⁓**bandwaage** f (DIN 8120) / proportioning belt weigher ‖ ⁓**blende** f / proportioning diaphragm ‖ ⁓**einrichtung** f / metering device, dosing device, proportioning device
dosieren, abmessen / meter, dose, proportion ‖ ⁓ n, Dosierung f / apportioning, proportioning, dos[ag]e ‖ **zu stark** ⁓ / overdose
Dosier·gefäß n / dosing o. metering o. proportioning apparatus ‖ ⁓**gerät** n, Zuteiler m / metering hopper ‖ ⁓**hahn** m / adjusting valve ‖ ⁓**hahn**, Marianihahn m (Bahn) / lever tap ‖ ⁓**maschine**, Abwiegemaschine f /

dosing machine, proportioning weigher ‖ ⁓**maschine für pulverförmige Substanzen** (Chem) / powder weighing o. dosing machine ‖ ⁓**pumpe**, Zuteilpumpe f / metering o. dosing pump, proportioning pump ‖ **genaue** ⁓**pumpe** / controlled-volume pump ‖ ⁓**schaufel** f (Bahn) / measuring shovel ‖ ⁓**schnecke** f / metering screw o. worm ‖ ⁓**schraube**, Regulierschraube f / metering screw ‖ ⁓**strecke** f (Verpackung) / product feed area ‖ ⁓**tank** m / metering tank
Dosierung f, Dosisgabe f / dos[ag]e, apportioning, proportioning
Dosier·ventil n / metering valve ‖ ⁓**ventil** v (Vakuum) / variable leak valve ‖ ⁓**ventil** n **mit Einstelldüse** (Brenner) / adjustable-port proportioning valve ‖ ⁓**waage** f / proportioning weigher
Dosimeter, Dosismeßgerät n, Dosisleistungsmesser m / dosimeter, dosemeter, dose rate meter
Dosimetrie f (Röntgen) / dosimetry
Dosis, Dose f / dose ‖ ⁓ **ohne schädliche Wirkung** (Landw, Chem) / no-adverse effect level ‖ **höchstzulässige berufsbedingte** ⁓, Versetzungsdosis f (Nukl) / standing-off dose ‖ **zu starke** ⁓ / overdose ‖ ⁓**belastung** f / dose load ‖ ⁓**leistung** f, -rate f (Nukl) / dose rate ‖ ⁓**leistungsmesser** m / dose rate meter ‖ ⁓**wirkungskurve** f / dose effect curve ‖ ⁓**-Wirkung-Verhältnis** n (Nukl) / dose-effect relation
dossieren, abschrägen / slope v
Dossierung f, Abdachung f (Bau) / batter, slope, sloping ‖ ⁓ (Schornstein) / taper
Dostenkraut n, Oreganum n (wilder Majoran) / origan[um]
dotieren, dopen (Halbl) / dope ‖ ⁓, Dopen n (Halbl) / doping, dotation
Dotierstoff m (Halbl) / dopant, doping agent, dope additive
Dotierungs·atom n / dopant (an atom) ‖ ⁓**faktor**, Dopefaktor m / doping factor ‖ ⁓**front**, Diffusionsfront f (Halbl) / diffusion front ‖ ⁓**grad** m, -dichte f / doping level, dopant concentration ‖ ⁓**niveau** n / doping level ‖ ⁓**profil** n (Halbl) / doping concentration profile
DOT-Speicher m (= domain tip propagation storage device) / DOT memory
Dotter m n, Flachs-, Lein-, Öldotter m n / cameline ‖ ⁓**öl** n (Kunstseide) / cameline seed oil
Doubeln n (Filmsynchronis.) / dubbing, post-synching ‖ ⁓, Kopieren n (Film) / duping
Doublé n, Dublee o / rolled[-on] gold
Double·-face m (Web) / double-face fabric ‖ ⁓**gewebe** n / double cloth
Doublet, Doppelobjektiv n (Phot) / doublet
Double-tie n (Textil) / double tie
doublieren vi (Buch) / mackle ‖ ⁓ (Web) / fold, ply
Doublier·maschine f (Pap) / combiner ‖ ⁓**maschine** f (Textil) / folding machine
Doublierung f, Doppelung f (Krempelbänder) (Spinn) / doubling of slivers
Douglasie f, Douglastanne, -fichte f, Pseudotsuga taxifolia / Douglas fir o. spruce o. pine, British Columbia pine, Oregon pine
Dow-·Ätzung, Einstufen-Ätzung f (Buch) / Dow-etching ‖ ⁓**-Duktilometer** n (Bitumen) / Dow ductilometer ‖ ⁓**las** m (Web) / dowlas ‖ ⁓**-Latex** m (Pap) / Dow latex ‖ ⁓**metall** n / Dow metal (a magnesium alloy)
Downs-Verfahren n (zur Natriumgewinnung) (Chem) / Downs process
Downtime f (Raumf) / downtime
Dow-·Oszillator m (Elektronik) / Dow oscillator ‖ ⁓**therm** n (Chem, Wärmeaustauscher) / Dowtherm ‖ ⁓**-Verfahren** n (Mg-Gewinnung) / Dow [etch] process
Dozer m, Bulldozer m / dozer [tractor] ‖ ⁓ **mit neigbarem Schild** / tilting dozer
DP = Diametral Pitch ‖ ⁓ = Deutsches Patent ‖ ⁓ = Durchschnittspolymerisationsgrad
dpa, Anzahl f der verlagerten Atome je Gitteratom (Fusionsreaktor) / dpa, displacement per atom

DPCM-Verfahren n, Differenzen-Pulscodemodulation f / differential pulse code modulation, DPCM
DPG = Deutsche Physikalische Gesellschaft
DPN = Deutsche Postnorm
Drachen m, Luftdrachen m / kite ‖ ⌁, Scherbrett n (Schleppnetz) / otter board ‖ ⌁**antenne** f / kite antenna ‖ ⌁**ballon** m / kite balloon ‖ ⌁**blut** n (Färb) / dragon's blood ‖ ⌁**flugzeuge** n pl / heavier-than-air craft, aerodynes pl ‖ ⌁**zähne** m pl (in der Torpedopfanne) (Hütt) / pointed cobblestoning ‖ ⌁**zähne** m pl (Keram) / dog o. dragon teeth
3D-Radar m n / threedimensional radar
Dragée n / dragée
Dragendorff-Reagenz n (auf Alkaloide) / Dragendorff's reagent
Draggen m, Dregganker m / drag, grapnel
Dragiermaschine f (Pharm) / dragée making machine
Dragline f, Kleinkabelbagger m / dragline excavator, cable crane scraper
Drag-Rise-Machzahl f / drag-lift Mach ratio, drag-rise Mach ratio
Draht m, Metalldraht m / wire ‖ ⌁, Drall m, Drehung f (Spinn) / twist ‖ ⌁ (ein Monofilament) (Textil) / technical monofilament, wire ‖ ⌁ **für Drahtnetze** / netting wire ‖ ⌁ **mit Reißkegel- o. Ziehkegelbildung** / cup-and-cone wire ‖ ⌁ **von 1 Mil Durchmesser und 1 ft Länge** (Elektr) / mil-foot wire ‖ **dünner od. feiner** ⌁ / thin wire ‖ **mit** ⌁ **binden** (o. befestigen o. verspannen) / wire v ‖ ⌁**abmessung** f / wire size ‖ ⌁**abschneider** m (Werkz) / wire cutter ‖ ⌁**abschneider** m **mit isolierten Griffen** [mit Fanghaken] (Werkz) / fireman's cutter [with wire catch] ‖ ⌁**abstandshalter** m / wire-wound spacer ‖ ⌁**ader** f (Elektr) / core, wire conductor ‖ ⌁**anker** m, Anker mit Spulenwicklung / wire-wound armature ‖ ⌁**anker** m (Fernm) / wire stay ‖ ⌁**anschluß** m (Elektronik) / wire lead ‖ ⌁**anspitzmaschine** f / pointing machine for wire ‖ ⌁**auslösung** f, -auslöser m (Phot) / flexible release o. trigger, wire release, cable release o. trigger ‖ ⌁**barren** m (Hütt) / wire bar ‖ ⌁**barren** m (Kupfer) / copper wire bar ‖ ⌁**[befehls]steuerung** f (Rakete) / wire control ‖ ⌁**behälter** m (für Transport) / wire drum ‖ ⌁**bewehrung** f **für Kabel** / wire armouring of a cable ‖ ⌁**biegemaschine** f / wire bending and forming machine ‖ ⌁**bindezange** f / wire binding pliers pl ‖ ⌁**bruch** m / wire break[age], broken wire ‖ ⌁**bruch** m / line break ‖ ⌁**bruchmelder** m (Elektr) / electric [wire] break alarm ‖ ⌁**brücke** f / wire strap, jumper ‖ ⌁**bügelkopplung**, Koppelleitung f (Magnetron) / strapping ‖ ⌁**bund** m, Rolle f / coil o. ring of wire ‖ ⌁**bündel** n (Fernm) / wire bundle ‖ ⌁**bundkiste** f / wire-bound box ‖ ⌁**bürste** f / scratch o. wire brush, steel brush ‖ ⌁**bürste** f (Elektr) / copper wire brush ‖ ⌁**bürste** f (für Feilen) / file brush ‖ ⌁**dicke** f / wire size o. gauge, gauge number ‖ ⌁**-Drehwiderstand** m / wirewound rheostat ‖ ⌁**-Drehwiderstand** m, Potentiometer m / wire-wound potentiometer ‖ ⌁**drucker** m (DV) / matrix o. mosaic printer, wire printer ‖ ⌁**durchführung** f / feed-through sleeve ‖ ⌁**durchmesser** m / wire size o. diameter ‖ ⌁**-Durchverbindung** f (gedr.Schaltg) / wire through connection ‖ ⌁**einlauf** m / wire feed ‖ ⌁**einlegen**, bördeln / bead v, wire, flange ‖ ⌁**einziehdose** f (Elektr) / fishing box ‖ ⌁**elektrode** f (Schw) / wire electrode ‖ ⌁**ende** n / end of wire ‖ ⌁**ende** n (isoliert, zwischen Lötöse und Kabelbaum) (Elektr) / skinner ‖ ⌁**erkennbarkeit** f, DE (Mat Prüf) / identification of wires ‖ ⌁**erodieren** / wire-EDM ‖ ⌁**erzeugnis** n / wire product ‖ ⌁**-Explosionsverschluß** m (Phot) / explosive wire shutter ‖ ⌁**fabrik** f / wire works ‖ ⌁**fenster** n (Insektenschutz) (Bau) / wire screen, window screen ‖ ⌁**fernsehen**, Kabelfernsehen n / cable o. wired television, cablecasting ‖ ⌁**-Fernsprechen** n / wire telephony ‖ ⌁**fertigwalzgerüst** n / finishing stand for wire, rod finishing mill ‖ ⌁**festigkeit** f,

Nennfestigkeit f (Drahtseil) / rated strength of wire ‖ ⌁**festwiderstand** m / fixed wire-wound resistor ‖ ⌁**filter** n (Wellenleiter) / wire grating ‖ ⌁**flechtmaschine** f / wire braiding machine ‖ ⌁**flecht- und Webmaschine** f / wire netting and weaving machine ‖ ⌁**form**, Papierform f (Pap) / wire form o. would ‖ ~**förmig** / wire-shaped ‖ ⌁**formmaschine** f / wire forming machine ‖ ⌁**funk** m / wired radio o. wireless (GB), wire broadcast[ing], line broadcasting o. radio, carrier transmission, carrier broadcasting system ‖ ⌁**gaze** f, -gewebe n / gaze wire o. cloth, wire ga[u]ze ‖ ~**gebunden** (Fernm) / wire-bound ‖ ~**gebundene Hochfrequenztelefonie** / wired wireless system, carrier telephony ‖ ~**gebundenes System** (Fernm) / hard-wire system ‖ ⌁**geflecht** n, Maschendraht m / wire mesh ‖ ⌁**geflecht** n (für Katalysator), Drahtgestrick n / wire o. metal mesh, stainless steel mesh ‖ ⌁**geflecht** n, -zaun m / hurdle fence ‖ ⌁**geflecht** n **für Drahtzäune** / wire netting o. fence ‖ ⌁**geflecht** n **mit sechseckigen Maschen** / hexagonal wire netting ‖ ⌁**geflecht** n **mit viereckigen Maschen** / chain link fencing ‖ ⌁**geflechteinlage** f (Beton) / wire mesh ‖ ⌁**geflechteinlage** f (Schlauch) / wire braid reenforcement ‖ ⌁**geflechtrahmen** m / wire mesh framework ‖ ⌁**geflechtsieb** n (Aufber, Bergb) / wire riddle ‖ ~**gelenkt**, drahtgesteuert (Rakete) / guided by wire ‖ ⌁**gewebe**, -tuch n / wire cloth o. fabric o. netting, woven wire cloth, screen cloth (US) ‖ ⌁**gewebe** n **für Brunnen** / woven wire cloth for well tubbing ‖ ⌁**gewebebürste** f (Elektr) / woven wire brush, [wire] gauze brush ‖ ⌁**gewebescheibe** f (Galv) / wire-web wheel ‖ ⌁**gewebesieb** n / wire-cloth screen ‖ ⌁**gewebestreifen** m (Bau) / fly wire ‖ ⌁**gitter** n / wire grating o. grille (US) o. lattice, wire trellis o. grate ‖ ⌁**gitter** n (Bogenlampe) / wire trellis ‖ ⌁**gitter** n (Ballistik) / velocity frame ‖ ⌁**gitter-Container** m / skeleton container, lattice-sided container ‖ ⌁**glas** n / wire reinforced [o. rolled] glass, wire[d] o. armoured glass ‖ ⌁**glasscheibe** f / wire netting o. wire reinforced pane ‖ ⌁**glühen** n / wire annealing ‖ ⌁**gurt** m (Förderer) / wire mesh [belt] conveyor ‖ ⌁**haken** m / wire hook ‖ ⌁**haspel** m f, Bobine f (Hütt) / reel, bobbin, winding drum for wire ‖ ⌁**haspel** m f (Elektr) / pay-out reel ‖ ⌁**haspel** m f (für Walzdraht) / rod reel ‖ ⌁**heftapparat** m, -hefter (Buch) / wire stitcher ‖ ⌁**hefter** m (Büro) / stapler ‖ ⌁**heftklammer** m / wire o. staple binder, binder ‖ ⌁**heftung** f (Buch) / wire stitching o. stapling ‖ ⌁**heftung** f (im Rückstich o. seitlich) (Buch) / stabbing ‖ ⌁**isolation** f (Elektr) / strand o. lamination insulation ‖ ⌁**kabelschlagmaschine** f / wire rope laying machine ‖ ⌁**kaltwalzwerk** n / wire cold rolling mill ‖ ⌁**kern** m (Drahtbündel-Eisenkern) (Elektr) / wire core ‖ ⌁**kernreiter** m, Drahtkernfüllmasse (Reifen, Kfz) / bead apex core o. strip ‖ ⌁**kernspule** f / wire core coil o. ring ‖ ⌁**klammer** f / staple, wire stitch[ing hook] ‖ ⌁**klemme** f (Elektr) / wire grip ‖ ⌁**klemme** f, Fahrdrahtklemme f / feeder ear ‖ ⌁**klemme**, Froschklemme f / eccentric clamp o. grip ‖ ⌁**klemme** f **für 2 Drähte** / two-wire connector ‖ ⌁**kluppe** f (Fernm) / jointing clamp ‖ ⌁**konstante**, -zahl f (Spinn) / twist constant, constant number for twist ‖ ⌁**kontaktrelais** / wire-contact relay ‖ ⌁**korb** m / wire basket ‖ ⌁**korb** m **für Lampen** / basket protector for lamps ‖ ⌁**korn** n (zum Strahlen) / wire shot, cut wire (for blasting) ‖ ⌁**krampe** f (zum Annageln von Drähten usw) / staple ‖ ⌁**kreuzung** f, Lagewechsel m von Leitungen (Fernm) / transposition of lines ‖ ⌁**krippmaschine** f, -kröppmaschine f / wire crimping machine ‖ ⌁**kugellager** n / wire race ball bearing ‖ ⌁**kugelrollenlager** n / wire race ball and roller bearing ‖ ⌁**lack** m / wire enamel ‖ ⌁**lager** n, Isolatorrille f / insulator groove ‖ ⌁**leger** m (Fernm) / wire installer ‖ ⌁**lehre** f / gauge for wires and rods, [standard] wire gauge, S.W.G. ‖ ⌁**leier** f, -haspel m f (Walzw) / coiling

drum ‖ ⁔leitung f / conducting wire, wire line, wiring ‖ ⁔leitung f, Telegrafendraht m / telegraph wire ‖ ⁔leitung f, -verbindung f / landline circuit
drahtlich, auf dem Drahtwege / telegraphically ‖ ~e Übertragung / wire[d] transmission
Draht·litze f, Litzendraht m (Elektr) / wire strand ‖ ⁔litzenleiter m / stranded wire conductor ‖ ⁔litzenspinnmaschine f / stranding machine ‖ ⁔litzen- u. Drahtseilspinnmaschine f / combined stranding and wire-rope laying machine, compound wire rope machine
drahtlos, Funk… / wireless (GB), radio… (US), over-the-air… ‖ ~, radiotelegrafisch / radiotelegraphic ‖ ~ ausrufen / page v ‖ ~e Fernbedienung (TV) / cable-less remote control, cordless remote control ‖ ~e Fernsteuerung / radio telecontrol, radio control o. steering (US) ‖ ~ gesteuert / radio-controlled ‖ ~es Münzfernsehen / over-the-air pay television ‖ ~ peilen / find direction by radio ‖ ~e Personensuchanlage / bleep installation, paging installation ‖ ~es Sende- o. Empfangsgerät / radio o. wireless transmitting o. receiving set o. apparatus ‖ ~ sprechen / radiophone ‖ ~e Telefonie, Sprechfunk m / radiotelephony, radiophony ‖ ~e Telegrafie / radio o. wireless telegraphy, W.T., radiotelegraphy ‖ ~es Telegramm / radio o. wireless message o. telegram ‖ ~e Verbindung aufnehmen [mit] / get into contact by radio
Draht·matratze f / wire mattress ‖ ⁔methode f für Bandherstellung (Walzw) / wire process ‖ ⁔nachrichtentechnik f / wire-bound communication engineering ‖ ⁔nagel m, -stift m (Gieß) / moulding brad ‖ ⁔nagel m s. auch Drahtstift ‖ ⁔netz n / wire netting ‖ ⁔netzreflektor m (Elektronik) / grating reflector ‖ ⁔nitschelhose f (Textil) / rubber made of wire netting ‖ ⁔nummerung f (Spinn) / count of thread ‖ ⁔öse f, Auge n (Isolator) / wire eye ‖ ⁔öse f (Spinn) / wire eyelet ‖ ⁔patentierofen m / wire patenting furnace ‖ ⁔potentiometer n / wire-wound potentiometer ‖ ⁔putzdecke f / wire plaster ceiling ‖ ⁔reduktion f durch Hämmern / rotary hammer swaging ‖ ⁔reifen m / straight-side tire, wired tire ‖ ⁔reuter m (Trockengerüst für Gras) / fence rack ‖ ⁔richtmaschine f / wire straightener o. straightenning machine ‖ ⁔rolle f, ein Ring Draht / wire coil ‖ ⁔rollenlager n / wire race roller bearing ‖ ⁔roll- und -poliermaschine f (Walzw) / wire rolling and polishing machine ‖ ⁔rundbindung f (Buch) / spiral binding ‖ ⁔saite f / music[al] wire, steel o. wire string ‖ ⁔schälen n / wire peeling ‖ ⁔schälmaschine f / wire peeling machine ‖ ⁔schere f / wire cutter o. nipper, bulldog snip ‖ ⁔schleife f (Elektr) / wire coil ‖ ⁔schließe, -verbindung f / wire tie ‖ ⁔schlinge, -schlaufe f / wire loop ‖ ⁔schloß n / fastening lugs pl ‖ ⁔schneidemaschine f / wire cutting machine ‖ ⁔schneidezange f (Werkz) / wire cutter ‖ ⁔schotterverbau m / gabionnade ‖ ⁔schrottwickler m (Hütt) / cobble-baller ‖ ⁔schutzgitter n, -schutzkorb m / wire guard ‖ ⁔[schutz]sieb n (Pumpe) / wire strainer
Drahtseil n / wire cable o. rope, metal rope ‖ ⁔, Stahlseil n (Reifen) / metallic o. steel cord, wire cord (US) ‖ ⁔ mit Hanfeinlage oder Hanfseele / wire rope with hemp core ‖ ⁔ dünnes / thin wire rope ‖ ⁔abschrankung f (Straßb) / cable chain link barrier ‖ ⁔bahn f / aerial ropeway o. cableway o. railway, [wire] ropeway ‖ ⁔bahn f, Standseilbahn f / funicular, cablecar ‖ ⁔bahn f für Haldenaufschüttung / Haldenseilbahn f / dumping ropeway o. cableway ‖ ⁔bahn f [für Haldenaufschüttung] mit Vorschubwagen / creeper ropeway ‖ ⁔bahn für Personenbeförderung / [aerial] ropeway o. cableway for passenger traffic, passenger ropeway ‖ ⁔bahn f mit Pendelbetrieb, Pendelbahn f / ropeway in pendulum system, jig-back ropeway ‖ ⁔bahn mit Umlaufbetrieb, Umlaufbahn f / continuous o. endless ropeway ‖ ⁔bahn f ohne Zugseil, Seilriese f,

Schwerkraftbahn f / gravity cable[way], rope incline ‖ ⁔brücke f / cable [suspension] bridge ‖ ⁔brücke f, Schrägseilbrücke f / guyed o. cable-stayed bridge, bridle cord bridge ‖ ⁔endanschluß m, -kupplung f / wire rope socket ‖ ⁔fett n / cable grease ‖ ⁔-Formklemme f / deforming clamp for wire ropes ‖ ⁔hängedach n / cable suspension o. suspended (US) roof ‖ ⁔klemme f, Backenzahn m / wire rope clip, cable clamp o. clip ‖ ⁔reifen, Geradseitreifen m / wired tire ‖ ⁔verguß m in Seilhülsen / socketing of wire ropes
Draht·senkwalze f (Hydr) / stone fascine, bolster ‖ ⁔sieb, Maschensieb n / wire sieve o. screen ‖ grobes ⁔sieb, Durchwurf m / riddle ‖ [feines] ⁔sieb / wire mesh screen ‖ ⁔spanner m / wire stretcher o. strainer, drawtongs pl ‖ ⁔spanner m (selbstspannend) / wire compensator ‖ ⁔spannschloß n / wire tightener ‖ ⁔[spann]schloß n (mit Gewinde) / turnbuckle ‖ ⁔spannungsdynamometer n (Fernm) / line dynamometer, tension ratchet ‖ ⁔speichenlenkrad n (Kfz) / wire arm steering wheel ‖ ⁔speichenrad n / wire spoke[d] wheel ‖ ⁔spirale f / wire spiral ‖ ⁔sprengring m / wire snap ring o. spring ring ‖ ⁔spule, Spulenwicklung f (Elektr) / wire-wound coil ‖ ⁔stärke, -dicke f / gauge number, number of wire ‖ ⁔stärke f, -durchmesser m / diameter o. size of wire, wire gauge ‖ ⁔steg m (Röntgen) / wire penetrameter ‖ ⁔stift m / wire o. French nail ‖ ⁔stift m 2 Zoll lang / six-penny nail, 6d nail ‖ [flacher] ⁔stift mit Kugelkopf / brad ‖ ⁔stift m mit Stauchkopf / wire nail with upset head ‖ ⁔stift m ohne Kopf / sprig ‖ ⁔stiftmaschine f / machine for making wire nails o. tacks ‖ ⁔streckmaschine f / wire stretching machine ‖ ⁔stumpfschweißmaschine f / wire butt welding machine ‖ ⁔suchgerät n (Elektronik) / tracer ‖ ⁔telefonie, Leitungstelefonie f / line telephony ‖ ⁔telefonie f (Elektronik) / wire recorder ‖ ⁔träger m am Pendelisolator (Fernm) / wire carrier ‖ ⁔tuch n s. Drahtgewebe ‖ ~übertragenes Bild / wirephoto ‖ ~umflochten / woven round with wire ‖ ⁔ummantelung f / wire sheathing ‖ ~umschnürt, -umwickelt / wire wound ‖ ⁔umspinnmaschine f / wire coating o. covering machine ‖ ⁔umspulmaschine f, Maschine f zum Umspulen mit Draht / wire covering machine [with wire] ‖ ⁔- und Feineisenwalzwerk n / wire and light-section rolling mill ‖ ⁔verankerung f (Fernm) / wire stay ‖ ⁔verarbeitungsmaschine f / wire working machine ‖ ⁔verbindung f (Fernm) / wire communication ‖ ⁔verbindung f, -verbindungsstelle f / wire joint ‖ ⁔verbindung, -schließe f / wire tie ‖ ⁔verspannung f / wire bracing ‖ ⁔verwindungsgerät n / wire twisting apparatus ‖ ⁔vormaterial n, Walzdraht m / redraw o. wire rod ‖ ⁔walze f / wire [rod] roll ‖ ⁔walzegge f / spiral rotary harrow ‖ ⁔walzwerk n, Draht[walzen]straße f / rod o. wire [rolling] mill ‖ ⁔waren f pl / wire goods pl ‖ ⁔warenfabrik f / wire works ‖ ⁔weberei f (Tätigkeit) / wire weaving ‖ ⁔weberei f (Werk) / wire weaving mill ‖ ⁔webstuhl m, -webmaschine f / wire gauze loom ‖ ⁔wechselrad n (Textil) / twist change wheel ‖ ⁔welle f des Kombikrümlers / crumbler cage o. spiral cage of the rotary harrow ‖ ⁔wellenleiter m / surface wave transmission line ‖ ⁔wendel f der Feder / coil of the helical spring ‖ ⁔wickelpfosten m (Wirewrapping) (Elektronik) / wire wrapping post ‖ ⁔wickelverbindung f / wirewrap connection, WW connection ‖ ⁔wickler m (Hütt) / dead block ‖ ⁔wicklung f (Elektr) / wire winding ‖ ⁔widerstand m (Elektr) / wire [wound] resistor ‖ ⁔wirtel m (Spinn) / rim wheel o. pulley ‖ ⁔wulst m f (Reifen) / wire bead ‖ ⁔wurm m (Agriotes spp.) (Landw, Schädling) / wireworm ‖ ⁔zahl f (Spinn) / twist factor o. number o. value, twist multiplier ‖ ⁔zange f / cutting pliers pl ‖ ⁔zaun m / wire fence ‖ ⁔ziegelgewebe n (Bau) / clayed wire mesh ‖ ⁔ziehbank f, Drahtzug m / wire drawing bench, drawing mill ‖ ⁔ziehen n,

-zieherei f (Hütt) / wire drawing ‖ **erststufiges ~ziehen vor dem Patentieren** / raw ripping ‖ **~zieher** m / wire drawer ‖ **~zieherei** f / wire drawing shop ‖ **~ziehfett** n / drawing compound o. grease o. lubricant ‖ **~ziehmaschine** f / wire drawing machine ‖ **~ziehstein** m, Drahtzieheisen n / wire draw die ‖ **~zug** m (Betätigungseinrichtung) / wire pull ‖ **~zug,** Leitungszug m (Bahn) / wire transmission o. gearing ‖ **~zugkanal** m (Bahn) / trough for signal wire ‖ **~zugschranke** f (Bahn) / wire barrier ‖ **~zuleitung** f (Elektronik) / wire lead ‖ **~zylinder** m (Pap) / watermark cylinder

Drain m, Drain-Anschluß m, -Elektrode f, -Zone f (Halbl) / drain, drain terminal o. electrode o. zone ‖ **~...** (Landw) s. Drän...

Drainage, Dränung f, Drainieren n (Landw) / drainage

drainieren, dränen / drain

Drain~-Reststrom m (Halbl) / drain cut-off current ‖ **~-Schaltung** f (Halbl) / common drain ‖ **~-Source-Spannung** f (Halbl) / drain source voltage ‖ **~strom** m (Halbl) / drain current

Draisine f, Gleiskraftwagen m (Bahn) / [line] inspection trolley o. car, gang car (US)

drakonitischer Monat (Astr) / nodical month

Drall m, Verwindung f / turn, twist ‖ **~** (Seil) / lay, twist ‖ **~**, Drillung f / torsion ‖ **~**, Impulsmoment n (Phys) / angular momentum, moment of linear momentum ‖ **~**, Zug m (Mil) / rifling, twist ‖ **~**, Drallgröße f (Geschütz) / angle of twist ‖ **~** (NC) / windup, rotation of longitudinal axis ‖ **~** (Kreiselkompaß) / couple, moment of momentum ‖ **~abscheider** m **für Staub** / spin dust collector ‖ **~abweichung**, Derivation f (Mil, Geschoß) / drift ‖ **~achse** f / gyrotropic vector axis ‖ **~apparat** m (Spinn) / torsion apparatus ‖ **~arbeit** f / work done in twisting ‖ **~arm**, spannungsarm / non-twisting ‖ **~armes** (o. -freies) Seil / preformed rope, non-rotating rope, rope with low torsional stresses ‖ **~armes Seil**, Trulay-Seil n / Trulay rope ‖ **~blech** n, Wirbelfläche f / swirl vane ‖ **~büchse** f (Walzw) / twist box, twisting guide ‖ **~drossel**, Eintrittsleitschaufel f (Gebläse) / inlet guide vane, IGV ‖ **~düse** f (Kfz) / swirl nozzle ‖ **~effekt** m, Spineffekt m (Phys) / spin [effect]

drallen, verwinden / twist

drall~frei (Strömung) / irrotational ‖ **~frei** (Seil) / non-spinning, -twisting, twist-free, non-kinking ‖ **~führung** f, Drehführung f / twisting guide ‖ **~-Länge** f / pitch of a rope ‖ **~moment** m **von Kabeln** / rotating torque of rope around its axis ‖ **~nut** f, Spiralnut f / spiral flute, twisted flute ‖ **~rakete** f / spin rocket ‖ **~rakete** f, Spindüse f (Raumf) / spin thruster ‖ **~richtung** f (Garn) / twist direction o. sense ‖ **~richtung** f, -tendenz f (Kräuselgarn) / torque direction of textured yarn ‖ **~richtung** f (Einspritzung) / swirl direction ‖ **~rohr** n (Hütt) / swirl promoter ‖ **~rohrtrockner** m / spiral tube drier ‖ **~rolle** f (Hütt) / twist roll, roller twister ‖ **~rollen** f pl (Walzw) / roller twister units pl ‖ **~sinn** m, Drehungsrichtung f (Phys) / sense of turn ‖ **~spindel** f (Bergb) / rifle bar, twist bar ‖ **~stabilisiert** (Geschoß) / spinning, spin-stabilized ‖ **~stabilisierung** f (Raumf) / spin stabilization ‖ **~stahl** m (Walzw) / twisted steel ‖ **~topf** m (Kfz) / fuel spinner

Drallung f, Drall m (Walzw) / twisting

Drall~variator m (Verseilen) / twist adjusting device ‖ **~wechsel** m (Kabel) / lay changing, reversal of lay ‖ **~winkel** m (Geschütz) / angle of twist ‖ **~ziehmaschine** f (Mil) / rifling machine ‖ **~zuschlag** m (Seil) / stranding allowance

Dralon n (Polyacrylnitrilfaser) / Dralon

DRAM, dynamischer Ram-Speicher / DRAM, dynamic random access memory

DRAM-Chip m (DV) / DRAM chip (= dynamic random access memory)

Drängewasser n / rushing-out water (through a dam and/ or underground)

Drängkraft f (Wzm) / resultant o. anti-penetration (US) cutting force

Drän·graben m / ditch, drain, trench ‖ **~kanal** m / drainage channel ‖ **~rohr** n, -röhre f (Straßb, Bahn) / drop pipe ‖ **~rohr** n (Landw) / land tile, drain pipe ‖ **~rohr** n, -rohrleitung f (unterirdisch) / catch water drain ‖ **~röhrenpresse** f (Keram) / pipe machine

Dränung, Entwässerung f, Dränage f / drain, draining, drainage

Dränwasser n / drainage water

Draper·sches Gesetz n / Draper's rule ‖ **~-Webmaschine** f / Draper loom

drapieren / drape

drauflegen, überziehen / overlay

drauflosarbeiten / peg away

Draufschalter m (Elektr) / making breaker

Draufschicht f (Mörtel) (Maurer) / even bed of mortar

Draufsicht f (Zeichn) / plan, horizontal projection, top view

Dravit m (Min) / dravite, coronite

DRD-Verfahren n (Tiefziehen) / draw-redraw, DRD

Drechselbank f, Holzdrehmaschine f (DIN) / wood turning lathe, [turning] lathe

drechseln / turn v, shape ‖ **aus freier Hand ~** / turn freehand

Drechsler m / wood turner ‖ **~beitel** m / turning chisel ‖ **~beitel** m **mit hohler Klinge**, Drechslerröhre f, hohles Dreheisen (Holzbearb) / gouge ‖ **~drehbank** f, Holzdrehmaschine f (DIN) / wood turning lathe ‖ **~spitzbohrer** m / pointed nose, turner's bit ‖ **~wippe**, Wippenbank f (Holz) / pole lathe

Dredge, Dredsche f (Art Fischnetz) / dredge ‖ **~anlage** f (Unterwasserabbau) / dredging plant

Dregganker m, Draggen m (Schiff) / drag, grapnel

D-Regler m (Regeln) / lead controller, derivative control unit

Dreh·..., Verdrehungs... / torsional ‖ **~...**, Schwenk... / turning ‖ **~...** s. auch Verdrehungs..., Umdrehungs..., Rotations... ‖ **~achse** f (Mech) / axis of revolution o. of rotation, rotation[al] axis ‖ **~achse** f, Schwenkachse f / swivelling axis ‖ **~achse**, Umdrehungs-, Hauptachse f / spin axis ‖ **~achse**, Gyre f (Krist) / gyre ‖ **~achse** f, -bolzen m / hinge pin ‖ **~achse** f **am Kniegelenk**, Kniegelenkbolzen m / fulcrum pin o. member ‖ **~achse** f **des Hahns** / hinge pin of a valve ‖ **~-Adcock-Antenne** f / rotary Adcock antenna ‖ **~anker** m, umlaufender Anker (Elektr) / revolving o. rotating armature ‖ **~ankerrelais** n / pivoting armature relay ‖ **~antenne** f / rotating antenna ‖ **~antenne** f (Radar) / spinner ‖ **~antrieb** m **an einem Drehkranz** / turntable drive unit ‖ **~antrieb** m **für Armaturen** / multiturn actuator ‖ **~apparat** m (Wzm) / turner ‖ **~arbeit** f / turning [on the lathe], lathe work ‖ **~arbeiten** f pl (Film) / shooting, filming ‖ **~arm** m / rotary arm, turning arm (US) ‖ **~arm**, Hebelarm m einer Kraft / lever arm of a force ‖ **~ausleger** m (Fahrleitg) / articulated bracket ‖ **~automat** m, Automatendrehmaschine f (Wzm) / automatic lathe, autolathe ‖ **~backe** f **am Futter** (Wzm) / turning jaw ‖ **~ballfahrgestell** n (Luftf) / football landing gear

Drehbank f, Drehmaschine f (DIN) / [turning] lathe ‖ **~** s. auch Drehmaschine

drehbar / rotatable, turning, revolving, rotating ‖ **~,** schwenkbar / traversable, slewable, slewing, sluing, pivoting ‖ **~e Antenne** / slewable antenna ‖ **~ [eingesetzt o. gelagert]**, schwenkbar / pivoted ‖ **~er Fensterflügel** / window valve ‖ **~es Gehäuse** (Elektr) / rotatable frame ‖ **~er Griff** (Elektr) / turning handle ‖ **~e Parabolantenne** / steerable dish antenna ‖ **~e Plattform** / swinging platform ‖ **~e Rahmenantenne** / rotating coil antenna ‖ **~er Schornsteinaufsatz** (Bau) / movable cowl ‖ **~er Schraubstock**, Drehschraubstock m / swivel vise o. vice ‖ **~er Sitz**, Drehsitz m / revolving seat ‖ **~er Spiegel** (Sextant) / index glass ‖ **~er**

Support (ganz) (Wzm) / full swing rest ‖ ~**er Support** (teilweise) (Wzm) / swing rest ‖ ~**er Verteiltrichter** (Hütt) / revolving top ‖ ~**er Zwischenbehälter** *m* (Gieß) / swivelling tundish ‖ **um ein Scharnier** ~ / hinged, tilting
Drehbarkeit *f* / turnability, turning capacity o. range ‖ ~, Schwenkbarkeit *f* / slewability, slewing capacity
Dreh·beanspruchung *f*, Beanspruchung *f* auf Torsion / torsional strain, twisting strain ‖ ~**bedampfung** *f* / vapour deposition on rotating objects, rotary sputtering ‖ ~**befestigung** *f* / swivel, hinge fitting ‖ ~**bereich** *m* / turning capacity o. range ‖ ~**bereich** *m*, Schwenkbereich *m* / slewing range ‖ ~**beschleunigung** *f*, Winkelbeschleunigung *f* / angular acceleration ‖ ~**bestreben** *n*, -neigung *f* / rotating power ‖ ~**bewegung** *f* / motion of revolution o. rotation, rotation, revolution ‖ ~**bewegung** *f*, Schwenken *n* / slewing motion o. movement ‖ ~**bewegung** *f* (Kran) / slewing [motion] ‖ ~**bewegung** *f* **um die Hochachse** (Roboter) / rotary base sweep ‖ ~**bewegungsderivativa** *pl* (Luftf) / rotary derivatives ‖ ~**bild** *n* (Wzm) / surface of turned work ‖ ~**bleistift**, Füllbleistift *m* / mechanical (US) o. propelling (GB) pencil ‖ ~**bohren** *n* (Bergb) / rotary drilling o. boring ‖ ~**bohrer** *m* (Bergb) / rotary drill ‖ ~**bohrmaschine** *f* (Bergb) / rotary boring machine ‖ ~**bohrschneide** *f* / rotary drilling bit ‖ ~- *f*, **Bohr- und Abstechmaschine** / turning, boring and cutting-off machine ‖ ~**bolzen** *m* / pintle, pintail ‖ ~**brett**, Musterbrett *n* (Gieß) / model[l]ing board, model, template, strickle sweep ‖ ~**brett**, Formbrett *n* (Keram) / template, pattern ‖ ~**brücke** *f* / turn[ing] o. swing bridge, swivel bridge ‖ **auf Königsstuhl gelagerte** ~**brücke** / center-bearing bridge ‖ **auf Rollenkranz gelagerte** ~**brücke** / rim-bearing bridge ‖ ~**buch** *n* (Film) / script, shooting script ‖ ~**bügel** *m* / swivel ‖ ~**bügelaufhängung** *f* / revolving shackle suspension ‖ ~**bühne** *f* (Theater) / revolving stage ‖ ~**dorn** *m* (Dreh) / [work] arbor ‖ ~-**Druck-Schalter** *m* (Elektr) / lock-down switch ‖ ~**durchführung** *f* (Welle) / rotary transmission leadthrough ‖ ~**durchmesser** *m* (Wzm) / pitch, diameter turned ‖ ~**durchmesser** *m*, Spitzenhöhe *f* (Dreh) / height of centers, swing (US) ‖ ~**düsen** *f pl* (Textil) / rotary nozzles *pl* ‖ ~**ebene** *f* / plane of rotation ‖ ~**einrichtung** *f* (Elektr) / barring gear, turning gear ‖ ~**eisen…** (Instr) / attracted-iron…, moving iron… ‖ ~**eisen…**, Weicheisen… (Instr) / iron vane… ‖ ~**eiseninstrument** *n*, Weicheiseninstrument *n* (Elektr) / moving iron instrument, iron vane instrument ‖ ~**elastisch** / torsionally elastic
drehen *vi vt* (auf der Drehmaschine) (Metall) / turn on a lathe ‖ ~, drechseln (Holz) / turn on a lathe ‖ ~ *vi*, wenden / rotate, revolve ‖ ~ (sich) (Nav) / veer *vi* ‖ ~ *n*, Filmen *n* / shooting ‖ ~ **des Greifkopfes** (Roboter) / wrist pitch ‖ ~ **in Abtriftrichtung** (Fallschirm) / turning of the parachute ‖ **seitwärts zur Schallrichtung** (Mikrophon) / slicing ‖ **[sich] [um eine Achse]** ~ / slew, slue ‖ **Ansätze** ~ / multiple-diameter-turn ‖ **aus dem Vollen** ~ (Wzm) / turn from the solid ‖ **einen Film** ~ / produce o. stage a film, shoot a film ‖ **sich** ~ (z. B. Kompaßnadel) / traverse ‖ **sich** ~ **[um…]** / pivot [about], revolve, rotate, turn [on], gyrate ‖ **sich auf der Stelle** ~ / pivot [about] ‖ **sich im Gegenzeigersinn** ~ / rotate anticlockwise o. counterclockwise ‖ **sich im Zeigersinn oder Uhrzeigersinn** ~ / rotate clockwise ‖ **sich leicht** ~ / turn readily ‖ **[sich] schnell** ~, wirbeln / spin, reel, whirl ‖ **sich um ein Gelenk** ~ / hinge [on] ‖ **[sich] [um einen Zapfen]** ~ / swivel ‖ **sich um sich selbst** ~ (Kfz) / swing right round
drehend / revolving, rotating, turning, gyral ‖ ~ (um seine Achse) / rotatory o. rotary, rotating, rotational, rotatory, rotative ‖ ~, rotierend, Drehungs…, Dreh… / rotative ‖ ~**er Platinenexzenter** (Textil) / rotating jack cam, sinker cam ring ‖ **sich** ~, wirbelnd / gyratory

Dreher *m*, Drehbankarbeiter *m*, (jetzt:) Zerspanungsmechaniker *m* / lathe hand o. operator, turner ‖ ~**bindung** *f* (Textil) / leno o. doup[e] weave, cross weave, gauz weave
Dreherei *f* / turnery
Dreher·faden, Pol-, Schlingfaden *m* (Gaze) (Textil) / right-hand thread, leno thread, doup end ‖ ~**gewebe** *n* (Textil) / leno [cloth o. fabric], gauze cloth o. fabric ‖ ~**werk** *n* (Web) / gauze o. doup harness
Dreh·faden *m* (Textil) / crossing thread, doup ‖ ~**fahnenrelais** *n*, Stellungsanzeiger *m* (Elektr) / vane relay ‖ ~**falt-Doppeltüren** *f pl* (Bahn) / twin articulated doors *pl* ‖ ~**falttür** *f* (Bahn) / folding hinged door ‖ ~**feder** *f* (DIN 2088), Schenkelfeder *f* / torsion spring, leg spring ‖ ~**federstab** *m* / torsion bar o. spring ‖ ~**feld** *n* (Elektr) / rotary o. rotating o. rotatory field ‖ ~**feld…** (Elektr) / cyclic ‖ ~**feldadmittanz** *f* / cyclic admittance ‖ ~**feldempfänger** *m* (Regeln) / synchro motor o. receiver ‖ ~**feldgeber** *m* (Regeln) / synchro generator ‖ ~**feldimpedanz** *f* / cyclic impedance ‖ ~**feldinstrument**, Ferrarisinstrument *n* / Ferraris measuring instrument, rotary-field o. rotating field instrument ‖ ~**feldmaschine** *f* (Elektr) / induction machine ‖ ~**feldprinzip** *n* / Ferraris principle ‖ ~**feldrichtungsanzeiger** *m* (Elektr) / phase sequence indicator ‖ ~**feldspeisung** *f* / energizing in field- o. phase-rotation ‖ ~**feldtransformator** *m* / synchro comparator ‖ ~**feldumformer** *m* / rotary-field o. rotating field converter ‖ ~**feldumformer** *m* (Frequenzumformer) (Elektr) / induction frequency transformer ‖ ~**feldwattmeter** *n* / induction wattmeter ‖ ~**fenster** *n* / turn window, pivoted window ‖ ~**fenster** *n*, Ausstellfenster *n* (Kfz) / swivel window ‖ ~**festigkeit** *f* / torsional strength ‖ ~**feuer** *n* (Luftf, Schiff) / revolving light ‖ ~**feuer** *n* (Leuchtturm) / rotary beacon ‖ ~**filter** *m n* / rotary [cellular] filter ‖ ~**fläche** *f*, Rotationsfläche *f* / surface of revolution ‖ ~**flammofen** *m* / rotary o. revolving reverberatory furnace ‖ ~**flügel** *m* (Luftf) / rotary wing, rotating wing ‖ ~**flügel** *m* (Fenster) / turning sash, window valve ‖ ~**flügelfalttür** *f* (Bahn) / revolving folding door ‖ ~**flügelfenster** *n* / French sash (US) ‖ ~**flügelflugzeug** *n*, Drehflügler *m* / gyroplane ‖ ~**flügelflugzeug** *n*, Drehflügler *m* / rotary-wing aircraft (collective term), rotorcraft ‖ ~**flügelpumpe** *f* / blade type pump ‖ ~**flügelverdichter** *m*, -flügelgebläse *n* / blade type blower o. booster ‖ ~**formverfahren** *n*, Blasen *n* mit gepasteter Form (Glas) / turn mould o. paste mould blowing ‖ ~**frei** (Textil) / torsion-free ‖ ~**frequenz**, -zahl *f* / rotary frequency, number of revolutions ‖ ~**funkbake** *f* / omnibearing beacon ‖ ~**funkfeuer** *n* / rotating o. revolving radiobeacon ‖ ~**funkfeuer** *n* **für Sprechverkehr** / VHF rotating talking beacon ‖ ~**[funk]peiler** *m* / rotating direction finder ‖ ~**gabel** *f* (Flurförderer) / revolving forks *pl* ‖ ~**gasgriff** *m* (Motorrad) / throttle twist grip ‖ ~**geber** *m* (Elektronik) / shaft encoder ‖ ~**gelenk** *n* / turning knuckle ‖ ~**gelenk**, Scharnier *n* / hinge ‖ ~**gelenk** *n* (Kinematik) / revolute joint, R ‖ ~**geschwindigkeit** *f* / rotating speed o. velocity
Drehgestell *n* (Bahn) / truck, [pivoted] bogie ‖ ~ **mit drei Radsätzen** / three-axle bogie ‖ **bewegliches** ~ (Bahn) / articulated bogie o. truck ‖ **vorderes** ~ (Bahn) / leading bogie ‖ ~**fahrzeuge** *n pl*, Bestand *m* an Drehgestellfahrzeuge (Bahn) / bogie stock, double truck equipment (US) ‖ ~**gleitstück** *n* / side friction block, transom of a bogie ‖ ~**lager** *n* (Bahn) / center bearing o. plate for the truck pin ‖ ~-**Rückstelleinrichtung** *f* (Bahn) / adjusting gear of bogies ‖ ~**wagen** *m* (Bahn) / bogie car o. wagon ‖ ~**wange** *f* / bogie sole bar, bogie side member
Dreh·glocke *f* (Seilb) / suspended turn table ‖ ~**griff** *m* (Motorrad) / turning handle, twist grip o. handle ‖ ~**griff** *m* (der Tür) (Schloß) / turning handle ‖ ~**griffschaltung** *f* (Motorrad) / twist-grip shift ‖ ~**haken** *m* (Drechs) / heel

o. hook tool ‖ ~haken *m* (Kran) / swivel hook ‖ ~halbmesser *m* (Dreh) / height of centers, swing (US) ‖ ~haube *f*, Schornsteinaufsatz *m* (Bau) / turn cap ‖ ~[herd]ofen *m* / rotary o. rotating o. revolving [hearth] furnace ‖ ~herz *n* (Wzm) / lathe carrier, heart shaped driver, driving dog ‖ ~impuls *m* / moment of momentum ‖ ~impuls *m* der Bewegung, Massenträgheitsmoment *n* / angular momentum ‖ ~impuls *m* des Läufers (Elektr) / rotor angular momentum ‖ ~impulsachse *f* / axis of spin ‖ ~impuls-Quantenzahl *f* / angular momentum quantum number ‖ ~impulsspeicherung *f* / momentum storage ‖ ~invariant / rotation-invariant ‖ ~isolator *m* / swivel insulator ‖ ~kanne *f* (Textil) / mason, coiler ‖ ~keil-Entfernungsmesser *m* / rotating wedge rangefinder ‖ ~keilkupplung *f* / rolling key clutch ‖ ~kette *f* (Textil) / crossing warp ‖ ~klappe, Drosselklappe *f* / butterfly valve ‖ ~klappe *f* (Luftf) / pivoted flap ‖ ~klemme *f* / turning clip ‖ ~klemme *f* (Elektr) / twist-on connecting device ‖ ~klinke *f* / rotary pawl, turning pawl ‖ ~knopf *m* / turning knob ‖ ~knopf *m* zum Regeln / rotary type push button, control knob ‖ ~knopfschalter *m* (Drehung in Skalen-Ebene) (Elektronik) / rotary [type] switch ‖ ~kocher *m* (Pap) / rotary digester ‖ ~kolben *m* (Instr) / rotating impeller ‖ ~kolben *m* (Masch) / rotating piston, rotary piston ‖ ~kolben *m*, Zellenradkolben *m* / slide vane piston ‖ ~kolben-Aufladegebläse *f* / rotary piston booster o. supercharger ‖ ~kolbengasmesser, -kolbengaszähler *m* / rotary piston o. rotary displacement gas meter ‖ ~kolbengebläse *n*, -kompressor *m*, -verdichter *m* / rotary piston blower o. compressor ‖ ~kolbengebläse *n* (Rohrpost) / rotary piston blower ‖ ~kolbenmaschine *f*, DKM (nicht: Rotationskolben) / rotating piston machine, ROM (not: rotary) ‖ ~kolbenpumpe *f* / rotary o. drum pump, lobular o. vane pump ‖ ~kolbenpumpe, Sperrschieberpumpe *f* (Vakuum) / rotary piston pump ‖ ~kolbenvakuumpumpe *f* / sliding vane rotary vacuum pump ‖ ~kolbenverdichter *m* / sliding vane rotary compressor ‖ ~kolbenverdichter *m* mit Trochoidenkolben (o. Bauart Wankel) / Wankel rotary piston compressor ‖ ~kolbenwasserzähler *m*, Ringkolbenzähler *m* / cylindrical rotary piston water meter ‖ ~kondensator *m*, Dreko *m* / adjustable o. variable disk capacitor, variable ganged [disk] capacitor ‖ ~konverter *m* (Hütt) / rotary converter ‖ ~körperpaar *n* (Getriebe) / revolute pair ‖ ~kraft *f* / rotatory force ‖ ~kraft, Verdrehungskraft *f* / torque, torsional o. twisting force ‖ ~kran *m* / slewing crane ‖ ~kranz *m* (auf Rollen o. Kugeln) (Kran, Drehscheibe) / live ring ‖ ~kranz *m* (Brückb) / rim bearing, slewing rim ‖ ~kreis *m*, Reichweite *m* (Kran) / radius of a crane ‖ ~kreis *m*, Wendekreis *m* (Straßb) / turning circle ‖ ~kreis *m* (Schiff, Kfz) / circle described, turning circle ‖ ~kreis *m* der Rückseite (Löffelbagger) / tail swing ‖ ~kreuz *n* / turnstile ‖ ~kreuz *n*, Griffkreuz *n* (Dreh) / star handle o. knob, star wheel ‖ ~kreuz *n*, -krone *f* (Drahtz) / swift ‖ ~kreuz *n* mit Zählwerk / self-registering turnstile ‖ ~kreuzantenne *f* / turnstile antenna ‖ ~kristallmethode *f* (Phys) / rotating crystal method, Bragg's method ‖ ~kritische Drehzahl / critical torsional speed ‖ ~kuppel *f* / revolving dome ‖ ~kupplung *f* (Wellenleiter) / rotating joint ‖ ~kurbelarm, Armlenker *m* am Drehstabilisator (Kfz) / track control arm ‖ ~ladenwechsel *m* (Web) / circular box motion ‖ ~lager, Zapfenlager *n* / pivot bearing o. rest ‖ ~länge *f* (mögliche) (Dreh) / distance between centers, center distance ‖ ~länge *f* (gewünschte) (Wzm) / length to be turned, turning length ‖ ~länge *f* eines Revolverkopfes / turret feed length ‖ ~laufkatze *f* / revolving crab ‖ ~leiter *f* / turntable ladder o. fireescape ‖ ~liegesitz *m* (Bahn) / reclining swivel seat ‖ ~ling *m*, Drehzahn *m* / tool holder bit, cutter bit ‖ ~ling *m*, gedrehtes Teil / turned piece

Drehm *f* / trip worm
Dreh·magnet *m* / rotary magnet ‖ ~magnetgalvanometer *n* / moving-magnet galvanometer ‖ ~magnetgerät *n* / moving-magnet instrument
Drehmaschine (DIN), Drehbank *f* (Wzm) / lathe ~n *f pl* (Wzm) / turning machines *pl* ‖ ~ für Futterarbeit / chuck[ing] lathe ‖ ~ für Metallbearbeitung / metal working lathe ‖ ~ *f* für Stangenarbeit / bar stock lathe ‖ ~ mit Fußbetrieb / foot [operated] lathe, pedal lathe ‖ ~ mit gekröpftem Bett / gap lathe ‖ ~ mit Hebelschaltung / lever controlled lathe ‖ ~ mit Räderspindelkasten / geared [head] lathe ‖ ~ mit Stufenscheibenantrieb / cone pulley drive lathe ‖ ~ mit umlaufenden Werkzeugen / lathe with rotating tools ‖ ~ mit verstellbarer Gleitkröpfung (Wzm) / sliding extension gap lathe ‖ ~ mit vollautomatischem Arbeitsablauf / automatic cycle lathe ‖ ~ zum Langdrehen / longitudinal o. straight turning lathe ‖ ~ zum Plandrehen / facing o. surface lathe ‖ kleine ~ mit stangenförmigem Bett / bar lathe
Drehmaschinen·bett *n* / lathe bed ‖ ~fuß *m* / lathe stand ‖ ~futter *n* / lathe chuck ‖ ~futter *n* mit einzeln verstellbaren Backen / independent chuck ‖ ~herz *n* / lathe carrier, heart shaped driver, driving dog ‖ ~kröpfung *f* / gap ‖ ~schlitten, Bettschlitten *m* / lathe saddle o. slide ‖ ~schloß *m* / clasp nut ‖ ~spindel *f* / mandrel ‖ ~spitze *f* / [turning] center (US) o. centre (GB) ‖ ~-Ständer *m* / pillar of lathe ‖ ~wange *f*, -bettwange *f* / lathe bed way
Dreh·massel *f*, Schlackenkreisel *m* (Gieß) / spinner- o. whirl-gate ‖ ~matrizen *f pl* (Verm) / rotation matrices *pl* ‖ ~meißel, -stahl, Stichel *m* (Dreh) / tool, cutting o. turning o. lathe chisel o. tool, cutter ‖ ~meißel *m*, Balleisen *n* (Holzbearb) / paring chisel ‖ breiter ~meißel (Dreh) / wide face square nose tool ‖ gebogener ~meißel (Dreh) / bent tool ‖ abgesetzter ~meißel (Dreh) / offset tool ‖ spitzer ~meißel (Dreh) / pointed tool ‖ ~meißel *m* mit Schneide aus Hartmetall / lathe tool with high-speed steel blade ‖ ~meißelschleifmaschine *f* / lathe tool grinding machine ‖ ~meldeempfänger *m* / synchro receiver ‖ ~melder *m* (Regeln) / synchro[transformer], synchro system, autosyn, selsyn, resolver, magslip (GB) ‖ ~modul, Torsionsmodul *m* / modulus of torsion[al shear]
Drehmoment *n* (Mech) / torque, turning moment, moment of torsion ‖ ~, Kreiselmoment *n* / torque acting in a gyroscope ‖ ~, -impuls *m* / moment of momentum ‖ ~ des Motors / engine torque ‖ ~ *m* um einen Punkt / torque about a point ‖ ~abfall *m* / torque decrease ‖ ~antrieb *m*, Motor mit konstantem Drehmoment *m* / torque motor, torquer ‖ ~anzeiger *m* mit Rechner / torque-indicator calculator unit ‖ ~begrenzer (Luftf) / torque limiter ‖ ~-Drehzahlkurve *f* / torque-speed curve
Drehmomenten·schlüssel *m* / dynamometric key ‖ anzeigender, [signalgebender] ~schlüssel / torque wrench, deflecting beam type [torque-setting type] ‖ ~stütze *f* (Bahn) / torque converter bearing ‖ ~stützgabel *f*, Kniegelenke *n pl* (Luftf, Fahrwerk) / torque links *pl*
Drehmoment·-Erzeuger *m*, -motor *m* / torquer ‖ ~kurve, -charakteristik *f* (Elektr) / torque characteristic, mechanical characteristic ‖ ~messer *m* / torquemeter, torsion meter, torsiometer ‖ ~motor *m* (Elektr) / torque motor ‖ ~prüfer *m* / torque check fixture ‖ ~-Schraubendreher *m* / dynamometric screwdriver ‖ ~-Verformungs-Schaubild *m* / torque-twist diagram ‖ ~verstärker *m* / torque amplifier ‖ ~verteiler, Differentialwandler *m* / torque divider ‖ ~verzweigung, Leistungsverzweigung *f* / torque division o. split ‖ ~waage *f* / torque balance o. dynamometer o. scale ‖ ~wandler *m* / torque converter ‖ ~wandler *m* (Kfz) / fluid drive
Dreh·motor *m* / torque motor ‖ ~ofen *m* / rotary o.

225

rotating o. revolving furnace o. kiln, revolver ‖ ↻**paar** n / turning o. revolute pair ‖ ↻**paraboloid** n / paraboloid of revolution ‖ ↻**pendel** n (Uhr) / torsion[al] pendulum, ring o. rotary pendulum ‖ ↻**pfanne** f (Drehgestell) / swivel ring ‖ **untere** ↻**pfanne** (Bahn) / pivot bearing, center casting ‖ **obere** ↻**pfanne** (Bahn) / bogie pivot o. pin, upper center casting ‖ ↻**pfannen[quer]träger** m (Bahn) / pivot bolster o. support, truck bolster (US) ‖ ↻**pfannenträger** m / center pivot bolster o. support ‖ ↻**pfeiler** m (Brücke) / pivot pier ‖ ↻**pflug** m / turn-about plough, turnover plough ‖ ↻**-Phasenschieber** m / rotary phase shifter o. changer ‖ ↻**platte** f (Bahn) / center bearing for the truck pin, center plate for the truck pin ‖ ↻**[platten]kondensator**, Drehko m / adjustable o. variable [disk] capacitor, variable ganged [-disk] capacitor ‖ ↻**pol** m (Mech) / instantaneous center of revolution, center of gyration o. of motion ‖ ↻**potentiometer** n / rotary potentiometer ‖ ↻**punkt**, Stützpunkt m / center of motion ‖ ↻**punkt** m (des Hebels) / fulcrum ‖ ↻**punkt** m, -gelenk n / pivot, swivel ‖ ↻**punkt** m **der Waage** / center of oscillation ‖ **als** ↻**punkt dienend** / pivotal ‖ ~**punktseitiges Ende** (Kfz, Bremsbacke) / heel of the brake shoe ‖ ↻**rahmenantenne** f / rotating frame antenna, rotating loop [antenna] ‖ ↻**rahmenpeiler** m / rotating loop direction finder ‖ ↻**räumen** n (Wzm) / turn broaching ‖ ↻**rechen** m (Hydr) / revolving trash screen ‖ ↻**regler** m, -transformator m / adjustable o. variable transformer ‖ ↻**richtstrahler** m / rotary beam antenna ‖ ↻**richtung** f, -sinn m / direction o. sense of rotation ‖ ↻**richtung** f **des Feldes**, Phasenfolge f (Elektr) / phase-sequence ‖ ↻**richtung** f **des Feldes entgegen dem Uhrzeigersinn** (Elektr) / negative phase-sequence ‖ ↻**richtung** f **des Feldes im Uhrzeigersinn** (Elektr) / positive phase-sequence ‖ ↻**richtungsschutz** m / direction of rotation protection ‖ ↻**richtungs[um]schalter** m / change-over switch ‖ ↻**riefe** f (Dreh) / tool mark ‖ ↻**riegel** m (Schloss) / spagnolet ‖ ↻**riegel** m, Vorreiber m / sash fastener o. lock ‖ ↻**röhre** f (zum Vordrehen) (Drechsler) / gauge for rough turning ‖ ↻**rohrofen** m / rotary o. rotating o. revolving tubular kiln, cylindrical rotary kiln ‖ ↻**rohrofen** m, Trommelofen m / drum type furnace o. kiln ‖ ↻**rohr-Sinterofen** m / rotary sintering kiln ‖ ↻**rohrtrockner** m / rotary drier ‖ ↻**rost** m / rotating o. revolving grate, rotary grate ‖ ↻**rost-Gaserzeuger** m / mechanical producer (gasworks) ‖ ↻**rost-Prallbrecher** m / revolving grate impact crusher ‖ ↻**sattel** m (Kabelkran) / swivelling saddle ‖ ↻**säule** f, Ständer m (Schleuse) / quoin post, heel post ‖ ↻**schablone** f (Gieß) s. Drehbrett ‖ ↻**schalter** m (Wand-Installation) / rotary [type] switch ‖ ↻**schalter** m, Schnappschalter m / snap switch, spring[-controlled] switch ‖ ↻**scheibe** f (Bahn, Kfz) / turntable, turning platform ‖ ↻**scheibe** f (Mot) / rotatable disk, rotary disk (US) ‖ ↻**scheibe**, Töpferscheibe f (Keram) / thrower's engine, throw[wheel], throwing lathe o. mill o. table, potter's wheel ‖ ↻**scheibe** f (Drahtz) / spindle ‖ ↻**scheibenkolonne** f (Chem) / rotating o. rotary disk contactor o. column ‖ ↻**scheibenteiler**, -scheibenabschwächer m (Wellenleiter) / rotary attenuator ‖ ↻**scheinwerfer** m (Luftf) / rotatable light ‖ ↻**schemel** m (Bahn) / swivelling o. pivoted bolster ‖ ↻**schemel** m (Bergb) / rolling segment ‖ ↻**schemellenkung** f (Kfz) / fifth-wheel steering ‖ ↻**schemelring** m (Anhänger) / fifth-wheel ‖ ↻**schemelwagen** m (Bahn) / swivelling bolster car o. truck, waggon (GB) o. freight car (US) with radial bolster ‖ ↻**schemelzapfen** m (Kfz) / fifth-wheel kingpin ‖ ↻**schenkellenkung** f (Kfz) / swivel pin steering ‖ ↻**schieber** m / rotary [slide] valve ‖ **flacher** ↻**schieber** / rotary disk slide valve ‖ ↻**schieberaufgeber** m / rotary vane feeder ‖ ↻**schiebermotor** m / rotary valve engine ‖ ↻**schieberpumpe** f / vane-type rotary pump, sliding vane rotary pump ‖ ↻**schiebervakuumpumpe** f / slide vane rotary vacuum pump ‖

↻**schieberverdichter** m / rotary multi-vane compressor, rotary [vane] compressor ‖ ↻**schlagbohren** n / rotary percussion drilling ‖ ↻**schlaghammer** m / percussion hammer drill ‖ ↻**schleuse** f (Vacuum) / rotary feedthrough ‖ ↻**schleuse** f **für Asche und Schlacken** / revolving sluice for ash and slag removal ‖ ↻**schleusentor** n (Hydr) / balance gate ‖ ↻**schlitten** m (Dreh) / cross slide ‖ ↻**schloß** n, -zapfen m (Verriegelung) / twistlock ‖ ↻**schrank** m (Fernm) / spindle switch-board ‖ ↻**schranke** f (Bahn) / revolving o. turning o. swing barrier o. gate ‖ ↻**schrauber** m / mechanical screw driver ‖ ↻**schraubstock** m / swivel vice o. vise ‖ ↻**schritt** m (Fernm) / rotary step ‖ ↻**schub** m (Mot) / torque-to-bore volume ratio ‖ ↻**schubgelenk** n (Kinematik) / turn-slide cylindric joint, turning and sliding joint ‖ ↻**schurre** f / revolving chute ‖ ↻**schwingung** f / torsional oscillation o. vibration, rotary oscillation, oscillating rotatory motion ‖ ↻**schwingungsdämpfer** m (Mot) / pendulum damper, torsional vibration damper, dynamic damper o. detuner ‖ ↻**schwingungsmaschine** f, -prüfmaschine f / oscillating twisting machine, torsion [fatigue-testing] machine ‖ ↻**schwingungsschreiber**, Torsiograph m / torsiograph, recording torsiometer ‖ ↻**sichter** m **mit Flußrichtung nach innen** / inward-flow rotary screen ‖ ↻**sieb** n / rotary screen ‖ ↻**sieb** n (Aufber) / washing cylinder, trommel washer ‖ ↻**sinn** m s. Drehrichtung ‖ ↻**sitz** m, -sessel m / swivel seat ‖ ↻**span** m / turning chip, cutting, turning ‖ ↻**späne** m pl (Wzm) / turnings pl, chips pl ‖ ↻**spanner** m (Textil) / variable-tension rails o. rollers pl ‖ ↻**spannung** f, Verdrehungsspannung f / torsional stress ‖ ↻**spiegel** m / rotating o. revolving mirror ‖ ↻**spiegelung** f (Krist) / rotatory reflection ‖ ↻**spindel** f, Arbeitsspindel f (Dreh) / spindle of the headstock, head spindle ‖ ↻**spindel-Einheit** f (Wzm) / headstock spindle unit, single spindle facing and boring unit ‖ ↻**sprinkler**, -sprenger m (Landw) / rotary o. revolving sprinkler o. sprayer ‖ ↻**spul...** (Meßinstr) / magneto-electric, moving-coil... ‖ ↻**spul-Amperemeter** n / moving coil ammeter ‖ ↻**spule** f (Elektr) / moving coil ‖ ↻**spulgalvanometer** n / d'Arsonval galvanometer ‖ ↻**spulrelais** n (Fernm) / cable call relay ‖ ↻**stab** m, Dreh[stab]feder f (Masch) / torsion bar o. spring, torque rod, twister ‖ **doppelte** ↻**stabfeder** / double-acting torsion bar ‖ ↻**stabfederachse** f / torsion bar spring axle ‖ ↻**stabfederung** f / torsion bar suspension ‖ ↻**stabilisierung** f (Satellit) / stabilization of rotation ‖ ↻**stabstabilisator** m (Kfz) / antiroll bar (GB), torsion bar [stabilizer] (US), sway bar ‖ ↻**stahl** m (Wzm) s. Drehmeißel ‖ ↻**stand** m (Raumf) / turntable ‖ ↻**stangenverschluß**, Espagnoletteverschluß m (Schloss) / espagnolette [bolt], French casement bolt with revolving rods ‖ ~**steif**, drehstarr / stiff against torsion, torsion-proof (US) ‖ ↻**steifigkeit** f / torsional rigidity ‖ ↻**steller** m / rotating actuator ‖ ↻**stift** m (für Schraubwz) (DIN 900) / tommy [bar] for spanners ‖ ↻**stift** m **mit Außenvierkant** / male square spin-type handle ‖ ↻**strahlregner** m (Landw) / turning sprinkler ‖ ↻**streckwerk** n (Spinn) / twisting drawing frame

Drehstrom m, Ds, Dreiphasenwechselstrom m (Elektr) / rotary current, threephase current ‖ ↻**anker** m / three-phase current armature, rotary current armature ‖ ↻**anlasser** m / rotary current starter ‖ ↻**-Asynchronmotor** m / three-phase asynchronous motor ‖ ↻**bordnetz** n (Schiff) / three-phase A.C. ship's supply system ‖ ↻**-Brückenschaltung** f / three-phase bridge connection ‖ ↻**dreileiternetz** n, -anlage f / three-phase three-wire network ‖ ↻**-Fahrmotor** m / three-phase A.C. traction motor ‖ ↻**generator** m, -maschine f / rotary current generator, three-phase alternator o. generator o. dynamo ‖ ↻**-Gleichstrom-Einankerumformer** m / rotary current-direct-current synchronous converter ‖

⤷hochspannungskabel *n* / three-phase high tension cable ‖ ⤷-**Induktionsregler** *m* / three-phase induction regulator ‖ ⤷**käfigläufermotor** *m*, -kurzschlußläufermotor *m* / three-phase squirrel cage motor ‖ ⤷**kommutatormotor**, -kollektormotor *m* / three-phase commutator motor, series wound commutator motor (threephase), rotary current commutator motor ‖ ⤷**ladewinde** *f* (Schiff) / threephase A.C.-winch ‖ ⤷**leistung** *f* / three-phase power ‖ ⤷**lichtmaschine** *f*, -generator *m* (Kfz) / alternator, three-phase dynamo ‖ ⤷**motor** *m* / threephase o. rotary current motor, three-phase alternomotor, three-phase A.C. motor ‖ ⤷-**Nebenschlußkollektormotor** *m* / three-phase shunt [connected] motor ‖ ⤷**netz** *n* / three-phase network o. mains *pl* ‖ ⤷**öltransformator** *m* / oil-cooled three-phase transformer ‖ ⤷-**Reihenschlußkollektormotor** *m* / three-phase commutator motor ‖ ⤷-**Sechsleitersystem** *n* / three-phase six-wire system ‖ ⤷**steller**, Antiduktor *m* / antiductor ‖ ⤷**systemlänge** *f* / total length of an a.c. system ‖ ⤷**transformator**, -umspanner *m* / rotary current transformer, three-phase transformer ‖ ⤷-**Vierleitersystem** *n* / three-phase four-wire system ‖ ⤷**zähler** *m* / three-phase meter

Dreh·stuhl *m* (Büro) / swivel o. pivot seat o. chair ‖ ⤷**stuhl** *m*, Schnelldrehmaschine *f* / hand o. bench lathe ‖ ⤷**stuhl** *m* (Uhrmacher) / speed lathe, turn bench, watchmaker's lathe, dead-center lathe ‖ ⤷**stuhl** *m* (Kran) / center support ‖ ⤷**support** *m*, drehbarer Support (Wzm) / swivel head ‖ ⤷**teil** *n*, dreh-, schwenkbares Teil / swivel o. pivoted part ‖ ⤷**teil** *n*, gedrehtes Teil, Drehling *m* / turned part ‖ ⤷**teil** *n* (durch Drehen zu fertigendes Teil) / lathe work, part to be turned ‖ ⤷**teller**, -tisch *m* / rotary table ‖ ⤷**teller** *m* einer Raketenstufe / spin table of a rocket stage ‖ ⤷**telleraufgeber** *m* / rotary table feeder ‖ ⤷**tellerzuführung** *f* (Stanz) / dial feed ‖ ⤷**tisch** *m* / turntable, revolving table ‖ ⤷**tisch**, Schwenktisch *m* (Wzm) / turntable, swivel o. swing[-out] table ‖ ⤷**tisch** *m* (Öl) / rotary table ‖ ⤷**tisch** *m* (Opt) / revolving stage ‖ ⤷**tischautomat** *m* (Plast) / automatic turntable ‖ ⤷**tischeinsatz** *m* (Ölbohren) / drill stem kelly bushing ‖ ⤷**tisch-Formen** *n* / rotary moulding ‖ ⤷**tischfräsmaschine** *f* / rotary milling machine ‖ ⤷**tischgebläse** *n* (Gieß) / rotary table shot-blasting machine ‖ ⤷**tischpresse** *f*, Revolverpresse *f* / turntable press, revolving [table] o. dial-feed press ‖ ⤷**tischpresse** *f* (weiterschaltend) / indexing table press ‖ ⤷**tischschweißmaschine** *f* / merry-go-round resistance welder ‖ ⤷**topf** *m* (Spinn) / revolving can, coiler o. coiling car ‖ ⤷**topfvorrichtung** *f* (Textil) / coiler ‖ ⤷**tor** *n* (Schleuse) / swing gate of a lock ‖ ⤷**transformator**, -trafo *m* / adjustable o. variable transformer ‖ ⤷**transformator**, Induktionsregler *m* / induction regulator, phase [shifting] transformer ‖ ⤷**trennschalter** *m*, -trenner *m* / rotating insulator side-break switch ‖ ⤷**trommel** *f* / rotary drum ‖ ⤷**trommelgebläse** *n* / rotary drum type blower ‖ ⤷**trommelofen** *m* (Hütt) / rotary drum type kiln ‖ ⤷**tür** *f*, Schwingtür *f* / revolving door ‖ ⤷**umformer** *m*, rotierender Umformer (Elektr) / rotary converter, motor-generator, revolving commutator, (dc to dc:) rotary transformer ‖ ⤷- **und Bohrwerk** *n* / turning and boring machine ‖ ⤷- **und Schwenkvorrichtung** *f* (Schw) / positioner

Drehung *f*, Drehen *n* (allg) / turning, turn ‖ ⤷, Drall *m* / turn, twist[ing] ‖ ⤷ (unter Zug o. Druck) (Phys) / wrench ‖ ⤷, Curl *n* (Elektr) / curl, rotation ‖ ⤷ (Chem) / rotation ‖ ⤷, Platzwechsel *m* (Fernm) / rolling transposition (US), transposition (GB) ‖ ⤷, Schwenkung *f* (der Kamera nach allen Seiten) (Phot) / panning ‖ ⤷, drehender Ruck / wrench ‖ ⤷ des Fadens (Spinn) / twist of the thread ‖ ⤷ entgegen dem Uhrzeigersinn, "edul" / anticlockwise o.

counterclockwise rotation ‖ ⤷ im Uhrzeigersinn, "mul" / clockwise rotation ‖ ⤷ um 180⁰ / rotation through 180⁰ ‖ ⤷ **gleichmäßige** ⤷ (Magnet) / buckling ‖ **schnelle** ⤷, Wirbeln *n* / spin, spinning ‖ **vorübergehende** ⤷ des Baumwollvorgespinstes in der Röhrenmaschine / temporary twist in the tube loom

drehungs·arm, drallarm (Seil) / non rotating, preformed ‖ ⤷**dispersion** *f*, Rotationsdispersion *f* / rotatory dispersion ‖ ⤷**elastizität** *f* / elasticity of torsion ‖ ⤷**fehler** *m* (Web) / mixed twist ‖ ⤷**festigkeit** *f* / strength of torsion ‖ ~**frei**, drallfrei (Seil) / non-spinning, non-twisting, non-kinking ‖ ~**freier Glasseidenstrang o.** Roving / torsion-free glass roving ‖ ⤷**geschwindigkeit** *f* der Flüssigkeitsteilchen, Wirblichkeit *f* / vorticity ‖ ⤷**grad** *m* (Textil) / hardness of twist ‖ ⤷**koeffizient** *m*, -einheit *f* (Spinn) / twist factor o. value, twist multiplier ‖ ⤷**mittelpunkt** *m*, Drehpol *m* / center of rotation o. of gyration ‖ ⤷**paar** *n* (Kinematik) / revolute pair ‖ ⤷**richtung** *f*, Drallsinn *m* (Spinn) / twist direction o. sense ‖ ⤷**streuung** *f* (Polarisation) / rotatory dispersion ‖ ⤷**wechselrad** *n* (Spinn) / twist change gear wheel ‖ ⤷**zahl** U *f*, Zwirnkoeffizient *m* (Spinn) / number of turns per cm

Dreh·vektor *m* (Math) / rotating vector ‖ ⤷**ventil** *n* / turning valve ‖ ⤷**verbindung** *f* (Rohrleitg) / revolving joint ‖ ⤷**vermögen** *n* (Fähigkeit, das polarisierte Licht abzulenken) / rotatory power ‖ ⤷**verschluß** *m* (mit halber Umdrehung) / turn-lock fastener ‖ ⤷**versuch** *m* / torsional test ‖ ⤷**vorrichtung** *f* / slewing mechanism ‖ ⤷**vorrichtung** *f* (Mot) / barring gear (GB), turning gear (US) ‖ ⤷**vorwähler** *m* (Fernm) / rotary preselecting line switch ‖ ⤷**waage**, Torsionswaage *f* / torsion balance ‖ ⤷**waage** *f* (von Coulomb) / Coulomb's balance ‖ ⤷**wähler** *m* (ein Vorwähler) / rotary preselecting line switch ‖ ⤷**wähler** *m* (Fernm) / uniselector, rotary switch ‖ ⤷**wähler-Vermittlung** *f* (Fernm) / rotary exchange ‖ ⤷**wählerverteiler** *m* (Fernm) / rotary selector distributor ‖ ⤷**wählerzahlengeber** *m* (Fernm) / sender with rotary switch ‖ ⤷**wanne** *f* (Glas) / revolving pot ‖ ⤷**wartezeit** *f* (DV, Fernm) / rotational delay ‖ ⤷**weg** *m* des Schlittens (Wzm) / travel of the turning carriage ‖ ⤷**werk** *n* (Kran) / slewing gear ‖ ⤷**werk** *n*, Karusselldrehbank *f* / vertical turning [and boring] mill ‖ ⤷**werkzeug** *n*, Drehmeißel *m* / lathe tool ‖ ⤷**wert** *m* (Polarisation) / amount of rotation ‖ ⤷**wertanteil** *m* / rotatory contribution ‖ ⤷**widerstand** *m* (Elektronik) / [single-turn] pre-set potentiometer ‖ ⤷**winkel** *m* (Schaufelbagger) / swing angle ‖ ⤷**winkelinformation** *f* (Luftf) / azimuth information ‖ ⤷**winkelsynchro** *m n* / torque-synchro ‖ ⤷**winkelvektor** *m* (Mech) / vector of infinitesimal rotation ‖ ⤷**wippkran** *m* / slewable luffing crane ‖ ⤷**wuchs** *m* (Holz) / torch growth, twisted growth ‖ ~**wüchsig** (Holz) / having twisted fibers, twisted

Drehzahl *f*, Umdrehungen *f pl* je min, min⁻¹ / speed, number of revolutions/min *pl*, rpm, r.p.m., RPM, revs/min *pl* ‖ ⤷, -frequenz *f* / rotary frequency, number of revolutions, rotational speed, engine speed ‖ **die** ⤷ **erhöhen** / speed up, rev up (US) ‖ **die** ⤷ **heruntersetzen** / rev down (US) ‖ **in weitem Bereich regelbare** ⤷ / wide adjustable-speed range ‖ **mit hoher** ⤷ **laufen** / run at high speed, revolve fast ‖ **volle (o. größte o. höchste o. maximale)** ⤷ / full speed ‖ ⤷**abfall** *m* / speed drop ‖ ⤷**abnahme** *f*, -verringerung *f* / revving down ‖ ⤷**abstufung** *f* / speed graduation o. staging ‖ ⤷**änderung** *f* / speed regulation ‖ ⤷**änderung** *f* **bei gleichbleibender Spannung und Frequenz** / inherent speed regulation ‖ ⤷**anstieg** *m*, -erhöhung *f*, -zunahme *f*, -steigerung *f* / revving up ‖ ⤷**anzeiger** *m* / revolution indicator, speed indicator ‖ ⤷**bereich** *m* / speed range, r.p.m. range ‖ ⤷-**Drehmoment-Anzeiger** *m* / speed-torque indicator ‖ ⤷**einstellängshebel** *m* (Wzm) / speed change lever

Drehzähler *m*, Umdrehungszähler *m* / revolution counter, rev-counter

Drehzahl·geber m / impulse transmitter, engine speed sensor ‖ ⌐kennlinie f (Elektr) / speed regulation characteristic ‖ ⌐messer, -zähler m / revolution o. speed counter, tachometer ‖ ⌐minderer m, -mindergetriebe n / speed reducer, reducing gear ‖ ⌐regelung f, -änderung f, -verstellung f / speed control ‖ ⌐regelung f durch Spannungsänderung / variable-voltage control, generator-field control ‖ ⌐regelung f mit Hintermotor / Kramer control ‖ ⌐regelung f mittels Anzapfung der Feldwicklung (Elektr) / tap field control ‖ ⌐regler m / speed controlling device, speed governor o. regulator ‖ ⌐regler m (Dampfm) / governor ‖ ⌐schalter m / tachymetric switch ‖ ⌐schreiber m / recording tachometer ‖ ⌐stabilisierer m (Leerlauf) / idle speed stabilizer ‖ ~steigernd, Aufwärts… / speed increasing ‖ ~stellbar / speed-variable ‖ ⌐überschreitungsschutz m / overspeed protection ‖ ⌐variator m / variable speed gear ‖ ⌐vergrößerungs-Getriebe n, Übersetzungsgetriebe n ins Schnelle / speed increase gear train ‖ ⌐verhalten n / speed characteristics pl ‖ weiches ⌐verhalten (Elektr) / inverse-speed o. series characteristic ‖ ⌐verringerungs-Getriebe n, Untersetzungsgetriebe n / speed reducing gear train ‖ ⌐verstellbereich m / range of speed control ‖ ⌐wächter m / overspeed monitor ‖ ⌐wandler m / variable speed gear ‖ ⌐zähler, -messer m / revolution o. speed counter, tachometer ‖ ⌐-Zählimpuls m (Video) / tach pulse

Dreh·zahn, Einsatzmeißel m / tool holder bit ‖ ⌐zahnkompressor m / tooth type rotary compressor ‖ ⌐zapfen m / pivot [pin], trunnion ‖ ⌐zapfen m, obere Drehpfanne (Bahn) / bogie pin o. pivot, truck center pin (US), upper center casting ‖ ⌐zapfen m (Kran) / central [vertical] pivot, king journal o. pillar o. post, slewing journal ‖ ⌐zapfen m, -schloß n (Verriegelung) / twistlock ‖ mit ideellem ⌐zapfen (Bahn) / with false pivot ‖ ⌐zapfen m der Gießpfanne / trunnion ‖ mit einem ⌐zapfen versehen / pivot v, swivel ‖ ⌐zapfenabstand m (Bahn) / distance between [bogie] pivots o. pins, pivot pitch ‖ ⌐zapfenlager n (Bahn) / center bearing o. plate for the truck pin ‖ ~zapfenlos (Bahn) / with false pivot ‖ ⌐zentrum n / turning center (a center for turning operations) ‖ ⌐zugabe f / overmeasure for turning ‖ ⌐zylinder m, Speiserrohr m (Glasofen) / feeder sleeve o. tube

Drei [im] Quadrat (Math) / three squared ‖ ~ **Sterne**, (Buch) / ellipsis, **Dreieck** n / triangle ‖ ⌐, **Winkel** m (Zeichn) / set square, square, triangle ‖ ⌐… (Antenne) / triatic, triangle… ‖ **aus ⌐en zusammengesetzt** / triangulate[d] ‖ ⌐anordnung f, -system n / triangular o. triangulated system ‖ ⌐-Anpassungstrafo m / delta matching transformer ‖ ⌐ausfachung f, -system n (Wzm, Stahlbau) / triangular bracing ‖ ⌐bügel m / stirrup, triangular frame ‖ ⌐fachwerk, -netz n / triangulate[d] lattice ‖ ⌐fallschirm m / triangular parachute

dreieckig / triangular, trigonal, trigonous ‖ ~, dreiseitig / trilateral, threesided ‖ ~er **Kräftezug** / triangle of forces ‖ ~es **Röhrenbündel** / triangular bundle of pipes ‖ ⌐keit f / triangularity

Dreieck·kettenfahrleitung f (Bahn) / double catenary construction ‖ ⌐last f (Mech) / triangular load ‖ ⌐lenker m (Kfz) / steering triangle, wishbone ‖ ⌐navigation f (Schiff) / triangulation ‖ ⌐roller m / triangular base on rollers ‖ ⌐rückstrahler m / triangular rear reflector

Dreiecks·aufnahme, Triangulierung, Triangulation f / triangulation, trigonometrical survey

Dreieck·schaltung, Deltaschaltung f (Elektr) / triangle o. delta o. mesh connection ‖ ⌐-Schraubenring n / truarc triangular nut connected ‖ ⌐seite f (Math) / subtense

Dreiecks·fachwerk m / Warren truss ‖ ⌐koordinaten f pl / trilinear coordinates pl

Dreieck·spannung f (Elektr) / delta o. mesh voltage ‖ ⌐sprengwerk n / triangulate[d] truss

Dreiecks·prüfung f (DIN 10951) / triangle test (a sensory test) ‖ ⌐rahmen m / A-frame

Dreieckstufe f (Bau) / triangular winder

Dreiecks·verband m (Stahlbau) / triangular crossbracing ‖ ⌐vermessung f / triangulation ‖ ⌐versteifung f (Mech) / triangular strutting

Dreiecksystem n, -anordnung f / triangular o. triangulated system ‖ ⌐, Dreieckausfachung f (Brückb) / triangular bracing

Dreiecks·zahn m (Säge) / crosscutting o. fleam tooth

Dreieck·träger m (Stahlbau) / triangular o. triangulated girder

Dreielektrodenröhre, Triode f / three-electrode [thermionic] valve, triode valve

Dreier·bündel n (Fernleitung) / bundle of three conductors ‖ ⌐gemisch n / blend of three components ‖ ⌐-Gespräch n / three-way calling ‖ ⌐gruppe, Triade f (Math) / triad, triple[t] ‖ ⌐kombination f / three-unit aggregate ‖ ⌐konferenz f / three-party call ‖ ⌐leitung f (Fernm) / party line for three subscribers ‖ ⌐produkt n / ternary product ‖ ⌐satz m von Rohren (Bohrrohr) / thribble, treble ‖ ⌐stoß m (Nukl) / threefold collision

Drei·etagenzwirnmaschine f (Spinn) / three-stage doubling machine ‖ ⌐-Excess-Code m (DV) / three-excess-code, excess-three code

dreifach / treble, triple, threefold, ternary ‖ ~ (Stecker) / triple ‖ ~ (Garn) / three-ply ‖ ~, Dreier… (Chem) / ternary ‖ ~es **Furnierholz** / three-ply ‖ ~ **gekröpfte Kurbel** / three-throw crank ‖ ~ **gelagerte Kurbelwelle** / three-bearing crankshaft ‖ ~ **Genauigkeit** (DV) / triple precision ‖ ~ **geschlossen** (Elektr) / triple reentrant ‖ ~e **Periodizität** (Krist) / treble periodicity ‖ mit ~em **Rädervorgelege** / triple geared ‖ ~e **Spektrallinie**, Triplet n / triplet ‖ ~es **Sperrholz** / three-ply wood ‖ ~e **Stellenzahl o. Wortlänge** (DV) / triple length, triple precision ‖ ~e **Stufenscheibe** / three-step cone pulley ‖ ~ **umsponnen** (Elektr) / TB, triple braided ‖ ~e **Vergrößerung** / threefold magnification ‖ **das ~e**, eine Dreiergruppe / triple n ‖ mit ~er **Sicherheit** / with threefold safety ‖ ⌐bindung f (Chem) / triple bond ‖ ⌐drehkondensator m / variable disk capacitor ‖ ⌐expansionsmaschine f / triple expansion steam engine ‖ ⌐fehler m (Fernm) / triple error ‖ ⌐glockenisolator m, Dreimantelisolator m / triple petticoat insulator ‖ ⌐kabel n / three-core cable, triple-core cable, three-conductor cable ‖ ⌐-Kohlensäure-Saturation f (Zuck) / triple carbonatation ‖ ⌐-Kompaktanlage f (Phono) / three-in-one stereo component system ‖ ⌐leerstelle f (Halbl) / trivacancy ‖ ⌐leitwerk n (Luftf) / triple tail-unit ‖ ⌐rollenkette f / triplex roller chain ‖ ⌐schnur f (Elektr) / triple cord o. flex ‖ ⌐-Spinanordnung f / trispin design ‖ ⌐spin-Satellit m / triple spinner ‖ ⌐steckdose f (Elektr) / triple socket assembly ‖ ⌐stecker m (Elektr) / triple plug ‖ ⌐umlaufgreifer m (Nähm) / driving hook ‖ ⌐verbindung f (Chem) / ternary compound ‖ ⌐verstärker m / three-stage amplifier ‖ ⌐wellblech n, Tripelwellblech n / triple corrugated sheet iron ‖ ⌐zwischenstecker m (zur Aufnahme von 3 zweipoligen Steckern) / triple adapter

Drei·fadenlampe f (für Drehstrom) (Elektr) / three filament incandescent bulb ‖ ~fädig (Spinn) / three-cord, three-leaf, -leaved, triple ‖ ~fädiger **Samt** / three-cord o. three-pile velvet ‖ ⌐farben…, dreifarbig, trichromatisch / trichromatic, trichrome ‖ ⌐farbenauszug m (Phot) / tricolour separation ‖ ⌐farbendruck m (Buch) / three-colour printing o. process, trichromatic printing ‖ ⌐farbendruckmaschine f / three-colour press ‖ ⌐farbenfilter n (aus 3 Farbgläsern) (Phot) / trichromatic filter ‖ ⌐farbenkolorimeter n / trichromatic colorimeter ‖ ⌐farbenphotographie f / three-colour o. trichromatic photography ‖ ⌐farbenröhre f, Trichromoskop n (TV) / trichromoscope ‖

⁀farben-Rouleauxdruckmaschine f (Färb) / three-colour roller printing machine ||
⁀farbenspritzmaschine f (Plast) / three-colour injection machine || ⁀farben-Subtraktiv[druck]verfahren n (Phot) / three-colour subtraction printing o. subtractive process || ~farbig, Dreifarben... / three-colour, tricolour || ⁀farbigkeit f, Trichroismus m (Opt) / trichroism || ⁀-F-Bombe f / fission-fusion-fission bomb, three-F-bomb || ⁀felderwirtschaft f (Landw) / three-field-system || ⁀fingerregel f (Elektr) / Fleming's rule, three-finger rule || ⁀fingerregel f für Motoren / Fleming's motor rule, left-hand rule || ⁀fingerregel f für Stromerzeuger / Fleming's dynamo rule, right-hand rule || ⁀flach n, Trieder m / trihedron, (pl:) trihedrons, trihedra || ~flächig (Geom) / trihedral || ~flügelig, Dreiblatt... (Propeller) / three-blade || ~flügelige Falttür (Bahn) / three-wing folding door || ~förmig, -fach / triform[ed] || ⁀füllungstür f / three-panelled door || ~fuß m, -bein n / tripod || ~gabelig, -zackig / trifurcate || ~gablig / trifurcate ||
⁀ganggetriebe n (Kfz) / three-speed gear || ~gängig (Gewinde) / triple thread[ed], three-start || ⁀gelenkbogen m (Stahlbau) / three-hinge[d] o. -pinned arch ||
⁀gelenkfachwerkbogen m / trussed arch o. trelliswork arch with three hinges || ~geteilt, -teilig / tripartite || ~geteilte Nullentaste / three-cipher o. triple-cipher key || ~geteiltes Fenster / Venetian window || ⁀gitterröhre f (Elektronik) / three-grid valve || ~gliedrig / three-membered, three-link || ~gliedrig (Math) / three-term[ed] || ~gliedriges Kurvengetriebe (Mech) / three-link mechanism || ⁀-Glocken-Gichtverschluß m (Hütt) / three-bell hopper arrangement || ⁀gurtträger m (Stahlbau) / triangular o. triangulated girder ||
⁀gutscheidung f (Bergb) / three-product separation ||
⁀halsflasche f, Woulfesche Flasche / Woulfe"s bottle, three-necked bottle || ⁀halsflasche f, Woulffsche Flasche mit Bodentubus / Woulff bottle with bottom outlet || ⁀hebelklappe f, Lenkerklappe f für Gase hoher Temperatur / three-lever flap || ⁀kammer-Klystron n / three-cavity klystron || ⁀kammerleuchte f (Kfz) / three-unit lamp || ⁀kanal... (Mot) / three-port ||
⁀kanal-Farbkamera f (TV) / three channel colour camera

Dreikant m (Math) / trihedral n, trihedron || ⁀ (Brennofen) / saddle || gezahnter ⁀ / serrated saddle || ⁀anschnitt m (Gieß) / triangular ingate

Dreikanter m (Geol) / dreikanter

Dreikant·feile f / triangular o. three-square file || ⁀feile, Sägefeile f / saw file, three-square saw file || ⁀feile f (Galv) / triangular stick || ⁀-Hohlschaber m / three-square hollow-ground scraper

dreikantig / triangular, triangled, three-edged, three-cornered, three-square

Dreikant·kopf m (Schraube) / three-square head || ⁀litze f / triangular strand || ⁀litzenseil n / triangular strand wire rope || ⁀maßstab m, Dreikantlineal n / triangular meter rule || ⁀mutter [mit Ansatz] f / triangle nut [with collar] || ⁀prisma n / triangular prism || ⁀schaber m / three-square scraper || ⁀schlüssel m / male triangular wrench || ⁀schnitzel n pl (Zuck) / triangular slices pl || ⁀schraube f / triangle head [cap] bolt || ⁀schraube f [für Schlagwetterbetriebe] / three-square bolt || ⁀schraube f mit Bund / three-square bolt with collar || ⁀stahl m (Walzw) / triangular section steel || ⁀-Steckschlüssel m (rohrförmig) / three-square socket wrench (US) o. box spanner (GB), triangular [tee] wrench (ISO) || ⁀-Steckschlüssel m mit Griff / male triangular Tee wrench

Drei·kegelrollenmeißel m (Bergb) / tricone bit || ~kernig (Chem) / three-core || ⁀klang m / common chord, triad || ⁀klanghorn n (Kfz) / triple tone horn || ⁀kolbenzähler m / nutating piston water meter || ⁀komponentenwaage f (Luftf) / three-component balance || ⁀köperbindung f (Textil) / long crimp weave, triple warp twill weave ||

⁀körperproblem n (Astr) / three body problem || ⁀körper-Verdampfer m (Zuck) / triple effect evaporator || ~kränziges Geschwindigkeitsrad (Turbine) / three-row velocity wheel || ⁀kreiselkompaß m / three-gyro o. triple[gyro] compass || ⁀krempelsatz m (Textil) / three-card set, triple unit carding set || ⁀lagen... / three-layer[ed] || ⁀lagen-Sperrholz n / three-ply wood || ⁀lagenstahl m / two-sided clad steel, three-layer steel || ⁀leiter m (Elektr) / three-wire conductor || ⁀leiterendverschluß m, Übergangsmuffe f (Elektr) / trifurcating box || ⁀leiter-Endverschluß m (Kabel) / three-core termination || ⁀leiterkabel n (Elektr) / three-core cable || ⁀leiternetz n / three-wire network || ⁀leitersystem n (Elektr) / three-wire system || ⁀leiterwicklung f / triplex winding || ⁀leiterzähler m (Elektr) / three-wire meter || ⁀lichtfenster n / threefold o. three-light window || ~litzig / three-strand[ed] || ⁀lochbefestigungsflansch m / three-hole flange || ⁀lochbrenner m (Gas) / treble jet burner || ⁀lochwicklung f (Elektr) / three-slot winding || ~mal gelagerte Kurbelwelle / crankshaft carried in three bearings || ~mal im Jahr, viermonatlich (Buch) / quadrimestriel || ~malig / repeated three times, threefold || ⁀mantelisolator m / triple petticoat insulator || ⁀mantelkabel n (Gleich- o. Einphasenstrom) / separate lead type cable, S.L.-type cable || ⁀maschinenaggregat n, -satz m (Elektr) / three-engine set || ⁀messerautomat m (Buch) / automatic three-knife trimmer || ⁀metallplatte f (Buch) / trimetal plate || ⁀mix-Zyklus m (Stadt, 90 und 120 km/h) / three-mix cycle || ~molekular / tri-, termolecular || ⁀momenten-Gleichung f, Clapeyronsche Gleichung (Mech) / three-moment equation, theorem of three moments || ⁀motorenlaufwerk m (Magn.Bd) / three-motor capstan drive system || ~motorig / three-engined || ~nadelstuhl m (Web) / three-needle [hose] frame || ⁀-Nip-Presse f (Pap) / three-nip press || ⁀normen... (TV) / three-standard... || ⁀nullentaste f (Buch.m) / three-cipher o. triple-cipher key ⁀paßbogen m, Kleeblattbogen m (Bau) / trefoil arch

Dreiphasen·... (Elektr) / threephase, triphase || ⁀-Bombe f s. Drei-F-Bombe || ⁀netz n / three-phase network o. mains pl || ⁀schalter m / three-phase switch || ⁀wechselstrom m, Drehstrom m / rotary current, three-phase current || ⁀wechselstrommotor m / three-phase alternomotor, three-phase A.C. motor

drei·phasig, Drehstrom... (Elektr) / three-phase || ⁀-Plus-Eins-Adreßbefehl m (DV) / three-plus-one address instruction || ⁀pol m / tripolar network || ~polig / three-pole, triple-pole || ~polige Klinke (Fernm) / three-way jack || ~poliger Messerschalter [mit Rückseitenanschluß] / three-pole [back connected] knife switch || ~polige Steckdose / three-pin o. -pole [plug] socket || ~poliger Stecker / three-pin plug || ⁀polumschalter m / three-pole [changing-over] switch || ⁀pressenschleifer m (Pap) / three-pocket grinder

Dreipunkt·anbau m (von Schlepper-Geräten) (Landw) / three-point linkage o. hitch || ⁀-Anbau-Mähwerk n (Landw) / rear mounted mower || ⁀auflage f / three-point bearing || ⁀glied n (Regeln) / three-state device || ⁀kupplung f (Landw) / three point linkage || ⁀lagerung f / three-point bearing || ⁀landung f (Luftf) / three-point landing || ⁀meßkopf m / three-point measuring head || ⁀problem n (Verm) / three-point problem || ⁀regelung f / three-position control || ⁀regler m (lks.-0-rechts) / three-level (GB) o. three-step (US) controller || ⁀induktive ⁀schaltung / Hartley oscillator circuit || ⁀sicherheitsgurt m (Kfz) / three-point seat belt || ⁀verhalten n mit Nullwert (Regeln) / positive-negative three-level action

Drei·quartier n, Dreiviertelstein m (Bau) / three-quarter bat, king closer || ⁀rad n / tricycle (propelled by pedals) || ⁀rad-Fahrgestell n (Luftf) / tricycle [landing] gear, nose wheel landing gear || ⁀rad-Kippanhänger m

(Landw) / three-wheel tumbril ‖ **⌐rad[liefer]wagen** *m* / tricycle, tricar (GB) ‖ **~rädrig**, Dreirad… / three-wheel[ed] ‖ **⌐rahmen-Plattform** *f* / three-gimbal platform ‖ **⌐reihenstandmotor** *m* / arrow motor, W-type engine, broad-arrow type engine (US) ‖ **~reihig** / three-row, triple-row ‖ **⌐ring** *m* (Chem) / three-membered ring ‖ **~ringig** (Chem) / tricyclic ‖ **⌐rollenbandsägemaschine** *f* (Holz) / three-pulley band sawing machine ‖ **⌐satz** *m*, Regeldetri *f* / rule of three o. of proportion ‖ **⌐satzthermometer** *n* / Allihn thermometer ‖ **⌐säulenzentrifuge** *f* / three column [suspended basket] centrifuge ‖ **~säurig** (Chem) / triacid ‖ **~schäftig** (Garn) / three-strand[ed] ‖ **~schäftiger Bindfaden** / three-strand twine ‖ **~schäftiger Köper** / three-leaf twill ‖ **~schalig** (Schornstein) / three-layered ‖ **⌐scharpflug** *m* / three furrow plough (GB), three-bottom plow (US) ‖ **⌐schenkeltransformator** *m* / three-column transformer ‖ **~schenkliger Elektromagnet** / three legged o. trifurcate electromagnet ‖ **~schenkliger Zirkel**, Dreiteilungszirkel *m* / compasses with three legs *pl*, triangular compasses *pl* ‖ **⌐schichtarbeit** *f* / work in three shifts, three-shift operation ‖ **⌐schichtenemulsion** *f* (Phot) / tripack ‖ **⌐schichtenfilm** *m* (Phot) / tripack film ‖ **⌐schichtenglas** *n* / triplex glass ‖ **⌐schichtenplatte** *f* (Holz) / three-ply ‖ **~schichtig**, -lagig / three-ply ‖ **~schichtiges Kratzentuch** / three-ply cloth (carding) ‖ **~schichtiger Putz** (Bau) / three-coat work ‖ **~schlag** *m* (Mühle) / shaking motion with three cams ‖ **⌐schlauchbrenner** *m* (Schweiß) / double oxygen hose cutting torch ‖ **⌐schlitzmagnetron** *n* / three-segment anode magnetron ‖ **~schneider**, Spiralsenker *m* / three-lip spiral countersink, three-lipped core drill ‖ **⌐schneider** *m* (Buchbind) / three-cutter machine, three-side trimmer, three-knife trimmer ‖ **~schneidig**, dreischnittig / three-edged ‖ **⌐schrauben…** (Schiff) / triple screw ‖ **~schuß-Wiltonteppich** *m* / three-shot wilton ‖ **⌐seilgreifer** *m* / three-rope grab ‖ **⌐seiten-Darstellung** *f* / three-way view ‖ **⌐seitenkipper** *m* / dumping truck tipping to three sides ‖ **~seitig** / trilateral, threesided ‖ **~seitig**, -eckig / triangular, trigonal, trigonous ‖ **~seitig beschnittenes Kantholz** (Zimm) / billet ‖ **~seitige Pyramide** / triangular pyramid, tetrahedron ‖ **⌐silowagen** *m* (Bahn) / wagon carrying three silos ‖ **⌐sitzer** *m*, dreisitziges Flugzeug (Luftf) / three-seater ‖ **⌐sitzer** *m* (Fahrrad) / three-seater ‖ **~spaltig** (Buch) / three-column(ed) ‖ **⌐spezies…** (Math) / three-function… ‖ **⌐speziesrechenmaschine** *f* / calculating machine, calculator ‖ **~spitzige Hypozykloide**, Steinersche Kurve / [Steiner's] tricusp ‖ **~spurige Fahrbahn** (Straßb) / three-lane carriageway ‖ **~spurige Gegenfahrbahnen** / dual three-lane carriageways *pl* **Dreißig·minuten-Leistung** *f* / half-hourly rating **Drei·stabgetriebe** *n* (Mech) / four-bar linkage ‖ **⌐stabkopplung** *f* (Elektronik) / tri-rod coupler ‖ **⌐stegplatte** *f* (Traktor) / triple grouser shoe ‖ **~stellig** (ganze Zahl) (Math) / three-digit ‖ **⌐stellungsschütz** *n* / three-switch contactor ‖ **⌐stift-Stecker** *m* (Elektr) / three-prong plug ‖ **~stöckig** / three stories high, three-floored ‖ **~stoffig**, ternär (Chem) / ternary ‖ **⌐stoff-Legierung** *f* / ternary alloy [system] ‖ **⌐stoff[system]…** (Treibstoff) / tripropellant ‖ **⌐stoffsystem** *n* (Chem) / ternary system ‖ **⌐strahl-Farbfernsehröhre** *f* (TV) / three-gun picture tube ‖ **~strahlig** (Luftf) / tri-jet ‖ **~strahliges Flugzeug** / trijet *n* ‖ **~strähnig** / treble-twisted, three-cord… ‖ **⌐strangmaschine** *f* (Strangguß) / three-strand machine ‖ **⌐stromlokomotive** *f* / triple-system locomotive ‖ **⌐stufenfilter** *n* (Spektralanalyse) / three-stage filter ‖ **⌐stufenflug** *m* (Raumf) / three-stage mission ‖ **⌐stufen-Logik** / tristate logic ‖ **⌐stufenmotor** *m* (Elektr) / three-speed motor ‖ **⌐stufenrakete** *f* / three-stage rocket ‖ **~stufig**, Dreistufen… / three-stage ‖

~stufiger Verstärker / three-stage amplifier ‖ **~teilen** *vt* (Winkel) / trisect *vt* ‖ **~teilig**, -geteilt / tripartite ‖ **~teilig**, aus drei Teilen bestehend / three-piece ‖ **~teiliges Fenster** / threefold o. three-light window ‖ **~teiliges Fischband** / three-leaf pin hinge ‖ **~teilige Glattwalze** (Landw) / gang of flat rollers ‖ **~teilige Karosserie** (Kfz) / tripartite body (with separate compartments for engine, passengers, luggage) ‖ **~teilige starre Egge** (Landw) / three-section rigid harrow ‖ **~teiligkeit**, -teilung *f* / tripartition, trisection ‖ **⌐teilung** *f* / trisection ‖ **⌐teilungszirkel** *m* s. dreischenkliger Zirkel ‖ **~toriger Speicher**, Dreiport-Speicher *m* (DV) / threeport memory ‖ **~tourengreifer** *m* (Nähm) / driving hook ‖ **⌐trommelsteilrohrkessel**, Stirlingkessel *m* / Stirling boiler ‖ **~türiges Modell** *n* (Kfz) / break ‖ **⌐-Überschußcode** *m* / three-excess code, Stibitz-Code ‖ **~vektorieller Geschwindigkeitsanzeiger** (Luftf) / three component angular velocity indicator ‖ **~viertel** / three-quarter ‖ **⌐viertel[elliptik]feder** *f* (Kfz) / three-quarter elliptic spring ‖ **⌐viertelplatinenwerk** *n* (Uhr) / three-quarter plate ‖ **⌐viertelsäule** *f*, Halbsäule *f*, eingebundene Säule / semicolumn ‖ **⌐viertelstein** *m*, Dreiquartier *n* (Bau) / three-quarter bat, king closer ‖ **⌐walzenbäummaschine** *f* (Web) / three-roller warping machine ‖ **⌐walzengerüst** *n* (Walzw) / three-high stand ‖ **⌐walzenkalander** *m* / three-roll calender ‖ **⌐walzen-Lochwalzwerk** *n* (Walzw) / three-roll piercer ‖ **⌐walzenmühle** *f* (Zuck) / three-roller cane mill ‖ **⌐walzenstraße** *f* / three-high o. trio mill o. rollers *pl* ‖ **~wandiger Träger**, Rieppelträger *m* (Stahlbau) / three-web girder, Rieppel girder ‖ **⌐wattmetermethode** *f* (Elektr) / three-wattmeter method ‖ **⌐weg…** / three-way ‖ **⌐wegdrehschieber** *m* / three-way rotary valve ‖ **⌐wegekippkasten** *m* (Brau) / three-way chute o. tippler ‖ **⌐weghahn** *m* / three-way o. three-throw cock o. tap ‖ **⌐weg-Katalysator** *m* (Kfz) / three-way catalytic converter ‖ **⌐weg-Kegelhahn** *m* / T-bore stopcock ‖ **⌐wegschalter** *m* (Elektr) / three-way o. -point o. -position switch ‖ **⌐wegschieber** *m* (Dampfm) / three-ported slide valve, shell valve ‖ **⌐wegventil** *n* / three-way valve, cross-valve ‖ **⌐wellen-Kompensator** *m* / concertina type expansion joint ‖ **~wellige Wellpappe** / triple-wall corrugated board ‖ **~wertig** (Chem) / trivalent, tervalent ‖ **~wertig** (Fernm) / three-level… ‖ **~wertiger Alkohol** / trihydric alcohol ‖ **~wertiges Atom** / trivalent atom, triad ‖ **~zackig** / trifurcate ‖ **~zahl**, Trias *f* (Math) / triad ‖ **~zählige Symmetrie** (Krist) / trigonal symmetry ‖ **⌐zahnrolle** *f* (Lenkung) / treble-tooth roller ‖ **⌐zehn-Mode-Test** *m* (Dieselabgas) / 13-mode-test ‖ **~zeilig**, -zeilig / trilinear ‖ **⌐zimmerwohnung** *f* / three-room apartment o. flat (GB) ‖ **⌐zinkengrubber** *m* (Landw) / three-pronged cultivator ‖ **~zipflig**, -zackig, -spitzig / tricuspid[al, -ate], trilobed, -lobate ‖ **⌐zug-Kessel** *m* / threepass boiler ‖ **⌐zustandslogik** *f* (DV) / tristate logic, TSL ‖ **⌐zylindergarn** *n* (Spinn) / three-cylinder yarn ‖ **⌐zylindermaschine** *f* (Dampfm) / triple [cylinder] steam engine ‖ **⌐zylindermotor** *m* / three-cylinder engine ‖ **⌐zylinder[preß]pumpe** *f* / triple-throw pump ‖ **⌐zylinderspinnerei** *f* / three-roller spinning process

Drell, Drillich *m* (Textil) / drill, drilling ‖ **grober ⌐** (Textil) / crash

Drempel *m*, Vorboden *m* (Schleuse) / sill of a lock gate ‖ **⌐wand**, Kniestockwand *f* (Bau) / jamb wall

dreschen (Landw) / beat, thresh

Dresch·maschine *f* / threshing machine o. mill, thresher ‖ **⌐maschinen-Beschicker** *m* / threshing machine feeder ‖ **⌐satz** *m* / threshing outfit ‖ **⌐stift** *m* / tooth of a thresher ‖ **⌐trommel** *f* / threshing cylinder

Dresdner Syenit *m* (Geol) / Dresden syenite, plauenit

Dressierblumen *f pl* (Walzw) / feathering

dressieren (Seide) / shape ‖ **⌐** *n* (Walzw) / skin pass rolling, temper [pass] rolling ‖ **Blech ~** (Walzw) / dress sheet

metal
Dressier·gerüst n (Walzw) / skin pass mill stand, sizing stand ‖ **⁓maschine** f (Tex, Aufmachung) / shaping machine ‖ **⁓walze** f (Walzw) / skin pass roll, temper pass roll ‖ **⁓walzen** n / temper [pass] rolling ‖ **⁓walzwerk** n / skin pass mill, temper pass mill
Drift f (Phys) / drift ‖ **⁓** (Kfz) / power glide o. slide, four-wheel drift ‖ **⁓ von Kreiselkompassen** / gyroscopic drift ‖ **⁓ausfall** m (Elektr) / degradation failure ‖ **⁓beweglichkeit** f (Halbl) / drift mobility ‖ **⁓bewegung** f **von Teilchen** / drift motion of particles
Drifter m (Fischereischiff) / drifter
Drift·fehler m / drift error ‖ **⁓feld** n (Raumf) / drift field ‖ **⁓-Feldeffekttransistor** m, DFET / drift field effect transistor, DFET ‖ **⁓fläche** f (Nukl) / drift surface ‖ **⁓geschwindigkeit** f (Transistor) / drift velocity ‖ **⁓grad** m (Elektronik) / drift percentage ‖ **⁓kompensiert** / drift-compensated or -compensating ‖ **⁓korrektur** f **der Lotleine** / sounding-line correction ‖ **⁓raum** m (Elektronik, Laufzeitröhre) / drift space ‖ **⁓röhre** f (Nukl) / drift tube ‖ **⁓strömung** f / drift current ‖ **⁓transistor** m / graded-base transistor, drift transistor ‖ **⁓verlustkegel** m (Raumf) / drift loss cone ‖ **⁓winkel** m (Nav) / drift angle ‖ **⁓zeichen** n (DV, PL/1) / drifting character
Drill·achse f (Quantentheorie) / rotatory ‖ **⁓-Betonstahl**, -Bewehrungsstahl m / twisted reinforcing steel ‖ **⁓bohren** / drill by the screw drill ‖ **⁓bohrer** m / Archimedean o. screw drill ‖ **⁓docke** f (Drechs) / drill chuck
drillen, verdrillen / twist ‖ **⁓**, in Reihen säen (Landw) / drill
Drillich, Drell m (Textil) / drill, drilling ‖ **⁓** m (Textil) / crash, ticking, ticks pl
Drilling m / three-barrelled gun ‖ **⁓** (Krist) / twin crystal consisting of three single crystals
Drillings·fallschirm m / trefoil ‖ **⁓fenster** n (Bau) / triple lancet window ‖ **⁓guß** m / triple casting ‖ **⁓klinke** f (Fernm) / triple jack ‖ **⁓leitung** f (Bergb) / three-core cord ‖ **⁓[preß]pumpe** f / three-piston pump, three plunger pump, three- o. triple-throw pump ‖ **⁓walzwerk** n / three-high o. trio mill o. rollers pl
Drill·-Jumbo m (Bergb) / drill jumbo ‖ **⁓knicken** n (Mech) / torsional buckling ‖ **⁓maschine** f, [Reihen]sämaschine f (Landw) / grain o. seed drill ‖ elfreihige **⁓maschine** (Landw) / eleven marker o. opener drill ‖ **⁓moment** n / torsional moment o. couple, twisting moment
Drillometer n, Gewichtsanzeiger m (Öl) / drillometer
Drill·schar f (der Drillmaschine) (Landw) / drill coulter ‖ **⁓schraubendreher** m / spiral-ratched screwdriver ‖ **⁓stem-Test** m (Öl) / drillstem test
Drillung f, Drall m / torsion
Drillungs·elastizität f / elasticity of torsion
Drill·winkel m / torsion angle ‖ **⁓wulststahl** m (Hütt) / twisted [reinforcement] bulb steel
D-Ring, Dachfasenring m (Mot) / D-ring, narrow-land drain oil-control ring, ventilated oil ring with bevelled outer edges
dringend·es Bedürfnis [nach] / need ‖ **⁓es Gespräch** (Fernm) / urgent call ‖ **⁓e Nachricht** / priority message ‖ **⁓e Nachricht für Seefahrer** / urgent notice to mariners
Dringlichkeit f (DV) / priority ‖ **⁓**, Priorität f, Vorrang m / precedence [over]
Dringlichkeitsstufe, Prioritätsstufe f (DV) / precedence rating
dritt·er, dritte / third adj ‖ **⁓e Bremse** (Kfz) / sustained-action brake ‖ **⁓e Bürsten** (LoKa) / third reading ‖ **⁓er Gang** (Kfz) / third [speed] ‖ **⁓e Potenz** (Math) / third power, cube ‖ **⁓e Schiene**, Stromschiene f (Bahn) / conductor o. contact o. live o. third rail ‖ **⁓e Wurzel** / third o. cube root
Dritte-Kreise-Kopplung f (Elektr) / third-circuits coupling
Drittel n / third (one of three equal parts) ‖ **⁓dach** n (Bau) / roof with pitch of 1 : 3 ‖ **⁓formatstein** m (Feuerfest) /

two-cut brick ‖ **⁓oktave** f / one-third octave ‖ **⁓spatie** f, -geviert n (Buch) / thick space, three-to-em space ‖ **⁓-Touren-Kupplung** f / three-stop clutch
dritt·klassige Ware (Pap) / thirds pl ‖ **⁓produkt** n (Zuck) / third-class sugar
Drive-in n (Bau) / drive-in ‖ **⁓-Flughafen** m / drive-in airport
Droge f / drogue
Drogett m (grober Wollstoff) (Textil) / drugget
Drogist m / chemist (US), druggist (GB)
dröhnen, schallen / boom, drone ‖ **⁓** (Kfz) / drum
Droop-Snoot-Blatt n (Hubschrauber) / droop-snoot blade
Drop-in, Störsignal n (Magn.Bd) / drop-in
Droplet-Countercurrent Chromatographie f / droplet countercurrent chromatography
Drop-·out n, Signalausfall, Aussetzfehler m (Magn.Bd) / drop-out ‖ **⁓-out** n (Film) / drop-out ‖ **⁓tank** m (Luftf) / droppable tank
Drosometer n, Taumesser m (Phys) / drosometer
Drossel f, Ringspinnmaschine f (Textil) / ring [spinning] frame, ring spinner, throstle [frame] ‖ **⁓** (Wellenleiter) / choke o. bar / throttleable ‖ **⁓bohrung** f / throttling port ‖ **⁓flansch** m (Wellenleiter) / choke connector o. flange ‖ **⁓flanschverbindung** f (Wellenleiter) / choke coupling ‖ **⁓garn**, Ringspinngarn n / ring spun yarn ‖ **⁓gestänge** n (Kfz) / throttle operating rod, carburettor linkage ‖ **⁓hebel** n, Handgashebel m (Kfz) / choke actuating lever ‖ **⁓kalorimeter** n (Phys) / throttling calorimeter ‖ **⁓kette** f (Radio) / choke filter ‖ **⁓kette** f (als Tiefpaß) / -leitung f (Fernm) / low-pass filter ‖ **⁓klappe** f, -ventil n / butterfly valve ‖ **⁓klappe** f (Mot) / throttle [valve], gas regulator ‖ **⁓klappe** f (Lufttechnik) / reducing damper ‖ **⁓klappe** f (Zuck) / regulating flap ‖ **⁓klappe** f (Kältemasch) / throttle valve ‖ **⁓klappe** f **der Wettertür** (Bergb) / regulator of the air door ‖ **⁓klappe** f **für Rauchrohre** / reducing damper ‖ **⁓klappenansteller** m, DKA (Kfz) / throttle jacking device ‖ **⁓klappenhebel** m (Kfz) / throttle control lever ‖ **⁓klappenregler** m **zwischen Vergaser u. Ansaugrohr** (Kfz) / sandwich governor ‖ **⁓klappenrelais** n (Kfz) / throttle solenoid ‖ **⁓klappenwinkelgeber** m (Kfz) / throttle potentiometer ‖ **⁓kolben**, Kurzschlußkolben, -schieber m (Wellenleiter) / non-contact o. choke piston o. plunger ‖ **⁓kopplung** f, -kupplung f (Elektronik) / L.C.-coupling, choke coupling ‖ **⁓körper** m (Strömung) / flow restrictor ‖ **⁓kreis** m (Elektr) / choke o. choking circuit, reactance circuit ‖ **⁓modulation** f / constant current modulation, choke modulation
drosseln (Elektr, Masch) / choke, throttle ‖ **⁓** n (zur Schonung), Leistungsherabsetzung f (Mot) / derating ‖ **Dampf ⁓** / throttle steam, baffle steam ‖ **die Produktion ⁓ o. [langsam] einstellen** / taper off production
Drossel·ring m (Mot) / choking ring ‖ **⁓rückschlagventil** n / one-way restrictor ‖ **⁓scheibe** f, Staurand m (Hydr) / sharp-edged orifice ‖ **⁓scheibe** f (Plast, Form) / baffle ‖ **⁓schieber** m / throttle slide [valve] ‖ **⁓spalte** f / choke gap ‖ **⁓speisung** f (Elektr) / choke feed ‖ **⁓spinnerei** f, Spinnen n ohne Ende / frame o. ring spinning ‖ **⁓[spule]** f (Elektr) / inductance o. reactance o. reactive coil, self-inducting coil, reactor, choke [coil], choking coil, kicking coil ‖ **⁓spule** f, Vorschaltgerät n (für Leuchtstoffröhren) / fluorescent lamp ballast ‖ **⁓spulenkompensation** f (Elektr) / reactor compensation ‖ **⁓stoß** m (Fernm) / reactance joint ‖ **⁓stoß** m **der Schienen** (Bahn) / impedance o. reactance bond ‖ **⁓transformator** m / choke transformer ‖ **⁓transformator** m (für konstanten Sekundärstrom) / constant current transformer ‖ **⁓tür** f (für Wetterregelung) (Bergb) / regulator o. gauge door
Drosselung f, Drosseln n / throttling ‖ **⁓ der Produktion** / checking of production, tapering off
Drossel·ventil n / choker valve, flow control valve ‖

⌐ventil n, -klappe f (Dampfm) / throttle [valve], regulating valve ‖ ⌐verluste m pl / throttling loss ‖ ⌐widerstand m, Induktanzrolle f / inductance coil, inductor

droussieren, öffnen (Streichgarn) / open condenser yarn

Droussierkrempel f / opener card for hard twisted thread waste, garnetting machine, Gilljam waste opener

Dr-Stellwerk n, Drucktastenstellwerk n / signal box with push-button routing o. with key routing, all-relay interlocking [plant], NX tower (entrance-exit)

Dr-Technik, Drucktasten-Technik f (Bahn) / push-button signalling technique

Druck m (Preß-, Gas- usw. -druck) (Masch) / pressure ‖ ⌐, Spannung f (Gas) / tension ‖ ⌐, Komprimierung f (Masch) / compression ‖ ⌐, Last f / burden, load ‖ ⌐, Druckhöhe f (Pumpe) / feed o. delivery pressure ‖ ⌐, Schub m (Bau, Bahn) / shear, thrust ‖ ⌐, Quetschung f / crush, violent pressure ‖ ⌐, Drucken n (DV, Buch) / printing ‖ ⌐, Abdruck m, Abzug m (Buch) / print, copy ‖ ⌐... / compressive ‖ ⌐... (Kabine) / pressurized ‖ ⌐... (EDV-Programmierung, COBOL) / actual ‖ ⌐ auf die Form / pressure on the mould ‖ ⌐ des Hangenden (Bergb) / roof pressure ‖ ⌐ im Ansaugstutzen (Mot) / manifold pressure ‖ ⌐ in Achsrichtung (Mech) / longitudinal compression ‖ ⌐ in Korrespondenzqualität / letter quality print ‖ ⌐ in lbs je Quadratzoll (1 psi = 0,07031 kg cm⁻², 1 kg cm⁻² = 14,22 psi) / psi (US), pressure in lbs per squ. inch ‖ ⌐ in Plattenrichtung / edgewise compression ‖ ⌐ je Flächeneinheit / unit-area pressure ‖ ⌐ senkrecht zur Plattenrichtung / flatwise compression ‖ ⌐ über 2 Seiten (Buch) / double spread ‖ ⌐ und Gegendruck / action and reaction ‖ ⌐ in psi / psi.a., lbs/sq. in. absolute ‖ auf ⌐ beansprucht (Mech) / under pressure, in compression ‖ den ⌐ halten, druckhalten / maintain the pressure ‖ im ⌐ (Buch) / at o. in the press ‖ in ⌐ gehen / go to press ‖ zu hoher ⌐ / excess[ive] pressure ‖ ⌐abbau m (Nukl) / pressure suppression ‖ ⌐abbausystem n (Reaktor) / pressure reduction system ‖ ⌐abfall m / decrease o. fall of pressure, pressure drop ‖ ⌐abhängig / pressure controlled ‖ ⌐abhängiger Schalter / manometric switch ‖ ⌐abhängigkeit f / pressure dependence ‖ ⌐absteller m (Buch) / impression throw-off ‖ ⌐abweichung f / difference in pressure ‖ ⌐abweiser m (Raketenstand) / jet deflector ‖ ⌐-Aerosolpackung f / aerosol packing ‖ ⌐aggregat n (DV) / printing unit ‖ ⌐anordnung f (Drucker) / formatting ‖ ⌐anschluß m (Kompressor) / delivery connection ‖ ⌐anschlußstelle f (Hydr) / power take-off ‖ ⌐anschnittsystem n (Formerei) / choked runner system ‖ ⌐-Ansprechgrenze f / pressure to make ‖ ⌐anstalt f / printing plant ‖ ⌐ansteller m (Buch) / impression throw-on ‖ ⌐anstieg m, -erhöhung f / rise o. increase of pressure ‖ ⌐anstieg m, Druck-Wiederanstieg m / build-up n ‖ ⌐anzeige f (am Manometer) / pressure reading ‖ ⌐anzeiger m / pressure indicator ‖ ⌐anzug m (Luftf, Raumf) / pressure garment [assembly], PGA, g-suit ‖ ⌐apparat m (Buch) / printer ‖ ⌐arbeit f, Drucken n (Buch) / press work ‖ ⌐aufbau m / pressure build-up ‖ ⌐aufbau m mit Turbopumpe (Raumf) / pump pressurization ‖ ⌐aufbereitung f (DV) / editing ‖ ⌐auflage f (Schleifbock) / pressure rest ‖ ⌐auflage f (Buch) / circulation [printed], run ‖ ⌐aufnahme f / pressure absorption ‖ ⌐aufnahmefläche f (Pressform) / pressure pad ‖ ⌐ausfall m (Ergebnis) (Buch) / printing result ‖ ⌐ausfall m (Plast) / pressure break ‖ ⌐ausführung f (Buch) / typographical execution ‖ ⌐ausgleich m / pressure compensation ‖ ⌐ausgleichbehälter m / surge tank ‖ ⌐ausgleichflasche f (Chem) / pressure compensation vessel ‖ ⌐ausgleichkolben m (Turbine) / dummy o. balance piston ‖ ⌐ausgleichventil n / pressure compensation valve ‖ ⌐auslaugen n / pressure leaching ‖ ⌐auslöseimpuls m (DV) / print command pulse ‖

⌐avivage f (Textil) / pressure brightening ‖ ⌐balken m / compressed beam

Drück·bank, -maschine f (Wzm) / spinning o. chasing lathe ‖ auf der ⌐bank geformtes Kupfer / spun copper

druckbar (Zeichen) / printable ‖ ⌐e Zeichen n pl (LoKa) / printer graphics pl

Druck·beanspruchung f / compression o. compressive stress ‖ ⌐beaufschlagung f, Unter-Druck-Setzung f / pressurization ‖ ⌐begrenzung f / pressure control ‖ ⌐begrenzungsventil n / pressure control valve, pressure relief valve, yield valve ‖ ⌐behälter m / pressure reservoir o. tank o. vessel ‖ ⌐behälter m (für Dichtheitsmessung) / pressure bomb ‖ ⌐behälter m, Windkessel m (Luft) / compressed air reservoir ‖ ⌐behälter m (Nukl) / pressure vessel ‖ ⌐behälter m, Autoklav m (Chem) / autoclave ‖ ⌐behälter m pl (Sammelbegriff) / pressure vessels pl ‖ ⌐behälterbau m / pressure vessel manufacture ‖ ⌐behälterverzeichnis n / receiver register (compr.air) ‖ ⌐belastung f / pressure load ‖ ⌐benzin n / pressure-fed gasoline ‖ ⌐berichtigung, Korrektur f (Buch) / correction, correcting ‖ ⌐berührzeit f (Umformen) / pressure dwell ‖ ⌐beseitigung f / pressure suppression ‖ ⌐bestäuber m (Pap) / dry spray ‖ ⌐bestäuber m (gegen Durchschlagen) (Buch) / anti-set-off spray ‖ ⌐betankung f (Luftf) / pressure refuelling ‖ ⌐betankung f mit Öl / pressure re-oiling filling ‖ ⌐bezogene Massendichte / unitary mass density ‖ ⌐bild n (DV) / printing format ‖ ⌐bildabmessung f, Druckbreite f (DV) / print-span ‖ ⌐bogen m (Buch) / printed sheet ‖ ⌐bogen m fertig zum Einhängen (mit Bogenzeichen) (Buch) / signature, section ‖ ⌐bolzen m / setbolt, stud ‖ ⌐breite f (Drucker) / print space ‖ ⌐breite f (Buch) / printing width ‖ ⌐brenner m / gas-and-pressure-air burner ‖ ⌐buchstaben f pl / block capitals o. letters pl ‖ ⌐bügel, Aufspann-, Klemmbügel m, Bügelklemme f / pressure clamp, clamp strap ‖ ⌐-Dampffixierung f (Färb) / pressure steam fixing ‖ ⌐dauer, Druckzeit f (Wzm) / pressure dwell ‖ ⌐daumen m (Landw) / cam ‖ ⌐decke f (Textildruck) / back cloth, printer's blanket, undercloth, rubber blanket ‖ ⌐decke f aus Rohware (Textil) / print back grey, bump ‖ ⌐destillat n, rohes Crackbenzin / pressure distillate, PD ‖ ⌐diagonale, -strebe f (Stahlbau) / compression diagonal, diagonal strut ‖ ⌐dicht / pressure sealed ‖ ⌐differenz-Lecksucher m (Vakuum) / differential leak detector ‖ ⌐dose f (Barometer) / barometric cell, aneroid diaphragm ‖ ⌐-Drehschalter m / push- and turn-switch ‖ ⌐dynamo, Spannungserhöher m (Elektr) / positive booster ‖ ⌐ebene, -stufe f (Druckluft) / pressure stage ‖ ⌐eignung f (Pap) / printability ‖ ⌐einheit f, Spannungseinheit f (Phys) / unit of compressional stress ‖ ⌐einheit f, Drucker m (DV) / printer ‖ ⌐einspritzung f (Mot) / pressure injection ‖ ⌐einspritzung f von Zement (Öl) / squeeze [job] ‖ ⌐elastizität f / elasticity of compression ‖ ⌐element n, Rasterpunkt m (Buch) / raster dot ‖ ⌐empfänger m (Elektronik) / pressure microphone ‖ ⌐empfänger m (Fernm) / printing receiver ‖ ⌐empfindlich / pressure sensitive ‖ ⌐empfindlichkeit f / pressure response o. sensitivity

drucken, abziehen (Buch) / print, work off ‖ ⌐ lassen (Buch) / print wieder ⌐, eine neue Auflage herausgeben / ⌐ lassen, herausgeben / publish ‖ Stoffe ⌐ / stamp, impress ‖ ⌐, Druckerei f / printing, typography ‖ ⌐ des Bilschirminhaltes / hardcopy ‖ ⌐ des Großspeicherbelegungsplans (DV) / random access index edit ‖ ⌐ des Speicherinhalts (DV) / memory edit ‖ ⌐ auf Glas (Buch) / glass printing ‖ ⌐ der Leiterbahn / printing of conductor pattern

drücken vt, zusammendrücken / press, compress ‖ ⌐, (einen) Druck ausüben / press, exert pressure ‖ ⌐, lasten / weigh, press down ‖ ⌐, unter Druck setzen (Beton) / stress in compression v ‖ ⌐, passivieren (Flotation) / deaden, depress ‖ ⌐ (Dreh) / spin, chase ‖ ⌐

(Pumpe) / force, press ‖ ~, flach bauen (Bau) / build surbased ‖ **auf einen Knopf** ~ / press upon a button, push a button ‖ **eine Taste** ~ / strike a key, depress o. press down o. press upon a key ‖ **Gewinde** ~ / bulge o. roll threads

druckend (DV) / printing *adj* ‖ ~**e Addiermaschine,** streifendruckende Addiermaschine / listing-adding machine ‖ ~**er Schreiber** (Instr) / printing instrument

drückend·es Mittel (Aufber) s. Drücker ‖ ~**er Schnitt** (Wzm) / push cut ‖ ~**es Wasser** (Bau) / pressing water

druck·entlastet / relieved from pressure ‖ ~**entleerung** *f* (Behälter) / pressure discharge

Drucker *m* (DV) / printer ‖ ~, Buchdrucker *m* (Beruf) / letterpress printer, typographer ‖ ~ (an der Maschine), Buchdrucker *m* / printer, pressman, machine man (GB) ‖ ~ **für fliegenden Druck** (DV) / fly printer, hit-on-the-fly printer ‖ ~ **mit Korrespondenzqualität** / letter-quality printer

Drücker *m*, Passivierungsmittel *n* (gegen das Aufschwimmen von Erzen) (Flotation) / deadening agent, deadener, depressing agent, depresser ‖ ~ (Schloß) / latch [key], sneck (GB) ‖ ~ (Gewehr, Preßluftwz) / trigger ‖ ~, Stoffdrücker[fuß] *m* (Nähm) / press[ure] foot, sewing foot ‖ ~ (Masch) / pusher ‖ ~ (für Kleinuhren) / push-piece

Druck-Erdgas *n* / CNG, compressed natural gas

Druckerei *f*, Drucken *n* / printing, typography ‖ ~ / printing office o. plant, printing house ‖ ~**bedarf** *m* / printer's supply ‖ ~**hilfsmittel** *n* (Färb) / printing auxiliary

Drückerfalle *f*, Daumendrücker *m* (Tür) / thumb latch

Drucker·-Formatsteuerung *f* (DV) / format control

Druck·erhitzung *f* / heating under pressure ‖ ~**erhöher,** -umformer *m* / pressure intensifier ‖ ~**erhöhung** *f*, -anstieg *m* (Masch) / rise of pressure, increase of pressure ‖ ~**erhöhungspumpe** *f* / booster pump ‖ ~**erholungsvermögen** *n* (Stoff) / compressional resilience, CR

Druckerpresse *f* / printing press

Druckerschild *n* an Türen / lock plate

Drucker·schwärze *f*, -farbe *f* / printer's black, printing ink, ink ‖ ~**steuerung** *f* (DV) / printer control

Druck·erweichung *f* (Steine) / sagging, softening under load ‖ ~**erweichungsprüfung** *f* (Email) / load test ‖ ~**erzeugung** *f* / generation of pressure ‖ ~**fähig** / printable ‖ ~**farbe** *f*, Druckerschwärze *f* / printing ink ‖ **bunte** ~**farbe** / printer's colour (not black) ‖ ~**färbeapparat** *m* / pressure dyeing machine in autoclave ‖ ~**färben** *n* (Textil) / pressure dyeing in autoclave ‖ ~**farbstoff** *m* (Textil) / printing dye ‖ ~**faser** *f* (Mech) / fiber under compression ‖ ~**feder** *f* / compression spring ‖ ~**feder** *f* (druckausübend) / pressure spring ‖ ~**-Federwaage** *f* / push scale ‖ ~**fehler** *m* / compositor's o. printer's error, P.E., misprint, erratum, typo (US), typographical error ‖ ~**fehlerverzeichnis** *n* / errata *pl* ‖ ~**fertig** (Buch) / ready for press o. printing ‖ ~**fertiges Küpenpräparat** (Textil) / ready-made vat-dye preparation ‖ ~**fertiger Satz** (Buch) / live matter ‖ ~**fertig-Korrektur** *f* / press proof, impress copy ‖ ~**fest** / compression-proof ‖ ~**feste Dichtung** (Masch) / jointing ‖ ~**feste Kapselung** (Elektr) / flameproof enclosure ‖ ~**feste Kapselung** (Bergb) / pressure-proof housing ‖ ~**fester Klemmenkasten** (Elektr) / pressure-containing terminal box ‖ ~**festigkeit** *f* / resistance to pressure ‖ ~**festigkeit** *f* (Tablette) / crush strength ‖ ~**festigkeit** *f* (gegen Zusammendrücken) / compressive o. compression strength o. resistance ‖ ~**festigkeit** *f* (bis zum Bersten) / crushing strength o. resistance ‖ ~**festigkeit** *f* **bei Raumtemperatur,** KDF (Keram) / cold crushing strength ‖ ~**festigkeit** *f* **gegen inneren Überdruck** / resistance to internal pressure ‖ ~**feuerbeständigkeit** *f*, DFB (Keram) / refractoriness under load, RUL ‖ ~**feuerbeständigkeitsprüfung,** DFB-Prüfung *f* (Keram) / hot load test ‖ ~**filter** *m n* /

press[ure] filter, combined press and filter ‖ ~**filz** *m* (Färb) s. Druckdecke ‖ ~**fingerplatte** *f* (Elektr, Maschine) / tooth support ‖ ~**fläche** *f* (DV) / [solid] print area ‖ ~**flasche, -pumpe** *f* (Chem) / pressure pump ‖ ~**fließläppen** *n* / abrasive flow machinering ‖ ~**flüssigkeit** *f*, -gas *n* (als Arbeitsmittel) / working substance ‖ ~**flüssigkeit** *f* / hydraulic fluid ‖ ~**folge** *f* / printing sequence ‖ ~**fond** *m* / printing ground ‖ ~**form** *f* (Buch) / forme, printing form o. forme (GB), type form[e] ‖ ~**form** *f*, Eindruckform *f* (Zeugdr) / indention ‖ ~**form** *f* (Färb) / printing block o. mould ‖ ~**form** *f* **für die Seiten 1, 4, 5, 8, 9 usw** (Buch) / outer forme

Drückform *f* (Wzm) / chasing form

Druck·fortpflanzung *f* / pressure transmission ‖ ~**fühler** *m* (Regeln) / pressure transducer ‖ ~**füllung** *f* **für Aerosole** / pressure fill ‖ ~**fundament** *n* (Buch) / forme bed ‖ ~**fundament,** Widerlager *n* (Bau) / abutment ‖ ~**fundament** *n* (Buch) / form o. press type bed ‖ ~**gabel** *f*, Drücker *m* (Nähm) / press[ure] foot, sewing foot ‖ ~**gang** *m* / printing cycle ‖ ~**[gang]-Wiederholung** *f* (Buch.m) / repeat print ‖ ~**gärung** *f* / fermentation under pressure ‖ ~**gas** *n* / compressed gas, comp.gas ‖ ~**gas** *n*, Hochdruckgas *n* / high-pressure gas, pressure gas ‖ ~**gas** *n* (Rakete) / pressurizing gas, pressurant ‖ ~**gasbehälter** *m* / gas o. steel cylinder, gas bottle (coll) ‖ ~**gasbrenner** *m* / high-pressure gas burner ‖ ~**gas-Kesselwagen** *m* (Bahn) / pressure gas tank wagon ‖ ~**gaskondensator** *m* / pressure-type capacitor ‖ ~**gasschalter** *m* (Elektr) / air blast switch o. circuit-breaker, compressed-gas cutout, gas-blast switch ‖ ~**gasschnellschlußventil** *n* / quick-action stop valve for compressed gas ‖ ~**geber** *m* (Regeln) / pressure transducer ‖ ~**gebläse** *n* / forced draught fan ‖ ~**gefälle** *n* / drop o. difference of pressure, pressure head, pressure difference, P.D. ‖ ~**gefälleventil** *n* / differential pressure regulator ‖ ~**gefäß** *n* / pressure vessel ‖ ~**gefäß** *n*, Autoklav *m* / autoclave ‖ ~**gefäßreaktor** *m*, -röhrenreaktor *m* (Nukl) / pressure tube reactor ‖ ~**gekocht** / pressure-boiled ‖ ~**geschwindigkeit** *f* (Buch, DV) / printing speed, printing rate ‖ ~**gespeist** / pressure-fed ‖ ~**gesteuert** / pressure controlled ‖ ~**gewerbe** *n* / printing trade ‖ ~**gewölbe** *n* (Bergb) / arch ‖ [Metall] ~**gießen** / diecast ‖ ~**gießen** *n* (von Metallen) / diecasting ‖ ~**gießmaschine,** -gußmaschine *f* / [pressure] die casting machine ‖ ~**glas** *n* / compression glass ‖ ~**glied** *n* (DV) / print member ‖ ~**glied** *n* (Mech) / member under compression ‖ ~**glied** *n*, Drücker *m* / pusher element ‖ ~**gradient** *m* / pressure gradient ‖ ~**gradienten-Empfänger,** Schnelle-Empfänger *m*, Druckgradientenmikrophon *n* (Elektronik) / pressure gradient microphone ‖ ~**grün** *n* / chrome green, chromic oxide, chromium sesquioxide ‖ ~**gummifederung** *f* / rubber [pressure] shock absorber ‖ ~**gurtung** *f*, -gurt *m* (Stahlbau) / compression chord (US) o. boom (GB) o. flange

Druckguß *m* / [pressure] diecasting ‖ ~**...** / diecast *adj* ‖ ~**form** *f* / diecasting mo[u]ld o. die ‖ ~**legierung** *f* / diecasting alloy ‖ ~**maschine** *f* / diecasting machine ‖ ~**stück** *n*, Druckgußteil / diecasting, diecast part ‖ ~**technik** *f* / diecasting practice

druckhaft (Bergb) / exercising pressure ‖ ~ **sein** (Bergb) / exercise pressure, press

Druck·halten *n*, Druckhaltung *f* / keeping the pressure ‖ ~**halter** *m* / pressure maintaining o. keeping device ‖ ~**halter** *m* (Reaktor) / pressurizer ‖ ~**haltezeit** *f* (Sintern) / pressure keeping period, dwell time ‖ ~**hammer** *m* (DV) / print hammer ‖ ~**haupt** *n*, Querhaupt *n* zur Druckaufnahme (Masch) / crosshead [taking up the pressure] ‖ ~**hebel** *m* / pressure lever ‖ ~**helm** *m* (Luftf) / pressure helmet ‖ ~**höhe** *f*, barometrische Höhe / barometric altitude, pressure altitude ‖ ~**höhe** *f*, manometrische Förderhöhe (Pumpe) / manometric lift o. head, pumping head ‖ ~**höhe** *f* (Hydr) / elevation o. position head, pressure head ‖ ~**höhe** *f*, nutzbares

Gefälle (Wasserkraft) / hydrostatic pressure, effective head ‖ spezifische ~höhe (Hydr) / intensity of pressure ‖ ~höhe-Abflußmenge-Beziehung f (Hydr) / stage-discharge relation ‖ ~höhenlinie f / total head line, energy head line ‖ ~höhenlinie f, piezometrische Höhenlinie / piezometric level ‖ ~höhenverstellung f (Schreibm) / pressure adjustment ‖ ~holz n / compression wood ‖ ~hub m (allg) / pressure stroke ‖ ~industrie f, grafisches Gewerbe / printing industry, polygraphic industry, printing trade ‖ ~jacke f (Luftf) / pressure waistcoat ‖ ~kabel n / steel pipe pressure cable ‖ ~kabine f, Überdruckkabine f / pressurized o. pressure cabin ‖ ~kalandern n (Textil) / swissing ‖ ~kamm m (DV) / print comb ‖ ~kammer f / pressure chamber ‖ ~kammer f (Nukl) / plenum ‖ ~kammer f (Siedewasserreaktor) / dry well ‖ ~kammer f (Druckguß) / shot sleeve, sleeve ‖ ~kammer f der Luftschleuse / pressure vessel of air lock ‖ ~kapsel f (Luftf) / capsule ‖ ~kattun m, -perkal m (Textil) / printed calico, common prints pl ‖ ~kattun m, Chintz m / chintz ‖ ~kessel m (Druckluft) / pressure chamber ‖ ~kessel, Autoklav m / autoclave ‖ ~kissen n / pressure pad ‖ ~kissen n, Beschickblech n (Sperrholzpresse) / caul ‖ ~klappe f (Rohrpost) / pressure flap ‖ ~klasse f (z.B. von Behältern) / pressure class (e.g. of receivers) ‖
Druckknopf m (Elektr) / push-button, push ‖ ~, Klingelknopf m / call button ‖ ~ (Näh) / patent fastener, snap fastener (US) ‖ versenkter ~ / flush type push-button ‖ ~abstimmung f (Elektronik) / push-button tuning ‖ ~anlasser m, -starter m (Kfz) / push-button starter ‖ ~schalter m (Elektr) / push-button o. press-button switch ‖ ~schaltung, -betätigung f, -steuerung f / push-button control ‖ frei aufgehängtes ~tableau n (Wzm) / suspended push-button control [panel] ‖ ~tafel f / push-button control panel ‖ ~tastatur f / push-button keyset o. keyboard ‖ ~taste f (Fernm) / plunger key ‖ ~taster m (Elektr) / push-button key o. contact (US) ‖ ~wahl f (Elektronik) / automatic tuning
Druck·kocher, -kessel m (Pap) / pressure digester, autoclave ‖ ~kocher m (Chem) / pressure boiler, revolving boiler ‖ ~kochung f (Chem) / pressure boil[ing] ‖ ~koeffizient m der Reaktivität (Nukl) / pressure coefficient of reactivity ‖ ~kolben, Plunger m / pump plunger o. ram, sucker ‖ ~kolben m (Plast) / force plug ‖ ~kolben m, Ausstoßstempel m / follower, pressure piston ‖ ~komponente f des Schubs, Druckanteil m / pressure thrust ‖ ~kontakt m / push contact, dotting contact ‖ ~kopf-Abstand m / print head gap ‖ ~körper m (Schiff) / pressure hull, strength hull ‖ ~kraft f / force of pressure ‖ ~kraft, -anpressung f (Buch) / printing pressure, squeeze, squash (GB) ‖ ~kraft f einer Presse / pressing power of a press, compressive force ‖ ~kraft f von Gasen / force of expansion ‖ ~kraftorgan n (Kinematik) / incompressible fluid as a link ‖ ~kufe f (Film) / pressure pad ‖ ~kugel f (Brinellprobe) / pressure ball ‖ ~kugelbehälter m für Gas / Horton sphere ‖ ~kugellager n / ball thrust bearing ‖ ~küpenfarbstoff m (Textil) / printing vat dye ‖ ~kupplung f (Feuerwehr) / delivery coupling ‖ ~lack m (Buch) / printing lake, printer's varnish ‖ ~lage f (Geol) / pressure parting ‖ ~lagen, Abdrückungen f pl (Bergb) / pressure partings pl ‖ ~lager n (Walzlager) / thrust bearing o. block ‖ ~lager n (Schiff) / thrust block ‖ ~lampe f / pressure lamp (forcing the oil by a pump o. spring) ‖ ~legung f / printing, impression ‖ ~leiste f (Plast, Wzm) / pressure pad ‖ ~leistung f, Enddruck m / pressure output ‖ ~leitung f / pressure pipe, force pipe ‖ ~leitung f (Wasserkraft) / penstock ‖ ~leitung f (Bau) / live main ‖ ~leitung f (Wasserversorgung) / delivery pipe ‖ ~leitung f (F'wehr) / delivery hose ‖ ~leitung f für Luft / delivery piping o. pipe ‖ ~leitung f für Wasser / hydraulic main ‖ ~leitung f zum Tank (Raumf) / pressure line to tank ‖ ~lenker m (Kran) / strut member ‖ ~linie,

Wirkungslinie f (Mech) / line of application ‖ ~linie, Mittelkraft-, Stützlinie f (Mech) / line of resultant pressure, axis o. center line of pressure o. of thrust ‖ ~los / depressurized, unpressurized ‖ ~los härtender Kunststoff / no-pressure plastics
Druckluft f / compressed air ‖ ~..., durch Druckluft betätigt, druckluftbetätigt / compressed air [operated], air operated, air pressure, pneumatic, pneumatically operated ‖ ~-Abbauhammer m / pneumatic coal pick hammer ‖ ~anlage f / compressed-air plant, pneumatic system ‖ ~anlasser m (Mot) / compressed-air starter ‖ ~anschluß, Luftanschluß m, -lieferung, -versorgung f / compressed-air supply ‖ ~antrieb m / compressed-air drive, pneumatic drive ‖ ~-Aufbereitungsstation f / air filter station ‖ ~-Aufstoßvorrichtung f (Schachtförderung) (Bergb) / pneumatic ram ‖ ~ausgleich m, -kompensation f / air pressure compensation, compressed-air compensation ‖ ~ausrüstung f / pneumatic system, compressed air equipment ‖ ~behälter m / compressed-air reservoir, pressure tank ‖ ~beleuchtung f / pneumatic lighting ‖ ~-Besatzgerät n (Bergb) / pneumatic stemmer ‖ ~betriebener Wasserheber / buoyancy pump ‖ ~bohrer m auf Schlitten montiert (Bergb) / drifter ‖ ~bohrhammer m / pneumatic o. air drilling hammer, pneumatic o. air hammer drill ‖ ~bremse f / [compressed-]air brake ‖ ~druckzylinder m / pneumatic jack ‖ ~einspritzung f / pneumatic injection ‖ ~entlastung f (Waage) / pneumatic balancing equipment
Drucklüfter m / pressure fan
Druckluft·flasche f / compressed-air bottle ‖ ~förderanlage f, -förderer m / pneumatic conveyor ‖ ~förderung f / airlift ‖ ~futter n (Wzm) / air [operated] chuck, pneumatic chuck ‖ ~gebläse n / compressed air sprayer ‖ ~gefriertrockner m / pneumatic freeze-drier ‖ ~gesteuert / compressed-air controlled ‖ ~gründung f / compressed-air foundation work, pneumatic process of foundation ‖ ~hammer m / air [operated] hammer, compressed-air hammer, pneumatic hammer ‖ ~handstampfer m / pneumatic hand rammer ‖ ~heber m / air jet lift, air lift pump ‖ ~horn n / compressed-air horn ‖ ~katapult m n / compressed-air impulse catapult ‖ ~kessel m / compressed air reservoir o. chamber ‖ ~kompensation f, -ausgleich m / air pressure compensation, compressed-air compensation ‖ ~krankheit f, Caissonkrankheit f / caisson disease, compressed-air disease ‖ ~kühlung f / forced air cooling ‖ ~leistungsschalter m (Elektr) / pneumatically operated H.T. circuit breaker ‖ ~leitung f / compressed-air piping ‖ ~leuchte f (Bergb) / compressed-air lamp ‖ ~lokomotive f / air locomotive ‖ ~loses Lackieren / airless painting ‖ ~manometer n, -meßgerät n / compressed air gauge ‖ ~meißel[hammer] m / pneumatic chipper, pneumatic chiseling hammer ‖ ~motor m / [compressed-]air engine o. motor ‖ ~netz n / compressed-air ductwork system ‖ ~niethammer m / compressed-air o. pneumatic riveting hammer ‖ ~pegel m, -schreibpegel m / pneumatic level recorder ‖ ~presse f / pneumatic press ‖ ~-Preßformmaschine f (Gieß) / [compressed] air squeezer ‖ ~rüttler m (Gieß) / air jolter ‖ ~-Säurepumpe f / acid egg ‖ ~schalter m (Elektr) / air blast switch o. circuit-breaker ‖ ~schalter m (druckluftbetätigt) (Elektr) / pneumatically operated switch ‖ ~schaltplan m / electric and pneumatic connecting diagram ‖ ~schaltung f (Kfz) / pneumatic change of gear ‖ ~schaltzylinder m (Kfz) / pneumatic gear change cylinder ‖ ~schlauch m / air hose ‖ ~schleuse f / pressed air lock ‖ ~schnellschalter m / pneumatically operated quick break switch ‖ ~schütz n (Elektr) / compressed-air switch ‖ ~spannung f (Wzm) / air chucking ‖ ~-Speicherkraftwerk n / compressed-air storage power station ‖ ~spitzhacke f (Bau) /

pneumatic pick ‖ **⌐sprengung** *f* (Bergb) / breaking of coal by high-pressure air, airdox (US) ‖ **⌐stampfer** *m* (Straßb) / pneumatic beetle o. rammer ‖ **⌐-Steuergerät** *n* (Raumf) / pneumatic control unit, PCU ‖ **⌐stopfen** *n* (Bahn) / pneumatic packing o. tamping ‖ **⌐stopfer** *m* (Bahn) / pneumatic packing o. tamping machine o. packer o. tamper ‖ **⌐transportanlage** *f* / compressed-air conveyor ‖ **⌐turbine** *f* / air turbine ‖ **⌐übertragung** *f* (Bremse) / pneumatic transmission (GB) o. linkage (US) ‖ **⌐ventil** *n* / compressed-air valve ‖ **~verfestigter Boden** (Bau) / plenum ‖ **⌐verteiler** *m* / pig, manifold ‖ **⌐wächter** *m* / pressure control device ‖ **⌐wartungseinheit** *f* / compressed-air conditioner ‖ **⌐werkzeug** *n* / compressed-air o. pneumatic tool

Druck·magnet *m* / printing magnet ‖ **⌐mantel** *m* (Nukl) / pressure shell ‖ **⌐manuskript** *n* / printer's manuscript ‖ **⌐markierung** *f* / pressure marking ‖ **⌐maschine** *f* (Buch) / printing machine o. press ‖ **⌐meßdose** *f* / pressure pickup o. cell ‖ **⌐messer** *m*, Manometer *n* / pressure gauge, manometer ‖ **⌐meßwertgeber** *m*, -meßwertwandler *m* (Regeln) / pressure transducer ‖ **⌐mikrophon** *n* (Elektronik) / pressure microphone ‖ **⌐minderer** *m* / reducing regulator, pressure reducer ‖ **⌐minderer** *m* (Gasschweißen) / welding regulator ‖ **⌐minderung** *f* / pressure reduction ‖ **⌐minderventil** *n*, -reduzierventil *n* / pressure reducing valve ‖ **⌐mitläufer** (Färb) s. Druckdecke ‖ **⌐mittelpunkt** *m* (Mech) / center of pressure, C.P. ‖ **⌐mittelwandler** *m* (Hydr) / air-oil actuator ‖ **⌐model** *m*, -form *f* (Textil) / printing block ‖ **~montiert** / pressure-mounted ‖ **⌐muster** *n* (Siebdruck) / printing pattern ‖ **⌐mutter** *f* / forcing nut, screw-down nut ‖ **⌐nadel** *f* (DV) / printing needle o. pin

Drucköl *n* / compressed oil, pressure oil, oil under pressure ‖ **⌐...** / hydraulic ‖ **⌐antrieb** *m* / hydraulic drive ‖ **⌐brenner** *m* / pressure-jet oil burner ‖ **⌐entlastung** *f* / oil-hydraulic relief

Drucköler *m* / force-feed oiler

Drucköl·kännchen *n* / plews oiler ‖ **⌐-Löschkammerschalter** *m* / oil blast switch ‖ **⌐montage** *f* / mounting by oil pressure ‖ **⌐motor** *m* / oil pressure motor ‖ **⌐pumpe** *f* (Mot) / oil pressure pump ‖ **⌐schaltung** *f* (Kfz) / hydraulic gear change o. shift ‖ **⌐schmierung** *f*, Druckölung *f* / forced [feed] oil lubrication, pressure oil lubrication ‖ **⌐servosteuerung** *f* / hydrodynamic governor ‖ **⌐steuerungseinrichtung** *f*, -steuereinrichtung *f* / forced oil control gear

Druck·ölung *f* / pressure [feed] lubrication ‖ **⌐original** *n* (gedr.Schaltg) / original production master ‖ **⌐papier** *n* / printing paper, printers *pl* ‖ **hartes glattes ⌐papier** / English finish paper, e.f. paper ‖ **⌐pappe** *f* (Buch) / flong ‖ **⌐paste** *f*, -satz, -teig *m* (Textil) / printing paste ‖ **⌐perkal** *m*, -kattun *m* (Textil) / printed calico, common prints *pl* ‖ **⌐pfosten** *m* (Bau) / strut *n*

Drück-Planier-Karussellbördelmaschine *f* / rotating spinning and planishing flanging machine

Druck·platte *f*, Preßblech *n* / pressing o. pressure plate ‖ **⌐platte** *f* (Stahlbau) / compression plate ‖ **⌐platte** *f* (Stanz) / ejector pad, backing o. presser plate ‖ **⌐platte** *f* (Buch) / printing plate ‖ **⌐platte**, Prägeplatte *f* (Buch) / die (pl.: dies), die plate

Drück·platte *f* (Plast) / ejector plate ‖ **~ plattenführung** *f* (Plast) / ejector frame guide

Druck·plattenkörnmaschine *f* (Offset) / plate graining machine ‖ **⌐position** *f* (DV) / print position ‖ **⌐presse** *f* / compression press ‖ **waagerechte ⌐presse** (Walzw) / bulldozer ‖ **⌐probe** *f* (Buch) / proof sheet o. copy, specimen ‖ **⌐probe** *f* (Masch) / compression trial ‖ **⌐propeller** *m* (Luftf) / pusher propeller ‖ **⌐prüfer** *m* für **Luftreifen** (Kfz) / pressure gauge ‖ **⌐prüfmaschine** *f* / test press, compression testing machine ‖ **⌐prüfung** *f*, Abdrücken *n* / hydraulic pressure test ‖ **⌐prüfung** *f* (DV) / print check ‖ **⌐puffer** *m* (DV) / synchronizer storage/printer, print buffer ‖ **⌐pumpe** *f* / force o. forcing pump, press[ing] pump ‖ **⌐pumpe**, -flasche *f*

(Chem) / pressure pump ‖ **⌐pumpe** *f* (Wasser) / pressure pump ‖ **⌐pumpenkolben**, Stempel *m* / forcer ‖ **⌐[pumpen]satz** *m* (Bergb) / forcing set ‖ **⌐punkt** *m* (Mech) / center of pressure, C.P. ‖ **⌐punkt**, Angriffspunkt *m* (Mech) / straining point, working point ‖ **⌐punkt** *m* (Gewehr) / trigger slack o. take-up ‖ **⌐punkt** *m* (beim Niederdrücken einer Taste) / action point ‖ **⌐punktabzug** *m* (Gewehr) / firing trigger, second set trigger ‖ **⌐qualität** *f* / pr1nting quality ‖ **⌐querschnitt** *m* / cross-section under compression ‖ **⌐raffination** *f* / refining under pressure ‖ **⌐reaktor** *m* / pressurized reactor ‖ **⌐reduzierer** *m*, Druckminderer *m* (Hydr) / pressure reducer ‖ **⌐regler** *m* / pressure balance o. governor (GB) o. regulator o. scale (US), pressure controller ‖ **⌐regler** *m* (Bremse, Kfz) / unloader valve ‖ **⌐regler** *m* (Luftf) / pressure controller ‖ **⌐ring** *m* / thrust collar ‖ **⌐riß** *m* / compression crack ‖ **⌐riß** *m*, plötzlicher Einbruch (Bergb) / crump, bump ‖ **⌐rohr** *n* / forcing o. pressure pipe ‖ **⌐rohr** *n* (Pumpe) / lifting tube, ascending pipe ‖ **⌐rohr** *n* (Wasserkraftwerk) / penstock ‖ **⌐röhrenreaktor** *m*, -rohrreaktor *m* / pressure tube reactor ‖ **⌐rohrleitung** *f* / [high-]pressure pipe line ‖ **⌐rohrstutzen m der Einspritzdüse** (Kfz) / inlet connector ‖ **⌐rolle** *f* / pressure roller ‖ **⌐rolle** *f* (Buch) / impression cylinder ‖ **⌐rolle** *f* (Filmapp) / pad roll[er] ‖ **⌐rolle** *f* (Drucker) / print roll ‖ **⌐sache** *f* / printed matter ‖ **⌐satz** *m* (Buch) / composition, type matter ‖ **⌐-Saugkupplung** *f* (Feuerwehr) / delivery and suction coupling ‖ **⌐schablone** *f* (Farbdruck) / printing screen o. pencil ‖ **⌐schacht** *m* (Düker) / pressurized well ‖ **⌐schale** *f* / pressure shell, pressure blanket ‖ **⌐schalter** *m* (zum Drücken) / push o. press switch ‖ **⌐schalter** *m* (auf Druck reagierend) / manometric switch ‖ **⌐schatten** *m* (Bergb) / stress-free zone ‖ **⌐scheibe** *f* / pressure disk ‖ **⌐scheibe** *f* (zur Aufnahme von Schub) / thrust washer ‖ **⌐scheibe** *f* **zur Herstellung von Reliefdruckwalzen** / wheel for friezing the rollers ‖ **⌐scherversuch** *m* (Leim) / compression shear test ‖ **⌐schieber** *m* (Pumpe) / pressure valve ‖ **⌐schlauch** *m* / forcing o. delivery hose, flexible pressure tubing ‖ **⌐schleifen** *n* (Pap) / pressurized grinding ‖ **⌐schleifverfahren** *n* / pressure ground wood process, PGW process ‖ **⌐schleuse** *f* / man lock ‖ **⌐schmierkopf** *m* (Kfz) / force-feed lubrication nipple ‖ **⌐schmiernippel** *m* / force-feed lubrication nipple ‖ **⌐schmierpresse** *f* / grease gun ‖ **⌐schmierung** *f* / pressure [feed] lubrication ‖ **⌐schott** *n* (Luftf) / pressure bulkhead ‖ **⌐schraube** *f* / pressing o. pressure screw ‖ **⌐schraube** *f* (Luftf) / pusher type air-screw ‖ **⌐schraubenmotor** *m* (Luftf) / pusher engine ‖ **⌐schreiber** *m* / recording manometer ‖ **⌐schrift** *f* (als Gattung) (Buch) / printing type, print script ‖ **⌐schrift** *f* (Zeichn) / hand printing ‖ **⌐schrift** *f*, Prospekt *m* / advertizing folder, pamphlet ‖ **⌐schrift**, Broschüre *f* / booklet, leaflet, prospectus, printed paper ‖ **in Betracht gezogene ⌐schrift**, Vorveröffentlichung *f* (Patent) / reference [cited], prior printed publication ‖ **⌐schriften** *f pl*, Literatur *f* / literature, leaflets *pl*, (spec.:) production literature ‖ **⌐schutzwendel** *f* (Kabel) / reinforcement helix ‖ **⌐schwankung** *f* / transient pressure, pressure variation ‖ **⌐schweißung** *f* / pressure welding ‖ **⌐schwellbereich** *m* (Prüfen) / range for pulsating o. for oscillating compressive stresses ‖ **⌐schwellfestigkeit** *f* / compression pulsating fatigue strength ‖ **⌐schwimmer** *m* (Mot) / pressure float ‖ **⌐seite** *f* (der Pumpe) / delivery side of a pump ‖ **⌐seite** *f* (Mech) / thrust face ‖ **⌐seite** *f* (des Flügels) (Luftf) / pressure o. bottom side ‖ **⌐seite** *f* (des Propellers) (Luftf) / blade face ‖ **⌐seite** *f* (Buch) / printed page ‖ **⌐sicherung** *f* (Bremse) / protection against pressure losses ‖ **⌐sintern** *n* / pressure sintering, hot pressing ‖ **⌐sonde** *f* / manometric capsule ‖ **⌐spannbewehrung** *f*, Druckspannglied *n* (Bau) / postcompressed reinforcement ‖ **⌐spannung** *f* / compressive strain ‖

~-Spannzange f / push-out collet chuck ‖ ~speicher m (DV) / print storage ‖ ~speicher m (Hydr) / accumulator ‖ ~speicher m (Heizung) / pressurized hot-water tank ‖ ~speicher m (Luftt) / receiver-type compressed air system ‖ ~speicher m, -akkumulator m / air[-hydraulic] accumulator, air bottle ‖ ~speicherband n / printer record ‖ ~speiser (Gieß) / blind feeder o. riser (US), blind head ‖ ~spiegel m (Grundwasser) / confined ground water level ‖ ~spindel f / pressing o. pressure screw ‖ ~spritzverfahren n (Hütt) / pressure spray process ‖ ~sprung m / sudden change of pressure ‖ ~spüler m / flushing valve ‖ ~stab m (Mat Prüf) / compression test bar ‖ ~stab m, -glied n (Stahlbau) / compression[al] member o. bar, member in compression ‖ ~stab m, -stange f (DV) / print bar, type bar
Drückstahl m (Masch) / chasing tool
Druck·-Standlinie f / pressure line of position, PLOP ‖ ~standversuch m / compressive creep test ‖ ~stange f (Masch) / forcing lever ‖ ~stange f (Koks) / pusher rack, ram rack, ram bar ‖ ~stange f (Bremse) / plunger rod ‖ ~stange f (Nähm) / presser [bar], pressure bar ‖ ~stärkeregler m (Schreibm) / impression control ‖ ~steiger m (Gieß) / relief sprue ‖ ~stelle f (Fehler), -marke f / pressure mark ‖ ~stelle f (Samt) / crushed spot ‖ ~stelle f (vom Werkzeug) (Wzm) / drag mark (of a tool), tool drag mark ‖ ~stelle f (DV) / print position ‖ ~stempel m (Bergb) / force piece, fore-set ‖ ~stempel m (Kolben) / plunger [piston], pressure piston ‖ ~stempel m, Gummistempel m / rubber stamp ‖ ~steuerung f (DV) / print control
Drück·stift m (Druckguß) / throw-out pin, press pin, ejector pin ‖ ~stiftplatte f (Plast) / latch plate
Druckstock m (Buch) / [processed o. printing] block, cut, cliché, plate ‖ ~ (Holzschnitt) (Buch) / wood block ‖ [aus mehreren] zusammengesetzter ~ (Buch) / composite block ‖ farbiger ~ (Buch) / colour plate ‖ kombinierter ~ (Strich u. Halbton) (Buch) / composite block, combination plate, combined line and half-tone block o. cut ‖ ~-Abzug m (Buch) / plate proof ‖ ~herstellung f (Buch) / process engraving, block making
Druck·stoff m (Textil) / printed fabric ‖ ~stollen m (Hydr) / head race tunnel ‖ ~stollen m (Staumauer) / pressure tunnel ‖ ~stoß m in Rohren, Wasserschlag m / water hammer ‖ ~strahlgebläse n / hydraulic ejector ‖ ~strahlläppen n / wet blasting ‖ ~strebe, -diagonale f (Stahlbau) / diagonal strut ‖ ~stück n / thrust [carrying o. transmitting] piece o. member ‖ ~stück n des Michell-Lagers / pad of the Michell bearing, pivoted pad ‖ ~stufe f / pressure stage ‖ ~stufe f (theoretisch) / pressure rating ‖ ~stufenelektronenkanone f / atmospheric stage electron-gun ‖ ~stufenventil n / proportioning pressure relief valve ‖ ~sturz m (Taucher) / decompression ‖ ~sturz m (Raumf) / explosive decompression ‖ ~stutzen n / pressure [pipe] joint ‖ ~tank m / pressure tank ‖ ~taste f / press button, push key, push button ‖ ~taste "Sprechen" [ohne Verriegelung] f / push-to-talk switch ‖ ~tastenabstimmung f / push-button tuning ‖ ~tastenempfänger m / push-button receiver ‖ ~tastensatz m / press button block ‖ ~tastenschalter m / press-button switch ‖ ~tastenschaltung f / push-key control ‖ ~tastenstellwerk n, Dr-Stellwerk n / signal box with push-button routing o. with key routing, all-relay interlocking [plant], NX tower (entrance-exit) ‖ ~tastensteuerung f (DV) / finger-tip set-up control ‖ ~tasten-Technik, Dr-Technik f (Bahn) / push-button signalling technique ‖ ~tastentelefon o / press-button telephone ‖ ~tastenwahl f (Fernm) / push-button dialing ‖ ~taster m (am Schaltgerät) (Elektr) / hand-actuated auxiliary switch ‖ ~telegraf, Typendrucker m / printing telegraph [apparatus] ‖ ~telegraf m / printing telegraph [apparatus] ‖ ~tiefe f (Buch) / depth of print ‖ ~tiegel m, Platte (Buch) / platen, platen press ‖ ~tiegel m mit Fußbetrieb (Buch) / cropper ‖ ~tischwagen m (Textil) /

printing car ‖ ~topf m (Walzw) / pressure piece o. pad ‖ ~träger m (Textil) / printing carrier, stock ‖ ~träger m (Buch) / plate cylinder ‖ ~tränken n (Sintern) / infiltration by pressure ‖ ~transformation f (Elektronik) / pressure transformation ‖ ~trockner m (Textil) / pressure drier ‖ ~tuch n (Buch) / blanket ‖ ~tuch n (Färb) s. Druckdecke ‖ ~turbine f, Gleichdruckturbine f / action o. impulse turbine, constant-pressure turbine ‖ ~type f (Einzelbuchstabensatz) / printing type ‖ ~übersetzer m / pressure intensifier ‖ ~übersetzer m, Booster m, Multiplikator m / multiplicator, booster ‖ ~übertrager m / pressure exchanger ‖ ~-Übertragungsfaktor m, elektroakustischer Übertragungfaktor (Akust) / pressure response o. sensitivity ‖ ~umformen n (DIN 8583) / forming under compressive conditions ‖ ~umformer, -übersetzer m (Masch) / pressure transformer ‖ ~umformer, -erhöher m / pressure intensifier ‖ ~umlaufschmierung f / forced feed [non splash] lubrication, pressure circulating lubrication, pump type circulation system lubrication, self-contained lubrication
Drück- und Planiermaschine f / chasing and planishing machine
Druck·- und Saugpumpe f / force and suction pump ‖ ~- und Setzmaschine f / composing and printing machine ‖ ~- und Zugschraubenmotor m (Luftt) / pusher-tractor-type engine ‖ ~unterschied m / difference of pressure, pressure difference, P.D. ‖ ~ventil n / pressure valve ‖ ~ventil n (Hydr) / pressure regulating valve ‖ ~ventil n (Diesel) / delivery valve ‖ ~ventil n (Pumpe) / head valve ‖ ~ventilator m / fresh air ventilator ‖ ~verbreiterung f, -verbreitung f (Spektrum) / pressure broadening ‖ ~verdickung f (Textil) / printing gum o. thickener ‖ ~verfahren n (Buch) / printing process ‖ ~verfahren n, Drucksystem n / pressurization system ‖ ~verformung f, Stauchung f / compression strain, deformation by compression, upsetting ‖ ~verformung f (Gummi, Plast) / compressive set ‖ ~verformungsrest m, bleibende Verformung (Plast) / permanent set ‖ ~verhältnis, Kompressionsverhältnis n (Mot) / compression ratio, pressure ratio ‖ ~verhältnis n je Stufe (Kompressor) / stage pressure ratio ‖ ~verhältnisventil n / proportioning pressure regulator ‖ ~verlauf m / march of pressure ‖ ~verlust m / pressure drop ‖ ~verlust, Gefällverlust m (Hydr) / loss of head, head loss ‖ ~verlust m (Strömung) / drag reduction ‖ ~vermerk m (Zeitung) / masthead ‖ ~verminderung f / decrease o. fall of pressure ‖ ~verschiebung f (Spektrum) / pressure shift ‖ ~verschluß, Facettenverschluß m (Buch) / compression plate lock-up ‖ ~verstärker m (Hydr) / hydraulic o. pressure intensifier ‖ ~verstärker m (Druckguß) / booster, multiplicator ‖ ~verstärker m (Druckguß) / multiplicator ‖ ~versuch m, -probe f / pressure test ‖ ~versuch m (durch Zusammendrücken) / compression test ‖ ~versuch, Quetschversuch m, (an Baustoffen) / crushing test ‖ ~verteilung f (Mech) / distribution of compression ‖ ~vorgespannter Beton / precompressed concrete ‖ ~vorlage f (Buch) / printer's copy ‖ ~vorlage f (IC) / typon, art work ‖ ~vorrichtung f / presser, thruster, thrustor ‖ ~waage f / pressure balance o. governor (GB) o. regulator o. scale (US) ‖ ~wächter m (Gasgeräte) / pressure switch ‖ ~wächter m (Regeln) / pressure control device ‖ ~walze f / roller, press cylinder o. roll[er] ‖ ~walze f (Kalander) / calender roll[er], calender bowl ‖ ~walze f (Landw) / press[ing] roll[er] ‖ ~walze f (Buch, Fernm) / printing roller o. cylinder, print roll ‖ ~walze f (Zeugdr) / printing roller, print drum o. barrel
Drückwalzen, Abstreckdrücken n / flow-turn
Druck·walzenmasse f (Buch) / printing roller composition ‖ ~wand f (Schiff) / pressure bulkhead ‖ ~wandler m / pressure transducer ‖ ~wandler m (Abgas) / exhaust back pressure transducer

Druckwasser n / water under pressure, presswater, compressed water ‖ ⤴, Drängwasser n (Bau) / infiltration water ‖ ⤴ (Zuck) / press water (an effluent) ‖ ⤴ (Kraftwerk) / power water
Druckwasser... / hydraulic
Druckwasser·... (Kraftwerk), druckwasserbetrieben / hydraulic drive... ‖ ⤴**anlage** f **mit Druckluftbelastung**, Druckwasser-Druckluftanlage f / hydraulic plant with air bottle system ‖ ⤴**anlage** f **mit Druckpumpen** / direct pumping hydraulic plant ‖ ⤴**anlage** f **mit Gewichtsakkumulator** / weight loaded hydraulic plant (US) ‖ ⤴**antrieb** m / hydraulic drive ‖ ⤴**behälter** m / pressure tank [for water] ‖ ~**dicht** / impermeable to presswater ‖ ⤴**-Druckluftanlage** f / hydro-pneumatic plant ‖ ⤴**kolben** m / hydraulic lifting piston o. cylinder ‖ ⤴**leitung** f / pressure water piping, pressure conduit ‖ ⤴**-Reaktor** m / pressurized water reactor ‖ ⤴**-Reaktorpumpe** f / pressurized water reactor pump ‖ ⤴**saugstrahlpumpe** f, Druckwasserejektor m / hydraulic ejector ‖ ⤴**schutz** m (Elektr) / watertight protection ‖ ⤴**speicher** m / hydraulic accumulator ‖ ⤴**zerstäuber** m / high-pressure [water] atomizer
Druck·welle f (Explosion) / blast wave ‖ ⤴**welle** f (Flüssig) / compression[al] o. pressure wave ‖ ⤴**welle** f (Masch) / thrust shaft ‖ ⤴**wellen** f pl **in der Ansaugleitung** (Kompressor) / induction ramming ‖ ⤴**wellengenerator** m / dynamic pressure source ‖ ⤴**wellenzünder** m (Gaslicht) / pressure igniter ‖ ⤴**werk** n, -apparat m (Buch, Offset u. Hochdruck) / printing couple o. group ‖ ⤴**werk** n **für Umschlagseite** (Buch) / cover-printing unit ‖ ⤴**werkzeug** n (gedr.Schaltg) / production master ‖ ⤴**widerlager** n / abutment ‖ ⤴**widerstand** m (Luftf) / pressure drag ‖ ⤴**-Wiederanstieg** m / build-up n ‖ ⤴**wiederholung** f (Buch.m) / repeat print ‖ ⤴**windkessel** m / compressed-air chamber ‖ ⤴**zapfen** m (Schraube) / thrust point ‖ ⤴**zeile** f / print[ed] line ‖ ⤴**zeit**, Druckdauer f / pressure dwell ‖ ⤴**zementieren** (Öl) / squeeze ‖ ⤴**zementieren** n (Öl, Tätigkeit) / squeeze job ‖ ⤴**zerstäuber** m / mechanical atomizer ‖ ⤴**zerstäuberbrenner** m (Öl) / pressure pulverizer ‖ ⤴**zeug** n (Wirkm) / slackening cam
drückziehen / compress-form
Druck·zone f / pressure zone ‖ ⤴**zubehör** n (Buch) / pr1nting accessories pl ‖ ⤴**zuführung** f / pressure feed ‖ ⤴**-Zug-Schalter** m (Elektr) / push-pull switch ‖ ⤴**zunahme** f / increase of pressure ‖ ⤴**zuschuß** m (Buch) / extra sheet ‖ ⤴**zylinder** m (Masch) / pressure cylinder, thrustor ‖ ⤴**zylinder** m (Buch) / impression cylinder ‖ ⤴**zylinder** m (Repro) / printing cylinder ‖ ⤴**zylinder** m **des Lufthammers** / compressor of an air hammer
Drumlin m (Geol) / drumlin
Drusch m, Ausdrusch m (Landw) / threshing
Druse f (Min) / drusy cavity, druse, vug[g] (US), vugh (US), vough (GB)
Drusen f pl, Bodensatz m (Wein) / lees pl of wine ‖ ~**förmig**, drusig (Bergb) / drusy, drused ‖ ⤴**öl** n / oil of grapes, cognac essence o. oil
D+R-Verfahren n, Tiefziehen und Weiterziehen / draw and redraw, D+R process
Dry·farming n (Landw) / dry farming ‖ ⤴**fit-Batterie** f / dry1it battery ‖ ⤴**-Silber-Prozeß** m / dry s1lver process
DS, Ds = Drehstrom
DSB = Datenschutzbeauftragter
D-Schale f (Erde) / D-region
D-Schicht f (Atmosphäre) / D-layer
D-Schieber m, gewöhnlicher Schieber (Dampfm) / slide valve, common slide valve
D-Schirm m (Radar) / D-display
DSIF-Netz n (Raumf) / DSIF- o. deep space instrumentation facility network
DSR = dampfgekühlter schneller Reaktor
DSS (= decision support system) (DV) / decision support system, DSS
DT = Dampfturbine

DTA = Differenzthermoanalyse
dtex (Spinn) / dtex (yarn count, g/10000 m)
DTG, Differentialthermogravimetrie f / DTG, derivative thermogravimetry
DTL-Technik f / diode transistor logic, DTL-logic
DTP, Desk-Top-Publishing n / desk top publishing, DTP
DTR-Verfahren n (für Büchsen) / draw-thin-redraw process, DTR-process
DTT-Temperatur f (Reaktor) / ductile-brittle transition temperature
DÜ = Datenübertragung
dual (Math, DV) / dual ‖ ⤴**...** (statt binär) s. Binär... ‖ ~**er Beta-Zerfall** (Nukl) / dual beta decay ‖ ~**e Logdateischreibung** (DV) / dual log ‖ ~**es Netzwerk**, Dualglied n (Elektronik) / dual network, reciprocal network ‖ ~**es Zahlensystem** (System mit der Grundzahl 2, oft ungenau identifiziert mit Binärsystem) (Math) / dual system ‖ **entsprechend** ~**er Eins** (Math) / true ‖ **entsprechend** ~**er Null** (Math) / false
Dualayer-Prozeß m (Benzin) / Dualayer gasoline process
Dual·bruch m / binary fraction ‖ ⤴**-Formverfahren** n / dual forming process ‖ **[eingebaute]** ⤴**funktion** (PL/1) / binary function ‖ ⤴**glied** n s. duales Netzwerk / dual network, reciprocal network ‖ ⤴**-Inline-Gehäuse**, Dip-Gehäuse n (IC) / DIP, dual-in-line o. dip package ‖ ⤴**-Inline-Sockel** m / dual-in-line base, dip base
Dualismus m (Phys) / dualism
Dualität f / duality
Dualitätsprinzip n (Math) / duality principle
Dual·karte f, Binärkarte f / binary card ‖ ⤴**karten-Verarbeitungsgerät** n (LoKa) / read-and-punch binary ‖ ⤴**komponente** f / dual component
Dual Port m (DV) / dual port
Dual·-Slope-Verfahren n (Meßtechnik) / dual-slope method ‖ ⤴**-Spin-Stabilisierung** f (Raumf) / dual-spin stabilisation ‖ ⤴**system** n (System mit der Grundzahl 2, oft ungenau identifiziert mit Binärsystem) (Math) / dual system ‖ ⤴**zahl** f **bei Basis 2** / binary number, binary digit
Duane-Huntsches Gesetz (Phys) / Duane and Hunt's law
Duante f, Duant m (Zyklotron) / dee, duant
Duax n (Elektronik) / duax
Dubbs Krackverfahren n / Dubbs cracking
Dübel m, Pflock m (Zimm) / peg, dowel, pin ‖ ⤴, Wanddübel m (Bau) / plug ‖ ⤴ (Holzschiffbau) / tree nail, trenail, trunnel ‖ ⤴**bohrer** m / pin drill, tap borer ‖ ⤴**eintreibmaschine** f, -einschießmaschine f / peg runner, dowel-driving machine, dowelling machine, dowel driver ‖ ⤴**herstellungsmaschine** f / dowel making machine ‖ ⤴**loch** n / dowel-hole ‖ ⤴**lochbohrer** m / jumper ‖ ⤴**-Lochmeißel** m, Dübelbohrer m / wall drill ‖ ⤴**maschine** f / dowel-driving o. dowelling machine, peg runner
dübeln, mit Holzdübeln befestigen (Zimm) / peg [in], fasten with a peg, pin ‖ ⤴ n (Bau) / plugging
Dübel·schießgerät n (Wand) / dowel driver ‖ ⤴**schweißung** f / slot weld
Dubleegold, Golddublee n / rolled[-on] gold
Dublett n (gemeinsames Elektronenpaar zweier Atome) / duplet, [electron] dublet ‖ ⤴ (Opt) / doublet ‖ ⤴, Dublette f (Chem) / pa1r ‖ ⤴**methode** f (Nukl) / doublet method ‖ ⤴**-Term**, Dubletterm m (Nukl) / doublet term
dublieren, schmitzen / double vi ‖ ~ (Buch) / double, mackle ‖ ~, doppeln, duplieren (Spinn) / double, twist, (Garn:) double, ply, fold ‖ ~, goldplattieren / plate with gold
Dublierer m, Dubl, Dubliererin f (Spinn, Person) / doubler
Dublierung f, Dublieren n, Dopplung f (Textil) / doubling, folded yarns pl
Dublierweife f / doubling reel
DÜ-Block m / data transmission block, frame
Duchesse f (Textil) / satin duchesse ‖ ⤴**-Bindung** f (Kettatlas) (Textil) / satin weave
Duck, Rupfen m / duck, gunny canvas ‖ **feiner** ⤴ / woven

237

duck
Dückdalbe, Dalbe f (Schiff) / dolphin, pile mooring
Ductor, Schaber m (Buch) / doctor
Dudeltonstörung f (Elektronik) / bagpipes pl
DÜ-Einrichtung f, DÜE, Datenübertragungseinrichtung f / data terminal equipment, DTE
Düffel m (Web) / duffle, duffel
Duffmaschine f (Web) / continuous finishing machine
Dufrenit, Kraurit m, Grüneisenerz n / dufrenite, kraurite
Dufrenoysit m, Bleiarsenit m (Min) / lead arsen[ol]ite
Duft m / odor, odour (GB), fragrance, pleasant smell, aroma, scent ‖ ⁔..., wohlriechend / odor[ifer]ous ‖ ⁔auszug m / scent extract
duftig, aromatisch / aromatic
Duft·stoff m / flavo[u]r, aromatics pl ‖ ⁔träger m (Chem) / odoriphore
D&I n, Abstrecktiefziehen n (Konservendosen) / D&I, draw and iron
Dukatengold n / mint gold (986°/oo)
Düker m, drain, culvert ‖ ⁔, Kanaldüker m (Hydr) / siphon, culvert, sewer pipe ‖ ⁔ (unter Flüssen o. Kanälen) (Öl) / underwater pipeline ‖ ⁔rohr n / siphon tube
Dukt m, Troposphärenkanal m / tropospheric radio duct, duct ‖ ⁔führung f (Wellenleiter) / duct trapping
duktil (Hütt) / ductile
Duktilität f / ductility ‖ ⁔ **im Anlieferungszustand** (Metall) / as-cast ductility ‖ ⁔ **nach Betriebseinsatz** / retained ductility
Duktor, Doktor, Walzenreiniger m (Textil) / colour ductor ‖ ⁔walze f (Buch) / duct roller
Dukttiefe f / duct width o. thickness
Dulcin n (Süßstoff) (Chem) / dulcin
Dulcit m, Melampyrit n (Chem) / melampyrit, -pyrin, dulcite, dulcitol
Dülle f des Hammers / hammer socket
Dulong-Petitsche Regel f (Phys) / law of Dulong and Petit, Dulong and Petit's law
Dummy m (Kfz) / dummy
Dump m, Speicherauszug m / dump
Dumper, Autoschütter m (Bau, Straß) / dumper
dumpf (Ton) / deep, low, hollow ‖ ⁔, gedämpft / muffled ‖ ⁔er Ton / all-bottom sound, boomy o. dull sound
Düne f (Geol) / dune
Dünen·bau, -schutz m (Hydr) / protection o. defence of dunes ‖ ⁔buggy n (Kfz) / dune buggy ‖ ⁔sand m / drift sand
Dung, Stallmist m (Landw) / muck
Dünge·kalk m (Landw) / fertilizing o. manuring lime, lime powder o. dust ‖ ⁔kuchen m **aus Olivenrückständen** / fertilizer cake from olive pressings ‖ ⁔lanze f (Landw) / soil fertilizing injector ‖ ⁔mergel m / fertilizing marl ‖ ⁔mittel n / fertilizer, fertilizing agent ‖ ⁔mittelindustrie f / fertilizer industry
düngen (Landw) / fatten, manure, dung, muck ‖ ⁔ n, Düngerstreuen n / manuring ‖ **mit Schlamm** ⁔ (Landw) / warp
Dünger, Dung, Stalldung, Mist m / dung, manure ‖ ⁔ m, [künstliches] Düngemittel n / fertilizer ‖ ⁔ **zum Abdecken** (Landw) / mulch ‖ ⁔einleger m / mulcher ‖ ⁔löser m / fertilizer dilution and injection device ‖ ⁔spritzen n / spraying of liquid manure ‖ ⁔streuer m, -streumaschine f / fertilizer distributor o. spreader, manure spreader o. drill o. distributor ‖ ⁔zerreißer m / manure mulcher
Düngesalz n / fertilizing pl (US) o. manuring (GB) salts, saline manure
Dungkratzer, -schieber m (Landw) / dung scraper o. slider
Düngung f / manuring
Dung·wagen m, Mistwagen m / dung cart ‖ ⁔wert m (Abfälle) / fertilizer value
Dunit m (ein Peridotit) (Geol) / dunite, dunyte
dunkel / dark ‖ ⁔, satt (Farbe) / deep ‖ ⁔, verdunkelt (Himmel) / murky ‖ ⁔ (Ton) / deep, somber ‖ ⁔ adaptiert

/ dark-adapted ‖ ⁔ **färben** / sadden ‖ **dunkler färben** (Färb) / deepen ‖ **dunkler Farbton** / dark tone ‖ **dunkler Fleck** (Min) / macula ‖ **dunkler Kern**, schwarzer Kern (feuerfest) / black core o. heart ‖ **dunkles Produkt** / black product ‖ **dunkle Punkte** (Hartgewebe, Fehler) / hull, dark specks ‖ **dunkles Rotgüldigerz**, Pyrargyrit m (Min) / pyrargyrite, dark o. red silver ore ‖ **dunkle Seite**, Rückseite f (Astr) / dark side ‖ **dunkle Wärme** / dark heat ‖ **dunkler werden** / thicken, become dark o. obscure ‖ ⁔anpassung, -adapt[at]ion f (Opt) / dark adaptation ‖ ⁔blau / dark blue, mazarine ‖ ⁔blauer Purpur (Farbe) / royal purple ‖ ⁔braun / dark brown, auburn ‖ ⁔entladung f / dark discharge ‖ ⁔farbig, -braun / fuscous ‖ ⁔feld n (Opt) / dark field o. ground ‖ ⁔feld-Ansteckleuchte f / attachable dark field illuminator ‖ ⁔feldbeleuchtung f / dark field o. dark ground o. black field illumination, dark wells pl ‖ ⁔feldbild n (Elektronenmikroskop) / dark field image ‖ ⁔feldkondensor m / dark-field condenser, spot lens ‖ ⁔fleck, -punkt m (TV) / dark spot ‖ ⁔geglüht / black annealed ‖ ⁔gelb, hellbraun / tan, beige ‖ ⁔gelb, gelbbraun / yellowish brown ‖ ⁔gestreift (Färb) / dark-striped ‖ ⁔gestreift, moiriert (Färb) / clouded ‖ ⁔getönt / shaded ‖ ⁔glühen n (Hütt) / black annealing ‖ ⁔grau / dark grey ‖ ⁔grün / dark-green ‖ ⁔grün, flaschengrün / bottle green
Dunkelheit, völlige ⁔ / absence of light
Dunkel-·Hell-Verhältnis n (Blinklicht) / break-make ratio ‖ ⁔kammer f (Phot) / dark room ‖ ⁔kammerbeleuchtung f (Phot) / safe-light ‖ ⁔kammerfilter m n (Phot) / darkroom filter ‖ ⁔kirschrotglut f / dark cherry-red heat ‖ ⁔leitung f / dark conduction ‖ ⁔leuchtbild n (Phot) / skotograph ‖ ⁔leuchtdichte f (Opt) / dark brightness ‖ ⁔leuchtdichte-Einheit f, Skot n, sk / skot ‖ ⁔leuchtdichte-Kurve f / scotopic luminosity curve ‖ ⁔leuchten n / radiation in the dark
dunkeln, dunkel o. dunkler werden vi / darken vi, grow dark ‖ ⁔ vt, abdunkeln / darken vt
Dunkel·öl n (grobes Schmieröl) / black o. dark oil ‖ ⁔öle n pl / black oils pl ‖ ⁔purpurrot (Min) / hepatic ‖ ⁔raum m / darkened room, darkroom ‖ ⁔raum m (Kath.Str) / dark space ‖ ⁔raumprojektion f / darkened room projection ‖ ⁔raum-Reproduktionskamera, Zweiraumkamera f (Phot) / darkroom [process] camera ‖ ⁔reaktion f (Chem) / dark reaction ‖ ⁔rostbraun / puke ‖ ⁔rot n (1050°F, 800K, 565°C) (Glühen) / dark red [heat] ‖ ⁔rotglut, -rotglühhitze f (Schm) / low red heat (550-700 °C) ‖ ⁔schalter m / dimmer switch ‖ ⁔schlag m, Dunkelhieb m (Forstw) / seeding felling, shelterwood method of felling ‖ ⁔schriftröhre f (TV) / dark-trace tube ‖ ⁔schriftschirm m (der Röhre) / dark-trace screen ‖ ⁔steuerimpuls m (TV) / blanking pulse ‖ ⁔steuerung f (TV) / retrace blanking ‖ ⁔strahler m / dark radiator ‖ ⁔strom m (Photozelle) / dark current ‖ ⁔stufe f (DIN Farbsystem) / blackness value ‖ ⁔tasten (TV) / blank ‖ ⁔widerstand m (Photozelle) / dark resistance ‖ ⁔wolken f pl (Astr) / dark nebulae pl ‖ ⁔zeit f (Blinker) / dark interval o. period ‖ ⁔zeit, Verdunkelung f (zwischen Aufleuchten des Leuchtfeuers) (Leuchtturm) / eclipse
dünn (z.B. Papier) / thin, fine ‖ ⁔, wässerig, schwach / weak ‖ ⁔ (Luft) / thin (air) ‖ ⁔, locker / flimsy, frail ‖ ⁔, hauchdünn / delicate ‖ ⁔, schwach (Linien) / faint, feeble ‖ ⁔, verdünnt (Chem) / dilute, weak, tenuous ‖ ⁔ (Phot) / weak ‖ ⁔, schwach (Bevölkerung) / sparse (population) ‖ ⁔er Abstrich (Buchstabe) / thin stroke ‖ ⁔e Ader (Bergb) / thread ‖ ⁔ anmachen (Kalk) / thin-plaster ‖ ⁔er Buchstabe / thin letter ‖ ⁔er Draht, Dünndraht m / fine wire ‖ ⁔ getaucht (Elektrode) / washed ‖ ⁔es Kupferband / thin strip ‖ ⁔er machen, verdünnen / thin vt ‖ ⁔er machen (o. schlagen) / batter vt ‖ ⁔eres Mittelteil (Schm) / middle ‖ ⁔e Schale (Bau) / thin shell ‖ ⁔e Scheibe / sliver ‖ ⁔es Seil / line, cord ‖ ⁔e Stelle (allg) / thin spot, thin place ‖ ⁔e Stellen (im Gewebe)

(Textil) / yaws *pl*, thin places *pl* ǁ ˜er Streifen (Licht, Farbe) / thread, streak ǁ ˜er Strich, dünne o. feine Linie / light line ǁ ˜er werden *vi* / thin *vi* ǁ ˜er werden, konisch zulaufen / taper *vi* ǁ ˜bett *n* (Bau) / thin mortar bed ǁ ˜bettverfahren *n* (Plast, Keram) / thin mortar bed technique ǁ ˜bramme *f* (Hütt) / thin slab ǁ ˜drähtig / small gauge wire…, thin-wire… ǁ ˜drähtiges Kabel / small-gauge wire cable ǁ ˜druckpapier *n* / thin printing paper, bible paper

Dünne, Dünnheit *f* / thinness, tenuity ǁ ˜, Dünnheit *f* der Luft / rarity

dünn·fädig / thin-spun ǁ ˜film *m* (DV) / thin film ǁ ˜film *m* s. auch Dünnschicht ǁ ˜film-Dehnungsmeßstreifen *m* / thin-film strain gauge ǁ ˜film-FET *m*, Dünnschicht-Feldeffekttransistor *m* / insulated-gate thin-film field-effect transistor ǁ ˜film-IC *m* / thin-film integrated circuit ǁ ˜filmkondensator *m* (Elektr) / thin-film capacitor ǁ ˜filmschaltkreis *m* (DV) / thin-film circuit ǁ ˜filmspeicher *m* / [magnetic] thin film memory ǁ ˜filmwiderstand *m* / thin-film resistor ǁ ˜flüssig / fluid, liquid ǁ sehr ˜flüssig / mobile ǁ ˜flüssiges Öl / thin-bodied oil ǁ ˜flüssigkeit *f* (Öl) / low viscosity, fluidity ǁ ˜flüssigkeitszahl *f* / low viscosity index, L.V.I. ǁ ˜format *n*, Dünnformatziegel *m* (52 mm dick) / split ǁ ˜formziegel *m* / scone brick ǁ ˜gesät / thin-sown ǁ ˜glas, Fensterglas 0,6-1,6 mm / thin window glass ǁ ˜glas *n* (als Schutz) / nutglass ǁ ˜glasflasche *f* / bottle of thin glass ǁ ˜heißschliff *m* (Pap) / thin hotground pulp

Dunnit *n* (Sprengstoff) / dunnite

dünn·kochende Stärke, modifizierte Stärke / thin boiling starch, soluble starch ǁ ˜lauge *f* (Pap) / release liquor ǁ ˜pergamin *n* / thin glassine ǁ ˜postpapier *n* / thin letter paper ǁ ˜saft *m* (Zuck) / thin o. clarified juice, clarifier juice, liquid [sugar] feed-stock ǁ erster ˜saftkörper (Zuck) / thin juice evaporator body ǁ ˜säure *f* / dilute acid ǁ ˜schaftschraube *f* / reduced-shaft bolt ǁ ˜schichtblende *f* (Opt) / ultra-thin metal aperture ǁ ˜schichtchromatographie *f* / thin-layer chromatography ǁ ˜schicht-Entgasungskolonne *f* / thin-film degassing column ǁ ˜schichtfilm *m* (Phot) / thin-layer film ǁ ˜schicht-Grundemail *n* / thin-film ground coat ǁ ˜schicht-IRH (EDV) (= inductive recording head) (DV) / inductive recording head, IRH ǁ ˜schicht-Solarzellen *f pl* / thin-film solar array ǁ ˜schichtverdampfer *m* (Chem) / thin-film evaporator ǁ ˜schicht-Wärmeaustauscher *m* / scraped-surface heat exchanger ǁ ˜schlamm *m* / thin slurry, fluid slurry ǁ ˜schliff *m* (Geol, Hütt) / thin [-ground] section, transparent cut ǁ ˜stegig (Stahlbau) / thin-webbed ǁ ˜stehend, vereinzelt / scattered (houses)

Dünnstfilm *m* / extremely thin film

Dünn·trübe *f* (Bergb) / dilute medium ǁ ˜wandig / thin-wall[ed] ǁ ˜wandiger Guß / thin-walled casting ǁ ˜wandige Ionisationskammer / thin-wall ionization chamber ǁ ˜wandzählrohr *n* / thin-wall counter tube

Dunst *m*, kleiner Jagd- oder Vogelschrot / fine bird shot, dust shot, mustard seed (US) ǁ ˜ (trocken) (Atmosphäre) / fumes *pl* ǁ ˜ (feucht) (Atmosphäre) / mist, atmospheric humidity, haze ǁ ˜, Dampf *m*, Ausdünstung *f* / exhalation, damp, vapour, vapor (US), reek ǁ aggressiver ˜, Dampf *m* / fume ǁ ˜abzug *m*, -schlot *m* (Bau) / ventilating pipe o. chimney o. flue, vapour escape, foul-air escape ǁ ˜abzughaube *f* / exhauster hood ǁ ˜abzughaube *f* (Küche) / range hood ǁ ˜filter *n* / haze o. fog filter ǁ ˜glocke *f* (Meteorol) / haze dome, blanket of smog (US) ǁ ˜haube *f* / air dome

dunstig, trüb[e] (Wetter) / murky

Dunst·rohr *n* (Bau) / foul-air o. ventilating flue o. pipe ǁ ˜schicht *f* / mist layer ǁ ˜[schleier] *m*, trockener Dunst (Sichtweite über 1 km) / haze

Dünung *f* (Ozean) / swell

duobinär / duobinary

duo·binär codiert / duobinary encoded ǁ ˜binäre

Codierung (DV) / dibit coding ǁ ˜binär gecodete Modulation mit 90⁰ Phasenverschiebung / duobinary encoded quadrature shift keying ǁ ˜-Blockwalzwerk *n* / two-high blooming mill ǁ ˜dekalsockel *m* (Elektronik) / duodecal base ǁ ˜dezformat *n* (Buch) / twelve mo, 12 mo, duodecimo

duodezimal, Zwölfer…, duodenär / duodecimal

Duo·dezimalsystem *n*, Duodekadik *f* / duodecimal [number] system ǁ ˜dezimalziffer *f* / duodecimal digit ǁ ˜diode *f* / double diode, dinode ǁ ˜diode *f* mit Doppelkathode / duplex diode ǁ ˜diode-Pentode *f* / double diode-pentode ǁ ˜-Duplexbremse *f* (Kfz) / two-high duplex brake ǁ ˜dynatron, Doppelfeld-Dynatron *n* / duodynatron ǁ ˜-Gerüst *n* / two-high stand [of rolls] o. rolling stand ǁ ˜-Kaltwalzwerk *n* / two-high cold reduction mill ǁ ˜kammwalzengerüst *n* / two-high pinion stand ǁ ˜-Methode *f* (Repro) / duo method ǁ ˜plex *n*, Zweikanal-Frequenzumtastung *f* (Elektronik) / duoplex method ǁ ˜plexverfahren *n* (Fernm) / twinplex ǁ ˜-Quarto-Kombination *f* (Walzw) / duo-quarto combination ǁ ˜reversierwalzwerk *n* / two-high reversing-mill ǁ ˜schaltung *f* (Elektr) / lead-lag circuit ǁ ˜solprozeß *m* (Min.ölextraktion) / duosol process ǁ ˜-Stauchgerüst *n* mit Liegewalzen / two-high horizontal edging stand ǁ ˜straße *f*, Zweiwalzenstraße *f* / two-high rolling mill ǁ ˜triode *f* (Elektronik) / duotriode ǁ ˜-Universalwalzwerk *n* / two-high universal mill ǁ ˜walzen, Zwillingswalzen *f pl* / duo-rolls, two-high rolls *pl* ǁ ˜walzwerk *n* / two-high mill

dupen (Film) / dupe

Dup·-Kontrolle *f* (DV) / twin check ǁ ˜-Kopie *f* (Film) / duped print

Duplex *n*, DX (Fernm, Elektronik) / duplex *n* ǁ ˜ *adj* (Fernm) / duplex *adj* ǁ ˜aufnahme *f* (Mikrophotographie) / duplex *n* ǁ ˜betrieb, -verkehr *m* (gleichzeitiges Gegensprechen) (Fernm) / duplex operation, up-and-down working ǁ ˜bremse *f* / duplex o. servo brake ǁ ˜brenner *m* (Gasturbine) / duplex burner ǁ ˜-[Dampfkolben]pumpe *f* / duplex [reciprocating] pump, duplex steam piston pump ǁ ˜-Doppelphantomkreis *m* / quadruple phantom circuit ǁ ˜druckmaschine *f* (Textil) / reversible printing machine, duplex printing machine

Duplexer, Sende-Empfang-Schalter *m* (Radar) / duplexer

Duplex·filmpapier *n* / two-layer photo-protecting paper ǁ ˜gerät *n*, Duplexer *m* (Fernm) / duplexer ǁ ˜hemmung *f* (Uhr) / duplex escapement ǁ ˜kanal *m* (DV) / duplex channel ǁ ˜karton *m*, -pappe *f* / two-layer board ǁ ˜leitung, -verbindung *f* (Fernm) / duplex circuit ǁ ˜methode *f* (Repro) / duplex method ǁ ˜papier *n* / duplex paper ǁ ˜phantombetrieb *m*, Doppelsprechen *n* (Fernm) / phantom working o. telephony, phantoming ǁ ˜-Rasterätzung *f* (Buch) / duplex autotype ǁ ˜-Schneckenrad-Wälzfräser *m* / duplex worm gear hob ǁ ˜-Siebdruckmaschine *f* / duplex screen printing machine ǁ ˜stahl *m* / compound steel ǁ ˜stahlguß *m* / duplex steel casting ǁ ˜telegrafie *f* (Fernm) / contraplex working, duplex system ǁ ˜telegrafie *f* im Sprachband / speech plus duplex ǁ ˜-Terminal *n* (DV) / automatic send-receive o. ASR-terminal ǁ ˜verbindung, -leitung *f* (Fernm) / duplex circuit ǁ ˜verfahren (Kombination zweier Ofenarten), Duplizieren *n* (Hütt) / duplex process ǁ ˜verkehr, Doppelverkehr *m* / simultaneous two-way communication, duplex traffic ǁ ˜-Verkupfern *n* / duplex copper plating

Dupliermaschine *f* (Textil) / multiple spooling machine

dupliert (Pap) / duplexed

Duplikat *n* / duplicate, dupe (US) ǁ in einem andern Speicher usw. aufbewahrtes ˜ (DV) / image ǁ ˜film *m* / duplicating film o. stock ǁ ˜entwickelter ˜film *m* / duplicated film ǁ ˜klischee *n* (Buch) / duplicate plate ǁ ˜umkehrfilm *m* / duplicate reversal [film] ǁ ˜vergleich *m*, Zwillingskontrolle *f* (DV) / duplication

check
duplizieren / duplicate ‖ ~, folgestanzen (LoKa) / gang-punch ‖ ~ *n* (Repro) / duplication ‖ ~ (Kombination zweier Ofenarten), Duplexverfahren *n* (Hütt) / duplex process ‖ ~ **u. Summieren** (LoKa) / double-dabble method ‖ **Platte** ~ (DV) / copy disk *v*
Duplizier·film *m* / duplicating film ‖ ~**modus** *m* (DV) / duplicate mode ‖ ~**prüfung** *f* (LoKa) / duplicate operation check, duplication o. twin check ‖ ~**taste** *f* (LoKa) / duplicate key
dupliziertes Muster / duplicated sample
Dup-Negativ *n* (Film) / dupe negative
Düppel *m* (Mil) / chaff
Dup-Positiv *n* / dupe positive
Duralinox *n* (Al-Mn-Legierung) / duralinox
Duralumin[ium], Dural *n* / duralumin[ium]
Duranolfarbstoff *m* / Duranol dye
durch [...hindurch] / through, thru (US) ‖ **a ~ b** (Math) / a over b, a divided by b ‖ ~**arbeiten** / work up o. well o. through ‖ ~**arbeiten**, durchkneten / knead *vt* ‖ ~**arbeiten**, mischen / mix o. mingle o. blend thoroughly ‖ ~**ausheften** *n* (Buch) / all-along stitch ‖ **sich ~biegen** / bend *vi* ‖ **sich ~biegen**, durchhängen (Träger) / cave in, sag *vi* ‖ ~**biegen** *f* **der Arbeitswalzen** (Walzw) / whipping of the work rolls ‖ ~**biegung** *f* (unter Last) (elastisch) / deflection (US), deflexion (GB) ‖ ~**biegung** *f* (dauernd) (Plast) / permanent deformation o. set ‖ ~**biegung** *f* **einer Feder** / deflection of a spring ‖ ~**biegung** *f* **nach Inbetriebnahme** / cambering ‖ ~**biegung** *f* **von Platten** / bow of plates ‖ ~**biegungskontakt** *m* (Bahn) / rail flexure electromechanical treadle ‖ ~**biegungslinie** *f*, elastische Linie / elastic curve ‖ ~**biegungsmesser** *m* / deflectometer, deflection indicator o. gauge ‖ ~**biegungsschreiber**, Flexigraph *m* / flexigraph ‖ ~**bilden** / construct, design ‖ ~**bilden**, ausbilden / model ‖ ~**binder** *m* (Bau) / perpend, perpender, perpendstone, through-binder o. -stone, bondstone, bonder ‖ ~**[binder]schicht** *f* (Bau) / perpend o. through course ‖ ~**blasen** / blow through ‖ ~**blasen** *n* (Nukl) / sparging ‖ ~**blasendes Gas** (Kfz) / blow-by ‖ ~**bläser** *m* (Hochofen) / blow-through ‖ ~**blaserohr** *n* (Hütt) / blow-off pipe ‖ **Seiten am Bildschirm ~blättern** (DV) / riffle through ‖ ~**bluten** *vi*, ausbluten (Farbe) / mark off ‖ ~**bohren** *vt* / bore through ‖ ~**bohren**, -stechen, -löchern / transpierce, puncture ‖ ~**bohren** (z.B. Gebirge) (Tunnel) / pierce ‖ ~**bohrend** / penetrating ‖ ~**bohrtes Minutentrieb** (Uhr) / hollow pinion ‖ ~**brand** *m* (Reaktor) / burn-out ‖ ~**brechen** *vt* (Bergb) / cut o. break through ‖ ~**brechen**, -bohren, durchbrochen arbeiten (Tischl) / carve, pink through ‖ ~**brechen** *vi* / break through ‖ **die Schallmauer ~brechen** / break through the sound barrier ‖ ~**brechen** *vt* (eine Oberfläche) / breach ‖ **eine Straße ~brechen** / cut o. open a new street ‖ ~**brechung** *f*, Durchbruch *m* (Masch) / opening ‖ ~**brennen** *vi* (Schweiß) / melt through ‖ ~**brennen** *vi* (Sicherung) / blow *vi* ‖ ~**brennen** *vi* (Lampen) / burn out ‖ ~**brennen** *vt*, brennschneiden (Schw) / cut autogenously, flame-cut ‖ ~**brennen** *vt* (Isolation) / puncture, spark through ‖ ~**brennen** *vi*, -schlagen (Isolation) / break down ‖ ~**brennen** *vt* (Glühlampe, durch Überspannung) / burn out the bulb ‖ ~**brennen** *n* (Sicherung) / blowing, fusing ‖ ~**brennen** *n* (Elektr) / burning through o. out ‖ ~**brennen** *n* (Nukl) / fuel burn-out, burn-out ‖ **die Sicherung ~brennen** (Elektr) / blow o. fuse the fuse ‖ ~**brennen** *n* **einer Glühlampe** / burning out of a bulb ‖ ~**brennen** *n* **nach unten** (Atom, Nukl) / melt-down ‖ ~**brennpunkt** *m* (Nukl) / burn-out point ‖ ~**brennsicherheit** *f* (Reaktor) / minimum critical heat flux ratio, MCHF-ratio, minimum burnout ratio, DNB-ratio, DNBR (= departure from nucleate boiling)
durchbrochen / open-worked ‖ ~ (Web) / open ‖ ~**e Arbeit** (Textil) / open work, filigree work ‖ ~ **gestrickt**, durchgemustert / open-knit ‖ ~**e Kettenware** (Web) / lace warp fabric, filet fabric ‖ ~**e Kettenwirkware**, Filet *n* (Wirkm) / open work warp-knit goods ‖ ~**e Mauer**, Lückenmauerwerk *n* / perforated wall ‖ ~**e Treppe** / open-worked staircase
Durchbruch *m* / breaking-through ‖ ~, durchbrochene Stelle / opening, open work (in wood carving) ‖ ~, Einbruch *m* (z.B. Wasser) / irruption, inrush ‖ ~ (Mat.Prüf) / break[-down], rupture ‖ ~ (Fehler, Plast) / break-out ‖ ~, Bruchstelle *f* / breach, fracture ‖ ~, -schlag *m* (Bergb) / holing-through ‖ ~ (z.B. Tunnel), Durchstich *m* / piercing ‖ ~ (Damm) / bursting ‖ ~ (Halbl) / channeling, breakdown ‖ ~ (gasgef.Röhre) / firing ‖ ~ (Gieß) / break-out, run-out ‖ ~ (Stanz) / lateral sides of a punched hole ‖ ~ **des Hobels** / mouth of the plane ‖ ~**arbeit** *f* (Textil) / open-work, cagework ‖ ~**bereich** *m* (Lawinendiode) / breakdown region (of avalanche diodes) ‖ ~**bereich** *m* (Halbl) / channeling region ‖ ~**-Gewebe** *n* / open texture weave ‖ ~**spannung** *f*, -potential *n* (Kabel) / break-through voltage o. potential ‖ ~**spannung** *f* (Halbl) / turnover voltage, breakdown voltage ‖ ~**spannung** *f* (bei einem rückwärts sperrenden Thyristor) / reverse breakdown voltage ‖ ~**spannung** *f* (Anode) / anode breakdown voltage ‖ ~**spannung** *f* (Zenereffekt) / breakdown o. Zener voltage
durch·drehen *vi* (Masch, Elektr) / race ‖ ~**drehen** (Fernm-Selbstanschl.) / exceed, race *vi* ‖ ~**drehen** (Räder) / spin, slip, skid ‖ ~**drehen** *n* (Masch) / racing ‖ ~**drehen** *n* (coll), Dauerwahl *f* (Fernm) / continuous hunting, level overflow motion ‖ ~**drehen** (der Räder) (Kfz) / spin, slip[ping], skid[ding] ‖ **den Motor ~drehen**, das Schwungrad drehen / turn the flywheel [by barring gear] ‖ ~**drehen lassen** (Masch) / race an engine ‖ ~**drehkontakt** *m* (Fernm) / overflow contact ‖ ~**drehmoment** *n* (Mot) / breakaway torque, starting torque ‖ ~**dringbar**, durchlässig / permeable, penetrable ‖ ~**dringbarkeit** *f* / permeability, penetrability ‖ ~**dringen** *vi vt* / penetrate, permeate ‖ ~**dringen**, diffundieren (Phys, Chem) / diffuse ‖ ~**dringen** *vt vi*, durchsickern [lassen] / percolate ‖ ~**dringen** *n* / penetration ‖ ~**dringend** / penetrating ‖ ~**dringend**, penetrant / penetrative ‖ ~**dringend**, scharf / piercing ‖ ~**dringend**, schrill (Ton) / acute, shrill ‖ ~**dringender Schauer** (Nukl) / penetrating shower ‖ ~**dringung** *f* / penetration ‖ ~**dringung** *f* (Fernm) / line density (in an area) ‖ ~**dringung** *f* **der Materie** / penetration of o. through matter ‖ ~**dringung von Wolkendecken** (Radar) / burn-through
Durchdringungs·fähigkeit *f*, -vermögen *n* / penetration [capacity o. power], percussion power o. force, perforating effect ‖ ~**faktor** *m*, -wahrscheinlichkeit *f* (Nukl) / penetration factor ‖ ~**mittel** *n* (zum Reinigen) / penetrant ‖ ~**potential** *n* (Nukl) / penetration potential ‖ ~**verbundwerkstoff** *m* / infiltration composite ‖ ~**wahrscheinlichkeit** *f* (Nukl) / penetration factor
Durch·druck *m*, Siebdruck *m* / screen printing, porous printing ‖ ~**drücken** *vt* / push o. squeeze o. force through ‖ ~**drücken** *n* (DIN 8583), Extrudieren *n* / extrusion ‖ ~**drückfestigkeit** *f* / cut-through resistance ‖ ~**drückpackung** *f* / strip packing ‖ ~**drückprüfung** *f* (Mat.Prüf) / perforation test ‖ ~**drückverbindung** *f*, Druckdrücken *n* (Stanz) / push-through connection ‖ ~**drungen**, -zogen / permeated
durcheinander, unordentlich / disorder ‖ ~ **werfen** / tumble ‖ ~**bringen**, stören / confuse, upset ‖ ~**gehen**, streuen (Werte) / scatter ‖ ~**rühren** / churn
durch·fahren *vt* (Bahn) / run through ‖ **einen Berg ~fahren** / drive a tunnel ‖ ~**fahren** *n* **des Spektralbereichs** / scanning of the spectral range ‖ ~**fahrt** *f* (Vorgang) / transit, passage ‖ ~**fahrt**, -laß *m* (Brücke) / passage ‖ ~**fahrt** *f* **eines Deiches** / cut of a dam ‖ ~**fahrt** *f* **verboten!**, keine Durchfahrt! / no thoroughfare (GB), no thrufare (US) ‖ ~**fahrt** *f* **von**

Zügen (Bahn) / passage of trains ‖ **~fahrtshöhe** f, lichte Höhe (Brücke) / overhead clearance, clearance height, headway, headroom ‖ **~fahrtshöhe** f (Bahn) / loading gauge height, headroom ‖ **~fahrtsöffnung** f (Brücke) / passage, waterway, shipping channel ‖ **fahrtsprofil** n / clearance limit ‖ **~fahrung**, -örterung f (Bergb) / holing-through ‖ **~fall** m (Sieberei) / sifted matter, siftings pl, screened matter, screenings pl ‖ ~**fallen** (Sieb) / fall through ‖ **~fallend** (Opt) / transmitted ‖ ~**fallendes Licht** / transmitted light ‖ **~falloch** n (Stanzwz) / clearance hole in the die ‖ **~färben** n / dye penetration ‖ **~färbevermögen** n (Färb) / penetrating power of the dye ‖ ~**federn** / spring, whip ‖ **~federn** n / deflection, elasticity ‖ **~federn** n **bis zum Aufsitzen** / bottoming ‖ ~**feuchten** [mit] / moisten thoroughly ‖ **~feuchtung** f, Durchfeuchten n (Bau) / penetration of moisture ‖ **mit Fäden** ~**flechten** / interlace ‖ ~**fließen** (Elektr) / pass, traverse ‖ **~fließläppen** n / extrude-hone process ‖ ~**fluchten**, abfluchten (Verm) / line out
Durchfluß m, -fließen n / flow, flowing-through, discharge ‖ **~...** / circulatory ‖ **~abdeckung** f / bridge cover ‖ **~anzeiger** m / flow indicator ‖ **~blende** f / orifice ‖ **~erhitzer** m s. Durchlauferhitzer ‖ **~geschwindigkeit** f / rate of flow ‖ **~koeffizient** m, -zahl f / flow coefficient ‖ **~kolorimeter** n / continuous colorimeter ‖ **~küvette** f (Opt) / flow-through cell ‖ **~leistung** f / throughput, thruput ‖ **~menge** f (Hydr) / [rate of] flow, quantity passing o. passed ‖ **~menge** f (Schieber) / Cv-factor ‖ **~mengenregler** m / flow regulator ‖ **~messer** m / flowmeter ‖ **~mischer** m (Öl) / pipeline mixer ‖ **~öffnung** f (Rohrleitg) / effective area of flow ‖ **~öffnung** f (Schleuse) / outlet of a lock ‖ **~profil** n, -querschnitt m (Brücke) / [cross section of] waterway ‖ **~pyrometer** n, -thermoelement n / suction pyrometer ‖ **~regelung** f / flow control ‖ **~regler** m / flow governor ‖ **~störung** f (Ionenaustauscherbett) / channeling ‖ **~wächter** m / flow control instrument ‖ **~weg** m (Leitung) / flow path ‖ **~weite** f (Brücke) / clear opening ‖ **~weite** f, Lichtweite f, Durchflußquerschnitt m / sectional area of flow ‖ **~widerstand** m / flow resistance ‖ **~zähler** m / liquid flow counter, flowmeter
durch·fluten, -strömen, -fließen / flow through ‖ **~flutung** f, Amperewindungszahl f, AW f / ampere-turns pl, ampere-windings pl ‖ **~flutungsempfindlichkeit** f (eines Hall-Multiplikators) / magnetomotive force sensitivity ‖ ~**flutungsgesteuert** (Elektr) / controlled by magnetic flux ‖ **[magnetische]** **~flutungsprüfung** / magnetic flaw detection ‖ ~**forsten** / clear methodically of trees ‖ **~forsten** n, Durchforstung f, Ausforsten n / thinning ‖ ~**fressen**, anfressen (Chem) / corrode, bite in, fret ‖ **~fressen** n (Hütt) / intrusion into furnace linings
durchführbar / practicable, executable, feasible, workable
Durchführbarkeit f / practicability, feasibility
durchführen (allg, Versuch) / carry out, conduct ‖ ~, vollenden / complete, implement, accomplish ‖ ~, realisieren / execute, realize ‖ **durch etwas** ~ / lead through
Durchführung, Abwicklung f / transaction ‖ ~ (Masch, Elektr) / duct, leadthrough ‖ ~, Durchführungsrohr n, -tülle f (Elektr) / bushing nipple o. socket o. tube ‖ ~ (isoliert) / bushing ‖ ~, Seilführung f (Schiff) / through-bearing, fairlead ‖ ~ **einer Antenne** / antenna duct o. lead-in ‖ ~ **eines Verfahrens** / working of a process ‖ **von Arbeiten** / completion of works
Durchführungs·bestimmungen f pl / instructions pl to carry out ‖ **~bolzen** m (Elektr) / duct bolt ‖ **~buchse** f / feed-through sleeve ‖ **~gang** m, Fußgängertunnel m / passage tunnel ‖ **~glocke** f, -isolator m (Elektr) / leading-in insulator, inlet insulator o. bell, wall[-entrance] insulator, bushing insulator ‖ **~klemme** f / lead-through terminal ‖ **~kondensator** m / bushing

type capacitor, duct capacitor, feedthrough capacitor ‖ **~rohr** n (Elektr) / inlet nipple, wall duct ‖ **~[strom]wandler** m / bushing type [current] transformer ‖ **~tülle** f / bushing nipple o. socket o. tube, leading-in tube o. socket ‖ **~tülle** f, Schutzhülle f für Kabel / wire protecting sleeve, rubber funnel
Durchgabe f (z.B. Informationen) / passing[-on]
durchgalvanisiertes Loch (gedr.Schaltg) / plated through hole o. thruhole, throughplated hole
Durchgang m (Bau) / connecting passage, passage[way] ‖ ~, -lauf m (Wzm, DV, LoKa) / pass, passage through a machine ‖ ~, -lauf, -fluß m, -fahrt f / passage ‖ ~, lichte Weite / diameter inside ‖ ~ (Ventil) / opening area of a valve, gate of a valve, valve opening ‖ ~, lichte Höhe (Presse) / daylight ‖ ~ (Satellit) / pass ‖ ~, Durchzug m (Spinn) / head of the drawing frame ‖ ~ (Sieb) s. Durchfall ‖ **eines Elektronenstrahls** / transmission coefficient of electron beam ‖ ~ **im Wiedereintrittsrichtung** (Raumf) / inbound pass ‖ ~ **verboten!**, kein Durchgang! / no thoroughfare! (GB), no thrufare! (US) ‖ **~-Einstechschleifen** n / through-feed plunge-cut grinding
durchgängige Poren f pl / interconnected pores
Durchgangs·..., Momentan... / transient, momentary, transitory ‖ **~...**, Übergangs... / transitional ‖ **~amt** n (Fernm) / transit office o. exchange, tandem exchange ‖ **~bahnhof** m / through station ‖ **~dämpfung** f / transmission loss ‖ **~dämpfung** f (Antennenweiche) / splitting and combining loss ‖ **~drehzahl** f / racing speed, runaway speed ‖ **~fernleitung** f (Fernm) / transit trunk (GB) o. toll (US) line ‖ **~fläche** f **des Siebes in %** / percentage sieving area ‖ **~form** f **von Ventilen** / straight-way type of valves ‖ **~gespräch** f (Fernm) / transit call ‖ **~güterzug** m (Bahn) / through goods train ‖ **~hafen** m, Transithafen m / transit harbour ‖ **~hahn** m (gerader Durchgang) / two-way o. straight-way cock o. faucet ‖ **~hahn** m, Kükenhahn m / stop cock ‖ **~höhe** f (Treppe) / headroom of stairs ‖ **~instrument** n, Passageninstrument n (Astr) / transit instrument ‖ **~kondensator** m s. Durchführungskondensator ‖ **~leistungs-Meßgerät** n **im RF-Bereich** (Elektronik) / thruline-RF-directional wattmeter (US) ‖ **~leitung** f (Fernm) / through circuit ‖ **~loch** n / through hole, clearance hole ‖ **~öffnung** f, lichte Weite / inside o. inner width ‖ **~öffnung** f, freier Durchgang (Presse) / daylight ‖ **~platz** m (Fernm) / through position ‖ **~posten** m (Buchhaltung) / in-and-out o. ‖ **~profil** n, allgemeine Umgrenzungslinie (Bahn) / clearance gauge, load limit gauge ‖ **~profil-Lehre** f, Lichtraum-Umgrenzungslinie f (Bahn) / structure ga[u]ge ‖ **~prüfer** m (Elektr) / [wiring] continuity checker o. tester, circuit indicator ‖ **~prüfung** f (Elektr) / continuity check ‖ **~querschnitt** m / opening area of a valve ‖ **~schleifen** n / througfeed grinding ‖ **~schleuse** f (Bau) / pass-through ‖ **~schließkontakt** m (Elektr) / passing make contact ‖ **~schrank** m (Fernm) / through switching board ‖ **~schraube** f / through bolt ‖ **~schraubenverbindung** f / through bolt joint ‖ **~straße**, Hauptverkehrsstraße f / principal street, traffic arteria ‖ **~straße** f (Landstraße) / thoroughfare, thrufare (US), highway, main road ‖ **~ventil** n / straight-way valve, full-way valve, two-way [steam] valve ‖ **~ventil** n (Wasserleitung) / stop valve for water supply ‖ **~ventil** n **mit geradem Kopf** / straight pattern globe valve ‖ **~ventil** n **mit schrägem Oberteil** / oblique pattern globe valve ‖ **~verbindung** f (Fernm) / built-up connection, through connection, indirect call ‖ **~verkehr** m / through traffic, external-external traffic ‖ **~wagen** m (Bahn) / vestibule coach ‖ **~wahl** f (Fernm) / tandem dialling ‖ **~wähler** m (Fernm) / tandem selector ‖ **~widerstand** m (Isolierstoff) / volume resistance ‖ **~widerstand** m (Gleichr) / forward resistance ‖ **~zeit** f (Astr) / transit time ‖ **~zimmer** n (Bau) / through room
durchgearbeitet, gründlich ~, hochentwickelt / complex, sophisticated (US)

durch·gebogen / sagged ‖ ~gebrannt (Sicherung) / burnt-out, fused, gone, open ‖ ~gefärbt / dyed throughout ‖ ~gehärtet, durchgehend gehärtet / fully hardened, through-hardened ‖ ~gehen (Masch, Elektr) / race ‖ ~gehen, durch die ganze Höhe aufsteigen (Bau) / pass through the full height of a building ‖ ⁴gehen n (Masch) / racing, runaway ‖ ⁴gehen n des Metalls durch den Sand (Gieß) / leak and seepage ‖ ⁴gehen n eines Reaktors / runaway of a reactor ‖ ~gehen o. -drehen lassen (Masch) / race an engine

durchgehend, -laufend (Mech) / continuous, passing, through… ‖ ~ (Bahn, Bremse) / continuous ‖ ~ (Bahn) / direct, through ‖ ~ (z.B. Fracht) (Bahn) / throughout… ‖ ~, fugenlos / without joints ‖ ~ (Fahrkarte) / direct (ticket) ‖ ~ (Arbeitszeit) / uninterrupted, continuous ‖ ~er Ankerbolzen / crab bolt ‖ ~er Ast (Holz) / traversing splay knot ‖ ~e automatische Bremse / continuous automatic brake ‖ ~e Bereitschaft (Fernm) / continuous attention ‖ ~e Bohrung, Durchbohrung f / through bore ‖ ~er Bolzen / through bolt, passing bolt ‖ ~er Bolzen mit selbstsichernder Mutter (Zimm) / fang bolt ‖ ~ Bremse (Bahn) / continuous brake ‖ ~ digital / all-digital ‖ ~e Einlage (im Gummi) / thorough ply ‖ ~e Firstsäule / king post resting on a tie beam ‖ ~er Flug / through-flight ‖ ~ geschweißte Schienen, Langschienen f pl (Bahn) / long-welded rails pl, continuous welded rail, ribbon rails (US) pl ‖ ~es Gleis (Bahn) / through o. main line o. track ‖ ~e Leitung im Zuge (Bahn, Elektr) / train-cable o. -conduit o. -line ‖ ~e Reihe, Kette f (DV) / catena ‖ ~er Riß / through shake and check ‖ ~e o. durch mehrere Geschosse gehende Säule / thorough column, passing column ‖ ~er Ständer (Bau) / passing post o. pillar, thorough pillar ‖ ~e Stockwerksstützung / continuous story column o. post ‖ ~es Teil / male component ‖ ~er Tragflügel (Luftf) / continuous wing, one-piece wing ‖ ~e Welle / continuous shaft, straight-through shaft, through-going shaft ‖ ~e Zehnerschaltung (Buch.m) / full carry-over ‖ ~er Zug, Durchgangszug m / through train, nonstop train ‖ einseitig mit ~en Zeilen bedrucktes Blatt (Buch) / broad sheet

durch·gekreuzt / crossed ‖ ~gelassener Frequenzbereich / pass-range ‖ ~genäht (Schuh) / machine- o. through-sewn, stitched ‖ ~geschaltete Verbindung (Fernm) / through line ‖ ~geschlagen (Kondensator) / punctured, open ‖ ~geseihtes n, durchgeseihte Flüssigkeit (Chem) / colature ‖ ~gesetzt (Tiefziehen) / arched ‖ ~gestecktes Gelenk (Zange) / box point ‖ ~gestrichenes Zeichen / canceled figure ‖ ~getrocknet / entirely dry ‖ ~gezogen (Linie) / continuous ‖ ~gezogener Kragen (Stanz) / plunged boss ‖ ⁴greifspannung, Sperrschichtberührungsspannung f (Halbl) / penetration voltage, punch-through o. reach-through voltage ‖ ⁴griff m (Elektronik) / reciprocal of the voltage amplification factor in %, passage, penetration coefficient o. factor, inverted o. inverse amplification factor ‖ ⁴griffskapazität f (Elektronik) / direct capacitance ‖ ⁴hang m / dip, sag, (Seil:) slack ‖ ~hängen, -sacken, Durchhang haben / sag vi ‖ ~hängen n, -hang m / sagging ‖ ~hängend / sagged, (Seil:) slack ‖ ⁴hängung f (Walzw) / loop formation ‖ ~härten / full-harden ‖ ⁴härtung f (Stahl) / through-hardening, full o. core o. penetration hardening ‖ ⁴hau m, -hieb m (Forstw) / clearing ‖ ~hauen, trennen, spalten / chop ‖ ~hauen, -brechen / cut through ‖ ⁴hieb m (Bergb) / cross-connector, breakthrough ‖ ⁴hieb m (Wald) / culling, improvement cutting ‖ ~hieb, Schneise (Forstw) / cutting in a forest, lane ‖ ⁴hülse f (Spinn) / through-tube ‖ ~klingeln n (Elektr) / ringing test ‖ ~kneten n (Hütt) / kneading ‖ ~kohlen, verkoken / carbonize, coke ‖ ~kohlung, Verkokung f / carbonization, coking process ‖ ~kommen, Verbindung bekommen [mit] (Fernm) / get through [to] ‖ fertig ~konstruiert / fully engineered ‖ ~kontaktieren

/ through hole plate vt ‖ ~kontaktiert / through hole plated ‖ ⁴kontaktierung f / throughplating, feedthrough ‖ ⁴kreuzung, -wachsung f (Krist) / interpenetration ‖ ⁴kreuzungs… (Krist) / cruciform ‖ ⁴kreuzungszwillinge m pl (Krist) / [inter]penetration twins pl ‖ ~laden, (jetzt:) fertigladen (Gewehr) / charge

Durchlaß m, Durchgang m / passage, way ‖ ⁴ (Dreh) / capacity of the lathe ‖ ⁴ (Schleuse) (Hydr) / outlet of a lock ‖ ⁴, -fahrt f (Brücke) / passage, waterway ‖ ⁴, Durchfluß m (Glasofen) / throat, doghole ‖ ⁴, Düker m / siphon, culvert ‖ gedeckter ⁴ (Bau) / water duct, water channel ‖ ⁴abdeckung f (Glas) / throat covers ‖ ⁴bereich m (Kath.Str.Röhre) / frequency response ‖ ⁴bereich m, -band n (Elektronik) / passband, band-pass, pass-range ‖ ⁴bereich m (Halbl) / conducting state region ‖ ⁴bereich m, -breite f (Bandfilter) / transmission band ‖ mit einem ⁴bereich / with one transmission band ‖ ⁴breite f, -bereich m (Elektronik) / transmission band, acceptance band ‖ amplitude characteristic ‖ ⁴diode f, Stabilisatordiode f / forward diode

durchlassen (Filter, Elektr) / accept ‖ ~ vt (Phys) / transmit vt ‖ einen Zug ~ (Bahn) / pass a train through ‖ Wasser ~ / leak water

Durchlaß·filter m n mit steilen Fronten / band pass hard limiter ‖ ⁴gebiet n / transmission field ‖ ⁴grad m, Transmissionsgrad m (Licht) / transmittance ‖ ⁴grad m im infraroten Spektralbereich / transmittance in infrared spectrum

durchlässig (für Wasser) / pervious, permeable ‖ ~, durchscheinend, transparent (Opt) / transparent, translucent, diaphanous ‖ ~ (Elektronik) / conducting

Durchlässigkeit f / penetrability, permeability, perm, perviousness ‖ ⁴, Permeabilität f (Pap) / permeance ‖ ⁴ (für Licht) / diaphaneity, transparence, -ency, translucence, -lucency ‖ ⁴, Durchlassungsvermögen n (Phys) / transmissibility ‖ ⁴ (Geigerzähler) / transparency ‖ ⁴ für Gas / permeability to gas ‖ ⁴ für Wärme / diathermancy

Durchlässigkeits·bereich m s. Durchlaßbereich ‖ ⁴faktor m (Wellenleiter) / transmission coefficient ‖ ⁴faktor m für diffuses Licht / diffuse transmission factor ‖ ⁴grad m (Ultraschall) / transmission factor ‖ ⁴koeffizient m / coefficient of permeability ‖ ⁴messung f / transmission measurement ‖ ⁴spektrum n / transmission spectrum

Durchlaß·kanal m (Gas) / admission port ‖ ⁴kennlinie f (Halbl) / on-state characteristic ‖ ⁴kennwert m (Halbl) / conducting state voltage-current value (not: characteristic forward value) ‖ ⁴leitwert, Flußleitwert m (Halbl) / conducting-state conductance ‖ ⁴öffnung f (Nukl) / transfer port ‖ ⁴pegel m, Akzeptorniveau n (Elektronik) / acceptor level ‖ ⁴querschnitt m / opening of a valve o. bridge ‖ ⁴querschnitt m für Hochwasser (Brücke) / high-water section ‖ ⁴querschnitt m für Schiffahrt (Brücke) / navigable width ‖ ⁴richtung (Phys) / transmitting direction ‖ ⁴richtung f (Gleichr) / conducting direction ‖ in ⁴richtung (Halbl) / in [forward] conducting direction (not: "forward") ‖ ⁴seitenstein m (Glasofen) / throat cheek o. side block, sleeper block ‖ ⁴spalt m / exit gap ‖ ⁴spannung f (Halbl) / conducting-state voltage, on-state voltage ‖ ⁴spitzenstrom m (Elektronik) / peak conducting current ‖ ⁴stirn f, Haupt n / end o. face of a culvert ‖ ⁴strahlung f (Nukl) / leakage ‖ ⁴strom m (Triac) / on-state current ‖ ⁴strom m (Halbl) / conducting-state current (not: forward current) ‖ ⁴strom-Effektivwert m / effective conducting-state current ‖ ⁴treffplatte f (Röntgen) / transmission target

Durch·lassung f von Strahlen / transmission (through a medium) ‖ ⁴lassungsdichte f (Phot) / transmission density ‖ ⁴lassungsvermögen n (Wärme) / transmissibility, transmittivity

Durchlaß·verlustleistung f (Halbl) / conducting-state power loss, on-state power loss o. dissipation ‖

~verzögerung[szeit] f (Elektronik) / conducting-state recovery time ‖ ~widerstand m (Elektronik) / conducting-state d.c. resistance, on-state d.c. resistance ‖ ~winkel m (Halbl) / conduction angle ‖ ~zustand m (Elektronik) / on-state, conducting state
Durchlauf m, -gang m (Wzm, DV, LoKa) / pass, passage through a machine ‖ ~, Wobbeln n (TV) / sweeping, sweep ‖ ~ (Ultraschall) / traverse ‖ ~ eines Belegs (DV) / passage, run ‖ ~ in umgekehrter Richtung, Rücklauf m / return pass ‖ ~belichter m (Repro) / continuous o. rotary printer ‖ ~betrieb m (Lochstreifen) / free running ‖ ~betrieb m mit Aussetzbelastung, S 6 (früher: DAB) / continuous operation duty type ‖ ~diagramm n (F.Org) / process chart
durchlaufen vi / pass [through] ‖ ~ (Magn.Bd) / pay off ‖ ~ n (DV) / cycling ‖ ~ des Bildes (TV) / rolling [up o. down] of the picture ‖ ~e Strecke / sailed distance
durchlaufend / continuous ‖ ~ (Walzw) / non-reversing ‖ ~ (Behandlung) / nonstop ‖ ~er Balken auf mehreren Stützen / continuous beam o. girder supported at several points ‖ ~er Hängeträger / continuous suspension girder ‖ ~ numerieren / number continuously ‖ ~e Platte (Bau) / continuous slab ‖ ~er spiralförmiger Träger / continuous helicoidal girder ‖ ~er Ständer (Bau) / thorough pillar ‖ ~er Träger / continuous beam o. girder, through beam o. girder
Durchlauf·entgasung f (Hütt) / continuous degassing, stream degassing ‖ ~-Entwicklung f (Phot) / continuous processing
Durchläufer m (Dauerversuch) / fatigue-tested specimen without rupture
Durchlauf·erhitzer m / flow heater, instantaneous water heater ‖ ~erhitzer [mit freiem Auslauf] m / inlet-control[led] water heater, single-faucet water heater ‖ ~förderer m mit Drahtgurt / wire mesh table conveyor ‖ ~förderer m mit Gurt / belt table conveyor ‖ ~fräsen n / throughfeed milling ‖ ~gleis n / "non-stick" route ‖ ~-Glühanlage f CAPL / continuous annealing and processing line, CAPL ‖ ~glühen n (Hütt) / continuous annealing ‖ ~glühofen m / continuous annealing furnace ‖ ~härten n (Hütt) / continuous hardening ‖ ~härteofen m / continuous heat-treating furnace ‖ ~kamera f, -gerät n (Phot) / continuous-flow camera ‖ ~kokille f / open-ended mould ‖ ~-Kopiermaschine f (Film) / continuous film printer, rotary copier ‖ ~lager n (F.Org) / live storage ‖ ~lagerung f (Materialtransport) / flow storage ‖ ~mischer m (Bau) / flow mixer, continuous mixer ‖ ~mischsilo m n / continuous blending silo ‖ ~ofen m / end-charge-and-discharge furnace, through-type o. continuous furnace ‖ ~ölerhitzer m / inlet-controlled oil heater ‖ ~patentieren n / continuous patenting ‖ ~pfette f / continuous purlin ‖ ~prinzip n (Bau) / flow-and-rinse principle ‖ ~prüfung f (Kabel) / scanning test ‖ ~regal n (F.Org) / flow shelf ‖ ~schaltbetrieb m, DSB m / periodical operation type duty ‖ ~schleifen / grind continuously ‖ ~schleifen n (Wzm) / throughfeed grinding ‖ ~schmierung f / once-through lubrication ‖ ~schweißverfahren n / continuous o. line o. seam welding ‖ ~-Sinterofen m / furnace for continuous sintering ‖ ~-Temperofen m / tunnel-type annealing furnace ‖ ~trockner m / continuous-flow drier ‖ im ~verfahren / in a continuous operation ‖ ~-Verzinnen n / reel-to-reel plating ‖ ~vulkanisation f / continuous vulcanization, C.V. ‖ ~-Wasserheizer m s. Durchlauferhitzer ‖ ~zähler m / flow counter ‖ ~zeit f (durch eine Fabrik) (F.Org) / door-to-door time ‖ ~zeit f (durch einen Fertigungsvorgang), Bearbeitungszeit f / processing time, machining time ‖ ~zeit f (DV) / throughput time ‖ ~zeit f (allg) / flow time
durch·legieren vi (Thyristor) / fail, break down, become shorted ‖ ~leuchten (Stoffe, Eier) / examine against the light ‖ mit Röntgenstrahlen ~leuchten, durchstrahlen, röntgen / radiograph vt ‖ ~leuchtung f /

transillumination ‖ ~leuchtung f, Röntgenaufnahme f, -bild n / radioscopy ‖ ~leuchtungsapparat m (Röntgen) / X-ray apparatus ‖ ~leuchtungskopie f, Durchlichtkopie f / transmission print, translucent print ‖ ~licht n / transmitted light ‖ ~licht n (Repro) / back lighting ‖ im ~licht, in der Durchsicht / by transmitted light ‖ ~lichtaufnahme f / transmitted light print ‖ ~lichtbeleuchtung f / transillumination ‖ ~lichthologramm n / transmitted light hologram ‖ ~lichtkopieren n / transmission copying ‖ ~lichtmikroskopie f / transmitted light microscopy ‖ ~lichtprojektion f / rear projection ‖ ~lochen / perforate ‖ ~löchern / hole, perforate ‖ ~löchert / holed, perforate[d] ‖ ~löcherte verlorene Verrohrung (Öl) / perforated liner ‖ ~löcherung f (Korrosion) / holing, pitting ‖ ~lüften / aerate, air ‖ ~lüftung f, -lüften n / aeration, aerating, airing ‖ ~lüftungsprüfung f / aeration test ‖ ~machen, erfahren / undergo ‖ eine Veränderung ~machen / undergo a change ‖ ~mengen, -mischen / mingle thoroughly
Durchmesser m / diameter, dia ‖ ~... / diametral ‖ kleinster ~ / diameter of the diminution ‖ ~abstufung f / gradation of diameters ‖ ~anzeiger m (Spinn) / device for predetermined diameter ‖ ~differenz f der Kegelbohrung / tapered bore dimension ‖ ~schwankung f / variation in diameter ‖ ~spannung f (Elektr) / diametrical voltage ‖ ~-Verhältnis n / ratio of diameters ‖ ~wicklung f (Elektr) / full-pitch o. diametrical winding ‖ ~wicklung f (Elektr) / full-pitch winding
durch·metallisiertes Loch (gedr.Schaltg) / plated through hole ‖ ~mischen, -mengen / blend o. mingle o. mix thoroughly ‖ [100%ige] ~modulation (Elektronik) / total modulation ‖ ~modulierungshöhe f in % / percentage modulation ‖ ~musterung f (Astr) / durchmusterung ‖ ~musterung f (Radar) / sampling ‖ ~musterung f (Web) / making a range of samples ‖ ~musterung f (DV) / scanning operation ‖ ~nähen / sink-stitch, quilt ‖ ~nähgarn n, -nähzwirn m / Blake thread ‖ ~nähmaschine f (Schuh) / autosoling machine ‖ ~numerieren / number consecutively ‖ ~örtern (Bergb) / open the communication passage, pierce, hole o. cut through ‖ ~örterung, -fahrung f (Bergb) / holing-through ‖ ~palette f / through-pallet ‖ ~pausen, -zeichnen / calk, counterdraw, trace ‖ ~pendeln, pendeln / oscillate ‖ ~perlen n (Chem) / bubbling through ‖ ~plattiertes Loch (gedr.Schaltg) / plated thruhole ‖ ~prägewerkzeug n / coining die ‖ ~pressen / press o. squeeze through ‖ ~preßverfahren n (f. Rohrleitungen) / throughpress process ‖ ~probieren / test one after the other ‖ ~projektion f (Film, TV) / rear projection ‖ ~prüfen, entflöhen (DV) / debug ‖ ~prüfung f (Raumf) / checkout ‖ sprungweise ~prüfung f, Leap-Frog-Test m (DV) / leap-frog test ‖ ~prüfung f des Systems / system check ‖ ~querung f / traverse ‖ ~räuchern / smoke[-dry] thoroughly ‖ ~rechnen / count o. go over, examine ‖ sich ~reiben / fray, wear through ‖ ~reiche f (Bau) / service o. serving hatch, pushthrough ‖ ~reißen vt / tear through ‖ ~reißen vi / break, come off ‖ ~reißen n der Maische (Brau) / channeling ‖ ~reißversuch m (DV) / tearing resistance determination ‖ ~riß m / through crack ‖ ~rosten / rust through ‖ ~rosten n / rusting through ‖ ~rühren / mix thoroughly, stir, agitate ‖ von Hand ~rühren / agitate by hand, stir up ‖ ~sacken, -hängen / sag ‖ ~sacken (Luftf) / stall [in flight], pancake [when landing] ‖ ~sacken n / stalling, pancaking ‖ ~sackgeschwindigkeit f (Luftf) / critical o. decision speed ‖ ~sack-Warngerät n / stall-warning indicator ‖ ~sage f (Elektronik) / radio information, announcement, message broadcast[ing] ‖ ~sage f, Spot m (TV) / spot ‖ automatische ~sage (Fernm) / playout message ‖ ~sagebetrieb m (Minicassette) / talk line, hot line ‖

~sagen / give out by wireless, broadcast ‖ ~sägen / saw across the grain ‖ ~satz *m* / throughput, thruput ‖ ~satz *m* (Reaktor) / flow rate ‖ ~satz *m* (Hochofen) / throughput of a blast furnace ‖ ~satz *m* (Aufber) / operational capacity ‖ ~satzgeschwindigkeit *f* (Hütt) / driving rate ‖ ~satzleistung *f* / throughput, thruput, operational capacity ‖ ~satzrate *f* (DV) / data transfer rate o. speed, transfer rate ‖ ~satzzeit *f* (Hütt) / blast furnace cycle ‖ ~schallen / investigate by ultrasonic transmission ‖ ~schallungsverfahren *n* (Ultraschall) / transmission technique ‖ ~schaltebene *f* (Fernm) / junction stage ‖ ~schalteeinrichtung *f* (Fernm) / talk-through facility ‖ ~schalten (Fernm, DV) / switch a line, connect through ‖ ~schalten *n* / through switching ‖ Kabel ~schalten / splice cables straight through ‖ ~schalten *vi* (Halbl) / conduct, become conductive ‖ ~schalten *n*, Durchschaltung *f* (Fernm) / telephone switching, through switching ‖ ~schaltevermittlung *f* (Einrichtung) / circuit switching center ‖ ~schaltevermittlungstechnik *f* / line switching, circuit switching ‖ ~schaltnetzwerk *n* (DV) / switching network ‖ ~schaltrelais *n* (Fernm) / cut-through relay ‖ ~schaltung, Verbindung *f* / interconnection ‖ ~schaltzeit *f* (Thyristor) / gate-controlled rise time ‖ ~scheinen (Buch) / show through ‖ ~scheinen *n* (Buch) / showing through ‖ ~scheinen *n*, Durchlässigkeit *f* (Opt) / translucence, -ency ‖ ~scheinen *n* der Grundfarbe (Anstrich) / grinning-through ‖ ~scheinend (allg) / translucent, -lucid, pellucid, diaphanous, see-through... ‖ ~scheinend (Web) / sheer, translucent ‖ ~scheinende Farbe / transparent o. glazing colour ‖ [sich] ~scheuern / fray *vi*, wear through ‖ ~schiebeverfahren *n* beim Schleifen / intermittent method of grinding ‖ ~schießen, den Schützen eintragen (Web) / cross o. ply the shuttle ‖ ~schießen, Spatien einsetzen (Buch) / white out, lead [out] ‖ ~schießen *n* (Buch) / leading, leading-out ‖ mit Papier ~schießen / interfoliate, interleave ‖ ~schießlinie, Reglette *f* (Buch) / space rule o. line

Durchschlag *m*, -schlagen *n* (Elektr) / disruptive breakdown, blow-out, puncture ‖ ~, Sieb *n* / sieve, strainer ‖ ~ (Reifen) / puncture, blow-out *n* ‖ ~, Dorn *m* (Werkz) / drift, piercer, drift punch, backing-out punch ‖ ~, Amboßloch *n* / hardyhole ‖ ~, -bruch *m* (Bergb) / holing-through ‖ ~ (eines Grubenbaus in einen anderen) (Bergb) / intersection ‖ ~, -schrift *f* (Büro) / carbon copy, duplicate, soft copy (US) ‖ ~ (Isolator) / dielectric breakdown ‖ ~ einer Entladungsstrecke / breakdown ‖ ~ im Kondensatorwickel / pin discharge, puncture ‖ ~ in einem Isolierstoff / disruptive breakdown ‖ den ~ herbeiführend, disruptiv (Elektr) / disruptive

durchschlagbares Fernrohr (Verm) / transit telescope

durchschlagen *vt* (Bergb) / cut across, hole-through, open ‖ ~, [durch]lochen / pierce ‖ ~ *vi* (Elektr) / break down, spark, puncture (US) ‖ ~ (Elektr, Sicherung) / blow, fuse ‖ ~ (Pap) / blot *v* ‖ ~ (Färb) / show through ‖ ~ (Feder) / bottom *v* ‖ ~ (Klebstoff) / bleed through ‖ ~ *n* der Druckfarbe (Buch) / strike-through *n*, print-through, bleeding ‖ ~ dünner Platten / buckling of thin plates ‖ das Fernrohr ~ (Verm) / invert the telescope, transit *v*, plunge *v*

durchschlagend·es Getriebe (Kinematik) / folding linkage

Durchschläger *m*, -treiber *m* (Wz) s. Durchtreiber

Durchschlag·hammer, Durchschläger *m* / driving hammer ‖ ~-Mikroplasma *n* / breakdown microplasma ‖ ~papier *n* (Pap) / copy paper, flimsy ‖ ~prüfung *f* (Pap) / puncture test

Durchschlags·entladung *f* / disruptive discharge ‖ ~festigkeit *f* (Elektr) / puncture o. disruptive strength, dielectric strength o. rigidity ‖ ~festigkeit *f* in Volt per mil (= 39,37 · 103 kV/mm) (Kabel) / breakdown voltage in Volts per mil

durchschlag·sicher, -fest / puncture-proof ‖ ~sicher, schußfest / bulletproof, shot-proof ‖ ~sicherung *f* (Elektr) / film cut-out

Durchschlags·kraft *f* / penetration [capacity o. power], percussion power o. force, perforating effect ‖ ~lage *f*, Verzweigungslage *f* (Kinematik) / folded position

Durchschlag·spannung *f* (Elektr) / breakdown o. breaking-down voltage, disruptive o. puncture voltage ‖ ~spannung *f* (Diode) / punch-through o. reach-through voltage

Durchschlags·prüfung *f* bei doppelter Nennspannung über eine Minute (Elektr) / flash[over] test

Durchschlag·stoffe *m pl* (Bau) / aggregate ‖ ~-Transistor *m* / avalanche transistor ‖ ~widerstand *m* (Holz) / percussion strength

Durch·schleifen *n* (Wzm) / straight-through grinding, cylindrical grinding ‖ ~schleifen *n* (Kabel) / looping through ‖ ~schleifen *n* (Fehler, Sperrholz) / sanding through ‖ ~schleusen / pass a boat through a lock, lock a ship ‖ ~schleusen *n* (Schiff) / lockage ‖ ~schlupf *m* (Stichprobe) / average outgoing quality ‖ ~schmelzen *vt* / fuse o. melt thoroughly ‖ ~schmelzung *f*, innere Verschmelzung (Glas) / internal seal ‖ ~schmieden *n* / homogeneous forging, solid forging ‖ ~schmoren *vi* (Kabel) / char through, scorch (US)

Durchschnitt *m*, Mittelwert *m* / average o. mean [value] ‖ ~, Einschnitt *m* (Bau) / digging, cutting ‖ ~, Schnitt *m* / profile, section ‖ ~ (Mengenlehre) / intersection, meet ‖ ~, Durchschneidung *f* (Geom) / intersection of two planes ‖ den ~ nehmen / strike o. take the average, average *vt* ‖ ~bestimmung *f* (Chem) / average analysis

durchschnittlich, Durchschnitts... / on an average, average, mean ‖ ~, normal / normal, common, ordinary ‖ ~e Abweichung / average o. mean deviation ‖ ~e Anzahl der Stichproben je Los / average total inspection, ATI ‖ ~ betragen (o. liefern o. bezahlen o. erzielen) / average *v* ‖ ~e Fahrstrecke eines Fernlasters / average length of haul ‖ ~er Fehleranteil / process average defective

Durchschnitts·..., Mischungs... (Math) / medial ‖ ~..., Mittel... (Math) / median ‖ ~bildung *f* / averaging ‖ ~ergebnis *n* / average result ‖ ~ermittlung *f* des [Tanker-]Frachtratenniveaus (Schiff) / average freight rate assessment ‖ ~geschwindigkeit *f* / average o. mean speed o. velocity ‖ ~höchst... / maximum average... ‖ ~länge *f* / average length ‖ ~leistung *f*, -ertrag *m* / average yield o. output ‖ ~leistung *f* (F.Org) / average performance ‖ ~leistung *f* je Stunde / average output per hour ‖ ~lohn *m* / average wages *pl* ‖ ~muster *n*, -probe *f* / sample of average quality ‖ ~polymerisationsgrad *m*, DP *m* / average degree of polymerization, DP ‖ ~probe *f* / average sample ‖ gute ~qualität / fair average quality, F.A.Q., faq, good merchantable quality ‖ ~rechnung *f* (Math) / medial alligation ‖ ~verbrauch *m* / average consumption ‖ ~verdienst, Durchschnitt *m* (F.Org) / average earned rate o. earnings *pl* ‖ ~verhältnis *n* / average proportion ‖ ~wert *m*, Mittelwert *m* / mean value

durch·schossen (Buch) / leaded ‖ ~schossen (Textil) / shot [through] ‖ ~schreibeblock *m* / duplicating pad ‖ ~schreibebuch *n* / copy book, duplicating book, transfer copying book ‖ ~schreibebuchführung *f* / carbon-copy duplicating system, duplicating bookkeeping ‖ ~schreibeformulare *n pl* / carbon-backed forms *pl* ‖ ~schreibe-Formularsatz *m* / carbon coated paper pack ‖ ~schreibpapier *n* / copying carbon paper, carbon o. self-copying paper ‖ ~schreibpapier, NCR-Papier *n* / carbonless paper, NCR paper ‖ ~schreibsatz *m* (DV) / multipart form set o. form stationary, multiply form set ‖ ~schrift *f* (Schreibm) / copy ‖ ~schub *m* von Schienen (Bahn) / slipping of rails ‖ ~schubofen *m* (Keram) / pushed-batt kiln, sliding batt kiln ‖ ~schuß *m*, -schußlinie *f*, Reglette *f* (6 bis 12 p.) (Buch) / slug, lead, reglet, interlinear space ‖ ~schuß *m* (Web) / weft [insertion], abb (filling pick) ‖ mit genügend ~schuß (Buch) / opened up ‖ ~schuß *m* von 1 1/2 p Dicke (Buch) / eight-to-pica lead ‖ ~schußapparat

m (Web) / inlaying apparatus ‖ ⁊**schußblatt** *n*, Vakat *n* (Buch) / interleave ‖ ⁊**schußbogen** *m* (Buch) / set-off paper ‖ ~**schußloser Satz** (Buch) / solid matter ‖ ⁊**schußpapier** *n* (Binden) / between-lay paper o. wrapping
Durchschweißung *f* / root penetration ‖ **schlechte** ⁊ / incomplete root penetration ‖ **ungenügende** ⁊ / lack of root fusion ‖ **vollständige** ⁊ / full penetration welding
Durch·schwingen *n* (Impuls) / back-swing ‖ ~**sehen**, nachsehen (Masch) / look over ‖ ⁊**sehtisch** *m* (Textil) / inspection table ‖ ~**seihen** / strain [off], filter ‖ ⁊**seihen** *n*, Durchseihung *f* (Chem) / filtering, filtration ‖ ⁊**seihen** *n*, Perkolieren *n* (Chem) / percolation ‖ **nochmals** ~**seihen** / re-strain ‖ ~**setzen** [mit] / intersperse ‖ ⁊**setzen** *n* (bei Sturm) (Schiff) / pounding ‖ ~**setzt**, eingesprengt (Bergb) / interstratified ‖ ⁊**setzzeit** *f* (Hütt) / time of passage
Durchsicht, Konstruktionsdurchsicht *f* (Zeichn) / phantom view, ghosted view ‖ ⁊, Formation *f* (Pap) / look-through ‖ ⁊ **einer Färbung** / undertone, underhand appearance ⁊ / perusal
durchsichtig, klar / limpid, lucid, translucent, transparent, clear ‖ ~, glasartig / hyaline ‖ ~, klar (Flüssigkeit) / bright, limpid ‖ ~**es Gewebe** / diaphanous o. transparent tissue, cheese cloth ‖ ~ **[gewebt]** (Web) / open ‖ ~**e Substanz** / diaphane
Durchsichtigkeit *f*, Klarheit *f* / lucidity ‖ ⁊, Transparenz *f* / transparency, -ence, transparentness, diaphaneity
Durchsichts·farbe *f* / translucent colour ‖ ⁊**projektion** *f* (TV) / transparent projection ‖ ⁊**sucher** *m* / diopter, direct vision view finder, sight vane
durch·sickern / leak through, ooze, seep, soak ‖ ~**sickern**, entweichen / ooze ‖ ~**sickern**, tropfen / strain, trickle through, percolate ‖ ⁊**sickern** *n*, Lecken *n* / ooze, oozing ‖ ~**sickern lassen** / ooze *vt*, leach ‖ ⁊**sickerungs- o. Versickerungsrate o. -intensität** *f* (Boden) / ooze-through rate ‖ ~**sieben** / sieve *vt* ‖ ~**sieben** (Bau) / sift, screen ‖ ~**sieben** (Mehl) / bolt ‖ ~**spalten** / split through o. in two, divide in two ‖ ⁊**sprechstellung** *f* (Fernm) / through-position ‖ ⁊**spülen** *n* (Gießerei) / bubbling through ‖ ~**spülen** / rinse thoroughly ‖ ⁊**starthöhe** *f* (Luftf) / missed approach altitude ‖ ~**stechen**, -lochen / hole ‖ ~**stechen** (Hütt) / open the furnace ‖ **einen Damm** ~**stechen** / cut a dam ‖ ⁊**steckschraube** *f* **mit Mutter** / [screw] bolt, through-bolt ‖ ⁊**steckträger** *m* (für Schwerlasten) (Bahn) / lead-out support ‖ **volle** ⁊**steuerung** / fully advanced control ‖ ⁊**stich** *m* (Straßb) / pilot cut ‖ ⁊**stich** *m* (Hydr) / through-cut ‖ ⁊**stichflasche** *f* (Pharm) / perforable stopper flask ‖ ~**stimmbare Frequenz** (Elektronik) / VF, variable frequency ‖ ~**stimmbarer Oszillator** (Elektronik) / variable frequency oscillator, VFO ‖ ~**stoßen** (Hütt) / open the furnace ‖ ~**stoßen**, durchlöchern / push through ‖ ⁊**stoßen** *n* (Pap) / puncture ‖ ⁊**stoßen** *n* **des Schwarzwertes** (TV) / signal above black level ‖ ⁊**stoßofen** *m* (Walzw) / pusher type furnace ‖ ⁊**stoßprüfer** *m* (Pap) / puncture tester ‖ ⁊**stoßpunkt** *m* (Math) / piercing point ‖ ⁊**stoßretorte** *f* / retort with two mouthpieces ‖ ⁊**stoßversuch** *m* (Plast) / impact penetration test ‖ ⁊**stoßversuch** *n* (Pap) / puncture test ‖ ~**strahlen** *vt* / radiograph *vt* ‖ ~**strahlt** / penetrated by radiation ‖ ⁊**strahlung** *f* / irradiation ‖ ⁊**strahlungsaufnahme** *f* (Mat Prüf) / radiography ‖ ⁊**strahlungsbild** *n* / radiogram ‖ ⁊**strahlungsmikroskop** *n* / transmission microscope ‖ ⁊**strahlungsprüfung** *f* / radiographic test, radiation test ‖ ⁊**strahlverfahren** *n* (Röntgen) / transmission technique of X-ray cristallographic analysis ‖ ~**streichen** / line o. strike through (e.g. letters) ‖ ⁊**strömtrockner** *m* (Textil) / rapid packager drier ‖ ⁊**strömturbine** *f* (eine Kleinturbine) (Wasser) / direct flow turbine, cross-flow turbine ‖ ⁊**strömungskanal** *m* / riser ‖ ~**suchen** / search ‖ ~**suchen**, abfragen (DV) / scan ‖ ⁊**suchen** *n* **der gesamten Datei** (DV) / full file search ‖ ~**teufen**

(Bergb) / sink a shaft through ‖ ~**tränken** [mit], imprägnieren / impregnate ‖ ⁊**treiber** *m* (DIN 6458) / drift punch, backing-out punch, drift, piercer ‖ ⁊**treiber** *m* (für Niete) (Werkz) / punch for rivets ‖ ⁊**treiber** *m* (Schm) / hardyhole punch ‖ ~**treten** *vi*, durchsickern *vi* (Flüssig) / penetrate *vi* ‖ **das Gaspedal** ~**treten**, auf die Tube drücken / step on the gas ‖ ~**trocknen** *vt* / dry thoroughly ‖ ⁊**verbindung** *f* (gedr.Schaltg) / through-connection ‖ ⁊**verbindungsgerät** *n* / through-connection equipment ‖ ~**verbunden** (Kabel) / with sheaths connected across the joints ‖ ~**vergüten** / full-quench and temper subsequently ‖ ⁊**vergütung** *f* (Hütt) / full quenching and subsequent drawing, through quenching and tempering ‖ ~**wachsen**, eingesprengt (Bergb) / intermingled ‖ ⁊**wachsenes** *n* (Erz) / intergrowth ‖ ⁊**wachsenes** *n* (Kohle) / bone ‖ ⁊**wachsung**, -kreuzung *f* (Krist) / interpenetration ‖ ⁊**wachsungszwillinge** *m pl* (Krist) / interpenetration twins *pl* ‖ ⁊**wahl** *f*, Selbstwählferndienst *m* (Fernm) / direct dialling-in, DDI (GB), direct inward dialling (US), in-dialling ‖ ⁊**wahlnummer** *f* **für Nebenanschluß** (Fernm) / direct dialling number ‖ ~**walken** / full thoroughly ‖ ⁊**wärmdauer** *f* / heat penetration time ‖ ⁊**wärmegrube** *f* (Hütt) / soaking pit ‖ ~**wärmen**, längere Zeit auf einer bestimmten Temperatur halten (Hütt) / soak ‖ ⁊**wärmzeit** *f* (Hütt) / soaking time ‖ ~**weben** / weave closely o. tightly ‖ ~**webt**, -wirkt (Textil) / shot [through] ‖ ~**weichen** *vt* / soak, drench, wet through ‖ ~**weichen** (Hütt) / soak ‖ ⁊**weichgrube** *f* (Hütt) / soaking pit ‖ ⁊**wirbelung** *f* (Kfz) / turbulent motion ‖ ⁊**wirbelung** *f* **der Luft** (Kfz) / turbulence of air ‖ ~**wirken** / interweave, interlace, shoot *v* ‖ ⁊**wirk[web]stuhl** *m* / broché weaving machine ‖ ⁊**wurf** *m*, Erdsieb *n*, grobes Drahtsieb / screen, riddle ‖ ⁊**wurzelung** *f* (Boden) / rooting ‖ ~**zeichnen**, pausen / trace ‖ ⁊**zeichnung** *f* (TV) / deep dimension picture ‖ ~**ziehen** *vi* (Mot) / pull o. draw through ‖ ~**ziehen**, stechen (Stanz) / lance, plunge, burr, bur (US) ‖ ⁊**ziehen** *n* (von Gewindelöchern), Kragenbildung *f* (Stanz) / hob extruding ‖ **Fäden** ~**ziehen** / pass through ‖ **mit Gräben** ~**ziehen** / run ditches ‖ ~**ziehen lassen** (Hütt) / soak *vt* ‖ ⁊**ziehformmaschine** *f* / stripping plate moulding machine ‖ ⁊**ziehnadel** *f* (Textil) / bodkin, broach ‖ ⁊**ziehofen** *m* (Hütt) / end-charge-and-discharge furnace, through-type o. continuous furnace ‖ ⁊**ziehplatte** *f* (Gieß) / stripping plate ‖ ⁊**ziehwerkzeug**, Stechwerkzeug *n* (Stanz) / plunging o. eyeletting o. burring tool, hob-extruding punch ‖ **beheiztes** ⁊**ziehwerkzeug** / dimpling tool, hot dimpling tool ‖ ⁊**ziehwicklung** *f* (Elektr) / pull-through winding
Durchzug *m* (Bau) / summer, bearer, beam, girder, rail ‖ ⁊, Durchgang *m* (Spinn) / passage ‖ ⁊, Streckkopf *m* (Spinn) / head ‖ ⁊, durchgezogenes Gewindeloch (Stanz) / rim hole, eyelet ‖ ⁊, Luftzug *m* / ventilation ‖ ~**belüftet** (Elektr) / enclosed-ventilated ‖ ⁊**schaltung** *f* (Kfz) / progressive system of gear shifting
Durchzugs·kraft *f* (Motor) / engine power ‖ ⁊**motor** *m* / enclosed ventilated motor, vent pipe motor ‖ ⁊**oberwalze** *f* (Textil) / slip draught top roller ‖ ⁊**vermögen** *n* (Mot) / lugging ability ‖ ⁊**walze** *f* (Spinn) / slip draft roller
Durchzündung *f* (Gleichrichter) / arc-through, loss of control, break-through
dürftig, arm / lean
Durit *n* (Kohlenart) (Bergb) / durain, attritus (US)
Durol *n*, Tetramethylbenzol *n* (Chem) / durene
Duro·mersystem, Duroplastsystem *n* (Plast) / duromer system ‖ ⁊**plast** *m* / duroplastic, pressure setting plastic ‖ ~**plastisch**, in Wärme aushärtend / duroplastic *adj* ‖ ⁊**skop** *n* (Härteprüfer) / duroscope, portable scleroscope
dürr, unfruchtbar / arid, barren ‖ ~, abgestorben (Bot) / dead ‖ ⁊**erz** *n* / silici[fer]ous silver ore ‖

˂fleckenkrankheit f der Kartoffel, Alternaria solani / early blight of potato ‖ **˂ständer** m, abgestorbener Baum / dead standing tree, dry wood

Dusche, Brause f / shower, douche

Duschwanne f (Bau) / shower tub

Düse f, Extrusionsform f / extrusion die, extruder die ‖ ˂, Strahlrohr n (Masch) / jet, nozzle [pipe] ‖ ˂ (Vergaser) / nozzle ‖ ˂, Einspritzdüse f (Diesel) / injection nozzle ‖ ˂ (Raumf) / nozzle ‖ ˂ (Keram) / nozzle ‖ ˂, Blasdüse f (Hütt) / blast pipe, nozzle, tuyère, twyere ‖ ˂ (Spinn) / spinneret[te] ‖ ˂ **für Glasfasern** / bushing ‖ ˂ **mit Einsatz** (Raumf) / plug nozzle

Düsen·abgas n, -abgasstrahl m (Luftf) / jetwash ‖ **˂abstreifverfahren** n (Verzinkung) / jet processing ‖ **˂aggregat** n **unter der Tragfläche** / pod ‖ **˂anschluß** m (Turbojet) / nozzle junction ‖ **˂antrieb** m / jet propulsion ‖ **˂antrieb** m **in Zweiwellenanordnung** (Luftf) / two- o. twin-spooled jet ‖ **˂[antriebs]boot** n / jetboat ‖ **˂arbeitsfläche** f (Draht) / die reduction zone, die working zone ‖ **˂ausgang** m, -auslauf m (Draht) / die exit ‖ **˂auspufftopf** m / nozzle type silencer o. muffler ‖ **˂austritt** m, Mundstück n (Strangpressen) / die mouth ‖ **˂austrittserweiterung** f (Plast) / die relief ‖ **˂auszieher** m (Diesel) / nozzle extractor ‖ **˂bändchen** n (Textil) / extruded lamina o. ribbon ‖ **˂blende** f (Raumf) / nozzle closure diaphragm ‖ **˂boden** m (Konverter) (Hütt) / tuyère bottom, wind box ‖ **˂boden** m (Chem) / valve tray ‖ **˂boden** m, Formebene f (Hütt) / horizontal section through the tuyère level ‖ **˂bohrer** m (Öl) / jet bit ‖ **˂bohrung** f / nozzle bore ‖ **˂brenner** m (Hütt, Kfz, Masch) / nozzle burner ‖ **˂decke** f (Koksofen) / nozzle decking ‖ **˂einlauf** m, -eintritt m (Draht) / die mouth, die bell ‖ **˂einsatz** m / nozzle insert ‖ **˂einsprengmaschine** f (Textil) / mist damper, nozzle spraying machine ‖ **˂eintrittswinkel** m (Drahtz) / angle of die taper, die entrance angle ‖ **˂feldbreite** f / nozzle length ‖ **˂flansch** m, -platte f (Spritzform) / front shoe, backing plate ‖ **˂flügel** m (Luftf) / slotted wing o. aerofoil ‖ **˂flugzeug** n, Strahlflugzeug n / jet [propelled air] plane, jet ‖ **˂flugzeug** m **für Senkrechtstart** / verto-, vertijet, VTO jet plane ‖ **˂form** f (Drahtz) / die shape, contour of die hole ‖ **˂form** f (Ofen) / tuyere belt ‖ **~gefärbt** (Reyon) / spun-dyed, solution-dyed ‖ **˂gruppe** f (Turbine) / nozzle section ‖ **˂hals** m (Raumf) / blast pipe neck, nozzle throat ‖ **˂halter** m (Diesel) / nozzle holder ‖ **˂halter** m (Hütt) / tuyere holder ‖ **˂halter** m **mit Düse** (Mot) / injector ‖ **˂haltergehäuse** n (Kfz) / nozzle holder case ‖ **˂hubschrauber**, Reaktionshubschrauber m / tip-drive helicopter ‖ **˂hutdampfsperre** f (Vakuum) / cold cap [baffle], top nozzle baffle, guard ring, vapour-catching cone cap ‖ **˂kammer**, Mischkammer f / jet chamber ‖ **˂kanal** m (Strangpressen) / die approach ‖ **˂kanal** m (Drahtz) / die channel ‖ **˂kegel** m (Plast) / die torpedo ‖ **[aufgeschraubter] ˂kopf** (Hütt) / orifice hood o. cap, orifice spud ‖ **˂kopf** m **mit Querbohrungen** (Mot) / nozzle with transverse holes ‖ **˂kühler** m (Mot) / divergent nozzle radiator ‖ **˂lärm** m / jet noise ‖ **˂lehre** f (Kfz) / nozzle checking gauge ‖ **˂leiste** f (Pap) / nozzle lip ‖ **˂leistung** f (Drahtz) / die tonnage ‖ **˂luftkissenboot** n / jetfoil ‖ **˂meißel** m (Bergb) / jet chisel ‖ **˂mischbrenner** m / nozzle mixing burner ‖ **˂mund** m / nozzle end ‖ **˂mund** m (Drahtz) / die aperture ‖ **˂mundstück** n (Plast) / orifice land, die land ‖ **˂mutter** f (Schw) / nozzle nut ‖ **˂nadel**, Injektornadel f (Brenner) / injector needle o. pin ‖ **˂nadel** f (Diesel) / valve needle ‖ **˂nadel** f (Peltonturb) / nozzle valve of the Pelton turbine ‖ **˂platte** f, -flansch m (Spritzform) / front shoe, backing plate ‖ **˂platte** f, Mundstückhalter m (Extrudieren) / die base o. body ‖ **˂platte** f (Kfz) / injector plate ‖ **˂propeller** m (Schiff) / shrouded o. ducted propeller ‖ **˂prüfgerät** n / injection nozzle tester ‖ **˂querschnitt** m (Hütt) / tuyere area ‖ **˂ring**, Leitkranz

m (Turbine) / nozzle ring ‖ **˂rohr** m (Hütt) / blast pipe ‖ **˂röhrchen** n (Kfz) / nozzle tube ‖ **˂rohrtrockner** m / nozzle tube o. jet tube drier ‖ **˂ruder** n (Schiff) / steering nozzle ‖ **˂rüssel** m, Formdüse f (Hütt) / furnace end o. nose end of the tuyère ‖ **˂schuh** m (Plast) / nozzle shoe ‖ **˂schweißen** n (Plast) / orifice welding ‖ **˂seite** f, Einspritzseite f (Plast) / injector side ‖ **˂separator** m / nozzle-type separator ‖ **˂sitzstein** m (Hütt) / nozzle seating block ‖ **˂spinnen** n / jet spinning ‖ **˂stein** m (Instr) / orifice [jewel] ‖ **˂stock** m (Hütt) / blast o. tuyère connection ‖ **˂strahl** m, -abgas n (Luftf) / jet ‖ **˂strahler** m (Wellenleiter) / nozzle [radiator] ‖ **˂strahltrockner** m / forced convection drier, high velocity [impingement air] drier ‖ **˂texturierung** f (Textil) / air bulking ‖ **˂träger** m (Raumf) / nozzle support frame ‖ **˂treibstoff** m / I.P. fuel, jet propulsion fuel ‖ **˂triebwerk** m, Strahltriebwerk n / jet engine ‖ **˂trockner** m (Textil) / nozzle drier, jet type hot flue ‖ **˂ventil** n / nozzle valve ‖ **˂verengung** f / nozzle throat ‖ **˂vergaser** m / jet o. spray carburetor, plain-tube o. Pitot tube carburetor ‖ **˂verkehrsflugzeug** n (Luftf) / jet airliner ‖ **˂verstärkung** f (Raffinerie) / reinforcement for nozzles ‖ **˂-Vorderteil** n (Strangpressen) / die land, orifice land ‖ **˂wand** f (Drahtz) / die channel surface, die wall ‖ **˂webmaschine** f / jet-weaving machine, jet loom ‖ **˂winkel** m (Drahtz) / die approach angle ‖ **˂zwirnmaschine** f (Textil) / tube twister

Düse-Prallplatte-System n / nozzle-baffle system, nozzle-flapper system

DÜST, DUST = Datenübertragungssteuerung

düster[rot] / lurid

Dutch-Roll-Bewegung f (Luftf) / dutch roll movement

dutzend·weise legen o. anordnen, in Dutzende abteilen / range by dozens o. by the dozen ‖ **˂zähler** m (DV) / twelfths counter

Duvetine n (Web) / duvetyn, duvetine

DÜVO (DV) = Verordnung über Datenübermittlung in den gesetzlichen Rentenversicherungen, Datenübermittlungsverordnung

DV = Datenverarbeitung

DVA, Datenverarbeitungsanlage / [electronic] data-processing installation ‖ **˂-Raum** m / computer room, machine room (of a computer centre)

D-Verhalten n, -Wirkung f (Regeln) / derivative o. derivation action

D₂-Verhalten n (Regeln) / second derivative action

DVL = Deutsche Versuchsanstalt für Luft- und Raumfahrt

DVM = Deutscher Verband für Materialprüfungen der Technik ‖ ˂ (Elektronik) = Digitalvoltmeter ‖ **˂-Kriechgrenze** f, σ_{DVM} / DVM creep limiting stresss

DVS (DV) = Datenverarbeitungssystem

DVT[WV] = Deutscher Verband Technisch-Wissenschaftlicher Vereine

dwars, querab (Luftf, Schiff) / abeam, athwart ‖ ~ **[ab]** (parallel) (Nav) / abreast ‖ **˂abstand** m (Nav) / distance on the beam, athwart distance (US) ‖ **˂balken** m (Schiff) / crossbeam

D-Wert m (Luftf) / D-value

Dwight-Lloyd·-Sinteranlage f (Hütt) / blast roasting o. sintering plant system Dwight-Lloyd ‖ **˂-Sinterband** n (Hütt) / Dwight-Lloyd sintering o. blast-roasting plant ‖ **˂-Sinterverfahren** n (Hütt) / Dwight-Lloyd process

DWK = Deutsche Gesellschaft für Wiederaufarbeitung von Kernbrennstoffen

DWR = Druckwasserreaktor

Dy n (Geol, ein Sediment) / dy

dy nach dx (Math) / dy by dx

Dyade, Zweizahl f / dyad, duad ‖ ˂ f (Chem) / dyad

Dyadik f / dyadic o. binary arithmetic
dyadisch·er Logarithmus / logarithm to the basis 2 ‖ ~**er Operator** / dyadic operator ‖ ~**es System** (Math) / dyadic system
Dyakisdodekaeder n / disdodecahedron
Dyalit, Doppelobjektiv n (Phot) / doublet
Dyn n (= 1 g cm sec^{-2}, 10^5 dyn = 1N), (Kurzzeichen:) dyn (Phys) / dyne, (abbreviation:) dyn
Dynabus m (DV) / dynabus
Dynaflow-Getriebe n, hydraulisches Strömungsgetriebe (Wzm) / dynaflow drive
Dyname f, Winder m (Mech) / wrench
Dynamik f / dynamics sg ‖ ⌁ (Elektronik) / dynamic ratio, companding ‖ ⌁ (Akust) / volume of sound, contrast ‖ ⌁ (Elektronik) / companding ‖ ⌁ **der flüssigen Stoffe**, Hydrodynamik f / fluid dynamics ‖ ⌁ **der inkompressiblen gasförmigen Stoffe**, Aerodynamik f / aerodynamics sg ‖ ⌁ **der Kernreaktoren**, Reaktorkinetik, -dynamik f / nuclear reactor kinetics o. dynamics ‖ ⌁ **gasförmiger Stoffe** (Phys) / dynamics of compressible fluids ‖ ⌁ **verdünnter Gase** / rarefied gas dynamics ‖ ⌁**bereich** m (Elektronik) / volume range ‖ ⌁**dehner** m (Elektronik) / expander ‖ ⌁**dehnung**, -steigerung f, -expansion f (Elektronik) / [volume] expansion, dynamic range expansion, contrast amplification o. control ‖ ⌁**drängung** f, -kompression f (Akust) / volume contraction o. compression ‖ ⌁**drängung u. -dehnung** f (Akust) / volume contraction and expansion ‖ ⌁**expander**, -entzerrer m (Elektronik, Akustik) / dynamic expander ‖ ⌁**expansion**, -erweiterung f s. Dynamikdehnung ‖ ⌁**kompression** f, -pressung f s. Dynamikdrängung ‖ ⌁**kompressor** m, -presser m (Elektronik, Akustik) / volume compressor, dynamic compressor ‖ ⌁**regelung**, Kompandierung f (Elektronik) / companding ‖ ⌁**regler**, Presser-Dehner m (Akust) / compandor, -der ‖ ⌁**steigerung** f s. Dynamikdehnung ‖ ⌁**umfang** m (TV) / contrast o. dynamic range ‖ ⌁**verengung** f (Elektronik) / constriction o. contraction of volume
dynamisch / dynamic, -ical ‖ ~ (Lautsprecher, Mikrophon, Schwingquarz) / [electro]dynamic, coil driven, moving coil... ‖ ~**es Abfühlen** (o. Lesen) (DV, LoKa) / flight sensing ‖ ~**e Adreßumrechnung** (DV) / dynamic address translation ‖ ~**ähnliches Modell** (Luftf) / dynamic model ‖ ~**e Ähnlichkeit** (Luftf) / dynamic similarity ‖ ~**er Arbeitspunkt** (Elektronik) / working point ‖ ~**er Auftrieb** / dynamic lift ‖ ~**er Aufwind** / dynamic ascending o. up (US) current ‖ ~ **[aus]gewuchtet** (Rad) (Kfz) / dynamically balanced ‖ ~**es Auswuchten** / dynamic balancing, two-plane balancing ‖ ~ **auswuchten** / balance dynamically ‖ ~**e Auswuchtmaschine** / dynamic o. two-planes balancing machine ‖ ~**e Beanspruchung**, Schwingungsbeanspruchung f / dynamic stress ‖ ~**e Belastung** / dynamic load, live load ‖ ~**e Charakteristik** (Schweiß) / time of recovery diagram ‖ ~**er Druck**, Staudruck m / dynamic pressure ‖ ~**es Druckgefälle** / dynamic head ‖ ~**e Elastizität** (Mech) / rigidity ‖ ~**er Elastizitätsmodul** / dynamic modulus of elasticity ‖ ~**e Erwärmung** (Luftf) / dynamic heating ‖ ~**e Fokussierungskorrektur** (TV) / dynamic focus[s]ing ‖ ~**es Gewölbe** / dynamic dome o. arch ‖ ~**es Gleichgewicht** / dynamical equilibrium, running o. dynamic balance ‖ ~**er Grenzstrom** (Trafo) / instantaneous short-circuit current (GB), mechanical short-time rating (US) ‖ ~**er Halbmesser** (Reifen) / dynamic effective o. loaded o. rolling radius ‖ ~**e Hellesteuerung** (TV) / tracking ‖ ~**e Hysterese** / dynamic hysteresis ‖ ~**e Impedanz** (Elektronik) / motional impedance ‖ ~**e Induktivität** (Quarz) / motional inductance ‖ ~**e Kapazität** (Quarz) / motional capacitance ‖ ~**e Konvergenz[korrektur]** (Kath.Str.) /

dynamic convergence correction ‖ ~**er Lautsprecher** / dynamic loudspeaker ‖ ~**es Lesen** (DV) / flight sensing ‖ ~**e Lichtstreuung** / dynamic scattering mode, DSM ‖ ~**e Positionierung** / dynamic positioning ‖ ~**es Programmieren** (DV) / dynamic programming ‖ ~**es RAM, DRAM** (DV) / DRAM ‖ ~**es Rauschen** (Raumf) / dynamic noise ‖ ~**e Regelung** / dynamic control ‖ ~**e Resonanz** (Masch) / dynamic response ‖ ~**e Rückkopplung** / motional feedback ‖ ~**er Schräglauf des Bandes** (Magn.Bd) / dynamic skew ‖ ~**es Segelflugzeug** / dynamic glider o. sailplane ‖ ~**e Sinkkraft** / dynamic downward force o. sinking force ‖ ~**er Speicher**, Laufzeitspeicher m (DV) / delay-line memory, dynamic memory ‖ ~**er Speicherauszug** / dynamic dump, snapshot dump ‖ ~**es Speichern**, Speichern n im Durchlauf / flow storage ‖ ~**e Speicherzuweisung** (DV) / dynamic storage allocation ‖ ~**e Spurhaltung** (TV) / automatic tracking ‖ ~**e Stabilität** (Elektr) / transient stability ‖ ~**e Stabilität** (Schiff) / dynamical stability ‖ ~**e Steifigkeit** / dynamic stiffness, dynamic elastic constant o. spring constant ‖ ~**e Steilheit**, Arbeitssteilheit f (Elektronik) / dynamic slope ‖ ~**e Streuung** (Krist) / dynamic scattering ‖ ~**e Unstabilität** (Raumf) / dynamic instability ‖ ~**es Vakuumsystem** / dynamic (US) o. pumped (GB) vacuum system ‖ ~**es Verhalten** (Instr) / dynamic response ‖ ~**er Verlustwiderstand** / motional resistance ‖ ~**e Verschiebung** (DV) / dynamic relocation ‖ ~**er Vervielfacher**, Pendelvervielfacher m / dynamic multiplier ‖ ~**e Viskosität o. Zähigkeit** (gemessen in Poise o. P), Vd / dynamic viscosity ‖ ~**er Widerstand** (Elektr) / dynamic resistance ‖ ~**e Zeiteinheit** / dynamic unit of time
Dynamit n / dynamite ‖ **mit** ⌁ **sprengen** / dynamite v, blow up with dynamite ‖ ⌁**patrone** f / dynamite cartridge
Dynamitron n (Teilchenbeschl) / dynamitron
Dynamitsprengung f / blowing up with dynamite, dynamiting
Dynamo m, -maschine f (elektromagn. Stromerzeuger) / dynamo ‖ ⌁**blech** n / dynamo o. core sheet ‖ ~**elektrisch** / dynamo-electric ‖ ⌁**gestell** n, -rahmen m / dynamo frame o. carcass ‖ ⌁**maschine** f **für konstante Spannung** / constant voltage dynamo ‖ ⌁**maschine** f **für konstanten Strom** / constant current dynamo ‖ ⌁**meßwagen** m (Bahn) / dynamo car ‖ ⌁**metamorphose**, Stauungsmetamorphose f (Geol) / dynamic metamorphism, dynamo-thermal morphism ‖ ⌁**meter** n (Elektr) / [electrical] dynamometer ‖ **mechanisches** ⌁**meter**, Kraftmesser m / spring gauge, dynamometer ‖ ~**metrisch**, elektrodynamisch / electrodynamic, dynamometric, dynamometer... ‖ ⌁**stahlguß** m / dynamosteel castings pl
Dyna·motor m, rotierender Umformer / dynamotor, rotary converter ‖ ⌁**motor** m, rotierender Gleichstrom-Gleichstrom-Umspanner (Elektr) / genemotor, rotary d.c. transformer ‖ ⌁**startmaschine** f (Kfz) / [Dyneto] motor-generator
Dynatron n (Elektronik) / dynatron ‖ ⌁**kippschaltung** f / dynatron oscillator
Dynistor m (Elektronik) / dynistor
Dynode, Prallelektrode f (Sekundäremissionskathode) (Elektronik) / dynode
Dynoden·dunkelstrom m / dynode dark current ‖ ⌁**serie** f (TV) / dynode chain
Dynstat-Gerät n / dynstat test machine
Dyskrasit m (Antimonsilbererz) (Min) / dyscrasite
Dysprosium n, Dy (Chem) / dysprosium, Dy
D-Zug, Schnellzug m (Bahn) / express, express train
d-Zustand m, D-Zustand m (Nukl) / d-state

247

E

EA (Fernm) = Endamt
E/A (DV) = Ein-Ausgabe
EAG = Euratom = Europäische Atomgemeinschaft; EURATOM
Eagle-Aufstellung f (Opt) / eagle arrangement
EAM (Elektronik) = Einseitenband-Amplitudenmodulation
EAN, Europäische Artikelnummer f / European article number
E-Anlasser m (Bosch), elektrisch betätigter Schubschraubtrieb-Anlasser / screw shift pinion starter
EAN-System n / Europäische Artikel-Numerierung
E-Anzeige f (Radar) / E-display
Early-Effekt m (Halbl) / Early effect
EAROM n / electrically alterable read only memory, EAROM
E/A-Steuereinheit f / input-output control [unit] o. synchronizer
Easy-care-Ausrüstung f (Textil) / easy-care finish
Easy-Gleitung f (Krist) / easy-gliding
EAU (Elektr) = Einankerumformer
Eau de Javel n, Kalibleichlauge f / eau de Javel, Javelle water ‖ ⁒ **de Labarraque** / Labarraque's solution
EB, Elektronenstrahl m / electron beam, EB ‖ ⁒ (Masch) = Einheitsbohrung ‖ ⁒ (Astr) = Eigenbewegung
Ébauche f (Werk ohne Gang, Unruh, Zifferblatt, Zeiger) (Uhr) / rough movement
Ebbe f / ebb-tide, low water ‖ ⁒**strömung** f, -strom m / ebb[-tide] ‖ ⁒**tor** n (Seeschleuse) / tailgate, aft gate ‖ ⁒**und Flut-Kraftwerk** n, Gezeitenkraftwerk n / tidal power station
EBBO (Bahn) = Eisenbahn-Bau- und -Betriebsordnung
EBCDIC-Code m, erweiterter BCD-Code (DV) / EBCDIC = Extended Binary Coded Decimal Interchange Code
E.B.C.-Verfahren n (Lack) / electron beam curing process
eben / even, level ‖ ~ [mit], bündig [mit] / even [with], on a level [with] ‖ ~, platt, flach / plain, flat ‖ ~, glatt[geschnitten] / clean cut ‖ ~, nicht verwunden / out-of-wind ‖ ~, flächig (Geom) / two-dimensional, 2D, plane ‖ ~ (Gelenkgetriebe) / planar ‖ ~ (o. waagerecht) **machen** (Straßb) / level, planish ‖ ~**e Figur** / plane figure ‖ ~**e Fläche** / [dead] level ‖ ~**e Fläche** (Math) / face ‖ ~**e Flächen herstellen** / dress the surface, surface v ‖ ~ **gebaut,** stockwerklos / single-storied ‖ ~ **gekrümmt** / planar curved ‖ ~**e Geometrie,** Planimetrie f / geometry of two dimensions, plane geometry, planimetry ‖ ~**er Graph,** planarer Graph / planar graph ‖ ~**e Gruppe** (Antenne) / planar array of antennas ‖ ~**e Koordinaten** f pl / planar coordinates pl ‖ ~**es Kurbelgetriebe** (Mech) / plane linkage ‖ ~**es Lager** (Brücke) / surface bearing ‖ ~ **machen,** schlichten / plane ‖ ~**er Reflektor** / planar reflector ‖ ~**er Spannungszustand** (Mech) / plain stress ‖ ~**es Tragwerk** / plane structure ‖ ~**er Verformungszustand** (Mech) / plain strain ‖ ~ **walzen** / roll, roller-level ‖ ~**e Welle** / plane wave ‖ **auf** ~**er Strecke** (Bahn) / on the level ‖ **vollkommen** ~ / absolute level adj ‖ **zu** ~**er Erde** / level with the ground
Ebenbild, Gegenstück n / match
Ebene f (Geol, Geogr) / plain, level land, flat land ‖ ⁒, [ebene] Fläche (Math, Masch) / surface plane, plane [surface] ‖ ⁒ **der Wicklung** (Elektr) / tier of the winding ‖ ⁒ **gleicher Stellen** (DV) / digit plane ‖ **in der gleichen** ⁒ / in-plane ‖ **in eine** ⁒ **bringen,** abgleichen / make even o. flush o. level ‖ **in einer** ⁒ **liegend** (Kabel) / in flat formation, laid side by side
ebenen, ebnen, glätten / flatten, even, render smooth, dress
eben·erdig (Bau) / at ground level ‖ ~**erdig ohne Keller** / without understairs ‖ ~**flächig** / plane

Ebenheit f / even surface ‖ ⁒, Glattheit f / evenness ‖ ⁒, Flachheit f / flatness ‖ ⁒ **des Bandes** (Walzw) / strip flatness
Ebenheits·fehler m / flatness defect
Eben·holz n / ebony [wood] ‖ ~**mäßig** / well proportioned, harmonious
Eberesche f, Sorbus / mountain ash
Ebereschenmotte f, Argyresthia conjugella / apple fruit moth
EB-Kammermaschine f (Masch) / electron beam chamber machine
EBL = Erprobungsstelle der Bundeswehr für Luftfahrtgerät
EBM = Fachnormenausschuß Eisen-, Blech- und Metallwaren im DNA ‖ ⁒ = Wirtschaftsverband Eisen, Blech und metallverarbeitende Industrie ‖ ⁒ = Elektronenstrahl-Abtragung
ebnen, abplatten / laminate, flatten
EBO (Bahn) = Eisenbahn-Bau- und -Betriebsordnung
E-Bogen, -Krümmer m (Wellenleiter) / E-bend, flatwise bend
Ebonit n, Hartgummi m / ebonite, vulcanite
EB-Taktanlage f (Masch) / electron beam cycle type machine
EB-Technik f, Elektronenstrahl-Technik f / electron beam technology
Ebullientkühlung, Heißwasserkühlung f (Mot) / ebullient cooling
Ebullio·skop n / ebullioscope ‖ ⁒**skopie** f (Chem) / ebullioscopy
EC = Economic Commission for Europe ‖ ⁒ = Ethylcellulose
ECAM n (= electronic centralized aircraft controller) (Luftf) / ECAM
EC-Anlage f (Film) / video-film equipment
ECC-Einrichtung f (DV) / error checking and correction o. ECC-equipment
Eccles-Jordanschalter, Flip-Flop-Auslöser m (DV) / Eccles-Jordan trigger
ECDC-Transistor m / electrochemical diffused collector transistor
ECE = Wirtschaftskommission für Europa ‖ ⁒**-Test** m, ECE-Zyklus m, Europafahrprogramm n (Kfz) / ECE-test o. cycle for emissions
ECF = elektrochemisches Feinbohren
Ecgonin n (Chem) / ecgonine
Echappement n (Uhr) / escapement ‖ ⁒**-Feile** f / escapement file
Echelettegitter n (Opt) / echelette grating
Echellegitter n (Opt) / echelle grating
Echelon m, Stufengitter n / echelon grating
Echo n (Akustik) / echo ‖ ⁒, Geisterbild n (TV) / multipath effect ‖ ⁒, Radarreflexion f / return, echo ‖ ⁒ **durch Gerätefehler** (Radar) / parasitic echo ‖ ⁒**anzeige** f (Radar) / pip, blib ‖ ⁒**betrieb** m (Ultraschall) / working by echos ‖ ⁒**box** f, Hohlraumresonator m (Elektronik) / echo box ‖ ⁒**dämpfung,** Rückflußdämpfung f (Fernm) / reflection o. return loss, active return loss (US) ‖ ⁒**empfänger** m / echo receiver ‖ ⁒**entzerrer** m (TV) / time equalizer ‖ ⁒**falle** f (TV) / power equalizer (US), echo trap (GB) ‖ ⁒**frei,** schalltot, reflexionsfrei / anechoic ‖ ⁒**freiheit,** -unterdrückung f / anechoism ‖ ⁒**gebirge** n (Radar) / echo cluster ‖ ⁒**gramm** n, -graph m / echogram, -graph ‖ ⁒**gras** n, Gras n (Ultraschall) / grass ‖ ⁒**impuls** m / reflected pulse ‖ ⁒**kompensator** m / echo canceller, EC ‖ ⁒**laufzeit** f / echo propagation time ‖ ⁒**lautstärke** f / loudness of the echo ‖ ⁒**lot** n (Schiff) / depth sounder, echo depth sounder, echo-sounding apparatus ‖ ⁒**lot** n, -höhenmesser m (Luftf) / height indicator ‖ ⁒**lotung** f / echo depth sounding ‖ ⁒**lotung** f **der Ionosphäre** / ionosphere sounding ‖ ⁒**lotwarngerät** n (Luftf) / terrain clearance indicator, TCI, radio altimeter ‖ ⁒**maschine** f / artificial reverberation device ‖ ⁒**meter** n / echo meter ‖ ⁒**metrie** f / echometry ‖ ⁒**ortung** f / echo ranging ‖ ⁒**prüfung** f (Magn.Bd) / echo check ‖ ⁒**raum** m (o. schallharter o. Hallraum) (Akustik) / live room, echo

chamber ‖ **⌐rückstrahlung** f (Radar) / echo return ‖
⌐rückstrahl-Verlustkompensation f / echo return loss
enhancement, ERLE ‖ **⌐spannung** f (Fernm) / return
voltage ‖ **⌐sperrdämpfung** f (Fernm) / suppression loss
(US) ‖ **⌐sperre** f (Fernm) / echo suppressor ‖ **⌐strom** m
/ return current ‖ **⌐strom** m **am Leitungsende** (Fernm) /
end echo ‖ **⌐teilung** f (Radar) / echo splitting ‖
⌐unterdrücker m / echo canceller, echo suppressor ‖
stetig arbeitender ⌐unterdrücker (Elektronik) / rectifier
type echo suppressor ‖ **⌐unterdrückung** f / echo killing
‖ **⌐weg** m (Fernm) / echo path ‖ **⌐welle** f (Elektronik) /
reflected wave ‖ **⌐zeichen** n (Radar) s. Echoanzeige ‖
⌐zeichenabgleich m / echo matching

echt, rein / genuine ‖ **~**, dauerhaft, fest (Farbe) / lasting,
made to last ‖ **~**, körperhaft / substantial, real, true ‖ **~**
(Mengenlehre, Math) / proper ‖ **~e Addition** (DV) / true
add ‖ **~e Adresse** (DV) / absolute o. actual o. effective
o. specific address ‖ **~es Blau** / Oxford blue ‖ **~e
Bronze**, Goldbronze f / real o. gilt bronze ‖ **~er Bruch**
/ proper fraction ‖ **~e Daten** pl / live data ‖ **~e Farbe** /
permanent colour ‖ **~e Geschwindigkeit** / effective
speed ‖ **~e Horizontalebene** (Verm) / true level ‖ **~e
Lösung**, molekulare Lösung / molecular solution ‖ **~e
o. eigentliche Teilmenge** / proper subset ‖ **~e Seide** /
real o. cultivated o. natural o. mulberry silk ‖
⌐beizenfarbstoff m / fast mordant dye ‖ **⌐druckfarbe** f
/ fast printing colour ‖ **⌐farbe** f / fast dyestuff ‖
⌐färbebase f / fast colour base ‖ **~färben** / dye fast ‖
⌐farbstoff m (Textil) / fast dye ‖ **⌐gelb** n / orange
yellow ‖ **⌐heit** f (Farbe) / colour fastness ‖ **⌐orange** n
(Zeichn) / fast orange ‖ **⌐pergament** n, Pergamentpapier
n (Pap) / vegetable parchment ‖ **⌐prägung** f (Textil) /
permanent embossing o. goffering ‖ **⌐rot**, Pararot n
(Färb) / parared ‖ **⌐rot B** n (Färb) / Bordeaux B, acid
bordeaux ‖ **⌐vered[e]lung** f (Textil) / high-grade finish

Echtzeit f (DV) / real time ‖ **⌐ausgabe** f / real-time output
‖ **⌐-Betrieb** m, -Operation f (DV) / real-time mode o.
processing o. working ‖ **⌐eingabe** f / real-time input ‖
⌐holographie f / real-time holography ‖ **⌐integration** f
/ real time integration

Echtzeitkern m (DV) / real time kernel, RTK

Echtzeit·rechner m / real-time computer ‖ **⌐-Rechnung** f
/ real-time computation ‖ **⌐-Rückmeldesatellit** m /
real-time repeater satellite ‖ **⌐signal** n / real-time signal
‖ **⌐-System** n (DV) / real-time system, operational
system ‖ **⌐-Testmanipulator** m / in-circuit emulator ‖
⌐uhr f, Uhrzeitgeber m (DV) / real-time clock

Eck·... (Ventil) / angle type, corner type ‖ **⌐absperrventil**
n / corner stop valve ‖ **⌐abzweig** n (Rohr) / double
branch for corners ‖ **⌐anker**, Diagonalanker m /
diagonal stay of a boiler ‖ **⌐anschluß** m (Stahlbau) /
corner connection o. joint ‖ **⌐armierung** f, -bindesteine
m pl (Bau) / belting course ‖ **⌐band** n (Bau) / angle o.
corner iron ‖ **⌐band** n, Eckbeschlag m / angle iron,
sash angle ‖ **⌐beschlag** m (Container) / container corner
‖ **⌐beschläge** m pl (Container) / corner castings o.
fittings pl ‖ **⌐blech** n, Eckversteifung f (Stahlbau) /
gusset [plate], sheet steel corner plate ‖ **⌐blech** n **eines
Rahmens** / corner plate ‖ **⌐bohrmeißel** m (Dreh) /
internal side tool ‖ **⌐dichtung** f / grommet ‖
⌐drehmeißel m / tool for corner work ‖ **gebogener
⌐drehmeißel** / angular tool for corner work

Ecke f / corner ‖ **~** (z.B. eines Würfels) (Math) / edge,
salient angle (of a stone etc.) ‖ **~**, Eckstein m (Bau) /
quoin ‖ **~ der Schneide** (Wz) / corner of the cutting
edge ‖ **~ eines dreieckigen Gegenstandes** / corner of
an triangular object ‖ **eine ~ bilden** / corner v ‖ **eine
~ bildend** / cornerwise, -ways ‖ **innere ~**, Winkel m
zwischen zwei Wänden / corner ‖ **mit ~n versehen** /
corner v ‖ **stumpf zusammengeschlitzte ~** (Zimm) /
cross joint ‖ **um die ~ biegen** (Kfz) / take a corner,
corner vi

ecken, klemmen vi / cant, skew ‖ **~**, Schiefaufsitzen n
(Masch) / skewing, canting ‖ **~...** / corner ... ‖

⌐abrundemaschine f / round-cornering machine,
corner rounding machine ‖ **⌐abschnitt** m (LoKa) /
corner cut ‖ **⌐biegemaschine** f / angle forming machine
‖ **⌐bohrer** m, Winkelbohrer m / angle o. corner brace
o. drill ‖ **⌐brenner** m / tangential corner burner

eckender Lauf (z.B. Kran) / crabwise running

Ecken·feuerung f, Tangentialfeuerung f / tangential
burner system ‖ **⌐fräskopf** m / angular cutter head ‖
⌐heftmaschine f (Kistenherst.) / corner stapler ‖ **⌐maß** n
(Sechskant) / width across corners ‖ **⌐rahmen** m (Bergb) /
corner frame ‖ **⌐reflektor** m / corner reflector ‖
⌐rundung f, -radius m / corner radius ‖ **⌐schärfe** f
(TV) / corner detail ‖ **⌐schnitt** m (Repro) / corner cut ‖
⌐schutzleiste f (gerundet) / angle o. corner bead ‖
⌐schutzleiste f (scharfkantig) (Bau) / angle o. corner
staff ‖ **⌐steifigkeit** f / rigidity of corners ‖ **⌐stoßfänger**
m (Kfz) / corner bumper (US) o. fender (GB) ‖ **⌐winkel**
m (Wz) / included angle

Eckermannit m (Min) / eckermannite

Eck·fadenabsaugung f (Spinn) / outside sliver suction ‖
⌐falzverbindung f / knocked up joint (GB), side locked
seam joint (GB), corner double seam (US) ‖
⌐falzverbindung f, Bodenfalzverbindung f / standing
end lock joint (GB), single bottom seam (US) ‖
⌐fenster n / corner window ‖ **⌐flansch** m / corner
flange ‖ **⌐frequenz** f / cut-off frequency ‖ **⌐hahn** m /
right-angle stop cock ‖ **⌐haus** n / corner house ‖
⌐-Hobelmeißel m (Wzm) / corner-planing tool ‖
⌐holz-Balken m / squared beam

eckig, kantig / angular ‖ **~**, mit Ecken / cornered ‖ **~** (z.B.
Säule), kantig / canted, polygonal ‖ **~e Klammer** (Buch,
Math) / square bracket

Eckigkeit f / angularity

Eck·instrument n (Buch) / mould for quoins ‖ **⌐klammer**
f / corner clip ‖ **⌐klotz** m (Tischl) / corner block ‖
⌐lasche f / corner strap ‖ **⌐lautsprecher** m / corner
horn o. loudspeaker ‖ **⌐leiste** f (Tischl) / corner ledge ‖
⌐maß (Sechskant) / width across corners ‖ **⌐mast** m
(Hochsp.Ltg) / rigid support o. tower, angle tower o.
pylon ‖ **⌐messerkopf** m / right-angle milling head ‖
[innere] ⌐naht (Schweiß) / fillet weld ‖ **äußere ⌐naht**
(Schweiß) / corner weld ‖ **⌐pfeiler** m / corner pillar ‖
⌐pfeiler m, Widerlagerpfeiler m (Brücke) / abutment
pier ‖ **⌐pforte** f, -tür f / corner door ‖ **⌐pfosten**,
-ständer, -stiel m / corner o. angle post ‖ **⌐pfosten** m,
-säule f (Container) / corner structure ‖ **⌐radius** m,
Bördelhalbmesser eines Kessels m / flanging radius ‖
⌐ring m (Kessel) / stiffening ring ‖ **⌐rohrkessel** m /
corner tube boiler ‖ **⌐rohrzange** f / corner work pipe
wrench ‖ **⌐runge** f (Bahn) / end stanchion ‖ **⌐säule** f /
angular column ‖ **⌐säule** f **der Karosserie** (Kfz) / corner
post ‖ **⌐schiene**, -schutzleiste f (Bau) / angle o. corner
iron ‖ **⌐schrank** m, -kasten m / corner cupboard ‖
⌐schrauber m / corner screw driver ‖ **⌐sparren** m
(Zimm) / corner rafter ‖ **⌐ständer** m / corner post ‖
⌐stein m (Bau) / headstone, quoin, corner stone ‖
⌐stein, -ziegel m (Dach) / corner tile ‖ **⌐stichbalken** m
(Zimm) / corner tie piece ‖ **⌐stiel** m / corner post ‖
⌐stoß m (Schweiß) / angle joint ‖ **⌐stück** n (Rohr) / ell,
elbow joint ‖ **⌐stück** n, Zwickel m (Bau) / gore, gusset ‖
⌐stück n **eines Rohres** / knee piece ‖ **⌐stufe** f / corner
stair ‖ **⌐stütze** f (Stahlbau) / corner o. angle post ‖
⌐türmchen n (Bau) / corner turret ‖ **⌐überblattung** f
mit geradem (o. schrägem) Schnitt (Zimm) / square
corner halving

EC-Kupfer n, Leitkupfer n / electrical conductor-grade
copper, EC-copper

Eck·ventil n / corner valve, angle globe valve ‖ **⌐ventil** n
(Glasrohr) / corner valve ‖ **⌐verband** m (Bau) / corner
connection o. joint, edge bond o. joint ‖ **⌐versteifung** f,
-verstärkung f / corner stiffening ‖ **⌐versteifung** f,
Knotenblech n (Stahlbau) / gusset [plate] ‖ **⌐versteifung**
f **durch Winkelstähle** (Bau) / angle cleat ‖ **⌐verzapfung**
f (Zimm) / corner tenon [jointing] ‖ **~weise**, diagonal

adv / diagonally ‖ **⌐winkel** *m* (Stahlbau) / angle bracket, corner angle

ECL, emittergekoppelte Logik / emitter coupled logic, ECL

ECM s. elektrochemische Bearbeitung

ECMA *f* (European Computer Manufacturers Association) / E.C.M.A. (European Computer Manufacturers Association), ECMA ‖ **⌐-Code** *m* / E.C.M.A. code ‖ **⌐-Norm** *f* / ECMA-standard

Economic-Lager *n* / economic bearing

ECQAC = Electronics Components Quality Assurance Committee

Ecraséleder *n* / écrasé leather

Ecrüseide *f*, Cru-, Bastseide *f* / raw silk

ECS = European communication satellite

ECSC, Montanunion *f* = European Coal and Steel Community (Europäische Gemeinschaft für Kohle und Stahl)

ECU, Europäische Währungseinheit / European Currency Unit, ECU

ED = Einschaltdauer

EDA *f* / EDA, electronic design automation

edaphisch, bodenbedingt (Bot) / edaphic

Edaphon *n* (Boden als Lebensraum) / edaphon

edel, kostbar / noble

Edeleanuverfahren *n* (Öl) / Edeleanu process

Edel·fäule *f* des Weins (verursacht von Botrytis cinerea) / gray mould of vine, botrytis disease ‖ **⌐furnier** *n* (Holz) / face veneer ‖ **⌐gas** *n* / inert o. noble o. rare gas ‖ **⌐gasdiode** *f* / noble gas diode ‖ **⌐gasschale** *f* (Atom) / inert o. noble o. rare gas shell ‖ **⌐gas-Spaltprodukte** *n pl* / noble fission product gas ‖ **⌐harz** *n*, -kunstharz *n*, Gießharz *n* / cast[ing] resin ‖ **⌐kastanie** *f*, Castanea sativa / [edible] chestnut ‖ **⌐kohle** *f* ((3 % Asche) / pure coal ‖ **⌐korund** *m* / special fused alumina ‖ **⌐metall** *n* / noble o. precious metal ‖ **⌐metall-Katalysator** *m* (Kfz) / noble metal catalyst ‖ **⌐metallmotordrehwähler** *m*, EMD-Wähler *m* / noble-metal uniselector motor switch ‖ **⌐metall-Motor-Koordinaten-Wähler** *m*, EMK-Wähler *m* (Fernm) / two-motion motor switch with noble-metal contacts ‖ **⌐metall-Schnellkontakt-Relais** *n*, ESK-Relais *n* (Fernm) / ESK highspeed contact relay ‖ **⌐putz** *m* (Bau) / fining o. finishing o. setting coat, set, plaster for facing, patent plaster ‖ **⌐rost** *m*, Patina *f* / patina, verde antico, vert antique ‖ **⌐stahl** *m* / special steel ‖ **legierter ⌐stahl** / alloyed special steel

Edelstahl·geflecht *n* (Katalysator) / stainless steel mesh

Edel·stahlguß *m* / special steel casting ‖ **⌐stahlherstellung** *f* / metallurgy of special steels ‖ **⌐stahlschlauch** *m* (Katalysator) / flexible stainless steel tube, (spec.:) exhaust gas return line ‖ **[echter] ⌐stein** / precious stone, jewel ‖ **falscher, künstlicher, unechter ⌐stein** / artificial gem ‖ **⌐steine schneiden** / cope precious stones ‖ **⌐steingelagert** / on jewel bearings ‖ **⌐steinkunde** *f* / gemmology ‖ **⌐steinlupe** *f* / gem magnifier ‖ **⌐steinschleifer**, -schneider *m* / gem cutter ‖ **⌐tanne** *f*, Silber-, Weißtanne *f*, Abies alba / European o. common silver fir ‖ **⌐tannennadelöl** *n*, Oleum pini piceae / fir leaf oil, silver fir oil, silver pine oil ‖ **⌐zellstoff** *m* / [high] alpha pulp, dissolving pulp, noble cellulose

Edenbornhaspel *m* *f* (Hütt) / laying reel

EDIFACT, elektronischer Datenaustausch für Verwaltung, Wirtschaft und Verkehr / EDIFACT, electronic data interchange for administration, commerce and transport

Edison·batterie *f* / alkaline accumulator ‖ **⌐fassung** *f*, Gewindefassung *f* / Edison lampholder o. socket, screw socket ‖ **⌐sockel** *m* / Edison screw cap o. base ‖ **⌐zwergsockel** *m*, Lampensockel E 10 DIN / miniature Edison screw cap

Edit-Code *m*, Aufbereitungscode *m* / edit code

EDM s. elektroerosive Bearbeitung

EDS (Fernm) = elektronisches Datenübertragungssystem ‖ **⌐**

(Bahn) = elektrodynamisches Schwebesystem

EDU = Energie-Direkt-Umwandlung

Edukt *n* (Ggs.: Produkt) / educt (contr.dist.: product)

edul, entgegen dem Uhrzeigerlauf / anticlockwise, contraclockwise, counterclockwise, cckw, c.c.w.

EDV *f*, elektronische Datenverarbeitung, (jetzt:) DV / electronic data processing ‖ **⌐-Personal** *n* / liveware

E-Ebene *f* (Hohlleiter) / E-plane

E-Einfang *m* / electron capture

E-Einheit *f* (Radar) / E-unit

EEROM *n*, elektrisch löschbares ROM / electronically erasable read-only memory, EEROM

EF = Endfernamt

Effector *m* (Kybernetik) / effector

Effekt·e *m* *pl* (Film) / sound effects *pl* ‖ **⌐** *m* / effect ‖ **⌐**, Arbeitsleistung *f* / intensity of work ‖ **⌐**, Nutzeffekt *m*, Wirkungsgrad *m* / efficiency ‖ **⌐**, Zeichnung *f* (Web) / design, figure ‖ **⌐beleuchtung** *f* (TV) / effect lighting o. illumination, decorative lighting ‖ **⌐bogen**, Flammenbogen *m* (Elektr) / luminous o. flame arc ‖ **⌐faden** *m* / fancy thread, effect thread ‖ **⌐garn** *n*, -zwirn *m* / fancy twist o. yarn

effektiv, tatsächlich / effective, eff., actual ‖ **~er Absorptionskoeffizient** / effective absorption coefficient ‖ **~e Adresse** (DV) / effective address ‖ **~er Anstellwinkel** (Luftf) / true angle of incidence ‖ **~er Anteil der verzögerten Neutronen** / effective delayed-neutron fraction ‖ **~e Antennenlänge** / effective antenna length ‖ **~er Befehl**, endgültiger Befehl / effective instruction ‖ **~er Betriebsfaktor**, Wirkungsgrad *m* (DV) / operating o. operation ratio ‖ **~e elektromotorische Kraft** / virtual electromotive force ‖ **~e Haftreibung** (Bahn) / true adhesion ‖ **~e Halbwertzeit** / effective half-life ‖ **~e Kolbenfläche** (im Druckzylinder) (Hydr) / ram area ‖ **~e Korngröße** (Ionenaust.) / effective bead size ‖ **~e Kraftwirkung** (Nukl) / effective range of nuclear force ‖ **~e Lageabweichung** / actual positional deviation ‖ **~e Masse** (Nukl) / effective mass ‖ **~er Mittelwert der Spannung** (Elektronik) / RMS voltage, virtual value of voltage ‖ **~e Ordnungszahl** (Chem) / effective atomic number ‖ **~er Parallelwiderstand** (Quarz) / equivalent parallel resistance, EPR, performance index, PI ‖ **~es Resonanzintegral** / effective resonance integral ‖ **~es Seitenverhältnis** (Luftf) / effective aspect ratio ‖ **~er Serienwiderstand** (Quarz) / equivalent series o. effective series resistance, ESR, crystal impedance, CI ‖ **~e Siebweite** / effective screen aperture ‖ **~e Spaltbreite** (Akust) / effective length ‖ **~e Strahlung** / effective radiant flux, radiosity ‖ **~e Strahlungsleistung** / effective radiated power, ERP ‖ **~er Strom** (Elektr) / active o. actual current ‖ **~er Teilverlust** / partial measured loss ‖ **~er thermischer Wirkungsquerschnitt** (Nukl) / effective thermal cross-section ‖ **~er Trennfaktor einer Stufe** (Nukl) / effective SPF (= simple process factor) ‖ **~ vorhandener E-Modul** / effective modulus of elasticity ‖ **~e Weglänge** (Potentiometer) / effective rotation ‖ **~e Wellenlänge** (Nukl) / effective wavelength ‖ **~e Welligkeit** (Elektr) / r.m.s. ripple factor, ripple content ‖ **~e Welligkeit** / ripple content ‖ **⌐frequenz** *f* / actual frequency ‖ **⌐höhe** *f* (Antenne) / radiation height ‖ **⌐leistung** *f* (Elektr) / root-mean-square o. r.m.s. power ‖ **⌐maß**, Istmaß *n* / actual dimension o. size o. scale ‖ **⌐spannung** V_{eff} *f* / effective voltage, rms voltage ‖ **⌐spielraum** *m* (allg) / effective margin ‖ **⌐wert** *m*, tatsächlicher Wert / effective value, actual value ‖ **⌐wert** *m*, quadratischer Mittelwert (Elektr) / root mean square [value], r.m.s. o. rms o. RMS [value], virtual value ‖ **⌐wertmesser** *m* / RMS responsive meter ‖ **⌐zähler** *m* (Elektr) / active current meter

Effekt·kohle *f* (Bogenlampe) / coloured arc carbon, core o. flame carbon, impregnated core carbon ‖ **⌐-Lautsprecher** *m* (im Zuschauerraum eines

Filmtheaters) / auditorium loudspeaker

Effektor m (Kybernetik) / effector

Effekt·scheinwerfer m / profile spotlight ‖ ⌐schuß m (Textil) / effect pick ‖ ⌐zwirn m, -garn n / fancy twist o. yarn ‖ ⌐zwirnmaschine f / fancy yarn doubling frame

effizient adv / effectively, effectually, efficiently

Effizienz f / efficiency

Effloreszenz, Ausblühung f (Chem, Min) / efflorescence

Effuser m, Ausflußrohr n (Luftf) / effuser

Effusiometer n (Chem) / effusiometer

Effusion f, Lavaausfluß m (Geol) / effusion ‖ ⌐ (Durchgang von Gasen durch kleine Öffnungen) (Ggs.: Diffusion) / molecular effusion of gases

Effusivgestein n / extrusive rocks pl, lava flows pl

EFG-Verfahren n (Wafer-Produktion) / edge-defined film-fed growth, EFG

EFM (Elektronik) = Einzelkanal-Frequenzmodulation

egal, gleichmäßig / level ‖ ⌐färbung f, gleichmäßige Färbung / level dyeing

egalisieren / flush v, level v ‖ ⌐ n / levelling

Egalisier·farbstoff m (Textil) / level[l]ing dye, distributing dye ‖ ⌐hilfsmittel n (Färb) / level dyeing assistant ‖ ⌐maschine f (Web) / conditioning machine, stenter for straightening ‖ ⌐mittel n (Färb) / level[l]ing agent ‖ ⌐rahmen m / equalizing frame, levelling frame ‖ ⌐spannrahmen m (Textil) / levelling stenter ‖ ⌐vorrichtung f, Abstreifer m / stripper ‖ ⌐walzmaschine f / equalizing rolling mill

Egge f (Landw) / harrow ‖ ⌐ oder Kante von Segeltuch / canvas selvedge ‖ ⌐balken m / harrow bar

eggen / harrow v ‖ ⌐teller m, -scheibe f / harrow disc [plain and concave] ‖ ⌐zahn m, -zinke f / harrow tooth, tine o. spike of a harrow ‖ [starrer] ⌐zahn, Eggenzinke f (Landw) / peg tooth, spike tooth ‖ ⌐zahnbalken m / harrow tooth bar ‖ ⌐-Zugbalken m (Landw) / whippletree

Eggertzmethode f zur Kohlenstoffschnellbestimmung (Hütt) / Eggertz's method

EGKS, Europäische Gemeinschaft Kohle und Stahl, Montanunion / European Coal and Steel Community, ECSC

E-Glas (ein Textilglas), alkalifreies Glas / E-glass

Egoutter, Papier mit ⌐rippung / laid paper

Egoutteur m, Dandyroller m, -walze f (Pap) / dandy [roller], egoutteur ‖ ⌐rippe, Wasserlinie f (Pap) / water line, water o. line mark ‖ ⌐walze f (Pap) / forming roll

egrenieren (Textil) / gin, clean

Egreniermaschine f / cotton gin

egrenierte Baumwolle f / cotton lint

EGR-Ventil n (Kfz) / exhaust gas return valve

Egyptienne f (serifenbetonte Linear-Antiqua) (Buch) / Egyptian type

EH-Anpassungsglied n (Wellenleiter) / E-H tuner

EHB (Bergb) = Einschienenhängebahn

EHD = elektrohydrodynamisch

EHD-Filmdicke f / EHD film thickness

EHD-Generator m, elektrohydrodynamischer Stromerzeuger (Elektr) / electro-hydrodynamic generator

EH-T-Kopplungsstück n (Wellenleiter) / EH tee

Ei·ablage f / oviposition, egg-laying ‖ ⌐albumin n / egg albumin, ovalbumin

Eibe f, Taxus baccata / yew

eibennadliger Mammutbaum / big tree

Eich·amt n / Board of Weights and Measures, Gauging Office ‖ ⌐beamter m / weights and measures inspector (GB), gauger, sealer (US) ‖ ⌐behörde f / Standards Department (GB) ‖ ⌐druck m (Färb) / primary print ‖ ⌐druckmesser m (Kessel) / calibrating steam pressure gauge

Eiche f, Quercus / oak

Eichel f (Gerb) / acorn ‖ ⌐röhre f (Elektronik) / acorn tube o. valve, door-knob tube

Eichempfänger m (Funk) / standard receiver

eichen (allg) / gauge ‖ ~ (Instr) / calibrate ‖ ~ , Gewichte adjustieren / adjust o. gauge weights ‖ ~ , bestimmte Markierungen anbringen / stamp, mark ‖ ~ , kalibrieren (Masch) / standardize, calibrate ‖ amtlich ~ / calibrate by the Bureau of Standards

eichen adj, aus Eichenholz / oaken, made of oak

Eichen n, Eichung f (Gewichte) / adjustment ‖ ⌐ (Instr) / calibration ‖ ⌐ von Pegelstäben für Behälter / adjustment of gauging rods ‖ ⌐gallnuß f, -gallapfel m (Gerb) / Aleppo gall ‖ ⌐holz n / oak wood ‖ ⌐holzbohle f / thick oak plank, oak deal ‖ ⌐holzparkett n / oaken parquet ‖ ⌐kernholz n / heart of oak ‖ ⌐krummholz n / curved oak wood, compass oak ‖ ⌐langholz n / straight oak timber ‖ ⌐lohe f (Gerb) / oak bark ‖ ⌐lohgrubengerbung f / oak [bark] tanning ‖ gemahlene ⌐rinde / tan, bark ‖ ⌐wickler m, Tortrix viridana f / oak leaf roller moth

eich·fähig / appropriate for verification ‖ ⌐färbung f / primary dyeing ‖ ⌐fehler m (Schiff) / calibration error ‖ ⌐frequenz f (Elektronik) / standard frequency ‖ ⌐generator m (Elektr) / calibrating generator [for voltage o. frequency] ‖ ⌐gewicht n / standard weight ‖ ⌐glocke f, Testapparat m (Gas) / meter prover (GB) ‖ ⌐impuls m / calibration [im]pulse ‖ ⌐instrument n (z.B. Potentiometer) (Elektr) / calibration o. calibrating instrument, standard instrument ‖ ⌐kabel n / calibration cable ‖ ⌐kanal m (Fernm) / calibration channel ‖ ⌐kette f (Verm) / standard ‖ ⌐kreis m, -leitung f / calibration circuit ‖ ⌐kurve f / calibration curve ‖ ⌐lampe f / gauge lamp ‖ ⌐leitung f (Instr) / attenuation box ‖ ⌐leitung f, Bezugsstromkreis m / reference circuit ‖ ⌐marke f / calibration mark, gauge mark ‖ ⌐markenoszillator m (Radar) / ringing oscillator ‖ ⌐maß n / gauge, standard gauge measure ‖ ⌐metall (60% Cu, 38% Zn, 2% Fe), Sterrometall n / sterro metal ‖ ⌐mikrophon n / standard microphone o. transmitter ‖ ⌐mustergewicht n / standard ga[u]ge measure ‖ ⌐normal n / measurement standard ‖ ⌐ordnung f / weights and measures regulations pl (GB) ‖ ⌐pfahl m, -marke f (Hydr) / water level gauge ‖ ⌐probe f (Mat.Prüf) / calibrated test piece ‖ ⌐punktabstand m (beim Spektrumgenerator) / harmonic interval spacing ‖ ⌐quarz m / crystal calibrator ‖ ⌐quelle f (Instr) / source for calibration functions ‖ ⌐sender m / calibration transmitter o. station ‖ ⌐stab m / ga[u]ging rod o. rule ‖ ⌐standard m / standard gauge ‖ ⌐stelle f s. Eichamt ‖ ⌐substanz f (Chem) / standard substance ‖ ⌐tabelle f / calibration table ‖ ⌐tätigkeit f s. Eichen ‖ ⌐teiler m (Fernm) / calibrated attenuator ‖ ⌐theorie f (Nukl) / gauge theory ‖ ⌐ton m / reference tone, reftone

Eichung f (Wirkm) / adjustment, gauging, calibration ‖ ⌐ von Längen- und Hohlmaßen / calibration

Eichungs·tensor m / ga[u]ging tensor

Eich·verzerrer, Frequenzvervielfacher m (Elektronik) / harmonic generator ‖ ⌐wagen m (Bahn) / weighbridge test wagon (GB), track scale test car (US) ‖ ⌐wert m / calibration value ‖ ⌐widerstand m / calibrating o. test o. standard resistor ‖ ⌐zahl, Galvanometerkonstante f (Elektr) / galvanometer constant

EIC-Röhre f (Nachtfernsehen) / EIC-tube (= electron induced conduction)

Eidechsenleder n / lizard leather

Eiderdaune f / eider down

Eidophorverfahren n (zur Projektion von Fernsehbildern) (TV) / eidophor process

Eier·antenne f / weighted antenna ‖ ⌐brikett n (Bergb) / egg shape briquet, ovoid ‖ ⌐einsatz m, -fach n (Kühlschrank) / egg bin o. bucket o. shelf o. rack o. tray ‖ ⌐eiweiß n / egg albumen, white of egg ‖ ⌐isolatorenkette f / chain of egg insulators ‖ ⌐konservierungsmittel n / egg preservative ‖ ⌐prüfer m / egg lamp o. tester ‖ ⌐schalenglanz m (Lack) / bastard flatting, egg-shell gloss ‖ ⌐schalen-Textur f (Fehler) / egg-shell finish, orange peel (structure) ‖

~schalige Beschaffenheit, poröse Glasur (Porzellan) / porous glaze ‖ ~uhr f / egg timer ‖ ~waage f / egg weigher and grader

Ei·formbrikettpresse f (Bergb) / ovoid press ‖ ~förmig, eirund / oval, egg-shaped, oviform ‖ annähernd ~förmig / ovate, ovoid

eifrig, sorgfältig / arduous

Eigelb n, -dotter m n / yolk

eigen, zugehörig / incident [to], inherent ‖ ~, besonders / own ‖ ~, eigentümlich, typisch / typical ‖ ~..., betriebseigen (F.Org) / in-house... ‖ ~e Asche (Bergb) / inherent ash ‖ ~absorption f (Opt) / individual absorption ‖ ~absorption f (Nukl) / self-absorption ‖ ~absorptionsfaktor m (Nukl) / self-absorption factor ‖ mit ~antrieb / automobile, -motive ‖ ~artiger Geruch / off-odour ‖ ~bedarf m / own requirements pl ‖ ~bedarfstransformator m, Hilfstransformator m / auxiliary transformer ‖ ~bedarfszeche f / captive coal mine (US) ‖ ~belüftet (Elektr) / self-ventilated, self-cooled ‖ ~berge m pl (Bergb) / mine rubbish ‖ ~beschwert (Textil) / self-weighted ‖ ~beweglichkeit f (Halbl) / intrinsic mobility ‖ ~bewegung f / proper motion, self-movement, movement of its own ‖ ~bewegungspaar n (Astr) / common proper motion pair, cpm pair ‖ ~bewegungsstern m (Astr) / proper motion star ‖ ~-Brandgefährdung f (Bau) / internal hazard ‖ ~dämpfung f (Mech) / internal damping o. friction, self-damping ‖ ~diagnose f (DV) / self-diagnosis ‖ ~diffusion f / self-diffusion ‖ ~drehmoment n (Phys) / intrinsic angular momentum ‖ ~drehung f / pivoting ‖ ~drehung f (Satellit) / spin ‖ ~drehung f (Math) / autorotation ‖ ~drehungsantrieb m (Raumf) / spin pack ‖ ~druck m (Gasquelle) / inherent pressure ‖ ~echo, Rückhören n (Fernm) / sidetone ‖ ~empfindlichkeit f (Elektronik) / intrinsic responsivity ‖ ~energie / selfenergy ‖ ~erregt, selbsterregt / self-excited ‖ ~erregung f / differential o. self-excitation ‖ ~erzeuger m (Elektr) / house-load generator ‖ ~erzeugung f, -fertigung f, -produktion f / own production ‖ ~farbe f / inherent colour ‖ ~farbig (Chem) / self-colo[u]red ‖ ~fehler m / intrinsic error ‖ ~fehler, Dauerfehler m (DV) / inherent error ‖ ~feldmethode f (Nukl) / self-consistent field method ‖ ~festigkeit f / inherent stability o. strength ‖ ~frequenz, -schwingungszahl f / natural frequency o. oscillation, resonant frequency ‖ ~frequenz f (Quantentheorie) / characteristic o. characterizing frequency, proper frequency, eigenfrequency ‖ ~frequenz der Ionendrehung, Gyrofrequenz f (Phys) / gyro-frequency ‖ ~-Frequenzmodulation f / incidental frequency modulation, self-generated frequency modulation ‖ ~funktion f / characteristic function, proper function ‖ ~gegendruck m (Sicherheitsventil) / built-up back pressure ‖ ~geräusch n s. Eigenrauschen ‖ ~geschwindigkeit f (Luftf) / air speed ‖ berichtigte angezeigte ~geschwindigkeit (Luftf) / calibrated air speed, C.A.S. ‖ ~gesichert / intrinsically safe ‖ ~gewicht n / own o. dead weight, unloaden o. tare weight, dead load ‖ ~gewicht n, Leergewicht n eines Fahrzeugs / empty weight, weight empty, tare o. unloaden weight ‖ ~gewichtsausgleich m (Roboter) / couterbalancing of own weight ‖ ~halbleiter m / intrinsic semiconductor, i-type semiconductor ‖ ~halbleiter m (bei dem sich Akzeptoren und Donatoren gerade kompensieren) / compensated semiconductor ‖ ~heim n / home of one's own ‖ ~heimbesitzer m (Bau) / owner occupier ‖ ~heimsiedlung f / owner-occupier buildings pl

Eigenheit f / attribute

Eigen·impedanz f / self-impedance ‖ ~kapazität f (Elektr, Elektronik) / self-capacitance ‖ ~kapazität von Spulen f / distributed capacity of coils ‖ ~klirrfaktor m (Elektronik) / inherent distortion ‖ ~kompensiert / internally compensated ‖ ~kühlung f s. Eigenlüftung ‖

~kurs m (Schiff) / OSC (own's ship course) ‖ ~leistung f (Netzplan) / in-house effort ‖ ~leitend, Eigen[leitungs]..., Intrinsic... (Halbl) / intrinsic ‖ ~leitende Sperrschicht (Halbl) / intrinsic layer ‖ ~leitung f (allein auf Grund der durch Wärmebewegung befreiten Elektronen und Defektelektronen) / intrinsic conduction o. conductivity ‖ ~leitungsdichte f, Intrinsic-Dichte f / intrinsic conduction density ‖ ~lenkung f / self-guidance ‖ ~lenkverhalten m (Kfz) / roll steer effect ‖ ~leuchten n der Atmosphäre / airglow ‖ ~licht n (Astr) / self-luminosity ‖ ~lichtaufnahme f / natural light photograph ‖ ~lüftung f (Elektr) / induced o. self-ventilation, fan-[type air-]cooling ‖ Motor mit ~lüftung / self-ventilation motor ‖ ~magnetische Beschleunigung (Plasma) / thermo-ionic acceleration ‖ ~masse f, -gewicht n / dead weight ‖ ~masse f, -gewicht n eines Schiffes / light o. ship's weight [in tons d.w.] ‖ ~merkmal n, inherentes Merkmal / inherent characteristic ‖ ~mittel n pl (Mil) / built-in devices pl ‖ ~nachführung f (Raumf) / autotracking ‖ ~peilung f (Elektronik) / self-bearing ‖ ~periode f (Phys) / natural period of vibrations ‖ ~pfeifen n (Funk) / self-whistling ‖ ~programmierung f / in-house programming ‖ ~prüfeinrichtung f / built-in test system ‖ ~rauschen n (Elektronik) / internal o. set noise, residual noise, noise background ‖ ~relative Adresse (DV) / differential address ‖ ~resonanz f / natural o. self resonance ‖ ~resonanzfrequenz f (Halbl) / self-resonant frequency ‖ ~rückkühlung f durch Luft in geschlossenem Kreislauf (Elektr) / closed air-circuit fan ventilation ‖ ~sättigung f (Induktivität) / self-saturation

Eigenschaft f, Eigenheit f / characteristic feature, quality, property, nature, particularity ‖ ~, Qualität f / quality, grade ‖ ~ (sensorische Prüfung) / attribute ‖ ~en f pl in Walzrichtung (Hütt) / with-grain properties pl ‖ ~en f pl quer zur Walzrichtung (Hütt) / crossgrain properties pl ‖ ~en verleihen (o. geben o. mitteilen) / impart ‖ [charakteristische] ~ f, Eigenwert f, -art f, Eigentümlichkeit f, Besonderheit f / particularity

Eigen·schatten m (Satellit) / eigenshadow ‖ ~schnittpunkt, Doppelpunkt m, (einer Kurve) (Math) / crunode ‖ ~schrott m (Hütt) / home o. plant scrap ‖ ~schwingung f (Phys) / natural o. characteristic oscillation o. vibration ‖ ~schwingung f, selbsterregte Schwingung (Elektronik) / self-oscillation ‖ ~schwingung f (Laser) / natural mode ‖ ~schwingung f (Antenne) / normal mode ‖ ~schwingungen f pl im Resonanzgebiet / free vibrations pl ‖ ~schwingungsfreie Rückkopplung (Fernm) / aperiodic regeneration ‖ ~schwingungsperiode f / period of natural oscillations ‖ ~schwingungs-Unterdrückerschaltung f (Elektronik) / antihunting circuit ‖ ~schwingungszahl f, -frequenz f / oscillation frequency, sympathetic vibration frequency ‖ ~schwingungs-Zustand m (Antenne) / natural mode of vibration ‖ ~sicher, von sich aus (o. grundsätzlich) sicher (Masch) / intrinsically safe ‖ ~sichere Strebverständigungsanlage (Bergb) / intrinsically safe face communication system ‖ ~sicherheit f / inherent safety ‖ ~spannung f (Mech) / internal o. residual stress ‖ ~spannung f (Elektr) / natural voltage ‖ ~spannungsriß m / shrinkage crack ‖ ~speisung f / internal power supply ‖ ~spin f / self-motivated spin ‖ ~stabilität, -steifigkeit f (Mech) / inherent stability o. strength ‖ ~stabilität f (Nukl) / inherent stability ‖ ~steuerung f / automatic control ‖ ~strahlung f / characteristic radiation ‖ ~strahlung f (Raumf) / passive EMR ‖ ~streuung f / natural divergence ‖ ~streuung f (Nukl) / self-scattering ‖ ~strom f / own electricity ‖ ~stromanlage f (Elektr) / domestic supply set ‖ ~synchronisation f (Kath.Str) / internal synchronization ‖ ~temperatur f / characteristic temperature ‖ ~test m (DV) / open-shop testing

eigentlich·e Bedeutung / primary o. basic o. original meaning of a term ‖ ~**e Betriebsdauer** / actual working time ‖ ~**er Sinn** / definition, classical meaning, definition by genus and difference, definition by intention o. by connotation ‖ ~**er Sinn**, ursprünglicher Sinn / original sense ‖ ~**e Teilmenge** / proper subset ‖ ~**e Zeichenreihe** (DV) / proper string

Eigen·ton m (unerwünschter Effekt) (Akust) / eigenperiod, eigenton ‖ ~**trickmischung** f (TV) / overlay ‖ ~**trinkwasserversorgung** f / private water system

Eigentum n, (spez:) Grundstück n, Besitz m / ownership, property

Eigentümer m / owner

eigentümlich / peculiar ‖ ~ [für], eigen [mit Dativ] / proper [to]

Eigentümlichkeit f, Eigenheit f / peculiarity

Eigentumswohnung f / freehold flat, condominium (US), condo

Eigen·vektor m (Math) / eigenvector ‖ ~**verbrauch** m / own consumption ‖ ~**verbrauch** m (Landw) / farm household consumption ‖ ~**verbraucher** m / consumer of his own products ‖ ~**verlust** m (Nukl) / natural leak ‖ ~**verluste** m pl / inherent losses pl ‖ ~**verluste** m pl, Leerlaufverluste m pl / no-load losses pl ‖ ~**-Verständigungsanlage** f (Luftf) / intercommunication system, interphone ‖ ~**verzerrungsgrad** m (Fernm) / degree of inherent distortion ‖ ~**verzinkerei** f / works-owned galvanizing shop ‖ ~**viskosität** f / inherent viscosity ‖ ~**wärme** f / sensible heat ‖ ~**wasser** n / inherent water ‖ ~**wasserversorgung** f / self-supply of water ‖ ~**welle** f (Elektronik) / natural wave ‖ ~**wellenlänge** f / natural wavelength ‖ ~**wellenlänge** f **der unbelasteten Antenne** (Elektronik) / unloaded wavelength ‖ ~**wert** m (Quantentheorie) / eigenvalue, proper value, inherent value ‖ ~**wert** m (Regeln) / mode ‖ ~**wertaufgabe** f (Math) / eigenvalue problem ‖ ~**widerstand** m (Elektr) / inherent resistance ‖ ~**zeit** f (Regeln) / response time ‖ ~**zertifikat** n / self-certification

eignen, sich ~ [zu, für] / be suitable o. suited [for], qualify [for]

Eignung f / suitability, appropriateness ‖ ~, Fähigkeit f / aptitude ‖ ~, Befähigung f / qualification

Eignungsprüfung f / qualification test

Eignungs·prüfung f (beruflich) / aptitude test, probation, qualifying examination ‖ ~**prüfung** f **am Vorserienmodell** / prequalification, qualification prototype ‖ ~**prüfung** f **an Mustern** / design approval test ‖ ~**zeugnis** n / qualification

Ei-Isolator m / egg insulator

Eikonal n (Opt) / eikonal

Eikonometer n (Opt, Phot) / eikonometer

Eikurve f (Straßb) / ovoid curve

Eil·gang, Schnellgang m (Wzm) / rapid o. fast o. quick motion o. traverse o. movement, power quick traverse o. quick motion ‖ ~**gut** n / express goods o. freight ‖ ~**gutbahnhof** m (Bahn) / parcels depot o. station ‖ ~**gutbeförderung** f (Bahn) / fast goods o. freight (US) service o. traffic ‖ ~**güterzug** m / express parcels train ‖ ~**gutverkehr** m / express freight traffic

Eilinie f, Oval n / oval

Eil·regler m, Schnellregler m / quick acting regulator ‖ ~**rücklauf**, -rückgang m / rapid o. quick return motion o. motion ‖ ~**rückstell...** / quick-return ‖ ~**rückstellhebel** m / quick-return lever ‖ ~**wartung** f (bei Störungen) / emergency maintenance, first-brigade maintenance

Eimer m, Wassereimer m / pail, bucket ‖ ~ (im Straßenablauf) / dirt bucket (gully) ‖ ~ **zwei volle** ~ **Wasser** / two pails of water ‖ ~**kette** f (Bagger) / bucket chain ‖ ~**kettenbagger** m, -leiterbagger m / chain-and-bucket excavator, multi-bucket excavator, ladder excavator ‖ ~**ketten-Grabenbagger** m / ladder ditcher ‖

~**kettennaßbagger** m / bucket ladder dredge[r], elevator dredge[r], ladder dredge[r] ‖ ~**kettenrücklader** m / bucket chain stacker reclaimer ‖ ~**kettenschaltung** f, BBD (eine ladungsgekoppelte Einrichtung) (DV) / BBD, bucket brigade device ‖ ~**kettenschwenkbagger** m / slewing bucket ladder excavator ‖ ~**leiter** f / ladder of an excavator ‖ **gelenkige o. geknickte** ~**leiter** (Bagger) / articulated ladder ‖ ~**leiter-Durchführung** f (im Schwimmbagger) / dredging well ‖ ~**-Melkanlage** f / bucket milking plant ‖ ~**seilbagger** m, Kratzbagger m / dragline, scraper excavator ‖ ~**seil-Schreitbagger** m / walking dragline o. scraper [dredger] ‖ ~**spritze** f (F'wehr) / bucket sprayer ‖ ~**trommel** f, Turasscheibe f (Bagger) / bottom tumbler

"Ein" (Schaltstellung) / "on"

ein ! / on! ‖ ~ **- aus** (Getriebe) / on - off ‖ ~ **Spiel**, Einzelgang m / single-cycle ‖ ~ **Stein starke Mauer** / one-brick wall ‖ **aus** ~**em Guß**, aus einem Stück / of one founding, monobloc ‖ ~**abnehmerkrempel** f / one-doffer card ‖ ~**achs...**, einachsig / one-axle..., two-wheel, single-axle... ‖ ~**achsanhänger** m / two-wheel trailer, single-axle trailer ‖ ~**achsgepäckanhänger** m / two-wheeled luggage trailer ‖ ~**achsig** (Phys) / uniax[i]al ‖ ~**achsig** (Walzw) / single-line ‖ ~**achsiges Drehgestell** / single-axle bogie ‖ ~**achsschlepper** m (Landw) / walking tractor, garden tractor ‖ ~**aderleitung** f / single-core cable ‖ ~**-Adreß...** (DV) / single-address, one-address ‖ ~**adreßbefehl** m (DV) / single-address instruction ‖ ~**adrig** / single-wire, -conductor

einander ausschließend / alternative, incompatible ‖ ~ **zugeordnet** / conjugate

Ein·ankerumformer m / rotary o. synchronous converter ‖ **asynchroner** ~**ankerumformer** / binary converter ‖ ~**ankerumformer** m **für Drehstrom-Gleichstrom**, Drehstromgleichstrom-Einankerumformer m / rotary current-direct-current synchronous converter ‖ ~**ankerumformer** m **für Wechselstrom-Gleichstrom**, Wechselstromgleichstrom-Einankerumformer m / a.c.-d.c. rotary converter o. continuous converter ‖ ~**anoden...** / single-anode... ‖ ~**anodenstromrichter**, -anoden-[Ignitron]gleichrichter m / single-anode rectifier ‖ ~**arbeiten**, hineinbringen, -mischen / incorporate ‖ ~**arbeiten** [in] (F.Org) / familiarize [with], make familiar [with], work in [US], train ‖ **sich** ~**arbeiten** [in] (F.Org) / familiarize oneself [with], make oneself acquainted [with] ‖ **sich** ~**arbeiten**, abnutzen / wear out, widen by wear ‖ **sich ineinander** ~**arbeiten** / work in with each other ‖ ~**arbeiten** n **der Kette** (Web) / warp insertion o. take-up ‖ ~**arbeitung** f, Nest n (Plast) / cavity, recess ‖ ~**arbeitung** f (F.Org) / break-in ‖ ~**arbeitung** f, Schrumpfung f (Web) / contraction, shrinkage

einarmig (Wzm) / throat-type, throated ‖ ~, einläufig (Treppe) / single-flight... ‖ ~**er Ausleger** (am Leitungsmast) / single bracket ‖ ~**er Hebel** / single- o. one-armed lever ‖ ~**er Hebel**, Schwinghebel m / oscillating lever o. arm ‖ ~**er Hebel mit Kraftangriff außerhalb des Lastangriffs** (Phys) / second-class lever ‖ ~**er Hebel mit Lastangriff außerhalb des Kraftangriffs** (Phys) / third-class lever ‖ ~**er Kniehebel** / rocker o. rocking arm o. lever, rocker ‖ ~**e Spindelpresse** / throat-type o. swan-neck o. overhanging screw press

Ein·atemluft f / inhalation air ‖ ~**atomig**, einatomar / monatomic, monoatomic ‖ ~**äugig**, monokular / monocular ‖ ~**äugiges Sehen** / monocular vision ‖ ~**äugige Spiegelreflexkamera**, SRC f / single-reflex camera, S.R.C., single-lens reflex [camera], SLR, TTL camera (= time through lens)

Ein-Aus-Betrieb m / on-off duty

Ein-Ausbrenner m / on-off burner

Ein-Ausgabe f, E/A (DV) / input-output, I/O ‖ ~**-Anschluß** m (DV) / terminal adapter ‖ ~**-Anschluß**

m, -Steuerung f (DV) / input-output control section o. control unit, I/O control ‖ ~-Befehl m (DV) / input-output statement ‖ ~-Geräte n pl (DV) / input-output units pl ‖ ~-Kanal m (DV) / input-output channel, [serial] I/O channel ‖ ~-Steuereinheit f / input-output controller, I/O controller, IOC, peripheral control unit, synchronizer ‖ ~-Steuerungssystem n / IOCS, input-output control system

Ein·-Ausgang m (DV) / input-output, I/O ‖ ~-Aus-Regelung f / on-off o. on-and-off control o. function, bang-bang servo ‖ ~-Aus-Schalter m (Elektr) / on-off switch ‖ ~-Aus-Schalter, Flip-Flop m n (Elektronik) / flip-flop switch ‖ ~-Aus-Tastung f (Fernm) / on-off-keying ‖ ~axiale Druckfestigkeit (Boden) / unconfined compression strength ‖ ~bad... (Färb) / single-bath..., one-bath..., one-dip... ‖ ~bad... (Repro) / monobath ‖ ~bad-Entwicklung f / monobath o. fixing development ‖ ~badfärben n / single-bath dyeing ‖ ~badschwarz n (Färb) / one-bath black, one-dip aniline black ‖ ~badverfahren n (Buch) / monobath process ‖ ~bahnig, mit einer Richtungsfahrbahn (Straßb) / single-lane ‖ ~bahniger Drucker (DV) / single-carriage printer ‖ ~bahnstraße f / one-way street ‖ ~bahntrockner m (Textil) / single-passage drier ‖ ~bahnverkehr m / single-lane traffic, one-way traffic

Einband m (Buch) / binding, book cover ‖ ~ mit übergreifenden Kanten (Buch) / yapp o. divinity binding ‖ ~ zwischen Halb- und Ganzband / three-quarter binding ‖ ~decke f (Buch) / cover ‖ ~deckel-Vorderseite f / recto of the cover ‖ ~gewebe n (Buch) / book linen, book cloth

einbändig (Buch) / one-volume

Einband·schleifmaschine f (Tischl) / single-belt sander

einbasisch, -basig / monobasic

Einbau m, Montage f / assembly, assembling, assemblage, mounting ‖ ~, Verlegung f (Leitungen) / installation, fitting ‖ ~, -tätigkeit f / application, installation ‖ ~ (Ggs: Aufbau) (Kfz, Elektr) / flush fitting ‖ ~... (Instr) / flush... ‖ ~antenne f / built-in antenna ‖ ~ausführung f (Kfz) / boxed execution o. type ‖ ~bandwaage f / belt weigher with weigh table

einbaubar, im Programm ~ / program embeddable ‖ leicht (o. mühelos) ~ / easily incorporable

Einbau·becken n (Labor) / built-in sink ‖ ~beispiel n (Masch) / mounting arrangement ‖ ~buchse f (Elektronik) / panel jack ‖ ~durchmesser m / built-in diameter

einbauen / build in, embed ‖ ~, einbringen / fit, install, fix

Einbau·fassung f (Elektr) / insert socket ‖ ~fehler m / faulty mounting ‖ ~fehler m (Luftf, Staudruckmesser) / position error, installation error ‖ ~fertig / ready to be installed ‖ ~fertiges Fenster / window unit ready to be installed ‖ ~fertig verpackt / carrier packaged ‖ ~getriebe n / built-in gear ‖ ~herd m / built-in kitchen range ‖ ~höhe f zwischen den Platten einer Presse / daylight ‖ ~küche f, Kitchenette f / kitchenette ‖ ~küche f (Möbel) / built-in kitchen furniture ‖ ~lage f / fitting position ‖ ~länge f / fitting length ‖ ~leuchte f / built-in illuminator, recessed luminaire ‖ ~maß n (Zeichn) / assembly dimension ‖ ~maß n (Kegelrad) / locating distance ‖ ~material n / assembling gear ‖ ~meßsystem n (Vakuum) / nude gauge

einbäumige Leiter / rack o. peg ladder

Einbau·möbel n (pl) / built-in furniture, fitted furniture ‖ ~möglichkeit f (Masch) / mounting arrangement ‖ ~motor m (Wzm) / built-in motor ‖ ~öffnung f / port ‖ ~punkt m, -stelle f / locating place, positioning place ‖ ~raum m (der Federn) (Kfz) / rebound space ‖ ~raum m für Kolbendichtungen / piston seal housing ‖ ~satz m (Masch) / kit ‖ ~satz m für nachträglichen Einbau / adapter kit ‖ ~schrank m / built-in cupboard ‖ ~schrank m unter der Treppe / cupboard under staircaise ‖ ~stück n / piece to be built in, insert ‖ ~stück n (Walzw) / chock ‖ ~teile pl / mounting parts pl

Einbauten m pl / things built in pl ‖ ~ (z.B. in Rohren, Drehöfen) / baffles pl

Einbau·toleranz f (Bau) / location deviation ‖ ~vorrichtung f / mounting device ‖ ~vorschlag m / suggestion for mounting ‖ ~vorschriften f pl / mounting instructions pl ‖ ~waage f / built-in-scale ‖ ~wanne f (Bau) / built-in [bathing] tub, encased bathtub, magna pattern bath ‖ ~wannenkörper m (Bau) / built-in tub unit

Ein·beinfahrwerk n (Luftf) / single-strut undercarriage ‖ ~beinstativ n / unipod ‖ ~benutzer... / single-user ‖ ~bereichs... / single-range... ‖ ~bereichsöl n / single-grade oil ‖ ~beschreiben (Math) / inscribe ‖ ~beschriebenes Vieleck / polygon inscribed in a circle ‖ ~betonieren / encase with concrete, set o. imbed in concrete ‖ ~bettabteil n (Bahn) / single berth compartment ‖ kleines ~bettabteil (Bahn) / roomette ‖ ~bett-Dreiwegkatalysator m (Kfz) / single bed threeway catalytic converter ‖ ~betten, einlassen / let in, bed, embed, imbed ‖ ~betten (Gieß) / imbed, embed ‖ ~bettige Flachstrickmaschine (Textil) / plain flat-knitting machine ‖ ~bettmaterial n (Sintern) / packing material ‖ ~bett-Oxidationskatalysator m (Kfz) / single bed oxidation [catalytic] converter ‖ ~bett-Schüttkatalysator m (Kfz) / single bed pellet catalytic converter ‖ ~bettung f (Nukl) / embedding ‖ ~bettung f (Sintern) / embedding ‖ ~bettung f in feste Matrizen / incorporation in solid matrices ‖ ~bettungsflüssigkeit f (Mikrosk) / embedding medium ‖ ~beuldruck m / indenting pressure ‖ ~beulen / dent, bruise, bust, indent ‖ ~beulen (sich), beulen (sich) (Platten) / buckle ‖ ~beulung f, Beule f / dent, indentation ‖ ~beulung IE (= indice d'emboutissage) f / cupping index IE ‖ ~beulversuch m / bulging test, [Persoz] cupping test ‖ ~beulversuch m (Blech) / Erichsen o. Avery test ‖ ~beulversuch m mit eingespannter Probe / cupping test with clamped blanks ‖ ~biegen, um die Ecke biegen (Fahrzeuge) / swing around a corner ‖ ~bindegrad m (Kessel) / ash retention figure ‖ ~bindelänge f (Bewehrungsstahl) / bond length ‖ ~binden vt (Maurer) / bond in, engage ‖ ~binden, einbeziehen (Bau, Straßb) / integrate ‖ ~binden (Buch) / bind ‖ ~binden (Web) / tie up ‖ in Pappe ~binden (Bb) / bind in board ‖ ~bindung f, Einbinden n (Bau) / fixing-in ‖ ~bitfehler m / single bit error ‖ ~-Bit-Verzögerungsglied n (DV) / digit delay [element] ‖ ~blasen n / injection, blowing in ‖ Gas ~blasen / inject gas, blow gas [into] ‖ Gas ~blasen, durchblasen / bubble through ‖ Gas ~blasen, mit Gas füllen / insufflate ‖ ~blasmühle f (für Kohlenstaub) / directly feeding coal dust mill, direct-fired coal mill ‖ ~blasrohr n für Luft o. Dampf (Chem) / sparger ‖ ~blatten, dechseln / adze ‖ ~blatten, zapfen (Zimm) / mortise, mortice ‖ ~blatthubkreissägemaschine f für Querschnitt / single-blade stroke circular sawing machine for cross-cutting ‖ ~blechen (Katalysator) / canning ‖ ~blenden (Film) / gate, fade-in ‖ ~blenden (TV) / mix [into] ‖ ~blenden (Kath.Str) / superimpose (OCR) ‖ ~blenden n (TV) / keying ‖ ~blendung f (Phot, Elektronik, TV) / fade in o. out o. over ‖ ~blendung f (Radio) / flash ‖ tiefer ~blick in Bohrungen / inside observation of bores ‖ ~blick-Fernrohr n / monocular telescope ‖ ~blicktubus m (Opt) / observation tube ‖ ~blitzfeuer n (Luftf) / single-flash beacon ‖ ~block... / single-block..., monobloc ‖ ~bohrband n (Tischl) / spigot hinge ‖ ~bördelmaschine f (für zylindrische Teile) / crimping machine ‖ ~brand m (Schweiß) / fusion penetration ‖ ~brandkerbe f (Schw) / undercut ‖ ~brandtiefe f (Schweiß) / penetration, root penetration ‖ ~brechen vi (Geol) / cave in ‖ ~brechen, -fallen, -stürzen / collapse ‖ ~brechen n, Nachgeben n (Fußboden) / sag[ging] ‖ ~brechen, einfallen (Bau) / break in o. down ‖ ~brennbares Abziehbild / ceramic

decal ‖ ~**brennen** (Farbe, Zeichen, Kalk) / burn in ‖
~**brennen** (Lack) / stove[-enamel], bake ‖ ~**brennen**,
krabben (Web) / crab v ‖ ~**brennen** (Keramikfarben) /
bake colours ‖ **im PROM** ~**brennen** (DV) / burn [into]
‖ ⤙**brennen** n (Lack) / stoving, stove-enamelling, baking
‖ ⤙**brennen** n (Hütt) / burning in, firing in ‖ ⤙**brennen**
n, Burn-in n / burn-in ‖ ⤙**brennen** n (zur Vermeidung
von Frühausfällen) (Elektronik) / burn-in ‖ **Dickfilme**
~**brennen** (Halbl) / fire thick-films ‖ **Zeichen** ~**brennen**
/ burn v in ‖ **Email** ~**brennen** / burn in enamel ‖
Farben in Glas ~**brennen** / burn in colours ‖
⤙**brennen** n **des Rasterfeldes** (Röhre) / raster burn ‖
⤙**brennen** n **[zum Keimfreimachen]** (Raumf) /
sterilization burn-in
Einbrenn·fleck m, Einbrennung f (Kath.Str) / ion spot,
screen burning ‖ ⤙**lack** m, Ofenlack m / baking o. stove
enamel, enamel ‖ ~**lackieren** / stove-enamel o. -finish,
enamel, bake ‖ ⤙**lackierung** f / stove[d]-enamel [finish]
‖ ⤙**maschine** f, Krabbmaschine f, Brennbock m /
crabbing o. presetting machine ‖ ⤙**ofen** m (Lack) / stove
furnace, enamelling stove, baking oven, stove (GB) ‖
⤙**ofen** m (Glas) / burning-in kiln ‖ ⤙**rate** f (Katalysator) /
firing rate ‖ ⤙**schutz** m (Kath.Str) / ion trap
ein·bringen, -bauen / build in ‖ ~**bringen**, unterbringen /
place, put in place, bring[-in] ‖ ~**bringen**, beschicken /
charge, feed, load ‖ ~**bringen** (im Satz) (Buch) / get in,
bring-in, keep in ‖ **in Schichten** ~**bringen** / place in
layers ‖ ⤙**bringen** n **einer Abdeckplatte** / placing of a
cover
Einbruch m, Verbruch m (Bergb, Geol) / thrust, downfall
‖ ⤙ (Meteorol) / influx, invasion ‖ ⤙ (Diebstahl) / intrusion
‖ ⤙**-Alarm** m / intruder o. burglar alarm ‖ ⤙**becken** n
(Geol) / trough, syncline ‖ ~**hemmend** / burglar
retardant ‖ ⤙**-Hilfsschuß** m (Bergb) / easer shot ‖
⤙**meldevorrichtung** f / intruder alarm, burglar alarm ‖
⤙**schießen** n (Bergb) / cutting ‖ ⤙**schuß** m (Bergb) /
opening shot, buster shot (US) ‖ ~**sicher** / burglarproof
‖ ⤙**sicherung** f / [electric] burglar alarm, intruder
alarm, antiburglar alarm system ‖ ⤙**sicherungen** f pl /
safeguards pl against burglary ‖ ⤙**sicherungsradar** m n
/ burglar alarm radar ‖ ⤙**-Sicherungssystem** n /
intrusion system
Ein·chip-Computer m / single chip computer, SCC, one-
chip microcomputer ‖ ~**dallen**, einbeulen / dent ‖
~**dammen** (Gieß) / ram earth round the mould ‖
~**dämmen**, aufhalten / check ‖ ~**dämmen**, eindeichen /
dam in o. up, embank, dike (US), dyke (GB, US) ‖
⤙**dämmung**, -deichung f, Uferbau m / embankment ‖
~**dampfen** / boil down ‖ ~**dampfen**, eindicken /
inspissate, condense ‖ ~**dampfen** (Chem) / concentrate ‖
⤙**dampfen** n **einer Säure** / acid concentration ‖
⤙**dampfgerät** n, Evaporator m / evaporator ‖
⤙**dampfrückstand** m / evaporation residue ‖ ~**decken**
(Bau) / cover, roof ‖ ~**decker** m (Luftf) / single-deck
airplane, monoplane ‖ ⤙**decker** m (Sieb) / single-deck
screen ‖ ⤙**deck-Flachpalette** f / single decked flat
pallet, single-faced pallet ‖ ⤙**deckrahmen** m
(Dachfenster, Bau) / covering frame ‖ ⤙**deckung** f /
covering of a building o. of roofs, roofing ‖ ~**deichen**,
abriegeln / dam in o. up, embank, dike (US), dyke (GB,
US) ‖ ⤙**dekaden...** / single-digit...,
eindeutig, bestimmt / definite ‖ ⤙ (Begriff) / single valued,
one-valued ‖ ~, unzweideutig / unequivocal,
unambiguous, univocal ‖ ⤙ **definiert** (DV) / uniquely
defined ‖ ~**e Funktion** (Math) / one-valued function,
single valued function ‖ ~**e Identifikation** (Nukl) /
unique identification ‖ ~**e Übereinstimmung** /
monovalence
Ein·deutigkeit f / unambiguousness, clearness ‖ ⤙**dicke** f,
Verdickungsmittel n (Färb) / inspissation, thickener,
thickening matter ‖ ~**dicken**, eindampfen / evaporate,
inspissate, thicken by boiling ‖ ~**dicken** (Öl, Farbe) /
body vt ‖ ~**dicken**, verdicken (Chem) / concentrate ‖
~**dicken**, einengen (Chem) / reduce [by boiling] ‖

⤙**dicken**, Dickerwerden n (Farbe) / feeding, fattening,
advance ‖ **[durch Wärme]** ~**dicken** (Farbe) / heat-body
‖ ⤙**dicker**, Eindickbehälter m / thickener ‖ ⤙**dicker** m,
Entwässerungsmaschine f (Pap) / decker, thickener,
concentrator ‖ ⤙**dicker-Unterlauf** m, Dickschlamm m
(Aufber) / thickener underflow ‖ ⤙**dickregler** m (Zuck) /
tightening regulator ‖ ⤙**dicttrommel** f / thickening
drum ‖ ⤙**dickung**, Gelierung f / jellification ‖ **normale**
~**dickung** (Bergb) / gravitation thickening ‖
⤙**dickzyklon** m / cyclone thickener ‖ ~**diffundieren** /
diffuse [into] ‖ ⤙**diffundieren** n **von Fremdatomen** /
impurity diffusion ‖ ⤙**dimensional** / one-dimensional,
unidimensional ‖ ~**docken** (Schiff) / dock-in ‖ ~**dosen** /
konservieren ‖ pack, can (US), tin (GB) ‖
⤙**drahtantenne** f / single-wire antenna ‖ ~**drähtig** /
Eindraht... / single-wire, solid ‖ ⤙**drähtig**, unifilar
(Elektr) / unifilar ‖ ⤙**drahtleitung** f (mit Erdrückleitung)
/ earth-return circuit ‖ ⤙**draht-Speiseleitung** f / single-
wire feeder ‖ ⤙**drahtsystem**, -leitersystem n (Elektr) /
single-wire system ‖ ~**drehen**, einschrauben / screw-in
‖ ⤙**drehen** n **von Schrauben** / screwing in ‖ ⤙**drehung**
f, Einstich m / turned groove ‖ ~**dringen** / penetrate ‖
~**dringen**, -sickern / infiltrate, seep o. soak o. trickle
[into] ‖ ~**dringen** (Landw, Pflugschar) / cut ‖ ⤙**dringen** n
/ penetration ‖ ⤙**dringen**, -treten n, -tritt m / ingress ‖
⤙**dringen** n **in den Radarschatten** (Radar) / screening
angle penetration ‖ ⤙**dringen** n **von Feuchtigkeit** /
moisture permeation o. penetration ‖ ⤙**dringen** n **von**
Wasser (Bergb) / inrush o. irruption o. intrusion of water
‖ ~**dringend** / penetrating
Eindring·fähigkeit f (Flugkörper) / penetrating ability ‖
⤙**körper** m (Härteprüfg) / penetrating stamp ‖ ⤙**prüfung**
f / penetrant testing
Eindringtiefe f / penetration depth ‖ ⤙, Eindrucktiefe f /
impression depth ‖ ⤙ (HF) / skin depth ‖ ⤙ (gemessen
am Abfall der Ladungsträgerdichte auf 3/8 der Dichte
an der Oberfläche) (Halbl) / attenuation distance ‖ ⤙
(Mag.Bd) / tip engagement o. penetration ‖ ⤙ **bei einem**
Rammschlag / set of a pile
Ein·dringungsstrecke f (seitens fremder Verwaltung)
(Bahn) / interpenetrating section ‖ ⤙**dringverfahren** n
(Prüfung) / penetration method of testing, penetrant
testing ‖ ⤙**drittelnormalstein** m (Feuerfest) / two-cut
brick ‖ ⤙**druck** m, Vertiefung f / indentation,
impression, dent ‖ ⤙**druck**, Abdruck m / mark,
impression, stamp ‖ ⤙**druck** m, Spur f / print ‖ ⤙**druck**
m, Wahrnehmung f / perception ‖ ⤙**drückdeckel** m
(Konservendose) / lever lid, plug lid, press-in lid, friction
top ‖ ⤙**drückdeckeldose** f / lever lid can, single-friction
can, full friction can, press-in lid can ‖
⤙**drückdeckeleimer** m / lever lid pail, full friction pail
‖ ⤙**druckdurchmesser** m (Mat.Prüf) / diameter of the
impression ‖ ~**drucken** / imprint ‖ ~**drücken** /
impress, imprint ‖ ~**drücken** (tief) / cave in, dig [in] ‖
~**drücken**, zerdrücken / bust ‖ ~**drücken**, faltend
verformen (Blech) (Stanz) / crimp (US) ‖ ~**drücken**,
Blechschaden verursachen (Kfz) / crash, bust (US) ‖
~**drücken** (z.B. Gas), -pressen / press in, inject ‖
⤙**drücken** n (DIN 8583) (Umformen) / indentation
forming ‖ ⤙**drücker** m, Eindrückwalze f (Spinn) /
dubbing roller ‖ ⤙**druckform**, Druckform f (Textil) /
printing block ‖ ⤙**druckhärte** f / indentation hardness ‖
⤙**druckkalotte** f (Härteprüfung) / indentation cup ‖
⤙**druckschmierung** f / one-shot o. oil-shot lubrication ‖
⤙**druckschweißung** f / disk depression welding ‖
⤙**druck-Schwellbereich** m (DIN 53574) (Mat.Prüf) /
range for pulsating impressive stresses ‖
⤙**druckstempel** m (Bitumenprüfung) / indenter ‖
⤙**drucktiefe** f (Brinell) / depth of impression ‖
⤙**druckung** f (in Material) / indentation ‖
⤙**druckversuch** m (Asphalt) / indentation test ‖
⤙**drückvorrichtung** f (Stoßofen) / pushing device ‖
⤙**drückwalze** f **des Ballenbrechers**, Preßwalze f / press
roller ‖ ⤙**druckwerk** n / imprinter ‖ ~**dunsten** (Säfte) /

boil down ‖ **⌐ebenen Yagi-Antenne** f / collinear antenna array ‖ **⌐ebenen-Antenne** f / single bay antenna, single boom antenna ‖ **~ebnen** / even, bring to the level ‖ **~ebnen**, planieren, das Planum herstellen (Bahn, Straßb) / grade, level ‖ **~ebnen** (z.B. Metall), planieren / plane, level, planish ‖ **~ebnung** f / level[l]ing ‖ **~eindeutig** / biunique ‖ **~eindeutiges o. bündiges Englisch** (DV) / ruly English ‖ **⌐eindeutigkeit** f (Math) / one-to-one correspondence o. transformation ‖ **~einwertig** (Elektrolyt) / uni-uni-valent ‖ **~engen** / constrict, contract ‖ **~engen**, zusammenschnüren / compress, [make too] narrow ‖ **~engen**, anreichern (Chem) / concentrate ‖ **~engen**, eindicken (Chem) / reduce [by boiling]

Einer m, Einerstelle f (Math) / unit ‖ **⌐anforderung** f (DV) / units request ‖ **⌐gang** m (Film) / stop motion, frame-by-frame display ‖ **⌐komplement** n (DV) / one's complement ‖ **⌐reihe** f (Math) / bracket of digits in the unit's place ‖ **⌐stelle** f / units digit o. place o. position ‖ **⌐wahl** f (Fernm) / dialling of units

Ein·etagen... (Spanplattenherst) / single-opening ‖ **⌐etagenpresse** f / one-daylight press ‖ **⌐etagen-Spannrahmen** m (Textil) / single-layer stenter

einfach, unaufgelöst, ungeteilt / plain, simple ‖ **~e Anführungsstriche** m pl (Buch) / single quotes pl ‖ **~er Atlas** (Textil) / single-satin fabric ‖ **~er Ausdruck** (DV) / primitive expression ‖ **~e Balkenlage** / single-joisted o. single-naked floor ‖ **~ baumwollumsponnen** / single-cotton covered, s.c.c., scc ‖ **~e Bespannung** (Bahn) / single traction ‖ **~e Bindung** (Chem) / single bond ‖ **~e Bohrerschneide**, Meißelschneide f / chisel bit ‖ **~er boolescher Ausdruck** (Math) / simple Boolean ‖ **~er Bremsberg** / single-acting inclined plane ‖ **~er Falzhobel** / standing filister ‖ **~er Gasbehälter** / single-lift holder ‖ **~ geladen** (Nukl) / singly charged ‖ **~ geschlossen** (Wicklung) (Elektr) / single-reentrant ‖ **~es Gitter**, Translationsgitter n (Krist) / elementary grid ‖ **~e Gleiskreuzung** (Bahn) / common o. ordinary crossing ‖ **~e Gruppe** / basic group ‖ **~er Haken mit Schaft** (Kran) / shank hook with point ‖ **~e Handelsgüte** / ordinary quality ‖ **~es Hängewerk** / kingpost truss ‖ **~er Hieb** (Feile) / float-cut ‖ **~e Kaskaden-Regelung** / single-cascade control ‖ **~e Kettenaufhängung** / single-catenary suspension ‖ **~e Kreuzung** (Bahn) / single-crossing ‖ **~e Kreuzungsweiche** [mit innenliegenden Zungen] (Bahn) / single-slip ‖ **~er Lichtbogen [zwischen zwei Elektroden]** / simple arc ‖ **~es [mathematisches] Pendel** / simple pendulum, mathematical pendulum ‖ **~ nicht unique verbotener Übergang** (Nukl) / first non unique forbidden transition ‖ **~ papierisolierter Draht** / SPC, single paper-covered wire ‖ **~er Phantomkreis** / simple phantom circuit ‖ **~ positiv geladenes Proton** / single positively charged proton ‖ **~e Probenahme** / single sampling ‖ **~er Prüfkopf**, Einschwinger-Prüfkopf m (Ultraschall) / transceiver ‖ **~es Raster** (TV) / consecutive scanning ‖ **~e Rolle** (Mech) / single-purchase pulley ‖ **~e Rolle** (Ankergang) (Uhr) / table roller ‖ **~e Rotationskolbenmaschine** (nicht: Drehkolben!) (Mot) / single-rotation machine, SIM ‖ **~er Schalter** (Elektr) / one-way switch ‖ **~er Schlauch** / single jacket hose ‖ **~er Schneckenbohrer** / single-lip[ped] screw auger ‖ **~es [Schrauben]gewinde** / single-[start]thread ‖ **~e Schwarzwerthaltung** (TV) / black level clamping by a single diode ‖ **~es Sintern** / single-sinter process ‖ **~e Sinusfunktion** / simple harmonic quantity ‖ **~e Sinusschwingung** / simple harmonic motion, s.h.m. ‖ **~er Stoff** (Chem) / elementary body ‖ **~e Stuhlschiene** (Bahn) / simple-T-rail, single-champignon headed rail ‖ **~es Umlaufgetriebe** / single planetary gear train ‖ **~ umschlungen** (Riemen) / one wrap ‖ **~ ungesättigt** (Chem) / monoethenoid ‖ **~ unique verboten** (Nukl) / first unique forbidden ‖ **~ unverwüstlich** / everlasting, with built-in stamina ‖ **~ verboten** (Nukl) / first-

forbidden ‖ **~es Verfahren** / simple process ‖ **~ verzweigt** (Stromkreis) / one-legged ‖ **~e Weiche** (Bahn) / single turnout ‖ **~e Weichen- o. Gleisverbindung** (Bahn) / single cross-over ‖ **~e Wellenwicklung** (Elektr) / simple wave winding ‖ **~ wiedereintretend** (Wicklung) / single reentrant ‖ **~er Zielausdruck** (DV) / simple designational expression ‖ **⌐abzweiger** m (Elekt) / submain with one end ‖ **⌐achtfilm** m / single-eight film ‖ **⌐adresse** f, Nachricht für einen Empfänger (Fernm) / single-address message ‖ **⌐bereifung** f / single mounting ‖ **~brechend** (Opt) / singly refracting ‖ **⌐brenner** m / single-throat burner ‖ **⌐destillat** n / virgin o. straight-run product ‖ **⌐erdschluß** m / single earth (GB), single ground (US) ‖ **⌐-Europakarte** f (IS) / single European standard size pc board ‖ **⌐expansionsmaschine** f / simple steam engine, single-expansion engine ‖ **⌐fenster** n / single window ‖ **⌐form** f (Plast) / single-cavity o. single-impression mould ‖ **⌐garn** n, Single-Garn n / single yarn ‖ **⌐-Gewölbesperre** f, Bogensperrmauer f / arch dam ‖ **⌐glockenisolator** m / single-cup insulator ‖ **⌐hahn** m / one-way cock ‖ **⌐haken** m (Kran) / single hook ‖ **⌐härten** n / single hardening ‖ **⌐-Hobeleisen** n / uncut plane iron ‖ **~hohe Platte** / one-hi card ‖ **⌐-Job-Steuerung** f (DV) / single-job scheduling ‖ **⌐kartiergerät** n (Photogrammetrie) / simple plotter ‖ **⌐kettenstich** m / simple chain stitch ‖ **⌐kreuzpoller** m (Schiff) / cross-shaped bitt o. bollard ‖ **⌐leiterkabel** n / single-core cable ‖ **⌐leitung** f, -leiter m (Fernm) / single-wire line, simple line o. conductor, one-wire conductor ‖ **⌐leitung** f (dreiphasig mit 3 Leitern) (Überlandltg) / three-phase transmission line (one wire for each phase) ‖ **~logarithmisches Diagramm** / logarithmic diagram o. plot (US) ‖ **~logarithmisches Diagrammpapier** / log paper ‖ **⌐-Meßgerät** n / single measuring instrument ‖ **⌐molekularschicht** f / mono[molecular] layer, unilayer ‖ **⌐operator** m (Math) / monadic operator ‖ **⌐-Paritätsprüfung** f / single parity check ‖ **~periodisch** (Math) / single-periodic ‖ **⌐preßtechnik** f / single press technique ‖ **⌐produktion** f (Buch) / single production ‖ **⌐riemen** m / single-ply belt ‖ **⌐ringschlüssel** m / simple ring spanner, single head box o. ring wrench (ISO) ‖ **⌐rollenkette** f / single-bush roller chain ‖ **⌐schieber** m / packer ‖ **⌐schreiber** m / one-point recorder, one-variable recorder ‖ **⌐signal** n (Fernm) / single-component signal ‖ **⌐sintern** n / single-process sintering ‖ **⌐spreader** m (Container) / standard spreader ‖ **⌐spulen** n (Garn) / single o. simple winding of coils ‖ **⌐stich** m (Nähm) / plain stitch ‖ **⌐streuung** f (Nukl) / single scattering ‖ **⌐strom** m (Fernm) / single-current ‖ **⌐strombetrieb** m (Fernm) / neutral current operation ‖ **⌐tarif** m (Elektr) / single-rate tariff ‖ **⌐telegrafie** f / simplex telegraphy ‖ **⌐treibstoff** m / monopropellant ‖ **⌐umlaufgreifer** m (Nähm) / rotary shuttle, one-turn rotary shuttle ‖ **⌐waagerechtfräsmaschine** f (Wzm) / plain horizontal milling machine ‖ **⌐weife** f (Textil) / one-sided reel, single reel ‖ **⌐wendel** f (Lampe) / single-coil filament ‖ **⌐werkzeug** n (Stanz) / simple press tool ‖ **⌐werkzeug** n (Plast) / single-impression mould, single-cavity mould ‖ **⌐wicklung** f (Elektr) / simple winding ‖ **⌐wirkend** (Masch) / single-acting ‖ **⌐zählung** f (Fernm) / single metering ‖ **⌐zellenschalter** m (Akku) / reverse cell switch, simple battery switch ‖ **⌐zwirnen** n / one-stage twisting

ein·fädeln, einlegen (Film) / lace-up, thread-up ‖ **die Nadel ~fädeln** / thread, pass through the needle ‖ **sich ~fädeln** (Verkehr) / join the traffic stream ‖ **⌐fädelschlitz** m (Projektor) / threading slot ‖ **⌐fädelschwanz** m (Rollfilm) / leader of a film ‖ **⌐fädelsteuerung** f (Verkehr) / ramp control ‖ **⌐fädelung** f (Verkehr) / joining the traffic stream, interweaving ‖ **⌐fädelungsstrecke** f (Autobahn) / interweaving lane ‖ **⌐fädelvorrichtung** f (Film) / threader ‖

⁀**fadenaufhängung** f / unifilar suspension ‖
⁀**fadenlampe** f / single-filament bulb ‖ ~**fädig,**
Einfaden…, Eindraht…, monofil / monofil, unifilar ‖
~**fädig** (Spinn) / monofil, unifilar ‖ ~**fädiges Garn**
(Textil) / single yarn, one-ply yarn ‖ ~**fädige Masche** /
single-loop stitch ‖ ~**fädiger Zylinder** (Feinspinnen) /
single-boss roll ‖ ⁀**fädler** m (Wirkm) / threader ‖
⁀**fädler** m (Nähm) / threader, needle threader
Einfahrbefehl m (NC) / positioning control system
einfahren, einwinden (Mulestuhl) / reel-in ‖ ~, eintragen
(Ofen) / charge ‖ ~ vt, einlaufen [lassen] (Masch, Mot) /
run in, break in ‖ ~ (Steuerstab) / insert, run-in o.
‖ ~ (Fahrzeug) (Bahn) / lap a vehicle, run-in ‖ ~ vi
(Bergb) / descend, go down o. underground, ride in o.
inbye ‖ ~, -laufen (Bahn) / draw-in, arrive ‖ ⁀ n (Masch,
Mot) / breaking-in ‖ ⁀ (NC) / approach ‖ ⁀ **das Fahrgestell**
~ (Luftf) / raise the undercarriage ‖ **den Brand** ~ (Ziegl)
/ feed the kiln ‖ **in eine Fahrstraße** ~ (Nav) / enter a rail
Einfahrer m (Bergb) / back-overman
Einfahr·gleis n (Bahn) / inbound track, receiving o.
reception siding o. track (US) ‖ ⁀**gruppe** f (Bahn) / set
of reception sidings ‖ ⁀**kontakthülse** f / contact socket
‖ ⁀**kontaktstift** m / contact pin ‖ ⁀**öffnung** f (Palette) /
fork opening, entry ‖ **freie** ⁀**öffnung** (Palette) / wheel
opening ‖ ⁀**seite** f (Ofen) / feed end ‖ ⁀**signal** n (Bahn) /
home signal, entry signal ‖ ⁀**strecke** f (seitens fremder
Verwaltung) (Bahn) / interpenetrating section
Einfahrt f (Bau) / entrance ‖ ⁀, Torweg m / carriage
entrance ‖ ⁀ (Hafen) / harbour entrance o. mouth ‖ ⁀,
Grubenfahrt f (Bergb) / descent ‖ ⁀, -fahren n (Bahn) /
pulling in, entry ‖ ⁀, Einfahrstrecke f (Bahn) / entry
distance ‖ **direkte** ⁀ **in ein Nebengleis** (Bahn) / facing
route to a service line
Einfahr·toleranz f (NC) / positioning tolerance ‖ ⁀**- und
Ausfahrvorrichtung** f (Flughalle) / ground handling gear
‖ ⁀**verhalten** n (NC) / approach condition o. mode ‖
⁀**weiche** f (Bahn) / entry points pl ‖ ⁀**zeit** f (NC) /
positioning time
Einfall m, Eintritt m (Licht) / incidence ‖ ⁀, Hemmung f
(Uhr) / ratchet, click ‖ ⁀ (Schl) / fall of the tumbler ‖
⁀**dosis** f (Röntgen) / incident dose
einfallen, zusammenstürzen / fall down o. in, break in o.
down ‖ ~ (Opt) / shine in, be incident ‖ ~, streichen
(Geol) / dip ‖ ~ (gegen die Senkrechte) (Bergb) / underlay
‖ ~ (Raste) / engage ‖ ⁀ (gegen die Senkrechte) (Bergb) /
underlay, -lie ⁀ n, Kollaps m (Plast) / collapse ‖ ⁀,
Neigung f, Tonnlage f (Bergb) / hade, slope, descent,
dip, inclination ‖ ⁀ **der Falle** / locking of the catch ‖
⁀ **der Schichten,** steil einfallender Gang (Geol) / rake
einfallend (Bergb) / inclined ‖ ~ (Opt) / incident ‖ ~**e
Diagonale o. Strecke** (Bergb) / dip road ‖ ~**es Flöz**
(Bergb) / inclined bed ‖ ~**es Licht** (Opt) / incident light ‖
~**e Ortsstrecke** (Bergb) / brow ‖ ~**er Schacht** ‖ ~**e**
Strecke (Bergb) / downcast diagonal road o. gate, dip
heading, incline
Einfallenschloß n / single-latch bolt lock
Einfall·rad n (Uhr) / locking wheel ‖ ⁀**schnalle** f (Uhr) /
rack hook
Einfalls·feld n, Auftastimpulsstufe f, -impulskreis m
(Radar) / window, gate ‖ ⁀**lot** n / perpendicular, vertical
‖ ⁀**lot** n (Opt) / normal line, axis of incidence ‖
perspektivischer ⁀**punkt** (Opt) / accidental point
Einfall·stelle f (Plast) / sink mark ‖ ⁀**stelle** f (Gieß) / sink ‖
⁀**straße zum Zentrum** / radial highway
Einfallwinkel m (Opt) / angle of incidence ‖ ⁀ **der Wellen**
/ wave angle ‖ ⁀**-Fluktuation** f (Radar) / angle noise ‖
⁀**-Komplement** n (Opt) / glancing angle
Einfällwinkel·sonde f, Abtriftmaßsonde f (Raumf) /
incidence probe
ein·falzen, einlassen (Tischl) / frank, rebate ‖ ~**falzen** (Bb)
/ fold in ‖ ~**falzen,** in die Kerbe fügen (Tischl) / rebate v
‖ ⁀**familien[doppel]haus** n / double pavilion ‖
⁀**familienhaus** n (Bau) / one-family house, one-family

dwelling (Canada) ‖ ⁀**familienreihenhaus** n / one-
family row house ‖ ⁀**fang** m (allg) / picking up ‖ ⁀**fang**
m (von Neutronen) (Nukl) / capture
Einfang·ausbeute f (Atom, Nukl) / capture efficiency
ein·fangen (Nukl) / capture ‖ ⁀**fangen,** Stoppen n (Halbl) /
trapping
Einfang·-Gammastrahlung f / capture gamma radiation ‖
⁀**geschwindigkeit** f (Luftf, Trägerschiff) / engaging speed
(on the carrier) ‖ ⁀**gitter** n **der Strichplatte** (Opt) /
reticule grid ‖ ⁀**querschnitt** m (Nukl) / absorption cross
section, capture cross section ‖ ⁀**reaktion** f / capture
reaction ‖ ⁀**stelle** f, -zentrum n / trapping center ‖
⁀**verstärker** m (Fernm) / lock-in amplifier
Ein·färbegerät n (Phot) / tinting equipment ‖ ~**färben**
(Buch) / ink [up] ‖ **tief** ~**färben** (Pap) / imbue
Einfarben·druck m / single-colour printing ‖
⁀**druckmaschine** f / single colour printing machine ‖
⁀**-Flächendruck** m (Färb) / one-colour blotch print ‖
⁀**offsetmaschine** f / single-colour offset machine
einfarbig / single-colour… ‖ ~, Einfarben… /
single-colo[u]r…, monotone, having a uniform colour ‖
~, monochrom / monochrome, -chromic[al] ‖ ~, von
gleichmäßiger Farbe (Bot, Zool) / concolor[ous] ‖ ~, uni
(Web) / plain, of plain o. uniform colour, dyed of one
colour, whole colored, uni ‖ ~, naturfarbig (Textil) /
self-colo[u]red ‖ ~**e Übertragung** (TV) / monochrome
transmission
Einfärbung f (Buch) / inking
Ein·faserkabel n, Einfaser-LWL m / single fiber optical
cable ‖ ⁀**faßapparat,** Einfasser m (Nähm) / trimmer,
binder
einfassen, rändern / border, edge ‖ ~ (allg, Straßb) / border
‖ ~, fassen (Edelsteine) / set ‖ ~ (mit Biese) (Textil) / welt
‖ ~ (runde Objekte) / rim ‖ ~, rändeln (Pappkanten) /
frame
Einfaß·führer m (Nähm) / binding guide ‖ ⁀**leiste** f / edge
strip ‖ ⁀**nähmaschine** f / hemming machine
Einfassung f / enclosure, surround, curb, skirt ‖ ⁀, Rand /
fringe, border, edge ‖ ⁀, Einfassen n / border[ing] ‖ ⁀,
[Stoß]kante f / lining, bordering ‖ ⁀, Besatz m,
Einfaßborte f / braid, trimming, edging, facing, welting
cord ‖ **einer Tür** (o. eines Fensters) / window o. door
frame, architrave [jambs]
Ein·federung f (Kfz) / spring deflection ‖ ~**feldrig**
(Stahlbau) / single-span… ‖ ⁀**feldträger** m / single-span
girder ‖ ~**fetten,** schmieren / [rub with] grease,
lubricate ‖ ~**fetten,** schmälzen (Wolle) / oil ‖ **dünn**
~**fetten** / grease slightly over ‖ ~**feuchten,**
durchweichen / dampen, moisten, wet ‖ ⁀**flächig** (Math)
/ unifacial ‖ ⁀**flächige Ware** (Textil) / single knits pl ‖
⁀**flammrohrkessel** m / single flame-tube boiler ‖
⁀**flankenprüfung** f (Zahnrad) / single-flank test ‖
⁀**flankenwälzabweichung** f (Getriebe) / tangential
composite error ‖ ⁀**flankenwälzsprung** m (Getriebe) /
tangential tooth-to-tooth composite error ‖
⁀**flanschstück,** F-Stück m (DIN 28523) / flanged spigot
‖ ~**flechten** / enweave ‖ ⁀**flechtfaden,** Spannfaden m
(Textil) / tension thread ‖ ~**fliegen** vt (ein Flugzeug) /
flight-test ‖ ~**fliegen** [in] / enter, fly [into] ‖ ⁀**flieger**
m, Testpilot m / test pilot ‖ ~**flüglig** (Web) / single-pile ‖
~**fluchten** (Verm) / arrange, range-in ‖ **Pflöcke**
~**fluchten und nivellieren** (Verm) / bone in ‖
⁀**fluchtgerät** n (Verm) / line ranger ‖ ⁀**flugabschnitt** m
/ entry section ‖ ⁀**flugbake** f / approach beacon ‖
~**flüg[e]lig** (Luftf) / single-wing[ed] ‖ ~**flügeliges**
Schiebefenster / single-sash window ‖
⁀**flügel-Verschluß** m (Phot) / single-blade shutter ‖
⁀**flugkorridor** m (Raumf) / entry corridor ‖
⁀**flug-Leitstrahlbake** f (Luftf) / airfield runway beacon
‖ ⁀**flugpunkt** m (Luftf) / entry point ‖ ⁀**flugschneise** f,
-korridor m (Luftf) / entry lane ‖ ⁀**flugsender** m,
-zeichensender m (Luftf) / position marker ‖ ⁀**flugtor** n
(Luftf) / approach gate ‖ ⁀**flugzeichen** n (Luftf) / come-in
signal, main marker

Einfluß *m* / influence ‖ ~, Angriff *m* (Chem) / attack *n* ‖ ~, Einströmung *f* / admission ‖ ~ [auf] / bearing, influence [on, upon] ‖ ~ [auf … durch …] / variation [of… with…] ‖ ~**bedingungen** *f pl* (Kath.Str) / nominal conditions of use ‖ ~**bereich** *m*, -gebiet *n* -**sphäre** *f* / sphere of influence ‖ ~**dreieck** *n* (Mech) / triangle of influence ‖ ~**effekt** *m* (Instr) / variation ‖ ~**funktion** *f* (Nukl) / importance function ‖ ~**funktion** *f* **von Unregelmäßigkeiten** (Nukl) / statistical weight, weighting factor o. function ‖ **mit mehreren** ~**graden** / multi-factor… ‖ ~**größe** *f*, -faktor *m* (Instr) / influence quantity ‖ ~**größe** *f* (Regeln) / actuating variable, influencing variable ‖ ~**linie**, Wirkungslinie *f* / line of influence ‖ ~**schleuse**, Spülschleuse *f* / inlet sluice ‖ ~**untersuchung** *f* / factorial analysis ‖ ~**versuch** *m* / factorial analysis o. test ‖ ~**wert** *m*, -zahl *f* (Mech) / coefficient of influence

ein·flutig (Turbine) / single-flow ‖ ~**flutiger Verdichter** / single-entry compressor

einfonturig (Strumpf) / single-section ‖ ~, einbettig (Wirkm) / single-bed… ‖ ~**e Leistenrundstrickmaschine** / plain circular strong border knitting machine ‖ ~**e Rundstrickmaschine** / plain circular knitting machine ‖ ~**e Rundstrickmaschine mit Ringeleinrichtung** / plain circular striper ‖ ~**e Rundstrickmaschine mit Einschließplatinen zur Plüsch-, [Futterstoff]erzeugung** / sinker top loop, [top fleece] knitting machine ‖ ~**e Rundstrickmaschine mit Hakennadeln** / spring needle plain circular knitting machine

ein·fördern *vt* (Bergb) / lower, descend, let down ‖ ~**formen** *n* (Krist) / coalescence ‖ ~**formen**, Formen *n* (Gieß) / moulding ‖ ~**förmig**, monoton / monotonous ‖ ~**formung** *f* **des Zementits** (Hütt) / spheroidizing of cementite ‖ ~**frequenzzeichen** *n* (Fernm) / simple signal ‖ ~**fressen** *vt* (Chem, Masch) / pit ‖ ~**fressung** *f* (Masch) / seizing, seizure, scuffing, scoring (US) ‖ ~**fressung** *f* **(o. Einfreßspur) des Auspuffventils** (Mot) / burning-out of the outlet valve ‖ ~**fried[ig]ung**, Ein-, Umzäunung *f* / enclosure ‖ ~**fried[ig]en**, einzäunen / fence [in], enclose, close in ‖ ~**friedigung** (mit Pfählen) / paling, pale fence ‖ ~**friedigungsmauer** *f* / close wall, enclosure wall ‖ ~**frieren** (Lücke in Halbl) / quench-in ‖ ~**frieren** *vi* / freeze *vi* ‖ ~**frieren** *vt* / freeze *vt*

einfrieren (Nahrungsmittel) / quick- o. deep-freeze

Ein·frieren *n* (Leitung) / freezing up o. in ‖ ~**frieren** *n* **von Energie** (Phys) / freezing of energy ‖ ~**friertemperatur** *f*, Einfrierpunkt *m* (Glas) / transformation temperature o. point, vitrification temperature ‖ ~**friertemperatur** *f* (Plast) / transformation temperature o. point, 13.4-temperature, Tg-point ‖ ~**fügen**, einpassen / fit in ‖ ~**fügen**, -schieben / insert, inset ‖ ~**fügung** *f*, Einfalzung *f*, Einblattung *f* (Bau) / mortising ‖ ~**fügung** *f* **in eine Abbildung** / insert ‖ ~**fügungsanweisung** *f*, -befehl *m* (DV) / include-statement ‖ ~**fügungsbyte** *n* (DV) / insert byte ‖ ~**fügungsgewinn** *m* (Fernm) / insertion gain ‖ ~**fügungs[prozedur]vereinbarung** *f* (DV) / include declarative ‖ ~**fügungsverlust** *m*, -fügungsdämpfung *f* (Fernm) / insertion loss ‖ ~**fügungszeichen** *n* (DV) / insertion character

Einfuhr *f*, Import *m* / import *n*, importation

Einführapparat *m*, Warenführer *m* (Färb) / cloth guider ‖ ~ **für Maschenware** / feeder for knitted goods

einführen, zuführen / feed *v* ‖ ~ / introduce ‖ ~, importieren / import *v* ‖ ~ (Bergb) / lower, let down, descent *vt* ‖ ~ (Math) / introduce ‖ ~ *n* (Stecker) / insertion ‖ **einen Film** ~ / thread[-up] a film

Einführ·-Ende *n* (z.B. Schraube) / pilot ‖ ~**kegel** *m* (Räumwz) / pilot taper, front pilot ‖ ~**presse** *f*, Offsetpresse *f* / smoothing press ‖ ~**rille** *f*, -nut *f* (Masch) / entering groove ‖ ~**tuch** *n* (Spinn) / feed lattice

Einführung *f*, Eintritt *m* (von Kabeln) (Elektr) / entrance (of cables), lead[ing]-in, transition (US) ‖ ~ [in] (z.B.

Lehrbuch) / introduction [to], initiation [in] ‖ ~ (z.B. eines Verfahrens) / installation (e.g. of a method) ‖ ~ **der Datenverarbeitung** / computerization ‖ ~ **eines Mitarbeiters** / introduction of a staff member

Einführungs·brunnen *m* (Elektr, Fernm) / leading-in manhole ‖ ~**buchse** *f* (Kabel) / leading-in sleeve ‖ ~**draht** *m* / leading-in conductor o. wire, inserting wire ‖ ~**draht** *m* (Elektr) / input wire ‖ ~**draht** *m* (Fernm) / drop wire (US), lead-in wire ‖ ~**isolator** *m*, Durchführungsglocke *f* (Elektr) / leading-in insulator, inlet insulator o. bell ‖ ~**kabel** *n* / leading-in cable ‖ ~**kasten** *m* (Elektr) / transition box ‖ ~**klemme** *f* (Elektr) / input terminal ‖ ~**öffnung** *f*, Einlaß *m* / inlet port o. funnel, lead-in ‖ ~**rohr** *n* / leading-in tube ‖ ~**tülle** *f*, -rohr *n* / bushing nipple o. socket o. tube, leading-in tube o. socket ‖ ~**zeichen** *n* (DV) / caret

Einführ·vorrichtung *f* (Textil) / yarn delivery system, feeding device ‖ ~**walze**, Zuführwalze *f* (Textil) / licker-in, feeding rollers *pl* ‖ ~**zylinder** *m* (erster Zylinder der Trockenpartie) (Pap) / lead drier

Einfülldichte *f* / density on filling

einfüllen, -schütten / dump, pour in, fill

Einfüll·gefäß *n* / replenishing cup ‖ ~**kanal** *m* (Druckguß) / launder ‖ ~**masse-Ladung** *f* (Druck) / strike, batch of finished massecuite ‖ ~**öffnung** *f* / charging hole ‖ ~**öffnung** *f* (Plast Form) / feeder, feed opening ‖ ~**stutzen** *m* (Öltank) / filler neck ‖ ~**trichter** *m* (Chem, Kfz) / funnel tube ‖ ~**verschluß** *m* (Kfz) / gasoline (US) o. petrol (GB) o. fuel tank cap, fuel filler [cap] ‖ ~**verschluß** *m* **am Kühler** (Kfz) / radiator filler

Einfunkenzündung *f* (Kfz) / single-spark ignition

Einfurchen·pflug *m* / single-furrow plough, one-bottom plow (US) ‖ ~**-Scheibenegge** *f* / single-row disc harrow ‖ ~**-Schlepper** *m* (Landw) / one-furrow tractor

Eingabe *f* (allg, DV) / input ‖ ~, Antrag *m* / application, proposition ‖ ~ **von Hand** (DV) / manual entry ‖ ~**-Ausgabe…** s. Ein-Ausgabe… ‖ ~**bereich** *m* / input area ‖ ~**datei** *f* (DV) / input file ‖ ~**daten** *pl* (DV) / input data *pl* ‖ ~**datenkanal** *m* (DV) / digital input channel ‖ ~**einheit** *f*, -werk *n* (DV) / input unit o. equipment ‖ ~**feinheit** *f* (NC) / input sensitivity, smallest input capacity ‖ ~**format** *n* / input format ‖ ~**geschwindigkeit** *f* / input speed ‖ ~**information** *f* (Fernm) / order ‖ ~**karte** *f* (LoKa) / input card ‖ ~**limitiert** (DV) / input-limited, input-bound

Eingabelung *f* (Dosierung) / bracketing, calibration by bracketing

Eingabelungsverfahren *n* / calibration by bracketing technique

Eingabe·operation *f* (DV) / alter operation ‖ ~**programm** *n*, Einlese-, Leseprogramm *n*, / input program ‖ ~**puffer** *m* (DV) / input buffer ‖ ~**pufferspeicher** *m* (Fernm) / incoming message holder ‖ ~**sammler** *m* (Prozeßrechn) / input multiplexer, scanner ‖ ~**signal** *n*, eingegebenes Signal / input signal ‖ ~**speicher** *m* / input block ‖ ~**stapel** *m* (LoKa) / input deck ‖ ~**station** *f* / input station ‖ ~**steuerung** *f* / program emitter ‖ ~**steuerwerk** *n* (DV) / input control unit ‖ ~**strom-Modus** *m* (DV) / stream mode ‖ ~**tastatur** *f* / entry keyboard, input keyboard ‖ ~**unterprogramm** *n* / input routine o. program[me] ‖ ~**-Warteschlange** *f* / input queue ‖ ~**werk** *n* (allg) / introducing device ‖ ~**werk** *n*, -einheit *f* (DV) / input control section

Eingang *m* / entry ‖ ~ (Logik) (DV) / input variable ‖ ~, Öffnung *f* / orifice, opening ‖ ~, Zugang *m* (Bau) / entrance, adit, approach ‖ ~, Vorplatz *m* / alley ‖ ~ (Elektronik) / input ‖ ~, Eingehen *n* (Gewebe) / shrinkage ‖ ~ **für positive und negative Signale** (DV) / bipolar input ‖ ~ **in Programm** (DV) / entry ‖ ~ **von Waren**, (auch:) …die eingegangenen Waren / arrivals *pl* ‖ **auf den** ~ **bezogen** (Elektronik) / RTI, rti, referred to input

Eingang…, mit einer Umdrehung (z.B. Potentiometer) / single-turn… (e.g. potentiometer)

Eingang-Bodenmischer *m* (Straßb) / single-pass mixer

eingängig (Gewinde) / single-flight... ‖ ~ (Masch) / single ‖ ~er Abwälzfräser (Wzm) / single-lead hob ‖ ~er Fräser / single-start [milling] cutter ‖ ~e Schnecke (Plast) / single-flighted screw ‖ ~es [Schrauben]gewinde / single-[start]thread ‖ ~e Wellenwicklung (Elektr) / simplex wave winding ‖ ~e Wicklung (Elektr) / simple winding
Ein-Gang-Potentiometer n / single-turn pot
Eingangs·... (Fernm) / incoming ‖ ↲... (Elektronik) / front-end ... ‖ ↲... (Spinn) / feed... ‖ ↲bandfilter n / front-end band[pass] filter ‖ ↲bestätigung f / arrival note o. advice ‖ ↲brumm-Unterdrückung f (IC) / ripple rejection ratio ‖ ↲buchse f (LoKa) / entry hub, IN hub ‖ ↲differenzverstärker m (Elektronik) / difference amplifier ‖ ↲druck m (Gas) / supply pressure ‖ ↲energie f / input [power] ‖ ↲faktor m (DV) / fan-in [factor] ‖ ↲fehlspannung f, -offsetspannung f (Verstärker) / input offset voltage ‖ ↲flughafen m / airport of entry ‖ ↲frequenz f / feed frequency ‖ ↲größe f (Regeln) / input quantity ‖ ↲immitanz f / input immittance f, -impedanz f, -scheinwiderstand m / driving-point o. direct impedance ‖ mechanische ↲impedanz (Vibrationen) / mechanical driving point impedance ‖ ↲impedanz f bei unbelastetem Ausgang / free impedance ‖ ↲kennlinie f (Transistor) / input characteristic ‖ ↲konfiguration f (Elektronik) / input configuration, input pattern ‖ ↲kontrolle f / vendor inspection department (US) ‖ ↲kontrolleur m / checker ‖ ↲kreis m / input circuit ‖ ↲lastfaktor (DV) / input loading factor ‖ ↲leistung f / input power ‖ ↲leitwert m / input admittance ‖ ↲licht n (Luftf) / set-down light ‖ ↲luntenführer m (Spinn) / roving feed guide ‖ ↲meßbehälter m (Nukl) / input accountability tank ‖ ↲oberwalze f (Spinn) / top feed roller ‖ ↲öffnung f (Ziehstein) / entry cone ‖ ↲offsetspannung f (Verstärker) / input offset voltage ‖ ↲palette f (Uhr) / entering o. entry o. receiving pallet ‖ ↲pegel m (Elektronik) / input level ‖ ↲platte f am Ofen (Glas) / shutter plate ‖ ↲platz m, -schrank m (Fernm) / incoming position, inward board ‖ ↲-Rauschtemperatur f / input noise temperature ‖ ↲-Reflexionskoeffizient m / input s-parameter ‖ ↲resonator m (Elektronik) / input resonator, buncher ‖ ↲scheinwiderstand m s. Eingangsimpedanz ‖ ↲signal n, -effekt m, -größe f (Elektronik) / input signal ‖ ↲signal n (Pneum) / command signal ‖ ↲-Signalwandler m (Regeln) / input element o. computer ‖ ↲spannung f (Elektronik) / input voltage ‖ ↲spannungs-Regelfaktor m (IC) / input stabilization coefficient ‖ ↲speicher m, Eingabespeicher m (DV) / input block o. store, receive buffer ‖ ↲stelle f (Info) / in-connector ‖ ↲stempel m / stamp of receipt ‖ ↲strom m (DV) / fan-in current ‖ ↲trägerpegel m (Fernm) / input carrier level ‖ ↲treppe f (Bau) / front steps pl ‖ ↲tür f / entrance door o. gate, entry door ‖ ↲übertrager m (Elektronik) / input transformer ‖ mit ↲unterbrecher / contact modulated ‖ ↲unterwalze f (Spinn) / bottom feed roller ‖ ↲verstärker m / input amplifier ‖ ↲verstärkerteil m (Elektronik) / IA-unit (input amplification) ‖ ↲verstärkung f (Elektronik) / input amplification ‖ ↲volumen n (Funk) / input volume ‖ ↲vordach n (Bau) / porch ‖ ↲wähler m (Fernm) / incoming selector ‖ ↲wähler m (Tonband) / front-end selector ‖ ↲walze f (Spinn) / feed roller ‖ ↲wert m / input value ‖ ↲widerstand m / input resistance ‖ ↲wirkleitwert m / input conductance
eingearbeitet / inwrought ‖ ~ (F.Org) / trained, learned ‖ ~e Arbeitskräfte f pl / skilled labour
eingebaut, Einbau... / built-in, integrated ‖ ~ (Dachrinne) / concealed ‖ ~ (DV) / internal, interior ‖ ~e Antenne (im Gehäuse) / built-in antenna ‖ ~e Breite (Teppich) / installed width ‖ ~es Filter / built-in filter ‖ ~e Funktion / built-in function ‖ ~er Schrank / closet ‖ ~er Volumenmesser (Flüssigkeit) / integrated flow meter

eingeben (DV) / input vt ‖ Daten ~ / feed data, input v ‖ Fäden ~ (Web) / give in
eingebettet, vertieft / immersed, immerged ‖ ~ (Spule) (Elektr) / embedded ‖ ~es System (z.B. Bordcomputer im Kfz) / embedded system ‖ ~ werden (Gieß, Modell) / imbed vi, become imbedded, embed vi
eingebeult werden / dent
eingeblasene Luft / force air
eingeblendet (Radar) / superimposed
eingeboren (allg) / native ‖ ~e Arbeitskräfte f pl / native labour
eingebrannt (Farbe) / baked, [stove-]enamelled ‖ ~, enkaustisch (Keram) / encaustic ‖ ~ (Email) / fired ‖ ~ (Röhre) / burnt-in ‖ ~e Aufglasurfarbe / fired colour ‖ ~es Flußmittel (Galv) / burnt-in flux ‖ ~es Raster (TV) / scan burns pl ‖ ~er Sand (Gieß) / burnt-on sand
eingebunden·er Polanteil (Textil) / pile root
eingedämmt (Öl) / confined
eingedampft (Latex) / evaporated ‖ ~e Ablauge (Textil) / recovered liquor
eingedickt·er Fruchtsaft / concentrated fruit juice ‖ ~e Trübe (Aufber) / over-dense medium
eingedrehter Kurs (Luftf) / preselected heading
eingefahren, -gekurbelt / reeled-in ‖ ~, -geschoben (Einschub) (Elektr) / jacked-in (GB), plugged-in ‖ ~er Mast (Flurförderer) / nested mast ‖ ~er Schienenstoß (Bahn) / low rail joint
eingefallene Stelle (Plast) / contraction cavity, sink
eingefangen·es Elektron / trapped electron ‖ ~e Teilchen n pl / trapped particles pl
eingefärbt spritzbar (Plast) / color-moldable
eingefrorene Spannung (Mech) / frozen-in strain
eingefügt, -gesetzt / inserted
eingeführtes Holz / foreign wood
eingegliedert, integriert / integrated, integrate
eingegossen / cast en bloc o. integral ‖ ~ (Beton) / cast-in
eingehalst (Kesselboden) / flanged inward
eingehängt / hinged, suspended ‖ ~es Feld (Stahlbau) / suspended bay ‖ ~e Spannweite (Gerberträger) / suspended span ‖ ~er Träger einer Hängebrücke / suspended horizontal beam
eingehäusig (Turbine) / single-cylinder
eingehen (Landw) / decay, die ‖ ~ (Textil) / shrink, contract ‖ ~ [in] (in die Rechnung) / enter [into]
eingehender Bogen (Bau) / re-entering arch
eingehülst·es Spaltstoff-Element (Nukl) / sealed-in fuel unit
ein·gekeilt, Keil... / fixed o. maintained by pins o. wedges ‖ ~gekittet / cemented ‖ ~geklappt (z.B. Mast) / folded ‖ ~gelagert (Geol) / embedded, intercalated ‖ ~gelagerte Schicht, Zwischenschicht f / stratum (pl.: strata)
eingelassen (in das Material) / recessed, let-in, trimmed-in ‖ ~, bündig, eingebunden, fixed in ‖ ~, versenkt / sunk, sunk-in ‖ ~, versenkt (mit glatter Oberfläche) / flush countersunk ‖ ~ (Treppenwange) / close, housed ‖ ~e Nagelleiste (Bau) / pallet ‖ ~er Riegel / dormant bolt ‖ ~er Schalter (Elektr) / panel o. flush o. recessed switch ‖ ~es Schloß / flush [enchased] lock, dummy lock ‖ ~e Schnittplatte (Stanz) / sunk die
eingelegt (Tischl) / laid-in ‖ ~e Arbeit, Einlegearbeit f (Tischl) / inlay ‖ ~es Gewerbe o. Gelenk (Zange) / lap joint
eingeleitet (Reaktion) / triggered ‖ ~ (Versagen) / commenced
Eingelenk·bogen m / single-hinged arch
eingelötet (elektron. Bauteile) / wired-in
eingemacht (in Dosen), eingelegt / canned (US), tinned (GB)
ein·gemietete o. -gesäuerte Schnitzel / ensiled beetpulp ‖ ~gemörtelt / grouted
eingemörtelt·er Dübel / grouted embedment
ein·gepaßt, abgepaßt / made fit ‖ ~gepflastert (Gleis) / paved-in

eingeprägt·er (o. lastunabhängiger) Strom (Elektr) / load independent current ‖ **~e Spannung** / impressed voltage

eingepreßt·es Ornament (Textil) / pattern applied by pressure ‖ **~er Zunder** (Ziehen) / embedded scale

eingepumptes Gas / foreign gas

eingerastet / locked

eingerissen, ausgefranst / lacerated

eingerüttelt·er Beton / vibrated concrete

eingesäuerte Schnitzel / ensiled beet pulp

eingeschaltet (Datentyp) / encapsulated ‖ **~** / interposed ‖ **~**, zwischengeschaltet (Elektr) / inserted ‖ **~**, "ein" / switched-on, on ‖ **~** (Licht) (Elektr) / lit **~er Zustand** (Elektronik) / on-period conditions *pl*

eingeschlagen (aufeinander arbeitende Teile) / pounded

eingeschleppt·e Gattung (Bot) / denizen ‖ **~es** *n*, Eintrag *m* (Galv) / drag-in, entrainment

eingeschliffen / ground in ‖ **~er Stopfen** (Chem) / fitting stopper

eingeschlossen (allg) / enclosed, close ‖ **~** (allg, Math, Verm) / included ‖ **~** (z.B. Gas) / pent *adj*, confined, occluded ‖ **~e Luft** / close air ‖ **~es Splintholz**, Mondring *m* / double sap, halo ‖ **~es Wasser** (Geol) / connate water ‖ **bei Erstlieferung ~** / commissioned (e.g. spares)

eingeschmolzen / fused in

eingeschnürt / constricted ‖ **~** (Kokon) / kidney-shaped ‖ **~e Kopfwand** (Hütt) / wing wall of a Venturi furnace, monkey wall ‖ **~er Speiser** / necked-down riser, feeder head with Washburn core

eingeschoben / intercalated, intercalary ‖ **~** (gedr.Schaltg) / jacked-in (GB) ‖ **~** (Brücke) / slid into position ‖ **~** (Tischl) / framed in skeleton ‖ **~e Decke** / false ceiling ‖ **~e Falte** (Geol) / pitching fold ‖ **~es Gewölbe** / interposed vault ‖ **~e Treppe** / stairs mortised into strings *pl* ‖ **~e Wicklung** (Elektr) / push-through winding

eingeschobene (o. ein- o. zusammengestemmte) **Tür**, Füllungstür *f*, Rahmentür *f* / panel door

eingeschränkt, bedingt / qualified, qualificatory ‖ **~** (Toleranz) / reduced ‖ **~**, bedingt / qualificatory, limited ‖ **~** (Palette) / partial

ein·geschraubter Bolzen / stud ‖ **~geschwungener Zustand** (Elektr) / steady state

eingesetzt [in o. für] (Mensch) / appointed [to] ‖ **~e Arbeit** (Nähm) / overlay ‖ **~e Bohrerschneide** (Wzm) / boring blade ‖ **~es Messer** (Wz) / inserted knife ‖ **~er Stahl** / case-hardened steel ‖ **~es Stück**, Einsatz *m* (Textil) / gusset

eingespannt (Mech) / restrained ‖ **~er Bogen** (Stahlbau) / rigid arch ‖ **~es Gewölbe** / sprung arch ‖ **~e Stütze** / fixed-ended column o. stanchion ‖ **beiderseits ~** (Balken) / fixed, constrained ‖ **einseitig ~er Träger** / beam with one end fixed, encastered girder, cantilever beam

eingespeist (Strom) (Elektr) / applied (current)

eingesprengt, fein verwachsen (Bergb) / disseminated ‖ **~**, durchwachsen (Bergb) / intermingled ‖ **~**, durchsetzt (Bergb) / interstratified ‖ **~e Ader**, Gangart *f*, -mittel *n* / veinstuff ‖ **~es Gestein**, Einschluß *m* / inclusion, inlier, xenolith ‖ **fein ~** (Bergb) / chat

eingespulte Datei / spooled data set

eingesteckt (Schloss) / mortised

eingestellt (z.B. Sender) / tuned-in ‖ **~e Härte** (Wasser) / standardized hardness ‖ **~e Tiefe** (Wz) / set depth

eingestemmte Abstandsstücke (z.B. zwischen Turbinenschaufeln) *n pl* / ca[u]lking pieces *pl*

eingeteilter Kreisbogen, Gradbogen *m* / graduated arc o. section

eingetragen, registriert / registered ‖ **~** (Galv) / carried over ‖ **~es Maß** (Zeichn) / figured dimension o. measurement ‖ **~es Warenzeichen** / registered trade name o. mark, certification mark

eingewachsener Ast / live knot

eingewalzt (Fehler) / rolled-in ‖ **~er Deckel** / rolled-in top ‖ **~er Ofenzunder** (Hütt) / tail o. trickle scale ‖ **mit**

~em Muster (Walzw) / embossed

ein·gewebt, eingewirkt / inwrought, woven-in ‖ **~gewebter Faden**, Durchzugsfaden *m* / interwoven thread

eingeweicht liegen / steep *vi*

ein·gewogen (Chem) / weighed-in ‖ **~gewöhnen**, anpassen / accustom, acclimatize, acclimate (US)

Eingewöhnung *f*, Anpassung *f* / acclimat[iz]ation, acclimation (US) ‖ **~**, Routinebildung *f* (F.Org) / acquisition of routine

eingezeichnetes (o. eingetragenes) **Maß** (Zeichn) / given o. figured dimension o. measurement

eingezogen (z.B. Werkzeugschaft), abgesetzt / reduced ‖ **~** (Raumf) / stowed ‖ **~e Düse** / convergent-divergent o. con-di nozzle ‖ **~e Leiste** (Web, Fehler) / cut

ein·gezwängt / constrained, restrained ‖ **~gießen** / pour in ‖ **~gießen**, vergießen (Masch) / run in, seal ‖ **~gießende** *n* (Hütt) / pouring end ‖ **~gipflig** (Math, Statistik) / unimodal ‖ **~gipsen** *n* / running-in with plaster ‖ **~gittern**, einzäunen / rail in ‖ **~gitterröhre** *f* (Elektronik) / one-grid tube ‖ **~glasen** *vt*, verglasen / glaze, fit with glass ‖ **~glasen** *vi* (Glashafen) / glaze, vitrify ‖ **~gleisen**, aufgleisen (Bahn) / rerail ‖ **~gleisig** (Bahn) / one-track, single-line, single-way, -track[ed] ‖ **~gleisige Strecke** (Bahn) / single-track line ‖ **~gliedrig**, monomisch (Math) / monomial ‖ **~graben** / dig [in], sink [in] ‖ **sich ~graben** [in] / dig one's way [into] ‖ **~grasen** *n*, Wiesenwirtschaft *f* / zero grazing ‖ **~gravierte Marke**, eingeschlagener Strich / chisel mark ‖ **~greifen** *vi* (Räder) / catch, mesh, lock, gear [in], be in gear, engage ‖ **~greifen**, in Eingriff sein (Zahnrad) / engage *vi*, be in gear ‖ **~greifen**, sich in Eingriff schieben (Getriebe) / move into engagement ‖ **~greifen** *n*, Eingriff *m* (allg) / engagement ‖ **~greifen** *n* (Bahn, Kupplung) / securing of couplings ‖ **~greifen** *n der* **Räder auf den Schienen** (Bahn) / bite of the wheels ‖ **~grenzen**, -engen / bound ‖ **~grenzen**, beschränken, lokalisieren / localize, locate ‖ **Fehler ~grenzen** / isolate failures ‖ **~grenzung**, Begrenzung *f* / localization ‖ **~grenzung** *f* **eines Fehlers** / fault localization ‖ **~grenzungswiderstand** *m* (Elektr) / localization resistance ‖ **~grenzungswiderstand**, Interpolationswiderstand *m* (Elektr) / interpolation resistance

Eingriff *m* (Masch) / contact, gearing ‖ **~**, Eingriffnahme *f* / intervention ‖ **~**, Eingreifen *n* (Getriebe) / catch[ing], gearing, mesh, engagement ‖ **~** (Zahnhöhe) (Uhr) / depth ‖ **~e** *m pl* / interference ‖ **~** *m* **von Hand** / manual operation ‖ **außer ~ bringen** / disengage ‖ **gegen ~e gesichert** / tamper-proof ‖ **in ~** (Wz) / in attack ‖ **in ~** (Getriebe) / meshing, in mesh ‖ **~ bringen** (Revolverkopf) / cam in ‖ **in ständigem ~** (Getriebe) / constant mesh…

Eingriff[s]bogen *m* (Zahnrad) / arc of contact ‖ **~ hinter der Zentralen** (Zahnrad) / arc of recess ‖ **~ vor der Zentralen** (Zahnrad) / arc of approach

Eingriffs·breite *f* (Zahnrad) / width of contact, contact width ‖ **~dauer** *f* (Masch) / period of contact ‖ **~ebene** *f* / plane of action ‖ **~feld** *n*, Eingriff *m* (Getriebe) / area of contact ‖ **~fläche** *f* (Zahnrad) / plane of action ‖ **~glied** *n* (Kinematik) / follower ‖ **~länge** *f* (Bohrer) / working length

Eingriff[s]linie *f* (Zahnrad) / line of action (toothed gear)

Eingriffs·programm *n* (DV) / interrupt program[me], interrupt processing routine ‖ **~spiel** *n* (Zahnrad) / backlash ‖ **~störung** *f* / gearing interference, contact o. meshing interference ‖ **~strecke** *f* / transverse path of contact ‖ **~streckenlänge** *f* / length of path of contact ‖ **~toleranz** *f* (Masch) / operating tolerance ‖ **~winkel** *m* / angle of obliquity of action ‖ **~winkel**, Flankenwinkel *m* (Zahnrad) / angle of pressure, pressure angle (US) ‖ **~winkel** *m* **des Werkzeugs** / nominal pressure angle of the tool ‖ **~winkel** *m* **im Normalschnitt** / normal pressure angle ‖ **~winkel** *m* **im Stirnschnitt** /

transverse pressure angle ‖ **⸜winkelfehler** f (Zahnrad) / pressure angle error ‖ **⸜zirkel** m (zum Setzen und Prüfen der Zahneingriffe) (Uhr) / depthing tool

Eingriff·teilung f (Zahnrad) / base pitch ‖ **⸜tiefe** f zweier Zahnräder / sum of addenda of two mating gears, working depth

Eingruppen·modell n (Nukl) / one-group model ‖ **⸜theorie** f (Math) / one-group theory

Einguß m, Gußtrichter m (der Kokille) (Hütt) / mouth of the ingot mould, funnel ‖ **⸜** (Gieß) / runner gate, in-gate, sprue ‖ **⸜** (senkrechter Teil), Trichtereinlauf m (Gieß) / downgate, downsprue ‖ **⸜**, Querlauf m (Gieß) / runner ‖ **den ⸜ abmachen** / degate ‖ **⸜direkter ⸜ von oben** / top gate, drop gate ‖ **⸜-Abschneidpresse** f / gitting press ‖ **⸜anbringung** f (Hütt) / gating ‖ **⸜formhälfte** f, feste Formhälfte (Druckguß) / cover [die] ‖ **⸜fuß** m (Gieß) / sprue base ‖ **⸜kanal**, Einlauf m (in der Form) (Gieß) / sprue, gate, geat, git ‖ **⸜kasten** m (Gieß) / feed box ‖ **⸜loch** n / filling port ‖ **⸜modell** n, Gießzapfen m (Gieß) / gate o. runner pin o. stick ‖ **⸜rinne** f (Gieß) / launder, spout ‖ **⸜rohr** n (eingesetzt), Trichterrohr n (Gieß) / trumpet assembly ‖ **⸜rohr für steigenden Guß** n (Gieß) / tunnel ‖ **⸜[stutzen]** m (Abfall) (Plast) / transfer cull ‖ **⸜stutzen** m, Füllstutzen m (Mot) / filler neck ‖ **⸜sumpf** m, -mulde f, Tümpel m (Hütt) / pouring basin, flood basin ‖ **⸜trichter** m (Gieß) / sprue, [down-]gate, pouring basin o. bush o. cup, sprue cup, git ‖ **⸜zapfen** m (am Gußstück) (Gieß) / sprue

ein·halsen, zuziehen (Ziehtechnik) / neck ‖ **⸜haltblech** n (Hütt) / partition plate ‖ **~halten** (Vorschriften) / observe, meet ‖ **⸜haltung** f, Befolgung f / keeping, observation ‖ **⸜haltung** f der Form / observance of forms ‖ **~hämmern**, reduzieren / reduce by hammering, swage

Einhand·bedienung f / single-hand control, one-hand operation ‖ **⸜brenner** m (Schw) / one-hand burner

Ein·händer-Rohrzange f, Einhand-Rohrzange f / pipe wrench, Swedish pattern ‖ **⸜händer-Schnellspannschraubenschlüssel** m / one-hand speeder wrench

Einhänge·blende f / inset diaphragm ‖ **⸜draht** m (Galv) / slinging wire ‖ **⸜gestell** n (Galv) / plating rack

einhängen (allg) / hang up ‖ **~** (Bergb) / lower, descend, let down ‖ **~**, auflegen (Fernm) / buzz off, hang up, replace the receiver ‖ **~** (Buchb) / case in ‖ **⸜** (Buch) / case work ‖ **⸜** (Bahn, Kupplung) / securing (of couplings) ‖ **eine Tür ~** / hang on its hinges a door ‖ **in einer passenden Aufnahme ~** / nest

Einhänge·öse f / clevis type eyelet ‖ **⸜stift** m (Stanz) / pin stop, pilot pin, button stop, stop ga[u]ge o. pin ‖ **versenkbarer ⸜stift** / retractable pilot pin ‖ **⸜verschluß** m / interlocking type connector

ein·hängiges Dach / pent roof, penthouse o. aisle roof ‖ **⸜hänglasche** f / clevis type connector ‖ **⸜härtbarkeit** f (Stahl) / potential hardness increase ‖ **⸜härten** m, Einhärtung f / hardness penetration ‖ **⸜härtungstiefe** f, -härtetiefe f / effective hardening depth, hardness penetration depth ‖ **~hauen** (Walzw) / rag, roughen ‖ **ein Loch ~hauen** / clean carefully a hole ‖ **~häuptige (o. einseitig abgeglichene) Mauer** / wall worked fair on one side ‖ **~hebel-Mischbatterie** f (Sanität) / single-lever mixer ‖ **~hebelsteuerung** f / single-lever control ‖ **die Form ~heben** (Buch) / put into the press ‖ **~heften** (ein Blatt) (Buch) / sew in ‖ **~heimisch** / domestic ‖ **~heimisch** (Holz) / home-grown ‖ **~heimisch** (Bot) / indigenous, native

Einheit f (Phys) / unit ‖ **⸜** (Bohr-, Fräs- usw.) (Wzm) / unit (e.g. boring o. milling unit) ‖ **⸜**, Einzelaggregat n (DV) / component, unit, equipment ‖ **⸜** (im Betriebssystem eines Rechners) (DV) / device ‖ **⸜ bei Probenahme** / item ‖ **⸜ der Entropie**, J/K (nicht:) J/grd. / unit of entropy ‖ **⸜ der Schallschluckung**, Sabin m / sabin, acoustic absorption unit ‖ **⸜ der Strahlendosis** (veraltet) (Röntgen) / r, rep, röntgenequivalent physical ‖

⸜ der Wärmekapazität (metrisch: J/grd, nicht: J/⁰K o. J/⁰F) / B.T.U./deg.F (GB)

Einheiten·… / unitary ‖ **⸜anschaltung** f (DV) / component recognition ‖ **⸜ausgabe** f (DV) / device output ‖ **⸜eingabe** f (DV) / device input ‖ **⸜fehler** m (DV) / unit error ‖ **⸜feld** n (DV) / device field ‖ **⸜prüfung** f (DV) / unit check ‖ **⸜schlüssel** m (DV) / UCW, unit control word ‖ **⸜selektor** m (DV) / device selector ‖ **⸜system** n / unitary system ‖ **~unabhängig** f (DV) / device-independent

einheitlich, gleich[artig] / uniform ‖ **~** (z.B. Gefüge), gleichmäßig / homogeneous ‖ **~**, Einstoff… (Chem) / unary ‖ **~ blau** / of uniform blue ‖ **~ destillierend** (Chem) / homogeneous ‖ **~er Farbstoff** / straight dyestuff ‖ **~ höhere Kommunikationsprotokolle** n pl (DV) / uniform communication protocols ‖ **~ machen**, homogenisieren / homogenize ‖ **~e Maschinensprache** (DV) / common machine language ‖ **~ reagieren** (Chem) / produce only one reaction ‖ **~e Schaltung** (Elektronik) / uniform connection ‖ **~er Spinnstoff** (Textil) / single-textile material

Einheitlichkeit f / uniformity

Einheits·… / unified ‖ **⸜…**, spezifisch / specific, unit… ‖ **⸜…**, normal / standard, standardized ‖ **⸜…**, unitär (Math) / unitary ‖ **⸜echte ⸜adresse** (DV) / physical unit address ‖ **⸜auftrieb** m, Auftriebszahl f in N je m³ (Luftf) / specific lift coefficient ‖ **⸜bauart** f, -konstruktion f / standard type o. execution, standard type construction ‖ **⸜bohrung** f / basic hole ‖ **System der ⸜bohrung** / basic hole system ‖ **⸜-Drehzahl** f / specific speed ‖ **⸜druckform** f (Bau) / standard of pressure ‖ **⸜dyade** f, Einheitstensor m (Math) / idemfactor, unit tensor ‖ **⸜einschub** m (Funk) / standard plug-in package ‖ **⸜element** n (DV) / unit element ‖ **⸜format** n / standard size ‖ **⸜gehäuse** n (Funk) / standardized cabinet ‖ **⸜gestell** n (Funk) / standard rack ‖ **⸜gewicht** n (z.B. eines Kessels) (Masch) / unit weight ‖ **⸜größe** f / unit size ‖ **⸜güterwagen** m / standard-type wagon ‖ **⸜intervall** n (Fernm) / signal interval ‖ **⸜kegel**, Morsekonus m (Wzm) / standard o. Morse cone ‖ **⸜klasse** f (Schiff) / one-design class ‖ **⸜-Kohlenhobel** m / slow coal plough (Am.: plow) ‖ **⸜kreis** m / circle with radius 1 ‖ **⸜ladung**, Unitload f (Schiff) / unit load ‖ **⸜ladung** f (Phys) / unit charge ‖ **⸜last** f, Last f je Flächeneinheit (Luftf) / unit load ‖ **⸜leistung** f, Literleistung f (Mot) / specific output ‖ **⸜maß** f / unit measure, standard dimension ‖ **⸜matrix** f (Math) / unit o. identity matrix ‖ **⸜pol** m (Magn) / unit pole ‖ **⸜rahmen** m (Funk) / standard rack ‖ **⸜regelungssystem** n / standardized control system ‖ **⸜schnittstelle** f (DV) / standard interface ‖ **⸜spannung** f (Mech) / specific load, tension reduced to unit area ‖ **⸜sprung**, -schritt m (Elektronik) / unit step ‖ **⸜sprungfunktion** f (Regeln) / unit-step function, Heaviside unit step ‖ **⸜spule** f (Phot) / standard cartridge spool ‖ **⸜stoß** m, Dirac-Funktion f / unit [im]pulse, Dirac function ‖ **⸜temperaturkurve** f / standard temperature curve ‖ **⸜-Triebwerk** n (Raumf) / unit motor ‖ **⸜vektor** m (Mech) / unit vector ‖ **⸜verfahren** n (Chem) / unit process ‖ **⸜welle** f / basic shaft ‖ **⸜zeit**, Zonenzeit f z.B. in USA / zone o. standard time (US) ‖ **⸜zug** m (Bahn) / set of standard stock

Ein·hieb m, Markierung f / blaze ‖ **⸜hiebfeile** f / single cut file ‖ **~hiebig** (Feile) / single-cut, float-cut ‖ **⸜hieb-Schlichtfeile** f, Cabinettfeile f / cabinet file ‖ **~holen**, einziehen (Tau) (Schiff) / haul home o. in ‖ **~holen**, erreichen / catch up [with] ‖ **⸜holleine** f / hauling line ‖ **~holmanöver** n / hauling ‖ **~holmig** (Luftf) / one- o. single-spar[red] ‖ **⸜holm-Stromabnehmer** m / one-leg pantograph ‖ **~hüftig** (Gewölbe) / rampant, with supports at different height ‖ **~hüftiger Bogen**, steigender Bogen (Bau) / rising arch ‖ **~hüllen**, umgeben / envelop, coat ‖ **~hüllen**, -hülsen (Nukl) / clad, can ‖ **~hüllen** n (Nukl) /

cladding [process] ‖ ⌐hüllende f, Einhüllungskurve f (Math) / envelope ‖ ⌐hüllende f der Basen (Impulse) / base envelope ‖ ⌐hüllende f des Impulses / pulse envelope ‖ ⌐hülsen n (Nukl) / canning ‖ ~impfen (Chem, Med) / vaccinate ‖ ~impfen (Krist) / inoculate ‖ ⌐impfen (Krist) / inoculation ‖ ~jährig (Bot) / monocyclic ‖ ~jährige Pflanze / annual plant ‖ ⌐kaliberstopfenwalzwerk n (Hütt) / single-groove plug mill ‖ ~kalken, -kälken (Gerb) / steep in lime water, dress with lime ‖ ~kalkuliertes Risiko / calculated risk ‖ ⌐kammer... (Masch) / single-chamber... ‖ ⌐kammerbremse f / single-chamber brake ‖ ⌐kammer-Bremsverstärker m / single-chamber brake energizer o. booster ‖ ⌐kammermühle f (Zement) / single compartment mill ‖ ⌐kammerwasserrohrkessel m / water-tube boiler with single header ‖ ⌐kanal... / single-channel... ‖ ⌐kanal-Frequenzmodulation f, EFM / single-channel frequency modulation ‖ ⌐kanalspektrometer n / single channel spectrometer ‖ ⌐kanal-Träger m (Bodenstation) / single channel per carrier, SCPC ‖ ~kanten (Klemp) / flange inward ‖ ~kapseln / incapsulate, encapsulate, enclose in a capsule ‖ ~kapseln (Keram) / put into a sagger, encase ‖ ~kapseln, -betten / embed ‖ ~kapseln, metallisch kapseln / metal-clad ‖ ~kapseln, vergießen / pot ‖ ~kapseln, Einbauen n (Keram) / pocket setting, encasing ‖ ⌐kapselung f / incapsulation, encapsulation ‖ ⌐kastenplansichter m (Bergb) / single-box plansifter
Einkäufer m / purchaser, buyer (US)
Einkaufs·abteilung f / purchasing department ‖ ⌐bedingung f / purchasing specification ‖ ⌐muster n / purchase sample ‖ ⌐preis m / prime cost ‖ ⌐straße f / shopping street ‖ ⌐straße f in der Fußgängerzone / shopping mall ‖ ⌐wagen m (DIN 32601) / supermarket trolley ‖ ⌐zentrum n / shopping center ‖ ⌐zentrum n (Städtebau) / commercial center
ein·kehlen / groove v, furrow v ‖ ⌐kehlung f (Bau) / valley, valley channel o. gutter ‖ ⌐kehlung f an einer Wand oder Esse, Schoßrinne f / flashing ‖ ~keilen / tighten by wedges ‖ ~keimblättrig (Bot, Pap) / monocotyledonous ‖ ~kerben, einblatten / jag, nick, notch ‖ ~kerben, Kerben machen / notch v ‖ ~kerben, zum Bewurf einkerben (Maur) / scabble ‖ ⌐kerbung f, Einschnitt m (Zimm) / bearing, housing, notch ‖ ⌐kerbung f der Kausche, Keep f (Schiff) / channel o. jag o. notch of a thimble ‖ ~kernig (allg) / mononuclear ‖ ~kernig (Ring, Chem) / monocyclic ‖ ⌐kesselapparat m, -kesselgerät n (Röntgen) / single tank X-ray apparatus ‖ ⌐kesselschalter m (Elektr) / single-tank switch ‖ ⌐kettentrogförderer m / single-chain trough conveyor ‖ ⌐kett-System n (Textil) / single-warp system ‖ ~kitten / cement [in] ‖ ~klammern (Buch, Math) / bracket, put into brackets o. in parenthesis o. -ses, enclose in brackets ‖ ⌐klang m / perfect prime ‖ ⌐klang bringen / conform ‖ im ⌐klang stehend [mit] / commensurate [with, to] ‖ ~klappbar, einziehbar / retractable ‖ ~klappbarer Arm (Raumf) / folding boom ‖ ~kleben / cement in place, glue in place ‖ ⌐klemmarmaturen f pl / wafer-type armatures pl ‖ ~klemmen, quetschen / nip, squeeze, pinch ‖ ~klinken vt, zuklinken / latch, click ‖ ~klopfen (z.B. Nägel) / beat in ‖ ~klopfen, eintreiben / drive in o. home, hammer in ‖ ~knicken vi / collapse, buckle (US) ‖ ⌐knopfbedienung f (Elektronik) / single-dial o. -knob control ‖ ~kochen (Chem) / boil [down], thicken by boiling ‖ ~kochen, konzentrieren, eindicken (Chem) / reduce [by boiling], concentrate ‖ ⌐komponentenkleber m / single-package system ‖ ⌐komponentensystem n (Chem) / unitary system o. symmetry ‖ ⌐komponenten-Treibstoff m, Monergol o. / monofuel, monogole, monergol ‖ ⌐komponentenwaage f / single-product weigher ‖ ⌐kontaktregler m (Kfz) / single-contact regulator ‖ ⌐kopf... (Ultraschall) / single-probe... ‖ ⌐kopfstrecke f

(Spinn) / single-head draw frame ‖ ~kopieren / copy in ‖ ⌐koppelsonde f (Meßinstr) / exciting probe ‖ ⌐koppelstrecke f, Steuerraum m (Wellenleiter) / buncher [gap o. space], input gap ‖ ⌐kopplungskapazität f (Halbl) / capacitance to source terminals ‖ ⌐korn n / einkorn wheat ‖ ⌐kräuselung f (Garn) / curling ‖ ⌐kreis... (z.B. Bremse) / single-circuit..., single-line, one-shot... ‖ ⌐kreis-Bremssystem n / single-line braking system ‖ ⌐kreis-Driftröhre f / single-cavity velocity-modulation tube, single-circuit klystron ‖ ⌐kreiselkompaß m / single-gyro compass, monogyro compass ‖ ⌐kreisempfänger m, Einkreiser m (Funk) / single-circuit receiver ‖ ~kreisen / circle v ‖ ⌐kreis-Triftröhre f / single-circuit klystron ‖ ⌐kristall m / monocrystal, single-crystal ‖ ⌐kristallgleichrichterzelle f / semiconductor rectifier diode ‖ ⌐kufengestell n (Luftf) / single-skid undercarriage o. chassis (US) ‖ ~kümpeln / dish, flange, border ‖ ~kuppeln / throw-in, connect, couple, clutch, engage ‖ ~kuppeln (Seilb) / couple ‖ ⌐kuppelstelle f (Seilb) / coupling point ‖ ⌐kurbelpumpe f / single crank plunger pump
Einlage f, eingelegtes Stück / insert, inset ‖ ⌐, Zwischenstück n / intercalation ‖ ⌐, Zwischenlage, -schicht f / intermediate layer, ply ‖ ⌐, Aufütterung f (allg) / lining, (esp:) interlining ‖ ⌐, Reifen-, Deckeneinlage f (Kfz) / blow-out patch, tire gaiter ‖ ⌐, innere Puppe, Wickel m (Zigarre) / tobacco roll o. carrot o. twist ‖ ⌐ (Pap) / middle of board ‖ ⌐ der Hohlladung / liner of a hollow charge ‖ ⌐blech n / stiffening plate ‖ ausschwingbarer ⌐dorn / swing-out mandrel ‖ ⌐draht m (Reifen) / reinforcing wire ‖ ⌐futterstoff m / interlining material, stiffening cloth ‖ ⌐holz n, -klotz m (Verpackung) / filler block (US), wood packing
Einlagen·bruch m (Reifen) / fabric break ‖ ⌐karton m / reinforcement board ‖ ⌐putz m (Bau) / one-coat work ‖ ⌐schweißung f / single run welding, single pass welding ‖ ⌐wicklung f / single-layer winding
einlagern, einspeichern / store v, warehouse v ‖ ~, silieren (Landw) / ensile, ensilage v ‖ ~ (Geol) / intercalate
Einlagerung f / dispersion ‖ ⌐, Speicherung f / storage ‖ ⌐, -schließung f (Geol) / intercalation ‖ ⌐, Zwischenlagerung f (Geol) / interstratification
Einlagerungs·phase f, -verbindung f / interstitial phase o. compound ‖ ⌐telegrafie f / inclusion telegraphy ‖ ⌐verbundwerkstoff m / matrix composite [material], dispersion composite [material]
Einlage·stoff m s. Einlagefutterstoff ‖ ⌐vliesstoff m (Textil) / nonwoven interlining
ein·lagig, Einlagen... / single-layer ‖ ~lagig, Einlagen... (Schweiß) / single-pass ‖ ~lagiges Dach / single-layer roof ‖ ~lagige Schicht / unilayer ‖ ~läppen / lap in ‖ ~laschen (Maurer) / enchase
Einlaß m / entrance ‖ ⌐, Zuführung f / admission ‖ ⌐ (Bau) / wicket (small door within a shed door) ‖ ⌐, Einführungsöffnung f / lead-in ‖ ⌐, Ansaugung f (Mot) / induction ‖ ⌐, Ansaugstutzen m, -öffnung f / intake ‖ ⌐band n (Spinn) / feeding sliver ‖ ⌐bauwerk n (Hydr) / entrance works pl ‖ ⌐deckung f (Dampfm) / outside lap, steam lap ‖ ⌐emission f (Kfz) / unlet emission
einlassen, hereinlassen / let in, admit ‖ ~, einlegen, versenken / embed, imbed, let in ‖ ~, versenken (Schloss) / countersink ‖ ~, versenken (Tischl, Zimm) / mortise, sink in ‖ ~, -passen / trim in
Einlaß·fläche f (Nukl) / admission side ‖ ⌐führer m (Nähm) / binding guide ‖ ⌐führung f / entry guide ‖ ⌐gabel (Bergb) / fork for lowering casing ‖ ⌐gestänge n, Ansauggestänge n / admission gear ‖ ⌐hebel, Steuerhebel für das Einlaßventil m (Mot) / inlet cam roller lever ‖ ⌐hub -takt m (Mot) / intake o. induction stroke, suction stroke ‖ ⌐kanal m, -leitung f (Mot) / admission o. intake o. induction port o. manifold ‖

~kanal m (Dampfm) / inlet ‖ ~krümmer m (Kfz) / intake
manifold ‖ ~mittel n (Anstrich) / sealer ‖ ~nadel f für
Benzin (Kfz) / petrol o. gasoline inlet valve needle ‖
~nocken m (Kfz) / inlet [valve] cam ‖ ~öffnung f /
admission opening ‖ ~öffnung f (Hydr) / channel head ‖
~rohr n / admission o. inlet pipe ‖ ~roller m (Rolladen)
/ built-in winding-up pulley assembly ‖ ~schieber m /
inlet [slide] valve ‖ ~schleuse f, -siel m n (Abwasser) /
inlet sluice ‖ ~schlitz m (Einspr.pumpe) / filling groove ‖
~schütz n, Einlaufschütz n / inlet sluice ‖ ~seite f des
Motors / inlet o. induction side ‖ ~steuerung f / inlet
governor o. gearing ‖ ~takt, -hub m (Mot) / intake o.
induction stroke, suction stroke ‖ ~trichter, -rumpf m /
receiving hopper
Einlassung f, Einfügung f / fitting [into]
Einlaß·ventil n (Mot) / suction valve, admission o. inlet o.
intake valve ‖ ~ventil hängend, Auslaßventil stehend
(Mot) / I.O.E., intake opposite exhaust ‖
~ventilverschraubung f (Mot) / inlet valve cap ‖
~walze f (Spinn) / feed roller ‖ ~zapfen m (Zimm) / tusk
tenon
Einlauf m (Hydr) / intake, inflow, inlet ‖ ~ (Hydr) s. auch
Einlaauwerk ‖ ~, Verschleißkehle f (Bahn) / hollow tread
in the tire ‖ ~ der Kreuzung (Bahn) / opening of wing
rails ‖ ~ und Stockfäule (Holz) / suffocation of wood ‖
~bauwerk n der Talsperre / intake construction of the
barrage ‖ ~belastung f (Getriebe) / break-in load ‖ ~echt
(Textil) / resistant to shrinking o. shrinkage
einlaufen, ankommen / arrive ‖ ~, -fahren (Bahn) / draw-
in, pull-in, arrive ‖ ~, eingehen (Bahn) / shrink [up], run in ‖
~ (z.B. Methode), ins Laufen kommen / start running
‖ ~ n (Kfz, Masch) / running-in ‖ ~ (Spinn) / feeding ‖ ~
der Durchlaßspannung (Diode) / recovery of the
voltage in the conducting state ‖ ~ der Spannung
(Elektronik) / recovery of the voltage ‖ ~ [lassen],
einfahren (Masch) / break-in, run-in ‖ ~ lassen
(Flüssigkeit) / let flow [into] ‖ ~ lassen, im Satz
einbringen (Buch) / indent vi
einlaufend (Stoff) / shrinking, shrinkable ‖ ~ (Strom) /
incoming ‖ ~e Flanke (Getriebe) / approach flank ‖ nicht
~ (Stoff) / non shrinking, shrink-proof
Einlauf·feld n (Textil) / feeding section ‖ ~filter m n (Hydr)
/ intake filter ‖ ~gehäuse n (Mot) / inlet housing ‖
~grübchen n pl (Masch) / initial pitting
einläufig (Gewehr) / single-barrel ‖ ~ (Treppe) / one-
flight...
Einlauf·kante f (Buch) / pitch edge ‖ ~kohlenstoff m
(Hütt) / melt-down carbon ‖ ~periode f (Hütt) / running-
in period ‖ ~pipette f (Chem) / [calibrated] delivery
pipette ‖ ~rechen m (Hydr) / grate, strainer rack,
screen, trashrack (US) ‖ ~rechen m, -gitter n (Hydr) /
grate, trashrack ‖ ~rechenreiniger m / trashrack rake ‖
~rille f, spirale f (Phono) / run-in o. lead-in groove ‖
~rillenfehler m (Phono) / dog leg (coll) ‖ ~rollgang m
(Walzw) / run-in [roller table] ‖ ~rost m (Gully) / intake
screen ‖ ~rutsche f, -schurre f / feeding chute, bridging
chute ‖ ~schacht m (Straßb) / interceptor, sink, gully,
drain, sump ‖ ~schieber m / in-control valve ‖
~schlacke f / melt-down slag ‖ ~schütz n, -schütze f
(Hydr) / intake [service] gate ‖ ~schwelle f (Hydr) /
intake sill ‖ ~spannung f, Zulauf-, Vorspannung f
(Spinn) / input tension ‖ ~spiegel m (Lager) / mirror-
aspect after running-in ‖ ~spirale f (Schallplatte) / spiral
lead-in ‖ ~stein m (Keram) / feed-end block ‖ ~tisch m
(Gieß) / run-in table ‖ ~topf m, -stutzen m (Dachrinne) /
hopper head ‖ ~trichter m, Zuführtrichter m (Gieß, allg)
/ feed o. feeding hopper, admission hopper ‖
~vorbecken n / collecting tank ‖ ~zeit f (einer
Maschine) / run[ning]-in period, break-in period o. time
(US) ‖ ~zeit (zum Anwärmen) / warm-up time,
running-up time ‖ ~zeit f (Automatisierung) / running-in
period ‖ ~zeit f (Elektronik) / starting time ‖ ~zeit f einer
Arbeitsweise / implementation, running-in period ‖
~zeit eines Geräts / running-in period, implementation

einlegbare Wicklung (Elektr) / drop-in winding
Einlege·arbeit f / inlaid work, inlay ‖ ~arbeit f (Stanz) /
separate operation ‖ ~barre f (Web) / insertion bar ‖
~boden m, Fachbrett n (Möbel) / shelf for cabinet
furniture ‖ ~gerät n (Roboter) / pick-and-place robot,
parts handler ‖ ~gerät n (mechanisch einstellbar),
flexibel programmierter Roboter / variable sequence
robot (class C robot) ‖ ~gerät n (nicht veränderbar),
fest programmierter Roboter / fixed sequence robot,
class B robot ‖ ~keil m (Masch) / round-ended sunk key,
laid-in o. sunk[-tapered] key ‖ ~maschine f (Klemp) /
beading machine
einlegen / insert ‖ ~, auslegen (Tischl) / inlay ‖ ~, bördeln
(Blech) / curl, flange, bead ‖ ~ n des Films / loading the
camera, reloading ‖ ~ von Zügen / introduction of
trains ‖ Bogen in die Punkturen ~ (Buch) / fix the
sheets in the punctures ‖ ein Filter ~ / load a filter ‖
einen Zug zusätzlich ~ (Bahn) / introduce a train
Einlegeplatine f (Web) / insertion plate
Einleger m, Anleger m (Buch) / feeder, layer-on
Einlege·ring m / spacer ring ‖ ~schranke f (Bahn) / rod
barrier ‖ ~stäbchen n, Rute f (Web) / fitter ‖ ~teil n
(Stanz) / insert ‖ ~tisch m (Buch) / feed board ‖ ~vorbau
m, Doghouse n (Glasofen) / dog-house, filling end ‖
~vorgang m (Roboter) / insertion operation ‖ ~wagen,
E-Wagen m (für Hauptverkehrszeiten) (Straßenbahn) /
tripper
Einleimer m (Tischl) / inset edge band, concealed edge
band
einleiten, hineinschicken / lead [into], pass [into] ‖ ~, den
Anfang machen / start, begin ‖ ~, anstoßen (Elektronik) /
trigger ‖ ~ (DV) / initiate ‖ eine Reaktion ~ / trigger a
reaction ‖ in eine Lösung ~ (Chem) / pass [into]
einleitend (z.B. Vorbemerkung) / introductory ‖ ~,
vorbereitend / preliminary, prelim
Einleiter-..., Eindraht... / single-wire ‖ ~kabel n (Fernm)
/ single-conductor cable ‖ ~stromwandler m,
Einwindungstrafo m (Elektr) / single-turn transformer ‖
~verbindung f (Elektr) / single-wire line
Einleitung, -führung f / introduction ‖ ~ / introduction
‖ ~ eines Arbeitsspiels / commencement o. start of a
working cycle ‖ ~ von Abwässern / discharge of
sewage
Einleitungs·programm n (DV) / initializer [program]
Ein·lenken n in die Umlaufbahn (Raumf) / entry into orbit
‖ ~lenken n von Flugkörpern / initial guidance
Einlese·geschwindigkeit f (aus Datenträgern) (DV) /
reading speed ‖ ~maschine f (Web) / reading-in
machine, leasing machine
einlesen, einspeichern (DV) / read in, memorize ‖ ~ n,
Kreuzeinlesen (Web) / leasing, crossing the warp threads
Einlese·programm n (DV) / input program ‖ ~schnüre f
pl, Korden f pl (Web) / cords pl, lease cords pl ‖
~speicher m (DV) / input storage
ein·leuchtend, verständlich / plain ‖ ~-Liniendiagramm
n (Elektr) / one-line diagram ‖ ~linienzentrale f
(Feuermeldg) / single-line fire alarm system ‖
~lippenbohrer m / single-lip drill ‖ ~literflasche f /
one liter bottle ‖ ~litzig (Seil) / single-strand ‖
~lochbatterie f, Einlochmischbatterie f (Waschbecken) /
pillar mixer ‖ ~lochbefestigt / single hole mounted ‖
~lochbefestigung f / single-hole mounting o. fixing,
bushing mount ‖ ~lochdüse f (Mot) / single-jet injection
nozzle ‖ ~lochgasbrenner m / single-jet burner ‖
~lochwicklung f (Elektr) / one-slot winding,
concentrated winding ‖ einen Scheck ~lösen / cash a
cheque ‖ ~lösige Bremse (Bahn) / direct-release brake ‖
~loten / plumb ‖ ~löten / solder [in, into] ‖
~löt-Schmelzsicherung f / pigtail fuse ‖ ~maischen,
maischen (Brau) / mash, dough-in ‖ ~maischen (nach
dem Kochen) (Zuck) / mingle ‖ ~maischen n der
Schnitzel (Zuck) / juicing up of cossettes ‖
~maischschnecke f (Zuck) / mingler
einmal / once ‖ ~..., Wegwerf... / expendable ‖

~ **baumwoll- und zweimal seideumsponnen** (Elektr) / single cotton double silk covered, cds ‖ ~ **gestrichen** (Pap) / single-coated ‖ ~ **mit Baumwolle umsponnener Lackdraht** / SCE, sce, single cotton covering over enamel insulated wire ‖ ⁻**-Antrieb** m (Flugkörper) / expendable engine, limited-life engine ‖ ⁻**brand** m (Keram) / once- o. single-firing

Einmaleins n (DV) / multiplication table ‖ ⁻**körper** m (DV) / multiplying unit, multiplier

Einmalhandtuch n / disposable towel

einmalig, Einmal… / once-through… ‖ ~**er Durchsatz** (Chem) / once-through operation ‖ ~**e Füllung** (o. Ladung) / batch, charge ‖ ~**e Gebühr** / non-recurring charge, single charge ‖ ~**e Zeitablenkung** (Kath.Str.) / single sweep operation

Einmal·-Kathode f / expendable cathode ‖ ⁻**-Kohlepapier** n / one-time carbon paper ‖ ⁻**verpackung** f / single-trip package ‖ ⁻**verpackung** f s. auch Einwegpackung

Einmann·… / single-handed, single-operator…, one-man… ‖ ⁻**bedienung** f (Wzm) / single-operator control ‖ **mit** ⁻**bedienung** / one-man operated ‖ ⁻**betrieb** m / one-man enterprise ‖ ⁻**betrieb** m (Triebfahrzeug) (Bahn) / one-man operating o. driving ‖ ⁻**säge** f, Waldsteifsäge f / one-man cross-cut saw ‖ ⁻**wagen** m (Omnibus, Straßenbahn) / one-man car

Ein·mastantenne f / tower antenna ‖ ⁻**maststütze** f (Seilb) / single-pylon support ‖ ⁻**mastzelt** n / single pole tent ‖ ⁻**mauern** / fix o. seal in a wall ‖ ⁻**maulschlüssel** m / single-ended open-jaw[ed] wrench o. spanner, single [head open] end spanner, single-head wrench ‖ ~**meißeln** / work in with the chisel ‖ ~**mischen**, mischen (LoKa, DV) / merge ‖ **sich [unterbrechend]** ~**mischen** / break in on something ‖ ~**mitten** / centre (GB), center (US) ‖ ⁻**moden…** (Phys) / monomode, single-mode… ‖ ⁻**modenlaser** m, Monomode-Laser m / monomode laser ‖ ~**mörteln** / bed in mortar ‖ ⁻**motorenantrieb** m / single-motor drive o. equipment ‖ ~**motorig** / one-engined ‖ ⁻**motten** n (Nukl) / mothballing ‖ ~**motten** / cocoon vt, moth-ball vt ‖ ~**münden** (Fluß) / debouch [into], discharge, empty, disembogue ‖ ~**münden** (Straß) / join ‖ ⁻**mündung** f, Zusammenfluß m / junction, confluence ‖ ⁻**mündung** f (Straß) / junction ‖ ⁻**mündung** f (von Flüssen in das Meer) (Hydr) / mouth ‖ ⁻**näher** m, Einschlagapparat m (Nähm) / feller ‖ ⁻**nahme** f / return, revenue ‖ **die** ⁻**nahmen** pl / receipts pl ‖ ~**nebeln**, vernebeln / lay a smoke-screen, fog ‖ **einen Bolzen** ~**nieten** / rivet down a bolt o. pin ‖ ~**nivellieren** (Verm) / level v ‖ ~**normal**, einsnormal (Chem) / normal ‖ ~**ölen** / lubricate, rub with oil etc ‖ ~**ölen**, besprengen mit Öl (Jute, Wolle) / batch v ‖ ~**ordnen**, sortieren / class[ify] ‖ ~**ordnen**, zuordnen / coordinate ‖ ~**ordnen** (LoKa) / intercalate ‖ ~**packen**, einwickeln, einschlagen / wrap [up] ‖ ⁻**packpapier** n, Einwickelpapier n, Packpapier n / wrapping paper ‖ ⁻**packung**, Umhüllung f / cover, wrapping ‖ ⁻**packung** f (Kabel) / coating, serving ‖ ⁻**parameterschar** f (Math) / one-parameter family ‖ ~**parken** (in eine Lücke) / park in vi ‖ ⁻**-Passage-Entsalzungssystem** n / single-pass desalting system ‖ ~**passen** / fit in, adapt ‖ ~**passen**, -lassen / trim in ‖ ~**passen** n / fitting [work] ‖ **genau o. streng** ~**passen** / fit tightly, fay ‖ ~**passieren** (Kette) (Web) / draw in (warp) ‖ ⁻**paßverfahren** n (Verm) / rectification method using control points ‖ ⁻**pegeln** n (Fernm) / level adjustment ‖ ⁻**pegeln** n, Abgleich m, Einregelung f (Elektr) / line-up, lining-up ‖ **sich** ~**pendeln** [bei] / level out [at] ‖ ⁻**pendelwaage** f / pendulum weighing machine ‖ ⁻**perlmessung** f / bubbling-through measurement ‖ **nach** ⁻**pfeifen** (Elektronik) / after zero-beat

Einphasen·anker m / single-phase armature ‖ ⁻**brückenschaltung** f / single-phase bridge connection ‖ ⁻**-Drehstromumformer** m / single-phase three-phase converter ‖ ⁻**drehtrafo**, -drehregler m / single-phase induction regulator ‖ ⁻**dreileiterzähler** m / single-phase three-wire meter ‖ ⁻**/Gleichstrom-Lokomotive** f / single-phase/d.c. locomotive ‖ ⁻**-Induktionsmotor** m / single-phase induction motor ‖ ⁻**kommutatormotor**, -kollektormotor m / single-phase commutator motor ‖ ⁻**motor** m mit Anlaufkondensator / capacitor start motor ‖ ⁻**motor** m mit Hilfswicklung o. mit Anlaßhilfsphase / split-phase motor ‖ ⁻**motor** m mit Hilfswicklung und Drosselspule, [Widerstand] / reactor, [resistor] start split phase motor ‖ ⁻**nebenschlußmotor** m / single-phase shunt [connected] motor ‖ ⁻**netz** n / monophase network o. mains pl ‖ ⁻**reihenschlußmotor** m / single-phase series commutator motor ‖ ⁻**repulsionsmotor**, Dérimotor m / single-phase repulsion motor, Déri-motor ‖ ⁻**transformator** m, -autotransformator m / single-phase transformer, one-coil transformer, autotransformer ‖ ⁻**unterwerk** n / single-phase substation ‖ ⁻**webmaschine** f / single-phase weaving machine ‖ ⁻**[wechsel]strom** m / monophase o. single-phase [alternating] current ‖ ⁻**[wechselstrom]generator** m / monophase o. single-phase alternator ‖ ⁻**[wechselstrom]motor** m / monophase o. single-phase motor ‖ ⁻**zähler** m / single-phase meter

einphasig (allg) / single-phase ‖ ~ (Elektr) / monophase, single-phase, one-phase… ‖ ~ (Legierung) / unary ‖ ~**er Betrieb** (Fehler) / single-phasing ‖ ~**e Erdung** (Elektr) / one-phase grounded working ‖ ~**es Medium** / single-phase medium ‖ ~ **[weiter]laufend** / single-phasing

ein·pipettieren / introduce by pipette ‖ ⁻**platten-Speicher** m (DV) / single-disk storage ‖ ~**pökeln**, einsalzen (Fleisch) / corn, salt

einpolig / single-pole…, S.P., unipolar ‖ ~**e Dynamomaschine**, Unipolarmaschine f / unipolar dynamo, acyclic dynamo o. generator ‖ ~**er Erdschluß** / single-line-to-earth fault ‖ ~ **geerdeter Verstärker** (Regeln) / single-ended amplifier ‖ ~**er Kondensator** [für beide Stromrichtungen] / polarized capacitor ‖ ~**er Rohrdraht** (Elektr) / concentric wiring ‖ ~**er Schalter** / single-pole switch ‖ ~**er Umschalter** / single-pole double-throw switch

Einpol-Massenspektrometer n / single-pole mass spectrometer

einprägen, einpressen / engrave ⁻ (Eindrücken des Musters) (gedr.Schaltg) / impression ‖ **eine Spannung** ~ (belastungsunabhängig) / impress a voltage

Einpreß·arbeit f (Bau) / grouting ‖ ⁻**arbeiten** f pl (Bau) / grouting works pl ‖ ⁻**buchse** f / press-fit bush

einpressen, -drücken / press in ‖ ~ (Zement) / squeeze ‖ ~, -drücken (z.B. Gas) / press in ‖ ~, einprägen / engrave ‖ ⁻ n / pressing-in ‖ ~ (Lager) / friction setting ‖ ~ (Zement) / squeeze [job]

Einpreß·gas n (Öl) / injected gas ‖ ⁻**gerät** n, Injektionsgerät n (Zement) / grouting apparatus ‖ ⁻**mörtel** m / grouting mortar, injection mortar ‖ ⁻**mutter** f / insert nut ‖ ⁻**mutter, selbstsichernd** / press nut, self locking ‖ ⁻**-Schürze** f, Injektionsschleier m (Hydr) / injection apron ‖ ⁻**teil** n (Duroplast) / insert ‖ ⁻**teil-Haltestift** m / insert pin ‖ ⁻**zapfen** m / spigot

Ein·profil-Schleifscheibe f / single-rib wheel ‖ ⁻**programmbetrieb** m / uniprogramming ‖ ⁻**prozeß…** (Textil) / single-process, one-process… ‖ ~**pudern** (Plast) / dust ‖ ⁻**puls-Technik** f (Elektronik) / monopulse technique ‖ ⁻**punktbetrieb** m, Stoßbetrieb m (DV, IBM) / burst mode ‖ ⁻**quadrant-Stromrichter** m / single-quadrant converter ‖ ⁻**quartier** m, Viertelziegel m (Maurer) / quarter ‖ ⁻**quartierung** f (Einschnitt für Treppenstufen) / mortising for steps, step groove ‖ ~**rädrig** / one-wheel[ed] ‖ ⁻**rahmen**, einschieben (Tischl) / mount, [put in] frame ‖ ~**rammen** (Bau, Straß) / beat down, ram, drive home, bed in ‖ ~**rammen**, rammen (Pfähle) / pile-drive ‖ ~**rastbar** / clip-on, snap-

in ‖ ⁀rasten *vt* / engage, lock into place ‖ ⁀rasten *vi* /
lock, catch ‖ ⁀rasten, Verriegeln *n* / latching ‖ ⁀rasten
[lassen] (Stecker) / seal ‖ ⁀rastend / catching ‖
⁀rastende Drucktaste / push-push switch ‖ ⁀rastende
Flachsteckverbindung / snap-on connector ‖
⁀rastender Felgenring / detachable spring flange ‖
⁀raststrom *m* (Thyristor) / latching current ‖ ⁀regeln,
einregulieren (Elektronik) / adjust, reset ‖ ⁀regeln,
einstellen (Radio) / tune-in ‖ ⁀regeln, Auf-Leistung-
Bringen *n* (Mot) / tuning ‖ den Verstärker ⁀regeln
(Fernm) / adjust the repeater ‖ auf höchste Leistung
⁀regeln (Mot) / tune up ‖ ⁀regelung *f*, Einpegeln *n*,
Abgleich *m* (Elektr) / line-up, lining-up ‖ ⁀regelzeit *f* /
attack o. response time, control response time ‖
⁀regulieren / regulate, adjust ‖ ⁀regulierung *f* für
Langsamlauf (Kfz) / low speed adjustment ‖ ⁀reiber *m*
(Bau) / entering catch ‖ ⁀reicherinstitut *n* (Bankkarte) /
acquiring institution ‖ ⁀reihen, ordnen / range, arrange
‖ ⁀reihen, Ordnen *n* / sequencing ‖ ⁀reihenmotor *m* /
single-line engine ‖ ⁀reihig / single-row... ‖ ⁀reihige
Doppellaschennietung / single-row double butt strap
rivet joint ‖ ⁀reihiges Kugellager / single-row ball
bearing ‖ ⁀reihige Nietung (mit Überlappung) / single-
row rivet[ed] joint ‖ ⁀reihung *f* nach Dienstalter /
levelling ‖ ⁀reißen, abbrechen *vt* / break down,
demolish, tear down ‖ ⁀reißen, dismount, dismantle
(Bau) / dismount, dismantle ‖ ⁀reißen *vi* / begin
breaking etc ‖ ⁀reißen *n* [der Kante] / initial tearing,
edge tearing ‖ ⁀reißfestigkeit *f* (Textil, Pap, Plast) / edge
tearing o. initial tearing resistance, tear strength ‖
⁀reiß-Festigkeitsprüfer *m* (Textil) / tear tester ‖
⁀reißhaken *m* (F'wehr) / ceiling hook (GB), pikepole
(US), preventer (US)

Einrichte·arbeit *f* (Wzm) / tool setting, tooling, set-up,
setting[-up] ‖ ⁀blatt *n* (NC) / tooling sheet, operator's
sheet, setting sheet ‖ ⁀bogen *m* (Buch) / register sheet
einrichten, anbringen / arrange, install, fit ‖ ~, richten /
control, adjust ‖ ~ (Maschinen) / set, adjust ‖ ~,
anordnen / arrange, dispose ‖ ~ (Wzm) / set, adjust ‖ ~,
vorbereiten (Bibliothek) / initialize ‖ ~, errichten,
anlegen / plant, establish ‖ ~, ausrichten / orient ‖ ~
(Wohnung) / fit [out] ‖ ⁀ *n* / fitting [work] ‖ ⁀ des
Webstuhls / gait[ing] ‖ Seiten ~ (Buch) / lay pages
Einrichter *m*, Einsteller *m* (Wzm) / set-up man
Einrichtezeit *f*, Rüstzeit *f* / makeready time ‖ ⁀, Rüstzeit *f*
(für Aufrüsten) (Wzm) / set-up time
Einrichtung *f* / appliance, device, facility ‖ ⁀,
Vorrichtung *f* / arrangement, contrivance ‖ ⁀,
Errichtung / constitution ‖ ⁀, Anordnung *f* / disposition
‖ ⁀, Apparatur *f* / equipment, installation ‖ ⁀, Anlage *f*
/ plant, installation ‖ ⁀, Mechanismus *m* / mechanism
‖ ⁀, Justierung *f* / adjustment ‖ ⁀, Möbel *n pl* /
furniture ‖ ⁀en *f pl* (z.B. im Flughafen) / facilities *pl* ‖
⁀ zur Informationsbearbeitung im
Teilnehmerbetrieb / processor charging device ‖
innere bauliche ⁀ / parts of a building *pl*
Einrichtungs⁀..., in einer Richtung / one-way, o.w., one-
direction ‖ ⁀arbeiten *f pl*, Installationsarbeiten *f pl*
(Bau) / installation work ‖ ⁀betrieb *m* (Bahn) / single
running, one-direction running ‖ ⁀gebühr *f* (Fernm) /
installation cost ‖ ⁀gegenstand *m* (allg) / equipment
piece ‖ ⁀kanal *m* (DV) / one-way channel ‖ ⁀kosten *pl*
(Fernm) / establishment charges *pl* ‖ ⁀-Triebwagen *m* /
one-direction tramcar ‖ ⁀ventil *n* (Elektronik) /
unidirectional valve ‖ ⁀verzeichnis *n* (DV) / facility
register
Ein·riemchenflorteiler *m* (Spinn) / single apron divider ‖
⁀riemchenstreckwerk *n* (Textil) / single-apron drafting
system ‖ ⁀rillig / single-groove... o. grooved ‖ ⁀ringig
(Chem) / monocyclic ‖ ⁀ringlager *n* / single oil ring
bearing ‖ ⁀ringschlüssel *m* / single-ended ring spanner,
single-end box spanner ‖ ⁀riß *m* / tear, rent ‖ ⁀ritzen,
ritzen / fissure *vt*, (glaze:) crackle *vt*, craze *vt* ‖
⁀röhrenzwischenverstärker *m* (Fernm) / single-tube

two-way repeater ‖ ⁀rohriger o. -zügiger Rohrstrang
/ single-duct conduit ‖ ⁀rohr-Stoßdämpfer *m* (Kfz) /
single-tube dashpot ‖ ⁀rohrsystem *n* (Heizung) / one-
pipe system ‖ ⁀rollen, zusammenrollen / bend o. roll
round ‖ ⁀rollen, kräuseln (Web) / curl ‖ ⁀rollen *n*
(Walzw) / curling ‖ Kesselschüsse ⁀rollen / roll shell
rings of boilers ‖ ⁀rollen lassen (Zahnräder) / burnish
gears ‖ ⁀rollenlager *n* (Brückb) / one-roller bearing ‖
⁀rollenwaage *f* / belt weigher with one weighing roller
‖ ⁀rollmaschine *f* (Walzw) / up-coiler, down-coiler ‖
⁀rollmaschine *f*, Einbördelmaschine *f* / crimping
machine ‖ ⁀rollmaschine *f* für Rohrstreifen / cold roll
forming machine for skelp ‖ ⁀rollverfahren *n*
(Schleifscheiben, Wzm) / crushing method ‖
⁀rollwerkzeug *n* / rolling-round o. -down tool ‖
⁀rosten / rust [in], get rusty ‖ ⁀rückbare Arretierung,
Feststellvorrichtung *f* / detent ‖ ⁀rücken,
ineinandergreifen lassen (Getriebe) / mesh ‖ ⁀rücken
(Buch) / indent ‖ ⁀rücken, einziehen (Bau) / draw-in ‖
⁀rücken *n* (Buch) / indention ‖ die Kupplung ⁀rücken
/ couple, engage, clutch in ‖ ⁀rückgabel *f* / engaging
fork ‖ ⁀rückhebel, -rückgriff *m* / operating handle o.
lever, engaging lever, actuating lever ‖ ⁀rückhebel *m*
(Masch, Mot) / starting lever ‖ ⁀rühren / mix ‖ Kalk
⁀rühren / water lime, gauge o. dilute lime ‖
⁀rumpfflugzeug *n* / single-fuselage aeroplane ‖
⁀rüsten / scaffold ‖ ⁀rüsten, das Gerüst errichten /
erect the scaffold ‖ ⁀rüstung *f* (Bau) / scaffolding ‖
⁀rütteln (Gieß) / shake in ‖ ⁀rütteln (Beton) / vibrate
eins (Phys) / one only ‖ ~ (Wahrscheinlichkeit) / unit ‖ ⁀, eins
(Nummer) / one-... ‖ ⁀ am Ausgang (DV) / one-output ‖
~ zu eins (Getriebe) / one-to-one ‖ ~ zu zwei (Neigung) /
one on two, one to two
"Eins", auf ~ stellen (DV) / set
Eins, mit zwei ⁀en / with two ones
Ein·sackapparat *m*, -maschine. *n* / bagging appliance ‖
⁀sacken *vt* / pack into sacks o. bags, sack, bag ‖
⁀sacken *n* / bagging ‖ ⁀sackung *f*, -senkung *f*,
Einsackstelle *f* (Plast) / sunk spot, sink, shrink mark,
dimple ‖ ⁀sägen / give a cut with the saw ‖ ⁀sägen,
einschneiden, mit glattem Rücken einbinden (Bb) / cut o.
saw the back, back-saw ‖ ⁀salzeffekt *m* (Öl) / salting
effect ‖ ⁀salzen, pökeln / cure (meat), corn, salt ‖
⁀sammeln / collect ‖ ⁀sargung *f* (Nukl) / entombment ‖
⁀sattlung *f* (TV) / peak-to-valley ratio ‖ ⁀sattlung *f*
einer Kurve / dip of a curve
Einsatz *m*, Verwendung *f* / application, use, using ‖ ⁀,
Einsatzteil *n* / insert, inset ‖ ⁀, Tätigkeit *f* / using,
making use [of] ‖ ⁀ (einer Schale) / tray ‖ ⁀
(Einpflanzung) (Nukl) / implant ‖ ⁀, eingesetztes Stück
(Gewebe) / gore, gusset ‖ ⁀, Gicht *f* (Hütt) / [furnace]
charge, burden, dose of ore ‖ ⁀, Beschickung *f* (Hütt) /
charging ‖ ⁀, Zementiermittel *n* (Chem, Hütt) /
cementation o. cementing means ‖ ⁀ (z.B.
Taucheinsatz) / cage, holder, case ‖ ⁀ (Glas) / melt ‖ ⁀
auf Brennstützen (Keram) / dottling ‖ ⁀ auf gezacktem
Dreikant (Keram) / rearing ‖ ⁀ aus Hartmetall / carbide
insert ‖ ⁀ von Kernenergie / utilization of nuclear
energy ‖ ⁀ von Stromerzeugern / putting generators
into operation ‖ im ⁀ befindlich / in action, operating ‖
im ⁀ härten / case-harden ‖ ⁀abbruch *m* (Raumf) /
abort ‖ ⁀art *f* / mode of application ‖ ⁀aufgabe *f*
(Raumf) / mission ‖ ⁀bedingung *f* / operating condition
‖ ⁀bereich *m*, -gebiet *n* / operating range ‖ ⁀bereite
Reserven *f pl* (Raumf) / hot standby ‖ ⁀bericht *m* (Luftf)
/ debriefing ‖ ⁀blende *f* (Opt) / interchangeable
diaphragm ‖ ⁀brücke *f* (Dreh) / gap bridge o. piece,
supplementary bridge ‖ ⁀dauer *f* / action time ‖
⁀deckel *m* / inserted cover ‖ ⁀effekt *m* (Radioröhre) /
threshold effect ‖ ⁀entfernung *f* (Flugkörper) / operating
range ‖ ⁀erprobung *f* / field test ‖ ⁀fähigkeit *f* (Stahl) /
case hardenability ‖ ⁀futter *n*, Reduktionsfutter *n*
(Wzm) / reduction cone ‖ ⁀gebiet *n* (Masch) / range of
application ‖ ⁀geprüft / field-tested ‖ ⁀gewicht *n* /

weight of materials including manufacturing losses ‖
~glas n (Positionslat.) (Schiff) / coloured slide ‖
~-Grenztaster m / limit switch insert ‖ ~halter m
(Zeichn) / handle ‖ ~härte f (Stahl) / case hardness ‖
~härten / carburize, carbonize, case-harden ‖
~[härte]schicht f / case ‖ ~härtung f im Salzbad,
Zyanhärtung f / cyanide hardening ‖ ~härtung f mittels
Kohlenstoff, -härten n / carburization, carbonization,
case hardening ‖ ~härtung f mittels Stickstoff,
Nitrierhärtung f / nitriding [process], nitrogen case
hardening o. nitride hardening ‖
~härtungstiefe f / case-hardening thickness, thickness
of hardened layer ‖ ~hemmung f (Uhr) / platform
escapement ‖ ~kasten m (Hütt) / cementing chest o. box
o. trough, carburizing o. carbonizing case o. pot, case
hardening box ‖ ~kohle f (Kokerei) / coal charge ‖
~leiter m vor Ort / on-scene commander, oSC ‖
~-Leitwagen m (Feuerwehr) / fire fighting conduct car ‖
~meißel, Drehzahn m / tool holder bit ‖ ~mittel n (Hütt)
/ carburizing o. carbonizing mixture o. powder, case
hardening composition ‖ ~mittel n pl der
Projektwirtschaft (F.Org) / resources of project
controlling ‖ ~möglichkeit f (Luftf) / mission capability
‖ ~ofen m (Ggs: Durchlaufofen) (allg, Pulv.Met) / batch
furnace ‖ ~ofen m (für Einsatzhärtung) (Hütt) /
carburizing o. carbonizing furnace, case hardening
furnace ‖ ~planung f / applications engineering ‖
~pulver n (Hütt) / cementation o. cementing powder ‖
~schicht f (Hütt) / case ‖ ~schloß n / mortise lock ‖
~spannung f (Röhre) / cutoff voltage ‖ ~spirale f (Phot)
/ developing spiral, tank reel ‖ ~spitzen f pl (Textil) /
lace ground ‖ ~spule f, Filmspule f / film cartridge
spool ‖ ~stahl m / case hardening o. hardened steel ‖
~stöckel, Amboßeinsatz m (Schm) / hold-fast ‖ ~stück n
/ insertion, inset ‖ ~stück n, Distanzstück n / spacer ‖
~stutzen m / connecting socket ‖ ~tage m pl / days in
use pl ‖ ~teilzirkel m / spring-bow with
interchangeable points ‖ großer ~teilzirkel / big bow
pencil combination with interchangeable parts ‖ ~tiefe f
(Hütt) / depth of hardening o. hardness ‖ ~trichter m /
insertion funnel ‖ ~- und Planungsforschung f /
operations research ‖ ~zeit f im Reaktor (Nukl) /
residence o. dwell time in the reactor ‖ ~zirkel m /
compass with interchangeable points ‖ ~zuverlässigkeit
f / application reliability

ein·säuern, silieren (Landw) / ensilage, ensile ‖ ~säuern,
Silieren n (Landw) / ensilage, ensiling ‖
~sauge-Ausblasmethode f für Lagerstätten (Öl) / huff
and puff method ‖ ~saugekopieren n (Phot) / imbibition
printing ‖ ~saugen, aufnehmen / imbibe ‖ ~saugen,
aufnehmen (Chem) / take up, absorb ‖ ~saugen,
Ansaugen n, Aufsaugen n / aspiration ‖ ~saugfärbung
f, Absorptionsfärbung f / absorption colouring ‖
~saugung f (Masch) / inspiration, aspiration ‖
~säulentrennschalter m / single-post isolating switch ‖
~säurig / mon[o]acid

Eins·-aus-10-Code m (DV) / one-out-of-ten code

Ein·schaben n des Lagers (Masch) / bedding-in ‖
~schachteinzug m (Buch.m) / single-chute front feed
device ‖ ~schachteln / nest ‖ ~schäften n (Waffe) /
inletting ‖ ~schäkeln (Schiff) / shackle [in] ‖ ~schalen
(Bögen) (Bau) / erect the false-work ‖ ~schalig (Geom) /
of one sheet o. nappe ‖ ~schallrichtung f (Ultraschall) /
acoustic irradiation direction ‖ ~schallwinkel m
(Ultraschall) / acoustic irradiation angle

Einschalt·... (Halbl) / turn-on ... ‖ ~brumm m / starting
hum ‖ ~dauer, Laufzeit f (Masch) / working o.
operating time ‖ ~dauer f, ED (Elektr) / operating
factor, duty cycle ‖ 100 % ~dauer (o. ED) f (Elektr) /
continuous duty ‖ Motor für 40 % ~dauer / 40% duty
cycle motor ‖ ~drehzahl f (Kfz, Lichtmaschine) / cutting-
in speed ‖ ~druck m (Kompressor) / cut-in pressure ‖
~druckknopf n / on-button

einschalten, in den Stromkreis schalten (Elektr) / connect,

cut in, put in, join up in circuit ‖ ~, den Schalter
betätigen (Elektr) / close, switch-on, turn-on, connect,
cut in, make contact ‖ ~, zwischenschalten (Elektr) /
insert ‖ ~, unter Spannung setzen (Elektr) / make alive ‖
~ (DV, Peripherie) / engage ‖ ~ (Relais) / latch-pick v,
energize ‖ ~, verriegeln / lock, interlock ‖ ~ n,
Einrücken n (Getriebe) / throwing into gear ‖ ~ einer
Linse (Opt) / interposition of a lens ‖ ein
Verriegelungsrelais ~ / latch-pick an interlock relay ‖
einen Gang ~ (Kfz) / shift gear, change gear ‖ Licht ~
(Elektr) / switch on, turn-on, light up ‖ Maschinen ~ /
start machines ‖ sich ~, überwachen (Fernm, TV,
Elektronik) / monitor ‖ sich ~, mithören (Fernm) / cut in,
listen in ‖ sich ~ vom Terminal gesteuert / sign on

Einschalter m (Elektr) / circuit closer

Einschalt·folge f (Elektr) / closing sequence ‖ ~funke m
(Elektr) / closing spark, spark on making ‖ ~häufigkeit f
/ connecting frequency ‖ ~lichtbogen m / arc on
closure o. on closing circuit o. before contact ‖ ~motor
m / starting motor ‖ ~quote f (TV) / audience rating ‖
~spule f (Relais) / trip coil ‖ ~stellung f (Elektr) / switch-
on position, on o. closed position ‖ ~stoß m (Elektr) /
make impulse ‖ ~stoß m (Pneum) / starting kick, surge ‖
~strom m / current at make ‖ ~-Stromauslöser m /
making current release ‖ ~stromstärke f (Elektr) /
current on making ‖ ~stromstoß m, -spitze f (Elektr) /
inrush current ‖ ~stromverhältnis n (Halbl) / transitory
current ratio

Einschaltung f (Datentyp) / encapsulation ‖ ~,
Verbindung f (Elektr) / connection ‖ ~, -fügung f /
intercalation, insertion ‖ ~, Aktivierung f / activation

Einschaltungs·zeichen n (Buch) / mark of elision, caret

Einschalt·verlust m (Elektronik) / turn-on loss ‖
~verlustleistung f (Halbl) / turn-on power dissipation ‖
~vermögen n (Elektr) / making capacity ‖
~verzögerung f (Elektr) / rise-delay time ‖ ~vorgang
m, Einschwingen n / transient effect o. phenomenon ‖
~vorrichtung f (Masch) / engaging gear ‖ ~wischrelais
n / wipe contact flick contactor ‖ ~zeit f (Halbl) / on-
transition time ‖ ~zustand m, eingeschalteter Zustand
(Elektr) / closed circuit condition, on-position

Einscharpflug m / single-furrow plow, one bottom plow
(US)

Einschätzung, Bewertung f / valuation

Einscheiben·antrieb m / single-speed drive, constant
speed drive ‖ ~bremse f / single-disk brake ‖
~federdruckbremse f / aggregated single-disk
brake ‖ ~glas n s. Einschichtsicherheitsglas ‖
~gleitdrucklager n (Schiff) / single-collar thrust bearing
‖ ~kupplung f (Kfz) / single-disk clutch, plate clutch ‖
~kupplung f in Öl laufend (Kfz) / single-plate clutch in
oil ‖ ~refiner m (Pap) / single-disk refiner ‖
~-Trockenkupplung f / single dry plate clutch, SDP

einscheren (Seil) / reeve ‖ ~ vi (Verkehr) / cut in

Einschicht·..., einschichtig / single-layer, single-ply ‖
~band n (Magn.Bd) / powder impregnated tape ‖
~-Emaillierung f / one-coat o. direct-on vitreous
enamelling ‖ ~papier n (für Karbondruck) / one-time
carbon paper ‖ ~sicherheitsglas n, Einschicht-,
Einscheibenglas n, ESG / toughened o. tempered safety
glass ‖ ~wicklung f (Elektr) / single-layer winding

ein·schiebbar, ausziehbar / extendable ‖ ~schiebbar,
zurückziehbar / retractile, retractable ‖ ~schiebbar,
Einschiebe... (Elektr) / plug-in... ‖ ~schieben,
hineinschieben / push in ‖ ~schieben,
zwischenschieben, -schalten / intercalate ‖ voll
~schieben / push in fully ‖ ~schieben n des Kabels in
den Kanal (mittels Gestänge) (Kabel) / duct rodding ‖
eine Task ~schieben o. anschließen / attach a task ‖
~schiebestütze f (Elektr) / J-spindle with terminal
insulator ‖ ~schiebleiste f (Tischl) / wooden clamp ‖
~schiebnute, Nute für Einschiebleisten f (Tischl) /
clamping groove ‖ ~schiebung f (DV) / insertion

Einschienen·... / single-rail..., monorail ‖ ~bahn f /

monorail [railway] ‖ **⌐greiferlaufkatze** f / monorail
grab trolley ‖ **⌐hängebahn** f / monorail conveyor ‖
⌐hängebahnkatze f / monorail trolley ‖ **⌐hochbahn** f /
overhead monorail ‖ **⌐kran** m / monorail crane ‖
⌐-Umlaufbahn f / continuous monorail

Ein·schießbogen m (Buch) / interleaf ‖ ~**schießen**,
einschlagen (Web) / shoot in, pick ‖ ~**schießen** (Buch) /
slip in a sheet, interleave vt ‖ **⌐schießen** n (Web) / shot ‖
ein Gewehr ~**schießen** / try o. test a gun ‖ **sich**
~**schießen** / register ‖ ~**schießen auf Umlaufbahn**
(Raumf) / inject, insert ‖ **⌐schießherd** m (Hütt) /
charging door ‖ **⌐schießvorrichtung** f (Buch) /
interleaving device ‖ **sich** ~**schiffen** / embark, go on
board ‖ **⌐schiffen** n / embarkation, embarking ‖
~**schiffig** (Bau) / singel-nave ‖ **⌐schlackenverfahren** n
(Hütt) / single-slag process

Einschlag m, Umschlag m, Hülle f / wrapping cover ‖ ⌐
(Vorderräder) / deflection ‖ ⌐ (Geschoß) / impact,
striking ‖ ⌐ (Web) / weft (GB, US), woof (US), filling
(US), pick, shot, shoot ‖ ⌐ (Nähm) / fold, turning in,
tuck ‖ ⌐ (Tätigkeit und Menge) (Forstw) / fell ‖ ⌐ (Blitz)
/ striking of the lightning ‖ ⌐ **des Deckelrandes** (Dose) /
closing edge ‖ ⌐ **von 40⁰ nach beiden Seiten** (Kfz) /
steering lock of 40⁰ on either side ‖ ⌐ **von Meteoriten** /
impact of meteoritic stones ‖ **großer o. scharfer** ⌐ (Kfz)
/ short turning radius ‖ **[vollständiger]** ⌐ **der**
Vorderräder, Ausschlag m (Kfz) / steering lock ‖
⌐**apparat** m (Nähm) / feller ‖ **⌐dübel** m / drive-in peg

einschlagen, markieren / mark, imprint ‖ ~ (Bb) / fold in a
leaf ‖ ~, eindrücken / break, smash, batter ‖ ~ (z.B.
Nägel) / beat in, drive home o. in (e.g. nails) ‖ ~,
einschießen (Web) / shoot in ‖ ~ (Tuch) / fold vt ‖ ~ [in]
(Blitz) / strike [into], hit ‖ ⌐ n **von Ventilen** / pocketing
of valves ‖ **die Vorderräder** ~ (Kfz) / cramp the
frontwheels ‖ **sich** ~ **lassen** / lock (front wheels) ‖
Wurzeln ~ (Bau, Landw) / heel in

Einschlag·faden m (Web) / weft yarn o. thread, filling
(US), woof yarn o. thread (US) ‖ **⌐garnspulen** n (Web)
/ weft winding ‖ **⌐glocke** f (Elektr) / single-stroke bell,
one-stroke bell ‖ **⌐griff** m, -heft n / folding type o.
clasp handle ‖ **⌐hammer** m (Webautomat) / transferer

einschlägig, passend / relevant

Einschlag·lupe f / folding pocket magnifier ‖ **⌐menge** f,
Einschlag m (Forstw) / volume felled ‖ **⌐mutter** f (Holz)
/ drive-in nut ‖ **⌐papier** n, Einwickelpapier n (Pap) /
mill wrap ‖ **⌐scheibe** f (Phot, Verschluß) / capping leaf ‖
⌐**schere** f (Walzw) / impact shears pl ‖ **⌐seide** f (Web) /
tram ‖ **⌐wecker** m (Fernm) / one-stroke bell ‖ **⌐[winkel]**
m (Lenkung) (Kfz) / angle of [steering] lock, degree of
lock ‖ **⌐winkel** m **der Vorderräder** (Kfz) / angle of
[steering] lock ‖ **⌐zentrum** n (Meteor) / center of impact

Ein·schlämmen n, Einspülen n / washing-in ‖
⌐schlämmung f / illuviation ‖ **sich** ~**schleichen**,
unterlaufen (Fehler) / creep in ‖ ~**schleifen** (Elektr) /
connect into an existing circuit, loop-in ‖ ~**schleifen**
(Wzm) / cut in, grind-in ‖ **⌐schleifen** n (Verdrahtung) /
looping-in ‖ **⌐schleifen** / grinding-in ‖ **⌐schleifen** n
der Kohlebürsten / bedding of carbon brushes ‖
⌐schleifen n **von Glasstopfen** / stoppering ‖ **⌐schleifen**
n **von Ventilen** / valve [seat] grinding, reseating ‖
⌐**schleifmasse** f, -paste f / grinding o. lapping
compound o. paste ‖ ~**schleppen** (Galv) / carry over ‖
⌐schleppen n (Galv) / drag-in ‖ **⌐schleusen** n (Reaktor) /
inward transfer ‖ **⌐schleusung** f, unbedingter Sprung
(DV) / unconditional jump o. transfer ‖ ~**schließen**,
zuschließen / lock in ‖ ~**schließen**, enthalten / contain,
include, encompass ‖ ~**schließen** (allg, Math) / enclose ‖
~**schließen** (Gas) / occlude, absorb ‖ ~**schließen**
(Schweiß) / entrap, occlude ‖ ~**schließen**, umringen /
ring, encompass, include ‖ **in sich** ~**schließen**,
umfassen / comprehend, comprise ‖ ~**schließliches**
ODER (DV) / inclusive OR ‖ ⌐**schließplatine** f (Wirkm)
/ knocking-over sinker, holding-down sinker ‖
⌐**schließplatine** f, Einschließkamm m (Web) / web

holder ‖ ⌐**schließung** f (Chem, Schweiß) / occlusion ‖
⌐**schließung** f (Nukl) / containment ‖ ⌐**schließung** f **des**
Plasmas / plasma confinement ‖ ⌐**schliff** m (Opt) /
countersink ‖ ~**schlitzen** / slit

Einschluß m, Einschließung f (Chem, Schweiß) / occlusion,
inclusion, incasement ‖ ⌐ (Hütt) / inclusion ‖ ⌐ (Diamant)
/ flaw ‖ ⌐ **gummierter Bänder** (Sperrholz) / inclusion of
gummed tape ‖ ⌐ **in Behältern** (radioakt.Abfälle) /
encapsulation ‖ ⌐**barriere** f, Behälterbarriere f (Atom,
Nukl) / confinement o. containment barrier ‖ ⌐**behälter**
m (Reaktor) / container ‖ ⌐**molekül** n / inclusion
molecule ‖ ⌐**stellung** f, Strickstellung f (Wirkm) /
clearing position ‖ ⌐**thermometer** n / enclosed-scale
thermometer ‖ ⌐**verbindung** f, Clathrat n (Chem) /
adduct, inclusion compound

ein·schmälzen, einfetten (Textil) / oil v ‖ ⌐**schmälzen** n
(Textil) / oiling ‖ ⌐**schmälztrog** m (Textil) / oiling trough
‖ ⌐**schmelzbrenner** m (Glas, Glühlampe) / sealing-in
burner ‖ ⌐**schmelzdraht** m (Glühlampe) / sealing wire ‖
~**schmelzen** (Hütt) / bring down, melt down, fuse ‖
⌐**schmelzen** n, Wiedereinschmelzen n / melt-down ‖
⌐**schmelzen** n (Glühlampe, Glas) / sealing[-in] ‖
⌐**schmelzgerät** n (Elektronik) / sealer, sealing unit ‖
⌐**schmelz-Kohlenstoffgehalt** m / melt-down carbon,
melt-down C, carbon at melt-down ‖ ⌐**schmelzleistung**
f (Ofen) / melt-in performance ‖ ⌐**schmelzrohr** n,
Einschlußrohr n (Chem) / sealed tube ‖ ⌐**schmelzsirup**
m / remelt syrup ‖ ⌐**schmelzung** f (zur Abdichtung) /
seal n ‖ ~**schmieren**, be-, überstreichen / smear ‖
~**schmieren** (z. B. mit Rostschutzmitteln) / slush ‖
~**schmieren**, fetten / [rub with] grease, lubricate ‖
~**schnappbarer Deckel**, Schnappdeckel m / captive
cover ‖ ~**schnappen**, -fallen / click, catch, snap [in] ‖
~**schnappen**, -klinken / latch ‖ ~**schnappen lassen** /
latch, catch with a spring ‖ ⌐**schnappklinke** f (zur
festen Verbindung) / latch ‖ ⌐**schnappstift** m,
Schnappstift m / locking pin, catch pin ‖
⌐**schnecken-Extruder** m / single-screw extruder ‖
⌐**schneckenpresse** f / single-screw press ‖
⌐**schneidefräser** m / burin, graver ‖ ~**schneiden** (Wzm)
/ cut in ‖ ~**schneiden** (Stanz) / lance ‖ ~**schneiden**,
schlitzen / slit vt ‖ ~**schneiden**, -ritzen, -kerben /
incise, nick, notch, indent ‖ ⌐**schneiden**, Anschneiden
n (Tagebau) / cutting ‖ ⌐**schneiden** n (Reifen) / cutting ‖
vorwärts ~**schneiden** (Verm) / intersect forward o.
ahead, make a fore observation ‖ **rückwärts**
~**schneiden** (Verm) / intersect backwards ‖
⌐**schneiden-Kegelsenker** m / single-lip countersink ‖
⌐**schneidephotogrammetrie** f / plane photogrammetry
‖ ~**schneidig** (Werkz) / single-cutting, one-edged ‖
~**schneidiger Bohrer** / one-edged drill

Einschnitt, Ausschnitt m (Zimm) / mortise, mortice ‖ ⌐ m,
Schnitt m / indent, indentation, incision, jag, notch,
nick ‖ ⌐, Vertiefung f / recess ‖ ⌐, Abtragung f
(Tagebau) / excavation, cutting, digging ‖ ⌐, Kerbe f / flat indent
‖ ⌐ (im Gelände) (Bahn) / cut, through-cut ‖ ⌐ (im
Schlüsselbart), Angriff m (Schloß) / ward of key bit ‖ ⌐
(in der zweiteiligen Rolle der Unruh) (Uhr) / crescent,
passing hollow ‖ ⌐ **als Aufnahme** / bed, incision ‖ ⌐
für Treppenstufen, Einquartierung f / mortising for
steps, step groove ‖ ⌐ **und Abtragung** (Bahn) / cutting

Ein-Schnitt-Fertigbohrer m / single tooth finishing bit
einschnittig·es Gelenk / single-shear joint ‖ ~**e Nietung** /
single-row rivet[ed] joint ‖ ~ **überlappt** [genietet] /
single-row lap-riveted ‖ ~**e Verbindung** / single-shear
joint

Einschnitt·kette, Grundkette f (Web) / ground o.
foundation warp ‖ **⌐schuß** m (Web) / bottom shot o.
shoot

Ein·schnur... (Fernm) / single-cord... ‖ ~**schnürdehnung**
f / elongation on necking ‖ ~**schnüreffekt** m,
Klemmeffekt m (Elektr) / pinch effect ‖ ~**schnüren** /
constrict, contract, neck ‖ ~**schnüren** (Buchbind) / tie in
‖ ⌐**schnüren** n, Hohlkehlschmieden n / necking ‖

ˑschnurschrank *m* (Fernm) / single-cord switchboard ‖
ˑschnürtrommel *f* (Förderband) / snub pulley ‖
ˑschnürung *f*, Kontraktion *f* / constriction, contraction
‖ ˑschnürung, Querschnittsverminderung *f* /
contraction o. reduction of o. in area, necking ‖
ˑschnürung *f*, enge Stelle, Einschnür[ungs]stelle *f* /
throat ‖ ˑschnürung *f* (Hütt, SM-Ofen) / knuckle ‖
ˑschnürungen *f pl* (Strangpressen) / stop marks *pl*,
bamboo rings *pl* ‖ ˑschnürungs-Instabilität *f* (Plasma) /
sausage instability, pinch instability ‖
ˑschnürungspunkt *m* (Elektronenlinse) / crossover
[point] ‖ ˑschnürungsverhältnis *n* / contraction o.
necking ratio ‖ ˑschränken, begrenzen / confine,
restrict ‖ ˑschränken, beschränken / curtail ‖
ˑschränken / constrict *vt*, confine, narrow *vt* ‖
ˑschränkend / coercive
einschrauben / screw in ‖ ˑ, festschrauben / screw down ‖
Einschraubˑende *n* (Bolzen) / inserted end, metal end ‖
ˑlänge *f*, -tiefe *f* / reach of a screw, thread reach ‖
ˑmaschine *f*, Kraftschrauber *m* / screw running
machine ‖ ˑmutter *f* / screwed insert ‖ ˑöler *m* /
screwed-in oiler ‖ ˑöse *f*, Augbolzen *m* / eyebolt ‖
ˑ[sicherungs]automat *m* (Elektr) / screw plug type
automatic cutout ‖ ˑstutzen *m* / screwed socket ‖
ˑzapfen *m* (Rohr) / screwed plug ‖ ˑzapfen *m* an
Bolzen / screwed end
einschreiben, Maße ˑ (Zeichn) / draw o. write dimensions
into a design
Einˑschriftleser *m* (DV) / single-fount reader ‖
ˑschrittiger Code (DV) / unit-distance code, cyclic
code ‖ ˑ-Schritt-Verfahren *n* (Chem) / one-shot process
‖ ˑschrumpfen *vi* / shrink *vi*
Einschub *m*, Blindboden *m* (Bau) / dead floor, floor cavity
‖ ˑ, Steckeinheit *f* (Elektronik) / plug-in package o. unit,
rack, module ‖ ˑ (Opt) / insert ‖ ˑ in Kastenform /
plug-in box ‖ ˑbauweise *f* / plug-in unit design ‖
ˑbrett *n* (Bau) / sound board ‖ ˑdecke *f* (Bau) / sound-
boarded ceiling, sound floor ‖ ˑführung *f* (im Gestell)
(Elektronik) / draw-pull ‖ ˑ-Rahmen *m*, -Gestell *n* /
rackside ‖ ˑschrank *m* (Elektronik) / rack
einˑschurig (Wolle) / of one year ‖ ˑschurwolle *f* / single-
clip wool
Einschuß *m* (Bergb) / opening shot, buster shot (US) ‖ ˑ
(Buch) / slip sheet, inset sheet ‖ ˑ, Eintrag *m* (Web) /
group of picks, weft ‖ ˑ (in eine Umlaufbahn) (Raumf) /
insertion into an orbit ‖ einzelner ˑ (Web) / shot, shoot,
pick, filling pick ‖ ˑfaden *m* (Web) / shot, shoot, pick ‖
ˑgarn *n* / weft yarn o. thread, filling (US), woof yarn
o. thread (US)
einschüssig (Kessel) / single-barrel type
Einschußˑproduktion *f* (Plast) / one-shot moulding ‖
ˑspule *f*, Schützenspule *f* (Web) / weft-cop ‖ ˑzündung
f (Bergb) / shot-by-shot firing
einˑschütten, -füllen / dump, pour in ‖ ˑschwärzen (Buch)
/ ink ‖ ˑschweißbogen *m* / bend for welding ‖
ˑschweißnabe *f* / welding hub ‖
ˑschweiß-Schottstutzen *m* (Schiff) / welding bulk-head
socket ‖ ˑschweißstutzen *m* / welding socket ‖
ˑschwenken *n* auf den Leitkurs, Einfliegen eines
Leitstrahls *n* (Luftf) / bracketing
Einschwingˑ-Abweichung, kurze ˑ (Kath.Str.) / bump,
wrinkle (US)
Einˑschwingen *n*, Einschaltvorgang *m* / transient effect o.
phenomenon ‖ ˑschwingen-Backenbrecher *m* / single
jaw crusher ‖ ˑschwingenbrecher *m* (Bergb) / forced
feed jaw crusher ‖ ˑschwinger-Prüfkopf *m*, einfacher
Prüfkopf (Ultraschall) / transceiver
Einschwingˑspannung *f* / transient recovery voltage,
restriking voltage, TRV ‖ ˑverhalten *n* / transient
response ‖ ˑverhalten *n* bei kleinen Signalen
(Elektronik) / small-signal transient response ‖
ˑverzerrung *f* (Fernm) / characteristic distortion ‖
ˑvorgang *m*, Einschwingen *n* (Fernm) / transient [effect
o. phenomenon] ‖ ˑvorgang *m* (TV, Elektronik) /

transient [effect o. phenomenon] ‖ kleiner ˑvorgang
(DV) / snivitz ‖ ˑzeit *f* / attack o. response time ‖ ˑzeit
f (TV) / build-up o. rise time ‖ ˑzustand *m* (Elektr) /
transient state
Einˑschwung, Unterschwung *m* (TV) / undershoot ‖
ˑsegment-Nachricht *f* (DV) / single-segment message ‖
ˑseifen, mit Schaum bedecken / lather
Einseilˑbahn *f* / monocable ‖ ˑförderung *f* (Bremsberg) /
direct rope haulage ‖ ˑgreifer *m* / single-rope grab,
monocable grab ‖ ˑ-Pendelbahn *f* / blondin
Einseitenband *n* / single sideband ‖ ˑ... (TV, Funk) / SSB,
single-sideband... ‖ ˑbetrieb *m*, -senden *n* (TV) /
single-sideband transmission o. system o. working ‖
ˑmodulation *f*, EM / single-sideband modulation, SSB
modulation ‖ kompatible ˑ-Sendung / CSSB
transmission, compatible single-sideband-transmission
Einseitenkipper *m* / one-side dump car
einseitig / one-sided, one-side... ‖ ˑ (Schweiß) / single-
fillet... ‖ ˑ [belastet] (Elektr, Fernm) / unbalanced ‖ ˑ
(Webschützen) / offset tip... ‖ ˑer Ausleger (Masch) / side
arm ‖ ˑer Autobahnanschluß / one-sided junction of a
motor road ‖ ˑes Band (Web) / ribbon with a single
border ‖ ˑ bestrichen (Gummi) / S.O.S., spread one side
‖ ˑer (o. schiefer) Bogen / skew arch ‖ ˑe
Datenübermittlung / one-way communication ‖ ˑe
Diazotierung, Monodiazotierung *f* / monodiazotization
‖ ˑ ebene Einfach-Falzverbindung / flat o. flush
locked seam joint (GB), grooved outside seam (US) ‖
ˑ eingespannt, freitragend (Mech) / cantilever ‖ ˑ
eingespannt (am andern Ende aufliegend) (Mech) /
fixed at one end, constrained ‖ ˑ eingespannter Träger
/ semibeam, semigirder, propped cantilever beam ‖ ˑer
Einschnitt (Straßb) / sidehill cut ‖ ˑe Flottenzirkulation
(Färb) / one-way circulation ‖ ˑes Frottiergewebe / one-
sided terry ‖ ˑe Führung / single-edge guiding ‖
ˑ geerdet (Elektr) / single-ended ‖ ˑ gefärbt (Pap) / one-
side coloured ‖ ˑe gelagerte Kurbel / outside o.
overhung crank ‖ ˑ gelagerte Kurbelwelle / side-throw
crankshaft ‖ ˑ glatt (Pap) / machine glazed, M.G. ‖ ˑer
Informationsfluß / one-way communication ‖
ˑ kaschiert (Pap) / single-lined ‖ ˑer Kastenkipper /
one-side dump box car ‖ ˑe Kontakte *m pl* (IC) / one-
face contacts *pl* ‖ ˑ nach plus (Fehler) / consistently
positive ‖ ˑes Pressen / single action pressing ‖ ˑer
Rindeneinschluß (Sperrholz) / one-side inbark ‖ ˑer
Ring / non-reversible ring ‖ ˑer Stoff (Textil) / one-face
fabric ‖ ˑer Versuch / one-sided test ‖ ˑer
Vertrauensbereich / one-sided confidence interval ‖ ˑe
Verzerrung / bias distortion ‖ ˑe Weife (Textil) / one-
sided reel ‖ ˑe Wellpappe / single-faced corrugated
board, single facer ‖ ˑ [wirkend] (Kugellager) / single-
thrust
Einseitigkeit *f*, einseitige Neigung / bias
einsenken (Wzm) / hob *v*, hub, die-sink ‖ ˑ (Tischl, Zimm) /
sink in ‖ ˑ *n* (Bohrung) / counterboring ‖ ˑ [auf der
Einsenkpresse] / hobbing, hubbing
Einsenkˑpresse *f* (Formenbau) / hobbing press ‖ ˑschloß *n*
/ flush [enchased] lock ‖ ˑstempel, Pfaffe *m*
(Formenbau) / hob *n*, hub
Einsenkung *f* / hollow *n* ‖ ˑ des Gleises (Bahn) /
subsidence of the track
Einser *m pl*, Einsen *f pl* (DV) / ones *pl* ‖ ˑkomplement *n* /
ones complement
einsetzbar (Kontaktelement, Elektronik) / poke-home (US),
insert...
Einsetzbühne *f* (Hütt) / charging platform
einsetzen / set in, put in ‖ ˑ, einbringen / implant *v* ‖
ˑ (eine Variable) (Math) / put in (a variable) ‖ ˑ,
chargieren (Hütt) / charge *v* ‖ ˑ, anbringen (Masch) /
lodge ‖ ˑ, aufkohlen / carbonize, carburize, cement ‖
ˑ, härten (Stahl) / case-harden ‖ ˑ, fassen (Diamanten) /
set, mount, enchase ‖ ˑ *vi*, beginnen *vi* / begin *vi*, start
vi ‖ ˑ *n*, Beginnen *n* / start *n*, begin *n* ‖ ˑ, Besetzen *n*,
(auch:) Einsatz *m*, Besatz *m* (Keram) / setting ‖ ˑ,

-schieben n (Hütt) / putting into the oven, charging an
oven ‖ ⁺, Anbringen n / inserting, positioning ‖ ⁺ **der
Schaufeln** / rooting of blades ‖ **eine Glasscheibe** ~ /
put in a glass pane, glaze ‖ **eine Größe** ~ (o. ersetzen)
(Math) / substitute a quantity ‖ **eine Turbine in das
Gehäuse** ~ / case a turbine ‖ **[im Kasten]** ~ / pack-
harden ‖ **in den Ofen** ~ / charge batchwise ‖ **Schaufeln**
~ / root blades vt ‖ **Züge** ~ (Bahn) / put on trains
Einsetz·kran m, Chargierkran m / charging crane ‖
⁺**leistung** f (Hütt) / charging capacity ‖ ⁺**maschine** f
(Hütt) / groundlevel charging machine ‖ ⁺**mulde** f (Hütt)
/ charging box ‖ ⁺**ofen** m / batch operated furnace ‖
⁺**schaufel** f, -löffel m (Glas) / ladle ‖ ⁺**spannung** f /
inception voltage ‖ ⁺**tür** f, Füllöffnung f (Hütt, Masch) /
charging o. working door ‖ ⁺**vorrichtung** f,
Chargierapparat m / charging device o. apparatus
Eins·frequenz f, Frequenz f bei Stromverstärkung 1
(Halbl) / frequency of unit amplification
ein·sickern, -dringen / infiltrate, seep o. soak o. trickle
[into] ‖ ~**silbiges Wort** (Fernm) / C-V-C word ‖
~**sinken** / cave in, sink [in], subside ‖ ~**sinken**,
nachgeben (Bau, Boden) / founder ‖ ~**sinken** (z.B. in
Triebsand) / sink (e.g. in quicksand), be sucked in ‖
~**sinkung** f (Plast) / sink ‖ ~**sinkung** f, Lunker m (Gieß) /
sinkhole ‖ ⁺**sitzer** m (Luftf) / single-seater ‖ ~**sitzig**,
Einsitzer... / single-seat[ed], single-seater (US) ‖
~**sortieren** (LoKa) / file ‖ ~**spaltig** (Buch) / one-column
‖ ⁺**spaltige Matrix**, Spaltenmatrix f / column vector o.
matrix ‖ ⁺**spänapparat** m (Textil) / papering apparatus
Einspann·backe f (Schweiß) / contact bar o. jaw ‖ ⁺**backe**
f (Zerreißmaschine) / clamping jaw ‖ ⁺**buchse** f / tension
bush for internal application
einspannen (Wzm) / chuck, clamp, load, grip ‖ ~,
aufspannen (Teile) (Wzm) / clamp, mount ‖ **einseitig (o.
zweiseitig)** ~ (Balken) / fix [at one o. both ends],
encastre ‖ **Fäden** ~ (Spinn) / lock in holders ‖ **in einen
Rahmen** ~ / stretch, put into frame ‖ **kurz** ~ (Wzm) /
give a short overhang
Einspann·fläche f / clamping surface ‖ ⁺**fläche** f (Matrize)
/ locking flat ‖ ⁺**kopf** m (Mat Prüf) / tension shackle ‖
⁺**länge** f (Mat.Prüf) / free clamping length ‖ ⁺**moment** n
(Mech) / fixed end moment, restraining moment,
moment at point o. end of fixation ‖ ⁺**platte** f (Stanz) /
bolster o. die plate ‖ ⁺**rohr** n / mediating tube ‖ ⁺**schaft** n
/ clamping shank ‖ ⁺**schweißversuch** m (DIN) /
clamped weld test ‖ ⁺**stelle** f (Mech) / fixing point, point
of fixation o. of rigid support, bearing edge o. point ‖
⁺**stelle** f (Revolverkopf) / work position
Einspannung f, Begrenzung f der Beweglichkeit /
restraint ‖ ⁺ (Masch) / fixing, gripping ‖ ⁺, -spannen n
(Wzm) / chucking, loading ‖ **[ein- o. beiderseitige] feste**
⁺ (Mech) / encastré
Einspann·vorrichtung f (Wzm) / chucking o. fixing o.
mounting device ‖ ⁺**vorrichtung für leere Spulen** /
clamping device of empty pirns ‖ ⁺**vorrichtung** f **mit
Klauen** / take-in grip ‖ ⁺**werkzeug** n / chucking o.
gripping tool o. implement ‖ ⁺**zapfen** m (Stanz) / spigot
of a die
Ein·sparung f / saving ‖ ⁺**sparung** f **von Arbeitskräften**
/ saving of labour, demanning ‖ ⁺**sparungen machen** /
retrench vt ‖ ~**speichern**, einlesen (DV) / read in, roll
in, store ‖ ⁺**speichern** n, Speicherung f / storage,
storing ‖ ⁺**speicherung** f **in den Hauptspeicher** (DV) /
roll-in n ‖ ⁺**speicherungskratzer** m / reclaiming
scraper ‖ ⁺**speisedruck** m (Kompressor) / feed pressure ‖
⁺**speisematerial** n (Isotopentrennung) / input ‖ **Strom**
~**speisen** / feed ‖ ⁺**speisepunkt** m / feeding point ‖
⁺**speisesystem** n (Reaktor) / injection system ‖
⁺**speisung** f (Elektr) / power supply ‖ ⁺**speisung** f,
-speiser m (Elektr) / feeder ‖ ⁺**speisungfeld** n / feeder
panel ‖ ~**spielen** (Libelle) / equipoise, level ‖ **sich**
~**spielen** (Waage) / balance [out] ‖ ⁺**spindelautomat** m
(Dreh) / single-spindle automatic lathe ‖ ~**spindlig**,
Einspindel... / single-spindle... ‖ **Additive** ~**spinnen**

(Spinn) / include additives in the melt ‖ **sich** ~**spinnen**
(o. verpuppen) (Seide) / spin its cocoon, cocoon ‖
⁺**spitzenlagerung** f / unipivot bearing
Eins-·Plus-Eins-Adreßbefehl m (DV) / one-plus-one
address instruction
Ein·sprechender m (Patent) / opponent ‖ ~**sprengen**
(Textil) / spray, sprinkle, damp ‖ ~**sprengen**, gewaltsam
eintreiben / force in ‖ **mit Salz** ~**sprengen** / sprinkle
with salt ‖ ⁺**sprengmaschine** f (Textil) / damping
machine ‖ ~**springen** (Bau) / bend-in, re-enter ‖
~**springen**, einschnappen / snap [in] ‖ ~**springen**,
-schnappen, sich verriegeln [mit] / interlock [with] vi ‖
~**springen** (Oszilloskop) / lock-in ‖ ~**springen**
(Winkel) / re-entering, re-entrant ‖ ~**springende Ecke**,
einspringender Winkel / re-entering angle, nook
Einspritz·druck m (Mot) / injection pressure ‖ ⁺**düse** f
(Mot) / injection nozzle, fuel injector
einspritzen / inject ‖ ⁺ n **in den Luftstrom** (Vergaser) /
bulk injection ‖ ⁺ **von Anlaßkraftstoff** (Kfz) / priming ‖
Zement ~ / inject cement
Einspritz·kammer f, Ausgußzieher m (Plast) / anchor,
sprue puller ‖ ⁺**kondensation** f / condensation by
injection ‖ ⁺**kondensator** m / injection o. jet
condenser, spray condenser ‖ ⁺**kühler**, -kühlapparat m
/ spray cooler ‖ ⁺**maschine** f, kompressorlose
Dieselmaschine / [solid] injection type o.
compressorless diesel engine ‖ ⁺**mengenregelung** f
(Kfz) / quantity control of an injection pump ‖ ⁺**motor**
m / injection engine ‖ ⁺**mutter** f / insert nut ‖
⁺**-Ottomotor** m (DIN) / injection type gasoline (US) o.
petrol (GB) motor ‖ ⁺**pumpe** f (Mot) / fuel [injection]
pump, injection o. injector o. jerk pump ‖
⁺**pumpengehäuse** n / fuel pump case ‖ ⁺**rohr** n /
injecture pipe (US) ‖ ⁺**strahl** m, Einspritzung f
(Dampfm) / condensing jet ‖ ⁺**strahl** m (Diesel) / nozzle
jet ‖ ⁺**teil** n (Spritz-, Druckguß) / insert
Einspritzung f (Bau, Masch) / injection ‖ ⁺ **mit konstanten
Mengen** / constant-rate injection
Einspritz·ventil n / injection valve ‖ ⁺**vergaser** m (Luftf) /
injection carburetor ‖ ⁺**verzögerung** f / injection lag ‖
⁺**vorgang** m (Mot) / injection process
Einspruch m (Patent) / opposition ‖ ⁺ **erheben**,
Einwendungen machen / object, oppose ‖ ⁺ **erheben o.
anmelden** (Patent) / file an opposition, lodge opposition
‖ ⁺**verfahren** n / public enquiry
Einsprung m (Gewebe) / contraction, shrinkage ‖
⁺**bedingung** f (DV) / entry condition ‖ ⁺**stelle** f (DV) /
entry point
Ein·spülen n, Einschlämmen n / washing-in ‖ ⁺**spülen** n
von Pfählen / water-jet driving ‖ ~**spulig**, Einspulen...
(Elektr) / single-coil... ‖ ~**spulig** (Gasturb) / single-
spool...
Eins·punkt m **der Sekundäremission** / crossover point
Ein·spurbetrieb m (Bahn) / single-track running o.
working ‖ ⁺**spurhebel** m **des Anlassers** / shift lever of
the starting motor ‖ ~**spurig** (Bahn) / single-line, one-
track ‖ ⁺**spurlinie** f (Bahn) / single track
[line] ‖ ⁺**spur-Magnetkopf** m / single-track magnetic
head ‖ ⁺**spurtechnik** f (Magn.Bd) / single-track
recording
Eins·-Signal n **am Ausgang** (DV) / one-output signal
Ein·stahlwerkzeug n / single-point tool ‖ ~**stampfen**
(Bau, Straßb) / beat down, ram, bed in ‖ ~**stampfen**
(Buch) / break by stamping ‖ ~**stampfen** (Gieß) / tamp,
ram ‖ ~**stampfen**, einrammen (Straßb) / beat down, ram
in
Einständer·... (Wzm) / single-column..., gap- o. throat-
type ‖ ⁺**exzenterpresse** f / gap-frame o. throat-type
eccentric press, open-front eccentric press ‖
⁺**hobelmaschine** f / open-side planing machine ‖
⁺**maschine** f / single column machine ‖ ⁺**presse** f
(Schm) / open-front forging press
Ein·stanzen n **seitlicher Aussparungen** / punching of

269

lateral recesses ‖ ⭸-Stapel-Ofen *m* / single stack furnace ‖ ～stauben, bestauben, -stäuben / cover with dust, dust, powder ‖ ～stauben (Bergb) / cover with stone dust ‖ ⭸stäubfarbe, Staubfarbe *f* / powdering ink ‖ ⭸staubmittel *n* (Gieß) / parting medium
Einstech·bewegung *f* (Dreh) / recessing feed, infeed ‖ ⭸-Durchgangschleifen *n* / plunge-cut through-fed grinding
einstechen (Wzm) / groove, recess, cut in ‖ ～ (beim Schleifen) (Wzm) / plunge-cut ‖ ～ (Buch) / register, prick
Einstech·formschleifen *n* / plunge profile grinding ‖ ⭸fräsen *n* / plunge milling ‖ ⭸meißel *m*, Einstechdrehmeißel *m* (Dreh) / recessing tool ‖ ⭸messer *n* (Kratzbagger) / stinger bit ‖ ⭸schälschleifen *n* / rough infeed grinding ‖ ⭸schleifen *n*, -schliff *m* (Wzm) / plunge-cut grinding, infeed grinding ‖ ⭸schleifmaschine *f* / infeed grinder, plunge-cut grinder ‖ ⭸vorschub *m* (Dreh) / recessing feed, infeed
Einsteck·…, Steck…, einsteckbar (Elektr) / plug-in… ‖ ⭸baustein *m* (Funk) / plug-in module ‖ ⭸bolzen *m* / stop pin ‖ ⭸einheit *f* (Funk) / plug-in unit
einstecken (Stecker) / plug *v* ‖ ～ (Beilagen) / inset, insert ‖ Niete ～ / insert rivets
Einsteck·ende *n*, Schaft *m* des Bohrers / shank of the drill ‖ ⭸hahn (Chem, Steinzeug) / push-in tap ‖ ⭸heber *m* (Kfz) / body lifting jack ‖ ⭸hülse *f* (Spinn) / transfer cone ‖ ⭸leiterplatte *f* / plug-in board ‖ ⭸maschine *f* (Buch) / insetting machine ‖ ⭸meißel *m* / shank chisel ‖ ⭸muffe *f* / muff joint ‖ ⭸runge *f* (Bahn) / removable stanchion ‖ ⭸schloß *n* (Schl) / mortise lock ‖ ⭸schlüssel *m* (DIN 905) / tee-handled socket wrench ‖ ⭸seite *f* (Walzw) / entry side, roller's side ‖ ⭸stoß *m* (Stahlbau) / sleeve joint ‖ ⭸verbindung *f* (Masch) / push-in connection ‖ ⭸vorwärmer *m* (Elektr) / immersion heater o. boiling device
ein·stehen o. bürgen [für] / warrant ‖ ⭸steigegriff *m* (Bahn) / commode handle ‖ ⭸steigekarte *f* (Luftf) / boarding card ‖ ～steigen (Bahn) / board, entrain ‖ ～steigen, an Bord gehen (Luftf) / enplane, board a plane ‖ ⭸steigen *n* (Luftf) / enplaning, boarding ‖ ⭸steigen! (Bahn) / All Aboard! ‖ ⭸steig[e]schacht *m*, Einsteig[e]loch *n* / manhole ‖ ⭸steigetür *f* / entrance door o. gate, entry door ‖ ⭸steigetür *f* (DIN 2924) (Kessel) / access opening ‖ ⭸steigöffnung *f* / manhole ‖ ⭸steigöffnung *f*, Schauloch *n* / observation hole o. port ‖ ⭸steigplatz *m* (Luftf) / pick-up area ‖ ⭸steigschacht *m*, Kabelbrunnen *m* (Fernm) / jointing chamber o. manhole o. box, main box, manhole
Einstein·sches Äquivalentgesetz *n* / Einstein law of equivalents ‖ ⭸sches Relativitätsgesetz *n* / Einstein relationship ‖ ⭸sche Theorie der schwachen und elektromagnetischen Wechselwirkungen / gauge theory ‖ ⭸-de-Haas-Effekt *m* / Einstein-de-Haas effect ‖ ⭸ium *n*, Es / einsteinium
einsteinstark·e Wand / whole brick wall
Einsteinverschiebung *f* (Astr) / Einstein shift
Einstell·… / adjusting, adjustment… ‖ ⭸achse *f* (Bahn) / free flexible axle ‖ ⭸anzeigewerk *n* / adjustment indicator
einstellbar, nachstellbar / adjustable ‖ ～ (Elektr) / variable ‖ ～er Haspelzug (Walzw) / adjustable reel tension ‖ ～e Hochfrequenz- o. HF-Spule, Variometer *n* (Elektronik) / variable inductance, variometer ‖ ～es Komma (Buch.m) / adjustable point ‖ ～er Kondensator / variable capacitor ‖ ～es Lager / movable bearing ‖ ～e Regelgröße (Regeln) / controllable variable ‖ ～er Schärkonus / adjustable warping cone ‖ ～er Stoßdämpfer (Kfz) / ride selector ‖ ～es Verhältnis / variabl ratio ‖ ～es Windeisen / tap wrench [with movable jaws]
Einstell·bereich *m* / setting range ‖ ⭸bereich *m*, Sollwertbereich *m* (Regeln) / setting range, set-point range ‖ ⭸bild *n* (TV) / test pattern ‖ ⭸druck *m* (Sicherheitsventil) / test pressure ‖ ⭸druck *m*,

Ansprechdruck *m* / set pressure ‖ ⭸ebene *f* (Opt) / plane of reference
Einstellehre *f* (Masch) / setting gauge
einstellen / control, adjust, reset, set ‖ ～, verstellen / move, adjust, regulate, change, shift ‖ ～, abstellen / stop, discontinue, suspend ‖ ～, orientieren (Verm) / set right ‖ ～, richten (Opt) / collimate ‖ ～ (Phot, Mot) / time ‖ ～, fokussieren (Opt) / focus *v*, bring into focus ‖ ～, einregeln (Radio) / tune-in ‖ ～ (Kfz) / garage ‖ ～ (Arbeiter) / hire, engage ‖ ～ (Wasserhärte) / standardize ‖ ⭸ *n* (Radio) / tuning ‖ ⭸ (Betätigung von Koppelelementen) (Fernm) / setting (actuation of switching elements) ‖ ⭸ des Zündzeitpunkts (Kfz) / ignition control o. timing ‖ ⭸ von Fischnetzen (Schiff) / hanging of netting ‖ auf einen Titer ～ / standardize to a certain normality ‖ auf höchste Leistung ～ (Kfz) / tune the engine ‖ auf Null ～ / adjust to zero ‖ das Objektiv ～ / set the lens ‖ den Sender ～ / tune the station ‖ die Produktion ～ / stop production ‖ die Sitze ～ (Kfz) / adjust the seats ‖ die Zündung ～ / time the ignition ‖ eine Lösung ～ / standardize a solution ‖ Niveauhöhen ～ / adjust the level ‖ sehr fein ～ (Elektronik) / tweak [up] (US coll) ‖ sich ～, erfolgen / ensue, arise ‖ sich ～ [auf] / gear [for]
Einsteller *m* (Person) (Wzm) / set-up man ‖ ⭸ (Instr) / adjuster, adjusting device
Einstell·fähigkeit *f* (Buch.m) / entering o. setting capacity ‖ ⭸fernrohr *n* / adjusting telescope ‖ ⭸film *n* / adjusting film ‖ ⭸genauigkeit *f* / setting accuracy ‖ ⭸gewindelehre *f* / threaded setting gauge, setting plug screw gauge ‖ ⭸glied *n* für den Anstellwinkel (Luftf) / pitch arm o. brace o. rod ‖ ⭸größe *f* / setting point ‖ ⭸halle *f*, -raum *m* (Kfz) / parking hall ‖ ⭸hebel *m* / control lever, regulating lever
einstellig (Math) / of one place, one-place, single-decade… ‖ ～es Addierwerk (DV) / one-digit adder ‖ ～e Darstellung der Zahl 11 (DV) / e. ‖ ～e Darstellung der Zahl 10 (DV) / t. ‖ ～e Zahl (Math) / number of one place o. digit
Einstell·knopf *m* / adjusting knob ‖ ⭸knopf *m* (TV, Radio) / set knob ‖ ⭸marke *f* / setting o. alignment mark ‖ ⭸marke *f* (Peilgerät) / lubber['s] line ‖ ⭸marke *f*, Strichmarke *f* / score, locating mark ‖ ⭸marken *f pl* (Phot) / collimation marks *pl*, fiducial marks *pl* ‖ ⭸maß *n* (gedr.Schaltg) / photographic reduction dimensions *pl* ‖ ⭸moment *n* / controlling couple o. torque ‖ ⭸normal *n* (Masch) / setting gauge
Einstellohn *m* / entrance wage o. rate
Einstell·okular *n* / focus[s]ing eyepiece ‖ ⭸plan *m*, -zeichnung, Werkzeuganordnung *f* / tooling diagram o. lay-out ‖ ⭸-Potentiometer *n* / read-out potentiometer ‖ ⭸rädchen *n*, Nachstellrädchen *n* / knurled adjusting wheel ‖ ⭸-Reihenfolge, Zündfolge *f* (Mot) / timing sequence ‖ ⭸ring *m* (Wzm) / setting ring gauge ‖ ⭸ring *m* an Kugellagern / self-aligning ring ‖ ⭸schärfe *f* der Lautstärke / sharpness of tuning ‖ ⭸scheibe *f* (Wzm) / dial ‖ ⭸scheibe *f* (Opt) / focussing screen ‖ ⭸schraube *f* / adjusting screw, setting screw ‖ ⭸skala *f* / adjusting dial ‖ ⭸spindel *f* / adjusting spindle ‖ ⭸spritze *f* (F'wehr) / stirrup pump ‖ ⭸systemschalter *m* (Filmkamera) / autofocus override switch ‖ ⭸tabelle *f* / adjustment table ‖ ⭸thermometer *n* / adjustable thermometer
Einstellung, Nachstellung *f* / adjustment, readjustment ‖ ⭸ *f* (Wzm) / set-up, setting[-up] ‖ ⭸ (o. Abstimmung) des Regelkreises (Regeln) / loop tuning ‖ ⭸ auf die Ankunftszeit der Trägerwelle / tracking the time of arrival ‖ ⭸ des Heizwertes (Gasverflüss) / reconditioning ‖ ⭸ des zeitlichen Abstandes / sequence timing ‖ ⭸ eines Dienstes / stopping of a service, discontinuing ‖ ⭸ schwach, [stark] (Bremse) / select-low, [-high] ‖ ⭸ von Arbeitern / hire ‖ ⭸ von Arbeitskräften / hiring, employment ‖ ⭸ von Farbrezepturen / colour formulation ‖ ⭸ zur Arbeit / attitude towards work ‖

mit mechanischer ⌁ / mechanically operated ‖
unwillkürliche nicht objektive ⌁ **des Zeitnehmers**
(hervorgerufen durch Eigenschaften des Arbeiters)
(F.Org) / halo-effect
Einstellungspunkt *m* / set-point
Einstellupe *f* / focus[s]ing magnifier o. glass
Einstell·vorrichtung *f* / adjusting device ‖ ⌁**vorschrift** *f* /
adjustment instructions *pl* ‖ ⌁**wert** *m* (Mot) / tune-up
specification, setting ‖ ⌁**wert** *m* (Regeln) / desired o.
index value of controlled variable (GB), control point,
set-point, reference input o. variable (US) ‖
⌁**widerstand** *m* (Elektr) / adjusting rheostat ‖ ⌁**winkel**
m / setting angle ‖ ⌁**winkel** *m* (Räumwz) / cutting edge
angle ‖ ⌁**winkel** *m* (Kontrolle) / indicated angle ‖
⌁**winkel** *m* (Drehmeißel) / tool cutting edge angle ‖
⌁**winkel** *m* (NC) / tool angle ‖ ⌁**winkel** *m* (nicht:
Anstellwinkel) (Luftf) / rigging angle of incidence ‖
⌁**winkel** *m* **des Werkzeugs** / rake angle of the tool
proper ‖ ⌁**zähler** *m*, Vorwahlzähler *m* / preselection
counter ‖ ⌁**zeichnung** *f*, -plan *m*, Werkzeuganordnung
f / tooling diagram o. lay-out ‖ ⌁**zeit** *f* (Prozeßrechn) /
follow-up time ‖ ⌁**zeit** *f* (Instr) / response time
Ein·stemmband *n* (Schloss) / pin hinge ‖ ~**stemmen**,
stemmen (Zimm) / mortise, mortice ‖ ⌁**stemmschloß** *n* /
mortise lock ‖ ⌁**sternmotor** *m* (Luftf) / single-bank
radial engine ‖ ⌁**steuermechanik** *f* (Phot) / position
control gear ‖ ⌁**steuern auf die [mond]nahe
Umlaufbahn** *n* (Raumf) / DOI, descent orbit insertion ‖
⌁**steuern in eine Umlaufbahn** *n* (Raumf) / injection ‖
⌁**steuerungsbahn** *f* / injection orbit ‖ ⌁**stich** *m*, kleines
Loch (Kfz) / puncture ‖ ⌁**stich**, Absatz *m* (Dreh) / recess,
turned down portion, turned groove ‖ ⌁**stich** *m*
(Druckguß) / undercut ‖ ⌁**stich** *m* (Walzw) / pass ‖
⌁**stichboden** *m* (Glas) / pushed punt, push-up [bottom] ‖
⌁**stichpyrometer** *n* / insertion pyrometer ‖ ⌁**stichsäge** *f*
/ compass saw with interchangeable blade ‖ ⌁**stieg** *m*
(Kfz) / entrance ‖ ⌁**stiegluke** *f* (Schiff) / access hatchway
‖ ⌁**stiegvorraum** *m*, Einstieg[sraum] *m* (Bahn) /
entrance o. entry vestibule ‖ ~**stielig** (Luftf) / single-
strut... ‖ ⌁**stimmung** *f*, Akkommodierung *f* /
accommodation ‖ ⌁**stimmung** *f* (Radio) / tuning ‖
⌁**stimmungsrad** *n* (Elektronik) / tone wheel ‖ ~**stöckig**
(Bau) / one-storied ‖ ⌁**stoff...**, einheitlich (Chem) / unary
‖ ⌁**stoffrakete** *f* / monopropellant rocket ‖
⌁**stoffsystem** *n*, unitäres System (Chem) / unitary
symmetry o. system ‖ ⌁**strahl...** (Elektronik) / single-
beam... ‖ ⌁**strahl-Feuerlöschboot** *n* (Schiff) / monitor ‖
⌁**strahloszilloskop** *n* / single-beam oscilloscope ‖
⌁**strahlspektrometer** *n* / single beam spectrometer ‖
⌁**strahlung** *f* (allg) / irradiation ‖ ⌁**strahlwasserzähler**
m / single-jet water meter ‖ ~**strängig** / single-strand...
‖ ⌁**strangverfahren** *n* (Gieß) / single strand casting
method ‖ ⌁**streichfeile** *f*, Schraubenkopffeile *f* / screw
head file ‖ ~**streuen** (z.B. Zusätze) / spread (e.g.
particles) ‖ ~**streuen** *vi* (Funk) / interfere ‖
⌁**streumenge** *f* (Bau) / strewable quantity ‖
[Störungs-]**streuung** *f* (Funk) / interference ‖ ⌁**strich**
m (waagerechtes Holz für Schachtausbau) (Bergb) /
bunton ‖ ~**strömen** / stream in ‖ ⌁**strömöffnung** *f* /
admission port o. manifold ‖ ⌁**strömöffnung**,
Zylinderöffnung *f* / cylinder orifice o. port
einstufen / grade, rate ‖ ~, klassifizieren / class[ify] ‖ ⌁ *n*
von Arbeiten (F.Org) / job grading
Einstufen·-Dauerschwingversuch *m* / single-stage
endurance test ‖ ⌁**filter** *n* / single-stage filter ‖
⌁**gebläse** *f* / single stage blower o. fan ‖
⌁**rückführung** *f*, Kreislauf nach Hertz (Nukl) / single
stage recycle, rabbit, shuttle ‖ ⌁**verfahren** *n*, -ätzung *f*,
Schnellätzverfahren *n* (Buch) / quick etch, powderless o.
one-bite etching ‖ ⌁**verfahren** *n*, Direktverfahren *n*
(Schaumstoff) / one-shot process
einstufig, Einstufen... / single-stage... ‖ ~ (Treppe) /
single-stair... ‖ ~ (Untersetzung) / single-stage... ‖ ~
(Dampfm) / simple, single-stage... ‖ ~ (Zwirn) / folded,

plied ‖ ~**e Gleichdruckturbine**, de Laval-Turbine *f* /
single-pressure-stage impulse turbine, de Laval turbine
‖ ~**e Rakete** / single-stage rocket ‖ ~**es Raumfahrzeug
in der Umlaufbahn** / SSTO, single stage to orbit ‖ ~**er
Raumtransporter** / one-stage-to-orbit shuttle
Einstufung *f* (F.Org) / classification ‖ ⌁, Eingruppierung *f*
/ grading, rating
einstündig / one hour's... ‖ ~**e Belastung** (Elektr) / one-
hour duty cycle
Einsturz *m* (Geol) / sinking, subsidence, caving-in ‖ ⌁,
Zusammensturz (Bau) / falling-in, collapse ‖ ⌁ **im
Grubenbau** (Bergb) / choke ‖ **zum** ⌁ **bringen** / cave in ‖
~**drohend** / dilapidated, out of repair
einstürzen, einfallen (Bau) / cave in
Einstutzenanschluß *m* (Gasrohr) / one-pipe connection
einstweilig·e Verfügung / temporary injunction
einsystemig (Strickm) / single-lock
Eins-zu-Eins-Übersetzer *m* / one-to-one translator
"Eins"-Zustand *m* (DV) / one-state
Eintags·fliege *f*, Ephemera *f* / day-fly
Ein·taktausgang *m* (DV) / single-ended output ‖
⌁**takteingang** *m* (DV) / single-ended input ‖ ~**takten**
(Elektronik) / strobe ‖ ⌁**taktschaltung** *f* (Röhre) / single-
phase circuit ‖ ⌁**takt-Verstärker** *m* (Regeln) / single-
ended amplifier ‖ ~**talgen** / tallow *vt* ‖ ⌁**tarifzähler** *m* /
single-tariff meter ‖ ~**taschen** *n* / jacketing ‖ ~**tasten**,
einstellen (Buch.m) / enter, key-in ‖ **die Nummer**
~**tasten** (Tasten-Telephon) / dial ‖ ⌁**tasten** *n* (Fernm,
Elektronik) / keying ‖ ⌁**tastfehler** *m* (DV) / keying error
o. mistake ‖ ⌁**tastgeschwindigkeit** *f* (Schreibm, DV) /
keying speed ‖ ⌁**tast-Kapazitätssperre** *f* (Buch.m) /
keying capacity limit ‖ ~**tauchen** *vt* / dive, dip, plunge,
immerse, immerge, submerge ‖ ~**tauchen**,
einweichen / souse ‖ ~**tauchen** *vi* / dip *v* ‖ ⌁**tauchen** *n*
/ dipping, immersion, submergence ‖ ⌁**tauchen** *n* **auf
eine Mondumlaufbahn** / LOI, lunar orbit insertion ‖
⌁**tauchen** *n* **in eine Umlaufbahn** (Raumf) / insertion
Eintauch·gießverfahren *n* (Elektronik) / slush casting
[process], dip casting ‖ ⌁**lötung** *f* / dip soldering ‖
⌁**plattierung** *f* / dip plating ‖ ⌁**refraktometer** *n* /
dipping o. immersion refractometer ‖ ⌁**refraktometer**
n **nach Pulfrich** / Pulfrich refractometer ‖ ⌁**rohr** *n* /
immersion pipe ‖ ⌁**schmierung** *f* / flood lubrication ‖
⌁**schüssel** *f* (Spinn) / water can ‖ ⌁**tiefe** *f* (Hydr) / depth
of immersion ‖ ⌁**tiefe** *f* (Reaktor) / insertion depth ‖
⌁**tiefe** *f* **des Hinterschiffs** / immersion depth of the
after-body ‖ ⌁**trommel** *f*, -walze *f* (Wollwäsche) /
immersion o. dipping drum
Einteilchen... (Nukl) / one-particle...
einteilen, abstufen / grade ‖ ~ [nach] / separate [by],
classify ‖ ~, teilen / divide ‖ ⌁ *n* **der Magnetspur** /
formating of the magnetic track ‖ ⌁ **des Werkzeugs**
(Web) / distribution of healds etc ‖ **in Grade** ~ /
graduate ‖ **in Klassen** ~ / class[ify] ‖ **in Zoll o. Inch** ~
/ mark in inches
einteilig / one-piece..., 1-piece..., solid, undivided ‖ ~**e
Felge** / one-piece rim ‖ ~**e Form** / block mould ‖ ~**er
Fräser** / solid cutter ‖ ~**er Hängeisolator** / one-piece
suspension insulator ‖ ~**e Kappe** (in den Stößen
eingebühnt) (Bergb) / one-piece cap ‖ ~**er Kolbenring** /
one-piece o. plain (US) piston ring ‖ ~**er Schieber** /
single leaf damper ‖ ~**e Stütze** (Stahlbau) / plain
stanchion ‖ ~**es Werkzeug** / one-piece tool
Ein-Teilnehmer-Betrieb *m* (DV) / single-user operation
Einteilung *f* / division, div. ‖ ⌁, Abteilung *f* / partitioning
‖ ⌁, Abstufung *f* / graduation, gradation ‖ ⌁,
Klassifikation *f* / classification ‖ ⌁ **in Abschnitte** /
sectioning ‖ ⌁ **in Fächer oder Felder** / sectioning,
compartmentation, divisioning ‖ ⌁ **mit dem Zirkel** /
dividing by the compass
Ein·tiefung *f* (Fluß) / cavity, deepening ‖ ⌁**tor** *n* (DV) /
one-port network ‖ ⌁**tourengreifer** *m* (Nähm) / rotary
shuttle ‖ ⌁**tourenkupplung** *f* / one-stop clutch ‖
⌁**tourenpresse** *f* (Buch) / single-revolution press

eintourig (Elektromotor) / constant-speed…, single-speed… ‖ ~ (Schloß) / single-turn…

Eintrag *m*, Eingeschlepptes *n* (Galv) / drag-in ‖ ⁔, Mahlgut *n* (Pap) / furnish ‖ ⁔, Schuß *m* (Web) / weft (GB, US), woof (US), filling (US), pick, shot, shoot ‖ ⁔ (im Telefonbuch) / directory listing

eintragen (z.B. Meßergebnisse) (Verm) / book ‖ ~, abwerfen / yield ‖ ~, -führen (Ofen) / charge ‖ ~ (Pap) / furnish ‖ ~, abschnellen (Web) / pick ‖ ⁔ *n* (Web) / picking [motion] ‖ eine Schutzmarke ~ / register a trade mark

Einträgerkran *m* / single-beam crane

Eintragseite *f*, Speiserseite (Karde) / feed side

Eintragskötzer *m* (Textil) / weft pirn

Eintragung *f*, Position *f* / entry, item ‖ ⁔, Klausel *f* (DV) / clause ‖ ⁔ (COBOL) (DV) / description clause

Eintragungs·staat *m* (Luftf) / state of registry

Ein·transfer *m*, Einspeicherung *f* (DV) / roll-in ‖ ~träufeln (Chem) / introduce drop by drop, instil[l] ‖ ⁔treffen *n* (z.B. Ware) / arrival ‖ ~treiben / beat down, drive in o. home, ram, knock in ‖ ⁔treiben *n*, Einschlagen *n* / driving in (of nails o. piles) ‖ ⁔treibgeräte *n pl*, Tacker *m pl* / tackers *pl* ‖ ~treten (Ereignis) / commence ‖ ⁔treten *n*, -tritt *m* / entry, entering ‖ ~tretend, -fallend (Opt) / incoming, incident ‖ ⁔tretzeichen *n* (Fernm) / intervention signal ‖ ~trimmen (Elektronik) / trim in

Eintritt *m* (von Kabeln o. Leitungen) (Elektr) / leading-in ‖ ⁔eingriff *m* / approach contact ‖ ⁔-Eingriffsstrecke *f* / length of approach path

Eintritts·anweisung *f* (DV) / enter statement ‖ ⁔aufruf *m* / entry call ‖ ⁔kante, Vorderkante *f* (des Luftschraubenblattes) / leading edge of the airscrew [blade], entering edge ‖ ⁔leitschaufel, Dralldrossel *f* (Gebläse) / inlet guide vane, IGV ‖ ⁔leitschaufeln *f pl* (Luftf) / nozzle guide vanes *pl* ‖ ⁔modul *m* (Raumf) / re-entering module ‖ ⁔öffnung *f*, -schlitz *m* (Dampfm) / scavenging port, entrance port ‖ ⁔pupille *f* (Opt) / entrance pupil ‖ ⁔temperatur *f* / inlet temperature

ein·trocknen *vi* / dry in o. up ‖ ⁔trommelwinde *f* / single-barrel grab winch ‖ ⁔tröpfelung *f*, Eintröpfeln *n* / instillation, instil[l]ment, instilling ‖ sich ~trüben (Chem) / become turbid ‖ ~trümig (Seil) / one-side… ‖ ~trümig (Schacht) / non-partitioned ‖ ~trümig (Bremsberg) / non-partitioned ‖ ⁔tuch-Bindemäher *m* (Landw) / single-canvas binder ‖ ⁔typen… (Wellenleiter) / monomode ‖ zu schnelles ⁔ und Auslagern / thrashing

Ein·und *n* Auslagern von Programmen (DV) / storage swap

ein- und ausrückbar / movable into and out of engagement [with]

ein- und ausrücken, -schalten / engage and disengage, couple and uncouple

Ein- und Ausrückhebel *m* / engaging and disengaging lever ‖ ⁔ (Getriebe) / gear lever

Ein- und Ausrückvorrichtung *f* (Masch) / engaging and disengaging gear

Ein-und-Eins-Ware *f* (Textil) / one-and-one ribbed goods *pl* ‖ ⁔vergütung *f* (Härten) / quenching and tempering depth ‖ ⁔-Verstärker… (Elektronik) / monoaccelerator ‖ ~vibrieren / charge by vibration ‖ ⁔visieren *n* nach Richtung und Höhe (Verm) / boning-in ‖ ⁔waage *f*, eingewogene Menge *f* / originally weighted-in quantity ‖ ⁔waagefehler *m* / weighing error ‖ ⁔wachsen *n* (mit Wachs) / waxing ‖ ⁔wägelöffel *m* (Chem) / weighing-in spoon ‖ ~wägen, einwiegen (Chem) / weigh-in ‖ ⁔walze *f* (Textil) / back o. feed roller ‖ ⁔walzen *n* des Sprengrings (Bahn) / fastening of the tire clip ‖ ~walzen (in die Oberfläche) / roll in ‖ ~walzen, einrollen / roll down

Einwalzen·… (Pap) / single-cylinder ‖ ⁔brecher *m* / single rod crusher ‖ ⁔maschine *f* (für einseitig maschinenglattes Papier) (Pap) / MG o. Yankee machine ‖ ⁔reiniger *m* (Spinn) / porcupine opener

Ein·walzung *f* (Fehler, Walzw) / scrap mark ‖ ⁔walz-Verschlußdeckel *m* / expanding type sealing plug

Einwand [gegen] *m* / objection [to] ‖ ~frei, makellos / perfect, perf., exquisite ‖ ~frei *adv* / perfectly ‖ ~freies Ergebnis / perfect result

einwandig (Stahlbau) / single-truss o. -webbed

einwärts falten / infold *v* ‖ ~ gebogenes Dach / killessed roof ‖ ~ gekrümmt (Oberfläche) / dished ‖ ~ krümmen / bend inwards

einwässern / lixiviate, macerate ‖ ~, einweichen (Brau) / steep

einweben, Fäden ~ / interlace, work in

Einweg·… (Masch) / single-way…, one-way ‖ ⁔…, Wegwerf… / disposable *adj*, expendable, non returnable, one-trip…, throw-away… ‖ ⁔artikel *m*, Disposable *n* (Textil) / disposable *n* ‖ ⁔-C-Behälter *m* (Schiff) / disposable C-container ‖ ⁔flasche *f* / non returnable bottle ‖ ⁔gebinde *n* / one-trip container o. drum ‖ ⁔gleichrichter *m* / half-wave rectifier ‖ ⁔gleichrichterröhre *f* / single-way rectifier tube ‖ ⁔gleichrichtung *f* / half-wave o. single-wave rectification ‖ ⁔hahn *m*, -kegelhahn *m* / one-way cock, single-way cock

einwegiger Zyklus / one-way cycle

Einweg·kanal *m* (DV) / one-way channel ‖ ⁔leiter *m* (Wellenleiter) / isolator ‖ ⁔ofen *m* / uniflow furnace ‖ ⁔packung *f* / throw-away pack, one-way pack, non-returnable package, expendable packing, disposable container ‖ ⁔palette *f* / throw-away pallet ‖ ⁔rutsche *f* / single-way chute ‖ ⁔spule *f* / throw-away bobbin ‖ ⁔übertragung *f* / one-way connection ‖ ⁔verstärker *m* / one-way amplifier o. repeater

einweichen, geschmeidig machen / lixiviate, macerate ‖ ~, einwässern / scour, steep ‖ ~, durchtränken / soak, dilute ‖ ~ (Bb) / dampen ‖ ~ (Jute) / batch ‖ ~, aufschütten (Brau) / couch ‖ ~, beizen (Gerb) / soak the hides, swell, distend ‖ ~ und walken (Leder) / soak and tumble ‖ Wäsche ~ / scour o. wet dirty linen

Ein·weichwasser *n* (Landw) / corn o. maize steep water, steep water ‖ ⁔weisungsanlage *f* (Radar) / precision approach radar, talk down system ‖ ⁔wellenstrom *m* / current without harmonic components ‖ ~wellige Faser (Glas) / single mode fiber, monomode fiber ‖ ~welliges Licht / monochromatic light ‖ ~wellige Wellpappe / double-face corrugated fibreboard ‖ den Schützen ~werfen (Web) / cross the shuttle ‖ ~wertig (Chem) / monovalent, univalent ‖ ~wertiger Alkohol / monohydric alcohol ‖ ~wertige Säure / primary acid ‖ ⁔wertigkeit *f* (Chem) / monovalency ‖ ~wickeln / envelop, wrap, enfold, lap ‖ in Papier ~wickeln / paper *v* ‖ ⁔wickelpapier *n* / wrapping paper ‖ ~wiegen, nach der Setzwaage verlegen / level [off] ‖ ~wiegen (Chem) / weigh-in ‖ ⁔windungs… (Elektr) / single-turn… ‖ ~winkeln, in den Winkel bringen / square, bring into a right angle ‖ ~winken (Luftf) / spot ‖ ⁔winker (Luftf) / marshaller ‖ ⁔winker *m* auf dem Flugzeugträger / landing officer, batman (US) ‖ ~wintern (Bau) / winter ‖ ~wirken [auf] / act [upon], affect ‖ ~wirken lassen (Chem) / allow to react ‖ ⁔wirkung *f*, Wirkung *f* / effect, influence ‖ ⁔wirkung, Tätigkeit / operation, action [upon] ‖ ⁔wirkung *f* (Chem) / reaction ‖ ⁔wischfarbe *f* (Buch) / wiping-in ink ‖ ⁔wohnergleichheit *f*, -wohnergleichwert *m*, EGW (Abwasser) / population equivalence ‖ ~wölben (Bau) / over-arch, vault, key-in (a vault) ‖ ⁔wortregister *n* (DV) / one-word register ‖ ⁔wurföffnung *f*, -schlitz *m* für Münzen / coin slot

Einwurf·öffnung *f* (für Briefe) / letter opening o. slit ‖ ⁔schacht *m* (DV) / media chute ‖ ⁔zucker *m* / remelt sugar

Ein·zackenschrift *n* (Elektronik, Akustik) / single-sound track ‖ ⁔zahl-Angabe *f* (Test) / single value ‖ ⁔zahn-Antrieb *m* (vom Fahrzeug-Vorderrad)

(Taxameter) / snake drive ‖ **⤷zahn-Entgratmaschine** f / single point tool deburring machine ‖ **⤷zahn-Gewindesträhler** m / single-tooth chaser ‖ **~zahnig** (Straßenaufreißer) / single-shank… ‖ **⤷zahn-Klinkenrad** n / one-tooth ratchet ‖ **⤷zahnrad** n / locking cam of the Geneva stop ‖ **⤷zahn-Wälzfräser** m / single tooth hob, fly cutter ‖ **~zapfen**, einstecken, schiften (Zimm) / mortice vt, mortise vt ‖ **~zäunen** / fence[-in] ‖ **~zäunen**, mit Pfählen umgeben / palisade ‖ **~zehntelnormal** (Chem) / decinormal ‖ **⤷zeichen…** (Fernm) / single-signal…, ss ‖ die Maße **~zeichnen** / draw the dimensions into a design ‖ **~zeilig** / single-space ‖ **~zeiliges Drucken** (DV) / single-space printing ‖ **~zeiliger Gestelleinsatz** / single-shelf subrack

Einzel·[an]fertigung f / construction in single units, small-scale o. single-piece production, individual construction (US) ‖ **⤷…** (allg) / single-shot… ‖ **⤷abfederung** f (Kfz, Luftf) / independent o. individual suspension ‖ **⤷abfederung** f mit Drehstabfeder (Kfz) / torsionetic knee action ‖ **~abgefedert** / individually suspended ‖ **⤷abteil** n (Bahn) / single [compartment] ‖ **⤷achsantrieb** m (Bahn) / individual o. independent axle drive ‖ **⤷adressierung** f, Adressierung für direkten Zugriff / random addressing ‖ **⤷adressierung**, Stationsbestimmung f (Datenfernverarb) / station identification, discrete addressing ‖ **⤷aggregat** n (DV) / component ‖ **⤷akkord** m (F.Org) / individual piece work, individual scheme ‖ **⤷anschluß** m (Fernm) / single line ‖ **⤷antenne** f (einer Anlage) / elementary antenna ‖ **⤷antrieb** m / separate o. individual drive, single drive ‖ **⤷antriebsmotor** m (Wzm) / motor for independent drive ‖ **⤷anweisung** f (COBOL) / simple statement ‖ **⤷arbeit** f, -auftrag m, Los n (F.Org) / job ‖ **⤷äste** m pl (Holz) / scattered knots pl ‖ **⤷aufhängung** f (Kfz, Luftf) / independent o. individual suspension ‖ **⤷auftrag** m, Los n (F.Org) / job ‖ **⤷auftrag** m (PERT) / work package ‖ **⤷ausführung** f / individual make ‖ **⤷ausgang** m (DV) / single-ended output ‖ **⤷bahn** f (Pap) / individual ply ‖ **⤷belegzuführung** f / bill feed ‖ **⤷beobachtung** f / single observation ‖ **⤷bestimmung** f, -nachweis m (Chem) / detection by separate operation ‖ **⤷bild** n / individual picture ‖ **⤷bild** n (Film) / frame, freeze o. still o. stop frame, frozen frame ‖ **⤷bild…** (Phot) / single-picture… ‖ **⤷bildeinrichtung** f (Phot) / stop[ping] motion ‖ **⤷bildmessung** f / stop-motion photogrammetry ‖ **⤷bildschaltung** f (Film) / single-frame o. stop-motion mechanism ‖ **⤷blatt** n eines Formularsatzes / ply of a form set ‖ **⤷blattdicke** f / single sheet thickness ‖ **⤷blatt-Einzug** m, Sheet-Feed m / sheet feed ‖ **⤷blechprüfgerät** n / single sheet tester ‖ **⤷brenner** m (Schweiß) / non-variable [head] torch ‖ **⤷buchstabensetzmaschine** f, Monotypmaschine f / typesetting machine, monotype composing machine ‖ **⤷carbonatation** f (Zuck) / batch carbonatation ‖ **⤷charakteristik** f (Funk) / individual directivity ‖ **⤷diffusionsstufe** f (Nukl) / single-diffusion stage ‖ **⤷drahtverlegung** f / wiring with single wires ‖ **⤷eingang** m (DV) / single-ended input ‖ **⤷eingriffsfaktor** m (Zahnrad) / single tooth contact factor ‖ **⤷einspritzung** f in die Ansaugrohre (Kfz) / multipoint injection, MPI ‖ **⤷elektronbindung** f (Chem) / one-electron bond ‖ **⤷elektron[ensystem]** n / lone electron ‖ **⤷empfang** m (Radio) / individual listening ‖ **⤷empfang** m (TV) / individual viewing ‖ **⤷erdschluß** m / single earth (GB) o. ground (US) ‖ **⤷exemplare** n pl (Buch) / oneseys pl (US) ‖ **⤷faden**, Monofil m / monofilament ‖ **⤷faden…** (Textil) / single-end… ‖ **⤷faden** m (Seide) / brin [silk] ‖ **⤷fall** m, Zufallsfehler m / random error ‖ **⤷faser** f / individual fiber ‖ **⤷fehler** m / single failure, single-point failure ‖ **⤷fehler** m, individueller Irrtum / individual error ‖ **⤷förderung** f (Bergb) / intermittent system o. operation ‖ **⤷formular** n (DV) / cut form ‖ in **⤷formulare trennbar** / burstable ‖ **⤷formularzuführung** f (Vorgang) (DV, IBM) / bill feed

‖ **⤷fundament** m / isolated o. separate foundation ‖ **⤷funkenstrecke** f / simple o. single spark gap ‖ **⤷gang** m, ein Spiel / single-cycle ‖ **⤷garage**, Box f (Kfz) / lock-up ‖ **⤷gesprächszählung** f, -gesprächserfassung f (Fernm) / single-fee metering, detailed registration ‖ **⤷gewicht** n / single weight ‖ **⤷gewindestahl**, Spitzmeißel m / single-point threading tool o. thread chaser ‖ **⤷halbleiter-Bauelement** n / discrete semiconductor device ‖ **⤷haus** n / detached house, maisonette (GB) ‖ **⤷hebelstellwerk** n (Bahn) / signal box with individual levers

Einzelheit f / particular, item, point ‖ **⤷**, Feinheit f / fine detail ‖ **⤷en** f pl / details pl ‖ **⤷en** f pl, Daten n pl / details pl, data pl

Einzel·heizung f / individual heating ‖ **⤷hub** m (Presse) / single stroke ‖ **⤷kammerofen** m (Keram) / single-compartment o. -chamber kiln ‖ **⤷kanal** m bei Frequenzmultiplex / frequency derived channel ‖ **⤷kanal** m bei Zeitmultiplex / time derived channel ‖ **⤷kanal-Frequenzmodulation** f, EFM / single-channel frequency modulation ‖ **⤷kapillarfaden** m, Elementarfaden m (Spinn) / individual filament ‖ **⤷kartenlochung** f (LoKa) / single-item punching ‖ **⤷kartenprüfung** f (LoKa) / single-card checking ‖ **⤷kartenzuführung** f / single card feed ‖ **⤷konto** n / individual account ‖ **⤷korndrillgerät** n (Landw) / seed-spacing drill ‖ **⤷-Kornfestigkeit** f / crush strength of a pellet ‖ **⤷kristall** m / unit crystal ‖ **⤷lagen-Reifen** m (Kfz) / single-ply tire ‖ **⤷last** f (Mech) / single-load ‖ **⤷last** f (o. konzentrierte Last) / point load (US), concentrated load ‖ **⤷last-Wiegevorrichtung** f / intermittent weigher ‖ **⤷leerstelle** f / single vacancy ‖ **⤷leiterstromkreis** m / single-conductor circuit ‖ **⤷leitung** f (Elektr) / single-line

Einzellen--Lademaschine f (Akku) / milking generator, milker ‖ **⤷silo** m / single silo ‖ **⤷wechsellichtverfahren** n (Opt) / single-cell alternating light procedure

einzellig / unicellular

Einzel·linse f (eine Elektronenlinse) / einzel-lens ‖ **⤷litze** f (Seil) / one-part line, single strand ‖ **⤷-Luftbild** n / single air photo ‖ **⤷maschine** f / single machine ‖ **⤷messung** f / single measurement ‖ **⤷muster** n, -probe f / individual sample

einzeln, Einzel… / particular, single, individual, independent ‖ **~** (statt paarweise) / unmatched, odd ‖ **~er Anführungsstrich** (Buch) / turned comma, inverted comma ‖ **~e Ausreißer** / single freak values, single runaways ‖ **~er Band aus einem Werk** / odd volume ‖ **~e Probenahme** / replicate sampling ‖ **~er Punkt**, Detail n / detail ‖ **~ stehend**, frei stehend, vereinzelt (Bau) / isolated, detached, not sharing any wall with another building ‖ **~e Stücke** n pl / odd parts pl

Einzel·nachrichtenmodus m / single message mode ‖ **⤷objekt** n / individual object ‖ **⤷ofenheizung** f (Bau) / stove heating ‖ **⤷packung** f (z.B. für Kleinteile) / unit pack ‖ **⤷plattenkassette** f (DV) / single-disk cartridge ‖ **⤷platz** m (F.Org) / individual job o. place ‖ **⤷polmaschine** f, Unipolarmaschine f (Elektr) / unipolar o. acyclic generator o. dynamo ‖ **⤷postenkarte** f (LoKa) / detail card ‖ **⤷postenvorschub** m (LoKa) / single-item ejection ‖ **⤷probe** f (Aufber) / increment ‖ **⤷probe** f, -muster n / individual sample ‖ **⤷probe** f (Qual.Prüf) / increment ‖ **⤷prozeß** m (Nukl) / simple process ‖ **⤷prozeßfaktor** m, elementarer Trennfaktor (Nukl) / simple process factor, SPT ‖ **⤷prüfung** f / routine test ‖ **⤷prüfung** f, Stückprüfung f / individual test ‖ **⤷punktschweißung** f / single spot welding ‖ **⤷radaufhängung** f (Kfz) / single-wheel suspension ‖ **⤷radbetätigung** f (Bremse) / individual wheel control ‖ **⤷radlenkung** f, Vierradlenkung f (E-Karren-Anhänger) / caster steer ‖ **⤷reifen anstelle von Zwillingsreifen** (Kfz) / super single tire ‖ **⤷satzbetriebsart** f (NC) / single block mode of operation ‖ **⤷saugrohr** n / intake tube ‖ **⤷schalter** m / separate switch ‖ **⤷schlag** m / single-

273

blow ‖ **⁔schmierung** f / individual lubrication ‖ **⁔schnitt** m (Wzm) / individual o. independent cut ‖ **⁔schrittbetrieb** m (DV) / step-by-step operation, one-shot o. single-step operation ‖ **⁔schweißumformer** m / single-operator welding set ‖ **⁔sendung** f / consignment ‖ **⁔spreader** m (Container) / standard spreader ‖ **⁔spule** f / single coil ‖ **⁔steuerung** f **von zusammengekuppelten Triebfahrzeugen** (Bahn) / paired running of vehicles (each operated by a driver) ‖ **⁔strang** m (Spinn) / single skein ‖ **⁔strecke** f **einer Übertragungskette** / hop ‖ **⁔strich** m **des Einzeichenempfängers** (Elektronik) / slash ‖ **⁔stromrichter** m / single converter ‖ **⁔stufe** f (allg) / single stage ‖ **⁔takt** m (DV) / single clock pulse, single timing pulse ‖ **⁔teil** m n / component part ‖ **⁔teilbau** m / piece part manufacture ‖ **⁔teilchen** n (Atom) / nonpaired particle ‖ **⁔teilchen** n, Coated Particle n (Nukl) / individual particle, coated particle ‖ **⁔teilchenmodell** n (Nukl) / one-particle model ‖ **⁔teile** n pl, Bauteile n pl (zum Zusammenbau) / piece parts pl, prefabricated parts pl ‖ **⁔teile** n pl, Bestandteile n pl / component parts pl, piece parts pl ‖ **aus ⁔teilen bestehend** / particulate ‖ **⁔teilungsabweichung** f (Getriebe) / adjacent pitch error ‖ **⁔teilverfahren** n (Wzm) / single-dividing o. -indexing method o. process ‖ **⁔teilzeichnung** f, Teilzeichnung f / component drawing, unit drawing (US) ‖ **⁔[teil]zeichnung** f (in größerem Maßstab) / detail drawing ‖ **⁔tonanalysator** m / pure tone analyzer ‖ **⁔triebeinstellung** f (Opt) / separate focus[s]ing ‖ **⁔-Trinkwasser-Versorgungsanlage** f / individual drinking water system ‖ **⁔übergang** m / single transition ‖ **⁔umschnürung** f (Stahlbeton) / hoop ‖ **⁔verarbeitung** f (DV) / single-tasking ‖ **⁔vergrößerung** f (Opt) / component magnification ‖ **⁔verlustermittlung u. -summierung** f / loss summation ‖ **⁔verstellung** f (Wzm) / individual o. independent traverse ‖ **⁔versuch** m / individual test ‖ **⁔wagenbeleuchtung** f (Bahn) / individual lighting ‖ **⁔wasserversorgung** f / individual water supply ‖ **⁔wechsellichtverfahren** n (Opt) / flicker light technique ‖ **~wirkend** / individually acting ‖ **⁔zeichen** n / single character ‖ **⁔zeichnung** f s. Einzelteilzeichnung ‖ **⁔zeit** f **aus Fortschrittszeitaufnahme**, Teilzeit f / subtracted time ‖ **⁔zeitverfahren** n (Zeitaufnahme) (F.Org) / repetitive timing, snap-back method, snap-back watch reading

einzementieren / cement in, seal in a wall

Einziehband n (Install) / pull-in o. fish[ing] tape

einziehbar / retractable ‖ ~ (Luftf) / extendable ‖ ~es **Fahrgestell** (Luftf) / extendable landing gear, retractable undercarriage

Einzieh·dose f (Elektr) / pull box ‖ **⁔draht** m, Einzieh[stahl]band n (Install) / pull-in o. fish[ing] wire

einziehen, hineinziehen / pull in, insert ‖ ~, -fahren / retract ‖ ~, aufwinden, aufkurbeln / wind up ‖ ~ (Luftf) / retract ‖ ~, zurückziehen (Bau) / build in recesses, make recessed, draw-in ‖ ~, später einfügen / draw-in, insert ‖ ~, reduzieren (Masch) / reduce, raise in, diminish ‖ ~, reduzieren (Stanz, Schm) / neck ‖ ~, -saugen (Flüssigkeiten) / soak [in o. up] ‖ ~, verjüngen / taper, diminish, contract ‖ ~ (Textil) / draw in ‖ ~, einrücken (Buch) / indent, draw-in ⁔ n, Rohrziehen n **über Stopfen** / tube sinking ‖ ⁔ **der Kettfäden in Geschirr und Schaft** (Textil) / heddling, looming ‖ ⁔ **der Luft** / aspiration of the air ‖ ⁔ **des Dicksaftes** (Zuck) / drawing-in o. intake of syrup ‖ ⁔ **und Bördeln** (Dosen) / slanging ‖ ⁔ **von Kabeln** / drawing-in of cables ‖ ⁔ **von Rohren** / inserting new tubes in a boiler ‖ ⁔ **von Wettern** (Bergb) / intake of air ‖ **Drähte** ~ / pull-in o. fish wires ‖ **eine Decke** ~ / put up a ceiling ‖ **Gase** ~ / draw-in gas ‖ **[gewolltes o. ungewolltes]** ⁔ **[ineinander]** (Masch) / draw, drawing of one part into another ‖ **Leitungen** ~ (Elektr) / run in leads ‖ **Schnur** ~ / draw in a cord ‖ **[sich]** ~ / batter

einziehend·er Schacht / downcast [shaft] ‖ ~e **Wetterstrecke** (Bergb) / intake airway ‖ ~er **Wetterstrom** / downcast current of air

Einzieh·fahrwerk n s. einziehbares Fahrgestell ‖ **⁔haken** m (Textil) / heald hook ‖ **⁔karton** m / fishpaper ‖ **⁔kasten** m, -dose f (Elektr) / pull box ‖ **⁔kran** m / luffing crane ‖ **⁔nadel** f, -haken m, -messer n (Web) / heald hook, heddle hook, drawing-in hook ‖ **⁔rolle** f, Einzugrolle f / draw-in roller ‖ **⁔strecke** f, -strom m (Bergb) / intake

Einziehung f, Verjüngung f / taper ‖ ⁔ (Bau) / recess ‖ ⁔ **eines Behälterrandes** / necking-in of the rim ‖ **ohne** ⁔ (o. Einschnürung) / throatless

Einzieh·walze f / draw-in roller ‖ **⁔walze** f (Textil) / feeding roller ‖ **⁔werk** n (Kran) / luffing gear ‖ **⁔zange** f (Install) / pull-in pliers pl ‖ **⁔zange** f (Drahtziehen) / drawing tongs pl

Ein·ziffer-Addierglied n, Halbaddierer m (DV) / half-adder, one-digit adder ‖ **⁔-Zimmer-Apartment** n (Bau) / efficiency (US), one-room apartment

einzuführende Werte (DV) / stubbing

Einzug m, Schwächerwerden n (Bau) / diminution, tapering, retreat ‖ ⁔ (Buch) / [hanging] indent, inden[ta]tion ‖ ⁔ (Web) / draft[ing], drawing-in, taking-in ‖ ⁔ (Drucker) / front-feed device ‖ **ohne** ⁔, stumpf (Buch) / full measure, flush ‖ **[verkehrter]** ⁔ (Buch) / hanging o. reverse indention, hanging paragraph

einzügig (Kabelkanal) / single-duct …

Einzugs·bereich m (Bau) / catchment area

Einzugschnecke f / feed screw

Einzugs·fehler m (Web) / wrong draw o. draft, drawing-in fault ‖ **⁔gebiet**, Niederschlagsgebiet n (Hydr) / catchment area o. basin, area of precipitation, drainage o. collecting area ‖ **⁔gebiet** n (Verkehr) / area served ‖ **⁔plan** m (Web) / drafting plan o. pattern ‖ **⁔schritt** m, Vorschubschritt m / feed pitch ‖ **⁔ventil** n (Zuck) / charge valve ‖ **⁔vorrichtung**, Belegzuführung f (DV) / document feeder, front-feed device ‖ **⁔walze** f / draw-in roller ‖ **⁔winkel** m (Walzw) / entering o. wedge angle

Einzugs·walze f (Mähdrescher) / auger ‖ **⁔wicklung** f (Relais) / pull-in winding ‖ **⁔zylinder** m (Textil) / back o. feed roller

Ein-Zustand m (DV) / on-condition

einzwängen, pressen / press ‖ ~, zusammendrücken / squeeze

Einzweck·…, Spezial… (Masch) / single-purpose… ‖ **⁔maschine** f (Wzm) / single-purpose machine ‖ **⁔mehrspindelbohrmaschine** f / fixed center multiple spindle drill[press]

Einzylinder·… (Mot) / single-cylinder ‖ **⁔maschine** f / single-cylinder engine

Eiprofil n (Kanalisation) / egg-shaped section

EIRMA = European Industrial Research Management Association

Eis n / ice ‖ ⁔, Speiseeis n / icecream ‖ **mit** ⁔ o. Reif **bedecken** / frost vt ‖ **⁔ansatz** m, -bildung f / formation of ice ‖ **⁔aufbruch** m (von Flüssen) / debacle, débâcle ‖ **⁔berg** m / iceberg ‖ **kleiner vom Radar nicht wahrgenommener ⁔berg** (Schiff) / growler ‖ **⁔blänke** f / lead o. channel between the ice floes ‖ **~blumenartig** / frosted ‖ **⁔blumenbildung** f (Lack, Plast) / frosting

Eisblumenglas n / glue-etched glass, ice-patterned glass, arctic glass

Eis·blumenlack, Frostlack m / frosted o. crystallized lacquer o. paint ‖ **⁔bordeaux** n (Färb) / ice bordeaux ‖ **⁔brecher** m (Schiff) / ice breaker ‖ **⁔brecher** m (Brücke) / cut-water, ice apron o. guard o. breaker ‖ **⁔brei** m / frazil ice

Eisen n, Fe / iron, Fe ‖ ⁔**…**, eisenhaltig / ferrous ‖ ⁔**(II)-…**, Ferro… (Chem) / ferrous ‖ ⁔**(III)-…**, Ferri… / ferric ‖ ⁔ **im Brechgut** / tramp iron ‖ **im Abstichloch erstarrtes** ⁔ (Hütt) / chestnut ‖ **⁔abfall** m, Abfalleisen n / iron waste, waste iron ‖ **⁔abscheider** m / magnetic separator ‖ **⁔abstich** m / tapping of pig iron ‖ **⁔abstichloch** n (Hochofen) / iron notch ‖ **⁔acetat** n /

acetate of iron ‖ ⁒(II)-acetat n / ferrous acetate ‖
⁒ader f, -gang m / iron lode, course of iron ore ‖
⁒alaun m, Halotrichit m (Min) / iron alum, halotrichite
‖ ⁒-Ammon-Citrat, Ferriammoniumcitrat n / ferric
ammonium citrate ‖ ⁒(II)-ammoniumoxalat n / ferrous
ammonium oxalate ‖ ⁒(III)-ammoniumsulfat n,
Eisenammoniakalaun m / ferric ammonium sulfate,
ferric alum ‖ ⁓arm / poor in iron ‖ ⁓artig /
ferruginous, ironlike, iron… ‖ ⁓artig, -haltig / irony ‖
⁒ausbau m des Schachts / steel tubbing o. casing of a
shaft ‖ ⁒ausschmelzung f (Keram) / iron spot
Eisenbahn f / railroad (US), railway (GB) ‖ ⁒ s. auch Bahn
‖ ⁒…, Bahn… / railway… (GB), railroad… (US) ‖ **mit
der** ⁒ / by rail ‖ **mit der** ⁒ **befördern** (Bahn) / rail v,
transport by rail ‖ ⁒**abteil** n / compartment ‖ ⁒**arbeiter**
m / workman in a station ‖ ⁒**ausbesserungswerk** n,
Bahnbetriebswerkstatt f / railroad shop, railway
repair[ing] workshop ‖ ⁒**bau** m / railway construction ‖
⁒**-Bau- und -Betriebsordnung** f, BO / Railway
construction and operating regulations pl ‖ ⁒**beamter** m
/ railroad employee, railway clerk o. official, railroader
(US), railroad man (US) ‖ ⁒**betrieb** m / railway service
o. operation o. traffic ‖ ⁒**blockanlage** f / block
installation ‖ ⁒**böschung** f (Bahn) / slope of the
embankment ‖ ⁒**brücke** f / railway bridge ‖ ⁒**damm** m
/ embankment ‖ ⁒**deck** n (Schiff) / train deck ‖ ⁒**effekt**
m, pseudostereoskopischer Effekt (Opt) /
pseudostereoscopic effect ‖ ⁒**einschnitt** m / railway
cutting
Eisenbahner m (coll.) / railwayman (GB), railroad-man,
trainman (US)
Eisenbahn·fähre f, Trajekt m n / railway o. train ferry,
ferry[-boat] ‖ ⁒**fahrplan** m / railroad schedule, railway
time table ‖ ⁒**fahrzeug** n / railway vehicle ‖
⁒**fahrzeuge** n pl, rollendes Material / railway vehicles
pl ‖ ⁒**-Forschungs- u. Versuchsamt** n / Office for
Research and Experimentation of the International
Union of Railways, ORE ‖ ⁓**fremd** / non-railway…,
extra-railway… ‖ ⁒**gelände** n / railway ground o. area
o. territory ‖ ⁒**gleis**, -geleise n (Bahn) / track, set of
tracks, line of rails ‖ ⁒**knotenpunkt** m / railway centre
o. junction ‖ ⁒**kran** m / railway-crane ‖ ⁒**kupplung** f /
railway coupling, coupler ‖ ⁒**linie**, Strecke f / railway
line, right of way (US) ‖ ⁒**material** n / railway material
o. stock ‖ ⁒**netz** n / network of railways, web of
railway lines, system of railroads (US) ‖ ⁒**oberbau** m
(Bahn) / permanent way ‖ ⁒**planum** n / surface of
formation, level plane ‖ ⁒**schotter** m / railway ballast ‖
⁒**schwelle**, Querschwelle f (Bahn) / sleeper (GB), tie
(US), cross-sill, -tie ‖ ⁒**sicherung** f,
Eisenbahnsicherungseinrichtung f, -anlage f / railway
safety installation, safeguarding appliances pl, railway
safeguarding ‖ ⁒**sicherungswesen** n, (jetzt:)
Signaltechnik f / signalling technique ‖ ⁒**signal** n /
railway signal ‖ ⁒**signalwesen** n / railway signalling ‖
⁒**station** f / railroad depot (US), railway station (GB) ‖
⁒**strecke** f / railroad line (US), railway section (GB) ‖
⁒**transportkessel** m (Hütt) / railway transport vessel ‖
⁒**überführung** f (für Straßen) / railway overbridge,
bridge crossing **[schienengleicher] ⁒übergang** / level
crossing, grade crossing (US) ‖ ⁒**unglück** n, -unfall m /
train disaster, railway accident o. breakdown ‖
⁒**unterbau** m / earth works of railways pl ‖
⁒**unterführung** f (für Straßen) / railway underbridge ‖
⁒**verbindung** f / railway connection o. communication
o. service ‖ ⁒**verkehr** m / railway service o. operation
o. traffic ‖ ⁒**verkehrsordnung** f, EVO / regulations pl
concerning carriage by rail ‖ ⁒**verordnungen** f pl /
railway [bye-]laws and regulations o. rules pl, Ministry
of Transport regulations (GB) pl ‖ ⁒**wagen**,
Reisezugwagen m / passenger coach o. carriage (GB) o.
car (US) ‖ ⁒**wagen**, Güterwagen m / waggon (GB),
freight car (US) ‖ ⁒**wagenbau** m / railway waggon
construction ‖ ⁒**wagenkipper** m / waggon tip (GB), car

dumper (US) ‖ ⁒**wagenkipper** m (für Verladung in
Schiffe) / crane tip for waggons ‖ ⁒**werkstätte** f /
structural engineering workshop ‖ ⁒**wesen** n / railway
practice, railroads pl (US), railways pl (GB) ‖ ⁒**zeug** n /
railway o. track material ‖ ⁒**zug** m / railway (GB) o.
railroad (US) train
Eisen·bakterien n pl / iron bacteria pl ‖ ⁒**band** n, -ring m
(Hydr) / iron strip ‖ ⁒**band** ⁒ **dünnes** ⁒**band** / steel tape ‖
⁓**bandbewehrtes Bleikabel mit Papierisolation** /
paper-insulated lead-covered cable with steel type
armour ‖ ⁒**bandbewehrung** f / steel tape armouring ‖
⁒**bau** m / structural engineering ‖ ⁒**bauwerkstätte** f /
structural engineering shop ‖ ⁒**begleitelement** n /
companion o. incidental element to iron, minor
constituent ‖ ⁒**beize**, -schwärze f / iron liquor o.
mordant, black mordant ‖ ⁒**belag** m, eiserner
Bodenbelag / steel flooring ‖ ⁒**bereifung** f / steel tire o.
tyre ‖ ⁒**beschlag** m / iron fitting ‖ ⁒**beschläge** m pl /
binding, iron works pl ‖ **quantitative ⁒bestimmung** f /
quantitative determination of iron ‖ ⁒**beton** m,
Stahlbeton m / armoured o. reinforced concrete, R/C,
ferroconcrete ‖ ⁒**betonkern** m (Hydr) / core of
reinforced concrete ‖ ⁓**bewehrt**, armiert / steel
reinforced ‖ ⁒**bieger** m (Bau) / iron bender ‖ ⁒**blau** n,
Eisen(II)-prussiat n / ferroprussiate ‖ ⁒**blaupigment** n /
iron-blue pigment ‖ ⁒**bromid** n / bromide of iron ‖
⁒**carbid** n / iron carbide ‖ ⁒**carbid** n, Zementit m (Hütt)
/ cementite ‖ ⁒**carbonat** n / iron carbonate ‖
⁒**(II)-chlorid**, Ferrochlorid n / ferrous chloride ‖
⁒**(III)-chlorid**, Ferrichlorid n / ferric chloride ‖
⁒**chlorose** f (Landw) / iron-induced chlorosis ‖
⁒**(III)-chromat**, Sideringelb n (Keram) / ferric chromate
‖ ⁒**cyanid** n / cyanide of iron ‖ ⁒**(II)-cyanid** n / ferrous
cyanide, ferrocyanide, prussiate ‖ ⁒**(III)-cyanid**,
Ferricyanid n / ferricyanide, prussiate ‖
⁒**dicyclopentadienyl** n (Öl) / dicyclopentadienyl iron ‖
⁒**draht** m, Stahldraht m / iron o. steel wire ‖ ⁒**dreher**
m / iron turner ‖ ⁒**drossel** f / iron cored choke o. coil ‖
⁒**druse** f, drusig gewachsenes Eisenerz n / crystallized
iron ore ‖ ⁒**erde** f, eisenhaltige Erde / ferruginous earth
‖ ⁒**erz** n / iron ore ‖ **erdiges o. sandiges o.
schlammiges ⁒erz** / sandy o. muddy o. earthy [iron]
ore ‖ ⁒**erzbergwerk** n, -erzgrube f / iron mine o. pit ‖
⁒**erzeugnis** n / ferrous product ‖ ⁒**erzeugung** f / iron
production ‖ ⁒**erz-Koks-Pellet** n / ore-coke pellet ‖
⁒**erzlagerstätte** f / iron ore deposit ‖ ⁒**fänger** m,
Fanginstrument n (Bergb) / finger disk ‖ ⁒**farbe** f, -grau
/ iron gray o. grey ‖ ⁒**feilspäne** m pl / iron filings pl ‖
⁒**fleck** m, Rostfleck m / iron mould o. stain ‖ ⁒**flecke**
m pl, Rotfleckigkeit f (Keram) / peculiar mottling, liver
spotting ‖ ⁒**forschung** f / iron and steel research ‖ ⁓**frei**
/ nonferrous, non-ferruginous ‖ ⁓**führend** / containing
iron, ferrugin[e]ous ‖ ⁒**gallustinte** f / ferro-gallic ink ‖
⁒**gang** m, -ader f / iron lode, course of iron ore ‖
⁒**garn**, Glanzgarn n (Textil) / polished yarn, glacé
thread, patent strong yarn ‖ ⁒**gehalt** m / ferruginous
parts pl, iron contents pl ‖ ⁒**gehalt in %** m / percentage
of ores ‖ ⁓**geschlossen**, mit geschlossenem Eisenkern /
with closed magnetic circuit ‖ ⁓**geschlossenes
Dynamometer** / ferrodynamometer ‖ ⁓**geschlossenes
Instrument** / ferromagnetic instrument ‖ ⁒**gießerei** f /
iron foundry ‖ ⁒**gitter** n / iron lattice o. railing o. grate
o. grating ‖ ⁒**glanz** m, Glanzeisenstein m / oligiste iron
ore, h[a]ematite ‖ **[eigentlicher] ⁒glanz** (metallisch
glänzender Hämatit) / specular iron ‖ ⁒**gleichrichter** m
(Elektr) / steel-tank o. steel-clad rectifier, tank rectifier ‖
⁒**glimmer** m / micaceous iron ore, scaly h[a]ematite ‖
⁒**granat**, Pyrop m (Min) / pyrope ‖
⁒**-Graphitdiagramm** n (Hütt) / iron graphite diagram ‖
⁓**grau** (RAL 7011) / iron gray o. grey ‖ ⁒**graupe** f /
granular iron ‖ ⁒**guß** m, Gußeisen n / cast iron ‖ ⁒**guß**
m, gegossene Arbeit f / cast work, foundry goods pl ‖
⁒**gußstück** n, -guß m / iron casting ‖ ⁓**haltig**,
-führend / ferriferous, ferrugin[e]ous, containing iron ‖

~haltig (Pharm) / chalybeate ‖ ~haltige Erde, Eisenerde f / ferruginous earth ‖ ~haltiger Lehm / ferruginous clay ‖ ~haltiger Quarz s. Eisenkiesel ‖ ~haltige Verkrustung / ferruginous incrustation ‖
~hammerschlag m (Hütt) / forge o. forging scale[s] ‖
~händler m / iron monger (GB), hardware dealer (US) ‖ ~-Hohlkathodenlampe f / lamp with hollow iron cathode ‖ australisches ~holz, Backhousia myrtifolia / ironwood ‖ weißes ~holz, Nepris undulata / white ironwood ‖ ~hut, eiserner Hut, eisernes Gut (Bergb) / gossan, ironhat ‖ ~hütte f, -hüttenwerk n / ironworks ‖ ~hüttenchemie f / ironworks chemistry ‖
~hüttenkunde f / ferrous metallurgy, metallurgy of iron ‖ ~hüttenmann m, Hüttenarbeiter m / ironworker, metallurgist ‖ ~hüttenprozeß m, -hüttenbetrieb m, -hüttenverfahren n / metallurgical treatment of iron ‖ ~hüttenwesen n / metallurgical engineering ‖
~(II)-hydroxid, Ferrohydroxid n / ferrous hydroxide ‖ ~(III)-hydroxid / ferric hydroxide ‖ ~ignitron n / iron ignitron ‖ ~induktion f / iron induction ‖
~industrie f, eisenerzeugende o. -verbrauchende Industrie / iron industry ‖ ~iodid n / iron iodide ‖ ~kalkstein m / ferruginous o. red limestone ‖ ~kern m / iron core ‖ ~kernabstimmung f (Radio) / slug tuning ‖ ~kernblech n (Elektr) / core sheet ‖ ~kernlos, ohne Eisenkern (Elektr) / air-core... ‖ ~kernspule f (Elektronik) / variable inductance ‖ ~kernspule f (Elektr) / iron-core coil ‖ ~kernspule f, Trimmer m (Funk) / trimmer ‖ ~kerntrafo m / iron-core transformer ‖
~kies, Pyrit m (Min) / iron pyrite[s] ‖ ~kiesel m, -quarz m (Min) / iron-flint, eisenkiesel ‖ ~klinker m pl / ironbricks pl ‖ ~kobaltkies m, Spatiopyrit m, Safflorit m / safflorite ‖ ~kohlenstoffdiagramm n, -kohlenstoffschaubild n, EKD / iron-carbon diagram ‖ ~-Kohlenstoff-Gußlegierung f / iron-carbon casting alloy ‖ ~kohlenstofflegierung f / iron-carbon alloy ‖ ~koks m (Hütt) / ferrocoke ‖
~-Konstantan-Thermoelement n (Phys) / iron-constantan couple ‖ ~konstruktion f, Stahlkonstruktion f, Stahlbau m / steel structural o. structure work, steel trelliswork ‖ ~konstruktionen in der Werkstatt vorfertigen f pl (Stahlbau) / fabricate ‖
~konstruktionswerkstatt f / structural steel works ‖ ~kraftfluß m / magnetic flux in the iron ‖ ~krebs m, Spongiose f / graphitic corrosion ‖ ~kreis, magnetischer Kreis m (Elektr) / magnetic circuit, ferromagnetic circuit ‖ ~kunstguß m / art castings o. cast goods pl ‖ ~lack m / iron black ‖ ~los (Spule) (Elektr) / air-core... ‖ ~los (Elektronik) / transformerless, TFL ‖ ~loser Verstärker / air-core amplifier ‖ ~luppe f (Hütt) / iron loop o. bloom ‖ ~mantel m, -umhüllung f / iron jacket o. case o. casing o. shell ‖ ~massel f / iron pig ‖ ~melder m, -meldegerät n (Textil) / iron detector ‖ ~mennige f / red iron ochre ‖ ~metallurgie f / iron metallurgy ‖ ~nickelbatterie f, Edisonakkumulator m / nickel-iron[-alcaline] battery, Edison accumulator ‖ ~nickelkies, Pentlandit m / iron nickel pyrites, nicopyrite, pentlandite ‖ ~niere f (Min) / reniform [clay] iron ore ‖ ~(II)-nitrat n / ferrous nitrate ‖ ~(III)-nitrat / ferric nitrate ‖ ~nitrid n / iron nitride ‖ ~ocker m, ockriger Brauneisenstein / iron ochre ‖ roter ~ocker / red iron ochre ‖ ~oolith, -rogenstein m / ferruginous oolite ‖ ~oxid n / iron oxide ‖ ~(II)-oxid, -monoxid, Eisenoxydul / ferrous oxide ‖ ~(III)-oxid / ferric oxide, red iron oxide ‖ ~(II,III)-oxid n / ferrosoferric oxide, black o. magnetic iron oxide ‖ rotes ~oxid, Colcothar m / vitriol red, rubigo, red iron oxide, stone-red, caput mortuum, colcothar ‖ ~oxidabgabe f (Magn.Bd) / oxide shedding ‖ ~oxidhydratkitt, Rostkitt m / iron-rust cement, iron putty ‖ ~oxidrauch m, brauner Rauch / brown fume ‖ ~oxidrot n s. Eisenoxid, rotes ‖ ~pecherz n, Pittizit m / pitticite ‖ ~[penta]carbonyl n / iron carbonyl o. pentacarbonyl ‖ ~peptonat n (Chem) / iron peptonate ‖ ~phosphat n / iron phosphate, phosphate of

iron ‖ ~(III)-phosphat / ferric phosphate ‖ ~phosphid, Phosphoreisen n (Chem, Hütt) / iron phosphide ‖
~pigmente n pl / iron pigments pl ‖ ~platte f / iron plate ‖ ~portlandzement m / iron Portland cement, slag Portland cement ‖ ~probe f / iron test o. assay ‖ ~probe f (Elektr) / core test ‖ ~(II)-prussiat n / ferroprussiate ‖ ~pulver n / iron powder ‖
~pulverkupplung f / iron-dust clutch ‖ ~quarz m, -kiesel m (Min) / iron-flint, eisenkiesel ‖ ~querschnitt m / iron cross section ‖ ~querschnitt m (Bau) / effective cross-sectional area of reinforcing steel ‖ ~reiches Zinn (Zinngewinnung) / hard head ‖ ~reifen m (Verpackung) / iron hoop ‖ ~reifen m (Rad) / iron tire o. tyre (GB) ‖
~rhodanat n / iron thiocyanate ‖ ~rhodanid, Ferrirhodanid, Ferrithiocyanat n / ferric thiocyanate o. sulfocyanate o. -ide ‖ ~ring m, -band n (Hydr) / ferrule ‖ ~rogenstein, -oolith m / ferruginous oolite ‖ ~rost m (Chem) / iron rust ‖ ~rostfarbe f / ferruginous colour ‖
~rot n s. Eisenoxid, rotes ‖ ~rückgewinnungsanlage f / iron recovery plant ‖ ~rüstung f, -ausbau m des Schachts (Bergb) / iron tubbing ‖ ~säge f / metal cutting saw ‖ ~(II)-salz, Ferrosalz n / ferrous salt, iron (II) salt ‖ ~(III)-salz, Ferrisalz n / ferric o. iron salt, iron(III) salt ‖ ~sand m / ferruginous o. iron sand ‖ ~sandstein m / lias sandstone with ferruginous parts ‖ ~sättigung f (Elektr) / saturation of iron ‖ ~sau, Massel f (Hütt) / sow ‖ ~schaffende Industrie / iron and steel producing industry ‖ ~schaum m / red iron froth ‖ ~schere f / iron cutters o. shears pl ‖ ~schlamm m / iron slurry ‖ ~schmelze f (Hütt) / iron smelt ‖ ~schneider m (Wzm) / iron cutters pl ‖ ~schüssig (Bergb) / ferriferous ‖ ~schwamm m / metallized iron ore, sponge iron ‖ ~schwamm m aus Stückerz / metallized lump ore ‖ ~schwammpulver n / sponge iron powder ‖ ~schwarz n / black iron oxide, copperas black ‖ ~schwärze f / black lead ‖ ~schwärze, -beize f / iron liquor o. mordant, black mordant ‖ ~silikat n / silicate of iron ‖ ~sinterwerkstoffe m pl / sintered ferrous materials pl ‖ ~spalt m (zwischen Pol und Anker) (Elektr) / interferric space o. gap ‖ ~spat m, Siderit m / siderite (of Haidinger = chalybite), spathic iron ore ‖ ~stab m, Stahl-, Eisenstange f / iron rod o. bar ‖ ~steg m (Buch) / iron slug ‖ ~stein m (Min) / ironstone ‖ ~stücke n pl, -trümmer n pl / iron fragments pl ‖ ~sulfat n / iron sulphate ‖ ~(III)-sulfat n / ferric sulphate ‖
~sulfatdosimetrie f (Nukl) / ferrous sulfate dosimetry ‖ ~sulfid n / iron sulphide ‖ ~(II)-sulfid n / ferrous sulphide ‖ ~(III)-sulfid, Ferrisulfid n / ferric sulphide ‖ ~teilchen n / iron fragment o. particle ‖
~tonkonglomerat n / conglomerate iron clay ‖ ~- und Stahlhandel m / iron and steel trade ‖ ~- und Stahlindustrie f / iron and steel industry ‖
~verarbeitend / metal working ‖ ~verarbeitende Industrie / iron and steel working industry, steel users pl ‖ ~verarbeitung f / ironwork ‖ ~verbindung f (Chem) / iron compound ‖ ~verbrauchende Industrie / iron manufacture ‖ ~verkleidung f / iron lagging ‖ ~verlust m, Ummagnetisierungsverlust m (Elektr) / magnetic o. hysteresis loss, cyclic magnetization loss ‖ ~verlust m, Wirbelstromverlust m (Elektr) / parasitic o. iron loss, eddy current loss ‖ ~verluste m pl (Elektr) / core loss, iron loss ‖ ~vitriol n, grünes Vitriol (veraltet) / iron vitriol, green copperas o. vitriol (commercial name) ‖ ~walzwerk n / steel rolling mill ‖ ~waren f pl / hardware ‖ ~wasserbau m / hydraulic iron work ‖ ~wasserstoffwiderstand m (Elektronik) / iron-hydrogen resistor, baretter, ballast tube ‖
~werkstoffe m pl / ferrous products pl ‖ ~widerstand m (Elektr) / iron resistor ‖ ~widerstand m (Fernm) / iron filament ballast ‖ ~-Zink-Diagramm n / iron-zinc diagram ‖ ~zwinge f (Werkz) / clamping ring, ferrule, ferrel

eisern / irony, of iron, ironbuilt ‖ ~es Band / iron hoop o. strap ‖ ~er Bergmann (Abbaugerät) / iron man ‖ ~er

Bestand / permanent stock ‖ ~**er Hut** (Geol) / gossan, ironhat
Eis·erzeuger, -generator *m*, -maschine *f* / freezer, freezing tank, ice generator ‖ ~**essig** *m*, Essigsäure *f* / crystallizable o. glacial o. pure acetic acid ‖ ~**fabrik** *f* / ice [making] works o. plant ‖ ~**farben** *f pl* (Färb) / azoic o. ice colours, ingrain colour ‖ ~**feld** *n*, -flarr *n*, Packeis *n* / pack ice ‖ ~**frei** / freed of o. from ice ‖ ~**gang** *m* / breaking-up of the ice, ice motion ‖ ~**gebirge** *n* **auf Packeis** / hummock ‖ ~**glas** *n* / crackle[d] glass ‖ ~**kalorimeter** *n* (Phys) / ice calorimeter ‖ ~**-Kleinpackung** *f* / fragmentary ice ‖ ~**klüftig**, -rissig (Holz, Stein) / split by the frost ‖ ~**kondensationsreaktor** *m* / ice-condenser reactor ‖ ~**kondensator** *m* / ice condenser ‖ ~**maschine** *f* / ice machine o. generator ‖ ~**maschine** *f* **für Halbgefrorenes** / sherbet machine ‖ ~**nadeln** *f pl* (in schnell fließendem Wasser) / frazil ice ‖ ~**pickel** *m* / ice-axe ‖ ~**punkt** *m* (Phys) / ice o. freezing point, point of congelation ‖ ~**rissig**, -klüftig (Holz, Stein) / split by the frost ‖ ~**schale** *f* (Kühlschrank) / ice-cube chest o. bin, ice bucket ‖ ~**schlamm** *m* (Kältetechnik) / pakice ‖ ~**schmelze** *f* (Gewässer) / ice-out ‖ ~**scholle** *f* / floe, floating sheet of ice ‖ **stillstehende** ~**scholle** / cake of ice ‖ ~**sporn** *m* / crampon ‖ ~**stadion** *n* / ice stadium ‖ ~**stau** *m* / packing of ice, ice jam ‖ ~**stollen** *m* (Traktor) / ice grouser ‖ ~**streifen** *m* **am Ufer** / ice formation along the shore ‖ ~**stücke** *n pl* / broken ice ‖ **mit** ~**stücken bedeckt** / sludgy ‖ ~**überzug** *m* **auf Drähten** / sleet ‖ ~**versetzung** *f* / ice barrier, ice blockage ‖ ~**warndienst** *m* / ice patrol service ‖ ~**-Wasser-Gemisch** *n* / sludge ‖ ~**würfel** *m* / ice cube ‖ ~**zapfen** *m* / icicle ‖ **starke** ~**zapfenbildung** (Anstrich) / icicling ‖ ~**zapfenfrei** (Löten) / icicle-free ‖ ~**zeit** *f*, Glazial *n* / glacial period, great ice age ‖ ~**zeitlich**, glazial (Geol) / glacial ‖ ~**zelle** *f* / ice can
Eiweiß *n* (Chem) / albumen ‖ ~, Eiweißmischung *f* (Bb) / glair ‖ **einfache** ~**e**, Proteine *n pl* / proteins ‖ ~**artig**, -haltig / albuminous ‖ ~**artig**, -ähnlich / proteinaceous ‖ ~**aufspaltung** *f*, Proteolyse *f* / proteolysis ‖ ~**chemiefaser** *f* / protein-based fiber ‖ ~**lasurfarbe** *f* (Phot) / albumen glazing colour, transparent glossy colour ‖ ~**schlichte** *f* (Textil) / protein size ‖ ~**spaltend** / proteolytic ‖ ~**stoff** *m*, Eiweiß *n* / protein
Ejektor *m*, Saugstrahlpumpe *f*, (auch:) Ejektor am Auspuff / ejector ‖ ~**auspuff** *m* (Luftf) / ejector exhaust pipe ‖ ~**bohren** *n* (Wzm) / ejector drilling ‖ ~**diffusionspumpe** *f* / diffusion ejector pump ‖ ~**-Leerschuß** *m* (Hydr) / water jet pump ‖ ~**pumpe** *f* (Vakuum) / air ejector, vacuum augmenter ‖ ~**pumpe** *f* (Dampfm) / ejector [pump], jet pump
EK-Beizverfahren *n* **für Draht** / EC-pickling process for the chemical surface treatment of wire
EKD (Hütt) = Eisenkohlenstoffdiagramm
Eklipsmaschine *f* (Spinn) / eclipse roving frame, eclipse speeder
Ekliptik *f* (Astr) / ecliptic
ekliptikale Koordinaten (im Sonnensystem) *f pl* / solar ecliptic coordinates
Ekliptikebene *f* (Astr) / plane of the ecliptic
Ekman·schaufel *f* (Unterwasser) / Ekman dredge for submarine work ‖ ~**-Spirale** *f* (Meteorol) / Ekman layer
Ekonomiser *m* (Dampfm) / economizer
EKONS (DV) = einheitliches Kontonummernsystem
Ekrasit *n* / ecrasite
E-Krümmer *m*, -Bogen *m* (Wellenleiter) / E-bend, flatwise bend
Ekrüseide *f*, Rohseide *f* / bast o. ecru o. raw silk, unboiled o. unscoured silk
Ekto·parasit *m* (außensitzender Parasit) / ectoparasite, epiparasite, ectozoon (zool), ectophyte (bot) ‖ ~**toxin** *n* (Bakteriengift) / ectotoxin
E-Kupfer *n* / electrical grade copper, electrolytic tough pitch o. ETP copper

EKZ, Wegstreckenmesser *m* / journeymeter
Elaidin·reaktion *f* / elaidine reaction ‖ ~**säure** *f* / elaidic acid
Elain *n*, Olein *n* / olein
Eläolith *m* (Min) / nepheline, nephelite, elaeolite
Elast, Elastomer *n* (Chem) / elastomer
Elastanz *f* (Reziprokwert der Kapazität) (Elektr) / elastance
Elastase *f* (Enzym) / elastase
Elasthan *n* (Chemiefaser) / elasthan fibre (GB), spandex fiber (US)
Elastic *n* (Textil) / elastic
Elastikreifen *m* (Kfz) / cushion tyre
Elastin *n* (Biochem) / elastin
elastisch, nachgiebig / elastic ‖ ~, geschmeidig / limber ‖ ~, biegsam / supple, flexible, pliant ‖ ~, federnd / resilient, springy ‖ ~ **ähnliches Modell** (Luftf) / elastic model ‖ ~**es Band** / elastic ribbon o. tape o. web ‖ ~**e Dehnung** (Mech) / elastic stretch ‖ ~**e Dichtmasse** / flexible sealant ‖ ~**er Dübel** (Stahlbau) / flexible connector ‖ ~**e Durchbiegung** / elastic deflection ‖ ~**e Erholung** / elastic recovery ‖ ~**e Ermüdung** / elastic fatigue ‖ ~**e Fahrdrahtaufhängung** (Bahn) / flexible fastening of the contact wire, resilient fastening of the contact wire ‖ ~**es Gelenk** / resilient joint, flexible joint ‖ ~**es Gewebe** / flexible web material ‖ ~**es Gewebe** (mit eingewebten Gummifäden) / shirred fabric ‖ ~**e Hohlwelle** / quill shaft ‖ ~**e Isolierung** (eine Trennung) / flexible isolation ‖ ~**e Kupplung** / flexible coupling ‖ ~**e Linie**, Durchbiegungslinie *f* / elastic curve o. line ‖ ~**e Nachwirkung** / elastic after-effect o. after-working o. fatigue, elastic hysteresis o. lag, residual elasticity ‖ ~**e Nullachse** o. **neutrale Achse** / elastic neutral axis ‖ ~**es Polymer[isationsprodukt]** / elastomeric material ‖ ~**er Rand** (Strumpf) / rib top ‖ ~**e Rückstellung** (Mech) / restitution ‖ ~**e Schienenunterlagsplatte** (Bahn) / resilient sleeper pad o. tie pad (US) ‖ ~**er Stoß** (Nukl) / elastic collision ‖ ~**e Streuung** (Nukl) / elastic scattering ‖ ~**e Stützung** / elastic suspension ‖ ~**e Verformung** (Mech) / strain ‖ ~**e Verformungsarbeit** / resilience, resiliency
Elastizität *f*, Federkraft *f* / elasticity, elastic force ‖ ~, Geschmeidigkeit, Nachgiebigkeit *f* / limberness ‖ ~, Biegsamkeit *f* / suppleness ‖ ~ (Rohgummi) / nerve ‖ ~ (bes. Metall), Federkraft *f* / resiliency, give *n* ‖ ~ **der Gase** / elasticity of gases, compressibility o. expansibility of gas ‖ **unvollkommene** ~ / anelasticity
Elastizitäts·berechnung *f* (Mech) / elastic design ‖ ~**gleichung** *f* / equation of elasticity ‖ ~**grenze** *f* / elastic limit, limit of elasticity ‖ ~**grenze**, Fließgrenze *f* / yielding point ‖ ~**grenze 0,1%** / offset yield stress ‖ ~**hysteresis** *f* / elastic hysteresis o. lag ‖ ~**koeffizient** *m* / coefficient of elasticity ‖ ~**konstanten** *f pl* / elastic constants *pl* ‖ ~**messer** *m* / elastometer ‖ ~**messer** *m* **für Seidenfäden** / elasticity tester for silk threads, serimetre ‖ ~**modul** *m* (Mech) / modulus of elasticity [for tension], Young's modulus [of elasticity], elastic modulus ‖ **räumlicher** ~**modul** / bulk modulus of elasticity ‖ ~**modul aus Biege-, [Druck-, Verdreh-, Zug]versuch** *m* / modulus in flexure, [compression, torsion, tension]
Elasto·faser *f* / elastofiber ‖ ~**garn** *n* / elasto-yarn ‖ ~**hydrodynamik** *f*, EHD (Schmierung) / elastohydrodynamics, EHD ‖ ~**mechanik** *f* / elastomechanics
Elastomer *n* / elastomer ‖ ~**folie** *f* / elastomer sheeting
elasto·plastisch / elastic-plastic, elastoplastic ‖ ~**plastisches Beulen** / elastoplastic buckling ‖ ~**statik** *f* / elastostatics
Elaterit *m* (Min) / elaterite, elastic bitumen
Elbowseparator, Winkelseparator *m* (Hütt) / elbow separator
Elco-Lackierung *f*, EL / electrocoating
ELDO = Europäische Organisation für Entwicklung u. Bau von

Trägerfahrzeugen / European Launching Development Organization
Electroforming n (Galv) / electroforming
Electron-Printing n (mit radioaktiven Strahlen) (Buch) / electron printing
Elefantenhaut f (Hütt) / orange peel
Elektivnährboden m, Selektiv-, Differentialnährboden m / selective nutrient medium
Elektoralwolle f (Textil) / electoral wool, Saxony wool
Elektret m (Phys, Elektr) / electret
elektrifizieren (Bahn) / electrify, electrize
elektrifizierte Eisenbahn / electric o. electrified railway
Elektrifizierung f (Bahn) / electrification, electrization
Elektrik f / electricity
Elektriker m / electrician ǁ ⌃, Elektroinstallateur m / electrician, electrical fitter ǁ ⌃**arbeiten** f pl / electrician's work
Elektriksammelleitung f (Raumf) / electrical system bus
elektrisch (mit der Anwendung der Elektrizität zusammenhängend) / electrical ǁ ～, Elektrizitäts…, Elektro… (mit Wirkung der Elektrizität zusammenhängend) / electric ǁ ～**e Abbaubeleuchtung** / electric coal face lighting ǁ ～**e Abgasreinigung** / electric precipitation ǁ ～**er Abgleich** / electrical balance ǁ ～**e Abhängigkeit** (Bahn) / electric interlocking ǁ ～**e Abtastung** (LoKa) / electric o. brush sensing ǁ ～**e Achse** (Krist) / electric axis ǁ ～**e Alarmvorrichtung** / electric alarm ǁ ～**e Alterung** / electric ageing ǁ ～**e Anlage** / electrical installation ǁ ～**e Anlage für Sicherheitszwecke** / safety supply system ǁ ～**er Antrieb** / electric drive o. motion ǁ ～**e Aufladezeitkonstante eines Pulsbewertungskreises** / electric charge time constant of a detector ǁ ～**er Aufzug** (Uhr) / electric winding ǁ ～**e Ausrüstung** / electrical equipment ǁ ～**e Ausrüstung der Bodenstationen** (Raumf) / electrical ground support equipment ǁ ～ **beleuchtet** / electrically lighted ǁ ～**e Beleuchtung** / electric lighting ǁ ～ **betrieben**, elektrisch angetrieben / electric[ally] driven o. operated ǁ ～ **betrieben** (Bahn) / electrified ǁ ～**e Betriebsmittel** n pl / electrical apparatus pl ǁ ～**e Bohrmaschine** / electric drill[ing machine], power drill ǁ ～**es Büschel** / electrical brush aigrette ǁ ～**e Deckenheizung** / electrical panel heating ǁ ～**er Dipol** / electric doublet o. dipole ǁ ～**es Dipolmoment** / electric dipole moment ǁ ～**es Drehen** (Elektr) / inching ǁ ～**er Drehwinkel** (Potentiometer) / function angle of a potentiometer ǁ ～**er Druckluftbohrhammer** / electric air hammer drill ǁ ～**er Durchflußregler** m / electric flow rate controller ǁ ～**er Durchschlag**, -bruch / electrical breakdown ǁ ～**er Durchschlagsfeldstärke** / disruptive electric field strength ǁ ～**e Eisenbahn** / electric railway, electrified railway ǁ ～**e Energie** / electric energy ǁ ～**e Energiefortleitung**, -übertragung / electric power transmission ǁ ～**e Entladung** / electric o. field discharge ǁ ～**e Erwärmung** / electrical heating ǁ ～**e Fahrradbeleuchtung** / electric bicycle lighting set ǁ ～**es Feld**, Kraftfeld n / electric o. electrostatic field, field of force ǁ ～**e Feldkonstante**, ϵ_0 / absolute permittivity of the vacuum ǁ ～**es Feldlinienbild** / electric field pattern ǁ ～**e Feldstärke** / electric field strength ǁ ～**es Flurförderfahrzeug** / electric industrial truck ǁ ～**e Flußdichte**, Kraftlinienzahl f / electric flux density, dielectric strain, displacement ǁ ～**er Fördermaschine** (Bergb) / electric winder ǁ ～**es Gefäll[e]** / electric loss ǁ ～ **geheizter Fliegeranzug** / electrically heated flying suit o. combination ǁ ～ **geladen** / electricity-laden ǁ ～**es Gerät für den Heimgebrauch** / household electrical appliance, electrical household appliance ǁ ～ **getrennter Stromkreis** / floating circuit ǁ ～**er Gleichlauf** (Walzw) / twin drive ǁ ～**e Größe** / electric variable ǁ ～**er Haartrockner** / electric hair drier ǁ ～**e Heizgewebe** n pl / electric heating fabrics pl ǁ ～**es Heizkissen** /

electric [heating o. warming] pad ǁ ～**er Heizofen** (Haushalt) / electric oven o. radiator ǁ ～**e Heizung** / heating by electricity, electric heating ǁ ～**e Influenz** / electric induction ǁ ～**e Klingel** (o. Glocke) / electric bell ǁ ～**er Kocher o. Kochtopf** / electric cooker ǁ ～**e Kochplatte** / electric hot plate ǁ ～**er Konvektionsofen** (Heizung) / electric convector ǁ ～**e Kopplung** (Elektronik) / electrostatic coupling ǁ ～**es Kraftfahrzeug** / electric motorcar o. truck, electromobile ǁ ～**e Kraftlinienzahl** s. elektrische Flußdichte ǁ ～**e Kraftstoffpumpe** / electrical fuel pump ǁ ～**er Kronleuchter** / electrolier ǁ ～**es Längenmaß von Leitungen** (Fernm) / total distortion of lines ǁ ～**er Lastkraftwagen**, Elektro-Lkw m / electric truck ǁ ～**es Läutewerk** / electric bell, signalling bells pl ǁ ～**e Leistung** (Phys) / electrical power ǁ ～ **leitend** / electrically conductive, electroconductive ǁ ～**e leitende Faser** / epitropic fibre (CIC) ǁ ～**e Lichtanlage** / electric light plant o. installation ǁ ～**e Lichtanlagen** f pl / electric lighting ǁ ～ **löschbarer ROM** / EEROM ǁ ～**er Lötkolben** / electric soldering iron ǁ ～**e Maschinen** f pl / electrical rotating machines pl, electric machines pl, rotating machines pl ǁ ～ **messend** / electrically measuring ǁ ～**es Moment** / electric moment ǁ ～**er Nullpunkt** / electrical zero ǁ ～**er Oberwellen-Analysator** / electric harmonic analyzer ǁ ～**er Ofen** / electric furnace ǁ ～**e Programmierung** / electrical programming ǁ ～**e Rauchgasreinigung** / electric precipitation ǁ ～**es Sauerstoff-Schneiden** / oxy-arc cutting ǁ ～**er Schlag** / electric shock ǁ ～**es Schlagwerk** (Fernm) / electric ringing apparatus ǁ ～ **schmelzen** / electromelt ǁ ～**es Schneiden** / electric [arc] cutting ǁ ～**e Schreibmaschine** / electric typewriter ǁ ～**e Schwingungen** f pl / electric oscillations pl ǁ ～**e Sperre** (Bahn) / electric lock ǁ ～**e Sperre mit zwangsläufiger Abstützung** (Bahn) / forced drop lock ǁ ～**er Staubabscheider** / electrical dust collector ǁ ～ **rein** ～**es Stellwerk** (Bahn) / all-electric interlocking apparatus ǁ ～**er Sturm** (Metereol) / electric storm ǁ ～**e Suszeptibilität** / electric susceptibility ǁ ～ **symmetrisch**, gleichpolig (Elektr) / homopolar ǁ ～**es Testbild** (TV) / electronic test pattern ǁ ～**e Türverriegelung** / door o. gate interlock ǁ ～**e Typensetzmaschine** (Buch) / electrotypograph ǁ ～**e Uhr** / electrical clock ǁ ～**e Uhrenanlage** / electrically controlled clocks pl ǁ ～**er Verlust** / electric loss ǁ ～**e Verriegelung** / electric interlocking system ǁ ～**er Verschluß** (Bahn) / electric interlocking ǁ ～**e Versilberung** / electro-silverplating o. -coating o. -deposition ǁ ～ **versorgt** / electrically energized ǁ ～**e Vorspannung** / electrical bias ǁ ～**e Wandheizung** / electric panel heating ǁ ～**e Weiche**, Motor-Weiche f (Bahn) / motor points pl ǁ ～**er Weichenantrieb** (Bahn) / point motor ǁ ～**e Weichenstellung** (Bahn) / electrical throwing o. operating of points ǁ ～**e Welle** (zur Übertragung von Drehbewegungen) / autosyn ǁ ～**er Widerstand** / electric resistance ǁ ～**er Wind** / electric wind ǁ ～**er Winkel** / electrical angle ǁ ～**e Winkelgeschwindigkeit**, ω / angular frequency ǁ ～**e Zerstäubung** / electrical disintegration ǁ ～**e Zugförderung** (Bahn) / electric traction ǁ ～**er Zünder** / electric fuse ǁ ～**er Zünder** (Bergb) / discharger ǁ ～**e Zündvorrichtung**, -maschine (Bergb) / exploder ǁ ～**-mechanisches Bauelement** (Elektron) / electromechanical component
elektrisieren, elektrisch laden / electrify, electrize
Elektrisiermaschine f / electrostatic generator o. machine
Elektrisierung f (allg) / electrification, electrization
Elektrizität f / electricity ǁ ⌃, Strom m / electric current, juice (US coll)
Elektrizitäts·erregung, -erzeugung f (Biol) / electrogenesis ǁ ～**erzeugend** / electrogenous ǁ ⌃**lehre** f / electrics sg, science of electricity ǁ ～**leitend** / electrically conductive, electroconductive ǁ ⌃**leiter** m / electric conductor ǁ ⌃**lieferung** f, -versorgung f /

electric [power] supply ‖ ⁺menge f / quantity of electricity ‖ ⁺quelle f, Stromquelle f / source of current o. electricity ‖ ⁺verlust m, Stromverlust m / electric loss, loss of current ‖ ⁺versorgung f, -lieferung f / electric [power] supply ‖ ⁺-Versorgungsunternehmen n, EVU / electric [supply] company, utility company ‖ ⁺verteilung f / electric power supply ‖ ⁺werk n, EW n / generating plant o. station, [electric] power station o. house o. plant, generating o. supply station, central station ‖ ⁺wirtschaft f / electro-economics pl, public electricity supply ‖ ⁺zähler m / electricity meter

Elektro·..., elektrisch betätigt / electrically driven o. operated ‖ ⁺... s. auch elektrisch u. Elektrizitäts... ‖ ⁺affinität f / electro affinity ‖ ⁺akustik f / electroacoustics

elektroakustisch / electroacoustic adj ‖ ⁓er **Passivwandler** (DIN) m / hydrophone ‖ ⁓er **Übertragungsfaktor**, Druck-Übertragungsfaktor m (Akust) / pressure response o. sensitivity ‖ ⁓es **Übertragungsmaß des Empfängers** / electroacoustic index (receiver), response level ‖ ⁓es **Übertragungsmaß des Senders** (Fernm) / electroacoustic index (sender), pressure rating ‖ ⁓er **Unterwassersendewandler** (DIN) / underwater sound projector ‖ ⁓er **Wandler** / electroacoustic transducer ‖ ⁓er **Wirkungsgrad** (Lautsprecher) / total response

Elektro·analyse f / electroanalysis ‖ ⁺anschluß m / electric supply ‖ ⁺anschluß haben / be connected to the electrical mains ‖ ⁺antrieb m / electric drive o. motion ‖ ⁺antrieb m (Raumf) / electric propulsion ‖ ⁺antrieb m, -antriebsmotor m (Raumf) / electric thrustor ‖ ⁺backofen m / electric baking oven ‖ ⁺bandrolle f / electrically driven conveyor drum, motor belt drum ‖ ⁺blech n / magnetic steel sheets, electric sheets (US) pl ‖ ⁺bohren n (Öl) / electric drilling ‖ ⁺bohrer m (Öl) / electrodrill ‖ ⁺bohrmaschine f (Wzm) / electric drill[ing machine], power drill ‖ ⁺bus m, O-Bus m / trolleybus ‖ ⁺chemie f / electrochemistry ‖ ⁺chemiker m / electrochemist ‖ ⁺chemisch / electrochemical ‖ ⁓chemische Abtragmaschine / electro-discharge machine ‖ ⁓chemisches Äquivalent, Faraday-Äquivalent n / Faraday equivalent (not: electrochemical equivalent) ‖ ⁓chemische Bearbeitung / electrochemical machining, ECM ‖ ⁓chemische Bearbeitungsmaschine / electrochemical machine ‖ ⁓chemisches Feinbohren, ECF / electrochemical fine drilling ‖ ⁓chemische Metallfärbung / electrochemical color[is]ation o. colo[u]ring ‖ ⁓chemische Polarisation / electrolytic polarization ‖ ⁓chemische Reihe o. Spannungsreihe / electrochemical o. contact o. displacement series, electromotive chain o. series ‖ ⁓chemische Umwandlung in der Batterie / electrochemical change in the battery ‖ ⁓chemische Wertigkeit / valence o. valency number ‖ ⁓chrom (Elektronik) / electrochromic ‖ ⁺chromismus m, Elektrofarbverwandlung / electrochromism ‖ ⁺colorverfahren n (Metallfärbung) / electrocolor process [for metal] ‖ ⁺cureverfahren n (Lack) / electron beam curing o. E.B.C.-process ‖ ⁺dampfkessel m / electrically heated [steam] boiler, electric steam boiler

Elektrode f (allg) / electrode ‖ ⁺ (Schweiß) / consumable electrode, electrode ‖ ⁺ (Zyklotron) / deflector ‖ ⁺ **des erzsaueren Typs**, erzsaure Elektrode / electrode with a covering of the iron oxide type giving inflated slag, class 4 electrode ‖ ⁺ **des kalkbasischen Typs**, kalkbasische Elektrode / basic electrode, lime-ferritic electrode, class 6 electrode ‖ ⁺ **des oxidischen Typs** / electrode with a covering of the iron oxide type giving solid slag, class 5 electrode ‖ ⁺ **eines galvanischen Elementes** / element, plate ‖ ⁺ **mit gasumhülltem Lichtbogen** (Schweiß) / shielded arc electrode ‖ ⁺ **zum Glasschmelzen** / glass-melting electrode

Elektroden·abbrand m / electrode consumption ‖ ⁺abstand m (der Zündkerze) / spark plug air gap, spark

o. air gap, sparking distance ‖ ⁺abstand m (Elektronik, Schweiß) / electrode spacing o. gap, interelectrode gap ‖ ⁺abstandslehre f (Kfz) / sparkling gap gauge ‖ ⁺-Admittanz f, -Scheinleitwert m / electrode admittance ‖ ⁺befestigung f, -halterung f (Hütt) / electrode joining ‖ ⁺behälter m, -köcher m / electrode case o. bag ‖ ⁺-Blindleitwert m / electrode susceptance ‖ ⁺-Blindwiderstand m, -Reaktanz f / electrode reactance ‖ ⁺charakteristik f, -kennlinie f / electrode characteristic ‖ ⁺fehlstrom m / electrode fault current ‖ ⁺halter m, -zange f (Schw) / welding tongs pl, rod holder ‖ ⁺-Impedanz f, -Scheinwiderstand m / electrode impedance. ‖ ⁺kapazität f (Elektronik) / internal capacitance ‖ ⁺kennlinie f / electrode characteristic ‖ ⁺kessel m / electrode boiler o. steam generator o. water heater ‖ ⁺köcher m, -behälter m (Schweiß) / electrode case o. bag ‖ ⁺kohle f / electrode carbon ‖ ⁺konduktanz f, -Wirkleitwert m / electrode conductance ‖ ⁺kühlblech n / electrode heat sink o. heat dissipator ‖ ⁺kuppe f / electrode cap ‖ ⁺leerlaufspannung f (Röhre) / electrode voltage (tube non-conducting) ‖ ⁓lose Entladung, Ringentladung f / electrodeless discharge ‖ ⁓lose Röhre, Nullode f (Elektronik) / spark gap tube ‖ ⁺mantel m, -ummantelung f (Schweiß) / electrode sheathing ‖ ⁺mehl n (Chem) / crushed electrodes pl ‖ ⁺metall n (Schweiß) / filler metal o. material ‖ ⁺-Reaktanz f, -Blindwiderstand m / electrode reactance ‖ **ausgemauerter ⁺ring** (Elektroofen) / bull's eye, electrode ring ‖ ⁺schaft m (Schw) / electrode adapter ‖ ⁺-Scheinleitwert m, -Admittanz f / electrode admittance ‖ ⁺-Scheinwiderstand m, -Impedanz f / electrode impedance ‖ ⁺sitz m (Schw) / electrode taper fit ‖ ⁺spannung f, Potentialdifferenz f / potential difference between electrodes ‖ ⁺strom m (Funk) / electrode current ‖ ⁺treibrollen f pl (Ofen) / electrode feed rollers pl ‖ ⁺überschlag m / arcing, arking ‖ ⁺verbrauch m / electrode consumption ‖ ⁺verlustleistung f / electrode dissipation ‖ ⁺vorspannung f / electrode bias ‖ ⁺wechsel m (Schw) / electrode change ‖ ⁺-Wirkleitwert m, -konduktanz f / electrode conductance ‖ ⁺-Wirkwiderstand m / electrode resistance ‖ ⁺zange f, -halter m (Schweiß) / electrode holder, rod holder, welding tongs pl

Elektro·desintegration f (Nukl) / electrodisintegration ‖ ⁺dialyse f / electrodialysis, electro-ultrafiltration ‖ ⁺disintegration f, Elektronenzertrümmerung f / electrodisintegration ‖ ⁺dispersion f / electrodispersion ‖ ⁺dynamik f / electrodynamics ‖ ⁓dynamisch, dynamometrisch / electrodynamic, dynamometric, dynamometer... ‖ ⁓dynamisch, dynamisch (Lautsprecher, Mikrophon, Elektronik) / moving coil..., coil-driven, [electro]dynamic ‖ ⁓dynamische Kontraktion, elektrodynamische Einschnürung (Plasma) / electrodynamic contraction ‖ ⁓dynamischer Leistungsmesser / dynamo type wattmeter ‖ ⁓dynamisches Schwebesystem, EDS (Bahn) / electrodynamic levitation ‖ ⁓dynamisches Wattmeter mit Eisenkern / Sumpner wattmeter ‖ ⁺dynamometer n (Fernm) / electrodynamometer, rheometer ‖ ⁺endosmose f / electrical [end]osmosis, electro[end]osmosis, electrosmosis ‖ ⁺energie f / electric energy ‖ ⁺entstaubung f / electric dust precipitation ‖ ⁺erosion f / electroerosion ‖ ⁺erosionsmachine f / electrical discharge forming machine ‖ ⁓erosive Bearbeitung / electrical discharge machining, EDM, [electric] discharge o. erosion, [electric] spark machining ‖ ⁓erosive Lichtbogenbearbeitung / arc machining ‖ ⁺erzeugung f / electroproduction ‖ ⁓explosiv / electro-explosive ‖ ⁺fahrwerk n (Kran) / electric travelling gear o. traversing gear ‖ ⁺fahrzeug n / electric motorcar o. truck, electromobile ‖ ⁺fahrzeug n, -schienenfahrzeug n (Bahn) / electric rail vehicle ‖ ⁺filter m n / electrostatic filter ‖ ⁺fläche f / electrically active surface ‖ ⌐[flaschen]zug *m* / electro-[pulley] block, electric hoist o. pulley block, power lift ‖ ⌐floatglas *n* / electrofloat glass ‖ ⌐fluiddynamik *f* / electro fluid dynamics *pl* ‖ ⌐fluor *n* (transpar. Material, das el. Energie in sichtb. Licht umwandelt) / electrofluor ‖ ⌐förderwagen *m* (Bergb) / electric haulage car ‖ ⌐formung *f* / electroforming, -fabrication ‖ ⌐funkenverfahren s. elektroerosive Bearbeitung ‖ ⌐gabelstapler *m* / electric fork lift truck ‖ ⌐gabelstapler *m* für Paletten / electric pallet stacking truck ‖ ~galvanisch / electrogalvanic ‖ ⌐gasdynamik *f*, EGD / electro-gas dynamics *pl* ‖ ⌐gen *n* (bei Belichtung Elektronen abgebendes Molekül) / electrogen ‖ ⌐geräte *n pl* für den Hausgebrauch / electric household appliances *pl* ‖ ⌐getriebe *n* (Kfz) / electric linkage (US) ‖ ⌐gewinde *n* / electrical thread ‖ ⌐glas *n* / copper[lite] glazing, electro copper glazing ‖ ⌐graphie *f* / electro-photography ‖ ⌐graphit *m* / electrographite ‖ ⌐graphitstift *m* / conductive pencil, electrographic pen ‖ ⌐grenzlehre *f* / electrolimit gauge ‖ ⌐guß *m* / electric furnace cast iron ‖ ⌐gyroantrieb, Kreiselantrieb *m* (Kfz, Bahn) / electrogyro drive ‖ ⌐hammer *m* / electric hammer ‖ ⌐-Handhubwagen *m* / powered pallet truck ‖ ⌐hängebahn *f* / telpher line o. system, telpherage, telferage ‖ ⌐-Haushalt... / electric household ... ‖ ⌐-Haushaltherd *m* / household electric range ‖ ⌐hebemagnet *m*, Lasthebemagnet *m* / hoisting o. lifting magnet, crane magnet ‖ ⌐hebezeug *n* / electric hoist ‖ ⌐heizband *n* / electric heater band ‖ ⌐heizkörper *m* / electric radiator ‖ ⌐heizung *f* / electric heating ‖ ⌐herd *m*, E-Herd *n* / electric hearth o. kitchen range o. kitchener, electric [cooking] range ‖ ⌐herd mit mehreren Platten / boiling table ‖ ⌐hochofen *m* / electric shaft furnace ‖ ⌐hocker *m* / stool type electric cooking plate ‖ ⌐hubwagen *m* / lift truck ‖ ⌐hubwerk *n* / electric lifting o. hoisting gear ‖ ~hydraulisches Bohren (Bergb) / electro[-hydraulic] drilling, electro-stream process, electrodrilling ‖ ~hydraulische Zerkleinerung / electrohydraulic crushing ‖ ~hydraulische Flugsteuerung, Fly-by-wire *m n* / fly-by-wire ‖ ~hydrodynamischer Stromerzeuger, EHD-Generator *m* (Elektr) / electro-hydrodynamic generator ‖ ⌐-Hydropumpe *f* / electrohydraulic pump ‖ ~induktive Prüfung / testing by electric induction ‖ ⌐industrie *f* / electrical industry ‖ ⌐industrie *f*, -maschinenbau *m* / electrical engineering industry ‖ ⌐ingenieur *m* / electrical engineer ‖ ⌐ingenieur, der Mitglied der Institution of Electrical Engineers ist (GB) / Chartered Electrical Engineer ‖ ⌐installateur *m* / electrician, electrical fitter, electragist (US) ‖ ⌐installation *f* / electric installation ‖ ⌐installationsmaterial *n* für Wand und Decke / trunking ‖ ⌐installationsmaterial *n* / material for electric installation ‖ ⌐-Installationsrohr *n* / conduit for electrical installations ‖ ⌐isolierfolie *f* / sheeting for electrical insulation ‖ ⌐isolierpapier *n* / paper for electrical insulation ‖ ⌐isolierpappe *f* / electrical insulating board ‖ ⌐kalorimeter *n* / electric calorimeter ‖ ~kalorischer Effekt / electrocaloric effect ‖ ~kapillar / electrocapillary ‖ ⌐kardiogramm *n*, EKG / electrocardiogram ‖ ⌐kardiograph *m* / electrocardiograph ‖ ⌐karren, -wagen *m* / electric [industrial] truck ‖ ⌐karrenbatterie *f* / traction o. vehicle battery ‖ ⌐keramik *f* / electroceramics *pl* ‖ ⌐kessel *m* / electric boiler ‖ ⌐kinetik *f* / electrokinetics ‖ ~kinetisch / electrokinetic ‖ ⌐kippdämpfer *m* (Landw) / electric potato steamer (tipping type) ‖ ⌐kleinfahrzeug *n* (für Schnelltransporte) / burden carrier ‖ ⌐kleinmotor *m* / fractional horsepower motor, F.H.p. motor (up to 746 W at 1500 min⁻¹)) ‖ ⌐koagulation *f* / electrocoagulation, diathermic coagulation ‖ ⌐kocher *m* / electric cooker ‖ ⌐[koch]geschirr *n* / electrical household appliance ‖ ⌐kochplatte *f* / electric hot plate ‖ ⌐kohleherd *m* /

combined electric and coal range ‖ ⌐korund *m* / aluminium oxide abrasive, aluminous abrasive, fused alumina o. corundum ‖ ⌐kranwagen *m* / electric crane truck ‖ ⌐kultur *f* (Landw) / electroculture ‖ ⌐kution *f* / electrocution ‖ ⌐lackpappe *f* / varnished paper board, isolite ‖ ⌐landwirtschaft *f* / electrofarming ‖ ⌐lieferwagen *m* / electric delivery van ‖ ⌐löffelbagger *m* / electric shovel (US) ‖ ⌐lok[omotive] *f* / electric loco[motive] o. engine (US) ‖ ⌐lumineszenz *f* / electroluminescence, -fluorescence ‖ ⌐lumineszenzplatte, Leuchtplatte *f* / electroluminescent source (a panel lamp)

Elektrolyse *f* / electrolysis ‖ ⌐ofen *m*, -zelle *f* (Alu) / electrolytic cell ‖ ⌐rückstände *m pl*, -schlamm *m* / residual slimes of electrolysis *pl*, electrolytic mud o. slime

Elektrolyse[u]r *m* / electrolyzer outfit
elektrolysierbar / electrolyzable
elektrolysieren, durch Elektrolyse zersetzen / electrolyze
Elektrolyt *m* / electrolyte ‖ ⌐, Bad *n* (Galv) / bath [solution], electrolyte ‖ ⌐ (in einem Primärelement) / excitant (in a primary cell) ‖ ⌐ an der Kathode, Katholyt *m* / catholyte ‖ ⌐blei *n* / electrolytic lead ‖ ⌐detektor *m* (Elektronik) / Schloemilch detector, electrolytic detector ‖ ⌐eisen *n* / electrolytic iron ‖ ⌐glas *n* / copper[lite] glazing, electro copper glazing ‖ ⌐gleichrichter *m* / electrolytic rectifier o. valve
elektrolytisch / electrolytic, -ical ‖ ~e Apparatur / electrolyzer outfit ‖ ~e Auflösung / electrodissolution ‖ ~es Beizbad / electrolytic pickling bath ‖ ~e Bleiche / electrolytical bleaching ‖ ~er Blitzableiter / elctrolytic arrester, aluminium-cell arrester ‖ ~e Bürstpolitur / electrolyte brush polishing ‖ ~er Detektor, Schlömilch-Zelle *f* / electrolytic detector, Schloemilch detector ‖ ~e Dissoziation / electrolytic dissociation ‖ ~es Entfettungsbad / electrolytical degreasing bath ‖ ~e Extraktion (Hütt) / electroextraction, -winning ‖ ~e Goldgewinnung / electrolytic gold recovery ‖ ~es Meßgerät / electrolytic instrument ‖ ~e Metallbearbeitung / electrolytic machining, electroshaping ‖ ~er Metallüberzug / electroplating ‖ ~e Nickelunterschicht (Weißblech) / electrodeposited nickel undercoat ‖ ~er Niederschlag / electrodeposit *n* ‖ ~e Photozelle, photochemische Zelle *f* / photo-electrolytic cell, photo electromotive cell, photochemical o. Bequerel cell ‖ ~ polieren / anode-brighten, electrobrighten, electropolish ‖ ~es Polieren / electrolytic polishing, anode-brightening, electropolishing, -brightening ‖ ~e Raffination / electrolytic refining, electrorefining ‖ ~es Reinigungsmittel (Galv) / electrocleaner ‖ ~es Schleifen, Elysierschleifen *n* / electrolytic grinding ‖ ~er Strom-Mittelwert (Elektr) / average current ‖ ~e Trennung / electrolytic separation, electroparting ‖ ~er Trog (Phys) / electrolytic tank ‖ ~er Überspannungsableiter / electrolytic lightning arrester ‖ ~er Zähler / electrolytic meter, Bastian meter ‖ ~er Zähler, Gas[entwicklungs]zähler *m* (Elektr) / gas coulometer ‖ ~e Zersetzung / electrolytic corrosion
Elektrolyt·kondensator, Elko *m* / electrolytic capacitor, electrolytic (US coll) ‖ ⌐kupfer *n* / electrolytic[al] o. cathode copper ‖ ⌐lösung *f* / solution of electrolytes ‖ ⌐pulver *n* (Sintern) / electrolytical powder ‖ ⌐-Reinigungsbad *n* / liberator, liberation tank o. cell (electrolysis) ‖ ⌐stärke *f* / electrolyte strength ‖ ⌐strahlbohren *n*, ESD / electro-stream drilling ‖ ⌐zähkupfer *n* / tough-pitch copper ‖ ⌐zink *n* / electrolytic zinc
Elektro·magnet *m* / electromagnet, solenoid (US) ‖ ⌐magnet *m* mit Eisenmantel / steel-encased electromagnet ‖ ⌐magnet *m* mit nur einem bewickelten Schenkel / hinged o. clubfoot electromagnet ‖ ⌐magnetfutter *n* / electromagnetic chuck

elektromagnetisch / electromagnetic adj, E.M. ‖ ~
(Elektronik, Lautsprecher, Mikrophon) / moving iron... ‖ ~e
Abschirmung / electromagnetic shielding ‖ ~e
Abstrahlung / electromagnetic radiation ‖ ~er **Antrieb**
(Raumf) / electromagnetic o. plasma thrustor ‖ ~e
Beeinflussung, EMB / electromagnetic interference,
EMI ‖ ~e **Bewegungsgröße** / electromagnetic
momentum o. quantity of motion ‖ ~e **Bremse** /
magneto-electric brake ‖ ~er **Brumm** / electromagnetic
interference, EMI ‖ ~e **Brummschleife** /
electromagnetic ripple pickup ‖ ~es **Eigenfeld** (Nukl) /
self-consistent field ‖ ~e **Einheit,** E.M.E. (veraltet) /
electromagnetic unit ‖ ~e **Energiedichte,**
volumenbezogene elektromagnetische Energie / volume
density of electromagnetic energy ‖ ~e **Feldröhre** /
electromagnetic tube of force ‖ ~e **Feldtheorie** (Phys) /
electromagnetic field theory ‖ ~e **Induktion** /
electromagnetic induction
elektromagnetische f pl **Kompatibilitätsstudien** (Raumf) /
EMI studies pl
elektromagnetisch·e Kompensationswaage /
electromagnetic force compensating weighing machine
‖ ~e **Kupplung** / electromagnetic clutch ‖ ~er
Lautsprecher, Freischwinger m / inductor loudspeaker
‖ ~e **Polstärkeneinheit** / unit magnetic mass ‖ ~es
Prospektieren / electromagnetic prospecting ‖ ~e
Prüfung (Schw) / electromagnetic inspection ‖ ~e
Pumpe / electromagnetic pump ‖ ~e **Rückkopplung**
(Elektronik) / magnetic reaction ‖ ~er **Schnellauslöser** /
electromagnetic tripping mechanism, tripping magnet ‖
~e **Schwebeführung** f, EMS f (Bahn) / electromagnetic
levitation ‖ ~e **Störfreiheit o. Verträglichkeit,** EMV /
electromagnetic compatibility, EMC ‖ ~e **Störungen** f
pl / electromagnetic interference, EMI ‖ ~er
Tonabnehmer / magnetic pick-up ‖ ~e
Verträglichkeit, EMV / electromagnetic compatibility,
EMC ‖ ~e **Welle** / electromagnetic wave, E.M. wave ‖
Aufspüren ~er **Strahlungsquellen mit elektronischen
Mitteln** (Mil) / ferreting
Elektro·magnetisieren n / electromagnetizing ‖
~**magnetismus** m (als Erscheinung) / electromagnetism
‖ ~**magnet-Schienenbremse** f (Bahn) / electromagnetic
rail brake ‖ ~**magnet-Spannvorrichtung** f /
electromagnetic chuck ‖ ~**maschine** f / electric machine
‖ ~**maschinen** f pl / electric[al] machines pl ‖
~**maschinenbau** m (Industrie) / electrical engineering
industry ‖ ~**maschinenbau** m (Tätigkeit) / construction
of electric machines ‖ ~**mechanik** f / electromechanics
‖ ~**mechaniker,** Elektriker m / electromechanic,
electrician ‖ ~**mechanisch** / electromechanic, -ical ‖
~**mechanische Fühlschiene** (Bahn) / electromechanical
treadle ‖ ~**mechanisches Stellwerk** (Bahn) /
electromechanical signal box ‖ ~**mechanische Waage** /
electromechanical weighing machine ‖ ~**medizinisch** /
electromedic[in]al ‖ ~**mer** (Chem) / electromer ‖
~**metallurgie** f / electrometallurgy ‖ ~**meter** n (Instr) /
electrometer ‖ ~**meterlampe** f / electrometric lamp ‖
~**meterröhre** f (Funk) / electrometric tube ‖ ~**metrie** f,
elektrometrische Maßanalyse / electrometry ‖
~**metrisch,** potentiometrisch (Chem) / electrometric,
potentiometric ‖ ~**mobil** n / electric motorcar o. truck,
electromobile ‖ ~**monteur** m / electrician ‖ ~**monteur**
m, Installateur m / fitter, erector, installer (US) ‖
~**motor** m / electromotor, electric motor ‖ ~**motor** m
als Bremse / electric motor as retarder ‖ ~**motor** m **mit
Rippenkühlung** / motor with cooling ribs o. fins ‖
~**motorbremse** f / electric motor brake ‖
~**motorenantrieb** m, elektr[omotor]ischer Antrieb /
electric motor drive, electromotor drive
elektromotorisch (Elektrizität erzeugend) / electromotive
‖ ~ **angetrieben** / electric motor driven ‖ ~e
Gegenkraft, Gegen-EMK f / back-electromotive force,
b.e.m.f. ‖ ~e **Kraft,** EMK f / electromotive force,
e.m.f. ‖ ~e **Kraft einer Batterie,** Leerlaufspannung f

(Akku) / off-load voltage, open-circuit voltage ‖ ~e
Potentialdifferenz / electromotive difference of
potential, E.M.D.P. ‖ ~e **Spannungsreihe,**
Spannungsreihe f (Chem) / electrochemical o. contact o.
displacement series, electromotive chain o. series,
hydrogen scale ‖ **wirksame o. effektive** ~e **Kraft** /
effective electromotive force
Elektron n / electron ‖ ⌐, Elektronmetall n / electron
metal ‖ ⌐ **der L-Schale** (Nukl) / L-electron ‖ ⌐ **mit
Eigendrehimpuls** / spinning electron ‖ **freies** ⌐ / lone
electron
elektro·negativ / electronegative, negatively electric ‖
⌐**negativität** f / electronegativity
Elektron-Elektron-Streuung f / electron-electron
scattering
Elektronen·abbildung f / electron image ‖ ⌐**abgabe** f /
electron emission ‖ ⌐**ablösung** f, -freisetzung f /
electron liberation, electron release ‖ ~**abstoßend** /
electron-repelling ‖ **wirksame** ‖ ⌐**abtaststrahl** m (Kath.Str) / electron
pencil ‖ ~**affin** / electrophilic, electron-seeking ‖
⌐**affinität** f (Chem) / electron affinity ‖ ⌐**anlagerung** f /
electron attachment ‖ ⌐**anordnung,** -konfiguration f /
electronic configuration ‖ ⌐**anregung** f / electron
excitation ‖ ~**anziehend** / electron-attracting ‖
⌐**aufprall** m / collision of the electron with an atom ‖
⌐**aussendung,** -emission f / thermionic emission ‖
⌐**bahn** f / electron orbit ‖ ⌐**ballung,** -gruppierung f /
electron bunching ‖ ~**beraubtes Atom** / nuclear o.
stripped atom ‖ ⌐**beschuß-Triebwerk** n,
-Bombardierungsantrieb m (Raumf) / [electron]
bombardment thrustor ‖ ⌐**beugung** f / electron
diffraction o. inflection ‖ ⌐**bildzerleger** m (TV) /
dissector [tube] ‖ ⌐**blitz** m / electronic flash ‖
⌐**blitz-Ausrüstung,** -Gerät n / electronic flash
equipment ‖ ⌐**bombardement** n, -beschuß m / electron
o. cathodic bombardment ‖ ⌐**bremsung** f / electron
deceleration o. retardation ‖ ⌐**bündel** n / electron beam
‖ ⌐**bündelröhre** f / electron-beam tube ‖ ⌐**defektstelle**
f / electron hole ‖ ⌐**dichte,** -konzentration f (Plasma) /
density of electrons, electron density ‖
⌐**diffraktographie** f / electron diffractography ‖
⌐**durchlaßkoeffizient** m / electron stream transmission
efficiency ‖ ⌐**einfang** m / electron capture o. trapping ‖
⌐**emission** f, -austritt m / electron emission, thermionic
emission ‖ ⌐**emissionsdetektor** m, EED m, Kollektron
n / self-powered neutron detector, SPND, neutron β-
detector ‖ ⌐**energie** f / electron energy ‖
⌐**entladungsröhre** f / electron discharge tube ‖
~**erzeugend** / electronogenic ‖ ⌐**fackel** f,
Plasmabrenner m / electron torch ‖ ⌐**[fernseh]kamera**
f (TV) / electron camera ‖ ⌐**fluenz** f / electron fluence ‖
⌐**fluß** m / flow of electrons ‖ ⌐**fluß im Raum** / space
current of electrons ‖ ⌐**gas** n / electron gas ‖
~**gekoppelt** / electron-coupled ‖ ⌐**geräusch** n / white
noise, flat random noise ‖ ⌐**gleichgewicht** n / electron
equilibrium ‖ ⌐**gruppierung,** -ballung f / electron
bunching ‖ ⌐**hülle** f / electron sheath ‖ ⌐**kanone,**
-schleuder f, Strahlsystem n (Kath.Str) / electron-gun ‖
⌐**kanone mit Fremd-Beschleunigung** / work
accelerated electron-gun ‖ ⌐**kanone mit Selbst-
Beschleunigung** / self accelerated electron-gun ‖
⌐**konfiguration,** -anordnung f / electronic
configuration ‖ ⌐**ladungs-Masse-Verhältnis** n /
electron charge-mass ratio ‖ **freier** ⌐**laser** / free
electron laser ‖ ⌐**laufzeit** f / electron transit time ‖
⌐**lawine,** Trägerlawine f / electron avalanche ‖
⌐**leitung** f (Halbl) / n-type conduction ‖
⌐**linearbeschleuniger** m / linear electron accelerator ‖
⌐**linse** f / electron lens, focus[s]ing electrode ‖ ⌐**loch** n,
Elektronendefektstelle f / electron hole ‖ ⌐**mikroskop** n
/ electron microscope ‖ ⌐**mikroskop mit Magnetlinsen**
/ magnetic microscope ‖ ⌐**mikroskopbild** n / electron
micrograph ‖ ~**mikroskopisch** / electron-microscopical
‖ ~**mikroskopische Aufnahme** / electron-

microscopical micrographie ‖ ⁓**musik** f / electrosonic o. electrophonic o. electronic music ‖ ⁓**niederschlag** m / electron deposition ‖ ⁓**oktett** n / electron octet ‖ ⁓**optik** f / electron optics ‖ ⁓**optik-Röhre** f / electron-optical tube ‖ ⁓**optisch** / electron-optical, optoelectronic ‖ ⁓**optischer Dynoden-Stufenwirkungsgrad** m / electron-optical dynode efficiency ‖ ⁓**optischer Impulsverstärker** / optoelectronic pulse amplifier, OPA ‖ ⁓**optisches Zielverfolgungsverfahren** / electron-optical tracking system, EOTS ‖ **[geteiltes]** ⁓**paar** / electron pair ‖ **freies o. einsames** ⁓**paar** (Chem) / lone pair ‖ ⁓**paarbindung** f (Chem) / covalent linkage, homopolar linkage, atomic bond, electron pair bond, covalency ‖ ⁓**paket** n (Klystron) / electron package ‖ ⁓**physik** f / electron physics ‖ ⁓**quelle** f / electron emitter ‖ ⁓**quelle**, Emissionselektrode f / emitting electrode ‖ ⁓**radius** m / electron radius ‖ ⁓**rechner**, Computer m / electronic computer ‖ ⁓**relais** n / electron relay, thermionic o. gas relay ‖ ⁓**resonanz** f / electron resonance ‖ ⁓**-Resonanzbeschleuniger** m / palletron ‖ ⁓**resonanzspektroskopie** f / electron resonance spectroscopy ‖ ⁓**röhre** f / electron tube, thermionic [vacuum] tube ‖ ⁓**röhre, deren Kolben als Anode dient** / catkin ‖ ⁓**rumpf** m / electron kernel ‖ ⁓**-Sammlung** f (Atom, Nukl) / electron collection ‖ ⁓**schale** f (K,L usw.) / electron shell (K,L, etc.) ‖ ⁓**schleuder** f (Nukl) / betatron, rheotron ‖ ⁓**schwarm** m, -wolke f / cloud of electrons, electron cloud ‖ ⁓**sensitiv** / electron-sensitive ‖ ⁓**sonde** f / electron probe ‖ ⁓**spektroskopie** f **für chemische Analyse** / electron spectroscopy for chemical analysis, ESLA ‖ ⁓**spender**, Don[at]or m (Halbl) / donor, actor ‖ ⁓**spiegel** m / electron mirror ‖ ⁓**spiegelmikroskop** n / mirror electron microscope ‖ ⁓**spin** m / electron spin ‖ ⁓**spinresonanz** f, E.S.R., E.P.R., parametrische Elektronenresonanz / electron spin resonance ‖ ⁓**sprung** m / electron jump ‖ ⁓**stoß** m (Phys) / electron collision ‖ ⁓**stoß** m (Raumf) / electron impact ‖ ⁓**stoß-Ionentriebwerk** n (Raumf) / electron-impact ion engine, Kaufman engine

Elektronenstrahl m, -bündel n, -strahlung f / electron-beam n [nicht fokussierter] ⁓ / electron jet ‖ ⁓**aufzeichnung** f / electron beam recording ‖ ⁓**bearbeitung** f / electron-beam machining ‖ ⁓**bohren** n / electron-beam drilling ‖ ⁓**-Erzeuger** m / electron gun ‖ ⁓**fräsmaschine** f / electron-beam milling machine ‖ ⁓**härten** n / electron-beam curing ‖ ⁓**löten** n / electron-beam brazing ‖ ⁓**oszilloskop** n / cathode ray oscilloscope ‖ ⁓**röhre** f / electron-beam tube ‖ ⁓**schmelzen** n / electron beam melting, EBM ‖ ⁓**schreiben** n / electron-beam printing ‖ ⁓**schweißen** n, ES / electron-beam welding ‖ ⁓**schweißmaschine** f / electron-beam welding machine ‖ ⁓**system** n (Farbbildröhre) / [colour] gun ‖ ⁓**-Umschmelzverfahren** n (Hütt) / electron-beam remelting process ‖ ⁓**-Wandlerröhre** f, -wandler m / electron-beam converter ‖ ⁓**zonenschmelzen** n / electron-beam zone melting

Elektronen·streuung f / electron scattering ‖ ⁓**streuung** f **in der Anzeigeröhre** (Kath.Str) / flare (US) ‖ ⁓**strom** m / electron flow o. stream ‖ ⁓**technik** f, Elektronik f / electronics sg ‖ ⁓**therapie** f / electron therapy ‖ ⁓**übergang** m, -wanderung f / electron migration o. drift ‖ ⁓**-Überholungsgebiet** n / electron catch-up region ‖ ⁓**überschuß** m (Halbl) / surfeit of electrons ‖ ⁓**uhr** f / electronic clock ‖ ⁓**ventil** n (ein Kaltkathodengleichrichter) (Elektronik) / ionic valve ‖ ⁓**-Verlust** m / electron detachment ‖ ⁓**-Vernichtung** f / electron annihilation ‖ ⁓**verschiebung** f / electron displacement ‖ ⁓**vervielfacher**, SEV m (TV) / secondary-emission multiplier, electron o. photocell multiplier ‖ ⁓**volt** n, eV / electron volt, eV ‖ **10⁶** ⁓**volt**, 1 MeV / 1 million of electron volts, 1 MeV ‖ ⁓**welle** f /

electron wave ‖ ⁓**wellen-Magnetfeldröhre** f / electron wave magnetron ‖ ⁓**wellenröhre** f / electron wave tube ‖ ⁓**wolke** f, -schwarm m / cloud of electrons, electron cloud ‖ ⁓**wucht** f / electronic collision force ‖ ⁓**zählrohr** n / electron o. beta counter tube ‖ ⁓**zerfall** m / beta decay o. disintegration ‖ ⁓**zertrümmerung** f, Elektrodisintegration f, Elektron-Kernreaktion f / electrodisintegration ‖ ⁓**zyklotron**, Mikrotron n / electron-cyclotron, microtron

Elektro-Niederschachtofen m / electric low shaft furnace
elektronifizieren / electronicize
Elektronik f / electronics ‖ ⁓ **zur Auswertung der Videosignale** / video processing unit ‖ ⁓**baukasten** m / electronic kit ‖ ⁓**-Elektronik-Übertragung** f, E-E-Übertragung f / electronics-to-electronics transfer, E-E transfer
Elektroniker m / electronics engineer ‖ ⁓**zange** f **mit nadelförmigen Backen** / needle nose pliers pl
Elektronik·-Fahrtschreiber m / electronic tachograph ‖ ⁓**-Mechaniker** m / electronics technologist ‖ ⁓**motor** n / electronic [d.c.] motor
Elektron-Injektion f / electron injection
elektronisch / electronic ‖ ⁓**e Abtastung** (Radar) / frequency scanning ‖ ⁓**er Analogrechner** / electronic analog computer ‖ ⁓**e Aufklärung** / ER, electronic reconnaissance ‖ ⁓**es Auswuchten** / dynetric balancing ‖ ⁓**er Bandschnitt** (TV) / electronic editing ‖ ⁓**e Benzineinspritzung** / electronic metering of fuel injection ‖ ⁓**e Berechnung** / computer calculation ‖ ⁓**e Bildaufzeichnung** / electronic video recording, EVR ‖ ⁓**e Bremsbetätigung** / brake actuation by wire ‖ ⁓**e Briefsortiermaschine** (Post) / electronic letter sorter, electronic reader ‖ ⁓**er Briefübermittlung** / electronic mail ‖ ⁓**er Cäsiumdampfkonverter** / caesium thermionic converter ‖ ⁓**e Datenverarbeitung** / electronic data processing, EDP ‖ ⁓**e Datenverarbeitungsanlage** / electronic data processing equipment, EDPE, o. machine, EDPM ‖ ⁓**es Datenverarbeitungssystem** / electronic data processing system, EDPS ‖ ⁓**es Datenvermittlungssystem**, EDS / electronic data switching o. data communication system ‖ ⁓**er Diagrammabtaster** / electronic diagram scanner ‖ ⁓**er Eingangsleitwert** / electronic input conductance ‖ ⁓**er Flugsimulator** / electronic flight simulator ‖ ⁓**e Gegenmaßnahmen** f pl, ELOGM / ECM, electronic counter measures pl ‖ ⁓**e Geldüberweisung** / electronic fund transfer, EFT ‖ ⁓**es Gerät** / electronic sg ‖ ⁓**e Geräte für allgemeine Zwecke** n pl / consumer electronics ‖ ⁓**e Impulssteuerung** (DV) / [electronic] digit emitter ‖ ⁓**e Kampfführung**, ELOKA / electronic warfare ‖ ⁓**e Karteneinblendung** (Radar) / video mapping ‖ ⁓**e Klischiermaschine** (Buch) / electronic engraving machine o. engraver ‖ ⁓**e Leistung** / electronic power ‖ ⁓**löschbares ROM**, EEROM n / electronically erasable read-only memory, EEROM ‖ ⁓**e Maskierung** (TV) / electronic masking ‖ ⁓**e Matrizierung** (TV) / electronic matrixing ‖ ⁓**e Meßlinie** (Radar) / electronic cursor ‖ ⁓**e Motorregelung** (Kfz) / electronic engine control ‖ ⁓**e Post**, (Bundespost:) Mailbox / electronic mail system ‖ ⁓**er Rauheitsprüfer** / electronic profilometer ‖ ⁓**e Rechenanlage** / electronic computer ‖ ⁓**er Rechenlocher** / electronic calculating punch ‖ ⁓**e Regelung** / electronic control ‖ ⁓**er Schalter** / electronic switch ‖ ⁓**es Schaltsystem** / electronic switching system, ESS ‖ ⁓**es Schneiden** (TV) / pattern ‖ ⁓**es Schütz** / electronic contactor ‖ ⁓**e Schutzmaßnahmen** f pl (Mil) / electronic counter-counter measures ‖ ⁓**es schwarzes Brett** / blackboard-by-wire ‖ ⁓**e Schwingungen** f pl / electronic oscillations pl ‖ ⁓**er Spaltleitwert** / electronic gap admittance ‖ ⁓**e Steuerung** / electronic control ‖ ⁓**e Steuerung** (Gerät) / electronic control unit ‖ ⁓**e Störung** (Mil) / jamming ‖ ⁓**e Strahlschwenkung**

(Radar) / electronic scanning ‖ ~er **Taster** (Elektr) / maintained contact switch ‖ ~e **Täuschung** (Mil) / electronic confusion ‖ ~e **Technik** / electronic engineering ‖ ~es **Testbild** (TV) / electronical test chart ‖ ~e **Verkehrsregelung** / electronic traffic control ‖ ~e **Verstimmung** (Oszillator) / electronic tuning ‖ ~es **Verstimmungsmaß** / electronic tuning figure ‖ ~es **Voltmeter** / electronic voltmeter ‖ ~es **Wählsystem,** EWS (Fernm) / electronic switching system ‖ ~e **Wählvermittlung** (Fernm) / electronic automatic exchange, EAX ‖ ~es **Zeitelement** / solid-state time switch ‖ ~es **Zeitrelais** / electronic time-limit relay ‖ ~er **Zeitschalter** / electronic time-limit switch ‖ ~e **Zündanlage,** EZ f (Kfz) / electronic spark timing, EST ‖ ~**-optisch** s. elektronenoptisch ‖ ~**-pneumatisch** / pneumo-electronic

Elektron-Loch-Paar n / electron-hole pair
Elektrono·graph m / electronograph ‖ ⁺**graphie** f / electronography
Elektron·-Positron-Paar n / electron-positron pair
Elektro·ofen m / electric furnace ‖ ⁺**-Okular** n (Radar) / electrocular ‖ ⁺**optik** f / electrooptics pl ‖ ~**optischer Geschwindigkeitsmesser** (Bahn) / electro-optical speedometer ‖ ~**-optischer Kerreffekt** / electro-optical o. Kerr effect ‖ ⁺**osmose** f / electrical [end]osmosis, electro[end]osmosis, electrosmosis ‖ ~**phil** (Chem) / electrophilic ‖ ⁺**phon** m (Musik) / electrophone ‖ ⁺**phor** m (Phys) / electrophorus ‖ ⁺**phorese** f / electrophoresis ‖ ~**phoretisch** / electrophoretic ‖ ~**phoretisches Tauchlackieren** / electrophoretic enamelling, electro-dipcoat ‖ ⁺**phosphatieren** n / electrolytic phosphatizing ‖ ~**photografisch** / electrophotographic ‖ ⁺**photographie** f, Elektrografie f / electrophotography ‖ ⁺**photokopie** f / electrophotocopy ‖ ⁺**photolumineszenz** f / electrophotoluminescence ‖ ⁺**physik** f / electrophysics ‖ ⁺**plastik** f, Elektroplattierung f, -plattieren n, Galvanoplastik f / galvanoplasty, -plastics ‖ ~**plattieren,** elektrolytisch metallisieren / electroplate ‖ ⁺**plattieren** pl / electroplating, galvanoplastics pl ‖ ~**pneumatisch** / electropneumatic ‖ ⁺**polieren** / electrolytic polishing, electropolishing, -brightening ‖ ⁺**polierer** m / engine burnisher, power operated burnisher ‖ ⁺**porzellan** n, elektrotechnisches Porzellan / electrotechnical porcelain, porcelain for electrical purposes ‖ ~**positiv,** positiv elektrisch / electropositive ‖ ⁺**reduktionsofen** m / submerged arc furnace ‖ ⁺**roheisen** n / electric furnace pig iron, electric pig ‖ ⁺**rolle** f (Walzw) / motor roller ‖ ⁺**rolle** f (Transportanl) / motor belt drum ‖ ⁺**rollgang** m / individual drive roller table ‖ ⁺**[schienen]fahrzeug** n / electric rail vehicle ‖ ⁺**schiff** n / electric craft ‖ ⁺**-Schlackeschweißen** n / electroslag welding ‖ ⁺**schlacke-Umschmelzanlage** f / electroslag-remelting plant ‖ ⁺**schlacke-Umschmelzverfahren** n (Hütt) / electroslag remelting process ‖ ⁺**schlauch** m (Staubsauger) / current carrying hose ‖ ⁺**schlepper** m / electric tractor ‖ ⁺**schneidemaschine** f (DIN 1858, 1859) / electric slicer ‖ ⁺**schock** m / electric shock ‖ **tödlicher** ⁺**schock** / electrocution ‖ ⁺**schrauber** m / electric screw driver ‖ ⁺**schweißen** n / electric welding ‖ ⁺**schweißen unter Schutzgas** n / electro-gas welding ‖ ⁺**schweißer** m / arc welder ‖ ⁺**schweißerei,** -schweißanstalt f / electric welding shop ‖ ⁺**schweißhammer** m / hammer for electric welders ‖ ⁺**schweißmaschine** f / electric welding machine ‖ ⁺**schwingverdichter** m / piston compressor with electromagnetically actuated piston ‖ ⁺**sherardisieren** n / electrosherardizing ‖ ⁺**-Sichelmäher** m (Landw) / electric motor mower ‖ ⁺**silage** f / electro-ensilage ‖ ⁺**skop** n / electroscope ‖ ⁺**sol** n / electrosol ‖ ⁺**speicherofen** m / electric storage stove ‖ ⁺**spray** m n / electrostatic spraying ‖ ⁺**stahl** m / electric steel o. metal, electrosteel ‖ ⁺**stahlguß** m / electrical steel casting ‖ ⁺**stahlhalbzeug** n / half-finished product of

electric steel ‖ ⁺**stahlherstellung** f, -erzeugung f / electric steel production ‖ ⁺**stahlofen** m / electric steel furnace ‖ ⁺**stahlwerk** n / electric steel plant ‖ ⁺**stampfer** m (Gieß) / electric rammer ‖ ⁺**stapler** m / electric stapler o. stacker ‖ ⁺**statik** f / electrostatics
elektrostatisch / electrostatic ‖ ~e **Ablenkempfindlichkeit** / electrostatic deflectional sensitivity ‖ ~e **Abscheidung** / electrostatic precipitation ‖ ~er **Antrieb** (Raumf) / electrostatic o. ion thrustor ‖ ~e **Anziehung o. Haftung** / electrostatic adhesion ‖ ~e **Aufladung** / electrostatic charge, building-up of charge, static n ‖ ~e **Beugung** (Kath.Röhre) / electrostatic o. electromagnetic deflection ‖ ~e **Bindung** / electrostatic bonding ‖ ~e **Brummschleife** / electrostatic hum pickup o. ripple pickup ‖ ~er **Drucker** / electrostatic printer ‖ ~e **Farbpulverbeschichtung,** EPS / electrostatic powder coating ‖ ~e **Impedanz** / static impedance ‖ ~er **Kerreffekt** / electrostatic Kerr effect ‖ ~e **Komponente** (von Wellen) / electric component (of waves) ‖ ~er **Kreisel** / electrostatic gyro ‖ ~es **Lackieren** / electrostatic enamelling ‖ ~er **Lautsprecher** / capacitor loudspeaker ‖ ~er **Leistungsmesser** / electrostatic wattmeter ‖ ~e **Linse** (Elektronik) / focus[s]ing electrode, electrostatic focus[s]ing ‖ ~e **Maschine** / electrostatic generator o. machine ‖ ~es **Mikrophon** / capacitor microphone o. transmitter ‖ ~es **Oszilloskop** / electrostatic oscillograph ‖ ~e **Pulverlackierung,** EPL / electrostatic powder coating ‖ ~er **Rauchgasreiniger** / electrical precipitation plant ‖ ~er **Speicher** (DV) / electrostatic storage o. memory ‖ ~es **Spritzlackieren** / electrostatic spray painting ‖ ~er **Staubabscheider** / electrostatic precipitator ‖ ~es **Vibrieren** (Luft) / electrostatic vibration ‖ ~e **Zerstäubung** / electrostatic atomization
Elektro·stauchversuch m / electrothermal upsetting test ‖ ⁺**stenolyse** f (Chem, Phys) / electrostenolysis ‖ ⁺**stoßschweißung,** Widerstandsstoßschweißung für Nichteisenmetalle f / electropercussive o. electrostatic percussion welding ‖ ⁺**straßenfahrzeug** n / electric road vehicle ‖ ⁺**striktion** f (Dielektr) / electrostriction ‖ ⁺**tauchlackieren** n / electrophoretic enamelling, electro-dipcoat ‖ ⁺**technik** f / electro-technics, electrical engineering o. technology ‖ **für** ⁺**technik** / for electrical purpose ‖ ⁺**techniker** m / electrician ‖ ⁺**techniker** m, Elektroingenieur m / electrical engineer ‖ ⁺**techniker** m, Elektroinstallateur m, Elektromonteur m / electrical fitter, electragist (US) ‖ ~**technisch** / electrotechnic[al] ‖ ~**technische Industrie,** Elektroindustrie f / electrical [engineering] industry ‖ ~**technisches Porzellan** s. Elektroporzellan ‖ ⁺**therapie,** -therapeutik f / electro-therapeutics pl, -therapy, -path[olog]y ‖ ⁺**thermie** f / electrothermics sg ‖ ~**thermisch** / electrothermal, -thermic ‖ ~**thermischer Antrieb** (Raumf) / electrothermic thrustor, resisto-jet [thrustor] ‖ ⁺**-Thermolumineszenz** f / electrothermoluminescence ‖ ⁺**titration** f / differential titration ‖ ⁺**triebwagen** m / electric railcar ‖ ⁺**triebwerk** n (Raumf) / electric rocket motor ‖ ⁺**trommel** f (Transportband) / electric motor pulley ‖ ⁺**typie** f, Galvanoplastik f (Buch) / electrotype, galvanotype, galvanoplastics sg ‖ ~**valenz** f / electrovalency, -valence ‖ ⁺**ventil** n / electrovalve, electrically operated valve ‖ ⁺**verhütten** / electric treatment of ores ‖ ⁺**wagen** m / electric truck ‖ ⁺**wagen,** -karren m / electric [industrial] truck ‖ ⁺**wärme** f / electric heat ‖ ⁺**wärmegeräte** n pl / electric heating apparatus pl ‖ ⁺**wärmelehre** f / electrothermics ‖ ⁺**wärmespeicher[ofen]** m, Elektrospeicherofen m / electric heat accumulator ‖ ⁺**weidezaun** m / electric fence o. fencing ‖ ⁺**werkzeug** n / electric driven tool, electric o. power tool ‖ ⁺**wickler** m (Hütt) / electrocoiler ‖ ⁺**wirtschaft** f / electro-economics pl, public electricity supply ‖ ⁺**zaungerät** n / electric fence

energizer, electric fencer ‖ ⁺zement m / electric cement, electrocement, ciment fondu ‖ ⁺zug m s. Elektroflaschenzug

Elektrum n, silberhaltiges Gold (55-88% Au) (Min) / electrum ‖ ⁺ (Neusilberlegierung) / nickel-silver alloy (52% Cu, 25% Ni, 23% Zn)

Element n, Grundstoff m (Chem) / element ‖ ⁺, Glied n (DV) / element ‖ ⁺, Datenwort n (DV) / item ‖ ⁺, Peripheriegerät n (DV) / peripheral unit ‖ ⁺, Zelle f (Elektr) / battery, pile, cell ‖ ⁺ (modulares System) / element ‖ ⁺ **der VIII. Gruppe** / 8ᵗʰ group element ‖ ⁺ **einer Menge** (Math) / element of a set ‖ **ist [nicht]** ⁺ **[von]** (Math) / is [not] an element [of] ‖ **überschwere** ⁺**e** / higher chain products pl, transuranic elements pl ‖ **mit** ⁺**abständen von 0 bis 1 λ** (Antenne) / close spaced

elementar, primär, Grund... / ultimate, elemental, fundamental, primary ‖ ~, rein (Chem) / elemental ‖ ~, grundlegend / elementary ‖ ~**er Aufbau der Materie** (Phys) / ultimate structure ‖ ~**er [linearer] Zweipol** / [linear] two-terminal circuit element ‖ ~**e Mathematik** / elementary mathematics ‖ ~**es Wirkungsquantum** / elementary effective quantum ‖ ⁺**abkürzung** f (DIN 1353) / elementary abbreviation ‖ ⁺**analyse** f (Chem) / ultimate [organic] analysis ‖ ⁺**ausdruck** m (DV) / simple expression ‖ ⁺**bereich** m (Nukl) / elementary domain ‖ ⁺**bestandteil** m n / constituent element ‖ ⁺**bewegung** f (F.Org) / basic o. micromotion, elemental movement ‖ ⁺**dipol** m (Elektronik) / elementary doublet o. dipole ‖ ⁺**faden** m (Glas) / filament ‖ ⁺**feld** n (Phys) / elementary field ‖ ⁺**fibrille** f (Pap) / elementary fibril ‖ ⁺**ladung** f / elemental o. elementary o. electronic charge ‖ ⁺**ladung**, Ladungseinheit f (Phys, Chem) / unit charge ‖ **mit** ⁺**ladung ausgestattet** (o. geladen o. behaftet) / unit-charged ‖ ⁺**länge** f (etwa 10⁻¹³ cm) (Phys) / elementary length ‖ ⁺**magnet** m, Molekularmagnet m / molecular magnet ‖ ⁺**operation** f (DV) / elementary operation, EO ‖ ⁺**prozeß**, -vorgang m / primary process ‖ ⁺**quantum** n, -ladung f / elemental o. elementary charge, electronic charge ‖ ⁺**reaktion** f / elementary reaction ‖ ⁺**schwefel** m / elementary sulphur ‖ ⁺**strom**, Molekularstrom m (Magnetismus) / molecular current ‖ ⁺**strömung** f / elementary circulation ‖ ⁺**teilchen** n / elementary particle, fundamental particle, corpuscle ‖ ⁺**teilchenphysik** f / high-energy physics ‖ ⁺**wirbel** m (Aerodynamik) / elementary vortex ‖ ⁺**zeit** f (etwa 10⁻²³ s) / elementary time ‖ ⁺**zelle** f (Krist) / elementary cell, unit cell

Elementen·... (Chem) / elemental ‖ ⁺**kohle** f / cell carbon, battery carbon ‖ ⁺**paare** n pl (Kybernetik) / element pairs pl

Elementfehlerquote f / elemental error quota

Elementierung f (Bau) / building with prefabricated elements

Element·klemme f (Elektr) / cell terminal, battery binder ‖ ⁺**umwandlung** f / element transmutation

Elemi·balsam m / balsam Elemi ‖ ⁺**harz**, Elemi n / [gum] elemi

Elevating Grader, Förderlader m (Straßb) / elevating grader

Elevation, Höhe f (Astr) / elevation

elevations·abhängiger Fehler (Peil) / residual octantal error ‖ ⁺**winkel** m, Erhöhungswinkel m (Mil) / angle of site ‖ ⁺**winkel** m (Radar) / elevation angle ‖ ⁺**winkelbereich**, Erfassungswinkel m (Radar) / coverage angle

Elevator m, Hebewerk n / elevator, vertical bucket conveyor ‖ ⁺**becher** m / elevator bucket ‖ ⁺**-Ladesprosse** f / elevator flight ‖ ⁺**ofen** m (Glühofen mit Herdwagen) (Hütt) / elevator furnace ‖ ⁺**schlotte** f / elevator trunking ‖ ⁺**-Scraper** m (Bau) / elevator-scraper

Elevon n (Luftf) / elevon

ELF = extremely low frequency (30-100 Hz)

Elfeck n / undecagon, [h]endecagon

Elfenbein n / ivory ‖ ~**farbig** / ivory colo[u]red ‖ ⁺**glasur** f (Keram) / smear ‖ ⁺**karton** m (Pap) / ivory board ‖ ~**nuß**, Steinnuß f / ivory nut, corozo nut ‖ ⁺**porzellan** n (Keram) / Parian ‖ ⁺**schwarz** n / ivory black, blue black

Elfer·loch, Überloch n (Elektronik, LoKa) / X-punch, eleven [-zone] punch ‖ ⁺**probe** f / eleven check

elf·jähriger Sonnenzyklus / 11-year solar cycle ‖ ⁺**plattenstapel** m (DV) / eleven-disk pack ‖ ⁺**schrittalphabet** n (Fernm) / eleven-unit code ‖ ⁺**stift-Sockel** m / magnal base

Elimination, Eliminierung f (Chem) / elimination, extermination ‖ ⁺ f (Math) / elimination ‖ ⁺ (LoKa) / column split

Eliminations·determinante f (Math) / eliminating determinant ‖ ⁺**steuerung** f (LoKa) / split column control

eliminieren, ausscheiden / eliminate

eliminierende Suche (DV) / dichotomizing search

Elin-Hafergut-Schweißen / firecracker welding

Elinvarlegierung f / Elinvar (= elasticity invariable)

Elko, Elektrolytkondensator m / electrolytic capacitor

Ellagengerbstoff m / ellagitannic agent

Ell[en]bogenrohr n, Knierohr n / elbow conduit, elbow

Ellipse f / ellipse ‖ ⁺ **für Uhren**, (früher:) Hebelstein m / impulse pin, roller jewel

Ellipsen·bahn f / elliptical orbit ‖ ⁺**querschnitt** m / elliptical cross-section ‖ ⁺**schwingsieb** n / elliptical vibratory screen ‖ ⁺**spiegel** m / elliptical mirror ‖ ⁺**zirkel**, Ellipsograph m / elliptic trammel o. compasses pl, trammel (US)

Ellipsoid n / ellipsoid n

ellipsoidisch / ellipsoid[al] adj

Ellipsometer n (zum Messen der Dicke von Halbleiterfilmen) / ellipsometer

Elliptikfeder f / elliptic spring

elliptisch / elliptic, -ical ‖ ~**es Bahnverfolgungssystem** / elliptical system ‖ ~**e Funktion** (Math) / elliptic function ‖ ~**es Integral** / elliptic integral ‖ ~**er Nebel** (Astr) / elliptical ‖ ~**e Polarisation** / elliptic polarization ‖ ~**er Punkt** (Math) / elliptical point ‖ ~**e Umlaufbahn** / elliptical orbit ‖ ~**er Zylinder** (Math) / cylindroid

Elliptizität, Ellipsengestalt f (Kugelabplattung) / ellipticity

Ellipton, Derrid n (in Derris-Harz) (Chem) / elliptone

Ellira-Schweißen n (Elektro-Linde-Rapid), UP-Schweißen n / ELLIRA-welding, submerged arc welding

Elmsfeuer, St. ⁺ / St. Elmo's fire o. light

ELOGM n, elektronische Gegenmaßnahmen f pl / electronic countermeasures

E-Lok f / electric locomotive o. engine (US)

ELOKA = elektronische Kampfführung

Elongation f (Phys, Astr) / elongation ‖ ⁺ **der inneren Planeten** / elongation of inner planets

Eloxal·qualität f (Alu) / anodizing quality ‖ ⁺**verfahren**, Anodisieren n / electrolytic oxidation process, anodic oxidation [treatment], anodizing o. aluminite (US) process

eloxieren / anodize, elox ‖ ⁺ n / anodic oxidation

Eluat n, bei der Elution entstehende Lösung (Chem) / eluate

eluieren vt / elute ‖ ~ vi (Chem) / be eluted

Eluierung, Elution f (Chem) / elution

eluvial (am Entstehungsort verblieben) (Geol) / eluvial

Eluvium n (Geol) / eluvium

El-Winkel m (Radar) / elevation angle

Elysieren n / electrolytic machining, electroshaping

Elysierschleifen n, elektrolytisches Schleifen / electrolytic grinding

Elzevir f (Schrift) / French old style

EM = Einseitenbandmodulation ‖ ⁺, elektromagnetisch / electromagnetic

Email n, Emaille f / [vitreous] enamel, porcelain enamel (US) ‖ ⁺ **aufbrennen** / melt on enamel, burn-in enamel

‖ ⌐ entfernen / remove enamel ‖ ~artig / enamellar ‖
⌐belag *m* / enamel foil ‖ ⌐draht *m*, -lackdraht *m* /
enamelled wire, enamel-insulated wire ‖ ⌐farbe *f* /
enamel paint ‖ ⌐fritte *f* / enamel frit ‖ ⌐gefäß *n* /
enamelled vessel ‖ ⌐geschirr *n* / enamel ware ‖ ⌐lack
m (gut verlaufender glänzender Lack) (Farbe) / enamel
varnish o. paint
Emaillier·betrieb *m*, -werk *n* / enameller ‖ ⌐blech *n* /
enamelling sheet
emaillieren / enamel *vt* ‖ ⌐, Emaillierung *f* / enamelling
Emaillierofen *m* / enamelling furnace o. kiln
emailliert / enamelled ‖ ~er Lampenkolben / enamelled
bulb ‖ ~er Stahl / glass-lined steel, glassed steel
Emaillier·werk *n* / metal enamelling works o.
manufacture
Email·schild *n* / enamelled signboard o. [name]plate ‖
⌐weiß, Lithopona *f* / enamel white, lithopon[e]
Eman *n* (= 10^{-10} Curie/Liter), Em (veraltet) (Nukl Einh) /
eman, Em
Emanation *f* (Phys, Geol) / emanation
Emballage *f*, Verpackung *f* / wrapping, packing
Emballagenblech *n* (Hütt) / packing plate
Embolit *m*, Chlorbromsilber *n* (Min) / embolite
EMD-Zentrale *f* (Fernm) / Siemens exchange
Emersion *f* / emersion
Emission *f* (Phys) / emission ‖ ⌐, Luftverunreinigung *f* (in
g je m³) / emission, polluting matter ‖ induzierte (o.
stimulierte) ⌐ / stimulated emission
Emissions·... / emitting ‖ ⌐auslösung *f* (Laser) / triggering
of the laser ‖ ⌐bande *f* (Opt) / emission band ‖
⌐begrenzer *m* (Nukl) / gag ‖ ⌐elektrode,
Elektronenquelle *f* / emitting electrode ‖
⌐-Elektronenmikroskop *n* / photoemission electron
microscope ‖ ⌐fähigkeit *f*, -vermögen *n* / emission o.
emitting power ‖ ⌐-Flammenphotometrie *f* / emission
flame photometry ‖ ⌐grad *m*, Emissivität *f* (Nukl) /
emissivity ‖ ⌐höchstgrenze *f* / emission standard ‖
⌐linie *f* (Spektrum) / emission line ‖ ⌐menge *f* / emitted
quantity ‖ ⌐mikroskop *n* (für Metallstrukturforschung)
/ [thermionic] emission microscope ‖ ⌐oxid *n* /
emissive oxide ‖ ⌐photozelle *f* / photo-emissive cell ‖
⌐rate *f*, Quellstärke *f* (Nukl) / emission rate ‖
⌐rückgang *m* / deterioration o. reduction of emission ‖
⌐schicht *f* / emitting layer ‖ ⌐spektroskopie *f* /
emission spectroscopy ‖ ⌐spektrum *n* / emission
spectrum ‖ ⌐strom *m* (Thermionik) / emission current ‖
⌐substanz *f* (Kath.Str) / active material ‖ ⌐theorie *f* (des
Lichtes) (Phys) / emission theory ‖ ⌐vermögen *n* /
emissive o. emitting power
Emittanz *f*, spezifisches Emissionsvermögen (Phys) /
emittance
Emittent *m*, Emitter *m* (Luftverunreinigungsquelle) / emitter
Emitter *m*, Steuerelektrode *f* (Transistor) / emitter, emittor
‖ ⌐anschluß *m* (Transistor) / emitter contact ‖
⌐bahnwiderstand *m* / emitter bulk resistance o. series
resistance ‖ ⌐-Basis... / emitter-to-base... ‖
⌐-Basis-Reststrom *m* (Halbl) / emitter-base leakage
current ‖ ⌐-Basisschaltung *f* in Vorwärtsrichtung /
emitter-base forward voltage ‖ ⌐-Basis-Spannung *f* /
emitter-to-base tension ‖ ⌐-Basis-Strom *m* / emitter-to-
base current ‖ ⌐-Basis-Zonenübergang *m*,
-Basisstrecke *f* / emitter junction ‖ ⌐elektrode *f*,
Emitter *m* (Halbl) / emitter electrode ‖ ⌐folger *m* /
emitter follower [amplifier] ‖ ⌐folger-Transistorlogik
f / emitter follower-transistor logic, ETL ‖ ~gekoppelte
Logik, Emitteranschlußlogik *f* (stromgeregelte
Technik) (DV) / emitter coupled logic, ECL, current
mode logic, CML ‖ ⌐grundschaltung *f* (Funk) /
common emitter o. grounded emitter [circuit] ‖
⌐-Kollektor... / emitter-to-collector... ‖ ⌐pille *f* (Halbl)
/ emitter dot ‖ ⌐-Restspannung *f* / minimum emitter
voltage ‖ ⌐ruhestrom *m* / emitter d.-c. bias current ‖
⌐schaltung *f* (Transistor) / common emitter o. grounded
emitter [circuit] ‖ ⌐schaltung rückwärts *f* / inverse

common emitter circuit ‖ ⌐-Sperrschicht *f* (Halbl) /
emitter barrier, emitter depletion layer ‖ ⌐stromkreis
m, Emitterkreis *m* / emitter circuit ‖ ⌐-Talstrom *m* /
emitter valley current ‖ ⌐-Übergang *m* / emitter
junction ‖ ⌐-Verlustleistung *f* / emitter dissipation ‖
⌐verstärker *m* / emitter follower [amplifier], E.F. ‖
⌐zone *f* / emitter region
emittieren, aussenden / emit ‖ Teilchen ~ / emit particles
emittierend / emitting
emittiertes Teilchen (Nukl) / emitted particle
Emittodyneschaltung *f* / emitter-follower circuit
EMK = elektromotorische Kraft
EMK-Sonde *f* / E.M.F. cell, solid electrolyte cell
Emmetropie, Normalsichtigkeit *f* / emmetropia
E-Modul *m*, Elastizitätsmodul *m* / modulus of elasticity,
Young's modulus of elasticity, elastic modulus ‖ ⌐ aus
Zugversuch / modulus in tension
E-Modulindex *m* (Mech) / Young's modulus index (the
temperature at which the modulus reaches 10000 psi)
E-Motor *m* / electric motor
EMP-Effekt, Atomexplosions-Effekt *m* / electromagnetic
pulse effect, EMP effect
Empfang *m*, Annahme *f* / reception, acception ‖ ⌐ (TV,
Elektronik) / reception ‖ ⌐ aus allen Richtungen /
allround reception ‖ ⌐ mit Trägerzusatz / local carrier
demodulation o. reception ‖ ⌐ mit
Wellentransformation, Superheterodynempfang *m* /
beat[note] reception, superheterodyne reception ‖ ⌐
über Antenne (TV) / antenna reception ‖ ⌐ über Kabel
(TV) / cable reception ‖ auf ⌐ stehen / be in receive
position ‖ auf ⌐ stellen / switch into receive position,
turn on ‖ den ⌐ bestätigen / acknowledge reception ‖
nur für ⌐ / receive-only...
empfangen, annehmen / accept ‖ ~, eine Station
bekommen (Elektronik) / pick up ‖ ⌐ *n* (Regeln) / receive
run
Empfänger *m* (ohne Lautsprecher) (allg, Fernm, Elektronik)
/ receiver ‖ ⌐, Antwortsender *m* (Radar) / responder
beacon ‖ ⌐ (DV) / acceptor ‖ ⌐ (Radio) / wireless (GB) o.
broadcast o. radio (US) receiver o. set ‖ ⌐, Tuner *m*
(Radio) / tuner ‖ ⌐ für ungedämpfte Wellen /
continuous wave receiver ‖ ⌐ mit UKW-Teil
(Elektronik) / all-wave receiver ‖ ⌐ von Mindestlohn
(F.Org) / receiver of base rate pay (in France) ‖ für eine
bestimmte Schwingungszahl abgestimmter ⌐ /
harmonic receiver ‖ ⌐ausgang *m* (Radio) / receiver
output ‖ große ⌐dynamik / high dynamic range of the
receiver ‖ ⌐gehäuse *n* / radio cabinet ‖ ⌐oszillator *m*
(Radio) / local oscillator ‖ ⌐-Primärvalenzen *f pl* (TV) /
receiver primaries *pl*, display primaries *pl* ‖ ⌐probe *f* /
receiver sampling ‖ ⌐-Rauschzahl *f* (Elektronik) / RNF,
receiver noise figure ‖ ⌐röhre *f* (Elektronik) / receiving
tube ‖ ⌐seite *f* / receiver side ‖ ⌐seitiges Ende *n* /
receiving end ‖ ⌐-Signalumsetzer *m* (Fernm) / parallel
receiver data-phone set ‖ ⌐-Sperröhre *f* / transmit-
receive tube, TR-tube ‖ ⌐weiche *f* (Phys) / receiver
diplexer, receiver two-way splitter
Empfänglichkeit *f* / receptivity, receptiveness
Empfangs·anlage *f*, -apparat *m* / receiving station ‖
⌐antenne *f* / reception antenna ‖ ⌐antenne *f* (Nav) /
geoceiver (US) ‖ ⌐aufruf *m* (DV) / selecting [process] ‖
⌐bahnhof *m*, Zielbahnhof *m* / arrival o. destination o.
receiving station ‖ ⌐bereich *m* (Antenne) / range of
reception ‖ ⌐bereich, Frequenzbereich *m* / tuning o.
frequency area ‖ ⌐bereich *m* (Radio) / service area ‖
⌐bereich *m* für Signale während der Abwärtsstrecke
(Raumf) / footprint ‖ ⌐bestätigung *f* / reception
acknowledgment ‖ ⌐betrieb *m* (Regeln) / receive mode ‖
⌐bezugsdämpfung *f* (Fernm) / receiving reference
equivalent, RRE ‖ ⌐buchse *f* (LoKa) / read-in hub ‖
⌐-Datensichtgerät *n* / receive-only CRT display ‖
⌐diplexer *m*, -weiche *f* (Fernm) / receive diplexer ‖
⌐empfindlichkeit *f* / sensitivity of reception, receive
sensitivity ‖ ⌐energie *f* (Elektronik) / energy of

reception, receiving energy (US) ‖ **ᐊfeldstärke** f /
received field strength ‖ **~freier Punkt** (Elektronik) / null
‖ **ᐊfrequenz** f / received o. incoming frequency ‖
ᐊfrequenzbereich m / frequency acceptance range ‖
ᐊgebäude n (Bahn) / passenger o. station building ‖
ᐊgebiet n (Radio) / coverage, service area ‖ **ᐊgüte** f /
goodness of reception ‖ **ᐊhalle** f, Eingangshalle f /
booking hall ‖ **ᐊjigger** m (Elektronik) / receiving jigger ‖
ᐊkreis m / receiving circuit ‖ **ᐊlautstärke** f (Elektronik) /
loudness o. volume of reception ‖ **ᐊleistung** f (Antenne) /
received power ‖ **ᐊloch** n (Radio) / radiopocket o.
shadow o. silent zone, dead spot ‖ **ᐊlocher** m (Fernm) /
receiving perforator, reperforator ‖ **ᐊmodem** n (Fernm)
/ receiving modem ‖ **ᐊoptik** f (Laser) / light collector ‖
ᐊort m (Fernm) / receiving point ‖ **ᐊoszillator** m (Radar)
/ local oscillator ‖ **ᐊquittung**, Quittung f / receipt ‖
ᐊraum m (Bau) / drawing room ‖ **ᐊrichtung** f (Fernm) /
receiving direction ‖ **ᐊschuppen** m (Bahn) / receiving
shed ‖ **ᐊsignal** n / receiving signal ‖ **ᐊsperrzelle** f
(Wellenleiter) / TR-cell ‖ **ᐊstation** f (Elektronik) /
receiving station ‖ **ᐊstation** f (DV) / receiving terminal ‖
ᐊstation f ohne Eigenprogramm (DV) / slave station ‖
ᐊsteller, -sucher m (Fernm) / range finder ‖ **ᐊstörung** f
(Elektronik) / interference with reception ‖ **ᐊsystem** n /
receiving system ‖ **ᐊterminal** n, -station, Datensenke f
(DV) / receiving terminal ‖ **ᐊtrichter** m (Goubeauleitung)
/ receiving horn ‖ **ᐊverhältnisse** n pl / reception
conditions pl ‖ **ᐊverstärker** m (Fernm) / receiving o.
reception repeater ‖ **ᐊweiche** f (Antenne) / reception
diplexer ‖ **ᐊzone** f (Magnetosphäre) / trapping region
empfindlich, Fein… (Phot, Instr) / sensitive ‖ **~** [gegen] /
susceptible [to] ‖ **~** [für, gegen] / sensitive [to] ‖ **~e**
Flamme (Phys) / manometric flame ‖ **~ gegen Licht** /
light-sensitive ‖ **~ machen**, sensibilisieren (Phot) /
sensitize, sensibilize ‖ **~es Material** (Nukl) / sensitive
material ‖ **~e Schicht** (Nukl) / sensitive lining
Empfindlichkeit f (Instr) / delicacy ‖ **ᐊ**
(Antennenspannung in μ V) (Radio) / response,
sensitivity ‖ **ᐊ** (Mikrophon) / output level ‖ **ᐊ** (TV,
Aufnahmeröhre) / radiant sensitivity ‖ **ᐊ** (Differenz der
Oktanzahlen nach Methode F₁ u. F₂) / sensitivity ‖
ᐊ [gegen] / rejection ratio ‖ **ᐊ** (z.B. einer Waage) /
sensitiveness ‖ **ᐊ** (gegen widrige äußere Bedingungen)
(DV) / survivability ‖ **ᐊ bei naher Besprechung**
(Mikrophon) / close-talking response o. sensitivity ‖ **ᐊ**
der Gütezahl (Regeln) / performance index sensitivity
‖ **ᐊ des Films** / film speed o. sensitivity ‖ **ᐊ des**
Galvanometers in mm/μA (Galv) / current sensitivity ‖
ᐊ einer Bildaufnahmeröhre (Halbl) / radiant sensitivity of a
camera tube ‖ **ᐊ gegenüber Fremdatomen** (Halbl) /
sensitivity to impurities ‖ **ᐊ im Kniepunkt** (Elektr) /
knee sensitivity, knee luminous flux ‖ **ᐊ nach ASA**
(Phot) / A.S.A.-speed ‖ **spektrale ᐊ** / spectral selectivity
o. response, colour response
Empfindlichkeits·analyse f (Regeln) / sensitivity analysis ‖
ᐊbereich m des Ohres / auditory sensation area ‖ **mit**
zwei ᐊbereichen / dual sensitivity… ‖ **ᐊfaktor** m (Instr)
/ coefficient of sensitivity ‖ **ᐊindex** m (Film) / exposure
index ‖ **ᐊkehrwert** m / sensibility reciprocal ‖
spektrale ᐊkurve / spectral [response] characteristic ‖
ᐊmesser m / sensitometer ‖ **ᐊpegel** m (Akust) /
sensation level ‖ **ᐊregelung** f / sensitivity control ‖
ᐊschwelle f (Elektronik) / quieting sensitivity
Empfindung f, Wahrnehmung f / perception, sensation
empfindungs·gemäß / in accordance with sensation ‖
ᐊgrenze f (kleinster vernehmbarer Unterschied) / limen
‖ **ᐊschwelle** f / threshold of feeling o. sensation ‖
oberhalb der ᐊschwelle / supra-threshold
empfohlen, Richt… / recommended
empfundene Lärmigkeit (Luftf) / perceived noisiness
empirisch / empiric, -ical ‖ **~e Formel** (allg) / empirical
formula ‖ **~e Formel** (Chem) / molecular o. empirical
formula ‖ **~e Regel** / empirical rule ‖ **~-praktische**
Methode / trial-and-error method

Empirismus m, Erfahrungsmethode f / empiricism
Emplektit, Kupferwismutglanz m (Min) / emplectite
Empore f / gallery, balcony
emporstrebend / ascensional
empyreumatisch, brenzlig / empyreumatic
EMS = elektromagnetisches Schwebesystem / electromagnetic
levitation
Emscher·brunnen, Imhofftank m / Emscher o. Imhoff
tank ‖ **ᐊverfahren** n (Abwasser) / activated sludge
process
EMUG / European MAP User Group
Emulation f (DV) / emulation
Emulations·programm n / emulation program o. routine
‖ **ᐊ- und Testadapter** m / in-circuit emulator, ICE
Emulator m (Umstellungsprogramm von einem
Rechnertyp auf einen andern) (DV) / emulator
Emulgator m, Emulgierungsmittel n / emulsifying agent
Emulgierarbeit f / emulsification work
emulgierbar / emulsive ‖ **~es Öl** / soluble oil
Emulgierbarkeit f / emulsive quality
emulgieren, emulsionieren (Chem) / emulsify ‖ **~** (Bitumen)
/ emulsify ‖ **ᐊ** n, Emulsionieren n, Emulgierung f /
emulsification
emulgierend / emulsifying
Emulgier·flüssigkeit f / emulsifying liquid ‖ **ᐊmaschine**
f, Emulsioniermaschine f (Phot) / coating machine ‖
ᐊmaschine f, (Molkerei:) Emulsionsapparat m /
emulsifier, emulsifying machine ‖ **ᐊmittel** n /
emulsifying agent
emulgiert / emulsified
Emulgierung f / emulsification
Emulgiervermögen n / emulsifying power
emulieren (DV) / emulate
Emulsin n (Chem) / emulsin
Emulsion f (Chem) / emulsion ‖ **ᐊ in Wasser** / aqueous emulsion,
L-H, oil-in-water emulsion
Emulsionieren n (Phot) / backing of the film
Emulsions·apparat m (Käse) / emulsifier, emulsifying
machine ‖ **ᐊbeständig** / emulsion-persisting ‖
ᐊbeständigkeit f, -stabilität f / emulsion persistence ‖
ᐊebene f (Film) / sensitized side o. face, emulsion face ‖
ᐊfarbe f / emulsion paint ‖ **ᐊfett** n / water-soluble fat ‖
ᐊ-Gefrierschutz m / emulsion freeze stabilizer ‖
ᐊmethode f (Nukl) / emulsion technique ‖
ᐊpolymerisation f / emulsion polymerization ‖
ᐊschicht f (Phot) / emulsion layer ‖ **ᐊtest** m (DIN
51591) / emulsion test ‖ **ᐊträger** m (Phot) / base,
emulsion carrier ‖ **im ᐊverfahren gestrichenes Papier**
/ emulsion-coated paper
Emulsoid n, lyophiles Kolloid / emulsoid, lyophilic
colloid
Enantio·mer n (Chem) / enantiomer ‖ **~mer** adj (Chem) /
enantiomeric ‖ **~morph** (Krist) / enantiomorph[ous] ‖
ᐊmorphie f / enantiomorphism ‖ **~trop** / enantiotropic
‖ **ᐊtropie** f (Chem) / enantiotropy
Enargit (ein Kupfererz) (Min) / enargite
End·…, Schluß… / final, end… ‖ **ᐊ…**, Ausgangs… (TV,
Funk) / terminal, ultimate ‖ **ᐊabhörkontrolle** f (Sender) /
output monitoring ‖ **ᐊableitung** f (Akku) / terminal ‖
~abmessungsnahe / close to final dimensions ‖
ᐊabnahme f / final inspection ‖ **ᐊabnehmer** m,
Endverbraucher m / end user, final user ‖
ᐊabschaltung f / limit stop ‖ **ᐊabschnitt** m / end
section ‖ **ᐊabspannmast** m (Fernm) / terminal mast ‖
ᐊadresse f (DV) / end address, right-hand address ‖
ᐊamt n (Fernm) / terminal exchange ‖ **ᐊamt**,
Bezirksamt n (Fernm) / district exchange ‖
ᐊamts-Gruppenabschnitt m / terminal group section ‖
ᐊanflug m (Luftf) / final approach ‖ **ᐊanflug** m,
Endphase f (Raumf) / terminal phase ‖
ᐊanflug-Blitz-Befeuerungsanlage f (Luftf) / electronic
flash approach system ‖ **ᐊanflughöhe** f / final approach
altitude ‖ **ᐊanflugmanöver** n (Raumf) / terminal
maneuver ‖ **ᐊanflugverfahren** n / final approach

procedure || ⌐anode f (Kath.Str) / ultor || ⌐anschlag m (Mech) / limit stop || ⌐anstrich m / final paint || ⌐anweisung f (DV) / trailer statement || ⌐apparatur, -einrichtung f (Fernm) / terminal equipment || ⌐arbeiten f pl (Bau) / finishing work || ⌐ausbauleistung f / capacity when completed || ⌐[aus]schalter, Grenzschalter m (Kran) / limit [stop] switch, LS, smart aleck (coll) || ⌐ausschlag m (Instr) / full deflection o. excursion, full scale deflection, f.s.d. || ⌐aussteifung f (Stahlbau) / end stiffening || ⌐bahnhof m, -station f (Bahn) / dead-end station, terminal [depot o. station] (US), terminus [station] (GB) || ⌐band, Nachlaufband n (Film) / trailer || ⌐baustein m (Pneum) / exit sequencer || ⌐bearbeitung, Fertigbearbeitung f / finishing, completion || ⌐bearbeitung f (Sperrholz) / transformation by finishing || ⌐befestigung f, -klemme f (Fernm) / terminal clamp || ⌐bestand m (Lager) / closing inventory, ending inventory || ⌐bildfenster n (Elektronenmikroskop) / fluorescent screen eyepiece || ⌐bindeblech n (Stahlbau) / end batten o. end tie plate || ⌐-Bit n (o. -Zeichen) (DV) / sentinel || ⌐[block]sperre f, Rückblockungssperre f (Bahn) / block control effected mechanically || ⌐bund n (Elektr. Leit) / dead end binding || ⌐bund m (Seil) / packing material || ⌐dämpfung f (Fernm) / terminal loss || ⌐diagonale f (Stahlbau) / end diagonal || ⌐drehzahl f / final speed || ⌐druck m / ultimate pressure || ⌐druck m (Vakuum) / ultimate o. limiting pressure

Ende n (räumlich) / end, final point || ~ (zeitlich) / end, close, termination || ~, Stück n / end o. tail piece, stump, crop || ~, Spitze f / tip || ~ (Math) / extremity || ~ der Arbeit (DV) / end of job, EOJ || ~ der Aufzeichnung (DV) / end of medium || ~ der Autobahn / end of motorway || ~ der Blankschmelze (Glas) / seed free time || ~ der Lebensdauer (DV) / wear-out phase || ~ einer Seite (Buch) / bottom of a page || ~ Nachricht (DV) / end of message || ~ Überholverbot / end of no-overtaking zone || ~ Übertragung (Elektronik) / end of transmission, EOT || [langsam] zu ~ gehen / peter [out] || ohne ~, kontinuierlich / endless || zu ~ führen, vollenden / achieve || zu ~ gehen, auslaufen / expire

End·einrichtung, -apparatur f (Fernm) / terminal equipment || ⌐einspannung f / encastré

Endeka-Nitrozellulose f / endeka nitrocellulose

enden vt, endigen, beendigen, beschließen / finish vt || ~ vi, zu Ende gehen / end, close || ~ [in] / result [in], issue [in]

End-End-Konfiguration f (Fernwirk) / point-to-point configuration

Endengleichheit f (Färb) / uniformity of o. between ends

Endenschere f (Hütt) / cropping shears pl

Endentgasung f einer Vakuumlampe (durch Getter o. Gasabsorption in Glas) / clean-up

Enden·ungleichheit f (Färb) / tailing

End·ereignis n der Tätigkeit (PERT) / end point o. node || ⌐ergebnis n / breakdown, net result || ⌐ergebnis, Fazit n / upshot

endergonisch (Energie aufnehmend) (Chem) / endoergic

End·erzeugnis n / ultimate o. final product, end product || ⌐erzeugnis n (nicht: Wäscheerzeugnis) (Aufber) / washery product

Ende·zeichen n (DV) / end mark

End·fahrt f (Bahn) / terminal distance o. run || ⌐feld n (Elektr, Fernm) / end panel || ⌐feld n (Stahlbau) / end bay || ⌐feld n (Brücke) / end span || ⌐feld n (Handblock) (Bahn) / approach, device situated at the leaving end of a section to release the entry signal || ⌐fernamt n, EF / terminal trunk exchange || ⌐fertigung f, Endbearbeitung f / finishing, completion || ⌐fertigungsstraße f / completion line || ⌐feuchtigkeit f / ultimate humidity || ⌐feuer n / runway terminal light || ⌐fläche f / end face || ⌐flügel m (Luftf) / outer wing || ⌐form f (Schm) / finished forging || ⌐format n (Pap) / trimmed size || ⌐fräsmaschine f / rotary planer ||

⌐füllmasse f (Zuck) / final massecuite || ⌐gas n (Öl) / tail gas || ⌐gerät, Terminal n (DV) / terminal [unit o. station] || ⌐geräte für Bildschirmtext n pl / interactive videotex equipment || ⌐geschwindigkeit f / final speed o. velocity, terminal velocity || ⌐geschwindigkeit, Restgeschwindigkeit f / residual velocity o. speed || ⌐geschwindigkeit f (freier Fall) / final speed of free fall || ⌐gestell n (Spinn) / out-end, end section || ⌐glied n / last member o. link || ⌐glied n (Math) / final term || ⌐gruppenbestimmung f / end group analysis || ~gültig, definitiv / definitive || ~gültiger Abzug (Buch) / press proof || ~gültiger Befehl, effektiver Befehl (DV) / effective instruction || ~gültiger Maschinenbefehl (DV) / absolute o. complete instruction || ⌐gut n, Fertiggut n (Aufber) / final product || ⌐kamm m, -verkämmung f (Zimm) / end cogging || ⌐kammer f, Sammelrohr n (Kessel) / header of a boiler || ⌐kapazität f / final capacity || ⌐karte f, Schlußkarte f / trailer card || ⌐kern m (Atom) / final nucleus || ⌐klemme f, -befestigung f (Fernm) / terminal clamp || ⌐klemme f (Elektr) / end terminal || ⌐knotenpunkt m (Stahlbau) / end point of intersection || ⌐konsonanten-Verständlichkeit f (Fernm) / final consonant articulation || ⌐kontakt m / limit stop contact || ⌐kontrolle f, -abnahme f / final inspection || ⌐kontrollgerät n (TV) / master monitor || ⌐kontrollraum m / master control room || ~konturennahe / close to final contours || ⌐konzentration f / final concentration || ⌐-Koppelschleife f (Wellenleiter) / segment fed loop || ⌐korrektur f / end correction || ⌐kunde m (im Gegensatz zu OEM-Kunde) / end user || ⌐kupplung f (für Seile) / wire rope socket || ⌐kurve f, Phillipskurve f (Unruhfeder) / Phillips o. terminal curve || ⌐lage f (oberste Schicht) / top layer || ⌐lage f / stop position, final position || ⌐lage, -stellung f (Hub) / limit of travel, end of travel || ⌐lagengeber m / end-of-travel transducer || ⌐lager n (bei mehrfach gelagerter Welle) (Mot) / end o. outer bearing || ⌐lager n (Nukl) / final o. terminal o. ultimate storage || ⌐lagerstätte f (Nukl) / waste disposal site || ⌐lagerung f (Reaktorbrennstoff) / ultimate waste disposal || ⌐lagerungsbedingungen f pl / waste acceptance requirements pl || ⌐lauge f / discard solution, final liquor || ⌐leistung f (Elektronik) / output

endlich, begrenzt (Math) / finite, terminate || ~ (Keilriemen) / open ended || ~er Automat (Regeln) / finite-state machine, finite automaton || ~er Dämpfungsmoment / finite damping moment || ~er Dezimalbruch (Math) / terminating decimal || ~e Grundgesamtheit (Statistik) / finite population || ~e Impulsantwort / finite impulse response, FIR || ~er Keilriemen / cut V-belt, open-eded V-belt || ~e Menge (Math) / finite set || ~e Reihe (Math) / finite series || ~e Zahl (Math) / finite integer o. number

Endlichkeitsbedingung f / finiteness condition

endlos, ohne Ende / endless, without end || ~, kontinuierlich dauernd / continuous, continued, non-intermittent || ~e [Auslauf]rille (Phono) / locked groove || ~es Band, Bandschleife f (Magn.Bd, Film) / continuous loop, endless loop || ~e Schleife (Programm) (DV) / closed loop || ~e Schnecke / full flighted screw || ⌐-Bandkassette f / endless-loop cassette || ⌐-Bandschreiber m / endless loop recorder || ⌐druck m (Buch) / continuous printing || ⌐faden m (Textil) / filament yarn || ⌐faser f, (jetzt:) Filament n (Textil) / filament || ⌐formular n, -vordruck m (Buch.m) / continuous form || ⌐formular, Leporelloformular n (für Stachelführung) / pin feed fanfold || ⌐formulare n pl / continuous stationery || ⌐garn n (monofil) / monofilament || ⌐garn n (multifil) / multifilament || ⌐papier n / reel paper || ⌐-Seilförderung f (Bergb) / endless rope haulage || ⌐-Spanplattenanlage f / thin-ribbon particle board plant || ⌐vordruck m, -formular n (DV) / continuous form || ⌐vordruck m mit

Kohlepapiereinlage / form with interleaved carbon ‖
⌐vordruckpapier *n* / paper for continuous stationery,
continuous form paper
End·maß *n* (Dreh) / stop measure ‖ ⌐maß *n* (Kontrolle) /
gauge block ‖ **auf ⌐maß räumen** / ream to size ‖
⌐mast *m* (Elektr) / terminal tower, dead-end tower ‖
⌐mast *m*, -gestänge *n* (Elektr, Fernm) / terminal pole ‖
⌐melasse *f* (Zuck) / final molasses, black strap molasses
pl ‖ ⌐montage *f* / final assembly ‖ ⌐moräne *f* / end
moraine ‖ ⌐öffnung *f* (Brückb) / end span
Endo·gas *n* (Sintern) / endothermic atmosphere ‖ ~**gen** /
endogenous ‖ ⌐**-Konfiguration** *f* (Chem) / endo-form ‖
~**lytisch** / endolytic ‖ ⌐**morphismus** *m* (Math) /
endomorphism ‖ ⌐**nuklease** *f* / endonuclease ‖
⌐**parasit** *m* / endoparasite ‖ ⌐**philie** *f* (Tensid) /
endophily ‖ ⌐**phyt** *m* (Bot) / endophyte
Endorser / endorser
Endo·skop *n* / endoscope ‖ ⌐**skopie** *f* / endoscopy
Endosmose *f*, einwärts verlaufende Osmose / endosmosis
endo·therm[isch], Wärme verzehrend (o. aufnehmend) /
endothermic, -thermal ‖ ⌐**toxin** *n* / endotoxin
End·parameter *m* **einer Schleife** (FORTRAN) / terminal
parameter ‖ ⌐**pentode** *f* (Funk) / output pentode ‖
⌐**pfeiler** *m* (Bau, Stahlbau) / end pier ‖ ⌐**platte** *f* (Akku) /
end plate ‖ ⌐**platte** *f* **am Rotor** (Elektr) / core end plate ‖
⌐**plattenmagnetron** *n* / end-plate magnetron ‖
⌐**[pol]klemme** *f* (Elektr) / end terminal o. binder ‖
⌐**produkt**, -erzeugnis *n* / ultimate o. final o. end
product ‖ ⌐**produkt** *n*, Konzentrat *n* (Erz) / concentrate
n ‖ ⌐**produkt** *n* (Kohle) / commercial coal ‖ ⌐**punkt** *m* /
end, final point ‖ ⌐**punkt**, Umschlagspunkt *m* (Chem) /
end point of titration ‖ ⌐**punkt** *m* (Verkehr) / terminal,
terminus ‖ ⌐**punkt** *m* **der Bearbeitung** (NC) / finish
point of machining ‖ ⌐**punkt** *m* **der Wiederholung**
(NC) / finish point of repetition ‖ ⌐**punktsbestimmung**
f **der volumetrischen Titration nach dem spez.**
Gewicht (Chem) / isopyknoscopy ‖ ⌐**qualität** *f*, E.Q. /
final quality ‖ ⌐**querträger** *m* (Stahlbau) / dead-end
transverse girder ‖ ⌐**rahmen** *m* (Stahlbau, Container) /
dead-end frame ‖ ⌐**regelgröße** *f* / final controlled
variable ‖ ⌐**reinigung** *f* (Reaktor, Brennstoff-Aufbereitung) /
tail end (reprocessing) ‖ ⌐**rille** *f* (o. unmodulierte Rille)
(Phono) / finishing groove
Endrin *n* (Chem) / endrin
End·rohr *n* (Auspuff) / tail pipe, tail spout ‖ ⌐**röhre**, -stufe
f (Elektronik) / output valve o. tube ‖ ⌐**rücknahme** *f*
(Bearbeitung) / end relief (machining) ‖ ⌐**schalter** s.
Endausschalter ‖ ⌐**schaltraum** *m* (TV) / main control
room ‖ ⌐**scheibe** *f* (am Flügel), Seitenscheibe *f* (Luftf) /
end plate ‖ ⌐**schild** *m* (ein Lagerschild) / end shield o.
plate ‖ ⌐**schwärzung** *f* (Phot) / maximum density ‖
⌐**schwefelung** *f* (Zuck) / final sulphitation ‖ ⌐**schwelle** *f*
(Hydr) / end sill ‖ ⌐**sortierung** *f* (DV) / final sort ‖
⌐**spannung** *f* (Akku) / cut-off (US) o. end-point (GB)
voltage ‖ ⌐**speiseleitung** *f* (Elektr) / independent o.
dead-ended o. radial feeder ‖ ⌐**speisung** *f* (Antenne) /
end feed, base feed ‖ ⌐**sperre** *f* / final stop ‖ ⌐**stadium**
n s. Endphase / final stage ‖ ~**ständig** (Chem) / terminal,
on the end ‖ ⌐**station** *f*, -bahnhof *m* (Bahn) / dead-end
station, terminal [depot o. station] (US), terminus
[station] (GB) ‖ ⌐**stein** *m* (Draht) / finishing die ‖ ⌐**stelle**
f (Fernm) / subscriber's apparatus ‖ ⌐**stellung**, -lage *f* /
extreme o. end o. final position ‖ ⌐**stellung**, -lage *f*
(Hub) / limit of travel ‖ ⌐**stöpsel** *m* (Abwasser) / end cap-
‖ ⌐**strahl** *m* **eines Winkels** / terminal side of an angle ‖
⌐**strebe** *f* (Stahlbau) / inclined end post, end raker o.
knee brace ‖ ⌐**stromkreis** *m* **[eines Gebäudes]** / final
circuit of building, branch circuit (US) ‖ ⌐**strosse** *f*
(Bergb) / end bench ‖ ⌐**stück** *n* / end o. tail piece ‖
⌐**stück** *n* (Räumwz) / tail end ‖ **dickes** ⌐**stück** / butt end
‖ ⌐**stückhalter** *m* (Räumwz) / retriever of a broach ‖
⌐**stufe** *f* (Funk) / high-level stage ‖ ⌐**stufe** *f* (TV) / output
transformer ‖ ⌐**stufe** *f* **der Rakete** (Raumf) / end o. final
stage ‖ ⌐**stufenmodulation** *f* / high-level o. high-power

modulation ‖ ⌐**sturzflug** *m* (Luftf) / terminal nose dive ‖
⌐**stütze** *f* (z.B. Beschlag) / end support (e.g. fitting) ‖
⌐**sud** *m* (Zuck) / final strike ‖ ⌐**summe** *f* (Math) / final
total ‖ ⌐**summentaste** *f* (Buch.m) / total [taking] key ‖
⌐**summentaste** *f* (des Saldierwerks) (Buch.m) /
crossfooter total key, register total index key ‖
⌐**temperatur** *f* / final temperature ‖ ⌐**träger** *m* (Bahn) /
end girder ‖ ⌐**triode** *f* (Elektr) / end triode ‖ ⌐**tülle** *f*
(Elektr) / terminal sleeve ‖ ⌐**übertrag** *m*, Umwälzen *n*
(DV) / end-around carry ‖ ⌐**umschalter** *m* / limit
reversing switch ‖ ⌐**umsetzer** *m* (Trägerfrequenz) / final
modulator ‖ ⌐**vakuum** *n* / ultimate o. final vacuum ‖
⌐**verankerung** *f* (Seilb) / end anchorage ‖ ⌐**verbinder**
m (Akku) / terminal connector ‖ ⌐**verbindung** *f* / end-to-
end connection ‖ ⌐**verbraucher** *m* / end-user, final o.
ultimate consumer ‖ ⌐**vermittlungsstelle**, EVSt,
Ortsvermittlungsstelle *f* (Fernm) / local exchange ‖
⌐**verschluß** *m* (Kabel) / sealing end, pothead ‖
⌐**verstärker** *m* (Elektronik) / final amplifier, output
amplifier ‖ ⌐**verstärker**, Leistungsverstärker *m*
(Elektronik) / pack amplifier ‖ ⌐**verstärker** *m* (Fernm) /
final o. terminal repeater, speech amplifier ‖
⌐**verstärkung** *f* (Elektronik) / power gain ‖
⌐**verteilerkasten** *m*, EV (Elektr) / dead-end distribution
box ‖ ⌐**verzweiger** *m* (Elektr, Hausinstall) / cable
distributing plug o. sleeve ‖ ⌐**wand** *f*, Rückwand *f*
(Ofen) / end wall ‖ ⌐**wand** *f* (Koksofen) / buttress o.
pinion wall ‖ ~**weise**, End-zu-End… / endwise, end to
end ‖ ⌐**wellen-Meßinstrument** *n* (Wellenleiter) / reaction
type instrument ‖ ⌐**wert** *m* / final o. terminal value ‖
⌐**wert** *m*, Gesamtwert *m* / accumulated value ‖ **über**
den ⌐**wert hinaus** (Instr) / off-scale… ‖ ⌐**wickel** *m*
(Spinn) / finisher lap ‖ ⌐**widerstand** *m* / terminal
resistor ‖ ⌐**windung** *f* **der Breguetspirale** (Uhr) /
overcoil ‖ ⌐**wirt** *m* (Parasiten) / final host ‖ ⌐**ziel** *n* / final
aim ‖ ⌐**zustand** *n* / final state o. condition
EN-Eingang *m* (DV) / enable input
Energetik *f* (Phys, Chem) / energetics
energetisch / energetic ‖ ~**e Selbstabschirmung** (Nukl) /
energetic self-shielding factor ‖ ~**er Wirkungsgrad** /
energy efficiency [ratio]
Energie *f* (Phys) / energy, available power, power of work
‖ ⌐, Schwung *m* / drive, pressure ‖ **der Materie**
mitgeteilte ⌐ / energy imparted to matter ‖ ⌐**abbau** *m* /
degradation of energy ‖ ⌐**abgabe** *f*, -lieferung *f* /
energy output, delivery of energy o. power ‖
~**abhängig** (Speicher, DV) / volatile ‖ ⌐**absorption** *f*
(Nukl) / energy absorption ‖ ⌐**absorptionsdiode** *f* (Halbl)
/ backwash o. overswing diode ‖ ⌐**analysator** *m*
(Mikrosk) / energy analyser *f* (1
Masseneinheit = 930 x 10^6 eV) / energy equivalence ‖
⌐**aufnahme** *f* / power consumption ‖ ⌐**aufspeicherung**
f / accumulation o. storage of energy ‖ ⌐**aufwand** *m* /
expenditure of energy ‖ ⌐**austausch** *m* / energy
exchange ‖ ⌐**band** *n* (Bereich von Energiewerten im
Kristall, der dauernd von Elektronen besetzt werden
kann) (vollbesetzt oder leer) (Halbl) / energy band ‖
⌐**bandbreite** *f*, -unschärfe *f* / energy blur ‖ ⌐**bedarf** *m*
/ requirement of energy, energy demand ‖ demand for
energy ‖ ⌐**bedarf**, -verbrauch *m* / power consumption ‖
⌐**bedarf** *m* (F.Org) / utility, -ties *pl* ‖ ⌐**begriff** *m* /
energy concept ‖ ⌐**-Beiträge** *m pl* / energy arisings *pl* ‖
⌐**bereich** *m* / energy field ‖ ⌐**berg** *m* (Chem) / energy
barrier o. hill ‖ ⌐**betrag** *m* / amount of energy ‖
⌐**bilanz** *f*, -haushalt *m* / energy balance ‖ ⌐**dargebot** *n* /
energy supply ‖ ⌐**dekrement** *n* (Nukl) / energy
decrement ‖ ⌐**dichte** *f* / energy density ‖ ⌐**dichte** *f*,
Belichtung *f* (Produkt aus Beleuchtungsstärke u.
Belichtungszeit) (Laser) / lumination ‖
⌐**direktumwandlung** *f* (jede Art Energie) / direct
energy conversion ‖ ⌐**dosis** *f* (Nukl) / absorbed dose ‖
⌐**dosisleistung** *f* (Nukl) / absorbed dose rate ‖ ⌐**einheit** *f*
/ energy unit, unit of energy ‖ ⌐**einspeisung** *f* / energy
supply ‖ ⌐**elektroniker** *m* **der Fachrichtung**

Anlagentechnik, (früher:) Elektronikinstallateur *m* / electronics installer ‖ ⤳**erhaltung** *f* / conservation of energy ‖ ⤳**erhaltungsgesetz** *n* / law of conservation of energy ‖ ⤳**ersparnis** *f*, -einsparung *f* / energy saving ‖ ⤳**erzeugung** *f* / power generation ‖ ⤳**fluenz** *f* (Nukl) / energy fluence ‖ ⤳**fluß** *m* / energy flux ‖ ⤳**fluß** (in der Wärmeberechnung eines Satelliten) (Raumf) / heat rate ‖ ⤳**fluß** *m* **Sonne-Erde** / energy illumination (on Earth by Sun) ‖ ⤳**flußbild**, Sankeydiagramm *n* / energy flux diagram ‖ ⤳**flußdichte** *f* (Nukl) / energy flux density ‖ ~**freisetzend** / energonic ‖ ⤳**freisetzung** *f* / release of energy ‖ ~**fressend**, -verschwendend / wasting energy ‖ ⤳**gefälle** *n* / energy drop ‖ ~**gefiltertes Elektronenmikroskop** / energy-selecting electron microscope ‖ ~**gleich** / equi-energy ‖ ⤳**-Impuls-Tensor** *m* (Nukl) / energy-momentum tensor ‖ ⤳**inhalt** *m*, -gehalt *m* / energy content ‖ ~**-intensive Industrie** *f* / energy-intensive industry ‖ ⤳**kabel** *n* / power [current] cable ‖ ⤳**kapazität** *f* / energy capacity ‖ ⤳**kette** *f* (Chem) / energy chain ‖ ⤳**komponente** *f*, Wirkanteil *m* (Elektr) / energy component ‖ ⤳**konversion** *f* / direct energy conversion from heat to electric power ‖ ⤳**krise** *f* / energy crisis ‖ ⤳**kurve** *f* (Licht) / energy curve ‖ ⤳**leitung** *f*, -übertragung *f* / energy transmission o. transport ‖ ⤳**lieferung** *f*, -abgabe *f* / energy delivery ‖ ⤳**[maß]einheit** *f* / energy unit ‖ ⤳**netz** *n*, Energieversorgungsnetz *n* / power supply network o. system ‖ ⤳**niveau** *n*, Term *m* / energy level, level of energy, term ‖ **von gleichem** ~**niveau** (Nukl) / monoenergic ‖ ⤳**-Niveaudiagramm**, Termschema *n* / energy-level diagram, term scheme o. diagram ‖ ~**niveauverteilung** *f* (Phys) / level distribution of energy ‖ ⤳**-Operator** *m* (Nukl) / energy operator, Hamiltonian operator ‖ ⤳**politik** *f* / energy politics *pl* ‖ ⤳**prinzip** *n*, -satz *m* / energy principle ‖ ⤳**-Pro-Kopfverbrauch** *m* / per-capita consumption of energy ‖ ⤳**quantum** *n*, -quant *n* / energy quantum, quantum of energy ‖ ⤳**quelle** *f* / source of energy, motive power ‖ ⤳**quelle** *f*, -verstärker *m* / energizer ‖ ⤳**quelle** *f*, Antrieb *m* (Uhr) / main spring, motor spring ‖ ⤳**reaktor** *m*, Leistungsreaktor *m* / power reactor ‖ ⤳**regelung** *f* / control of energy ‖ ~**reich** (Nukl) / high-energy ‖ ~**reich** (Strahlung) / of high energy, ionizing ‖ ~**reiches Neutron** (bis 100 eV) (Nukl) / epithermal neutron ‖ ⤳**rückgewinnung** *f* / energy recuperation o. regeneration, power feedback ‖ ⤳**sammler** *m* (Hydr) / accumulator ‖ ⤳**satz** *m*, Energiegleichung *f* / equation of energy ‖ ⤳**schema**, Termschema *n* (Phys) / term scheme ‖ ⤳**schwelle** *f* (Chem) / energy barrier o. hill ‖ ⤳**schwelle** *f* **der Spaltung** / fission threshold ‖ ⤳**senke** *f* / energy sink ‖ ⤳**sparen** *n*, -einsparung *f* / energy saving, saving of power ‖ ~**sparend** / power saving, saving energy ‖ ~**sparer** *m* (Gerät) / power miser ‖ ⤳**speicher** *m* (Uhr) / oil sink ‖ ~**speichernder Puffer** / energy accumulation type buffer ‖ ~**speicherndes Schwungrad** / energy storage wheel ‖ ⤳**speicherung** *f*, Arbeitsinhalt *m* / energy storage ‖ ⤳**spektrum** *n* / energy spectrum ‖ ⤳**steuerung** *f* (Uhr) / release control ‖ ⤳**stromdichte** *f*, Poyntingscher Faktor (Elektr) / Poynting factor o. ⤳**technik** *f*, (früher:) Starkstromtechnik *f* / power engineering ‖ ⤳**term** *m*, -stufe *f*, Term *m* (Phys) / term, energy level ‖ ⤳**träger** *m* / energy carrier ‖ ⤳**überschuß** *m* / excess of energy ‖ ⤳**übertragung** *f*, -leitung *f*, Energietransport *m* / energy o. power transmission o. transport ‖ ⤳**übertragung von Koaxialkabel zu Wellenleiter**, Ankopplung *f* (Fernm) / launching ‖ ⤳**[um]wandlung**, -umsetzung *f* / conversion o. transformation of energy, energy conversion ‖ **linearer** ⤳**-Umwandlungskoeffizient**, -Übertragungskoeffizient *m* (Nukl) / energy transfer coefficient ‖ ~**unabhängig** (Speicher, DV) / nonvolatile, permanent ‖ ⤳**- und Produktionsüberwachung** *f* / supervision of energy

and production ‖ ⤳**verbrauch** *m* / consumption of energy o. power, energy consumption ‖ ⤳**verbundwirtschaft** *f* / interlinked power economy ‖ ⤳**verknappung** *f* / energy crunch ‖ ⤳**verlust** *m* / loss o. degradation of energy ‖ ⤳**verlustzeit** *f* (Plasma) / energy loss time, energy replacement time ‖ ⤳**vernichter** *m* / energy dissipator ‖ ⤳**verschwendung**, -vergeudung *f* / dissipation o. waste of energy ‖ ⤳**versorgung** *f*, -zufuhr *f* / power supply ‖ ⤳**versorgungsunternehmen** *n*, EVU / electric supply company, Central Electricity Generating Board, (locally:) Electricity Board (GB), utility [company] (for service of electric power) (US) ‖ ⤳**verteilung** *f* / energy distribution ‖ ⤳**verteilung** *f* **der Neutronen im Reaktor** / fissioning distribution o. spectrum, reactor spectrum ‖ ⤳**verwischung** *f* (Radio) / energy dispersal ‖ ~**verzehrender Puffer** / energy dissipation type buffer ‖ ⤳**verzehrer** *m*, -vernichter *m* (Hydr) / whirlpool basin ‖ ⤳**wandler** *m* / energy o. power converter ‖ ⤳**wirtschaft** *f* / energy management ‖ ⤳**wirtschaftingenieur** *m* / energy manager ‖ ⤳**zustand** *m* / energy state ‖ ⤳**zustandsdichte** *f*, Termkonzentration *f* / energy state density

energisch / energetic[al], vigorous, forceful, strong ‖ ~**es Reduktionsmittel** / strong reducing agent
ENFET *m* / enzyme sensitive FET, ENFET
Enfleurage *f* (Blütenölgewinnung) / enfleurage
Eng *n* (Holz) / eng, in (timber from Burma)
eng, beengt (Raum) / confined, narrow ‖ ~, knapp / close, tight, narrow ‖ ~, schmal / tight, narrow ‖ ~, eingeengt / tight ‖ ~**er Bau** (Bergb) / close place ‖ ~**e Bohrung** (Öl) / slim hole ‖ ~**er Durchlaß** / throat ‖ ~**er Hals** (Flasche usw.) / neck ‖ ~**e Kopplung** (Elektr) / close o. tight coupling ‖ ~**er machen** / make tighter ‖ ~**e Öffnung** / throat ‖ ~**er Querschnitt** / narrow section ‖ ~**e Schalung** (Bau, Beton) / stout close-boarded shuttering ‖ ~**e Scharrierung** / fine chiseling ‖ ~ **setzen** (Buch) / compose closely ‖ ~**e Spurweite** / narrow gauge ‖ ~**e Toleranz** / exacting tolerance ‖ ~ **werden** / tighten *vi*, narrow **[untereinander]** ‖ ~ **zusammenhängend** / interdependent ‖ ~**anliegend** / tight, taut ‖ ~**druck** *m* (Buch) / condensed type
Engelecho *n* (Radar) / angel echo
Engerling *m* (Landw) / cockchafer grub
en-Geviert *n* (oder größer) / quadrat, quad
Enge·widerstand *m* (Elektr) / constriction resistance
eng·gebündelte Funkübertragung / narrow-channel radio transmission ‖ ~**gepackt** (z.B. Komponenten) / tightly packed, aggregate[d] ‖ ~**gewellt** (Schlauch) / closely corrugated ‖ ⤳**hals-Preß-Blaseprozeß** *m*, EPB-Prozeß *m* (Glas) / narrow mouth [o. neck] press and blow process ‖ ⤳**hals-Standflasche** (Chem) / narrow-necked flat-bottomed flask
Engineering *n* / engineering
Engländer, (jetzt:) Rollgabelschlüssel *m* / monkey o. screw o. coach wrench
Engler·grade *m pl* (veraltet), °E (Öl) / Engler numbers *pl* ‖ ⤳**kolben** *m* / Engler flask
englisch·e Ankerhemmung (Uhr) / ratchet tooth escapement, English lever escapement ‖ ~**es Bildschirmtextsytem** / Prestel *n* (GB) ‖ ~**es Gelb** / yellow oxychloride of lead ‖ ~**es Halbporzellan**, Wedgewood *n* / English China ware ‖ ~**er Härtegrad** (Wasser) / Clark degree ‖ ~**e Linie** (Buch) / swelled rule ‖ ~**e Maschinennumerierung** (Textil) / English gauge ‖ ~**es Maßsystem** / Imperial system of measures, English Imperial measures *pl* ‖ ~**e Mennige** / orange minium o. lead ‖ ~**er Normenausschuß** / British Standards Institution, B.S.I. ‖ ~**es Porzellan** / iron-stone china ‖ ~**e Wärmeeinheiten** (= 1.26 x 10^{15} J) / quadrillion Btu's, quad (US) ‖ ~**blau** *n* (Keram) / China o. porcelain blue ‖ ~**leder** *n* (Textil) / moleskin ‖ ⤳**rot** *n*, Colcothar *m* (Galv) / colcothar, crocus, polishing rouge, jeweller's red ‖ ⤳**rot** *n* (Chem) / English o. Paris red
engmaschig / close meshed ‖ ~ (Rost) (Lokomotive) / with

289

narrow openings (grate)
Engobe f, Beguß m (Keram) / engobe ‖ ~, farbiger Verblender / vitrified brick ‖ ~, Engobierung f / slip painting
engobieren, überziehen / enamel, coat with coloured slip
engobiert (Keram) / enamelled, encaustic ‖ ~er Stein / glazed brick
Eng·paß m (F.Org, Verkehr) / bottleneck ‖ ~paß m (Geogr) / narrows pl ‖ ~porig, porös / porous ‖ ~ringig, feinjährig (Holz) / with small annular rings ‖ ~ringige Kette / close-link chain ‖ ~rohriger Siederohrkessel / water-tube boiler ‖ ~schrift f / close spaced lettering ‖ ~spaltschweißen n / narrow-gap welding
engst·er Strahlquerschnitt hinter einer Blende, Strahleinschnürung f / vena contracta ‖ ~er Strömungsquerschnitt (Ventil) / discharge area
Eng·stelle f (Geogr) / narrow ‖ ~strahler m / narrow beam projector ‖ ~toleriert / close fit…, to close tolerances
Enhydros, kalzedonischer ~ (Min) / enhydros, enhydrite
enkaustisch, eingebrannt (Keram) / encaustic
Enlevage f, Ätzpapp m (Textil) / discharge [paste] ‖ ~, Ätz[beiz]druck m (Mustern durch örtliches Entfärben) (Gewebedruck) / enlevage ‖ ~, Ätzbeizdruck m (Tätigkeit) / enlevage, discharge printing
Ennea-Nitrozellulose f / ennea nitrocellulose
Enol n / enol ‖ ~ase f / enolase ‖ ~form f (Chem) / enol form
enolisierbar / enolizable
enolisieren / enolize
Enometer m n, Würzemesser m / wort meter
Enometrie f (Chem, Öl) / enometry
Ensat n (eine Gewindebüchse) / self-tapping insert
Ensilage f, Gärfutterbereitung f / ensilage
Enstatit m (Min) / enstatite, orthopyroxene
ent·aktivieren (Chem) / deactivate, desactivate ‖ ~alkalinisieren n / dealkalinization ‖ ~alkylierung f, Desalkylierung f / desalkylation ‖ ~aluminierung f / dealuminification ‖ ~arretieren, die Arretierung lösen (Masch) / unlock ‖ ~artet (Phys, Halbl) / degenerate ‖ ~artetes Gas (Phys) / degenerate gas ‖ ~arteter Kegelschnitt / degenerate conic [section] ‖ ~artung, Degeneration f / degeneration, degeneracy, deterioration ‖ ~artung f (Bot) / retrogradation, set-back ‖ ~aschen / remove the ash ‖ ~aschung f / ash removal ‖ ~aschungsanlage f / ash removal installation ‖ ~asphaltierung f (Öl) / deasphalting ‖ ~ästen (Baum) / disbranch ‖ ~ästeter Baum mit Wipfel / lopped tree with tip ‖ ~basen (Chem) / free vt from alkaline constituents ‖ ~basten (Leinen, Seide) / boil off, degum ‖ ~bastungsechtheit f / fastness to degumming, degumming fastness ‖ ~basung f (Ionenaust.) / decationization, decationizing ‖ ~basung f des Bodens / dealkalinization of soil, desaturation, desorption ‖ ~behrlich / dispensable ‖ ~benzolung f, Austreiben des Benzols n (Kokerei) / debenzolation ‖ ~bittern / debitterize ‖ ~blocken (Bahn) / unblock, clear ‖ ~blocken (DV) / deblock ‖ ~blockierung f (Radar) / receiver gating ‖ ~blockungsrelais n (Bahn) / unblocking relay ‖ ~blößung, Denudation f (Geol) / denudation, degradation ‖ ~blößung f von Vegetation (Bot) / nudation ‖ ~borieren (Nukl) / deborate ‖ ~bromen (Chem) / debrominate ‖ ~brumm… (Elektronik) / antihum… ‖ ~brummen n (Funk) / hum suppression ‖ ~brummkondensator m (Elektronik) / filter capacitor ‖ ~bündeln n (Kath.Str.) / debunching ‖ ~butaner m (Öl) / debutanizer ‖ ~butaner-Reboiler m / debutanizer reboiler [heater] ‖ ~chloren / dechlorinate ‖ ~chlorung f / dechlorination ‖ ~chromen / deplate (the chromium coat) ‖ ~chromungsanlage f / dechroming unit ‖ ~coder m (DV) / decoder ‖ ~codung f (DV) / decoding ‖ ~coiler m (Walzw) / pay-off reel ‖ ~dämpfung f / attenuation equalization ‖ ~dämpfungs-Grenzfrequenz f (Tunneldiode) / resistive cut-off frequency ‖ ~decken, ausfindig machen / detect

‖ ~decken, finden / discover ‖ ~decken mittels Radar, Sonar usw. / illuminate ‖ ~deckung / detection, discovery ‖ ~deuterieren (Nukl) / dedeuterize ‖ ~doppeln (Textil) / single v ‖ ~drallt (Antenne) / despun ‖ ~dröhn…, schalldämpfend (Bahn, Kfz) / sound absorbing o. deadening, antidrum… ‖ ~dröhn…, schalldämpfend (Bahn, Kfz) / antidrum… ‖ ~dröhnanstrich m / sound-deadening paint ‖ ~eignetes Gelände / expropriated ground ‖ ~eisen, -frosten / deice, defrost ‖ ~eisenung f / elimination of ferruginous matter, de-ironing, deferrization, iron extraction ‖ ~eiser, Entfroster m (Luftf, Kfz) / de-icer ‖ ~eisung f, Entfrostung f (Luftf, Kfz) / de-icing, defrosting ‖ ~elektrisator m / antistatic device
Enten·flugzeug n, Ente f / canard [type plane], duck type airplane, tail first machine ‖ ~muschel f (eine Bohrmuschel) (Zool) / barnacle (pile fouling shell) ‖ ~schnabel m (Zange) / duck-bill ‖ ~schnabelförmige Greiffläche (Zange) / duckbill gripping surface ‖ ~schnabel-Überlauf m (Hydr) / duckbill weir
Ent·ethaner m (Öl) / de-ethanizer ‖ ~fall m, Abfall m / waste ‖ ~fallsäure f / waste acid ‖ ~faltbare Antenne / unfurlable antenna ‖ ~falten, aus[einander]breiten / unfold, unroll, spread out ‖ sich ~falten (o. öffnen) (Fallschirm) / open, deploy ‖ ~faltet, ausgebreitet / deployed ‖ ~faltungsregelung f (Fallschirm) / weak tie ‖ ~färben, bleichen / bleach, decolorize, decolor, discolor ‖ ~färben, Farbe ab- o. ausziehen / decolo[u]r, discolo[u]r, strip ‖ ~färben, Bleichen n / discolo[u]ration ‖ ~färben n, Abziehen n (Färb) / stripping ‖ ~färbungskohle f / decolour[iz]ing coal ‖ ~färbungsmittel n, Abziehmittel n (Färb) / stripping agent ‖ ~färbungsmittel n, Bleichmittel n / bleaching agent ‖ ~fasern (allg) / extract o. remove the fibers, strip o. divest of fibers ‖ ~fasern (Stoffe) / ravel out
entfeinter Beton, Schüttbeton m / no-fine concrete
entfernbar, leicht ~ / easily removable
entfernen, ausbauen / remove, take away, dismount ‖ ~, wegrücken / remove, move away ‖ ~, verdrängen / oust ‖ ~, Trennen n / spacing, spreading ‖ ~ der Eingüsse usw. (Gieß) / dressing-off ‖ ~ von Farbe / stripping of paint
entfernt, fern, Fern… / remote ‖ ~ (Ähnlichkeit) / far [from] ‖ ~er Bestimmungsort / remote destination ‖ 100 m ~ / 100 m distant ‖ [örtlich o. zeitlich] ~ / distant ‖ um 90⁰ ~ (Astr) / in quadrature ‖ ~est / ultimate
Entfernung f / distance ‖ ~, Abstand m / pitch, distance ‖ ~, Beseitigung f / removing, removal ‖ ~, Austreibung f / expulsion ‖ ~ eines Reaktionspartners / reactant removal ‖ ~ Linse-Leinwand, Bildabstand m (Film) / throw ‖ ~ von Zinktropfen (Verzinkerei) / wiping off the zinc droplets
entfernungs·abhängig (Tarif, Fernm) / distance sensitive ‖ ~auflösungsvermögen n (Radar) / range discrimination (GB) o. resolution (US) ‖ ~einstellung f (Phot) / distance o. focus setting, focussing ‖ ~kennzeichenfeuer n (Luftf) / distance-marking light ‖ ~kreis m (Radar) / range circle ‖ ~lineal n (Verm) / stadiometric straightedge ‖ ~marke f (Radar) / distance mark ‖ ~meßdiagramm n / ranging pattern ‖ ~messer m (Verm, Phot) / telemeter, distance meter, range finder ‖ ~messer m für große Strecken, Tellurometer n / tellurometer ‖ ~messer m mit senkrechter Basis / depression telemeter ‖ ~meßgerät n (Luftf) / distance measuring equipment, DME ‖ ~meßmarke f (Radar) / range marker ‖ ~meßradar m n / range-only radar, ROR ‖ ~messung f (allg) / range finding ‖ ~messung mit Latte / stadia ‖ ~rahmen m (Stahlbau) / distance frame, spacer frame ‖ ~ring m (Radar) / range ring, calibration ring ‖ ~skala f, -marken f pl (Radar) / range marks pl ‖ ~skala f (Phot) / focussing scale, focus index marking ‖ ~-Streuung f (Phys) / long-distance scatter ‖ ~stufe f, -schnitt m (Bahn) / sectional distance ‖

⌐umschalter *m* / range change switch ‖ ⌐- und Geschwindigkeitssystem *n* / range-and-range-rate system, R- and RR system ‖ ⌐- und Höhensichtgerät *n* (Luftf) / height-range indicator, HRI, height-position indicator ‖ ⌐- und Höhenwinkelsichtgerät *n* (Radar) / elevation-position-indicator
Ent·festigung *f* (Metall) / loss of cohesion ‖ ⌐festigungsglühen *n* / thermal softening ‖ ~fetten, von Fett oder Schmiere befreien / degrease, remove the grease from, ungrease ‖ ~fetten, spülen (Färb) / remove the superfluous oil ‖ ~fetten, entschweißen (Wolle) / scour, desuint ‖ ~fetten (Keram) / mix rich plastic clay with sand ‖ ⌐fetten *n* / degreasing ‖ ⌐fetten im Perdampf / vapour degreasing ‖ ⌐fetter *m* mit Kalttauchen-Heißspritzen-Dampf / cold dip-hot spray-vapor-degreaser ‖ ⌐fettung *f* durch Lösemittel (Galv) / solvent degreasing ‖ ⌐fettungsbad *n* / degreasing bath ‖ ⌐fettungsmaschine *f* (Wolle) / scouring machine ‖ ⌐fettungsmittel *n* / degreasing agent ‖ ~feuchten / dehumidify ‖ ~feuchter *m* / dehumidifier, drier ‖ ⌐feuchtung *f* / dehumidification ‖ ~filzen (Textil) / unfelt, defelt ‖ ~flammbar / inflammable, flammable, fiery ‖ ⌐flammbarkeit *f* / incentivity, flammability, inflammableness ‖ ~flammen *vi* *vt* / ignite, inflame ‖ ⌐flammpunkt *m* (Plasma) / ignition temperature ‖ ⌐flammung *f* (DIN/ISO), (früher:) Zündung *f* (Kfz) / ignition ‖ ⌐flammungspunkt *m* (Chem) / kindling point, fire point ‖ ⌐flammungsverzögerer *m* / flame retardance ‖ ⌐flechtung *f* der Leiterbahnen / disentanglement of tracks ‖ ~fleischen (Leder) / [green]flesh ‖ ⌐fleischmaschine *f* (Gerb) / fleshing machine ‖ ~flocken / deflocculate *vt* ‖ sich ~flocken / deflocculate *vi* ‖ ~flockter Graphit / deflocculated graphite ‖ ~flöhen, -wanzen, -lausen (coll) (DV) / debug ‖ ~formen (Gieß) / remove from the mould ‖ ~formen, ausstoßen (Plast) / eject ‖ ⌐fritter *m* (Funk) / decoherer ‖ ~frosten, -eisen / de-ice, defrost ‖ ⌐froster *m*, Enteiser *m* / de-icer, defroster ‖ ⌐frosterdüse *f* / defroster o. de-icer nozzle ‖ ~fuseln (Chem) / defusel, remove the fusel oils ‖ ~gasen / degas, free from gas ‖ ~gasen (Sintern) / degas ‖ ~gasen (Vakuum) / outgas ‖ ⌐gaser *m* (Öl) / deaerator ‖ ~gast, entgasend, ventiliert / vented ‖ ⌐gasung *f*, Entgasen *n* / driving out the gas, degasifying, degassing ‖ ⌐gasungsgas *n*, Koksofengas *n* / coke oven gas ‖ ⌐gasungsschnecken-Spritzgußmaschine *f* / vent-type injection moulding machine
entgegen dem Uhrzeigerlauf, edul / anticlockwise, contraclockwise, counterclockwise, cckw, c.c.w. ‖ sich ~ dem Uhrzeigersinn o. im Gegenzeigersinn drehen / rotate anti- o. counter-clockwise
entgegengerichtet, in entgegengesetztem Sinn / acting in opposite direction ‖ ~er Strom / inverse o. reverse current
entgegengesetzt / opposed ‖ ~, widersprechend / contrary ‖ ~ (Math) / opposite ‖ ~e Bahnen *f* *pl* / orbits with opposite rotations ‖ ~es Element (Math) / additive inversion ‖ ~es Ereignis (Statistik) / complementary event ‖ ~ gepolt, ungleichnamig / oppositely poled ‖ ~ [gerichtet] / opposite, inverse ‖ ~ gerichtet induziert / inverse induced ‖ ~ gerichtete Kraft / opposite force ‖ ~ gewickelt / buck wound ‖ ~ gleich / opposite and equal ‖ ~ gleiche Momente *n* *pl* / opposite and equal moments *pl* ‖ ~e Phase / opposite phase ‖ ~e Winkel *m* *pl* (Math) / opposed angles *pl* ‖ in ~er Phase [sein], entgegengesetzte Phase haben / be in opposition of phase [to] ‖ in ~er Richtung wirken / retroact ‖ in ~er Richtung wirken (Elektr) / buck ‖ in ~er Richtung / in an opposite direction
Entgegen·haltung *f* (Patent) / citation ‖ ~kommend (Verkehr) / oncoming, approaching ‖ ⌐nahme *f* / acceptance ‖ ~wirken / react ‖ ~wirkend, -kommend / opposing

ent·giften (Chem) / detoxicate, detoxify ‖ [Gase] ~giften, dekontaminieren / decontaminate ‖ ⌐giftung *f*, Detoxifikation *f* / detoxication, detoxification ‖ ⌐giftung *f*, Dekontaminierung *f* (Atom) / decontamination ‖ ~glänzen *vt* / mat *v* ‖ ~glänzen (Textil) / deluster ‖ ~glasen (Glas) / devitrify ‖ ~gleisen *vi* (Bahn) / derail *vi*, jump the rails ‖ zum ⌐gleisen bringen, entgleisen *vt* / derail *vt*, ditch a train, run off the rails ‖ ~gleist (Bahn) / off the track, off the rails ‖ ⌐gleisung *f*, Entgleisen *n* (Bahn) / derailing, derailment, running off the rails
Entgleisungs·schutz *m* (Bahn) / derailment guard ‖ ⌐vorrichtung *f*, -schuh *m* (Bahn) / derailer, derailing stop ‖ ⌐weiche *f* (Bahn) / derailing switch o. points *pl*, catch points (GB) *pl*, safety switch
ent·grannen (Landw) / remove the awns o. beards ‖ ⌐granner *m* (Landw) / awner, barley bearder ‖ ~graphitieren (Mot) / decarbonize ‖ ~graten / burr *v*, [de]bur (US), trim ‖ ~graten (Schm) / clip, strip ‖ ⌐graten *n*, -gratung *f* / burring, burr removing, [de]buring (US) ‖ ⌐grater, Spitzsenker *m* / countersink[er], deburrer ‖ ~haaren, abpölen (Gerb) / unhair, pare off o. scrape off the hair, remove the hair ‖ ⌐haarmaschine *f* (Gerb) / scudding machine ‖ ⌐haarungsmittel *n* / depilatory ‖ ⌐haftungszeit *f* (Elastomer) / tack-free time
Enthalpie, Gibbssche Wärmefunktion *f* / enthalpy ‖ mit konstanter ⌐ / isenthalpic
ent·halten, fassen / contain, hold, comprise, include ‖ ~halten (Math) / contain ‖ ⌐härten, Weichglühen *n* / softening of steel ‖ Wasser ~härten / soften water ‖ ⌐härter *m* (Wasser) / softener ‖ ⌐härtung *f* des Spektrums (Nukl) / spectrum softening ‖ ⌐härtungsanlage *f* (Wasser) / softening equipment ‖ ~harzen / deresinify ‖ ~häuten (Leder) / flay, skin ‖ ~holzen, entbasten (Textil) / decorticate ‖ ⌐homogenisierung *f* / dehomogenization ‖ ~hüllen, enthüllen (von Brennelementen) (Nukl) / declad, decan ‖ ~hülsen, auskernen / shell, husk, shuck ‖ ~hülsen (Reis) / husk, dehusk ‖ chemisches ⌐hülsen (Atom, Nukl) / chemical decladding ‖ ~hülsen (Getreide) / decorticate ‖ ⌐hülsen *n* (Nukl) / decanning, decladding ‖ ⌐hülsungsmaschine *f* für Schoten (für Schoten) / shelling machine, husker (US) ‖ ~ionisieren / de-ionize ‖ ⌐ionisierung *f* / deionization ‖ ⌐ionisierungszeit, Löschzeit *f* (Röhre) / deionization time ‖ ⌐ionisierungszeit *f* (Entladung) / recovery time
Entitie *f* (CAD) / entity
ent·kalken / decalcify ‖ ~kalken (Boiler, Kessel) / decalcify, delime ‖ ⌐kalken *n* des Rübensaftes, Karbonatation *f* (Zuck) / carbonation, deliming, saturating the juice with carbonic acid, saturation ‖ ~kälken (Gerb) / remove the lime, delime, unlime ‖ ⌐kalkungsmittel *n* / antiliming [agent] ‖ ~karbonisieren / decarbonize ‖ ⌐karbonisierung *f*, Teilentsalzung *f* (Ionenaustauscher) / dealkalization ‖ ~keimen / sterilize, degerminate ‖ ~keimen (Brau) / degerminate ‖ ~keimen *n* / degerming ‖ ⌐keimgang *m* (Mühle) / degerming mill ‖ ⌐keimung, Entseuchung *f* / disinfection ‖ ⌐keimungsfiltration *f* / degerminating filtration ‖ ⌐keimungslampe *f*, Entkeimungsstrahler *m* / degerminating lamp, germicidal lamp, bactericidal lamp ‖ ~kernen / seed, core ‖ ~kernen (Gieß) / remove the core ‖ ⌐kernmaschine *f* (Gieß) / decoring machine ‖ ⌐kernung *f* (Städtebau) / deconcentration ‖ ⌐kernung *f* eines Häuserblocks / curet[t]age, slum clearance ‖ ~kieselung *f* / desilicification ‖ ~kletten (Wolle) / burr, bur (US), cull ‖ ⌐knitterung *f* (Faltenbeständigkeitsprüfung ASTM) / crease recovery, shrinkle recovery ‖ ~kohlen, dekarbonisieren (Stahl) / decarbonize, decarburate, decarb (US), free from carbon ‖ ⌐kohlen *n*, Entkohlung *f* von Roheisen (Hütt) / decarburization ‖ ⌐kohlungstiefe *f* / decarburization

depth ‖ ~kokungsschacht m / decoking pit ‖
~kommgeschwindigkeit f / earth escape velocity ‖
~kommungselektron n / runaway electron ‖ ~koppeln
(Elektr, Elektronik) / uncouple, decouple ‖ ~koppelt
(Regeln) / non-interacting ‖ ~koppelte Zweige m pl
(Elektr) / conjugate branches pl ‖ ~kopplung f
(Elektronik) / decoupling ‖ ~kopplung f, Neutralisation f
(Elektronik) / neutralization of anode-grid capacitance
Entkopplungs·filter n (Elektronik) / decoupling filter ‖
~glied n, -kreis m (Elektronik) / stopper, decoupler ‖
~kapazität f (zum Ausgleich der
Gitter-Anodenkapazität) (Elektronik) / balancing o.
neutrodyne o. neutrodyning o. neutralizing capacitance
‖ ~kondensator m / by-pass capacitor ‖ ~kreis m
(Elektronik) / antiresonant circuit ‖ ~relais n (von
Koppelkreisen) / uncoupling relay
ent·körnen, egrenieren (Textil) / gin, clean ‖ **zweites**
~körnen der Baumwolle (Textil) / delinting ‖ ~körnte
Baumwolle / ginned cotton ‖ ~körnungsmaschine f /
shelling machine ‖ ~kräuseln, glattmachen, -streichen /
uncurl, decrimp ‖ ~krauten n (Hydr) / weed control ‖
~kupfern, vom Kupfergehalt befreien, die
Verkupferung abbeizen / decopperize ‖ ~kupfern (Galv)
/ deplate, strip ‖ ~kuppeln / disengage, uncouple,
disconnect ‖ ~kuppeln, abhängen (Bahn) / uncouple ‖
~kuppeln n, Ausschalten n / throwout, disengaging ‖
~kupplungsrelais n (Masch) / releasing relay ‖
~kupplungsrelais n (ganzer Stromkreise) (Elektr) /
uncoupling relay
entlacken / strip the enamel from …
Entlade·becherwerk n / discharging bucket elevator ‖
~brücke f (Kranbau) / unloading bridge o. crane ‖
~bühne, -plattform f, -flur m / discharging platform ‖
~dauer f (Akku) / discharge time ‖ ~drossel f / static
drain choke coil ‖ ~fähigkeit f, -leistung f, Leistung f
beim Entladen / discharge o. discharging rate o.
capacity ‖ ~funkenstrecke f / discharging gap ‖
~leistung f (Akku) / output of a battery
entladen (allg, Gewehr) / unload ‖ ~ v (allg, Elektr) /
discharge ‖ ~ (Kondensator) / dump a capacitor ‖ ~,
löschen (Schiff) / unlade, unload ‖ ~ n (Wzm) / takedown
‖ ~ adj (Akku) / run down ‖ ~ n der Brennelemente /
fuel element unloading ‖ sich ~ (Gewitter) / break ‖ sich
[selbst]~ (Akku) / run down
Entladeplattform f, -flur m / discharging platform
Entlader, Entladekran m, -brücke, -vorrichtung f /
unloader, unloading crane o. bridge ‖ ~ m, Entladekran
m, Entladevorrichtung f / unloader, unloading
equipment ‖ ~ (Elektronik) / discharger
Entlade·spannung f (Akku) / discharge voltage ‖
~spannung, Ionisationsspannung f / ionization striking
voltage ‖ ~stärke f (Elektr) / discharge power ‖ ~station
f (Seilb) / unloading station o. terminal ‖ ~strom m /
discharging current ‖ ~strom m, -[strom]stärke f
(Elektr) / rate of discharge, discharge rate ‖ ~verzug m
(Halbl) / carrier storage time ‖ ~vorrichtung f für
Kondensatoren / discharging device for capacitors ‖
~weite f (Funkenstrecke) / spark o. air gap, sparking
distance ‖ ~widerstand m / discharging resistor
Entladung f (Akku) / discharge ‖ ~, Überschlag m (Elektr) /
stroke ‖ ~ (Nukl) / discharge, unloading the fuel ‖ ~
(Förderanl) / unloading
Entladungs·aufbau m (Röhre) / breakdown ‖ ~elektrode f
(Elektronik) / active o. discharge electrode ‖ ~energie f /
discharge energy ‖ ~geheizte Kathode / ionic-heated·
cathode ‖ ~glimmen n (Gasentladung) / discharge glow ‖
~kanal m (Nukl) / transfer canal ‖ ~kreis m (Elektronik) /
discharge circuit ‖ ~lampe f / [gas] discharge lamp ‖
~röhre f (Elektronik) / discharge tube ‖ ~störungen f pl
(Elektr) / precipitation noise ‖ ~strecke f (Röhre) /
discharging distance
entlang einer Achse (Flug) / along an axis
entlassen (auch Gase etc.) / dismiss, discharge, fire vt
(coll)

Entlassung, Arbeitseinstellung f / lay-off ‖ ~, Kündigung
f [fristlose] / dismissal [without notice]
entlasten / discharge, relieve o. free [of the load], ease ‖
~, befreien / disengage ‖ ~ (Bau) / lighten ‖ ~ n,
Entlastung f / discharge, relieving ‖ den Schieber ~ /
compensate the pressures on a gate valve ‖ die Bremse
~ / relieve the brake ‖ vom Druck ~, den Druck
reduzieren / decrease o. reduce the pressure
entlastet, ausgeglichen / balanced, equilibrated ‖ ~e
Futtermauer, Breschmauer f / counterarched revetment
‖ ~es Höhenruder / equilibrated elevator ‖ ~er
Schieber / balanced o. equilibrated slide valve
Entlastung f / relief ‖ ~, Erleichterung f / load alleviation
‖ ~, Stützmauer f (Bau) / allaying, shouldering wall
Entlastungs·…, Ausgleich… / balancing, balance… ‖
~anlage f (Hydr) / spillway ‖ Oberflächen-~anlage f
(Hochwasser) / overfall spillway, ogee type spillway ‖
~autobahn f / by-pass motor road ‖ ~becken (Hydr) /
discharge basin ‖ ~bogen m (Bau) / discharging o.
safety arch, relieving arch ‖ ~bogen m (über dem
Fenster) / brick rail (above window), bow of a window
‖ ~bogen, Türbogen m / doorway arch ‖ ~bogen m
(oben eben) / camber arch ‖ ~bogen m, umgekehrter
Bogen / invert[ed] o. reversed o. inflected arch ‖
~bohrung f (Öl) / relief well ‖
~druck-Ansprechgrenze f / pressure to break ‖
~einrichtung f (Waage) / load relieving device ‖ ~feder
f / discharging o. relieving spring ‖ ~fuge f (Bau) /
relieving joint ‖ ~kanal m / discharge o. discharging
canal, surpassing canal ‖ ~kolben m (Turbine) / dummy
o. balance piston ‖ ~ort m (Bau) / new town ‖
~schieber m / balancing slide valve ‖ ~straße f / by-
pass road ‖ ~strecke f (Bahn) / by-pass line ‖ ~ventil n /
relief o. unloading valve ‖ ~ventil n (Hütt) / bleeder
valve ‖ ~vorrichtung f in Bunkern / antipressure
device in storage bins ‖ ~wehr n / waste weir, spillway
‖ ~zug m (Bahn) / relief train, conditional train (US),
second section (Am)
Ent·laubungsmittel n / defoliant ‖ ~laufen, abrollen
(Bahn, Wagen) / break away ‖ ~laufen n (von Wagen)
(Bahn) / runaway of wagons ‖ ~laugen, auslaugen /
lixiviate ‖ ~lausen (coll), -wanzen (DV) / debug
entleeren, leermachen / evacuate, empty, discharge ‖ ~
(Behälter) / drain off ‖ ~, absaugen / evacuate ‖ ~,
auskippen / dump v ‖ ~ (Ballon) / deflate ‖ ~,
ausblasen / blow out o. off, purge ‖ die
Treibstoffbehälter ~ (Raumf) / detank v
Entleerhahn, [kleiner] ~ / pet cock
Entleerrohr n (Naßbagger) / window pipe
Entleerung f, Ablauf m / outflow ‖ ~ m / stop ring ‖ ~ f,
Entleeren n, Leermachen n / evacuation, emptying ‖ ~
(Abwasser, Altöl usw.) / emptying of crankcase etc. ‖ ~,
Erschöpfung f / depletion ‖ ~, Entschlammung f (z.B.
Abwasserrohr) / scouring ‖ ~, Absaugung f /
evacuation, exhaustion
Entleerungs·druck m (Kompressor) / minimum receiver
pressure ‖ ~leitung f (Gas) / exhaust line ‖ ~pumpe f /
evacuation pump ‖ ~schieber m / drain valve ‖
~schraube f, Ablaßstopfen m (Mot) / drain plug
Entleer[ungs]seil n (Kran) / discharge o. discharging
cable, emptying cable, emptying rope
Entleerungs·speicher m, Ablaufspeicher m (Heißwasser) /
accumulation type water heater ‖ ~ventil n / drain
valve, waste valve
Entleer·ventil n (Gasturbine) / dump valve ‖ ~ventil n
(Rakete) / purging valve
ent·legene Örtlichkeit / remote site ‖ ~leimen / unglue,
deglutinate ‖ ~lieschen n (Entfernen der Hüllblätter)
(Mais) / husking ‖ ~lohnung f für angeordnete Arbeit
an arbeitsfreien Tagen / call[-in] pay ‖ ~lohnung f für
die Zeit vom Betreten bis zum Verlassen der Anlage
(F.Org) / portal-to-portal pay ‖ ~lohnung f nach
Vorgabezeiten (F.Org) / standard time system ‖
~lötgerät n, -lötpistole f / unsoldering set

entlüften, Luft austreiben / deaerate ‖ ~, durchlüften /
vent v, deventilate ‖ ~, Evakuieren n / evacuation of air
‖ ~ der Bremsen / bleeding of brakes
Entlüfter m / aspirator, exhauster ‖ ~ (Mot) / crankcase
breather ‖ ~kappe f (Mot) / breather cap ‖ ~knie n / air
bleed elbow ‖ ~rohr n, Entlüftungsrohr m (Mot) /
breather, vent pipe ‖ ~stutzen m (Mot) / breather
Entlüftung f, Entlüften n / aeration, aerating, airing,
venting, ventilation ‖ ~ (z.B. eines Rohres) / deairing
(e.g. of a pipe)
Entlüftungs·apparat m, -einrichtung f / deaerator, air
separator ‖ ~gitter n / ventilation grille ‖ ~hahn m / air
relief cock ‖ ~hahn m (Heizung) / air bleed cock ‖
~haube f, -kappe f / air vent ‖ ~kappe f (Akku) / vent
cap ‖ ~leitung f / vent connection o. line ‖ ~öffnung f,
Luftloch n / vent [draught o. hole], ventiduct ‖
~öffnung f an der Formfuge / vent on mould joint ‖
~pause f beim Spritzen (Plast) / dwell[ing] ‖ ~rohr n /
breather tube ‖ ~rohrstutzen m / breather tube neck ‖
~schacht m (Bergb) / upcast ventilating shaft, uptake ‖
[senkrechter] ~schacht (Bauw) / upcast shaft ‖ ~schlitz
m / air vent slot ‖ ~schraube f (allg) / vent screw ‖
~stelle f (Leitung) / air bleed ‖ ~stelle f (Hydr) / venting ‖
~stutzen m / vent connection ‖ ~ventil n (allg) /
ventilating valve ‖ ~ventil n, -hahn m (in Leitungen,
Öfen usw.) / air bleed cock ‖ ~ventil n (Akku) / vent
valve ‖ ~ventil n (Bremsflüssigkeit) / bleeder valve
entmagnetisieren / demagnetize ‖ ~, löschen (Magn.Bd) /
degauss
entmagnetisiert, völlig ~ / neutral, virgin…
Entmagnetisierung f / demagnetization ‖ ~ (Kompaß) /
degaussing
Entmagnetisierungs·faktor m / demagnetization factor ‖
~gerät n / demagnetization device ‖ ~kurve f /
demagnetization curve ‖ ~spule f, Löschgerät n
(Magn.Bd) / degausser
Ent·manganung f / demanganizing, demanganization ‖
~metallisierbad, Abziehbad n (Galv) / stripper,
stripping solution ‖ ~metallisieren, entnickeln,
entchromen, entkadmen, entkupfern usw. (Galv) / strip,
deplate ‖ ~methaner m (Öl) / demethanizer [column] ‖
~methylierung f / demethylation ‖ ~mineralisierung f
/ demineralization ‖ ~mischen vt / demix ‖ ~mischen
vt, dissoziieren / dissociate ‖ sich ~mischen (Beton) /
bleed ‖ [sich] ~mischen (Chem) / separate out,
segregate ‖ ~mischen n, Entmischung f / segregation of
mixtures ‖ ~mischen n beim Festwerden (Nukl) /
coring ‖ zum ~mischen neigend / segregating ‖
~mischung f / demixing ‖ ~mischung f (Sintern) /
segregation ‖ ~mischungsneigung f (Bitumen) /
sedimentation tendency ‖ [mechanische
Schleppschaufel-]~mistungsanlage (Landw) / barn
cleaner ‖ ~modulation f / demodulation, demod,
rectification, detection ‖ ~modulieren / demodulate,
detect ‖ ~motten (Mil) / demoth, demothball
Entnahme f / taking[-out], withdrawal, removal ‖ ~ von
Dampf o. Wasser usw. / tapping, bleeding ‖ ~ von
[Voraus-]Mustern / sampling ‖ ~bauwerk n an der
Staumauer (Hydr) / surge tank ‖ ~betrieb m (Dampfm) /
extraction service, bleeding o. tapping operation ‖
~dampftemperatur f / bleed steam o. extraction steam
temperature ‖ ~liste f (Lager) / stocklist ‖ ~richtung f
(Qual.Prüf) / direction of sampling ‖ ~rohr n (Dampfm) /
bleed pipe ‖ ~stab m (Chem) / application rod ‖ ~stelle f
(Bau) / borrow area ‖ ~stelle f (Sand, Kies) / ballast pit o.
quarry ‖ ~stollen m (Hydr) / intake tunnel ‖ ~stutzen m
/ bleeder connection ‖ ~sunk m (Hydr) / receding of the
water level due to pumping o. tapping ‖ ~ bei der
Entnahme von Grundwasser mittels eines Brunnens)
(Hydr) / cone of depression, cone of exhaustion ‖
~turbine f / bleeding turbine, tapped turbine ‖ ~ventil
n (Dampfm) / bleeder o. extraction valve
Ent·nebler, Demister m / demister, fog dispersal device ‖
~nehmen, anzapfen / bleed ‖ ~nehmen (z.B. den

Normen) / take out (e.g. of standards) ‖ ~nehmen
[von, aus] (Lager) / pick ‖ Strom ~nehmen / draw
current ‖ ~netzen n (Chem) / decrosslinking ‖ ~nickeln
(Galv) / deplate, denickelify ‖ ~nieten, herausschlagen /
drive out o. punch rivets ‖ ~nitrieren / denitride,
remove the nitrogen ‖ ~nommene Probe[menge]
(Chem, Hütt) / assay ‖ ~ölen, Öl entfernen / free from
oil, remove the oil from, de-oil ‖ ~ölen n (Wolle) /
backwashing ‖ ~öler, Ölabscheider m / oil separator o.
trap ‖ ~ölung f von Lagerstätten / petroleum
displacement
Entoparasit m, Endoparasit m, Innenschmarotzer m /
endoparasite
ent·packen, entpaketieren (DV) / unpack, depacketize ‖
~palleti[si]eren / depalletize ‖ ~paraffinieren / dewax ‖ ~passivieren, depolarisieren (Galv) / depassivate
‖ ~pentanisieren n / depentanization ‖ ~phenolisieren
/ dephenolate ‖ ~phenolung f / dephenolating ‖
~phosphoren / dephosphorize ‖ ~phosphorung f /
dephosphorization ‖ ~pickeln (Gerb) / depickle ‖
~preller m (Funk) / antibeat device ‖ ~propaner m (Öl)
/ depropanizer ‖ ~propaner-Reboiler m / depropanizer
reboiler [heater] ‖ ~propanisierungs-Rückstände m pl
/ depropanizer bottoms pl ‖ ~pülpen (Zuck) / depulp ‖
~pülpen n / pulping ‖ ~pupinisiert, entspult (Kabel,
Fernm) / deloaded ‖ ~rahmen (Milch) / cream, skim,
scum ‖ ~rahmen, vom Rahmen abnehmen (Tuch) /
remove from the stenter ‖ Milch [mittels Zentrifuge]
~rahmen / separate milk ‖ ~rahmer m,
Milchzentrifuge f (Milch) / skimmer
Entrainment, Mitreißen n (Chem) / entrainment
Ent·regung f (Elektr) / de-energizing ‖ ~riegeln / free,
unlatch ‖ ~riegeln (Schaltkreis) / unlock ‖ ~riegeln
(Rundtisch) / unlock the circular indexing table ‖ die
Weiche ~riegeln (Bahn) / release the points ‖
~riegelrelais n (Reaktor) / overflux relay ‖
~riegelungsspiel n, Freigabebereich m / unlatching
clearance ‖ ~rinden (Baum) / decorticate, bark, unbark,
peel ‖ ~rindetes Holz / peeled wood ‖
~rindungsmaschine f, -rinder m / bark peeling o.
barking machine, decorticator
Entropie f (Phys) / entropy ‖ ~, mittlerer
Informationsgehalt (DV) / entropy, average information
content ‖ ~diagramm n / entropy diagram
ent·rosten, vom Rost befreien / unrust, derust ‖ ~rosten n
mittels Abbrennen / flame conditioning (US), flame
cleaning (GB) ‖ ~rostungsbrenner m / flame
conditioning torch (US), flame cleaning blowpipe (GB)
‖ ~rostungsmittel n / rust removing agent ‖
~rostungsmittel n, Beize f / pickle ‖ ~rümpeln / clear
of rubbish ‖ ~rußen (Zylinderkopf, Kfz) / decarbonize
Entry-Adresse f (DV) / entry symbol
Ent·safter m / juice separator, juice extractor ‖ ~salzen /
desalt ‖ ~salzen, entmineralisieren (Wasser) /
demineralize ‖ ~salzung f / desali[ni]zation ‖ ~salzung
f, Mineralsalzentzug m (Wasser) / demineralization,
desalting ‖ ~salzung f mit vielstufiger Entspannung /
multistage flash desali[ni]zation ‖ ~salzungsanlage f
(Meerwasser) / desali[ni]zation plant (sea water) ‖
~samen / seed ‖ ~sanden (allg) / free vt from sandy
deposits ‖ ~sanden (Hydr) / dredge gravel v ‖
~sättigung f, Verblassen n (TV) / desaturation ‖
~säuern, -säuren / deacidify, disacidify, free from acid
‖ ~säuern (Chem, Galv) / neutralize ‖ ~säuern,
neutralisieren (Öl) / edulcorate, neutralize ‖ ~säuerung
f (Ionenaust.) / neutralizing ‖ ~säuerungsmittel n pl
(Färb) / deoxidizing agents pl, deacidification agents pl ‖
~schälen, entbasten (Textil) / decorticate ‖
~schalungsmittel n, -öl n (Beton) / release agent,
formwork oil ‖ ~schärfen (Munition) / deactivate,
disarm, render safe, unprime ‖ Minen ~schärfen /
sterilize o. desarm mines ‖ ~schäumen / skim, scum,
defoam, defroth ‖ ~schäumer m, Schaumgegenmittel n
/ defrothing agent, antifoaming agent, foam breaker ‖

⌐scheidbarkeit f (Math) / decidability ‖ ~scheiden / decide ‖ ~scheiden, regeln / settle, adjust ‖ ~scheidend, kritisch / crucial ‖ ~scheidend, bestimmend / deciding, decisive

Entscheidungs·befehl m (DV) / decision instruction ‖ ~befugt, leitend (F.Org) / policy-level… ‖ ⌐element, Verknüpfungsglied n (DV) / decision element ‖ ⌐gehalt m / decision content, decisive content ‖ ⌐höhe f (Luftf) / decision height ‖ ⌐inhalt m / decision content ‖ ⌐punkt m (Luftf) / decision point ‖ ⌐tabelle f (DV) / decision table

ent·scheinen, den Blaustich unterdrücken (Öl) / debloom ‖ ⌐schichtung f / removal of coating ‖ ~schlacken (Gasf) / deslag, remove the slag ‖ ~schlacken (Bahn) / declinker ‖ ~schlacken (Hütt) / separate the dross o. slag from the metal ‖ **einen Ofen ~schlacken** / clinker ‖ ⌐schlackungsmittel n / deslagging agent ‖ ~schlammen / clear from mud, de-sludge ‖ ~schlammen, ausspülen (Hydr) / scour ‖ ~schlammen (Bergb) / deslurry ‖ ⌐schlämmen n (Aufber) / desliming ‖ ⌐schlammer m (Abwasser) / de-sludger ‖ ⌐schlämmsieb n (Bergb, Aufber) / depulping o. desliming screen ‖ ⌐schlämmung f (Bergb) / deslurrying ‖ ~schlichten (Textil) / desize, boil off, scour cotton yarn ‖ ⌐schlichtmaschine f (Textil) / desizing machine ‖ ⌐schlichtungsmittel n (Textil) / assistant for desizing, desizing agent ‖ ⌐schlüsseler m (DV) / decoder ‖ ~schlüsseln / decode ‖ ~schlüsseln (Geheimcode), dechiffrieren / decipher ‖ ⌐schlüsselungsmatrix f (DV) / decoder matrix ‖ ~schwefeln (Chem) / desulphurate ‖ ~schwefeln (Wein) / desulphurize ‖ ⌐schwefelung f / desulphurization ‖ ~schweißen (Wolle) / degrease, desuint, scour, remove grease ‖ ~seuchen / disinfect ‖ ~seuchen (Nukl) / decontaminate ‖ ~sichern (Mil) / take off safety, release the safety [device] ‖ ~silbern / unsilver, desilverize ‖ ~silizieren (Hütt) / desiliconize ‖ ~silizieren n (Wasser) / desilication ‖ ⌐sorgung f / sanitation ‖ **städtische** ⌐sorgung / waste disposal, refuse collection ‖ ~spannen / release the tension ‖ ~spannen, nachlassen / relax, relieve ‖ ~spannen (Mech) / relieve the stress ‖ **einen Bogen ~spannen** / unbend a bow ‖ ~spannen (eine Feder), nachlassen (Biegefeder) / unbend (a spring), release (a spring) ‖ ~spannen (Waffe) / uncock ‖ **sich** ~spannen / expand ‖ **Meßwerkzeuge ~spannen** / season gauges ‖ **ein Seil** ~spannen (o. entlasten) / slacken a cable ‖ **[sich]** ~spannen, [sich] ausdehnen [lassen] / slacken vi, become slack, relax vi ‖ ~spannt, gelockert / relaxed ‖ ~spannt, unbelastet / unstressed ‖ ~spannt (Auge) / relaxed ‖ ~spannt (Flüssig) / low surface tension… ‖ ~spanntes Wasser / low-surface-tension water

Entspannung f, Lockerung f / removal o. drop of stress o. pressure, tension release, relaxation ‖ ⌐ (Stahl, Werkstoff) / stress relief, stress relieving ‖ ⌐, Flash m (Benzol) / flash ‖ ⌐vielstufige ⌐ (Entsalzung) / multistage flash

Entspannungs·dampf m (Entsalzung) / flash vapour ‖ ⌐-Deflektionsdüse f / E-D nozzle ‖ ⌐gefäß n (Raffinerie) / flash pot ‖ ⌐gefäß n, -behälter m / blow tank ‖ ⌐gerät n (Drahtz) / postforming device ‖ ⌐geschwindigkeit f (Mech) / relief rate ‖ ⌐glühen n / stress-relieving anneal, stress-relieving stabilization ‖ ⌐kammer f (Entsalz) / flash chamber ‖ ⌐kriechgrenze f / relief creep limit ‖ ⌐ofen m / stress-relieving oven ‖ ⌐temperatur f / relaxation temperature ‖ ⌐trommel f / flash drum ‖ ⌐verdampfer, Schnellverdampfer m / flash evaporator ‖ ⌐verdampfer m (mehrstufig) / multiflash distillation unit ‖ ⌐verdampfung f (Destillation mit diskontinuierlichem Druckabfall) / flash distillation ‖ ⌐verdampfung f, Schnellverdampfung f / flash vaporization ‖ ⌐verhalten n / relaxation properties pl ‖ ~verhalten n (Fett) / decompression characteristics pl ‖ ⌐verhältnis n (Rakete) / expansion ratio ‖ ⌐versuch m / stress relief test ‖ ⌐versuch (bei erhöhter Temperatur),

Relaxationsversuch m / relaxation test ‖ ⌐widerstand m / resistance to relief of stresses ‖ ⌐zeit f (Mech) / relief time

Ent·speicherungskratzer m / shed service scraper ‖ ~sperrbares Zwillings-Rückschlagventil (Hydr) / pilot controlled double check valve ‖ ⌐sperrung f (Elektronik) / unblocking ‖ ~spiegeln / dereflect ‖ ~spiegelnd / reflection-reducing ‖ ~spiegelt (Opt) / coated, lumenized, bloomed ‖ ~spiegelte Linse / lumenized lens, coated lens ‖ ⌐spiegelung f (Opt) / antireflection coating ‖ ⌐spiegelungsschicht f (Opt) / blooming coat ‖ ~sprechen / correspond ‖ ~sprechend, gemäß / according [to] ‖ ~sprechend, angemessen / adequate ‖ ~sprechend, vergleichbar / corresponding ‖ ~sprechend, äquivalent / equivalent ‖ ~sprechend / correlative (adj) ‖ ⌐sprechung, Gleichwertigkeit f / equivalence ‖ ⌐sprechung f (allg, Mat) / correspondence ‖ ~spult, entpupinisiert (Kabel, Fernm) / deloaded ‖ ⌐stapelung f (Walz) / depiling ‖ ⌐stapler m (Holz) / pile unloader ‖ ~stauben, Staub entfernen, staubfrei machen / free from dust, dust, dedust ‖ ~stauben (elektrostatisch), Staub niederschlagen / precipitate dust ‖ ⌐stauber m (Zuck) / dust box ‖ ⌐staubtes n (Aufber) / dedusted small coal ‖ ⌐staubung f / freeing from dust, dedusting, dusting ‖ ⌐staubungsgrad m / degree of dust extraction ‖ ⌐stearinieren n (Fett) / winterization, wintering

entstehen / originate ‖ ~, ausgehen [von], resultieren [aus] / issue, emerge ‖ ~, hervorgehen [aus] / arise ‖ ~, sich entwickeln / develop ‖ ~, zuwachsen / accrue ‖ ⌐, -stehung f / formation

Entstehung f, Entstehungsvorgang m / birth, beginning, origination

Entstehungs·ort m (von Daten) / point of origin ‖ ⌐potential n, Ionisationsspaltung f / ionization potential ‖ ⌐wärme f (Chem) / heat of formation ‖ ⌐zustand m, status nascendi / nascency

ent·steifen, geschmeidig machen / render pliant ‖ ⌐steinmaschine f / stoning machine ‖ ~sticken (Hütt) / remove nitrogen ‖ ⌐stipper m (Pap) / deflaker, fiberizer

Entstör·…, Störschutz / antiparasitic, -interference ‖ ⌐… (TV, Funk) / antijamming adj ‖ ⌐diode f, Entstörer m (TV) / interference inverter, black spotter

entstören (Funk) / radio-shield o. -screen, shield, screen ‖ Störquellen ~ / suppress, prevent

Entstörer m, Störschutzeinrichtung f / interference o. noise suppressor, radioshielding unit ‖ ⌐ (TV) / interference inverter ‖ ⌐ **am Zündverteiler** (Kfz) / distributor [interference] suppressor ‖ ⌐ **für Fahrzeugräder** (Kfz) / wheel-static collector ‖ ⌐ **für statische Aufladungen** (Elektronik) / static collector o. eliminator

Entstör·filter m n / interference filter ‖ ⌐gerät n, Entstörer m, Störschutzeinrichtung f (Elektronik) / [noise o. interference] suppressor ‖ ⌐gerät n, Entstörer m (gegen Gewitterstörungen) (Elektronik) / atmospheric suppressor ‖ ⌐geschirr n (Kfz) / radioshielding assembly o. unit ‖ ⌐glied n, Entstörer m (Elektronik) / screening unit ‖ ⌐kappe f (Kfz) / static screen, radioshielding cap for spark plugs ‖ ⌐kappe f, -mantel m / spark plug suppressor ‖ ⌐kondensator m / anti-interference capacitor ‖ ⌐muffe f / sleeve type suppressor ‖ ⌐schirm, Abfangschirm m (Phys, Elektronik) / screen (US), shield ‖ ⌐schlauch, Abschirmschlauch m (Elektronik) / [flexible] shielding o. screening tube ‖ ⌐stecker m (Kfz) / shielded plug

Entstörung f (gegen andere Sender) / antijamming ‖ ⌐ / interference elimination o. suppression ‖ ⌐, Abschirmung f (Elektr) / screening, radio-shielding

Entstör·widerstand m (Kfz) / resistance type suppressor

ent·sumpfen, entwässern / drain swamps v ‖ ~tanken (Luftf) / defuel ‖ ⌐tanken n (Luftf) / defuelling ‖ ~teeren / detar ‖ ~tonen (Bergb) / clear of clay ‖ ⌐trübung f, -trüben n (Radar) / fast time [gain] control, F.T.C., differentiating circuit, rain clutter suppression, antirain clutter control, peaker (US) ‖ ~trübung f, Verhinderung f von Störeinflüssen (Radar) / antijamming ‖ ~trübung des Minimums, Null-Enttrübung f (Ortung) o. zero clearing ‖ ~trübungsschaltung f (Radar) / fast time constant circuit, antirain clutter circuit ‖ ~trümmern, Trümmer räumen / free from ruins ‖ ~völkerung f der Innenstadt / excontration ‖ ~völkerung f der Städte / desurbanization ‖ ~vulkanisiereinrichtung f (Gummi) / devulcanizer ‖ ~wachsen n (Gieß) / dewaxing ‖ ~warnung f (Luftf, Mil) / all-clear ‖ ~wässerbarkeit f (Pap) / drainability

entwässern (allg) / dewater ‖ ~, dränieren / drain vt ‖ ~, abtropfen lassen / drip, drain off ‖ ~, dephlegmieren (Chem) / dephlegm[ate] ‖ ~ (Rohrleitungen) / drain ‖ ~, dehydratisieren (Chem) / dehydrate ‖ Leder [durch Einsalzen] ~ / cure leather ‖ mittels Graben ~ / dike, drain ‖ Öl ~ / dehydrate oil ‖ Teer ~ / desiccate tar

entwässerter Glucosesirup / corn syrup solids (US);pl., dehydrated glucose syrup

Entwässerung, Dränung f / drain, draining, drainage ‖ ~ (Geol) / drainage ‖ ~, Kanalisation f, Abwässerableitung f / sewerage ‖ ~ von Teer (o. Dampf) / desiccation of tar o. steam ‖ **mechanische** ~ / mechanical dewatering

Entwässerungs·anlage f (Hütt) / draining plant ‖ ~anlagen f pl, -werke n pl / drainage works pl ‖ ~apparat, Dekantierständer m (Teer) / hydro-extractor ‖ ~filz m (Pap) / pulp felt ‖ ~graben m, -kanal m, -rinne f (Landw) / ditch, drain, trench, draining channel o. sewer, catch water drain ‖ schmaler ~graben (Hydr) / drove ‖ ~hahn m (Dampfm) / draw-off cock ‖ ~haube f, -deckel m (Straßb) / gully o. drain cover ‖ ~maschine f / suction extractor ‖ ~mittel n (Chem) / dehydrating agent, dehydrator ‖ ~neigung f (Pap) / freeness ‖ ~plan m / drainage scheme ‖ ~pumpe f (F'wehr) / water drawing pump ‖ ~rinne f (Straßb) / drainage channel ‖ ~rohr n / drain pipe ‖ ~rohr, Sickerrohr n (Straßb, Bahn) / drop pipe ‖ ~rohr n, -schlitz m (in Mauern), Leckloch n (Bau) / weephole ‖ ~schleuse f / bank sluice, drainage sluice ‖ ~schraube f / drain plug ‖ ~sieb n (Bergb) / dewatering o. drainage screen, launder o. sherry screen ‖ ~stollen m (Straßb) / culvert ‖ ~topf m (Öl) / drain pot ‖ ~turm m / dripping tower ‖ ~- und Entsalzungsanlage f (Öl) / water and brine separator ‖ ~zentrifuge f / hydroextraction centrifuge

ENTWEDER-ODER n (NC) / EITHER-OR, OR-ELSE

entweichen, sich abscheiden o. verflüchtigen / disengage ‖ ~ (Gas) / escape, flee, leak ‖ ~, durchsickern / ooze ‖ ~ aus dem Erdschwerefeld / escape from earth ‖ ~ lassen, ablassen / let escape

Entweichgeschwindigkeit [aus dem Schwerefeld] f (Raumf) / parabolic o. escape velocity o. speed

ent·werfen / design, construct, build ‖ ~werfen, skizzieren / delineate, sketch, draft, draw, trace, plot ‖ ~werfen, entwickeln (Masch) / engineer, model, design ‖ ~werfen, planen / design, plan, scheme v ‖ nach Bauricht- o. Rastermaß ~werfen (Bau) / modulate ‖ ~werfer m (Textil) / designer, stylist ‖ ~werten (Briefmarken) / obliterate ‖ einen Fahrausweis ~werten (o. ungültig machen) (Bahn) / deface a ticket ‖ ~werter m (Poststempel) / dating stamp, dater ‖ ~wesen / disinfect ‖ ~wesen durch Räuchern / fumigate ‖ ~wesung f / vermin destruction o. extirpation

entwickeln (allg, Phot) / develop ‖ ~, entwerfen (Masch) / engineer, model, design, work out ‖ ~, entfalten / deploy ‖ ~, von sich geben (Kräfte, Energien) / evolve ‖ ~ (Gas) / produce ‖ ~, Konstruieren n / engineering, designing ‖ nach steigenden Potenzen ~ (Math) / expand in ascending powers ‖ Rauch ~ / emit smoke ‖ sich ~ (Chem) / come off o. out ‖ sich ~, entstehen / develop

entwickelnd, Entwicklungs... / developing

entwickelte Funktion / explicit function

Entwickler m, -flüssigkeit f (Phot) / developer, photographic developer ‖ ~, Erzeuger m (Chem, Kfz) / generator, producer ‖ ~, Konstrukteur m / constructing o. design engineer ‖ ~ [für Farben] (Färb) / developer ‖ ~flasche f, Entwicklungsgefäß n (Chem) / generator ‖ ~regenerierung f / replenishment of the developer ‖ ~schale f (Phot) / developping tray ‖ ~station f (Film) / film processor station ‖ ~substanz f (Phot) / reducing agent of a developer

Entwicklung f, Entwickeln n (allg, Phot) / development ‖ ~, Planung f / engineering, designing, planning ‖ ~, Erzeugung f / generation ‖ ~, Bereitstellung f / making available ‖ ~ (z.B. einer Reihe) (Math) / expansion

Entwicklungs·abteilung f (F.Org) / developmental department ‖ ~anstalt f (Phot) / film laboratory, film processing works ‖ ~automat m (Phot) / automatic film processor ‖ ~bad n (Phot) / developing bath ‖ ~farbe f (Buch) / developing ink ‖ ~farbstoff m (Färb) / developing dyestuff, azoic o. ingrain dyestuff, diazo dye ‖ ~gefäß n (Chem) / generating vessel ‖ ~ingenieur / development engineer ‖ ~labor n / research laboratory ‖ ~land n / LDC, less developped country ‖ ~licht n (Phot) / printer o. printing light ‖ ~maschine f (Phot) / continuous processor ‖ ~papier n (Phot) / development paper ‖ ~richtung f, -tendenz f / trend of development ‖ ~risiko n (Phot) / development risks pl ‖ ~satz m (Phot) / processing kit ‖ ~schleier m (Phot) / development fog ‖ ~stadium n / development stage ‖ ~stand m des Laboraufbaus (Elektronik) / breadboard stage ‖ ~studie f / development engineering ‖ ~tank m (Phot) / developing tank ‖ ~träge (Färb) / slow to develop ‖ ~- und Konstruktionsbüro n / development and design office ‖ ~- und Konstruktionsleiter m / chief designer ‖ ~- und Produktionsplanungsphase f (F.Org) / lead time ‖ ~vorhersage, Landewettervorhersage f (Luftf) / trend-type landing forecast ‖ ~vorschrift f (IC) / design rule

entwipfeln, köpfen (Forstw) / poll, pollard, top v

entwirren, auseinanderwickeln / disentangle, [un]ravel ‖ sich ~ / unravel vi

entwollen vt (Textil) / dewool

Entwollung f (Gerb) / wool pulling, dewoolling

Entwulsten n (Reifen) / debeading

Entwurf, Plan, Riß m / design, drawing, drg., plan, plot, draft ‖ ~, Plan m (Bau) / outline, delineation ‖ ~, Plan m, Planung f / project, plan ‖ ~, Layout n (Repro) / layout ‖ ~ des mechanischen Teils eines Apparates / mechanical design ‖ ~ einer Zeichnung in natürlicher Größe / cartoon ‖ ~ nach günstigsten Kosten / design to cost, DTC ‖ erster ~ einer Zeichnung / canvas, sketch, first layout ‖ flüchtiger ~, Skizze f / rough draft (US) o. copy ‖ schriftlicher ~ / minute, memo ‖ ~gestaltung f / layout of a design ‖ ~papier n / exercise o. scribbling o. draft paper

Entwurfs·aufriß m (Kfz) / engineering layout ‖ ~blatt n (Norm) / construction sheet ‖ ~blatt n für Vordrucke / form design sheet ‖ ~diagramm n (Schiff) / contour graph ‖ ~flexibilität f / design flexibility ‖ ~geschwindigkeit f (Straßb) / design speed ‖ ~gewicht n (Luftf) / design weight ‖ ~leistung f / design performance ‖ ~leistung f (Bahn) / dimensional output ‖ ~qualität f / quality of design ‖ ~zeichnung f / constructional sketch, [preliminary] project drawing, draft ‖ ~zuverlässigkeit f (Elektr) / inherent reliability

Entwurf·zeichenpapier n / detail paper ‖ ~zeichner m / design draftsman

entzerren (Elektronik, Fernm) / correct, equalize ‖ ~ (FM-Empfänger) / deaccentuate ‖ ~ n (Fernm) / equalizing

Entzerrer m, Entzerrvorrichtung f (Fernm) / equalizer ‖ ~, Tonhöhenregler m (Radio) / tone control ‖ ~kette, -schaltung f (Fernm) / equalizing network, equalizer, correcting circuit o. network

Entzerr·filter m (Elektronik) / filter type equalizer ‖ ~kreis m / shaping circuit ‖ ~linse f / rectification lens ‖

⋆**magnet** *m* (TV) / equalizing magnet ‖ ⋆**netzwerk** *n* (Phys) / shaping network ‖ ⋆**schaltung** *f* s. Entzerrkette ‖ ⋆**spule**, Peaking-Versteilerungsspule *f* (TV) / peaking coil o. inductance

Entzerrung *f* (TV) / peaking ‖ ⋆ (Opt) / restitution, rectification

Entzerrungs·kreis *m* (Elektronik) / antiresonant circuit ‖ ⋆**rückkopplung** *f* / antidistortion feedback

Entzerrvorrichtung *f*, Entzerrer *m* (Fernm) / correcting device o. corrector of distortion ‖ ⋆, -**gerät** *n* (Luftbild) / rectification o. restitution apparatus for aerial photographs, rectifier ‖ ⋆ **für Kabel** / distortion corrector of cables

entziehen / take away, withdraw *vt* ‖ **das Öl** ~ / drain the oil o. of oil ‖ **Feuchtigkeit** ~ / dehumidify ‖ **Kohlensäure** ~ / decarbonate, decarb ‖ **Metall** ~ / abstract metal ‖ **sich der Beobachtung** ~ / defy observation

Entziehung von Wasserstoff, Dehydrierung *f* / dehydrogenation ‖ **[teilweise]** ⋆ **des Sauerstoffes**, Reduktion *f* / deoxidation

ent·zimmern, rauben (Bergb) / remove the timbering ‖ ~**zinken** (Galv) / deplate, de-zincify ‖ ~**zinken** (Messing) / elute zinc from brass ‖ ~**zinnen** / de-tin ‖ ~**zuckern** / desaccharify, extract sugar ‖ ⋆**zuckern** *n*, -zuckerung *f* / desweetening ("sweetening-off" should be phased out) ‖ ~**zündbar**, -zündlich / combustible, inflammable, flammable, fiery ‖ ⋆**zündbarkeit** *f*, -zündlichkeit *f* / ease of ignition ‖ ~**zünden**, anzünden / ignite ‖ **sich** ~**zünden** / catch fire, ignite, kindle ‖ ⋆**zunderer** *m* (Hütt) / de-scaler ‖ ~**zundern** / de-scale ‖ ⋆**zunderung** *f*, Entzundern *n* (Hütt) / scale removing, [de-]scaling ‖ ⋆**zunderung** *f*, Rostentfernung *f* (Galv) / pickling ‖ ⋆**zunderungsanlage** *f* **mit Stahlkiesschleuderrädern** / shot-blasting unit, steel-gravel fan blower type ‖ ⋆**zunderungsofen** *m* / descaling furnace ‖ ⋆**zunderungs-Ofen**, Abschweiß-Ofen *m* / wash heating furnace ‖ ⋆**zunderungswärme**, Schweißhitze *f* / sweating heat ‖ ~**zündlich** / flammable, inflammable ‖ ⋆**zündlichkeit** *f* / combustibility, inflammability, inflammableness ‖ ~**zündung** *f* / combustion, burning, igniting ‖ ⋆**zündung** *f*, Aufflammen *n* (Chem, Phys) / inflammation

Entzündungs·hilfe *f* / inflammation aid

Ent·zündungstemperatur *f*, Zündtemperatur *f* / inflammation point o. temperature ‖ ⋆**zündungstemperatur** [von Gasgemisch] *f* / ignition temperature ‖ ⋆**zündungszeit** *f* / ignition time

entzwei, kaputt , gerissen / torn, broken, asunder

Enzianviolett *n* / gentian violet

Enzym *n*, Ferment *n* / diastase, enzyme

enzymatisch / enzymatical ‖ ~**e Hydrolyse** / enzymatic o. enzymic hydrolysis

Enzym·test *m* (Chem) / enzymatic analysis ‖ ⋆**wolle** *f* / enzyme wool, green skin wool

EO-Dose *f* / easy opening can, EO can

Eolienne *f* (Web) / eolienne

EONR = European Organization for Nuclear Research (Europäische Organisation für Kernforschung)

Eosin *n* (Färb) / bromoeosine, eosin (GB), eosine yellowish-(YS) (US) ‖ ~**ophil**, mit Eosin färbbar / eosinophil

Eozän *n* (Geol) / Eocene

eozoische Formationsgruppe (Geol) / Eozoic, Preterozoic

EP (Plast) = Epoxid ‖ ⋆-**Additiv** *n* (= extreme pressure), Hochdruckzusatz *m* / extreme pressure additive

EPC-Ruß *m* (= easy-processing channel) (Gummi) / EPC carbon black

Ephedrin *n* / ephedrine

Ephemeriden *pl* (Astr) / ephemeris ‖ ⋆**zeit** *f* / ephemeris time

Epi·cadmium-Neutron *n* / epicadmium neutron ‖ ⋆**cadmium-Resonanzintegral** *n* / epicadmium resonance integral ‖ ⋆**chlorhydrin** *n* / epichlorhydrine

‖ ⋆**dermis**, Oberhaut *f* (Leder) / epidermis ‖ ⋆**diaskop** *n* (Opt) / epidiascope ‖ ⋆**dot** *m*, piemontesischer Braunstein, Pistazit *m* / epidote ‖ ⋆**genesetheorie**, Postformationstheorie *f* (Biol) / epigenesis theory ‖ ~**genetisch** (Min) / epigenetic ‖ ⋆**lamenreibung** *f* / near contact friction ‖ ⋆**lamenschmierung** *f* (durch monomolekularen Film), Grenzschmierung *f* / extreme boundary lubrication ‖ ⋆**lation** *f* (völliger Haarverlust z.B. durch Strahlen) (Nukl) / epilation ‖ ⋆**lationsdosis** *f* (Röntgen) / depilation dose ‖ ⋆**mer** *n* (Chem) / epimer ‖ ⋆**merisierung** *f* (Chem) / epimerization ‖ ⋆**morphose** *f* (Min) / epimorphosis ‖ ⋆**plan-Objektiv** *n* / Epiplan objective

Epirogenese *f*, epirogenetische Bewegungen *f pl* (Geol) / epeirogenic earth movements *pl*

Epi·skop *n* (Opt) / episcope, opaque projector ‖ ⋆**stilbit** *m* (Min) / epistilbite ‖ ~**taktisch**, -taxisch, Epitaxie…, epitaxid / epitaxial ‖ ~**taxialer Siliziumfilm auf Isolatoren**, ESFI / epitaxial silicon film on insulators, silicon on sapphire, SOS ‖ ⋆**taxialschicht** *f* (Elektronik) / epitaxial layer ‖ ⋆**taxialtransistor** *m* / epitaxial transistor ‖ ⋆**taxie** *f*, Aufwachsen *n* (Krist) / epitaxy, epitaxial growth ‖ ~**thermisch** (Nukl) / epithermal ‖ ~**thermisches Neutron** / epithermal neutron ‖ ~**thermischer Reaktor** / epithermal reactor ‖ ⋆**trochoide** *f* (Math) / epitrochoid[al curve] ‖ ⋆**trochoidenmotor** *m* / epitrochoidal engine ‖ ⋆**zentralgebiet** *n* (Geol) / epicenter region ‖ ⋆**zentrum** *n* (Geol) / epicenter ‖ ⋆**zykloide** *f* (Math) / epicycloid ‖ ⋆**zykloidengetriebe** *n* / epicyclic gear, planetary gear ‖ ⋆**zykloidenrad** *n* / epicycloidal wheel ‖ ~**zykloidisch** / epicycloidal

Epoche *f* (Impulse) / waveform epoch

Epoxid *n*, Epoxidharz *n*, Epoxy[d]harz *n*, EP / epoxy resin ‖ ⋆-**Gießharz** *n* / epoxy casting resin ‖ **mit** ⋆**harz kleben** / epoxy *v* ‖ ⋆**harzmörtel** *m* (Straßb) / epoxy mortar

Epoxi·-Glasfaserplatte *f* / epoxy-fiberglass sheet ‖ ⋆**papier** *n* / epoxy paper ‖ ⋆-**Teer-Kombination** *f* / pitch-epoxy coating

EPP = Europäischer Palettenpool

EPR-Kautschuk *m* / ethylene-propylene rubber, EPR

EPROM *n* / EPROM, erasable programmable read-only memory

E²PROM *n* / E²PROM, electrically erasable programmable read-only memory

EP-Schmiermittel, Hochdruck-Schmiermittel *n* / E.P. lubricant, extreme pressure lubricant

Epsomsalz *n*, Epsomit *m* (Min) / Epsom salts *pl,* bitter salt, epsomite

Epstein·gerät *n* / Epstein hysteresis tester ‖ ⋆-**Rahmen** *m* (Magn.Prüf) / Epstein square

EPZ = Eisenportlandzement

Equisignal… (Funk) / equisignal…

Erarbeiten *n* **von Problemlösungen** (DV) / actual problem solving

erbauen / construct ‖ ~, bauen / edify, build

Erbauer *m* / builder ‖ ⋆ (von Bauwerken) / constructor

Erbauung *f* / construction, cons., building ‖ ⋆, Errichtung *f* / erection

Erbium, Er (Chem) / erbium, Er ‖ ⋆**laser** *n* / erbium laser ‖ ⋆**oxid** *n*, Erbinerde *f* / erbia, erbium oxide

erblasen (Hütt) / blow

erbohren (Bergb) / find by boring

erbringen / bring

Erbse *f*, Pisum sativum (Landw) / pea

erbsen·förmig / pisiform, pisolitic ‖ ⋆**gallmücke** *f*, Contarina pisi (Landw) / pea midge ‖ ⋆**löchtemaschine** *f* / pea viner ‖ ⋆**[schwad]mäher** *m* (Landw) / pea harvester o. swather ‖ ⋆**stein**, Pisolith *m* (Min) / pisolite ‖ ⋆**wickler** *m* (Schädling) / pea moth

Erbskohle *f* / pea coal

Erbstollen *m* (Bergb) / principal o. main adit o. gallery, drainage gallery

Erd·abflachung *f* / flattening of the Earth ‖ **⌃ableitwiderstand** *m* (Elektr) / resistance to earth (GB) o. ground (US) ‖ **⌃abtrag** *m*, Abtrag *m* (Bau) / earth removal ‖ **⌃achse** *f* / polar axis of the earth ‖ **~ähnliche Planeten** *m pl* / terrestrial planets *pl* ‖ **⌃alkali** *n*, Erdalkalibase *f* / earthy base ‖ **⌃alkalien** *pl* / alkaline earths *pl* ‖ **⌃alkalimetalle** *n pl* / alkaline earth metals ‖ **~alkalisch** / alkaline-earth… ‖ **⌃anker** *m* (Bau) / ground anchor, land tie ‖ **⌃anschluß** *m*, Erde *f* (Elektr) / connection to earth (GB) o. ground (US) ‖ **⌃anschlußkasten** *m* (Elektr) / earth (GB) o. ground (US) junction box ‖ **⌃anschlußstelle** *f* / earthing point, grounding point (US) ‖ **⌃anschüttung**, -aufschüttung *f* / mound ‖ **⌃antenne** *f* / ground antenna ‖ **⌃anziehungskraft** *f*, -anziehung *f* / [force of] gravity ‖ **⌃äquator** *m* / terrestrial equator ‖ **⌃arbeit** *f* / earth work o. digging, ground work ‖ **⌃arbeit** *f*, Erdbau *m*, -aushub *m* / excavation work ‖ **⌃arbeit** *f* (für Gräben) / trench work ‖ **⌃arbeiten** *f pl*, -bewegung *f* / earthwork, movement of earth ‖ **⌃arbeiter** *m* / digger, excavator, navvy ‖ **⌃atmosphäre** *f* / earth atmosphere ‖ **⌃aufschüttung** *f* (an Gräben) / embankment ‖ **⌃aufwurf** *m*, Hügel *m* / knoll, mound, earthwork ‖ **⌃aufwurf** *m* um Öltanks / barricade, earthwork ‖ **⌃aushub** *m*, Baggergut *n* / spoil, excavated material, waste ‖ **⌃aushub** *m* (Arbeiten) / diggings *pl*, earthwork ‖ **~ausleuchtende Antenne** / earth coverage antenna ‖ **⌃bahn** *f* / orbit of the earth, terrestrial orbit ‖ **⌃balken** *m* (beim Pflügen), Balken *m* (Landw) / list (US), furrow slice ‖ **⌃bau** *m* (Bau) / earthwork ‖ **⌃baumaschinen** *f pl* / earth-moving machinery ‖ **⌃baumechanik** *f*, Bodenmechanik *f* / soil mechanics ‖ **⌃bauplanum** *n* (Straßb) / formation (GB), subgrade (US)

Erdbeben *n* / earthquake, quake, seism ‖ **⌃-Aufnehmer** *m* / seismic transducer o. pick-up ‖ **~fest**, -sicher / aseismic ‖ **⌃forschung** *f*, Erdbebenkunde *f* / seismology ‖ **⌃gebiet** *n* / seismic area ‖ **⌃häufigkeit** *f* / seismicity ‖ **⌃herd** *m* / seismic focus, hypocenter ‖ **⌃messer** *m*, Seismometer *n* / seismometer ‖ **⌃messer** *m* (schreibend), Seismograph *m* / seismograph ‖ **~sicher** / earthquakeproof ‖ **⌃stoß** *m*, leichtes Erdbeben *n* / earth tremor ‖ **⌃technik** *f* / seismic engineering

Erd·[behandl]ung *f*, Erden *n* (Öl) / earthing, clay treatment ‖ **⌃beobachtungssatellit** *m* / Earth observation satellite ‖ **⌃beschleunigung** *f* / acceleration due to gravity ‖ **⌃bewegung** *f*, -arbeiten *f pl* / earthwork, shifting of earth o. soil, earth moving ‖ **⌃bewegung** *f*, Erdtransport *m* (Bau) / haul, hauling ‖ **⌃bewegungsmaschine** *f* / earth mover ‖ **⌃bildaufnahme** *f* / ground photograph ‖ **⌃bildmessung** *f*, terrestrische Photogrammetrie / terrestrial photogrammetry ‖ **⌃boden** *m* / ground, soil ‖ **unter dem ⌃boden gelegen**, unterirdisch / underground, under o. below the ground ‖ **über dem ⌃boden gelegen**, oberirdisch / overground, above the ground ‖ **dem ⌃boden gleichmachen** / raze, rase, level to the ground ‖ **⌃[boden]-Radioaktivität** *f* / terrestrial radioactivity ‖ **⌃bogen**, Gegenbogen *m* (Bau) / dry arch ‖ **⌃bohrer** *m* / ground o. earth auger o. borer, scooping iron ‖ **⌃bohrer** *m* für feuchten Boden / miser ‖ **⌃bohrmaschine** *f* / ground-boring machine ‖ **⌃bohrung** *f*, Versuchsbohrung *f* / trial o. test boring o. drilling ‖ **⌃dach**, Rasendach *n* (Bau) / dirt roof (US) ‖ **⌃damm**, -wall *m* / earth bank o. wall o. dam, embankment ‖ **⌃damm** *m* um Öltanks / earthwork, barricade ‖ **mit einem ⌃damm umgeben** / bank ‖ **⌃dampfquelle** *f*, Blaser *m* (Geol) / soffione ‖ **⌃dimensionen** *f pl* / terrestrial dimensions *pl* ‖ **⌃drän** *m*, Maulwurfdrän *m* / mole drain ‖ **⌃druck** *m* / pressure of earth, soil o. foundation pressure

Erde *f* (Planet) / Earth ‖ **⌃**, Boden *m*, Land *n* (Bau) / earth, soil ‖ **⌃**, Bleicherde *f* (Öl) / clay ‖ **⌃**, Masse *f* (Elektr) / frame (US), ground (US), earth (GB) ‖ **⌃** (Ggs.: Masse) / earth ground ‖ **an ⌃ legen** (Elektr) / connect to

earth (GB) o. ground (US) o. frame (US) ‖ **an ⌃ liegen** (Elektr) / be on earth (GB) o. ground (US) ‖ **gewachsene ⌃**, natürlicher Boden / naturail soil ‖ **unter der ⌃**, erdverlegt / buried ‖ **unter der ⌃**, unterirdisch / underground ‖ **von ⌃ isoliert** (Elektr) / ungrounded ‖ **⌃empfangsstation** *f* / earth receiver ‖ **⌃funkstelle** *f* (Raumf) / ground communication station, earth station ‖ **~los**, hydroponisch / hydroponic, soilless

erden, an Erde legen (Elektr) / ground *vt* (US), earth *vt* (GB), connect to ground o. earth o. frame ‖ **⌃ ⌃** *n* (Elektr) / earthing (GB), grounding (US) ‖ **⌃ ⌃**, Erd[behandl]ung *f* (Öl) / earthing, clay o. earth treatment

Erder *m*, Erdverbindung *f* (Elektr) / earth o. ground connection ‖ **⌃**, Erdungselektrode *f* (Elektr, Fernm) / earth electrode

Erde·-Raum-Fernsehverbindung *f* / Earth-space video link ‖ **⌃regeneration** *f* (Öl) / clay regeneration

Erderkundungs- u. -erforschungssatellit *m* / earth resources technology satellite, ERTS

Erderplatte *f* (Elektr) / earth plate

Erde·-stabilisiert / earth stabilized ‖ **⌃-Station** *f* (Raumf) / earth terminal ‖ **⌃-Station** *f* zur Bahnverfolgung (Raumf) / earth tracking station ‖ **⌃-Wiedereintrittshöhe** *f* / earth reentry altitude

Erd·farbe *f* / earth colo[u]r ‖ **⌃farben** / earth-coloured ‖ **⌃faulversuch** *m* (Textil) / soil burying test ‖ **⌃fehler**, -schluß *m* / earth fault ‖ **⌃fehlerschleife** *f* (Fernm) / earth loop (GB), ground loop (US) ‖ **⌃feld** *n* (Fernm) / earth's field ‖ **⌃feld** *n* (Antenne) / earth mat ‖ **⌃ferne** *f* (Astr) / apogee ‖ **~festes Achsenkreuz** / earth-fixed axis system ‖ **~feuchter Beton** / slightly moist o. damp concrete, dry to stiff concrete ‖ **~frei**, nicht geerdet (Elektr) / floating, ungrounded ‖ **⌃gas** *n*, Naturgas *n* / natural gas, casing head gas ‖ **⌃gas** *n* L, [H] / natural gas type L, [H] ‖ **⌃gas-Benzin** *n* / gasoline from natural gas, casing heat gasoline ‖ **⌃gasförderung** *f* / gas gathering ‖ **⌃gasquelle** *f* / natural gas well o. source, gusher o. source of natural gas ‖ **⌃gastanker** *m* / LNG carrier, methane carrier ‖ **⌃gasvorkommen** *n* / natural gas deposits *pl*, gas field ‖ **~gerichtet** / earth pointing *adj* ‖ **⌃geschoß** *n*, Parterre *n*, zu ebener Erde / ground-floor, (US, Japan:) first floor ‖ **⌃gezeiten** *f pl* / earth tides *pl* ‖ **⌃gleiche** *f* (Bau) / ground level ‖ **⌃gleicheschicht** *f* (Bau) / earth table ‖ **⌃grube** *f* (Gieß) / casting pit, foundry pit, moulding hole, moat ‖ **⌃hobel** *m*, Grader *m* (Bau, Straßb) / grader ‖ **⌃hörer** *m*, Geophon *m* (Bergb) / geophone ‖ **⌃hügel** *m*, -hügelaufwurf *m*, Erdanschüttung *f*, Erdhaufen *m* (Bau) / heap, mound ‖ **⌃hülle**, Geosphäre *f* / geosphere

erdig / earthy ‖ **~e Braunkohle** / pulverulent o. earthy brown coal ‖ **~e Kohle** / humphed coal, smut (GB) ‖ **~er Uranit** / pulverulent uranite

Erd·induktion *f* / earth induction ‖ **⌃induktionskompaß** *m* (Nav) / fluxgate compass ‖ **⌃induktor** *m* / earth inductor ‖ **⌃kabel** *n* (in Erde verlegt) / buried cable, underground cable ‖ **⌃kabel** *n* (Ggs.: Seekabel) / land cable ‖ **⌃kabelnetz** *n* / underground cable system ‖ **⌃kampf-Flugkörper** *m* / ground-to-ground missile ‖ **⌃kampfflugzeug** *n* / ground attack aircraft, tactical strike fighter ‖ **⌃kapazität** *f*, Hüllenkapazität *f* (Elektr) / capacitance between conductor and sheath o. ground ‖ **⌃kegel**, Maßkegel *m* (Bau, Straßb) / old man, witness ‖ **⌃kippe** *f* / earth dump ‖ **⌃klemme** *f* (Elektr) / ground (US) o. earth (GB) terminal ‖ **⌃klumpen** *m* / clump ‖ **schwarzer ⌃kobalt**, Asbolit *m* / earthy cobalt, cobalt black ‖ **⌃kontakt** *m* (Fehler) / earth contact o. connection o. fault o. leakage ‖ **⌃krümmung** *f* / earth curvature ‖ **⌃krümmungslineal** *n* / altitude correction ruler ‖ **⌃kruste** *f*, -rinde *f* / crust of the earth, earth crust, lithosphere ‖ **⌃kugel** *f* / globe ‖ **⌃leitung** *f*, -leiter *m* (Elektr) / earth (GB) o. ground (US) lead o. wire ‖ **⌃leitung** *f* (Ggs.: Unterwasserleitung) (Elektr) / land circuit ‖ **⌃leitung** *f*, Schutzleitung *f* (Freileitung) / guard wire ‖ **⌃leitung**, -schleife *f* (Freileitung) / earth circuit o.

return ‖ **⌐leitung** f, -anschluß, Erder m (Elektr) / ground (US) o. earth (GB) connection ‖ **⌐leitungskurzschließer** m (Elektronik) / earth arrester ‖ **⌐leitungsmessung** f (Elektr) / measurement of earth resistance ‖ **⌐leitungsunterbrecher** m / earth terminal arrester ‖ **~magnetisches Feld**, Erdmagnetfeld n / earth's magnetic field, terrestrial magnetic field ‖ **~magnetisches Instrument**, Magnetometer n / magnetometer ‖ **~magnetischer Sturm**, magnetischer Sturm / magnetic perturbation o. storm ‖ **⌐magnetismus** m / terrestrial magnetism, geomagnetism ‖ **⌐massen** f pl / earth masses pl ‖ **⌐menge** f oberhalb einer Ausschachtung (Bau) / heap ‖ **⌐meridian** m / earth meridian (a great circle passing through the poles) ‖ **⌐metall** n / earth metal ‖ **~nah** (Elektr) / earthy ‖ **~nah** (Raumf) / near Earth ‖ **~nahe Parkbahn** (Raumf) / EPO, earth parking orbit ‖ **~naher Raum** / outer space ‖ **~naher Satellit** / near earth satellite ‖ **~naher Weltraum** / near-earth space ‖ **⌐nähe** f, Perigäum n / perigee ‖ **in ⌐nähe befindlich**, Erdnähe… / perigeal, -gean ‖ **auf ~ Umlaufbahn** / near-Earth orbiting ‖ **⌐netz** n, geerdetes Schutznetz (Elektr) / guard cradle o. net ‖ **⌐netz** n (Antenne) / ground (US) o. earth (GB) mat o. net[work] ‖ **⌐nuß** f (Frucht von Arachis hypogaea) (Bot) / earthnut, groundnut, peanut, arachis ‖ **⌐nußdrescher** m (Landw) / peanut thresher o. sheller ‖ **⌐nußeiweißfaser** f / peanut protein fiber ‖ **⌐nußöl** n / peanut o. nut oil, earth- o. groundnut oil, arachis oil ‖ **⌐oberfläche** f / earth's surface, terrene

Erdöl n / crude [oil], petroleum crude, crude petroleum (US), mineral oil ‖ **⌐…** / petroleum… ‖ **⌐ in Küstengewässern** / offshore oil ‖ **⌐abkömmling** m, -derivat n / petroleum derivative ‖ **⌐asphalt** m / petroleum asphalt ‖ **⌐bakterien** n pl / oil well microorganisms pl ‖ **⌐-Benzin** n, -Kraftstoff m / naphtha (US) ‖ **⌐bergbau** m / oil mining ‖ **⌐-Bitumen** n / residual asphalt ‖ **⌐bohrung** f / oil drilling ‖ **⌐chemie** f, Petro[l]chemie f / petrochemistry, petrol chemistry ‖ **⌐chemikalien** f pl, -derivate n pl / petrochemicals pl, petroleum chemicals ‖ **~chemische Industrie** / industry of petrochemicals ‖ **⌐derivat** n, -abkömmling m / petroleum derivative ‖ **⌐destillation** f / crude oil distillation ‖ **⌐-Destillationsrückstand** m / asphaltum oil ‖ **⌐entstehung** f / origin of crude oil ‖ **⌐erzeugnisse** n pl, -produkte n pl / petrochemicals pl ‖ **⌐falle** f / seal bed ‖ **⌐feld** n, -gebiet n (Geol) / oil field ‖ **⌐fördersäule** f / articulated loading platform, Alp ‖ **⌐fraktion** f / crude oil fraction ‖ **⌐gas** n / petroleum gas ‖ **⌐gebiet** n (in Ausbeutung) / oil district ‖ **~haltig**, -führend / petroliferous ‖ **~höffig** / probable oil… ‖ **~höffiges Gebiet** / oil region ‖ **⌐industrie** f / oil industry, petroleum industry ‖ **⌐lagerstätte** f, -lager n / petroleum o. oil deposit o. reservoir ‖ **⌐quelle**, -bohrung f / mineral oil well o. spring, oil well ‖ **⌐raffinerie** f / oil plant o. refinery, petroleum refinery ‖ **⌐speichergestein** n / oil reservoir rocks pl ‖ **⌐suche**, Exploration f (Öl) / exploration, search ‖ **⌐technik** f / mineral oil technology ‖ **⌐verarbeitung** f / oil refining ‖ **⌐vorkommen** n s. Erdöllagerstätte

Erd·peilgerät n, Erdrichtungssucher m / earth direction finder ‖ **⌐platte** f, -elektrode f / ground (US) o. earth (GB) plate ‖ **⌐platte** f (Antenne) / counterpoise, earth o. ground screen ‖ **⌐potential** n, -spannung f / earth potential ‖ **⌐prüfer** m s. Erdschlußanzeiger ‖ **⌐punkt** m / neutral point ‖ **⌐radius** m / earth's radius ‖ **⌐ramme** f / earth rammer ‖ **⌐rammer**, Bodenverfestiger m / tamper ‖ **[schwerer] ⌐rammer** / pummel, punner, ram[mer] ‖ **⌐raupe** f (Straßb) / tracklaying dozer ‖ **⌐raupe** f, Agrotis spp (Landw, Schädling) / cutworm ‖ **⌐reich** n, Erde / soil, earth, ground ‖ **⌐richtungssucher** m / earth direction finder ‖ **⌐rinde** f / earth crust, litosphere ‖ **⌐rückleitung** f / earth o. ground return [circuit] ‖ **⌐rutsch** m, -schlupf m (Geol) / landfall o. -slip o. -slide

ERDS = Earth Radiaton Budget Satellite

Erd·sammelschiene f (Elektr) / earth bus bar ‖ **⌐satellit** m (Astr) / earth satellite ‖ **⌐schatten** m / earth's shadow ‖ **⌐schaufel** f, Traktorerdschaufel f (Landw) / earth scoop ‖ **⌐schaufel**, Kiesschaufel f / gravel shovel ‖ **⌐schein** m (Raumf) / earthshine, earthlight ‖ **⌐schieber** m (Bau) / dozer ‖ **⌐schieber** m am Einachsschlepper (Landw) / dozer blade on a walking tractor ‖ **⌐schleife**, Erdleitung f / earth o. ground circuit o. return ‖ **⌐schleuder** f, Mietenzudeckgerät n (Landw) / clamp coverer ‖ **⌐schlupf** s. Erdrutsch

Erdschluß m (Elektr) / short to earth (GB) o. to ground (US) o. to frame (US), ground (US) o. earth (GB) contact o. fault o. leakage ‖ **⌐ durch schwingende Drähte**, aussetzender Erdschluß / swinging earth ‖ **aussetzender ⌐** / intermittent earth ‖ **voller ⌐** / full earth (GB) o. ground (US) contact ‖ **⌐anzeigefeld** n / leakage indication section ‖ **⌐anzeiger** m (Elektr) / ground (US) o. earth (GB) detector o. coil, leak[age] indicator ‖ **⌐auslöser** m / earth fault release ‖ **⌐bestimmung** f (Elektr) / ground (US) o. earth (GB) location ‖ **⌐drossel** f / earthing reactor o. inductance ‖ **⌐löschspule**, Petersenspule f / Petersen coil ‖ **⌐meßgerät** n / leakage meter ‖ **⌐prüfer**, Isolationsprüfer m (Elektr) / leakage tester ‖ **⌐reaktanz** f (Elektr) / earthing reactor, neutralator, negative compensator o. auto-transformer ‖ **⌐relais** n, -überwachungsrelais n / earthing relay ‖ **⌐schutz** m / protection against accidental earthing ‖ **⌐schutz** m, Sicherheitserdung f / protective earthing ‖ **⌐spule** f (Elektr) / earth leakage coil ‖ **⌐strom** m / current to earth ‖ **⌐strom**, Fehlerstrom m / fault current ‖ **⌐wischer** m (Elektr) / transient earth leakage

Erd·schüttungs-Staudamm m / earth [fill] barrage ‖ **⌐schwere** / gravity ‖ **⌐seil** n (Hochsp.Leitung) / guard wire ‖ **⌐sektor** m (Geol) / earth segment ‖ **⌐senkung** f / basin, cavity ‖ **⌐sieb** n, Durchwurf m / screen, riddle ‖ **⌐spieß** m (Elektr) / earth rod o. spike ‖ **⌐station** f, -stelle f (Raumf) / Earth station ‖ **⌐stelle** f für Verkehr mit gleichen Stationen (Fernm) / terrestrial station ‖ **⌐stollen** m (Raupenschlepper) / dirt grouser ‖ **⌐stoß** m / earth shock ‖ **⌐strahlung** f / Earth radiation ‖ **⌐strom** m / earth current ‖ **⌐ströme** m pl (Lagerstättenerkundung) / telluric currents ‖ **⌐sturz** / landfall, landslip o. -slide ‖ **~symmetrisches Zweitor** / balanced two-port network ‖ **~synchrone Umlaufbahn** / earth synchronous orbit ‖ **⌐system** n / three-wire system ‖ **⌐tag** m, irdischer Tag / earth day ‖ **⌐tank** m / buried tank ‖ **⌐telegrafie** f / earth telegraphy ‖ **selbstaufnehmender ⌐-Transportwagen** / loading shovel, tractor shovel ‖ **⌐übergangswiderstand** m / earth wire circuit resistance ‖ **⌐umdrehungsgeschwindigkeit** f / earth rate ‖ **⌐umgebung** f, Umfeld n der Erde / Earth's environment ‖ **⌐umkreisend** / earth orbiting adj ‖ **~umkreisende Werkstatt** (Raumf) / orbital workshop ‖ **⌐umlaufbahn** f / earth orbit ‖ **⌐umlaufecho**, Vorwärtsecho, Rückwärtsecho n (Elektronik) / round-the-world echo, round trip echo ‖ **⌐- und Felsarbeiten** f pl / moving of soil and rock ‖ **⌐- und Grundbau** m / earthworks and foundation ‖ **⌐- und Steinschüttungsdamm** m / riprap dam

Erdung f (Elektr) / connecting to ground (US) o. frame (US) o. earth (GB), earthing (GB), grounding (US) ‖ **⌐**, Erden n (Öl) / earth treatment

Erdungs·anschlußkasten m / grounding box (US), earthing box (GB) ‖ **⌐buchse** f (Fernm) / grounding (US) o. earthing (GB) sleeve ‖ **⌐bürste** f / earthing brush ‖ **⌐draht** m (Fernm) / earth (GB) o. ground (US) lead o. wire ‖ **⌐drossel[spule]**, Saugdrossel f (Elektr) / drainage coil ‖ **⌐klemme**, Masseklemme f (am Gerät) (Elektr) / earth[ing] (GB) o. ground[ing] (US) terminal, frame terminal (US) ‖ **⌐kreis** m / ground (US) o. earth (GB) loop ‖ **⌐öse** f (Elektr) / ground lug ‖ **⌐plan** m (Elektr) / ground plan (for grounding) ‖ **⌐platte** f / ground (US) o. earth (GB) plate ‖ **⌐schalter** m / earthing switch,

grounding (US) switch ‖ ~schelle f / earth clip ‖
~schiene f / earthing bar (GB), ground bus (US) ‖
~schraube f / grounding screw (US), earthing screw
(GB) ‖ ~schutz m / protective earthing ‖ ~stange f /
earth rod o. spike ‖ ~steckdose f / grounding receptacle
(US) ‖ ~system n / earth system ‖ ~trenner m /
earthing isolator ‖ ~widerstand m / earthing resistance
o. resistor ‖ ~zeitanteil m (Fernm) / earthing percentage
Erd·unsymmetrie f (Elektronik) / unbalance to ground ‖
~[verbind]ung f (Elektr) / connection to earth (GB) o. to
ground (US) o. to frame (US) ‖ ~verlegt / buried ‖
~verlegtes Kabel, Erdkabel n / underground cable,
buried cable ‖ ~verlegung f / underground laying o.
installation, imbedding of cables ‖ ~volumen n vor
dem Abtragen (Bau, Straßb) / bank measure ‖ ~wachs n
/ mineral o. fossil wax, lignite wax (US), moldavite (of
Cobalescu), ozokerite, ozocerite, petrostearin[e] ‖
~wall, -damm m / earth bank o. wall o. dam,
embankment ‖ ~wall m (Tanklager) / earthwork,
barricade ‖ ~wärme-Energie f / geothermal energy o.
power ‖ ~widerstand m (el. Widerstand der Erde) /
earth resistance ‖ ~widerstand m von Masten (Elektr) /
footing resistance ‖ ~widerstands-Bohrlochschürfung
f (Öl) / electrical bore-hole prospecting
Ereignis n, Zwischenfall m / incident, event, experience
‖ ~ (DV) / event ‖ ~ablauf m / sequence of events ‖
~bit n (DV) / event bit ‖ ~code m (DV) / event code ‖
~folge f / run of events ‖ ~horizont m (Raumf) / event
horizon ‖ ~meldung f / event information ‖ ~raum m,
Raum-Zeit-Mannigfaltigkeit f / space-time, event space,
Minkovski[an] universe o. world ‖ ~steuerblock m
(DV) / event control block, ECB
erfahren adj / experienced ‖ ~ [in], vertraut [mit] /
familiar [with] ‖ ~, bewandert, geübt / skilled
erfahren vt, durchmachen / undergo ‖ eine Verbesserung
~ / undergo o. meet an improvement
Erfahrung, Praxis f / experience ‖ auf ~en gegründet /
empiric, -ical ‖ nach unseren ~en / in our experience
Erfahrungs·..., empirisch, erfahrungsgemäß / empirical ‖
~austausch m / exchange of information ‖ ~formel f
(allg) / empirical formula ‖ ~methode f, Empirismus m
/ empiricism ‖ ~nutzung f / feedback from experience
‖ ~tatsache f / experimental fact ‖ gelenkte
~vermittlung / job rotation ‖ ~wahrscheinlichkeit f /
empiric probability ‖ ~wert m / experimental value
erfassen, ergreifen / take [hold of] ‖ ~ (Daten) (DV) /
collect, acquire (data) ‖ ~, packen / clutch ‖ ~ (Radar) /
detect ‖ ~, abfangen (Mil) / intercept ‖ ~, begreifen /
grasp, understand ‖ die Messungen ~ nicht mehr ... /
the measurements are insensitive to ...
erfaßt·er Bildwinkel (Phot) / coverage, covering power ‖
~es Gebiet (TV) / coverage ‖ ~e Menge / coverage
Erfassung f (Raumf) / acquisition ‖ ~ / capture, intercept
‖ ~ (DV) / data acquisition ‖ ~ anormaler o.
unlogischer Vorgänge / outside limit display ‖ ~
magnetischer Anomalie (Phys) / magnetic anomaly
detection, MAD
Erfassungs·bereich m, vertikale Bedeckung (Radar) /
vertical o. horizontal coverage ‖ ~diagramm n /
coverage diagram ‖ ~geräte n pl (DV) / data entry
equipment ‖ ~grenzhöhe f (Radar) / unmasking altitude
‖ ~manöver n (Raumf) / slew maneuver ‖ ~reichweite f
(Radar) / detection range ‖ ~winkel m,
Elevationswinkelbereich m (Radar) / angular coverage
erfinden / invent ‖ ~, ersinnen / contrive
Erfinder m / inventor ‖ ~gabe f, Erfindungsgabe f,
Erfindergeist m / inventive faculty, inventiveness
erfinderisch, schöpferisch / creative, ingenious ‖ ~e
Höhe (Patent) / s. Erfindungshöhe
Erfindertätigkeit f / inventive activity
Erfindung f / invention
Erfindungs·beschreibung f / description o. specification
of a patent ‖ ~bezeichnung f / title of patent ‖
~gedanke m (Patent) / object of invention ‖ ~gemäß /

according to invention ‖ ~höhe f / inventive merit o.
step, amount of subject matter ‖ keine ~höhe
[gegenüber...] aufweisend (Patent) / lacking in
inventive step [above o. to] ‖ ~höhe haben / present
inventive merit ‖ ~schutz m / invention protection
Erfolg m, positiver Ausgang / success ‖ [guten o.
schlechten] ~ haben / succeed
erfolgen, sich ergeben / ensue ‖ ~, stattfinden / happen,
occur, take place
erfolg·loser Anruf (Fernm) / ineffective call, unsuccessful
call ‖ ~reich, wirksam / effectual
Erfolgs·honorar n / contingent fee ‖ ~prämie f (F.Org) /
success bonus ‖ ~quotient m (Versuche) / success ratio ‖
~wahrscheinlichkeit f für den Start / launch success
probability, LSP
erfolgversprechend / promising
erforderlich, notwendig, nötig / requisite ‖ ~e
Konfiguration (DV) / system pl requirements ‖ ~e
Wassertiefe (Schiff) / sea gauge ‖ ~e Zulaufhöhe
(Pumpe) / net positive suction head, NPSH
Erfordernis n / requirement, need ‖ ~, [Vor]bedingung f,
Voraussetzung f / requisite
erforschen, untersuchen / explore ‖ ein Land ~ / explore
a country
Erforschung, Untersuchung f / exploration
erfrage (Fortran) / inquire
Erfrischungsmittel n (ein Anlösungsmittel) (Gummi) /
freshener
erfüllen, halten (Vertrag) / perform, fulfill ‖ eine
Bedingung ~ / fulfil a condition, meet a requirement ‖
eine Formalität ~ / comply with a formality
Erfüllung f eines Arbeitsauftrags (F.Org) / fulfilment of a
work order
Erg n (1 erg = 1 dyn x 1 cm) (veraltet) (Phys) / erg, ergon
ergänzen, vervollständigen / complete ‖ ein Bad ~ (Färb) /
regenerate a bath
ergänzend, Ergänzungs... / supplementary ‖ ~,
untergeordnet / ancillary adj ‖ ~e Ein-Ausgabe-
Anweisung (DV) / auxiliary input/output statement
ergänzt, vom Benutzer ~es Programm / updated work
Ergänzung f (allg) / complement ‖ ~, Korrelat n /
correlative ‖ ~ (Geom) / complement
Ergänzungs·... / supplementary, additional ‖ ~...,
Aushilfs... / supplemental ‖ ~baustein m (Masch) /
supplementary module ‖ ~einheit f (Gerät, das noch mit
angeschlossen werden kann) / hook-up unit ‖ ~farbe f
(liefert Weiß), Komplementärfarbe f / complementary
colour ‖ ~impuls m (DV) / additional impulse ‖ ~kegel,
Rückenkegel m (Getriebe) / back cone ‖ ~netzwerk n
(Fernm) / line building-out network ‖ ~speicher m (DV) /
auxiliary o. backing o. second[ary] storage o. store o.
memory ‖ ~wasser n / additional water ‖ ~winkel m
(zu 90°), Komplementwinkel m / complementary angle
‖ ~winkel m (zu 180°) / supplementary angle ‖ ~winkel
m (zu 360°) (Math) / explement, explementary o.
conjugate angle ‖ ~zwillinge m pl (Krist) / juxtaposition
twins pl
ergeben, liefern / yield ‖ ~, sich belaufen [auf] (Math) /
amount [to], total ‖ bei der Analyse ~ / analyse ‖ sich
~ [aus] / accrue [from], follow [from]
Ergebnis n, Resultat n / result, outcome ‖ ein ~ fälschen
o. stören o. beeinträchtigen / vitiate ‖ ~band n (DV) /
output tape ‖ ~feld n / result field
ergibt sich [aus] (DV) / colon equal, := ‖ ~anweisung f
(FORTRAN) / assignment statement (FORTRAN) ‖
~zeichen n (IBM) (DV) / assignment symbol
ergiebig, ertragreich / productive, efficient ‖ ~ (Bergb) /
abundant ‖ ~, mächtig (Bergb) / productive ‖ ~, fündig
(Bergb) / rich ‖ ~e Quelle / rich source ‖ ~e Schicht
(Bergb) / pay formation
Ergiebigkeit f, Rentabilität f / productivity, yield ‖ ~
(Schallquelle) / strength ‖ ~, guter Ertrag m / good yield
‖ ~, Fruchtbarkeit f / fertility ‖ ~ (Nukl) / source
function ‖ ~, Deckfähigkeit f (Farbe) / tinctorial power

Ergmesser *m* / ergmeter
Ergobasin, -metrin *n* (Chem) / ergometrine, -basine, -tocine
Ergoden·probleme *n pl* (Math) / ergodism ‖ ~theorie *f* (Phys) / ergodic theory
ergodisch (der Ergodenhypothese entsprechend) / ergodic ‖ ~er Vorgang / ergodic process
Ergol *n* / ergol ‖ ~-Bodensatz *m*, Treibstoffrückstände *m pl* / bottom crust
Ergometer *n* / ergometer
Ergon *n*, Zellwirkstoff *m*, Ergin *n* (Biol) / ergon, biocatalyst ‖ ~ (Energiequantum eines Oszillators) / ergon
Ergo·nomie, Arbeitswissenschaft *f* / ergonomics (GB), biotechnology (US) ‖ ~nomisch / ergonomic ‖ ~sphäre *f* / ergosphere ‖ ~sterin *n* / ergosterol, ergosterin (US) ‖ ~tamin *n* (ein Mutterkorn-Alkaloid) / ergotamine ‖ ~toxin *n* / ergotoxine
ergreifen, fassen, packen / grasp, seize ‖ ~ (Therblig) (F.Org) / grasp
Erguß·... (Geol) / igneous, pyrogenic, extrusive ‖ ~gestein *n*, Effusiv-, Extrusivgestein *n* / extrusive rocks *pl*, igneous rocks *pl*, lava flows *pl*
erhaben, bauchig / bellied ‖ ~, getrieben (Masch) / raised, embossed ‖ ~ (Textil) / raised ‖ ~, konvex / convex ‖ ~e Schrift (Gieß, Plast) / raised letters *pl* ‖ ~e Walznarbe (Fehler, Walzw) / high spot ‖ ~er Winkel (Math) / reflex angle
erhalten, konservieren / keep, preserve ‖ ~, aufrechterhalten / keep [up], maintain ‖ ein Ergebnis ~ / gain a result, obtain ‖ gut ~ (Bau) / keep in good order
erhältlich / obtainable
Erhaltung *f*, Bewahrung *f* / conservation, preservation ‖ ~, Unterhaltung *f*, Wartung *f* / maintenance ‖ ~ der Energie / conservation of energy ‖ ~ der Ladung / conservation of charge ‖ ~ der Materie / conservation of matter
Erhaltungs·gesetze *n pl* (Phys, Chem) / conservation laws *pl* ‖ ~laden *n* (Akku) / compensation charge, float charge, trickle charge ‖ ~-Ladespannung *f* / float charge voltage ‖ ~technologie *f* / supporting technology ‖ ~zustand *m* / state of conservation
erhärten *vi*, hartwerden / become hardened ‖ an der Luft ~ (Bau) / set in air
Erhärtungsdauer *f* / duration of setting, time for setting
erhauen (Bergb) / win
erheben (Bau) / raise up ‖ in die ... Potenz ~ / raise to the ... power ‖ in die dritte Potenz ~, kubizieren / raise to the cube
Erheblichkeit *f* / relevance, pertinence, -nency
Erhebung *f*, Höhe *f*, Hügel *m* (Geogr) / elevation, height ‖ ~, Enquête *f* (Statistik) / inquiry ‖ ~ auf einer Oberfläche (Fehler) / bump ‖ ~ in eine Potenz, Potenzierung *f* / exponentiation ‖ ~ ins Quadrat (Math) / multiplication by powers of two, squaring
Erhebungs·winkel *m* (Radar) / elevation angle ‖ ~winkel *m* der Sonne / solar altitude angle
erhellen, erleuchten / lighten, illuminate, brighten ‖ ~ (Zuck) / clarify ‖ sich ~ / light up
erhitzen, heizen / heat *vt* ‖ durch ~ dargestellt (Chem) / pyro... ‖ sich ~ / heat *vi*
erhitzt, heiß / heated
Erhitzung *f*, Erwärmung *f* / calefaction, heating ‖ ~, Wärmung *f*, Heizung *f*, Erhitzen *n* (Chem) / heating ‖ ~ durch Luftreibung (Luftf) / kinetic o. dynamic heating
Erhitzungs·geschwindigkeit *f* / rate of heating ‖ ~-Geschwindigkeitskurve *f* (Thermoanalyse) / heating rate curve ‖ ~kurve *f* / heating curve ‖ ~kurve *f* (Thermoanalyse) / heating curve in thermal analysis ‖ ~mikroskop *n* (Keram) / heating microscope ‖ ~probe *f* (Öl) / heating test
erhöhen, steigern / raise, increase ‖ ~, aufstocken (Bau) / raise, increase ‖ ~, auf-, überhöhen (Bau) / run up ‖ ~, anheben (z.B. Motorleistung) / boost, increase, up (US)

‖ die Drehzahl ~ / increase the number of revolutions o. the speed ‖ die Leistung ~ / increase the capacity o. output, up the horsepower o. output (US) ‖ die Spannung ~ (Elektr) / step up ‖ um 1 ~ / increment by one, increase by one ‖ um einen halben Ton ~ / raise a demi-tone, sharpen (US)
erhöht, gehoben / raised ‖ ~e Auflösung (Opt, Radio) / extended resolution ‖ ~e Leistung / increased output ‖ ~ schlagzäh (Plast) / of raised impact strength ‖ mit ~em Schub (Luftf) / thrust-augmented ‖ ~e Sicherheit "e" (Elektr) / type of protection "e" ‖ ~e Temperatur / elevated temperature
Erhöhung *f* (Geogr) / elevation ‖ ~, Zunahme *f* / raise, increase ‖ ~, Aufhöhung *f* (Bau) / raising, heightening ‖ ~, erhöhte Stelle / raised part, prominence ‖ ~, Steigerung *f* / increase ‖ ~ der Betriebsleistung (Reaktor) / power stretch ‖ ~ der mittleren Neutronenenergie / neutron hardening ‖ ~ des Härtegrades (Wasser) / remineralization ‖ ~ des Wirkungsgrades / increase of efficiency ‖ ~en *f pl* auf Walzoberflächen (Walzw) / bulges *pl*
Erhöhungs·winkel *m* / angle of elevation o. of altitude o. of incidence ‖ ~winkel *m*, Elevationswinkel *m* (Ballistik) / elevation angle, angle of site
erholen, sich ~ / recover, recuperate ‖ sich ~, sich aufrichten / recover *vi*
Erholung *f* / recuperation, recreation, recovery ‖ ~ (Mech) / recovery ‖ ~ (Akku) / recovery
Erholungsfähigkeit *f* / recuperative capacity, ease of recovery
Erholungsgebiet *n*, -fläche *f*, -raum *m* (Städtebau) / recreation area
Erholungs·glühen *n* / recovery [by annealing] ‖ ~zeit *f* / recovery time ‖ ~zentrum *n* / recreation[al] centre o. center (Am.)
Erholungszuschlag *m* (F.Org) / relaxation o. fatigue o. rest allowance
Erholungs·zyklus *m* / recovery cycle
Erholzeit *f* (Röhre) / recovery time
Erichsen·-Tiefung *f* IE (= indice d'emboutissage) / cupping index IE ‖ ~-Tiefziehversuch *m* / Erichsen o. Avery test, Olsen test (US)
Ericsson-Prozeß *m* (Gasturbine) / Ericsson process
erikaviolett (RAL 4003) / heather violet
Erinit *m* (Min) / erinite
Erinnerungseffekt *m* (Plast) / memory effect
Erionit *m* (Min) / erionite
erkalten *vi* / cool ‖ ~ lassen / let cool down
erkennbar / sensible
Erkennbarkeit *f*, Wahrnehmbarkeit *f* / perceptibility
Erkennen *n*, Erkennung *f* (z.B. von Zeichen) / recognition ‖ ~ der Gefahr (Kfz) / recognition of danger
Erkenntnisse *f pl*, heutige ~ / latest trends *pl*
Erkennung *f*, Kenn... (Elektronik) / recognition ‖ ~ von Strukturen (DV) / pattern recognition
Erkennungs·code *m* / identifying code ‖ ~logik *f* (OCR) / recognition logic o. circuits ‖ ~marke *f* / identification disc o. tag (US) ‖ ~mechanismus *m* / mechanism of recognition ‖ ~rate *f* / recognition rate ‖ ~stromkreis *m* (Magnetschrift) / identification circuit ‖ ~system *n* (Roboter) / sight system ‖ ~teil *m* (COBOL) / identification division (COBOL) ‖ ~zeichen *n* (Luftf) / identification sign ‖ ~zeichen *n* (Radio) / station identification signal
Erkennweite *f* (Bahn) / sighting distance
Erkensator *m*, Papierstoffzentrifuge *f* (Pap) / erkensator
Erker *m* (Bau) / bay, oriel ‖ ~ mit Trapezgrundriß / cant bay ‖ ~fenster *n* / bay o. oriel window
Erklärung *f* (allg) / explanation, elucidation ‖ ~ (Programmieren) / [description] entry
erkrankt (Biol) / diseased, affected
erkunden, sichten / spot
Erkundung, Rekognoszierung *f* (Geol) / reconnaissance
Erkundungs·bohrung *f* (Öl) / prospecting drilling ‖

⤴**fahrzeug** n (Raumf) / roving vehicle, lunar jeep
Erlang n, Erl., Verkehrseinheit, VE f (Fernm) / erlang, ct-value (= call, time), T.U., traffic unit
erlangen, erreichen / obtain
Erlangmeter n (Fernm) / erlangmeter
Erlaß, behördlicher ⤴ / decree, ordinance
Erlaubnis f / permit, permission ‖ ⤴, Genehmigung f / license, licence (GB) ‖ ⤴-**Blocksperre** f (Bahn, eingleis. Strecke) / device for effecting manual block ‖ ⤴**feld** n (Bahn) / permission mechanism
erlaubt / admissible, allowed ‖ ⤴e **Maßabweichung** / tolerance
erläuternd / explanatory
Erläuterung, Legende f / legend ‖ ⤴ f, Text m (Zeichn) / explanation
Erle f, Alnus glutinosa / alder
erleichtern, leichter machen / lighten, reduce the volume o. weight ‖ **[Druck]** ⤴ / relieve
Erleichterung f, Befreiung f / easement ‖ ⤴, Förderung f / facilitation
Erleichterungsloch n (Stanz) / lightening hole
erleiden, eine Veränderung ⤴ / undergo a change
Erlen·blattkäfer m / alder leaf beetle ‖ ⤴**blattlaus** f / alder blight ‖ ⤴**maser** f / curled alder
Erlenmeyerkolben m / conical o. Erlenmeyer flask
erleuchten, beleuchten / illuminate ‖ ⤴, beleuchten / light[en]
erleuchtet, hell / bright ‖ ⤴es **Landezeichen** / illuminated landing marker (US) o. ground mark, luminous ground mark (US)
Erliegen n (Wzm) / tool failure ‖ ⤴ **des Verkehrs** / traffic breakdown o. block o. congestion o. interruption o. jam (US) ‖ **zum** ⤴ **kommen**, erliegen (Bergb) / to be abandoned
Erlkönig m (coll), Versuchsfahrzeug n (neuer Unterbau mit altem Aufbau) (Kfz) / pretest vehicle
erloschen, aus (Feuer, Vulkan) / out
erlöschen, ausgehen / be extinguished ‖ ⤴ (Patent) / expire, lapse
ermächtigen, jemanden ⤴ / enable
ermäßigen, erniedrigen⤴ abate, lower v
ermäßigte Gebühr / reduced rate
Ermessensfrage f / question of opinion
Ermeto-Verschraubung f / Ermeto coupling
ermitteln, nachweisen / detect ‖ ⤴, bestimmen / determine
Ermittlung f / determination ‖ ⤴ **der Gasfreisetzung** (Thermoanalyse) / evolved gas detection in thermal analysis, EGD
Ermittlungsbogen m (F.Org) / check list
ermöglichen / enable vt ‖ **nur einen von zwei Zuständen** ⤴d, alternativ / quantal
ermüden vt [vi] / tire ‖ ⤴, altern vi / age, fatigue ‖ ⤴, erschlaffen / droop
ermüdend / wearing, tiring
Ermüdung f (Masch) / fatigue ‖ ⤴ (Lumineszenz) / dark burn [fatigue] ‖ ⤴ **bei niedriger Lastspielzahl** / low cycle fatigue ‖ ⤴ **bei sehr hoher Wechselzahl** / high-cycle fatigue ‖ ⤴ **der Augen** / visual fatigue
Ermüdungs·anriß m / fatigue crack ‖ ⤴**beständig** / fatigue resisting, antifatigue ‖ ⤴**bruch** m / fatigue fracture, repeated stress failure ‖ ⤴**erscheinung** t (Material) / symptom of tiring o. fatigue, fatigue ‖ ⤴**frei** / fatigue-proof ‖ ⤴**grenze** f, Ursprungsfestigkeit f / intrinsic fatigue resistance ‖ ⤴**korrosion** f / fatigue corrosion ‖ ⤴**versuch** m / fatigue test
Ermutigung f (progr. Unterricht) / reinforcement
Ernährung, Nahrung f / nourishment, food, nutrition ‖ ⤴ (Physiol) / nutrition
Ernährungs·..., der Ernährung dienend / nutritive, nutritional, nutrient, nourishing, alimentary ‖ ⤴**fachmann** m / nutrition expert ‖ ⤴**normen** f pl / dietary standards pl ‖ ⤴**wissenschaft** f / nutritional science, trophology
Ernennung, Beförderung f (F.Org) / promotion, upgrading

erneuerbar·e Energie / renewable energy o. power ‖ ⤴e **Energie aus dem Meer** / sea energy, sea power ‖ ⤴e **Energiequelle** / fuelless energy source
erneuern / renew ‖ ⤴, ersetzen / replace ‖ **den Ausbau** ⤴ (Bergb) / reline ‖ **die Straßendecke** ⤴ (Straßb) / resurface
Erneuerung f / renewal, renewing ‖ ⤴ **von Daten** / refreshing of data
erneut·es Abtasten (o. Durchsuchen o. Lesen) (DV) / rescanning, re-reading ‖ ⤴ **abtasten o. lesen** (DV) / reread, rescan
erniedrigen, ermäßigen / abate ‖ ⤴, verringern / decrease, lower, diminish ‖ ⤴, [ab]schwächen / lessen ‖ **die Spannung** ⤴ (Elektr) / step down ‖ **um 1** ⤴ (DV) / decrement by one
Erniedrigung f, Verringerung f / diminution, reduction, decrease ‖ ⤴ **der Oberflächenspannung** / lowering o. depression of the surface tension
Ernstfall m / conditions of severity pl
Ernte f, Ernten n / harvest ‖ ⤴, Ertrag m, eingebrachte Ernte / crop n ‖ ⤴ **geben** (o. tragen o. bringen) / crop v ‖ **die gesamte** ⤴, Ernten f pl / crops pl ‖ ⤴**garn** n / agricultural twine ‖ ⤴**maschine** f / harvester, harvesting machine
ernten / harvest, reap ‖ ⤴, ausmachen (Kartoffeln) / lift
Erntetransportmittel n / crop conveying means, transporting means
erodieren, abtragen / erode, wash [away]
Erodiermaschine, Erosionsmaschine f (Wzm) / erosion machine
eröffnen / open, inaugurate
Eröffnung f (z.B. einer Datei) (DV) / opening (e.g. of a file)
Eröffnungsbefehl m, -anweisung f (DV) / open statement
Erosion, Abtragung f / erosion ‖ ⤴, Auswaschung f (Geogr) / erosion, wash
Erosions·durchschlag m / erosion breakdown ‖ ⤴**korrosion** f / corrosion-erosion ‖ ⤴**produkte** n pl, -schutt m (Geol) / float debris
erosiver Abbrand (Raumf) / erosive burning
EROS-System n (Flugsicherung) / EROS-system (Eliminate Range Zero System)
erproben / test, try
erprobt / proven, well tested, well proved
Erprobung, Prüfung f / trial, test[ing], proving, tryout (coll)
erratisch, unregelmäßig / erratic ‖ ⤴er **Block**, Findling m (Geol) / erratic o. errant block, erratics pl ‖ ⤴es **Geschiebe** (Geol) / boulder formation o. drift
errechnen / calculate, reckon ‖ ⤴ (einen Betrag) (Math) / work [out] ‖ **sich** ⤴ **[aus]** / be calculated [from]
errechnet·e Adresse (DV) / generated address ‖ ⤴e **Geschwindigkeit** / calculated speed o. velocity ‖ ⤴ **werden können** / become calculable ‖ ⤴er **Wert**, Genauwert m / calculated value
Errechnung f, Errechnen n / computation, calculation
erregen (allg) / excite ‖ ⤴ (Elektr) / energize, excite
Erreger m (aktiver Strahler) (Antenne) / exciter, driver unit ‖ ⤴ (Elektr) / exciter, exciting machine o. dynamo ‖ ⤴... (Elektr) / exciting ‖ ⤴**anode**, Halteanode f (Röhren) / exciting o. excitation anode, keep-alive anode ‖ ⤴**buchse** f (IBM) (LoKa) / pick-up hub ‖ ⤴**dipol** m / driven o. energized dipole ‖ ⤴**durchflutung** f (Elektr) / excitation flux ‖ ⤴**feld** n / energizing field ‖ ⤴**filter** m n (Opt) / excitation filter ‖ ⤴**flüssigkeit** f / exciting fluid o. solution ‖ ⤴**grad** m / effective field ratio ‖ ⤴**kreis** m (Relais) / feed circuit ‖ ⤴**kreis** m (Fernm) / primary circuit, exciter circuit ‖ ⤴**kreis** m (Elektr) / exciting circuit ‖ ⤴**kreis** m, geschlossener Schwingkreis / oscillating circuit ‖ ⤴**lampe**, Tonlampe f (Film) / exciter lamp ‖ ⤴**leistung** f (Elektronik) / driving power ‖ ⤴**leistung** f (Elektr) / excitation power, exciter rating o. output ‖ ⤴**lichtfilter** m n / excitation light filter ‖ ⤴**maschine** f, -dynamo m, -generator m / exciting dynamo o. machine, exciter ‖ ⤴**[maschinen]satz** m /

exciting machine set ‖ **˜spannung** f (Elektr) / excitation o. exciting voltage, field voltage ‖ **˜spule** f (Elektr) / exciting o. excitation coil ‖ **˜spule** f (Elektronik) / pick coil ‖ **˜spule** f (Schalter, Relais) / trip coil ‖ **˜spule** f, Feldspule f / field coil ‖ **˜strom** m / exciting o. energizing current ‖ **˜stromkreis** m / exciting circuit ‖ **˜verlust** m (Elektr) / energizing loss ‖ **˜wicklung** f / exciting winding, field coil o. winding ‖ **˜zeitkonstante** f / exciter time constant

erregt (Elektr) / excited

Erregung f (Elektr) / excitation ‖ **˜ von Schwingungen** / generation of oscillations ‖ **volle ˜** / full excitation

Erregungs·diagramm n (Fernm) / relay-working diagram ‖ **˜geschwindigkeit** f, Ansprechgeschwindigkeit f (Flurförderer) / exciter response ‖ **˜verlust** m (Elektr) / excitation loss

erreichbar, zugänglich / approachable ‖ **˜e Fertigungsgenauigkeit** / process capability

Erreichbarkeit f (Fernm) / availability

erreichen / make (US), reach ‖ **˜**, erzielen / arrive [at], reach ‖ **˜**, gleichkommen / equal ‖ **˜**, erlangen / obtain ‖ **˜**, einholen / overtake ‖ **˜ n der Position** (Raumf) / station acquisition ‖ **˜ der Umlaufbahn** / acquisition of orbit ‖ **ein Ziel ˜** / achieve an end ‖ **einen Stand ˜** / reach a level ‖ **leicht zu ˜** / within [easy] reach

errichten, aufrichten / rear vt, rear up, pitch ‖ **˜**, montieren / assemble, erect, mount ‖ **˜**, aufführen / construct ‖ **˜**, anlegen / edify ‖ **˜**, etablieren, gründen / establish

Errichtung f / construction, cons. ‖ **˜**, Etablierung f / establishment, formation ‖ **˜**, Einrichtung / constitution ‖ **˜**, Aufstellung f / erection, mounting, rearing-up, pitching ‖ **˜ einer Zweigfabrik** / establishment of a branch factory

Error Log n (DV) / error log

Ersatz m, -stoff m / substitute ‖ **˜**, Austausch m, Ersetzung f, Ersetzen n / replacement, substitute ‖ **˜**, Reserve f / back-up unit, reserve, spare ‖ **˜...**, Aushilfs... / back-up... ‖ **˜...** (Schiff, Luftf) / jury ‖ **˜...**, künstlich (Elektr, Fernm) / dummy, artificial ‖ **˜...**, Behelfs... / stop-gap... ‖ **als ˜** [für] / in lieu [of] ‖ **bedingt geeigneter ˜** / substitute, surrogate ‖ **˜ader** f (Kabel) / spare conductor o. wire ‖ **˜anker** m (Elektr) / spare rotor ‖ **˜antenne** f, künstliche Antenne / artificial antenna, phantom antenna ‖ **˜antenne** f, Behelfsantenne f / auxiliary antenna ‖ **˜attribut** n / default attribute ‖ **˜bad** n (Galv) / replacement bath ‖ **˜batterie** f / stand-by batterie ‖ **˜belastung** f (Fernm) / equivalent load ‖ **˜bild**, -schaltbild n / equivalent circuit ‖ **˜dämpfung** f (Fernm) / equivalent attenuation, equivalent articulation loss ‖ **˜dämpfung** f AEN / articulation reference equivalent ‖ **˜dämpfung** f auf **Basis der Rückfragehäufigkeit**, (früher:) Nutzdämpfung (Fernm) / effective transmission ‖ **˜dämpfungseichkreis** m ARAEN (Fernm) / reference apparatus for the determination of transmission performance ratings ‖ **˜drosselspule** f / compensating choking coil ‖ **˜film** m / film cartridge ‖ **˜füllung** f / refill ‖ **˜gas** n **für Erdgas** (USA) / substitute o. synthetic natural gas, SNG ‖ **˜gerät** n (allg) / spare set ‖ **˜gerät** n (DV) / standby unit, alternative unit ‖ **˜getriebe** n (Mech) / equivalent linkage ‖ **˜kanal** m, -leitweg m / standby channel, alternate channel o. routing ‖ **˜kette** f (Web) / supplementary warp for figured stuffs ‖ **˜kraft** f, Resultierende f (Mech) / resultant force ‖ **˜kreis** m (Elektr) / equivalent circuit ‖ **˜last** f (Mech) / equivalent load ‖ **˜leerzeichen** n (DV) / substitute blank ‖ **˜leitung** f (Elektr) / fall-back circuit (US), alternate routing ‖ **˜lieferung** f / compensation delivery ‖ **˜los** (Probenentnahme) / without replacement ‖ **˜maschine** f / stand-by machine ‖ **˜masse** f (Mech) / equivalent mass ‖ **˜mine** f (Kugelschreiber) / refill ‖ **˜mittel** n, -stoff m / substitute ‖ **˜netzwerk** n (Elektr) / network analyzer o. calculator ‖ **˜programm** n (DV) /

alternative program ‖ **˜rad** n (Kfz) / spare wheel, stepney [wheel] (GB) ‖ **˜radhalter** m (Kfz) / wheel carrier ‖ **˜reifen** m, Reservereifen m (Kfz) / spare tire ‖ **˜schaltbild** n, -schaltplan m / equivalent circuit diagram ‖ **˜schaltung**, Leitungsnachbildung f (Elektr) / equivalent network o. circuit, alternate circuit ‖ **˜signal** n (Bahn) / emergency signal, substitute signal ‖ **˜sperrschichttemperatur**, innere Ersatztemperatur (Halbl) / equivalent (o. virtual) junction temperature, internal equivalent temperature ‖ **˜spur** f (DV) / alternate track ‖ **˜spurbereich** m / alternate track area o. track pool ‖ **˜stab** m (Mech) / equivalent member ‖ **˜störlautstärke** f / equivalent noise level ‖ **˜streckgrenze** f / proof stress (GB), yield strength (US) ‖ **˜teil** n / spare [part], duplicate [part], replacement [part], exchange piece ‖ **˜teil** n (Kfz) / motor car spare part ‖ **˜teilhaltung** f, Lagerhaltung f von Ersatzteilen / stockkeeping of spare parts ‖ **˜teilkasten** m, -kästchen n / spare part kit, kit of spares ‖ **˜teillager** n / spare part stockroom ‖ **˜teilverzeichnis** n, Ersatzteilliste f, -katalog m / spare parts list, parts list o. catalogue ‖ **innere ˜temperatur** (Halbl) / virtual temperature, internal equivalent temperature ‖ **˜trägheitsmoment** n / equivalent moment of inertia ‖ **˜weg** m (Fernm) / alternat[iv]e route ‖ **˜widerstand** m (Elektr) / compensating resistance ‖ **˜widerstand** m (Halbl) / slope resistance ‖ **˜widerstand** m (Gerät) (Elektr) / series cut-out ‖ **˜zähnezahl** f (Getriebe) / virtual number of teeth

ersaufen vi, ertrinken vi (Bergb) / drown, become submerged

ersäufen, ertränken vt (Bergb) / inundate, submerge, flood, overflow, swamp ‖ **den Motor ˜** / choke the engine ‖ **Kalk ˜** / drown lime

erscheinen / appear ‖ **˜ n** / appearance ‖ **˜** (Buch) / appearance, publication

Erscheinung, Naturerscheinung f / phenomenon, appearance ‖ **˜**, Aussehen n / aspect ‖ **˜en** f pl **auf der Erdoberfläche** / features on the Earth

Erscheinungs·bild n (Btx) / corporate identity ‖ **˜form** f / form, mode, state ‖ **˜form** f (umweltbedingt) (Biol) / phenotype ‖ **˜potential** n (Nukl) / appearance potential o. threshold

erschlaffen, nachlassen / relax

Erschlaffung, Relaxation f (Rheologie) / relaxation

erschließen, [er]öffnen / develop ‖ **ein Gebiet ˜** / make accessible a territory, open a territory ‖ **eine Quelle ˜** / tap o. open a source ‖ **für die Landwirtschaft ˜** (Neuland) / break (fresh ground) ‖ **Reserven ˜** / mobilize reserves

Erschließung f (Städtebau) / development ‖ **˜ einer Lagerstätte** (Öl) / development of a deposit

erschlossen (für Bebauung) / developed (for settlement) ‖ **˜** (für Verkehr) / opened up (for traffic)

erschmelzen (Stahl) / make steel, melt

Erschmelzung f (Hütt) / steel production

Erschmelzungsart f (Hütt) / steel-making process

erschmolzen (Stahl) / molten

erschöpfen, räumen / deplete ‖ **˜**, aussaugen / exhaust, drain ‖ **˜ n**, Erschöpfung f / exhaustion, depletion ‖ **den Boden ˜** (Landw) / exhaust the soil

erschöpfend·e Extraktion (Chem) / exhaustive extraction ‖ **˜e Methylierung** (Chem) / exhaustive methylation

erschöpft / exhausted ‖ **˜**, verbraucht (Akku) / dead, run-down

Erschöpfung f / exhaustion

erschürfen (Bergb) / discover o. reach by digging ‖ **˜**, aufdecken (Bergb, Lagerstätten) / uncover, open a vein

erschüttern / shake, convulse

Erschütterung f / concussion, shock, shaking, jarring ‖ **˜**, Lufterschütterung f durch den Schall / percussion, verberation (rare) ‖ **˜**, Stoß m / commotion, shock ‖ **˜** (Bau) / vibration

Erschütterungs·empfindlichkeit f / shock sensitivity ‖

~**fest** / shakeproof, vibration-proof ‖ ~**frei** / safe o. free from vibrations, vibrationless, antivibration… ‖ ~**freie Unterlage** / resilient support ‖ ⌐**fühler** *m* / vibration pickup ‖ ⌐**kreis** *m* (Bergb) / sphere of compressed and split soil ‖ ⌐**messer** *m* / vibration measuring apparatus ‖ ⌐**schreiber** *m* / vibrograph ‖ ⌐**schuß** *m* (Bergb) / inducer shot ‖ ~**sicher** / vibration-proof ‖ ⌐**sphäre** *f* / sphere of commotion

erschweren / aggravate ‖ ~, beschweren (Textil) / weight, charge, load

Erschwerniszulage *f* (F.Org) / difficulty allowance

erschwert·e Bedingungen *f pl* / heavy conditions *pl* ‖ ~**e Seide** / loaded silk

ersetzbar / replaceable, substitutable ‖ ~, vertretbar (Chem) / replaceable

Ersetzbarkeit *f* (Chem) / substitutability

ersetzen [durch] / substitute, replace [by] ‖ ~, verdrängen / supersede ‖ ~, erneuern / replace ‖ **A durch B** ~ / supersede A by B ‖ **Ausführung B ersetzt Ausführung A** / mark B supersedes mark A ‖ **etwas** ~, entschädigen, jemanden ~ / compensate

Ersetzungszeichen *n* (DV) / replacement character

ersinnen, erfinden, ausdenken (sich) / contrive, devise, concoct

Ersparnis *f* / saving

Erst·…, Vor… / first ‖ ~**[er]**, Erst… / prime ‖ ~**er**, vorderster / first ‖ ~**er Ablauf** (Destill.) (Chem) / first run-off o. runnings *pl* ‖ ~**er Anfang** / scratch ‖ ~**er Anstrich**, Grundierung *f* (Farbe) / priming ‖ ~**er Ausbau** / first stage of completion ‖ ~**e Form** (Buch) / outer form ‖ ~**er Gang**, Erster *m* (coll) (Kfz) / first speed, low [gear] ‖ ~**er Gruppenwähler** (Fernm) / first group selector ‖ ~**e Harmonische**, Grundschwingung *f* (Phys) / first harmonic, fundamental component o. wave o. oscillation ‖ ~**er Hauptsatz der Wärmelehre** / first law of thermodynamics ‖ ⌐**e Hilfe** / first aid ‖ ~**er Korrekturabzug**, erste Korrektur, (spez.:) Fahnenabzug *m*, -korrektur *f* / first proof, slip proof ‖ ~**e Lage der Isolation** / first insulation ‖ ~**er Mann einer Gruppe** (Bergb) / ganger ‖ ~**e Prozesse** *m pl* (Chem) / slice-processing ‖ ~**e Qualität** / top quality ‖ ~**e Seite** (Buch) / blank page ‖ ~**e Seite** (Zeitschrift etc.) / front page ‖ ~**er Stock** (über dem Erdgeschoß) (Bau) / (Europe:) first floor, (USA, Japan:) second floor ‖ ~**e Stufenrolle** (Walzw) / breast roller

Erstablauf *m* (Zuck) / first run-off o. runnings *pl*

erstarren / solidify, congeal, freeze, set ‖ ⌐ *n* (Hütt) / solidification, freezing

erstarrt, festgeworden / congealed, frozen, solidified ‖ ~**e Lava** / consolidated o. solidified lava

Erstarrungs·bad *n* (Chem) / coagulating bath ‖ ⌐**bereich** *m* (Hütt, Chem) / solidification range ‖ ⌐**binder** *m* (Gieß) / air-setting binder ‖ ⌐**front** *f*, Fest-Flüssig-Trennfläche *f* (Hütt) / solid-liquid interface, solidification contour ‖ ⌐**gesteine**, Eruptivgesteine *n pl* (Geol) / eruptive stones o. rocks *pl* ‖ ⌐**konstante** *f* (Hütt) / solidification constant ‖ ⌐**kurve** *f* (Hütt) / curve of solidification ‖ ⌐**produkt**, -gebilde *n* / product of solidification ‖ ⌐**punkt** *m*, Festpunkt *m* (Hütt) / solidification point ‖ ⌐**punkt** *m* (Öl) / congealing point, setting point ‖ ⌐**punkt** *m* **des Silbers** (Phys) / silver point ‖ ⌐**punkt** *m* **von Paraffin** / setting point (GB) o. melting point (US) of paraffin wax ‖ ⌐**punktbestimmung** *f* **am rotierenden Thermometer** / congealing point test on the rotating thermometer ‖ ⌐**punktprobe** *f*, galizische Probe *f* (Öl) / congealing point test ‖ ⌐**schwindung** *f* / solidification shrinkage ‖ ⌐**verzögerer** *m*, VZ, Abbindeverzögerer *m* (Beton) / retarding admixture, retarding agent, retarder ‖ ⌐**vorrichtung** *f* (Gieß) / bosh ‖ ⌐**wärme** *f* / solidification heat ‖ ⌐**zeit** *f* (Plast, Leim) / setting time ‖ ⌐**zone** *f* (Hütt) / solidification zone

Erst·ausbaustufe *f* (DV) / initial configuration ‖ ⌐**ausfertigung** *f*, -exemplar *n* / original copy ‖ ⌐**ausführung** *f*, Prototyp *m* / prototype ‖ ⌐**ausgabe** *f*

(z. B. Normen) / first edition ‖ ⌐**ausgabe** *f* (Buch) / editio princeps, first edition ‖ ⌐**besitzer** *m* (Kfz) / firsthand owner ‖ ⌐**daten** *plt* / source data ‖ ⌐**datenstreifen** *m* (DV) / primary band

ersteigen, erklettern / climb

erstellen (Dokumentation) / prepare

Erstellung *f* (Programm) / writing ‖ ⌐ **einer Tabelle** (DV) / construction of a table

Erstell·zeit *f* / generation time

Erstentwicklung *f* / primary development

ersterben, ausschwingen (Schwingung) / die

Erst·erfassung *f* (Daten) / source data o. original data collection ‖ ⌐**erzeugnis** *n* / first product

ersticken, zudecken *vt* / blanket ‖ ~ *vt vi* / suffocate *vi vt*, asphyxiate ‖ ~ *vi* / choke *vi*, suffocate, be suffocated, asphyxiate (US) ‖ **Flammen** ~ / extinguish, smother

erstickend, Stick… (Chem) / suffocating ‖ ~**er Qualm** (o. Rauch) / smudge ‖ ~**e (o. matte) Wetter** *n pl* (Bergb) / black o. choke o. after-damp

Erst·inbetriebnahme *f* / commissioning, initial start-up ‖ ⌐**karte** *f* (LoKa) / first card ‖ ⌐**kartendatei** *f* (LoKa) / primary file ‖ ⌐**kartenfolge** *f* (LoKa) / primary sequence ‖ ⌐**kern** *m* (Reaktor) / primary core ‖ ~**klassig** (Qualität) / top grade, first-class ‖ ⌐**kopie** *f* (Film) / answer print

Erstlingsvließ *n*, Erstlingswolle *f* (Wolle) / first year's wool

erstmalig, erstmals / first-time ‖ ~ **anstreichen**, grundieren / prime ‖ ~**e Inspektion** / original inspection

Erst·produkt *n* (jetzt: Weißzucker 1 o. Rohzucker 1) (Zuck) / first product, first o. high jet ‖ ⌐**produktfüllmasse** *f* (Zuck) / high-grade o. first massecuite ‖ ⌐**produktmaische** *f* (Zuck) / first product crystallizer ‖ ⌐**produktzucker** *m* / first [product o. class] sugar

erstrecken, sich ~, reichen [bis] / extend ‖ **sich** ~ [über] / span, bridge [over]

Erst·schmierung *f* / original lubrication ‖ ⌐**spur** *f* (DV) / prime track ‖ ⌐**stoßwahrscheinlichkeit** *f* (Nukl) / first-collision probability ‖ ⌐**ziehen** *n*, Ziehen *n* im Vorzug (Stanz) / first draw

erteilen (Patent) / grant ‖ ~ (Bewegung) / impart (movement) ‖ ~ (Auftrag) / place an order

Erteilung *f* (Patent) / grant ‖ ⌐ **eines Auftrags** / allocation of contract

Erteilungsdatum *n* (Patent) / date granted

erteufen (Bergb) / find by sinking shafts

ertönen / sound *vi* ‖ ~ **lassen** / make sound

Ertrag, Gewinn *m* / produce, yield

ertragen, aushalten / endure *vt*, suffer

erträgliche Störung / acceptable interference

ertragreich, ergiebig / productive, efficient

Ertrags·klasse, Bonität *f* (Aufber) / yield power ‖ ⌐**rübe** *f*, Handelsrübe *f* / high yield[ing] beet ‖ ⌐**zellstoff** *m* / high yield pulp

ertränken *vt*, ersäufen *vt* (Bergb) / drown

ERTS = Earth Resources Technology Satellite

Erucasäure *f* / erucic acid

Eruption *f*, Ausbruch *m* / eruption

Eruptions·…, Eruptiv… (Geol) / igneous, pyrogenic ‖ ⌐**filament** *n* (Sonne) / flare surge ‖ ⌐**kreuz** *n* (Öl) / christmas tree, [subsea] tree ‖ ⌐**quelle** *f* / burster

Eruptiv·gesteine, Erstarrungsgesteine *n pl* (Geol) / eruptive stones o. rocks *pl*, igneous rocks *pl* ‖ ⌐**gesteinsgebiet** *n* (Geol) / igneous complex

Erwachsenen·bildung *f* / adult education o. training ‖ ⌐**-Schulungskurs** *m* / refresher course

Erwärmdauer *f* (Stahl) / heating time

erwärmen / heat ‖ **bis zu einer Temperatur von … Grad** ~ / carry to a temperature of … degrees

Erwärmung *f* / heating, calefaction ‖ ⌐, Temperaturanstieg *m* / temperature rise ‖ ⌐ (Phys) / heat generation by animals o. by organic matter ‖ ⌐ **eines Leiters** (Elektr) / heating of a conductor ‖ ⌐ **mittels**

Heizband / strip heating
Erwärmungs·grenze f (Elektr) / thermal o. heating limit ‖ ⤶**versuch** m, -prüfung f (Elektr, Mot) / heat run, temperature-rise test
erwartet·e Lebensdauer / design life ‖ ~ **werden** / be expected, be in the pipeline (coll)
Erwartungswert m / expected o. expectancy value
erweichen, weichwerden (Feuerfest) / squat, sag ‖ ~, weich machen / soften vt ‖ ⤶ n, langsames Kochen (Chem) / elixation
erweichendes Mittel n, Weichmacher m / softening agent, softener, emollient
Erweichung f / softening n ‖ ⤶, Nachgeben n (Unterbau) / yield of foundations
Erweichungs·intervall n (Hütt) / softening range ‖ ⤶**probe** f (Feuerfest) / squatting test ‖ ⤶**punkt** m / softening o. fusion point ‖ ⤶**punkt** m (Keram) / pyrometric cone equivalent, P.C.E. ‖ ⤶**punkt** m (Glas) / deformation o. MG point ‖ ⤶**punkt R. u. K.** (Ring und Kugel) / R.a.B.method (ring and ball) ‖ ⤶**temperatur** f (Gummi) / distortion temperature, heat distortion temperature ‖ ⤶**tiefe** f (Plast) / penetration
Erweichwalze f (Pap) / diluting roller
erweisen, sich als geeignet o. tauglich ~ / qualify
erweiterbar (DV) / open-ended
erweitern, ausdehnen / enlarge, expand, extend ‖ ~, größer machen / enlarge, amplify
erweitert (Math) / extended ‖ ~**es Format** / extended format ‖ ~**er Prüfpunkt** (DV) / extended checkpoint ‖ ~**e Tastatur** / expanded keyboard ‖ ~**er Temperaturbereich** / extended temperature range, ETR ‖ ~**e Tiefenschärfe** / expanded depth focus
Erweiterung f, Vergrößerung f / amplification, enlargement ‖ ⤶, Verbreiterung f / enlargement, enlarging, expansion ‖ ⤶, Ausbau m / extensions pl ‖ ⤶ **des Codes für Befehle** / data link extension, DLE ‖ ⤶ **eines Betriebes, einer Einrichtung** / enlarging of a plant, extension ‖ **trichterförmige** ⤶ / bell mouth[ing]
Erweiterungs·…, Anbau… / additional, add-on ‖ ⤶**arbeiten** f pl / extension works pl ‖ ⤶**bau** m / enlargement of premises ‖ ⤶**bau**, Anbauflügel m (Bau) / additional wing, annex ‖ ⤶**bohrer**, Exzentermeißel m (Bergb) / eccentric bit ‖ ⤶**fähig** / expandable ‖ ⤶**möglichkeit** f / accommodation for an ultimate size o. of later extensions, possibility of later extensions, add-on capability, extensibility ‖ ⤶**schaltung** f (Elektronik) / extender circuit, expander circuit ‖ ⤶**stück** n, Reduktionsstück n / reducer, reducing fitter o. adapter
Erwerbsgartenbau m / market gardener
Ery·thren, Butadien n / erythrene, butadiene ‖ ⤶**thrin** m, Kobaltblüte f (Min) / erythrite, cobalt bloom o. mica, red cobalt ‖ ⤶**thrit** m (ein vierwertiger Alkohol) (Chem) / erythritol ‖ ⤶**throdan** n / alizarin ‖ ⤶**throse** f (Chem) / erythrose ‖ ⤶**throsin** n (Färb) / erythrosin, iodeosine sodium
Erz n / ore ‖ ⤶, Bronze f / bronce ‖ ⤶**e gewinnen**, Erze abbauen / work ores ‖ **armes (o. taubes o. geringwertiges)** ⤶ / lowgrade ore ‖ **geschiedenes** ⤶ / mill-head ‖ **hochwertiges, hochhaltiges** ⤶ / high-grade ore ‖ **mögliches** ⤶ / possible ore ‖ **sicheres** ⤶ / positive ore ‖ ⤶**abfall** m (Bergb) / dirt, muck (US) ‖ ⤶**abgänge** m pl (Bergb) / washing refuse ‖ ⤶**-Abzugstelle** f (Bergb) / drawpoint ‖ ⤶**ader** f, Erzgang m / mineral o. metalliferous vein o. lode ‖ **reiche** ⤶**ader** / bonanza ‖ **anschwellende** ⤶**ader**, Erzbringer m / belly of ore ‖ ⤶**ansätze** m pl (Hütt) / ore-boshes pl ‖ ⤶**anschliff** m (Mikrosk) / mineral specimen ‖ **arme Charge** (Hütt) / light burden ‖ ⤶**art** f / species of ore ‖ ⤶**arten** f pl (Gegensatz: Gangarten) / ore-minerals pl ‖ ⤶**aufbereitung** f / ore dressing o. washing, mineral dressing o. processing, beneficiation ‖ ⤶**aufbereitung** f **auf nassem oder trockenem Wege** / wet o. dry process of ore dressing ‖ ⤶**aufbereitung** f **durch Pulverisierung** / liberation ‖ ⤶**aufbereitungsmaschine**

f / ore separator o. sorter ‖ ⤶**bergbau** m, -gewinnung f / mining of ores ‖ ⤶**bergwerk** n / ore mine ‖ ⤶**bett** n (Hütt) / bedding ‖ ⤶**bett-Bereitung** f (Hütt) / bedding preparation ‖ ⤶**brecher** m / ore crusher ‖ ⤶**brikettieranlage** f / ore briquetting plant ‖ ⤶**bringer** m (Bergb) / belly of ore ‖ ⤶**bunker** m, -tasche f / ore bin o. bunker ‖ ⤶**druse**, Druse, Geode f / ore in a group, crystallized ore
erzen, Erz zusetzen (Hütt) / ore v
erzeugen (Strom, Kraft) / generate ‖ ~, fabrizieren / produce, manufacture, make, prepare ‖ ~ (Math) / generate ‖ ~ (Landw) / yield, bring forth ‖ **ein Vakuum** ~ / produce a vacuum, exhaust, evacuate
erzeugend / generating ‖ ~**e Funktion** / generating function ‖ ~**es Rad** (Wzm) / generating gear
Erzeugende, Generatrix f (Math, DV) / generatrix
Erzeuger m, Hersteller m / maker, manufacturer, producer ‖ ⤶ (z.B. Gaserzeuger) / generator, producer ‖ ⤶ (Elektr) / generator ‖ ⤶ (Landw) / grower ‖ ⤶**druck** m (Kompressor) / main receiver pressure ‖ ⤶**gas** n, Generatorgas n / generator o. producer o. suction gas ‖ ⤶**kreis des Torus** / generating circle of the toroid
Erzeugnis, Produkt n / product, make ‖ ⤶, Werk n / work, product[ion] ‖ ⤶ (Landw) / produce, product ‖ ⤶ **mit niedriger Rohdichte** (feuerfest), Leichtsteinerzeugnis n / lightweight refractory ‖ ⤶**ordnung** f (der Werkzeugmaschinen-Gruppierung) (F.Org) / product order ‖ ⤶**programm** n / product line
erzeugte Leistung / power generated
Erzeugung f / generation ‖ ⤶, Herstellung f / production ‖ ⤶ (Abwälzfr) / hobbing, self-generation ‖ ⤶ (Landw) / yield, agricultural production, output ‖ ⤶, Gewinnung f, Förderung f / extraction ‖ ⤶, Bildung f, Produktion f (Tätigkeit) / production, manufacture ‖ ⤶ **von Strom** / current generation o. production ‖ ⤶ **von Vakuum** / generation of a vacuum
Erzeugungs·… / manufacturing ‖ ⤶**anweisung** f (DV) / generate statement ‖ ⤶**kosten** pl / production cost, cost of production o. manufacture ‖ ⤶**kreis** m **des Torus** / generant of the toroid ‖ ⤶**rad** n (Wzm) / generating gear ‖ ⤶**wälzkreis** m / generating pitch circle ‖ ⤶**zahnstange** f (Getriebe) / counterpart rack
Erz·feld n / ore allotment ‖ ⤶**förderpumpe** f / iron ore slurry pump ‖ ⤶**frachter** m / ore carrier ‖ ⤶**frischverfahren** n, -frischen n (Hütt) / direct process ‖ ~**führend** / ore bearing ‖ ~**führende Kluft** / feeder of ore ‖ ⤶**führung** f / presence of ore ‖ ⤶**gang** m / alley of ore ‖ **[flacher]** ⤶**gang** / gash vein ‖ ⤶**-Gehaltsmesser** m / ore content meter ‖ ⤶**gicht** f / burden of ore ‖ ⤶**gießer** m / bronze founder ‖ ⤶**granulat** n / granulated ore ‖ ⤶**grube** f / ore mine ‖ ⤶**halde** f, -haufen m / pile o. heap of ores ‖ ~**haltig** / paying, ore-bearing ‖ **stark** ~**haltig** / abundant in ore ‖ ~**haltige Schicht** (Bergb) / pay formation ‖ ⤶**hütte** f / smelting works, mill (US)
erziehen, [auf]ziehen / train
erzielen, erreichen, erlangen / attain, obtain
Erz·klauber m / ore picker ‖ ⤶**klumpen** m / boulder of ore ‖ ⤶**konzentrat** n / ore concentrate ‖ ⤶**kübel**, -trog m / tub for the ore ‖ ⤶**lager** n, -lagerplatz m / ore stockyard ‖ ⤶**lagerstätte** f / mineral o. ore deposit, ore bed ‖ ⤶**laugung**, -laugerei f / ore leaching ‖ **[natürliche]** ⤶**masse** / ore body ‖ ⤶**-Massengut-Öl-Frachtschiff** n, Erz-Bulk-Öl-Frachter m, OBO-Carrier-Frachter m (Schiff) / OBO-carrier, ore-bulk-oil-carrier ‖ ⤶**mikroskopie** f, Auflichtmikroskopie f / reflected light microscopy ‖ ⤶**mineral** n / ore mineral ‖ ⤶**mittel** n (Hütt) / course o. gulf o. moor of ore ‖ ⤶**möller** m (Hütt) / ore burden ‖ ⤶**mühle**, Läufermühle f (Bergb) / vertical mill [for crushing ore] ‖ ⤶**nest** n / bunch o. nest of ore, ore pocket ‖ ⤶**niere** f (Geol) / nodule ‖ ⤶**-Öl-Frachtschiff** n (Schiff) / dual-purpose bulk carrier, oil-ore carrier ‖ ⤶**pellet** n / ore pellet ‖ ⤶**pfeiler** m (Bergb) / sill of ore ‖ ⤶**probe** f, Probenehmen n (Bergb) / averaging, taking averages ‖

~probe f, -muster n / specimen of ore ||
~-Probieranalyse f / ore assaying || ~quetsche f / chat
roller || ~reiche Charge (Hütt) / heavy burden ||
~reserven f pl / ore reserves pl || ~rolle f (Bergb) / ore
slide o. chute || ~rösten n / ore roasting || ~satz m,
-gicht f / ore burden || ~scheidemaschine f, -scheider m
/ ore separator o. sorter || ~schiff n / ore carrier ||
~schlämmen n / ore washing || ~schlich, -schmand m
(Bergb) / sands pl || ~seife f / alluvial ore deposit ||
~stampfwerk, -pochwerk n / pounding o. crushing mill
for ore, ore stamp[er] o. crusher || ~stock m,
Stockwerk n (Geol) / stockwork || ~stufe f (Bergb) /
glebe, lode of ore || ~tagebau m / open cut for mining
ore, strip mining of ore || ~tasche f, -bunker m / ore bin
o. bunker || ~träger m / secondary accompanying ore ||
~transporter m (Schiff) / ore carrier || ~trog m / box of
a stamping mill || ~trübe f / ore pulp || ~trum m n /
course of ore || ~verarbeitung f / ore working ||
~verhüttung f / metallurgical working of ores ||
~verladeanlage f / ore loading plant || ~verladebrücke
f / ore loading bridge || ~vorkommen n, -lager n /
mineral deposit, ore deposit || ~wagen m (Bahn) /
mineral wagon || ~wäsche f, Waschwerk n (Bergb) /
dressing floor, washery, washing room o. plant ||
~wäscher m, Klassiertrommel f (Bergb) / clearing o.
purificating drum o. cylinder || ~wäscher m (flach)
(Bergb) / vanner || ~wäschesieb n, Schwingsieb n /
shaking screen for ore
erzwungen, Zwangs… / constrained, forced || ~er
Bereich (Schwingungen) / constrained range || ~e Lage /
constrained position || ~e Schwingung (o.
Wellenbewegung) / forced o. constrained oscillation o.
vibration || ~er Zustand (Phys) / forced state
ES = Elektronenstrahl
ESA = European Space Agency; bis 31.3.74: ESRO ||
~-Betriebssystem n / ESA enterprise system
Esaki·diode, Tunneldiode f / Esaki o. tunnel diode ||
~-Effekt m / Esaki o. tunnel effect
ESA-Rechenzentrum n / Esoc, European Space
Operations Centre
ESB (Elektronik) = Einseitenband
ESCA = Fotoelektronenspektroskopie / Electron Spectroscopy
for Chemical Analysis
Escape-Taste f, Annullierungstaste f / escape key
E-Schale f, äußerer Kern (Erde) / E-region
Esche f, ES, Fraxinus excelsior / ash [tree]
Eschen·holz n / ash wood o. tree || ~schlagarm m (Textil)
/ ash picking stick
E-Schicht f (Ionosphäre) / E-layer
E-Schirmbilddarstellung f (Radar) / E-display
Eschka-Mischung f (65 % Magnesiumoxid, 35 %
Natriumkarbonat) (Chem, Bergb) / Eschka's reagent
ESD = Elektrolytstrahlbohren
ESD-Magnet m / elongated single domain magnet
Eselsrücken m (Hydr) / cover of a dam || ~, doppelseitiger
Ablaufberg (Bahn) / double incline, dual hump ||
~bogen, Karniesbogen m, Kielbogen m (Bau) / ogee o.
ogival arch
Eserin, Physostigmin n / eserine, physostigmine
ESFI = epitaxialer Siliziumfilm auf Isolatoren
ESG = Einschichtsicherheitsglas
E-Sichtanzeige f (Radar) / E-display
ESK (Fernm) = Edelmetall-Schnellkontakt ||
~-Crosspoint-System n (Fernm) / ESK crosspoint
system || ~-Relaiskoppler m (Fernm) / ESK relay
coupler || ~-Zentrale f (Fernm) / Siemens ESK exchange
ESP n (eine IGES-Version) (USA) / ESP, experimental
solids proposal
Espagnolette f, Drehstangenverschluß m / French
casement bolt with revolving rods, espagnolette [bolt]
Esparto m, Alfa, Halfa f, Stipa tenacissima, Espartogras n
/ esparto, alfa[grass], Spanish grass || ~zellstoff m (Pap)
/ esparto pulp
Espenholz n / aspen[-tree] wood

Esprit = European Strategic Programme for Research and
Development in Information
ESR, Elektronenspin-Resonanz f / electron spin
resonance, ESR
ESRO = European Space Research Organization (seit 1.4.1974:)
ESA / ESA
Eßapfel m / eating apple
ESSA-Wettersatellit m mit Umlaufbahn über die Pole /
ESSA, environment survey satellite
Eßbesteck n / cutlery [set]
ES-Schweißen n, Elektroschlacke-Schweißen n /
electroslag welding
Esse f, Fabrikschornstein m / chimney stalk || ~,
Schmiedeesse f / smith's hearth
Eßecke f, -nische f (Bau) / dining recess, dinette (US)
Essen·kanal m, Fuchs m / smoke flue || ~klappe f,
Essenschieber·m / chimney damper || ~kopf, Kaminhut
m / chimney head o. crest || blinder ~kopf / dead
chimney head
essentielle Aminosäure / essential amino acid
Essenventil n / chimney valve
Essenz f, etherisches Öl / volatile oil, essence
Essenzunge f / tongue of a chimney
Essexit m (Geol) / essexite
eßfertig / ready to eat
Essig m / vinegar || ~amylester m / amyl acetate ||
wasserfreie ~benzoesäure / aceto-benzoic acid
anhydride || ~ester, -ether, Essigsäureethylester m /
acetic ether || ~fabrik f / vinegar distillery o. works ||
~fliege f, Tauffliege f / drosophila, vinegar o. fruit fly ||
~gärung f / acetic o. acetous fermentation || ~kahm m
/ vinegar mould || ~mutter f, -ferment n / acetous
ferment, mother-of-vinegar, mycoderma aceti ||
~mutterschimmel m / mother must of vinegar ||
~sauer / acetic || ~saure Tonerde (Handelsbez.) /
basic alumin[i]um acetate
Essigsäure f, Ethansäure f / ethanoic acid, (formerly:)
acetic acid, acid of vinegar, distilled vinegar (US) ||
reine ~, Eisessig m / crystallisable o. glacial o. pure
acetic acid || ~anhydrid n / acetic anhydride ||
~benzylester m / benzyl acetate || ~ethylester m s.
Essigester / ethyl acetate || ~gärung f / acetic o. acetous
fermentation || ~isoamylester m / isoamyl acetate, pear
oil || ~methylester m, Methylacetat n / methyl acetate
Essigspindel f / acetometer, acetimeter
Eßkohle f / forge o. smithy o. smith's coal
Eß·nische f (Bau) / dinette (US) || ~waren f pl / eatables,
edibles, comestibles pl
ESTEC = European Space Technology Center
Ester m (Chem) / ester || ~ase f (Chem) / esterase ||
~gummi / ester gum || ~harz m / ester resin
esterifizieren / esterify
Esterifizierung f / esterification
Ester·öl n (synthetisches Schmieröl) / diester oil || ~zahl
f, EZ / ester number || ~zinn n / ester tin ||
~-Zinn-Stabilisator m / ester-tin stabilizer
Estrade f (Bau) / estrade
Estragon m / tarragon
Estrich m / floor pavement, lime o. wash floor ||
~gegossener ~, schwimmender Estrich / cast plaster
floor || ~arbeiten f pl (Bau) / flooring works pl, floor
screed works pl || ~gips m / plaster for flooring, hard
finish plaster || ~kelle f / squarepointed trowel
E-Stück, Flanschmuffenstück n (Rohr) / [standard] flanged
socket
ESU-Verfahren, Elektroschlacke-Umschmelzverfahren n
/ electroslag remelting process
ESV n (Kfz) / ESV, experimental safety vessel
Eta n, η / eta || ~faktor m (Nukl) / eta factor
Etage f (Bau) / storey, story || ~ (Schaltschrank) / tier
Etagen·absetzwagen m (Keram) / rack type car, finger car
|| ~bau, Scheibenbau m (Bergb) / sublevel stoping ||
~bogen m (Rohr) / swan-neck bend || ~gestell n / tier
[stand o. frame] || ~häuser n pl / block of flats ||

305

~heizung f / single-stor[e]y heating ‖ ~ofen m (Bäckerei) / double-deck oven ‖ ~presse f / multiplaten press ‖ ~rahmen m (Textil) / drying stenter in tiers ‖ ~rost m / [multi]stage grate ‖ ~sieb n (Bergb) / multideck screen ‖ ~trockner m / rack drier ‖ ~ventil n / step valve ‖ ~wagen m (für Werkstatt) / service trolley ‖ ~wohnung f (Bau) / flat ‖ ~zwirnmaschine f / uptwister, multiple twisting machine

Etalon m (Spektrosk) / etalon ‖ ~plattenspektroskop n / etalon plate (spectroscope)

Eta-Meson, η-Meson n / η-meson

Etamin n (Textil) / etamine, tammy

Eta-Partikel f / etaparticle

Etappe, Teilstrecke f / leg, stage

Etardsche Reaktion (Chem) / Etard's reaction

Eternit n (Asbestzement) / Eternit

Ethan n, Dimethyl n, Ethylwasserstoff m / ethane, dimethyl ‖ ~ol n / ethyl alcohol, ethanol ‖ ~olamin n / ethanolamine, 2-hydroxyethylamine ‖ ~säure f / acetic acid

Ethen s. Ethylen ‖ ~oidharze n pl / ethenoid resins pl

Ether m, (früher:) Äther m / ether, ethoxyethane, ethyl oxide

etherisch (Chem) / etheric, ethereal, ether-like ‖ ~e Lösung / ethereal solution ‖ ~e Öle n pl / distilled oils pl

ethern v / etherize

Ethernet n (im Betriebssystem) (Xerox Corp) / Ethernet

Ethin, Acetylen n / ethine, ethyne

Ethinyl-Östradiol n / ethynyl estradiol, 17α-ethynyl-1,3,5-estratriene-3,17β-diol

Ethoxy[l]gruppe f (Chem) / ethoxyl group

Ethoxylierung f, Oxethylierung f / ethoxylation

Ethoxylinharz n, -preßmassen f pl s. Epoxid

Ethyl n, (früher:) Äthyl n / ethyl ‖ ~... / ethylic ‖ ~acetat n, Essigsäureethylester m / ethyl acetate, acetic ether ‖ ~acrylat n / ethyl acrylate ‖ ~alkohol m, Ethanol n / ethyl alcohol, ethanol ‖ ~amin n / ethyl amine, aminoethane ‖ ~ammoniumchlorid n / ethylammonium chloride ‖ ~benzol n / ethyl benzene ‖ ~carbamat n, Carbaminsäureester m, Urethan n / carbamic acid ester, urethane ‖ ~cellulose f / ethylcellulose ‖ ~chlorid n / chloroethane, ethyl chloride ‖ ~dichlorarsin n / ethyldichlorarsine, E.D. (US)

Ethylen n, (früher:) Äthylen n, schweres Kohlenwasserstoffgas / ethylene, ethene, olefiant gas ‖ ~bindung f / ethylene linkage ‖ ~chlorhydrin n / ethylene chlorohydrin[e], 2-chloroethanol ‖ ~chlorid, Chlorethylen n / ethyl dichloride ‖ ~diamintartrat n (piezoelektrischer Kristall) / EDT, ethylenediaminetartrate ‖ ~dibromid n / ethylene dibromide, 1,2-dibromoethane ‖ ~dichlorid n / dichlorethylene, ethylene dichloride ‖ ~glykol n / ethylene glycol ‖ ~glykol n / ethylene glycol, glycol ‖ ~-Isomerie f / geometrical isomerism ‖ ~kunststoff m / ethene plastic ‖ ~oxid, Oxiran n / ethylene oxide ‖ ~-Polyterephthalat n / ethylene polyterephthalate ‖ ~propylen n / ethylene propylene ‖ ~propylen-Copolymerisat n, EPM / ethylene propylene copolymer ‖ ~propylengummi n / ethylene propylene rubber ‖ ~tanker m (Schiff) / ethylene tanker ‖ ~vinylacetat n, E/VA, EVA / ethylene vinylacetate, E/VA, EVA ‖ ~-Vinylacetat-Copolymer n / ethylene-vinylacetate copolymer, E/VA copolymer

Ethyl·ether m / ethyl ether, sulphuric ether ‖ ~halogenid n / ethyl halide

Ethyliden n / ethylidene ‖ ~dibromid n / 1,1-dibromomethane

Ethyl·iodid n / ethyl iodide ‖ ~mercaptan n / ethanthiol ‖ ~morphin n / ethylmorphine ‖ ~nitrit n, Salpetrigsäureethylester m / ethyl nitrite, nitrous ether ‖ ~quecksilber n / ethylmercury ‖ ~quecksilberchlorid n / ethylmercuric chloride ‖ ~radikal n / ethyl radical,

Et ‖ ~rot n / ethyl red ‖ ~schwefelsäure f / ethylsulphuric acid ‖ ~vanillin n / ethyl vanillin, ethyl protocatechuic aldehyde ‖ ~wasserstoff m, Ethan n / dimethyl, ethane ‖ ~xanthat n / ethyl xanthate ‖ ~zellulose, AT-Zellulose f / ethyl cellulose

Etikett n, Klebzettel m / tag (US), [stick-on] label, sticker ‖ ~, Kennsatz m (DV) / label ‖ ~code m (DV) / label code

Etiketten·annähmaschine f / sewing machine for labels ‖ ~draht m / tag wire ‖ ~druck m / label printing ‖ ~karton m / tagboard ‖ ~leser m (DV) / tag reader ‖ ~leser m, Ausweisleser m (DV) / badge reader

Etikettfeld n (DV) / label field

etikettieren, bezetteln / label v, ticket, docket ‖ ~, mit Anhänger versehen / tag v

Etikettier·maschine, Bezettelungsmaschine f (Brau) / labelling machine

Etikettverarbeitung f (DV) / label processing

Etiolement, Etiolieren n (Bot) / etiolation

ETL = Elektrotauchlackierung

Etmal n (Nav) / day's run

E-Treppe f / stairs with three flights

Ettinghausen-Effekt m (Phys) / Ettinghausen effect

Ettringit m (Quellbeton-Zusatz) (Bau) / ettringit

Etui·samt m / jeweller's velvet ‖ ~schloß n / box lock

E-Typ m (Wellenleiter) / E-mode, TM-mode o. type

ET-Zeichen n (das Zeichen "&") (Buch) / ampersand

ET-Zellulose, Ethylzellulose f / ethyl cellulose

Euchlorin n (Chem) / euchlorine

Eudiometer n / eudiometer

Eugenol n (Chem) / eugenol

Eukalyptol n, Cineol n / eucalyptol[e], cineole

Eukalyptus·baum m, Blaugummibaum m, Eucalyptus globulus / eucalyptus tree, blue gum tree, Eucalyptus ‖ ~gummi n / eucalyptus gum o. kino, red gum ‖ ~holz n / gum wood ‖ ~öl n / eucalyptus oil

euklidisch (Math) / euclidian ‖ ~es Axiom / euclidean axiom ‖ ~e Geometrie / Euclidean o. Euclidian geometry

Eukolloid n / eucolloid

Eukryptit m (Min) / eucryptite

Euler·sche Kurve / Venn diagram ‖ ~sches Integral / Euler's integral ‖ ~sche Knickformel (Mech) / Euler's formula ‖ ~sche Knickspannung / Euler's critical tension ‖ ~sche Konstante (Mech) / Euler's constant ‖ ~sche Korrelation / Eulerian correlation ‖ ~sche Spirale / clothoid, Cornu o. Euler's spiral ‖ ~sche Winkel m pl / Eulerian angles pl ‖ ~wiege f (Krist) / Euler's balance

Eulit m (im Orthoferrosilit) (Min) / eulite

Eulytin, Kieselwismut m (Min) / eulytite

Euphorbiumharz n / euphorbia resin

euphotisch (Wasserschicht) / euphotic

EURAM n (ein EG-Programm) / European Research on Advanced Materials, EURAM

EURATOM, Europäische Atomgemeinschaft / EURATOM

Euro·anschluß m (TV) / Euro connection, scart connection ‖ ~flasche f / "Euro" bottle ‖ ~form f (Flaschen) / Euroform ‖ ~format n, Europaformat n / European standard size ‖ ~normträger m / European standard beam

europäisch·e Artikelnummer / European article number, NEA ‖ ~e Darstellung (Zeichn) / first angle projection ‖ ~er Erdbeobachtungs-Satellit, ERS m / Earth remote sensing satellite ‖ ~e Farbskala (Buch) / European process colours pl ‖ ~er Funkrufdienst / European radio paging service ‖ ~e Gemeinschaft, EG / European Community ‖ ~e Güterzug-Fahrplankonferenz f, LIM (Bahn) / European Goods Train Time-table Conference, L.I.M. ‖ ~es Komitee für Normung, CEN / CEN (European Committee for Standardization) ‖ ~e Organisation für Entwicklung u. Bau von Trägerfahrzeugen, ELDO / ELDO,

European Launching Developement Organization ‖ ⹂es
Patentamt / European Patent Office ‖ ∼es **Poleiöl** /
penny-royal oil, oil of pulegium ‖ ⹂e
Reisezugfahrplan- und Wagenbeistellungskonferenz,
EFK-EWK *f* (Bahn) / European Passenger Train Time-
table and Through-Coach Conference ‖ ∼es **System des
direkten Informationseingangs**, DIANE / direct
information access network for Europe, DIANE ‖ ⹂er
Wagenbeistellungsplan, EWP (Bahn) / European
through-coach working plan ‖ ⹂e
Wirtschaftsgemeinschaft, EWG / European Economic
Community, E.E.C.
Europa·karte *f* (Leiterplatte im Normformat, ca. 10 x 15
cm) (Elektronik) / European standard size pc board
Europalette *f* / Europallet
Europa-Patent *n* / European patent
Europium *n*, Eu (Chem) / europium, Eu ‖ ⹂oxid *n* /
europia ‖ ⹂verbindung *f* (Chem) / europium compound
EUROP-Wagenpark *m* (Bahn) / EUROP wagon park
Eurovision *f* (TV) / Eurovision
eurybatisch (in allen Wassertiefen lebend), eurybath /
eurybathic
eustatische Schwankungen *f pl* (Geol) / eustatic
movements *pl*
Eutektikum *n* (Chem) / eutectic [alloy system]
eutektisch / eutectic ‖ ∼e **Eigenschaft** / eutectic property
‖ ∼es **Gefüge** / eutectic structure ‖ ∼es **Gemisch** /
eutectic mixture ‖ ∼e **Legierung** / eutectic alloy ‖ ∼e
Legierung (Löten) / eutectic soldering alloy ‖ ∼er
Punkt, eutektikale Temperatur / eutectic point ‖ ∼er
Stahl / eutectic steel ‖ **Bildung der** ∼en **Lösung**
(Metallographie) / eutexia
Eutektoid *n* / eutectoid [mixture o. system] ‖ ∼ / eutectoid
adj
eutroph, nährstoffreich (Gewässer) / eutrophic,
overnourished
Eutrophie *f* / eutrophy, overnourishment
Eutrophierung *f* / eutrophication
Eutropie *f* (Chem) / eutropy
eutropisch (Krist) / eutropic ‖ ∼er **Zustand** / eutropic
series
eV = Elektronenvolt
EV (Elektr) = Endverteilerkasten
EVA *n*, Ethylen-Vinyl-Acetat *n* / ethylene vinyl acetate,
EVA ‖ ⹂, Einwirkung *f* von außen (Nukl) / external
impact
EVAC, verseiftes Ethylen-Vinylacetat-Copolymer /
saponified ethylene-vinylacetate copolymer
Evakuation *f*, Evakuierung *f* / evacuation
Evakuiereinrichtung *f* / evacuating plant
evakuieren, luftleer machen / evacuate, draw out, exhaust
(air) ‖ ⹂, Entlüften *n* / evacuation of air
Evakuierpumpe *f* / evacuating pump
Evaporat *n* / evaporation [product], evaporate
Evaporation *f* / evaporation
Evaporator *m*, Eindampfgerät *n*, Verdampfer,
Verdampfapparat *m* / evaporator, vaporizer
evaporieren (Milch) / evaporate
Evaporimeter *n* / evaporimeter (GB), -porometer (US)
Evaporit *m*, Salzgestein *n* / evaporite
Evaporographie *f* (Infrarotphotographie) / evaporography
Evektion *f* (Astr) / evection
EVG, elektronisches Vorschaltgerät (Leuchtstoffröhre) /
electronic ballast, electronic choke
EVO = Eisenbahnverkehrsordnung
Evolute *f* (Geom) / evolute
Evolutfeder, [kegelige] Wickelfeder / volute spring,
buffer spring
Evolution, Entwicklung *f* (Biol) / evolution
Evolvente *f* (Geom) / involute
Evolventen·-Geradstirnpaar *n* / involute spur gear pair ‖
⹂-**Kegelschraubenfläche** *f* / spherical involute helicoid
‖ ⹂**rad** *n* / involute gear ‖ ⹂-**Schraubenfläche** *f* /
involute helicoid ‖ ⹂-**Stirnrad** *n* / involute cylindrical

gear ‖ ⹂- **und Zahnschrägenprüfgerät** *n* / involute and
helical gear testing machine ‖ ⹂**verzahnung** *f* / involute
toothing o. gear teeth ‖ ⹂**wicklung** *f* (Elektr) / involute
winding ‖ ⹂-**Zahnnaben-Räumwerkzeug** *n* / involute
spline broach ‖ ⹂**zahn-Räumwerkzeug** *n* / external
involute spline broach ‖ ⹂-**Zylinderschraubenfläche** *f* /
involute helicoid
EVR-Verfahren *n* (TV) / electronic video recording
EV-Teil, Eingangsverstärkerteil *m* (Elektronik) / IA-unit
EVU s. Energieversorgungsunternehmen
EW = Elektrizitätswerk ‖ ⹂ = Einheitswelle
E-Welle *f* (Hohlleiter) / E- o. TM-wave (= transverse
magnetic)
Ewer *m* (Elbschiff) / lighter ‖ ⹂**führer** *m* / lighterman
E-Werk *n* s. Elektrizitätswerk
EWG-Stahlpreis *m* / European Community steel price
ewig·e Gefrornis, Dauerfrost[boden] *m* / permafrost ‖ ∼e
Teufe (Bergb) / unlimited depth
EWP (Bahn) = Europäischer Wagenbeistellungsplan
EWS = elektronisches Wählsystem
Exa..., 10^{18} / exa...
exakt / exact ‖ ∼e **Wissenschaften** / exact sciences
Exaktheit, Genauigkeit *f* / exactness, exactitude
Exaltolid *n* (ein Lacton) (Chem) / exaltolide
Exalton *n* (Chem) / exaltone
EXAPT-Programmiersprache *f* (Wzm) / EXAPT
Excess-3-Code *m* (DV) / three-excess-code, excess-three
code
Excimerlaser *m* (excited dimer) / excimer laser (=
excited dimer)
Exciplex-Laser *m* (excited state complex) / exciplex laser
(= excited-state complex)
Excitantia *pl*, anregende Mittel *n pl* (Pharm) / exciting
agents *pl*
Exciton, Exziton *n* (Nukl) / exciton
Excitonik *f* (Studium des Verhaltens der Excitone) /
excitonics *sing*
Excitron *n* (ein Quecksilberdampfgleichrichter)
(Elektronik) / excitron
Excore... (Nukl) / excore...
Exekutivprogramm *n* (DV) / executive [routine]
Exemplar *n* (Buch) / copy
Exergie *f*, technische Arbeitsfähigkeit / exergy
exgeschützt, explosionsgeschützt (Bgb) / explosion-proof,
flame-proof
Exhalation, Ausdünstung *f* / exhalation
exhaustieren / exhaust
Exhaustor *m*, Lüfter *m* / exhauster, extract fan, extractor,
exhaust fan ‖ ⹂, Gassauger *m* / gas exhauster ‖ ⹂,
Saugapparat, Sauger *m* (Chem) / suction apparatus,
aspirator ‖ ⹂ **für Konservendosen** / can exhauster
Exide-Großoberflächenplatte *f* (Akku) / helical plate
Exine *f* (Bot) / exine
Exinit *n* (Gefügebestandteil der Steinkohle) / exinite
existenter Abdampfrückstand (Kraftstoff) / existent gum
Existenz *f*, Bestand *m*, Vorhandensein *n* / existence ‖
∼**fähig** / capable of existence, able to exist
exklusiv, ausschließend (DV) / exclusive ‖ ∼es **ODER**
(DV, WC) / exclusive OR, EX.OR, non-equivalence,
antivalence, anticoincidence, OR-ELSE circuit ‖
⹂**modus** *m* (DV) / exclusive mode o. status ‖
⹂-**ODER-Gatter** *n* / exclusive OR-gate
Ex-Motor *m*, schlagwettergeschützter Motor (Bergb) /
flameproof motor
Exnovae *pl* (Astr) / postnovae *pl*
Exo·elektron *n* / exoelectron ‖ ⹂**gas** *n* (Sintern) /
exothermic atmosphere ‖ ∼**gen** (Biol, Geol) / exogenous
‖ ⹂**nuklease** *f* / exonuclease ‖ ⹂**philie** *f* (Tensid) /
exophily
Exosmose *f*, auswärts verlaufende Omose / exosmosis
Exo·sphäre *f* / exosphere ‖ ∼**therm**, wärmegebend /
exothermal, -thermic, -thermous ‖ ⹂**toxin** *n* (Bakt) /
exotoxin
Expander *m* (Ton) / volume expander

expandieren, sich ausdehnen o. entspannen / expand *vt*
expandiert (Plast) / expanded ‖ **~er Kork** / expansed o. expanded granulated cork ‖ **nicht ~** (Kork) / unexpanded, unexpansed ‖ **nicht voll ~** / underexpanded
Expansion, Dehnung *f* (Gas, Mot, Dampf) / expansion ‖ **~** *f,* Ausbreitung *f* / growth, expansion ‖ **~ des Weltalls** / expanding universe
Expansions·arbeit *f* / work done on expansion ‖ **~dampfmaschine** *f* / expansion steam engine ‖ **~dübel** *m* / expanding dowel ‖ **~düse** *f* / diverging section ‖ **~gefäß** *n,* Ausdehnungsgefäß *n* (Heizung) / expansion cylinder o. tank o. vessel ‖ **~grad** *m* / degree of expansion ‖ **~hebel** *m* (Dampfm) / expansion lever ‖ **~hub** *m* (Mot) / firing o. expansion o. power o. working stroke, explosion stroke ‖ **~kamm** *m,* verstellbarer Kamm (Textil) / expanding comb, expanding o. spacing reed ‖ **~kammer** *f,* -nebelkammer *f* (Nukl) / expansion-type cloud chamber, Wilson cloud chamber ‖ **~klebefolie** *f* / expanding adhesive film ‖ **~kraft** *f* / expansive power o. force, expansiveness ‖ **~kulisse** *f* / expansion link ‖ **~linie** *f* (Indikator) / expansion curve o. line ‖ **~maschine** *f* / expansion engine ‖ **~prinzip** *n* / expansive working ‖ **~regulator** *m* / expansion governor ‖ **~reibahle** *f* / expanding reamer ‖ **~schalter** *m* (Elektr) / expansion circuit-breaker, air blast switch o. circuit-breaker ‖ **~schieber** *m* / expansion slide valve ‖ **~stange** *f* / expansion rod ‖ **~stufe** *f* (Fernm) / expansion stage ‖ **~ventil**, Reglerventil *n* / expansion valve ‖ **~verhältnis** *n* / expansion ratio ‖ **~welle** *f* (Nukl) / blast wave ‖ **~welle** *f* (Raumf) / expansion wave
expansiv, Expansions… / expansive ‖ **~beton** *m* / expanded concrete ‖ **~kraft**, Spannkraft *f* / expansive power o. force, expansiveness ‖ **~zement**, Quellzement *m* / expanding cement
Experiment *n,* Versuch *m* / experiment, trial ‖ **~ auf Palette** (Raumf) / pallet experiment
Experimental·…, experimentell / experimental ‖ **~-Brutreaktor** *m* / experimental breeding reactor ‖ **~-Chemie** *f* / experimental chemistry ‖ **~physik** *f* / experimental physics ‖ **~-Sicherheitsauto** *n,* ESV / experimental safety vehicle, ESV
Experimentator *m,* Versuchsleiter *m* / experimenter
experimentell, versuchsweise / experimental, by trial ‖ **~er Verlauf** [von] / experimental progression [of]
experimentieren, Versuche machen / experiment *vi,* carry out experiments
Experimentier·gerät *n* (Phys) / demonstration apparatus ‖ **~pult** *n,* -tisch *m* / demonstration desk
Experte *m* / expert
Expertensystem *n* (DV) / expert system, knowledge base system
Expertise, Begutachtung *f* (Vorgang) / expert opinion, expertise ‖ **~** *f* (Ergebnis) / expert's report o. assignment
explizit (Math, DV) / explicit ‖ **~e Funktion** / explicit function
Exploded View (Zeichn) / exploded view
Explodierbarkeit, Explosivität *f* / explosiveness, explosibility
explodieren / explode, blow up, burst ‖ **~**, in die Luft fliegen / go off o. up ‖ **~**, platzen (Kessel) / burst ‖ **~ lassen**, zur Detonation bringen / explode, detonate
Exploration, Erdölsuche *f* (Öl) / exploration, search
Explorationsbohrung *f* (Öl) / exploration well
explosibel (explosionsfähig, -gefährlich) / explosive, detonable ‖ **explosibles Gemisch** (Mot) / explosive mixture
Explosimeter *n* (für Explosionsneigungsmessung von Gas-Luftgemisch) / explosimeter
Explosion *f* / explosion, blasting ‖ **~**, Knall *m* / detonation
explosions·artig / like an explosion, explosive ‖ **~blende** *f* (Phot) / explosion shutter ‖ **~druck** *m* (Mot) / engine pressure ‖ **~druckwelle** *f* / blast wave ‖ **~form[geb]ung**, Hochenergie-Umformung *f* /

explosive forming, explosive metal working ‖ **~-Formungsmaschine** *f* / explosive forming machine ‖ **~gefahr** *f* / explosion hazard ‖ **~gefährdet** / potentially explosive ‖ **~gefährdeter Raum** / hazardous location ‖ **~gefährlich**, explosiv / explosive ‖ **~geschoß** *n* / explosion projectile ‖ **~geschützt**, -sicher, -gekapselt (Elektr) / explosion- o. flame-proof, for hazardous location use, for explosive gas atmospheres ‖ **~grenze** *f* (Chem) / explosibility limit ‖ **~höhe** *f* (Nukl) / height of burst ‖ **~hub** *m* (Mot) / ignition cycle, explosion stroke ‖ **~-Jauchefaß** *n,* Momentsauger *m* / explosion type liquid manure pump ‖ **~kalorimeter** *n* / combustion o. explosion bomb ‖ **~kette** *f* / explosion train ‖ **~klappe** *f* / explosion door ‖ **~klappe** *f* (Hütt) / bleeder valve ‖ **~motor** *m* / internal combustion engine, IC-engine ‖ **~neigung** *f,* Explodierbarkeit *f* / explosiveness, explosibility ‖ **~niet** *m* / explosive rivet ‖ **~plattieren**, Sprengplattieren *n* / explosion plating ‖ **~ramme** *f,* detonating rammer ‖ schwere **~ramme** (Straß) / leap-frog ‖ **~raum** *m,* Verbrennungskammer *f* / combustion chamber o. space ‖ **~reaktion** *f* / explosion reaction ‖ **~schutz** *m,* Ex-Schutz *m* / explosion proofness o. protection, flame proofness ‖ **~schutzart** *f* / explosion-proof type of protection ‖ **~schweißen** *n,* -schweißung *f* / explosion welding, explosive bonding ‖ **~sicher** / explosion-proof ‖ **~stampfer** s. Explosionsramme ‖ **~verdichten** *n,* -pressen *n* / explosive compaction ‖ **~welle** *f* / explosion wave ‖ **~zünder** *m* (Bergb) / [detonating] primer
explosiv (explosionsartig, leicht explodierend) / explosive, explosible ‖ **~e Freigabe** (Raumf) / explosive release ‖ **~es Gemisch** / explosive mixture ‖ **~er Schauer** (Kosmos) / extended cosmic shower ‖ **~er Schauer** (Nukl) / burst ‖ **~e Spaltung** (Nukl) / explosive fission ‖ **~bolzen** *m,* Sprengbolzen *m* / explosive bolt ‖ **~geschoß** *n* / explosion projectile
Explosivität *f,* Explodierbarkeit *f* / explosibility, explosivity
Explosiv·laute *m pl* (Fernm) / pop [noise] ‖ **~stoff** *m,* Sprengstoff *m* / explosive, explosive agent o. substance ‖ **~umformung** *f* s. Explosionsform[geb]ung ‖ **~verbrennung** *f* / combustion by explosion
Exponat, Ausstellungsstück *n,* -gegenstand *m* / exhibit
Exponent, Index *m* (Math) / index, exponent ‖ **~** *m* (DV) / exponent
Exponenten·überlauf *m* (DV) / exponent overflow ‖ **~unterlauf** *m* (DV) / exponent underflow
Exponentfaktor *m* (DV) / exponent modifier
exponential, -tiell, Exponential… / exponential ‖ **~absorption** / exponential absorption ‖ **~experiment** *n* (Nukl) / exponential experiment ‖ **~funktion** *f* / exponential function ‖ **~gesetz** *n* / exponential distribution law ‖ **~gleichung** *f* / exponential equation ‖ **~größe** *f* (Math) / exponential ‖ **~[horn]strahler** *m* (Antenne) / exponential horn ‖ **~kurve** *f* / exponential curve ‖ **~papier** *n* / logarithmic paper ‖ **~reaktor** *m* (Nukl) / exponential reactor ‖ **~reihe** *f* / exponential series ‖ **~trichter** *m* (Akustik) / exponential o. logarithmic horn ‖ **~verteilung** *f* / exponential distribution
exponentiell·e Abfangkurve (Luftf) / exponential flare-out ‖ **~e Anordnung** / exponential arrangement ‖ **~e Glättung** (Statistik) / exponential smoothing ‖ **~er Zerfall** (Nukl) / exponential decay
exponieren, belichten (Phot) / expose
Export·abteilung *f* / export department ‖ **in ~verpackung** / boxed for foreign shipment o. for export (US)
Exposé *n* / statement
Exposition, Belichtung *f,* Belichten *n* (Phot) / exposure, exposition ‖ **für Notfälle geplante ~** (Nukl) / emergency exposure to radioactive materials ‖ **nicht vorgesehene nicht zugelassene ~** (Nukl) / accidental high exposure to radioactive materials

Expositionsdosis *f* (Nukl) / exposition dose
Exposure *f* (Photonenbestrahlung) / exposure
Expreß·gut *n* / express parcel ‖ ⁀**gutschein** *m* / dispatch note for express parcels
Expression *f* (Produktion neuer Gene) (Gentechnologie) / expression
Expreßzug *m* (Schweiz) / fast o. express train
Exschutz *m* (Elektr) / explosion proofness o. protection, flame proofness ‖ **mit** ⁀ (Elektr) / explosion- o. flame-proof
Exsikkantien, austrocknende Mittel *n pl* / desiccating agents *pl*
Exsikkator *m* (Chem) / desiccator ‖ ⁀**platte** *f*, -einsatz *m* / desiccator screen
Exsudat *n* (Biol) / exudate
Extender *m* (Elastomere) / extender
extensiv (Landw) / extensive ‖ ⁀**e Größe** (Phys) / extended property
Extensometer *n* (Dehnungsmesser) / extensometer
extern (DV) / external ‖ ⁀**e Darstellung** (DV) / external representation ‖ ⁀**er Name** (DV) / external name ‖ ⁀**er Programmparameter** (DV) / external program parameter ‖ ⁀**e Prozedur** / external procedure ‖ ⁀**e Schreibweise** (FORTRAN) / external notation ‖ ⁀**er Speicher** (DV) / external memory o. store, ancillary memory ‖ ⁀**e Standardfunktion** / basic external function ‖ ⁀**e Stromversorgung** (Elektronik) / external power supply ‖ ⁀**es Symbol** (DV) / external symbol ‖ ⁀**es Symbolverzeichnis**, Externtabelle *f* / control dictionary, external symbol dictionary, ESD ‖ ⁀**code** *m* / external code ‖ ⁀**verweis** *m* (DV) / external reference
Extinktion *f* (Radio, Opt) / extinction ‖ ⁀, Attenuation *f* (Licht) / extinction of light ‖ ⁀ (Opt) / extinguishing ‖ **dekadische** ⁀ (negativer dekadischer Logarithmus des Durchlaßgrades) (Opt) / absorbance, -ence
Extinktions·koeffizient *m* (Chem) / extinction coefficient ‖ ⁀**kurve** *f* (Opt) / extinction curve ‖ ⁀**modul** *m* (Opt) / linear absorption coefficient ‖ ⁀**registrierung** *f* / recording of extinction
Extra·..., zusätzlich / extra, additional ‖ ⁀**s** *n pl*, wahlweises [Serien-]Zubehör (Kfz) / production option ‖ ⁀**s** *n pl*, nachträgliche Wünsche *m pl* (Bau) / extras, variations *pl* ‖ ⁀ **kurz** (Spiralbohrer) / stub series ‖ ⁀**doppelfeinfleier**, -doppelfeinflyer *m* (Textil) / super roving flyer ‖ ⁀**dop-Radar** *m n* / extradop radar ‖ ⁀**feinfleier** *m* (Spinn) / jack frame ‖ ⁀**feingewinde** *n* / extra fine thread ‖ ⁀**fokale Strahlung** (Röntgen) / stem radiation ‖ ⁀**galaktisch** / extra-galactic ‖ ⁀**galaktische** *f pl* **Radiowellen** / extra-galactic radio waves *pl* ‖ ⁀**hart** / extra hard
extrahierbar / extractable
extrahieren / extract ‖ ⁀, auslaugen / leach ‖ ⁀ *n*, Extraktion *f* (Chem) / extracting ‖ ⁀, [Aus]laugen *n* / leaching
extrahiert, durch Extraktion gewonnen / extracted ‖ ⁀**e Schnitzel** *n pl* (Zuck) / pulp
Extrakt, Auszug *m* / spirits *pl*, extract ‖ ⁀ (Pharm) / digestion ‖ ⁀**garn** *n* / extract yarn
Extraktion *f* (Chem) / extraction ‖ ⁀, Stripping *n* (Nukl) / stripping ‖ ⁀ **durch selektive Lösungsmittel** / extraction by selective solvents ‖ ⁀ **flüssig-flüssig** / liquid-liquid extraction
Extraktions·anlage, Gewinnungsanlage *f* / extraction o. extracting plant ‖ ⁀**apparat** *m* / extraction apparatus, extractor ‖ ⁀**apparat** *m*, Diffuseur *m*, Diffusionsapparat (Zuck) / diffuser ‖ ⁀**benzin** *n* (Öl) / extraction solvent ‖ ⁀**hülse** *f* (Chem, Labor) / extraction thimble ‖ ⁀**kohle** *f* / extraction lignite ‖ ⁀**kolben** *m* (Chem) / extraction flask ‖ ⁀**kolonne** *f*, -säule *f* / extraction column ‖ ⁀**kolonne** *f* **mit Pulsation** / pulsed sieve plate extraction column ‖ ⁀**lauge** *f* (Hütt) / extraction liquor ‖ ⁀**mittel** *n* / extraction o. extracting o. extractive agent o. product o. matter, extractant ‖ ⁀**mittel** *n* (Chromatogr) / eluant ‖ ⁀**verfahren** *n* /

extraction method ‖ ⁀**zyklus** *m* (Nukl, Brennstoff) / extraction cycle
Extraktiv·... / extractive ‖ ⁀**e Destillation**, Extraktivdestillation *f* / extractive distillation ‖ ⁀**e Kristallisation** / extractive crystallization ‖ ⁀**stoff** *m* / extraction o. extracting o. extractive matter o. agent, extractant
Extraktöl, Walkfett *n* (Wolle) / grease from felting water
Extraktor *m* (Chem, Radar) / extractor
Extrakt·wolle *f* / extract wool
extra·ordinär (Doppelbrechung) / extraordinary ‖ ⁀**polation** *f* / extrapolation ‖ ⁀**polationslänge** *f*, Extrapolationsstrecke *f* (Nukl) / extrapolation distance, augmentation distance ‖ ⁀**polierbarkeit** *f* / extrapolatability ‖ ⁀**polieren** / extrapolate ‖ ⁀**polierte Grenze** (Nukl) / extrapolated boundary ‖ ⁀**polierte Reichweite** (Nukl) / extrapolated o. visual range ‖ ⁀**polierte Zuverlässigkeit** / extrapolated reliability ‖ ⁀**schwer**, -dick / extra-heavy ‖ ⁀**strom** *m* (Elektr) / extra current ‖ ⁀**terrestrisch** / extraterrestrial ‖ ⁀**terrestrische Biologie** / extraterrestrial biology ‖ ⁀**terrestrisches Leben** / extraterrestrial life
extrem *adj*, äußerst / extreme *adj*, utmost ‖ ⁀ *n* / extreme *n* ‖ ⁀ **elliptisch** (Umlaufbahn) / highly eccentric ‖ ⁀**e Funktion** (Math) / extremal function ‖ ⁀ **hohe Geschwindigkeit** / hypervelocity ‖ ⁀ **hohes Molekulargewicht** / ultra-high molecular weight, UHMW ‖ ⁀ **monochromatisch** / highly monochromatic ‖ ⁀ **rasche Abkühlung** (Hütt) / splat cooling
Extremaleigenschaft *f* / extremal property
Extrem·punkt *m* **einer Kurve** (Math) / apse ‖ ⁀**thermometer** *n*, Maximum-Minimum-Thermometer *n* / maximum and minimum thermometer ‖ ⁀**-Ultraviolett** *n* / extreme ultraviolet ‖ ⁀**wert** *m*, Extremum *n* (Math) / extremum, extreme value ‖ ⁀**wert**, -betrag *m* (Math) / peak o. maximum o. crest value, extreme value ‖ ⁀**wert** *m* (Elektr) / peak o. crest value ‖ ⁀**wertregler** *m* / extremum controller
Extrudat *n* / extrudate, extruded material
Extruder *m* (Plast, Metall) / extruder ‖ ⁀**mundstück** *n*, -düse *f*, Spritzmundstück *n* / extrusion die ‖ ⁀**schnecke** *f* / barrel extruder ‖ ⁀**-Trockner** *m* / extrusion drier
Extrudierbarkeit *f*, Spritzbarkeit *f* (Plast) / extrudability
extrudieren (Plast) / extrude ‖ ⁀ *n* (Plast) / extrusion mo[u]lding, extrusion
extrudiert (Plast) / extruded
Extrusions·beschichten *n* (Pap) / extrusion coating ‖ ⁀**blasanlage** *f* (Plast) / extrusion blow-moulding equipment ‖ ⁀**blasen** *n* / extrusion blowing ‖ ⁀**form**, Düse *f* / extrusion die ‖ ⁀**formen** *n* / extrusion forming ‖ ⁀**streckblasen** *n*, ESB-Verfahren *n* (Plast) / extrusion blowing and stretching ‖ ⁀**trocknung** *f* / extrusion drying
Extrusivgesteine *n pl* / extrusive rocks *pl*, lava flows *pl*
Exzelsiormühle *f* / Excelsior type colour grinding mill
Exzenter *m* / eccentric, cam ‖ ⁀ (Uhr) / snail ‖ ⁀ (Textilmasch) / tappet, cam, wiper ‖ ⁀, Exzenterscheibe *f* (Masch) / eccentric o. cam plate o. wheel o. disk (US) ‖ ⁀**abkantpresse** *f* / eccentric trimming press ‖ ⁀**anlauf** *m* / eccentric catch ‖ ⁀**bewegung** *f* / actuation by cam o. eccentric ‖ ⁀**bolzen** *m* / eccentric bolt ‖ ⁀**buchse** *f* (für Hubverstellung) (Presse) / eccentric bush ‖ ⁀**bügel** *m* / eccentric strap ‖ ⁀**dipol** *m* (Antenne) / off-center dipole ‖ ⁀**drehbank**, -drehmaschine *f* / eccentric turning lathe ‖ ⁀**hebel** *m* (Textil) / cam lever ‖ ⁀**hebel** *m* (eiserner Hebel) / control lever ‖ ⁀**hub**, -weg *m* / throw of eccentric ‖ ⁀**klemme** *f* / eccentric clamp o. grip ‖ ⁀**meißel**, Erweiterungsbohrer *m* (Bergb) / eccentric bit ‖ ⁀**presse** *f* / eccentric press ‖ ⁀**radius**, -halbmesser *m* / eccentric radius ‖ ⁀**-Ringpumpe** *f* / eccentric ring pump ‖ ⁀**rolle** *f* / eccentric pulley ‖ ⁀**-Schälfurnier** *n* / half-round cut veneer ‖ ⁀**scheibe** *f* / eccentric o. cam plate o. wheel o. disk (US) ‖ ⁀**schneckenpumpe** *f* /

eccentric screw pump ‖ **⁓spannung** *f* (Wzm) / lever actuated eccentric clamp ‖ **⁓stange** *f* / eccentric rod ‖ **⁓steuerung** *f* / eccentric gear control ‖ **⁓stuhl** *m* (Web) / cam o. tappet loom, excentric loom ‖ **⁓verschluß** *m* / cam type closure ‖ **⁓wange** *f* / cam plate ‖ **⁓weg, -hub** *m* / throw of eccentric ‖ **⁓welle** *f* / eccentric shaft ‖ **⁓wellenlager** *n* / bearing of the eccentric shaft ‖ **⁓zapfen** *m* / eccentric pin

exzentrisch, außermittig / eccentric, -ical ‖ ⁓, verrutscht / off-center, eccentric ‖ ⁓, aus dem Gleichgewicht / out-of-balance ‖ ⁓ (Abnutzung) / eccentric ‖ **⁓e Anomalie** (Astr) / eccentric anomaly ‖ **⁓e Ausknickung** / eccentric buckling ‖ **⁓es Drehfräsen** / helical face milling ‖ ⁓ **gelagert** / excentric ‖ **⁓e Rundsichtdarstellung,** exzentrisches Rundsichtschirmbild (Radar) / off-center PPI-display ‖ **⁓er Standpunkt** (Verm) / eccentric station ‖ **⁓er Zierschliff** (Uhr) / snailing

exzentrische, stark ⁓ Umlaufbahn (Raumf) / [highly] eccentric orbit

Exzentrizität *f*, Außermittigkeit *f* / eccentricity ‖ ⁓, Unwucht *f* / out-of-balance ‖ **⁓e** Bahn, Exzenterumlauf *m* / eccentric path ‖ **⁓[smaß]** *f* / throw of eccentric ‖ ⁓ **des Kerns** (Nukl) / nuclear eccentricity

Exzentrizitäts·fehler *m* / eccentricity error ‖ **⁓zahl** *f* (Mech) / eccentricity coefficient o. factor

Exzess-3-Code / three-excess code, excess-three code

exzessiv / exceeding *adj*

Exziton, Exciton *n* (Phys) / exciton

Eytelweinsche Formel *f* (Hydr) / Eytelwein's formula

EZ = Esterzahl

F

F-Abhängigkeit *f* (DV) / free-state dependency

Fabric-Presse *f* (Pap) / fabric press

Fabrik *f*, -anlage *f*, -gebäude *n* / factory ‖ ⁓ **, die nur Gewerkschaftler beschäftigt** (USA) / closed shop ‖ **[größere]** ⁓, Werk *n* / works *sing pl* ‖ **[kleinere]** ⁓, Werkstatt *f* / workshop ‖ **⁓abnehmer** *m* / original equipment manufacturer, OEM ‖ **⁓abwasser** *n* / factory waste water ‖ **⁓[anlage]** *f* / mill, [manu]factory, works ‖ **⁓anschlußgleis** *n* / factory siding

Fabrikant *m* / maker, manufacturer, producer ‖ ⁓ (von Maschinen) / constructor

Fabrik·arbeiter *m* / factory worker o. hand o. labourer, industrial worker, operative ‖ **⁓arbeiter** *m* (gelernt) / skilled man (US), journeyman (GB) ‖ **[ungelernter] ⁓arbeiter** / workshop o. factory hand

Fabrikat *n* (Herkunftsangabe) / make, manufacture ‖ ⁓, Erzeugnis *n* / product, manufactured article

Fabrikation *f*, Fertigung *f* / fabrication, production ‖ ⁓ (als Qualitätsangabe) / workmanship, manufacture, making ‖ ⁓ **im Weltraum** / space manufacturing

Fabrikations·..., Produktions... (Wzm) / production... ‖ **⁓anforderungen** *f pl* / manufacturing requirements ‖ **⁓gang** *m* / course of manufacture ‖ **⁓programm** *n* / manufacturing program o. schedule (US) ‖ **⁓stufe** *f* / stage of manufacture ‖ **⁓verfahren** *n*, -prozeß *m*, -methode, -weise *f* / method of manufacture o. production

Fabrikatsspektrum, breites ⁓ / highly diversified range of products

Fabrik·automation *f* / factory automation, FA ‖ **⁓bahn** *f* / works railway ‖ **⁓besichtigung** *f* / tour through the factory (GB), plant visitation (US) ‖ **⁓dampf,**

Rückdampf *m* (Zuck) / exhaust steam ‖ **⁓einrichtung,** -ausstattung *f* / factory o. works equipment o. installation o. outfit ‖ **⁓einstellung** *f* (Instr) / factory adjustment ‖ **⁓fertig** / shop-assembled, factory built ‖ **⁓fertig,** vorfabriziert / prefabricated ‖ **⁓fertiger** Installationsverteiler, FIV / factory-built distribution board ‖ **⁓gebäude** *n* / mill, factory building, works ‖ **⁓gelände** *n* / mill area, factory premises *pl* ‖ **⁓lieferungen,** OEM-Lieferungen *f pl* / OEM deliveries *pl* ‖ **⁓marke** *f*, -zeichen *n* / trade mark, brand ‖ **⁓mäßig,** von der Stange (coll) (Textil) / ready-made ‖ **⁓mäßig herstellen** / make, fabricate, manufacture ‖ **⁓mäßige Lackierung** / factory finishing ‖ **⁓mäßige Runderneuerung** (Reifen) / remoulding ‖ **⁓neu** / brand-new ‖ **⁓nummer** *f*, Werksnummer *f* / serial number, works number ‖ **⁓organisation** *f* / works organization ‖ **⁓preis** *m* / ex-works price ‖ **⁓rübe** *f* (Zuck) / commercial beet ‖ **⁓schiff** *n* / factory ship ‖ **⁓schild** *n* / name plate ‖ **⁓schornstein** *m* / factory chimney, chimney stalk ‖ **⁓standort** *m* / mill site ‖ **⁓wasser** *n* / general service water, factory water

fabril, Fabrik... / factory-made, machine-made

fabrizieren, erzeugen / make, prepare, fabricate, manufacture

Fabry-Pérot Interferometer *n* / Fabry and Pérot interferometer

Facette *f* / facet, bevel ‖ ⁓ (Glas) / arris edge

Facetten·bildung *f* (Reifen) / flatting ‖ **⁓-Lautsprecher** *m* / multicell[ular] loudspeaker ‖ **⁓verschluß,** Druckverschluß *m* (Buch) / compression plate lock-up

facettieren / cut with facets, facet, bevel

Facettiermaschine *f* (Opt) / bevelling o. boarding machine

facettiert·es Glas / cut glass ‖ **⁓e [Kontroll]leuchte** / jewel light

Fach *n*, hölzernes Feld (Bau) / bay, case-bay ‖ ⁓, Zwischenraum *m* von Pfeiler zu Pfeiler (Bau) / bay, compartment (between pillars) ‖ ⁓ (DV) / pocket, bin, stacker ‖ ⁓, Schrankfach *n*, Abteilung *f* (Tischl) / compartment, shelf, section ‖ ⁓ (Web) / shed, lease ‖ ⁓ (LoKa) / pocket ‖ ⁓ (fig.) / line, province, section ‖ ⁓, Fachgebiet *n*, Lehrfach *n* / subject ‖ ⁓ **als Deckenschmuck** (Bau) / compartment of the ceiling, coffer ‖ ⁓ **einer Fachwand,** Riegelfach *n* (Zimm) / pane of bay work ‖ ⁓ **im Schriftkasten** (Buch) / box, cell ‖ **das ⁓ bilden** (Web) / shed the warp ‖ **reines offenes ⁓** (Web) / clear shed ‖ **⁓arbeiter** *m*, Handwerker *m* / craftsman ‖ **⁓arbeiter,** Spezialist *m* / expert, skilled o. trained workman, specialist [workman] ‖ **⁓aufsatz** *m* (eine Veröffentlichung) / scientific paper ‖ **⁓ausbildung** *f* (Unterricht) / professionalism ‖ **⁓ausdruck** *m* / technical term ‖ **⁓auswahlprüfung** *f* (DV) / sort-compare test ‖ **⁓bildemaschine** *f* (Web) / shedding machine ‖ **⁓bildung** *f* (Web) / shedding, forming sheds ‖ **⁓brett** *n* / shelf ‖ **⁓buch** *n* / technical book ‖ **⁓einstellung** *f* (Web) / setting of the shed

fachen, doppeln (Spinn) / double, ply, fold (yarn)

Facher *m*, Gewebeablegevorrichtung *f* (Spinn) / doubler

Fächer *m* / fan ‖ ⁓ (Ventilator) / fan ‖ **⁓antenne** *f* / fan o. harp antenna, spider-web antenna ‖ **⁓blende** *f* (Film) / fan wipe ‖ **⁓brenner** *m*, Schnittbrenner *m* (Gas) / batwing o. fantail o. slit burner ‖ **⁓brücke** *f* (Stahlbau) / radiating bridge ‖ **⁓fenster** *n*, halbrundes Fenster / semicircular window, fan type window ‖ **⁓förmig** / fan-shaped ‖ **⁓förmige Verformung** (Atom) / bowing apart ‖ **⁓förmiger Anschnitt** (Plast) / fan gate ‖ **⁓gewölbe** *n* / fan-[tracery] vaulting ‖ **⁓krümmer** *m* (Kfz) / high-performance header ‖ **⁓markierungsbake** *f*, -markierungssender *m*, -funkfeuer *n* / radio fan marker, fanmarker [beacon o. control] ‖ **⁓motor** *m*, W-Motor *m* / arrow o. W-type o. fan-type engine, double V-type engine ‖ **⁓scheibe** [außen- o. innengezahnt] (DIN 6798) *f* / serrated lock washer [external o. internal teeth], [external o. internal teeth] fan type lock washer ‖ **⁓scheibe** *f* **für Senkschrauben** / serrated lock washer,

conical type
Fächerung f, Fanning n (Elektronik) / fanning (of a beam)
Fächerwaage f / fan scale
Fach·gebiet n, Spezialgebiet n / special branch o. subject, speciality ‖ **~gebiet**, Gebiet n (Wissenschaft) / field, sphere ‖ **~gemäß** / expert, workmanlike, professional ‖ **~gestell**, -regal n / set of pigeon holes ‖ **~grundspezifikation** (CENEL) / generic specification ‖ **~höhe** f (Web) / depth of shed ‖ **~ingenieur** m / specialist (engineer), expert engineer, engineering specialist ‖ **~ingenieur** m **für Nukleartechnik** / nuclear engineer ‖ **~können** n, Fertigkeit f / skill, dexterity ‖ **~kräfte** f pl, -arbeiter m pl / skilled labour ‖ **~kreuzspulmaschine** f / high-speed doubler winder ‖ **~kunde** f / special knowledge ‖ **~kundig** / competent, expert ‖ **~literatur** f / technical literature ‖ **~mann** m / professional man ‖ **~mann**, Spezialist m / specialist, expert, authority ‖ **technischer ~mann**, Spezialist m / engineering specialist ‖ **~männisch**, sachverständig / expert ‖ **~maschine** f (Spinn) / doubling winder, multiple spooling machine, doubling o. folding frame ‖ **~maschine** f **für starke Garne** / doubling frame o. winder for coarse yarn ‖ **~presse** f / trade journals pl ‖ **~regal**, -gestell n / set of pigeon holes ‖ **~ruhe** f (Web) / shed rest ‖ **~schluß** m (Web) / shed closing ‖ **~schule** f / trade school ‖ **technische ~schule** / technical school ‖ **~schul-Ingenieur** m / professional engineer ‖ **~sprache** f / language for special purposes ‖ **~studium** n, -richtung f / professional study ‖ **~tagung** f / technical meeting
Fachung f, Dopplung f (Garn) / folding number
Fach·verband m (Bau) / checker work ‖ **~wählertastatur** f (LoKa) / classification keyboard ‖ **~wand** f / timber framework o. framing, framework wall ‖ **~wand** f (Stahlbau) / framework wall ‖ **ausgemauerte ~wand** (Bau) / brick nogging partition ‖ **~wandriegel**, Bundriegel m / intertie o. rail of a framework ‖ **~wechsel** m (Web) / change of shed ‖ **~weife** f (Spinn) / doubling reel
Fachwerk n (Holz, Bau) / framework, trelliswork, latticework, truss ‖ **~**, Rahmen m / square framed work ‖ **~ aus senkrechten Stielen** / studding ‖ **~ausleger** m (Kran) / latticework jib ‖ **~bau** m (Bau) / framework construction, framed building o. construction ‖ **~bogen** m / trelliswork arch, trussed arch ‖ **~brücke** f / truss bridge, lattice girder bridge ‖ **oben offene ~brücke** / open truss bridge ‖ **~-Drehgestell** n (Bahn) / framework bogie ‖ **~hängebrücke** f / trelliswork suspension bridge ‖ **~pfette** f / framework purlin ‖ **~stab** m (Stahlbau) / frame member
Fachwerks·wand f, -zwischenwand f / brick nogging partition, framed partition ‖ **4-teilige ~wand** / quartered partition, Q.P.
Fachwerk·träger m / truss girder, lattice girder ‖ **~träger** m **mit gebogenem Ober- und Untergurt und Diagonalstäben** (Stahlbau) / sickle shaped truss ‖ **~träger** m **mit senkrechten Zugstäben** (Stahlbau) / Howe truss ‖ **~träger** m **mit senkrechten Druck- und diagonalen Zugstäben**, im N-Verband / Whipple-Murphy truss, N- o. Pratt- o. Linville truss ‖ **~träger** m **ohne Vertikalen** (Stahlbau) / fink o. Belgian o. French truss
Fach·wissen n, -kenntnisse f pl / professional knowledge o. qualifications pl ‖ **~wort** n / technical term ‖ **~wörterbuch** n / specialized dictionary ‖ **~wörterbuch** n **der Technik** / technical dictionary, engineering dictionary ‖ **~zeitschrift** f / professional paper, trade paper o. magazine ‖ **~zwirnen** n (Spinn) / ply doubling ‖ **~zwirnmaschine** f (Spinn) / flyer doubling machine, folding o. doubling twister
Fackel f / torch ‖ **~** (Öl) / excess gas burner, flare ‖ **~feld** n (Sonne) / facula (pl. faculae) ‖ **~gas** n (Öl) / flare gas ‖ **~kopf** m (Öl) / flare stack tip ‖ **~rohr** n (Raffinerie) / flare-stack ‖ **~rohr** n (Koksofen) / bleeder pipe, gas

bleeder ‖ **~system** n (Raffinerie) / flare system ‖ **~zünder** m (Gasturbine) / torch igniter
Faconné m (Web) / façonné
FAD = Flavin-Adenin-Dinucleotid
Fädelmaschine f (Textil) / threading machine
fädeln, ein-, auffädeln / thread v
Fädel·speicher m (DV) / wired memory ‖ **~wicklung** f (Elektr) / tunnel winding
Faden m / thread n ‖ **~**, Faser f / fibre (GB), fiber (US) ‖ **~** (Glühlampe) / incandescent filament ‖ **~**, Nähfaden m / sewing thread ‖ **~** (Tuch) / pick ‖ **~**, Stromfaden m (Luftf) / filament of flow ‖ **~**, Zwirn m, Garn n / yarn ‖ **~** (= 6 Fuß = 1,8287 m) (veraltet) (Schiff) / fathom ‖ **auf ~ verkochen** (Zuck) / boil string-proof ‖ **~absaugung** f (Vorgang) (Spinn) / broken end suction ‖ **~absaugung** f (Teil d. Masch.) / broken end collector ‖ **~abschneider** m / thread clipper ‖ **~anfang** m (Textil) / starting end of thread ‖ **~anleger** m (Web) / getter-in ‖ **~anzughebel** m (Nähm) / [thread] take-up lever ‖ **~aufhängung** f (Phys) / fiber o. fibrous suspension ‖ **~aufhängung** f **mit eingeschalteter Spannfeder** / spring and fibre suspension ‖ **~auge** n (Web) / thread eyelet ‖ **~auslauf** m **am Schützen** / weft exit ‖ **~bakterien**, Seidenbakterien f pl / chlamydobacteriales pl ‖ **~ballon** m, -bauch m (Spinn) / balloon of thread ‖ **~brecher** m (Spinn) / breaker ‖ **~bremse** f / yarn tension device ‖ **~bruch** m (Spinn) / thread breakage, broken thread, yarn break ‖ **~bruch** m (Webfehler) / track ‖ **~bruch-Absauger** m (Textil) / broken-end collector ‖ **~bruchzahl** f (Textil) / end breakage [rate] ‖ **~dehnung** f **im Gewebe** (Textil) / regain, increase in length ‖ **~diagramm** n (F.Org) / string diagram ‖ **~dichte** f **von Geweben** / set in fabrics ‖ **~diopter** n, -visiervorrichtung f (Opt) / cross-wire sight ‖ **~einkreuzung** f (Web) / tie-up point ‖ **~einleger** m (Web) / thread feeder ‖ **~einschlag** m (Nähm) / thread jamming ‖ **~einzug**, Schafteinzug m (Web) / pass, draft ‖ **~elektrometer** n (Phys) / filament electrometer ‖ **~fangvorrichtung** f, -wächter m (Web) / catch thread device ‖ **~fehler** m (Thermometer) / error due to misalignment of the thermometric column ‖ **~flottierung** f (Wirkm) / float loop, missed loop ‖ **~förmig**, -ähnlich, -artig / filamentary, filamentous, filiform ‖ **~fühler** m (Web) / yarn detector ‖ **~führer**, -leiter m (Spinn) / glass ring, thread guide ‖ **~führer** m (Strumpf) / main carrier ‖ **~führer** m, Garnausgeber m (Wirkm) / thread carrier o. guide o. plate, yarn box o. carrier, carrier tube ‖ **~führergleitschiene** f (Wirkm) / carrier sliding bar ‖ **~führer[halter]** m (Web) / thread guide carrier ‖ **~führerhaltestange** f (Spinn) / thread guide rod o. bar ‖ **~führerklappe** f (Web) / thread board ‖ **~führerkopf** m / head of yarn guides ‖ **~führer[ring]** m (Textil) / guide ring ‖ **~führerschlauch** m / thread guide tube, carrier tube ‖ **~geber**, -hebel m (Nähm) / take-up lever, thread take-up ‖ **~geber** m (Schärmaschine) / wave motion ‖ **~gehalt** m **des Kokons** / fiber yield of a cocoon ‖ **~gezwickt** (Schuh) / flexible, stitch[ed]-down, Veldtschoen… ‖ **~glas** n, Filigranglas n / filigree glass ‖ **~heftmaschine** f (Buch) / thread sewing o. stitching machine ‖ **~hygrometer** n / hair hygrometer ‖ **~kathode** f (Funk) / filamentary cathode ‖ **~klauber** m (Textil) / thread picking machine o. picker ‖ **~kluppe** f (Textil) / locking device, thread clip ‖ **~knüpfer** m (Web, Arbeiter) / thread binder ‖ **~kochen** n (Zuck) / boiling to string-proof ‖ **~korrektur** f (Instr) / stem correction ‖ **~korrosion** f / filigrane corrosion ‖ **~kräuselung** f / crimping of threads ‖ **~kreuz** n (Opt) / graticule, reticule, reticle, hair cross, cross hairs o. wires pl ‖ **~kreuz** n (Web) / lease ‖ **~kreuz** n (Kettwirkm.) / tension bar ‖ **~kreuzcursor** m / crosshair cursor ‖ **~kreuzeinlesemaschine** f (Textil) / leasing machine ‖ **~kreuzung** f (Web) / thread crossing ‖ **~kreuz-Vorrichtung** f (Web) / leasing device ‖ **~kristall** m, Whisker m / filiform crystal, whisker ‖

~lage f (Spinn) / thread layer || ~-Laminat n / wire laminate || ~länge f / length of thread || ~leitauge n / lappet || ~leiter m (Seide) / glass ring || ~lieferung f, -zuführung f (Spinn) / yarn feed || ~lötzinn n / thread type solder || ~lunker m (Hütt) / coky center, axial porosity || ~mantel m (Spinn) / surface of the yarn || ~mikroskop n / thread microscope || ~molekül n / filamentary molecule || ~nut f (Webschützen) / weft slot || ~öffner m, Garnettmaschine f (Spinn) / garnett machine, hard waste breaker || ~öffnung f, Fach n (Web) / shed || ~probe f (Zuck) / string proof o. test || zur ~probe kochen (Zuck) / boil in || ~rapport m (Web) / thread repeat || ~regulierung f (Textil) / thread straightening || ~reiniger m (Spinn) / yarn o. thread cleaner || ~reiniger m (Web) / slub catcher, thread cleaner || ~reiter m (Textil) / dropper, drop wire, yarn rider || in ~richtung (Kette o. Schuß) (Web) / in direction of thread (warp or weft) || ~rinne f (Webschützen) / thread gutter || ~rinne f, Rinne f der Nadel / groove of the needle || ~rißmaschine f, Aufbäummaschine f / self-stopping beaming machine || ~rolle f / cotton reel (GB), spool of thread (US) || ~rückzugeinrichtung f (Textil) / take-up sweep assembly || ~rückzugsdraht m (Textil) / take-up wire || ~scharstreckmaschine f (Chemiefasern) / warp stretching machine || ~scheinig / threadbare, shiny || ~schicht f / yarn layer || ~schleier m, -bauch m (Spinn) / balloon of the yarn || ~schliere f (i.Glas) / filiform streak || ~schlinge f, Nadelmasche f / needle loop || ~schneider m (Web) / thread cutter || ~schoner m (Textil) / [yarn] easing motion || ~sichtig (Scherfehler) / napless || ~spanner m, -spannung f (Nähm) / thread tightener, tension disks pl || ~strahl m, gaskonzentrierter Elektronenstrahl / gas-concentrated electron beam, narrow electron beam || ~teiler m (Web) / thread divider || ~teilstange f (Web) / shed rod || ~thermometer n / capillary column thermometer || ~trenner m (Ringspinner) / separator of a ring spinning frame || ~verdickung f (Web, Fehler) / slub || ~verkreuzung f / crossing of the threads || ~verteilung f auf der Spulenbank (Selfaktor) / copping-motion traverse || ~vorspannung f / thread tension || ~wächter m, -fangvorrichtung f (Web) / catch thread device || ~wächter m der Spulmaschine (Textil) / knocking-off motion || ~wächter m der Zwirnmaschine, Bandabsteller m (Textil) / stop[ping] motion || ~wächternadel f (Web) / thread stop motion needle || ~werg n / oakum || ~widerstand m / filament resistance || ~windung f (Spinn) / thread spiral || ~zahl f (Web) / number of threads, thread count || mit niedriger ~zahl (Gewebe) / low-warp || ~zähler m, Weberglas n (Web) / thread counter, pick counter o. glass, weaver's o. whaling glass, cloth prover || ~zähler m (Buch) / line tester || ~ziehen / string vi, thread, be ropy, become threaden || ~ziehen n durch Bacillus mesentericus (Brot) / rope of bread || ~ziehend / thready, stringy, ropy || ~ziehendes Bier / ropy beer || ~ziehverfahren n (Glas) / fiber elongation method || ~zubringer m / thread regulator || ~zuführungsgetriebe n / thread-feeding mechanism

Fadeometer n, Lichtechtheitsprüfer m / fad[e]ometer, light sensitiveness tester

Fading n (Phot, Signal) / fading || ~mindernde Antennenkombination / spaced antennae || ~-[Misch]hexode f / triode-hexode [frequency changer]

fähig [zu] / able, capable

Fähigkeit f / capability, aptitude || ~ (geistig) / faculty, power || ~, Geschicklichkeit f / ability || ~, mit Computern zu arbeiten / computer literacy

fahl, bleich, farblos / pale, colourless || ~erz n / fahl ore, fahlerz || ~gelb / yellowish, lutescent || ~leder n, Schaftleder n / shaft leather

Fahlunmetall n / tin-lead alloy (40% Sn, 60% Pb)

Fahne f, Anhänger m / trade mark slip || ~, Aufhängefahne f, -nase f (Akku) / suspension lug || ~, Zug m (Wollspinn) / stretch, ply || ~ (Instr) / vane || ~, Fahnenziehen n (TV) / streak, picture ghost, ghost image || ~ (Abzug) (Buch) / galley proof || eine Korrektur in ~n abziehen (Buch) / take o. pull a proof copy in slips

Fahnen·anschluß m, -schuh m (Widerstand) / lug || ~effekt m, -ziehen n (TV) / streaking, trailing, pulling whites || ~korrektur f, Korrekturlesen n / proof correction in slips || ~magnetron, Stegmagnetron n / vane [anode] magnetron || ~presse f (Buch) / slip printing press || ~schuh m (Elektr) / flag terminal || ~stellung f (Propeller) / feathered o. feathering pitch || ~stoff, Flaggenstoff m (Textil) / bunt[ing]

Fahr·antrieb, -mechanismus m / travelling o. traversing gear o. device o. mechanism || ~anzug m (Bergb) / miner's dress o. clothes pl || ~ausweis m (Bahn) s. Fahrkarte / ticket

Fahrbahn f, -damm m (Straßb) / roadway, pavement (US) || ~, Richtungsfahrbahn f (Straßb) / carriageway || ~ (Brücke) / bridge floor[ing], decking, roadway || ~ für allgemeinen Verkehr / non-reserved lane || gekennzeichnete ~ (z.B. durch Mittelstrich) / marked road || ~ (Straßb) / right lane, (England,Japan:) off-side lane || zwei getrennte ~en f pl (Straßb) / double carriageway || ~abdeckung f (Brücke) / road carpet o. surface || ~begrenzungslinie f / roadside border line || ~belastung f (Brückb) / load on roadway || ~beleuchtung f / roadway illumination || ~breite f / roadway width || ~decke f, -tafel f, -belag m / road carpet o. surface || ~decke f, -tafel f (Brückb) / bridge floor o. plate o. deck || ~entwässerung f (Brücke) / road draining || ~kabelschacht m (Fernm) / carriageway manhole || ~kontakt m (Kfz) / road feel || ~markierung f / marking of roadway o. pavement (US), road marking || ~oberfläche f / travel surface || ~platte, -tafel f (Brücke) / bridge floor, floor slab o. (concrete:) plate || ~rand m (Straßb) / verge || ~rost m, -gerippe n (Brücke) / floor framing o. skeleton, floor grid || ~tafel f (Brücke) / floor plate || ~träger m (Brücke) / girder of a bridge, bridge beam || ~trägerbrücke f / platform girder bridge || ~übergang m bei Brücken / road joint || ~verengung f (Straßb) / narrow section of road || ~verengung! / road narrows!

fahrbar, mit Rädern / cart-type…, wheeled, on wheels || ~, transportabel / locomotive, travelling, traveling (US) || ~, ortsveränderlich / movable, moveable, portable || ~, befahrbar (Fahrrad) / rid[e]able for bicycles || ~er (o. transportabler) Bandförderer, fahrbares Förderband / mobile o. travelling belt conveyor || ~e Bohranlage (Öl) / trailer drilling rig || ~e (o. tragbare) Bohrmaschine (Wzm) / portable drill[ing machine] || ~er Dieselkompressor / portable Diesel compressor || ~er Drehkran / travelling slewing crane || ~e Funkstation, -stelle f (Elektronik) / mobile station || ~es Gerät (o. Montagegestell) (als LKW-Anhänger geeignet) (Kfz) / dolly || ~es Gerüst / travelling scaffolding || ~er Kessel / portable boiler || ~er Kippkübel (Bau) / buggy || ~e Kraftmaschine, (spez:) Lokomobile f / boiler/engine combination || ~er Kran / travelling o. mobile crane || ~er Lattenförderer / mobile slat conveyor || ~e Leiter, Roll-Leiter f (Bahn) / ladder trolley o. truck || ~er Montagekran (Brückb) / traveller || ~er Portalkran / mobile gantry || ~er Untersatz (Masch) / mobile mounting unit || ~es Unterwerk (Elektr) / mobile o. portable substation || ~e Waage / movable scale

Fahr·benzin n / motorcar gasoline || ~bereich m (eines Triebfahrzeugs) (Bahn) / autonomy, operating radius || ~bereit (Kfz) / ready to start || ~betriebsart f im Test (Kfz) / driving mode || ~bewegung f / travelling motion || ~bildanzeiger m (Seilb) / car position indicator

Fähr·boot n s. Fähre / ferry boat, train ferry || ~bootwagen m (Bahn) / train ferry wagon

Fahrbremse f / wheel brake

Fährbrücke f, Schwebefähre f / suspension ferry

Fahr·bühne f (Masch) / traverser ‖ **⁀damm** m (Straßb) / roadway, pavement (US) ‖ **⁀detektor** m (Nukl) / movable detector ‖ **⁀dienstleiter** m (Bahn) / station master

Fahrdraht m (Bahn) / contact wire ‖ **⁀abspannung** f (Vorrichtung) / pull-off ‖ **⁀aufhängung** f (Bahn) / fastening of the contact line ‖ **⁀aufhängung** f **an kurzem Querdraht** (Bahn) / bowstring suspension ‖ **⁀aufhängung an Mittelmasten** / center pole suspension ‖ **⁀bügel** m (Bahn) / bow collector ‖ **⁀grubenlokomotive** f / trolley type mine locomotive ‖ **⁀hänger** m, Hängerklemme f (Bahn) / dropper, hanger, overhead contact system dropper ‖ **⁀klemme** f (Bahn) / feeder ear ‖ **⁀kreuzung** f (Bahn) / contact wire crossing, overhead crossing o. switch ‖ **⁀lokomotive** f / conductor engine ‖ **⁀-Seitenhalter** m (Bahn) / registration arm ‖ **⁀spanner** m / contact wire tensioning device ‖ **⁀[stoß]klemme** f (Bahn) / clamp for contact wires ‖ **⁀weiche** f, Luftweiche f / aerial o. overhead frog, contact wire frog

Fahrdynamik f (Bahn, Kfz) / dynamics pl of vehicle movement

Fähre f, **Fährschiff** n / ferry boat, double ender

Fahr·eigenschaft f (Kfz) / driving quality ‖ **⁀eigenschaften** f pl, Straßenlage f (Kfz) / roadability

fahren vt, befördern / carry ‖ **∼**, führen, lenken / conduct ‖ **∼** (Programm) / run ‖ **∼** (Flurförderer) / operate ‖ **∼**, schieben / wheel vt ‖ **∼** vi (von Fahrzeugen) / run vi ‖ **∼** (im Wagen) / ride v ‖ **∼** (Schiff) / go by boat ‖ **∼** (Bergb) / inspect ‖ **∼**, auffahren (Bergb) / ascend ‖ **∼**, einfahren (Bergb) / descent ‖ **∼** / travel by car o. steamer o. train ‖ **∼**, gefahren werden / ride, go ‖ **∼**, befahren (Schiff) / navigate ‖ **∼** n (Bahn) / running, traffic ‖ **∼ auf den Felgen** / running flat ‖ **∼ auf Sicht** (Bahn) / operating under shunting regulations ‖ **∼ im Freilauf** (Kfz) / freewheeling ‖ **∼ im Leerlauf** (Kfz) / coasting ‖ **∼ mit einem o. mehreren [hintereinander] aufgesattelten Fahrzeugen** (US) (Kfz) / driveaway-towaway operation (US) ‖ **∼ mit [Wohnwagen-]Anhänger** / caravaning ‖ **mit voller Kraft ∼** / crack on ‖ **über einen Fluß ∼** / cross a river ‖ **[zu] schnell ∼** (Kfz) / speed

fahrender Fensterflügel / sliding sash

Fahrenheitskala f / Fahrenheit scale, F-scale

Fahrer m (Kfz) / driver, chauffeur ‖ **∼**, Kraftfahrer m (Lkw) / motorcar o. lorry (GB) o. truck (US) driver ‖ **∼** (Flurförder) / industrial truck driver, operator ‖ **mit ∼**, handgesteuert (Flurförderer) / driverseat… ‖ **⁀betätigung** f (Bremse) / control by the driver ‖ **⁀boden** m (Kfz) / floor of the driver's cab ‖ **⁀-Bremsweg** m (Kfz) / stopping distance ‖ **∼fernes Vorderrad** / off front wheel ‖ **⁀fußraste** f (Motorrad) / driver's foot rest

Fahrerhaus n (Kfz) / driver's cab, cab ‖ **∼ neben dem Motor** (Nutzfahrzeug) / driver's cab beside the engine ‖ **⁀leuchte** f (Kfz) / cab light ‖ **⁀schutz** m / driver's cab shield

Fahrerlaubnis f / driving licence (GB), driver's license (US)

fahrer·los / driverless ‖ **∼loses Transportsystem**, FTS / driverless transport system ‖ **mit ⁀sitz**, Sitz… (Flurförderer) / rider seated ‖ **⁀sitz** m / driver['s] seat, dickey seat (GB) ‖ **⁀sitz** m, Cockpit m (Rennwagen) / cockpit ‖ **mit ⁀sitz** / sulky…, buggy… ‖ **ohne ⁀sitz** (Landw) / walking ‖ **⁀sitz-Schubmast-Stapler** m / driver-seat sliding mast stacker

fahr·fertig / ready for driving ‖ **⁀gast** m / passenger ‖ **⁀gastabteil** n (Bahn) / passenger compartment ‖ **⁀gastbrücke** f (Luftf) / jetway ‖ **⁀gastflug** m / passenger flight ‖ **⁀gastraum** m (Pkw) / passenger o. seating compartment ‖ **⁀gastraum** m **der Karosserie** (Kfz) / tonneau ‖ **⁀gastschiff** n / passenger boat o. liner ‖ **⁀geschwindigkeit** f (Fahrzeuge) / driving o. running o. travelling speed

Fahrgestell n (Luftf) / undercarriage; landing gear ‖ **∼**, Fahrwerk n, Chassis n (Kfz) / chassis ‖ **∼**, Untergestell n (Masch) / undercarriage, truck, bogie [truck o. waggon], running gear ‖ **∼ für Seitenwind- o. Schiebelandung** / cross-wind landing gear ‖ **∼e im kombinierten Verkehr** (allg) / running gear ‖ **das ∼ einfahren** (Luftf) / raise the landing gear ‖ **das ∼ herunterlassen** (o. ausfahren) (Luftf) / let down o. lower o. extend the landing gear ‖ **⁀-Einziehsperre** f (Luftf) / retraction lock, ground safety lock ‖ **⁀federung** f (Luftf) / landing gear springing ‖ **⁀gewicht** n **ohne alles** (Kfz) / bare chassis weight ‖ **⁀nummer** f (Kfz) / vehicle and chassis type identification number ‖ **⁀rad** n (Luftf) / landing wheel ‖ **⁀rahmen** m (Kfz) / chassis frame ‖ **⁀raum** m (Luftf) / landing gear bay ‖ **⁀verkleidung** f (Luftf) / wheel fairing ‖ **⁀verriegelung** f (Luftf) / up-and-down lock

Fahr·handhebel m (Kfz) / hand throttle ‖ **⁀kante** f (Schiene) / guiding surface, inner o. inside o. running edge ‖ **⁀kante** f **von Schienen** (Bahn) / guiding surface of rails ‖ **⁀karte** f, -ausweis m / ticket ‖ **⁀kartenautomat** m / ticket issuing device o. machine, ticket slot machine ‖ **⁀kartendruckmaschine** f (Bahn) / ticket-printing machine ‖ **⁀kartenschalter** m, -kartenausgabe f (Bahn) / ticket counter o. office (US) o. window, booking office ‖ **⁀korb** m, Aufzugskabine f / elevator car, cage ‖ **⁀korbträger** m (Aufzug) / cage beam o. yoke ‖ **⁀kunst** f, fahrerisches Können (Kfz) / skill in driving ‖ **⁀kunst** f (historisch) (Bergb) / man engine ‖ **⁀kurbel** f (Bahn) / switching crank, controller crank o. handle ‖ **⁀lader** m, Ladeschaufel f / tractor shovel, loading shovel ‖ **⁀ladeschaffner** m (Bahn) / guard, baggage man (US) ‖ **⁀leder** n (Bergb) / apron

Fährleichterschlepper m (Schiff) / ferry lighter tug

Fahr·leistung f (Kfz) / driving performance, mileage ‖ **⁀leistung** f (Bahn) / kilometric performance

Fahrleitung f (Bahn) / aerial [contact] line, contact line, catenary ‖ **∼ mit Doppeltragseil** (Bahn) / double catenary construction

Fahrleitungs·joch n (Bahn) / arched catenary support, gantry support ‖ **biegsames ⁀joch**, Querseilaufhängung f (Bahn) / head span, flexible cross-span suspension, flexible gantry ‖ **⁀mast** m (Bahn) / catenary support, railway pole ‖ **⁀omnibus** m, O[berleitungsomni]bus m / trolleybus ‖ **⁀system** m (Bahn) / overhead contact system ‖ **⁀unterhaltungswagen** m / contact wire maintenance vehicle ‖ **⁀-Untersuchungswagen** m, Regelturmtriebwagen m / catenary inspection vehicle

Fahr·loch, Mannloch m / manhole ‖ **⁀mechanismus**, -antrieb m / travelling o. traversing gear o. device o. mechanism ‖ **⁀motor** m (Laufkran) / travel motor ‖ **⁀motor** m (Bahn) / traction motor ‖ **⁀motor** m **für welligen Gleichstrom**, Wellenstrommotor m (Bahn) / pulsating current motor ‖ **⁀pedal** (DIN), Gaspedal n (Kfz) / accelerator o. gas pedal, accelerator, foot throttle, throttle pedal ‖ **⁀personal** n (Bahn) / train crew, road crew (US)

Fahrplan m (Bahn) / schedule (US), timetable ‖ **nicht nach ∼**, verspätet (Bahn) / out-of-course o. schedule ‖ **⁀fernregler** m (Elektr, Kraftwerk) / remote control for ensuring co-operation ‖ **∼mäßig** / according to schedule ‖ **∼mäßig**, pünktlich / on schedule ‖ **nicht ∼mäßig** / supplemental, non scheduled ‖ **∼mäßige Zeit** (Bahn) / official hour ‖ **∼mäßiger Zug** (Bahn) / regular train

Fahr·plantrasse f (Bahn) / train path ‖ **⁀preis** m **im Güterverkehr** (Bahn) / tariff, rate, fare ‖ **⁀preisanzeiger** m, Taxameter n (Kfz) / [taxi]meter ‖ **⁀preiszone** f (Bus) / fare stage (GB), fare zone (US) ‖ **⁀prüfung** f (Kfz) / driving test

Fahrrad n, Zweirad n / cycle, bicycle, bike (US coll) ‖ **∼ mit Hilfsmotor**, Moped n / moped ‖ **⁀anhänger** m / cycle trailer ‖ **⁀beleuchtung** f / bicycle generator light set ‖ **⁀bereifung** f / bicycle tire ‖ **⁀felge** f / bicycle rim ‖ **⁀gabel** f / bicycle fork o. forks pl ‖ **⁀glocke** f / bicycle bell ‖ **⁀hilfsmotor** m / auxiliary motor for bicycles ‖ **⁀kette** f / bicycle chain ‖ **⁀kippständer** m /

bicycle parking stand, kick stand ‖ ⁓lenker m, -lenkstange f / bicycle handle bar ‖ ⁓lichtmaschine f / bicycle dynamo ‖ ⁓lichtmaschine f mit Scheinwerfer / bicycle dynamo with searchlight ‖ ⁓motor m / bicycle motor ‖ ⁓nabe f / hub of bicycle wheel ‖ ⁓pedal n / bicycle pedal ‖ ⁓pumpe f / cycle pump ‖ ⁓rahmen m / bicycle frame ‖ ⁓reifen m, -mantel m, -decke f / bicycle tyre (GB) o. tire (US) ‖ ⁓-Riksha f / trishaw / ⁓sattel m / bicycle saddle ‖ ⁓scheinwerfer m / bicycle [head] lamp ‖ ⁓schlauch m / bicycle tube ‖ ⁓schloß n / bicycle lock ‖ ⁓schlußleuchte f / bicycle rear light with reflector ‖ ⁓speiche f / bicycle spoke ‖ ⁓stand m, -ständer m / bicycle stand, rack stand ‖ ⁓unterstand m, gedeckter Fahrradstand / bicycle shed ‖ ⁓weg m / bicycle way, bikeway (US) ‖ ⁓zubehör n, -teile n pl / bicycle accessories pl

Fahr·richtung f s. Fahrtrichtung ‖ ⁓rinne f, -wasser n / shipping channel o. passage, navigation channel, channel [stream], fairway, waterway ‖ ⁓rinne f (Straßb) / rut ‖ ⁓rohr n (Rohrpost) / forwarding tube, transmission tube ‖ ⁓rohrbogen m (Rohrpost) / forwarding tube bend, transmission tube bend ‖ ⁓schacht m (Bergb) / man-riding shaft ‖ ⁓schacht m (Aufzug) / lift well ‖ ⁓schalter, Kontroller m (Bahn) / [camshaft- o. drum] controller, controller drum o. cylinder, drum starter o. controller, contactor-controller ‖ ⁓schalter m (als Baugruppe) (Bahn) / control switchgroup ‖ ⁓schalter, Hauptschalter m (Bahn) / traction switch ‖ [handbetätigter] ⁓schalter (Bahn) / master controller ‖ ⁓schaltergehäuse n, -schaltertrommel f / controller drum o. cover ‖ ⁓schalterhandrad n / controller handwheel ‖ ⁓schaltung f / controller diagram ‖ ⁓schalung, Wanderschalung f (Bau, Tunnel) / travelling formwork, moving form[work] ‖ ⁓schein m, -karte f / ticket ‖ ⁓scheindrucker m / ticket printer ‖ ⁓scheinheft n (Bahn) / book of tickets ‖ ⁓scheinspender m / ticket issuing device o. machine, ticket slot machine ‖ ⁓schemel m (Kfz) / subframe ‖ ⁓schiene f / running rail

Fährschiff n, Fähre f / ferry-[boat], traject

Fahr·schule f / driving school ‖ ⁓schüler m (Kfz) / learner

Fährseil, Giertau n / ferry rope

Fahr·sperre f (Bahn) / train stop ‖ ⁓sperre f (mechanisch) (Bahn) / automatic train stop ‖ ⁓spur f (Straßb) / traffic lane, lane (US) ‖ mit drei ⁓spuren (Straßb) / three-lane ‖ mit mehreren ⁓spuren / multi-lane ‖ ⁓spurmarkierung f, weißer Strich (coll), gelber Strich (coll) (Straßb) / traffic line ‖ ⁓stand m (Schiff) / navigating stand ‖ ⁓steig m, Rollsteig m / moving pavement (GB) o. sidewalk (US), passenger conveyor (US) ‖ ⁓steiger, Steiger m (Bergb) / foreman of miners, level boss, overman deputy, sub- o. under-foreman (GB), shift- o. district boss (US), fire boss (US) ‖ ⁓steiger m (Bergb) / senior supervisor ‖ ⁓stellung f (z.B. Bremse) / driving position (e.g. brake) ‖ ⁓strahl m (Math) / polar o. radius vector ‖ ⁓straße f (Nav) / rail ‖ ⁓straße f, -strecke f (Bahn) / routing ‖ ⁓straße, Weichenstraße f (Bahn) / route, set of points ‖ eine ⁓straße festlegen (o. einstellen) (Bahn) / set up a route ‖ ⁓straße f für Durchgangsbetrieb (Bahn) / non-stick route

Fahrstraßen·auflösung f (Bahn) / route cancellation o. release ‖ ⁓ausschluß m (Bahn) / incompatability between routes ‖ ⁓einstellung f (Bahn) / route control ‖ ⁓festlegung f mit Teilauflösung (Bahn) / sectional release route locking ‖ ⁓festlegung f ohne Teilauflösung (Bahn) / through-route locking ‖ ⁓geber m (Bahn) / route o. track controller ‖ ⁓hebel m (Bahn) / route handle o. lever, key lever ‖ ⁓hebelsperre f, -hebelverschluß m (Bahn) / locking of route levers ‖ ⁓raster m (Bahn) / routing diagram ‖ ⁓speicher m (Bahn) / route storage arrangement ‖ ⁓speicherung f (Bahn) / presetting of routes ‖ beliebig einstellbare ⁓taste (Bahn) / one-way route button ‖ ⁓verschluß m,

-straßensperre f (Bahn) / route locking ‖ ⁓verschlußtafel f (Bahn) / diagram of possible route combination ‖ ⁓wechsel m (Bahn) / change of line

Fahr·strecke f / distance covered, run ‖ ⁓strecke f, -trum m (Bergb) / manway, personnel access entry ‖ ⁓strecke f, Route f / route (e.g. of a bus) ‖ ⁓streifen s. Fahrspur ‖ ⁓strom m / traction current ‖ ⁓stufe f, Schaltstufe f (Bahn) / running notch o. step ‖ ⁓stuhl, Aufzug, Lift m / lift (GB), elevator (US) ‖ ⁓stuhlführer, Aufzugsführer m / lift o. elevator operator ‖ ⁓stuhlschacht m, Aufzugsschacht m / lift (GB) o. elevator (US) well ‖ ⁓stuhltür f, Aufzugstür f / landing entrance ‖ ⁓stutzen, Mannlochstutzen m / raised manhole

Fahrt f, Wagenfahrt f / drive, run, ride ‖ ⁓, Lauf m / run ‖ ⁓, kurze Reise / trip ‖ ⁓, Eisenbahnfahrt f / train ride ‖ ⁓, Fahrgeschwindigkeit f (Schiff) / speed ‖ ⁓, Einfahrt f (Bergb) / descent ‖ ⁓, Kurs m (Schiff) / course ‖ ⁓, Schiffsfahrt f / voyage, passage ‖ ⁓, Fluggeschwindigkeit f gegen Luft (Luftf) / air speed ‖ ⁓, bei der ein Schiff noch steuerbar ist (Schiff) / steerageway ‖ ⁓ auf falschem Gleis (Bahn) / running on the wrong truck ‖ ⁓ auf Sicht (Bahn) / running under caution, running at sight ‖ ⁓ ins Blaue (Bahn) / mystery trip ‖ ⁓ machen (Schiff) / make way ‖ ⁓ mit Schubmaschine (Bahn) / banking ‖ das Signal auf ⁓ stellen (Bahn) / pull off the signal ‖ ⁓anzeiger m (Luftf) / speed indicator

Fahrte f, Fahrt f, (meist:) Fahrten f pl (Bergb) / ladder between horizons

Fahrten·buch n, [persönliches] Kontrollbuch (Kfz) / log[-book], driver's daily log ‖ ⁓schreiber m (Bahn, Kfz) / tachograph ‖ ⁓speicher m für Ablaufanlagen (Bahn) / automatic marshalling controller

Fahrtiefe f (Fahrwasser) / depth of waterway

Fahrt·meßanlage f (Schiff) / Pitot tube log ‖ ⁓messer m, Log n (Schiff) / log ‖ ⁓messer m, Geschwindigkeitsmesser m (Luftf) / speedometer, air speed indicator, ASI ‖ ⁓regler m, Geschwindigkeitsregler m / speed regulator, cruise control ‖ ⁓regler m (der Fördermaschine) (Bergb) / driving governor

Fahrtreppe f / moving staircase, escalator

Fahrt·richtung f / direction of motion o. traffic ‖ in ⁓richtung (Bahn) / facing the engine ‖ gegen die ⁓richtung (Bahn) / with one's back to the engine ‖ ⁓richtungsanzeiger m (Kfz) / trafficator, direction indicator, turn signal (US) ‖ ⁓richtungsschalter m, Blink[er]schalter m / commutator switch ‖ ⁓richtungs-Umkehrstange f (Dampfm) / reversing rod ‖ ⁓richtungswechsel m, -richtungsumkehr f / change of direction

Fahr·trum m n (historisch) (Bergb.) / ladderway ‖ ⁓trum m n (des Schachts) (Bergb) / man-ride compartment (of the shaft)

Fahrt·schalter m / driving switch ‖ ⁓schreiber m, Tachograph m / tachograph, speedograph, black box (coll) ‖ ⁓signal n (Bahn) / clear signal ‖ ⁓sperre, Gleissperre f / track lock ‖ ⁓stellung f (Elektr) / driving o. run o. travelling position ‖ ⁓stellung f (Bahn, Scheibensignal) / off aspect o. position of a disk signal ‖ ⁓stellung f "Gleis frei" (Bahn) / line clear ‖ ⁓unterbrechung f / break, stopover (US) ‖ ⁓wender m, Wendeschalter m (Bahn) / reversing switch group ‖ ⁓wind m / relative wind ‖ ⁓zeichengeber, Anschläger m (Bergb) / signalman

Fahrung f (Bergb) / motion, movement, travel

Fahr·verhalten n (Kfz) / performance ‖ ⁓vorrichtung f / moving gear o. device o. mechanism ‖ ⁓wasser n / waterway, shipping channel ‖ einzuhaltendes ⁓wasser / fairway ‖ ⁓wassertonne f / channel buoy ‖ ⁓wasserzeichen n / channel o. fairway mark ‖ ⁓weg m / travel way ‖ festgelegter ⁓weg (z.B. im Ärmelkanal) (Schiff) / lane ‖ ⁓wegschleuse f (Bergb) / travel way air lock ‖ getrennte ⁓weise (Raffinerie) / blocked[-out] operation ‖ ⁓weise *f* eines Reaktors / operating characteristics *pl* ‖ ⁓werk *n*, -vorrichtung *f* (Kran) / travelling o. traversing o. moving gear o. device o. mechanism ‖ ⁓werk, Laufwerk *n* (Masch) / running gear ‖ ⁓werk, Fahrgestell *n* (Luftf) / landing gear ‖ ⁓werk *n* s. auch Fahrgestell ‖ ⁓werkgondel *f* (Luftf) / landing gear pod ‖ ⁓werkklappe *f* / wheel fairing ‖ ⁓werkschacht *m* (Luftf) / landing gear well ‖ ⁓widerstand *m* / travelling resistance ‖ ⁓widerstand *m* (der Fahrzeuge) (Bahn) / running o. tractive resistance, normal resistance (of vehicles) ‖ ⁓widerstand *m* in der Ebene (Bahn) / train resistance on level track ‖ ⁓winde *f* (Kran) / travelling winch ‖ ⁓zeit *f*, Fahrtdauer *f* / duration of travel o. run ‖ ⁓zeit *f* (Bahn) / time for one run ‖ [eigentliche] ⁓zeit, Zeit *f* am Steuer (Kfz) / driving time ‖ ⁓zeitentafel *f* (Bahn) / running chart

Fahrzeug *n* / vehicle ‖ ⁓, Wasserfahrzeug *n*, Schiff *n* / watercraft, boat, vessel ‖ ⁓e *n pl* (Bahn) / running stock ‖ ⁓... / vehicular ‖ ⁓ *n* ohne Eigenantrieb (Schiff) / dumb craft, barge ‖ ⁓abmessungen *f pl* / overall dimensions of a vehicle ‖ ⁓abstand *m* / headway spacing *pl* ‖ ⁓ausrüstung *f* / vehicle [borne] equipment ‖ ⁓ausrüstung *f*, Kraftfahrzeugzubehör *n* / motor car accessories *pl* ‖ ⁓batterie *f*, Traktionsbatterie *f* / traction o. vehicle battery ‖ ⁓bau *m* / construction of cars o. vehicles ‖ ⁓begrenzungslinie *f* (Bahn) / vehicle gauge ‖ ⁓benutzer *m* (STVO) / road user on wheels ‖ ⁓bestand *m*, -zusammensetzung *f* (Bahn) / make-up of stock ‖ ⁓-Bremsweg *m* (Kfz) / braking distance (of a vehicle) ‖ ⁓bus *m* (DV, Bahn) / [individual] vehicle bus ‖ ⁓busteilnehmer *m*, FBT (DV, Bahn) / vehicle bus user ‖ ⁓-Eigengewicht *n*, Tara *f* / weight of vehicle ‖ ⁓einheit *f* (Bahn) / vehicle unit ‖ ⁓einsatz *m* / employment of vehicles ‖ ~fest (Raumf) / strapdown … ‖ ⁓führer *m* (Kfz) / driver, chauffeur ‖ ⁓angegebenes ⁓gesamtgewicht (Kfz) / TGVW, specified test gross vehicle weight ‖ ⁓halle *f* (F'wehr) / engine room ‖ ⁓identifizierungsnummer *f*, VIN *f* / vehicle identification number, VIN ‖ ⁓industrie *f* (Kfz) / car industry ‖ ⁓klasse *f* / vehicle type ‖ ⁓kupplung *f* (Bahn) / coupling gear, coupler (US) ‖ ⁓lampe *f* (DIN) / traction lamp ‖ ⁓motor *m* / automobile engine ‖ ⁓park *m*, Betriebsmittel *n pl* (Bahn) / rolling stock ‖ ⁓schlange *f* (Kfz) / queue o. line of vehicles, string of vehicles ‖ ⁓sprüfstand *m* (Kfz) / chassis dynamometer ‖ ⁓stütze *f* (Lkw) / jack ‖ ⁓unterboden *m* (Kfz) / floor pan ‖ ⁓waage *f* / lorry (GB) o. truck (US) weigher ‖ ⁓zange *f* (DIN 5251) / vehicle pliers *pl*

Fahrzyklus *m* / driving cycle, movement cycle

Faille *f* (Web) / faille

Fail-operative-System *n* (Luftf) / fail-operative system

Fail-passive-System *n* (Luftf) / fail-passive system

failsafe, betriebssicher (Elektronik) / fail-safe ‖ ⁓-Prinzip *n* (Nukl) / fail-safe principle ‖ ⁓-Vorkehrung *f* / fail-safe device

Fail-Soft-Verhalten *n* / fail-soft behaviour

Fairfieldit *m*, Leukomanganit *m* / fairfieldite

Fajans-Soddysches Verschiebungsgesetz *n* (Nukl) / Fajans-Soddy law of radioactive displacement

Fäkalien *f pl*, Abfallstoffe *m pl* / excrement, f[a]ecal matter, excreta *pl*, f[a]eces *pl* ‖ ⁓abfuhr *f* / sewage removal o. disposal ‖ ⁓beseitigung *f* ohne Wasserspülung / conservancy system ‖ ⁓pumpe *f* / sewage pump

FAKRA = Fachnormenausschuß Kraftfahrzeugindustrie

Faksimile *n* (Buch) / facsimile, fax ‖ ⁓-Bildtelegrafie *f* / picture facsimile telegraphy ‖ ⁓empfänger *m*, Bildempfänger *m* (Fernm) / phototelegraphic receiver ‖ ⁓gerät *n* / fax machine ‖ ⁓modulation *f* / facsimile modulation ‖ ⁓schreiber *m* / facsimile recorder, telescriber ‖ ⁓-Sendeempfänger *m*, -Transceiver *m* / facsimile transceiver ‖ ⁓-Terminal *n* / facsimile terminal ‖ ⁓-Übertragung *f* / facsimile o. picture telegraphy o. transmission ‖ ⁓übertragung *f* im

Format A 5 (Fernm) / minifax ‖ ⁓zeitung *f* / facsimile newspaper, telenewspaper

Faktis *m*, Ölkautschuk *m* / factice

Faktor *m* (allg: maßgebliche Größe, Masch, Phys: Zahl mal Größe, Math: zu multiplizierende Größe) / factor ‖ ⁓, Teiler *m* (Math) / measure ‖ ⁓ (multiplizierende Größe) (Math) / multiplying factor ‖ ⁓, Adjunkte *f* (Math) / cofactor ‖ ⁓ (Buch) / overseer ‖ ⁓ einer Abmessung / reduced value of a dimension

Faktoren·speicher *m* (DV) / factor storage ‖ ⁓wert *m* (LoKa) / factor value

faktoriell / factorial *adj* ‖ ⁓e *f* (Math) / factorial *n*

faktorisierbar, in Faktoren zerlegbar (Math) / factorable

Faktorisierung *f* (Math) / factorizing, factorization

Fakturiermaschine *f* / billing o. invoicing machine

Fakturierung *f* / billing, invoicing

Fakultät *f* (Math) / factorial ‖ a ⁓, a! / factorial a

Fakultätsschreibweise *f* (DV) / factorial notation

Fall *m*, Fallen *n* / fall ‖ ⁓, Fallen *n*, Neigung *f* / descending gradient o. slope ‖ ⁓, Abnahme *f* (Wasserstand) / decline, decrease ‖ ⁓ des Masts (Schiff) / rake of the mast ‖ ⁓ von Körpern / drop o. descent of bodies ‖ guter ⁓ (Stoff) / good drape ‖ im günstigsten ⁓e / under most favourable conditions

Fäll·apparatur *f* (Nukl) / precipitator ‖ ⁓axt *f* / woodcutter's o. woodman's axe, felling ax[e], cleaver ‖ ⁓bad *n* (Cellulose) / regenerating bath ‖ ⁓bad *n* (Chem) / precipitation bath

Fallbär, -block, -klotz *m* (Bau) / monkey, tup, beetle head, rammer- log

fällbar (Chem) / precipitable

Fall·beilabschwächer *m* (Wellenleiter) / guillotine attenuator ‖ ⁓benzin *n* (Kfz) / down-feed gasoline (US), gravity-feed gasoline (US) o. petrol (GB) ‖ ⁓benzintank *m* / gravity-feed gasoline tank ‖ ⁓beschleunigung *f* / acceleration of the fall ‖ ⁓birne *f* (Gieß) / tup, demolition ball ‖ ⁓blattziffer *f* / flip-over numeral ‖ ⁓blech *n* (Raschelm.) / chopper bar, fall plate ‖ ⁓bö *f*, Luftloch *n* (Luftf) / air hole o. pocket ‖ ⁓bö *f*, -wind *m* (Luftf) / down-gust ‖ ⁓bremsanlage *f* (Kfz) / tow-bar brake ‖ ⁓bügel *m* (Meßinstr) / chopper bar ‖ ⁓bügelinstrument *n* / chopper bar instrument ‖ ⁓bügelregler *m* (Instr) / chopper bar controller ‖ ⁓draht *m* (Web) / falling wire

Falle *f*, Klappe *f* / trap ‖ ⁓, Trap *n* (Halbl) / trap ‖ ⁓ (durch Schwerkraft einrastend) (Schl) / latch, catch bolt

Fallebene *f* / plane of gravitation

Falleitung *f* (Bergb) / downpipe for stowing material ‖ ⁓, Druckleitung *f* (Hydr) / penstock

fallen (allg) / fall [down] ‖ ~ (Gelände) / descend, slope ‖ ~ (Wasser) / run down, go down, subside, fall ‖ ~ (Thermometer, Barometer) / sink, go down ‖ ~ lassen / drop, let fall ‖ ~ lassen, auslösen / trip ‖ ~, Einfallen *n* (Bergb) / hade, descent, dip, inclination ‖ ⁓ *n* der Schicht (Bergb, Geol) / fall of stratum

fällen (Senkrechte) / drop, draw, erect ‖ ~, ausfällen (Chem) / precipitate ‖ ~, schlagen (Forstw) / cut, fell, hew

fallend, abwärtsgerichtet / downgrade ‖ ~ (Kurvenast) / falling ‖ ~es Blatt (Kunstflug) / falling leaf ‖ ~er Guß / top-casting, direct o. downhill teeming ‖ ~e Ordnung / descending order o. sequence ‖ ~e Platine, Falldraht *m* (Web) / falling wire, lap sinker ‖ ~e Reihe (Math) / descending progression ‖ ~er Streb (Bergb) / longwall in the dip, dip face ‖ ~ vergießen (Hütt) / top-cast, pour from the top, top-pour, teem direct, direct-teem, downhill-teem ‖ ~er Verhieb (Bergb) / downgrade cut o. advance

Fallen·filter *n* (Elektronik) / reflection o. notch filter ‖ ⁓scheibe (Großuhr) / strike locking plate ‖ ⁓schloß, Klinkenschloß *n* / lock with a falling latch ‖ ⁓schloß, Schnappschloß *n* / catch o. spring lock

Fall·fenster *n* (Bahn) / drop window ‖ ⁓fenster *n* (Bau) / sash [window] ‖ ⁓geschwindigkeit *f* (Phys) / rate of fall, velocity of falling body ‖ ⁓gesetz *n* (Phys) / law of

falling bodies, law of gravitation ‖ ⁓gewicht *n* / drop o.
falling weight ‖ ⁓gewicht *n,* Schrottkugel *f* (Hütt) /
cracker ball ‖ ⁓gewicht *n* (Bahn) / return balance-weight
‖ ⁓gewichtsbremse *f* (Bahn) / balance-weight brake ‖
⁓gewichtsprüfung *f* (für große Bauteile) / hammer test
‖ ⁓gewichtsramme *f* / drop-weight tamper ‖
⁓gewichtsversuch *m,* -hammerversuch *m* / drop weight
test ‖ ⁓haken *n* für Klapptüren / door fall-hook ‖
⁓hammer *m* / drop o. monkey hammer o. press ‖
⁓hammerversuch, Fallgewichtsversuch *m* (Mat Prüf) /
drop-weight test ‖ ⁓härteprüfer *m,* Skleroskop *n* /
hardness drop tester, [Shore] scleroscope ‖
⁓härteprüfung *f* / impact ball hardness test
Fäll·heber *m* (Forstw) / hydraulic wedge ‖ ⁓heber *m* mit
Wendehaken (Forstw) / pavey
Fall·hobelmaschine *f* (Zündholz) / tubular planing machine
‖ ⁓höhe *f* (Phys) / [height of] fall ‖ ⁓holz und
abständiges Holz / dead and down [timber]
Fällholz *n,* Schlagholz *n* / felling o. cutting wood
fällige Antwort (DV) / expected response
Fallinie *f* (Geol) / thalweg ‖ ⁓ (Verm) / contour gradient ‖ ⁓
(Geol) / line of slope
Fällkeil *m* (Forstw) / felling wedge
Fall·klappe, -scheibe *f* (Fernm) / annunciator o. calling
drop o. disk, annunciator, indicating disk, indicator o.
switchboard drop ‖ ⁓klappenanlage *f,*
Fallscheibenapparat *m* (Fernm) / drop annunciator ‖
⁓klappenrelais *n* / annunciator relay ‖ ⁓klinke *f*
(Schloss) / falling latch o. pawl, drop latch ‖ ⁓kugel *f* /
drop ball, dropping ball, drop weight ‖ ⁓kugel *f* (Hütt) /
skull cracker, drop ball ‖ ⁓-Leitung s. Falleitung ‖
⁓-Linie s. Fallinie ‖ ⁓masche *f* (Textil) / drop[ped] stitch,
ladder, run ‖ ⁓maschine *f* (Phys) / Atwood's machine,
detent apparatus
Fällmittel *n,* Fällzusatz *m* (Chem) / precipitant,
precipitating agent
Fall·nadel *f* des Nullenzirkels (Zeichn) / pivot needle for
drop-bow ‖ ⁓nullenzirkel *m* / fixed-center bow o.
drop-bow with interchangeable points, pump o. drop
compass ‖ ⁓obst *n* / windfall[s pl.]
Fallout *m,* radioaktiver Niederschlag (Nukl) / fall-out
Fall·probe, Rüttelprobe *f* (Koks) / shatter test ‖ ⁓probe *f,*
-versuch *m* / falling weight test ‖ ⁓reep *n* (Schiff) /
accommodation ladder, ladder rope, rope ladder,
gangway ‖ ⁓reepwinde *f* (Schiff) / accommodation
ladder winch ‖ ⁓riegel *m* / fall bar, drop latch
Fallrohr *n* (Regenrinne) (Bau) / downcomer, downpipe,
-spout, fall-pipe, spout o. gutter o. rain o. water pipe,
leader ‖ ⁓ (Abwasser) / soil pipe, S.P., waste water
downcomer ‖ ⁓ (Pap, Zuck) / drop leg ‖ ⁓ (Gas) /
downtake, downpipe ‖ unteres Ende des ⁓es (Bau) /
lower end of the gutter pipe, foot of drainpipe ‖
⁓befestigung *f* (Bau) / leader hook
Fall·schacht *m,* Druckschacht *m* (Hydr) / pressure well ‖
⁓schacht *m* für Briefe in Hochhäusern / letter chute
(US) ‖ ⁓schachtbeleimmaschine *f* (Spanplatten) / fall
shaft glue spreader ‖ ⁓schachttrockner *m* (Spanplatten) /
fall shaft drier ‖ ⁓scheibe *f* (Fernm) s. Fallklappe ‖
⁓scheibe *f,* Schauzeichen *n* / falling disk
Fallschirm *m* / parachute, chute (coll) ‖ ⁓ mit
Aufziehleine am Flugzeug / automatic parachute ‖ ⁓
mit Auszieh- o. Hilfsfallschirm / parachute with pilot,
pull-off (US) o. lift-off parachute ‖ ⁓[ab]sprung *m* /
parachute jump o. descent ‖ ⁓abwurf *m* (Raumf) /
parachute dropping ‖ ⁓abwurfschalter *m* / canopy
jettison switch ‖ ⁓anzug *m* (Luftf) / parasuit ‖
⁓-Behälter *m* / parachute bucket ‖ ⁓drachen *m* / kite
parachute ‖ ⁓gurtzeug *n* / harness ‖ ⁓kappe *f* / canopy
‖ ⁓landung *f* / parachute landing ‖ ⁓öffnung *f* /
parachute vent ‖ ⁓-Packhülle *f* (Luftf) / pack cover ‖
⁓sack *m* / parachute pack ‖ ⁓springen *n* / sky diving ‖
⁓springen / bale out, parachute *vi* ‖ ⁓springer *m* /
parachutist, sky diver
Fall·schnecke *f* (Dreh) / drop worm, feed tripping device ‖

⁓schranke, Hubschranke *f* (Schweiz) (Bahn) / lifting
barrier o. gate ‖ ⁓schutzeinrichtung *f* (Uhr) / shockproof device, parachute ‖ ⁓stab *m* (Verm) / drop rod ‖
⁓stabviskosimeter *n* / falling-rod viscometer ‖ ⁓stange
f (Zirkel) / piston ‖ ⁓strich, Bergstrich *m* (Karte) /
hachure ‖ ⁓stromvergaser *m* / downdraft carburetor ‖
⁓studie *f* / case study ‖ ⁓stütze *f* (gegabelt) / crotch,
prop with forked ends ‖ ⁓tank *m* (Kfz) / gravity tank ‖
⁓tür, Klapptür *f* / flap o. trap door, falling board ‖
⁓typzyklon *m* / downcomer cyclone
Fällung f, Niederschlag *m* (Chem) / precipitation, parting
‖ ⁓ (Cellulose) / regeneration
Fällungs·analyse *f* / precipitation analysis ‖
⁓desoxidation / precipitation deoxidation ‖ ⁓mittel *n*
(Chem) / precipitant, precipitating agent ‖ ⁓pulver *n*
(Sintern) / precipitated powder
Fall·versuch *m* (Radbandagen) / drop test ‖ ⁓wähler *m*
(Fernm) / drop selector ‖ ⁓wasser *n* (Zuck) / hot well
water, tail tank water, falling water ‖ ⁓wasserkasten *m*
(Zuck) / hot well seal tank, falling water tank ‖
⁓wasserrohr *n* (Zuck) / barometric [tail o. leg] pipe o.
tube ‖ ⁓werk *n* (Prüfmasch) / drop impact tester ‖ ⁓werk
n, Masselbrecher *m* (Hütt) / pig breaker, stamp, drop
work, drop weight, skull cracker ‖ ⁓werkskran *m*
(Hütt) / ram crane ‖ ⁓wind, Bergwind *m* (Ggs:
Talwind) / katabatic wind, fall wind ‖ ⁓wind *m,* -bö *f*
(Luftf) / down-gust ‖ ⁓wind, Abwind *m* (Luftf) /
downward current, downwind ‖ ⁓winkel *m* (Luftf,
Ballistik) / angle of descent ‖ ⁓zeit *f,* Abfallzeit *f* (Impuls)
/ fall time ‖ ⁓zug *m* (Strumpf) / faller
falsch *adj,* unrichtig / wrong ‖ ⁓, künstlich / imitated, not
real ‖ ⁓, unecht / bogus, phon[e]y, sham, spurious,
base, counterfeit ‖ ⁓, nachgeahmt / spurious
imitation…, imitated ‖ ⁓, Schein… / sham ‖ ⁓,
künstlich / artificial, imitated, not real ‖ ⁓, blind (Bau) /
blank, blind, dummy, feigned, mock ‖ ⁓ [ab]stimmen /
mistune ‖ ⁓e Anpassung (o. Einstellung) (Mech) /
maladjustment ‖ ⁓er Auftrieb / false lift ‖ ⁓er Boden
(Gefäß) / false bottom ‖ ⁓ bohren, ausbohren / drill out
of center, drill untrue ‖ ⁓es Formteil, Sparhälfte *f* /
pattern match ‖ ⁓es Garn (Fehler, Textil) / mixed yarn ‖
⁓ gewählt (Fernm) / misdialled ‖ ⁓e Impulse *m pl* /
spurious pulses *pl* ‖ ⁓es Instruktionsformat (DV) /
format error ‖ ⁓er Kern, Aufsetzkern (Gieß) / inset
core, drawback ‖ ⁓es Korn (Zuck) / false o. secondary
grain ‖ ⁓e Luft, Nebenluft *f* / secondary o. additional
air, air [entering through a] leak, infiltrated o. dead air,
inleaked air ‖ ⁓e Naht / imitation seam ‖ ⁓e Naht
(Strumpf) / mock seam ‖ ⁓e Nummer (Fernm) / wrong
number ‖ ⁓ rechnen / miscalculate ‖ ⁓e Seite (Stein) /
breaking grain ‖ ⁓ setzen / misplace ‖ ⁓ verbinden
(Fernm) / give a wrong number ‖ ⁓e Verbindung /
wrong number ‖ ⁓e Zählung / miscount ‖ ⁓er
Zinnober / mock vermilion ‖ ⁓anruf *m* (Fernm) / false
call o. ring ‖ ⁓ansprechen *n* (Empfänger) / spurious
response (receiver) ‖ ⁓anzeige, Fehlanzeige, -weisung
f / error in indication ‖ ⁓ausrichtung *f* / misalinement
o. misalignment ‖ ⁓bedienung *f* / error in handling ‖
⁓draht *m* (Spinn) / false twist ‖ ⁓drahtvorrichtung *f*
(Spinn) / false twist device ‖ ⁓drahtzwirnmaschine *f*
(Textil) / false twisting machine ‖ ⁓echo *n* (Radar) /
spurious echo, phantom echo ‖ ⁓einstellung *f* (Opt) /
misadjustment
fälschen, imitieren / imitate, counterfeit, fake ‖ ⁓
(Nahrungsmittel, Chem) / adulterate food ‖ ⁓,
nachmachen / falsify, fabricate, counterfeit *vt* ‖
Versuchsergebnisse ⁓ / vitiate results of a test
Falsch·fahrt, Fahrt auf dem falschen Gleis (Bahn) /
running on the wrong track ‖ ⁓farbenbild *n* (Raumf) /
false color photo, phantom color photo ‖ ⁓farbenfilm
m / false-colo[ur] film ‖ ⁓geleitet, fehlgeleitet / missent
‖ ⁓kern *m* (Holzfehler) / false heartwood
fälschlich[erweise] *adv* / erroneous
Falsch·licht *n* / stray light ‖ ⁓lochung *f* (LoKa) /

mispunching ‖ ⌐luft f s. falsche Luft ‖ ⌐phasig / of the wrong phase ‖ ⌐rechnung f / miscalculation

Fälschung f, Verfälschung f / fraud ‖ ⌐ (Chem) / adulteration

Fälschungsmittel n, -stoff m / adulterant

Falsch·wahl f (Fernm) / misdialling ‖ ⌐weisung f / error in compass indication ‖ ⌐zündung f (Elektronik) / false firing

Falt·ausleger m, einklappbarer Arm (Raumf) / folding boom ‖ ⌐band n (Transport) / folding conveyor ‖ ⌐bandplatte f (Akku) / pleated band plate ‖ ⌐bar, Falt... / collapsible, collapsing ‖ ⌐behälter m, -container m / folding container, flexible container ‖ ⌐beutel m / folding bag ‖ ⌐blatt n (z. Einlegen) / folding leaf[let], folder ‖ ⌐boot n / collapsing boat, collapsible o. folding boat ‖ ⌐broschüre f / folder, leaflet ‖ ⌐brücke f (Mil) / folding bridge ‖ ⌐bund m (Walzw) / folded bundle ‖ ⌐dach n (Arch) / multi-pitch roof ‖ ⌐dach n aus Paneelen / folded slab roof ‖ ⌐dachwagen m (Bahn) / waggon (GB) o. freight car (US) with folding roof ‖ ⌐dipol m (Antenne) / folded dipole [antenna]

Falte f / plait, fold, ply, pleat ‖ ⌐, Walkrippe f, Knitter m (Tuch) / fulling fold (US), millrow, mill mark (GB) ‖ ⌐, Kniff m (Kleidung) / fold, crease ‖ ⌐, Schnalle f (Pap) / cockle ‖ ⌐ (Geol) / fold ‖ ⌐, Knitter m (Stoff) / crumple, crease, crinkle, wrinkle ‖ ⌐, Rüsche, Krause f / quilling ‖ ⌐, Spannungsriß m (Hütt) / cold shut ‖ ⌐ [am Einspannrand, 1. Ordnung] (Tiefziehen) / wrinkle ‖ ⌐ (2. Ordnung) (Tiefziehfehler) / pucker ‖ ⌐n ziehen (o. bilden) vi / pucker ‖ **voller kleiner** ⌐n / rugulose

Falt·egge f / folding harrow ‖ ⌐einrichtung f (Bürom.) / folding equipment

fälteln (Textil) / goffer, crimp, crease, tuck, pleat, quill

Fältelungsriß m, Faltungsriß m (Walzw) / fold crack o. crevice, seam

Fältelzusatz m (Nähm) / ruffler, gathering equipment

falten / fold, lap ‖ ⌐, fälteln, in Falten legen (Textil) / plait v, pleat ‖ ⌐, biegen / ply, bend ‖ ⌐, Zusammenlegen n / folding, doubling ‖ **sich** ⌐, Falten bilden vi / pucker vi ‖ **sich** ⌐, knittern vt vi / crease, crinkle, wrinkle ‖ ⌐balg m (Gabel d. Motorrades) / shock absorber ‖ ⌐balg m (Photo) / lens hood follower ‖ ⌐balg m (Expansionsteil) / expansion bellows pl ‖ ⌐balg m (Bahn) / communication o. gangway bellows pl, concertina walls pl ‖ ⌐balgrahmen m (Bahn) / bellow frame ‖ ⌐balgventil n / bellow-type valve ‖ ⌐beständigkeit f (Textil) / pleat retention ‖ ⌐bildung f (Plast) / wrinkle ‖ ⌐bildung f (Nähm, Fehler) / wrinkling, crease formation ‖ ⌐bildung f (Walzw) / formation of wrinkles ‖ ⌐bildung f der Zeilen, Geisterbild n (TV) / fold-over (US) ‖ ⌐bogen, -krümmer m (Rohrleitung) / creased bend

faltend verformen, eindrücken (Blech) (Stanz) / crimp (US)

Falten·drücker m (Nähm) / folder ‖ ⌐filter m (Chem) / folded filter ‖ ⌐frei, -los / wrinkle- o. crease-free ‖ ⌐führer m (Nähm) / folding guide ‖ ⌐gebirge n (Geol) / folded mountains pl ‖ ⌐halter m (Stanz) / blank holder ‖ ⌐halter für Rohrziehen / annular holder ‖ ⌐hohlraum m (Klystron) / folded cavity ‖ ⌐krümmer, -bogen m / creased bend ‖ ⌐lautsprecher m / folded horn loudspeaker ‖ ⌐leger m (Nähm) / tucker, pleating attachment ‖ ⌐rad n (Bahn) / ribbed disk-wheel ‖ ⌐rohr n / quill tube ‖ ⌐sack m / gusseted sack ‖ ⌐schlauch m / gusseted tube, corrugated hose

Falter, Spanner m (Zool) / moth

Falt·flügel m (Flugkörper) / folding wing ‖ ⌐gerippe n (Bau) / folded carcass

faltig, runzelig, runzlig / puckered, rugose ‖ ⌐ (Web, Fehler) / creased ‖ ⌐ werden / crinkle vi, crease vi ‖ ⌐machen / crinkle vt, crease vt

Falt·karten-Zuführung f (LoKa) / folded stub-card feed ‖ ⌐kissen n (Reifen, Kfz) / folded breaker ‖ ⌐lukendeckel

m (Schiff) / folding-type hatch cover ‖ ⌐lutte f (Bergb) / unarmoured plastic air duct ‖ ⌐mappe f, -umschlag m, Aktendeckel m / folder ‖ ⌐maschine, Legemaschine f (Textil) / folding o. pleating machine, doubling o. cuttling machine ‖ ⌐prospekt m, Broschüre f (Buch) / folder ‖ ⌐punkt m (Nukl) / plait point ‖ ⌐schachtel f / collapsible cardboard box, folded o. folding [cardboard] box ‖ ⌐schachtelkarton m / folding box board ‖ ⌐schachtel-Klebmaschine f / folder-gluer ‖ ⌐schiebetür f (Bahn) / folding sliding door ‖ ⌐schiebetür f (Bahn) / articulated sliding door, folding sliding door ‖ ⌐spriegel m (Kfz) / folding bow ‖ ⌐tor n, Harmonikator n / concertina door, bellow-framed door (US) ‖ ⌐tür f (Bahn, Aufzug) / folding door ‖ ⌐tür f (Bau) / multiple leaf door

Faltung f (Regeln) / convolution ‖ ⌐ (Geol) / bending, folding

Faltungs·..., tektonisch (Geol) / tectonic ‖ ⌐integral n, Faltung f (Math) / convolution integral ‖ ⌐riß m, Faltriß m (Hütt) / fold crack o. crevice, seam

Falt·versuch m / bending o. folding test ‖ ⌐versuch m auf 180⁰ / flat bend test 180⁰ ‖ ⌐wand f (Bau) / accordion, concertine partition ‖ **prismatisches** ⌐ (Bau) / folded-plate [structure] o. -plates pl, prismatic shell o. slab

Faltwerkdach n (Bau) / fold structure roof

Falunit m (Min) / falunite

Falz m, Kniff m / fold ‖ ⌐, Ausfalzung f (Tür) / rebate ‖ ⌐ (Klemp) / folded joint ‖ ⌐, -naht f, -verbindung f (Blech) / lock seam ‖ ⌐, Schlitz m, Zarge f, Nut[e] f / nick, notch, groove, slit ‖ ⌐, eingestemmter Schlitz / mortise, mortice ‖ ⌐ (am Buchrücken) / groove ‖ ⌐ (mitgehefteter Papierstreifen) (Buch) / guard, slip fold ‖ ⌐, Ausfalzung f (Tischl) / rebate (GB), rabbet ‖ ⌐, Gleitfalz m (Tischl) / gliding channel o. slide o. slot ‖ ⌐ eines Fensters, Anschlag m / groove of a window ‖ doppelter ⌐, Doppelfalz m (Klemp) / double-lock cross welt ‖ mit ⌐ versehen (Buchb) / stub ‖ sich in ⌐e legen / bend vi ‖ ⌐apparat m (Buchdruck) / folder ‖ ⌐blech n / sheet with good bending properties ‖ ⌐boden, -deckel m (Dose) / double seamed top o. bottom end, lid o. bottom to be seamed ‖ ⌐breite f (Tür) / width of rebate, rebate width ‖ ⌐[dach]ziegel m / interlocking [roofing] tile ‖ ⌐deckeldose f / seamed lid can, open top can ‖ ⌐einpressen n (Buch) / backing ‖ ⌐elektrode f / electrode with flux folded around

falzen (Buch) / fold sheets ‖ ⌐, abkanten (Stanz) / fold ‖ ⌐ (Bleche), durch Falzen verbinden / lock-seam, tack ‖ ⌐, anfügen (Tischl) / piece [to] ‖ ⌐, zinken (Tischl) / rebate (GB), rabbet, groove ‖ ⌐ (Pappe) / score, crease ‖ ⌐, abziehen (Gerb) / shave, skive

Falzer m (Gerb) / shaver

Falz·festigkeit f (Pap) / folding resistance o. strength ‖ ⌐fräser m (Tischl) / rabbeting o. rebating (GB) cutter, notching cutter ‖ **hintere** ⌐fuge von Steinstufen / back-joint of stone steps ‖ ⌐hobel m (Tischl) / rabbet o. rebate (GB) plane ‖ **stellbarer** ⌐hobel (Tischl) / moving fillister plane ‖ ⌐hobel m für Fenster, halber Spundhobel / fillister [plane] ‖ ⌐hobel für gewölbte Flächen / thumb plane ‖ ⌐klappe f / folding jaw ‖ ⌐los (Tür) / non-rebated (door) ‖ ⌐luft f (Bau) / joint clearance ‖ ⌐maschine f (Blech) / seam folding machine, seaming machine ‖ ⌐maschine f, -apparat m (Bb) / folder, folding machine ‖ ⌐maschine f (Leder) / shaving machine, skiving machine ‖ ⌐messer, -eisen n (Gerb) / shaving knife o. tool ‖ ⌐messer n (Buch) / folding blade o. knife ‖ ⌐pfanne f (Dach) / single depression interlocking tile ‖ ⌐profil n (Bau) / joint profile ‖ ⌐rahmen m (senkr.Schiebefenster) / casement of a sash window, English casement, sash frame, fast sash ‖ ⌐register n, -marke f (Buch) / fold mark ‖ ⌐rohr n / slip [joint] tubing ‖ ⌐rücken m (Buch) / folded spine ‖ ⌐schleifmaschine f (Tischl) / rebate sander ‖ ⌐tiefe f (Tür) / depth of rebate, rebate depth ‖ ⌐trichter m (Buch)

/ former

Falzung f, Falzen n (Buch) / folding of sheets

Falz·verbindung f (Blech) / saddle joint, folded seam
connection ‖ ⌁**verbindung** f (Holz) / rebate joint ‖
einfache ⌁**verbindung** (Blech) / plain lock seam joint,
grooved seam ‖ ⌁**walze** f (Sickenmaschine) / necking
wheel ‖ ⌁**walzen** f pl (Buch) / folding rollers pl ‖ ⌁**weite**
f (Tischl) / joint clearance ‖ ⌁**widerstand** m (Pap) /
folding resistance ‖ ⌁**zahl** f (Pap) / number of double
folds ‖ ⌁**ziegel** m, -platte f, -pfanne f (Dach) / double
depression interlocking tile ‖ ⌁**zudrückmaschine** f
(Klemp) / saddle joint closing machine ‖ ⌁**zylinder** m
(Buch) / folding cylinder

FAM = Fachausschuß Mineralöl- und Brennstoffnormung ‖ ⌁ =
Frequenzmodulation im Multipexbetrieb

Famatinit m (Min) / famatinite

Familien·rechner m / family computer ‖ ⌁**-Spezifikation**
f (Qual.Pr) / family specification ‖ ⌁**zulage** f, spez:
Kindergeld n / family allowance

FAM-Mode m (= final approach mode) (Luftf) / FAM

FAM-Normalbenzin (FAM = Fachausschuß Mineralöl-
u. Brennstoffnormung) / FAM standard petroleum spirit

FAMOS-Speicher m, MOS-Speicher m mit schwebendem
Gate und Lawinen-Injektion / floating gate avalanche-
injection MOS memory, FAMOS memory

FAM-Prüfkraftstoff m / FAM standard gasoline

Fan m, Gebläse n (Luftf) / fan ‖ ⌁**-Antriebsturbine** f (Luft)
/ fan jet turbine

Fancy-Cord m (Web) / fancy cord

Fanfarenhorn n (Kfz) / fanfare horn

Fang m, Abscheider m (Straßb) / interceptor ‖ ⌁ (Wirkm) /
tuck, polka rib ‖ ⌁**anode** f / gathering anode ‖ ⌁**arbeit** f
(Bergb) / fishing ‖ ⌁**band** n (Stoßdämpfer) / rebound strap
‖ ⌁**bereich** m (TV) / pull-in o. lock-in range ‖ ⌁**bereich**
m bei automatischer Scharfeinstellung (Radio) /
capture range ‖ ⌁**brett**, Hebemesser n (Textil) / lifting
blade ‖ ⌁**bügel** m (Stromabn) / safety shackle o. bow ‖
⌁**damm** m, -buhne f (Hydr) / cofferdam ‖ ⌁**dorn** m
(Bergb) / fishing tap, tap catcher ‖ ⌁**draht** m / guard
wire ‖ ⌁**drän** m für unterirdische Fremdwasser /
collecting drain ‖ ⌁**einrichtung** f (Fernm) / number-
checking device, malicious call-tracing device ‖ ⌁**eisen**
n (Bergb) / grapnel, grapple ‖ ⌁**elektrode** f (Kath.Str, TV)
/ target

fangen / catch, capture ‖ ⌁ (Textil, Nadel) / tuck ‖ ⌁ n
(Fernm) / call tracing, malicious call tracing ‖ **sich** ⌁
(Luftf) / straighten out vi, flatten out

Fang·fabrikschiff n (ein Trawler) / factory ship ‖
⌁**flugbahn** f (Raumf) / phasing orbit ‖ ⌁**gitter** n
(Elektronik, Fernm) / suppressor grid, sup ‖ ⌁**glocke** f
(Bergb) / fishing tap o. socket, bell socket ‖ ⌁**graben** m
(Hydr) / boundary trench ‖ ⌁**grad**, Ladegrad m (Mot) /
supercharging rate ‖ ⌁**haken** m / catch hook ‖ ⌁**haken**
m (Luftf) / tail hook ‖ ⌁**hebel** m (Wirkm) / latch ‖
⌁**henkel** m (Wirkm) / tuck loop, tuck float o. stitch ‖
⌁**instrument** n, Eisenfänger m (Bergb) / finger disk ‖
⌁**kasten** m, [Pitz-]Fangkasten m (Spinn) / scray ‖
⌁**kettenware** f (Textil) / double rib warp goods ‖
⌁**kettstuhl** m, Raschel f (Wirkm.) / Raschel machine,
Raschel, raschel, chain tappet loom ‖ ⌁**kreis**,
Haltekreis m (Fernm) / interception circuit ‖ ⌁**kreis** m,
-bereich m (TV) / pull-in o. lock-in range ‖ ⌁**leine** f
(Bergb) / rescue line ‖ ⌁**leine** f (F'wehr) / belt line ‖
⌁**leine** f (des Fallschirms) (Luftf) / grappling rope,
rigging o. shroud line ‖ ⌁**leiste** f (Preßform) / lock of the
die ‖ ⌁**loch** n (Stanz) / gauge hole ‖ ⌁**masche** f (Textil) /
tuck loop o. stitch ‖ ⌁**muster** n (Textil) / tuck stitch
pattern, tucking ‖ ⌁**netz** n, -korb m, -vorrichtung f /
guard net, tray, fender ‖ ⌁**pflanze** f (Landw) / catch crop
‖ ⌁**pilz** m (Blitzschutz) / mushroom type collector ‖
⌁**pumpe** f (Vakuum) / entrapment pump ‖ ⌁**rechen** m
(Hydr) / grate of a weir ‖ ⌁**reflektor** m / sub-dish ‖
⌁**ring**, Kernheber m (Bergb) / core lifter ring ‖ ⌁**schale** f
(für Späne etc.) (Wzm) / collecting tray ‖ ⌁**schiene** f

(Bahn) / side rail, safety o. guard o. check rail, rail guard
‖ ⌁**schloß** n (Textil) / cardigan lock ‖ ⌁**schutz** m (Wzm) /
workpiece guard ‖ ⌁**schutz** m (Schleifm.) / splash guard
‖ ⌁**seil** n (Luftf) / arrester cable o. wire ‖ ⌁**spiegel** m /
secondary mirror ‖ ⌁**spule** f (Film) / take-up reel ‖
⌁**stange** f (Blitzableiter) / air terminal rod ‖ ⌁**stelle**,
Störstelle f (Elektronik) / deathnium centre o. trap ‖
⌁**stift** m (Stanz) / pin stop, pilot pin ‖ **fester** ⌁**stift** /
fixed pilot pin ‖ **umlegbarer** ⌁**stift** / folding pilot pin ‖
⌁**stoff** m (Pulv Met) / degasifying matter ‖ ⌁**teil** m eines
Hebers (Web) / tuck bar o. cam, cardigan o. clearing
cam ‖ ⌁**trichter** m (für Tanken in der Luft) (Luftf) /
drogue ‖ ⌁**trichter**, Abfülltrichter m (Bahn) / escape
funnel ‖ ⌁**tuch** n, -matte f (Insektizid) / trap sheet ‖
⌁**verarbeitungsschiff** n / factory ship ‖ ⌁**vorrichtung** f
(Seilb) / gripping device, safety grip o. brake ‖
⌁**vorrichtung** f (Aufzug) / safety catch o. stop o. gear ‖
⌁**vorrichtung**, Barriere f (Flugplatz) / arrester barrier ‖
⌁**vorrichtung** f (Aufzug) / safety catch ‖ ⌁**vorrichtung** f
(Fernm) / intercepting device for mischievous calls ‖
⌁**walze** f (Baumwolle) / fancy stripper ‖ ⌁**walze** f (Wolle) /
angle stripper ‖ ⌁**ware** f (Textil) / tuck[-rib] fabric,
cardigan fabric

Fan·-Heckrotor m (Luftf) / fan tail rotor ‖ ⌁**-In** n,
Zusammenführung[smöglichkeit] f (Elektronik, DV) / fan-
in

Fanning n, Fächerung f (Strahl) / fanning

Fan·-Out n, Ausgangsfächerung f (Elektronik, DV) / fan-out
‖ ⌁**-out-Einrichtung** f der Schnittstelle / fan-out
feature of interface ‖ ⌁**-Triebwerk** n (Luftf) / fan jet o.
engine

Farad n, F (Phys) / farad, F

Faraday·-Äquivalent, elektrochemisches Äquivalent n /
Faraday equivalent (not: electrochemical equivalent) ‖
⌁**-Auffänger** m / Faraday cup ‖ ⌁**effekt** m,
Magnetorotation f / Faraday effect, magnetorotation ‖
⌁**scher Dunkelraum** m / Faraday dark space ‖ ⌁**sche**
Gesetze n pl / Faraday's laws of electrolysis pl ‖ ⌁**sches**
Induktionsgesetz n / Faraday's law of induction ‖
⌁**scher Käfig** / Faraday cage o. shield, shielded room ‖
⌁**sche Zahl**, Faraday-Konstante f / Faraday's constant

Faradisation f / faradism

Farb... s. auch Farben...

Färb[e]..., zum Färben dienend, färbend / tinctorial, used
in dyeing

Farb·abgleich m (TV) / colour balance ‖ ⌁**abmusterung** f
/ colour matching ‖ ⌁**abriebprüfung** f / ink rub test ‖
⌁**abstand** m (TV) / colour difference ‖ ⌁**abweichung** f /
colour deviation o. distortion, hue error ‖ ⌁**abweichung**
f (Pap) / offshade ‖ ⌁**abzug** m, -bild n (Phot) / colour
copy o. print ‖ ⌁**analysator** m / colour analyzer ‖
⌁**änderung** f / change of colour ‖ ⌁**andruck** m (Buch) /
colour proof ‖ ⌁**anpassung** f (TV) / colour match ‖
⌁**anstrich** m / coat of paint ‖ ⌁**anstrich**, -ton m /
tincture, tinge, colouring ‖ **spektraler** ⌁**anteil** / spectral
component of colour ‖ ⌁**artflimmern** n (TV) /
chromatic o. colour flicker ‖ ⌁**artkoordinate** f (TV) /
chromaticity coordinate ‖ ⌁**artsignal** n (TV) /
chrominance signal ‖ ⌁**art und -sättigung** f (Farblehre) /
chroma[ticity], chrominance ‖ ⌁**ätzung** f (Buch) / colour
process etching ‖ ⌁**aufbrechen** n (TV) / colour break-up
‖ ⌁**aufhellung** f / clearing of the shade ‖
⌁**auflösungsvermögen** n (TV) / power of chromatic
resolution, acuity of colour image ‖
⌁**aufnahmefähigkeit** f (Buch) / ink receptivity ‖
⌁**aufnahmefähigkeit** f (Färb) / receptivity for dyes,
absorptive power ‖ ⌁**aufteilung** f / chromatic separation
o. splitting

Farbauftrag m (Buch) / inking ‖ ⌁ **mit Rollapparat** /
roller application of paint ‖ **dicker** ⌁ / impastation

Farb·auftragwalze f (Buch) / form [inking] roller ‖
⌁**ausbeute** f (Färb) / dyestuff yield ‖
⌁**ausfall-Kompensator** m / colour dropout
compensator, CDOC ‖ ⌁**ausgleichsfilter** n (Phot) /

colour balancing filter ‖ ⁀austaster, -unterdrücker *m* (TV) / colour killer ‖ ⁀auszug *m* (TV, Reprod.) / colour separation, chromatic component ‖ ⁀auszugsignal *n* (TV) / primary signal ‖ ⁀auszugverfahren *n* (Buch) / separation technique ‖ ⁀bad *n* (Textil) / dye bath ‖ ⁀balance *f*, -ton, -ausgleich *m* / colour balance ‖ ⁀balken *m* (TV) / colour bar ‖ ⁀balkengenerator *m* (TV) / colour bar generator ‖ ⁀balkentestbild *n* (TV) / colour bar pattern ‖ ⁀ballen *m* (Buch) / dabber ‖ ⁀band *n* (Schreibm) / typewriter o. ink[ing] ribbon ‖ ⁀band *n* (Web, Fehler) / streak, stripe ‖ ⁀band *n* für abhebendes Löschen / lift-off correcting tape ‖ ⁀bandanhebung *f* (Schreibm) / ribbon throw ‖ ⁀bändereffekt *m* (TV) / colour banding ‖ ⁀bandgabel *f* (Schreibm) / ribbon [center] guide ‖ ⁀bandspule *f* (Schreibm) / ribbon spool ‖ ⁀bandtransport *m* (Schreibm) / ribbon feed o. movement ‖ ⁀bandtransporteinrichtung *f* (Schreibm) / ribbon mechanism ‖ ⁀band-Umschalthebel *m*, -zonenumschaltung *f* / ribbon shift lever ‖ ⁀bandumstellhebel *m*, -umkehrhebel *m* (Schreibm) / ribbon reverse lever ‖ ⁀bandwechsel *m* (Schreibm) / ribbon replacement ‖ ⁀band-Zonenschalter *m* (Schreibm) / ribbon selector
Färbbarkeit *f* / colourability ‖ ⁀ (Textil) / receptivity for dyes
Farb·base *f* / dye base ‖ ⁀batch *n* / colour batch o. concentrate ‖ ⁀becher *m* der Spritzpistole / paint reservoir ‖ ⁀behälter, -napf *m* (Rasterdruck) / ink well, gravure cell ‖ ⁀behälter (der Druckmaschine), -kasten *m* (Buch) / ink duct o. fountain (of the printing press) ‖ ⁀beständigkeit *f* gegen Licht / colour fastness to light ‖ ⁀bezugssignal *n* (TV) / colour reference signal ‖ ⁀bild *n* (Photo) / colour picture ‖ ⁀bild-Arbeitsstation *f* / colour workstation ‖ ⁀bild[austast]signal, FBA-Signal *n* (TV) / colour picture signal ‖ ⁀bildaustastsynchronsignal, FBAS-Signal *n* / composite colour [video] signal, colour video signal ‖ ⁀bilddeckung *f* (TV) / convergence ‖ ~bildend / colour generating o. producing ‖ ⁀bild-Kontrollgerät *n* (TV) / colour picture and waveform monitor ‖ ⁀bildröhre *f*, Kineskop *n* / colour kinescope ‖ ⁀bildschirm *m* / colour screen ‖ ⁀bildsignal *n* (TV) / colour picture signal ‖ ⁀bildsignalgemisch *n* (TV) / colour video signal (GB), composite color signal (US) ‖ ⁀bildübertragung *f*, Farbfernsehen *n* / colour television ‖ ⁀bild-Wiedergaberöhre *f* / colour picture tube ‖ ⁀blitz *m* / colour flash ‖ ⁀bluten *n* (Plast) / colour bleeding, parting with colour ‖ ⁀-Chip *m*, Farbenpastille *f* / colour chip ‖ ⁀code *m* / colour code ‖ ⁀coder *m* (TV) / colour [en]coder ‖ ⁀code-Verdrahtung *f* / pole wiring ‖ ~codiert / colour-coded ‖ ⁀deckung *f* (Buch, TV) / colour registration ‖ ⁀decoder *m* (TV) / colour decoder ‖ ⁀demodulator *m* (TV) / chrominance demodulator ‖ ⁀dia[positiv] *n* / colour transparency o. slide ‖ ⁀dichte *f* (Buch) / ink density ‖ ⁀dichte *f* (TV) / colorimetric purity, colour density ‖ ⁀differenzsignal *n* (TV) / colour difference signal ‖ ⁀dreieck *n* (Phys) / colour triangle, chromaticity diagram ‖ ⁀druck *m* / colour print[ing], coloured impression, chromotype ‖ schlechter ⁀druck / bad colour printing ‖ ⁀druckstock *m*, -platte *f* / multicolour printing block ‖ ⁀dynamik *f* (wissenschaftlich begründete Farbgebung unter sorgfältiger Ausnutzung der Farbkontraste und Spannungen) / colour dynamic
Farbe *f* / colour, color (US) ‖ ⁀, Farbstoff *m* / colouring matter o. substance ‖ ⁀, Farbnuance *f* / hue, tint ‖ ⁀ (eines Farbstoffs) / dye colo[u]r ‖ ⁀ für Anstriche / paint ‖ ⁀, Tünche *f* / lime paint, white-wash, limework ‖ ⁀ abbeizen / remove the paint ‖ ⁀ annehmen / colour, take on colour ‖ ⁀n auftragen / apply colours o. paints, coat ‖ ⁀ auftragen (o. ausstreichen) (Buch) / rub out ink ‖ ⁀ durch Walzen auftragen (Buch) / roll on the ink ‖ ⁀n einbrennen / bake ‖ ⁀ erzeugen (o.

hervorbringend) / producing colour, colorific ‖ ⁀ [gehen] lassen / part with colour, let go the colour ‖ ⁀n reiben / grind colours ‖ ⁀n verschmelzen / blend colours ‖ auffallende (o. grelle o. lebhafte o. schreiende) ⁀ / striking colour ‖ die ⁀ wechselnd, allochroisch / allochroic, allochrous ‖ nur eine ⁀ erzeugend (Färb) / monogenetic ‖ zusammengesetzte ⁀ / combination colour
Färbe·apparat *m* (Labor) / dyeing apparatus ‖ ⁀bad *n*, -flotte *f* / dye bath, liquor ‖ ⁀baum *m* (Textil) / dyeing beam ‖ ⁀baumgestell *n* / beam creel ‖ ⁀beschleuniger *m* (Färb) / carrier ‖ ⁀brühe, -flüssigkeit *f* / dye[ing] fluid o. liquor
farb·echt (Textil) / colour-fast, non-fading, unfading, fadeless, sunfast (US) ‖ ⁀echtheit *f* (Buch) / colour fastness ‖ ⁀echtheit *f* von Färbungen (Färb) / colour fastness to rubbing
Färbe·flotte *f*, -bad *n* (Färb) / liquor, dye bath ‖ ⁀flüssigkeit, -brühe *f* / dye[ing] fluid o. liquor ‖ ⁀foulard *m* (Textil) / padding mangle ‖ ⁀gerberei *f* / dye tanning ‖ ⁀hilfsmittel *n* / dyeing auxiliary ‖ ⁀hülse *f* (Spinn) / [metal] cheese center [for dyeing purposes]
Farb·eindringprüfung *f* / dye penetration test, fluorescent penetration test ‖ ⁀eindruck *m* (Psychol) / colour effect ‖ ⁀eindruck *m* (eines Objektes) / perceived colour ‖ ⁀einstellung *f* (Buch) / ink setting
Färbe·jigger *m* / dyeing jig ‖ ⁀kraft *f* / colouring power o. value, staining power ‖ ⁀kraft *f*, Ergiebigkeit *f* (Färb) / tinctorial power o. value, dyeing power ‖ ⁀kufe *f*, Färbe[r]barke *f* / dyeing vat o. jigger, dye back (GB) o. beck (US)
Farbelement *n* (TV) / colour element
Färbe·lösung *f* (Mikrosk) / staining fluid o. solution ‖ ⁀maschine *f* / dyeing machine for circulating goods ‖ ⁀material *n*, -stoff *m* (Textil) / dye drug, dye drugs *pl*, dyeing materials *pl* ‖ ⁀mittel *n* / colorant, colouring agent
Farb·empfänger *m* (TV) / colour receiver ‖ ⁀empfinden *n* / sense for colour ‖ ~empfindlich s. farbenempfindlich / colour sensitive ‖ ⁀empfindlichkeit *f* / chromatic o. colour sensitivity, spectral response ‖ ⁀empfindlichkeit *f* für eine bestimmte Wellenlänge / colour photographic sensitivity ‖ ⁀empfindlichkeitskurve *f* / sensation curve ‖ ⁀empfindung *f*, -wahrnehmung *f* / colour perception
Farben... s. auch Farb...
färben *vt* / colour *vt*, color (US) ‖ ~ (Färb) / stain, dye ‖ ~, in Treiblauge legen (Gerb) / soak o. steep the hides in a weak ooze ‖ ⁀ *n* (Vorgang), Färbung *f* (allg) / staining ‖ ⁀ (Textil) / dyeing ‖ ⁀, Kolorieren *n* / coloration ‖ ⁀ im Strang / rope dyeing ‖ ⁀ in der Faser / [raw-]stock dyeing ‖ ⁀ in der Flocke (Textil) / loose dyeing ‖ ⁀ mit Lösungsmittelzusatz (Textil) / solvent dyeing ‖ im Stück ⁀ (Textil) / dip-dye, piece-dye ‖ in der Wolle ⁀ / dye in the wool o. grain ‖ leicht ~ / tincture ‖ mit Schutzbeizen o. mit Reserven ~ / dye with resists ‖ sich ~ / take on colour ‖ sich ~ [lassen], Farbe annehmen / dye *vi*
Farben·abstufung *f* / colour gradation ‖ ⁀abweichung *f*, chromatische Abweichung (Opt) / colour aberration, chromatic o. colour defect ‖ ⁀angeber *m* (Jacquard) / colour indicator [cord] ‖ ⁀anstrich *m* / coat of paint ‖ ⁀atlas *m* / colour atlas ‖ ⁀ausreibmaschine *f* / automatic muller ‖ ⁀auszieher *m* / extractor (colour), colour extractor ‖ ⁀beize *f*, [Farben]abbeizmittel *n* / paint remover o. stripper ‖ ⁀bindemittel *n* / colour agglutinant ‖ ~blind / colour-blind ‖ ⁀blindheit *f*, Daltonismus *m* / colour blindness, daltonism ‖ ⁀brechung *f* (Phys) / colour refraction ‖ ⁀chemie *f* / colour chemistry ‖ ⁀chemiker *m* / colour o. dyestuff chemist ‖ ⁀code *m* / colour code ‖ ⁀code *m* für Widerstände / resistor color code
färbend / colorific ‖ gelb ~ / staining yellow
Farben·druck *m* / colour printing, chromotype ‖

⤜**druckmaschine** f / colour printing machine, chromotype machine
Farbendstufe f (TV) / final colour stage, colour output stage
Farben·durcheinander n / colour mix-up ‖ ⤜**eimer** m, -topf m (Bau) / paint bucket ‖ ~**empfindlich** / coloursensitive ‖ ~**empfindlich**, orthochromatisch (Phot) / ortho[chromatic], orthoskiagraphic, isochromatic ‖ ⤜**empfindung** f / chromatic sensation ‖ ~**erkennender Sensor** / multicolour sensor ‖ ⤜**fabrik** f / dye works ‖ ⤜**fehlsichtigkeit** f, Farbensinnstörungen f pl / defective colour vision ‖ ⤜**filter**, Lichtfilter m n / light filter ‖ ⤜**flimmern** n (TV) / colour flicker[ing] o. jitter, chrominance ringing, chromatic[ity] flicker ‖ ~**freudig**, -froh / gay in colo[u]rs, colorific, colourful ‖ ⤜**freudigkeit** f / colourfulness, gaiety of colours ‖ ⤜**gefühl** n / colour sense ‖ ~**getreue Wiedergabe** / colour fidelity ‖ ⤜**harmonie** f / colour harmony ‖ ⤜**hobbock** m / paint drum ‖ ⤜**index** m (Astr) / colour index ‖ ⤜**industrie** f / dyestuff o. dyeing industry ‖ ⤜**karte** f / colour chart ‖ ⤜**kasten** m, Malkasten m / colour case ‖ ⤜**konsistenz** f / ink consistency ‖ ⤜**lehre**, -kunde f / science of the colours, chromatics sg ‖ ⤜**messer** m, Kolorimeter m n (Phys) / colorimeter ‖ ⤜**messung** f / colourimetry ‖ ⤜**mischen** n (Vorgang) / colour mixing o. blending ‖ ⤜**mischung** f, -gemisch n / tincture, tinge, colouring, colour mixture ‖ ⤜**palette** f / palette ‖ ⤜**palette** f, Nuancenskala f / range of shades ‖ ⤜**passiermaschine** f / ink-straining machine ‖ ⤜**pastille** f / colour chip ‖ ⤜**photographie** f / colour picture o. photo ‖ ⤜**photographie** f (Buch) / colour print, coloured impression ‖ ⤜**platte** f (Keram) / palette ‖ ⤜**pyramide** f / colour pyramid ‖ ⤜**raum** m, Vektorraum m der Farben (Phys) / colour space ‖ ⤜**reaktion** f / colour reaction ‖ ⤜**register** n (Buch) / colour register ‖ ⤜**reiber** m, -reibmaschine f / ink grinder o. grinding machine o. mill ‖ ~**rein** / chromatic[ally] pure ‖ ⤜**ringe** m pl (Opt) / coloured rings pl, Newton's rings pl ‖ ⤜**saum** m, Fransen n (TV) / colour fringe o. fringing o. edging ‖ ⤜**sinn** m, Farbtüchtigkeit f / colour sense, feeling for colour ‖ ⤜**skala** f / scale of colours ‖ ⤜**sortierung** f, Trennung f nach Farben / sorting according to colours ‖ ⤜**sortiment** n / assortment of colours ‖ ⤜**spektrum** n (Opt) / colour spectrum ‖ ⤜**steindruck** m (Prozeß) / lithography in colours ‖ ⤜**steindruck** m (Erzeugnis) / coloured lithograph ‖ ⤜**Streck- u. Beschwermittel** n / paint extender and filler ‖ ⤜**system** n / colour system ‖ einheitliches ⤜**system**, Farbencode m / colour code
Farbentferner m / dye remover
Farben·topf m, -eimer m (Bau) / paint bucket ‖ ⤜**trennung** f (TV) / colour separation ‖ ⤜**tube** f / colour tube
Farbentwickler m, chromogener Entwickler (Phot) / dye coupling developer
Farben·überdeckung f (TV) / colour registration ‖ erster ⤜**überzug**, erste Farbschicht / priming coat ‖ ⤜**- und Lackfabrikation** f / paint [and lake] manufacture ‖ ⤜**vergleich** m / colour comparison ‖ ⤜**verteilung** f (Tätigkeit) / coloration ‖ ⤜**wahrnehmung** f / colour perception ‖ ⤜**wandlung** f (Min) / chatoyancy ‖ ⤜**wandlung** f, Farb[en]wechsel m, -umschlag m / colour change ‖ ⤜**zerlegung** f (TV) / colour breaking-up ‖ ⤜**zerstäuber** m / colour sprayer ‖ ⤜**zerstreuung** f, Dispersion f (Opt) / colour dispersion, chromatic dispersion ‖ ⤜**zinkoxid** n / leaded zinc oxide ‖ ⤜**zuführwalze** f (Buch) / inking roller ‖ ⤜**zusammenstellung** f / colour combination o. scheme
Färbeöl n / dyeing oil
Färber m / dyer, stainer
Farberde f (Keram) / coloured clay, colouring earth ‖ ⤜, Erdfarbe f / earth colour ‖ ⤜, Angußfarbe f (Töpf) / engobe, slip
Färberei f (Betrieb) / dyehouse, dye shop, dyeing plant ‖ ⤜**abwasser** n / dye waste ‖ ⤜**hilfsmittel** n / dyeing

auxiliary ‖ ⤜**maschine** f / dyeing machine ‖ ⤜**technik** f / dyeing technology
Färber·flechte f / dyer's moss o. lichen ‖ ⤜**flotte** f / dye liquor o. bath
färberisch / dyeing, tinctorial
Färber·lack, Lackdye m / lac-dye ‖ ⤜**röte**, Rubia tinctorum f, Krapp m (Bot) / madder
Farberscheinung f / apparition of colours
Färbe·stern m (Textil) / star-dyeing machine, star frame ‖ ⤜**vermögen** n (Färb) / tinctorial power o. value, dyeing power ‖ ⤜**verzögerer** m / dye retarder
Farb·fahnen f pl (TV) / colour streaking ‖ ⤜**fehler** m, Chromasie f (Opt) / colour aberration, chromatic o. colour defect ‖ ⤜**fehler** m (Buch) / colour defect o. error ‖ ⤜**fehler** m (TV) / colour error ‖ ⤜**fernsehbildröhre** f, Chromoskop n / chromoscope ‖ ⤜**fernsehen** n / colour television ‖ ⤜**fernsehen** n mit Plasmaschirm / colour television with plasma screen ‖ ⤜**fernseher** m, -fernsehempfänger m / colour [TV] receiver ‖ ⤜**fernsehkamera** f / colour television camera ‖ ⤜**fernsehnorm** f / colour television standard ‖ ⤜**fernseh-Rundfunkempfänger** m / colour telvision receiver ‖ ⤜**fernsehsendung**, -übertragung f / colour broadcasting o. casting ‖ ⤜**festigkeitsprüfer** m / fad[e]ometer ‖ ⤜**festigkeitsprüfung** f / fading test ‖ ⤜**film** m (Phot) / colour film ‖ ⤜**filter** m n (Phys) / colour[ed] filter o. screen ‖ ⤜**filter** n (das einzelne Glas eines Dreiersatzes) (Phot) / tricolour filter ‖ ⤜**filter** n, -scheibe f (TV) / colour filter ‖ ⤜**filterscheibe** f (TV) / colour disk ‖ ⤜**fixierung** f (Buch) / fixing colours ‖ ⤜**fleck** m / mottle, colour stain ‖ ⤜**fleck**, Schmierfleck m / daub, colour speck ‖ ⤜**flimmern** n (TV) / chrominance ringing, chromatic[ity] flicker, colour flicker[ing] o. jitter ‖ ⤜**flotte** f, Färberflotte f / dye[ing] liquor o. bath ‖ ⤜**folge** f / colour sequence ‖ ~**freie Stelle** (in einem gedruckten Zeichen) (Buch) / void ‖ ~**gebend**, chromophor / chromophore ‖ ⤜**gebung** f / coloration ‖ ⤜**gebungsknopf** m (Vervielfältg) / ink cell o. cup ‖ ⤜**glas** n, Buntglas n / stained glass ‖ ⤜**glashalter** m (Mikrosk) / coloured-disk condenser ‖ ⤜**glasrevolver** m / revolving colour disk ‖ ⤜**glasschmelze** f / schmelze ‖ ⤜**gleichgewicht** n (Phot) / colour balance ‖ ⤜**gleichlauf**, -synchronismus m (TV) / colour sync[hronization] ‖ ⤜**grafik** f / colour graphics ‖ ⤜**grenze** f / colour limit ‖ ⤜**gruppe** f / colour group, chromophore group ‖ ⤜**haut** f / film o. skin of paint ‖ ⤜**hebewalze** f (Buch) / ductor [roller], transfer roller ‖ ⤜**helligkeit** f / brightness of colours ‖ ⤜**helligkeitsregelung** f (TV) / background control, colour brightness control ‖ ⤜**hilfsträger** m (TV) / auxiliary colour carrier, colour subcarrier ‖ ⤜**hologramm** n / colour hologram ‖ ⤜**holz** n / dyeing wood
farbig / coloured, colored (US) ‖ ~, chromatisch (Opt) / chromatic ‖ ~**e Ausrüstung** / colour finishing ‖ ~**e Brille** / tinted spectacles pl ‖ ~**es Grundpapier** / coloured back paper ‖ ~**er Splint** (Holz) / coloured sapstain ‖ ~**er Verblender** (o. Verblendstein) / glazed brick, vitrified o. enamelled o. encaustic brick
Farb·indikator m / colour indicator ‖ ⤜**indikator-Titration** f / colour-indicator titration ‖ ⤜**information** f (TV) / chrominance o. colour information ‖ ⤜**infrarotfilm** m / colour infrared film ‖ ⤜**intensität**, -tiefe f / depth o. intensity o. strength of colour ‖ ⤜**kanal** m, -leitung f (TV) / colour channel ‖ ⤜**karte** f / colour chart ‖ ⤜**kasten** m (Buch) / ink duct o. fountain ‖ ⤜**kennzeichnung** f / colour coding ‖ ⤜**kessel** m (Spritzpistole) / paint reservoir ‖ ⤜**killer**, -unterdrücker, -austaster m (TV) / colour killer ‖ ⤜**kissen** n / ink[ing] pad o. cushion ‖ ⤜**kontrast** m / colour contrast ‖ ⤜**kontrast-Rückkehr** f (Öl) / colour contrast penetrant ‖ ⤜**konturschärfe** f / chromatic resolution ‖ ⤜**konzentrat** n / master batch, colour batch o. concentrate ‖ ⤜**koordinaten** f pl / colour coordinates

pl ‖ ~kopie, -photographie f / colour copy o. print ‖ ~kopie f (Film) / colour print ‖ ~körper m, Pigment n / pigment, colouring body
Farbkorrektur f (Opt, Phot) / colour correction ‖ ~feld n (TV) / colour correction control ‖ ~maske f (Film) / integral colour correction mask
Färbkraft f s. Färbekraft
Farb·kratzer m / stripping knife ‖ ~kreis m / chromatic circle ‖ ~kühlvorrichtung f (Buch) / ink cooling device ‖ ~kuppler m (Färb) / dye coupler ‖ ~kuppler m (TV) / colour matcher ‖ ~kuppler m (Opt, Phot) / colour coupler ‖ ~lack m / coloured lake ‖ ~lack m (DIN 7730) (Plast) / toner ‖ ~lehre f, Farbenlehre f s. Farbenlehre / science of the colours, chromatics sing ‖ ~leitfläche f (TV) / colour plane ‖ ~leitpunkt m (TV) / colour o. U-center ‖ ~lichtsignal n (Bahn) / colour-light signal ‖ ~lichtsignal n mit mehreren Laternen (Bahn) / multi-unit type colour light signal
farblos / colourless ‖ ~, glasklar, wasserhell / limpid ‖ ~, durchsichtig / transparent ‖ ~, achromatisch / achromatic ‖ ~es Glas / colourless glass ‖ ~er Phosphor / white o. yellow phosphorus ‖ ~er Schutzlack / clear protective coating
Farblosigkeit f (Zustand der Entfärbung) / decoloration
Farb·malz n (Brau) / black o. colour o. roasted malt ‖ ~marke f (als Muster o. Kennzeichnung) / colour swatch ‖ ~-Markierung f, Seezeichen (Luftf) / sea marker ‖ ~maske f (TV) / colour mask
Färbmasse f / colouring matter o. substance
Farb·maßzahl f / colorimetric measure ‖ ~matrixschaltung f (TV) / colour matrix unit ‖ ~meßfilter n (Opt) / tristimulus filter ‖ ~meßgerät n, -messer m / colour-measuring instrument, colorimeter ‖ ~messung f (durch Vergleich) / chromatometry ‖ ~messung f mit Kolorimeter / colorimetry ‖ ~metrik f, -messung f / metric of colours, colorimetry, chromatometry ‖ ~metrisch / colorimetric ‖ ~metrische Bestimmung / colorimetric evaluation ‖ ~mikrofilm m / colour microfilm ‖ ~mischknopf m (Phot) / colour mixing knob ‖ ~mischskala f / scale for ink mixing
Farbmischung f, -gemisch n / colour mixture, colouring, tincture, tinge
Farb·, additive, [subtraktive] ~mischung / additive, [subtractive] mixture of colours ‖ ~mittel n, Färbemittel n / colouring agent ‖ unlösliches ~mittel / pigment ‖ lösliches ~mittel / soluble colorant ‖ ~modulator m (TV) / chrominance modulator ‖ ~muster n / colour sample o. pattern ‖ ~musterkarte f / colour control chart ‖ ~näpfchen n beim Rasterdruck / gravure cell, ink well ‖ ~nebel m (Buch) / ink mist ‖ ~negativ n / colour negative ‖ ~negativfilm m / colour negative film ‖ ~normenatlas m / colour harmony manual ‖ ~ort m (Farbmetrik) / colour location ‖ ~oxid n, Farbenzinkoxid n / leaded zinc oxide ‖ ~palette f / chart of colour range ‖ ~papier n / colour paper ‖ ~paste f (Textil) / dye[stuff] paste ‖ ~pasten durchseihen / strain dye[stuff] pastes ‖ ~photographie f / colour photography, chromotype, photochromy ‖ ~photographie f, -foto n (Abzug) / colour photograph o. print ‖ ~pigment n / colouring pigment, coloured pigment ‖ ~platte, -palette f (Textil) / range of dyes ‖ reiche ~platte, -palette f / large range of dyes ‖ ~plotter m / colour plotter ‖ ~positiv n / colour positive [film] ‖ ~prägung f (Vorgang) / colour[ed] embossing ‖ ~probe f, -muster n / colour sample o. pattern ‖ ~probeschalter m (TV) / colour sampler ‖ kurzes ~prüfband (Film) / colour pilot ‖ ~prüfung f, -vergleich m / colour test ‖ ~pulver n (Textil) / dye[stuff] powder ‖ ~pumpe f (Buch) / ink pump ‖ ~pünktchen n pl / colour specks pl ‖ ~punktzittern n (TV) / dot bounce ‖ ~pyrometer n / colorimetric pyrometer ‖ ~randeffekt, -saum m / colour fringe o. fringing o. edging ‖ ~raster m (Textil) /

dye screen ‖ ~raster m (Buch) / colour screen ‖ ~rasterfilm m / mosaic screen film, lenticulated film ‖ ~rauschen n (Elektronik) / coloured noise ‖ ~rechner m (Phot) / colour computer ‖ ~regelband n (Film) / colour cinex test strip ‖ ~reinheit f / colour purity ‖ ~reinheitsgrad m (TV) / excitation purity ‖ ~reinheitsmagnet m (TV) / colour purity magnet ‖ ~reiz m / colour stimulus, chromatic stimulus ‖ ~richtig (Phot) / ortho[chromatic], orthoskiagraphic ‖ ~rolle f (Buch) / inking wheel ‖ ~roller m / paint roller ‖ ~rührwerk n (Buch) / ink agitator ‖ ~säckchen n (für Seenot) (Luftf, Schiff) / dye-marker ‖ ~salz n / colour salt ‖ ~sättigung, -stärke f (TV) / colour saturation ‖ ~sättigungs-Automatik f (TV) / automatic chrominance control, ACC ‖ ~sättigungs-Einsteller m (TV) / colour intensity control, saturation control ‖ ~satz m (Buch) / set of colour plates ‖ ~satz m (Leuchtgeschoß) / flare composition ‖ ~saum / colour fringe o. fringing o. edging ‖ ~schalter m (TV) / colour sampler ‖ ~schalter-Steuerungsimpuls m (TV) / sampling pulse ‖ ~schaltfrequenz f (TV) / colour sampling rate o. frequency ‖ ~schaltung f (TV) / colour sampling ‖ ~schattierung f / colour hue ‖ ~scheibe f (allg) / colour disk ‖ ~scheibe f, -filter m n (Phys, Phot) / colour[ed] filter o. screen ‖ ~scheibenrahmen m (Scheinwerfer) / frame of the coloured screen ‖ ~schicht f / colour coat ‖ ~schirm-Arbeitsplatz m / colour display workstation ‖ ~-Schirmbild n (DV) / colour display ‖ ~schmalfilm m / colour film 8 mm ‖ ~schreiber m (Meßinstr) / ink writer, inker ‖ ~schriftröhre f, Skiatron n (TV) / skiatron ‖ ~schwelle f (TV) / colour threshold ‖ ~signal n (TV) / colour signal ‖ ~signal n (Verkehr) / colour signal o. light ‖ ~signal-Phasenlageeinstellung f (TV) / colour phasing, colour framing ‖ ~skala f, Farbenreihe f / colour scale ‖ ~skala f von Thermofarben / colour scale of temperature ‖ ~spatel m, -spachtel m (Buch) / ink slice, spatula, ink slab ‖ ~sperre f, -sperrimpuls m (TV) / colour killer ‖ ~sperrstufe f (TV) / colour blocking stage ‖ ~spritzapparat m (Photogravüre) / paint spraying apparatus ‖ ~spritzen, spritzen / spray-coat, -paint ‖ ~spritzen n / paint spraying ‖ ~spritzer m pl (außerhalb des Zeichens) (Drucker) / splatters pl ‖ ~spritzpistole f / [paint] spray gun o. sprayer ‖ ~stärke f, -kraft f / colouring o. dyeing o. staining power ‖ ~stärke f, -intensität f / depth o. intensity o. strength of colour ‖ ~stich m / colour cast ‖ ~stift m / pastel [crayon], coloured crayon o. pencil
Farbstoff m / colour ‖ ~ (Färb) / dye[stuff], colorant (US) ‖ in Wasser suspendierter ~ / aqueous dye dispersion ‖ ~-Auflösung f, -solubilisierung f / dyestuff solubilizing ‖ ~aufnahme f (Textil) / dye uptake o. pick-up ‖ ~-Dispersion f / dyestuff dispersion ‖ ~industrie f / dyestuff industry ‖ ~laser m / dye laser ‖ ~prüfung f auf Ausbluten / bleeding test ‖ ~pulver n (Textil) / dye[stuff] powder ‖ ~rezept n / dye formulation
Farb·strahldruckwerk n (DIN 9784) / ink jet printer ‖ ~streifen (o. Stoffstreifen) (Webfehler in Schußrichtung) / weft streak o. stripe, filling streak ‖ ~streifenkamera f (TV) / colour stripe camera ‖ ~stufung f / softening of colours, toning down ‖ ~synchronimpuls m, -impuls m (TV) / chrominance sync o. signal, chrom. sig. ‖ ~synchron[isier]signal n (TV) / colour sync[hronization] burst ‖ ~synchronismus, -gleichlauf m / colour sync[hronization] ‖ ~synchronsignal n (TV) / colour burst ‖ ~tafel f / colour chart ‖ ~tafel f (nach CIE), -dreieck n / chromaticity diagram, colour triangle ‖ ~teilbild n (TV) / colour frame ‖ ~teiler m (TV) / colour splitter ‖ ~temperatur f / colour temperature ‖ ~testbild n / colour test pattern ‖ ~testbildgenerator m (TV) / colour test pattern generator ‖ ~tiefe f / depth of colour o. shade ‖ ~tiefestandard m / depth of shade standard ‖ ~ton m, Nuance f / shade of colour, hue ‖ ~ton m, Tönung f, Schattierung f / tint, tinge, tonality ‖

⤙ton m (Phot) / tint, colour, tone ‖ ⤙ton m, Chrominanz f (Opt) / chrominance ‖ ⤙ton-Einsteller m (TV) / hue control ‖ ~tongleich (Opt) / dominant ‖ ~tongleiche Wellenlänge (Phot) / dominant wavelength ‖ ⤙tongleichheit, Dominanz f (Opt) / dominance ‖ ⤙tonkreis m / chromatic circle ‖ ~tonrichtig, farbtreu / colour sensitive ‖ ⤙tontrennung f (Opt) / colour tone separation ‖ ⤙tonübereinstimmung f / conformity in shade ‖ ⤙ton und -sättigung f, Chroma n (TV) / chroma ‖ ⤙ton- und Sättigungsregelung f (TV) / chroma[ticity] control ‖ ⤙tonung f (Phot) / dye toning ‖ ⤙tönung f / tint, tinge, tonality ‖ ⤙tönung f, Nuance f / hue ‖ ⤙ton-Unterscheidungsvermögen n (Physiol) / hue sensibility ‖ ⤙topf m / paint pot

Farbträger, Träger m / medium ‖ ⤙, Chromophor m / chromophore ‖ ⤙ (Opt, TV) / chrominance subcarrier ‖ ⤙falle f (TV) / colour subcarrier trap ‖ ⤙generator m mit Verkoppler / colour frequency standard ‖ ⤙oszillator m / colour carrier reinsertion oscillator ‖ ⤙synchronimpuls m, -synchronsignal n / burst [signal] (N.T.S.C.television) ‖ ⤙verkopppler m (TV) / colour subcarrier coupler

Farb·trennfilter n / colour separation filter ‖ ~treu / colour sensitive ‖ ⤙treue f / colour fidelity ‖ ⤙tripel n (TV) / colour triad ‖ ⤙tuch n (Buch, DV) / printing cloth, carbon silk ‖ ⤙völlige ⤙übereinstimmung / colour match ‖ ⤙übergang m (TV) / colour transition ‖ ⤙übersättigung f (TV) / colour overload ‖ ⤙übersprechen n (TV) / cross colour ‖ ⤙übertragwalze f (Buch) / ink transfer roller ‖ ⤙umkehrfilm m / colour reversal film ‖ ⤙umschlag m, Farbwechsel m / colour change ‖ ⤙umschlag m (z. B. im Labrador) (Min) / labradorescence ‖ ⤙umstimmung f / change of chromatic adaptation ‖ ~unecht / discolouring, fading ‖ ~unecht sein / part with colour, let go the colour, stain

Färbung f / colouring, coloring (US) ‖ ⤙ (Textil) / dyeing ‖ ⤙, Anstrich m / painting ‖ ⤙, Farbe f (als Erscheinung) / colour ‖ ⤙ lebender Zellen / intra-vitam staining ‖ ⤙ dunkelgetönte ⤙ / shade ‖ [nachträgliche] ⤙ des Films / staining

Färbungsmittel n (Textil) / stain

Farb·unruhe f / uneven dye ‖ ⤙unterdrücker, -austaster m (TV) / colour killer ‖ ⤙unterscheidungsvermögen n / colour difference sensitivity ‖ ⤙valenz f / colour stimulus specification ‖ ⤙valenzeinheiten f pl / trichromatic units pl ‖ ⤙valenzflimmern n (TV) / colour flicker[ing] o. jitter ‖ ⤙vektorskop n (TV) / vectorscope ‖ ⤙verbrauch m (Buch) / ink consumption ‖ ⤙verfälschung f, -untreue f (Phot) / colour distortion, colour purity error, colour registration error ‖ ⤙verfälschung f (TV) / colour distortion ‖ ⤙vergleich m, -prüfung f / colour test ‖ ⤙vergrößerungsapparat m (Phot) / colour enlarger ‖ ⤙verreibung f (Buch) / ink distribution

Farbverreib·walze f, -zylinder m / ink distributing roller

Farb·vertiefung f / colour intensification ‖ ⤙vertiefung f, Schwärzung f (Pap) / blackening ‖ ⤙vertiefung f (Galv) / colouring off, coloring (US) ‖ ⤙verzerrung f (TV) / colour contamination ‖ ⤙videokassetten-Aufzeichnungs- und -wiedergabegerät n / colour cartridge video recorder reproducer ‖ ⤙-Video-Signal n (TV) / colour video signal ‖ ⤙walze f (Buch) / composition o. distributor o. inking cylinder o. roller ‖ ⤙walze f (Textil) / dye-feeding roller ‖ ⤙werk n (Buch) / inking system o. unit, inker unit ‖ ⤙wert m (Farblehre) / tristimulus value of a light ‖ ⤙wert der Spektralreize, Spektralwert m / tristimulus value of the spectrum ‖ ⤙wertanteil m, Farbwertkoordinate f / chromaticity coordinate ‖ ⤙wertkontrollgerät n (TV) / primary signal monitor ‖ ⤙wertregler m (TV) / hue control ‖ ⤙wertsignal n (TV) / colour o. primary signal ‖ ⤙wertverschiebung f / colour contamination ‖ ⤙wiedergabe f / colour rendering o. rendition, colour reproduction ‖

⤙wiedergabetreue, -wiedergabegüte, -natürlichkeit f (TV) / fidelity of colour reproduction ‖ ⤙zeiger m (TV) / colour phasor ‖ ⤙zeitfehlerausgleichung f (TV) / colour time base correction, CTBC ‖ ⤙zentrum n (Halbl) / F-center ‖ ⤙zerlegung f / colour splitting

Farin m (Zucker) / cassonade

Farm f, Landwirtschaft f / farm, location (Australia)

Farmerscher Abschwächer (Phot) / Farmer's reducer

Farmerzange f / fencing pliers pl

Farm·sonnenkraftwerk n / solar power farm, solar farm, solar power plant o. station ‖ ⤙wolle f / range wool (US)

Farnsworthröhre f, Dissektorröhre f (TV) / Farnsworth tube

fas (free alongside ship) / fas, f.a.s.

Faschine f, Reisigbündel n (Hydr) / fascine, bush, faggot, fagot ‖ kräftige ⤙ (Hydr) / saucisse, -cisson

Faschinen·bau m (Hydr) / fascine work ‖ ⤙damm m, Wurstdamm m / sausage dam ‖ ⤙drän m / fascine drain ‖ ⤙matte f / fascine mattress ‖ ⤙walze f (dicker als Wurst) / heavy-type wipped fascine, sausage construction ‖ ⤙wurst, Sinklage f (Hydr) / water fascine

Fase f (Masch) / bezel, basil ‖ ⤙, abgefaste Kante (Holz) / chamfer ‖ ⤙, abgefaste Kante (Palette) / chamfer, deckboard chamfer ‖ ⤙, Führungsfase f (Werkz) / land, heel ‖ ⤙ des Spiralbohrers / land ‖ ⤙brett n (Zimm) / chamfered board, tongued and grooved

fasen, abfasen / chamfer ‖ ⤙ [von Kanten] / bevelling, chamfering ‖ ⤙breite f (Bohrer) / width of land, land width ‖ ⤙freiwinkel m (Wzm) / [first] tool orthogonal clearance ‖ ⤙freiwinkel m (Räumwz) / land angle of the flank ‖ ⤙keilwinkel m (Wzm) / first tool orthogonal wedge angle ‖ ⤙ring m (Mot) / taper-face piston ring ‖ ⤙spanwinkel m (Räumwz) / land angle of the face ‖ ⤙winkel m / angle of the bezel

Faser f (allg) / fibre (GB), fiber (US) ‖ ⤙, Fiber f, Stapel m (Qualitätsbegriff) (Textil) / staple ‖ ⤙, Fäserchen n (Web) / fibril ‖ ⤙n f pl, Werg n (Flachs) / harl ‖ ⤙ f mit gleichmäßigem Durchmesser (Textil) / true fiber ‖ ⤙ quer zum Format (Pap) / crossgrain ‖ ⤙ mit ⤙ in Längsrichtung des Formats (Pap) / in format direction ‖ mit der ⤙ / with the grain ‖ quer zur ⤙ / across the grain ‖ ⤙ablage f (Spinn) / fiber baling ‖ ⤙achse f / fiber axis ‖ ⤙affinität f / fiber affinity ‖ ⤙asbest m / fibrous asbestos, mineral flax ‖ ⤙aufschluß m (Pap) / development of fibres ‖ ⤙band n (Spinn) / sliver, card sliver, fiber band, slubbing ‖ ⤙bart m, -büschel n (Spinn) / tuft ‖ ⤙bart m, -riste f (Flachs) / strick of flax o. hemp ‖ ⤙baryt f / fibrous spar ‖ ⤙beton n / fiber concrete ‖ ~bildend / fibrogen, fiber forming ‖ ⤙bündel n / fiber bunch o. bundle ‖ ⤙bündel n, -büschel n (Baumwolle) / cotton flock ‖ ⤙bündelung f / fiber bunching

Fäserchen n, Fibrille f / fibril

Faser·dämmplatte f (aus Glasfasern) / fibrous glass mat ‖ ⤙dämmstoff m / fiber deadening material, fibrous insulating material ‖ ⤙diagramm n (Krist) / fiber diagram ‖ ⤙durchlauf m (Spinn) / flow of fibers ‖ ⤙einlage f (Seil) / fiber core ‖ ⤙fänger m (Zuck) / pulp catcher, cush-cush o. trash elevator and strainer ‖ ⤙fett n / fiber grease ‖ ⤙filter m n / fiber filter ‖ ⤙flor m, [Faser]vlies n (Textil) / fibrous web, card web ‖ ~förmiges Aluminiumoxid / faserton[erde] ‖ ⤙-Fraktioniergerät n (Pap) / pulp fiber classifier ‖ ⤙fraktionierung f / fiber classification ‖ ⤙füllstoff m (Plast) / fiber-filler ‖ ⤙gemisch n (Textil) / union, fiber blend o. mixture ‖ ⤙gewebe n (Textil) / fibrous tissue ‖ ⤙gewicht n / dry fibre weight ‖ ⤙gips m / fibrous gypsum, English talc ‖ ⤙gitter n (Krist) / fibrous grid ‖ ⤙gut n / spinning material o. matter, fiber material ‖ ⤙holz n, Zellstoffholz n (Pap) / pulp wood

faserig / stringy, thready, fibrous ‖ ~, knotig (Pap) / rough, knotty ‖ ~, spinnstoffartig / fibrous, filamentous ‖ ~, sehnig (Fleisch, Kohle, Marmor) / stringy ‖ ~, faserförmig / filamentary, filamentous ‖ ~er Alaun / fibrous alum ‖ ~er Anthrazit / fibrous anthracite ‖ ~e Beschaffenheit / fibrousness ‖ ~er Brauneisenstein, brauner Glaskopf / fibrous brown iron ore ‖ ~er Bruch / fibrous fracture ‖ ~es Pulver / fibrous powder ‖ ~-zellig / fibrinous cellular

Faser·kalk m, Atlasspat m / satin spar ‖ ~klumpen, -klotz m, Knolle f (Baumwolle) / cotton lump ‖ ~kohle f / fibrous coal ‖ ~kreisel m / fiber optical gyro ‖ ~kunstleder n / artificial skin ‖ ~länge f / fiber length ‖ ~längenmeßgerät n / fiber length tester ‖ ~laufrichtung f, -längsrichtung f (Pap) / grain direction, machine direction ‖ ~lichtleiter m / glass- o. fiber-optic[al] light guide ‖ ~metall n / fiber metal ‖ ~metallurgie f / fiber metallurgy ‖ ~mischung f (Textil) / fiber blend

fasern vt, abfasern / fray [out], ravel [out], fuzz

Faser·neigung f (Holz) / inclination of the fibers ‖ ~optik f, Bildleitstab m / fiber optics ‖ ~optikbeleuchtung f (Instr) / illumination by fiber optics ‖ ~orientierung f in der Längsrichtung / fiber alignment ‖ ~pflanze f / fibrous plant ‖ ~platte f (Opt) / fiber plate ‖ ~plattenpresse f (Holz) / fiber press ‖ ~protein n / fibrous protein ‖ grünlichgrauer ~quarz (Min) / cat's eye ‖ ~richtung f (Holz) / grain ‖ ~richtung, Maschinenrichtung f (Pap) / machine o. long direction ‖ ~rinne f (Zuck) / trash gutter ‖ ~rohstoff m / textile raw material ‖ ~schicht f / layer of fibers ‖ ~schicht f (Pap) / furnish layer ‖ ~schichtglas n / ply glass ‖ ~schliere f / stria ‖ ~schonend / fiber preserving ‖ ~schutz m, -schutzmittel n (Tensid) / fiber protecting agent ‖ ~seele f (Seil) / fiber core ‖ ~seil n / rope from [natural o. synthetic] fibers ‖ ~serpentin m (Min) / chrysotile, Canadian asbestos ‖ ~staub m (Textil) / flue, fiber dust ‖ ~stift m, Filzstift m / felt tip pencil ‖ ~stoff m (allg) / fibrous material o. substance ‖ ~stoff m (Zuck) / [fine] trash, cush-cush ‖ ~stoffhaltig, faserig / fibrous ‖ ~stoffisolierung, -stoffisolation f / fibrous insulation ‖ ~stoffkabel n / fiber covered cable ‖ ~stoff-Lage f, Faserstoffbahn f (Pap) / web ‖ ~stoffplatte, Hartpappe f / fiberboard ‖ ~stoffschicht f (Pap) / furnish layer ‖ ~stoffumhüllung f (Elektr) / fabric sheath ‖ ~stoffzusammensetzung f (Pap) / fiber composition ‖ ~struktur f / fiber pattern o. structure, fibrous structure ‖ ~talk m / fibrous talc ‖ ~torf m / fibrous peat

Faserung f (Opt) / fibrillation ‖ ~ (Plast) / fiber show

Faser·verbundwerkstoff m / fiber reinforced material, fiber composite [prepreg] ‖ ~verlauf m (Schm, Stahl) / fiber orientation ‖ ~verstärkt (Plast) / fiber reinforced ‖ ~verstärktes Metall / fiber reinforced metal ‖ ~verstärkter Kunststoff, FK / fiber reinforced plastic ‖ ~vlies, Nonwowen n (Vliesstoff) (Textil) / nonwoven, spunbonded tissue, fibrous web ‖ ~werkstoff m / composite fiber material ‖ ~zahl f / number of fibers ‖ ~zahl f / fiber count, number of fibers ‖ ~zeichen n (im Papiergeld) (Pap) / thread mark ‖ ~zement m / asbestos ciment, transite ‖ ~zeolith, Phillipsit m (Min) / phillipsite ‖ ~-zu-Faser-Bindung f (Pap) / interfibre bonding

Faß n / cask, barrel ‖ ~ (Gerb) / tanning pit o. drum ‖ ~, Darrel n (159 1) (Petroleum) / barrel ‖ ~, (große) Tonne f (= 252 gallons) / tun ‖ ~ für trockene Waren, Packfaß n / keg, cask for dry goods ‖ ~ je Minute (Öl) / bpm, barrels per min ‖ ~ je Tag (Öl) / b/d, barrels per day ‖ ~ von 82 l / kilderkin ‖ ~ Wasser je Tag (Öl) / bwpd, barrels of water per day ‖ auf Fässer füllen (Brau) / barrel v ‖ großes ~ / vat, tub ‖ kleines ~ / small cask ‖ vom ~ (Brau) / on draught ‖ ~abfüllen n / barrel filling

Fassade, Straßenfront f (Bau) / façade, facade, front, face

Fassaden·elemente n pl / cladding panels pl ‖ ~farbe f / house paint ‖ ~gerüst n / façade scaffolding ‖ ~gliederung f / membering of façades ‖ ~kollektor m (Sonnenwärme) / vertical collector ‖ ~lift m (zum Reinigen) / façade elevator ‖ ~maurer m (Bau) / pointer

‖ ~platte f, Verkleidungsplatte f / facing tile ‖ ~putz m / facing plaster ‖ ~stein m, -ziegel m / facing brick ‖ hartgebrannter ~stein (Bau) / facing pavior ‖ ~-Traggerüst n / supporting structure of the façade ‖ ~verkleidung f / curtain wall

Fassait m (Min) / fassaite

Faß·anhänger m (Kfz) / barrel carrying trailer ‖ ~aufzug, -elevator m / barrel elevator ‖ ~ausleuchtlampe f / barrel inspection lamp ‖ ~bauch m, -bauchung f / belly of a cask, bilge o. bulge of a barrel ‖ ~bier n / beer on draught, draught o. keg beer ‖ ~boden m / barrel head

Fäßchen n / small cask

Faßdaube f / stave, sideboard, shingle

fassen vt, ergreifen / grasp [at], catch, get hold [of] ‖ ~ (Wasserkraft) (Hydr) / harness [water power] ‖ ~, einfassen / border ‖ ~, enthalten / hold, contain ‖ ~, einsetzen (Edelsteine) / enchase, set, mount ‖ ~ vi (Mörtel, Leim) / set, cement well, harden ‖ ~, ziehen (Pumpe) / work ‖ ~, Greifen n (Walzenbrecher) / nip ‖ ~ n, Fassung f (Edelsteine) / setting ‖ ~ der Räder / bite of the wheels ‖ eine Quelle ~ (Hydr) / tap a spring ‖ mit den Händen ~ / grab, grasp, grip ‖ mit der Zange ~ / tong vt, grasp with tongs ‖ Wasser ~ (Bergb) / gather water ‖ Wetter ~ (Bergb) / build ventilators

Fasser m (Arbeiter) (Opt) / setter

Faß·fabrik f / cask manufactory, cooperage ‖ ~färbung f / drum dyeing ‖ ~förmig / barrel-shaped ‖ ~gärung f (Brau) / cask fermentation ‖ ~gärung f (Obergärung, Brau) / union system, cleansing system in casks ‖ ~geläger n, -hefe f (Brau) / cask deposit, bottoms pl ‖ ~gerbung f / drum tannage ‖ ~hahn, Zapfen m / faucet, spigot ‖ ~holz n, Böttcherholz n / stave wood, wood for making barrels ‖ ~kühler m / drum o. barrel (US) radiator ‖ ~lager n (ein Gestell) (Brau) / gantry, gauntry, gantree, stillage, settles pl ‖ ~lagergestell n / barrel storage stack ‖ ~lagergestell, -lagergerüst n (Chem) / drum storage stack ‖ ~öl n / packed petroleum

Fasson f / fashion, make, form, shape ‖ ~... s. auch Form... ‖ ~arbeit f (Dreh) / profiling ‖ ~automat m, -drehmaschine f / automatic forming machine ‖ ~beleimung f (Buchb) / stencil glueing ‖ ~draht m, Profildraht m / profile[d] o. figured wire ‖ ~drehbank, -drehmaschine f / profiling lathe ‖ ~drehteile m n pl (Wzm) / repetition work, screw manchine parts pl ‖ ~hobel m, Stabhobel m / mo[u]lding plane ‖ ~[ier]arbeit, Formarbeit f (Wzm) / form[ing] work, shaping, form turning

fassonieren, formen / shape, form v ‖ ~, façonieren (Web) / fashion vt

Fassonkernstütze f / contoured chaplet

Faß·pichmaschine f / barrel pitching machine ‖ ~pumpe f / drum o. barrel pump ‖ ~-Putzmaschine, -Scheuermaschine f / cask scrubbing machine ‖ ~reif[en] m / barrel hoop ‖ ~reifenbandstahl m / supporting hoop for barrels ‖ ~riegel m / crossbeam of the barrel ‖ ~roller m / barrel rolling device ‖ ~spund m, Spundloch n / bunghole, bung ‖ ~tonne f, -boje f (Schiff) / cask buoy ‖ ~transportgestell n, Faßpalette f / dunnage (US)

Fassung f / holder ‖ ~, Fassen n, Einsetzen n der Diamanten (Edelsteine) / mount[ing], setting ‖ ~ (Quelle) / catching of a source o. spring, water catchment (z.B. von Bächen) / harness ‖ ~, Halterung f (Masch) / mounting ‖ ~, Träger m (Opt) / mount ‖ ~ (Leuchtstofflampe) / bracket for fluorescent tube ‖ ~ (Elektr, Lampe) / lampholder, lamp holder o. socket ‖ ~, Formulierung f / formulation ‖ ~ der Sicherung (Elektr) / fuse holder ‖ ~ des Ziehrings / case of a drawing die ‖ ~ mit Schalter, Hahnfassung f (Elektr) / switch [lamp]holder o. socket ‖ ~ optischer Instrumente / mounting of optical instruments, casing ‖ schließbare ~ (Hydr) / flow regulating water chamber

Fassungs·lehre f (Lampe) / holder gauge ‖ ~raum m, -vermögen n / cubical contents pl, capacity ‖ ~ring m

(Meßblende) / holding ring ‖ **~steckdose** f,
Schraubstecker m (für Lampenfassungen) / plug
adapter, lampholder plug ‖ **~vermögen** n / [volumetric]
capacity, content ‖ **~vermögen** n **in cbft** / bale cubic
capacity

Faß·verschluß m, -verschlußmutter f / barrel nut ‖
~wagen m (Bahn) / cask o. tun wagon ‖ **~wickler** m
(Draht) / pail o. drum o. draw pack, pay-off pack, D-
pack ‖ **~zapfen** m / racking faucet, spile-pin, spile,
bung

fast das gesamte Gebiet / almost the whole territory

Fast-Back-Karosserie f (Kfz) / fast-back [body]

Fast·ebene f (Math) / peneplain ‖ **~periodisch** / almost
periodical

FAST-Turbine f (Luftf) / FAST (= fan and supersonic
turbine)

faul, verrottet / rotten ‖ ~, verdorben / foul, putrid ‖ ~
(Obst) / unsound ‖ **~er Ast o.** Knorren / unsound knot ‖
~ästig (Holz) / unsound, with rotten knots ‖ **~becken** n,
-behälter m (Abwasser) / septic tank ‖ **~brüchig** (Gieß) /
short-brittle ‖ **~bütte** f, Lumpenfäule f (Pap) / rotting
vat

Fäule f, Fäulnis f (Holz) / decay, rot, putridity ‖ ~ (Landw)
/ rot

faulen, verderben / decompose ‖ ~, vermodern / decay ‖
~, in Fäulnis übergehen / putrefy, rot ‖ ~, mauken
(Keram) / ferment ‖ ~ n, Verfaulen n / putrescence ‖ ~,
Faulenlassen n, Mazerieren n (Pap) / fermentation ‖ **zum**
~ bringen / rot

faulend / putrescent ‖ **~e Gärung** / putrefactive
fermentation

Faulen·lassen n (Pap) / fermentation, rotting

Faul·gärung f (Fäulung durch Alkalien) / alkalescence,
-ency, putrefaction by alkali[e]s ‖ **~gas**, Biogas n /
fermentation o. manure gas, biogas

faulig, schlammig / feculent ‖ ~, übelriechend / putrid ‖
~es Abwasser / septic sewage ‖ **~er Geruch**, Gestank
m / putrid smell

Fäulnis f, Fäule f / rottenness, rot, decay, putridity,
putridness, decomposition ‖ **in ~ übergehen** / putrefy,
rot ‖ **~bakterieninfektion** f / putrid infection ‖
~bakterium n / putrefactive bacterium ‖ **~beständig**,
-fest / rot-proof, decay-resistant ‖ **~erregend**,
saprogen / saprogenous ‖ **~fähig**, -erregend /
putrefactive ‖ **~fähig** / putrescible ‖ **~gärung** f /
putrefactive fermentation ‖ **~prozeß** m / [process of]
putrefaction ‖ **~schutz** m / rot protection ‖
~schutzbeize f (Textil) / rotsteep ‖ **~verhütend**,
-widrig / antifouling, -septic, antirot

Faul·raum m (Abwasser) / digestion tank ‖ **~[raum]wasser**
n (Abwasser) / supernatant liquor ‖ **~schlamm** m,
Sapropel n / faulschlamm, sapropel ‖ **~schlamm** m
(Abwasser) / digested sludge ‖ **gallertartiger ~schlamm**
/ saprocol, sapropel ‖ **~[schlamm]gas** n / digester o.
sewer gas ‖ **~schlammkohle** f / sapropel coal ‖
~verfahren n, Fermentieren n (Seide) / fermentation
method

Fauna f / fauna ‖ ~ **u. Flora des Meeresbodens in 200-
800 m Tiefe** / mesobenthos

Fauréplatte f (Akku) / Fauré plate, pasted plate

Fauserverfahren n (Chem, Dünger) / Fauser process

Faust f / fist ‖ **~achse** f (Kfz) / stub axle ‖ **kugeliges
~eisen** (Schm) / socket

Fäustel m (DIN 6475) (Masch) / [double face] sledge
hammer ‖ ~, Handfäustel m (Bergb) / sledge ‖ **großer
~ zum Einkeilen der Kohlen**, Schlägel m (Bergb) /
sledge hammer, sledge

Faust·feuerwaffe f / small-arm ‖ **~formel**, -regel f / rule-
of-thumb, thumbrule, snap regula ‖ **~hammer** m,
kleiner Hammer (Bau) / tile hammer ‖ **~handschuh** m /
mitten ‖ **~hobel** m (Tischl) / small plane ‖ **~säge** f,
Handsäge f / hand saw ‖ **~säge** f (Steinbearbeitung) / stone
saw ‖ **~schere** f (Werkz) / snips pl

Fayalit m (Min) / fayalite, iron chrysolite o. olivine

Fayence, Majolika f / faience, fayance ‖ **~blau** n,
Englischblau n / China o. porcelain blue, English blue

Fazies f (Geol) / facies

Fazit, Endergebnis n / upshot

FBA (Fernm) = Fernmeldebauamt

FBAS-Signal n, Farbbildaustastsynchronsignal n (TV) /
composite [video] signal colour correction, CSCC

FBO (Fernm) = Fernmeldebauordnung ‖ ~ =
Fernmeldebetriebsordnung

FB-Verfahren n (Schweiß) / flux-backing method

FBW (Steuerung) (Luftf) / Fly By Wire

FCC = Federal Communications Commission

FCC-Emissionsrichtlinien f pl / FCC emission guidelines
pl

F-Darstellung f (Radar) / F-display

FDC = Betriebsdatenerfassung

FDMA-System n (Satellit) (= frequency division
multiplex access) / frequency-division multiplex-access
system, FDMA-system

FDR (Nukl) = fortgeschrittener Druckwasser-Reaktor

F&E, Forschung und Entwicklung / R & D, research and
development

Feature n, Dokumentarsendung f (TV, Radio) / feature,
documentary ‖ ~, Hauptfilm m (TV) / feature [film] ‖
~s n pl (TV) / features pl

Fechner-Benham-Farben f pl / Fechner colours pl

Feder, Sprungfeder f (Masch) / spring ‖ ~ f (Tischl) / tongue
[for grooves] ‖ ~, Längskeil m (Masch) / key ‖ **~...,**
Haar... / plumose ‖ ~ **am Hammer** / hammer strap ‖ ~
für Breitenverbindung (Tischl) / match splint ‖ ~ **für
erste Kontaktgabe** (Relais) / fly spring ‖ ~ **für
Hämmer** / hammer strap ‖ ~ **mit konstantem Moment**
/ negator spring ‖ ~ **und Nut** (Masch) / key and slot ‖ ~
und Nut, Nut und Feder (Tischl) / tongue and groove
‖ ~ **unter dem Kupplungsbelag** (Kfz) / spring insert o.
plunger ‖ ~ **unter der Achse** (Kfz) / underslung spring ‖
auf ~ setzen, mit Federn versehen / spring v ‖ **mit
einer ~**, federnd / fitted with a spring ‖ **quer
geschnittene ~** (Zimm) / midfeather (ploughed and
tongued joint) ‖ **~alaun** m / feather alum, halotrichite ‖
~anordnung f (Masch) / springs pl ‖ **~anschlußklemme**
f / spring terminal ‖ **~antrieb** m, -motor m, -werk n /
spring drive o. motor o. work, clock movement,
clockwork [motion] ‖ **mit ~antrieb** / clockwork driven
‖ **~apparat** m (Presse) / spring holder attachment ‖
~arbeit f / cushioning action of spring ‖ **~aufhängung**
f / spring suspension ‖ **~auflage** f (Relais) / buffer block
‖ **~auge** n / rolled end of a spring ‖ **~auswerfer** m
(Plast) / spring ejector ‖ **~balgventil** n / bellows-seal[ed]
valve

Federband m, -bandstahl n / spring band steel

Feder·band, Pendeltürband n / spring hinge for swing
doors ‖ **~band** n s. auch Federbride ‖
~band-Biegeversuch m / spring strip bending test ‖
~bandkupplung f / spring band coupling ‖
~bandkupplung f (ausrückbar) / coil clutch ‖
~bandstahl m / spring band steel ‖ **~barometer** n /
aneroid barometer ‖ **~befestigung** f, -klemme f / spring
anchor ‖ **~bein** n (Kfz) / MacPherson strut unit ‖ **~bein**
n, -strebe f (Luftf) / telescopic leg o. strut, shock
absorbing leg ‖ **~belastet** / spring-weighed o. -loaded,
spring biased ‖ **~belastetes Sicherheitsventil** / spring
safety valve ‖ **~belastetes Ventil** / ungeared valve,
automatic valve ‖ **~belastung** f / spring weight o.
loading ‖ **~biegegrenze** f, Biegeelastizitätsgrenze f /
bending yield limit ‖ **~blatt** n / spring leaf o. blade o.
plate ‖ **oberstes ~blatt** / top leaf o. blade of a spring ‖
~blattspreizer m / spring leaf opener, spring separator
‖ **~blattstahl** m / spring steel plate ‖ **~blech** n / spring
steel sheet ‖ **~bock** m, -stütze f / spring bracket,
suspension bracket ‖ **~bolzen** m / spring bolt ‖
~bolzen-Zungenprüfer m (Bahn) / plunger proving of
switch blades ‖ **~bride** f (Kfz) / shackle, strap ‖ **~bruch**
m / spring fracture ‖ **~buchse** f / spring bushing ‖

⁓bügel *m* (DIN), -bund *m* (Kfz) / shackle, strap, spring clip, spring band o. buckle ‖ **⁓charakteristik** *f* / spring characteristic ‖ **⁓deckscheibe** *f* (Uhr) / mainspring cover ‖ **⁓dehnung** *f*, -weg *m* der Zugfeder / spring travel ‖ **⁓diagramm** *n* / load deformation curve of springs ‖ **⁓draht** *m* / spring wire ‖ **⁓druck** *m* / spring pressure ‖ **unter ⁓druck [stehend]** / spring urged ‖ **⁓druckkörner** *m* / automatic center punch ‖ **⁓dynamometer** *n*, -waage *f* / spring dynamometer ‖ **~elastisches Vakuummeter** / elastic element gauge ‖ **⁓erz** *n*, Heteromorphit *m* (Min) / plumose antimonial ore, federerz ‖ **~führendes Unternehmen** / enterprise acting as main contractor ‖ **⁓gabel** *f* (Kfz) / spring fork ‖ **⁓gamasche** *f*, -schutz *m* (Kfz) / spring cover o. gaiter ‖ **⁓gehänge** *n* (Kfz) / spring suspension pin ‖ **⁓gehäuse**, -haus *n* (Uhr) / spring barrel o. box ‖ **⁓gesperr** *n* (Uhr) / click[ing] spring ‖ **~gesteuertes Hilfsruder** (Luftf) / spring tab ‖ **⁓getriebe** *n* (Mech) / spring-actuated mechanism ‖ **⁓gips** *m* / fibrous gypsum ‖ **⁓griff** *m*, -handfalle *f* (Schloss) / spring catch ‖ **⁓grubber** *m* (Landw) / spring-tine cultivator ‖ **⁓grundplatte** *f* **für Blattfedern** / spring link washer bearing, plate for laminated springs ‖ **⁓haken** *m*, Karabiner *m* / carbine swivel, spring hook o. snap, trigger snap, clipper ‖ **⁓hammer** *m* (Schm) / spring hammer, dead stroke hammer ‖ **⁓hand** *f*, -arm *m* (Kfz) / spring bracket [arm] o. carrier [arm] ‖ **~hart**, hart geschmiedet / cold-hammered, cool-hammered ‖ **~hart werden** / become springy ‖ **⁓haus** *n*, Federgehäuse *n* (Uhr) / spring barrel o. box ‖ **einseitig unterstütztes ⁓haus**, fliegendes Federhaus (Uhr) / hanging barrel ‖ **⁓hausbrücke** *f* (Uhr) / barrel bridge ‖ **⁓hauskern** *m* (Uhr) / barrel arbor o. core ‖ **⁓haustrommel** *f* (Uhr) / barrel drum ‖ **⁓heber** *m* / spring tongs *pl* ‖ **⁓hobel** *m* (Holz) / tongue plane ‖ **⁓kabelschuh** *m* / spring terminal ‖ **⁓kabeltrommel** *f*, -leitungsroller *m* (DIN) / spring cable reel ‖ **⁓kamm** *m* (Web) / spring comb, spring wraith ‖ **⁓kasten** *m* s. Federbügel ‖ **⁓kasten**, -stock *m* (Strumpf) / grooved spring bar ‖ **⁓kennlinie** *f*, -charakteristik *f* / spring characteristic ‖ **⁓kennung** *f* / spring rate ‖ **⁓kern** *m*, Federhauskern *m* (Uhr) / barrel arbor o. core ‖ **⁓kernstütze** *f* (Gieß) / spring chaplet, springer ‖ **⁓kissenapparat** *m* (Stanz) / spring-type die cushion ‖ **⁓klammer** *f*, -kasten *m* s. Federbügel ‖ **⁓klemme** *f* (Elektr) / spring terminal, snap-on clip ‖ **⁓klemme** *f*, -klammer *f* (Bahn) / elastic [rail] spike, resilient nailspike ‖ **⁓klinke** *f* / spring pawl ‖ **⁓klinke** *f* (Fernm) / spring jack ‖ **⁓konstante** *f* / spring rate o. constant ‖ **⁓kontakt** *m* / spring-finger connector ‖ **⁓kraft** *f*, Elastizität *f* / elasticity, elastic force ‖ **⁓kraft** *f*, Federungsvermögen *n* / spring resistance o. power ‖ **⁓kraft**, Schnellkraft *f* / springiness ‖ **⁓kraft**, Spannkraft *f* / resilience, resiliency ‖ **⁓kugellager** *n* / spring-loaded bearing ‖ **⁓kupplung** *f* / spring coupling o. clutch, wrap spring clutch ‖ **⁓lager** *n*, -bock *m* / spring hanger ‖ **⁓länge** *f* (vorgespannt) / loaded length of spring ‖ **⁓lasche** *f* / spring shackle, suspension shackle ‖ **⁓laufwerk** *n* s. Federmotor ‖ **⁓leichtpapier**, Dickdruckpapier *n* (Buch) / featherweight paper ‖ **⁓leiste** *f* (Elektronik) / female multipoint connector, multiple contact strip, multipole connector ‖ **⁓leitungsroller** *m* **für Kabel** (DIN) / spring cable reel ‖ **⁓manometer** *n* / spring manometer, spring pressure gauge ‖ **⁓manschette** *f*, -gamasche *f*, -schutz *m* / spring boot, spring cover o. gaiter ‖ **⁓matrize** *f* (Stanz) / spring-suspended die ‖ **⁓messer** *n* / pen knife ‖ **⁓motor** *m* s. Federantrieb ‖ **⁓mutter** *f* / spring nut

federn *vt*, abfedern / spring *vt*, cushion ‖ ~ *vi* / spring, be resilient o. elastic ‖ ⁓ *n*, federndes Nachgeben / springiness

Federnagel *m*, -klammer, -klemme *f* (Bahn) / elastic [rail] spike, resilient nailspike

federnd / springy, springable (US) ‖ ~, elastisch / resilient ‖ ~, dehnbar / elastic ‖ ~, mit Feder[n] / spring ..., spring mounted o. born, sprung ‖ ~, Dämpfungs... / antivibration... ‖ ~ (Röhrenfassung) / antimicrophonic ‖ **~es Achslager** / elastic journal box ‖ **~ angebracht**, auf Federn / spring-mounted ‖ **~er Anschlag** (Instr) / spring stop ‖ **~er Anschlag** (allg, Stanz) / buffer [stop] ‖ **~e Aufhängung** / spring mounting o. suspension, springing ‖ **~er Auswerfer** / spring-actuated ejector ‖ **~er Bremsstand** / spring test bench ‖ **~er Deckel** / spring-return cover ‖ **~e Durchbiegung** / elastic deflection ‖ **~er Einhängestift** (Stanz) / spring mounted pilot pin ‖ **~e Fächerscheibe**, außenverzahnt (DIN 6798 A) / external teeth fan type lock washer ‖ **~e Klappe** / feather valve ‖ **~er Klappsitz** / folding jump type seat ‖ **~e Klemme** / spring clip ‖ **~e Klemmplatte** (Bahn) / spring steel sleeper clip ‖ **~e Klinke** / spring trigger ‖ **~er Kontakt** / resilient contact ‖ **~er Kontakt**, Federkontakt *m* / spring contact ‖ **~es Lager** (Masch) / spring bearing ‖ **~e Sperrklinke** / spring pawl ‖ **~er Stab** (Mech) / spring rod ‖ **~er Stahlring**, Beilagering *m* (Mot) / elastic packing ring ‖ **~er Stift**, Federstift *m* / spring pin ‖ **~e Unterlegscheibe**, Spannscheibe *f* / elastic washer, spring washer ‖ **~e Vorderradgabel**, Teleskopgabel *f* (Motorrad) / spring fork ‖ **~er Vorreiber** (Fenster) / spring clamp ‖ **~e Weichenzunge**, Federschiene *f* (Bahn) / spring point o. tongue, spring switch blade ‖ **~e Zahnscheibe** / multi-teeth lockwasher ‖ **~e Zahnscheibe**, außen verzahnt (DIN 6797 A) / external teeth lock washer ‖ **~e Zahnscheibe für Senkschrauben o. tellerförmig** / multiteeth lockwasher, conical type ‖ **~e Zahnscheibe, innen verzahnt** (DIN 6797 J) / internal teeth lock washer ‖ **~-porös** (Materie) / lofty

Federn-Schwingprüfmaschine *f* / spring fatigue testing machine

Feder·paket *n* / spring assembly ‖ **⁓paketkupplung** *f* / laminated spring coupling ‖ **⁓pendel** *n*, -gehänge *n* (Bahn) / suspension pin ‖ **⁓platte** *f*, Plattenventil *n* / diaphragm ‖ **⁓plattenpumpe** *f*, Diaphragmapumpe *f* / diaphragm pump ‖ **⁓prüfmaschine** *f* / spring testing machine ‖ **⁓puffer** *m* / spring buffer, spring bumper pad ‖ **⁓rad** *n* (Uhr) / main o. power wheel ‖ **⁓regler** *m* / spring-loaded governor ‖ **⁓ring** *m*, -scheibe *f* / split washer, lock washer ‖ **doppelter ⁓ring** / double-wound spring lock washer ‖ **aufgebogener ⁓ring** / positive pattern lock washer ‖ **⁓ring** *m* **für Scheibenräder**, Limesring *m* / Limes-type conical spring washer ‖ **⁓ring** *m* **mit Schutzmantel** / spring lock washer with safety ring ‖ **⁓ring, gewölbt (o. gewellt)** s. Federscheibe ‖ **⁓ringscharnier** *n* (Zirkel) / spring ring hinge ‖ **⁓rohr** *n* / Bourdon tube, spiral element ‖ **⁓rollband** *n* (ein Maßband) / spring-return rule, spring tape measure ‖ **⁓rollenlager** *n* / flexible roller bearing ‖ **⁓rückenhefter**, Klemmrückenhefter *m* (Buch) / spring-back file ‖ **⁓rückfallweiche** *f* (Bahn) / spring points *pl* ‖ **⁓-Rückholeinrichtung** *f* / spring-return mechanism ‖ **⁓sattel** *m* / spring pivot seat ‖ **⁓sattelplatte** *f* / spring link washer ‖ **⁓satz**, Kontaktfedersatz *m* (Relais) / spring o. contact assembly o. stack, stack of contacts, pile-up, spring bank ‖ **⁓satz** *m*, Satz *m* Federn / set of springs ‖ **⁓schake** *f* / suspension ring ‖ **⁓schalbrett** *n* (Zimm) / feather-edge plank o. board ‖ **⁓schalter** *m* / snap switch, spring[-controlled] switch, switch with spring contacts ‖ **⁓schaltung** *f* / spring combination ‖ **⁓scheibe** *f* / flat spring ‖ **⁓scheibe** *f* (eine Unterlegscheibe) / spring washer, elastic washer ‖ **gewellte ⁓scheibe** / crinkled spring washer ‖ **gewölbte ⁓scheibe** / curved spring washer ‖ **tellerförmige ⁓scheibe** / conical spring washer ‖ **⁓schenkel** *m* / spring leg ‖ **⁓schiene** *f* (Bahn) / spring point o. tongue, spring switch blade ‖ **⁓schlag** *m* (Web) / spring picking ‖ **⁓schloß** *n* (Schl) / spring lock ‖ **⁓schraube** *f* (für Blattfedern) (Kfz) / spring bolt, center bolt for laminated leaf spring ‖ **⁓schuh** *m* (Kfz) / spring saddle ‖ **⁓schutz**

m / spring cover o. gaiter ‖ **⁓sicherung** *f* / spring retention ‖ **⁓spanner** *m*, -spannschraube *f* / spring vice o. trigger, spring clamp ‖ **⁓spannplatte** *f* / spring tension plate ‖ **⁓spannschraube** *f* (Bahn) / small suspension rod o. link ‖ **⁓spannung** *f*, -kraft *f* / spring tension ‖ **⁓spannung** *f* (Nähm) / automatic tension ‖ **⁓speicherbremse** *f* / spring-loaded brake ‖ **⁓speicher-Bremszylinder** *m* (Kfz) / spring brake actuator o. cylinder ‖ **⁓sperrad**, Schaltrad *n* / spring ratchet wheel ‖ **⁓spiel** *n* / deflection of a spring ‖ **⁓spitze** *f* der Schreibfeder / nib o. point of a pen ‖ **⁓spitzzirkel** *m* / spring callipers *pl* ‖ **⁓splint** *m* / W-clip ‖ **⁓sporn** *m* (Luftf) / shock absorbing tail skid ‖ **⁓stabstahl** *m* / spring steel bar ‖ **⁓stahl** *m* / spring steel ‖ **⁓stahldraht** *m* / spring steel wire ‖ **⁓steg** *m* (Armbanduhr) / spring pin ‖ **⁓steinlager** *f* / spring type cup bearing ‖ **⁓stift** *m*, -stütze *f* (Lok) / spring pin ‖ **⁓stift** *m*, -bolzen *m* / spring bolt ‖ **⁓stock**, -kasten *m* (Strumpf) / grooved spring bar ‖ **⁓stoßdämpfer** *m* (Kfz) / spring shock absorber ‖ **⁓strebe** *f* (Luftf) / compression strut ‖ **⁓strebe** *f*, -bein *n* (Luftf) / telescopic leg o. strut, shock absorbing leg ‖ **⁓strichprobe** *f* (Pap) / pen-and-ink test ‖ **⁓striegel** *m*, Dammbürste *f* (Landw) / ridge weeder unit, ridge comb ‖ **⁓stütze** *f* (Kfz) / spring support, spring bracket ‖ **⁓stütze** *f*, -bock *m* (Bahn) / spring bracket o. carrier, spring hanger o. support ‖ **⁓system** *n*, die Federn *f pl* / spring system ‖ **⁓taster** *m* / spring callipers *pl* ‖ **⁓[teil]zirkel** *m* / spring compass o. divider, bow compasses, [spring] bows *pl* ‖ **⁓teller** *m* / spring plate o. collar ‖ **⁓thermometer** *n* / spring type thermometer ‖ **⁓topfantrieb** *m* (Bahn) / flexible helical-spring coupling o. gear, helical spring gear ‖ **⁓trimmklappe** *f* (Luftf) / spring tab ‖ **⁓umschalter** *m* (Elektr) / spring commutator ‖ **⁓- und Nutverbindung** *f*, Nut- und Federverbindung *f* (Tischl) / feather-and-groove joint

Federung *f* / resilience, resiliency ‖ **⁓**, Nachgiebigkeit *f* / compliance of a spring, springiness ‖ **⁓**, Art der Federung / spring system ‖ **⁓** s. auch Federn ‖ **Arbeitsvermögen der ⁓** / work capacity of a spring [system]

Federungs·arbeit *f* (Mech) / work of elastic strain ‖ **⁓arbeit** *f* (Masch) / cushioning o. spring work o. action ‖ **⁓grenze** *f* / limit of springiness ‖ **⁓vermögen** *n*, Elastizität *f* / elasticity, springiness ‖ **⁓vermögen** *n*, Federkraft *f* / spring resistance o. power ‖ **⁓weg** *m*, Federweg *m* / range of spring, travel of the spring system, spring excursion

Feder·unterlage *f* / spring pad ‖ **⁓verschluß** *m*, Masseverschluß *m* (Waffe) / blowback action ‖ **⁓verschlußglied** *n* (Rollenkette) / spring-clip connecting ring ‖ **⁓vorstecker** *m*, gespaltener Vorstecker / spring cotter of a bolt ‖ **⁓waage** *f* / spring balance (GB) o. scale (US) ‖ **⁓weg** s. Federungsweg ‖ **⁓weiß** *n* / capillary alum ‖ **⁓weiß** *n*, Talk *m* / powdered lardstone ‖ **⁓werk**, Uhrwerk *n* / spring work ‖ **⁓werk** *n*, -triebwerk *n* s. Federantrieb ‖ **⁓wert** *m* / springiness value ‖ **⁓wickelautomat** *m* / automatic spring coiling o. winding machine ‖ **⁓wickler** *m* / spring coiler, spring winding device ‖ **⁓winder** *m* (Uhr) / main spring winder ‖ **⁓wolke** *f* / cirrus o. curl cloud ‖ **⁓zahngrubber** *m* (Landw) / spring-tine cultivator ‖ **⁓zange** *f* / [a pair of] tweezers, spring pincers *pl* ‖ **kleine ⁓zange** (Textil) / cloth nippers *pl* ‖ **⁓zaum** *m* (Uhr) / bridle for the main spring ‖ **⁓zirkel** *m* s. Federteilzirkel ‖ **⁓zugregister** (Textil) / spring reverse motion, undersprung motion for healds ‖ **⁓[zungen]weiche** *f* (Bahn) / point with flexible tongue ‖ **⁓zwischenplatte** *f* / intermediate spring link washer

Feedback *n*, Rückwirkungen *f pl* auf andere Bereiche (allg) / feedback ‖ **⁓**, Außenrücklauf *m* (DV) / feedback

Feeder *m*, Speisekabel *n* (Elektr) / feeder ‖ **⁓**, Antennenzuleitung *f* / feeder to antenna

Feed-Klärschlamm *m* / feed sludge

fegen, den Schornstein ⁓ / sweep the chimney

fehgrau (RAL 7000) / squirrel gray

Fehl·… / misfit… ‖ **⁓abmessung** *f* / faulty dimension o. size ‖ **⁓alarm** *m* / false alarm, spurious alarm ‖ **⁓alarmanteil** *m* / false alarm rate ‖ **⁓anflug** *m* (Luftf) / missed approach ‖ **⁓anflughöhe** *f* (Luftf) / missed approach altitude ‖ **⁓anflugverfahren** *n* (Luftf) / missed approach procedure ‖ **⁓angepaßt** / mismatched ‖ **⁓anpassung** *f*, falsche Anpassung (Funk) / mismatching ‖ **⁓anpassungsfaktor** *m* / mismatching rate ‖ **⁓anruf** *m* (Fernm) / lost call ‖ **⁓anzeige**, Falschanzeige, -weisung *f* / error in indication, indication error ‖ **⁓anzeige** *f*, -meldung *f* / nil return ‖ **⁓auslösung** *f* / spurious release ‖ **⁓austrag** *m* (Aufber) / misplaced material ‖ **⁓austrag** *m* (Aufbereitung), Fehlkorn *n* / outsize ‖ **⁓bedienung** *f* / operating error, maloperation, misoperation, operator's error ‖ **⁓betrag** [an] *m* / wantage [of], deficiency [of], shortcoming [of] ‖ **⁓boden**, Blindboden *m* (Bau) / dead floor, false ceiling ‖ **einfacher ⁓boden** / sound-boarded ceiling, sound floor ‖ **⁓druck** *m* (o. schmutziger Druck) (Buch) / misprint, foul impression ‖ **⁓einstellung** *f* (Regeln) / misadjustment ‖ **⁓eintastung** *f* (DV) / keying error

Fehlen *n*, Abwesenheit *f* / absence ‖ **⁓**, Mangel *m* / deficiency, lack, outage (US) ‖ **⁓** [von] / want [of] ‖ **⁓ an Maß**, Manko *n* an Maß / deficiency in measure

fehlend, unzureichend / short, unsufficient ‖ **⁓er Faden** (Web, Fehler) / missed pick ‖ **⁓e Fäden**, Fadenbrüche *m pl* / singlings *pl* ‖ **⁓es Gewicht**, Mindergewicht *n* / loss in weight, short weight, shortage [in weight] ‖ **⁓e Kompatibilität** / incompatability ‖ **⁓e Menge**, Abmangel *m* / outage ‖ **⁓er Parameter** (DV) / null parameter

Fehlentscheidung *f* / false decision

Fehler *m*, Defekt *m* / defect, check, fault ‖ **⁓**, Irrtum *m* / error, mistake ‖ **⁓**, Versager *m* / failure ‖ **⁓**, Makel *m* / flaw ‖ **⁓** (Statistik) / error ‖ **⁓** (Probenahme) / non-conformity ‖ **⁓ an der Formnaht** (Reifen) / mould line defect ‖ **⁓ aus Störeinflüssen** (Instr) / parasitic error ‖ **⁓ bei der Probenvorbereitung** (Aufber) / error of sample preparation ‖ **⁓ beim Formen** (Gieß) / moulding defect o. fault ‖ **⁓ der Ein-Ausgabe-Einheit** (DV) / equipment error ‖ **⁓ eines Gerätes im Entwicklungsstadium** / bug (US, coll) ‖ **⁓ im Material** / material defect ‖ **⁓ *m* pl in der Schmelzmasse o. beim Glasschmelzen** (Glas) / metal defects *pl* ‖ **⁓ *m* infolge Nullpunktsungenauigkeit** / zero error ‖ **⁓ [o. Irrtümer] ausschalten** (o. ausmerzen) / eliminate errors ‖ **⁓ suchen** (o. beseitigen) / debug ‖ **bei Werkstoff Holz eigentümlicher ⁓** / defect inherent in wood ‖ **einen ⁓** (o. Defekt) beseitigen / clear a fault ‖ **grober ⁓** / blunder, mistake, slip ‖ **sich addierende ⁓** / cumulative o. systematic errors *pl* ‖ **sich aufhebende o. zufällige ⁓** / accidental o. compensating errors *pl* ‖ **⁓anzahl** *f* / error count ‖ **⁓anzeige** *f* (allg) / malfunction indication ‖ **⁓anzeige** *f* (DV) / error flag ‖ **⁓ausgleichung**, -abgleichung *f* / compensation of errors ‖ **⁓auslösung** *f* (Elektr) / fault release ‖ **⁓baum** *m* (DV) / fault tree ‖ **⁓baumanalyse** *f* / fault tree analysis ‖ **⁓baummethode** *f* / fault tree method ‖ **⁓behebung** *f* / failure corrective action ‖ **⁓bereich** *m* / error range, range of error ‖ **⁓beseitigung** *f* (DV) / debugging ‖ **⁓beseitigung** *f* am Modell / model debugging ‖ **⁓bestimmung** *f* aus dem Spannungsabfall / conductivity test, fall-of-potential test ‖ **⁓bit** *n* / error bit ‖ **⁓bündel** *n* / burst error ‖ **⁓code** *m*, Fehlermeldung *f* (Kfz) / trouble code ‖ **⁓code** *m* (DV) / error code ‖ **⁓dämpfung** *f* (Fernm) / balance return loss (GB), return loss between line and network (US) ‖ **⁓dämpfungskoeffizient** *m* (Fernm) / impedance unbalance factor ‖ **⁓dämpfungsmaß** *n* (Fernm) / return loss unit ‖ **⁓dämpfungsmeßbrücke** *f*, -meßsatz *m* / equilibrometer, impedance unbalance measuring set ‖ · **⁓dämpfungsmeßgerät** *n*, Reflektometer *n* /

reflectometer ‖ **⌐diagnose** f (DV) / diagnosis of errors ‖ **⌐dreieck** n (Verm) / error triangle ‖ **⌐echo** n, Zwischenecho n (Ultraschall) / flaw echo, defect echo ‖ **⌐eingrenzung** f / fault loca[liza]tion ‖ **⌐eingrenzung** f (Prüfung) / location test ‖ **⌐eingrenzung durch Messung** (Fernm) / distance testing ‖ **~erkennend** / error-detecting ‖ **⌐erkennungs-Ausgleicher** m / decision feedback equalizer, DFE ‖ **⌐erkennungscode** m (DV) / error detecting code, self-checking code ‖ **⌐erkennungssystem** n **mit Signalwiederholung** / error detecting system with signal repetition ‖ **⌐fach** n (LoKa) / bin for error cards ‖ **⌐fläche** f (Fernm) / area of uncertainity ‖ **⌐fortpflanzungsgesetz** n (Math) / law of error propagation ‖ **~frei**, richtig / correct ‖ **~frei**, -los / faultless, sound, perfect, perf. ‖ **~freies Bit** / uncorrupted bit ‖ **⌐funktion** f, -integral n (Math) / error function, erf ‖ **⌐-Gegenkopplung** f / negative error feedback ‖ **⌐grenze** f / error limit, margin o. limit of error

fehlerhaft, mit Fehlern behaftet / faulty, defective ‖ **~**, falsch / incorrect, wrong ‖ **~** (Pap) / foul ‖ **~** (Probenahme) / non-conform[able] ‖ **~**, krumm / crooked, cambered ‖ **~e Ausbauchung** (Bau) / battering ‖ **~ codiert** / mis-encoded ‖ **~e Form** (Reifen) / defective mould ‖ **~es Funktionieren** / malfunction ‖ **~er Schuß** (Textil) / coarse pick ‖ **~e Stanzung** / mispunching ‖ **~es Teil**, Ausschußteil n / reject ‖ **~es Teil in einem Gerät** / faulty part of equipment ‖ **~e Vulkanisation** (Reifen) / defective cure ‖ **etwas ~** / minor defective

Fehler·haftigkeit f / defectiveness ‖ **⌐häufigkeit** f, -rate f / error rate ‖ **⌐integral** n, -funktion f / error function, erf ‖ **⌐kennzeichen** n (DV) / error flag ‖ **⌐korrektur** f (Fernm) / correction of faults ‖ **korrekturcode** m (DV) / error correcting code, self-correcting code

Fehlerkorrektur·signal n (Regeln) / correcting o. correction signal

fehler·korrigierend (DV) / error-correcting ‖ **~los** s. fehlerfrei ‖ **⌐meldung** f (DV) / error message, error alarm ‖ **⌐nachweis-Empfindlichkeit** f / defect detection sensitivity ‖ **⌐ortsbestimmung** f, -eingrenzung f / fault loca[liza]tion ‖ **⌐ortsbestimmung** f (Versuch) / location test ‖ **⌐ortsbestimmung** f **aus der Ferne** / remote fault location ‖ **⌐ortsbestimmung durch Messung des Schleifenwiderstandes** (Elektr) / loop test ‖ **⌐ortungsstab** m (Ultraschall) / flaw location scale ‖ **⌐paket** n (DV) / error burst ‖ **⌐prozentkarte** f / percent defective chart, p-chart ‖ **⌐prozentsatz** m / error percentage ‖ **⌐prüfcode** m (DV) / error checking code ‖ **⌐prüfeinrichtung** f / error detection device ‖ **⌐prüfschalter** m (Elektr) / feeler switch ‖ **⌐prüfung** f / error detection ‖ **⌐quadrat** n / error square ‖ **⌐quelle** f, -ursache f / source of errors ‖ **eine ⌐quelle ausmerzen** / eradicate o. eliminate a source of errors, weed out ‖ **⌐quote** f, -rate f (DV) / bit error rate ‖ **⌐rechnung** f / error calculation o. calculus ‖ **⌐relais**, Differentialrelais n / differential relay ‖ **⌐schutz** m, Ausgleichsschaltung f (Fernm) / differential protecting system o. protection ‖ **⌐schutz** m, Fehlerüberwachung f (DV) / error control procedure ‖ **⌐schutzeinheit** f (DV) / error control unit ‖ **⌐sicherung** f / error protection ‖ **⌐signal** n / error signal ‖ **⌐spannung** f / EV, error voltage ‖ **⌐spannungsauslöser** m / fault voltage circuit breaker ‖ **⌐spannungs-Auslösespule** f / fault-voltage trip coil ‖ **⌐stopp** n **in der Schleife**, dynamischer Stopp (DV) / breakpoint halt o. instruction, dynamic stop (GB) ‖ **⌐strom**, Erdschlußstrom m / fault current ‖ **⌐strom** m, Differenzstrom m / residual current ‖ **⌐stromabschalter** m, -auslöser m / fault current breaker ‖ **⌐stromrelais** n / leakage current relay, fault current relay ‖ **⌐strom-Schutzschalter** m / residual current operated device ‖ **⌐suchdiagramm** n / fault tracing chart ‖ **⌐such-Dienstprogramm** n (DV) / debugging utility, diagnostic program ‖ **suche** f /

trouble shooting (US), fault finding (GB), service diagnosis ‖ **⌐suche** f **im Defektzustand** / postmortem examination ‖ **⌐suchprogramm** n, Fehlerprogramm n (DV) / diagnostic program o. routine, trace o. tracing program o. routine, debugging routine ‖ **⌐suchprogramm**, Postmortem-Programm n (DV) / postmortem program ‖ **⌐suchtabelle** f / trouble shooter's guide ‖ **⌐summierung** f (Zeichn) / cumulation of errors ‖ **⌐taste** f (Fernm) / erasing key ‖ **~tolerant** / failure tolerant ‖ **⌐überwachung** f (nach DIN 44302) / error control procedure ‖ **⌐ursache** f / cause of trouble ‖ **⌐wahrscheinlichkeit** f / probable error o. deviation, PE, error probability

Fehl·farbe f (Textil) / off-colour, off-shade ‖ **⌐färbung** f (Textil) / off-shade dyeing ‖ **~geleitet** / missent ‖ **~geleitet** (Fernm) / misrouted ‖ **~geordnete Legierung** / disordered alloy ‖ **~greifen** (Buch) / mistake ‖ **~greifen**, danebengreifen / commit a slip ‖ **⌐griff** m, -handlung f / misaction ‖ **~griff**, -austrag m (Aufber) / misplaced material ‖ **⌐handlung** f, -griff m / misaction ‖ **⌐impuls** m (zu schwacher Impuls) / missing pulse

Fehlingsche Lösung f / Fehling's solution

Fehl·justierung, -anpassung f, Versatz m / mismatch ‖ **⌐kante** f (Holz) / dull o. rough edge, wane ‖ **⌐kochung** f (Pap) / imperfect cooking ‖ **⌐konstruktion** f / faulty design ‖ **⌐konturen** f pl (TV) / intra-field coding ‖ **⌐korn** n, -größe f (Aufber) / outsize ‖ **⌐leistung** f, -handlung f / slip, error ‖ **⌐leitung** f (Fernm) / misrouting ‖ **⌐licht** n (Film) / spill light, gobo ‖ **⌐meldung** f, -anzeige f / nil return ‖ **⌐messung** f / measuring error, faulty measurement ‖ **⌐ordnung** f (Krist) / imperfection, disorder of structure ‖ **⌐polarisation** f (Elektron) / crosspolarization ‖ **⌐ruf** m (Fernm) / false call o. ring ‖ **⌐schaltung** f, -bedienung f / error in handling ‖ **⌐schaltung** f (Elektr) / faulty o. wrong connection, faulty switching, switching error ‖ **⌐schätzung** f / incorrect rating ‖ **⌐schicht** f (F.Org) / missed shift, absenteeism ‖ **⌐schlag** m, Versager m / setback, failure ‖ **⌐schmelze** f (Hütt) / misfit cast, off-heat ‖ **~schneiden**, verschneiden / bungle, miscut ‖ **⌐schuß** m (Mil) / miss ‖ **⌐schweißung** f / defective weld o. joint, unsound weld ‖ **⌐seitenband** n / unwanted sideband ‖ **⌐start** m (Luftf) / false start o. take-off, wrong start (US) ‖ **⌐stelle** f (allg) / defective spot, flaw ‖ **⌐stelle** f (Plast) / fault, defect, [mould o. tool] mark ‖ **⌐stelle** f (Schweiß) / blowhole, crack, cleft ‖ **⌐stelle** f (Magn.Bd) / void, bad spot, blemish ‖ **⌐stellendurchschlag** m / defective spot breakdown ‖ **⌐stellenecho** n (Ultraschall) / reflection of the beat from the flaw ‖ **⌐stellenhalbleiter** m / extrinsic semiconductor ‖ **⌐stöße** m pl (Nukl) / spurious counts ‖ **⌐strom** m (Röhre) / fault current ‖ **⌐tastung** f (Buch.m) / erroneous setting-up on keyboard ‖ **⌐teil** n, Lagerbestand m Null / stock outage ‖ **⌐tram**, Unterzug m (Bau) / ceiling joist ‖ **⌐verbindung** f (Fernm) / wrong connection, wrong number ‖ **⌐verleimung** f, Aufblättern n, Delaminierung f (Sperrholz) / delamination ‖ **⌐verzug** m (Spinn) / wrong draft ‖ **⌐walzung** f (Wickeln um die Walze) / cobble ‖ **⌐ware** f (Textil) / defective fabrics pl ‖ **⌐weisung** f, Kompaßfehler m / compass error ‖ **⌐winkel** m (Trafo) / phase angle error ‖ **⌐winkel** m (Dielektr) / loss angle ‖ **⌐zündung** f, Aussetzer m (Mot) / misfire, backfire ‖ **⌐zündung** f (Magnetron) / mode jump o. skip ‖ **⌐zündungen haben**, knallen (Mot) / misfire v, backfire v

Feier·schicht f / idle shift, holiday ‖ **⌐tagsarbeit** f / Sunday and holiday work

Feigenprotease f / ficin, ficus prote[in]ase

Feilarbeit f, Feilen n / filing

Feile f / file ‖ **⌐ für Drehbankarbeiten** / lathe file ‖ **⌐ mit glatten Kanten** / safe-edge file ‖ **⌐ von gleichbleibender Breite und Dicke**, flachstumpfe Feile / hand file

feilen, mit der Feile bearbeiten / file *vt* ‖ ⁓ *n* / filing ‖ ⁓ **nach Lehre** / jig filing ‖ ⁓**bürste** *f* (aus Kratzenstoff) / file card ‖ ⁓**hart** (Oberfläche) / file-hard ‖ ⁓**hauen** *n*, -aufhauen *n* / file cutting ‖ ⁓**hauer** *m*, Feilenmacher *m* / file cutter ‖ ⁓**hieb** *m* / cut of a file ‖ **einfacher** ⁓**hieb** /. simple cut ‖ **feiner** ⁓**hieb** / smooth cut ‖ ⁓**seite** *f* **ohne Hieb** / safe-edge ‖ ⁓**stahl** *m* / file steel

Feil·kloben *m* / pin o. hand vice, tail o. filing vice ‖ **schmaler** ⁓**kloben** / pig-nose hand vice, dog-nose hand vice ‖ ⁓**kluppe**, Zwinge *f* (Masch) / spring clamp, sloping o. vise clamp ‖ ⁓**maschine** *f* / filing machine ‖ ⁓**sägemaschine** *f* / filing and sawing machine ‖ ⁓**späne** *m pl* / file dust, swarf, filings *pl* ‖ ⁓**strich** *m* / file stroke

fein, zerbrechlich / delicate ‖ ⁓, rein / fine, pure ‖ ⁓, sehr klein / minute ‖ ⁓, geschmackvoll / fine, fair ‖ ⁓, dünn (Faden, allg) / fine, thin ‖ ⁓ (Feile) / smooth ‖ ⁓ (Chem) / not dense ‖ ⁓, geläutert / refined ‖ ⁓..., Präzisions... / precision... ‖ ⁓... s. auch Präzisions... ‖ ⁓ **aufbereitet** (Keram) / fine-grained ‖ ⁓ **bearbeitet** / finish-machined ‖ ⁓ **einstellen** / adjust ‖ ⁓**e o. hohe Garnnummer** (Textil) / fine o. high count ‖ ⁓**er Sand** / fine sand, finest sand ‖ ⁓**er Schluff** (Geol) / fine silt (0.006 - 0.002 mm) ‖ ⁓ **zerreiben** (unter Flüssigkeitszufuhr) / levigate ‖ ⁓**ablauf** *m*, Grünablauf *m* (Zuck) / green molasses *pl* ‖ ⁓**ablesung** *f* / sharp reading ‖ ⁓**abstimmen** / fine-tune, sharp-tune ‖ ⁓**abstimmpotentiometer** *n* / vernier potentiometer ‖ ⁓**abstimmregler** *m* **von Einseitenbandempfängern** (Elektronik) / clarifier ‖ ⁓**abstimmung** *f* (Elektronik) / sharp tuning, fine tuning ‖ ⁓**abstimmungskondensator** *m* / billi-capacitor ‖ ⁓**abtastung** *f* (TV) / close scanning ‖ ⁓**abweichung** *f* (Toleranz) / close tolerance ‖ ⁓**anteil** *m* **zwischen 0,02 u. 0,53 mm** (Gieß, Sand) / fines *pl* ‖ ⁓**anteil** *m* **zwischen Lehm und feinstem Sand** (Gieß) / pan ‖ ⁓**arbeitsgang** *m* (NC) / finishing pass ‖ ⁓**ausbringen** *n* / yield of fines ‖ ⁓**azimut** *n* (Peilen) / fine bearing ‖ ⁓**bau** *m*, -struktur *f* / fine structure ‖ ⁓**bearbeitung** *f* / fine machining ‖ ⁓**bearbeitungsmaschine** *f* / fine machining machine tool ‖ ⁓**bereichsbeugung** *f* (Elektronenmikroskop) / selected area diffraction ‖ ⁓**bewegung** *f* (Wzm) / slow advance o. feed ‖ ⁓**blech** *n* (Hütt) / [thin] sheet ‖ **sehr dünnes** ⁓**blech** (Hütt) / tagger ‖ ⁓**blech 0,4 bis 0,5 mm** / lattens *pl* ‖ ⁓**blech-Scherenstraße** *f* (Walzw) / sheet shearing line ‖ ⁓**blech-Vorwalzgerüst** *n* **mit ungehärteten Gußwalzen** / soft rolling mill ‖ ⁓**blechwalzwerk** *n* (Walzw) / sheet [rolling] mill ‖ ⁓**blei** *n*, Pb 99,99 / high-purity lead ‖ ⁓**bohren** (finebore) *v* ‖ ⁓**bohrmaschine** *f*, -bohrwerk *n* / fineboring machine, jig boring machine ‖ **Silber** ⁓**brennen** / refine silver ‖ ⁓**bürette** *f* / microburette ‖ ⁓**daten** *n pl* (DV) / FGD, fine-grain data *pl* ‖ ⁓**dehnungsmessung** *f* / determination of elongation by extensometer, microstrain measurement

feindlich (Strecke, Bahn) / incompatible, conflicting, convergent ‖ ⁓**e Weiche** (Bahn) / trap points *pl*

fein·drähtig (Drahtseil) / fine-strand ‖ ⁓**drehen** (Dreh) / take the finishing cut ‖ ⁓**drehen** (mit Diamant) / take the finishing cut with diamond charged tool ‖ ⁓**drehmaschine** *f* / precision turning lathe

Feine, Feinheit *f* (Metalle) / fineness

Fein·einstellknopf *m* / vernier knob ‖ ⁓**einstellschraube** *f* (Instr) / tangent screw ‖ ⁓**einstellung**, -zustellung, Mikrometerein-, -zustellung *f* / micrometer adjustment, precise o. vernier adjustment ‖ ⁓**einstellung**, -verstellung, -bewegung *f* (Wzm) / slow-motion ‖ **selbsttätige** ⁓**einstellung** (Wzm) / automatic fine adjustment ‖ ⁓**einstellung** *f* **von Hand** / fine hand adjustment ‖ ⁓**einstellungskondensator** *m* (Elektronik) / vernier capacitor ‖ ⁓**eisen** *n* / small sections *pl*, light section steel

feinen, verfeinern / refine ‖ ⁓ (Gieß) / refine the melt ‖ ⁓ / fining

Fein·endtaster *m* (Masch) / precision limit key ‖ ⁓**erz** *n*

(Hütt) / ore dust ‖ ⁓**faserig**, fibrillär / fibrillar[y], fibrillate[d] ‖ ⁓**faserig**, -porig (Holz) / fine-grained, close-grained ‖ ⁓**filter** *n* / fine strainer ‖ ⁓**flammig meliert**, jaspiert (Textil) / sprinkled ‖ ⁓**fleier**, -flyer *m*, Fein[spindel]bank *f* / finishing o. fine fly-frame, roving frame ‖ ⁓**fleierin** *f* (Person) / speeder [tenter], female roving frame tenter ‖ ⁓**flockig** / fine-flocculent ‖ ⁓**förderkohle** *f*, gewaschene Feinkohle / fine small [duff] ‖ ⁓**fraktionieren** (Chem) / rerun ‖ ⁓**frotteur**, -nitschler *m* (Textil) / finisher [box], finishing box ‖ ⁓**fühlig** / sensitive ‖ ⁓**fühligkeit** *f* / sensitiveness ‖ ⁓**führungsradar** *m n*, PAR (= precision aproach radar) / precision approach radar, PAR ‖ ⁓**gang** *m* / fine motion

F-Eingang *m* (DV) / free input

Fein·garn, -gespinst *n* / fine spun [thread], finished yarn ‖ ⁓**gefüge**, Kleinstgefüge *n* / microstructure ‖ ⁓**gehalt** *m*, -gewicht *n*, Feine *f* / standard (GB), fineness, titer, [legal] standard ‖ ⁓**gehalt** *m*, Feine *f*, Feingewicht *n* (Gold) / standard, title, millesimal fineness ‖ **von richtigem** ⁓**gehalt** / sterling *adj* ‖ ⁓**gehaltsstempel** *m* / plate mark, hallmark ‖ ⁓**gerippt** (Textil) / close-meshed ‖ ⁓**gerippter Baumwollcord**, Haircord *m* / hair cord ‖ ⁓**gesiebt** (z.B. Gips) / finely sieved o. screened (e.g. plaster) ‖ ⁓**gesiebter Formsand** (Gieß) / facing sand, fine moulding sand ‖ ⁓**gespinst** *n*, Fertiggespinst *n* s. Feingarn ‖ ⁓**gestalt** *f* / surface as observed by microscope ‖ ⁓**gestanzt** / superfinish-punched ‖ ⁓**gewinde** *n* / fine-pitch thread

Feingewinde NEF (USA) / National Extra Fine [Screw Thread], NEF ‖ ⁓ **NF** (USA) / National Fine [Screw Thread], NF ‖ ⁓ **UNEF** (USA) / Unified National Extra Fine [Screw Thread] ‖ ⁓ **UNF** (USA) / Unified National Fine [Screw Thread]

fein·gezahnter Schnitt (Buch) / finely serrated cut ‖ ⁓**gold** *n* (24karätig) / fine o. pure gold ‖ ⁓**-Grader** *m* (Straßb) / fine grader ‖ ⁓**graupappe** *f* / newsboard ‖ ⁓**grubber** *m*, Kulturegge *f* (Landw) / Danish cultivator ‖ ⁓**guß** *m* (Gieß) / waste-wax o. lost-wax process o. casting, cire-perdue process, investment casting ‖ ⁓**guß** *m* **mit Keramikkokillen** / ceramic-shell process of investment casting ‖ ⁓**gußstück** *n*, Genaugußstück *n* / precision casting ‖ ⁓**hechel** *f*, Ausmachhechel (Hanf) / finishing heckle, fine heckle ‖ ⁓**hechelstrecke** *f* / roving box

Feinheit *f*, Güte *f* / quality ‖ ⁓ / fineness ‖ ⁓, Dünne *f* / thinness, tenuity ‖ ⁓, Einzelheit *f* / fine detail ‖ ⁓ (Gewinde) / rate of thread ‖ ⁓, Gauge (Nadeln je 1 1/2'') (Strumpf) / gauge, gge ‖ ⁓ (Maß für die Korngrößenverteilung) / fineness modulus ‖ ⁓ (Fasern) / denier, fineness ‖ ⁓ **von Garn**, Nummer *f* / count o. size o. grist of yarn ‖ ⁓**en** *f pl*, Einzelheiten *f pl* / details *pl*

Feinheitsnummer *f* (Seide) / denier ‖ ⁓ (Garn) / count [number] ‖ ⁓ (Strumpf) / gauge, gg

Fein·höhenmesser *m* (Luftf) / statoscope ‖ ⁓**hubwerk** *n* / precision hoisting gear ‖ ⁓**jährig**, -ringig (Holz) / closely ringed, narrow-circled, with small annular rings ‖ ⁓**keramik** *f* / fine ceramics *pl* ‖ ⁓**keramischer Werkstoff** / fine ceramic material ‖ ⁓**kies** *m* (2-15 mm) / fine o. small gravel ‖ ⁓**kohle** *f* / nutty slack ‖ **gewaschene** ⁓**kohle** / fine small [duff] ‖ **[gesiebte]** ⁓**kohle** / small coal, smalls *pl* ‖ ⁓**koks**, Perlkoks *m* / [rubbly] culm coke ‖ ⁓**kontrast** *m* (TV) / detail contrast ‖ ⁓**köper**, Twill *m* (Web) / twill ‖ ⁓**korn**, feines Korn (Min) / fine grain ‖ ⁓**korn-Ausbringen** *n* / organic efficiency of true undersize in the underflow ‖ ⁓**korn-Desoxidation** *f* (Hütt) / grain size control by deoxidizing practice ‖ ⁓**korneisen** / fine- o. close-grained iron ‖ ⁓**kornentwickler** *m* (Phot) / fine-grain developer ‖ ⁓**kornfilm** *m* (Phot) / fine-grain film ‖ ⁓**kornguß** *m* / fine-grained iron

feinkörnig / fine grained, small-grained ‖ ⁓**er Bruch** / fine-grained fracture, sappy fracture ‖ ⁓**es Eisen**, Feinkorn-Eisen *n* / close-grained iron ‖ ⁓**es Gefüge** /

fine-grained structure, sappy structure ‖ ~es **Pulver** / small-grained powder

Fein·kornsetzmaschine f (Bergb) / fine grain washing machine, fine coal jig ‖ ↳**kornstahl** m / fine-grained steel, close-grained steel ‖ ↳**korn-Verbleib** m / organic efficiency of true undersize in the overflow ‖ ↳**kornwäsche** f / fine grain washing ‖ ↳-**Kreiselbrecher** o. -**Kegelbrecher** m / fine gyratory crusher ‖ ↳**krempel**, -kratze, -karde f / finishing card, finisher ‖ ↳**krempel** f, Pelzkrempel f (Spinn) / intermediate card ‖ ~**kristallin[isch]** / compact grained ‖ ↳**kupfer** n / fire-refined copper, commercially pure copper ‖ ↳**leder** n / fine leather ‖ ↳**leinen** n / sheer lawns pl, fine linen ‖ ↳**lot** n / fine solder ‖ ↳**lunkerung** f, -lunker m / microshrinkage ‖ ↳**mahlanlage** f / grinding plant, pulverizer ‖ ↳**mahlapparat** m / pulverizer, triturator ‖ ↳**mahlapparat** m, Pulverisiermaschine f / fine grinding apparatus ‖ ~**mahlen** / grind, triturate ‖ ↳**mahlen** n / fine milling, braying ‖ ~**mahlen** (Pap) / finish ‖ ↳**mahlung**, Feinstmahlung f, Zerreiben n / pulverization ‖ ~**maschig** / fine-meshed ‖ ↳**mechanik** f / fine o. precision mechanics ‖ ↳**mechanik**, -werktechnik f / light engineering ‖ ↳**mechaniker**, -werker m o. precision mechanic

feinmechanisch·er Apparat / precise mechanical apparatus ‖ ~e **Arbeit** / fine o. precise o. precision mechanical work, light engineering work ‖ ~e **Industrie** / precision mechanics industry

Fein·meßbasis f (Radar) / precision sweep ‖ ↳**meßeinrichtung**, -stelleinrichtung f / vernier, nonius ‖ ↳**meßgerät** n, -meßinstrument n / precision instrument ‖ ↳**meßlehre** f / micrometer caliper ‖ ↳**meßokular** n / precision micrometer eyepiece ‖ ↳**meßtechnik** f / precision measuring techniques pl ‖ ↳**meßuhr** f, Feinzeiger m / micro measuring apparatus, dial bench gauge (US) ‖ ↳**messung** f / accurate o. precision measurement o. measuring ‖ ↳**messung** f (Verm) / precise survey ‖ ↳**meßvorrichtung** f / micro measuring apparatus, dial bench gage (US) ‖ ↳**mühle** f (Bergb, Pap) / grinding mill ‖ ↳**nitschler**, -frotteur m (Textil) / finisher [box], finishing box ‖ ↳**nivellierer** m / precision levelling instrument ‖ ↳**nivellierlatte** f / high-precision levelling rod ‖ ↳**nivellierung** f / precision levelling ‖ ↳**optik** f / high-precision optics ‖ ↳**ortung** f (Radar) / high-precision direction finding ‖ ↳**papier** n / fine paper ‖ ↳**parallelschalten** n (Elektr) / ideal paralleling ‖ ↳**passung** f, Paßsitz m / close o. snug fit ‖ ↳**passung** f (Gütegrad) / system of close fits ‖ ↳**passung** f **für Gewinde** / free fit ‖ ↳**pipette** f / micropipette ‖ ↳**pore**, Ultrapore f / ultrapore ‖ ~**porig** / fine pored ‖ ~**porig**, -faserig (Holz) / fine-grained, close-grained ‖ ↳**porigkeit** f (Hütt) / microporosity ‖ ↳**prallmühle** f / impact mill ‖ ↳**probe** f, Analysenmuster n / analytical sample ‖ ↳**pulver** n (《 44μm》 / subsieve powder ‖ ~**pulverig**, fein pulverisiert (Chem) / pulverulent ‖ ↳**punkt** m (TV) / flying spot ‖ ↳**punktröhre** f (Kath.Str) / flying spot tube ‖ ↳**putz** m, Edelputz m (Bau) / fining o. finishing o. setting coat, set ‖ ↳**putz** m (Material) / plaster for facing, patent plaster ‖ ↳**raspel** f / fine rasp, grater file ‖ ↳**raster** m (60 Linien/cm) (Buch) / fine screen ‖ ↳**rechen** m (Hydr) / strainer rack, screen, trashrack (US) ‖ ↳**rechenreiniger** m (Hydr) / strainer rack rake, trashrack rake ‖ ~**regeln**, feinregulieren / regulate precisely ‖ ↳**regler** m (Elektr, Masch) / precision regulator ‖ ↳**regulierung**, -[ein]stellung f / fine o. precise adjustment o. control o. regulation ‖ ↳**regulierung** f, -steuerung f (Nukl) / fine control ‖ ↳**reinigung** f / fine o. secondary cleaning o. purification ‖ ~**ringig** (Holz) s. feinjährig ‖ ↳**ripp-Rundstrickmaschine** f / fine rib circular knitting machine ‖ ↳**rohrmühle** f / triturating tube mill ‖ ↳**säge** f (DIN) / lead saw, [straight] dovetail back saw ‖ ↳**säge** f, Abgleichsäge f (Tischl) / tenon o. mitre saw ‖

↳**sägefeile** f / fine-tooth saw file ‖ ↳**sand** m / fine sand ‖ ↳**sandgewinnung** f / silt quarrying ‖ ↳**schalter** m / precision switch ‖ ↳**schärfen** n **der Walzen** (Walzw) / ragging ‖ ↳**scheren** n (Tuch) / fining ‖ ↳**schlag** m (Straß) / 1'' broken stone ‖ ↳**schlag** m (Steinmetz) / fine nigging o. chiseling ‖ ↳**schlag** m **der Bettung** (Bahn) / broken o. crushed stone ‖ ↳**schläger**, Ausschläger m (Textil) / finisher scutcher ‖ ~**schleifen** / precision- o. finish-grind ‖ ~**schleifen** (Messer) / glaze, polish ‖ ~**schleifen** (Glas) / grind and polish, smooth and polish ‖ ~**schleifen**, läppen (Wzm) / lap ‖ ↳**schlichten** n (Masch) / fine finishing ‖ ↳**schlichtfeile** f / ultrasmooth file ‖ ↳**schlichtvorschub** m / very fine feed ‖ ↳**schlichtwerkzeug** n / fine finishing tool ‖ ↳**schliff** m / finishing grinding ‖ ↳**schliff** m (Holz) / finish sanding ‖ ↳**schneiden**, -stanzen n (Stanz) / fine o. precision blanking, fine-edge blanking ‖ ↳**schub** m (Raumf) / fine thrust ‖ ↳**seigerung** f (Hütt) / microsegregation ‖ ↳**sicherung** f / fuse for feeble currents, fine-wire fuse ‖ ↳**sicherungspatrone** f, -sicherungseinsatz m (Fernm) / heat coil, HC ‖ ↳**sieb** n / fine sieve o. screen ‖ ↳**silber** n / fine silver ‖ ↳**silizium** n / fine silicon ‖ ~**sortieren**, nach Feinheit sortieren / sort according to fineness ‖ ↳**sortierung** f (LoKa) / minor sort ‖ ↳**span** m (Spanplatte) / fine particle o. flake ‖ ↳**spanplatte** f / fine flake board ‖ ↳**[spindel]bank** f s. Feinfleier ‖ ↳**spinnen** n / fine spinning, final [count] spinning ‖ ↳**spinnmaschine** f / fine spinning machine, cotton jenny, dandy roving ‖ ↳**splitt** m (Siebweite 1/3'') (Straß) / fine aggregate [material] ‖ ↳**sprit** m / rectified spirit ‖ ↳**spulmaschine**, Jackmaschine f (Textil) / jack machine

feinst·es Auszugmehl / whites pl, superfine flour ‖ ~e **Polierleinwand** / crocus cloth

Feinst·stahl m / small sections pl ‖ ↳**stahl**, m, Edelstahl m / refined steel ‖ ↳**stahl-Walzwerk** n / light section o. small section rolling mill

Feinst·anteil m (Chem) / superfines pl

Feinstanzen n (Stanz) / fine o. precision blanking

feinst·bearbeitet, supiniert / microfinished, superfinished ‖ ↳**bearbeitung**, Supinition f / microfinish, superfinish ‖ ↳**bearbeitung** f o. **Schaben von Getrieben** / shaving of gears ‖ ↳**blech** n (Walzw) / extra lattens pl, black plate ‖ ↳**bohrmaschine** f / superfinish boring machine ‖ ↳**draht** m / extra-fine wire, super-fine wire ‖ ↳**drehen** n / superfinish turning

Feinstein m (Nickel) / fine matte

Feinst·einstellung f / sensitive adjustment

Fein·stellschraube f / fine adjustment screw ‖ ↳**stell-Schraube**, Mikrometer-Schraube f / micrometer screw ‖ ↳**stellschraube** f (Theodolit) (Opt) / antagonizing o. clip screw ‖ ↳**steuerelement** n (Nukl) / fine control member ‖ ↳**steuer-Rakete** f (Raumf) / vernier rocket

feinst·gepulvert, feinvermahlen / finely ground ‖ ↳**kohle** f (《 0,5 mm) / finest smalls pl ‖ ↳**korn** n / finest grain ‖ ↳**mahlanlage** f / pulverizer ‖ ↳**mahlung** f, Pulverisieren n / powdering, [grinding-]pulverizing, fine grinding ‖ ↳**mechanik**, Mikromechanik f / micromechanics ‖ ↳**papier** n / superfine paper ‖ ↳**pulver** n (《 1μm) / submicron powder

Fein·straße f (Walzw) / small section mill ‖ ↳**strecke** f (Spinn) / finisher drawing frame, finishing draw frame ‖ ↳**strecker** m (Textil) / fine drawer ‖ ↳**streifigkeit** f / ribbon grain ‖ ↳**struktur** f (Phys, Nukl) / fine structure, microstructure ‖ ↳**struktur** f **in der Reaktorzelle** (Nukl) / fine structure in the reaction cell ‖ ↳**struktur-Konstante**, Sommerfeldsche Konstante f (Nukl) / fine structure constant ‖ ~**stufig** / closely stepped, sensitive ‖ ~**stufiger Vorschub** / sensitive feed ‖ ↳**stufigkeit** f (Elektr) / notching ratio of a controller

feinst·verteilt / dispersed

Fein·synchronisieren n (Elektr) / ideal synchronizing ‖ ↳**taster** m / precision indicating gauge o. indicator, precision dial gauge ‖ ↳**thermometer** n / precision

thermometer ‖ ~titrig (Textil) / fine-denier ‖ ⸵triebskala f (Funk) / micrometric scale ‖ ⸵trimmer m (Elektronik) / vernier capacitor
Feinung f / refining
Feinungsschlacke f (Hütt) / refining slag, final slag
Fein·vakuum n $(1 \cdot 10^{-3}$ Torr) / medium [high] o. fine vacuum ‖ ⸵vakuum-ELektronenstrahlschweißen n / medium high vacuum electron beam welding ‖ ⸵verstimmung f (Elektronik) / fractional detuning o. mistuning ‖ ~verteilt / finely divided ‖ ⸵verzahnung f / fine teeth ‖ ⸵vorschub m (Wzm) / fine feed ‖ ⸵waage, Analysenwaage f / analytical balance ‖ ⸵waage f (Chem) / special accuracy weighing machine ‖ ⸵walze f (Hütt) / fine section roll ‖ ⸵walzen, glattwalzen / burnish, presspolish ‖ ⸵walzen n (Gewinde) / finish rolling ‖ ⸵wellpappe f / fancy corrugated board ‖ ⸵werker, -mechaniker m / fine o. precision mechanic ‖ ⸵werk-Industrie f / precision mechanics industry ‖ ⸵werktechnik f / fine o. precision mechanics pl, light engineering ‖ ~werktechnischer Apparat / precise mechanical apparatus ‖ ~werktechnische Arbeit / precise mechanical work ‖ ⸵zeiger m (DIN), Meßuhr f / indicating caliper (US), dial gauge o. indicator for linear measurement ‖ ⸵zeitrelais n / precision type time lag relay ‖ ⸵zentrierung f / precision centering ‖ ⸵zerkleinerung f / fine grinding ‖ ⸵zerkleinerung f fester Metalle / comminution of solid metals ‖ ⸵zeug, Papierzeug n (Pap) / pulp [stock] ‖ ⸵zeugholänder m (Pap) / finisher, beater [roll], beating engine ‖ ⸵ziehschleifen n / superfinish, superhoning ‖ ⸵zink n / refined zinc ‖ ⸵zink n (von ≥ 99,9 % Reinheit) / redistilled zinc ‖ ⸵zink n (99,99 bis 99,998 % Zn) / high-purity zinc ‖ ⸵zink-Destillationsanlage f / zinc distillation plant ‖ ⸵zinn n / fine o. grain o. head tin ‖ ⸵zinn, Klangzinn n / fine o. sonorous o. ringing tin ‖ ⸵zug m (Draht) / last drawing, finishing pass ‖ ⸵zustelleinheit f (Wzm) / sensitive adjustment unit, fine feed unit ‖ ⸵zustellung f (Wzm) / fine feed, sensitive adjustment
Feld n (allg, Verm, Elektronik) / field ‖ ⸵ (Informatik) / field ‖ ⸵ (ADA; PEARL) / array ‖ ⸵, Glied n / division, section ‖ ⸵, Acker m (Landw) / field, land ‖ ⸵, Abbaufeld n (Bergb) / district, panel ‖ ⸵ (Bau) / table, panel, space ‖ ⸵, Fach n (Bau) / bay, compartment ‖ ⸵, Öffnung f (Brückb) / bay, span ‖ ⸵ (Fachwerk) / panel of steel o. timber framework ‖ ⸵, Paneel n, Füllung f (Tischl) / panel ‖ ⸵, Karo n (allg) / square ‖ ⸵... (z.B. Versuch) / field... (e.g. test) ‖ ⸵ als Deckenschmuck (Bau) / coffer ‖ ⸵ einer gewölbten Decke (Bau) / severy, civery ‖ ⸵ einer Matrix / plane of a matrix ‖ ⸵ eines Vordruckes / space on a form ‖ ⸵ im Abbau (Bergb) / area, panel ‖ ⸵ im Drall eines gezogenen Rohrs (Mil) / land ‖ ⸵abschwächung f (Elektr) / field weaking, shunting ‖ ⸵-Amperewindungen f pl (o. AW) / field ampere-turns pl ‖ ⸵änderung f (Elektr) / variation of magnetic flux ‖ ⸵ansteuerung f (DV) / class selection ‖ ⸵antenne f / panel array ‖ ⸵anweisung f, Matrixanweisung f (DV) / dimension statement ‖ ⸵ausmessung f (Phys) / field plotting ‖ ⸵bahnschiene f / light rail ‖ ⸵begrenzung f / field definition, field boundary ‖ ⸵beregnung f (Landw) / field irrigation ‖ ⸵bestellung f / tillage, tilth (US) ‖ ⸵bestimmung f, -begrenzung f (DV) / field definition ‖ ⸵bogen m (Elektr) / high-field-emission arc ‖ ⸵bohrung f (E-Motor) / field bore ‖ ⸵breite n Stellen f (LoKa) / n-digit field width ‖ ⸵bussole f, -kompaß m / surveyor's compass o. dial ‖ ⸵definition f (DV) / field definition ‖ ⸵dichte f (Elektr) / field density ‖ ⸵drainagerohre n pl (Landw) / field drains pl ‖ ⸵ auf ⸵ebene / field level... ‖ durch ⸵effekt gesteigert (Emission) / field enhanced ‖ ⸵effekt-Ionentriebwerk n (Raumf) / field emission thruster ‖ ⸵effekttransistor m, FET m / field effect transistor, FET, transtrictor ‖ ⸵effekttransistor m mit isolierter Steuerelektrode / insulated emitter FET ‖ ⸵effekttransistor m mit PN-Übergang, PN-FET m,

N-Übergang m / PN-type FET, PN-FET ‖ ⸵effekt-Transistortetrode f / tetrode field effect transistor ‖ ⸵effekttriode, -effekttransistortriode f / triode field-effect transistor ‖ ⸵einteilung f (Zeichn) / framing ‖ ⸵einteilung f (Buch) / division into zones, sectioning ‖ ⸵elektron n / field electron ‖ ⸵[elektronen-]Emission f (Elektronik) / field [electron] emission ‖ eigentliche ⸵-Elektronenemission, Feldemission f, Kaltemission f / field electron auto-emission o. cold emission ‖ ⸵elektronenmikroskop, -emissionsmikroskop n / field electron o. field emission microscope ‖ ⸵element n (DV) / array element ‖ ⸵emission f (Elektronen) / cold emission, autoemission
Felder·decke f, Kassettendecke f / panelled o. coffered ceiling ‖ ⸵kaliber n (Ggs.: Zugkaliber) (Gewehr) / bore diameter, caliber
Feld·erklärung f (DV) / array declarator ‖ ⸵erregung f (Elektr) / field excitation
Felder·strecke f (Bergb) / main gangway
feld·erzeugend (Elektr) / field-producing ‖ ⸵flattern, Panelflattern n (Rakete) / panel flutter ‖ ⸵folgewert m (DV) / subscript value ‖ ⸵form f (Elektronik) / field configuration ‖ ⸵-Formfaktor m (Verhältnis der mittleren zur höchsten Felddichte im Luftspalt) (Elektr) / field-form factor ‖ ~frei (Elektr) / zero-field..., field-free ‖ ⸵freie Emission f (Elektronik) / field-free emission ‖ ⸵früchte f pl / cereals pl, grain ‖ ⸵funktion f (Phys) / field function ‖ ⸵gestell n, Jochring m (Elektr) / yoke ring ‖ ⸵gestell n, Magnetgestell n (Elektr) / field frame o. carcass ‖ ~gesteuert (Elektronik) / field controlled ‖ ⸵gleichung f (Elektr) / field equation ‖ selbstaufnehmender ⸵häcksler (Landw) / pick-up chopper ‖ ⸵häcksler, selbstfahrend (Landw) / chopper forage harvester self propelled, field chopper ‖ ⸵häckslerfahrzeug n, -bunker m (Landw) / forage box o. trailer with tipping hopper ‖ ⸵index, -exponent m (Betatron) / field index o. exponent ‖ ⸵ionenmikroskop n, FIM / field ion microscope, FIM ‖ ⸵konstante f / [electric o. magnetic] field constant ‖ ⸵leitung f, fliegende Leitung (Regner) / portable water piping ‖ ⸵linie f (Phys) / line of electric flux ‖ ⸵linse, Kollektivlinse f (Opt) / condensing lens, field lens ‖ ⸵magnet m (Elektr) / field magnet, inductor ‖ ⸵[magnet]spule f / exciting coil, field coil ‖ ⸵messen n, Feldmessung f / surveying ‖ ⸵messer m, Geometer m (Verm) / [land] surveyor ‖ ⸵meßkunst, [niedere] Geodäsie f / surveying ‖ ⸵mitte f (Stahlbau) / midspan ‖ ⸵moment n (Mech) / field moment ‖ ⸵name m (DV) / array declarator name ‖ ⸵ort n (Bergb) / end of a level, dean ‖ ⸵ortstrecke f (Bergb) / main gangway ‖ ⸵paket n (Elektr) / inductor stampings pl ‖ ⸵platte f (magnetisch steuerbarer Halbleiterwiderstand) / photoresistance cell controlled by magnetic field ‖ ⸵plattenpotentiometer n / magnetoresistor potentiometer ‖ ⸵pol m (Elektr) / field pole ‖ ~programmierbarer Festwertspeicher o. ROM / field programmable ROM ‖ ⸵quant n (Phys) / field quantum ‖ ⸵quantisierung f, -quantelung f / field quantization ‖ ⸵regelanlasser m (Elektr) / rheostatic controller o. starter ‖ ⸵regelung f (Elektr) / field control ‖ ⸵regelwiderstand m (Elektr) / potentiometer type field rheostat ‖ ⸵regler m (Elektr) / [exciter] field rheostat o. regulator ‖ ⸵röhre, Kraftröhre f (Elektr) / tube of force ‖ ⸵schädling m (Landw) / field pest ‖ ⸵schmiede f / portable o. camp forge ‖ ⸵schwächende Verbunderregung (Elektr) / differential compounding ‖ ⸵schwächer m (Elektr) / field suppressor ‖ ⸵schwächung f / weakening of field ‖ ⸵schwächung f durch Nebenschluß (Elektr) / field shunting ‖ ⸵schwächungsschalter m, -schwächungseinrichtung f (Bahn) / shunt controller ‖ ⸵schwächungsstufe f (Elektr) / step of field weakening, step of shunting ‖ ⸵schwächungsverhältnis n (Elektr) / field-weakening ratio ‖ ⸵schwächungswiderstand m (Elektr) / shunt resistor, field weakening resistor ‖ ⸵spannung f (Elektr)

/ field voltage ‖ ⌐spannung f, Erregerspannung f (Elektr) / excitation o. exciting voltage ‖ ⌐spat m / felspar, feldspar ‖ dichter ⌐spat / compact fel[d]spar, petrosilex ‖ schiefwinkliger, schief spaltender ⌐spat, Plagioklas m / plagioclase ‖ gemeiner ⌐spat, Kalifeldspat m, Orthoklas m / potassic fel[d]spar, orthoclase ‖ ~spathaltig / feldspathic ‖ ~spathaltiger Sandstein / feldspathic sand-stone ‖ ⌐spatoid, Foid, Feldspatvertreter m / feldspathoid ‖ ⌐spatoidbasalt m / feldspathoidal basalt ‖ ⌐spatporzellan n / hard porcelain ‖ ⌐spatsetzmaschine f (Bergb) / fel[d]spar jig ‖ ⌐spritze f (Landw) / field sprayer ‖ ⌐spritzgestänge n (Landw) / crop spraying boom ‖ ⌐spule f / exciting coil, field coil ‖ ⌐stärke f (Elektr) / field strength o. intensity ‖ ⌐stärkemesser m (Elektr) / field intensity meter ‖ ⌐stärkendiagramm n (Antenne) / field pattern ‖ ⌐stativ n / field tripod ‖ zusammenschiebbares ⌐stativ / telescoping tripod ‖ ⌐stecher m, Fernglas n / binocular, binoculars pl, field glass(es pl) ‖ ⌐stein m, unbehauener Bruchstein / rubble stone ‖ ⌐stein m (über 100 mm Größe) / boulder ‖ ⌐steinmauerwerk n / uncoursed rubble stone masonry ‖ ⌐steller m s. Feldregler ‖ ⌐stern m (Astr) / field star ‖ ⌐strom m / field current ‖ ⌐suchargument n (DV) / field search argument ‖ ⌐system n (Elektr) / field system ‖ ⌐teilung, -weite f (Bau) / bay division o. width ‖ ⌐teilung f (LoKa) / split field ‖ ⌐theorie f (Phys) / field theory ‖ ⌐typ m (Wellenleiter) / field type ‖ ⌐überbrückungswiderstand m (Elektr) / field diverter rheostat ‖ ⌐übertragungsmaß n (Fernm) / receiving current sensitivity ‖ ⌐übertragungsmaß n in dB (Mikrophon) / free-field sensitivity ‖ ⌐unterbrecher m (Elektr) / field break[ing] o. discharge switch ‖ ⌐vereinbarung f (DV) / array declaration ‖ ⌐verfahren n / field method ‖ ⌐vergleich m (DV) / field compare ‖ ~verstärkende Verbunderregung (Elektr) / cumulative compounding ‖ ⌐verstärkung f (Elektr) / strengthening of the field ‖ ⌐versuch m (Landw) / field trial o. test ‖ ⌐verteilung f (Elektronik) / field distribution, field system ‖ ⌐verzerrung f (Elektr) / field distortion ‖ [erdmagnetische] ⌐waage / field balance ‖ ⌐-Wald- u. Wiesen… / garden-variety … (coll) ‖ ⌐weg m / cart track o. road o. way, estate road ‖ ⌐weg, Gemeindeweg m / parochial o. parish road ‖ ⌐weg n (Landkarte) / unfenced path o. way ‖ ~weise (DV) / field-by-field ‖ ⌐weite f (Bau) / span of a beam ‖ ⌐weite, -teilung f (Bau) / bay division o. width ‖ ⌐wellenwiderstand m (Wellenwiderstand des Vakuums) / field characteristic impedance ‖ ⌐wellenwiderstand m (Wellenleiter) / guide wave impedance ‖ ⌐wellenwiderstand m des freien Raumes / characteristic wave impedance ‖ ⌐wicklung f, Erregerwicklung f (E-Motor) / field winding o. coil, exciting winding ‖ ⌐wicklung f, -spule f / exciting coil, field coil ‖ ⌐wicklungskupfer n (Elektr) / field copper ‖ ⌐windungen f pl / field windings pl ‖ ⌐wölbung f (Opt) / field curvature ‖ ⌐zerfall m / field decay

Felge f, Radkranz m / wheel rim, felloe, felly ‖ ⌐ für Drahtreifen, Drahtreifenfelge f / rim for straight-side tires ‖ ⌐ mit tiefem Bett, gekrümmte o. Tiefbettfelge / full drop center rim, drop base rim, well base rim ‖ auf der ⌐ fahren / run flat ‖ die ⌐ aufziehen / ring o. rim a wheel

Felgen·abziehhebel m (Kfz) / rim tool ‖ ⌐band n (Kfz) / tube protector, tire chafing strip, tire flap, rim band ‖ ⌐bett n (Kfz) / well o. base of a rim ‖ ⌐bremse f / rim brake ‖ ⌐flansch m / rim flange ‖ ⌐keil m (Bahn) / rim wedge ‖ ⌐kranz m / wheel rim ‖ ⌐kurbel f (Kfz) / wheel brace ‖ ⌐meßband n / steel measuring tape for rims ‖ ⌐mutterschlüssel m / wrench for wheel rim nuts, rim nut wrench ‖ ⌐rand m, -horn n / bead of rim ‖ ⌐ring m (Kfz) / tire locking ring, rim ring ‖ ⌐sprengring m (Kfz) / detachable locking ring ‖ ⌐winde, Radmutterkurbel f (Kfz) / speeder

Felici-Generator m (Nukl) / Felici generator

Fell n (mit Haar), Pelz m (Gerb) / fell, pelt ‖ ⌐, Vlies n / fleece, shear wool ‖ ⌐, Sheet n (Gummi) / rolled o. rough sheet, milled crepe ‖ ⌐, Überlappung f (Schm, Walzw) / shut, lap ‖ ⌐krempel f (Textil) / intermediate card, second breaker ‖ ⌐trommel f (Wolle Spinn) / fleece roller

Fels m, festes Gebirge / solid rock ‖ ⌐ , Felsen, Stein m / rock ‖ ⌐abtrag m, -aushub m / rock cutting, removal of rocks ‖ ⌐ader f / dike, vein of rock ‖ ⌐anker m / rock anchor ‖ ⌐band n / ledge of rock ‖ ⌐bank f / rock bed ‖ ⌐block m / block o. lump of rock ‖ ⌐boden m, Steinboden m / rocky ground ‖ ⌐brecher m, Felsmeißelschiff n / rock chiseling ship ‖ ⌐decke f / rock shell ‖ ⌐gründung f / rock foundation ‖ ⌐haken m, Nagel m / piton, peg

felsig, felsbedeckt / rocky ‖ ~er Untergrund / rocky bottom

Felsit m (Min) / felsite

Fels·klippe f, Felsenriff n (Schiff) / scar ‖ ⌐mechanik f / rock mechanics sg ‖ ⌐meißel m (Bergb) / rock chisel ‖ ⌐platte f / shelf of a mountain ‖ voll ⌐riffen / ledgy ‖ ⌐rutsch, -sturz m / rock slide o. avalanche o. fall ‖ ⌐schüttungsstaudamm m, Staudamm m mit Steinkern / rockfill dam ‖ ⌐sprengung f / rock blasting ‖ ⌐volumen n vor dem Abtragen (Bau, Straßb) / bank measure

FEM = Fédération Européenne de la Manutention (Europäischer Verband für Fördertechnik) ‖ ⌐ (Mech) = Finite-Elemente-Methode

Femel[hanf], Femmel, Fimmel m / fimble hemp

Femelschlag m, -hieb m (Forstw) / selection cutting

femisch (Geol) / femic

Femto·…, 10⁻¹⁵ (von Schwedisch femton = 15) / femto… (unit) ‖ ⌐farad n, fF / femtofarad, fF

Fenchelöl n / oil of fennel

Fenchon n (Chem) / fenchone

Fender m (aus Tauen usw.) (Schiff) / fender, bumper ‖ ⌐, Scheuerleiste f (Schiff) / permanent fender ‖ ⌐pfahl, Scheuerpfahl m (Hafen) / fender pile

Fenster n (Bau, Geol, Nukl) / window ‖ ⌐, Sichtfenster n (DV) / window, screen window ‖ ⌐ (Kfz) / window ‖ ⌐, Arbeitsöffnung f / aperture, window ‖ ⌐ (Plast, Defekt) / window ‖ ⌐ anbringen o. vorsehen / arrange windows ‖ ⌐ der Palette / opening of a pallet ‖ ⌐ einsetzen, mit Fenstern versehen / window ‖ ⌐ mit drei Doppellichtern (Bau) / three-twin window ‖ ⌐ mit elektrischem Scheibenheber (Kfz) / power window ‖ ⌐ mit rautenförmiger Bleiverglasung / lattice window ‖ ⌐ mit zwei nach innen [außen] öffnenden Flügeln ohne Oberfenster / square window with two wings opening inward, [outward] ‖ ⌐ mit Zwischenpfosten / mullion o. munnion window ‖ ⌐ neben der Außentür / flanking window ‖ ⌐ über dem Hinterrad (Kfz) / backlight ‖ ⌐ zum Nachbargrundstück / window looking to the neighbour ‖ herablaßbares o. versenkbares ⌐, vertikales Schiebefenster / drop window ‖ kleines rundes ⌐ / dead man's eye ‖ mit ⌐n versehen / ported ‖ nach außen oder innen sich erweiterndes ⌐ mit ausgeschrägten Leibungen / outward- o. inward-chamfered o. -splayed window ‖ nach außen oder innen sich öffnendes ⌐ / outward o. inward opening window ‖ rundes ⌐ (Luftf) / bull's eye ‖ versenkbares (o. herablaßbares) ⌐ / drop window ‖ ⌐abdichtscheibe f (Kfz) / window rail seal ‖ ⌐anordnung f, Befensterung f (Bau) / arrangement of windows, fenestration ‖ ⌐anschlag m, -falz m / window rabbet ‖ ⌐anschlag m für Kippflügel / window stop ‖ ⌐ausschnitt m, -öffnung f / bay ‖ ⌐aussteller m (Kfz) / windscreen (GB) o. windshield (US) regulator ‖ ⌐band n, Fitsche f / hinge plate, hinge strap ‖ ⌐band n, Bandfenster n / window band ‖ ⌐bank, Sohlbank f (Bau) / window sill o. ledge ‖ beiderseits eingelassene ⌐bank / lug sill ‖ äußere ⌐bank / window sill weathering ‖ ⌐bankstein m /

window sill brick ‖ ~beschläge *m pl* / small ironwork (e.g. for windows) ‖ ~blei *n* (Bau) / came, window o. glazier's lead ‖ ~bogen *m*, Entlastungsbogen *m* / bow of a window, relieving arch ‖ ~brett, Simsbrett *n* / window o. elbow board ‖ ~bretthöhe *f* über Boden / height above floor of window board ‖ ~briefumschlag *m*, -briefhülle *f* / window envelope ‖ ~brüstung *f* / window parapet, apron wall (US) ‖ ~dichtungsschnur *f* / draught preventer o. excluder ‖ ~einfassung *f* / window frame o. case ‖ ~einfassung *f* (Kfz) / window framing ‖ **aufrechtes** ~**eisen** (Bau) / standard bar ‖ ~**fach**, -feld *n*, -füllung *f* / compartment of windows ‖ ~**falz** *m* s. Fensteranschlag ‖ ~**feld** *n*, -füllung *f* (im Fenster) (Bau) / sash pane o. square ‖ **[zu verglasendes]** ~**feld** / panel of a window ‖ ~**fläche** *f*, verglaste Fläche / window area ‖ ~**flügel** *m* / half o. wing of a window, leaf of a window ‖ ~**flügelfeststeller** *m* / cockspur fastener ‖ ~**flügel[rahmen]** *m* / casement of a window ‖ ~**flügelweite** *f* / upper transom of a window ‖ ~**führung** *f* (Kfz) / window channel o. run ‖ ~**führungsschiene** *f* (Kfz) / window guide rail ‖ ~**futter** *n*, Fensterzarge *f* / window frame ‖ ~**futter** *n* (eingemauertes Fenstergestell) **des senkrechten Schiebefensters** / casement of a sash window, English casement, sash frame, fast sash ‖ ~**gesims** *n* (Bau) / plain moulding ‖ ~**gewände** *n*, -pfeiler *m* / wall o. jambstones between two windows *pl* ‖ ~**gitter** *n* / window grate, grille ‖ ~**glas** *n* (in Dtschld: ED = 2 mm, MD = 3 mm, DD = 4 mm Dicke) / window glass ‖ **dickes** ~**glas**, Dickglas *n* (4,8 bis 21 mm) / thick window glass ‖ ~**griff** *m* / handle of a window ‖ **runder** ~**griff** / window knob ‖ ~**haken**, Sturmhaken *m* / window stay ‖ ~**halterungs-Teile**, -leibungs-Teile *n pl* (Kfz) / reveal mouldings *pl* ‖ ~**heber** *m* (Bau) / sash lifter ‖ ~**heber** *m* (Kfz) / window lift[er] o. opener, window winder ‖ ~**heberschiene** *f* (Kfz) / window lifter rail ‖ ~**jalousie** *f* / window blind ‖ ~**kitt** *m* / glazier's putty, back o. bedding putty ‖ ~**klappe** *f*, Klappfenster *n* (z.B. in einer Tür) (um die obere o. untere Kante kippend) / fanlight ‖ ~**klappe** *f* (um die Mittelachse kippend), Schwingflügelklappe *f* / window pivoting around the horizontal center line ‖ ~**klimagerät** *n* / room unit ‖ ~**knopf** *m*, Olive *f* / window knob, olive ‖ ~**konsole** *f* / corbel under a window jamb ‖ ~**koppler** *m* (Mikrowellen) / window coupler ‖ ~**kreuz** *n* / window cross, crosswork, crossbars *pl* ‖ ~**kurbel** *f* (Kfz) / window crank [handle] ‖ ~**laden** *m*, Klappladen *m* / shutter ‖ **in die Höhe zu ziehender** ~**laden**, Jalousie *f* (Bau) / louver, louver boards *pl* ‖ ~**laden** *m* **mit eingesetzter Jalousie** / slotted shutter ‖ ~**lauf** *m* (Kfz) / window frame ‖ ~**leder** *n* / chamois [leather] ‖ ~**leibung**, Schmiege *f* / embrasure ‖ ~**leibungs-Teile**, -halterungs-Teile *n pl* (Kfz) / reveal mouldings *pl* ‖ ~**lochkarte** *f* (LoKa) / aperture card, microcard ‖ ~**los** (Bau) / blind ‖ ~**lose Mauer** / dead wall ‖ ~**lüfter** *m* / window fan ‖ ~**[mittel]pfosten** *m* / mullion, munnion ‖ ~**nische** *f* / window bay o. niche. recess ‖ ~**öffner** *m* (Kfz) / window opener ‖ ~**öffnung** *f* (Fahrzeug) / window cutout ‖ ~**öffnung** *f* (Bau) / daylight opening, DLO ‖ ~**öffnung**, Lichtöffnung *f* (Bau) / light ‖ ~**palette** *f* / full perimeter base pallet ‖ ~**pfeiler** *m*, -gewände *n* / wall o. aperture plate ‖ ~**platz** *m* / window seat ‖ ~**profil** *n*, -stahl *m* / casement sections *pl* ‖ ~**profilblei** *n* / glazier's o. window lead, came ‖ ~**rahmen**, -stock, Futterrahmen *m* / window frame, reveal ‖ ~**rahmen** (DIN) (Kfz) / window frame ‖ ~**rahmen** *m*, -zarge *f* (Bau) / window frame o. case, sash ‖ **schiebbarer** ~**rahmen** (Bau) / sash ‖ ~**rahmen** *m* **mit Flügeln** / casement ‖ ~**rahmenwinkel** *m*, Scheinecke *f* / sash angle ‖ ~**raute** *f*, rautenförmiges Fensterfach / sash-lozenge ‖ ~**reiber** *m*, Vorreiber *m*, Drehriegel *m* /

casement o. sash fastener, turnbuckle for furniture ‖ ~**riegel** *m* (Zimm) / cross-timber, intertie of a window ‖ ~**riegel** *m* (Schloss) / slide o. sliding bolt ‖ ~**riegel** *m*, Drehstangenverschluß *m* / espagnolette bolt, French casement bolt with revolving rods ‖ ~**rolle**, Rahmenrolle *f* / sash pulley ‖ ~**scheibe** *f*, [Glas]scheibe *f*, Fensterglas *n* / window pane, sash pane (of a sash window) ‖ **bauchige, gebogene** ~**scheibe** / bulged pane ‖ **oberer** ~**schenkel** (Zimm) / head rail ‖ **unterer** ~**schenkel** (Zimm) / breast rail ‖ ~**schließer** *m* **für Kippflügel** / sash fastener for pivot hung window ‖ ~**schmiege** *f* / window reveal ‖ ~**schutzstange** *f* (Bahn) / window protection rod ‖ ~**sims** *m n* / window moulding ‖ ~**sitz** *m*, -platz *m* / window seat ‖ ~**skala** *f* (Instr) / dial with window ‖ ~**sohlbank** *f*, Fensterbank *f* / window sill, window ledge ‖ ~**sprosse** *f* / transom[e], crossbar o. sashbar o. sashrail of a window, window bar o. rail ‖ **eiserne** ~**sprosse** / iron window bar o. rail ‖ ~**stahl** *m* (Walzw) / sash and casement sections *pl*, window framing steel ‖ ~**stange** *f*, -gitter *n* (Bau) / stanchion, iron grate ‖ ~**sturz** *m* (Bau) / platband, window lintel, summer ‖ ~**technik** *f* (DV) / windowing ‖ ~**tuch** *n* / window cloth ‖ ~**tür** *f* (Bau) / French window ‖ ~**- und Türbeschläge** *m pl* / iron furniture of windows and doors ‖ ~**verdachung** *f* (Bau) / weather moulding o. table, corona, dripstone ‖ ~**verschluß** *m* / sash fastener ‖ ~**vorhang** *m* / window curtain ‖ ~**vorhang**, Rollvorhang *m* / window blind o. shade ‖ ~**wirbel** *m* / window button, sash fastener ‖ ~**zählrohr** *n* (Strahlung) / end-window counter ‖ ~**zarge** *f*, -einfassung *f* / window frame o. case

Fentin *n*, Triphenylzinn *n* / Fentin, triphenyl tin

FeO (Fernm) = Fernsprechordnung

FEP *m* (front end processor), Vorrechner *m* / front end processor, FEP ‖ ~ = fluoriertes Ethylenpropylen ‖ ~, **PFEP** = Polytetrafluorethylenperfluorpropylen, 'das andere Teflon' (Du Pont)

Ferberit *m* (Wo-Mineral) / ferberite

FE-Rechner *m*, Front-End-Rechner / front end computer

Fermat·sches Prinzip *n*, Fermatscher Satz der geometrischen Optik, Fermatsches Minimalprinzip (Opt) / Fermat's principle of least time ‖ ~**sche Spirale** / Fermat's o. parabolic spiral

Ferment, Enzym *n* / ferment, enzyme ‖ ~, Treibmittel *n*, Hefe *f* / leaven

Fermentation *f*, Fermentierung *f* / fermentation, fermenting

Fermentationsanlage *f* / fermentation plant

fermentativ / fermentative, fermentable ‖ ~, zum Gären bringend, Gärungs… / causing fermentation

Fermenter *m* / fermenter

Fermentierbarkeit *f* / fermentability

fermentieren lassen (Chem) / cure

fermentiert / fermented

Fermi, f (veraltet), (jetzt:) Femtometer / fermi, f (unit of length) ‖ ~**alter** *n* (Nukl) / Fermi o. neutron age ‖ ~**-Alter-Gleichung** *f* (Nukl) / Fermi age equation ‖ ~**-Diagramm** *n* (Nukl) / Fermi plot, Kurie plot ‖ ~**-Dirac-Sommerfeld-[Geschwindigkeitsverteilungs-]Gesetz** *n* (Phys) / FDS law ‖ ~**-[Dirac-]Statistik** *f* / Fermi statistics ‖ ~**-Dirac-Verteilung** *f* (Halbl) / Fermi distribution ‖ ~**fläche** *f* / Fermi surface ‖ ~**-Funktion** *f* / Fermi function ‖ ~**-Gas** *n* / Fermi gas ‖ ~**kante** *f*, -niveau *n* / Fermi [characteristic-energy] level ‖ ~**konstante** *f* / Fermi constant

Fermion *n*, Fermi-Teilchen *n* (Phys) / fermion

Fermische Alterstheorie / Fermi age theory

Fermium *n* (OZ = 100), Fm / fermium, Fm

Fermi-Verteilungsfaktor *m*, Besetzungswahrscheinlichkeit *f* (Halbl) / occupation probability

fern, weit [weg] / far ‖ ~…, Langstrecken… / long-distance ‖ ~**es Infrarot** / far-infrared ‖ ~**es Ultraviolett**

/ far ultraviolet ‖ ~er Weltraum / far space ‖ ⁴abfrage f (DV) / remote inquiry ‖ ⁴abfragevorrichtung f (DV) / RECON, remote console interrogation feature ‖ ⁴ablesegerät n / televisor ‖ ⁴ablesung f / remote instrument reading, distance o. distant reading ‖ mit ⁴ablesung, -anzeige / remote reading ‖ ⁴ablesung f von Zählern / telemetering ‖ ⁴abschaltung f (Vorgang) / remote disconnection o. cutoff ‖ ⁴abstimmung f / remote tuning ‖ ⁴amt n, Fernvermittlungsstelle (Fernm) / trunk exchange (GB), toll exchange (US), long-distance exchange (US) ‖ ⁴amt n mit mehreren Unterämtern (Fernm) / multi-office exchange ‖ ⁴amtsanschluß m / trunk junction circuit (GB) ‖ ⁴amtsperre f (Fernm) / trunk barring ‖ ⁴anrufrelais n (Fernm) / long-distance line relay ‖ ⁴anschluß m (Fernm) / connection to trunk (GB) o. toll (US) exchange ‖ ⁴antrieb m, -bedienung f / long-distance operation, remote control operation ‖ ⁴anweisen n / teleinstruction ‖ ⁴anzeige f / remote indication ‖ ⁴anzeige f, Rückmeldung f / reply ‖ ⁴anzeige f (Signalgabe über Kabel) / teleindication ‖ mit ⁴anzeige / distant reading… ‖ ⁴anzeigegerät n / remote indicator, televisor ‖ ~anzeigendes Voltmeter / televoltmeter ‖ ⁴anzeiger m / teleindicator, televisor, remote indicator ‖ ⁴aufnahme f (Phot) / telephotograph ‖ ⁴aufnahme, Teleröntgenographie f (Röntgen) / teleradiography ‖ ⁴aufnahme f (TV) / vista shot (US), long [distance] shot (GB) ‖ ⁴auslöser m, -lösung f / remote release ‖ ⁴beben n / remote earth tremors pl ‖ ⁴bedienen, fernbetätigen / operate by remote control ‖ ~bedienter Schalter, Fernschalter m / distance switch ‖ ~bedienter Schmiedemanipulator / telemanipulator for forging ‖ ~bediente Weiche (Bahn) / automatic switch ‖ ⁴bedienung, -betätigung, -steuerung f / distance o. remote control ‖ ⁴bedienung f (Reaktor) / remote maintenance ‖ ⁴bedienungsdrähte n pl / tracker wires pl ‖ ⁴bedienungsgerät n (Nukl) / remote handling o. manipulating equipment ‖ ~bedienungsgerechte Modulbauweise / telecontrollable modul design ‖ ⁴beförderung f / long-haul carriage ‖ ⁴benutzung f von Rechenzentren / cottage computing, remote computing ‖ ⁴bereich m (Elektronik) / distant wave zone ‖ ⁴bestrahlung f (Röntgen) / teleradiography ‖ ~betätigt, -bedient / distance- o. remote-controlled

fernbetätigt·er Schalter / remote-controlled switch
fern·betätigter Spannungsregler / remote voltage regulator ‖ ⁴betriebseinheit f (parallel o. seriell), FBS (DV) / remote control unit, communication control unit, CCU ‖ ⁴betriebseinheit f, Dateneindirichtung f, Terminal n (DV) / data-processing terminal equipment, DTE terminal [station], data circuit terminating equipment ‖ ⁴bildphotographie f / telephotograph ‖ ⁴bleiben n von der Arbeit / absenteeism ‖ ⁴daten n pl (DV) / line data pl ‖ ⁴daten-Register n, -Speicher m (DV) / line register ‖ ⁴daten-Steuereinheit f (DV) / transmission terminal, line adapter [set] ‖ ⁴diagnose f (DV) / telediagnostic service ‖ ⁴dienst m, -betrieb m (Fernm) / trunk service o. working (GB), toll working (US) ‖ ⁴dienstleitung f (Fernm) / long-distance order wire, lending circuit, trunk order wire (GB) ‖ ⁴drehzahlmesser m / distant reading tachometer, remote speed indicator, remote R.P.M. indicator ‖ ⁴drucker m / teleprinter ‖ ⁴durchgangsplatz m (Fernm) / through-switching position ‖ ⁴einstellung f / teleadjustment ‖ ⁴einstellvorrichtung f / remote adjusting device ‖ ⁴empfang m (Funk) / distant o. long-distance reception ‖ guten ⁴empfang bringen (Elektronik) / pull-in distant stations ‖ ⁴empfangsgebiet n (Radio) / sky-wave o. secondary service area ‖ ⁴energie f / long-distance energy ‖ ⁴erfassungs-Einheit f / remote acquisition unit, RAU ‖ ⁴erkundung f / remote sensing ‖ ⁴fahrer m (Kfz) /

long-distance lorry driver (GB), long-haul truck driver (US), trucker (US) ‖ ⁴fahrergewerkschaft f / teamsters' union ‖ ⁴feld n, Fraunhoferregion f (Antenne) / Fraunhofer region ‖ ⁴flug m / long-distance flight ‖ ⁴fühlen, Istwert-Fernerfassen n / remote sensing ‖ ⁴funkfeuer n (Luftf) / long range radio beacon ‖ ⁴gas n / long range o. -distance gas, grid o. piped gas ‖ ⁴gasleitung f / gas pipeline ‖ ⁴gasnetz n / gas grid ‖ ⁴gastransport m / long-distance gas transport ‖ ⁴gasversorgung f / long-distance gas supply ‖ ⁴geber m (Meßinstr) / teletransmitter ‖ ~gelenkt / distance-controlled, remote guided ‖ ~gelenkt, [Fern]lenk… (Geschoß) / guided ‖ ~geregelt / remote controlled ‖ ⁴gespräch n / conversation over phone, telephone call o. connection o. conversation o. communication ‖ ⁴gespräch n im Ferndienst / long-distance call o. connection o. conversation o. communication ‖ ⁴gespräch n innerhalb eines Hauptamtsbezirks (Fernm) / toll call (GB) ‖ ⁴gespräch n mit dem Ausland, Auslandsgespräch n / international call ‖ ⁴gespräch n über 2 Grenzen / double switch call ‖ ⁴gespräche n pl im Selbstwählferndienst in das gesamte Ausland / worldwide automatic telephony ‖ ⁴gelenkt / telecontrolled ‖ ~gesteuert (Hydr) / pilot controlled ‖ ~gesteuerte Flugzeugrakete / GAR, guided aircraft rocket ‖ ~gesteuertes Kraftwerk / remote-controlled power station ‖ ~gesteuerter Manipulator (Nukl) / robot toiler ‖ ~gesteuerte Maschine / remote controlled machine, slave machine ‖ ~gesteuertes Rückschlagventil / remote controlled nonreturn valve ‖ ~gesteuerter Schwinger (Elektronik) / labile oscillator ‖ ~gesteuertes Zielflugzeug (Luftf) / queen bee ‖ ~gesteuerte Zuganzeigetafeln f pl (Bahn) / remote-controlled train indicator system ‖ ⁴glas n / binocular, binoculars pl, field glass ‖ städtische ⁴heizung, Stadtheizung f / distant heating, long-distance heating, tele-heating ‖ [städtische] ⁴heizung für Stadtteile / district heating ‖ ⁴hörer m / band receiver ‖ ⁴hörerkapsel, Hörerkapsel f (Fernm) / receiver cap o. case ‖ ⁴kabel n, Fk (Fernm) / long-distance cable, trunk o. toll cable ‖ ⁴kabel n (Elektr) / long-distance cable ‖ ⁴klinkenfeld n (Fernm) / trunk (GB) o. long-distance (US) jack multiple ‖ ⁴kompaß m / remote compass ‖ ⁴kopier…, Faksimile… / telefax… ‖ ⁴kopieren n / telecopy ‖ ⁴kopierer m / telecopier ‖ ⁴kraftwerk n / central power station ‖ ⁴kursbuch n (Bahn) / main-line timetable ‖ ⁴lastfahrer m s. Fernfahrer ‖ ⁴lastzug m, Fernlaster m / long-distance road train ‖ ⁴leitung f (Elektr) / distributing main, distributor ‖ ⁴leitung f, Freileitung f (Elektr) / overhead transmission line ‖ ⁴leitung f (Fernm) / long-distance o. toll line o. circuit (US), trunk line (GB) ‖ ⁴leitung f (Rohr) / pipeline ‖ ⁴leitung f für Trinkwasser / pipeline for drinking water ‖ alle ⁴leitungen besetzt (Fernm) / all trunks busy, ATB ‖ ⁴leitungsmast m (Elektr) / transmission tower ‖ ⁴leitungsnetz n (Fernm) / trunk system ‖ ⁴leitungsnetz n (Hochspannung) / high-voltage transmission line system ‖ ⁴leitungsschema n (Fernm) / trunking scheme ‖ ~lenken, -betätigen / telecontrol v, operate by remote control ‖ ~lenken, -steuern (Wzm) / remote-control vt ‖ drahtlos ~lenken / radioguide v ‖ ⁴lenkgeschoß n, Lenkwaffe f (Mil) / [long range] missile, azon ‖ ballistisches ⁴lenkgeschoß / ballistic missile, B.M. ‖ ⁴lenkung f (Mil) / homing guidance ‖ ⁴lenkung f, Fernsteuerung f / telecontrol, remote control ‖ drahtlose ⁴lenkung / radio guidance, teleautomatics ‖ ⁴lenkung von Flugkörpern, Lenkung von Flugkörpern / missile guidance ‖ ⁴licht n (Kfz) / driving light, main o. high o. country beam, upper beam (US), headlamp main beam ‖ ⁴lichtkontrolleuchte f (Kfz) / headlamp, -light main beam indicator, high beam indicator lamp, main beam warning light

Fernmelde·abteilung f / communications department ‖

⁓amt n / trunk exchange (GB), long-distance o. toll exchange (US) ‖ ⁓anlage f (allg) / remote signalling equipment ‖ ⁓anlage f / telecommunications system ‖ ⁓anlagengesetz n / Telecommunication Installation Act ‖ ⁓betrieb m, -dienst m / common communications carrier ‖ ⁓betriebsanweisung f / communications operations instructions pl, COI ‖ ⁓dienstarbeiter m / lineman ‖ ⁓dienststelle f / agency of [signal] communication ‖ ⁓einrichtung f / [remote] communication equipment o. facility ‖ ⁓-Gegenmaßnahmen f pl / communication countermeasures pl ‖ ⁓geheimnis n / secrecy of telecommunication ‖ ⁓gerät n / communication apparatus, transmitting apparatus, transmitter ‖ ⁓kabel n / [tele]communication cable, weak current cable ‖ ⁓kanal m / communication channel ‖ ⁓lampe f / telephone lamp ‖ ⁓leitung f / communication line, transmission line ‖ ⁓-Luftkabel n / telecommunication aerial cable ‖ ⁓meßkoffer m / portable voice frequency measuring set ‖ ⁓monteur m / lineman ‖ ⁓nebenstelle f / tributary station ‖ ⁓netz n / telecommunication network o. system, network of telecommunication channels

Fernmelder m / teleindicator, televisor, remote indicator ‖ ⁓, Zeichengeber m (Fernm) / communicator ‖ ⁓ (Bahn) / distant warning device

Fernmelde·rechnung f / toll ticket ‖ ⁓relais n / telephone relay ‖ ⁓satellit m / [tele]communication satellite ‖ ⁓satellit m hoher Leistung / high-capacity communications satellite ‖ ⁓satelliten-Bodenfunkstelle f / communication satellite earth station ‖ ⁓satelliten-Funkdienst m / communication satellite service ‖ ⁓satelliten-Funkdienst m (für den direkten Empfang durch die Bevölkerung) / broadcast[ing] satellite service ‖ ⁓satelliten-Weltraumfunkstelle f / communication satellite space station ‖ ⁓schnur f / switchboard cord ‖ ⁓feste ⁓stelle / fixed station ‖ ⁓technik f, -wesen n / electrical communication engineering, light current engineering, signal engineering (US) ‖ drahtlose ⁓technik f / radioelectricity, radio communications technology ‖ ⁓techniker m / telecommunication o. telephone serviceman m (TV) / telecommunication[s] tower ‖ ⁓-Union f, ITU / International Telecommunication Union, ITU ‖ ⁓unternehmen n (privat) / common [communication] carrier ‖ ⁓-Verbindung f / communication ‖ ⁓verkehr m / electrical communication ‖ ⁓verkehr m im Nahverkehrsbereich / terminal area communication ‖ ⁓verwaltung f (behördlich) / common [communication] carrier ‖ ⁓wesen n, -verkehr m (allg, Fernm) / telecommunication, electrical communication ‖ ⁓wesen n (Fernm) / telegraphy and telephony, common carrier system (US), communications ‖ ⁓zentrale f (Flughafen) / communication center ‖ ⁓zone f / communications zone ‖ ⁓zuladung f (Raumf) / communications package

Fern·messen, -meßwesen n, -messung f / telemetering ‖ ⁓meßgerät n / telemeter n ‖ ⁓meßregister n / telemetering register ‖ ⁓meß-System n / remote measuring system, telemetering system ‖ ⁓meßtechnik f / telemetering ‖ ⁓messung f / remote detection, remote sensing ‖ ⁓messung f, -steuerung f (Raumf) / telemetry ‖ ⁓messung f des Betriebszustandes (Raumf) / housekeeping telemetry ‖ ⁓mündlich / by telephone ‖ ⁓nebensprechdämpfung f / far-end crosstalk attenuation ‖ ⁓nebensprechen n (Fernm) / far-end crosstalk ‖ ⁓netz n (Fernm) / long-distance network ‖ ⁓ordnung f, -bereichsordnung (Krist) / long range order ‖ ⁓pegel m / remote level indicator ‖ ⁓photographie f (elektrisch übertragen) / telephotography ‖ ⁓photographie f (ultrarot) / infrared telephotography ‖ ⁓psychrometer n / remote

psychrometer ‖ ⁓punkt m (Opt, Raumf) / far point ‖ ⁓punkt m (Kinematik) / point of infinity ‖ ⁓punktsucher m (Opt) / far-point finder ‖ ⁓rechnen n / remote computing ‖ ⁓regelung f, Fernregeln n / remote control, telecontrol ‖ ⁓reiseomnibus m / long-distance bus ‖ ⁓reisezug m / long-distance train

Fernrohr n (allg, Astr) / telescope ‖ ⁓, -glas n, Feldstecher m / spyglass (a small telescope) ‖ ⁓... / telescopic, -ical ‖ ⁓ des Spektroskops / spectral telescope ‖ ⁓ für Entfernungsmessungen / stadia ‖ ⁓ mit Prismenumkehrsatz / telescope with erecting prisms ‖ ⁓ rechts, [links] (Theodolit) / face right, [left] ‖ ⁓ durchschlagbares ⁓ (Verm) / transit telescope ‖ ein ⁓ richten (o. einstellen) [auf] / point a telescope ‖ ⁓aufsatz m (Mil) / sight[ing] telescope, telescopic rifle sight ‖ ⁓brille f, -lupe f / telescopic spectacles pl ‖ ⁓lupe f / telescope magnifier ‖ ⁓mikroskop n / telescopic microscope ‖ ⁓montierung f / telescope mountings pl ‖ ⁓okular n / eyepiece, ocular ‖ ⁓vorsatz m (Phot) / telescopic attachment

Fern·ruf m, Anruf m / telephone call ‖ ⁓rufrelais n / toll call relay (US) ‖ ⁓satz m (Buch) / remote typesetting, teletypesetting ‖ ⁓schalten n / teleswitching, telecontrol ‖ ⁓schalter m, fernbedienter Schalter / remote [control] switch ‖ ⁓schalter m (Fernm) / heavy current relay ‖ ⁓schaltung f (Elektr) / remote o. distant control, remote[-controlled] switching ‖ ⁓schaltung f (Kfz) / remote-control change o. shift ‖ ⁓schaltung f mittels Spannungsüberlagerung (Elektr) / ripple control ‖ mehrgliedriger ⁓schnelltriebwagen / multiple-unit train ‖ ⁓schrank m (Fernm) / trunk switchboard (GB), long-distance switchboard (US) ‖ ⁓schreibanschluß m / teletype o. telex connection ‖ ⁓schreibanschluß m, Telexadapter m / telex network adapter ‖ ⁓schreibanschluß m (DV) / teletype line termination ‖ ⁓schreibapparat m s. Fernschreiber ‖ ⁓schreibcode m / telegraph o. teletype code ‖ 5-Kanal-⁓schreibcode m / Baudot code ‖ ⁓schreibdienst m / telex n ‖ ⁓schreibempfänger m / telex receiving unit ‖ ⁓schreiben n, Telex n / teleprint o. teletype o. telex message, printergram ‖ ⁓schreiben, telexen (coll) / send by telex, telescribe ‖ ⁓schreiber m, -schreibapparat m / teleprinter (GB), teletyper, teletypewriter (US) ‖ ⁓schreiber m (Meßtechnik) / telerecorder ‖ durch ⁓schreiber / by telex ‖ ⁓schreiber-Bediener m / telex operator, teletypist ‖ ⁓schreibleitung f (Fernm) / TTY-line ‖ ⁓schreib-Lochstreifen m / teletypewriter o. telex tape ‖ ⁓schreibmaschine f / teleprinter (GB), teletypwriter (US) ‖ ⁓schreibnetz n / teletype o. telex network ‖ ⁓schreibrahmen m (DV) / telegraph gate ‖ ⁓schreibtechnik f / teletypewriter engineering ‖ ⁓schreibteilnehmer m / telex subscriber ‖ ⁓schreibverkehr m über Zentralen / TWX, teletypewriter exchange service ‖ ⁓schreibvermittlung f / teleprint (GB) o. teletypewriter (US) exchange ‖ ⁓schreib[wähl]system n, Telexsystem n / telex o. tex system ‖ ⁓schutzwirkung f (Galv) / electrolytic protection

Fernseh·amateur m / TV home constructor, TV fan ‖ ⁓anstalt f / TV station o. corporation ‖ ⁓antenne f / television antenna ‖ ⁓apparat m s. Fernsehempfänger ‖ ⁓aufnahme f / television pick-up, telerecording ‖ ⁓[aufnahme]kamera f / television camera, T.V. camera ‖ ⁓aufnahmeröhre f / TV pick-up tube ‖ ⁓aufnahmetechnik f / TV recording o. pick-up technique ‖ ⁓-Aufnahmewagen m / television mobile unit ‖ ⁓aufzeichnung f (Vorgang) (TV) / telerecording, television recording ‖ ⁓ausstrahlung f / television transmission o. broadcasting ‖ ⁓band n / television band ‖ ⁓-Bandaufnahmegerät n / video recorder ‖ ⁓betrieb "Bild" m / video operations pl ‖ ⁓betrieb "Ton" m / TV sound operations pl ‖ ⁓bibliothek f, Videothek f / TV library ‖ ⁓bild n / television image o.

picture || **das komplette ~bild** (bei
Zeilensprungverfahren) / television field frame || **das
~bild stabilisieren** (o. einstellen o. regulieren) (TV) /
frame *v* || **~bildprojektor** *m* / television projector ||
~bildröhre *f* / television picture tube || **~-Bildsender** *m*
/ television vision transmitter || **~brücke** *f* / television
station link || **~brücke** *f*, -kette *f* / television chain ||
~code *m* **für europäisches Satellitenfernsehen**, D2-
Mac (D2 = duobinär, Mac = multiple analog
component) / D2-Mac || **~-Drahtfunk** *m* / wired
television || **~einzelbild** *n* / single T.V. image ||
~-Einzelbildeinrichtung *f* / T.V. stop motion, T.V.
image freeze || **~empfänger** *m*, -gerät *n*, Fernseher *m*
(coll) / television receiver o. apparatus, televisor,
teleceiver, TV (coll), telly (GB, coll) ||
~empfangsröhre *f* / kinescope (US), teletube (GB),
[television] picture tube

Fernsehen *n*, Fernsehrundfunk *m* (amtlich), Television *f*
(Schweiz) / T.V., TV, television || **durch
~ übertragbar** / suitable for TV recording || **im
~ übertragen** / broadcast by T.V.

Fernseher *m* (Person), Fernsehzuschauer *m*, -zuseher *m*
(Österr.) / [video] viewer || **~** (Apparat) s.
Fernsehempfänger

Fernseh·-Fernleitung *f* / long-distance TV circuit ||
~fernsprechen *n*, -telefonie *f* / visiophony ||
~-Fernsprecher *m*, Fernsehtelefon *n* / television
telephone, visionphone || **~film** *m* / TV film, telefilm ||
~film-Aufnahmegerät *n* / telecine camera ||
~film-Projektor *m* / telecine projector ||
~filmvorführung *f* / TV projection on screen o. wall ||
~gerät s. Fernsehempfänger || **~kabel**, Breitbandkabel *n* /
television cable || **~kamera** *f* / [television] camera,
telecamera || **~kamera** *f* (für Filme u. Dias) (TV) /
diplexer || **~kamera** *f* **für Außenaufnahmen** / field
television camera || **~kamera** *f* **für Wärmebilder** /
thermographic T.V. camera || **~kanal** *m* / television o.
video channel || **~kanalabstand** *m* / television channel
spacing || **~[kanal]umsetzer** *m* / TV-frequency
transposer o. converter || **~kassette** *f* / video-cassette ||
~kette *f*, -brücke *f* / television chain || **~-Konferenz** *f* /
TV-linked conference, televised meeting || **~kopie** *f*
(TV) / TV print || **~leitung** *f* / television circuit ||
~leitungskette *f* / chain of television lines ||
~leitungs-Schaltstelle *f* / switching center of TV lines ||
~leitungs-Verbindung *f* / television link || **~liebhaber**
m / TV fan || **~-Mann** *m* / TV-man || **~mikroskop** *n* /
quantitative television microscope, QTM ||
~-Mikroskopie *f* / television microscopy || **~norm** *f* /
television standard || **~normwandler** *m* / [international]
television transducer o. transposer || **~-Ortsleitung** *f* /
TV local line || **~peripherie** *f* / TV peripheral units ||
~programm *n* / telecast, television broadcast[ing] ||
~programm *n*, -kanal *m* / television o. video channel ||
gefilmtes **~programm** / kinescope recording ||
~programm *n* **Drei** / TV 3 program ||
~programm-Schaltstelle *f* / program switching center
|| **~projektor** *m* / wide-screen TV projector, video-
projector || **~prüfgenerator** *m*, -testbildgenerator *m* /
television pattern generator || **~radar** *n* *n* / TV radar ||
~roklamofilm *m* / television spot || **~[Relais]kette** *f* /
television [station o. relay] link || **~röhre** *f*,
-empfangsröhre *f* / picture tube, television tube,
teletube, kinescope (US) || **~rundfunk** *m* (amtlich),
Fernsehen / television broadcasting, T.V. || **deutscher
~satellit**, TV-Sat *m* / TV-Sat || **französischer ~satellit**,
TDF / TDF || **~satellit** *m* **für Direktempfang** (TV) /
direct broadcasting satellite, DBS || **~senden**, über
Fernsehen senden / broadcast by TV || **~sender** /
television o. video transmitter, telestation ||
~senderöhre *f* / TV transmitting tube || **~sendung** *f* /
telecast, television broadcast[ing] || **~signal** *n* / vision
(GB) o. TV (US) signal || **~sonde** *f* (Raumf) / television
robot || **~sprechverbindung** *f* / television-telephony ||

~station *f* / television station || **~strecke** *f* / television
[relay] link || **~studio** *n* / telestudio, teletorium ||
~technik *f* / television technique, TV engineering ||
~techniker *m* / television o. video operator o.
technician || **~-Teilnehmer** *m* / televiewer || **~telefon** *n*
/ television telephone, picturephone (ATT), see-as-you-
talk phone, videophone || **~text** *m* / broadcast
videography, teletext || **~-Tonsender** *m* / television
sound transmitter || **~trägerfrequenz** *f* / television
carrier frequency || **~truhe** *f* / console receiver ||
~tuner *m* / TV tuner || **~turm** *m* / television tower ||
~übertragung *f* / telecast, television broadcast[ing] o.
transmission || **~umsetzer** *m* / television re-
broadcasting station || **~verstärker** *m* / television
amplifier || **~wagen** *m* / television mobile unit ||
~wandler *m* / international television transducer ||
~weiche *f*, -brückenweiche *f* / TV antenna diplexer, TV
two-way splitter || **~zeit** *f* / viewing time ||
~-Zuschauer *m*, -zuseher (ÖSTERR.) / televiewer

Fern·selbstwahl *f* / long-distance automatic dialling ||
~setzgerät *n* (Buch) / teletypesetter || **~sicht** *f* / [good]
view, (meteorol:) visibility || **~sichtig**, weitsichtig (Opt)
/ long sighted || **~spannungsregulator** *m* (Fernm) /
distant voltage regulator || **~speicher** *m* (Kraftwerk) /
distant reservoir

Fernsprech·... s. auch Fernmelde... und Telephon... ||
~abschlußkabel *n* / telephone end cable || **~amt**, Amt *n*
(Fernm) / exchange, central office, telephone office ||
~anlage *f* / telephone installation || **~ansagedienst** *m* /
special telephone service for information || **~anschluß**
m / telephone connection || **~anschluß** *m*, -gerät *n* /
subscriber's set o. station, subset || **~anschlußkabel** *n* /
subscriber's cable o. line || **~apparat**, Fernsprecher *m* /
telephone [set] || **~apparat** *m* **für Selbstanschluß**,
Selbstwählapparat *m* / dial telephone [set], dialling
handset || **~-Auftragsdienst** *m* (Fernm) / message taking
service, answering service (US) || **~ausgangsstation** *f* /
telephone sender station || **~auskunft** *f* / phone inquiry
service || **~automat** *m*, öffentliche Sprechstelle /
telephone call-box o. coin-box, [tele]phone booth (US)
|| **~automat** *m*, Münzfernsprecher *m* / prepaiement
telephone, public telephone, pay-phone (US) ||
~beamter *f*, -beamtin *f* / telephone operator,
telephonist || **~benutzerteil** *n* / telephone user part,
TUP || oberhalb des **~bereichs** (Frequenz) / above
telephone frequency || unterhalb des **~bereichs**
(Frequenz) / below telephone frequency || **~betrieb** *m* /
telephone communication o. traffic o. service o.
operation, telephony || **~betrieb** *m* **mit selbsttätiger
Durchgangsvermittlung** / automatic tandem working ||
~betrieb über Leitungen / line telephony || **~buch** *n*,
-verzeichnis *n*, Teilnehmerverzeichnis *n* / telephone
directory || **~dienst** *m* / telephone service ||
~-Einzelbild / still picture telephony

fernsprechen / telephone *v*, phone || **~**, Fernsprechwesen
n / telephony

Fernsprechendstation *f* / telephone receiver station

Fernsprecher, Fernsprechapparat *m* / phone, telephone

Fernsprech·formfaktor *m* **der Spannung**, -störfaktor *m* /
telephone interference o. influence factor, TIF ||
~formfaktor *m* **des Stromes** / telephone current form
factor || **~frequenz** *f* / telephone frequency || **~gebühr** *f*
(allg. u. für Ortsgespräche) / [tele]phone charge ||
~gebühr *f* (für Ferngespräche) / toll (for long distance
calls) || **~häuschen** *n* / telephone kiosk o. box (GB),
phone booth (US) || **~hauszentrale** *f* / private telephone
exchange || **~instandhaltungstrupp** *m* / telephone
maintenance gang || **~kabel** *n* / telephone cable ||
~kabine *f*, -zelle *f*, -box *f* / telephone o. call box o.
kiosk, phone booth (US) || **~kanal**, Sprechkanal *m*
(Fernm) / voice channel || **~kondensator** *m* (ca 0.001
μF) / telephone capacitor || **~leitung** *f*, -linie *f* /
telephone line || **~leitung** *f* (Ggs.: Telegrafenleitung) /
voice grade channel o. line || **~meßwesen** *n* /

telephonometry ‖ ⌁münze f / telephone token ‖
⌁nebenstelle f / subscriber's extension set ‖ ⌁netz n /
telephone network o. system ‖ ⌁schaltung f / telephone
connection ‖ [elastische] ⌁schnur (Fernm) / tensile cord
‖ ⌁schrank m / switchboard ‖ ⌁-Seekabel n /
submarine telephone cable ‖ ⌁stelle f, Sprechstelle f /
telephone o. call station ‖ ⌁störfaktor m, -formfaktor
m der Spannung / telephone interference o. influence
factor, TIF ‖ ⌁technik f / telephone engineering o.
technics ‖ ⌁teilnehmer m (Fernm) / subscriber, sub ‖
⌁übertragung f / telephone transmission ‖
⌁-Ureichkreis m (des CCIF) / master telephone
transmission reference system ‖ ⌁verkehr m /
telephone communication o. traffic o. service o.
operation, telephony ‖ ⌁vermittlung, -zentrale f /
central office, exchange, telephone exchange ‖
⌁verstärker m / telephone repeater ‖ ⌁verzeichnis s.
Fernsprechbuch ‖ ⌁wählamt n (Fernm) / dial central o.
exchange office, automatic telephone exchange ‖
⌁wesen, Fernsprechen n / telephony ‖ drahtloses
⌁wesen / radiophony ‖ ⌁zeitanschluß m / temporary
telephone connection ‖ ⌁zelle f, -kabine f / telephone o.
call box o. kiosk, phone booth (US)
Fern·spürmethode f (Mil) / remote sensing ‖
⌁spürmethode f im Luftraum / airborne remote
sensing ‖ ⌁stapelbetrieb m (DV) / remote batch
processing ‖ ⌁stapeleingabe f, RBE (DV) / RBE,
remote batch entry ‖ ⌁stellen n / teleadjusting ‖
⌁stellen n, Fernbetätigung f / remote control,
telecontrol ‖ ⌁stellwerk n (Bahn, Schweiz) / centralized
control box o. control point ‖ ⌁steuer..., Fernwirk... /
distance- o. remote-controlled ‖ ⌁steuern / telecontrol
v, operate by remote control ‖ ⌁steuerstelle, -leitstelle f
/ remote control office, RCO ‖ ⌁steuerung f, -steuern n
/ telecontrol, telearchics pl, -automatics pl, remote
control ‖ ⌁steuerung f, -messung f (Raumf) / telemetry
‖ ⌁steuerung f des Verkehrs (Bahn) / centralized traffic
control, C.T.C. ‖ ⌁steuerung f über
Frequenzmultiplex / remote control by frequency
division multiplex ‖ ⌁steuerung und -regelung f /
distant o. remote control ‖ ⌁steuerungsapparat,
Telemotor m / telemotor ‖ ⌁steuerungssynchro m n
(Elektr) / control synchro ‖ ⌁steuerungssystem n
(Antenne) / rotor
Fernst·punkt m (Opt) / farthest point in picture ‖
⌁punktabstand m (Opt) / spacing of infinity
homologues
Fern·strecke f (Bahn) / main route o. road o. track o. line,
trunk [line] ‖ ⌁test m / remote test ‖ ⌁thermometer n /
telethermometer, distance o. remote thermometer ‖
⌁transaktion f (DV) / remote transaction ‖
⌁triebwagen m / long-distance railcar ‖
⌁übermittlung f von Informationen / teleinformatics
pl ‖ ⌁übertragung f / teletransmission, remote
transmission ‖ ⌁übertragung f (Elektr) / electric power
transmission ‖ ⌁übertragung f von Meßwerten
(Raumf) / telemetry ‖ ⌁übertragungseinheit f /
teletransmission unit ‖ ⌁überwacht (Elektr) / unattended
‖ ⌁überwachung f / remote monitoring, telemonitoring
‖ ⌁überwachung f (Bahn) / remote supervision ‖
⌁überwachung f (Fernm) / remote control ‖
⌁überwachung f des Untertagebetriebs / remote
monitoring of underground workings ‖ ⌁unterricht m /
home-study course ‖ ⌁verarbeitung f (DV) / remote
processing, line-loop operation ‖ ⌁verbindung f
(Fernm) / trunk connexion (GB), long-distance
connection (US) ‖ ⌁verbindung f (Bahn) / long-distance
service ‖ ⌁verbindungen f pl (Fahrplan) / inter-regional
services pl ‖ ⌁verbindungsaufbau m (Fernspr) / long-
distance call ‖ ⌁verkehr m / long-distance o. intercity
(US) transport o. traffic ‖ ⌁verkehr m (Fernm) / long-
distance o. toll (US) o. trunk (GB) service ‖ ⌁verkehr
m (Kfz) / overland transport o. traffic ‖ ⌁verkehr m,
(spez:) Güterfernverkehr m (allg) / long-haul traffic ‖

⌁[verkehrs]gespräch n (Fernm) / trunk conversation
(GB), toll call (US) ‖ ⌁verkehrsnetz n (Fernm) / long-
distance system ‖ ⌁verkehrsstraße (in DDR),
Bundesstraße f / state road, national highway, arterial
road, main o. trunk road (GB) ‖ ⌁vermittlung f (Fernm)
/ long distance exchange, trunk exchange (GB), toll
exchange (US) ‖ ⌁vermittlungsleitung f (Fernm) /
interurban o. interzonal line, toll switching trunk (US),
trunk junction circuit (GB) ‖ ⌁versorgung f (Elektr) / power supply
by transmission line, long-distance energy o. power
supply ‖ ⌁voltmeter n (Elektr) / pilot voltmeter ‖ ⌁wahl
f (Fernm) / long-distance dialling ‖ ⌁wähler m,
Fernwärme f (Fernm) / automatic long-distance selector
‖ ⌁wahlnetz n (Fernm) / automatic long-distance
telephone system ‖ ⌁wärme f / long-distance energy ‖
⌁wartung f / telemaintenance, remote assistance,
remote maintenance ‖ ⌁welle f (Hydr) / external surge ‖
⌁wirkanlage f / remote control system ‖
[mechanische] ⌁wirkanlage / mechanical remote
control equipment ‖ ⌁wirkkanal, Steuerkanal m
(Raumf) / command channel ‖ ⌁wirk-Konfiguration f /
telecontrol configuration ‖ ⌁wirksystem n / telecontrol
system ‖ ⌁wirktechnik f / telecontrol, telearchics,
-automatics pl, remote control technique, teleoperation
‖ ⌁wirkung f / distant effect, action at a distance ‖
⌁zählen n / telecounting ‖ ⌁zähler m, -zählwerk n /
telecounter ‖ ⌁zähler m (für Mengen) / remote
integrator ‖ ⌁ziel n / long-range objective ‖ ⌁zone f,
-feld n / field at great distance ‖ ⌁zone f (Erdbeben) / far-
out zone ‖ ⌁zone f (Nukl) / long-range zone of a shock
wave ‖ ⌁zug m (Bahn) / main line train ‖ ⌁zugwagen m
(Bahn) / long-distance coach
Ferraktor m (Elektronik) / ferractor
Ferranti·effekt m (Elektr) / Ferranti effect ‖ ⌁motor,
Pulsationsmotor m / Ferranti motor
Ferraris·instrument, Drehfeldinstrument n / Ferraris
measuring instrument ‖ ⌁-Tachogenerator m / drag-
cup tachogenerator
Ferrat n (Chem) / ferrate
Ferri·..., Eisen(III)-... / ferric ⌁cyanid,
Eisen(III)-cyanid n / ferricyanide, prussiate ‖
⌁ferrocyanid n / ferric ferrocyanide ‖ ⌁magnet m /
ferrimagnet ‖ ⌁magnetismus m / ferrimagnetism ‖
⌁molybdit m (Min) / ferrimolybdite ‖ ⌁rhodanid,
Ferrithiocyanat, Eisenrhodanid n / ferric thiocyanate o.
sulfocyanate o. -ide ‖ ⌁salz, Eisen(III)-salz n / ferric o.
iron salt
Ferrit n (Chem) / ferrite ‖ ⌁ ⌁ m (Eisenkriställchen) / ferrite
[grain] ‖ ⌁antenne f (Elektronik) / ferrite antenna, wave
magnet ‖ ⌁dreher m (Wellenleiter) / ferrite rotator,
ferrite gyrator ‖ ⌁gelb n / ferrite yellow
Ferritin n (eisenhaltiges Protein) / ferritin
ferritisch / ferritic ‖ ⌁ geglühtes Gußeisen / annealed
ferritic cast iron ‖ ⌁er Stahl / ferritic steel ‖ ⌁er
Stahlguß (Erzeugnis) / ferritic steel casting
Ferrit·kern m (DV) / ferrite core ‖ ⌁kernspeicher m /
ferrite-core store o. memory ‖ ⌁-Lochspeicherplatte f
(DV) / apertured [ferrite memory] plate ‖ ⌁perle f /
ferrite bead ‖ ⌁-Richtungsisolator m,
-Richtungsleitung f (Wellenleiter) / ferrite isolator ‖
⌁-RM-Kern m / ferrite RM core ‖ ⌁rohrkern m, -rohr
n / ferrite tube ‖ ⌁-Schalenkern m / ferrite pot core ‖
⌁stab m / ferrite rod, ferrod ‖ ⌁[stab]antenne f /
ferrite [rod] o. loopstick antenna
Ferro·..., Eisen(II)-... (Chem) / ferrous ⌁bor n /
ferroboron ‖ ⌁cen n / ferrocene ‖ ⌁chrom n (Hütt) /
ferrochromium ‖ ⌁chrom-Silizium n / ferrochromium
silicon ‖ ⌁cyanid n / ferrous cyanide, ferrocyanide,
prussiate ‖ ⌁cyankalium n / ferrocyanide of potassium
‖ ⌁cyankaliumschwarz, Dampfanilinschwarz n (Färb) /
Prud'homme aniline o. steam aniline black ‖
⌁cyankupfer, Kupferferrocyanid n / ferrocyanide of
copper, cupric ferrocyanide ‖ ⌁cyanwasserstoffsäure,

Cyanoeisen(II)-säure *f* / ferrocyanic acid, ferroprussic acid ‖ ~**dynamisch** / ferrodynamic ‖ ⌁**elektrikum** *n* / ferroelectric ‖ ~**elektrisch** / ferroelectric *adj* ‖ ~**elektrische Schicht** / ferroelectric thin film ‖ ~**elektrischer Wandler** (Wärme in Elektrizität) / ferroelectric transducer ‖ ⌁**-Elektrizität**, Seignette-Elektrizität *f* / ferroelectricity ‖ ⌁**ferri...** (Chem) / ferrosoferric, iron(II) diiron(III)... ‖ ⌁**ferricyanid**, Turnbulls Blau *n* / ferricyanide of iron, iron ferricyanide ‖ ~**hydrodynamisch** / ferrohydrodynamic ‖ ⌁**karbidstein** *m* (Hütt) / ferrocarbide brick ‖ ⌁**koks** *m* (Hütt) / ferrocoke ‖ ⌁**legierung** *f* (Hütt) / ferro-alloy ‖ ⌁**legierungsofen** *m* / ferro-alloy furnace
Ferrolsche Multiplikation *f* / Ferrol's multiplication
Ferro·magnet *m* / ferromagnet ‖ ⌁**magnetikum** *n* / ferromagnetic material ‖ ~**magnetisch** / ferromagnetic ‖ ⌁**magnetismus** *n* / ferromagnetism ‖ ⌁**mangan** *n* / ferromanganese ‖ ⌁**mangan-Silizium** *n* / ferromanganese-silicon *m* (für Elektroblech-Messung) / ferrometer ‖ ⌁**molybdän** *n* / ferromolybdenum ‖ ⌁**nickel** *n* / ferronickel ‖ ⌁**niob** *n* / ferroniobium ‖ ⌁**phosphor** *m* / ferrophosphorus ‖ ⌁**prussiat** *n* / ferroprussiate ‖ ⌁**receptor** *m* (Elektronik, Antenne) / ferroreceptor ‖ ~**resonant** (Elektronik) / ferroresonant ‖ ⌁**resonanz** *f* / ferromagnetic resonance ‖ ⌁**silizium**, Fesi *n* (Chem, Hütt) / iron silicide, ferrosilicon ‖ ⌁**spinell** *m* (Hütt) / ferrospinel ‖ ⌁**sulfat** *n*, Eisen(II)-sulfat *n* / ferrous sulphate, iron vitriol, copperas ‖ ⌁**titan** *n* / ferrotitanium ‖ ⌁**typie** *f* (Phot) / ferrotype, melano- o. tin-type ‖ ⌁**vanadium** *n* / ferrovanadium ‖ ⌁**wolfram** *n* / ferrotungsten
Ferroxcube *n* (Elektronik) / Ferroxcube
Ferroxylindikator *m* / ferroxyl indicator
Ferro·zement *m* / reinforced cement mortar ‖ ⌁**zirkon** *n* / ferrocirconium
Ferse *f* / heel ‖ **glatte** ⌁ (Textil) / plain heel
Fersen·abzug *m* (Textil) / toe tension disk ‖ ⌁**gang** *m* (Strumpf) / splicing and heel-knitting gear
fertig, vollendet / finished ‖ ⌁**...** / ready-made ‖ ⌁**...**, End... / end..., finish... ‖ ⌁**...**, vorfabriziert / prefabricated ‖ ~ **bearbeiten** / finish *v* ‖ ~ **einmontiert** / ready assembled o. fitted ‖ ~**er Fußboden** / finished floor ‖ ~ **gemischt** (o. angesetzt) / proprietary prepared ‖ ~ **legiertes Pulver** (Sintern) / completely alloyed powder ‖ **die Gußform** ~ **machen** / finish o. patch o. mend a mould ‖ ⌁**anstrich** *m* / last coating of paint ‖ ⌁**bau** *m*, Montage *f* / assembly ‖ ⌁**bau** *m*, Fertigbauweise *f* (Bau) / prefabrication method ‖ ⌁**bau...** (Bau) / industrially built ‖ ⌁**bau** *m* **in Großelementen**, Fertigbauweise *f* in Großelementen, Systembau *m* (Bau) / system-building, industrialized building ‖ ~**bauen** / finish a construction ‖ ⌁**bauhalle**, Montagehalle *f* / assembly shop o. bay ‖ ⌁**bauteil** *m* *n*, Fertigbauelement *m* / finished building fabric, prefabricated part ‖ ⌁**bauteil** *n* (Beton) / precast element ‖ ~**bearbeiten** / finish *vt* ‖ ⌁**bearbeitung** *f* / finish-machining, finishing, completion ‖ ⌁**beton** *m* / ready-mix[ed] concrete ‖ ⌁**betonstein** *m* / finished building block ‖ ⌁**betonwerk** *n* / ready-mix plant ‖ ~**blasen** (Konverter) / blow full ‖ ⌁**breite** *f* / finished width ‖ ⌁**dichte** *f* (Sintern) / final density ‖ ⌁**drehbank** *f* / finish-machining lathe ‖ ⌁**drehen** *n* / finish turning ‖ ⌁**element** *n* (Bau) / prefab unit
fertigen / make, fabricate, manufacture
Fertiger *m* (Straßb) / finisher
Fertig·erzeugnis *n* / finished product o. article ‖ ⌁**format** *n* / finished size ‖ ⌁**formteil** *n* (Sintern) / finished part ‖ ~**fräsen** / finish-mill ‖ ⌁**garn** *n* / spun yarn ‖ ~**gemacht**, voreingestellt (Instr) / preset (accelerometer) ‖ ⌁**gemisch** *n* / mixture ready for use ‖ ⌁**gerben** *n* / currying, dressing, finishing ‖ ⌁**gericht** *n* / processed food ‖ ⌁**gerichte** *n pl* / convenience food ‖ ⌁**gerüst** *n* (Walzw) / finishing stand ‖ ⌁**gesenk** *n* (Schm) / finisher, finishing die ‖ ⌁**gespinst** *n*, Feingarn *n* / fine yarn o.

thread, high-count yarn ‖ ~**glühen**, Fertigglühen *n* / final anneal ‖ ⌁**glühung** *f* (Hütt) / final annealing ‖ ⌁**guß** *m*, Feinguß *m* (Gieß) / lost-wax process o. casting, investment casting, cire-perdue process ‖ ⌁**gut** *n* (Brecher) / broken material ‖ ⌁**gut** *n* (Glas) / completed vessel ‖ ~**haus** *n* / prefab (US), prefabricated house (GB), ready-built o. unit built house ‖ ⌁**industrie** *f* / finished goods industry ‖ ⌁**kalander** *m* (Pap) / finishing calender ‖ ⌁**kaliber** *n* (Walzw) / finishing groove
Fertigkeit, Geschicklichkeit *f* / skill, craft, art[ifice]
Fertig·kleidung *f* / ready-to-wear [apparel], ready-made clothing ‖ ~**kochen** *vt* / boil off ‖ ⌁**köder** *m* (Landw) / ready-made bait ‖ ⌁**lager** *n* / finished products stock ‖ ⌁**länge** *f* (Walzw) / effective length ‖ ~**läppen** / finish-lap ‖ ~**legiert** / completely alloyed ‖ ~**machen**, zurechtmachen / dress ‖ ~**machen**, -bearbeiten / finish ‖ ~**machen**, vollenden / perfect, finish ‖ ~**machen**, die letzte Hand anlegen an o. Vollendung geben / trim, dress ‖ ~**machen**, beenden / finish *vt*, end ‖ ⌁**machen** / development, finishing ‖ ⌁**machen** *n*, letzte Arbeit / dressing, finishing ‖ ⌁**machen** *n* **der Buchdeckel** (Buch) / case work ‖ ⌁**macher** *m* (Buch) / adjuster ‖ ⌁**macher** *m* (Streckwerk) / sets separated by a set *pl* ‖ ⌁**macherei** *f* (Buchbind) / forwarding ‖ ⌁**maß** *n* / finished size o. measure ‖ ⌁**montage** *f* / final assembly ‖ ⌁**packung** *f* / finished package, prepackage ‖ ⌁**pfahl** *m* / prefabricated pile ‖ ~**polieren**, glänzen (Galv) / finish[-polish] ‖ ⌁**polieren** *n* / finishing polish, finish-polishing ‖ ⌁**produkt** *n* / finished product o. article ‖ ⌁**produkt** *n* (Bergb) / final product ‖ ⌁**produkt** *n*, Konzentrat *n* (Bergb) / concentrate ‖ ~**putzen** (Bau) / float and set ‖ ⌁**putzen** *n*, Ab-, Entgraten *n* (Gieß) / fettling (GB), cleaning (US) ‖ ⌁**reibahle** *f* / finishing reamer ‖ ⌁**sand** *n* / prepared o. reconditioned sand ‖ ⌁**schablone** *f* (Gieß) / thickness strickle ‖ ⌁**schlacke** *f* (Hütt) / final slag, finishing slag, refining slag ‖ ~**schleifen** / finish-grind ‖ ⌁**schmieden** / finish forging ‖ ⌁**schneider** *m* (Gewinde) / bottoming o. plug o. third tap ‖ ⌁**schneider** *m* (eines 2-teiligen Satzes) (Gewinde) / second tap ‖ ⌁**sinterung** *f* / final sintering operation ‖ ~**spinnen**, feinspinnen / spin proper, spin final count ‖ ⌁**spinnmaschine** *f* / fine spinning machine, cotton jenny ‖ ⌁**staffel** *f* (Walzw) / finishing group ‖ ⌁**stapel** *m* (Walzw) / stack of finished steel sheets ‖ ⌁**staucher** *m* (Walzw) / finishing edger o. edging mill ‖ ~**stellen**, -machen / complete ‖ ⌁**stellung** *f*, -stellen, -machen *n* / completion, finishing ‖ ⌁**stellung** *f* **des Revolverkopfes** (Wzm) / finish-position of turret ‖ ⌁**stellung** *f* **einer Zeichnung** / execution of a drawing ‖ ~**vereinbarter** ⌁**stellungstermin** / due-date ‖ ⌁**stich** *m* (Hütt) / shaping pass ‖ ⌁**straße** *f*, -strecke *f* (Walzw) / finishing train ‖ ⌁**teil** *n* (Netzplan) / hardware ‖ ⌁**teilbauweise** *f* / construction by means of assembly units o. pre-assembled units ‖ ⌁**teile** *n pl*, vorgefertigte Teile *n*, / assembly units ‖ ⌁**teilschlüssel** *m* (Netzplan) / hardware code (PERT)
Fertigung, Fabrikation *f* / fabrication
Fertigungs·..., produktiv (Arbeiter) / direct labour... ‖ ⌁**...** (Industrie) / manufacturing... ‖ ⌁**ablauf** *m* / production sequence, manufacturing sequence ‖ ⌁**ablaufdiagramm** *n* (T.Org) / flow diagram, flow process chart ‖ ⌁**ablaufstudie** *f* (F.Org) / production study ‖ ⌁**abteilung** *f* / manufacturing department ‖ ⌁**anlage** *f*, [Fertigungs]werk *n* / factory, manufactory, manufacturing plant o. shop ‖ ⌁**anlauf** *m* / start of the production run ‖ **den** ⌁**anlauf anhalten** (F.Org) / de-expedite ‖ ⌁**ausschuß** *m* / rejects *pl* ‖ ⌁**ausschuß** *m* (Pap) / broke ‖ ⌁**beginn** *m*, Fertigungsfreigabe *f* (F.Org) / dispatching, starting ‖ ⌁**dauer** *f*, -zeit *f* / total production time ‖ ⌁**diagramm** *n* / process chart ‖ ⌁**einbruch** *m* (F.Org) / shutdown (US), stopdown ‖ ⌁**einheit** *f* (F.Org) / unit of production ‖ ⌁**einrichtung** *f* / processing equipment ‖ ⌁**fehler** *m* / defect of fabrication, faulty craftsmanship ‖ ⌁**fluß** *m* / process

337

flow ‖ ⤷**freigabe** f, Fertigungsbeginn m (F.Org) / dispatching, starting ‖ ⤷**gemeinkosten** pl / manufacturing overhead ‖ ⤷**genauigkeit** f (Masch) / finishing accuracy ‖ ⤷**güte** f / technical production quality ‖ ⤷**ingenieur** m / production o. manufacturing o. works engineer ‖ ⤷**insel** f (Wzm) / island of machine tools ‖ ⤷**kette** f / manufacturing chain ‖ ⤷**kontrolle** f / production o. manufacturing control o. inspection ‖ ⤷**länge** f / factory length ‖ ⤷**leiter** m, Produktionsleiter m / production manager o. supervisor ‖ ⤷**linie** f **für ein einzelnes Erzeugnis** / one-product line ‖ ⤷**lohn** m, produktiver Lohn / direct labour cost ‖ ⤷**löhne** m pl (F.Org) / direct costs pl ‖ ⤷**lohn-Ermittlung** f / direct costing ‖ ⤷**los** n / production lot ‖ ⤷**maß** n / nominal size including allowance ‖ ⤷**material** n (F.Org) / direct material ‖ ⤷**meßtechnik** f / industrial metrology ‖ ⤷**organisation**, -vorbereitung f in weitem Sinne / industrial engineering ‖ ⤷**organisator** m / industrial engineer ‖ ⤷**periode** f (Masch) / run ‖ ⤷**personal** n, Werkstattarbeiter m pl / production workers pl, shop workers pl, plant workers pl ‖ ⤷**phase** f (PERT) / operational phase ‖ ⤷**planer** m / production planning engineer ‖ ⤷**planung** f / process o. production engineering, job planning o. scheduling o. routing, operations scheduling and planning and lay-out, production [program] planning, routing ‖ ⤷**programm** n / fabrication scheme, production program(me) ‖ **zu unserem** ⤷**programm gehören …** / our products include … ‖ ⤷**qualität** f / quality of manufacture ‖ ⤷**reife** f (Neuentwicklung) / production stage ‖ ⤷**reifes Modell**, Serienmodell n / production model ‖ ⤷**reihe** f (F.Org) / series, row, batch ‖ ⤷**-Schaubild** n (F.Org) / flow chart, operational chart ‖ ⤷**spannweite** f / process range ‖ ⤷**spule** f (Draht) / manufacturing spool o. reel ‖ ⤷**stätte** f, -betrieb m s. Fertigungsanlage ‖ ⤷**steuerung** f / operations scheduling, job routing, production control ‖ ⤷**straße** f / production line, assembly line ‖ ⤷**streubereich** m, -streuungen f pl / fabrication spread ‖ ⤷**stufe** f, -schritt m / stage of manufacture, production stage ‖ ⤷**technik** f / product[ion] o. manufacturing engineering, manufacturing technics ‖ ⤷**toleranz** f / process tolerance, work tolerance ‖ ⤷**überwachung** f / production o. manufacturing control o. scheduling ‖ ⤷**überwachung** f (Chem) / process inspection ‖ ⤷**unterlagen** f pl / engineering data pl ‖ ⤷**verfahren** n / manufacturing process o. method ‖ ⤷**vorbereiter**, Planer m / methods o. production engineer ‖ ⤷**vorbereitung** f / process o. production engineering, routing ‖ ⤷**vorbereitung** f (in weitem Sinne), -organisation f / industrial engineering ‖ ⤷**zeichnung** f (Masch) / working drawing o. plan ‖ ⤷**zeichnung** f (gedr.Schaltg) / manufacturing drawing ‖ ⤷**zeit**, -dauer f / time for manufacturing, total o. production time ‖ ⤷**zelle** f (Wzm) / machine tool arrangement in cells, manufacturing cell

Fertig·walze f / finishing roll ‖ ~**walzen** / finish-roll ‖ ~**walzung**, -walze f / final rolling pass ‖ ~**walzwerk** n / finishing [rolling] mill ‖ ⤷**waren** f pl / manufactured articles o. goods ‖ ⤷**[waren]bestand** m / finished stock ‖ ⤷**ziehen** n (Stanz) / last drawing ‖ ⤷**zug** m (Drahtz) / finishing pass

fertil (Biol) / fertile ‖ ~, fruchtbar / rich, fat, fecund

Féry-Spektrograph m / Féry spectrograph

Fessel·ballon m / captive balloon ‖ ⤷**ballonsonde** f (Meteorol) / wire sonde ‖ ⤷**drachen** m / captive kite

fesseln, Kreisel ~ (Luftf) / cage gyros

fest, dauerhaft, haltbar, stark / firm, solid, fast ‖ ~, befestigt, verstärkt / strengthened, strong, fortified ‖ ~, im festen Aggregatzustand / solid ‖ ~ [gegen], unbeeinflußt [von] / unaffected [by] ‖ ~ [gegen], beständig / resistant o. resisting [to], …-proof ‖ ~ (Ggs: auswechselbar) / fixed, unremovable ‖ ~ (Steuerknüppel) / fixed ‖ ~, unverschiebbar / rigid, fixed ‖ ~, feststehend, stationär / stationary ‖ ~, für Dauer /

permanent ‖ ~, dicht (Struktur) / tight, close ‖ ~ (Gestein) / conglobate ‖ ~ (Bau) / hard standing ‖ ~, echt, dauerhaft (Farbe) / lasting, made to last, fast ‖ ~, hart, nicht weich / compact, hard, firm, concrete ‖ ~, konsistent (Chem) / consistent, compact ‖ ~ (Knoten) / tight ‖ ~, dicht (Web) / having [firm] body ‖ ~ [gepackt] / hardpacked ‖ ~, ausdrücklich / positive ‖ ~, zuverlässig / secure ‖ ~**er Achsstand** (Bahn) / rigid wheel-base ‖ ~**er Aggregatzustand** / solid condition o. state of aggregation o. of matter ‖ ~**e Anbringung** / rigid mounting o. fastening o. suspension ‖ ~ **angebracht** (Elektr) / fixed ‖ ~ **ankuppeln** / couple tightly ‖ ~**er Anschlag** / positive stop, dead stop ‖ ~**e Antenne** / stationary antenna ‖ ~**e Auflage** (Dreh) / fixed support ‖ ~**e Auflage** (mitgehend) (Dreh) / sliding rest ‖ ~**es Auflager** / firm bearing ‖ ~**e Aufspannplatte** / front o. stationary platen ‖ ~**er Begrenzer** (Dreh) / positive stop ‖ ~ **begrenzt** / definite ‖ ~**er Bezugspflock**, -punkt m (Verm) / recovery peg ‖ ~**er Boden** / terra firma ‖ ~**er Brennstoff** / solid fuel ‖ ~**e Einspannung** (Mech) / rigid fixing, fixed end ‖ ~**e elektrische Verbindung** / electrical bonding ‖ ~**e Felge** (Kfz) / one-piece rim ‖ ~**es Fenster** (Bahn) / fixed window ‖ ~**er Flugfernmeldedienst** / aeronautical fixed service ‖ ~**es Format** / fixed format ‖ ~ **gebaut** / built substantially ‖ ~**es Gebirge**, Fels m / solid rock ‖ ~ **gebunden** (Chem) / in a combined state ‖ ~ **gedreht** (Garn) / hard twisted ‖ ~**e Gegenbacke** (Wzm) / solid back rest ‖ ~ **gepackt**, fest [gepackt] / packed tightly ‖ ~**e Glucose**, Stärkezucker m / solid glucose ‖ ~**er Griff** (Textil) / compact feel ‖ ~**es Komma** (DV) / fixed point ‖ ~**er Kontakt** (Kfz) / stationary contact point ‖ ~**er Körper** / solid body ‖ ~**e Kosten** pl (allg) / fixed cost, standing charges pl ‖ ~ **kuppeln** (Bahn) / couple tightly ‖ ~**e Lage**, Sitz m / stable position, seat ‖ ~**es Land** / dry land ‖ ~**e Länge** (Hütt) / exact length ‖ ~**e Lösung** / solid solution ‖ ~**e Maschinenzeit** (F.Org) / controlled machine time ‖ ~**er Name** (DV) / reserved identifier ‖ ~**e Passung** / tight fit ‖ ~**es Programm** (Fernm, DV) / wired program ‖ ~**e Riemenscheibe** / fast pulley ‖ ~**er Schaum**, Aerogel m / solid foam, aerogel ‖ ~**e Schwindung** / solid contraction o. shrinkage ‖ ~**es Sieb** / fixed screen ‖ ~**e Spitze** (Wzm) / back center, dead center ‖ ~**er Stoff** (Chem) / solid ‖ ~**er Stoß** (Bahn) / chaired joint ‖ ~**er Termin o. Zeitpunkt** / time limit ‖ ~**e Übersetzung** (Getriebe) / fixed ratio ‖ ~**e Verlegung** / permanent installation ‖ ~**es Werkzeug** (Schm) / fast tool ‖ ~**er Wickel** (Garn) / tight package ‖ ~**er Wickel** (Web) / firm roll of fabric ‖ ~**e Zeileneinstellung** (Drucker) / fixed line posting ‖ ~ **zugeordnet** / firmly allocated ‖ ~ **zusammengedrängt**, dicht / dense ‖ ~ **zusammenhängend** / cohesive ‖ ~ **zusammenhängend**, zusammengewachsen / concreted ‖ **in~er Form** / in solid form ‖ ⤷**ader** f (Fernm) / air-spaced paper-insulated tightly wrapped core ‖ ⤷**angestellter** m / permanent employee o. clerk ‖ ⤷**antenne** f (Luftf) / fixed antenna ‖ ~**armig** (Opt) / fixed arm… ‖ ~**backen** vi / cake together ‖ ⤷**beton** n / hardened concrete ‖ ⤷**bett** n (Chem) / packed bed, fixed bed ‖ ⤷**bett-Ionenaustauscher** m / fixed-bed ion exchanger ‖ ⤷**bettprozeß** m (Öl) / fixed bed process ‖ ⤷**bettvergaser** m / solid bed gasifier ‖ ⤷**bildkommunikation** f / still picture o. still frame communication ‖ ~**binden**, anbinden / lash, tie down o. up, bind [to] ‖ ⤷**blattwebmaschine** f (Textil) / fixed reed loom ‖ ⤷**bremsmoment** n (Elektr) / standstill torque ‖ ~**brennen** vi / burn together ‖ ⤷**brennen** n **auf den Führungen** (Walzen) / sticking in the guides ‖ ⤷**bundtisch** m (Hütt) / tight coil table ‖ ⤷**dachtank** m / fixed roof tank ‖ ⤷**drehen** n **von Garn** / hard twisting o. spinning

Feste f (Bergb) / massive hard rock

Festecho, Dauerecho n (Radar) / fixed echo

Festenbau m (Bergb) / roof support by barrier pillars

fest·fahren, steckenbleiben / stall, get stuck || ~**fahren** (Schiff) / touch the ground || ~**fenster** n / nonopening window || ~**fenster** n **für Schiffe** / ship's [side] scuttle, non opening || ~**-fest** / solid-solid || ~**feuer** n (Schiff) / fixed light || ~**feuer** n **mit periodisch veränderlicher Lichterscheinung** (Luftf) / undulating light || ~**flansch** m, angegossener Flansch / integral flange || ~**-flüssig** / solid-liquid || ~**-Flüssig-Extraktion** f / solid-liquid extraction || ~**-Flüssig-Trennfläche**, Erstarrungsfront f (Hütt) / solid-liquid interface, solidification contour || ~**frequenz** f / fixed frequency || ~**fressen**, Blockieren n (Masch) / jamming, seizing, griping || sich ~**fressen** / seize vi, bind, gripe, jam, stick || ~**gebremster Läufer** (Elektr) / locked rotor || ~**gedrehtes Garn** (Seide) / crepe twist[ing] || ~**gefressen** (Lager) / seized, frozen || ~**gehalten** (DV) / posted || ~**gehaltenes Bild** (Kath.Str) / burned-in o. retained image, image burn, sticking picture || ~**gekeilt**, Keil... / fixed by pins o. wedges || ~**gekuppelt** (Bahn) / twin articulated || ~**gekuppeltes Wagenpaar** (Bahn) / twin articulated vehicles || ~**gelegt**, bestimmt / determined || ~**gelegt**, vorbestimmt / predetermined, designated || zuvor ~**gelegt** / preassigned || ~**gelegter Emitter** (Halbl) / grounded emitter, GE || ~**gelegter Kollektor** (Halbl) / grounded collector, GC || ~**geschaltet** (Fernsprechleitung) / point-to-point || ~**geschaltete Leitung** (Fernm) / dedicated o. leased point-to-point circuit || ~**gesetzt** / set || ~**gestampft** / rammed || ~**gestein** n / bedrock, solid rock, consolidated rock || ~**gestellter Fehler** / defect found || ~**gewalzter Erddamm** / rolled-earth dam || ~**geworden**, erstarrt / solidified, frozen, congealed || ~**gezogen**, fest [sitzend] (Mutter) / tight, screwed-down || ~**gezwirnt** / tightly twisted || ~**griff** m (Motorrad) / fixed handlebar grip || ~**haftend** / sticking, adherent, adhesive || ~**haken** vt / fasten with hooks, hook on, make fast by a hook || ~**haken** n, Hängenbleiben n (Uhr) / getting caught || sich ~**haken** / hook || ~**haltegriff**, Handgriff m (Kfz, Bahn) / strap, grasp || ~**haltehebel** m / holding lever || ~**halten**, halten / keep, hold [fast] || ~**halten**, sichern / secure, fasten || ~**halten**, anhalten / stop v || schriftlich ~**halten** / put down in writing || ~**halten eines Anrufs** (Fernm) / clamp-on || ~**haltend**, nicht entweichen lassend (Bau) / retentive || ~**haltescheibe**, Arretier[ungs]scheibe f / locking disk || ~**halte-Schraubendreher** m / screw-holding screwdriver || ~**haltevorrichtung**, Sicherungsvorrichtung f / securing device o. contrivance || ~**harz** n / solid resin

festigen, stärken / consolidate, strengthen, fortify
Festigkeit f / solidity, firmness, consistency || ~, Zähigkeit f / toughness, tenacity || ~, Stabilität f (Mech) / strength, stability, resistance, sturdiness || ~, Stabilität f (Chem) / solidity || ~, Sicherheit f / steadiness || ~, Haltbarkeit f / fastness || ~, Dichtheit f (Textil) / closeness || ~ (Stein) / hardness || ~ **[gegen]** / resistance [to] || ~ **gegen Zerquetschen** / crush resistance || ~ **im Grünlingszustand** (Pulv.Met) / green strength || **[mechanische und/oder elektrische]** ~ **des Isolators** / insulator strength
Festigkeits·berechnung f / calculation of stability o. strength || ~**eigenschaft** f / mechanical property, physical o. strength property || ~**eigenschaft** f (gegen Zug) / tensile property || ~**gerecht** / properly proportioned for stress and strain || ~**grenze** f / breaking point || ~**guß** m / high-strength casting || ~**klasse** f (Schrauben) / property class || ~**lehre** f / [science of] strength of materials || ~**prüfmaschine** f / strength testing machine || ~**prüfung** f / strength test || ~**schweißung** f / strong o. strength welding || ~**werte** m pl / mechanical strength properties pl
Festigung f / strengthening || ~, Konsolidierung f / consolidation
Festigungs·naht f (Nähm) / reinforcing rows pl, shaped tack

Fest·ion n (ein Ion) / fixed ion || ~**kamm** m, Fixkamm m (Spinn) / stationary comb, top comb || ~**keilen** / quoin || ~**keilen**, durch Keilwirkung festsetzen, festklemmen / wedge, fasten by wedges o. keys, key || ~**keilen**, festpressen, zusammenpressen / impact vt || ~**klammern** / brace, cramp || ~**klammern**, -pressen / clench, clinch || ~**kleben** vt / stick vt, glue, paste || ~**kleben** vi / stick vi, adhere || ~**klemmen** / clamp, cramp, wedge || ~**klemmen**, einklemmen, ein-, verkeilen / wedge, cram || ~**komma...** (DV) / fixed point... || ~**komma...** s. auch Festpunkt... || ~**kommen** (Schiff) / run aground || ~**kondensator** m / fixed capacitor || ~**kondensator** m, Blockkondensator m / block type capacitor || ~**kopf-Plattenspeicher** m / fixed head disk store, FHD store
Festkörper m, fester Körper / solid [body] || ~... , monolithisch (Elektronik) / solid-state..., monolithic || ~ m pl **in Farben** / non-volatile matter of paints || ~**bauteil** n / solid-state device o. component, monolith || ~**-Bildwandler** m / solid state type photosensor || ~**-Diffusion** f / solid state diffusion || ~**-Elektrolyt** m / solid electrolyte || ~**ionik** f / solid state ionics || ~**maser** m / solid-state type maser || ~**modelle** m pl, -modellherstellung f (DV) / solid modelling || ~**modulator** m / solid-state modulator || ~**physik** f / solid-state physics || ~**-Plasma** f / solid state plasma || ~**reibung** f, Trockenreibung f / dry friction, boundary friction || ~**schaltkreis** m (Elektronik) / solid-state o. monolithic circuit, microcircuit || ~**schaltkreistechnik** f, Molekularelektronik f (Elektronik) / molecular electronics pl || ~**spurendetektor** (Nukl) / solid state track detector || ~**volumen** n / solid density
Fest·kraftstoff m / solid fuel || ~**kupplung** f (F'wehr) / solid fire hose coupling || ~**land** n, Land n (Ggs: Wasser) / land || ~**land** n (Geogr) / mainland || ~**lands...**, Onshore... / onshore || ~**landsstation** f / shore station || ~**legen**, bestimmen / fix, appoint || **eine Linie o. einen Plan** ~**legen** / prescribe || **auf einer Karte** ~**legen** / set on a map || ~**legen** n **des Arbeitswertes** (F.Org) / job assessment || ~**legung**, Lokalisierung f / localization || ~**legung** f **eines Projektes** (PERT) / project definition || ~**lösungsverfestigen** n (Hütt) / solid-solution strengthening || ~**macheboje** f / mooring buoy || ~**machen** n, Vertäuen n, Vermuren n / mooring || ~**machen** / fasten, make fast || ~**machen**, befestigen / fasten, fix || ~**machen**, anbringen / attach || ~**machen**, -legen / bed || ~**machen**, verankern (Bau) / grapple, lash, secure || ~**machen** (Chem) / solidify || ~**machen** vt (am Pier o. auf Reede) (Schiff) / berth, moor || ~**machepier** m f / mooring berth || ~**macher** m (Schiff) / seating device || ~**macher** m, Leine f / line, cord || ~**maß** n / solid measure || ~**meter** m / solid measure of timber in m³ || **ca. zwei** ~**meter** / abt. 2 m³ solid measure of timber || ~**montiert** / mounted rigidly || ~**nageln** / nail down o. on o. up, pin down
Feston n (Textil) / scalloped edging || ~**bogen** m (Web) / scalloping
Festonier·einrichtung f (Nähm) / scalloping attachment, purl shell attachment || ~**fuß** m (Nähm) / piping foot for curves
Festoon·-Dämpfer m (Textil) / festoon steamer
Fest·phasensintern n / solid phase sintering || ~**platte** f (DV) / hard disk, rigid disk || ~**plattenspeicher** m (DV) / fixed-disk storage || ~**pressen**, -klammern / clench, clinch || ~**programmiert** (allg) / of limited versatility || ~**programmiert** (DV) / fixed programmed || ~**programmierter Festwertspeicher** / fixed programmed ROM || ~**propeller** m / fixed pitch propeller
Festpunkt m, Fixpunkt m (Verm) / fixed datum o. point o. station, datum mark o. point, base, bench mark || ~ (rückwärts vom Ausgangspunkt) (Verm) / minus station || ~, Absteckstab m (Verm) / picket || ~, Ausgangspunkt

339

m (Verm) / point of reference, starting point ‖ ⌐,
Verankerungspunkt *m* / locating point ‖ ⌐,
Gleissicherungspunkt *m* (Bahn) / measuring point of the
track, reference point ‖ ⌐ (Instr.Skala) / fixed point ‖ ⌐
(DV) / fixed point ‖ ⌐ **der Fahrleitung** (Bahn) / mid-
point anchor of the catenary ‖ ⌐**arithmetik** *f* / fixed
point arithmetic ‖ ~**-binär** *adj* / fixed point binary ‖
⌐**darstellung** *f* (DV) / fixed point representation ‖ ⌐**netz**
n / network, grid ‖ ⌐**rechnung** *f* / fixed-point
calculation o. computation ‖ ⌐**schreibweise** *f* / fixed
point representation

fest·rosten / rust [in o. into] ‖ ⌐**sattel-Scheibenbremse** *f* /
fixed yoke disk brake ‖ ⌐**scheibe** *f* (Transmission) /
driving pulley, fixed o. fast pulley o. sheave ‖
⌐**schmierstoff** *m* / solid lubricant ‖ ~**schnallen** / buckle
[on], fasten by buckles, clasp ‖ **sich** ~**schnallen** (Luftf) /
fasten seat belts ‖ ⌐**schnallvorrichtung** *f* (Luftf) / safety
o. seat belt assembly ‖ ~**schnüren** / cord [up], lace
together ‖ ~**schrauben** / fasten with screws, screw
down ‖ ~**schreiben** (DV) / commit [to] ‖ ⌐**schreibung** *f*
(DV) / commitment ‖ ~**setzen**, arretieren / arrest, stop ‖
~**setzen**, feststellen / fasten, fix ‖ ~**setzen**, anordnen /
ordain ‖ ~**setzen**, -legen / state ‖ **die Bremse** ~**setzen** /
set the brake ‖ **sich als Eis** ~**setzen** / solidify as ice ‖
⌐**setzung**, Bestimmung *f* / determination ‖ ⌐**sitz** *m*
(Passung) / interference fit ‖ ~**sitzen**, klemmen,
steckenbleiben / bind, seize, gripe, get o. be stuck ‖
~**sitzen**, -fahren / stick, get stuck ‖ ~**sitzend**, nicht
rutschend / close, tight, snug ‖ ⌐**spannen** *n* / tightening
‖ ⌐**spannschraube** *f* (Spannband) / tightening screw ‖
⌐**speicher** *m* (DIN) (DV) / read-only o. permanent store
o. memory, ROS, ROM ‖ **elektrisch veränderbarer**
⌐**speicher**, EAROM / electrically alterable read-only
memory, EAROM ‖ ⌐**speicher-Instruktion** *f* (DV) /
read-only instruction ‖ ~**stampfen** / tamp ‖
~**-stationärer Zustand** / strongly [self-]stationary state
‖ ~**stecken** (mit Nadel) / pin *v*

feststehend, stationär / firm, fixed, stationary ‖ ~, stabil /
steady, stable, firm ‖ ~ (Phot) / still ‖ ~ (Messer) / fixed-
blade ‖ ~, senkrecht / steady ‖ ~, bewegungslos / static,
statical ‖ ~**e Achse** / stationary axle, dead o. fixed o.
solid axle ‖ ~**e Achse** (Math) / fixed axis ‖ ~**er Anker**
(Elektr) / fixed o. stationary armature ‖ ~**er**
[Ausleger]kran / fixed [jib] crane ‖ ~**e Bohrinsel** /
jack-up type drilling platform ‖ ~**er drehbarer Stapler**
/ fixed rotating stacker ‖ ~**e Formplatte** (Plast) / fixed
die plate, stationary platen ‖ ~**er Kontakt** (Elektr) /
fixed contact ‖ ~**es Messer des Lumpenklopfers** /
fixed blade of a rag beater ‖ ~**e Reitstockspitze** (Wzm) /
back center, dead center ‖ ~**er Teil der Spritzform**
(Plast) / front o. cover mo[u]ld ‖ ~**e Trommelwelle** /
layshaft of a drum

feststellbar / detectable ‖ ~, fixierbar / which may be
locked, lock-type… ‖ ~**e Bremse** (Kfz) / parking brake

feststellen, festsetzen / fasten, set, fix, lock, immobilize ‖
~, nachprüfen / ascertain, determine ‖ ⌐ *n* **der**
Fadendichte (Web) / thread count, pick count ‖ **die**
Bremse ~ / block [up]

Feststellen-Numerierung *f* (Fernm) / fixed numbering

Feststeller *m* **des Riegels** (Schloss) / snib of a latch ‖ ⌐ **für**
Großbuchstaben / upper case lock

Feststell·hebel *m* (Masch) / locking lever ‖ ⌐**keil** *m* /
locking wedge ‖ ⌐**knebel** *m* (Wzm) / immobilizing
handle ‖ ⌐**taste** *f*, Feststeller *m* / fixing key

Feststellung *f*, Bestätigung *f* / statement

Feststellvorrichtung *f*, Feststellung *f*, Arretierung *f* /
fixing o. locking device, lock, catch ‖ ⌐, einrückbare
Arretierung / detent

Feststoff *m* / solid matter ‖ ⌐ (Reaktor) / solid waste ‖ ⌐
(Rakete) / solid fuel ‖ ⌐**e** *m pl* **in Flüssigkeiten** /
suspended solids *pl* ‖ **schwer löslicher** ⌐ (Öl) / propping
agent ‖ ⌐**anteil** *m* / solids content ‖ ⌐**ausbringen** *n*
(Bergb) / yield of solids ‖ ⌐**ausstoß** *m* (Kfz) / particulates
pl, particulate matter ‖ ⌐**bilanz** *f* **der Entwässerung**

(Aufber) / dry basis ‖ ⌐**-Flüssigkeitsphase** *f* / solid-
liquid phase ‖ ⌐**-Flüssigkeitsrakete** *f* / solid-liquid
rocket ‖ ⌐**-Gasphase** *f* / solid-gaseous phase ‖ **mit**
hohem ⌐**gehalt** / high-solids… ‖ **kontinuierlicher**
⌐**maser** / three-level maser ‖ ⌐**-Phase** *f* / solid phase ‖
⌐**-Pipeline** *f* / solid matter pipeline ‖ ⌐**rakete** *f* / solid
fuel rocket, powdered-fuel rocket ‖
⌐**raketen-Triebwerk** *n*, Feststoffraketen-Motor *m* /
solid-propellant rocket engine, powdered-fuel o. solid
fuel rocket, dry-fuelled rocket ‖
⌐**raketen-Zusatzantrieb** *m* / solid rocket booster ‖
⌐**schmiermittel** *n* / solid lubricant

Fest·treibstoff, Feststoff *m* / solid propellant ‖
⌐**treibstoff-Formling** *m* (Raumf) / grain ‖ ~**treten**,
-stampfen / stamp, tread down

Festungs·verband, Stromverband *m* (Bau) / raking o.
diagonal bond

fest·verdrahtet (DV) / permanently wired, hardwired,
prewired ‖ ~**verdrahtet** (Prüfung, Konstante, Befehle usw,
DV) / hardware… ‖ ~**verdrahtetes Programm** (DV) /
hardwired o. prewired program ‖ ~**verdrahtete**
Schleife, festverdrahteter Zyklus (DV) / fixed o. canned
cycle ‖ ~**verdrahteter Speicher** (DV) s. Festspeicher ‖
~**verschraubt** / screwed home o. down ‖ ~**walken** *n*
(Tuch) / close fulling ‖ ⌐**werden**, Steifwerden *n* (Them) /
gelation ‖ ⌐**werden**, Dichtwerden *n* / consolidation ‖
⌐**werden** (Chem) / solidification, concretion,
coagulation ‖ ⌐**wert** *m*, Konstante *f* / constant ‖
⌐**werteinstellung** *f* (DV) / header control ‖
⌐**wertregelung** *f* / fixed-command control, set-value
control ‖ ⌐**wertspeicher**, Konstantenspeicher *m* (DV) /
storage for constant values ‖ ⌐**wertspeicher** *m* s. auch
Festspeicher ‖ ⌐**widerstand** *m* (Elektronik) / fixed resistor
‖ ⌐**wort** *n* (DV) / fixed length word ‖ ⌐**zacke** *f* (Radar) /
permanent blip ‖ ⌐**zeichenaustastung** *f* (Radar) / clutter
gating ‖ ⌐**zeichenbild** *n* (Radar) / clutter diagram ‖
⌐**zeichenecho** *n* (Radar) / permanent echo, PE ‖
⌐**zeichenunterdrücker** *m* (Radar) / moving target
indicator, M.T.I. ‖ ⌐**zeichenunterdrückung** *f*, MTI
(Radar) / moving-target indication, MTI ‖
⌐**zeitgespräch** *n* (Fernm) / fixed time call, appointment
call ‖ ~**ziehen** (Schrauben) / drive home o. in ‖ ~**ziehen**,
nachziehen / tighten ‖ **die Muttern** ~**ziehen** / draw up
the nuts ‖ ⌐**zielunterdrückung** *f* s.
Festzeichenunterdrückung ‖ ~**zurren** (Schiff) / lash, tie
down ‖ ⌐**zurr-Vorrichtung** *f* (Container) / internal
securing device

FET = Feldeffekttransistor

Fett *n* / fat ‖ ⌐, lipid / lipid ‖ ⌐**e** *n pl* / fatty matters *pl*,
fats *pl* ‖ ⌐ **auslassen** (o. schmelzen) / render fat, melt-
down ‖ ⌐ *n* **für Gewinden** / thread component ‖ ⌐
wiederkauender Tiere, Talg *m* / tallow ‖ **[zerlassenes**
tierisches] ⌐ / grease

fett, fett-, ölhaltig, fettig / fat, fatty ‖ ~, reich (Boden) /
fertile, fat, rich, rank ‖ ~ (Beton, Mörtel, Kohle) / fat, rich
‖ ~ (Buch) / bold[-faced], extra bold, black-faced ‖ ~**er**
Buchstabe, fette Schrift / extra-bold letter ‖ ~ **drucken**
/ print in bold face ‖ ~**er Durchschuß** (Buch) / fat line ‖
~**er [Form]sand**, Masse *f* (Gieß) / loamy sand ‖ ~**es**
Gemisch (Mot) / [over]rich [gas] mixture ‖ ~**er (o.**
ölreicher) Lack, fetter Firnis / long-oil varnish ‖ ~**es**
Öl, Fettöl *n* / fatty oil ‖ ~**er Sand** (Gieß) / fat o. clayed
sand ‖ ~**er Ton**, Fett-Ton *m* / rich o. unctuous clay ‖
~**er Torf** / bituminous o. black peat ‖ ~**abscheider**,
-fang *m* (Abwasser) / grease o. fat trap o. collector o.
extractor o. separator, channel gulley ‖ ~**abweisend**
(Textil) / grease resistant ‖ ⌐**alkohol** *m* / fatty alcohol ‖
⌐**amin** *n* / fatty amine ‖ ~**[art]ig**, fettähnlich / lipoid ‖
~**artig**, fettig, Fett… (Zool) / adipose, lardaceous ‖
⌐**avivage** *f* (Textil) / brightening with fat ‖ ~**bildend**,
-erzeugend (Biol) / lipogenous ‖ ⌐**blank**, schmierblank
(Draht) / grease drawn ‖ ⌐**büchse**, -buchse *f* / grease cup
‖ ~**dicht** / grease-proof ‖ ~**dichter Karton** / grease
resistant board ‖ ~**dichtes Papier** / grease-proof paper

‖ **⌐druck** *m* (Buch) / heavy print, bold o. black-faced print

fetten / grease, lubricate ‖ ~, einfetten (Spinn) / lubricate ‖ **Leder** ~ (Gerb) / stuff

Fett·entziehung, -extrahierung *f* / extraction of fat ‖ ~**erzeugend**, -bildend (Biol) / lipogenous ‖ **⌐fang** *m* s. Fettabscheider ‖ **⌐farbstoff** *m* / oil-soluble dye ‖ **⌐fleckphotometer** *n* / grease spot o. Bunsen photometer, translucent disk photometer ‖ ~**frei**, fettstofffrei / fat free ‖ ~**gares Leder** / oil-dressed leather, crown o. Helvetia leather ‖ **⌐gas**, Ölgas *n* / fat o. oil gas ‖ **⌐gehalt** *m* / fat content ‖ **⌐gerbung** *f* / fat o. oil dressing o. tanning, chamois dressing ‖ ~**glänzend** / of greasy luster o. appearance ‖ **⌐grund** *m* (Lack) / oil size ‖ **⌐hahn**, Schmierhahn *m* / grease cock ‖ **⌐härtung** *f* / hardening of fats ‖ **⌐harz** *n* / oleoresin ‖ **⌐hydrierhärtung** *f* / hydrogenation of fats ‖ **⌐hydrierungsverfahren** *n* / hydrogenation process of fats

fettig, Fett... / fatty ‖ ~, ölig / unctuous ‖ ~, fettfleckig / greasy ‖ ~, ungewaschen (Wolle) / in oil, in yolk, in suint ‖ ~**er Glanz** / unctuous lustre

Fettigkeit *f* / greasiness

Fett·kalk *m*, fetter Kalk[mörtel] / rich o. fat lime [mortar] ‖ **⌐kartusche** *f* / grease cartridge ‖ **⌐kohle** *f* (backende Kohle mit 18-36 % flüchtigen Bestandteilen) / bituminous o. fat coal ‖ **⌐kreide** *f*, lithografische Kreide / lithographic chalk ‖ **⌐lack** *m* s. fetter Lack ‖ **⌐leder** *n* / oil-tanned leather ‖ **⌐licker** *m* (Gerb) / fat liquor ‖ **⌐löser** *m* / fat solvent ‖ ~**löslich**, im Fett löslich / liposoluble ‖ **⌐löslichkeit** *f* / liposolubility ‖ mittlere **⌐löslichkeit** / intermediate liposolubility ‖ **⌐lösungsmittel** *n*, Fettlöser *m* / fat dissolving agent ‖ **⌐presse** *f* / grease gun ‖ **⌐reihe** *f* (Chem) / fatty series ‖ ~**sauer** / fatty-acid... ‖ **⌐säure** *f* / fatty acid ‖ **⌐säureamid** *n* / fatty acid amide ‖ **⌐[säure]synthese** *f* / fatty acid synthesis ‖ **⌐schmierautomat** *m* / automatic grease press ‖ **⌐schmiere** *f* (Gerb) / fat liquor ‖ **⌐schmierung** *f* / grease lubrication ‖ **⌐schwanzschaf** *n* / broad tailed sheep ‖ **⌐seife** *f* / soap of grease, fat[ty] soap ‖ pflanzliche **⌐seife** / vegetable fat soap ‖ ~**spaltend** (Chem) / fat-splitting ‖ **⌐spalter** *m*, Lipase *f* / lipase ‖ **⌐spaltung**, Lipolyse *f* / lipolysis ‖ **⌐spritze** *f* / grease gun ‖ **⌐stift** *m* / grease pencil ‖ **⌐verseifung** *f* / saponification of fat ‖ **⌐wolle** *f* / grease wool, wool in the suint

Fetzen, Lappen *m* / shred

feucht / damp, humid, moist ‖ ~**er Beton** / moist concrete ‖ ~**es Bügeltuch** / moist ironing cloth ‖ ~**e Luft** / humid air ‖ ~ **machen** / moisten, humidify, wet ‖ ~ **verdichtet** (Sand) (Gieß) / compressed moist ‖ ~**e Vernetzung** / moist crosslinking ‖ ~ **werden** / damp[en] *vi* ‖ ~**adiabatischer Temperaturgradient** (Meteorol) / saturated adiabatic lapse rate ‖ **⌐dehnungsmesser** *m* (Pap) / hygro-expansimeter

Feuchte *f* / dampness, humidity ‖ **⌐messer** *m* / moisture meter o. teller o. tester

feuchten, netzen / damp[en], wet ‖ ~, anfeuchten / moisten, humidify

Feucht-Entwicklung *f* (Phot) / semidry process

Feuchte·sensor *m* / humidity sensor ‖ **⌐test** *m* / damp heat cycling test

Feuchtetoleranz *f* / humidity tolerance

Feucht·glätte *f* (Pap) / water finish ‖ **⌐-Glättwerk** *n* (Pap) / breaker stack ‖ **⌐haltekasten** *m*, -glas *n* (Wirkm) / yarn conditioning box o. jar ‖ ~**halten** / keep moist ‖ **Beton** ~**halten** / cure concrete

Feuchtigkeit *f* / moisture, humidity, damp ‖ ~, Klammheit *f* / dampness ‖ ~ **abweisend** / moisture repellent ‖ ~ **anziehend**, hygroskopisch / hygroscopic ‖ ~ **von Baumwolle** / condition of cotton ‖ ~ **von** ~ **zerfließen** (Chem) / deliquesce ‖ **[vorhandene o. zulässige]** ~ (Textil) / regain of humidity

Feuchtigkeits·... / hygric ‖ ~**anziehend** / hygroscopic ‖

⌐aufnahme *f* / absorption of humidity, mixture absorption ‖ **⌐ausdehnung** *f* / moisture expansion, bulking ‖ **⌐ausgleich** *m* / moisture balance ‖ **⌐beschlag-Entfernung** *f* / defogging ‖ ~**beständig** / moisture-resistant ‖ **⌐bestimmung** *f* / moisture determination ‖ **⌐dämmschicht**, -sperrschicht *f* (Bau) / damp[proof] course ‖ **⌐dehnung** *f* / moisture expansion ‖ **⌐-Durchlässigkeit** *f* / moisture permeability ‖ **⌐durchschlag** *m* (Bau) / penetration of moisture ‖ ~**fest** / dampproof ‖ **⌐geber** *m* (Phys) / humidity cell ‖ **⌐gehalt** *m* / content of moisture, moisture contents *pl* ‖ **⌐gehalt** *m*, -grad *m* / degree of moisture ‖ **⌐gehalt** *m*, -menge *f* / quantity of moisture ‖ **⌐gehalt** *m* **der Luft** / humidity of the air, atmospheric moisture ‖ **⌐gehalt in % m** / percentage of moisture ‖ **⌐gehalt regeln den** (Textil) / condition ‖ ~**geschützt** / humidity-proof, moisture repellent ‖ **⌐grad** *m*, relative Luftfeuchtigkeit / relative humidity of air ‖ **⌐isolierung** *f* / insulation against humidity ‖ **⌐loch** *n* (Gieß) / weep hole ‖ **⌐menge** *f*, -gehalt *m* / quantity of moisture ‖ **⌐messer** *m* (allg) / moisture meter, moisture tester o. teller ‖ **⌐messer** *m*, Psychrometer *n* / psychrometer ‖ **⌐messer** *m* **für Luftfeuchtigkeit**, Hygrometer *m* / hygrometer ‖ **⌐probe** *f* / moisture test ‖ **⌐prüfer** *m*, Konditioniervorrichtung *f* (Spinn) / testing oven for moisture ‖ **⌐prüfer** *m* **für Seide** / conditioning oven for silk ‖ **⌐prüfung** *f*, Konditionieren *n* (Spinn) / conditioning ‖ **⌐regler**, Hygrostat *m* / hygrostat ‖ **mit schutz** (Elektr) / moisture-proof ‖ ~**spendend** (Chem) / moisturized ‖ **⌐sperre** *f* / moisture barrier ‖ **⌐sperrschicht**, -dämmschicht *f* (Bau) / damp[proof] course ‖ **⌐überschuß** *m* / excess of moisture ‖ **⌐verhalten** *n* / moisture behaviour ‖ **⌐-Vorbehandlung** *f* / moisture preconditioning treatment ‖ **⌐wiederaufnahme** *f* / moisture regain

feucht·kalt / chilly, cold and humid ‖ **⌐korrosion** *f* / aqueous corrosion ‖ **⌐kugeltemperatur** *f* / wet-bulb temperature ‖ **⌐kugelthermometer** *n* / wet-bulb thermometer ‖ **⌐lagerung** *f* / storing in humid atmosphere ‖ **⌐lagerversuch** *m* / high humidity and condensation test ‖ **⌐lufttrockner** *m* / humidity drier ‖ **⌐maschine** *f* / wetting machine ‖ **⌐presse** *f* (Pap) / nip roll ‖ **⌐raum...** (Elektr, Install.Mat) / waterproof, dampproof, moistureproof ‖ **⌐raum** *m*, Weiche *f* (Brau) / steeping tank ‖ **⌐raumfassung** *f* / moisture-proof lampholder ‖ **⌐raumleitung** *f*, -raumkabel *n* (Elektr) / dampproof installation cable ‖ **⌐raumleuchte** *f* / moisture-proof lamp ‖ ~**satiniertes Papier** / water finished paper ‖ **⌐streifen** *m* (Pap, Fehler) / wet streak ‖ **⌐verfahren** *n* / wet method ‖ **⌐walze**, Wischwalze *f* (Buch) / damp(en)ing roller ‖ ~**warm**, schwül / muggy, warm and moist o. humid, damp and close ‖ **⌐wasser** *n* (Offset) / fountain solution ‖ **⌐Wechselklima** *n* / damp alternating atmosphere ‖ ~**werden** / dampen *vi*, moisten *vi* ‖ **⌐werk** *n* (Buch) / damp[en]ing system o. unit

Feuer *n*, Flamme *f* / fire, flame ‖ ~, Leuchtfeuer *n* (Schiff) / light ‖ ~, Brand *m* / conflagration ‖ ~, Politur *f*, Glanz *m* / luster, lustre (GB), brightness ‖ ~ (Edelstein) / brilliance, -ancy ‖ **⌐alarm** *m* / fire alarm ‖ **⌐anzünder** *m* / kindler, fire lighter (GB) ‖ **⌐ätzung** *f* (Sintern) / thermal etching, heat tinting ‖ **⌐bekämpfung** *f* / fire fighting ‖ ~**berührte Fläche**, Heizfläche *f* (Kessel) / generator surface, fire o. flue o. heating surface ‖ ~**beständig**, -fest / fireproof, fire resisting ‖ ~**beständiges Glas** / flameproof glass, oven ware, ovenproof glass ‖ ~**beständiger Guß** / fire resisting casting ‖ ~**beständigkeit**, -festigkeit *f* / fireproof o. refractory quality, fire stability ‖ **⌐beständigkeit** *f* (Chem) / fixedness, fixity ‖ **⌐beton** *m*, Feuerfestbeton *m* / refractory concrete ‖ **⌐brand** *m* / fire brand ‖ **⌐brand** *m* (durch Erwinia amylovora) (Landw) / fire blight ‖ **⌐brücke** *f* (Ofen) / firebrick arch, flue bridge, fire stop, flame bridge o. stop ‖ **hohle o. wassergekühlte ⌐brücke**, Wasserbrücke *f* (Hütt) / water bridge o. table

‖ ⁓brückenträgerrohr n (Bahn) / water-tube arch support ‖ ⁓büchse, -buchse, -kiste f (Dampfm) / firebox ‖ ⁓büchskessel, Lokomotivkessel m / locomotive boiler ‖ ⁓büchsmantel, Stehkessel m (Bahn) / outer firebox ‖ ⁓büchswirkung f / fire conditions pl ‖ ⁓email n / (fire) enamel ‖ ⁓empfindlich / sensitive to flames
feuerfest, unverbrennbar / apyrous, incombustible ‖ ⁓, -sicher (auf lange Dauer widerstandsfähig) / fireproof ‖ ⁓ (Keram) / refractory ‖ ⁓er Anstrich / refractory coating o. wash ‖ ⁓e Anstrich- und Spritzgemische n pl / fireproof o. refractory coatings o. washes pl ‖ ⁓e Anstrichmasse / refractory coating o. wash ‖ ⁓e Auskleidung / refractory lining ‖ ⁓e Auskleidung, feuerfestes Futter / fireproof casing o. lining, fireproofing ‖ ⁓ bei hohen Temperaturen / refractory ‖ ⁓es Chromerzeugnis / chrome refractory ‖ ⁓es Erzeugnis mit hohem SiO₂-Gehalt n / acid refractory ‖ ⁓e Flickmasse (Hütt) / fettling material ‖ ⁓es Glas / oven-proof glass ‖ ⁓es Graphit-Ton-Erzeugnis n (Hütt) / plumbago refractory ‖ ⁓er Imprägnieranstrich / fireproofing paint ‖ ⁓er Leichtstoff / low-density refractory ‖ ⁓es Material / refractory [material], fireproof material ‖ ⁓er Mörtel / refractory jointing material, refractory cement, coating, patching and monolithic material ‖ [keramisch bindender] ⁓er Mörtel / refractory mortar ‖ ⁓e Mörtel u. Gemische pl / refractory cements pl ‖ ⁓e NE-Gußlegierung / cast nonferrous refractive alloy ‖ ⁓er Normalstein / refractory brick ‖ ⁓er [plastischer] Ton, Feuerton, Fireclay m / fireclay, pipe clay, refractory clay ‖ ⁓e Plastmasse (Hütt) / plastic refractory ‖ ⁓er Sand / refractory sand, fire sand ‖ ⁓e Schwimmweste / sea fire life jacket ‖ ⁓e Stampfmasse (Hütt) / refractory ramming mixture ‖ ⁓er Stein, Ofenziegel m / kiln-brick ‖ ⁓e Stoffe m pl (Hütt) / refractories pl ‖ ⁓er Tiegel / fireclay crucible ‖ ⁓er Zement / fire cement ‖ ⁓-Ausgitterung f / fire brick checkerwork ‖ ⁓-Ausmauerung f / refractory lining ‖ ⁓beton m / refractory concrete ‖ ⁓betonerzeugnis n / castable refractory ‖ ⁓einschlüsse m pl (Hütt) / brick inclusions pl ‖ ⁓erzeugnis mit niedriger Rohdichte, Leichtsteinerzeugnis n / lightweight refractory
Feuer·festigkeit, -beständigkeit f / refractoriness, refractory quality, refractability ‖ ⁓fest-Industrie f / refractory industry ‖ ⁓festmachen n, Brandschutz m / fireproofing ‖ ⁓festmaterial n / refractory [material], fireproof material ‖ ⁓festmaterial n aus stabilisiertem Dolomit / stabilized dolomite refractory ‖ ⁓festton m, Flintton m / flint clay ‖ ⁓festwerker m (Beruf) / refractory maker ‖ ⁓flüssig, schmelzflüssig (Stahl) / molten, fused ‖ ⁓flüssige Magma / igneous magma ‖ ⁓fluten n (Sekundärgewinnung) (Öl) / fire drive, fire flood ‖ ⁓gas n / furnace gas ‖ ⁓gefahr f / fire hazard o. risk ‖ ⁓gefährlich / combustible, [highly] inflammable, flammable, fiery ‖ ⁓gefährliche Flüssigkeit / inflammable liquid ‖ ⁓geschränk n, Zarge f einer Feuertür (Bau, Bahn) / fire door box, firefront ‖ ⁓geschwindigkeit f, Schußfolge f / rate of fire ‖ ⁓gewölbe n / flame o. furnace arch ‖ ⁓gewölbe n (Ziegelei) / heating channel ‖ ⁓hahn, Zapfhahn m / hydrant, fire plug, F.P. ‖ ⁓hahn m, Wandhydrant m / wall plug o. hydrant ‖ ⁓hahn m mit Schlauch und Strahlrohr / fire plug with hose and spout ‖ ⁓haken m, Schüreisen n / fire rake, poker ‖ ⁓haken m, Einreißhaken m / ceiling hook (GB), pikepole (US) ‖ ⁓hemmend (bis 30 min fest) / fire resisting, -resistant, fire-retardant, -retarding ‖ ⁓hydrant m, (DIN:) Feuerlöschwasserständer m / fire hydrant ‖ ⁓kanal, Fuchs m (Ofen) / flue, smoke flue ‖ ⁓klappe f / fire valve o. damper ‖ ⁓kugel f, Bolid m (Meteorit) / fire ball, bolide ‖ ⁓leichtstein, Leichtstein m / lightweight refractory brick ‖ ⁓leiter f, Not-, Brandleiter f (Bau) / aerial o. escape ladder ‖ ⁓leiter f (Kfz) / motor turntable ladder, motor aerial ladder (US) ‖ ⁓leitrechner m / fire

control computer ‖ ⁓leitung f (Mil) / fire direction ‖ ⁓loch n s. Feuertür ‖ ⁓lose Lokomotive (Bahn) / fireless engine ‖ ⁓löschanlage f / fire extinguishing plant ‖ ⁓löschapparat, -löscher m / fire extinguisher ‖ ⁓löschboot n / fire boat o. tug ‖ ⁓löschbrause f, Sprinkler m / fire extinguishing rose, sprinkler ‖ ⁓löschfahrzeug n / fire fighting vehicle, fire brigade truck, fire engine ‖ ⁓löschfahrzeuge n pl / fire fighting vehicles ‖ ⁓löschgeräte n pl / fire extinguishing gear ‖ ⁓löschkanone f (Schiff) / fire gun ‖ ⁓löschmittel n / fire extinguishing substance ‖ ⁓[lösch]pumpe f / fire pump ‖ ⁓lösch-Schaum m / fire foam ‖ ⁓löschschlauch m / fire hose ‖ ⁓lösch-Steigleitung f (ständig wasserführend), -Steigrohr n (nicht ständig wasserführend) / fire rising main ‖ ⁓löschübung f / fire alarm drill, fire service drill ‖ ⁓löschverfahren, Brandverfahren n / fire extinguishing method ‖ ⁓löschwasserständer m (DIN), Hydrant m / fire pillar, street hydrant ‖ ⁓löschwesen n (allg) / fire protection ‖ ⁓löten / sweat ‖ in der Muffel ⁓löten / muffle-braze ‖ ⁓mauer f (Bau) / fire stop ‖ ⁓meldeanlage f / fire alarm system ‖ ⁓melder m / fire alarm [box], street alarm [box] ‖ ⁓melder m, Brandfühler m / fire detector ‖ ⁓meldestelle f / call point ‖ ⁓meldung f / fire alarm ‖ ⁓monitor m, Wasserwerfer m / fire monitor
feuern, Feuer unterhalten / fuel ‖ ⁓, funken (Elektr) / flash vi, spark ‖ ⁓, pliesten, filzen (Galv) / dry-fine, grind with a felt wheel ‖ ⁓ n (Mil) / firing ‖ ⁓, Funken[bildung] f (Elektr) / sparking ‖ ⁓, Filzen n (Galv) / flexible grinding, dry-fining
Feuer·politur f (Glas) / fire-polishing ‖ ⁓probe f / trial by fire, fire test ‖ ⁓raffiniert (Kupfer) / fire-refined ‖ ⁓raum m / body of a furnace, furnace ‖ ⁓raum m (Ziegelei) / fire vault ‖ ⁓raum m (Hütt) / combustion chamber ‖ ⁓raumgewölbe n / furnace roof ‖ ⁓rohr n, Rauchrohr n / fire o. smoke tube ‖ ⁓rost, Rost m / grate ‖ ⁓rot (RAL 3000) / flame red
Feuers·brunst f / conflagration
Feuer·schiff n (Schiff) / lightship ‖ ⁓schirm m / roof of a furnace, brick arch of the fire box ‖ ⁓schott n (Schiff) / fireproof bulkhead ‖ ⁓schutz m (Bahn, Luftf) / fire break ‖ ⁓schutz m für den Innenbord-Anzug (Raumf) / intravehicular cover layer, IVCL ‖ ⁓schutzabschluß m / fire barrier ‖ ⁓schutzanstrich m / fireproof coat[ing] o. paint[ing] ‖ ⁓schutzanzug m / fire-protective clothing ‖ ⁓schützend / protecting against fire, fire-proofing ‖ ⁓schützende Trennwand, Feuerschutzwand f (Bau) / fire barrier o. stop ‖ ⁓schützende Trennwand, Feuerwand f (innerhalb eines Stockwerks) (Bau) / fire wall (between rooms) ‖ ⁓schutzhelm m / fire-protective helmet ‖ ⁓schutzklappe f (Projektor) / safety shutter, fire shutter ‖ ⁓schutztür f / fire-proof door ‖ ⁓schweißen n / forge welding ‖ ⁓seitig beaufschlagt (Kesselteil) / flame-esposed
Feuers·gefahr f / danger of fire
Feuer·sicherheit f / fireproofness ‖ ⁓sicherheitliche Prüfung / fire risk testing ‖ ⁓spritze f / fire engine ‖ ⁓stein m, Flintstein m (Geol) / firestone (US), flint ‖ ⁓stein[knollen] m / flint pebble ‖ ⁓stelle, -stätte f, -raum m, Feuerung f / hearth, fireplace ‖ ⁓stoß m (Dampflok) / flashback ‖ ⁓sturm m / fire storm ‖ ⁓ton m, feuerfester [plastischer] Ton / fireclay ‖ ⁓treppe f / fire escape [staircase] ‖ ⁓treppe f, -leiter f / fire ladder ‖ ⁓trockner m (Zuck) / direct-drying o. fire-drying apparatus ‖ ⁓tür f, Feuerungstür f / fire door o. hole, feed o. stoke hole ‖ ⁓tür f (Bahn) / firebox door ‖ ⁓übersprung m (Brand) / flash over
Feuerung f, Beheizung f, Heizung f / fire, heating ‖ ⁓, Heizmaterial n, Brennstoff m / fuel ‖ mit zwei ⁓en / double-fired ‖ ⁓[sanlage] f / furnace, fireplace, firing place
Feuerungs·gas n / furnace gas ‖ ⁓kanal m, Herzkanal m / heating flue ‖ ⁓material n / fuel ‖ ⁓raum m (Hütt) / combustion chamber ‖ ⁓raum m (Ziegelei) / stokehold,

stokehole ‖ ⁺**technik** f / fuel engineering ‖ ⁺**tür** f s.
Feuertür
feuer·verbleien / lead v ‖ ~**verbleit** / lead-coated ‖
⁺**vergoldung** f / hot o. amalgam o. dry o. fire gilding,
quick-water o. wash gilding ‖ ⁺**vergoldung** f **auf**
Bronze (mit Amalgam) / water gilding ‖ ⁺**verhütung** f,
Brandschutz m / fire protection ‖ ~**verzinken** /
hot[-dip] galvanize, hot-spelter galvanize ‖ ~**verzinkt** /
[hot] galvanized, hot[-dip] galvanized ‖ ⁺**verzinkung** f
/ hot[-dip] galvanizing, pot galvanizing ‖ ~**verzinnt** /
fire-tinned, hot[-dip] tinned, tin-coated ‖ ~**verzinntes**
Weißblech / hot dipped tinplate ‖ ⁺**verzinnung** f /
hot[-dip] tinning ‖ ⁺**wache** f, Löschmannschaft f /
firemen pl ‖ ⁺**wache** f (ein Feuerwehrgebäude) / fire
station (GB), firehouse (US) ‖ ⁺**waffe** f / fire arm, gun
‖ ⁺**wand** f (innerhalb eines Stockwerks) (Bau) / fire wall
Feuerwehr f / fire company o. department (US), fire
brigade (GB), fire service (GB) ‖ ⁺**auto** n s.
Feuerlöschfahrzeug ‖ ⁺**axt** f / fireman's axe ‖ ⁺**beil** n /
fireman's hatchet, fire brigade hatchet ‖ ⁺**gerät** n,
-ausrüstung f / fire brigade equipment ‖ ⁺**horn** n / fire
brigade horn o. hooter
Feuer[wehr]leiter f / motor turntable ladder, motor aerial
ladder (US), telescoping ladder
Feuerwehr·mann m / fireman, firefighter (US) ‖
⁺**schlauch** m, Druckschlauch m / delivery hose ‖
⁺**schlauch** m, Saugschlauch m / soft suction hose ‖
⁺**schlauch** m / fire hose
Feuer·werk n / fireworks pl ‖ **ein** ⁺**werk abbrennen** / let
off fireworks ‖ ⁺**werker** m, Sprengmeister m / blaster ‖
⁺**werkskörper** m / fireworks pl ‖ ⁺**werkstechnik**,
Pyrotechnik f / pyrotechnics pl, pyrotechny ‖
~**werkstechnisch** / pyrotechnic[al] ‖ ⁺**widerstand** m /
fire restistance ‖ ⁺**zarge** f, Zarge f einer Feuertür / fire
door box ‖ ⁺**zeug** n / lighter ‖ ⁺**ziegel** m, feuerfester
Ziegel / fire brick ‖ ⁺**zug**, -kanal m, Fuchs m (Ofen) /
flue, smoke flue
Feynmangraph m, -diagramm n (Nukl) / Feynman graph
FFAG-Maschine f (= fixed-field alternating gradient)
(Teilchenbeschleuniger) / FFAG-machine
FFCC m (Luftf) / forward facing crew cockpit
FFP-Resonator m, faseroptischer Fabry-Perrot-Resonator
m / fiber-optical Fabry-Perrot resonator, FFP fiber-
optical resonator
FFS, flexibles Fertigungssystem / flexible manufacturing
system, FMS
FFZ, flexible Fertigungszelle / flexible manufacturing
cubicle
FGR = fortgeschrittener gasgekühlter Reaktor
FhG = Fraunhofer-Gesellschaft
FIA-Verfahren n (DIN 51791), Fluoreszenz-Indikator-
Adsorptionsmethode f / FIA method, fluorescent
indicator adsorption method
Fiber, Faser f / fiber (US), fibre, filament ‖ ⁺**dichtung** f /
fiber gasket ‖ ⁺**glas** n / fiber glass [reinforced] laminate
‖ ⁺**kanne** f (Spinn) / fiber can ‖ ⁺**keil** m (Elektr) / fiber
key
fibrillär, feinfaserig / fibrillar[y], fibrillate[d]
Fibrille f / fibril
fibrillieren (Pap) / fibril v
fibrilliertes Foliengarn / fibrillated yarn
Fibrin n / fibrin
Fibroferrit m (Krist) / fibroferrite
Fibrograph m, Faserlängenmeßgerät n / fibrograph
Fibroin n (Faserprotein der Seide) / fibroin
Fibrolith m (Min) / sillimanite, fibrolite, bucholzite
Fichte (gemeine o. Weißfichte), Rottanne f, Picea abies
(Karst) o. excelsa (Link) / Norway o. European spruce,
common spruce ‖ **kanadische** ⁺ / Canadian spruce
Fichten·anpflanzung f, -wald m / spruce plantation,
pinewood ‖ ⁺**brett** n, -diele f / white deal ‖ ⁺**gallaus** f /
adelgid, spruce gall aphid ‖ ⁺**harz** n / fir o. pine resin ‖
weißes ⁺**harz** / galipot, barras ‖ ⁺**holz** n / white deal,
whitewood ‖ **geschwefeltes amerikanisches** ⁺**holzöl**

(Flotation) / jarmor pine oil ‖ ⁺**holzteer** m / spruce tar ‖
⁺**holz-Zellstoff** m / spruce [wood] pulp, pine pulp ‖
⁺**lohe** f / pine tan ‖ ⁺**motte** f / pine sawfly ‖ ⁺**nadel** f /
pine needle[-leaf] ‖ ⁺**nadelöl** n, -essenz f / fir leaf oil ‖
⁺**säure** f, Pininsäure f / pininic acid
Ficksches Gesetz (Diffusion, Isotopentrennung) n (Phys) /
Fick's law [of diffusion]
Fieberthermometer n / fever o. clinical thermometer
Fierbremse f (Schiff) / veering brake
fieren (Schiff) / veer, slacken a cable
fifa (Maßeinheit für zulässigen Abbrand), FIFA-Wert m
(Nukl) / fifa (= fissions per initial fissionable atoms in
%)
Fifo-Methode f (Lager) / first in - first out method
Figur f, Darstellung f / outline, representation ‖ ⁺,
Bronze-, Porzellan-, Tonfigur f / statuette, figurine ‖ ⁺,
Abbildung f, Bild n (Buch) / block, figure ‖ ⁺, Bronze-,
Porzellan-, Tonfigur f / figurine ‖ ⁺ (Geom) / figure,
graph ‖ ⁺ (grafisch), Abbildung f / diagram, graphical
representation ‖ ⁺ (Buch) / illustration, block, picture
‖ ⁺ (Web) / design ‖ ⁺ (allg) / figure ‖ **ebene** ⁺ / plane
figure
figurative Konstante (DV) / figurative constant
Figuren·druck m (Textil) / object printing, figure printing
‖ ⁺**kette**, Figurkette f (Web) / binding o. stitching warp,
figure[d] warp, fancy warp ‖ ⁺**schuß**, Figurschuß m
(Web) / shoot for figuring, figuring shoot o. weft, broché
weft o. filling, pattern weft
figuriert, gemustert (Web) / [fancy-]figured
figürlich, bildlich / figurative ‖ ~ **darstellen** / figure,
form
Figurzylinder, Dessinzylinder m (Web) / design cylinder
fiktiv, Schein… / fictitious ‖ ~**e Belastung** (Elektr) /
phantom load[ing], dummy load ‖ ~**e Entfernung** /
hypothetical distance ‖ ~**er Modul** (Mech) / fictitious
modul ‖ ~**es Vermittlungsamt** (Fernm) / hypothetical
exchange
Fil-à-Fil m (Web) / thread by thread, pin stripe
Filament n (Astr) / filament of the sun ‖ ⁺ (Endlosfaser,
Textil) / filament, capillary filament ‖ ⁺**garn** n / filament
yarn, continuous o. manmade filament yarn ‖ ⁺**gewebe**
n / filament fabric ‖ ⁺**gewebe-Prepreg** n /
preimpregnated fabric, prepreg ‖ ⁺**leiterdraht** m
(Supraleitung) / filament conductor wire ‖ ⁺**tufting** n /
filament tufting
Filet n, Abnehmer m (Spinn) / fillet, doffer ‖ ⁺, Filetarbeit
f (Stick) / filet o. open work, filet, netting ‖ ⁺,
durchbrochene Kettenware (Textil) / filet stitch fabric ‖
⁺**bindung** f / filet weave ‖ ⁺**maschine** f (Netzherstellung)
/ netting machine ‖ ⁺**nadel** f / netting needle ‖ ⁺**spitze** f
/ filet lace ‖ ⁺**stoff** m / eyelet o. window lace, lace net,
netting
Filette n (Buch) / fillet
filettieren, mit Goldstreifen verzieren (Buch) / ornate with
the fillet
Filetwirkware f / net knit fabric, knitted net
Filiale f, Zweigunternehmen n / branch [establishment]
Filieren n / spinning of silk
Filigran m, -arbeit f / filigree, cage work ‖ ⁺**arbeit** f
(Textil) / open work ‖ ⁺**korrosion** f / filigree corrosion ‖
⁺**papier** n (Papier mit Wasserzeichen) / filigree paper,
water-marked paper ‖ ⁺**porzellan** n / filigree porcelain
Fillingmaschine f (Textil) / filling machine
Film m (Chem) / film (e.g. of paint), surface film ‖ ⁺,
dünne Schicht / film, coat[ing] ‖ ⁺ (Phot) / film ‖ ⁺ (als
Vorführung) / film, [moving] picture, movie ‖ ⁺,
Filmkunst f / cinema, film ‖ ⁺… / cinematograph[ic]
‖ ⁺ **mit Tonspur** / film with sound track ‖ **3D-**⁺ / 3d
film, three-dimensional film ‖ **einen** ⁺ **drehen** / take o.
shoot a movie ‖ **einen** ⁺ **einlegen** / load a camera ‖ **für**
⁺ **geeignet** / cinematic ‖ ⁺**abstreifer** m / film wiper ‖
⁺**abtaster** m (TV) / film pick-up o. scanner ‖ ⁺**adapter**
m (Mikrosk) / cine adapter ‖ ⁺**anschnitt** m (Plast) / fan
gate, film gate ‖ ⁺**anschnitt** m, Flächenanschnitt m

(Gieß) / fan gate ‖ **⁓apparat** *m*, -aufnahmeapparat *m* (Phot) / film camera ‖ **⁓atelier**, Aufnahmeatelier *n* / film studio ‖ **⁓aufnahme** *f*, Filmen *n* / filming, film shot o. take ‖ **⁓aufnahme**, Laufbildaufnahme *f* / motion-picture, moving picture, movie (coll), cinematographic record ‖ **⁓[aufnahme]apparat** *m* / motion-picture o. film o. cine camera, cinematograph, moving picture camera (US) ‖ **⁓aufnahmeleuchte** *f* / movie floodlamp ‖ **⁓aufwickelvorrichtung** *f* / winding o. reeling device for films ‖ **⁓aufzeichnung** *f* / film o. cine recording ‖ **⁓aufzeichnungsgerät** *n* (TV) / telerecording equipment for film ‖ **⁓aufzug** *m* (Phot) / mounting reel ‖ **⁓ausgabe** *f* (DV) / film recording ‖ **⁓ausgabeeinheit** *f* / film recorder ‖ **⁓auslauf** *m* (Film) / trailer ‖ **⁓bahn** *f* / runner plate ‖ **⁓bearbeitung** *f* / film treatment ‖ **⁓bespurung** *f* / sound track striping ‖ **⁓betrachter** *m* / film-viewing apparatus, film viewer, moviola ‖ **[das einzelne] ⁓bild** / film frame ‖ **~bildend** / film forming ‖ **bildetemperatur** *f* (Plast) / temperature of film formation ‖ **⁓bildner** *m* / film former, film forming medium ‖ **⁓boden** *m* (Chem) / film tray ‖ **⁓-Coating-Anlage** *f* **für Überziehen von Feinpartikeln** / film-coating device ‖ **⁓codierung** *f* / film code ‖ **⁓dosimeter** *n* (Nukl) / film badge ‖ **⁓dosimetrie** *f* (Nukl) / film dosimetry ‖ **⁓druck**, Schablonendruck *m* (Textil) / [silk-]screen printing ‖ **⁓druckmaschine** *f* / film o. screen printing machine ‖ **⁓druckwagen** *m* / screen printing carriage ‖ **⁓eingabe** *f* (DV) / film scanning, optical sensing ‖ **⁓empfindlichkeit** *f* / film speed

filmen, verfilmen / film *v*, shoot o. take a film ‖ **⁓** *n*, Drehen / shooting

Film·entwickler *m*, -entwicklungsmaschine *f* / film developer ‖ **⁓fangspule** *f* / automatic pick-up film spool ‖ **⁓farbwerk** *n* (Buch) / film-type inking system ‖ **⁓fenster** *n* (Phot) / film window o. gate, gate [window] ‖ **⁓fenster** *n* **der Maske** (Repro) / film gate ‖ **⁓flotation** *f* (Bergb) / film flotation ‖ **⁓fortschaltung** *f* / pulldown o. intermittent movement ‖ **⁓führung** *f* / film guide ‖ **⁓führungskanal** *m* / film track ‖ **⁓gelände** *n* (Film) / movie lot ‖ **⁓geschwindigkeit** *f* / unwinding film speed, frame rate ‖ **⁓gießen** *n* (Plast) / film path ‖ **⁓kamera** *f* (für 16 o. 8 mm Film), -apparat *m* / film o. cine camera, moving picture o. movie camera (US), cinematographic camera ‖ **⁓kameraobjektiv** *n* / movie lens ‖ **⁓kassette** *f* (Laufbild) / film cartridge ‖ **⁓kassette** *f* (Stehbild) / film [pack] adapter, film cassette ‖ **⁓kassette für Filmrollen** / can ‖ **⁓kitt**, -kleber *m* / film o. splicing cement ‖ **⁓klebefolie** *f* / dry splicing tape ‖ **⁓klebepresse** *f* **für 8 und Super-8** / film splicer for 8 and super-8 ‖ **⁓kopie** *f* / print ‖ **⁓länge** *f* / footage of a film ‖ **⁓lauflänge** *f*, -laufzeit *f* / run of film ‖ **⁓laufwerk** *n* (Projektor) / projector mechanism ‖ **⁓leinwand** (Heimkino) / movie (US) o. cine (GB) screen ‖ **⁓leseeinheit** *f* (DV) / film optical sensing unit, FOSDIC ‖ **⁓lochkarte** *f* (LoKa) / aperture card for film ‖ **⁓magazin** *n* / film magazine ‖ **⁓material** *n* / film stock ‖ **⁓othek** *f* / film library ‖ **⁓pack** *n* / packfilm, film pack ‖ **⁓plakette** *f* (Nukl) / film badge ‖ **⁓projektion** *f* / film demonstration, film projection ‖ **⁓projektionsapparat** *m* / film o. motion-picture projector, cinema[tograph] (GB), movie projector (US) ‖ **⁓ring** *m* (Nukl) / film ring ‖ **⁓rißkontakt** *m* / film break detector ‖ **⁓rolle** *f* / reel of the projector, roll of the camera ‖ **⁓rollen zusammenziehen** (durch Festhalten des Wickels und Ziehen an den Kanten) / cinch ‖ **⁓salat** *m* (im Aufnahme- o. Vorführgerät) (coll) / buckling of the film, pile-up, rip-up, shredded wheat (coll) ‖ **⁓schablone** *f* (Textil) / film screen, printing screen ‖ **⁓schachtel** *f* / film box ‖ **⁓schaltrolle** *f*, -transportrolle *f* / sprocket wheel ‖ **spannungslose ⁓schleife** *f* / loop of film, buckle in the camera or projector ‖ **⁓schneidetisch** *m* / editing table ‖ **⁓schritt** *m* / frame pitch ‖ **⁓setzmaschine** *f* (Buch) / photocomposing o.

photo-typesetting o. filmsetting machine ‖ **⁓sieden** *n* (Verdampfung) / film boiling ‖ **instabiles ⁓sieden im Übergangsbereich** (Verdampfung) / transition boiling ‖ **⁓speicher** *m* (DV) / film store o. memory, photo-optical memory ‖ **⁓spule** *f* / film reel o. roll o. spool, film cartridge spool ‖ **⁓stoffdrucker** *m* / serigraph ‖ **⁓streifen**, Strip *m* (Phot) / strip, film [strip] ‖ **⁓streifen** *m* (Standardlänge 1000 ft) / reel ‖ **⁓studio** *n* / motion-picture studio ‖ **⁓technik** *f* / cinema, cinematic techniques *pl* ‖ **⁓techniker** *m* / film-producer o. -maker ‖ **⁓theater** *n* / cinema, film palace o. theater, motion picture theater ‖ **⁓träger** *m* / film carrier ‖ **⁓transport** *m* (Phot) / film transport ‖ **⁓transportrolle**, Schaltrolle *f* (Filmapparat) / sprocket [wheel] ‖ **⁓transportvorrichtung** *f* (Phot) / winding apparatus ‖ **⁓trommel** *f* (für Aufbewahrung) / film drum ‖ **⁓verdampfer** *m* (Chem) / film evaporator ‖ **⁓vorführer** *m* / projectionist ‖ **⁓vorführgerät** *n* / cinematograph (GB), movie projector (US) ‖ **⁓vorführraum** *m*, -vorführkabine *f* (Film) / operating cabin o. room o. booth ‖ **⁓vorführung** *f* / film demonstration o. projection ‖ **⁓vorführung**, -vorstellung *f* / cinema show ‖ **⁓vorlage** *f* (Siebdruck) / typon ‖ **⁓vorratsspule** *f* / magazine drum ‖ **⁓vorspann** *m* (selbsteinfädelnd) / film leader (automatic threading) ‖ **⁓wiedergabe** *f* / motion picture projection, film projection ‖ **⁓zähler** *m* / footage counter ‖ **⁓-Zahnrolle** *f* / sprocket (film) ‖ **⁓zieher** *m* (Serigraphie) / film spreader, hand coater ‖ **⁓zügigkeit** *f* / elasticity of film

Filoprinzip *n* / first in - last out, filo

Filosellegarn *n* / filoselle yarn

Filter *m n*, Filtrierapparat *m*, Filtergerät *n* / filter, filtering apparatus o. device o. facility ‖ **⁓**, Sieb *n* (Elektronik) / filter ‖ **⁓** (Phot) / filter ‖ **⁓**, Perkolator *m* / strainer ‖ **⁓**, Blende *f* (Opt) / screen ‖ **⁓… s.** auch Filtrier… ‖ **⁓ des Ionenaustauschers** / ion exchange unit ‖ **ein ⁓ einlegen** / load a filter ‖ **⁓anlage** *f* / filtering installation ‖ **⁓auschnitt** *m* / filter gate ‖ **⁓behälter** *m* (Nukl) / filter cell ‖ **⁓bett** *n* / filter bed ‖ **⁓brunnen** *m* / filtering well ‖ **⁓drossel** *f* (Elektronik) / filter choke ‖ **⁓-Durchlässigkeit** *f* / filter transmittance ‖ **⁓einsatz** *m* (allg) / filter cartridge o. element ‖ **⁓einsatz** *m* (Gasmaske) / filter insert ‖ **⁓element** *n* / filter element ‖ **⁓faktor** *m* (Phot) / filter factor ‖ **⁓fläche** *f* / filtering surface ‖ **⁓geschwindigkeit** *f*, Durchgangsgeschwindigkeit *f* / rate of filtration ‖ **⁓gestell** *n* (Chem) / filter o. funnel stand ‖ **⁓gewebe** *n* / filter [press] cloth, sieve o. straining cloth ‖ **⁓hilfsstoff** *m*, -hilfe *f* (Chem) / filter aid ‖ **⁓kammer** *f* (Brau) / filter chamber ‖ **⁓kegel** *m* / filtering cone ‖ **⁓kerze** *f* (Ionenaustauscher) / candle ‖ **⁓kette** *f* (Elektronik) / filter ladder ‖ **⁓kies** *m* / filter[ing] gravel ‖ **⁓kohle** *f*, Filtrierkohle *f* / filtering charcoal ‖ **⁓kolben** *m* / filtering flask ‖ **⁓kopplung** *f* (Elektronik) / filter coupling ‖ **⁓kreis** *m* (Elektronik) / filter[ing] [circuit] ‖ **⁓kuchen** *m* (Planfilter) / filter cake, press cake ‖ **⁓kuchen** *m* (Trommelfilter) / filter cake ‖ **den ⁓kuchen absüßen** (Zuck) / desugarize ‖ **⁓laufzeit** *f* / filtering time ‖ **⁓linse** *f* (Elektronenmikroskop) / filter lens ‖ **⁓masse** *f* / filter pulp, filter stuff

filtern, filtrieren / filter, strain [off] ‖ **⁓** *n* / filtering, filtration ‖ **⁓**, Sieben (Elektronik) / filtering

Filter·nutsche *f*, Büchnerfilter *m n* / Buchner funnel ‖ **⁓papier** *n* / filter[ing] paper ‖ **⁓presse** *f*, Preßfilter *n* (Chem) / filter press ‖ **⁓preßpumpe** *f* / charging filter pump ‖ **⁓pulpe** *f* (Pap) / filter pulp ‖ **⁓quarz**, Resonatorquarz *m* / resonator o. filter crystal ‖ **⁓rahmen** *m* / filter[ing] frame o. disk ‖ **⁓revolver** *m* (Opt) / filter wheel o. turret ‖ **⁓rohr** *n* / filtering tube ‖ **⁓sack** *m* / filtering bag ‖ **⁓sack** *m* (Aufber) / filter bag, filter hose ‖ **⁓sack**, Staubsack *m* / dust bag ‖ **⁓sack** *m* (Zuck) / skimming bag ‖ **⁓sack** *m* (Pap) / cock bagging ‖ **⁓sack** *m* **für Gasreinigung** / baghouse ‖ **⁓schicht** *f* / filter bed ‖ **⁓schlamm** *m* (luftgemischter Schaum)

(Zuck) / scum || **˄schlammaussüßer** m (Zuck) / scum mixer || **˄schlammaussüßung** f / scum mixing, scum washing || **˄schlauch** m / filtering bag || **˄station** f (Zuck) / filter station || **˄stoff** m, -tuch n s. Filtergewebe || **˄träger** m (Opt) / filter cartridge || **˄transformator** m (Elektronik) / filter transformer || **˄-Trennschärfe** f (Elektronik) / filter discrimination || **˄trommel** f / filter drum || **˄trommel** f (Zellenfilter) / drum of the rotary cellular filter || **˄turm** m (Zuck) / filter tower || **˄verrohrung** f (Öl) / perforated casing || **˄verstopfungszahl** f / filter plugging value || **˄weiche** f (Fernm) / notch diplexer || **˄widerstand** m / resistance of filter || **˄wirkung** f / filter effect || **˄zwischentubus** m (Opt) / filter intermediate tube || **˄zyklon** m / filter cyclone

Filtrat n / filtered matter, filtrate
Filtration f / filtration, filtering || **˄** (Chem) / percolation
Filtrations·enzym n / filtration enzyme || **˄mittel** n / filtering agent
Filtratwasser n / filtration water
Filtrier·... s. auch Filter... || **˄apparat** m, -gerät n / filter, filtering device o. apparatus o. facility
filtrierbar / filt[e]rable
Filtrierbarkeit f **nach Hagemann u. Hammrich** (DIN 51770) (Dieselöl) / H. and H. filterability (diesel fuel)
Filtrierbarkeits-Grenzwert m (Öl) / filtrability limit
Filtrier·becher m / filtering cup || **˄becken** n (Wasserversorgung) / filtering basin o. tank || **˄einsatz** m (gesintert) / filtering set
filtrieren, filtern / filter v || **˄** n / filtering, filtration
filtrierend, Filtrier... / filtering
Filtrier·fläche f / filtering surface || **˄geschwindigkeit** f / rate of filtration || **˄hadern** f pl (Pap) / rags pl for filtering paper || **˄heber** m / filter siphon || **˄konus** m / filtering cone || **˄masse** f / filter-mass, -pulp, -stuff || **˄papier** n / filter[ing] paper || **˄[sand-** m, **-kalk]stein** n / reservoir stone, dripstone || **˄stein** m (Pap) / filtering stone || **˄tiegel** m / porous bottom filter crucible
Filz m / felt || **˄artig**, filzig / feltlike || **˄bildend**, verfilzbar / felting adj || **˄deckel** m, Filz m, Filzunterlage f / felt pad o. cushion o. mat || **˄dichtung**, -packung f / felt packing o. joint o. gasket o. washer || **˄einlage** f / felt ply o. insert
filzen (Galv) / grind with a felt wheel, bob v || **˄**, Feuern n (Galv) / flexible grinding, dry-fining || **˄** n, Filzarbeit f / felting
filz·fähig / felting || **˄fähigkeit** f / felting power o. property || **˄fähigkeit-Aufhebung** f (Textil) / non-felting process || **˄fehler** m, -marke f (Pap) / felt mark || **˄frei-Ausrüstung** f (Textil) / antifelting finish
filzig (Wolle) / felted || **˄**, verfilzend / felting || **˄**, filzartig / felt-like
Filz·kalander m / felt calender || **˄leitwalze** f (Pap) / felt guide roll || **˄marke** f (Buch) / blanket mark || **˄markierung** f (Pap) / felt mark || **˄maschine** f / felting machine, felter || **˄packung**, -dichtung f / felt packing o. joint o. gasket o. washer || **˄papier** n, -pappe f / felt-cardboard || **˄platte** f / felt sheet || **˄polierscheibe** f (Galv) / felt polishing disk || **˄scheibe**, -platte f / felt disk o. washer || **˄scheibe** f, -polierscheibe f (Galv) / bob, felt polishing disk || **˄schreiber**, -stift m / felt-tip[ed] pencil || **˄schrumpfung** f (Textil) / felting shrinkage || **˄seite** f (Pap) / felt side, top side || **˄teppich** m / felt mat || **˄tuch** n / felted cloth o. fabric || **˄tuch** n (gewebt) / woven felt || **˄tuch** n (Buch) / felt cloth || **˄unterlage** f / felt pad o. cushion || **˄unterlage** f **für Teppiche** / underlay felt, underfelt for carpets || **˄vermögen** n / felting power o. property || **˄walker** m / felt fuller || **˄walkmaschine** f (Textil) / planker || **˄walze** f (Pap) / felted cylinder || **˄wolle**, Krullwolle f (Textil) / furs pl
FIM = Feldionenmikroskop
fima (Maßeinheit für Spaltungen bezogen auf den Schwermetallgehalt) (Nukl) / fima (= fissions per initial heavy metal atoms)

Fimmel, Spitzkeil m (Bergb) / gad || **˄fäustel**, Keilhammer m (Bergb) / wedge hammer
Finanz·bedarf m / financial requirements pl || **˄buchhaltung** f / financial accounts department
Finanzierungsplan m / financial program o. scheme
finden / find || **˄**, entdecken / discover || **˄**, suchen / locate, localize
Finderteilkreis m **am Spektroskop** / finder circle of a spectroscope
Findigkeit, Erfindungsgabe f / contrivance, inventiveness, inventive power
Findling m, erratischer Block (Geol) / boulder, erratic o. errant block, erratics pl
Findlingsquarzit m (Keram) / findling quartzite
Finger m / finger || **˄**, fingerartiger Flugsteig / finger-type pier || **˄abdrücke** m pl (z.B. auf polierten Flächen) / finger marking o. marks pl || **˄anschlag** m (Fernm) / finger stop || **˄balken** m (Landw) / finger bar || **[feststehender]˄balken** (Landw, Mähmaschine) / cutter bar, finger bar || **˄fertigkeit**, Geschicklichkeit f / dexterity || **˄flugsteig** m (Luftf) / finger type pier || **˄fräsen** f / end milling || **˄fräser** m / end-mill[ing cutter] || **˄greifer** m (Roboter) / finger gripper, finger-action tool || **˄hebelwelle** f (Kfz) / steering finger shaft || **˄hut** m / thimble || **˄hut** m, Digitalis f purpurea (Bot) / foxglove, digitalis || **˄hut** m (Brennhilfsmittel) (Keram) / thimble (a kiln furniture) || **˄hut-Ionisationskammer** / thimble ionization chamber || **˄hutrohr** n (Reaktor) / thimble || **˄kai** m (Schiff) / depositing dock || **˄kondensator** m / finger type capacitor || **˄kontakt** m (Elektronik) / finger-type contact
Fingerling m, Fingerschutz m / finger stall || **˄überzug** m (Schiff) / rudder pintle
Finger·platte f (Mähm.) / finger liner, ledger plate (US) || **˄probe** f (Zuck) / finger test, touch || **˄regelstab** m (Reaktor) / rod cluster control assembly, RCC assembly || **˄rührer** m / finger type agitator || **˄scheibe** f (Schleif) / pencil wheel || **˄scheibe** f, Wählscheibe f (Fernm) / dial finger plate || **˄schutz** m / finger guard || **˄spitzenbetätigung** f / finger-tip o. -touch control || **˄strickmaschine** f / finger knitting machine
Finieren n, Finish m (Textil) / finish
Finish n, Oberflächengüte f / [surface-]finish || **˄-Dekatieren** n / wet steam decat[iz]ing, finish decatizing (GB), finish decating (US)
Finisher m (Straßb) / finisher
Finish·kalander m / finish calender || **˄maschine** f (Web) / finishing machine
finit (Mech) / finite || **˄es Element** (Mech) / finite element || **˄e Elementemethode**, FEM / finite element method || **˄e Menge** (Math) / finite set
Finne f, Blasenwurm m / bladder worm
Finne, Pinne f (Hammer) / pane, pean, peen, pein, hammer edge || **˄gespaltene ˄** / claw of the hammer || **mit der ˄ abklopfen** (o. hämmern o. bearbeiten) / peen v
finster, unbeleuchtet / dark, unlighted
Finsternis f (Astr) / eclipse || **˄-Ende** n (Astr) / eclipse exit
FIOR-Verfahren n (zur direkten Eisenerzeugung) (Hütt) / FIOR-process
FIP (Bau) = Fédération Internationale de la Précontrainte
Fique f (Mauritiusfaser) / fique
Fireclay, Feuerton m / fireclay
firmen·eigen (z.B. Galvanik) / in-house (e.g. galvanics) || **˄kennfaden** m (Kabel) / manufacturer's identification thread || **˄name** m, -bezeichnung f / corporate name || **˄profil** n / profile of a firm || **˄schild** n / signboard, plate || **˄schild** n (des Herstellers) / name plate || **˄schild** n (Elektr) / maker's name plate, rating plate || **˄sitz** m, Verwaltung f / head office, headquarters pl || **˄stempel** m / firm stamp o. die, business stamp || **˄symbol**, Wappenzeichen n (Kfz) / escutcheon || **˄veröffentlichung** f, Hauszeitschrift f / house organ || **˄wert** m, Goodwill m / goodwill || **˄zeichen** n, Fabrikmarke f / trade mark || **˄zeichen** n / firm's brand

345

o. symbol o. sign, manufacturer's emblem, logotype
Firmware f / firmware
Firnis m / [oleo-resinous] varnish ‖ **˄papier** n / glazed paper
firnissen, lackieren / varnish v ‖ ˄ / varnishing
First m, Dachfirst m / ridge, roof ridge, top ‖ ˄ **des ungedeckten Daches** (Zimm) / ridge beam ‖ **˄anfänger** m (Bau) / ridge head tile o. starting tile ‖ **˄balken** m / ridge bar o. beam o. pole o. piece o. plate, roof tree o. coping, ledge beam ‖ **˄blech** n, Gratblech n, Firsteindeckung f / ridge plate
Firste f, Dach n (Bergb) / back[s], roof, head ‖ ˄, Streckenfirste f (Bergb) / gallery roof, topback
Firstecke f (Dachd) / ridge corner tile
Firsten·bau m (Bergb) / stoping in the back, overhand stope, reverse ‖ **˄druck** m (Bergb) / super-incumbent pressure, roof pressure, overburden pressure ‖ **˄einbruch** m (Bergb) / clump ‖ **˄kammerbau** m, Firstenbau m mit abgesetzten Stößen (Bergb) / back stoping ‖ **˄schuß** m (Bergb) / head blast
First[en]stempel m (Bergb) / prop, stemple, stay, strut
Firsten·stoß m, -stufe f, Strosse f (Bergb) / step, bank, stope ‖ **˄stoß** m **mit schräger Firste** (Bergb) / rill stope ‖ **˄stoßbau** m (Bergb) / longwall stoping ‖ **˄strecke**, -strosse f (Bergb) / lead stope
First·gewölbe n (Bergb) / arch ‖ **˄haube** f, -verzierung f (Dachd) / ridge capping o. covering
First-in-first-out, Fifo-Prinzip n (Lager) / first in - first out, fifo
First-in-Last-out, Filo-Prinzip n / first in-last out, filo
First·[kamm m, **-sattel]** (Bau) / crest ‖ **˄kappe** f (Bergb) / roof bolt ‖ **˄lage** f, -schar f (Dach) / ridge course ‖ **˄loch** n (Bergb) / dry hole ‖ **˄lüfter** m / ventilating ridge tile ‖ **˄nähen** n (Bergb) / extended ground support, cable bolting ‖ **˄pfeiler** m (Bergb) / cob ‖ **˄pfette** f, -rähm, -balken m / ridge purlin o. piece o. tree, ba[u]lk ‖ **˄punkt** m (Verm, Bergb) / roof station ‖ **˄säule** f (Zimm) / king post ‖ **˄stempel** m (Bergb) s. Firstenstempel ‖ **˄ziegel** m / hip o. ridge tile, crest o. bonnet tile ‖ **halb zylindrischer ˄ziegel** / semicylindrical ridge tile
Fisch·abfälle m pl / fish offal ‖ **˄angel** f / fish hook ‖ **˄aufstand** m (DIN) / spontaneous rise of fish ‖ **˄auge** n, -augenobjektiv n (Plast, Phot) / fisheye ‖ **˄auge** n **in undurchsichtigem Material** (Plast) / window ‖ **˄band** n, Fitsche f (Schloss) / hinge hook, pin o. socket o. butt hinge ‖ **˄bauchig** / fishbellied ‖ **˄bauchklappe** f / fishbellied flap ‖ **˄bauchträger** m (Stahlbau) / lenticular beam o. girder, fishbellied girder, fish beam ‖ **˄blase** f / swim o. air bladder ‖ **˄davit** m (Ankergeschirr) / fish davit ‖ **˄echolot** n / fish-finding equipment, fish finder, echometer
fischen / fish vt vi ‖ **mit dem Schleppnetz** ˄ / trawl, haul up
Fischerei·abfälle m pl / fish offal ‖ **˄fahrzeug** n / fishing boat o. craft o. vessel ‖ **˄hafen** m / fishing port ‖ **˄schutzboot** n / fishery patrol craft, fishery protection vessel
Fischer-Tropsch-Synthese f, Kogasinsynthese f / Fischer-Tropsch synthesis
Fisch·fabrikschiff n / fish factory ship ‖ **˄fabriktrawler** m / factory trawler ‖ **˄gerinne** n, -graben m, -leiter / fishway, fish-pass ‖ **˄gräte** f / fish bone ‖ **˄grätenantenne** f / fishbone antenna ‖ **˄grätenmuster** n / herringbone pattern ‖ **mit ˄grätenmuster versehen** v / herringbone v ‖ **˄grätenparkett** n / mitered herringbone flooring ‖ **˄grätenverband** m (Bau) / herringbone work ‖ **˄gratköper** m (Web) / feather twill, herringbone twill ‖ **˄haut** f / fish skin o. leather ‖ **˄hautverschneidung** f (am Gewehrkolben) / checkering ‖ **˄industrie** f, fischverarbeitende Industrie / fish-processing industry ‖ **˄konserve** f / preserved fish, tinned (GB) o. canned (US) fish ‖ **˄konservenfabrik** f / fish cannery ‖ **˄leim** m / fish glue ‖ **˄leim** m, Hausenblase f / isinglass ‖ **˄linie** f /

fishing rope ‖ **˄lot** n, -lupe f (Schiff) / fish finding equipment, fish finder, echometer ‖ **˄mehl** n / fish meal ‖ **˄netz** n / fishing net ‖ **˄netz** n, Schleppnetz n / trawl ‖ **˄netzwinde** f (Schiff) / trawl winch ‖ **˄öl** n / fish oil ‖ **˄produkte** n pl / fishery products pl ‖ **˄pumpe** f (Schiff) / fish pump ‖ **˄raum** m (Schiff) / fish hatch ‖ **˄schuppen** f pl (Email, Fehler) / fish-scales pl ‖ **[verzögerte] ˄schuppenbildung**, Nagelrisse m pl (Email) / [delayed] fish-scaling ‖ **˄schwanz** m, Fischschwanzbrenner m / [bat]wing o. fishtail burner ‖ **˄schwanz** m (Motorrad) / fishtail type exhaust ‖ **˄schwanzmeißel** m, -bohrer m (Öl) / fishtail bit ‖ **˄schwarm** m / shoal of fish ‖ **˄teich** m / fishpond, fish pool ‖ **˄tran**, Tran m / train oil, blubber ‖ **˄weg** m (Hydr) / fish channel ‖ **˄zucht** f **im Meer**, Aquakultur f / aquaculture (fish raising in the sea), aquiculture
Fission, Kernspaltung f / fission
Fissium n (Spaltproduktsbestandteil) / fissium
fit (Ausfälle in 10^9) (= failures in time) (DV) / fit (= failures in time)
Fitsche f (Schloß) s. Fischband
Fitschenbeitel m (Zimm) / plugging chisel
Fittigsche Reaktion (Herstellung alkylsubstituierter Aromaten) f (Chem) / Fittig's synthesis
Fitting n, Rohrformstück n / pipe fitting ‖ ˄ (Bahn, Luftleitung) / flanged joint ‖ **˄s** pl, **[kleine] Armaturen** f pl (Wasserltg) / fittings pl
Fitz·band n (Spinn) / lease band o. cord ‖ **˄bund** m (Buch) / kettle stitch
Fitze f, Fitz m (Spinn) / lea, skein ‖ ˄ **[von 100 Lagen]** / skein [of 100 turns]
Fitzen n, Abbinden n (Spinn) / skeining
Fitzer m / skein maker, skeiner
Fitz·knoten m (Textil) / knot of the lea, knot of the skein ‖ **˄schnur** f, Fitz[faden] m / thread end of a skein, skeining thread
FIV Fahrzeug-Informations- und Voranmeldesystem, Fahrzeug-Informations- und Voranmeldesystem n / vehicle information and announcement system ‖ ˄, fabrikfertiger Installationsverteiler / factory-built distribution board
fix, fest (Masch) / dead, fast, fixed ‖ **˄e Länge** / dead length, specified length
Fixage f (Phot) / fixation, fixing
Fixativ, Fixiermittel n / fixative
Fixecho n, Dauerecho n (Radar) / fixed echo
Fixfokus-Einrichtung f / focus lock
Fixfokusobjektiv n / fixed-focus objective
Fixier·bad n (Phot) / fixing o. fixative bath ‖ **˄[bad]-Entwicklung** f / monobath o. fixing development ‖ **˄bar** / fixable ‖ **˄dämpfer** m (Textil) / fixing ager
fixieren, befestigen / fasten, fix ‖ ˄, örtlich festlegen / locate, localize ‖ ˄ (Phot) / fix ‖ ˄ n (Phot, Zeichn) / fixing, fixation ‖ ˄, Glätten n (Textil) / crabbing, wet setting ‖ **˄ mittels Dampf** (Textildruck) / steaming ‖ **˄ und Glänzen** (Textil) / setting and lustring ‖ **[Chemie]fasern ˄** (Textil) / set fibres
Fixier·feld n (Textil) / setting zone ‖ **˄loch** n / locating hole ‖ **˄maschine** f (Färb) / fixation machine ‖ **˄maschine** f (Web) / setting machine ‖ **˄mittel** n, Beize f (Färb) / fastener ‖ **˄mittel**, -bad n (Phot) / fixer, fixing agent ‖ **˄natronzerstörer** m (Phot) / hypo o. thiosulphate eliminator ‖ **˄öl** n (Drucker) / fuser oil ‖ **˄öldampf** m / fuser oil vapour ‖ **˄salz**, Natriumthiosulfat n / fixing salt, sodium thiosulphate, hypo ‖ **˄spannmaschine** f (Textil) / setting stenter (GB) o. tenter (US) ‖ **˄stift** m / positioning pin
fixiert·er Einlagestoff / fusible interlining
Fixierwalze f / fuse roller
Fixismus m (Geol) / fixism
Fix·kamm m (Textil, Kämmaschine) / top comb ‖ **˄kosten** pl / standing charges pl, fixed cost ‖ **˄platte** f (DV) / fixed disk ‖ **˄punkt** m (Verm) / point of reference ‖ **˄punkt**

m (Temperatur) / fixed reference point ‖ ~**punkt** *m* (DV) / break point, check point ‖ ~**punktbogenlampe** *f* / arc lamp with fixed arc, focus[s]ing arc-lamp ‖ ~**punktbrille** *f* (Kfz) / anchor bracket ‖ ~**punkthöhe** *f* (Schiff) / height of profile at the waterline ‖ ~**punkt-Projektor** / focussing lamp ‖ ~**punktroutine** *f* (DV) / checkpoint routine ‖ ~**stern** *m* / fixed star ‖ ~**walze**, Schnellwalze *f* (Textil) / fly, fancy roller ‖ ~**zeitpunkt**, Meilenstein *m* (PERT) / milestone **FK** (Raumf) = Flugkörper ‖ ~ = Flüssigkristall ‖ ~ = faserverstärkter Kunststoff **F-Kontakt** *m* (Phot) / F-contact, F-synchronization **FK-Schnellboot** *n* / guided-missile fast patrol boat **FK·-Start** *m* / missile launch ‖ ~**-Zielsuchkopf** *m* / missile seeker **Flab** *f* (= Fliegerabwehr) / anti-aircraft... **Flabrakete** *f* (Schweiz) / anti-air[craft] rocket **flach**, platt / flat, even, level ‖ ~, glatt, eben / plain ‖ ~, schalenförmig / saucer-type ‖ ~, seicht (Wasser) / shallow ‖ ~ (Lagerung) (Bergb) / flat ‖ ~, ohne Anschlüsse (Chip) / leadless, surface mounted ‖ ~, kontrastarm (Phot) / flat, thin, without contrast ‖ ~e Abstimmung / flat tuning ‖ ~es Bild (Phot) / dull o. flat o. faint picture ‖ ~e Blase (an der Oberfläche) (Plast) / blister, pin hole ‖ mit ~em Boden / flat-bottomed ‖ ~er Bogen, gedrückter Bogen (Bau) / scheme arch, skene arch ‖ ~er Bottich, Kufe *f* / back, vat ‖ ~e Breite (Luftschlauch) / flat width ‖ ~er Bügel / flat bow ‖ ~es Einfallen (Bergb) / low o. flat hade o. inclination ‖ ~ einfallend (Opt) / incident at small angle, incident at oblique axis ‖ ~es Isolierrohr (Elektr) / ovalduct [conduit] (US) ‖ ~er Kolben, Flachkolben *m* / flat-topped piston ‖ ~e Kronenmutter / hexagon low castle nut ‖ ~e Küste / low shore ‖ ~ legen / lay flatwise ‖ ~er Lochstein (Instr) / flat jewel ‖ ~e Schale (Bau) / shallow shell ‖ ~e Scheibe (Schleifm) / straight disk ‖ ~e Schiene / plate rail ‖ ~ spritzen, aus flacher Düse spritzen (Plast) / quench ‖ ~es Tief / shallow depression ‖ ~er Verlauf (o. Gang) *m* (Akust) / flat-top response ‖ ~ werden, abflachen (sich) / flatten ‖ ~e Wiedergabe (Elektronik) / flat response ‖ ~er Winkel / flat angle ‖ ~e Zylinderkopf (Schraube) / flat cheese head ‖ ~e Zylinderschale (Bau) / shallow cylindrical shell ‖ ~**anschluß** *m* / flat termination, flat blade connection ‖ ~**anschluß** *m* (Halbl, Zuleitung) / beam lead ‖ ~**anschlußstück** *n* (Elektr) / rectangular-section connector ‖ ~**anschnitt** *m*, Steigkanal *m* / slit gate ‖ ~**bagger** *m* (Bau) / planer (GB), leveler (US) ‖ ~**bahn** *f* (Phys) / flat trajectory ‖ ~**bahn** *f* (Wzm) / square guide way ‖ ~**bahn** *f*, -stich *m* (Walzw) / flat pass ‖ auf der ~**bahn** (Walzw) / during the bullhead pass ‖ ~**bahnanlasser** *m* (Elektr) / face plate starter o. controller, lever type starter ‖ ~**bahnanlasser** *m* mit Ausschaltschütz / face plate breaker controller o. breaker starter ‖ ~**bahnhof** *m* (Bahn) / flat marshallling yard ‖ ~**bahnkaliber** *n* (Walzw) / bullhead pass ‖ ~**bahnkollektor** *m* (Elektr) / disk o. radial commutator ‖ ~**bahn-Magnetspektrometer** *n* / flat magnetic spectrometer ‖ ~**bahnsteller** *m*, Flachbahnregler *m* / sliding attenuator ‖ ~**bahntrockner** *m* / tensionless drier, stenter drier ‖ ~**bahnwalze** *f* (Walzw) / flat roll ‖ ~**banddipol** *m* / flat strip dipole ‖ ~**bandförderer** *m* / flat belt conveyer ‖ ~**bandkontakt** *m* (Stecker) / ribbon contact ‖ ~**baugruppe** *f* (Elektronik) / printed circuit module o. board o. card ‖ ~**baugruppen-Adapter** *m* / pc board adapter ‖ ~**bauteil** *n* (Elektronik) / flat pack component ‖ ~**bauten** *pl* / low buildings *pl* ‖ ~**bauweise** *f* (Bau) / pancake design, low building ‖ ~**bauweise** *f*, SMT (DV) / surface mounting technology, SMT ‖ ~**bett** *n* (Buch) / flat bed ‖ ~**bett-Abtaster** *m* / plane scanner ‖ ~**bettfelge** *f* / flat base rim, F.B. rim ‖ ~**bettmaschine** *f* (Buch) / flat-bed machine o. printing press ‖ ~**bettnähmaschine** *f* / flat bed sewing machine

‖ ~**bettplotter** *m*, Tischplotter *m* / flatbed plotter ‖ ~**beutel** *m* / flat bag ‖ ~**beutel[verpackungs]maschine** *f* / flat-bag packing machine ‖ ~**-Biege-Schwingversuch** *m* / flat bending fatigue test ‖ ~**bildröhre** *f* (Ferns) / flat tube ‖ ~**boden-Bauform** *f* (Thyristor) / disk-type thyristor, disk-type design ‖ ~**bodenselbstentlader** *m* (Bahn) / flatbottom self-discharging car ‖ ~**bodentank** *m* / flat-bottom tank ‖ ~**bogen** *m* (Bau) / surbased o. diminished arch, segmental arch ‖ ~**bohrung** *f* (Bergb) / horizontal drilling ‖ ~**boot** *n*, Barge *f* / barge ‖ ~**bramme** *f* (Walzw) / flat slab ‖ ~**brenner** *m* / [bat]wing o. fishtail burner ‖ ~**brücke** *f* / flat-bridge ‖ ~**bündelverfahren** *n* nach Pressley (Textil) / flat-bundle method, Pressley method ‖ ~**bündelverlegung** *f* (Elektr) / flat bundle wiring o. installation ‖ ~**bundmutter** *f* (Kfz) / flat collar nut ‖ ~**dach** *n* / terrace, flat roof, platform roof ‖ ~**dachpfanne** *f* (Bau) / flat interlocking tile ‖ ~**dechsel** *m* / carpenter's adze ‖ ~**decke** *f* (Bau) / flat [girderless] slab floor, slab ‖ ~**dichtung** *f* / flat packing ‖ ~**docht** *m* / flat wick ‖ ~**draht** *m* / flattened wire ‖ ~**drahtbewehrung** *f* (Kabel) / flat-wire sheathing ‖ ~**druck** *m* (Buch) / flatbed o. plain o. planographic printing ‖ im ~**druck herstellen** / planograph *v* ‖ ~**drücken** (Glas) / platten ‖ ~**druckmaschine** *f* (Zeugdr) / flatbed o. plain o. planograph printing machine ‖ ~**druckpresse** *f* (Buch) / flatbed printing machine ‖ ~**druckrotationsmaschine** *f* (Buch) / flatbed web machine o. rotary press, flat reel fed press ‖ ~**druckverfahren** *n* (Buch) / planographic printing method, planography, flat bed printing ‖ ~**düse** *f* (Plast) / sheet die **Fläche** *f* (abgegrenzt, begrenzt) / area ‖ ~, Baufläche (Bau) / region, area, space ‖ ~, Ebene *f* / plane ‖ ~ (Math) / surface, two-[dimensional] manifold ‖ ~, Oberfläche *f*. Querschnittsfläche *f* / surface ‖ ~, flache Seite / web, flat side ‖ ~, Wasserfläche *f* / expanse, sheet ‖ ~ **2. Grades** (Math) / quadric ‖ ~ **des Sechskantkopfes** / pane of bolt head ‖ **ebene** ~ / flat surface **Flacheisen** *n* s. Flachstahl **Flächen-**... / planar ‖ ~**abbrenngeschwindigkeit** *f* / area burning rate ‖ ~**-Aberration** *f*, Zonenfehler *m* (Opt) / zonal aberration ‖ ~**analyse** *f* (Chem, Röntgen) / area analysis ‖ ~**anschnitt** *m* (Plast) / fan gate, film gate ‖ ~**antenne** *f* / flat top antenna, roof antenna, plane aerial, sheet antenna (US) ‖ ~**auflockerung** *f* (gedr.Schaltg) / cross-hatching ‖ ~**ausdehnung** *f* / superficial extent ‖ ~**ausdehnungszahl** *f* (Wärmedehnung) / coefficient of superficial thermal expansion ‖ ~**bedarf** *m* / floor space required ‖ ~**belastung** *f* (Bau) / load per surface o. area unit, load per square foot o. square meter ‖ ~**belastung**, -last *f* (Filter) / surface load ‖ ~**belastung** *f* (Luftf) / wing loading ‖ ~**berechnung** *f* / calculation of area ‖ ~**berieselungskühler** *m* / spray cooling tank ‖ ~**bezogen** / in relation to the surface, surface... ‖ ~**bezogene Auftreffrate** / impingement rate ‖ ~**bezogene Masse** (allg) / mass per unit area, mass surface density ‖ ~**blitz** *m* / sheet lightning ‖ ~**brand** *m* / surface fire ‖ ~**detektor** *m* (Halbl) / junction-type detector ‖ ~**diagonale** *f* (Math) / plane diagonal ‖ ~**dichte** *f* (Elektr) / density by surface ‖ ~**dichte des magnetischen Moments** / strength of shell ‖ ~**diode** *f* (Halbl) / junction diode ‖ ~**druck** *m*, -pressung *f* (Masch) / surface pressure ‖ ~**echolot** *n* (Schiff) / side scan sonar ‖ ~**einheit** *f* / unit of area, surface unit ‖ ~**element** *n*, unendlich kleines Flächenteilchen / element of surface o. area, elemental surface, elementary area, infinitely small area o. surface [element], plane element (US) ‖ ~**erosion** / sheet erosion ‖ ~**förmig** / planiform ‖ ~**fräsen** *n* / surface milling ‖ ~**fräsmaschine** *f* (Wzm) / surface milling machine ‖ ~**füllende Darstellung** *f* (CAD) / shading ‖ ~**funke[n]** *m* / sheet spark ‖ ~**galvanisieren** *n* / panel plating ‖

~geschwindigkeit f (Astr) / areal velocity ‖ ~gewicht n (bezogen auf 1 Ries) (Pap) / basis weight, substance (of a ream) ‖ ~gewicht n (in g/m_2) (Pap) / G.S.M. (grammes per square metre), gsm substance ‖ ~gitter n / plane lattice, two-dimensional lattice ‖ ~gleich (Math) / equal in area ‖ ~gleichrichter m (Elektr) / surface-contact rectifier ‖ ~gleichrichter m (Halbl) / junction rectifier ‖ ~heizelement n / electric conductive sheet-type heating element ‖ ~heizleiter m (Bau) / heating conductor for panel heating ‖ ~heizung, Strahlungsheizung f / radiant heating system, radiant panel heating, concealed o. coil o. panel heating ‖ ~helligkeit f / surface luminosity ‖ ~inhalt m (Math) / area ‖ ~inhalt m einer Oberfläche / superficial contents pl ‖ ~inhaltsbestimmung / quadrature, squaring ‖ ~integral n (Math) / surface integral ‖ ~kalkulator m für gedruckte Schaltungen / area calculator ‖ ~kathode f / plate cathode ‖ ~korrelation f / area correlation ‖ ~kühler m / extended surface cooler ‖ ~kühler m der Klimaanlage / cooling battery ‖ ~ladung f (Elektr) / surface charge ‖ ~lager n (Brücke) / surface bearing, plane bearing ‖ ~längsriß m (Walzw) / longitudinal face crack ‖ ~leuchte f, Leuchtkondensator m (Beleuchtung) / panel light, luminous capacitor ‖ ~leuchte f (Film) / bank of lamps, soft source ‖ ~maß n (Einheiten) / square measure ‖ ~maß n, -abmessung f / measure of superficies, superficial measure ‖ ~maß n, ausgelegtes Maß (Holz) / surface measure (contr.dist.: board measure) ‖ ~messer m, Planimeter m / planimeter ‖ ~messung f / planimetry ‖ ~muster-Erkennung f (DV) / pattern detection, pattern recognition ‖ ~navigation f / omnidirectional o. area navigation, R-Nav ‖ ~nutzungsplan m (Bau) / zoning plan ‖ ~pressung f / surface pressure ‖ ~projektionsgerät n / field projector ‖ ~querriß m (Walzw) / transverse facial crack ‖ ~raster m (Bau) / grid ‖ ~raum m / surface area ‖ ~reduzierung f / area reduction ‖ ~regel f / area rule ‖ ~satz m von Kepler / Kepler's law of areas ‖ ~schaubild n (Math) / histogram ‖ ~scherungsschwingung f (Quarz) / face shear mode ‖ ~schleifer m (Arbeiter) / surface grinder ‖ [tragbarer] ~schleifer (Holz) / disk sanding machine ‖ ~schleifmaschine f / [sur]face grinding machine ‖ ~schluß m, abfalloses Stanzen (Stanz) / scrap-free blanking ‖ ~schluß m (Schm) / scrap-free cropping ‖ ~speicherröhre f (Elektronik) / image storage tube ‖ ~spezifische Masse (Luftf) / mass-area ratio ‖ ~spülung f (Geol) / sheet erosion, sheet wash ‖ ~steuerung f (Luftf) / wing control ‖ ~stoßhäufigkeit, -stoßzahl f / impingement rate, rate of incidence ‖ ~stoßhäufigkeit f, -stoßzahl f / rate of incidents ‖ ~strahler m, Flächenantenne f / flat top antenna ‖ ~traganteil m / bearing portion of a surface, bearing percentage ‖ ~trägheitsmoment n (Mech) / geometrical moment of inertia ‖ ~tragwerk n (Bau) / plane load-bearing structure ‖ ~transistor m / junction transistor ‖ ~treue Projektion (Landkarte) / equal-area projection ‖ ~veränderlicher Flügel (Luftf) / variable surface wing ‖ ~verhältnis n / area ratio ‖ ~verhiebsleistung f (m^2/min) / area extracted in m^2min^{-1} ‖ ~widmungsplan m / zoning plan ‖ ~winkel m, Raumwinkel m / dihedral angle ‖ ~winkel m, ebener Winkel / plane angle ‖ ~wirkungsgrad m (Antenne) / aperture efficiency ‖ ~wirkungsgrad m (Beleuchtung) / efficiency of illumination ‖ ~wirkungsgrad m, Zellenpackungsdichte f (Solarpanel) / array packing efficiency, cell packing factor ‖ ~zentriert (Krist) / face- o. plane-centered

flach·erhabene Arbeit / bas-relief, low relief ‖ ~erzeugnisse n pl (Bleche, Bänder usw) (Walzw) / flat rolled steel, flat products pl ‖ ~feder f, Blattfeder f / leaf spring ‖ ~feile f / flat file ‖ ~feile f mit einfachem Hieb, Weichmetallfeile f, Zinnfeile f (Werkz) / lead file ‖ ~filament n / flat filament ‖ ~finniger Hammer / flat pane hammer ‖ ~flansch m, Flachflanschverbindung f (glatte Kupplung) (Wellenleiter) / plain coupling o. coupler ‖ ~flansch m (Masch) / plain flange ‖ ~flanschkupplung f (Wellenleiter) / butt joint ‖ ~form f (Buch) / flat forme ‖ ~formdruck m (Buch) / planographic printing, flatbed printing, (Offsetdruck:) offset printing ‖ ~formdruckmaschine f / flatbed [printing] machine ‖ ~formrelais n (Elektronik) / low profile relay, flatform relay, thinpack relay ‖ ~formrelais n, dichtgeschweißt / hermetically sealed flatform relay ‖ ~formrollenmaschine f s. Flachdruckrotationsmaschine ‖ ~gängig (Gewinde) / flat ‖ ~garn n / flat yarn ‖ ~gedrückt / flattened ‖ ~gehäuse n, -packung f, Flatpack n (Elektronik) / flat pack ‖ ~gehend (Schiff) / shallow-draught… o. draft… ‖ ~gekröpft / modified-offset ‖ ~gelenk, Zirkelgelenk n / prop o. rule joint ‖ ~gewalzte Pappe / plate-glazed board ‖ ~gewelltes Gelände / open undulating ground o. country ‖ ~gewickelt (Dehnungsmesser) / flat-grid … (strain gauge) ‖ ~gewinde n (mit Rechteckprofil) / flat thread ‖ ~gewirkt (Strumpf) / full[y]-fashioned ‖ ~gewölbe n (Bau) / flat o. straight o. jack arch ‖ ~gewölbt (Bogen) / surbased, diminished ‖ ~gewölbter fester Herd (Bergb) / spring buckle o. band ‖ ~gewölbter Boden (Behälter) / hemiellipsoidal bottom ‖ ~gipflichkeit f (Statistik) / negative excess, platykurtosis ‖ ~gitter n (Opt) / flat grating ‖ ~glas n / flat o. window glass (comprises sheet and plate glass) ‖ ~glas n, Walzglas n / plate glass ‖ ~glas n, Tafelglas n / sheet glass ‖ ~glaswagen m / sheet truck ‖ ~gründung f, schwimmende Gründung / raft foundation o. footing, spread o. surface foundation ‖ ~gründung f auf tragfähigem Untergrund / natural foundation ‖ ~gummi m / flat piece of rubber ‖ ~hacke f / pick-axe ‖ ~halbrundstahl m / half-oval steel ‖ ~halbrundstahl m (Sammelbegriff) / flat half rounds pl ‖ ~hämmern / hammer even ‖ ~haue f (Bergb) / single-end mattock ‖ ~heftmaschine f (für Kisten) / flat stapler for boxes ‖ ~heftung f (Buch) / flat stitching

Flachheit, Ebenheit f / flatness ‖ ~, Kontrastmangel m (Phot) / flatness

Flach·heizkörper m / flat radiator ‖ ~herdmischer m (Hütt) / flat hearth type mixer ‖ ~hobel m / shaving plane ‖ ~-Hump…, Flat-Hump (Reifen) / FH, flat hump ‖ ~-Hump-Felge, Flat-Hump-Felge, FHA (Kfz) / flat hump rim

flächig / sheet… ‖ ~, eben (Math) / plane, two-dimensional, 2D ‖ ~, dünn / tabular ‖ ~e Spaltbarkeit / slaty cleavage

Flach·kabel n, -leitung f (Elektr) / flat [twin] cable ‖ ~käfigführung f / linear guidance system with needle roller and flat cage assemblies ‖ ~kaliber n (Hütt) / box pass o. groove o. hole ‖ ~kaliber n, Flachbahnkaliber n (Walzw) / bullhead pass ‖ ~kämmer m (Spinn) / French comb ‖ ~kanne f / flat top drum ‖ ~kant gelegt, flachgelegt / laid flatwise, lying flatwise ‖ ~kant-Einsteckschlüssel m / flat-ended plug-in key ‖ ~kartei, Sichtkartei f / visual o. visible file ‖ ~keil, Federkeil m (Masch) / flat o. parallel o. plain key ‖ ~kernwendel f (Lampe) / flat-mandrel filament ‖ ~kernwendellampe f (Opt) / flat-mandrel filament lamp ‖ ~kettelmaschine f, -kettmaschine f (Textil) / straight bar linking machine ‖ ~kettenwirkmaschine f (Textil) / flat warp knitting machine, milanese knitting loom ‖ ~kettig (Web) / having a plain o. flat warp ‖ ~kiel m (Schiff) / flat bottom o. keel ‖ ~kipper m (Buch) / flat stereo caster, tilting type ‖ ~klammerschraube f (DIN 25194) / claw bolt, flat T-head bolt, flat head anchor screw ‖ ~klemme f (Elektr) / flat terminal ‖ ~klemmenleiste f / flat terminal connection strip ‖ ~knüppel m (Hütt) / slab billet ‖ ~kolbennadel f / flat shank needle ‖ ~kompaß m / flat glass compass ‖ ~kompoundiert (Elektr) / flat-compounded ‖ ~kontakt-Stecker m / flat plug ‖ ~köperbindung f

(Textil) / reclining twill weave ‖ ⌐kopf *m* mit Schlitz (Schraube) / slotted pan head ‖ ⌐kopf-Ankerschraube *f* / flat head anchor screw ‖ ~köpfig / flat headed ‖ ⌐kopfniet *m* / panhead rivet ‖ ⌐kopfschraube *f*, Senkschraube *f* / countersunk screw o. bolt ‖ ⌐kopfschraube *f*, Blechschraube *f* / pan-head screw ‖ ⌐kopfschraube *f* mit Schlitz / slotted pan-head screw ‖ ⌐kuliermaschine *f* / straight-bar knitting machine ‖ ⌐kulier-Rippwirkmaschine *f* / flat weft rib knitting machine with spring beard needles ‖ ⌐kulierwirkmaschine *f*, Cottonmaschine *f* / Cotton's full fashioned knitting machine, fully fashioned hosiery knitting machine ‖ ⌐kulierwirkmaschine *f* für Strümpfe / full-fashioned hosiery machine for stockings ‖ ⌐kupfer *n* / flat copper ‖ ⌐kupferwicklung *f* (Elektr) / strip-wound armature ‖ ⌐kuppe *f* (Gewindestift) / plain point ‖ ⌐kuppel *f* / flat spherical vault, low dome ‖ ⌐ladung *f* (Rakete) / plate charge ‖ ⌐land *n*, Niederung *f* (Geogr) / flat ‖ ⌐land *n*, ebener Landstrich (Geol) / plain, flat land ‖ ⌐landstrecke *f* (Bahn) / level line ‖ ⌐landung *f* (Luftf) / two-point landing ‖ ⌐längswalzen *n* / flat longitudinal rolling ‖ ⌐lasche *f* (Bahn) / flat fishplate ‖ ⌐lautsprecher *m* / flat loudspeaker ‖ ⌐legevorrichtung *f* (Plast) / lay-flat ‖ ⌐lehrenkörper *m* / segmental cylindrical plate gauging member ‖ ⌐leitung *f* / flat cord o. conductor ‖ ~liegen / lay flat ‖ ~liegende Pappe / board in the flat ‖ ⌐litze *f* / ribbon strand ‖ ~litziges Seil / flattened strand rope ‖ ⌐lukendeckel *m* (Schiff) / flush-fitting hatch cover ‖ ~machen, -schlagen / hammer flat ‖ ~machen, planieren, einebenen / flatten, plane, level ‖ ⌐mahlstuhl *m* (Mühle) / reducing rollers *pl* ‖ ⌐material *n* / flat material o. stock, flats *pl* (coll) ‖ ⌐meißel *m* / cold o. flat chisel, flat pick ‖ ⌐messerschere *f* / flat-blade shears *pl* ‖ ⌐nadel *f* (Textil) / flat needle ‖ ⌐nähmaschine *f*, -bettnähmaschine *f* / flat-bed sewing machine ‖ ⌐naht *f* (Schw) / flat-face fillet weld, flush weld ‖ ⌐offsetmaschine *f* / offset proof press ‖ ⌐palette *f* / flat pallet ‖ ⌐pinsel *m* / flat brush ‖ ⌐pit *n* (Halbl, Fehler) / shallow pit ‖ ⌐pitanhäufung *f*, Swirl *n* (Halbl, Fehler) / swirl ‖ ⌐poller *m* / flat bollard ‖ ⌐prägen *n* (Stanz) / raising, embossing ‖ ⌐preßplatte *f* (Holz) / laminated flat pressed board, laminated particle board ‖ ⌐profil *n* / flat, flat rolled steel, flat [steel] bar ‖ ⌐querwalzen *n* / flat transverse rolling ‖ ⌐rampe *f* (Bahn) / slight gradient ‖ ⌐recken *n* mit Breitung (Walzw) / upsetting ‖ ⌐reflektor *n* / flat reflector ‖ ⌐relais *n* / low-profile relay, flatform relay, thinpack relay ‖ ⌐relief *n*, Basrelief *n* / low relief, bas-relief ‖ ⌐riemen *m* / flat belt ‖ ⌐ringdynamo *m* / flat ring dynamo ‖ ⌐riß *m*, Achsenriß *m* (Bergb) / longitudinal section in plane of deposit ‖ ⌐röhre *f* (TV) / flat tube ‖ ⌐rohrheizkörper *m* / flat pipe radiator ‖ ⌐rohrkühler *m* (Kfz) / flat tubular radiator ‖ ⌐rolle *f* (Gummi) / stitcher ‖ ⌐rücken, Flatback *m* (Buch) / flat-back ‖ ~runde Backe (Zange) / half-round jaw ‖ ⌐rundniet *m* / mushroom head rivet, truss head rivet ‖ ⌐rundschraube / saucer-head screw, truss-head screw ‖ ⌐rundschraube *f* mit Nase / cup square nip head bolt ‖ ⌐rundschraube *f* mit Vierkantansatz / mushroom head sguare neck bolt, cup square bolt ‖ rohe ⌐rundschraube mit Vierkantansatz / coach bolt, mushroom head bolt (square necked) ‖ ⌐rundzange *f* / snipe nose plier, needle nose ‖ ⌐rundzange *f* mit Seitenschneider (DIN 5236) / snipe nose plier with side cutter

Flachs, [echter] ⌐, Linum usitatissimum / flax, linum [usitatissimum] ‖ ⌐abfall *m* / flax waste, swingle o. scutching tow, tangle fibre ‖ ⌐aufbereitung, -zubereitung *f* / dressing o. preparing of flax
Flachsauger *m* (Pap) / flatbox, flat suction box
Flachs·brech- und Abbastmaschine *f* / flax-breaking and stripping machine
Flach·schaber *m* (Wzm) / blunt scraper ‖ ⌐scheibe *f*

(Schleifscheibe) / straight disk ‖ ⌐scheibenzerspaner *m* (Spanplatten) / horizontal flat disk conveyor ‖ ⌐schieber *m* (Dampfm) / flat slide [valve], flat-body o. plain slide valve ‖ ⌐schieber *m* (Bunker) / rack and pinion gate ‖ ⌐schiene *f* (Bahn) / flat[-headed] rail, strap rail ‖ ⌐schleifmaschine *f* (DIN) / surface grinding machine ‖ ⌐schleifmaschine *f* für Plan-, Einstech- u. Profilschliff / surface grinder for face and plunge-cut and contour grinding ‖ ⌐schliff *m*, -schleifen *n* (DIN), Planschliff *m*, -schleifen / surface grinding ‖ ⌐-Schlitzbrenner *m* / flat burner ‖ ⌐schloß *n* für Ketten / flat connecting chain link ‖ ⌐schlüssel *m* (Schloß) / flat key ‖ ~schmieden / beat out ‖ ⌐-Schmiernippel *m* / button head lubricating nipple ‖ ⌐schrägwalzen *n* / flat skew rolling ‖ ⌐schweißnaht *f* / flush weld
Flachs·dotter *m n* (Textil) / cameline, gold-[of-]pleasure
Flach·seezone *f*, neritische Zone / neritic zone ‖ ⌐seil *n* / flat rope ‖ ⌐seite *f* (des Normalsteins) (Bau) / large face ‖ ⌐seite *f* eines Sackes / face of a sack ‖ ~seitiges Ziegelpflaster / flat brick pavement ‖ ~senken (z.B. für Schrauben) / sink (e.g. for sinks for screws) ‖ ⌐senker *m*, -senkwerkzeug *n* (Wz) / spot facer o. facing cutter ‖ ⌐senker *m* mit Zylinderschaft u. festem Führungszapfen (DIN 373) / parallel shank counterbore with solid pilot ‖ ⌐senkung *f* (Wzm) / sink
Flachs·entsamung *f* / ginning of flax ‖ ⌐garn *n* / flax yarn ‖ ⌐hechel *f* / flax heckle ‖ ⌐hechel[maschine] *f* / flax hackling machine, flax comb
Flach·sicherungseinsatz *m* / blade-type electric fuse link ‖ ⌐sieb *n* / flat sieve o. screen ‖ ⌐silber *n* / flat silver
Flachs·leinwand, Leinwand / linen, linen cloth
Flach·span *m* (Spanplatten) / flake ‖ ⌐spin *n* (Raumf) / flat spin ‖ ⌐spitzfeile *f* / flat pointed file ‖ ⌐spule *f* (Elektronik) / flat o. disk coil, slab o. pancake coil ‖ geflochtene ⌐spule / honeycomb coil, duolateral coil ‖ ⌐spulenvariometer *n* / disk coil variometer ‖ ⌐spülklosett *n* / flush-out type WC ‖ ⌐spülung *f* (WC) / flat wash down
Flachs·raufen *f* / pulling of flax ‖ ⌐riffelkamm *m* (Textil) / ripple ‖ ⌐röste *f* / retting tank o. pit o. pond o. pool, flax rettery ‖ ⌐rösten *n* (Flachs) / retting, rotting ‖ ⌐schwingmaschine *f* / flax beater, scutch
Flach·stab *m* / flat [steel bar] ‖ ⌐stahl *m*, flachgewalzte Erzeugnisse *n pl* / flat [bar] steel, flat rolled steel, flats *pl* ‖ ⌐stahl *m* mehr als 6" breit, weniger als 1/4" dick (Walzw) / sheet ‖ ⌐stahl *m* mit abgerundeten Kanten / chain section ‖ ⌐stahl über 6 x 2" *m* (Walzw) / bearing plate ‖ ⌐stahlgitterwerk *n* (Stahlbau) / flat lacing, lacing of flat bars ‖ ⌐stahlkreuzung *f* (Stahlbau) / diagonal juncture of flat bars ‖ ⌐stampfer *m* (Gieß) / flat rammer ‖ ⌐stanzen, Planieren *n* (Stanz) / planishing ‖ ⌐stauchen *n* / hammer forging ‖ ⌐stauchversuch *m* (Pap) / flat crush [resistance] test ‖ ⌐stauchwiderstand *m* (Pap) / flat crush resistance ‖ ⌐stecker *m* (Elektr) / flat plug ‖ ⌐stecker *m* für Kabelsteckschuhe / blade terminal, flat pin terminal ‖ ⌐steck[er]anschluß *m* / slip-on terminal, push-on connection ‖ ⌐steckverbinder *m* (Elektronik) / rack o. panel connector ‖ ⌐steckverbindung *f* (Elektr) / flat blade connection ‖ ⌐stelle *f* (Bahn) / flat (US), wheel flat ‖ ⌐stich *m*, -bahn *f* (Walzw) / flat pass ‖ ⌐stich *m* (Nähm) / flat stitch, satin stitch ‖ ⌐strahl *m* / fan jet ‖ ⌐strahldüse *f* (Landw) / fan nozzle ‖ ⌐strahl[schlitz]-Elektronenkanone *f* / transverse [slit] electrongun *m* (Stahlbau) / flat blade ‖ ⌐strickmaschine *f* / flatbed knitting machine, flat bed frame ‖ ⌐strickware *f* (Textil) / flat knit [goods] ‖ ⌐stromvergaser *m* / horizontal o. transverse o. traverse draft carburetor ‖ ⌐stumpf-Bezugsfeile (DIN 5197) / taper square file ‖ ⌐stumpffeile *f* / flat hand file ‖ ⌐stumpf-Schärffeile *f* / flat hand sharping file
Flachs·vorgarn *n* / flax roving o. slubbing ‖ ⌐vorhechler *m* / flax rougher ‖ ⌐werg *n*, -hede *f* / flax plucking o.

hards o. tow ‖ **˅zubereitung**, -aufbereitung f / dressing o. preparing of flax ‖ **˅zwirnmaschine** f / flax twist[ing] machine

Flach·trockner m (Textil) / flat-layer drier ‖ **˅trudeln** n (Luftf) / flat spin ‖ **˅ufer** n, flacher Strand, Flachküste f / low coast, flat strand ‖ **˅verbund...** (Elektr) / level compound[ed] ‖ **˅wagen**, K-Wagen m (Bahn) / flat wagon ‖ **˅wagen** [mit Drehgestellen] m (Bahn) / flat [bogie] wagon ‖ **˅wagen** m **für Huckepackverkehr** / flat wagon for the transport of trailers, piggy-back car (US) ‖ **˅wähler** m (Fernm) / panel selector ‖ **˜walzen** (Hütt) / slab v, roll flat ‖ **˜walzen** (Draht) / flatten, roll wire flat ‖ **˅walzwerk** n **für Flachstahl** / flat rolling mill ‖ **˜wandig** / plain sided ‖ **˅wasserpumpe** f / shallow well pump ‖ **˅weiche** f (Bahn) / points pl with a small turnout angle ‖ **˅wender** m, Schälpflug m / paring plow, skim plow ‖ **˅werden** n **durch Niederdrücken** / crushing, flattening ‖ **˅winkel** m (Mil) / low angle, LA ‖ **˅wirkmaschine** f / straight-bar knitting machine ‖ **˅wulststahl** m (Schiff) / flat-bulb steel, bulb plate ‖ **˅zange** f / flat [nose] pliers o. tongs pl ‖ **˅zange** f **für Freileitungen** (DIN 5245) / fencing pliers pl, lineman's pliers pl ‖ **˅zange** f **für Uhrmacher** / flat nose pliers for horologists ‖ **˅zange** f **mit Seitenschneider**, Kombizange f / flat nosed and cutting nippers ‖ **˅zellenbatterie** f, Batterie 10 F 15 DIN 40871 / flat cell battery ‖ **˅zerreißstab** m / flat tensile bar ‖ **˅zeug** n (Walzw) / flat products pl ‖ **˅ziegel** m, Biberschwanz m / plain o. plane o. crown tile ‖ **˜ziehen**, napfziehen (Stanz) / shallow-cup o. -form ‖ **˅zulauf** m (Gieß) / flat ingate

Flacker·effekt m (TV) / flicker effect ‖ **˅freiheit** f (TV) / absence of flicker

flackern, lodern vi / flare, waver, flutter ‖ **˜**, flimmern / flicker, quiver ‖ **˅** n / flicker ‖ **˅**, Flimmern n (TV) / flicker, flickering ‖ **˅**, Zittern n (Radar) / time jitter ‖ **˅**, Flattern n des Lichtbogens / scattering o. fluttering of the arc ‖ **˅** (Licht) (aperiodisches Schwanken der Leuchtdichte) / flutter, jitter ‖ **˅ bedingt durch Flugzeuge** (TV) / aircraft flutter ‖ **schwach ˜** / flicker low

Flacker·relais n (Fernm) / flashing relay ‖ **˅taste** f (Fernm) / flicker-signal key, flashing key ‖ **˅zeichen** n (Fernm) / flashing signal

Fladen m (Landw) / pat ‖ **˅verteiler** m (Landw) / dung spreading harrow

Flader, Maser f (Holz) / curled spot, speck, speckle

fladerig (Holz) / speckled

Flader·schnitt m (Holz) / tangential flat sawn o. plain sawn section ‖ **im ˅schnitt** (Holz) / back- o. bastard-sawn, plain- o. slash-sawn, crown-cut

Fla-Flugkörper m, Boden-Luft-Rakete f / surface-to-air missile, SAM

Flagge f / flag

Flaggen·signal n (Bahn) / banner signal ‖ **˅stock** m, -mast m / ensign staff ‖ **˅tuch** n, Fahnentuch n / bunt[ing]

Flaggschiff n / flagship

Flagzug m (Bahn, Schweiz) / named train

Flak f, Flugabwehr-Artillerie f / anti-aircraft artillery, A.A.A. ‖ **˅...** / anti-aircraft..., A.A., ack-ack (coll) ‖ **˅-Feuerleitung** f / anti-aircraft fire control, A.A.F.C. ‖ **˅geschütz** n, Fla-Kanone f, Flak f / anti-aircraft gun, A.A. gun

Flakon n m / small [cut glass] bottle

Flakrakete f / anti-air[craft] rocket

Flakzielgerät n / GAA, ground anti-aircraft control

Flämisch·es Auge (Seil) / Flemish eye ‖ **˜er Verband** (Maur) / header-and stretcher-bond

Flamm... (Ofen) / reverberatory

Flammaschine f (Web) / singeing machine

Flammbarkeit f / [in]flammability

Flammbogenofen m (Hütt) / flame arc furnace

Flamme f, Feuer n / fire, flame ‖ **helle ˅** / blaze ‖ **in ˅** n / aflame ‖ **offene ˅** / open fire o. flame

flammen, gasen (Web) / singe, scorch ‖ **˜** (einen Stoff) (Färb) / cloud v, water v

Flämmen n (Hütt) / flame chipping o. descaling o. deseaming o. scarfing

Flammen·-Abriß m / flame blow-off ‖ **˅ausbreitgeschwindigkeit** f / flame spreading speed, flame propagation speed ‖ **schlagartige ˅ausbreitung** / flash-over ‖ **˅-Aussetzer** m / flame failure ‖ **˅bild** n / flame aspect ‖ **˅bogen**, Effektbogen m (Elektr) / luminous o. flame arc

flammend / flaming

Flammen·dämpfer m (Luftf) / exhaust flame damper ‖ **˅deflektor** m (Raumf) / flame deflector ‖ **˅-Emissionsspektralanalyse** f / flame photometry ‖ **˅-Emissionsspektroskopie** f / flame emission spectroscopy ‖ **˅färbung** f / flame colouration ‖ **˅feldlöten** n / multiple gas jet brazing ‖ **˅fortpflanzung** / flame propagation ‖ **˅-Frässtift** m (Werkz) / flame burr ‖ **˅front** f / flame front ‖ **˅garn** n, geflammtes o. flammiertes Garn / flake yarn, shaded yarn, flame yarn, rainbow yarn ‖ **˅gas** n (Herdofen) / flame gas ‖ **˅halter** m (Düsenantrieb) / flame retention baffle ‖ **˜härten** / flame-harden ‖ **˜hemmend**, flammhemmend / flame-retarding ‖ **˅hemmstoff** m / flame retardant ‖ **˅hülle** f / outer zone of a flame, flame envelope ‖ **˅-Ionisations-Detektor** m (Abgas) (USA) / FID, flame ionization detector ‖ **˅kern** m, -kegel m (Schw) / inner cone of a flame ‖ **˅kohle** f (Bogenlampe) / coloured arc carbon, core o. flame carbon ‖ **˅laser** m / flame laser ‖ **˜los**, ohne sichtbare Flamme / flameless ‖ **˅mergel** m (Geol) / flammenmergel ‖ **˅photometrie** f / flame photometry ‖ **˅polieren** n (Plast) / flame polishing ‖ **˅probe** f (Chem) / flame test ‖ **˅reinigung** f, Abbrennen n (Anstrich) / flame cleaning ‖ **˅rückschlag** m (Schweiß) / flashback ‖ **˅rückschlagsicherung** f / flashback arrester, flame trap ‖ **˅schutz** m / flame shield o. protection ‖ **˅schutzmittel** n / flame proofing agent ‖ **˅schutzschild** m (Raumf) / blast shield ‖ **˅schutzwand** f, Feuerbrücke f (Keram) / flash-wall ‖ **˅sengmaschine** f (Web) / flame singeing machine ‖ **˜sicher** / flameproof ‖ **˅spektroskopie** f / flame spectroscopy ‖ **˅spektrum** n / flame spectrum ‖ **˅sperre**, -rückschlagsicherung f / flame arrester o. trap ‖ **˅sterilisator** m (Lebensmittel) / flame sterilizer ‖ **˅strahlbohren** n (Bergb) / jet drilling, jet piercing ‖ **˅strahlbohrer** m (Bergb) / churn drill equipped for jet piercing ‖ **˅strahltrockner** m (Pap) / flame jet drier ‖ **˅wächter** m / automatic flame guard, flame failure controller ‖ **˅werfer** m (Mil) / flame thrower o. machine o. projector ‖ **˅zusatzgerät** n (Opt) / flame attachment ‖ **˅zwirn** m / flake twist, slub twist

Flamm·garn n (Textil) / shaded yarn, flake yarn ‖ **˜gehärtet** / flame-hardened ‖ **˅gerät** n **zur Unkrautvernichtung** (Landw) / flame weeder ‖ **˅glühkerze** f (Dieselmotor) / flame glow plug ‖ **˜hemmend** (Plast) / flame resistant o. resistive o. retardant

flämmhobeln / flame-gouge

Flammierung f, Schinieren n, Chinieren n (Färb) / variegated colouring, dyeing the warp threads after a pattern

Flamm·kerze f (Kfz) / flame plug ‖ **˅kohle** f / bright-burning coal ‖ **˅kohle** f (mit 32-36% Flüchtigem) / open burning coal ‖ **˜los** / flameless ‖ **˅löten** n / open flame soldering o. brazing ‖ **˅ofen** m (Hütt) / air furnace, reverberating o. reverberatory furnace ‖ **˅ofenfrischen** n / reverberatory furnace refining ‖ **˅plattieren** n / flame plating ‖ **˅probe** f (Chem, Geol) / flame reaction o. test ‖ **˅punkt** m, FP (Öl) / flash[ing] point, fire point ‖ **˅punkt** m (Plast) / ignition point ‖ **˅punkt** m **im geschlossenen Gerät** / closed flash point ‖ **˅punkt O.T.** (offener Tiegel) m / open cup flash point ‖ **˅punktprüfer** m / flash point tester

flämmputzen (Hütt) / scarf, deseam ‖ **˅** n / flame chipping

o. descaling o. deseaming o. scarfing
Flamm·rohr n (Gasturb) / flame tube ‖ **~rohr** n (großen Durchmessers) (Kessel) / fire o. heating tube ‖ **~rohr** n **für Abgas** (Kfz) / front o. down pipe, header [pipe] ‖ **~rohr-Heizrohrkessel** m **mit rückkehrenden Heizrohren** / dry-back boiler ‖ **~rohrkessel** m / [internal] flue boiler, flame tube boiler ‖ **kombinierter ~rohrrauchrohrkessel** / combined flue and smoke-tube boiler ‖ **~rohrsiederohrkessel** / combined flue and water-tube boiler ‖ **~ruß** m / flame soot ‖ **~schutz** m / flame protection ‖ **~spritzen** / flame-spray ‖ **~spritzen** n / flame spraying ‖ **~spritzen** n (nach Schoop), Schoopieren n / schoopage, schooping ‖ **~spritzen** n (Plast) / plast spraying ‖ **~spritzen** n **mit Draht**, [mit Metallpulver] / flame spraying with wire, [with powder] ‖ **~spritzpistole** f / flame gun ‖ **~startanlage** f (Dieselmotor) / flame starting device, flame primer system ‖ **~strahlen** n (Hütt) / flame descaling o. deseaming, scarfing ‖ **~- und Platzsicherheit**, FP / flame- and explosion-proofness ‖ **~widrig** / non-flam[mable], non-inflammable ‖ **~widrig**, feuerfest / fireproof ‖ **~widrig** (Plast) / flame resistant o. resistive o. retardant ‖ **~widrig gemacht** (o. imprägniert) / flame-retarded ‖ **~widrigkeit** f / nonflammability ‖ **~zündkerze** f / flame spark plug
Flanell m / flannel
Flanke f / flank, haunch ‖ **~** (Impuls) / edge, side of an impulse ‖ **~**, Seite f (Leder) / flank ‖ **~ zwischen Teilkreis und Fuß** (Zahnrad) / tooth flank
Flanken·abfallzeit f (Halbl) / slope time, fall time ‖ **~abstand** m (Schw) / flank clearance ‖ **~abweichung** f (Getriebe) / flank error ‖ **~anstieg** m / slope of an impulse ‖ **~anstiegszeit** f (Halbl) / slope time, rise time ‖ **~deckung** f (Schubschiffahrt) / backing and flanking ‖ **~durchmesser** m (Gewinde) / effective diameter, pitch diameter, P.D., p.d. ‖ **~einbrand** m (Schw) / flank penetration ‖ **schlechter ~einbrand** (Schw) / lack of side fusion ‖ **~fahrt** f, -stoß m (Unfall, Bahn) / cornering, slanting collision ‖ **~form A** f, ZA-Schnecke f (Getriebe) / straight-sided axial worm ‖ **~form I**, ZI-Schnecke f (Getriebe) / milled helical worm ‖ **~form K**, ZK-Schnecke f (Getriebe) / involute helical worm ‖ **~form N**, ZN-Schnecke f (Getriebe) / straight-sided normal worm ‖ **~formfaktor** m (Zahnrad) / zone factor ‖ **~formfaktor** m **für Flankenbeanspruchung** (Zahnrad) / zone factor for Hertzian stress ‖ **~gesteuerter Eingang** / transition operated input ‖ **~gleichrichtung** f (Elektronik) / edge modulation ‖ **~kehlnaht** f (Schweiß) / fillet in parallel shear ‖ **~korrektur** f (Zahn) / modification of the flank shape ‖ **~linie** f (Schrägzahnrad) / tooth trace o. curve ‖ **~linienabweichung** f (Zahnrad) / alignment deviation ‖ **~-Merinowolle** f / prime wool ‖ **~offen** (Keilriemen) / raw-edged ‖ **~passung** f (Zahnwelle) / side fit ‖ **~richtungsfehler** m (Zahnrad) / tooth alignment error ‖ **~rücknahme** f (Zahnrad) / profile relief ‖ **~ruder** n (Schiff) / flanking rudder ‖ **~schutzmittel** n (Buch) / etchant additive ‖ **~spiel** n (Zahnrad) / backlash of toothed wheels, face clearance o. backlash ‖ **~spiel** n (Gewinde) / flank clearance (thread) ‖ **~steilheit** f (Elektronik) / edge steepness ‖ **~stoß** m ε. Flankenfahrt ‖ **~übertragung** f (Akustik) / flanking transmission ‖ **~welligkeit** f (Zahnrad) / undulation ‖ **~winkel** m (Zahnrad) / angle of pressure, flank o. gearing angle ‖ **~wolle** f / flank wool ‖ **~zeit** f (Halbl) / slope time
flankierende Maßnahmen f pl / flanking measures
Flansch m / flange ‖ **~**, Rand m (Masch) / flange, (esp.:) flared flange ‖ **~**, Wange f (Kurbelwelle) / flange, web ‖ **~** (Wellenleiter) / connector ‖ **~ an Walzprofilen** / flange of sections ‖ **~ der Annietmutter** / lug of an anchor nut ‖ **~ der Drahtspule** / flange of the wire coil ‖ **~ des Schienenfußes** / lower flange of rail ‖ **~ des Winkeleisens** / side of an angle iron ‖ **~ mit Ansatz** / flange with neck ‖ **~ mit Eindrehung u. Rücksprung** /

grooved flange for rubber packing ‖ **~ mit Feder o. Vorsprung** / flange with tongue ‖ **~ mit Feder u. Nut** / flange with groove and tongue ‖ **~ mit Nut o. Rücksprung** / grooved flange ‖ **~ mit Rücksprung** / flange with recess ‖ **~ mit Vorsprung** / flange with projection ‖ **~ von Gelenkwellen** / cardan shaft flange ‖ **fester ~** / fixed flange, cast-on flange ‖ **loser ~**, Losflansch m / movable flange, slip-on type flange, saddle flange ‖ **loser ~ für Bördelrohr** / lapped flange ‖ **loser ~ mit Anschweißbund** / lapped joint stub end ‖ **loser ~ mit Lötbund** / lapped flange with brazing collar ‖ **loser ~ mit Vorschweißbund** / lapped joint short stub end ‖ **mit ~ versehen** / flanged ‖ **~ um 180⁰ umgelegter ~** (Stanz) / hem flange ‖ **~anbau...** / flanged ‖ **~armaturen** f pl / flanged fittings pl ‖ **~befestigung** f / flange mounting ‖ **~bogen** m / double-flanged bend ‖ **~bogen 45⁰** m / double-flanged 1/4 bend ‖ **~breite**, Fußbreite f (Walzprofil) / width of flange ‖ **~buchse** f / flanged bush ‖ **~dichtung** f / flange gasket ‖ **~dose** f (Elektr) / flange [type] socket ‖ **~drehbank**, -drehmaschine f / flange planing and trimming machine
flanschen, mit Flansch versehen / flange v ‖ **~support** m (Wzm) / flange facing attachment
Flansch·fläche, Anschlußfläche f (Masch) / flange facing ‖ **~fußkrümmer** m, N-Stück n (DIN 28538) / double-flanged duckfoot bend ‖ **~klappe** f (ein Ventil) / double-flanged butterfly valve ‖ **~-Krümmer** m / flanged pipe elbow ‖ **~krümmer** m, FFK-Stück n (DIN 28539) / double flanged bend 45⁰- 11 1/4⁰ ‖ **~krümmer** m, Q-Stück n (DIN 28537) / double-flanged bend 90⁰, flanged benk ‖ **~kupplung** f / flange coupling, face plate coupling ‖ **~lagerschild** m (Elektr) / flange-type end shield ‖ **~lötstutzen** m (DIN 7635) / brazed flanged nipple ‖ **~motor** m (Elektr) / face type motor, flange motor ‖ **~muffenstück**, E-Stück n (Rohr) / [standard] flanged socket ‖ **~nabe** f (Kfz) / flange hub ‖ **~neigung** f (Stahlbau) / flange taper ‖ **~presse** f / flange press ‖ **~ring** s. Flansch, loser ‖ **~rohr**, Bördelrohr n (DIN) / flanged pipe ‖ **~scheibe** f (eine Riemenscheibe) / flanged pulley o. wheel ‖ **~schwinger** m (Ultraschall) / bolted transducer ‖ **~sockel** m (Glühlampe) / flange base ‖ **mit ~sockel** (Lampe) / flange-based ‖ **~-Spitzende**, F-Stück n (Rohr) / flanged spigot ‖ **~stück mit 2 Flanschstutzen**, TT-Stück n (DIN 28544) / all-flanged cross ‖ **~stück** n **mit 1 Stutzen**, T-Stück n (DIN 28643) / all-flanged T ‖ **~stutzen** m (DIN 7634) / single ended flanged nipple ‖ **~-Übergangsstück**, FFR-Stück n (DIN 28545) / double-flanged taper o. reducer ‖ **~-Unparallelität** f (Stahlbau) / angle defect of flanges ‖ **~ventil** n / flange valve ‖ **~verbindung** f (Rohr) / bolted o. flanged joint ‖ **~verbindungsstutzen** m (DIN 7636) / double ended flanged nipple ‖ **~verschraubung** f (mit festen Flanschen) (Masch) / flange joint ‖ **~verschraubung** f **mit losen Flanschen** / flanged seam ‖ **~walze** f / flanging roller ‖ **~welle** f / flanged shaft, stub shaft
Fla-Rakete f / anti-air rocket
Flare-Stern m (Astr) / flare star
Flarr n, Packeis n / pack[-ice]
Flasche f / bottle ‖ **~**, Stahlflasche f (Schweiß) / cylinder, bottle ‖ **~**, Kanne f (Textil) / can ‖ **~** (Flaschenzug) / block, pulley ‖ **~**, Gehäuse n eines Flaschenzuges / pulley case o. check o. frame o. shell ‖ **~ mit Schraubverschluß** / screw cap bottle ‖ **abnehmbare ~ des Flaschenzuges** / snatch o. snap block ‖ **auf ~n füllen** / bottle v ‖ **große ~**, Säureflasche f (Chem) / acid carboy
Flaschen·abfüllapparat m / bottle filling machine, bottling machine ‖ **~bauch** m / body of a bottle ‖ **~bier** n / bottled beer ‖ **~blasmaschine** f / bottle blowing machine ‖ **~blasmaschine Typ IS** / IS-machine, individual section glass blowing machine ‖ **~boden** m / bottom of a bottle ‖ **~bürste** f / bottle brush ‖ **~druck** m (Bedrucken) / bottle printing ‖ **~etikett** n / bottle label

‖ **˗etikettiermaschine** f / bottle labeller ‖ **˗fach** n (Kühlschrank) / refrigerator shelf ‖ **˗füllen** n / bottling ‖ **˗füllmaschine** f / bottle filling o. charging machine, bottling machine ‖ **˗gärkeller** m / bottle fermentation cellar ‖ **˗gas** n / gas from cylinders, bottled gas ‖ **˗glas** n, grünes Glas / common green glass, bottle glass ‖ **˗grün** / bottle green, dark-green ‖ **˗hals**, Engpaß m (Verkehr) / bottleneck ‖ **˗halsform** f (Glhütt) / bottleneck mould ‖ **˗halskokille** f (Hütt) / bottle top mould ‖ **˗heber** m / bottle emptier ‖ **˗herstellmaschine** f / bottle making machine ‖ **˗hülse** f, -spule f (Spinn) / bottle bobbin ‖ **˗hülse** f, Strohhülse f / straw husk o. wrapper ‖ **˗kapsel** f (als Verschluß) / bottle cap ‖ **˗kapsel** (als Verzierung für Weinflaschen) / wine bottle closure ‖ **˗kapselmaschine** f / bottle capping machine ‖ **˗kasten** m, -träger m (Brau) / bottle case ‖ **˗korkmaschine** f / corking machine ‖ **˗maschine** f, Kannenmaschine f (Spinn) / can roving frame ‖ **˗öffnung** f / mouth ‖ **˗pfand** n / bottle deposit ‖ **˗spule** f (Spinn) / bottle package, bottle[-nosed] bobbin ‖ **˗spulmaschine** f (Spinn) / winding machine for bottle bobbins, bottle bobbin [winding] machine ‖ **˗spülmaschine** f / bottle rinsing o. cleansing o. washing machine ‖ **˗ventil** n / valve for steel cylinders ‖ **˗verschluß**, Bügelverschluß m / lever stopper ‖ **˗zange** f, Schere f (Glhütt) / shears pl ‖ **˗zug** m / lifting o. pulley block, block and pulley o. tackle ‖ **einfacher ˗zug**, Doppelrolle f / double purchase pulley ‖ **˗zugblock** m (Öl) / travelling block ‖ **˗zuggehäuse** n s. Flasche

Flaschner, Spengler m (Süddeutschl) / plumber, tinner
Flaser f (Geol) / flaser
flaserige Textur, Flasertextur f (Geol) / flaser structure
Flashdestillation f (Benzol) / flash [distillation]
Flashen, Heizspannungsbrennen n (Röhre) / flashing of electronic tubes
Flash·-Filament Technik, Impulsdesorption f (Vakuum) / flash filament technique ‖ **˗kurve**, Gleichgewichts-Verdampfungskurve f (Dampf) / flash curve
Flash-on-the-Fly n (Belichtung während der Tischbewegung) (IS) / flash-on-the-fly
Flash·-Photolyse f / flash photolysis ‖ **˗-Rösten** n (Zink) / flash roasting (zinc) ‖ **˗-Smelting**, Schwebeschmelzen n (Hütt) / flash smelting ‖ **˗spektrum** n (Astr) / flash spectrum ‖ **˗verdampfung** f (Destillation mit diskontinuierlichem Druckabfall) / flash distillation
Flat n, Klapp-Palette f (Schiff) / [cargo] flat
Flatbed-Lkw m, Pritschenwagen m (Kfz) / flatbed [truck]
Flatchip n (Elektronik) / flat chip
Flat-Hump-Felge f (Kfz) / flat hump rim
Flatpack n, Flachgehäuse n, -packung f / flat pack
Flatter·dämpfer m (Luftf) / shimmy damper ‖ **˗-Echo** n / flutter echo (US) ‖ **˗effekt** m, -wirkung f (Elektr) / flutter effect ‖ **kritische ˗geschwindigkeit**, Flattergrenze f (Luftf) / flutter speed, buffet boundary ‖ **˗marke** f (Buch) / collating mark
flattern / flutter, wave, flop ‖ **˗** (Kfz, Räder) / shimmy v, wobble (US) ‖ **˗** (Segel) / flutter ‖ **˗** n, Instabilität f (Luftf) / flutter, buffeting ‖ **˗** (von Kfz-Vorderrädern) / shimmy ‖ **˗ der Brücke** / flutter ‖ **˗ der Flügel** (Luftf) / flopping of wings ‖ **˗ des Lichtbogens** / scattering o. fluttering of the arc ‖ **˗ in abgerissener Strömung** (Luftf) / stalling flutter ‖ **˗ von Rädern**, Planschlag m (Kfz) / wheel wobble ‖ **˗ von Sägen** / chattering o. weaving of saws
Flatter·satz m (Buch) / unjustified print ‖ **˗satz m links-, [rechts]bündig** (Buch) / justification left-hand, [right-hand] ‖ **˗scheibe** f (Galv) / floating wheel ‖ **˗wirkung** f, -effekt m (Elektr) / flutter effect
Flat-Tiefe f (Halbl) / flat depth
flau, kontrastarm (Phot) / flat, weak, without contrast
Flaum m / down ‖ **˗**, Faserflaum m (Spinn) / down, fluff ‖ **˗ am Tuch** (Web) / nap
flaumig (Spinn) / downy, fuzzy, fluffy ‖ **˗**, wollig /

cottony ‖ **˗** (Rayon) / flossy
Flausch m (Textil) / coating ‖ **˗ausrüstung** f (Web) / velvet finish
Flautezeit f (Bahn) / slack period o. hours pl
Flavanon n / flavanone
Flavanthren n / flavanthrene
Flavanthron-Farbstoff m / flavanthrone dye
Flavin n / flavin, flavine ‖ **˗-Adenin-Dinukleotid** n, FAD / flavin-adenine dinucleotide, FAD ‖ **˗mononukleotid** n, FMN n / flavin mononucleotide, FMN
Flavon n (gelber Blütenfarbstoff) / flavone
Flavonol n / flavonol
Flavoprotein n / flavoprotein
FLC, Grenzformänderungskurve f (Mat.Prüf) / FLC, forming limit curve
Flecht·arbeit f / braided work, basketwork ‖ **˗art** f / type of braiding ‖ **˗art** f, Flechtung f (Seil) / braiding, type of lay o. twisting o. stranding ‖ **˗artikel** m pl / braided goods pl
Flechte f, Zopf m / tress v, braid, plait, plat
flechten / braid, plait, tress ‖ **˗** n / plaiting, braiding ‖ **Draht ˗** / plait wires
Flecht·maschine f, Flechter m / braiding machine, braider ‖ **˗maschine f für Seile** / braiding o. plaiting machine for ropes ‖ **˗strömung** f, Turbulenz f / turbulence ‖ **˗- und Klöppelmaschine** f / braiding machine ‖ **˗- und Schindelfolie** f (Plast) / second quality sheeting ‖ **˗werk**, Geflecht n / wicker work, basket o. hurdle o. mat work ‖ **˗werk** n (Stahlbau) / steel structural work, steel trelliswork ‖ **˗werk** n (Ornament, Bau) / guilloche ornament ‖ **˗werk** n, Faschinen[werk] n (Hydr) / wattle ‖ **˗werkmantel** m, Mantelfläche f einer Kuppel (Bau) / surface shell, trelliswork casing ‖ **˗winkel** m (Drahtseil) / angle of twist ‖ **˗zaun** m (aus Holz- o. Metallstreifen) / interwoven o. interlaced fencing, wovenboard, wattling
Fleck, Punkt m / dot ‖ **˗**, Ort m / place ‖ **˗**, Tupfen m / speck, speckle ‖ **˗**, Leuchtfleck m (TV) / light spot, scanning spot ‖ **˗** (Schweiß) / scale, scab, flaw ‖ **˗**, Schmutzfleck / spot, speck, (durch Flüssigkeit:) stain ‖ **blinder ˗ der Netzhaut** (Opt) / blind spot ‖ **mit ˗en versehen** vt, sprenkeln / speck[le] vt, spot vt, mottle vt ‖ **˗abstoßend** (Textil) / soil-repellent, stain-repellent ‖ **˗empfindlichkeitsklasse** f, Verwitterungsklasse f (Glas) / staining class
flecken, beflecken / blot ‖ **˗**, sprenkeln / speck ‖ **˗**, Klecks m / blur ‖ **˗** m, Flickfleck, Flicken m / plug, patch, mending piece ‖ **˗ und Fladern** pl (Holz) / flecks pl ‖ **˗bildung** f (Email, Fehler) / specking ‖ **˗fest** (Plast) / stain-clear ‖ **˗paste** f, -reiniger m / detergent paste ‖ **˗reiniger** m, -entferner m, -wasser n / detergent ‖ **˗relativzahl** f, Wolfsche Relativzahl (Sonnenflecken) / relative number of sun spots, Wolf's number ‖ **˗seife** f / scouring soap ‖ **˗seite** f (Stein) / breaking grain ‖ **˗stadium** n (Biol) / macula stage
Fleck·entfernung f / removal of stains ‖ **vorherige ˗entfernung** (Färb) / prespotting ‖ **˗helligkeit** f (TV) / scanning spot brilliance
fleckig, gefleckt / stained, spotty, spotted ‖ **˗** (Fehler) / spotted, specked, dotted, blotchy ‖ **˗** (Keram) / crackled ‖ **˗**, befleckt / maculate, maculose, stained ‖ **˗**, mißfarbig / discoloured ‖ **˗es Bild** (TV) / spottiness ‖ **˗ werden** / spot vi, stain vi
Fleckigkeit, Sprenkelung f / mottle
Fleck·schärfe f (TV) / spot definition ‖ **˗schiefer** m / mottled o. spotted schist o. slate ‖ **˗unschärfe** f (TV) / spot defocussing ‖ **˗unschärfe f bei Ablenkung** (Kath.Str) / deflection defocussing ‖ **˗verzerrung** f (TV) / spot distortion ‖ **˗wasser** n / detergent
Fleetreep n (Treibnetz) (Schiff) / drift net
Fleier m s. Flyer
Fleisch n / flesh n ‖ **˗**, Wandstärke f (Masch) / wall thickness, cheek, substance ‖ **˗** (als Nahrungsmittel) /

meat ‖ ⌐ **von Buchstaben** (Buch) / beard of characters ‖ ⌐ **von Früchten** / flesh, pulp, sarcocarp ‖ ⌐**einsalzen,** -einpökeln n / corning (US) ‖ ⌐**-Einwickelpapier** n / butcher's sulphite wrap
Fleischerbeil n / butcher's cleaver o. chopper
Fleischerei·maschine f / butcher machine
Fleischer·waage f / butcher's scale
fleisch·farben / flesh coloured ‖ ⌐**frucht** f / fleshy disseminule ‖ ⌐**haken** m / gambrel [stick] ‖ ⌐**kammer** f / larder ‖ ⌐**konserve** f / tinned o. canned (US) meat ‖ ⌐**kühlanlage** f / cold storage plant for meat ‖ ⌐**kühlfach** n (Kühlschrank) / meat keeper, chiller tray ‖ ⌐**mehl** n / flesh meal, meat flour ‖ ⌐**messer** n (Gerb) / fleshing knife o. tool, scraper ‖ ⌐**messer** n, Schabemesser n (Gerb) / fleshing knife ‖ ⌐**milchsäure** f / sarcolactic acid ‖ ⌐**pepton** n / meat peptone ‖ ⌐**seite** n / fleshside of skins ‖ ⌐**spalt** m (Leder) / flesh split ‖ ⌐**verarbeitend** / meat packing adj ‖ ⌐**wolf** m, -maschine f / meat grinder (US) o. chopper, meat mincing machine, passing machine
flensen, den Walfisch zur Ölgewinnung aufschneiden / flense
Flensmesser n / flensing knife
Flettner·-Hilfsruder n (Luftf) / Flettner servo-tap, Flettner control surface ‖ ⌐**ruder** n / Flettner rudder
Flexballzug m (ein Bowdenzug) / flex ball cable
flexibel, nachgiebig / flexible ‖ ~ (Schuh) / flexible, stitch[ed]-down, Veldtschoen… ‖ **flexible Automatisierung** (Roboter) / soft automation ‖ **flexibles Band** (Elektr) / flexure strip ‖ **flexible Drehzelle** (Werkzeugm) / flexible rotary cell ‖ **flexibler Einband** (Buch) / flexible binding ‖ **flexibles Fertigungssystem,** FFS / flexible manufacturing o. machining system, FMS ‖ **flexible Fertigungszelle,** FFZ / flexible manufacturing cell, FMC ‖ **flexibler Kunststoff** / flexible plastic ‖ **flexible Leiterplatte** / flexible printed board ‖ **flexible Magnetplatte,** Floppy-Disk n (DV) / floppy disk ‖ **flexible Mehrschichtisolierstoffe** m pl / combined materials for electrical insulation ‖ **flexibles Meßzentrum** / flexible measuring center ‖ **flexibles Montagesystem,** FMS / flexible assembly system ‖ **flexibles System-Symbol** (DV) / system variable symbol ‖ **flexible Verbindung** / flexible connection ‖ **flexibler Wellenleiter** / flexible waveguide
Flexibelbogen m (Karde) / flexible bend
flexibilisieren (Fertigung) / render flexible
Flexibilität f / flexibility, versatility
Flexibilitäts·matrix f / flexibility matrix
Flexi·chrom-Stripping-Film m / flexichrome stripping film ‖ ⌐**chrom-Verfahren** n (Eastman-Kodak Corp) (Buch) / flexichrome process ‖ ⌐**graph** m, Durchbiegungsschreiber m / flexigraph
Flexodruck m, -graphie f / flexo(graphic) printing
Flexplatte f (für Bodenbelag) / semi-flexible tile
Flexur, Kniefalte f (Geol) / flexure
Flexurblatt n, Horizontalflexur f (Geol) / strike slip fault
Flexwelle f, biegsame Welle f / flexible cable o. shaft
flicken, ausbessern (Masch) / mend, repair ‖ ~, schienen / clout ‖ ~, auf neu machen / revamp ‖ ⌐ n des Ofenfutters / patch[ing]
Flicken m / patch, plug ‖ ⌐ (Sperrholz) / insert
flickern, flackern / flicker, jitter ‖ ⌐ n (Licht) (Schwanken mit kleinerer als der Netzfrequenz) / flicker[ing]
Flicker·peilung f / flicker direction finding ‖ ⌐-**Steuerung,** Schwarz-Weiß-Steuerung f (Fernlenk) / flicker control
Flick·fleck, Flicken, Flecken m / patch ‖ ⌐**gemisch** n, -masse f (Hütt) / patching material, refractory patching mixture ‖ ⌐**gummi,** -fleck m / patching rubber ‖ ⌐**masse** f (allg) / patching material ‖ ⌐**stelle** f / patched spot ‖ ⌐**werk** n / patchwork, patch-up, patchery ‖ ⌐**werk** n, Schusterei f (coll) / tinker o. patch work, botching ‖ ⌐**zeug** n, -material n (Kfz) / repair kit
Fliege f / fly ‖ ⌐, Mücke f (Spinn) / traveller, urchin (US)

fliegen / fly ‖ ⌐ n, Flug m / flight ‖ ⌐, Fliegerei f / aviation, flying ‖ ⌐ **mit Bodensicht** (Luftf) / contact flying ‖ **in die Luft** ~ / explode ‖ **mit Jet** ~ (Luftf) / jet v ‖ ⌐**augenkamera** f (Phot) / fly's eye camera
fliegend / flying ‖ ~, beweglich / floating ‖ ~ (Start) / flying ‖ ~, freitragend (Brücke, Flügel) / cantilever ‖ ~, tragbar / portable ‖ ~ (Steckverbindung) / cable-to-cable ‖ ~e **Achse** / floating axle ‖ ~ **angeordnet** / overhung ‖ ~e **Aufspannung** / unsupported clamping fixture ‖ ~er **Druck** (DV) / printing-in-the-fly ‖ ~er **Drucker** (DV) / printing-in-the-fly printer, hit-on-the-fly (o. -on-the-run) printer ‖ ~e **Fähre** / suspension o. aerial ferry, transporter bridge ‖ ~e **Fähre,** Seilfähre f / trail ferry ‖ ~er **Flügel** (Luftf) / flying wing, all-wing type airplane, tailless airplane ‖ ~ **gelagert** / over-mounted, cantilevered ‖ ~es **Gerüst** / suspended o. flying scaffold, hanging scaffold o. stage ‖ ~es **Gleis** / portable track o. line ‖ ~e **Kolonne** / utility squad ‖ ~er **Kran,** Schwerlasthubschrauber m / heavy-lift helicopter ‖ ~er **Magnetkopf** / flying head ‖ ~es **Personal** / flying personnel, aircrew ‖ ~er **Rollenwechsel** (Buch) / flying reel change ‖ ~e **Säge** / flying saw ‖ ~e **Schere** (Hütt) / flying shears pl ‖ ~e **Schnellstanze** (geht mit dem Streifen mit) (Stanz) / flying press ‖ ~es **Schott** (Schiff) / temporary bulkhead ‖ ~e **Stufe** (einseitig eingespannt) / cantilevered o. hanging step ‖ ~e **Überholung** (Bahn) / overhauling o. overtaking whilst in motion ‖ ~e **Untertasse** (coll), Ufo n / flying saucer (coll), U.F.O.
Fliegenköpfe m pl, Blockade f (Buch) / turned letters o. sorts pl
Flieger m / aviator, flier, flyer, airman ‖ ⌐, Verkehrsflieger m / commercial pilot ‖ **berufsmäßiger** ⌐ (Luftf) / pilot ‖ ⌐**abwehr** f, Luftverteidigung f / antiaircraft defence (GB), air defense (US) ‖ ⌐**alarm** m / air-raid alarm o. warning ‖ ⌐**anzug** m / flying suit ‖ ⌐**bombe** f / aerial bomb ‖ ⌐**film** m (Phot) / aerial film ‖ ⌐**helm,** Sturzhelm m / flying o. pilot's helmet ‖ ⌐**schule** f / aviation o. flying school
Flieh·gewicht n / centrifugal weight ‖ ⌐**gewicht** n (Einspritzpumpe) / governor weight
Fliehkraft f (Phys) / centrifugal force ‖ ⌐... / centrifugal ‖ ⌐... s. auch Schleuder... und Kreisel... ‖ ⌐**abscheider** m, Zyklon m / cyclone ‖ ⌐**anlasser** m / centrifugal starter ‖ ⌐**bremse** f / centrifugal brake ‖ ⌐**kontaktregler** m / centrifugal contact governor ‖ ⌐**kupplung** f / centrifugal clutch ‖ ⌐**maschine** f m, g-Beschleunigungsprüfer m (Raumf) / whirling table ‖ ⌐**mühle** f / centrifugal crusher ‖ ⌐**regler** m (Kfz) / centrifugal governor, mechanical governor, flyweight governor ‖ ⌐**relais** n / centrifugal relay ‖ ⌐**schalter** m (Kfz) / tachometric relay ‖ ⌐**schalter** m (Elektr) / centrifugal switch ‖ ⌐**sichter** m / centrifugal force sizer ‖ ⌐**tachometer** n / mechanical tachometer ‖ ⌐**versteller** m (Kfz) / centrifugal [spark] advance mechanism ‖ ⌐**verstellinie** f (Kfz) / centrifugal advance curve o. characteristic ‖ ⌐**verstellregler** m (Kfz) / mechanical variable speed governer ‖ ⌐**verstellung** f (Kfz) / automatic [spark] advance, automatic timer ‖ **mit** ⌐**verstellung** (Kfz) / automatically timed ‖ ⌐**zerfall** m, Auseinanderfliegen n (Mat.Prüf) / explosion by centrifugal forces
Fliehpendel·... / mechanical centrifugal..., centrifugal pendulum... ‖ ⌐**drehzahlmesser** m / inertia revolution counter o. speed counter ‖ ⌐**tachograph** m / centrifugal pendulum type tachograph
Fliehpotential n (Phys) / centrifugal potential
Fliese f, Wandfliese f / tile, flag ‖ ⌐, Fußbodenplatte f / paving o. floor tile ‖ ⌐, Abrichtplatte f / dressing plate ‖ ⌐**n entfernen** / take off the tiles
fliesen, mit Fliesen o. Steinplatten be- o. auslegen / pave with flags, lay flags ‖ ~, plätteln / tile walls o. floors, flag ‖ ⌐ n / tiling of walls o. floors ‖ ⌐**belag** m, geflieste Fläche / tile surface ‖ ⌐**boden** m / tiled floor, tiling ‖ ⌐**hammer** m / tile hammer ‖ ⌐**kelle** f / floor

tiling trowel ‖ ⸙**leger** m / paver, pavior, floor tiler ‖
⸙**meißel** m / floor chisel ‖ ⸙**pflaster** n / pavement of
paving tiles ‖ ⸙**wandbelag** m, -wandverkleidung f / tile
cladding of walls

Fließ n, schwimmendes Gebirge / shifting rock ‖ ⸙**arbeit**,
-fertigung, -fabrikation f / continuous o. flow
production, progressive operations pl, line assembly
work ‖ **abgestimmte** ⸙**arbeit** (F.Org) / balanced line

Fließband n / conveyor o. assembly line ‖ ⸙ **mit
Drahtgurt** / wire mesh belt assembly conveyor ‖ ⸙ **mit
Gurt** / belt assembly conveyor ‖ ⸙**fertigung** f /
assembly line production, chain production ‖
⸙**kontrolle** f / assembly line inspection ‖ ⸙**lackierung** f
/ progressive enamelling ‖ ⸙**montage** f / progressive
assembly, [conveyor] line assembly

Fließ·beton m / flow concrete ‖ ⸙**bett** n, Wirbelbett n,
-schicht f / fluidized bed ‖ ⸙**bett**, jetzt: Festbett n
(Ionenaust.) / fixed bed ‖ **mit Rührern versehenes** ⸙**bett**
/ stirred fluidized bed ‖ ⸙**bett-Beschichtung** f /
fluidized bed coating ‖ ⸙**bett-Katalyse** f (Öl) / moving-
bed catalytic cracking process ‖ ⸙**bettmethode**,
Fluidisierung f / fluidization ‖ ⸙**bettrösten** n (Zink) /
fluosolids pl ‖ ⸙**bettverfahren** n (Chem) / moving bed
process ‖ ⸙**bewegung** f (Geol) / flowage ‖ ⸙**bild** n
(F.Org) / flow chart, operational chart ‖ ⸙**bild** n, Stoff-
Fließbild n / flow sheet ‖ ⸙**boden** m, weicher Baugrund
(Bau) / soft ground ‖ ⸙**dauer** f (Sintern) / flow rate ‖
⸙**dehnung** f (Mech) / creep ‖ ⸙**diagramm** n / flow chart
‖ ⸙**dosierwaage** f / feed-type weigher ‖ ⸙**druck** m (Fett)
/ flow pressure ‖ ⸙**druck** m (Verformung) / yield
pressure o. load ‖ ⸙**druck** m (Spülgerät) / flow pressure
‖ ⸙**drücken**, Drückwalzen n / flow turn ‖
⸙**druckpresse** f, Extruder m / impact extrusion press ‖
⸙**eigenschaften** f pl (Pulv.Met) / flow properties pl

fließen (allg) / run, flow ‖ ⁓ (Elektr) / flow ‖ ⁓, zerfließen /
deliquesce ‖ ⁓ (Pap) / blot ‖ ⁓ (Plast) / yield ‖ ⁓ (Verkehr)
/ flow, run smoothly ‖ ⸙, Strömen / flow, flowing,
flux, streaming ‖ ⸙ n (Wasser) / runoff, flowing, running
‖ ⸙ **von Material** / flowing, creeping ‖ **zum** ⸙ **(o.
Schmelzen) bringen**, verflüssigen / liquefy

fließend, strömend, im Fluß / flowing, fluid ‖ ⁓ (Wasser) /
running ‖ ⁓**er Verkehr** / moving traffic ‖ ⁓**es Wasser**
(o. Gewässer), Fließgewässer n / running water

Fließ·erde f / solifluction material ‖ ⁓**fähig** / free-flowing
‖ ⁓**fähiger Schlamm** / sludging ‖ ⸙**fähigkeit** f /
flowability ‖ ⸙**fähigkeit des Sandes** (Gieß) / flowability
of sand ‖ ⸙**fertigung** f, fließende Fertigung s.
Fließbandfertigung ‖ ⸙**figuren** f pl, Fließlinien f pl,
Lüderssche Linien f pl / Luders' lines pl, stretcher
strains pl ‖ ⸙**figuren** f pl **auf Blech** / flow lines pl, lines
of stress, surface bands pl ‖ ⸙**figurenbildung** f /
stretcher strain formation ‖ ⸙**fläche** f (Mech) / yield
surface ‖ ⸙**förderer** m, Stetigförderer m / continuous
conveyor o. transporter ‖ ⸙**formen** n / flow forming ‖
⸙**geschwindigkeit** f (sec je 100 g für vorgegebenen
Weg) (Mat.Prüf) / flow rate ‖ ⸙**gewässer** n pl, fließendes
Wasser / running waters pl ‖ ⸙**glätte** f / wet litharge ‖
⸙**gleichgewicht** n (Chem, Biol) / equilibrium of flow,
steady state ‖ ⸙**grenze** f, unterer Plastizitätszustand m,
W_f (Bau) / liquid limit, LL ‖ ⸙**grenze**, Elastizitätsgrenze
f / yielding point ‖ ⸙**gußverfahren** n, Preßspritzen n,
Intrusionsverfahren n (Plast) / flow moulding, intrusion
method ‖ ⸙**härte** f, Ziehhärte f / drawing hardness ‖
⸙**härten** n (Plast) / flow curing ‖ ⸙**heck** n, Fastback n
(Kfz) / fastback, liftback ‖ ⸙**katalysatorverfahren** n (Öl,
Chem) / fluid catalyst process ‖ ⸙**kohle** f, Kolloidkohle f
/ colloidal fuel ‖ ⸙**koksverfahren** n / fluid coking ‖
⸙**komma** n, Gleitkomma n (DV) / floating point ‖
⸙**kunde**, Rheologie f / rheology ‖ ⸙**linie** f (Plast, Fehler)
/ flow mark ‖ ⸙**linie** f s. auch Fließfiguren ‖ ⸙**linien** f pl,
Schlieren f pl (Gieß) / flow lines pl, flow marks pl ‖
⸙**linienmarkierung** f (Plast) / weld mark ‖ ⸙**mittel** n
(Chromatogr) / solvent ‖ ⸙**naht** f (Plast) / joint line ‖
⸙**neigung** f / flowability ‖ ⸙**ofen** m, Durchlaufofen m /

continuous kiln ‖ ⸙**papier** n, Löschpapier n / blotting
paper ‖ ⸙**phase** f (Chromatog.) / liquid phase ‖
⁓**pressen**, extrudieren / extrude ‖ ⸙**pressen** n /
extrusion ‖ ⸙**pressen** n **mit starrem Werkzeug** /
impact extrusion with rigid tool ‖ ⸙**pressen** n **mit
Wirkmedien** / impact extrusion with action media ‖
⸙**pressen** n **warm** / hot extrusion ‖ ⸙**punkt** m, FP,
Schmelzpunkt / fusing o. melting point, M.P. ‖ ⸙**punkt**
m (Fett) / pour-point ‖ ⸙**punkt** m (Plast) / yield point ‖
⸙**punkt** m (Öl) / cloud point, pour point ‖ ⸙**punkt nach
Ubbelohde**, Tropfpunkt m / thawpoint ‖
⸙**punktverbesserer** m / pour point depressant ‖
⸙**sandverfahren** n (Gieß) / fluidized sand system ‖
⸙**scheide** f (Schm) / neutral flow plane ‖ ⸙**scheide** f
(Walzw) / neutral o. no[n]-slip point ‖ ⸙**schema** n / flow
chart ‖ ⸙**schema**, Stoffflußbild n / flow sheet ‖ **mit
"Flaggen" versehenes** ⸙**schema** (F.Org) / flag sheet ‖
⸙**schlacke** f / fluidized mass o. slag ‖ ⸙**span** m (Wzm) /
flowing chip ‖ ⸙**spannung** f / yield stress ‖ ⸙**spur**,
Ablauffigur f (Fehler) (Email) / run-down ‖
⸙**staubverfahren** n (Öl, Chem) / fluid catalyst process ‖
⸙**strömung** f (Wasser) / laminar o. streamline o. viscous
flow ‖ ⸙**struktur**, Fließtextur, Fluidaltextur n,
Fließgefüge n (Geol) / fluidal texture, flow structure ‖
⸙**täfler** m (Web) / web-laying apparatus ‖ ⸙**temperatur**
f (Schmiermittel) / flow temperature ‖ ⸙**trichter** m (Pulv.
Met) / flow meter ‖ ⸙**verfestigung** f / work hardening ‖
⸙**verhalten** n / flow behaviour o. properties pl ‖
⸙**verhalten** n (Pulv.Met) / flow rate ‖ ⸙**verhalten** n
(Sintern) / flowability, flow properties pl ‖ ⸙**verhalten** n,
Visco-Elastizität f / viscoelasticity ‖ ⸙**verkehr** m,
Verkehrsfluß m / traffic flow, moving traffic ‖
⸙**vermögen** n (Farbe, Email) / flow, mobility, fluidity ‖
⸙**vermögen** n, Plastizität f / fluidity, plasticity ‖
geringes, [hohes] ⸙**vermögen** / low, [high] flow ‖
⸙**vorgang** s. Fließen ‖ ⸙**waage** f / flow weigher ‖
⸙**wasser** n (Bau) / running water ‖ ⸙**widerstand** m /
resistance to flow ‖ ⸙**zeitmesser** m / flow time meter

flimmer·frei / non-flicker ‖ ⸙**grenze** f / flicker fusion
threshold ‖ ⸙**messer** m (Meteorol) / scintillometer

flimmern, flackern / flicker v, glimmer ‖ ⸙ n, Flackern n
(allg, TV) / flicker ‖ ⸙ (Licht) (Schwanken im Takt der
Netzfrequenz), Frequenzflimmern n / mains frequency
flicker ‖ **störendes** ⸙ / flickering, disturbing flicker

Flimmer·peilung f / flicker direction finding ‖
⸙**photometer** n / flicker-photometer ‖ ⸙**photometrie** f /
intermittent photometry

flinke Sicherung (Elektr) / quick-acting fuse, fast-blow
fuse (US)

Flinte f / smooth bore gun, shot gun

Flinten·schrot m n / small shot

Flint·glas n / optical flint ‖ ⸙**papier** n / flint-coated paper
‖ ⸙**stein**, Feuerstein m (Geol) / flint, firestone

Flip-·Chart f n (DV) / flip chart ‖ ⸙**-Chip** n m (Halbl) /
flip-chip, face-bonded device ‖ ⸙**-Chip-Verbindung** f /
flip-chip connection

Flip-Flop m n, bistabiles Kippglied (Elektronik) / flip-flop,
flipflop (US), toggle (GB), bistable trigger circuit,
bistable multivibrator, bivibrator, Eccles-Jordan circuit,
(IBM:) latch, trigger ‖ ⸙**-Auslöser**, Eccles-
Jordanschalter m (DV) / Eccles-Jordan trigger ‖
⸙**-Generator** m (Elektronik) / flip-flop generator,
monostable multivibrator, monovibrator, MV ‖
⸙**-Register** n / flip-flop register ‖ ⸙**-Schaltung** f / flip-
flop circuit

Flipper, Zentrierarm m (Schiff, Spreader) / flipper

Flip-Schiff n (waagerecht fahrend, senkrecht arbeitend)
(Schiff) / flip ship

Flitch m (Furnierherst) / flitch

Flitter m / tinsel

Flitterchen n / spangle

Flittergold n, Rausch-, Schaumgold n / Dutch gold o.
metal, tinsel

flittrig (Pulv Met) / flaky ‖ ⁓**es Pulver**, schuppiges Pulver

(Sintern) / flaky powder

Floatglas *n* (auf Metallschmelze schwimmend erstarrt) / float glass

Flocculi *pl* (Astr) / flocculi

Flockdruckmaschine *f* (Färb) / flock printing machine

Flocke, Schuppe *f* / flake ‖ ᠄, Knoten *m* (Textil) / knob ‖ ᠄ (Spinn) / flock, fluff ‖ ᠄, Wollflocke *f* / wool flock ‖ ᠄**n** *f pl* (Seife) / soap flakes *pl* ‖ ᠄**färbung** *f* (Textil) / flock dyeing

flocken / flock *vt* ‖ ᠄, kotonisieren / cottonize ‖ ᠄ *n*, Beflocken *n* / flock coating, flocking ‖ ᠄, Koagulation *f* (Chem) / coagulation ‖ ᠄, Flocculation *f* (Chem) / flocculation ‖ ᠄**asbest** *m* / flaked asbestos ‖ ᠄**bast** *m* / cottonized flax ‖ ᠄**bündel** *n* (Spinn) / tuft ‖ ᠄**eis** *n*, Scherbeneis *n* (Kältetechn) / flake ice, flakice ‖ ᠄**frei** (Seide) / free from fluff ‖ ᠄**glimmer** *m* / flake mica ‖ ᠄**graphit** *m* / flake graphite ‖ ᠄**neigung,** -empfindlichkeit *f* (Hütt) / susceptibility to flakes ‖ ᠄**riß** *m* (Hütt) / flake crack ‖ ᠄**schuß,** Noppenschuß *m* / nap weft ‖ ᠄**speiser** *m* **für Karden** (Spinn) / chute feed for cards ‖ ᠄**stoff** *m* (Textil) / nap cloth o. fabric, floconné ‖ ᠄**zerstörer** *m*, Peptisationsmittel *n* (Flotation) / deflocculant

Flockfaser *f* (Textil) / flock

flockig / flocky, flocculent, flaky ‖ ᠄, flaumig / fuzzy, fluffy

Flockigkeit *f* (Chem) / flocculence ‖ ᠄ (allg, Hütt) / flakiness

Flock·seide *f*, Seidenabfälle *m pl* / flock silk, knub o. waste o. floss silk, sleave ‖ ᠄**seidenkratze** *f* / card for carding waste silk, waste card ‖ ᠄**tapete,** Samttapete *f* / flock paper ‖ ᠄**teppich** *m* / flocked carpet ‖ ᠄**test** *m* / floc[culation] test

Flockung *f*, Ausflocken *n* / flocculation

Flockungs·mittel *n* / flocculent, flocculator ‖ ᠄**punkt** *m* (Chem) / flocculation point ‖ ᠄**schutzvermögen** *n* (Färb) / flocculation-preventing power ‖ ᠄**stabilität** *f* (Farbe) / flocculation stability

Flockwolle *f* (Polster) / flock wool

Floconné, Flockenstoff *m* (Textil) / nap cloth o. fabric, floconné

Floff-System *n* (Öl) / floating offshore liquefaction o. FLOFF-system

Flop-in-Methode *f* (Nukl) / flop-in-method

Flop-out-Methode *f* (Nukl) / flop-out-method

Floppy-Disk *n*, flexible Magnetplatte (DV) / floppy disk ‖ ᠄**-Speicher** *m* / floppy disk memory

Floppy-Laufwerk *n* / floppy disk drive, floppy drive

Flor *m*, Polkette *f* (Web) / nap o. pile [warp] ‖ ᠄, Krempelflor *m* (Spinn) / [filmy] web, card web, fiber web ‖ ᠄, Krepp *m* / gauze ‖ ᠄ (ein Vliesstoff) / nonwoven [fabric o. fleece], formed fabric (US) ‖ ᠄**aufschichtung** *f* (Textil) / superposition of web ‖ ᠄**brecher,** Pelzbrecher, -reißer *m* (Textil) / lap breaker ‖ ᠄**bürstmaschine** *f* (Textil) / pile brushing machine

Florence *m* (ein Futtertaffet) (Web) / florence

Florentine *f* (geköperte Baumwolle) (Web) / florentine

Florett·band *n* / ribbon of floss silk ‖ ᠄**kratze** *f*, Flockseidenkratze *f* / card for carding waste silk ‖ ᠄**seide,** Schappeseide *f* / floret o. schappe o. waste silk ‖ ᠄**spinnerei** *f* / schappe [silk yarn] spinning

Flor·faden *m* (Teppich) / cut pile ‖ ᠄**[faden]** *m* (Web) / pile thread ‖ ᠄**garn** *n*, gasiertes Baumwollgarn (Wirkm) / gassed cotton yarn, lisle thread ‖ ᠄**gewebe** *n*, -ware *f* (Textil) / pile fabric

Floridaerde, Fullererde *f*, Floridin / Florida earth, bleaching o. fuller's earth

Florideenstärke *f* / floridean starch

Flor·post *f* / copy paper, flimsy [paper] ‖ ᠄**schicht** *f*, Pol *m*, Faserflor *m* / pile, web layer ‖ ᠄**schuß** *m* (Textil) / pile pick o. weft ‖ ᠄**streichverfahren** *n* (Pap) / curtain coating ‖ ᠄**streifen** *m* (Spinn) / web strip ‖ ᠄**täfler** *m* (Textil) / web laying apparatus ‖ ᠄**teilapparat** *m*, -teiler *m* (Spinn) / tape condenser [with dividers], apron divider ‖ ᠄**teppich** *m* / pile carpet ‖ ᠄**ware** *f*, Flor *m* (Garn) /

lisle ‖ ᠄**ware** *f*, -gewebe *n* (Textil) / pile fabric ‖ ᠄**webstuhl** *m* / loom for pile fabrics

Floß *n* / float, raft ‖ ᠄ (Hütt) / pig mould ‖ ᠄**brücke** *f* / raft bridge

Flosse, Seitenflosse *f* (Luftf) / fin ‖ **mit** ᠄**n**, Flossen… (Rakete) / finned

Flößen *n* / floating of wood

Flossen·bett *n*, Masselgraben *m* (Hütt) / drain, pig-mould, channel ‖ ᠄**kiel** *m* (Schiff) / fin keel ‖ ᠄**rohr** *n* / finned tube ‖ ᠄**stabilisator** *m* (Schiff) / fin stabilizer ‖ ᠄**stummel** *m* (Luftf) / stub plane

Floß·gasse *f* (Hydr) / raft chute o. channel ‖ ᠄**rechen** *m* / grating for floated wood ‖ ᠄**sack** *m* (Luftf) / pneumatic float

Flotation *f* (Tätigkeit) / flotation ‖ ᠄ (Anlage) / flotation plant ‖ ᠄ **durch Lufteinblasen** / pneumatic flotation ‖ ᠄ **mit minimalen Ölmengen** / starvation method of flotation

Flotations·gift *n* / flotation poison ‖ ᠄**konzentrat** *n* / flotation concentrate ‖ ᠄**mittel** *n* (Pap) / flotation [re]agent ‖ ᠄**-Mittelgut** *n* / flotation middlings *pl* ‖ ᠄**öl** *n* / flotation oil ‖ ᠄**schaum** *m* / flotation froth ‖ ᠄**schlamm** *m* / flotation slimes *pl* ‖ ᠄**stammbaum** *m* / flotation flow sheet ‖ ᠄**-Stoffänger** *m* (Pap) / flotation pulp catcher ‖ ᠄**trübe** *f* / flotation liquid ‖ ᠄**zelle** *f* **mit Luftrührung** / pneumatic flotation cell ‖ ᠄**zusatz** *m* (Aufber) / modifier, modifying agent

flotierbar (Hütt) / floatable

Flotierbarkeit *f* (Hütt) / floatability

flotieren, aufschwimmen *vt* (Konzentr) / float

Flotierung *f* / flotation

Flotte *f* (Gerb) / liquor, float ‖ ᠄, Färbeflotte *f*, -brühe *f* / liquor, bath ‖ ᠄, Waschflotte *f* (Spinn) / washing o. scouring liquor o. bath, detergent solution ‖ ᠄ (Luftf, Schiff) / fleet

flotten (Web, Fehler) / float *v*

Flotten·aufnahme *f* (Färb) / liquor pickup ‖ ᠄**kreislauf,** -umlauf *m*, -zirkulation *f* (Textil) / liquid circulation o. flow ‖ ᠄**verhältnis** *n* (Textil) / bath ratio

flottierend·er (o. nicht eingebundener) Faden, flottender Faden (Fehler, Web) / float[ing thread]

flottmachen / float *v*

Flottung *f*, Flotten *n* (Web) / floating ‖ ᠄ (Wirkm, Fehler) / lost stitch

Flowmeter *n* (Nukl) / particle fluence ratemeter

Flow-Solder-Löten *n* / flow solder method

Flox *n* (Gemisch von Flüssigsauerstoff u. Flüssigfluor) (Raketen) / flox (= fluorinated liquid oxygenium)

Flöz *n*, Flözschicht *f* (Bergb) / layer, stratum ‖ ᠄, Gang *m* (Bergb) / ledge, lode ‖ ᠄ / seam, stratum, deposit ‖ ᠄**[ab]bau** *m* / working of a layer o. vein ‖ ᠄**archiv** *n* (Bergb) / record of layers ‖ dichte ᠄**folge** / compact vein bundle ‖ ᠄**führend,** -artig (Bergb) / stratified, stratiform ‖ ᠄**gebirge** *n*, -gebirgsarten *f pl* (Bergb) / secondary rocks o. strata *pl*, stratified rock, -s *pl*, fletz formation ‖ ᠄**karte** *f* / seam plan ‖ ᠄**kohle** *f* / seam coal ‖ ᠄**leer** (Bergb) / no-coal ‖ ᠄**leeres** *n* / intervening strata *pl* ‖ ᠄**mächtigkeit** *f* / seam thickness (incl. dirt bands) ‖ ᠄**plan** *m* (Bergb) / seam plan with coal properties ‖ ᠄**profil** *n* / seam cross section ‖ ᠄**schichtung,** Übereinanderlagerung *f* (Bergb) / stratification ‖ ᠄**strecke** *f* (Bergb) / gate-end road, gallery along a seam ‖ ᠄**streckenvortriebsmaschine** *f* / continuous miner (USA), tunnelling machine ‖ ᠄**weise,** lagen-, schichtenweise (Bergb) / in layers ‖ ᠄**weise,** in Flözen (Bergb) / in strata ‖ ᠄**weise gelagert sein** / be stratified o. straticulate

Fluat, Fluor[o]silikat *n* / fluate, fluosilicate

Flucht, Reihe *f* / range, row ‖ ᠄, Fluchtlinie *f*, Baulflucht *f* (Bau) / building line, alignment, alinement ‖ **nach der** ᠄ **ein-, ausrichten** / range-in, arrange ‖ ᠄**abweichung** *f* / deviation of the building line, misalignement ‖ ᠄**bewegung** *f* (Astr) / Hubble effect

fluchten *vt*, ab-, ausfluchten (Verm) / sight out, align ‖ ᠄

vi, fluchtrecht sein, Flucht halten (Bau) / stay o. be flush o. in alignment
fluchtend, genau ~ / in true alignment o. alinement ‖ **schlecht oder nicht ~** / misaligned
Flucht·fernrohr *n* / alignment telescope ‖
⤙**geschwindigkeit** [aus dem Schwerefeld] *f* (Raumf) / parabolic o. escape velocity o. speed ‖
⤙**geschwindigkeit** *f* **ins Unendliche** (Raumf) / hyperbolic excess velocity ‖ ⤙**holz** *n* (Verm) / rule, level
flüchtig / volatile, fugitive ‖ ~, zart / subtle, subtile ‖ ~, vorübergehend / transient, momentary, transitory ‖ ~, kurz / fugacious, evanescent ‖ ~**er Bestandteil** / volutile matter o. component ‖ ~**es Bindemittel** / temporary binding agent ‖ ~**es Brandprodukt** / fire effluent (smoke and gases) ‖ ~**er Entwurf** / rough sketch, rough draft (US) ‖ ~**e Längs-EMK** / direct-axis transient e.m.f. ‖ ~**es Lösungsmittel** / light solvent ‖ ~**er Speicher** (DV) / volatile memory ‖ **mit hohem Gehalt an** ⤙**em** (Kohle) / high-volatile ‖ **mit mittlerem Gehalt an** ⤙**em** / medium volatile
Flüchtigkeit *f,* leichte Verdampfbarkeit (Chem) / volatility, volatileness ‖ ⤙ (Chem) / volatility ‖ ⤙, Fugazität *f* / fugacity ‖ ⤙ **der Grobfraktion** (Öl) / front-end performance o. volatility
Flüchtigkeitsprodukt *n* / volatility product
Flucht·linie *f* (Bau) / building line, alignment, alinement ‖ ⤙**linie** *f* (Opt) / vanishing line, perspective line ‖ ⤙**linie** *f* **von Lagern** (Masch) / alignment of bearings ‖ ⤙**linienabweichung** *f* (Bau) / misalignment ‖ ⤙**linientafel** *f* / alignment chart o. table ‖ ~**los bauen** / build slovenly ‖ ⤙**punkt** *m* (Opt) / accidental o. vanishing point ‖ ⤙**punktbedingung** *f* (Verm) / vanishing point condition ‖ ⤙**punktsteuerung** *f* (Verm) / vanishing point control ‖ ⤙**-Räumnadel** *f* (um mehrere Kurbelwellenlager zugleich zu bearbeiten) (Wzm) / line ream ‖ ~**recht** (Bau) / flush ‖ ⤙**schleuse,** Abzugsschleuse *f* (Hydr) / outlet o. sweeping sluice ‖ ⤙**stab** *m,* Bake *f* (Verm) / station staff o. pole o. rod, directing o. range o. ranging rod o. pole o. staff ‖ ⤙**strecke** *f* (Bergb) / escapeway ‖ ⤙**turm** *m,* -system *n* (Raumf) / flight tower ‖ ⤙**weg** *m* (Bau) / escape [route] ‖
Flue-Curing *n,* Heißluft-Trocknung *f* (Landw) / flue-curing
Fluenz *f* (Nukl) / fluence
Flug *m,* Fliegen *n* / flight ‖ ⤙ (eingewebte lose Fasern) (Web, Fehler) / fly ‖ ⤙ **in den Raum hinaus** / deep space mission ‖ ⤙ **mit Antrieb** (Rakete) / live flight ‖ ⤙ **mit Zusatzantrieb** / boosted flight ‖ ⤙ **nach Leitstrahl o. Leitkurs** / omnirange hold ‖ ⤙ **ohne Aufenthalt,** Non-Stop-Flug *m* / nonstop flight ‖ ⤙ **über Land** / overland flight ‖ ⤙ **zu äußeren Planeten** / outer planet mission, grand tour ‖ **im** ⤙**e erproben** / flight-test ‖ **kurzer** ⤙ (Luftf) / hop ‖ **vor dem** ⤙ (Raumf) / pre-flight … ‖ **während des** ⤙**es** / in-flight ‖ ⤙**abfertiger** *m* / ramp agent ‖ ⤙**-Abnahmeversuch** *m* (Raumf) / flight acceptance test ‖ ⤙**asche** *f* / flue dust, quick- o. fly-ash, flue ash, light ashes *pl* ‖ ⤙**asche,** PFA *f* (Straßb) / pulverized fuel ash, fly ash ‖ ⤙**asche** *f* (Gieß) / fly ash, soot ‖ ⤙**ascheabscheider** *m,* -aschenfang *m* / flue dust catch o. collector o. retainer ‖ ⤙**aufgaben** *f pl* (Raumf) / mission operations *pl*
Flugbahn *f* / flight path o. curve o. line ‖ ⤙, Bahn *f* (Atom, Geschoß) / orbit, trajectory ‖ ⤙ **direkt zum Mond** / moon flight trajectory ‖ ⤙ **Richtung Mond und darüber hinaus** / translunar flight path ‖ **seine** ⤙ **weiterverfolgen** (Raumf) / cruise ‖ ⤙**-Achsenkreuz** *n* / flight-path axis system ‖ ⤙**aufzeichnung** *f* (Rakete) / plotted trajectory ‖ ⤙**geschwindigkeit** *f* / flight-path velocity ‖ ⤙**scheitelpunkt** *m* / summit of a trajectory ‖ ⤙**verfolgung** *f* / trajectography, tracking ‖ ⤙**winkelschreiber** *m* / flight path recorder
Flug·bandtrockner *m* (Spanplatten) / suspension drier ‖ ⤙**benzin** *n* / aviation gasoline, avgas ‖ ⤙**beratung** *f* / briefing ‖ ⤙**bereich,** Aktionsbereich *m,* -weite *f* / flying range ‖ ~**bereit,** startbereit / ready for take-off ‖

⤙**besatzung** *f* / flight crew ‖ ⤙**beschränkungsgebiet** *n* (Luftf) / restricted area ‖ ⤙**betrieb** *m* / flying operations, aviation ‖ ⤙**betriebslenkung** *f* (Luftf) / operational control ‖ ⤙**betriebsmeldung** *f* / flight regularity message ‖ ⤙**bewegungs-Kontrollpult** *n* / flight progress board ‖ ⤙**bildung** *f* (Textil) / fly formation ‖ ⤙**blatt** *n,* Flugschrift *f* / leaflet, pamphlet ‖ ⤙**boot** *n* / seaplane, flying boat ‖ ⤙**brand** *m,* nackter Brand, Ustilago nuda (Landw) / loose smut ‖ ⤙**buch** *n* (manuell) / flight log ‖ ⤙**datenregistrierung** / flight recording ‖ ⤙**datenschreiber** *m* / flight recorder ‖ ⤙**dauer** *f* (Luftf) / time of flight, flight o. flying time ‖ **sichere** ⤙**dauer** / prudent limit of endurance ‖ ⤙**deck** *n* (Schiff) / landing deck, flying deck of an airplane carrier ‖ ⤙**dienstzeit** *f* / flight duty period ‖ ⤙**drachen** *m* (Luftf) / kite ‖ ⤙**eigenschaft** *f* / flying qualities o. characteristics, aerodynamical qualities o. characteristics *pl*
Flügel *m,* Konzertflügel *m* / grand piano ‖ ⤙ (allg, Windmühle) / wing ‖ ⤙ (Propeller) / blade ‖ ⤙ (Bau) / aisle ‖ ⤙ (Geol) / flank of a fold ‖ ⤙ (Bergb) / side of a work ‖ ⤙, Aufzugsklappe *f* (Klappbrücke) / leaf of a bridge ‖ ⤙, Tür-, Fensterflügel *m,* Flügelrahmen *m* (Bau) / leaf of door, window casement o. sash o. wing ‖ ⤙, Fleier *m* (Spinn) / flyer, whorl ‖ ⤙, Schläger *m* (Spinn) / beater (of a horizontal opener), whorl (of the ring spinning frame) ‖ ⤙ **der Schlagmaschine** / beater of the scutcher ‖ ⤙ **einer Rakete** / fin of a rocket ‖ ⤙**abschnitt** *m,* -hälfte *f* / wing section ‖ ⤙**anschluß** *m* / wing attachment to fuselage ‖ ⤙**anstellung** *f* / wing setting ‖ ⤙**arm** *m,* -bein *n* (Spinn) / flyer leg ‖ ⤙**ast** *m* (Holz) / spike o. splay knot ‖ ⤙**ausrundung** *f* (Luftf) / wing fillet ‖ ⤙**belastung** *f* (Luftf) / surface o. wing loading ‖ ⤙**blende** *f,* Abdeckflügel *m* (Film) / cutting blade, rotary disk shutter, rotating shutter ‖ ⤙**bohrer** *m* (Bodenprobe) / wing-type soil sampler ‖ ⤙**bremse** *f* (Luftf) / wing air brake ‖ ⤙**bremse** *f,* Windbremse *f* / windbrake, fan brake ‖ ⤙**damm** *m* (Hydr) / cross-dam ‖ ⤙**deich** *m,* Leit-, Schenkeldeich *m* / wing levee ‖ ⤙**einsatz** *m* (Zentrifuge) / dirt cage ‖ ⤙**eintrittskante,** -vorderkante *f* (Luftf) / entering o. leading edge of a wing ‖ **verwindbares oder biegsames** ⤙**ende** (Luftf) / flexible tip, warping tip (US) ‖ **verwundenes** ⤙**ende** / warped tip ‖ ⤙**endkufe,** -schleifkufe *f* (Luftf) / wing [tip] skid ‖ ⤙**fenster** *n,* Fensterrahmen *m* mit Flügeln / valved window ‖ ⤙**fenster** *n* (nach außen öffnend) / casement [window] ‖ ⤙**gebläse** *n,* Windradgebläse *n* / fan ‖ ⤙**gebläse-Flugzeug** *n* / fan-in-wing aircraft ‖ ⤙**gerippe** *n* / wing framework ‖ ⤙**hahn** *m* / butterfly cock o. valve, winged tap o. faucet (US) ‖ ⤙**hälfte** *f,* -abschnitt *m* / wing section ‖ ⤙**hinterkante** *f* (Luftf) / trailing edge ‖ ⤙**höhenflosse** *f* (Luftf) / wing stabilizer ‖ ⤙**holm** *m* (Luftf) / wing spar ‖ ⤙**kielflosse** *f* (Luftf) / wing fin ‖ ⤙**klappe** *f* (Luftf) / pivoted flap ‖ ⤙**klappe** *f,* Spreiz-, Landungsklappe *f* / landing flap ‖ ⤙**klemme** *f* (Elektr) / wing post (US) o. terminal ‖ ⤙**kreuzschlitz** *m* (Schraube) / TORQ-SET recess ‖ **gerippter** ⤙**kreuzschlitz** (Schraube) / ribbed TORQ-SET (ACR) recess ‖ ⤙**mauer** *f* (Brücke) / head o. end wall ‖ ⤙**mauer** *f* (Bau) / wing wall, aisle o. return wall ‖ ⤙**mauer** *f* (Staudamm) / wing dam ‖ ⤙**mauer** *f* **des Widerlagers** / flank wall ‖ ⤙**mutter** *f* / wing (GB) o. thumb (US) o. fly nut, butterfly nut ‖ ⤙**oberseite** *f* (Luftf) / top side o. upper side o. surface of wing ‖ ⤙**ort** *n* (Bergb) / side drift ‖ ⤙**profil** *n* / wing profile ‖ ⤙**pumpe** *f* (Masch) / semirotary o. wing pump ‖ ⤙**querschnitt** *m,* -profil *n* / airfoil o. aerofoil (GB) section ‖ ⤙**rad** *n,* Schraubenrad *n* / impeller [wheel], runner ‖ ⤙**rad** *n* (Pumpe) / impeller ‖ ⤙ **[Woltmannsches]** ⤙**rad** / impeller wheel ‖ ⤙**radanemometer** *n,* hydrometrischer Flügel *m* / hydrometric vane ‖ ⤙**radflüssigkeitsmesser** *m* / impeller water meter ‖ ⤙**rad-Mehrstrahlwasserzähler** *m* / impeller multi-jet water meter ‖ ⤙**radpumpe** *f* (Hydr) / impeller pump ‖ ⤙**radströmungsmesser** *m* / propeller-type current meter ‖ ⤙**radverdichter** *m* (Luftf)

/ vane supercharger ‖ **⁓radwindmesser** *m* / windmill type anemometer, [revolving] vane anemometer ‖ **⁓rahmen** *m* (Fenster) / casement of a window ‖ **⁓rahmen**, Türflügel *m* (Bau) / leaf of a door ‖ **⁓schiene** *f* (Bahn) / wing rail ‖ **⁓schneide** *f* **des Bohrmeißels** (Bergb) / wing bit ‖ **⁓schraube** *f* / wing (GB) o. thumb (US) screw, tommy o. T-screw ‖ **⁓schwimmer** *m* (Luftf) / wing tip float ‖ **⁓signal** *n* (Bahn) / semaphore signal ‖ **⁓spannweite** *f* (Luftf) / wing spread ‖ **⁓spindel** *f* (Textil) / flyer spindle ‖ **⁓spinnmaschine** *f* / fly o. speed frame, flyer spinning frame ‖ **⁓spitze** *f* (Luftf) / wing tip ‖ **⁓spitzenruder** *n* (Luftf) / wing control surface o. controller (US) ‖ **⁓spitzentank**, Tiptank *m* (Luftf) / tip tank ‖ **⁓spitzenverwindung** *f* (Luftf) / warping of wing tips ‖ **⁓spitzenverwindung** *f* **nach oben**, negative Flügelschränkung (Chem) / wash-out of wing tips ‖ **⁓spitzenverwindung** *f* **nach unten** (Luftf) / wash-in of the wing tips ‖ **⁓stab** *m* (Spinn) / beater rod ‖ **⁓stabilisiert** (Rakete) / fin stabilized, finned ‖ **⁓stiel** *m* (Luftf) / interplane strut ‖ **⁓streckung** *f* (Luftf) / aspect ratio ‖ **⁓stummel**, -stumpf *m* (Luftf) / wing butt (US) o. stump ‖ **⁓tiefe** *f* (Luftf) / chord of wing ‖ **⁓tür** *f*, -tor *n* (zweiflügelig) / double wing door ‖ **⁓tür**, Falttür *f* / folding door ‖ **⁓turbine** *f* / vane-type turbine ‖ **⁓unterseite** *f* (Luftf) / lower wing surface ‖ **⁓verstrebung** *f* / wing bracing ‖ **⁓verwindung** *f* (Luftf) / wing twisting o. warping ‖ **⁓vorderkante**, -eintrittskante *f* (Luftf) / entering o. leading edge of a wing ‖ **⁓vorspinnmaschine**, Spindelbank *f* (Spinn) / spindle roving frame ‖ **⁓-Windbremse** *f* (Seilb) / air brake ‖ **⁓wölbung** *f* (Luftf) / wing camber o. curvature ‖ **⁓wurzel** *f*, -stumpf *m* (Luftf) / center section of wings, root of wing ‖ **⁓zelle**, Tragwerkzelle *f* (Luftf) / wing unit o. cell[ule] ‖ **⁓[zellen]pumpe** *f* / vane[-cell] pump ‖ **⁓zwirnmaschine** *f* / fly twister (US) o. doubler (GB)

Flug·entfernung *f* / air distance ‖ **⁓erprobt** / flight proven ‖ **⁓erprobungsprogramm** *n* / flight trials program ‖ **⁓fähig** / fit to take the air ‖ **⁓fähig** (Staub) / dispersible (dust) ‖ **⁓fähigkeit** *f* / air worthiness ‖ **⁓fangwalze** *f* (Spinn) / fly roller stripper ‖ **⁓faser** *f* (Textil) / fly fiber ‖ **⁓feld** *n* (Luftf) / flying field ‖ **⁓feld**, Rollfeld *n* / taxiway ‖ **unbefestigtes ⁓feld** / landing ground, landing terrain ‖ **⁓fernmeldedienst** *m* / aeronautical telecommunication service ‖ **⁓feuer** *n* / flying sparks *pl* ‖ **⁓fläche** *f* (konstanten Luftdrucks) / flight level, FL ‖ **⁓funk** *m* / aeronautical radio service ‖ **⁓funkdienst** *m* / aeronautical radio service, wireless aircraft service (GB) ‖ **beweglicher ⁓funkdienst** / aeronautical mobile service ‖ **⁓funkleitstelle** *f* / air-ground control radio station ‖ **⁓gast** *m* / air passenger ‖ **⁓gastbrücke** *f* (Luftf) / telescopic gangway, jetway ‖ **⁓gastladefaktor** *m* / passenger load factor ‖ **⁓gastraum** *m* (Luftf) / passenger cabin ‖ **⁓gepäckwaage** *f* / luggage weigher ‖ **am Boden empfangene ⁓geräusche** *n pl* / aircraft noise heard on the ground ‖ **⁓geschwindigkeit** *f* / flying speed ‖ **⁓geschwindigkeit gegen Luft**, Fahrt *f* (Luftf) / air speed ‖ **einer ⁓gesellschaft gehörend** / carrier-owned ‖ **⁓gewicht** *n* (Luftf) / [total] flying weight

Flughafen *m* / airport, aerodrome (GB), airdrome (US), air harbour (US) ‖ **hochgelegener ⁓** / high altitude airport ‖ **⁓-Ansteuerungsfeuer** *n* / aerodrome o. airdrome o. airfield proximity light ‖ **⁓bahnhof** *m* / airport station ‖ **⁓befeuerung** *f* / airfield o. airport lighting ‖ **⁓-Drehfunkfeuer** *n* (Luftf) / terminal VOR (= very high frequency omnidirectional range) ‖ **⁓gebäude** *n* / airport building ‖ **⁓gebäude** *n* **für Hubschrauber** / heliport building ‖ **⁓ingenieur** *m* (Luftf) / ground engineer ‖ **⁓-Kontrollradar** *m n* / aerodrome o. airdrome o. airfield [control] radar ‖ **⁓-Leuchtfeuer** *n* / aerodrome o. airdrome o. airfield beacon ‖ **⁓-Rundsichtradar** *m n*, ASR / airport surveillance radar, ASR ‖ **⁓-Warnungsfeuer** *n* / aerodrome o. airdrome o. airfield hazard beacon ‖

⁓-Wartungsstelle Kl. A / line station ‖ **⁓-Wartungsstelle Kl. B** / terminal station ‖ **⁓-Wettermindestbedingungen** *f pl* / aerodrome meteorological minima *pl*

Flug·hafer *m* / wild oat ‖ **⁓handbuch** *n* / flight manual ‖ **⁓-Hardware** *f* (Raumf) / flight hardware ‖ **⁓hefe** *f* / light o. flying yeast ‖ **⁓höhe** *f* (Luftf) / flying height ‖ **⁓höhe** *f* (über Normalnull) (Luftf) / flight altitude o. level, F.L. ‖ **⁓höhe** *f* (Mil) / perpendicular of a trajectory ‖ **⁓hydraulik** *f* / flight hydraulics *pl* ‖ **⁓indikator** *m* (Raumf) / flight indicator ‖ **⁓-Informationsgebiet** *n* (Luftf) / flight information region, FIR ‖ **⁓-Informationszentrale** *f* / flight information center, FIC ‖ **⁓ingenieurwesen** *n*, -technik *f* / aeronautical engineering, aerotechnics *pl* (US) ‖ **⁓kanal** *m* (Spinn) / cotton passage ‖ **⁓kapitän** *m* / chief pilot, captain ‖ **⁓klar** (Luftf) / ready to take off ‖ **⁓klimatologie** *f* / aeronautical climatology ‖ **⁓koks** *m* (Hütt) / quick coke ‖ **⁓kontrollzentrum** *n* (Raumf) / mission control center ‖ **⁓körper** *m* (Raumf) / missile, aerodyne, aerodynamic vehicle ‖ **[unbemannter] ⁓körper** (o. FK) (Mil) / missile ‖ **⁓körper** *m* **zur U-Bootsbekämpfung vom Schiff aus** / surface-to underwater missile, SUM ‖ **⁓körperfest** / strapdown… ‖ **⁓körpersilo** *m* / missile silo ‖ **⁓körper-Verfolgungsradar** *n* / missile tracking radar, MTR ‖ **⁓kraftstoff** *m*, -benzin *n* / aviation fuel (GB) o. gasoline (US) ‖ **⁓kraftstoff für Turbojet mit niedriger Oktanzahl** (zum Strecken) / avtag, wide cut fuel ‖ **⁓kunststück** *n* (Luftf) / stunt ‖ **⁓kunststücke** *n pl* / aerobatics *pl* ‖ **⁓lage** *f* (Winkel zur Flugrichtung) (Luftf) / attitude, aspect ‖ **in die normale ⁓lage zurückbringen** (Luftf) / redress ‖ **⁓lagenanzeiger** *m* (Luftf) / flight indicator ‖ **⁓lagenkreisel** *m* / attitude gyro ‖ **⁓lagenregelung** *f* (Luftf) / attitude control ‖ **⁓lagenregelung** *f*, Lageregelung *f* (Raumf) / steering ‖ **⁓lagenstabilisierung** *f* / attitude stabilization ‖ **⁓lärm** *m* / airplane noise ‖ **⁓lärmüberwachung** *f* / monitoring aircraft noise ‖ **⁓leistung** *f* / flying performance ‖ **⁓leiter** *m* / flight director ‖ **⁓linie**, Luftlinie *f* (Luftf) / air line o. connection ‖ **⁓linie** *f*, -kurve *f*, -bahn *f* / flight trajectory o. path ‖ **⁓-Logbuch** *n* / flight log ‖ **⁓lotse** *m* / air traffic controller ‖ **⁓machzahl** *f* / flight Mach number ‖ **⁓mechanik** *f* / flight mechanics ‖ **⁓medizin**, (bisher:) Luft- und Raumfahrtmedizin *f* / flight medicine ‖ **⁓meldedienst** *m* / air dispatch service, air communications service ‖ **⁓motor**, Flugzeugmotor *m* / airplane o. aircraft engine, aeroengine ‖ **⁓motorenöl** *n* / aviation lubricant ‖ **⁓navigation** *f* / air navigation, avigation ‖ **⁓navigations-Arbeitskarte** *f* / plotting chart ‖ **⁓navigationsfunkdienst** *m* / aeronautical radionavigational service ‖ **⁓not**, Luftnot *f* / distress ‖ **⁓park** *m* / airplane park ‖ **⁓personal** *n* / aircrew ‖ **⁓plan** *m* / flight plan, PLN, timetable ‖ **⁓planung** *f* / flight planning ‖ **⁓platz** *m*, Behelfsflugplatz *m* / airfield ‖ **hochgelegener ⁓platz** / high altitude airfield ‖ **⁓platz** *m* **für Hubschrauber** / helicopter landing place ‖ **⁓platz-Wettermindestbedingungen** *f* / aerodrome meteorological minima *pl* ‖ **⁓rad** *n*, Regulator *m* (Uhr) / fly vane ‖ **⁓regelung** *f* / flight control ‖ **⁓regler**, Autopilot *m* / autopilot ‖ **⁓rost** *m* / rust film ‖ **⁓sand** *m* / drift o. shifting sand ‖ **⁓schein** *m*, karte *f* / air ticket ‖ **⁓scheinschalter** *n* / booking office ‖ **⁓schneise** *f* / flight lane ‖ **⁓schrauber** *m* (Luftf) / gyroplane with power-rotor ‖ **⁓schreiber** *m* / flight analyzer o. [path] recorder, flight log, black box (coll) ‖ **⁓schub** *m* (Luftf) / flight thrust ‖ **⁓schüler** *m* (Luftf) / pilot student o. trainee ‖ **⁓sicherheit** *f* / aerodynamical safety ‖ **⁓sicherheits-Bezirkskontrolle** *f* / air route traffic control center, area control ‖ **⁓sicherheitsboot** *n* / rescue [SAR] launch ‖ **⁓sicherheitskontrollzone** *f* (Luftf) / control zone o. area ‖ **⁓sicherheitsmeldung** *f* / flight safety message ‖ **⁓sicherung** *f*, FS / air traffic control, ATC

Flugsicherungs·anweisung, FS-Anweisung *f* / air traffic instruction ‖ ⚓-[Kontroll]zentrale f / area control center, ACC ‖ ⚓lotse m (Luftf) / flight-traffic control pilot ‖ ⚓schiff n / air traffic control ship ‖ ⚓system n / air traffic control ‖ ⚓zentrale f / air traffic control center

Flug·sicht f / flight visibility ‖ ⚓simulator m / flight simulator, link trainer ‖ ⚓sport m / aviation ‖ ⚓spur f / flight path ‖ ⚓staub m / fine dust ‖ ⚓staub m (Hütt) / airborne dust, flue-dust ‖ ⚓staubkammer f (Hütt) / condensing chamber ‖ ⚓steig m (Luftf) / passenger ramp, pier ‖ ⚓steuerungssimulator m / flight controls simulator ‖ ⚓strecke f / distance covered ‖ ⚓strecke f, -weg m (Luftf) / course of flight, route ‖ ⚓streckenfeuer n (Luftf) / route beacon ‖ ⚓strecken-Funkstelle f (Luftf) / route signal station ‖ ⚓streckenregelung f (Radar) / air route control system ‖ ⚓streckenwähler m (Luftf) / omnibearing selector, omniselector ‖ ⚓stunde f / flying hour ‖ ⚓stunden absolvieren / log ‖ ⚓stützpunkt m, Luftbase f / air base ‖ ⚓technik f, -ingenieurwesen n / aeronautical engineering, aerotechnics pl (US) ‖ ⚓technik n, Flugwesen n / aviation, aeronautics sg. ‖ ⚓training n / flight training ‖ ⚓triebwerk n / aircraft engine ‖ ⚓tüchtig / flightworthy, airworthy ‖ ⚓turbinenkraftstoff m / I.P. fuel, [aviation] turbine fuel o. gasoline o. kerosene, avtur, ATF, ATG, ATK ‖ ⚓überwachung f durch Satelliten / satellite air traffic control ‖ ⚓überwachungsinstrumentenanlage f / flight instrument system ‖ ⚓verbindung f / air connection ‖ ⚓verkehr m / air traffic ‖ ⚓verkehrsleiter m / air traffic controller ‖ ⚓verkehrsleitstelle f / air traffic control unit ‖ ⚓verkehrsleitung f / flight clearance ‖ ⚓verlauf m / flight status ‖ ⚓verlaufkurve f (Luftf) / time-fuel graph ‖ ⚓vermögen n, -fähigkeit f (Staub) / dispersibility ‖ ⚓warnanlage f / flight warning installation ‖ ⚓weg m / flight path ‖ tatsächlicher ⚓weg / flight track ‖ ⚓weggeschwindigkeits-Komponente f / component of the flight path velocity ‖ ⚓wegrechner m / flight path computer ‖ ⚓wegschreiber m (Radar) / flight path recorder ‖ ⚓wegwähler m / flight path selector ‖ ⚓wegzeichnen n (Luftf) / radar plotting ‖ ⚓weite f, Flugbereich m / flying range ‖ ⚓werk n (Luftf) / airframe ‖ ⚓werklager n / airframe bearing ‖ ⚓werte m pl / air data pl ‖ ⚓werterechner m / air data system, ADS ‖ ⚓wesen n, -technik f / aeronautics sg, aviation ‖ allgemeines ⚓wesen (ohne Verkehrs- u. Militärfliegerei) / general aviation (US) ‖ ⚓wetter n / flyable o. flying weather ‖ ⚓wetterdienst m / meteorological service for aviation ‖ ⚓wetterkunde f / aeronautical meteorology ‖ ⚓wetterwarte, -station f / aeronautical meteorological station o. office ‖ ⚓windachsen f pl (Luftf) / wind axes pl ‖ ⚓winkel m / air-path azimuth angle o. track angle ‖ ⚓zeit f / flight time, flying time, time of flight ‖ ⚓zeit f (Nukl) / time of flight of particles ‖ ⚓zeit f der Ausrüstungen (Luftf) / unit flying hours ‖ ⚓zeitmethode f (Nukl) / time-of-flight method ‖ ⚓zeit-Spektrum n (Nukl) / time-of-flight spectrum

Flugzeug n / [air]plane (US), aeroplane (GB), aircraft ‖ ⚓ für Einsatz auf Flugzeugträgern / carrier plane ‖ ⚓ für Kfz-Transporte / car ferry (over long distances), air ferry (over short distances) ‖ ⚓ für Senkrechtstart u. -landung, VTOL-Flugzeug n / vertical take-off and landing plane, VTOL-plane ‖ ⚓ im Flug / clean aircraft ‖ ⚓ kompl. ohne Motor / airframe ‖ ⚓ mit intermittierendem Staustrahlrohr / pulse-jet o. pulso-jet o. intermittent-jet aircraft ‖ ⚓ mit nur einem Mittelgang / narrow body airplane ‖ ⚓ mit nur Touristenklasse / air coach ‖ ein ⚓ führen (o. steuern o. lenken) / pilot v, fly a plane ‖ mit ⚓ [transportiert] / by air, airborne ‖ pfeilförmiges ⚓ / airplane with sweepback (US) o. sweptback wings ‖ ⚓absturzfest (Reaktor) / aircraft-impact o. -crash resistant ‖ ⚓anpeilung f / detection of aircraft ‖ ⚓antennenfehler m / airplane effect ‖ ⚓aufzug m (im Trägerschiff) /

aircraft lift o. elevator ‖ ⚓bau m / aircraft construction, construction of airplanes ‖ ⚓bauer m / aircraft constructor ‖ ⚓besatzung f / aircrew ‖ ⚓bestäubung f (Landw) / aerial spraying ‖ ⚓betankung f / aircraft fuelling ‖ ⚓bezugssymbol n / airplane reference symbol ‖ ⚓bordradar m n / airborne radar ‖ ⚓eigen / strapdown…, bord based ‖ ⚓eigenes Kollisionsverhütungssystem / bord based collision avoidance system ‖ ⚓fabrik f / aircraft factory ‖ ⚓fest (Luftf) / strapped-down ‖ ⚓feste Achse (Luftf) / body axe ‖ ⚓festes Achsenkreuz / body axis system ‖ ⚓führer m / aviator, pilot ‖ ⚓führerschein m / pilot licence ‖ ⚓-Funkstelle f (Elektronik) / aircraft station ‖ ⚓geschwindigkeit f / aircraft velocity ‖ ⚓geschwindigkeits-Komponente f / aircraft velocity component ‖ ⚓halle f / airplane hangar, aircraft hangar ‖ kleine ⚓halle / aircraft shed, airshed ‖ ⚓halter m / operator of aircraft ‖ ⚓industrie f / aviation industry ‖ ⚓katapult m n / launcher ‖ ⚓-Lenkflugkörper m / GAM, guided aircraft missile ‖ ⚓mechaniker m / aeromechanic, ack-ack-emma (coll) ‖ ⚓modell n / mock-up of an airplane ‖ ⚓modell n, -bauart f / type of airplane ‖ ⚓motor, Flugmotor m / airplane o. aircraft engine, aeroengine ‖ ⚓mutterschiff n (für Wasserflugzeuge) / aircraft o. hydroplane o. seaplane carrier [ship] ‖ ⚓radar n / airborne radar ‖ ⚓reifen m / aircraft tire ‖ ⚓rumpf m (Luftf) / fuselage ‖ ⚓schlauch m / aircraft hose ‖ ⚓schlepp m (Segelflug) / towing by aircraft ‖ ⚓träger m (für Landflugzeuge) / aircraft o. airplane carrier [ship], carrier ship ‖ ⚓transporter m (Schiff) / aircraft transport ‖ ⚓waage f / aircraft weigher ‖ ⚓zelle f / airframe ‖ ⚓-Zusammenstoß m / airplane collision

Flugzustandsanzeige f (Luftf) / flight director
Fluid n (flüssiges oder gasförmiges Medium) / fluid ‖ ⚓ dram / fluid dram, fl. dr. (USA) = 3,6967134 cm³
fluidal, Flüssigkeits… / fluidal ‖ ⚓textur, Fließtextur, -struktur f, -gefüge n (Geol) / fluidal texture, flow structure
Fluidantrieb m / fluid drive
Fluidat n / fluidized dry matter. fluidized solids pl ‖ ⚓bett n / fluidized bed
Fluidchromatographie, überkritische ⚓ / supercritical fluid chromatography
Fluid·-Druckkraftorgan n (Mech) / incompressible fluid as a link ‖ ⚓elemente n pl, digitale Strömungselemente / fluidics pl, fluid elements, fluidic devices pl ‖ ⚓extrakt m / fluid extract ‖ ⚓form-Tiefziehen n / fluid form deep drawing
Fluidik f (Art Steuertechnik) / fluid logics pl, fluidics sg
fluidisiert, Wirbel[schicht, -bett]… / fluidized ‖ ⚓er Katalysator / fluidized catalyzer
Fluidisierung, Fließbettmethode f / fluidization
Fluidität f (Ggs: Viskosität) / fluidity (contr dist: viscosity)
Fluid·kompaß m / floating gyro, fluid o. liquid compass, floating card compass ‖ ⚓kracken n (Öl) / fluid cracking ‖ ⚓mischer m / fluid mixer ‖ ⚓-Sonnensensor m (Raumf) / fluidic sun sensor ‖ ⚓-System n (Luftf) / fluid system ‖ ⚓system n ohne bewegte Teile (Raumf) / flueric system ‖ ⚓technik f / fluid technology ‖ ⚓-Verstärker m (Regeln) / fluid amplifier
Fluktuation f (F.Org) / labour turnover, fluctuation of employees ‖ ⚓, Arbeiterwechsel m / labour turnover
fluktuieren, schwanken / fluctuate
Flunken m, Flunke, Ankerschar f (Schiff) / anchor palm
Fluo·borat, Fluoroborat n, Fluorborsäuresalz n / fluoborate, borofluoride ‖ ⚓borsäure f / fluoboric acid, borofluoric acid ‖ ⚓cerit m (Min) / fluocerite
Fluor n, F / fluorine, F ‖ ⚓… / fluoric ‖ ⚓acetamid n / fluoroacetamide ‖ ⚓acetat n / fluoroacetate ‖ ⚓antimon n / antimony fluoride ‖ ⚓bedampfung f (Opt) / [antireflection] coating of lenses, blooming (GB) ‖ ⚓bor n, Borfluorid n / fluoride of boron, boron

trifluoride ‖ ⁻**bor[on]**, Bor[tri]fluorid *n* / fluoride of boron, boron trifluoride ‖ ⁻**derivat** *n* / fluorine derivative

Fluoren, Diphenylenmethan *n* / fluorene, diphenylenemethane

Fluoreszein, Resorcinphthalein *n* / fluorescein, fluorescine, resorcinolphthalein ‖ ⁻**papier** *n* / fluorescein paper, Zellner's paper ‖ ⁻**salz**, Uranin *n* / fluorescein salt

Fluoreszenz *f* (Phys) / fluorescence ‖ ⁻-**Abklingzeit** *f* / fluorescence die-away time constant ‖ ⁻**aktiviertes Display** / fluorescence-activated display ‖ ⁻**analyse** *f* / fluoro-chemical analysis ‖ ⁻-**Auflichtkondensor** *m* / epi-fluorescence condenser ‖ ⁻**ausbeute** *f* (Nukl) / fluorescent yield ‖ ⁻-**Gehaltmeßgerät** *n* / fluorescence content meter ‖ ⁻-**Indikator-Adsorptions-Methode** *f*, FIA-Verfahren *n* (DIN 51791) / fluorescent indicator absorption method, FIA method ‖ ⁻**lampe** *f*, -röhre *f* / fluorescent lamp ‖ ⁻**mikroskop** *n* / fluorescence microscope ‖ ⁻**mikroskopie**, -markierung *f* / fluorescence microscopy ‖ ⁻**schirm**, Leuchtschirm *m* / fluorescent screen ‖ ⁻**spektrum** *n* / fluorescence spectrum

fluoreszieren / fluoresce

fluoreszierend / fluorescent, epipolic ‖ **bei UV-Bestrahlung** ⁻**e Stoffe** *m pl* / fluors *pl*

Fluor·ethylenpropylen *n* (Plast) / FEP, fluorinated ethylene propylene ‖ ⁻**farbe**, Tageslichtfarbe *f* / fluorescent colour ‖ ⁻**faser** *f* / fluorofiber ‖ ⁻**glas** *n*, PTFE-imprägniertes Glasgewebe / PTFE-impregnated glass fabric ‖ ⁻**haltig** / containing fluorine, fluoric

Fluorid *n*, Fluorverbindung *f*, Fluor… / fluoride [of…]

fluoridieren (Wasseraufb) / add fluorine, fluoridate

Fluoridierung *f* (Wasser) / fluoridation

Fluorid-Umwandlung *f* / fluoridation

fluorieren, mit Fluorid behandeln (o. versetzen) / fluorinate

fluoriertes Ethylen-Propylen, FEP / fluorinated ethylene-propylene, FEP

Fluorimetrie *f* / fluorometry, fluorimetry

Fluorination *f* (Urangewinnung) / fluorination

Fluorit, Flußspat *m* (Min) / fluorite, fluorspar, calcium fluoride, Derbyshire spar ‖ ⁻**objektiv**, -system *n* / fluorite lens o. system

Fluor·kalium *n* / potassium fluoride ‖ ⁻**kalzium** *n* (Chem) / calcium fluoride ‖ ⁻**kautschuk** *m* / fluor[o]caoutchouc ‖ ⁻**kieselsäure** *f* / hydrofluosilicic o. hydrosilicofluoric acid ‖ ⁻**kohlenstoff** *m*, Fluorkohlenwasserstoff *m*, Fluorcarbon *m* / fluorocarbon ‖ ⁻**kunststoffe** *m pl* / fluorocarbon resins, fluoroplastics *pl* ‖ ⁻**metallische Verstärkungsfolie** (Radiographie) / fluorometallic intensifying screen ‖ ⁻**mineral** *n* / fluor (a group of minerals) ‖ ⁻**natrium** *n* / sodium fluoride

Fluo[ro]arsenat *n* / fluoarsenate(V)

Fluoro·chrom *n* (fluoreszierendes Material) / fluorochrome ‖ ⁻**faser** *f* / fluorofiber ‖ ⁻**graphie** *f*, Schirmbildverfahren *n* (Nukl) / fluorography ‖ ⁻**meter**, Fluorimeter *n* / fluorometer, fluorimeter ‖ ⁻**metrie**, -imetrie, Fluoreszenzanalyse *f* / fluorometry, -imetry ‖ ⁻**metrisch** (Chem) / fluorimetric ‖ ⁻**phor**, fluorogen (Fluoreszenz verursachend) / fluorophore, fluorogen ‖ ⁻**se** *f*, chronische Fluorvergiftung / fluorosis ‖ ⁻**skopie** *f* / fluoroscopy

Fluor·salze *n pl* / fluorides *pl*, salts of the hydrofluoric acid *pl* ‖ ⁻**silikat** *n* / fluosilicate ‖ ⁻**silizium** *n* / fluosilicon ‖ ⁻**wasserstoff** *m* / hydrogen fluoride ‖ ⁻**wasserstoffsäure**, Flußsäure *f* / hydrofluoric acid, fluohydric acid ‖ ⁻-**Wasserstofftriebwerk** *n* (Raumf) / fluorine-hydrogen thrustor

Fluosolidröstung *f* (Hütt) / fluosolid roasting

Fluothane *n* / fluothane

Flur¹ *f*, Feld *n* / field ‖ ⁻ (Kataster) / estate

Flur² *m* (Bau) / corridor, hall, vestibule ‖ ⁻, Korridor,

Zwischengang *m* / lobby, gallery ‖ **unter** ⁻ / underground, buried

Flur·abstandsgleiche *f* (Grundwasser) / ground water level curve [referred to ground elevation] ‖ ⁻**bereinigung** *f* (Landw) / reallotment, land consolidation, land use zoning ‖ ⁻**betätigt** (Bahn) / floor-operated ‖ ⁻**buch** *n* / cadastre, cadaster ‖ ⁻**buch…** / cadastral ‖ ⁻**förderer** *m pl* (allg) / floor conveyors *pl* ‖ ⁻**förderer** *m* mit Gehlenkung / walkie [truck] ‖ ⁻**förderwesen** *n* / ground level transportation ‖ ⁻**förderzeuge** *n pl* / industrial trucks *pl* ‖ ⁻**gang**, Korridor *m* / hallway ‖ ⁻**höhe**, -ebene *f* / floor level ‖ ⁻**ofen** *m* / horizontal brick kiln ‖ ⁻**schaden** *m* / damage done to the fields

Fluse *f* (Spinn) / lint [fly] ‖ ⁻ (Web) / thread end, fluff ‖ ⁻, Fadenverdickung *f* / slub

Flusen *n*, Haaren *n* (Textil) / fluffing, shedding ‖ ⁻**frei** (Putzlappen) / lintfree ‖ ⁻**wächter** *m* (Spinn) / slub detector

Flushen *n* (Überführung in Pastenform) (Chem) / flushing

Flush·förderung *f* (Öl) / flushing ‖ ⁻-**Montage** *f*, randlose Montage (Buch) / flush mounting ‖ ⁻**verfahren** *n* (Färb) / flush process

Flusigkeit *f* (Textil) / fluffiness

Fluß *m*, Wasserlauf *m* / stream ‖ ⁻, Strom *m* / river ‖ ⁻, Abfließen *n* / flowing off o. down ‖ ⁻, Lauf *m* / course, flow ‖ ⁻ (Phys) / flux ‖ ⁻, Schmelze *f* (Hütt) / fusion, fused state ‖ ⁻, Flußmittel *n* (Hütt) / flux additament, addition ‖ ⁻ (Schweiß) / flowing property ‖ ⁻ **einer vektoriellen Größe** / flux of a vector quantity ‖ **in** ⁻ **geraten** / become liquid ‖ ⁻**abwärts** / downstream, down the stream ‖ ⁻**abwärts fahren** / go downstream ‖ ⁻**anlieger** *m* / riverside o. riparian owner ‖ ⁻**arm** *m* / arm of a river, branch (US) ‖ ⁻**aufwärts** / upstream ‖ ⁻**aufwärts fahren** / go upstream ‖ ⁻**bau** *m* / river training ‖ ⁻**bauwerk** *n*, -staustufe *f* / barrage weir with lock ‖ ⁻**becken**, -gebiet *n* / river basin ‖ ⁻**bett** *n* / river bed, channel, runway ‖ ⁻**bett** *n* (Ggs.: Flutbett) / low-water bed o. basin ‖ ⁻**biegung**, -krümmung *f* / bend of a river ‖ ⁻**bild** *n*, Betriebsfolgediagramm *n* (Regeln) / flow diagram ‖ ⁻**delta**, Delta *n* / delta ‖ ⁻**diagramm** *n* (DV) / flow chart o. sheet ‖ ⁻**diagramm** *n* (Nukl) / flux plot ‖ ⁻**dichte** *f* / flux density ‖ ⁻**dichtewölbung** *f* (Nukl) / buckling ‖ ⁻**drehen** *n* (Wzm) / flow turning ‖ ⁻**empfindlichkeit** *f* (Elektronik) / flux sensitivity ‖ ⁻**falle** *f* (Nukl) / flux trap ‖ ⁻**gebiet**, -becken *n* / river basin ‖ ⁻**gold** *n* / alluvial o. placer o. river gold ‖ ⁻**haltung** *f* / pond of a river

flüssig, verflüssigt / liquefied ‖ ⁻, tropfbar [flüssig] / liquid ‖ ⁻, geschmolzen (Stahl) / molten ‖ ⁻ (Beton) / of wet consistency ‖ ⁻ (Gas) / liquefied ‖ ⁻ (Metall) / fluid, liquid ‖ ⁻**e Abfallstoffe** *m pl*, Kloakenwasser *n* / sewage ‖ ⁻**e Ambra**, flüssiger Storax / liquidamber (a balsam) ‖ ⁻**er Atommüll** (Nukl) / liquid waste ‖ ⁻**er Einsatz** (Hütt) / liquid metal charge ‖ ⁻**er Elektrolyt** / non-solid electrolyte ‖ ⁻**er Gesprächsverlauf** (Fernm) / smooth flow of conversation ‖ ⁻**es Holz**, Holzkitt *m* / wood cement o. putty ‖ ⁻**e Kathode** / pool cathode ‖ ⁻**er Kristall** / liquid crystal ‖ ⁻**es Kühlmittel** / liquid coolant ‖ ⁻**er Leim**, Gummilösung *f* / mucilage, liquid glue (US) ‖ ⁻**er Leim aus Stärke** / starch-derived liquid adhesive ‖ ⁻**e Luft** / liquid air ‖ ⁻ **machen**, zum Fließen bringen / liquefy, reduce into a fluid state ‖ ⁻ **machen**, schmelzen / fuse, melt ‖ ⁻**es Neutronengift** / liquid poison ‖ ⁻**es Paraffin**, Paraffinum liquidum *n* / liquid paraffin, paraffine oil, parolein ‖ ⁻**e Phase** (Chem) / liquid phase ‖ ⁻**es Propan[gas]** / liquefied petroleum gas, LPG ‖ ⁻**e Reibung** / hydraulic friction ‖ ⁻**es Roheisen** / hot metal ‖ ⁻**es Schmiermittel** / liquid lubricant ‖ ⁻**e Seife** / finished o. genuine soap, soap on nigre ‖ ⁻**es Sikkativ** / liquid drying agent ‖ ⁻**er Silikonkautschuk**, LSR *m* / liquid silicon rubber, LSR ‖ ⁻**e Stärke** / thin boiling starch ‖ ⁻**er Sumpf** (Hütt) / hot heel ‖ ⁻**er Verkehr** / smooth traffic ‖ ⁻**es Waschmittel** / liquid detergent ‖ ⁻**es Wasser** / water in

liquid form || ~ **werden** / liquefy *vi*, become liquid ||
~ **werden**, schmelzen / melt *vi*, fuse || ~ **werden**,
kondensieren *vi* (Chem) / condense || ~ **werdend**,
schmelzend / liquescent || ~**er Zustand**, Liquidität *f* /
liquidity, liquidness || ~**bett** *n* (Chem) / fluid[ized] bed ||
~**chromatographie** *f* / fluid chromatography ||
~**düngung** *f* (Landw) / liquid fertilizer application ||
~**-Erdgas** *n*, LNG / liquefied natural gas, LNG ||
~**erdgas-Tanker** *m* / LNG tanker || ~**-Extraktion** *f* /
liquid extraction || ~**-fest** / liquid-solid || ~**-flüssig** /
liquid-liquid *adj* || ~**-flüssig-Chromatographie** *f* /
liquid-liquid chromatographie || ~**-Flüssig-Extraktion** *f*
/ liquid-liquid extraction || ~**-Flüssig-Extraktionssäule**
f / liquid-liquid contactor || ~**gas** *n* (Öl) / liquefied
petroleum gas, LPG || ~**gas-Aräometer** *n* / LPG
areometer || ~**gas-Düngung** *f* (Landw) / liquid gas
application || ~**gaseinlagerung** *f* (Öl) / underground gas
storage || ~**-Gas-Phase** *f* (Kolloid) / ligasoid ||
~**gekühlter Reaktor** / liquid-cooled reactor
Flüssigkeit *f*, Flüssiges *n* / fluid, liquid, liquor || ~,
Liquidität *f*, flüssiger Zustand / liquidity || ~, Bad *n* /
liquor, bath || ~ **ausstoßen** (o. von sich geben) /
ejaculate
Flüssigkeits·akkumulator *m* (Masch) / liquid accumulator
|| ~**anlasser** *m* (Elektr) / liquid starter o. starting
resistance || ~**aufnahme** *f* / liquid absorption ||
~**barometer** *n* / liquid barometer || ~**behälter**, Behälter
m / container, tank || ~**behälter** *m*, Blechgebinde *n* /
sheet metal case || ~**bremse** *f* (Geschütz) (Mil) / fluid
brake || ~**bremse** *f* (Prüfen) / hydraulic brake ||
~**-Container** *m* / tanktainer, liquid-bulk container,
liquitainer || ~**-Dampfgleichgewicht** *n* / liquid-steam
equilibrium || ~**dämpfung** *f* / liquid dampening ||
~**druck** *m*, hydrostatischer Druck / hydrostatic pressure
|| ~**druckwaage** *f* (Vacuum) / liquid level manometer ||
~**durchströmte Wirbelschicht** (Chem) / liquid-operated
fluid[ized] bed || ~**einschluß** *m* (Min) / sealed liquid ||
~**-Federthermometer** *n* / liquid expansion thermometer
with manometer || ~**gefüllt** / liquid-filled || ~**gekühlt** /
liquid-cooled || ~**gemisch** *n* / liquid mixture || ~**getriebe**
n (Bahn) / fluid drive o. converter, hydraulic gear o.
transmission || ~**getriebe** *n*, hydraulisches Getriebe
(Kfz) / fluid drive || ~**-Glasthermometer** *n* / liquid-in-
glass thermometer || ~**grad** *m*, Viskosität *f* / viscosity ||
~**-Hochdruckchromatographie** *f* / high-pressure liquid
chromatography, HPLC || ~**kompaß** *m* (Schiff) / liquid
compass || ~**kondensator** *m* / liquid condenser ||
~**kreislauf** *m* / liquid cycle || ~**kupplung** *f* (Masch, Kfz) /
hydraulic clutch || ~**linse** *f* (Opt) / oil-immersion
objective || ~**maß** *n* / measure of capacity ||
~**maß[system]** *n* / liquid measure || ~**mechanik** *f* /
hydromechanics || ~**messer** *m* / fluidimeter ||
~**meßgefäß** *n* / liquid sample holder, liquid specimen
container || ~**pegel**, *m*, Wasserstandspegel *m* / staff
gauge, water level indicator || ~**potential**,
Diffusionspotential *n* / liquid-liquid potential, diffusion
potential || ~**rakete** *f* / liquid-fuelled rocket, liquid-
propellant rocket || ~**-Regelwiderstand** *m* (Elektr) /
liquid rheostat || ~**reibung** *f* / liquid o. viscous friction,
fluid film friction || **reine** ~**reibung** / perfect lubrication
|| ~**ring**, Wasserring *m* (Pumpendichtung) / water-ring ||
~**ringpumpe** *f* / liquid ring pump ||
~**ring-Vakuumpumpe** *f* / liquid ring vacuum pump ||
~**ringverdichter** *m* / liquid ring compressor || ~**säule** *f*
/ liquid column || ~**schmierung** *f* / fluid lubrication ||
reine ~**schmierung** / hydrodynamic lubrication ||
~**spiegel** *m*, -pegel, -stand *m* / level of a liquid, liquid
level || ~**standanzeiger** *m* / liquid level indicator ||
~**standanzeiger** *m* (Phys) / liquid level meter, liquid
stage meter || ~**standmesser** *m* / level meter for liquids
|| ~**strahl** *m* / jet, stream, gush || **freier** ~**strahl**, Jet-
Stream *m* / jet stream || ~**strahlmaschine** *f* / jet stream
machine || ~**strahlpumpe** *f* / liquid jet pump ||
~**strahltriebwerk** *n* (Raumf) / liquid spray thrustor o.

thruster || ~**thermometer** *n* / liquid [expansion]
thermometer || ~**vorlage** *f* / water seal || ~**waage** *f*,
Spindel *f* / liquid areometer || ~**wechselgetriebe** *n* /
fluid change gear || ~**widerstand** *m*, Widerstand einer
Flüssigkeitssäule / liquid resistance, resistance of a
liquid column || ~**widerstand** *m* (Elektr) / liquid resistor
|| ~**zerstäuber** *m* / pulverizer
Flüssig·kristall *m*, anisotrope Flüssigkeit / liquid crystal,
anisotropic o. crystalline liquid || ~**kristallanzeige** *f*,
LCD-Anzeige *f* / liquid crystal display, LCD ||
~**kristallphase** *f* (Krist) / mesomorphous phase || ~**luft** *f*
/ liquid air || ~**luftanlage zum Sprengen** (Bergb) / liquid
air plant || ~**luftsprengstoff** *m* / liquid oxygen explosive
|| ~**luftzerlegung** *f* / liquid air rectification || ~**machen**
n, Verflüssigung *f* / liquefaction || ~**machen** *n* **nur**
eines von mehreren Legierungsbestandteilen /
eliquation || **mit** ~**metallkühlung** / liquid-metal cooled
|| ~**metallreaktor** *m* / liquid metal reactor, LMR ||
~**metall-Schnellbrüter** *m* / LMFBR, liquid metal fast
breeder reactor || ~**metall-Wärmeaustauscher** *m* /
liquid-metal heat exchanger || ~**metallzelle** *f* (Elektr) /
fluid metal cell || ~**methan-Tanker** *m* / LNG tanker ||
~**naturgas** *n*, LNG *n* / liquid natural gaz || ~**phase** *f*
(Chem) / liquid phase || ~**phasen-Epitaxie** *f* / liquid-
phase epitaxy, LPE || ~**pufferlager** *n* / liquid buffer
storage || ~**pulsation** *f* / fluid pulsation || ~**rückstände**
in einem Behälter *m pl* / liquid residuals in a container
|| ~**sauerstoff** *m* / lox, liquid oxygen, loxygen
Flüssigsauerstoff auftanken *n* / lox *v*
Flüssig·sauerstoff-Sprengstoff *m* / oxyloquit ||
~**treibstoff** *m* (Raumf) / liquid fuel, liquid propellant ||
~**werden**, schmelzen / melt *vi*, fuse || ~**werden**,
Zerfließen *n* / diffluence
Fluß·kabel *n* / subfluvial o. river cable || ~**kahn** *m* / river
barge || ~**kanal** *m* (Hydr) / river channel || ~**kies** *m* /
river gravel, rubble, pebble stones *pl* || ~**klärung** *f*,
Selbstreinigung *f* (Abwasser) / self-purification ||
~**korrektion** *f*, -kanalisierung *f*, -regulierung *f* / river
training [works] || ~**kraftwerk** *n* / river [power] station
|| ~**lauf** *m* / course of a river || **[gerader]** ~**lauf**
zwischen zwei Biegungen / reach of a river ||
~**leitwert**, Vorwärtsleitwert *m* (Halbl) / forward
conductance || ~**linie** *f*, Ablauflinie *f* (Plast) / flowline ||
~**linie** *f* **im Ablaufplan** / flow line in a flow chart ||
~**marsch** *f* (Geogr) / bottomland (US), river marsh (GB)
|| ~**matrix** *f* (DV) / flow matrix || ~**messer** *m*,
Fluxmeter *n* / fluxmeter
Flußmittel *n*, -pulver *n*, -zusatz *m* (Hütt, Schweiß) / flux,
flux additament, fluxing agent, flux powder || ~ **zum**
Abdecken / covering flux || **mit** ~ **überziehen**, tauchen
(Schweiß) / flux *v* || **mit** ~ **[überzogen o. gemischt]** /
fluxed || ~**bad** *n* (Galv) / flux bath || ~**behandlung** *f*,
-auftrag *m* (Galv) / fluxing || ~**decke** *f* (Galv) / flux cover
|| ~**füllung** *f* (Lötdraht) / flux filling || ~**gefüllt** (Lot) /
resin-cored || ~**schmelze** *f* / fused flux || ~**seele** *f* (Lot) /
solder core
Fluß·mündung *f* (Geogr) / mouth, embouchure ||
~**mündungssediment** *n* / estuarine deposition || ~**netz**,
-system *n* / system of rivers and streams || ~**nutzung** *f*
(DIN) (Elektr) / load factor of a hydroelectric power
plant || ~**prinzip** *n* (F.Org) / flow-line system ||
Fertigung nach dem ~**prinzip** / flow-line production ||
~**regulierung** *f* (Hydr) / river training [works] ||
~**richtung**, Vorwärtsrichtung *f* (Elektronik) / forward
direction || ~**richtung** *f*, Ablaufrichtung *f* (DV) / flow
direction || ~**sand** *m* / river o. drift sand || ~**säure**,
Fluorwasserstoff *m* / hydrofluoric acid ||
~**säure-Alkylierung**, HF-Alkylierung *f* (Chem) / HF-
alkylation || ~**schiffahrt** *f* / river traffic o. navigation ||
~**schleife** *f* (Hydr) / oxbow (US) || ~**schleuse** *f* / river
lock || ~**schwerspat** *m*, Barytflußspat / fluorspar of
baryta || ~**schwinde** *f*, Bachschwinde *f*, Versickerung *f*
/ swallow hole in a river || ~**schwund** *m*, magnetischer
Schwund / magnetic loss || ~**sohle** *f* / river floor o.

bottom ‖ ⁔**spat**, Fluorit *m* (Min) / fluorspar, fluorite, calcium fluoride, Derbyshire spar ‖ ⁔**stahl** *m* / mild o. soft steel, ingot [cast] steel ‖ ⁔**staustufe** *f*, -bauwerk *n* / barrage weir with lock ‖ ⁔**strecke** *f* / river section ‖ ⁔**system**, -netz *n* / system of rivers and streams ‖ ⁔**tal** *n* / river valley ‖ ⁔**ufer** *n* / riverside, waterside ‖ **abfallendes** ⁔**ufer** / bank of a river ‖ **an** ⁔**ufern gedeihend o. lebend** / riparian, -rial, -rious ‖ ⁔**-Verkettung** *f* (z.B. beim Transformator) / flux linking o. interlinking ‖ ⁔**verschmutzung** *f* / river pollution ‖ ⁔**verstärker** *m*, Fluenzverstärker *m* (Nukl) / donut, doughnut ‖ ⁔**wandler** *m* (Nukl) / flux converter ‖ ⁔**wasser** *n* / river water ‖ ⁔**wechseldichte** *f* / density of flux changes ‖ ⁔**widerstand** *m* (Elektronik) / forward d.c. resistance ‖ ⁔**wölbung** *f* (Nukl) / buckling ‖ ⁔**zeit** *f* (Elektronik) / on-period

Flüster·jet *m* (Luftf) / whisper jet ‖ ⁔**pumpe** *f* / whispering pump

Flut *f* (Ggs.: Ebbe) / flood [tide] ‖ ⁔, Hochwasser *n* (Hydr) / flood ‖ ⁔, Ebbe und Flut *f*, Gezeiten *pl* / ebb and flow, tides *pl* ‖ ~**bare Länge** (Schiff) / floodable length ‖ ⁔**bohrung** *f* (Öl) / intake well, pressure well, keywell ‖ ⁔**brandung** *f*, Bore *f* (Wasserwalze) / bore ‖ ⁔**brücke** *f* / inundation o. flood bridge

fluten (Hydr) / inundate, flood, overflow ‖ ~ (U-Boot) / flood *vt* ‖ ⁔ *n* **des Bohrlochs** (Öl) / flooding of the well

Flutenzahl *f* (Dampfturbine) / number of flows

Fluter *m* (Bergb, Hydr) / floating channel ‖ ⁔ (Stärkeherst) / riffle flume

Flut·grenze *f*, -stromgrenze *f* / flood tide limit ‖ ⁔**hafen**, Tidehafen *m* / tidal harbour, wet dock ‖ ⁔**höhe** *f* / flood level ‖ ⁔**klappe** *f* (U-Boot) / flooding flap ‖ ⁔**kraftwerk** *n* / tidal power station ‖ ⁔**licht** *n* / floodlight, floodlights *pl* ‖ ~**lichtbeleuchtet** (Instr) / with concealed edge lighting ‖ ⁔**lichtbeleuchtung** *f* / flood-lighting ‖ ⁔**lichtbeleuchtung** *f* (Instr) / concealed edge lighting ‖ ⁔**lichtbeleuchtung** *f* **für Sportplätze** / floodlighting mast ‖ ⁔**lichtlampe** *f* / floodlight projector ‖ ⁔**lichtskala** *f* (Instr) / dial with concealed edge lighting ‖ ⁔**öffnung**, -brücke *f* (Brücke) / flood span, high water arch ‖ ⁔**raum** *m* (Reaktor) / reactor well ‖ ⁔**rinne** *f* (Nordsee, Watt) / flood channel ‖ ⁔**schleuse** *f* (Schiff) / tide lock ‖ ⁔**schleuse** *f* (Hydr) / warping hatch ‖ ⁔**schreiber** *m* / recording tide ga[u]ge, marigraph ‖ ⁔**seite**, Butenabdachung *f* (Deich) / floodside of a dam ‖ ⁔**seite**, Dammbrust *f* (Hydr) / upstream slope ‖ ⁔**strömung** *f* (Tideerscheinung) / flowing tide ‖ ⁔**stunde** *f*, Hafenzeit *f* (Nav) / lagging of tides ‖ ⁔**stunden** *f pl*, Flutzeit *f* (Bahn) / rush hours *pl* ‖ ⁔**tank** *m* (Öl im Meer) / flotation tank ‖ ⁔**tor** *n* (Seeschleuse) / floodtide gate

Flutung *f* / flooding

Flut·ventil *n* (Hydr) / antiflood [and tidal] valve ‖ ⁔**ventil**, Seeventil *n* (Schiff) / flooding valve o. cock, sea cock ‖ ⁔**wasser** *n*, FW (Öl) / slug ‖ ⁔**welle** *f* / tidal wave ‖ ⁔**zeit** *f* / flood tide ‖ ⁔**zelle** *f* (U-Boot) / flooding chamber of submarine

fluvial, im Fluß vor sich gehend (z.B. Schiffahrt, Erosion) / fluvial, fluviatile ‖ ~, fluviatil, im Fluß lebend oder sich abspielend (z.B. Ablagerung) / fluviatile, fluvial, relating to, o. living in a river

fluvia[ti]le Ablagerungen *f pl* / fluviatile deposits *pl*

fluvioglacial (Geol) / fluvioglacial

fluviomarin / fluviomarine

Fluviometer *n* / fluviometer

Flux, Neutronenfluß *m* / neutron flux

fluxen, zurückfluxen, verdünnen (Öl) / flux *v* ‖ ⁔ / magnetic particle testing

Fluxer *m* (Löten) / fluxing station

Flux·gate-Magnetometer *n* / flux gate magnetometer, saturable core magnetometer ‖ ⁔**mittel** *n* (Öl) / flux ‖ ⁔**quant** *n* / flux quantum

Fly-by·-Effekt *m* (naher Vorbeiflug an Planeten) (Raumf) / fly-by effect ‖ ⁔**-Punkt** *m* (Raumf) / fly-by point

Flyer *m*, Flügelspinnmaschine *f* (Textil) / fly o. speed frame, flyer spinning frame ‖ ⁔**hülse** *f* (DIN 61805) / flyer bobbin ‖ ⁔**kette** *f* / flyer chain, leaf chain

Flyern, Vorspinnen *n* / slubbing

Flying-Spot·-Röhre *f* (TV) / flying-spot tube ‖ ⁔**-Scanner**, Lichtpunktabtaster *m* (Kath.Str) / flying spot scanner

Flysch *m* (Geol) / flysch

FM, F.M. (Elektronik) = Frequenzmodulation / F.M., frequency modulation ‖ ⁔**-Demodulation** *f* (TV) / demodulation o. rectification of frequency modulation ‖ ⁔**-Doppler-Radar** *m n* / FM Doppler radar

F-Meson *n* / F-meson

FMQ *n* / FMQ, frequency modulated quartz circuit

FM-Radar *m n* / FM-radar

FMS, Fuhrpark-Management-System *n* / fleet management system ‖ ⁔ (Schiff) = Fabrikmotorschiff ‖ ⁔, Flug-Managementsystem *n* / flight management system, FMS

FMSR = Fachnormenausschuß Messen, Steuern, Regeln im DNA

FM·-Synchrotron, Frequenz-Modulations-Synchrotron *n* / FM synchrotron ‖ ⁔**-Teil** *m n* (Funk) / FM system ‖ ⁔**-Telefonie** *f* (Fernm) / FM voice operation

FNA = Fachnormenausschuß

FO = Fernsprechordnung

Foam-backs *pl* (Textil) / foam-backs *pl*

Foamless-Foam *m* (Plast) / foamless foam

fob, frei an Bord / f.o.b., free on board

Fock-Raum *m* (Math) / Fock space

Fogging *n* (Kfz) / windscreen fogging

Föhre *f*, Kiefer *f*, Pinus Sylvestris / pine, Scots pine o. fir, Baltic redwood

Foilwinkel *m* (zwischen Gleitfläche und Sieb) (Pap) / foil angle

fokal, Fokal… / focal ‖ ⁔**distanz**, Brennweite *f* / focal distance ‖ ⁔**ebene** *f* / focal plane

Fokometer *n* (Opt) / focimeter, focometer

Fokus, Brennpunkt *m* / focus, focal point ‖ ⁔**differenz** *f* / depth of focus ‖ ~**gesteuert** / focal fed ‖ ⁔**plattenabstand** *m* (Röntgen) / target plate distance

Fokussier·anode *f* / focus[s]ing anode ‖ ⁔**elektrode** *f* (Elektronik) / focus[s]ing electrode

fokussieren / focus *v*, bring into focus ‖ ⁔ *n*, Fokussierung *f* / focus[s]ing

Fokussier·magnet, Abbildungsmagnet *m* / focus[s]ing magnet ‖ ⁔**optik** *f* / focus[s]ing optics ‖ ⁔**potential** *n* (Elektronik) / focus[s]ing potential ‖ ⁔**spule**, Abbildungsspule *f* (TV) / focus[s]ing coil

fokussierte Glühlampe (Kfz) / permanent-focus bulb

Folge *f*, Zyklus *m* / cycle, circle ‖ ⁔, Konsequenz *f* / result, outcome ‖ ⁔, Reihe *f* / run, progress ‖ ⁔, -ordnung *f*, Fortschritt *m* / progress[ion], advance ‖ ⁔, Nacheinanderfolge *f* / succession, sequence, series ‖ ⁔, Reihenfolge *f* / order, turn, [consecutive] sequence ‖ ⁔ **der Bremsmaßnahmen** (Raumf) / retardation sequence ‖ ⁔ **der Länge Eins** (DV) / unit string ‖ ⁔ **von [gleichartigen] Erscheinungen** / sequence of similar effects ‖ ⁔ **von Nullen** / string of zeros, zero string ‖ ⁔ **von Programmverbindungs- o. Anschlußbefehlen** (DV) / linking sequence ‖ ⁔ **von Querrissen auf gezogenem Draht** / broken back ‖ ⁔ **zur** ⁔ **haben** / result [in], bring about, cause ‖ ~**abhängiger Verschluß** (Bahn) / sequential interlocking ‖ ⁔**abhängigkeit** *t* (Bahn) / block proving ‖ ⁔**abtastung** *f* / sequential sampling ‖ ⁔**adresse** *f* (DV) / sequence link ‖ ⁔**aufnahme** *f*, Nachfolgeaufnahme *f* (TV) / dolly shot, follow shot ‖ ⁔**ausfall** *m* / dependent failure ‖ ⁔**band** *n* (DV) / continuation reel o. type o. volume ‖ ⁔**befehl** *m* (DV) / sequence control ‖ ⁔**bereich** *m* (DV) / overflow area ‖ ⁔**bildanschluß** *m* (Verm) / conjunction of successive photographs ‖ ⁔**diagramm** *n* (DV) / sequence chart ‖ ⁔**einrichtungen** *f pl*, infrastrukturelle Anlagen *f pl* / infrastructure facilities and installations *pl* ‖ ⁔**[erscheinung]**, Konsequenz *f* / sequel ‖ ⁔**fehler** *m* (DV) / sequence error ‖ ⁔**frequenz** *f* (DV) / repetition rate ‖ ~gebunden (DV) / sequential ‖ ~karte f (LoKa) / continuation card ‖ ~kartenlochung f (LoKa) / repetitive perforation ‖ ~kontrolle, -prüfung f (DV) / sequence check o. control ‖ ~kontrolleinheit f (LoKa) / sequence unit of a collator ‖ ~kosten pl / life-cycle cost, operation and maintenance costs pl ‖ ~leistenklausel f (DV) / next group clause

folgen [aus] / result [from] ‖ ~ n, Nachlauf m / follow-up ‖ ~, Zielverfolgen n (Radar) / tracking ‖ einem Weg ~ / follow, go along

folgend, nachfolgend / consequent ‖ ~ [auf] / sequential [to]

Folge·nuklid, Tochternuklid, -produkt n (Nukl) / daughter product ‖ ~nummer f (Fernm) / sequence number ‖ ~[ordnung] f / progression ‖ ~pol m (Meßinstr) / consequent pole ‖ ~presse f, Galeriestanze f / follow-on press, multiple press ‖ ~presse f, Stufenpresse f / multiple die press, transfer (US) o. progressive (GB) press ‖ ~produkt n (Nukl) / decay product ‖ ~programm n (DV) / successor program ‖ ~prüfprogramm n (DV) / sequence checking routine ‖ ~prüfung, -kontrolle f (DV) / sequence check o. control ‖ ~prüfung f, fortschreitendes Stichprobenverfahren, Folgestichproben f pl / sequential o. systematic sampling ‖ ~reaktion f (Chem) / secondary o. consequent reaction ‖ mit ~regelsteuerung / servo-driven ‖ ~regelung f, Kaskadenregelung f (Regeln) / cascade control, [closed loop] variable command control, sequential control ‖ ~regelung f, Servosteuerung f / servocontrol ‖ ~regler m (Regeln) / follow-up o. follower controller ‖ ~richtig, logisch / logical, consistent ‖ ~richtigkeit f / logical consistency

folgern, ableiten / deduce

Folgerung f, [Rück]schluß m / inference, conclusion, deduction

Folge·satz, Zusatz m (Math) / corollary ‖ ~satz m (DV) / next record, overflow o. non-home record ‖ ~satz-Suchfeld n (DV) / next record field ‖ ~schadensicher / fail-safe ‖ ~schalter m (Elektr) / sequence switch ‖ ~schaltung f (Elektr) / sequence control, sequential switching ‖ ~schaltung f (DIN), Schaltwerk n, (IBM) (Elektronik) / sequential circuit ‖ ~schnitt m, -werkzeug n (Stanz) / multistage operation die, progressive die, follow-on tool ‖ ~signal n (Fernm) / sequence signal ‖ ~spalte f (DV) / continue column ‖ ~stab m (Reaktor) / follower ‖ ~stanzen, duplizieren (LoKa) / gang-punch ‖ ~stanzen n mit durchsetzten Hauptkarten (LoKa) / interspersed gang punching ‖ ~steuerung f (Elektronik) / sequential phase control ‖ ~steuerung f (für Zielverfolgung) / tracking control ‖ ~steuerung f (selbsttätig) (Regeln) / automatic sequence control ‖ ~steuerungsanlage f (Raumf) / sequencer ‖ ~steuerungsmechanismus m (Regeln) / servo mechanism ‖ ~steuerungssystem n / servo system ‖ ~strom m (Elektr) / secondary current ‖ ~system n (Regeln) / follow-up system ‖ ~überwachung f / sequence monitor ‖ ~vegetation f (Bot) / secondary succession ‖ ~verarbeitung f (DV) / sequential scheduling ‖ ~verbundwerkzeug n / follow-on composite tool ‖ einseitige ~weiche / tandem turnout [both switches to the same side] ‖ ~werkzeug n s. Folgeschnitt ‖ ~zylinder m (Bremse) / slave cylinder

Folie f / foil ‖ ~ (Plast) / sheeting, foil ‖ ~, Belag m (Spiegel) / coating ‖ dünne ~ / film

Folien·band n (Plast) / foil strip ‖ ~band n (Kupfer) / thin strip ‖ ~bändchen n (Textil) / slit film yarn, tape yarn ‖ ~beschichtung f / foil coating ‖ ~blasen n / film blowing-extrusion ‖ ~blasmaschine f (Plast) / film blowing-extrusion machine ‖ ~-Extrudiermaschine f (Plast) / sheet extruder ‖ ~guß n (Plast) / film casting ‖ ~kalander m / sheeting calender ‖ ~loser Film / non-screen film ‖ ~[rollen]kaschiermaschine f (Pap) / foil laminating machine ‖ ~schalter m / membrane switch ‖ ~stärke f / foil thickness, film gauge ‖

~stumpfnahtschweißen n / foil butt seam welding ‖ ~tastatur f / key pad ‖ ~tastenfeld n / membrane keyboard ‖ ~verarbeitung f (Plast) / foil converting o. processing ‖ ~walzwerk n / foil rolling mill ‖ ~ware f (Plast) / sheeting ‖ ~wicklung f (Elektr) / foil winding

foliieren, mit Folie belegen (Spiegel) / coat v

Folinsäure f / folinic acid

Folioformat n (Buch) / folio [size]

Folsäure, Pteroylglutaminsäure f / folic acid

Fond m (Färb) / ground colour o. shade, bottom shade ‖ ~ (Kfz) / rear seats, backseats pl, tonneau m ‖ ~boden m (Kfz) / floor of the rear part ‖ ~seitenteil n (Kfz) / rear side part ‖ ~sitz m (Kfz) / backseat, rear seat ‖ ~strich m (Tapeten) / ground coat

Fonotelex n (Fernm) / fonotelex

Fontur f (Strumpf) / section, knitting head

Fonturenbreite f (Strumpf) / knitting o. section width

Foodtainer m / foodtainer

foolproof, mißbrauchsicher / foolproof

Footboard m (Einheit) / F.B.M., foot board measure

Footcandle n (= 1 lm/sq.ft. = 10.76 Lux) (Beleucht) / foot-candle

Foot-Lambert n (Leuchtdichteeinheit, 1 ft la = 3,426259 x 10⁻⁴ sb) / foot-lambert

Foot-Pound n (= 0,1383 kgm) / foot-pound, ft lb (unit of work)

Foraminiferenkalk m (Geol) / foraminiferal o. -ferous limestone

Forbush-Verminderung f (Raumf) / Forbush decrease

forcieren, beschleunigen, erzwingen / enforce, force

Förder·anlage, -einrichtung f / transporting plant o. equipment, transporter, conveyor ‖ ~anlage f, -maschine f (Bergb) / hoisting o. hauling o. drawing o. winding plant ‖ ~ausfall m (Bergb) / tonnage lost ‖ ~bahn f (Bau) / service tramway, hauling track ‖ ~bahn f (Bergb) / rail line, roadway ‖ ~bahnseite f der Strecke (Bergb) / roadside gangway ‖ ~band n / belt o. band (GB) conveyor, conveying belt ‖ mit ~band ausstatten / conveyorize ‖ ~band n für Formulare / document-conveying belt ‖ ~bänder n pl (allg) / conveyor belts pl ‖ ~bandkeilriemen m / conveyor belting ‖ ~bandkonstruktion f / framework of a conveyor ‖ ~bandofen m (Hütt) / conveyor belt furnace ‖ ~bandreiniger m / scraper belt cleaner ‖ ~bohrung f (Öl) / producing well ‖ ~brücke f / conveying bridge ‖ ~büchse f (Rohrpost) / conveying capsule o. case (US), pneumatic traveller ‖ ~druck m (Pumpe) / manometric o. feed pressure, delivery pressure

fordere an (FORTRAN) / request

Förder·einrichtung f / hoisting device o. apparatus o. tackle o. gear ‖ ~einrichtung, -maschine f (Bergb) / winding gear ‖ ~einrichtung f, Materialaufzug m einer Luftschleuse / air lock hoist ‖ ~ende n (Mot) / cut-off

Förderer (kontinuierlich), Transporteur m / conveyor, conveyer ‖ ~ m pl (Sammelbegriff) / conveyors and elevators pl

Förder·erz, Roherz n / crude ore ‖ ~gebäude n / mine hoist building ‖ ~gebläse n (für Getreide u. dergl) / pneumatic conveyor ‖ ~gefäß n / carrier, conveying tank ‖ ~gefäß n, -kübel, -kasten m (Bergb) / dray, hutch, bucket ‖ ~gefäß n, -kasten, -kübel m (ungeführt, bes. zum Abteufen) / bucket, kibble ‖ ~gerät n / hauling gear ‖ ~gerüst n (Bergb) s. Förderturm ‖ ~geschwindigkeit f / hauling speed ‖ ~geschwindigkeit f (Bergb) / hoisting o. winding speed ‖ ~gestell n für Haspelförderung / donkey ‖ ~[gruben]bahn f (Bergb) / rail line ‖ ~grus m (Bergb) / rough dross ‖ ~gurt m, -band n / belt of a conveyor ‖ ~gurt m mit Stahlseileinlagen / steel cable belt ‖ ~gut n (zu förderndes Gut) / material to be conveyed ‖ ~gutstrom m / stream of material to be conveyed ‖ ~haspel m f, -winde f (Bergb) / hauling winch o. whim o. windlass ‖ ~höhe, Hubhöhe f / hoisting o. lifting height, lift ‖ ~höhe f (Bergb) / drawing height ‖ ~höhe f

(Pumpe) / lift of a pump, delivery o. discharge o.
pump[ing] head ‖ ~insel f (Öl) / drilling rig ‖ ~karren
m / trolley ‖ ~kohle f / rough o. unscreened coal, pit
coal, run of mine o. of mill [coal] (GB), mine-run
[coal], through [and through] coal, thro' and thro' ‖
~kohlesieb n / raw coal screen ‖ ~kolben m
(Einspritzpumpe) / delivery plunger ‖ ~korb m, -gestell
n, -schale f / drawing o. hoisting cage o. frame, mine
cage ‖ zweibödiger ~korb / two-stage drawing cage ‖
den ~korb beschicken (Bergb) / deck ‖ ~korb m mit
Fangvorrichtung (Bergb) / safety cage ‖ ~korbetage f /
deck of a hoisting cage ‖ ~kosten pl (Bergb) / hauling o.
winning cost ‖ ~kübel m s. Fördergefäß ‖ ~lader,
Elevating Grader m (Straßb) / elevating grader ‖
~leistung f, -menge f (Förderanlage) / carrying o.
conveying o. hauling o. transporting capacity ‖
~leistung f, -menge f eines Bergwerks / yield of a mine
‖ ~leistung f einer Pumpe / pump capacity, lift of a
pump, flow rate ‖ ~leistung f eines Gebläses, (jetzt:)
Förderstrom m / blower output, swept volume ‖
~leitung f, -rohr n (Rohrpost) / conveyor pipe line ‖
~leitung f (Mot) / feed pipe ‖ ~leitung f (Pumpe) /
delivery piping o. pipe
förderlich·e Vergrößerung / useful magnification
Förder·maschine f (Bergb) / drawing o. hoisting engine,
hoist, winding engine, winder ‖ ~maschinist m (Bergb) /
engine man o. driver o. operator, engineer (US) ‖
~medium n (Pumpe) / pumping medium ‖ ~medium n
(Öl) / well fluid ‖ ~menge f s. Förderleistung ‖ stündliche
~menge / hourly capacity ‖ stündliche ~menge (Pumpe)
/ hourly flow rate ‖ ~mittel n / conveying means,
conveyor, means of transport[ation] o. conveyance ‖
~motor m / drawing engine motor
fordern, anfordern / demand, request, require
fördern, befördern / transport, convey ‖ ~, liefern (Pumpe)
/ deliver, lift ‖ ~, gewinnen (Bergb) / dig, extract, draw
o. pull out ‖ ~ (Strecke) (Bergb) / haul ‖ ~, treiben
(Bergb) / hoist ‖ ~, beschleunigen / expedite ‖ ~,
subventionieren / sponsor ‖ ~, weiterbringen
(Menschen) / promote, further ‖ ~ n, Transportieren n /
materials handling, mechanical handling, haul, hauling
‖ ~, Streckenfördern n (Bergb) / haulage ‖
innerbetrieblich ~ / convey goods o. products (mostly
within the factory)
fördernd, stimulierend / stimulating
Förder·pause f (Bergb) / drawing stop ‖ ~pumpe f / feed
pump ‖ ~pumpe f, Baggerpumpe f / dredging pump ‖
~pumpe f (Raumf) / fuel backing pump ‖ ~rad n
(historisch) (Öl, Pennsylvanien) / bull wheel ‖ ~rechen m
/ rake conveyor ‖ ~rinne f, Trog[ketten]förderer m
(Bergb) / conveying o. conveyor trough ‖ ~rinne f,
Heulader m (als Anhänger) / hay loader ‖ ~rinne f,
Schüttelrinne f / shaking conveyor ‖ ~rolle f / transport
roller ‖ ~rutsche f / [conveyor] chute o. shoot ‖ ~säule
f, bewegliche Ladesäule (Bohrplattform) / articulated
loading platform, Alp ‖ ~schacht m, Treibschacht m
(Bergb) / drawing o. hauling pit o. shaft, hoisting o.
winding o. working pit o. shaft, wind hatch ‖ ~schacht
m, Hauptschacht m (Bergb) / main pit o. shaft ‖
~scheibenlager n (Bergb) / poppet ‖ ~schnecke f /
conveyor worm o. spiral, feed screw, screw o. spiral o.
worm conveyor ‖ ~seil n (Einseilbahn) / hauling o.
traction rope o. cable ‖ ~seil, Schachtseil n (Bergb) /
hoisting o. winding o. pit o. haulage cable o. rope, main
rope, shaft cable ‖ ~seite f (Pumpe) / pressure side ‖
~seite f, Gutseite f (Förderband) / carrying side ‖ ~sohle
f (Bergb) / drawing o. winding level, [main] haulage
level ‖ ~spiel n (Bergb) / haulage o. operating o.
winding cycle ‖ ~steiger m (Bergb) / master-haulier,
pusher-on ‖ ~strecke f, -stollen m (Bergb) / haulage road
o. track o. way ‖ ~strecke (für Förderwagen), -bahn f
(Bergb) / roadway, trolley o. wagon o. tram road ‖
~strecke f, -weg m (Straßb, Bau) / haul [distance] ‖
~strom m (Gebläse) / blower output ‖ ~system n (Rakete)

/ feeding system ‖ ~technik f (Sammelbegriff) /
materials-handling technology ‖ ~teufe f / depth of a
mine ‖ ~tisch m / conveyor table ‖ ~trommel f (Bergb) /
hoisting o. hauling o. winding drum o. barrel ‖ ~trum
m, Schachtabteil n für Förderung (Bergb) / winding
compartment, hoistway, cageway ‖ ~tuch n des
Bindemähers / canvas apron ‖ ~turm m, -gerüst n
(Bergb) / hoist o. pit o. shafthead frame, headgear,
poppet head (GB), winding tower ‖ ~turm m,
Turmfördermaschine f (Bergb) / tower-type headgear ‖
~turm m für Erdölgewinnung (Öl) / production derrick
Forderung f, Anspruch m / claim ‖ ~, Anforderung f /
demand, request
Förderung f, Beförderung f / transport, conveyance,
conveying ‖ ~, Erdbewegung f / haul[ing] ‖ ~,
Gewinnung f (Bergb) / drawing, winning ‖ ~,
Ausbeutung f / extraction ‖ ~, Fördermenge f (Bergb,
Masch) / output, yield ‖ ~ unter Tage (Bergb) /
conveyance underground ‖ ~ unter Tage,
Streckenförderung f (Bergb) / haulage on driftways
Förder·volumen n (Vakuum) / volumetric displacement,
displaced o. swept volume ‖ ~wagen, -karren m / truck
‖ ~wagen m, Grubenhund m / hutch, mine car, tub ‖
~wagen m (im Bahnhof) (Bahn) / trailer ‖ ~wagen,
Kohlenwagen m (Bergb) / coal hutch o. tub o. truck,
mine car o. tram, corf (GB), cocoa pan (coll) ‖ flacher
~wagen (Bergb) / rolley ‖ ~wagensperre f (Bergb) / tub
stop ‖ ~weg m / conveying distance ‖ ~weg m, -strecke
f (Straßb, Bau) / haul [distance] ‖ ~weg m im Silo /
conveying route, itinerary ‖ ~werk n (Mähdrescher,
Landw) / feeding mechanism ‖ ~winde f (Bergb) /
drawing o. extracting winch ‖ ~würdig, abbauwürdig /
recoverable, paying ‖ ~zeug n / material handling
equipment o. gear ‖ ~zug m (Bergb) / wind[ing],
hoisting
Forleule f, Kiefereule f, Panolis flamea (Schädling) / pine
beauty moth
Form f (allg, Krist) / form ‖ ~, homogenes Polygon (Math) /
quantic ‖ ~, Gestalt f / form, shape, figure, build,
pattern ‖ ~, Art f / style, form, fashion ‖ ~, Modell n /
model, pattern, template ‖ ~, Geformtes n / mould,
shape ‖ ~, Wuchs / figure, form ‖ ~, Profil n (Walzw) /
section, profile ‖ ~, Gießform f / [casting] mould (GB)
o. mold (US) ‖ ~, Kokille f (Hütt) / ingot mould, chill
form ‖ ~, Kontur f (menschliche Gestalt) / form,
shapeliness ‖ ~ (Glas) / cylinder, muff ‖ ~, Leisten m
(Schuh) / last, block ‖ ~ (Druckform) / printing form
(US), forme (GB) ‖ ~, Vollholzigkeitszahl f (Wald) /
form factor o. figure o. number ‖ ~, Blasform f (Hütt) /
tuyère, tuyere ‖ ~... / profiled ‖ ~ (o. Ausführung) A
usw. / design A etc. ‖ ~ annehmen / form vi ‖ beim
isostatischen Pressen mit, [ohne] Flüssigmedium
(Sintern) / wet bag [dry bag] tooling, isostatic mould ‖ ~
des Schiffes, Schiffsform f / run of a vessel ‖ ~ geben,
gestalten / model, form vt ‖ ~ mit Abquetschfläche
(Plast) / landed mould ‖ ~ nach einem Gußstück /
mould taken from a casting ‖ ~ sechsten Grades,
Sextik f (Math) / sextic [quantic] ‖ die ~ annehmen /
mould vi ‖ die ~ öffnen (Gieß) / break the mould,
dismantle ‖ die ~ schließen (Buch) / lock [up] the form ‖
dic ~ zurichten (Buch) / make ready the form ‖ die ~en
zentrieren (Gieß) / align moulds ‖ gut aus der ~ gehen
(Gieß) / deliver ‖ in ~ [von] / in the shape [of] ‖
konkrete ~ geben (Patent) / embody ‖ lose ~, Form
ohne Steg (Buch) / naked form ‖ ~abdruck m, Fehlstelle
f / mould mark ‖ ~abhebezange f / mould lifting tongs
‖ ~abtastung f (Wzm) / tracing the pattern, following
the shape ‖ ~abweichung f, Gestaltabweichung 1.
Ordnung (DIN 4770) / form error ‖ [zulässige] ~ /
shape tolerance
Formal, Methylal n / methylal
formal, Form... / formal ‖ ~e Entsprechung / formal
correspondence ‖ ~e Ladung / formal charge ‖ ~e
Logik (DV) / formal logic ‖ ~e Sprache (DV) /

formal[ized] language

Formaldehyd *m*, Methanal *n* / formaldehyde, aldoform, formic aldehyde ‖ **⌐anilinharz** *n* / aniline-formaldehyde resine ‖ **⌐echtheit** *f* / fastness to formaldehyde ‖ **⌐harz** *n* / formaldehyde resin

Formalin *n* / formalin, formaldehyde solution, formol, antipyr

formalisiert (DV) / formal[ized]

Formalparameter *m*, Scheinargument *n* (DV) / dummy argument ‖ **⌐** (ALGOL) (DV) / formal parameter

Formamid *n* / formamide

Formänderung *f* / change in dimensions o. shape, form change, dimensional change ‖ **⌐**, Deformation *f* / distortion, deformation, strain ‖ **bleibende ⌐** / permanent set ‖ **spezifische ⌐** / unit strain, degree of deformation

Formänderungs·arbeit, Verschiebungsarbeit *f* / strain energy, deformation work ‖ **spezifische ⌐arbeit** / specific deformation work ‖ **⌐festigkeit** *f*, Fließgrenze *f* (Mech) / mean tensile strain ‖ **⌐festigkeit** *f*, Umformfestigkeit *f* (Schm) / yield strength ‖ **⌐relaxation** *f*, Verformungs-, Deformationsrelaxation *f* / strain relaxation, relaxation of deformation ‖ **⌐verhältnis** *n* (Umformen) / extrusion ratio, deformation ratio ‖ **⌐verlauf** *m* / development of the deformation ‖ **⌐vermögen** *n*, Verformbarkeit *f* / forming property, deformability ‖ **⌐-Widerstand** *m* (Schm) / deformation stress

Form·angabe *f* (NC) / dimensional information ‖ **⌐anilid** *n* / formanilide ‖ **⌐anpassungsvermögen** *n* / conformability

Formant *m* (Fernm) / formant ‖ **⌐bereich** *m* / frequency band of formants ‖ **⌐-kodierend** (Sprachanalysator) / formant coding

Form·arbeit *f* (Dreh) / profiling, shaping, form turning, form[ing] work ‖ **⌐arbeit** *f* (Gieß) / moulding work ‖ **⌐arbeit** *f* (Glas) / glass forming ‖ **⌐artikel** *m pl* (Gummi) / moulded goods *pl*

Format *n* (allg) / format, size ‖ **⌐** (DV) / format ‖ **⌐**, Gesamtstege *m pl* einer Form (Buch) / head, sides, and foot sticks *pl* ‖ **⌐ machen** (Buch) / make margins ‖ **⌐ mit fester Blocklänge** / fixed block format ‖ **⌐ mit feststehender Wortfolge** / fixed sequential format ‖ **ein ⌐ festlegen** (o. bilden) / format *v* ‖ **für zwei ⌐e** / biformat ‖ **⌐anweisung** *f* (FORTRAN) / format statement ‖ **⌐beschränkung** *f* / format limitation ‖ **⌐beschreibung** *f*, -bild *n* / picture ‖ **⌐bildner** *m* (DV) / formatter ‖ **⌐bildung** *f* / formatting ‖ **⌐bildung**, -einrichtung *f* (Buch) / imposing, imposition ‖ **⌐bogen** *m* / size sheet

Formateverfahren *n* (Verzahnung) / single-cycle process

Format·fehler *m* (DV) / format error ‖ **⌐freier Datensatz** (DV) / unformatted record ‖ **⌐gebunden** (DV) / formatted

Formatieren *n* (DV) / formatting

Formation *f* (Geol) / system, formation ‖ **⌐** (Pap) / look-through

Formations·gruppe *f* (Geol) / terrane ‖ **⌐kunde**, Schichtenkunde *f* / stratigraphy

formativ, Wachstums… / formative

Format·kontrolle *f* (DV) / format control ‖ **⌐[kreis]sägemaschine** *f* / panel saw, panel sizing machine ‖ **⌐leiste** *f* (Pap) / former strip, deckle board ‖ **⌐lochstreifen** *m* / format tape [loop] ‖ **⌐ordnung** *f* (Pap) / size classification ‖ **⌐säge** *f* (Holz) / final trimming saw ‖ **⌐schneiden** *n*, Bogenschneiden *n* (Buch) / guillotine-trimming ‖ **⌐schneider** *m* / size cutter ‖ **⌐stege** *m pl* (Buch) / furniture ‖ **⌐steuerblock-Pufferbereich** *m* (DV) / format control block pool ‖ **⌐steuerung** *f* (DV) / formatting ‖ **⌐steuerzeichen** *n* / format effector, FE, layout character (GB) ‖ **⌐trennmaschine** *f* (Briefe) / format separator ‖ **⌐verstellung** *f* (Pap) / deckle adjustment ‖ **⌐wagen** *m* (Pap) / deckle carriage ‖ **⌐wechsel** *m* (Walzw)

/ change of section ‖ **⌐wechsel** *m* (DV) / format change ‖ **⌐zeichen**, Funktionszeichen *n* (Elektronik) / FE, format effector, layout character

Form·aufbau *m* **in Ziegeln** (Gieß) / bricking-up ‖ **⌐aufspannplatte** *f* (Plast) / die platen ‖ **⌐auge** *n* (Hütt) / orifice o. eye of the tuyere ‖ **⌐automat** *m* (Wzm) / automatic forming machine ‖ **⌐band** *n* (Gieß) / moulding strap

formbar, plastisch / fictile ‖ **⌐** (Plast) / postforming ‖ **⌐e Masse** / dough ‖ **⌐e Tafel o. Folie** (Plast) / postforming sheet

Formbarkeit *f* / mouldability ‖ **⌐** (Sintermet) / compactibility

Form·belastung *f*, -beschwerung *f* / weight of a mould ‖ **⌐beständigkeit** *f* / dimensional stability, stability of shape ‖ **⌐beständigkeit** *f* / deformation resistance ‖ **⌐beständigkeit in ^{0}C** *f* / heat distortion temperature ‖ **⌐beständigkeit** *f* **in der Wärme** (Plast) / shape permanence to heat, dimensional stability under heat ‖ **⌐biegen** *n* (Stanz) / forming and bending ‖ **⌐bild** *n*, Hochbild *n* / physical representation true to scale ‖ **⌐blatt** *n*, Formular *n* / form ‖ **⌐blech** *n* / profiled sheet [metal] ‖ **⌐brett** *n*, Schablone *f* (Gieß) / frame board, flask board, moulding o. modelling board, template ‖ **⌐draht** *m* / profile[d] o. figured wire, shaped o. section wire ‖ **⌐draht** *m* (Pap) / mould wire ‖ **⌐drehbank**, -drehmaschine *f* / copying o. profiling o. forming lathe ‖ **⌐drehen** (Wzm) / form by turning ‖ **⌐[dreh]support** *m* (Dreh) / forming rest ‖ **⌐drehteil** *n* / form turned piece ‖ **⌐düse** *f*, Düsenrüssel *m* (Hütt) / tuyère, mouth o. opening of the tuyère ‖ **⌐ebene** *f*, Düsenboden *m* (Hütt) / horizontal section through the tuyère level ‖ **⌐einheit** *f*, genormte Teilform (Plast) / unit mould ‖ **⌐einpassen** *n* (Buch) / pre-registering of forms, form-positioning ‖ **⌐eisen**, Formmesser *n* (Gieß) / punch

Formel *f* / formula, form ‖ **⌐** (Chem) / notation, formula ‖ **in eine ⌐ bringen** / formularize

Form-Elastizität *f* / elasticity of shape

Formel·auswertung *f* / formula evaluation ‖ **⌐bild** *n* (Chem) / constitutional o. structural o. graphic formula ‖ **⌐satz** *m* (Buch) / printed formulae *pl*, composition of scientific formulae ‖ **⌐sprache** *f* (DV) / formula language ‖ **⌐übersetzung** *f* (DV) / formula translation ‖ **⌐zeichen** *n* / symbol

formen, gestalten / shape, fashion, form, configure ‖ **⌐** / fashion, lay up ‖ **⌐**, modellieren / mould *v*, mold (US), pattern ‖ **⌐** (Gieß) / mould ‖ **⌐** (Gieß) / moulding, molding (US) ‖ **⌐** (Impulse) / shaping ‖ **⌐ auf der Bank** (Gieß) / mould on the bench ‖ **⌐ auf Modellplatte** (Gieß) / plate moulding ‖ **⌐ des Reifens**, Bombieren *n* / bagging ‖ **⌐ durch Stoßwellen** (Sintern) / hydrospark, explosion forming ‖ **⌐ im Boden** (Gieß) / bedding-in ‖ **⌐ mit Magnetkraft** / magnetic forming ‖ **⌐ mit Maschinen**, Maschinenformen *n* (Gieß) / mechanical o. machine moulding ‖ **⌐ von kunststoffimprägniertem Holz** / prepreg moulding ‖ **⌐ auf der Töpferscheibe** (Keram) / throw on the wheel ‖ **mit dem Hammer ⌐** (Blei) / boss ‖ **Ton ⌐** / fashion o. shape clay ‖ **⌐anspritzmittel** *n* / mould spraying agent ‖ **⌐anstrichmasse** *f* / mould paint ‖ **⌐bau** *m*, -konstruktion *f* (Plast) / mould making ‖ **⌐bau** *m*, -bauwerkstatt *f* (Plast) / tool room ‖ **⌐bauer**, -konstrukteur *m* (Gieß) / mould designer ‖ **⌐bauer** s.a. Formenmacher

formend / formative

Formen--Einsatz *m* / mould insert ‖ **⌐fräsmaschine** *f* / mould milling machine ‖ **⌐graviermaschine** *f* / mould engraving machine ‖ **⌐hohlraum** *m* / mould cavity ‖ **⌐macher**, -bauer *m* (Druckguß, Schm, Plast) / die man o. maker, mould maker ‖ **⌐ofen**, Trockenofen *m* / foundry stove ‖ **⌐öl** *n* (Druckguß) / moulding oil ‖ **⌐pappe** *f* / model board ‖ **⌐rüssel** *m* / tuyère snout o. nozzle ‖ **⌐schluß** *m* (Plast) / closing joint ‖ **⌐schwindmaß** *n* /

shrinkage allowance ‖ ~steg m (Gummi) / land ‖
~trennebene f / joint plane (GB), mold joint plane (US)
‖ ~trennmittel n (Plast) / mould release agent
Former m (Gieß) / moulder (GB), molder (US)
Formerde f (Gieß) / moulding clay
Formerei f, Formen n (Gieß) / moulding ‖ ~, Gußformerei
f / moulding shop ‖ ~, Formen n (Tätigkeit) / fashioning
Formerkennen n (Roboter) / shape recognition
Former·stift, Kernnagel m (Gieß) / sprig, moulder's pin,
brad, foundry nail ‖ ~tisch m / moulder's bench ‖ ~ton
m (Gieß) / moulding clay
Form·faktor m, -zahl f (Dauerversuch) / stress
concentration factor ‖ ~faktor m (Sintern) / particle-
form factor, form o. shape factor ‖ ~faktor m
(Strahlung) / shape coefficient o. factor ‖ ~faktor m
(Reaktor) / peaking factor, form factor ‖ ~faktor m
(Elektr) / form factor ‖ ~fehler m / defect of form ‖
~fertigstanzen, nachschlagen (Stanz) / reshape, restrike
for sizing ‖ ~festigkeit f, Nichtdeformierbarkeit f /
nondeformability ‖ ~fräser m / profiling o. profile[d]
o. forming o. formed cutter, form cutter ‖ ~fuge f
(Gieß) / burr ‖ ~füllungsvermögen n (Gieß) / mould
filling capacity ‖ ~geben n (model[l]ing ‖ ~gebend
bearbeiten / form v, shape ‖ ~gebende
Werkzeugöffnung (Fließpressen) / die throat, orifice
Formgebung, Bearbeitung f / shaping ‖ ~ f, Gestaltung f /
conformation, adaptation ‖ ~ aus Vollmaterial (Holz) /
stock moulding ‖ ~ eines Schnittes / forming of a blank
‖ spanende o. spanabhebende ~ / machining ‖
spanlose ~ / non-cutting shaping, forming
Form·gebungsdruck m, Formungsdruck m (Plast) /
forming pressure ‖ ~gebungsfehler m (Keram) /
moulding defect o. fault ‖ ~gebungsgleichung f /
shaping equation ‖ ~gebungsschritt m / forming stage,
shaping step ‖ ~gebungsverfahren n (Stahl) /
production process ‖ ~gedächtnis n (Werkstoff) / shape
memory ‖ ~gedächtnislegierung f / shape memory
alloy ‖ ~gepreßt (Plast) / compression moulded ‖
~gepreßtes Schichtpreßstoffrohr / moulded laminated
tube ‖ ~gerecht / true to form ‖ ~gerecht (Strumpf) /
full[y] fashioned ‖ ~gerechte Sandfeuchtigkeit (Gieß) /
optimum temper moisture, workable moisture ‖
~geschäumt, -verschäumt / foamed in the mould o. in
situ ‖ ~gestalter, Designer m / designer ‖ ~gestaltung
f, Design n / design ‖ ~getreue Nachbildung f / exact
reproduction ‖ ~gezahnt (Keilriemen) / moulded notched
‖ ~gips m (Gieß) / plaster of Paris for moulding ‖ ~grat,
Schließgrat m / mould parting line, mould[ing] seam ‖
~grube f / moulding pit ‖ ~guß m, Guß mit verlorener
Form (Gieß) / dead-mould casting ‖ ~guß, Fertigguß m
(Gieß) / finished casting
Formhälfte, bewegliche ~, Auswerferformhälfte f
(Druckguß) / ejector die ‖ feste ~, Eingußformhälfte
(Druckguß) / cover [die]
Form·haut, Brennhaut f (Keram) / firing skin ‖
~hohlraum m (Druckguß) / die cavity, impression
Formiat n (Salz der Ameisensäure) / form[i]ate
formieren (Akku) / form v ‖ ~, Formierung f (Akku) /
forming
Formier·gas n (IC) / forming gas ‖ ~masse f (Akku) /
filling o. forming paste
Formierung f von Kathoden (Elektronik) / activation of
thermionic cathodes ‖ ~ von Wolframwendeln /
forming of tungsten coils
Form·invarianz f, Kovarianz f (Chem) / covariance ‖
~isomerie f / form isomerise ‖ ~kaliber n (Walzw) /
sectional groove, shaping pass ‖ ~kasten, Sandkasten
m (Gieß) / moulding box, flask ‖ ~kasten m (Hütt) /
tuyere opening o. orifice ‖ unterer ~kasten (Gieß) /
bottom box o. flask, drag [box] ‖ mittlerer ~kasten
(Gieß) / cheek ‖ oberer ~kasten (Gieß) / cope ‖ den
~kasten abheben / lift the top box ‖ ~kasten m mit
Schoren / barred box ‖ den ~kasten verschmieren /
lute the mould ‖ den ~kasten zusammensetzen /

arrange the form ‖ ~kastenfüllsand m (Gieß) / body o.
backing sand ‖ ~kastenklopfer m / moulding box
rapper ‖ ~kasten-Wendezapfen m / flask trunnion,
moulding box trunnion ‖ ~kastenzentrierstift m,
-zulegestift m (Gieß) / box pin ‖ ~kern m (Gieß) / mould
core ‖ ~kern für Kunststoffgießformen (Plast) /
mandrel ‖ ~kitt m / moulding box lute ‖ ~lack m /
mould varnish ‖ ~lehm m (Gieß) / moulding loam,
strong loam ‖ grober ~lehm / coarse loam ‖ ~lehre f /
form gauge ‖ ~leiste f (Kfz, Tischl) / moulding
Formling m, Brikett n / briquet[te] n ‖ ~ (Keram) / formed
body ‖ ~e m pl (Ziegl) / green bricks pl
Form·linienplan m (Kfz) / surface drawing ‖ ~litze f /
sectional strand ‖ ~löffel, -spatel m (Gieß) / spoon tool,
sleeker, smoother ‖ ~los / formless ‖ ~los, amorph /
amorphous ‖ ~lose Anordnung (Film, TV) / informal o.
occult layout ‖ ~mantel m, Überform f (Gieß) / mantle ‖
~mantel m (Lehmformerei) / exterior mould, cope ‖
~maschine f (Gieß) / moulding machine, moulder ‖
~maschine f (Textil) / machine for forming ‖ ~maske f
(Gieß) / shell mould o. mold ‖ ~[masken]verfahren,
Croningverfahren n / mould casting system Croning,
shell mould casting, lost plastic moulding ‖ ~masse,
Masse f (Gieß) / dry sand ‖ ~masse f (Oberbegriff)
(Plast) / moulding material o. compound ‖ pulverige
~masse / moulding powder ‖ ~massen f pl / moulding
and extrusion materials ‖ ~meißel m, -stahl m (Dreh) /
forming tool o. cutter, profile tool ‖ ~messer,
Formeisen n (Gieß) / punch ‖ ~mikanit n / moulding
micanite ‖ ~naht f / mould[ing] seam, mould parting
line ‖ ~nase f / tuyere nozzle o. snout ‖ ~öffnung f der
Windform (Hütt) / tuyère hole o. orifice o. mouth o.
opening, nozzle
Formol·titrierung f / formol titration
Form·pappe f / moulded board ‖ ~platte f (Gieß) /
moulding plate ‖ ~platte f, Preßwerkzeugtisch m
(Sintern) / die plate ‖ ~presse f / moulding press ‖
~pressen (Plast) / compression mo[u]lding ‖ ~pressen
n (Pulv Met) / sizing ‖ ~pressen n mit Grat (Schm) /
closed die forging ‖ ~pressen n ohne Grat (Schm) /
preforming ‖ ~preßling m (Plast) / laminated moulding
‖ ~preßstoff / moulding plastics pl ‖ ~preßteil n /
moulding (the product) ‖ ~puder m / parting powder ‖
~puderstärke f / moulding starch ‖ ~rahmen m
(Druckguß) / holding block, cavity retainer ‖ ~riß m
(Druckguß) / heat check ‖ ~riß m, Blattrippe f (Gieß) /
finning (GB), veining (US) ‖ ~rüssel m, -nase f (Hütt) /
tuyere nozzle o. snout ‖ ~sand, Gießereisand m /
foundry o. moulding sand ‖ ausgeglühter ~sand (Gieß)
/ parting sand ‖ ~sandaufbereitung f / preparation of
sand ‖ ~sandmaschine f (Gieß) / loam mill ‖ ~schale f
(Genauguß) / ceramic shell mould ‖ ~scheibe f (für
Brillengläser) (Opt) / former for spectacle glasses ‖
~scheibenmeißel, -stahl m (Wzm) / circular form tool ‖
~schieber (Plast) / mould slide ‖ ~[schleif]scheibe f /
shaped grinding wheel ‖ ~schlichte f (Druckguß) / die
coating o. dressing ‖ ~schlichte f (Gieß) / mould
finishing smoke, mould wash, mould facing, mould
coating o. dressing ‖ ~schlichten / finish-form ‖
~schlicker m (Genauguß) / dip coat ‖ ~schließen n
(Druck) / locking-up, dressing ‖ ~schließen n (Plast) /
locking of the mould ‖ ~schließkraft f / mould locking
force ‖ ~schließmechanismus m (Druckguß) / die
closing o. locking mechanism ‖ ~schließvorrichtung f
(Druckguß) / die clamp ‖ ~schluß (Plast) / clamping
of the mould, closure of a mould ‖ ~schluß m (Mech) /
form closure, positive locking ‖ ~schlüssig (Kupplung) /
positive [-locking], interlocking, form-fit, having
positive fit ‖ ~schlüssige [ausrückbare] Kupplung /
positive clutch ‖ ~schlüssige Fachbildung (Web) /
positive shedding ‖ ~schlüssige Sicherung / positive
safety ‖ ~schlüssige Bremse / positive engagement
brake ‖ ~schmieden n / precision forging ‖ ~schnitt m
(Wz) / blanking tool ‖ ~schön, elegant / streamline[d],

streamline-shaped, elegant ‖ ~schräge f (Plast) / draught, draft ‖ ~schruppen / rough-form ‖ ~schwärze f (Gieß) / black wash, blackening, blacking carbon (US) ‖ ~seite, -wand f (Hütt) / side walls pl ‖ ~senken f (Formenbau) / countersinking ‖ ~senker m (Wz) / countersinker ‖ ~signal n (Bahn) / semaphore signal ‖ ~sintern / form-sinter ‖ ~sperrholz n / moulded plywood ‖ ~spule f (Elektr) / pulled coil ‖ ~stabil / dimensionally stable ‖ ~stahl m (Walzw) / structural shape, profile o. section[al] steel o. bar, profiles pl, steel shape ‖ ~stahl m, -meißel m (Dreh) / forming tool o. cutter, profile tool ‖ schwerer, [leichter] ~stahl (Hütt) / heavy, [light] sections pl ‖ ~stahlschere f / section cutter o. shears pl, shape shears pl ‖ ~stahlträger m / rolled steel girder ‖ ~stahlwalzwerk n / girder and section [rolling] mill, shape o. structural mill ‖ ~stahlwalzwerk n, Profilstahlwalzwerk n / section mill ‖ ~stampfer m (Gieß) / moulding pestle ‖ ~stanzen (Stanz) / raise, shape, emboss ‖ ~stanzteil n / embossed work ‖ ~stanz-Werkzeug n / embossing die ‖ ~stapel m (Stapelguß) / multiple mould ‖ ~station f (Gieß) / moulding area ‖ ~steif, -beständig / dimensionally stable ‖ ~steifigkeit f, Eigensteifigkeit f / inherent stability ‖ ~stein, -ziegel m / moulded brick ‖ ~stein m (Hütt) / shape[d] block o. brick ‖ ~stein m aus Beton / concrete block ‖ ~steinzug m (Kabel) / duct bank ‖ ~stich m, -kaliber m (Hütt) / shaping pass ‖ ~stift, Formerstift m (Gieß) / moulder's o. moulding pin, brad, sprig ‖ ~stift, Absatzstift m (Schuh) / square pin ‖ ~stift, Abhebestift m (Gieß) / stripping pin ‖ ~stoff m / moulding material ‖ ~stück n, -teil n / formed o. shaped part o. piece, form, shape ‖ ~stück n (Plast) / moulding ‖ ~stück n, Fitting n (Pipeline) / fitting ‖ rundes ~stück (Gieß) / circular shape ‖ nachgeformtes ~stück (Plast) / postformed moulding ‖ im Aufbau wichtiges ~stück (Plast) / structural member ‖ ~stück n zum Einschweißen / butt welding fitting ‖ ~technisch richtig / of good functional design ‖ ~teil n (Gieß) / part of a mould ‖ ~teil, Sparhälfte f (Gieß) / oddside [board], pattern match ‖ ~teil n, vorgeformtes Teil / preform ‖ ~teil n (allg) / machined part, structural part ‖ ~teilfläche f, -trennungsfläche f (Gieß) / joint face (GB), mold joint (US) ‖ ~teilpresse f (Plast) / compression moulding machine ‖ ~teilung f, Trennfuge f (Druckguß) / parting, seal

Formteil-Wiederholfolge f (Wzm) / pattern repeat cycle

Form·toleranz f / shape tolerance ‖ ~trennmittel n (Gieß) / parting o. releasing agent ‖ ~trockenofen m (Gieß) / mould drying stove

Formular n / form ‖ ~e einführen (Buch.m) / load forms ‖ ~ mit mehreren Durchschlägen / multicopy business form ‖ [leeres] ~ (o. Formblatt) / blank form, blank (US) ‖ ~ausrichten n (DV) / form alignment ‖ ~breite f / form width ‖ ~drucker m (DV) / page printer ‖ ~druckmaschine f (Buch) / form(s)-printing machine ‖ ~einblendung f (DV) / forms overlay, forms overlay printing ‖ ~entwurfsblatt n (Buch.m) / spacing chart ‖ ~führung[seinrichtung] f / form feeding device, form guides pl ‖ ~halter m / forms holder ‖ ~satz m (Setzerei) / setting of forms ‖ sechsfacher ~satz / six-ply form ‖ ~satz m mit eingeschossenem Kohlepapier (Buch.m) / speedset ‖ ~-Stacheltransport m / form tractor ‖ ~vorschub m (DV) / form feeding ‖ ~vorschubsteuerung f, -vorschub m (DV) / vertical forms control ‖ ~vorschubzeichen n / form feed character, FF

Formulierlabor n / formulating lab[oratory]

Formulierung f, Fassung f / formulation ‖ ~ (Chem, Galv) / specification, formulation

Form- und Kernrüttler m / mould and core jolter

Form- und Lagetoleranzierung f / geometrical tolerancing ‖ ~ Schraubenautomat m (Wzm) / automatic forming and screw machine

Formung f s. Formgebung

Form·versatz m / mismatch in mould ‖ ~verschäumen n / foam-in-place, foam in situ process ‖ ~verschluß m (Plast) / clamping of the mould, closure of a mould, die closing o. locking ‖ ~verzerrung f (Schm) / distortion of profile ‖ ~verzerrungen f pl von Impulszügen / wiggles pl ‖ ~vollholz n (gebogenes Holz) / moulded solid wood, bent wood ‖ ~vulkanisation f / heat moulding process ‖ ~wagen m (Gieß) / mould carrying car, box boggy ‖ ~walzen f / section rolling ‖ ~wand, -seite f (Hütt) / side walls pl, side o. twyer stone ‖ ~wandler m (Opt) / shape transducer ‖ ~werkzeug n / form tool ‖ ~widerstand m (Kfz, Luftf) / form drag ‖ ~widerstand m (Schiff) / residuary o. wave resistance

Formyl n / formyl

formylieren (Chem) / formylate v

Formylierung f / formylation

Formyl·säure, Ameisensäure f / formic acid ‖ ~trichlorid, Chloroform, Trichlormethan n / formyl chloride, chloroform

Form·zahl f / form factor, shape factor ‖ ~zahl f (Dauerversuch) / stress concentration factor ‖ ~zahl f (Elektr) / form factor ‖ ~zahl f (Schneckengetriebe) / diametral quotient ‖ ~zahl f, Vollholzigkeitszahl f (Holz) / form factor o. figure o. number ‖ ~zusatz m beim Gießen (Gieß) / in-mould addition ‖ ~zylinder m (Buch) / form cylinder, printing cylinder

forschen / research ‖ ~, untersuchen / study ‖ ~ n / research

forschend / exploratory

Forscher m / researcher, research worker ‖ ~, Gelehrter m / student, scientist

Forschung, Untersuchung f / study, investigation, research ‖ ~, Entwicklung u. Test / RDT, research, development, and test ‖ ~ u. Entwicklung, F & E / research and development, R & D

Forschungs·... / exploratory ‖ ~anstalt f, Untersuchungslabor n / research lab[oratory] ‖ ~arbeit f / [scientific] research work ‖ ~auftrag m / research contract o. commission o. assignment ‖ ~gemeinschaft f / research association ‖ ~ingenieur m / exploratory engineer ‖ ~lehre, -methodik f / research-on-research ‖ ~leiter m / senior scientist ‖ ~programm n / research scheme o. program[me] ‖ ~projekt n / research project ‖ ~reaktor m / research reactor ‖ ~satellit m / scientific satellite ‖ ~schiff n (Schiff) / research craft ‖ ~zentrum n / think tank, think factory, research center

Forst·abfuhrstraße f / logging road ‖ ~arbeiter m / timberman ‖ ~aufseher m, Förster m / forester, ranger (US)

Forsterit m (Min) / forsterite ‖ ~-Feuerfeststoff m / forsterite refractory ‖ ~marmor, Ophicalcit m / ophicalcite

Förstersonde f / Förster probe

Forst·[fach]mann m / forester ‖ ~gerät n / logging equipment ‖ ~kultur f / silviculture ‖ ~kulturgerät n / forest culture o. forestry tools o. equipment

Forstnerbohrer m / Forstner bit

Forst·schädlinge m pl / forest pests pl ‖ ~straße f / timber access road ‖ ~wesen n / forestry ‖ ~wesen n, -wirtschaft f / forest economy ‖ ~wirt m, Waldarbeiter m / forest labourer (GB), logger, lumberer, lumberjack (US)

Fort·bestehen n, Fortgang m / continuance ‖ ~bestehen n, Dauer f / duration, consistency ‖ ~bewegen, -rücken, -schieben / move vt ‖ ~bewegung f / progressive movement o. motion, progression ‖ ~bewegung, Ortsveränderung f / locomotion ‖ ~bewegungsrichtung f / direction of projection o. motion ‖ ~dauer f, Stetigkeit f, Kontinuität f / continuity ‖ ~dauern, bestehen / last, persist, endure ‖ ~dauern / persistence ‖ ~druck m (Buch) / production run, running on ‖ ~fahren, weitermachen / continue ‖ ~führen, weiterführen / pursue, continue ‖ ~führung f

/ continuation, continuance ‖ ⌐**führung** f **von Arbeiten** / continuation of work

fortgeschritten / advanced ‖ ~**er Druckwasserreaktor**, FDR / advanced pressurized water reactor

Fortgeschrittenenkurs m / advanced course

fortgesetzt, stetig / continued ‖ ~**e Multiplikation** (o. fortlaufende M.) / chain multiplication, continued multiplication

Fortinbarometer n / fortin [barometer]

fortlaufend, kontinuierlich / continuous, continued, non-intermittent ‖ ~**e Farbe** (Web) / continuous colours pl, continuous stroke of the shuttle ‖ ~**e Leertaste** / unit tabulating key ‖ ~ **numerieren** / number continuously ‖ ~**e Nummernkontrolle** / consecutive number check ‖ ~**e Nummerung** / consecutive numbering ‖ ~**e Zählung** / serial count

Fort·leitung, Leitung f (Phys) / conduction ‖ ⌐**luft** f (Lüftung) / escaping air ‖ **sich** ~**pflanzen**, sich ausbreiten / disseminate vi, propagate, multiply ‖ ⌐**pflanzung** f (Phys) / propagation ‖ ⌐**pflanzung**, Übertragung f (Phys) / transmission ‖ ⌐**pflanzungsart** f / mode of propagation ‖ ⌐**pflanzungsgeschwindigkeit** f / velocity of propagation, propagation velocity o. speed ‖ ⌐**pflanzungsgeschwindigkeit** f **im Milieu** / bulk velocity ‖ ⌐**pflanzungskonstante** f, Fortpflanzungsmaß n (Fernm) / propagation constant o. coefficient ‖ ⌐**pflanzungszeitdauer** f / propagation delay

FORTRAN n (DV) / FORTRAN (formula translating [language])

fort·räumen, -schaffen / clear ‖ ~**räumen**, säubern, (auch:) abspritzen / clear of foreign matter ‖ ⌐**satz** m, Verlängerung f / lengthening, extension, prolongation ‖ ⌐**schaltbetrag** m (Taxameter) / increment ‖ ~**schalten**, klinken / pawl ‖ ⌐**schaltrelais** n / step[ping] relay ‖ ⌐**schaltung** f, Weiterschaltung f (Elektr) / rapid reclosing ‖ ⌐**schaltungsadressierung** f (DV) / stepped addressing, implied o. one-ahead addressing ‖ ⌐**schaltvorrichtung** f (Fernm) / stepping device ‖ ⌐**schellwecker** m, -klingel f (Fernm) / continuously ringing o. constant active ringing bell ‖ **auf Schienen o. Rollen** ~**schieben** / skid v ‖ ~**schreiben**, aktualisieren (DV) / update ‖ ⌐**schreibung** f (DV) / file updating o. maintenance ‖ ⌐**schreibung** f (z.B. der Baufortschritte) / follow-up ‖ ⌐**schreibungs-Transaktion** f (DV) / update transaction ‖ ~**schreiten**, weitergehen / proceed, progress, advance ‖ ⌐**schreiten** n / progressive movement o. motion, progression ‖ ⌐**schreiten** n, Fortgang m / process, progress ‖ ~**schreitend** (z.B. Feuchtigkeit) / advancing ‖ ~**schreitend** (Stichproben) / sequential ‖ ~**schreitende Bewegung** (Mech) / translation, translational motion ‖ ~**schreitende Grübchenbildung** (Zahnrad) / destructive pitting ‖ ~**schreitende Lösung der Bremsen** (Bahn) / progressive o. gradual release of the brakes ‖ ~**schreitende Welle** (Phys) / progressive wave ‖ ~**schreitende Welle** (Meer) / swashing wave ‖ ⌐**schreitungs…** (Phys) / translational ‖ ⌐**schritt** m / progress ‖ **großer** ⌐**schritt** / great progress

fortschrittlich, fortgeschritten / advanced ‖ ~, modern / advanced design…

Fortschritts·diagramm n (F.Org) / progress chart ‖ ⌐**feindlichkeit** (in der Technik) / technertia ‖ ⌐**grad** m (Luftschraube) / coefficient of propeller advance, propeller modulus ‖ ⌐**steigung** f (Luftf) / effective pitch of a propeller ‖ ⌐**überwachung** f (Netzplan) / progress control (PERT) ‖ ⌐**winkel** m (Propeller) / angle of propeller advance, propeller advance angle ‖ ⌐**-Zeitverfahren** n (F.Org) / continuous method timing, continuous watch reading

fort·schütten / cast away ‖ ~**schwemmen**, -waschen / wash away ‖ ~**setzen**, weiterführen / continue, carry on ‖ **sich** ~**setzen**, anhalten / continue vi ‖ ⌐**setzung** f / continuation ‖ ⌐**setzungsadresse** f (DV) / continuation address ‖ ⌐**setzungsgeschwindigkeit** f (Kabel) / relative velocity ratio ‖ ⌐**setzungskarte** f (LoKa) / continuation card ‖ ~**während**, unaufhörlich / constant, continuous, perpetual, permanent

Forum n / round table, panel

Fossil n, Versteinerung f / petrifaction, fossil ‖ ~ / fossil adj ‖ ~**es Grundwasser** / connate waters pl ‖ ~**e Seifen** f pl / fossil placers pl ‖ ~**er Überhitzer** (Reaktor) / fossil superheater

Fosterscher Reaktionssatz / Foster's reaction theorem

Foster-Seely-Detektor, Phasendiskriminator m / phase discriminator

f.o.t., frei Lkw / free on truck, f.o.t.

Foto… s. Photo…

Fottee, besonders dickes ⌐**handtuch** / chenil towel

Föttinger·getriebe n / Föttinger speed transformer ‖ ⌐**kupplung** f / Föttinger coupling o. transmitter ‖ ⌐**-Wandler** m / Föttinger torque converter

Foucault·sches Pendel n / Foucault pendulum ‖ ⌐**sches Schneidenverfahren** n (Opt) / Foucault knife-edge test ‖ ⌐**scher Strom**, Wirbelstrom m / eddy current

Foulard m (Stoff), Foulardine f (Web) / foulard ‖ ~ m (pl: Foulards) (Färb) / padding machine o. mangle, pad, foulard

foulardieren (Färb) / pad v, pad-dye, slop-pad

Foulardjigger m (Färb) / pad jig

Fouléausrüstung f (Textil) / melton finish, foulé finish

Fouling n (Ionenaust.) / fouling

Fourdrinier-Drahtnetz n (Pap) / Fourdrinier wire

Fourier·sches Integral n / Fourier integral ‖ ⌐**[sche] Reihe** f (Math) / Fourier series ‖ ⌐**-Analyse** f / harmonic o. Fourier analysis ‖ ⌐**-Entwicklung** f / Fourier expansion ‖ ⌐**-Koeffizient** m / Fourier coefficient ‖ ⌐**-Phasenspektrum** n / Fourier phase spectrum ‖ ⌐**-Spektroskopie** f / Fourier spectroscopy ‖ ⌐**-Spektrum** n / Fourier spectrum ‖ ⌐**-Synthese** f, harmonische Synthese / harmonic o. Fourier synthesis ‖ ⌐**-Transformation** f / Fourier transform

Fourmarierit m (Min) / fourmarierite

Fournisseur m (Wirkm) / feed wheel mechanism ‖ ⌐ (für Faden) (Wirkm) / thread regulating wheel ‖ ⌐, Lieferant m von Wirkmaschinen / purveyor for knitting machines

f.o.w. (= first open water) (Schiff) / f.o.w. ‖ ~, frei Waggon / f.o.w., free on waggon

Fowler·it m (Min) / fowlerite ‖ ⌐**-Klappe** f (Luftf) / Fowler o. extension flap

Fox-Message f (Fernm) / fox message (the quick brown fox jumped over the lazy dog's back 0123456789)

Foyait, Eläolithsyenit m (Geol) / foyaite

FP = Festpunkt, Fixpunkt ‖ ⌐ = Fließpunkt ‖ ⌐ = Flammpunkt ‖ ⌐ = Flamm- u. Platzsicherheit

FPLA n, vom Anwender programmierbare logische Anordnung (DV) / field programmable logic array, FPLA

FPM (Wzm) / FPM, feet per minute

FPS-System n (englisches Maßsystem) (Phys) / foot-pound-second system, F.P.S. system

Fracbehandlung f, Fracen n (Öl) / formation fracturing, frac

Fracht f (allg) / freight, cargo ‖ ⌐, Beförderung f / carriage, freightage (US) ‖ ⌐, Ladung f (Schiff) / lading, load ‖ ⌐, Beförderungspreis m / carriage, carriage charges pl, freightage (US) ‖ ⌐**abfertigungsanlage** f, Frachtterminal m (Luftf) / cargo terminal ‖ ⌐**basis** f / basing point ‖ ⌐**behälter** (DIN), Versandbehälter m / freight container, transport box ‖ ⌐**container** m / general cargo container ‖ ⌐**flugzeug** n / cargo plane, freight plane, freighter, transport plane, transporter ‖ ~**frei** (Bahn) / free-hauled ‖ ⌐**führer** m (Bahn) / haulier ‖ ⌐**gut** n / goods pl (GB), freight (US) ‖ ⌐**gutabfertigung** f (Bahn) / freight consignment ‖ ⌐**hubschrauber** m / cargo helicopter ‖ ⌐**kahn** m, Lastkahn m / river barge ‖ ⌐**raum**, Schiffsraum m (auch gesamter Frachtraum einer Flotte) / tonnage ‖ ⌐**raum** m (Luftf) / hold, cargo compartment ‖ ⌐**schiff** n,

Kauffahrteischiff *n* (amtlich) / trader, trading vessel ‖ ~schiff *n* (allg) / cargo boat o. ship ‖ ~schiff *n* mit Fahrgastbeförderung, Fracht-Fahrgastschiff *n* / passenger cargo ship ‖ ~stück *n* (Bahn) / parcel ‖ ~verkehr *m* / freight o. goods (GB) traffic

Fracto... (Meteorol) s. Frakto...

Frage *f* / question ‖ eine ~ aufwerfen / pose o. state a problem ‖ ~-Antwort-Gerät *n*, Interrogator-Responder *m* / interrogator-responder, -responser ‖ ~-Antwort-System *n* (DV) / dialog o. inquiry system ‖ ~- und Ausrufungszeichen (!) *n* (Buch) / interbang, interrabang ‖ ~zeichen *n* (Buch) / question mark, note o. mark o. point of interrogation, interrogation point o. mark (US)

Fragment *n* / fragment ‖ ~ausbeute *f* (Nukl) / primary fission yield

Fragmentierung *f* / chipping, fragment[iz]ing

Fraktil *n* o. Quantil einer Wahrscheinlichkeitsverteilung / fractile of order P, fractile o. quantile o. quantile of a probability distribution

Fraktion *f* (Chem) / fraction

Fraktionat *n* / fractionation product

Fraktionier·aufsatz *m* / fractionating apparatus ‖ ~boden *m* / fractionating tray

fraktionieren, stufenweise destillieren / fractionate

fraktionierend·e Diffusionspumpe / fractionating diffusion pump

Fraktionier·kolben *m* / fractionating flask ‖ ~kolonne *f*, -turm *m* / fractionating column, fractionater, dephlegmator ‖ ~schnitt *m* / fractionating cut

fraktioniert / fractional ‖ ~e Destillation / fractional o. plate-distillation, fractionation ‖ ~e Kondensation / fractional condensation ‖ ~e Kristallisation / fractional o. fractionated crystallization

Fraktionierturm *m* (Öl) / bubble column o. tower

Fraktionierung *f*, stufenweise Trennung / fractionation, plate distillation

Fraktionierverlauf *m* / fractionating process

Fraktografie *f* / fractography, fracture surface

fraktografisch / fractographic

Frakto·kumuluswolke *f* / fractocumulus ‖ ~stratuswolke *f* / fractostratus

Fraktur[schrift] *f* (Buch) / black letter, Old English letter, Gothic o. German print o. type o. text

Frame *m n* (Roboterprogramm) / frame

Francevillit *n* / francevillite

Francis·-Schachtturbine *f* / vertical Francis turbine ‖ ~turbine *f* / mixed-flow water turbine, Francis water turbine

Francium, Fr / francium, eca-cesium

Frankfurter Schwarz *n* / German o. vine black, Frankfort black o. drop

frankieren / frank *vt*, put a postage stamp ‖ einen Brief ~ (o. freimachen) / stamp a letter

Frankiermaschine *f* / postage meter machine, postal franker o. franking machine

Frankierung *f*, Barfreimachung *f* / franking by machine

Franklin *n*, Fr (Einheit der elektr. Ladung) (1 Fr = 1/3 x 10^{-9}C) (veraltet) / franklin, Fr (1 Fr = 1/3 x 10^{-9}C) ‖ ~antenne *f* / Franklin antenna ‖ ~it *m* (Min) / franklinite

Frankolith, Kollophan *m* (Min) / francolite

Franse *f* (Textil) / fringe

fransen / fringe *v* ‖ ~ *n*, Farbensaum *m* (TV) / colour fringing ‖ ~knüpfmaschine *f* / fringe knotting machine

Franzeinband *m* (Ledereinband mit tiefen Falten) (Buch) / calf binding

Franzose, (jetzt): Rollgabelschlüssel *m* / monkey o. screw o. coach wrench

französisch·e Faltung (Textil) / French pleating ‖ ~er Feinstich (Jacquard) / French fine pitch ‖ ~e Normen *f pl* / French standards *pl* ‖ ~er Normenausschuß / AFNOR (= Association Française de Normalisation) ‖ ~es Patent / French patent ‖ ~e Spitze (Strumpf) / French foot ‖ ~es Zuhaltungsschloß (Schloß) / French

lock

Franz-Standort *m* (direkte Bodenbeobachtung) (Luftf) / pinpoint

Fräs·apparat *m* (Buch) / router ‖ ~arbeit *f* (Wzm) / milling work ‖ ~automat *m* / automatic miller o. milling machine, milling automatic ‖ ~bagger *m* / cutter dredge ‖ ~bild *n* (Wzm) / surface of milled work ‖ ~blech der Raschelmaschine *n* (Textil) / comb plate

Fraschverfahren *n* (Schwefelgewinnung) / Frasch process

Fräs·dorn *m*, Fräserdorn *m* (Senkr.-Fräsmasch) / cutter arbor ‖ ~dorn *m* (Waagerechtfräsmasch) / cutter spindle, milling spindle ‖ ~dorn *m* (Holzbearb.) / loose moulding spindle

Fräse, Stemmaschine *f* (Zimm) / mortising machine, mortiser ‖ ~ *f* (Landw) / rotary hoe o. cutter

Fräseinheit *f* (Wzm) / milling unit

fräsen (Wzm) / mill *v* ‖ ~, aussenken (Holz) / sink ‖ ~ *n* (Wzm) / milling ‖ ~ (Landw) / tillage by rotary cutter ‖ ~ mit Satzfräsern / gang milling ‖ ~ zweier Seitenflächen / straddle milling ‖ Keilnuten ~ / cut keyways

Fräser *m*, Abwälzfräser *m* / hob [cutter], gear hobbing mill, self-generating cutter ‖ ~ (Wzm) / milling cutter ‖ ~ (Arbeiter) (Wzm) / milling worker ‖ ~, Senker *m* / burr ‖ ~ mit Unterschnitt (Verzahnung) / protuberance hob ‖ ~arbeitslänge *f*, -breite *f* (Getriebe) / contact length of hob ‖ ~auslauf *m* (Abwälzfräsen) / hob exit ‖ ~breite *f* (Abwälzfräsen) / hob face width ‖ ~dorn *m* s. Fräsdorn

Fräserei *f* / milling shop o. department

Fräser·radius-Bahnkorrektur *f* (NC) / cutter compensation ‖ ~satz *m* / gang milling cutter ‖ ~schaft *m* / shaft of a burr ‖ ~schleifautomat, -schärfautomat *m* (Wzm) / automatic cutter grinder ‖ ~schneide *f* / cutting edge ‖ ~windung *f* (Abwälzfräsen) / hob convolution

Fräs·kette *f* / chain cutter, moulding chain ‖ ~kopf, Messerkopf *m* / cutter head o. block, milling o. facing head ‖ ~lader *m* (Bau, Straßb) / milling loader ‖ ~leistung *f* beim Abwälzfräsen / hobbing capacity o. output ‖ ~maschine *f*, -werk *n* / milling machine, miller ‖ ~maschine *f* für Abwälzfräsen / hobbing machine ‖ ~maschine *f* für Holzbearbeitung / wood shaping machine ‖ ~maschine *f* für unterbrochene Einfräsungen (Holz) / stooped-grooves shaper ‖ ~messer *n* (Holzbearb) / cutter ‖ ~schlitten *m*, -spindelkopf *m*, -spindelschlitten *m* / milling saddle o. carriage

Fraß·gang *m* (Holz) / feeding tunnel, worm groove ‖ ~gift *n* / stomach insecticide ‖ ~hemmend (Insektizid) / antifeedant ‖ ~hemmung *f* (Insektizid) / antifeeding effect

Fräs·spindel *f* (Fräsmaschine) / cutter o. milling spindle ‖ ~spindelkopf *m* / milling [spindle] head o. nose, spindle nose ‖ ~spindelständer *m* / milling spindle column ‖ ~stichel *m* / milling graver ‖ ~stift *m* (gedr.Schaltg) / pin ‖ ~tiefe *f* / cutting depth ‖ ~tisch *m* / milling machine table ‖ ~trommel *f* (Schneefräse) / drum of the rotary snow plough ‖ ~- und Bohrmaschine *f* / [combined] milling and boring machine ‖ ~vorrichtung *f* (Dreh) / milling attachment ‖ ~vorrichtung *f* (Einspann- o. Hilfsvorrichtung) / milling fixture ‖ bewegliche ~walze (Dungstreuer) / oscillating beater ‖ ~werk *n*, -maschine *f* / milling machine, miller ‖ ~werkzeug *n* / milling cutter

Frauenarbeit *f* / women's job o. labour

Fraunhofer·region *f*, Fernfeld *n* (Antenne) / Fraunhofer's zone, radiation zone, far o. distant o. wave zone ‖ ~sche Beugungserscheinung / Fraunhofer diffraction ‖ ~sche Linien *f pl* (Opt) / Fraunhofer lines *pl*

Freezer *m*, Gefrierfach *n* / freezing compartment, freezer

Fregatte *f* (Mil) / escort destroyer, frigate (US)

frei / free ‖ ~ [von] / exempt o. free [from] ‖ ~, offen / exposed ‖ ~, aufgedeckt / uncovered ‖ ~ (fig.), unbezogen / intrinsic ‖ ~, nicht überladen (Bau) / disencumbered ‖ ~, unbesetzt (Fernm) / idle, dead ‖ ~ (Sicht) / unconfined ‖ ~, entblockt (Bahn) / clear ‖ ~ (Taxameter) / for hire ‖ ~e Achse (Mech) / free axis [of rotation] ‖ ~e Arbeit / free work ‖ ~es Atom / free atom ‖ ~ aufliegend, auf zwei Stützen (Mech) / freely supported, supported at both ends, on two supports, simple ‖ ~er Auftrieb / excess o. reserve o. free (US) lift ‖ ~ auskragende Länge / unsupported length ‖ ~er Auspuff / free exhaust ‖ ~ Bahnhof / free railroad depot ‖ ~es Band (OCR) / clear band ‖ ~e Base-Form (Ionenaust) / free base form ‖ ~ Baustelle, frei Verwendungsstelle / delivered at [building] site ‖ ~er Beruf / professional career, profession ‖ ~ beweglich, gelenkig / flexible, articulated ‖ ~ beweglich (o. drehbar) / free[ly] movable o. moving o. rotatable o. rotating ‖ ~ beweglich, lose / floating, free ‖ ~ beweglich aufhängen / suspend freely ‖ ~e Bindungen f pl (Chem) / dangling bonds pl ‖ ~ Daten / free data, unrestricted data ‖ ~er Deskriptor (DV) / free deserptor ‖ ~ drehbare Rolle / free-bending roll ‖ ~e Drehbarkeit / free rotation ‖ ~e Einspannlänge / clearance between clamps ‖ ~ Eisenbahn / f.o.r., free on rail ‖ ~e Elektrizität / free electricity ‖ ~es Elektron, Leitungselektron / free electron ‖ ~e Energie / free energy ‖ ~e Fahrt geben (Bahn) / clear the line ‖ ~er Fall / free descent o. fall ‖ ~e Farbe (Phys) / non-object [perceived] colour ‖ ~er Federungsweg der Räder / clearance of wheels ‖ ~e Feuchtigkeit / free moisture ‖ ~e Fläche / open space ‖ ~ gefedert / free-sprung ‖ ~ geführt / freely guided ‖ ~ Hafen / free at port ‖ ~ Haus / paid delivery home, delivery free ‖ ~e Hemmung (Uhr) / detached escapement ‖ ~e Impedanz / free impedance ‖ ~er Innenraum (Container) / unobstructed capacity (container) ‖ ~e Ladung (Phys) / free charge ‖ ~e Lage, ungeschützte o. ausgesetzte Lage / exposed site ‖ ~e Leitung (Fernm) / disengaged line ‖ ~e Leitwegzuteilung (Fernm) / free routing ‖ ~e Lenkachse (Kfz) / free steering axle ‖ ~ Lkw / free on truck, f.o.t. ‖ ~ machen, wegschaffen, reinigen / clear v, open ‖ ~ machen, befreien / free v, liberate ‖ ~er Magnetismus / free o. surface magnetization ‖ ~er Parameter / arbitrary parameter ‖ ~er Platz in einer Warteschlange / slot ‖ ~er Posten, unbesetzte Stelle / job opening ‖ ~ programmierbar / freely programmable, RAN-programmed ‖ ~ programmierbare Datenendstation, intelligentes Terminal / intelligent terminal ‖ ~ programmierbare Steuerung (NC) / programmable controller, PC ‖ ~es Radikal / free radical ‖ ~er Raum / unobstructed dimensions pl ‖ ~er Raum zwischen Deckenträgern / bay of joists ‖ ~e Raumladungswelle / free space-charge wave ‖ ~ rotieren / turn readily ‖ ~ schweben / be in midair ‖ ~ schwebend / freely suspended, floating ‖ ~er Schwefel / free sulphur ‖ ~ schwingend / swinging clear ‖ ~e Schwingung / free oscillation ‖ ~ sichtbar (Bildschirm) / push-through … ‖ ~er Spänedurchfall (Wzm) / ample chip clearance ‖ ~es Stabende (Stahlbau) / free end ‖ ~e Stärke / free starch ‖ ~ stehend / detached, isolated ‖ ~ Strecke (Bahn) / open line o. track ‖ ~ strömend (IIydr) / live ‖ ~er Sturz (Hydr) / free drop ‖ ~ tragbar (Gerät) / self-contained ‖ ~ tragen, vorkragen (Bau) / repose, rest ‖ ~er Vektor (Math) / momental vector ‖ ~ verfügbar (z.B. Klemmen) / user's-choice ‖ ~ verfügbar / disposable, surplus ‖ ~ von lebenden Organismen / bioclear ‖ ~ von systematischen Fehlern (Ergebnis) / unbias[s]ed ‖ ~ von Wasser u. mineralischen Bestandteilen (Aufber) / dry [and] mineral matter free, DMMF ‖ ~ Waggon / f.o.w., free on waggon ‖ ~ verarbeitung (DV) / random processing ‖ ~e o. ungebundene Wärme / uncombined heat, free heat ‖ ~es Wasser / free water ‖ [mittlere] ~e Weglänge (Phys) / [mean] free path ‖ ~e Welle (Hydr) /

external surge ‖ ~er Wirbel (Luftf) / trailing vortex ‖ ~ Zeche (Bergb) / free at pit ‖ ᵗanlage f / open-air plant ‖ ᵗantenne, Hochantenne f / free antenna, outdoor antenna ‖ ~arbeiten, -schaffen / recess v ‖ ᵗarmmaschine f (Näht) / free-arm [sewing] machine, cylinder bed [sewing] machine ‖ ᵗätzung f (gedr.Schaltg) / clearance hole ‖ ~aufliegende Zwischenplatte (Wz) / floating plate ‖ ~aufliegende Zwischenplatte (Plast) / floating platen ‖ ᵗauslösung f (Elektr) / free handle o. free trip release, trip free release, independent breaker release, independent trip ‖ ohne ᵗauslösung (Schalter) / fixed-handle o. -trip type ‖ mit ᵗauslösung / free-trip type ‖ ᵗbad, Schwimmbad n / open air [swimming] pool ‖ ᵗballon m / free balloon

Freibergit m (Min) / argentiferous grey copper ore, argentiferous tetrahydrite, freibergite

frei·bewegliches Lager (Masch) / floating bearing ‖ ᵗbewitterung f (Prüfung) / outdoor exposure, natural weathering ‖ ᵗbezirk m (Hafen) / duty-free district ‖ ᵗbiegen n (Stanz) / air bending ‖ ᵗbohrung f (Durchm. größer als der des Bolzens) / clearing hole ‖ ᵗbord m (Schiff) / freeboard ‖ ᵗborddeck n (Schiff) / freeboard deck ‖ ᵗbordmarke f (Schiff) / Plimsoll line, Plimsoll's mark ‖ ᵗbord-Tiefgang m (Schiff) / freeboard draft ‖ ᵗdampf m (Gummi) / open steam

Freie n / open air ‖ im ᵗn / in the open ‖ im ᵗn aufzustellen / for outdoor sites ‖ im ᵗn wachsend / growing in the open

frei·fahrendes Motorgüterschiff / self-contained motor cargoboat ‖ ᵗfahrturbine f (Luftf) / free turbine ‖ ᵗfall m / free fall ‖ ᵗfallapparat m / detent apparatus ‖ ᵗfallbahn f (Raumf) / free fall trajectory ‖ ᵗfallbohrer m (Bergb) / detent terrier ‖ ᵗfallendes Wasser (Hydr) / falling stream ‖ ᵗfallhammer m (Schm) / drop o. swage hammer ‖ ᵗfallklassieren n (Bergb) / free settling [classification] ‖ ᵗfallklassieren n (Keram) / gravity classifying ‖ ᵗfallmeißel m (Bergb) / free fall bit ‖ ᵗfallmischen n / free fall mixing ‖ ᵗfallmischer m / gravity mixer, mixer with staggered baffles, revolving drum mixer ‖ ᵗfallmischung f (Bergb) / gravity mixture, free-fall mixture ‖ ᵗfallramme f / drop pile hammer ‖ ᵗfallschirm m, Fallschirm m ohne Aufziehleine / parachute without release cord, free o. dropping (US) type parachute ‖ ᵗfallturm m (Raumf) / drop tower ‖ ᵗfallverdampfer m (Vakuum) / free-falling film evaporator ‖ ᵗfeld… / free field… ‖ ᵗfeld n (Schall) / free [sound] field ‖ ᵗfläche f / open space ‖ ᵗfläche f (für den Anfangssteigflug) (Luftf) / clearway, climb corridor ‖ ᵗfläche f (Urbanisation) / free space ‖ ᵗfläche f des Beitels / cannel of a chisel ‖ ᵗfläche f des Meißels (Dreh) / flank ‖ ᵗfläche f des Werkzeugs (Wzm) / tool flank ‖ ᵗflächenfase f (Dreh) / first flank, land of the flank ‖ ᵗflächenprofil n (Wz) / flank profile ‖ ᵗflächenverschleiß m / flank wear ‖ ᵗfliegend, überhängend / overhang, cantilever… ‖ ᵗfliegender Kolben / free floating piston ‖ ~fliegende Nutzlast (Raumf) / free-flier ‖ ᵗfließend / free flowing ‖ ᵗflughafen m / free airport ‖ ᵗflugmodell n / free-flight model ‖ ᵗflugversuch m (Raumf) / free-flight test ‖ ᵗflug[wind]kanal m / free flight wind tunnel ‖ ᵗfluß… / free-flow… ‖ ᵗflußviskosimeter n / free flow viscometer ‖ ᵗformen n (DIN 8583) / free forming ‖ ~formgeschmiedet / hammer-forged ‖ ᵗformschmieden n / open die forging, hammer forging ‖ ᵗformschmiedestück n / smith hammer forging, open-die forging ‖ ᵗ-Frei-Strahlung f (Nukl) / free-free radiation ‖ ᵗ-Frei-Übergang m (Nukl) / free-free transition

Freigabe f, Auslösung f / release, disengaging ‖ ᵗ, Entblockung f (Bahn) / clearing, unblocking, freeing ‖ ᵗ (DV, Fernm) / release ‖ ᵗ… (Signal) / release o. enabling ‖ ᵗanweisung f (DV) / release statement ‖ ᵗbefehl m (DV) / enable command ‖ ᵗblock m (Bahn) / clearing block ‖ ᵗ-Blocksperre f (Bahn, eingleis. Strecke)

/ device for effecting manual block ‖ **⁺datum** n (F.Org) / release date ‖ **⁺datum**, Verfalldatum n (DV) / expiration date, purge date ‖ **⁺feld** n (Bahn) / permission mechanism ‖ **⁺grenze** f (Luftf) / clearance limit ‖ **⁺impuls** m (DV) / enable pulse ‖ **⁺leitung** f (DV) / enable circuit ‖ **⁺schalter** m / release switch ‖ **⁺signal** n (DV) / enabling signal ‖ **⁺signal** n (Fernm) / release signal ‖ **⁺taste** f / release key ‖ **⁺zeit** f (Elektronik, Signale) / enable time ‖ **⁺zeit** f ("Grün") (Verkehr) / green period

Freiganggerät n (Landw) / free floating implement

freigeben vt ‖ ⁺, auslösen, loslassen / release ‖ ~ (DV) / enable ‖ ~ (Bahn) / release, unblock, free ‖ ~ **für die Fertigung** / slate for production (US) ‖ **die Leitung** ~ (Fernm) / release the line ‖ **einen Film** ~ / release a film ‖ **Speicherplatz** ~ (DV) / release storage, free the storage

frei·gemacht (Bahn) / carriage charges paid ‖ ~**gemacht** (Post) / stamped, prepaid ‖ **⁺gepäck** n (Luftf) / allowance of baggage ‖ **⁺gerinne** n, Abführkanal m / outlet, channel ‖ ~**gesetzt** / released ‖ ~**gespannt** (Träger) / having a false bearing

freihaben, einen Mann ~ / have available a man

Frei·hafen m / free port ‖ **⁺haltezeit** f (Halbl) / hold-off interval ‖ ~**händig** / done by freehand, freehanded ‖ ~**händig gezogene Linie** / free-hand line ‖ **⁺handschleifen** n / free-hand grinding ‖ **⁺handwalzen** n (Walzw) / hand rolling ‖ **⁺handzeichnung** f / freehand [drawing] ‖ ~**hängend** / suspended [freely]

Freiheit, Unabhängigkeit f / freedom

Freiheits·grad m (Mech, Chem) / degree of freedom ‖ **mit einem ⁺grad**, mit einer Freiheit (Chem) / univariant, monovariant

Freiheitsgrad, mit zwei ⁺en (Chem) / bivariant, two-degree-of-freedom…

Freiheits m pl, **mehrere ⁺grade** / many degrees of freedom pl, multi-freedom… ‖ **Zahl der ⁺grade** (Chem) / variability

Freihub m (Gabelstapler) / free lift

Freikolben·generator, -gaserzeuger m / free-piston generator (for pressure gas) ‖ **⁺kompressor** m / free-piston compressor ‖ **⁺motor** m / free-piston engine ‖ **⁺-Turboanlage** f / free-piston gas turbine plant

Frei·kommen (Raumf) / tower clearance ‖ **⁺korn-Schleifmaschine** f / free-abrasive machine ‖ **⁺ladegleis** n (Bahn) / loading and unloading siding, team track (US) ‖ **⁺lampe** f (Fernm) / idle indicating signal, free-line signal ‖ **⁺land** n (Landw) / open land ‖ **⁺landversuch** m (Landw) / field trial o. test, outdoor test ‖ ~**lassen** / leave open, spare

Freilauf m (Gerät) (Kfz) / free-wheel ‖ ⁺ (TV) / free running state ‖ ⁺ (Fahrrad) / free-wheel n, free-running hub ‖ ⁺ (Vorgang) (Kfz, TV) / free running, free-wheeling ‖ ⁺ **mit Rücktrittbremse** / free-wheeling hub with back-pedal brake ‖ **[im]** ⁺ **fahren** / freewheel ‖ **⁺diode** f / recovery diode

freilaufend (Ausgabe, Meldung) (DV) / unsolicited

Freilauf·gehäuse n (Kfz) / free-wheel housing ‖ **⁺getriebe** n **des Anlassers** / overrunning clutch of the starting motor ‖ **⁺klemmrolle** f / free-wheel brake roller ‖ **⁺kupplung** f (Kfz) / free engine clutch, overriding clutch, overrunning o. sprag clutch ‖ ~**nabe** f / freewheeling hub ‖ **⁺nocken** m / overrunning clutch cam ‖ **⁺schaltung** f (Kfz) / free-wheel drive mechanism o. transmission ‖ **⁺sperre** f / free-wheel lock ‖ **⁺system** n (TV) / free running ‖ **⁺zweig** m (Elektronik) / freewheeling arm

freilegen, herausheben / lift ‖ ~ / lay bare, uncover vt ‖ ⁺ n **des Gleises** (Bahn) / clearing ballast from the track ‖ ⁺ **einer Trasse** / clearing the right of way ‖ **eine Mauer** ~ / strip a wall

Freileitung f (Elektr) / aerial line o. wire, air o. overhead line, transmission line ‖ ⁺ **auf Stahlmasten** (Elektr) / tower line

Freileitungs·ausführung f (Elektr) / outdoor type ‖ **⁺bau** m / open line construction ‖ **⁺draht** m / overhead wire ‖ **⁺isolator** m / outdoor insulator ‖ **⁺kreis** m / open-wire circuit ‖ **⁺linie** f, Freileitungslinie f (Fernm) / overhead communication line, aerial line o. wire ‖ **⁺mast** m (Elektr) / transmission tower ‖ **⁺monteur** m (Elektr) / lineman ‖ **⁺netz** n / transmission line network ‖ **⁺seil** n / overhead conductor o. rope ‖ **⁺sicherung** f (Elektr) / aerial cut-out

Frei·licht…, Freiluft… / open-air…, outdoor, exterior ‖ **⁺lichtaufnahme** f, Außenaufnahme f / on-location shot ‖ **⁺lichtkino** n / open-air cinema, drive-in theater (US) ‖ ~**liegend** / open, bare ‖ ~**liegend** (Elektr) / bare

Freiluft f / open air ‖ **für** ⁺ (Elektr) / outdoor type…, for outdoor use, outdoor… ‖ **⁺anlage** f / outdoor plant ‖ **⁺aufstellung** f / open-air installation ‖ **⁺ausführung** f (Elektr) / outdoor type ‖ **⁺-Endverschluß** m (Elektr) / outdoor termination ‖ **⁺-Innenanlage** f (Elektr) / outdoor-indoor o. open air-indoor plant ‖ **⁺klima** n / open air climate ‖ **⁺lautsprecher** m / outdoor loudspeaker ‖ **⁺schaltanlage**, -Unterstation f (Elektr) / outdoor substation, switchyard ‖ **⁺transformator** m / outdoor transformer ‖ **⁺trocknung** f (Ziegl) / hack drying ‖ **⁺umspannstation** f, -transformatorenanlage f, -umspannwerk n / open-air o. outdoor transformer plant o. station

frei·machen, frankieren (Brief) / stamp, put a stamp [on] ‖ **⁺machen** n / clearing, clearance ‖ **das Gleis** ~**machen** (Bahn) / clear the track ‖ **⁺machungskennzeichen** n (Briefautomation) / automatic letter facing ‖ **⁺maß** n (Masch) / untoleranced dimension ‖ **⁺maßtoleranz** f / dimensional variation ‖ ~**programmiert** (DIN) / RAM programmed ‖ ~**pumpen** (Bergb) / free from water ‖ **⁺raum** m (Elektronik) / free space ‖ **⁺raum** m, Zwischenraum m / clearance ‖ **⁺raum** m (allg) / clearance zone ‖ **⁺raum** m, Rückspülraum m (Ionenaustauscher) / freeboard of a filter ‖ **⁺raum** m **für Demontage** / removal clearance ‖ **⁺raumausbreitungsdiagramm** n (Antenne) / free space propagation o. radiation diagram o. pattern ‖ **⁺raumdämpfung** f / free space attenuation ‖ ~**schaffen**, -arbeiten / recess v ‖ **⁺schalten** n (Fernm) / clearing ‖ **⁺schneidegerät** n (Forst) / brush cutter, brush saw ‖ ~**schneiden** / cut free o. cleanly ‖ **⁺schnitt** m (Stanz) / free punch ‖ ~**schwingen** (Elektronik) / self-oscillate

freischwingend·er Multivibrator / free running multivibrator ‖ ~**er Plansichter** (Bergb) / free-swinging plansifter ‖ **um die senkrechte Achse** ~**es Rad** / free castering wheel

Frei·schwinger m, elektromagnetischer Lautsprecher / inductor loudspeaker, moving iron loudspeaker ‖ **⁺schwinger…** (Elektronik, Lautsprecher, Mikrophon) / moving iron… ‖ **⁺schwingsieb** n / vibrating screen ‖ ~**setzen** (Energie) / release ‖ ~**setzen**, freimachen (Chem) / set free ‖ **Wärme** ~**setzen** / emit heat ‖ **⁺setzen** n / liberation, releasing ‖ **⁺setzung** f, Abtrennung f / detachment ‖ **⁺setzung** f, Abgabe f (Nukl) / release, disposal ‖ **⁺setzung** f **von Pestiziden** / release of pesticides ‖ **⁺sicht…** (z.B. Maschinenform) / clearview…, low-built ‖ **⁺sinterung** f / open-air sintering ‖ **⁺spannsäge** f (Holz) / cross-cut saw ‖ ~**sparen**, aussparen / relieve, make recesses ‖ **⁺sparren** m / common o. empty o. intermediate rafter, edge rafter ‖ **⁺spiegelleitung** f / open channel ‖ **⁺spiegelstollen** m (Hydr) / grade tunnel ‖ ~**stechen** / relieve ‖ ~**stehend**, allein, isoliert / self-contained, stand-alone… (US) ‖ ~**stehend** / self-supporting ‖ ~**stehend** (Masch, Elektr) / self-contained, isolated ‖ ~**stehend** (Bau) / detached, isolated, outdoor ‖ ~**stehend** (Autotypie) (Buch) / cut-out, close-cut, outlined, block-out… ‖ ~**stehender Bauaufzug** (Bau) / self-supporting building hoist ‖ ~**stehende Hülle** (Nukl) / free-standing cladding ‖ ~**stehender Mast** / self-supporting tower ‖ ~**stehende**

Schalttafel / isolated switchboard || ~stehwanne f (Bau) / detachable [bathing] tub, tub pattern bath || ~steinbohren (Felssprengung) / block-hole || ~steinschießen n, Oberflächensprengung f (Steinbruch) / mudcapping || ~stempel m (für Frankierung) / printed postmark pl, indicia pl (US) || ~stempler m / postage meter machine, postal franker o. franking machine || ~stich m (Wzm) / undercut, relief groove || ~stich m der Bohrbuchse / undercut of a drilling bush || ~strahl m / open jet, free jet || ~strahlanlage f (Gieß) / hose sandblasting equipment || ~strahldüse f / open jet nozzle, free jet nozzle || ~strahlen n (Wzm) / jet blasting || ~strahlschalter m (Elektr) / free-jet breaker || ~strahlturbine f, Peltonturbine f / Pelton turbine || ~strahlüberfall m (Hydr) / open-jet overfall || ~strompumpe f / unchokable o. non-chokable pump || ~suchen n (Fernm) / hunting, finding [action] || ~ton m (Fernm) / ringing tone, R.T.

freitragend (Mech, Bau, Stahlbau, Luftf) / cantilever... || ~, Ausleger... / jib..., cantilevered || ~, nicht o. ungelagert / unsupported, self-contained || ~e Decke (Bau) / single-floor || ~er Eindecker / cantilever type monoplane || ~e Kurbelwelle / side-throw crankshaft || ~e Länge / bearing distance, span || ~es Pultdach / cantilever leanto || ~er Träger, Freiträger m / cantilever [beam] || ~e Treppe / overhanging stairs

Frei·treppe f, Vortreppe f / door steps pl, front steps pl, flight of outside steps, perron, fliers pl || ~vorbau m (Brücke) / cantilever[ed] construction o. erection, cantilevering || ~vorbauträger m (Brücke) / cantilever construction girder || ~vulkanisation f / open cure || ~wahl f (Fernm) / hunting || ~wahlzeit f (Fernm) / interdigit o. selector hunting time || ~wange f, äußere Treppenwange / outer string[board] of stairs || ~wasser n (DIN) (Hydr) / surplus water || ~werdend, naszierend (Chem) / nascent || ~werdend (Gas) / released || ~werdezeit f (Thyristor) / circuit-commutated recovery time || ~willig, beabsichtigt / controlled || ~williger Umwälzungspunkt / spontaneous centre of gyration || ~winkel m (Wzm, Dreh) / clearance o. relief angle, lead angle to work (US) || ~winkel m, Freiflächenfase f (Wzm) / [first] tool orthogonal clearance || ~winkel m, Hinterschleifwinkel m / draft angle || ~zeichen n, Anforderungssignal n (Fernm) / dialling tone, free-line signal, clear signal || ~zeichen n der gewählten Nummer (Fernm) / ringing tone, R.T. || ~zeit f / off-time || ~zeit (Australien), Ruhepause f / spell || ~zeitgestaltung f / use of leisure time, recreational activities pl || ~zugängliches Gebiet, Zone f 1 (Nukl) / inactive area || ~zustand m (Fernm) / idle condition

fremd (allg, Chem) / foreign || ~, nicht zugelassen / outside || ~..., Zukauf... / outside, bought || ~..., äußerer / extraneous, external || ~e Asche (Bergb) / extraneous ash || von ~em Ursprung (Biol) / hetergenous || ~ansteuerung f (Elektronik) / external excitation || ~artig, exotisch (Metall) / exotic || ~atom n (Halbl) / foreign atom, impurity || ~atomstoff m (Halbl) / impurity atom || ~aufladung f (Elektr) / external charge || ~aufladung f (Mot) / independent supercharging || ~ausrüstung f (Luftf) / purchased equipment || ~beheizt / externally fired || ~belüftet (Elektr) / air-blast,..., pipe- o. force-ventilated || ~belüftung f (Elektr) / forced draught o. draft (US), pressurized enclosure || ~belüftung f durch eingebautes Aggregat / forced-air cooling by built-in unit || ~berge m pl / imported dirt o. stowing, extraneous dirt || ~betrieben, netzunabhängig (Elektr) / off the line || ~bezug m (Elektr) / purchase || ~einstrahlung f (Radio) / radiated interference || ~energie f aus überregionalem Netz (Elektr) / bulk supply || ~erregt (Elektr) / separately excited || ~erregung f (Elektr) / independent o. separate excitation, artificial magnetization || ~feld n (Elektr) / interfering field || ~feldeinfluß m / external magnetic field influence || ~film-Material n (TV) / library shot,

stock shot || ~führung f (Elektronik) / external commutation || ~gas n / foreign gas || ~geführt (Elektr) / master-controlled || ~gegendruck m (Sicherheitsventil) / superimposed back pressure || ~gekühlt / forced air cooled || ~gelagerter Magnetzünder, Schwungmagnetzünder m / flywheel magneto || ~gelagerter Starterergenerator, Schwunglichtanlasser m / crankshaft-mounted starter-generator unit || ~geräusch n (Elektronik) / extraneous noise || ~gesteuert / externally controlled || ~gesteuerte Austastschaltung (Radar) / killer circuit || ~gesteuerte Pendelschaltung (Elektronik) / externally quenched superregenerative detector || ~heitsquantenzahl f (Nukl) / strangeness || ~heitsquantenzahl f / strangeness || ~induktion f (Elektr) / external induction || ~komponente f (TV) / extraneous pattern || ~körper m / foreign matter o. body o. substance || ~körper m, Verunreinigung f / impurity || ~körperbeschädigung f / foreign-object damage, FOD || ~kraft-Bremsanlage f (Kfz) / power-brake system || ~kühlung f / forced air cooling || ~leistung f / contract service, foreign supplies pl || ~lenkung f (Mil) / passive homing || ~leuchter m (Phys) / secondary light source || ~lüfter m / separate fan || ~lüftung f (Elektr) / extraneous ventilation || ~modulation f / external modulation || ~ortung f (Luftf) / ground position finding || ~ortung f über Satelliten (durch vom Schiff ausgehende Signale) (Schiff) / active satellite navigation || ~peil-Kontrollstelle f (Luftf) / direction finding control station, DFCS || ~peilung f (Schiff, Luftf) / back bearing, bearing by a radio-compass station, ground direction finding || ~quelle f (Elektr) / outside source || ~rost m / extraneous rust || ~schall m / external sound || ~schrott m (Hütt) / external scrap || ~spannung f (Elektr) / external voltage || ~spannung f, -strom m / other source of current || ~spannung f (Magn.Bd) / unweighted noise voltage || ~spannungsabstand m (Störspannung) / unweighted signal-to-noise ratio || ~spannungsarme Erde (Elektr) / noiseless earth (GB) o. ground (US), clean earth (GB) o. ground (US) || ~speicherung f (DV) / secondary storage || ~sprachensatz m (Buch) / setting in foreign languages || ~sprachliches Äquivalent / foreign o. translational equivalent, corresponding foreign term || ~steuerung f / external control || ~stoff m / foreign matter o. body o. substance || ~stoff m, Verunreinigung f (Chem) / impurity, crud (coll) || ~stoffgehalt m / content of foreign matter || ~störstelle f (Halbl) / solute || ~störung-geschütztes Radar n / IJJU, intentional jitter-jammer unit || ~strom m, bezogener Strom (Elektr) / external o. outside current || ~strom m, Störstrom m / parasitic current || ~strom m, vagabundierender o. Irrstrom m / stray o. vagrant current || ~strom m (Korrosion) / current from external source || ~strombezug m (Elektr) / external power supply || ~synchronisation f (Kath.Str) / slaving, slave synchronization || ~synchronisierung f (Elektr) / remote synchronization || ~takt m (Fernm) / external timing || ~trickmischung f / inlay || ~wasser n / external water || ~zündung, Funkenzündung f (Mot) / spark ignition, positive ignition, externally supplied ignition

Frenkeldefekt m, -fehlstelle f (Krist) / Frenkel defect

Freon n / freon || ~ 12, Frigen n (Kälte) / dichlorodifluoromethane, Freon 12

Frequenz f (Elektr) / frequency, number of cycles || ~ (Stoß) / [cyclic] frequency || ~ bei Stromverstärkung 1, Einsfrequenz f (Halbl) / frequency of unity current transfer ratio || ~ für "Ruf an alle" / general calling frequency || ~ von 50 (o. 60) Hz / industrial frequency || ~ von 10-30 kHz (Elektronik) / very low frequency, VLF || ~ zwischen 10 und 100 Hz, Bereich 2 / extremely low frequency || für alle ~en (Elektronik) / all-pass... || höchste Nutz- o. höchste brauchbare [Übertragungs-] ~ (bei ionosphärischer Wellenausbreitung) / maximum usable frequency, MUF

‖ mit [nur] einer ↔ / single-frequency ‖ **niedrigste brauchbare** ↔ (bei ionosphärischer Wellenausbreitung) / lowest useful frequency, LUF ‖ ↔**abfall** m / frequency fall-off ‖ ~**abgesetzter Simplexbetrieb** (Luftf) / offset frequency simplex ‖ ~**abhängig** / frequency-dependent ‖ ~**abhängig aufgetragen** / represented as a function of frequency ‖ ↔**abhängigkeit** f / dependance on the frequency ‖ ↔**abhängigkeit** f **der Dielektrizitätskonstante** / dielectric dispersion ‖ ↔**ablage** f (FM-Sender) / center frequency error ‖ ↔**abstand** m / frequency separation o. spacing ‖ ↔**abstand** m (Elektronik) / mode separation ‖ ↔**abstimmung** f / frequency tuning ‖ ↔**abweichung** f, -verlauf m / frequency deviation ‖ ↔**abweichung** f, -verlauf der Oszillatorröhre m / oscillator drift ‖ ~**agiler Suchkopf** / variable frequency seeker ‖ ~**agiles Radar**, Frequenzspringer-Radar n / frequency agile radar ‖ ↔**agilität** f (Radar) / frequency agility ‖ ↔**-Amplituden-Modulation** f / frequency and amplitude modulation, FAM ‖ ↔**analysator** m / frequency analyzer, wave analyzer ‖ ↔**analysator** m (Akustik) / harmonic analyzer ‖ ↔**-Analyse** f / harmonic o. Fourier analysis ‖ ↔**anzeiger** m, -messer m, -kontrollapparat m / frequency indicator ‖ ↔**aufbereitungsteil** m / frequency synthetizer ‖ ↔**auslöschungszone** f (Radio) / signal cancellation area, mush area ‖ ↔**aussiebung** f / frequency discrimination ‖ ↔**auswanderung**, -drift, -abweichung f (allg) / frequency departure (carrier frequency) o. drift, frequency excursion ‖ ↔**auswanderung** f **bei Belastung** (Fernm) / frequency pulling ‖ ↔**band** n / frequency band ‖ ↔**band von 535 bis 1605 kHz** / standard broadcast band (USA) ‖ ↔**bedingung** f (Phys) / frequency relation ‖ ↔**bereich** m, -gebiet n (Radio) / tuning area ‖ ↔**bereich**, -gang m (Mikrophon) / response ‖ ↔**bereicheinstellskala** f / frequency range dial ‖ ↔**bewertungsfaktor** m / weighting factor for frequencies ‖ ↔**charakteristik**, -kennlinie f, -verlauf, -gang m / frequency characteristic, frequency response curve ‖ ↔**demodulation** f / frequency demodulation ‖ ↔**diskriminator** m / frequency discriminator, frequency modulation detector ‖ ↔**diversity** f (Radio) / frequency diversity ‖ ↔**doppler**, -verdoppler m / frequency doubler o. duplicator ‖ ↔**drift** f / frequency drift ‖ ↔**-Durchstimmbereich** m / frequency tuning range ‖ ~**empfindlich** / frequency-sensitive ‖ ↔**entdämpfung** f / frequency gain ‖ ↔**familie** f, -gruppe f / family of frequencies ‖ ↔**gang** m (Elektr, Regeln) / frequency response ‖ ↔**gang** m (Magn.Bd) / write-read response ‖ **zu langer** ↔**gang** / dripple-up (US) ‖ ↔**gang** m **bei diffusem Schalleinfall** (Akustik) / random o. reverberation response curve ‖ ↔**gang** m **des Schalldruckpegels** / frequency response of sound pressure level ‖ ↔**gang** m **einer Wechselstrommaschine** / frequency response characteristic of an a.c. machine ‖ ↔**gangkurve** f, Gangkurve f / frequency response curve ‖ ↔**gangkurve** f, Ortskurve des Frequenzgangs / transfer locus ‖ ↔**gangverfahren** n, -gangmethode f (Regeln) / frequency response method ‖ ↔**gemisch** n / frequency spectrum ‖ ~**gerader Kondensator** / straight-line frequency capacitor ‖ ~**gewichtet** (Fernm) / frequency-weighted ‖ ↔**gleichung** f / frequency equation ‖ ↔**grenze** f (Fernm) / cut-off frequency ‖ ↔**hub** m (Fernm) / FS, frequency shift ‖ ↔**hub** m **der Modulation** / frequency deviation o. sweep, frequency excursion ‖ ↔**hub** m **des Wobblers** / sweep width ‖ ↔**hub Spitze-Spitze** / frequency swing ‖ ↔**inkonstanz** f, -verwerfung f / frequency deviation ‖ ↔**kanal** m / frequency channel ‖ ~**konstanter Oszillator** / stalo, stable local oscillator ‖ ↔**konstanz** f / frequency constancy ‖ ↔**kontrollgerät** n / frequency monitor ‖ ↔**[kontroll]relais** n / frequency relay ‖ ↔**kurve** f, Gang m (Elektronik) / frequency response [curve] ‖ ↔**lage** f (Elektronik) / frequence position ‖

↔**-Leistungsregelung** f (Elektr) / load-frequency control ‖ ↔**-Management** n / frequency management ‖ ↔**marke** f (Meßinstr) / frequency mark[er] ‖ ↔**maß-Intervall** n / frequency interval ‖ ↔**messer** m / frequency meter ‖ ↔**meßschallplatte** f / frequency test record

Frequenzmodulation f, FM / frequency modulation, FM ‖ ↔ **fremd** / external frequency modulation ‖ ↔ **im Frequenzvielfach**, Frequenzmodulation im Multiplexbetrieb mit Frequenzteilung (Fernm) / frequency division multiplexing - frequency modulation, FDM - FM ‖ ↔ **mit Frequenzumtastung** / frequency shift keying, FSK ‖ **zeitproportionale** ↔ (Elektronik) / chirp modulation (the name was given because it was introduced inconspicuously with "little chirp")

frequenz·**modulieren** / frequency-modulate ‖ ~**modulierter Quarzkreis, FMQ** / frequency-modulated quartz circuit ‖ ~**moduliertes Zyklotron** / synchro-cyclotron, frequency-modulated cyclotron ‖ ↔**multiplex** / frequency division multiplex, F.D.M. ‖ ↔**multiplexkanal** m (DV) / frequency-derived channel ‖ ↔**multiplex[-Verfahren]** n / FDMA, frequency division multiple access ‖ ↔**nachlauf** m, -verfolgung f (Raumf) / frequency tracking ‖ ↔**nachsteuerung** f / automatic frequency control, AFC ‖ ↔**normal** n / frequency standard ‖ ↔**regelung** f / frequency regulation ‖ ↔**relais** n / frequency relay ‖ ↔**schreiber** m / frequency recorder ‖ ↔**schwankung** f / frequency fluctuation ‖ ↔**schwankung** f, Wobbeln n / wobbling ‖ ↔**schwankung** (o. Schwebung) **von 30-200 Hz**, Heiserkeit f (Funk) / gargle ‖ ~**selektiv** / frequency-selective ‖ ↔**siebfilter** n / electric wave filter ‖ ↔**skala** f / frequency scale ‖ ↔**spektrograph** m (Elektronik) / panoramic monitor ‖ ↔**spektrum** n / frequency spectrum ‖ ↔**sprung** m / frequency jumping ‖ ↔**sprungsystem** n / frequency hopping spread spectrum system ‖ ↔**stabilisierung** f / frequency stabilization ‖ ↔**stabilität** f / stability of the frequency ‖ ↔**steigerungstransformator** m / frequency multiplier ‖ ↔**-Streubereich** m / frequency spread ‖ ↔**-Strom-Wandler** m / frequency-current converter ‖ ↔**tastung** f / frequency keying ‖ ↔**teiler** m / frequency divider ‖ ↔**teilerdiode** f / [sub]harmonic generator diode ‖ ↔**teilerschaltung** f / frequency dividing network ‖ ↔**teilung** f / frequency demultiplication o. division ‖ ↔**-Thyristor** m / frequency thyristor ‖ ↔**toleranz** f (zulässige Abweichung der Trägerfrequenz) / frequency tolerance ‖ ↔**transformation**, -transponierung f / frequency transformation ‖ ↔**transformator** m / frequency transformer, static frequency changer ‖ ↔**trennung** f / frequency discrimination ‖ ↔**treue** f, H.F.-Qualität f / high-fidelity o. hi-fi response ‖ ↔**überwachungszentrale** f (Radio) / receiving and measuring station ‖ ↔**umfang** m / frequency coverage ‖ **rotierender** ↔**umformer** / rotary frequency converter, frequency changer set ‖ ↔**umsetzer** m / frequency converter ‖ ↔**umsetzung** f / frequency translation ‖ ↔**umsetzung** f **eines Kanals** (Fernm) / frequency translation of a channel ‖ ↔**umspringen** n (Elektronik) / double moding ‖ ↔**umtasttelegrafie** f / frequency shift telegraphy ‖ ↔**umtastung** f / frequency shift keying o. shifting, FSK ‖ ↔**[um]wandlung**, -umformung f / frequency transformation ‖ ↔**unabhängiges Meßgerät** n (für Gleich- u. Wechselstrom) (Elektr) / transfer instrument ‖ ↔**unterschied-Meßgerät** n / frequency differential measuring device ‖ ↔**untersetzung** f / frequency demultiplication o. division ‖ ↔**verdoppler**, -doppler m / frequency doubler o. duplicator ‖ ↔**verdreifacher** m / frequency tripler ‖ ↔**verfolgung** f, -nachlauf m (Raumf) / frequency tracking ‖ ↔**verhalten** n / frequency response ‖ ↔**verkettung**, -verkämmung f / frequency interlace ‖ ↔**verlauf** m / frequency response curve o. characteristic ‖ ↔**verlauf** m s. auch Frequenzabweichung und Frequenzgang ‖ ↔**verschiebung** f /

frequency translation o. shift, FS ‖ ~verstimmung *f* (relativ zur Grobabstimmung) / frequency increment ‖ **unerwünschte** ~**verstimmung** / frequency detuning o. mistuning ‖ ~**verteilung** *f* / allotment of frequencies ‖ ~**vervielfacher** *m* / frequency multiplier ‖ ~**vervielfacher**, Eichverzerrer *m* (Elektronik) / harmonic generator ‖ ~**vervielfacher-Diode**, Frequenzteiler-Diode *f* / [sub]harmonic generator diode ‖ ~**vervielfachung** *f* / frequency multiplication ‖ ~**vervierfacher** *m* (Elektronik) / quadrupler ‖ ~**verwerfung** *f*, -inkonstanz *f* / frequency deviation o. ~**verzerrung** *f* (Elektronik) / frequency distortion ‖ ~**wähler** *m* (Elektronik) / cycle selector ‖ ~**wanderung**, Verstimmung *f* (Elektronik) / detuning ‖ ~**wandler**, Wechselumrichter *m* / frequency changer o. converter, cyclo-inverter ‖ ~**wandler** (statisch), -transformator *m* / frequency transformer ‖ ~**weiche**, Brückenschaltung *f* (Elektronik) / diplexer ‖ ~**weiche**, -teilerschaltung *f* (Elektronik) / dividing o. crossover network ‖ ~-**Wobbelmethode** *f* (Elektronik) / swept frequency method ‖ ~**wobbler** *m* / frequency wobbulator ‖ ~**zähler**, -messer *m* (Elektr) / frequency counter ‖ ~-**Zeit-Modulation** *f* / FTM, frequency time modulation ‖ ~**ziehen** *n*, Frequenzwanderung *f* bei Belastung (Laser) / frequency pulling ‖ ~**ziehwert** *m* (Elektronik) / [frequency] pulling figure ‖ ~**zuteilung** *f* (Elektronik) / frequency allocation o. allotment o. assignment o. distribution

Freske *f*, Freskomalerei *f*, Fresko[bild] *n* / fresco

Fresnel--Ellipsoid *n*, Strahlenellipsoid *n* / Fresnel ellipsoid ‖ ~**linse**, Ringlinse *f* / [concentric] Fresnel lens, echelon lens ‖ ~**linse**, Gürtellinse *f* / [cylindrical] Fresnel lens, drum lens ‖ ~**region** *f*, -zone *f*, Nahfeld *n* (Antenne) / Fresnel region ‖ ~**sches Biprisma** / Fresnel's biprism ‖ ~**scher Doppelspiegel** / Fresnel's mirrors *pl* ‖ ~**sche Zonenplatte** (Laser) / Fresnel lens ‖ ~**sche Beugungserscheinung** *f* / Fresnel diffraction ‖ ~**zone** *f* (Phys) / Fresnel zone

freßabschreckend (Insektizid) / feeding deterrent

fressen *vi* (Masch) / seize, fret, scuff, score (US), gripe ‖ ~ *vt*, korrodieren (Chem) / corrode ‖ ~ *n* (Masch) / seizing up, seizure, scuffing, scoring (US)

fressend (Krankheit) / mordant ‖ ~, rupfend (Verschleiß) / plucking

fressenverhütend (Masch) / antigalling

Freß·gift *n*, durch den Magen wirkendes Insektizid / stomach insecticide ‖ ~**[grenz]last** *f* (Zahnrad) / scuff-limited load ‖ ~**riefe** *f* / score groove ‖ ~**tragfähigkeit** *f* (Getriebe) / scuffing load capacity ‖ ~**verschleiß** *m* (Getriebe) / gear scuffing

Frettage *f*, Frettieren *n* (Mil) / hooping

Frette *f* (Schm) / hoop

Freund-Feindkennung *f*, IFF-Anlage *f* (Radar) / identification friend-foe, IFF

Friedel-Crafts-Synthese *f* (o. -Reaktion) / Friedel and Crafts' synthesis

Friedensforschung *f* / peace research

Friedhof *m* (Nukl) / burial ground

Friemelkanter *m* (Hütt) / reel edger

friemeln (Walzw) / crossroll, reel ‖ ~ *n* / reeling, rotary straightening, crossrolling

Friemelwalzwerk *n*, Glättwalzwerk *n* / crossrolling mill, reeling mill, reeler

frieren, erstarren / freeze

Fries *m* (Bau) / frieze ‖ ~, Flaus *m* (Tuch) / frieze *n*, cloth with rough pile

Frigen *n*, Freon 12 (Kälte) / dichlorodifluoromethane, Freon 12

Friktion *f*, Bremsscheibe *f* / brake pulley ‖ ~, Bremse *f* (Textil) / friction

friktionieren (Pap) / friction-glaze ‖ ~ *n* (Imprägnieren von Geweben) (Gummi) / frictioning

Friktionierung *f* mittels Kalander (Pap) / calendered friction[ing]

Friktions·..., Reibungs... / frictional ‖ ~**geglättet** (Pap) / friction-glazed ‖ ~**gewebe** *n* / friction fabric ‖ ~**glättung** *f* / friction glazing ‖ ~**kalander** *m* (Pap) / friction [type] glazer, glazing calender ‖ ~**kalander** *m* (Textil) / friction calender ‖ ~**[spindel]presse** *f*, -prägepresse *f* / friction press ‖ ~**texturieren** *n* / friction texturing

frisch, unverbraucht / fresh ‖ ~ (allg, Farbe, Luft) / live ‖ ~, lebhaft / brisk ‖ ~, feucht (Beton) / green ‖ ~ **bereitete Nahrung** (Ggs: Konserve) / fresh food ‖ ~**e Brise** (Windstärke 5) / fresh breeze (force 5) ‖ ~ **entwickelt** (Film) / green ‖ ~ **gestrichen!** / wet paint! ‖ ~**es Holz** / live wood ‖ ~**arbeit** *f*, Frischprozeß *m*, Frischen *n* (Hütt) / carbon elimination o. drop ‖ ~**band** *n* (Film) / virgin tape, raw o. new tape ‖ ~**band** *n* (Magn.Bd) / virgin tape ‖ ~**beton** *m* / green o. unset concrete ‖ ~**blei** *n* / refined o. soft lead ‖ ~**dampf** *m* / live steam ‖ ~**eisen** *n* / [re]fined iron

frischen, blasen (Hütt) / blow, oxidize, refine ‖ ~, reduzieren (Hütt) / decarburize, fine, decarburate ‖ ~ (Hütt) / oxidation, carbon drop o. elimination ‖ **Blei** ~ / reduce lead ‖ **Kupfer**, **Bleiglätte** ~ / reduce copper o. litharge

Frischerei·roheisen *n* / raw iron

frisch·erschmolzenes Metall / primary metal ‖ ~**erz** *n* (Hütt) / feed ore ‖ ~**gas** *n* (Hütt) / unburnt gas ‖ ~**gefäß** *n* (Hütt) / refining vessel ‖ ~**geschwindigkeit** *f* (Hütt) / rate of carbon drop o. carbon elimination ‖ ~**gewicht** *n* (Erdboden) s. Frischraumgewicht ‖ ~**glätte** *f* / hard litharge

Frischhalte·folie *f* / vacuum sealing foil, fresh-keeping foil ‖ ~**mittel** *n* / preserving means, fresh-keeping means, antistaling agent ‖ ~**packung** *f* / keep-fresh package, aroma o. vacuum sealed package, fresh-keeping wrapping ‖ ~**papier** *n* / avenized paper

Frisch·ladung *f*, Nachladung *f* (Nukl) / reloading of fuel ‖ ~**lauge** *f* (Pap) / fresh o. white liquor ‖ ~**lauge** *f* (Erzscheidg) / pregnant leach solution

Frischluft *f* / fresh air ‖ ~**ansaugrohr** *n* / fresh air suction pipe ‖ ~**einlaß** *m* / fresh-air inlet ‖ ~**gebläse** *n* / fresh air blower ‖ ~**gerät** *n* (Bergb) / smoke helmet ‖ ~**hebel** *m* (Kfz) / fresh air control lever o. handle ‖ ~**heizung** *f* (Kfz) / fresh-air heater ‖ ~**kanal** *m* (Klimaanlage) / fresh air conduit ‖ ~**kühlung** *f* (Elektr) / fresh air cooling ‖ ~**zufuhr** *f* (Abwasser) / fresh-air inlet ‖ ~**zufuhr** *f* (Luftf) / air exchanger

Frisch·maß *n* (Holz) / measured when freshly cut ‖ ~**milch** *f* / fresh milk ‖ ~**öl** *n* / fresh oil ‖ ~**periode** *f* (Hütt) / refining period, oxidizing period ‖ ~**raumgewicht** *n* (Erdboden) / volume weight of earth with natural humidity ‖ ~**schlacke** *f* (Hütt) / oxidizing slag, refining cinders *pl* ‖ **rohe** ~**schlacke** (Hütt) / poor fining-slag ‖ ~**schlamm** *m* / crude o. fresh o. raw sludge ‖ ~**silage** *f* (Landw) / fresh o. green silage ‖ ~**trübe** *f* (Aufber) / make-up medium ‖ ~**wasser** *n* (Schiff) / fresh water ‖ ~**wasser**, Zusatzwasser *n* (Aufber) / make-up water ‖ ~**wasserkühlung** *f* / open-circuit water cooling ‖ ~**wetter** *n pl* (Bergb) / fresh air

frisieren, tunen (Mot) / tune up, hot up, soup up

Frisolettband *n* / twilled floss silk ribbon

Frist *f*, Termin *m* / term, appointed date ‖ ~, Zeitpunkt *m* / time [limit] ‖ ~**ausbesserung** *f* (Bahn) / periodical repair ‖ ~**gerecht** (Patent) / in due time ‖ ~**untersuchung** *f*, periodische Inspektion (Schweiz) (Lokomotiven) / periodic inspection

Friteuse *f* (Großküche) / deep fat fryer

Fritfliege *f*, Oscinella frit (Schädling) / [European] frit fly

Fritte *f* (Glas, Email) / frit ‖ **die** ~ **zubereiten** (Glas) / calcine the frit ‖ ~**glas** *n* (Dickfilm) / fritted glass ‖ ~**glasfilter** *m n* (Chem) / fritted glass filter ‖ ~**grund** *m* (Email) / ground frit

fritten, vitrifizieren (Ofenfutter) (Gieß) / frit ‖ ~ *n*, oberflächliche Vitrifizierung des Sandes (Gieß) / sintering, surface vitrification of sand ‖ ~**porzellan**, Glasporzellan *n* / soft [paste] porcelain, vitreous o. frit

porcelain, tender china ware o. porcelain
Fritter *m*, Kohärer *m* (Fernm) / coherer
Fritte[r]effekt *m* / coherer effect
Fritte·tafel *f* (Glas) / fritting table ‖ ⁎**zubereitung** *f* (Glas) / calcination, calcining
Frittofen *m* / ash o. calcar furnace
Frittung *f* (Elektronik) / coherence
FRJ = Forschungsreaktor Jülich
Front *f* (Bau) / front, frontage, face ‖ ⁎**abdeckung** *f*, Frontplatte *f* (Instr, Elektronik) / front panel
frontal / frontal, head-on ‖ **mit** ～**em Lichtaustritt** / with front lens cap ‖ ⁎**aufprall** *m*, -zusammenstoß *m* (Kfz) / frontal collision, head-on collision, telescoping ‖ ⁎**zone** *f* (Troposphäre) / polar front
Front·anschluß *m* (Elektr) / front connection ‖ ⁎**antrieb** *m* (Kfz) / front-wheel drive, FWD ‖ ⁎**antriebsachse** *f* / front drive shaft ‖ ⁎**antriebskeilwelle** *f* (Kfz) / front-wheel drive shaft ‖ ⁎**aufprall** *m* **gegen starre Barriere** / frontal fixed-barrier collision ‖ ⁎**binder**, -bindemäher *m* (Landw) / front o. push binder ‖ ⁎**bogenausleger** *m* (Buch) / front delivery ‖ ⁎**drehmaschine** *f* (Wzm) / front-operated lathe ‖ ⁎**einbau** *m* / front installation ‖ ⁎**ende** *n* (Kfz) / front end ‖ ⁎**-End-Rechner** *m* / front-end o. FE computer
Front-Fan·-Schaufel *f* (Luftf) / front fan blade ‖ ⁎**-Triebwerk** *n* (Luftf) / front-fan drive
Front·gabelstapler *m* / front-end fork lift truck ‖ ⁎**hydraulik** *f* (Landw) / front power lift
Frontispiz *n*, Giebelseite *f* (Bau) / fronton, frontispiece ‖ ⁎ (Buch) / frontispiece
Front·kathodenmultiplier *m* (Mikrosk) / front-surface photomultiplier ‖ ⁎**köpfer** *m* (Landw) / push header ‖ ⁎**lader** *m*, Ladeschaufel *f* / loading shovel ‖ ⁎**lader** *m* (Waschmaschine) / front-loading washer ‖ ⁎**lader** *m* (Landw) / front loader, front-end loader ‖ ⁎**lader mit angetriebenen nicht gelenkten Vorderrädern** / reversed loader ‖ ⁎**lader** *m* **mit beschränkter Seitenentladung** / part swing shovel ‖ ⁎**lader** *m* **mit Seitenentleerung** (Bau) / swing loader ‖ ⁎**länge**, -breite *f* (Grundstück) / frontage ‖ ⁎**lenker** *m* (Kfz) / forward control type, cab-over-engine o. COE truck ‖ ⁎**linse** *f* (Opt) / front lens, field lens o. glass ‖ ⁎**mauer**, Vorderwand *f* / facing wall ‖ ～**montiert** (Landw) / front mounted
Fronto·genesis *f* (Meteorol) / frontogenesis
Frontoktanzahl *f* / front octane number
Frontolysis *f* (Meteorol) / frontolysis
Frontormaschine *f* (Wzm) / Frontor lathe (a front-operated lathe)
Front·platte *f* (eines Gehäuses) / front panel ‖ ⁎**platte** *f* (Elektron) / panel of rack, front panel ‖ **von der** ⁎**platte aus bedient** (Elektronik) / panel controlled ‖ ⁎**schneider** *m* / end cutting pliers *pl* ‖ ⁎**[schnitt]mähmaschine** *f* / push harvester o. reaper ‖ ⁎**schott** *n* (Schiff) / break-bulkhead, front bulkhead ‖ ⁎**[seite]** *f* (Bau) / front, frontage, face ‖ ⁎**seitiger Kurssektor** (Luftf) / front course sector ‖ ⁎**speisung** *f* (Antenne) / front feed ‖ ⁎**stapler** *m* (Flurförderer) / end loader, front stacker ‖ ⁎**steilheit** *f* (Funk) / pulse tilt ‖ ⁎**- u. Heck-Aufpralltest** *m* (Kfz) / front-and-rear fixed-barrier impact test ‖ ⁎**wand** *f* (Ofen) / breast wall ‖ ⁎**zapfwelle** *f* (Landw) / front power take-off, front p.t.o.
Frosch *m* (Feuerwerkskörper) / squib ‖ ⁎, Explosionsramme *f* (Straßb) / heaving type detonating rammer, frog type jumping rammer ‖ ⁎ (Bergb) / open-flame lamp ‖ ⁎ (Stanz) / bolster of a die ‖ ⁎**beinwicklung**, Verbundwicklung *f* (Elektr) / frogleg winding ‖ ⁎**klemme**, Kniehebelklemme *f* (Fernm, Elektr) / draw vice, draw[ing] tongs *pl* ‖ ⁎**klemme**, Drahtklemme *f* / eccentric clamp o. grip, wire stretcher ‖ ⁎**laichgärung** *f* (Zuck) / mucilaginous fermentation ‖ ⁎**mann** *m* (Schiff) / frogman, scuba diver
Frost *m*, scharfe Kälte *f* / frost, nip ‖ **durch** ⁎ **zerstören** / nip by frost ‖ ⁎**aufbruch** *m* (Straßb) / frost heave ‖

⁎**ausbreitungsvorgänge** *m pl* / propagation action of frost ‖ ～**beständig**, -sicher / freeze-proof ‖ ⁎**beständigkeit** *f* (Stein) / frost resistance ‖ ⁎**boden** *m* (Geol) / frozen soil ‖ ⁎**brand** *m* / nip, frost ‖ ⁎**empfindlichkeit** *f* / sensitivity to frost
Froster *m* (Tiefkühlteil) / froster
frost·frei / frost-protected o. -proof ‖ ～**geschädigte Rübe** *f* (Zuck) / frosted beet, frost-damaged beet ‖ ⁎**grenze** *f* **im Boden** (Bau) / frost line ‖ ⁎**kern** *m* (Holz) / faulty heart, frost heart ‖ ⁎**lack**, Eisblumenlack *m* / crystallized lacquer o. paint ‖ ⁎**punkt** *m* / ice o. freezing point, point of congelation ‖ ⁎**riß** *m* (Holz) / frost crack o. shake *n*, frost-crack ‖ ～**rissig**, -klüftig (Holz, Stein) / frost-cleft o. -cracked ‖ ⁎**schutz…** / non-freezing, antifreezing ‖ ⁎**schutz** *m*, -schutzmittel *n* (Kfz) / antifreezing compound, antifreezer ‖ ⁎**schutzberegnung** *f* / frost protection irrigation ‖ ⁎**schutzkies** *m* (Straßb) / frost blanket gravel ‖ ⁎**schutzpumpe** *f* (Kfz) / defrosting pump ‖ ⁎**schutzscheibe** *f* (Kfz) / clear vision screen, defrosting screen, electric windshield heater ‖ ⁎**schutzzusatz** *m* **für Betonmischung** / antifreezung additive for concrete ‖ ～**sicher** / frost resisting ‖ **großer** ⁎**spanner**, Erannis defoliaria (Schädling) / mottled umber moth ‖ **kleiner** ⁎**spanner**, Cheimatobia brumata / winter moth ‖ ⁎**-Tau-Wechsel** *m* / freeze-thaw cycling ‖ ⁎**-Tau-Wechselversuch** *m* (Straßb) / frost-thaw alternating test
Froth-Contact-Wärmeübertrager, Wärmeübertrager durch sprudelnde Wasserschicht *m* / froth-contact heat exchanger
Frothingprozess *m*, Vorschäumverfahren *n* (Plast) / frothing process
frothy (Gummi, Defekt) / frothy
Frottee *n m*, Frottee-, Frottiergewebe *n* / Turkish toweling, terry cloth o. fabric, frotté ‖ ～**artig** / terry *adj* ‖ ⁎**garn** *n* / twisted yarn ‖ ⁎**[hand]tuch**, Frottier[hand]tuch *n* / terry towel ‖ ⁎**tuch** *n*, Badetuch *n* / Turkish towelling
Frotteur·strecke *f*, Nitschelstrecke *f* (Textil) / terry yarn rubbing drawer, rubber o. rubbing drawer o. frame ‖ ～**verfahren** *n* (Textil) / rubber drawing system
Frottierbindung *f* / terry o. towel weave
frottieren, würgeln (Textil) / rub, brush
Frottier·walze *f* (Spinn) / top roller ‖ ⁎**webmaschine** *f* / terry loom, terry weaving machine
Froude·scher Zaum, Froudesche Bremse / Froude brake o. dynamometer ‖ ⁎**zahl** *f* / Froude number
Frucht *f* / fruit ‖ ⁎, Getreide *n* (Landw) / corn, grain, crops *pl* ‖ ⁎ **tragen** / bear fruit[s] ‖ ⁎ **wechseln** (Landw) / rotate, revolve ‖ ⁎**anbau** *m* **für industriell-chemische Zwecke** / chemurgy
fruchtbar (Vegetation) / luxuriant
Fruchtbarkeit, Ergiebigkeit *f* / fertility
Fruchtbarmachung *f* / fertilization
Frucht·berostung *f* / russeting ‖ ⁎**essenz** *f* / fruit essence ‖ ⁎**ether** *m*, -öl *n* (künstlich) / fruit ether o. oil ‖ ⁎**ether** *m*, etherisches Öl (natürlich) / essential oil, essence ‖ ⁎**fleisch** *n*, Schale *f* (Kaffee) / pod ‖ ⁎**fliege** *f* / fruit fly ‖ ⁎**hülse**, -schale (Bot) / rind ‖ ⁎**konserve** *f* / tinned (GB) o. canned (US) fruit ‖ ⁎**mark**, -fleisch *n* (Früchte, Zuck) / pulp ‖ ⁎**[gepreßte]** ⁎**masse** (z. B. des Apfels), Obsttrester *m* / pomace ‖ ⁎**saft** *m* / fruit juice ‖ ⁎**saftgewinnung** *f* / fruit juice extraction ‖ ⁎**saftzentrifuge** *f* / juice extractor, juicer ‖ ⁎**säure** *f* / fruit acid ‖ ⁎**schalenwickler** *m*, Carpocapsa pomonella / codling moth, apple moth o. worm (US) ‖ ⁎**sirup** *m* / concentrated fruit juice ‖ ⁎**stadium** *n* / fruit stage ‖ ～**tragend** / fruit bearing ‖ ⁎**tragender Baum** / fruiter ‖ ⁎**transporter** *m* (Schiff) / fruit ship, fruiter ‖ ⁎**wechsel** *m*, -wechselwirtschaft *f* (Landw) / rotation o. shift of crops ‖ ⁎**zucker** *m*, Fruktose *f* / fructose, fruit sugar, laevulose
Frue-Vanner *m* (Aufber) / frue vanner

früh·[zeitig] / early ‖ ~**er**, älter / prior ‖ ~... (Landw) /
early ‖ ~**e Sorte** / early variety ‖ ~**ausfälle** *m pl* (DV) /
early failures *pl* ‖ ~**beet** *n*, -beetrahmen, -beetkasten *m*
/ cold frame ‖ ~**dose** *f*, Unterdruckdose *f* der
Zündzeitverstellung (Kfz) / vacuum advance unit,
advance capsule (coll) ‖ ~**festigkeit** *f* (Beton) / early
strength ‖ ~**gemüse** *n* / spring vegetables *pl* ‖
~**gepäckspeicher** *m* (Luftf) / early baggage accumulator
‖ ~**hanf** *m* / spring hemp ‖ ~**hochfest** (Zement) / high-
early-strength... ‖ ~**holz** *n* (Landw) / spring wood ‖
~**kartoffeln** *f pl* / early potatoes *pl* ‖ ~**schicht** *f* (Bergb) /
fore-shift ‖ ~**schosser** *m* (Zuck) / early bolter ‖
~**stadium** *n* / early stage ‖ **Zeit der** ~**sterblichkeit**
(Elektronik) / debugging time, early-failure time ‖
~**stückspause** *f* / meal time ‖ ~**stückspause** *f* (Bergb) /
crib, croust, bite, bait, downer, chop, snap, tiffin ‖
~**tragend** (Stempel) (Bergb) / early-bearing (prop) ‖
~**warnfeuermelder** *m* / early-warning fire alarm ‖
~**warnung** *f*, Voralarm *m* (Mil) / early warning ‖
~**warnungslinie** *f* / distance o. distant early warning
line, DEW line ‖ ~**warnungssatellit** *m* / early warning
satellite ‖ ~**zeitig**, vorzeitig / premature ‖ ~**zeitig**,
rechtzeitig / early, in time ‖ ~**zündung** *f* (Mot) /
advanced ignition, early spark, sparking advance ‖
~**zündung** *f* (Fehler) / pre-ignition, premature ignition
‖ ~**zündung** *f*, Vorzündung *f* (Kfz) / advanced ignition,
sparking advance

Fruktose *f* s. Fruchtzucker ‖ **D-**~ *f*, Ketohexose *f* / D-
fructose

FS (Fernm) = Fernschreiben ‖ ~ (Luftf) = Flugsicherung ‖ ~ =
Fernsehen

F₂-Schicht *f* (Ionosphäre) / F₂- o. Appleton layer

F-Schirmbilddarstellung *f* (Radar) / F-display

FS·-Flugplan *m* / flight plan, PLN ‖ ~**-Freigabe** *f* einer
Flughöhe oberhalb der Wolkendecke (Luftf) / on-top
altitude clearance ‖ ~**-Informationsgebiet** *n* (Luftf) /
flight information region, FIR ‖
~**-Informationszentrale** *f* / flight information center,
FIC ‖ ~**-Kontrollturm** *m* (Luftf) / traffic control tower ‖
~**-Kontrollzone** *f* (Luftf) / control zone o. area ‖
~**-Lotse** *m* (Luftf) / controller ‖ ~**-Lotse** *m* **für Start- u.
Landebahn** (Luftf) / runway controller

F-Stück, Flansch-Spitzende *n* (Rohr) / flanged spigot

F-Synchronisation *f* (Phot) / F-synchronization, F-contact

FTM (Elektronik) = Frequenz-Zeit-Modulation

FTP-Prüfverfahren *n* (Kfz) / federal test procedure, FTP
test

FTS (Raumf) = Festtreibstoff

FTZ (Fernm) = Fernmeldetechnisches Zentralamt

Fuchs *m*, Rauchkanal *m* / smoke flue ‖ ~ **des Kupolofens**
/ siphon of a cupola furnace ‖ ~**brücke** *f* / firebrick
arch, flue bridge, fire stop

Fuchsin *n* / fuchsine, fuchsin, magenta, rosaniline, aniline
red (US) ‖ ~**säure** *f* / fuchsine acid ‖ ~**schweflige
Säure** / Schiff's reagent

Fuchsit *n* / chrome-mica, verdite, fuchsite

fuchs·rot / rufous ‖ ~**schwanz** *m*, Handsäge *f* / straight
back hand saw with open handle ‖ **kleiner** ~**schwanz** /
chest saw ‖ ~**schwanz** *m* **mit 6 Zähnen/Zoll** / broken
space saw ‖ ~**schwanz** *m* **mit Rücken** / back [-pad] saw
‖ ~**schwanzsägemaschine** *f* / log crosscut sawing
machine

Fuckerschießen *n* (Steinbruch) / buffer blasting

Fuderlader, Futterlader *m* (Landw) / crop loader

Fugazität *f* / fugacity

Fuge *f* / joint ‖ ~, Spalt *m* (Schweiß) / joint, gap ‖ ~,
Trennlinie *f* / commissure ‖ ~, Naht *f* / seam ‖ ~, Falz *m*
(Tischl) / rabbeting ‖ ~ **mit überquellendem Mörtel**
(Bau) / skintled joint ‖ ~**n verstreichen**, ausfugen / flush
the joints ‖ **aus den** ~**n gehen** / come apart, come out of
joints, go to pieces ‖ **aus den** ~**n gewichen** / out-of joint
‖ **hohle o. offene** ~ (Bau) / open joint

Füge·hobelmaschine *f* **für Furnierpakete** / jointer with

travelling heads for veneer packs ‖ ~**maschine** *f* /
jointing machine

fugen, verfugen, ausfugen, Fugen verstreichen (Maurer) /
joint, point, grout ‖ ~ (Holz) / rabbet, rebate (GB) ‖ ~ *n*
/ jointing ‖ ~, Falzen *n* (Tischl) / rabbeting, rebating
(GB)

fügen, stoßen / joint ‖ ~, aneinanderfügen / join ‖ ~,
zusammenfügen (Masch) / join, connect ‖ ~ (DIN 8593)
(Wzm) / joining ‖ ~ **durch Kerben**,
Verkerben, Vernieten, Sternen *n* (Metall) / staking

Fugen·ausmalen *n* (Bau) / pencilling ‖ ~**band** *n* (Tischl) /
preformed gasket ‖ ~**deckband** *n* (Bau) / tape joint ‖
~**[deck]leiste** *f* (Tischl) / cover strip, ledge ‖
~**dichtmasse** *f* / joint sealant o. filler ‖ ~**dichtung** *f* /
joint packing o. ca[u]lking, joint sealing ‖
~**durchlässigkeit** *f* (Bau) / air permeability of joints ‖
~**düse** *f* (Kfz) / crevice nozzle ‖ ~**einlaßstreifen** *m*
(Tischl) / premoulded joint filler ‖ ~**falz** *m* (Klempner) /
folding border ‖ ~**fläche** *f* / joint face ‖ ~**form** *f*
(Schweiß) / edge form ‖ ~**füllmasse**, -dichtungsmasse *f* /
joint filler o. filling agent ‖ ~**hobel** *m* **von 28-30''
Länge** (für Brett-Schmalseiten) / jointer shooting o.
jointing plane ‖ ~**hobler** *m* (Hütt, Schweiß) / gouging
blowpipe o. torch (US) ‖ ~**kelle** *f* (Bau) / filling o.
pointing trowel, jointer ‖ ~**kitt** *m* / gap filling
composition o. compound ‖ ~**kratzer** *m*, Kratzkelle *f* (Bau) / raker,
pointer ‖ ~**leiste** *f* / roll joint ‖ ~**los** / continuous,
without joints ‖ ~**los** (Gleis) / without gap ‖ ~**loser
Fußboden** / jointless flooring, seamless flooring ‖
~**lose Schalung** (Baugrube) / close timbering ‖ ~**lose
Straßendecke** / sheet pavement ‖ ~**material** *n* (feuerfest)
/ jointing cement ‖ ~**modell** *n* (Bitumen) / joint model
[type Rabe] ‖ ~**oberfläche** *f* / joint surface ‖ ~**papier** *n*
(für Furniere) / taping paper ‖ ~**rand** *m* (Schweiß) /
fusion face (GB), groove face (US) ‖ ~**raum**, *m* (Bau) /
gap, joint gap ‖ ~**schneider** *m* (Straßb) / joint cutter ‖
~**schwelle** *f* (Bahn) / joint sleeper o. tie (US) ‖
~**überdeckung mit Blei- o. Zinkblech** *f* / flushings *pl* ‖
~**verhalten** *n* / joint performance ‖ ~**verleimtes
Furnier** / jointed veneer ‖ ~**versatz** *m* (Gieß) /
mismatch, cross joint ‖ ~**verstreichmasse** *f* / pointing
composition o. compound, jointing material ‖
~**verstreichung** *f*, Ausfugung *f* / pointing of joints,
grouting ‖ ~**werkzeug** *n* (Bau) / pointing tools *pl*

Fügezwinge *f* / joining press

fühlbar, greifbar / tactile, tangible ‖ ~**e Wärme** / sensible
heat

fühlen, wahrnehmen / sense

Fühler *m*, [Ab]fühlhebel *m* (Web, Masch) / feeler ‖ ~,
Meßfühler *m* / probe ‖ ~ (Elektr) / sensing device o.
element, detecting element ‖ ~, Taster *m* der
Kopierfräse / stylus of a profile miller ‖ ~, Fühlstift *m*
(Wzm) / [profile] tracer, tracing pin ‖ ~ **der
Koppeleinrichtung** (Raumf) / docking probe ‖ ~ **des
Meßgrößenumformers** / sensing element ‖ ~**gesteuert**
/ tracer controlled ‖ ~**lehre** *f* / feeler [gauge], thickness
ga[u]ge ‖ ~**steuerung** *f* (Wzm) / tracer control

Fühl·hebel *m* / test indicator ‖ ~**hebel** *m* s. auch Fühler ‖
~**hebelmeßgerät** *n*, Fühlhebel *m* / lever ga[u]ge ‖
~**nadel** *f* / sensing pin ‖ ~**nadel** *f* (Kfz) / selecting pin of
the injection nozzle ‖ ~**nadel** *f* (Wzm) / contact stylus ‖
~**schiene** *f* (Bahn) / depression bar, locking bar ‖
~**schiene** *f* **einer spitz befahrenen Weiche** (Bahn) /
facing point [lock] bar

führen (in Führungen) / guide ‖ ~, leiten / conduct, lead,
direct ‖ ~ (Luftf, Schiff) / pilot *vt*, fly ‖ ~, regeln /
control ‖ ~ [zu], bewirken / lead [to] ‖ ~, enthalten
(Bergb) / carry, contain, bear ‖ ~, leiten (DV) / prompt *vt*
‖ ~ *n* / conducting ‖ ~ [eines Kfz] / driving ‖ ~ **von
Werkzeugen** (Wzm) / tracking ‖ **die Schmelze** ~ (Hütt) /
work the heat o. melt ‖ **"führe aus"** (DV) / "do" ‖ **sich**
~ (Masch) / locate *vi* ‖ **Strom** ~ / carry current

führend, vorderer / leading ‖ ~ / conducting, guiding ‖
~**es Fabrikat** / renowned product, product of high

repute ‖ ~e **Null**, Leer- o. Füll-Null f (DV) / left o. leading zero, high-order o. preceding zero ‖ ~**er Platz** (Fernm) / controlling position

Führer m, Lineal n (Nähm) / rule, guide ‖ ~, Fahrer m (Kfz) / driver ‖ ~ (Luftf, Schiff) / pilot ‖ ~ (Straßenbahn) / crankman, streetcar motorman ‖ ~, Katze f (Schärmasch) / jack, heck box ‖ ~ **eines elektrischen Triebfahrzeuges** (Bahn) / cab operator (US) ‖ ~**bremsventil** n (Bahn) / engineman's (US) o. driver's (GB) brake valve, regulating valve ‖ ~**bremsventil** n **der Zusatzbremse**, Rangierbremsventil n / shunting brake cock ‖ ~**kabine** f, -korb m (Kran) / driver's cabin ‖ ~**kanzel** f (Luftf) / cockpit ‖ ~**schalter** m, Steuerfahrschalter m (Bahn, Elektr) / master controller, manually controlled switchgroup ‖ ~**schein** m / driver's license (US) ‖ ~**scheinbestimmungen** f pl / motor vehicle driving licence regulations, D.L.R. ‖ ~**sitz** m (Kfz) / driver['s] seat ‖ ~**sitzanlasser** m (Luftf) / cockpit starter ‖ ~**stand** m (Bahn) / engineer's (US) o. driver's (GB) cab ‖ ~**stand** m (Kran, Seilb) / driver's cabin, driver stand ‖ ~**stands[lauf]katze** f / man trolley, driver trolley, driver-seat crab ‖ ~**standssignal** n (Bahn) / cab signal

Fuhrpark m / motor vehicle fleet o. pool (US)

Führung f, Leitung f / conduct, lead, guidance ‖ ~, Steuerung f, Lenkung f (z.B. Betriebs…) / control, managing ‖ ~, Leitvorrichtung f / guide o. guiding device o. appliance o. mechanism, guide ‖ ~, Anschlag m (Wzm) / ledger, cheek, leader ‖ ~, Wange f (Wzm) / cheek ‖ ~, Mitnahme f (Masch) / slaving ‖ ~**en** f pl (Bahn) / check rail ‖ ~ f (Elektronik) / commutation ‖ ~ **der Schmelze** (Hütt) / working the heat ‖ ~ **eines Ofens usw.** / operation ‖ ~ **für Auszüge** (Tischl) / drawer slide ‖ ~ **für lagenweises Wickeln** / fairlead ‖ ~ **in der Endphase**, Endphasenlenkung f / terminal guidance

Führungs-… (Elektr, Wzm) / pilot… ‖ ~**achse** f (Bahn) / guiding axle ‖ ~**ansatz** m (Schraube) / oval half dog ‖ ~**arm** m (Wzm) / over[hang]-arm ‖ ~**bahn** f (allg) / guideway ‖ ~**bahn**, Bettbahn f (Wzm) / slideway, [bed] track o. ways pl, guiding ways pl ‖ ~**bahn** f, Kulisse f / slotted link o. lever ‖ ~**bahn** (Aufzug) / lift car guide rail ‖ ~**bahn-Schleifmaschine** f / machine for grinding slideways ‖ ~**band** n (Granate) / driving o. rotating band ‖ ~**beschleunigung** f / absolute acceleration of coincident point ‖ ~**block** m / guide block ‖ ~**bogen** m **am Steuerungshebel** (Dampfm) / guide sector of the reversing lever ‖ ~**bogen** m **am Zirkel** / quadrant of a divider ‖ ~**bolzen** m / guide pin ‖ ~**buchse** f, -hülse f (allg) / guide o. fairlead bush, steady bush ‖ ~**buchse** f (Drehautomat) / lathe barrel ‖ ~**buchse** f (Bohrvorrichtung) / guide bush ‖ ~**buchse** f (Plast) / dowel bush ‖ ~**direktleitung** f (Fernm) / command hot loop ‖ ~**fase**, Fase f (Werkz) / land (US) o. heel (GB) of a twist drill ‖ ~**feder** f (Tischl) / tongue ‖ ~**feld** n (Teilchenbeschl) / guide field ‖ ~**fläche** f / guide surface ‖ ~**gas** n (Chem) / entraining gas ‖ ~**gelenk** n / sliding joint, guiding joint ‖ ~**gestänge** n / guiding rod system ‖ ~**gestell** n (Stanz) / die set, subpress ‖ ~**gremium**, n, -schicht f (F.Org) / executives pl ‖ ~**größe** f (Regeln) / command variable o. signal, reference variable input, control input ‖ ~**hebel** m / guide lever

Führungshebel m, [Faden-]~ (Nähm) / thread guide

Führungs-hülse f, -buchse f (allg) / guide bush ‖ ~**hülse** f (Schraubendreher) / finder sleeve ‖ ~**informatik** f (DV) / business-oriented data processing ‖ ~**kabel**, Ankerseil n (Fallschirm) / static cable ‖ ~**kamm** m / guide comb ‖ ~**kanal** m **der Strangpreßform** / land of an extruder die ‖ ~**kante**, Anlegekante f / guide edge ‖ ~**kante** (Geschützbohrung) / driving edge ‖ ~**kasten** m (Hütt) / guide box ‖ ~**kegel** m (Geschützrohr) / forcing cone, increaser ‖ ~**kräfte** f pl (F.Org) / executives pl ‖ ~**kratzer** m (Fehler, Walzw) / guide shearing o. scratch, guide mark ‖ ~**lager** n (Elektr) / guide bearing ‖ ~**länge** f / guide length ‖ ~**länge** f (Ziehstein) / length of parallel

‖ ~**lappen** m, -nocken m (Gieß) / lug ‖ ~**leiste** f / guide bead ‖ ~**lenker** m (Kfz) / radius arm ‖ ~**lineal** n / guide rule ‖ ~**lineal** n, -leiste f (Masch) / gib ‖ ~**linie** f **bei Rotationsdruck** (Buch) / dead line ‖ ~**loch** n (Stanz) / pilot hole ‖ ~**loch** n (DV) / sprocket hole, feed hole ‖ ~**maschine** f (Laser) / guiding machine ‖ ~**maß** n (Lochstreifen) / feed track positioning ‖ ~**meißel** m (Öl) / pilot bit ‖ ~**nocke** f / cam follower ‖ ~**nut** f / guiding groove, guide notch ‖ ~**nut** f, -rille f (Mil) / cannelure ‖ ~**pfahl** m (Gieß) / positioning dowel ‖ **bewegliche** ~**platte** (Stanz) / spring stripper ‖ ~**prisma** n (Wzm) / bed prism, Vee-guide ‖ ~**punkt** m (Buch) / leader [dot] ‖ ~**rand** m / guide edge ‖ ~**regler** m (Regeln) / master controller ‖ ~**reibahle** f / reamer with pilot guide ‖ ~**rille** f, -nut f (Mil) / cannelure ‖ ~**ring** m / guide ring ‖ ~**ring** m, -band n (Granate) / driving o. rotating band ‖ ~**rohr**, Schutz-Führungsrohr n (Öl) / conductor of a bore hole ‖ ~**rolle**, -scheibe f / guide o. guiding o. idler pulley o. roller o. sheave ‖ ~**rolle** f (Fleier) / assisting roller ‖ ~**rolle** f, Spannrolle f / jockey wheel ‖ ~**rolle** (Wzm) / contact roller ‖ ~**säule** f (Stanz) / guide pillar ‖ ~**säule** f (Druckguß) / tie bar ‖ ~**schicht** f, -gremium n (F.Org) / executives pl ‖ ~**schiene** f (Bahn) / safeguard, safety rail ‖ ~**schiene** f (Fallschirm) / static rail ‖ ~**schiene** f **für Profillatten** (Straßb) / screed ‖ ~**schlitten** m / guide block ‖ ~**schlitten** m **für Kübel** (Schachtbau) / rider for winding kibbles ‖ ~**schlitz** m / guiding slot ‖ ~**schnitt** m (Stanz) / guided die ‖ ~**schuh** m (am Fördergestell) (Bergb) / guide shoe of the cage ‖ ~**seil** n / guide cable o. rope ‖ ~**stange** f (Masch) / motion o. drag link o. rod ‖ ~**stange**, Leitstab m (Färb) / guide rod ‖ ~**stift** m (Stanz) / pilot [pin] ‖ ~**stift** m (Plast) / dowel pin ‖ ~**stift** (Gieß) / guide leader pin ‖ ~**loser** ~**stift**, Steckstift m (Gieß) / movable o. loose o. dowel pin ‖ ~**stift** m **am Formkasten** (Gieß) / box pin, flask pin ‖ ~**stift-Buchse** f (Gieß) / pin bush ‖ ~**stück** n (Räumwz) / rear pilot of a broach ‖ ~**text** m, Bedienerführung f (Textverarbeitung) / prompt ‖ ~**text** m **für Bediener** (DV) / prompt[ing] message ‖ ~**tisch** m (Walzw) / guiding table ‖ ~**ventil** n (Bremse) / pilot o. relay valve ‖ ~**walze** f / guide roller ‖ ~**walzen** n (Walzw) / guide rolling ‖ ~**welle** f (nach de Broglie) (Phys) / pilot wave ‖ ~**zapfen** m / dowel pin, guiding pin ‖ ~**zapfen** m (Wz) / pilot ‖ ~**zapfen** m **der Röhre** / spigot of thermionic tube

Fuhr·unternehmer, Speditionsbetrieb m / motor carrier, mover (US) ‖ ~**werk**, Gefährt n / carriage, vehicle ‖ ~**werk** n, Wagen m / waggon, wagon (US) ‖ ~**werk** n **für Lasten** / dray ‖ ~**werkswaage** f / car weighing machine o. weigh-bridge, truck balance o. weigh-bridge ‖ ~**wesen** n / carrying

Fulgurit m, Blitzröhre f / fulgurite

Fulgurometer n / fulgurometer

Füll·ansatz m / appendix, filler neck ‖ ~**anschluß** m (Kfz) / filling connection ‖ ~**apparat** m (Masch) / feeder ‖ ~**apparat** m, -vorrichtung f / filler, filling apparatus ‖ ~**appretur** f (Textil) / weight giving finish, weighting size, filling finish ‖ ~**bauweise** f (Plast) / sandwich construction ‖ ~**befehl** m (DV) / dummy o. quasi instruction ‖ ~**beton** m / lean-mixed concrete ‖ ~**bleistift**, Drehbleistift m / propelling pencil, mechanical pencil (US) ‖ ~**boden** m (Zellst. Kocher) / feeding o. filling floor ‖ ~**brett** n (Bau) / panel board ‖ ~**buchstabe** m (DV) / dummy letter ‖ ~**decke** f (Bau) / filler floor ‖ ~**dichte** f (Pulv Met) / apparent density, bulk density ‖ ~**dichte** f (Bunker) / fill factor ‖ ~**draht** m (allg) / filler wire ‖ ~**drahtelektrode** f / cored wire electrode ‖ ~**draht-Machart** f (Seil) / filler wire construction ‖ ~**drehzahl** f (Wzm) / loading speed ‖ ~**druck** m (Kompressor) / filling pressure ‖ ~**einrichtung** f / feeding o. filling device ‖ ~**element** n (Bau) / infilling panel, spandrel panel

füllen, ein-, auf-, wegfüllen / fill ‖ ~ (Brau) / fill vt ‖ ~ (Gefäße) / charge ‖ ~, beschicken / fill, load ‖ ~, polstern / pack o. stuff upholstery ‖ ⌐ / filling-in ‖ ⌐ (Ballon) / inflation, gassing ‖ **bis zum Rand** ~ / fill to the brim ‖ **mit Luft (o. Gas)** ~ / inflate

Füller m, Fülleinrichtung f / charger ‖ ⌐, Streckmittel n (Farbe) / extender ‖ ⌐, Füllstoff m, -mittel n, -gut n / filler, filling material ‖ **mit** ⌐ **angereichert** (Straßb) / upgraded with filler

Fuller·-Bonnot-Luftstrom-Kugelmühle f (Bergb) / Fuller-Bonnot mill ‖ ⌐**erde** f, Bleicherde f / fuller's o. bleaching earth, bentonite ‖ ⌐**-Lehigh Ring-Kugelmühle** f / Fuller-Lehigh pulverizer ‖ ⌐**mühle** f / Fuller mill ‖ ⌐**pumpe** f / Fuller-Kinyon pump (US)

Füller·zugabe f (Straßb) / adding of filler

Füll·faden m (Web) / filling thread, wadding thread, padding o. stuffer thread ‖ ⌐**faktor** m (allg) / bulk factor ‖ ⌐**faktor** m, -konstante f (Plast, Sintern) / filling factor ‖ ⌐**faktor** m (Spulenwicklung, Seil) / space factor, bulk factor ‖ ⌐**faserpflanzen** f pl / upholstering plants pl ‖ ⌐**fassung** f (Opt) / mounting in nested cells ‖ ⌐**federhalter** m, Füller m / fountain pen ‖ ⌐**form** f (Plast) / fully o. truly positive mo[u]ld ‖ ⌐**form** f mit Abquetschfläche (Plast) / landed positive mould ‖ ⌐**gewicht** n (allg) / filling weight ‖ ⌐**grad** m (Phono) / groove spacing ratio ‖ ⌐**grad** m (Drahtseil) / filling ratio ‖ ⌐**haar** n / quilt hair ‖ ⌐**hahn** m (Kessel) / feed [pipe] cock ‖ ⌐**hahn** m (Pumpe) / feed cock ‖ ⌐**höhe** f / filling height ‖ ⌐**höhe** f (Plast) / die fill ‖ ⌐**holz** n, -klotz m (Verpackung) / filler block (US), wood packing ‖ ⌐**holz**, Stauholz n (Schiff) / dunnage bar ‖ ⌐**kammer** f (Zuck) / filler ‖ ⌐**kasten** m (Bau) / filling chest ‖ ⌐**keil** m / radially tight fitting key ‖ ⌐**kette** f (Textil) / filling warp ‖ ⌐**kohle** f (Bergb) / cobbles pl ‖ ⌐**koks** m (Hütt) / bed coke, coke packing ‖ ⌐**kokssäule** f / coke bed ‖ ⌐**konstante** f, Schüttvolumen n / bulk density ‖ ⌐**körper** m pl (Chem) / tower packing ‖ ⌐**körpersäule**, -körperkolonne f / packed column o. tower ‖ ⌐**körperschüttung**, -körperschüttschicht f (Chem) / packed bed ‖ ⌐**kraft**, Fülle f (Farbe) / body ‖ ⌐**magazin** n (Web) / filling battery ‖ ⌐**marke** f / filling mark ‖ ⌐**maschine** f / feeding o. filling machine ‖ ⌐**masse** f / [re]filling compound o. composition o. paste ‖ ⌐**masse** f (Zuck) / fill mass, massecuite ‖ ⌐**masse** f (Akku) / filling paste ‖ ⌐**masse** s. auch Füllstoff ‖ ⌐**masseknoten** m (Zuck) / ball of massecuite ‖ ⌐**massen...**, nicht zentrifugiert (Zuck) / non-centrifugal ‖ ⌐**masseschieber** m (Zuck) / massecuite emptying gate ‖ ⌐**masseverteiler** m (Zuck) / mixer ‖ ⌐**masseverteiler** m mit Temperaturregler (Zuck) / mingler ‖ ⌐**material** n (Polster) / stuffing ‖ ⌐**material** n (z.B. für Wärmeisolierung) / quilting ‖ ⌐**material** n, Füller m (Straßb) / filler ‖ ⌐**material** n, Beschwerungsmittel n, Füllstoff m (Chem) / weighting agent, loading agent ‖ ⌐**material** n, Blindmaterial n (Buch) / blank o. spacing material, leads pl ‖ ⌐**mauer** f, Bruchsteinmauerwerk n zwischen Ziegelhäuptern / filled wall, rubble packed walling, coffer work ‖ ⌐**menge** f / filling amount ‖ ⌐**menge** f, -gewicht n / filling quantity o. weight ‖ ⌐**menge** f (z.B. Pipeline) / hold-up ‖ ⌐**mengenanzeiger** m (Tankstelle) / volume readout ‖ ⌐**mine** f (Zeichn) / refill lead ‖ ⌐**mittel** s. Füllstoff ‖ ⌐**mittel** n, EP-Additiv n (Schmierung) / extreme pressure additive ‖ ⌐**nest** n (Plast, Fehler) / filler speck ‖ ⌐**niet** m / dummy rivet ‖ ⌐**-Null** f, führende o. Leer-Null (DV) / left o. leading zero, high-order o. preceding zero ‖ ⌐**nut[e]** f (Kugellager) / filling notch

Füllochverschlußschraube f / filling hole screw cap, filling hole plug

Füll·ofen m / magazine stove ‖ ⌐**öffnung** f, -loch n / filling hole ‖ ⌐**öffnung** f, Einsetz-, Arbeitstür f (Hütt) / charging o. working door ‖ ⌐**ort** n (Bergb) / bottom, collecting station under ground ‖ ⌐**ort** n, Anschlag m (im Schacht) (Bergb) / pit eye, shaft o. filling station ‖ ⌐**orteinrichtung** f, Aufschieber m (Bergb) / car cager, car caging installation ‖ ⌐**pfosten** m, Zwischenständer

m in einer Wand / stud post in framework ‖ ⌐**pigment** n, -stoff m (Lack) / extender ‖ ⌐**pulver O2** n, F.P. 02 / trinitrotoluol, -toluene, TNT, T.N.T., tolite (US) ‖ ⌐**rahmen** m (Gieß) / sand-filling frame ‖ ⌐**raum** m / filling space ‖ ⌐**raum** m (Formerei, Gieß) / charge cavity o. pot ‖ ⌐**raum** m (Sintern) / die volume ‖ ⌐**raum** m **[der Form]** (Plast) / material well, loading chamber ‖ ⌐**raumform** f (Plast) / fully o. truly positive mould ‖ ⌐**raumspiel** n (Plast) / spew relief ‖ ⌐**raumtiefe** f (Sintern) / filling depth of the die ‖ ⌐**rumpf**, -trichter m / feeding o. charging o. loading hopper o. bin ‖ ⌐**rumpf**, Vorratsbunker m / storage bin o. hopper ‖ ⌐**sand** m (Gieß) / body o. backing o. black sand, floor (GB) o. filler (US) sand ‖ ⌐**säure** f (Akku) / electrolyte, accumulator acid ‖ ⌐**schacht** m **eines Füllofens** (Hütt) / shell of a furnace ‖ ⌐**schaufel** f / loading shovel ‖ ⌐**schlauch** m (Flüssigkeit) / filling tube o. hose ‖ ⌐**schlauch** m (Gas) / inflation tube o. hose ‖ ⌐**schraube** f / filling plug ‖ ⌐**schrift** f (Schallplatte) / grouping of the grooves ‖ ⌐**schuh** m (Sintern) / feed shoe, filling shoe ‖ ⌐**schuß** m, Futterschuß m / wadding pick, filling o. stuffer weft ‖ ⌐**schwelle** f (Bahn) / spot sleeper ‖ ⌐**sender** m (TV) / fill-in o. satellite transmitter ‖ ⌐**sieb** n / filling strainer o. sieve ‖ ⌐**stab** m (Stahlbau) / web member ‖ ⌐**stand** m / level

Füllstands·anzeiger m / level indicator ‖ ⌐**fühler** m (Raumf) / depletion o. level sensor ‖ ⌐**meßgerät** n (mit feststehender Strahlungsquelle) (Nukl) / static level meter ‖ ⌐**meßgerät** n **mit eigener Strahlungsquelle** (Nukl) / level meter ‖ ⌐**messung** f (im Behälter) / level measuring

Füll·station f / filling station ‖ ⌐**stein** m (zur Betonersparnis) / plum ‖ ⌐**stein** m (Hütt) / filling brick ‖ ⌐**steine** m pl (Maurer) / expletives pl, rubble ‖ ⌐**stellung** f (Bremse) / full-release position ‖ ⌐**stellung** f (Konverter) / filling position, charging position ‖ ⌐**stift** m, Spatie f (Buch) / lead, space ‖ ⌐**stift** m / mechanical pencil ‖ ⌐**stoff** m (DIN) (Farbe) / extender ‖ ⌐**stoff** m, -masse f, -material, -mittel n (Chem, Pap, Plast) / filler, filling material ‖ ⌐**stoff** m, -material, -mittel n (Appretur) / loading [material], weighting agent ‖ ⌐**stoff** m, Streckmittel n (Gummi) / extender, filler ‖ ~**stofffrei** (Plast) / unloaded ‖ ~**stofffreie Mischung** (Elastomer) / [pure-]gum compound ‖ ⌐**stoß** m (Bahn, Bremsen) / filling stroke (of air brakes) ‖ ⌐**strich** m / filling o. gauge mark ‖ ⌐**stück** n, Füllung f (Masch, Stahlbau) / lining ‖ ⌐**stück**, Deckstück n (Tischl) / piece let in o. fitted in, filling piece ‖ ⌐**stück** n, Zwischenstück n (Masch) / filler piece ‖ ⌐**stück** n (Sperrholz) / shim ‖ ⌐**stücke** m pl (Karosserie) / linings pl ‖ ⌐**stutzen** m **für Öl** (Mot) / oil filler neck ‖ ⌐**trichter** m (Masch) / admission hopper, feeding hopper ‖ ⌐**trichter** m (Ofen) / auxiliary hopper ‖ ⌐**trichter** m (Chem) / feeding o. filling o. loading funnel ‖ ⌐**tür** f (Heizung) / charging o. working door

Füllung f, Füllgut n / charge, batch, filling ‖ ⌐ (Bremse) (Tätigkeit) / recharging of the brake ‖ ⌐ (Dampfm) / admission, feeding ‖ ⌐ (Tischl) / panel of a door ‖ ⌐, Ausfütterung f (Masch) / pillow, lining ‖ ⌐, Paneel n (Tischl) / pane of a wainscot ‖ ⌐ (des Geschosses) (Mil) / filler charge ‖ ⌐, Polsterung f / stuffing, filling, padding ‖ ⌐ **des Fallschirms** / development (parachute) ‖ ⌐ **mit Gas** / inflation ‖ ⌐ **en eingeteilt** (Tischl) / panelled

Füllungs·grad m, -faktor m / fill factor, filling ratio ‖ ⌐**grad** m (Diesel) / volumetric efficiency ‖ ⌐**grad** m (Dampf) / rate of admission, of feeding ‖ ⌐**regelung** f (Mot) / volumetric control, control by partial injection ‖ ⌐**stab** m (Stahlbau) / lacing o. lattice bar, web member ‖ ⌐**tür** f (Tischl) / panel framed door

Füll·vermögen n (Lack) / body of varnish, filling property of varnish ‖ ⌐**vliesstoff** m (Textil) / nonwoven stuffing fabric, nonwoven wadding and quilting fabric ‖ ⌐**volumen** n / filling volume, fill[ing] contents pl ‖ ⌐**vorrichtung** f, -apparat m / filler, filling apparatus ‖

~wagen m (Koksofen) / larry [car], charging car ||
~wand f, Paneel[werk] n / panel[ling] || ~zeichen n,
-ziffer f (DV) / fill character, filler || ~zustand m /
filling condition
Fulminat n / fulminate
Fumarin n (Chem) / fumarin, coumafuryl
Fumarole f (Geol) / fumarole
Fumarsäure f / fumaric acid
Fundament n / foundation || ~, Basis f (Bau) / pedestal,
socle || ~, Fundierung f / foundation, basement || ~
(Druckplatte) / bed || das ~ **legen** (Bau) / lay the
foundation || **durchgehendes** ~ / substructure, socle ||
versenktes o. unverschaltes ~ / sunk foundation ||
~absatz m / footing of a foundation
fundamental, Grund... / fundamental, basal || ~gleichung
f (Math) / fundamental equation || ~gruppe f /
fundamental group || ~serie, Bergmannserie f (Spektrum)
/ fundamental series
Fundament·anker m / foundation anchor o. bolt, anchor
bolt || ~graben m, -grube f (Bau) / trench for the
foundation, foundation ditch || ~grubenplan m / setting
the foundation ditch
fundamentieren / lay the foundation [work]
Fundamentierung f / foundation walling o. work
Fundament·klotz m, -block m / foundation block ||
~mauer f, Grundmauer f / foundation wall ||
~mauerwerk n / foundation brickwork || ~plan m /
foundation plan || ~platte f / foundation raft || ~platte f,
-rahmen m / bed o. base o. foundation o. sole plate ||
unterer Teil einer ~platte / subbase || ~platte f **in
Stahlbeton** / armoured concrete foundation plate ||
~rahmen m / foundation plate, sole plate || hölzerner
~rahmen (für Baumaschinen) (Bau) / mat || ~schiene f
(Elektr) / foundation slide rail || ~schraube f /
foundation bolt || ~schwelle f / footing, foot wall ||
~sockel m (ohne Kellergeschoß) / sleeper wall || ~sohle
f / foundation level || ~stein m / foundation stone ||
~streifen m (Bau) / foundation strip || ~zeichnung f,
-plan m (Bau) / foundation plan || ~zeichnung f einer
Maschine / foundation plan of a machine
Fundgegenstand m, -sache f / piece of lost property
fundieren / lay the foundation
Fundierung f (das Bauwerk) / foundation, basement
fündig, ergiebig (Bergb) / rich, paying || ~ **werden** /
discover, strike
Fundort m, Lager n, -stätte f (Bergb, Geol) / locality,
location
Fundort m, Vorkommen n / deposit
Funduskamera f (Opt) / fundus camera
fünf [zum] Quadrat / five squared || ~achsig (Wzm) / with
three linear and two rotational axes || ~bindiger Atlas
(Textil) / five-end satin || ~blatt-Bogen m (Bogen) /
cinquefoil arch || ~dekaden... / five-digit... || ~eck,
-seit, Pentagon n / pentagon || ~eckig, -kantig /
pentangular, pentagonal || ~elektrodenröhre f, Pentode
f / pentode [tube]
Fünfer m (Kabelbezeichnung) / five-conductor cable ||
~alphabet n, Baudotalphabet n / five-unit code || ~code
m (Telex) / five level code || ~kabel n / cable in
quintuplex || ~kanal m (Fernm) / five-channel band ||
~zählung f / lumberman's tally
fünf·fach / quintuple || ~fache Wellpappe / double-
double face o. double-wall corrugated [fibre] board ||
~flächig / pentahedral || ~flächner m, Pentaeder n /
pentahedron || ~ganggetriebe n (Kfz) / five speed gear
box || ~gängig (Schnecke) / five-start || ~gelenkgetriebe
n / five-bar o. -link mechanism || ~gerüstige
Triofertigstraße (Walzw) / five-stand three-high
finishing train || ~gitter-Mischröhre, Misch-Heptode f
(Elektronik) / pentagrid [converter] || ~gliedriges
Getriebe (Mech) / five-bar linkage || ~jahresplan m /
five-year plan || ~kanalcode m / five-channel code ||
~kanal-Lochband n / five-channel tape || ~kantig /
pentangular, pentagonal || ~kantmutter f / pentagon

nut || ~körper-Verdampfapparat m (Zuck) / quintuple
effect evaporator || ~leitersystem n (Elektr) / five-wire
system || ~molekular / quinquemolecular ||
~neunerzink n (99,999%) / five-nines zinc ||
~pol[end]röhre, Pentode f (Elektronik) / five electrode
tube, pentode || ~polschirmröhre f (Elektronik) / high-
frequency pentode || ~punktanordnung,
Quincunxanordnung f / quincunx || ~punktblende f /
five-point diaphragm || ~ring m (Chem) / five-ring
compound, five-membered ring || ~schichtdiode f
(Elektronik) / biswitch || ~seitig / pentagonal ||
~seit-Revolverkopf m / pentagon turret ||
~spindelautomat m (Wzm) / five-spindle automatic ||
~stahl-Rundsupport m / five tool turret tool-post ||
~stellig / five-digit... || ~stellige Zahl / number with 5
ciphers, five-digit-figure || ~stiftsockel m (Elektronik) /
five-pin base || ~tastengeber m (Fernm) / five-key
transmitter
fünfte Tür, Rückwandtür f (Kfz) / fifth door, hatchback
(US)
Fünftel·dach n / roof with pitch of 1:5 || ~geviert n (Buch)
/ thin space
Fünf·ton-Folgesystem n / fife-tone sequential
transmission procedure || ~wegeventil n / five-port
directional valve || ~wertig (Chem) / quinquevalent,
pentavalent || ~wertiger Alkohol / pentahydric alcohol
|| ~wertiges Element (Chem) / pentad f || ~zehneck n /
pentadecagon || ~zehnminutenleistung f (Elektr) /
quarter-hourly rating
Fungistatikum n (Chem) / fungistat
Fungizid n / fungicide || ~ adj / fungicidal || ~es Papier /
microbial resistant paper
Funk m, drahtlose Telegrafie / radiotelegraphy || ~...,
drahtlos / radio ..., wireless (GB) || ~amateur m / radio
amateur [constructor] || ~anflughilfen f pl / radio
approach aids pl || ~anlage f / radio plant (US) ||
~ausrüstung f / radio equipment || ~-Bahnverfolgung
f / radiotracking || ~bake f / radio beacon ||
~baken-Empfänger m / radio beacon receiver ||
~befeuern / place radio beacons || ~bereitschaft f mit
sendebereitem Sender / radio-communication guard ||
~beschickt (Funkmeß) / corrected || ~beschickung,
Beschickung f (Funkmeß) / correction ||
~betriebszentrale f (Radio) / control point ||
~bezeichnung f (Raumf) / radio code call || ~bild n /
radiophotogram, radiopicture, telephoto, photo-
radiogram || ~bild n (mit Belinograph) / belinogram ||
~bildgerät n / photo-radiogram apparatus ||
~bildgerät, -faksimilegerät n / telegram ||
~dämpfungsmessung f / radio attenuation
measurement, RAM || ~-Dauerbereitschaft f /
continuous radio alert || ~dienst, -verkehr, -betrieb m /
radio service (US), wireless communication service
(GB) || **fester** ~dienst **mit Satelliten** / fixed satellite
service
Funke m / spark || ~n sprühen oder geben / spark vi,
emit sparks || **großer** ~ (glühendes Teilchen) / flake of
fire
Funkecho n / radio echo
Funkel·effekt m (Elektronik) / flicker effect || ~effekt
(Anteil des Röhrenrauschens), Schroteffekt m,
-rauschen n (nach Schottky) (Elektronik, Elektr) / [small]
shot noise, shot o. Schottky effect, schroteffect ||
~feuer n (Nav) / quick flashing light || ~gebiet n (Fernm,
Elektronik) / region of excess noise
funkeln / sparkle || ~, scintillieren / scintillate || ~,
Glänzen n / coruscation || ~, Glitzern n / scintillation
Funkel·rauschen n (Röhre) / excess noise, flicker noise
Funkempfänger m / radio o. wireless (GB) receiver
funken, Funken sprühen / spark vi, emit sparks, throw out
sparks || ~, feuern (Elektr) / flash, spark || ~, senden /
radio (US), transmit by wireless (GB) || ~analyse f /
spark analysis || ~bahn f / spark path || ~[bildung] f,
Feuern (Elektr) / sparking || ~blitz m (Fernm) / spark

flashing ‖ ~**entladung** f (Elektr) / spark discharge ‖
~**entladungs-Schweißen** n / percussion welding ‖
~**erodieren** / electroerode, erode by sparks ‖ ~**erosion**
f / electrical discharge machining, EDM, electrical
erosion, electroerosion, [electric] spark machining,
spark erosion ‖ ~**erosionsgeräte** n pl / EDM-equipment
‖ ~**erosionsmaschine** f (Wzm) / pulse circuit machine,
pulse spark machine, electrical discharge machine,
EDM machine ‖ ~**erosiv** / by electrical discharge
machining ‖ ~**fächer** m, Funkenlöscherzwischenwand f
(Elektr) / arcing plate of a drum controller ‖ ~**fänger** m,
-sieb n (Bahn) / spark arrester o. catcher ‖ ~**flug** m
(Bahn) / flying sparks pl ‖ ~**folge** f / spark sequence ‖
~**frei**, funkenlos / non-sparking, sparkless ‖ ~**freie**
Unterbrechung (Elektr) / clean break ‖ ~**garbe** f, -regen
m / ray of sparks, sheaf of sparks ‖ ~**horn** n / spark
conductor ‖ ~**induktor** m (Phys) / induction coil ‖
~**ionenquelle** f / spark discharge ion source ‖
~**kammer** f, -löschkammer f (Elektr) / spark blow-out
chamber ‖ ~**kammer** f (Nukl) / spark chamber ‖
~**länge**, Schlagweite f (Elektr) / sparking distance ‖ ~**los**
/ non-sparking, sparkless ‖ ~**löscher** f (Elektr) / spark
arrester o. blow-out o. extinguisher o. quencher, arc
breaker, magnetic blow-out ‖ ~**löscher mit RC-**
Gliedern (Fernm) / spark absorber ‖ ~**löschkamin** m /
arc blow-out chimney ‖ ~**löschspule** f (Elektr) / blow-out
coil ‖ ~**löschung** f / spark extinction ‖ ~**photographie** f
/ electric spark photography ‖ ~**probe** f (Masch) / spark
test ‖ ~**rechen** m (Elektr) / arc shield, arc deflector,
deflectors pl ‖ ~**regen** m s. Funkengarbe ‖ ~**rost** m, -sieb
n (Bahn) / cowl, spark collector ‖ ~**schreiber** m / spark
recorder ‖ ~**schutzkasten** m / spark extinction chamber
‖ ~**schweißen** n / percussion welding ‖ ~**sender** m /
spark transmitter ‖ ~**sicher** / sparkproof ‖ ~**sinterung** f
/ spark sintering ‖ ~**spannung** f / sparking voltage ‖
~**spektroskopie** f / spark source spectrography ‖
~**spektrum** n / spark spectrum ‖ ~**sprühen** n /
throwing off of sparks ‖ ~**sprühen** n, Scintillation f /
scintillation ‖ ~**staub** m (Wzm) / grinding dust ‖
~**störung** f (Kfz) / ignition noise ‖ ~**strecke** f,
-schlagweite f (Elektr) / spark o. air gap, sparking
distance ‖ ~**strecke** f, Überspannungsableiter m (Elektr)
/ discharger ‖ ~**strecken-Blitzableiter** m / air gap
protector

Funk·entstördrossel f / radio interference suppression
coil ‖ ~**-Entstörkondensator** m / radio interference
suppression capacitor ‖ ~**entstört** / with noise
suppression, shielded (cable), screened (cable) ‖
~**entstörung** f / radioshielding o. screening,
interference suppression

Funken·überschlag, -übergang m (Elektr) / spark
discharge, arc-over, jump spark ‖ ~**versetzung** f (Kfz) /
spark displacement ‖ ~**wurf** m (Bahn) / throwing of
sparks, sparking ‖ ~**zieher** m (Elektr) / spark drawer ‖
~**zünder**, Spaltzünder m (Bergb) / high-tension fuse o.
detonator ‖ ~**zündung**, Fremdzündung f (Mot) / spark
ignition

Funker m (Schiff) / radio operator, radioman, wireless
operator (GB) ‖ ~ (Elektronik) / signalman
Funk·erfassung f (Mil) / radio intercept ‖
~**-Erfassungsstelle** f / radio intercept station
Funker·haube f (Elektronik) / helmet ‖ ~**kabine** f (Schiff) /
radio cabin ‖ ~**-Zeugnis** n / operator's certificate
Funk·faksimilegerät, -bildgerät n / telefax ‖
~**fehlweisung** f (Nautik) / quadrantal error ‖ ~**feld** n /
radio link hop, relay line section ‖ ~**feldlänge** f / relay
line section ‖ ~**fernmessen** n / radiotelemetering ‖
~**fernschreiben** n (Fernm) / radioteletype, RATT ‖
~**fernschreiber** m / radio printer ‖
~**-Fernschreibübertragung** f / TOR (= transmission
of teleprinter messages over radio) ‖ ~**fernsprechen** n /
radiotelephony ‖ ~**fernsprecher** m / transmitter-
receiver, transmitting and receiving set ‖
~**-Fernsteuerung** f / radio control o. steering (US) ‖

~**feuer** n, Kursfunkfeuer n / radio range ‖
~**feueranflug** m (Luftf) / tracking ‖ ~**feuererkennung** f
/ radio beacon identification ‖ ~**frequenzliste** f / master
radio frequency list, MRFL ‖ ~**gabel** f / radio
bifurcation ‖ ~**gabelverkehr** m, -gabelverbindung f /
radio communication by bifurcation ‖
~**gegenmaßnahmen** f pl (Mil) / radio countermeasures
pl ‖ ~**gerät** n / radio (US) o. wireless (GB) transmitting
o. receiving set o. apparatus ‖ ~**gerät** n, -ausrüstung f /
radio equipment (US), wireless equipment (GB) ‖
~**gespräch** n / radio conversation, wireless phone [call]
(GB), radiophone (US) ‖ **ein** ~**gespräch führen** /
radiophone, talk over wireless ‖ ~**gesteuert** / radio-
controlled ‖ ~**gleichlaufsysteme** n pl / synchronous
radiotelegraph systems pl ‖ ~**haus** n / broadcast house
o. center ‖ ~**hilfe** f **zur Standortbestimmung** / radio
fixing aid ‖ ~**höhenmesser** m (Luftf) / pulse o. radio
altimeter ‖ ~**horchstelle** f / intercept [station] ‖
~**horizont** m, Radiohorizont m / radio horizon ‖
~**kanal** m / radio channel ‖ ~**kompaß** m (Luftf) / radio-
compass ‖ ~**leitstrahl** m (Schiff, Luftf) / radio beam o.
leg ‖ ~**lenkstation**, -leitstation f (Raumf) / radio
guidance station ‖ ~**linie** f / radio circuit o. link ‖
~**mast** m, Antennenmast m / antenna o. radio o.
wireless mast ‖ ~**messen** n, -ortung f
(nichtnavigatorisch) / radiolocation ‖
~**meßfernsehsystem** n / teleran system ‖ ~**meßgerät** n,
Radar m n / radar ‖ ~**messung** f s. Funkortung ‖
~**mutung** f / radio prospecting ‖ ~**navigation** f, F.N. /
radio navigation ‖ ~**navigationshilfen** f pl / radio aids
to navigation pl ‖ ~**notsignal** n (Schiffsfunkspruch) /
MAYDAY [signal] ("m'aidez") ‖ ~**offizier** m / radio
officer ‖ ~**ortung** f, -peilung f / radio position determination,
(formerly:) radio position fixing o. finding ‖ ~**ortung** f
(nichtnavigatorisch), -messen n / radiolocation ‖
~**-Ortungsgerät** n, Peilempfänger m (Elektronik) /
position finder o. fixer ‖ ~**peilen** / fix the position by
radio ‖ ~**peiler** m, Radiogoniometer n /
radiogoniometer ‖ ~**peilerrahmenantenne** f / loop
antenna ‖ ~**peilnetz**, Peilnetz n, Funkpeilbasis f / DF
network ‖ ~**peilstelle** f / radio determination post o.
station ‖ ~**peil-Tochterkompaß** m / radio-magnetic
indicator ‖ ~**peilturm** m / DF tower ‖ ~**peilung** f s.
Funkortung ‖ ~**rohe peilung** / observed radio bearing ‖
~**peilwagen** m (Fernm) / detector van ‖ ~**personal** n /
radio operators pl ‖ ~**querverbindung** f (Elektronik) /
intercommunication channel ‖ ~**raum** m (Schiff) / radio
cabin ‖ ~**rauschen** n / radio noise ‖ ~**rufdienst** m /
radio-paging service ‖ ~**schatten** m (Radio) / radio
pocket o. shadow, silent zone ‖ ~**sender** m / transmitter
for radiotelephony and sound broadcasting ‖ ~**signal** n /
radio signal ‖ ~**sonde** f (Meteorol) / radio-sonde ‖
~**-Sonoboje** f / radiosonobuoy ‖ ~**sprechanlage** f /
transmitting and receiving set ‖ ~**sprechgerät** n
(tragbar) / walkie-talkie ‖ ~**sprechgerät** n s. auch
Funkfernsprecher ‖ ~**sprechverbindung** f /
radiotelephone communication (US), wireless phone
call (GB) ‖ ~**spruch** m, drahtloses Telegramm /
radiogram, radio message ‖ **durch** ~**spruch** / by
radiogram ‖ ~**station** f (Elektronik, TV) / wireless (GB)
o. broadcast[ing] o. radio station ‖ ~**steuerung** f /
wireless control (GB), radio control (US) ‖ ~**stille** f
(Luftf, Schiff) / silent period, radio silence, blackout ‖
~**störfestigkeit** f (Empfänger) / immunity to
interference ‖ ~**störfrei sein** / not produce radio
interferences ‖ ~**störmeßplatz** m (Fernm) / radio
interference test assembly ‖ ~**störspannung** f **an einem**
V-Netz / V-terminal voltage ‖ ~**störspannung** f **an**
einer Deltanetz-Nachbildung / asymmetrical terminal
voltage ‖ ~**streifenwagen** m (Kfz) / radio patrol car, cruiser car
(US), squad car (GB) ‖ ~**studio** n / broadcasting studio
‖ ~**täuschung** f / radio deception ‖ ~**taxi** n / call car,
radio cab (US) o. taxicab (GB) ‖ ~**technik** f,

Radiotechnik *f* / radio-engineering ‖ ⌐techniker *m*, Radiotechniker *m* / radio technician o. mechanic ‖ ⌐telegrafie *f* / radio o. wireless telegraphy, W.T. ‖ ⌐telegramm *n* / radiogram

Funktion *f* (allg, Phys, Chem) / function ‖ ⌐, Funktionieren *n* / performance, action, functioning ‖ ⌐ **2. Grades** (Math) / quadric ‖ ⌐ **des Ortes** / point function ‖ ⌐ **von Funktionen** / function of functions, compound function ‖ **ganze** ⌐ / entire o. integral function

Funktional·analysis *f* (Math) / functional analysis ‖ ⌐determinante *f* (Math) / Jacobian

Funktionalität *f* / functionality

funktionell, funktional, Funktions... (Math) / functional ‖ ~e **Beziehung** / functional relation ‖ ~e **Durchsatzrate in Hz/cm²** / functional transfer rate ‖ ~er **Entwurf** / functional design ‖ ~er **Entwurf** (DV) / logic[al] design ‖ ~e **Gruppe** (Ionenaust) / active group ‖ ~e **Küche** / functional kitchen ‖ ~e **Leistungsbeschreibung** / performance specification ‖ ~e **Operation** (DV) / logic[al] operation ‖ ~e **Planung** / functional design ‖ ~es **Symbol** (DV) / logical symbol

Funktionentheorie *f* / theory of functions

funktionieren, arbeiten / function, operate, work, run, act ‖ ~, eine Leistung verrichten / perform ‖ ~, ticken / tick ‖ ⌐, Laufen *n* / working, operation, running, acting

Funktions·... / operational, op, functional ‖ ⌐analyse *f* (DV) / functional analysis ‖ ⌐argument *n* (DV) / function argument ‖ ⌐art *f* / function mode ‖ ⌐baugruppe *f* (DV) / function[al] unit o. assembly ‖ ~bedingte **Beanspruchung** / functional stress ‖ ⌐begriff *m*, -bezeichnung *f* / function designator ‖ ⌐bereich *m* **des Nebenschlußreglers** / shunt region ‖ ⌐beschreibung *f* / functional characteristics *pl*, functional description ‖ ~beteiligt / functional, active ‖ ⌐bezeichner *m*, -kennzeichen *n* (DV) / function designator ‖ ⌐bit, -Byte *n*, -Ziffer *f* (DV) / function bit [o. byte, o. digit] ‖ ~definierend / function defining ‖ ⌐diagramm *n* (DV) / action chart ‖ ⌐differentialgeber *m* (Regeln) / RDX, resolver differential transmitter ‖ ⌐drehmelder, Resolver *m* (Regeln) / synchro resolver ‖ ⌐einheit *f* (DIN) / functional unit ‖ ⌐element *n* / function element ‖ ⌐empfänger *m* / resolver receiver o. repeater ‖ ~fähig / operative ‖ ⌐fähigkeit *f* / operatability, operativeness ‖ ⌐fehler *m* / faulty operation, unwanted condition ‖ ⌐geber *m* (Regeln) / resolver transmitter ‖ ⌐geber *m*, -generator *m* (DV) / function generator ‖ ⌐generatorröhre *f* (Kath.Str.) / shaped-beam tube ‖ ⌐glied *n* (Elektronik) / control section o. unit ‖ ⌐gruppe *f* / functional group ‖ ⌐gruppenautomatik *f* (Kraftwerk) / functional group control ‖ ⌐kennwerte *m pl* / performance characteristics *pl* ‖ ⌐keramik *f* / functional ceramics ‖ ⌐kontrolle *f* / operational check ‖ ⌐-Managementschicht *f* / function management layer ‖ ⌐multiplizierer *m* (DV) / function multiplier ‖ ⌐pfeil *m* (Sinnbild) / functional arrow ‖ ⌐plan *m* (Masch) / operational diagram ‖ ⌐plan *m* (DV) / logic diagram o. chart ‖ ⌐prüfung *f* / performance check o. test, functional testing ‖ ⌐prüfung *f* (DV) / operation checkout ‖ ⌐schaltbild *n* s. Funktionsplan ‖ ⌐schalter *m* (DV, Schaltkreise) / function switch ‖ ⌐schema *n* (allg) / functional diagram ‖ ⌐störung *f* / malfunction ‖ ⌐tabelle *f* (Math) / function table ‖ ⌐tafel *f*, -tisch *m* (DV) / function table ‖ ⌐taste *f* (DV) / operation[al] control key, OCK ‖ ⌐taste *f* (allg) / control key ‖ ⌐tasten *f pl* (Drucker) / function keyboard ‖ ⌐teilung *f* (Fernm) / function sharing ‖ ⌐tisch *m* (DV, Plotter) / plotting board ‖ ⌐überprüfung *f* **im Betrieb** / operational test ‖ ⌐überwachung *f* / monitoring ‖ ⌐überwachungssystem *n* (Raumf) / housekeeping equipment ‖ ~unfähig, nicht betriebsfähig / inoperative ‖ ⌐verlauf *m* / function course ‖ ⌐verstärker *m* (Analogrechner) / operational amplifier, op amp ‖ ⌐wächter *m* (DV) / operation monitor ‖ ⌐wählschalter *m* (Elektr) / function selector ‖ ⌐wert *m* (Math) / value of the function ‖ ⌐zeichen, Formatzeichen *n* (DV) / FE, format effector, layout character ‖ ⌐zeichen (Buch.m) / functional character ‖ ⌐zustand *m* **der Zentraleinheit** (DV) / processor state ‖ ⌐zustandregister *n* (DV) / interrupt status register

Funktor *m* (ein Symbol) (Math) / functor

Funk·turm *m*, Antennentragwerk *n* (DIN) / radio tower o. mast (US), wireless tower (GB) ‖ ⌐übertragung *f* / radio transmission ‖ ⌐übertragungsstelle *f* / radio telephony transmitter ‖ ⌐übertragungsweg *m* / radio link ‖ ⌐übertragungsweg *f* **mit Trägerfrequenz** / carrier frequency radio transmission ‖ ⌐überwachung *f* / radio monitoring ‖ ⌐verbindung *f* / radio circuit o. link ‖ ⌐verbindung *f* **in Sichtlinie** / line-of-sight radio relay link ‖ ⌐verkehr *m* / radio communication o. traffic ‖ **in** ⌐verkehr **stehen** / communicate by radio ‖ ⌐verkehrsabkürzung *f* / radio brevity ‖ ⌐wagen *m* / radio car ‖ ⌐weg *m* / radio channel ‖ **auf dem** ⌐weg / by radio, by wireless (GB) ‖ ⌐-Weitverkehrsverbindung *f* / long-distance radio link ‖ ⌐wesen *n*, -technik *f* / radio-engineering (US), wireless technology (GB) ‖ ⌐wetter *n* / meteorological radio conditions *pl* ‖ ⌐wetterdienst *m* / meteorological radio service ‖ ⌐zeichen *n* / radio signal ‖ ⌐-Zielflug *m* / radio homing

für x = O / if x = 0

Fural *n*, Furfural *n* / furfural, 2-furaldehyde

Furan, Furfuran *n* / furan, furfurane[e] ‖ ⌐harz *n* / furan resin ‖ ⌐ring *m* / furan ring

Furche *f* (Landw) / furrow ‖ ⌐, Rille *f* in Holz o. Metall / groove ‖ ⌐, Rille *f* (Walzw) / hollow ‖ ⌐, Rinne *f*, Wagengeleis *n* / rut, track ‖ ⌐, Rille *f* / flute, groove, chamfer, channel ‖ ⌐ (Nähm) / slot ‖ ⌐, Schramme *f* / stria ‖ ⌐ (Ofen) / valley of a furnace arch ‖ **die erste** ⌐ (in ungepflügtem Boden) / backfurrow ‖ **die letzte** ⌐ **im Acker** / dead furrow

furchen, pflügen (Landw) / furrow *v*, plow furrows ‖ ~, zerfurchen / wrinkle *vt* ‖ ~ (Erdarbeiten) / nick out ‖ ~, Rinnen ziehen (Strömung) / gutter ‖ ~, riefen (Masch) / ridge ‖ ~, nuten (Masch) / channel, groove ‖ ~, schrammen (Geol) / striate, groove ‖ ⌐ebner *m* (Landw) / ridge buster ‖ ⌐öffner *m* (Sämaschine) / furrow opener ‖ ⌐profil *n* (Opt) / groove profile ‖ ⌐rad *n* (Pflug, Landw) / furrow wheel ‖ ⌐rain *m* / balk ‖ ⌐rücken *m* / ridge between furrows ‖ ⌐stein *m* (feuerfest) / grooved brick ‖ ⌐wand *f* (Landw) / furrow wall ‖ ⌐zieher *m* (Landw) / marker

Furchung *f* / furrowing

Furchungsverschleiß *m* / score grooving

Furfural, Fural *n*, α-Furfurylaldehyd *m* / furfural, 2-furaldehyde

Furfural·kunststoff *m* / furan plastic

Furfur·amid *n* / hydrofuramide ‖ ⌐ylalkohol *m* / furfur[yl] alcohol

Furlong *n* (220 yd = 1/8 mile = 201,168 m) / furlong

Furnaceruß *m* / furnace carbon black

Furnier *n*, Furnierblatt *n* / veneer, sheet of veneer ‖ ⌐arbeit, Furnierung *f* / veneering ‖ ⌐bock *m*, -presse *f* / veneering press ‖ ⌐bockspindel *f* (Hobelbank) / glue clamp spindle

furnieren / veneer *v* ‖ ⌐ *n* / veneering ‖ **auf beiden Seiten** ~ / veneer on both sides, counterveneer

Furnier·falte *f* (Sperrholz) / pleat ‖ ⌐fügeschere *f* / veneer jointing guillotine ‖ ⌐hobelmaschine *f* / veneer planing machine ‖ ⌐holz *n* / veneer wood, veneering ‖ ⌐holz *n*, furniertes Holz / veneered wood ‖ ⌐leim *m*, Sperrholzleim *m* / plywood adhesive ‖ ⌐messer *n* / veneer slicing blade ‖ ⌐messermaschine *f* / veneer slicer ‖ ⌐paketschneidemaschine *f* / veneer pack edge shear ‖ ⌐paketzurichtmaschine *f* / veneer edge dressing machine ‖ ⌐platte *f* (dünne Sperrholzplatte) / scale board ‖ ⌐platte *f* / veneer plywood ‖ ⌐platte *f* (zum Furnieren) / core stock ‖ ⌐platte *f* (dreilagig) /

three-ply wood ‖ ⌐**presse** f / veneer[ing] press ‖ ⌐**säge** f / veneering web o. saw, veneer frame saw ‖ ⌐**schälholz** n / wood for peeling ‖ ⌐**schälmaschine** f, -rundschälmaschine f / veneer peeling machine ‖ ⌐**-Schälmesser** n / veneer peeling knife ‖ ⌐**schälstraße** f / veneer peeling line ‖ ⌐**schere** f / veneer shearing machine ‖ ⌐**schere** f **für einzelne Furniere** / veneer clipper ‖ ⌐**[schneid]maschine** f / veneer cutting machine, veneering machine, clipper ‖ ⌐**stanze** f / veneer cutting press ‖ ⌐**träger** m / core stock
Furnierung f, furnierte ausgelegte Arbeit (Kunsttischl) / veneering
Furnier·-Zusammensetzmaschine f / veneer jointing machine ‖ **hölzerne** ⌐**zwinge** (Tischl) / caul
Furolviskosimeter n / Furol viscometer
Furosemid n / furosemide
Furoylierung f / furoylation
Furt f / passage, ford
Fusain m (Bergb), fusain, dant ‖ ⌐**reiche Kohle** / subhydrous coal
Fusariose f, Fusarium- o. Fruchtfäule f / fusariose
Fusarium·pilz m / fusarium ‖ ⌐**welke** f / fusarium wilt
Fuscin n / fuscine
Fusel m / bad spirit, -s pl, fusel ‖ ⌐**öl** n, Isoamylalkohol m (Chem) / potato-spirit oil ‖ ⌐**öl** n, Gärungsamylalkohol m / fusel oil
Fusion (Handel) / merger ‖ ⌐, Kernverschmelzung f / fusion
fusionieren (Handel) / merge vi, amalgamate vi
Fusions·energie f (Nukl) / fusion energy ‖ ⌐**punkt** m (PERT) / merge point ‖ ⌐**reaktor** m / fusion reactor
Fusit m (eine Streifenkohle) (Bergb) / fusain, dant
Fuß m / foot ‖ ⌐, Zahnfuß m (Zahnrad) / root of the tooth ‖ ⌐, Fußgestell n / basis (pl.: bases), base, pedestal, footing ‖ ⌐, Ständer m (Wzm) / stand ‖ ⌐ (Tel.stange) / butt [end] ‖ ⌐, Füßchen n (der sockellosen Röhre) (Elektronik) / pinch of a valve ‖ ⌐ (USA, Verm) / U.S. survey foot (= 1200/3937 m = 0.304800609 m) ‖ ⌐ **der Schiene**, Schienenfuß m / rail foot o. flange o. base ‖ ⌐ **einer Böschung** / measure of a slope ‖ ⌐ **eines Deiches** / toe of a dike ‖ ⌐**abblendschalter** m / foot operated dimming switch, foot selector switch ‖ ⌐**anlasser** m, -anlaßschalter m (Kfz) / foot [actuated] starting switch ‖ ⌐**anlasser** m (Nähm) / treadle starter ‖ ⌐**antrieb**, -betrieb m / treadle o. foot operation o. drive ‖ **mit** ⌐**antrieb** / foot-operated ‖ ⌐**ausrundungsfläche** f (Zahnrad) / fillet ‖ ⌐**bereich** m (Kfz) / footwell ‖ ⌐**betätigte Speiseregelung** (Textil) / pedal feed motion
Fußboden m, Diele f / floor ‖ ⌐, Dielung f / boarding, flooring
Fußböden abziehen / sandpaper o. scrape floors
Fußboden·balken m / floor beam o. timber ‖ ⌐**belag** m / floor covering ‖ ⌐**belag** m (Kfz) / automobile carpet ‖ ⌐**freiheit** f **der Tür** / clearance between door leaf and finished floor ‖ ⌐**heizung** f / floor heating, floorwarming, concealed o. coil heating in the floor ‖ ⌐**kontakt** m (Elektr) / floor contact o. push ‖ ⌐**lack** m / floor enamel o. varnish ‖ ⌐**leiste** f (Bau) / bottom rail ‖ ⌐**matte** f / felt mat ‖ ⌐**öl** n / floor oil ‖ **[künstliche o. natürliche]** ⌐**platte** (Bau, Straßb) / flag, flagstone ‖ ⌐**rost** m (Bahn) / floor grate ‖ ⌐**schall** m / floor impact sound ‖ ⌐**schleifmaschine** f / floor grinder ‖ ⌐**-Speicherheizung** f / thermal storage floor heating ‖ ⌐**steckdose** f / floor socket-outlet ‖ ⌐**wachs** n / wax polish
Fuß·breite, Flanschbreite f (Walzprofil) / width of flange ‖ ⌐**bremse** f / foot brake ‖ ⌐**bremse** f (Kfz) / service brake ‖ ⌐**bremshebel** m, Bremspedal n / brake pedal ‖ ⌐**brett** n (Kfz) / floor board ‖ ⌐**drehbank** f / foot [operated] lathe ‖ ⌐**eingriff** m (Zahnrad) / bottoming ‖ ⌐**einrückung** f / pedal engagement
fusselig, flaumig, fuzzy, fluffy ‖ ⌐, haarig (Textil) / nappy, napped
Fuß·ende n / foot, lower end ‖ ⌐**erweiterung** f (Strumpf) /

enlarging of feet ‖ ⌐**fläche** f / footing ‖ ⌐**flanke** f (Zahnrad) / dedendum flank ‖ ⌐**flansch** m (Stahlbau) / bottom flange ‖ ⌐**freischnitt** m (Zahn) / undercut ‖ ⌐**gabel** f (Schiff) / fork-type heel fitting
Fußgänger m / pedestrian ‖ ⌐... / pedestrian adj ‖ ⌐**bereich** m / pedestrian area o. zone ‖ ⌐**brücke** f, Fußsteg m (Straßb) / footbridge ‖ ⌐**ebene** f / pedestrian level ‖ ⌐**insel** f, Verkehrsinsel f (Straßb) / traffic island o. refuge ‖ ⌐**phase** f (Verkehr) / pedestrian phase ‖ ⌐**schranke** f (Bahn) / level-crossing side gate o. wicket gate ‖ ⌐**überführung**, Laufbrücke f, -steg m (Bahn, Hydr) / footbridge ‖ ⌐**überweg** m, Zebrastreifen m / pedestrian crossing, zebra crossing, crosswalk (US) ‖ ⌐**unterführung** f / [pedestrians'] subway, subway crossing ‖ ⌐**verkehr** m / foot traffic ‖ ⌐**weg** m (an Landstraßen) / footway, walkway (US) ‖ ⌐**zone** f / pedestrian zone o. area ‖ **zur** ⌐**zone machen** / pedestrianize
Fuß·gashebel m / foot throttle, accelerator o. gas pedal ‖ ⌐**gelenk** n (Leitungsmast) / ball-and-socket footing ‖ ⌐**gesims** n, -sims m, -gliederung f / base moulding ‖ ⌐**gestell**, Piedestal n (Bau) / pedestal ‖ ⌐**hahn** m (Bahn) / pedal tap ‖ ⌐**hebel**, -tritt m / foot lever, pedal, treadle ‖ ⌐**hebel für Rückwärtsfahrt o. -lauf** / reverse pedal ‖ ⌐**hebel-Betätigung** f / pedal control ‖ ⌐**heber** m (Nähm) / pressure foot-lifting lever ‖ ⌐**höhe** f (bezogen auf Mittenkreis) (Zahnrad) / dedendum ‖ ⌐**hülse** f (Spinn) / small bottle bobbin ‖ ⌐**kalt** (Bau) / cold o. damp under foot ‖ ⌐**kegel** m (Zahnrad) / root cone ‖ ⌐**kegelwinkel** m (Kegelrad) / root angle ‖ ⌐**kehlfläche** f (Schneckengetriebe) / root toroid ‖ ⌐**kontakt**, -schalter m (Elektr) / floor contact o. push, treading contact ‖ ⌐**kreis** m (Zahnrad) / dedendum o. root circle ‖ ⌐**kreisdurchmesser** m (Zahnrad) / root diameter ‖ ⌐**lager** n, Spurlager n / step bearing o. block, footstep bearing ‖ ⌐**längenzähler** m (Film) / footage counter ‖ ⌐**lasche** f (Bahn) / fishplate griping beneath the foot of rail ‖ ⌐**leiste**, Scheuerleiste f (Bau) / baseboard, skirting[board], washboard, mopboard ‖ ⌐**leiste** f **im Boot** / stretcher of a boat ‖ ⌐**leiste** f **in Vordrucken** / foot block ‖ ⌐**leisten-Strahlungsheizung** f / baseboard radiation heating ‖ ⌐**linie** f (Zahnrad) / root line ‖ ⌐**[luft]pumpe** f / foot pump ‖ ⌐**mantelfläche** f (Zahnrad) / root surface ‖ ⌐**maß** n / foot measure ‖ ⌐**matte** f (Kfz) / floor carpet ‖ ⌐**mauer** f, Herdmauer f (Hydr) / toe wall ‖ ⌐**motor** m (Elektr) / conventional motor (US) ‖ ⌐**neigung** f **von Profileisen** / inside dip of flanges of profiles ‖ ⌐**note** f (Buch) / footnote ‖ ⌐**pendelpresse** f (Wzm) / kick press ‖ ⌐**pfad** m / footpath, footway ‖ ⌐**pfad** m (Bahn) / service path ‖ ⌐**pfahl** m (Bergb) / foot lid ‖ ⌐**pfette** f / inferior purlin ‖ ⌐**-Pfund-Sekunde** f / foot-pound-second, f.p.s. ‖ ⌐**platte** f / bearing o. sole plate ‖ ⌐**platte** f (Gerüst) / scaffold base plate ‖ ⌐**presse**, -stanze f / foot press ‖ ⌐**punkt** m (Elektronik, Bauteil) / low end ‖ ⌐**punkt**, Nadir m (Astr) / nadir ‖ ⌐**punkt** m **des Lichtbogens** / root of an arc ‖ ⌐**punkt** m **einer Kraft usw.** / tracing point of a force ‖ ⌐**punkt** m **einer Senkrechten** / foot of a perpendicular ‖ ⌐**punktbelastete Antenne** / base-loaded antenna ‖ ⌐**punktspeisung**, Spannungsspeisung f (Antenne) / end feed, base feed ‖ ⌐**punktwiderstand** m (Elektronik) / base impedance ‖ ⌐**rast[e]** f (Motorrad) / foot rest ‖ ⌐**raum** m (Möbel) / toe space, kick space ‖ ⌐**röhre** f, Saugrohr n (Pumpe) / foot pipe, tail-pipe ‖ ⌐**röllchen** n (Möbel) / castor, caster (US), swivelling roller ‖ ⌐**rolle** f (Strangguß) / foot roller ‖ ⌐**rücknahme** f (Zahnrad) / root relief ‖ ⌐**rundung[sfläche]** f (Zahnrad) / fillet ‖ ⌐**schalter** m / foot [actuated] switch, pedal o. treadle switch ‖ ⌐**schalter**, -kontakt m (Elektr) / floor contact o. push, treading contact ‖ ⌐**schalter** m, Schalter mit Füßen (Elektr) / feet-switch, tropical switch ‖ ⌐**schaltung** f / pedal o. foot control ‖ ⌐**schicht** f (Dach) / eaves course, heads pl ‖ ⌐**schiene** f / foot rail ‖ ⌐**schraube** f (Waage, Theodolit) / foot o. plate screw ‖ ⌐**schutz** m **für Leitungsmasten** (Elektr) / stock

protection of poles ‖ **⁓schwelle** f (Bau) / inferior purlin ‖ **⁓sockel** m, Fußlambris m, -täferung f / wainscoted socle ‖ **⁓spiel** n (Verzahnung) / root play ‖ **⁓spitze** f (Strumpf) / toe ‖ **⁓spule** f (Spinn) / small bottle package ‖ **⁓stange** f (Nähm) / presser bar ‖ **⁓starter** m, -anlasser m (Kfz) / foot [actuated] starting switch ‖ **⁓steg** m (Buch) / foot stick, lower white line ‖ **⁓steuerhebel** m (Masch) / control pedal ‖ **⁓steuerung**, -schaltung f / foot o. pedal control ‖ **⁓strecke** f (Bergb) / bottom gate ‖ **⁓stück** n / base, footing ‖ **⁓stütze** f / steady ‖ **⁓stütze** f (Kfz) / foot rest ‖ **⁓-Tonne** f / foot-ton (= 2240 ft lb) ‖ **⁓tritt** m, Tritt m (Masch) / step, tread ‖ **⁓umschalter** m / foot actuated throw-over switch, treadle commutator switch ‖ **⁓ventil** n (Luftpumpe) / foot valve ‖ **⁓ventil** n, fußbetätigtes Ventil / foot-actuated valve ‖ **⁓waschgrube** f, -becken n (Schwimmbad) / foot bath ‖ **⁓weg** m, Fußpfad m / footway, footpath ‖ **⁓weg** m, Bürgersteig m / pavement (GB), sideway (GB), sidewalk (US), foot-walk (US) ‖ **⁓weg [längs des Gleises]** m (Bahn) / side path, pathway ‖ **⁓wegbefestigung** f (Brückb) / footway consolidation o. packing ‖ **⁓weggeländer** n / sidewalk railing (US), pavement rail (GB) ‖ **⁓wegkragträger** m (Brücke) / footway cantilever bracket ‖ **⁓winde** f / foot winch ‖ **⁓winkel** m (Kegelrad) / dedendum angle ‖ **⁓winkel** m eines Stativs / tread of a tripod ‖ **⁓wolle** f / foot locks pl, skirting ‖ **⁓zapfen** m (Zimm) / joggle, plug o. stub tenon ‖ **⁓zapfen** m eines Mastes / heel tenon of a mast ‖ **⁓zylinder** m (Zahnrad) / root cylinder

Fustian m (Köperbarchent) (Textil) / fustian
Fustik·farbe f (Textil) / old fustic ‖ **⁓holz** n (Färb) / fustic, yellow dyewood
Futaie f / oil of turpentine
Futter, Ausfütterung f / case, inside lining ‖ **⁓** n, Ausfütterung f (Schneider) / lining ‖ **⁓**, Bohrfutter n / drill chuck ‖ **⁓**, Füllstück n, Ausfütterung f (Masch) / pillow, lining ‖ **⁓**, Ausfüttern n (Hütt) / lining ‖ **⁓**, Wandauskleidung f / liner ‖ **⁓**, Mauermantel m (Bau) / casing, lining ‖ **⁓** (Wzm) / [clamping] chuck ‖ **in das ⁓ spannen** (Wzm) / chuck v, clamp, load ‖ **saures ⁓** (mit hohem SiO₂-Gehalt) (Hütt) / acid refractory ‖ **[Vieh, Grob-, Trocken]-⁓** (Landw) / fodder, forage
Futteral n / case, box, sheath ‖ **⁓**, Scheide f / scabbard
Futter·arbeit f (Dreh) / chuck[ing] work ‖ **⁓automat** m (Wzm) / automatic chuck lathe, chucker (US) ‖ **⁓automat** m (Landw) / automatic dry feeder ‖ **⁓bank** f (Landw) / bunk feeder ‖ **⁓[blech]** n (Stahlbau) / stiffener [plate], lining plate ‖ **⁓bohlen**, Verkleidungsbohlen f pl (Tunnel) / lagging of a tunnel ‖ **⁓brett** n (Treppe) / riser ‖ **⁓dämpfen** m (Landw) / feed steaming ‖ **⁓dämpfer** m / fodder steamer ‖ **⁓erntemaschine** f / forage harvester ‖ **⁓flansch** m (Wzm) / flange for lathe chucks ‖ **⁓gerste** f / feeding o. fodder barley ‖ **⁓getreide** n / fodder grain ‖ **⁓graseule** f (Parasit) / chareas graminis ‖ **⁓kartoffeln** f pl / fodder pl potatoes ‖ **⁓kattun** m, Glanzleinwand f / glazed o. trellis linen, sleeked dowlas ‖ **⁓lader** m (Landw) / crop loader ‖ **⁓mauer** f (Bau) / casing, lining ‖ **⁓mauer**, Gegenmauer f / supporting wall, lining o. prop wall ‖ **⁓mauer**, Ofenausfütterung f (Hütt) / countermure, furnace lining ‖ **anliegende tote ⁓mauer** / dead revetment ‖ **⁓mauer** f unter dem Fenster / breast wall ‖ **⁓mehl** n, Nachmehl n, Bollmehl n / middlings pl, second flour ‖ **⁓mehlmischer** m (Landw) / food mixer ‖ **⁓mehlpresse**, Pelletpresse f (Landw) / pelleting machine ‖ **⁓messer** n, -klinge f (Landw) / chaff cutter knife
füttern, auslegen, aus-, beschlagen / coat, stuff, line ‖ **~** (Landw) / feed ‖ **⁓ eines [Brunnen]schachtes mit Holz, Stein o. Metall** / steaning, steining, steening ‖ **mit Grünfutter ~** (Landw) / soil v
Futter·pflanze f / forage plant ‖ **⁓platte** f (Spannfutter) (Wzm) / backplate of a chuck ‖ **⁓rahmen**, Fensterrahmen, -stock m / window frame ‖ **⁓reservestoff** m (Landw) / reserve food material ‖

⁓rohr n, -röhre f / pipe liner o. lining ‖ **⁓rohr** n (Ölbohrung) / casing ‖ **⁓rohr** n, Seelenrohr n (Mil) / liner of a gun ‖ **⁓rübe**, -runkel f / fodder beet, feeding turnip ‖ **⁓rüben-Sammellader** m (Landw) / mangel (o. swede) pick-up loader ‖ **⁓schlüssel** m (Wzm) / key for chucks ‖ **⁓schneidemaschine** f / fodder chopping machine, chaff o. straw cutting machine o. cutter ‖ **⁓silo** m (Landw) / meal bulk hopper ‖ **⁓stoff** m (Textil) / lining [fabric o. material] ‖ **⁓stück** n am Rahmen (Bahn) / filling plate of the frame ‖ **⁓stufe**, Setzstufe f der Treppe (Bau) / riser, raiser ‖ **⁓trockner**, Trockenstoffnachlieferer m (Landw) / feeder drier ‖ **⁓trog** m, Krippe f (Landw) / manger ‖ **⁓turm** m, -silo m (Landw) / meal bulk hopper
Fütterung f (Landw) / feeding
Fütterungsbahnhof m (Bahn) / feeding station for livestock
Futter·wert m (Landw) / feed value ‖ **⁓werteinheit** f, FWE f / feed value unit ‖ **⁓zerreißer** m (Landw) / shredder ‖ **⁓zuckerrübe**, Gehaltsrübe f / fodder sugar beet
Futurologie f / futurology
FV (Bahn) = Fahrdienstvorschriften
FVA = Forschungsvereinigung Antriebstechnik
F-Verteilung f (Statistik) / F-distribution
FVW = Faserverbundwerkstoff
FW = flammwidrig
FWE = Futterwerteinheit
FWU = Institut für Film und Bild in Wissenschaft und Unterricht
FZA (Fernm) = Fernmeldetechnisches Zentralamt
F-Zentrum n (Nukl) / F-center
FZG = Forschungsstelle für Zahnräder und Getriebe ‖ **⁓-Test** m (für Getriebeöl) / gear rig test by the FZG-method (oil) ‖ **⁓-Zahnradverspannungsprüfmaschine** f / FZG gear test rig

G

g, Erdbeschleunigung f / g, acceleration due to gravity
G octet n, Gigabyte n (DV) / G octet, gigabyte
GA = Gemeinschaftsantenne
Gabardine m f (Textil) / gabardine
Gabbro, Euphotid m / diallage rock, gabbro
Gabel f (Landw) / prong, fork ‖ **⁓** (Masch) / fork ‖ **⁓** (Fernm) s. Gabelschaltung ‖ **⁓** (Fahrrad) / fork, forks pl ‖ **⁓** (Ballistik) / bracket, fork ‖ **⁓ des Fernsprechers** / rest o. cradle of the telephone handset ‖ **⁓ des Kardangelenks** / yoke of universal joint ‖ **⁓ für Spannschlösser** / double lug head fitting ‖ **⁓abgleich** m (Fernm) / hybrid balance ‖ **⁓achse** f (Kfz) / Elliot-type front axle, forked axle ‖ **⁓anker** m (Bau) / forked tie ‖ **⁓anschlag** m (Flurförderer) / heel of fork ‖ **⁓antrieb** m (Seilb) / rope fork drive ‖ **⁓arm** m (Hubwagen) / blade of fork ‖ **⁓band** n am Hängewerk (Zimm) / two-way strap of a truss ‖ **⁓befestigung** f (Roller) / fork mounting ‖ **⁓bolzen** m / forked bolt ‖ **⁓deichsel** f / shafts pl, poles pl, thills pl ‖ **⁓einguß** m (Gieß) / double branch gate ‖ **⁓feile** f / fork file ‖ **~förmig**, gegabelt / forked, cleft ‖ **~förmiger Kreuzkopf** / fork type cross head ‖ **~förmige Kurbelstange**, Gabelstange f (Dampfm) / sling ‖ **~förmige Stangenverbindung** / stirrup connection ‖ **⁓gelenk** n (Kfz) / eye joint link, fork joint ‖ **⁓gelenkschaft** m (Bahn) / shackle stud ‖ **⁓greifer** m (Kran) / fork-type grab ‖ **⁓hebel** m (allg) / forked lever ‖ **⁓hebel** (Kfz) / forked steering arm, steering fork ‖ **⁓hebelwelle** f (Kfz) / forked steering arm shaft ‖

⌃-**Heuwender** m (Landw) / fork tedder ‖
⌃**hochhubwagen** m / high-lift pallet truck ‖
⌃**hubwagen** m / pallet truck o. stacker ‖ ⌃**hubwagen**
m, -elektrokarren m / fork lift truck ‖ ⌃**hubwagen** m
für Paletten / pallet lift truck ‖ ⌃**kanter** m (Hütt) / fork
manipulator ‖ ⌃**kappe** f (Isolator) / socket cap for
insulators ‖ ⌃**kausche** f (Fahrdraht) / thimble with clevis
‖ ⌃**kontakt** m / tuning fork contact ‖ ⌃**kopf** m / fork
head ‖ ⌃**kopf** m (Fahrrad) / fork head, handlebar
bracket, steering head ‖ ⌃**kopf** m **des Motorrades** /
head [lug] of the motorcycle ‖ ⌃**lasche** f (Fahrleitung) /
clevis strap for overhead lines ‖ ⌃**leitung** f, gegabelte
Anschlußleitung (Elektr) / forked connecting line ‖
⌃**maß** n, Kluppe f (Forstw) / slide caliper ‖ ⌃**mitnehmer**
m (Fördern) / fork ‖ ⌃**motor** m / V-type engine ‖
⌃**muffe** f **für zwei [drei] Adern** (Elektr) / bifurcated
[,tri]furcating joint
gabeln vt, gabelförmig teilen / fork vt ‖ ~ (sich), sich
verzweigen, abzweigen vi (Straße) / branch ‖ **sich** ~ /
bifurcate, fork, divide vi ‖ **sich** ~ (Geol) / joint
Gabel·pfanne f (Gieß) / shank o. bull ladle, hand shank,
ring carrier ladle ‖ ⌃**pleuel** n (Mot) / forked assembly,
forked connection rod ‖ ⌃**probe** f (Korrosions-Prüfung)
/ fork-test bar ‖ ⌃**punkt** m / bifurcation point ‖ ⌃**punkt**
m **einer Vierdrahtleitung** (Elektr) / hybrid terminal
station [of a four-wire circuit] ‖ ⌃**rahmen** m (Kfz) /
forked bed ‖ ⌃**rechen** m (Fördern) / conveyor fork ‖
⌃**rechenwaschmaschine** f (Textil) / fork-type washing
machine ‖ ⌃**-Ringschlüssel, gekröpft** / deep-offset
combination wrench ‖ ⌃**rohr** n / bifurcated pipe,
breeches o. forked pipe, three-way pipe ‖ ⌃**runge** f /
forked stanchion ‖ ⌃**schaft** m, -schaftrohr n (Fahrrad) /
handlebar stem ‖ ⌃**[schaltung]** f (Fernm) / termination
set o. unit, hybrid [set] ‖ ⌃**scheide** f (Fahrrad) / fork
blade ‖ ⌃**schlüssel** m (Werkz) / open-end o. fork wrench
o. spanner, engineer's wrench (ISO) ‖ ⌃**schlüssel für**
Kreuzloch- o. Nutmuttern, Schlitzmutterndreher m
(ISO) / straddle wrench, face wrench for slotted lock
rings ‖ ⌃**schlüssel, verstellbar** (ISO) / open-end
adjustable wrench ‖ ⌃**schrägung** f (Stapler) / blade taper
‖ ⌃**schubstapler** m / reach fork truck ‖ ⌃**schuh** m /
forked fitting, clevis type fitting (US) ‖ ⌃**schurre** f /
bifurcated chute ‖ ⌃**schußwächter** m (Web) / weft fork
motion, center stop motion ‖ ⌃**spannschloß** n / forked
turnbuckle, clevis end turnbuckle (US) ‖ ⌃**stahl** m
(Werkz) / double point thread chaser ‖ ⌃**stange** f / crotch
‖ ⌃**stapler** m / fork lift truck o. lifter, fork stacker ‖
⌃**staplerkran** m / stacker crane ‖ ⌃**stiel** m / Y-strut ‖
⌃**stück** n / fork-shaped piece ‖ ⌃**stütze** f / fork rest,
forked support, prop rod ‖ ⌃**tasche** f (Container) / fork
lift pocket, fork recess, fork pocket of containers ‖
⌃**träger** m **des Gabelstaplers** / fork carrier ‖
⌃**übertrager** m, Differentialübertrager m (Fernm) / hybrid
coil, bridge transformer ‖ ⌃**[um]schalter** m (Fernm) /
cradle o. hook switch
Gabelung, Verzweigung f / forking, bifurcation,
branching off
Gabel·verkehr m (Fernm) / forked working ‖
⌃**verlängerung** f (Flurförderer) / extension sleeves pl ‖
⌃**verstärker** m (Fernm) / hybrid amplifier ‖ ⌃**wagen** m /
fork truck ‖ ⌃**wender** m (Landw) / fork tedder ‖ ⌃**zinke**
f / prong of a fork ‖ ⌃**zinke** f (Hubwagen) / fork arm ‖
⌃**zinke** f (Stapler) / fork arm ‖ ⌃**zinke** f **mit Gabelhaken**
(Stapler) / hook-on type fork arm
Gabun, Okume n (Holz) / gaboon
Gadolinit m (Min) / gadolinite
Gadolinium n, Gd / gadolinium ‖ ⌃**-Gallium-Granat** m /
gadolinium-gallium garnet
Gaede·-Diffusionspumpe f / Gaede diffusion pump ‖
⌃**-Molekularpumpe** f / Gaede molecular pump ‖
⌃**pumpe** f / Gaede mercury pump
Gagat, Jet m (Bergb) / gagate, jet ‖ ⌃**schäler,**
Strahlentrinder m (Pap) / jet barker
Gahnit, Zinkspinell m / gahnite, zinc spinel

Gaiac, Guaiacum n / pock wood, lignum vitae
GAl = Gußaluminium
Gal n (Einheit der Beschleunigung, = 0,01 m/sec²)
(veraltet) / gal
Galaktan n (Chem) / galactan
galaktisch / galactic ‖ ~**er Haufen** / galactic cluster ‖ ~**es**
Rauschen / galactic noise ‖ ~**e Rotation** / galactic
rotation ‖ ~**e Strahlung** / galactic radiation ‖ ~**es**
Zentrum / galactic concentration
Galaktometer n, Milchwaage f / galactometer, lactometer
Galaktosamin n / galactosamine
Galaktose f / galactose
Galaktoskop n / butyrometer
Galakturonsäure f / galacturonic acid
Galalith n / casein plastics, galalith
Galaxis f (Milchstraße) (Astr) / galaxy
Galenit, Bleiglanz m (Min) / lead glance, galena, galenite,
blue lead, potter's ore
Galerie f, Lawinenwehr f (Straßb) / avalanche protector o.
screen ‖ ⌃, Rampe f (Gasbrenner) / float rail ‖ ⌃ (Bau) /
gallery ‖ ⌃, Bedienungsgang m (Masch) / passage gallery
‖ ⌃**ofen** m (Quecksilber) / gallery furnace
Galette f (Textil) / galette, godet wheel o. roller ‖ ⌃**garn** n,
Filosellegarn n / filoselle yarn
Galettenüberlaufrolle f (Textil) / galette deflection roller
Galettseide f, Seidenabfall m / shave silk, galette silk
Galgant m (Bot) / galanga
Galgen m, Giraffe f (Mikrophon) / microphone boom,
boom microphone ‖ ⌃ (Öl) / gin pole
Galileisches System / Galilean system
Galileitransformation f (Phys) / Galilean transformation
Galipot n, weißes Fichtenharz / barras, galipot
galizische Probe, Erstarrungspunktmessung f nach
Shukoff (Öl) / Galician test, congealing point test
Gall·... (Chem) / gallic ‖ ⌃**apfel** m, Galle f, Cecidie f / gall
nut ‖ ⌃**apfelbeize,** -farbe f / galling, gall-steep ‖
⌃**apfeltannin** n / gall [nut] tannin
Galle f (Zool) / bile ‖ ⌃, Gußblase f (Gieß) / blow hole
Gallein, Alizarinviolett n / alizarin violet
Gallen·farbstoff m / bile pigment ‖ ⌃**säure** f / bile acid
Gallert, Gelatine f / gelatin[e] ‖ **in** ⌃ **verwandeln** /
gelatinate, gelatinize ‖ ~**artig** / jelly-like
Gallerte f, Gallert m (aus Säften) / jelly
Gallicin n, Gallussäure-Methylester m / gallicin, methyl
gallate
gallieren, tannieren (Textil) / tan vt, mordant with tannic
acid ‖ ⌃, Schnürung f (Web) / harness tie o. mounting
Gallium n, Ga / gallium ‖ ⌃**-Antimonid** n, GaSb / gallium
antimonide, GaSb ‖ ⌃**arsenid** n, GaAs / gallium
arsenide, GaAs ‖ ⌃**arsenid-Laser,** GaAs-Laser m /
GaAs laser ‖ ⌃**arsenid-Siliziumdiode** f / gallium
arsenide silicon diode ‖ ⌃**phosphid** n / gallium
phosphide, GaP ‖ ⌃**-Selenid** n, GaSe / gallium selenide,
GaSe
Gallmücke f, Cecidomiida / gall midge
Gallone, amerikanische ⌃ (= 3,785332 Liter) /
American gallon, A.G. ‖ **englische** ⌃ (= 4,5609 Liter)
/ Imperial gallon
Gallsche Kette f / flat link articulated chain, plate link
chain, Gall's chain
Gallseife f / bile soap
Gallus·gerbsäure f, Tannin n / tannin, [querci]tannic
acid, gallotannic acid ‖ ⌃**säure,** Trihydroxybenzoesäure
f / gallic acid
Gallwespe f / gall wasp
Galmei, Zinkspat, Smithsonit m (Min) / zinc spar,
smithsonite, calamine (GB), electric calamine (US) ‖
wabenförmiger ⌃ (Min) / drybone ore ‖ ⌃**blumen** f pl,
-flug m / tutty
Galois-Feld n (Elektronik) / Galois field, GF ‖ ⌃ **von q**
Elementen / Galois field of q elements, GF(q)
Galoppbewegung f (Bahn, Schweiz) / hunting, galloping
Galton·pfeife, Grenzpfeife f / Galton whistle ‖ ⌃**sches**
Brett / Galton board ‖ ⌃**sche Kurve,** Zufallskurve f /

383

Galtonian curve

Galvanik, Galvanisierwerkstatt f / electroplating shop ‖
~**[abteilung]** f / galvanic station ‖ ~**steg** m (gedr.Schaltg)
/ plating bar

Galvanisation f / medical electrolysis

galvanisch, Galvanisier… / plating, electroplating ‖ ~e
Abwässer n pl / electroplating waste water ‖ ~**es**
Aluminieren / galvanic aluminizing ‖ ~**es Bad** /
galvanic o. electrolytic bath, electroplating bath o. vat ‖
~ **behandelt** (Masch) / plated, electro-plated ‖ ~**er**
Bleiniederschlag / lead [electro]deposit ‖ ~**e**
Brummschleife (Elektronik) / conductive hum pickup o.
ripple pickup ‖ ~**e (o. strömende) Elektrizität** /
dynamic electricity ‖ ~**es Element** / voltaic cell o.
couple ‖ ~**e Färbung** / chemical colouring ‖ ~**e feste**
Verbindung (Luftf) / bonding ‖ ~ **gefällt** / electrodeposited, electrolytic, -ical ‖ ~ **isoliert** / electrically
isolated ‖ ~**e Kopplung** (Elektronik) / conductive o.
resistance coupling ‖ ~**e Kopplung** (Röhren) / Loftin-
White coupling ‖ ~**e Korrosion** / bimetallic corrosion ‖
~ **leitende Verbindung** / electrical connection,
conductive connection, ohmic contact ‖ ~**e**
Metallabscheidung / electrodeposition ‖ ~**e**
Metallfärbung / galvanic colouring of metals ‖
~ **metallisierbar** (Plast) / platable adj ‖ ~**er**
Metallüberzug / metal plating, metallic plating ‖
einwandfreier ~**er Niederschlag** / reguline deposit ‖
~ **niederschlagen** / electro-deposit ‖ ~**e**
Oberflächenbehandlung / galvanic deposition o.
plating, electroplating ‖ ~**e (o. Voltasche) Säule** (Elektr)
/ pile, battery ‖ ~**er Überzug** / plating, electroplating ‖
~**en Überzug entfernen** / deplate ‖ **mit** ~**em Überzug**
versehen (Galv) / plate v, electro-plate ‖ ~ **verbleien** /
lead v ‖ ~ **verbunden** / electrically connected ‖
~ **vergolden** / electrogild ‖ ~ **vergoldetes o.**
versilbertes Metall / gold-plated metal ‖ ~**e**
Vergoldung / gold plating, electro-goldplating ‖
~ **verkupfern** / electrocopper ‖ ~**e Vernickelung** /
electrodeposition of nickel, nickel electroplating ‖ ~**e**
Vernickelung / nickel electroplating ‖ ~**e Versilberung**
/ electro-silverplating o. -deposition ‖ ~ **verzinken** /
electrogalvanize ‖ ~**e Verzinkung** / electrogalvanizing
‖ ~ **verzinnen** / electroplate with tin ‖ ~**e Verzinnung** /
electrotinning ‖ ~**er Zinküberzug** / electroplated zinc
coating, galvanized coat

Galvaniseur, -isierer m / galvanizer, electroplater

Galvanisieranlage f / electroplating plant

galvanisierbar / electroplateable

galvanisieren, einen galvanischen Überzug aufbringen /
electroplate ‖ ~, verzinken / zinc v, galvanize ‖ ~ n mit
periodischem Wechsel der Polarität (Galv) / periodic
reverse plating

Galvanisierung f / electroplating, plating ‖ ~
nichtmetallischer Gegenstände / electrometallization

Galvanisierwerkstatt, Galvanik f / electroplating shop

Galvannealing n (Verzinken) / galvannealing

Galvano, Klischee n, Druckstock m / electro[type],
electroplate ‖ ~**chromie** f, elektrochemische
Metallfärbung / electrochemical color[is]ation o.
colo[u]ring, galvanochromy ‖ ~**form** f / electroform ‖
~**formung** f / electroforming, -fabrication ‖ ~**geformt** /
made by electroforming ‖ ~**magnetisch** /
galvanomagnetic ‖ ~**magnetischer Effekt** (z.B. Hall-,
Nernst-Effekt) / galvano-magnetic effect ‖ ~**meter** n /
galvanometer ‖ ~**meter** n **für Spannungsmessung** /
potential galvanometer ‖ ~**meterkonstante**, Eichzahl f
(Elektr) / galvanometer constant ‖ ~**metrisch** /
galvanometric ‖ ~**plastik** f (Buch) / electrotyping,
galvanoplasty, galvanoplastics pl ‖ ~**plastik** f,
Galvanoformung f / electroforming ‖ ~**plastiker** m /
electroplater ‖ ~**plastisch** / galvanoplastic,
metalloplastic ‖ ~**skop** n / galvanoscope ‖ ~**statisch** /
galvanostatic ‖ ~**stegie** f (galvanische
Metallabscheidung) / electroplating, galvanostegy ‖

~**taktisch** (Elektrofischerei) / galvanotactic ‖ ~**taxis** f /
galvanotaxis, electrotaxis ‖ ~**technik** f / electroplating,
galvanostegy, galvanotechnics pl ‖ ~**techniker** m /
electroplater ‖ ~**technische Chemie** / galvanochemistry
‖ ~**technische Industrie** / plating industry ‖
~**thermische Elektrode** / galvano-thermic excitator ‖
~**tropie** f / electrotropism ‖ ~**typie** f, Elektrotypie f /
electro

Gambir m, Terra japonica f / pale catechu, gambir
[catechu]

Gambo m / gambo fiber, kenaf

GaMM (Math) = Gesellschaft für angewandte Mathematik und
Mechanik

Gamma n, Übertragungsexponent m (Röhre) / gamma ‖ ~,
Kontraststärke f (TV, Film) / gamma ‖ ~, Γ, γ
(Magnetismus) / gamma ‖ ~**absorptionsmessung** f /
gamma-ray absortiometry ‖ ~**-Aufheizung** f (Nukl) /
gamma heating ‖ ~**bestrahlung** f / gamma irradiation ‖
~**dichtemesser** m / gamma densitometer ‖ ~**eisen** n /
gamma iron ‖ ~**entzerrung** f / gamma restitution, log-
masking (US) ‖ ~**funktion** f / gamma function ‖
~**graphie** f, -**radiographie**, -strahlverfahren n
(Mat.Prüf) / gammagraphy, gammaradiography ‖
~**korrektur**, -entzerrung f / gamma correction,
gammation ‖ ~**messing** n / gamma [constituent in] brass
‖ ~**meter** n / gamma [radiation] meter ‖ ~**metrisch**,
-radiometrisch / gammametric ‖ ~**quant** n (Phys) /
gamma quantum ‖ ~**radiographie** f s. Gammagraphie ‖
~**raum**, Γ-Raum, γ-Raum m / gamma space ‖
~**regelung** f, -regler m, Gradationsregelung f, -regler m
(TV) / gamma control ‖ ~**rückstreuung** f / gamma
backscattering ‖ ~**-spektrometrisch** / gamma-
spectrometric ‖ ~**strahlen** f pl / gamma o. γ-rays pl ‖
~**strahlenabsorption** f / gamma ray absorption ‖
~**strahlenbild** n / gammagraph ‖ ~**strahlendetektor** m
/ gamma ray detector ‖ ~**strahlenkonstante** f / gamma
ray constant ‖ ~**strahlenphotographie** f,
Gamma[autoradio]graphie f / gammagraphy,
gammaradiography ‖ ~**[strahl]spektrometer** n /
gamma [ray] spectrometer ‖ ~**strahlung** f / gamma
radiation ‖ ~**strahlverfahren** n (Prüf) / gamma ray
method ‖ ~**-Verteilung** f / gamma distribution ‖
~**verzeilung** f (Opt) / gamma distortion ‖
~**verzerrung** f (TV) / crushing ‖ ~**-Zeitkurve** f (Phot) /
Hurter and Driffield curve ‖ ~**zellulose** f / gamma
cellulose ‖ ~**zerfall** m / gamma decay

Gammexan n (Insektizid) / gamma-BHC, Gammexane

Gang m, Korridor m / aisle, corridor, gallery ‖ ~,
Laufgang m / passage ‖ ~ (Masch) / movement,
run[ning], work[ing], operation, action, play, course
‖ ~, Flöz n (Bergb) / ledge, lode ‖ ~, Ader f (Bergb) /
seam, vein ‖ ~ (Schraube) / thread of a screw ‖ ~
(Erzbergbau) / alley ‖ ~ (im Getriebe) (Kfz) / speed ‖
~ (z.B. einer Kurve) (Phys) / response ‖ ~,
Frequenzkurve f (Elektronik) / response curve ‖ ~,
Hemmung f (Uhr) / escapement ‖ ~, Trend m
(Qual.Kontr) / trend ‖ ~, Operation f (F.Org) / run,
operation ‖ ~, Zyklus m / cycle ‖ ~, Plattengang m
(Schiff) / strake ‖ ~, Mittelgang m (Autobus) / gangway,
aisle (US) ‖ ~ **auf einem Schiff** / walkway ‖ ~ **der**
Berechnung / method of calculation ‖ ~ **der Ereignisse**
/ march of events ‖ ~ **der Messung** / drift, trend, drift
of measurement ‖ ~ **einer Maschine** / working of an
engine ‖ ~ **mit konstanter Kraft** (Uhr) / constant urge
escapement, equal energy escapement ‖ **außer** ~, außer
Betrieb (Masch) / disengaged, out of gear ‖ **erster** ~ (Kfz)
/ low gear ‖ **im** ~ **[befindlich]** / in operation ‖ **im**
~ **befindlich**, unterwegs (z.B. Entwicklung) / on stream
‖ **in** ~ **bringen** / actuate, get going ‖ **in** ~ **halten** /
sustain, keep up ‖ **in** ~ **sein** / be at work, be in action,
operate ‖ **in** ~ **setzen** / set [a]going, set to work, set into
operation, put into service ‖ **in** ~ **setzen**, anlassen
(Masch, Mot) / start ‖ **in** ~ **setzen**, einrücken / throw into
gear ‖ **in den ersten** ~ **schalten** / switch into low gear ‖

nach der Teufe zu sich auskeilender ⌐ (Geol) / gash
vein ‖ **oberer o. unterer ⌐ eines geteilten Flözes**
(Bergb) / split ‖ **steil einfallender ⌐** (Bergb) / rake (GB) ‖
⌐ader f, vererzte Scherzone (Geol) / shear vein ‖
⌐anordnung f (DIN) (Kfz) / gearshift diagram, shift
pattern, gear arrangement ‖ **europäische ⌐anordnung**
(Rückwärtsgang rechts neben 4. Gang) (Kfz) / European
shift pattern ‖ **⌐art** f (Masch) / pace, [kind of] operation
o. working ‖ **⌐art**, -masse f, taubes Gestein (Bergb) /
gangue [material o. rock], lode stuff o. matter, rocky
matter ‖ **⌐art** f, Muttergestein n (Bergb) / matrix ‖ **⌐art**
f, -mittel n, eingesprengte Ader / veinstuff, ledge matter
‖ **⌐artige Fortsetzung** (Geol) / offset ‖ **⌐aufnehmer** m,
-führer m (Web) / warp beam guide
gangbar (Weg) (Straßb) / practicable
Gang·blech, Umlaufblech n / foot plate of locomotives,
running board, deck (US) ‖ **⌐breite** f (z.B. im Lager) /
width of aisle, aisle width ‖ **⌐erz** n / vein ore o. stone ‖
[wertloses] ⌐erz / gangue ore o. stone ‖ **⌐feder** f,
Triebfeder f / motive spring ‖ **⌐genauigkeit** f (Uhr) /
accuracy (of a clock) ‖ **⌐gestein** n (Bergb) / native rock,
dike rocks pl ‖ **⌐hebel** m (Kfz) / shift lever ‖ **⌐höhe**,
Steigung f (eines ein- o. mehrgängigen Gewindes) / lead
‖ **⌐höhe des gewundenen Gitters** (Elektronik) / grid
pitch
gängig (allg) / mostly required, merchantable ‖ **⌐**, leicht
laufend (Masch) / running well
Gängigkeit f, Gangrichtung f (Fräser) / direction of spiral
‖ **⌐** (Gewinde) / well running n
Gang·kontrollgerät n (Uhr) / watch timer, watch rate
recorder ‖ **⌐kreuz**, Scharkreuz n (Bergb) / intersection
of lodes ‖ **⌐kurve** f (Frequenz) / transfer locus,
frequency response ‖ **⌐linie** f (Hydr) / hydrograph curve
‖ **⌐mittel** n (Bergb) s. Gangart ‖ **⌐pflug** m / gang plow
(US), gang plough (GB) ‖ **⌐planetenträger** m (Mot) /
range carrier ‖ **⌐polbahn** f (Getriebe) / moving polode o.
centrode ‖ **⌐rad**, Hemmungsrad n (Uhr) / escape wheel
‖ **⌐reserve** f (Uhr) / power reserve ‖ **⌐richtung**,
Gängigkeit f (Fräser) / direction of spiral ‖
⌐schaltspindel f **mit Schalthebel** (Kfz) / gear shift
column and gear shift lever ‖ **⌐schaltung** f (Kfz) / gear
shifting ‖ **⌐schaltung** f **durch Umlegen der Kette**
(Fahrrad) / shifting of the gear ‖ **⌐setzer** m (Uhr) /
escapement planter ‖ **⌐spalte**, Kluft f (Bergb) / crevasse,
vein fissure ‖ **⌐spalte**, Querkluft f (Bergb) / reed ‖ **⌐spill**
n (Schiff) / capstan ‖ **⌐system** n (Geol) / shear structure
o. zone ‖ **⌐trum** m n, Apophyse f (Geol) / vein
extending through the rock, dikelet ‖ **⌐übersetzung** f
(Kfz) / gear ratio ‖ **⌐unterschied** m (Opt) / path
difference ‖ **⌐versteller** m **des Kettengetriebes**
(Fahrrad) / gearshift, dérailleur ‖ **⌐verzögerung** f / cycle
delay ‖ **⌐[vor]wähler** m (Kfz) / gear preselector ‖
⌐wahl f (Kfz) / gear selection ‖ **⌐wähler** m (Kfz) / speed
selector, speed change control
Gangway f, Stelling m (Schiff) / gangway
Gang·werk n (Uhr) / train of a clockwork, wheel work,
motion, movement, going parts pl, works pl ‖ **⌐winkel**,
Schwingungswinkel m (Uhr) / escaping arc ‖ **⌐zahl** f
(Gewinde, Fräser) / number of starts ‖ **⌐zahl** f (Kfz) /
number of speeds ‖ **⌐zähler** m / cycle control
Ganister m (Geol) / gan[u]ister
GAN-Netzplantechnik f / GAN, generalized activity
network
Ganomalith m (Min) / ganomalite
Gänse·fuß m (Landw, Grubber) / duckfoot [sweep] ‖
⌐fußmesser n (Landw) / duckfoot share o. blade
Ganterer m (Forstw) / buncher
gantern (Langholz) / bank [up], pile up, deck
Gantry-Bauweise f / construction method using gantry
crane
Gantry-Fräsmaschine f / planomilling machine with
gantry, gantry mill
ganz, (Math:) ganzzahlig / integer adj ‖ **⌐**, gesamt / all,
total, complete ‖ **⌐**, gänzlich / total ‖ **⌐**, vollständig,

unversehrt / whole, unhurt ‖ **⌐** (Bergb) / solid, not yet
worked ‖ **⌐e Dualzahl** / binary integer ‖ **⌐ eben** (o.
flach) / dead flat ‖ **⌐e Reichweite** (Luftf) / total range ‖
⌐er Schlag (Seil) / round turn ‖ **⌐er Stein** (Ziegl) / four
quarters pl ‖ **⌐es Vielfaches** / integral o. whole multiple
‖ **⌐e Zahl**, Ganzzahl f (Math) / integer, integral o. whole
number ‖ **⌐analyse** f (Chem) / complete analysis ‖
⌐band m (Buch) / whole o. full binding ‖ **⌐basisch**
(Hütt) / all-basic ‖ **⌐dreher** (Textil) / full cross leno o.
ganze ‖ **⌐erhabene Arbeit** / high relief
Ganzes n, Gesamtheit f / whole
ganz·geschossig (Wohnung) / floor-through... ‖
⌐geschweißt / all-welded ‖ **⌐glasapparatur** f / all-glass
apparatus pl ‖ **⌐glasausführung** f / all-glass
construction ‖ **⌐glasröhre**, Rimlockröhre f (Elektronik) /
rimlock tube ‖ **⌐heitlich**, Ganzheits... / integrated,
integrate, holistic ‖ **⌐heitsbasis** f (Math) / integral base ‖
⌐holz n / standing timber o. wood, unhewn timber ‖
⌐holz n, Stammholz n / whole beam ‖ **⌐holz...** (Kfz) / all-
wood ‖ **⌐holzbalken** m / whole beam ‖ **⌐holzbauweise**
f / all-wood construction ‖ **⌐körperbestrahlung** f (Nukl)
/ whole-body irradiation ‖ **⌐körperzähler** m (Nukl) /
human-body counter, HBC, whole-body counter ‖
⌐kristallin (Geol) / holocrystalline ‖ **in ⌐leder**
gebunden / leather-bound ‖ **⌐lederband** m (Bb) / whole
o. full binding ‖ **⌐leinen** (Buch) / bound in cloth ‖
⌐leinen (Textil) / pure-linen ‖ **⌐lochwicklung** f (Elektr) /
integral slot winding ‖ **⌐metall...** / all-metal... ‖
⌐metallbau m / all-metal construction ‖
⌐metallflugzeug n / all-metal plane ‖ **⌐metallschlauch**
m / all-metal hose ‖ **⌐metallwagen** m (Bahn) / all-metal
coach ‖ **⌐pflanzenernte** f / whole crop harvesting of
cereals ‖ **⌐seitig** (Buch) / full-page ‖ **⌐seitige Abbildung**
/ inset plate ‖ **⌐stahl...** / all-steel... ‖ **⌐stahlkarosserie**
f (Kfz) / all-steel body ‖ **⌐stahlkonstruktion** f / all-steel
design o. construction ‖ **⌐stahlrad** n (bandagenlos)
(Bahn) / solid wheel, wheel in one piece ‖ **⌐steinstarke**
Wand / whole brick wall ‖ **⌐stoff** m, -zeug n (Pap) /
pulp [stock], stuff [stock], paper stock ‖
⌐stoffbereitung f / stock preparation ‖
⌐[stoff]holländer m (Pap) / beater [roll] ‖
⌐strahlungspyrometer n / whole radiation pyrometer ‖
⌐tägig / full day... ‖ **⌐ton** m (Akustik) / whole tone ‖ **⌐-**
und Teilsystem n / whole-and-part system ‖ **⌐welle** f /
full wave ‖ **⌐wellendipol** m, -antenne f / full-wave
dipole ‖ **⌐wellengleichrichter** m / full-wave rectifier ‖
⌐wölber m (Bau) / deep arch brick ‖ **⌐wölber** m (Ofen) /
wedge brick, end arch [brick] ‖ **⌐wollen** / all-wool... ‖
⌐[zahlig] (Math) / integral, whole number... ‖ **⌐zahlig**
machen (durch Weglassen der Dezimalen), abkürzen
(Math, Ggs: abrunden) / truncate ‖ **⌐zahliges Polynom** /
integral polynomial ‖ **⌐zahlige Potenz** / integral power
‖ **⌐zahlige Programmierung** (DV) / integer
programming ‖ **⌐zahliger Spin** / integral spin ‖
⌐zahliger Teil (Math) / integral part ‖ **⌐zahliges**
Vielfaches (Math) / integral multiple ‖ **⌐zahliges**
Zollformat (Math) / integral inch size ‖ **⌐zahligkeit**, Integrität
f (Math) / integrity ‖ **⌐zahligkeit** f / integralness,
integrality ‖ **⌐zahligmachen** n (Math) / truncation ‖
⌐zahlplanungsrechnung f / discrete programming,
integer programming ‖ **⌐zeug** n (Pap) / stuff [stock],
pulp [stock], paper stock ‖ **⌐zeugholländer**,
Ganz[stoff]holländer m (Pap) / beater [roll], finisher ‖
⌐zeugholländer m, Ganz[stoff]holländer m / beater
[roll], finisher ‖ **⌐zeugkasten** m, -zeugbütte f (Pap) /
stuff chest, mellowing box ‖ **⌐zug** m (Bahn) / complete
train-load
gar (Koks) / carbonized ‖ **⌐** (Gerb) / dressed ‖ **⌐** (Hütt) /
good ‖ **⌐ machen**, garen (Hütt) / refine
Garage f (Kfz) / garage, motorgarage (GB)
Garagen·bedarf m / garage equipment o. tools pl ‖ **⌐box**
f / lock-up ‖ **⌐heber** m, fahrbarer Autoheber / movable
car lifter, trolley jack ‖ **⌐rampe** f / sloping access of a
garage

Gäranlage f (Brau) / fermentation plant
Garantie f, Gewähr[leistung] f / guarantee, guaranty, warranty ‖ ⭷ **auf Material und Verarbeitung** / warrantee against defective material and workmanship
garantieren, gewährleisten / guarantee v, warrant
garantiert·e Dehngrenze / conventional limit of elasticity ‖ ⭨er **Mindestlohn** / guaranteed base rate o. wage rate, wage floor ‖ ⭨e **Vorgabezeit** / guaranteed standard time ‖ ⭨er **Wirkungsgrad** (Masch) / declared efficiency
Garantie·schein m / guarantee certificate ‖ ⭷**zeit** f / term of guarantee o. warranty
gärbar, gärfähig / fermentative, fermentable
Garbe f (Landw, Mil, Phys) / sheaf ‖ ⭷**n binden** / bind sheaves
Garben·binder m (des Bindemähers) / grain binder ‖ ⭷**gebläse**, Schleusengebläse n (Landw) / pneumatic sheaf conveyor ‖ ⭷**schleuse** f (Landw) / intake hopper
Gär·bottich m, -bütte f (Brau) / gyle tun ‖ ⭷**bottichkühler** m (Brau) / attemperator
Garbrand m (Keram) / finishing firing ‖ ⭷**temperatur** f (Email) / maturing temperature
Gärdecke, Decke f (Brau) / yeast head
Garderobe f, Umkleideraum m (Fabrik) / locker room, changing room
Garderobenschrank m / wardrobe, locker (US)
Gardine f, Store m / net curtain
Gardinenbildung f (Farbe) / sags pl ‖ ⭷ (TV) / vertical striation
Gardinen·maschine f (Web) / curtain machine ‖ ⭷**spanner** m, -spannrahmen m / curtain stretcher ‖ ⭷**stoff** m / net curtaining, curtain fabric ‖ ⭷**tüll** m / curtain net, net curtain tulle
Gardner-Farbzahl f / Gardner colour number
Gardplatine, Platinenbarre f (Strumpf) / plate guard
Gärdrucktank m (Brau) / pressure fermentation tank
Gare f, Bodengare f (Landw) / optimum soil condition
garen (Hütt) / refine
gären (Chem) / schäumen (Gärung) / effervesce ‖ ⭨ vi, arbeiten (Chem) / be [up]on the fret, ferment, work ‖ ⭨, gehen (Teig) / rise ‖ ⭨ vt, gären lassen, in Gärung bringen / ferment ‖ ⭷ n, Gärverfahren n, -vorgang m, -prozeß m / fermentation process
gärend, Gärungs… (Chem) / zymotechnical
gär·fähig, gärbar / fermentative, fermentable ‖ ⭷**faulverfahren** n / fermentation-putrefaction process ‖ ⭷**futter** n / silage fodder ‖ ⭷**futteraufbereitung** f, Silieren n (Landw) / ensiling, silage making ‖ ⭷**futtersilo** m / fodder fermenting silo
Gargelkamm, Kimmhobel m (Faß) / notcher, notching tool
Gär·heu n, Heulage f / haylage ‖ ⭷**kraftbestimmung** f / fermentative test
Gar·kupfer n / refined copper, dry poled copper ‖ ⭷**leder** n / dressed hides pl ‖ ⭨**machen**, appretieren (Gerb) / dress hides
Gärmittel n, -stoff, Gärungserreger, -pilz m / ferment, enzyme
Garn n, Bindgarn n (Landw) / twine ‖ ⭷ (Spinn) / thread, [single] yarn ‖ ⭷ **für Webzwecke** / thread, spun yarn ‖ ⭷ **für Wirkwaren** / hosiery yarn ‖ ⭷**anfeuchter** m (Web) / thread moistener ‖ ⭷**appretur** f / yarn finishing ‖ ⭷**aufkarter** m / card winding machine o. winder ‖ ⭷**ausgeber** m / yarn carrier, thread guide, feeder ‖ ⭷**auswringer** m (Spinn) / yarn wringer ‖ ⭷**baum**, Zettelbaum m (Web) / yarn beam o. roller, warp[er's] o. loom beam ‖ ⭷**baumscheibe** f (Textil) / beam flange ‖ ⭷**bestimmungswaage** f, -sortierwaage / yarn grading weighing machine ‖ ⭷**bezeichnung** f / yarn notation ‖ ⭷**bindung** f (Landw) / twine tying ‖ ⭷**bündel** n (Seil) / yarns group ‖ ⭷**[bündel]presse** f / yarn bundling press ‖ ⭷**drehung** f / yarn twist ‖ ⭷**drehungszähler** m / yarn twist tester ‖ ⭷**druck** m / yarn printing ‖ ⭷**dynamometer** n / thread dynamometer ‖ ⭷**einlegevorrichtung** f, Fadeneinlegevorrichtung f

(Zentrifugalspinnen) / yarn inserting device ‖ ⭷**ende** n, Anfang m der Kette (Web) / porter ‖ ⭷**entwirrerin** f / yarn untangler
Garnettkrempel, Krempel f mit Sägezahndrahtbeschlag / garnett clothing card, card with saw tooth wire filleting
Garn·färben n / yarn dyeing ‖ ⭷**führer** m (Textil) / guide wire, faller wire, front-faller ‖ ⭷**führer** m der **Zettelmaschine** / heck (US) ‖ ⭨**gefärbt** / yarn-dyed ‖ ⭷**gleichheitsprüfer** m / yarn evenness tester ‖ ⭷**haspel** m f, Weife f / yarn reel o. spool ‖ ⭷**haspelmaschine** f / yarn winding machine
garnieren, besetzen / garnish, trim ‖ ⭨ (Keram) / fix the handles
Garnierit m (Min) / garnierite
Garnitur f, Ausrüstung f / armaments pl, furniture, fittings pl, mountings pl ‖ ⭷, Besatz m / garniture, trimming, decoration ‖ ⭷ (gleichartiger Maschinen) / set ‖ ⭷ (Buch) / series ‖ ⭷ (Lok m. Wagen) / train formation o. consist (US) ‖ ⭷, Kratzenbeschlag m (Spinn) / card clothing
Garn·knäuel m n / thread ball o. clew ‖ ⭷**konditionieren** n, Feuchthalten n / yarn conditioning ‖ ⭷**körper** m (Textil) / package ‖ ⭷**körperfärbung** f (Textil) / pack[age] dyeing ‖ ⭷**kötzer** m / yarn cop ‖ ⭷**merzerisiermaschine** f / yarn mercerizer ‖ ⭷**merzerisiermaschinen** f pl / equipment for mercerizing yarns ‖ ⭷**merzerisierung** f / yarn mercerizing ‖ ⭷**meterzähler** m / yarn counter ‖ ⭷**mitnehmer** m (Bindemäher) / twine o. knotter disc ‖ ⭷**nummer** f / yarn count o. number ‖ ⭷**nummer**, Titrierung f (Seide) / numbering, yarn count o. size ‖ ⭷**presse** f (Textil) / bundle o. bundling press ‖ ⭷**prüfer** m, Waage f zum Prüfen des Garns / yarn tester ‖ ⭷**röllchen** n (Nähm) / reel ‖ ⭷**rolle** f, -spule f / yarn reel o. spool ‖ ⭷**rolle** f (Selfaktor) / condenser bobbin ‖ ⭷**rolle** f für Oberfaden (Nähm) / sewing spool, reel of thread ‖ ⭷**senge** f, -sengen n / yarn singeing ‖ ⭷**sengmaschine** f, Gasiermaschine f (Spinn) / yarn-singeing machine, gassing machine ‖ ⭷**spule**, Spule f (Web) / spool, pirn, bobbin ‖ **leere o. fast abgelaufene** ⭷**spule** (Textil) / skinner ‖ ⭷**ständer** m (Nähm) / reel stand ‖ ⭷**ständerdorn** m (Nähm) / spool pin ‖ ⭷**strähne** f, -strähn m / hank ‖ ⭷**streckmaschine** f / yarn tentering machine (US) o. stentering machine (GB) ‖ ⭷**tafel** f, -umrechnungstafel f (Spinn) / count conversion table ‖ ⭷**torsionsmesser** m / yarn twist tester ‖ ⭷**veredelungs-Einrichtung** f (Nähm) / device for application of yarn finish ‖ ⭷**verwechslung** f (Fehler, Textil) / mixed yarn ‖ ⭷**waage** f / yarn balance o. scale, quadrant ‖ ⭷**waschmaschine** f / hank washing machine ‖ ⭷**wickel** m, Abroll-, Laufspule f / loose cop, movable pirn ‖ ⭷**wickel** m (für Verkaufspackung) / thread paper ‖ ⭷**wickelmaschine** f (Textil) / reeling machine ‖ ⭷**winde** f / vertical reel, whisk
GARP n / global atmospheric research project, GARP
Garprobe f (Kupfer) / refining assay o. test
Gärprozeß m / fermentative process
Gar·rösten n (Hütt) / finishing roasting ‖ ⭷**schaum**, -schaumgraphit m (Hütt) / kish [graphite]
Garten·anlagen f pl / gardens pl ‖ ⭷**bau** m, Gärtnerei f / horticulture, gardening, garden tillage ‖ ⭷**bauerzeugnis** n / horticultural product ‖ ⭷**bauerzeugnisse** f pl / market-garden produce ‖ ⭷**bauglas** n / horticultural glass ‖ ⭷**[blank]glas** n, Gärtnereiglas n / greenhouse glass, horticultural sheet glass ‖ ⭷**boden** m / hortisol ‖ ⭷**fräse** f, Bodenfräse f / rotary hoe ‖ ⭷**geräte** n pl / gardening implements pl ‖ ⭷**geschoß** n / storey at garden level ‖ ⭷**gestalter** m, Landschaftsgärtner m / landscape gardener ‖ ⭷**klarglas** n / horticultural cast o. cathedral glass ‖ ⭷**schlauch** m / garden hose ‖ ⭷**siel** n / combined drain ‖ ⭷**stadt** f / garden suburb o. city ‖ ⭷**zentrum** n / garden center
gärtnerisch·e Anlagen f pl / garden, gardens pl, lawn and flower beds pl

Gärtner·messer n, Gartenmesser n / gardening knife, pruning knife ‖ ~steifsäge f / pruning saw
Garung f (Koks) / carbonizing, coking
Gärung f, Gären, Gärverfahren n, -vorgang, -prozeß m, Arbeiten n / fermentation, working, fermenting ‖ ~ des Brotes / panary fermentation ‖ ~ verhindernd / antizymotic
Gärungs·..., Gärung verursachend, durch Gärung entstanden / zymotic ‖ ~alkohol, Ethylalkohol m / ethyl o. grain alcohol ‖ ~amylalkohol, Isoamylalkohol m / fermentation amylalcohol, isoamyl alcohol ‖ ~beschleuniger m / fermentation accelerator, dressing ‖ ~butylalkohol m / fermentation butyl alcohol ‖ ~chemie, Zymologie f / zymology, zymurgy
Garungsdauer f (Koks) / carbonizing time o. period, coking time
gärungs·erregend / zymogenic ‖ ~essig m / spirit vinegar ‖ ~hemmend / antifermentative ‖ ~küpe f (Färb) / warm vat o. copper o. trough ‖ ~messer m, -prüfer m / zymo[si]meter ‖ ~mittel n, Gär[ungs]stoff m / enzyme, ferment ‖ ~physiologisch, -technisch / zymotechnical ‖ ~prozeß m / fermentative process ‖ ~technik, -physiologie, -wissenschaft f / zymotechnology ‖ ~verhindernd / antiferminting, preventing fermentation, antizymotic
Garungszeit, -dauer f (Koks) / carbonizing time o. period, coking time
Gärungszwischenprodukt n / fermentation intermediate
Gas n / gas ‖ ~ entwickeln (o. erzeugen) / generate gas ‖ ~ geben (Mot) / open the throttle, step on the gas (US) ‖ ~ unter Lagerstättendruck / geopressurized gas ‖ ~ unterhalb der kritischen Temperatur / vapour, vapor (US), reek ‖ ~ wegnehmen (Kfz) / take off the gas, release the accelerator, cut off the engine ‖ mit ~ versehen (o. füllen o. beleuchten) / gas v ‖ ~abdeckung f (Öl) / gas blanketing ‖ ~abfang m (Hütt) / downcomer ‖ ~abgabe f (Vakuum) / gassing ‖ ~abgabe f, Entgasen n (Vakuum) / outgassing ‖ ~abgebende Ölquelle / gasser ‖ ~absaugbohrung f (Bergb) / methane drainage boring ‖ ~absaugung f (Bergb) / methane drainage ‖ ~abscheider m / gas separator ‖ ~absperrhahn m, Haupthahn m / main cock ‖ ~abzug m, -entlüftungsöffnung f / gas vent, issue ‖ ~analyse f / gas analysis o. testing ‖ ~anfall m, -ausbeute f / gas yield ‖ ~anlage f, -versorgungsanlage f (Bau) / gas fittings pl ‖ ~anlagerungsverfahren n nach Brunauer, Emmet und Teller (Bergb) / B.E.T. gas adsorption method ‖ ~anlasser m, -starter m (Luftf) / gas starter ‖ ~annahme f (Kfz) / throttle response ‖ ~anreicherung f / gas enrichment ‖ ~-Anschluß m, -versorgung, -belieferung f / supply of gas, gas supply ‖ ~anstalt f / gas works ‖ ~anzeige f (Ölkammer) / gas show ‖ ~anzeiger, -detektor m / gas escape o. gas leak indicator o. detector ‖ ~anzeiger m (Bergb) / gas indicator ‖ ~anzünder m / gas lighter ‖ ~arm (Kohle) / non-gassing, non-gassure ‖ ~armes Gemisch (Mot) / poor mixture, weak mixture ‖ ~artig, -förmig / aeriform, gasiform, gaseous ‖ ~atemgerät, Gasfilter n / gas mask canister ‖ ~ätzen n (Halbl) / gas etching ‖ ~aufkohlen n (Stahl) / gas carburizing ‖ ~aufkohlungsofen m / gas carburizing furnace ‖ ~aufzehrung f, Getterung f (Vakuum) / gas clean-up ‖ ~ausbeute f / gas yield ‖ ~ausbruch m (Bergb) / gas eruption, blow of gas ‖ ~-Außendruckkabel n / compression cable, external gas pressure cable ‖ ~außendruckkabel n in Stahlrohr / pipeline compression cable ‖ ~ausstoß / zero release ‖ ~austrittskegel m (Turboreaktor) / inner exhaust cone ‖ ~automat m / automatic o. mechanical gas seller, slot gas seller ‖ ~backofen m / gas baking oven ‖ ~badeofen m / gas geyser (GB), gas circulator for bathrooms ‖ ~ballastpumpe f / gas ballast pump, surplus gas pump ‖ ~ballastventil n (Raumf) / gas ballast valve ‖ ~behälter m / gas holder o. tank, gasometer ‖

~behälter m, -raum m (Schweiß) / gasholder ‖ ~behälter m mit versenktem Becken / pit type gasholder ‖ ~behälterglocke f / crown of the gas holder ‖ ~beheizt, -geheizt / gas-fired ‖ ~beizen n (Hütt) / gas pickling ‖ ~beleuchtet / gas-lit ‖ ~beleuchtung f / gas light[ing] ‖ ~benzin n (Leichtbenzin aus Erdölgasen) / casing head gasoline ‖ ~benzol n / crude benzole ‖ ~beständig / gas-proof ‖ ~beton m / porous o. gas concrete, autoclaved aerated concrete ‖ ~beton-Bauplatte f / autoclaved aerated concrete building plate ‖ ~beton-Blockstein m / autoclaved aerated concrete block ‖ ~beton-Planbauplatte f / autoclaved aerated concrete precision building plate ‖ ~beton-Planstein m / autoclaved aerated concrete precision block ‖ ~bilanz f / gas balance ‖ ~blase f (Hütt) / blowhole, gas bubble, void ‖ ~blase f (Schweiß) / gas pocket, blowhole ‖ ~blase f (unter der Oberfläche) (Gieß) / pinhole ‖ mit vielen ~blasen (Gieß) / blown, blowy ‖ ~bläser m, gasführende Schicht (Bergb) / blower ‖ ~bleiche f (Pap) / potching ‖ ~brenner m / gas burner ‖ ~brenner m (Industrieofen) / gas port, gas jet ‖ ~brenner m mit Gebläse / forced-air gas burner ‖ ~brenner m ohne Gebläse / atmospheric burner ‖ ~brennschnitt m / oxygen cutting ‖ ~bürette f / gas burette ‖ ~carbonitrieren n / gas carbonitriding ‖ ~chromatografisch / gas-chromatographic ‖ ~chromatograph m / gas-phase chromatograph ‖ ~-Chromatographie f / gas chromatographic analysis, gas-chromatography ‖ ~detektor, -anzeiger m / gas escape detector ‖ ~dicht / gastight, sealed ‖ ~dicht (Akku) / closed, sealed ‖ ~dichte Rohrdurchführung (Luftf) / gland
gasdicht·e wiederaufladbare prismatische Nickel-Cadmium-Zelle / sealed nickel-cadmium prismatic rechargeable cell
Gas·dichte f / gas density ‖ ~dichte bei unendlich kleinem Druck (Phys) / limiting density ‖ ~dichteeinheit f (1 amagat = 1 mol/22,4 dm³) / amagat ‖ ~dichtemessung f / manoscopy ‖ ~dichtigkeit f / gastightness, gasproofness ‖ ~diffusionsgesetz n / law of gas diffusion ‖ ~diffusionsverfahren n (Nukl) / gaseous diffusion process ‖ ~dissoziation f / dissociation of gas ‖ ~drive m, Gastreiben n (Öl) / gas drive ‖ ~druck, Versorgungsdruck m / gas pressure ‖ ~druckkabel n (Elektr) / gas pressure cable, gas-filled cable ‖ ~drucklader, -düsenlader m (Mil) / gas operated rifle ‖ ~druckmesser m (Mil) / crusher-gauge ‖ ~druckminderventil n / gas pressure reducing valve ‖ ~druckregler m / [gas] pressure governor (GB) o. regulator (US) ‖ ~druck-[Rohr]kabel n / gas pressure pipe cable ‖ ~drucksicherheitsgerät n / pressure actuated safety device ‖ ~drucktriebwerk n (Raumf) / gas-type thrustor ‖ ~durchbruch m (Bergb) / gas outburst, outbreak of gas ‖ ~durchflußzähler m / gas flow counter ‖ ~durchlässigkeit f / gas permeability ‖ ~durchlauferhitzer m / gas geyser (GB) o. circulator ‖ ~durchströmte Wirbelschicht / gaz-operated fluid[ized] bed ‖ ~durchströmtes Ventil / aerodynamic flow-through valve ‖ ~düse f (Hütt) / gas jet, gas nozzle ‖ ~dynamik f / gas dynamics, dynamics of compressible fluids ‖ ~dynamisch / gas dynamic ‖ ~dynamische Gleichung / gas-dynamic equation ‖ ~dynamische Stoßwelle / gas-dynamic shock wave ‖ realer ~effekt / real gas effect ‖ ~einbruch m (Bergb) / sudden inrush of gas, gas inrush, blow ‖ ~einpressen n (Öl) / gas lift ‖ ~einsatzhärtung f / gas case hardening ‖ ~einschluß m (Gieß) / blowhole, gas bubble ‖ ~einschluß m (Schw) / gas pocket, void, blowhole
GaSe-Laser m / GaSe laser
gas·elektrischer Stromerzeuger / gas-electric generating set ‖ ~elektrode f / gas electrode ‖ ~element n, -kette f (Chem) / gas cell
gasen, kochen (Akku) / gas vi ‖ ~ (Akku) / gassing ‖ ~, Ausgasen n (Hütt) / gas evolution

Gas·entartung f (Phys) / degeneration of gas, gas degeneration ‖ ⌐entladung f (Elektr) / discharge in gas ‖ ⌐entladungsableiter m (Elektronik) / gas discharge arrester ‖ ⌐entladungs-Display n / gas discharge display ‖ ⌐entladungslampe f / electric discharge lamp, gas discharge o. condenser discharge lamp ‖ ⌐entladungslaser m / gas[eous] laser ‖ ⌐entladungsrelais n / gas discharge relay, grid glow tube ‖ ⌐entladungsröhre f (Elektronik) / gas-filled tube, soft tube ‖ ⌐entladungs-Vakuumprüfer m / discharge tube indicator ‖ ⌐entstaubung f / dust extraction from gas ‖ ⌐entwickler, -erzeuger, -generator m / gas generator o. producer o. apparatus ‖ ⌐entwicklung f (Hütt) / gas evolution ‖ ⌐entwicklung f / evolution of gas ‖ ⌐entwicklungsanalyse f / evolved gas analysis, EGA ‖ ⌐entwicklungsflasche f, -entwicklungsapparat m (Chem) / gas bottle ‖ ⌐[entwicklungs]zähler m, elektrolytischer Zähler (Elektr) / gas coulometer ‖ ⌐erzeugung, -herstellung f / gas production o. generation o. making ‖ ⌐ex n (Lös.mittel) / gasex ‖ ⌐fackel f (Öl) / flare ‖ ⌐falle f / absorption tube ‖ ⌐familie f / gas group o. family ‖ ⌐fang m, -sammelröhre f / gas collector ‖ ⌐fang, Gichtverschluß m (Hochofen) / gas seal bell ‖ ⌐federung f (Kfz) / pneumatic spring action ‖ ⌐fernleitung f / gas pipeline ‖ ⌐fernversorgung f, Ferngasversorgung f / long-distance gas supply ‖ ⌐-Festkörpersuspension f / gas solid suspension ‖ ⌐feuerung f / gas burning o. firing ‖ ⌐feuerung f, Ofen mit Gasbrenner m / gas-fired furnace ‖ ⌐feuerzeug n / gas lighter ‖ ⌐film m (Molekülbau) / gaseous film ‖ ⌐filter, Gasatemgerät n / gas mask canister ‖ [leuchtende] ⌐flamme, -jet, -light ‖ ⌐flammkohle f (32-36 % Flüchtiges) / open burning coal, gas-flame coal ‖ ⌐flammofen m / gas reverberatory furnace ‖ ⌐flasche f / gas o. steel cylinder, gas bottle (coll) ‖ ⌐flaschenanschluß m / connecting fitting for gas cylinders ‖ ⌐flaschenventil n / [compressed] gas cylinder valve ‖ ⌐-Flüssigkeit-Chromatographie f / gas-liquid chromatography ‖ ⌐-Flüssigphase-Reaktor m / gas-liquid phase-reactor ‖ ⌐fokussierung, -konzentrierung f (Kath.Str) / gas focusing ‖ ⌐förderkohle, -gruskohle f / gas slack coal ‖ ⌐formation f (Bergb) / gas producing formation ‖ ⌐förmig, -artig, Gas… / gaseous, gasiform ‖ ⌐förmiger Aggregatzustand / gaseous condition o. state of aggregation ‖ ⌐förmiger Brennstoff / gaseous fuel ‖ ⌐förmige Schutzhülle / shielding gas o. atmosphere ‖ ⌐förmigkeit f / gaseity ‖ ⌐führend (Bergb) / gas bearing ‖ ⌐führung f, -Regelung f (Hütt) / gas flow control ‖ ⌐füllung f / gas inflation ‖ ⌐fußhebel m, Gaspedal n / accelerator [pedal] ‖ ⌐-Gathering n (Öl) / gas gathering ‖ ⌐gebläse n / gas blower ‖ ⌐gebläse n, Hochdruckexhaustor m / gas ventilator, high pressure gas exhauster ‖ ⌐gebläseofen m / laboratory furnace ‖ ⌐gefeuerter Ofen / gas-fired furnace ‖ ⌐gefüllt / gas-filled ‖ ⌐gefüllt (Ballon) / inflated ‖ ⌐gefüllte Glühkathoden-Gleichrichterröhre / gas-filled hot-cathode rectifier ‖ ⌐gefüllte [Glüh]lampe / gas-filled lamp ‖ ⌐gefüllte Röhre, Gasröhre f (Elektronik) / soft tube, gas-filled tube ‖ ⌐gehalt m / gas content, contents of gas pl ‖ ⌐geheizt / gas-heated ‖ ⌐gekühlt (Nukl) / gas-cooled ‖ ⌐gekühlter-graphitmoderierter Reaktor, GGR / gas-cooled graphite moderated reactor, GGR ‖ ⌐gelagert (Masch) / on gas bearing ‖ ⌐gelagerter Kreisel / gas bearing gyro ‖ ⌐gemisch, -gemenge n / gas mixture o. compound ‖ ⌐gemisch n mit 98,7% He und 1,3% Butan / Q-gas ‖ ⌐generator, -erzeuger m / gas producer, generator furnace ‖ ⌐geräte n pl / gas burning installations pl (with low gas consumption as table cookers etc) ‖ ⌐geschmiertes Gleitlager / gas-lubricated journal bearing ‖ ⌐gesetze n pl / gas laws pl ‖ ⌐gestänge n (Kfz) / throttle linkage, carburettor [throttle] control ‖ ⌐gewinde n / gas thread, [gas-]pipe thread ‖ ⌐gewindeschneideisen n pl / gas stocks and dies pl ‖ ⌐gewindeschneidmaschine f / pipe thread cutting machine ‖ ⌐gleichgewicht n / gas equilibrium ‖ ⌐gleichrichter m / gas-filled rectifier ‖ ⌐gleichung f / gas equation o. laws pl ‖ ⌐glocke f (Schweiß) / gas bell ‖ ⌐glocke f, Gasbehälterglocke f (Gasf) / crown of the gasholder ‖ ⌐glühlicht n / incandescent gaslight ‖ ⌐glühlichtkörper m, -glühstrumpf m / incandescent o. gas hood o. mantle

Gash n (Ferroelektrikum) / gash (guanidine aluminum sulphate hexahydrate)

Gas·hahn m / gas tap ‖ ⌐haltig / gaseous ‖ ⌐haltiges Öl / live oil ‖ ⌐handhebel m (Kfz) / throttle hand lever ‖ ⌐härteofen m / gas-fired hardening o. tempering furnace ‖ ⌐haupthahn m / main gas valve ‖ ⌐-Hauptleitung f / gas main ‖ ⌐hebel m, -pedal n (Kfz) / accelerator o. gas pedal, foot throttle, throttle pedal ‖ den ⌐hebel betätigen / depress the accelerator ‖ den ⌐hebel zurücknehmen (Kfz) / release the accelerator, decelerate ‖ ⌐heizkammer f / gas regenerator chamber ‖ ⌐heizofen m / gas radiator o. stove o. range (US) ‖ ⌐heizung f / gas heating ‖ ⌐herd, -kochherd m / gas hearth o. [kitchen] range o. kitchener ‖ ⌐-Holdup n, Gasspeicherungsvermögen n einer Flüssigkeit / gas hold-up of a liquid ‖ ⌐hülle, Atmosphäre f / atmosphere ‖ ⌐hydrat n (ein Clathrat) / gas hydrate

gasieren, sengen (Web) / singe, gas v [singe], genappe v ‖ ⌐ (Web) / singeing, gassing, genapping

Gasiermaschine f (Tuch) / gas singeing machine, gassing machine

gasiertes Baumwollgarn, Florgarn n / gassed cotton yarn

gasiges Eisen / gassy iron

Gas·industrie f / industry of gases ‖ ⌐innendruckkabel n / gas-filled internal pressure cable, internal [gas] pressure cable ‖ ⌐innendruckkabel n mit unterteiltem Druckraum / gas-cushion cable ‖ ⌐innenleitung f / interior gas installation pipes ‖ ⌐-Installateur m / gas fitter ‖ ⌐-Interferometer n (Bergb) / gas interferometer ‖ ⌐[ionisations]verstärkung f / gas amplification ‖ ⌐kabel n / gas cable ‖ ⌐kältemaschine f / gas refrigerating machine ‖ ⌐kammer f (Hütt) / gas chamber ‖ ⌐kammergewölbe n (SM-Ofen) / gas checker arch, gas slag arch ‖ ⌐kanal m / gas duct, gas flue ‖ ⌐kanalgewölbe n, Gaskanalwand f (Hütt, Gasgenerator) / curtain arch ‖ ⌐kanalwand f (Hütt, Gasgenerator) / curtain wall ‖ ⌐kappe f, -kopf m (Öl) / gas cap ‖ ⌐kesselwagen m (Bahn) / special wagon for the carriage of gas ‖ ⌐kette f, -element n (Chem) / gas cell ‖ ⌐kinetik f / gas kinetics pl ‖ ⌐kissen n (eine Sicherheitsvorrichtung) (Kfz) / air bag ‖ eingepumptes ⌐kissen (Öl) / extraneous cushion gas ‖ ⌐kocher m (Tischmodell) / table cooker ‖ ⌐kocher m mit Bratofen, -herd m / gas cooker (GB) o. range (US) ‖ ⌐kohle f (26-32% Flüchtiges) / gas coal, bituminous coal ‖ ⌐koks m / gas coke, gas cokes pl ‖ ⌐konstante f / gas constant ‖ ⌐konstante R f / gas constant R ‖ ⌐konzentrierung f (Elektronik) / gas focus[s]ing ‖ ⌐kühler, -kondensator m / gas cooling o. condensing apparatus, gas cooler ‖ ⌐küvette f / gas cell ‖ ⌐-Lagekontrollsystem n (Raumf) / gas attitude control system ‖ ⌐lager, -reservoir n, -lagerung f / gas storage ‖ ⌐lager n (Masch) / [pressurized] gas journal bearing, air o. gas bearing ‖ ⌐lagerstätte, -formation f (Bergb) / gas producing formation ‖ ⌐lagerstätten-Erforschung mit chemischen Mitteln, Gasvermessung f / gas deposit exploration by chemical methods ‖ ⌐lagerung f für Lebensmittel / gas storage of food ‖ ⌐lampe f / gas lamp o. light ‖ ⌐laser m / gas[eous] laser ‖ ⌐laterne f / gas street lamp ‖ ⌐leitung f / gas conduit o. line ‖ ⌐leitung, Versorgungsleitung, Straßenleitung f / gas soil pipes pl ‖ ⌐licht, Auerlicht n / incandescent gaslight ‖ ⌐lichtpapier, Chlorbromsilberpapier n (Phot) / contact paper, (formerly:) gaslight paper ‖ ⌐lift m (Öl) / gas lift ‖ ⌐linse f / gas lens ‖ ⌐-Luftgemisch n / gas-

air mixture ‖ ~-**Luftgemisch** *n* **für vollständige**
Verbrennung / total air-gas mixture ‖ ~**machen** *n* / gas
producing period ‖ ~**mangel** *m* / lack o. deficiency of
gas, gas failure ‖ ~**mangelsicherung** *f* / gas failure
device ‖ ~**mantel** *m* (Schweißelektrode) / volatile covering
‖ ~**marken** *f pl* (Galv) / gas grooves *pl* ‖ ~**maschine** *f*,
-motor *m* / gas engine ‖ ~**maschinenzentrale** *f* / gas
engine power house ‖ ~**maser** *m* / gas maser ‖ ~**maske**
f / respirator (GB), breather (US), gas mask ‖
~**maskenansatz** *m* (gegen Rauchgas) / contex ‖
~**maskeneinsatz** *m* / filter insert o. box ‖ ~**meldegerät**
n / gas indicator ‖ ~**messer**, -zähler *m* / gas meter o.
counter, flow meter ‖ ~-**Methanisieren** *n* / gas-
carburetting ‖ ~**multiplikation**, -verstärkung *f*
(Elektronik) / gas multiplication ‖
~**multiplikationsfaktor** *m* / gas multiplication factor ‖
~**nebel** *m* / gaseous nebula ‖ ~**nitrieren** *n* (Hütt) / gas
nitriding, dry nitriding ‖ ~**ofen** *m* (für Heizung) / gas
furnace o. stove o. burner (US)
Gasohol *n* / gasohol (US) (90 % unleaded gasoline and 10
% ethyl alcohol)
Gasol *n* (Fischer-Tropsch) / gasol (of the Fischer-Tropsch
process)
Gasöl *n* / gas oil
Gasöl, sehr schweres ~ / very heavy gas oil, VHGO
Gasolin *n* **für chem. Zwecke** (Siedebereich 30-80°C) /
petroleum ether o. spirit
Gaso·meter *m* / gas holder, gasometer ‖ ~**metrie**,
Gasvermessung *f* / gasometry
Gas·-Ottomotor *m* / spark-ignition gas engine ‖ ~**patrone**
f / gas cartridge ‖ ~**pedal**, Fahrpedal *n* (DIN) (Kfz) /
accelerator o. gas pedal, foot throttle, throttle pedal ‖
~**pendelsystem** *n* (für Tanks usw) / gas displacement
device ‖ ~**phase** *f* / gas[eous] phase ‖
~**phasenabscheidung** *f* (Sintern) / chemical vapour
deposition, CVD process ‖ ~-**Pipeline** *f* / gas pipeline ‖
~**pipette** *f* / gas sampling pipette ‖ ~**plattieren** *n* / gas
plating [in vacuo] ‖ ~**polen** *n* (Kupfer) / gas poling ‖
~**pore** *f* (Schweiß) / gas pocket ‖ ~**preßschweißen** *n* /
pressure gas welding ‖ ~**probe** *f*, -probenehmen *n* / gas
sampling ‖ ~**proberohr** *n* (Chem) / gas sampling tube ‖
~**prüfer** *m* / gas detector ‖ ~-**Pulver-Schweißen** *n* / gas
powder welding ‖ ~**pyrometer** *n* / gas pyrometer ‖
~**quelle** *f* (Geol) / gas well ‖ ~**raum**, Gammaraum *m*
(Phys) / gamma space ‖ ~**rauschen** *n* / gas noise ‖
~**reduktion** *f* (Hütt) / indirect reduction ‖ ~**regler** *m* /
gas governor o. regulator ‖ ~**reich**, -haltig, -führend /
gassy ‖ ~**reiches Gemisch** / overrich [gas] mixture ‖
~**reiniger** *m* / gas purifier ‖ ~**reiniger** *m* (für
Ergoldämpfer) (Raumf) / scrubber ‖ ~**reiniger u.**
-trockner *m* / puridrier ‖ ~**reinigung** *f*, -waschen *n* /
gaz cleaning, scrubbing ‖ ~**reinigungsanlage** *f* / gas
purifiers *pl* ‖ ~**reinigungsmasse** *f* / gas purifying agent
‖ ~**relais** *n*, Gastriode *f* als Relais / gas-filled relay o.
triode ‖ ~**reservoir** *n*, -lagerung *f* / gas storage ‖
~**ring-Vakuumpumpe** *f* / gaseous ring vacuum pump ‖
~**rohr** *n*, -leitung *f* / gas pipe o. tube ‖ ~**rohrgewinde** *n*
/ gas thread ‖ ~-**Rohrleger** *m* / gas fitter ‖
~**rohrschneidapparat** *m* / gas-pipe cutter ‖
~**rohrwendeisen** *n* / gas-pipe wrench ‖ ~**rohrzange** *f* /
pipe o. cylinder wrench, pipe tongs *pl* ‖ ~**röstofen** *m* /
gas-fired calcining kiln ‖ ~**rückstand** *m*, Restgas *n* /
residual gas ‖ ~**ruß** *m* / channel o. gas black, carbon
black (US) ‖ ~**ruß**, Lampenruß *m* / furnace black ‖
~**sammelbeutel** *m* / analytical air bag, air sampling bag
‖ ~**sammelröhre** *f*, -fang *m* / gas collector ‖ ~**sauger**,
Exhaustor *m* / gas exhauster ‖ ~**schaukel** *f* **nach**
Clusius / swing separator ‖ ~**schieber** *m* / gas slide
valve o. sluice valve ‖ ~**schiebervergaser** *m* (Kraftrad) /
throttle valve carburetter ‖ ~**schlauch** *m* / flexible gas
tube ‖ ~**schleuse** *f* / gas lock ‖ ~**schmelzschweißen** s.
Gasschweißen ‖ ~**schmiedeofen** *m* / gas-fired forge
hearth ‖ ~**schmierung** *f* / gas lubrication ‖
~**schneidbrenner** *m* / autogenous cutting torch ‖

~**schneiden** *n* / autogenous cutting, oxygen cutting ‖
~**schutz** *m* / protection against poisonous gas ‖
~**schutz...** / antigas... ‖ ~**schutzbunker** *m* / gas
protection shelter ‖ ~**[schutz]gerät** *f*, Atemschutzgerät
n / box respirator, respiratory protective device (US) ‖
~**schweißbrenner** *m* / autogenous welding torch ‖
~**schweißdraht** *m* / gas welding filler wire ‖
~**schweißen** / gas-weld, weld autogenously ‖
~**schweißen** *n*, -schweißung *f*, -schmelzschweißen *n* /
oxy-acetylene o. gas welding, torch welding (US) ‖
~**schweißstab** *m* / gas welding filler rod
Gasse *f* / lane, narrow street ‖ ~ (Gieß) / channel ‖ ~,
Blatt-, Rohrstreifen *m* (Fehler) / dent bar ‖ ~, Straße *f*
(Buch) / gutter, river, street, gap, hound's teeth (US
coll) *pl*
Gassen·besetztzustand *m* (Fernm) / congestion
Gas·sengmaschine *f*, -senge *f* / gas singeing machine,
gassing machine ‖ ~**sensor** *m* / gas sensor ‖
~**sicherung** *f* / gas safety device ‖ ~**spaltung** *f* / gas
cracking, gas reforming ‖ ~**spannung** *f* / gas pressure ‖
~**speicher** *m* / gas accumulator ‖ ~**speicherung** *f* / gas
storage ‖ ~-**Spezialheizkessel** *m* / special gas fired
heating boiler ‖ ~**spritze** *f* (Phys) / gas syringe ‖
~**spürer** *m*, -spürgerät *n* / gas detector ‖ ~**spürer** *m*
(Beauftragter) (Bergb) / gas detector ‖ ~**spürgerät** *n* **für**
Kabel / cable sniffer ‖ ~**strahl-Bearbeitungsmaschine**
f / jet gas machine ‖ ~**strahlmühle** *f* / jet mill ‖
~**strahlpumpe** *f* (Vakuum) / gas jet pump ‖
~**strahl-Steuersystem** *n* (Raumf) / gas jet system ‖
~**strom** / flow of gas ‖ ~**stromerzeuger** *m* (Elektr) /
gas-electric generating set ‖ ~-**Szintillationszähler** *m* /
gas scintillation counter ‖ ~**tanker** *m* (Schiff) / gas
tanker ‖ ~**tankstelle** *f* / filling station for gaseous fuels
‖ ~**technik** *f* / gas engineering ‖ ~**teer** *m* / gas tar
Gäste·ruf *m* (Hotel) / paging ‖ ~**tubus** *m* (Opt) /
observation tube
Gas·thermochromatografie *f* / gas
thermochromatography ‖ ~**thermometer** *n* (Phys) / gas
thermometer
Gast·prozessor *m* / host processor
Gas·transfer-Vakuumpumpe *f* / gas transfer vacuum
pump ‖ ~**transportlaser** *m* / gas transport laser ‖
~**transportpumpe** *f* (Vakuum) / gas transfer pump ‖
~**treibverfahren** *n* (Öl) / selective plugging of gas-
injection wells with smoke, gas-injection method ‖
~**trennanlage** *f* / gas fractionator ‖ ~**trennung** *f* / gas
splitting o. separation ‖ ~**triode** *f* / gas triode ‖ ~**triode**
f **als Relais**, Gasrelais *n* / gas-filled relay o. triode ‖
~**trocknung** *f* / gas dehydration ‖ ~**trocknungsmittel** *n*
/ gas desiccant ‖ ~**turbine** *f* / gas turbine [engine],
internal combustion turbine ‖ **zweistufige** ~**turbine** /
gas turbine, two stage type ‖ ~**turbine** *f* **mit offenem**
[o. geschlossenem] Kreislauf / open [o. closed] cycle
gas turbine [engine] ‖ ~**turbinen-Triebkopf** *m* / gas
turbine driven train unit ‖ ~**turbinen-Triebwagen** *m* /
gas turbine driven railcar ‖ ~**turbinen-Triebzug** *m*
(Bahn) / turbo train ‖ ~**übergabe[stelle]** *f* / gas off-take
‖ ~- **und Wasserarmaturen** *f pl* / plumbing, fittings *pl*
‖ ~- **und Wasserleitungsinstallation** *f* (Bau) /
plumbery, piping ‖ ~- **und Wasserversorgung** *f* / gas
and water supply
Gasungs·spannung *f* (Akku) / voltage at begin of gassing
Gas·verbundnetz *n* / interlinked gas grid system ‖
~**verdichter**, -kompressor *m* / gas compressor ‖
~**verdichtungswelle** *f* (Raumf) / adiabatic shock wave ‖
~**verflüssigung** *f* / liquefaction of gases, gas
liquefaction ‖ ~**vergiftung** *f* / gas poisoning ‖
~**vermessung**, Gasometrie *f* / gasometry ‖
~**vermessung**, Gaslagerstätten-Erforschung *f* mit
chemischen Mitteln / gas deposit exploration by
chemical methods ‖ ~**versorgung** *f* / gas supply ‖
~**versorgungsanlage** *f*, -anlage *f* (Bau) / gas fittings *pl* ‖
~**verstärkung**, -multiplikation *f* (Elektronik) / gas
multiplication ‖ ~**volumetrie** *f* / gas volumetric analysis

‖ ~**volumetrisch** (Chem) / gasometric ‖ ⁓**vorlage** f / gas off-take main ‖ ⁓**waage** f / gas weighing scales pl ‖ ⁓**wärme** f / latent heat of gas ‖ ⁓**warngerät** n / gas indicator o. detector ‖ ⁓**waschen** n / gas purifying o. cleaning o. washing ‖ ⁓**wascher** m / gas scrubber o. washer, washer-scrubber ‖ ⁓**waschflasche** f / gas washing bottle, wash bottle ‖ ⁓**wasser**, Ammoniakwasser n / gas liquor o. water, ammonia water, ammoniacal gas liquor ‖ ⁓**wasser**, Abwasser n von Gaswerken / gas works waste water ‖ ⁓**wechselkanal** m (Glasofen) / gas generator flue, gas house (US), gas utility (US) ‖ ⁓**werk** n / gas works ‖ ⁓**-Wirbelschicht** f / gas fluidized solid system ‖ ⁓**zähler** m, -messer m / gas o. station meter ‖ ⁓**zähler** m, gasgefüllter Geigerzähler (Nukl) / gas counter, gas flow counter tube ‖ ⁓**trockenes** ⁓**zählersystem** / dry gas metering element ‖ ⁓**zelle** f (Photozelle) / gas-filled photocell ‖ ⁓**zelle** f (Luftschiff) / gas bag ‖ ⁓**zementieren** n / gas carburizing ‖ ⁓**zentrifuge** f / gas centrifugal machine, gas whizzer ‖ ⁓**zerlegung** f / gas splitting o. separation ‖ ⁓**zufuhr** f, -zuführung f / gas supply ‖ ⁓**zugsohle** f (Hütt, SM-Ofen) / gas slope ‖ ⁓**zylinder** m (Chem) / gas bubbler

Gate n, Gatt[er], Tor n (DV) / gate [circuit] ‖ ⁓ (Luftf) / gate ‖ ⁓**-Array** n (DV) / gate array ‖ ⁓**-Beam-Röhre** f / gate beam tube ‖ ⁓**-Drain-Spannung** f (Halbl) / gate-drain voltage ‖ ⁓**-Elektrode** f des IG-FET / gate electrode of IG-FET ‖ ⁓**-Impuls** m / gate pulse ‖ ⁓**-Leckstrom** m (Halbl) / gate leakage current ‖ ⁓**-Reststrom** m (Halbl) / gate cut-off current ‖ ⁓**-Schaltung** f (Halbl) / common gate ‖ ⁓**-Source-Spannung** f (Halbl) / gate-source voltage ‖ ⁓**strom** m (Halbl) / gate current ‖ ⁓**-Triggerspannung** f (Triac) / DC gate trigger voltage ‖ ⁓**-Trigger-Spitzenstrom** m (Triac) / peak gate-trigger current ‖ ⁓**-Überlappungskapazität** (MOS-IC) / gate overlapping capacity ‖ ⁓**way** n (Ausgangsplatz für Transatlantikflüge) (Luftf) / gateway ‖ ⁓**-Widerstand** m / gate resistance ‖ ⁓**-Zone** f des FET / gate region of FET

Gatt n (Schiff) / hole
Gatter n, Gitter n / railing ‖ ⁓ s. auch Gattersäge ‖ ⁓ (DV) s. Gate ‖ ⁓ (Zwirnm) / creel, bank creel ‖ ⁓**bügel** m (Zwirnm) / creel bow ‖ ⁓**führung** f, -schenkel m, -stock m (Säge) / saw guide
gattern (Bergb) / select, cull the ore ‖ **Zinn** ~ / refine tin ‖ Zinnkörner durch Sieben ~ / size tin
Gatter·rahmen m (Web) / creel frame ‖ ⁓**säge** f / reciprocating o. gang o. gate o. frame[d] saw, mill saw ‖ ⁓**säge**, Brettsäge f / rift saw ‖ ⁓**säge** f zum Besäumen von Stämmen (Holz) / slabbing gang ‖ ⁓**sägeblatt** n / mill saw blade ‖ ⁓**stab** m (Textil) / creel lath ‖ ⁓**[tor]** n / barrier gate
gattieren (Hütt, Gieß) / make up the charge, make the mixture, calculate the burden, burden ‖ ⁓ (Hütt) / burden calculation, mixing the burden
Gattierung f (Gieß) / charge make-up
Gattierwaage f (Gieß, Hütt) / blending weigher
Gattung f / species, genus ‖ ⁓ (Bot, Zool) / section ‖ ⁓, Klasse f / sort, class ‖ ⁓, Art f / type, kind
Gattungs·... (Patent) / generic ‖ ⁓**bezeichnung** f, -name, -begriff m / generic name o. notion, class name
GaU, GAU, größter anzunehmender Unfall o. Schadensfall (Nukl) / maximum credible accident, MCA
Gaube f (Dach) / dormer window
gaufrieren, prägen (Web) / emboss, goffer v ‖ ⁓ n, leichte Prägung / embossing, goffering
Gaufriermaschine f, -kalander m (Leder, Textil) / embossing machine, embossing calender, goffering o. machine calender
Gauge n (Nadeln je 1 1/2''), Feinheit f (Strumpf) / gauge, gge
Gaultheriaöl n / gaultheria oil, wintergreen oil
Gault-Stufe f (Geol) / gault

Gauß n, g, gs (CGS-Einheit der magnet. Induktion = 10^{-4} Tesla) (veraltet) (Phys) / gauss ‖ ⁓**...** / Gauss[ian] ‖ ⁓**-Okular** n (Math) / Gauss eye-piece ‖ ⁓**scher Algorithmus** (Math) / Gaussian algorithm ‖ ⁓**sches Fehlergesetz** / remainder theorem [of Gauss] ‖ ⁓**sche Fehlerverteilung** / Gaussian error distribution ‖ ⁓**sche Koordinaten** f pl / curvilinear coordinates pl ‖ ⁓**sche Krümmung** (Math) / Gaussian curvature, total normal curvature ‖ ⁓**sche Lage** (Magnetismus) / Gauss[ian] position ‖ ⁓**sche Normalverteilungskurve**, Gaußsche Häufigkeitsverteilungskurve o. Glockenkurve / Gaussian distribution curve, Gaussian error distribution curve, curve of normal distribution of errors ‖ ⁓**sche Optik o. Näherung** / Gaussian optics, Gaussian approximation ‖ ⁓**scher Potentialtopf**, Gaußsche Potentialmulde (Nukl) / Gaussian well ‖ ⁓**sches Rauschen** / Gaussian noise ‖ ⁓**sche Verteilung** (Statistik) / normal distribution ‖ ⁓**sches weißes Rauschen** / white Gauss (o. gaussian) noise ‖ ⁓**sche Zufallsfunktion** / Gaussian random function
Gautschbruch m, Naßausschuß m (Pap) / wet broke
gautschen (Pap) / couch v ‖ ⁓ n (Pap) / couching
Gautsch·filz m / couch felt ‖ ⁓**marke** f, -fehler m / couch mark ‖ ⁓**presse** f (Pap) / couch press ‖ ⁓**walze** f (Pap) / couch roll
Gay-Lussac[sches] Gesetz n / Gay-Lussac's law, law of volumes, Charles's law
Gay-Lussac-Turm m (Chem) / Gay-Lussac tower
Gaylussit m (Min) / gaylussite, Gay-Lussite
Gaze f (Web) / gauze, cheesecloth ‖ ⁓ für Buchrücken / mull, scrim, super (US) ‖ **feine** ⁓ (Textil) / gossamer ‖ ~**artig**, von Gaze / gauzy ‖ ⁓**fenster** n / wire screen ‖ ⁓**papier** n / reinforced paper ‖ ⁓**sieb** n / gauze [wire] screen o. sieve ‖ ⁓**stuhl** m / cross weaving loom ‖ ⁓**tür** f / wire gauze door ‖ ⁓**weberei** f (Web) / cross-weaving
GAZ·-F-Stück n (Rohr) / flanged spigot ‖ ⁓**-K-Stück** n (Rohr) / bend ‖ ⁓**-P-Stück** n (Rohr) / plug ‖ ⁓**-R-Stück** n (Rohr) / taper ‖ ⁓**-Stück** n (Rohr) / spigot end
g-Beschleunigungsprüfer, Rundlauf m / whirling arm o. table
Gbm = Gebrauchsmuster
GBS, Grundbetriebssystem n (DV) / POS, primary operating system, BOS, basic operating system
GCA·-Landung f / ground control[led] approach, G.C.A. ‖ ⁓**-System** n (Radar) / G.C.A. system, ground-control approach system
GCS-Thyristor m, torgesteuerter Thyristor (Halbl) / gate controlled switch, GCS
G-Darstellung f (Radar) / G-display
GDCh = Gesellschaft Deutscher Chemiker
GDU (Elektr) = Gleichstrom-Drehstrom-Umformer
GDÜ = Gleichstrom-Datenübertragungs-Einrichtung
GE (Gieß) = Gußeisen
ge (Fernm) = gelb
geächselter Zapfen (Zimm) / tusk tenon
geadert, marmoriert / marbled, veined ‖ ~, gefleckt / mottled
gealtert, alt geworden / aged ‖ ~, abgelagert / matured
Geantiklin[al]e f, Großsattel m (Geol) / geanticline
geätzt / etched
Ge-Auskoppeletalon m (Laser) / Ge output etalon
Gebälk n, Balkenwerk n, Balken m pl / beaming, timbers pl, timber work ‖ ⁓, Balkenlage f / framing, frame of joists ‖ ⁓, Zimmerung f (Bau) / woodwork
geballt, aufgehäuft / agglomerate[d] ‖ ~e **Ladung** / concentrated charge
Gebäude n / building, structure ‖ **größeres** ⁓ / edifice ‖ ⁓**-Boden-Potentiel** n / structure-soil potential ‖ ⁓**brand** m / structural fire ‖ ⁓**flügel** m (Bau) / wing, aisle ‖ ⁓**komplex** m / block of buildings ‖ ⁓**körper** m (Wände mit Fußböden u. Dach) (Bau) / fabric ‖ ⁓**kran** m (Reaktor) / containment crane ‖ ⁓ **und Möbel** pl / immovables and movables pl ‖ ⁓**unterhaltung** f /

upkeep of buildings
gebaute Mächtigkeit (Bergb) / worked thickness
gebeizt, zu stark ~ (Hütt) / overpickled
geben, senden (Fernm) / transmit
Geber m, Gebeapparat m (Fernm) / transmitter,
transmitting device ‖ **~amt** n (Fernm) / transmitter
station ‖ **~papier** n, Reaktions-Durchschreibpapier n /
pressure sensitive paper, donor paper ‖ **~papier** n, CB-
Papier n / coated back paper, CB-paper ‖ **~seite** f,
Senderseite f (Fernm) / sending end, transmitting end ‖
~wicklung f (DV) / pick-up winding ‖ **~zylinder** m
(Regeln) / master cylinder
Gebiet n, Land n / terrain, terrene ‖ **~,** Territorium n /
territory ‖ **~,** Distrikt m / area, district ‖ **~,** Region f /
region ‖ **~,** Sachgebiet n / domain, field, sphere ‖ **~,**
Domäne f / competence ‖ **~,** Bereich m (Math) / region,
domain ‖ **~ der mittleren Energie** (Phys) / intermediate
energy region ‖ **~ mit Aufenthaltsbestimmungen**
(Nukl) / regulated stay area ‖ **[Fach-, Spezial]~** /
speciality, special subject ‖ **erfaßtes ~** (Sender) /
coverage
Gebiets·norm f / regional standard ‖ **~pauschalverkehr**
m in USA / WATS, wide-area telephone service (US) ‖
~verdunstung f (Wasser) / regional evaporation ‖
~weise, regional / regional
Gebilde n / formation, formed body
gebildet, wissenschaftlich [gebildet] / learned
Gebinde n (Textil) / bunch, skein ‖ **~** (z.B. des Dachstuhls)
(Zimm) / truss, couple ‖ **~** (Verpackung) / packing drum
‖ **~ von 120 yd Garn** / rap
Gebirge n, Gebirgsart f (Bergb) / ground, country
Gebirgs·art f (Geol) / rock ‖ **~aufbau** m (Geol) / rock
arrangement ‖ **~bahn** f / alpine railroad (US), mountain
railway (GB) ‖ **~bahnlokomotive** f / alpine locomotive
o. engine, mountain locomotive o. engine ‖ **~bewegung**
f / movement of strata ‖ **~bildend** (Bergb) / orogenetic,
rock forming o. making ‖ **~bildung,** Orogenese f (Geol)
/ orogenesis, orogeny ‖ **~druck** m / pressure of soil o.
rock o. mountain mass ‖ **~druck** m, -schub m (Bergb) /
rock thrust ‖ **~dynamisches Verhalten** (Geol) / rock
burst properties pl ‖ **~kamm** m (Geol) / mountain ridge
o. crest o. range ‖ **~massiv** n (Geogr) / massif ‖
~mechanik f (Bergb) / rock mechanics ‖ **~schlag** m
(Setzen des Haupthangenden) (Bergb) / rock burst,
pressure burst ‖ **~schlaggefährdet** / in danger of rock
burst ‖ **~scholle** f (Bergb) / block ‖ **~straße,** Bergstraße
f / mountain road ‖ **~strecke** f (Bahn) / mountain railway
geblähter Latex / blown latex foam
Gebläse n / fan, ventilator ‖ **~,** -maschine f (Hütt) /
blower, blowing engine, blast ‖ **~ für Druckkabinen**
(Luftf) / cabin blower o. supercharger ‖ **das ~ anlassen**
(Hütt) / blow up the blast ‖ **ohne ~** / open flued ‖
~druck m (Hütt) / blast pressure ‖ **~einlauf** m (Mot) /
blower inlet ‖ **~flügel** m / blower vane, fan blade (US)
‖ **~gleichrichter** m (ein Gebläsebauteil) / fan
straightener ‖ **~häcksler** m (Landw) / chopper blower ‖
~kies m / blasting grit ‖ **~lampe** f / blow lamp ‖
~laufrad n / blower wheel ‖ **~loser Brenner** /
atmospheric burner ‖ **~luft** f / blast [air] ‖
~luftkühlung f (Kfz) / fan-[type air] cooling ‖
~maschine f, Gebläse n / blast engine, blowing engine,
blower ‖ **~motor,** -antrieb m / fan motor ‖ **~motor** m,
Auflademotor m / supercharger engine
geblasen (z.B. Glas, Plastfolie, Öl) / blown ‖ **~es**
Bitumen / oxidized bitumen, [air-] blown bitumen o.
asphalt (US) ‖ **~es Glas** / blown glass ‖ **~es Öl** (Zusatz
zu Marineölen) / blown oil, blown distillate
Gebläse·rad, Laufrad n / impeller, fan wheel (US) ‖
~rauschen n (Luftf) / compressor noise ‖ **~regulator** m
(Hütt) / air blast regulator ‖ **~rohr** n / blast pipe ‖
~schacht m (Hütt) / fan shaft ‖ **~verkleidung** f / fan
cowling o. shroud ‖ **~wind** m, -luft f / blast ‖ **~wind** m,
-luft f (Hütt) / air blast, blast, wind
geblättert (Chem) / foliated ‖ **~** (Elektr) / laminate[d]

geblaut (Zuck) / blued
gebläut (Pap) / blued, dyed white ‖ **~es Blech** / blued sheet
geblecht (Elektr) / laminated
gebleicht / bleached
gebleiter Kraftstoff / leaded fuel
geblockt (DV) / blocked
geblümt (Textil) / figured, flowered, floral, fancy-figured
gebogen, bogenförmig, gekrümmt, krumm / curved, bent
‖ **~,** verbogen, krumm, bogenförmig, gekrümmt ‖
crooked ‖ **~** (Holz) / curved ‖ **~,** gewölbt / arched ‖ **~e**
Kokille (Strangguß) / curved mould ‖ **~e**
Windschutzscheibe (Kfz) / curved [wind]screen ‖ **~e**
Winkellasche (Stahlbau) / angle butt strap
gebondeter Stoff (Textil) / bonded fabric, bonding
gebördelt / flanged, bordered ‖ **~** (Rohrende) / flare
type… ‖ **~,** mit umgelegter Kante / edged
geborstener Wasserheizschlauch (Gummi) / burst bag
Gebots·schild n (Verkehr) / sign giving directions ‖
~zeichen n (allg) / mandatory sign
gebräch (Bergb) / incompetent, short, crapply, friable
gebrannt (Keram) / fired ‖ **~er Alaun** / burnt o. calcined
alum ‖ **~er Borax,** Borax usta f / boiled borax ‖ **~er**
Gips / burnt o. dried gypsum, boiled plaster of Paris ‖
~er Kalk (Bau) / burnt o. caustic o. quick lime ‖ **~e**
Magnesia / calcined magnesia, magnesium oxide ‖ **~er**
Stückkalk (Bau) / lump lime ‖ **~er Umber** / burnt
umber ‖ **~er Zucker** / burnt sugar, caramel
Gebräu n (Brau) / brew[ing] ‖ **~,** Präparat n / concoction
Gebrauch m, Einsatz m, Anwendung f / application ‖ **~,**
Verwendung f / employment, use ‖ **~,** Anwendung f /
exercise ‖ **~ [von]** / handling ‖ **anderem ~ zugeführt,**
stillgelegt / put to another purpose
gebräuchlich / in use, common ‖ **am ~sten** / most widely
used
Gebrauchs·anweisung f / instruction for use, directions pl
for use ‖ **~artikel,** -gegenstände m pl, -güter n pl /
commodity goods [o. wares], [daily] commodities pl ‖
~dauer f / usable life ‖ **~eignung** f / usability,
useability, usefulness, utility, serviceableness,
serviceability ‖ **~einschränkung** f / restriction of use ‖
~fähig (Masch) / serviceable ‖ **~fertig,** ready-made,
ready for use, readied ‖ **~fertig,** komplett (DV) /
packaged ‖ **sofort ~fertig** / ready for immediate o.
instant use ‖ **~fertig machen,** aufstellen / rig, make
ready for use ‖ **~form** f (DIN) / standard shape ‖
~gegenstand m / article of daily use ‖ **~geschirr** n (aus
Steingut o. Porzellan) / crockery ware, utility crockery
‖ **~geschirr** n, Tischgeschirr n (Porzellan) / chinaware ‖
~grafik f / applied graphics pl, commercial art ‖
~grafiker, Grafiker m / commercial artist, graphic
artist ‖ **~güter** n pl, -gegenstände m pl / commodity
goods [o. wares], [daily] commodities pl ‖ **~last** f
(Stahlbau) / working load ‖ **~muster** n, Gbm / registered
utility model o. patent ‖ **~musterrolle** f / utility model
register ‖ **~musterschutz** m / legal protection for
registered utility models ‖ **~musterschutz** m
(Eintragung) / registration of design ‖ **~spannung** f
(Mech) / service stress ‖ **~spannung** f, Betriebs-,
Arbeitsspannung f, Ist-Spannung f (Elektr) / working
voltage ‖ **~tauglichkeit** f / performance capability ‖
~unfähigkeit f / incapacity of function ‖ **~wert** m /
service value, serviceableness, serviceability, use-value
gebraucht, Alt… / second hand… ‖ **~,** benutzt / used ‖ **~,**
nötig / required ‖ **~es Bad** (Farb) / spent bath ‖ **~e**
Wetter n pl (Bergb) / vitiated air, bad o. foul air ‖
~wagen m / second-hand car
gebrochen, gerissen / broken ‖ **~** (Bergb) / crushed ‖ **~,**
gelenkig / divided, articulated ‖ **~** (Opt) / refracted ‖
~ (Exponent) (Math) / fractional ‖ **~** (Farbe) / broken ‖
~ (Rückenkante des Bohrers) / broken (heel of a twist
drill) ‖ **~es Bad** (Farb) / curdled-off bath ‖ **~es Band**
(Schloss) / double hinge ‖ **~es Dach** / broken roof ‖ **~er**
Exponent (Math) / fractional exponent ‖ **~e Gurtung**
(Stahlbau) / boom o. chord in a broken line ‖ **~es Härten**

/ interrupted o. step hardening, delayed martensitic hardening ‖ ~e **Jute** / scutched jute ‖ ~e **Kante** / cut-off edge o. corner ‖ ~er **Köper** (Textil) / broken twill ‖ ~er **Lichtstrahl** / ray of refraction, refracted o. broken ray ‖ ~e **Mauerecke** / bay quoin ‖ ~e **Schrift** (Buch) / broken type ‖ ~er **Verkehr** / intermodal traffic, split traffic ‖ ~er **Weg**, Schiene-Wasser-Weg m / combined rail-water traffic ‖ ~ **werden** (Strahlen) / be refracted ‖ ~e **Zahl** / fractional number

Gebühr f / charge, cost

Gebühren f pl / tariff[-rate] ‖ ᴸ**ansage** f (Fernm) / rate notification ‖ ᴸ**anzeiger** m (Fernm) / subscriber's check meter ‖ ᴸ**aufkommen** n (Lizenz) / license revenue ‖ ᴸ**berechnung** f / rate calculation, charging ‖ ᴸ**drucker** m (Fernm) / call charge printer ‖ ᴸ**einheit** f (Fernm) / unit charge o. fee, message unit, call unit ‖ **in Rechnung gestellte** ᴸ**einheit** (Fernm) / metered charging unit ‖ ᴸ**erfassung** f (Fernm) / message accounting, toll ticketing (US) ‖ ᴸ**erlaß** m / remission of fees ‖ ᴸ**-Fernsehen** n / fee television ‖ ~**frei** / toll-free ‖ ~**freier Anruf** / free call ‖ ~**freie Nummer** / freephone number ‖ ᴸ**impuls** m (Fernm) / meter pulse ‖ ᴸ**melder** m (Fernm) / charge indicator ‖ ᴸ**minute** f (Fernm) / chargeable minute ‖ ᴸ**ordnung** f (Bau) / scale of fees ‖ ~**pflichtig** / subject to charges ‖ ~**pflichtige Brücke** / toll bridge ‖ ~**pflichtiger Parkplatz** / supervised car park ‖ ~**pflichtige Straße** (o. Autobahn) / turnpike [road], toll road, pike (US) ‖ ~**pflichtige Verwarnung**, Strafbefehl m / ticket ‖ ᴸ**sätze** m pl / rates of charges pl ‖ ᴸ**überwachung** f (Fernm) / charge monitoring ‖ ᴸ**verrechnung** f (Fernm) / message accounting ‖ **zentralisierte selbsttätige** ᴸ**verrechnung** (Fernm) / centralized automatic message accounting, CAMA ‖ ᴸ**waage** f / rate indicating scale ‖ ᴸ**zähler** m / subscriber[call] meter ‖ **relative** ᴸ**zeit** (Fernm) / paid-time ratio ‖ ᴸ**zeitraum** m (Fernm) / charge period ‖ ᴸ**zone** f (Fernm) / meter pulse rate, metering zone

Gebund n (allg, Spinn) / bale, pack

gebündelt / bunched ‖ ~ (Rakete) / strap-on ‖ ~, gerichtet (Strahlen) / directed, directional

gebunden (allg, Buch, Phys) / bound ‖ ~ [an], abhängig [von] / depending [on] ‖ ~ (Schleifmittel) / bonded ‖ ~, latent / latent ‖ ~ [an] (Chem) / combined [with], attached [to], fixed ‖ ~es **Ammoniak** (Koks) / fixed ammonia ‖ ~e **Arbeit** (F.Org) / restricted job ‖ ~es **Atom** / bound atom ‖ ~er **Deskriptor** (DV) / bound descriptor ‖ ~e **Elektrizität** / bound o. dissimulated electricity ‖ ~es **Elektron** / bound electron ‖ ~e **Farbe** (Phys) / object [perceived] colour ‖ ~er **Kautschuk** / bound rubber ‖ [chemisch] ~er **Kohlenstoff** / combined carbon ‖ ~e **Ladung** / latent electric charge ‖ ~er **Magnetismus** / condensed magnetism ‖ ~e **Stärke** / bound starch ‖ ~e (o. latente) **Wärme** / latent heat ‖ ~e **Waschflotte** (Textil) / tied-up water ‖ ~er **Wirbel** / attached vortex

gebürstete Mattverchromung / brushed chrome finish

Geburtswehen f pl (Masch) / teething troubles pl

gechlort / chlorinated

Gecom-Code m (DV) / gecom (= general computer)

gedacht, ideell, imaginär / mathematical, imaginary ‖ ~ [für] (z.B. Gerät) / intended [for], designed [for]

Gedächtnis n / memory ‖ ᴸ **von Kunststoffen** / plastic memory ‖ ᴸ**effekt** m / shape memory effect, SME

gedämpft / damped ‖ ~ (Licht) / subdued, soft ‖ ~ (Schall) / muffled, deadened ‖ ~ (Elektr) / damped ‖ ~ (Hochofen) / banked, damped-down ‖ ~, tonlos / flat, dull ‖ ~ (Schwingung) / aperiodic ‖ ~e **Eigenfrequenz** / damped natural frequency, pseudo-frequency ‖ ~e **Eigenschwingung** / damped natural period ‖ ~e **Farbe** (Opt) / undertone ‖ ~ **in den Tiefen und Höhen** (Phono) / no bottom, no top ‖ ~es **Licht** / subdued light ‖ ~ **schwingend** / damped periodic… ‖ ~e **Schwingung** / damped oscillation ‖ ~er **Wellenzug** / damped wave train ‖ [aperiodisch] ~ (Elektr) / dead-beat ‖ **stark** ~

(Kompaß) / dead-beat ‖ ~es **Minimum** (Opt) / damped least squares pl, DLS

Gedankenstrich m (Buch) / bar, cross-line

gedankliche Tätigkeiten f pl (Patent) / mental activities pl

gedeckelter Stahl / capped steel

gedeckt, bedeckt / coated ‖ ~, mit Dach / roofed ‖ ~ (Farbe) / saddened, muted ‖ ~ (Zuck) / washed ‖ ~ (Seilart) (DIN 3065) / compound ‖ ~ (Pap) / lined ‖ ~er **Abzugskanal** / covered drain ‖ ~e **Brücke**, überdachte Brücke / roofed bridge ‖ ~er **Durchlaß** (Straßb) / water duct, water channel ‖ ~er **Gang**, spez.: Kreuzgang m / cloister ‖ ~er **Güterwagen**, Waggon m (Bahn) / [covered goods]waggon (GB), goods van (GB), freight car (US), box [freight] car (US) ‖ ~e **Pappe** / lined board ‖ ~es **Schwimmbad** / indoor swimming pool ‖ ~es **Sportstadion** / domed stadium ‖ ~e **Wasserleitung** / covered drain ‖ ~e **Zinke** (Tischl) / covered dovetail

gedehnte Faser (Mech) / fiber in tension, stretched fibre

gedichtet (Straßb) / padded-down

gediegen, massiv / massive, solid, free ‖ ~, bergfein (Bergb) / native ‖ ~, jungfräulich (Bergb) / virgin ‖ ~es **Antimon**, Spießglanz m / native antimony, regulus of antimony ‖ ~es (o. natürliches) **Arsen**, Giftkobalt m / native arsenic, reguline arsenic ‖ ~es **Gold** (Bergb) / native gold ‖ ~es **Gold**, massives Gold / solid gold ‖ ~es **Metall**, Regulus m / reguline metal, regulus

gedielt / boarded

Gedinge n (allg) / contract work ‖ **im** ᴸ **arbeiten** (Bergb) / work by contract, by the piece ‖ ᴸ**arbeit** f (Bergb) / contract work, piecework ‖ ᴸ**arbeiter** m (Bergb) / contract miner o. worker ‖ ᴸ**hauer** m (Bergb) / job miner ‖ ᴸ**system** n (Bergb) / tribute system

gedoppelt·es Wickeln (Web) / double winding ‖ ~e **Zwischenwand** (für Schiebetüren) (Bau) / double partition

gedopte Schicht (Halbl) / doped junction

gedoubelt (Film) / dubbed

Gedränge n / crush, crowd

gedrängt, dicht / compact, concrete, packed closely, tight ‖ ~, kompakt (Bauweise) / compact ‖ ~, voll / crowded, cramped ‖ ~, kurzgefaßt / compact, concise ‖ ~e **Bauweise** / compact design

Gedrängtheit f / density, compactness, closeness, tightness

gedrechselt (Holz) / turned

gedreht, gewendet / turned ‖ ~, auf der Drehbank bearbeitet (Wzm) / turned, machined on the lathe ‖ ~ (Massenartikel) / screw-machine produced ‖ ~ (Stirnfläche) (Wzm) / machine faced ‖ ~er **Faserverlauf** / spiral o. twisted grain ‖ ~e **Franse o. Schnur** / torsade ‖ ~e **Geschwindigkeit** (Mech) / rotated-velocity vector ‖ **auf der Drehmaschine** ~e **Form** / turned shape ‖ **aus einem Stück** ~ / turned in one piece [with]

gedrosselt / choked ‖ ~, mit gedrosseltem Motor / at half throttle, with engine half throttled down

gedruckt (Buch) / in print, printed ‖ ~es **Bauteil** (IS) / printed component ‖ ~e **Platte** / PW board, printed wiring board ‖ ~e **Randkontakte** m pl (gedr.Schaltg.) / edge board contacts pl ‖ ~e **Rückseitenverdrahtung** (gedr.Schaltg) / platter, back panel wiring ‖ ~e **Schaltung**, gedrucktes Schaltbild / printed circuit, p-c ‖ ~e **Schaltung** (o. Platte o. Karte) / p-c board, printed circuit board, printed card o. board ‖ ~e **Schaltung** (o. Verdrahtung) / printed wiring, P.W. ‖ ~e **Schaltung mit versenkten Leitern**, eingebettete Schaltung (Elektronik) / flush [bonded] circuit ‖ ~e **Schaltung nach dem Additivverfahren** / additive printed-wiring board ‖ ~e **Schaltung nach der Folien-Ätzmethode** / etched wiring circuit card ‖ **biegsame** ~e **Schaltung** / flexprint ‖ [mehrlagige] ~e **Schaltung** / platter

gedrückt, zusammengedrückt / compressed ‖ ~ (Stahlbau, Glied) / compression…, in compression ‖ ~, flach (Bau,

Bogen) / depressed, diminished, surbased ‖ ⤙, passiviert
(Flotation) / depressed ‖ ⤙ (Luftf) / diving adj ‖ ⤙e Arbeit
(auf der Drückbank) / chasing ‖ ⤙es Bauglied / strut,
member in compression ‖ ⤙er Bogen, Kettenbogen m /
catenarian arch ‖ ⤙e Diagonale (Stahlbau) / diagonal
strut ‖ ⤙e Faser (Mech) / fiber under compression ‖ ⤙e
Gurtung (Stahlbau) / boom (GB) o. chord (US) in
compression
gedrungen / cramped ‖ ⤙, stark, fest / stout
Gee··Gerät n, Weitstreckenradar m, n (20-80 MHz)
(Radar) / gee (= ground electronic engineering) ‖ ⤙ H n
(Luftf) / Gee H
geeicht / calibrated ‖ ⤙e Bremsluftschraube (Luftf) /
calibrated braking airscrew ‖ ⤙e Länge / gauge length ‖
⤙e Meßblende / calibrated orifice ‖ ⤙er Trichter
(Sintern) / Hall flowmeter ‖ ⤙e Unterlegscheibe / load
indicating washer ‖ ⤙e Unterlegscheibe (für
HV-Verbindungen) / calibrated washer (for HT bolts)
geeignet, verwendbar / applicable, fitting ‖ ⤙ [für] /
appropriate [for o. to], suitable [for], fit [for o. to] ‖ ⤙,
praktisch / convenient ‖ ⤙, fähig [zu] / susceptible [to],
capable [of] ‖ ⤙ gemacht / made fit ‖ ⤙ machen,
befähigen / qualify ‖ ⤙ster Platz / most suitable
location ‖ ⤙ zum Drehen / turnable on the lathe
Gee-pound n (= Masse, von 1 lb um 1 ft/s² beschleunigt)
/ gee-pound (= 32,174 lb = 14,59 kg), slug
geerdet, an Erde gelegt / earthed (GB), grounded (US) ‖
⤙e Antenne, Kondensatorantenne f / capacitor antenna
‖ ⤙er Nulleiter / earthed neutral wire ‖ ⤙es Schutznetz
(unter Hochspannungsleitungen), Erdnetz n (Elektr) /
cradle, guard cradle o. net
GEE-Verfahren n, -Navigationssystem n (Radar) / Gee
system
gefacht, gedoppelt (Garn) / folded, doubled ‖ ⤙ (mehrfach)
(Spinn) / multiple-wound ‖ ⤙es Glasfilamentgarn /
multiple-wound glass filament yarn ‖ ⤙es
Glasseidengarn / multiple-wound glass fiber
gefädeltes Programm (DV) / prewired program
Gefahr f / danger ‖ ⤚, Gefahrenmoment o / hazard ‖ ⤚ !,
Achtung! / warning!, attention!, danger! ‖ ⤚ des
Kunden / consumer's risk ‖ ⤚ des Lieferanten oder
Herstellers / producer's risk ‖ gegen alle ⤚en / against
all risks, a.a.r.
gefährden / endanger
gefährdend, sich ⤙ (Strecke, Bahn) / incompatible,
conflicting, convergent
Gefährdung f / endangering, threat n
Gefährdungs·dosis f (Nukl) / tolerance dose ‖ ⤚spannung
f / danger[ous] voltage
gefahren·e Meilen f pl (Kfz) / mileage ‖ ⤚bereich m,
-zone f, -gebiet n / danger area o. zone ‖ ⤚feuer n
(Luftf) / hazard beacon ‖ ⤚herd m / danger spot ‖
⤚klasse f / class of hazard ‖ ⤚klasse f (der
Eisenbahnverkehrsordnung) (Chem) / danger class ‖ zur
⤚klasse AI gehörig / highly inflammable ‖
⤚meldeanlage f, -melder m / danger warning o. alarm
system, jeopardy alarm system ‖ ⤚moment n / source
of danger ‖ ⤚punkt m, -stelle f / dangerous spot ‖
⤚schild n, -zeichen n (Straßb) / danger sign ‖ ⤚zeichen n
/ signal of distress o. danger, danger signal, emergency
signal o. call ‖ ⤚zeichen n (Elektr) / danger sign ‖ ⤚zone
f, -gebiet n / danger area o. zone, risk area ‖ ⤚zulage f /
hazard bonus
gefährlich / dangerous ‖ ⤙, seicht (Nav) / dangerous,
shallow ‖ ⤙, bedenklich / critical ‖ ⤙er Körperstrom /
shock current ‖ ⤙e Stoffe m pl / hazardous material
Gefährlichkeit f / dangerous nature o. character,
dangerousness ‖ ⤚, Risikogefahr f / criticality
Gefahr·losigkeit f / safety [against] ‖ ⤚punktabstand m
(Bahn) / advance
Gefällanzeiger m (Luftf) / approach angle indicator
Gefälle n, Neigung f / [descending] gradient o. slope, fall,
descent, declivity ‖ ⤚ (Druck, Temperatur usw) / gradient
‖ ⤚, Gefäll n, Druckhöhe f des Wassers (Hydr) / head,

fall of water ‖ ⤚ des Wasserspiegels (o. des
hydrostatischen Drucks) / hydraulic gradient ‖ ⤚ eines
Flusses / head of a river ‖ ⤚ geben, abschüssig machen
(Hydr) / current v ‖ [nutzbares] ⤚ (Hydr) / effective head
‖ starkes ⤚ / steep declivity ‖ ⤚bahnhof m
(Rangierbahnhof) (Bahn) / multi-level marshalling yard ‖
⤚bremse f (Bahn) / holding brake ‖ ⤚bremsung f (Bahn)
/ holding braking ‖ ⤚dach n (ein Flachdach) / flat roof
with sloping pavement ‖ ⤚messer m / variator ‖
⤚zuführung f (Kfz) / gravity feed
Gefällhöhe f (Hydr) / [height of] fall, head
Gefällinie f (Verm) / contour gradient ‖ ⤚ (Geol) / line of
slope
Gefällmesser m / clinometer, gradient indicator
Gefällsausrundung f (Bahn) / transition from one gradient
to another
Gefäll·strecke f (Bergb) / drop of runway ‖ ⤚strecke f
(Bahn) / line on a falling gradient (GB) o. grade (US) ‖
⤚strecke f (Straßb) / down grade ‖ ⤚stufe f (Hydr) /
terraced gradient, terrace ‖ ⤚verlust m (Hydr) / loss of
head ‖ ⤚wechsel m (Bahn) / change in gradient
gefälscht, nachgemacht / imitated, counterfeit
gefaltet, Falten... / folded ‖ ⤚er Blechkörper (der
Brennstoffzelle) (Raumf) / folded can ‖ ⤙es Gewebe /
bent fabric ‖ ⤙e Leiste (Web, Fehler) / rolled selvedge ‖
⤙e Membran / convoluted diaphragm ‖ ⤙er Trichter
(Lautsprecher) / re-entrant horn
gefangen, festgehalten / captive ‖ ⤙es Wasser / trapped
water
gefärbt, farbig / dyed ‖ ⤚, leicht getönt / tinted ‖ im Garn
(o. in der Faser) ⤙ / ingrain, yarn-dyed ‖ im Tuch o.
im Stück ⤙ / dyed in cloth, piece-dyed ‖ in der Wolle
⤙ / dyed in grain, grained ‖ zweimal ⤙ / redyed
Gefäß n, Schale f / basin ‖ ⤚, Tank m / container, tank ‖
⤚, Hohlgefäß n / vessel ‖ ⤚, Skip m (Bergb) / skip, skep
‖ irdenes o. gläsernes ⤚ / jar ‖ irdenes o. gläsernes ⤚,
Kanne f / jug ‖ ⤚bündel n (Bot) / vascular bundle ‖
⤚förderung f (Bergb) / skip extraction o. hoisting o.
winding system ‖ ⤚gleichrichter m / tank rectifier ‖
⤚wand f / wall of the container, container wall ‖ ⤚zelle
f / vessel element o. segment o. unit
gefast (Wz) / chamfered
gefedert, gespannt... spring mounted o. born, sprung ‖ ⤚,
unter Federspannung (o. -druck), Feder... / spring-
loaded ‖ ⤚ (Tischl) / tongued ‖ ⤙e Achse / springborn
axle ‖ ⤙es Lager (Instr) / spring-loaded bearing, sprung
bearing ‖ ⤙e Masse / sprung mass ‖ ⤙e Matrize /
floating die ‖ ⤙es Rad (Bahn) / resilient wheel ‖ ⤙er
Zahnradantrieb / resilient gear drive ‖ ⤙e
Zentrierspritze f / spring-loaded center
gefeuert, aus einem Rohr ⤙ (Flugkörper) / tube-launched
gefiltert / filtered ‖ ⤙e Luftzufuhr / filtered air supply,
F.A.S.
gefirnißt / varnished
geflammt (Plast, Färb) / variegated, parti-coloured ‖ ⤙er
Taft / Tabby
Geflecht n / plait[ing], braid[ing] ‖ ⤚, Gewebe n /
interlacing, intwining, interweaving ‖ ⤚ (z.B. um
Flaschen), Flechtwerk n / wicker covering ‖ ⤚,
Flechtwerk n (z.B. aus Holz) / hurdle work ‖ ohne ⤚
(Kabel) / no braiding ‖ ⤚schlauch m / braided cable
sleeving
gefleckt / mottled, spotted, speckled, flecked ‖ ⤚,
buntscheckig / variegated, parti-coloured ‖ ⤚, scheckig
(Fell) / brindled
geflochtenes Seil / plaited rope, braided rope
geflockt, Flocken... / flaked
Geflügelfarm f / poultry farm
geflügelt, Flügel... / winged
geflutet (Chem, Kolonne) / flooded
gefluxt (Bitumen) / fluxed
gefördert (Bergb) / extracted, raised ‖ ⤙e Luftmenge / fan
delivery
geformt, gestaltet / figured, formed ‖ ⤚, in Form

hergestellt / moulded (GB), molded (US) ‖ ~, der Form angepaßt / shaped

Geformtes n, Form f / mould, shape

gefressene Stelle, Riefe f (Masch) / rut

Gefrier·… / refrigerating, freezing ‖ ⁎**abteufen** n / freeze sinking ‖ ⁎**anlage** f / freezing o. refrigerating plant ‖ ⁎**apparat** m / freezer, deep freezer ‖ ⁎**ätzung** f (Elektron.Mikrosk) / freeze etching ‖ ⁎**-Auftauprüfung** f (Bau) / freezing and thawing test ‖ ⁎**brand** m (Tiefkühlkost) / humidity loss by sublimation, freezer burn ‖ ⁎**-Container** m / cooltainer, refrigerated o. reefer container ‖ ⁎**effekt** m (Helium) / mechanothermal effect

gefrieren vi / congeal vi, freeze ‖ ~ vt / deep-freeze vt, congeal vt ‖ ~ n / congealing, congelation, freezing ‖ ⁎, Frost m / freeze, freezing ‖ ⁎ **des Ölkühlers** (Luftf) / coring of the oil cooler ‖ **durch** ⁎ **getrocknet** / freeze-dried ‖ **in vorgetrocknetem Zustand** ~ / dehydrofreeze

Gefrier·fach n (des Kühlschranks) / freezer section ‖ ~**fest** / antifreezing ‖ ⁎**fleisch** n / frozen meat, cold storage meat ‖ ~**getrocknet** / freeze-dried ‖ ~**getrockneter Kaffee-Extrakt** / freeze-dried instant o. soluble coffee ‖ ⁎**gründung** f / foundation by the refrigerating process ‖ ⁎**gut** n, -**produkt** n, Tiefkühlkost f / deep-frozen food ‖ ⁎**konzentration** f / freeze concentration ‖ ⁎**kost** f / deep-frozen food ‖ ⁎**kostschachtel** f / frozen food carton ‖ ⁎**mahlung** f (Lebensmittel) / cryomill process, freeze grinding ‖ **ultraschnelle** ⁎**methode** (mit flüssigem Stickstoff) / cryotransfer ‖ ⁎**mikrotom** n / microtome for frozen sections, freezing microtome ‖ ⁎**mischung** f (Phys) / frigorific o. freezing mixture ‖ ⁎**möbel** n, -**theke** f (Kältetechn) / display case ‖ ⁎**punkt**, Schmelzpunkt m / melting point, freezing point ‖ ⁎**punktserniedrigung** f / freezing point depression, depression of the freezing point ‖ ⁎**punktsmesser** m / cryoscope ‖ ⁎**punktsmethode** f, kryoskopische Methode (Chem) / freezing point method, cryoscopic method ‖ ⁎**raum** m / freezing room o. chamber, chillroom ‖ ⁎**riß** m, Kaltriß m (Glas) / crizzle ‖ ⁎**schacht** m (Bergb) / freezing shaft ‖ ⁎**schnitt** m / freeze section ‖ ⁎**schrank** m / freezing o. deep-freezing cupboard, upright freezer ‖ ⁎**schutz·…** / non-freezing, antifreeze ‖ ⁎**schutzbehandlung** f / freeze proofing ‖ ⁎**schutzmittel** n / antifreeze, antifreezing compound ‖ ⁎**technik** f / freezing techniques pl, deep-freezing ‖ ⁎**temperatur** f / freezing temperature ‖ ⁎**trockner** m / freeze-drier ‖ ⁎**trocknung**, Lyophilisation f / freeze drying, lyophilization, vac-ice-process ‖ ⁎**truhe** f / top-opening freezer, chest freezer ‖ ⁎**tunnel** m (Lebensmittel) / lyophilization tunnel, freezing tunnel, tunnel freezer ‖ ⁎**verfahren** n (Bergb) / low temperature sinking process, freezing method, Poetsch process

gefrittete Glasur (Keram) / fritted glaze

gefroren / frozen ‖ ~, gerissen / frosted ‖ ~**e Dichtung** / frozen seal

Gefrornis f / permafrost

Gefüge n (allg, Pap, Geol) / texture ‖ ⁎, Beschaffenheit f / structure, constitution ‖ ⁎, Struktur f (Hütt) / grain, grit texture, microstructure ‖ ⁎, Lagerung f eines Steines (Bau) / grain of a stone ‖ ⁎**änderung** f (Hütt) / microstructural change ‖ ⁎**anordnung** f (Krist) / structural arrangement ‖ ⁎**aufbau** m / structural constitution ‖ ⁎**ausbildung** f / crystalline structure ‖ ⁎**ausscheidung** f / structural precipitation ‖ ⁎**auswertung** f (Mat Prüf) / structure evaluation ‖ ⁎**beständigkeit** f / structural stability ‖ ⁎**bestandteil** m (Hütt) / structural constituent ‖ ⁎**bild** n (Hütt) / micrograph ‖ ⁎**probe** f / test specimen of the crystalline structure ‖ ⁎**richtreihe** f (Hütt) / series of reference diagrams, standard structure series ‖ ⁎**umbildung** f / structural transformation ‖ ⁎**untersuchung** f / structural examination ‖ ⁎**veränderung** f / structural transformation

gefugt, gefügt / jointed

gefügt·es Furnier / trimmed veneer ‖ ~**es Furnier** / trimmed veneer ‖ ~**es Sperrholz** / scarfed plywood

Gefühl n (beim Anfassen) / feel, touch ‖ ⁎**schraube** f (Mikrometer) / ratchet stop

gefühlsmäßig (Masch) / by the touch

geführt, gelenkt / guided ‖ ~**e Stromversorgung** / slave power supply

gefüllt, mit eingesetztem Film (Phot) / loaded ‖ ~ (Lötdraht) / cored

gefundene Lösung (Math) / solution, answer

gefurchter Putz / rusticated plaster

gefüttert / padded, lined

gegabelt, verzweigt / bifurcate[d] ‖ ~ (Fernm) / divided, forked ‖ ~**e Pleuelstange** / forked connecting rod

gegautscht (Pap) / couched

gegeben·e Größe / datum ‖ ~**e Voraussetzungen o. Bedingungen** pl / prevailing conditions

Gegen·… / opposed, counter… ‖ ⁎**…** (Zahnflanke) / mating ‖ ~ **die Faser** / against the grain ‖ ~ **das Haar**, gegen den Strich (Textil) / against the hair o. the nap ‖ ~ **das Licht** / up to the light ‖ ~ **den Strich oder Faden** / in an opposite direction ‖ ~ **den Wind**, Gegenwind… / up the wind ‖ ~ **Erde** / to ground (US), to earth (GB) ‖ ⁎**admittanz** f (Vierpolkonstante) / counteradmittance ‖ ⁎**amperewindung** f (Elektr) / back ampere turn, counter-ampere turn, demagnetizing ampere turn ‖ ⁎**amt** n (Fernm) / distant exchange o. office ‖ ⁎**anflugteil** m (Luftf) / downwind leg ‖ ⁎**anziehung** f / counterattraction ‖ ⁎**ausgleichträger** m (Fahrleitung, Bahn) / counterpoise seating ‖ ⁎**beispiel** n / example demonstrating the opposite ‖ ⁎**beispiel** n (Math) / gegenbeispiel ‖ ⁎**betrieb** m (Datenübertragung) / duplex transmission ‖ ⁎**bewegung** f / countermovement ‖ ⁎**beweis** m / proof to the contrary ‖ ⁎**biegewechsel** m / alternative deflection ‖ ⁎**bild** n, Kehrbild n / reversed image ‖ ⁎**bogen**, Erdbogen m (Bau) / dry arch ‖ ⁎**böschung** f / counterslope ‖ ⁎**buchung** f / cross entry

Gegend f, Landstrich m / district

Gegen·dampf m / countersteam, backsteam ‖ ⁎**dampfbremse** f / countersteam brake ‖ ⁎**detektor** m / double detector ‖ ⁎**diagonale** f (Stahlbau) / counterbrace, countertie ‖ ⁎**dotierung** f (Halbl) / contradope ‖ ⁎**[dreh]moment** n / torque reaction, antitorque moment ‖ ⁎**drehung** f, -**lauf** m (Propeller) / counterrotation (US), reverse rotation (GB)

Gegendruck m / back pressure, reaction ‖ ⁎ (Hydr) / counterpressure ‖ ⁎ (Textildruck) / grounding-in ‖ ⁎ (Sicherheitsventil) / back pressure ‖ ⁎**apparat** m (mit Federn o. Gummi) (Stanz) / counterpressure device ‖ ⁎**apparat** m (hydraulisch, pneumatisch) (Stanz) / pressure pad ‖ ⁎**entnahmeturbine**, -**anzapfturbine** f / bleeding o. tapped back-pressure turbine ‖ ⁎**füllung** f / counterpressure filling ‖ ⁎**schraube** f (Masch) / thrust-screw, antagonistic screw ‖ ⁎**turbine** f / back pressure turbine ‖ ⁎**zylinder** m / counter-pressure cylinder

gegeneinander abwägen / counterbalance against each other ‖ ~ **in Reihe** / series-opposed ‖ ~ **stoßende Enden** n pl / abutting extremities pl ‖ ~ **versetzen** / offset ‖ ~ **wirkende Justierschrauben** f pl / clip o. antagonistic screws pl ‖ ~**laufen** / run in opposite directions

Gegen·einfallen n (Bergb) / counterinclination ‖ ⁎**elektrode** f (TV) / backplate electrode ‖ ⁎**elektrode** f **des Kondensatormikrophons** / backplate of the condenser microphone ‖ ~**elektromotorisch** / back-electromotive, b.e.m., counter electromotive, c.e.m. ‖ ~**elektromotorische Kraft**, Gegen-EMK f (Elektr) / counter-electromotive force, c.e.m.f., back-electromotive force, b.e.m.f., opposing e.m.f. ‖ ⁎**email** n / enamel laid on the back of a plate ‖ ⁎**entwurf** m / counterproject ‖ ⁎**expertise** f / counter-expertise ‖ ⁎**fahrbahn** f (Straßb) / opposite o. oncoming lane ‖ **auf die** ⁎**fahrbahn geraten** / drive [by mistake] onto the oncoming lane ‖ **⌐fahren** n (gegen einen Prellbock) (Bahn) / buffing, smashing [up] ‖ **⌐farbe** f, Kontrastfarbe f / contrasting colour ‖ **⌐farbe** [im engeren Sinn] (liefert Unbunt) f, Kompensationsfarbe f / compensation colour ‖ **⌐farbe** f, Komplementärfarbe f / complementary colour ‖ **⌐feder** f / antagonistic [spring], counterspring ‖ **⌐feld** n (Elektr) / opposing field ‖ **⌐feldmethode** f / retarding potential method ‖ **⌐feldstrom** m / opposing field current ‖ **⌐feuer** n, Vorfeuer n / backfire (US), counter-fire (GB) ‖ **⌐fläche** f / opposite surface ‖ **⌐flanke** f (Getriebe) / mating flank ‖ **⌐flansch** m / mating flange, companion flange ‖ **⌐form** f (Gieß) / countermould ‖ **⌐form** f (Web) / counterplate, -block ‖ **⌐führung** f (Wzm) / counterstay ‖ **⌐furnier** n / back of a veneer, counterveneer ‖ **⌐furnieren** / counterveneer v, veneer on both sides ‖ **⌐gekoppelt** (Elektronik) / degenerative, inverse-coupled ‖ **⌐gekoppelter Verstärker** / stabilized feedback amplifier ‖ **⌐gerichtete Flanken** f pl (Getriebe) / opposite flanks pl ‖ **⌐geschaltet** (Elektr) / counterconnected ‖ **⌐gesperrfeder** f (Uhr) / maintaining power spring ‖ **⌐gewicht** n / balance o. balancing weight, counterweight, -balance, -poise ‖ **⌐gewicht** (Antenne) / balancing antenna, capacitance earth o. ground, earth o. ground screen ‖ **⌐gewicht** n (Brücke, Kran) / counterweight ‖ **ein ⌐gewicht bilden** / counterbalance ‖ **⌐gewicht** n des Schiebefensters / sash weight ‖ **⌐gewicht** n in Rädern, Ausgleichgewicht n / balance weight in wheels ‖ **⌐gewichtete Viertelwellenantenne** / ground plane antenna ‖ **⌐gewichtskasten** m / counterweight o. balance box ‖ **⌐gewichts-Koaxialantenne** f / sleeve-stub antenna ‖ **⌐gewichtskurbel** f / balanced crank, counterbalanced crank, crank with counterbalance weight ‖ **⌐gewichtslast** f / deadweight loading ‖ **⌐gewichtsschütz** n (Wassb) / balanced flood gate, balanced sluice ‖ **⌐gewichtsseil** n / counterweight rope ‖ **⌐gewichtswagen** m am Bremsberg (Bergb) / dummy ‖ **⌐gewölbe** n / inverted vault ‖ **⌐gift** n / antidote ‖ **⌐gift** n (gegen Pflanzen u. Chemikalien) / counterpoison ‖ **⌐gleich** / diametrically opposed ‖ **⌐halten** (Nieten) / hold up ‖ **⌐halter**, Nietstempel m / holding-up hammer, holder-up, dolly ‖ **⌐halter** m (Fräsm) / steady ‖ **⌐halter** m (Stanz) / pressure pad ‖ **⌐halterschere** f (Fräsm) / arm brace ‖ **⌐hang** m / counterslope ‖ **⌐impedanz** f (Vierpolkonstante) / counterimpedance, negative [phase] sequence impedance ‖ **⌐induktivität** f (Elektr) / mutual inductance ‖ **⌐induktivitätsbelag** m / mutual inductance per unit length ‖ **⌐ion** n / counterion ‖ **⌐ioneneffekt** m / counter ion effect ‖ **⌐kabel** n (Luftf) / antilift o. landing wire ‖ **⌐kathete** f zu α (Math) / side opposite α ‖ **⌐keil** m, Nasenkeil m / gib, nose key, tightening key ‖ **⌐keilen** / counterwedge ‖ **⌐kette** f / backstay chain ‖ **⌐kolben** m / opposed piston ‖ **⌐kolbenmotor** m / opposed- o. double-piston engine, J-engine ‖ **⌐komponente** f (Elektr) / negative phase sequence component ‖ **⌐kompoundierung** f / differential compounding, countercompounding ‖ **⌐kompoundmotor** m, -verbundmotor m (Elektr) / differentially compounded motor, countercompound motor ‖ **⌐kompoundwicklung** f / differential compound winding ‖ **⌐kontrollieren** / crosscheck, countercheck ‖ **⌐kontrollzeichen** n / countercheck mark ‖ **⌐köper** m (Textil) / reverse twill ‖ **⌐kopplung** f (Elektr) / negative o. reverse feedback o. reaction, degenerative o. inverse feedback, countercoupling ‖ **⌐kopplung** f (Fernm) / degeneration ‖ **⌐kopplung** f, negative Rückführung (Regeln) / negative follow-up ‖ **⌐[kopplungs]kurs** m (Schiff) / opposite course ‖ **⌐korrektur** f / counterproof ‖ **⌐kraft** f / opposed o. antagonistic force, countercheck, counterforce ‖ **⌐kraft** f (für Gleichgewichtsherstellung) / countervailing force o. power ‖ **⌐krümmung** f (Bahn) / return o. reversed curve

‖ **⌐kurbel** f / fly o. return crank ‖ **⌐kursteil** m (Luftf) / reciprocal leg ‖ **⌐lager** n / thrust bearing ‖ **⌐lager** n einer Strebe / heel of a brace ‖ **⌐lagerständer** m (Bohrm, Fräsm) / end support ‖ **⌐lauf** m, -drehung f / antirotation, counterrrotation, reverse rotation ‖ **⌐lauf** m (Bahn) / wrong-direction running ‖ **⌐laufdoppelrad** n / reverse twin gear ‖ **⌐läufer** m, Dichtungslaufrad n (einer Sandpumpe) / expeller of a sandpump ‖ **⌐lauffräsen** n (Wzm) / conventional o. cut-up o. ordinary milling, upcut o. opposed milling

gegenläufig / opposed, working in opposite direction ‖ **~ antreiben** / drive in counterrotation ‖ **~e Bewegung** / double motion, reverse motion ‖ **~ biegen** / reverse bend ‖ **~ gewickelt** (Elektr) / counterwound ‖ **~e Kolben** m pl / pistons working in opposite direction, opposed pistons pl ‖ **~e Kurbeln** f pl / opposite cranks pl ‖ **~er Propeller** (Luftf) / contra-rotating airscrew o. propeller, contraprop ‖ **~er Propeller**, Gegenlaufschraube f (Schiff) / contra-rotating propeller, c.-r. propeller ‖ **~es Rührwerk** / blades working in opposite direction pl, counteracting stirring mechanism ‖ **~e Turbine** / birotary turbine ‖ **~e Walzen-Lackieranlage für Bänder** (Hütt) / reverse-roll-coater ‖ **~er Walzenstreicher** (Pap) / reverse-roll-coater ‖ **~er Wirbel** / counter-eddy

Gegen·läufigkeit f des Effektes / contra effect ‖ **⌐laufrotoren** m pl (Luftf) / egg beater rotors pl ‖ **⌐laufschleifen** n (Wzm) / up-grinding ‖ **⌐laufstreichmaschine** f (Pap) / contracoater ‖ **⌐legig** (Bindung) (Textil) / in counternotation ‖ **⌐lehrdorn** m / check plug gauge ‖ **⌐leistung**, Blindleistung der Gegenkomponente f (Elektr) / negative sequence power ‖ **⌐lenker** m (Masch) / radius rod ‖ **⌐licht** n (Bau) / false light ‖ **⌐licht** n / opposite light, counterlight, backlighting ‖ **⌐lichtaufnahme** f (Phot) / backlighted photo ‖ **⌐lichtblende** f (Phot) / sunshade, lens hood ‖ **⌐lichtblende** f, -lichtschirm m (Film) / gobo ‖ **⌐logarithmus** m, Antilogarithmus m / inverse logarithm, antilogarithm ‖ **⌐magnetisieren** / back-magnetize ‖ **⌐magnetisierungswicklung** f / antipolarizing winding ‖ **⌐maske** f (Phot) / counter mask ‖ **⌐maßnahme** f / countermeasure ‖ **⌐mauer**, Futtermauer f / supporting wall ‖ **⌐messer** n, Strukturzerstörer m (Keram, Extrud) / spider ‖ **⌐mitsprechen** n (Fernm) / side-to-phantom far-end crosstalk ‖ **⌐mittel** n / remedy ‖ **⌐modulation** f / modulation in opposition, inverse modulation ‖ **⌐moment** n / load moment ‖ **⌐mutter** f / counternut, binding o. check o. lock o. jam nut ‖ **⌐nebensprechen** n (Fernm) / far-end crosstalk ‖ **⌐ort** n (Bergb) / counterheadway, -heading ‖ **⌐parallelschaltung** f (Elektr) / antiparallel connection, inverse parallel connection ‖ **~phasig**, in Gegenphase / in antiphase, in opposition of phase ‖ **~phasigkeit**, -phase f / phase opposition ‖ **⌐pol** m (Mech) / reciprocal pole, antipole ‖ **⌐pol** m (Kinematik) / complementary pole, contrapole, opposite pole ‖ **⌐polare** f (Mech) / reciprocal polar, antipolar ‖ **⌐polviereck** n / opposite-pole quadrilateral ‖ **⌐probe** f / control test, duplicate o. check test, countertest, contrasting test ‖ **⌐probe** f (Prüfling) / duplicate test specimen ‖ **die ⌐probe machen** / retest ‖ **⌐punkt** n / counterpoint ‖ **⌐rad** n (Zahnrad) / mating gear ‖ **⌐rakel** f, -schaber m (Färb) / lint ductor, counterductor ‖ **⌐reaktanz** f / negative phase sequence reactance ‖ **⌐reizmittel** n / counter-irritant ‖ **⌐rotation** f s. Gegenlauf ‖ **⌐satz** m (allg) / contradistinction ‖ **⌐satz**, Kontrast m (Phot, Opt) / contrast ‖ **im ⌐satz** [zu] / contrary [of, to] n ‖ **⌐schaltung** f (Elektr) / connection in opposition, duplex connection ‖ **⌐schaltungs-Methode** f / opposition method ‖ **⌐schaltwicklung** f / winding in opposition ‖ **⌐scheibe** f / opposite pulley ‖ **⌐schein** m (Astr) / counter-glow, gegenschein ‖ **⌐schein** m,

Gegenstellung f (Astr) / opposition ‖ ⤷scheinleitwert m / transadmittance ‖ ⤷schiene f (Bahn) / safeguard, safety rail ‖ ⤷schlag m / counterblow ‖ im ⤷schlag (Seil) / reversed-lay … ‖ ⤷schlaghammer m / counterblow hammer ‖ ⤷schreiben n (Fernm) / full duplex traffic o. operation ‖ ⤷seil n (Seilb) / ballast rope

gegenseitig / mutual ‖ ~ abhängig / interdependent, mutually dependent ‖ ~ abhängige Regelung / interadjustment ‖ ~e Abhängigkeit zweier Fertigungsvorgänge / interdependence of two operations ‖ ~e Anziehung / mutual attraction ‖ ~es Ausbluten (Färb) / cross-stainage ‖ ~e Beeinflussung / mutual influence, interaction ‖ ~e Beeinflussung (o. Störung) (Elektronik) / mutual interference ‖ ~e Beeinflussung von Stark- und Schwachstromleitungen / inductive effects between high and low voltage lines pl ‖ ~e Beziehung / interrelation [between, of] ‖ ~ bezogen, untereinander verbunden / syndetic ‖ ~e Blockierung (durch Querstellen) (Kfz) / jackknife of a tractor and a trailer ‖ ~e Durchdringung / interpenetration ‖ ~er Einfluß Sonne-Mond / sun-moon pull interaction ‖ ~e Erregung (Phys) / bootstrap ‖ ~ ersetzbar / interchangeable ‖ ~e Induktion / mutual induction ‖ ~e Induktivität (Elektr) / mutual inductance ‖ ~e Peilung / reciprocal bearings pl ‖ ~e Sperre o. Verriegelung / reciprocal interlocking ‖ ~e Sperrung, o. Blockierung o. Verriegelung o. Stromunterbrechung (aus Sicherheitsgründen) (Elektr) / interlock ‖ ~ unabhängig / not interdependent ‖ ~e Unabhängigkeit / mutual independence ‖ ~ verbunden, aufeinander bezogen / syndetic, connected, connective ‖ ~es Verhältnis / reciprocal relationship, correlation ‖ ~ vertauschen / interchange ‖ ~e Verträglichkeit / compatibility ‖ sich ~ ausschließend / mutually exclusive, incompatible ‖ sich ~ beeinflussen / interact ‖ sich ~ durchdringen / interlock

Gegen·seitigkeit f / reciprocity, mutuality ‖ ~sinnig / in an opposite direction ‖ ~sinnige Steigungsrichtung (Getriebe) / opposite lead ‖ ~sinniger Verlauf / negative correlation ‖ ⤷spannung f / countervoltage ‖ ⤷spant n / reverse frame ‖ ⤷spitze f (Wzm) / tail centre ‖ ⤷sprech… / talk-back, speak-back… ‖ ⤷sprechanlage f / two-way intercom system, intercom, interphone ‖ ⤷sprechbetrieb, -sprechverkehr m (gleichzeitiges Gegensprechen) (Fernm) / duplex operation, up-and-down working ‖ ⤷sprecheinrichtung f (Dikt.gerät) / intercommunication unit ‖ ⤷sprechen n in Staffelschaltung (Fernm) / echelon duplex ‖ ⤷sprech-Gabelschaltung f (Fernm) / split duplex system ‖ ⤷sprechschaltsatz m (Fernm) / duplex set ‖ ⤷sprechtaste f (Fernm) / reversing key ‖ ⤷spule f (Elektr) / antagonistic coil ‖ ⤷spur f (Straßb) / opposite lane ‖ ⤷stand m, Artikel m / article, item ‖ ⤷stand m, Objekt n / object ‖ ⤷stand m der Erfindung / object (US) o. subject matter (GB) of the invention ‖ ⤷stand m in Übergröße / oversize ‖ ⤷ständer m (Wzm) / back rest o. stay, steady

Gegenstands·farbe f / colour of object, object colour ‖ ⤷strahl m, Objektstrahl m (Laser) / object ray ‖ ⤷träger m / object holder o. slide

Gegen·stelle f, -terminal n (DV) / remote station ‖ ⤷stelle f, -station f (Fernm) / remote station ‖ ⤷stellung f, -schein m (Astr) / opposition ‖ ⤷strebe, Diagonale f (Zimm) / counterbrace, cross-brace ‖ ⤷strecke f (Bergb) / counter-heading, counterroad ‖ ⤷strich m / wrong way of the grain ‖ ⤷strich m (Tuch) / counterpile

Gegenstrom m (Hydr) / inverse o. reverse current o. flow, reverse direction flow, back run ‖ ⤷ (Elektr) / opposed current ‖ ⤷ (Elektr) / opposite current ‖ ⤷ (Elektr) / countercurrent, -flow, opposed o. opposite current ‖ ⤷ (Fernm) / inverse-induced current, return current ‖ durch ⤷ abbremsen (Walzw) / brake by plugging ‖ im ⤷ arbeiten / work on the countercurrent principle ‖

⤷absitzgefäß n / counterflow subsider ‖ ⤷aufbereitung f (Bergb) / countercurrent treatment ‖ ⤷auswaschen n / countercurrent filtration washing ‖ ⤷bremse f / regenerative brake ‖ ⤷bremsung f / regenerative braking, plugging ‖ ⤷-Brennkammer f (Luftf) / return o. reverse flow system ‖ ⤷-Extraktion f (Chem) / countercurrent extraction ‖ ⤷-Gasturbinen-Triebwerk n (Luftf) / contraflow turbine engine ‖ ⤷kessel m / reverse current boiler ‖ ⤷klassierer m (Bergb) / counterflow classifier ‖ ⤷kondensator, -kühler m / countercurrent condenser o. cooler ‖ ⤷rechen m (Abwasser) / back raked screen ‖ ⤷regeneration f (Ionenaust.) / countercurrent regeneration ‖ ⤷rinne f (Hütt) / counterflow launder ‖ ⤷-Rundsieb n (Pap) / contraflow vat

Gegenströmung f (Hydr) / countercurrent, -flow ‖ ⤷, Stauung f (Hydr) / swell, eddy ‖ ⤷, Versetzung f (Nav) / backset ‖ ⤷ unter der Oberfläche (Hydr) / underset (GB), undertow (US)

Gegenstrom·vorwärmer m (Zuck) / countercurrent juice heater

Gegen·stück n / counterpart, pendant ‖ ⤷stück, Seitenstück n / double, companion, fellow ‖ ⤷stück, Ebenbild n / match, equal ‖ das ⤷stück bilden / form the counterpart ‖ ⤷stützmauer, Futtermauer f / lining wall ‖ ⤷system n (Elektr) / negative sequence system

Gegentakt·… (Elektronik) / push-pull… ‖ ⤷ausgang m (DV) / push-pull output ‖ ⤷betrieb, Zweirichtungsbetrieb m (Regeln) / push-pull action ‖ ⤷-Demodulator, Travis-Detektor m / push-pull demodulator o. detector ‖ ⤷eingang m (DV) / push-pull input ‖ ⤷-Endstufe f / push-pull output o. power stage ‖ ⤷gleichrichter m / back-to-back rectifier ‖ ⤷gleichrichtung f / full-wave rectification ‖ ⤷-Leistungsverstärker m (Elektronik) / push-pull power amplifier, PPPA ‖ ⤷mikrophon n / push-pull microphone ‖ ⤷-Mischstufe f (Elektronik) / balanced mixer ‖ ⤷modulation f (Elektronik) / balanced modulation ‖ ⤷modulator m (Fernm) / balanced modulator ‖ ⤷neutralisation f (Elektronik) / cross neutralization ‖ ⤷oszillator m / push-pull oscillator ‖ ⤷-Parallelverstärker m (Elektronik) / parallel push-pull amplifier ‖ ⤷schaltung f / push-pull connection o. circuit ‖ ⤷schaltung f mit Phasenumkehr (Elektronik) / paraphase coupling ‖ ⤷stufe f (Elektronik) / push-pull stage ‖ ⤷tonspur f (Film) / push-pull sound track ‖ ⤷-Verstärker, Push-Pull-Verstärker m (Elektronik) / push-pull amplifier, balanced amplifier ‖ angepaßter ⤷verstärker / low-loading amplifier, (formerly:) loaded push-pull amplifier ‖ ⤷verstärker m in Gitter-Basisschaltung / inverted amplifier

Gegen·teil n (Math) / opposite ‖ sofern nichts ⤷teiliges bemerkt / if nothing is said to the contrary ‖ ⤷terminal n, -stelle f (DV) / remote station ‖ ⤷turm m (Kabelkran) / tail tower ‖ ⤷turm m für Holzfällkabelkrane / tailspar for skidding lines ‖ ⤷über, verglichen [mit] / compared [to o. with] ‖ ⤷überhöhung f (Bahngleis) / counter-cant ‖ ~überliegen (Math) / subtend vi ‖ ~überliegend / opposing ‖ ~überliegend (Math) / subtended [by] ‖ ~überliegend (Zahnflanke) / opposite ‖ ~überliegende Hälften / opposed halves pl ‖ ⤷übersprechen n / side-to-side far-end crosstalk ‖ ⤷überstellung f / comparison ‖ ⤷vakuum n / antivacuum ‖ ⤷verbund…, -kompound… (Elektr) / differentially compounded, anticompounded, countercompound… ‖ ⤷verbundwicklung, -kompoundwicklung f / differential compound winding ‖ ⤷verkehr m / oncoming o. opposing traffic ‖ ⤷verkehr m (Fernm) / full duplex traffic o. control ‖ ⤷verkehr! / two-way traffic!, two-way traffic ahead! ‖ ⤷verkehr m, -schreiben, -sprechen n (Fernm) / full duplex traffic o. control ‖ ⤷verkehrsleitung, -verbindung f (Fernm) / duplex circuit ‖ ⤷versuch m / contrasting test ‖ ⤷walze f / mating roll ‖ ⤷walze f der Gaufriermaschine (Pap) /

paper cylinder of an embossing o. goffering machine
gegenwärtig *adj* (örtlich u. zeitlich) / present ‖ ~ *adv* / at present
Gegenwartsprobleme *n pl* / present time problems
Gegen·welle *f* (Masch) / countershaft ‖ ⌁**wendel**, Doppelwendel *f* / double helix ‖ ⌁**wendel** *f* (Kabel) / anti-twist tape ‖ ⌁**wert** *m* / equivalent [value] ‖ ⌁**wind** *m* / contrary wind ‖ ⌁**winder** *m* (Textil) / counterfaller ‖ ⌁**windlandung** *f* (Luftf) / landing against o. into the wind, headwind landing ‖ ⌁**winkel** *m* / opposite angle ‖ ~**wirkend** / antagonistic ‖ ~**wirkende [Zug]feder** / antagonistic [spring] ‖ ⌁-**Wirkleitwert** *m* (Halbl) / [intrinsic] transconductance ‖ ⌁**wirkung** *f* / countercheck, counter effect, reaction [to] ‖ ⌁**zelle** *f* (Akku) / countercell ‖ ⌁**zug** *m* (Bahn) / train in the opposite direction, opposing train (US) ‖ ⌁**zug** *m* (Drahtziehen) / back pull ‖ ⌁**zug...** (Web) / positive motion..., return-motion... ‖ ⌁**zugpapier** *n* / counteracting paper ‖ ⌁**zugschaftmaschine** *f* (Web) / reverse motion dobby, positive [heald] motion, positive dobby ‖ ⌁**zugziehen** *n* / drawing with back pull o. back tension
gegerbtes Fell, Garleder *n* / tanned hide
gegißter Schiffsort / dead-reckoning position, estimated position
geglättet, kalandert / calendered ‖ ~ (Pap) / glazed ‖ schwach ~ (Pap) / low machine o. mill finish
gegliedert, in Fachwerk (Bau) / braced ‖ ~, mit Gelenken versehen o. verbunden / jointed, articulated ‖ ~**e Pfette** (Bau) / braced purlin
geglitten (Beton) / sliding moulded, slip formed
geglüht (Chem) / calcined ‖ ~ (Hütt) / annealed ‖ ~**es Oxid** / fused oxide ‖ ~**es Pulver** / annealed powder ‖ ~ **und gehärtet oberhalb des Umwandlungsbereichs** / supercritically annealed and quenched ‖ **bei der Weiterverarbeitung** ~ (Hütt) / work- o. works-annealed ‖ **vom Hersteller** ~ (Hütt) / mill annealed
gegossen / cast ‖ ~ (Pap) / hot-meet coated ‖ ~**es Formstück** / shaped casting ‖ ~**er Glühtopf** / cast annealing pot ‖ ~**es Loch** / cast hole ‖ ~**er Rohling** (Hütt) / roughcasting, cast blank ‖ ~**e Schriftzeile** (Buch) / type bar ‖ ~ **und vergütet** / cast and annealed ‖ **im Block, in einem Stück** ~ / cast en bloc, intégré ‖ **in einem Stück** ~ / cast en bloc o. integral
gegurtet (Bauteil, Elektronik) / taped
Geh... (Förderer) / walking
Gehalt *n* / salary, remuneration
Gehalt *m*, Inhalt *m* / content ‖ ⌁ (Edelmetall) / standard ‖ ⌁, Volumen *n* / capacity, volume ‖ ⌁ **an Hartasphalten** (Fett) / hard bituminous content ‖ ⌁ **an Radioaktivität** / level of radioactivity ‖ ⌁ **einer Flüssigkeit** (Chem) / titration standard of a solution, contents o. strength of a solution ‖ ⌁ **in Prozenten** / percentage ‖ **den** ⌁ **verlieren** / get base
gehalten, aufrechterhalten / maintained
Gehälter und Sozialleistungen *pl* / wages and welfare
Gehaltmeßgerät *n* (Nukl) / content meter
Gehalts·abzug *m* / deduction from salary ‖ ⌁**empfänger** *m* / salaried employee o. worker (US) ‖ **die** ⌁**empfänger** *pl* / salaried employees o. workers *pl* ‖ ⌁**erhöhung** *f* / salary increase, pay raise (US) o. rise (GB) ‖ ⌁**rübe**, Futterzuckerrübe *f* / fodder sugar beet ‖ ⌁**scheck** *m* **in Lochkartenformat** / payroll card cheque ‖ ⌁**summe** *f* / total amount of salaries, total pay roll (US) ‖ ⌁**tarif** *m* / rates *pl*, wage scale, scale of wages ‖ ⌁**tüte** *f* / wage o. pay packet o. envelope ‖ ⌁**zulage** *f*, -erhöhung *f* / salary increase, pay raise (US) o. rise (GB)
gehämmert, getrieben / chased ‖ ~ (Pap) / embossed ‖ ~ (Stahl) / wrought ‖ ~**er Kolbenring** (Mot) / peen ring ‖ ~**es Messingblech** / latten
Gehänge *n* / suspension gear, hanger ‖ ⌁ (Seilb) / suspension tackle ‖ ⌁ (Gießpfanne) / bail, pendant ‖ ⌁, Hängebau *m* (Hydr) / bank protection by suspended

gratings ‖ ⌁**bolzen** *m* (Seilb) / suspension tackle pin ‖ ⌁**lehm** *m* (Straßb) / slope wash ‖ ⌁**putzmaschine** *f* (Gieß) / pendulum tackle fettling o. cleaning (US) machine ‖ ⌁**putzmaschine** *f* / pendant dressing machine
gehärtet (Stahl) / hardened
gehaspeltes Garn / reeled yarn
Gehäuf, Aggregat *n* (Geol) / aggregate
gehäuft / piled ‖ ~, eng gepackt / aggregate[d] ‖ ~**e Parameter** (Math) / lump parameters *pl* ‖ ~**er Wert**, Summenwert *m* / cumulant
Gehäuse *n* (Masch) / shell, cage, housing, case, casing box ‖ ⌁ (Halbl) / package ‖ ⌁, Gestell *n* (Masch) / mount ‖ ⌁, Schrank *m* (Elektronik) / case, cabinet, enclosure ‖ ⌁, Behältnis *n* / sheath, box ‖ ⌁ (Turbine) / cylinder ‖ ⌁ (Wasserturbine) / housing ‖ ⌁ (Photoapparat) / body, back of the camera ‖ ⌁ (Radio) / cabinet ‖ ⌁ (Stecker) / shell ‖ ⌁ **eines Flaschenzuges**, Flasche *f* / pulley case o. cheek o. frame o. shell ‖ ⌁ **für Einschübe** (Elektronik) / rack ‖ ⌁ **für Wasch- o. Spülmaschine** (Herd, Kühlschrank usw.) / cabinet ‖ ⌁ **von Geräten** (Opt) / casing ‖ **in einem** ⌁ / cased ‖ **mit** ⌁ **umgeben** *v* / case *v* ‖ ⌁**antenne** *f* / built-in antenna ‖ ~**bezogen** (Halbl) / case-rated ‖ ⌁**bügel** *m* (Uhr) / pendant ‖ ⌁**deckel** *m* (Kompressor) / casing cover ‖ ⌁**deckel** *m* (Transistor) / transistor cover ‖ ⌁**dichtung** *f* (Elektr) / housing seal, gasket seating seal (deprecated), housing seal ‖ ⌁**feder** *f* (Uhr) / secret spring ‖ ⌁-**Gleitlager** *n* / pedestal plain bearing ‖ ⌁**grenzstrom** *m* (Thyristor) / peak case non-rupture current ‖ ⌁**horn-Abstand** *m* (Uhr) / distance between horns ‖ ⌁**kapazität** *f* (Elektronik) / case capacitance ‖ ⌁**klemme** *f* / earth[ing] (GB) o. ground[ing] (US) terminal ‖ ⌁**resonanz** *f* (Elektronik) / cabinet resonance ‖ ⌁**schluß** *m* (Elektr) / case o. casing short[-circuit] ‖ ⌁**strahlung** *f* / cabinet radiation ‖ ⌁**teil** *m n* / part of a case
gehäust (Halbl) / cased
Gehbahnkabelschacht *m* (Elektr, Fernm) / footway (GB) o. sidewalk (US) jointing chamber
geheftet, broschiert (Buch) / stitched, sewn, in paper cover ‖ ~**er Block** (Buch) / stitched book
Geheim·haltung *f* / secrecy, privacy (GB) ‖ **mit** ⌁**haltungsstufe versehen** *v* / classify documents as secret ‖ ⌁**nummer** *f* (Fernm) / unlisted number, non-published number ‖ ⌁**sprechtaste** *f* (Fernm) / press-to-talk key ‖ ⌁**text** *m* / cryptogram ‖ ⌁**zahl** *f* (Fernm) / ex-directory number (GB), unlisted number (US)
geheizt, erwärmt / heated, warmed-up ‖ ~**e Anrichte** (Großküche) / heated cupboard o. dresser (GB)
gehen (zu Fuß) / walk *vi*, go ‖ ~, in Gang sein / operate, work, go ‖ ~, treiben (Teig) / ferment ‖ ~ [nach] (DV) / go [to] ‖ **ins Braune** ~ / border o. verge on brown ‖ **zu schwer, zu hart** ~ (Masch) / be stiff o. tight
Geh-Gabelhubwagen *m* / fork lift walkie truck, pedestrian controlled fork truck, pedestrian worked pallet truck
Gehilfe, Helfer *m* / helper, hand, assistant
Gehlenit *m* (Min) / gehlenite
gehobelt, mit ~**er Kante** (Zimm) / edge-shot
gehoben, erhöht / raised, heightened ‖ ~**e Strandlinie** (Geol) / raised beach
Gehöft *n*, Bauernhof *m* / farmstead
Gehölzkunde, Dendrologie *f* / dendrology
gehopfte [Bier]würze / hopped wort
Gehör *n*, Gehörsinn *m* / hearing, sense of hearing ‖ ⌁..., akustisch / acoustic[al], audible ‖ ⌁**aufnehmen** *n* (Fernm) / reading by the sound ‖ ⌁**ermüdung** *f* / auditory fatigue ‖ ⌁**messung** *f* / audiometry ‖ ~**richtig** / aurally compensated
Gehörs..., Hör... / auditory
Gehör·schärfe *f*, Auflösungsvermögen *n* / acuity ‖ ⌁**schutz** *m* / ear protection ‖ ⌁**schutz** *m*, Ohrenkappen *f pl* (Luftf) / ear muffs *pl* ‖ ⌁**schutzdiode** *f* (Fernm) / click suppressor diode ‖ ⌁**schützer** *m* / hearing protector
Gehrdreieck *n*, [festes] Gehrmaß zu 45° (Zeichn) / mitre-

square

gehren, auf Gehrung verbinden o. sägen (Zimm) / mitre, miter

Gehr·maß n / mitre square ‖ **bewegliches ⁺maß** (Wz) / sliding square

Gehrung f, Gehrverbindung f, Gehre f, Gehrstoß m / mitre joint, mitre, miter ‖ **Anblattung auf ⁺** (Tischl) / mitred halving ‖ **auf ⁺** (Tischl) / mitred

Gehrungs·rückensäge f / mitre box back saw ‖ **⁺säge** f / mitre-box saw ‖ **⁺schere** f / bevelling shear ‖ **⁺schneidlade** f, Gehrlade f / mitre block o. box ‖ **⁺schnitt** m / mitre cut ‖ **⁺stoßlade** f / mitre planing box ‖ **⁺zinkung** f / mitre dovetail

Geh·-Stapler m / pedestrian stacker ‖ **⁺-Steh-Schreiber** m, -Einrichtung f (Fernm) / start-stop-apparatus ‖ **⁺-Steh-Verzerrung**, Bezugs-Verzerrung f (Fernm) / start-stop distortion ‖ **⁺- u. Fahrrecht** n / right of way ‖ **⁺weg** m / footway (GB), sideway (GB), pavement (GB), sidewalk (US), foot-walk (US) ‖ **⁺wegplatte** f (eine eiserne Abdeckplatte) / decking slab ‖ **⁺wegplatte**, Kunststeinplatte f (viereckige Zementplatte, über 19 mm dick) / promenade o. quarry tile, (pl:) quarries ‖ **⁺werk** n (Uhr) / wheel work, movement, works pl

Geigenharz n / reed maker, reeder

Geiger·-Müller-Bereich, Auslösebereich m (Nukl) / Geiger region o. plateau ‖ **⁺-Nuttall-Beziehung** f / Geiger-Nuttall relationship ‖ **⁺zähler** m, Geiger-Müller-Zähler m, -zählrohr n / Geiger[-Müller] counter [tube]

Geikielith m (Min) / geikielite

Geiß[en]fuß m (Biegemasch) / retaining clamp

Geißlersche Röhre f / Geissler tube

Geister·bild, Doppelbild n (TV) / double o. ghost image ‖ **⁺echo** n, Geist m (Radar) / ghost echo ‖ **⁺effekt** m (Buch) / ghost effect

Geistes·arbeiter m / professional man, brain worker ‖ **⁺wissenschaft** f / discipline of the mind

geistig·er Antrieb / motivation ‖ **⁺er Verschluß** (Raumsicherung) / memory aided lock

Geistleitung f (Raffinerie) / overhead piping system

Geitau n (Schiff) / guy rope

gekalkt / limed

gekämmt (Textil) / combed

gekappt·er Baum / pollard ‖ **⁺e Schwelle** (Bahn) / lopped sleeper

gekapselt, dicht verschlossen / environmentally sealed ‖ **⁺**, eingekapselt / incased, encased, incapsulated, encapsulated ‖ **⁺**, [vollständig] geschlossen (Elektr) / fully o. totally enclosed ‖ **⁺**, gußgekapselt (Elektr) / iron-clad, metal-clad, moulded case... (GB) ‖ **⁺er Elektromotor** (Elektr) / enclosed motor ‖ **⁺er Klebstoff** m / encapsulated adhesive ‖ **⁺er Kompressor** / enclosed compressor

gekästelt / squared

gekennzeichnet (DV) / marked [by flag] ‖ **⁺** (Fahrbahn) / delimited by a white line ‖ **⁺er Name** (DV, PL/1) / qualified name

gekerbt / notched, indented ‖ **⁺er Decker** (Cottonm.) / notched fashioning point

gekettet (DV) / chained, chaining...

gekettete o. verknüpfte Liste / chained list

geklärt, geschieden (Zuck) / defecated

geklebt / bonded, cemented ‖ **⁺** (Pap) / pasted

geklemmt, gepreßt / cramped

Geklirr n / clang, clank

geklopft (Sintern) / tapped

geknäuelt, zusammengeballt / accumulated, conglomerate

geknickt (z.B. Blech) / buckled ‖ **⁺er Wulst** (Reifen) / kinked bead

gekochtes Öl / boiled oil

gekohlt (Hütt) / carbonated ‖ **⁺es Eisen** / carbonated o. carburetted iron, carburet of iron ‖ **⁺es Siliziumeisen** / carbonized silicious iron ‖ **⁺er Stahl** / carbon steel

geköpert (Web) / twilled ‖ **⁺er Barchent** / dimity ‖ **⁺er Samt** / twilled o. Genoa velvet ‖ **⁺er Stoff** (Textil) / twill, twilled cloth

gekoppelt (Mech, Elektronik, Chem) / coupled, connected ‖ **⁺** (Azoverbindung) (Chem) / linked, united ‖ **⁺e Differentialgleichungen** f pl / simultaneous differential equations pl ‖ **⁺es Flügelflattern** (Luftf) / classical flutter, coupled flutter ‖ **⁺er Multiplizierer** (Analogrechner) / multiplier with two channels ‖ **⁺e Schrankenbäume** m pl (Bahn) / sympathetic gates pl, interlocked gates (US) pl ‖ **⁺es Schwingen** / coupled mode ‖ **⁺e Schwingungen** f pl / coupled oscillations pl ‖ **⁺es Stromkreissystem** / couple-circuit ‖ **im Gegentakt ⁺** / push-pull connected ‖ **[induktiv] ⁺er Sender** / inductive transmitter

gekordelt (Masch) / knurled diagonally

gekörnt / grained, granulated, corned ‖ **⁺** (Leder) / grained, corned ‖ **⁺** (Uhr) / matted, grained ‖ **grob ⁺**, genarbt (Leder) / shagreened

Gekrätz n (Hütt) / dross, refuse ‖ **⁺** (Verzinken) / dross, slag

gekräuselt, wellig, gekreppt (Textil) / curled, cockled, gauffered, puckered ‖ **⁺e Flordecke** (Textil) / curled pile

gekrempelt (Textil) / carded, combed

gekreppt (Pap) / crêped

gekreuzt (Zange) / with crosswise serration ‖ **⁺e Adern** f pl (Kabel) / transposed conductors o. cores ‖ **⁺e Dipole** m pl / crossed dipoles ‖ **⁺e Doppeladern** f pl (Elektr) / crossed pair ‖ **⁺es ebenes Raster** / crossed plane grating ‖ **⁺e Faser** (Furnier) / cross-banded plies pl ‖ **⁺e Gleisverbindung** (Bahn) / double-cross-over ‖ **⁺er Polarisator** (Opt) / crossed polarizer ‖ **⁺er Riementrieb** / cross band ‖ **⁺e Zahnung** (Zange) / crosswise serration

Gekriech n (Geol) / creep of mountains

gekröpft / bent at right angles, cranked, elbow[ed], offset ‖ **⁺** (tief) (Schraubenschlüssel) / cranked, deep-offset ‖ **⁺** (flach) (Schraubenschlüssel) / offset ‖ **⁺e Achse** (Bahn, Kfz) / crank[ed] axle ‖ **⁺es Bett** (Wzm) / gap bed ‖ **⁺es Drehherz** / bent-tail carrier ‖ **⁺es Fischband** / bent hinge ‖ **⁺es Handrad** / dished handwheel ‖ **⁺er Rahmen** (Kfz) / dropped frame ‖ **⁺er Ring-Maulschlüssel** / deep offset combination wrench ‖ **⁺es Rohr**, S n / S-shaped pipe ‖ **⁺e Schleifscheibe** / depressed center wheel ‖ **⁺e Trennschleifscheibe** / depressed center grinding wheel for cutting off ‖ **⁺e Übergangslasche** (Bahn) / spliced bar (US), cranked fishplate ‖ **⁺er Werkzeughalter** / angle toolholder ‖ **4-fach ⁺** (Kurbelwelle) / four-throw

gekrümmt, krumm, gebogen / crooked, bent, arcuate[d] ‖ **⁺**, krumm[linig] / curved ‖ **⁺**, gewölbt / arched ‖ **⁺er Abschnitt einer Brücke** / bend of a bridge ‖ **⁺e Astsäge mit Heft** / pruning saw ‖ **⁺er Balken** / curved beam ‖ **⁺e Breitbandstrahlung** (Raumf) / knee-whistler ‖ **⁺e Fläche** / curved surface ‖ **⁺e Gurtung** (Stahlbau) / arched boom (GB) o. chord (US) ‖ **⁺er Raum** / curved space ‖ **⁺es Sperrholz** / curved plywood

gekühlt (Getränk) / cold

gekümpelt (Masch) / dished

gekuppelt / interlocked ‖ **⁺** (Masch) / linked, coupled ‖ **⁺es Fenster** / mullion o. munnion window ‖ **⁺es Ladeseil** (Schiff) / ship's union purchase ‖ **⁺er Plattendurchlaß** (Straßb) / twin slab culvert ‖ **⁺e Räder** n pl (Bahn) / coupled wheels ‖ **⁺e Signale** n pl (Bahn) / coupled signals pl

Gel n (Chem) / gel ‖ **⁺ aus mehreren Solen**, Pluralgel n / plural gel ‖ **zusammenhängendes (o. kohärentes) ⁺** / coherent gel

geladen (Elektr) / charged ‖ **⁺** (Waffe, Phot) / loaded ‖ **⁺**, laden ‖ **⁺es Teilchen** (Elektronik) / carrier, charged particle

Geläger n (Brau) / cask deposit, cooler sludge, sediments pl, dregs pl, grounds pl

gelagert sein [in] (Welle) / run on bearings ‖ **siebenfach ⁺** / with seven bearings

Gelände, Terrain *n* / ground, terrain, terrene ‖ ⌐...
(Reifen) / on-and-off the road ‖ ⌐..., querfeldein / cross-
country..., off-highway, off-the-road... ‖ ⌐**abfall** *m*,
Neigung *f* / fall, descent, slope ‖ ⌐**antrieb** *m* (Kfz) / all-
wheel drive ‖ ⌐**antrieb**, Allradantrieb *m* (des
Vierrad-Fahrzeugs) / fourwheel drive ‖ ⌐**arbeit** *f* (Bau) /
field engineering ‖ ⌐**aufnahme**, Vermessung *f* / survey
of land, ground survey ‖ ⌐**beschaffenheit** *f*, -oberfläche
f / lay of the land ‖ ⌐**darstellung** *f* / representation of
the terrain ‖ ⌐**einschnitt** *m* (Straßb) / cutting ‖
⌐**erschließung** *f* (Bau) / opening of a territory ‖
⌐**fahrzeug** *n* (Kfz) / cross-country car o. truck, all-
terrain vehicle, ATV ‖ **für** ⌐**fahrzeuge** / off-road... ‖
⌐**federung** *f* / off-highway spring suspension ‖
⌐**flugzeug** *m* (Luftf) / no-airfield plane ‖ ⌐**folgeflug** *m*
(Flugkörper) / terrain following flight ‖ ⌐**gang** *m* (Kfz) /
cross-country speed [gear] ‖ ⌐**gängig** (Kfz) / cross-
country, off-highway, off-the-highway, off-the-road ‖
⌐**gängige Planierraupe** / off-road earth mover ‖
⌐**gängigkeit** *f* (Kfz) / cross-country mobility ‖
⌐**höhenlinie** *f* (Luftverm) / form line ‖
⌐**höhenunterschiede** *m pl* (Verm) / relief variations *pl* ‖
⌐**höhenwerte** *m pl* (Flugkörper) / ground elevation data ‖
⌐**koordinaten** *f pl* / ground coordinates *pl* ‖ ⌐**neigung** *f*
/ ground slope ‖ ⌐**oberfläche** *f* / surface of land
Geländer *n* / rail, railing, side rail ‖ ⌐, Balustrade *f* /
balustrade ‖ ⌐, Handgriff *m* / grabrail ‖ **mit** ⌐ **versehen**
/ rail *v*
Geländerampe *f* (Geogr) / ramp
Geländer·docke *f* (der Balustrade) / baluster
Gelände·reifen *m* (Kfz) / off-the-road tire (US), ground-
grip o. G.G. tire, cross-country tyre (GB) ‖ ⌐**reifen**,
Hochstollenreifen *m* / lug base tire
Geländer·fittings *pl* / railing fittings *pl* ‖ ⌐**-Handlauf** *m* /
banister, handrail ‖ ⌐**pforte** *f* (Schiff) / gate in a fixed
quardrail ‖ ⌐**pfosten** *m* / newel [post] ‖ ⌐**stab** *m* /
baluster, ban[n]ister ‖ ⌐**stahl** *m* / banister iron ‖
⌐**stange** *f*, Handleiste *f* / handrail
Gelände·skizze *f* / topographical sketch ‖ ⌐**stufe**,
Terrasse *f* (Geol) / terrace
gelandet (Luftf) / landed
Geländewinkel *m* (Mil) / angle of sight
gelappt, lappig / lobed, lobate
gel-artig / gel-like
Gelatine *f* / gelatin[e] ‖ ⌐**artig**, gelatinös / gelatinous ‖
⌐**dynamit** *n* / gelatin[e] [dynamite] ‖
⌐**-Farbstoff-übertragungsverfahren** *n* / gelatine dye
transfer process ‖ ⌐**filter** *n* (Phot) / gelatin filter ‖ ⌐**folie**
f / sheet gelatine (Phot) / gelatin-free o. Schumann plate ‖ ⌐**geleimt** (Pap) /
animal-sized ‖ ⌐**kapsel** *f* / gelatin[e] capsule ‖ ⌐**tafel** *f* /
gelatin[e] sheet ‖ ⌐**walze** *f* / gelatin[e] roll
gelatinieren [lassen] *vt* / gelatinate, gelatinize
Gelatinierungsmittel *n* / gelatinizing agent o. substance
Gel[atinis]ierung *f* / gelatification, gelatin[iz]ation
gelatinös / gelatinous
gelattet (Bau) / battened
Gelb *n*, gelbe Farbe, gelber Farbstoff / yellow ‖
⌐ **angelassen** (Hütt) / yellow tempered ‖ ⌐**e**
Anzeigelampe / amber indicating lamp, AIL ‖ ⌐**er**
Bernstein / yellow amber ‖ ⌐**es Blutlaugensalz** /
yellow prussiate of potash, potassium ferrocyanide ‖ ⌐**e**
Bronze / yellow bronze ‖ ⌐ **färben** / yellow *vt* ‖ ⌐**e**
Glätte, Silberglätte *f* / white litharge ‖ ⌐**er Grund**
(verwitterter Kimberlit) (Geol) / Yellow Ground ‖ ⌐**er**
Limonit, Xanthosiderit *m* (Min) / xanthosiderite, yellow
limonite ‖ ⌐**es Messing** / yellow brass ‖ ⌐**er Phosphor**
/ yellow phosphorus ‖ ⌐**es Strohpapier** / yellow
strawpaper ‖ ⌐**e Strohpappe** / yellow strawboard ‖
⌐ **werden**, sich gelb färben / yellow *vi* ‖ ⌐**blättrigkeit** *f*
(Bot) / chlorosis ‖ ⌐**bleierz** *n*, Wulfenit *m* (Min) / yellow
lead ore ‖ ⌐**braun**, ockerfarben / ochr[ac]eous, ochery
‖ ⌐**braun**, dunkelgelb / yellowish brown ‖ ⌐**brenne** *f*,
Gelbbrenngerät *n* (Galv) / [brass] bright dip, brass

pickling apparatus ‖ ⌐**brenne** *f*, Beize *f* (Galv) / fire-off
dip, pickling bath, pickle ‖ ⌐**brennen** (Messing) / dip,
pickle ‖ ⌐**brennen** *n* (Galv) / brass pickling ‖ ⌐**erde** *f*,
-latosol *m*, gelber Ferralit / yellow earth, yellow
ferralitic soil ‖ ⌐**erz** *n*, Weißtellur *m* (Min) / yellow o.
white tellurium ‖ ⌐**filter** *m n*, -scheibe *f* (Opt, Phot) /
yellow screen ‖ ⌐**gar**, weiß-, alaungar / alumed,
dressed with alum, tawed ‖ ⌐**gefleckte Baumwolle** /
stained cotton ‖ ⌐**gießer** *m* / brass worker o. founder,
brazier ‖ ⌐**gießerei** *f* / yellow metal foundry, brass
foundry ‖ ⌐**glut** *f* (Schm) / bright orange ‖ ⌐**glut[hitze]** *f*
(995 ⁰C = 1270 K = 1825 ⁰F) / yellow heat ‖ ⌐**guß** *m* /
brass casting (with high zinc content) ‖ ⌐**guß** *m* (Me
60) / yellow metal ‖ ⌐**holz** *n*, Visetholz *n* / yellow
[dye]wood
Gelbildung *f*, Gelatinierung *f* / gelation, formation of a gel
Gelb·kiefer, Yellow Pine (Pinus Ponderosa) / yellow pine
‖ ⌐**körper** *m* / yellow body, corpus luteum ‖ ⌐**kreuz** *n*,
Lost *n* / yellow cross gas, vesicant gas
gelblich, fahlgelb / yellowish, yellow, lutescent ‖ ⌐**er**
Diamant / Cape diamond
Gelb·licht *n* (Verkehr) / amber light ‖ ⌐**-Magenta-Cyan** *n*
(Farbskala in Europa) (Buch) / yellow-magenta-cyan ‖
⌐**nickelkies** *m* (Min) / capillary pyrites, millerite ‖ ⌐**öl** *n*
(Chem) / DNOC tar oil ‖ ⌐**-oliv** (RAL 6014) / yellow-
olive ‖ ⌐**phase** *f* / yellow phase ‖ ⌐**-Purpur-Cyan** *n*
(Farbskala in außereurop. Ländern) (Buch) / yellow,
cyan, and magenta ‖ ⌐**rohstoff** *m* (Pap) / yellow straw
pulp ‖ ⌐**rost** *m* (Landw) / yellow rust ‖ ⌐**scheibe** *f* (Opt) /
yellow screen ‖ ⌐**stich** *m* (Pap) / yellow cast ‖
⌐**strohpapier** *n* / yellow straw paper ‖ ⌐**ton** *m* (Pap) /
degree of yellowing ‖ ⌐**wurzel** *f*, Kurkuma *f* / curcuma
Geld·automat *m* / automatic money dispenser ‖ ⌐**einwurf**
m / coin actuated release ‖ ⌐**einwurf** *m* (Vorgang) /
insertion of a coin ‖ ⌐**einwurföffnung** *f*, -einwurf *m* /
coin o. money slot ‖ ⌐**fach** *n*, -kassette *f* / till, money o.
cash drawer ‖ ⌐**faktor** *m* (F.Org) / conversion factor ‖
⌐**institut** *n* / financial institution ‖ ⌐**kassette** *f* / cash
box ‖ ⌐**schrank** *m* / strong box, safe ‖ ⌐**[stück]** *n*,
Münze *f* / money, coin ‖ ⌐**- und Literzähler**,
Preisrechner (Zapfsäule) / computer head,
countmetering head ‖ ⌐**wechselautomat** *m* / change
dispenser, change-giving machine, automatic money
changer ‖ ⌐**zählwaage** *f* / coin counting machine
gelederte Antriebscheibe (Seilb) / leather lined driving
sheave
Gelee *n* / fruit jelly
Gelege *n* (Ungeziefer) / clutch of eggs ‖ ⌐ (Hydr) / littoral o.
shore vegetation
Gelegenheit *f* / opportunity, occasion, chance
Gelegenheits-... / chance... ‖ ⌐**arbeiter** *m* / handyman
gelegentlich [vorkommend], Gelegenheits... / occasional
Gelehrsamkeit, Wissen *n* / learning
Gelehrter, Forscher *m* / student, scientist
geleimt / glued ‖ ⌐ (Pap) / sized ‖ ⌐**e Dachpappe** / rosin-
sized building paper ‖ ⌐**es Papier** / sized paper ‖ ⌐**e**
Tür mit eingeschobenen Leisten / glued and clamped
door ‖ ⌐ **und zweimal kalandert** (Pap) / sized and
supercalendered, s. and s.c.
Geleise *n*, Eisenbahngleis *n* (Bahn) / line of rails ‖ ⌐,
Wagenspur *f* / wheel rut o. track
Geleit... (Mil) / escort...
geleitet, gelenkt / directed ‖ ⌐**e Schwingungsart** / trapped
mode of waves
Geleit·fregatte *f* / escort fregate ‖ ⌐**zug**, Konvoi *m*
(Schiffe) / convoy
Gelenk *n* / link, joint ‖ ⌐ (Kinematik) / pair, joint ‖ ⌐,
Gelenkverbindung *f* / articulation, knuckle, ball and
socket joint ‖ ⌐ [in der Lenkung] (Kfz) / steering joint
‖ ⌐ (Schuh) / waist, shank ‖ ebenes ⌐ / hinged point ‖
einschnittiges, zweischnittiges ⌐ / single-shear o. two-
shear joint ‖ **mit** ⌐**en versehen** (o. verbunden),
gegliedert / jointed ‖ **um ein** ⌐ **drehbar** / rotatable
about a link ‖ ⌐**achse** *f* / articulated axle ‖ ⌐**amboß** *m* /

round anvil for making edges, stock anvil ‖ ⌐arm *m* / articulated arm o. bracket ‖ ⌐[auf]lager *n*, Kipplager *n* (Brückb) / articulated bearing ‖ ⌐ausleger *m* / articulated jib o. arm ‖ ⌐balken, -träger *m* / Gerber beam ‖ ⌐band *n* (Schloß) / joint hinge o. frame, strap hinge, band-and-hook hinge ‖ ⌐band-Formstahl *m* (Walzw) / steel hinge strip, hinge plate steel bar, hinge strip o. section, hinge profiles *pl* ‖ ⌐befestigung *f* / hinge fitting ‖ ⌐bogen *m* (Bergb) / articulated roadway support ‖ ⌐bolzen *m* / hinge pin, hinge bolt, pintle ‖ starker ⌐bolzen, feststehende Drehachse / pivot shaft ‖ ⌐bolzen *m* der Antriebskette / middle bar of chain drive ‖ ⌐bolzenfachwerk *n* (Stahlbau) / pin-jointed o. pin-connected truss ‖ ⌐bus *m* / articulated bus ⌐egge *f* / tandem zig-zag harrow ‖ ⌐-Fadengeber *m* (Nähm) / link take-up ‖ ⌐fahrzeug *n*, (spez.:) Sattelkraftfahrzeug *n* / articulated vehicle, twister ‖ ⌐fuß *m* (Nähm) / hinge[d] foot, hinged presser foot ‖ ⌐gestänge *n* (Stromabnehmer) / articulated pantograph system ‖ ⌐getriebe *n* (Mech) / linkage having only turning and sliding pairs ‖ ⌐griff *m* (Wz) / hinged handle ‖ ⌐hebel *m* / articulated lever ‖ ⌐-Hohlbolzen *m* / pivot tube

gelenkig, Gelenk…, frei beweglich / articulated, flexible ‖ ~ anbringen oder lagern / joint *v*, articulate ‖ ~es Element, bewegliches Element (Masch) / linked element ‖ ~ gelagerter Balken / hinged beam ‖ ~er Knoten, Gelenkknoten[punkt] (Stahlbau) / tie bar joint, articulation point ‖ ~er [Stab]anschluß *m* (Stahlbau) / hinged connection ‖ ~ verbinden (o. anbringen o. lagern) / hinge, pin, join with a hinge o. pin ‖ ~ verbinden (o. aufhängen) / pivot

Gelenk·kappe *f* (Bergb) / articulated cap ‖ ⌐kette, Laschenkette *f* / flat link-articulated chain, plate link chain, link chain, ladder o. pitch o. sprocket o. pintle chain ‖ ⌐kette *f*, Rollenkette *f* / [bush] roller chain ‖ zerlegbare ⌐kette / detachable link chain ‖ ⌐kette *f*, -getriebe *n* s. Gelenkviereck ‖ ⌐knopflochfuß *m* (Nähm) / hinge foot for button holes ‖ ⌐knoten[punkt] *m* / articulation point ‖ ⌐kreuz *n* / universal joint, spider ‖ ⌐kupplung *f* (kugelig) / flexible o. joint coupling, ball joint coupling ‖ ⌐kupplung *f* (z. B. einer Rohrleitung) (Masch) / link coupling ‖ ⌐lager *n* / pivoting o. rocker o. tilting bearing, swing support o. bearing ‖ ⌐lager *n* (kugelig) / spherical plain bearing ‖ ⌐lokomotive *f* / articulated engine ‖ ~loser Rotor (Luftf) / hingeless rotor ‖ ~loses Rotorblatt (Luftf) / hingeless-rotor blade, swept-tip blade ‖ ⌐maßstab *m* / folding measure, folding meter-rule o. -stick, folding rule[r] ‖ zehngliedriger ⌐maßstab (2 Meter) / folding two-meter rule ‖ zehngliedriger ⌐maßstab o. Gliedermaßstab o. Zollstock (2 Meter) [mit eingelegten Federn], Zollstock *m* / folding meter-rule o. -stick, folding rule[r] ‖ ⌐mast *m* (Elektr, Bahn) / flexible support ‖ ⌐mast *m* (F'wehr) / hydraulic platform ‖ ⌐omnibus *m* / articulated bus ‖ ⌐öse *f* / knuckle eye ‖ ⌐pfanne *f* / socket of a ball and socket joint ‖ ⌐pfette *f*, Gerberpfette *f* / pin jointed purlin ‖ ⌐punkt *m* / hinge point ‖ ⌐punkt *m* (Kinematik) / center of turning joint ‖ ⌐quarz, Itakolumit *m* / flexible quartz o. sandstone, flex stone ‖ ⌐rahmen *m* / hinged frame ‖ ⌐riemenverbinder *m* / flexible steel belt lacing ‖ ⌐roboter *m* / revolute coordinate robot ‖ ⌐roboter *m*, Knickarmroboter *m* / anthropomorphic robot, anthropoid robot, articulated arm robot, arm type robot ‖ ⌐rohr *n* / flexible conduit ‖ ⌐rohrwelle *f* (Kfz) / tubular [propeller] shaft, tubular drive shaft ‖ ⌐runge *f* / hinged stanchion ‖ ⌐säumer *m* (Nähm) / hinge hemmer ‖ ⌐schärblatt *n* (Web) / hinged reed ‖ ⌐scheibe *f*, Scheibengelenk *n* (Kfz) / flexible [Thermoid-Hardy] disk ‖ ⌐schlüssel *m* (Werkz) / flexible head spanner ‖ ⌐schlüssel *m* für Muttern / nut spinner flex head (square drive) ‖ ⌐schmierung *f* / joint lubrication ‖ ⌐spindel *f* / articulated spindle ‖ ⌐spindelbohrmaschine *f* / articulated spindle drilling

machine ‖ ⌐spitzenverschluß *m*, Gelenkschloß *n* (Bahn, Weiche) / inside locking, sector lock of points ‖ ⌐spreize *f*, Scherenspreize *f* / lazy tongs *pl* ‖ ⌐stange *f* / joint rod, toggle link ‖ ⌐stangenkopf *m* / toggle link socket ‖ ⌐steckschlüssel *m* / flex head socket wrench ‖ ⌐stickfuß *m* (Nähm) / hinge foot for embroidery ‖ ⌐stiel *m* / ball-and-socket strut ‖ ⌐stoß *m* (Stahlbau) / articulated joint ‖ ⌐stück *n* (Schuh) / shank (of a shoe) ‖ ⌐stulpe *f* / joint sleeve

gelenkt, geleitet / directed ‖ ~, geführt / guided, controlled ‖ ~e Ausdehnung (Gieß) / restrained expansion ‖ ~e Erstarrung (Hütt) / controlled directional solidification ‖ ~er Flug (Flugkörper) / guided flight ‖ ~e Interkontinentalrakete / ICGM, intercontinental guided missile ‖ ~e Oxidation / controlled oxidation

Gelenk·träger *m*, Gerberbalken *m* / cantilever girder ‖ ⌐triebwagen *m* (Straßenbahn) / articulated tramcar (GB) o. streetcar (US) ‖ [ebene] ⌐verbindung / hinge joint ‖ ⌐verbindung *f* (kugelig) / knuckle o. link joint ‖ ⌐viereck *n* / four-bar [straight-line] mechanism o. equivalent mechanism, four-bar linkage o. chain ‖ ⌐vorortzug *m* (Bahn) / articulated suburban train set ‖ ⌐wagen *m* / articulated car ‖ ⌐[weichen]zunge *f* (Bahn) / rigid switch, heel type ‖ ⌐welle *f* (Kfz) / universal-joint propeller shaft, propeller shaft, cardan shaft ‖ ⌐welle *f* mit einem Gelenk (Kfz) / propeller shaft with one universal joint, single-jointed [cardan] shaft ‖ ⌐wellenantrieb *m* (Kfz) / cardan drive o. universal drive o. transmission ‖ [äußeres] ⌐wellenrohr (Kfz) / propeller shaft o. cardan shaft housing ‖ ⌐zahnstange *f* (Bahn) / articulated rack ‖ ⌐zapfen *m* / pivot [pin], link pin ‖ ⌐zug *m* (Straßenbahn) / articulated tramway set

gelernt·e Arbeitskräfte *f pl* / skilled labour ‖ ~er Handwerker / craftsman ‖ ~er Mann (o. Arbeiter) / skilled man (US), journeyman (GB)

Gelese *n* (Web) / lease ‖ ⌐, Fadenkreuz *n* (Web) / lease ‖ ⌐blatt *n* (Web) / lease reed

Geleucht *n* (Bergb) / pit lamp, miner's o. mining lamp, lamps *pl*, lights *pl* ‖ ⌐, Grubenlampe, Wetterlampe *f* / Davy o. safety lamp

gelieren *vi* / jelly *vi*, thicken

Gelier·maschine *f* / jelling machine ‖ ⌐mittel *n* / gelling agent ‖ ⌐punkt *m* (Plast) / gel point

geliert, in Gelzustand versetzt / gelled

Gelierung *f* (Öl) / gelling ‖ ⌐, Geleebildung *f* / pectization

Gelierzeit *f* / gel time

Gelignit *n* (Sprengstoff) / gelignite

gelinde (Wärme) / gentle ‖ ~ kochen *vi* / boil gently, simmer

gelitzt / stranded

Gelkautschuk *m* / gel rubber

gellend (Ton) / piercing

gelocht, perforiert / perforated, perforate, perf. ‖ ~ (Stanz) / punched ‖ ~e Färbehülse / perforated metal cheese center

gelockert, entspannt / relaxed ‖ ~ (Bindung, Chem) / loose ‖ ~er Boden (Bagger) / loose ground ‖ ~e Stelle im Gefüge / descontinuity

gelöscht (z.B. Kalk) / slaked ‖ ~ (DV) / cleared ‖ ~, unbenutzt, leer (Videoband) / blank ‖ ~es Netz (Elektr) / resonant earthed system

gelöst (Chem) / dissolved ‖ ~er Stoff, Gelöstes *n* (Chem) / solute ‖ ~es Wasser / absorbed water, dissolved water

gelötet / soldered

Gel·permeations-Chromatographie *f*, GPC / gel permeation chromatography ‖ ⌐punkt *m* (Chem) / gelification point ‖ ⌐schicht *f* (Plast) / gel coat ‖ ⌐-Sol-Umwandlung, Peptisation, Peptisierung *f* / gel-sol transformation, peptization

gelten [für], passen [zu] / apply [to]

geltend, derzeit gültig / current, valid ‖ ~ (DV) / significant

Geltung, in ⌐ sein / obtain, hold good

Geltungsbereich *m* / coverage, scope, area of application ‖ ⁓ / area of application ‖ **zum ⁓ einer Norm gehören** / come within the scope of a standard
gelverhütend (Chem) / antigeling
gemacht [aus] / made [of o. from]
gemahlen / ground ‖ ⁓, pulverisiert / powdered ‖ ⁓**er Gips** / powdered plaster ‖ ⁓**e Hochofenschlacke** / powdered blast furnace slag ‖ ⁓**es Pulver** / comminuted powder, milled powder ‖ ⁓**er Schamottebruch** (Hütt) / grog
Gemäldefirnis *m* / China water
gemallte Maße *n pl* (Schiff) / moulded dimensions *pl*
Gemarkung *f* / boundary of a community o. municipality
gemasert, gefleckt / mottled ‖ ⁓ (Holz) / grained ‖ ⁓, buntädrig (Holz) / speckled
gemäß, entsprechend / according [to] ‖ ⁓, in Übereinstimmung [mit] / in compliance [with]
gemäßigt, gemildert / tempered, moderate ‖ ⁓**es Umgebungsklima** / moderate thermal environment
Gemäuer *n* / masonry, brickwork
gemauert, made in brickwork o. masonoy, masoned ‖ ⁓ (Hütt) / brick lined ‖ ⁓**e Auskleidung** / brickwork lining ‖ ⁓**er Unterbau** / foundation in masonry
gemeiner Bruch (Math) / common o. vulgar fraction
Gemeindefahrzeug *n* / communal vehicle
Gemeinde··Grünfläche *f* / common ‖ ⁓**weg**, Feldweg *m* / parochial o. parish road, country road
Gemein·kosten *pl*, Overhead *n* / overhead [cost], indirect cost o. costs *pl*, establishment charges *pl*, general expenses *pl*, oncost (GB) ‖ ⁓**kosten…** (F.Org) / indirect, nonproductive ‖ ⁓**kostenlöhne** *m pl* / indirect o. nonproductive wages *pl* ‖ ⁓**kostenzuschlag** *m* **auf Löhne** / labour burden ‖ ⁓**nützige Einrichtung** / utility, utilities *pl*
gemeinsam, gemeinschaftlich / general, common, combined ‖ ⁓, mitwirkend / cooperative ‖ ⁓, Verbindungs… / joint ‖ ⁓**e Abfertigungsvorschriften für den internationalen Eisenbahn-Güterverkehr,** PIM (Bahn) / Int. Goods Regulations, P.I.M. ‖ ⁓**e Abfrage** (DV) / partitioning sensing ‖ ⁓**e Abnehmerleitung** (Fernm) / common trunk ‖ ⁓ **benutzen** / share ‖ ⁓**e Datenbenutzung** / data sharing ‖ ⁓, mitwirkend / cooperative ‖ ⁓**es Eigentum** / common ownership ‖ ⁓ **erfaßbar** / jointly determinable ‖ ⁓**er Faktor** (Math) / common factor ‖ ⁓**e Frequenznutzung** / frequency sharing ‖ ⁓ **[ge- o. benutzt]** / shared ‖ ⁓**er Internationaler Tarif für die Beförderung von Personen u. Reisegepäck** / Standard International Passenger and Baggage Tariff ‖ ⁓**e Kapazität** / joint capacitance ‖ ⁓**e Kennzeichnung in EG-Ländern** / common marking (in Common Market Countries) ‖ ⁓**e Leitung** / common *n* ‖ ⁓**e Logik** (DV) / partitioning logic, common logic ‖ ⁓ **[Löt]anschluß** (Elektronik) / tie point ‖ ⁓**e Maschinensprache** (DV) / common language ‖ **auf einen** ⁓**en Nenner bringen** (Math) / reduce to a common denominator ‖ ⁓**es Programm** (Radio) / simultaneous broadcast, S.B. ‖ ⁓**er Programmabschnitt** (DV) / common control section ‖ ⁓**e Rückleitung** (Elektr) / common return ‖ ⁓**e Speicherbenutzung** / shared storage ‖ ⁓**er Speicherbereich** (DV) / common storage area ‖ ⁓ **stranggepreßt** / co-extruded ‖ ⁓**er Teiler** (Math) / common divisor ‖ **ohne** ⁓**en Teiler**, teilerfremd (Math) / prime ‖ ⁓**er Verkehr** / joint traffic ‖ ⁓**es Vielfaches** (Math) / common multiple ‖ ⁓**e Wahrscheinlichkeitsfunktion** (Math) / joint probability density function ‖ ⁓**e Zahnhöhe** / working depth of teeth ‖ ⁓**er Zaun** (der Grundstücksnachbarn) / party fence ‖ ⁓**er Zweig** (Elektronik) / mutual branch
gemeinschaftlich, gemeinsam / common *adj*
Gemeinschafts·anschluß *m* (Fernm) / shared line ‖ ⁓**antenne** *f* / common o. combined o. collective antenna, master antenna (US) ‖ ⁓**antenne** *f* **eines Stadtteils** / community o. communal o. block antenna ‖

Fernsehen *n* **über** ⁓**antennenanlage**, CATV, Gemeinschaftsantennen-Fernsehen / CATV, community antenna television ‖ ⁓**arbeit** *f* / team work ‖ ⁓**bahnhof** *m* (Bahn) / joint station o. agency (US) ‖ ⁓**decoder** *m* (Radar) / common decoder ‖ ⁓**einrichtung** *f* / shared-line equipment ‖ ⁓**empfang** *m* / community listening o. viewing ‖ ⁓**leitung** *f* (allg) / shared-service line ‖ ⁓**leitung** *f* (Fernm) / party line ‖ ⁓**melkwagen** *m* (Landw) / cooperative mobile milking bail ‖ ⁓**rechner** *m* / multi-user computer ‖ ⁓**strecke** *f* (Bahn) / joint section ‖ ⁓**welle**, Gleichwelle *f* (Funk) / common wave
gemeinwirtschaftlicher Dienst / public service o. utilities *pl* (US)
Gemenge *n*, Gemisch *n* (Chem) / mechanical mixture ‖ ⁓ (Bergb) / conglomerate ‖ ⁓ (Glas) / glass batch ‖ ⁓**wagen** *m* (Keram) / weigh batcher, mixing weigher
Gemengsel *n*, Komplex *m* / aggregate, congeries
gemessen / measured ‖ ⁓**er Ausschuß** (Nukl) / discarded materials *pl*, measured discards *pl* ‖ ⁓**er Durchmesser** / measured diameter ‖ ⁓**e Fläche** (Rauheit) / effective o. measured surface ‖ ⁓**e Länge** / measured length ‖ ⁓**e Leistung** / verified power ‖ ⁓**e o. tatsächliche Bruchlast** / measured breaking load ‖ ⁓**e Strecke**, Meßstrecke *f* / measured length o. section ‖ ⁓ **werden** [in] / be measured [in] ‖ ⁓**er Wert**, Meßwert *m* / measured quantity o. value ‖ ⁓**er (o. beobachteter) Winkel** / angle taken o. observed o. of observation
gemessert (Plast) / sliced
gemietet·e Amtsleitung (Schweiz) / hired post-office line ‖ ⁓**e Leitung** (Fernm) / private line
Gemisch *n* / mix, blend ‖ ⁓, Konglomerat *n* / conglomerate ‖ ⁓, Masse, Paste *f* / mass, paste ‖ ⁓, Gemenge *n* / mechanical mixture ‖ ⁓ (Mot) / mixture ‖ ⁓, Zusammengesetztes *n* / compound *n* ‖ ⁓ (Zweitakt) / lubricated petrol (GB) o. gasoline (US) ‖ ⁓**bildung** *f* / mixture formation ‖ ⁓**bildung** *f* (Mot) / carburation ‖ ⁓**maische**, Maische *f*, auf-, eingemaischter Zucker (Zuck) / magma ‖ ⁓**regelung** *f*, -regler *m* (Mot) / mixture control ‖ ⁓**regler** *m* (Mot) / mixture control unit ‖ ⁓**schmierung** *f* (Mot) / oil-in-gasoline lubrication (US), petroil lubrication (GB) ‖ ⁓**sintern** *n* (Pulv Met) / defect sintering
gemischt / mixed ‖ ⁓, vermischt / miscellaneous ‖ ⁓, zusammengesetzt / composite ‖ ⁓**er Adhäsions- u. Zahnstangenbetrieb** / mixed adhesion and rack-and-pinion operation ‖ ⁓**er Anschluß** (DV) / intermix ‖ ⁓**e Beförderung** (über Schiene, Straße, Wasser) / mixed transport (by rail, road, ship), intermodal o. split transport ‖ ⁓**er Betrieb** / mixed system o. service ‖ ⁓**er Bruch** (Math) / mixed fraction o. number ‖ ⁓ **digital-analog** (DV) / hybrid ‖ ⁓**e elektromagnetische Welle** / hybrid electromagnetic wave, HEW ‖ ⁓**e Form** / mixed mode ‖ ⁓**es Hüttenwerk** / integrated iron and steel works ‖ ⁓**es Hybridsystem** (DV) / mixed hybrid system ‖ ⁓**er Lkw-Zug** / composite road train ‖ ⁓**e Schaltung** (Elektronik) / non-uniform connection ‖ ⁓**er Text** (Fernm) / modified clear [text] ‖ ⁓**er Turbokompressor** / mixed turbocompressor ‖ ⁓**es Wechselsprechen** (Fernm) / mixed intercom[munication] ‖ ⁓**e Zahl** (Math) / heterogenous number ‖ ⁓**er Zug** (Bahn) / mixed train ‖ ⁓**e Zünd[zeitpunkt]-Verstellung** (Kfz) / semiautomatic advance o. control o. timing ‖ **in der Masse** ⁓ (Pap) / imitation art…, glazed ‖ ⁓**adriges** o. **-paariges Kabel** / composite cable ‖ ⁓**basis-Schreibweise** *f* (DV) / mixed radix numeration o. notation, mixed numeration system ‖ ⁓**bau** *m*, -bauweise *f* / composite o. combined building o. construction, mixed construction ‖ ⁓**bauweise** *f* (Holz) / composite trussing ‖ ⁓**paarig** (Kabel) / combined ‖ ⁓**zellig** (Schaumstoff) / with open and closed cells
Gemisch·verhältnis *n* (Mot) / mixing ratio ‖ ⁓**zusammensetzung** *f* (Mot) / mixture strength
Gemmologie, Edelsteinkunde *f* / gemmology

gemünztes Silber / coined silver

Gemüse n / herb, vegetable || ⌐**anbau** m / market-gardening, olericulture || ⌐**darre** f, -trockner m / vegetable drier o. desiccator || ⌐**konserve** f / canned (US) o. tinned (GB) vegetable || ⌐**korb** m / fruit basket || ⌐**pflanzen** f pl / vegetable plants pl || ⌐**schale** [klappbar] f (Kühlschrank) / [swing-out] crisper, [swing-out] vegetable drawer

gemustert, Muster… / patterned || ~, figuriert (Web) / [fancy-]figured || ~, rhombenförmig figuriert (Web) / diapered || ~**es Band** / fancy o. figured ribbon || ~**es Blech** / pattern sheet || ~**er Teppich** / patterned carpet || **durch Scheren** ~ (Samt) / carved

Gen n (Biol) / gene

genadelt (Textil) / needled, needle-punched || ~**es Filztuch** / needled woven felt cloth

Genappe[garn] n / genappe[d] yarn

genarbt, gekörnt (Leder) / granulated, grained, corned || ~, grob gekörnt (Leder) / shagreened || ~ (Plast) / embossed

genau / accurate, correct, exact || ~, streng / exacting || ~, präzis / precise || ~, empfindlich (Instr) / sensible || ~, scharf / strict, exact || ~**e Anforderungen** f pl / detail requirements pl || ~ **anliegen** / fay vi || ~ **bearbeiten** / machine to close tolerances || ~**e Beschreibung** (o. Darstellung) / detail || ~ **bezeichnen** (o. umreißen) / define || ~ **entgegengesetzt**, diametral / diametri[cal], completely opposed || ~ **ermitteln o. abgrenzen** / pinpoint v || ~ **gehend**, zuverlässig / accurate (e.g. clock) || ~ **gezogen** (Draht) / exactly drawn || ~**es Maß** / exact measurement || ~ **östlich** (Nav) / due east || ~ **passen** / fit well || ~**e Prüfung** / inspection, scruting || ~**e Synchronisation** (Film) / lip sync[hronisation] || ~**e Zeit** / true time || **auf den mm** ~ / accurate to the mm || ⌐**guß** m / precision casting || ⌐**halt** m (Wzm) / accurate stop

Genauigkeit f, Exaktheit f, Präzision f / exactness, exactitude, precision || ⌐, Wortlänge f (DV) / precision || ⌐ (Waage) / sensibility || ⌐ (Instr) / precision, accuracy || **(gute)** ⌐ / closeness || **mit doppelter** ⌐ (DV) / double precision || **mit einfacher** ⌐ (DV) / single precision

Genauigkeits·anforderungen f pl / precision requirements pl || ⌐**angabe** f / tolerance || ⌐**-Bearbeitungszentrum** n (Wzm) / high-accuracy machining center || ⌐**berichtigung** f des Mittelwerts / rectification of accuracy of the mean || ⌐**drehbank** f / precision turning lathe || ⌐**fehler** m (Instr) / error of precision || ⌐**grad** m / degree of accuracy ⌐**grad** m, Definiertheit f (DV) / precision || ⌐**grad** m (Kompaß) / degree of accuracy, grade of accuracy o. tolerance || ⌐**kontrolle** f der Zifferndarstellung (DV) / validity check[ing] || ⌐**maschinen** f pl (Wzm) / high-precision machinery || ~**schleifen** / precision-grind || ⌐**verlust** m (DV) / lost significance, loss of accuracy

Genau·schmiedestück, -schmieden n / close tolerance forging || ⌐**teil** n (Sintern) / precision part || ⌐**wert** m (Math) / accurate value || ⌐**wert** m, errechneter Wert / calculated value || ⌐**werte** m pl (in Zahlen) / exact numbers pl

genehmigen (Bauart) / approve, certificate, homologate

genehmigte Wiederholzeit / rerun credit

Genehmigung f / permit || ⌐, Zulassung f / approval, authorization, homologation || ⌐, Erlaubnis f / license, licence (GB)

Genehmigungs·druck m (Druckluft) / design pressure || ⌐**verfahren** n (Nukl) / licensing procedure || ⌐**zeichnung** f / approval drawing

geneigt / slant, sloping, oblique, inclined || ~**e Ebene** / oblique plane || ~**e Fläche** / cant, slanting surface || ~**e Ladebühne** / gravity loading incline || ~**e Rückwand** (Ofen) / sloping backwall || ~ **sein**, neigen [zu] / incline [towards] || ~ **eins zu sechs** ~ / raked at one horizontal in six vertical || **zur Äquatorebene** ~**e Umlaufbahn** / inclined orbit

General·gruppe f (DV) / super-major program level,

superior major || ⌐**hauptschlüssel** m / general pass key || ⌐**nenner** m / common denominator || ⌐**stabskarte** m (1:100000 in Dtschld) / ordnance survey map (GB), strategic map (US) || ⌐**überholung** f / general overhaul || ⌐**verkehrsplan** m / general traffic plan

Generation f (allg, Phys, DV, Repro) / generation || **zur nächsten** ⌐ **gehörend** (DV) / follow-on

Generationsdauer f (Nukl) / generation time

Generator m (Elektr) / [electric] generator || ⌐, erzeugendes Programm (DV) / generator [program] || ⌐, Entwickler m (Gas) / producer, generator || ⌐ **für Wechselstrom**, Wechselstrommaschine f / alternator || ⌐ **für zeitproportionalen Stromanstieg** / current time-base generator || ⌐ **mit senkrechter Welle** (Hydr) / vertical-shaft alternator || ⌐**betrieb** m (Elektr) / generating service || ⌐**betrieb** m (Kfz) / working on generator o. suction gas || ⌐**diagramm**, Smithsches Leitungsdiagramm n (Wellenleiter) / Smith chart || ⌐**diagramm**, Riekediagramm n (Magnetron) / Rieke diagram, load impedance diagram || ⌐**gas** n / generator o. power o. producer o. suction gas || ⌐**isotop** n / generator poduced isotope || ⌐**kohle** f / generator o. producer coal || ⌐**kreis** m (Elektronik) / generator circuit || ⌐**mantel** m (Gas) / generator o. producer shell || ⌐**maschinensatz** m, -satz m (Elektr) / generating set, generator set || ⌐**röhre**, Schwingröhre f (Elektronik) / generator o. oscillator tube || ⌐**sammelschiene** f (Elektr) / generator bus bar || ⌐**schacht** m (Masch) / generator o. producer shaft o. body || ⌐**seite** f / generation end || ⌐**spannung** f (Elektr) / generator voltage

Generatrix, Erzeugende f (Math, DV) / generatrix

generieren (DV) / generate

Generierer m, Generator m (DV) / generator [program]

Generierung f (DV) / generation, generation run

generische Funktion (DV) / generic function

genestet (Fernrohr) / nested

genetisch / genetic || ~**e Information**, Erbinformation f / genetic information

Genfer Nomenklatur f (Chem) / Geneva nomenclature

genietet, Niet… / riveted || ~**e Überlappung** / riveted lap || **warm** ~ / hot riveted

genitscheltes Vorgespinst (Textil) / condensed sliver

Genlock-Betrieb m (TV) / genlocking

Genmutation f, Genumwandlung f / gene mutation || **zweckgerichtete** ⌐ / gene sequencing

genormt / standard, standardized || ~**e Teilform**, Formeinheit f (Plast) / unit mould || **nicht** ~ / non standard[ized]

genossenschaftlich, kooperativ / cooperative

Gen··Screening n / gene screening || ⌐**technik** f / genetic engineering

Gentex-Netz n (Telegraphie) / gentex (= European switched service for general traffic service)

Gentiana·blau n / gentian[a] blue || ⌐**violett** n, blaues Pyoktanin / methylrosaniline chloride, pyoctanine blue, gentian o. crystal violet

Genuakord, Köpermanchester m (Textil) / Genoa cord, cotton cord, Manchester velvet

genügen, ausreichen[d sein] / suffice, be sufficient || **[einer Forderung]** ~ / meet vt, fulfill || **den Anforderungen** ~ / fulfil o. satisfy the requirements || **einer Gleichung** ~ (Math) / fit an equation

Genumwandlung s. Genmutation

Genußmittel n / luxury food

Genus-Spezies-System n / genus-species system

genutetes Ankerpaket (Elektr) / slotted core

Geo·botanik f / phytogeography, geobotanics || ⌐**chemie** f / geochemistry || ~**chemisch** / geochemical || ⌐**chronologie** f / geochronology || ⌐**corona** f (Raumf) / geocorona || ⌐**däsie** f (allg) / land-measuring || **[höhere]** ⌐**däsie** f / geodesy, geodetic surveying || **niedere** ⌐**däsie**, Vermessungskunde f / practical geodesy, land survey, surveying || ⌐**dät** m (akademisch ausgebildeter Vermessungsingenieur) / geodesist || ~**dätisch** /

geodetic, -ical, geodesic[al] ‖ ~dätische Bauweise / geodetic construction ‖ ~dätische Halle / geodetic dome ‖ ~dätische Linie, Geodätische f (Math) / geodetic line ‖ ~dätischer Satellit / geodetic satellite ‖ ~dätische Struktur / geodesic configuration
Geode f (Geol) / geode
Geo·dimeter (für elektronisch-optische Distanzmessung) (Verm) / geodimeter ‖ ⁴dynamik f / geodynamics pl ‖ ~dynamisches Meter (1 gdm = 10 m²/sec²) / geodynamic meter, gdm ‖ ⁴elektrik f / geoelectricity ‖ ~elektrischer Effekt (Bot) / geoelectrical effect ‖ ⁴elektrodynamik f / geomagnetism
geografisch / geographic[al] ‖ ~e Breite / [terrestrial] latitude, lat ‖ ~e Länge / terrestrial longitude ‖ ~e Meile / geographic[al] mile (GB: 6076,8 ft, US: 6087,1 ft) ‖ ~e Nordrichtung (Nav) / true north
Geo·hydrologie f, Hydrogeologie f / hydrogeology, geohydrology ‖ ⁴id n (theor. Form der Erde) / geoid ‖ ⁴isotherme f (Fläche gleicher Temperatur im Erdinnern) / geo-isotherm
Geologe m / geologist
Geologen·hammer m / geologist's hammer ‖ ⁴kompaß m / geologic[al] compass
Geologie f / geology ‖ ⁴ der Planeten / space geology
geologisch / geologic[al] ‖ ~e Barriere (Atom, Nukl) / geological barrier ‖ ~e Formation, Schichtenbildung / geologic[al] formation ‖ ~er Horizont / geologic[al] horizon, stratigraphical level ‖ ~e Karte / geologic[al] map ‖ ~e Orgel / sand pipe ‖ ~es Thermometer / geologic[al] thermometer ‖ ~e Zeitskala / geologic[al] time
geölt / oiled
Geo·magnetik f / geomagnetics ‖ ~magnetisch, geoelektrodynamisch / geomagnetic ‖ ⁴medizin f / global epidemiology ‖ ⁴meter, Feldmesser, Landmesser m / geometer, geometrician, [land] surveyor, measurer
Geometrie f / geometry ‖ ⁴ der Getriebegelenke / joint geometry ‖ ⁴ der Lage (Math) / topology ‖ ⁴ der räumlichen Gebilde, Stereometrie f / geometry of solids, stereometry ‖ ⁴brumm m (TV) / positional hum ‖ ⁴faktor m (Nukl) / geometry factor ‖ ⁴fehler m (TV) / picture geometry fault, geometric distortion ‖ ⁴taste f (NC) / geometry key ‖ ⁴-Testbild n (TV) / geometrical test pattern, linearity test pattern
geometrisch / geometric, -ical ‖ ~e Addition / vector addition ‖ ~e Albedo / geometric albedo ‖ ~e Blattsteigung (Luftf) / geometric pitch ‖ ~e Dämpfung / geometrical attenuation ‖ ~ deuten / interpret geometrically ‖ ~ einwandfreies Profil / geometrical profile ‖ ~e Fernrohrlichtstärke / geometrical luminosity ‖ ~e Fläche (Math) / face ‖ ~er Fluß / geometric extent ‖ ~e Flußdichtewölbung (Nukl) / geometric buckling ‖ ~e Höhe (Luftf) / geometric altitude ‖ ~e Imperfektion / geometric imperfection ‖ ~e Isomerie (Chem) / geometrical isomerism ‖ ~e Konfiguration (Nukl) / geometric configuration ‖ ~es Mittel / geometric mean o. average, mean proportional ‖ ~es Muster / geometrical pattern ‖ ~e Oberfläche / geometrical surface ‖ ~e Optik, Strahlenoptik f / geometrical optics sg ‖ ~er Ort / geometric[al] locus ‖ ~er Ort aller Punkte mit gleichem Abstand [von] / locus of points equidistant o. equally distant [from] ‖ ~es Phasenobjekt / geometrical phase object ‖ ~er Querschnitt (Nukl) / geometrical cross section ‖ ~e Reihe (Math) / geometric progression o. series ‖ ~e Schwächung (Nukl) / geometric attenuation ‖ ~e Seitenfläche (Wzm) / geometrical rake ‖ ~ sicher (Nukl) / geometrically safe ‖ ~es Signal (Regeln) / transfer of a spatial quantity ‖ ~e Summe / vector sum, root sum of squares ‖ ~ überbestimmt / geometrically overdetermined o. overdefined ‖ ~es Verhältnis (Math) / geometric proportion o. ratio ‖ ~e Verwindung (Luftf) / geometric twist

Geo·morphologie f / [geo]morphology, morphography, orography ‖ ⁴nomie f (Geol, Stadtplanung) / geonomy ‖ ⁴phon n, Erdhörer m (Bergb) / geophone ‖ ⁴physik f / geophysics ‖ ~physikalisches Jahr / geophysical year, GPY ‖ ~physikalisches Schürfverfahren / geophysical prospecting o. exploration ‖ [umlaufendes] ~physikalisches Observatorium / orbiting geophysical observatory, OGO ‖ ⁴polymer n (Keram) / geopolymer ‖ ⁴potential n / geopotential ‖ ~potentielle Höhe (in Meter) / geopotential height ‖ ~potentielle Kote / geopotential elevation indication ‖ ~potentielles Meter (1 gpm = 9,80665 m²/sec²) / geopotential meter, gpm
geordnet / ordered ‖ ~, in Ordnung gebracht / settled, controlled ‖ ~ (DV) / sequenced ‖ ~e Deponie / controlled garbage dump ‖ ~es Fadenkreuz (Textil) / equalized lease ‖ [auf- o. absteigend] ~e Folge (o. Zeichenfolge o. Kette o. Daten) (DV) / string ‖ ~e Lagen f pl (Walzw, Rollen) / regular turns pl ‖ ~e Menge (Math) / ordered set ‖ ~es Eingang ~e Datei / entry sequenced data set, ESDS
Georef n / world geographic reference system
Georgette m f (Textil)
Geo·sphäre, Erdhülle f / geosphere ‖ ~stationär, geosynchron (Satellit) / geostationary, stationary ‖ ~stationäre Höhe (Raumf) / synchronous distance ‖ ~stationäre Position (Raumf) / slot ‖ ~stationäre Umlaufbahn / geostationary arc o. orbit o. ring ‖ ~strophischer Wind / geostrophic wind ‖ ~synchroner Satellit / earth synchronous satellite ‖ ⁴synklinale f (Senkungstrog) (Geol) / geosyncline ‖ ⁴technik f / geotechnics ‖ ⁴tektonik f / geotectonics, structural geology ‖ ⁴thermik f / geothermics ‖ ~thermisch, Erdwärme... / geothermal, -thermic ‖ ~thermische Energie, Erdwärme-Energie f / geothermal energy o. power ‖ ~thermische Tiefenstufe / geothermal gradient ‖ ⁴tropismus m / geotropism ‖ ⁴wissenschaft f / geoscience ‖ ~zentrisch / geocentric ‖ ~zentrische Ausrichtung / earth pointing n ‖ ~zentrische Breite / geocentric latitude ‖ ~zentrische Länge / geocentric longitude ‖ ~zentrische magnetische Solarkoordinaten f pl (Raumf) / GSM coordinates pl ‖ ~zentrischer Winkelabstand / geocentric angular separation
gepaart, paarweise / paired, geminate
gepachtet, Pacht... / leasehold adj
Gepäck n / baggage (US), luggage (GB) ‖ ⁴abfertigung f, -annahme f (Tätigkeit) / registration of baggage o. luggage ‖ ⁴ablage f, -netz n (Bahn) / luggage rack o. net, parcel rack o. net ‖ ⁴ablage f (Kfz) / luggage dump ‖ ⁴abteil n, -raum m (Bahn) / luggage compartment ‖ ⁴anhänger m (Kfz) / baggage trailer ‖ ⁴anhänger m (Pap) / tag label, tie-on label ‖ ⁴annahme, -abfertigung f (Bahn) / luggage office, checking office (US) ‖ ⁴annahme f (Bahn) / baggage registration office ‖ ⁴aufbewahrung f (Bahn) / left-luggage department ‖ ⁴aufgabe f (Luftf) / checking-in point ‖ ⁴aufzug m / luggage lift o. hoist ‖ ⁴karussell n, Gepäckkreisel m (Luftf) / turntable, luggage carrousel ‖ ⁴raum m (Kfz) / rumble ‖ ⁴raum m (im Vorraum), -abteil n (Bahn) / vestibule, luggage space ‖ ⁴raum m, Kofferraum m (Kfz) / luggage boot o. trunk, rear trunk ‖ ⁴raum m (Luftf) / compartment for baggage ‖ ⁴schein m (Bahn) / luggage way bill ‖ ⁴schließfach n (Bahn) / luggage locker
gepackt (DV) / packed ‖ ~e Dezimale / packed decimal ‖ ~e Dezimalzahl (DV) / packed decimal ‖ ~e Dezimalziffern f pl (DV) / packed numerics pl ‖ ~e Form (2 Dezimalziffern in 1 Byte) (DV) / packed mode ‖ ~es Format (DV) / packed format
Gepäck·träger m (Fahrrad) / luggage carrier ‖ ⁴-Triebwagen m (Bahn) / motor luggage van ‖ ⁴wagen m (Bahn) / luggage van (GB), baggage car (US)
gepanzert / armour-plated o. -cased, armoured ‖ ~es Flanschenrohr (Chem, Steinzeug) / armoured flanged

pipe ‖ ~er Hahn (Chem) / ironclad stoneware valve
gepastete Form (Glas) / paste mould
gepeilt / tuned-in
geperlter Ruß / pelletized carbon black
gepfeilt (Luftf) / backswept
geplant, beabsichtigt / projected, planned, intended ‖ ~e
   Leistung / design capacity ‖ ~er Starttermin / target
   launch date ‖ ~er Termin, Zieldatum n / target date ‖
   ~e Zerstörung (Raumf) / destruct (deliberate
   destruction) ‖ ~er Zugriff für Fortschreibung (DV) /
   update intent ‖ ~er Zugriff im Exklusivmodus (DV) /
   exclusive intent
Geplapper n (Fernm) / spluttering
geplatzt / burst adj ‖ ~, rissig / cracked, flawy, chinky,
   cleft ‖ ~er Vulkanisierschlauch (Gummi) / burst bag
gepolstert, Polster... (Möbel) / upholstered ‖
   ~ (Armaturenbrett) / padded
gepolt, polarisiert / polarized, biassed ‖ ~er Kondensator
   / polar[ized] capacitor ‖ ~es Relais / polarized relay ‖
   nicht genügend ~ (Kupfer) / underpoled
geprägt (Plast, Pap) / embossed
gepreßt / pressed ‖ ~, zusammengepreßt / compressed ‖
   ~, geklemmt / cramped, pinched ‖ ~ (Kontakt) /
   crimped ‖ ~ (Rohr) / hot-extruded ‖ ~er Kork /
   agglomerated cork ‖ ~es [Kunststoff]-Formstück /
   moulded shape ‖ ~er Rohling (Schm) / stamping ‖ ~e
   Stange / moulded rod ‖ aus einem Stück ~ / pressed
   from one piece
geprüft, kontrolliert / checked ‖ ~ auf ... Bar / tested for
   ... bars
gepuffert·e Ätzung / buffered etch ‖ ~e Ladung (Bergb) /
   cushioned blasting charge
gepulst / pulsed ‖ ~ (Laser) / tunable ‖ ~es Neutron /
   pulsed neutron ‖ ~er Plasmakleinstantrieb (Raumf) /
   pulsed plasma microthruster
gepulvert / pulverized
gepunktet, punktgeschweißt / spot-welded ‖ ~, punktiert
   (Web) / spotted ‖ ~es Email / Berlin black
gequantelt (Phys) / quantized
gequollen / swollen [up] ‖ ~ (Plast) / water-blown
Geradbartschlüssel m / straight key
Gerade f (Math, Bahn) / straight line
gerade, geradlinig / straight ‖ ~ (Bahn) / in a straight line ‖
   ~, [auf]recht / right ‖ ~ (Zangenriffelung) / with
   transverse serrations (pincers) ‖ ~ abgeschlossenes
   Fenster / square-headed window ‖ ~ Abschnitt einer
   Brücke / reach of a bridge ‖ ~ Achse, Normalachse f
   (Bahn) / straight axle ‖ ~s Blatt (Tischl, Zimm) / straight
   scarf, plain scarf ‖ ~ Destillation / straight distillation ‖
   ~r Drehmeißel (Dreh) / straight tool ‖ ~r Einzug (Spinn)
   / straight drawing o. draft ‖ ~r Fachwerkträger,
   Parallelträger m / parallel girder ‖ ~ Faser (Sperrholz) /
   straight grain ‖ ~s Gewölbe / direct arch, straight vault
   ‖ ~r kreisförmiger Kegel / right circular cone ‖
   ~ Kreuzung (Bahn) / diamond crossing on straight
   tracks ‖ ~ Länge (Draht) / straight length ‖ ~ (o.
   unverzweigte) Molekülkette / linear molecular chain,
   straight molecular chain ‖ ~ Muffe, Überschiebmuffe f
   / collar ‖ ~ noch kostendeckendes Erz / marginal ore ‖
   ~r Schärrahmen / long warp-reel ‖ ~ Schleifscheibe /
   flat grinding wheel ‖ ~ Schnürung (Jacquard) /
   Norwich o. straight tie ‖ ~ Seiten f pl (Buch) / even o.
   lefthand pages pl ‖ ~r Strang der Weiche (Bahn) / main
   section of points ‖ ~r Strang [zwischen Kurven] (Bahn)
   / tangent track ‖ ~s Stück (z.B. einer Strecke) / straight
   section ‖ ~ Tragrolle (Gurtband) / straight idler ‖ ~s
   Verhältnis (Math) / direct ratio ‖ ~ Vielfachschaltung
   (Fernm) / straight multiple ‖ ~r Vierkantmeißel (Dreh) /
   rectangular square tool ‖ ~ Zahl / even number ‖
   ~ Zahnung, gerade Zangenriffelung (Zange) / transverse
   serration ‖ vom Ring ~ ablaufender Draht (Walzw) /
   straight cast wire
Geradeaus·anflug m / straight-in approach ‖
   ~empfänger m / tuned radio-frequency receiver, TRF,

direct detection receiver, straight receiver ‖
   ~entfernung f (Radar) / straight distance ‖
   ~-Hologramm n / Gabor hologram ‖ ~lauf m (Kfz) /
   directional stability ‖ ~programm n (DV) / sequential
   program, straight-through program ‖ ~projektion f /
   straight forward projection ‖ ~slip m (Luftf) / forward
   slip ‖ ~stecker m (Elektr) / straight plug ‖ ~verkehr m /
   straight through traffic ‖ ~verstärker m / straight
   amplifier ‖ ~zug m (Drahtzieh) / straight-lined wire
   drawing machine
Gerade·-Einstechschleifen n / straight infeed grinding ‖
   ~gedreht (R'scheibe) / uncrowned, straight-faced ‖
   ~-gerade-Kern m (Kerne mit derselben Protonen- u.
   derselben Neutronenzahl) (Phys) / even-even nucleus ‖
   ~halter, Hängeisolator m (Elektr) / straight-line
   insulator ‖ ~hobeln (Tischl) / shoot
Geradeinblick m (Mikrosk) / monocular straight barrel
Gerade·lauf m (Förderband) / tracking [ability] ‖ ~legen
   (Fasern) / straighten ‖ ~legen n, Entwirren n,
   Gleichrichten n (Baumwolle, Seide) / slaving, scutching
   ‖ ~leger m für Bogen (Buch) / jogger, shaker-up ‖
   ~legung f (Hydr) / training of a river
Geradeninterpolation f (NC) / linear interpolation
gerade·richten, -biegen, -machen / straighten [out],
   unbend ‖ ~richten, unterlegen (Buch) / jog vt, knock up
   ‖ ~stehend (Buch) / Roman ‖ ~steller m (Uhr) /
   uprighting tool ‖ ~-ungerade-Kern m (Phys) / even-odd
   nucleus
gerad·faserig / straight-grained ‖ ~flankenverzahnung f
   / straight-sided flanked teeth ‖ ~flankig / straight-sided
   flank[ed] ‖ ~führung f / straight-line motion o.
   mechanism ‖ ~führung, Gleitstange f (Masch) / slide bar
   o. guide ‖ ~führung f (Dampfm) / crosshead guides pl /
   ~führungsstange f / motion o. drag link o. rod ‖ ~holz
   n / straight lumber ‖ ~kettig (Chem) / straight-chain...,
   linear-chain... ‖ ~läufige Treppe (Bau) / flight, fliers
   pl, straight stair[case] ‖ ~laufregler m (Pap) / automatic
   guide ‖ ~linig / rectilinear, -lineal, straight-lined
geradlinig, linear, Linear... / linear, lin ‖ ~, in direkter
   Linie, direkt / lineal ‖ ~e Abtastung / transect ‖ ~er
   Anker, Ankerhemmung in gerader Linie (Uhr) /
   straight-line lever [escapement] ‖ ~ begrenzte Figur /
   figure bounded by straight lines, rectilinear figure ‖ ~e
   Bewegung, Translation f (Mech) / rectilinear movement,
   rectilineal motion ‖ ~e Kollision (Nukl) / head-on
   collision (US) ‖ ~e Modulation (Fernm) / linear
   modulation ‖ ~ translatierender Wandler
   (Schwingungen) / rectilinear transducer ‖ ~ verlegen /
   place in a straight line
Gerad·magazin n (Dia) / straight cartridge ‖ ~nutig
   (Werkz) / straight-fluted ‖ ~säge f / straight tooth saw ‖
   ~schubkurbel f / slider crank ‖ ~seitfelge,
   Stahlseilreifenfelge f / straight-side rim ‖
   ~seitflachbettfelge f (Kfz) / straight-side flat rim ‖
   ~seitiges Schiff / wall-sided vessel ‖ ~seitreifen,
   Drahtseilreifen m / wired tire ‖ ~seittiefbettfelge f (Kfz)
   / straight-side drop center rim ‖ ~sichtig (Opt) / direct-
   vision ‖ ~sichtprisma n / direct vision prism ‖
   ~sitzventil n / screw-down stop globe valve ‖
   ~stämmiger Baum, geradschäftiger Baum / straight
   tree ‖ ~stich (Nähm) / straight stitch, straight-away
   stitch ‖ ~stirnrad n (Masch) / spur [toothed] wheel ‖
   ~stirn-Ritzel n, Stirntrieb m / spur pinion ‖
   ~stoßmaschine f (Buch) / jogging machine, knocking-up
   machine ‖ ~verzahnt / spur toothed ‖ ~verzahnung f /
   spur toothing
geradzahlig, mit gerader Zahl / even-numbered ‖ ~e
   Adresse (DV) / even-numbered address ‖ ~e Oberwelle
   (Phys) / even harmonic ‖ ~e Paritätskontrolle (DV) /
   even-parity check ‖ ~e Seiten f pl (Buch) / back pages pl
   ‖ ~er Zeilensprung (TV) / even-line interlace
Gerad·zahligkeit f / quality of being even-numbered ‖
   ~zähnig / straight-tooth type ‖ ~zahnkegelrad n /
   straight bevel gear [pair] ‖ ~zahnmotor m (Bergb) /

spur-wheel type air motor
gerahmt / framed
gerändelt / knurled, milled
Geraniol n (Chem) / geraniol
Geraniumöl n / geranium oil
gerastet, Rast... (Wzm) / indexed
Gerät n / appliance ‖ ~, Besteck n / outfit, kit ‖ ~ (Landw) / implement ‖ ~, Gerätschaften f pl / tackle ‖ ~, [Hand]werkzeug n, Gerätschaft f / utensils pl, gear, implements pl, stock of tools ‖ ~, Ausrüstung f (DV) / equipment ‖ ~, Teil n, Einheit f (im Rechner eingebaut) (DV) / device ‖ ~e n pl in anderen Räumen (DV) / through-the-wall configuration ‖ ~ n zum Bestimmen der Übergangsfunktion / transient analyzer ‖ ~ zum Messen radioaktiver Verseuchung von Menschen (Nukl) / human counter, whole-body counter ‖ ~ zur Prüfung der Verkopplung u. Ausdruck der Recheneinheiten (DV) / scanner printer
Geräte·adresse f (DV) / device address ‖ ~anordnung f / equipment flowsheet ‖ ~anschlußhahn m / appliance cock ‖ ~anschlußchnur f, -kabel n (Elektr) / appliance cord ‖ ~ansteuerung f (DV) / activation of the peripherals ‖ ~batterie f / portable battery ‖ ~beschreibung f (DV) / technical manual ‖ ~einheit f / appliance unit ‖ ~-Erde f (Elektr) / main earth (GB) o. ground (US), equipment earth o. grounding ‖ ~fehler m / equipment failure o. malfunction ‖ ~fehler m (DV) / device error ‖ ~fenster n (DV) / workstation window ‖ ~freigabe f (DV) / device release ‖ ~glas n / soft soda glass ‖ ~haus n, -halle f (F'wehr) / engine house ‖ ~hersteller m / appliance manufacturer ‖ ~intern / local mode adj ‖ ~kategorie f ILS (Luftf) / facility performance category ILS ‖ ~klemme f (Elektr) / appliance terminal ‖ ~kurzbezeichnung f / mnemonic device name ‖ beidseitig gehöhlter ~lagerstein zum Fassen / double cup cylindrical hole jewel for spinning ‖ ~name m (DV) / device name ‖ ~orientiert (DV) / device-oriented ‖ ~programm n, Lieferprogramm n / instrument line ‖ ~prüfung, -selbstprüfung f / built-in o. automatic check ‖ ~schild n / identification plate ‖ ~schnittstellen f pl (Raumf) / utility interfaces pl ‖ ~schnur f, biegsame Leitung (Elektr) / flexible lead, appliance cord ‖ ~schrank m / locker for instruments ‖ ~schrank m (Fernm) / telephone switchboard ‖ ~schuppen m / utility shed ‖ ~sicherung f, G-Sicherung f / miniature fuse ‖ ~steckdose f (Hausgeräte) / coupler socket, connector ‖ ~stecker m (Hausgeräte) / apparatus o. appliance plug, appliance inlet ‖ ~steckvorrichtung, Kupplung f (Elektr) / connector plug and socket connection ‖ ~steckvorrichtung f für den Hausgebrauch / appliance coupler for housefold purposes ‖ ~steuerung f (DV) / device control ‖ ~steuerzeichen n / device control character ‖ ~störungen f pl (Elektronik) / man-made noise ‖ ~tabelle f (DV) / device table o. list ‖ ~teil m (COBOL), Vorlaufteil m / environment division ‖ ~träger, -rahmen m, -tragrahmen m (Landw) / toolbar, tool carrier ‖ ~träger m (ein Traktor) (Landw) / tool carrier [tractor] ‖ ~transport-Anhänger m (Landw) / implement carrier ‖ ~verdrahtungsplan m / device circuit diagram ‖ ~verwaltung f (DV) / control of peripherals ‖ ~wagen m, Werkstattwagen m (Kfz) / tool and gear wagon o. truck ‖ ~wagen m (F'wehr) / implement truck ‖ ~zuordnung f (DV) / device allocation o. assignation ‖ ~zuweisung f (COBOL) / hardware assignment
Gerätschaften f pl, Ausstattung f / outfit, equipment, gear ‖ ~ s. auch Gerät
geräuchert / smoked
gerauht (Bau) / roughened ‖ ~ (Textil) / brushed, napped, raised ‖ ~er Draht / jagged wire ‖ ~er Futterstoff, Futterbarchent m / raised lining
geräumig / spacious ‖ ~, weit / ample, roomy, spacious, capacious, large, wide

Geräumigkeit f, Ausdehnung f / size, extent, area ‖ ~ (Bau) / spaciousness, ampleness, roominess, capacity
Geräusch n / noise ‖ ~e n pl (Funk) / noise ‖ ~ n, Kreischen n (Säge, Feile) / noise of sawing o. filing ‖ ~..., Rausch..., psophometrisch / psophometric ‖ ~e n pl durch Einschwingvorgänge (Fernm) / transient noises pl ‖ ~ n durch Einschwingvorgänge (Funk) / transient noise ‖ ~abstand m (in dB) / signal-to-hum ratio o. to-noise ratio, speech-to-noise ratio, S/N ratio ‖ ~abstand m / signal-noise ratio ‖ ~abstand m (in dB) zum Batteriestrom (Elektronik) / signal-to-battery supply circuit noise ratio ‖ ~arm / of low noise [level], with little noise, silent, quiet ‖ ~arm (Antenne) / anti-interference, antistatic ‖ ~aufteilung f (Fernm) / noise budget ‖ ~Austastsignal n / noise inversion signal ‖ ~band (Film) / sound effects tape ‖ ~begrenzer m, -filter m n / noise limiter o. killer, NL ‖ ~bekämpfung f, Lärmbekämpfung f / noise abatment o. control ‖ ~beurteilung f / noise rating o. weighting ‖ ~boje f / acoustic device ‖ ~dämpfer m / silencer (GB), muffler (US) ‖ ~dämpfung f / silencing, muffling of noises ‖ ~-EMK f, Geräuschquellenspannung f / psophometric e.m.f. ‖ ~filter n (Fernm) / noise filter ‖ ~filter m n, -begrenzer m (Elektronik) / noise limiter o. killer, NL ‖ ~frei machen / noiseproof v ‖ ~freiheit f / noiselessness ‖ ~[grund]pegel m, Grundgeräusch n / ground noise ‖ ~ingenieur m (Radio) / effects man ‖ ~kulisse f, Lärmkulisse f (Radio) / sound effects pl ‖ ~los / silent, noiseless, quiet, soundless
geräuschlos·er Gang (o. Lauf) / smooth o. soft running o. working, quiet running ‖ ~e o. geräuscharme Kette / silent chain ‖ ~e Schreibmaschine / noiseless o. silent typewriter ‖ ~e Steuerkette (Mot) / silent timing chain
Geräusch·messer m, -meßgerät n / noise-meter ‖ ~platte f (Phono) / sound effect record ‖ ~prüfer m / noise meter ‖ ~prüfung f, -test m, -untersuchung f / noise test ‖ ~quelle f, Störquelle f / noise source ‖ ~spannung f (Fernm) / noise voltage o. potential, psophometric voltage ‖ ~spannungsmesser m, Psophometer n (Fernm) / circuit noise meter, psophometer ‖ [subjektiver] ~-Spannungsmesser, Audiometer n / noise audiometer ‖ ~spektrum n / noise spectrum ‖ ~sperre f, Squelch m (Elektronik) / squelch [circuit] ‖ ~übertragung f / noise transmission ‖ ~-Übertragung f durch seitliche Nebenschlüsse / flanking transmission ‖ ~unterdrücker m / noise suppressor ‖ ~voll, laut / noisy
Gerbaktivität [eines Gerbmittels] / tanning action
Gerbe·brühe f, flüssiges Gerbmittel / tan[ning] liquor ‖ ~mühle f, Schälgang m (Mühle) / husking mill
gerben / tan, bark ‖ ~, zurichten / dress ‖ ~, weißgerben / taw ‖ ~ n / tanning [action], tannage, tannery ‖ ~ in der Lohbrühe / liquor tanning ‖ ~ in Alaun (o. Aluminiumsulphat) ~ (Gerb) / steep in alum ‖ [rot] ~ / tan ‖ sämisch ~ / shamoy-dress, chamois-dress ‖ weiß oder gelb ~ / taw vt
Gerber m, Loh-, Rotgerber m / tanner ‖ ~balken, -träger m / Gerber beam, cantilever girder ‖ ~brücke f / Gerber type cantilever bridge
Gerberei f / tannery, tanyard ‖ ~hilfsprodukt n, -mittel n / tanning auxiliary
Gerberette f, Kragarm m (Bau) / jib [boom], gibbet
Gerberfett n, Degras n / spent fish oil o. train oil, moellen, degras
Gerbergelenk n (Stahlbau) / Gerber joint
Gerber·kalk, Äscher m (Gerb) / slaked o. slack lime, chalk lime ‖ ~lohe f (Gerb) / tan[, bark] bark
Gerbernorm, CCIR-Norm f (625 Zeilen usw) (TV) / European television standard, Gerber television standard, C.C.I.R. standard
Gerberrot, Phlobaphen n (Gerb) / phlobaphene
Gerbersche Momentenfläche f / Gerber's diagram of moments
Gerber·sumach m / sumac[h], shumac ‖ ~wolle f

(abgebeizte Wolle) / pelt wool, pulled o. fellmongered o. plucked wool, tanner's wool

Gerb·extrakt *m* (Gerb) / wattle ‖ **pulverförmiger ~extrakt** / powdered tanbark ‖ **~saures Albumin** / albumin tannate ‖ **~säure** *f* / tannic acid ‖ **~stoff** *m*, -mittel *n* / tanning agent o. substance ‖ **~stoffpflanze** *f* / tanniferous plant ‖ **~stoffverfärbung** *f* (Holz) / tannin coloration

gerebelt, in Körnerform (Mais) / shelled

gerechnetes Gewicht (Luftf) / design weight

Gerechtsame *f* (Hydr) / concession ‖ **~**, Bergbaugerechtsame *f*, Berechtsame *f* / privilege of exploitation, right of exploitation

gereckt (Faden) (Plast) / oriented ‖ **~e Polypropylenfolie** / DPP film ‖ **~e Salzblase** (Glas) / gray blibe

geregelt / controlled ‖ **~** (Elektr) / regulated ‖ **~e Anlage** / control system of a process (US) ‖ **~er Anlageteil** / automatic control system ‖ **~e Atmosphäre** / controlled atmosphere ‖ **~er Katalysator** / computer-controlled catalytic converter ‖ **~er Ladedruck** (Öl) / regulated loading pressure ‖ **~e Ladespannung** / regulated charge voltage ‖ **~es Netzteil** (Elektronik) / regulated power supply ‖ **~e Prozeßoptimierung** / feed-back process optimization ‖ **~er Vergaser** / feedback carburetor, electronically controlled carburetor, controlled E/F ratio carburetor, Gen. Motors: electrical solenoid controlled carburetor ‖ **~er Zustand** / controlled condition

gereinigt, rein / purified ‖ **~er Birkenholzteer** / essential oil of birchwood (US) ‖ **~er Schwefel** / washed sulphur ‖ **~er Weinstein** / cream of tartar

Gergelimöl *n* / sesame o. gingilli oil

gerichtet / directed, directional ‖ **~**, gleichgerichtet (Elektr) / rectified ‖ **~e Antenne** / directional o. beam antenna ‖ **~es Blech** (Walzw) / straightened sheet, flat sheet ‖ **~es Bohren** (Öl) / directional well drilling, high-drift angle drilling ‖ **~e drahtlose Telegrafie** / directed wireless telegraphy ‖ **~er Empfang** / directed o. directive reception ‖ **~ erstarrtes Eutektikum** / directionally solidified eutectic ‖ **~e Erstarrung** / directional solidification ‖ **~er Großlautsprecher** / bull horn speaker ‖ **~es Mikrophon** / line microphone ‖ **~e Rahmenantenne** / directional frame antenna ‖ **einseitig ~** (Elektronik) / unidirectional ‖ **entgegengesetzt ~** / opposite, inverse

Gerichts·chemie *f* / forensic o. legal chemistry ‖ **~chemiker** *m* / public analyst

gerieft / fluted ‖ **~**, gerändelt / knurled, milled ‖ **~**, gefressen / rutted ‖ **~** (Walzw) / checkered ‖ **~e Oberfläche** (Plast) / pulled surface

geriffelt / corrugated, corr. ‖ **~es Pedal** / rat-trap pedal

gerillt, Rillen... / grooved

gering, niedrig / mean, inferior, low ‖ **~** (Niederschläge) / light ‖ **~**, klein, unbedeutend / slight, small ‖ **~er**, kleiner [als] / less ‖ **~es Fließvermögen** (Plast) / low flow ‖ **~er Gehalt** / low percentage o. proportion ‖ **~er Integrationsgrad** (Elektronik) / small-scale integration, SSI ‖ **~er Stromverbrauch** / low power drain ‖ **~er Tiefgang** (Schiff) / shallow draught ‖ **~es Vakuum** / low vacuum ‖ **~e Verwerfung** (Bergb) / hitch ‖ **~er werden**, kleiner werden, abnehmen / lessen *vi* ‖ **~-affin** / low-affinity... ‖ **~bituminös** (Kohle) / low volatile

geringelt / annulated

geringer werden an Zahl / drop off

geringfügig, schwach / faint, slight, thin ‖ **~**, unbedeutend / minor, negligible ‖ **~**, an der Grenze, Rand... / marginal ‖ **~er Schaden** / minor damage

geringhaltig (Erz) / base, lowgrade, lean, poor

geringhaltig·es Silber / silver of base alloy

geringmächtig (Bergb) / thin

geringst, kleinst / least ‖ **~...** / minimum ‖ **~er quadratischer Fehler** / minimal mean square error, MMSE ‖ **~maß** *n* / minimum ‖ **~wert** *m* / minimum [value] ‖ **~wertig** (DV) / least significant

geringwertig, minderwertig / base ‖ **~** (Erz) / base, lowgrade, poor [grade], lean ‖ **~e Kohle** / inferior coal

gerinnbar, koagulierbar / coagulable

Gerinne *n*, Ablaufkanal *m*, Zulauf *m* (Wasserrad) / flume, raceway ‖ **~** (Aufber, Bergb) / launder, sluice ‖ **~** (Gieß) / chute, gutter ‖ **~ einer Schleuse** (Hydr) / paddle hole

gerinnen *vi*, koagulieren / coagulate, concrete ‖ **~**, klumpig werden / curdle, lump ‖ **~** (Milch, Fett) / curdle, clot ‖ **~**, zusammenlaufen, sich verdicken / congeal, pectize, curdle, clod ‖ **~** (Hütt) / concrete *vi* ‖ **~** *n*, Koagulation *f* / coagulation, concretion, clotting ‖ **~**, Käsen *n* / caseation ‖ **~ machen**, zum Gerinnen bringen / coagulate *v*, thicken, congeal, clot *vt* ‖ **zum ~ bringen**, käsig ausscheiden / curdle, curd

Gerinnsel *n*, Klümpchen *n* / clot, coagulate

gerinnungs·hemmend / anticoagulating ‖ **~hemmer** *m* / anticoagulant ‖ **~mittel** *n* / coagulant

Gerippe, Skelett *n* (Stahlbau) / frame, carcass ‖ **~** (Luftf, Schiff) / carcass, hull ‖ **~**, Spantenwerk *n* (Schiff) / framing ‖ **~** (Egoutteur, Pap) / mandrel, mandril

gerippt / fluted, corrugated, corr., structured (US) ‖ **~**, gerieft / ribbed, fluted ‖ **~** (Walzw) / ribbed ‖ **~** (Federstahl) / ribbed and grooved ‖ **~**, mit Filz- o. Walzenmarkierung (Pap) / ribbed ‖ **~** (unecht), mit unechten Wasserzeichen (Pap) / with water lines ‖ **~** (echt) (Pap) / laid ‖ **~** (Baustahl) / corrugated ‖ **~** (Web) / corded, ribbed ‖ **~er Flügelkreuzschlitz** (Schraube) / ribbed TORQ-SET recess ‖ **~e Form** (Pap) / laid mould ‖ **~er Stoff**, Cord *m* (Textil) / cord fabric

gerissen / broken, torn ‖ **~**, trezeliert (Porzellan) / chapped, chinky ‖ **~**, gesprungen / cracked, chapped, flawy ‖ **~**, gefroren / frosted ‖ **~e Kettfäden** *m pl* / ends down, sleepers *pl* ‖ **~er Schußfaden** (Textil) / broken pick ‖ **~er Zug** (Textil) / broken top

Germanit *m* (Min) / germanite

Germanium *n*, Ge (Chem) / germanium ‖ **~...** (Chem) / germanic ‖ **~diode** *f* / germanium diode ‖ **~gleichrichter** *m* / germanium rectifier

Germizid, Desinfektionsmittel *n* / germicide

Geröll *n* (Geol) / boulders *pl* ‖ **~**, Geschiebe *n* (Geol) / rubble ‖ **~**, grober [Strand]kies (Geol) / shingle ‖ **~**, Kies *m* / pebbles, pebble stones *pl* ‖ **~...** (Geol) / detrital ‖ **~fang** *m* (Hydr) / shingle trap ‖ **~formation** *f* / boulder formation o. drift ‖ **~halde** *f* (Geol) / scree, talus

geröllig, geröllhaltig (Bergb) / pebbly, detrital

Geröll·rutsch, Sandrutsch *m* / sand [and stone] avalanche ‖ **~rutsch**, Steinlawine *f* / fall of stone o. rock

gerollt (Stanz) / roll-bent ‖ **~**, eingerollt / rolled-up, wound-up ‖ **~e Buchse** (Masch) / wrapped bush ‖ **~es Stangenscharnier** / continuous o. piano hinge

Geronnenes, Gerinnsel *n* (Chem) / concretion, congelation

geröstet / roasted ‖ **~** (Kaffee) / roast ‖ **~es Erz** (Hütt) / calcined ore, roasted ore ‖ **~e Gerste** (Brau) / charred barley ‖ **~es Holz** / torrefied charcoal ‖ **zu stark ~** / dwighted

Gersdorffit *m*, Arsennickelglanz *m* (Min) / nickel arsenic glance, gersdorffite

Gerste *f* / barley

Gersten·korn *n* (Web) / huckaback ‖ **~kornbindung** *f* (Textil) / huckaback weave, barleycorn weave ‖ **~kornleinen** *n*, Huckaback *m* / huckaback drills *pl* ‖ **~malz** *m* (Brau) / barley malt ‖ **~schleim** *m* (Brau) / coagulation of barley, mucilage ‖ **~zucker** *m* / barley sugar

GERT-Verfahren *n* (Netzplan) / GERT system (graphical evaluation and review technique)

Geruch *m* / odor, odour (GB) ‖ **~ nach heißgewordenen Teilen** / close smell ‖ **[schlechter o. guter] ~** / smell ‖ **übler o. schlechter ~** / reek, strong o. disagreeable smell, obnoxious odor ‖ **~dicht** / smell-tight ‖ **~freies Petroleum** / deobase, deodorized kerosine ‖ **~los** / inodorous, nonodorous, odorless, scentless, without smell o. scent ‖ **~los machen**, Geruch beseitigen / deodorize

Geruchs·belästigung f / annoyance caused by bad smell ‖ ⁓**messung** f / odorimetry, olfactometry ‖ ⁓**probe** f / smelling test, olfactory test ‖ ⁓**sinn** m / scent, sense of smell ‖ ⁓**träger**, geruchsbildender Anteil einer Verbindung m / osmophore, odoriphore ‖ ⁓**verhütung** f / odor control ‖ ⁓**verschluß** m / air o. drain o. stench o. stink trap, water seal o. trap, siphon [trap] ‖ ⁓**verschluß** m zwischen Haus u. Straßenkanalisation (Bau) / disconnecting manhole, D.M.

gerufen·e Station (DV) / called station ‖ ⁓**er Teilnehmer**, B-Teilnehmer m (Fernm) / called party

gerundet (Walzw) / radiu[s]sed ‖ ⁓, auf-, abgerundet (Math) / rounded ‖ ⁓ (Gewinde) / rounded ‖ ⁓**e Kante** / radiu[s]sed edge ‖ ⁓**es Trapezgewinde** / rounded acme thread

Gerüst n, Lager n / bench, horse ‖ ⁓, Rahmen m / framing, housing ‖ ⁓, Bühne f / scaffold, stage ‖ ⁓, Gerippe n / skeleton, shell, carcass, cage ‖ ⁓, Baugerüst n / scaffold ‖ ⁓ (Walzw) / stand ‖ ⁓ abschlagen (Bau) / strike down o. take down a scaffold ‖ ⁓ **aus Schnittholz** (Bau) / gabbart scaffold, gabers scaffold ‖ **ein** ⁓ **aufschlagen** / scaffold, raise a scaffold ‖ ⁓**absetzwagen** m (Keram) / finger car ‖ ⁓**abstand** m (Walzw) / spacing of mill stands ‖ ⁓**auflager** n (am Gebäude) / spout ‖ ⁓**baum** m, Rüstbaum m, Gerüststange f / scaffolding standard, gin pole (US) ‖ ⁓**brücke**, Bockbrücke f / trestle bridge, trestlework (US) ‖ ⁓**brücke** (provisorisch) / scaffold [work] bridge ‖ ⁓**eiweiß** n, Skleroprotein n / scleroprotein ‖ ⁓**holz** n (Bau) / counterbracket ‖ ⁓**keile** m pl / slack blocks pl ‖ ⁓**klammer** f, Bauklammer f / cramp [iron], dog ‖ ⁓**loch** n, Rüstloch n (Bau) / putlog hole ‖ ⁓**nagel** m (doppelköpfig) / scaffold nail ‖ ⁓**schraube** f / tripod jack ‖ ⁓**silikat** n (Geol) / tectosilicate ‖ ⁓**stange** f, Rüstbaum m (Bau) / trestle pole, scaffold[ing] pole ‖ **senkrechte** ⁓**stange** / standard ‖ ⁓**stoff**, Builder m (Waschmittel) / builder ‖ ⁓**stütze** f (Bau) / counterbracket ‖ ⁓**substanz** f, -stoff m (Biol) / skeleton substance

gerüttelt / vibrated
gesägtes Holz / stuff
gesalzen / salted
Gesämeausleser, Trieur m (Mühle) / grain cleaning machine, trieur
gesammelt, Sammel… / collective ‖ ⁓**e Produktion** (Buch) / collect-run production
gesamt / complete, entire, whole ‖ ⁓ / consolidated ‖ ⁓, ganz, gesammelt / all, aggregate, total ‖ ⁓, zusammenfassend / aggregative ‖ ⁓, brutto / gross ‖ ⁓, total, Gesamt…, Total… / total ‖ ⁓**e absorbierte Dosis** (Nukl) / integral dose, total absorbed dose ‖ ⁓**e äquivalente Bremsleistung** (Luftf) / total equivalent brake horsepower, t.e.h.p. ‖ ⁓**e Fertigungs- o. Herstellungszeit**, -dauer / total process time ‖ ⁓**e Kolbenbelastung** / total piston load ‖ **die** ⁓**e Ausrüstung o. Ausstattung** (allg) / rig ‖ **die** ⁓**e Besatzung** (Nav) / company ‖ ⁓**abdampfrückstand** m (Öl) / total gum ‖ ⁓**abförderung** f (Bergb) / total extraction ‖ ⁓**ablauf-Prüfeinrichtung** f / overall checkout equipment, OCOE ‖ ⁓**abmessungen** f pl / total dimensions pl ‖ ⁓**abreicherungsspannung** f (Atom, Nukl) / total depletion voltage ‖ ⁓**absorptionskoeffizient** m (Nukl) / total absorption coefficient ‖ ⁓**absturz** m, -fallhöhe f / drop, height of fall ‖ ⁓**aktivitätsausstoß** m, -abgabe, -freisetzung f (Reaktor) / total activity discharge o. release ‖ ⁓**alkalität** f, (jetzt:) Alkalität f (Wasser) / total alkalinity ‖ ⁓**anfangsmasse** f (Raumf) / gross lift-off weight, GLOW ‖ ⁓**anlagekosten** pl / total prime cost pl ‖ ⁓**anlageplan** m (Bau) / general plan ‖ ⁓**anordnung**, Übersicht f / general arrangement o. outlay ‖ ⁓**anschluß** m (Elektr) / total connections pl ‖ ⁓**anschlußwert** m (Elektr) / total connected load o. wattage ‖ ⁓**ansicht** f / general view ‖ ⁓**ansicht** f (Bau) / location drawing ‖ ⁓**asche** f (Chem) / total ash ‖ ⁓**aufnahme** f (Phot) / long shot, LS,

establishing o. master shot, vista shot (US) ‖ ⁓**auftrieb** m (Luftf) / gross o. total lift ‖ ⁓**auftriebsmittelpunkt** m / center of gross lift o. of total lift ‖ ⁓**ausbeute** f / overall yield ‖ ⁓**ausfall** m, Stromausfall m (Elektr) / blackout ‖ ⁓**auslastung** f (Luftf) / overall (o. all-up o. weight) load factor, revenue ton-mile load factor ‖ ⁓**ausstattung** f **in Hardware und Software und Leistung** (DV) / architecture of a computer ‖ ⁓**auswuchtzeit** f (einschl. Auf- u. Abspannen) / floor-to-floor time of a balancing cycle ‖ ⁓**bandbreite** f (TV) / total width of frequency bands ‖ ⁓**basenzahl** f (Öl) / total base number ‖ ⁓**beanspruchung** f / total load ‖ ⁓**bedarf** m / total demand ‖ ⁓**belegschaft** f / total staff ‖ ⁓**betrag** m / total [amount], sum total, sum ‖ ⁓**betrag**, Bruttobetrag m / gross amount ‖ ⁓**-Bezugsäquivalent** n (Fernm) / total reference equivalent ‖ ⁓**-Bezugsverzerrungsgrad** m (Fernm) / degree of gross start-stop distortion ‖ ⁓**breite**, Baubreite f / overall width ‖ ⁓**bremsweg** m (Kfz) / overall stopping distance ‖ ⁓**drehimpuls**, Gesamtdrall, -spin m (Phys) / total moment of momentum, total spin ‖ ⁓**druck** m (Luftf) / total head ‖ ⁓**druck** m (Aerodynamik) / total pressure ‖ ⁓**durchflutung** f (Elektr) / electric loading ‖ ⁓**durchflutung** f je cm Ankerumfang (Elektr) / specific electric loading ‖ ⁓**eigenschaften** f pl / overall properties pl ‖ ⁓**entkohlung** f / complete decarburization ‖ ⁓**entladungsstrecke** f (Röhre) / main gap ‖ ⁓**-Erdbewegung** f (für eine Baustelle) / haul ‖ ⁓**erdungswiderstand** m / total earthing resistance ‖ ⁓**fahrstraßenauflösung** f (Bahn) / route locking with no sectional release ‖ ⁓**fallhöhe** f (Hydr) / total head ‖ ⁓**fehler** m des Kompasses / total compass error ‖ ⁓**feuchtigkeit** f / total humidity ‖ ⁓**flügelfläche** f / gross wing area ‖ ⁓**fluggewicht** n / all-up weight ‖ ⁓**flugzeit** f / flying time ‖ ⁓**-Formänderung** f, Formänderung f / total strain ‖ ⁓**frequenzgang** m (Magn.Bd) / write-read frequency response ‖ ⁓**gewicht** n / total weight ‖ ⁓**gewicht** n (Luftf) / gross weight ‖ **höchstzulässiges** ⁓**gewicht** (Kfz) / laden weight ‖ ⁓**güte** f (Resonator) / Q_{loaded} ‖ ⁓**güte** f (Fernm) / connection overall quality ‖ ⁓**härte** f (Wasser) / total hardness
Gesamtheit f / entity ‖ ⁓ (allg, Math) / whole n ‖ ⁓ **der Dienstprogramme** (DV) / utility system
Gesamt·heizfläche f / aggregate heating surface ‖ ⁓**hub** m / total lift ‖ ⁓**hubraum** m / engine swept volume ‖ ⁓**informationsinhalt** m / gross information content ‖ ⁓**keimzahl** f, -kolonienzahl, GKZ (Pap) / total germination number ‖ ⁓**klirrdämpfung** f / harmonic distortion attenuation ‖ ⁓**klirrfaktor** m (Fernm) / coefficient of total harmonic distortion, total harmonic distortion, THD ‖ ⁓**kohlenstoff** m / total carbon, TC ‖ ⁓**kolonienzahl** f, GKZ (Pap) / total germinating number ‖ ⁓**kontrast** m (TV) / overall contrast ratio ‖ ⁓**kosten eines Gebäudes** (während der Lebensdauer) pl / life cycle costs of buildings, LCC ‖ ⁓**ladungszahl** f / total charge number ‖ ⁓**länge** f, Länge über alles / length over all, LOR, overall o. total length ‖ ⁓**last**, -belastung f / total load ‖ ⁓**leistung** f / total output ‖ ⁓**leistung** f **einer Grube** / overall output ‖ ⁓**lichtfluß** m / beam flux ‖ ⁓**lieferung** f / lot ‖ ⁓**mächtigkeit** f einschließlich Bergemittel (Bergb) / total thickness o. substance, overall thickness ‖ ⁓**maß** n, -abmessung f / overall dimension ‖ ⁓**masse** f / overall mass ‖ ⁓**masse** f **des Schmiedemetalls** / platter ‖ ⁓**menge** f (Math) / universal set ‖ ⁓**muster** n / gross sample ‖ ⁓**nennbruchlast** f **aller Drähte** (Seil) / nominal aggregate breaking load of all the wires ‖ ⁓**plan** m, -übersicht f / general plan, master plan ‖ ⁓**-Poldichte** f / total pile fiber content ‖ ⁓**porenvolumen** n / total pore volume ‖ ⁓**produktion** f **in t** (Tonnage) f (Bergb) / section through the entire coal field ‖ ⁓**profil** n (Bergb) / section through the entire coal field ‖ ⁓**querschnitt** m (Nukl) / bulk cross section ‖ ⁓**-Querschnittsabnahme** f (Walzw) / overall reduction [of cross section] ‖ ⁓**reaktion** f / overall reaction ‖ ⁓**rückstrahlung** f, Totalreflexion f / total

reflection ‖ ⁓sauerstoffbedarf m / total oxygen demand ‖ ⁓schadstoffkonzentration f (Kfz) / total emission concentration ‖ ⁓schallpegel m / overall noise level ‖ ⁓schaltstrecke f (Elektr) / total distance of break ‖ ⁓schaltverlust m (Fernm) / net switching loss ‖ ⁓schnitt m, Blockschnitt m (Stanz) / combination die, compound press tool ‖ ⁓schnitt m (Bergb) s. Gesamtprofil ‖ ⁓schub m (Propeller) / shaft thrust ‖ ⁓schwefel m / total sulphur ‖ ⁓-Sonnenreflektanz f / total solar reflectance ‖ ⁓sonnenstrahlung f, G.S.R. f / global solar radiation, G.S.R. ‖ ⁓spannung f (Elektr) / overall o. total voltage ‖ ⁓spin, Gesamtdrall m (Phys) / total moment of momentum, total spin ‖ ⁓stege m pl einer Form, Format n (Buch) / head, sides, and foot sticks pl, furniture ‖ ⁓strahlung f / total radiation ‖ ⁓strahlungspyrometer n / total radiation pyrometer, rayotube pyrometer, ardometer ‖ ⁓strahlungstemperatur f (Temp.-Strahler) / full radiator temperature ‖ ⁓stromverbrauch m / overall power consumption ‖ ⁓summe f / lump sum, [sum] total, total sum ‖ ⁓summenkarte f (Statistik) / cumulative sum chart, cusum chart ‖ ⁓summenkarte f / cusum chart ‖ ⁓system n (Metallogr) / compound system ‖ ⁓tabulatorlöscher m (Schreibm) / tab release ‖ ⁓temperatur f (Luftf) / total temperature ‖ ⁓überdeckung f (Getriebe) / total contact ratio ‖ ⁓übersicht f (Btx) / main menue ‖ ⁓-Übersicht f / conspectus ‖ ⁓übersicht f (Bau) / general plan, master plan ‖ ⁓verband m (Stahlbau) / web system ‖ ⁓verlust m (Elektr) / total loss ‖ ⁓verlustleistung f (Diode) / total dissipation of energy ‖ ⁓verlustverfahren n / determination of efficiency by total losses ‖ ⁓verstärkung f (Elektronik) / net gain ‖ ⁓verstärkung f (Fernm) / overall amplification o. gain ‖ ⁓verzug m (Spinn) / overall draft, total draft ‖ ⁓verzugsfeld n (Spinn) / total drafting zone ‖ ⁓-Vielfachfeld n (Fernm) / complete multiple ‖ ⁓vorschub m (Bohrer) / feed travel of a drill ‖ ⁓wärmeleistung f (Reaktor) / rated total thermal power ‖ ⁓wärmewiderstand m (Halbl) / thermal impedance, junction to coolant ‖ ⁓werkzeug n (Fließpressen) / extrusion sub-press ‖ ⁓widerstand m (Elektr) / joint resistance, combined resistance ‖ ⁓widerstand m (Luftf) / total drag ‖ ⁓wirkungsgrad m / overall efficiency ‖ ⁓zeichnung f / general plan ‖ ⁓zeit f (Wzm) / floor-to-floor time ‖ ⁓zucker m / total sugars content

Gesäßleder n (Bergb) / leather backside apron

gesättigt (Chem) / saturated ‖ ⁓er Dampf (Phys) / saturated vapour ‖ ⁓e Diode (Elektronik) / saturated diode [valve] ‖ ⁓er Kohlenwasserstoff / saturated hydrocarbon ‖ ⁓e Lösung / fat o. saturated solution ‖ ⁓e Verbindung (Chem) / saturated compound ‖ ⁓ste Farbe / pure colour (lying on the purple boundary)

geschachtelt (DV) / nested, nesting

geschaffen / made ‖ ⁓ o. entwickelt [für] / made [for], designed o. meant [for]

Geschäft n / business

Geschäfts·anschluß m (Fernm) / business telephone ‖ ⁓bezirk m (Ggs: Wohnbezirk) / business district ‖ ⁓flugzeug n / business aircraft, executive transport ‖ ⁓formulare n pl / business forms pl ‖ ⁓haus n / office building ‖ ⁓raum m, -lokal n / business premises pl, office ‖ ⁓straße f / shopping street ‖ ⁓wagen m, -auto n / commercial van o. car ‖ ⁓wagen m, Lieferwagen m / pick-up, delivery van ‖ ⁓zeit f, Bürostunden f pl / office hours pl ‖ ⁓zentrum n / business center

geschaltet / connected

geschältes Texturgarn / warped texturized yarn

geschätzt [auf] / assessed [at], estimated [at] ‖ ⁓er Wert / estimate ‖ ⁓e Zeit, Schätzzeit f / estimated time ‖ ⁓e Zuverlässigkeit / assessed reliability

geschält (allg, Furnier) / peeled ‖ ⁓ (Hütt) / bright turned, shelled ‖ ⁓ (Plast) / sliced ‖ ⁓er Reis / husked rice, polished rice

geschäumt, Schaum… / foamed ‖ am Ort ⁓er Kunststoff / pour-in-place foam, plastic foamed in place o. in situ

Geschehen n / action, happening

geschellt (Niet) / snapped

geschichtet, gestapelt / racked ‖ ⁓, schichtenweise / stratified ‖ ⁓ (Plast, Phys) / laminated ‖ ⁓e Aluminium-Unterlegscheibe f / laminium washer ‖ ⁓e Antenne / laminate[d] antenna ‖ ⁓e Elektrode (Schw) / electrode with multilayer covering ‖ ⁓es Phenolharz / phenolic laminate ‖ ⁓e Sprache / stratified language ‖ ⁓er Vorformling (Plast) / laminated preform ‖ ⁓e Zufallsprobe (Gieß) / stratified random sample ‖ aus Platten ⁓ / laminated

geschichtliche Entwicklung (o. Veränderung) (Masch) / history

Geschicklichkeit f / ability, aptitude ‖ ⁓, Fertigkeit f / skill, craft, art[ifice] ‖ ⁓, Fingerfertigkeit f / dexterity, facility, handiness ‖ ⁓, Kunstfertigkeit f / workmanship

geschickt / skilled ‖ ⁓, (spez:) erfinderisch / skillful, skilful ‖ ⁓e Anordnung (Bau) / convenience, -ency ‖ ⁓e Anordnung / convenient arrangement ‖ ⁓e Handhabung / manipulation

Geschiebe n (Geol) / drift, waste, boulders pl, bed load ‖ ⁓ (glazial) / glacial deposits pl ‖ ⁓bänke f pl / alluvial detritus ‖ ⁓betrieb m / bed load carried per second ‖ ⁓fracht f / annual bed load ‖ ⁓führung f, -transport m (Hydr) / bed load carried by a stream ‖ ⁓lehm m (Geol) / boulder clay, till[ite] ‖ ⁓masse f, Flußschotter m / bed load ‖ ⁓mergel m / boulder clay ‖ ⁓sand m / glacial sands pl ‖ ⁓sperre f (Hydr) / bed load retention dam

geschieden (veraltet), gekalkt (Zuck) / defecated (deprecated term), limed

geschirmt·es Kabel / shielded cable ‖ ⁓er Kabelsatz, -baum m (Kfz) / shielding harness ‖ ⁓er Kerzenstecker (Kfz) / screened spark plug connector ‖ ⁓ und wassergeschützt (Zündkerze) / screened and waterproof

Geschirr n (Ton-, Steingut, Porzellan) (Keram) / ware, (spec.:) hollow ware ‖ ⁓, Tafelgeschirr n / tableware, dishes ‖ ⁓, Hebezeug n (Schiff) / gear ‖ ⁓, Schaftwerk n (gesamte Einrichtung) (Web) / mounting, harness ‖ ⁓ s. auch Gerät ‖ ⁓einziehmaschine f (Textil) / drawing-in machine ‖ ⁓leder, Blankleder n / sleek leather ‖ ⁓rahmen m für Container / spreader ‖ ⁓schrank m / cupboard ‖ ⁓spülmaschine f / dish washer, dish washing machine ‖ ⁓spültisch, Abwaschtisch m / dish washing table ‖ ⁓teilung f (Textil) / harness pitch ‖ ⁓wärmer m / plate warmer, dish warmer ‖ ⁓ziehpresse f (Stanz) / reducing press

geschlagen (Seil) / laid ‖ ⁓ (Jacquardkarte) / punched ‖ ⁓er Nietkopf / swaged rivet head

geschlämmt·e Koalinmasse / clay slip ‖ ⁓er Schmirgel / levigated emery ‖ ⁓e Tonmasse, Schlicker m / cream of clay, slip, slop

Geschlecht n einer Fläche (Math) / genus of a surface

geschleift / looped

geschleppt / towed

geschlichtet (Web) / sized

geschliffen / ground ‖ ⁓, facettiert (Spiegel) / cut with facets, bevelled ‖ ⁓ (mit Sandpapier) (Holz) / sanded ‖ ⁓er Edelstein / cut precious stone, gem ‖ ⁓es Glas, Kristallglas n / cut glass ‖ ⁓-poliert / ground and polished

geschlitzt, Schlitz… / slit ‖ ⁓, gekerbt / slotted ‖ ⁓, mit Schlitz (Hobeleisen) / cut ‖ ⁓er Anodenblock (Radar) / radially slotted anode block ‖ ⁓e Fangbüchse f / cherry picker ‖ ⁓e Hohlleiterantenne / leaky pipe antenna ‖ ⁓er Kern (Elektr) / split core ‖ ⁓er Kontakt / bifurcated contact ‖ ⁓e Meßleitung (Koax) / slotted line ‖ ⁓er Pflugkörper (Landw) / slat bottom ‖ ⁓er Schraubenkopf / recessed screw head ‖ ⁓es Streichblech / slat mold board (US) ‖ ⁓e Unterlegscheibe / demountable washer with slot

geschlossen, zu / shut, closed ‖ ⁓, dicht / closed, tight ‖ ⁓ (allg) / closed ‖ ⁓, zu (Hahn) / off, shut, closed ‖ ⁓, insgesamt / in toto ‖ ~ (Elektr, Mot) / fully enclosed ‖ ~ (Mech) / endless ‖ ~, überdeckend (Elektr, Wicklung) / lapped ‖ ~, Serien... (Wicklung, Elektr) / re-entrant ‖ ~er **Arbeitsgang** (o. Kreisprozeß) / complete cycle ‖ ~er **Aufbau** (Kfz) / closed body ‖ ~e **Außenhaut** (Schaumstoff) / closed skin ‖ ~e **Bauart** (Elektr) / enclosed type o. construction ‖ ~e **Baugrube** / foundation ditch with sheet pile retaining wall ‖ ~e **Bebauung** / block system planning ‖ ~e **Codierung** (TV) / composite coding ‖ ~er **Container** / closed container ‖ ~er **Eisenkreis** / closed magnetic circuit ‖ ~es **Fach** (Web) / closed shed ‖ ~er **Formkasten** / tight flask ‖ ~es **Ganzes** / unit ‖ ~e **Informationskette** (DV) / burst of informations ‖ ~e **Innenlagenfuge** (Sperrholz) / hidden core gap ‖ ~er **Kabelschuh** (Elektr) / ring terminal o. tongue ‖ ~es **Kaliber** (Walzw) / closed pass, box pass o. groove o. hole ‖ ~e **Kontur** (NC) / closed contour ‖ ~er **Kreislauf** / closed cycle ‖ ~e **Kupplung** (Seil) / closed type socket ‖ ~e **Kurbelgehäuseentlüftung** / positive crankcase ventilation, PCV ‖ ~e **Masche** / closed loop ‖ **[vollständig]** ~er **Motor** (Elektr) / enclosed motor ‖ ~er **Motor mit Rohrkühlung** (Elektr) / pipe ventilated motor ‖ ~es **Netzwerk** (Elektr) / connected network ‖ ~er **Nonius** / closed vernier ‖ ~e **Oberfläche** (Vlies) / close formation, well-closed surface ‖ ~e **Ortschaft** / built-up area, urban district ‖ ~es **Oszillogramm**, Lissajousfigur f / Lissajous figure, cyclogram ‖ ~er **Polygonzug** (Verm) / closed [compass] traverse ‖ ~e **Pore** / closed pore ‖ ~es **Präparat** (Nukl) / sealed source ‖ ~e **Präzisionskreuzwicklung** (Textil) / closed precision cross winding ‖ ~es **Promenadendeck** (Nav) / covered promenade deck ‖ ~er **Regel- o. Wirkungskreis** (Regeln) / closed [control] loop ‖ ~es **Regelsystem** / closed-loop control system, servo system ‖ ~e **Ringwellung** (Kabel) / closed corrugation ‖ ~er **Riß** (Sperrholz) / closed o. tight split ‖ ~e **Seite eines Furniers** / tight side of a veneer ‖ ~e **selbstkühlende Maschine** (Elektr) / enclosed self cooling machine ‖ ~er **Speiser** (Gieß) / blind feeder o. riser (US), blind head ‖ ~es **Stauchkaliber** (Walzw) / tongue and groove pass ‖ ~e **Stellung** (Ventil) / seated position ‖ ~er **Strahl** / closed jet ‖ ~er **Stromkreis** (Elektr) / complete circuit ‖ ~er **Trogbandförderer** / apron conveyor with closed pans ‖ ~er **Übergang** (zwischen Wagen) (Bahn) / intercommunicating bellows gangway ‖ ~es **Unterprogramm** (DV) / closed o. linked subroutine ‖ ~er **Walzenständer** (Walzw) / closed top housing ‖ ~er **Weg** (Math) / closed path ‖ ~e **Wegerung** / close ceiling ‖ ~e **Wicklung** / closed winding ‖ ~e **Wicklungsnut** (Elektr) / closed slot, tunnel slot ‖ ~er **Windkanal** (Luftf) / return flow wind tunnel ‖ ~er **Wirkungsweg** (NC) / closed loop ‖ ~e **Zelle** (Schaumstoff) / closed cell ‖ ~er **Zug**, Blockzug m (Bahn) / block train ‖ **in sich** ~ / self-contained

Geschlossenfach n (Web) / closed shed

geschlossenzellig (Schaumstoff) (Plast) / closed-cell... ‖ ~er **Schaumstoff** / cellular material with closed cells

geschmacklos (Chem) / tasteless

Geschmacks·empfindlichkeit f / sensitivity of taste ‖ ~**muster** n / registered design [of shape o. appearance], registered effect ‖ ~**musterschutz** m / protection of effects o. designs ‖ ~**sinn** m / sense of taste ‖ ~**stoff** m **für Nahrungsmittel** / food flavouring ‖ ~**verstärker** m / (schwach:) potentiator, (stärker:) enhancer ‖ ~**versuch** m **an drei Proben** / triangular tasting

geschmeidig, nachgiebig / plastic, ductile ‖ ~, biegsam / pliant, supple, pliable, flexible, limber ‖ ~, hämmerbar / ductile, malleable ‖ ~ **machen** / soften, supple

Geschmeidigkeit f, Weichheit f / softness ‖ ~, Nachgiebigkeit, Elastizität f / suppleness, pliability, flexibility, limberness

geschmiedet (Stahl) / wrought, forged ‖ ~es **Kupfer** /

wrought copper ‖ ~er **Rohling** / rough [drop] forging

geschmirgeltes Gewebe (Textil) / emerized fabric

geschmolzen, schmelzflüssig / molten ‖ ~, zerlassen / melted ‖ ~es **Schweißgut** / weld metal ‖ **an der Luft** ~ (Hütt) / air-melted

geschnitten (Verzahnung) / machine-cut ‖ ~ (Hütt, Kante) / sheared ‖ ~, abgeschnitten / cut-off adj ‖ ~er **Glasspinnfaden**, geschnittenes Textilglas / chopped glass strand ‖ ~e **Waren** (Wirkerei) f pl / cut-up goods pl ‖ **auf [Kunden]maß** ~es **Holz** / dimension lumber o. stock

geschnitzelt (Zuckerrohr) / knifed

geschobener Zug (Bahn) / backed-up train

geschoren (Schiff) / reeved ‖ ~ (Samt) / cut

Geschoß n, Gewehrkugel f / ball, projectile of a fire arm, bullet ‖ ↗, Granate f / shell ‖ ↗ (Bau) / storey (GB), story (US), floor ‖ ↗**boden** m (Mil) / shell base ‖ ↗**decke** f / ceiling

Geschosse n pl, Hochbauteil m (Bau) / upper works pl

Geschoß·ebene f / floor level, story level ‖ ↗**höhe** f, Stockwerkshöhe f (Bau) / height between floors ‖ ↗**spitze** f / head o. nose o. ogive of a projectile

geschränkt / crossed, wrenched in alternate directions

geschraubt, an-, aufgeschraubt, Schraub... / screwed ‖ ~es **[Kreuzungs]herzstück** (Bahn) / built-up crossing

geschrieben, vom Benutzer ~ (Programm) / user-coded

geschrumpft / contracted, shrunk ‖ ~ (Geschützrohr) / built-up, multi-section...

Geschütz n / cannon, gun ‖ ↗**aufsatz** m / telescopic sight, range finder ‖ ↗**aufsatz**, Stangenaufsatz m / tangent sight ‖ ↗**rohr** n / gun barrel ‖ ↗**start** m (Rakete) / gun launching

geschützt / [safe]guarded, secure ‖ ~, gesichert (allg, Elektr) / protected, safeguarded ‖ ~ **[vor]**, abgeschirmt **[gegen]** / shaded [from] ‖ ~, **[ab]gedeckt** / shielded ‖ ~ **[vor]** / impervious [to] ‖ ~, firmeneigen / proprietary ‖ ~, gedeckt / covert, sheltered, covered ‖ ~e **Bauart** (Elektr) / protected type ‖ ~ **gegen zufällige Berührungen** / contact-voltage proof ‖ ~er **Isolator** / armoured insulator ‖ ~e **Lage** / sheltered site ‖ ~e **Sicherung** (Elektr) / Home Office fuse (Engl) ‖ ~er **Speicherbereich** (DV) / protected storage area o. location ‖ **nicht mehr** ~, abgelaufen / expired

Geschützverschluß m / action of a gun, breech

geschwächt, verdünnt / attenuate[d]

geschwärzt / blackened ‖ ~e **Anode** (Elektronik) / carbonized anode

geschwefelt, schwefelhaltig / sulphuretted, sulphured ‖ ~, Schwefel... (Chem) / thio..., containing sulphur ‖ ~es **Fettöl** / sulphurized vegetable oil ‖ ~er **Kautschuk** / converted India rubber

geschweift / curved, curvate[d] ‖ ~er **Griff** (Zange) / flared handle ‖ ~e **Klammer** (Buch) / curly bracket, brace ‖ ~er **Rücken** (Säge) / skewback

geschweißt, Schweiß... / welded ‖ ~e **Aufnahme** / socket weld ‖ ~e **Kette** / welded o. weld-link chain ‖ ~e **Langschienen** f pl, Langschienen f pl / long welded rails pl, ribbon rails (US) pl ‖ ~er **Leichtträger aus Walzprofilen** / castellated welded light beam ‖ ~er **Träger aus Walzprofilen** / castellated welded beam ‖ ~er **Träger aus Walzprofilen für Stützen** / welded support made of rolled sections

Geschwindigkeit f / speed, velocity ‖ ↗, Schnelligkeit f / quickness, speed ‖ ↗, Gangart f / pace, speed, rate [of] speed ‖ ↗, Drehzahl f / speed, number of revolutions, r.p.m. ‖ ↗, Gang m (Kfz) / speed ‖ ↗, Fahrt f (Schiff) / headway ‖ ↗ **am Umfang** / peripheral speed ‖ **beim Übergang von laminarer in turbulente Strömung** (Hydr) / higher critical velocity ‖ **in beliebiger Richtung** (Skalargröße) / velocity ‖ ↗ **in bestimmter Richtung** (Vektorgröße) / velocity ‖ ↗ **von 10 Anschlägen je sec** / 10 strokes-per-second rate ‖ **mit einer** ↗ **[von]** / at a rate [of] ‖ **mit mehreren** ↗**en** / multispeed ‖ **volle** (o. größte o. höchste o. maximale)

↝ / full o. top speed

Geschwindigkeits·abnahme f / speed reduction, decrease of speed, deceleration ‖ **↝abstufung** f / speed o. velocity graduation o. staging ‖ **↝änderung** f / speed variation ‖ **↝änderungstaste** f / variable speed control ‖ **↝anzeiger** m, -messer m, Tachometer m n / speed indicator, speedometer ‖ **↝aufschaltung** f (Regeln) / rate feedback ‖ **↝-Aussteuerung** f (Röhre) / depth of velocity modulation ‖ **↝begrenzung** f / speed limit[ation] ‖ **mit aufgehobener ↝begrenzung** (Straßb) / derestricted ‖ **↝bereich** m / speed range ‖ **↝fehler** m (TV) / velocity error ‖ **↝fluktuation** f (Hydr) / eddy velocity, fluctuation velocity ‖ **↝-Gefälle, Schergefälle** n (Rheologie) / shear rate ‖ **↝gitter** n (Ballistik) / velocity frame ‖ **↝grenze** f, -begrenzung f / speed limit ‖ **↝kategorie** f (Reifen) / speed category ‖ **↝konstante** f (Raumf) / rate constant ‖ **↝konstante [erster Ordnung]** (Chem) / specific reaction rate, velocity constant ‖ **↝messer** m (Luftf) / airspeed indicator ‖ **↝messer** m, -anzeiger m, Tachometer m n / speed indicator, speedometer ‖ **↝messer, -anzeiger** m (Ballistik) / velocimeter ‖ **↝messer** m (Schiff) / patent log, harpoon o. taffrail log ‖ **↝modulation** f (Elektronik) / velocity modulation, VM ‖ **↝moduliert** (Elektronik) / velocity-modulated ‖ **↝plan** m, -schaubild n / speed diagram, diagram of velocities ‖ **↝plan** m (Kinematik) / velocity vector diagram ‖ **↝potential** n, Potentialfunktion f (Hydr) / potential function ‖ **↝profil** n (Thermodynamik) / velocity profile ‖ **↝rad** n (Turbine) / velocity wheel ‖ **↝regelung** f / speed control ‖ **adaptive ↝regelung** (Kfz) / adaption speed control, ASC ‖ **↝regler** m / actuator, speed regulator ‖ **↝schock** m / velocity shock ‖ **↝schreiber** m / speed recorder ‖ **↝schwankung** f / variation of o. in speed ‖ **↝schwankung** f, -änderung f, (spez:) -abstufung f / speed fluctuation ‖ **↝selektor m für Neutronen** / neutron velocity selector ‖ **↝-Sortierung** f (von Elektronen) (Phys) / velocity distribution o. sorting ‖ **↝spektrograph** m / magnetic spectrograph ‖ **↝streuung** f / divergence from the average speed ‖ **↝stufe** f (Masch) / rate, speed ‖ **↝stufe** f (Turbine) / velocity stage ‖ **↝tor** n (Doppler-Radar) / velocity filter ‖ **↝trommel** f (Wzm) / drum of the speed change gear ‖ **↝überschreitung** f / speeding ‖ **↝verlust** m / lost motion ‖ **↝wechselrad**, -wechselgetriebe n / speed change gear, selective gear ‖ **↝-Zeit-Diagramm** n (Bahn) / speed-time curve ‖ **↝-Zuwachs** m / velocity increment

geschwollen / swollen [up]

geschwungen / curved, curvate[d]

Gesellschaft, Vereinigung f / association

Gesellschafts·-Erdschluß m / polyphase earth ‖ **↝-Erdschluß** m (zweiphasig) / double earth fault ‖ **↝fahrt**, -reise f (Bahn) / party travel ‖ **↝leitung** f (Fernm) / party line [for two subscribers], multiparty line ‖ **↝raum** m (Bau) / drawing room

gesendet·e Welle (Elektronik) / transmitted wave ‖ **↝ werden** (Radio) / air vi

gesengt (Textil) / gassed, singed

Gesenk n / swage, forging die ‖ **↝**, Zwischenschacht m (Bergb) / staple [pit], winze, shaft [between galleries] cut downward ‖ **↝ mit gebrochener Teilfuge** / forging die with stepped o. cranked parting line ‖ **↝amboß** m / grooved o. swage anvil ‖ **↝biegepresse** f, -biegemaschine f / bending press, folding press, folding press, press brake (US) ‖ **↝block** m (Schm) / die block, drop-forging block ‖ **↝bördeln**, Stanzbördeln n (Stanz) / flanging, cupping ‖ **↝drücken**, Nachschlagen n / sizing, coining ‖ **↝einsatz** m / die insert ‖ **↝formen** n (DIN 8583) / forming under compressive conditions ‖ **↝fräser** m / diesinking cutter ‖ **↝fräsmaschine** f / die milling machine ‖ **↝fuge** f (Schm) / die-joint ‖ **↝führung** f / spigot and recess of a selfsetting die ‖ **↝halter**, Schabotte-Einsatz m / anvil cap, bolster of an anvil, sow

block ‖ **↝hammer** m (Schm) / top swage, drop o. swage hammer ‖ **↝klotz** m, -block m, -stock m / swage block ‖ **↝kopierfräsmaschine** f (Wzm) / copy-milling machine ‖ **↝prägepresse** f (Wzm) / die sinking press ‖ **↝presse** f (Schm) / stamping machine o. press ‖ **↝preßteil** n / drop-o. pressure-forged part ‖ **↝schmied** m / drop forging man ‖ **↝schmiede** f / stamp shop ‖ **↝schmieden** / drop-forge, swage ‖ **↝schmieden** n, -schmiedearbeit f / drop forging o. stamping, impact forging, swaging, die-work ‖ **↝schmiedepresse**, -schmiedemaschine f / drop forging press o. machine ‖ **↝schmiedestück** n / die-formed o. pressed part, drop forging o. stamping ‖ **↝schräge** f, Anzug m (Schm) / draft o. draught o. leave of a die ‖ **↝stahl** m / die steel ‖ **↝stock** m, -block m / swage block

gesenkt (Hydr) / reduced ‖ **↝**, durchgebogen / deflected ‖ **↝e Lage** / lowered position

Gesenkteilung f (Schm) / parting plane of a die

Gesetz n (Phys, Mech, Math) / law ‖ **↝ der doppelten Exponentialverteilung** (Math) / Gumbel distribution ‖ **↝ der großen Zahlen** / law of large numbers ‖ **↝ der kleinsten Quadrate** / law of least squares ‖ **↝ der konstanten Proportionen** / law of constant o. definite proportions ‖ **↝ der multiplen Proportionen** / law of multiple proportions, Dalton's law ‖ **↝ der Nichtüberkreuzung** (Nukl) / non-crossing rule ‖ **↝ der reziproken Proportionen** (Chem) / law of equivalent o. reciprocal proportions ‖ **↝ der Serie** / law of sequence ‖ **↝ der Temperaturstrahlung** / law of isothermal radiation ‖ **↝ der Winzelkonstanz** (Min) / law of constancy of interfacial angles, Steno's law ‖ **↝ von der Erhaltung der Energie**, Energieerhaltungssatz m / principle of conservation of energy ‖ **↝ von der Erhaltung der Materie** (Phys, Mech) / law of conservation of matter, law of indestructibility of matter ‖ **↝ von Mitscherlich** / law of isomorphism ‖ **den ↝en der Mechanik zuwider** / contrary to the laws of mechanics ‖ **↝gebung** f zur Reinhaltung der Luft / clean-air regulations pl

gesetzlich (Feiertag) / legal ‖ **↝e Decklinie** (Schiff) / statutory deck line ‖ **↝ geschützt** / proprietary, protected by law ‖ **↝e [Uhr]zeit** / legal time ‖ **↝e Vorschrift** / legal o. public rule (US)

gesetzmäßig, legal / legal ‖ **↝** (Phys) / natural

Gesetzmäßigkeit f (allg) / regularity ‖ **↝en** f pl erarbeiten o. aufstellen / establish regularities

gesichert, geschützt (allg, Elektr) / protected ‖ **↝** (Statistik) / significant ‖ **↝**, selbstsichernd (Mutter) / shake-proof ‖ **↝**, sicher befestigt / safeguarded, secured, fastened ‖ **↝**, abgesichert (Elektr) / protected by fuse o. by cut-out ‖ **↝** (Zünder) / put on safety adj

Gesichts·achse f, Sehachse f (Opt) / optical o. visual axis, axis of vision ‖ **↝ebene** f (Opt) / plane of collimation, collimation plane ‖ **↝feld**, Sehfeld n / scope o. field of vision, visual field ‖ **↝feld** n, Blickfeld n / field of sight ‖ **↝feld** n (Windschutzscheibe) / vision area ‖ **↝feld**, Sichtfeld n (Instr) / field of view ‖ **↝feld** n (Phot) / camera coverage o. lines pl ‖ **↝feldblende** f (Opt) / field diaphragm ‖ **↝kreis** m / circle of the horizon ‖ **↝kreis** m, Kimm f / visual o. visible o. sensible o. apparent horizon ‖ **↝linie** f (Opt) / collimation line ‖ **↝linie** f, Sehstrahl m (Fernrohr) / visual line ‖ **↝maske**, Schutzmaske f / protecting o. safety mask, face guard o. shield o. mask ‖ **↝punkt**, Augenpunkt m (Opt) / point of sight, of the eye, principal point ‖ **↝schutz** m / face screen ‖ **↝sinn**, Sehen n / sight, vision ‖ **↝winkel** m / optical o. visual angle, angle of sight

gesiebt·e Kohle / sifted coal ‖ **↝er Saft** (Zuck) / strained juice

Gesims n, Simswerk n (Bau) / moulding ‖ **↝**, Türaufsatz m / cornice of a door, overdoor ‖ **↝leiste** f (Tischl) / profiled border

gesintert, Sinter… / sintered

gesockelter Anschluß (Elektr) / terminal with socket

gesondert gesetzter Akzent (Buch) / floating accent
gespalten, rissig / fissured ‖ ~, gerissen / cracked, cleft,
split ‖ ~ (Holz) / chopped ‖ ~er Diamant / cleft
diamond ‖ ~e Enden n pl, Dopplung f (Blechfehler) /
split ends pl ‖ ~e Finne des Hammers / claw of the
hammer ‖ ~er Keil / split pin ‖ ~er Satz (Buch) /
composition in columns ‖ ~e Steinplatte / flag
Gespann n, Gespann-, Bodenplatte f (Hütt) / group-
teeming bottom plate, bottom-pouring plate, group-
teeming stool (US) ‖ ⌐ausbau m (Bergb) / frame-type
support ‖ ⌐guß m (Hütt) / group casting (uphill), bottom
casting o. teeming ‖ ⌐-Mauermasse f (Hütt) / bottom
pouring masonry mixture ‖ ⌐pflug m / horse[-drawn]
plough
gespannt (Seil) / tight, taut, tense ‖ ~, vorgespannt /
prestressed ‖ ~, gestaut (Wasser) / banked up ‖ ~
(Grundwasser) / confined ‖ ~ (Luft im Treibhaus) / close
‖ ~e Feder / spring under tension
Gespärre, Sparrenwerk n (Bau) / rafters pl
gespeichert, latent (Bild, TV) / latent ‖ ~es Bild (Elektronik)
/ latent image ‖ ~e Daten (DV) / stored data ‖ ~e
Energie / stored energy ‖ ~es Kraftwasser / water
stored up for power production
gespeistes Element (Antenne) / driven element
Gesperr n (Uhr) / stopwork
Gesperre n, Sperrung f / locking gear o. mechanism,
safety catch ‖ ⌐, Schaltwerk n / ratchet gear o.
mechanism, click and ratchet wheel
gesperrt, zu (Hahn) / closed ‖ ~, am Starten verhindert
(Luftf) / grounded ‖ ~ (DV) / inaccessible ‖ ~ (Buch) /
spaced ‖ ~ für alle Fahrzeuge / closed to all vehicles ‖
~ setzen (Buch) / blank out, set in spaced type
gespiegelt, reflektiert / reflected
Gespinst n / spun yarn, textile fibres pl ‖ ⌐, Drahtnetz n /
wire netting ‖ ⌐faser f / spinnable fiber ‖ ⌐motte f /
ermine moth ‖ ⌐umflechtung f, Umspinnung f /
covering with thread
gespitzt, scharriert (Bau, Haustein) / nidged, nigged ‖ ~e
Fläche (Bau) / scabbled face work
gespleißt (Seil) / spliced
gesponnen (Textil) / spun ‖ ~er Asbest / spun asbestos
Gespräch n (Fernm) / call, conversation ‖ ⌐ mit
Voranmeldung / personal call, person-to-person call ‧
‖ ⌐ mit Zeitzählung / timed call ‖ ⌐ ohne Zeitzählung
/ untimed call ‖ ⌐ über 2 zwischenstaatliche
Leitungen (Fernm) / single switch call ‖ ⌐ über 3
zwischenstaatliche Leitungen, Gespräch n über zwei
Grenzen (Fernm) / double switch call, three-link
international call (US) ‖ ein ⌐ anmelden / call the
operator, book a call ‖ ein ⌐ umlegen (o. weitergeben),
weiterverbinden (Fernm) / transfer a call ‖ vom
Anmelder zu zahlendes ⌐ / send-paid call
Gesprächs·anmeldung f (Fernm) / booking a call ‖
⌐beendigung f durch Angerufenen / called party
release ‖ ⌐beendigung durch den Anrufer / calling
party release ‖ ⌐beginn m / beginning of conversation ‖
⌐dauer f / length of conversation ‖ ⌐dichte f (Fernm) /
frequency of calls, traffic flow ‖ ⌐ende n / end of
conversation ‖ ⌐gebühr f (Fernm) / call charge, toll ‖
⌐gebühreneinheit f (Fernm) / message unit ‖ ⌐minute f
/ call minute ‖ ⌐pause f (Fernm) / conversational gap,
gap in conversation ‖ hundert ⌐sekunden (Fernm) /
hundred second call ‖ ⌐teilnehmer m, Partner m
(Fernm) / partner ‖ ⌐weg m / telephone routing ‖ ⌐zahl f
(Fernm) / number of calls ‖ ⌐zähler m (Fernm) / call
counter o. [counting] meter, message register,
communication counter, service o. conversation meter ‖
⌐zähler m (beim Teilnehmer) (Fernm) / subscriber's
meter o. register ‖ bezahlte ⌐zeit je Stunde (Fernm) /
paid-time ratio ‖ ⌐zeitmesser m (Fernm) / timing
register
gesprenkelt, getüpfelt / speckled, spotted
gespritzt (Email, Farbe) / sprayed ‖ ~ (Gummi, Plast) /
extruded ‖ ~er Glühfaden (Glühlampe) / squirted

filament ‖ ~es Profil (Gummi) / extruded section o.
profile o. shape ‖ ~er Schlauch (Gummi) / extruded
hose ‖ ~e Schraube / moulded screw ‖ ~e Umhüllung,
Kokonisierung f / spray webbing, cocooning
gesprochen, aus-, zugesprochen (Fernm) / spoken ‖ ~er
Brief (DV) / voice mail ‖ ~e Mitteilung / voice-gram
gesprungen / chapped, cracked, flawy ‖ ~, geplatzt (Holz)
/ split
gespundet (Tischl) / ploughed and tongued
gestaffelt, abgestuft / graduated ‖ ~, Zick-Zack... /
staggered, zig-zag... ‖ ~e Linsenantenne / echelon lens
antenna ‖ ⌐e Pupinisierung (Fernm) / intermittent
loading ‖ ~e Straße, Zickzackduo n (Walzw) / staggered
mill ‖ ~e Vielfachschaltung (Fernm) / graded multiple
Gestalt, Form f / shape, figure, form, build ‖
⌐ annehmen / form vi ‖ äußere ⌐ (o. Form) /
geometry
Gestaltabweichung 1. Ordnung, Formabweichung f /
form error ‖ ⌐ 2. Ordnung, Welligkeit f / waviness ‖
⌐ 3.-5. Ordnung, Rauhigkeit f / surface roughness
Gestaltänderung f / modification of shape o. design
gestalten, formen / fashion, form, model, mo[u]ld, shape,
configure, frame, body ‖ ~, entwickeln / work out
Gestalt·festigkeit f / strength depending on shape o.
design, fatigue strength of large structures ‖ ~los,
amorph / amorphous ‖ ⌐magnetostriktion f, Joule-
Effekt m / positive o. Joule magnetostriction
Gestaltung f / formation, fashioning, shaping, design,
embodiement ‖ ⌐, Schöpfung f / creation ‖ ⌐,
Verwirklichung f / realization ‖ ⌐, Bau m /
configuration, conformation ‖ ⌐ von Normen /
presentation of standards ‖ ⌐ von Normenblättern /
arrangement of standard sheets
Gestaltungs·regeln f pl (z.B. Normen) / rules for the
representation
Gestaltwandel m, Metamorphose f / metamorphosis
gestampft, gestoßen / pounded ‖ ~e Ofensohle / rammed
bottom o. hearth
geständert (Hochbahn) / spandrel-braced, elevated
Gestänge n (Masch) / gear, rods pl, rod assembly, linkage
of bars ‖ ⌐ (Bahn) / track, rails and sleepers pl ‖ ⌐
(Fernm) / poles pl ‖ ⌐-Ablegen n (Öl) / racking of strings
‖ ⌐anschluß m (Vergaser) / carburetor control linkage ‖
⌐antrieb m an Schaltern (Elektr) / lever system ‖
⌐betätigung, -steuerung f / rod control, push and pull
control ‖ ⌐bewegung, Hin- und Herbewegung f (Masch)
/ travel, reciprocating o. seesaw motion ‖ ⌐bohren n
(Bergb) / rod boring, boring by means of a rod ‖
⌐bremse f (Kfz) / linkage brake ‖ ⌐bühne f (Öl) /
racking platform, monkey board ‖ ⌐hahn m (Ölbohren) /
kelly [stop] cock ‖ ⌐kanal m (Bahn) / trough for signal
rods ‖ ⌐kreuz n / cross lever, triangle ‖ ⌐pumpe f
(Bergb) / rod pump ‖ ⌐pumpen n (Öl) / sucker rod
pumping ‖ ⌐rohr n (Öl) / drill pipe ‖ ⌐rückstellfeder f,
-gegenfeder f (Bahn) / brake-gear return spring ‖
⌐steller m (Bremse) / slack adjuster ‖ ⌐steuerung f / rod
control, push and pull control ‖ ⌐zange f für
gebrochenes Gestänge (Öl) / beche ‖ ⌐ziehen n (Öl) /
well pulling
Gestank m, übler o. schlechter Geruch / stink ‖ ⌐,
fauliger Geruch / stench, putrid smell ‖ mit ⌐ erfüllen /
stink
gestanzte Nadel (Textil) / plate needle
gestapelt, geschichtet / piled [up]
gestauch·e Karkasse (Kfz, Mängel) / buckled o. upset tire
‖ ~er Stoß (Schweiß) / jump joint ‖ ~er Wulst (Reifen) /
buckled bead ‖ ~er Wulstschutzstreifen (Reifen) /
buckled chafer
gestaut (Hydr) / banked-up ‖ ~er Membrandruck /
blocked diaphragm pressure
Gestehungskosten pl / producing cost
gesteigert, erhöht / increased
Gestein n / stones pl, rock, rocks pl ‖ sekundäres ⌐ /
clastic rock ‖ ⌐arbeit, Arbeit f auf dem Gestein (Bergb)

411

/ hewing rock

Gesteins·ader f / dike, vein of rock ‖ **⌐beschreibung,** -kunde f / lithology ‖ **⌐bohrer** m, -bohrmaschine f / rock drill o. drilling machine ‖ **waagerecht arbeitender ⌐bohrer** (Bergb) / drifter ‖ **⌐bohrhammer** m / rock drilling hammer ‖ **⌐bohrmaschine** f (Bergb) / machine rock drill, drill ‖ **⌐bohrstahl** m / mining drill steel ‖ **⌐chemie** f (Geol) / petrochemistry

Gesteinschutt, Detritus m (Geol) / detritus, detrital minerals pl

Gesteins·drehbohrmaschine f / rotary rock boring machine ‖ **⌐faser,** -wolle f / mineral wool, rock wool ‖ **⌐formation** f / rock formation, terrane ‖ **⌐hauer** m (Bergb) / rock picker, drifter, stoneman (GB) ‖ **⌐keil** m (bei Verwerfungen) (Bergb, Geol) / horse ‖ **⌐kopf** m (Schachtabsenken) / stone head ‖ **⌐kunde,** -beschreibung f / lithology ‖ **[beschreibende] ⌐kunde,** Petrographie f / petrography ‖ **[physikalisch-chemische] ⌐kunde,** Petrologie f / petrology ‖ **⌐masse** f / mass of rock, rock masses pl ‖ **⌐mechanik** f / rock mechanics pl ‖ **⌐mehl** n (Bergb) / powdered mineral, rock o. stone dust ‖ **⌐mehl** n (Geol) / rock flour ‖ **⌐meißel** m, Kegelrollenmeißel m / rock o. cone bit ‖ **⌐-Prallmühle** f / impact breaker (US) ‖ **⌐riegel** m (Geol) / cross cliff ‖ **⌐säge** f / rock [cutting] saw ‖ **⌐schicht** f / rock formation o. bed o. sheet ‖ **⌐scholle** f (Geol) / block of rock ‖ **⌐staub** m (zur Verhinderung von Kohlenstaubexplosionen) (Bergb) / incombustible dust, stone dust ‖ **⌐staub** m streuen / cover with stone dust ‖ **⌐staubmahlanlage** f / stone pulverizing plant ‖ **⌐staubschranke** f (Bergb) / barrier, hanging shelf ‖ **⌐strecke** f (Bergb) / hard heading, stone drift, gallery driven through the rock ‖ **⌐vortrieb** m (Bergb) / pushing through the rock ‖ **⌐wolle,** -faser f / mineral wool, rock wool ‖ **⌐zerfall** m, physikalische Verwitterung / mechanical o. physical weathering, disintegration ‖ **⌐zersetzung** f, chemische Verwitterung / chemical weathering, decomposition

Gestell n, Walzengerüst n (Walzw) / rolling stand ‖ **⌐,** Gerüst n, Bock m / trestle, horse, stand ‖ **⌐,** Wiege f / cradle ‖ **⌐,** Halter m / holder ‖ **⌐,** Gehäuse n (Masch) / mount ‖ **⌐,** Ständer m / pedestal, stand ‖ **⌐,** Regal n / rack, shelf ‖ **⌐,** Stütze f / stand, trestle ‖ **⌐,** Stellage f / stillage ‖ **⌐,** Standgestell n (Meßinstr) / rack, shelf ‖ **⌐,** Rahmen m (Fernm, Masch) / mounting, frame, framework, framing ‖ **⌐** (z.B. Brille), Fassung f / frame ‖ **⌐,** Förderkorb m (Bergb) / cage, [drawing] frame ‖ **⌐** (Hochofen) / hearth, well ‖ **⌐** (Elektronik) / panel mounting rack ‖ **⌐** (Bremsberg) / jig trolley, gang rider ‖ **⌐** (Galv) / plating rack ‖ **⌐** (Kinematik) / fixed link, frame ‖ **⌐aufbau** m (Fernm, Elektronik) / rack [and panel] construction ‖ **⌐belastung** f (Hütt) / hearth load ‖ **⌐boden** m (Hütt) / hearth bottom ‖ **⌐bremsberg** m / carriage gravity plane, dilly [brow] ‖ **⌐durchbruch** m (Hütt) / break-out ‖ **⌐einsatz** m / subcarrier ‖ **⌐einschub** m (DV) / rack module ‖ **⌐fähig** (IS) / rack-mountable ‖ **⌐förderung** f (Bergb) / cage o. frame winding [system] ‖ **⌐glied** n (Kinematik) / fixed link, frame ‖ **⌐herd** m / hearth floor ‖ **⌐panzer,** -mantel m (Hütt) / hearth casing o. jacket ‖ **⌐pflug** m, Rahmenpflug m / two-wheel frame plough ‖ **⌐pflug** m mit Fahrersitz / riding plow (US) ‖ **⌐punkt** m (Kinematik) / center of pivot on frame ‖ **⌐reihe** f (Fernm) / suite of rows, rack row ‖ **⌐säge** f / frame o. span saw ‖ **⌐säge** f für Rundholzquerschnitt / frame saw for logs ‖ **⌐schluß** m (Relais) / frame leakage ‖ **⌐verkabelung** f / bay cabling ‖ **⌐wagen** m (Bergb) / transfer car for inclines ‖ **⌐wand** f (Hütt) / hearth wall, well wall ‖ **⌐weite** f (Uhr) / distance between front plate and back plate

gestelzt, überhöht (Bau) / raised, stilted

gesteuert, geregelt / controlled ‖ **~,** erzwungen / forced ‖ **~e Ablage** (LoKa) / [program-]controlled card stacking [unit], select stacker ‖ **~er Ausgang** / slave output ‖ **~es Einlaßventil** / mechanically operated inlet valve,

M.O.I.V. ‖ **~er Kippvorgang** (Kath.Str) / driven sweep ‖ **~er Kurs,** Kompaßkurs m (Nav) / compass course o. heading, steered course ‖ **~er Lawinengleichrichter** / controlled avalanche rectifier ‖ **~e Schreibstellen** f pl (DV) / transfer print entry ‖ **~e Schwingung** / controlled o. timed oscillation ‖ **~er Übertrag** (DV) / separately instructed carry ‖ **~es Ventil** / mechanical[ly operated] valve, geared valve

gestiegener Speiser / cauliflower head, bleeded riser (US)

gestielter Hochdecker / parasol monoplane

Gestimmtsein n, Harmonie f / tune

Gestirnpeilung f / bearing by stars

Gestirns·... / celestial ‖ **⌐höhe** f (Astr) / astronomical o. celestial altitude ‖ **⌐höhe** f (Nav) / altitude

Gestirnweite, Amplitude f (Astr) / amplitude

gestochen scharf / clear in detail, sharp

gestockt, übereinander angeordnet (Antenne) / stacked ‖ **~e Halbwellenantennen** f pl / stacked array

gestopfte Windlöcher (Hütt) / blind tuyeres pl

gestört / disturbed ‖ **~,** defekt / faulty, defective ‖ **~** (Geol) / faulted ‖ **~es Einer- [o. Null]signal** (DV) / disturbed one [o. zero]-output ‖ **~es Schwarz** (TV) / noisy blacks pl ‖ **~e Totalreflexion** (Faseroptik) / crosstalk ‖ **~e Verbindung** (Fernm) / faulty connection ‖ **~e Leitung ~** (Fernm) / trouble on the line

Gestörtzeichen n (Fernm) / out-of-order tone, o.o.o.-tone

gestoßen, gestampft / pounded

gestreckt, platt (Geom) / prolate ‖ **~** (Bahn) / prolate (orbit), flat ‖ **~er Dipol** / straight dipole, flat in-line dipole ‖ **~er Faden** / drawn filament ‖ **~e Gleislänge** (Bahn) / track mileage ‖ **~er Kautschuk** / expanded rubber ‖ **~e Länge** (des geknickten Stabes) (Mech) / effective length ‖ **~ programmieren** (DV) / unwind, use the straight-line coding method ‖ **~e Programmierung** / straight-line coding, in-line coding ‖ **~e Verseilung** / stranding without pretwist ‖ **~er Winkel** (Math) / angle of 180 degrees, flat o. straight angle

gestreift (Textil) / barred, striped, stripy ‖ **~er Croisé** (Web) / Harvard cloth

gestreut / scattered ‖ **~es Lesen** (DV) / scattered read ‖ **~es Schreiben,** sammelndes Schreiben / gather write, gathered write ‖ **~e Speicherungsform** (DV) / random organization ‖ **~e Transmission** (Opt) / diffuse transmission

gestrichelt (mit langen Strichen) (Zeichn) / broken, dashed ‖ **~** (mit kurzen Strichen) (Zeichn) / dotted

gestrichen, ungültig / canceled ‖ **~** (allg, Pap) / coated ‖ **~,** angemalt / painted ‖ **~,** bestrichen (z.B. mit Firnis) / varnished ‖ **~ [voll]** (Hohlmaß) / struck

Gestrick n (Wirkw) / knit[ted] fabric

gestrickte Oberkleidung (Textil) / knitted outerwear

gestrippt (Öl) / stripped

Gestrüpp n, Wurzelwerk n / roots pl ‖ **mit ⌐ durchwachsen** (Landw) / bushy ‖ **⌐-Ausreißen** n / clearing of undergrowth

Gestübbe n (Hütt) / brasque

gestuft, stepped ‖ **~,** abgestuft (Gelände) / rising in tiers ‖ **~es Härten** / hot [temperature] quenching ‖ **~es Warmauslagern** / progressive ageing

gestürzte Achse / cambered axle

gestutzt, abgehackt / truncated, mutilated

gestützt, gehalten / supported

gesuchte Größe / required quantity

gesundheits·fördernd, gesund / health giving ‖ **⌐ministerium** n / Health Ministry (Engl), Department of Health, Education and Welfare (US) ‖ **⌐pflege** f, -wesen n, Hygiene f / sanitation, care of health ‖ **⌐polizei** f / sanitary police ‖ **~schädlich** / detrimental to health ‖ **~schädlich** (Arbeit) / harmful ‖ **⌐schutz** m / health protection ‖ **⌐technik** f / sanitary engineering ‖ **~technisch,** Gesundheits... / sanitary, health...

getäfelt, in Füllungen eingeteilt / panelled

getastet (Fernm) / keyed ‖ **~es Ausgangssignal** (Regeln) / keyed output signal, sampled output ‖ **~es Netzteil**

(Elektronik) / switching regulator ‖ ⁓e **Regelung** (TV) / keyed o. pulsed automatic gain control ‖ ⁓e **Rückstrahlantenne** / coded reflector antenna ‖ ⁓es **System** (Regeln) / keyed system ‖ ⁓e **ungedämpfte Wellen** *f pl* (Elektronik) / keyed continuous waves *pl,* A1 waves *pl* ‖ **nicht** ⁓ (Fernm) / unkeyed
getaucht (Schweiß, Elektrode) / dip-coated, dipped ‖ ⁓e **Fahrt** / travelling underwater o. in submerged state
geteert / tarred ‖ ⁓er **Hanf** / oakum ‖ ⁓e **Leinwand** (Schiff) / tarpaulin, tarred canvas ‖ ⁓es **Werg** (aus gezupftem Tauwerk) (Pap) / black [tarred] oakum
geteilt / parted, divided, split ‖ ⁓, abgeteilt / partite, separate ‖ ⁓ (in der Längsrichtung, z. B. Lager, Kurbelwelle, Formen, Armaturen usw) (Masch) / split ‖ ⁓, unterteilt / divided ‖ ⁓e **Achse** / divided axle ‖ ⁓er **Anguß** (Druckguß) / split feed ‖ ⁓es **Bild** (TV) / split image (GB) ‖ ⁓e **Felge** (Kfz) / detachable rim ‖ ⁓es **Fenster** (Bahn) / sash window ‖ ⁓e **Form** / split mould ‖ ⁓es **Kaliber** (Walzw) / knife pass ‖ ⁓er **Kolben** / divided piston ‖ ⁓er **Kompressor** (Axialgasturbine) (Luftf) / split compressor ‖ ⁓es **Kurbelgehäuse** / split[-type] crank case ‖ ⁓es **Lager** / split o. divided bearing ‖ ⁓e **Matrize** (Sintern) / split die, segment die ‖ ⁓es **Modell** (Gieß) / split pattern ‖ ⁓es **Rad** / built-up wheel ‖ ⁓e **Raketenspitze** (Raumf) / split nose cone ‖ ⁓e **Riemenscheibe** / split pulley ‖ ⁓es **Schwungrad** / flywheel in halves ‖ ⁓er **Stempel** / split punch ‖ ⁓e **Strömung** *f* / split run ‖ ⁓es **System** (Kompressor u. Verdampfer getrennt) (Kältetechn) / split system ‖ ⁓e **Tastatur** / split keybord ‖ ⁓er **umklappbarer Rücksitz** (Kfz) / divided folding rearseat ‖ ⁓e **Verbrennungskammer** / divided combustion chamber ‖ ⁓e **Walze** (Buch.m) / split platen ‖ **in Segmente** ⁓ / meristic ‖ **mit** ⁓**em Gehäuse** (Ventil) / split body…
getigertes (o. geflecktes) **Mahagoniholz** / mottle
getönt / tinted ‖ ⁓e **Scheibe** (Kfz) / shade-lite glass
getoppt, leicht destilliert / topped
Getränk *n* / beverage
Getränke·automat *m* / drink dispenser, drink vending machine ‖ ⁓**industrie** *f* / beverage industry ‖ ⁓**schlauch** *m* / hose for beverages
getränkt, imprägniert / impregnated
Getreide *n* / cereals *pl,* grain ‖ ⁓ [auf dem Halm] / crop ‖ ⁓… / cereal *adj* ‖ ⁓**ableger** *m* (Landw) / sail reaper ‖ ⁓**ähre** *f* / grain head o. ear ‖ ⁓**annetzmaschine** *f* / grain wetting machine ‖ ⁓**aspirationsreinigungsmaschine** *f* / aspirator, grain receiving and milling separator ‖ ⁓**beize** *f,* -**beizung** *f* / dressing of seed ‖ ⁓**brand** *m* (Landw) / smut ‖ ⁓**brennerei**, -destillation *f* / corn [brandy] distillery ‖ ⁓**bürstmaschine** *f,* -**poliermaschine** *f* / germinal brush ‖ ⁓**chemie** *f* / cereal chemistry ‖ ⁓**halmwespe** *f,* Cephus pygmaeus / wheat-stem borer sawfly ‖ ⁓**heber**, -elevator *m* / grain o. corn elevator ‖ ⁓**korn** *n* / cereal grain ‖ ⁓-**Lagerschädlinge** *m pl* / stored grain pests *pl* ‖ ⁓**mäher** *m,* Mähmaschine *f* (Landw) / reaper, reaping machine, harvester, corn mower ‖ ⁓**mehltau** *m* (Erysiphe graminis) / powdery mildew of cereals and grasses ‖ ⁓**mühle**, Mahlmühle *f* / corn o. flour mill ‖ ⁓**putzmaschine** *f,* -reinigungsmaschine *f* / grain-cleaning o. -dressing machine, smut mill o. machine, fanner ‖ ⁓**rost** *m* / cercal rust ‖ ⁓**rüßler** *m,* Calandra granaria *f* (Parasit) / corn earworm ‖ ⁓**schädlinge** *m pl* / cereal pests *pl* ‖ ⁓**schott** *n,* Gevelingsschott *n* (Schiff) / grain bulkhead ‖ ⁓**schotten** *pl* / shifting boards *pl* ‖ ⁓**sieb** *n,* Rätter *m* / corn sieve o. screen o. sifter ‖ ⁓**sortiermaschine** *f* (Landw) / grain cleaning machine, cereal-seed dresser ‖ ⁓**speicher**, -silo *m,* -lagerhaus *n* / silo, grain ware house, granary, cornhouse, grain elevator (US) ‖ ⁓**stärke** *f* / cereal starch ‖ ⁓**stroh** *n* (Pap) / straw ‖ ⁓**wagen** *m* (Bahn) / grain car ‖ ⁓**wanze** *f* / wheat shield bug ‖ ⁓**waschmaschine** *f* / grain washing machine
getrennt / separate ‖ ⁓, im Abstand / spaced apart ‖ ⁓ (Anlage) / under separate cover ‖ ⁓, diskret

(Elektronik) / discrete ‖ ⁓er **Antrieb** / separate drive ‖ ⁓er **Bahnkörper** (Straßenbahn) / separate roadbed, (also:) bus lane ‖ ⁓e **Codierung** (TV) / component coding ‖ ⁓es **Formular** / cut form ‖ ⁓ **gegossener Probestab** / separately cast test bar ‖ ⁓e **Masse für Netz und Signal** / floating ground ‖ ⁓ **montieren** / assemble separately ‖ ⁓e **Nabe** (Kfz) / split hub ‖ ⁓e **Phasen** (Elektr) / isolated phases *pl* ‖ ⁓e **Schaltung** (Kfz) / remote gear ‖ ⁓e **Teppichunterlage** *f* / separate underlay ‖ ⁓ **werden** / be separated *vi,* trip *vi* ‖ ⁓**mahlung** *f* (Pap) / separate fiber system o. preparing
Getriebe *n* / train, gearing, wheelwork, set of gears ‖ ⁓ (Masch) / gear ‖ ⁓ (Kfz) / change gear, shift gear ‖ ⁓, Vorgelege *n* / gear, transmission ‖ ⁓ (Mech) / mechanism, linkage ‖ ⁓ (Ackerschlepper) / power train (US) ‖ ⁓, Gangwerk *n* (Uhr) / motion ‖ ⁓ **für Hilfseinrichtungen** (Luftf) / accessory gearbox ‖ ⁓ **mit** [ohne] **Achsenwinkelmodifikation** / gear pair with [without] shaft angle modification ‖ ⁓ **mit 3 Drehgelenken und 2 Drehschubgelenken** / 3R-2C o. RRRCC mechanism, three revolute-two cylindric joint mechanism ‖ ⁓ **mit gekreuzten Wellen** / skew gears *pl* ‖ ⁓ **mit Handschaltung** (Kfz) / straight shift transmission ‖ ⁓ **mit Rasten** (o. Raststellungen) / dwell mechanism ‖ ⁓ **mit 1 Schub- und 1 Kugelgelenk** / P-S mechanism, prismatic-spheric joint mechanism ‖ ⁓ **mit Übersetzung ins Schnelle** / speed increasing gear pair o. gear train ‖ ⁓ **mit Untersetzung ins Langsame** / speed-reducing gear pair o. gear train ‖ ⁓ **zur Erzeugung bestimmter Funktionen** (Kinematik) / function generating mechanism ‖ **mit eingebautem** ⁓ / geared ‖ ⁓**abhängige Zapfwelle**, Getriebe-Zapfwelle *f* (Landw) / engine speed power-take-off ‖ ⁓**anordnung** *f* **im Knotenpunkt der Drehschwingungen** / nodal gearing ‖ ⁓**arbeit**, Abtreibearbeit, -zimmerung *f* (Bergb) / piling through quicksand, drifting of piles, advance work ‖ ⁓**atlas** *m* / gear atlas ‖ ⁓**automat** *m,* -automatik *f* (Kfz) / automatic gear, self-changing gear ‖ ⁓**block** *m* / gear unit ‖ ⁓-**Blockschaltbild** *n* / kinematic diagram ‖ ⁓**bremse** / pinion o. transmission brake ‖ ⁓**flansch** *m* (Kfz) / gearbox flange ‖ ⁓**gehäuse** *n* (Kfz) / change gear box o. wheel box ‖ ⁓**gehäuse** *n* (Kfz) / transmission o. gearbox case o. casing ‖ ⁓**gehäusedeckel** *m* (Kfz) / gearbox case cap, gear case cover ‖ ⁓**hals** *m,* -verlängerung *f* (Kfz) / extension housing ‖ ⁓**kasten** *m* (Masch) / gear o. transmission case, gear casing ‖ ⁓**kleinmotor** *m* / fractional horsepower geared unit ‖ ⁓**kompressor** *m* / geared compressor ‖ ⁓**kopf** *m* / gearhead ‖ ⁓**lehre** *f* (Masch) / theory of the wheel gear ‖ ⁓**lehre** *f* (Kinematik) / theory of mechanisms, kinematics *sing pl* ‖ ⁓**lokomotive** *f* / diesel-mechanical locomotive ‖ ⁓**los**, räderlos / gearless ‖ ⁓**motor** *m* (Elektr) / back-geared motor, gear[ed] motor
getrieben / driven ‖ ⁓, angetrieben, mitgenommen / driven, carried along ‖ ⁓, gehämmert / chased ‖ ⁓, geprägt / embossed ‖ ⁓es **Rad** / driven gear
Getriebenes *n,* getriebene o. Treibarbeit / embossed work
Getriebe·öl *n* (Kfz) / gear lubricant oil, gear oil ‖ ⁓**pfahl** *m* (Bergb) / poling board ‖ ⁓**plan** *m* (Wzm) / gearing lay-out ‖ ⁓**rad** *n* / gearwheel ‖ ⁓**rad** *n* **für ständigen Eingriff** / intermediate gear wheel ‖ ⁓-**Ratschen** *n* (Kfz) / grating, creak ‖ ⁓**reibung** *f* / gear friction ‖ ⁓**rufgerät** *n* / transmission ratio monitor ‖ ⁓**schaltung** *f* / gear shifting ‖ ⁓**strang** *m* (Getriebe) / transmission path ‖ ⁓**technik** *f* (Kinematik) / technology of mechanism design ‖ ⁓**teil** *m* (eines Apparates) / driving gear (of an apparatus) ‖ ⁓**trommel** *f* (Kran) / geared pulley ‖ ⁓**tunnel** *m* (Kfz) / transmission tunnel ‖ ⁓**turbine** *f* / geared turbine o. turbogenerator ‖ ⁓**turboverdichter** *m* / geared centrifugal compressor ‖ ⁓**verlängerung** *f,* -hals *m* (Kfz) / extension housing ‖ ⁓**verluste** *m pl* / gear friction losses ‖ ⁓**verluste** *m pl* **durch Ölbewegung** / churning losses *pl* ‖ ⁓**verzahnung** *f* / gear toothing o. teeth *pl* ‖ ⁓**welle** *f* / gear shaft ‖ ⁓**zimmerung** *f* (Bergb) /

advance timbering, spil[l]ing / ⭥zimmerung f (Tunnel) / fore-poling boards pl ‖ ⭥zug m / train of gears, gear train

Getriebsschema n (Kinematik) / kinematic representation

getriggert, angestoßen (Elektronik) / triggered ‖ ~e Zeitablenkung / triggered time base

getrocknet / dried ‖ **an der Luft** ~ / airdried

getroffen / struck ‖ ~e Fläche (Strahlung) / target

Getter n (Elektronik) / getter ‖ ⭥ionenpumpe f / getter ion pump

gettern (Elektronik) / getter v

Getterpumpe f / getter pump, gettering pump

Getterung f, Gasaufzehrung f (Vakuum) / gettering

Getter·verdampferpumpe f (Vakuum) / sublimation pump ‖ ⭥verfahren, Gettern n (Elektronik) / getter system, gettering

getüncht (Bau) / washed

getupft, Tupfen... / spotted

Gevelingsschott n, Getreideschott n (Schiff) / grain bulkhead

Geviert n, Quadrat n (Geom) / square ‖ ~, Türstock m (Bergb) / drift set, squaring, frame ‖ ~, Ganzgeviert n (Buch) / em quad, em, mutton ‖ **1/6** ~ (Buch) / 1/6 em ‖ ⭥zimmerung f (Bergb) / framing, cribbing, square sets pl

Gew.%, Gewichtsprozent n / weight per cent

gewachsen (Reifen) / grown ‖ ~, **einer Sache** ~ **sein** / cope [with] ‖ ~er Boden / grown soil ‖ ~er Fels / native o. bed rock ‖ ~er Übergang (Halbl) / grown junction

Gewächshaus n / greenery, green- o. glasshouse, stove (GB) ‖ ~ [heizbares] ~ / hot-house, green o. forcing house ‖ **nicht heizbares** ~ / coldhouse

gewachst / waxed, waxen, waxy

gewählt, ausgewählt / selected ‖ ~er Code / selected code

gewähren / allow

gewährleisten, garantieren / guarantee, warrant

Gewähr[leistung] f / guarantee, warranty

Gewährleistungswerte m pl / guaranteed values pl

Gewalt·bremsung f (Kfz) / panic stop ‖ ⭥bruch m / forced rupture, overload breakage ‖ ⭥bruch m (Nukl) / fast burst

gewältigen, Grubenbaue ~ (Bergb) / drain, clear a mine

Gewaltprobe f, -versuch m / forced proof o. test

gewalzt / rolled ‖ ~ (Zinn) / laminated ‖ ~es Gewinde / rolled thread ‖ ~e Graupappe, Hartpappe f / millboard, friction board ‖ ~es Messer (Zuck) / Goller knife ‖ ~es Rohglas / rough plate ‖ ~e Schraube / rolled thread screw

Gewände n der Tür (Bau) / doorcase ‖ ~ des Fensters / jamb

Gewandtheit f / facility, dexterity, skill, art

gewaschen (Bergb) / washed ‖ ~es Gut (Bergb) / washed produce ‖ ~es Kaolin / washed kaolin ‖ ~e Kohle / washed coal, cleaned coal ‖ ~e Nußkohle / washed [single o. double o. treble] nuts o. trebles, washed pearls pl ‖ ~ und gereinigt (Kaffee) / washed and cleaned ‖ ~e Wolle / scoured wool

Gewässer n / body of water, waters pl ‖ **stehendes, stagnierendes** ~ / stagnant o. motionless water ‖ ⭥kunde, Hydrographie f / hydrography ‖ ⭥schutz m / water protection

gewässert / watered ‖ ~, moiriert, Moiré... (Web) / watered, waved, moiré

Gewebe n / woven cloth, tissue, weft, woven textile, textile [fabric], wovens, [woven] fabrics pl ‖ ~, Webart f, Weben n / mode of weave, weave, texture ‖ ~... / textural ‖ ~ **mit 85 % Baumwolle u. 15 % Kunstfaser** / a fabric 85 cotton, 15 synthetics ‖ ~ **mit 20 Kettfäden u. 18 Schußfäden je Zoll** / 20- by 18-thread count ‖ ~ **mit einem Grund in Leinwandbindung** (Textil) / tabby backs pl ‖ **durchscheinende (o. zarte)** ~ n pl / sheer fabrics pl ‖ **leichtes überlanges (o. -breites)** ~ (Textil) / lump ‖ **mit** ~ **bezogener Karton** / cloth-lined board ‖

mit ~ **versehen** / webbed ‖ ~ähnlich, -äquivalent (Nukl) / tissue-equivalent ‖ ~äquivalente Substanz / tissue equivalent material ‖ ⭥art f (Web) / texture, weave ‖ ⭥band n / fabric tape, textile tape ‖ ⭥befeuchtungsmaschine f / cloth-humidifying machine ‖ ⭥bespannung f / fabric covering ‖ ⭥bild n / set[t] o. density o. compactness of cloth ‖ ⭥bruch m (Reifen) / fabric break ‖ ⭥draht m / screen wire, gauze wire ‖ ⭥druck m / textile printing ‖ ⭥druckmaschine f / fabric-printing machine ‖ ⭥einband m (Buch) / cloth binding ‖ ⭥einband... (Buch) / bound in cloth, hardbound (US) ‖ ⭥einführung f / cloth supply ‖ ⭥einlage f (Reifen) / fabric o. textile ply o. insert ‖ ⭥einlage f, Gewebelage f (Reifen) / casing ply, body ply ‖ ⭥entstaubung f (Chem, Verfahren) / cloth filtration ‖ ⭥falte f (Reifen) / bucket ‖ ⭥filmdruck m / screen printing on fabric ‖ ⭥filter n, -entstauber m / fibrous filter ‖ ⭥füllstoff m (Plast) / fabric filler ‖ ⭥gurt m / fabric belt ‖ ~haltiger Isolierschlauch (Elektr) / fibrous insulating sleeve ‖ ⭥kante f, Salleiste f / selvedge ‖ ⭥kultur f / tissue culture ‖ ⭥kunstleder n / artificial leather cloth ‖ ⭥legemaschine f / fabric folding machine ‖ ~loser Isolierschlauch (Elektr) / non-fibrous insulating sleeve ‖ ⭥packpapier n / reinforced union paper, tarred thread paper ‖ ⭥packung f (Masch) / fabric packing ‖ ⭥papier n, Gazepapier n / reinforced paper ‖ ⭥pappe f / cloth-centered board ‖ ⭥reifen m (Kfz) / canvas tire ‖ ⭥rücken m / fabric back, cloth back ‖ ⭥rückseite f, Kehrseite f, linke Seite / fabric back ‖ ⭥schermaschine f / cloth shearing machine o. motion ‖ ⭥schnitzel n pl (Plast) / fabric chips pl ‖ ⭥schreibband n / woven fabric ribbon ‖ ⭥spanntrockner m / tenter (US) o. stenter (GB) frame ‖ ⭥verstärkung f / fabric back stay ‖ ⭥weichmacher m, Weichspülmittel n / fabric softener

Gewebs·kultur f / tissu culture ‖ ⭥system, Pflanzengewebe n (Bot) / tissue system

gewebt / woven ‖ ~e Filztuche n pl / woven textile felts pl ‖ ~e Umklöppelung (für Schläuche) / woven jacket ‖ ~er, [geflochtener, Trikot-]Fußbodenbelag / woven, [braided, knitted] floor covering without pile

Gewehr n / gun, rifle ‖ gezogenes ~, Büchse f / rifled gun ‖ ⭥beschläge, -teile m pl / gun furniture ‖ ⭥fabrik f / small-arms o. rifle factory ‖ ⭥granate f / rifle grenade ‖ ⭥lauf m / gun barrel ‖ gezogener ⭥lauf / rifle barrel ‖ ⭥mündung f / muzzle ‖ ⭥riemen m / gun sling ‖ ⭥schaft, Kolben m / gunstock, rifle butt o. stock ‖ ⭥schloß n / gun lock, breech bolt o. lock, bolt mechanism ‖ ⭥teile m pl / rifle parts pl

geweiftes Garn / reeled yarn

gewellt (Pap, Schlauch) / corrugated, corr. ‖ ~, wellig / wavy ‖ ~e Kokille (Hütt) / corrugated mo[u]ld ‖ ~es Prallblech / corrugated vane

gewendelt·e Handapparateschnur f / coiled handset cord ‖ ~er Leuchtdraht (Elektr) / wreath filament, coiled filament ‖ ~e Stufe (Bau) / winder, wheeling o. diminishing step ‖ ~er Wärmeaustauscher / helical coil type heat exchanger ‖ **doppelt** ~ / doubly coiled

gewendeter Schuh, Wendeschuh m / sewround, turned-over shoe

Gewerbe n / industry, business, trade ‖ ~, Handwerk n / trade, craft ‖ ~, Beruf m / profession ‖ ~, Handel m, Verkehr m / traffic ‖ ~ (Zange) / single joint [with reverse action] ‖ ⭥aufsicht f / industrial and trade supervision ‖ ⭥aufsichtsamt n / trade board ‖ ⭥bügeleisen, Bügeleisen n / pressing iron ‖ ⭥hygiene f / industrial hygiene o. hygienics pl ‖ ⭥kühlschrank m / commercial refrigerator ‖ ⭥kunde, Technologie f / technology ‖ ⭥nähmaschine f / industrial sewing machine ‖ ⭥salz n / chloride of sodium, sodium chloride ‖ ⭥schule f / school of industry, trade school ‖ ⭥strom m / industrial current ‖ ⭥treibender m, Industrieller m / industrialist ‖ ⭥treibender m als Platzvertreter / local agent

gewerblich, Gewerbe... / industrial ‖ ~ *adv* / for commercial use ‖ ~e Abfälle / industrial spillage o. waste ‖ ~e Abwässer *n pl* / industrial sewage, trade effluent ‖ ~e Verwertbarkeit (Patent) / industrial application

Gewerkschaft *f*, Gewerke *n* (Bergb) / mining company ‖ ~ (F.Org) / trade- o. labour-union

Gewerkschaftsvertreter *m* / union representative

Gewicht *n*, Druck *m* (Mech) / load, burden ‖ ~ (allg) / weight ‖ ~, Masse *f* / mass ‖ ~, Wägewert *m* / weight value ‖ ~, Schwere *f* / ponderosity ‖ ~, Schwere *f*, Wucht, Last *f* / weightiness ‖ ~, Gewichtstein *m*, -stück *n* / weight ‖ ~, Stellenwert *m* (Math) / weight, place value ‖ ~ beladen (Kfz) / fully loaded weight ‖ ~ des Lotes / [plumb-]bob ‖ ~ eingerüttelt (Gieß) / jolt weight ‖ ~ fahrfertig mit vollem Tank ohne Insassen (Kfz) / curb weight (US), kerb weight (GB) ‖ ~ für Harnischfäden (Jacquard) / lingo *(pl: lingoes)* ‖ ~ je m³ umbauten Raumes / specific weight of building volume ‖ ~ leer (Kfz) / weight empty ‖ ~ nach Verbrauch des Treibstoffes (Luftf) / zero-fuel weight ‖ ~ pro [laufender] Meter / weight per meter [run] ‖ leichtes (o. geringes) ~ / lightness ‖ nach ~ / weight..., according to weight

gewichten (Statistik) / weight *v*

gewichtet (Statistik) / weighted, factored, pondered ‖ ~, stellenbewertet (Code) / weighted ‖ ~es Mittel / weighted average ‖ ~er mittlerer Teilchendurchmesser (Ruß) / surface average diameter of particles

Gewicht-Preis-Etikettierer *m* / weight-price labeler

Gewichts·abgang *m* / short weight, shortage [in weight], deficiency o. loss in weight ‖ ~abhängiges Druckminderventil (Bahn) / weight-depending [pressure-]reducing valve ‖ [zulässige] ~abweichung / tolerance on the weight ‖ ~analyse *f*, gravimetrische Bestimmung, Gravimetrie *f* / gravimetric o. ponderal analysis ‖ ~analytisch (Chem) / gravimetric ‖ ~änderung *f* / change in weight ‖ ~angabe *f* / indication of weight ‖ ~antrieb *m* (Uhr) / weight movement ‖ ~anzeiger *m*, Drillometer *n* (Öl) / weight indicator ‖ ~ausbringen *n*, Mengenausbringen *n* (Bergb) / weight percentage ‖ ~ausgleich *m* / counterweight, weight counterbalance, equilibration ‖ ~belastetes Sicherheitsventil / lever safety valve ‖ ~belastung *f* (Ofen) / admissible weight of melt ‖ ~berechnung, -ermittlung *f* / calculation o. determination of weights ‖ ~berechnung *f*, -aufstellung *f* (Luftf) / weight breakdown ‖ ~betätigt / gravity-controlled, weight-operated ‖ ~bremse *f* / brake actuated by counterweight, weight brake ‖ ~deplacement, Deplacement *n* (Schiff) / displacement ‖ ~dosierung *f* / weight feed, weight feeding ‖ ~durchfluß *m* / capacity in N/h ‖ ~einheit *f* / unit of weight ‖ ~ersparnis, -einsparung *f* / saving of weight, weight saving ‖ ~faktor *m* / weighting coefficient ‖ ~füllung *f* (Sintern) / filling by a given mass ‖ ~funktion *f* (Math) / weighting function ‖ ~konstanz *f* / constant weight ‖ ~kontrollmesser *m*, Bohrdruckmesser *m* (Öl) / weight indicator ‖ ~konzentration *f* (Chem) / weight concentration ‖ ~kraft *f* (DIN 1305) / weight ‖ ~prozent, Gew.% *n*, (veraltet, jetzt:) Massenanteil *m* / weight per cent, percent in weight ‖ ~prozente *n pl* / weight percentage ‖ ~regler, -regulator *m* / weight [loaded] o. weighted o. gravity regulator o. governor ‖ ~rückfallweiche *f* (Bahn) / weighted points *pl* ‖ ~satz *m* / box of weights *pl* ‖ ~schale *f* (Waage) / weighing scale o. basin ‖ ~staumauer *f* / gravity dam ‖ aufgelöste ~staumauer, Pfeilerstaumauer *f* / counterarched retaining wall ‖ ~staumauer *f* in Zellenbauweise / cellular construction gravity dam ‖ ~stück *n*, -stein *m* / weight ‖ ~tabelle *f* / weight specification ‖ ~teil *n* / part by weight ‖ ~toleranz *f* / tolerance on the weight ‖

~überschreitung *f* / excess weight ‖ ~ventil *n* / deadweight o. dead load [safety] valve ‖ ~verhältnis *n* / ratio of the weight ‖ ~verlagerung *f* (Kfz) / weight transfer ‖ ~verlust, -abgang *m* / loss in weight, short weight, shortage [in weight] ‖ ~verlust beim Glühen in Wasserstoff (durch Reduktion von Oxiden) / hydrogen loss ‖ ~verringerung *f*, Gewichtsverringerungsmaßnahmen *f pl* / lightweighting ‖ ~verteilung *f* / distribution of weights o. load ‖ ~vorschub *m* / weight [operated] feed ‖ ~zoll *m* / duty on the weight ‖ ~zunahme *f* / gain in weight, weight gain ‖ ~zunahme *f* durch Korrosion / surrosion ‖ ~zuschlag, Last-, Belastungszuschlag *m* / weight o. load allowance o. tolerance ‖ ~zuschlag *m* / additional charge for excess weight

Gewichtung *f* / weighting ‖ ~ der Anforderungen (F.Org) / job factor weighting ‖ ~ eines Wertes / weight of a value

gewickelt (Isolation) / taped, lapped ‖ ~es Schichtpreßstoffrohr / rolled laminated tube ‖ ~ und formgepreßt (Plast) / rolled and moulded

Gewinde *n* / screw thread, thread ‖ ~ für Gasrohre / gas-pipe thread, pipe thread, gas thread ‖ ~ furchen / roll threads ‖ ~ UN (US) / Unified National [Screw Thread] ‖ die ~ mit 8 Gängen je Zoll (Masch) / eight-thread series ‖ inneres ~, Muttergewinde *n* / internal screw thread, female o. inside thread ‖ mit ~, mit Innengewinde / internally threaded ‖ mit ~ (Bolzen) / threaded ‖ mit ~ (Bohrung) / tapped, threaded ‖ nicht bis zum Grund durchgeschnittenes ~ / washout thread ‖ ~abdichtband *n* / thread sealing tape ‖ ~anschluß *m* / threaded connection ‖ ~auge *m* im Guß / boss ‖ ~-Ausgleichfutter *n* / adjustable screw mandrel ‖ ~auslauf *m* (DIN 76) / end of thread, thread runout ‖ ~auslauflänge *f* / length of run-out ‖ ~-Auslaufrille *f* / undercut, groove and runout of thread ‖ ~-Ausschuß-Lehrdorn *m* / thread plug gauge Not-Go ‖ ~-Ausschuß-Lehrring *m* / thread ring gauge Not-Go ‖ ~backe *f* / adjustable screw die ‖ ~backe *f* (Strehler) / die stock chaser ‖ ~bajonett *n* (Glühlampe) / threaded bayonet ‖ ~bohren *n* / tapping ‖ ~bohrer *m* / [screw-]tap ‖ besonders langer ~bohrer / stay tap ‖ nach Nummern gestufte ~bohrer *m pl* / number sizes *pl* ‖ ~bohrer *m* für Sacklöcher, Grundbohrer *m* / bottoming tap ‖ ~bohrer *m* im Zollmaß und echten Brüchen davon / regular size tap ‖ ~bohrer mit kurzer Span-Nute für Kurzgewinde / stub flute tap ‖ ~bohrer mit Schälanschnitt / spiral pointed tap ‖ ~bohrer passend zu Eisenschrauben (ca 2-5 mm Durchmesser) / machine screw size tap ‖ ~bohrer-Aufsatz *m* / tap adapter ‖ ~bohrersatz *m* / set of screw taps ‖ ~bolzen *m* / threaded bolt, gudgeon, stud [bolt] ‖ ~buchse *f*, -einsetzbuchse *f* (Plast) / insert [nut] ‖ ~doppelstutzen *m* / double threaded coupling ‖ ~drehbank, -drehmaschine *f* (Wzm) / threading lathe ‖ ~drückmaschine *f* (Masch) / thread bulging machine ‖ ~durchmesser *m* (Masch) / size of thread ‖ innerer ~durchmesser, Kerndurchmesser *m* / core diameter

Gewindedurchmesser, äußerer ~ / outside o. full diameter of thread ‖ mittlerer ~, Flankendurchmesser *m* / effective o. pitch diameter, P.D., p.d.

Gewinde·durchzug *m* (Stanz) / extruded hole ‖ ~eindruck *m* / pretapped o. Prestole plunged boss ‖ ~einsatz *m* / threaded insert ‖ ~fassung *f* / screw lampholder ‖ ~feile *f* / thread restorer ‖ ~flanke *f* / flank of screw thread ‖ ~flansch *m* / screwed flange ‖ ~formen *n*, -pressen *n* / thread moulding ‖ ~former *m* (Werkz) / thread former ‖ ~fräser *m* / thread milling cutter, thread o. screw cutting milling cutter, gear cutter [for threads] ‖ ~fräsmaschine *f* / thread milling machine ‖ ~fräsvorrichtung *f* / thread milling attachment ‖ ~freistich *m* / undercut (thread) ‖ ~gang *m*, Schraubengang *m* (Masch, Math) / flight, convolution ‖ ~gang *m* (Masch) / thread, turn ‖ ~ganganzeiger *m*,

Gewindeuhr f (coll) (Wzm) / thread [dial] indicator ‖ ~-Gegenlehrdorn n / thread mating plug gauge ‖ ~grund, -fuß m, Gewindekern m / root of thread ‖ ~-Gut-Lehrdorn m / thread plug gauge Go ‖ ~-Gut-Lehrring m / thread ring gauge Go ‖ ~hülse f mit Außengewinde / threaded bush ‖ ~hülse f mit Innengewinde / tapped bush ‖ ~kehle f / thread throat ‖ ~kern, -fuß, -grund m / root of thread ‖ ~kernloch n (Masch) / tapping drill hole ‖ ~kernlochbohrer m / tapping drill ‖ ~kernstift m / screw core pin ‖ ~kluppe f / screw stock ‖ ~länge f / threaded length ‖ ~lehrdorn m / screw [barrel] plug, plug thread gauge, thread plug ‖ ~lehre f, -lehrdorn m, -kaliber n / screw [barrel] plug, thread plug, plug thread gauge ‖ ~lehre f, -lehrring m / screw ring, thread [ring] gauge ‖ ~leitbacke f / follower ‖ ~[leit]patrone f(Wzm) / leader ‖ ~loch n, -bohrung f (Masch) / tap hole, tapped o. threaded hole ‖ ~löcher durchziehen (Stanz) / extrude hobs ‖ ~loses Leitungsrohr (Elektr) / plain [steel] conduit ‖ ~luft f (zwischen Spitze und Grund) / thread bottom clearance ‖ ~meßgerät n / internal screw thread gauge ‖ ~mikrometer n / screw thread micrometer ‖ ~muffe, -hülse f / screw socket ‖ ~muffe (Rohr) / pipe coupling

Gewinden n (Außengewinde) / screw cutting, screwing ‖ ~ (Innengewinde) / tapping ‖ von Hand ~ / run o. work a die over a bolt

Gewinde·nachschneider m / last o. third tap ‖ ~nippel m / threaded nipple ‖ ~passung f / [class of] thread fit ‖ ~patrone f (Strehlen) / mandrel ‖ ~profil n (Masch) / thread profile ‖ ~rachengrenzlehre f (z.B. Aggralehre) / thread-roll snap gage ‖ ~räderkasten m (Drehbank) / screw-cutting gearbox ‖ ~rille f / screw thread undercut ‖ ~ring m / ring follower, ring nut ‖ ~rohr n / threaded pipe ‖ ~rollkopf m / thread rolling head ‖ ~rollmaschine f / thread rolling machine ‖ ~schablone f / screw pitch gauge ‖ ~scheibenfräser m / disk-type thread-milling cutter ‖ ~schleifen n / thread skiving ‖ ~schleifmaschine f / thread grinding machine ‖ ~[schneid]backe f / threading die o. plate, bolt o. screw[ing] die, die nut o. stock ‖ ~[schneid]backe f für Gewindebohrer / tap die ‖ ~schneideinrichtung, -schneidvorrichtung f / threading attachment o. mechanism ‖ ~schneiden (außen) (Masch) / thread v ‖ ~schneiden (in Bohrungen) / tap v, thread ‖ ~schneiden n (außen) / thread o. screw cutting, threading, screwing ‖ ~schneiden n (Innengewinde) / tapping ‖ ~schneidend / thread-cutting, threading ‖ ~schneidender Bohrer / tapping drill ‖ ~schneider m (Masch) / thread cutter ‖ ~[schneid]kluppe f / die holder stock ‖ ~schneidkopf n (Wzm) / die box o. head, screwing chuck ‖ ~schneidkopf m für Innengewinde / collapsible tap ‖ ~schneidmaschine f für Außengewinde / threading machine ‖ ~schneidmaschine f für Innengewinde / tapping machine ‖ ~[schneid]meißel m, -schneidwerkzeug n (Dreh) / screw-cutting tool, thread[ing] tool ‖ ~schneidschraube f / thread-forming screw, self-cutting screw ‖ ~schneid- u. f Anfasmaschine für Rohre / threader for pipes ‖ ~schneidvorrichtung f (für Innengewinde) (Masch) / tapping jig ‖ ~schneidvorrichtung f, -einrichtung f (für Außengewinde) / screwing attachment o. mechanism ‖ ~-Schraubtiefe f / thread reach ‖ ~schutz m (Rot.Bohren) / thread protector ‖ ~sockel m (Glühlampe) / screw cap, screw base ‖ ~spiel n / backlash of threads ‖ ~spindel f / threaded spindle ‖ mit ~spindel / lead-screw actuated ‖ [starke] ~spindel (Presse) / threaded spindle ‖ ~spitze f / crest of thread ‖ ~stange f / threaded rod ‖ ~steigung f / thread pitch ‖ ~[steigungs]lehre, -schablone f / thread pitch gauge ‖ ~steigungs-Meßmaschine f / thread lead machine ‖ ~stift m (DIN), (früher:) Wurm-, Madenschraube f / [headless] set screw, headless pin, setscrew (US) ‖

~stift [mit Kegelkuppe, mit Spitze, mit Zapfen, mit Ringschneide] m / headless pin o. setscrew [with flat point, with cone point, with full dog point, with cup point] ‖ ~stift m mit abgerundetem Zapfen / pivot point setscrew ‖ ~stift m mit Innensechskant / hex-socket set screw ‖ ~stift m mit runder Kuppe / round-point set-screw ‖ ~stift m mit Schlitz / slotted set screw ‖ ~stift m mit Schlitz und Zapfen (DIN 417) / slotted set screw with full dog point ‖ ~stift m mit stumpfer o. Ansatzspitze / hanger point setscrew ‖ ~stöpsel m / thread plug ‖ ~strehler m / thread chaser, chasing tool ‖ ~stutzen m in Blech (z. B. für Ölbehälter) / screw neck

gewindet, mit Außengewinde / screwed, threaded ‖ bis Kopf ~ / fully threaded

Gewinde·taster m / screw o. thread callipers o. calipers pl (US) ‖ ~teil m (Bolzen) / threaded portion ‖ ~teil m von Gewindebohrern / threaded portion of tabs ‖ ~tiefe f (Masch) / depth of thread ‖ ~-Überschneiden n (Masch) / topping in threading ‖ ~vorschneider m / entering o. taper tap, first tap ‖ ~walzbacke f / thread rolling die ‖ ~walze f / thread roller ‖ ~walzen n / thread rolling ‖ ~zapfen m / threaded stem

gewinkelt / bent ‖ ~ (Zange) / bent ‖ ~er Dorn (Werkz) / offset lever

Gewinn m, Ausbeute f / gain ‖ ~, Ertrag m / produce, yield ‖ ~, Nutzen m / profit ‖ ~, Ertrag m, Ausbeute f / earnings pl, returns pl, yield ‖ ~ am Rand der Ausleuchtungszone (Opt) / edge gain ‖ ~beteiligung f (F.Org) / profit o. gain sharing

gewinnen, erlangen / gain v ‖ ~, produzieren / manufacture, produce ‖ ~ (Bergb) / mine, win, work, break, dig

Gewinn·ermittlung f / ascertainment of profits ‖ ~parameter m (Wanderfeldröhre) / gain parameter ‖ ~spanne f / profit margin

Gewinnung f, Ausbeutung f (Bergb) / working, mining, winning ‖ ~, Fabrikation f / production, fabrication ‖ ~, Bereitung f (Chem) / preparation ‖ ~, Förderung f (Bergb, Masch) / output, yield ‖ ~, Extraktion f / extraction ‖ ~ des Holzes / exploitation of wood ‖ ~ des Saftes (Zuck) / extraction of the syrup, sweeting ‖ ~ unter Tage / underground winning ‖ ~ von natürl. Rohstoffen / exploitation ‖ ~ von Natursteinen / ashlar quarrying ‖ ~ von [Natur]steinen und Erden / quarrying ‖ ~ von Nebenerzeugnissen / recovery of by-products

Gewinnungs·anlage, Extraktionsanlage f / extracting plant ‖ ~bohren n (Bergb) / auger mining ‖ ~dredge f (Unterwasserabbau) / extraction o. winning dredge ‖ ~grad m (Bergb) / proportion of extraction ‖ ~- u. Vortriebsmaschine, schneidend f (Bergb) / longwall shearing and heading machine

Gewirke und Gestricke n pl (allg) / hosiery, knit[ted] fabrics pl

gewirkt (Web) / knitted, knit

gewischte Verzinnung / wiped tincoat

Gewitter·forschung f / thunderstorm research ‖ ~neigung f / tendency toward[s] thunderstorm ‖ ~regen m, -schauer m pl / thunder[y] shower ‖ ~schaltung, -stellung f / lightning arrester in circuit ‖ ~störungen f pl (Elektronik) / atmospherics pl, statics pl, spherics pl, strays pl ‖ ~wolke f / cumulo-nimbus

gewobbelte Sinustöne m pl / warble tones pl

gewogen, gewichtet (Statistik) / weighted, factored, pondered ‖ ~es arithmetisches Mittel / arithmetic weighted mean ‖ ~e Mittel / weighted mean ‖ ~e Spannung (Stahlbau) / factored stress

gewöhnen, [sich] ~, [sich] akklimatisieren / acclimat[iz]e

Gewohnheit f / habit, practice

gewöhnlich, üblich, normal / common, standard, ordinary, conventional (US), customary, habitual ‖ ~, regulär / regular, conventional, usual ‖ ~ (Gespräch, Fernm) / average adj, commonplace ‖ ~, üblich /

ordinary, usual, habitual, conventional ‖ ~er Bruch (Math) / vulgar o. simple fraction ‖ ~es Deckpapier / common liner ‖ ~e Größe / standard size, conventional size (US) ‖ ~es Leitungswasser / ordinary tap water ‖ ~e Seife (Textil) / true soap ‖ ⌐wasser n (Talsperre) / operating level of impoundage

Gewölbe n / vault ‖ ⌐, gewölbte Decke / vault, arch ‖ ⌐ (Ofen) / roof, arch ‖ ⌐, Lauben f pl / arched vault, arch[ing], concameration ‖ ein ⌐ erstellen / arch vt, vault vt ‖ im Verband gemauertes ⌐ / bonded roof ‖ ⌐anfang, -fuß m / spring [line] of a vault ‖ ⌐anker m (Bau) / tie anchor ‖ ⌐bau m / vault construction ‖ ⌐bogen m / arch ‖ ⌐brücke f / arched bridge ‖ äußere ⌐fläche, Gewölberücken m / extrados ‖ innere ⌐fläche, Gewölbeleibung f / intrados ‖ ⌐-Gewichtssperre f, Bogenschwergewichtsstaumauer f / gravity arch dam, arch gravity dam ‖ ⌐kranz m (Brennofen) / ring, unsymmetric ‖ ⌐linie f (Math) / funicular curve ‖ ⌐pfeiler, Strebbogen m / abutment, flying buttress ‖ ⌐profil n, Wölbung f / outline of an arch o. vault ‖ ⌐rippe f / rib of vault, nerve, nervure ‖ ⌐rüstung f (Bau) / cradling ‖ ⌐scheitel, Bogenschluß m (Bau) / key stone ‖ ⌐schenkel m / flank o. haunch of a vault ‖ ⌐schlußstein m (Ofen) / bullhead ‖ ⌐schub m / pressure on the abutment ‖ ⌐staumauer f / arch[ed] dam ‖ ⌐stein m / arch brick o. stone, voussoir ‖ ⌐stein m (Hütt) / roof block ‖ hohler ⌐stein, Hourdisstein m / hollow gauged brick o. slab, Hourdis stone ‖ ⌐stich m (Ofen) / rise of the crown ‖ ⌐trägerdecke, Schürmanndecke f / Schuermann's ceiling ‖ ⌐überdeckung f, -bedeckung f / layer above vault ‖ ⌐-Widerlager n, Anfangsstein m, Bogenanfänger m / skew-back, springer ‖ ⌐winkel, -zwickel m (Bau) / empty haunch, spandrel, wall arch nose

gewölbt / arched, vaulted ‖ ~, überhöht / cambered ‖ ~ (Masch) / curved, cambered ‖ ~, konvex / convexe ‖ ~ (Uhr, Lagerstein) / rounded ‖ ~, bauchig / bellied, domed ‖ ~ (Straßb) / barrelled ‖ ~ (Walzw) / full ‖ ~er Balken / curved o. camber beam ‖ ~es Band (Walzw) / full strip ‖ ~er Boden (Kessel) / dished head ‖ ~er Boden in Klöpperform (Kessel) / torospherical head ‖ ~er Boden in Korbbogenform (Kessel) / elliptical head ‖ ~er Durchlaß / arched culvert ‖ ~er Flügel (Luftf) / cambered wing ‖ ~er Griff (Zange) / bowed handle ‖ ~e Leitschaufel (Turbine) / variable-geometry blade ‖ ~er Luftansaugekanal (Luftf) / variable-geometry air inlet o. intake ‖ ~e Mauerkappe / cambered crest of a wall ‖ ~e Scheibe, Spannscheibe f / curved washer ‖ ~er Schienenkopf (Bahn) / convex top ‖ nach außen ~ / convex

gewolft (Textil) / devilled, willowed

gewollt (Bestrahlung) / planned ‖ ~e Formabweichung (Getriebe) / modification of flank shape ‖ ~e Frequenzverstimmung / incremental frequency tuning ‖ ~er Unterschnitt, Fußfreiheit f (Zahnrad) / undercut

gewonnener Saft (Zuck) / extracted juice

gewunden / helical, spiral ‖ ~, gedreht / twisted, wound ‖ ~, verdreht / wry ‖ ~, schlängelnd / sinuous ‖ ~ (Treppe) / winding ‖ spiralig ~ / spiral ‖ ⌐drechseln n (Holz) / twist o. cable turning, cabling ‖ ~drechseln / turn vi twisted o. cabled

gewünscht·e Korngröße / designated size ‖ ~e Stückzahl / desired quantity

gewürfelt, kariert (Web) / chequered, checkered

gewürgeltes Vorgespinst (Textil) / condensed sliver

Gewürz n / condiment, spice ‖ ⌐essig m / aromatic vinegar ‖ ⌐mühle f / spice mill ‖ Hand-⌐mühle f / hand spice mill ‖ ⌐nelke f / clove ‖ ⌐pflanze f / aromatic plant ‖ ⌐stoff m / aroma

Geyserit, Kieselsinter m (Min) / geyserite

Geysir, Geiser m (Geol) / geyser, gusher

gezackt, sägezahnförmig / serrated ‖ ~er Betonstahl / indented bar ‖ ~e Scheibe (Landw, Egge) / cutaway disk

Gezäh[e] n, Berg-, Gruben-⌐ / miner's tools o.

implements pl

Gezähekiste f (Bergb) / miner's box, tool chest

gezahnt, gezackt / indented ‖ ~, mit Zähnen / toothed, cogged ‖ ~, lückig / toothed, jagged, jaggy ‖ ~ (Zange) / serrated ‖ ~es Federhaus (Uhr) / going barrel ‖ ~e Greiffläche (Zange) / serrated gripping surface ‖ ~er Hammer / toothed Hammer ‖ ~es Rohr (Bergb) / jagged casing ‖ ~er Sektor / toothed sector ‖ ~er Spachtel / notched spatula ‖ ~er Stab / serrated bar

gezähnt (Bau, Gesimsglied) / denticulate[d]

Gezeit, Tide f / tide ‖ von den ⌐en beeinflußt, Gezeiten… / tidal

Gezeiten·bewegung f / tidal impulses pl ‖ ⌐diagramm n / tide record ‖ ⌐energie f / tidal energy ‖ ⌐kraftwerk n / tidal power station ‖ ⌐mitte f, Mittelwasser n / half tide ‖ ⌐schreiber m / tide recorder ‖ ⌐-Sperrwerk n / tidal barrage ‖ ⌐strom m / tidal current ‖ ⌐strudel m / swash ‖ ⌐tafel f / tide table ‖ ⌐tor n / tide gate ‖ ⌐wechsel m / change o. turn of the tide ‖ ⌐welle f, Tidewelle f / tidal wave

geziehklingt, mit Ziehklingmaschine geglättet / scraped

gezielt (Methode) / purposeful, concerted

gezinkt, mit Zinken / pronged, with prongs o. tines ‖ ~ (Tischl) / dovetailed

gezogen / pulled, drawn ‖ ~ (Draht) / drawn ‖ ~ (Stahlbau, Mech) / in tension ‖ ~ (Halbl) / rate growing o. grown ‖ ~ (Gewehr) / rifled ‖ ~e Diagonale (Stahlbau) / diagonal tie ‖ ~e Faser (Mech) / fiber in tension, stretched fibre ‖ ~er Flächentransistor / grown junction transistor ‖ ~er Glühfaden (Lampe) / drawn-wire filament ‖ ~e Kurve (Luftf) / nose-up curve ‖ ~er Lauf (Gewehr) / rifle barrel ‖ ~e Nadel (Textil) / drawn needle ‖ ~es Profil / extruded section o. profile o. shape ‖ ~er Schornstein / corbelled chimney ‖ ~es Seiltrum / empty side [of a] rope ‖ ~er Stab (Stahlbau) / tensional bar o. member ‖ ~er Teil (Geschützrohr) (Mil) / main bore ‖ ~er Übergang (Halbl) / grown junction ‖ mit geringer Querschnittsabnahme ~ (Draht) / soft drawn, SD, mild drawn

gezündet, aktiviert (Röhre) / fired

gezupfte Baumwolle / picked cotton

gezwirnt (Spinn) / twisted ‖ ~er Faden / composite yarn ‖ ~es Garn, Zwirn m / twist ‖ ~es Schußgarn (Textil) / double weft ‖ ~e Seide / thrown silk ‖ ~es Viskosefilament / thrown rayon yarn ‖ dreifach ~es Garn / three threads pl, triple yarn ‖ zweidrähtiges o. -fädiges ~es Garn, Zwirn m / doubled yarn, double twist

Gezwitscher n (Elektronik) / tweet

g-Faktor m (Nukl) / g-factor

GFHP-Kupfer n (= gasfree high-purity) / gasfree high-purity copper

GFK = glasfaserverstärkter Kunststoff ‖ ⌐-Mattenpressen n (Plast) / mat moulding

GFP (Plast) = glasfaserverstärktes Polyesterharz

G-Funktion f (NC) / G-function

GFV = Güterfernverkehr

GFZfP = Gesellschaft zur Förderung zerstörungsfreier Prüfverfahren

GG (Gieß) = Grauguß

gg (Textil) = gauge

GG-Feinperlit m = feinperlitisches Gußeisen mit Lamellengraphit

GGG = Gußeisen mit Kugelgraphit

GGGK (Gieß) = Gußeisen mit Kugelgraphit in Kokille vergossen

GGK (Hütt) = Gußeisen-Kokillenguß (-F-ferritisch, -FP = ferritisch-perlitisch, -P = perlitisch)

gg-Kern, Gerade-gerade-Kern m (Nukl) / even-even nucleus

GGL = Gußeisen mit Lamellengraphit

GHTR = gasgekühlter Hochtemperaturreaktor

GHz s. Gigahertz

Giant-Sockel m (Elektronik) / giant base

Gibbs·-Helmholtzsche Gleichung f (Thermodynamik) / Gibbs-Helmholtz equation || ⌐it, Hydrargillit m (Min) / gibbsite, hydrargillite || ⌐sches **Adsorptionstheorem** n (Chem) / Gibbs' adsorption theorem || ⌐sches **Phasengesetz** (fälschlich: Phasenregel) (Chem) / Gibbs' phase rule || ⌐sche **Wärmefunktion**, Enthalpie f / enthalpy

Gicht f (obere Öffnung) (Hütt) / throat, furnace top, mouth || ⌐, Charge f (Hütt) / burden, batch, charge || ⌐**aufzug** m (Hütt) / blast furnace elevator o. hoist, charging apparatus || **geneigter** ⌐**aufzug**, Schrägaufzug m / inclined blast furnace hoist, transverse hoist || ⌐**brücke** f / skip bridge || ⌐**bühne** f (Hütt) / charging floor o. gallery o. platform, top gallery o. platform of a blast furnace || ⌐**durchmesser** m / throat o. stack diameter

Gichten·folge f (Hütt) / cycle of charges || ⌐**zähler** m (Hütt) / furnace filling counter

Gicht·gas n / blast furnace gas, top o. stack o. throat gas || ⌐**gasabzug** m / downtake || ⌐**gasabzugsrohr** n / downcomer || ⌐**gasfackel** f (Hütt) / furnace bleeder, surplus blast furnace gas burner || ⌐**gasfang** m / blast furnace gas-take || ⌐**gasgebläse** n (Hütt) / gas engine blower || ⌐**gasleitung** f / blast furnace gas main, top gas main || ⌐**gasleitung** f (zw. Hochofen und Staubsammler) (Hütt) / downcomer, downtake || ⌐**gasmaschine** f, -gasmotor m / blast furnace gas engine || ⌐**glocke** f, Gichtverschluß m / cone o. throat stopper of a blast furnace, stopper o. upper bell || ⌐**kübel** m / charging basket o. bucket (US) || ⌐**kübel-Schrägaufzug** m (Hütt) / skip incline || ⌐**mantel** m (Hütt) / crown wall of a blast furnace || ⌐**rauch** m / blast furnace fumes pl || ⌐**schlamm** m / washing tower sludge || ⌐**schwamm** m, [zinkischer] Ofenbruch m (Hütt) / cadmia, tutty || ⌐**sonde** f (Hütt) / charge level indicator, stock level o. stock line indicator || ⌐**staub** m / blast furnace flue dust, furnace o. throat dust || ⌐**staubabscheider** m (Hütt) / dust collector || ⌐**staubbrikettieranlage** f / flue dust briquetting plant || ⌐**staubbriketts** n pl / flue dust briquet[te] || ⌐**staubsammler** m (Hütt) / dust catcher o. arrester || ⌐**stein**, Windzacken, -stein m (Hütt) / stone rest o. facing of the twyer || ⌐**trichter** m / receiving hopper, furnace-top hopper || ⌐**ventil** n (Hütt) / gas valve || ⌐**verschluß**, Gasfang (Hochofen) / gas seal bell, cup-and-cone assembly, bell and hopper, top closing device, throat stopper || ⌐**verschluß** m **durch Tellerventile** / valve-seal type top charging || ⌐**weite** f (Hütt) / diameter of furnace throat || ⌐**zacken** m (Hütt) / blast plate

Giebel m, Giebelfeld n (Bau) / gable || ⌐ **über Türen, Fenstern**, Ziergiebel m / pediment || ⌐**dach** o. gable o. ridge roof || ⌐**fenster** n / gable window || ⌐**mauer**, -wand f / gable wall || ⌐**schutzbrett** n, Ortgang-, Stirnbrett n / verge o. barge board, gable board || ⌐**seite** f (Bau) / gable end || ⌐**zelt** n, Hauszelt n / ridge tent

Gier·achse f / yaw axis || ⌐**dämpfer[schalter]** m (Luftf) / yaw damper || ⌐**dämpfung** f / yaw damping || ⌐**ebene** f / yawing plane

gieren (Schiff, Luftf) / yaw v, sheer, lurch || ⌐ n (Schiff, Luftf) / yaw, sheer[ing]

Gierenziegel m / angular brick

Gier·-Fähre f / flying bridge || ⌐**geschwindigkeit** f (Luftf) / rate of yaw, yaw rate || ⌐**kreisel** m / yaw gyro || ⌐**moment** n, Gierroll-, Wenderollmoment n (Luftf) / yawing moment || ⌐**rahmen-Drehmomenterzeuger** m (Luftf) / yaw gimbal || ⌐**rechner** m / yaw computer || ⌐**steuer-Ausschlag** m (Luftf) / yaw motivator deflection || ⌐**tau**, Fährseil n / ferry rope || ⌐**triebwerk** n / yaw axis motor

Gierungs·messer m (Luftf) / yaw meter

Gier·winkel m / yaw angle || ⌐**winkel-** f **und Querbeschleunigung** (Flugzeug) / angular acceleration about the vertical axis

Gieß·apparat m (Buch) / [stereo]caster || ⌐**apparat** m (Gelatine) / congealing apparatus || ~**bar** (Gieß) / castable

|| ⌐**baum** m, -traube f / nest of mould, stack mould, cluster || ⌐**bett** n (Gieß) / casting bed || ⌐**bett**, Masselbett n (Hütt) / pig bed || ⌐**bett** n, Sandbett n / sand bed || ⌐**bühne** f / pouring platform

gießen, schütten / pour [from o. out of] || ~, ausgießen [über] / pour out vt, spill, shed vt || ~ (Gieß) / cast || ~, ver-, abgießen (Barren, Stahlguß, Glas) / teem || ~, einen Abguß fertigen (Gieß) / found || ~ (steigend) (Hütt) / bottom-pour, cast uphill || ~ (fallend) (Hütt) / teem direct, top-pour, top-cast || ⌐ n / casting, founding [of iron] || ⌐ (Hütt) / teeming || ⌐, Abgießen n (Hütt) / founding || ⌐, Guß m von Blöcken (Hütt) / pouring || ⌐ **der Buchstaben** (o. Zeilen) (Buch) / type casting || **Barren** (o. **Stangen** o. **in Stabform**) ~ / cast into bars || **mit verlorener Wachsform** ~ / precision-cast, cast by the lost-wax process

Gießer m, Gießereiarbeiter m / caster, founder || ⌐ (Glas) / ladler

Gießerei f / foundry || ⌐, Gießhalle f / casting bay o. house, foundry || ⌐**bedarf** m / foundry materials pl || ⌐**besitzer** m / founder, foundry owner || ⌐**betrieb** m, -wesen n / foundry practice || ⌐**drehkran** m **mit Laufkatze** / foundry jib crane || ⌐**erzeugnis** n / cast product || ⌐**fachmann** m / foundry man || ⌐**fertigerzeugnis** n / finished foundry product || ⌐-**Flammofen** m / foundry air furnace || ⌐**koks** m / foundry coke || ⌐**kran** m / foundry crane || ⌐-**Laufkran** m / foundry travelling crane || ⌐**maschine** f / foundry machine || ⌐**meister** m / foundry foreman || ⌐**modell** n / foundry pattern || ⌐**roheisen** n / foundry iron o. pig o. pig-iron, gray pig-iron || ⌐**roheisen I** o. **III** n / semi-phosphoric pig iron || ⌐**roheisen IVa** n / Cleveland pig iron || ⌐**roheisen IVb** n / phosphoric pig iron || ⌐**sand**, Formsand m / foundry o. moulding sand || ⌐**schachtofen** m / cupola furnace || ⌐**schwärze** f (Gieß) / facing, blackening || ⌐**technik** f, -wesen n, -betrieb m / foundry practice

Gieß·fehler m / casting defect || ⌐**filter** n / strainer bush || ⌐**folie** f / cast film || ⌐**form** f, Gußform f / casting mould || **bleibende, feste** ⌐**form** / permanent mould || ⌐**geschwindigkeit** f / pouring rate || ⌐**grube** f (Gieß, Hütt) / casting o. open pit || ⌐**hafen** m, -wanne f (Glas) / cistern, cuvette || ⌐**halle** f (Gieß) / casting bay o. house, foundry || ⌐**halle** f (Hütt) / pouring bay || ⌐**harz** m (Plast) / cast[ing] resin || ⌐**harztransformator** m / cast-resin dry-type transformator || ⌐**harz-Trockentrafo** m / incapsulated-winding dry-type transformer || ⌐**harzvollverguß** m (Elektr) / through impregnation by cast resin || ⌐**kabelkran** m (Bau) / cable crane with concrete pouring equipment || ⌐**karussell** n / rotary casting machine, circular casting equipment || ⌐**kelle** f, -löffel m (Gieß) / casting o. hand ladle || ⌐**knochen** m (Hütt, Stahlgießen) / knuckle || ⌐**kolbenstange** f (Druckguß) / plunger rod || ⌐**kolonne** f / pouring crew || ⌐**kopf** m / feeder o. runner head, shrinkhead, sinkhead || ⌐**kopf** m (Abfall) (Block) / top discard || ⌐**kran** m (Gieß) / foundry crane || ⌐**kran** m (Hütt) / pouring crane || ⌐**loch** n, -rinne f (Hütt) / pouring hole || ⌐**löffel** m / pouring spoon || ⌐**maschine** f (Gieß) / casting machine || ⌐**massel** f / pig || ⌐**pappe** f / papier-mâché || ⌐**pfanne** f (Gieß) / foundry ladle, pouring ladle || ⌐**pfanne** f (Barren, Stahlguß, Glas) / teeming ladle || ⌐**pfanne mit Wagen** / buggy ladle || ⌐**pfannengabel** f / ladle shank || ⌐**pfannengehänge** n (Gieß) / bail || ⌐**pfannenkran** m (Gieß) / foundry ladle crane, ladle [handling] crane || ⌐**pfannenschieber** m / pouring ladle valve || ⌐**pfannenschnabel** m / pouring spout of the ladle || ⌐**pfannentiegel** m (Gieß) / bowl of a ladle || ⌐**pfannenwagen**, Pfannenwagen m / ladle o. casting car[riage] || ⌐**pfropfen** m / ladle plug || ⌐**plan** m / pouring schedule || ⌐**polyamid** n / casting polyamide || ⌐**polymerisation** f (Plast) / casting polymerization || ⌐**pressen** n (Schm) / autoforge process || ⌐**pressen** n (Druckguß) / diecasting under pressure ||

᠎↳preßschweißen n / pressure welding by thermochemical energy (using a liquid as means of heat transfer) ‖ ↳rad n (Gieß) / casting wheel ‖ ↳rahmen m (kastenloses Formen) / slip, jacket ‖ ↳rest m / biscuit, slug ‖ ↳rinne f (Hütt) / launder ‖ ↳rinne f des Kupolofens, der Pfanne / pouring spout ‖ ↳rohr n (Gieß) / pouring spout and channel ‖ ↳schale f (Gieß) / tundish ‖ ↳schlicker m (Keram) / castable slip ‖ ↳schmelzschweißen n / fusion welding by thermochemical energy (using a liquid as means of heat transfer) ‖ ↳schnauze f, Abstichrinne f / casting spout ‖ ↳schweißen n / cast welding ‖ ↳spiegel m / meniscus ‖ ↳stopfen m in der Pfanne / ladle stopper ‖ ↳strahl m / pouring stream of molten metal ‖ ↳strahlbehandlung f (Hütt) / pouring stream treatment ‖ ↳strahlentgasung f / stream degassing ‖ ↳streichen n (Pap) / cast coating ‖ ↳system n mit Drossel / choked runner system ‖ ↳technik f / casting practice ‖ ↳tisch m (Gieß) / mould frame ‖ ↳tisch m, -tafel f (Glas) / casting plate o. slab ‖ ↳traube f, -baum m / cluster ‖ ↳trichter m (Gieß) / center riser o. runner, feeding head ‖ ↳trichter m (Schmelzgießen) (Hütt) / font ‖ ↳trommel f / casting drum ‖ ↳tümpel m / pouring basin ‖ ↳tümpel mit Stopfen m / stoppered pouring basin ‖ ↳verfahren n / casting method o. process ‖ ↳verfahren n (für keramische Schleifscheiben) / puddled method (grinding wheels) ‖ ↳vorgang m (Massenfertigung) / casting cycle ‖ ↳wagen m (Gieß) / casting car[riage] ‖ ↳wagen m / casting car ‖ ↳walzdraht m / continuous cast and rolled wire ‖ ↳walzen n (Hütt) / rolling directly from the molten condition, continuous casting and rolling ‖ ↳walzen n (Walzen direkt vom Stranggguß) / direct strand reduction ‖ ↳wanne f, Tundish m (Gieß) / tundish ‖ ↳wanne f, Vorherd m / receiver, breast pan ‖ ↳wanne f, -hafen m (Glas) / cistern, cuvette ‖ ↳werk n (Buch) / casting unit ‖ ↳zange f (Hütt) / pincers pl ‖ ↳zapfen m, Eingußmodell n (Gieß) / gate pin o. stick ‖ ↳zapfen m einer Letter (Schriftg) / jet, tang ‖ ↳zettel m (Buch) / fount list o. scheme o. synopsis, bill of fount ‖ ↳zugabe f / overmeasure of ladling

Gift n / toxicant, poison ‖ tierisches ↳ / venom, poison ‖ ↳fang, -gang, -kanal m (Hütt) / horizontal chimney to catch the arsenic ‖ ~fest (Katalysator) / fast to poison ‖ ~frei / poisonless, non-poisonous, free from poison, atoxic ‖ ↳gas n / poison gas ‖ ↳hütte f / arsenic works

giftig / poisonous, toxic ‖ ~ (von Pflanzen) / poisonous (of plants) ‖ ~ (von Tiergift) / poisonous, venomous ‖ ~, schädlich / nocuous ‖ ~, tödlich / deadly ‖ ~ (Gas) / deleterious ‖ ~e Abgase (Kfz) / poor fumes pl, motorcar emissions ‖ ~ für Pflanzen / phytotoxic ‖ ~ [wirkend], Gift enthaltend / poisonous, toxic

Giftigkeit, Toxizität f / toxicity

Gift·müll m, Sondermüll m / hazardous waste, toxic waste ‖ ↳nebel m / toxic smoke ‖ ↳rechner m (Reaktor) / poison computer ‖ ↳schaum m / toxic foam ‖ ↳schwöde, Realgarschwöde f (Gerb) / lime cream containing realgar ‖ ↳stoff m, Gift n / poison, toxicant ‖ ↳stoff m (Mikroben, Pilze) / toxin ‖ ↳wert m (Holzschutzmittel) / efficiency threshold

Giga·...., G, 10^9 / giga, bega (GB) ‖ ↳elektronenvolt n, GeV / giga-electron volt, GeV, billion electron volts ‖ ↳hertz n / gigahertz, 1000 megacycles per second, kilomegacycle, kmc ‖ ↳-Jahr n (10 Jahre) (Astr) / giga-year ‖ ↳wattjahr n / GW-year ‖ ↳wattstunde f, GWh (Elektr) / gigawatt-hour, GWh

GIGO, schlechte Programmierung (DV) / garbage-in garbage-out, GIGO, poor programming

Gilbert, Gb n (1 Gb = 1 Oerstedt x 1 cm) (Phys) / gilbert, Gb

Gilbungsskala f / post colour scale

Gill n (Einheit der Rechengeschwindigkeit) (DV) / gill (named after Stanley Gill) ‖ ↳ / gill (measure, GB = 5 fl oz = 0,142 l, US = 4 fl oz = 0,1183 l) ‖ ↳box f (Textil) / gill box

Gilles-Schaltung f (Fernm) / split order wire

Gillette-Power f (Maßeinheit) (Laser) / Gillette power

Gillingit m (Min) / gillingite

Gill-Morell-Oszillator m / Gill-Morell oscillator

Gill·nadel f / gill pin ‖ ↳spinnen n / gill spinning ‖ ↳stab m (Textil) / faller

Gillung f im Lateralplan (Schiff) / counter, fantail

Gilsonit, Uintait m (Asphaltart) (Min) / gilsonite, uintaite

Gimbalring m (Raketen) / gimbal ring

Gimpen·maschine f (Spinn) / gimp[ing] machine ‖ ↳nadel f / button hole sewing needle

Gingelyöl n / sesame o. gingilli oil

Gingham, Gingan m (Web) / gingham

Giobertit m (Min) / giobertite

Giorgisches System (o. MKSA-System) (veraltet) (Phys) / MKSA-system (meter, kilogram, second, ampere), Giorgi system of units

Gipfel m, Scheitel m / apex, crown, culminating point ‖ ↳, höchster Grad o. Punkt / climax ‖ ↳, höchste Spitze / summit, top ‖ ↳ (Math) / vertex ‖ ↳ (Geogr) / summit, top, vertex ‖ ↳ (Fehler, Drahtziehen) / high spot ‖ ↳ eines Impulses (Funk) / peak point ‖ ↳höhe f (Luftf) / ceiling ‖ ↳höhe f (Raumf) / peak altitude ‖ ↳höhe f (Flugkörper) / apogee ‖ ↳höhe f der Geschoßbahn / perpendicular of the zenith of a trajectory ‖ in ↳höhe fliegen / fly in ceiling height ‖ ↳kessel m (Geol) / summit caldera ‖ ↳punkt m, Gipfelung f / culmination, culminating point, acme ‖ ↳punkt m (Tunneldiode) / peak point ‖ ↳[punkt] einer Kurve, Spitze f / cusp, spinode ‖ ↳spannung, Höckerspannung f (Tunneldiode) / peak point voltage ‖ ↳wert m, -betrag m / peak o. maximum o. crest value

GI-Profil n, I-Grubenstahl m / I-section for mines

Gips m, wasserhaltiger o. Kalk-Gips / gypsum ‖ ↳, Kalzium-Sulfat-Dihydrat n / calcium sulphate hemihydrated (so called beta), plaster of Paris

Gips, Gigabefehle/s m pl (AV) / Gips, gigainstructions per second

Gips m als Papierfüllstoff (Pap) / pearl hardening ‖ gestandener ↳ / dead plaster ‖ ↳abdruck, -abguß m / gypsum o. plaster cast ‖ ↳ader f / gypsum vein ‖ ↳anteil m (im Kalkstuck) / gauge ‖ ↳arbeit f / plaster work ‖ ↳arbeiter, Stuckarbeiter m / plasterer ‖ ~artig / gyps[e]ous ‖ ↳bauplatte f / gypsum wallboard ‖ ↳baustein m / plaster block ‖ ↳beton m / plaster concrete ‖ ↳betonstein m / plaster concrete block ‖ ↳bewurf m / rendering with plaster ‖ ↳brei m / plaster of Paris paste, thin plaster ‖ ↳brennen n / gypsum o. plaster burning o. calcination ‖ ↳[brenn]ofen m / gypsum o. plaster furnace o. kiln o. burning oven ‖ ↳deckenrauhbewurf m / prinking up ‖ ↳diele, -bauplatte f / plaster of Paris slab o. deal, plaster board, gypsum board (US) ‖ ↳dielenwand f, -plattenwand f / plaster of Paris slab partition

gipsen, vergipsen / grout v, plaster

Gipser m / plasterer ‖ ↳, Stuckarbeiter, Stukkateur m / stuccoer ‖ ↳pinsel, -quast m / whitewash brush

Gips·estrich m / composition floor, plaster floor ‖ ↳-Faser-Mischung f (Bau) / staff ‖ ↳form f (Gieß) / plaster mould ‖ ↳formguß m (Erzeugnis) / plaster mould castings pl ‖ ↳-Glattstrich m (Bau) / flush plaster ‖ ~haltig (Wasser) / containing gypsum ‖ ~haltig / gypsiferous ‖ ↳hohldiele f / hollow plaster of Paris slab ‖ ↳kalk m, gebrannter Gips / burnt o. calcined gypsum ‖ ↳kalk, Gipskalkmörtel m / plaster mortar, compo ‖ ↳kartonplatte f (Bau) / sandwich type plaster board, gypsum plaster board ‖ ↳kelle f / plaster ladle ‖ ↳leichtstein, -hohlstein m / plaster slab ‖ ↳-Leichtwand f / plaster slab partition wall ‖ ↳marmor m / artificial marble made from plaster ‖ ↳mehl n, gebrannter Gips / plaster powder, powdered plaster, flour of gypsum ‖ ↳modell n / plaster model ‖ ↳mörtel m / mortar o. cement of plaster ‖ ↳mörtel m, schwefelsaurer Kalkmörtel / hydrated sulphate of lime mortar ‖ ⌐ofen *m*, -brennofen *m* / gypsum o. plaster furnace o. kiln ‖ ⌐plättchen *n* (Opt) / gypsum plate ‖ ⌐plattennagel *m* / clout nail ‖ ⌐putz *m* / gypsum plaster ‖ ⌐putz *m*, Schlichte *f* (Bau) / white coat ‖ glattgestrichener ⌐putz / flush stucco ‖ ⌐putzdecke, Stuckdecke *f* / lathed and plastered ceiling, floated o. stucco ceiling ‖ ⌐schlackenzement, Sulfathüttenzement *m* (DIN 4210) / sulfate slag cement ‖ ⌐-Schwefel-Zement *m* / supersulphated cement ‖ ⌐spat *m* / gyps[e]ous spath, lamellar gypsum ‖ ⌐stuck *m* / stucco, sculptor's plaster ‖ ⌐-Verputz *m*, Abputzen / plaster work, plastering ‖ ⌐zement *m*, Putzkalk *m* mit 5 % Gips / selenitic cement o. lime

Giraffe *f*, Galgen *m* (TV) / mike boom

Girbotolprozeß *m* (zur Entfernung von H$_2$S u. CO$_2$) (Chem) / Girbotol process

Girbotol- u. Clausanlage *f* (Öl) / Girbotol and Claus plant

Girdler-Verfahren *n* (Gasentschwefelung) (Chem) / Girdler process

Girlanden·tragrollen *n pl* (Förderband) / garland, carrying garland, catenary troughing idlers *pl* ‖ ⌐trockner *m*, Hängetrockner *m* (Pap, Textil) / festoon drier

Girodofen *m* (unmittelbarer Lichtbogenofen) / Girod furnace

Gispe *f* (Glas) / [fine] seed

Gispennest *n* (Glas) / heavy seed

gissen, koppeln (Nav) / estimate by guess, make the dead reckoning

Gitter *n* / grid, coarse screen ‖ ⌐, Gatter *n* / railing, grate ‖ ⌐ (Krist) / crystal lattice ‖ ⌐, Vergitterung *f* / grating ‖ ⌐, Gitterwerk aus Holz, Draht, Metall usw *n* / trellis ‖ ⌐, Raster *n* (Opt) / grating ‖ ⌐, Netz *n* (Röntgen) / grating ‖ ⌐, Steuergitter *n* (Funk) / control grid ‖ ⌐ (Kompressor) / cascade ‖ ⌐ (Orthikon) / mesh ‖ ⌐ (Landkarte) / grid (map) ‖ ⌐ (Hütt) / checker work ‖ **mit ⌐n**, Gitter… (Elektronik) / gridded ‖ **mit einem ⌐ versehen** / railed in o. off ‖ ⌐ableitwiderstand *m* (Funk) / grid leak [resistor] ‖ ⌐ablenkröhre *f* / Lawrence tube, chromatron ‖ ⌐abschaltung *f* (Elektr) / grid extinguishing ‖ ⌐abschaltung *f*, -sperrung *f* (Gleichr) / grid blocking o. cut-off ‖ ⌐abweichung *f* (Nav) / grivation, grid variation, grid magnetic angle ‖ ⌐anisotropie *f* (Nukl) / lattice anisotropy ‖ ⌐-Anodenkapazität *f* / grid-anode capacitance ‖ ⌐anordnung *f* (Krist) / arrangement of the crystals in lattices, packing of particles ‖ ⌐anschluß *m* / grid connection ‖ ⌐ansteuerung *f* (Elektronik, Röhre) / drive ‖ ⌐antenne *f* / umbrella-type antenna ‖ ⌐atom *n* / lattice atom ‖ ⌐audion *n* / grid leak detector ‖ ⌐-Ausleger *m* / lattice jib ‖ ⌐ausrichtung *f* (Verm) / grid bearing ‖ ⌐aussteuerbereich *m* (vom Mittelwert berechnet) (Elektronik) / grid swing ‖ ⌐aussteuerbereich *m* Spitze-Spitze / grid sweep ‖ ⌐aussteuerung *f* / grid excitation ‖ ⌐balken, [hölzerner o. Stahl-] Gitterträger *m* / lattice girder o. truss ‖ ⌐basisschaltung *f* (Elektronik) / grid base connection, grounded grid circuit ‖ ⌐basisverstärker *m* / grounded-grid o. -base amplifier ‖ ⌐batterie *f* (Elektronik) / grid battery ‖ ⌐[bau]fehler *m* (Krist) / lattice defect ‖ ⌐beschneidung *f* (Elektronik) / grid clipping ‖ ⌐bindung *f* / lattice binding o. bond ‖ ⌐blende *f* (Astr) / magnitude o. reduction screen ‖ ⌐blockierung *f* / grid blocking o. cut-off ‖ ⌐blockkondensator *m* / grid blocking capacitor ‖ ⌐boden *m* (Chem) / grid tray ‖ ⌐box *f*, -behälter *m* / skeleton container ‖ ⌐boxpalette *f* / box pallet, wire mesh pallet ‖ ⌐brücke *f* / lattice bridge ‖ ⌐draht *m* / fence wire ‖ ⌐draht *m* am Kompaß (Luftf) / grid wire ‖ ⌐drehung *f*, azimutale Versetzung (Phot) / grid rotation ‖ ⌐durchgriff *m* (Elektronik) / grid penetration factor ‖ ⌐eingangskreis *m* / grid-filament circuit ‖ ⌐eisen *n* / fence bar ‖ ⌐elektron *n* (Krist) / lattice electron ‖ ⌐emission *f* / grid emission ‖ ⌐energie *f* (Krist) / configurational energy, lattice binding energy ‖ ⌐fehler *m*, -störstelle *f* (Krist) / lattice imperfection o. dislocation ‖ ⌐fehlstelle

f, -loch *n* (Krist) / lattice vacancy o. void ‖ ⌐fehlstrom *m* / lattice vacancy current ‖ ⌐fenster *n* / barred o. trellis window ‖ ~förmig / crossbarred, latticed, latticework…, trellised, trelliswork… ‖ ~gesteuert / grid-controlled ‖ ~gesteuerter Gleichrichter / cumulative o. polarized grid rectifier ‖ ~getastet / grid keyed ‖ ⌐glas *n* / gauze glass ‖ ⌐gleichrichter *m* / bias rectifier ‖ ⌐gleichrichtung *f* / grid rectification ‖ ⌐gleichspannung *f* / grid d.c. voltage ‖ ⌐gleichstrom *m* / direct grid current ‖ ⌐heizfläche *f* (Martinofen) / checker heating surface ‖ ⌐hohlstein *m* (Hütt) / hollow checker brick ‖ ⌐kammer *f* (Hütt) / checker chamber ‖ ⌐kappe *f*, -anschluß *m* (Elektronik) / grid cap o. clip ‖ ⌐-Kathodenkapazität *f* / cathode-grid capacity ‖ ⌐kennlinie *f* (Funk) / grid characteristic ‖ ⌐kiste *f*, Lattenkiste *f* / crate ‖ ⌐kondensator *m* / grid capacitor ‖ ⌐kondensator *m* mit Nebenschlußwiderstand (R-Glied) / leaky grid capacitor ‖ ⌐konstante *f*, -abstand *m* (Nukl) / lattice constant ‖ ⌐konstruktion *f* / trelliswork ‖ ⌐kontakte *m pl* / gridded contacts ‖ ⌐kopie *f* (Spektrum) / grating replica ‖ ⌐kreis *m* / grid circuit ‖ ⌐kreismodulation *f* / grid circuit modulation ‖ ⌐längengrad *m* (Verm) / grid meridian ‖ ⌐leerstelle *f* / vacancy, void ‖ ⌐leinwand *f* / fine canvas ‖ ⌐lücke *f*, -loch *n* (Krist, Halbl) / vacancy, void ‖ ⌐masche *f* (Elektronik) / grid mesh ‖ ⌐maßstab *m* (Opt) / index grating ‖ ⌐mast *m*, -pfeiler *m* / braced mast o. pole o. pier, lattice tower ‖ ⌐mauerwerk *n* (Bau) / perforated wall ‖ ⌐mauerwerk *n* (Hütt) / checkers *pl*, checkerwork ‖ ⌐modulation *f* [suppressor] grid modulation ‖ ⌐muster, Netzmuster *n* / lattice design ‖ ⌐navigation *f* / grid navigation ‖ ⌐netz *n* (Verm) / grid ‖ mit ⌐netz (Karte) / gridded ‖ ⌐netz-Anlegung *f* (Karte) / implantation of a grid ‖ ⌐[netz]karte *f* (Landkarte) / gridded chart ‖ ⌐nord *n* (Verm) / grid north ‖ ⌐packung *f*, -mauerung *f* (Hütt) / checker work ‖ ⌐pfette *f* (Stahlbau) / lattice o. trellis purlin ‖ ⌐platte *f* (Akku) / grid [plate] ‖ ⌐platz *m* (Nukl) / lattice site ‖ ⌐-Prisma *n* (Opt) / lattice prism ‖ ⌐punktnachricht *f* (Raumf) / grid point message ‖ ⌐rad *n* (Landw, Schlepper) / cage wheel ‖ ⌐radwalze *f* (Straßb) / grid roller ‖ ⌐rauschwiderstand *m* / grid noise resistance ‖ ⌐reflektor *m* (Antenne) / grid-type reflector ‖ ⌐rost *m*, Lattenrost *m* / gridiron, grating ‖ ⌐rost *m*, Rost *m* (Reaktor) / diagrid ‖ ⌐rost-Analogie *f* (Rechenmethode) (Mech) / grid analogy (method of calculation) ‖ ⌐rostdecke *f* / lighting [suspension] grid ‖ ⌐roststeine *m pl* / rider bricks *pl*, sole flue port bricks *pl* ‖ ⌐rückleitung *f* (Elektronik) / grid return ‖ ⌐schieber *m* (Dampfm) / gridiron slide valve ‖ ⌐schnitt *m* (Lack) / cross cutting ‖ ⌐schnittprobe *f* (Lack) / cross-cut adhesion test ‖ ⌐schnittprüfer *m* (Opt) / grid tester ‖ ⌐schott *n* (Schiff) / batten and space bulkhead ‖ ⌐schutzwiderstand *m* (Elektronik) / grid stopper ‖ ⌐spannung *f* / grid potential o. voltage ‖ kritische ⌐spannung, Gitterzündspannung *f* / critical grid voltage ‖ ⌐spannungs-Anodenstrom-Kennlinie *f* / grid potential-anode current characteristic ‖ ⌐spannungs-Gegenkopplung *f* (Elektronik) / cathode return ‖ ⌐spannungsmodulation *f* / grid bias modulation ‖ ⌐spannungsquelle *f* / grid voltage source ‖ ⌐spektrograph *m* / grating spectrograph ‖ ⌐spektrometer *n* / grating spectrometer ‖ ⌐spektrum, Beugungsspektrum *n* / diffraction o. grating spectrum ‖ ⌐sperrspannung *f* (Elektronik) / cutoff grid voltage, cutoff bias ‖ ⌐sperrung *f* (Elektr) / grid extinguishing ‖ ⌐spitzenstrom *m* / peak grid current ‖ ⌐stab *m* (Schloß) / grate bar o. rod ‖ ⌐stab *m*, vergitterter Stab (Stahlbau) / lattice member ‖ ⌐stab, Diagonalstab *m*, Diagonalversteifung *f* (Stahlbau) / lattice bar, web member ‖ ⌐stab *m* (Antenne) / spine of the reflector ‖ ⌐stab *m* eines Absperrgitters aus senkr. Stäben / stanchion['s lance] ‖ ⌐stein *m* (Hütt) / checker brick ‖ ⌐stein *m*, Wabenstein *m* (Bau) / honeycomb brick ‖

⤷**steuerleistung** f / grid-driving power ‖ ⤷**steuerung** f / grid control ‖ ⤷**stoff** m (ein Vliesstoff) / scrim, screen ‖ ⤷**stoff** m, -leinen n / grenadine ‖ ⤷**störstelle** f s. Gitterfehler ‖ ⤷**strom** m (Elektronik) / grid current ‖ ⤷**stromaussteuerung** f / grid current swing ‖ ⤷**strombegrenzer** m / control grid current limiter ‖ ⤷**strommodulation** f / grid current modulation ‖ ⤷**struktur** f (Krist) / mesh effect ‖ ⤷**tastung** f / grid keying ‖ ⤷**testbild** n / grid test pattern ‖ ⤷**theorie** f (Nukl) / lattice theory ‖ ⤷**träger** m (Stahlbau) / braced girder, lattice beam, open web beam ‖ ⤷**träger** m (Elektr) / grid support ‖ ⤷**trägerbrücke** f / lattice bridge ‖ ⤷**tüll** m / lattice tulle ‖ ⤷**tür** f, -tor n (aus gekreuzten Stäben) / trellised gate ‖ ⤷**tür** f, Tür f mit Drahtgeflecht / wire grating (or grille (US)) door ‖ ⤷**umformer** m (Wellenleiter) / grating coverter ‖ ⤷**umwandlung** f (Krist) / transformation of the molecular o. crystal lattice ‖ ⤷**unregelmäßigkeit** f (Krist) / lattice disregistry ‖ ⤷**vektor** m / lattice vector ‖ ⤷**ventil** n / gridiron valve ‖ ⤷**verblockung** f / grid blocking o. cut-off ‖ ⤷**verschlag**, Lattenverschlag m / lath o. lattice partition, lathed space ‖ ⤷**versetzung** f (Krist) / lattice dislocation ‖ ⤷**vorspannung** f / grid bias, grid priming voltage, bias voltage ‖ ⤷**vorspannungsbatterie** f / grid-bias battery (GB), C-battery (US) ‖ ⤷**wechselspannung** f / grid a.c. voltage ‖ ⤷**werk**, Rostwerk n (Bau) / frame grate, frame upon piles for the support of a building ‖ ⤷**werk**, -fenster n (Bau) / lattice, grating ‖ ⤷**werk** n, -konstruktion f (Stahlbau) / lattice work ‖ ⤷**werk** n (Hütt) / checkers pl, checker work ‖ ⤷**widerstand** m, Zweigwiderstand m des Gitterkondensators / grid resistance (of capacitor) ‖ ⤷**windkanal** m / cascade tunnel ‖ ⤷**ziegel** m, -stein m / honeycomb brick ‖ ⤷**zündspannung** f / critical grid voltage ‖ ⤷**zündstrom** m / critical grid current

GKS, graphisches Kernsystem (DV) / GKS, graphical kernel system

GKS-Schnittstelle f (Bildschirm) / GKS interface

GL (Schiff) = Germanischer Lloyd

Glacé·garn n / glazed cotton yarn, polished yarn ‖ ⤷**leder** n / kid [leather], kidskin, [alum-tanned] glove kid, glacé leather o. kid ‖ ⤷**-Papier** n (Buch) / glossy o. glazed paper, brush finished lining

glacieren, Zwirn ~ / glace yarn

Glaever-Tunneleffekt m / Glaever [normal electron] tunnelling

Glanz m, Leuchtkraft, Helligkeit f (allg) / luminosity, brilliance, -ancy, lucidity, brightness, luster, lustre (GB) ‖ ⤷, Oberflächenglanz m / gloss ‖ ⤷, Politur f / burnish, gloss ‖ ⤷, Schein m / shine ‖ ⤷ (Galv) / brightness ‖ ⤷ (Zuck) / sparkle ‖ ⤷ (Mineral) / glance ‖ ⤷... (Galv) / bright ‖ ⤷ eines Stoffes / sheen, lustre, lunter ‖ **den ⤷ nehmen**, dekatieren (Textil) / decatize (GB), decate (US), hot-press, steam ‖ **den ⤷ verlieren** / dim vi ‖ **heller ⤷** / blaze

Glänzabbau m (Textil) / elimination of the bright finish, delustering

Glanz·abzug m (Phot) / enamelled print ‖ ⤷**appretur** f / glazed finish, luster o. gloss finish ‖ ⤷**badbehandlung** f, Glanzvernickeln, -verkupfern, -verzinken usw. / bright plating o. ⤷**bereich** m (Galv) / bright plating range ‖ ⤷**bildner** m (Galv) / brightener ‖ ⤷**blech** n / bright polished sheet ‖ ⤷**brennen** n, -brenne f (Messing) / bright dip, pickling ‖ ⤷**bürste** f / lustring o. shining brush ‖ ⤷**bürste**, Schleifbürste f (Galv) / polishing brush ‖ ⤷**dekatur** f (Textil) / luster decatizing ‖ ⤷**drücken** / burnish ‖ ⤷**effekt** m (Textil) / gloss effect ‖ ⤷**eloxieren** (Alu) / anode-brighten, electrobrighten, electropolish

glänzen vt / burnish, gloss ‖ ⤷, fertigpolieren (Galv) / finish[-polish] ‖ ⤷ (Leder, Spinn) / glaze ‖ ⤷ (Zwirn) / glace yarn ‖ ⤷ vi, scheinen / lighten, luster, shine, glisten, glitter, coruscate ‖ ⤷, blinken / beam ‖ ⤷, spiegeln / be [highly] polished ‖ ⤷, Funkeln n / coruscation

glänzend, hell / brilliant, bright ‖ ⤷, blank / glossy ‖ ⤷, strahlend, leuchtend / lustrous, radiant, shining ‖ ⤷, speckig / shiny, greasy ‖ ⤷, abgetragen (Tuch) / shiny ‖ **⤷e Farbe** / glossy colour ‖ ⤷ **machen**, glänzen, Glanz verleihen (Leder, Textil) / luster, lustre (GB) ‖ ⤷ **machen**, polieren (Metall) / polish, burnish ‖ ⤷ **machen** (Phot) / gloss vt

Glanz·falle f (Farbmeß) / gloss trap ‖ ⤷**farbe** f / gloss ink ‖ ⤷**firnis** m / glazing varnish ‖ ⤷**flächen** f pl, -lichter n pl (Galv) / high lights pl ‖ ⤷**flor** m, Brillantgarn n / brilliant lisle ‖ ⤷**folienkaschierung** f / high gloss foil laminating, celloglazing ‖ ⤷**futterstoff** m / luster lining ‖ ⤷**galvanisierung** f (Galv) / bright plating ‖ ⤷**garn**, Eisengarn n (Textil) / glazed o. polished yarn ‖ ⤷**gold** n / gold imitation ‖ ⤷**haltungs-Index** m (Farbe) / gloss-life index ‖ ⤷**hammer** m / polishing hammer ‖ ⤷**kalander** m (Web) / friction[ing] o. glazing calender ‖ ⤷**karton** m / enamel board ‖ ⤷**kaschiert** (Buch) / celloglazed ‖ ⤷**kattun** m / glazed calico ‖ ⤷**kobalt** m, Kobaltglanz m, Kobaltit m / cobaltine, -tite, bright white cobalt glance, shining cobalt ‖ ⤷**kohle** f / glance o. shining o. shiny coal, glossy black bituminous coal ‖ ⤷**krumpe**, Dampfkrumpe f / steaming, decatizing ‖ ⤷**lack** m / gloss paint, brilliant varnish ‖ ⤷**leder**, Lackleder n / enamelled leather, varnished o. japanned o. patent leather ‖ ⤷**leinwand** f, Futterkattun m / sleeked dowlas, glazed o. trellis linen ‖ ⤷**lichter** n pl, -flächen f pl (Galv) / high lights pl ‖ ⤷**los**, matt / lacklustre, lackluster, lustreless, mat, matt[e], dead, dull

Glanz·maschine f, Glänze f (Bb) / glazing machine ‖ ⤷**maschine** f (Sammet) / lustring machine

Glanz·messer m / gloss metre o. tester ‖ ⤷**messer** m (Pap) / glarimeter ‖ ⤷**mittel** n (Galv) / brightener ‖ ⤷**nickel** n / bright nickel ‖ ⤷**nickelbad** n / bright nickel bath ‖ ⤷**papier** n / enamel paper, glaced paper ‖ ⤷**papier** n / glazed paper, glossy paper ‖ ⤷**pappe** f, -karton m / enamel o. glazed [press]board, glazed millboard ‖ ⤷**pressen**, glänzen, pressen (Tuch) / gloss, press ‖ ⤷**ruß** m / shining soot ‖ ⤷**schleifen** / burnish, polish-grind, glaze, buff ‖ ⤷**schuß** m (Web, Fehler) / bright pick, shiner pick ‖ ⤷**silber** n / burnished silver ‖ ⤷**stärke** f / gloss starch ‖ ⤷**stelle** f (Pap, Textil, Fehler) / shiner ‖ ⤷**taf[fe]t** m / glazed taffeta, lustering, lustrine ‖ ⤷**-Taft** (o. -Taffet), Lustrin m (Textil) / lustrine, silk lustring ‖ ⤷**verchromt** / bright chromium-plated ‖ ⤷**vergoldung** f / water o. burnished gilding, gilding in distemper ‖ ⤷**verkupfern**, [-vernickeln] / bright copper- [o. nickel-]plate ‖ ⤷**versilberung** f / bright silver plating ‖ ⤷**verzinken** / bright galvanize ‖ ⤷**verzinkung** f / bright galvanizing, bright zinc coating ‖ ⤷**weiß**, Satinweiß n (Pap) / gloss-white ‖ ⤷**winkel** m (Opt) / grazing angle, glancing angle, Bragg angle

Glänzwirkung f / polishing action

Glanz·zink n / bright zinc ‖ ⤷**zinn** n / bright tin ‖ ⤷**zusatz** m (Galv) / brightener ‖ ⤷**zwirn** m / glacé thread, glazed thread

Glas n / glass ‖ ⤷, Fensterglas n / window pane, sash pane (of a sash window) ‖ ⤷, Glasbecher m, Wasserglas n / glass ‖ **abgeschrecktes und in Brocken zerfallenes ⤷** / quenched o. dragaded o. draglated cullet ‖ **im ⤷**, in vitro (Chem) / in vitro ‖ **in ⤷ verwandeln**, verglasen / vitrify vt ‖ ⤷**abdeckung** f / glass top ‖ ⤷**abdichtung** f (Dach) / packing for roof glazing ‖ ⤷**ähnlichkeit** f / vitreousness ‖ ⤷**-Apparatebauteile** n pl / glass plant components pl ‖ ⤷**artig**, -ähnlich / glass-like, glassy, hyaline, vitreous ‖ ⤷**artiger Bruch** / vitreous fracture ‖ ⤷**artig geworden** / vitrified ‖ ⤷**asphalt** m (Straßb) / glasphalt ‖ ⤷**ätzung** f / glass ware etching ‖ ⤷**ballon** m (Verpackung) / carboy, demi-john ‖ ⤷**batist** m (Web) / glass cambric ‖ ⤷**baustein** m / glass block o. brick ‖ ⤷**baustein** m **für Pflastereinbau** / pavement light ‖ ⤷**bearbeitung** f / hyalotechnics pl ‖ ⤷**behälter** m des Aräometers / hydrometer syringe ‖ ⤷**bild**, Diapositiv n / lantern slide, positive [transparency] ‖ ⤷**birne** f

(Glühlampe) / bulb of an electric lamp ‖ **⁴blasen** n / glass blowing o. making ‖ **⁴bläser**, -macher m / glass blower ‖ **⁴bläserlampe** f / glass-blower's lamp ‖ **⁴bläserpfeife**, -macherpfeife f / glass blower's pipe, blowing iron, blow pipe ‖ **⁴bohrer** m / glass drill ‖ **⁴brechzange** f / glass pliers pl ‖ **⁴bruch** m, -scherben f pl (Glas) / cullet, broken glass, scraps of waste glass pl ‖ **⁴dach** n / glass roof ‖ **⁴dach** n (mit Glasdachziegeln gedeckt) / glass tile roof ‖ **⁴dachkonstruktion** f / glass roof o. glazed roof construction ‖ **⁴dachsprosse** f / glass roof trellis ‖ **⁴dachziegel**, -dachstein m / glass tile ‖ **⁴deckel** m / glass lid ‖ **⁴deckel** m, -reif m (Großuhr) / bezel ‖ **⁴dicke** f / strength of glass ‖ **⁴druck** m (Buch) / glass printing, hyalography ‖ **⁴druckstock** m / glass printing plate ‖ **⁴durchführung** f (Elektr) / glass seal ‖ **⁴-Effektgarn** n / glass fiber fancy thread ‖ **⁴eindeckung** f / roof glazing, glass roofing ‖ **⁴eindeckung** f, -dach n / glazed roof ‖ **⁴elektrode** f / glass electrode ‖ **⁴email** n / vitreous enamel ‖ **⁴-Endlosmatte** f / continuous glass mat ‖ **⁴-Epoxy-Substrat** n (Elektronik) / epoxy-glass substrate

Glaser m / glazier ‖ **⁴arbeiten** f pl, Verglasung f (Bau) / glazing, lights pl, windows pl ‖ **⁴blei** n / came, glazier's o. window lead ‖ **⁴diamant** m / glazier's diamond o. pencil, diamond pencil

Glaserei, Glaserwerkstatt f / glazier's [work]shop, glaziery

Glaser·hammer m / glazier's [pick] hammer ‖ **⁴kitt** m / glazier's o. painter's putty, putty

gläsern / glass…, of glass

Glas·faden m / glass thread ‖ **⁴falz** m (Uhr) / crystal groove, glass groove

Glasfaser f, -wolle f / glass fiber, glass wool ‖ **⁴n** f pl / fiber glass, F-glass, Fibreglass (GB) ‖ **nichttextile** ⁴ / nontextile glass fiber ‖ **textile** ⁴ / textile glass multifilament ‖ **⁴bewehrter Kunststoff**, GFK / glass fiber reinforced plastic ‖ **⁴erzeugnis** n / textile glass multifilament product, silionne ‖ **⁴filter** n / fiber glass filter ‖ **⁴garn** n / glass fiber yarn ‖ **⁴gewebe** n / glass cloth ‖ **⁴matte** f / glass fiber mat ‖ **⁴optik** f / glass fiber optics pl ‖ **⁴papier** n / glass fiber paper ‖ **⁴preßmasse** f, Glasfaserkunststoff m, GFK / glass fiber reinforced plastic material ‖ **⁴schicht[kunst]stoff** m, Glasfaserlaminat n, GFK-Laminat n / glass fiber laminate

glasfaserverstärkt / glass fiber reinforced ‖ **⁴er Kunststoff** / glass fiber reinforced plastic ‖ **⁴es Nylon** / glass fiber reinforced nylon ‖ **⁴es Polyesterharz**, UP-GF / glass fiber reinforced unsaturated polyester resin ‖ **⁴es Polypropylen**, GF-PP / glass fiber reinforced polypropylene ‖ **⁴es Preßstofflager** (o. Kunstharzlager) / composition bearing

Glas·federmanometer n / glass-spring manometer ‖ **⁴fenster** n / glass window ‖ **⁴filament** n / glass filament ‖ **⁴filamentgarn** n / glass filament yarn ‖ **⁴filamentgewebe** n / glass filament fabric ‖ **⁴filamentzwirn** n / glass filament thread ‖ **⁴fläschchen** n / vial ‖ **⁴flasche** f / glass bottle ‖ **⁴fliese** f / glass slab o. tile ‖ **⁴fluß** m, -paste, Masse f (Glas) / paste, flux ‖ **⁴fluß** m, Verglasung f / vitrification ‖ **⁴folie** f, -film m / glass film ‖ **⁴fuß** m, -quetschfuß m / pinch base, glass stem ‖ **⁴galle** f / gall of glass, salts pl, saltwater ‖ **⁴garn** n / glass fiber yarn ‖ **⁴garngelege** n, Scrim n / scrim ‖ **⁴gefäß** n / glass jar ‖ **⁴gehäuse** n (Elektronik) / glass envelope ‖ **⁴gerät** n / implement made from glass ‖ **⁴geschirr** n, -geräte n pl / glassware ‖ **⁴gespinst** n / spun glass ‖ **⁴gewebe** n / glass [fiber] fabric o. cloth ‖ **⁴gewebeband** n / glass fabric ribbon ‖ **⁴gewirk** n, -gestrick n / knitted pl goods of glass fiber ‖ **⁴glanz** m (Min) / glassy lustre ‖ **⁴gleichrichter** m / glass-bulb rectifier ‖ **⁴glocke** f (Chem) / bell jar ‖ **⁴glocke** f, -schirm m (Lampe) / glass bell o. shade, bell glass ‖ **⁴grieß** m / glass grains pl ‖ **⁴grün** / bottle green, dark green ‖ **⁴hafen**, Schmelzhafen m / glass

[melting] pot ‖ **⁴hafenton** m / pot clay ‖ **⁴hahn** m (Chem) / glass tap ‖ **⁴halbleiter** m / glass semiconductor ‖ **⁴halbzelle** f / glass halfcell ‖ **⁴hart**, spröde / glasshard ‖ **⁴harter Ziegel**, Glaskopf m / vitrified stock brick, gray o. red stock ‖ **⁴hartgewebe** n / fiber glass [reinforced] laminate, glass reinforced laminate ‖ **⁴hülle** f (Fernsehröhre) / glass envelope ‖ **⁴hütte** f / glassworks

glasieren, Glasur geben (Keram) / varnish vt, glaze vt, enamel vt ‖ **⁴** (Pap, Tuch) / glaze, shine

Glasier·-Muffelofen m / vitrification furnace, muffle furnace ‖ **⁴ofen** m / glost o. glazing furnace o. kiln

glasiert (Ziegl) / enamelled, glazed ‖ **⁴** (Keram) / glazed ‖ **⁴er Dachziegel**, Dachkachel f / glazed tile ‖ **⁴er Drahtwiderstand** / vitreous enamelled wire-wound resistor ‖ **⁴e Tonröhre** / glazed stone pipe, G.S.W. pipe ‖ **⁴es Tonzeug** / glazed stone ware, G.S.W.

glasig, glasartig / glassy, vitreous, hyaline ‖ **⁴** (Brau) / steely, vitreous ‖ **⁴** (Geol) / glassy, vitreous ‖ **⁴ geworden** / vitrified ‖ **⁴e Schlacke** / vitreous slag ‖ **mit ⁴em Bruch** (Geol) / vitroclastic

Glas·industrie f / glass industry ‖ **⁴isolation** f / glass insulation ‖ **⁴isolator** m / glass insulator ‖ **⁴jalousie** f (Kfz) / louvers pl ‖ **⁴kasten** m / show case o. cage o. box ‖ **⁴keramik** f / glass-ceramics pl ‖ **⁴keramikmulde** f, -keramikkochfeld n (Elektroherd) / cool top platform, glass ceramic cooking zone ‖ **⁴keramisch** / glass ceramic ‖ **⁴kiste** f / skip for packing glass ‖ **⁴klar**, durchsichtig / transparent, clear ‖ **⁴kolben** m, Ballon m / spherical glass receiver, balloon ‖ **⁴kolben** m (Elektr, Elektronik) / glass bulb ‖ **⁴kolben** m (Chem) / balloon, flask ‖ **⁴kolben**, Rezipient m (Chem) / recipient, receiver ‖ **⁴kopf** m, glasharter Ziegel / gray stock ‖ **⁴kopf** m (Nadel) / glass head ‖ **roter ⁴kopf** (Min) / native brown iron oxide ‖ **schwarzer ⁴kopf**, Psilomelan m (Min) / black manganese, psilomelane ‖ **⁴kugel** f / glass globe ‖ **⁴kugel** f, Glasgefäß n in Kugelform / spherical flask ‖ **geformte ⁴kugel** (Glash) / convex surface ‖ **⁴kügelchen** n pl (für Hinweiszeichen) (Straßb) / ballotini pl ‖ **⁴kugelstrahlen** n / glass bead blasting ‖ **⁴kurzfaser** f / milled glass fiber ‖ **⁴laser** m / amorphous o. glass laser ‖ **⁴lava** f / volcanic glass ‖ **⁴leinwand** f (zum Schleifen) / glass cloth ‖ **⁴macher**, -arbeiter m / glass maker ‖ **⁴macherei**, -hütte, -industrie f, (auch:) Glaswaren f pl / glass work ‖ **⁴macherpfeife** f / blowing iron, blowpipe ‖ **⁴macherstuhl** m (eine Vorrichtung) (Glas) / chair (a fixture) ‖ **eingebrannte ⁴malerei** / baked glass painting ‖ **[eingebrannte] ⁴malerei** (mit Schmelzfarben auf weißes Glas) / glass staining ‖ **⁴malz** n (Brau) / steely o. vitreous malt ‖ **⁴masse**, Fritte f / glass composition o. metal, vitreous mass, frit ‖ **⁴maßstab** m / glass scale ‖ **⁴matte** f, -vlies n / glass [fibre] mat ‖ **⁴mattenverstärkt** / glass-mat reinforced ‖ **⁴mehl**, -pulver n / glass powder ‖ **⁴metall** n (Elektronik, Röhre) / glass-metal ‖ **⁴-Metall-Verschmelzung** f / glass-to-metal seal ‖ **⁴meteorit** m / tectite ‖ **⁴mosaik** n / mosaic glass ‖ **⁴napf** m, -pfanne f (Spinn) / glass-foot-step ‖ **⁴-Oberflächenmatte** f / overlay mat o. veil ‖ **⁴ofen** m / glass [melting] furnace o. kiln o. oven, calcar ‖ **⁴papier** n (zum Schleifen) / glass-paper ‖ **⁴passivierung** f (Halbl) / glassivation, glass-ambient o. -passivated seal ‖ **⁴paste** f, Masse f (Glas) / paste, flux ‖ **⁴perle** f / glass bead ‖ **⁴pfanne** f, -napf m (Spinn) / glass-foot-step ‖ **⁴platte** f, -tafel f, -scheibe f / glass slab o. pane ‖ **große ⁴platte** / glass panel ‖ **⁴politur** f, -schleifen n / glass polish ‖ **⁴-Porzellan** n, weiches Porzellan / vitreous porcelain, soft [paste] porcelain, frit o. tender porcelain, tender china ware ‖ **⁴posten** m, Külbel m / gob, gather ‖ **⁴preßform** f / glass mo[u]ld ‖ **⁴prisma** n / glass prism ‖ **⁴prismen**, Luxferprismen n pl (Bau) / prism light ‖ **⁴pulver**, -mehl n / glass powder ‖ **⁴quetschfuß** s. Glasfuß ‖ **⁴rampe** f s. Glasträne ‖

~raster m / glass screen ‖ ~rasterleuchte f / grated glass lamp ‖ ~reif m, -deckel m (Großuhr) / bezel ‖ ~rohr n, -röhre f / glass tube ‖ ~roving m / glass roving ‖ ~rovinggewebe n / woven glass roving fabric ‖ ~sand m / vitreous sand ‖ ~satz m / mix, charge ‖ ~schablone f (gedr.Schaltg) / glassmaster ‖ ~scheibe f / glass pane ‖ ~scheibe f (Fenster) / window pane ‖ ~scherbe f / broken glass ‖ ~scherben f pl, Glasbruch m (Glashütte) / cullet ‖ ~schere, Abschneideschere f / shears for cutting glass ‖ ~schirm m, -glocke f (Lampe) / glass bell o. shade, bell glass ‖ ~schlacke f (Hütt) / floss ‖ ausgelaufene ~schlacke, zu dickflüssiges Glas / hearth glass ‖ ~schleifen n / glass grinding ‖ ~schleifen n, -politur f / glass polish ‖ ~schleifer, -schneider m / glass grinder o. cutter ‖ ~schlicker m (Leder) / slicker, sleaker, sleeker ‖ ~schliff m / grinding of glass ‖ ~schliff m (am Gerät) / ground joint ‖ ~schmalz n, Queller m, Salicornia f / saltwort, salsola ‖ ~schmelzer m / glass melter o. founder ‖ ~schmelzofen, Aschenofen m / ash furnace ‖ ~schneider m, -schneidemesser n (Wz) / glass cutter ‖ ~schnittmatte f / chopped strand mat ‖ ~-Schwellenschalter m / glass threshold switch ‖ ~seide f / filament glass yarn, glass silk ‖ ~seide f (spinnfähig), -gespinst n / fiber glass, F-glass, Fibreglass (GB) ‖ ~seidenmatte f / glass fiber o. F-glass mat ‖ ~seidensteppmatte f / glass-fibre quilted mat ‖ ~seidenstrang m, Roving n (Plast) / roving ‖ ~sicherung f (Elektr) / visible type fuse ‖ ~-Similistein, Straß m / paste ‖ ~sockel-Lampe f (Elektr) / wedge base bulb ‖ ~speicher m (DV) / glass memory ‖ ~spinnfaden m / glass strand ‖ ~spinnroving m / glass-spun roving ‖ ~splitter m / broken glass, scraps of waste glass, cullet ‖ ~stab m, -stange f / glass rod o. stirrer o. bar ‖ ~-Stahl-Architektur f./ glass-steel architecture ‖ ~-Stahlbeton m (Bau) / glass-crete, reinforced concrete with glass tile fillers ‖ ~-Stahlbetonbau m / glass-crete construction ‖ ~-Stahlbetondach n / reinforced concrete roof with glass tile fillers, glass-crete roof ‖ ~-Stapelfaser f / glass staple fiber ‖ ~stapelfasergarn n / glass staple fiber yarn ‖ ~stapelfasergewebe n / woven glass staple fiber fabric ‖ ~stapelfaser-Vorgarn n / glass sliver ‖ ~stapelfaserzwirn m / glass staple fiber twist ‖ ~steinwand f / wall of glass bricks ‖ ~-Steppmatte f / needled mat ‖ ~stöpsel m, -stopfen m / glass stopper ‖ ~tafel f / glass plate o. table ‖ ~tafel f s. auch Glasplatte ‖ ~thermometer n / glass tube thermometer ‖ ~tinte f / etching ink ‖ ~träne f, -rampe f, -tropfen m / Prince Rupert's drop, glass tear ‖ ~tresen, -Verkaufstisch m / shelf gondola ‖ ~trichter m / glass funnel ‖ ~trog m (Glashütte) / trough ‖ ~trübung f / muddying ‖ ~tür f, verglaste Tür / glazed door ‖ ~tür f / glass door ‖ ~übergang m (Plast) / glass transition ‖ ~übergangstemperatur f, Glaseinfriertemperatur f (Plast) / glass transition temperature ‖ ~umwandlungspunkt m (Plast) / second order transition temperature, glass o. brittle temperature

Glasur f (Keram) / glaze, glazing ‖ ~ von Ziegeln / glaze, enamel ‖ ~brand m / glaze baking ‖ ~masse f, -fritte f (Erdglasur) / glass frit ‖ ~mühle f / glaze crusher o. mill ‖ ~ofen m (Keram) / glazing oven, glaze kiln ‖ ~riß m (Keram, Email) / craze, crazing ‖ mit ~rissen, rissig o. crazed, crackled ‖ ~rissigkeit f, -risse m pl / crazing ‖ ~stein, glasierter Stein / enamelled o. encaustic brick, glazed o. vitrified brick ‖ ~waren f pl (Keram) / glost ware

Glas·veranda f (Bau) / sun parlor (US) ‖ ~verbindung f (Chem) / all-glass connection ‖ ~verschlag m, Glaswand f / glass partition o. panel, glazing ‖ ~verschweißt (Geol) / glass-welded ‖ ~vlies n, -matte f / glass [fibre] mat o. batt ‖ ~vlies-Bitumen-Deckbahn f / bitumen roof sheeting with layer of glass fiber fleece ‖ ~wand f / glass panel ‖ ~wanne f, -trog m / glass trough ‖ ~waren f pl / glassware ‖ kleine ~waren / small glass

articles pl ‖ ~watte f / glass wadding ‖ ~weizen m / durum wheat ‖ ~wolle f / glass wool ‖ ~wollematte f / spun-glass mat ‖ ~zange f zum Feinbröckeln / chipping tool ‖ ~ziegel m, Glasbaustein m / glass block o. brick ‖ ~ziehmaschine f / glass drawing machine ‖ ~zylinder m / glass cylinder, muff

glatt, gleichmäßig / even, level ‖ ~, eben / flat, clean cut ‖ ~, flach / plain, flat ‖ ~, poliert / polished, smooth ‖ ~, glänzend / sleek ‖ ~, schlüpfrig / slick ‖ ~, eben, geglättet / smooth ‖ ~ (Web) / plain weave ‖ ~, abgefahren (Reifen) / bald, worn ‖ ~ (Walzw) / smooth faced ‖ ~, nicht gezogen (Lauf) / unrifled, smooth ‖ ~, ungenoppt (Tuch) / napless ‖ ~ abschließend / flush fitting ‖ ~ abschneiden / cut square ‖ ~er Anker (Elektr) / smooth armature ‖ ~er Federring / single-coil spring lock washer ‖ ~er Grund (Textil) / plain back ‖ ~ landen (Luftf) / land smoothly ‖ ~e Landung / correct landing ‖ ~es Lederpapier / smooth leather paper ‖ ~ machen, glätten / [render] smooth, sleek, dress ‖ ~e Mauerfläche / naked wall ‖ ~e o. glänzende Oberfläche / slick o. glossy surface ‖ ~er Samt / plain velvet ‖ ~er Satz (Buch) / running-on matter, common composition ‖ ~e Spaltungsfläche / self-faced cleavage plane ‖ ~e Tür / flush-faced door, hospital door ‖ ~anker, Turboanker m (Elektr) / smooth-core armature o. rotor

Glättbalken m, -bohle f / screed

glatt·behauen (Stein) / smooth ‖ ~brand m (Email) / glost firing ‖ ~brand m, Scharffeuerbrand m, Glattfeuer n, Scharffeuer n (Keram) / sharp fire ‖ ~deck-Bauweise f (Schiff) / flush deck design ‖ ~deckluke f (Schiff) / flush deck hatch ‖ ~deckschiff n / flush deck vessel

Glättdornstange f (Walzw) / reeling mandrel rod

glattdrücken, auf der Drückbank ~ / planish on the spinning o. chasing lathe

Glätte f, Glattheit f / smoothness, slickness, sleekness ‖ ~ (Pap) / smoothness ‖ ~, Politur f / polish ‖ ~, Preßglanz m (Tuch) / gloss ‖ ~, Bleiglätte f / litharge, lead [mon]oxide ‖ ~ von Straßen / skidding conditions pl ‖ rote ~ / red litharge

Glatteis n / glazed frost, glare [ice] (US), slippery ice ‖ mit ~ bedeckt / icy

Glätteisen n / polishing iron, sleeker

Glättekelle f (Bau) / smoothing trowel

glätten, ebenen / flatten ‖ ~, Fugen glattstreichen / point flat the joints ‖ ~, leviagate, smooth ‖ ~, zurichten (Masch) / finish, dress ‖ ~, polieren / polish, brighten ‖ ~, ausstraken (Luftf, Schiff) / fair, streamline ‖ ~, satinieren (Pap) / glaze, plate, gloss ‖ ~ n, Schlichten n / smoothing ‖ ~ / smoothing ‖ ~, Fixieren n (Textil) / crabbing ‖ ~ der Naht (Schw) / masking ‖ Beulen ~ (Metall) / planish ‖ mit der Kelle ~ (Bau) / trowel off ‖ mit Sandpapier ~ / sandpaper vt

Glätter m (Gipserwz) / smoothing tool

Glättetisch m / sleeking table

Glattfeuer n, Glattbrand m / sharp fire

Glättfilz m / felt rubber

glatt[flächig] (Min) / self-faced

Glättfrischen n / reduction of litharge into lead

glatt·geschoren (Web) / plain, glossy ‖ ~gewebe n / smooth-surface woven fabric, smooth fabric ‖ ~gewölbe n (SM-Ofen) / plain roof

Glätthammer m / sleeking hammer

glatthämmern / hammer even, flat-hammer

Glattheit, Ebenheit f / evenness

Glatthobel m (Tischl) / smoothing long plane, shooting plane

Glätt·kalander m, Glanzkalander m (Tuch) / glazing o. friction[ing] calender ‖ ~kelle f (Bau) / smoothing trowel

glatt·liegend (Pap) / stack ‖ ~machen, glätten / sleek v, dress ‖ ~machen, -streichen / uncurl

Glättmaschine f / flattening machine ‖ ~ (Wolle) / sleeking o. smoothing machine ‖ ~ (Pap) / glazing machine,

calender ‖ ⌐ (Leder) / slating machine
Glatt·passage f (Mühle) / smooth grind ‖ **⌐putz** m (Bau) /
fair faced plaster, floated coat ‖ **~putzen** (Bau) / render,
float and set, R.F.S. ‖ **⌐ripsbindung** f (Web) / plain rep
weave ‖ **⌐rohr** n / plain ended pipe ‖
⌐rohr-Wärmeübertrager m / bare-tube heat exchanger
Glättschaber m (Pap) / trailing blade
glättschabergestrichenes Papier / blade coated paper
Glättschaber-Streichanlage f (Pap) / blade coater
Glattschachtgitter n (Hütt) / chimney checkers pl, basket
weave checkerwork, regenerator packing
Glättscheibe f / smoothing wheel
glatt·schleifen (Glas) / smooth, face ‖ **~schneiden** / cut
straight ‖ **~schneiden** (Samt) / shear velours
Glättstahl m, -eisen n / polisher, sleeking steel ‖ ⌐,
-werkzeug n (Dreh) / burnisher, burnishing tool
glatt·stampfen (Straßb) / smooth down ‖ **⌐stoßmaschine** f
(Buch) / jogging machine, jogger ‖ **~streichen** / flatten ‖
~streichen (Putz) / face vt, fair-face ‖ **~streichen** (Gieß)
/ strickle off ‖ **Papier ~streichen** / job paper ‖ **Fugen
~streichen** / point flat the joints ‖ **⌐strich** m (Bau) /
steel trowel finish, smooth cement finish ‖ **⌐strich** m
(Putz) / flat coating
Glätt- und Lösewalzwerk n / reeling and detaching mill
Glättung f (allg) / smoothing ‖ **⌐ der Unebenheiten** (Galv)
/ smoothing of surface
Glättungs·drossel f (Fernm) / smoothing choke, ripple
filter choke ‖ **⌐faktor** m (Funk) / smoothing factor ‖
⌐glied n (Elektr) / smoother ‖ **⌐kondensator** m
(Elektronik) / filter capacitor ‖ **⌐siebkette** f, Brummfilter
n (Elektronik) / ripple filter ‖ **⌐widerstand** m / current
equalizer
Glattwalze f (Landw) / flat roller ‖ ⌐, Walze f mit glattem
Ballen (Walzw) / plain roll, planishing roll
Glättwalze f (Straßb) / smooth roller ‖ ⌐, Polierwalze f
(Walzw) / smoothing roll
glattwalzen, feinwalzen / burnish, presspolish ‖ ⌐ n,
Drückwalzen n (Dreh) / flow turning ‖ ⌐ (Gewinde) /
finish rolling ‖ ⌐, Feinwalzen, (früher:)
Oberflächendrücken n / burnishing ‖ ⌐ im Einstich-,
[Durchlauf]verfahren / finish-rolling by infeed,
[through-feed] method ‖ ⌐ von Rohren / reeling of
tubes
Glättwalzenstreichverfahren n (Pap) / smoothing roll
coating
Glattwalzen·stuhl m (Mühl) / smooth cylinder mill
Glattwalzmaschine f (Wzm) / flow turning machine
Glätt·walzwerk n (Walzw) / planishing mill, smoothing
rolls pl ‖ **⌐walzwerk**, Friemelwalzwerk n (Walzw) /
reeling mill, reeler
Glattwasser n (Brau) / last runnings
Glätt·werk n (Pap) / glazing rollers pl, thickness calender
‖ **⌐werkoberwalze** f (Pap) / queen roll ‖ **⌐werkzeug** n
(Met.Drücken) / planishing tool, polished chasing tool,
burnishing tool ‖ **⌐werkzeug** n, -stahl m / smoothing
tool, sleeker ‖ **⌐werkzeug** n (Stanz) / smoothing tool ‖
⌐zylinder m (Pap) / machine glazing o. M.G. cylinder,
Yankee drier
Glauber·it m (Min) / glauberite ‖ **⌐salz** n, Mirabilit m
(Min) / Glauber['s] salt, mirabilite
Glauko·chroit m (Min) / glaucochroite ‖ **⌐dot** m (Min) /
glaucodot[e]
Glaukonit m (Min) / glauconite ‖ **⌐sand** m, Grünsand m
(Geol) / glauconitic sand ‖ **⌐sandstein**, Grünsand m
(Geol) / glauconitic sandstone, green sand
Glaukophan m (Min) / glaucophane ‖ **⌐schiefer** m (Geol) /
glaucophanite
glazial, eiszeitlich (Geol) / glacial ‖ ⌐ n, Eiszeit f / glacial
period, great ice age ‖ **⌐bildung** f / glacial action ‖
⌐see m / glacial lake
glazifluvial / glaciofluvial
glazigene Sedimente n pl / glacigenous sediments pl
Gleason-Verzahnung f / Gleason type gear teeth
Glei m, Gley m (Bodentyp) / gley

gleich, gleichkommend / like, alike, similar ‖ ~ (in
Abmessungen) (Math) / equal ‖ **~ er Abstand**, gleiche
Entfernung / equidistance ‖ **~ groß** (o. lang usw) /
commeasurable, commensurate ‖ **~ e Potenzen** f pl
(Math) / like powers ‖ **~ schnell rotieren** / corotate vi ‖
~ e Sicherheit (Mech) / homogeneous security ‖ **~ und
entgegengesetzt** / equal and opposite ‖
~ **wahrscheinlich** / equiprobable ‖ auf ~ Höhe [mit] /
even [with] ‖ **in ~ em Abstand** / equidistant, spaced
equidistantly ‖ **in ~ er Richtung wandernd** (Chem) /
orthokinetic ‖ **mit ~ er Neigung** / isogonic, -gonal ‖ **von
~ em pH-Wert** (Chem) / isohydric ‖ **~ achsig** (Krist) /
equiaxed, isoaxle ‖ **~ armig** / equal-armed ‖ **~ armige
Balkenwaage** / scale[s pl.], shop scales pl ‖ **~ armige
Drehbrücke** / symmetric[al] swing bridge ‖ **~ artig** / of
the same kind ‖ **~ artig** (von gleicher Abstammung),
homolog (Biol) / homogenous ‖ **~ bedeutend** [wie, mit] /
equivalent [to] ‖ **~ berechtigt** (DV) / with equality of
access
gleichbleibend, konstant / constant ‖ **~ e Begriffe** (DV) /
repetitive information ‖ **~ e Geschwindigkeit** / uniform
speed ‖ **~ e Steigung** (Schraube) / constant pitch ‖ **~ e
Teilung** (Nieten) / constant pitch ‖ **mit ~ er
Geschwindigkeit** / constant velocity…
Gleichdick n / orbiform curve ‖ **dreiseitiges ⌐** / tri-
rondular configuration
Gleichdruck·brenner m (Schweiß) / balanced pressure
torch ‖ **⌐motor** m, -verbrennungsmaschine f / constant-
pressure combustion engine ‖ **⌐rad** n, Aktionsrad n
(Turbine) / action wheel, impulse wheel ‖ **⌐regler** m /
balanced pressure regulator ‖ **⌐turbine**, Aktionsturbine
f / action o. impulse turbine, constant-pressure turbine ‖
gemischte ⌐-Überdruck-Turbine, Aktions-Reaktions-
Turbine f / impulse-reaction turbine, combination
turbine, combined impulse turbine, disk-and-drum
turbine ‖ **⌐verbrennung** f / constant-pressure
combustion
Gleiche f (Web) / even texture ‖ ⌐, Mauergleiche f / level
gleich·elektronisch / isoelectronic ‖ **⌐energieweiß**,
Idealweiß n (TV) / equal energy white ‖ **⌐fall** m (Buch) /
even ends pl ‖ **~ fällig** (Kohlenwäsche) / equal falling o.
settling ‖ **⌐fällig** (Buch) / even ending ‖ **⌐fälligkeit** f
(Bergb) / equal falling properties pl ‖ **~ farbig** (Biol) /
homochromatic ‖ **⌐fasenring** m (Kfz) / double bevelled
slotted oil control ring ‖ **⌐feld** m (Phys) / constant field ‖
⌐feld n (Elektronik) / continuous field, d.c. field ‖
⌐feldrauschen n (Magn.Bd) / dc-noise ‖ **~ flächig** /
isohedric ‖ **⌐fließpressen** n, Vorwärtsfließpressen n /
direct extrusion
gleichförmig [mit], konform [mit], entsprechend, gemäß /
congruous [with], conformable [to] ‖ ~, -bleibend /
uniform ‖ ~, monoton / monotonous, -tonic ‖ ~ s. auch
gleichmäßig ‖ **~ abnehmend** / monotonic decreasing ‖
~ e Abtastgeschwindigkeit / uniform o. linear sweep
rate ‖ **~ e Beleuchtung** / general diffused lighting ‖ **~ e
o. -mäßige Beschleunigung** / uniform acceleration ‖ **~ e
Farbtafel**, USC-Farbtafel / uniform chromacity scale
diagram, USC diagram ‖ **~ er Gang**, Gleichgang m
(Mot) / constant running ‖ **~ e Geschwindigkeit** /
uniform speed ‖ **~ e Maschinengeräusche** n pl / purr n,
whir[r] n ‖ **~ es Pulver** (Pulvermet) / regular powder ‖ **~ e
Stabilität** (Regeln) / uniform stability ‖ **~ übersetzendes
Getriebe** / uniform-motion transmission ‖ **~ verändert**
/ uniformly variable ‖ **~ zunehmend** / monotonic
increasing
Gleichförmigkeit f / conformability
Gleichförmigkeits·grad m (Beleuchtung) / uniformity
factor
Gleichförmig--Leuchte f / general diffused lighting fitting
gleich·gehend (Uhr) / synchronous ‖ **~ gerichtet**,
-laufend / parallel, par. [with, to] ‖ **~ gerichtet** (Krist) /
equiaxed ‖ **~ gerichtet** (Mech) / acting in the same
direction ‖ **~ gerichtet**, gerichtet (Elektr) / rectified ‖
~ gerichtete Flanken f pl (Getriebe) / corresponding

flanks *pl* ‖ ~**gerichtete Spannung** / rectified voltage ‖ ~**gerichteter [ungeglätteter] Wechselstrom** / rectified alternating current, r.a.c. ‖ ~**geschlagen** (Seil) / longlay, Lang['s] lay, laid ‖ ~**gestellt** / assimilated ‖ ~**gestreut** (Math) / homoscedastic, homothetic
Gleichgewicht *n* / equilibrium, balance, equipoise ‖ ᶜ, Schwebezustand *m* / poise ‖ ᶜ **der Bewegungsenergieen** / momentum balance ‖ ᶜ **gegen Verdrehung** / equilibrium with respect to torsion ‖ **aus dem** ᶜ **bringen** / unbalance *v* ‖ **außer** ᶜ, unausgeglichen / unbalanced ‖ **das** ᶜ **herstellen** / establish the equilibrium ‖ **das** ᶜ **wiederherstellen** / redress ‖ **im** ᶜ / in equilibrium, balanced ‖ **im** ᶜ [stehend] / counterbalancing each other, at equilibrium ‖ **im** ᶜ **sein** (o. stehen) / balance, be in equipoise ‖ **ins** ᶜ **bringen**, im Gleichgewicht halten / equilibrate, poise
gleich·gewichteter Code / fixed-ratio code ‖ ~**gewichtig** (Code) / fixed-count…
Gleichgewichts·bedingung *f* / condition of equilibrium ‖ ᶜ**bereich** *m* **zwischen Erde und Mond** (Raumf) / null region ‖ ᶜ**core** *n*, -kern *m* (Reaktor) / equilibrated core, balanced core ‖ ᶜ**diagramm**, Zustandsdiagramm, -schaubild *n* / diagram of equilibrium ‖ ᶜ**diagramm**, -schaubild *n* (Hütt) / constitutional o. equilibrium diagram ‖ ᶜ**dichte** *f* (Halbl) / equilibrium density ‖ ᶜ**ebene** *f* / correction o. balancing plane ‖ ᶜ**einstellung** *f* / establishment of equilibrium ‖ ᶜ**einstellung** *f* (Luftf) / trim ‖ ᶜ**feuchte** *f* / equilibrium moisture content, moisture content at the equilibrium stage ‖ ᶜ**gefühl** *n*, -sinn *m* / static sense ‖ ᶜ**gleichung** *f* (Mech) / equation of equilibrium ‖ ᶜ**herstellung** *f* / establishment of the equilibrium ‖ ᶜ**höhe** *f* (Luftf) / equilibrium height ‖ ᶜ**ionendosis** *f* (Photonenstrahlung) / exposure ‖ ᶜ**ionendosis-Leistung** *f* / exposure rate ‖ ᶜ**konstante** *f* (Chem) / equilibrium constant ‖ ᶜ**konzentration** *f* /, equilibrium concentration ‖ ᶜ**lage** *f*, -zustand *m* / position o. condition o. state of equilibrium, steady o. neutral position, balanced condition o. state ‖ ᶜ**lage** *f* (Schiff, Luftf) / trimmed attitude ‖ ᶜ**lage** *f*, -zustand *m* / steady position ‖ ᶜ**lehre** *f*, Statik *f* / statics ‖ ᶜ**mischung** *f* (Chem) / equilibrium mixture ‖ ᶜ**mischung** *f* **zweier Isomere** / mutamerism ‖ ᶜ**phase** *f* (Brennstoffkreislauf) (Nukl) / equilibrium cycle ‖ ᶜ**reaktion** *f* (Chem) / balance reaction ‖ ᶜ**rolle** *f* / balance roller ‖ ᶜ**störung** *f* / disturbance of equilibrium ‖ ᶜ**störung**, -verschiebung *f* / displacement of equilibrium (US), unbalancing ‖ ᶜ**temperatur** *f* / equilibrium temperature ‖ ᶜ**-Verdampfungskurve**, Flashkurve *f* (Dampf) / flash curve ‖ ᶜ**verzweigung** *f* (Mech) / equilibrium bifurcation ‖ ᶜ**zentrum** *n* / equilibrium center ‖ ᶜ**zustand** *m* / state of equilibrium, steady o. neutral position, balanced condition o. state, condition of equilibrium
Gleichgröße *f* / commensurability
Gleichheit *f*, Gleichwertigkeit *f* (Math) / equality ‖ ᶜ, Parität *f* / parity ‖ ᶜ, Identität *f* / sameness ‖ ᶜ, Gleichmäßigkeit, -förmigkeit *f* / uniformity
Gleichheits·koeffizient *m* (Ionenaust) / uniformity coefficient ‖ ᶜ**photometer** *n* / equality-of-brightness photometer ‖ ᶜ**prüfer** *m* (DV) / equivalence element ‖ ᶜ**prüfer** *m* (Spinn) / evenness tester ‖ ᶜ**prüfung** *f* (DV) / parity check ‖ ᶜ**verfahren** *n* (Farbmessung) / visual colour matching ‖ ᶜ**zeichen** *n* (Math) / equal mark o. sign
Gleich·kanalbetrieb *m* (Fernm, Elektronik) / common channel operation ‖ ᶜ**kanalstörung** *f* (Fernm, Elektronik) / common channel interference ‖ ᶜ**klang** *m* (Musik) / unison ‖ ~**kommen**, erreichen / equal *v* ‖ ᶜ**lageverfahren** *n* (Fernm) / duplex channel system ‖ ᶜ**last** *f* (Mech) / evenly distributed load ‖ ~**lastig** (Schiff) / upon an even keel
Gleichlauf *m* / ganging ‖ ᶜ (Tonband) / no flutter and wow ‖ ᶜ, Synchronismus *m* / synchronism ‖ **auf** ᶜ **bringen** /

synchronize ‖ **zu** ᶜ **verbunden** / ganged ‖ **zum** ᶜ **verbinden** / gang *v* ‖ ᶜ**anzeiger** *m* / synchro[no]scope, synchronizing lamp ‖ ᶜ**bit** *n* / sync bit ‖ ᶜ**einrichtung** *f*, -gerät *n* / synchronizing device, synchronizer ‖ ᶜ**einrichtung** *f*, Synchrongerät, Synchro *n* / synchro (consisting of a synchro generator and a synchro motor)
gleichlaufend, synchron / synchronous ‖ ~, in gleicher Richtung / running in the same direction, parallel
Gleichlauf·fräsen *n* (Wzm) / climb milling o. cutting, cutdown milling ‖ ᶜ**frequenzgleichrichter** *m* / synchronizing discriminator ‖ ᶜ**gelenk** *n* (Kfz) / homocinetic joint ‖ ᶜ**herstellung** *f* (Elektronik) / tracking ‖ ᶜ**impuls** *m* (Elektronik) / clocking pulse ‖ ᶜ**impuls** *m* (Fernm) / correcting o. correction pulse ‖ ᶜ**impuls** *m* (TV) / synchronizing [im]pulse ‖ ᶜ**korrektur** *f* (DV) / synchronous correction ‖ ᶜ**meßfilm** *m* / film for measuring wow and flutter ‖ ᶜ**-Meßschallplatte** *f* / wow and flutter test record ‖ ᶜ**pilot** *n* (Fernm) / sync pilot ‖ ᶜ**prüfung** *f* (DV) / sync[hronism] check ‖ ᶜ**regelung** *f* / synchronization control ‖ ᶜ**schaltung** *f* / synchronizing circuit ‖ ᶜ**schaltung** *f*, Getriebe-Synchronisierung *f* (Kfz) / synchromesh design, gear synchronization ‖ ᶜ**schleifen** *n* / down-grinding ‖ ᶜ**schwankung** *f* (Elektronik) / flutter [and wow], wow and flutter ‖ ᶜ**signal** *n* (TV) / synchronizing signal, sync beep ‖ ᶜ**strom** *m* (Fernm) / correcting current ‖ ᶜ**verfahren** *n* (Fernm) / synchronizing technique ‖ ᶜ**winkel** *m* / synchro-angle
Gleichlicht *n* / constant light
gleichmachen, ausgleichen / equate, make equal, equalize ‖ ~, ausgleichen (z.B. Höhe) / flush, level
gleichmächtig (Math) / equinumerous, equivalent to each other
Gleichmaßdehnung *f* / uniform elongation, elongation without necking ‖ ᶜ (Mat.Prüf) / elongation before reduction of area
gleichmäßig, stetig / steady ‖ ~, -förmig, -bleibend / uniform, constant, even ‖ ~, konstant / constant ‖ ~, -förmig (Bewegung) / even ‖ ~ (Abnutzung) / even, smooth ‖ ~, gleich groß / equal ‖ ~ (z.B. Gefüge), einheitlich / homogeneous ‖ ~**er Anschlag** (Schreibm) / even touch ‖ ~ **auf den Umfang verteilt** / equi-circumferential ‖ ~**e Belastung** / constant load ‖ ~ **[bleibend]** / steady ‖ ~**e Dehnung** (Mech) / uniform extension ‖ ~**e [Durch]färbung** (Mikrosk) / general stain ‖ ~**e Färbung**, Egalfärbung *f* / level dyeing ‖ ~**es Garn** / even yarn ‖ ~ **gemasert** (Holz) / even-grained ‖ ~**e Geschwindigkeit innerhalb des Strömungsquerschnittes** / fully developed velocity distribution ‖ ~**e Konvergenz** (Math) / uniform convergence ‖ ~**es Rauschen** / uniformly distributed random noise ‖ ~**e Staffelung** (Fernm) / symmetrical grading ‖ ~ **verteilt** / evenly o. uniformly distributed ‖ ~ **verteilte Belastung** / uniformly distributed load ‖ ~**e Verteilung des Fördergutes** / uniform laydown on a conveyor ‖ ᶜ **in** ~**em Lauf** / steady going
Gleichmäßigkeit, -förmigkeit, Gleichheit *f* / uniformity ‖ ᶜ, Ebenheit *f* / evenness ‖ ᶜ, Regelmäßigkeit *f* / regularity ‖ ᶜ **der Helligkeit** (Bildschirm) / uniformity of luminance
Gleichmäßigkeitseinheit *f* (Aufber) / item of uniformity
gleichnamig (Magnet) / like ‖ ~ (Math) / of same denominator ‖ ~**e Elektrizität** / electricity of the same kind o. name o. sign ‖ ~**es Feld** (Elektr) / field of same polarity ‖ ~**e** *f pl* **Flanken** (Verzahnung) / corresponding flancs *pl* ‖ ~**e Pole** *m pl* / poles of the same name o. sign *pl*, analogous o. similar o. like poles *pl*
Gleichnamigkeit *f* (Elektr) / similarity
Gleich·phasensystem *n* (in allen Phasen symmetrisches Sternpunktsystem) (Elektr) / zero phase sequence [system] ‖ ᶜ**phasenzone** *f* (Radar) / equiphase zone ‖ ~**phasig**, in Phase [gleich] / equiphase, in-phase, cophasal ‖ ~**phasig gespeist** (Antenne) / inphase-fed ‖

~phasige Rückkopplung (Elektronik) / positive feedback ‖ **⌐phasigkeit** f / cophasal state ‖ **⌐polgenerator** m, -polmaschine f / homopolar dynamo o. generator ‖ **~polig** / of the same name o. sign ‖ **~polig**, elektrisch symmetrisch (Elektr) / homopolar ‖ **⌐raumprozeß** m, Ottoverfahren n / constant volume cycle, Otto cycle
gleichrichten (Elektr, Elektronik) / rectify, redress ‖ **~**, demodulieren (Elektronik) / demodulate, rectify, detect ‖ **Wechselstrom ~** (Elektr) / rectify a.c.
Gleichrichter m, GR (Elektr) / rectifier, current redresser ‖ **⌐ mit Alu-Anode**, elektrolytischer Gleichrichter / electrolytic cell rectifier ‖ **⌐anlage** f / rectifier station ‖ **⌐block** m / rectifier stack ‖ **aufgesetzte ⌐brücke** (als Überspannungsschutz) (Elektronik) / crowbar ‖ **⌐brücke** f in Graetzschaltung (Elektr) / bridge [connected] rectifier ‖ **⌐brückenschaltung** f / rectifier bridge connection ‖ **⌐diode** f / rectifier diode ‖ **⌐element** n, Sperrschichtzelle f (Elektronik) / rectifier cell o. element ‖ **⌐gehäuse**, -gefäß n (Elektr) / rectifier tank ‖ **⌐instrument** n (Gleichstrom-Meßinstrument für Wechselstrom) / rectifier instrument ‖ **⌐lokomotive** f / rectifier locomotive ‖ **⌐paket** n / metallic rectifier stack ‖ **⌐röhre** f (Elektr) / rectifier o. rectifying tube, Fleming valve ‖ **⌐satz**, -block m, -säule f / rectifier stack ‖ **⌐schaltung** f / rectifier circuit ‖ **⌐schrank** m / rectifier cubicle ‖ **⌐sperrglied** n / rectifier type suppression filter ‖ **⌐station** f, -werk n (Elektr) / rectifier [power] station, rectifier substation ‖ **⌐-Trafo** m / transfo-rectifier ‖ **⌐welligkeit** f / rectifier ripple ‖ **⌐wirkung** f (Elektr) / asymmetrical o. unilateral conductivity, tube effect o. action
Gleichrichtung f (Elektr, Elektronik) / rectification, rectifying, redressing ‖ **⌐ der Molekeln** / molecular alignment
Gleichrichtungs·faktor, Gleichrichterwirkungsgrad m / rectification o. detector factor o. coefficient ‖ **⌐kennlinie** f / rectifier characteristic
Gleich·[richt]wert m / mean value of a periodic quantity ‖ **⌐schaltung** f / commonality (e.g. of two machines) ‖ **~schenkelig** (Geom) / isosceles (syllabication: isos.ce.les) ‖ **~schenkelig-rechtwinklig** / isosceles-rectangular ‖ **~schenklig** (Walzw) / equal-sided ‖ **~schenkliges Dreieck** / isosceles triangle ‖ **~schenkliger rundkantiger Winkelstahl** / round-edge equal angle ‖ **~schenkliger scharfkantiger Winkelstahl**, LS-Stahl m / equal angle squared edge steel, square edge equal angle, LS-steel ‖ **~schenkliges Trapezgewinde** / equilateral trapeze thread ‖ **~schenkliges T-Stück** (Glas) / equal T ‖ **~schenkliges Winkelprofil** (Hütt) / equal angle ‖ **⌐schicht** f (Bau) / continuous bed of stones ‖ **⌐schicht** f (Maurer) / level o. level[l]ing course ‖ **⌐schlag**, Albert-, Längsschlag m (Seil) / Lang['s] lay, long lay ‖ **⌐schlagseil** n / equal-lay rope, Lang lay rope, parallel lay rope ‖ **⌐schrittöfen** m pl (Hütt) / double walking beam furnaces pl ‖ **~seitig** / equal-sided ‖ **~seitig** (Math) / equilateral ‖ **~seitig** (Twill, Textil) / even-sided, balanced ‖ **[annähernd] ~seitig** (Verm) / well-conditioned ‖ **~seitiges Dreieck** / equilateral triangle ‖ **~seitige Hyperbel** / rectangular hyperbola ‖ **~seitiges Papier**, doppelseitiges Papier n / twin wire paper ‖ **~seitige Pappe**, doppelseitige Pappe f / twin wire board ‖ **~setzen [mit]** / equate ‖ **⌐signalzone** f (Consol radar) / twilight zone, equisignal zone ‖ **~sinnig** / in same direction ‖ **~sinnig in Reihe** (Elektr) / series-aiding
Gleichspannung f (des Gleichstroms) / direct-current o. direct voltage, d.c. voltage ‖ **~**, konstante Spannung / constant potential, C.P., constant voltage
Gleichspannungs·… (Elektr) / constant-voltage… ‖ **⌐-Änderung** f / direct-voltage regulation ‖ **⌐festigkeit** f (Kabel) / d.c.-voltage strength ‖ **⌐komponente** f (TV) / d.c. component ‖ **⌐messer** m / d.c. voltmeter ‖ **⌐quelle** f / constant voltage source o. supply ‖ **⌐signal** n / direct-voltage signal ‖ **⌐verlust**, Leitfähigkeitsverlust m

(Elektronik) / [d.c.] leakance ‖ **⌐wandler**, Gleichumrichter m (DIN) / d.c.[-d.c.]converter, voltage transformer (coll)
Gleich·sperrspannung f (Halbl) / continuous [direct] off-state voltage ‖ **⌐sperrspannung** f in Rückwärtsrichtung (Halbl) / [direct] reverse off-state voltage ‖ **⌐sperrspannung** f in Vorwärtsrichtung (Halbl) / [direct] forward off-state voltage ‖ **⌐spulenwicklung** f (Elektr) / diamond winding ‖ **~stellen**, koordinieren / coordinate ‖ **⌐stellung** f / equalization ‖ **⌐stellung** f (Uhr) / automatic setting ‖ **⌐stellung**, Koordination f / coordination ‖ **⌐streckenlast** f / uniformly distributed linear load
Gleichstrom m, -strömung f / co-current flow ‖ **⌐** (Dampf, Wasser usw) / parallel flow, uniflow current ‖ **⌐** (Elektr) / direct-current, D.C., DC, d.c., d-c, (obsolete:) continuous current ‖ **⌐…** (Chem, Masch) / co-current flow… ‖ **⌐absitzgefäß** n (Zuck) / parallel-flow subsider ‖ **⌐anteil** m / d.c. component ‖ **⌐ausgleichmaschine** f / d.c. balancer o. equalizer ‖ **⌐bogen** m / direct-current arc ‖ **⌐bremse** f / d.c. injection brake ‖ **⌐bremsung** f / d.c. injection braking ‖ **⌐brennkammer** f (Luftf) / straight flow system ‖ **⌐dampfmaschine** f / unaflow o. uniflow [steam] engine ‖ **⌐-Datenübertragungseinrichtung** f für niedrige Sendespannung / baseband modem ‖ **⌐dynamo** m, -generator m / d.c. generator ‖ **⌐einspeisung**, -zuführung f / d.c. insertion, d.c. supply ‖ **⌐erregung** f / d.c.-excitation ‖ **⌐fahrbetrieb** m (Bahn) / direct-current traction ‖ **⌐generator** m (Elektr) / d.c. generator ‖ **⌐-Gleichstrom-Umformer** m / commutator transformer ‖ **⌐-Gleichstromwandler** m (Elektronik) / d.c.-d.c. converter ‖ **⌐hauptschlußmotor** m, -reihenschlußmotor m / d.c. series motor ‖ **⌐kabel** n / d.c. cable ‖ **⌐komponente** f (TV) / d.c. component ‖ **⌐komponente**, Nullfrequenz f (TV) / zero frequency, z.f. ‖ **⌐leistung** f / d.c. power ‖ **⌐leitung** f / d.c. circuit ‖ **⌐leitwert** m / direct-current conductance ‖ **⌐-Lichtbogenschweißmaschine** f / d.c. arc welding generator ‖ **⌐maschine** f, -generator m / d.c. generator ‖ **⌐motor** m / d.c. motor ‖ **⌐netz** n / direct-current system o. network ‖ **⌐regelmotor** m / variable speed D.C.motor ‖ **⌐-Regeneration** f (Ionenaust.) / co-current regeneration, co-flow regeneration ‖ **⌐-Rundsieb** n (Pap) / uniflow vat ‖ **⌐schienenverbinder** m mit Wechselstromsperre, Drosselstoß m (Bahn) / impedance bond ‖ **⌐seite** f / d.c. side ‖ **⌐spannung** f / d.c. voltage ‖ **⌐spülung** f (Mot) / uniflow scavenging, parallel flow scavenging ‖ **⌐steller** m (Elektronik) / d.c. chopper converter, direct d.c. converter ‖ **⌐steuerspannung** f / d.c. control voltage ‖ **⌐-Tachodynamo** m / direct-current tachodynamo ‖ **⌐telegrafie** f / direct current telegraphy ‖ **⌐-Turbogenerator** m / turbo-dynamo ‖ **⌐überlagerung** f / d.c.-superposition ‖ **⌐übertragung** f (TV) / d.c. transmission ‖ **⌐umformer** m, Umformer m in Gleichstrom / d.c. converter ‖ **⌐umspanner** m / commutator transformer ‖ **⌐unterlagerungstelegraphie** f / subaudio d.c. telegraphy, infra-acoustic d.c. telegraphy ‖ **⌐verhältnis** n (Halbl) / static value of the forward current ratio ‖ **⌐verlustleistung** f (Transistor) / d.c. standby power-handling capacity ‖ **⌐verstärker** m / direct-current amplifier ‖ **⌐verstärker**, direkt gekoppelter Verstärker / direct resistance-coupled amplifier ‖ **⌐verstärker** m (Elektronik) / rectifier amplifier ‖ **⌐vormagnetisierung** f / d.c. bias ‖ **⌐vorwärmer** m (Dampf) / uniflow preheater ‖ **⌐-Wechselstrom-Umformer** m / inverted rotary converter ‖ **⌐wecker** m (Fernm) / trembler, trembling bell ‖ **⌐weiche** f (Elektronik) / d.c. separating network ‖ **⌐widerstand**, Ohmscher Widerstand m / d.c. resistance, ohmic resistance, ohmage ‖ **⌐-Wiederherstellungsschaltung** f, Klemmschaltung f

(TV) / clamper, d.c. restorer ‖ ⁓zähler m / d.c. meter ‖
⁓zentrierung f(TV) / d.c. centering ‖ ⁓zuführung,
-einspeisung f/ d.c. insertion, d.c. supply
Gleichtakt m, -tritt m / synchronism, synchroneity,
simultaneousness ‖ ⁓ (Elektronik) / common mode ‖
⁓..., richtigphasig / inphase ‖ ⁓aufnahme f / inphase
recording ‖ ⁓-**Energie** f / common-mode output ‖
⁓feuer n (Nav) / intermittent light, isophase light ‖
⁓signal n (Elektronik) / common-mode signal ‖
⁓störspannung f(Instr) / common-mode parasitic
voltage ‖ ⁓störung f / common-mode interference o.
noise ‖ ⁓-Unterdrückung f (Elektronik, Verstärker) /
common mode rejection ‖
⁓-Unterdrückungs-Verhältnis n / [common mode]
rejection ratio
Gleich·umrichter, Gleichstromumrichter m / C.M.B.-
converter, autoconverter ‖ ⁓umrichter (DIN),
Gleichspannungswandler m / d.c.[-d.c.]converter,
voltage transformer (coll)
Gleichung f(Math) / equation ‖ ⁓ **1. Grades** (Math) /
simple o. linear equation ‖ ⁓ **2. Grades** / quadratic
equation ‖ ⁓ **3. Grades** / cubic equation ‖ ⁓ **4. Grades**
/ fourth-power equation ‖ ⁓en aufstellen, in
Gleichungen bringen / form equations ‖ ⁓ höherer
Ordnung / higher equation ‖ ⁓ xten Grades (o. xter
Ordnung) / equation of the xth degree
Gleichungs·auflöser m / equation resolver ‖
⁓berechnung f/ equation evaluation ‖ ⁓system n
(Math) / system of equations
Gleich·verteilung [auf], Äquipartition f / equipartition
[for] ‖ ⁓verteilungsgesetz n der Energie / theorem o.
principle of the equipartition of energy ‖ ~vielfache
Größe (Math) / equimultiple ‖ ~wahrscheinlicher Wert
/ equiprobable value ‖ ~wahrscheinlicher Wert (Math)
/ equiprobable value, median ‖ ~weit entfernt /
equidistant ‖ ⁓welle, Gemeinschaftswelle f (Elektronik) /
common wave ‖ ⁓wellenrundfunk n / common-
frequency o. -wave broadcasting, mutual broadcasting
system, MBS, shared-channel broadcasting,
synchronous carrier system, synchronized broadcasting
system ‖ ⁓wellensender m / synchronized transmitter ‖
⁓wert m, Gleichrichtwert m / mean value of a periodic
quantity ‖ ⁓wert m der genetischen Dosis / genetic
dose equivalent ‖ ~wertig [mit] / equivalent, balanced,
in balance ‖ ~wertiger Halbmesser / beam length ‖
~wertig in beiden Richtungen / bilateral ‖ ~wertige
Lösung / equivalent solution of a problem ‖ ~wertige
Trennwichte (Bergb) / equivalent partition density ‖
⁓wertigkeit f, Gleichheit f (Math) / equality ‖
⁓wertigkeit, Entsprechung f / equivalence ‖
⁓wertigkeit f (Eigenschaften) / equivalent characteristics
pl ‖ ~winkelig / equiangular, isogonic, -gonal ‖
räumlich ~wink[e]lig, mit gleicher Neigung / isogonal
‖ ~winkelstaumauer f / constant angle arch dam ‖
~wirkend / equally acting
gleichzeitig, simultan, Simultan... / simultaneous ‖
~ [mit] / concomitant [to] ‖ ~, von gleicher Dauer /
isochronous, -chronic, -chronal ‖ ~ (Patent)/ mesne ‖ ~,
On-line... (DV) / on-line ‖ ~ abtasten [mit] / sample in
parallel [to] ‖ ~er elektrolytischer Überzug von
Legierungen / co-deposition of alloys ‖ ~er Erdschluß
/ polyphase earth ‖ ~e Erzeugung (zweier nutzbarer
Energiearten) / cogeneration (of two useful forms of
energy) ‖ ~e Gesprächszahl (Fernm) / traffic flow ‖ ~es
Lesen u. Schreiben (DV) / simultaneous read-while-
write ‖ ~ sein / synchronize ‖ ~e Veränderung /
covariation ‖ ~ wirkend / concurrent ‖ ~ zulässig
(Bahn) / compatible, simultaneously possible
Gleichzeitigkeit, Simultaneität f / simultaneousness,
simultaneity ‖ ⁓, Gleichdauer f der Schwingung /
isochronism of vibrations ‖ ⁓ der Bewegung /
isochronism
Gleichzeitigkeitsfaktor m / simultaneity factor
gleichziehen, nachkommen / draw even [with], catch up

[with]
Gleis n / track ‖ ⁓, Geleise n (Bahn) / track, line, right of
way (US) ‖ ⁓, Wagengleis n (Straßb) / rut ‖ ⁓ für
Zugfahrten, Zuggleis n (Bahn) / running track, through
track ‖ ⁓ im Gefälle (Bahn) / downgrade track (US) ‖
⁓ frei, Fahrtstellung f(Bahn) / line clear ‖ ⁓ in einem
Werk, (offiziell für:) Anschlußgleis / factory siding ‖
⁓e n pl, Schienen f pl (Bahn) / metals pl ‖ ⁓ n mit
dritter Schiene, mehrspurige Strecke / three-rail track,
mixed gauge track ‖ ⁓ mit Wechselbetrieb (Bahn) /
reversible track (US) ‖ ⁓e u. ortsfeste Anlagen f pl
(Bahn) / permanent way and fixed installations pl, way
and structures (US) pl ‖ ⁓ n von der Hauptstadt her /
down track ‖ ⁓ zur Hauptstadt / up line ‖ auf dem
falschen ⁓ / on the wrong track ‖ ⁓abschnitt m / track
section ‖ ⁓abschnitt m hinter einem Signal (Bahn) /
advance of a signal ‖ ⁓abschnitt m vor dem
Sperrsignal (Bahn) / approach to a signal ‖ ⁓absenkung
f (Bahn) / lowering of the track ‖ ⁓achse f / center of the
track ‖ ⁓anlage f / track system o. installation ‖
⁓anlagen f pl unter Tage / rail haulage roads in mines
pl ‖ ⁓anschluß m / siding track, private sidings pl ‖
⁓arbeiten f pl / tracklaying ‖ ⁓bankett n / track bench
‖ ⁓baugeräte n pl, -baumaschinen f pl / railway track
machinery ‖ ⁓besetzungslampe f / track occupancy
light ‖ ⁓[besetzungs]melder m / track indicator,
vehicle on-line indicator ‖ ⁓besetzungsplan m / track
occupation diagram ‖ ⁓bettung f(Bahn) / ballast of the
track ‖ ⁓bild n, -tafel f / track diagram o. model o. plan
‖ ⁓bildstellwerk n / signal box with push-button
geographical circuitry, NX tower (US) (=
entrance-exit) ‖ ⁓bildstellwerk n mit Tastenbild u.
Meldetafel / all-relay signal box with visual control
panel ‖ ⁓bildtafel f(Bahn) / geographic[al] control panel
‖ ⁓bogen m / curved track ‖ ⁓bremse f (Bahn) / rail
brake, car retarder (US) ‖ ⁓bündel n, -gruppe f / set of
lines o. sidings o. tracks, fan of sidings ‖ ⁓dreieck n
(Bahn) / reversing triangle, Y-track (US) ‖ ⁓entfernung
f, -mittenabstand m / distance between centers o. center
lines of tracks ‖ ⁓fahrzeug n (Bahn) / rail car o.' vehicle
‖ ~gebunden / track-bound, railborn, railmounted ‖
⁓gruppe f, -bündel n / set of lines o. sidings o. tracks,
fan of sidings ‖ ⁓hebebaum m / rail lever ‖ ⁓heber m /
track lifter ‖ ⁓joch n, -rahmen m / track length o. panel
o. span, line o. track section ‖ ⁓joch (transportabel) /
portable track o. line section, frame, yoke ‖ ⁓kette f,
Raupe f / crawler chain ‖ ⁓ketten... (Kfz) / tracked,
tracklaying, crawler... ‖ ⁓kettenantrieb m / chain o.
crawler drive ‖ ⁓kettenfahrzeug n / tracklaying craft o.
vehicle, crawler ‖ ⁓kettenschlepper m / tracklaying o.
track-type tractor ‖ ⁓kontakteinrichtung f,
Gleiskontakt m (Bahn) / contact ramp of the track ‖
⁓kraftwagen m, Motordraisine f / track motor car, line
inspection trolley o. car, gang car (US) ‖ ⁓kreuzung f /
crossing of tracks o. lines ‖ ⁓lage f / track layout ‖
⁓lage[rung] f / track bed ‖ ~los / railless ‖ ~loser
Muldenkipper / side dumping truck ‖ ⁓melder m am
Ablaufberg (Bahn) / announcement transmitter ‖
⁓meldetafel f(Bahn) / visual control signal ‖
⁓meßwagen m / track recording car ‖ ⁓mittenabstand
m, -entfernung f / distance between centers o. center
lines of tracks ‖ das gesamte ⁓netz / trackage ‖
⁓oberbau m (Bahn) / superstructure, permanent way ‖
⁓räumer m (Bahn) / track clearer, cow-catcher (US),
sweeper (GB) ‖ ⁓rückmaschine f / rail o. track shifter
o. shifting machine ‖ ⁓sicherungspunkt, Festpunkt m
(Bahn) / measuring point of the track, reference point ‖
⁓sperre f, Entgleisungsschuh m (Bahn) / derailer,
derailing stop ‖ ⁓sperre f, Sperrklotz m (Bahn) /
movable scotch block ‖ ⁓stopfmaschine f / track o. tie
(US) o. sleeper (GB) -tamping o. packing machine,
mechanical tamper ‖ ⁓strang m (Bahn) / track, set of
tracks ‖ ⁓strang m, Schienenbahn f (Bergb) / trackway ‖
⁓strang m aus endlos zusammengeschweißten

427

Schienen / long welded rails *pl*, ribbon rails *pl* ‖ ⁓stromkreis *m* (Bahn) / track circuit, bond wire (US) ‖ ⁓stromkreis *m* für Weichensperrung (Bahn) / ground track point lock ‖ ⁓tafel *f*, Gleisbild *n* / track diagram o. model o. plan ‖ ⁓überführung *f*, -überwerfung *f* (Schweiz), Kreuzungsbauwerk *n* (Bahn) / fly-over, overbridge ‖ ⁓- und fahrerloses Flurförderfahrzeug / automatic guided vehicle, AGV ‖ ⁓- und Straßenfahrzeugwaage *f* / combined rail waggon and road vehicle weigher ‖ ⁓unterbrechung *f* / interruption on the track ‖ ⁓unterhaltung *f* (Bahn) / maintenance of track ‖ ⁓unterhaltungsgeräte *n pl* / permanent-way tools *pl* ‖ ⁓verbinder *m*, -verbindung *f* (Bergb, Bahn) / crossover, junction, track connection ‖ doppelte ⁓verbindung, gekreuzte Gleisverbindung *f* (Bahn) / double crossover ‖ einfache ⁓verbindung (Bahn) / single crossover ‖ ⁓verlegung *f* / tracklaying ‖ ⁓vermarkung, -versicherung *f* (Bahn) / alignment of the track by means of monument ‖ ⁓verschlingung *f* (Bahn) / crossover of tracks, interlacing of lines, gountlet ‖ ⁓verwerfung *f*, -verformung *f*, -verwindung *f* / distortion of the track, crookedness of the track, lateral buckling o. displacement of the track ‖ ⁓waage *f* / track scales *pl*, freight car scales (US) *pl*, waggon balance o. weighbridge (GB), rail waggon weigher (GB) ‖ ⁓wechselbetrieb *m* (Bahn) / two-way working o. either-direction working of lines o. tracks ‖ ⁓winde *f* (Bahn) / rail lifting jack, track jack ‖ ⁓zwischenraum *m* (Bahn) / distance between running lines, space o. midway between tracks, six-foot way o. side ‖ ⁓zwischenstück *n* (Bahn) / interlinked piece

Gleit·achslager *n* (Bahn) / plain bearing axle box ‖ ⁓-Axiallagerring *m* (DIN 7479) / plain thrust bearing ring ‖ ⁓backe *f* (Masch) / guide shoe, sliding block ‖ ⁓bahn *f* / guideway, slide o. sliding way o. track ‖ ⁓bahn, Rutsche *f* / slide, shoot, chute ‖ ⁓bahn, -schiene *f* (Masch) / slide bar o. guide ‖ ⁓bahn *f*, Führung *f* / slide o. sliding way, guide way ‖ ⁓bahn *f* (Brückb) / sliding way ‖ ⁓bahn *f* (Schleifm) / slideway ‖ ⁓bahn *f*, -falz *m* / gliding channel o. slide o. slot ‖ ⁓bahnkontaktfroster *m* / slideway contact freezer ‖ ⁓band *n* / sliding band ‖ ⁓bandanlage *f* / sliding belt conveyor ‖ ⁓beiwert *m*, Reibungszahl *f* / coefficient of sliding friction ‖ ⁓belag *m* / slideway lining ‖ ⁓bombe *f* / glide bomb, glomb ‖ ⁓bonderbad *n* / antifriction bonderizing bath ‖ ⁓boot, Stufenboot *n* / hydroplane, hydroglider ‖ ⁓buchse *f* / guide bush, slide bush ‖ ⁓drahtwiderstand *m* (Elektr) / slide o. sliding [wire] resistor ‖ ⁓druckbetrieb *m* / variable- o. sliding-pressure operation ‖ ⁓ebene *f* / sliding plane ‖ ⁓ebene, -fläche *f* (Krist) / gliding plane, slip plane

gleiten, rutschen / glide, slide, slip ‖ ⁓ (Räder, Kfz) / glide ‖ ⁓, segeln (Luftf) / plane ‖ ⁓ *n*, Rutschen *n* / gliding, sliding, slide, slippage, slipping ‖ ⁓ an den Kristallgrenzen (Hütt) / slip ‖ ⁓ lassen / slide *vt*

gleitend, Gleit... / sliding ‖ ⁓e Arbeitszeit s. Gleitzeit ‖ ⁓es Druckaufbereitungszeichen (DV) / floating report sign ‖ ⁓er Durchschnitt / sliding average ‖ ⁓e Lohnskala / sliding wage scale ‖ ⁓es Querhaupt, Traversengleitstück *n* / traversing saddle (GB), traverse glide (US) ‖ ⁓e Reibung / sliding friction ‖ ⁓e Skala / gliding scale ‖ ⁓e Verweisung auf Normen / reference to standards by undated identification

Gleitentladung / sliding discharge
Gleiter *m*, Segelflugzeug *n* / glider
Gleit·fähigkeit *f*, Blockwiderstand *m* (Buch) / blocking resistance ‖ ⁓fähigkeit *f*, -vermögen *n* (Luftf) / gliding quality ‖ ⁓falz *m*, -bahn *f* / gliding channel o. slide o. slot ‖ ⁓feder *f* des Getriebes (Kfz) / sliding key, feather key ‖ ⁓fest / friction-grip... ‖ ⁓fläche *f* / sliding surface, slide face ‖ ⁓fläche *f* (Geol) / transform fault ‖ ⁓fläche *f*, Lauffläche *f* des Kolbens / slide face of piston ‖ ⁓fläche *f* (Schiff) / hydrofoil, -vane ‖ ⁓fläche, -ebene *f* (Krist) / gliding plane, slip plane ‖ ⁓fläche *f*

(Schalter) / slide plate of a switch ‖ ⁓fläche *f* (Schloß) / striking surface ‖ ⁓fläche *f* für den Gurt (Fließband) / band table unit ‖ ⁓flächendichtung *f* / floating seal o. packing ‖ ⁓flug *m* (Luftf) / glide *n* ‖ ⁓führung *f* / slip-in guide ‖ ⁓führung *f* (Wzm) / slideway ‖ ⁓führung *f* (Tischl) / coulisse, culiss *f* ‖ ⁓funkenelektrode *f* (Zündkerze) / surface discharge electrode ‖ ⁓funkenzündkerze *f* (Kfz) / surface gap o. discharge plug, air-surface gap spark plug ‖ ⁓gehäusepumpe *f* / sliding-shoe pump ‖ ⁓gelenk *n* (Zange) / slip joint ‖ ⁓geschwindigkeit *f* (Lagerzapfen) / running speed ‖ auf ⁓gestell montiert / skid mounted ‖ ⁓haken *m* / round hook ‖ ⁓hülse *f* / slide bush ‖ ⁓indikator *m* [nach Tannert] (Schmierstoff) / sliding indicator ‖ ⁓klotz, Schlitten *m* (Dampfm, Masch) / slide block ‖ ⁓komma *n* (DV) s. Gleitpunkt ‖ ⁓kontakt *m* / sliding contact, plot, slide ‖ ⁓kreuzgelenk *n* (Kfz) / slip universal joint ‖ ⁓kufe *f* (Luftf) / undercarriage skid, landing skid ‖ ⁓kurve *f* (Math) / glissette ‖ ⁓lager *n* / plain bearing, slide o. sliding o. friction bearing ‖ ⁓lagerbuchse *f* / plain bearing bush ‖ ⁓lagerfett *n* / consistent o. cup grease, friction bearing grease ‖ ⁓lagerschale *f* / plain bearing half liner ‖ ⁓linie *f*, Trajektorie *f* (Mech) / slip o. slide line ‖ ⁓linienfeld *n* (Mech, Schm) / slip-line field ‖ ⁓linienstreifen *m* (Hütt) / slip band ‖ ⁓los (Drahtziehen) / non-slip... ‖ ⁓maß *n*, -modul *m* / modulus of transverse elasticity, of elasticity in shear, of rigidity ‖ ⁓mittel *n* (gegen Fressen) / antiseize [agent] ‖ ⁓mittel *n* (Masch) / sliding means ‖ ⁓mittel *n* (Chem) / slip additive ‖ ⁓mittel *n*, Trennmittel *n* (Plast) / parting agent ‖ in den Kunststoff eingebrachtes ⁓mittel (Plast) / self-carrying mo[u]ld lubricant, internal lubricant ‖ ⁓mittel *n* für Formen / mould release [agent] ‖ ⁓modul *m* s. Gleitmaß ‖ ⁓mutter *f* / slide nut ‖ ⁓öl *n* / sliding oil ‖ ⁓punkt *m* (DV) / floating decimal o. point

Gleitpunkt·addition *f* / floating add ‖ ⁓arithmethik *f* (DV) / floating-point arithmetic ‖ ⁓betriebsart *f* / "noisy mode" ‖ ⁓einrichtung *f* (DV) / automatic floating point equipment ‖ ⁓gültigkeit *f* der Programmaske (DV) / significance mask ‖ ⁓konstanten *f pl* mit erweiterter Mantissenlänge (DV) / long-precision floating point constants ‖ ⁓programm *n* (DV) / floating-point routine ‖ ⁓rechnung *f* / floating point computation ‖ ⁓schreibweise *f* / floating point notation

Gleit·reibung *f*, gleitende Reibung / sliding friction ‖ ⁓ring *m*, sliding ring ‖ ⁓ringdichtung *f* / axial face seal, end stuffing box, duocone seal, rotating mechanical seal, floating ring seal ‖ ⁓riß *m* (Sintern) / slip crack ‖ ⁓rohr *n* (Hütt) / skid pipe ‖ ⁓rolle *f* (Möbel) / castor, caster (US) ‖ ⁓schalung *f* (Bau) / slip o. sliding form, sliding moulding ‖ ⁓schalungsbauweise *f* (Bau) / sliding moulding method ‖ ⁓schalungsfertiger *m* (Straße) / slip form paver ‖ ⁓schieber *m*, -kontakt *m* (Elektr) / sliding contact ‖ ⁓schiene, Laufschiene *f* / slide [rail], sliding rail, gliding channel, runner ‖ ⁓schiene *f*, Spannschiene *f* / slide rail ‖ ⁓schiene *f* (Mech) / crosshead guide ‖ ⁓schiene (Schreibm) / carriage rail ‖ ⁓schiene *f* (Ofen) / skid [rail] ‖ ⁓schiffchen *n*, Schiebetiegel *m* (Halbl.-Fertigg.) / sliding boat ‖ ⁓schirm *m* (Sport) / paraglider ‖ ⁓schleifen *n* mit Vibration / vibratory grinding, vibratory finishing ‖ ⁓schlitten *m* (Formmasch) / sliding carriage ‖ ⁓schuh *m* (Masch) / guide shoe, sliding block ‖ ⁓schuh *m*, -stück *n* (Dampfm) / crosshead block o. shoe ‖ ⁓schuh *m* am Förderkorb (Bergb) / sliding block o. jaw (of cage) ‖ ⁓schutz *m* / antislipping device ‖ ⁓schutz *m*, Schleuderschutzeinrichtung *f* (Bahn) / nonskid-device, anti-skid protection ‖ ⁓schutz *m* (Kfz) / slide preserver o. preservation ‖ ⁓schutz... / antiskid, -slipping, nonskid, -skidding ‖ ⁓schütz *n* (Hydr) / slide gate ‖ ⁓schutzkette *f* (Kfz) / nonskid chain, tire chain ‖ ⁓schutzleiste *f*, -streifen, Stollen *m* (Reifen) / cleat ‖ ⁓schutzmuster *n* (Kfz) / nonskid sculpture ‖

~schutzreifen m / nonskid tire ‖ ~segelfallschirm m (Raumf) / glide-sail parachute ‖ ~sicherheit f (Talsperre) / slide stability, sliding resistance ‖ ~sichtglas n, Progressivglas n (Brille) / progressive [addition] lens ‖ ~sitz m (Passung) / sliding o. bearing fit ‖ ~sitz m (Kfz) / sliding seat ‖ ~skala f / sliding scale ‖ ~spanen n, Rommeln n / barrel polishing ‖ ~spiralflug m / spiral glide ‖ ~spriegel m (Kfz) / slide bow ‖ ~stein m (Wzm) / fulcrum slide, sliding pad ‖ ~stein m (Lenkung, Kfz) / slide ring ‖ ~stein m (Einspritzpumpe) / sliding block ‖ ~stein m (Mech) / crosshead ‖ ~stößel m (Mot) / sliding tappet ‖ ~strahlverschleiß m / attrition by erosion, wear by jet blasting along the surface ‖ ~striemung, -streifung f (Geol) / harness ~strömung f (Luftf) / slip flow ‖ ~stück n / sliding block, slider, skate ‖ ~stück n des Unterbrecherarms (Kfz) / rub block of the contact arm, cam follower ‖ ~stückträger m am Stromabnehmer (Bahn) / slipper holder ‖ ~stuhl m einer Weiche (Bahn) / slide chair of a switch, slide plate ‖ ~taste f (Schreibm) / carriage tabulating key
Gleitung f (Krist) / slippage
Gleit·unterbau m / skid base ‖ ~verhalten n / sliding behaviour ‖ ~verhältnis n s. Gleitzahl ‖ ~vermögen n, -fähigkeit f (Luftf) / gliding quality ‖ ~verschleiß m / sliding abrasion ‖ ~weg m (Luftf) / glide path (GB) o. slope (US) ‖ ~weganzeiger m / glide slope indicator ‖ ~wegbalken m / glide slope bar ‖ ~wegfunkfeuer n (Luftf) / glide path [approach] beacon ‖ ~wegsektor m / glide path sector ‖ ~werk n (Fernm) / continuous drive mechanism ‖ ~wert m, Reibungszahl f / coefficient of sliding friction ‖ ~widerstand m, Widerstand gegen Gleiten o. Rutschen / slippage resistance ‖ ~winkel m (Luftf) / angle of approach, gliding angle ‖ ~winkel m, Böschungswinkel m / natural angle of incline ‖ ~winkelfeuer n (Luftf) / angle-of-approach lights pl ‖ ~zahl f, -verhältnis n, Verhältnis Auftrieb zu Widerstand (Luftf) / lift/drag ratio, L/D ratio ‖ ~zahl f (Straßb) / skid number ‖ ~zaum m (Uhr) / slip[ping] spring ‖ ~zeichen n (DV, PL/1) / drifting character ‖ ~zeiger m (DV) / cursor ‖ ~zeit f (F.Org) / flextime (GB), flexible working hours pl, flexitime (US)
Gletscher m / glacier ‖ ~kunde f, Glaziologie f / glaciology ‖ ~moräne, Moräne f (Geol) / moraine ‖ ~schliff m / glacial action ‖ ~schrammen f pl (Geol) / striae pl, striation ‖ ~topf m, -mühle f (Geol) / moulin, glacier mill o. pothole o. well
Gley, Glei m (Bodentyp) (DIN 4047) / gley
Gliadin, Prolamin n / gliadin
Glied n, Feld n / division, section ‖ ~ (allg, Bau) / limb, member ‖ ~, Verbindungsglied n (DV) / nexus ‖ ~, Ausdruck m (Math) / term ‖ ~ (Stahlbau) / member, bar ‖ ~, Kettenglied n / chain link ‖ ~ (Kinematik) / element, link ‖ ~, Zwischenglied n / link ‖ ~, Element n (DV) / element, circuit ‖ ~ **der Raupenkette** / pad ‖ ~ **des Regelkreises** (Regeln) / component [part], functional element ‖ ~ **einer Datei** (DV) / member of a data set ‖ ~ **eines Ausdrucks** / component of a term, constituent ‖ ~ **eines Gliederzuges** (Bahn) / section of an articulated train ‖ **erstes** ~ (eines Verhältnisses) (Math) / antecedent ‖ **festgestelltes (o. ruhendes)** ~ (Kinematik) / fixed link ‖ **inneres** ~ (Math) / mean [term] of an equation ‖ **kleinstes** ~ (Math) / least term
Glieder·band n / link conveyor ‖ ~bandförderer m / apron conveyor ‖ ~drucker m (DV) / train printer ‖ ~hohlleiter m / vertebrate waveguide ‖ ~kessel m (Heizung) / sectional boiler ‖ ~kette f / link chain ‖ ~maßstab, Zollstock m / zigzag folding rule, folding meter-rule o. -stick, folding rule[r] o. measure
gliedern (Math) / arrange
Glieder·riemen m / link belt ‖ ~röhre f / articulated pipe ‖ ~schnecke f / sectional screw
Gliederung f / division, classification, breakdown ‖ ~, Plan m / disposition, plan ‖ ~, Versimsung f (Bau) / membering of a moulding ‖ ~ **einer Struktur** (Geol) /

structuring of a structure
Glieder·verbindung f (Masch) / articulated juncture ‖ ~zug m (Bahn) / articulated train
Gliedkopplung, Linkkopplung f (Elektronik) / link coupling
Glimm·anzeigeröhre f / glow indicator tube ‖ ~beständigkeit f (Elektr) / corona resistance, glow stability ‖ ~bogenentladung f / glow-like arc discharge ‖ ~einsatzprüfung f (Elektr) / partial discharge inception test
glimmen, glühen / glow, be incandescent o. red hot ‖ ~, schwelen / smo[u]lder ‖ ~ n (Feuer) / glowing combustion
glimmend·e Asche / sleeping o. smo[u]ldering embers pl
Glimm·entladung f / glow o. brush discharge, luminous o. corona discharge ‖ ~entladungsmikrophon n / glow-discharge microphone ‖ ~entladungsröhre f / glow discharge tube, [cold-cathode] glow tube
Glimmer m / mica ‖ ~…, glimmerschiefrig, -haltig / micaceous ‖ ~ **in Handelsform** / processed mica ‖ **dunkler o. schwarzer** ~, Biotit m / biotite, black mica ‖ ~abfall m / mica scrap ‖ ~band n / mica tape ‖ ~blatt n / mica foil ‖ ~block m / mica block ‖ ~fehler m (Pap) / shiner ‖ ~folie f (auf Papierbasis) / mica folium ‖ ~gewebe n / mica fabric ‖ ~kondensator m / mica condenser ‖ ~konus m (Elektr) / mica cone, mica V-ring ‖ ~plättchen, -blatt n / mica sheet, mica foil ‖ ~pulver n / mica flour ‖ ~quarz m, -stein m, Aventurin m, Aventurin / aventurine ‖ ~schiefer m / mica schist o. slate
Glimm·haut, anodische / anode glow ‖ ~kathode f / cold cathode ‖ ~lampe f / low voltage neon-glow lamp, [negative-]glow lamp ‖ ~lampe f für Anzeigezwecke / glow lamp for indicator use ‖ ~lampenoszillator m / neon time base ‖ ~licht n / light generated by glow discharge o. by luminous o. silent discharge ‖ ~lichtabstimmanzeiger m / cathode ray tuning indicator ‖ ~lichtgleichrichter m / neon tube rectifier ‖ ~lichtoszilloskop, Ondoskop n / ondoscope ‖ ~lichtröhre f / oscilloscope tube ‖ ~lichtstroboskop n / neon lamp stroboscope ‖ ~nest n / smoulder spot ‖ ~relaisröhre f (DIN) (Elektronik) / trigger tube ‖ ~röhrenstabilisator m / bias clamping tube ‖ ~röhren-Zeitablenkung f (Elektronik) / neon time base ‖ ~schaltröhre f / glow switching tube ‖ ~schutz m, Potentialsteuerung f (Elektr) / corona shielding ‖ ~spannung f / glow potential ‖ ~stabilisator m / neon voltage regulator, neon stabilizer ‖ ~strecke f / glow gap ‖ ~verlust m / corona power loss ‖ ~zählröhre f / glow-counting tube
Glitch n (spezielle Wellenformdeformation) (Kath.Str) / glitch (US coll)
Glitsch·boden n (Chem) / Glitsch tray ‖ ~-Grid-Packung f (Chem) / Glitsch-grid
Glitschigkeit f / greasiness
Glitzerchen, Kriställchen n (Email, Fehler) / shiner
glitzern, aufblitzen / glint, sparkle ‖ ~ n der Sonne auf dem Wasser, Sonnenreflexe auf dem Wasser m pl / glitter
global, umfassend / global ‖ ~, Welt… (Raumf) / global ‖ ~e Datensperre (DV) / global locking ‖ ~es Satelliten-Fernmeldesystem / global communications satellite system ‖ ~e Zirkulation (Atmosphäre) / general circulation ‖ ~bedeckungsstrahl m (Raumf) / global beam ‖ ~schätzung f (F.Org) / global rating ‖ ~strahlung f / solar and sky radiation
Globigerinenschlamm m (Meer) / globigerina ooze
Globoid·… / global, globoid ‖ ~rad n / globoid worm wheel ‖ ~schnecke f / enveloping worm ‖ ~schneckengetriebe n / double enveloping worm gear pair ‖ ~-Schneckenrad n / enveloping wormwheel
Globule f (pl: Globuli, -len) (Dunkelwolke) (Astr) / globule
Globu·lin n (Eiweiß) (Chem) / globuline ‖ ~lit, Mikrolith m (Geol) / globulite

Glocke f (allg, Chem) / bell ‖ ~ (frakt.Destill) / bubble cap ‖ ~ (Hochofen) / cone ‖ ~ (des Fallschirms) / skirt of the parachute ‖ ~ **aus klarem Glas**, Klarglaslampenglocke f / clear-glass globe

glocken·ähnlich (Verzerrung, TV) / bell-shaped ‖ ~**anker** m (Elektr) / bell type armature ‖ ~**artig**, -förmig / bell-shaped ‖ ~**boden** m (Chem) / bubble [cap] plate, bubble tray ‖ ~**boje** f, -tonne f / bell buoy ‖ ~**bronze** s. Glockengut ‖ ~**dach** n / bell-cast roof ‖ ~**gasbehälter** m / floating bell gasholder ‖ ~**giebel** m (Bau) / bell gable o. cot o turret ‖ ~**gießer** m / bell founder ‖ ~**guß** m / bell founding ‖ ~**gut** (Bronze mit bis 30 % Sn), -metall n, -bronze, -speise f / bell metal ‖ ~**isolator** m / bell-shaped insulator, cup o. shed o. petticoat (US) insulator ‖ ~**kappe** f (Stahlflasche) / safety cap ‖ ~**klöppel** m / bell clapper o. swipe ‖ ~**körper** m, -schweifung f / body of a bell ‖ ~**kranz** m / sounding bow rim, belly of a bell ‖ ~**kreis** m (TV, Secam) / gaussian filter circuit ‖ ~**krone** f / crown of a bell ‖ ~**kurve** f (Statistik) / bell curve ‖ ~**läufermotor** m (Elektr) / drag-cup motor ‖ ~**magnet** m / bell-shaped magnet ‖ ~**mühle** f / cone mill ‖ ~**profil** n (Walzw) / bell-shaped profile ‖ ~**schale** f (Elektr) / bell dome ‖ ~**schieber** m (Ofen) / bell damper ‖ ~**schneidrad** n (für Verzahnung) / extended boss-type gear generator, deep counterbore type cutter ‖ ~**spiel** n / peal, chimes pl ‖ **das** ~**spiel spielen** / ring a peal ‖ ~**spinnmaschine** f / cap spinning frame o. machine ‖ ~**stuhl** m, -gerüst n / cage of the bell ‖ ~**trichter** m (Chem, Labor) / thistle funnel ‖ ~**ventil** n (Dampfm) / cup valve, bell-shaped valve ‖ ~**zählwerk** n (am Mengenzähler) / bell item counter ‖ ~**zapfen**, -henkel m, -krone f / car o. cannon of a bell ‖ ~**zeichen**, -signal n / bell signal o. warning ‖ ~**zentriervorrichtung** f (Wzm) / bell centre punch

Glorie, Aureole f (Meteorol) / aureole, glory

Glove-Box f (pl: -Boxen) (Nukl) / glove box

Gloverturm m (Chem) / Glover tower

Glucin n (ein Süßstoff) / glucine

Glück, auf gut ~ **überprüfen** (DV) / browse

Gluconsäure f / gluconic o. glyconic acid ‖ ~-δ-Lacton n / gluconolactone

Glucoproteid n / gluco-, glycoprotein

Glucose, Glykose f / glucose, glycose, dextrose, grape sugar ‖ ~**industrie** f / glucose industry ‖ ~-**Syrup** m / liquid glucose

Glucosid n / glucoside, glycoside

Glucuronsäure f / glucu- o. glycuronic acid

Glüh·anlage f, Glüheinrichtung f, Glüherei f (Stahl) / annealing plant o. installation ‖ ~**anlaßschalter** m (Kfz) / heater starter switch ‖ ~**bad** n (Hütt) / annealing bath ‖ ~**behälter** m / annealing box ‖ ~**beständig** / stable at red-heat ‖ ~**[beständigkeits]probe** f (Hütt) / heating test ‖ ~**brand** m (Gieß) / mild firing ‖ ~**dauer** f (Stahl) / annealing time ‖ ~**draht**, Heizfaden m / glow o. heating wire ‖ ~**drahtpipette** f (Chem) / slow burning gas pipette ‖ ~**elektrischer Effekt**, Richardson-Effekt m (Phys) / Richardson o. Edison effect ‖ ~**elektronenentladung** f / thermionic discharge ‖ ~**emission** f (Elektronik) / thermionic emission ‖ ~**emissionsmikroskop** n / thermionic emission microscope

glühen vt / make red hot ‖ ~ (Stahl) / anneal ‖ ~ (Chem) / roast, calcine, ignite ‖ ~ vi / glow vi ‖ ~, glimmen / glow, be incandescent o. red hot ‖ ~ n (Zustand) / glowing, glow, incandescence ‖ ~ (Tätigkeit) (Hütt) / full annealing, annealing ‖ ~ (Chem) / ignition, calcining, roasting ‖ ~, Glüherscheinung f / glow ‖ ~ **auf kugeligem Zementit**, GKZ / speroidizing ‖ ~ **aus der Warmformhitze** / annealing directly from hot forming temperature without intermediate cooling ‖ ~ **im offenen Bund**, Open-coil-Verfahren n (Hütt) / open coil process ‖ ~ **in [vor] der Verzinkungslinie** (Hütt) / annealing in-line [out of line] ‖ ~ **oberhalb A₁** / supercritical annealing ‖ ~ **unterhalb A₁** (Hütt) /

undercritical annealing ‖ ~ **von Feinblech über A₃** / full anneal, true-anneal ‖ ~ **zwischen zwei Zügen** / interpass annealing ‖ ~ **zu stark** (Schm) / superheat

glühend / glowing, incandescent, red hot ‖ ~, heiß / burning ‖ ~**e Asche** / [fire] brand, ember ‖ ~ heiß / blazing hot ‖ ~**e Kohlen** f pl / live coals pl

glühen[d machen], zum Glühen bringen / glow v

Glüherei f, Glüheinrichtung f, -anlage f / annealing plant o. installation

Glüh·faden m (Glühlampe) / filament, incandescent filament ‖ ~**fadenfreie Ausleuchtung** / luminous lighting ‖ ~**faden-Pyrometer** n / disappearing filament optical pyrometer, D.F. ‖ ~**farbe** f (Schm) / heat colour ‖ ~**fehler** m / defect arising in annealing ‖ ~**festigkeit** f / as annealed tenside strength ‖ ~**frischen** / malleablize by decarburization (US) o. by graphitization ‖ ~**frischen** / malleabilization by decarburization (US) o. by graphitization, fresh annealing ‖ ~**haube** f (Hütt) / annealing hood o. bell ‖ ~**hitze**, Gluthitze, Glühtemperatur f / glowing heat, red heat, redness (Engl. 530 - 980 ⁰C) ‖ ~**kasten** m, -kiste f (Hütt) / annealing box o. pot ‖ ~**kat[h]ode** f / glow o. hot o. thermionic cathode, heating filament o. cathode ‖ ~**kathoden-Entladungslampe** f / hot-cathode discharge lamp ‖ ~**kathodengleichrichter**, -stromrichter m (Elektr) / thermionic rectifier, glow cathode o. hot cathode rectifier ‖ ~**kathodenröhre** f / hot-cathode tube, thermionic tube ‖ ~**kathoden-Vakuummeter** n / hot cathode vacuum gauge ‖ ~**kathodenventil** n / hot-cathode valve ‖ ~**kerze** f (Mot) / glow plug (US), heater plug (GB) ‖ ~**kerzenspirale** f / heater loop o. spiral of the glow plug, glow filament of the heater plug ‖ ~**kerzenwiderstand** m / heat plug resistor ‖ ~**kopf** m / hot bulb ‖ ~**kopfmotor** m / hot bulb engine, surface-ignition engine

Glühlampe f (Elektr) / incandescent o. filament lamp o. bulb ‖ **glatte** ~ / pipless lamp

Glühlampen·anruf m (Fernm) / lamp call ‖ ~**armatur** f / incandescent lamp fittings pl ‖ ~**fassung** f (Elektr) / lampholder, lamp holder o. socket ‖ ~**gewinde** n / barrel thread ‖ ~**kolben** m / bulb of the incandescent lamp ‖ ~**reaktor** m (Raumf) / nuclear light bulb engine ‖ ~**schalter** m (Elektr) / lampholder key o. switch ‖ ~**schrank** m (Fernm) / lamp switchboard, illuminated panel ‖ ~**sockel** m / lamp cap o. socket

Glüh·licht n / incandescent light ‖ ~**muffel** f / annealing muffle ‖ ~**ofen** m (Hütt) / annealing furnace ‖ ~**phosphat** n / calcined phosphate ‖ ~**probe** f, Glühbeständigkeitsprobe f / heating test ‖ ~**rand** m (Bandstahl, Fehler) / black edge, annealed stained edge, snaky edge ‖ ~**rohr** n (Hütt) / annealing tube ‖ ~**rohr** n (Mot) / hot o. ignition tube, glow tube ‖ ~**rohrprobe** f (Chem) / ignition tube test ‖ ~**rohrzündung** f / hot-tube ignition ‖ ~**rückstand** m (Pap) / ash content ‖ ~**rückstand** m, Trockenrückstand m / residue on ignition ‖ ~**schale** f, Röstscherben m (Probier) / roasting dish ‖ ~**schalter** m (Kfz) / glow plug switch ‖ ~**schiffchen** n (Chem) / combustion boat ‖ ~**span** m, Zunder m / scale ‖ ~**span**, Zunder m (Schm) / hammer-slag o. scales ‖ ~**spirale** f, -faden m / glow filament ‖ ~**spiralenkerze** f (Kfz) / spiral-type glow plug ‖ ~**startlampe** f (eine Lampenart) / preheat lamp ‖ ~**startschalter** / heater starter switch ‖ ~**stiftkerze** f / sheathed element glow plug, pencil type glow plug ‖ ~**strumpf** m / incandescent o. gas hood o. mantle, mantle ‖ ~**topf** m, -kasten m (Hütt) / annealing box o. pot ‖ ~**überwacher**, Anzeigewiderstand m (Kfz) / glow indicator, glow plug tester, heat plug control, pilot resistance for glow plugs ‖ ~**ventil** n (Elektronik) / rectifier o. rectifying tube ‖ ~**ventil** n (Elektronik) / rectifier tube ‖ ~**verlust** m / annealing loss, loss due to burning, loss at red heat, loss on ignition, L.O.I. ‖ ~**verlust** m (Chem) / ignition loss ‖ ~**verlust** m **in Wasserstoff** (Pulv Met) / H₂-loss, weight loss in hydrogen ‖ ⁓**wachs**, Vergolderwachs *n* / gilder's wax, gilding wax ‖ ⁓**wendel** *f* (Lampe) / spiral-wound filament ‖ ⁓**zeit-Steuergerät** *n* (Kfz) / glow duration unit ‖ ⁓**zunder** *m* / mill scale ‖ ⁓**zünder** *m* (Bergb) / low tension blasting machine o. detonator o. fuse ‖ ⁓**zündung** *f* (Mot) / auto-ignition, surface o. self-ignition ‖ ⁓**zündungsgeräusch** *n* (Kfz) / wild ping ‖ ⁓**zündungslauf** *m* / auto-ignition run ‖ ⁓**zyklus** *m* (Stahl) / heat cycle

Glukose *f*, Glucose *f* / glucose

Gluon *n* (hypothetische Partikel) / gluon

Glut *f*, Glühen *n* / glow, incandescence ‖ ⁓, Hitze *f* / burning heat, scorching heat ‖ ⁓, glühende Kohlen *f pl* / glowing fire

Glutamin *n* / glutamine

Glutam[in]at, Mononatriumglutamat *n* / [sodium] glutamate

Glutaminsäure *f* / glutamic acid, glutaminic acid

Glutarsäure *f* / glutaric acid

Glutbeständigkeit *f* (Plast) / incandescence resistance

Gluten, Klebereiweiß *n* / gluten, wheat gluten ‖ elastisches ⁓ / vital wheat gluten ‖ **unelastisches** ⁓ / devitalized wheat gluten

Glutfestigkeit *f* / glow resistance, stability at red heat

Glutin *n*, Gelatine *f* / glutine ‖ ⁓**leim** *m* / animal glue

Glycin, Glykokoll *n* / glycocoll, glycine, aminoacetic acid ‖ ⁓ *n*, -Entwickler *m* (Phot) / Glycine

Glyko·gen *n* / glycogen ‖ ⁓**koll** *n* s. Glycin ‖ ⁓**le** *n pl* (Sammelbezeichnung für zweiwertige Alkohole) / glycols *pl* ‖ ⁓**lyse** *f* / glycolysis ‖ ⁓**se**, Glucose *f* / glucose, glycose, dextrose, grape sugar ‖ ⁓**sidbindung** *f* / glycoside linkage

Glyoxal, Ethandial *n*, Oxalaldehyd *m* / glyoxal

Glyoxylsäure, -oxalsäure *f* / glyoxylic o. -oxalic acid, formylformic acid, oxoethanoic acid

Glyptal *n* (Chem) / glyptal ‖ ⁓**[harz]** *n* (Plast) / glycerol-phthalic resin, glyptal resin, phthalic glyceride resin ‖ ⁓**harz** *n* / glycerol-phthalic resin ‖ ⁓**harzlack** *m* / glyptal resin lacquer

Glyzerid *n*, Glyzerinester *m* / glycerid[e]

Glyzerin *n* / glycerin[e], glycerol, propane-1,2,3-triol ‖ ⁓ / propane-1,2,3-triol ‖ ⁓**aldehyd** *m* / glyceric aldehyde, glyceraldehyde ‖ ⁓**monoacetat** *n* / monoacetin ‖ ⁓**säure** *f* / glyceric acid ‖ ⁓**seife** *f* / transparent soap ‖ ⁓**trinitrat** / trinitroglycerin[e], -glycerol (US)

Glyzerophosphat *n* / glycerophosphate

GM = Gebrauchsmuster

GMD = Gesellschaft für Mathematik und Datenverarbeitung

Gmelinit *m* (Min) / gmelinite

GMEQ (Stichproben) s. Grenze der mittleren Endqualität

G.M.-Oszillator *m* / Gill-Morell oscillator

GMT (mittlere Zeit Greenwich) / Greenwich Mean Time, GMT

gn, grün (Fernm) / gn, green

Gneis *m* / gneiss ‖ ⁓**artig** / gneissic

Gneist *m* (Gerb) / scud, scurf

Gnomon *n* (Rest-Parallelogrammfläche) (Math) / gnomon

gnomonisch (Krist) / gnomonic

gnom[on]ische Projektion, orthodromische Projektion *f* / gnomonic projection

Gobelinwebstuhl *m* / tapestry loom

Go-Cart, -Kart *m* (Kfz) / go-cart

Goethit *m* (Min) / goethite

Golay-Zelle *f* (Phys) / Golay cell

Gold *n*, Au / gold, Au ‖ ⁓**(I)-...**, Auro... / aurous ‖ ⁓**(III)-...**, Auri... / auric ‖ **in Barren** / bar o. ingot gold ‖ ⁓ **waschen** (Bergb) / pan *v* ‖ **silberlegiertes** ⁓, Elektrum *n* (55-88 % Au) / electrum ‖ ⁓**ader** *f* / gold vein ‖ ⁓**amalgam** (Min, Chem) / gold amalgam ‖ ⁓**auflage** *f* (galvanisch) / plated gold ‖ ⁓**auflage** *f* (mechanisch) / rolled gold, rolled-on gold ‖ ⁓**barren** *m* / gold ingot o. bar, bar o. ingot of gold, bullion ‖ ⁓**beige** / London suede *adj*

Goldberg-Emulsion *f* (Phot) / Goldberg emulsion

Gold·blatt *n*, -belag *m*, -folie *f* / gold foil[ing] o. leaf ‖ ⁓**blattelektrometer** *n* / gold-leaf electrometer ‖ ⁓**blattelektroskop** *n* / gold leaf electroscope ‖ ⁓**blech** *n* / gold foil[ing] o. leaf ‖ ⁓**blick** *m* (Hütt) / shine o. coruscation, brightening o. glance o. lightning of gold ‖ ⁓**borte** *f* / gold braid o. lace, dorure ‖ ⁓**brokat** *m* (Textil) / gold brocade ‖ ⁓**bronze** *f*, echte Bronze / real o. gilt bronze ‖ ⁓**bronze**, -pigmentfarbe *f* / gold paint, painter's gold, gold bronze ‖ ⁓**bronzepulver** *n* / gold bronze powder ‖ ⁓**(I)-chlorid**, Aurochlorid *n* / gold monochloride ‖ ⁓**chloridchlorkalium** *n* / gold potassium chloride ‖ ⁓**chlor[idchlor]wasserstoffsäure** *f*, (im Handel:) Goldchlorid *n* / acid gold trichloride, chlor[o]auric acid ‖ ⁓**(I)-cyanid**, Aurocyanid *n* / gold [mono]cyanide ‖ ⁓**(III)-cyanid** *n*, Auricyanid *n* / gold tricyanide ‖ ⁓**cyanlaugeverfahren**, Mulhollandverfahren *n* (Metall) / Mulholland process ‖ ⁓**doublé** *n* / gold plating ‖ **doublé...**, goldplattiert / gold plated ‖ ⁓**draht** *m* / gold wire ‖ ⁓**drahtdiode** *f* / gold-bonded diode ‖ ⁓**durchwirkt** / interwoven with golden threads

golden, von Gold, Gold... / golden, auric ‖ ⁓**e Regel** (Math) / golden rule ‖ ⁓**er Schnitt** (Math) / golden section

Gold·erz *n* / gold ore ‖ ⁓**farbe** *f* (Farbnuance von Gold) / gold colour ‖ ⁓**feder**, Auslösungsfeder *f* (Uhr) / passing spring ‖ ⁓**film-Heizglas** *n* / gold-film glass ‖ ⁓**firnis**, -lack *m* / gold varnish ‖ ⁓**folie** *f*, Blattgold *n* / gold latten, gold leaf ‖ ⁓**führend**, -haltig / gold bearing, containing gold, auriferous ‖ ⁓**führende Alluvionen** *f pl* / auriferous gravels *pl* ‖ ⁓**führender Quarzgang** (Australien) / reef ‖ ⁓**gehalt** *m* / gold content, standard of gold ‖ ⁓**gelb** / golden yellow ‖ ⁓**gewinnung** *f* / gold extraction, reduction (South Africa) ‖ ⁓**gewinnung** *f* im Schwingtrog / cradling of gold ‖ ⁓**gewirkt** / interwoven with gold threads ‖ ⁓**glätte** *f* / litharge of gold ‖ ⁓**glimmer** *m*, Katzengold *n* / golden mica ‖ ⁓**gräber** *m* / gold digger ‖ ⁓**grube**, -mine *f*, -bergwerk *n* / gold mine ‖ ⁓**grund** / gilding o. gold size, glair ‖ ⁓**gußlegierung** *f* / gold casting alloy ‖ ⁓**haltig**, -führend / containing gold, auriferous, gold bearing ‖ ⁓**(III)-hydroxid** *n*, Goldsäure *f* / gold hydroxide ‖ ⁓**käferfarbig** (Textil) / rose chafer green ‖ ⁓**kappe** *f* (Uhr) / gold cap ‖ ⁓**kiefer** *f*, Schwerholzkiefer *f* / British Columbia pine, Pinus ponderosa, ponderosa pine, Western yellow pine ‖ ⁓**kies** *m* / auriferous pyrite[s] *pl* ‖ ⁓**klumpen** *m*, Nugget *n* / nugget, lump of [native] gold ‖ ⁓**lahn** *m* / flattened gold wire ‖ ⁓**leder** *n* / gold skin ‖ ⁓**legierung** *f* / gold alloy ‖ ⁓**leim** *m* **für Glasmalerei** / isinglass gold size ‖ ⁓**leiste** *f* / gilt mo[u]lding ‖ ⁓**metallisierung** *f* / gold metallization ‖ ⁓**-Metallpigmentfarbe** *f* / painter's gold, gold bronze ‖ ⁓**ocker** *m* (Zeich) / gold ochre ‖ ⁓**orange**, Methylorange *n* / methyl orange, helianthine ‖ ⁓**(III)-oxid** *n* / gold trioxide, auric oxide ‖ ⁓**papier** *n* / gold paper ‖ ⁓**pigmentfarbe**, -bronze *f* / gold paint, painter's gold, gold bronze ‖ ⁓**plattieren**, dublieren / plate with gold ‖ ⁓**plattiert**, Golddoublé... / gold plated ‖ ⁓**plattierung** *f* (Galv) / gold plating ‖ ⁓**pressung** *f*, -prägung *f* (Buch) / gold blocking ‖ ⁓**punkt** *m* (1063 ^{0}C) (Phys) / gold point ‖ ⁓**pur·pur** *m*, Cassiusscher Purpur / gold purple, purple of Cassius, (US also:) mineral purple ‖ ⁓**quarz** *m* / gold bearing quartz, auriferous quartz ‖ ⁓**rot**, Stahlrot *n* (Galv) / steel glossing rouge ‖ ⁓**salz** *n*, Aurat / aurate ‖ ⁓**salz** *n*, Figuiersches Salz / gold sodium chloride ‖ ⁓**säure** *f*, Gold-III-hydroxid *n* / gold (III) hydroxide ‖ ⁓**scheidewasser** *n* / aqua regia, nitrohydrochloric acid ‖ ⁓**scheidung** *f* / parting of gold ‖ ⁓**schlagen** *n*, -schlägerei *f* / beating of gold ‖ ⁓**schlägerhaut** *f* / gold beater's skin ‖ ⁓**[schlag]lot** *n* / goldsmith's link ‖ ⁓**schlamm** *m* (Bergb) / tailings *pl* (GB), tail[s pl] (US), waste washings *pl*

Goldschmidt-Verfahren *n* (Entzinnung) / Goldschmidt

detinning process

Gold·schmied, Juwelier *m* / goldsmith || **˂schnitt** *m* (Buch) / gilt edge || **˂schwefel**, Antimonzinnober *m* / antimony grey o. orange o. pentasulphide, golden antimony sulfide || **˂seife** *f* (Min) / gold deposit, placer, (South Africa:) digging || **˂staub** *m* / dust gold, gold dust || **˂staub** *m* (für Lackarbeiten) / venturine || **˂streichstein** *m*, Probierstein *m* / touchstone, lydite || **˂sucher**, -wäscher, -gräber, -digger *m* / gold digger, pocket miner (US) || **˂tonbad** *n* (Phot) / gold toning || **˂topas** *m* / yellow o. gold topaz || **˂trichlorid**, Aurichlorid *n* / gold trichloride || **˂tricyanid** *n* / gold tricyanide || **dünner ˂überzug** (unter 2*μ*m) / gold flash, gold wash || **˂- und Silberscheidung** *f* / parting of gold || **˂waage** *f* / gold balance, assay o. physical balance || **˂ware** *f* / gold articles, jewellery || **˂wäscherei** *f*, -waschen *n* / gold washing o. buddling, placer [gold] mining || **˂waschherd**, -waschtrog *m*, -wäsche *f* / gold buddle || **˂zahl**, Schutzzahl *f* (Kolloid) / gold number

Goliathkran *m* / goliath crane

Gollermesser *n*, gewalztes Messer (Zuck) / Goller knife

Gon *n*, Neugrad *m*, g, gr / centesimal degree, grade, gr

Gonadendosis, -belastung *f* (Nukl) / gonadial dose o. load

Gondel *f* (Luftschiff) / gondola, pod

Gong *m* / gong

Goniometer *m n*, Winkelmesser *m* / goniometer || **˂kopf** *m* (Krist) / goniometer head

Goniometrie *f* / goniometry

goniometrische Funktionen / trigonometrical ratios, trigonometric functions *pl*

Goochtiegel *m*, -filter *n* (Chem) / Gooch crucible

Goodwill *m*, Firmenwert *m* / goodwill

Gooseneck *n* (Kfz) / gooseneck || **˂-Tunnel** *m* (Container) / gooseneck tunnel

Göpel *m* / [whim] capstan, bullock capstan o. gear o. gin

Gordonmischer *m* / Gordon mixer

Görlitzer Drehgestellwagen *m* (Bahn) / twin coaches system Gresley *pl*

Goslarit *m* (Min) / goslarite, white copperas o. vitriol

Gossage-Prozeß *m* (Sodaherstellung) (Chem) / Gossage's process

Gosse *f*, Rinnstein *m* (Straßb) / street gutter

GOST *m* (russischer staatlicher Allunionsstandard) / GOST

gotisch (Bau) / Gothic, pointed, ogival || **˂er Verband** (Bau) / double Flemish bond

Goubau-Leitung (Fernm, TV) / Goubau line, surface wave transmission line, G-string (coll)

Goudron, Bitumenheiß- o. -kaltanstrich *m* / goudron

Goudronné *n*, Teerpapier *n* / tarred brown paper

GÖV, Gas-Öl-Verhältnis *n* / gas to oil ratio

GP (Phys) = Gefrierpunkt

gpm = geopotentielles Meter

GPS, globales Funkpeilsystem / global positioning system, GPS

GP-Wechsel *m* (Bahn) / goods-passenger brake change-over device

GR (Elektr) = Gleichrichter

gr (Fernm) = grau, gray, grey

Grabarbeit *f* / earth work o. digging, ground work || **˂** (für Gräben) / trench work

graben, abtragen / dig || **˜**, tief graben / dig, excavate || **˜**, wühlen / grub || **˜**, Gräben ziehen o. ausheben / trench *v* || **˜** *n* / digging || **ein Loch ˜ o. ausheben** / dig a hole || **einen Brunnen ˜** / spring a well

Graben *m* / trench, ditch || **˂**, Entwässerungskanal *m* / dike, ditch || **˂**, Grabenbruch *m*, -senkung *f* (Geol) / fault trough, trench, graben || **˂**, Tiefseegraben *m* / abyssal trough || **˂**, Zuflußrinne *f* (Bergb) / loading trough || **˂**, Abzugsgraben *m* / open drain, drawing ditch, outlet || **einen ˂ anlegen** / cut o. run a ditch, dig a trench || **mit Gräben durchziehen** / channel *v* || **˂aussteifung** *f* / sheeting for ditches || **˂aussteifung** *f* **mit [nicht] überlappten Bohlen** / shoring with [non-]overlapping

planks || **˂bagger** *m* / trench digger, trench hoe (US), trench-ditching machine, ditcher || **˂bunkeraufnahmegerät** *n* / trench bunker reclaimer || **˂dränage** *f*, -entwässerung *f* / well drain, trench || **˂fräse** *f* / trench cutting machine || **˂füller** *m*, -verfüllgerät *n* / trench filler, back filler || **˂mäher** *m* / water weed cutter || **˂pflug** *m*, Rigolpflug *m* / trench plough || **˂räumschuh** *m* / shoe of a ditcher || **˂reinigung** *f* / ditch cleaning || **˂sohle** *f* / bed of a ditch, bottom o. floor of a trench || **˂verschalung**, Absteifung, Abstützung *f* (Bau) / shoring || **˂zieher** *m* (Landw) / trencher

Grab·gabel *f* (Landw) / bar spade || **˂öffnung** *f* (Schaufelbagger) / digging end || **˂sand** *m* (Bau) / pit sand, dug o. unwashed sand || **˂test-Beständigkeit** *f*, Greifprobebeständigkeit *f* (Web) / grab test strength || **˂weite** *f* **des Baggers** / dredging width, reach of a grab o. drag || **˂zahn**, Baggerzahn *m* / digging tooth || **˂-Zugversuch** *m* (Web) / grab method of tensile test

grad, Gradient *m* / grad, gradient

Grad *m* (Phys, Math) / degree || **˂**, Neugrad *m* / grade, centesimal degree || **˂** (= Verhältnis zweier Größen, das nur 100% werden kann) / coefficient || **˂**, Stufe *f* / grade, degree || **˂**, Ordnung *f* (Math) / order, degree, class || **˂ Celsius** / degree centigrade || **˂ der Dichte** / consistency, consistence || **˂ der Reaktion** (Chem) / order of reaction || **˂ der Übereinstimmung verschiedener Zeitstudien** (F.Org) / consistency || **˂ der zerstreuten Reflexion** / diffuse reflectance o. transmittance || **[Funktion]. 4. ˂es** (Math) / quartic || **5. ˂es** (Math) / quintic || **bei 10 ˂ unter Null**, bei minus 10°C / at 10° centigrade below zero

Gradation *f* (Phot) / gradation || **flache ˂** / flat gradation

Gradations·fehler *m* (TV) / gradation distortion, gamma error || **˂kurve** *f*, -verlauf *m* (Phot) / gradation curve, gamma characteristic || **˂regelung** *f*, -regler *m*, Gammaregelung *f*, -regler *m* (TV) / gamma control || **˂-Vorentzerrung** *f* (TV) / gamma correction

Gradbogen *m* / graduated arc o. section || **˂**, Limbus *m* (Verm) / graduated arc, limb, circumferentor || **˂**, Transporteur *m* (Math) / protractor || **˂**, Markscheiderwaage *f* (Bergb) / protractor, miner's level

grade s. gerade

Grad[ein]teilung *f*, Graduierung *f* / graduation || **mit ˂ [versehen]** / graduate *v*, divide into degrees

Grader, Motorgrader *m* (Bau, Straßb) / road o. motor grader

Gradient, Verlauf *m* (Phys) / gradient || **˂** *m* **eines Skalarfeldes** / gradient of a scalar field || **˂drift** *f* (Raumf) / gradient drifting

Gradiente *f* (Straßb) / gradient

Gradienten·faser *f*, -indexfaser *f*, -profilfaser *f* (Faseroptik) / gradient fiber, graded-index o. -core fiber || **˂-Medium** *n* (Elektronik) / graded-index medium || **˂messer** *m*, Gradiometer *n* (Phys) / gradiometer || **˂relais** *n* / rate-of-change relay

Gradient·mikrophon *n* / [pressure] gradient microphone || **˂windgeschwindigkeit** *f* (Wind) / gradient wind speed

Gradiereisen *n* (Steinmetz) / bush hammer

gradieren, Sole ˜ / refine brine

Gradierschlag *m* (Steinmetz) / rough hewing

Gradierung *f* (Salz) / graduation of salt

Gradier·waage *f* / saline hydrometer || **˂werk** *m*, Gradiersaline *f* (Salz) / graduation works, thorn house

Grad·leiter, -teilung *f*, Skala *f* / scale of degrees || **˂messer** *m* / graduator || **˂netz** *n* / network of paralleles and meridians || **˂netz** *n* (Nav) / grid || **˂netzentwurf** *m* / map projection || **˂netznavigation** *f* / grid navigation || **˂stirnrad** *n*, -zylinderrad *n* / spur gear [pair] || **˂strich** *m* / degree mark || **˂tage** *m pl*, Gt (Heizung) / degree days *pl* || **˂teilung** *f*, Graduation *f* / graduation || **mit ˂teilung [versehen]** / divided into degrees, graduated

graduell, stufenweise / in degrees, gradual

graduieren, kalibrieren (Instr) / calibrate, graduate
graduiert·e Glasglocke (Chem) / graduated glass jar ‖ ~e
 Pipette / graduated pipette
Graduierung f / graduation
Graduierungs·karte f (Film) / grading o. time card
grad·weise / by degrees ‖ ~wert m / degree-value
Graetz-Gleichrichter m, Vollweggleichrichter m /
 [full-wave] Graetz o. Gratz rectifier
Graffitoarbeit f / graffito
Grafik f / graphics ‖ ~, grafische Darstellung / graphic
 chart ‖ ~-Betrieb m (DV) / graphic mode ‖
 ~-Bildschirm m / graphic design feature
Grafiker, Gebrauchs-Grafiker m / commercial artist
Grafik·-Prozessor m / graphic processor ‖ ~-Rechner m
 / graphic computer ‖ ~-Software f / graphic software ‖
 ~-Tableau n (DV) / graphic tablet ‖ ~-Terminal n (DV)
 / graphics terminal ‖ ~zeichen n / format o. graphics
 character
grafisch / graphical[ly] ‖ ~, in Form eines Diagramms /
 diagrammatically ‖ ~es Ausgabegerät (DV) / graphic
 display terminal ‖ ~e Auswertung (Meßergebnisse) /
 graphic[al] solution o. evaluation ‖ ~e Behandlung
 (Mech) / graphic solution ‖ ~er Bildfahrplan (Bahn) /
 theoretical graph ‖ ~ darstellen (o. veranschaulichen) /
 represent graphically, trace in a graph, plot a graph ‖ ~e
 Darstellung / diagram, graph[ical representation], chart
 ‖ ~e Datenverarbeitung / computer graphics, graphic
 data processing ‖ ~er Fahrplan (Bahn) / graphic
 timetable, train diagram ‖ ~es Gerät (DV) / graphics
 device ‖ ~es Gewerbe / polygraphic industry, graphic
 trade ‖ ~es Kernsystem, GKS / graphical kernel
 system, GKS ‖ ~e Massenberechnung (Bau) / mass
 diagram ‖ ~es o. zeichnerisches Verfahren, grafische
 Methode / graphical evaluation o. method ‖ ~e
 Schußtafel (Mil) / graphic range table, firing o. range
 diagram ‖ ~e Statik / graphical statics, graphics (US) ‖
 ~ summieren / add up graphically ‖ ~es Symbol /
 graphic[al] symbol, graphic ‖ ~es Verfahren, grafische
 Methode / graphic[al] method
Graftkopolymer n (Chem) / graft copolymer
Grahamhemmung f, ruhender Ankergang (Uhr) / Graham
 [dead beat] escapement, dead[-beat] escapement
Grahamit m (Bitumen) / grahamite
Graham·kühler m (Chem) / Graham type cooling coil ‖
 ~salz n (für Wasserenthärtung) / Graham's salt ‖
 ~sches Gesetz der Diffusionsgeschwindigkeiten
 (Chem) / Graham's law
Grain n (Gewicht) (1/7000 lb = 1.42857·10⁻⁴ lb =
 64,7989 g) / grain
Grainieren, Eierzüchten n (Seide) / raising of seeds,
 rearing of grains
Grains m pl (Seidenh) / seeds pl
Gramfärbung f / Gram's stain
Gramm n, g / gram, gramme ‖ ~ je m² (Pap) / gsm ‖
 ~äquivalent n, VAL / gram-equivalent, VAL
grammatische Analyse / grammatical analysis
Grammatit, Tremolit m (Min) / grammatite, (better:)
 tremolite
Grammatom n / gram-atom
Gramme·wicklung, Ringwicklung f (Elektr) / ring o.
 Gramme winding
Gramm·ion n (Phys) / gram[me]-ion ‖ ~kalorie f, cal,
 (früher:) kleine Kalorie (= 4,1855 J) / gram o. small
 calorie, cal ‖ ~molekül, Mol, mol n / gram-molecule,
 mol, mole ‖ ~molekül…, Mol… / [gram-]molecular ‖
 ~-Molekularvolumen, V_M / gram-molecular volume
Grammophon n / phonograph, gramophone (GB),
 Gramophone (US), gram (coll) ‖ ~nadel f / style,
 stylus, pick-up needle ‖ ~platte f / phonographic o.
 disk o. gramophone record
Gramm·-Rad n (= 10² erg) / gram[me]-rad (unit of
 ionization radiation) ‖ ~-Röntgen n / gram[me]-röntgen
gram·negativ, gramfrei (Bakteriologie) / Gram-negative ‖
 ~positiv, gramfest / Gram-positive

Gramsche Lösung (Chem) / Gram's solution
Granalie·n f pl / granulated metal ‖ ~ f (Hütt) / shot
Granaliengebläse n (Masch) / shot blasting [machine]
Granat m (Min) / garnet ‖ edler (o. roter) ~ / precious
 garnet, almandine o. ruby spinel
Granate f (Gewehr- o. Handgranate) (Mil) / grenade ‖ ~,
 Geschoß n (Mil) / shell ‖ ~ mit Zeitzünder / time-shell
Granatoeder m (Krist) / rhombic dodecahedron
Granatschleifleinen n (Galv) / garnet cloth
Grand, Grant m, grober Kies / coarse gravel o. sand
Gräniermaschine, [Segment]krispelmaschine f (Gerb) /
 leather boarding o. crippling o. working machine
Granit m (Web) / granite fabric o. cloth ‖ ~ (Geol) / granite
 ‖ feinkörniger ~ / fine-grained granite ‖ ~artig,
 Granit… / granitic, granitoid ‖ ~artig aussehend /
 granite coloured ‖ ~bindiger Stoff / oatmeal fabric ‖
 ~bindung f (Textil) / granite weave ‖ ~email n / granite
 enamel ‖ ~grau (RAL 7026) / granite gray ‖ ~isation f
 (Geol) / granitization ‖ ~ischer Gneis / granite gneiss ‖
 ~[o]marmor m / marble imitating granite ‖ ~papier n /
 jaspe paper ‖ ~pflasterstein m für Böschungen /
 pitcher ‖ ~platte f (Meßwesen) / granite marking table o.
 plate ‖ ~porphyr m, Granophyr m / granite porphyry,
 granophyre
Granne f / awn, glume ‖ ~n f pl (Bot) / beard of grain
Grannenhaar n (Wolle) / bristly wool
grano·blastisch (Geol) / granoblastic, granulitic, granulose
 ‖ ~diorit m (Geol) / granodiorite
Grant, Würze-, Läutergrant m (Brau) / underback, grant
Gran-Turismo-Wagen, Grand Tourisme-Wagen m, GT
 (Kfz) / gran turismo car
Granül n (Pulv Met) / granule [of powder]
Granu·larstörung f (TV) / granular noise ‖ ~lat n /
 granulates pl, granulated material ‖ ~lat n (Plast) /
 granule ‖ ~lat n für Katalysatoren (Kfz) / pellets pl,
 beads ‖ ~lation, Granulierung f / granulation,
 crystallization ‖ ~lator m, Pulverkörnmaschine f /
 granulating machine, granulator ‖ ~latpulver n /
 granular o. granulated powder
granulieren, körnen / grain, granulate, corn
Granulier·mühle f / granulating crusher ‖ ~rinne f /
 granulating sprout ‖ ~rost, Körnrost m / granulating
 grate
granuliert·e Hochofenschlacke, Schlackensand m /
 granulated blast furnace slag, slagsand ‖ ~e Kohle,
 Kohlekörner n pl / granulated carbon ‖ ~er Kork /
 granulated cork ‖ ~er Kunstdruckkarton / granulated
 art cartoon ‖ ~es Zinn / drop tin
Granulier·teller m / dish granulator ‖ ~trommel f / drum
 granulator
Granulit, Weißstein m (Geol) / granulite, leptynite
granulitisch / granulitic
granulometrische Verteilungskurve / size distribution
 curve
Granu·lose f / granulosis ‖ ~lum n, Granule f (Sonne)
 (Astr) / granule, willow leaf
Graph n (Math, DV) / graph, graphical representation
Graphecon n (Radar) / graphecon ‖ ~-Speicherröhre f /
 graphecon storage tube
Graphem n (DV) / grapheme
Graphentheorie f / graph theory
Graphik, graphisch s. Grafik, grafisch
Graphit m (Min) / graphite, black lead, plumbago, mineral
 carbon ‖ ~ in Flocken, Flocken-, Schuppengraphit m /
 flake graphite ‖ synthetischer ~ / Acheson graphite ‖
 ~anstrichfarbe f / graphite paint ‖ ~ausscheidung f
 (Hütt) / separation of graphite ‖ ~bergwerk n, -mine f /
 graphite mine ‖ ~block-Wärmeübertrager m /
 graphite [block] heat exchanger ‖ ~elektrode f /
 graphite electrode o. rod ‖ ~fett n / antiseize graphite
 petroleum ‖ ~glühen / graphitize ‖ ~guß m / graphite
 cast iron ‖ ~haltig, graphitisch / graphitic ‖ ~haltig,
 -artig, -farbig / plumbaginous ‖ ~heizstab m / graphite
 resistance

graphitieren

graphitieren / graphitize ‖ ~ (Galv) / rub with graphite
Graphitierung, Spongiose *f* (Gieß, Fehler) / spongiosis, graphite corrosion, graphitization
Graphitisieren *n* (Hütt) / [malleableising by] graphitization
Graphit·knötchen *n* (Hütt) / graphite nodule ‖ ⁺**kohle** *f*, -kohlenstoff *m* / graphitic carbon ‖ ⁺**kohle** *f* / graphite coal ‖ ⁺**kohlebürste** *f* / graphite brush ‖ ⁺**kohlenstoff** *m* / graphite carbon ‖ ⁺**kugel** *f* (Nukl) / graphite pebble ‖ ⁺**mine** *f*, -bergwerk *n* / graphite mine ‖ ⁺**moderator** *m*, -bremsmasse *f* (Nukl) / graphite moderator ‖ ~**moderiert** (Nukl) / graphite-moderated ‖ ~**moderierter Reaktor** / graphite [moderated] reactor ‖ **wassergekühlter** ⁺**reaktor** / LWGR, light water cooled, graphite moderated reactor ‖ ⁺**säure** *f* / graphitic acid ‖ ⁺**schiefer** *m* / graphitic schist ‖ ⁺**schlichte** *f* (Gieß) / graphite facing ‖ ⁺**schmiere** *f*, -schmiermittel *n* / graphite o. graphitic grease o. lubricant ‖ ⁺**schmierlager** *n* / graphite lubricated bearing ‖ ⁺**schmierung** *f* / graphite greasing o. lubrication ‖ ⁺**schnur** *f* / graphited cord ‖ ~**schwarz** (RAL 9011) / graphite black ‖ ⁺**schwärze** *f*, -schwarz *n* (Farbe) / black lead ‖ ⁺**stab** *m* / graphite bar o. rod ‖ ⁺**stabofen** *m* / carbon bar furnace ‖ ⁺**stein** *m* (Hütt) / graphite brick ‖ ⁺**stift** *m* / black lead pencil ‖ ⁺**stift** *m* (LoKa) / conductive pencil, electrographic pen ‖ ⁺**tiegel** *m* / graphite o. coal crucible o. melting pot ‖ ⁺**tiegler** *m* (Beruf) / graphite crucible maker ‖ **leitender** ⁺**überzug** / dag, aquadag ‖ ⁺**widerstand** *m* / graphite resistance
Grapho--Epitaxie *f* (IS) / grapho-epitaxy ‖ ⁺**skop** *n* (Kath.Str.) / graphoscope
Gras *n*, Graspflanze *f* / grass ‖ ⁺ (TV, Störung bei stehender Basis) / grass ‖ ⁺..., grasartig / gramin[ac]eous ‖ **an** ⁺ **gedeihend** (Pilz) / graminicolous ‖ ~**bewachsen**, benarbt / grassy ‖ ⁺**bündler** *m* (Mähmaschine) / bundling device, buncher attachment (US)
grasen [lassen], weiden [lassen] (Landw) / graze
Gras·eule *f* (Parasit) / chareas graminis ‖ ⁺**karpfen** *m* / grass carp, white amur ‖ ⁺**knicker**, Knickzetter *m* / hay conditioner ‖ ⁺**land** *n*, Weide *f* / lea *n*, ley, grassland, pasture ‖ ⁺**leinen** *n* / grass cloth ‖ ⁺**mähmaschine**, -schneidemaschine *f* / grass mower o. mowing machine ‖ ⁺**milbe**, Herbstmilbe *f* (Larve der Samt- o. Erdmilbe) / harvest mite, trombicula autumnalis ‖ ⁺**narbe**, -decke *f* / sward, turf, sod ‖ ⁺**platz** *m* (Luftf) / sod field ‖ **voll** ⁺**samen** (Wolle) / seedy ‖ ⁺**schere** *f* / edging shears *pl* ‖ ⁺**zetter** *m* (Landw) / grass tedder
Grat *m* (Masch) / wire edge, fin, bur[r] ‖ ⁺ (Geol) / ridge, crest ‖ ⁺ (am geformten Stein) / mould mark ‖ ⁺, Steg *m* (Phono) / land in records ‖ **nach außen vorspringender** ⁺ (Bau) / arris ‖ **nach innen vorspringender** ⁺ (Bau) / inner edge ‖ **starker** ⁺ / flash, seam ‖ **vorstehender** ⁺ / edge, ridge ‖ ⁺**abstanzen** *n* / die trimm[ing] ‖ ⁺**abstreifer** *m* (Schm) / releaser ‖ ⁺**ansatz** *m* (Schm) / residual flash ‖ ⁺**anschnitt** *m*, Connoranschnitt *m* (Gieß) / Connor runner bar ‖ ⁺**bahn** *f* (Preßform) / land of a die o. mould ‖ ⁺**blech** *n*, Firsteindeckung *f* / ridge plate ‖ ⁺**[bogen]** *m*, Rippe *f* (Bau) / groin, cross springer ‖ ⁺**dachrinne** *f* (Bau) / arris gutter
Gräte *f* (Web) / mark
grat·frei, -los / without burr ‖ ⁺**hobel** *m* / dovetail plane
Gratifikation *f* / bonus
Gräting *f* (Schiff) / grating across openings
Grat·kante *f*, -linie *f* (Schm) / flash o. parting line ‖ ⁺**leiste** *f* (Bau) / arris fillet ‖ ⁺**leiste** *f* **der Schwalbenschwanzverbindung** (Tischl) / dovetail key, wooden clamp ‖ ⁺**linie** *f* (Dach) / arris ‖ ⁺**linie** *f* (Geom) / edge of regression ‖ ⁺**linie** *f* (Plast) / flash line ‖ ~**los**, -frei (Walzw, Plast) / finless ‖ ⁺**mulde** *f* (Schm) / flash gutter ‖ ⁺**rippe** *f* / flash ‖ ⁺**rücken** *m* (Geol) / arête ‖ ⁺**säge** *f* (Zimm) / grooving saw, saw for cutting grooves ‖ ⁺**säge** *f* (Treppe) / stair builder's saw ‖ ⁺**seite** *f* (Stanz) / raw edge ‖ ⁺**sparren** *m* / angle rafter, angle ridge, hip rafter ‖ ⁺**stichbalken**, Stichbalken *m* (Zimm) / dragon o.

dragging beam o. piece, [hammer] arris beam ‖ ⁺**wulst** *m f* / hip bead ‖ ⁺**ziegel** *m* / hip o. ridge tile
grau (allg, Nukl) / gray, grey (GB) ‖ ~, neutral (Phot, Opt) / neutral ‖ ⁺ *n*, graue Farbe / gray, grey (GB) ‖ ~**e Filmunterlage** (Repro) / gray o. blue base ‖ ~**es Gußeisen**, Grauguß *m* / gray cast iron ‖ ~**es Packpapier**, Traßpapier *n* / gray wrapping paper, bogus wrapping ‖ ~**er Strahler** / non-selective radiator ‖ ~**e Wickelpappe** / millboard ‖ ⁺**abgleich** *m* (TV) / gray scale tracking ‖ ~**aluminium** (RAL 9007) / gray aluminum ‖ ⁺**anteil** *m* (Phot) / desaturation ‖ ~**beige** (RAL 1019) / gray beige ‖ ⁺**bild** *n* **eines Buntdrucks** (Buch) / gray-key image ‖ ~**blank gezogen** (Draht) / gray-bright drawn ‖ ~**blau** / grayish blue, gray-blue, perse ‖ ⁺**empfindung** *f*, -sehen *n* (Opt) / achromatic vision ‖ ⁺**erz**, Silberfahlerz *n* / argentiferous grey copper ore ‖ ⁺**fäule** *f*, Sauer-, Stielfäule *f* (Traube) / gray mould of vine, botrytis disease ‖ ⁺**feinkarton** *m* / fine gray cardboard ‖ ⁺**feld** *n* (Repro) / gray patch ‖ ⁺**filter** *n* (Opt) / neutral gray o. grey filter, neutral absorber ‖ ⁺**filter** *n* (TV) / ambient light filter ‖ ⁺**filterglas** *n* / gray filter glass ‖ ⁺**fleckigkeit** *f* (Getriebe) / gray stippiness ‖ ⁺**gießerei** *f*, Eisengießerei *f* / [gray-]iron foundry ‖ ⁺**glas** *n* (Astr) / shade ‖ ⁺**glasfilter** *n* (Opt) / gray glass filter ‖ ⁺**[glas]scheibe** *f* (TV) / black screen ‖ ~**grün** / glaucous, gray-green ‖ ⁺**güldigerz** *n* (Min) / mercurial grey copper ‖ ⁺**guß** *m*, Gußstück *n* in Grauguß / gray cast iron casting ‖ ⁺**guß** *m* / gray cast iron ‖ ⁺**weicher** ⁺**guß** / soft [gray] cast iron ‖ ⁺**guß-Scheibenrad** *n* (Kfz) / cast iron disk wheel ‖ ⁺**gußschweißen** [warm o. kalt] *n* / cast iron welding [with o. without preheating] ‖ ⁺**kalk** *m* / gray o. brown o. meager lime o. chalk ‖ ⁺**kalk** *m*, Kalziumacetat *n* / calcium acetate ‖ ⁺**karte** *f* (Opt) / gray chart ‖ ⁺**keil** *m* (Opt) / neutral wedge filter, wedge [filter], grey o. gray key, Goldberg wedge ‖ ⁺**keil** *m* (Repro) / step wedge ‖ ⁺**keil-Belichtungsmesser** *m*, Graukeil-Photometer *m* (Phot) / extinction meter, wedge photometer ‖ ⁺**keilsignal** *n* / staircase signal ‖ ⁺**leiter** *f* (Opt) / gray scale, gray step-wedge ‖ ⁺**manganerz** *n* / gray manganese ore ‖ ⁺**maßstab** *m* (Färb) / gray scale ‖ ⁺**metall** *n*, grauer Tombak *m* / cock metal ‖ ⁺**nußholz** *n* / butternut (GB), white walnut (US) ‖ ~**oliv** (RAL 6006) / gray olive ‖ ⁺**pappe** *f* (Pap) / gray board, chipboard
Graupappel *f*, Populus canescens / grey poplar, Populus canescens
Graupe *f* (Landw) / peeled barley, hulled grain ‖ ⁺, [natürliches] Gräupelerz (Bergb) / shoad, shode, grain, greut
Graupegel *m* (TV) / gray level
Graupeln *pl* (Meteorol) / snow pellets
Graupen·bett, Setzbett *n* (Aufber) / filtering bed o. layer ‖ ⁺**erz** *n* / ore in grains, granular ore ‖ ⁺**gang** *m*, -mühle *f* (Mühle) / hulling mill
graupig (Erz) / granular, granulated
Grau·scheibe *f* (TV) / black screen ‖ ⁺**schiefer** *m* (Bergb) / gray metal ‖ ⁺**schimmel** *m* / gray scale o. stepwedge, Botrytis cinerea ‖ ⁺**sehen** *n*, -empfindung *f* (Opt) / achromatic vision ‖ ⁺**skala** *f*, -stufung, -treppe *f* (TV) / gray scale o. step-wedge ‖ ⁺**spießglanz** *m*, Antimonit *m* / antimonite, needle antimony ‖ ⁺**stoff** *m* **beim Deinken** (Pap) / gray stock ‖ ⁺**strahler** *m* (Phys) / gray body ‖ ⁺**töne** *m pl* / gray tints *pl* ‖ ⁺**tönung** *f* (Phot) / gray shading ‖ ⁺**wacke** *f* (Geol) / gray wacke, grauwacke ‖ ⁺**wackenkalk**, Übergangskalk *m* / graywacke limestone ‖ ⁺**wackensandstein** *m* / graywacke sandstone ‖ ⁺**wackenschiefer** *m* / graywacke slate o. schist ‖ ~**weiß** (RAL 9002) / gray white ‖ ⁺**wert** *m* (TV) / picture half-tone ‖ ⁺**wert** *m* / gray scale value ‖ ⁺**wertbild** *n* / halftone picture ‖ ⁺**wertreihe** *f*, unbunte Reihe / progressive series of greys ‖ ⁺**wertwiedergabe** *f* (TV) / half-tone rendering
Graveur *m* / engraver ‖ ⁺, Stempelschneider *m* /

medallist
Gravieranstalt f / engraver's establishment
gravieren, stechen / carve, cut, engrave ‖ ~ n / engraving, graving
Gravier·fräser m / engraver's milling cutter ‖ ~**maschine** f, -fräsmaschine f / [en]graving machine ‖ ~**nadel** f / [en]graving needle ‖ ~**stichel** m (Wzm) / burin, graver
gravierte Platte / engraving
Gravimeter n (Geophysik) / gravimeter
Gravimetrie f (Bergb) / gravimetric exploration ‖ ~, Schweremessung f (Chem, Geophysik) / gravimetry
gravimetrisch (Geophysik) / gravimetric ‖ ~**e Bestimmung**, Gewichtsanalyse f / gravimetric o. ponderal analysis, gravimetric weight analysis ‖ ~**es Sulfatverfahren** / gravimetric sulfate method
Gravipause f (Raumf) / gravipause, neutral point
Gravis, Accent grave m (Buch) / grave accent
Gravisphäre f / gravisphere
Gravisphärenscheide f (Raumf) / gravitational divide
Gravitation, Massenanziehung f / gravitation, mass attraction ‖ ~ **verursachend**, Gravitations... / gravitative
Gravitations·... / gravitation[al] ‖ ~**drehwaage** f / gravity balance o. meter ‖ ~**feld** n, Schwerefeld n / gravitation[al] field ‖ ~**gesetz**, Newtons Gesetz n / law of gravitation ‖ ~**kollaps** m / gravitation[al] collapse ‖ ~**konstante** f / gravitation constant, constant of gravitation ‖ ~**moment** n (Raumf) / gravity gradient torque ‖ ~**quantum**, Graviton n / graviton, gravitational quantum
Gravur, Gravierung f / engraving ‖ ~ f (Gesenk) / die sinking ‖ ~**druckwalze** f / engraved printing roller
Gravüre f (Buch) / gravure, engraving
Gravurstreichverfahren n (Pap) / gravure coating
Gray n, Gy (= 100 rad) / Gy, gray ‖ ~**-Code** m, zyklisch vertauschter Binärcode / reflected binary code, Gray code ‖ ~**-King Kokstyp** m / Gray-King type of coke ‖ ~**-Prozeß** m (mit Fullererde) / Gray catalytic desulphurization
Greenheart m (südamerik Holzsorte) / green heart
Greenockit m / greenockite
Greenwich Mittlere Zeit / Greenwich Mean Time, GMT
Grège n (nichtentbastetes Seidengarn) (Seide) / grège yarn
Grège[seide] f / grège [silk] thread
Greif·arme m pl, -zange f (Container) / grappler ‖ ~**backe** f / clamping jaw ‖ ~**bagger** m, Greiferbagger m / grab o. grapple dredger o. excavator, clamshell [digger]
greifbar, fühlbar / tactile, tangible ‖ ~**er Zucker** / spot sugar
Greif·bereich m, Reichweite f des Arms / arm sweep ‖ ~**einheit** f, Greifer m (Roboter) / hand
greifen vt, packen / grab, grip ‖ ~, klemmen / gripe, clamp ‖ ~, fassen, nehmen (Roboter) / grip ‖ ~, angreifen (Feile) / touch vi ‖ ~ n / grasp, grip ‖ ~, Halten n / hold ‖ ~, Fassen n (Walzenbrecher) / nip
Greifer m (Bagger) / clam[shell], grab ‖ ~ (Buch) / gripper ‖ ~ (Traktor) / grouser [bar], lug for tractor wheels ‖ ~, Aufnehmer m (Landw) / pick-up ‖ ~ (Nähm) / [oscillating] shuttle ‖ ~ (Film) / claw, moving pin ‖ ~ (Stufenpresse) / transfer gripper ‖ ~, Zentral-, Rundgreifer m (Nähm) / central bobbin shuttle, CB shuttle, hook ‖ ~ (Roboter) / gripper ‖ ~ / driver ‖ ~ **mit einem Seil**, Einseilgreifer m / single rope grab ‖ ~ **mit Motorantrieb**, Motorgreifer m / single rope motor driven grab, motor driven grab ‖ ~**anschlag** m / claw stop ‖ ~**antrieb** m (Film) / pin movement ‖ ~**bagger** m / clamshell [digger] ‖ ~**betrieb** m / grab operation o. service ‖ ~**dorn** m (Nähm) / hook pin ‖ ~**drehkran** m / slewing grab o. crane ‖ ~**einrichtung** f **für Bagger** / grab equipment, dragline equipment ‖ ~**faden** m (Nähm) / looper thread ‖ ~**finger** m (Nähm) / hook finger ‖ ~**führungsgetriebe** n (Roboter) / handling mechanism ‖ ~**-Hubseil** n / holding line ‖ ~**inhalt** m, -fassungsvermögen n / grab capacity ‖ ~**kante** f,

Anlegesteg m (Buch) / gripper allowance o. bit o. margin o. pad ‖ ~**kopf** m / head of grab ‖ ~**kran** m / grab[bing] crane, clamshell crane ‖ ~**kran** m **zum Baggern** / excavator crane ‖ ~**kübel** m / grab[bing] bucket, claw bucket ‖ ~**lader** m (Bergb) / mechanical crab ‖ ~**laufkatze** f / grab trolley ‖ ~**laufkran** m / travelling crane with grab ‖ ~**platte** f, -deckplatte f (Nähm) / hook plate ‖ ~**portalkran** m / portal grab crane ‖ ~**rad** n (Wzm) / carrier o. dog wheel ‖ ~**rad** n (Landw) / strake wheel ‖ ~**rand** m (Buch) / gripper edge ‖ ~**schaufel** f (Radschlepper) / spade lug ‖ ~**scheibe** f, -seilscheibe f (Fördern) / grip disk ‖ ~**schließseil** n / closing rope of a grab ‖ ~**schützen** m (Web) / gripper shuttle ‖ ~**schützenwebmaschine** f (Textil) / gripper shuttle loom ‖ ~**[seil]scheibe** f / clip pulley ‖ ~**spitze** f (Nähm) / beak of the shuttle ‖ ~**stab** m, -stange f (Web) / rapier ‖ ~**system** n (Film) / claw feed system ‖ ~**system** n (Offset) / cław-feed system ‖ ~**vorschub** m, -zuführung f / gripper feed [system] ‖ ~**-Vorschubapparat** m (Stanz) / slide feed ‖ ~**webmaschine** f / gripper weaving machine, rapier loom ‖ ~**webstuhl mit zweiseitigen Greifern** / loom with bilateral rapiers ‖ ~**welle** f (Nähm) / hook shaft ‖ ~**winde** f / grab winch ‖ **einfache** ~**winde**, Eintrommelwinde f / single-barrel grab winch ‖ ~**winde** f **mit getrennter Hub- und Entleertrommel**, Zweitrommelwinde f / grab winch with separate hoisting and discharing drums
Greif·, **gekreuzt gezahnte**, [gerade gezahnte, schräg gezahnte] **fläche** (Zange) / gripping surface with crosswise, [transverse, inclined] serration ‖ ~**haken** m / grab hook, catch ‖ ~**kante** f (Container) / longitudinal recess for handling ‖ ~**kraft** f / prehensile power ‖ ~**manipulator** m (Nukl) / master-slave manipulator ‖ ~**organ** n / prehensile organ ‖ ~**organ** m (Roboter) / end effector ‖ ~**rahmen** m (Container) / spreader ‖ ~**vorrichtung** f (Walzw) / catcher ‖ ~**werkzeug** n / gripping device o. instrument o. tool ‖ ~**winkel** m (Walzw) / angle of bite o. contact ‖ ~**zange** f / grip[ping] pliers pl ‖ ~**zange** f, -arme m pl (Container) / grappler ‖ ~**zange mit Gleitgelenk** (DIN), Wasserpumpenzange f / multiple slip-joint gripping pliers pl, gripping pl pliers with SWP joint ‖ ~**zirkel** m / cal[l]iper, caliper compass, callipers pl (GB) ‖ ~**zirkel** (**für Innen- u. Außenmessungen**), Taster m / German compass o. calipers pl, external and internal calipers (US) pl
Greinacher-Schaltung f (Elektr) / Delon rectifier
Greisen m (Granit ohne Feldspat) (Geol) / greisen
grell, blendend (Licht) / glaring, blinding, dazzling ‖ ~, schreiend (Farbe) / glaring, harsh ‖ ~, schrill (Ton) / shrill, piercing, harsh, strident
Grenadine f (Web) / grenadine, black leno
Grenz·..., Begrenzungs..., begrenzend / limiting ‖ ~**...**, Höchst... / ultimate, maximum ‖ ~**abweichung** f, -abmaß n / limit deviation ‖ ~**anteil** m / limiting proportion ‖ ~**arbeitslehre** f (Masch) / working [limit] gauge ‖ ~**aschegehalt** m (Kohle) / limit of ash content ‖ ~**beanspruchung** f (zulässig) / maximum admissible strain ‖ ~**bedingung** f, -wert m / boundary condition o. value, marginal condition ‖ ~**belastung** f / limit load o. stress ‖ **mechanische** ~**belastung** / basic loading ‖ ~**bereich** m / fringe range ‖ **oberer** ~**bereich der Atmosphäre** (Raumf) / fringe region ‖ ~**betriebsbereich** m / limit range of operation ‖ ~**dämpfung** f / limit damping capacity ‖ ~**daten** pl / limiting values pl, maximum ratings pl ‖ ~**dextrin** n (Chem) / grenzdextrin ‖ ~**drehzahl** f / ceiling speed ‖ ~**druckverdichter** m (Bremse) / high-pressure self-governed compressor
Grenze f (Staats- usw) / frontier, border ‖ ~, Rand m / margin ‖ ~, Beschränkung, Begrenzung f / limitation ‖ ~ (Bergb) / border of a claim, boundary ‖ ~ (ALGOL) (DV) / bound ‖ ~ (Math) / limit, bound ‖ ~**n** f **der Entwicklung** / frontiers of development pl ‖ ~ **der mittleren Endqualität**, GMEQ (Stichprobe) / average

435

outgoing quality limit, AOQL ‖ **⌐n** *f pl* **der Wissenschaft** / limits *pl* o. boundary of science ‖ **an der oberen ⌐ sein** / be at the limits ‖ **äußerste ⌐** / border ‖ **mit gemeinsamer ⌐** / conterminal, conterminous [to] ‖ **natürliche ⌐** (allg, Geogr) / boundary ‖ **pn-⌐** (o. -Grenzschicht) (Halbl) / p-n-boundary ‖ **untere ⌐** (Math) / lower bound

Grenzempfindlichkeit *f* (Phys) / absolute sensitivity ‖ **⌐** (Elektronik) / limiting sensitivity

grenzen [an] / verge [on] ‖ **~los**, unbegrenzt / infinite

Grenz·entfernung, photometrische (Opt) / limit distance ‖ **⌐erwärmung** *f* (Elektr) / maximum permissible temperature rise ‖ **⌐fall** *m* / limiting type o. case, limit case, borderline case ‖ **⌐farbe** *f* / tolerance limiting colour ‖ **⌐fläche** *f* / boundary o. contact surface ‖ **[scharfe] ⌐fläche** / interface ‖ **⌐fläche** *f* **einer Zelle** / boundary layer of a cell ‖ **⌐fläche Öl-Wasser** / oil-water interface ‖ **⌐fläche** *f* **Ziegel-Mörtel** / brick-mortar interface

Grenzflächen·… / interfacial ‖ **~aktiv** / lowering the interfacial tension, capillary o. surface active ‖ **~aktiver Stoff**, Tensid *n* / surface-active agent, surfactant ‖ **⌐aktivität** *f* / intergranular activity, interface activity ‖ **⌐energie** *f* (flüssig-flüssig) / interfacial energy ‖ **⌐-Polykondensation** / interfacial surface polycondensation ‖ **⌐-Reibungsarbeit** *f* / interfacial work ‖ **⌐spannung** *f*, Oberflächenspannung *f* an der Trennungsfläche / interfacial [surface] tension ‖ **⌐spritzung** *f* (Insektizid) / cover spray[ing] ‖ **⌐winkel** *m* (Krist) / interfacial angle ‖ **⌐zustand** *m* (Sintern) / interface condition

Grenz·formänderung *f* / forming limit ‖ **⌐formänderungskurve** *f*, FLC *f* (Mat.Prüf) / forming limit curve, FLC ‖ **⌐frequenz** *f* / limit[ing] frequency ‖ **⌐frequenz**, kritische Schwingungszahl (Bau, Masch) / critical frequency ‖ **⌐frequenz** *f*, kritische Frequenz (Schwingungsart) / cutoff o. cutting-off frequency ‖ **untere ⌐frequenz** / low-end frequency ‖ **⌐frequenz** *f* **der Verstärkung** (Elektronik) / amplification cut-off ‖ **⌐frequenz** *f* **des Flackerns** (Elektr) / flicker fusion frequency ‖ **⌐funktion** *f* / boundary function ‖ **⌐gebiet** *n* **der Wissenschaft** / borderland of science ‖ **⌐gefälle** *n* (Straßb, Bahn) / limiting gradient, maximum gradient ‖ **⌐geschwindigkeit**, -drehzahl, Höchstgeschwindigkeit *f* / limit[ing] speed ‖ **⌐geschwindigkeit** *f* (Luftf) / limiting velocity ‖ **⌐-Gewinderollenlehre** *f* / thread limit roll-snap gauge ‖ **⌐glas** *n* (Opt) / limit glass ‖ **⌐gut** *n* (Aufber) / near-gravity material ‖ **⌐kegel** *m* / limit cone ‖ **⌐kohlenwasserstoff** *m*, gesättigter Kohlenwasserstoff / saturated hydrocarbon, paraffin o. limit hydrocarbon, paraffin[e] ‖ **⌐korn** *n* (Hütt) / near-mesh grain ‖ **⌐korn** *n* (Sieberei) / near size particle, near-mesh material ‖ **⌐korn** *n* (Aufber) / near mesh material, near density material ‖ **⌐kosten**, Mindestkosten *pl* / marginal cost ‖ **⌐kurve**, Sättigungsisotherme *f* / binodal curve, solubility curve ‖ **⌐ladung** *f* / limiting charge ‖ **⌐lageabweichung** *f* / limit positional deviation ‖ **⌐lagenschalter** *m* / limit [stop] switch, LS ‖ **⌐last für funkenfreie Kommutierung** / sparking limit ‖ **⌐lastregelung** *f*, Load-Sensing-Steuerung *f* (Kran) / load limit sensing control ‖ **⌐lastspielzahl** *f* (Mat.Prüf) / ultimate number of cycles ‖ **⌐lehrdorn** *m* / limit plug gauge, plug limit gauge, plug gauge "go and not go" ‖ **⌐lehre** *f* (Masch) / limit gauge ‖ **⌐lehre** *f* (verschiebbar) (Masch) / caliper gauge ‖ **⌐lehre für Abnahmeprüfung** / check gauge ‖ **⌐leistung** *f* (Ofen) / load limit ‖ **⌐leistung** *f* **bei Schnellabschaltung** (Nukl) / emergency-shutdown power ‖ **⌐licht** *n* (Luftf) / boundary light ‖ **⌐linie** *f* / boundary line, line of demarcation o. boundary ‖ **⌐linie der Ober-, [Unter]spannung** (Dauerversuch) / maximum, [minimum] stress limit ‖ **⌐-Machzahl** *f* (Luftf) / critical o. limiting Mach number ‖ **⌐maß** *n* / limit[ing] dimension o. size ‖ **⌐maße** *n pl*, Höchstmaße *n pl* / limits *pl* of size ‖ **obere u. untere**

⌐maße / upper and lower deviations *pl* ‖ **⌐mauer** *f* (Bau) / common o. partition o. party wall ‖ **⌐pfeife**, Galtonpfeife *f* / Galton whistle ‖ **⌐pflugverstellung** *f* (Landw) / offsetting plough attachment ‖ **⌐potential** *n* (isolier. Oberfläche) / sticking potential ‖ **⌐preßdichte** *f* (Sintern) / limiting density ‖ **⌐prüfung** *f*, Prüfen unter verschärften Bedingungen / marginal testing ‖ **⌐punkt** *m* / end point ‖ **⌐punkt** *m* (Elektronik) / cutoff point ‖ **⌐quartil** *n* / limiting quartile ‖ **⌐rachenlehre** *f* / limit gap gauge, snap gauge "go and not go" ‖ **⌐regelung** *f*, ACC-Regelung *f* (NC) / adaptive control constraint, ACC ‖ **⌐reibung** *f*, trockene Reibung / dry o. boundary friction ‖ **⌐-Sauerstoff-Index** *m* / limit oxygen index, L.O.I. ‖ **⌐schalter** *m* / limit [stop] switch, LS

Grenzschicht *f* / boundary layer o. film ‖ **⌐** (Halbl) / barrier layer ‖ **⌐ zwischen zwei Flüssigkeiten** / interface of liquids ‖ **⌐abblasung** *f* (Luftf) / boundary layer bleed-off ‖ **⌐ablösung** *f* (Luftf) / burble, burbling ‖ **⌐ablösungspunkt** *m* (Luftf) / burble point ‖ **⌐absaugung** *f* (Luftf) / boundary layer suction ‖ **⌐abspaltung** *f* / boundary layer separation ‖ **⌐beeinflussung** *f* / boundary layer control ‖ **⌐durchschlag** *m* (Halbl) / breakdown of a junction ‖ **⌐koeffizient** *m* / film coefficient ‖ **⌐verdichtung** *f* / boundary layer blowing ‖ **⌐zaun** *m* (auf dem Flügel) (Luftf) / fence, stall o. wing fence

Grenz·schmierung, Epilamenschmierung *f* / extreme boundary lubrication, marginal lubrication ‖ **⌐spannung** *f* (Mech) / limit of tension ‖ **⌐spannweite** *f* / limiting span length ‖ **⌐steigung** *f*, maßgebende Steigung (Straßb, Bahn) / limiting gradient, maximum gradient ‖ **⌐stein** *m* / boundary stone, area limiter ‖ **⌐stelle** *f* (DV, Ablaufplan) / interrupt ‖ **⌐strahl** *m* (Röntgen) / grenz-ray, Bucky ray ‖ **⌐strahlentherapie** *f* / Bucky therapy ‖ **⌐strom** *m* (Fernm) / marginal current ‖ **⌐strom** *m* (Trafo) / limiting overload current ‖ **⌐stromkennlinie** *f* (Halbl) / limiting overload characteristic ‖ **⌐strom-Steuerschalter** *m* (Elektr) / control limit switch ‖ **⌐taster** *m* (Elektr) / limit switch ‖ **⌐übergang** *m* (Kinematik) / limiting process ‖ **~überschreitend** / frontier crossing *adj*, transnational, transborder… ‖ **⌐umschalter** *m* / change-over limit switch, throw-over limit switch ‖ **⌐- und Kenndaten** *pl* / ratings and characteristics *pl* ‖ **⌐versuch** *m* / marginal test ‖ **⌐verteilung** *f* (Statistik) / asymptotic distribution ‖ **⌐viskosität** *f* (Anstrich) / intrinsic viscosity, limit viscosity ‖ **⌐viskosität[szahl]** *f* (in Gramm je Liter) / limiting viscosity number ‖ **⌐-Vorrang** *m* (DV) / limit priority ‖ **⌐waage** *f* / limit-weigher ‖ **⌐wellen** *f pl* (50-200 m) (Elektronik) / intermediate waves *pl* ‖ **⌐wellenbereich** *m* (Elektronik) / top band ‖ **⌐wellenlänge** *f* (Röntgen) / boundary o. minimum wavelength, quantum limit ‖ **⌐wellenlänge** *f*, kritische Wellenlänge / critical wavelength

Grenzwert, limes *m* (Math) / limiting value, limit ‖ **⌐** *m*, Limit *n* / limiting value ‖ **⌐ der Glieder** (DV) / limit of the values ‖ **⌐ der Leistung** (Elektr) / rating, limiting value ‖ **⌐ der Toleranzkette** / limit accumulation of tolerances ‖ **oberer, [unterer] ⌐** / upper, [lower] bound ‖ **⌐bedingung** *f* (Regeln) / constraint ‖ **⌐funktion** *f* (Math) / threshold function ‖ **⌐melder** *m* / digital limit selector, digital comparator ‖ **⌐problem** *n* / boundary value problem ‖ **⌐problem** *n* (DV) / value clause ‖ **⌐prüfung** *f* (DV) / marginal check[ing] o. check, high-low bias test ‖ **⌐regelung** *f* (NC) / adaptive control constraint, ACC ‖ **⌐satz** *m* (Statistik) / central limiting value theorem ‖ **⌐vergleicher** *m* / limit comparator

Grenz·widerstand *m* **des Achskurzschlusses für den Abfall des Gleisrelais** (Bahn) / drop shunt of a track circuit ‖ **⌐widerstand** *m* **für den Anzug des Gleisrelais** (Bahn) / prevent shunt ‖ **⌐winkel** *m* (Phys) / critical angle ‖ **⌐zeichen** *n* (Bahn) / shunting limit signal, fouling point ‖ **⌐zone** *f*, Randgebiet *n* / peripheral area, fringes *pl* ‖ **⌐zustand** *m* / boundary state ‖ **⌐zyklus** *m*

(Regeln) / limit cycle ‖ **↶zykluspunkt** *m* (Regeln) / limit cycle point

Grex *m* (Gewicht von 10 km Faden) / grex

Gribbel, Rübenstecher *m* (Zuck) / beet pricker o. sampler

Griddecke *f* (TV) / grid ceiling

Griddipper *m* (Resonanzmeßgerät) / grid dip meter o. oscillator

griechischer Buchstabe / greek letter o. character

Grieß *m*, Schneee *m*, Gras *m* / grass ‖ **↶** (Mühle) / farine (US), semolina (GB) ‖ **↶** (Zuck) / grit ‖ **↶**, grober (o. scharfkantiger) Sand (Bau) / coarse sand, grit, gravel ‖ **↶**, Holzkohlenlösche *f* / charcoal breeze o. cinder o. dust ‖ **↶** (TV) / picture noise, shot o. random noise, grass ‖ **↶ für Bettung** (Bahn) / flint chips *pl* ‖ **↶abscheider**, -fänger *m* (Abwasser) / sand catcher

Grießigkeit, Körnigkeit *f* (Farbe) / seediness

Grieß·kohle *f* **ohne Feinkohle** / small coal without fines ‖ **↶kohle** *f* **ohne Stücke** / small coal without lumps ‖ **↶mühle** *f* / semolina mill ‖ **↶putzmaschine** *f* / purifier ‖ **↶säule** *f*, -ständer *m*, -pfeiler *m* (Hydr) / stanchion of a sluice ‖ **↶verfahren** *n* (Glasprüfg) / grain method

Griff *m*, Stiel *m* / handle, butt, bail ‖ **↶**, Heft *n* (Werkz) / haft, tang ‖ **↶**, Handgriff *m* / grip, handle ‖ **↶**, Henkel *m* / arched handle ‖ **↶**, Griffigkeit (Stoff) / hand (US), handle (GB), feel ‖ **↶** (Gesenkschm) / sprue ‖ **↶**, Greifen *n* / grip, grasp ‖ **↶** (Zange) / handle ‖ **↶** (Säge) / handle ‖ **↶ an Schmiedezangen** (Schm) / reins *pl* ‖ **↶ des Kippschalters** (Elektr) / dolly ‖ **Messer mit ↶ versehen** *vt* / haft knives *vt* ‖ **mit ↶** (o. Stiel) **versehen** / stock ‖ **natürlicher o. optimaler ↶bereich** (F.Org) / normal working area, reaching area of hands ‖ **↶drücker** *m* (Schiff) / door handle ‖ **↶fest** (Farbe) / fast to handling ‖ **↶fläche** / handling surface ‖ **↶fläche** *f*, Greiffläche *f* der Zange / gripping surface ‖ **↶gebende o.**

Griffappretur (Textil) / stiffening ‖ **↶hahn** *m* / grip type cock o. faucet (US)

griffig (Textil, Web) / having a good hand (US) o. handle (GB) ‖ **↶** (Wz) / handy ‖ **↶** (Kfz) / nonskid, -skidding ‖ **↶** (Straßb) / with good grip

Griffigkeit *f* **der Reifen** / tire grip

Griffithweiß, Emailweiß *n* / lithopon[e]

Griffith-Zahl *f*, G (Mat.Prüf) / Griffith number

Griff·kreuz *n*, Kreuzgriff *m* (DIN) (Wzm) / star handle o. knob ‖ **↶loch** *n* (Masch) / handle hole ‖ **↶mulde** *f* / recessed grip ‖ **↶mutter**, Rändelmutter *f* / knurled nut ‖ **↶paar** *n* (Zange) / handle ‖ **↶schlüssel** *m* (Masch) / handle wrench ‖ **↶sicherung** *f* (Elektr) / hand-operated fuse switch, handle-type fuse ‖ **↶stange** *f*, [Fest]haltestange *f* / handle, handlebar ‖ **↶stiel** *m* (Schaufel) / handle ‖ **↶stück** *n* (Roboter) / grip end ‖ **↶zeit** *f* (F.Org) / handling time ‖ **↶zwinge** *f* / handle collar, ferrule, ferrel

Grignardsche Verbindung *f* (Chem) / Grignard reagent, organomagnesium compound

Grill *m* / grill ‖ **↶ im Küchenofen** / broiler ‖ **↶gerät** *n* / infrared grill ‖ **↶gerät** *n*, Salamander *m* (Großküche) / grill unit

Grimmsche Regel *f* (Krist) / Grimm's rule

Grimsches Leitrad / Grim's guide wheel

Grind *m* (der Obstbäume) / brown rot of fruit trees

Crindel *m* (Pflug) / plough-beam o. tree, beam of the plow

G-Ring, Gleichfasenring *m* (Mot) / G-ring, double bevelled slotted oil control ring

Grip-Perfect-Automatic *f* (Werkz) / grip perfect automatic

Gripzange *f* / vise-grip wrench

Griseofulvin *n* (Chem) / curling factor

Grit *m*, grobkörniger Sandstein (Geol) / grit

Grivation *f* (Gitternetzabweichung) (Verm) / grivation

grob / coarse ‖ **↶**, rauh, unbearbeitet / jagged, rough, undressed ‖ **↶** (Arbeit) / crude ‖ **↶e Fahrlässigkeit** / gross negligence ‖ **↶e Feile** (12 Zähne je Zoll) / rough[ing] file ‖ **↶e Garnnummer** / coarse count of yarn ‖ **↶ gesägt** / rough sawn ‖ **↶ gesägtes Holz** / rough saw cut timber ‖ **↶er**

Hieb o. Schnitt (Feile) / rough cut ‖ **↶e Leinwand** / pack cloth o. duck ‖ **↶es Putzschleifen** / fettling ‖ **↶er Raster** (Buch) / coarse screen ‖ **↶er Sand**, Grieß *m* / grit, gravel ‖ **↶er Schluff** / coarse silt, 0.06 - 0.02 mm ‖ **↶e See** (Wellenhöhe 2,5 - 4m) / rough sea ‖ **↶es Sieb**, Rätter *m* (Bergb) / screen, riddle, cribble ‖ **↶ sieben** / sieve ‖ **↶ sortieren** / pre-sort ‖ **↶es starkes Vorgespinst**, Lunte *f* (Textil) / slub, coarse o. rough roving ‖ **↶es Verpackungsgewebe** / pack-duck ‖ **↶ vorspinnen** / slub *v* ‖ **↶e Wolle** / coarse o. short wool ‖ **↶e Zuschlagstoffe** *m pl* (Bau) / coarse aggregate ‖ **aus dem ↶en schleifen** / grind from the solid ‖ **↶abgleich** *m* / coarse alignement ‖ **↶abstimmung** *f* (Elektronik) / coarse tuning ‖ **↶abtastung** *f* (TV) / coarse scanning ‖ **↶anzeiger** *m* / non-sensitive indicator ‖ **↶ätzung** *f* / macro-etching ‖ **↶ausbringen** *n* / coarse yield ‖ **↶azimut** *m* (Raumf) / coarse bearing ‖ **↶bearbeitung** *f* / roughing down, rough-machining, rough-working ‖ **↶beton** *m* (Bau) / no-fines concrete, coarse concrete ‖ **↶blech** / thick o. heavy plate ‖ **↶blecherzeugnis**, -blechprodukt *n* / plate product ‖ **↶blechrichtmaschine** *f* / [boiler] plate straightening rolls *pl* ‖ **↶blechstraße** *f* (Walzw) / plate rolling train ‖ **↶blechwalzwerk** *n* / plate [rolling] mill ‖ **↶blitzschutz** *m*, -sicherung *f* (Fernm) / glass tube fuse ‖ **↶brecher** *m* / coarse crushing rolls *pl*, boulder crusher ‖ **↶brecher** *m* **für Kalk** / lime cracker ‖ **↶draht** *m* / wire rod, redraw rod ‖ **↶[draht]zug** *m* / thick wire drawing bench, rod breakdown machine

Gröbe *f*, Pellets *n pl* (Hütt, Sieben) / pellets *pl*

Grob·einsteller *m* (TV) / preset control ‖ **↶einstellung** *f* (allg) / coarse o. rough adjustment ‖ **↶einstellung** *f*, Schnelleinstellung *f* (Wzm) / rapid feed

Grobes *n* (Bergb) / coarse ‖ **↶ in Gemischen** (unerwünscht) / nibs *pl*

Grob·faden, Doppelfaden *m* (Textil) / double end ‖ **↶faden** *m* (Web, Fehler) / coarse pick ‖ **↶fädig** (Web) / coarse threaded ‖ **↶faserig** (Holz) / coarse grained ‖ **↶faserigkeit** *f* (Holz) / coarseness ‖ **↶feile** *f* / arm file ‖ **↶-Fein-Relais** *n* / coarse-fine relay ‖ **↶flockig** / coarse flocculent ‖ **↶flyer** *m* (Textil) / coarse roving frame, slubbing frame o. machine ‖ **↶folie** *f* (Plast) / hide ‖ **↶frotteur** *m* (Textil) / first bobbin drawing box ‖ **↶garn**, -gespinst *n* (Textil) / coarse spun, coarse yarn ‖ **↶garnkrempel** *f* / condenser yarn card ‖ **↶gefüge** *n*, Makrostruktur *f* / macrostructure ‖ **↶gefügebild** *n*, Makrographie *f* / macrography ‖ **↶gestalt** *f*, makrogeometrische Gestalt / macrostructure ‖ **↶getreide** *n* / coarse grains *pl* ‖ **↶gewebe** *n* / coarse weave, coarse fabric ‖ **↶gewinde** *n* / coarse[-pitch] thread ‖ **↶gewinde NC** (USA) / National Coarse [Screw Thread], NC ‖ **↶gewinde UNC** (US) *n* / Unified National Coarse [Screw Thread], UNC ‖ **↶gezahnt** / coarse toothed ‖ **↶gut** *n* (Hütt) / oversized material ‖ **↶hechel** *f* (Flachs) / long ruffler ‖ **↶hecheln** *f* / first dressing of hemp ‖ **↶jährig** (Holz) / coarsely ringed ‖ **↶keramik** *f* / ordinary ceramics *pl* ‖ **↶keramikindustrie** *f* / heavy clay industry ‖ **↶keramischer Werkstoff** / ordinary ceramic material ‖ **↶kies** *m* (30 bis 55 mm) / coarse gravel ‖ **↶kohle** *f* / lump coal (US) ‖ **↶kohle** *f* (Aufber) / large graded coal ‖ **↶koks** *m* / lump coke ‖ **↶kontrast** *m* (TV) / large-area contrast ‖ **↶korn** *n*, grobes Korn / coarse grain, gross o. large grain ‖ **↶kornausbringen** *n* **m**, (Aufber) / organic efficiency of coarse material in the overflow ‖ **↶kornglühen** *n* / coarse-grain annealing ‖ **↶körnig** / coarse grained, large- o. gross-grained ‖ **↶körniger Bruch** / coarse grained fracture ‖ **↶körniges** *n* / grit, gravel ‖ **↶körnigkeit** *f* (Schleifscheibe) / coarseness ‖ **↶kornsetzarbeit** *f* / coarse jigging ‖ **↶korn[setz]maschine** *f* (Bergb) / coarse [coal] jig, coarse grain washer ‖ **↶kornstahl** *m* / coarse-grained steel ‖ **↶kornverbleib** *m* (Aufber) / organic efficiency of true undersize in the underflow ‖ **↶kornwäsche** *f* (Anlage) / coarse jigging plant ‖ **↶-Kreiselbrecher** *m*,

Grob-Kegelbrecher *m* / primary gyratory crusher ‖
⌐**krempel**, -karde *f* (Textil) / breaker [card], breaking o.
scribbler card ‖ ~**kristallin** / granular crystalline ‖
⌐**lunter**, -spuler *m* / coarse roving frame ‖
⌐**mahlanlage** *f* / crushing o. breaking plant ‖ ~**mahlen**,
-zerkleinern / crush ‖ ~**maschig**, großmaschig / wide-
meshed ‖ ~**maschiges Drahtgeflecht** / farm fence ‖
~**maschiges Sieb**, Grobsieb *n* / wide-mesh[ed] screen ‖
⌐**nessel** *f* (Web) / coarse cotton cambric, creas ‖
⌐**nitschler** *m*, -frotteur *m* (Textil) / first bobbin drawing
box ‖ ⌐ **passung** *f* (Gewinde) / coarse fit ‖ ⌐**pore** *f* /
macropore ‖ ⌐**pulver** *n* / coarse powder ‖ ⌐**pumpe** *f*
(Vakuum) / roughing pump ‖ ⌐**putz** *m* (Bau) / daubing,
dabbing ‖ ⌐**rasterätzung** *f* / coarse screen etching ‖
⌐**rechen** *m*, -sieb *n* / coarse screen ‖ ⌐**rechen** *m* (Hydr)
/ bar screen ‖ ⌐**recherche** *f* **im Speicherinhalt** /
browsing ‖ ~**regeln** / regulate coarsely ‖ ⌐**regler** *m* /
coarse regulator ‖ ⌐**reinigung** *f* / coarse cleaning,
primary cleaning ‖ ⌐**richten der Gleise** *n* / shifting of
the track ‖ ⌐**sand** *m* (Geol) / coarse sand ‖ ⌐**schale** *f* **als
Kleie** / coarse bran ‖ ⌐**schale** *f* **als Spelze** (Mühle) /
coarse husk ‖ ⌐**schalter** *m* / coarse control switch ‖
⌐**schlag** *m* / coarse crushed stone (1 1/2 to 3'') ‖
⌐**schlamm** *m* / coarse slurry ‖ ⌐**schlammsieb** *n* /
Zimmermann screen for coarse slurry ‖ ~**schleifen** /
rough-grind ‖ ⌐**schleifmaschine** *f* / rough grinding
machine ‖ ⌐**schleifscheibe** *f*, Abgratscheibe *f* (Galv) /
fettling wheel, snagging wheel ‖ ~**schlichten** / rough-
finish ‖ ⌐**schliff** *m* (Metallographie) / rough grinding ‖
⌐**schmied** *m* / ironsmith, smith, forger ‖ ⌐**schmiede** *f* /
forge ‖ ⌐**schroten** *n* (Mühl) / bruising ‖ ⌐**sicherung** *f*
(auf Strom ansprechend) (Elektr) / power fuse ‖
⌐**sicherung** *f*, Grob-, Überspannungsschutz *m* / high-
voltage fuse o. protector ‖ ⌐**sicherung**, Hauptsicherung
f / main fuse ‖ ⌐**sicherung** *f*, -blitzschutz *m* (Fernm) /
glass tube fuse ‖ ⌐**sieb** *n* / coarse sieve ‖ ⌐**sieb** [**für
Stückgutscheidung**] *n* (Bergb) / scalping screen, scalper
‖ ⌐**sieben** *n* (Erz) / scalping ‖ ~**sortieren** / sort coarsely
‖ ⌐**spannungsschutz** *m* (Elektr) / protector [block] ‖
⌐**spindelbank** *f*, Grobspuler, -lunter *m* / coarse roving
frame ‖ ⌐**spinnen** *n*, -spinnerei *f* / coarse-count
spinning ‖ ⌐**spulen** *f* *pl* (Textil) / bobbins for slubbing
and roving *pl* ‖ ⌐**staub** *m* (Umwelt) / grit ‖
⌐**steuereinheit** *f* (Nukl) / coarse control member ‖
⌐**stoff** *m* (Altpapier) / junk ‖ ⌐**straße** *f* (Hütt) / blooming
train ‖ ⌐**straße** *f* (Walzw) / rolling train for heavy
products ‖ ⌐**strecke** *f* (Spinn) / first drawing frame o.
drawer, preparer gill box ‖ ~**stückig** / in lumps ‖ ⌐**ton**
m (Geol) / coarse clay ‖ ⌐**vakuum** *n* / vacuum 760 to
100 torr, rough o. low vacuum ‖ ⌐**verstellung** *f* (Wzm) /
coarse motion o. feed ‖ ⌐**verstellung** *f* s. auch
Grobeinstellung ‖ ⌐**verstellung** *f* **von Hand** (Wzm) / hand
motion o. feed ‖ ⌐**verzahnung** *f* / rough teeth *pl* ‖
⌐**vorspinnstuhl** *m* / coarse roving frame ‖ ⌐**walzen** *n*
(Hütt) / blooming ‖ ⌐**walzwerk** *n* / blooming mill ‖
⌐**walzwerk** *n*, Grobzerkleinerungsanlage *f* / crushing
mill ‖ ⌐**wolle** *f* / coarse wool ‖ ~**zahnige Säge** / rack
saw ‖ ~**zerkleinern** / crush ‖ ⌐**zerkleinerung** *f* / coarse
grinding, crushing ‖ ⌐**zug** *m* (Drahtz) / bull block
groß (Ggs.: klein) / great (contradict.: small), big ‖ ~
(Wert) / high ‖ ~, ausgedehnt / ample ‖ ~, reichlich /
large ‖ ~..., Haupt..., größer / major ‖ ~**e Achse**,
Hauptachse *f* (der Ellipse) / major axis ‖ ~**es
Aufnahmevermogen** / high capacity ‖ ~**e Fahrt**,
Seeschiffahrt *f* / oversea shipping ‖ ~**e Halbachse** *f* /
semimajor axis ‖ ~**er Strauch** (3-6 m hoch) / shrub,
shrubby tree ‖ ~ **und klein** (Flansch) / L & S, large and
small ‖ besonders ~ / king-size (US) ‖ **für** ~**e Fahrt** /
seagoing, seaworthy ‖ **zu** ~ / oversized ‖
⌐**abbaubetrieb** *m* / large scale mining operation ‖
⌐**anlage** *f* / commercial sized installation ‖ ⌐**antenne** *f* /
combined o. common o. communal o. community
antenna, master antenna (US) ‖ ⌐**anzeige** *f* (Instr) / large
scale indication ‖ ⌐**armaturen** *pl* / mountings *pl* ‖

⌐**aufnahme** *f* (von Einzelobjekten, Szenen usw.) (Film)
/ close-up [view], close shot ‖ ⌐**aufnahme** *f*, große
Nahaufnahme (Film) / big close-up ‖ ⌐**behälter**,
Transcontainer *m* (DIN) / transcontainer ‖ ⌐**behälter**,
-tank *m* / bulk storage tank ‖ ⌐**behälter** *m* **für Gas** /
giant gas holder ‖ ⌐**bereichszähler** *m* / large range
meter ‖ ⌐**betrieb** *m* / large-scale business ‖ ⌐**betrieb** *m*
(Tätigkeit) / large scale operation ‖ ⌐**bild...** (TV) /
large-screen... ‖ ⌐**bildkamera** *f* (Phot) / large negative
camera ‖ ⌐**bildprojektion** *f* / large-screen projection ‖
⌐**bildschirm** *m* (TV) / large screen ‖ ⌐**bodenrad** *n*,
Zentrumrad *n* (Uhr) / large driving wheel ‖ ⌐**bohrloch** *n*
(Bergb) / well drill hole ‖ ⌐**bohrlochschießen** *n* / well
drill blasting ‖ ⌐**buchstabe** *m* (Buch) / capital [letter],
cap, majuscule ‖ ⌐**buchstaben** *m* *pl* (Schreibm) / upper
case ‖ ⌐**chemie** *f* / industrial chemistry ‖ ⌐**drehbank** *f*,
-drehmaschine *f* / large-dimension lathe
Größe *f*, Umfang *m* / bigness, extent, range, size ‖ ⌐,
Abmessung *f* / size ‖ ⌐, Weite *f* / amplitude ‖ ⌐, Weite
f, Umfang *m* / largeness, extent ‖ ⌐, Masse *f* / bulk ‖ ⌐,
Volumen *n* / volume, capacity, content ‖ ⌐,
Größenordnung *f* / magnitude ‖ ⌐, Nummer *f* / size,
count ‖ ⌐, Klasse *f* / order, class ‖ ⌐ (Math) / value,
quantity ‖ ⌐ **der Abquetschfläche** (Plast) / land area ‖ ⌐
der Abweichung / amplitude of aberration ‖ ⌐ **des
Amplitudenvektors** / amplitude ‖ ⌐ **des Wuchses**,
Höhe *f* / height, tallness ‖ ⌐ **im Normalschnitt**
(Schrägstirnrad) / real dimension ‖ ⌐ **bis zur** ⌐ **von 1000
MW** / intended for 1000 MW ‖ **in jeder** ⌐ / every size
Größen·änderung *f* / dimensional change ‖ ⌐**angaben** *f*
pl / dimensional information ‖ ⌐**bereich** *m* / size range
‖ ~**beschränkt** (Regeln) / bounded ‖ ⌐**bezeichnung** *f* /
type-size designation ‖ ⌐**faktor** *m* / size factor ‖
⌐**gleichung** *f* / quantity equation ‖ ⌐**klasse** *f* / class ‖
⌐**klasse** *f* (Astr) / magnitude class of stars ‖ ⌐**ordnung**,
Dimension *f* / dimension, measure [in one length] ‖
⌐**ordnung** *f* **einer Zahl** / order of a number ‖ **um eine**
⌐**ordnung kleiner** / smaller by an order of magnitude ‖
⌐**referenzlinie** *f* (Impulse) / magnitude reference line ‖
⌐**referenzpunkt** *m* (Impulse) / magnitude reference point
‖ ~**sortiert** / graded ‖ ⌐**system** *n* / system of sizes o.
magnitudes ‖ ⌐**ursprungslinie** *f* (Impulse) / magnitude
origin line ‖ ⌐**vergleich** *m* / dimensional comparison,
comparison of sizes o. dimensions ‖ ⌐**verhältnis** *n* /
ratio of sizes o. dimensions, proportion in size ‖
⌐**verteilung** *f* **der Körner** / pellet size distribution ‖
⌐**wandler**, Zuordner *m* (DV) / quantizer ‖ ⌐**werter**,
Analog-Digitalwandler *m* / digitizer, quantizer ‖
⌐**werter** *m*, Codierwerk *n* / digitizer, encoder
größer, Groß..., Haupt... / major ‖ ~ **als** (OCR) / greater
than sign ‖ ~ [**oder**] **gleich** / greater than or equal to ‖
~ **werden** (Oscilloskop) / bloom (US) ‖ ⌐**werden** *n* **der
Anzeige** (Oszilloskop) / bloom
Groß·fabrikation *f* (Chem) / large-scale o. wholesale
manufacturing o. production ‖ ⌐**flächenflimmern** *n*
(TV) / large area flicker ‖ ⌐**flächenmembran** *f* (Masch) /
large area diaphragm ‖ ⌐**flächensender** *m* (Radio) /
wide-coverage transmitter ‖ ~**flächig** / large-surface...
‖ ~**flächiges Betonfertigteil** / precast concrete panel ‖
~**flächiger Druck** (Textil) / blotch print ‖ ⌐**flughafen** *m*
/ aerial port ‖ ⌐**flugzeug** *n* / giant airplane ‖ ~**fonturig**
(Strumpf) / multi-section, -sectioned ‖ ⌐**förderwagen** *m*
/ large volume tub ‖ ~**formatig** / large sized ‖
~**formatier Stein** (Hütt) / jumbo brick ‖ ⌐**fräserei** *f* /
heavy milling shop ‖ ⌐**funkstation** *f* / high-power[ed]
radio o. broadcasting o. transmitting station ‖
⌐**gasmaschine** *f* / large gas engine, high-power gas
engine ‖ ⌐**gemeinschafts-Antennenanlage** *f*, GGA /
Community Antenna Television System, CATV ‖
~**gemustert** / large-patterned ‖ ⌐**gezahnt** / with large
teeth ‖ ⌐**güterwagen** *m* / high-capacity wagon ‖
⌐**handelsindex** *m* / index of wholesale prices ‖
⌐[**handels**]**preis** *m* / trade price, wholesale price ‖
⌐**händler** *m* s. Grossist ‖ ⌐**händler** *m* in

Elektronikbauteilen, Distributor *n* / distributor [of electronics components] || **~industrie** *f* / big business (US), heavy industry || **chemische ~industrie** / large-scale chemical industry || **~industrieller Einsatz** / industrial utilization || **~-Intervall** *n* / large interval **Grossist, Großhändler** *m* / wholesale merchant o. dealer o. trader, wholesaler, jobber (US)

Groß·kabinenseilbahn *f* / passenger ropeway with large cars || **~-Klein-Umschaltung** *f* (Schreibm) / case shift || **~klima** *n* / macroclimate || **~kompressor** *m* / high-capacity compressor || **~kops** *m* (Spinn) / large cop || **~kraftschleifer** *m* (Pap) / high power [pocket] grinder || **~kraftwerk** *n* / superpower station, huge power station || **~kreis** *m* **der Kugel** / great circle || **~kreisabweichung** *f* (Nav) / lateral deviation o. deflection || **~kreisentfernung** *f* / great route distance || **~küche** *f* / large-scale catering establishment || **~küchen-Elektrowärmegerät** *n* / catering equipment with electric heating elements || **~küchengerät** *n* / catering equipment, utensil for canteens || **~lautsprecher** *m* / high-power speaker, hailer (US) || **~lautsprecher** *m* / giant loudspeaker, [high-]power loudspeaker || **~lieferant, Zulieferant** *m* (allg) / contractor || **~lochbohrmaschine** *f*, Bohrwolf *m* / large hole boring machine || **~lochbohrung** *f* (Bergb) / big-bore hole, large hole boring || **~luke** *f*, -luk *n* (Schiff) / main hatch[way] || **~maschig** / large-meshed, wide-meshed || **~maschinenbau** *m* / heavy machine construction || **~nachrichtensatellit** *m* / large telecommunication satellite || **~oberflächenplatte** *f* (Akku) / formed o. Planté plate, large surface plate || **~palette** *f* (Schiff) / [cargo] flat || **~pfahl** *m* (Bau) / [large] bored pile || **~pflaster** *n* / large sett pavement || **~photo**, Mural *n* (Phot) / photomural || **~platte** *f* (Keram) / big-sized ceramic plate || **~plattenbauweise** *f* (Bau) / large panel technique || **~rad** *n* (Masch) / wheel, gear (of a transmission) **Großraum** *m* (Bergb) / chamber || **~...** / large-capacity... || **~büro** *n* / open plan office || **~förderung** *f* (Bergb) / large volume extraction || **~förderwagen** *m* (Bergb) / large volume tub || **~güterwagen** *m* / high capacity bogie wagon (GB) o. freight car (US) || **~heizung** *f* / large-capacity heating installation **großräumig** (Bauwerk) / spacious **Großraum·-Jet** *m* (z.B. Boeing 747) (Luftf) / Jumbo jet || **~kabine** *f* / large volume cabin || **~-Kühlschrank** *m* / full-size refrigerator || **~ofen** *m* / air stove || **~schützen** *m* (Textil) / extra large shuttle || **~speicher** *m* (DV) / large capacity memory o. storage, bulk o. mass memory || **~tiefofen** *m* (Hütt) / large space soaking pit || **~verkehrsflugzeug** *n* / high- o. large-capacity transport || **~wagen** *m* (für Personen) / saloon coach || **~wasserversorgung** *f* / large area water supply **Groß·rechenanlage** *f* / large-scale data-processing plant || **~rechner** *m*, Mainframer *m* / large computer, mainframer || **~reihenfertigung** *f* / quantity o. mass manufacturing o. production || **~-Rollpalette** *f* / roll trailer o. flat || **~rundfunkstation** *f*, -sender *m* / high-power[ed] long-distance [radio o. broadcasting o. transmitting] || **~rundsichtradaranlage** *f* / middle-range radar || **~rundstrickmaschine** *f* / large diameter rib circular knitting machine || **~sammelleitungswähler** *m* (Fernm) / private branch exchange final selector || **~schädling** *m* (Landw) / major pest || **~schaufelradbagger** *m* / giant bucket wheel excavator || **~schiffahrtsweg** *m* / ship canal || **~schirm-Fernsehen** *n* / theater TV || **~schlächterei** *f* / wholesale butchery || **~schrämmaschine** *f* / large coal cutter || **~sender** *m*, -rundfunkstation *f* / high-power[ed] long-distance [radio o. broadcasting o. transmitting] station || **in ~serien herstellen**, in Massen produzieren / mass-produce *v* || **~serienfertigung** *f* / industrial scale manufacture || **~signal** *n* (Elektronik) / large signal || **~signal** *n* (von 1-10 V) (DV) / high-level [signal] ||

~signalsteilheit *f* (Elektronik) / mean mutual conductance || **~signalverstärkung** *f* / high-level signal gain || **~speicher** *m* (DV) / large capacity memory, bulk o. mass memory || **~sprengung** *f* (Steinbruch) / large bank shot || **~städtischer Nahverkehr** (Bahn) / outer suburban traffic || **~strahler** *m*, starke Strahlenquelle (Nukl) / large source || **~stückig** / in large pieces, in lumps || **~stückige Kohle** / best o. lump coal **größt**, höchst / maximal, maximum || **~e Abmessung** (Koks) / upper size, top size (US) || **~e Abmessungen** *f pl* (Schiff) / extreme dimensions || **~e Annäherung** / closest approach || **~er anzunehmender Unfall o. Schadensfall**, GAU (Nukl) / maximum credible accident **Groß·tafelbauart** *f* (Bau) / large panel construction || **~tank**, -behälter *m* / bulk storage tank || **~tanker** *m* / giant fuel tanker **Größtcomputer** *m* / superlarge o. ultralarge computer **großtechnisch·e Darstellung** (o. Herstellung) / commercial production, big scale o. industrial production || **~er Maßstab**, technischer Maßstab / commercial scale **Großteil** *m* / the greater part, bulk **Größt·integration** *f*, VLSI (Elektronik) / very-large-scale integration, VLSI || **~integration** *f* **auf einem Wafer** / wafer scale integration || **~maß** *n* / maximum size || **~maß** *n* (Passung) / maximum limit || **~spiel** *n* / maximum clearance || **~übermaß** *n* / maximum interference, negative allowance || **~wert** *m*, Höchstwert *m*, Maximum *n* / maximum, crest value **Groß·uhr** *f* (Ggs: Taschenuhr, Chronometer) / clock (contr dist: watch, chronometer) || **~uhren** *f pl* (Sammelbegriff) / clocks *pl* || **~uhrmacher** *m* / clockmaker || **~uhr-Unruh** *f* / clock balance || **~uhrwerk** *n* / manufacture of large sized timepieces, clock factory || **~verbraucher** *m* / large consumer || **~verfahren** *n* / industrial processing || **~verkehrsflugzeug** *n* / airliner, giant airplane || **~versuch** *m* / large scale production trial || **~volumig** / bulk... || **~wälzlager** *n*, Drehkranz *m* / live ring || **~wasserraumkessel** *m* / large waterspace boiler, tank type of boiler || **~wasserzähler** *m* / large water meter || **~wetterkunde** *f* / big-scale meteorology || **~winkel-Korngrenzen** *f pl* / high-angle grain boundaries *pl* || **~zahlauswertung** *f* / analyze by frequency, statistical interpretation || **~zahllehre** *f*, Statistik *f* / statistics || **~zügige Vorgabezeit** (F.Org) / loose standard o. rate **Grotesk** *f*, serifenlose Linear-Antiqua (Buch) / Gothic, sanserif (GB), (now:) Lineales **Grown-Diffused Transistor** *m* / grown diffused o. diffusion transistor **Growth-Diffusion** *f* (Halbl) / growth diffusion **GRS** = Gesellschaft für Reaktorsicherheit **Gruber** *m*, Kultivator *m* (Landw) / [field] cultivator, grubber, extirpator, lister (US), tormentor, tooth cultivator || **~ mit starren Zinken** / tooth cultivator, tine tiller || **~egge** *f* (Landw) / drag harrow || **~zinken** *m* / cultivator spring tine **Grübchen** *n* (Fehler) / dimple || **~** (Stahl, Fehler) / steel pit || **~ bilden** *f vi* || **~bildung** *f*, Pitting *n* / pitting || **Mittel gegen ~bildung** / antipitting agent || **~bruch** *m* / dimpled fracture || **~korrosion** *f* / pitting corrosion || **~tragfähigkeit** *f* (Zahnrad) / pitting resistance **Grube** *f*, Ausschachtung *f* / pit || **~**, Zeche *f* (Bergb) / mine, pit **Gruben·abort** *m* / cesspit closet || **~aborte** *m pl* / conservancy system || **~abwässer** *n pl* / mining sewage || **~anlage** *f*, Bergwerk *n* / mine, pit || **~anschlußbahn** *f* (Bahn) / mine sidings *pl* || **~arbeit** *f* (Bergb) / pit work || **~arbeiter** *m*, Bergarbeiter *m* / miner || **~aufschluß** *m* / exploration, opening-up || **~aufzug** *m*, Förderanlage *f*, -maschine *f* / mining lift o. elevator || **~ausbau** *m* / lining [construction] of roadways, support of mine workings || **~ausbau** *m* **im Schacht** / complete tubbing

439

‖ ⸾[ausbau]stahl *m* / structural steel for mines ‖ ⸾bahn *f* / mine tramroad o tramway ‖ ⸾bahn, Zechenbahn *f* (Kohle) / colliery railway ‖ ⸾bahngleis *n* (untertage) / hauling track ‖ ⸾bahnhof *m* / mine station, mining depot (US) ‖ ⸾bau *m* (Bergb) / underground excavation ‖ **alter** ⸾bau (Erz) (Bergb) / guag, gunis ‖ ⸾baue, -räume *m pl* (Bergb) / underworkings *pl* ‖ ⸾baue gewältigen (Bergb) / drain o. clear a mine ‖ ⸾bauhof *m* (Bergb) / workshop for mining ‖ ⸾bauhof *m*, Zimmerhof *m* / timber yard ‖ ⸾bedarf *m* / mining supplies o. materials *pl* ‖ ⸾beleuchtung *f* / mine lighting ‖ ⸾berge *m pl* / mining rubbish ‖ ⸾betrieb *m* / mine operation, underground mining ‖ ⸾betriebsführer *m* (Bergb) / underground manager ‖ ⸾bewetterung *f* / ventilation of mines ‖ ⸾bewetterungsmaschine *f* / mine [ventilating] fan ‖ ⸾bild *n* (Bergb) / plan and elevation ‖ ⸾brand *m* (Bergb) / underground combustion o. fire, mine o. pit fire, mine on fire ‖ ⸾bruch *m* (Bergb) / thrust, downfall ‖ ⸾drehbank, -drehmaschine *f* (Wzm) / pit lathe ‖ ⸾entleerung *f* / emptying of cesspits ‖ ⸾fahrt, Einfahrt *f* (Bergb) / descent ‖ ⸾feld *n* / mining territory o. field o. claim, ground of mine, panel ‖ ⸾fernsprechanlage *f* / underground telephone installation ‖ ⸾feucht (Bergb) / pit-wet, mine-moist ‖ ⸾fördergut *n* / mine run material ‖ ⸾förderung *f* / haulage operations *pl* ‖ ⸾förderung *f* (Menge) / output of a mine ‖ ⸾formerei *f* (Gieß) / pit moulding ‖ ⸾gas *n*, leichtes Kohlenwasserstoffgas, Methan *n* (Chem) / light carburetted hydrogen gas, methane ‖ ⸾gas, -wetter *n*, schlagendes Wetter / mine damp o. gas, pit gas, firedamp, black o. choke damp ‖ ⸾gasanalysator *m* (Bergb) / Haldane apparatus ‖ ⸾gasanzeiger *m* / (mine) gas indicator, fire damp detector ‖ ⸾gashaltig / having explosive atmosphere, fiery, fire-damp… ‖ ⸾gasinterferometer *n* / interferential mine gas tester ‖ ⸾gebäude *n* (Bergb) / drifts, pits *pl* ‖ ⸾gebläse *n*, -bewetterungsmaschine *f* / colliery fan o. ventilator, mine [ventilating] fan ‖ ⸾gefälle, Haufwerk *n* (Bergb) / won coal o. minerals *pl* (before washing) ‖ ⸾gerbung *f* (Gerb) / pit tanning ‖ ⸾glühen *n* / pit annealing ‖ ⸾guß *m* (Gieß) / pit casting ‖ ⸾halde *f* / mine dump ‖ ⸾hobelmaschine *f* (Wzm) / pit planing machine ‖ ⸾hof *m* / mine yard ‖ ⸾holz *n* / timber for mining, mine o. pit props *pl* ‖ ⸾holzausbau *m* (Bergb) / wooden support ‖ ⸾inhalt *m* (sanitär) / contents of cesspits ‖ ⸾kabel *n* / mine cable ‖ ⸾kaue, Kaue *f* (Bergb) / coop, coe ‖ ⸾kies *n* (Bau) / pit o. quarry gravel ‖ ⸾kies *m*, Gleiskies *m*, Kiesbettung *f* (Bahn) / gravel ballast ‖ ⸾klein *n* / smalls *pl*, slack coal ‖ ⸾kohle *f* / pit coal ‖ ⸾kompaß *m* / miner's compass, [mine o. mining] dial ‖ ⸾kraftwerk *n* / mine-owned power plant ‖ ⸾kranz *m* / cribbing ‖ ⸾lampe *f*, Geleucht *n*, Wetterlampe *f* / miner's o. mining lamp, pit lamp ‖ ⸾lampe *f*, -licht *n* (Bergb) / pit lamp ‖ ⸾lampe *f*, Sicherheitslampe *f* / Davy o. safety lamp ‖ ⸾lokomotive *f* (Bergb) / hauling engine, mine locomotive ‖ ⸾mauerung *f* (Bergb) / walling of galleries ‖ ⸾öffnung *f* (Bergb) s. Grubenweite ‖ ⸾pulver *n* (Bergb) / blasting powder ‖ ⸾pumpe, Baupumpe *f* / contractor's o. building pump ‖ ⸾räume, -baue *m pl* (Bergb) / underworkings *pl* ‖ ⸾rettungsapparat *m* / rescue apparatus for mines ‖ ⸾rettungsstation *f* (Bergb) / life-saving station, pit rescue station ‖ ⸾riß *m*, Markscheideriß *m* / mine plot, plan of workings ‖ **einen** ⸾riß aufnehmen (Bergb) / dial *v* ‖ ⸾röste *f* (Hanf) / pond retting ‖ ⸾rundholz *n* / round pit timber ‖ ⸾sand *m* (Bau, Gieß) / dug o. quarry o. pit sand ‖ ⸾schiene *f* / mine rail ‖ ⸾schmelz *m* / champlevé ‖ ⸾schnittholz *n* / sawn pit timber, cut pit timber ‖ ⸾sicherheit *f* / safety of mines ‖ ⸾sicher[heitseinricht]ung *f* / mine safety device ‖ ⸾silo *m* (Landw) / pit silo ‖ ⸾sohle *f* / mine floor ‖ ⸾stahl *m* / colliery arches *pl* ‖ ⸾stahl-I-Profil *n* (Bergb) / GI section ‖ ⸾stahlstempel *m* / steel prop ‖ ⸾steiger *m* / mine foreman ‖ ⸾stempel *m* / mine prop,

pit prop, stull ‖ ⸾stempelpresse *f* / pit prop press ‖ ⸾telefon *n*, -apparat *m* (Fernm) / mine station ‖ ⸾- und Kanalreinigung *f* / pit and sewer cleaning ‖ ⸾unglück *n* / mine disaster ‖ ⸾vermessung, Markscheiderarbeit *f* / underground o. mine survey, mine dialling ‖ ⸾wagen, -hund *m* / mine car o. tub, tram, trolley, hutch, corf (pl: corves), cocoa pan (coll) ‖ ⸾wagen-Kuppler *m* (Bergb) / jig, jink, coupling link ‖ ⸾warte *f* (Bergb) / central mine control, pit control centre, centralized control post ‖ ⸾wasser *n* / pit water ‖ ⸾wehr *f* / crew corps (US), mine rescue corps o. rescue brigade ‖ **äquivalente** ⸾weite, -öffnung *f* (Bergb) / equivalent width of mine ‖ ⸾wettermaschine *f* / mine [ventilating] fan ‖ ⸾zimmerung *f* (Bergb) / timbering, lining ‖ ⸾zimmerung *f*, Geviert *n* (Bergb) / set ‖ ⸾zug *m* (Bergb, Verm) / measuring of a mine

Grude·koks *m* / coalite, semicoke ‖ ⸾ofen, -herd *m*, Grude *f* / Grude stove

Gruftgebäude *n* (Reaktor) / spent fuel storage building, irradiated fuel store (GB)

Grummet, Grumt *n* (Landw) / aftermath, -grass

grün / green *adj* ‖ ⸾, saftfrisch (Holz) / green, fresh, live ‖ ⸾, grüne Farbe / green ‖ ⸾, ungebrannt (Kaffee) / green, raw ‖ ⸾es Elektronenstrahlsystem (TV) / green electron gun ‖ ⸾ färben / green *v* ‖ ⸾es Glas, Flaschenglas *n* / common green glass, bottle glass ‖ ⸾er o. roher Zustand / green state ‖ ⸾er Rasen, Tag *m* (Bergb) / surface ‖ ⸾er Rohton / fresh o. active o. live clay ‖ ⸾er Strahl (Meteorol) / green flash ‖ ⸾e Welle / green wave, traffic pacer ‖ ⸾e Wiese (Bau) / greenfield site ‖ ⸾ablauf *m* (Zuck) / green molasses ‖ ⸾ablauf *m* vom zweiten, [ersten] Nachprodukt / low, [high] green syrup ‖ ⸾algen, Chlorophyzeen *f pl* / green algae *pl* ‖ ⸾anlage *f* in der Straßenmitte (Straßb) / terrace ‖ ⸾anteil *m* der Lichtempfindlichkeit (Phot) / green fraction ‖ ⸾beige (RAL 1000) / green beige ‖ ⸾beimischer *m* (TV) / green adder ‖ ⸾bleierz *n*, Pyromorphit *m* (Min) / green lead ore, pyromorphite ‖ ⸾blind / deuteranopic

Grund *m* (Bau) / land, estate ‖ ⸾, Bauplatz *m*, -grund *m* (Bau) / building ground o. lot o. side o. plot ‖ ⸾, Bett *n* eines Flusses (Hydr) / river bed o. bottom ‖ ⸾, Auftrag *m* (Vergoldung, Email) / ground coat ‖ ⸾, Hintergrund *m* (Färb, Web) / foundation, ground ‖ ⸾…, Haupt… / main, capital, chief… ‖ ⸾…, Basis… / base ‖ ⸾…, fundamental / basal, fundamental ‖ ⸾…, Basis… / base ‖ ⸾…, Anfangs… / elementary ‖ ⸾…, vorwiegend / main ‖ ⸾ der Schweißnaht / root of seam ‖ ⸾ für das Ablegen der Seile / reason for removal of ropes ‖ ⸾ und Boden / soil and ground ‖ auf ⸾ gelegt (Bau) / deposited on earth face ‖ auf ⸾ laufen / run aground ‖ den ⸾ legen / sink o. lay the foundation ‖ ⸾ablaß *m* (Hydr) / bottom outlet ‖ ⸾ablaß *m*, Spülschleuse *f* / scouring sluice ‖ ⸾ablaßschieber *m* / bottom outlet slide valve ‖ ⸾abmaß *n* / fundamental deviation ‖ ⸾adresse *f* (DV) / base address ‖ ⸾akkord *m* (F.Org) / basic piece rate ‖ ⸾anstrich *m*, Grundierung *f* / priming coat, base o. first o. ground coat[ing], dead colouring ‖ ⸾ausrüstung *f* (DV) / basic hardware ‖ ⸾ausrüstung des Befehlsvorrats (DV) / basic instruction set ‖ ⸾ausstattung *f* / standard equipment ‖ ⸾balken *m* (Zimm) / ground beam o. timber ‖ ⸾bandbreite *f* (Elektronik) / baseband ‖ ⸾band *n*, Unterlage *f* (Straßb) / foundation, bottoming ‖ ⸾bau (Baumaßnahmen) / foundation engineering ‖ ⸾baum *m* (Hydr) / plank pile ‖ ⸾baustein *m* (Masch) / basic module ‖ ⸾begriff *m*, -idee *f* / basic idea o. concept, fundamental idea ‖ ⸾begriffe *m pl* / basic terms *pl*, fundamentals, principles *pl* ‖ ⸾begriffe *m pl* der Technik / general technical terms *pl* ‖ ⸾belastung *f* / basic load ‖ ⸾besitz, Boden *m* (Bau, Landw) / real estate (landed property) ‖ ⸾bestandteil *m* / basis ‖ ⸾betriebssystem *n*, GBS (DV) / basic operating system, BOS, primary operating system, POS ‖ ⸾bett *n* (Hydr) / bottom of a channel ‖ ⸾-Bezugsspannung *f*,

Normalpotential n (Chem) / standard electrode potential, standard reference voltage ‖ ⌐bindung f / ground o. standard o. plain weave, basic weave ‖ ⌐bindungen f pl (Web) / foundation weaves pl ‖ ⌐bohrer m (Gewinde) / bottoming tap ‖ ⌐böschung f eines Uferschutzes / foundation of a stone pitching ‖ ⌐brenner m (Luftf, Bodenerprobungstriebwerk) / ground burner ‖ ⌐bruch m (Behälter) / ground seepage ‖ ⌐buch n / register of landed property, ground o. estate o. land register ‖ ⌐buch n (für Steuerzwecke), Flurbuch n, Kataster m n / land registry, cadastre ‖ ⌐buchamt n / Estate and Rating Surveyor's Department ‖ ⌐buchse f (Bohrbuchse) / bottom bush ‖ ⌐bündel n (Fernm) / primary core unit, basic unit ‖ ⌐code m / skelettal code ‖ ⌐damm m / dam under water ‖ ⌐dämpfung f (Fernm) / fundamental attenuation ‖ ⌐daten pl (DV) / basic data pl ‖ ⌐dichte f (Repro) / base-plus-fog density ‖ ⌐dienstbarkeit f, -last f / easement on real estate, real servitude ‖ ⌐[doppel]kegel m (Textil) / cop bit o. bottom ‖ ⌐drehzahl f (Elektr) / base speed ‖ ⌐-Ebene, Ausgangsebene f (Zeichn) / datum level o. plane ‖ ⌐einheit f / fundamental [unit], absolute o. base unit ‖ ⌐einheit f, Staudinger-Einheit f (Plast) / structural unit ‖ ⌐eis n / ground-ice

Gründeldruck m (Textil) / blotch printing

Grund·element n (Fernm, Kabel) / quad ‖ ⌐element n, GE (DV) / drawing primitive, DP ‖ ⌐elemente eines Programmes n pl / basic programming material

gründen [auf] / base [upon] ‖ ~ (z.B. ein Unternehmen), errichten / found, establish ‖ auf Pfähle ~ / pile v ‖ [ein Gebäude] ~ (Bau) / found, lay o. sink the foundation ‖ sich ~ [auf] / be based [upon]

Grund·faden m (Strumpf) / main yarn ‖ ⌐faden m (Web) / ground thread ‖ ⌐faden m (Zwirn) / ground thread, core thread ‖ ⌐fadenführerpatent n (Wirkm) / spindle control mechanism for the carrier rod travel ‖ ⌐farbe f, Primärfarbe f / primary o. elementary colour ‖ ⌐farbe f, -ton m (Färb) / ground [colour] ‖ ⌐farbe f (Ausgangsfarbe einer subtraktiven Mischung) / fundamental o. ground o. primary colour ‖ ⌐farbe f (für Grundierung) / flat colour ‖ ⌐farbe f, Grund m (Pap, Textil) / ground ‖ ⌐farbe, einfache Farbe (Färb) / primitive colour, matrix ‖ ⌐färbung f (Textil) / bottom dyeing ‖ ⌐fehler m / intrinsic error, basic error ‖ ⌐felge f (Kfz) / rim base ‖ ⌐firnis m (Textil) / priming varnish ‖ ⌐fläche f / area ‖ ⌐fläche, Basis f / base, basis ‖ auf der ⌐fläche befindlich (Math) / basal ‖ ⌐flankenlinie f, -zylinder-Flankenlinie f / base helix ‖ ⌐flotte f, Stammansatz m (Färb) / full concentration liquor ‖ ⌐form f / basic o. fundamental shape o. form, elementary o. simple o. primitive form ‖ ⌐format n (DV) / basic format ‖ ⌐formel f / basic o. fundamental formula ‖ ⌐frequenz f (Elektronik) / base o. basic frequency ‖ ⌐frequenz f, -takt m (DV) / clock frequency o. rate ‖ ⌐frequenz f, Impulsfrequenz f / repetition rate o. frequency of pulses ‖ ⌐funktion f (Regeln) / basic logic function ‖ ⌐gänger m (Mil, Torpedo) / sunken torpedo ‖ ⌐gas n (Quecksilberdampflampe) / basic gas ‖ ⌐gebirge n, Urgebirge n (Geol) / primary rocks pl ‖ ⌐gebühr f / basic rate o. charge, running o. service charge ‖ ⌐gebühr f (Fernm) / subscriber's rental, subscription charge, rental rate (GB) ‖ ⌐gebühr f (Elektr) / basic rate ‖ ⌐gefüge n, Primärgefüge n / primary structure ‖ ⌐geräusch n, Eigenrauschen n (Elektronik) / ground noise ‖ ⌐geräusch n (Phono) / surface noise ‖ ⌐geräusch-Austastung f (TV) / low-level blanking ‖ ⌐gerüst n, -struktur f / skeletal structure ‖ ⌐gerüst n (Ionenaustauscher) / matrix ‖ ⌐gesamtheit f (Statistik) / populations pl ‖ ⌐geschoß n (Bau) / underground floor, basement (US, Japan) ‖ ⌐geschwindigkeit f (Luftf) / ground speed ‖ ⌐geschwindigkeit f (DV) / raw speed ‖ ⌐gesetz, -prinzip n, -satz m / fundamental law o. principle ‖ ⌐gestein, Urgestein n / primary o. primitive

rock ‖ ⌐gewebe n, rückenverstärkendes Gewebe / backing fabric, ground fabric ‖ ⌐gewicht n (Luftf) / basic weight ‖ ⌐gleichung f (Math) / fundamental equation ‖ ⌐größe f / primary quantity ‖ ⌐gruppe f (Fernm) / basic group ‖ ⌐gruppenumsetzer m (Fernm) / basic group translator ‖ ⌐güter n pl / basic o. staple commodities pl ‖ ⌐helligkeit f (TV) / background [brightness] ‖ ⌐hobel m (Tischl) / plough [plane] ‖ ⌐hobel, Nuthobel m / router plane, routing plane

grundieren (Färb) / bottom v, ground ‖ ~ (Pap) / stain v ‖ ~ (Lack) / prime vt vi ‖ ~ n (Färb) / impregnating ‖ ~ (Malerei) / priming, sizing ‖ Holz ~ / prime vt, seal vt

Grundier·farbe f / priming paint o. colour, flat paint ‖ ⌐maschine f (Textildruck) / padding machine ‖ ⌐maschine f (Pap) / paper grounding o. staining machine

Grundierung f, Unterlage f (Anstrich) / couch ‖ ⌐, Spachtel m (Anstrich) / filler, filling material ‖ ⌐ (Tätigkeit) / priming ‖ ⌐, Primer m (Farbe) / primary coat, primer, priming paint o. colour, washcoat

Grund·industrie f / basic industry ‖ ⌐irrtum m / radical error ‖ ⌐joch n, -pfähle m pl (Brückb) / foundation piles pl ‖ ⌐kalkung f / basal liming ‖ ⌐karte f (LoKa) / history card ‖ ⌐kegel m (Verzahnung) / base cone ‖ ⌐kette f (im Vierpol) (Fernm) / fundamental chain ‖ ⌐konfigurationen f pl (DV) / fundamental configurations pl ‖ ⌐konzept n, -lage f, -begriff m / basic concept ‖ ⌐kraftwerk, Grundbelastungswerk n / base load power station ‖ ⌐kreis m (Zahnrad) / base circle ‖ ⌐kreisdurchmesser m (Zahnrad) / base diameter ‖ ⌐kreisteilung f (Zahnrad) / base pitch ‖ ⌐lage, Basis f / basis, base, foundation ‖ ⌐lagen f pl / basic factors pl ‖ unwirksame ⌐lage (Dynamit) / inert base ‖ wirksame ⌐lage (Dynamit) / active base ‖ als ⌐lage dienen / serve as base ‖ ⌐lage f von lose ins Wasser geschütteten Steinen / riprap ‖ ⌐lagen f pl, -prinzipien n pl / fundamental principles pl ‖ ⌐lagen f pl der höheren Mathematik / foundations of higher mathematics ‖ ⌐lagen f pl der Statik / elementary statics ‖ ⌐lagenforscher m / basic research worker ‖ ⌐lagenforschung f, reine Forschung / fundamental o. pure research [work] ‖ ⌐lagenforschung f (Math) / science of axioms ‖ ⌐lagen-Forschungsabteilung f / research department ‖ ⌐lagenuntersuchung, -lagenentwicklung f (F.Org) / research ‖ ⌐lager n, Hauptlager n / main bearing ‖ ⌐last f, Dauerlast f (Mech) / constant load ‖ ⌐last f, -dienstbarkeit f / easement on real estate, real servitude ‖ ⌐last[kraft]werk n / base load power station ‖ ⌐lawine f / ground avalanche ‖ ⌐legend, Grund... / basic ‖ ⌐legend, elementar / elementary ‖ ⌐legend, grundsätzlich / fundamental ‖ ⌐legend, die Basis bildend / basic ‖ ⌐legung, Gründung f / foundation walling o. work ‖ ⌐leistung f / prime power ‖ ⌐leitung f (Trägerfrequ.) / line link ‖ ⌐leuchtdichte f / base light intensity

gründlich durchgearbeitet, für hohe Ansprüche / sophisticated

Grund·licht n (Phot) / ambient light ‖ ⌐linie, Standlinie f (Verm) / base o. basis o. datum line ‖ ⌐linie f (Math) / ground line ‖ ⌐linie f (Zeichn) / datum line ‖ ⌐linie, Standlinie f, Basis f (Verm) / basis line ‖ ⌐linie f (Nav) / controlling line ‖ ⌐linien-Rauschen n (Elektronik) / grass (US), picture noise ‖ ⌐loch n, Sackloch n (Masch) / blind o. pocket hole, dead hole ‖ ⌐lochgewindebohrer m (Masch) / bottoming o. plug tap ‖ ⌐lochherstellung f (Masch) / bottoming ‖ ⌐lochreibahle f / bottoming reamer, rose chucking reamer ‖ ⌐lochüberhang m / excess length of pocket hole ‖ ⌐lohn m / base pay o. rate, basic wage rate, wage floor (US) ‖ ⌐los (Straßb) / soppy ‖ ⌐maschine f / basic machine ‖ ⌐maß n, theoretisches Maß / basic dimension, basic size ‖ ⌐maß n, Normalmaß n / standard [measure] ‖ ⌐maß n (Bau) / basic size ‖

~masse f (Bau) / backing, solid o. wall mass || ~masse f, Matrix f (Feuerfest) / ground mass, matrix || ~masse f (bei Steinbau) (Bau) / stone mass || ~masse f (Email) / ground coat || ~masse f eines Gesteins (Geol) / matrix, elementary matter || ~material n, -stoff m / base o. basic material / ~material n, -masse f (Pulv Met) / matrix || ~material, -metall n (Galv) / backing material || ~material n (Lumineszenz) / bulk material, host crystal || ~mauer f / foundation wall, continuous pedestal || ~mauer (oberhalb des Erdbodens sichtbar) (Bau) / stereobate || ~mauer f, -bau m / basement || ~mauerwerk n, Fundamentierung f / foundation brickwork || ~menge f (Math) / fundamental set || ~metall, -material n (Galv) / backing material || ~metall n (Schw) / parent metal || ~mode f, -schwingung f / fundamental mode || ~modell n (Kfz) / standard model || ~modul m (Bau, Elektronik) / basic module || ~moräne f (Geol) / base moraine || ~nachbildung f (Fernm) / basic network || ~nahrungsmittel n pl / basics pl || ~netz n, -schleppnetz n / draw o. dreg net, trawl [net] || ~netzsender m (TV) / parent transmitter || ~niveau n (Nukl) / lowest energy level || ~operation f, -verfahren n / unit operation || ~periode f / fundamental period || ~pfahl, Ausgangs-, Stationspfahl m (Verm) / datum peg, main station peg || ~pfeiler m / foundation pillar

Grundplatte f, Fundamentplatte f / base o. bed o. sole plate || ~ (Masch) / pedestal pad, mounting plate o. base || ~ (Nähm) / flat bed || ~ (Stanzwerkzeug) / die bed o. bolster o. shoe || ~ (Web) / sley race || ~ (Wirkm) / batten plate || ~ (Radio) / chassis || ~ der Läufermühle / sole plate of the edge mill || ~ der Reißmaschine (Textil) / bottom plate of a tearing machine || ~ der Trommelbremse / backing plate of the drum brake || ~ für Weichen / base plate for points || gußeiserne ~ / cast-iron sole plate

Grund·polieren n, -politur f / first polish || ~preistarif m / standing charge tariff || ~prinzipien n pl, -lagen f pl / fundamental principles pl || ~profil n (Gewinde) / basic profile || ~rahmen m / base frame || ~raster m (gedr.Schaltg) / basic grid || ~rauschen n / background noise || ~rechnungsarten, Spezies f pl / fundamental rule of arithmetic, fundamental operations pl, first rules of arithmetic pl || die vier ~rechnungsarten f pl / the four [fundamental] operations || ~regel f / fundamental rule || ~reibahle f (DIN) / rose chucking reamer, bottoming reamer || ~resonanz f / dominant resonance || ~ring m / bottom ring || ~ring m (Kessel) / neck ring || ~riß m, Draufsicht (Zeichn) / plan, horizontal projection || ~riß, -plan m (Bau) / ground plan o. plot || ~rißplanung f / setting out the ground plan, layout || ~rohr n (Abwasser) / soil pipe || ~säge f (Hydr) / underwater saw || ~satz m, Maxime f (Math) / maxim || ~satz m von der Erhaltung der lebendigen Kraft / energy principle || ~saugbagger m / ground suction dredger || ~schaltbild n, -schaltplan / skeleton diagram || ~schaltung f (Elektronik) / fundamental o. base circuit || ~schaltung f (Elektr) / principal circuit || ~schaltungsarten f pl / fundamental configurations pl || ~schicht f (Bau) / footing of walls || ~schicht, Peplosphäre f (Atmosphäre) / peplosphere || ~schicht f (Email) / ground coat || ~schieber m (Hydr) / distributing slide valve || ~schieber m einer Langhobelmaschine / saddle of a planer || ~schieberleiste f (Langhobelmaschine) / gib of a planer || ~schieberleiste f zum Werkzeugträger am Querbalken / rail-head saddle gib || ~schleier m (Phot) / base o. background veil o. fog || ~schrägungswinkel m (Zahnrad) / base helix angle || ~schuß m (Web) / bottom shot o. shoot, ground weft || ~schwelle f (Bau) / sill of a grated foundation || ~schwelle f, Grundbalken m (Zimm) / ground beam o. timber || ~schwelle f (Hydr) / ground sill || ~schwelle, Stauschwelle f (Hydr) / low overfall, submerged dike, bar || ~schwingung f, erste

Harmonische / fundamental component o. wave o. oscillation, first harmonic || ~schwingung f / fundamental [component] || ~schwingung f, -mode f / fundamental mode || ~[schwingungs]frequenz f / fundamental frequency || ~schwingungsgehalt m (Phys) / fundamental factor || ~schwingungsgehalt m / relative fundamental content || ~schwingungsleistung f (Elektronik) / fundamental power || ~schwingungsquarz m / fundamental crystal || ~see f (Schiff) / ground swell || die drei ~signale n pl (TV) / transmission primaries pl || ~spannung f (Mech) / primary stress || ~spant n (Schiff) / principal o. main frame || ~spant, Nullspant n (Schiff) / midhip frame o. section || ~spezifikation f / basic specification || ~sprache f / basic language || ~stahl m (früher: Massenstahl) / ordinary low-carbon steel, tonnage steel || ~steigungswinkel m (Zahnrad) / base lead angle || ~stein m / foundation stone, headstone || ~steinlegung f / laying of the foundation stone || ~stellung f / normal position || ~stellung f, Ausgangs-, Ruhestellung f / initial o. original o. starting position || ~stellung f (DV) / system reset || ~stellung f (NC) / reset || ~stoff, Urstoff m / primary matter || ~stoff, Ausgangsstoff m / base o. basic material || ~stoff, Element n (Chem) / element || ~stoffindustrie f / basic o. primary industry || ~stoffindustrie f (Chem) / process manufacturing || ~strahlung f / background radiation || ~strecke f (Bergb) / main gangway, level gateway o. road || ~strecke f (Bergb, Bergeversatz) / mother gate || ~strich m (Buch) / stem of a type || ~struktur f, -gerüst n / skeletal structure || ~stück n / estate || landwirtschaftlich genutztes ~stück / rural estate || ~stücke n pl / real estates o. properties pl || ~stückentwässerung f / estate drainage || ~stücksgrenze f / ambit, bounds pl || ~stückteil m zwischen Haus u. Straße / frontage || ~symbol n, -sinnbild n / basic symbol || ~takt m (DV) / basic cycle || ~takt m, -frequenz f (DV) / clock frequency o. rate || ~text m / original text || ~toleranz f / fundamental tolerance || ~ton m (Färb) / ground shade || ~ton m (einer Tonleiter) (Akustik) / fundamental sound o. tone, keynote, tonic || ~tonquarz m / fundamental crystal || ~typ m (Wellenleiter) / dominant o. fundamental mode || ~übergruppe f (Fernm) / basic supergroup || ~überholung f / major overhaul

Gründung f, Unterbau m (Bau) / foundation || ~, Grundlegung f, Fundierung f / foundation [work], founding || ~ auf Beton und Pfahlrost / concrete and pile foundation || ~ auf Steinschüttung / random stone foundation, riprap foundation || ~ mittels Kastenfangdamm / foundation between coffer dams || ~ mittels Schachtabteufung / foundation by sinking pits o. shafts

Gründünger m / green o. vegetable manure
Gründungsverfahren n / method of laying foundations
Grund·ventil n (Pump) / upstroke valve, bottom o. lower valve || ~verfahren n, -operation f (Chem) / unit operation || ~verstärker m (Elektronik) / primary amplifier || ~viskosität f (Anstrich) / intrinsic viscosity || ~vorspannung f (Röhre) / fixed bias

Grundwasser n / groundwater || ~, Tiefwasser n (Bergb) / subterranean water || ~abdichtung f / groundwater packing || ~absenkung f / lowering of groundwater [level] || ~andrang m, -zutritt m / groundwater inrush || ~bohrrohr, -Saugrohr n / well point || ~kunde f / geohydrology || ~speicherungskurve f / groundwater storage curve || ~spiegel / groundwater table, water table || den ~spiegel senken / depress o. lower the groundwater level || ~stand m / groundwater level || ~strom m / groundwater stream || ~verhältnisse n pl / groundwater regime

Grund·wehr n (Hydr) / incomplete overfall, drowned o. submerged weir || ~welle f / fundamental [wave] || ~welle, Trägerwelle f (Elektronik) / carrier wave || ~welle f, Boden- o. direkte Welle (Elektronik) / ground

o. direct wave o. ray ‖ ⁓**wellenlänge** f / fundamental wavelength ‖ ⁓**wellenquarz** m / fundamental crystal ‖ ⁓**werk** n **des Kollergangs** / edge mill bedstone ‖ ⁓**werkstoff** m, -metall n / base o. parent metal ‖ ⁓**werkstoff** m (Schweiß) / parent metal ‖ ⁓**werkstoff** m (Galv) / basis material o. metal ‖ ⁓**wert** m / fundamental value ‖ ⁓**wert** m **des Nebensprechens**, der Nebensprechdämpfung (Fernm) / signal-to-crosstalk ratio ‖ ⁓**zahl** f / basic o. cardinal number o. numeral ‖ ⁓**zahndicke** f / transverse base thickness of tooth ‖ ⁓**zeichenvorrat** m / basic character repertoire ‖ ⁓**zeilenabstand** m (DV) / basic line spacing ‖ ⁓**zeit** f / basic time ‖ ⁓**zustand** m / ground state ‖ ⁓**zustand**, Ausgangszustand m / ground level state ‖ ⁓**zustand** m (Nukl) / ground o. normal state, normal energy level ‖ ⁓**zyklus** m (DV) / basic machine time ‖ ⁓**zylinder** m / base cylinder ‖ ⁓**zylinder-Flankenlinie** f, -flankenlinie f / base helix ‖ ⁓**zylinder-Normalteilung** f / normal base pitch ‖ ⁓**zylinder-Stirnteilung** f / transverse base pitch

Grüneisenerz n, Dufrenit m / green iron ore
grünen, grünfärben (Konserven) / paint green
Grünerde f, Seladonit m (Min) / green earth, seladonite ‖ ⁓, Veroneser Grünerde (Farbe) / Verona o. Veronese green, terra verde
Grünerit m (Min) / grunerite
Grün·fäule f (Holz) / mildew of wood ‖ ⁓**fäule** f (Landw) / green mould ‖ ⁓**festigkeit** f (Pulv Met) / green strength ‖ ⁓**feuer** n (Pyrotechn) / barium nitrate fireworks ‖ ⁓**filter** n (Phot) / green filter ‖ ⁓**filterauszug** m (Buch) / green filter separation ‖ ⁓**fläche** f / zone verte, park area (in a town) ‖ ⁓**futter** n (Landw) / green crop o. forage o. fodder ‖ ⁓**futter**, Rauhfutter n (Landw) / roughage ‖ ⁓**gelb** (Fernm) / green-yellow ‖ ⁓**gürtel** m (Stadt) / green belt ‖ ⁓**kern** m (Landw) / unripe spelt grain ‖ ⁓**kreuz** n (Mil) / superpalite, diphosgene ‖ ⁓**land** n (Landw) / grassland ‖ ⁓**licht-Lumineszenzdiode** f / green-light luminescence diode
Grünling m (Pulv.Met) / green compact ‖ ⁓ (Nukl) / slug ‖ ⁓ (Ziegel) / green product
Grün·malz n (Brau) / long malt, green malt ‖ ⁓**öl**, Anthracenöl n / green oil ‖ ⁓**pellets** n pl / green pellets pl ‖ ⁓**phase** f, -zeit f (Verkehr) / green phase ‖ ⁓**ring** m, -gürtel m (Bau) / green belt ‖ ⁓**sand** (Gieß, Geol) / greensand ‖ ⁓**sandkern**, Kern m (Gieß) / cod ‖ ⁓**schiefer** m, Diabasschiefer m / greenstone slate, memphitic slate ‖ ⁓**selektiv** / green filter… ‖ ⁓**silage** f (Landw) / fresh o. green silage ‖ ⁓**sirup**, Ablaufsirup I m (Zuck) / high green syrup ‖ ⁓**span** m / verdigris ‖ kristallisierter o. destillierter ⁓**span**, Grünspanblumen f pl / crystallized verdigris ‖ ⁓**span[farb]ig**, mit Grünspan beschlagen / verdigrised ‖ ⁓**spanig**, Patina… / aeruginous ‖ ⁓**spaniges Kupfer** / eruginous copper ‖ ⁓**standfestigkeit** f (Gieß) / green bond ‖ ⁓**stein** m (Diabasverwitterung) / greenstone ‖ ⁓**stein** m, Diorit m / greenstone, diorite ‖ ⁓**steintuff** m / greenstone tuff ‖ ⁓**stich** m / greenish cast ‖ ⁓**streifen** m / grass strip o. verge ‖ ⁓**streifen** m, Mittelstreifen m (Straßb) / central reserve (GB), median strip (US), mall, planted area ‖ ⁓**tiefe** f (TV) / green lows pl ‖ ⁓**zeit** f, -phase f (Verkehr) / green phase ‖ ⁓**zone** f (Stadt) / green area
Gruppe f, Aggregat n, Satz m (Masch) / aggregate, agg ‖ ⁓ [gleicher Dinge], Block m / group ‖ ⁓, Formation f (Geol) / group ‖ ⁓ (z.B. Alkohol…) (Chem) / group ‖ ⁓ (F.Org) / team ‖ ⁓ (o. Batterie) **von Maschinen** / group, set of machines ‖ ⁓ **gleicher Dinge** (z.B. Hähne) / battery ‖ ⁓ **im period. System** / group of the period. system ‖ ⁓ **von 5 Elementen** (DV) / pentad ‖ ⁓ **von Fahrzeugen** / platoon of vehicles ‖ ⁓ **von Objekten** / entity set ‖ ⁓ **von vier Gestellen** (Fernm) / superframe ‖ ⁓ **von Werkstoffen** / series of materials
Gruppen·… (Akku) / series-parallel ‖ ⁓**abstimmung** f (DV) / batch control ‖ ⁓**adressierung** f (DV) / group

addressing ‖ ⁓**akkord** m (F.Org) / group piece rate, group piece work [plan], group incentive o. scheme ‖ ⁓**akkordkarte** f (LoKa) / gang job card ‖ ⁓**anruf** m (Fernm) / multiparty call ‖ ⁓**antrieb** m / group drive ‖ ⁓**anzeige-Elimination** f (LoKa) / group indication elimination ‖ ⁓**äquivalentdosis** f (Nukl) / group dose equivalent ‖ ⁓**arbeit** f / group work ‖ ⁓**arbeit** f (Angestellte) / team work ‖ ⁓**äste** m pl (Holz) / clustered knots pl ‖ ⁓**blitzfeuer** n, Blitzgruppenfeuer n (Luftf, Schiff) / group blinker ‖ ⁓**charakteristik** f, -faktor m (Antenne) / space factor ‖ ⁓**code** m (DV) / group code ‖ ⁓**-Drehwähler** m (Fernm) / rotary group selector ‖ ⁓**einteilung** f **der Werkstücke** (F.Org) / group technology ‖ ⁓**fahrt**, -reise f (Bahn) / party travel ‖ ⁓**faktor** m (Antenne) / space factor ‖ ⁓**frequenz** f / group frequency ‖ ⁓**führer** m (F.Org) / group leader ‖ ⁓**fuß** m (COBOL) (DV) / control grouping report group ‖ ⁓**geschwindigkeit** f (Fernm) / envelope o. group velocity ‖ ⁓**getriebe** n (DIN) (Kfz) / auxiliary transmission, differential change gear ‖ ⁓**getriebe** n (für Getriebeautomaten) (Kfz) / group gear ‖ ⁓**impulstechnik** f / group pulsed technique ‖ ⁓**klausel** f (DV) / group indicate clause ‖ ⁓**knoten**, -knorren m pl (Holz) / grouped knots pl ‖ ⁓**kontrolle** f (LoKa) / automatic control ‖ ⁓**-Kontrollstelle**, Kontrollstelle f (LoKa) / comparing position ‖ ⁓**kopf** m (DV) / control heading ‖ ⁓**laufzeit** f (Fernm) / envelope o. group delay [time] ‖ ⁓**laufzeit-Entzerrung** f / group delay equalization ‖ ⁓**laufzeitverzerrung** f (Fernm) / group o. phase distortion ‖ ⁓**löschzeichen** n (OCR) / group erase ‖ ⁓**marke** f / group mark ‖ ⁓**modulationsgeräte** n pl (Trägerfrequ) / group translating o. modulating equipment ‖ ⁓**modulator** m (Elektronik) / group modulator o. translator ‖ ⁓**ordnung** f (der Werkzeugmaschinen-Gruppierung) (F.Org) / group order ‖ ⁓**pilotwelle** f (Elektronik) / group [reference] pilot ‖ ⁓**rang** m (DV) / control level ‖ ⁓**rangordnung** f (Programm) / control hierarchy ‖ ⁓**reaktion** f / group reaction ‖ ⁓**reisende** pl (Bahn) / party traffic ‖ ⁓**schalter** m / group switch ‖ ⁓**schaltung** f (Elektr) / multiple series [connection] ‖ einmaliger ⁓**schlag** (Bahn) / single bell stroke ‖ ⁓**schlüssel** m (Schloß) / group key ‖ ⁓**schritt**, Codegruppenschritt m (Fernm) / code group pulse ‖ ⁓**schub** m (Luftf) / group thrust ‖ ⁓**silikat** n / sorosilicate ‖ ⁓**stanzeinrichtung** f (Wzm) / cluster attachment ‖ ⁓**stanzen** m **mit durchsetzten Leitkarten** (LoKa) / interspersed gang punching ‖ ⁓**steuerung** f (bei Gruppenwechsel) (COBOL) / group control ‖ ⁓**steuerungsklausel** f (COBOL) / control clause ‖ ⁓**strahler** m (Antenne) / array of antennas ‖ ⁓**tausch** m, Bandumsetzung f (Höchstfrequ) / frequency frogging ‖ ⁓**techniker** m (TV) / group technician ‖ ⁓**theorie** f (Math) / theory of groups, group theory ‖ ⁓**transformator** m / bank of transformers ‖ ⁓**übergangsquerschnitt** m (Nukl) / group transfer scattering cross section ‖ ⁓**umschalter** m (Fernm) / semiautomatic switch ‖ ⁓**umsetzer** m (Elektronik) / group modulator o. translator ‖ ⁓**umsetzung** f (Fernm) / group modulation ‖ ⁓**umsetzung** f (einer Gruppe von Kanälen in eine andere Frequenz) (TV) / group conversion ‖ ⁓**unterbrechung** f (LoKa) / control break ‖ ⁓**verbindung** f (Trägerfrequ) / group linking ‖ ⁓**verbindung** f (IBM) (DV) / multipoint operation ‖ ⁓**verbindungsplan** m (Elektr) / group linking diagram ‖ ⁓**verlustquerschnitt** m (Nukl) / group removal cross section ‖ ⁓**verteiler**, -verzweiger m (Fernm, DV) / group distribution frame ‖ ⁓**verteilung** f **auf ein Koaxialkabel** (DV) / group allocation ‖ ⁓**wahl** f **für Durchgangsverkehr** (Fernm) / tandem selection ‖ ⁓**wähler** m (Fernm) / group selector o. switch ‖ ⁓**wechsel** m (COBOL) / control break ‖ ⁓**weise** (DV) / batch-bulk… ‖ ⁓**weiser Antrieb** / group drive ‖ ⁓**zahnung** f (Säge) / clustered teeth ‖ ⁓**zeichnung** f / subassembly drawing ‖ ⁓**zuschlag** m (für Vermehrung der Wähler einer Gruppe) (Fernm) / grouping increase

gruppieren, in Gruppen teilen / group *v*, arrange in groups ‖ ~ (Math) / arrange ‖ **Systeme** ~ (o. zusammenstellen) / configure ‖ **Terme** ~ (Math) / group terms

gruppiertes Paket (Fernm) / cluster pack

Gruppierung *f* / arrangement, array ‖ ~, Gruppenbildung *f* / grouping ‖ ~ **im Rechteck** (Fernm) / rectangular wiring ‖ **waagerechte** ~ (Fernm) / straight wiring

Gruppoid *n* (Math) / groupoid

Grus *m*, Abfall *m* von Steinen, Steinbrocken *m pl* / stone chippings ‖ ~ (für Betonherstellung) / pan breeze ‖ ~, Kohlengrus *m*, Gruskohle *f* / small o. slack coal ‖ ~ (Handelsbezeichnung) (Kohle) / coal below 6 mm contained in loaded lumps o. nuts

Gs = Gleichstrom ‖ ~ (Phys) = Gauß

GSB (Nukl) = gasgekühlter schneller Brüter

G-Schirm *m* (Radar) / G display ‖ ~**bild** *n* (Radar) / G-scope

G-Sicherungseinsatz *m* / cartridge fuse link for miniature fuses

Gt, Gradtage *m pl* (Heizung) / degree days *pl*

GT = Gasturbine

GTO-Thyristor *m* / gate turn-off thyristor

GTS (Gieß) = Temperguß Schwarz

Guajacol *n* / guaiacol, methylcatechol, o-hydroxyanisole, o-methoxyphenol

Guajakharz *n* / [gum o. resin] guaiac

Guanakowolle *f* / guanaco wool

Guanidin *n* / guanidine, carbamidine

Guanin *n* / guanine

Guano *m* / guano

Guilleminit *m* (Min) / guilleminite

Guilloche *f* / engine turn, guilloche

Guillochierarbeit, Guilloche *f* (Masch) / guilloche work, rose engine turning

guillochieren, mit Wellen- o. Kreislinien versehen / [rose-]engine-turn, guillochee, wave

Guillochiermaschine *f* / geometrical lathe, cycloidal engine, rose engine

Guillotineabschwächer *m* (Wellenleiter) / guillotine attenuator

Guldinsche Regel *f* (Math) / properties of Guldinus *pl*, Pappus theorem, centrobaric method

Güldischsilber *n* / auriferous silver

Gulfining *n* (ein Wasserstoff-Entschwefelungsprozeß) (Öl) / Gulfining

Gülle *f* (Mistjauche mit Wasser) (Landw) / liquid manure ‖ ~**pumpe** *f* (Landw) / liquid manure pump ‖ ~**regner**, -werfer, Jaucheregner *m* (Landw) / liquid manure rain gun

Gully *m*, Sinkkasten *m* (Straßb) / gully hole, drain, sink ‖ ~ (begehbar) (Bau, Straßb) / manhole ‖ ~**deckel** *m* / gully lid ‖ ~**deckel** *m* (Bau, Straßb) / manhole cover ‖ ~**entleerer** *m* (Kfz) / eductor-basin cleaner ‖ ~**geruchsverschluß** *m* / yard o. gulley trap

Gulstadrelais, Vibrationsrelais *n* / vibrating relay

gültig [für] / valid [for] ‖ ~ (Karte) / valid, available, good ‖ ~ (DV) / significant ‖ ~ **für 3 Tage** (Bahn) / available for three days ‖ ~ **sein** / obtain ‖ ~**es Signal** / valid signal ‖ **ein Programm** ~ **machen** (DV) / validate a program

Gültigkeit *f* (Fahrkarte) / availability

Gültigkeits·bereich *m* (ALGOL) (DV) / scope ‖ ~**erklärung** *f* (Luftf) / rendering valid (of a certificate) ‖ ~**fehler** *m* (DV) / validity error ‖ ~**grenze** *f* (von Zahlenwerten) / limitations of data *pl* ‖ ~**kontrolle**, -prüfung *f* (IBM) (DV) / validity check[ing] ‖ ~**prüfung** *f* (Programm) / invalid character check ‖ ~**verlustmaske** *f* (DV) / significance mask ‖ ~**zeit** *f*, -dauer *f* / valid time

Gum *n* (Öl) / gum

Gumbo *m* (zäher Lehm) (Geol) / gumbo

Gummi *m*, Kautschuk *m* / [commercial o. India] rubber ‖ ~, Vulkanisat *n* / vulcanized [India] rubber ‖ ~ *n*

(Baumharz) / gum ‖ ~ **arabicum** (o. africanum), Arabisches Gummi, Sudangummi *n* / acacia gum, acacin[e], gum arabic o. acacia, Senegal gum ‖ ~ **auf Gummi** (Buch) / blanket to blanket ‖ ~ **ausscheiden** / gum *v* ‖ ~ **in Blättern** / sheet rubber, rubber in sheets ‖ **roter** ~ / antimony o. red rubber ‖ ~**aderleitung** *f* / rubber insulated wire ‖ ~**aderschnur** *f* / rubber-insulated cord ‖ ~**arten** *f pl* / gums *pl* ‖ ~**artig**, klebrig / gummy, gummous, gummose ‖ ~**aufhängung**, -lagerung *f* / rubber suspension o. mounting ‖ ~**balg-Kompensator** *m* (Gasleitung) / rubber expansion joint ‖ ~**ball** *m* / rubber ball ‖ ~**ball** *m* **für Spritzen** / rubber syringe ‖ ~**band** *n* / rubber band o. tape ‖ ~**band** *n* (Textil) / elastic ribbon o. tape o. web, elastic ‖ ~**bandtechnik** *f* (DV) / rubber banding ‖ ~**baum** *m* (allg) / gum tree ‖ ~**baum** *m*, Hevea *f* / hevea brasiliensis, rubber tree ‖ ~**behältnis** *n* / rubber container ‖ ~**belag** *m* (Bau) / rubber flooring ‖ ~**belag** *m*, -überzug *m* / rubber lining ‖ **mit** ~**belag**, gummibezogen (Walze) / rubber coated, rubberized ‖ ~**bereifung** *f* / rubber tyres *pl* ‖ ~**beutel**, -sack *m* / rubber bag ‖ ~**bindung** *f* (Schleifscheibe) / rubber bond ‖ ~**blase** *f* / rubber bladder ‖ ~**bleikabel** *n* / lead covered rubber cable ‖ ~**crêpe** *m* / crêpe rubber ‖ ~**dichtung** *f* / rubber joint o. gasket ‖ ~**dichtung** *f* **mit Gewebeeinlage** / elastic packing ‖ ~**dichtungsring** *m* / rubber packing ring ‖ ~**druck** *m*, Offsetdruck *m* / offset [printing] ‖ ~**druck** *m*, Anilin[gummi]druck *m*, Flexodruck *m* / rubber o. gum printing, flexo(graphic) printing ‖ ~**druckmaschine** *f*, Gummiwalzendruck-, Offsetmaschine *f* / offset printing machine ‖ ~**druckstock** *m* / rubber printing plate ‖ ~**drucktuch** *n* / rubber blanket ‖ ~**-Durchgangstülle**, Gummitülle *f* (Elektr) / grommet, grummet, rubber funnel ‖ ~**düse** *f* (Flotation) / rubber nozzle ‖ ~**einlage** *f* / rubber ply o. core ‖ ~**endverschluß** *m* / rubber cable sleeve

gummieren, mit Gummierung versehen / coat with gum ‖ ~, mit Leim bestreichen / spread glue ‖ ~, mit Gummierung versehen (Pap) / gum *v* ‖ ~ (Textil) / proof, rubber-proof ‖ ~ *n* (Pap) / gumming

Gummier·maschine *f*, Leimauftragmaschine *f* / glu[e]ing machine ‖ ~**maschine** *f* / gumming machine

gummiert (Textil) / rubberized ‖ ~ (mit Leim) (Pap) / gummed ‖ ~, gummi-imprägniert / rubber impregnated ‖ ~**e Briefmarke** / adhesive stamp ‖ ~**e Faser** / rubberized fiber ‖ ~**es Gewebe** / proofed fabric ‖ ~**es Haar** / rubberized hair ‖ ~**e Leinwand** / friction cloth, rubberized cloth ‖ ~**e Umschlagklappe** / flap of an envelope

Gummierung *f*, Gummibelag *m* / rubber coating o. film

Gummi·erzeugnisse *n pl*, -waren *f pl* / rubber articles o. goods *pl* ‖ ~**extruder** *m*, -strangpresse *f* / rubber extruder ‖ ~**faden** *m* / india-rubber wire, rubber thread ‖ ~**faden** *m* (Textil) / elastic o. rubber thread ‖ ~**feder** *f* / rubber spring ‖ ~**feder** *f* **mit Stahlhalterung** / rubber-bonded spring ‖ ~**federachse** *f* / rubber spring axle ‖ ~**federlager** *n* (Kfz) / rubber-cushioned spring hanger ‖ ~**federung** *f* / rubber springing ‖ ~**federung** *f*, -dämpfung *f* / rubber shock absorber ‖ ~**federung** *f* (mit Gummischnur) (Masch) / rubber cord springing ‖ ~**fell** *n*, Sheet *n* / sheet, rolled o. rough sheet, crude crêpe sheet (US) ‖ ~**form** *f* **für Zinn** / rubber mould for pewter ‖ ~**formteil** *n* / moulded rubber part ‖ ~**[fußboden]belag** *m* / rubber flooring ‖ ~**gefedert**, rubber-sprung ‖ ~**gefedertes Rad** (Bahn) / resilient wheel ‖ ~**gelagert** (Mot) / rubber-cushioned ‖ ~**gelenkscheibe** *f* / flexible rubber coupling ‖ ~**gleitschutzreifen** *m* / rubber-studded [non-skid] tire ‖ ~**glocke** *f* **für Rohrreinigung** / plumber's helper o. friend ‖ ~**gurt** *m* (Treibriemen usw.) / rubber belt ‖ ~**gurt** *m* (allg) / elastic strap ‖ ~**gurtförderband** *n*, -gurtförderer *m* / rubber belt conveyor ‖ ~**gutt** *n* / gamboge [gum], cambogia ‖ ~**haar** *n* / rubberized hair ‖ ~**halle** *f*, Traglufthalle *f* / air-inflated structure o. tent, inflated tent ‖ ~**haltig**, gummiabsondernd / yielding gum ‖ ⁺**hammer** *m* / rubber mallet ‖ ⁺**handschuh** *m* / rubber glove ‖ ⁺**harz**, Pflanzengummi *n* / gum, gum resin ‖ ⁺**haut** *f* / rubberized fabric ‖ ⁺**industrie** *f* / rubber industry ‖ ~**isoliert** / rubber-insulated o. -covered ‖ ~**isolierter doppelt umsponnener Draht** / RCDB wire ‖ ⁺**isolierung**, -isolation *f* / [India-]rubber insulation ‖ ⁺**kabel** *n*, -leitung *f*, gummiisoliertes Kabel (Elektr, Fernm) / india-rubber cable, rubber-insulated o. rubber cable ‖ ⁺**keilriemen** *m* / rubber Vee- o. V-belt ‖ ⁺**kissen** *n* (Stanz) / rubber pad ‖ ⁺**kissen-Ziehverfahren** *n* (Fa. Glenn & Martin, USA) / marforming [process] ‖ ⁺**kitt**, Kautschukkitt *m* / rubber mastic ‖ ⁺**klumpen** *m*, -rahm *m* / clod o. clot of caoutchouc ‖ ⁺**kneter** *m* / rubber kneader, Banbury mixer ‖ ⁺**korn** *n* / pellet ‖ ⁺**kreuzgelenk** *n* (Kfz) / rubber universal joint ‖ ⁺**lack** *m* / rubber varnish ‖ roter ⁺**lack**, roter Lack *m*, Lackharz *n* (der Lackschildlaus) / lac ‖ ⁺**lagerung**, -aufhängung *f* / rubber suspension o. mounting ‖ ⁺**leiste** *f* / rubber edge ‖ ⁺**leiste** *f* (Rot.presse) / cut-off rubber ‖ ⁺**linse** *f*, Varioobjektiv *n* / zoom lens ‖ ⁺**linsenaufnahme** *f* (Film) / zoom ‖ ⁺**litze** *f*, -band *n* (Textil) / elastic ribbon o. tape o. web ‖ ⁺**lösung** *f* (z.B. für Fahrrad) / rubber solution ‖ ⁺**lösung** *f*, flüssiger Leim / mucilage, gum, liquid glue (US) ‖ ⁺**mantel** *m* (Kabel) / rubber sheath ‖ ⁺**matte** *f*, -teppich *m* / rubber mat[ting] ‖ ⁺**-Metall-Feder** *f* / steel-rubber spring ‖ ⁺**-Metall-Verbindung** *f* / rubber-metal connection ‖ ⁺**mischer** *m* / rubber mixer ‖ ⁺**mischung** *f* / rubber compound ‖ ⁺**pfropfen**, -stöpsel *m* / rubber stopper ‖ ⁺**plantage** *f* / rubber plantation ‖ ⁺**platte** *f* / rubber sheet ‖ ⁺**prägen** *n* / rubber die pressing ‖ ⁺**profil** *n* / rubber profile ‖ ⁺**puffer** *m* / rubber buffer o. cushion ‖ ⁺**rad** *n* / rubber wheel ‖ ⁺**rahm** *m*, -klumpen *m* / clod o. clot of caoutchouc ‖ ⁺**rakel** *f* / rubber squeegee o. squilgee ‖ ⁺**raschelmaschine** *f* (Textil) / elastic raschel machine ‖ ⁺**reifen** *m* / rubber tyre (GB) o. tire (US) ‖ ⁺**reifen** *m* (luftgefüllt) / pneumatic tyre o. tire ‖ ⁺**reifenvielfachwalze** *f* (Straßb) / multi-rubber-tire roller (US), rubber-tired roller (US), multityred roller (GB) ‖ ⁺**ring** *m* / rubber ring ‖ ⁺**ring**, -scheibe *f* / rubber gasket, rubber washer ‖ ⁺**ring** *m* (Büro) / rubber band ‖ ⁺**ring** *m*, -scheibe *f* für Flaschen / lute (a rubber ring for bottles) ‖ ⁺**ring** *m* **für Einmachgläser** / jar rubber o. ring ‖ ⁺**rohpappe** *f* / gumming base paper ‖ ⁺**rohr** *n* / rubber tube ‖ ⁺**sackverfahren** *n* (Plast) / bag moulding system, rubber bag moulding ‖ ⁺**sauger**, Saugnapf *m* / sucker ‖ ⁺**scheibe**, -unterlegscheibe *f* / rubber gasket o. washer ‖ ⁺**schicht** *f*, -belag, -überzug *m* / rubber coating o. film ‖ ⁺**schlappe** *f* / test slab o. rubber ‖ ⁺**schlauch** *m* / rubber hose o. tube ‖ ⁺**schlauch** *m* **mit Gewebeeinlage** / rubber hose with fabric ply, rubber covered hose ‖ ⁺**schlauch** *m* **mit Spiraldrahteinlage** / spiral-lined hose ‖ ⁺**schlauch-Enteiser** *m* (Luftf) / de-icing boot ‖ ⁺**schlauchleitung** *f* (Elektr) / rubber sheathed cable, cab-tyre sheathing cable, C.T.S.cable ‖ ⁺**schneiden** *n* (Stanz) / rubber-pad blanking, Guerin process ‖ ⁺**schneid- und Umformverfahren** *n*, Gummipreßverfahren *n* / rubber-pad blanking and forming method ‖ ⁺**schnur** *f* / rubber cord, elastic ‖ ⁺**schrubber** *m* / squeegee ‖ ⁺**schwamm** *m* / rubber sponge ‖ ⁺**seil** *n*, Katapultseil *n* (Luftf) / elastic rubber cable, rubber cord, sandow ‖ ⁺**-Senegal** *n* / arabine, acacin[e] ‖ ⁺**spritze** *f*, -ballon *m* / rubber syringe ‖ ⁺**stempel** *m* / ⁺rubber stamp ‖ ⁺**stoff** *m*, -tuch *n* / rubber cloth ‖ ⁺**stopfen** *m* / rubber bung ‖ ⁺**stoßdämpfer** *m* (Kfz) / rubber shock absorber ‖ ⁺**strangpresse** *f*, -extruder *m* / rubber extruder ‖ ⁺**streifen** *m* / strip of gum

Gummit *m*, Gummierz *n* (uranhalt.Min) / gummite

Gummi·torsionsauflager *n* / torsional rubber mount ‖ ⁺**transportband** *n* / rubber belt o. band conveyer ‖ ⁺**transportbehälter** *m*, flexibler Flüssigkeitsbehälter / sealdbin, sealdtank ‖ ⁺**trockner** *m* (Phot) / squeegee,

squilgee ‖ ⁺**tuch** *n* (Offsetdruck) / rubber blanket, offset blanket ‖ ⁺**tuchrakelstreichmaschine** *f* (Pap) / knife-on-blanket coater ‖ ⁺**tülle** *f* / rubber bushing ‖ ⁺**tülle** *f*, Durchführungstülle *f* (Kfz) / rubber funnel, grummet, grommet ‖ ⁺**überzug** *m* / top-layer of caoutchouc, cover of rubber ‖ [dickerer] ⁺**überzug**, Gummierung *f* / rubber cover ‖ ⁺**umschlag** *m* / fold-over ‖ ⁺**unterlage** *f*, -tuch *n* / rubber pad ‖ ⁺[**unterleg]scheibe** *f*, Gummiring *m* / rubber washer o. gasket ‖ ⁺**ventil** *n* (Reifen) / rubber-covered valve ‖ ⁺**vielrad[-Verdichtungs]walze** *f* (Straßb) / multi-rubber-tire roller (US), multityred roller (GB) ‖ ⁺**walze** *f* / rubber cylinder ‖ ⁺**walze** *f*, Quetscher *m* / squeezer, squeegee, squilgee ‖ ⁺**walzwerk** *n* / rubber rolling machine ‖ ⁺**waren** *n pl*, -erzeugnisse *n pl* / rubber articles o. goods *pl* ‖ ⁺**warenfabrik** *f* / rubber factory ‖ ⁺**wulst** *m f* (zwischen Wagen) (Bahn) / pneumatically sprung [rubber] connection ‖ ⁺**zylinder** *m* / rubber-covered cylinder ‖ ⁺**zylinder** *m* (Offset) / blanket cylinder

Gunit *n* (Bau) / gunite ‖ ⁺**ieren** *n* / guniting ‖ ⁺**unterlage** *f* (Bau) / gunite base

Gunn·diode *f* (Elektronik) / Gunn diode ‖ ⁺**-Effekt-Bauelement** *n* (Elektronik) / Gunn-effect component, bulk-effect diode, transferred electron device

günstige Linienführung (Bahn) / good alignment

Gur *f*, Mader *m* (Geol) / guhr

Gurkenmosaikvirus *m* / cucumber mosaic virus

Gurley-Dichtigkeitsprüfer *m* (für Isolierpapier) (Pap) / Gurley densimeter

Gurt *m*, Tragriemen *m*, Trag-, Schulterband *n* / neck o. shoulder strap ‖ ⁺, Sicherheitsgurt *m* (Kfz) / safety belt ‖ ⁺, Sicherheitsgurt *m* (Luftf) / seat belt ‖ ⁺ (Fachwerk) / trelliswork chord (US) o. boom (GB) ‖ ⁺ (Stahlbau) / flange, chord (US), boom (GB) ‖ ⁺ **des Blechträgers** / flange of a plate girder ‖ ~**angetriebene Rollenbahn** / belt-driven live roller conveyor ‖ ⁺**ausrichtung** *f* (Förderer) / belt trainer ‖ ⁺**aussteifung**, -versteifung *f* (Stahlbau) / bracing o. stiffening of boom (GB) o. chord (US) ‖ ⁺**band** *n*, Gurt *m* / webbing, girth-web, belt band ‖ ⁺**bandförderer** *m*, Förderband *n* / rubber belt conveyor ‖ ⁺**bandgehänge** *n* (Antennen-Isolator) / saddle frame ‖ ⁺**becherwerk** *n* / band elevator ‖ ⁺**blech** *n*, Gurtungsblech *n* / flange plate ‖ ⁺**bogen** *m* (eines Tonnengewölbes) (Bau) / arch of a cylindrical vault ‖ ⁺**brett** *n* (Zuck) / slat

Gürtel *m* / belt ‖ ⁺, Gebiet *n* (Astr, Geol) / zone ‖ ⁺ (Reifen) / belt, bracing ply ‖ ⁺ (Satellit) / waistband ‖ ⁺**bahn** *f* (Bahn) / circle o. circular railway ‖ ⁺**kabel** *n* / belted-type cable ‖ ⁺**linie** *f*, Teilungskreis *m* / equator ‖ ⁺**linse** *f*, Fresnellinse *f* / drum lens ‖ ~**loses Kabel** / separate lead type cable, S.L.-type cable ‖ ⁺**reifen** *m* / radial tire, radial-ply o. braced-tread tire o. tyre ‖ ⁺**reifen** *m* **mit Diagonalkarkasse** / bias-belted tire, belted-bias tire

Gurt·förderer *m* / belt o. band (GB) conveyor, conveying belt ‖ ⁺**holz** *n* **an Spundwänden**, Holm *m* / wale, wailings *pl*

Gürtler *m*, Messingschlosser *m* / maker of brass ornaments

Gurt·masse *f* **plus Rollen in kg/m des Ober- u. Untertrums** (Förderband) / Q-factor o. value ‖ ⁺**platte** *f* (Stahlbau) / boom plate, cover strip, top flange plate, end plate ‖ ⁺**sims** *n*, -gesims *n* (Bau) / string cornice o. course ‖ ⁺**spannung** *f* / stress in the boom (GB) o. chord (US) ‖ ⁺**spannvorrichtung** *f* (Förderer) / belt tensioning roller o. pulley ‖ ⁺**stab** *m*, Gurtungsstab *m* (Stahlbau) / boom (GB) o. chord (US) member ‖ ⁺**stoß** *m* (Blechträger) / flange splice ‖ ⁺**strammer** *m* (Kfz) / belt tightener ‖ ⁺**strammer** *m*, -aufwickler *m* / pre-load device ‖ ⁺**streifen** *m* (Bau) / girdle ‖ ⁺**stropp** *m* (Schiff) / web sling ‖ ⁺**trommel** *f* (Förderband) / belt drum

Gurtung *f*, Zangen *f pl*, Gurthölzer *n pl* (Zimm) / binding pieces *pl* ‖ ⁺ **und Magazinierung** (Halbl) / tape

445

packaging, packaging on continuous tapes

Gurtungs·winkel m, Gurtwinkel m (Stahlbau) / angle [steel] of the flange

Gurtversteifung, -aussteifung f (Stahlbau) / bracing o. stiffening of boom (GB) o. chord (US)

Guß m (Gieß) / cast[ing] ‖ ⁓, Gießen n / pouring ‖ ⁓, Gußeisen n (Gieß) / cast iron, C.I. ‖ ⁓ **in Formen** (Gieß) / mould casting ‖ ⁓ **in getrockneter Form** / dry casting ‖ ⁓ **in Kasten** / box o. flask casting ‖ ⁓ **mit Kernlöchern** / cored-out casting ‖ ⁓ **mit seitlichem Anschnitt** / side runner ‖ **mit verlorener Form**, Formguß m (Gieß) / dead-mould casting ‖ ⁓ **von Blöcken**, Gießen n (Hütt) / pouring of ingots ‖ ⁓ **Wasser**, Schwall m / jet o. gush of water ‖ **aus einem** ⁓, aus einem Stück / cast in one piece, made in one casting ‖ ⁓**abfälle** m pl, -schrott m / foundry scrap ‖ ⁓**aluminiumbronze** f / cast aluminium bronze ‖ ⁓**asphalt** m / mastic asphalt, melted o. poured asphalt ‖ ⁓**beton** m, Schüttbeton m / poured concrete, floated concrete ‖ ⁓**blase** f (Gieß) / blowhole, air bubble ‖ ⁓**blase** f (an der Oberfläche) / flaw, blister ‖ **kleine** ⁓**blase** / pore ‖ ⁓**bleibronze** f / lead bronze for castings ‖ ⁓**block** m, Barren m / ingot ‖ ⁓**bronze** f / cast bronze ‖ ⁓**bruch**, -schrott m / cast iron scrap ‖ ⁓**bund-Webeblatt** n / cast binding reed ‖ ⁓**dach** / asphalt roof

Gußeisen n / cast iron, C.I. ‖ ⁓ **mit Kugelgraphit**, GGG / nodular graphite iron ‖ ⁓ **mit Kugelgraphit in Kokille vergossen**, GGGK / chilled nodular graphite iron ‖ ⁓ **mit Lamellengraphit**, GGL / lamellar graphite cast iron ‖ ⁓ **mit Nadelgefüge** / acicular cast iron ‖ ⁓ **mit Stahlschrott-Zusatz**, semisteel ‖ ⁓ **mit Stahlzusatz**, gray cast iron ‖ **weißes** ⁓ / unannealed malleable iron

Guß-Eisen-Alu[minium]bronze f / cast aluminium iron bronze

Gußeisen·element n (Elektr, Widerstand) / cast iron grid unit, cast iron resistor element ‖ ⁓**email** n / vitreous and porcelain enamels for cast iron pl ‖ ⁓**flansch** m / cast-iron flange ‖ ⁓**kaltschweißung** f / cast-iron welding without preheating ‖ ⁓-**Kokillenguß** m, GGK / cast-iron chilled work ‖ ⁓**platte** f / cast iron plate o. slab ‖ ⁓**warmschweißung** f / cast iron welding with pre- and postheating

gußeisern / cast iron…, of cast iron

Guß·erzeugnis n, Gußteil n / casting ‖ ⁓**erzeugnisse** n pl / castings pl, cast iron work o. ware ‖ ⁓**fehler** m / defect in casting ‖ ⁓**form** f (Gieß) / casting mo[u]ld ‖ ⁓**formate** n pl (von Kupfer) / refinery shapes pl ‖ ⁓**fritte** f (Email) / cast iron frit ‖ ⁓**frittegrund** m (Email) / cast iron ground frit ‖ ⁓**gattierung** f / cast iron mixture ‖ ⁓**gefüge** n / cast structure ‖ ⁓**gekapselt**, gekapselt (Elektr) / iron-clad, metal-clad, molded-case… (US) ‖ ⁓**gekapselte Schaltanlage** (Elektr) / cellular switchboard, metal-clad switchboard, enclosed switch gear ‖ ⁓**gerinne** n, -rinne f / launder ‖ ⁓**gestrichener Karton** / cast-coated board ‖ ⁓**glas** n / cast glass ‖ ⁓-**Glühtopf** m / cast annealing pot ‖ ⁓**grat** m / flash, seam ‖ ⁓**haut**, -rinde f (Gieß) / casting o. outer crust o. skin, skin o. crust of cast iron ‖ ⁓**herstellung** f / cast iron production ‖ ⁓**kasten** m / cast iron box, moulded case ‖ ⁓**kern** m / core ‖ ⁓**kranz** m / cast rim o. ring (US) ‖ ⁓**kupfer** n (von 99,4% Reinheit) / casting copper ‖ ⁓**legierung** f / cast[ing] alloy ‖ ⁓**loch** n, -rinne f (allg, Gieß) / pouring hole ‖ ⁓**loch** n (Gieß) / orifice of a mo[u]ld ‖ ⁓**lochzapfen** m (Gieß) / pattern for the runner ‖ ⁓**mauerwerk** n (Bau) / wall cast in situ ‖ ⁓-**Mehrstoff-Alu[minium]bronze** f / cast multi-alloy aluminium bronze ‖ ⁓-**Mehrstoffbronze** f / cast multi-alloy bronze ‖ ⁓**messing** n / cast brass ‖ ⁓**modell**, Modell n (Gieß) / casting o. foundry pattern, pattern ‖ ⁓**muffe** f / cast-iron sleeve ‖ ⁓**naht** f, Formfuge f (Gieß) / burr, bur (US) ‖ ⁓**naht** f (Hütt) / seam ‖ ⁓-**Nickel-Alu[minium]bronze** f / cast aluminium nickel bronze ‖ ⁓**pfanne** f, Gießpfanne f / foundry ladle

‖ ⁓**pfannenkran** m / foundry ladle crane ‖ ⁓**platte** f / cast iron plate o. slab ‖ ⁓**putzen** n, -putzerei f / cleaning of castings, dressing, finishing, trimming of castings ‖ ⁓**putzerei** f (Werkstatt) (Gieß) / dressing room, casting cleaning room, fettling shop ‖ ⁓**putzhammer** m / hammer for clean[s]ing castings, fettling hammer, scaling hammer ‖ ⁓**putzmaschine** f / snagging machine ‖ ⁓**radiator** m / cast iron radiator ‖ ⁓**rahmen** m / cast iron frame ‖ ⁓**rinde** f s. Gußhaut ‖ ⁓**ring** m (Schacht, Bergb) / tubbing ‖ **mit** ⁓**ringen ausbauen** / line with tubbings ‖ ⁓**ringausbau** m (Bergb) / cast-iron lining ‖ ⁓**rinne**, Ablaufrinne f, -gerinne n / casting gutter ‖ ⁓**roheisen** n / foundry pig iron ‖ ⁓**rohr** n / cast iron pipe ‖ ⁓**schlacke** f (Gieß) / iron dross, casting cinder ‖ ⁓**schrott** m / foundry scrap ‖ ⁓**sondermessing** n / special cast brass ‖ ⁓**spannung** f / casting strain o. stress ‖ ⁓**stahl** m, Tiegel[guß]stahl m / crucible [cast] steel ‖ ⁓**stahldraht** m / plough steel wire ‖ ⁓**stahltiegel** m (Hütt) / crucible, skillet ‖ ⁓**stahlwerk** n / crucible steel works ‖ ⁓**stein** m, Ausguß m (Bau) / sink, gutter, basin ‖ ⁓**streichverfahren** n (Pap) / cast coating ‖ ⁓**stück** n / casting ‖ **stark poröses** ⁓**stück**, "Schweizer Käse" m (Gieß) / honeycomb (coll) ‖ **sauberes** ⁓**stück** / neat casting ‖ ⁓**stück** n **aus Formen** / mould casting ‖ **aus einem** ⁓**stück bestehend** / monobloc… ‖ ⁓**stück in Grauguß** n, Grauguß m / gray cast iron casting ‖ ⁓**teile** n pl / cast parts pl ‖ ⁓**trichter** m (Gieß) / casting git o. [in]gate, runner head ‖ ⁓**trichter**, Einguß m (der Kokille) / mouth of the ingot mould, funnel ‖ ⁓**versatz** m / mismatch, crossjoint ‖ ⁓**verteilung[sanlage]** f (Elektr) / metal-clad distribution panel ‖ ⁓**vorsprung** m, Auge n / boss ‖ ⁓**waren** f pl / cast iron ware, cast work, castings pl, foundry goods pl ‖ ⁓**warze** f / nipple ‖ ⁓**werkstoff** m / material for casting ‖ ⁓**zapfen**, Anguß m (Gieß) / dead head, runner head, waster ‖ ⁓**zinnbronze** f, Rotguß m (88% Cu, 8% Sn, 4% Zn) / gunmetal ‖ **im** ⁓**zustand** / as cast

Gut n, Güter pl, Ware f / merchandise ‖ ⁓, Material n (Hütt) / stock, material

gut, tragfähig (Bau) / stable ‖ ⁓ **abheben o. loskommen** (Luftf) / get off well ‖ ⁓ **ausgeführt**, sauber / clean cut ‖ ⁓ **deckend** (Farbe) / opaque ‖ ⁓ **funktionierend** / efficient ‖ ⁓ **gefedert** / well sprung ‖ ⁓ **leitend** / highly conductive ‖ ⁓ **lesbar** / easy-to-read, readily o. highly readable ‖ ⁓ **passen** / be well matched, fit snugly ‖ ⁓ **passend**, trim, well matched, snugly fitting ‖ ⁓ **zu fahren**, gut zu lenken (Kfz) / handle well vi

Gutachten n (allg) / certificate, testimonial ‖ ⁓ (von Sachverständigen) / expert opinion, expertise

gut·artige Kohle (Aufber) / easy-to-separate coal ‖ ⁓**befund** m / approval

Güte f, Qualität f / quality ‖ ⁓ (Produkt aus Leistungsgewinn u. Bandbreite) (Elektronik) / quality, Q ‖ ⁓ **bei Belastung** (Elektronik) / external Q ‖ ⁓ **der Anpassung** / goodness of fit ‖ ⁓ **der Bearbeitung** / finishing, workmanship ‖ ⁓ **des Kondensators** / capacitor Q ‖ ⁓ **des unbelasteten Kreises** (Elektronik) / intrinsic Q ‖ ⁓ **eines Thermostats** / reduction factor of a thermostat ‖ **von hoher** ⁓ / high-quality … ‖ ⁓**abfall** m, Schlechterwerden n / degradation, impairment, loss of quality ‖ ⁓**beiwert** m / quality index ‖ ⁓**bestätigung** f / quality assessment

Gütebestätigungs·kontrolle f / quality conformance inspection

Güte·bestätigungsstufe f / assessment level ‖ ⁓**bestätigungssystem** n (DIN 45900 usw.) / harmonized system of quality assessment ‖ ⁓**bestätigungsverfahren** n / quality assessment procedure ‖ ⁓**einteilung**, Klassifizierung f / grading ‖ ⁓**faktor**, Q-Faktor m (Elektronik) / Q, Q-factor, magnification o. energy o. quality o. storage factor ‖ ⁓**faktor** m (Spiegelgalvanom) / factor of merit ‖ ⁓**faktor** m, -ziffer f / quality coefficient ‖ ⁓**faktormesser** m / Q-meter, circuit magnification meter ‖ ⁓**geschaltet** (Laser)

/ **Q-switched** ‖ **~grad** *m*, -verhältnis *n* (Mech) / efficiency [rating] ‖ **~grad**, Wirkungsgrad *m* / efficiency [factor] ‖ **~grad** *m*, mechanischer Fortschrittsgrad (Luftschraube) / performance factor of the airscrew, propeller performance factor ‖ **~grad** *m* einer Passung, Qualität *f* / quality of a fit ‖ **~grenzfrequenz** *f* (Halbl) / Q-cut-off frequency ‖ **~kette** *f* / quality chain ‖ **~klasse** *f* (allg) / quality class ‖ **~klasse** *f* von Passungen / grade of fits ‖ **~koeffizient** *m* / quality coefficient ‖ **~kriterium** *n* (Regeln) / effectiveness criterion ‖ **~mäßig** / in quality ‖ **~minderung** *f* / quality loss o. impairment ‖ **~minderung** *f* der Übermittlung (Fernm) / transmission impairment ‖ **~minderung** *f* durch Frequenzbandbegrenzung (Fernm) / frequency distortion transmission impairment ‖ **~minderung** *f* durch Leitungsgeräusche (Fernm) / noise transmission impairment, NTI ‖ **~norm** *f* / performance standard ‖ **~norm** *f* für Werkstoffe / quality standard for materials ‖ **~prüfung** *f* / quality control o. inspection

Güter *n pl* / products *pl*, goods *pl* ‖ **~abfertigung**, -annahme *f* (Bahn) / goods o. forwarding department ‖ **~bahnhof** *m* / goods station (GB), freight station o. depot (US) ‖ **~beförderung** *f*, -abfertigung *f* / carrying traffic, transportation of goods (GB), freightage (US) ‖ **~beförderungsunternehmen** *n*, -gesellschaft *f* / common carrier ‖ **~einheit** *f* (Raumf) / cargo module ‖ **~einteilung**, -klassifikation *f* (Bahn) / general classification of merchandise, G.C.M. ‖ **~fernverkehr** *m* (Kfz) / overland transport o. traffic, long-distance goods traffic ‖ **~förderung** *f* (Schacht, Bergb) / drawing of ore ‖ **~förderung** *f* auf der Sohle (Bergb) / material hauling ‖ **~halle** *f* / freight depot o. house o. shed (US), goods shed (GB) ‖ **~kraftverkehr** *m* / motor freight industry, trucking industry (US) ‖ **~kraftverkehr**, -fernverkehr *m* / road haulage ‖ **~kraftverkehrsgesetz** *n* / motor carrier act ‖ **~ladeplatz** *m* / loading platform ‖ **~nah- u. Fernverkehr** *m* (Kfz) / motor transport ‖ **~nahverkehr** *m* / short-distance goods traffic, local goods traffic ‖ **~schuppen**, -boden *m*, -halle *f* / goods shed (GB), freight depot o. house o. shed (US) ‖ **~-Triebwagen** *m* (Bahn) / motor luggage van ‖ **~umschlag** *m* / transfer of goods ‖ **~umschlag** *m* in der Erdumlaufbahn / earth orbit cargo transfer ‖ **~- und Personenzugbremse** *f* (Bahn) / combined goods and passenger train brake ‖ **~verkehr** *m* / goods (GB) o. freight (US) traffic

Güterwagen *m* (Bahn) / railroad freight car (US), railway wag[g]on ‖ **~ in Regelbauart** (Bahn) / normal-type waggon (GB) o. freight car (US) ‖ **[gedeckter]** **~** / goods van o. wagon (GB), freight car (US) ‖ **~park** *m* / stock of goods wagons (GB) o. freight cars (US)

Güterzug *m* / goods (GB) o. freight (US) train ‖ **~ mit Personenbeförderung** (GMP) / mixed train ‖ **~bremse** *f* (Bahn) / goods brake ‖ **~maschine** *f*, -zuglokomotive *f* / goods (GB) o. freight (US) engine o. locomotive

Güte·schalter *m* / Q-switch ‖ **~schaltung** *f* (Laser) / Q-switching ‖ **~sicherung** *f* / quality assessment ‖ **~steuerung** *f*, Fertigungskontrolle *f* / process control ‖ **~verhältnis** *n*, -grad *m* (Mech) / efficiency [rating] ‖ **~vorschrift** *f* / quality specification ‖ **~wert** *m* / quality characteristics *pl* ‖ **~zahl** *f* / quality index figure ‖ **~zeichen** *n*, -marke *f* / grade labelling, quality mark ‖ **~zeichen** *n* (amtlich) / seal of approval ‖ **~ziffer** *f*, -zahl *f*, -koeffizient *m* / quality coefficient ‖ **~ziffer** *f* (Elektronik) / figure of merit

Gut·läufer *m* (Bahn) / fast running wagon o. runner, free runner ‖ **~lehrdorn** *m* / go-plug gauge ‖ **~lehre** *f* / go-ga[u]ge ‖ **~lehrring** *m* / go-ring gauge ‖ **~moderiert** (Nukl) / well moderated ‖ **~punkt** *m* / point gained ‖ **~rachenlehre** *f* / go-gap gauge, go-snap gauge ‖ **~seite** *f* einer Lehre / go-end side of a limit gauge, standard side of a limit gauge, go-gauge ‖ **~stoff** *m* /

accepts *pl* ‖ **~stoff** *m*, büttenfertiger Stoff (Pap) / accepted stock

Guttapercha *f* / gutta-percha ‖ **~kabel** *n* / gutta-percha covered cable ‖ **~kitt** *m* / gutta-percha mastic ‖ **~zündschnur** *f* / gutta-percha fuse

Gut- und Schlecht-Lehre *f* / go-and-no-go gauge

Gut·zahl *f* / acceptance number o. criterion ‖ **~zeitprobe** *f* (auf Arsen) (Chem) / Gutzeit test

Guy-Maschine *f* (ein Mittelfrequenzgenerator) / Guy generator

GVU = Gasversorgungsunternehmen

GW (Fernm) = Gruppenwähler ‖ **~** (Elektr) = Allstrom (Gleich-Wechselstrom)

G-Wagen *m*, gedeckter Wagen (Bahn) / goods van o. wagon (GB), freight car (US)

G-Wert *m* (Nukl) / G-value

GW-Jahr *n*, Gigawatt-Jahr *n* / GW-year, gigawatt year

Gyration *f* (Raumf) / gyration

Gyre, Drehachse *f* (Krist) / gyre

gyrieren (Raumf) / gyrate

Gyro·antrieb *m* für Busse (Kfz) / gyro drive for busses ‖ **~bus** *m* / gyrobus ‖ **~dyne** *f* (Hubschrauber mit Zugschraube) / gyrodyne ‖ **~frequenz**, Eigenfrequenz der Ionendrehung *f* (Phys) / gyro-frequency ‖ **~kracken** *n* (Chem) / gyro cracking ‖ **~magnetisch**, Kreiselkompaß... / gyromagnetic ‖ **~magnetischer Effekt** (Phys) / gyromagnetic effect ‖ **~magnetische Frequenz** / cyclotron frequency ‖ **~magnetisches Verhältnis**, -magnetischer Faktor / gyromagnetic ratio ‖ **~meter** *n* (Phys) / gyrometer ‖ **~rector**, Kreiselgradflugweiser *m* (Luftf) / gyroscopic flight direction indicator, gyrorector ‖ **~resonanz** *f* (Nukl) / cyclotron resonance, gyromagnetic resonance ‖ **~skop** *n*, Kreisel *m*, Kreiselgerät *n* (ein physikalisches Vorführgerät) / gyroscope, gyrostat ‖ **~skopisch**, gyroscopic ‖ **~statische Wirkung**, Kreiselwirkung *f* / gyrostatic o. gyroscopic effect

Gyrotron *n* (Nukl) / gyrotron

gyrotropisch / gyrotropic

Gyttja *m* (Art Faulschlamm) / gyttja

g-Zustand *m* (Nukl) / g-state

H

h (hora) s. Stunde

ha, Hektar *m* (10 000 m²) / ha, hectare

Haar *n* / hair ‖ **~** / hair ‖ **~**, Borste *f* / bristle ‖ **~**, Flor *m* (Textil) / nap, fiber web ‖ **~ zum Ausstopfen**, Füllhaar *n* / quilt hair ‖ **~ grobes ~** (für techn. Zwecke) / coarse hair ‖ **~draht** *m* / finest wire ‖ **~draht** *m*, Wollastondraht *m* / Wollaston wire

Haaren, Haarlassen *n* (Filz) / hair shedding

Haar·filz *m* / hair felt ‖ **~garn** *n* / hair yarn o. cord ‖ **~garnspinnerei** *f* / hair [yarn] spinning ‖ **~garnteppich** *m* / hair yarn carpet, velvet [pile] carpet ‖ **~gefäß** *n*, Kapillargefäß *n* / capillary vessel ‖ **~genau** / of pinpoint accuracy ‖ **~hygrometer** *n*, -feuchtigkeitsmesser *m* / hair hygrometer

haarig, fusselig (Textil) / nappy, napped ‖ **~keit** *f* (Tuch) / nappiness, hairiness ‖ **~keit** *f* / hairiness

Haar·krempel *f* / hair card ‖ **~kristall**, Whisker[kristall] *m* (Krist) / whisker ‖ **~kristall-Wachstum** *n* / whisker growth ‖ **~kupfer** *n* / capillary native copper ‖ **~laufkamm** *m* (Drahtw) / wire loom for coarse o. middle wire gauze ‖ **~laufstuhl** *m* (Drahtw) / wire loom for fine wire gauze (32 in 1 inch) ‖ ⤙lineal n / knife-edge straight-edge, straight-edge ‖ ⤙linge m pl (Schädlinge) / bird lice, Mallophaga ‖ ⤙messer, Reißmesser n (Web) / shearing knife ‖ ⤙nadel f / hairpin ‖ ⤙nadelkurve f (Straßb) / hairpin bend ‖ ⤙nadelstraße f, Zickzackstraße f / winding road ‖ ⤙pinsel m / hair brush ‖ ⤙pinsel m (fein) / hair pencil ‖ ⤙riß m / hair crack, check [crack], craze, crazing ‖ ⤙riß m (Glimmer) / hair crack o. line ‖ ⤙riß m, Kapillarriß m / capillary chink ‖ ⤙riß m (Hütt) / check shatter edge ‖ ⤙riß m (Schm) / shatter crack, hairline crack ‖ ⤙riß m in der Konservendose / breather ‖ ⤙röhrchen, -gefäß n / capillary tube o. vessel ‖ ⤙röhrchenanziehung f, Kapillarkraft f / capillarity, capillar[y attr]action / ~röhrchenförmig / capillary ‖ ~scharf / extremely o. very sharp, razor-sharp ‖ ~scharf, haargenau / absolutely accurate, of pinpoint accuracy ‖ ~scharfe Identifizierung / exact identification ‖ ⤙schneidemaschine f / clippers pl, clipping machine ‖ ⤙seite, Narbenseite f (Gerb) / grain o. hair side ‖ ⤙seite f (Leder) / grain o. hair side ‖ ⤙sieb n / hair sieve ‖ ⤙[sieb]boden m, -geflecht n / hair cloth for sieves ‖ ⤙spatium n (1 p. dick) (Buch) / hair space ‖ ⤙strich m (Buch) / hair line o. stroke ‖ ⤙strich, Aufstrich m (Buch) / upstroke ‖ ⤙trockner m / hot-air apparatus (hair drier) ‖ ⤙tuch n (Textil) / hair cloth ‖ ⤙zange f, Federzange f / spring nippers pl ‖ ⤙zirkel m / hair compasses pl

haben, beinhalten / contain ‖ ⤙zeichen n (DV) / credit symbol

Haber-Bosch-Verfahren n (Chem) / Haber-Bosch process

Habitat n (Bot, Zool) / habitat, habit

Habitus m (Krist) / habit

Hackbau m / hoe cultivation

Hacke f (allg) / hoe ‖ ⤙, Kreuzhacke f / pickax[e] ‖ schwere ⤙, Haue f (Landw) / drag hoe

hacken, aufhacken, umhacken, loshacken, zerhacken / hack, hoe ‖ ~ (Pap) / chop, chip ‖ Holz ~ / chop wood ‖ ⤙stück n (Schuh, Strumpf) / heel piece

Hacker m (DV) / hacker ‖ ⤙blatt n, -schiene f (Textil) / comb blade ‖ ⤙[kamm] m (Textil) / doffer o. doffing comb, vibrating o. fly comb

Hack·fräse f (Landw) / rotary hoe ‖ ⤙früchte f pl / root pl crops ‖ ⤙fruchtschlepper m / root crop tractor ‖ ⤙geschwindigkeit f (Pap) / chipping speed ‖ ⤙maschine f (Fleischerei) / chopping machine, chipper ‖ ⤙maschine f (Pap) / chopping machine, chipper ‖ ⤙maschine f (Landw) / hoeing machine, mechanical hoe ‖ ⤙maschine f für Holz / chopping [and chipping] machine, wood o. refuse chipper, [wood] hog ‖ ⤙messer n / chopper, chopping blade o. knife, hacking knife, cleaver ‖ ⤙messer m (Druckguß) / chopper ‖ ⤙pflug m / potato cultivator o. ridger ‖ ⤙rotor m (Pap) / rotary wood chipper ‖ ⤙satz m (Motorspaten) / rotor blades pl ‖ ⤙schar f (Landw) / jointer, skimmer

Häcksel pl / chaff, chopped straw ‖ ⤙-Ablader m (Landw) / cutter blower for unloading ‖ ⤙druschanlage f / chop thresher plant ‖ ⤙gebläse n / chaff blower ‖ ⤙maschine f, Häcksler m (Landw) / straw cutter, chopper ‖ ⤙messer n, -klinge f (Landw) / chaff cutter, chopper o. chopping blade o. knife

häckseln (Landw) / chop v

Häckselwagen m mit Freßgitter (Landw) / self-feed forage trailer

Hackspan m (Spanplatten) / chip

Hadern m pl, [Hader]lumpen m pl, Papierhadern m pl (Pap) / rags pl ‖ ⤙abfälle m pl (Pap) / muss ‖ ⤙bibeldruckpapier n / rag Bible paper ‖ ⤙haltig / rag-containing ‖ ⤙kocher m / rag boiler ‖ ⤙papier n / rag[-content] paper ‖ reines ⤙papier n / all-rag paper ‖ ⤙schneider m, -zerreißwolf m / rag-cutting machine, rag cutter o. chopper o. shredder ‖ ⤙seidenpapier n / rag tissue paper ‖ ⤙sortierer m / rag sorter ‖ ⤙stäuber m / rag cleaner o. duster ‖ ⤙stoff m (Pap) / rag pulp ‖ ⤙wäsche f / rag washing

hadisch, im "Graben" (Meereskunde) / hadian, hadal, ultra-abyssal

Hadron f (pl: Hadronen) (Phys) / hadron

hadronisches Atom n, Hadronatom n / hadronic atom

Hafen m, Schmelzhafen m (Glas) / melting pot

Hafen m / harbour (GB), harbor (US) ‖ ⤙, Seehafen m (Geogr) / port ‖ ⤙ (künstlicher) / harbour [basin] n ‖ ⤙ (natürlicher) / haven ‖ ⤙ (Luftf) / airport ‖ ⤙anlagen f pl / docks pl ‖ ⤙arbeiter, Schauermann m / docker, longshoreman, stevedore, lumper ‖ ⤙auslauf m (Keram) / pot spout ‖ ⤙ausrüstung f / port o. harbour installations pl ‖ ⤙bahn f / harbour railway, dock railway, dockline ‖ ⤙bahnhof m (Bahn) / waterside station, maritime terminal ‖ ⤙bau m / dock o. wharf o. harbour construction o. structure ‖ ⤙becken n / small o. inner harbour, basin ‖ offenes ⤙becken / open harbour basin ‖ abgeschlossenes ⤙becken (Schiff) / dock ‖ ⤙becken n für Flußschiffe (im Seehafen) / inner harbour for river boats (in a seaport) ‖ ⤙damm m, Mole f (Hydr) / jetty, mole, breakwater ‖ ⤙damm, Kai m / quay, wharf ‖ ⤙einfahrt f / mouth of a harbour ‖ enge ⤙einfahrt / narrows pl of a port ‖ ⤙funk m / port operations radiotelephony ‖ ⤙funkgerät n / port operations radiophone ‖ ⤙gleis n / dockside railway, quayline ‖ ⤙-Hafen-Verkehr m / port-port-traffic ‖ ⤙kran m / quay o. harbour crane, wharf crane ‖ ⤙mauer f / quay wall ‖ ⤙ofen m (Glas) / pot furnace ‖ ⤙poller m / bollard ‖ ⤙radaranlage f / surveillance radar ‖ ⤙schlepper m / harbour craft, harbour tug ‖ ⤙schleuse f / harbour lock ‖ ⤙schuppen m pl / harbour sheds pl, warehouses pl ‖ ⤙zeit f (Flut) / establishment of the port, common o. vulgar establishment

Hafer m / oat, oats pl, corn (Ireland, Scotland) ‖ ⤙... / oaten adj ‖ ⤙flocken f pl / oatmeal, groats pl, ground oats pl ‖ ⤙quetsche f / oat rollers pl

Hafnium m, Hf / hafnium ‖ ⤙frei / hafnium-free

Haft·anreger m, Netzhaftmittel n / dope ‖ ⤙atom n / trapped atom ‖ ⤙band n / pressure sensitive adhesive tape ‖ ⤙elektrode f / sticking electrode ‖ ⤙elektron n / trapped electron

haften [an] vi / cling [to] ‖ ~, kleben [bleiben] [an] / stick, adhere [to] ‖ ~ n des Betons am Stahl / bonding of concrete ‖ ⤙ des Putzes / bonding of the plaster ‖ ⤙ von Parallelendmaßen / wringing of block gauges

Haft·etikett n / pressure sensitive adhesive label, adhesive label ‖ ⤙fähigkeit f, Adhäsion f / adhesiveness, adhesive property ‖ ⤙festigkeit, -kraft f, -vermögen n, Haftung f / adherence, adherency, adhesion, adhesiveness, adhesive force o. power o. strength ‖ ⤙festigkeit f (Buch, Pap) / bonding strength ‖ ⤙festigkeits-Prüfung f auf Gußeisen (nach Manson) (Email) / Manson effect test ‖ ⤙festigkeitsverbesserer m (Beton) / bonding additive, antistripping agent ‖ ⤙fläche f / adhesive surface ‖ ⤙folie (Filmlochkarte) / aperture adhesive ‖ ⤙gerät n (Kran) / adhering hoist mechanism ‖ ⤙grund m, -grundmittel n / wash primer ‖ ⤙grundmittel n auf Zinkchromatbasis, Zinkchromatprimer m / zinc chromate primer ‖ ⤙ion n / adion, adsorbed ion ‖ ⤙klebepapier n / pressure-sensitive adhesive paper ‖ ⤙kleber m (Bitumen) / bonding emulsion ‖ ⤙klebestoff, Selbstklebstoff m / pressure sensitive mass ‖ ⤙kraft f, -vermögen n, Haftung f / adherence, adherency, adhesion, adhesiveness, adhesive force o. power o. strength ‖ ⤙ladung f (Mil) / sticking charge ‖ ⤙magnet m für Anschlagtafeln / magnetic clamp ‖ ⤙masse f (Kabel) / non-draining compound, nd-compound ‖ ⤙mittel n, -vermittler n / bonding agent ‖ ⤙mittel n (Beton, Bitumen) / bonding additive, antistripping agent ‖ ⤙mittel n, Kleber m / adhesive agent, sticker ‖ ⤙mittelfinish n (Textilglas) / coupling finish ‖ ⤙öl n / adhesive oil ‖ magnetische ⤙platte / magnetic holding plate ‖ ⤙reibbeiwert m (Kfz) / coefficient of adhesion ‖ ⤙reibung f, Reibung der Ruhe / stiction, static friction

‖ ~relais *n* / locking relay, retentive type relay ‖
~schale *f*, -glas *n* / contact lens ‖ ~scheibe *f* / adhesive
disk ‖ ~scherfestigkeit *f* / adhesive shear strength ‖
~sitz *m* / wringing fit ‖ ~stelle, Fangstelle *f* (Halbl) /
trap, deathnium centre o. trap ‖ ~stelle *f*, Fangstelle *f*,
Trap *n*, Haftterm *m* (Halbl) / trap, deathnium center o.
trap ‖ ~strich *m* (Textil) / adhesive coat, tie coat ‖
~term *m*, metastabiler Term / metastable term ‖ ~term
m, Haftniveau *n* (Halbl) / trap level ‖ ~- und
Dehnversuch *m* / adhesion and cohesion in tension test,
adhesion and extension test
Haftung *f* (zwischen Beton u. Stahl) / bond ‖ ~ (Reifen) /
road grip ‖ beschränkte ~ / L.L., limited liability
Haft·verbrauch *m* (Relais) / consumption due to adherence
of contacts ‖ ~vermittler *m*, -mittel *n* / bonding agent ‖
~vermittler *m*, -mittel *n* (Textilglas) / coupling ‖
~vermögen *n*, -festigkeit *f* / adhesive force o. power o.
strength ‖ ~vermögen *n* (Sintern) / contact power ‖
~vermögen *n* von Isolier- o. Klebband / tackiness ‖
~wahrscheinlichkeit *f* (Nukl) / sticking probability ‖
~wasser *n* (Hydr) / contact moisture, retained water ‖
~wert *m* (Bahn) / coefficient of adhesion ‖ ~wirkung *f*
des Wischgummis (Kfz) / cling factor ‖ ~zugfestigkeit
f / adhesive pull strength ‖ ~-Zugfestigkeitprüfung *f* /
determination of adhesive strength
Hahn (pl: Hahnen; Hähne), Sperr-, Stich-, Schließ-,
Zapfhahn *m* / cock, stop-cock, plug-and-ball valve ‖ ~
(pl Hahnen, Hähne), Wasserhahn *m* / faucet, tap, cock
‖ ~ *m* (Gewehr) / hammer ‖ ~ für Schlauchanschluß /
hose tap ‖ ~ mit Stopfbuchse / gland cock ‖ ~ ohne
Stopfbuchse / glandless cock ‖ den ~ aufdrehen o.
öffnen / open the tap ‖ einen ~ abdrehen (o. zudrehen
o. schließen) / shut a faucet, turn off a faucet
Hähne und Ventile / cocks and valves
Hahnen·balken *m* (Zimm) / collar o. tie beam, top beam ‖
~tritt *m*, -trittmuster *n* (Web) / houndstooth [pattern o.
check]
Hahn·fassung *f* (Elektr) / keyholder o. -socket, switch
[lamp] holder o. socket ‖ ~fett *n*, -schmiere *f* / tap
grease ‖ ~galerie, Rampe *f* (Brenner) / gas float ‖
~gehäuse *n* / cock o. tap chamber
Hahnium *n* (OZ 105), Borium *n* / hahnium, bohrium
Hahn·kappe *f* (für Unterflurhydranten) (Straßb) / hydrant
case and lid ‖ ~kegel *m*, -küken *n* / cock o. faucet plug,
faucet key (GB) ‖ ~öffnung *f* / passage o. way of a
cock ‖ ~schlüssel *m* / plug key, tap wrench
Haidingerit *m* / haidingerite
Hainbuche, Hage-, Weißbuche *f* / common beech,
Carpinus betulus
HAIZY = Hamburger Isochron-Zyklotron
Häkel·galonmaschine *f* (Textil) / crochet galloon machine
‖ ~garn *n* / crochet thread o. wool o. silk o. cotton ‖
~maschine *f* / crochetting machine
häkeln (Textil) / crochet *v*
Häkelnadel *f* / hook needle
haken, ein-, fest-, zu-, anhaken / hook *v*
Haken *m* / hook, crook ‖ ~ (Hütt, Schm) / bracket ‖ ~,
Schließhaken *m* / clasp ‖ ~, Wandhaken *m* / wall hook
‖ ~, Klaue *f* / clutch ‖ ~, Nase *f* der Dachplatte / knob
of a tile, nib, cog, stud ‖ ~ (Glas) / pick ‖ ~ (für den
Hörer) (Fernm) / telephone switch hook ‖ ~ der
Dachrinne / brace o. bracket of a gutter ‖ ~ des
Querriegels (Schloss) / staple for the bolt ‖ ~ mit
Kausche / thimble hook ‖ ~abschlag *m* (Wirkw) / hook
release ‖ ~anker *m* (Großuhr) / anchor escape lever ‖
~anker *m* (Uhr) / anchor escape lever ‖ ~anschlag,
Voranschlag *m* (DIN) (Stanz) / trigger stop ‖ ~artig,
-förmig, Haken… / hooklike, hook-shaped, hooked ‖
~bahn *f* für Drahtringe / hook conveyor (for wire
coils) ‖ ~band, Kegelband *n* (Schloß) / loop and hook,
turning band o. joint ‖ ~blatt *n*, -kamm *m* (Zimm) /
hooklike halving, notching, scarf [joint], tabled scarf ‖
schräges ~blatt / French scarf [joint] ‖ ~eisen *n*,
Randkolben *m* (Glas) / trying iron ‖ ~flasche *f* (Kran) /

snatch block ‖ [sich] ~förmig biegen / hook *vi* ‖
~geschirr *n* (Kran) / hook tackle ‖ ~gliederkette *f* /
hook-link chain ‖ ~gurt *m* (F'wehr) / snap-hook belt ‖
~höhe *f* (Kran) / height of lift, H. of L., hook clearance
‖ ~kanter *m* (Walzw) / tilting fingers *pl* ‖ ~keil *m* / nose
key, foxwedge ‖ ~kette *f* / hook-ended sling, chain
sling [with hook] ‖ ~klemme *f* (DIN 81404) (für
Türen) / suspension catch for door hooks ‖ ~klemme *f*
(für Seile) / rope fastener, hook ‖
~kopfanstauchmaschine *f* / hammer bolt header ‖
~lasche *f* (Bahn) / hooked fish plate ‖ ~laschung *f*
(Zimm) / hook and butt scarf ‖ ~leiter *f* / hook ladder ‖
~meißel *m* (Stoßmaschine) / right angle [tool] ‖
~muffe *f* für Stative / hook connector for tripods ‖
~nadel *f* (Nähm) / hooked needle ‖ ~nadel *f* (Wirkm) /
spring o. beard[ed] needle, spring beard needle ‖
~nadel *f*, Spitzennadel *f* (Textil) / bearded needle ‖
~nadelleiste *f* (Textil) / hook-type pin bar ‖ ~nagel *m*,
[Wand]haken *m* / wall hook ‖ ~nagel, Schienennagel *m*
/ dog [headed] spike, rail spike ‖ ~pegel *m* (Hydr) /
hook gauge ‖ ~platte *f* (zwischen Schiene u. Schwelle)
(Bahn) / hooked tie plate, hooked sole plate ‖ ~riegel *m* /
hook bolt ‖ ~schalter *m* (Fernm) / gravity hook o.
switch ‖ ~schloß *n* / hook lock ‖ ~schlüssel *m* (für
Nutmuttern) (DIN 1810) / sickle spanner ‖ ~schlüssel
m für Kronenmuttern / sickle spanner for castle nuts ‖
~schlüssel *m* mit Nase / hook wrench ‖ ~schlüssel *m*
mit Zapfen / pin wrench ‖ ~schraube *f* (j-förmig
gebogen) / j-bolt ‖ ~schraube *f* (DIN 25192) / hammer-
head bolt, T-head bolt ‖ ~schraube *f* (mit halbem
Hammerkopf) (DIN 25192 B) / hook bolt ‖ ~schuh *m*
(Elektr) / hook terminal ‖ ~schütze *f* (Hydr) / hook type
sluice gate ‖ ~seil *n* / lifting rope with hook ‖
~sicherung *f* (Kran) / safety catch ‖ ~sprengring *m* /
hook spring ring, snap hook (US) ‖ ~stein *m* (Bau) /
toed voussoir ‖ ~stütze *f* (Fernm) / screwed pole
insulator bracket, hook-shaped insulator-bracket, swan-
neck-spindle ‖ ~stützen-Isolator *m* / swan-neck
insulator ‖ ~[um]schalter *m* (Elektr) / hook switch ‖
~vorläufer *m* (Kran) / hook tackle ‖ ~webmaschine *f* /
hook loom ‖ ~zahn, Wolfszahn *m* (Säge) / peg tooth,
gullet tooth ‖ ~zahnung *f* (Säge) / rake teeth, peg o.
gullet teeth ‖ ~zange *f* / hooked retracting forceps *pl* ‖
~zange *f* (Schm) / hooked tongs *pl*
hakiger Bruch / hackly fracture
HAL *n* (DV) / hard array logic, HAL
halb / half ‖ ~, halbiert / halved, by halves ‖ ~…,
semi… / demi-…, semi… ‖ ~e Ausschwingzeit (Akust)
/ half-intensity period ‖ ~ dunkel / dim ‖ ~es Kleeblatt
(Autobahn) / half clover-leaf intersection ‖ ~es
Kühlschrankgitter / cantilever o. half shelf ‖ ~er
Maschinengang / half cycle ‖ ~e Nietteilung / half
pitch ‖ ~e Nietteilung (versetzte Nietung) / staggered
pitch (rivet) ‖ ~er Normalstein (Hütt) / one-cut brick ‖
~ offen, angelehnt / half-open *adj*, ajar ‖ ~er
Parameter (Kegelschnitt) / semifocal chord ‖ ~e Periode
(Elektr) / alternation ‖ ~er Quartilabstand (Statistik) /
semi-interquartile range ‖ ~er Schnitt (Zeichn) / half
section ‖ ~e Spannweite (Luftf) / semispan ‖ auf ~er
Höhe / at half height ‖ ~abgekochte Seide / souple silk
‖ ~acetal *n* / hemiacetal ‖ ~achse *f* (Geom) / semiaxis ‖
~achse, Hinterachswelle *f* (DIN) / rear-axle shaft ‖
~addierer *m* (DV) / half adder, two-input adder ‖
~amtsberechtigte Nebenstelle / partially restricted
extension ‖ ~atlas *m* / satinet[te] ‖ ~automat *m* /
semiautomatic machine
halbautomatisch / semiautomatic, -automatical ‖ ~e
Landung (Luftf) / autoflare ‖ ~er Lenkstockschalter,
Rückstellschalter *m* (Kfz) / self-cancelling steering
column switch ‖ ~e Lochstreifenvermittlung (Fernm) /
semiautomatic reperforator switching ‖ ~er Ruf (Fernm)
/ machine key ringing, manually started ringing, semiautomatic ringing ‖ ~er Rundofen / circular enamelling
furnace ‖ ~es Vermittlungsamt (Fernm) /

semiautomatic exchange ‖ ~e **Weitergabeeinrichtung** (Luftf) / semiautomatic relay installation
halb·axial (Turbine) / semiaxial ‖ ~**axialer Läufer** (Pumpe) / semiaxial wheel ‖ ~**axiale Turbine**, Dériaz-Turbine f (Hydr) / Dériaz-type turbine ‖ ⌐**balanceruder** n (Schiff) / partially balanced rudder ‖ ⌐**balken** m / half beam ‖ ~**ballistisch** / semiballistic ‖ ~**-ballistischer Wiedereintritt** / lifting ballistic reentry ‖ ⌐**band** m (Rücken und Ecken) (Buch) / half binding o. bound ‖ ⌐**band** m (nur Rücken) (Buch) / quarter binding o. bound ~**beruhigt** (Stahl) / semikilled, semirimming, balanced ‖ ~**beweglich** / semiportable ‖ ⌐**bild** n (TV) / field, frame (GB) ‖ ⌐**bild** n (Stereo) / single frame (member of a stereograph) ‖ ⌐**bild** n (TV) / frame (GB) ‖ ⌐**bildaufzeichnung** f (TV) / suppressed field recording ‖ ⌐**bilddauer** f / field duration ‖ ⌐**bildfrequenz** f / field frequency ‖ ⌐**binder** m / half truss ‖ ⌐**block-Hydrolenkung** f (Kfz) / semi-integral power steering gear ‖ ⌐**bogen**, -kreis m (Math) / half the circumference, half-circle, hemicycle, semicircle ‖ ~**bogenförmig** (Bau) / semicircular ‖ ⌐**brett** n, -diele f / half chess o. plank ‖ ⌐**brücke** f (Elektr) / half bridge ‖ ⌐**byte** n (DV) / half-byte ‖ ~**chemisch** / semichemical ‖ ~**chemische Papiermasse** / semichemical paper pulp ‖ ⌐**-Containerschiff** n / semi-containership ‖ ~**continue…** (Textil) / semi-continuous ‖ ⌐**dach** n, Pultdach n / lean-to roof, pent[house] roof, monopitch o. shed (US) roof ‖ ⌐**damast** m / half damask ‖ ⌐**deckelkrempel** f, gemischte Karde / mixed card ‖ ~**deckend** (Färb) / semi-opaque ‖ ⌐**dieselmaschine** f / semi-Diesel [engine], mixed-cycle engine ‖ ⌐**dipol** m (Antenne) / half dipole ‖ ⌐**doppelscheibenrad** n / half-double disk wheel ‖ ⌐**dreher** m (Textil) / standard leno, half-cross leno, half twist ‖ ~**dunkel** / half dark, semidark ‖ ⌐**dunkel** n / semidarkness ‖ ~**duplex** (Fernm) / half-duplex (deprecated), simplex ‖ ⌐**duplexverfahren** n (bedingtes Gegensprechen) (Fernm) / semiduplex system, half-duplex traffic ‖ ~**durchlässig**, semipermeabel / semipermeable ‖ ~**durchlässige Schicht** / aquiclude, semipermeable horizon ‖ ⌐**[durch]messer** m (Nav) / semidiameter ‖ ~**durchscheinend** (Spiegel) / half-silvered ‖ ⌐**ebene** f (Math) / half-plane ‖ ~**echtes Wasserzeichen** (Pap) / impressed watermark ‖ ⌐**edelstein** m / semiprecious stone o. gem ‖ ~**elektrisch** / electrically assisted ‖ ~**elliptisch** / hemiellipsoidal ‖ ~**empirisch** / semi-empirical ‖ ~**erhaben** / enchased ‖ ~**erhabene Arbeit** / enchased work ‖ ⌐**fabrikat**, -erzeugnis, -fertigprodukt n / half-finished o. semifinished o. semimanufactured good o. product ‖ ⌐**fabrikatbestand** m / stock of half-finished products ‖ ⌐**färbezeit** f t₅₀, Standardfärbezeit f / half dyeing time, T₅₀ ‖ ⌐**feder** f (Kfz) / semielliptic spring ‖ ~**fein**, mittelfein / medium-fine ‖ ~**fertig** / rough- o. half-finished ‖ ⌐**fertigprodukt** n (Fabrik) s. Halbfabrikat ‖ ~**fett** (Buch) / bold[-faced] (type), heavy (space rule) ‖ ~**fette Kohle** / semibituminous coal ‖ ~**flach** (Walzw) / half-flat ‖ ~**flach** (Bergb) / gently inclined ‖ ⌐**-Flachbettfelge** f (Kfz) / semiflat-base rim, bibendum rim ‖ ⌐**flachdraht** m / flattened round wire ‖ ⌐**flachfelge** f (Kfz) / eccentric base rim ‖ ⌐**flächner** m, Hemieder n (Krist) / hemihedron ‖ ~**flüssig** / semiliquid, semifluid ‖ ~**flüssige Reibung** / mixed friction ‖ ⌐**format** n (Repro) / half-size ‖ ~**frei** (Elektronik) / quasi-free ‖ ~**freitragend**, zusätzlich abgestützt / semicantilever ‖ ~**freitragend** (Achse) / semifloating ‖ ~**frontal** / semifrontal ‖ ⌐**gangssperre** f (Masch) / two stop clutch ‖ ⌐**garn** n / mock-worsted ‖ ⌐**gas** n (Mot) / half gas, throttling down ‖ **mit** ⌐**gas** / at half throttle, with engine half throttled down ‖ ⌐**gasfeuerung** f (Keram) / half-gas firing ‖ ~**gebaut** (Kurbelwelle) / semibuilt-up ‖ ~**geblasen**, angeblasen (Bitumen) / semiblown ‖ ~**gebleicht** (Pap) / semibleached ‖ ~**gebrannter Ziegel** / semiburnt brick, burnover brick ‖ ~**gekreuzt**, halbgeschränkt (Riemen) / half-cross (GB),

quarter-turn (US) ‖ ~**geleimt** (Pap) / half-sized ‖ ~**gemuffelt** (Ofen) / semimuffle ‖ ~**geordnet** (Math) / partially ordered ‖ ⌐**gerade** f, Strahl m (Geom) / half-line, ray ‖ ~**geschlossen**, ventiliert (Elektr) / half-enclosed, semienclosed ‖ ~**geschlossene Nut** (Elektr) / half-closed o. -open slot, semiclosed slot ‖ ⌐**geschoß**, -stockwerk n (über dem Erdgeschoß) (Bau) / entresol, mezzanine ‖ ⌐**[geschoß]fenster** n, flämisches Fenster / mezzanine window ‖ ~**geschränkter Riementrieb** / half-cross (GB) o. quarter turn (US) belt drive ‖ ~**gesteuert** (Elektronik) / partially controlled ‖ ~**getaucht** / semi-immersed ‖ ⌐**geviert** n (Buch) / N quadrat, nut ‖ ⌐**gewebe** n (Buch) / half cloth ‖ ~**glänzend** (Pap) / egg-shell finished ‖ ~**glasiert** (Widerstand) / semi-vitreous ‖ ⌐**glied**, L-Glied n (Filter) / half section ‖ ⌐**gruppe** f, Monoid n (Math) / monoid ‖ ~**hart** / half-hard, medium hard ‖ ~**harte Hartfaserplatte** / medium fiber building board ‖ ⌐**häufler** m (Landw) / half-ridger ‖ ~**hermetischer Kompressor** (Kälte) / semi-hermetic compressor ‖ ⌐**hochdecker** m (Luftf) / aeroplane with midset wing ‖ ⌐**höhenspitzenbreite** f (Nukl) / full width at half maximum ‖ ⌐**hohlniet** m / semitubular rivet ‖ ⌐**hohlprofil** n / semi-hollow profile ‖ ⌐**holländer** m (Pap) / washer, washing o. breaking engine, breaker ‖ ⌐**holz** n / half-round timber ‖ ⌐**holz**, Kreuzholz n / scantling ‖ ⌐**[holz]balken** m / half beam o. timber ‖ ⌐**hydrat** n (Gips) / hemihydrate ‖ ⌐**hydratgips** m, Halbhydrat n (Bau) / hemihydrate [gypsum] plaster
halbierbar / divisible in two equal parts, bipartite
halbieren, in Hälften teilen / halve, cut in two ‖ ~ (Math) / bisect
halbierend / bisectional, bisecting
Halbierende f, Mittellinie f des Dreiecks (Math) / midline ‖ ⌐, Winkelhalbierende f / bisector, bisectrix, (esp:) bisecting line of an angle
halbiert, halb / halved, by halves ‖ ~, meliert (Gußeisen) / mottled
Halbierungs·fläche f / bisectional plane ‖ ⌐**punkt** m / mid-point
Halb·impuls m / half pulse ‖ ~**indirekt** (Licht) / semi-indirect ‖ ~**indirekt**, vorwiegend direkt / semidirect ‖ ~**industriell** / pilot… ‖ ⌐**[kamm]garn** n (Textil) / mock-worsted, half worsted, stocking yarn ‖ ⌐**kettenfahrzeug** n / half-track vehicle ‖ ⌐**kettgarn** n, Mediotwist m / medio-twist, mock-water ‖ ⌐**koks** m / semicoke ‖ ~**kontinuierlich** (Walzw, Färb) / semicontinuous ‖ ⌐**körner-Auslesemaschine** f (Landw) / broken-grains separator
Halbkreis, -bogen m (Math) / half the circumference, half-circle, hemicycle, semicircle ‖ ⌐**bahn** f (um einen Librationspunkt) (Raumf) / halo orbit ‖ ⌐**bogenfenster** n / semicircular window ‖ ⌐**bogensturz** m (Bau) / circular head o. lintel ‖ ⌐**deviation** f (Kompaß) / semicircular deviation ‖ ⌐**fehler** m (Radar) / semicircular error ‖ ⌐**-Fehlerkomponente** f (Radar) / constant direction error ‖ ⌐**fläche** f / area of the semi-circle ‖ ~**förmig** / semicircular ‖ **nach innen gewölbter** ⌐**fräser** / concave milling cutter ‖ **nach außen gewölbter** ⌐**fräser** / convex milling cutter ‖ ~**gewölbe** n / barrel o. annular o. tunnel o. wagon vault, straight-barrel vault
Halb·kreuz[riemen]trieb m / half-cross (GB) o. quarter turn (US) belt drive ‖ ~**kritisch** (PERT) / semicritical ‖ ⌐**kugel…**, halbkugelförmig / hemispheric[al] ‖ ⌐**kugel** f / hemisphere ‖ ~**kugelige Ölpfanne** [an einer Spindellagerung] (Instr, Uhr) / sink, oil sink ‖ ~**kugelig-zylindrisch** / hemisphero-cylindrical ‖ ⌐**kugellinse** f / semicircular lens ‖ ⌐**kugelpunkt** m, Ascheschmelzpunkt m / hemisphere temperature ‖ ~**kundenspezifisch** / semicustom ‖ ~**lang** / semilong ‖ ~**langgliedrig** (Kette) / semilong linked ‖ ⌐**last** f / half load ‖ ⌐**lastanlauf** m / half-load start ‖ ⌐**lederband** m (nur Rücken) (Buch) / quarter leather binding ‖ ⌐**leinen** n (Web) / union linen, cotton linen, half linen ‖ ~**leinen**

(Buch) / half-linen, half-cloth ‖ ⁓leinenband m (nur Rücken) / quarter cloth binding ‖ ~leinen-halbwollen / wincey, lincey-woolcey ‖ ~leitend / semiconducting Halbleiter m / semiconductor, intermetallic alloy ‖ ⁓ mit direktem Bandabstand / direct-gap semiconductor ‖ ⁓-Bildaufnahmeröhre f / photoconductive pick-up tube ‖ ⁓bildaufnehmer m / solid state image sensor, SSIS ‖ ⁓-Bildwandlerelement n / image converter semiconductor element ‖ ⁓-Detektor m (Nukl) / semiconductor detector ‖ ⁓diode f / semiconductor diode, diode semiconductor ‖ ⁓-Fangstelle f / semiconductor trap ‖ ⁓gleichrichter m / semiconductor rectifier ‖ ⁓gleichrichterdiode f / semiconductor rectifier diode ‖ ⁓-Injektionslaser m / semiconductor injection laser ‖ ⁓-Kühlelement n / semiconductor cooling element, heat sink ‖ ⁓laser m / semiconductor laser, junction laser ‖ ⁓-Lichtquelle f / semiconductor light source ‖ ⁓masse f, inneres Material / bulk of semiconductor ‖ ⁓oszillator m / solid-state source ‖ ⁓papier n (Phot) / semiconductor layer paper ‖ ⁓papiere n pl (Phot) / semiconductor papers pl ‖ ⁓photoelement n / semiconductor photocell ‖ ⁓photoschicht-Fernsehkameraröhre f (TV) / photoconducting camera tube ‖ ⁓[photo]zelle f / photo-resistive cell ‖ ⁓schalter m / static switch ‖ ⁓schütz n / semiconductor contactor ‖ ⁓speicher m / semiconductor memory ‖ ⁓sperrschicht f / barrier o. blocking o. depletion layer, resistive layer ‖ ⁓stromrichter m / semiconductor rectifier ‖ ⁓verstärker m / transistor amplifier ‖ ⁓-Wechselrichter m / semiconductor d.c.-a.c. inverter ‖ ⁓zone f / semiconductor region ‖ ⁓zone, Übergangszone f / semiconductor junction

Halb·linse f / split lens ‖ ~logarithmische Darstellung (o. (DIN): Schreibweise) / floating point notation o. representation, variable point representation ‖ ~logarithmisches Papier / ratio paper ‖ ~loses Packeis / brash ‖ ⁓maske f / half mask ‖ ~massiv / semisolid ‖ ~matt (Pap) / egg-shell o. English finish ‖ ~matt (Lack) / half-mat[te], half-matt, semi-dull ‖ ~matt (Keram) / semimat ‖ ⁓messer, Radius m / radius ‖ ⁓messer m belastet (Reifen) / loaded radius ‖ ⁓messer m unbelastet (Reifen) / unloaded radius (US), free radius ‖ ⁓messer m unter ruhender Last / static loaded radius ‖ ⁓metall (z.B. Arsen) / metalloid (e.g. arsenic) ‖ ⁓mikroanalyse f / semimicroanalysis ‖ ⁓mikromethode f / semimicro analysis ‖ ⁓mikrowaage f / half-micro balance ‖ ~mineralisches Pigment / metallo-organic pigment ‖ ⁓mond m (Masch) / crescent ‖ ~mondförmig, sichelförmig / crescent-shaped, lunate[d], lunulate, sickle shaped ‖ ~mondförmig geschnittenes Brillenglas / crescent shaped lens ‖ ⁓mondmeißel m / curved chisel ‖ ⁓mörtel m / poor mortar ‖ ⁓muschelglas n, Meniskenglas n (Opt) / meniscal lens, meniscus ‖ ⁓naßspinnmaschine f / half-dry spinning frame ‖ ⁓naßverfahren n (Hütt) / half-wet process o. treatment ‖ ~natürlich / seminatural ‖ ~offen, -geschlossen (Elektr) / half-enclosed, semienclosed ‖ ~offen (Schiffsdeck) / half-decked ‖ ⁓offenapparat m (Web) / half-open work appliance ‖ ⁓offenfach n (Web) / half open o. semi-open shed ‖ ~öffentlich (z.B. Ausgaben) / semipublic ‖ ⁓oktave f / one-half octave ‖ ⁓ordnung f (Math) / partially ordered set ‖ ⁓parabelträger m / semiparabolic girder ‖ ⁓parkett n (Bau) / cased floor ‖ ⁓periode f, Wechsel m (Elektr) / half period, half cycle, alternation ‖ ⁓pfeiler m, Wandpfeiler m (Bau) / pilaster, wall pillar ‖ ⁓platinenwerk n (Uhr) / half plate ‖ ⁓pneumatik... / semipneumatic ‖ ⁓podest m n (Bau) / quarterpace landing ‖ ~polar, semipolar / semipolar ‖ ~polare Bindung (Chem) / dative bond, co-ordinate bond, semipolar bond ‖ ~polare Doppelbindung (Chem) / semipolar double bond ‖ ⁓portalkran m / semiportal crane, one-legged gantry crane ‖ ⁓porzellan

n / semichina ‖ ⁓quadrat n, Ausschließung f auf ein halbes Geviert (Buch) / N o. en-quad[rat], nut ‖ ~raffiniert / semirefined ‖ ⁓raum m (Phys) / half-space ‖ ~regelmäßiger Veränderlicher (Astr) / semiregular variable ‖ ⁓reinhanf m / raw hemp ‖ ⁓relief n, halberhabene Arbeit / low relief, bas-relief ‖ ⁓röhrenkessel m / semitubular boiler ‖ ⁓rohrschlange f / half pipe coil jacket

halbrund / half-round, semicircular ‖ ~e Dachrinne / semicircular gutter ‖ ~e Feile, flache Form / [flat] half round file ‖ ~e Feile, normale Form / full half round file ‖ ~e Feile, schmale Form / half-round file, narrow shape ‖ ~ geschnitten (Furnier) / half round cut ‖ ~es Oberlicht / fanlight ‖ ~er Setzstempel, -hammer (Schm) / top fuller ‖ ~e Stereoplatte f (Buch) / cylindrical stereo ‖ ⁓blechschraube f / round head tapping screw ‖ ⁓-Formfräser m / convex milling cutter ‖ ⁓-Formfräser m konkav / concave milling cutter ‖ ⁓holzschraube f / round head wood screw ‖ ⁓kernnagel m (DIN 1476) / grooved drive stud, round head, round head grooved pin ‖ ⁓kopf m (Masch) / cup o. round head, button head (US) ‖ mit ⁓kopf und Vierkantansatz / mushroom head square shank, cup square head ‖ ⁓niet m n für Kesselbau / round head rivet ‖ ⁓niet m n für Maschinenbau / mushroom head rivet ‖ ⁓-Ringfeile f / half-round ring file ‖ ⁓schneidschraube f / round-head tapping screw ‖ ⁓schraube f / half-round o. button-headed screw ‖ ⁓schraube f mit flachem Kopf / binding head screw (US) ‖ ⁓schraube f mit Nase / round head nib bolt ‖ ⁓stahl (Hütt) / half-round bar, half-rounds pl ‖ abgeflachter ⁓stahl / flat half-round steel

halb·salzig, brackig (Wasser) / brackish ‖ ⁓samt m / loop velvet, uncut velvet ‖ ⁓säule f (Bau) / semicolumn, embedded o. engaged column o. shaft ‖ ⁓schale f (Masch) / shell ‖ ⁓schalenbauweise f (Luftf) / semimonocoque design ‖ ⁓schatten m (Phys) / half-shadow, half-shade, penumbra ‖ ⁓schatten m (Astr) / incomplete shadow ‖ ⁓schattenapparat m (Opt) / half-shadow apparatus o. analyzer ‖ ⁓schattenplatte f (Opt) / half-shade plate ‖ ⁓scheibe f (Lager) / half-thrust washer ‖ ⁓scherenstromabnehmer m / single-arm pantograph ‖ ⁓scherentrenner m (Elektr) / one-leg pantograph disconnector ‖ ⁓schlichtfeile f / middle [cut] file ‖ ~schnittig (Zuck) / semislicing ‖ ⁓schott n (Schiff) / partial bulkhead ‖ ~schräger Abzweig (Abwasser) / Y-branch ‖ ⁓schranke f (Bahn) / half way gate o. barrier ‖ ⁓schritt m (DV) / half cycle ‖ ⁓schritt m (Schreibm) / half space ‖ ⁓schritt-Taste f (Schreibm) / half space key ‖ ⁓schwingung f / semioscillation ‖ ⁓seide f / silk mixed with cotton, union silk, half-silk ‖ ~seidener Damast / damask cuffard ‖ ~seidener Samt / union velvet (silk face and cotton back) ‖ ~seidenrips m / half-silk rep ‖ ~selbständige Entladung / semi-self-maintained discharge ‖ ~selbsttätig / semi-automatic ‖ ⁓sicht[barkeit] f (Astr) / dichotomy ‖ ~sinusförmig / half-sine... ‖ ⁓sinusimpuls m / half-sine shock pulse ‖ ⁓sinusversus-Impuls / [haver]sine shock pulse, half-versed sine pulse ‖ ⁓sparren m, Schiftsparren m (Zimm) / dwarf o. jack rafter ‖ ~sphärisch / semispherical ‖ ⁓spule f (Elektr) / half coil ‖ ⁓spur f (Magn.Bd) / half track ‖ ~stabil / semistable ‖ ⁓stamm m (Landw) / half standard ‖ ~starr (Luftf) / semirigid, half-rigid ‖ ~steil (Bergb) / semisteep ‖ ⁓steinmauer f / half-brick wall, four-inch wall ‖ ~steinstark (Bau) / half-brick [thick] (4 1/2 in.) ‖ ~stetig (Math) / semicontinuous ‖ ⁓stoff m, Halbzeug n / half o. intermediate o. first stuff ‖ ⁓stoff m aus Getreidestroh / straw pulp ‖ ⁓stoff m aus Hadern / rag pulp ‖ ⁓stoffholländer, -zeugholländer m (Pap) / washer, washing o. breaking engine, breaker ‖ ⁓strahl m (Phys) / half ray ‖ ⁓streuwinkel m (Scheinwerfer) / one-half peak divergence o. peak spread ‖ ⁓streuwinkel m (Opt) / half angle of dispersion ‖

halb

⁻stufe f (Raumf) / half-stage ‖ ⁻subtrahierer m (DV) / half-subtracter, one-digit subtracter ‖ ~synthetisch (Sprachsynthese) / halfsynthetical ‖ ⁻tagsarbeit f / part-time work ‖ ⁻taucher m (Bohrplattform) / semi-submersible floating platform, semisubmersible drilling jig o. drilling unit ‖ ~technisch (Chem) / semicommercial, semi-industrial ‖ ⁻teigig (Hütt) / high temperature semi-plastic ‖ ⁻terpen n (Chem) / hemiterpene ‖ ⁻tidehafen m / half-tide basin ‖ ⁻tiefbettfelge f / semi-drop center rim, SDC ‖ ⁻ton m (Akust) / semitone ‖ ⁻ton m (Buch) / halftone, continuous tone ‖ 1/100 ⁻ton (Musik) / cent ‖ ⁻tonätzung f, Autotypie f (Buch) / photoengraving, photoetching ‖ ⁻tonbild n (Repro) / continuous-tone image

Halbton·-Bildtelegraphie f, (spez:) Bildfunk m / telephotography

Halb·ton-Verfahren n (Buch) / half-tone etching o. block ‖ ~torischer Querschnitt (Linse) / half-toric section ‖ ⁻torkran m / semiportal crane ‖ ⁻tourenkupplung f / two stop clutch ‖ ⁻tourschloß n / half turning lock ‖ ⁻tränkung f (Straßb) / semi-grouted o. -penetration surfacing ‖ ~transparent / semitransparent ‖ ~trocken / half-dry ‖ ⁻trockenverfahren n (Zement) / mixed method o. process ‖ ~trocknend (Öl) / half-drying ‖ ⁻tür f / half-door ‖ [untere] ⁻tür (Bau) / hatch ‖ ⁻umwandlung f / halfway transformation ‖ ~unabhängige Zungen f pl (Bahn) / semi-independent point tongues pl ‖ ~-und-halb, zu gleichen Teilen / half-and-half ‖ ⁻unterflur... / semi-flush mounted ‖ ~verschlossen (Seil) / half-lock coil... ‖ ~verschlossenes Drahtseil / half locked rope ‖ ⁻versenkniet m / half-countersunk rivet ‖ ~versenkt / half-countersunk ‖ ~versenkte Schiebebühne (Bahn) / half-sunk traverser ‖ ⁻-Volltastatur f (DV) / semifull keyboard ‖ ⁻wählstrom m (DV) / half select current ‖ ⁻wählsystem n (Fernm) / semiautomatic system ‖ ⁻walm m, Krüppelwalm m / shread head, jerkin head ‖ ⁻walmdach n (Bau) / false o. half o. partial hip roof ‖ ⁻ware f (Fabrik) / half-finished good o. product ‖ ~warm / semicold ‖ ⁻warmumformen n / warm heading ‖ ⁻warmumformer m / warm former ‖ ⁻wassergas n / semiwater gas ‖ ~weich / medium soft ‖ ⁻welle f, Lambda-Halbe f / half-wave ‖ ⁻wellenantenne f / half-wave antenna ‖ ⁻wellendipol m / half-wave dipole ‖ ⁻wellengleichrichter m (Elektr) / half-wave o. single-wave rectifier ‖ ⁻wellensinus m / half-wave sine ‖ ⁻wellenübertragung f (Elektr) / half-wave transmission ‖ ⁻wende f (Strumpf) / first o. inner welt ‖ ⁻wert m / half-value ‖ ⁻wert m (Schwingung) / half-amplitude

Halbwerts·breite f, Peak-Halbwertsbreite f / full width at half-maximum, fwhm, half intensity width ‖ ⁻breite f (Spektralanalyse) / half-width value ‖ ⁻breite f (Antenne) / lobe width ‖ ⁻breite f (Akustik) / 3dB-bandwith, bandwith 50% down ‖ ⁻dicke f / half-value thickness, half-thickness ‖ ⁻impulsbreite f / half-power points pl ‖ ⁻schicht f, HWS,s (Nukl) / half-value layer, HVL ‖ ⁻tiefe f, HWT (Röntgen) / half-value depth, HVD, o. thickness, HVT ‖ ⁻zeit f, Halbwertzeit f der Radioaktivität, HWZ (Nukl) / half-life value, [radioactive] half-life, half[-value] period, period of decay ‖ ⁻zeit f des Atomaustausches [bei Reaktionen] (Chem) / half-time of exchange

Halb·wölber m (Bau) / shallow arch brick, side arch brick ‖ ⁻wölber m (Hütt) / half-wedge brick ‖ ⁻wollchromfarbstoff m / union chrome dye ‖ ⁻wolle f / half wool ‖ ~wollenes Grobgewebe / tiretaine ‖ ⁻wollgarn n (Spinn) / union yarn ‖ ⁻wollgewebe n, -stoff m / union fabric, half-woollen fabric o. cloth ‖ ⁻wollstoff m, -ware f, Mischgewebe n (Web) / union ‖ ⁻wort n (DV) / half-word, (IBM:) segment ‖ ⁻worteinrichtung f / segmented word feature ‖ ~zahlig (Spinn) / half-integral ‖ ⁻zeile f (TV) / half line ‖ ⁻zeilenimpuls m, Ausgleichsimpuls m (TV) / equalizing

pulse ‖ ⁻zelle f (Elektr) / half cell o. element ‖ ⁻zellstoff m / semichemical paper pulp ‖ ⁻zellstoff-Herstellung f / semichemical pulping ‖ ⁻zellstoffkocher m / digester for semichemical pulping ‖ ⁻zeug n (Handel) / half-finished o. semifinished products o. goods pl ‖ ⁻zeug n (Alu) / wrought products pl ‖ ⁻zeug n (Pap) s. Halbstoff ‖ ⁻zeug n für Röhren / tube rounds pl ‖ ⁻zeugputzerei f (Hütt) / bloom conditioning yard, semi-product conditioning department ‖ ⁻zeugwalzwerk n / rolling mill for semi-finished products ‖ ⁻zinn n / base tin ‖ ~zölliges Brett / half-[inch] plank ‖ ⁻zyklus m / half cycle

Halde, Gruben-, Berghalde f (Bergb) / waste dump o. heap o. tip, dump, tip, stockpile ‖ auf ⁻ bringen (Bergb) / bank out

Halden·abfall, Abgang m (Bergb) / tailings pl (GB), tail[s pl] (US) ‖ ⁻abzugsband n / reclaiming belt conveyor ‖ ⁻arbeiter m / worker on the dump ‖ ⁻aufzug m / dump hoist ‖ ⁻belader m / stockpile stacker ‖ ⁻berge m pl (Bergb) / deads pl, rocks pl, attle ‖ ⁻berge m pl (vom Beräumen) / rubbish from the dump ‖ ⁻bestand m / tonnage of piled coal ‖ ⁻brand m (Bergb) / fire bank ‖ ⁻erz n / ore from tailings, dump ore, waste heap ore ‖ ⁻gerät n (Bergb) / stockpiling machine ‖ ⁻kohle f / stock coal ‖ ⁻koks m / stock coke ‖ ⁻rutsch m (Bergb) / dump slip ‖ ⁻schlacke f / cast-away slag ‖ ⁻seilbahn f / dumping ropeway o. cableway ‖ ⁻verladung f / reclaiming from dump stocks

Halfa f, Stipa tenacissima / alfa [grass]

Half-Cheese-Antenne f / half-cheese antenna

Hälfte f / half ‖ ⁻ eines Doppelkegels, einfacher Kegel / nappe of a cone ‖ ⁻ eines Papierformats (Buch) / folio, half size ‖ die ⁻ weniger / half less

Halid n / halide, halogenide

Halit m, Steinsalz n (Min) / halite, common o. rock-salt

Hall m / reverberation ‖ ⁻abstand m (Akustik) / critical range ‖ ⁻anker m, Patent- o. stockloser Anker (Schiff) / stockless anchor ‖ ⁻anteil m / degree of reverberation ‖ ⁻beweglichkeit f / Hall mobility

Halle f, Saal m / hall ‖ ⁻, Fabrik-, Bahnhofshalle f / hall ‖ ⁻, Saal m / room (esp.: appropriated to some purpose) ‖ ⁻ (Walzw) / bay, shop ‖ aufblasbare ⁻ / inflatable hall, airhouse (US)

Hall·effekt m / Hall effect ‖ ⁻effekt-Bauelement n / Hall-effect component ‖ ⁻element n (Elektronik) / Hall element

Hallen·bad n / [indoor] swimming pool ‖ ⁻binder m / roof truss of a hall

hallend, schallhart / reverberant, reverberative

Hallen·feld n, Arbeitsfeld n (Luftf) / bay ‖ ⁻vorfeld n (Luftf) / apron

Hall·erde f (Salzton) (Geol) / saliferous o. salt clay ‖ ⁻generator m / Hall generator

hallig (o. schallhart) machen (Akustik) / liven

Halligkeit f (Akustik) / liveness

Hall·ionentriebwerk n (Raumf) / Hall-ion thrustor ‖ ⁻-Koeffizient m / Hall coefficient

Halloysit m (Min) / halloysite

Hall·plättchen n / Hall plate ‖ ⁻platte f (Akustik) / plate reverberator ‖ ⁻raum m (o. Echo- o. schallharter Raum) (Akustik) / live room, reverberation o. echo chamber o. room ‖ ⁻sonde f / Hall probe ‖ ⁻strom-Plasmabeschleuniger, -strombeschleuniger m (Raumf) / Hall-current accelerator ‖ ⁻-Verfahren n (Alu-Elektrolyse) / Hall process

Hallwachs-Effekt m (Elektronik) / Hallwachs effect

Halm m (Bot) / blade ‖ ⁻bruchkrankheit f, Cercosporella herpotrichoides (Landw) / eyespot of cereals, root rot, stem break (US) ‖ ⁻früchte f pl, Getreide n / cereals pl, grain ‖ ⁻teiler m (Landw) / outer divider

Halo m (Astr) / halo ‖ ⁻chemie f / chemistry of salts ‖ ⁻chromie f (Färb) / halochromism, halochromation ‖ ⁻effekt m (TV) / halation, halo effect ‖ ⁻form n (als Sammelname) / haloform

Halogen *n* / halogen ‖ ⁎... / halo-, halogen... ‖ ⁎**alkyl** *n* / alkyl halide ‖ ⁎**-Glühlampe** *f,* -lampe *f* / halogen bulb ‖ ~**haltig** / halogenated ‖ ⁎**id** *n* (Metallverbindung des Halogens) / halide, halogenide ‖ ⁎**id** *n* s. auch Halogenkohlenwasserstoff ‖ ~**isieren** / halogenate ‖ ⁎**[is]ierung** *f* / halogenation ‖ ⁎**karbonsäure** *f* / halo acid ‖ ⁎**kohlenwasserstoff** *m* / halogenated hydrocarbon ‖ ⁎**lecksucher** *m* (Vakuum) / halide leak detector ‖ ⁎**-Nebelscheinwerfer** *m* / halogen foglamp ‖ ⁎**scheinwerfer** *m* / halogen headlamp ‖ **Behandlung mit reagierenden** ⁎**silanen** / halosilane reaction treatment ‖ ⁎**wasserstoffabspaltung** *f* / dehydrohalogenation ‖ ⁎**wasserstoffsäure** *f* / halogen hydracid, haloid acid, hydrogen halide ‖ ⁎**zählrohr** *n* / halogen-quench Geiger tube

Halo·id *n,* Halogenid *n* / halogenide, halide ‖ ⁎**meter** *n* / halometer, brine gauge o. poise, salinometer ‖ ⁎**metrie,** Salzgehaltsmessung *f* / halometry

Halon *n* (Löschmittel) / halon [extinguishing agent], halogenated hydrocarbon ‖ ⁎**feuerlöscher** *m* / halon fire extinguisher ‖ ⁎**-Raumschutzanlage** *f* / fire extinguishing total flooding system using halon

halo·phil / halophilic, -philous ‖ ~**phob** / halophobic ‖ ⁎**phyten** *pl* (Bot) / halophytes *pl* ‖ ⁎**silan** *n* / halosilane ‖ ⁎**trichit,** Keramohalit *m* (Min) / halotrichite, feather o. iron alum

Hals *m* / collar, neck ‖ ⁎ (Flasche) / neck ‖ ⁎, Kehle *f* / throat ‖ ⁎ (Geige) / neck of the violin ‖ ⁎ **der Bessemerbirne** / neck o. nose of a converter ‖ ⁎ **der Fernsehröhre** / neck of a television tube ‖ ⁎ **einer Welle,** Wellenhals *m* / neck o. throat of a shaft ‖ ⁎ **eines Isolators** / ring of an insulator ‖ ⁎**abschattung** *f* (Kath.Str.Röhre) / neck shadow ‖ ⁎**backenwerkzeug** *n* (Plast) / neck moulding cavity ‖ ⁎**bildung** *f* (Sintern) / bridge formation ‖ ⁎**bindung** *f* (Elektr) / neck groove binding ‖ ⁎**brett** *n* (Web) / collar board ‖ ⁎**lager** *n* (Masch) / bearing for the upper gudgeon of an upright shaft, neck [journal] bearing, top step ‖ ⁎**lager der Spindel** (Textil) / spindle bolster o. collar ‖ ⁎**linse** *f* (eine Metalldichtung) (Bahn) / lens-shaped joint ‖ ⁎**mikrophon** *n* / Lavalier microphone ‖ ⁎**rille** *f* (Isolator) / neck groove ‖ ⁎**-Schneidrad** *n* (für Verzahnung) / hob type vertical gear generator ‖ ⁎**senker** (mit zylindr Schaft) / counterbore ‖ ⁎**stutzen** *m* (Behälter) / neck of a tank ‖ ⁎**wolle** *f* / necks wool ‖ ⁎**zapfen** *m* (senkrechte Welle, Masch) / neck collar journal, upper gudgeon of an upright shaft

Halt *m,* [Hand]griff *m* / hold-fast, hold, holder ‖ ⁎, Unterstützung *f* / support, rest, mainstay ‖ ⁎, Anhalten *n* in einer Bewegung / dwell ‖ ⁎, Ab-, Unterstützung *f* / mainstay ‖ ⁎ ! / stop! ‖ **das Signal auf** ⁎ **stellen** (Bahn) / stop the block signal ‖ ⁎**anzeige** *f* (DV) / halt indicator

haltbar, dauerhaft, abnutzungsfest / durable, lasting, made to last ‖ ~, stark / firm, strong, solid, stable, fast ‖ ~, fest / substantial, firm, sound ‖ ~, dauerhaft (Färb) / fast, lasting ‖ ~ (Stoff) / serviceable ‖ ~ **bis...** / best before..., sell by and best before... ‖ ~ **gemacht** / preserved

Haltbarkeit *f,* Festigkeit *f* / consistency, solidity, firmness ‖ ⁎, Ausdauer *f* / endurance ‖ ⁎, Lebensdauer *f* / life, durability, durableness, wear ‖ ⁎, Dauerhaftigkeit *f* / stability, permanency ‖ ⁎, Lagerfähigkeit *f* / storage stability, preservability ‖ ⁎ **im Betrieb** / service durability, work life ‖ ⁎ **von Farben** / permanency of colours ‖ ⁎ **von Waren** / keeping quality ‖ ⁎ **von Werkstoff** / wearing resistance

Haltbarkeitsdauer, [geforderte] ⁎ (Repro) / continuous durability

Haltbarkeits·prüfung *f* / stability test[ing]

haltbar·machen, vor dem Verderb schützen / preserve ‖ ~**machen,** sterilisieren (Lebensmittel) / process ‖ **eine Farbe** ~**machen** / fix a colour ‖ ⁎**machung** *f* des Holzes / preservation of wood, preserving timber o. lumber

Halt·bedingung *f* (DV) / stop condition ‖ ⁎**-Befehl** *m,* Stopp-Befehl *m* / stop action ‖ ⁎**befehl** *m* (DV) / halt instruction, stop instruction

Halte·anode *f* (Gleichr) / holding anode ‖ ⁎**anode,** Erregeranode *f* (Röhren) / excitation anode, keep-alive anode ‖ ⁎**bahnhof** *m* / stopping station, stop-off point (US) ‖ ⁎**bereich** *m* (TV) / retaining zone, retention range, locking o. hold range ‖ ⁎**bremsung** *f* (Bahn) / braking to stop ‖ ⁎**bucht** *f* (Straß) / bus bay ‖ ⁎**bügel** *m* **an Kaimauern** / wharf shackle ‖ ⁎**code** *m* (Lochstreifen) / stop code ‖ ⁎**dauer** *f* (Hütt) / soaking time, holding period ‖ ⁎**eingang** *m* (Elektronik) / holding input ‖ ⁎**-Ende** *n* **des Schmiedestücks** / bar hold ‖ ⁎**feder** *f* / retaining spring ‖ ⁎**form** *f* (Bolzen) / gripping form ‖ ⁎**gestell** *n* (Luftf) / docking gear ‖ ⁎**griff** *m* (Kfz) / supporting strap ‖ ⁎**kappe** *f* / holding cap o. cover ‖ ⁎**keil** *m* eines Bolzens, einer Feder / retainer lock ‖ ⁎**kette** *f* **für Vorstecker** / pin chain ‖ ⁎**klammer** *f,* -bügel *m* / fixing o. holding o. retaining clip o. clamp ‖ ⁎**klinke** *f* / detent latch ‖ ⁎**kontakt** *m* / holding contact ‖ **ohne** ⁎**kontakt** (Relais) / non-locking ‖ ⁎**kraft** *f* (Steckverbinder) / retention force ‖ ⁎**kraft** *f* **der Bremse** / brake holding load ‖ ⁎**kreis,** Fangkreis *m* (Fernm) / interception circuit ‖ ⁎**kreuz** *n* (Festmacher) / cross pole ‖ ⁎**magnet** *m* / no-work magnet

halten *vt,* festhalten / hold *vt,* keep ‖ ~, ergreifen / grip, hold ‖ ~, zurückhalten / keep, detain ‖ ~ *vi,* standhalten *vi,* aushalten *vi* / resist, hold ‖ ~, anhalten *vi* / stop ‖ ~ (Farbe) / hold *vi,* adhere ‖ ~, tragen / support, sustain, retain, uphold, carry ‖ ~, aushalten / last, endure ‖ ~, nicht zerreißen / hold, withstand, last ‖ ~, haften (Leim) / hold, stick ‖ ⁎ *n* (z.B. Gleichgewicht) / holding (e.g. equilibrium) ‖ ⁎ (Hütt) / holding the temperature ‖ **auf der Stelle** ~ / stop outright ‖ **den Druck** ~ / hold the pressure ‖ **ein Relais [unter Spannung]** ~ / keep excited, hold a relay ‖ **sich** ~ **[an],** einhalten / keep [to] ‖ **sich gut** ~ / preserve *vi* ‖ **sich [gut o. schlecht]** ~, [gut o. schlecht] haltbar sein / wear

haltend, tragend / carrying

Halte·platte, Tragplatte *f* / mechanism plate ‖ ⁎**platte** *f* (Nähm) / rib ‖ ⁎**platte** *f* (für Metall-Einspritzteile) (Plast) / latch plate, retaining plate ‖ ⁎**punkt** *m,* Umwandlungspunkt *m* (Hütt) / critical point, Ac-point, transformation point, arrest o. change o. recalescence point ‖ ⁎**punkt** *m,* Zielpunkt *m* (Mil) / point aimed at, point of aim ‖ ⁎**punkt** *m* (Geom) / point of regression ‖ ⁎**punkt** *m,* Stützpunkt *m* / supporting point ‖ ⁎**punkt** *m* (Bahn) / halt, stop ‖ ⁎**punkt** *m* (Destillation) / stop point ‖ ⁎**punkt** *m* **auf der Erstarrungskurve** (Hütt) / arrest o. Ar-point ‖ ⁎**punkt** *m* **der Schmelzkurve** (Hütt) / Ac-point ‖ ⁎**punktbestimmung** *f* (Hütt) / dilatometry, critical point determination ‖ ⁎**punktbetrieb** *m* (DV) / halt point mode ‖ ⁎**punktwecker** *m* (DV) / halt prompter

Halter *m* / rest, support ‖ ⁎ (z.B. für Schranktüren) / flap stay ‖ ⁎, Griff *m* / handle ‖ ⁎, Gestell *n* / holder ‖ ⁎ (Masch) / retainer ‖ ⁎ (von Luftfahrzeugen) / operator ‖ ⁎ **für Füße u, Hände** / foot and hand holds *pl*

Halte·relais, (jetzt:) Haftrelais *n* / locking relay, retentive-type relay ‖ ⁎**riemen** *m,* -schlaufe *f* / arm strap ‖ ⁎**ring,** Tragring *m* / supporting ring ‖ ⁎**ring,** Rückhaltering *m* / retaining ring ‖ ⁎**ring** *m* **der Schmiedezange** / retainer ring of blacksmith's tongs ‖ ⁎**rohr** *n* / stay tube

Halterung *f,* Befestigung *f* / fixing o. holding device, mounting ‖ ⁎, Träger *m* / carrier, strap ‖ ⁎ (Wellenleiter) / mount

Halterungs·effekt *m* (Magnetfeld) / confinement effect of a magnetic field

Halte·schlaufe *f* / arm strap ‖ ⁎**schlaufe** *f,* Tragschlaufe *f* (z.B. Photoapparat) / hand strap (e.g. for cameras) ‖

⮫schraube f / locking screw, holding o. hold-down screw ‖ ⮫schraube, Sicherungsschraube f / safety o. securing screw ‖ ⮫seil n / back-up line ‖ ⮫seil, Verankerungsseil n / guy o. stay rope ‖ ⮫seil n (Greifer) / holding rope ‖ ⮫sicherheitsfaktor m / safety factor for holding ‖ ⮫spannung f (Relais) / withstand voltage ‖ ⮫sperre f / holding interlock ‖ ⮫spule f (Elektr) / hold-on coil ‖ ⮫stange f, Verriegelungsstange f / stay bar ‖ ⮫stein m, Paßstück n (Schm) / dowel o. peg of a die ‖ ⮫stelle f, -punkt, -platz m / halt, station, stopping place ‖ ⮫stellenmarkierung f (Strangpressen) / stop mark, bamboo ring ‖ ⮫stellung f (Fernm) / hold-over position ‖ ⮫stift m / positioning pin ‖ ⮫stift, Arretierstift m / retention pin ‖ ⮫stift m (Form, Gieß) / moulder's pin, melter's pin ‖ ⮫stift, Schnappstift m / locking pin ‖ ⮫stift m (Gieß) / moulder's pin, melter's pin ‖ ⮫strahl m (Kath.Str) / holding beam ‖ ⮫strahlerzeuger m (Röhre) / holding gun ‖ ⮫strom m (Fernm) / holding current ‖ ⮫strom m (Relais) / retaining current ‖ ⮫strom m (Thyristor) / holding current ‖ ⮫strom m (Kabel) / withstand current ‖ ⮫stromkreis m / retaining circuit, hold[ing] o. locking o. maintenance circuit ‖ ⮫taste f (Fernm) / holdover key ‖ ⮫tau n, -trosse, -leine f (Schiff) / mooring rope ‖ ⮫trommel f (Greifer) / holding drum ‖ ⮫verbot n (Straßb) / clearway!, standing and parking prohibited, no stopping! ‖ ⮫vorrichtung f, Tragvorrichtung f / carrying device ‖ ⮫vorrichtung f, Halter m / clip, holdfast, holding device, holder ‖ ⮫vorrichtung f (fixierend) / locating device ‖ ⮫vorrichtung f (einschnappend) / trip, catch ‖ ⮫vorrichtung für den Förderkorb (während des Be- und Entladens) (Bergb) / bearing-up stop ‖ ⮫vorvakuumpumpe f / holding vacuum pump ‖ ⮫wendel f (Kabel) / reinforcement helix ‖ ⮫wicklung f (Elektr) / restraining coil ‖ ⮫zange f für Ventilfederteller / valve cotter plier ‖ ⮫zeit f / stop o. rest period, retardation time ‖ ⮫zeit f (des Hochvakuums), Stay-down-Zeit f / stay-down time ‖ ⮫zeit f, Stillstandszeit f / dwell time, holding time ‖ ⮫zeit f (Hütt) / holding time ‖ ⮫zeit f, -dauer f (Sintern) / soaking time ‖ ⮫zeit f, Umwandlungsbereich m (Hütt) / critical range, transformation time ‖ ⮫zeit f des Hochvakuums / stay-down-time

...haltig / containing / ~ (Bergb) / bearing

Halt·instruktion f (DV) / breakpoint instruction, halt o. stop instruction ‖ ⮫linie f (Straßb) / stop line ‖ ⮫machen, stoppen / stop, come to a stop ‖ ⮫scheibe f für Rangierfahrten (Bahn) / stop signal disk ‖ ⮫signal n (Bahn) / stop[ping] signal, stop light, "on" signal ‖ ⮫stellung f, Haltebegriff m (Bahn) / stop position (of the signal)

Haltung f, Stellung f / attitude ‖ ⮫ (Schleusenbau) / level, reach of a canal ‖ unnatürliche (o. verkrampfte) ⮫ (z.B. bei Montage) / constrained position

Haltungs·länge f (Hydr) / reach length of a canal ‖ ⮫tor n (Hydr) / gate of the upper reach of a waterway

Haltzylinderpresse f, Stoppzylinderpresse f (Buch) / stop cylinder press

Häm n / h[a]eme, proto-, ferroheme, reduced h[a]ematin[e]

Hämatimeter n, Hefezählvorrichtung f / yeast counting apparatus

Hämatin, [Hydr]oxyhämin n / h[a]ematin[e]

Hämatit m (Min) / h[a]ematite, iron glance, kidney ore ‖ brauner ⮫, Limonit m / limonite ‖ [erdiger] ⮫ (Min) / reddle, red ochre ‖ roter ⮫ / red oxide of iron, bloodstone, oligiste ‖ ⮫beton m / h[a]ematite concrete ‖ ⮫eisen n / h[a]ematite iron, oligiste iron ‖ ⮫roheisen n / h[a]ematite pig iron

Hämatokrit-Kapillare f / hematocrit capillary

Hämatoxylin n (für Zellfärbungen) (Chem) / h[a]ematoxylin

Hambergit m (Min) / hambergite

Hamen m, Angel f (Sense) / handle-end ‖ ⮫ (Feile) / tang

Hametag-Pulver n (Sintern) / eddy-mill powder

Hamilton·-Operator m (Nukl) / Hamilton[ian] operator, Hamiltonian ‖ ⮫sches Minimum-Verfahren (Regeln) / min-H-strategy

Hämin n / h[a]emin

Hammel·talg m / mutton fat ‖ ⮫wolle f / wether's wool pl, ewe's wool

Hammer m / hammer ‖ ⮫, Hahn m (Gewehr) / cock ‖ ⮫ mit gespaltener Finne, Klauenhammer m / spike hammer, claw type nail hammer ‖ ⮫ mit stark gekrümmter Klaue / adze-eye hammer ‖ großer ⮫, Schmiedehammer m / blacksmith's hammer, sledge[hammer] ‖ schwerer ⮫ [aus Holz] / heavy wooden hammer ‖ ~ähnlich, -förmig / hammer shaped ‖ ⮫auge, Stielloch n / ear of the hammer, hammer eye ‖ ⮫auslösung f (Drucker) / hammer trip device ‖ ⮫bahn f / poll of a hammer, hammer face o. toe ‖ ⮫bär, -klotz m (Fallhammer) / falling weight, hammer block o. tup ‖ ⮫bär m (Dampf-, Lufthammer) / ram

hämmerbar / ductile, malleable, swageable, hammerable, forgeable ‖ ~es Gußeisen / malleable [cast] iron o. casting ‖ ⮫keit f / malleableness, malleability

Hammer·beschlag m / hoop, ferrule ‖ ⮫bohrer m / hammer drill ‖ ⮫bohrmaschine f (Bergb) / hammer drill, drifter ‖ ⮫bolzen m (Container) / twistlock ‖ ⮫brecher m / swing-hammer pulverizer o. mill, hammer crusher o. mill ‖ ⮫brecher m mit festen Hämmern / rigid-hammer crusher ‖ ⮫finne f / peen, peine ‖ ~förmig, -ähnlich / hammer shaped ‖ ~förmige Spur, Li-8-Spur f (Nukl) / hammer track ‖ ⮫führer, -schmied m / hammer driver, hammerman, forge driver ‖ ⮫führung, Bärführung f / hammer [tup] guides pl ‖ ~gar, zähgepolt (Kupfer) / tough-pitch ‖ ⮫gerüst n, -gestell n (Schm) / frame of the forge hammer ‖ ⮫gesenk n (Schm) / forging die ‖ ⮫glocke f, Schlagglocke f [ohne Klöppel] / clock bell [with hammer] ‖ ⮫greifer m / hammer grab ‖ ~hart / hammer-hardened ‖ ⮫haue f, -beil n / poll pick ‖ ⮫klotz, -bär m (Fallhammer) / falling weight, hammer block o. tup ‖ ⮫kluppe f (Färb) / hammer clip ‖ ⮫kopf, Rammbär m / tup ‖ ⮫kopf m (Schraube) / hammer head ‖ ⮫kopfschraube f / T-head bolt, hammer-head bolt ‖ ⮫kopfverbindung f / hammer head connection ‖ ⮫kran m, Turmdrehkran m / revolving tower crane, tower slewing crane, slewing tower crane, turret slewing crane, hammer-head crane ‖ ⮫loch, -auge n / eye of the hammer ‖ ~los, anschlaglos (Drucker) / impactless ‖ ⮫lötkolben m / chisel-shaped soldering iron o. copper bit

Hämmermaschine f (Pulv Met) / swaging machine ‖ ⮫ (Draht) / hammering machine

Hammer·mikrophon n / hammer type microphone ‖ ⮫mühle f, Hammerbrecher m / swing-hammer crusher o. pulverizer o. mill

hämmern / beat, hammer ‖ ~, hohlprägen / emboss ‖ ~, schmieden / forge ‖ ~, [aus]schmieden / tilt, hammer ‖ ~ n (Sintern) / swaging ‖ ~ (Bahn, Räder) / hammer blow, hammering

Hammer·nieten n / hammer riveting ‖ ⮫nietmaschine f / [rotary] vibrating riveter ‖ ⮫probe f / peening test ‖ ~recht (Steinmetz) / roughly squared ‖ ~richten / dress by hammer ‖ ⮫schlag m / blow of the hammer, hammer blow o. stroke ‖ ⮫schlag m, Zunder m (Schm) / hammer scale ‖ ⮫schlaglack m / hammer dimple enamel, hammer [effect] enamel, hammer tone finish ‖ grauer ⮫schlaglack / hammergrey enamel ‖ ⮫schmied m / smith, forger ‖ ⮫schmied m s.a. Hammerführer ‖ ⮫schraube f / hammer head bolt, T-head bolt ‖ ⮫schraube f mit Vierkant, [mit Nase, mit zwei Nasen] / hammer head bolt with square, [with lug, with double nip] ‖ ⮫schweißung f / forge welding ‖ ⮫sperre f (LoKa) / hammerlock ‖ ⮫spitzhaue, Pickhacke f (Bergb) / pitching pollpick o. tool ‖ ⮫ständer m (Schm) / standards pl, legs pl, frame (US) ‖ ⮫unterbrecher m,

Neefscher Hammer (Elektr) / [magnetic] hammer break o. interrupter

Hämmerverdichten n (Sintern) / compacting by swaging

Hammer·walke f (Wolle) / milling machine with hammers, milling stock ‖ **⹁werk** n, -schmiede f / hammer works, iron mill ‖ **⹁werk** n (z.B. für Wolframdrähte) / hammering machine, hammer mill for wire ‖ **⹁werk** n (Mus.Instr) / striking mechanism

Hamming·abstand m (DV) / Hamming o. signal distance ‖ **⹁-Code** m (9 u. 10 Schritt) (Fernm) / Hamming code

Hämoglobin n, roter Blutfarbstoff, Hb / h[a]emoglobin

Hand·..., handgehalten / hand-held ‖ **⹁** f / hand ‖ **⹁** (Anker) / fluke ‖ **⹁...**, manuell / manual ‖ **⹁...**, handbetrieben / hand driven ‖ **aus freier ⹁** / freehand ‖ **die letzte ⹁ anlegen** / put the finishing stroke [to] ‖ **über ⹁ holen** / haul hand over hand ‖ **von ⹁ eingestellt** / handset ‖ **⹁abblendschalter** m / hand dimmer switch ‖ **⹁abstimmung** f / manual tuning ‖ **⹁abweiser** m (Wzm) / hand rejector ‖ **⹁abzug** m (Buch) / hand impression ‖ **⹁amboß** m / dolly, stake, hand anvil ‖ **⹁andrehkurbel** f / starting crank o. handle ‖ **⹁anlage** f (Buch) / hand feed, manual feed ‖ **⹁anlasser** m / cranking device ‖ **⹁antrieb**, -betrieb m / hand drive o. operation, working by hand ‖ **mit ⹁antrieb**, Hand... / driven by hand, hand driven, (esp.:) manually propelled ‖ **⹁apparat**, Hörer m (Fernm) / telephone handset ‖ **dehnbare ⹁apparateschnur** / retractile cord ‖ **⹁arbeit** f (Ggs.: Maschinenarbeit) / hand-labour, manual labour ‖ **weibliche ⹁arbeit**, Nadelarbeit f / needlework ‖ **⹁arbeiter** m / manual labourer ‖ **⹁arbeits...**, handgemacht / handmade ‖ **⹁arbeitskosten** pl / labour cost ‖ **⹁auflage** f, -stütze f / hand rest ‖ **⹁aufzug** m (Uhr) / winding by hand ‖ **⹁aufzug** m (Hebezeug) / hand driven hoist ‖ **⹁ausheber** m (Mähm) / hand lift ‖ **⹁ausschnitt** m (bei der Zurichtung) (Buch) / patch (a hand-cut overlay) ‖ **⹁auswurf** m (Plast) / hand ejection ‖ **⹁-Backengewindebohrer** m / screw plate tap ‖ **⹁bandschleifer** m / hand band sander ‖ **~bedient** / hand-operated ‖ **~bediente Privat-Fernsprechanlage** / private manual exchange ‖ **~bedienter Schaufelbagger** / hand-operated power shovel ‖ **⹁bedienteil** m / hand control element ‖ **⹁-Bedienungspaneel** n (Roboter) / hand-held pendant ‖ **⹁beil** n / hatchet, hand ax[e] ‖ **⹁bereich** m (Elektr, Sicherheit) / arm's reach ‖ **im ⹁bereich** / within [easy] reach ‖ **~betätigt**, Hand... / hand actuated o. operated o. driven, manual ‖ **~betätigter Bunkerverschluß** / hand-operated bin gate ‖ **~betätigter Drahtzug**, Handzug m / hand wire pull ‖ **~betätigter Federkontakt** / tap switch ‖ **⹁betätigung** f, -bedienung f, -betrieb m / manual operation ‖ **⹁blechschere** f / plate [hand] o. hand plate shears, snips pl ‖ **⹁blechschere** f, Weißblechschere f / tin o. tinner's pl (US) shears ‖ **⹁block** m (Bahn) / hand-operated block apparatus ‖ **⹁blocksystem** n (Bahn) / manual blocking system ‖ **⹁bohrer** m, Nagelbohrer m / gimlet with ring handle, twist gimlet ‖ **⹁bohrmaschine** f / hand drill, portable drill[ing machine], hand gun drill (US) ‖ **⹁bohrung** f **im Boden** / augering by hand ‖ **⹁bremse** f / hand brake ‖ **⹁bremse**, Hebelbremse f / lever brake ‖ **⹁bremse** f, Feststellbremse f (Kfz) / parking brake ‖ **⹁bremshebel** m / brake hand lever, hand brake lever ‖ **⹁bremsverstärker** m / hand brake booster ‖ **⹁bremszuggriff** m (Kfz) / hand brake handle ‖ **⹁brenner** m / hand o. manual blowpipe o. torch ‖ **⹁buch** n / manual ‖ **⹁buch** n (DV) / reference manual ‖ **⹁buch für System- un Anwendungsdesign** (DV) / system application design guide ‖ **⹁buch in Taschentuchform** / vade mecum (pl.: vade mecums), handbook ‖ **⹁-Bügelsäge** f / hand hacksaw ‖ **⹁bütten** n / hand-made paper ‖ **⹁drehbohrmaschine** f (Bergb) / hand-operated rotary boring machine ‖ **⹁druck**, Tafeldruck m (Textil) / hand printing, printing from plates ‖ **⹁druckknopftafel** f (Wzm) / pushbutton panel ‖ **⹁druckspritze** f / fire drencher ‖ **⹁durchschläger** m /

drift punch ‖ **⹁durchschreibpapier** n / copying carbon paper for hand writing ‖ **⹁dusche** f / handspray ‖ **⹁effekt** m, -kapazität f (Elektronik) / hand capacitance ‖ **⹁einfädler** m (Textil) / hand threader ‖ **⹁eingabe** f (DV) / manual entry o. input, keyboard entry ‖ **⹁eingabe** f (Repro) / hand feed o. input ‖ **⹁eingabe-Betriebsart** f **in die numerische Steuerung** (NC) / manual input mode of operation ‖ **⹁eingaberegister** n (DV) / manual input register ‖ **⹁eingabezone** f (DV, Speicher) / key entry area ‖ **⹁einstellung** f / manual adjustment o. control

handeln, verkaufen, verteilen / deal v, distribute ‖ **~ [mit]** / deal [in] ‖ **~** n, Tätigkeit f / action ‖ **sich ~ [um]** / concern vt

Handels·artikel, -gegenstände m pl, -güter n pl / commodity goods [o. wares], [daily] commodities, consumer products pl ‖ **⹁benzol** n / commercial o. crude benzene, benzol[e] ‖ **⹁benzole** n pl / technical benzols pl ‖ **⹁betrieb** m / commercial enterprise ‖ **⹁bezeichnung** f / trade name ‖ **⹁blech** n / merchant sheet ‖ **⹁blei** n (99,85%) / common lead ‖ **⹁daten** pl (DIN ISO 737a) / trade data pl ‖ **⹁dünger** m / commercial fertilizer ‖ **⹁feinblech** n / commercial quality sheet ‖ **⹁feinheit** f (Textil) / commercial linear density ‖ **⹁flotte** f / mercantile o. merchant fleet ‖ **⹁gewicht** n (Textil) / commercial weight ‖ **⹁guß** m (Gieß) / job[bing] casting ‖ **⹁güte** f / commercial grade o. quality ‖ **⹁labor[atorium]** n / commercial laboratory ‖ **⹁länge** f / commercial length ‖ **⹁marine** f / mercantile o. merchant marine, merchant service ‖ **⹁marke** f / trade mark ‖ **⹁ministerium** n / Ministry of Commerce, Board of Trade (GB) ‖ **⹁munition** f / commercial ammunition ‖ **⹁name** m / commercial name ‖ **⹁nummer** f (Textil) / commercial number ‖ **⹁produkt** n / commercial article o. good ‖ **⹁propan** n / commercial propane ‖ **~rein** / commercial purity... ‖ **⹁schiff** n / merchant ship o. steamer o. vessel o. man ‖ **⹁schiffahrt** f (Schiff) / merchant service ‖ **⹁schule** f / trade school ‖ **⹁stabstahl** m / merchant bar ‖ **⹁stahl** m / commercial quality steel

handelsüblich (Qualität) / commercial[ly available], usual commercial ‖ **~** (Vorgehen) / usual commercial ‖ **~es o. technisches Aluminiumsulfat** / cake alum ‖ **~er Baustahl** / commercial quality constructional steel ‖ **~e Breite** / commercial width ‖ **~e Größe** / commercial size ‖ **~er Ocker** / commercial ochre ‖ **~e Qualität** / commercial grade o. quality ‖ **~e Reinheit** / commercial purity

Handels·verkauf m / consumer products sales pl ‖ **⹁verkehr** m, Verkehr m / commerce, trade ‖ **⹁vertreter** m / representative, agent ‖ **⹁waage** f / medium accuracy weighing machine ‖ **⹁ware** f / commodity o. trade goods o. wares pl, commercial substance ‖ **⹁weichblei** n / commercial soft lead ‖ **⹁zellstoff** m / market pulp ‖ **⹁zink**, Raffinatzink n (98,75 % Zn) / selected zinc ‖ **reines ⹁zinn** / grain tin

Händetrockner m / hand blower o. drier

Hand·fahrwerk n, handbetriebenes Fahrwerk / hand travelling gear ‖ **⹁fahrzeuge** n pl / hand carriages pl ‖ **⹁fäustel** m (Bergb) / mallet, small o. hand hammer ‖ **⹁feile** f / hand file ‖ **⹁teilnehmereigene ⹁-Fernsprechzentrale** (ohne Amtsanschluß) (Fernm) / private manual exchange, P.M.X. ‖ **⹁fertigkeit** f / dexterity ‖ **⹁fest geschraubt** / hand-screwed, hand-tight ‖ **⹁fest-Anziehen** n / fingertight fastening ‖ **⹁feuerlöscher** m / hand fire extinguisher ‖ **⹁feuerspritze** f / hand fire engine ‖ **⹁feuerung** f / hand charged furnace ‖ **⹁feuerwaffe** f / small arm, portable firearm ‖ **⹁förderung** f (Bergb) / extraction by hand ‖ **⹁former** m / hand moulder ‖ **⹁formerei** f (Gieß) / hand moulding ‖ **⹁formmaschine** f / hand-operated moulding machine ‖ **⹁formstein** n / dobie ‖ **⹁fräsmaschine** f / hand milling machine ‖ **⹁funksprechgerät** n / walkie-talkie ‖ **⹁gabelhubwagen** m / hand pallet truck ‖ **⹁garn,**

Spindelgarn n / hand-spun yarn ‖ ~gashebel m (Kfz) / throttle hand lever ‖ ~gebunden (Buch) / hand-bound ‖ ~geformt (Ziegl) / hand-formed ‖ ~geführter Rasenmäher / pedestrian controlled lawn mower ‖ ~geführte Kraftschaufel / hand-operated o. -controlled power shovel ‖ ~gehalten, Hand… / handheld ‖ ~geknüpft / hand knotted ‖ ~gelenk n (Roboter) / flexible wrist, wrist joint ‖ ~gemacht, Handarbeits… / handmade ‖ ~gepäckaufbewahrung[sstelle] f (Bahn) / check room (US), cloak room (GB) ‖ ~geräte n pl (Elektr) / hand-held equipment ‖ ~geschmiedet / hand-forged ‖ ~geschöpft (Pap) / hand-made, mould-made ‖ ~gesetzt (Buch) / handset ‖ ~gewebt / hand-woven, -loomed ‖ ~gewindebohrer m / hand tap ‖ ~griff m, Haltegriff m / handle ‖ ~griff m (Büromasch) / operating handle ‖ ~griff m (zum Festhalten) / grab handle, purchase ‖ ~griff, Festhaltegriff m (Kfz, Bahn) / strap, grasp ‖ ~griff m, Kunstgriff m, Kniff m / artifice, knack, trick ‖ ~griff m, Geländer m / grabrail ‖ ~griff m, Handhabe f / tiller, handle, handhold ‖ ~griff m an der Rückseite der Vordersitze (Kfz) / lap-robe rail ‖ ~griff m an der Seitenwand (Kfz) / toggle strap ‖ ~griff m der Haspel / spindle stick ‖ ~griff m der Kurbel / crank handle ‖ ~griff m zum Schieben / push handle ‖ ~griffstütze f / handle support ‖ ~habe f, Handgriff m / purchase, tiller, handle ‖ ~habemasse f, Objektmasse f (Roboter) / lift load, load capacity ‖ ~haben / manipulate, handle ‖ ~haben (z.B. eine Maschine) / operate, work ‖ ~habung, Behandlung f / management, handling ‖ ~habung f (Reaktor) / maintenance ‖ leichte ~habung / ease of operation ‖ ~habung f eines Geräts / handling of a device ‖ ~habungsautomat m (Schm) / forging manipulator ‖ ~habungsgerät n / robotal device, handling gear ‖ ~habungsvorrichtung f / handling facility ‖ ~habungsvorschrift f / handling precaution ‖ ~hammer m / bench o. hand hammer, engineer's hammer ‖ ~hammer m (Bau) / mason's mallet ‖ ~harmonikafalzung f / concertina folding ‖ ~haspel m f / hand reel ‖ ~hebel m / hand lever ‖ ~hebel m (Lenkung, Kfz) / pintle ‖ ~hebelbohrmaschine f / sensitive drill [press] ‖ ~hebelpresse f / lever press ‖ ~hebelpresse f (Schmierpresse) / lever type hand gun ‖ ~hebelschere f / hand lever shear ‖ ~hebelvorschub m (Bohrm) / sensitive feed, hand lever feed ‖ ~hebezeug n / hand hoist ‖ ~-Hochhubwagen m / hand platform stacker ‖ ~hubwagen m / hand elevating truck ‖ ~hubwerk n / hand lifting gear ‖ ~kamera f / hand-held o. portable camera ‖ ~kapazität m, -effekt m (Elektronik) / hand capacitance ‖ ~karren m, -karre f / hand-cart (drawn by hand) ‖ ~kegelreibahle f / hand taper pin reamer ‖ ~kelle f / hand ladle ‖ ~kettensäge f für Einmannbedienung / portable hand-held guide-bar chain saw ‖ ~kippkarren m / tipping barrow ‖ ~kloben m, Feilkloben m / pin o. hand vice ‖ ~knüpfapparat m (Textil) / hand knotter

Händkoffer m / valise, grip (US)

Hand·kran m / hand crane ‖ ~kreuz n (Wzm) / cross handle, capstan [wheel] ‖ ~kultivator m, Mischgrubber m / hand cultivator ‖ ~kurbel f / crank handle, crank, winch ‖ ~kurbel f, Andrehkurbel f (Kfz) / starting crank o. handle ‖ ~lager n (F.Org) / stock kept at the work bench ‖ ~lampe f, -leuchte f / hand lamp, portable o. trouble (US) lamp, extension light ‖ ~lampe f, -scheinwerfer m / portable searchlight ‖ ~lampenanschluß m / service o. convenience outlet ‖ ~langer m, Hilfsarbeiter m / odd-jobber ‖ ~langer m bei Maurern und Steinmetzen / hodman, mason's labourer ‖ ~lauf m, -Holm m (des Geländers) / hand-rail o. railing, railing head, ban[n]ister m ‖ ~laufkran m, Laufkran m mit Handbetrieb / hand travelling crane ‖ ~laufstahl m / banister steel ‖ ~leder n, -rückenschützer m (Bergb) / hand leather ‖ ~leiste f,

-lauf m (Schiff) / main o. hand o. top rail ‖ runde unten abgeflachte ~leiste / mop-stick hand-rail
Handler m (DV) / handler
Händler m, Wiederverkäufer m (nicht "Alleinvertreter") / retailer ‖ ~netz n / franchised dealers pl ‖ hoher ~wagen (so daß der Verkäufer stehen kann) (Kfz) / stand-up delivery truck
Hand·lesekopf m, Lesepistole f (DV) / hand-held reader, wand ‖ ~leser m (DV) / hand-held wand ‖ ~leuchte f (Film, Phot) / ciné hand lamp ‖ ~leuchte f s. auch Handlampe
handlich, bequem / handy
Handlichkeit f / handiness
Handlingsfestpunkt m (Container) / handling fixed point
Hand·loch n / handhole, inspection port ‖ ~locher m (LoKa) / manual perforator, hand [feed] punch, key punch ‖ ~locher m (für Lochstreifen) / tape perforator ‖ ~lochkarte f / manual punched card, hand punched card ‖ ~lochverschluß m / blank plug ‖ ~log n (Schiff) / hand log ‖ ~löschgerät n / hand fire extinguishers pl ‖ ~löschung, -rückstellung f / hand reset ‖ ~[luft]pumpe f / hand-operated tire pump ‖ ~luftschieber m / manual damper ‖ ~magnet m / handling magnet ‖ ~markierung f (DV) / hand-made o. hand-written mark ‖ ~maschine f (Tischl) / portable machine ‖ ~meißel m / hand chisel ‖ ~mikrophon n / hand microphone ‖ ~motor m / hand-held motor ‖ ~muster n / hand specimen ‖ ~nachbildung f / artificial hand ‖ ~nietmaschine f / rivet gun ‖ ~nietung f / hand riveting ‖ ~notantrieb m, Notdrehvorrichtung f / emergency hand winding ‖ ~pappe f / handmade cardboard ‖ ~pappenmaschine f (Pap) / cylinder wet machine, intermittent board machine ‖ ~pfanne f (Gieß) / bull ladle, shank ladle ‖ ~prägung f (Buch) / tooling ‖ ~preßformmaschine f (Gieß) / hand-operated press moulding machine ‖ ~pumpe f / hand pump ‖ ~pumpe f für Anlaßkraftstoff (Luftf) / priming pump ‖ ~pumpvorrichtung f (Kfz) / hand primer ‖ ~putzkratze f (Textil) / hand stripper o. stripping board
Handrad n, Bedienungsrad n / handwheel ‖ ~ (Nähm) / balance wheel ‖ ~ der Spindelbremse (Bahn) / screw brake wheel ‖ ~ mit gebogenen Armen / handwheel with bent o. crooked arms ‖ ~ mit schrägen Armen / handwheel with slant arms ‖ ~ mit vollem oder massivem Kranz / handwheel with full rim ‖ ~ mit Wellenkranz, mit geschweiftem Kranz / handwheel with undulated rim ‖ ~schlüssel m / hand wheel wrench
Hand·ramme f, Pflasterramme f (Straßb) / beater, paving beetle o. rammer ‖ ~ramme f, -stampfer m (Guß) / hand tamper ‖ ~ramme f mit Stielen / hand pile driver ‖ ~refraktometer n / hand refractometer ‖ ~regel f (Elektr) / [left- o. right-]hand rule ‖ ~regelung, -steuerung f / manual control ‖ ~reibahle f / hand reamer ‖ ~reinigung f (Aufber) / hand cleaning ‖ ~säge f, Fuchsschwanz m / hand o. arm saw ‖ schwach geschränkte ~säge / half-rip saw ‖ ~satz m (Buch) / hand composition o. setting ‖ ~schalter m komplett / hand switch assembly ‖ ~schalthebel m (Kfz) / gear shift lever ‖ ~schaltung f (Kfz) / hand gear shift ‖ ~schaufel f / shovel ‖ ~scheidung f (Bergb) / cobbing ‖ ~scheinwerfer m / portable searchlight ‖ ~schere f / hand shears pl ‖ ~schlaufe f (Kfz) / supporting loop, toggle strap ‖ ~schleifer m, Schleifstift m (Werkz) / grinding pencil ‖ ~schleifmaschine f / portable o. hand grinder ‖ ~schlüssel m / handle wrench ‖ ~schmierpresse f / grease gun ‖ ~schrapper m, Kraftschaufel f / hand [actuated] scraper ‖ ~schraube f / hand screw ‖ ~schriftschreiber m / facsimile printer, telewriter, -scriber ‖ ~schuh m / glove ‖ ~schuhkasten m (Kfz) / cubby hole, glove box o. compartment ‖ ~schuhkasten (Nukl) / glove box ‖ ~schuhkastendeckel m / glove compartment cover ‖ ~schuhkastenlinie f / glove box line ‖ ~schuhleder n / glove leather ‖ ~schuhnähmaschine f / glove machine

‖ ⌁schutz m, -abweiser m / hand [safety-]guard ‖ ⌁schweißbrenner m / hand torch ‖ ⌁schweißung f / manual welding ‖ ⌁setzer m / hand compositor ‖ ⌁shake-Signale n pl (DV) / handshake signals pl ‖ ⌁shake-Verfahren n, Handshaking n (DV) / handshake procedure, handshaking ‖ ⌁skizze f / free-hand sketch ‖ ⌁spake f (Schiff) / handspike ‖ ⌁spannfutter n / hand-operated chuck ‖ ⌁spannsäge f / framed hand saw ‖ ⌁spill n, Spill n mit Handbetrieb / bar capstan ‖ ⌁spindelbremse f (Bahn) / screw brake ‖ ⌁spindelpresse f / hand-operated fly-press ‖ ⌁stampfer m (Gieß) / hand rammer ‖ ⌁stange f / hand rail ‖ ⌁-Stapler m / hand platform stacker ‖ ⌁staubsauger m / hand vacuum cleaner ‖ ⌁steifsäge f / back [pad] saw ‖ ⌁steller m / manual regulator ‖ ⌁stellhebel m / hand control lever ‖ ⌁stemmung f, -verstemmung f / caulking by hand ‖ ⌁steuerung f / manual control ‖ ⌁stickerei f, -gesticktes n / handmade embroidery ‖ ⌁stopfhacke f / ordinary tamping pick ‖ ⌁strichstein m (Bau) / handmade sandfaced brick ‖ ⌁strickmaschine f (Web) / hand knitting machine ‖ ⌁stück n, Werkzeughalter m / tool holder ‖ ⌁stück n, Griff m / handpiece ‖ ⌁stückmotor m (Elektr) / handpiece motor ‖ ⌁stuhl m (Web) / hand loom o. frame ‖ ⌁stütze f / steady ‖ ⌁trageisen n, Handtiegelschere f / hand shank ‖ ~trocken / hand-dry ‖ ⌁tuchdrell m, -drillich m / huck, huckaback ‖ ⌁tuchstoffe m pl / towelling ‖ kombinierte ⌁- und Fußschaltung (Motorrad) / combined hand and foot control ‖ ~vermittelt (Fernm) / operator assisted o. connected ‖ ~vermittelter Anruf / operator assisted call ‖ ~vermitteltes Netz (Fernm) / switched network ‖ ⌁vermittlung f (Fernm) / hand-operated exchange ‖ ⌁vermittlung im Selbstwählamt f (Fernm) / parent exchange ‖ ⌁vermittlung[samt] n (Fernm) / manual exchange ‖ ⌁vermittlungs-Hauszentrale f mit Amtsanschluß (Fernm) / private manual branch exchange, P.M.B.X. ‖ ⌁-Vermittlungsschrank m (Fernm) / manual switchboard, key-cabinet ‖ ⌁verstellung f (Zündung) (Kfz) / hand advance, hand timing ‖ ⌁verstellung f (Diesel) (Kfz) / hand control ‖ ⌁verstellung f (Wzm) / hand feed ‖ ⌁verstemmung f / caulking by hand ‖ ⌁voll / handful ‖ kleine ⌁vorspannsäge / bow saw ‖ ⌁vorspannsägeblatt n / tab web ‖ ⌁waage f / hand scale ‖ ⌁waffe f / light weapon ‖ [zweirädriger] ⌁wagen / hand-truck, -cart ‖ ⌁warm / warm to the touch, lukewarm ‖ ⌁wärme f / warmness to the touch, lukewarmness ‖ ⌁waschbecken n / lavatory basin ‖ ⌁weberei f / handloom weaving ‖ ⌁webstuhl m / handloom ‖ ⌁weckeinrichtung f (Fernm) / ringdown facilities pl ‖ ⌁weiche f (Bahn) / points operated by hand ‖ ⌁werk, Gewerbe n / craft, trade, business ‖ ⌁werker m / craftsman ‖ ⌁werker, Kunsthandwerker m / artisan handwerklich / manual, mechanical ‖ ~er Beruf / skilled trade ‖ ~er Betrieb, Handwerksbetrieb m / craftman's establishment o. business Handwerks·kammer f / chamber of handicrafts ‖ ~mäßig, kunstgerecht / workmanlike, workmanly ‖ ~mäßig, primitiv / handicraft... ‖ ⌁zeug n / hand o. small tool, [shop] tools pl ‖ ⌁zeug, Gerät n / gear, stock of tools, implements pl Hand·werkzeuge n pl für Schrauben und Muttern / assembly tools for screws and nuts pl ‖ ⌁wicklung f (Elektr) / hand winding ‖ ⌁winde f / hand winch ‖ ⌁winde, Wagenwinde f / hand-jack ‖ ⌁zeichnung f, -riß m / pencil drawing ‖ ⌁zeit f (F.Org) / manual o. hand time ‖ ⌁zellenschalter m / hand-battery switch ‖ ⌁zuckerrefraktometer n / hand-held Abbe refractometer ‖ ⌁zug, handbetätigter Drahtzug m / hand wire pull ‖ ⌁zugschieber m (Hydr) / hand-operated sluice valve Hanf m / hemp ‖ roher ⌁ / raw hemp ‖ ⌁abfall m, Werg n / hards pl, hurds pl, tow ‖ ⌁brechmaschine, -breche f / hemp breaking machine ‖ ⌁dichtung, -liderung f /

hemp packing ‖ ⌁einlage, -seele f (Seil) / hemp core ‖ ⌁fasern f pl / hemp fibers pl ‖ ⌁feld n / hemp plantation ‖ ⌁garn n / spun hemp, hemp yarn ‖ ⌁gurt m / hemp strap ‖ ⌁hechelmaschine f / hemp combing o. hackling machine ‖ ⌁hede f, -werg n / hemp tow o. hards ‖ ⌁korn n / hempseed ‖ ⌁leine f, -schnur f / hemp twine, hemp string ‖ ⌁öl n / hemp [seed] oil ‖ ⌁papier n, Tauenpapier n / jute paper ‖ ⌁reißmaschine, Schnippmaschine f / hemp snipping machine o. snipper ‖ ⌁schlauch m / hemp hose ‖ ⌁seele f (Drahtseil) / hemp core ‖ ⌁seil n, -tau n / hemp rope ‖ ⌁spinnerei f / hemp spinning ‖ ⌁umspinnung f / hemp covering o. bedding ‖ ⌁werg n / hemp tow o. hards pl, scutching tow, swingle tow ‖ ⌁zwirn m / hemp thread Hang m, Neigung f / slope, incline ‖ ⌁, Neigung f [zu] / propensity [for] ‖ ⌁ einer Talsperre / side of a barrage Hangar m, Flugzeughalle f, -schuppen m / [airplane] hangar ‖ ⌁deck n (Schiff) / hangar deck Hänge f (Schiff) / door hinge ‖ ⌁... / suspended, suspension [type]... ‖ ⌁anschlußdose f (Elektr) / suspension contact box o. plug box, suspended plug box ‖ ⌁antenne f / trailing antenna ‖ ⌁bahn f (elektrisch) / telpher line ‖ stetig umlaufende ⌁bahn / monorail with endless haulage system ‖ stetig umlaufende ⌁bahn mit selbstfahrenden Behältern / electric telpher for continuous mechanical handling with automatically controlled cars ‖ ⌁bahnschiene f / suspended rail ‖ ⌁bahnwaage f / monorail suspension weigher ‖ ⌁bahnwagen m / suspended monorail car ‖ ⌁balken m (Stahlbau) / suspension girder ‖ ⌁band n (Stahlbau) / flat suspension rod ‖ ⌁band n (Bau) / hanging tie ‖ ⌁band n (für Rohre an der Decke) / hanger [strap] ‖ ⌁band n, hängende Zange (Zimm) / hanging tie ‖ ⌁bank, Schachtöffnung f (Bergb) / pithead, -bank, -top, pitmouth, landing [place o. stage o. dock], shaft collar, banking level ‖ ⌁bank f, Hochhängebank f / elevated landing stage ‖ ⌁bankarbeiten f pl (Bergb) / banking ‖ ⌁bankschalter m (Bergb) / pithead switch ‖ ⌁banksohle f, grüner Rasen / banking level ‖ ⌁bau m (Hydr) / bank protection by suspended gratings ‖ ⌁bock m (Masch) / hanger bracket, drop hanger frame ‖ ⌁bock m (Zimm) / kingpost truss, simple truss ‖ ⌁boden m (Bau) / hanging floor ‖ ⌁boden m (Färb) / ag[e]ing room, drying room ‖ ⌁brücke f / hanging o. suspension bridge ‖ ⌁brücke f mit Versteifungsträger / stiffened suspension bridge ‖ ⌁dach n / suspended roof ‖ ⌁dachrinne f / eaves gutter ‖ ⌁dämpfer m (Textil) / loop steam ager, festoon steamer (GB) o. ager (US) ‖ ⌁decke f (Ofen) / suspended arch o. roof ‖ ⌁decke f (Bau) / suspended roof o. ceiling ‖ ⌁draht m, Fahrdrahthänger m / overhead contact system dropper, hanger ‖ ⌁draht m für Kabel (Bahn) / cable suspension wire ‖ ⌁drehschuh m (Seilb) / suspended swivelling saddle, turning o. swivelling suspension saddle o. shoe ‖ ⌁druckknopftafel f, -tableau n (Wzm) / pendant station ‖ ⌁eisen n, Bügel m / strap, stirrup piece ‖ ⌁eisen n (Hängewerk) / antisag bar, U-strap, tie band of a king post ‖ ⌁färbeapparat m (Textil) / suspending apparatus for dyeing ‖ ⌁feder f (Einlegekeil mit 2 Nasen) / double-nose sunk key [for vertical shafts] ‖ ⌁gelenk n (Freiltg) / suspension hinge ‖ ⌁gerüst n, fliegendes Gerüst / suspended o. flying o. hanging scaffold o. stage, cradle o. boat scaffold ‖ ⌁gleiter m (Sport) / hang glider ‖ ⌁gurt m (Brückb) / suspension cable ‖ ⌁gurtung f (Stahlbau) / suspension boom (GB) o. chord (US) ‖ ⌁isolator n / chain o. suspension o. suspended insulator, disc insulator (GB) ‖ ⌁isolator, Geradehalter m (Elektr) / straight-line insulator ‖ mehrteiliger ⌁isolator / cap-and-pin type insulator ‖ ⌁kabel n (Aufzug) / elevator o. lift cable ‖ ⌁kabelverankerung f (Stahlbau) / suspension cable anchor ‖ ⌁klemme f (Fahrleitg, Bahn) / suspension grip ‖ ⌁kompaß m, Kajütenkompaß m (Schiff) / cabin o. hanging compass ‖

⌐kompaß m (Bergb) / circumferentor, hanging o. miner's compass, [mine o. mining] dial ‖ **⌐kran** m, Untergurtlaufkran m / overhead [travelling] crane, ceiling travelling crane, ceiling crane o. crab ‖ **⌐lade** f (Web) / suspended lay (GB) o. sley (US) ‖ **⌐lager** n / hanging bearing, drop o. shaft hanger, hanger ‖ **⌐lampe** f, Pendel n (Elektr) / pendant [lamp], suspended lamp ‖ **⌐lampe** f für Gasglühlicht / inverted [incandescent] gas lamp ‖ **⌐lampenschnur**, Pendelschnur f (Elektr) / pendant cord ‖ **⌐laufkatze** f / suspended trolley ‖ **⌐leuchte** f (Straßb) / pole-hung lantern ‖ **⌐licht** n (eine Leuchte) / drop light ‖ **⌐matte** f / hammock ‖ **⌐meißel** m (Walzw) / hanging guard ‖ **⌐melkeimer** m (Landw) / suspended pail milking unit ‖ **⌐mikrophon** n / suspended o. hanging microphone

hängen, haften vi [an] / cling [to] ‖ ~, aufgehängt sein / hang vi ‖ ~, schief stehen (Bau) / lean vi, incline ‖ ~ vt, aufhängen vt / hang [up] vt ‖ ~ n (Gicht, Bunker) / hanging, sticking o. scaffolding of the burden ‖ ~ **der Gicht** (Hütt) / hanging, sticking, scaffolding

hängenbleiben [an] / catch [on], cling [to] ‖ ~ [an], haften / adhere [to], be adhesive ‖ ~, sich verfangen / become o. be o. get caught ‖ ~ / locking, hooking on ‖ ~, Festhaken n (Uhr) / getting caught ‖ ~ **auf 0 oder 1** (DV) / stuck-at failure ‖ ~ **zwischen den Kontakten** (Relais) / blackout of a relay ‖ **zwischen den Kontakten** ~ / blackout vi

hängenbleibender Kontakt / hang-up [contact]

hangende Schicht (Bergb) / overlying stratum

hängend, obengesteuert (Mot) / in the head ‖ ~, Hänge… / underslung ‖ ~, pendelartig / pendulous, penduline ‖ ~ (Ventil) / inverted, overhead, O.H. ‖ ~e **Schleifmaschine** / overhead grinding machine ‖ ~er **Schnurschalter**, Hängeschalter m / suspension switch o. push ‖ ~es **Ventil** (Mot) / valve in the head, inverted o. drop o. overhead valve, O.H.V. ‖ ~e **Wasserwaage** (Bau) / string level

Hangend·bruch m (Bergb) / caving-in of roof ‖ **⌐druck**, Hauptdruck m (Bergb) / roof pressure

Hangendes n, Decke f (Bergb) / [hanging] roof, hanging wall, top [wall] ‖ **zu Bruch gegangenes** ⌐ / broken-down o. caved roof

Hangend·riß m (Bergb) / roof cleavage

Hangentnahme f (Bau) / side cutting o. delivery

Hängeplattform f s. Hängegerüst

Hanger m (Schiff) / topping lift

Hänger m (Brücke) / suspender, suspension post ‖ ~, Anhänger m (Kfz) / trailer ‖ ~ (Oberleitg) s. Hängedraht ‖ **⌐-Hilfsachse** f / trailer converter dolly ‖ **⌐klemme** f, Fahrdrahthänger m (Bahn) / hanger, dropper clamp

Hanger·kloben m (Schiff) / span trunnion ‖ **⌐lager** n (Schiff) / span bearing

Hängerutsche f (Bergb) / suspended chute

Hanger·winde f (Schiff) / topping winch (moving without load), span winch (moving under load) ‖ **⌐winde** f (Schiff) / span winch (moving under load)

Hänge·säule f, -pfosten m (Stahlbau) / suspender, suspension post ‖ **⌐säule** f, Dachstuhlsäule f (Zimm) / truss post ‖ **⌐säule** f im einsäuligen Hängewerk / broach o. crown o. joggle o. king piece o. post, middle strut o. post, pointal ‖ **⌐säule** f im zweisäuligen Hängewerk / queen-post ‖ **⌐schacht**, Seiltrum m (Bergb) / rope shaft ‖ **⌐schalter** m, hängender Schnurschalter (Elektr) / pendant switch o. push, pressel switch ‖ **⌐schalter** m (birnenförmig) (Elektr) / pear switch ‖ **⌐schleifmaschine** / swing o. pendulum grinding machine ‖ **⌐schloß** n / padlock n ‖ **⌐schnelldämpfer** m (Textil) / rapid festoon ager ‖ **⌐schuh** m (Seilb) / suspension shoe ‖ **⌐schwarz**, Oxidationsschwarz n (Textil) / aged black, oxidation black ‖ **⌐sprengwerk** n / composite truss frame ‖ **⌐spulenvorrichtung** f (Spinn) / bobbin hanger ‖ **⌐stab** m (Färb) / loop rod ‖ **⌐stange** f (Stahlbau) / suspension

rod ‖ **⌐strebe** f / suspension stay o. strut ‖ **⌐stützgewölbe** n (Hütt) / semisuspended roof ‖ **⌐tableau** n (Wzm) / push-button pendant ‖ **⌐tal** n (Geol) / hanging valley ‖ **⌐tasche** f, -ordner m / suspended file ‖ **⌐theodolit** n / suspension theodolite ‖ **⌐trägerbrücke** f / tension bridge ‖ **⌐trockner** m (Pap, Textil) / festoon drier, loop drier ‖ **⌐wand**, Schattenwand f (Glasofen) / curtain wall, baffle o. shadow wall ‖ **⌐wand** f (Bau) / suspended partition ‖ **⌐werk** n (o. Sprengwerk) (Stahlbau, Zimm) / truss frame, trussing ‖ **doppeltes o. zweisäuliges** **⌐werk** / queen [post] truss ‖ **durchlaufendes** **⌐werk** / continuous truss frame ‖ **⌐werk** n **mit einer Hängesäule**, einfaches Hängewerk, Hängebock m / simple truss, kingpost truss ‖ **mit** **⌐werk versehen** v ‖ **⌐werksbinder** m, -werksdach m / joggle truss ‖ **⌐werksbrücke** f (o. Sprengwerksbrücke) / truss frame bridge ‖ **⌐werksdach** n / roof with hanging post-truss ‖ **⌐[werk]träger** m / suspension girder ‖ **⌐zange** f (Bau) / hanging brace ‖ **⌐zeile** f (Buch) / widow ‖ **⌐zeug** n, Markscheiderkompaß m / miner's compass

Hang·gleiter m / hang glider ‖ **⌐kanal** m, Werkkanal m, (auch:) Oberkanal m (Hydr) / head race [channel], supply canal ‖ **⌐lage** f / location on a slope ‖ **⌐segelflugzeug** n s. Hangwindsegler ‖ **⌐segeln** n (Luftf) / ridge soaring ‖ **⌐steuerung** f (Landw) / steering in the slope ‖ **⌐verstellung** f (Landw) / slope compensation ‖ **⌐wind** m, mechanischer Aufwind (Luftf) / mechanical o. forced up-current, slope current, topographic wind, up-current of air (US) ‖ **⌐windsegler** m, Hangsegelflugzeug n / static sailplane (US), hovering glider

Hansa·gelb n / Hansa yellow ‖ **⌐gelb 10 G 40** n / pigment yellow

hantel·förmig / dumbbell-shaped ‖ **⌐modell** n (Atombau) / dumbbell model ‖ **⌐nebel** m (Astr) / dumbbell fog

H-Antenne f / H-antenna

Hantierbarkeit f / handleability

hantieren [mit] / handle v

HAPUG-Regelung, -Modulation f (Fernm) / controlled- o. floating- o. variable-carrier modulation

Haraß, Holzverschlag m / wooden crate

HARCO n (Funkortungssystem) / HARCO, hyperbolic area covering navigation system

Hardangerstoff m, -leinen n / hardanger cloth

Hardcopy f / hard copy ‖ **⌐druck** m / hard copy printing

Hard-core n (Nukl) / hard core

Hard-Cutting (Wzm) / hard cutting

Hard-Dot-Verfahren n (ein flächen-tiefenvariables Verfahren) (Buch) / hard-dot process

Hardenit, [äußerst feiner] Martensit m (Hütt) / hardenite

Harding[e]mühle f / Hardinge type conical crusher, Hardinge mill

Hardtop n (Kfz) / hardtop sedan

Hardware f (alle körperlichen Bestandteile eines Rechners) (DV) / hardware ‖ **⌐-Fehler** m / hardware malfunction ‖ **⌐-Überwacher** m / hardware monitor ‖ **⌐-Verträglichkeit** f / equipment compatibility

Hardy (General Electric), Registrierspektralphotometer n (Zeiss) / recording spectrophotometer, spectrophotometer on the Hardy principle ‖ **⌐scheibe** f (Kfz) / flexible o. Hardy disk, rubber universal joint

Harfen·antenne f / fan o. harp antenna ‖ **⌐sieb** n (Bergb) / wire rod screen

Harke f, Rechen m (Landw) / rake

Harmonie f, Zusammenklang m / harmony ‖ ⌐, Gestimmtsein n / tune

Harmonika f, Mundharmonika f / harmonica, mouth organ ‖ **⌐tor** n, -tür f / concertina door, bellow-framed door (US)

harmonisch / harmonic adj ‖ ~e **Analyse**, Fourier-Analyse f / harmonic o. Fourier analysis ‖ ~er **Bereich** (Regeln) / harmonic range ‖ ~e **Bewegung** / harmonic motion ‖ ~es **Doppelverhältnis** (Math) / harmonic ratio

‖ ~ **konjugierte Punkte** *m pl* (Math) / harmonic
conjugates *pl* ‖ ~**er Mittelwert** / harmonic mean ‖ ~**e
Progression** (o. Reihe) / harmonic progression,
harmonic series ‖ ~**e Schwingung** / harmonic
oscillation ‖ ~**e Schwingungen** *f pl,* Harmonische *f pl* /
harmonics *pl* ‖ ~**e Strahlen** *m pl* / harmonic pencil of
lines ‖ ~**e Synthese,** Fourier-Synthese *f* / harmonic o.
Fourier synthesis ‖ ~**e Teilschwingungen** *f pl* /
harmonic components *pl* ‖ ~**e Welle** / harmonic wave
Harmonische *f* / harmonic
harmonisiert (Güte) / harmonized ‖ ~**es
Gütebestätigungssystem** (DIN 45900 usw) /
harmonized system of quality assessment ‖ ~**e Norm** /
harmonized specification o. standard
Harmonisierung *f* / harmonization
Harmonium *n* / American organ
Harmotom *m* (Min) / harmotome
Harnisch *m* (Web) / harness, heald frame o. shaft ‖ ~**brett**
n (Jacquard) / harness o. hole o. comber board ‖ ~**einzug**
m, -beschnürung *f* (Textil) / harness tie o. mounting o.
threading ‖ ~**litzen** *f pl,* -kordel *f* (Web) / ring of mails ‖
~**schnur** *f* / harness cord o. thread ‖ ~**stechen** *n,*
Anschnürung *f* (Web) / cording ‖ ~**stuhl** *m* / harnessing
loom
Harn·säure *f* / uric acid ‖ ~**stoff** *m* / urea, carbamide,
carbonyldiamide ‖ ~**stoffbrücke** *f* (Chem) / urea bridge
‖ ~**stoff-Entparaffinierung** *f* / urea dewaxing ‖
~**stoff-Formaldehyd-Harz,** Karbamidharz *n* / urea
formaldehyde resin, U.F.R., UFR ‖ ~**stoffharz** *n* /
aminoaldehyde o. -aldehydic resin, carbamide o.
carbamidic resin, urea resin
Harpunengeschütz *n* (Schiff) / harpoon gun, whale gun
Harris·tweed *m* (Web) / Harris tweed ‖ ~**-Verfahren** *n*
(Bleiraff) / Harris process
hart, nicht weich / hard ‖ ~ (Phot, Farbe, Wasser) / hard ‖ ~,
grell (Farbe) / harsh ‖ ~ (Strahlung) / penetrating ‖
~ (Stempel) (Bergb) / early-bearing (prop) ‖ ~**er
Anschlag** / crash stop ‖ ~ **arbeiten** (Mot) / run harshly,
labour, labor (US) ‖ ~ **arbeitende Kupplung** (Kfz) /
fierce clutch ‖ ~ **aufsetzen** / pancake *vi* ‖ ~**es
Aufsetzen** (Luftf) / pancaking, pancake o. squash
landing ‖ ~**er Aufzug an Druckzylindern** / hard
packing ‖ ~**es Bild** / harsh o. hard picture ‖ ~**e
Bodenschicht** (Bau, Landw) / hardpan ‖ ~**es Eisen** / hard
iron ‖ ~ **geschmiedet** (o. gehämmert) / hard beaten o.
hammered ‖ ~**es Glas** (ritzbeständig) / hard glass
(scratch-resistant) ‖ ~**er Griff** (Textil) / harsh feel ‖ ~**es
Gummi,** harter Kautschuk / hard rubber ‖ ~**e
Holzfaserplatte,** HFH / hard board ‖ ~**er Kunststoff** /
rigid plastic ‖ ~ **landen** (Raumf) / make a hard landing ‖
~**e Landung** (Raumf) / crash-landing ‖ ~**er Laser** / hot
laser, hard laser ‖ ~**e Lichtquellen** *f pl* / hards *pl* ‖
~ **machen,** härten / indurate ‖ ~**e Röntgenstrahlen** *m*
pl / hard X-rays *pl* ‖ ~**er Schaumstoff** / rigid cellular
plastics ‖ ~**e Stelle** / hard spot ‖ ~**e Strahlung** / hard
radiation ‖ ~**es [kalkhaltiges] Wasser** / hard
[calcareous] water ‖ ~**er Weizen** (Ggs: Hartweizen) /
hard wheat ‖ ~ **werden** / become hardened, harden *vi* ‖
~**er Zellstoff,** Kraftzellstoff *m* / strong pulp ‖
besonders ~ (Gestein) / very hard ‖ **sehr** ~,
diamantartig / adamantine ‖ ~**anodisieren,** -eloxieren /
hard anodize ‖ ~**asphalt** *m* (DIN 51557) / asphaltenes
in petroleum products *pl* ‖ ~**asphalt** *m,* Normalbenzin-
Unlösliches *n* / I.P. spirits insolubles, pentane
insolubles *pl* ‖ ~**auftragsschweißung** *f* / hardfacing [by
welding]
härtbar (allg) / hardenable ‖ ~ (Stahl) / heat treatable
Härtbarkeit *f* / hardenability
Härtbarkeitskurve *f* / hardenability curve
Hart·benzin *n* / solid o. canned gasoline ‖ ~**blei** *n,*
Antimonblei *n,* Pb Sb 12 / antimonial o. -monous o.
-mony lead, hard lead ‖ ~**blei** *n,* Abstrichblei *n* (Met) /
drop lead, scum lead ‖ ~**blei,** Bleistein *m* / matte of lead
‖ ~**brand** *m,* gedeckter Brand, Ustilago hordei (Landw)

/ covered smut ‖ ~**brandstein** *m* / hard burnt brick,
hard stock ‖ ~**braunkohle** *f* / woody lignite ‖
~**brennen** *n* (Keram) / firing ‖ ~**bronze** *f* / hard bronze ‖
~**drahteinrichtung** *f* (Spinn) / hard twist mechanism
Härte *f* (Werkstoffe, Strahlen usw) / hardness ‖ ~ (Versuche) /
severity ‖ ~ **von Röntgenstrahlen** / X-ray hardness ‖
~**anlage** *f* (Stahl) / hardening plant ‖ ~**arbeit** *f* /
hardening operation ‖ ~**bad** *n* / quenching bath ‖
~**bestimmung** *f* / hardness grading ‖ ~**bestimmung** *f* in
der Wärmeeinflußzone / hardness test in the heat-
affected zone ‖ ~**brenner** *m* / flame hardening
blowpipe (GB) o. torch (US) ‖ ~**empfindlich** / sensitive
to hardening ‖ ~**fachmann,** -ingenieur, -techniker *m* /
heat treating engineer, heat treater, hardener ‖ ~**farbe** *f*
(Wzm) / black oil finish ‖ ~**fixierbad** *n* (Phot) / hardening
bath ‖ ~**flammofen** *m* / tempering flame furnace ‖
~**flüssigkeit** *f* / hardening fluid ‖ ~**gefüge** *n* (Draht,
Fehler) / hard spots *pl* ‖ ~**geschwindigkeit** *f* (Stahl) /
quenching rate ‖ ~**grad** *m* / degree of hardness ‖ ~**grad**
m, -stufe *f* des angelassenen Stahls / temper of steel ‖
~**gut** *n* / hardened stock ‖ ~**gut** *n* / hardening stock
Hart·einsetzen, Aufkohlen *n* (Hütt) / cementation,
cementing, case hardening ‖ ~**eloxieren,** -anodisieren /
hard anodize
Härte·maschine *f* / hardening machine ‖ ~**maß** *n* /
hardness designation ‖ ~**messer,** -prüfer *m* / durometer
‖ ~**messer** *m* **für Röntgenstrahlen,** Qualimeter *n*
(Röntgen) / qualimeter ‖ ~**mittel** *n* / hardening medium ‖
~**mittel,** Abschreckmittel *n* / quenchant
härten (Stahl) / harden ‖ ~, hart werden lassen / harden *vt*
‖ ~, vorspannen (Glas) / toughen ‖ ~, aushärten (Plast) /
bake *vt* ‖ ~ (Gießharz) / bake ‖ ~ **aus dem Einsatz** /
direct hardening after cementation ‖ ~ **aus der
Warmformgebungshitze** / direct hardening after hot
forming ‖ ~ **durch Kühlen** (Glas) / tempering ‖ ~ **im
Salzwasser** / salt water quenching ‖ ~ **u. Anlassen**
(Stahl) / hardening and annealing ‖ ~ **an der Luft** ~ (Stahl)
/ air-harden ‖ **Fett** ~ / harden fat ‖ **Fett** ~ **im
Hydrierverfahren** / harden fat by hydrogenation ‖ **im
Cyanbad** ~ / cyanide- o. cyanogen-harden
härtend / hardening
Härten·-Vergüten-Härten *n* / hardening by tempering
and annealing
Härte·ofen *m* / hardening furnace o. stove ‖ ~**ofen,**
Vergüteofen *m* (Alu) / tempering furnace ‖ ~**öl** *n* /
hardening oil, heat treating oil, quenching oil ‖ ~**paste** *f*
/ cementation paste ‖ ~**probe** *f* / hardness test piece ‖
~**prüfer** *m* / hardness tester ‖ ~**prüfer** *m,* Sklerometer
n / sclerometer ‖ ~**prüffeile** *f* / file for hardness tests ‖
~**prüfung** *f* / hardness test ‖ ~**pulver** *n* / cementation o.
cementing powder ‖ ~**querschnitt** *m* / sectional area of
hardening
Härter *m,* Härtebeschleuniger *m* (Chem) / accelerator ‖ ~,
Härtemittel *n* / hardening agent, hardener ‖ ~ (Arbeiter,
Hütt) / hardener
Härterei *f* (Stahl) / hardening shop o. bay, (incorrectly:)
tempering shop o. bay
Härte·reihe, -skala *f* / hardness scale ‖ ~**riß** *m* /
hardening crack, heat treatment crack, quenching crack
‖ ~**skala** *f* / hardness scale ‖ ~**spannung** *f* / hardening
strain ‖ ~**streuband** *n* (Hütt) / scatter band of Jominy
hardenability ‖ ~**streuung** *f* / hardness scattering ‖
~**techniker,** -ingenieur *m* / heat treating engineer, heat
treater, hardener ‖ ~**tiefe** *f* / hardness penetration depth
‖ ~**tiefe** *f* (beim Einsatzhärten) / hardness penetration,
depth of hardening o. hardness, case ‖ ~**tiegel** *m* /
hardening crucible ‖ ~**- und Vergüteanlage** *f* /
hardening and heat treating plant ‖ ~**vergleichstabelle** *f*
/ hardness conversion table ‖ ~**verlauf** *m* / progression
of the hardening process ‖ ~**verwerfung** *f,* -verzug *m* /
distortion on hardening ‖ ~**zahl** *f* / hardness number ‖
~**zahl** *f* **nach Rockwell** / Rockwell number
Hart·fasergarn *n* / hard-fibre yarn ‖ ~**fasern** *f pl* / hard
fibers *pl* ‖ ~**faserplatte,** Preßplatte *f* (Bau) / hardboard,

hard particle board, moulded fibre board, beaver board (US), Masonite (GB) ‖ **⁓feuerporzellan** *n* / hard porcelain ‖ **⁓gasschalter** *m* (Elektr) / hard-gas circuit breaker ‖ **⁓geld** *n* / hard money, coin[s *pl* ‖ ~**gelötet** / hard-soldered, brazed ‖ ~**gewalkt** (Textil) / firmly milled ‖ ~**gewalzt** / hard-rolled ‖ **⁓gewebe** *n* (z.B. Novotext, Resitex) (Plast) / cotton fabric laminate, fabric-base laminate, laminated cloth o. fabric, resin bonded fabric ‖ ~**gewebe**, -papier *n* / laminated plastic ‖ ~**gewebt** / tightly woven ‖ ~**gewickelt** / hard wound ‖ ~**gezogen** / hard drawn ‖ **⁓gipsdiele** *f* / hard plaster of Paris slab ‖ **⁓glanz** *m* (Farbe) / hard gloss ‖ **⁓glas** *n* (mit hoher Erweichungstemperatur) / hard glass (with high softening point) ‖ **⁓glas** *n*, Quarz *m* / silica o. quartz glass, vitreous o. fused silica ‖ **⁓glas** *n*, wärmebehandeltes Sicherheitsglas / tempered plate glass, toughened glass ‖ **⁓gummi** *m*, Ebonit *n* / hard rubber, ebonite, vulcanite

Hartguß *m* (Tätigkeit) / casting in iron moulds, chilling ‖ ⁓ (Verfahren und Erzeugnis) / chill[ed] casting, chilled work ‖ ⁓, weißes Gußeisen / white [cast] iron ‖ **⁓läufer** *m* / chilled runner ‖ **⁓roststäbe** *m pl* / grate bars from chilled cast iron *pl* ‖ **⁓strahlmittel** *n* (Gieß) / chilled cast shot ‖ **⁓walze** *f* / chilled roll[er] o. cylinder, chilled iron roll

Hart·harz *n* / hardened resin ‖ **⁓herd** *m* / rammed and sintered bottom ‖ **⁓hobeln** *n* (Wzm) / hard planing ‖ **⁓holz** *n* / hardwood

Hartlit, Austenit *m* (Hütt) / austenite

Hart·kobalterz *n* (Min) / cobalt arsenide (from Skutterud) ‖ **⁓kochen** *n* (geringes Kochen) (Pap) / hard cook[ing] ‖ **⁓kupfer** *n* / hard copper ‖ **⁓kupferdraht** *m* / hard-drawn copper wire ‖ **⁓lage** *f* des Steuerruders (Schiff) / steering lock ‖ **⁓legierung** *f* / hard alloy ‖ **⁓legierung** *f*, -metall *n* / hard alloy o. metal, cutting metal o. alloy

Hartley *n* (DV) / hartley (unit of information = 3.32 bits) ‖ **⁓-Schaltung** *f*, -Oszillator *m* (Elektronik) / Hartley circuit o. oscillator

Hart·lot *n* / hard o. brazing solder, spelter, filler metal o. material ‖ ~**löten** / braze, hard-solder ‖ **⁓löten** *n*, Messinglötung *f* / hard soldering, brazing ‖ **⁓löten** *n* in der Schweißflamme / soudobrasage (GB), braze welding (US) ‖ **⁓lötstelle**, -lötung *f* / braze, brazing point ‖ ~**magnetischer Ferrit** / hard ferrite ‖ ~**magnetischer Werkstoff** / magnetically hard material, hard magnetic material ‖ **⁓manganerz** *n* / psilomelane ‖ **⁓schwarzes ⁓manganerz** / black manganese ‖ **⁓matte** *f* (Glas) / resin bonded glass mat, glass-mat-base laminate o. plastic ‖ **⁓meißel** *m* / chipping chisel ‖ **⁓messing** *n* / hard brass

Hartmetall *n*, -legierung *f* / hard alloy o. metal, cutting metal o. alloy ‖ ⁓, Wolframkarbid *n* / tungsten carbide ‖ ⁓, Sintercarbid *n* / cemented carbide, (better): sintered [hard] carbide o. metal carbide ‖ ⁓ **aufschweißen** / hard-face ‖ **galvanische ⁓auflage** *f* / electrofacing ‖ **⁓beschichtung** *f* / carbide coating layer ‖ ~**bestückter Meißel** (Wzm) / carbide tipped tool ‖ **⁓bestückung** *f* / carbide tipping ‖ **⁓bohrer** *m* / sintered carbide drill ‖ **⁓-Legierung** *f* / sintered hard carbide o. metal carbide ‖ **⁓-Legierung** *f* mit Nickelbinder / spinodal alloy ‖ **⁓plättchen** *n* / cutting-alloy tip, cemented carbide tip ‖ **⁓schleifmaschine** *f* / carbide tool grinding machine ‖ **⁓schneide** *f* (Wzm) / carbide cutting edge ‖ **⁓werkzeug** *n* / carbide [tipped] tool

hartnäckig·er Fehler / hard error ‖ ~**e Flecken** *m pl* / tenacious stains *pl*

Hartnäckigkeit, Ausdauer *f* / persistency

Hart·nickel *m* / solid nickel ‖ **⁓papier** *n* / resin bonded o. impregnated paper, paper base laminate, hard paper ‖ **geschichtetes ⁓papier** (z.B. Pertinax) (Plast) / laminated paper, paper-base laminate ‖ **⁓pappe** *f*, Faserstoffplatte *f* / fiberboard ‖ **⁓pappe**, Graupappe *f* / millboard, hard cardboard ‖ **⁓pappe**, Preßpappe *f* / pressboard ‖ **⁓pappe** *f* (Plast) / resin board ‖ **⁓paraffin**

n / high melting point wax ‖ **⁓pellets** *n pl* / hard pellets *pl* ‖ **⁓perlit**, Troostit *m* (Hütt) / hard pearlite ‖ **⁓polyethylen** *n*, Hochdruckpolyethylen *n*, HDPE / high-pressure polyethylene, HP-PE ‖ **⁓porzellan** *n* / hard porcelain ‖ **⁓postpapier** *n* / bank post paper ‖ **⁓-PVC** *n* (Plast) / rigid vinyl o. PVC

Hartree--Gleichung *f* (Elektronik) / Hartree equation

Hart·ruderlage *f* (Luftf) / hard-over case ‖ **⁓schaum** *m* (Plast) / high-resistance foam, HR-foam ‖ **⁓schaumstoff** *m* / rigid expanded polyurethane o. plastics ‖ **⁓schnittumschalter**, Videoumschalter *m* (TV) / video switch ‖ ~**sektoriert** (Platte) / hard-sectored ‖ **⁓spiritus** *m* / hard o. solid spirit, canned fuel (US), meta (US) ‖ **[unlegierter] ⁓stahl** / high-carbon steel ‖ **⁓stahlguß** *m* / high-carbon steel casting ‖ **⁓steingut** *n* / feldspathic ware, hard white ware ‖ **⁓stoff** *m* (Keram) / mechanically resistant material ‖ **⁓stoff** *m* (Sintern) / hard material ‖ **⁓stoff-Estrich** *m* / hard-aggregate floor screed ‖ **⁓stoffpulver** *n* / hard material powder

Härtung *f* s. auch Härten ‖ ⁓ **am Umfang** / contour hardening ‖ ⁓ **des Neutronenspektrums** (Nukl) / neutron hardening ‖ ⁓ **im Einsatzverfahren** / case hardening, carburizing, carbonizing ‖ ⁓ **in Öl**, Ölhärtung *f* / oil hardening, O.H. ‖ ⁓ **von Ölen o. Fetten**, Ölhärtung *f* / oil hardening o. hydrogenation

Härtungs·rißempfindlichkeit *f* / heat treatment crack sensitivity ‖ **⁓verfahren** *n* für Fett, Hydrierung *f* / hydrogenation process of fats

Hart·verarbeitung *f* / hard metal cutting ‖ ~**verchromt** / hard-chrome plated ‖ **⁓verchromung** *f* / hard [chrome] plating ‖ ~**verzinkt** / hard galvanized ‖ **⁓weizen** *m* (Ggs.: harter Weizen) / durum wheat ‖ ~**werden**, erhärten / become hardened ‖ ~**werden**, Abbinden *n* (Zement) / set of cement ‖ **⁓zeichner** *m* (Phot) / sharp-focus lens, high-definition lens ‖ **⁓zerkleinerung** *f* / crushing hard materials ‖ **⁓zerkleinerungsmaschine** *f* / disintegrating mill, hard crusher ‖ **⁓ziegel** *m*, Klinker *m* (Bau) / klinker o. clinker [brick] ‖ **⁓zinn** *n* / pewter

Harvard-Klassifikation *f* (Astr) / Harvard classification

Harvestore[silo] *m* (für Grünfuttersilage) (Landw) / harvestore

Harz *n* / resin ‖ **⁓e** *n pl* (allg) / resinous substances *pl* ‖ ⁓ *n*, Baumharz *n* / liquid o. mastic pitch ‖ ⁓, Kunstharz *n* / artificial resin ‖ ⁓ **im B-Zustand** / B-stage resin ‖ **mit ⁓ bestreichen** / brush over with resin ‖ **⁓abzapfung**, -gewinnung *f* / tapping of resin ‖ **⁓ader** *f* (Holz) / resin streak, pitch streak ‖ **⁓alkohol** *m*, Resinol *n* / resin alcohol, resinol ‖ **⁓anteil** *m* / proportion of resin present, resin content ‖ ~**artig**, -ähnlich / resinlike, resinous ‖ ~**bildend** / resinogen[et]ic ‖ **⁓bildung** *f* / formation of resin ‖ **zur ⁓bildung neigend** / resinophore

harzen, mit Harz behandeln / resin *v*

Harz·ester *m* / rosin ester, ester gum ‖ **⁓fänger** *m*, Massefänger *m* (Ionenaustauscher) / resin trap ‖ **⁓fichte** *f*, -kiefer *f* / resin-bearing pine tree ‖ **⁓fluß** *m*, Resinose *f* (Bot) / resin flux, resinosis ‖ ~**frei** / resin-free ‖ **⁓füllung** *f* (Ionenaustauscher) / resin inventory ‖ **⁓galle** *f* (Holz) / rosin gall, pitch pocket ‖ **⁓gehalt** *m* (Schmierfett) / vegetable resin content ‖ ~**geleimt** (Pap) / resin-sized, engine-sized, vegetable-sized ‖ **⁓gerbstoff** *m* / resin tanning material ‖ ~**getränktes Verstärkungsmaterial** / lay-up ‖ ~**haltig** / resin[ifer]ous

harzig, harzreich / resinous

Harz·industrie *f* / resin-working industry ‖ **⁓kitt** *m* / resinous cement o. mastic o. putty ‖ **dunkler ⁓knorren** (Holz) / dark resinous knot ‖ **⁓kuchen** *m* / cake of resin ‖ **⁓lack** *m* / gum lac o. lake ‖ **⁓leim** *m* (Pap) / resin size, paper making rosin ‖ **⁓masse** *f* (zum Formen) / resin moulding material ‖ **⁓masse**, -mischung *f* / resinous compound o. composition ‖ **⁓matte** *f* / resin impregnated glass mat, plastic prepreg ‖ **⁓nest** *n* (Plast) / resin pocket ‖ **⁓öl** *n* / resin oil (from colophony), rosin oil, rosinol, retinol ‖ **⁓ölfirnis** *m* / resin oil varnish ‖

~pech, Baumharz n / liquid pitch, tree gum ‖ **~reich** / highly resinous ‖ **~reiches Holz** / resinous wood ‖ **~reserv[ag]e** f (Textildruck) / resin resist ‖ **~säure** f / colophonic o. abietic acid, gum[mic] o. resin[ic] acid ‖ **~seife** f, Resinat n / soap of resin, rosinate, resinate ‖ **~seifen** f pl, Resinate n pl / resin esters o. soaps pl ‖ **~tasche** f (Holz) / gum pocket ‖ **~tasche** (Sperrholz) / pocket of resin ‖ **~ummantelt** / resin-coated ‖ **~verschmierung** f (gedr.Schaltg) / resin smear
Haschisch n / hash, hasheesh, charas
Haspe f (Fenster) / casement hinge ‖ **~**, Klammer f, Krampe f (Bau) / cramp, clamp
Haspel m f (Masch) / winder, hasp, reel, bobbin ‖ **~**, Wickelmaschine f (Walzw) / coiler ‖ **~**, Schacht-, Förderhaspel m f (Bergb) / hauling whim ‖ **~** (Textil) / hank winder, reel [winder] ‖ **~** f m (Färb) / hank holder ‖ **~** m f (Mähdrescher) / reel of the reaper ‖ **~** (ein Faß) (Gerb) / paddle [vat o. wheel] ‖ **~abfall** m, Strazza f (Seide, Textil) / reeling waste, strass[e], broken silk ‖ **~anlage** f (Walzw) / reeling plant ‖ **~berg** m (Bergb) / engine plane, [upward] incline, winch incline, jig haulage ‖ **~gestell** n (Textil) / reel stand ‖ **~kettenlaufkatze** f / chain hoist trolley ‖ **~kufe** f (Färb) / winch [dye-]back, coinch beck (GB) ‖ **~maschine** f (Textil) / reeling machine
haspeln, aufwinden (Bergb) / draw up ‖ **~**, spulen (Garn) / reel, wind, spool ‖ **~** (Gerb) / paddle
Haspel·ofen m (Walzw) / reel furnace ‖ **~ofen** m (Steckel-Walzwerk) / hot box ‖ **~raum** m (Bergb) / hoist room ‖ **~schacht** m (Bergb) / pit worked by a whim ‖ **~winde** f (Bau) / winch ‖ **~zug** m (Walzw) / reel tension
Hastingit m (Min) / hastingite
Hatchettbraun n / copper precipitate
Hatchettin m (Min) / hatchettite, adipocerite, naphthine, mineral tallow
Haube f, Kappe f / hood, cap, top ‖ **~** (Akku) / cap ‖ **~**, Motorhaube f (Kfz) / engine bonnet (GB) o. hood (US) ‖ **~**, Blende f (Radar) / hood ‖ **~**, Kuppel f (Bau) / dome ‖ **~**, Laterne f, Dachaufsatz m (Bau) / skylight turret, lantern [tower] ‖ **~**, Helm m (Chem) / dome ‖ **~**, Abschirmung f / shroud ‖ **~**, Absprengkappe f (Glas) / moil ‖ **~**, Stiefel m (Glas) / potette, boot, hood ‖ **~**, Schaum m (Brau) / head
Hauben·block m (Hütt) / hot top ingot ‖ **~dach** n / crown roof ‖ **~fahrzeug** n (Kfz) / truck with hood ‖ **~glühofen** m / hood type o. belt type annealing furnace ‖ **~masse** f (Hütt) / exothermic feeder head mixture ‖ **~ofen** m (Hütt) / top hat furnace, hood type o. bell type [annealing] furnace, portable cover furnace ‖ **~riß** m (Blockfehler, Hütt) / hanger crack ‖ **~scharnier** n (Kfz) / bonnet hinge ‖ **~schloß** n, -verriegelung f (Kfz) / bonnet lock (GB), bonnet catch, hood catch o. fastener (US) ‖ **~stütze** f (Kfz) / bonnet stay (GB), hood stay (US) ‖ **[durchknickende]** **~stütze** / elbow brace ‖ **~ventilator** m (Schiff) / cowl ventilator
hauchdünn umhüllte Elektrode / electrode with a very thin covering
Hauchvergoldung f / gold flashing
Haue f (Bergb) / hoe
hauen (Bergb) / cut, hew
Hauer m (Bergb) / holer
Hauerfalz m (Buch) / blade fold
Hauerit m (Min) / hauerite
Hauer·marke f (Bergb) / token ‖ **~schicht** f (Bergb) / coal getting shift
Häufchensaat, Dibbelsaat f (Landw) / dibbling
Häufel·hacke f (Landw) / ridger ‖ **~kultivator** m / lister cultivator ‖ **~kultivator für Kartoffelbau**, -pflug m / potato cultivator o. ridger
häufeln, an-, behäufeln (Landw) / hill, ridge
Häufel·pflug m / ridge o. ridging plough ‖ **~sämaschine** f / hill drill
Haufen m, Stapel m / pile, heap ‖ **~**, Erdklumpen m / clump

häufen, massieren / agglomerate ‖ **sich ~** / aggregate
Haufen·führung f (Brau) / flooring ‖ **~sand** m, Füllsand m (Gieß) / body o. backing o. black sand, heap o. floor (GB) o. filler (US) sand, spillage sand ‖ **~schichtwolke** f, Stratokumulus m / strato-cumulus ‖ **~wolke**, Kumuluswolke f / piled cloud, cumulus [cloud]
häufig, zahlreich / numerous ‖ **~**, oft eintretend / frequent ‖ **~ster [Beobachtungs]wert** / mode, modal value ‖ **~ster Leistungsgrad** / most frequent rate, modal rate ‖ **~ster Leistungsgrad** / modal rate, most frequent rate
Häufigkeit f / frequency ‖ **~** (regelmäßiger Ereignisse) / occurrence ‖ **~** (Astr) / frequency of occurrence ‖ **~ der Reihenfolgefehler** / sequence error rate
Häufigkeits·dichte f (Statistik) / frequency density ‖ **~funktion** f / frequency function, probability density function ‖ **~klasse** f / modal class ‖ **~kurve** f (Aufber, DV) / frequency curve ‖ **~periode** f der Sonnenflecken (11 1/4 Jahre) / solar cycle ‖ **~polygon** n (Statistik) / frequency polygon ‖ **~schaubild** n / target diagram ‖ **~schaubild n in Balkenform** / bar chart, bar graph ‖ **~tabelle** f (Statistik) / frequency table ‖ **~verteilung** f / frequency distribution, F.D. ‖ **~verteilung** f der Stichproben / sample distribution ‖ **~verteilungskurve** f (Statistik) / frequency distribution curve, cumulative [frequency] curve, ogive ‖ **~wert** m / limiting value of a function ‖ **~zahl** f / frequency ‖ **~zähler** m (Statistik) / frequency counter ‖ **~zähler m von Überschreitungen** / frequency meter of exceedings
Häufler m (Landw) / ridging body, ridger
Häufung f, An-, Zusammenhäufung f / amassment
Häufungsstelle f (Math) / cluster, accumulation point
Hauf·werk m (Geol) / heap of debris ‖ **~werk**, Grubengefälle n (Bergb) / won coal o. won minerals pl (before washing), crude ore ‖ **~werk** n (Roboter) / randomly oriented parts pl ‖ **~werksporiges Gefüge** (Beton) / no-fines texture ‖ **~werksporigkeit** f (Bergb) / bulk porosity ‖ **~werkzwischenspeicher** m / muck bay
Haupt n / head ‖ **~**, Stirn f eines Quaders / face of a stone ‖ **~**, Pressenoberteil n / crown of a press ‖ **~**, Stirn f eines Durchlasses / face o. head of a culvert ‖ **~...** / main, capital, chief ‖ **~...**, Zentral... / central ‖ **~...**, Groß..., größer / major, greater ‖ **~...**, Ober..., Grund... / main, fundamental, principal ‖ **~...** (Elektronik, Kompass) / master... ‖ **~abmessungen** f pl / leading dimensions pl ‖ **~abschnitt** m / main section ‖ **~abschnitt** m (Fernm) / major section ‖ **~absperrhahn** m / emergency stop valve ‖ **~[absperr]hahn** m (Hausinstall) / service valve ‖ **~absperrventil** n, HAV / main isolating valve ‖ **~abteilung** f (Verwaltung) / department ‖ **~abwasserrohr** n (Bau) / main sewer o. drain ‖ **~achse** f (Phys) / principal axis ‖ **~achse** f, Umdrehungsachse f / rotation[al] axis, principal axis of revolution ‖ **~achse**, große Achse (der Ellipse) / major axis ‖ **~achse** f (der Hyperbel) / transverse axis ‖ **~ader** f, -gang m (Bergb) / master o. mother lode ‖ **~adreßregister** n (DV) / memory address register, MAR ‖ **~amt** n (Fernm) / head o. master office ‖ **~anker** m (Schiff) / sheet anchor ‖ **~anschluß** m, Hauptstelle f (Fernm) / subscriber's main station ‖ **~anschluß** m (Verm) / main station ‖ **~anschlüsse** m (Halbl) / main terminals pl ‖ **~anschlußleitung** f (Fernm) / exclusive exchange line ‖ **~anschnitt** m (Gieß) / main gate ‖ **~ansicht** f (Bau) / face plan ‖ **~ansteuerungsfeuer** n (Nav) / landfall light ‖ **~antrieb** m / main drive ‖ **~antriebswelle** f / main shaft ‖ **~arten** f pl, wesentliche Typen / principal types pl ‖ **~auftragnehmer** m (Bau) / prime contractor ‖ **~ausfall** m / major failure ‖ **~-Ausfallstraße** f / main outlet ‖ **~ausschalter**, Notausschalter m (Bahn) / line breaker ‖ **~ausziehstrom** m (Bergb) / main return airway ‖ **~bahn** f (Informatik) / main path ‖ **~bahn** f (Bahn) / main-line railway ‖ **~bahnhof** m / central o. main o. chief station ‖ **~bake** f (Luftf) / localizer, LOC ‖ **~band** n (DV) / master tape ‖ **~batterie** f (Fernm) / main battery ‖ **~bau**

461

m, -gebäude *n* / main building ‖ ~beleuchtung *f* (TV) / key lighting ‖ ~bestandteil *m n*, -anteil *m* / major o. chief constituent, principal component, basis ‖ ~betriebszeit *f* / peak time ‖ ~bibliothek *f* / link library ‖ ~binder *m* / principal beam o. girder ‖ ~block *m* (Fernm) / station block ‖ ~bodenstelle *f* (Loran) / master ground station ‖ ~bogen *m*, Mittelbogen *m* (Brückb) / principal arch o. vault ‖ ~bremsleitung, -luftleitung *f* (Bahn) / main brake pipe ‖ ~[brems]zylinder *m* (Kfz) / main brake cylinder ‖ ~brennkammer *f* (Düsenflugzeug) / main combustion chamber ‖ ~brennstoffbehälter *m* / main tank ‖ ~[dach]binder *m* / principal roof beam ‖ ~dampfleitung *f* / steam [collecting] main ‖ ~daten *pl*, -angaben *f pl* / principal data ‖ ~deck *n* (Schiff) / main deck ‖ ~dehnung *f* (Mech) / principal elongation ‖ ~diagonale *f* / main diagonal ‖ ~draht *m* (Fernm) / leading wire ‖ ~druck, Hangenddruck *m* (Bergb) / roof pressure ‖ ~düse *f* (Vergaser) / main jet, high-speed nozzle ‖ ~ebene *f* (Opt) / principal plane ‖ ~-E-(o. -H-)Fläche *f* (Elektronik) / principal E-plane o. H-plane ‖ ~einfahrt *f*, Portal *n* / main gate, front gate, gateway ‖ ~einfallstraße *f* (Stadt) / main access street ‖ ~einflugschneise *f* (Luftf) / main approach sector ‖ ~einflugzeichen *n*, HEZ (Luftf) / middle marker [beacon], MM ‖ ~eingang *m* / main entrance o. approach ‖ ~einschaltzeit *f* (TV) / prime time ‖ ~einziehstrom *m* (Bergb) / main intake ‖ ~empfangsgebiet *n* (Elektronik) / prime signal area ‖ ~entwässerungskanal *m* (Bau) / main drain ‖ ~erregermaschine *f* (Elektr) / main exciter ‖ ~erzeugnis (z.B. eines Landes), -produkt *n* / staple ‖ ~erzeugnis *n* (einer Fabrik) / main product ‖ ~fahrstraße, Vorzugsfahrstraße *f* (Bahn) / priority route ‖ ~farbe *f* / principal colo[u]r ‖ ~fehler *m* / major defect ‖ ~feld *n* (Elektr) / main field ‖ ~feld, Serienfeld *n* (Elektr) / series field ‖ ~feld *n* (Spinn) / main drafting zone ‖ ~feld-Verdichter *m* (Spinn) / front condenser ‖ ~[fernsprech]amt *n* (Fernm) / head o. master office ‖ ~fluß *m* (Phys) / useful flux ‖ ~[förder]strecke *f* (Bergb) / [main] gangway, main [haulage] entry (US) o. road (GB) ‖ ~förderstrecke *f* (im Bergeversatz) (Bergb) / gate road o. way, mother gate ‖ ~formänderungen *f pl* / principal strains *pl* ‖ ~frässpindel *f* / main cutter spindle ‖ ~[frei]fläche *f* (Wz) / major flank ‖ ~frequenz *f* / dominant frequency ‖ ~frequenz *f* (Fernm) / primary frequency ‖ ~funkstelle *f* / centre wireless station, CWS (GB), master station (US) ‖ ~gang *m*, -ader *f* (Bergb) / master o. mother lode ‖ ~gasleitung *f* / gas main ‖ ~gasrohr *n* / main gaspipe, public main ‖ ~gebäude *n*, -bau *m* (von mehreren Gebäuden) / main building ‖ ~generator *m* (Elektr) / main generator ‖ ~geschoß *n* (Bau) / main floor, principal storey ‖ ~gesetz, -prinzip *n*, -satz *m* / fundamental law o. principle ‖ ~gesichtsfeld *n* / primary vision area ‖ ~gesims *n*, Dachgesims *n* (Bau) / principal cornice o. moulding ‖ ~gewölbe *n* (Ofen) / main arch ‖ ~gitter *n* (Krist) / parent lattice ‖ ~gleis *n* (Bahn) / main-line o. track ‖ ~graben *m* / main ditch ‖ ~gruppe *f* (DV) / file ‖ ~gruppenkontrolle *f* (LoKa) / intermediate control ‖ ~gruppentrenner *m* (DV) / file separator ‖ ~gruppentrennung *f*, -gruppenwechsel *m* (LoKa) / intermediate control break o. change ‖ ~gruppen-Trennzeichen *n* (DV) / file separator [character], SP ‖ ~hahn *m* / main cock ‖ ~himmelsrichtung *f* des Kompasses (Nautik) / quarter, cardinal point ‖ ~hubwerk *n*, -windwerk *m* / main hoist o. lift, main hoisting o. lifting gear o. tackle ‖ ~industrie *f* / staple industry ‖ ~kabel *n* (Elektr) / main cable o. feeder, feeder mains *pl* ‖ ~kabel *n* im Triebwagenzug (Bahn) / bus line ‖ ~kanal *m*, -kanalisation *f*, -entwässerungsrohr *n* / main sewer o. drain ‖ ~kanal *m* (Datenübertragung) / forward channel ‖ ~kanal *m* (Spritzguß) / runner, feeder ‖ ~kanal *m* zu der Abwasserreinigung / outfall sewer ‖ ~kartenbett

n (LoKa) / duplicating rack ‖ ~kette *f*, -reihe *f* (Chem) / even series ‖ ~keule *f*, -lappen, -zipfel *m* (Fernm) / major lobe ‖ ~kipp *m* (Elektronik) / main sweep ‖ ~klärbecken *n* / main settling basin ‖ ~kreis *m* der Kugel / great circle ‖ ~kreis-Navigation *f*, Orthodrome *f* (Schiff) / orthodrome ‖ ~krümmung *f* (Math) / principal curvature ‖ ~krümmungshalbmesser *m* / principal radius of curvature ‖ ~kuppelbolzen *m* (Bahn) / main coupling pin ‖ ~lager *n* / main bearing ‖ ~lauf *m* (Destill) / main product o. run ‖ ~leitgerät *n* (Fernm) / master unit ‖ ~leitstrahl *m* / front beam ‖ ~leitung *f*, Stammleitung *f* (Elektr) / electric main ‖ ~leitung *f* (DV) / bus ‖ ~leitung *f* (Fernm) / bus wire ‖ ~leitung *f* für Wasser / water main ‖ ~[leitungs]rohr *n* / main pipe ‖ ~[leitungs]rohr *n* (in der Straße verlegt) / street main ‖ ~[leitungs]rohr, Hauptgasrohr *n* / public main ‖ ~leitwerk *n*, zentrales Leitwerk (DV) / main control unit ‖ ~-Lenzleitung *f* (Schiff) / main drain ‖ ~linie *f* (Spektrum) / ultimate line, raie ultime, R.U. ‖ ~linie, -strecke *f* (Bahn) / trunk [line], principal road o. railway ‖ ~linie *f* (Fernm) / main-line, trunk line ‖ ~lotebene *f* (Math) / principal vertical plane ‖ ~maschine *f* (DV) / master machine ‖ ~masse *f*, -teil *m* / the greater part, bulk ‖ ~merkmal *n* / main characteristic feature ‖ ~meßzahl *f*, -ziffer *f* / composite index number ‖ ~mischpult *n* (TV) / master control desk o. board ‖ ~nachteil *m* / main drawback ‖ ~nenner *m*, gemeinsamer Nenner / common denominator ‖ ~netz *n* der Strömung, Machsches Netz / principal net of the flow, Mach net ‖ ~netz *n* im Flugzeug (Elektr) / main circuit ‖ ~normale *f* (Raumkurve) / principal normal ‖ ~öffnung *f* (Brücke) / center o. central o. main arch ‖ ~patent *n* / basic o. master patent ‖ ~periode *f* (DV) / major cycle ‖ ~phase *f* (Elektr) / main phase ‖ ~piste *f* (Luftf) / main runway ‖ ~platine *f* (Web) / check plate ‖ ~pleuel *n*, -pleuelstange *f* (Mot) / master [connecting] rod, mother rod ‖ ~pol *m* (Elektr) / main pole ‖ ~pole *m pl* zur Milderung der Feldverzerrung (Elektr) / comb poles *pl* ‖ ~polluftspalt *m* (Elektr) / main pole airgap ‖ ~produkt (z.B. eines Landes), -erzeugnis *n* / staple ‖ ~programm *n* / background program with high priority ‖ ~programm *n* (DV, Fortran) / main o. master program ‖ ~prüfabschnitt *m* (Fernm) / principal test section ‖ ~punkt-Brechwert *m* / principal point refraction, axial refraction ‖ ~quantenzahl *f* / first o. main o. principal o. total quantum number ‖ ~querschlag *m* (Bergb) / main cross-cut ‖ ~radar *n* / master radar ‖ ~reaktion *f* (Chem) / chief o. main reaction ‖ ~rechner *m* / host o. central computer ‖ ~reihe *f* (Chem) / even series ‖ ~reihenstern *m* (Astr) / main sequence star ‖ ~revision, Vollaufarbeitung *f* (Bahn, Wagen) / general overhaul ‖ ~richtung *f* (Math) / principal direction ‖ ~rippe *f* am Flügel (Luftf) / compression rib ‖ ~riß *m* (Bergb) / principal plan ‖ ~rohr *n* / main [pipe] ‖ ~rotor *m* (Luftf) / main rotor ‖ ~rückführung *f* (Regeln) / major o. primary feedback ‖ ~sächlich, Haupt... / cardinal, chief, principal, main ‖ ~sammelkanal *m* / main duct, trunk duct ‖ ~sammelschiene *f* / generator o. main busbar ‖ ~sammler *m* (Abwasser) / main sewer ‖ ~satz *m* (Math, Phys) / main theorem ‖ ~satz *m* (DV) / master record ‖ ~satz *n* (NC) / alignment function, full information block ‖ ~satzsuche *f* (NC) / search for program[me] alignment function ‖ ~schacht *m* (Bergb) / main shaft ‖ ~schalter, Fahrschalter *m* / traction switch ‖ ~schalter, (spez:) Netzschalter *m* / main switch, master switch ‖ ~schaltpult *n* (Elektr) / central switch desk ‖ ~schalttafel *f* (Elektr) / control o. supervisory board, central control panel ‖ ~scheidung *f* (Zuck) / main defecation o. liming ‖ ~scheinwerfer *m* (Kfz) / main headlight ‖ ~schieber *m* / main slide o. sluice valve, master gate o. valve ‖ ~schiene *f* (feste Schiene einer Weiche) (Bahn) / main rail ‖ ~schlitten, Schlitten *m* (Dreh) / saddle, carriage ‖ ~schluß *m* (Elektr) / series connection o. mounting ‖ ~schlüssel *m* (Schloß) / passe-partout ‖ ~schlußgenerator *m,* Hauptstrommaschine *f /* series wound generator ‖ ~schlußmotor, -strommotor *m* (Elektr) / series [wound] motor ‖ ~schlußmotor *m* mit angezapftem Feld (Elektr) / tap-field motor ‖ ~schlußverhalten *n* / series characteristics *pl* ‖ ~[schmelz]sicherung *f* (Elektr) / principal fusible cutout ‖ ~schneide *f* (Werkz) / cutting edge on the feed side, major cutting edge ‖ ~schneidenanstellwinkel *m* (Dreh) / side cutting [edge] angle ‖ ~schnitt *m* / principal section ‖ ~schwimmer *m* (Kfz) / main float ‖ ~seite *f,* Fassade *f* (Bau) / face, front, façade ‖ ~seitenband *n* (TV) / main sideband ‖ ~sender *m* (TV, Elektronik) / main station ‖ ~sender *m* (Decca) / master transmitter ‖ ~serie, Prinzipalserie *f* (Spektrum) / principal series ‖ ~sicherung *f* / master fuse, main fuse ‖ ~sicherungskasten *m* / distribution fuse board ‖ ~signal *n* (Bahn) / station signal ‖ ~signale *n pl* (Bahn) / home signals *pl* ‖ ~sitz *m* (einer Firma) / home office (US), head office (GB) ‖ ~-Skalenteilung *f* / major graduations *pl* ‖ ~spannung *f* (Mech) / principal stress o. tension ‖ ~spant *n* (Schiff) / principal frame, main frame ‖ ~spant *n,* Mittschiffspant *n* / midship frame ‖ ~sparren *m* (Bau) / principal rafter ‖ großer langsamer ~speicher (DV) / auxiliary o. backing o. second[ary] storage o. store o. memory ‖ [schneller] ~speicher (DV) / main [frame] memory o. storage (US) o. store (GB), working o. computing o. processor storage ‖ ~speicheradressierung *f* (DV) / main frame addressing ‖ ~speicher-Datenbank *f* / main storage data base ‖ ~speicherresident *adj* (DV) / main frame resident ‖ ~speiseleitung *f* / main feed line ‖ ~spiegel *m* (Teleskop) / primary mirror ‖ ~spindel, Arbeitsspindel *f* (Wzm) / work spindle ‖ ~spitzenfläche *f* (Krist) / major apex face ‖ ~start- und Landebahn *f* (Luftf) / main runway ‖ ~station *f* (DV) / master station ‖ ~steuerorgane *n pl* (Luftf) / primary controls *pl* ‖ ~stollen *m* (Bergb) / main haulage adit ‖ ~strahl *m* (Opt) / principal ray ‖ ~strahlrichtung *f* (Radio) / direction of maximum radiation ‖ ~strahlunterdrückung *f* / blanking out of maximum radiation ‖ ~strahlwinkel *m* (Vertikalebene) (Antenne) / directivity angle ‖ ~straße *f,* Straße *f* erster Ordnung / highway, highroad ‖ städtische ~straße / main o. principal street ‖ ~strecke *f,* -verbindung *f /* main-line o. -route ‖ ~strecke *f* (Bergb) s. Hauptförderstrecke ‖ ~streckfeld, -verzugsfeld *n* (Spinn) / main drafting zone ‖ ~streichen *n* (Bergb) / general direction ‖ ~strom *m* (Elektr) / main current ‖ ~strom, Mittelstrom *m* (Hydr) / main stream ‖ ~strom... s. auch Hauptschluß... ‖ ~stromanlasser *m* / series starter ‖ ~stromauslösung *f* (Schalter) / direct-trip switch ‖ ~stromerregung *f* (Elektr) / serial o. series excitation ‖ ~stromfilter *n* (Kfz) / full flow filter ‖ ~stromkreis *m* (Elektr) / main circuit ‖ ~strom-Regelwiderstand *m* / series regulator ‖ ~stromrelais *n* / series relay ‖ ~-Strom/Spannungs-Kennlinie *f* (Halbl) / principal current/voltage characteristic ‖ ~strom-Widerstandsbremsschalter *m* (Elektr) / rheostatic braking controller ‖ ~struktur *f* (DV) / major structure ‖ ~stück *n,* Rumpf *m* (Mech) / body ‖ ~-Taktgenerator, Taktgenerator *m* (DV) / master clock ‖ ~task *f* (DV) / major task ‖ ~teil *m,* -masse *f* / the greater part, bulk ‖ ~teil *n* der Informationen (DV) / body of informations ‖ ~telegrafenamt *n* / central telegraph office ‖ ~träger *m* / principal beam o. girder ‖ ~träger, Längsträger *m* erster Ordnung / main beam o. girder ‖ ~träger *m* (Brücke) / longitudinal girder ‖ ~träger *m* der Drehscheibe / principal beam of a turntable ‖ ~trägerentfernung *f* / spacing of main girders ‖ ~tragfläche *f* (Luftf) / main plane ‖ ~trägheitsachse *f* / principal axis of inertia ‖ zentrale ~trägheitsachse / central principal axis of inertia ‖ ~trägheitsmoment *n* (Mech) / principal moment of inertia ‖ ~tragseil *n,* Tragseil *n* (Fahrleitg) / messenger (US), main carrying cable ‖ ~trennschalter *m* (Elektr)

main isolating switch ‖ ~treppe *f* / main stairs ‖ ~tribüne *f* / grandstand ‖ ~triebwerk *n* / main engine ‖ ~trocknung *f* / primary drying ‖ ~trommel *f* der Karde (Textil) / main cylinder of the card, swift, drum ‖ ~typ *m* (Wellenleiter) / dominant mode ‖ ~übertragungsleitung *f* (Elektr) / main transmission line ‖ ~uhr *f* / central o. master clock, principal clock, regulator [clock] ‖ ~untersuchung *f,* bahnamtliche Untersuchung mit Auffrischung (Bahn) / general inspection ‖ ~unterwerk *n* (Elektr) / main substation ‖ ~unterzug *m* / main beam o. summer ‖ ~valenz *f* (Chem) / principal valency ‖ ~verbindungsart *f* (Fernm) / primary means of communication ‖ ~verkehrsader *f /* main artery ‖ ~verkehrsader *f* (Bahn) / heavy traffic route ‖ ~verkehrsstraße *f,* städtische Durchgangsstraße / principal street ‖ ~verkehrsstraße *f* / traffic arteria, arterial o. main road, thoroughfare, thrufare (US), highway ‖ ~verkehrszeit *f,* -stunden *f pl* / peak o. rush hours *pl* ‖ ~verkehrszeit *f* (Fernm) / busy hours *pl* ‖ ~vermittlungsstelle *f,* HVSt (Fernm) / main exchange o. office, trunk exchange ‖ ~versorgungsleitung *f* / electric o. gas main ‖ ~verstärkerstation *f* (Fernm) / main repeater section ‖ ~verteiler *m,* -verteilergestell *n* (Fernm) / main distribution [frame], MDF, trunk distributing frame ‖ ~verteilungskabel *n* (Elektr) / main distribution cable ‖ ~verwaltung *f* / headquarters *sg,* head office ‖ ~-Vielfachfeld *n* (Fernm) / full multiple ‖ ~warnleuchte *f* (Luftf) / master caution light ‖ ~wäsche *f* (Geschirrspüler) / main dish washing ‖ ~wasserleitung *f /* water main, Water Board main (GB) ‖ ~welle *f* (Masch) / main shaft ‖ ~welle *f* (Kfz) / transmission main shaft, output shaft ‖ ~welle *f* (des Getriebes) (Kfz) / sliding shaft, spline[d] shaft, third motion shaft ‖ ~welle *f* (einer Verzögerungsleitung) (Elektronik) / principal wave, principal mode ‖ ~werk *n,* Stammwerk *n* (F.Org) / main plant o. factory ‖ ~werkstätte *f* (Bahn) / main repair shop, main workshop ‖ ~werte *m pl* der Normzahlenreihe / basic numbers *pl* ‖ ~wetterschacht *m* (Bergb) / principal air shaft ‖ ~wetterstrecke *f,* -wetterpaß *m* (Bergb) / main airhead o. airway o. windway ‖ ~wettertür *f* (Bergb) / main air gate ‖ ~windleitung *f* (Hütt) / blast main ‖ ~windwerk *n* / main hoist o. lift, main hoisting o. lifting gear o. tackle ‖ ~wolkenuntergrenze *f* (Meteorol) / ceiling ‖ ~zähler *m* (Elektr) / main supply meter ‖ ~zähler, Haushaltzähler *m* (Elektr) / house service meter ‖ ~zeichen *n* (Luftf) / main marker ‖ ~zeit, Stückzeit *f* (F.Org) / production time, essential operating time ‖ ~zipfel *m,* -lappen *m* (Fernm) / major lobe ‖ ~zug *m,* -streichen *n* (Bergb) / chief bearing ‖ ~zuleitung *f* (Elektr) / main conductor

Haus *n* / house ‖ ~... / domestic ‖ ~ mit Grund und Boden / premises *pl* ‖ ~ mit mehr als zwei Stockwerken / high-rise, hi-rise ‖ ebenerdiges ~ / one-stor[e]y building ‖ ~abwässer *n pl* / domestic sewage ‖ ~adresse *f* (DV) / home address o. track ‖ ~anschluß *m* (Elektr, Fernm) / house service connection, private connection *pl,* service (US) ‖ ~anschlußkasten *m* (Elektr) / house connection box, private connection box, service switch cabinet (US) ‖ ~anschlußleitung *f* / service line ‖ ~anschlußmuffe *f* / house junction box ‖ ~anschlußtafel *f* (Elektr) / house connection board ‖ ~apparat *m* (Fernm) / residence telephone ‖ ~arbeitsraum *m* / domestic utility room ‖ ~bereichs... / for domestic application ‖ ~bockkäfer *m,* Hylotrupes bajulus (Schädling) / house longhorn beetle ‖ ~brandkohle *f,* -brand *m* / household o. domestic coal ‖ ~brandkohle *f,* Deputatkohle *f* / free coal, allowance coal

Häuschen *n* / cottage, small house

Haus·druckregler *m* (Bau) / service regulator ‖ ~ecke *f /* quoin ‖ ~einführung *f* (Elektr) / house lead-in

Hausenblase *f* / isinglass, fishe glue, ichthyocol

Hausentwässerung f / house drainage o. pipe drains pl
Häuser·block m, -viertel n, -gruppe f / block of buildings, quadrangle || **~gruppe** f / clump o. cluster of houses
Haus·fernsprecher m / private [tele]phone || **~flur** m, Diele f / entrance hall, entry, entrance || **~gerät** n, Möbel n pl, Hausrat m / household furniture o. goods pl || **~geräteleitung** f (Elektr) / appliance wire
Haushalt·... / home, domestic || **~** m (Wasserhaushalt) / economy || **~abnehmer** m / domestic customer || **~-Bügelmaschine** f / ironer || **~-Gefrierschrank** m / upright freezer || **~-Gefriertruhe** f / home freezer, chest freezer || **~gerät** n / household o. home appliance || **~-Heizöl** n / domestic fuel oil || **~kältemaschine** f / household refrigerating machine || **~kleingeräte** n pl / small [household] appliances || **~kühlschrank** m / household refrigerator || **~mehl** n / family-type flour || **~nähmaschine** f / domestic sewing machine || **~-Rührmaschine** f / domestic food mixer
Haushalts·abwässer n pl / domestic sewage
Haushaltseife f / laundry soap
Haushalts·gerät n / household o. home appliance || größeres **~gerät** (z.B. Kühlschrank, Waschmaschine) / big household appliance || **~geschirr** n (aus Steingut o. Porzellan) / crockery ware, table ware || tiefes **~geschirr** (Keram) / hollow ware || **~leinen** n / household linen || **~maschine** f / domestic machine || [kleiner] **~schraubhaken** / cuphook || **~tarif** m / household rate
Haushalt·strom m / domestic current || **~-Stromverbraucher** m / domestic current consumer
Haushaltswaage f / domestic scale
Haushalt Domotik;f, die gesamte **~technik** / domotics pl
Haushaltungs..., Haus- und Küchen..., Haushalt.. / domestic
Haushaltungs·gegenstand m / household article o. requisite
Haushalt·wäsche f / household linen || **~zähler**, Hauptzähler m (Elektr) / house service meter
Haus··Haus... (Bahn) / door-to-door... || **~installation** f / interior o. house wiring, interior installation || **~korrektur** f (Buch) / first proof, reader's proof || **~leiterkabel** n (Fernm) / paper-core [telephone] cable || **~leitung** f (Fernm) / interior o. house wiring
häusliche Abwässer n pl / domestic sewage, sanitary o. residential sewage
Haus[macher]leinen n, Garlik n / homespun linen
Hausmannit m (Schwarzmanganerz) (Min) / hausmannite
Haus·mitteilungen f pl, -zeitschrift f (für Firmenangehörige) / house organ || **~müll** m / household rubbish o. refuse o. garbage (US) || **~notruf** m / home emergency call || **~nummernleuchte** f / luminaire for numbers of houses || **~pumpe** f, Hofpumpe f / general-purpose pump || **~rohrnetz** n (Gasinstall) / carcassing || **~rohrpost** f / pneumatic house tube || **~satz** m (DV) / home record || **~schwamm** m / dry rot, boletus destructor || **~stütze** f, Abspanngestänge n (Elektr) / house attachment o. pole || **~technik** f (Fernm) / domestic technique
Haustein m, Werkstein m / freestone || **~**, behauener Stein / cut stone, ashlar || **~ mit glatten Rändern** / backsetting || **~mauerwerk** n / regular coursed ashlar stone work
Haus·telefon n, -fernsprecher m / private o. house [tele]phone || **~telefonanlage** f (Fernm) / inside plant || **~treppe**, Vortreppe f / door steps pl || **~treppe**, Innentreppe f / inner stair[s] [of a house] || **~tür** f / street o. front o. entry door || **~türkontakt** m (Elektr) / street door contact || **~türschloß** n / stock lock || **~türzarge** f, innere Erweiterung f / entry door frame || **~- und Küchengeräte** n pl / utensils pl || **~vermittlung** f (Fernm) / subexchange || **~-Wasserversorgung** f / water service || **~wasserversorgungsanlage** f / domestic water supply plant || **~wasserzähler** m / house water meter || **~wirtschaft** f / housecraft || **~zeitschrift**

f (Firmenveröffentlichung) / house organ || **~zentrale** f (ohne Amtsanschluß) (Fernm) / private exchange, P.X. || **~zentrale**, -vermittlung f mit Selbstwählbetrieb ohne Amtsanschluß (Fernm) / private automatic exchange, P.A.X. || **~zentrale** f mit Amtsanschluß (Fernm) / house exchange system || **~-zu-Haus...** / from door to door || **~-zu-Haus Transport** m / door-to-door transport
Haut f, Außenhaut f (allg) / skin || **~** (unter der Oberhaut) (Zool) / skin, dermis, derma, derm || **~**, Oberhaut f (Zool) / epidermis || **~**, Fell n (Gerb) / hide, fell || **~**, Häutchen n (Chem) / membrane, film, coat[ing] || **~**, Rinde f / peel || **~**, Hülle f (Gieß) / investment || **~** (Schaumstoff), Außenhaut f / skin || **~...** (Zool) / dermal, dermic || **~blech**, Skinplate n / skinplate
Häutchen n / pellicle
Haut·effekt m (Elektr) / Kelvin effect, skin effect || **~einheitsdosis** f, HED (Strahlung) / unit skin dose
Häutekonservierung f / skin curing
Hautelisse·stuhl m / hautelisse loom, high-warp loom
Haut·gefüge n (Gerb) / cutaneous structure || **~gift** n / skin poison
häutig, mit einem Häutchen bedeckt / filmy
Haut·leim m, Lederleim m / leather glue || **~riß**, Oberflächenriß m / superficial o. surface crack o. scratch || **~schädigung** f, -reizung f / skin irritation || **~schutzsalbe** f / protective skin ointment || **~wirkung**, Stromverdrängung f / Kelvin effect, skin effect || **~wolle** f / pulled o. skin wool, fellmongered wool (GB), slaughterhouse wool
Haüyn m (ein Sodalith) (Min) / haüyn[it]e
Haüysches Gesetz, Rationalitätsgesetz n (Krist) / law of rational indices
HAV = Hauptabsperrventil
Havarie f, Seeschaden m / sea-damage, average || große **~** / general average || **~laterne** f (Schiff) / out-of-command light
havarieren / suffer sea-damage
Havarieschutz m (Nukl) / reactor protection system, RPS
HAW (= high active waste) (Nukl) = hochaktive Spaltproduktlösung
Hazen-Farbzahl f (Chem) / Hazen colour
HB = Brinellhärte
H-Bereich m, oberer Wertbereich (Halbl) / high range, H-range
HB-Garn n, Hochbauschgarn n / high-bulk yarn, HB yarn
H-Bogen m (Wellenleiter) / edgewise bend
H-Bombe f, Wasserstoffbombe f / hydrogen o. fusion bomb, H-bomb, thermonuclear bomb
HC-Emission f (Kfz) / HC-emission
HD m, Hochdruck m / high pressure, HP
H-Darstellung f (Radar) / H-display
HDB-Code / HDB code
HDK-Material n (z.B. Barium- o. Strontiumtitanat) = hohe Dielektrizitätskonstante / high dielectric-constant material, Hi-K
HDLC-Prozedur f, bitorientiertes Steuerungsverfahren (Teletex) / high level data link control, HDLC [procedure]
HD-Öl n, Heavy-Duty-Öl n / heavy-duty oil, HD-oil
HD-PE, Polyethylen n hoher Dichte / high-density polyethylene, HDPE
HDR (Nukl) = heißdampfgekühlter Reaktor
HD-Rückwärtsturbine f / high-pressure astern turbine
HDTV-System n, Hochauflösungssystem n (TV) / high definition television system, HDTV
HDÜ (Elektr) = Hochspannungs-Drehstromübertragung
HDW = Hydrodewaxing
Headend-Verfahren n, Anfangsbehandlung f (Nukl) / head-end process
Headup-Display m n, -Anzeige f (Luftf) / head-up display
Heating-and-planing-Verfahren n (zum Abschälen dünner defekter Schichten) (Straßb) / heating-and-planing

Heat-set Farbe (Buch) / heat-set ink
Heaviside-Funktion f, Einheits-Sprungfunktion f / Heaviside unit step, unit step
Heaviside·-Lorentz-Einheiten f pl / Heaviside-Lorentz [electromagnetic] units pl ‖ **~sche Regel** / Heaviside's expansion rule ‖ **~schicht** f / Kennelly-Heaviside layer
Hebdrehwähler m (Fernm) / two-motion selector, bank-and-wiper switch, vertical and rotary selector
Hebe·…, Hub… / lifting, elevating ‖ **~band** n (Transport) / flat lifting sling, sling band ‖ **~baum** m / heaver ‖ **~bock** m **mit Flaschenzug** (zwei- oder dreibeinig) / derrick ‖ **~bühne** f (allg) / lifting platform o. stage, platform lift ‖ **~bühne** f (Astr) / rising floor o. platform ‖ **~bühne** f (Kfz) / autohoist, car lift ‖ **~daumen** m / lifting cog, cam lever, lifter ‖ **~eisen** n, Brechstange f / crow bar, pinch[ing] bar, pincher, hand-spike (GB), pry (US) ‖ **~fenster** n (Kfz) / windup window ‖ **~fläche** f (Pendeluhr) / pad ‖ **~geschirr** n (Textil) / raising harness ‖ **~geschirr** n, Spreader m (Container) / spreader ‖ **~haken** m (Kran) / clevis, crane hook ‖ **~haken** m, Platine f (Web) / lifting wire, sinker ‖ **~klappbrücke** f / rolling lift bridge
Hebel m / lever ‖ **~ verstellen** / move levers, shift o. relocate levers ‖ **mit einem ~ bewegen** (Masch) / prize vt, lever v ‖ **~anordnung** f / lever arrangement ‖ **~arm** m / arm o. crank of a lever ‖ **~arm** m, Dreharm m einer Kraft / lever arm of a force ‖ **~arretierung**, -hemmung, -feststellung f / lever stop ‖ **~auflagepunkt** m / bearance fulcrum, bearance fulcrum ‖ **~[aus]schalter** m / lever switch ‖ **~beißzange** f / lever nippers pl ‖ **~betätigte Tastatur** / lever set keyboard ‖ **~blechschere** f / steel slitting shears pl ‖ **~bremse**, Handbremse f / hand lever brake ‖ **~druck** m / lever pressure ‖ **~durchschnitt** m / lever operated punch ‖ **~eisen** n (Werkz) / general-purpose spoon ‖ **~endschalter** m / lever type limit switch ‖ **~fangvorrichtung** f (Bergb) / lever catching device ‖ **~feststellung**, -hemmung f / lever stop ‖ **~gesetz** n, -beziehung f / lever principle, lever relationship rule ‖ **~kraft** f, -moment n / leverage ‖ **~mechanismen** m pl / linkages pl with lever pairs ‖ **~presse** f / lever press ‖ **~punkt** m (Mech) / [bearance] fulcrum ‖ **~roller** m, Hubroller m / jack (US) ‖ **~schalter** m (Elektr) / joy-stick selector ‖ **~schalter** m, Kippschalter m (Elektr) / lever key, tumbler switch ‖ **~schaltung** f (Wzm) / lever control ‖ **~scheibe** f (Uhr) / discharging roller ‖ **~schere** f / crocodile shears pl, lever shear, -s pl ‖ **~schneidzange** f, -vorschneider m / end cutting nippers with lever assisted joint, double-action end cutter ‖ **~schwinge**, Nortonschwinge f (Dreh) / tumbler lever o. yoke, lever tumbler o. yoke ‖ **~spanner** m / power stretcher ‖ **~spannfutter** n (Wzm) / lever operated chuck ‖ **[handbetätigte] ~sperre** / lever collar ‖ **~stanze** f / lever punch ‖ **~stein** m **der Ankerhemmung** (Uhr) / impulse pin ‖ **~steuerung** f / lever control ‖ **~stütze** f, -stützpunkt m / fulcrum (pl: fulcrums, fulcra) ‖ **~tastatur** f / lever-set keyboard ‖ **~träger** m / fulcrum bracket ‖ **~übersetztes Gelenk** (Zange) / toggle joint ‖ **~übersetzung** f, Hebel[übersetzungs]verhältnis n / leverage, lever transmission, mechanical advantage, MA ‖ **~übertragung** f / leverage ‖ **~umschalter** m (Elektr) / lever commutator switch, double-throw knife switch ‖ **~unterlage** f (Mech) / fulcrum ‖ **~verschluß** m (allg, Flaschen) / lever lock ‖ **~verschluß** m **bis zum Eintreffen der Endlageüberwachung** (Bahn) / check locking of the block ‖ **~vornschneider** m (DIN 5239) / end cutting nippers with lever assisted joint, double-action end cutter ‖ **~waage** f / beam scale ‖ **~werk** n / lever apparatus o. gear ‖ **~winde** f / lever jack ‖ **~wirkung** f / lever action
Hebe·magnet m, Hubmagnet m (Kran) / lifting magnet ‖ **~maschine** f, Mustermaschine f (Web) / figuring machine ‖ **~maschinen** f pl / elevators and hoists pl ‖

~mechanismus m, -vorrichtung f (Wzm) / elevating mechanism ‖ **~messer**, Fangbrett n (Textil) / lifting blade
heben, hoch-, emporheben / lift, elevate, raise ‖ **~, saugen** (Pumpe) / lift by suction ‖ **~, flottmachen** (Schiff) / float v ‖ **~, kürzen** (Math) / reduce, cancel ‖ **~ n**, Hoch-, Anheben n / lift[ing], raising ‖ **~**, (spez:) Hochpumpen n / pumping up ‖ **~**, Höherbringen n / elevating n ‖ **~ u. Fördern** / lifting and conveying ‖ **die Gleise [auf richtige Höhe] ~** / raise the tracks ‖ **mit dem Heber ~** / siphon, draw ‖ **sich ~** (durch Frost) (Straßb) / heave, swell ‖ **sich ~ u. senken** / heave
Hebe·plan der Kettfäden, Stuhlzettel m (Web) / lifting plan ‖ **~plattform** f / platform "jack-up" ‖ **~presse**, Hubpresse f / lifting press ‖ **~pumpe** f / lifting pump
Heber, Aufheber m (Web) / jack o. neck twine, harness cord, lifter ‖ **~ m**, Hebenocken m (Textil) / cam ‖ **~** (Chem) / siphon ‖ **~**, hydraulischer Widder / hydraulic ram ‖ **~**, Pipette f / pipette ‖ **~**, Stechheber m / plunging siphon ‖ **~** (Wirkm) / clearing o. raising o. knitting cam ‖ **~**, Hebwalze f (Buch) / vibrator, vibrating roller
Heberad, Schöpfrad n / Persian wheel
Heber·barometer n / siphon barometer ‖ **~leitung** f / siphon pipe
hebern / siphon v
Heber·pumpe f / siphon pump ‖ **~rohr** n **im Winderhitzer** / siphon pipe in the blast heating apparatus ‖ **~schreiber** m, Farbröhrchenschreiber m (Fernm) / siphon recorder ‖ **~schuß** m (Sprengung) / lifter ‖ **~überlauf** m (Talsperre) / ski jump, spillway
Hebe·schaftgewebe n (Textil) / lifting-shaft fabric ‖ **~scharnier** n (Tür) / rising butt hinge ‖ **~schiff** n / salvor ‖ **~schlitten** m (Wzm) / lifting slide ‖ **~schraube** f / jack screw ‖ **~schraube**, Schraubenwinde f / lifting screw o. jack ‖ **~spindel** f / lifting and lowering spindle ‖ **~stand** m **für Radsatzwechsel**, Achssenkbühne f / wheel lifting device, wheel and axle elevator (US), drop table (US) ‖ **~stange** f **des Preßwerkzeugs** / lifting rod ‖ **~stein** m **der Chronometerhemmung**, Rolle f (Uhr) / pallet stone, impulse stone, locking stone ‖ **~stempel** m / hydraulic jack of an excavator ‖ **~stutzen** m (Kfz) / jack socket ‖ **~tisch** m (Walzw) / elevator, lifting table ‖ **doppelseitiger ~tisch** (Walzw) / front and back elevator ‖ **einseitiger ~tisch** (Walzw) / front elevator ‖ **~tür** f, -tor n / lift gate ‖ **~- u. Förderzeuge** n pl / hoists and conveyors pl ‖ **~- und Senkstation** f (Power and Free) / drop section ‖ **~- und Sichtanlage** f (Zuck) / juice lifting and screening plant ‖ **~vorrichtung** f, Hubvorrichtung f / hoisting o. lifting device o. apparatus o. tackle o. gear ‖ **~vorrichtung** f, -mechanismus m (Wzm) / elevating mechanism ‖ **~walze** f / lifting roller ‖ **~werk** n (Öl) / draw works ‖ **~werk** n, Elevator m (Förderer) / elevator ‖ **mechanisches ~werk** (Pflug) / power lift ‖ **~winde** f (Schiff) / windlass ‖ **~winde** f **für schwere Lasten** (Schiff) / winch for heavy lift ‖ **~zeug** n (Masch) / hoist ‖ **~zeug** n, Wagen-, Bau-, Zahnstangenwinde f / lifting jack ‖ **~zeug** n, Messerkorb m (Jacquard) / leash box, griff, lifting bar ‖ **~zeuge** n pl (allg) / cranes and elevators pl ‖ **~zeugmotor** m / crane motor ‖ **~zeugstütze** f, Bein n des Montagebocks / gin pole
Hebschritt m (Fernm) / vertical step
Hebung f **der Kette** (Web) / lift ‖ **~ von Land** (Geol) / emergence of land
Hebungs·fläche, Ruhefläche f (Uhr) / impulse o. locking face o. plane ‖ **~winkel** m (Uhr) / locking angle
Hechel f, Hechelkamm m (Flachs) / flax comb o. hackle o. hatchel, brake ‖ **~flachs** m, Kern-, Reinflachs m / heckled flax
hecheln (Textil) / hackle [flax], heckle, hatchel, comb, gill v
Hechel·nadel f, -zahn m / hackle pin ‖ **~stab** m (Textil) / gill bar ‖ **~strecke** f (Kammgarn) / open gill ‖ **~werg** n, -hede f / scutching tow, tangle fibre
Hechte m pl (Leder) / backs pl

hechtgrau / pike-grey
Heck n, Hinterschiff n / stern, rear || ⌐ (Kfz, Luftf) / tail
|| ⌐ (Schiff) / stern || ⌐**antrieb** m (Kfz) / rear drive ||
⌐**aufprall** m (Kfz) / rear collision || ⌐**aufreißer** m
(Straßb) / rear mounted ripper || ⌐**aufschleppe** f / stern
slip
Hecke f / hedge
Hecken·schere f / hedge clippers o. shears pl, lopping
shears pl || ⌐**springen** n (Luftf) / hedge hopping
Heck·fahrt f, Fahrt achteraus (Schiff) / sternway ||
⌐**fänger** m (Schiff) / stern trawler || ⌐**fenster** n, -scheibe
f (Kfz) / backlight, rear window || ⌐**klappe** f (Kfz) / rear
flap, tailgate || ⌐**klappenfreigabe** f / tailgate release ||
⌐**konus** m (Luftf) / tail cone || ⌐**lader** m (Landw) / rear
loader || ⌐**lastig** / trim by the stern || ⌐**laterne**, -lampe f,
-licht n / stern-lamp || ⌐**leuchteneinheit** f (Kfz) /
combined rear lamp unit || ⌐**licht** n (Luftf) / taillight ||
⌐**licht** n, -laterne f (Schiff) / stern lamp || ⌐**motor** m
(Kfz) / rear engine || ⌐**raddampfer** m / stern wheeler ||
⌐**raffer** m (Anbaugerät) (Landw) / rear-mounted
buckrake || ⌐**reling** f / quarterdeck rail, taffrail ||
⌐**scheibe** f (Kfz) / backlight, rear window ||
⌐**scheibenwischer** m / backlight wiper, rear window
wiper || ⌐**schraube** f, -rotor m (Hubschrauber) / auxiliary
rotor, tail rotor || ⌐**spant** n / stern- o. after-frame ||
⌐**spill** n (Schiff) / aft capstan || ⌐**starter** m (Luftf) /
tailsitter || ⌐**stroppverankerung** f (Ballon) / tail-guy
mooring || ⌐**tieflöffel** m des Baggerladers / backhoe ||
⌐**tieflöffelbagger** m / backhoe, dipper shovel ||
⌐**trawler** m / stern trawler || ⌐**tür** f (Kfz) / lift-up
tailgate || ⌐**versteifung** f / stern stiffening || ⌐**welle** f
(Luftf, Schiff, Hydr) / roach || ⌐**widerstand** m (Kfz, Luftf) /
base drag
HED = Hauteinheitsdosis
Hede f, Werg n / tow || ⌐**garn** n / tow yarn || ⌐**leinen** n
(Textil) / tow linen
Hedenbergit, Kalkeisenaugit m (Min) / hedenbergite
HEDG (Wzm) / high efficiency deep grinding
hedonischer Maßstab / hedonic scale
Heeres·bedarf m / army requirements pl || ⌐**gerät** n /
materiel (with an E representing Military Material), war
material
Heer- und Marine-Spezifikationen f pl / Joint Army
Navy- o. JAN-specifications pl (USA)
Hefe f / yeast || ⌐, Ferment, Treibmittel n / leaven || ⌐,
Bodensatz m (Brau) / bottom, bottoms pl || ⌐**artig** /
yeasty || ⌐**aufziehvorrichtung** f / barm o. yeast
cultivating o. rousing apparatus || ⌐**keller** m (Brau) /
yeast cellar
Hefen·bitter n (Brau) / yeast bitter
Hefe·nukleinsäure f / yeast nucleic acid || ⌐**pilz** m / thrus
fungus, saccharomyces albicans || ⌐**presse** f (Brau) /
yeast press || ⌐**preßsaft** m / yeast press-juice || ⌐**prüfer**
/ yeast tester || ⌐**reinzucht**, -kultur f / culture of
[biologically] pure yeast || ⌐**saccharase** f / yeast
saccharase || ⌐**teig** m (Bäck) / yeast dough || ⌐**trieb** m,
-gärung f / fermentation of yeast, yeasty head ||
⌐**zählvorrichtung** f / yeast-counting apparatus
Heft n, Griff m (Werkz) / haft, tang || ⌐, Stiel m (Werkz) /
helve || ⌐, Lieferung f (Buch) / number, part || ⌐, Buch n
(DV) / casebook || ⌐, Broschüre f (Buch) / booklet,
pamphlet, brochure || ⌐ **des Meißels** / shank o. tail of a
chisel || ⌐**apparat** m (Buch) / stitcher || ⌐**draht** m /
stitching wire, stapling wire || ⌐**eisen** n, -nabel m (Glas)
/ pontil, spinning rod, punty, puntee, pontie, sticking-up
iron (US)
heften, mit langen Stichen nähen / baste || ~ (Schw) / tack
vt || ~, broschieren (Buch) / stitch, sew || **Bögen auf
Band** ~ (Buch) / tape || **[mit Klammern]** ~ / staple v ||
sich ~ **[an]** / cling [to] || ~ **spiralig** ~ (Buch) / whip[stitch]
Heft·faden m, -garn n (Nähen) / basting thread o. cotton ||
⌐**faden** m (Bb) / stitching thread || ⌐**gaze** f (Buch) / mull,
stitching gauze, scrim || ⌐**geschweißt**, geheftet / tack-

welded || ⌐**glas** n, Nabelscherben m, (Gemenge) (Glas) /
moil
heftig, stoßartig / impetuous || ~ (Chem) / brisk || ~**er
Schlag** (o. Stoß) / bounce || ~ **schlagen** (o. stoßen) vt /
batter, bounce
Heftigkeit f (Chem) / liveliness
Heftigkeits·anzeige f (Aufprallversuch) / severity index, SI
Heft·kante f (Buch) / binding edge || ⌐**klammer** f / staple,
wire stitch[ing hook] || ⌐**kopf** m (Bb) / stitching head ||
⌐**loch** n (Schablone) / binding hole || ⌐**maschine** f (Holz) /
stapling [and stitching] machine, stapler || ⌐**maschine** f
(Nähm) / basting machine || ⌐**maschine** f / stitching
machine, stitcher || ⌐**maschine** f **für Drahtheftung**
(Buch) / stapling machine, wire stitching machine ||
⌐**maschine** f **für Fadenheftung** (Buch) / book-sewing
machine, stitcher || ⌐**nadel** f (Schw) / clamping gripper ||
⌐**niet** m / temporary rivet, tack rivet || ⌐**nietung** f /
stitch riveting || ⌐**pflaster- und
Wundpflasterherstellungsmaschine** f / machine for
adhesive and surgical plasters || ⌐**rand** m, Füllfalz m
(Buch) / filling-in guard || ⌐**rand** m **von Schriftstücken**
/ binding o. filing edge o. margin || ⌐**säge** f **für
Schnittholz mit aufgesetztem Rücken** / carpenter's
saw fitted with back || ⌐**schnur** f (Buch) / cord, stitching
thread, band || ⌐**schraube** f / tack[ing] screw,
temporary screw || ⌐**schweiße** f / tack weld[ing] ||
⌐**schweißen** n (Plast) / stitch welding || ⌐**schweißpunkt**
m / tack weld || ⌐**stich** m / basting stitch
Heftung f (Bb) / stitching, sewing
Heft·zwecke f / drawing pin, thumbtack || ⌐**zwinge** f /
clip, holdfast
Hehnersche Probe (Chem) / Hehner's test
Heidemoor n / moorland
heilen, kurieren / cure
Heilkräuter n pl / medicinal herbs pl
Heilmannsche Kämmaschine f (Textil) / comber with
intermittent action, Continental o. French comb,
rectilinear comb[er]
Heil·mittel n / drug || ⌐**salbe** f / medicated ointment
Heilscher Generator m (Elektronik) / Heil generator o.
oscillator o. tube, coaxial line tube
Heilserum n / antitoxin serum (pl.:) serums, sera
Heim·... / home || ⌐**arbeit** f (F.Org) / homework, outwork
|| ⌐**arbeiter** m / outworker, homeworker || ⌐**arbeiter** m
am Computer / telecommuter
Heimat·-Bahnbetriebswerk n (Bahn) / home depot ||
⌐**bahnhof** m (Bahn) / home station || ⌐**hafen** m (Schiff) /
port of registry
Heim·beleuchtung f / home lighting || ⌐**computer** m /
home computer || ⌐**empfänger** m (Ggs:
Autoempfänger) / home radio || ⌐**fahrrad** n / cycle
trainer || ⌐**gebrauch** m / household use || ⌐**industrie** f /
home manufacture o. industry, cottage industry
heimisch (allg) / native || ~, Ersatz... / home, domestic
Heim·kino n / home cinema o. movies (US) ||
⌐**studioanlage** f / domestic studio equipment ||
⌐**textilien** pl / home textiles pl, furnishing fabrics pl ||
⌐**werker** m, Bastler m / amateur [mechanic], do-it-
yourselfer (coll) || ⌐**werkerzentrum** n / bati-center
Heisenberg·-Kraft f / Heisenberg force || ⌐**sche
Unschärfebeziehung**, -relation f (Phys) / Heisenberg
uncertainty [principle], Heisenberg o. indeterminacy o.
uncertainity principle
Heiserkeit f, Frequenzschwankung f (o. Schwebung) von
30-200 Hz (Funk) / gargle || ⌐ (Frequenzschwankung
über 200 Hz) (Elektronik) / whisker, -s pl
Heisingmodulation f (Elektronik) / choke control o.
modulation, constant current modulation, Heising
modulation
heiß, glühend / burning || ~, erhitzt / heated || ~, warm /
hot || ~ (Klima) / torrid || ~, schwerradioaktiv (Nukl) /
hot, active || ~**es Atom**, Rückstoßatom n / hot atom,
recoil atom || ~**e Chemie** (Nukl) / hot chemistry || ~**e
Diode** (Elektronik) / thermoionic diode || ~**er Draht** / hot

line ‖ ~er Draht Paris-Moskau / hot line Elysée to Kremlin ‖ ~es Gassystem / hot-gas control system ‖ ~e Kerze, Zündkerze f niederen Wärmewerts (Kfz) / hot plug ‖ ~es Labor (Nukl) / hot laboratory ‖ ~es Mischgut (Straßb) / hot mix ‖ ~e Prüfung (Nukl) / hot testing ‖ ~e Quelle (Geol) / thermal water ‖ ~e Quelle (Nukl) / radioactive source ‖ ~e Teilchen n pl (Nukl) / hot particles pl ‖ ~e Zelle (Nukl) / hot cell o. cave ‖ ~e Zone / torrid zone ‖ ~achsenschmiere f / hot-neck grease, antifriction grease ‖ ~behandlung f / hot treatment ‖ ~beschichtung f (Pap) / hot melt coating ‖ ~blasen / use hot blast ‖ ~bruch m (Hütt) / hot shortness ‖ ~brüchig (Stahl) / burnt, burned

Heißdampf m, überhitzter Dampf / superheated steam ‖ ~ kühlen / desuperheat ‖ ~behandlung f (Web) / hot steaming, high-temperature steaming ‖ ~gekühlter Reaktor (Nukl) / superheated steam cooled reactor ‖ ~kühler m / desuperheater ‖ ~regenerierung f (Gummi) / steam process regeneration, thermal reclaiming process

Heiß·druckfestigkeit f (Feuerfest) / hot compression strength ‖ ~einbaudecke f (Straßb) / hot-laid surfacing ‖ ~einbauen n (Asphalt) / hot pouring ‖ ~eisenschere f / hot ingot shear

heißen, hissen (Schiff) / haul up, hoist v

Heiß·entformen n / hot stripping ‖ ~extraktionsanalyse f (Vakuum) / hot extraction gas analysis ‖ ~-Extraktor m (Chem, Labor) / jacketed Soxhlet extractor ‖ **die Bremse** ~fahren (Kfz) / run the brake hot, overheat the brake ‖ ~fest, warmfest / heat resisting ‖ ~fixiermaschine f (Textil) / thermosetting machine ‖ ~fixierung f / heat-setting, thermosetting ‖ ~gasmotor m / Stirling motor ‖ ~gasschieber m / hot gas slide valve ‖ ~gasschweißen n (Kunstharz) / hot gas welding ‖ ~geschirr n / lift fixture ‖ ~gutförderer m / hot material conveyor ‖ ~haken m (Schiff) / hoisting o. lifting hook ‖ ~isostatisches Pressen, HIP-Prozeß m (Sintern) / high-temperature isostatic pressing, HIP-process ‖ ~kalandrieren (Pap) / hot-roll, hot-calender ‖ ~kanaldüse f (Plast) / hot nozzle o. runner o. gate ‖ ~kanalfaktor m (Nukl) / hot channel factor, hot point factor ‖ ~kanal-Werkzeug n (Plast) / hot runner mould ‖ ~kathodenröhre f / hot cathode tube ‖ ~klebefolie f / heat-sealing film ‖ ~klebepapier n / heat-set adhesive paper ‖ ~kleber m / hot-melt adhesive ‖ ~kontaktverfahren n (für Trockenraffination von Saueröl) (Chem) / hot clay contacting process ‖ ~kühlung f (Hütt) / hot cooling ‖ ~laufen / become o. get hot by friction ‖ ~laufen n, Warmlaufen n (Lager) / heating of bearings, overheating ‖ ~laufen n (Welle) / overheating, heating, running hot, firing ‖ ~läufer m (Bahn) / hot-box ‖ ~leim m / hot-setting adhesive ‖ ~leiter, Thermistor m (Elektronik) / high-temperature conductor, hot-carrier thermistor (= thermal resistor) ‖ ~leiterbrücke f / thermistor bridge

Heißluft·apparat m / hot-air apparatus ‖ ~appretur f / hot-air finish ‖ ~ballon m / hot-air balloon ‖ ~dusche f / electric hair drier, hot-air apparatus ‖ ~-Einebenen n (Verzinnung) / hot air levelling ‖ ~enteiser m / hot-air de-icer ‖ ~erzeuger m / air heater, air heating apparatus ‖ ~fixiermaschine f (Textil) / thermosetting equipment ‖ ~kanal m / hot air passage o. flue ‖ ~maschine f / hot air engine, caloric engine, thermomotor ‖ ~schlichten n / hot-air slashing o. sizing ‖ ~-Trocknung f, Flue-Curing n (Landw) / flue-curing ‖ ~turbine f / hot-air turbine ‖ ~ventilator m / hot-air fan ‖ ~vulkanisation f (Gummi) / hot-air curing, dry air o. dry heat curing o. cure

Heiß·mangel f (Wäscherei) / hot mangle n ‖ ~mangeln / hot-mangle v ‖ ~maschine f, Hißmaschine f (Schiff) / hoist, heaving winch ‖ ~mastix, dampfdurchlässiger / hot insulation mastix ‖ ~mischanlage, Walzasphaltmischanlage f (Straßb) / hot mix plant ‖ ~-Nachpressen n (Sintern) / hot coining, hot repressing ‖ ~ölgenerator m, -ölerzeuger m / hot-oil producer ‖

~ölpumpe f / hot oil pump ‖ ~öse f (Schiff) / lifting lug ‖ ~plastik-Markierungsstreifen m (Straßb) / hot-extruded thermoplastic highway striping ‖ ~prägen n von Folien, Hotstamping n / hot stamping ‖ ~prägepresse f (Bb) / blind blocking hot press ‖ ~pressen, dekatieren (Tuch) / hot-press ‖ ~preßzustand m (Sintern) / condition after hot pressing ‖ ~richten n / hot straightening ‖ ~säge f (Hütt) / warm o. hot saw ‖ ~schliff m / hot-ground pulp ‖ ~-Schmelzbeschichtung f (Pap) / hot-melt coating ‖ ~schmelzmassen f pl (Pap) / hot meltings pl ‖ ~schneiden n (Schw) / hot cropping ‖ ~schornstein m / hot gas smokestack ‖ ~schrumpfschlauch m / shrink-down [plastic] tubing ‖ ~siegelfähig / heat sealing ‖ ~siegelkaschieren, -beschichten n / heat seal laminating ‖ ~siegeln (Plast) / heat-seal, hot-seal ‖ ~siegeln n / heat sealing, hot press stamping ‖ ~siegeln n unter Druck (Plast) / compression heat sealing ‖ ~siegelpapier n / heat-sealable paper ‖ ~siegelwachs n / heat seal wax ‖ ~spülbehälter m / hot immersion tank ‖ ~stellenfaktor m (Nukl) / hot-spot factor ‖ ~-Strangpressen n / hot extrusion-pressing ‖ ~trocknende Farbe (Buch) / heat-set ink ‖ ~vulkanisation f (Gummi) / hot curing o. vulcanization ‖ ~vulkanisations-Schaum m / moulded hot-cure foam ‖ ~walzenschmiere f / hot-neck grease

Heißwasser·bereiter, Boiler m / hot-water apparatus ‖ ~bereiter m, -spender m / bath heater ‖ ~dekatur f (Wolle) / roll boiling, potting ‖ ~echtheit f (Textil) / hot-water fastness ‖ ~formmaschine f / machine for hot water postshaping ‖ ~heizung f / high temperature water central heating ‖ ~kühlung, Ebullientkühlung f (Mot) / ebullient cooling ‖ ~rakete f / steam rocket ‖ ~rotte f (Flachs) / hot-water retting ‖ ~speicher m / [thermal] storage water heater ‖ ~speicher m (Bau) / hot-water [supply] tank, hot well, boiler ‖ ~spinnmaschine f / wet spinning frame

Heißwind m (Hütt) / hot blast o. air ‖ ~kupolofen m / hot-blast cupola furnace ‖ ~leitung f / hot-blast main ‖ ~-Ringleitung f / hot-blast circulating duct ‖ ~rohrleitung f (Hütt) / hot-air piping ‖ ~schieber m (Hütt) / hot-blast slide valve

Heißzelle f (Nukl) / hot cell

Heitler-Einheit f (Nukl) / radiation length, Heitler unit

Heiz·anlage f / heating facilities o. installation ‖ ~anschluß m (Röhre) / heating filament terminal ‖ ~apparat m / heater, heating device o. appliance ‖ ~apparat m mit Gebläse / fan heater, heater blower ‖ ~balg m (Reifenherst) / bladder ‖ ~band n / electric band heater, heater band, strip heater ‖ ~bar / heatable ‖ ~bare Heckscheibe (Kfz) / heated rear window, heated backlight, defrosting rear window ‖ ~batterie f (Elektronik) / A-battery, filament o. heating battery, low tension battery, L.T.B. ‖ ~bekleidung f (Luftf) / heated garment ‖ ~dampf m / heating steam ‖ ~decke f / heater blanket ‖ ~draht m / resistance wire ‖ ~drahtträger m / carrier of the resistance wire ‖ ~drossel f (Elektronik) / filament decoupling coil ‖ ~effekt m, kalorimetrische Heizkraft / caloric power, heating effect ‖ ~einrichtung f / heating facilities o. installation ‖ ~einrichtung f, Wärmeaustauscher m / heating battery ‖ ~einsatz m / heating element auswechselbarer ~ einsatz / cartridge type heater, heating inset o. cartridge ‖ ~elektrode, -schleife f (Induktionsheizung) / applicator ‖ ~element n, -draht m (Elektr) / [heating] element, fire bar ‖ ~elementschweißen n / heated tool welding

heizen / heat v

heizend / heating, calefactory, -factive

Heizer m (Dampfm) / fireman, stoker ‖ ~, Heizfaden m (Röhre) / heating filament ‖ ~anheizzeit f (Röhre) / heating time for the filament

Heiz·faden, Glühdraht m / glow o. heating wire ‖ ~faden m, Glühdraht m, -kathode f (Funk) / hot o. heating filament ‖ ~fadenanschluß m / filament terminal ‖

~fadenmitte f (Elektronik) / HM, heater middle ‖ ~faden-Mittenabgriff m / filament center tap, heater center tap ‖ ~fadenspannung f / heating filament voltage ‖ ~fähigkeit f / heating capacity ‖ ~fläche f (ein flacher Wärmeübertrager) / ebullator ‖ ~fläche f, feuerberührte Fläche (Kessel) / generator o. fire o. flue surface, effective heating surface ‖ ~flächenbeanspruchung f (Masch) / evaporation per m² of heating area ‖ ~flächenbelastung f, Wärmestromdichte f an der Heizfläche (Nukl) / surface power density ‖ kritische ~flächenbelastung bei siedendem Wasser (Reaktor) / burn-out ‖ ~fußboden m / heating floor ‖ ~gas n / heating gas, fuel gas ‖ ~gas n, Heißgas n / hot gas ‖ ~gassammelkanal m (Hütt) / heating flue ‖ ~gebläse n (Kfz) / heater fan ‖ ~gerät n, -apparat, -körper m / heating apparatus o. device o. appliance, heater ‖ ~gerät n, Vulkanisator m / tire vulcanizer ‖ ~gewebe n / heating fabric ‖ ~gewölbe n (Glas) / fire vault ‖ ~gitter n / heating grid ‖ ~gradtage m pl / heating degree-days pl ‖ ~gürtel m (z.B. für Fässer) / heating belt (e.g. for barrels) ‖ ~herd m (Herd mit Heizungsteil) / heating range ‖ ~hüpfer m (Schweiz) (Bahn) / heating contactor ‖ ~induktor m / heating inductor, applicator, workcoil ‖ ~kabel n / heating cable ‖ ~kammer f, -körper m (Zuck) / steam belt o. chest, calandria ‖ hängende ~kammer / floating type calandria ‖ segmentförmige ~kammer (Zuck) / segmental downtake calandria ‖ ~kammerrohr n (Zuck) / calandria tube ‖ ~kanal m, Feuer[ungs]kanal m / heating flue ‖ ~keller m (Bau) / furnace room ‖ ~kennlinie f (Vergleich Außen- zu Vorlauftemperatur) / heating characteristic ‖ ~kerze f (Kfz) / heater plug ‖ ~kessel m / heating boiler o. furnace ‖ ~kesselglied n / heating furnace member ‖ ~kissen n / heating pad ‖ ~koks m / combustion coke, fuel coke ‖ ~körper m (Bau) / radiator ‖ ~körper m, -element o / heating element o. unit, heating radiator ‖ ~körper m (Färb) / heater ‖ ~körper m (Zuck) / calandria ‖ verdeckter ~körper / covered radiator ‖ ~körperpinsel m / radiator paint brush ‖ ~körperventil n / radiator valve ‖ ~kostenverteiler m / heating cost distributer ‖ ~kraft f / heating power ‖ ~kraft f von Brennstoff / calorific power, C.P. ‖ ~kraftwerk n / [combined] heating and power station ‖ ~kreis m (Funk) / heating circuit ‖ ~kupplung f (Bahn) / heating coupling ‖ ~leistung f / heating capacity ‖ ~leistung f (abgegeben) / calorific output ‖ ~leistung f (aufgenommen) / absorbed heat ‖ ~leiter m / heat conductor ‖ ~leiterdraht m / electric resistance wire ‖ ~leiterwerkstoff m, wärmeleitender Werkstoff / heat conducting material ‖ ~loch n (Ofen) / live hole ‖ ~loch n (Ziegl) / fire door ‖ ~lüfter m (Hausgerät) / fan heater, heater blower ‖ ~luftklappe f / ventilator ‖ ~mantel m / heating jacket ‖ ~mantel am Auspuff (Kfz) / heating muff ‖ ~maß n (Kath) / emission efficiency ‖ ~material n / fuel ‖ ~matte f / resistance mat ‖ ~matte, -decke f / heating blanket, electric blanket ‖ ~ofen m / heating furnace ‖ ~öl n / [heating] fuel oil, heating oil, bunker C standard oil ‖ ~öl S, Masut n / heavy fuel ‖ ~ölabscheider m / fuel oil trap, fuel oil separator ‖ ~öltank m / fuel oil tank ‖ ~patrone f, -stab m / cartridge type heater, heating inset o. cartridge ‖ ~periode f / heating period ‖ ~platte f / heating plate ‖ ~platte f (Elektr) / hot plate ‖ ~platte f (Presse) / steam plate[n] ‖ ~plattenpresse f / press with [steam] heated plates ‖ ~raum m (Ofen) / body of a furnace ‖ ~raum m (Hütt) / heating space ‖ ~raum m (Ofen), Feuerraum m / combustion chamber ‖ ~regelwiderstand m / heating rheostat ‖ ~register, Zugregister n (Bau) / damper register ‖ ~rinne f (Walzw) / heat channel ‖ ~rohr n / hot tube ‖ ~rohr, Rauchrohr n (Rohre kleinen Durchmessers) (Kessel) / fire o. heating tube ‖ ~rohr n (Nukl) / heating tube ‖ ~rohrkessel m / fire tube boiler, [multi]tubular boiler ‖ ~[rohr]kupplung f / coupling

for heating tubes ‖ ~rohrwand f (Kessel) / tube wall o. sheet o. plate ‖ ~schacht m (Ofen) / combustion chamber ‖ ~schacht, Brennschacht m (Ringofen) / fire pillar ‖ ~schalter m (Elektronik) / heat switch ‖ ~schlange f / calorifier ‖ ~schlange f (Elektr) / heating coil ‖ ~schlauch m (Vulkanisation) / air bag ‖ ~schlauch m (Bahn) / hose for heating ‖ ~sonne f / bowl fire, electric fire ‖ ~spannung f (Elektronik) / heating o. filament voltage o. potential, low tension, L.T. ‖ ~spannungsbrennen, Flashen n / flashing of electronic tubes ‖ ~spirale, -wendel f (Elektr) / heating spiral ‖ ~spirale, -schleife, -elektrode f (Induktionsheizung) / applicator ‖ ~spiralenträger m (Elektr) / element former, -carrier ‖ ~spule f / heating coil ‖ ~spule, Hitzdrahtspule f (Fernm) / heat coil ‖ ~stab m, -patrone f (Elektr) / immersion heater o. boiling device, heating element ‖ ~strahler m / radiant heater ‖ ~strang m / heating section ‖ ~strom m (Elektronik) / heating o. filament current ‖ ~stromkreis m / heater circuit ‖ ~stunde f / heating o. firing hour ‖ ~symmetrierung f (Elektronik) / hum buckling ‖ ~teppich m / heating mat ‖ ~tisch m (Chem) / heating stage o. plate ‖ ~tisch m (Mikrosk) / heating stage ‖ ~trafo m (Elektronik) / filament transformer

Heizung, Heizungsanlage f / heating installation o. plant ‖ ~ f, Heizen n / heating ‖ ~ mit Sonnenwärme / solar heating ‖ ~, Licht- und Kraft[strom] / heat, light, and power

Heizungs·anlage f / heating facilities o. installation ‖ ~futter n / electric heating fabrics pl ‖ ~mischer m / mixing valve for heating installation ‖ ~monteur m / heating engineer ‖ ~raum, -keller m / furnace o. stove room ‖ ~rohr n / heating tube ‖ ~schalter m (Bahn) / heating contactor ‖ ~technik f / heating technics ‖ ~verkleidung f / radiator cover

Heiz·wärmepumpe f / heat pump for heating purposes ‖ ~wendel f / heating spiral ‖ ~wendel-Schweißfitting n (Plast, Rohr) / resistance welding fitting ‖ ~wendel-Schweißmuffe f (Plast) / socket for resistance welding ‖ ~werk n / heating station ‖ ~wert m / calorific o. thermal value, thermal power ‖ oberer ~wert, spezifischer Brennwert (DIN) / gross calorific value ‖ unterer ~wert, spezifischer Heizwert (DIN) / net calorific value, n.c.v. ‖ ~wertbestimmung f / determination of the calorific value ‖ ~wertmesser m, Kalorimeter n / calorimeter ‖ ~wicklung f / heating coil o. winding ‖ ~widerstand, -leiter m (Elektr) / heating resistance o. resistor ‖ ~widerstand m (Elektronik) / filament rheostat o. resistance ‖ ~zug, -kanal m (Ofen) / flue ‖ ~zug m, Heizgas-Sammelkanal m / heating flue ‖ ~zylinder m (Plast) / heating cylinder

Hektar m n, ha (= 10000 m²) / hectare ‖ ~ertrag m / yield per hectare ‖ ~zähler m (Landw) / area meter

Hekto·... / hecto... / ~grafisches Karbonpapier / hectographic carbon paper, spirit carbon paper ‖ ~graph m / hectograph, spirit duplicator ‖ ~graphenmasse f / hectograph gelatin ‖ ~graphenpapier, -blatt n / hectographing paper ‖ ~graphentinte f / autographic ink ‖ ~graphie f / hectographic o. gelatin printing ‖ ~graphieren, vervielfältigen / manifold by gelatin printing ‖ ~liter m n / hectoliter ‖ ~meter n, hm (= 100 m) / hectometer ‖ ~meterwellen f pl (100 m bis 1000 m) / hectometric waves pl, medium waves (200-1000 m) pl

Helancaverfahren n (Textil) / classic texturizing
Heleoplankton, Teichplankton n / heleoplankton
Helfe, Litze f (Web) / heald, heddle (US) ‖ **halbe ~** (Web) / half heald, doup
helfen, unterstützen / assist
Helfenwirkstuhl m, Weblitzenwirkstuhl m / heald knitting frame
Helfer, Gehilfe m / helper, hand
Helgen m s. Helling
Helianthin, Orange III n / methyl orange, helianthine

Heliarc-Schweißen n / heliarc welding
Heliatron n (Mikrowellenröhre) / heliatron
Helikoid n, Schraubenfläche f / helicoid
Helikopter, Hubschrauber m / helicopter
Helio·echtrot R n / toluidine toner ‖ **~grafisch** /
heliographic ‖ **~graph** m (eine Sonnenkamera) (Astr) /
heliograph ‖ **~gravüre**, Photogravüre f / photogravure,
photo-engraving, heliography, heliogravure ‖
~gravüredruck m / photogravure o. heliographic
printing ‖ **~meter** n (Astr) / heliometer ‖ **~pause** f /
heliopause ‖ **~skop** n (Opt) / helioscope ‖ **~sphäre** f /
heliosphere ‖ **~stat** m (Verm) / heliostat ‖
handbetriebener ~stat (Verm) / porte-lumière ‖
~synchron (Raumf) / sun-synchronous ‖ **~technik** f /
heliotechnology ‖ **~trop** m (Min) / heliotrope ‖ **~trop**,
Sonnenwendespiegel m (Verm) / heliotrope [reflector] ‖
automatisch blinkender ~trop (Verm) / heliograph ‖
~tropin n / piperonal, heliotropin, piperonyl aldehyde ‖
~zentrisch / heliocentric
Heliport, Hubschrauberflughafen, -landeplatz m / heliport
Helium, He n / helium, He ‖ **~ (II)**, supraflüssiges
Helium / superfluid helium ‖ **~alter** n / helium age ‖
~durchdringungsprüfung f (Nukl) / helium permeation
test ‖ **~gas** n / helium gas ‖ **~gekühlt** / helium cooled ‖
~kern m / helium nucleus ‖ **~leckprüfung** f / helium
leak detection ‖ **~magnetometer** n / helium
magnetometer ‖ **~-Neon-Laser** m / helium-neon- o.
He-Ne-laser ‖ **~röhre** f / helium filled lamp ‖
~-Schutzgas-Schweißen n / heliarc welding ‖
~spektrometer n / helium spectrometer ‖ **~sprache** f
(Taucher) / Donald-Duck language ‖ **~taucherglocke** f /
helium diving bell
Helix f (Chem) / helix ‖ **~winkel** m (Spinn) / helix angle
Helizität f (Nukl) / helicity
hell (allg, Farbe) / light, bright ‖ **~**, blaß, pastell… / pastel
adj ‖ **~**, leuchtend / brilliant ‖ **~**, klar / clear, bright ‖
~, hoch (Ton) / high[-pitch] ‖ **~**, durchsichtig, klar /
lucid, transparent, limpid, pellucid ‖ **~** (Öl, Farbe) / pale
‖ **~ adaptiert** / light-adapted ‖ **~es Bier** / light beer,
lager ‖ **~er Farbton** / light tone, pale tone ‖ **~e
Gelbglut** / bright yellow heat ‖ **~er Glimmer**,
Kaliglimmer m / biaxed o. biaxial mica, muscovite ‖ **~e
Kirschrotglut** / bright cherry red heat ‖ **~es Produkt**,
leichtes Ölprodukt / white product ‖ **~e Rotglut** / bright
red heat, incandescent heat ‖ **~e Splintverfärbung** /
light sapstain ‖ **~ste Stelle** (TV) / highlight ‖
~anpassung f (Opt) / bright adaptation ‖ **~bezugswert**
m / lightness value ‖ **~blau**, lichtblau / light blue, pale
blue ‖ **~braun** / light-brown ‖ **~braun**, dunkelgelb /
tan, beige ‖ **~brauner Franzband** (Bb) / light-brown
calf [binding] ‖ **~braune Terrakotta** (Baukeramik) /
rustic ware ‖ **~-Dunkelflaschenmethode** f / light-and-
dark bottle technique ‖ **~-Dunkel-Intervall** n / light/
dark range ‖ **~-Dunkel-Verhältnis** n (Blinklicht) /
make-break ratio ‖ **~-Dunkel-Verhältnis** n (Elektronik) / light/
dark ratio ‖ **spektraler ~empfindlichkeitsgrad** /
relative spectral luminosity ‖ **~empfindungs-Kernlinie**
f (TV) / brightness characteristic ‖ **~feld** n (Opt) / bright
field ‖ **~feldbeleuchtung** f (Opt) / bright field
illumination ‖ **~feld-Kondensor** m / bright field
condensor ‖ **~gelb** n (Farb) / primrose shade, bright o.
primrose yellow ‖ **~gelber Ocker** / burnt sienna ‖
~getönte Färbung / tint ‖ **~grün** / light o. pale o.
gaudy green ‖ **~grund** m / bright ground
Hellige Farbvergleicher m / Hellige comparator
Helligkeit f (allg, Opt, TV) / luminosity, brightness ‖ **~**,
Helle f / brightness, clearness, lightness ‖ **~**, Schein m /
light ‖ **~**, Lichtstärke f (Leuchtdichte x Fläche) /
intensity of light, light intensity ‖ **~** (TGL-System der
DDR), Dunkelstufe f (DIN) / blackness value ‖ **~**
(Radar) / brightness ‖ **~**, Lichtstärke f eines Instruments
(Opt) / light gathering power ‖ **~** (TV, Opt, Astr) /
luminosity ‖ **~ des Halbstoffes** / brightness of pulp ‖ **~**

eines Farbtons / value of a colour, lightness of a
surface colour ‖ **spezifische ~** (Opt) / brightness
Helligkeits·änderung f, -veränderung f / change o.
modification o. variation of light intensity ‖
~automatik f (TV) / automatic brilliance (US) o.
brightness (GB) control ‖ **~bereich** m / brightness
range ‖ **~eindruck** m / brightness sensation o.
impression ‖ **~-Einsteller** m, -Steller m (Elektronik) /
dimmer ‖ **~flimmern** n (TV) / luminance o. brightness
flicker ‖ **~funktion** f (Astr) / luminosity function ‖
~grad m (TV) / light level ‖ **~gradation** f (TV) /
gradation, key ‖ **~impuls** m (Radar) / brightening pulse
‖ **~kontrast** m / brightness contrast ‖ **~modulation** f
(TV) / intensity o. intensification modulation ‖
~regelung, -verteilung f (TV) / brilliance control,
brightness o. background control (US) ‖ **~signal** n,
Luminanzsignal n (TV) / luminance signal, monochrome
signal ‖ **~sprung** m (plötzlicher Kontrast) (TV) /
brightness step o. jump ‖ **~sprung** m (Kontrastbereich)
(TV) / contrast range ‖ **~steuern** (TV) / intensity-
modulate ‖ **~steuerung** f / intensity modulation,
brightness control ‖ **~stufen** f pl / brightness steps pl ‖
~überstrahlung f (TV) / white crushing ‖ **~umfang** m
(Phot) / key ‖ **~umfang** m (TV) / brightness o. contrast
range ‖ **~unterschied** m auf einer angestrahlten
Fläche (Opt) / diversity ratio ‖ **~verhältnis** n (TV) /
overall brightness transfer characteristic, overall
brilliance transfer characteristic ‖ **scheinbares
~verhältnis** (Astr) / light ratio ‖ **~verteilung** f /
brightness o. brilliance control ‖ **~verteilung**,
-regelung f (TV) / brilliance control, brightness o.
background control (US) ‖ **~wert** m / brightness value,
density value ‖ **~wiedergabe** f / luminous intensity
reproduction
Helling f, Helgen m / shipbuilding slip, building berth o.
cradle, slipway, slip ‖ **~anlage** f / shipbuilding yard o.
plant ‖ **~aufschleppe**, Hellingswinde f / hauling winch
for ships, ship's elevator ‖ **~drehkran** m / slipway
slewing crane ‖ **~portal** n / slipway gantry crane
Hell·marke f (Kath.Str) / intensification pip ‖ **~marke** f
für Entfernungsmessung (Radar) / range strobe ‖
~phase f (Film) / light period ‖ **in der ~phase** (Raumf) /
sunlit ‖ **~raumprojektion** f / daylight projection ‖ **~rot**
/ coccineous, light-red ‖ **~roter Klinker** (für
Bodenbelag) / adamantine clinker ‖ **~rotglühend** /
bright red hot ‖ **~rotglühhitze** f (nahe an Weißglut)
(1550°F, 845°C) / incandescence, -cency, incandescent
heat ‖ **~rot-orange** / nacarat
Hellscher Oszillator, Doppelspalt-Oszillator m / floating
drift oscillator
Hellschreiber m / writing telegraph system Hell
Hellsetzmaschine f (Buch) / Hell-type film-setting machine
Hell·steuerimpuls m (Radar, TV) / indicator gate (US),
sensitizing pulse (GB) ‖ **~steuerung** f / gating of a
cathode ray tube ‖ **~strahler** m (Phys) / bright emitter ‖
~strahler m (Wärme) / bright radiator ‖ **~strahlerofen**
m / bright radiation drier ‖ **~strom** m (Photodiode) / total
o. illumination current ‖ **~tastung** f (Kath.Str.) / trace
unblanking o. bright-up ‖ **~tastung** f (TV) / trace
unblanking ‖ **~widerstand** m (Photodiode) / illumination
resistance, photoresistance
Helm m / helmet ‖ **~dach** n, Kuppeldach n (Bau) / dome-
shaped roof, cupola roof
Helmholtz·-Instabilität f / Helmholtz instability ‖
~-Maßzahlen f pl / coefficient of measure ‖
~-Resonator m / Helmholtz resonator ‖ **~-Spule** f /
Helmholtz coil
Helmöler m / capped lubricator nipple
Hemd n des Dampferzeugers (Reaktor) / outer shroud of
the steam generator
Hemden·drell m / drill shirting ‖ **~flanell** m (Baumwolle)
/ shirting flannelet[te] ‖ **~leinwand** f / shirting [fabric]
Hemi·cellulose f / hemicellulose ‖ **~eder** n, Halbflächner
m (Krist) / hemihedron ‖ **~edrie** f, hemiedrische Formen

469

f pl (Krist) / hemihedral forms pl, hemihedrism, -hedry ‖
~kolloid n / hemicolloid ‖ ~morphie f (Krist) /
hemimorphism ‖ ~morphit m (Min) / hemimorphite,
calamine ‖ ~pelagisch (Kontinentalabhang zw. 200-
4000 m) (Meer) / hemipelagic ‖ ~sphäre, Erd-,
Himmelshalbkugel f / hemisphere

Hemlocktanne f / hemlock spruce, tsuga
hemmen, blockieren / block [up], lock ‖ ~, anhalten /
catch ‖ ~, an-, aufhalten / check, stem ‖ ~, hindern /
clog ‖ ~, verzögern / inhibit ‖ ~, niederhalten / repress
‖ ~, behindern / inhibit vt, hinder, impede vt
hemmend / lagging, impeding, restraining ‖ ~,
inhibitorisch / inhibitory, inhibitive
Hemm·klotz m, Unterlegekeil m / chock [block] ‖
~schuh m (Bahn) / skid-pan, drag shoe, stop block,
scotch block ‖ ~stoff, Inhibitor m (Chem) / inhibitor
Hemmung f, Sperre f / catch ‖ ~, Sperre f (Uhr) / click
‖ ~, Gang m (Uhr) / escapement ‖ ~ (Waffe) / stoppage
‖ ~ (Chem) / inhibition ‖ ~ mit konstanter Kraft (Uhr) /
remontoir [escapement] ‖ ~ mit reibender Ruhe,
reibende Hemmung (Uhr) / frictional rest escapement
‖ ~ mit Steigrad (Uhr) / verge escapement ‖ ~ mit
verlorenem Schlag (Uhr) / single-beat escapement
Hemmungs·feile f / escapement file ‖ ~platte f (Uhr) /
escapement bearing plate ‖ ~rad, Steigrad m (Uhr) /
balance o. escapement o. swing wheel ‖ ~regler m /
escapement regulator ‖ ~setzer m (Uhr) / escapement
maker
Hemmwirkung f (Beizerei) / inhibitation
Hempel·bürette f (Chem) / Hempel burette ‖ ~pipette f
(Chem) / Hempel [gas] pipette ‖ ~sche Bombe f
(Wärmemessung) / Hempel's calorimetric bomb
Hem-Transistor m, HEMT m (= high electron
mobility) / hem transistor (= high electron mobility),
HEMT
Henequenfaser f, Pitahanf m / henequen fiber, sisal hemp
Henkel m, Griff m / handle, ear, bail ‖ ~ (Wirkm) / loop ‖
~locheisen n / wad punch ‖ ~plüsch m / loop plush ‖
~plüschteppich m / raised-loop carpet
Henna f, Alhenna f (Färb) / henna
Hennebiquepfahl m (Bau) / Hennebique o. coignet pile
Henry n (Einheit der Induktivität, 1 H = 1
Voltsekunde/Ampere) (Phys) / henry, H ‖ ~sches
Gesetz n (Chem) / Henry's law
Henzedämpfer m (Zuck) / Henze steamer
Heparin n (Chem) / heparin [sodium]
Heparprobe f (Chem) / hepar test
Hepatit m / hepatite, liverstone
Heptalin, Methylcyclohexanol, -hexalin n /
methylcyclohexanol, hexahydrocresol, sextol
Heptan n (Chem) / heptane
Heptanal n, Önanthaldehyd m, Heptylaldehyd m /
enanthal[dehyde]
Heptanitrozellulose f (Textil) / heptanitrocellulose
Heptanol n / heptanol, heptyl alcohol
Heptanzahl f / heptane number o. rating
Heptode f (Elektronik) / heptode
Heptol n / heptol
Heptose f (Chem) / heptose
Heptylaldehyd m s. Heptanal
Herab·führung f (Elektr) / lead-down ‖ ~gespültes n (allg)
/ downwash ‖ ~gleiten / skid down ‖ ~hängend,
erschlafft / drooping ‖ ~klappbar, herunterklappbar /
folding down ‖ ~klappen, herunterklappen / fold down
‖ ~lassen / lower v ‖ ~laufen (Farbe, Glasur) / drip,
gutter down ‖ ~mindern, -setzen, verringern /
diminish, decrease (dimensions), shorten (lengths),
lessen (noise), reduce (speed, price) ‖ ~rinnen / trickle
down ‖ ~setzen, reduzieren / decrease ‖ ~setzen,
degradieren / downgrade ‖ die Spannung ~setzen,
-regeln / attenuate the voltage ‖ ~setzung f der
Betriebswerte, Unterbelastung f (Elektronik) / derating ‖
~setzung f der Zählfrequenz (meist auf die Hälfte)

(Elektronik) / scaling ‖ ~transformieren, abspannen
(Elektr) / step down
Heraeusmetall n / metal of Heraeus
heran·führen, herbeiführen / advance, feed ‖ ~führen /
bring near ‖ ~holbefehl m (Aufzug) / fetch command ‖
~holen, holen / fetch ‖ ~holen (Radio) / turn into a
station
herauftransformieren / step up
heraus·, aus dem Vollen ~arbeiten / work from the solid
‖ ~baggern [aus] / dredge out [of] ‖ ~bringen,
-führen / bring out ‖ ~bringen, auf den Markt bringen /
market vt, debute, come out [with], launch on the
market ‖ ~bringen, -geben (Buch) / bring out, edit,
publish, issue vt (issued, issuing) ‖ ~destillieren /
extract by distillation, distill [from] ‖ ~drehen,
andrehen (Dreh) / work out a certain shape on the lathe ‖
~drehen (Schraube) / unscrew ‖ aus einer Ebene
~drehen (Math) / rotate out of a plane ‖ ~drücken [aus]
/ squeeze out ‖ ~finden / identify ‖ ~führen (Elektr) /
lead through ‖ eine neue Auflage ~geben (Buch) /
reissue, republish ‖ ~gedreht (Plattenkondensator) /
unmeshed ‖ ~geführt (Elektr) / free ‖ ~geschlepptes n,
Austrag m (Galv) / drag-out ‖ ~heben, freilegen / lift ‖
die Form ~heben (Hütt) / withdraw ‖ ~kommen / come
out ‖ ~kommen [mit] / come up [with] ‖ ~kommen
(z.B. Buch) / issue vi ‖ gut ~ (Phot) / come out o. up ‖
~lösen (Paraffinentölung) / leach ‖ den Schwefel
[mittels…] ~lösen / dissolve away o. out the sulphur
[by …] ‖ ~nehmbar, abnehmbar / loose, detachable,
removable ‖ ~nehmbarer Einsatzkessel / removable
inner boiler ‖ aus der Form ~nehmen / strip ‖
~nehmen n des Films / unloading the camera ‖ ~ragen
/ project vi, jut out ‖ ~ragen aus der Umgebung /
stand proud ‖ ~reißen n / wrench ‖ ~reißen n eines
Nukleons / pick-up of a nucleon ‖ ~sägen aus dem
Vollen / saw out of the piece ‖ ~schaffen / take out,
carry out ‖ ~schäumen (Flotation) / froth out ‖
~schießen n der Steuerstäbe (Reaktor) / rod ejection ‖
~schlagen / knock-out ‖ Niete ~schlagen / break the
rivet joint, drive out o. punch rivets ‖ Stücke aus dem
Atomkern ~schlagen / eject particles from the nucleus
‖ ~schmelzen / melt out ‖ ~schmieden eines dünneren
Mittelteils n (Schm) / middling ‖ ~schrauben / unscrew
‖ ~sickern / ooze out ‖ ~springen / trip ‖ ~spritzen /
spurt, spirt ‖ Gase ~spülen / scavenge gas ‖ ~treiben,
austreiben / expel ‖ ~ziehbar / slide-out, roll-out ‖
~ziehen, ausziehen / extract, pull out ‖ ~ziehen,
extrahieren / isolate, extract ‖ ~ziehen, zurückziehen /
withdraw, take back ‖ den Stecker ~ziehen (Elektr) /
unplug ‖ Pflöcke oder Zapfen ~ziehen (Zimm) / pull
out pegs o. dowels
herb, scharf / acerb ‖ ~, streng (Geschmack) / harsh ‖ ~,
bitter / bitter adj
herbei·führen / bring about, cause ‖ ~holen (Therblig)
(F.Org) / transport loaded ‖ ~rufen (Fernm) / call to the
telephone, summon
Herbizid n / herbicide ‖ ~-Öl / herbicidal oil
Herbst·bestellung f (Landw) / autumn sowing ‖ ~gold,
welkgrün / withered leaf ‖ ~holz n, Spätholz n / autumn
lumber o. timber o. wood ‖ ~milbe, Grasmilbe f (Larve
der Samt- o. Erdmilbe) / harvest mite, trombicula
autumnalis ‖ ~rüben f pl (Zuck) / fall-planted beets pl
Hercynit m (ein Eisenspinell) (Min) / hercynite,
ferrospinel
Herd, Sitz m / center ‖ ~, Feuerraum m / hearth ‖ ~ (Gieß)
/ cupola well ‖ ~ (Schmiedeofen) / smith's hearth ‖ ~,
Küchenherd m / kitchen stove ‖ ~ (Aufber) /
[concentrating] table ‖ ~, Hüttensohle f / sole, hearth,
smelting area ‖ ~, Hochofengestell n / hearth of the
blast furnace ‖ ~ des Schmelzofens (Gieß) / bottom,
hearth of the melting furnace ‖ ~ des Tiegelofens (Glas)
/ siege ‖ ~ansatz m (Hütt) / hearth accretion ‖
~belastung f (Hütt) / metallurgical load per surface unit
of hearth ‖ ~brücke f / firebrick arch, flue bridge, fire

stop ‖ ~**fläche** f / hearth area ‖ ~**flächenleistung** f (Ofen) / specific furnace capacity, hearth area output, hearth surface output ‖ ~**flammofen** m / fixed-head reverberatory furnace ‖ ~**formerei** f (Gieß) / hearth moulding, open sand moulding ‖ ~**frischen** n (Blei) / reducing of the litharge ‖ ~**frischen** n (Hütt) / refinery o. refining process, refining in hearths ‖ ~**frisch-Verfahren**, S.M.-Verfahren n (Hütt) / Siemens-Martin process ‖ ~**frischverfahren** n **mit Holzkohlen** (Hütt) / charcoal hearth process ‖ ~**futter** n (Hütt) / fettling ‖ ~**gewölbe** n / arched roof of hearth, ramp, knuckle ‖ ~**glas** n / hearth glass ‖ ~**guß** m (Gieß) / open sand casting ‖ ~**konzentrat** n (Aufber) / concentrate, froth ‖ ~**mauer** f, Sporn m (Talsperre) / spur ‖ ~**ofen** m / hearth type furnace ‖ ~**ofen** m, Siemens-Martin-Ofen m / open-hearth o. O.H. o. Siemens-Martin furnace ‖ ~**platte** f (Haushalt) / cooking surface o. top, cooktop ‖ ~**querschnitt** n / section of the hearth ‖ ~**sohle** f (Ofen) / hearth bottom ‖ ~**sortierung** f (Aufber) / cleaning by washing tables ‖ ~**stecker** m / range plug ‖ ~**tiefe** f (Hütt) / depth of hearth ‖ ~**verfahren** n, -frischen n (Hütt) / hearth refining ‖ ~**wagenofen** m (Keram) / shuttle kiln ‖ ~**wagenofen** m (Hütt) / bogie hearth furnace, car bottom furnace ‖ ~**wäsche** f (Aufber) / table work

herein·brechen vi, -kommen (Bergb) / cave in vi, break down, collapse ‖ ~**brechen** vt (vom Hangenden) (Bergb) / cave in vt ‖ ~**gewinnen** (Bergb) / win, break [down], get, mine ‖ ~**keilen**, -treiben (Bergb) / wedge in, drive (in) ‖ ~**kommende** (o. ankommende) **Leitung** / leading-in wire, incoming circuit ‖ ~**schießen** (Bergb) / blast

hergeben, alles ~ (Kfz) / crack on

hergestellt / made ‖ ~, produziert / produced

Herings·fänger, Logger m (Schiff) / lugger ‖ ~**netz** n / herring net ‖ ~**öl** n, -tran m / herring oil

Herkonkontakt m, -relais n, Reedkontakt m / [dry-]reed contact o. relay o. switch

Herkunft, Quelle f / origin

Herkunfts·merkmal n, Ursprungsmerkmal n / characteristic of origin

Herkunft·zeichen n, -stempel m / stamp of origin

her·leitbar, deduktiv / deductive ‖ ~**leiten** / derive

HERMES (elektronisches Nachrichtensystem der europäischen Eisenbahnen) / HERMES (= handling through European Railways measuring electronic system)

Hermetikkompressor m, hermetischer Verdichter (Kälte) / hermetic refrigeration compressor

hermetisch / tight, hermetic[al], close ‖ ~ **geschlossener Einsteigschacht** / sealed manhole ‖ ~**e Kabine** (Ggs.: Druckkabine) (Luftf) / hermetic cabin ‖ ~ **verschließen** / close o. lock o. seal o. shut hermetically o. airtight ‖ ~ **verschlossen** / hermetically sealed o. closed, airproof, airtight

Hermitezität f (Nukl) / Hermiteicity

Hermit-Hypochlorid-Bleichverfahren n (Pap) / Hermite process

hermitisch, hermitesch (Nukl) / Hermitian ‖ ~**e Matrix** / square matrix

Héroult[-Lichtbogen]ofen m (Elektr) / Héroult furnace

Herren·armbanduhr f / gent's wrist watch ‖ ~**[fahr]rad** n / man's cycle

Herreshoff-Ofen m / Herreshoff furnace

Herringbone m (Web) / herringbone [twill], feather twill, arrowhead twill

herrschende Voraussetzungen o. Bedingungen / prevailing conditions

Herschel·test m / Herschel demulsibility number ‖ ~**-Umkehreffekt** m (Phot) / Herschel effect

Herstell..., produzierend / producing

Herstellänge f / standard length as produced, factory length, manufacturing length

herstellbar / fabricable

Herstellbarkeit f / producibility ‖ ~ (Propergol) / workability

Herstellbarkeits-Untersuchung f / manufacturing engineering

herstellen / make, fabricate, manufacture ‖ ~, erzeugen ‖ produce ‖ ~, aufbauen, erbauen / construct, build, engineer vt ‖ ~ n **der Verbindung** / connection of parties ‖ **einen Tunnel** ~ o. **vortreiben** o. **auffahren** / drive a tunnel

Hersteller m / maker, manufacturer, producer ‖ ~ (von Maschinen) / constructor ‖ ~ (COBOL) (DV) / implementor ‖ ~ **von vorgefertigten Verrohrungen** / shop pipe fabricator ‖ ~**anweisung** f / manufacturer's instruction ‖ ~**firma** f, Herstellfirma f / manufacturing company ‖ ~**gewicht** n (Kfz) / manufacturer's weight ‖ **[am Kraftfahrzeug vorgeschriebenes]** ~**schild** (Engl) (Kfz) / vehicle manufacturers plate ‖ ~**-Zertifikat** n / manufacturer's certificate

Herstellfirma f / manufacturer

Herstellung f / production, fabrication ‖ ~, Bau m / fabric ‖ ~, Zubereitung f / preparation, pptn ‖ ~ **einer Verbindung** (Fernm) / completion of a call ‖ ~ **von Drucken**, Bildherstellung f / manufacture of prints ‖ ~ **von Halbprodukten** / manufacture of intermediate products ‖ ~ **von Seidenstoffen** / manufacturing of silk goods ‖ ~ **von Seidenstoffen**, Seidenweberei f / silk weaving mill ‖ **genaue** ~ / accurate make

Herstellungs·..., / manufacturing ‖ ~**bedingungen** f pl / conditions of preparation pl ‖ ~**dauer**, -zeit f / time for manufacturing, total o. production time ‖ ~**fehler** m / defect of fabrication, faulty craftsmanship ‖ ~**gang** m, -weise f / method of manufacture, course of manufacture ‖ ~**genauigkeit** f / accuracy of manufacture ‖ ~**kosten** pl, Herstellkosten pl / production cost, cost of production o. manufacture, manufacturing cost ‖ ~**kosten** pl, Selbstkosten pl / selfcost ‖ ~**land** n / country of origin o. of manufacture ‖ ~**länge** f, Herstellänge f / standard length as produced, manufacturing length ‖ ~**maß** n / manufacturing dimension ‖ ~**nummer** f / maker's number ‖ ~**programm** n / manufacturing program o. schedule (US) ‖ ~**technik** f / production technique ‖ ~**toleranz** f / manufacturing tolerance, mill limit ‖ ~**verfahren** n, -prozeß m, -methode, -weise f / way o. method o. process of manufacture o. production, manufacturing process ‖ ~**wert** m / prime cost ‖ ~**zeichen** n / manufacturer's mark ‖ ~**zeichnung** f / production drawing ‖ ~**zeit**, -dauer f / time for manufacturing, total o. production time

Hertz n, Hz / hertz, Hz (unit of frequency), C.P.S., c.p.s., cps, c/s, cycles per second ‖ ~**scher Dipol** / radiating doublet, infinitesimal dipole ‖ ~**sche Formeln** f pl / Hertz' formulae ‖ ~**sche Funktion** / Hertz' radiation integral ‖ ~**sche Pressung** / Hertzian stress ‖ ~**scher Resonator** / circular resonator ‖ ~**sche Schleife** / Hertzian loop ‖ ~**sche Wellen** f pl / Hertzian waves pl

Hertzsprung-Russel-Diagramm n (Astr) / Hertzsprung-Russell diagram, HRD

herum·basteln / tamper, meddle ‖ ~**drehen** vt, schwenken / turn ‖ **den Schlüssel einmal** ~**drehen** / turn once the key ‖ ~**fließen** [um] / circumfuse ‖ ~**führen** [um] / lead around ‖ ~**probieren** / trial-and-error ‖ **sich um die Walze** ~**schlingen** (Walzw) / collar the roll

herunter·drücken, niedriger machen / depress ‖ ~**fahren** n **der Leistung** / power reduction o. setback ‖ ~**frischen** (Hütt) / blow down ‖ **im Gleitflug** ~**gehen** / flatten out at landing ‖ ~**hängen** / droop ‖ ~**klappen** / hinge down ‖ ~**lassen** / let down, lower ‖ ~**regeln** / adjust downward ‖ ~**regeln** (Licht) / dim ‖ ~**schalten** (Kfz) / shift down, shift in a lower gear ‖ ~**schmelzen** (Hütt) / bring down, fuse ‖ ~**sprechen** (Luftf) / talk down ‖ ~**transformieren** / step down ‖ ~**walzen**, (Walzw)

(Hütt) / break o. rough down ‖ ~ziehen (Glas) / pick down ‖ Farbe ~ziehen / strip the paint

hervor·brechen, quellen / gush vi ‖ ~bringen / produce, bear, yield ‖ ~bringen, generieren / bear vt, render ‖ ⁎bringung f / generation ‖ ~heben, aufhellen (Färb) / raise ‖ ~heben (Buch) / throw up ‖ ~heben, unterstreichen (fig) / emphasize ‖ ~heben, voranheben (Elektronik) / emphasize ‖ ⁎heben n / highlighting ‖ ⁎hebung, Auszeichnung f (Buch) / display ‖ ⁎hebungsschriften f pl (Buch) / display types pl ‖ ~holen (DV) / pop up ‖ ~ragen, überhängen / jut out, bear out, project, be salient ‖ ~ragen, schlecht fluchten (Bau) / be misaligned ‖ ~schießen, ausströmen / jet ‖ ~schießen, auflodern (Flammen) / leap ‖ ~stechend, -ragend / outstanding ‖ ~stehen, vorspringen / bear out, stand out, project ‖ ~stehend / proud ‖ ~treten, vorspringen / overhang

Herz n, Drehherz n / lathe carrier, heart-shaped driver ‖ ⁎fäule f (Holz) / crown o. heart rot ‖ ⁎fäule f der Rübe, Mycosphaerella tabifica (Landw) / heart rot of beets ‖ ~förmig / heart shaped, cardioid ‖ ~förmiges Strahlungsdiagramm (Antenne) / cardioid radiation pattern, cardioid diagram ‖ ⁎kausche f / heart shaped thimble ‖ ⁎kurve f, Kardioide f / cardioid [curve] ‖ ⁎scheibe f (Masch) / heart wheel o. sheave ‖ ⁎schnitt m (Fraktion mit engen Siedegrenzen) (Öl) / heart cut ‖ ⁎schrittmacher m / pacemaker ‖ ⁎schrittmacher-Batterie f / pacemaker battery ‖ ⁎stück n (der Kreuzung) (Bahn) / cross frog, tongue of a crossing ‖ einfaches ⁎stück (Kreuzung) (Bahn) / cast crossing ‖ bewegliches ⁎stück (Bahn) / switch diamond ‖ ⁎stückende n (Bahn) / switch end of a turnout ‖ theoretische ⁎stückspitze (Bahn) / intersection of gauge line, theoretical nose ‖ wirkliche ⁎stückspitze (Bahn) / nose of crossing

herzynische Gebirgsbildung / Herzynian formation
Hespenstahl m (ein Profilstahl) / fence bar in U-shape, fencing iron
Hessianband n (ein Jutegewebe) (Elektr) / hessian tape
Hessit m, Tellursilber n (Min) / hessite, telluride of silver
Hessonit, Kaneelstein m (Min) / hessonite, cinnamon stone
Heßsches Gesetz n / Hess's law, law of constant heat summation
Hetero·atom n / heteroatom ‖ ~-azeotrop (Chem) / hetero-azeotrope ‖ ~cyclisch (Chem) / heterocyclic ‖ ~cyclische Kohlenstoffverbindung / heterocyclic carbon compound ‖ ~cyclische Verbindung / heterocyclic compound ‖ ⁎diode f (CdSe-Ge) / heterojunction diode ‖ ~dynamisch / heterodynamic ‖ ⁎dynempfang m (Funk) / heterodyne reception ‖ ⁎epitaxie f (Halbl) / hetero-epitaxy ‖ ~gen, ungleich[artig] / heterogeneous
heterogen·e Nukleation (Auskristallisieren des Schmelzgutes) / heterogeneous nucleation ‖ ~er Reaktor (Nukl) / heterogeneous reactor ‖ ~es Sperrholz / mixed plywood ‖ ~e Strahlung / heterogenous radiation
Hetero·metrie, nephelometrische Titration f (Chem) / nephelometric titration ‖ ~morph (Krist, Geol) / heteromorphous ‖ ⁎morphie, Vielgestaltigkeit f / polymorphism, -morphy ‖ ~nom / heteronomous ‖ ⁎nuklear-Doppelresonanz f, HNDR (Nukl) / heteronuclear double resonance, HNDR ‖ ~pisch (Geol) / heteropic ‖ ~polar / heteropolar ‖ ⁎polarmotor m (Elektr) / heteropolar motor ‖ ⁎sid n (Chem) / heteroside ‖ ⁎sit m / heterosite ‖ ⁎sphäre f (Meteorol) / heterosphere ‖ ⁎struktur-Laser m / heterostructure [junction] laser ‖ ~top (Chem) / heterotope ‖ ~troph, nichtgrün (Bot) / heterotrophic ‖ ⁎übergang m (Laser) / heterojunction

Heu n / hay ‖ ⁎ballenroller, Rotobaler m (Landw) / rotobaler ‖ ⁎binder m / hay binder ‖ ⁎boden m (Landw) / loft, bay ‖ ⁎brikett n (Landw) / hay wafer ‖ ⁎[bündel]presse f / hay bundling press ‖

selbstaufnehmende ⁎[bündel]presse / pick-up baler o. press
heuen, Heu machen / make hay
Heu·ernte f, -werbung f / hay harvest o. making ‖ ⁎gabel f (Landw) / hay fork ‖ ⁎haufenformer m / hay cocking machine ‖ ⁎lader m, -elevator m (Bandförderer) / hay elevator ‖ ⁎lader m (als Anhänger), Förderrinne f / hay loader ‖ ⁎lage f, Gärheu n / haylage
Heulandit m (ein Zeolith) (Min) / heulandite
Heulboje, -tonne f / howling buoy, whistle buoy
heulen (Motor, Sirene) / whine vi, wail ‖ ~ (Radio) / blast vi ‖ ⁎, Pfeifen n (Radio) / howling ‖ ⁎, Singen n (Zahnräder) / hum[ming]
Heuler·anruf m (Fernm) / howler connection
Heul·frequenz f / wobbling frequency
Heu·maschine, kombinierte / combined side delivery rake and swath turner ‖ ⁎presse f / hay baler o. packer ‖ ⁎raufe f (Landw) / rack ‖ ⁎rechen m / hay rake, drag rake ‖ ⁎rechen m mit waagerechten Zähnen, Heuschleife f (Landw) / sweep rake, hay sweep
Heuristik f (methodisches Probieren) / heuristics
heuristisch, intuitiv, experimentell / heuristic
Heuschreckenbekämpfung f / locust fighting
Heusingersteuerung f (Bahn) / Heusinger link motion
Heuslersche Legierung f / Heusler's alloy (Cu, Al, Mg) ‖ ⁎ Legierungen f pl / Heusler alloys pl
Heu·sonde f / hay temperature probe ‖ ⁎stapler m / hay stacker ‖ ⁎turm m (Landw) / hay tower ‖ ⁎wender m, -wendemaschine f / hay maker o. tedder ‖ ⁎wender und Schwadenrechen, Wenderrechen m / hay rake and tedder ‖ ⁎werbungsmaschine f / hay making machine ‖ ⁎wert m / hay equivalent ‖ ⁎wurm m (1. Generation), Sauerwurm m (2. Generation) / grape berry moth (US), vine moth
Heveakautschuk m / hevea rubber
Hexa·boran, Borhexan n / hexaborane, hexaboron decahydride ‖ ⁎chloraceton n / hexachloroacetone ‖ ⁎chlorbenzol n / hexachlor[o]benzene (not:) benzenehexachloride ‖ ⁎chlorcyclohexan, HCCH, 666-Präparat n / hexachlorocyclohexane ‖ ⁎chlorethan n / hexachlor[o]ethane, carbon hexachloride, hexoran (US) ‖ ⁎chlorophen n / hexachlorophene ‖ ⁎decylalkohol m / hexadecanol, cetyl alcohol ‖ ⁎dekan n (Öl) / hexadecane ‖ ~dezimal, sedezimal (Math) / sedecimal, hexadecimal ‖ ⁎eder n / hexahedron, cube ‖ ⁎edrisch, sechsflächig / hexahedral, hexaedral, cubic[al] ‖ ⁎fluoroferrat(III)-Ion n / hexafluoro-ferrate(III) ion ‖ ⁎fluorokieselsäure f / fluorosilicic o. fluosilicic acid, H_2SiF_6 ‖ ⁎gon n, Sechseck n / hexagon ‖ ~gonal, sechseckig / hexagonal ‖ ~gonales System (Krist) / hexagonal system ‖ ⁎hydrophenol, Hexalin n / cyclohexanol, hexahydrophenol, Hexalin ‖ ⁎kisoktaeder n, 48-Flächner m (Krist) / hexakisoctahedron ‖ ⁎kistetraeder n, 24-Flächner m / hexakistetrahedron ‖ ⁎methylen, -hydrobenzol, Naphthen n / cyclohexane, hexamethylene ‖ ⁎methylentetramin, Hexamin n / hexamethylene-tetramine, Hexamine
Hexan n / hexane
Hexanitrat n (Textil) / hexanitrate
Hexansäure f / caproic acid
Hexavanadinsäure f / hexavanadic acid, herringbone stitch
Hexenstich m (Nähm) / barred witch stitch
Hexode f (Elektronik) / hexode
Hexogen n (Sprengmittel) / hexogen, cyclonite ‖ ⁎, Trimethylentrinitramin n (Sprengstoff) / cyclonite, hexahydro-1,3,5-trinitro-s-triazine, Hexogen
Hexose f (Chem) / hexose
Hexyl... / hexyl...
Heylandkreis m, Kreisdiagramm n (Elektr) / Heyland diagram
HEZ (Luftf) = Haupteinflugzeichen

472

hf = Hochfrequenzbereich von 3 bis 30 MHz
HF = Holzfaserplatte ‖ ~ f, Hochfrequenz f / high frequency, rachofrequency, R.F., RF ‖
~-**Abstandsmeßsystem** n / R.F. sensing system ‖
~-**Alkylierung**, Flußsäure-Alkylierung f (Chem) / HF-alkylation ‖ ~-**dicht** (Elektronik) / RF-shielded ‖
~-**Eingangsstufe**, -Vorstufe f (Elektronik) / preselector stage
HFH = harte Holzfaserplatte
HF, [kapazitive] ~-**Heizung** / capacitance current heating, dielectric heating
HF-Höhenmesser m / high-frequency altimeter
H-Filterglied n (Funk) / H-filter
HF·-Isoliertransformator m (Antenne) / radiofrequency lighting transformer ‖ ~-**Kabel** n / HF-cable, radiofrequency cable ‖ ~-**Kern** m / ferrite core ‖
~-**Last** f / R.F. load ‖ ~-**Messung** f / R.F. measurement ‖ ~-**Oszillator** m, HFO / high-frequency oscillator, HFO ‖ ~-**Schluckstoff** m (Elektronik) / space-cloth ‖ ~-**Schweißen** n (Plast) / HF-welding, seam o. jig welding, radiofrequency welding ‖ ~-**Steckverbindung** f / RF-connector ‖ ~-**Störung** f (Funk, Wehrt) / RF jamming ‖ ~-**Telefonie** f / HF-telephony ‖
~-**Tiegelstahl** m / crucible steel (produced by induction heating) ‖ ~-**Vorstufe**, -Eingangsstufe f (Elektronik) / preselector stage ‖ ~-**Vorwärmer** m (Plast) / high-frequency preheater
HFX n (experimenteller Hybridbrennstoff) / HFX, (hybrid fuel, experimental)
H-Gas n / high-grade gas
H-Glied, Doppel-T-Glied n (Fernm) / H-section ‖ ~, -Schaltung f / H-network
HGÜ (Elektr) = Hochspannungs-Gleichstromübertragung
HHF, Höchstfrequenz f (über 300 MHz) / ultrahigh frequency
H-H-Reaktion f / proton-proton reaction
HHT, Hochtemperaturreaktor m mit Heliumturbine im direkten Kreislauf / high-temperature reactor with direct-cycle helium turbine
Hiatus m, Schichtlücke f (Geol) / hiatus
HIB-Verfahren n (früher USS-Nu-Iron-Verfahren) (Hütt) / HIB-process (= high iron ore briquettes)
Hickoryholz n / hickory wood
Hiddenit m, grüner Spodumen (Min) / lithia emerald
Hieb m, Schlag m / blow, stroke, striking, beat ‖ ~ (Forstw) / cut[ting], felling ‖ ~ (Feile) / cut ‖ ~**reif**, hiebsreif, haubar (Holz) / exploitable, fit for felling
Hiebszug m, Umtrieb m (Wald) / cutting cycle
Hieb·tafel f **für Feilen** / cut table for files ‖ ~**zahl** f (Feile) / number of cuts per cm
Hieroglyphe f / hieroglyph, glyph (US)
hieven, einholen / heave, hoist, lift, haul up
Hievleine f (Schiff) / heaving line
Hi-Fi n, hohe Wiedergabetreue f / hi-fi, high-fidelity ‖
~-**Breitband-Amplitudenmodulation** f / HIFAM, high fidelity amplitude modulation ‖ ~-**Empfänger**, High-Fidelity-Empfänger m (DIN 45 500) (Elektronik) / high fidelity receiver
HiFi-System n / hi-fi system o. unit
Hi-Fi-Turm m / hi-fi rack
High Tech, Hochtechnologie f / high technology, hightec
High-key-Technik f (Phot) / high-key method
High-Modulus Bindung f (Glasfaser) / high-module fabric
H.-I.-Lampe, Becklampe f (Elektr) / Beck arc lamp
Hilbertraum m (Math) / Hilbert space
Hilfe f / help ‖ ~ / assistance, help ‖ ~, Abhilfe f / remedial measures pl ‖ ~, Hilfsmittel n / aid ‖ **erste** ~ / first aid ‖ **mit** ~ [**von**] (Math) / with the aid [of]
Hilfs·..., zusätzlich / accessory, additional ‖ ~-..., Servo... / servo ‖ ~-..., Not... / stand-by... ‖ ~-... (Schiff, Luftf) / jury ‖ ~-..., unproduktiv (F.Org) / indirect ‖ ~**achse** f **für Sattelanhänger** / dolly axle ‖ ~**ader** f (Kabel) / test o. pilot wire o. conductor ‖ ~**amt** n (Fernm) / satellite exchange ‖ ~**anlasser** m / emergency starter ‖

~**anode** f / auxiliary o. relieving anode, exciting anode ‖ ~**anode**, Zündanode f (Elektronik) / ignition anode ‖ ~**ansatz** m (einer Schlauchleitung) (Luftf) / petticoat ‖ ~-**Ansteuerungsfunkfeuer** n (Luftf) / compass locator [beacon] ‖ ~**antenne** f, künstliche Antenne / artificial o. dummy o. phantom antenna, sense antenna ‖ ~**antrieb** m / accessory drive ‖ ~**antrieb** m (Rakete) / booster ‖ ~**apparat** m, -einrichtung f / accessory apparatus o. implement o. instrument ‖ ~**arbeit** f (F.Org) / service job ‖ ~**arbeiter** m, -arbeiterin f / labourer (GB), laborer (US), general hand o. worker ‖ ~**arbeiter** m, Aushilfsarbeiter m / odd-jobber ‖ ~**arbeiter** m, Aushilfsarbeiter m / help-mate ‖ **wissenschaftlicher** ~**arbeiter** / assistant, supernumerary ‖ ~**basis**, -standlinie f (Verm) / base of verification, by-station line ‖ ~**beize** f (Färb) / by-mordant ‖ ~**betrieb** m / follow-up facility ‖ ~**betrieb** m (Hütt) / auxiliary o. service department ‖ ~**betriebe** m pl / auxiliary plants o. shops pl ‖ ~**bremse** f / auxiliary o. emergency o. secondary brake ‖ ~**brücke** f / temporary bridge, flying o. provisional bridge ‖ ~**buch** n / pocket book ‖ ~**code** m (DV) / auxiliary code ‖ ~**dampfwinde** f (Schiff) / donkey winch ‖ ~**draht** m, Hilfsader f (Kabel) / test o. pilot wire o. conductor ‖ ~**druckluft** (Luftf) / emergency air ‖ ~**druckluftbremse** f (Bahn) / compressed-air servo brake ‖ ~**einrichtung** f, -apparat m / accessory apparatus o. implement o. instrument ‖ ~**elektrode** f (Galv) / bipolar o. secondary electrode ‖ ~**elektrode** f (Radar) / trigatron electrode ‖ ~**erregermaschine** f (Elektr) / pilot exciter ‖ ~**faktor** m (Math) / auxiliary factor ‖ ~**flughafen** m / supplementary aerodrome ‖ ~**flugzeug** n / support aircraft ‖ ~**funkenstrecke** f / auxiliary spark gap ‖ ~**geräteantrieb** m / accessory drive gear box ‖ ~**gitter** n (Röhre) / injection o. intermediate grid ‖ ~**hebelvorrichtung** f, -hebel m (Web) / supplementary lever ‖ ~**heizung** f / supplementary heating ‖ ~**hubwerk** n (Kran) / auxiliary hoisting o. lifting gear o. tackle ‖ ~**industrie** f / subsidiary industry ‖ ~**joch** n, Montagejoch n (Bau) / false o. temporary frame ‖ ~**kabel** n (Elektr) / emergency o. interruption cable ‖ ~**kanal** m (DV) / backward channel ‖ ~**kessel** m / auxiliary o. supplementary boiler ‖ ~**konstrukteur** m / draftsman ‖ ~**kontakt** m / auxiliary contact ‖ ~**kräfte** f pl (Luftf) / support people (US) ‖ ~**kran** m (Bahn) / breakdown crane, wrecking crane (US) ‖ ~**linie** f (Geom) / artificial o. subsidiary line ‖ ~**lok[omotive]** f (Bahn) / relief engine ‖ ~**mannschaft** f / breakdown gang ‖ ~**maschine**, Zusatzmaschine f / additional o. assistant o. auxiliary machine o. engine, supplementary machine, donkey [engine] ‖ ~**maschinen** f pl (im Kraftwerk) / auxiliary plant (of power station) ‖ ~**maschinen** f pl (Bahn) / auxiliary equipment ‖ ~**maßnahmen** f pl **beim Einsatzabbruch** (Raumf) / abort sequence ‖ ~**matrix** f, R-Matrix f (Nukl) / R-matrix, derivative matrix ‖ ~**metall** n (Sintern) / matrix metal ‖ ~**metallegierung** f (Sintern) / matrix alloy ‖ ~**mittel** n, Behelf m / contrivance, device, vehicle, expedient ‖ ~**mittel** n, -quelle f / resource ‖ ~**mittel** n (Färb) / auxiliary, assistant ‖ ~**mittel** n **für die Projektierung** (DV) / planning and design aid ‖ ~**mittel** n **zur Standortbestimmung** / fixing aid ‖ ~**monteur** m / assistant erecting engineer ‖ ~**motor** m / auxiliary motor o. engine ‖ ~**motor**, Servomotor m / booster, servo-motor (GB) ‖ ~**netz**, Nebennetz n (Elektr) / feeder circuit ‖ ~**öffnungskontakt**, Öffner m / normally closed auxiliary contact ‖ ~**operation** f (DV) / utility operation ‖ ~**oszillator** m **für Überlagerungsempfang** (Radar) / local oscillator ‖ ~**patrone** f (Luftf) / emergency cartridge ‖ ~**personal** n / auxiliary o. temporary staff ‖ ~**pfosten** m / adjoining post ‖ ~**phase** f, -wicklung f, -strang m (für den Anlauf einphasiger Motoren) (Elektr) / auxiliary winding, split phase ‖ ~**phasenwicklung** f (Elektr) / teaser winding ‖ ~**pol** m (Elektr) / auxiliary o.

compensating pole, commutating o. reciprocating pole, compole, interpole ‖ ⌐**präparat** n (Polaris) / compensator plate ‖ ⌐**präparat** n / compensator plate ‖ ⌐**programm** n (DV) / system utility ‖ ⌐**pumpe** f (für Kraftstofförderung) (Mot) / booster pump ‖ ⌐**pumpe** f (Schiff) / donkey pump ‖ ⌐**pumpe** f, Zusatzpumpe f / auxiliary pump ‖ ⌐**quellen** f pl, Leistungsfaktoren m pl (DV) / resources pl ‖ ⌐**radar** m / zone position indicator ‖ ⌐**rahmen** m (Kfz) / subframe ‖ ⌐**rahmen** m (Lokomotive) / auxiliary frame, subframe ‖ ⌐**rakete** f (für den Start) / booster rocket ‖ ⌐**-Regelgröße** f (Regeln) / objective variable ‖ ⌐**register** n (DV) / utility register ‖ ⌐**ruder** n (Luftf) / geared spring tab, tab ‖ ⌐**satz** m (Bergb) / assistant pump ‖ ⌐**satz** m, Lemma n (DV) / lemma ‖ ⌐**schacht** m (Bergb) / by-pit ‖ ⌐**schiene** f (Bahn) / assister bar ‖ ⌐**schiff** n / auxiliary vessel o. craft ‖ ⌐**schirm** m / pilot [para]chute ‖ ⌐**schließkontakt**, Schließer m / normally open auxiliary contact ‖ ⌐**schritt** m (DV) / service bit ‖ ⌐**schubsystem** n / thrust subsystem ‖ ⌐**schuß** m, -loch n (Bergb) / easer shot, auxiliary shot ‖ ⌐**schütz** n (Elektr) / contactor relay ‖ ⌐**schütz** n, Hilfsstromschalter m (DIN 57660) / control switch (DIN 57660) ‖ ⌐**schwimmer** m (Luftf) / wing tip float ‖ ⌐**seil** n (Seilb) / auxiliary o. emergency rope o. cable ‖ ⌐**seilbahn** f / auxiliary ropeway ‖ ⌐**seilbahn**, Bauseilbahn f / erection ropeway ‖ ⌐**selektor** m (LoKa) / co-selector ‖ ⌐**sender** m / auxiliary emitter ‖ ⌐**senker** m (Web) / auxiliary o. wing cam, pull-down cam ‖ ⌐**signal**, Nebensignal n (Bahn) / subsidiary signal ‖ ⌐**speicher** m (DV) / auxiliary o. backing o. second[ary] storage o. store o. memory ‖ **nicht adressierbarer** ⌐**speicher** (DV) / bump storage ‖ **[schneller]** ⌐**speicher** (DV) / scratch pad ‖ ⌐**spiegel** m (Fernrohr) / secondary mirror ‖ ⌐**spindel** f (Fräsm) / auxiliary spindle ‖ ⌐**spinner** m (Textil) / spare spinner, head piecer ‖ ⌐**sprache** f (zwischen Klartext und Maschinensprache) (DV) / assembly language ‖ ⌐**spule** f / dummy coil ‖ ⌐**stab** m (Stahlbau) / auxiliary member ‖ ⌐**standlinie**, -basis f (Verm) / base of verification, by-station line ‖ ⌐**stecktafel** f (LoKa) / program patching plug ‖ ⌐**steiger** m (Bergb) / assistant deputy ‖ ⌐**stempel** m (Bergb) / catch prop ‖ ⌐**steuerapparat** m (LoKa) / co-selector ‖ ⌐**stoff** m (Pestizide) / accessory agent ‖ ⌐**stoffbedarf** m (F.Org) / utility, -ties;pl. ‖ ⌐**stoffe** m pl, Hilfs- und Betriebsstoffe m pl (F.Org) / process materials pl ‖ ⌐**strang** m (für den Anlauf einphasiger Motoren), -wicklung f, -phase f (Elektr) / auxiliary winding, split phase ‖ ⌐**strecke** f (Bergb) / auxiliary drift o. gangway ‖ ⌐**strecke** f (Spinn) / auxiliary drawing ‖ ⌐**stromauslösung** f (Elektr) / independent trip, independent breaker release ‖ ⌐**support** m / auxiliary saddle o. slide ‖ ⌐**synchronsignal** n (TV) / equalizing signal ‖ ⌐**tonspur** f / guide o. cue track, pilot tone track ‖ ⌐**träger**, Nebenträger m (TV) / subcarrier, auxiliary carrier ‖ ⌐**trägermodulation** f / auxiliary carrier modulation ‖ ⌐**triebwerk** n (Raumf) / auxiliary rocket ‖ ⌐**- und Verbindungswörter auslassend** (DV) / asyndetic ‖ ⌐**valenz**, -wertigkeit f (Chem) / auxiliary o. partial valency ‖ ⌐**voramt** n (Fernm) / subcontrol office o. station ‖ ⌐**wagen** m (Kfz) / emergency o. trouble car ‖ ⌐**wagen** m, Rettungskabine f (Seilb) / emergency cabin ‖ ⌐**weg** m (Fernm) / emergency route ‖ ⌐**wissenschaft** f / auxiliary science ‖ ⌐**zahl** f / valuation constant, auxiliary number ‖ ⌐**ziel**, Einschießziel n (Mil) / registration target ‖ ⌐**zug** m (Bahn) / breakdown train, wrecking train (US) ‖ ⌐**zweig** m **eines Stromkreises** / auxiliary arm of a circuit

Hill-Climbing-Technik f (Regeln) / hill-climbing technique

Himalayazeder f / Himalaya o. deodar ceder

Himbeermade f, Larve f von Bycurus tomentosus / rasberry beetle worm

Himmel m (Kfz) / inside roof lining ‖ ~**blau**, azurblau / azure[d] ‖ ~**blau** (RAL 5015) / sky blue o. coloured ‖

~**blau** n / sky blue, sky coloured ‖ ~**blau** n (Farbe) / Brunswick blue (GB)

Himmels·… / celestial ‖ ~**blau** n (Opt) / blue of the sky ‖ ~**breite** f / celestial latitude ‖ ~**karte** f (Astr) / map ‖ ~**körper** m / celestial body ‖ ~**körper** m / heavenly body ‖ ~**kunde** f / astronomy ‖ ~**laboratorium** n / skylab ‖ ~**länge** f / celestial longitude ‖ ~**leuchten** n (Astr.) / airglow ‖ ~**licht** n / sky light ‖ ~**lichtquotient** m (Beleuchtung) / sky factor ‖ ~**mechanik** f / celestial mechanics, gravitational astronomy ‖ ~**sphäre** f / celestial sphere ‖ ~**strahlung** f / diffuse celestial radiation o. light ‖ ~**tiefe** f / sky background

H-Impuls, Zeilen[synchronisier]impuls m / line sync[hronizing im]pulse

hinablassen / let down, lower

hinauf / up ‖ **sich** ~**entwickeln** / build up ‖ ~**transformieren**, hinaufspannen (Elektr) / step up

Hinaus·fahren [über] n / overtravel ‖ ~**ragen** m, über-, vorstehen, vorragen (Masch) / project [from o. above o. over], stand proud, be salient, jut out, protrude ‖ ~**schieben** / delay ‖ ~**schießen** [über], überfahren (Wzm, Luftf) / overshoot ‖ ~**schießen** [über] n / overrun, overshoot ‖ ~**schießen** [über], Überschwingen n / overshoot, -swing

hindern, aufhalten / hinder, impede, stop, inhibit

Hindernis n, Hinderung f / obstacle, check, obstruction, hindrance, impediment ‖ ~**feuer** n (Luftf) / obstruction light, hazard light ‖ ~**freigrenze** f (Luftf) / obstacle clearance limit ‖ ~**sichtkennzeichen** n, Hindernismarker m (Luftf) / obstruction marker

Hinderung, Versperrung f (allg) / obstruction

hindurchperlen / bubble through

hinein·fahren, vom Auto aus handeln (o. teilnehmen) (Kfz) / drive-in ‖ ~**mischen** n / incorporation ‖ ~**stopfen** / pin in ‖ ~**zwängen**, klemmen / jam in

Hinfahrt f (Ggs.: Rückfahrt) / outward journey

Hinlangen n (F.Org) / reach, transport empty

Hinlauf m **des Abtastpunktes** (TV) / scan, trace, sweep

hinlegen (F.Org) / dispose (micromotion)

Hinnivellement n (Verm) / outward levelling

Hinreaktion f, Vorwärtsreaktion f (Chem) / direct reaction

hinreichend, angemessen / adequate ‖ ~ (Math) / sufficient

hinten, achtern (Schiff) / aft, astern

hinter, nach, Nach… / after ‖ ~**er**, Hinter… / rear, posterior ‖ ~**e Bordwand** (Kfz) / tail board (GB) o. gate (US) ‖ ~**es Ende** / heel ‖ ~**es Ende des Brennstoff-Kreislaufes** (Nukl) / back end of the fuel cycle ‖ ~**e Flanke** (Impuls) / trailing edge ‖ ~**er Kotflügel** (Kfz) / rear fender (US) o. mudguard (GB) ‖ ~**es Laufrad** (Bahn) / trailing [carrying] wheel ‖ ~**er Laufradsatz** (Bahn) / two-wheel trailing truck ‖ ~**e Pol[schuh]kante** (Elektr) / trailing pole tip o. horn ‖ ~**e Schwarzschulter** (TV) / rear black porch o. shoulder ‖ ~**er Sitz**, Hintersitz m (Kfz) / rear seat, backseat ‖ ~**er Stoßfänger** (DIN), hintere Stoßstange (Kfz) / rear bumper (US) o. fender (GB) ‖ ~**er Zugkasten**, Kuppelkasten m (Lok) / trailing box

Hinterachs·aggregat n (Kfz) / rear axle assembly ‖ ~**antrieb** m / rear-axle drive, final drive ‖ ~**-Bremskraftanteil** m (Kfz) / rear axle brake power fraction ‖ ~**brücke** f (Kfz) / rear-axle stay o. casing

Hinterachse f / hind o. rear axle ‖ ~, Laufachse f (Lok) / hind axle ‖ ~ **kombiniert mit Kardanwelle** (Kfz) / trans-axle

Hinterachs·feder f / trailing spring ‖ ~**gehäuse** n (Kfz) / rear-axle casing o. housing ‖ ~**gehäusedeckel** m / rear-axle casing cover ‖ ~**gehäusehälfte** f / rear-axle casing section ‖ ~**körper** m / rear-axle differential casing, rear axle assembly ‖ ~**rohr** n / rear-axle tube ‖ **konisches** ~**rohr**, Hinterachstrichter m / rear-axle flared tube ‖ ~**schub** m / rear-axle thrust ‖ ~**schubstange** f (Kfz) / rear-axle radius rod ‖ ~**strebe** f / rear-axle strut o. tie-bar ‖ ~**trichter** m (Kfz) / rear-axle flared tube, flared rear axle tube ‖ ~**welle** (DIN), Halbachse f / rear-axle

shaft, drive shaft, differential car axle (GB) ‖ ⌐**welle** f
(Kfz) / rear-axle shaft ‖ ⌐**wellenrad** n (Kfz) / differential
side gear, axle drive bevel gear ‖ ⌐**wellenrad** n,
Achswellen[kegel]rad n (Kfz) / axle drive bevel gear
Hinter·ansicht f (Bau) / posterior o. back elevation, back
view o. sight ‖ ⌐**ansicht** f / rear view ‖ ~**arbeiten**
(Wzm) / relieve ‖ ⌐**boden** m, -wand f (Kessel) /
back[-end] plate ‖ ⌐**bohren** n / back-drilling, backing-
off boring ‖ ⌐**bündelecho** n (Radar) / back echo ‖ ⌐**deck**
n, Achterdeck n / aft deck, quarterdeck ‖ ⌐**dreharbeit** f
/ relieving work ‖ ⌐**drehbank**, -drehmaschine f /
backing-off lathe, relieving lathe ‖ ⌐**drehen** (Dreh) /
relieve, back off, recess ‖ ⌐**drehkurve** f (Wzm) / relief
o. relieving curve o. cam ‖ ~**drehter Fräser** / relieved
[milling] cutter, backed-off cutter ‖ ⌐**drehvorrichtung**
f (Wzm) / relieving o. backing-off attachment ‖ ⌐**druck**
m (Druckregler) / back pressure
hintereinander / successive ‖ ~, in Serie (Elektr) / serial,
[in] series ‖ ~ **anordnen** (Masch) / arrange in tandem,
gang vt ‖ ~ **geschaltete Kondensatoren** m pl / series
connected capacitors pl ‖ ~ **schalten** (Elektr) / connect in
series ‖ **10 Stunden** ~ / for 10 consecutive hours ‖
dreimal ~ / three successive times ‖ ⌐**schaltung** f
(Masch) / serial o. series connection o. mounting,
tandem mounting ‖ ⌐**schaltung** f, Serien-,
Reihenschaltung f (Elektr) / series connection o.
mounting ‖ ⌐**schaltung** f **von Satelliten** / satellite links
in tandem pl
Hinter·ende n / aft end ‖ ⌐**end-Plandrehen** n (Wzm) /
backfacing ‖ ⌐**fach** n (Web) / back shed ‖ ⌐**flanke** f (des
Impulses) / pulse [trailing] edge ‖ ⌐**flügel** m (Luftf) /
afterwing ‖ ⌐**flügel** m (Bau) / back wing ‖ ~**fräsen** /
relief-mill ‖ ⌐**front** f (Bau) / back elevation ‖ ~**füllen** /
back-fill ‖ ⌐**füllung** f / backfill, backing ‖
⌐**gabelstrebe** f (zum Sattel) (Fahrrad) / backstays pl, rear
o. seat stays pl ‖ ⌐**gebäude**, -haus n (Bau) / back part o.
premises pl, outhouse (GB) ‖ ⌐**gebäude** n / back wing ‖
⌐**gestell** n (Hochofen) / inner crucible, back o. hind part
‖ ~**gießen**, -mauern, -füllen, -stampfen (Bau) / back [up]
Hintergrund m / background ‖ ⌐ (Färb) / back, ground
‖ ⌐, -geräusch, -rauschen n (Elektronik) / background
[noise] ‖ ⌐**arbeit** f (DV) / background job ‖
⌐**beleuchtung** f (TV) / back bias o. lighting, background
lighting ‖ ⌐**dichte** f (Buch) / background density ‖
⌐**helligkeit** f / background brightness ‖ ⌐**lautsprecher**
m / background speaker ‖ ⌐**programm** n / background
program with low priority ‖ ⌐**rauschen** n / background
noise, snow ‖ ⌐**titel** m (Film) / background title
Hinter·haupt n (Brücke) / back starling ‖ ⌐**haus** n,
-gebäude n, Hofgebäude n / rear building, building in
the back ‖ ⌐**hof** m (Bau) / back yard o. court, base court
‖ ⌐**kante** f (Kohlenbürste) / leaving o. trailing edge, heel,
back ‖ ⌐**kante** f (des Flügels) (Luftf) / trailing edge ‖
[angelenkte] ⌐**kantenklappe** (Luftf) / [plain] trailing
edge flap ‖ ⌐**kessel** m (Bahn) / firebox with outside shell
‖ ⌐**keule** f, -lappen m, -zipfel m (Antenne) / back lobe ‖
⌐**kipper** m (Straßb) / rear dump [truck] o. dumper, end
dump truck, end tipper, rocker ‖ ⌐**kipper[-Anhänger]**
m / rear tipping trailer ‖ ~**klebt** (Film) / patch joined o.
spliced ‖ ~**lagsieb** n / backing gauze ‖ ⌐**land** n / up-
country ‖ ⌐**land** n (eines Hafens) / hinterland ‖ ~**lastig**
(Schiff) / down by the stern, stern-heavy ‖ ~**legen**, den
Rücken stärken / back v ‖ ~**legte Fäden**, flottliegende
Fäden m pl (Web) / floats pl ‖ ⌐**linse** f / backlens ‖
⌐**lochung** f (Schleifscheibe) / slot hole ‖ ~**lüftete**
Außenwandbekleidung / cladding for external walls
ventilated at rear ‖ ⌐**luke** f (Schiff) / stern hatch ‖
⌐**maschine** f (Elektr) / tandem machine ‖ ~**mauern** /
back o. line with bricks ‖ ⌐**mauerung** f (Hütt) / brick
backing ‖ ⌐**mauerungsstein** m / lining brick, common
o. backing brick ‖ ⌐**piek** f (Schiff) / after-peak ‖
Hinterrad n (Kfz, Fahrrad) / hind o. rear wheel ‖ ⌐ (Bahn) /
hind o. trailing wheel ‖ ⌐**antrieb** m, Hinterachsantrieb
m / rear wheel drive ‖ ⌐**bremse** f / rear-wheel brake ‖

⌐**federung** f / rear-wheel springing ‖ ⌐**gabel** f (Fahrrad)
/ backstays pl, rear stays pl ‖ ⌐**gabel** f (zum
Tretkurbellager) (Fahrrad) / bottoms forks pl, chain stays
‖ ⌐**lenkung** f / rear wheel steering ‖ ⌐**reifen** m / rear
tyre o. tire (US) ‖ ⌐**schwinge** f (Motorrad) / swing arm
rear suspension
Hinter·schiff n / after-body ‖ ~**schleifen** / relief-grind ‖
⌐**schleifvorrichtung** f / relief-grinding device ‖
⌐**schleifwinkel** m (Wzm) / relief angle ‖
⌐**schliff** m / clearance o. relief produced by grinding ‖
⌐**schliff** m (Gewindebohrer) / relief of the tap ‖
~**schliffener Fräser** / relief-ground [milling] cutter ‖
~**schneiden** (Plast Wz) / undercut ‖ ⌐**schneidung** f
(Masch, Wz) / re-entrant angle, undercut ‖ ⌐**schneidung**
f (Plast Wz) / undercut, counterdraft ‖ ⌐**schraube** f,
hinter den Tragflügeln liegende Luftschraube (Luftf) /
rear propeller ‖ ⌐**seil** n (Bergb) / tail rope ‖ ⌐**seite** f /
rear ‖ ⌐**seite**, -front f (Bau) / back elevation ‖ ⌐**seite**,
Hofseite f (Bau) / yard side ‖ ⌐**sitz** m, hinterer Sitz (Kfz)
/ rear seat ‖ ~**stampfen** (Bau) / back v ‖
⌐**starter-Luft-Erde-Rakete** f / rear launched aircraft
missile ‖ ⌐**stechen** (Wzm) / relieve ‖ ⌐**stern** m (Schiff) /
stern frame o. post ‖ ⌐**stevenbogen** m (Schiff) /
propeller arch ‖ ⌐**stevenknie** n (Schiff) / sternson ‖
⌐**stich** m (Dreh) / recess ‖ ⌐**stich** m (Wirkm) / backed
stitch ‖ ⌐**support** m (Wzm) / rear rest ‖ ⌐**teil** n, -seite f /
back [part] ‖ ⌐**tor** n, -tür f / backdoor ‖ ⌐**treppe** f,
Nebentreppe f / service stairs, side stairs, backstairs ‖
⌐**wagen** m, -gestell n / hind carriage ‖ ⌐**walzer** m
(Blechwalzw) / catcher ‖ ⌐**wand** f / back o. rear wall ‖
⌐**wandzelle** f (Photohalbl) / backwall cell ‖ ⌐**windung** f
beim Spulen (Spinn) / reserve winding ‖ ⌐**zipfel** m s.
Hinterkeule
hinüber·fahren vi, übersetzen / cross, traverse ‖
⌐**schaffen** n, -bringen n (Gleichung) / transposition
hin und her / to-and-fro
Hin- und Herarbeit f, Hin- und Wiedermuster n (Web) /
lined work
hin- und herbewegen, rühren / agitate ‖ ~ / reciprocate ‖
~, schwenken / wave ‖ **sich** ~ / travel ‖ **sich** ~**d**,
pendelnd / oscillating, in pendulum fashion
Hin- und Herbewegung, hin- und hergehende Bewegung
f / alternate motion, reciprocating motion o. movement,
reciprocation, to-and-fro motion o. movement, jigback
motion, travel, back and forward motion o. movement ‖
⌐, Gestängebewegung f (Masch) / seesaw motion
Hin- und Her·bewegung f, hin- und hergehende
Bewegung, auf- und niedergehende Bewegung / jigback
motion ‖ ⌐**bewegung** f, hin- und hergehende
Bewegung, auf- und niedergehende Bewegung / back
and forward motion o. movement
Hin- und Herbiegeversuch m / reverse bending test
hin- und herdrehend / part swing (ctr dist: revolving)
hin- und herfahren, schnell ~ / shuttle
hin- und herfahrend (Masch) / travelling, reciprocating
hin- und hergehen vi, sich hin- und herbewegen /
reciprocate
hin- und hergehend, pendelnd / pendular
hin- und hergehend / reciprocating ‖ ~, oszillierend /
oscillating, oscillatory ‖ ~**e Bewegung**, Hin- und Her-
Bewegung / alternate motion o. movement ‖ ~**e**
Drehbewegung / rocking motion ‖ ~**er Tlsch** /
reciprocating table
Hin- und Herlaufen n, Gang m des Schiffchens in der
Kette (Web) / shuttle course o. race
hin- und herschießen, Speicherinhalte ~ (DV) / swap
[back and forth]
Hin- und Herschnürung f (Jacquard, Textil) / London tie,
crosstie
hin- und herschwanken, -schwingen, pendeln / librate
hin- und herschwingen, flattern / flap, flutter ‖ ~,
schaukeln / swing, rock, see-saw
hin- und herschwingen, flattern / flutter v
hin- und herschwingend / in pendulum fashion

Hin- und Herverdrehversuch *m* / alternate torsional test
Hin- und Herzyklus *m* / to-and-fro cycle
Hin- und Rückfahrt *f* / return trip
Hin- und Rücklauf *m* (TV) / scan and flyback
Hin- und Rückleitung *f* / go-and-return line ‖ ⁓ (auf und ab) / up-and-down line
Hin- und Rückrichtung *f* / go-and-return directions *pl*
hinuntersprechen (Luftf) / talk down
hinweglaufen [über] (Relais) / pass o. run o. ride [over]
hinwegstreichen, über etwas ⁓ / move along
Hinweis *m*, Anmerkung *f* / notice ‖ mit ⁓en versehen / reference *v* ‖ ⁓adresse *f*, Zeiger *m* (DV) / pointer ‖ ⁓pfeil *m* (Bau) / Belgian arrow for direction ‖ ⁓schild *n* (allg) / information sign ‖ ⁓schild *n* (Pipeline) / indicating label ‖ ⁓spur *f* (DV) / library track ‖ ⁓stöpsel *m* (Fernm) / indicating plug ‖ ⁓symbol, Kennzeichen *n* (DV) / flag, mark, sentinel, tag ‖ ⁓[ungs]zeichen *n* (Buch) / [sign o. mark of] reference, reference [mark o. sign] ‖ ⁓zeichen *n* (Straßb) / informative sign, information sign
hinzu·fügen / add ‖ ⁓kommend, zusätzlich / accessory, additional
HIP-Prozeß *m*, heißisostatisches Pressen, HIPen *n*, Hippen *n* (Sintern) / HIP-process, high-temperature isostatic pressing
Hippursäure *f*, Benzoylglykokoll *n* / hippuric acid
Hirn·fläche *f* (von Holz) / cross-cut end of a trunk ‖ ⁓holz *n* / wood cut against the grain, grain-cut timber, crossgrained o. end-grained wood ‖ ⁓holzfeder *f* (Tischl) / cross-tongue ‖ ⁓holzhobel *m* / block plane, low-angle plane ‖ ⁓holzplatte (Holz) / crossgrain leaf ‖ ⁓holzverleimung *f* / glued butt joint ‖ ⁓leiste *f* (Tischl) / wooden cross clamp ‖ ⁓ring *m*, Zwinge *f* / hoop, ferrule
Hirsch·hornsalz *n*, Ammoniumkarbonat *n* / sal volatile ‖ ⁓leder *n* / buckskin
Hirsemühle *f* / millet flour mill
Hirthverzahnung *f* (Masch) / serration
hissen, heißen / haul up, sway up
Histamin *n* / histamin[e]
Histidin *n* / histidine[e]
Histo·chemie *f* / histochemistry ‖ ⁓gramm, Treppenpolygon *n* (Statistik) / histogram, stepped polygon ‖ ⁓logisch / histologic[al] ‖ ⁓lyse *f*, Gewebsauflösung *f* / histolysis
Histon *n* (Chem) / histone
Hitchkupplung *f* (für Anhängegeräte) (Landw) / pick-up hitch
Hittorfscher Dunkelraum (Elektronik) / cathode dark space, Hittorf's o. Crookes' dark space
Hitzband *n* (Elektr) / hot band
Hitzdraht--Amperemeter *n* / hot-wire ammeter, thermal ammeter ‖ ⁓anemometer *n* / hot-wire anemometer ‖ ⁓instrument, -meßgerät *n* / hot-wire o. thermal instrument ‖ ⁓oszilloskop *n* / hot-wire oscillograph ‖ ⁓spule *f* (Fernm) / heat coil
Hitze *f* / heat ‖ ⁓, Schmelze *f* (Hütt) / melt, heat ‖ ⁓n geben (Hütt) / give heats ‖ ⁓barriere, -mauer *f* (Luftf) / thermal o. heat barrier ‖ ⁓beständig (Phys) / thermoduric ‖ ⁓beständig (Stahl) / heat-resisting ‖ ⁓beständig (bei Rotglut) / stable at red-heat ‖ ⁓beständiger Stahlguß / heatproof steel casting ‖ ⁓beständigkeit *f* / resistance to [the effects of] heat, high temperature strength o. stability, heat-proofness o. resistance ‖ ⁓empfindlichkeit *f* / sensitiveness o. sensibility to heat ‖ ⁓fleck *m* auf verzinkter Fläche / grey spot ‖ ⁓schild *m* (Raumf) / thermal shield ‖ ⁓schirm *m* / heat baffle ‖ ⁓-Schutzschild *m* (Raumf) / ablating cone ‖ ⁓schwelle, -stufe s. Hitzebarriere ‖ ⁓stau *m* / heat accumulation ‖ ⁓welle *f* (Meteorol) / heat wave
Hitzhaube *f* (Holzbearb) / steaming cone
H-Kabel *n*, Höchstädter-Kabel *n* / H-type cable, H-cable, Höchstädter cable
HK-Eisen *n* / charcoal iron

H-Ladung, Hohlladung *f* (Mil) / hollow o. shaped charge, beehive
HMFA (Phys) = Hochmagnetfeldanlage
HM-Fräsen *n* / hard metal milling
H-Milch *f* / ultra-heat treated milk
HMO *f*, Health Maintenance Organization / HMO
H-Motor *m* / H-engine
HNDR = heteronukleare Doppelresonanz
Hobbock *m* (Transportgefäß) / hobbock
Hobbywerker *m* / do-it-yourself o. DIY mechanic, do-it-yourselfer
Hobel *m* / plane ‖ ⁓ansatz *m* (Elektrowz) / planing attachment ‖ ⁓anschlag *m* / plane ledge o. fence ‖ ⁓arbeit *f* / work on planing ‖ ⁓arbeit *f* / planing work ‖ ⁓bahn *f* (Unterfläche) / sole of the plane ‖ ⁓bank *f* / joiner's o. planing bench, jointer's bench, shopboard, work bench ‖ ⁓bankeisen *n* / bench clamp ‖ ⁓bankhaken *m* / bench dog ‖ ⁓bankschlüssel *m* (Tischl) / vise of a bench ‖ ⁓eisen *n* / plane o. cutting iron o. knife ‖ ⁓eisen mit Schlitz, [ohne Schlitz] / cut, [uncut] plane iron ‖ ⁓eisenklappe *f* (Tischl) / break-iron ‖ ⁓kamm, Kammstahl *m* (Wzm) / rack shaped cutter ‖ ⁓kasten *m*, -gehäuse *n* / plane stock ‖ ⁓kasten *m* / stock of a plane ‖ ⁓klinge *f* s. Hobeleisen ‖ ⁓kopf *m* (Wzm) / plane head ‖ ⁓kopfschlitten *m* (Wzm) / ram-head o. tool-head slide ‖ ⁓kreissäge *f* / smooth cutter combination saw ‖ ⁓maschine *f* / planing machine, planer ‖ ⁓maschine *f* (Buch) / block leveller, planer ‖ ⁓maschinentisch *m* (Wzm) / planer platen ‖ ⁓maul *n*, -spanloch *n* / plane hole o. mouth ‖ ⁓meißel *m*, -stahl *m* (Wzm) / planing tool ‖ ⁓messer *n* s. Hobeleisen
hobeln, ab-, aushobeln / plane *vt* ‖ ⁓, waagerecht stoßen / shape on the shaping machine ‖ ⁓ (dünne Späne) (Masch) / shave ‖ dünner ⁓ / thin by planing ‖ gegen den Strich ⁓ (Tischl) / traverse
Hobel·säge *f* / smooth cutter combination saw ‖ ⁓schwert *n* (Bergb) / plow baseplate, sword (coll) ‖ ⁓span *m* (Spanplatten) / planer shaving ‖ ⁓späne *m pl* / planing chips *pl*, wood shavings *pl*, parings *pl* of wood ‖ ⁓spanloch *n*, -maul *n* / plane hole o. mouth ‖ ⁓stahl *m*, -meißel *m* (Wzm) / planing tool ‖ ⁓stirn *f* / face of the plane ‖ ⁓strich *m*, gehobelte Fläche / planed surface ‖ ⁓tisch *m* (Wzm) / planing table ‖ ⁓- und *f* Aussparmaschine für Faßdauben (Faß) / stave backing and hollowing machine ‖ ⁓- und Fräsmaschine *f* / combined planing and milling machine ‖ ⁓- und Fügemaschine *f* (Faß) / head planing and jointing machine
Hobler *m*, Schnellhobler *m* / shaping machine ‖ ⁓ (Arbeiter) / planer ‖ ⁓ für Fußböden / sanderer ‖ ⁓ mit Kurbel- o. Kulissenantrieb / crank shaper ‖ ⁓ mit ziehendem Schnitt / draw-cut shaper
Hoch *n*, Hochdruckgebiet *n*, Antizyklone *f* (Meteorol) / high, high [pressure] area, anticyclone, barometric maximum ‖ ⁓ *adj* / high ‖ ⁓, groß / tall ‖ ⁓ (Temperatur, Widerstand usw) / high ‖ ⁓, hell (Ton) / high ‖ ⁓ (z.B. 10 hoch 4) (Math) / to (US) (e.g. 10 to 4), power (GB) (e.g. 10 power 4), raised to the ... power ‖ ⁓ in der Luft / in mid-air ‖ ⁓ radioaktiv, hochaktiv / highly radioactive ‖ 5 m hohe Säule / column of 5 m height, 5 m column ‖ mit hohem Gamma (Elektronik) / high-gamma ‖ mit hoher Wattzahl / high-wattage... ‖ Anhebung der hohen Frequenzen / high-frequency peaking ‖ für hohe Ansprüche / sophisticated ‖ hohe Belastbarkeit (Widerstand) / high dissipation ‖ hohe Dichte, HD (Plut) / high density, HD ‖ hohe Dichte, qroße Dichte / high density ‖ hohe Drehzahl / high-speed ‖ hoher Flammpunkt / high flash point ‖ hohes Fließvermögen / high flow o. fluidity ‖ hohe Frequenzen *f pl* / high frequencies *pl* ‖ hohe Frequenzen (Lautsprecher) / treble frequencies ‖ hoher Gehalt / high content ‖ hohe Geschwindigkeit, Schnelligkeit *f* / high velocity, high speed ‖ hohe Gradation / high gamma ‖ hoher Integrationsgrad / high degree of integration ‖ hohes

Niveau / high-level ‖ **hoher Pegel** / high-level ‖ **hohe Priorität** / high-priority ‖ **hoher Seegang** / high seas *pl*, heavy swell ‖ **hohe Sperrspannung** / high inverse voltage ‖ **hohe Störschwelle** (Halbl) / high threshold, HT ‖ **hohes Verhältnis** / high ratio ‖ **hohe Verstärkung** (Elektronik) / high gain ‖ **hohe Wiedergabetreue**, Hi-Fi *n* / hi-fi, high-fidelity

Hochachse *f* (Luftf) / normal o. vertical axis ‖ ⌃ (Math) / upward ordinate axis

hochaktiv / highly radioactive ‖ ~e **Abfälle** *m pl*, HAW (Nukl) / HAW, highly active waste, high-level radioactive waste ‖ ~e **Spaltproduktlösung** / high-level radioactive waste solution, HAW solution

hoch·angereichert / highly enriched ‖ ⌃**antenne** *f* / elevated antenna ‖ ⌃**antenne**, Freiantenne *f* / outdoor o. free antenna ‖ ⌃**ätzung**, Reliefgravierung *f* / relief- o. relievo-engraving ‖ ~**auflösend** (Opt) / high-resolution ‖ ~**auflösender Bildschirm** / high-resolution screen ‖ ~**auflösendes Radiometer**, VHRR (Raumf) / VHRR, very high resolution radiometer ‖ ⌃**auflösungsgoniometer** *n* / high-resolution goniometer ‖ ~**[auf]ragend** / lofty ‖ ⌃**ausbeutezellstoff** *m* / high-yield [chemical] pulp ‖ ⌃**bagger** *m* / face shovel ‖ ⌃**bahn** *f* (Kran) / elevated runway ‖ ⌃**bahn** *f* (Ggs.: U-Bahn) / elevated railway ‖ ⌃**bahnkran** *m* / crane travelling overhead, elevated crane ‖ ⌃**bau** *m* (hoher Bau) / high building o. structure ‖ ⌃**bau** *m* (Ggs.: Tiefbau) / overground workings *pl*, building construction ‖ ⌃**bau**, Oberbau *m* (Bau) / superstructure ‖ ⌃**bauamt** *n* / Building Surveyor's Office ‖ ⌃**bauarbeiten** *f pl* / building construction, overground workings *pl* ‖ ⌃**bauteil** *m*, Geschosse *n pl* (Bau) / upper works *pl*, superstructure ‖ ⌃**bauunternehmen** *n* / building contractors *pl*, enterprise of overground workings ‖ ~**beansprucht** / subject to high stresses, highly stressed ‖ **auf Abnutzung** ~**beansprucht** / highly stressed by wear ‖ ⌃**behälter** *m*, -reservoir, -speicherbecken *n* / [high-level] distributing reservoir, high-level service reservoir o. tank, overhead o. elevated tank o. storage basin ‖ ⌃**behälter** *m* / high-level tank ‖ ~**belastbar** / high-wattage... ‖ ~**belastbar** (Widerstand) / power... ‖ ~**belastet** / heavily o. highly loaded o. stressed ‖ ⌃**belastete Leitradschaufel** (Kompressor) / high-lift stator blade ‖ ~**bewegliche Schnur** (Elektr) / retractile cord ‖ ~**biegewerkzeug** *n* (Stanz) / box die ‖ ~**bituminös** (Kohle) / high volatile ‖ ~**bordiger Wagen** (Bahn) / waggon (GB) o. freight car (US) with high sides ‖ ⌃**bordstein** *m* / raised kerb, upstanding kerb ‖ ⌃**böschung** *f*, Böschung *f* im Auftrag / fill slope ‖ ~**brechen** (Bergb) / cut upwards ‖ ~**brisant**, Brisanz... / high-explosive..., H.E. ‖ ⌃**brücke** *f* (auf Pfeilern) / viaduct ‖ ⌃**bunker** *m* / overhead o. elevated bin o. hopper ‖ ⌃**chlorungsverfahren** *n* / highchlorinating method ‖ ~**dauerfest** / of high fatigue resistance ‖ ⌃**decker** *m* (Luftf) / monoplane with high set wings ‖ ~**dehnbares Kraftsackpapier** / extensible sack paper ‖ ~**dichtes Polyethylen** (nach dem Niederdruckverfahren), HDPE / high-density polyethylene, HDPE ‖ ~**dichte Säure** (Rakete) / HDA, high density acid ‖ ~**dispergiert** / microdispersed, fine-grain[ed] ‖ ⌃**drahtgarn** *n* (Textil) / high-twist yarn ‖ ~**drehen**, hochschrauben / wind up, raise (by turning a screw) ‖ ~**drehen**, hochschrauben / raise [by turning a screw] ‖ **den Motor** ~**drehen** / rev up to maximum speed ‖ ⌃**drehzahlklopfen** *n* / high-speed knock

Hochdruck *m*, HD / high-pressure, HP ‖ ⌃, -gebiet *n* (Meteorol) s. Hoch ‖ ⌃, Buchdruck *m* (Verfahren) / letterpress printing ‖ ⌃ (Schmierung) / extreme pressure, E.P., EP ‖ ⌃**...** / high-pressure... ‖ ⌃**apparat** *m*, [Druck]bombe *f* (Chem) / high-pressure reaction vessel ‖ ⌃**behälter** *m* / high-pressure tank o. receiver ‖ ⌃**chemie**, Piezochemie *f* / piezochemistry ‖ ⌃**dampfturbine** *f* / high-pressure turbine ‖ **[große]**

⌃**düse** (Hydroabbau) / giant, monitor ‖ ⌃**entwickler** *m* (Schw) / high-pressure generator ‖ ⌃**exhaustor** *m*, Gasgebläse *n* / high-pressure exhauster, high-pressure blower for gas ‖ ⌃**fett** *n* / pressure gun grease ‖ ⌃**-Flüssigkeitschromatographie** *f* / high-pressure liquid chromatography, HPLC ‖ ⌃**form** *f* (Buch) / letterpress printing form[e] ‖ ⌃**gas** *n* / high-pressure gas ‖ ⌃**-Gasentladungslampe** *f* / high-pressure gas discharge lamp ‖ ⌃**gasleitung** *f* / high-pressure gaspipe ‖ ⌃**gebiet** *n* (Meteorol) s. Hoch ‖ ⌃**gebläse** *n* / high-pressure blower ‖ ⌃**gehäuse** *n* (Turbine) / HP turbine housing o. casing o. shell ‖ ⌃**heizung** *f* / high-pressure heating ‖ ⌃**hochofen** *m* / pressurized blast furnace ‖ ⌃**hydrierung** *f* / high-pressure hydrogenation ‖ ⌃**kapselgebläse** *n* / high-pressure Roots blower ‖ ⌃**keil** *m* (Meteorol) / wedge ‖ ⌃**kompressor**, -verdichter *m* / high-pressure compressor ‖ ⌃**kraftwerk** *n* / high-pressure power plant ‖ ⌃**läufer** *m* (Turbine) / high-pressure wheel ‖ ⌃**maschine** *f*, Buchdruckpresse *f* (Buch) / letterpress printing machine ‖ ⌃**ölkabel** *n* / high-pressure oil-filled cable ‖ ⌃**ölkabel** *n* im **Stahlrohr** / oilostatic cable ‖ ⌃**papier** *n* (Buch) / letterpress paper ‖ ⌃**physik** *f* / physics of high pressures ‖ ⌃**-Preßballen** *m* (Landw) / bale made by the ram baler ‖ ⌃**pumpe** *f* / jetting pump ‖ ⌃**reifen** *m* / high-pressure tire ‖ ⌃**-Rotationsmaschine** *f* (Buch) / letterpress rotary machine ‖ ⌃**schlauch** *m* / high-pressure hose ‖ ⌃**-Schmiermittel**, EP-Schmiermittel *n* / E.P. lubricant, extreme pressure lubricant ‖ ⌃**-Schmierpresse**, Schmierpresse *f* / pressure gun ‖ ⌃**schmierung** *f* / forced lubrication ‖ ⌃**spülfahrzeug** *n* / high-pressure flusher ‖ ⌃**stoffauflauf** *m* (Pap) / pressurized flow box ‖ ⌃**strohpresse** *f* (Landw) / high-density ram baler ‖ ⌃**stufe** *f* / high-pressure o. HP stage ‖ ⌃**teil** *m n* / high-pressure end ‖ ⌃**turbine** *f* / high-pressure o. HP turbine ‖ ⌃**umformung** *f* / high-pressure metal forming ‖ ⌃**verdichter**, -kompressor *m* / high-pressure compressor ‖ ⌃**verfahren** *n* / high-pressure process ‖ ⌃**verfahren** *n* (Hütt) / high top pressure method ‖ ⌃**walze** *f*, Reliefdruckwalze *f* (Textil) / printing roller [produced] by relief engraving ‖ ⌃**-Wasserkanone** *f* / high-pressure water jet

Hoch·ebene *f*, -fläche *f*, -plateau *n* / table-land ‖ ⌃**einbau** *m* (Straßb) / superimposing of top layers ‖ ~**elastisch** (Gummi) / snappy ‖ ~**elastisches Endlosgarn** / bulked stretch yarn ‖ ~**elastischer Reifen** (Kfz) / cushion tyre ‖ ~**empfindlich** / highly sensitive, high-sensitive... ‖ ~**empfindlich**, schnell (Phot) / high-speed... ‖ ~**energetische Abtastung** (Elektronik) / high-voltage scanning ‖ ~**energetisches Propergol** / high-energy propellant ‖ ~**energetischer Treibstoff** / high-energy o. -energetic o. -power fuel, H.E.F. ‖ ~**energetisches Neutron** / high-energy neutron ‖ ⌃**energiephysik** *f* / high-energy physics ‖ ⌃**energie-Umformung**, Explosionsform[geb]ung *f* / explosive forming ‖ ⌃**energie-Umformung** *f* / explosive forming, high energy rate forming ‖ ⌃**energie-Umlaufbahn** *f* (Raumf) / high-energy orbit ‖ ⌃**energiezündung** *f* (Mot) / high-energy o. HE ignition ‖ ⌃**erhitzungs-Kurzzeit-Pasteurisieren** *n*, Hoch-Kurz-Verfahren *n* / high-short pasteurization ‖ ~**evakuiert**, Hochvakuum... / highly exhausted, high-vacuum... ‖ ~**evakuiert** (Röntgen) / hard ‖ ⌃**fach** *n* (Web) / upper shed ‖ ⌃**fahrautomatik** *f* (Elektronik) / step-start circuit ‖ ~**fahren** *vt* / run up, bring up ‖ ⌃**fahren** *n* (des Senders), Hochfahrschaltung *f* / sequential starting ‖ **einen Gleichrichter** ~**fahren** / run up a rectifier ‖ ⌃**fahren** *n* **der Leistung** / bringing-up ‖ ⌃**fahren** *n* **der Leistung** / raising ‖ ⌃**fahren** *n* **der Leistung** / power rise, bring-up, run-up of power ‖ ⌃**fahren** *n* **der Leistung** / run-up, bringing-up, raising ‖ ⌃**feld-Supraleiter** *m* / intense-field superconductor ‖ ⌃**ferse** *f* (Strumpf) / high heel ‖ ⌃**fersenverstärkung** *f* (Strumpf) / high-heel splice o. splicing ‖ ~**fest**

477

(Chemiefasern) / high-performance... ‖ ~fest,
Hochfestigkeits... / high-strength..., high-tensile
[strength] ..., high-tenacity... ‖ ~fest, starr / high-
rigidity..., HR ‖ ~festes Gußeisen / high-duty cast iron
‖ ~fester Stahl (spez. Zugfestigkeit über 65 000 lbs/sq.
in. = 450 N/mm^2) / high-tensile steel, H.T.S., high-
strength steel ‖ ~fester Stahl (mit hoher
Elastizitätsgrenze) / high-yield-point steel ‖ ~fester
niedriggekohlter Stahl / low-carbon super high
strength steel ‖ ~feuerfest, -feuerbeständig /
superrefractory, highly refractory ‖ ~feuerfestes
Erzeugnis / highly refractory ‖ ~feuerfestmaterial n /
superduty refractory ‖ ~florgewebe n (Textil) / deep pile
fabric, high-pile fabric ‖ ~florig (Textil) / long- o. deep-
o. high-pile[d] ‖ ~flüchtig / highly volatile ‖
~flüchtige Kohle / high-volatile coal ‖
~flußisotopenreaktor m / high-flux isotope reactor,
HIFR ‖ ~flußreaktor m / high-flux reactor ‖ ~format
n (Phot) / panel, portrait format ‖ ~format n (Buch) /
upright size ‖ ~formungsanlage f (Walzw) / high-
reduction mill ‖ ~frequent, Hochfrequenz... / high-
frequency

Hochfrequenz f, HF (allg) / high frequency ‖ ~, HF
(30-300 MHz) (Elektr) / very high frequency, V.H.F.
‖ ~ (Elektronik) / radiofrequency, R.F. (BRD: 10^4 - 3 ·
10^9 Hz, Engl.: 10^4 - 3 · 10^{12} Hz, USA: > 1,5 · 10^4 Hz)
‖ ~ (Medizin) / high frequency ‖ ~abschirmung f /
radiofrequency shield[ing] ‖ ~angleich m, -angleichung
f, -ausgleich m (TV) / high-boost (US), high-frequency
compensation (GB) ‖ ~bandbreite f / high-frequency
bandwidth ‖ ~bild n (TV) / R.F. television signal ‖
~drossel f / high-frequency choke ‖ ~drossel f
(Elektronik) / R.F.C., radio frequency choke ‖
~durchlässig / pervious to high frequencies ‖ ~eisen n
/ powdered iron ‖ ~erwärmung f, -heizung f / high-
frequency o. radiofrequency heating, electronic heating,
eddy current heating, dielectric loss heating ‖
~-Gasentladungsröhre f / radiofrequency gas
discharge tube ‖ ~generator m (Elektronik) /
radiofrequency oscillator ‖ ~gerät n, -apparat m / high-
frequency apparatus ‖ ~gleichrichter m / high-
frequency rectifier ‖ ~-Handschleifer m / high-
frequency hand grinder ‖ ~härtung f / high-frequency
[induction] hardening ‖ ~impuls m / high-frequency
pulse ‖ ~induktion f / high-frequency induction ‖
~[induktions]ofen m / high-frequency o. coreless
induction furnace ‖ ~-Ionentriebwerk n (Raumf) /
radiofrequency ion thruster ‖ ~kabel n, HF-Kabel n
(Elektr) / high-frequency cable ‖ ~kabel n (Elektronik) /
radiofrequency cable ‖ ~keramik f / high-frequency
ceramics ‖ ~kern m, HF-Kern m / HF ferrite core ‖
~kinematographie f / high-frequency cinematography
‖ ~kopf m (Radar) / front end ‖ ~-Leistung f (Fernm) /
high-frequency output ‖ ~litze f (Elektronik) / litz,
litzendraht [wire] ‖ ~löschung f (Magn.Bd) / high-
frequency erase ‖ ~lötung f / high-frequency soldering
‖ ~maschine f, -stromerzeuger m / high-frequency
generator o. alternator ‖ ~meßgeräte n pl / high-
frequency measuring equipment ‖ ~-Meßtechnik f /
high-frequency measuring technique ‖ ~-Oszillator m /
high-frequency oscillator ‖ absoluter ~pegel (Fernm) /
HF absolute level ‖ ~pentode f / high-frequency
pentode ‖ ~-Resonanzkreis m / losser circuit ‖ ~röhre
f / high-frequency tube ‖ ~schutzabstand m / R.F.
protection ratio ‖ ~schweißen, induktiv / high-
frequency induction welding ‖ ~schweißung f von
Folien (Plast) / electronic sewing ‖ ~schwingung f /
high-frequency oscillation ‖ ~siebkette f (Elektronik) /
low-stop o. high-pass filter ‖ ~spektrometer n /
radiofrequency spectrometer ‖ ~spektroskopie f (1 -
500 MHz) / radiofrequency spectroscopy, nuclear
magnetic resonance spectroscopy ‖ ~stahl m / electric
steel o. metal, electrosteel ‖ ~störabstand m / R.F.
wanted/interfering signal ratio ‖ ~störung f (Elektronik)

/ radiofrequency interference, RFI ‖ ~strom m (Elektr) /
high-frequency current ‖ ~stromerzeuger m,
-maschine f / high-frequency generator o. alternator ‖
~technik f / high-frequency engineering ‖ ~technik f /
HF technics ‖ ~titration f (Luftf) / high-frequency
titration ‖ ~trägertelefonie f, drahtgebundene
Hochfrequenztelefonie / wired wireless system, carrier
telephony ‖ ~transformator m, -übertrager m,
-verstärker m / high-frequency transformer,
radiofrequency transformer ‖ ~trockner m (Textil) /
microwave drier, dielectric drier ‖ ~überlagerung f /
R.F. heterodyne ‖ ~vakuumofen m / high-frequency
vacuum furnace ‖ ~verstärker m / high-frequency
transformer ‖ ~vorstufe f (Funk) / high-frequency
preamplifier ‖ ~werkzeug n (z.B. 200 o. 360 Hz),
(besser:) Schnellfrequenzwerkzeug n (Elektr) / high
cycle tool, high-frequency tool (misleading
denomination) ‖ ~widerstand m / radiofrequency
resistance

Hoch·führung f (Kabel) / vertical installation ‖
~führungsschacht m (für Kabel) / vertical wall duct,
cable shaft ‖ ~fußnadel f (Textil) / long butt needle ‖
~gang m (Wzm) / upward movement o. stroke,
upstroke, ascent ‖ ~gebaut, -gestellt / high-level...,
high-type ‖ ~gebaut, -gestellt / high-type ‖ ~geglüht,
über A$_3$ [hinaus]geglüht (Hütt) / fully annealed ‖
~gekohlt / highly carburized ‖ ~gekohlter unlegierter
Werkzeugstahl / high-carbon tool steel ‖ ~geleimt
(Pap) / hard sized ‖ ~genau (Meßinstr) / high-precision
... ‖ ~geöffnet (Opt) / high-aperture

Hochgeschwindigkeits·-Abscheren n / high-speed
cropping

Hochgeschwindigkeitschleifen n, HSG n / high-speed
grinding, HSG

Hochgeschwindigkeits·-Filmkamera f / high-speed
camera o. cinematograph, rapid sequence camera ‖
~hämmern n / high-energy rate forging, HERF ‖
~-Holographie f / high-speed holography ‖ ~kanal m
(Unterschall) / high-speed wind tunnel ‖
~-Photographie f / high-speed photography ‖ ~physik
f / high-speed physics ‖ ~reifen m (Kfz) / high-velocity
tire ‖ ~schneiden n, HSC / high-speed cutting, HSC ‖
~umformung f (Sintern) / high-speed forming ‖ ~zug
m, HGZ m (Bahn) / high-speed train

hoch·gesetzt (z. B. x^2) (Math, Zahl, Buchstabe) / superior,
superscripted ‖ ~gespannt, Hochspannungs... (Elektr) /
high-voltage... o. -tension... o. -potential... ‖
~gespannt (Dampf) / high-pressure... ‖ ~gewinn...
(Elektronik) / high gain... ‖ ~gewinnantenne f / high
gain antenna ‖ ~gewölbt (Straßb) / high-crowned ‖
~gezogen, geschürzt / raised, pitched ‖ ~gezogen (Kfz,
Rahmen) / upswept ‖ ~gipflichkeit f / peakedness

Hochglanz m, Spiegelglanz m / mirror polish ‖ ~
(Anstrich) / high finish o. gloss ‖ ~ (Galv) / high lustre o.
gloss, mirror-bright polish, mirror finish ‖ ~blech n /
high-mirror-finished sheet, bright luster sheet ‖
~-Chromopapier n / brush finished chromo paper ‖
~karton m / cast coated board ‖ ~kopie f (Repro) / high-
glossy print, friction-glazed o. superfinish paper, high-
gloss paper ‖ ~-Kunstdruckpapier n / cast coated
paper ‖ ~papier n / double-supercalendered paper,
friction-glazed o. superfinish paper ‖ ~papier n
(gestrichen) / brush-finished paper ‖ ~papier n (Repro) /
high-gloss paper ‖ ~polieren / give mirror finish ‖
~poliermittel n (Galv) / colouring composition ‖
~poliert / high-polished, with mirror finish ‖ ~politur f
/ highly specular finish, high polish, mirror finish ‖
~-Schleifpaste f (Galv) / finishing compound

Hoch·glühen n (Hütt) / coarse grain annealing ‖ ~glühen n
(Vakuum) / flash heat ‖
~gradienten-Magnettrenntechnik f / high-gradient
magnetic separation, HGMS ‖ ~gradig / intense ‖
~gradig, stark alkoholisch (Getränke) / high-proof ‖
~gradiger Spaltstoff (Nukl) / high-grade fuel ‖ ~halde f

(Bergb) / dump above track level ‖ ~**haltig** (Erz) / high-grade, rich ‖ ⁺**haus** n / high building o. structure, multistroried building, tall building ‖ ⁺**hauswohnung** f / tower block dwelling ‖ ⁺**heben** n / lift[ing], elevation ‖ ~**hitzebeständig** / highly refractory ‖ ⁺**hubbrammenwalzwerk** n / high-lift slabbing mill ‖ ⁺**hubwagen**, Stapler m / high-lift truck ‖ ~**integrierter Schaltkreis** / large-scale integrated circuit, LSI circuit ‖ **sehr ~integrierter Schaltkreis**, VLSI-Schaltkreis m / very large-scale integrated circuit, VLSIC ‖ ⁺**intensitätskohle** f (Elektr) / high-intensity carbon ‖ ~**ionisiert** / highly ionized ‖ ~**ionisiertes Atom** / nuclear o. stripped atom ‖ ~**kant[ig]** / on edge, edgeways, -wise ‖ ~**kant gewickelt** (Elektr) / edgewise wound ‖ ~**kant[ig] legen** / lay on edge ‖ ~**kant stellen**, aufrichten / upend ‖ ⁺**kantförderer** m / upright conveyor ‖ ⁺**kant-Stabwicklung** f (Elektr) / edge winding ‖ ⁺**kantverlegung** f **von Ziegeln auf Mauern, Fensterbänken usw.** / brick-on-edge coping o. sill ‖ ~**kippbarer Abstreifer** (Wzm) / tiltable stripper ‖ ⁺**kippe** f / high spoil area ‖ ⁺**kipper** m / high dumper ‖ ~**klappbar** / upward tilting, folding up, upward folding ‖ ~**klappbarer Flügel**, Hochklappflügel m (Luftf) / upward folding wing ‖ ⁺**komma** n (') / inverted comma ‖ ⁺**kommen** n / rise ‖ ~**komprimiert** / highly compressed ‖ ~**komprimierter Motor** / high-compression o. supercompression engine ‖ ~**konstant geregelt** (Spannung) / highly stable ‖ ~**konzentriert** / high-grade, highly concentrated ‖ ~**kriechen** (Chem) / creep upward ‖ ⁺**kriechen** n (Chem) / creep of a liquid ‖ ⁺-**Kurz-Verfahren** n, Hoch-Kurz-Pasteurisierung f / high-short pasteurization ‖ ⁺**lage** f / upper position ‖ ⁺**lage** f **eines Kurvenastes** / peakedness of the graph of a frequency curve ‖ ⁺**lager** n / high-rise warehouse o. store ‖ ⁺**lager[bedienungs]gerät** n / stacker ‖ ⁺**lauf** m / run-up o. ‖ ~**laufen** / run up ‖ ⁺**laufen** n, Durchgehen n / runaway ‖ ⁺**laufvorgang** m (Mot) / run-up period ‖ ⁺**laufzeit** f (Turbine) / run-up time ‖ ~**legiert** / high-alloy… ‖ ~**legierter Schnellarbeitsstahl** m / high-alloy HSS ‖ ⁺**legiertes Gußeisen** / high alloy iron ‖ ⁺**leistung** f (Masch) / heavy duty

Hochleistungs·… / heavy-duty, high-capacity, high-performance, high-power, -powered ‖ ⁺**…** (DV) / high-speed ‖ ⁺**…** (Wzm) / heavy-duty ‖ ⁺**batterie** f / high-capacity battery ‖ ⁺-**Direktaufzeichnungs-Isophotometer** n / isodensitracer, IDT ‖ ⁺**drehmaschine** f / heavy-duty lathe ‖ ⁺**einrichtung** f / high-production equipment ‖ ⁺-**Empfangsantenne** f / high-gain receiving antenna ‖ ⁺**extruder** m (Plast) / high duty extruder ‖ ⁺-**Faser-Verbundwerkstoffe** m pl / advanced composites pl ‖ ⁺-**Festkörper-Schaltkreis** m / high-dissipation IC ‖ ⁺**feuer** n (Luftf) / high intensity light ‖ ⁺**flugzeug** n / high-performance aircraft ‖ ⁺**fräser** m / high-speed milling cutter ‖ ⁺**kanal** m (DV) / high-speed channel ‖ ⁺**keramik** f / high-tech ceramics ‖ ⁺**kessel** m / heavy-duty boiler ‖ ⁺**kompressor** m / high-capacity compressor ‖ ⁺**kontakte** m pl / heavy-duty contacts ‖ ⁺**kraftstoff**, -treib-, -brennstoff m / power fuel ‖ ⁺**lautsprecher** m / high-power loudspeaker ‖ ⁺**maschine** f / heavy-duty machine, high-duty o.-efficiency machine ‖ ⁺-**Parallelschnittstelle** f (DV) / high-speed parallel interface, HPI ‖ ⁺**reaktor** m / high-energy level reactor ‖ ⁺-**Richtlautsprecher** m / directional hailer ‖ ⁺**schalter** m / heavy-duty circuit breaker ‖ ⁺**schnellschnittstahl** m / super-speed steel ‖ ⁺**sicherung** f / quick-break fuse ‖ ⁺**stetigschleifer** m (Pap) / high power caterpillar grinder ‖ ⁺**trieur** m / high-capacity seed dresser ‖ ⁺**waschmittel** n / heavy-duty syndet ‖ ⁺**zelle** f (Elektr) / high efficiency cell, HEC

hoch·liegend, Hoch… / elevated, overhead ‖ **mit seinem Wert ~liegend**, Hoch… / high-value… ‖ ⁺**lochziegel** m / vertically perforated brick ‖ ⁺**löffel** m (Bagger) / face shovel ‖ ⁺**löffelbagger** m / power shovel, working upward ‖ ~**modern** / ultramodern, in latest fashion ‖ ⁺**modul-Filamentgarn** n / high modulus filament yarn ‖ ~**molekular** / of high molecular weight ‖ ⁺**momentmotor** m (Ölhydr) / high-torque motor

Hochofen m / blast furnace ‖ ⁺**aufzug** m / blast furnace elevator o. hoist ‖ ⁺**begichtung** f / charging of the blast furnace ‖ ⁺**betrieb** m / blast furnace practice o. operation ‖ ⁺**boden** m (Hütt) / pad ‖ ⁺-**Ferromangan** n / high-carbon ferro-manganese ‖ ⁺**gas** n, Gichtgas n / blast furnace gas, top gas, throat gas ‖ ⁺**gebläse** n / blast furnace blowing engine ‖ ⁺**gerüst** n / blast furnace frame[work] ‖ ⁺**gestell** n, Herd m / hearth of the blast furnace ‖ ⁺**gicht** f / top of a blast furnace ‖ ⁺**kalk** m / slag lime ‖ ⁺**koks** m / blast furnace coke ‖ ⁺**kranz** m / blast furnace lid ‖ ⁺**mann**, -arbeiter m / blast furnace man ‖ ⁺**mantel** m / blast furnace shell ‖ ⁺-**Mauerwerk** n / blast furnace brickwork o. masonry ‖ ⁺**panzer** m / blast furnace armour o. [steel] jacket, steel plate lining ‖ ⁺-**Portlandzement** m / blast furnace Portland cement ‖ ⁺-**Portlandzement 85** m / blast furnace Portland cement 85 ‖ ⁺**rast** f / boshes pl ‖ ⁺**reise** f / blast furnace campaign ‖ ⁺**schacht** m / blast furnace shaft ‖ ⁺**schaumschlacke** f / blast furnace foamed slag o. pumice-stone slag ‖ ⁺**schlacke** f / blast furnace slag, scoria (pl: scoriae) ‖ ⁺**stein** m / inwall brick ‖ ⁺**ton** m (Zuschlag) / clay flux ‖ ⁺**werk** n, -anlage f / blast furnace plant ‖ ⁺**wind** m / blast furnace blast ‖ ⁺**zement** m / blast furnace slag cement ‖ ⁺**zement** m **mit bis 65 %** **Hochofenschlacke** / Portland blast-furnace cement

Hoch·öffner m / blast furnace man o. operator ‖ ⁺**offsetdruck** m (Buch) / letterset, dry [relief] offset, offset letterpress ‖ ~**ohmig** (Elektronik) / high-resistivity…, high-resistance…, highly resistive, high-value… ‖ ~**ohmig** (Wechselstr) / high-impedance… ‖ ~**ohmig** (Batterie) / high-drain… ‖ ⁺**ohmiger Ableitungswiderstand**, R-glied n (Elektronik) / leak [resistance] ‖ ~**ohmiger Erdschluß** / high-impedance earth (GB) o. ground (US) fault ‖ ~**ohmig gespeiste Antenne** / voltage fed antenna ‖ ⁺**ohmwiderstand** m / high ohmic resistance ‖ ~**paariges Kabel** (Fernm) / large-capacity o. large-sized cable, multipair[ed] cable ‖ ⁺**parterre** n, Halbgeschoß n / intermediate storey, raised ground floor ‖ ⁺**paß…** (Elektronik) / high-pass… ‖ ⁺**paßfilter** n (Elektronik) / high-pass filter, low-stop filter ‖ ⁺**pegel…** (Fernm) / high-level… ‖ ⁺**polymer**, Riesenmolekül n / high polymer ‖ ~**polymer** adj / high-polymer ‖ ~**porös** / highly porous ‖ ~**prozentig** / high-percentage… ‖ ~**prozentiges Eisenerz** / high-grade iron ore ‖ ⁺**punkt** m (Verm) / high point ‖ ~**qualifiziert** / highly qualified ‖ ⁺**quellenleitung** f / mountain spring water supply ‖ ~**rädrig** / high-wheeled ‖ ⁺**rahmen** m (Kfz) / elevated frame ‖ ~**rangige Kohle** / high-rank coal ‖ ⁺**rechnung** f / extrapolation ‖ ⁺**regalstapler** m / narrow aisle truck, high-lift truck [with man carrying platform], stacker ‖ ⁺**regalstapler** m **auf Schienen** / rail-mounted stacker ‖ ~**regeln** / adjust upward ‖ ~**rein** / high-purity… ‖ ~**reißen** (Luftf) / put into a steep climb, zoom, hoick ‖ ⁺**reißfestigkeit** f / high-rupture tenacity ‖ ⁺**relief-Walzendruckmaschine** f / surface printing machine ‖ ⁺**reservoir** / [high-level] distributing reservoir ‖ ~**richten** / lift up, raise up ‖ ~**rot**, ticfrot / bright o. high o. deep red ‖ ⁺**rot** (Färb) / ponceau adj, cardinal red ‖ ⁺**rüsten** n (DV) / upgrading ‖ ~**satiniert** (Pap) / supercalendered, s.c., high mill finish ‖ ~**schäftig** (Web) / high-warp, hautelisse… ‖ ⁺**schalten** n (Kfz) / upshift ‖ ⁺**schalten einen Sender automatisch wieder** ~**schalten** / recycle a transmitter ‖ ~**schlagzäh** (Plast) / of high impact strength ‖ ~**schmelzend**, mit hohem Schmelzpunkt / high melting [point…], HMP ‖ ~**schmelzend** (Erz, Metall) / refractory ‖ ~**schmelzend** (Glas) / hard ‖ ~**schmelzende Legierung** / refractory alloy ‖ ~**schmelzendes Sintermetall** / high-melting sintered metal ‖ ~**schnellen** vi / bounce up, right-up ‖

~schnitt m (Bergb, Tagebau) / cut above grade o. above track level ‖ sich ~schrauben (Luftf) / climb in spirals ‖ ~schul-Ingenieur m / professional engineer ‖ ~schulterlager n / rigid deep groove ball journal bearing ‖ ~schulterlager n (einreihig) / single-row rigid deep groove ball journal bearing ‖ ~schwenken / swing up

Hochsee~... / deep-sea... ‖ ~... (Schiff) / ocean-going ‖ ~fauna f / pelagic fauna ‖ ~fischerei f / deep-sea fishing ‖ ~fischereifahrzeug n / deep-sea fishing vessel ‖ ~flotte f / seagoing fleet ‖ ~schlepper m / seagoing tug, ocean-going tug ‖ ~trawler m / deep-sea trawler ‖ ~tüchtigkeit, -fähigkeit f / seaworthiness

Hoch·seil n (für Langholzrücken) (Forstw) / skyline ‖ ~siedend / boiling at high temperatures, high-boiling ‖ ~siedend (Fraktion) / heavy ‖ ~siedendes Absorptionsöl / sponge oil ‖ ~siedendes n, Rückstände m pl (Öl) / distillation tail ‖ ~siliziert, mit hohem Siliziumgehalt (Hütt) / high-silicon ‖ ~siliziertes Eisen, säurefest / duriron (GB) ‖ ~silo m (Landw) / tower silo ‖ ~sinterung f / final sintering operation

Hochspannung f (GB: über 630 V, Dtschld: über 1 kV, Schaltanlagen über 250 V) / high-voltage, high-tension, H.T., high-potential ‖ ~ von 4000-50 000 V Gleichstrom (TV) / extra-high tension o. voltage, E.H.T., E.h.t

Hochspannungs·... / high-voltage... ‖ ~anode f (Kath.Str) / ultor ‖ ~-[Elektro]blitz m (Phot) / speed flash, winklight ‖ ~-Elektronenmikroskop n / high-tension electron microscope ‖ ~freileitung f / high-voltage overhead line, power transmission line ‖ ~geladen / carrying high voltage ‖ ~generator m (Elektr) / high-voltage generator ‖ ~gleichrichter m / high-voltage rectifier o. valve ‖ ~gleichstrom-Übertragung f, HGÜ / high-voltage d.c. transmission, HVDC o. h.v.d.c. system ‖ ~gleichstrom-Übertragungsleitung f / HVDC transmission line ‖ ~-Hochleistungssicherung f, HH-Sicherung f / quick-break fuse ‖ ~isolator m / high-voltage insulator, power-line insulator ‖ ~kabel n / high-voltage cable ‖ ~kriechstromfestigkeit f / resistance to tracking at HT ‖ ~leiter m / high-tension conductor ‖ ~leitung f / high-voltage [transmission] line, transmission o. high-tension line ‖ ~mast, Gittermast m / tower o. lattice pole for aerial lines, pylon, high-tension-line [steel] tower ‖ ~mast auf einem gemeinsamen Fundament / narrow-base tower ‖ ~mast auf Einzelfundamenten / broad-base tower ‖ ~netz n / high-voltage system o. network o. grid (GB) ‖ ~-Netzgerät n / high-tension power pack ‖ ~schalter m / high-voltage circuit breaker ‖ ~schaltgerät n / high-voltage switchgear ‖ ~seite f / high voltage side ‖ ~seite f (Widerstand) / supply side ‖ ~seite f (Ausgang) / high-tension end ‖ ~sicherung f (Elektr) / high-voltage fuse o. protector ‖ ~stütze f / high-voltage insulation support ‖ ~technik f / high-voltage engineering ‖ ~teil n (Repro) / high-voltage panel ‖ ~teiler m (Widerstandskette) (Elektronik) / bleeder [chain] ‖ ~transformator m / high-voltage transformer ‖ ~turm m der Verteilerscheibe, des Verteilerdeckels (Kfz) / terminal pin of the distributor cap o. disk ‖ ~-Übertragungssystem n / electroduct ‖ ~[warnungs]pfeil m (Elektr) / danger arrow ‖ ~zelle f / high-tension compartment ‖ ~zündkerze f (Turboreaktor) / high-voltage igniter ‖ ~-Zündleitung f (DIN) (Kfz) / spark plug cable ‖ ~zündung f (Kfz) / high-voltage ignition

Hoch·speicherbecken / [high-level] distributing reservoir ‖ ~sprache f (DV) / high level language, HLL ‖ ~springen n (z.B. Ball) / bounce

Höchst·... / highest ‖ ~..., Grenz... / maximal, ultimate, peak..., maximum ‖ für ~e Beanspruchung (Test) / most severe, MS ‖ ~es Betriebsmoment / working peak torque ‖ ~er Gang (Kfz) / top gear ‖ ~e Genauigkeit / pinpoint accuracy ‖ ~e Gipfelhöhe (Luftf) / absolute ceiling ‖ ~er Grad / climax ‖ ~er Hochwasserstand, HHW / highest water ‖ ~e Priorität (DV) / right-of-way precedence, highest priority ‖ ~er Reibwert, Reibungshöchstwert m / limiting friction ‖ ~er schiffbarer Wasserstand / highest navigable water level

Höchstädter·-Kabel, H-Kabel n (Elektr) / Höchstädter cable, H-type cable, shielded-conductor cable ‖ einadriges ~kabel / solid type o. straight-type cable ‖ ~papier n (Elektr) / H-paper

Hoch·stamm m (Landw) / high-standing tree, standard ‖ ~stämmiges Holz / high standing timber, lofty timber, tall wood ‖ ~stapelauslage f (Buch) / deep-pile delivery ‖ ~stau m (Pap Masch) / breast box

Höchst·ausschlag m, größter Ausschlag (Instr) / maximum deflection ‖ ~beanspruchung f / highest o. maximum o. peak stress ‖ ~belastung f, -last f / highest o. maximum o. peak load ‖ ~belastung f, Höchstlast f, Maximum n (Elektr, Tarifberechnung) / maximum demand ‖ ~besetzung f (Nukl) / maximum population ‖ ~betrag, -wert m / peak o. maximum o. crest value, maximum amount ‖ ~dauer f / maximum duration ‖ ~dosis f (Strahlen) / peak dosis ‖ ~drehzahl f / maximum speed ‖ ~drehzahl f im Leerlauf (Mot) / high idle ‖ ~druck m, E.P. / extreme pressure, E.P. ‖ ~druck m (Dampf usw.) / superpressure, super pressure ‖ ~druck m (sehr hoher Druck) / ultrahigh pressure ‖ ~druck m, höchstzulässiger Druck / maximum pressure ‖ ~druckforschung f / ultrahigh pressure research ‖ ~drucklinie, Maximaldrucklinie f / line of maximum pressure ‖ ~drucköl n / extreme pressure oil, E.P. oil ‖ ~drucktechnik f / very high pressure technique ‖ ~druckturbine f / superpressure turbine

hoch·stegig (Walzw) / high-webbed, deep-webbed ‖ ~stegiger T-Stahl / long-stalk Tee ‖ ~stehend (Bau) / cock-up, superior ‖ ~stehend (Buch) / superior ‖ ~stellen (Stanz) / bend by the bending die ‖ ~stellen n (Regeln) / set-up ‖ ~stelltreiber m (Walzw) / twisting pinch roll set

höchst·empfindlich / extreme sensitive ‖ ~erreichbarer Kontrast (beim Entwickeln) (Phot) / gamma infinity ‖ ~fester Stahl / super high strength steel ‖ ~flugdauer f (ohne Nachtanken) (Luftf) / endurance ‖ ~flußreaktor m (Nukl) / highest flux o. very-high flux reactor ‖ ~frequenz f, höchste Frequenz / maximum frequency ‖ ~frequenz f, Ultrahochfrequenz f, HHF, UHF (Elektronik: 300-3000 MHz) (Dezimeterwellen) / ultrahigh frequency, UHF (GB: $3 \cdot 10^8 \cdot 3 \cdot 10^9$ Hz) ‖ ~frequenz f (3 bis 30 GHz) (Zentimeterwellen) / hyperfrequency ‖ ~frequenz f (Dtschld: $> 3 \cdot 10^2$ MHz, USA, Engl: $3 \cdot 10^4$ bis $3 \cdot 10^5$ MHz) (Millimeterwellen) / extremely (GB) o. extreme (US) high frequency, EHF ‖ ~frequenztechnik f / hyper-frequency engineering ‖ ~gehalt m (Chem) / maximum content ‖ ~geschwindigkeit f / maximum speed o. velocity ‖ ~geschwindigkeit f, Spitzengeschwindigkeit f (Kfz) / upper limit of speed, limit[ing] speed ‖ [zulässige] ~geschwindigkeit f / speed limit ‖ mit ~geschwindigkeit fahren (Kfz) / drive at maximum speed ‖ ~gewicht f / maximum weight ‖ ~gradig / highest-grade, with maximum content ‖ ~grenze f, Limit n, obere Grenze / limit ‖ ~induktion f bei reiner Wechselmagnetisierung (Elektr) / normal induction ‖ ~integration f (DV) / very high scale integration, VHSI, very large scale integration, VLSI ‖ ~last f, höchstzulässige Last / limit load ‖ ~last f (für Lokomotiven) / tonnage rating (locomotives) ‖ ~last f (Reifen) / maximum load rating ‖ ~last, -belastung f, Maximum n (Elektr, Tarifberechnung) / maximum demand ‖ ~last f, -belastung f (Luftf) / unfactored load ‖ ~lasttage m pl / maximum load days ‖ ~leistung f / outstanding o. peak achievement ‖ ~leistung f, Grenzleistung f / limit of capacity ‖ ~leistung f mechanisch / mechanical maximum capacity ‖ ~leistungs... / very high output ‖ ~leistungsanzeiger m (Elektr) / [maximum] demand indicator ‖

ᐊleistungsmaschine f / maximum output o. maximum power machine, highest duty machine ‖
ᐊleistungsmaschine f (Wzm) / maximum [production o. productive] capacity machine ‖ ᐊmagnetisierung f bei reiner Wechselmagnetisierung / normal magnetization ‖ auf ᐊmaß bringen / maximize ‖ ᐊmeterbelastung f / maximum concentrated charge per meter ‖ ~möglich / highest possible
Hochstollenreifen, Geländereifen m / lug base tire
höchstprozentig (Chem) / of maximum percentage, highest-percentage…
Hoch·straße f / stilted street, elevated street, flyover ‖ ᐊstraße f / elevated street ‖ ᐊstrom… (Elektr) / full-load… ‖ ᐊstromkohlebogen m / high-current carbon arc ‖ ᐊstromlichtbogen m / high current spark channel ‖ ᐊstromtrenner, -stromtrennschalter m (Elektr) / heavy current isolating switch
Höchst·satz m / maximum rate ‖ ~siedend / highest-boiling ‖ ᐊspannung f / extremely high tension, EHT, supertension ‖ ᐊspannung f, Spitzenspannung / peak voltage ‖ ᐊspannung f (500 - 2000 kV) (Elektr) / supervoltage, ultra high voltage, UHV ‖ ᐊspannung f (Engl. offiziell: über 3.3 kV, übliche Bedeutung: über 100 kV), (Frankreich über 220 kV), (USA: ab 750 kV) (Elektr) / extra-high tension o. voltage, E.H.T., E.h.t ‖ ᐊspannungsanlage f / extra-high tension plant ‖ ᐊspannungsblock m (TV) / ETH block ‖ ᐊspannungsgleichrichter m (TV) / ETH rectifier ‖ ᐊspannungsimpulsgenerator m (TV) / EHT pulse generator ‖ ᐊspannungsnetz, Freileitungsnetz n (Elektr) / supergrid (GB) ‖ ᐊspannungsübertragung f / UHV transmission ‖ ᐊstrom m (Elektr) / peak current ‖ ᐊstromrelais n / maximum current relay, peak current relay ‖ ᐊstromschalter m / overload o. overcurrent circuit breaker o. cutout o. switch, maximum cutout ‖ ᐊstromstärke f / limit of current ‖ ᐊtarif m / maximum tariff ‖ ᐊtemperatur f / maximum temperature ‖ ᐊverbrauchszähler m / maximum demand meter ‖ ᐊverzugstrecke f / drawing frame for maximum draw
Hochstwasserstand m / peak stage
Höchst·wert, -betrag m / peak o. maximum o. crest value, maximum amount ‖ ᐊwert m (Qual.Pr) / upper limiting value ‖ ᐊwert… / maximum, crest, peak ‖ auf ᐊwert bringen (o. einstellen) / peak v ‖ ᐊwert m der momentanen Schallausstrahlung / peak speech power ‖ ᐊwertanzeiger m / peak indicator ‖ ᐊwertauswahl;f., Maximalwertauswahl f (Reaktorschutz) / auctioneering ‖ ~wertig / leftmost ‖ ~wertige Ziffernstelle / most significant digit, MSD ‖ ~wertiges Zeichen (Maschinenwort) / senior character, most significant character ‖ ᐊwertzeiger m / maximum indicator o. pointer, M.D. indicator ‖ ᐊzahl f / highest number ‖ ᐊzugspannung f (Mech) / maximum tensile stress
höchstzulässig, höchst / ceiling… ‖ ~, maßgebend (Gefälle, Steigung) / ruling ‖ ~e Dosis, HZD (Röntgen) / maximum permissible dose, MPD ‖ ~e Drehzahl / ceiling speed ‖ ~e Geschwindigkeit / speed limit ‖ ~e Konzentration, HZK f / maximum allowable concentration, MAC, threshold limit value, TLV ‖ ~e Last / fully factored load ‖ ~e Sperrspannung (Elektronik) / permissible peak inverse voltage ‖ ~es Startgewicht (Luftf) / maximum licensed take-off weight
Hoch·suchen n (Elektronik) / elevation high mode ‖ ᐊtank m (Schiff) / deep tank ‖ ᐊtechnologie f / high technology, hightec
Hochtemperatur·… / high temperature… ‖ ~beständig / with high temperature stability ‖
ᐊ-Compression-Set-Beständigkeit f (Plast) / high temperature compression set stability ‖ ᐊfett n / high-temperature grease ‖ ᐊkathode f (Elektronik) / bright emitter ‖ ᐊkoks m / high-temperature carbonization coke ‖ ᐊreaktor m / high temperature reactor ‖

ᐊreaktor m mit Heliumturbine im direkten Kreislauf, HHT / high-temperature reactor with direct-cycle helium turbine ‖ ᐊ-Spannungsfreiglühen n / high temperature stress relief ‖ ᐊ-Strangpressen n / high temperature hydrostatic extrusion ‖ ᐊteer m / high-temperature tar ‖ ᐊverbrennung f / high temperature combustion ‖ ᐊverkokung f / high temperature carbonization ‖ ᐊ-Versprödung f (Stahl) / high-temperature brittleness ‖ ᐊ-Wärmegewinnung f aus trocknem Tiefengestein / hot dry rock technology
Hoch·ton m (Akustik) / high pitch, treble ‖ ~tonerdehaltiges Erzeugnis / high alumina refractory ‖ ᐊtonerde[schmelz]zement m / high alumina cement ‖ ᐊtonkegel m (Lautsprecher) / tweeter dome ‖ ᐊtonlautsprecher m (2,5 - 16 MHz) / tweeter loudspeaker, tweeter, treble loudspeaker ‖ ~tourig (Masch) / high-speed… ‖ ~transparent (Pap) / supertransparent ‖ ᐊturbulenz-Stoffauflauf m (Pap) / high-turbulence headbox ‖ ~überhitzt / highly superheated ‖ ᐊumformungsmaschine f / high-reduction machine ‖ ᐊ- und Seitverstellung f (Phot) / horizontal and vertical control ‖ ᐊ- und m Tiefbau-Ingenieur / erecting engineer
Hochvakuum n (10^{-3} bis 10^{-6} Torr) / high-vacuum ‖ ᐊ…, hochevakuiert / high-vacuum… ‖ ᐊbitumen n / vacuum asphaltic bitumen, vacuum asphalt (US), hard [grade] bitumen ‖ ᐊdiffusionspumpe f / high-vacuum diffusion pump ‖ ᐊentladungsröhre f (Elektronik) / high-vacuum discharge tube ‖ ᐊofen m / high-vacuum furnace ‖ ᐊpumpe f / high vacuum pump ‖ ᐊröhre f (Elektronik) / high-vacuum o. hard valve o. tube ‖ ᐊzelle f (TV) / high-vacuum photo-cell
hoch·verdichtender Motor / high-compression engine ‖ ᐊveredlung f (Textil) / high[-grade] finish, fast finish, resin finish, crease resist finish ‖ ~verschleißfest / highly wear resistant ‖ ~verstärkt (Elektronik) / high gain… ‖ ᐊverstellung f (Phot) / vertical movement of lens panel o. of sliding front ‖ ᐊverzugsflyer m (Textil) / high-draft speed frame ‖ ᐊverzugs-Nitschelstrecke f (Spinn) / high-draft finisher ‖ ᐊverzugsstreckwerk n (Textil) / high-draft drawing frame ‖ ~viskos (Chem) / very viscous… ‖ ᐊvoltlampe f / high-voltage lamp ‖ ~wärmebeständig (Pap) / heat-resistant ‖ ~warmfest (Stahl) / high-temperature… ‖ ~warmfeste Legierung / high temperature alloy
Hochwasser n, HQ (Hydr) / high-water ‖ ᐊabfluß m / floodway ‖ ᐊabfuhr f / high-water evacuation ‖ ᐊbett n / high-water bed o. basin ‖ ᐊbett n, -begrenzung f / inundation limit ‖ ᐊdeich m / flood protection dam ‖ ᐊdurchfluß m, Notauslaß m / storm water flow ‖ ᐊentlastungsanlage f, Überlauf m / surplusing works pl ‖ ~frei / above high water mark, out-of-reach of high water ‖ ᐊhäufigkeit f / high-water occurrence ‖ ᐊintervall n, HWI / high-water interval, HWI ‖ ᐊintervall, Mondflutintervall n (Astr) / lagging of tides ‖ ᐊmarke f / high-water mark ‖ ᐊmarke f, Springflutmarke f / high-tide mark ‖ ᐊmenge f / quantity of flood ‖ ᐊöffnung f (Brücke) / high-water section, overflow ‖ ᐊregulierungsbauwerk n / flood control works pl ‖ ᐊrückhaltebecken n / flood control reservoir ‖ ᐊschaden m / flood damage ‖ ᐊschutz m / flood protection ‖ ᐊspitze t / high-water peak ‖ ᐊspuren f pl / flood-mark ‖ ᐊstand HW (DIN), -spiegel m, -linie f / high-water level o. line ‖ höchster ᐊstand, HHW / maximum high water level ‖ ᐊüberlauf m, Überlaufkanal m (Staubecken) / spillway, by-channel, by-wash, diversion cut
Hochwattlampe f / high-wattage lamp
hochwertig / high-grade, high-quality ‖ ~ / of high value ‖ ~ (Erz) / high-quality… high-grade… ‖ ᐊer Baustahl / high-quality structural steel ‖ ~es Gußeisen (über 275 N/mm²) / high-duty o. high-test cast iron (GB) ‖ ~e Markenerzeugnisse n pl / premium products pl ‖ ~er Stahl / high-quality steel ‖ ~er Tonkanal / high-quality

sound channel ‖ **mit ~er Gradation** (Elektronik) / high-gamma

Hochwert·logik f / H.L.L., high level logic ‖ **~zement** m (Z450F) (Portlandzement) / high early strength Portland cement, Portland cement type III (US)

hoch·winden / lift by jack, jack [up] ‖ **~winden,** -ziehen / hoist, wind up ‖ **~wirksam** / highly effective o. active ‖ **~zahl** f, Exponent m (Math) / exponent ‖ **~zeilig** (TV) / high-definition ‖ **~-Zeit** f, Höhepunkt m / acme ‖ **~zeit** f (Buch) / double[t] ‖ **~ziehbar,** einziehbar / folding up ‖ **~ziehen** vt (allg, Luftf) / pull up ‖ **~ziehen,** aufziehen (Bergb) / draw up ‖ **~ziehen** vi (Luftf) / nose up, zoom, hoick (coll) ‖ **~ziehmanöver** n (Flugkörper) / pop-up maneuver ‖ **~zinkhaltig** / of high zinc content ‖ **~zuchtsamen** m (Zuck) / pedigree seed ‖ **~zugfest** / high-tensile…

Hockabort, [französischer] ~ (Bau) / squatting W.C. [pan]

Hockendrusch m (Landw) / stook harvesting

Hocker, Schemel m / stool

Höcker m, Buckel m (Kurve) / hunch, hump ‖ **~** (Wärmofen) / knuckle ‖ **~platte** f (Walzw) / hump plate ‖ **~punkt** m (Tunneldiode) / peak point ‖ **~spannung,** Gipfelspannung f (Tunneldiode) / peak point voltage ‖ **~-Tal-Stromverhältnis** n (Tunneldiode) / peak-to-valley ratio

Hodekscher Saftfänger (Zuck) / Hodek safety vessel

Hodo·graph m (eine Kurve) (Phys) / hodograph ‖ **~graph** m **der gedrehten Geschwindigkeiten** (Kinematik) / hodograph of rotated velocity vectors ‖ **~skop** n (Nachweisgerät energiereicher Teilchen) / hodoscope

Hof m (Bau) / court[yard] ‖ **~,** Aureole f (Meteorol) / aureole ‖ **~,** Kranz m (Astr) / corona ‖ Lichthof m (Opt) / corona ‖ **~ablauf** m (Bau) / yard gulley

Ho-Faktor m, -Koeffizient m (von Diffusionspumpen) / Ho coefficient, speed factor

höffig (Bergb) / presumably occuring ‖ **~es Gebiet** / prospect ‖ **~keit** f (Bergb) / presumable occurrence

Hoffmannsch·er Stoß, Ionisationsstoß m / burst, ion pair burst

Hoffmannscher Stoß (Höhenstrahlung) / giant shower, burst of cosmic rays

Hoffnungs·reserve f (Bergb) / probable o. prospective reserve

Hofgebäude n (Bau) / back premises pl

Hofmann·s Violett n / dahlia violet ‖ **~scher Abbau** / Hofmann degradation

Hofmeistersche (o. lyotrope) Reihe (Chem) / lyotropic series, Hofmeister series

Hof·pumpe f / general-purpose pump ‖ **~raum** m (Bau) / court[yard], yard ‖ **~seite** f, -front f (Bau) / back elevation, yard side

Hoghorn n, Hornparabolstrahler m (Antenne) / hoghorn

hohe adj, hoher, hohes etc. s. hoch

Höhe f / height, altitude, elevation ‖ **~,** Größe f des Wuchses / height, tallness ‖ **~** (Geom) / height, depth ‖ **~** (Geom) / height, altitude ‖ **~,** Erhebung f (Geogr) / elevation, height ‖ **~** (z.B. in … m Höhe) (Geogr) / height (e.g. at a height of … meters) ‖ **~,** Elevation f (Astr) / elevation, altitude ‖ **~** 720 (Kartografie) / hill 720 ‖ **~ der Abschleppvorrichtung** (Kfz) / height of towing attachment ‖ **~ der Durchfahrtsöffnung** / clear opening height ‖ **~ der Mutter** / thickness of nut ‖ **~ der unteren Duktgrenze** (Elektronik) / duct height ‖ **~ des Reifenkörpers** (Kfz) / section hight of tire ‖ **~ eines Punktes** / height, altitude ‖ **~ eines Rüstbogens** / elevation of a center ‖ **~ eines Tons** / pitch of a sound ‖ **~ gewinnen** (Luftf) / gain height ‖ **~ im eingezogenen Zustand** / collapsed height ‖ **~ je theoretischer Stufe** (Chem) / height equivalent to a theoretical plate, H.E.T.P., o. stage, H.E.T.S. ‖ **~ über dem Meer[esspiegel]** (Verm) / height above sea level, altitude ‖ **~ über der Ausgangslinie** / height above base ‖ **~ über der Bezugsebene** (Verm) / [indication of]

elevation (US) ‖ **~ über Normal-Null** (o. über NN), absolute Höhe / absolute altitude ‖ **~ unter 1000 ft** (Luftf) / zero ‖ **absolute ~** / absolute height ‖ **auf gleicher ~ liegen** [mit] / be o. lie level [with] ‖ **in gleicher ~** [mit] / flush [with], level [with] ‖ **zu große ~** / excess in height

Höhen·abschwächung f (Akustik) / treble cut o. attenuation, top cut ‖ **~angabe** f, -zahl f, -ziffer f, -kote f, -quote f / height above datum ‖ **~anhebung** f (Akustik) / treble boost, high-frequency emphasis ‖ **~anzeiger** m (Luftf) / high-position indicator, HPI ‖ **~atmungsgerät** n, -atemgerät n (Luftf) / breathing apparatus for high altitudes ‖ **~auflader** m (Luftf) / supercharger for altitude compensation ‖ **~auflösungsvermögen** n (Radar) / elevation discrimination (GB) o. resolution (US) ‖ **~aufnahme** f, Nivellement n / level[l]ing ‖ **~ausgleichslasche** f (Bahn) / fishplate with wear adjustment ‖ **~balligkeit** f (Zahnrad) / depth crowning ‖ **~barometer** n / altimeter aneroid ‖ **~bedarf** m / height requirement ‖ **~berichtigung,** Ausrichtung der Höhenlage f (Bahn) / raising the track

Höhenbestimmung f, -messung f / measuring of altitude, altitude measuring, altimetry ‖ **~ durch Differenz** (Verm) / reciprocal levelling ‖ **barometrische ~** / barometric altitude measuring

Höhen·bewegung f (Luftf) / height motion ‖ **~bewegung** f (Wzm) / vertical adjustment ‖ **~bogen,** -kreis, -sektor m (Verm) / graduated vertical arc o. circle ‖ **~differenz** f s. Höhenunterschied ‖ **~ebnung** f, Entzerrung f (TV) / treble equalization, treble o. top cut ‖ **~-Einordnung** f im Warteraum (Luftf) / stacking ‖ **~einspeisung** f (Akustik) / top feed ‖ **~einstellung** f / elevation adjustment ‖ **~entzerrung** f (Akustik) / treble correction o. equalization ‖ **~fehler** m (Verm) / vertical error ‖ **~feinbewegung** f (Wzm) / altitude slow motion, slow-motion in altitude ‖ **~festpunkt** m, HFP (Verm) / datum point of altitude ‖ **~flosse,** -fläche f (Luftf) / horizontal stabilizer (GB), tail plane (US), empannage ‖ **~flossen-Einstellwinkel** m / tail-setting angle ‖ **~flossen-Tiefe** f (Luftf) / tail chord ‖ **~flossenverstellung** f / tail plane control ‖ **~flug** m / altitude flight ‖ **~flugzeug** n / high-altitude airplane ‖ **~förderer** m / elevator ‖ **~förderer** m (stapelnd) / stacking elevator ‖ **~forschung** f / high altitude research ‖ **~forschungsrakete** f / high-altitude sounding o. research rocket ‖ **~fries** m außen an der Holzfüllungstür / stile ‖ **~gewinn** f / gain in altitude ‖ **~gleicher Bahnübergang** (Bahn) / grade crossing, level crossing ‖ **~isoplethe** f / altitude isopleth ‖ **~isothermenkarte** f / high altitude isothermal chart ‖ **~kammer** f (Raumflug) / decompression chamber ‖ **~kammer** f, -raum m, -prüfstand m / low-pressure chamber, altitude cabin ‖ **~kanal** m, obere Leitschicht der Troposphäre (Elektronik) / elevated duct ‖ **~kote,** -quote f / height above datum, relative elevation ‖ **~krankheit** f / mountain sickness ‖ **~kreis** m (Astr) / azimuth circle, circle of altitude, almucantar ‖ **~kreis** m (Instr) / vertical circle, vertical limb ‖ **~lage** f / altitude, height, level ‖ **~leistungszahl** f (Luftf) / [height] power factor ‖ **~leitwerk** n (Luftf) / horizontal tail unit, elevator unit ‖ **~linie** f (Verm) / contour [line] ‖ **~ der Linie folgen lassen** (Straßb) / contour v ‖ **~linienabstand** m (in Metern) / contour intervals in meters ‖ **~marke** f, -markierung f (Verm) / fixed datum o. point o. station, datum mark o. point, point of reference, benchmark ‖ **~marke** f (Container) / benchmark ‖ **~maß,** Maß n der Erhebung, der Höhe (Bau) / measure of altitude ‖ **~maßstab** m / scale of heights ‖ **~messer** m / altimeter ‖ **~messer-Kontrollgerät** n (Luftf) / altitude control equipment, A.C.E. ‖ **~meßradar** m n / height-finder radar ‖ **~messung** f s. Höhenbestimmung ‖ **~motor** m (Luftf) / [high] altitude engine ‖ **~navigation,** -ortung f (Luftf) / high altitude navigation ‖ **~parallaxe** f /

parallax in altitude ‖ ~**parallel** / parallel in altitude ‖ ~**paßpunkt** m (Verm) / spot height ‖ ~**plan** m, Profil n (Bahn) / gradient diagram ‖ ~**plan** m, Längsprofil n (Verm) / longitudinal profile ‖ ~**prüfstand** m, -raum m s. Höhenkammer ‖ ~**-Quote** f (Verm) / [indication of] elevation (US) ‖ ~**rakete** f / rocketsonde ‖ ~**rechner** m / altitude computer ‖ ~**regelung** f (Radio) / high-tone control, treble control ‖ ~**reißer** m, Parallelreißer m / scribing block ‖ ~**richtwerk** n (Luftf) / elevator ‖ ~**ruder** n (Luftf) / elevator [control] ‖ ~**ruderkompensierung** f / elevator compensation ‖ ~**rudermaschine** f (Luftf) / elevator servo-motor ‖ ~**rudertrimmklappe** f (Luftf) / elevator trim tab ‖ ~**rudertrimmung** f / elevator trim ‖ ~**schenkel** m, -stab m (Fenster) / mullion ‖ ~**schenkel** m **auf der Fitschenseite** (Fenster) / hinge side mullion ‖ ~**schenkel** m **auf der Schließseite** (Fenster) / handle side mullion ‖ ~**schichtenkarte** f / contour [line] map o. plan ‖ farbig ausgelegte ~**schichtenkarte** / layered map ‖ ~**schichtenlinie** f / contour [line] ‖ ~**schichtfarben** f pl, -schichtfarbskala f (Geogr) / hypsometric tints pl, altitude tinting ‖ ~**schieblehre** f / vernier height gauge ‖ ~**schirm** m, B-Schirm m (Radar) / B-display o. scope (US), range bearing display, range height indicator ‖ ~**schnittpunkt** m (Dreieck) / orthocenter ‖ ~**schraffen** f pl (Verm) / dropped lines pl ‖ ~**schraffenplan** m / line-drop contour chart ‖ ~**schreiber** m (Luftf) / recording altimeter, altigraph, altitude recorder ‖ ~**schritt** m (des Hebdrehwählers) (Fernm) / decade step, level pulse ‖ ~**schrittkontakt** m (Fernm) / decade selector contact ‖ ~**schritt-Vielfach** n (Fernm) / level multiple ‖ ~**schwund** m (Luftf) / shrinkage in height ‖ ~**sektor**, -kreis m (Verm) / graduated vertical arc o. circle ‖ ~**signal** n (Radar, Luftf) / altitude signal ‖ ~**skala** f (Säge) / height scale ‖ ~**sperre** f (Elektronik) / top-cut filter ‖ ~**stabilisator** m (Luftf) / altitude stabilizer ‖ ~**staffelung** f (Luftf) / vertical separation ‖ ~**steuer** n s. Höhenruder ‖ ~**steuerung** f / altitude control ‖ ~**strahlen** m pl, kosmische Strahlen / cosmic rays pl ‖ ~**strahlensturm** m / cosmic ray storm, Forbush effect ‖ ~**strahlung** f / cosmic radiation ‖ barometrische ~**stufe** / barometric scale factor ‖ ~**stufenplan** m / line-drop contour chart ‖ ~**thermometer** n / hypsometer ‖ ~**- und -wirbel** m (Luftf) / clear air turbulence, CAT ‖ ~**- und Neigungsverstellung** f (Repro) / height and angle adjustment ‖ kombiniertes ~**-und Querruder**, Elevon n (Luft) / elevator-aileron ‖ ~**- und Seitenleitwerk** n (Luftf) / horizontal and vertical tail ‖ ~**- und Tiefenverstellung** f (Phono) / treble and bass tuning ‖ ~**unterschied** m / difference in altitude, in elevation, of level, level difference ‖ ~**unterschied** m, Niveauunterschied m (Wzm) / difference in level ‖ ~**unterschied** m **im Gelände** / relief variation ‖ ~**unterschiede messen** (Verm) / run levels ‖ ~**verfahren**, Interceptverfahren n (Nav) / intercept method ‖ ~**verstellung** f (Instr, Repro) / height adjustment ‖ ~**verstellung**, -einstellung f / altitude o. elevation adjustment ‖ ~**verstellung** f (Wzm) / adjustment of height, vertical adjustment ‖ ~**verstellung** f (Luftf) / altitude adjustment scale ‖ ~**verstellungsstandarte** f (Phot) / rising front ‖ ~**wiedergabe** f (Radio) / treble response ‖ ~**windkanal** m / altitude wind tunnel ‖ ~**winkel** m, Erhebungswinkel m / elevation angle, angle of altitude ‖ ~**wirbel** m, -turbulenz f (Luftf) / clear air turbulence, CAT ‖ ~**zahl** f, -ziffer f / height above datum ‖ ~**zentrum** n (Wzm) / adjustable center ‖ ~**- zu Breitenverhältnis** n / elongation ratio

Höhepunkt, Gipfelpunkt m / acme ‖ ~, Maximum n / culminating point, maximum ‖ ~ m, Kulminationspunkt m, Maximum n / culminating point, culmination ‖

höher / higher ‖ ~, problemorientiert (DV, Sprache) / high-level, higher level, high-order ‖ ~**e Geometrie** / higher geometry ‖ ~ **getastet** (Elektr) / high-keyed ‖ ~**e Gewalt**

/ Act of Providence, force majeure, superior force ‖ ~**e Harmonische** / higher harmonic [wave], treble ‖ ~**e harmonische Schwingung** / multiple frequency vibration ‖ ~ **machen**, erhöhen / heighten ‖ ~**e Mathematik** / higher mathematics ‖ ~**es Oxid** / higher oxide ‖ ~**e Rechnungsarten** f pl / advanced arithmetical operations ‖ ~**e Tonlage** (Phys) / treble ‖ ~**bewertet** (Schw) / high-rated ‖ ~**legierte Mischung** / higher-grade alloy ‖ ~**wertig** / superior ‖ ~**wertiger Code** / higher level code ‖ ~**wertige Stelle** (Math) / high-order position

hohl / hollow ‖ ~, konkav / concave ‖ ~ (z.B. Kernguß) / cored ‖ ~, ausgehöhlt / hollowed ‖ ~..., Rohr... / tubular ‖ ~**er Auswerfer** / tubular o. sleeve ejector ‖ ~**er Flaschenboden** / punt o. kick of a bottle ‖ ~**e** (o. **offene) Fuge** (Maurer) / hollow joint ‖ ~ **schleifen** / hollow-grind ‖ ~**e Stelle** (Plast) / contraction cavity ‖ ~**e Treppe** / skeleton stairs pl ‖ ~**e Zwischenwand** (für Schiebetüren) (Bau) / double partition ‖ ~**achse** f / hollow axle ‖ ~**ader** f (Kabel) / air-space paper-insulated core (loosely wrapped) ‖ ~**anode** f / tubular anode ‖ ~**balken**, -träger m / hollow beam o. girder ‖ ~**beitel** m **DIN 5142** / firmer gauge ‖ ~**beitel** m **mit engem Radius** (Zimm) / quick gouge ‖ ~**block** m (Hütt) / hollow ingot ‖ ~**blockbauweise** f / hollow gauged brick construction ‖ ~**blockstein** m (Bau) / hollow block, hollow ganged brick ‖ ~**blockstein** m (Hütt) / hollow shape ‖ ~**blockstein** m **aus Beton** / hollow concrete block ‖ ~**boden** m (Bau) / hollow floor o. ceiling ‖ ~**boden** m (Flasche) / domed base ‖ ~**bohrer** m, Löffel-, Schälbohrer m (Bergb) / hollow drill ‖ ~**bohrer** m (Tischl) / gouge o. shell bit ‖ ~**bohrer** m (Faßherst) / quill bit ‖ ~**bohrmaschine** f / trepanning machine ‖ ~**bohrstahl** m (Bergb) / hollow drill steel, hollow drill rod ‖ ~**decke** f / hollow floor o. ceiling ‖ ~**dexel** m / butt howel ‖ ~**docht** m, kreisförmiger Docht / circular wick ‖ ~**dorn** m / hollow mandrel ‖ ~**draht** m **mit mehreren Seelen** (Löten) / multicore soldering wire ‖ ~**drähtig**, -strängig (Textil) / corkscrewed

höhlen, hohl machen, aushöhlen / excavate, hollow out, dig ‖ ~**forschung** f / speleology ‖ ~**kalkstein** m / cave limestone

Hohl-fase f / hollow chamfer ‖ ~**feder** f / hollow spring ‖ ~**felge** f / hollow rim ‖ ~**fläche** f / concave surface ‖ ~**-Fließpressen** n / Hocker o. tube extrusion ‖ ~**form** f (Gieß) / pattern of box construction, built-up pattern, hollow pattern ‖ ~**formgießen** n (konventionell) / hollow mould casting ‖ ~**formstein** m / hollow moulded brick ‖ ~**fräse** f (Uhr) / rose cutter ‖ ~**fräser** m / concave [milling] cutter ‖ ~**gefäß**, Gefäß n / vessel ‖ ~**geschliffen** / concave [ground], hollow ground ‖ ~**geschoß** n (Mil) / hollow projectile ‖ ~**gewebe** n (Textil) / hollow web, tubular fabric, circular web ‖ ~**gewebe** n (nur an den Leisten verbunden) (Web) / tissue in double pieces ‖ ~**gipsdiele** f / hollow plaster of Paris slab ‖ ~**gitter** n (Opt) / concave o. Rowland grating ‖ ~**glas** n / hollow [glass] ware, container ware, round glass ‖ ~**glas** n, Flaschenglas n / bottle glass ‖ ~**glasbaustein** m / hollow glass block o. brick ‖ ~**glaskörper** m / glass jar o. vessel ‖ ~**guß** m (Tätigkeit u. Erzeugnis) (Gieß) / cored work, hollow casting, casting on a core ‖ ~**Isolator** m / hollow insulator ‖ ~**kabeltechnik** f / hollow cable engineering ‖ ~**kantiger Profildraht** / grooved wire ‖ ~**kantprofil** n, -kantstab m (Hütt) / fluted bar ‖ ~**kastengründung** f / caisson foundation ‖ ~**kathode** f / cylindrical cathode ‖ ~**kathodenröhre** f / hollow o. concave cathode tube ‖ ~**kegel** m / hollow cone ‖ ~**kehle** f / flute, groove, chamfer, channel ‖ ~**kehle**, Wasserablaufrinne f (Bau) / drip, gorge, throat, gullet, chin of a larmier ‖ ~**kehle** f, Hohlleiste f, Abrundung f im Inneren (Bau) / concave o. hollow moulding ‖ ~**kehle** f **am Nabensitz**, Notlaufhohlkehle f (Bahn) / hub fillet o. throat ‖ ~**kehle** f **der Nadel** / furrow of a needle ‖ ~**kehle** f **der Welle** /

groove of the shaft ‖ ⁎kehle *f* des Radreifens / tire groove ‖ ⁎kehleneisen *n* (Werkz) / round-nose iron ‖ ⁎kehlenmeißel *m* / hollow-ground tool, right side round tool ‖ ⁎kehlenschliff *m* / channel o. groove grinding ‖ ⁎kehlhobel *m* / hollow[ing] plane, round sole plane ‖ ⁎kehlschweiße *f*, Kehlnaht *f* / concave fillet weld ‖ ⁎keil *m* (Masch) / hollow key, saddle key ‖ ⁎kern *m* / hollow o. tubular core ‖ ⁎kern *m*, Maskenkern *m* (Gieß) / shell core ‖ ⁎kernstahl *m* (Bergb) / hollow core drill steel ‖ ⁎klinge *f* / hollow[-ground] blade ‖ ⁎knopf *m* / hollow button ‖ ⁎kolben *m* (Masch) / tubular piston ‖ ⁎konus *m* / hollow cone ‖ ⁎körper *m* / hollow body o. part o. piece ‖ ⁎körper *m*, Rohr-Rohling *m* / tube blank ‖ ⁎körper *m* (Phys) s. Hohlraum ‖ runde ⁎körper (Walzw) / tubular products *pl* ‖ ⁎körperblasmaschine *f* (Plast) / blow moulding machine ‖ ⁎körpergießen *n* (Plast) / slush moulding ‖ ⁎körperreflexion *f* / hollow body reflection ‖ ⁎körperrührer *m* (Hütt) / hollow impeller agitator-mixer ‖ ⁎kugel *f* / hollow ball o. sphere ‖ ⁎ladung, H-Ladung *f* (Mil) / hollow o. shaped charge, beehive ‖ ⁎leiste *f* (Tischl) / concave o. hollow moulding

Hohlleiter *m*, Wellenleiter *m* (Funk) / wave guide ‖ ⁎ mit Leitblechen (Wellenleiter) / flared radiating guide ‖ ⁎ mit parallelen Platten (Fernm) / pill ‖ dielektrisch belasteter ⁎ / lined waveguide ‖ ⁎-Differentialübertrager *m* / magic T ‖ ⁎-Koaxial-Übergang *m* / waveguide-to-coax adapter ‖ induktive ⁎kopplung / choke joint ‖ ⁎richtkoppler *m* / directional waveguide coupler ‖ ⁎rohr *n* / hollow metallic waveguide ‖ ⁎sperre *f* / shutter of a waveguide ‖ ⁎strahler *m*, -antenne *f* / waveguide radiator ‖ ⁎teiler *m*, -leiterabschwächer *m* / cutoff attenuator

Hohl·leitung *f* / plumbing (coll), waveguide tube ‖ ⁎linse *f* / concave o. divergent o. negative lens ‖ ⁎maß *n* / measure of capacity ‖ ⁎mauer *f* / hollow o. cavity wall ‖ ⁎meißel *m*, -beitel *m* / gouge ‖ mit dem ⁎meißel ausmeißeln / gouge *v* ‖ ⁎meißel-Stemmaschine *f* / chisel mortising machine ‖ ⁎nadel, Kanüle *f* / hollow needle ‖ ⁎naht *f* / hemmed seam ‖ ⁎niet (einteilig), Rohrniet *m* / full tubular rivet ‖ ⁎niet *m* (zweiteilig) (DIN 7331) / compression rivet ‖ ⁎pfahl *m* / hollow o. tubular pile ‖ ⁎pfanne *f* (unverfalzt) (Dach) / concave tile, hollow tile ‖ ⁎pfanne, holländische o. S-Pfanne / Flemish tile, pantile ‖ ⁎pfannendach *n*, Mönch-und-Nonne-Dach (jetzt: Klosterdach) / roof in hollow tiles, in convex and concave tiles ‖ ⁎pfeilerstaumauer *f* / hollow buttress dam ‖ ⁎platte *f* (Stahlbau, Straßb) / hollow plate ‖ ⁎prägen, hämmern / emboss ‖ ⁎prägen *n*, Formstanzen / raising, embossing ‖ ⁎profil *n* / hollow section ‖ ⁎profil *n*, (spez:) Vierkantrohr *n* / structural tubing shape ‖ ⁎profile *n pl* (Walzw) / hollows *pl* ‖ ⁎profilgummidichtung *f* / hollow section rubber seal ‖ ⁎profilrahmen *m* (Bahn) / dished frame ‖ ⁎querschnitt *m* / hollow section ‖ ⁎rad, Zahnrad *n* mit Innenverzahnung / internal geared wheel ‖ ⁎rad *n* (des Planetengetriebes) (Kfz) / ring gear

Hohlraum *m* / hollow space, hollow ‖ ⁎, Lücke *f* / void ‖ ⁎, Pore *f* / pore ‖ ⁎, Lunker *m* (Gieß) / blowhole ‖ ⁎ (Akust, Mikrowellen) / cavity ‖ ⁎ für biologisches Material (Nukl) / biological hole ‖ ⁎ zwischen den Gewindegängen / hollow between turns of thread ‖ formgebundener ⁎ (Plast, Wz) / impression of a mould ‖ Hohlräume *m pl* (z.B. in Beton) (Bau) / voids *pl* ‖ ⁎anteil *m* (Schüttgüter) / voidage ‖ ⁎bildung *f* / cavity formation ‖ ⁎bildung *f* (Hütt) / piping effect ‖ ⁎bildung *f*, Kavitation *f* / cavitation ‖ ⁎gekoppelt (Elektronik) / cavity coupled ‖ ⁎gitter *n* (Elektr) / resonator grid ‖ ⁎isolation *f* / semisolid dielectric ‖ ⁎isoliert (Kabel) / cavity insulated ‖ ⁎kabel *f* / air-space[d] o. as-cable ‖ ⁎ladung *f* (Bergb) / cushioned blasting charge ‖ ⁎magnetron *n* / cavity magnetron ‖ ⁎resonanz *f* / cavity resonance ‖ ⁎resonanz *f* (Mikrophon) / cavity effect ‖ ⁎resonator *m* (Elektronik) / resonant cavity o.

chamber, [cavity] resonator ‖ ⁎resonator *m*, Echobox *f* (Radar) / echo box ‖ abgeschnittener sphärischer ⁎resonator / sectionalized spherical cavity ‖ abgestimmter ⁎resonator / tuned cavity ‖ ⁎resonator-Schalter *m* (Radar) / echo box actuator, performator, performeter (US) ‖ ⁎schutz *m* (Atom, Nukl) / biological protection ‖ ⁎schwingung *f* (Elektronik) / cavity mode ‖ ⁎-Sperrholz *n* / cellular board ‖ ⁎strahlung *f*, Strahlung *f* des schwarzen Körpers / cavity radiation ‖ ⁎volumen *n* / void volume ‖ ⁎-Wellenmesser *m* / cavity wavemeter

Hohl·-Räumwerkzeug *n* / pot broach ‖ ⁎rippe *f* / hollow web o. stay ‖ ⁎[rund] / concave ‖ ⁎saum *m* / hemstitch ‖ ⁎saumarbeit *f* (Nähm) / drawn work, network, open work ‖ ⁎saumnähmaschine *f* / hemstitcher, decorative seaming and hemstitching machine ‖ ⁎saumnaht *f* / picot seam ‖ ⁎schaft *m* (Nukl) / drilled shank ‖ ⁎scheibe *f*, -scheibenelement *n* (Maische, Zuck) / hollow disk ‖ ⁎schiene *f* / hollow o. bridge rail ‖ ⁎schleifen / hollow-grind, concave-grind ‖ ⁎schleifen, innenschleifen / grind internally ‖ ⁎schleifen *n*, -schliff *m* / hollow o. concave grinding ‖ ⁎schliff *m*, konkave Bombierung / negative crown ‖ ⁎schlüssel *m* / hollow [piped] key, pipe key ‖ ⁎schmieden / hollow-forge ‖ im Gesenk ⁎schmieden (Schm) / deep-pierce ‖ ⁎schraube *f* / banjo bolt ‖ ⁎seil *n* / hollow cable ‖ ⁎sog *m*, Kavitation *f* / cavitation ‖ ⁎spat *m* / chiastolite, cross stone ‖ ⁎spiegel *m* / concave mirror ‖ ⁎spiegel *m* (Opt) / concentrating reflector ‖ ⁎spindel *f* / hollow spindle ‖ ⁎stahl *m* (Holzbearb) / gouge ‖ ⁎stange *f* / hollow bar, pipe ‖ ⁎[stau]mauer *f* / hollow dam ‖ ⁎steg *m*, -rippe *f* (Wzm) / hollow web o. stay ‖ ⁎steg *m*, Formatquadrat *n* (Buch) / cup cast o. hollow cast quad, quotation quad ‖ ⁎stein *m* s. Hohlziegel ‖ ⁎steindecke *f* / hollow block floor, hollow tile floor, pot floor ‖ ⁎stift *m* / female pin ‖ ⁎stopfen *m* / cap plug ‖ ⁎strängig, masseldrächtig (Spinn) / corkscrewed ‖ ⁎strangpressen *n* / hollow extrusion ‖ ⁎stütze *f* / hollow pole ‖ ⁎stützisolator *m* / hollow-pin insulator ‖ ⁎treppe *f* / cockle stairs winding about a hollow newel *pl*, open well ‖ ⁎trieb, Triebstock *m* (Uhr) / lantern pinion o. wheel ‖ ⁎umschlag *m*, -umlegung *f* (Klemp) / hollow o. seam roll o. welt

Höhlung *f* / hollow, cavity ‖ ⁎ der Kausche (Schiff) / channel o. jag of the thimble

Hohl·walze *f* (Walzw) / hollow roll ‖ ⁎walzen *n* / hollow rolling ‖ ⁎walzwerk *n* / rotary piercing mill ‖ ⁎wand *f* / hollow o. cavity wall ‖ ⁎ware *f* (Silber) / hollow ware ‖ ⁎welle *f* / sleeve shaft, hollow shaft, quill [shaft] ‖ ⁎wellenantrieb *m* (Bahn) / quill drive ‖ ⁎zeug *n* (Keram) / hollow ware ‖ ⁎ziegel *m*, -pfanne *f* / hollow tile ‖ ⁎ziegel, -stein *m* (Hütt) / tile of a recuperator ‖ ⁎ziegel, Lochziegel *m* / ventilated o. perforated o. air brick ‖ ⁎ziegelmauerwerk *n* / cavity brickwork ‖ ⁎ziehen / cup *vt* ‖ ⁎zirkel *m* und Dickzirkel, Innen- und Außentaster *m* / inside and outside callipers *pl* ‖ ⁎zylinder *m* / hollow cylinder ‖ ⁎zylinder *m* (Gieß) / cylindrical hollow body

Hohmann·-Bahn *f* (Raumf) / Hohmann orbit, minimum energy orbit ‖ ⁎-Transfer *m*, Hohmannscher Übergang (Raumf) / Hohmann-transfer

Ho-Koeffizient *m* (von Diffusionspumpen) / Ho coefficient, speed factor

holen (DV) / fetch ‖ ⁎ den Motor [mit Anlaßkraftstoff] (Kfz) / prime ‖ den Zucker ⁎ / haul the sugar, opalize

Holländer *m* (Pap) / beater [roll], beating o. hollander engine, rag engine ‖ ⁎eintrag *m* / stock ‖ ⁎grundwerk *n* / bedknives *pl*, beater plate o. bedplate

Holländern *n* (Buchbind) / French sewing

Höllenstein *m*, Silbernitrat *n* / lunar caustic, silver nitrate

Holm *m*, Langschwelle *f* (Bau) / capping piece, sleeper, string piece ‖ ⁎, Jochträger *m* (Hydr) / coping ‖ ⁎ (Luftf) / spar ‖ ⁎, Gurtholz *n* an Spundwänden / wale, wailings *pl* ‖ ⁎antenne *f* / cantilever antenna ‖ ⁎auskreuzung *f*

(Luftf) / antidrag wires *pl* ‖ ⌐**feld** *n* (Luftf, Masch) / panel of the spar ‖ ⌐**flügel** *m* (Luftf) / spar wing ‖ ⌐**gurt** *m* (Luftf) / flange spar o. chord, spar flange
Holmium *n*, Ho (Chem) / holmium ‖ ⌐**oxid** *n* / holmia, oxide of holmium
Holm·rahmen *m* (Luftf) / spar frame ‖ ⌐**schuh** *m* (Luftf) / wing spar box
Holo·edrie, Vollflächigkeit *f* (Krist) / holohedrism ‖ ~**edrisch**, vollflächig (Krist) / holohedral
holografisch·er Datenspeicher / holographic memory ‖ ~**er Film** / cine holography ‖ ~**e Interferometrie** / holographic interferometry ‖ ~**e Qualitätskontrolle** / holographic quality control
Hologramm *n* (Phys) / hologram ‖ **360⁰-⌐** *n* / circular hologram ‖ ⌐**-Aufnahme** *f* / hologram recording
Holo·graphie *f* (Phys) / holography ‖ ⌐**kopie** *f* (Astr, Spectroskopie) / holocopy ‖ ~**kristallin** (Geol) / holocrystalline ‖ ~**morph** (Math) / holomorphic ‖ ⌐**phanglasglocke** *f* (für diffuses Licht) / holophane glass globe ‖ ⌐**saprophyt** *m* (Abwasser) / obligate saprophyte ‖ ⌐**sid** *n* / holoside ‖ ⌐**siderit** *m* (Meteorit) / holosiderite ‖ ⌐**zän**, Alluvium *n* (Geol) / alluvium ‖ ⌐**zellulose** *f* / holocellulose
holpern *vi*, stoßen / jolt, bump
Holperstrecke *f* (Straßb) / bumpy road, rough track
holprig, zerfurcht (Straßb) / rugged, bumpy
Holunder *m*, Flieder *m* / elder, common o. black-berried elder
Holundermarkelektroskop *n* / pith ball electroscope
H-Ölverfahren *n* / H-oil process
Holz *n* / wood ‖ ⌐, Bau-, Nutzholz *n* / timber (GB), lumber (US) ‖ ⌐ **[auf der Maschine] zuschneiden** (o. hobeln) / mill timber ‖ ⌐ **der gemäßigten Zone** / domestic wood ‖ ⌐ **für Holzkohle** / wood for charcoal ‖ ⌐ **für Rahmenschenkel**, Rahmenholz *n* / carcassing timber ‖ ⌐ **für Sperrholz** / wood for plywood ‖ ⌐ **für Zündholzherstellung** / matchwood ‖ ⌐ **von mehr als 4 x 12'' Querschnitt** / flitch ‖ **dünn geschnittenes ⌐** / thin-cut wood ‖ **eingeführtes (o. ausländisches) ⌐** / colonial timber ‖ **gut getrocknetes ⌐** / dry wood ‖ ⌐**abfälle** *m pl* / waste wood ‖ ⌐**abfuhrstraße** *f*, -abfuhrweg *m* / logging road ‖ ⌐**abhieb**, Hieb *m* / felling, cutting ‖ ⌐**abschleppwinde**, Zugwinde *f* / logging winch ‖ ⌐**alkohol** *m* / wood alcohol o. spirit ‖ ⌐**ankohlung** *f* / carbonization of wood ‖ ⌐**anstrichfarbe** *f* / wood paint ‖ ⌐**arbeit** *f* (Bau) / woodwork ‖ **ausgeschnittene ⌐arbeit** (Bau) / label, scallop ‖ ⌐**arbeiter** *m*, Waldarbeiter *m* / woodworker ‖ ⌐**arten** *f pl* / species of wood o. timber *pl* ‖ ~**[art]ig**, Holz... / ligneous, woody ‖ ⌐**asbest** *m* / ligneous asbestos ‖ ⌐**asche** *f* / wood ash ‖ ⌐**aufschluß** *m*, Kochung *f* (Pap) / pulping, defibration ‖ ⌐**ausbau** *m* (Bergb) / timbering, wooden support ‖ ⌐**[aus]fütterung**, -auskleidung *f* / wooden lining ‖ ⌐**axt** *f*, Holzhaueraxt *f* / woodcutter's o. woodman's axe ‖ ⌐**balken** *m* / wooden beam ‖ ⌐**balkendecke** *f* / wood joist ceiling ‖ ⌐**bandrohr** *n* / built-up (GB) o. laminated (US) wooden tube ‖ ⌐**bau** *m* / wood construction[al] work, wooden construction ‖ ⌐**bau** *m* (Tätigkeit) / building in timber ‖ ⌐**bauarbeiten** *f pl* / constructional timber works *pl* ‖ ⌐**bearbeitung** *f* / wood working ‖ ⌐**bearbeitungsmaschine** *f* / wood working machine ‖ ⌐**bearbeitungswerkzeuge** *n pl* / wood working tools ‖ ⌐**[be]deckung** *f*, -belag *m* / wood covering ‖ ⌐**beize** *f* / mordant for staining wood, wood stain ‖ ⌐**belag** *m*, -bedeckung *f* / wooden cover ‖ ⌐**besäumer** *m* (Säge) / tail edger ‖ ⌐**biegemaschine** *f* / wood bending machine ‖ ⌐**bildhauer** *m* / wood carver ‖ ⌐**binder** *m* (Zimm) / wooden truss ‖ ⌐**block** *m* / block of wood ‖ **in die Mauer eingelassener ⌐block** (Bau) / nog, nogging-piece ‖ ⌐**bock** *m* (Schädling) / wood tick ‖ ⌐**bohle** *f*, Diele *f* / plank ‖ ~**bohrend** (Insekt) / wood cutting o. boring, xylotomous, xylo-, hylophagous ‖ ⌐**bohrer** *m* (Werkz) / wood borer ‖ ⌐**bohrer** *m*, Holzbohrwurm *m*

(Zool) / wood borer ‖ ⌐**bohrkäfer** *m* / powder-post beetle ‖ ⌐**brand** *m* / canker ‖ ⌐**brandgerät** *n* / pyrographic o. poker apparatus ‖ ⌐**brandtechnik** *f* / pyrography, poker work ‖ ⌐**brett** *n* / wooden board ‖ ⌐**brett** *n*, -stab *m* (Förderer) / wooden slat ‖ ⌐**bringung** *f*, -abfuhr *f* / timber hauling o. skidding ‖ ⌐**chemie** *f* / chemistry of wood ‖ ⌐**damm** *m*, Keilverspundung *f* (Bergb) / frame dam ‖ ⌐**decke** *f* / wooden ceiling ‖ ⌐**destillation** *f* / wood distillation ‖ ⌐**draht** *m* (Zündholz) / match splint ‖ ⌐**drehmaschine** (DIN), Drechselbank *f* / [turning] lathe, wood turning lathe ‖ ⌐**dübel** *m*, -nagel *m* / peg, wooden dowel ‖ ⌐**einlegearbeit**, Intarsie *f* / marquetry ‖ ⌐**einschlag** *m* / wood felling, cut[ting] ‖ **den ⌐einschlag festlegen** / fix the sale of timber
hölzern, Holz... / wooden, of wood ‖ ~**er Ausbau** (Bergb) / timbering, wooden support ‖ ~**e Rückwand eines Spiegels** / wooden backing of wall mirror ‖ ~**er Stempel** (Bau) / puncheon
Holz·essig *m* / wood vinegar ‖ ⌐**essigvorprodukt** *n* / pyroligneous acid o. vinegar ‖ ⌐**fachwerk** *n* / timber framework o. framing ‖ ⌐**fachwerkwand** *f* / timber frame wall ‖ ⌐**fällen** *n*, -einschlag *m* / wood cutting *n* ‖ ⌐**fäller** *m* / woodcutter ‖ ⌐**färbung** *f* / wood staining ‖ ⌐**faser** *f* / wood o. ligneous fibre ‖ ⌐**faserbruch** *m* (Hütt) / woody structure, fibrous fracture, fibering ‖ ⌐**faser-Dämmplatte** *f* / wood fibre damp slab ‖ ⌐**fasergefüge**, Schiefergefüge *m* (Hütt) / fibrous structure ‖ ⌐**faserhartplatte** *f* / hard [fiber-]board ‖ ⌐**faserplatte** *f*, HF *f* / wood building o. wood fiber slab o. board, wood wool slab (GB), Masonite [board] (US), Beaverboard (US) ‖ ⌐**faserplatte** *f* **aus Holzschliff und Binder** (Bau) / pulpwood ‖ ⌐**fäule** *f* / [dry] rot, rotting ‖ ⌐**fenster** *n* / window made of wood-profiles ‖ ⌐**feuerung** *f* / combustion of wood, wood firing ‖ ⌐**forschung** *f* / wood research ‖ ⌐**fräser** *m* / shaper ‖ ~**freies Papier** / woodfree paper ‖ ⌐**freie Pappe** / woodfree board ‖ ~**fressend** (Schädling) / xylophagous, lignivorous, hylophagous, wood-eating ‖ ⌐**füller** *m*, [Aus]füllmasse *f* (Plast) / wood filler ‖ ⌐**[fuß]boden** *m*, -diele *f* / wooden floor ‖ ⌐**gas** *n* / wood gas ‖ ⌐**gasgenerator** *m*, -gaserzeuger *m*, Holzgaser *m* / wood gas generator o. producer ‖ ⌐**gefäß** *n*, Trachee *f* (Bot) / wood vessel ‖ ⌐**gehäuse** *n* (Radio) / wood cabinet ‖ ⌐**geist** *m*, -spiritus *m* / wood alcohol, wood spirit ‖ ⌐**geländer** *n* / wooden railing o. banisters ‖ ⌐**gewinde** *n* / thread for woodwork ‖ ⌐**gewinnen** *n* (Forst) / logging ‖ ⌐**greifer** *m* / logging tongs *pl* ‖ ⌐**grundierung** *f*, -grundiermittel *n* / wood primer o. sealer ‖ ⌐**hacker** *m*, -spalter *m* / wood splitter ‖ ⌐**hackmaschine** *f* (Pap) / wood chipper o. chopper ‖ ~**haltig** (Pap) / containing [mechanical] wood pulp, wood-containing ‖ ⌐**hammer** *m* / mallet, wooden hammer ‖ **großer ⌐hammer** / beetle, mall, maul ‖ ⌐**händler** *m* / lumberman ‖ ⌐**harz** *n* (Rückstand der Balsam-Destillation) / wood rosin (US) ‖ ⌐**hauer**, -fäller *m* / woodcutter, woodman, lumberman, -jack (US) ‖ ⌐**haueraxt** *f* / cleaver, felling ax[e] ‖ ⌐**haus** *n* / wooden o. lumber house ‖ ⌐**hinterlegung**, -hinterlage *f* / wooden backing
holzig, holzartig / woody, ligneous ‖ ~ (Rübe) / ligneous
Holz·imitation *f* (Plast) / imitation of wood ‖ ⌐**imprägnieranlage** *f* / wood o. lumber impregnating o. preservating plant ‖ ⌐**imprägnieranlage** *f* (mit Kreosot) / creosoting plant ‖ ⌐**imprägnierung** *f* / impregnation o. preservation of wood ‖ ⌐**imprägnierung** *f*, -tränkung *f* / steeping o. impregnation of wood ‖ ⌐**imprägnierung**, -tränkung mit Kreosot *f* / creosoting of wood ‖ ⌐**imprägnierungssalze** *f pl* / wood preserving salts *pl* ‖ ⌐**industrie** *f* / wood working industry, timber industry ‖ ⌐**kantenbestoßmaschine** *f* / wood trimmer ‖ ⌐**kasten** *m* / wooden box ‖ ⌐**kitt** *m* / wood cement o. putty ‖ ⌐**klotz** *m* / clump, block ‖ ⌐**klotz** *m*, Pflasterklotz *m* (Straßb) / paving block ‖ ⌐**klotz** *m*, Holzscheit *n* / billet of wood ‖

eingemauerter ⌐klotz zur Befestigung der Tür- und Fensterfutter / wood o. timber brick, nog[ging] piece
Holzkohle f / char[coal] || ⌐, Pflanzenkohle f / vegetable [char]coal || ⌐ brennen / char wood
Holzkohlen·eisen, HK-Eisen n / charcoal iron || ⌐filter m n / charcoal filter || ⌐frischverfahren n / charcoal hearth process || ⌐grieß m / charcoal breeze || ⌐hochofen m / charcoal [blast] furnace || ⌐klein n, -lösche f / charcoal breeze o. cinder o. dust || ⌐pulver n / ground charcoal || ⌐schwärze f (Gieß) / charcoal blacking || ⌐staub m / powdered charcoal || ⌐teer m / cylinder tar
Holz·konditionierung f / wood conditioning || ⌐konservierung, -imprägnierung f / preservation of wood, preserving timber o. lumber || ⌐konstruktion f, -verband, -bau m / timberwork, wooden construction || ⌐krebs m / canker[ous growth] || ⌐kropf m / rind gall || ⌐kunde f / knowledge of wood || ⌐ladegabel f (Traktor) / logger || ⌐lage f, Dickte f / lamina of wood, thin board || ⌐lager n, -[lager]platz, -hof m / wood yard, lumber wharf o. yard (US), timber [storage] yard (GB) || ⌐laus, Papierlaus f, Psocus / wood louse || ⌐leim m / wood glue || ⌐leiste f / wood lath o. ledge || ⌐leiste f, Randleiste / wood border || ⌐leiste f für Leitungsverlegung / wood casing for wiring || ⌐liste f / cutting list || ⌐liste, Stückliste f für Holz (Bau) / list of timber || ⌐maser f / grain of wood || ⌐maß n (Instr) / lumber callipers pl || ⌐maß n für Schnittholz / scantling gauge || ⌐masse f / composite wood || ⌐masse f (Pap) / woodpulp || ⌐mast m (Fernm) / wooden pole || ⌐mehl n / wood dust o. flour || ⌐meßanweisung, Homa f / wood measuring regulations pl || ⌐metallausführung f / wood and metal design || ⌐möbel n / wooden furniture || ⌐modell n (Gieß) / wood pattern || ⌐öl n / wood oil || ⌐chinesisches ⌐öl / tung oil, China-wood oil || ⌐öl-Standöl n / tung oil standoil || ⌐papier n / wood paper || ⌐pappe f / wood pulp board || weiße ⌐pappe / white cardboard || ⌐parenchym, Xylemparenchym n (Bot) / wood parenchyma || ⌐pech n / wood pitch, wood-tar pitch || ⌐pfahl m / spile, wood o. timber pile || ⌐pflaster n / wood-block paving || ⌐pflaster n auf Betonunterlage (Bau) / solid floor || ⌐polierscheibe f (Galv) / box board lap || ⌐pore f / cellular tube of wood || ⌐putzerei f (Pap) / preparation of logs || ⌐[quer]schwelle f (Bahn) / wooden tie (US) o. sleeper (GB) || ⌐rahmen m / wooden framework || ⌐raspel f / wood rasp || ~reich / woody, abounding with wood || ⌐riese f, Holzseilbahn f / gravity cable for timber || ⌐röllchen-Nähspule f / wooden disk sewing bobbin || ⌐rutsche f, -schlitten m (für Abtransport) / wooden descent || ⌐säge f / wood saw || ⌐schädling m / wood pest || ⌐durch ⌐schädlinge verursachter Fehler / defects pl due to borers and parasitic plants || ⌐schalendach n / timber shell roof || ⌐schalung f / planking || ⌐schleifer m (Pap) / pulp grinder || ⌐schleiferei, -schliffabrik f / wood factory o. mill, ground-wood o. grinding mill || ⌐schleifmaschine f, Zerfaserer m (Pap) / wood grinder o. grinding machine, stuff grinder || ⌐schleifmaschine f, Sandpapierschleifmaschine f / sanding machine, sander || ⌐schliff m, mechanischer Holzstoff / mechanical wood pulp, ground wood pulp || ~schlifffreies Papier (Buch) / paper free from wood pulp, woodfree paper || ⌐schliffpapier n, Holz[stoff]papier n / mechanical [wood pulp] paper || ⌐schliffpappe f / mechanical pulp board || ⌐schliffpappe f in Rollen / mechanical pulp board in rolls || ~schneidend / wood cutting adj || ⌐schnitt m / woodcut || ⌐schnitzel m pl, -späne m pl / wood chips pl || ⌐schnitzerei f / carved wood || ⌐schraube f (Metallschraube zum Schrauben in Holz) / wood screw || ⌐schraube f, hölzerne Schraube / wooden screw || ⌐schraube f mit Schlitz und Senkkopf, Senkholzschraube mit Längsschlitz / slotted countersunk head wood screw || ⌐schraube f mit

Schlitz und Halbrundkopf / slotted round head wood screw || ⌐schraube f mit Sechskantkopf / hexagon head cap wood screw || ⌐schraubengewinde n / wood screw thread || ⌐schrift f (Buch) / wood letters pl, wooden type || ⌐schutz m / wood preservation || ⌐schutzmittel n / wood preservative || ⌐schwamm m, Hausschwamm m / dry rot, wood fungus || ⌐schwelgas n / low carbonization gas of wood || ⌐schwelle f (Bahn) / timber sleeper, lumber tie (US) || ⌐schwelle als Anschlag f / timber curb || ⌐schwellenoberbau m / wooden sleeper track || ⌐sims m n / wood moulding || ⌐spalter m / wood splitter || ⌐spaltkeil m / wood splitting wedge || ⌐span m / wood chip, shaving, shred, splint || ⌐span m, (spez:) Hobelspan m / shred || ⌐späne m pl / matchwood || ⌐spanplatte f / particle board || ⌐spanwerkstoff m / material made from wood chips o. shavings || ⌐spiralbohrer m / grooved o. drill bit || ⌐spiritus m, -geist m / wood alcohol, wood spirit || ⌐splitter m / splinter of wood || ⌐splitter m pl (Pap, Fehler) / shives pl || ⌐spundwand f / wooden sheet piling || ⌐stab m (Förderer) / wooden slat || ⌐stabgewebe n / wooden beading material || unbearbeiteter ⌐stamm / log || ⌐stange f / wooden pole || ⌐stapel, -stoß, -haufen m / stack of wood || ⌐stapel, -stoß, -haufen m (Schnittholz) / lumber pile || ⌐stoff m (Pap) / mechanical pulp, wood pulp || ⌐stoff m aus Nadelholz / softwood pulp || ⌐stoff m von Hartholz / hardwood pulp || ⌐stoff-Trockner m (Pap) / pulp drier || ⌐streifen, -stab m / wooden slat || ⌐stück n, -scheit m n / piece of wood || ⌐sturz m (Bau) / wood lintel || ⌐stützgelenk n für Schuhe / shoe arch || ⌐substanz, -masse, -zellulose f (Pap) / woody fibre || ⌐täfelung f / wainscot, panelling || ⌐technik f / wood engineering || ⌐teer, Absatzteer m / wood tar || ⌐teer m / wood tar || ⌐teil n der Pflanze, Xylem n / xylem || ⌐terpentinöl n / steam distilled wood turpentine, SDW turpentine || ⌐-Tränkung f (o. Imprägnierung) / steeping o. impregnation of wood || ⌐transportschiff n / lumber carrier || ⌐trocknung / desiccation of timber || ⌐tübbingausbau m (Bergb) / plank tubbing || ~verarbeitend, Holzverarbeitungs… / wood-manufacturing, wood-working || ~verarbeitende Industrie / wood working industry || ⌐verband m, -verbindung f / wooden bond, joining o. junction of wood || ⌐verband m, -konstruktion f / wooden construction || ⌐verdämmung f, -auszimmerung f (Bergb) / timbering || ⌐verkleidung f / wood lagging || mit ⌐verkleidung / timbered || ⌐verkleidung f für Außenwand (o. Dach) (Bau) / sheathing || ⌐verkohlung, -destillation f / charring of wood, wood distillation || ⌐verleimung f / glued veneer || ⌐verschalung f (Bau) / wooden lagging || ⌐verschlag, Haraß m / wooden crate || ⌐verschlag m (Bau) / wooden partition || ⌐verschwendung f (Tischl) / abatement || ⌐[ver]täfelung f, Täfelwerk n / wooden panelling || ⌐verzimmerung, -auszimmerung f (Bergb) / shaft timbering || ⌐verzuckerung f / saccharification of wood, wood hydrolysis || ⌐wand f, Verschlag m (Bau) / screen of boards
Holzwarth-Gasturbine f / Holzwarth type turbine
Holz·werk n (Bau) / woodwork, timbering || ⌐werkstoff m / derived timber product || ⌐wespe f / horntail || ⌐wolle f / wood wool, excelsior (US), wood shaving (GB) || ⌐wolle-Leichtbauplatte f / wood-wool building slab || ⌐wolleschneidmaschine f / shredding machine for wood wool || ⌐wollespinnmaschine f / wood wool rope spinning machine || ⌐wurm m / wood worm, powder post || ⌐wurm m, Bohrwurm m (Schiff) / ship worm, marine borer (US), teredo navalis || ⌐zellulose f / wood cellulose, lignocellulose || ⌐zement m / wood cement o. putty || ⌐zementfußboden m / magnesite flooring || ⌐zerfasern n (Pap) / defibration, pulping || ⌐zerkleinern n (Pap) / shredding of wood || ~zerstörend (Schädling) / xylophagous, hylophagous,

lignivorous ‖ **⁀zinn** *n* (Min) / wood tin ‖ **⁀zucker** *m*,
Xylose *f* / wood sugar, xylose
Homa, Holzmeßanweisung *f* / wood measuring
regulations *pl*
Homespun *m* (Web) / homespun
homo·chron / homochronous ‖ **⁀dyn[e]empfänger** *m*
(Elektronik) / homodyne receiver, zero-beat receiver ‖
⁀dynempfang *m* (Elektronik) / homodyne o. zero-beat
reception ‖ **⁀edrisch** (Krist) / homohedral
homogen, gleichförmig, -artig / homogeneous ‖ **⁀**
(Röntgenstrahlen) / monochromatic, -chroic ‖ **⁀es Feld** /
uniform field ‖ **⁀e Gleichung** / homogeneous equation
‖ **⁀er Halbleiter** / homogeneous semiconductor ‖ **⁀es
Polynom**, homogene Form (Math) / quantic,
homogenous form o. polynomial ‖ **⁀es Pulver** (Rakete) /
homogeneous propellant ‖ **⁀er Reaktor**,
Homogenreaktor *m* (Nukl) / homogeneous o. circulating
reactor ‖ **⁀es Sperrholz** / homogeneous plywood ‖ **⁀e
Wirbelschicht** (Chem) / particulate fluidized bed
Homogenisierapparat *m* / homogenizer, viscolizer
homogenisieren (naß zerreiben) / levigate ‖ **⁀** (Chem,
Milch, Tabak) / homogenize
Homogenisierung, -genisation *f* / homogenizing ‖ **⁀ *f* des
Rückstandes** (Isotopentrennung) / promoted mixing,
isotope mixing
Homogenisierungs·-Ausbeute *f* (Nukl) / mixing efficiency
‖ **⁀zone** *f* (Plast) / metering zone
Homogenität *f* / homogeneity
Homogenkohle *f* (Bogenlampe) / solid carbon
Homo·gramm *n* / homograph ‖ **⁀kinetisch**,
Gleichgang… (Mech) / homokinetic ‖ **⁀log** (von gleicher
Abstammung), gleichartig (Biol) / homogenous ‖ **⁀log**
(Chem, Math) / homologous ‖ **⁀log** *n* / homologue /
⁀loge Reihe (Chem) / homologous series ‖ **⁀logie** *f* (Biol,
Chem, Math) / homology ‖ **⁀logieren** (Kfz) / homologate
‖ **⁀lographisch** / homolographic ‖ **⁀losyn** (Projektion) /
homolosyne ‖ **⁀lyse** *f* / homolysis ‖ **⁀morphismus** *m*
(Math) / homomorphism ‖ **⁀nuclear** (Nukl) /
homonuclear
Homonym, echtes ⁀ / full homonym ‖ **⁀e** *n pl* /
homonymous terms *pl*, homonyms *pl*
homöomorph / homeomorphic
Homöomorphie, Isomorphie *f* (Krist) / homeomorphism,
isomorphism
homöopolar, unpolar (Chem) / homopolar, covalent ‖ **⁀e
Bindung** (Chem) / covalent bond
Homo·pause *f* (Atmosphäre) / homopause ‖ **⁀phone** *n pl* /
homophones *pl* ‖ **⁀polymerisat** / homopolymer ‖
⁀polymerisation *f* / homopolymerization ‖ **⁀sphäre** *f*
(Tropo-, Strato- u. Mesosphäre) (Meteorol) / homosphere
‖ **⁀thetie** *f*, Ähnlichkeitstransformation *f* (Math) /
homothetic transformation ‖ **⁀thetisch**, ähnlich und
ähnlich gelegen (Math) / homothetic ‖ **⁀top** (Math) /
homotopic ‖ **⁀tope Abbildung** / homotope map ‖
⁀übergang *m* (Laser) / homojunction ‖ **⁀zentrisch** (Opt)
/ homocentric ‖ **⁀zyklisch**, carbocyclisch (Chem) /
homocyclic ‖ **⁀zyklische Kohlenstoffverbindung** /
carbocyclic compound, all-carbon compound
Honahle *f* / hone, honing tool
honen, ziehschleifen (Wzm) / hone *v* ‖ **⁀** *n* (Wzm) / honing
‖ **⁀ mit Druckstrahl**, Strahlhonverfahren *n* (Wzm) /
liquid honing
honiggelb (RAL 1005) / honey yellow
Hönigsche Kreise *m pl* (Luftf) / Hönig's circles *pl*
Honig·schleuder, -zentrifuge *f* / honey separator o.
extractor ‖ **⁀stein**, Mellit *m* (Min) / mellite, honey stone
‖ **⁀tau**, Meltau *m* (Landw) / honey dew ‖ **⁀wabe** *f*
(Landw) / comb ‖ **⁀wabenkühler** *m* / cellular type
radiator ‖ **⁀wabenspule** *f*, Bienenkorbspule *f* /
lattice[-wound] coil ‖ **⁀wabenstruktur** *f* / honeycomb
structure
Hon·maschine *f* / honing machine ‖ **⁀stein** *m* / honing o.
hone stone
Hookersgrün *n* (Zeichn) / hooker's green

Hookesches Gesetz *n* / Hooke's law
Ho-Öl, Shiu-Öl *n* / shiu oil
Hopfen, Humulus lupulus *m* / hop ‖ **⁀**, mit Hopfen
anmachen (Brau) / add hops, hop ‖ **⁀ vor dem Abfüllen ⁀**
(Brau) / dry-hop ‖ **⁀anbauer** *m* / hop cultivator ‖
⁀bau-Schlepper *m* / hopgarden tractor ‖ **⁀bitter** *n*,
-bitterstoff *m* / hop-bitters *pl* ‖ **⁀[blatt]laus** *f* / hop
Damson aphis, Phorodon humuli ‖ **⁀ amerikanische
⁀buche**, Ostrya virginiana / American hop-hornbeam,
ironwood ‖ **⁀darre** *f* / hop drying kiln, hop oast ‖
⁀dolde *f*, -zapfen *m* / cluster of hops, catkin, cone,
strobile ‖ **⁀ reife ⁀dolden** *f pl* / hops *pl* ‖ **⁀-Entlauger** *m*
/ hop extracting apparatus ‖ **⁀feld** *n* / hop plantation ‖
⁀gerbstoff *m* / hop tannin ‖ **⁀harz** *n* / hop resin ‖
⁀kessel *m* / hop boiler ‖ **⁀mehl**, Lupulin *n* / hop dust,
lupulin ‖ **⁀öl** *n* / hop oil ‖ **⁀pflücker**, -zupfer *m* / hop-
picker, hopper ‖ **⁀seiher** *m* / hopback, -strainer ‖
⁀stamm *m*, -rebe *f* (Bot) / hop-bine, hop vine o. tendril
‖ **⁀stange** *f* / hop pole ‖ **⁀treber** *pl* (Brau) / spent hops
pl ‖ **⁀trieb** *m*, Kräusengärung *f* (Brau) / white head o.
scum
Hopkinson·-Effekt *m* / Hopkinson effect ‖ **⁀-Prüfung** *f*
(Gleichstrommaschinen) (Elektr) / Hopkinson test ‖
⁀-Rückarbeitung *f* / back-to-back test
Hopper·bagger *m* / hopper o. hold suction dredger ‖
⁀boy, Kühlrechen *m* (Mühle) / hopper-boy, cooler
Höppler-[Kugelfall-]Viskosimeter (DIN 53015) /
Höppler viscometer **Hör·…**, Schall… / acoustic[al],
audible ‖ **⁀…**, Audio… / audio…, auditory ‖ **⁀…**,
Ohren… / aural
hörbar, vernehmlich / audible ‖ **⁀e Frequenz** (ca. 30 bis
20 000 Hz) / audible frequency, audiofrequency, A.F.,
a.f. ‖ **⁀ machen** / render audible ‖ **für das Ohr
⁀ gemacht werden** / give rise to aural perception
Hörbarkeit *f* / audibility
Hörbarkeits·…, akustisch / acoustic[al] ‖ **⁀bereich** *m
eines Knalls** / bangzone ‖ **⁀faktor** *m* (Elektronik) /
audibility factor ‖ **⁀grenze**, Hörsamkeitsgrenze *f* / limit
of audibility ‖ **⁀schwelle** *f* / threshold of audibility o.
hearing o. sound
Hör·bereich *m* (Frequenzen) / range of audibility,
frequency range of hearing ‖ **⁀bereich** *m* **des Ohres** /
auditory sensation area ‖ **über dem ⁀bereich liegend** /
supersonic ‖ **⁀bereichsgrenzen** *f pl* / audition limits *pl*
Hörbigerventil, Ringklappenventil *n* / annular valve
system Hörbiger
Hörbrille *f* / hearing aid glasses *pl*
Horchempfänger, Aufklärungsempfänger *m* (Mil) /
intercept receiver
horchen / listen
Horch·gerät *n* / sound locator, S.L., sound detector,
sonar detector ‖ **⁀gerät** *n*, Richtungshörer *m* /
synchronized sound locator ‖ **⁀gerät** *n*
(Fernm) / listening device ‖ **⁀stelle** *f* / listening station ‖
⁀taste *f*, -kontakt *m* (Fernm) / listening cam
Horde *f* (große Schale) / tray, hurdle ‖ **⁀** / drying hurdle
‖ **⁀** (Brau) / kiln floor
Hordein *n* (Gerstenprolamin) / hordein
Hordenfilter *m n* (Chem) / hurdle o. mechanical filter
Hordenin, Anhalin *n* (Chem) / hordenine, anhaline
Horden·rieseler, -wäscher *m* / hurdle scrubber ‖
⁀schachttrockner *m* / rack drying apparatus ‖
⁀trockner *m* (Spanplatten) / chamber drier ‖
⁀trocknung *f* (Textil) / hurdle o. shelf drying ‖ **⁀wagen**
m (Flurförderer) / platform rack truck ‖ **⁀wäscher** *m* /
hurdle washer
Hörempfang *m*, Hören *n* / aural reception, reception by
sound
hören, horchen / hear, listen ‖ **⁀** (Radio) / listen ‖ **⁀** *n* /
listening ‖ **⁀** (Akustik) / hearing ‖ **⁀ und Verstehen** /
auding
Hörer *m*, Radiohörer *m*, Zuhörer *m* / listener[-in] ‖ **⁀**,
Handapparat *m* (Fernm) / telephone handset ‖ **den
⁀ abnehmen** / take off o. pick up the receiver ‖ **den**

487

˖ **einhängen** (o. anhängen o. auflegen) (Fernm) / hang up the receiver ‖ ˖**druckknopf** m / earphone pressure knob ‖ ˖**druckring** m (Hörhilfe) / earphone receptacle ‖ ˖**empfindlichkeit** f / receiver response ‖ ˖**gabel** f (Fernm) / receiver cradle o. rest ‖ ˖**griff** m / receiver handle o. throat ‖ ˖**kapsel** f (Fernm) / telephone receiver, receiver cap o. case

Hör·feld n / auditory sensation area, acoustic field ‖ ˖**fläche** f / sensation area ‖ ˖**folge** f (Funk) / radio series ‖ ˖**frequenz** f / acoustic frequency, audible o. audio frequency ‖ ˖**funk** m / wireless (GB), radio, broadcast[ing] (US) ‖ ˖**funk** m / sound broadcasting ‖ ˖**funkleitung** f (Radio) / programme line, music circuit ‖ ˖**gerät** n, -apparat m (für Schwerhörige), Hörhilfe f / acoustic o. hearing aid ‖ **oberhalb der** ˖**grenze liegend** / superaudible ‖ ˖**hilfe** f / aid to hearing

Horizont m, [waagerechte] Zone f (Geol) / horizon ‖ ˖ (allg, Bergb) / horizon ‖ **geozentrischer o. wahrer** ˖ / celestial o. astronomical o. rational o. geometrical horizon ‖ **scheinbarer o. natürlicher** ˖ / apparent o. visible horizon ‖ **sichtbarer** ˖ / sensible horizon ‖ **über den** ˖ (Elektronik) / over-the-horizon… ‖ ˖**abtaster** m / horizon scanner

horizontal, waagerecht / horizontal ‖ ˖…, Zeilen… (TV) / horizontal, level ‖ ˷**e Aperturkorrektur** / horizontal aperture correction ‖ ˷**e Bildlage-Einstellung** (Kath.Str) / horizontal centering control ‖ ˷**e Deckung** (Geol) / heave for reverse faults ‖ ˷**er Druck** (allg) / horizontal thrust ‖ ˷**e Paritätsprüfung** f (DV) / horizontal parity check ‖ ˷ **polarisierte Antenne** / horizontal antenna ‖ ˷**e Projektionsebene** / ground plane ‖ ˷**e Sprungweite** (Geol) / heave for normal faults ‖ ˷**es Wasserrad**, Löffelrad n (Hydr) / vortex wheel ‖ ˖**ablenkplatte** f (TV) / horizontal deflection plate ‖ ˖**-Ablenktransformator** m (TV) / line output transformer, horizontal deflection transformer ‖ ˖**ablenkung** f (TV) / horizontal deflection, line deflection ‖ ˖**abstand** m **schräg zur Vermessungsachse** (Verm) / oblique offset ‖ ˖**abstand** m **senkrecht zur Vermessungsachse** (Verm) / offset ‖ ˖**antenne** f / horizontal antenna ‖ ˖**auflösung** f (TV) / horizontal definition o. resolution ‖ ˖**-Austastimpuls** m (TV) / line blanking pulse ‖ ˖**austastung**, -unterdrückung f (TV) / horizontal blanking ‖ ˖**balken** m (TV) / strobe line ‖ ˖**band** n, Waagerechtförderband n / horizontal belt conveyor ‖ ˖**band** n / horizontal belt conveyor ‖ ˖**beladung** f (Schiff) / roll-on/roll-off ‖ ˖**bohrmaschine** f (Wzm) / [horizontal] boring lathe o. machine ‖ ˖**bohrwerk** n / horizontal drilling and boring machine ‖ ˖**brunnen** m / shallow well ‖ ˖**diagramm** n (Antenne) / horizontal pattern ‖ ˖**druck**, Seitenschub m / horizontal drift o. thrust

Horizontale f / horizontal line, level

Horizontal·ebene f (Verm) / horizontal plane, level ‖ ˖**echolotanlage** f (Schiff) / echo ranging gear o. equipment ‖ ˖**-Endübertrager** m (TV) / line-output transformer ‖ ˖**entfernung**, Kartenentfernung f (Radar) / ground range ‖ ˖**feinbewegung** f (Wzm) / horizontal slow motion ‖ ˖**flug** m / level flight ‖ **in den** ˖**flug übergehen**, abfangen (Luftf) / level off ‖ ˖**fräsmaschine** f, Waagerechtfräsmaschine f / horizontal milling machine ‖ ˖**frequenz** f (TV) / horizontal frequency o. power (US), line frequency ‖ ˖**gatter** n / horizontal saw frame o. saw mill o. deal frame ‖ ˖**impuls** m (TV) / horizontal o. line [synchronization] pulse ‖ ˖**isolierung** f (Bau) / horizontal insulation ‖ ˖**kammerofen** m (Hütt) / horizontal chamber coking oven ‖ ˖**kippgerät** n (Kath.Str) / horizontal deflection oscillator ‖ ˖**komponente** f, waagerechte Seitenkraft / horizontal component f pl / horizontal coordinates pl ‖ ˖**kreis** m, Limbus / horizontal limb, [graduated] horizontal circle ‖ ˖**öffner** m (Spinn) / horizontal opener ‖ ˖**parallaxe** f (Verm, Astr) / horizontal parallax ‖ ˖**pendel** n / horizontal pendulum ‖ ˖**polarisation** f /

horizontal polarization ‖ ˖**projektion** f / ground plan o. plot ‖ ˖**projektion** f (Kartogr) / horizontal projection ‖ ˖**regelung** f (TV) / horizontal shift ‖ ˖**reiniger** m, Stufenreiniger m (Textil) / superior cleaner, horizontal o. step cleaner ‖ ˖**rücklauf** m (Schreibm) / carriage return travel ‖ ˖**-Rücklauf** m (TV) / flyback, retrace ‖ ˖**schnitt** m / horizontal section ‖ ˖**schub** m (allg) / lateral pressure o. thrust, horizontal thrust ‖ ˖**start u. -landung** f (Luftf) / horizontal take-off and landing, HTOL ‖ ˖**steuergenerator** m (TV) / horizontal stabilizer ‖ ˖**-Steuerspannung** f / horizontal drive voltage ‖ ˖**steuerung** f (TV) / horizontal stabilization ‖ ˖**[strahlungs]diagramm** n (Antenne) / horizontal pattern ‖ ˖**-Synchronimpuls** m (TV) / horizontal sync pulse, line sync[hronization] pulse ‖ ˖**tabulieren** n (Schreibm) / tabulation ‖ ˖**tabulierzeichen** n / horizontal tabulation character, HT ‖ ˖**unterdrückung**, -austastung f (TV) / horizontal blanking ‖ ˖**verband** m (Stahlbau) / horizontal brace ‖ ˖**verband** m, waagerechter Windverband / horizontal wind bracing o. sway bracing ‖ ˖**vergaser** m, Flachstromvergaser m / side-draught carburet[t]or, transverse draft o. traverse draft carburet[t]or ‖ ˖**verschiebung** f (Geol) / horizontal dislocation ‖ ˖**vorlauf** m (Schreibm) / carriage forward travel ‖ ˖**winkel** m / horizontal angle ‖ ˖**winkel-Auflösung** f, -Auflösungsvermögen n (Radar) / azimuth angle definition

Horizont·balken m (Kreisel, Luftf) / horizon bar ‖ ˖**detektor**, -sensor, -taster, -sucher m (Raumf) / horizon sensor ‖ ˖**direktor** m (Luftf) / director horizon ‖ ˖**durchgang** m (Raumf) / horizon crossing ‖ ˖**feuer** n (Luftf) / horizon light ‖ ˖**fühler** m / horizon sensor

Horizontierschraube, Horizontungsschraube f (Verm) / screw for levelling o. for adjusting the horizon, level[l]ing screw

Horizont[ier]ung f (Verm) / level[l]ing of the head

Horizont·kreisel m / horizon gyro ‖ ˖**liniendiagramm** n (Radar) / skyline graph ‖ ˖**ortungsfehler** m / horizon location error ‖ ˖**sondierung** f / sounding the earth's horizon ‖ ˖**sucher**, -sensor, -taster, -detektor m (Raumf) / horizon sensor

Hör·kapsel f (Fernm) s. Hörerkapsel ‖ ˖**kissen** n / listpillow ‖ ˖**kopf** m / playback head, reproducing o. pick-up head

Hormon n / hormone ‖ ˖**-Unkrautmittel** n / hormone weed killer

Hörmuschel f, Ohrstück n / earpiece, receiver [earpiece], telephone trumpet, sounder

Horn n (allg) / horn ‖ ˖, Hupe f (Kfz) / sound signalling device, horn ‖ ˖ (Amboß) / beak ‖ ˖ (Lautsprecher) / flare ‖ ˖ (Säge) / slit set pin ‖ ˖**amboß**, Zweispitzamboß m / two-beaked o. two-horned anvil ‖ ˖**anschnitt** m (Gieß) / horn gate ‖ ˖**ausgleich** m (Luftf) / horn balance ‖ ˖**blei** n (Min) / chloride of lead ‖ ˖**blende** f (Min) / hornblende ‖ ˖**blendeasbest** m / hornblende-asbest ‖ ˖**blendefels** m (Geol) / hornblendite ‖ ˖**blendegneis** m / hornblende-gneiss ‖ ˖**blendegranit** m / hornblende-granite ‖ ˖**blendegrünstein** m / hornblendic diorite ‖ ˖**blendeschiefer**, -fels m / hornblende-slate o. -schist ‖ ˖**druckknopf** m (Kfz) / horn button ‖ ˖**druckring** m (Kfz) / auto horn ring

Hörner der Säge n pl / cheeks pl, blade holder ‖ ˖**[aus]schalter** m (Elektr) / horn switch ‖ ˖**[blitz]ableiter** m / arcing horn, horn arrester ‖ ˖**elektrode** f / horn-type electrode ‖ ˖**funkenstrecke** f (Elektr) / horn gap

Horner-Schema n (Math) / Horner's method

Hörnersicherung f / horn-break fuse

Horn·erz n, Chlorsilber n / cerargyrite ‖ ˖**fels** m (Geol) / hornfels ‖ ˖**fels** m s. auch Hornblendeschiefer ‖ ˖**klausel** f im Expertensystem (DV) / horn clause ‖ ˖**parabolstrahler** m, Hoghorn (Antenne) / hoghorn ‖ ˖**reflektorantenne** f / horn reflector antenna ‖ ˖**schalter** m (Kfz) / horn switch ‖ ˖**schiene** f,

Flügelschiene f (Bahn) / wing rail ‖ ~signal n (Bahn) / horn signal ‖ ~silber n, Chlorargyrit m (Min) / chlorargyrite ‖ ~späne m pl / horn clippings pl ‖ ~speisung f (Radio) / horn feed ‖ ~stein m (dichtes Kieselgestein) (Geol) / hornstone, chert ‖ ~strahler m (Elektronik) / horn antenna o. radiator, hornshaped emitter, electromagnetic horn

Hör·olive f / ear knob ‖ ~rundfunk... / radio ... ‖ ~saal, Vortragsraum m / lecture hall o. room o. theatre, auditorium, auditory

Hörsamkeit, Raumakustik f / acoustics pl, audition

Hörsamkeits·grenze f / limit of audibility

Hör·schall m / audible sound ‖ ~schärfe f / auditory acuity ‖ ~schwelle f / threshold of audibility o. hearing o. sound, minimum audibility, minimum audible field, MAF ‖ ~schwellenmeßgerät n / audiometer ‖ ~-Sprech-Aufnahmelabor n / audio-active comparatory language laboratory

Horst m, Hochscholle f (Geol) / horst, fault block, uplift of strata

Hör·stärke f / auditory power ‖ ~strom m (Fernm) / transmission current ‖ ~ton m (Fernm) / auditive tone, call progress tone

Hortonsphäroid n (kugelförmiger Hochbehälter) / Horton sphere

Hör·weite f / hearing, range of audibility, earshot ‖ in ~weite / within sound o. hearing

Hosen·..., Gabel... / bifurcate[d] ‖ ~boje f (Schiff) / breeches buoy ‖ ~mischer m / V-cone blender ‖ ~muffe f, doppelter Kabelendverschluß / bifurcate[d] box ‖ ~rinne f (Hütt) / forked runner o. [tapping] spout, bifurcated launder ‖ ~rohr n, Gabelrohr m, Y-Rohr n / Y-joint, Siamese joint (US) ‖ ~rollgang m / Y-roller table ‖ ~schurre f / breeches chute ‖ ~stück n (Rohr) / Y-tube, Siamese joint (US)

Host·prozessor m / host processor ‖ ~rechner m / host computer

Hot-Box f (geheizter Kernkasten) (Gieß) / hot-box ‖ ~-Formverfahren n (Gieß) / hot box moulding method ‖ ~-Kern m (Gieß) / hot-box core ‖ ~-Verfahren n / hot-box casting

Hot-Carrier-Diode f / hot-carrier diode

Hotel·halle f / lobby ‖ ~-Meldesystem n / hotel room status and call system

Hotflue f (Textil) / hotflue

Hot-Melt-Einband m (Buch) / hot-melt binding ‖ ~-Kleber m / hot-melt glue

Hotstaking-Verfahren n (Schweiß) / hot-staking process

Houdresid-Kracken n (im Fließbett) / Houdresid catalytic cracking

Houdri·flow-Kracken n (im Fließbett) / Houdriflow catalytic cracking ‖ ~forming n (Reformierung) / Houdri forming

Houdry-Hydrokracken n (kombinierter katalytischer Prozeß) / Houdry hydrocracking

Hourdis·decke f (Bau) / tile lintel floor ‖ ~platte f / Hourdis stone, hollow gauged brick o. slab ‖ ~stein, -ziegel m, -platte f / Hourdis stone, hollow gauged brick o. slab

Hovercraft-Luftkissenboot, Bodeneffekt-Fluggerät n / hovercraft, -ship, air-cushion boat

Howe-Faktor m (Nukl) / Howe factor ‖ ~-Träger m (Stahlbau) / Howe-type girder

Hp, HP (Pap) = Hartpapier

h-Parameter, Hybridparameter m (Transistor) / h-parameter

HPC-Ruß (= hard processing channel) / HPC carbon black

HPD-Öl n (Schmierung) / HPD oil

HPE (Plast) = Hochdruckpolyethylen

HPN-Stahl m (Hörde, geringer P- u. N-Gehalt) / HPN-steel

HP-Schale, Hypparschale f (Bau) / hyperbolic paraboloid

H-Qualität f (Gas) / high quality

HR (Masch) = Rockwellhärte

HRA = Härte Rockwell A

H-Radar m n (Luftf) / H-radar

HRC = Härte Rockwell C

HRD = Hertzsprung-Russel-Diagramm

H-Reihenmotor m / H-type multicylinder engine

H-Resonator m / re-entrant cavity resonator

HS-A-Flüssigkeit f, Öl-in-Wasser-Emulsion f / oil-in-water emulsion

H-Säure f / H-acid

HSB f, Hochleistungsschnellbahn f (Bahn) / high-capacity rapid railway

H-Schaltung f, -glied n / H-network ‖ ~ (IS) / H-circuit

HSG = Hochgeschwindigkeitsschleifen

HSLA-Stahl m / high-strength low-alloy steel, HSLA steel

H2S-Radar m n / H2S-radar

H-Störabstand m (Elektronik) / H noise margin

HT = hochtemperaturbeständig

HTGR-Reaktor m, hochtemperaturgasgekühlter Reaktor / HTGR, high temperature gas cooled, graphite moderated reactor

HT-Haspelkufe f (Färb) / high-temperature winchback

HTOL (Luftf) = Horizontalstart und -landung

HTP-Verfahren n (Hochtemperatur-Pyrolyse) (Acetylenfabr) / HTP-process

HTR = Hochtemperaturreaktor

HT-Thermoplaste m pl / thermoplastics with high temperature stability

H-Typ m (Wellenleiter) / H-type

Hub m, Heben n / lifting ‖ ~, Hubhöhe, -länge f des Kolbens / stroke o. travel o. throw of the piston ‖ ~, Hubhöhe, -länge f / height o. length o. lift of stroke ‖ ~ (des Wobblers) (Elektronik) / dispersion of a wobbler ‖ ~ (Spulerei) / traverse ‖ ~..., Hebe... / lifting, elevating, hoisting ‖ ~ Spitze-Spitze (Elektronik) / swing ‖ ~anzeiger m, Hublängenskala f (Wzm) / stroke index ‖ ~arbeit f / lifting work ‖ ~arbeit f des Kolbens / work done on piston stroke ‖ ~arbeitsbühne f / platform for lifting persons ‖ ~balken m (Hütt) / walking beam ‖ ~balkenbett n / walking beam bed ‖ ~balkenherd m (Hütt) / walking beam type bottom of a furnace ‖ ~balken-Ofen m / rocker bar furnace, walking beam furnace ‖ ~begrenzer m / guard, stroke-arresting device ‖ ~begrenzer m des Schwingungsdämpfers / snubber ‖ ~begrenzung f am Hebezeug / [top] limit of lift ‖ ~begrenzung f am Ventil / valve lift stop

Hubble-Effekt m (Astr) / Hubble effect ‖ ~-Konstante α f (Astr) / Hubble constant

Hub·bohrplattform f / jack-up platform ‖ ~-Bohrungs-Verhältnis n (Mot) / stroke-bore ratio ‖ ~brücke f / vertical lift bridge, lift o. lifting bridge ‖ ~brückenwaage f / lifting platform weigher ‖ ~dach n (Caravan) / rising roof ‖ ~deckenverfahren n (Bau) / slab-lift method ‖ ~dock n, Liftdock n / liftdock ‖ ~drehschalter m / lift-off rotary switch ‖ ~exzenter, -nocken m / eccentric disk ‖ ~gebläse n, -rotor m (Luftf) / lifting o. lift fan ‖ ~gebläseflugzeug n / jet-lift aircraft ‖ ~geschwindigkeit f / hoisting o. lifting speed o. velocity, speed of lift ‖ ~gewichtswaage f / drop-weight scale ‖ ~grenze f / stroke limiter ‖ ~höhe f, -länge f, Hub m / stroke, length of stroke ‖ ~höhe f (Flurförderer) / height of lift ‖ ~höhe f (Hebezeug) / hoisting height ‖ ~höhe, -länge f (Kolben) / stroke o. travel o. throw of piston ‖ ~höhe, Förderhöhe f / lifting height, lift ‖ ~höhe, Ansaughöhe f (Pumpe) / suction ‖ ~insel f / jack-up drilling platform ‖ ~karren m / lifting truck, lift truck ‖ ~kette f / liftchain ‖ ~kippfahrzeug n (Müll) / lift tipping vehicle ‖ ~kippvorrichtung f / lifting and tipping device ‖ ~kippwagen m (Bahn) / wagon with lifting and tipping bucket ‖ ~kolben, -zylinder, Druckwasserkolben m (Hydr) / lifting piston o. cylinder ‖ ~kolben... / piston..., reciprocating... ‖

⤳kolben-Membranverdichter *m* / diaphragm vacuum pump ‖ **⤳kolbenpumpe** *f* / reciprocating [piston] pump ‖ **⤳kolben-Regler** *m* (Einspr. Pumpe) / spill-piston governor ‖ **⤳kolbenvakuumpumpe** *f* / piston vacuum pump ‖ **⤳kolben-Verbrennungsmaschine** *f* / reciprocating internal combustion engine ‖ **⤳kolbenverdichter** *m* (DIN), Kolbenkompressor *m* / piston compressor, reciprocating [piston] compressor ‖ **⤳kraft** *f* / hoisting o. lifting power ‖ **⤳kreissägemaschine** *f* / stroke circular sawing machine ‖ **⤳lader** *m* / shovel loader ‖ **⤳längenskala** *f* (Wzm) / stroke index ‖ **~los** (Kreissäge) / non-stroke… ‖ **⤳magnet** *m*, [Last]hebemagnet *m* / electric hoisting o. lifting magnet ‖ **⤳mantelfläche** *f* des Ventils (Mot) / valve curtain area ‖ **⤳marken** *f pl* (Strangguß) / oscillation o. reciprocation marks *pl*, ripple marks *pl* ‖ **⤳mast** *m* (Gabelstapler) / lift mast ‖ **⤳motor** *m* / hoisting o. lifting motor

Hübnerit *m* (Min) / hübnerite

Hub·nocken, -exzenter *m* / eccentric disk ‖ **⤳plattform** *f* (Öl) / jack-up platform ‖ **⤳presse,** Hebepresse *f* / lifting press, lift jack ‖ **⤳rad** *n* / elevating o. lifting wheel, wheel elevator ‖ **⤳raum** *m*, -volumen *n* eines Zylinders (Mot) / piston capacity o. displacement, piston-swept volume ‖ **gesamter ⤳raum des Motors** (Mot) / cubic capacity of the engine, volumetric displacement ‖ **⤳raumleistung** *f* / performance per liter ‖ **⤳relais** *n*, Tauchkernrelais *n* / plunger relay ‖ **⤳rettungsfahrzeug** *n* (F'wehr) / turntable ladder ‖ **⤳röhre,** Reaktanzröhre *f* (Elektronik) / reactance tube, tube reactor ‖ **⤳roller** *m* / three-wheel lifting truck, truckbin, truckster (US) ‖ **⤳rotor** *m*, -gebläse *n* (Luftf) / lifting o. lift fan ‖ **⤳schaltwalze** *f*, Hubkontroller *m* / hoisting o. lifting controller ‖ **⤳scheibe** *f*, Exzenterscheibe *f* / eccentric disk ‖ **⤳schleifen** *n* / honing by linear cutting motion ‖ **⤳schnecke** *f*, Schneckenförderer *m* / lifting screw ‖ **⤳schranke** (Schweiz), Fallschranke *f* (Bahn) / lifting barrier o. gate ‖ **⤳schraube** *f* (Luftf) / helicopter rotor o. propeller

Hubschrauber, Helikopter *m* / helicopter, copter (coll), direct-lift machine, chopper (coll) ‖ **durch ⤳ befördert** / helicoptered, heliborne ‖ **mit ⤳ fliegen** / helicopter *vi* ‖ **mit ⤳ fliegen** / helicopter *vi* ‖ **schwerbewaffneter ⤳** / gun ship ‖ **⤳flughafen** *m*, Heliport *m* (für Fluggast- u. Frachtabfertigung) / heliport ‖ **⤳-Landeplattform** *f* / helicopter landing place ‖ **⤳-Landeplatz** *m* (Luftf) / rotorstop, helistop, helipad (US) ‖ **⤳landeplatz** *m* **auf Schiffen** / spot ‖ **⤳-Landezone** *f* / landing zone for helicopters ‖ **⤳träger** *m* (Schiff) / helicopter carrier ‖ **⤳transport** *m* / helilift ‖ **⤳zustand** *m* (Luftf) / normal propeller state [of rotor]

Hub·-Schubtriebwerk *n* (Luftf) / lift/propulsion engine ‖ **⤳schütz** *n* **des Wehrs,** Hubtor *f* der Schleuse / vertical lift gate ‖ **⤳seil** *n* (Kran) / hoisting o. lifting cable o. rope ‖ **⤳seil** *n* **für Kabelkrane zum Holzfällen** / skidding line ‖ **⤳seiltragvorrichtung** *f* (Luftf) / carrier ‖ **⤳seiltragvorrichtung** *f* **für Kabelkrane zum Holzfällen** / slackpuller, slackpulling line ‖ **⤳sinn** *m* / hoisting o. lifting direction ‖ **⤳skala** *f* (Ventil) / travel scale, stroke scale ‖ **⤳spindel** *f* / lifting spindle ‖ **⤳stange** *f* (Spinn) / lifter o. lifting rod o. poker ‖ **⤳stapler** *m* / stacker truck ‖ **⤳stellung** *f* (Kontroller, Steuerwalze) / lift position ‖ **erste ⤳stellung** *f* / first *etc* lifting notch of the controller ‖ **⤳strahler,** Turboplan *m*, "fliegendes Bettgestell" (Luftf) / turboplane ‖ **⤳tisch** *m*, Ladebühne *f* / elevating platform ‖ **⤳tor** *n* (Garage) / lifting gate ‖ **⤳tor** *n*, -schütz *n*, -schütze *f* (Hydr) / vertical lift gate ‖ **⤳traverse** *f* **für Container** / spreader ‖ **⤳triebwerk** *n* (Luftf) / lift jet engine, jet-lift ‖ **⤳- und Senk…** / lifting and lowering ‖ **⤳untersatz** *m* (Hütt) / stillage ‖ **⤳verhältnis** *n* (Mot) / stroke-bore ratio ‖ **⤳verhältnis** *n* (Frequ.Mod) / deviation ratio ‖ **⤳volumen** *n* (Mot) / working volume ‖ **⤳volumen** *n* **eines Zylinders,** -raum *m* (Mot) / piston capacity o.

displacement, piston-swept volume ‖ **⤳vorrichtung** *f* / hoisting o. lifting device o. apparatus o. tackle o. gear ‖ **⤳wagen** *m* / low lift platform truck, elevating truck, fourwheel lifting truck ‖ **⤳wagen** *m*, Stapelwagen *m*, Stapler *m* / lift-truck, stacker lift truck ‖ **⤳wagen** *m* **für Etagenbeschickung** (Stanz) / tiering truck ‖ **⤳wagen** *m* **mit Plattform** / platform lift-truck ‖ **⤳wechsel** *m* / change of stroke ‖ **⤳werk** *n* / hoisting o. lifting gear ‖ **⤳zahl** *f* **je min.** / number of strokes per minute ‖ **⤳zähler** *m* / lift counter, stroke o. ratchet counter ‖ **⤳zylinder** *m* (von Baggern) / hydraulic jack of an excavator ‖ **⤳zylinder** *m* (Hydr) / lifting cylinder

Huckaback *m*, Gerstenkornleinen *n* / huckaback drills

Huckbindung *f*, Gerstenkornbindung *f* (Web) / huckaback weave

Hückelaromaten *pl* / Hückel aromatic substances *pl*

Huckepack·… (Bahn, Kfz, Luftf) / pick-a-back, pickaback, piggyback ‖ **~ befördern** / piggyback *vt* ‖ **⤳greifer** *m* (Container) / grappler ‖ **⤳hobel** *m* (Bergb) / piggyback drill ‖ **⤳reaktor** *m* / package reactor ‖ **⤳satellit** *m* / piggyback satellite ‖ **⤳schiff** *n* / fishy-back ship, barge o. kangaroo carrier ‖ **⤳variante** *f* (Mikrocomputer) / piggy-back version ‖ **⤳verkehr** *m* (allg) / pickaback o. piggyback traffic ‖ **⤳verkehr** *m* (Bahn) / rail transport of trailers, trailers on flat cars, T.O.F.C. (GB), piggy-back service (US) ‖ **⤳verkehr** *m* **auf See** / fishy-back traffic ‖ **⤳verkehr** *m* **mit Sondergüterwagen** (Bahn) / transport on special wagons of heavy road vehicles ‖ **⤳verkehr** *m* **System Känguruh** / transport by Kangaroo type vehicles ‖ **⤳wagen** *m* (Bahn) / flat wagon for the transport of road vehicles, piggy-back car

Hufbeschlagzange *f* / farrier's pincers *pl*

Hufeisen *n* (allg) / horseshoe ‖ **⤳bogen** *m* (Bau) / horseshoe arch ‖ **⤳magnet** *m* / horseshoe magnet, U-shaped magnet ‖ **⤳profil** *n* (Tunnel) / horseshoe profile o. section

Huff- und Puff-Verfahren (Ölschiefer) *n* / huff-and-puff method (oil shale)

Huf·messer *n* / paring knife ‖ **⤳nagel** *m* / horse-nail

Hüft-Drehpunkt, mechanischer ⤳ (Kfz) / H-point of a dummy

Hügel *m* / hill, hillock ‖ **runder ⤳** (Geogr) / hummock

Hühnerdraht *m* / chicken wire o. fence

Hula-Hoop-Antenne *f* / hula-hoop antenna

Hulk *m* (Schiff) / hulk

Hüllbahn *f* / envelope

Hülle *f*, Umhüllung *f*, Umschlag *m* / clothing, cover, wrap[ping], envelope ‖ **⤳**, Umhüllung *f* (Papiermasch.) / clothing ‖ **⤳** (Floppy Disk) / jacket ‖ **⤳** (Reaktorbrennstoff) / fuel can, fuel cladding ‖ **⤳**, Abdeckung *f* / covering, case ‖ **⤳**, Kapsel *f* / capsule, enclosure ‖ **⤳**, Verpackung *f* / wrapper ‖ **⤳**, Haut *f* (Gieß) / investment ‖ **lose, schlappe ⤳** / flabby envelope ‖ **straffe ⤳** / taut envelope

Hüllelement *n* (Messen) / enveloping element

Hüllen·-Elektron *n* / planetary electron ‖ **⤳fehler** *m* (Nukl) / burst ‖ **⤳system** *n* (DV, Programm) / shell

Hüll·fläche *f* (Math) / enveloping surface ‖ **⤳flächenverfahren** *n* (Geräuschmessung) / enveloping surface method ‖ **⤳körper** *m* (Wälzfräsen) / enveloping body ‖ **⤳kreisradius** *m* (Verzahnung) / offset of tooth trace ‖ **⤳kurve** *f*, Einhüllende *f* (Math) / generating curve of an envelope ‖ **⤳kurve** *f* **gebrochener Strahlen** / diacaustic curve ‖ **⤳kurvendemodulator** *m* (Elektronik) / envelope demodulator ‖ **⤳kurvengleichrichtung** *f* (TV) / envelope detection ‖ **⤳kurven-Umrichter** *m* / cycloconverter ‖ **⤳material** *n* (Reaktor) / cladding material ‖ **⤳rohr** *n* (Reaktor) / cladding tube ‖ **⤳rohr** *n* (Beton) / jacket tube ‖ **⤳temperaturrechner** *m* (Nukl) / clad temperature computer ‖ **⤳werkstoffabfall** *m* (Nukl) / cladding waste

Hull·-Zelle *f* (Galv) / Hull cell ‖ **⤳-Zell-Test** *m* (Galv) / Hull cell test

Hüllzylinder m (Schneckenrad) / external cylinder
Hülse f, Schale f (Bot) / husk, shell ‖ ⌐, Schote f (Bot) / pod ‖ ⌐ (Getreide) / peel ‖ ⌐, Tülle f (Elektr) / bush ‖ ⌐, Muffe f / bushing ‖ ⌐, Büchse f / sleeve, socket, bush ‖ ⌐, Ring m / collet ‖ ⌐, Futteral n / case, sheath ‖ ⌐, Kupplungsmuffe f / coupling box ‖ ⌐, Dülle f (Hammer) / socket of a hammer ‖ ⌐, Schieber m / runner, slide ‖ ⌐ (Pap) / core [of a reel of paper], tube ‖ ⌐, Schußspule f (Spinn) / pirn ‖ ⌐ (Spinn) / tube, empty bobbin, holder ‖ ⌐ (Reaktorbrennstoff) / fuel can, fuel cladding ‖ ⌐ (Geschoß) / cartridge case o. shell ‖ ⌐ (Schlüssel) / key pipe o. barrel o. shank ‖ ⌐ (Glasrohrverbindung) / socket ‖ ⌐ am Steckerstift / barrel of the connector pin ‖ ⌐ der Frässpindel / quill ‖ kegelige ⌐ (Spinn) / cone ‖ zylindrische ⌐ (Spinn) / cylindrical tube
Hülsen·aufnehmer m (Web) / pirn holder ‖ ⌐behälter m, Schußspulenbehälter m / pirn container o. box ‖ ⌐bestimmung f (Brau) / husk o. glume determination ‖ ⌐boden m (Mil, Patrone) / case base ‖ ⌐dipol m (Antenne) / sleeve dipole antenna ‖ ⌐frucht, Leguminose f / legume ‖ ⌐früchte f pl (Landw) / pulse ‖ ⌐gewicht n (Spinn) / weight of empty bobbins ‖ ⌐hals m (Patrone) / case neck o. mouth ‖ ⌐kette f (Masch) / bush[ed] roller chain, sleeve type chain ‖ ⌐kupplung f / double cone clamping coupling, thimble coupling ‖ ⌐papier n (Pap) / core paper, tube paper ‖ ⌐-Paßeinsatz m (Sicherung) / sleeve-type gauge ring of the fuse ‖ ⌐puffer m (Bahn) / plunger buffer ‖ ⌐reinigungsmaschine f (Textil) / bobbin stripper ‖ ⌐schieber m / sleeve valve ‖ ⌐schiebermotor, Schiebermotor m / sleeve valve engine ‖ ⌐schlüssel m (Masch) / cap wrench ‖ ⌐verbinder, Seilverbinder m (Elektr) / jointing sleeve ‖ ⌐wickelmaschine f / tube winding machine
Human·faktoren m pl / human factors pl ‖ ⌐vermögen n / human labour assets pl
humid, feucht (Klima) / humid
Humidistat m, Feuchtigkeitsregler m / humidistat
Humifizierung, Umwandlung f in Humus / humification, formation of humus o. vegetable mould
Humin·säure f / humic o. ulmic acid ‖ ⌐stoff, Dauerhumus m / humic matter
Humistor m (feuchtigkeitsempfindlicher Widerstand) (Elektronik) / humistor
Humit m (Min) / humite, umite
Hump·felge, Sicherheitsfelge f (Kfz) / hump felloe o. rim ‖ ⌐-Ledge-Kontur f (Kfz) / hump-ledge contour
Humulon n, α-Bittersäure f / humulone, alpha bitter acid, alpha lupulic acid
Humus m / humus, ulmin, humin, gein ‖ ⌐... / humic ‖ für Wiederverwendung seitlich aufgehäufter ⌐ (Bau, Straß) / encallow ‖ ⌐kohle f / humic coal ‖ ~reicher Boden (Bau) / muck ‖ ~reicher Boden / mo[u]ld, soil [rich in humus] ‖ ⌐säure f / ulmic acid, humic acid
Hund m, Abstreifmeißel m (Hütt) / stripper
Hunde·gang m (Schlepper) / crab steering ‖ ⌐hütte f (SM-Ofen) / dog-house
Hunderter·stelle f, Hunderter m / hundred, the hundred, hundreds place o. digit
hundert·fach / centuple, hundredfold ‖ ~gradig, -teilig / centigrade ‖ ~jähriges Hochwasser / centennial flood ‖ ~prozentig / hundred percent ‖ ~prozentige Prüfung (Qual.Pr) / screening inspection, one-hundred-percent inspection ‖ ⌐punkt m (Meßinstr) / hundred points pl ‖ ⌐satz m, Prozentsatz m / percentage
hundertstelnormal (Chem) / centinormal
hundert·teilig / centesimal ‖ ⌐teilung f des Bogens / centesimal division of the quadrant
Hundredweight n (= 50.8023 kg) / [long] hundredweight (= 112 lb)
Hundsche Regel f (Nukl) / Hund rule
Hundsfott n, Seilöse f (Schiff) / becket
Hungerwolle f / hungry wool, wool with breaks
Huntilith m (Min) / chanarcilite
Hunting n (Pendeln um die Kursrichtung) (Luftf) / hunting

Huntingcalf n, Rauhleder n / hunting calf
Hupe f (Kfz) / [electric] horn, hooter (GB) ‖ ⌐, Ballhupe f (Kfz) / bulb horn o. hooter ‖ elektronische ⌐ / electronic horn
hupen / sound the horn, honk, hoot ‖ ⌐ring m (Kfz) / horn ring
Hüpfbewegung f, hüpfende Bewegung / skipping motion, jumping motion
hüpfen / skip
Hürde f, Gestell n (Hütt) / cradle
Hurrelmühle f (für Emulsionen) (Chem) / Hurrel mill
Hurrikandeck n (Schiff) / hurricane o. flying deck
Hurwitz·kriterium n / Hurwitz criterion of stability ‖ ⌐-Zerlegung f (Math) / Hurwitz break-up
Hüsing f (Schiff) / housing, house line
Husten n (Mot) / coughing ‖ ~ (Mot) / cough vi
Hut m (Masch) / hat, cover ‖ ⌐, Kappe f (Bau, Masch) / cap ‖ ⌐, Hütchen n (Kompaßnadel) / cap ‖ ⌐ (LD-Verfahren) / taphole ‖ ⌐ der Kompaßrose / pivot bearing, card socket
Hütewirkung f (Elektrozaun) / tent effect
Huth-Kühnsender m (Radio) / tuned grid - tuned plate oscillator
Hut·manschette f / cup leather ‖ ⌐mutter f / cap nut, bow o. box nut, acorn nut ‖ ⌐mutter f (hohe Form) / domed cap nut ‖ ⌐mutter f (niedrige Form) / low cap nut ‖ ⌐preßform f, -stock m / hatter's press form o. block ‖ ⌐querschnitt m, offener Rahmenquerschnitt (Stahlbau) / top-hat cross section ‖ ⌐schiene f (EN 50022) / top hat rail ‖ ⌐schraube f (DIN 25197) / cap bolt ‖ [Sechskant-]⌐schraube f / hexagon cap screw ‖ ⌐stumpen m / body of a hat
Hütte f / cottage, hut ‖ ⌐, Baracke f, Bude f / hut, shack, shanty, cabin, booth ‖ ⌐, Eisenhüttenwerk n / iron and steel plant o. works ‖ ⌐, Schmelzhütte f / smelting works, smeltery ‖ ⌐, Metallhüttenwerk n / metallurgical works o. plant
Hütten·aluminium n / primary aluminum pig ‖ ⌐arbeiter m / smelter, foundryman ‖ ⌐bedarf m / auxiliary material for iron and steel works ‖ ⌐bims m / blast furnace foamed slag o. pumice-stone slag, foamed o. pumice slag ‖ ⌐bimsstein m (Hütt) / foamed o. pumice slag brick ‖ ⌐blei, Pb 99.9 n / commercial[ly pure] lead ‖ ⌐chemiker m / ore assayer ‖ ⌐erzeugnisse n pl / iron and steelworks products pl ‖ ⌐flur m (Hütt) / shop floor o. mill floor level ‖ unter ⌐flur (Hütt) / below ground level ‖ ⌐glas n (Hohlglas) / blow-moulded glass, blank [glass] ‖ ⌐industrie f (Metall) / metallurgical industry ‖ ⌐industrie f (Eisen) / steel and iron industry ‖ ⌐ingenieur, -mann, Metallurg[e] m / metallurgist ‖ ⌐kalk m / slag lime ‖ ⌐koks m / metallurgical coke, byproduct coke[s] ‖ ⌐kunde f, Metallurgie f / metallurgy ‖ ⌐kupfer m / commercially pure copper, refinery copper ‖ ⌐magnesium n / primary magnesium pick ‖ ⌐mann m (Hütt) / ironworker, metallurgist ‖ ⌐mauerstein m / granulated-slag brick ‖ ⌐metall n / primary o. virgin metal ‖ ⌐nickel m / refined o. refinery nickel ‖ ⌐rohzink n (Hütt) / common spelter ‖ ⌐schwemmstein, -bimsstein m (Hütt) / foamed o. pumice slag brick ‖ ⌐sohle f / level of metallurgical works ‖ ⌐sohle f, Herd m / sole, hearth, smelting area ‖ ⌐stein m / granulated slag brick ‖ ⌐werk n, Stahlwerk n / steel works ‖ gemischtes ⌐werk / integrated iron and steel works ‖ ⌐wesen n, Metallurgie f / metallurgy ‖ ⌐zement m / slag cement ‖ ⌐zink n, Zink unter 99,9% Reinheit / commercial zinc, spelter
Hut·zucker m / loaf o. cone sugar ‖ ~zuckerförmig (Geol) / sugar-loaf like
Huygens-Fresnelsches Prinzip n (Opt) / Huygens-Fresnel principle
HV = Vickershärte ‖ ⌐ (Fernm) = Handvermittlung
HVB = Hochvakuumbitumen
H-Verzweiger m, Parallel-T-Glied n (Wellenleiter) / shunt-Tee

HVIC *m* (ein Leistungselektronik-Chip) / HVIC, high voltage integrated circuit

HV-Schraube *f* (hochverschleißfest) (Stahlbau) / high-strength friction grip bolt, HSFG-bolt, high-tensile o. HT bolt

HVstW (Fernm) = Hauptvermittlungsstelle mit Wählbetrieb

HVt (Fernm) = Hauptverteiler

HV-Verbindung *f*, hochfeste Schraubenverbindung (Stahlbau) / friction grip bolted joint, high-strength friction grip o. HSFG-joint, prestressed high-strength connection

HW = Hochwasser

Hw = Heizwert

HWD, Halbwertsdicke *f* / HVT, half[-value] thickness

H-Welle *f* (Wellenleiter) / transverse electric wave, TE-wave, H-wave

HWS, Halbwertsschicht *f* (Nukl) / HVL, half-value layer

HWT (Röntgen) / HVD, half-value depth, HVT, half-value thickness

HWZ, Halbwertszeit *f* (Nukl) / half[-value] period; half-life

Hyacynthin *n* / bromostyrene, hyacynthine

hyalin (Geol) / hyaline

Hyalit *m* (Min) / hyalite, Müller's glass

Hyalophan *m* (monokliner Bariumfeldspat) (Min) / hyalophane

Hyaluronidase *f*, Ausbreitungsfaktor *m* (Biol) / spreading factor, hy[ali]dase, hyaluronidase

Hyazinth *m* (Min) / hyacinth, essonite

hybrid *adj* / hybrid *adj* ‖ ⁎ *m*, Bastard *m*, Mischling *m* / hybrid ‖ ⁎e **Bahn**, Hybridorbital *n* (Nukl) / hybrid orbital ‖ ⁎e **Bildung** / hybrid ‖ ⁎es **Rechnersystem** / hybrid system ‖ ⁎er **(o. lithergoler) Treibstoff** (Raketen) / lithergol ‖ ⁎**antrieb** *m*, Kombination zweier verschiedener Antriebsaggregate (z.B. Motor/Turbine) (Luftf) / composite engine ‖ ⁎**antrieb** *m* (Elektro- plus Dieselmotor) (Kfz) / hybrid drive ‖ ⁎**antrieb**, Mischantrieb *m* (Rakete) / hybrid thruster o. propulsion

Hybride *f* (Wellenleiter) / hybrid junction, bridge hybrid ‖ **ringförmige** ⁎ (Wellenleiter) / rat race

Hybrideingabe *f* (DV) / hybrid input

hybridisieren / hybridize

Hybridisierung *f* (Bot, Kühlung, DV) / hybridization

Hybrid·rechner, Analog-Digitalrechner *m* / hybrid computer ‖ **untere** ⁎**resonanz** / lower hybrid resonance ‖ ⁎**richtungskoppler**, Drei-dB-Koppler *m* (Wellenleiter) / hybrid coupler ‖ ⁎**-Schaltkreis** *m*, -schaltung *f* (Halbl) / hybrid o. film circuit, hybrid integrated circuit, hybrid IC ‖ ⁎**treibstoff** *m* (Raumf) / hybrid propellant ‖ ⁎**treibstoff-Triebwerk** *n* / hybrid rocket ‖ ⁎**-Übertragung** *f* (Telefax) / hybrid transmission ‖ ⁎**werkstoff** *m* (z.B. Aramid/Glasfaser-Laminat) / hybrid material

Hydantoin *n*, Glykolharnstoff *m* / hydantoin

Hydralin *n*, unreines Zyklohexanol / commercial cyclohexanol

hydralisiertes Zinnoxid, Metazinnoxid *n* / hydrated stannic oxide

Hydrant *m*, Zapfstelle *f* / water plug, hydrant, H ‖ ⁎ (an der Wand), Wandhydrant *m* (F'wehr) / hydrant, fire plug, F.P. ‖ ⁎, Feuerlöschwasserständer *m*, Standrohr *n* / stand pipe, hydrant

Hydranten-Fußbogen *m* (DIN 28648) / duckfoot bend ‖ ⁎ (DIN 28648) / duckfoot bend

Hydrantschlüssel *m* / hydrant key

Hydrapulper *m* (Pap) / hydrapulper

Hydrargillit, Gibbsit *m* (Min) / hydrargillite, gibbsite

Hydrat *n* / hydrate ‖ ⁎ **mit einem Mischungsgewicht Wasser** / monohydrate

Hydratation *f* (Anlagerung von Wassermolekülen an Ionen) / hydration

Hydra[ta]tionswärme, Bindungswärme *f* / heat of hydration, hydration heat

hydratierbar / hydratable

Hydration *f* (Wasseranlagerung an feinsten Tonteilchen) / hydration

Hydration *n* / hydrated ion

hydratisieren, Wasser anlagern / hydrate, hydratize

Hydratisierung *f* (Wasseranlagerung an organ. Verbindungen in Gegenwart von Katalysatoren) / hydration

Hydraton *m* (Bau) / hydrated clay

Hydrat·wasser *n* / hydration water ‖ ⁎**wasser** *n* (Krist) / primary adsorbed water ‖ ⁎**zellulose** *f* / hydrate[d] cellulose

hydrauliche Waage / hydraulic weighing machine

Hydraulik *f*, Hydromechanik *f*, Mechanik *f* der flüssigen Körper / hydraulics ‖ ⁎ (Einrichtung) / hydraulic equipment ‖ ⁎, Pumpen- u. hydraulic engineering ‖ ⁎, Teervorlage *f* (Gas) / tar cleaning tube ‖ ⁎ **u. Pneumatik** / fluid technology (US) ‖ ⁎**anlage** *f* (Luftf) / hydraulic system ‖ ⁎**bagger** *m* / hydraulic excavator ‖ ⁎**behälter** *m* / [hydraulic] reservoir ‖ ⁎**flüssigkeit** *f* / hydraulic fluid o. medium ‖ ⁎**guß** *m* / castings for hydraulic systems *pl* ‖ ⁎**ingenieur** *m* / hydraulic engineer ‖ ⁎**kreis** *m* (Luftf) / hydraulic circuit ‖ ⁎**öl** *n* / hydraulic fluid o. oil ‖ ⁎**schaufel** *f*, -bagger *m* / hydraulic shovel ‖ ⁎**-Wagenheber** *m* (Kfz) / hydraulic jack

hydraulisch / hydraulic ‖ ~, unterwasserhärtend (Kalk, Mörtel) / hydraulic ‖ ~er **Abbau** (Bergb) / hydraulic excavation ‖ ~er **Abbau**, Druckstrahlabbau *m* / hydraulic blasting ‖ ~er **Akkumulator** / hydraulic accumulator, weight load (US) ‖ ~er **Antrieb** / hydraulic drive ‖ ~er **Aufzug** / hydraulic lift ‖ ~er **Aufzug mit Seilübersetzung** / jigger ‖ ~er **Ausbau** (Bergb) / powered supports *pl* ‖ ~e **Bremse** / hydraulic brake ‖ ~er **Bremsstand** / hydraulic brake test bench ‖ ~er **Drehmomentenwandler** (Kfz) / hydraulic torque converter ‖ ~er **Druckverschluß** (Spritzform) / straight hydraulic locking ‖ ~er **Durchmesser** / hydraulic diameter ‖ ~e **Eigenschaft** / hydraulic property ‖ ~e **Förderung** / hydraulic conveyance ‖ ~es **Getriebe** (Bahn, Kfz) / fluid drive ‖ ~er **Heber** / hydraulic [hoisting] jack ‖ ~er **Heber** (Kfz) / direct lift hoist ‖ ~er **Kalk** / hydraulic o. water lime, lean lime ‖ ~e **Klassierung** (Bergb) / water sizing ‖ ~er **Kniehebelverschluß** / hydraulic locking with toggles ‖ ~e **Kraft**, Hydrokraft *f* / hydraulic power ‖ ~e **Kräfte** *f pl* / hydraulic forces *pl* ‖ ~er **Kraftheber** (Pflug) / hydraulic power lift ‖ ~e **Kraftübertragung o. Betätigung** (Bremse) / hydraulic transmission (GB) o. linkage (US) ‖ ~er **Kraftverstärker** / hydraulic amplifier ‖ ~e **Kupplung** (Kfz) / fluid flywheel ‖ ~e **Maschine** / hydraulic machine ‖ ~er **Modul** (Mörtel) / hydraulic ratio ‖ ~er **Mörtel** / hydraulic o. water mortar ‖ ~e **Presse** / hydraulic o. hydrostatic press ‖ ~er **Radius** (Hydr) / hydraulic radius ‖ ~e **Regelung** / hydraulic control ‖ ~e **Rißbildung** / hydraulic fracturing, hydrofrac ‖ ~e **Setzmaschine** (Bergb) / hydraulic o. plunger jig[ger] ‖ ~er **Steinfänger** (Zuck) / hydraulic rock catcher ‖ ~er **Stoßdämpfer** / hydraulic shock absorber, dashpot, dashing vessel ‖ ~e **Strangpresse** / hydraulic extruder, stuffer ‖ ~er **Transformator** / hydraulic gear o. transmission ‖ ~es **Überdrucksystem** (Raumf) / water boost system ‖ ~er **Übersetzer** / hydraulic pressure intensifier ‖ ~e **Verriegelung** (Luftf) / hydraulic lock ‖ ~er **Wandler** / flow o. hydraulic converter, hydroconverter ‖ ~er **Widder**, Stoßheber *m* / hydraulic o. water ram, suction ram, siphon ‖ ~er **Zement** (Masch) / hydraulic cement ‖ ~er **Zusatz**, Hydraulit *m* (Bau) / hydraulic additive

Hydrazid *n* (Chem) / hydrazide

Hydrazin *n*, Diamid *n* / diamide, hydrazin[e] ‖ ⁎**-Dimethylamin-Brennstoff** *m* (Raumf) / hidyne ‖ ⁎**gaserzeuger** *m* / hydrazine gas generator ‖ ⁎**hydrat** *n* / diamide hydrate

Hydrazinium·dichlorid *n* / hydrazin[e] dihydrochloride ‖
⁓**salz** *n* (Rak.-Treibst) / hydrazinium salt
Hydrazin·monergolsystem *n* / hydrazine monopropellant
system ‖ ⁓**puffertank** *m* (Öl) / hydrazine surge drum ‖
⁓**sulfat** *n* / hydrazin[e] sulfate
Hydrazo·benzol *n* / hydrazobenzene ‖ ⁓**körper** *m*,
-verbindung *f* / hydrazoic compound
Hydra·zon *n* (Chem) / hydrazone ‖ ⁓**zoverbindung** *f* /
hydrazo compound
Hydrid *n* / hydride ‖ ⁓**moderiert** (Nukl) / hydride-
moderated ‖ ⁓**pulver** *n* (Sintern) / hydride powder ‖
⁓**verfahren** *n* / hydride process .
hydrierbar / hydrogenizable
Hydrierbenzin *n* / hydrogenation petrol o. gasoline
hydrieren, Wasserstoff anlagern, mit Wasserstoff
verbinden / hydrogenate
hydrierend / hydrogenating ‖ ⁓**e Entschwefelung** (Öl) /
hydrodesulphurization
Hydrier·gas *n* / hydrogenation gas ‖ ⁓**stahl** *m* /
hydrogenation steel
hydriert (Chem) / hydrogenated ‖ ⁓, verflüssigt,
wässerig / hydrated ‖ ⁓**er Ring** (Chem) / hydrogenated
ring
Hydrierung *f* / hydrogenation
Hydrierwerk *n* / hydrogenation plant, coal-liquid plant
Hydro·... (Masch) / hydraulic ‖ ⁓**abbau** *m* (Bergb) /
hydraulicking, hydraulic mining o. excavation, sluicing
(rare) ‖ ⁓**akustisch** / hydroacoustic ‖ ⁓**antrieb** *m* /
hydraulic drive ‖ ⁓**antriebsaggregat** *n* / hydraulic drive
unit ‖ ⁓**aromatisch**, Hydroaromaten... / hydroaromatic
‖ ⁓**bakteriologie** *f* / hydrobacteriology ‖ ⁓**behälter** *m* /
[hydraulic] reservoir ‖ ⁓**behandlung** *f* (Öl) /
hydrotreating ‖ ⁓**biologie** *f* / hydrobiology ‖
⁓**-Blasenspeicher** *m* / hydro-pneumatic accumulator ‖
⁓**chemisch** / hydrochemical ‖ ⁓**chinon** *n* /
hydroquinone, quinol ‖ ⁓**chlor...** / hydrochloric ‖
⁓**chlorgas** *n*, Chlorwasserstoff *m* / hydrogen chloride
gas ‖ ⁓**chlorid** *n* / hydrochloride ‖ ⁓**chlorierung** *f* /
hydrochlorination ‖ ⁓**cyanit** *m* (ein CuSO₄) (Min) /
hydrocyanite ‖ ⁓**dealkylierung** *f* / hydrodealkylation ‖
⁓**dealkylierungsverfahren** *n* / hydro-dealkylation
process, HDA-process ‖ ⁓**dewaxing** *n* (Öl) /
hydrodewaxing ‖ ⁓**dynamik** *f* / hydrodynamics *sg* ‖
⁓**dynamisch** / hydrodynamic ‖ ⁓**dynamische**
Abbremsung (Bahn) / hydrodynamic braking ‖
⁓**dynamisches Paradoxon** (Phys) / hydrodynamic
paradoxon ‖ ⁓**dynamisches Schweißen** / hydrodynamic
welding ‖ ⁓**ejektor** *m*, Wasserstrahlpumpe *f* /
hydroejector ‖ ⁓**elektrisch** / hydroelectric ‖ ⁓**-Erdbau**
m / hydrolicking ‖ ⁓**feder** *f* / hydraulic spring ‖
⁓**finieranlage** *f*, Entschwefelungsanlage für
Mitteldestillate (Öl) / hydrofining plant, hydrofiner ‖
⁓**finieren** *n*, Wasserstoffraffination *f* / hydrofining ‖
⁓**förderung** *f* / hydraulic conveyance ‖ ⁓**formen** *n* /
fluid forming ‖ ⁓**forming** *n* (Reformieren unter
Wasserstoffdruck) (Öl) / hydroforming ‖
⁓**forming-Prozeß** *m* (Ziehen mit gesteuertem Druck
gegen Gummimembran) (Wzm) / hydroforming ‖
⁓**formylierung**, Oxosynthese *f*, -verfahren *n* /
hydroformylation, oxo process o. synthesis ‖
⁓**fracverfahren** *n* / hydraulic fraturing, hydrofrac
process ‖ ⁓**gel** *n* / hydrogel
Hydrogen·carbonat *n* / hydrocarbonate ‖ ⁓**-Feuer** *n*
(Schadensfeuer, hohe Temperatur spaltet Wasser in
Knallgas) / hydrogen fire ‖ ⁓**salz** *n* / acid salt ‖ ⁓**sulfat**
n / bisulphate ‖ ⁓**sulfid** *n* / hydrogen sulphide,
hydrosulphide, bisulphide, sulphur hydride ‖ ⁓**sulfit** *n* /
hydrogen sulphite, bisulphite
Hydro·geologie *f* / hydrogeology ‖ ⁓**getriebe** *n* /
hydrostatic transmission ‖ ⁓**glimmer** *m* / hydrous mica
‖ ⁓**grafisch** / hydrographic, -ical ‖ ⁓**grafisches Amt** /
hydrographic office ‖ ⁓**grafische Karte** /
hydrographic[al] o. nautical chart o. map, [sea] chart ‖
⁓**grafische Serie** (Meßgerät) / hydrographic series ‖

⁓**graphie**, Gewässerkunde *f* / hydrography ‖ ⁓**hämatit**,
Turgit *m* (Eisenerz) / hydrohaematite, turgite ‖ ⁓**honen** *n*
/ hydrohoning ‖ ⁓**kalkstein** *m*, Bohr- und Drehwerk *n* /
artificial o. hydraulic limestone ‖ ⁓**klassierung** *f*
(Aufber) / sizing in a current of water ‖ ⁓**kolben**,
-zylinder *m* / hydraulic lifting piston o. cylinder ‖
⁓**kolbenmotor** *m* / hydraulic piston motor ‖
⁓**kompaktgetriebe** *n* / variable-speed drive unit ‖
⁓**kracken** *n* (Öl) / hydrocracking ‖ ⁓**kracker** *m*,
-krackanlage *f* / hydrocracker, hydrocracking plant ‖
⁓**kraft** *f*, hydraulische Kraft / hydraulic power ‖
⁓**läppen**, Strahlläppen *n* (Wzm) / liquid lapping ‖ ⁓**lase**
f / hydrolase ‖ ⁓**lenkhilfe** *f* (Kfz) / in-line booster of the
steering gear ‖ ⁓**lenkung** *f* (Kfz) / hydraulic steering
gear ‖ ⁓**lith** *m* (Wasserstofferzeuger) / hydrolith ‖ ⁓**logie**
f, Wasserkunde *f* / hydrology ‖ ⁓**logisch** / hydrological
‖ ⁓**lysat** *n* / hydrolyzate ‖ ⁓**lyse** *f* / hydrolysis ‖
⁓**lysieren** / hydrolyze ‖ ⁓**lysierungsfähigkeit** *f* / power
of hydrolysis ‖ ⁓**lytisch** / hydrolytic ‖ ⁓**magnesit** *m*
(Min) / hydromagnesite ‖ ⁓**magnetisch** /
magnetohydrodynamic, MHD, hydromagnetic ‖
⁓**magnetischer Antrieb**, Plasmaantrieb *m* (Rakete) /
hydromagnetic propulsion ‖ ⁓**magnetisch geschmiert** /
hydromagnetically lubricated ‖ ⁓**magnetische**
Instabilität (Nukl) / hydromagnetic instability ‖
⁓**magnetische Welle** / hydromagnetic wave,
magnetohydrodynamic wave ‖ ⁓**magnokalzit**,
Hydrodolomit *m* (Min) / hydromagnocalcite ‖
⁓**mechanik** *f* / hydromechanics, mechanics of fluids ‖
⁓**mechanisch** / hydromechanical ‖ ⁓**mechanischer**
Abbau (Bergb) / hydraulicking, hydraulic mining ‖
⁓**mechanisches Getriebe** / hydromechanical
transmission ‖ ⁓**mechanische Gewinnung** (Bergb) /
hydraulic excavation ‖ ⁓**metallurgie** *f* (Hütt) /
hydrometallurgy ‖ ⁓**meteor** *m* (Meteorol) / hydro meteor
‖ ⁓**meteorologische Fernmessung** / hydromet
(hydro-meteorological telemetry) ‖ ⁓**meter** *n* /
hydrometer ‖ ⁓**metrie**, Wassermessung *f* / hydrometry
‖ ⁓**metrisch**, Wassermeß... / hydrometric[al] ‖
⁓**metrischer Flügel**, Flügelradanemometer *n* /
hydrometric vane ‖ ⁓**metrisches Pendel**,
Stromquadrant *m* / hydrometrical pendulum ‖
⁓**morphisch** (Boden) / hydromorphic ‖ ⁓**motor** *m*,
Wasserkraftmaschine *f* / hydraulic engine o. motor,
fluid power motor ‖ ⁓**motor**, Hartmann-Motor *m* (Hydr)
/ hydromotor system Hartmann ‖ ⁓**mühle** *f*, Jordan *m*
(Pap) / Jordan mill o. refiner ‖ ⁓**nalium** *n* / hydronalium
Hydrone *n* (Na-Pb-Legierung) / hydrone
Hydronfarbstoffe *m pl* / hydron dyes *pl*
Hydronium *n* / hydronium
Hydronium[-Ion] *n* / hydronium ion
Hydro·perforierung *f* (Öl) / hydroperforation ‖ ⁓**phil**,
aquatisch, im Wasser gedeihend (Biol) / hydrophilous /
⁓**phil** / hydrophilic, -phile ‖ ⁓**philie** *f* / hydrophilicity,
hydrophily ‖ ⁓**phob** / hydrophobic ‖ ⁓**phobie** *f* /
hydrophobicity, hydrophoby ‖ ⁓**phobiermittel** *n* /
waterproofing agent ‖ ⁓**phobierung** *f* (Textil) / water
repellent finishing ‖ ⁓**phon** *n*,
Unterwasserschallempfänger *m*, -horchgerät *n* /
hydrophone ‖ ⁓**phon** *n* (Prüfgerät) / waterphone ‖ ⁓**phor**
m / hydrophor ‖ ⁓**phor** *m*, Druckwindkessel *m* /
compressed air chamber ‖ ⁓**pneumatisch** /
hydropneumatic ‖ ⁓**polieren** *n* (Wzm) / liquid polishing
‖ ⁓**ponik**, Wasserkultur *f* / hydroponics *sg*, tray o. tank
agriculture (US) ‖ ⁓**ponisch**, erdelos / hydroponic,
soilless ‖ ⁓**presse** *f* / hydraulic o. hydrostatic press ‖
⁓**pulsor** *m*, hydraulic ram ‖ ⁓**pumpe** *f* / fluid power
pump, hydraulic pump ‖ ⁓**raum** *m* (der Wasserbereich
der Ozeane) / hydrospace ‖ ⁓**sandstein** *m* / artificial o.
hydraulic sandstone ‖ ⁓**separator** *m* / centrifugal
hydroseparator ‖ ⁓**skimming** *n* (Öl) / hydroskimming ‖
⁓**sol** *n* / hydrosol ‖ ⁓**speicher** *m* / hydraulic
accumulator ‖ ⁓**sphäre** *f* (Wasserhülle der Erde) /
hydrosphere ‖ ⁓**sprengpresse** *f* / hydraulic cartridge ‖

⮾statik f, Statik f tropfbar flüssiger Körper / hydrostatics
hydrostatisch / hydrostatic, -ical ‖ ~er **Antrieb** / static displacement drive ‖ ~er **Auftrieb** / buoyancy ‖ ~er **Druck** / hydraulic o. hydrostatic pressure ‖ ~es **Drucklager** / hydrostatic thrust bearing ‖ ~es **Fließpressen** (Schm) / hydrostatic extrusion ‖ ~e **Führung** (Wzm) / hydrostatic guiding arrangement ‖ ~e **Kraftübertragung** / hydrostatic transmission ‖ ~es **Lager** / hydrostatic journal bearing, externally pressurized porous bearing ‖ ~es **Lager**, Hydrostatik-Lager n / externally pressurized porous bearing ‖ ~e **Lenkung** (Kfz) / hydrostatic power steering gear ‖ ~es **Paradoxon** / hydrostatic paradoxon ‖ ~es **Pressen** (Sintern) / hydrostatic pressing o. compacting ‖ ~es **Radial-Gleitlager** / hydrostatic plain journal bearing ‖ ~e **Waage** / hydrostatic weighing machine ‖ ~er **Windmesser** / hydrostatic wind gauge
Hydro·stoßdämpfer m / hydraulic shock absorber ‖ ⮾**sulfid** n / hydrosulphide ‖ ⮾**technik** f, Wasserbau m / canal, harbour, and river engineering ‖ ⮾**test** m (Öl) / hydrotest ‖ ~**thermal** (Min, Geol) / hydrothermal ‖ ~**thermale Umwandlung** (Geol) / hydrothermal metamorphism ‖ ⮾**thermalsynthese** f / hydrothermal synthesis ‖ ~**tropisches Salz** / hydrotropic salt ‖ ⮾**ventil** n / hydraulic valve ‖ ⮾**verbindung** f (Chem) / hydro compound
Hydroxid n / hydroxide ‖ ⮾**-Form** f, OH-Form f / hydroxide form
Hydroxy·anthrachinon n / hydroxyanthraquinone ‖ ⮾**bernsteinsäure** f / hydroxysuccinic acid, malic acid ‖ ⮾**chinon** n / hydroxyquinone ‖ ⮾**fettsäure** f (Färb) / oxy-fatty acid
Hydroxyl·amin n / hydroxylamine ‖ ⮾**gruppe** f, Hydroxyl n / hydroxyl [group] ‖ ⮾**gruppenaddition**, Hydroxylierung f / hydroxylation
hydroxyliert / hydroxylated
Hydroxylierungstheorie f (Verbrennung) / hydroxylation theory
Hydroxyl·zahl f, OHZ / hydroxyl number
Hydroxy·methylgruppe, Methoxygruppe f / hydroxymethyl group ‖ ⮾**naphthalin** n / hydroxynaphthalene ‖ ⮾**propionsäure** f / hydroxypropionic o. lactic acid ‖ ⮾**säure** f / hydroxy acid, polyhydric acid
Hydro·zellulose f / hydrocellulose ‖ ⮾**zinkit** m, Zinkblüte f (Min) / hydrozincite, zinc bloom ‖ ⮾**zyklon**, Zyklonwascher m (Bergb) / hydrocyclone [classifier] ‖ ⮾**zylinder** m / hydraulic cylinder
Hyetograph, Niederschlagsschreiber m / hyetograph
Hygiene f, Gesundheitslehre f / hygiene, hygienics sg ‖ ⮾, Gesundheitspflege f, -wesen n / sanitation, hygiene, care of health ‖ ⮾**-Insektizid** n / health insecticide ‖ ⮾**schädling** m / hygiene pest
hygienisch / hygienic, sanitary ‖ ~e **Zustände** m pl, Hygiene f / hygienic conditions
Hygro·graph m / hygrograph ‖ ⮾**meter** n / hygrometer ‖ ⮾**skop** n (ungenaues Luftfeuchtigkeits-Anzeigegerät) / hygroscope ‖ ~**skopisch**, Feuchtigkeit anziehend / hygroscopic ‖ ~**skopisches Verhalten**, Hygroskopizität f / hygroscopicity ‖ ⮾**stat**, Feuchtigkeitsregler m / hygrostat ‖ ⮾**tester** m (Pap) / hygrotester
Hyl-Verfahren n (zur direkten Stahlerzeugung) (Hütt) / Hyl process (Hojalata y Lamina)
Hyperbel f / hyperbola ‖ ⮾**bahn** f / hyperbolic orbit o. path ‖ ⮾**funktion** f, hyperbolische Funktion / hyperbolic function ‖ ⮾**gitternetz** n / hyperbolic grid ‖ ⮾**kosinus** m, ch, cosh / hyperbolic cosine, cosh ‖ ⮾**kotangens** m, coth / hyperbolic cotangent, coth ‖ ⮾**navigations-Netzkarte** f / hyperbola lattice chart ‖ ⮾**[navigations]verfahren** n / hyperbolic system o. navigation ‖ ⮾**-Peilung**, -Ortung f / hyperbolic position finding ‖ ⮾**rad** n / hyperbolical wheel ‖ ⮾**sinus** m, hyperbolischer Sinus, Sinus hyperbolicus, sh, sinh /

hyperbolic sine, sinh ‖ ⮾**tangens** m, tanh / hyperbolic tangent, tanh ‖ ⮾**tangens** m, tanh / tanh
hyperbolisch / hyperbolic ‖ ~er **Hilfsreflektor** (Elektronik) / hyperbolic subdish ‖ ~er **Logarithmus** / hyperbolic logarithm ‖ ~es **Paraboloid**, Hy[p]par n (Math) / hypar ‖ ~es **Paraboloid**, hyperbolische Paraboloidschale (Bau) / hyperbolic paraboloid structure o. shell
Hyper·boloid n / hyperbolic conoid, hyperboloid ‖ ⮾**boloidenrad** n / hyperbolical wheel ‖ ~**dicht** / hyperdense ‖ ⮾**ebene** f / hyperplane ‖ ~**eutektoidisch** / hyper-eutectoid ‖ ⮾**feinstruktur** f / hyperfine structure, hfs ‖ ⮾**filtration** f / hyperfiltration ‖ ⮾**fläche** f / hypersurface ‖ ~**fokal** (Opt) / hyperfocal ‖ ⮾**formen** n (Chem) / hyperforming ‖ ⮾**fragment**, Hypernukleon n (Nukl) / hyper fragment, hypernucleon ‖ ~**geometrisch** / hypergeometric ‖ ~**goler Treibstoff** / auto-igniting propellant, hypergol ‖ ~**gole Entflammung** / hypergolic ignition ‖ ~**gol-Eigenschaft** f / hypergolic property ‖ ~**gol[isch]** (Treibstoff) / hypergolic, self-igniting ‖ ⮾**gonar** n (für Cinemascope-Verfahren) / hypergonar lens ‖ ~**halin** (über 40 Promille Salzgehalt) / hyperhaline ‖ ⮾**kern** m (Phys) / hyper fragment ‖ ⮾**konjugation** f, Baker-Nathan-Effekt m (Chem) / no-bond resonance, hyperconjugation ‖ ⮾**ladung** f (Nukl) / hypercharge ‖ ⮾**molekül** n / hypermolecule ‖ ⮾**nik** n (50 % Eisen-Nickellegierung) / hypernik ‖ ⮾**nukleon**, Hyperfragment n (Nukl) / hyper fragment, hypernucleon
Hyperon n (Nukl) / hyperon
Hyperschall·... (Ultraschall über Mach 5), hypersonic / hypersonic ‖ ⮾**-Aerodynamik** f / hypersonics ‖ ⮾**gleiter**, -raumgleiter m / hypersonic glider ‖ ⮾**windkanal** m / hypersonic wind tunnel ‖ ⮾**-Wirbelstrom** (Raumf) / hypersonic wake
hyper·sensibilisieren (Phot) / hypersensitize ‖ ⮾**sensibilisierung**, Sensibilitätssteigerung f (Phot) / hypersensitization ‖ ⮾**sorption** f (Gas, Öl) / hypersorption ‖ ⮾**sphäre** f / hypersphere ‖ ~**stabil** / hyperstable ‖ ⮾**stabilität** f (Regeln) / hyperstability ‖ ~**stereoskopisch** (Opt) / hyperstereoscopic ‖ ⮾**sthen** m / hypersthene ‖ ~**tonisch** (Chem) / hypertonic ‖ ⮾**trophie** f / hypertrophy ‖ ~**trophieren** vt [vi], [sich] anormal groß entwickeln / hypertrophy vt vi ‖ ⮾**zykloide** f / hypercycloid
hypidiomorph (teilweise eigengestaltig) (Geol) / hypidiomorphic
Hypo·chlorit n / hypochlorite ‖ ⮾**chloritraffination** f (Öl) / hypochlorite sweetening ‖ ⮾**[di]phosphorsäure** f, (H₄P₂O₆) / hypo[di]phosphoric acid
hypoid (Math) / hypoid ‖ ⮾**getriebe**, Kegelschraubgetriebe n / hypoid bevel gear, skew bevel gear ‖ ⮾**radpaar** n / hypoid gear pair with non-parallel non-intersecting axes, hypoid gear pair
Hypo·ioditlösung f / hypoiodite solution ‖ ⮾**kinesie** f (Raumf) / hypokinesis ‖ ⮾**nitrit** n / hyponitrite ‖ ⮾**phosphit** n / hypophosphite ‖ ~**phosphorige Säure**, (H₃PO₂) / hypophosphorous acid ‖ ⮾**sulfit**, Dithionit n / hyposulphite ‖ ⮾**sulfitprüfung** f (Phot) / hypo test ‖ ⮾**tenuse** f / hypotenuse ‖ ⮾**these** f / hypothesis ‖ ⮾**these der kontinuierlichen Schöpfung** (Phys) / steady-state cosmology o. theory, continual creation theory ‖ ~**thetisch**, bedingt / hypothetical, conjectural ‖ ~**thetischer Störfall** m / hypothetical accident ‖ ~**tonisch** (Chem) / hypotonic ‖ ⮾**trochoide** f (Math) / hypotrochoid ‖ ⮾**xie** f (Sauerstoff-Mangel) (Luftf) / hypoxia ‖ ⮾**zentrum** n, Bodennullpunkt m (nukl.Bombe) / ground zero ‖ ⮾**zentrum** n (eines Erdbebens) (Geol) / hypocenter ‖ ⮾**zykloidalbewegung** f / hypocycloidal motion ‖ ⮾**zykloide** f (Math) / hypocycloid, interior o. internal epicycloid ‖ **4-spitzige ⮾zykloide** / astroid, tetracuspid
Hy[p]par n, hyperbolisches Paraboloid (Math) / hypar, hyperbolic paraboloid
Hypparschale, HP-Schale f (Bau) / hyperbolic paraboloid structure o. shell

hypso·chrom, chromophor (Chem, Spektrosk) / hypsochrome *adj* ‖ **᠆chrom**, Chromophor *n* (Chem) / hypsochrome ‖ **᠆grafische (o. -metrische) Kurve** / hypsogram ‖ **᠆graph** *m*, Höhenschreiber *m* / altigraph ‖ **᠆graph** *m* (ein Pegelschreiber) / hypsograph ‖ **᠆meter**, Siedebarometer *n* / altimeter, hypsometer ‖ **᠆metrie** *f* / altimetry ‖ **᠆metrische Farbe** / hypsometric o. elevation tint
Hysterese, Hysteresis *f* (Elektr) / hysteresis ‖ **᠆fehler** *m* (Instr) / hysteresis error ‖ **᠆-Gegenfeld** *n* / anhysteresis ‖ **᠆koeffizient**, Steinmetzkoeffizient *m* (Elektr) / hysteresis o. Steinmetz coefficient ‖ **᠆motor** *m* s. Hysteresismotor ‖ **᠆prüfgerät** *n* nach Ewing / Ewing curve tracer ‖ **᠆schleife** *f* / hysteresis loop o. cycle ‖ **᠆verlust** *m* / magnetic o. hysteresis loss ‖ **᠆wärme** *f* (Elektr) / hysteresis heat
Hysteresis·motor *m* (Elektr) / hysteresis motor ‖ **᠆strom** *m* / hysteresis current ‖ **᠆winkel** *m* / angle of hysteresis
H-Zentrum *n* (Nukl) / H-center
HZK = höchstzulässige Konzentration

I

I (Phys) = Isospinquantenzahl
IAC = International Association for Cybernetics
IACS-Leitfähigkeit *f* (= Intern. Annealed Copper Standard) (Kupfer) / IACS conductivity
IAE = Institute of Aeronautical Engineers
IAEA, IAEO (Nukl) = International Atomic Energy Agency = Internationale Atomenergie-Organisation
IAE-Versuch *m* (Öl) / IAE test
IAHR = International Association for Hydraulic Research (Delft)
IAM (Elektronik) = Impuls-Amplitudenmodulation
IAM-Mode *f* (Luftf) / initial approach mode, IAM
IAPS-Software *f* / IAPS, industrial application programming
IARU = Intern. Amateur Radio Union
IASB (Luftf) = International Aircraft Standard Bureau
IBK, Internationale Beleuchtungskommission *f* / I.C.I., International Commission on Illumination ‖ **᠆-Kolorimeternormal** *n* / I.C.I. standard observer
IBMG = Internationales Büro für Maße und Gewichte
IBM-Jargon *m* / IBMese
IBTO = Intern. Broadcasting and Television Organization
IC = integrierter Schaltkreis
ICA *n* (Kfz) / ICA, ignition control additive
ICAO-Normalatmosphäre *f* (= International Civil Aviation Organization) / ICAO standard atmosphere
ICB, Ionenballungsstrahl *m* / ion cluster beam, ICB
ICBM = interkontinentale ballistische Rakete
I²C Bus *m* (DV) / inter-IC-bus, I²C-bus
Ichthyophthalm, Apophyllit *m* (Min) / ichthyophthalm[it]e, apophyllite
ICI, Internationale Beleuchtungskommission / International Commission on Illumination
IC-Kartenhalter *m* **an der Gehäuserückwand** / card cage
ICPR, Internationale Strahlenschutz-Kommission / ICPR, International Commission on Radiological Protection
ICSU = Intern. Council of Scientific Unions
ID = Identifikation
I-Darstellung *f* (Radar) / I-display
Idast *n* (Datenübertragung in Sprechpausen) (Fernm) / IDAST, interpolated data and speech transmission

ideal, vollkommen (allg) / ideal ‖ **᠆**, uneigentlich (Math) / ideal ‖ **᠆e Artikulation** (Fernm) / ideal articulation ‖ **᠆e Elastizität** / Hookean elasticity ‖ **᠆es Gas** / ideal o. perfect gas ‖ **᠆er Kennzeitpunkt** (Fernm) / ideal instant ‖ **᠆e Konzentration** / ideal o. thermodynamic concentration ‖ **᠆er Leiter** / perfect conductor ‖ **᠆ plastisch** (Werkstoff) / perfectly plastic-elastic ‖ **᠆e Schmierung** / fluid lubrication ‖ **᠆er Stoßimpuls** / ideal shock pulse ‖ **᠆e Strömung** (Chem App) / plug flow ‖ **᠆er Trennfaktor** (Nukl) / ideal SPF (= simple process factor) ‖ **᠆er Übertrager** (Fernm) / ideal transformer ‖ **᠆e Zeilenmittellinie** / ideal print center line ‖ **᠆e Zylinderspule** (Elektr) / ideal cylindrical coil ‖ **᠆gerader Stab** (Mech) / ideal bar o. member ‖ **᠆kristall** *m* / ideal crystal ‖ **᠆scheibe** *f* (Masch) / circlip [securing ring] ‖ **᠆-starr-plastisch** / ideal perfectly plastic ‖ **᠆weiß**, Gleichenergieweiß *n* (TV) / equal energy white ‖ **᠆wert** *m* (Regeltechnik) / ideal value
Idee, Vorstellung *f* / conception, notion ‖ **᠆** *f* **einer Anwendung** / application system design
ideell, gedacht / mathematical, imaginary ‖ **᠆e Umformung** / homogeneous deformation ‖ **mit ᠆em Drehzapfen** / with false pivot
idempotent (Math) / idempotent *adj* ‖ **᠆** *n* (Math) / idempotent
Identifikation, -fizierung *f* (Regeln) / identification, ID
Identifikationsfeld *n* (DV) / identification field
Identifikationskarte, ID-Karte *f* / identification card, ID card
identifizierbar, ansprechbar (DV) / detectable
Identifizierer *m* (DV) / identifier
Identifizierungsbit *n* / tag bit
Identifizierungs·kennzeichen *n* (DV, Speicherorganisation) / tag ‖ **᠆marke** *f* / identification mark ‖ **᠆schwelle** *f* / recognition threshold ‖ **᠆-Sonderimpuls** *m* (Radar) / special position identification pulse, SPI
identisch / identic[al] ‖ **᠆ gleich** (Math) / identical [with], always equal [to]
Identität *f* / identity ‖ **᠆**, Gleichheit *f* / sameness
Identitäts·abstand *m*, -periode *f* (Math) / identity spacing ‖ **᠆funktion** *f* / identity function o. mapping ‖ **᠆glied** *n*, -Schaltung *f* (DV) / identity gate o. element ‖ **᠆glied** *n*, Ja-Glied *n* (Pneum) / YES relay ‖ **᠆-Operation** *f* / identity operation ‖ **᠆periode** *f* (Krist) / frequency period ‖ **᠆prüfung** *f* / identification ‖ **᠆vergleich** *m* (IC) / logical comparison
Identnummer *f* (F.Org) / identification number
Ideogramm *n* (Schriftzeichen der Bilderschrift) / ideograph, ideogram
IDESTA, Identifizieren und statische Auswertung von Prozeßdaten / IDESTA, identification and statistic evaluation of process data
idio·blastisch (Geol) / idioblastic ‖ **᠆chromatisch** (Min) / idiochromatic ‖ **᠆morph** (Min) / idiomorphic, -morphous, automorphic, -morphous
ID-Kartenleser *m* / ID-card reader
IDN (Europa), integriertes Fernschreib- und Datennetz / integrated data net, IDN
Idokras, Vesuvian *m* (Min) / idocrase, vesuvianite
Idose *f* (Chem) / idose
I-Draht, Taillen-Draht *m* (Kabel) / I-wire
ID-Regelung *f* (Regeln) / integral plus rate action control
IDV = integrierte Datenverarbeitung
IDVF = integrierte Datenverarbeitung im Fernmeldebereich
I.E. = Internationale Einheit
IE = Immunitätseinheit
IEA / IEA, International Energy Agency
I.E.C., IEC, Internationale Elektrotechnische Kommission / I.E.C., International Electrotechnical Commission
IEC-Bus *m* (DV) / IEC bus
IEC-Lampensockel *m* / IEC lamp cap
I.E.C.-Normmotor *m* (Elektr) / IEC standard motor

I.E.E.E., IEEE = Institute of Electric and Electronic Engineers, USA
IEEE-Gestell n / IEEE rack
Iep n (Nukl) / Iep, instrument for evalution of photographs
IFAPT-Programmiersprache f (Wzm, Frankreich) / IFAPT
IFF (Elektronik) = Impulsfolgefrequenz ‖ **⁎-Anlage** f, Freund-Feind-Kennung f (Radar) / identification friend or foe
IFM (Elektronik) = Impulsfrequenzmodulation
IFRB = International Frequency Registration Board (= Intern. Ausschuß zur Registrierung von Frequenzen)
IFR-Flug m / IFR flight (= instrument flight rules)
IFToMM = International Federation of the Theory of Machines and Mechanisms (UK)
IFW (Wzm) = Institut für Werkzeugforschung
Igel m (Baumwollsp) / carding roller, porcupine o. spiked feed roller, urchin (US) ‖ **⁎** (Zuck) / horseshoe ‖ **⁎spektrometer** n / hedgehog type spectrometer ‖ **⁎trafo** m / hedgehog transformer ‖ **⁎trommel** f (Spinn) / porcupine roller o. cylinder
IGFET m (= MOSFET) (Halbl) / IGFET, insulated gate field effect transistor
Iglu-Container m (Luftf) / igloo o. iglu (US) container
IG-Motor m (Prüfung) / I.G.-engine
Ignimbrit m / ignimbrite
Ignitron n / ignitron
I.G.-Researchmethode f (Treibstoff) / I.G.-research method
i-Halbleiter m / intrinsic semiconductor, I-type semiconductor
IHAS-Programm n (Luftf) / IHAS or integrated helicopter avionics system program
IHT = Institut für Härtereitechnik
IIB = Internationales Patentamt (Institut International des Brevets)
IID = Internationales Institut für Dokumentation
IIF, intelligente Schnittstelle / intelligent interface, IIF
IIS = Internationales Institut für Schweißtechnik
IIW = Intern. Institute of Welding
Ijolith m / ijolite
IKH = Internationale Kautschukhärte
Ikono·meter n (Opt, Phot) / eikonometer ‖ **⁎skop** n (TV) / iconoscope
Ikosaeder n, Zwanzigflächner m / icosahedron
Ikositetraeder n, Vierundzwanzigflächner m / icositetraedron, tetragonal trisoctahedron, trapezohedron
Ilang-Ilang n, Ylang-Ylang-Öl n (von Cananga odorata) / ilang-ilang oil
Ilgnerumformer m, -maschinensatz m (Elektr) / Ward-Leonard-Ilgner system, Ilgner generating set
Illinium, (jetzt:) Promethium n, Pm (Chem) / Il, illinium, (now:) promethium, Pm
Illipeöl n, Bassiaöl n / illipe oil
Illit m (Min) / illite
I²L-Logik (= integrated injection), I²L-Technik f (Halbl) / integrated injection o. I²L-logic o. technology, merged transistor logic, MTL
Illu-Kleinlampe f / decorative lamp (small type)
Illuminant, Weißpunkt m (TV) / illuminant
Illumination f / illumination ‖ **⁎**, Anstrahlen n, Festbeleuchtung f / spotlighting
Illuminations·-Flachleitung f / flat cord for illumination chain ‖ **⁎kette** f / decorative chain o. string
Illuminator m (Opt) / illuminator
illuminieren, beleuchten / illuminate, floodlight
Illustrationsdruck m / printing of illustrations ‖ **⁎papier** n / halftone printing paper
Illustrierte f, Magazin n / magazine
illuvial / illuvial ‖ **⁎e Anreicherung** / illuvium
ILM (Elektronik) = Impulslängenmodulation
Ilmenit m, Titaneisen[erz] n (Min) / ilmenite ‖ **⁎beton** m / ilmenite concrete
ILS·-Landekursantenne f / ILS localizer antenna ‖ **⁎-Landekurssender** m / ILS localizer ‖ **⁎-System** n (Luftf) / ILS, instrument landing system

I³L-Technik f (Halbl) / isoplanar integrated injection technology
Ilvait, Lievrit m (Min) / lievrite, ilvaite
Image-Orthikon n / super- o. image-orthicon
Image-Prozessor m (DV, Bildverarbeitung) / image processor
imaginär / mathematical, imaginary ‖ **⁎e Antenne** / image antenna ‖ **⁎es Bild** (Opt) / virtual image ‖ **⁎e Zahl** / imaginary number ‖ **⁎teil** m (einer Zahl) (Math) / imaginary part
Imago f (pl. Imagines), Vollinsekt n, -kerf m / imago
Imbibition f (Chem, Geol, Zuck) / imbibition
Imbibitionskasten m / imbibition trough
IMCO f, Zwischenstaatliche Beratende Schiffahrtsorganisation / IMCO, International Maritime Consulting Organization
IMEKO = Internationaler Meßtechnischer Kongreß
Imhofftank, Emscherbrunnen m / Imhoff o. Emscher tank
Imid n (Chem) / imide ‖ **⁎azol**, Glyoxalin n / iminazole, imidazole, glyoxaline
Imidogruppe f (Chem) / imido group
Imidol, Pyrrol n / pyrrole, azole
Imin n (Chem) / imine
Iminogruppe f (Chem) / imino group
Imitatgarn n / imitation yarn
imitieren, fälschen / imitate, counterfeit, fake
Imitiernaht f (Strumpf) / mock seam, knitted-in seam
imitiert, unecht / imitated, counterfeit, fake, imitation... ‖ **⁎**, nachgeahmt (Bau) / mock ‖ **⁎es Büttenpapier** / imitation hand-made paper, imitation deckle-edge ‖ **⁎es Wasserzeichen** / imitation watermark, simulated watermark
Imker m / apiarist
immanent, innewohnend / immanent
immateriell, stofflos / immaterial
Immedialreinblau n / immedial pure blue
Immediatanalyse f / proximate analysis
immensurabel / immensurable
immergiert, eingetaucht / submerged, sunken
immergrün (Bot) / evergreen, indeciduous
Immersions·kondensor m (Opt) / immersion condenser ‖ **⁎linse** f, -objektiv n (Elektronik) / immersion objective o. lens ‖ **⁎strahlerzeuger** m (Röhre) / immersed gun
immerwährend / perpetual, perdurable
Immission f (Umwelt) / immission
Immissionsschutz m / immission protection
Immitanz f (Elektr) / immittance
Immobilien pl / real estates o. properties pl, fixed property ‖ **⁎besitz** m / real estate
Immobilisierung f von radioaktivem Abfall / immobilization of radioactive waste
immun, fest [gegen] / immune [from, against, to, of] ‖ **⁎baumwolle** f / immunized cotton ‖ **⁎biologie** f, Immunologie f / immunology ‖ **⁎fluoreszenz** f / antibody fluorescence ‖ **⁎garn** n (Textil) / immunized yarn, passive yarn
Immunisier..., immunologisch / immunological
Immunität f / immunity
Immunitäts·einheit f, I.E. / antitoxin unit
Immunserum n / immune serum
Impakt m / impact ‖ **⁎drucker** m / impact printer
Impalverfahren n (Alu-Imprägnierung) / impal process
Impastierung f, dicker Farbenauftrag / impastation ‖ **⁎**, Teigigmachen, -werden n / impastation
Impatt-Diode, Lawinen-Laufzeit-Diode f (Elektronik) / impatt diode, impact avalanche transit-time diode
Impedanz f, Scheinwiderstand m / impedance ‖ **⁎ des gegenläufigen Feldes** / negative sequence field impedance ‖ **⁎ gegen Erde** / earth impedance ‖ **⁎anpassung** f / impedance match[ing] ‖ **⁎dreieck** n / impedance triangle ‖ **⁎fehlanpassung** f / impedance mismatch ‖ **⁎glied** n, Impedanz f / impedor ‖ **⁎kopplung** f (Elektr) / impedance coupling ‖ **⁎meßbrücke** f / impedance measuring bridge ‖

~-**Rechengerät** n / impedance transfer ring || ~**relais** n / impedance o. distance relay || ~**schreiber** m / impedance recorder || ~**schutz**, Distanzschutz m (Elektr) / distance o. impedance protective system || ~**sonde** f (Raumf) / impedance probe || ~**spule** f / impedance coil || ~-**Ungleichgewicht** n / impedance unbalance || ~**wandler** m (Regeln) / impedance buffer o. converter o. transformer || ~-**Wandlerstufe** f / impedance transformer stage
Impellerrührer m / impeller agitator
Imperfektion f / imperfection
Imperial m, -serge f (Web) / Imperial [serge] || ~ **Standard** (Reichs- o. Urnormal) / Imperial standard (Engl)
Impf·... / vaccinal || ~**bakterien** pl für Kompost / inoculum
impfen, einimpfen / inject, inoculate || ~, dopen (Halbl) / dope v || ~ n, [Ein]impfung f / inoculation || ~, Dopen n (Halbl) / doping
Impf·kristall m, Keim m / seed crystal || ~**legierung** f (Gieß) / treatment alloy || ~**mittel** n, -stoff m (allg, Gieß) / inoculant, inoculum || ~**schlamm** m (Krist) / seed[ing] sludge
Impfung, durch ~ übertragbar, einimpfbar / inoculative
Impinger m (ein Trenngerät) / impact separator, impinger
Implantation f, Einpflanzung f / implantation
Implementationssystem n (DV) / implementation system
implementieren (DV, Fernm) / implement
Implementierung f (DV) / implementation
implementos m pl para la producción en serie pequeña / job lot layout
Implementreifen m (Landw) / implement tire
Implikation f, Subjunktion f / implication || ~ / involution, involvement || ~ (DIN) (DV) / inclusion, IF-THEN-operation
impliziert (DV) / implied || mit ~er Schleife (DV) / do-implied
implizit, unentwickelt (Math) / implicit
Implosion f / implosion
Importkohle f / imported coal, foreign coal
Imprägnationslagerstätte f (Geol) / impregnation deposit
Imprägnier·anlage f / impregnating machine, impregnator || ~**behälter**, -trog m / impregnating trough o. vat o. vessel
imprägnieren, tränken / saturate, impregnate || ~, Wasserdichtmachen n / waterproofing || **Holz** ~ / preserve wood || mit Kreosot o. Teeröl ~ / creosote vt || mit Metallsalzen ~ / mineralize || mit Öl ~ / oil-impregnate || **Schwellen** ~ (Bahn) / dope sleepers, impregnate sleepers
Imprägnier·flotte f / impregnating liquor || ~**foulard** m (Textil) / padding mangle || ~**gerät** n, Tränkvorrichtung f / impregnating unit || ~**kessel** m / impregnating boiler, impregnating pressure cylinder || ~**kessel** m (für Kreosot) (Holz) / creosoting cylinder || ~**maschine** f (Textil) / impregnating machine || ~**maschine** f (Pap) / varnishing machine || ~**maschine** f mit Verweileinrichtung (Web) / combined machine for storage, reaction and impregnation || ~**masse** f, -mittel n, -stoff m / impregnating agent o. compound o. composition o. fluid o. substance o. preparation || **sättigendes** ~**mittel** / saturant || **wasserabstoßendes** ~**mittel** / water-repellent impregnation means || ~-**Rohpapier** n / impregnating body paper
imprägniert, getränkt / impregnated || ~**es Seil** / dipped rope || ~**e Verbandwatte** / medicated cotton wool
Imprägniertrog, -behälter m / impregnating trough o. vat o. vessel
Imprägnierung f / impregnation
Imprägnierungskatalysator m / introfier
Impressum n (Buch) / printer's [o. publisher's] imprint || ~ (Zeitung) / masthead, imprint
Imprimatur n (Buch) / signature for press

IMP-Satellit m / IMP-satellite, interplanetary monitoring platform satellite
Impuls m, Antrieb m (Mech) / impetus || ~, Bewegungsgröße f (Phys) / impulse, linear momentum, momentum of body || ~ (Elektr, Elektronik) / impulse, pulse || ~, Impulsstufe f (Fernm) / level, pulse || ~ (Nukl) / momentum || ~... s. auch Puls... || ~ mit langer Laufzeit (TV) / broad pulse || durch Differentiation einer Rechteckspannung erhaltener ~ (Elektronik) / pip || kurzer ~ gebündelter hochfrequenter Schwingung (Radar) / short pulse of directed high frequency radio waves pl || ~**abfall**, Dachabfall m / pulse tilt, pulse decay || ~**abfallzeit** f / pulse fall time || ~**abfallzeit** f / pulse drop-off time, pulse fall time || ~**abstand** m, -intervall n / interpulse period || ~**abtrennstufe** f, -begrenzer m (TV) / pulse clipper || ~**abtrennung** f / pulse separation || ~**alarm** m / impact noise || ~**amplitude** f / pulse amplitude || ~-**Amplitudenmodulation** f / pulse amplitude modulation, PAM || ~**anhäufung** f (Nukl) / pile-up of pulses || ~**anlassen** n (Stahl) / impulse annealing || ~**anregung** f, -auslösung f / pulse triggering || ~**anregung** f, Stoßerregung f / impulse o. shock excitation || ~**anstieg** m, -vorderflanke f / pulse rise || ~-**Anstiegzeit** f / pulse rise time || ~**art** f / pulse mode || ~**artig**, Impuls..., Stoß... / impulse-coded || ~**artig verkodet** / impulse-coded || ~**auffrischung** f / pulse regeneration o. restoration || ~**ausgang** m / pulse output point || ~**bandbreite** f / pulse bandwidth || ~**begrenzer** m, -abtrennstufe f (TV) / clipping time || ~**begrenzer-Zeitkonstante** f (Elektronik) / clipping time || ~**begrenzung** f / pulse clipping || ~**begrenzungsmaß** n (Radar) / pulse limiting rate || ~**belastung** f (Mech) / impulse loading || ~**bestrahlung** f / pulsed irradiation || ~**betrieb** m, -betriebsweise f / pulsed mode o. operation || ~**boden** m (Kath.Str) / base line || ~**bodenverzerrung** f (Elektronik) / base line distortion || ~**breite** f, -dauer f, -länge f / pulse width, PW || ~**breitenmodulation** f / pulse duration modulation, PDM, pulse width modulation, PWM || ~**breitenschrift** f / pulse width recording || ~**buchse** f (LoKa) / emitter || ~**codierung** f, -verschlüsselung f / pulse coding || ~**dach** n / pulse top || [negative] ~-**Dachschräge** f / pulse tilt || ~**darstellung** f (Nukl) / momentum representation || ~**dauer**, -länge, -breite, a.: Kontaktdauer f (Elektronik) / pulse duration o. length o. width || ~-**Dauereingang** m (DV) / pulse duration [point] || ~**dehner** m (TV) / pulse stretcher (US) || ~**dehnung**, -verlängerung f / pulse stretching || ~**dichte** f (Nukl) / momentum density || ~**dichte** f (Magn.Bd) / pulse packing || ~-**Doppler-Radar** n / pulsed Doppler radar || ~-**Drehfunkfeuer** n / pulsed rotated radio beacon || ~**echomeßgerät** n / pulse type echometer || ~-**Echo-Verfahren** n (Mat.Prüf) / impulse reflection method, pulse echo method || ~**ecke** f / pulse corner || ~**eingang** m (DV) / pulse input point || ~**einsteuerung** f (LoKa) / digit emitter || ~**entschlüsselung** f (Radar) / decoding || ~**entzerrer** m / impulse regenerator || ~**erneuerer** m (Fernm) / pulse corrector || ~**erneuerung** f (Elektronik) / pulse regeneration || ~**fahrplan** m (TV) / signal complex (GB), information (US) || ~**fahrplan** m (TV) / information (US) || ~**flanke** f / pulse edge || ~-**Flankensteilheit** f / pulse slope o. steepness || ~**folge** f, -wiederholung f / impulse sequence, pulse train || ~**folge** f, -abstand m (zeitlich) / impulse period || ~**folge**, Bitfolge f (DV) / bit rate || ~**folgefrequenz** f / pulse recurrence o. repetition frequency o. rate, PRF, PRR || ~-**Folgegrad** m (DV) / rate of pulse repetition || ~**form** f / pulse wave shape || ~**former** m (TV, DV) / sine wave clipper, pulse shaper o. former || ~**förmig** / pulsed || ~**förmiger Gleichstrom** / pulsed d.c. current || ~**formung** f / pulse shaping || ~**frequenzmessung** f / telemetering by impulse frequency || ~**frequenzmesser**, Mittelwertmesser m (Strahlung) /

ratemeter ‖ ⌁frequenzmodulation, IFM f / pulse frequency modulation, IFM, pulse repetition rate modulation, PRRM ‖ ⌁frequenzmodulation, IFM f / pulse repetition rate modulation, PRRM ‖
⌁frequenzteiler m (Elektronik) / scaler ‖ ⌁geber m, -generator (Elektronik) / pulse generator, P.G. ‖ ⌁geber, -generator m (einfacher Ausführung) / pulser ‖ ⌁geber m (LoKa) / punch emitter ‖ ⌁geber, Stoßgenerator m (Elektronik) / surge generator ‖ ⌁geber m für Synchronimpulse (TV) / SPG, sync pulse generator ‖ ⌁gebühr f (Fernm) / impulse charging ‖ ⌁gemisch n für Einkabelsynchronisierung / unipulse ‖ ⌁generator m (Elektronik) / pulse generator, P.G. ‖ ⌁geräusch n / impulse noise ‖ ~gesteuert / pulse controlled ‖ ⌁gipfel m (Elektronik) / impulse peak ‖ ⌁-Gleisstromkreis m (Bahn) / pulsating current track circuit ‖ ⌁gruppe, -reihe f / pulse group o. train ‖ ⌁härtung f / impulse hardening ‖ ⌁haushalt m, Impulsfahrplan m / signal complex (GB) ‖ ⌁-Hochspannungsgenerator m (TV) / pulse EHT-generator ‖ ⌁höhenanalysator m (Elektronik) / amplitude analyzer ‖ ⌁holographie f / short-time holography ‖
⌁-Hyperbel-Navigationsverfahren n / hyperbolic pulse navigation ‖ ⌁instabilität f / pulse jitter ‖ ⌁intervall n, -abstand m / impulse period ‖ ⌁kammer f, zählende Ionisationskammer / pulse chamber ‖ ⌁kennzeichen (Fernm) / pulse signal ‖ ⌁kette f / pulse train o. string ‖ ⌁-Kohärenzverfahren n (Radar) / coherent [im]pulse operation ‖ ⌁kolonne f (Chem) / pulsed column ‖ ⌁kondensator m / pulse capacitor ‖ ⌁kontakt m (Relais) / impulse contact ‖ ⌁kopie, einzelne Kopie (Buch) / impulse copy ‖ ⌁korrektor m (TV) / pulse corrector ‖ ⌁korrektur f (TV) / pulse multiple ‖ ⌁laser m / pulsed laser ‖ ⌁leistungsverhältnis n (Radar) / pulse-power ratio ‖ ⌁leitung f (Fernm) / stepping line ‖ ⌁lichtbogen m (Schw) / pulsed arc ‖ ⌁lichtbogenschweißen n / pulsed-arc welding ‖ ⌁magnetron n / pulsed magnetron ‖ ⌁menge f, -rate f (Strahlung) / counting rate for a radioactive tracer ‖ ⌁messer m für Höchstwerte / pulse meter for peak values ‖ ⌁messer m für Mittelwerte / pulse meter for medium values ‖ ~moduliert / pulse modulated ‖ ⌁moment n, Drall m (Phys) / angular momentum ‖ ⌁-Multiplex m / pulse multiplex ‖ ⌁-Ölfeuerungssystem n / autocombustion system ‖ ⌁pause f / interpulse period ‖
⌁-Pausenverhältnis n (Fernm) / pulse to no-current ratio ‖ ⌁phasenmodulation f / pulse position modulation, PPM ‖ ⌁quantenzahl f / azimuthal o. secondary quantum number ‖ ⌁radar m, -radargerät n / pulse[d] radar ‖ ⌁rate f, -menge f (Strahlung) / counting rate for a radioactive tracer ‖ ⌁regelung, Abtastregelung f / sampled[-data] system ‖ ⌁regenerierung f / pulse regeneration ‖ ⌁reihe f / pulse string, pulse train ‖ ⌁relais n / step relay driven by pulses, impulse relay ‖ ⌁satz m (Phys) / principle of linear momentum ‖ zweiter ⌁-Satz, Momenten-Satz m / momentum theorem ‖ ⌁schachtelung f / pulse interlacing ‖ ⌁schallgerät n (Ultraschall) / reflection testing unit ‖
⌁-Schallpegelmesser m / impulse sound level meter ‖ ⌁schalter m (Radar) / pulse switch ‖ ⌁schaltung f (Elektronik) / pulsed circuit ‖ ⌁schneiden n / impulse cutting ‖ ⌁schnellzähler m / high-speed pulse counter ‖ ⌁schwanz m, Nachleuchtschleppe f (Oszillograph) / pulse stretching, trail, tail ‖ ⌁schweißen n / pulsed current arc welding ‖ ⌁schweißgerät n / energy storage spot o. impulse spot welder ‖ ⌁serie f / pulse o. impulse train ‖ ⌁speicher m (DV) / cycle-delay unit ‖ ⌁speicher-Unterdrückung f (DV) / cycle delay dropout ‖ ⌁-Spinantrieb m (Raumf) / impulse spin motor ‖ ⌁spitze f (Oszillograph) / spike, pulse overshoot ‖ ⌁spitzenfaktor m / pulse crest factor ‖ ⌁sprühgerät n (Öl) / pulsed spray column ‖ ⌁-Sprung-Meßsignal n (TV) / pulse-and-bar test signal ‖ ⌁störung f / impulsive

noise o. disturbance ‖ ⌁strecker m (TV) / pulse stretcher (US) ‖ ⌁strom m (Bahn) / coded current ‖ ⌁strom m (Elektr) / pulsed current ‖ ⌁stromblock m (Bahn) / coded current block ‖ ⌁stromgleisrelais n (Bahn) / code-following track relay ‖ ⌁stromkreis m (Elektr) / impulse circuit ‖ ⌁tal n / pulse valley ‖ ⌁tastgerät n, Hohlraumresonator m (Radar) / echo box ‖ ⌁-Tastverhältnis, Tastverhältnis n (Breite/Abstand) / pulse-duty factor ‖ ⌁tastverhältnis n (Zeiche/Pause) (Fernm) / mark-space ratio ‖ ⌁technik f / impulse technique ‖ ⌁teiler m, -untersetzer m / pulse divider ‖ ⌁telegrafie f / pulsed telegraphy ‖ ⌁trennstufe f (TV) / sync pulse separator ‖ ⌁übertrager m (Fernm) / impulse repeater ‖ ⌁übertrager m, -trafo m (Elektronik) / pulse transformer, PT ‖ ⌁übertragung, -aussendung f / pulse transmission ‖ ⌁übertragung f (Fernm) / impulse repeating ‖ ⌁übertragung f auf dem Basisband / baseband pulse transmission (GB) o. linkage (US) ‖ ⌁umkehr-Transformator m / pulse inverting transformer ‖ ⌁untersetzer m, -teiler m / pulse divider ‖ ⌁verbesserer m / pulse regenerator ‖ ⌁verbesserung f / pulse regeneration ‖ ⌁verformung f / pulse deformation ‖ ⌁verhältnis s. auch Impuls-Tastverhältnis ‖ ⌁verhältnis n / pulse ratio ‖ ⌁-Verkehrsradar m n / pulsed radar detector ‖ ⌁verlängerung, -dehnung f / pulse stretching ‖ ⌁verschachtelung f (DV) / pulse interlacing o. interleaving ‖ ⌁verschlüsselung f / pulse coding ‖ ⌁verstärker m / pulse amplifier ‖ ⌁verteiler m / pulse discriminator ‖ ⌁-Verteiler-Verstärker m (TV) / pulse distribution amplifier ‖ ⌁-Verzögerer m / pulse delay unit ‖ ⌁vorwahl f (Elektronik) / measurement of events per unit time ‖ ⌁wähler, -unterscheider m (Bahn) / impulse selector ‖
⌁-Wärmerausch-Thermometer n / noise-pulse thermometer ‖ ~weise (z.B. Strom) / impulsive, pulsed ‖ ⌁widerstand m, Linearisierungswiderstand m (TV) / linearizing resistor ‖ ⌁wiederherstellung f / pulse regeneration ‖ ⌁wiederholer m (Fernm) / pulse regenerator o. repeater o. shaper ‖ ⌁wiederholer-Richtbake f / directional radar beacon ‖ ⌁zacke f im Radar / radar spike ‖ ⌁zähler m / pulse counter ‖ ⌁zähler m, Schrittzähler m / count-up counter ‖ ⌁-Zielerfassungsradar n / pulse acquisition radar ‖ ⌁zug m / pulse group o. train, pulse string
imstande [zu] / capable
Imvierer-Kopplung f (Fernm) / inherent-quad o. internal quad coupling
INA, Normatmosphäre f / INA, international standard atmosphere, ISA o. normal atmosphere
inadäquat / inadequate
inaktinisch / inactinic
inaktiv, untätig / inactive ‖ ~, reaktionslos (Chem) / inactive, inert ‖ ~, kalt (Nukl) / cold ‖ ~ (DV) / dormant, inactive ‖ ~er Füllstoff / inert filler ‖ ~e Prüfung (Nukl) / cold testing ‖ ~er Ruß, Inaktivruß m, thermischer Ruß (Gummi) / thermal o. thermatomic black, non-reinforcing black
inaktivieren / inactivate ‖ ~, razemisieren (Chem) / racemize ‖ ~ (DV) / deactivate
Inangriffnahme f / attack of a work, setting to work ‖ ⌁, Aus-, Durchführung f / setting to work
In-Bandlauf-Richtung f (TV) / downstream
Inbetriebnahme f / initiation, starting ‖ ⌁ (Raumfahrt) / commissioning ‖ ⌁, erste Tätigkeit / initial operation ‖ ⌁ (Bahn) / opening ‖ **vor** ⌁ / preoperational ‖ ⌁-Protokoll n / commissioning certificate
inbetriebsetzen / set [a]going, set to work, set into operation ‖ ⌁ / setting agoing o. to work o. into operation, putting into service ‖ ⌁, Einrücken n / throwing into gear
Inbetriebsetzungs·phase f / commissioning, bringing into operational use ‖ ⌁prüfung f / commission[ing] test
Inbetriebzeit f / up time
Inbus-Schraube (Markenname) s. Innensechskantschraube

Inch *m*, in *m* (seit Nov. 1973, bisher:) Zoll / inch (unit of measure)

inchromieren (Stahl) / chrom[al]ize ‖ ⌐ *n* (Stahl) / chrome diffusion, chrom[al]izing

Inconel *n* (Ni-Legierung) / Inconel

Incore·-Messung *f* / incore measurement, in-pile ‖ ⌐-**Reaktor** *m* (Raumf) / incore reactor ‖ ⌐-**Thermionik** *f* (Nukl) / incore-thermionic

Incore-Thermionik-Reaktor *m* / ITR, Incore Thermionic Reactor

Indamin *n* / indamine

Indanthren *n* (Färb) / indanthrene ‖ ⌐**gelb G** *n* (Färb) / flavanthrene

Indefinite-Hartguß *m* / indefinite chill casting

Inden *n* / indene, indonaphthene

indeterminabel, unbestimmbar / indeterminable

Indeterminismus *m* (Phys) / indeterminism

Index *m* (allg) / index *n*, slide [index] ‖ ⌐ (tiefgesetzt) (Math) / subscript, subindex, suffix ‖ ⌐, Exponent *m* (Math) / index, exponent ‖ ⌐, Inhaltsverzeichnis *n* / register, index to a book ‖ ⌐ **der Tragfähigkeit** (Reifen) / load capacity index ‖ **mit einem** ⌐ **versehen**, indexieren / index *v* ‖ ⌐**analysator** *m* (DV) / index analyzer ‖ ⌐-**Anpassung** *f*, -Matching *n* (Laser) / index matching ‖ ⌐-**Aufnahme** *f* (Repro) / indexing frame ‖ ⌐**ausdruck** *m* / subscript expression ‖ ⌐**befehl** *m* (DV) / indexing instruction ‖ ⌐**fehler** *m* (Instr) / index error ‖ ⌐**grenze**, Laufgrenze *f* (ALGOL, FORTRAN) (DV) / subscript bound

indexiertes Segment (DV) / indexed segment

Indexierung-Adreßregister *n* (DV) / indexing address register

Index·karte *f* (Mikrofilm) / flash card ‖ ⌐**klausel** *f* (DV) / occurs clause ‖ ⌐**linie** *f* (Film) / code line ‖ ⌐**punkt** *m* (DV) / index marker o. point ‖ ⌐**register** *n* (DV) / index register o. accumulator, tally register, indexing feature ‖ ⌐**röhre**, Zebraröhre *f* (TV) / index tube ‖ ⌐-**sequentiell** (DV) / indexed sequential ‖ ⌐**sequentielle** **Zugriffsmethode**, ISZM / indexed-sequential access method, ISAM ‖ ⌐**skala** *f* (Diktiergerät) / index stripe ‖ ⌐**speicher** *m* (Regeln) / modifier store ‖ ⌐**stanzung**, -zunge *f* (Buch) / [index] tab ‖ ⌐**[strich]**, Nullstrich *m* / index line ‖ ⌐**teil** *m* (Rechner) / index part ‖ ⌐**versetzung** *f* / displacement of index ‖ ⌐**vorrichtung** *f* (Diktiergerät) / indexing device, log strip holder ‖ ⌐**wort** *n* (DV) / index word ‖ ⌐**zeiger** *m* / adjustable o. reference pointer ‖ ⌐**ziffer** *f* / index number

Indianatest *m* (Schmieröl) / Indiana oxidation test

Indican *n* (Chem) / indican

In-die-Luft-gehen *n* / explosion, blowing-up

Indienne *f* (Web) / Indian shirting

Indienststellung *f* **eines Schiffes** (Schiff) / commissioning of a vessel

indifferent (Mech) / in neutral equilibrium ‖ ~ (Chem, Phys) / indifferent, neutral, inert ‖ ~**es Gleichgewicht** / indifferent o. neutral equilibrium

Indifferenz [gegenüber] *f* / indifference [to] ‖ ⌐ (Chem) / chemical inertness ‖ ⌐**linie** *f* (Phys) / dead line ‖ ⌐**punkt** *m* / indifference point ‖ ⌐**zone** *f* (Nautik) / magnetic equator ‖ ⌐**zone** *f* (Elektr, Phys) / neutral zone

Indigo *m* / indigo (pl.: indigos, indigoes) ‖ ⌐ **in** **Handelsqualität** / indigo (commercial quality) ‖ ⌐**artig**, indigoid / indigoid ‖ ⌐**blau** *n* / indigo blue ‖ ⌐**blau** *n* (der blaue Farbstoff des Indigo) / indigotin, indigo ‖ ⌐**blauschwefelsäure** *f* / sulphate of indigo, sulphindigotic acid ‖ ⌐**druck** *m* / indigo printing ‖ ⌐**druck** *m* **in Wasserstoffgas** / gas blue printing ‖ ⌐**fabrik** *f* / indigo factory ‖ ⌐**farbstoff** *m*, Indigoid *n* / indigoid [dye] ‖ ⌐**haltig**, -farben, Indigo… / indigotic ‖ ⌐**karmin** *n* / soluble indigo blue ‖ ⌐**küpe** *f* / indigo vat ‖ ⌐**pflanze** *f* / indigo [plant] ‖ ⌐**sol-Farbstoff** *m* / indigosol ‖ ⌐**tin** *n*, Indigoblau *n* / indigo blue, indigotin ‖ ⌐**tinktur** *f* / chemical blue ‖ ⌐**weiß** *n*, Leukoindigo *m* / indigo white

Indikativ *n* (Radio) / station identification signal, signature tune

Indikator *m*, Anzeigevorrichtung *f* / indicating device, indicator ‖ ⌐ (Chem) / indicator ‖ ⌐ (Instr) / indicator (to register cylinder pressures) ‖ ⌐, Tracer *m* (Nukl) / tracer ‖ ⌐, Test-Isotop, Tracer-Isotop *m* / isotopic tracer ‖ **in** **der Reaktionslösung befindlicher** ⌐ (Chem) / internal indicator ‖ ⌐**analyse** *f*, Traceranalyse *f* / tracer analysis ‖ ⌐**atom** *n* (Phys) / radioactive tracer, tagged o. tagged atom ‖ ⌐**chemie** *f* / tracer chemistry ‖ ⌐**diagramm** *n* (Masch) / indicator diagram o. card ‖ ⌐**diagramme** **aufnehmen**, indizieren (Masch) / indicate ‖ ⌐**flüssigkeit** *f* (Chem) / tracing fluid ‖ ⌐**herd** *m* (Flotation) / pilot table ‖ ⌐**isotop** *n* / isotopic tracer, tracer isotope ‖ ⌐**methode** *f* / tracer method ‖ ⌐**papier** *n* (Dampfm) / diagram o. indicator paper o. card ‖ ⌐**pflanze** *f* / plant indicator ‖ ⌐**schnur** *f* (Masch) / indicator cord ‖ ⌐**streifen** *m* / indicator slip ‖ ⌐**trommel** *f* (Masch) / indicator drum, registering drum o. cylinder ‖ ⌐**verbindung** *f* (Chem) / indicator compound

Indikatrix *f* (Math, Opt, Krist, Verm) / indicatrix

indirekt, mittelbar / indirect, transmitted ‖ ~ [prozeßgekoppelt] / off-line ‖ ~**es Abtasten** (TV) / indirect scanning ‖ ~**e Adresse** (DV) / indirect address ‖ ~**e Adressierung** / indirect addressing, multilevel addressing ‖ ~**e Aufzeichnung** / indirect recording ‖ ~**e** **Beleuchtung** / indirect lighting o. illumination ‖ ~**e** **Blendung**, Umfeldblendung *f* / indirect glare ‖ ~**es** **Blitzlicht** / bounce light ‖ ~**e Einspritzung** / indirect injection ‖ ~**e Folge** (eines Ereignisses) / aftereffect ‖ ~ **geheizt** / indirectly heated ‖ ~ **geheizte** **Potentialkathode**, Äquipotentialkathode *f* / equipotential cathode ‖ ~ **geheizte Röhre** / cathode heater tube, heater type tube ‖ ~ **gesteuertes System** / indirect-control system ‖ ~**es Licht** (Bau) / borrowed o. indirect light ‖ ~**es Licht** (Beleuchtg) / indirect o. second light ‖ ~**e Lichtbogen-Erhitzung** / independent o. indirect arc heating ‖ ~**er Lichtbogenofen** (Hütt) / indirect arc furnace ‖ ~**e Methode der** **Kesselwirkungsgradprüfung** / boiler efficiency test by heat loss ‖ ~**e Oberflächenkühlung** (Kabel) / lateral cooling ‖ ~**es Reproduktions-Verfahren** (Buch) / indirect process, threeway process ‖ ~**e** **Steckverbinder** *m pl* / group of two-part connectors ‖ ~**er Steckverbinder** (IS) / two-piece connector, two-part connector ‖ ~**er Steckverbinder für Leiterplatten** / two-part printed board connector ‖ ~**es Strangpressen** / back-extrusion ‖ ~**es Teilen** (Wzm) / worm dividing ‖ ~**e Zeit**, Nebenzeit *f* / nonproductive time ‖ ⌐**kreisreaktor** *m* / indirect-cycle reactor ‖ ⌐**sinterofen** *m* / furnace for indirect sintering ‖ ⌐**sinterung** *f* / indirect sintering ‖ ⌐**strahler** *m* / indirect light reflector

indisch·es Eisenholz / Indian ironwood, Guttifera ‖ ⌐**er** **Hanf** / Indian cannabis o. hemp, cannabis sativa indica

Indisin *n*, Anilinviolett *n* / regina purple

Indium *n*, In / indium, In ‖ ⌐**antimonid** *n* (Halbl) / indium antimonide ‖ ⌐**(III)-chlorid** *n* / indium trichloride, indium (III) chloride ‖ ⌐-**Gallium-Arsenid-Phosphid** *n* / InGaAsP ‖ ⌐**(III)-oxid** *n* / di-indium trioxide, indium (III) oxide ‖ ⌐**phosphid** *n* / indium phosphide

Individualverkehr *m* / individual motor car traffic, private transport

individuell, unabhängig / individual, independent ‖ ~**e** **Überwachung** (Nukl) / personal monitoring

indizieren (DV) / index *v* ‖ ~, Indikatordiagramme aufnehmen (Masch) / indicate ‖ ~ (Math, COBOL) / subscript *v* ‖ ~, markieren (Nukl) / label *v*

indiziert / indicated ‖ ~, markiert (Nukl) / labelled, labeled (US) ‖ ~ (Math, COBOL) / subscripted ‖ ~ (DV) / indexed ‖ ~**e Leistung** (Masch) / indicated effect o. power ‖ ~**e** **Machzahl** / registered Mach number ‖ ~**er mittlerer** **Druck** / indicated mean effective pressure, imep ‖ ~**er** **Wert** (DV) / subscripted value ‖ ~**er Wirkungsgrad**, Innenwirkungsgrad *m* (Mot) / indicated thermal

efficiency ‖ ~-**sequentieller Zugriff** (DV) / index sequential access [method], ISAM
Indizierung f / indexing
Indizierventil n / indicator valve
Indol n (Chem) / indole, benzazol
Indophenol n (Färb) / indophenol
Indossamentdrucker m / endorsement printer
Indossiereinrichtung f (LoKa) / endorsing unit
Indotaste, Doppelstromtaste f (Fernm) / double current key
Indoxyl n, 2-Hydroxyindol n, 3-Indolol n / indoxyl, 2-hydroxyindol
Inductosyn-Skala f (Wzm, NC) / inductosyne scale
Induktanz f, induktiver Blindwiderstand / inductive reactance, inductance ‖ ⌁**rolle** f, Drosselwiderstand m / inductance coil, inductor
Induktion f (Elektr, Math) / induction
Induktions·apparat m (Elektr) / inductor ‖ ~**arm** (Elektr) / low-inductance ‖ ~**elektromotorisch**, induziert elektromotorisch / induced electromotive ‖ ⌁**erwärmung** f / induction heating ‖ ⌁**feld** n (Elektr) / induction field ‖ ⌁**fluß** m, -flux m / induced flux ‖ ~**frei** / anti-induction, -inductive, noninductive ‖ ⌁**frequenzumformer** m (Elektr) / induction frequency transformer ‖ ⌁**funke** m / inductive spark ‖ ~**gehärtet** / induction hardened ‖ ⌁**härten** n / induction hardening ‖ ⌁**instrument** n / induction [current] instrument ‖ ⌁**klimagerät** n / induction unit ‖ ⌁**koeffizient** m / coefficient of induction, inductivity ‖ [**magnetische**] ⌁**konstante o. Leerinduktion** / permeability of vacuum ‖ ⌁**kreis** m / inductive circuit ‖ ⌁**kupplung** f, Schlupfkupplung f (Elektr) / induction coupling ‖ ⌁**maschine** f (Elektr) / induction machine ‖ ⌁**meßbrücke** f / induction bridge ‖ ⌁**meßinstrument** n / Ferraris measuring instrument ‖ ⌁**meßwaage** f / comparison balance of two mutual inductances ‖ ⌁**motor** m, Asynchronmotor m / induction motor ‖ ⌁**motor m mit gewickeltem Läufer** / wound-rotor induction motor ‖ ⌁**motor m mit Repulsionsanlauf** / repulsion-start induction motor ‖ ⌁**ofen** m / induction furnace o. oven, electronic oven ‖ ⌁**ofen mit Eisenkern** / core type induction furnace ‖ ⌁**periode** f (Chem, Phot) / induction period, latency period ‖ ⌁**plasmabrenner** m / induction type plasma burner ‖ ⌁**regler** m, Drehtransformator m / induction regulator ‖ ⌁**relais** n / induction [current] relay ‖ ⌁**rinne** f (Ofen) / induction channel ‖ ⌁**-Rinnenofen** m / channel induction furnace, induction channel type furnace ‖ ⌁**rührwerk** n / induction stirrer ‖ ⌁**schleife** f / induction loop ‖ ⌁**schutz** m (Fernm) / [anti-]inductive protection ‖ ⌁**schweißen** n / induction welding ‖ ⌁**spule** f, Induktanzrolle f / induction coil ‖ ⌁**störung** f (z. B. durch überlagerte Telegrafie) (Fernm) / crossfire ‖ ⌁**strom** m / induction o. induced current ‖ ⌁**waage** f / induction balance ‖ ⌁**zähler** m / induction [supply] meter ‖ ⌁**zeit** f (Kraftstoff) / induction period
induktiv / inductive ‖ ~**er Abgriff** / inductive pick-off ‖ ~**e Abstimmung** (Elektronik) / permeability tuning ‖ ~ **belastet** / dephased, under inductive load ‖ ~**er Blindwiderstand**, Induktanz f / inductive reactance, inductance ‖ ~**e Dreipunktschaltung** / Hartley oscillator ‖ ~**er Dünnschicht-Schreibkopf** (DV) / inductive recording head, IRH ‖ ~**e Erwärmung** / inductive heating ‖ ~**es Fenster** (Elektronik) / inductive window ‖ ~ **geführt** (Flurförderer) / inductively guided ‖ ~ **gekoppelt** / inductively coupled ‖ ~ **gespeist** / reactance fed ‖ ~ **gespeister Gleisstromkreis** (Bahn) / reactance alternating current track circuit ‖ ~**e Kopplung** / inductive coupling, reactance coupling, mutual inductance coupling ‖ ~**e Last** (o. Belastung) / lagging o. inductive load ‖ ~**er Leistungsfaktor** / lagging power factor ‖ ~**e Meßsonde**, Magnetfeldmesser m / fluxgate, fluxvalve ‖ ~**es Potentiometer** / inductive potentiometer, ipot ‖ ~**e Rückkopplung** (Elektronik) / inductive o.

[electro]magnetic reaction ‖ ~**er Spannungsabfall** / reactance o. inductive drop ‖ ~**er Wegmesser** / inductive displacement transducer ‖ ~**er Widerstand**, Induktivität f (Bauteil) / inductive resistor ‖ ~**e Zugbeeinflussung**, Indusi f (Bahn) / automatic train stop, automatic warning system, AWS
Induktivität L f, Selbstinduktionskoeffizient m / coefficient of self-induction, inductivity, inductance ‖ ⌁ (Bauteil) / inductive resistor ‖ ⌁ **bei Gleichstrom-Vormagnetisierung** / incremental inductance
Induktivitäts·belag m / inductance per unit length ‖ ⌁**brücke** f / inductance measuring bridge ‖ ⌁**meßgerät** n / inductivity meter ‖ ⌁**veränderung** f / self-inductance variation ‖ ⌁**wahl** f (Fernm) / kick dialing
induktiv-kapazitive Kopplung / inductance capacitance coupling
Induktor m / inductor ‖ ⌁ (Fernm) / generator, magneto ‖ ⌁, Ruhmkorffinduktor m / Ruhmkorff coil [apparatus] ‖ ⌁**anruf** m (Fernm) / magneto o. generator call ‖ ⌁**-Frequenzumformer** m / inductor frequency converter ‖ ⌁**generator** m / inductor generator ‖ ⌁**kurbel** f / magneto crank ‖ ⌁**maschine** f / inductor machine ‖ ⌁**meldesystem** n / magneto alarm system ‖ ⌁**-Synchronmaschine** f / inductor-type synchronous machine ‖ ⌁**telefon** n / telephone with calling magneto
Indulin n (Färb) / induline
Indusi f s. induktive Zugbeeinflussung
Indusienkalk m (Geol) / indusial limestone
industrialisieren / industrialize
Industrialisierung f / industrialization
Industrial Relations pl / industrial relations pl
Industrie f / industry ‖ ⌁**...**, industriell / industrial ‖ ⌁ **der mittleren Datentechnik** / office-oriented data processing industry ‖ ⌁ **der Steine u. Erden** / pit and quarry industry, nonmetallic mineral industry ‖ ⌁ **der Tone und Erden** / clay industry ‖ ⌁ **und Handwerk** / engineering and craft industries pl ‖ ⌁**abfälle** m pl / industrial spillage o. waste ‖ ⌁**abwasser** n, -abwässer n pl / industrial wastewater, industrial charges ‖ ⌁**alkohol** m / industrial alcohol ‖ ⌁**ansiedlung** f / establishment of industries ‖ ⌁**arbeiter** m / industrial worker ‖ ⌁**atmosphäre** f, -luft f / industrial atmosphere ‖ **in** ⌁**ausführung** (Gasturb) / heavy-duty type ‖ ⌁**bahn** f, Fabrikbahn f / industrial o. works railway ‖ ⌁**bau** n / industrial architecture o. construction ‖ ⌁**bau** m, -gebäude n / industrial structure ‖ ⌁**bezirk** m / industrial district ‖ ⌁**brenner** m / industrial gas burner ‖ ⌁**designer** m / industrial designer ‖ ⌁**diamant** m / industrial diamond, bort [stone], boart, bortz, ballas ‖ ⌁**diamant-Splitter** m pl / crushing bort ‖ ⌁**endoskop** n / borescope, industrial endoscope ‖ ⌁**erzeugnis** n / industrial product ‖ ⌁**-Fernsehen** n s. industrielles Fernsehen ‖ ⌁**form** f, -design n / industrial design ‖ ⌁**forschung** f / industrial research ‖ ⌁**fußboden** m / industrial floor ‖ ⌁**gebiet** n / industrial district o. area o. region ‖ ⌁**gelände** n / industrial area ‖ ⌁**generator-Röhre** f / industrial heating triode ‖ ⌁**gewebe** n / industrial fabric ‖ ⌁**gleis** n (Bahn) / private junction line o. sidings pl ‖ ⌁**hafen** m / industrial harbour ‖ ⌁**kleber** m / industrial adhesive ‖ ⌁**kraftwerk** n / industrial power plant
industriell, Industrie... / industrial ‖ ~**es Abwasser** s. Industrieabwasser ‖ ~**e Bauweise** (Bau) / industrialized o. system building ‖ ~ **entwickelt** (Land) / industrially advanced ‖ ~**es Fernsehen**, Industrie-Fernsehen n / closed circuit television, CCTV, industrial TV ‖ ~**es Gebiet** (Anwendungsgebiet) / industrieller Sektor / industrial application range ‖ ~**es Meßwesen** / industrial measuring methods pl ‖ ~**er Sektor** / industry (US), industrial sector ‖ ~ **verwertbare Gase** n pl / commercial gases pl ‖ **in** ~**em Maßstab** / on an industrial scale
Industrie·meister m / foreman ‖ ⌁**müll** m / industrial spillage o. waste o. refuse ‖ ⌁**nähmaschine** f /

industrial sewing machine ‖ ⁴nähmaschine f für Nähte ohne Herstellung einer Verbindung / seamer ‖ ⁴norm f / industry standard, industrial standard ‖ ⁴ofen m / industrial furnace ‖ ⁴pflanzen f pl / industrial plants pl ‖ ⁴rad n / industrial wheel ‖ ⁴rauchgase n pl / plant flue gases pl ‖ ⁴reiniger m / industrial cleaner o. cleaning agent ‖ ⁴roboter m / industrial robot ‖ ⁴röllchen n, -scharwenzelrolle f / industrial castor ‖ ⁴rolle f (für ortsveränderliche Maschinen) / industrial wheel ‖ ⁴schlauch m / hose with fabric plies ‖ ⁴schlepper m (Kfz) / industrial tractor ‖ ⁴schutzhelm m / industrial safety helmet ‖ ⁴staub m / industrial dust ‖ ⁴staubsauger m / industrial type vacuum cleaner ‖ ⁴störungen f pl (Elektronik) / man-made noise ‖ ⁴textilien f pl / industrial textiles pl ‖ ~üblicher Grundlohn / usual in industrial practice ‖ ~üblicher Grundlohn (F.Org) / going rate o. wage ‖ ⁴unternehmen n / industrial enterprise ‖ ⁴verlagerung f / dislocation of industries ‖ ⁴verpackung f / industrial packaging ‖ ⁴waage f / industrial scale, industrial weighing machine ‖ ⁴wasserzähler m / industrial water meter ‖ ⁴watte f / cotton wool for industrial purposes ‖ ⁴werk n / industrial works o. plant ‖ ⁴zentrum n / industrial center ‖ ⁴zweig m / [branch of] industry, manufacturing branch

induzieren / induce

induzierend, primär / primary, inducing ‖ ~er Blitzschlag / indirect lightning stroke

induziert, sekundär (Elektr) / secondary, induced ‖ ~ elektromotorisch / induced electromotive ‖ ~es Feld (Magnetismus) / induced field ‖ ~er Leistungsverlust (Luftf) / induced power loss ‖ ~er Magnetismus / transient o. induced magnetism ‖ ~er Sekundärstrom (Elektr) / induced secondary current ‖ ~e Spannung / induced o. secondary voltage ‖ ~er Strom / induced current

Indylinschwefelsäure f / sulphate of indigo, sulphindigotic acid

INEA (Elektronik) = Internationaler Elektronik-Arbeitskreis

Ineffizienz f, Unzulänglichkeit f / inefficiency (e.g. of measures taken)

ineinander·fahren, zusammenstoßen (Kfz) / smash ‖ ~flechten / interlace ‖ ~fließen / blend vi, merge ‖ ~gefügte Kolben m pl (Chem) / inserted balloons pl ‖ ~geschachtelt / interpenetrating, -tive ‖ ~geschlagen (Pap) / in-and-in ‖ ~greifen / work into each other, interlock ‖ ~greifen (o. eingreifen) (Räder) / mesh vi, gear, be in gear, catch in ‖ ~greifen lassen, einrücken / mesh vt ‖ ~greifend / intermeshing ‖ ~liegend (Math) / incident ‖ ~passen vi / fit together, nest ‖ ~pressen / fit together by pressing ‖ ~schachteln, -passen, -stecken / nest [into each other] ‖ ~schiebbar / telescopic, telescoping, sliding ‖ ~schieben (seitlich) / joining by lateral sliding joints ‖ [sich] ~schieben [lassen] / telescope vi, slide ‖ ~stecken / fit into each other ‖ ~verlaufen lassen (Material, Farbe) / feather ‖ ~weben, verweben / interweave, inweave

inelastisch / inelastic ‖ ~er Stoß (Phys) / inelastic collision

inert (Chem, Phys) / inert

Inertanz, Trägheit f (Chem) / inertance, inertness

Inert·-Füllstoff m / inert filler ‖ ⁴gas n, Schutzgas n / inert gas, protective atmosphere, shielding gas ‖ ⁴gasschweißen n / inert-gas welding

Inertial·navigation, -ortung f (Luftf) / inertial navigation ‖ ⁴raum m / inertial space

Inertinit m (Kohlebestandteil) / inertinite

Inertisierung f / inerting

Inert·legierung f (Nukl) / inert metal ‖ ⁴legierung f / inert alloy, inert metal

In-Farbe-Stellen n (Buch) / dissecting for colours

Infektion f, Infizierung f / infection

Infektionszeit f (Parasiten) / inoculation time

Infektiosität f / infectivity

Infeldblendung f / direct glare

Infiltration f / infiltration

Infiltrations-Cermet n / infiltration cermet

Infiltrationsgebiet n (Hydr) / region of filtration of water

infimal (Regeln) / infimal

Infimum n / lower limit

infinite Menge (Math) / infinite set

infinitesimal / infinitesimal ‖ ⁴größe f / infinitesimal o. differential quantity ‖ ⁴rechnung f / [infinitesimal] calculus o. analysis, differential and integral calculus o. method

Infix·-Operator m (DV, PL/1) / infix operator ‖ ⁴-Schreibweise f / infix notation

Inflexionskurve f (Math) / inflection curve

Influenz f / electrostatic induction ‖ ⁴konstante f, ϵ_0 / absolute permittivity of the vacuum, electric constant ϵ_0 ‖ ⁴maschine f / electrostatic generator o. machine ‖ ⁴rauschen n (Elektronik) / induced grid noise ‖ ⁴schutzwirkung f (Elektronik) / screening effect ‖ ⁴strom m / electrostatic induction current ‖ ⁴vermögen n, Induktionsvermögen / inductive power

Informatik f / informatics, theory of information processing, information technology

Informatiker m / information technologist o. specialist, computernik (coll)

Informatik·-Ingenieur m / information engineer ‖ ⁴system n / information system

Information, Aussage f (Kybernetik) / information, info ‖ ⁴en zerhacken, verwürfeln (Fernm) / scramble

Informationalisierung f / informationalization

Information-Management-System n / information management system, IMS

Informations·abwicklung f / handling of information ‖ ⁴-Anbieter m / information provider, IP ‖ ⁴austausch m / communication, information exchange ‖ ⁴beginn m / begin of information ‖ ⁴beginn- u. -ende-Detektor m (Magn.Bd) / envelope detector ‖ ⁴belag m (DV) / information content per symbol ‖ ⁴bit n / information bit ‖ ⁴bit n, Datenbit n / data bit ‖ ⁴darstellung f / data [re]presentation ‖ ⁴darstellung f / data presentation ‖ ⁴datenfluß m / information output rate ‖ ⁴dichte, Packungsdichte f (DV) / packing density ‖ ⁴einheit f in Speicher (DV) / unit of storage ‖ ⁴element n, -schritt m / signal element ‖ ⁴ende n / end of information ‖ ⁴-Erneuerungsrate f (Radar) / data refresh rate ‖ ⁴erschließung f / information retrieval ‖ ⁴fluß m / information rate per time, information flow ‖ ⁴gehalt m / amount of information, information content ‖ ⁴kanal m (DV) / information channel, bus ‖ ⁴kennzeichnung f (LoKa) / identifying information ‖ ⁴loch n (Lochstreifen) / code hole ‖ ~loses Bit (DV) / supplementary bit ‖ ⁴messung f / measurement of information ‖ ⁴-Rückgewinnungssystem / information retrieval system ‖ ⁴schritt m (DV) / information element ‖ ⁴speicherung f / information storage ‖ ⁴speicherung u. -wiedergewinnung f / information storage and retrieval, I.S.R. ‖ ⁴spur f (Magn.Bd) / information track ‖ ⁴spur f (Lochstreifen) / data track, code track ‖ ⁴theorie f / information theory ‖ ~tragende Welle / information carrier wave ‖ ⁴träger m (DV) / input-output o. input and output media ‖ ⁴trennzeichen n / information separator, IS, separating character ‖ ⁴umsetzer m (Datenübertragung) / control terminal ‖ ⁴umsetzer m (Elektronik) / intercoupler ‖ ⁴umwandlung f / information conversion ‖ ⁴verarbeitung f / information processing, information handling, signal processing (US) ‖ ⁴verstümmelung f / corruption of a message, garbling of call intelligence ‖ ⁴verteiler m / information multiplexer ‖ ⁴-Wiedergewinnung f, Information Retrieval n / information retrieval, retrieval of information o. data ‖ ⁴wort n / information word ‖ ⁴zentrum n / info center

informatorisch, Informations… / exploratory

informieren, benachrichtigen / inform, communicate

infra·akustisch / infra-acoustic ‖ ⤳brechung,
Unterstandardbrechung f (Radar) / sub-refraction
INFRAL n (eine Computersprachae) / INFRAL
infra·modular / inframodular ‖ ⤳protein n (Chem) / meta-
protein
infrarot / ultrared, U.R., infrared, I.R. ‖ ⤳, Ultrarot n /
infrared range ‖ ~-absorbierend / infrared absorbing ‖
⤳-Aero-Film m, -fliegerfilm m / infrared aerial film ‖
⤳analysator m / ultrared o. infrared analyzer, U.R.- o.
I.R.-analyzer ‖ ⤳aufnahme f, -photographie f / infrared
photography ‖ ⤳-Autofokussierung f / infrared
autofocussing ‖ ⤳-Beobachtungsgeräte n pl (Mil) /
infrared surveillance equipment ‖ ⤳-Bildwandler m /
infrared image converter ‖ ⤳blitzlampe f / infrared
flashlight ‖ ⤳-Charakteristik f (Flugkörper) / infrared
signature ‖ ⤳detektor m, -auge n / infrared detector ‖
⤳empfänger m / infrared sensor ‖ ~empfindliche
Emulsion / infrared sensitive emulsion ‖
⤳-Erdstrahlungssensor m / IR Earth sensor ‖
⤳-Farbfilm m / colour infrared film ‖ ⤳heizung f /
infrared heating ‖ ⤳laser m / infrared laser ‖
⤳laser-Spektroskopie f, IRLS / infrared lase
spectroscopy, IRLS ‖ ⤳-Lenkung f / infrared guidance
‖ ⤳maser, Iraser m / infrared amplification by
stimulated emission of radiation ‖ ⤳mikroskop n /
infrared microscope ‖ ⤳[ortungs]radar m / infrared
range and detection radar, IRRAD ‖ ⤳photographie f /
infrared photography ‖ ⤳platte f (Phot) / infrared plate ‖
⤳-Quantendetektor m / IR quantum detector ‖
⤳-Radar m n mit Entfernungs- u. Richtungsanzeige /
infrared range and direction equipment, IRRAD ‖
⤳-Raumheizung f / infrared panel heating ‖ ⤳schranke
f / infrared beam interruption detector ‖ ⤳schranke f /
infrared barrier ‖ ⤳sichtröhre f / telescope tube ‖
⤳spektrometer n / spectroradiometer, infrared
spectrometer ‖ ⤳-Spektroskopie f / infrared
spectroscopy ‖ ⤳spektrum n / infrared spectrum ‖
⤳strahler m / infrared radiator ‖ ⤳strahlung f /
infrared radiation ‖ ⤳strahlungsmessung f / infrared
radiometry ‖ ⤳strahlungsofen m / infrared radiation
furnace ‖ ⤳-Strahlungstrockner m / infrared radiation
drier ‖ ⤳strahlungszentrum n (Astr.) / irtron ‖
⤳-Suchkopf m / infrared seeker ‖ ⤳telefonie f /
infrared telephony ‖ ⤳-Tonsender m / infrared sound
transmitter ‖ ⤳trocknung f / infrared drying process ‖
⤳-Vidikon n (TV) / infrared vidicon ‖ ⤳-Zielsuchgerät
n / IR display sight ‖ ⤳-Zielsuchkopf m / infrared
guidance head ‖ ⤳-Zielsuchlenkung f / infrared homing
Infra·schall m (⟨ 16 Hz) / infrasound, infrasonic sound ‖
⤳schall... / infrasonic ‖ ⤳struktur f (allg, technisch) /
infrastructure ‖ ⤳struktur f (sozial) / social overhead
capital ‖ ⤳strukturaufwendungen f pl / infrastructure
expenditure ‖ ~strukturelle Anlagen f pl,
Folgeeinrichtungen f pl / infrastructure facilities and
installations pl
Infusion f, Aufguß m (Chem) / infusion
Infusorienerde f / infusorial o. diatom[aceous] earth,
diatomite, celite, tripolite, fossile meal o. dust o. flour,
kieselguhr, siliceous earth (US)
ingangsetzen, inbetriebsetzen / set to work, set into
operation ‖ ⤳ n, Betätigung f / actuation
Ingenieur m (allg) / engineer ‖ ⤳ (grad) / certificated o.
graduated engineer ‖ ⤳ , der Mitglied einer
anerkannten Organisation ist (Engl) / Chartered
Engineer, C.Eng. ‖ ⤳ der Regel[ungs]technik / control
engineer ‖ ⤳ für Projektierungsarbeiten / project
engineer ‖ ⤳arbeit f / engineering ‖ ⤳bauten m pl,
Kunstbauten m / civil engineering works pl ‖ ⤳büro n /
consulting engineers pl ‖ ⤳büro n, technisches Büro /
engineering office ‖ ⤳büro n, Entwicklungsbüro n
(F.Org) / research office ‖ ⤳büro n (als Unternehmen) /
engineering company o. firm ‖ ⤳chemiker m /
industrial chemist ‖ ⤳geologie f / geotechnics sg ‖
⤳hammer, Schlosserhammer m (mit Pinne o.

Kugelkopf) / locksmith's hammer ‖ ⤳-Holzbauelement
n / laminated structural timber ‖ ⤳modell n /
engineering model ‖ ⤳stunden f pl / engineering
manhours pl ‖ ⤳technik f / technical engineering ‖
~technisches Instandsetzungspersonal n / engineering
maintenance personnel ‖ ⤳theodolit m / universal
surveying instrument ‖ ⤳wesen n, -tätigkeit f /
engineering ‖ ⤳wissenschaften f pl / engineering
sciences pl
Ingrainpapier n (Zeichn) / ingrain paper
Ingrediens n, -dienz f / ingedient
Ingwer m / ginger
Inhaber m, Besitzer m / owner
Inhalt m / content, capacity ‖ ⤳, Inhaltsverzeichnis n /
index [to a book] ‖ ⤳ (Flasche) / contents pl ‖ ⤳, Weite f
/ area, size, extent ‖ ⤳, Stoff m / subject matter ‖ ⤳ der
Kanalhaltung (Hydr) / pondage ‖ ⤳ des Lohnbeutels /
take-home pay ‖ ⤳ von Karteien etc / contents pl of
files
inhalts·adressierbarer Speicher, CAM / contents
addressable memory, CAM, associative memory ‖
~adressiert (DV, Speicher) / content-addressed,
associative ‖ ⤳angabe f / statement of contents ‖
⤳bestimmung f von Flächen / calculation o.
determination of areas ‖ ⤳bestimmung f von Körpern
/ calculation o. determination of volume o. of cubic
contents, cubature ‖ ~bezogener Zugriff (DV) / content
access ‖ ~treu, flächentreu (Math) / equal area … ‖
⤳verzeichnis n / [table of] contents pl, register, index to
a book ‖ mit einem ⤳verzeichnis versehen / index v
inhärent, Eigen…, innewohnend / inherent ‖ ~es
Gleichstromverhältnis (Halbl) / inherent value of the
forward current ratio
inhibierend / inhibitory
Inhibit·… (DV) / inhibit… ‖ ⤳betriebsart f, Sperrmodus
m (DV) / inhibit mode ‖ ⤳-Draht m (Elektronik) / inhibit
[wire] ‖ ⤳-Impuls m / inhibit pulse
Inhibition f (DIN) (DV) / exclusion, AND-NOT
operation, NOT-IF-THEN element o. gate
Inhibitionsphase f, Schutzkolloid n in einem lyophoben
Sol / inhibitory phase
Inhibitor, Hemmstoff m (Chem) / inhibitor ‖ ⤳,
Stabilisator m (Öl) / gum inhibitor ‖ ⤳, Antikatalysator
m / anticatalyst ‖ ⤳ m (DV) / inhibitor
inhibitorisch, hemmend / inhibitory
Inhibit·-Schaltung f (Elektronik) / inhibit gate o. circuit ‖
⤳-Signal n / inhibiting signal
inhomogen / inhomogeneous, unhomogeneous ‖ ~er
Kernreaktor (Nukl) / heterogenous reactor
Inhomogenität f / non-homogeneity ‖ ⤳ (Laser) / non-
uniformity
Inhour f (Reaktor) / inhour (inverted hour) ‖ ⤳-Gleichung
f (Nukl) / inhour equation
Inhouse-System n (DV) / inhouse system
Initiale f, Initial-, Anfangsbuchstabe m / initial [letter]
Initial·effekt m / initial effect ‖ ⤳elektrode f / initiating
electrode
initialisieren (DV) / initialize
Initialisierung f (DV) / initialization
Initialisierungswort n (DV) / initialization word
Initial·ladung f / priming charge ‖ ⤳sprengstoff m (Chem)
/ detonator ‖ ⤳wort n / acronym ‖ ⤳zünder m / priming
fuse, squib ‖ ⤳zündung f (Mil) / priming
Initiator m (Reaktion) (Chem) / initiator ‖ ⤳ (DV) / initiator
‖ ⤳, Näherungsschalter m / approach switch
Injektion f (Geol) / injection ‖ ⤳, Zuführung f von
Ladungsträgern (Halbl) / injection ‖ ⤳, Injizieren n /
injection
Injektions·bohrung f, Flutbohrung f (Öl) / keywell ‖
⤳brenner m (Ölbrenner) / atomizer ‖ ⤳gerät n,
Einpreßgerät n (Zement) / grouting apparatus ‖ ⤳laser m
/ injection laser ‖ ⤳quelle f (Öl) / injection well ‖
⤳schürze f (Hydr) / injected sealing layer ‖ ⤳strom m

(Halbl) / injection current ‖ **⌐wirkungsgrad** *m* (Halbl) / injection efficiency ‖ **⌐-Zone**, i-Zone *f* (Halbl) / i-zone
Injektor *m*, Strahlpumpe *f* (Dampfm) / jet pump, [steam] injector ‖ **⌐brenner** *m* (Schweiß) / low-pressure torch ‖ **⌐nadel**, Düsennadel *f* (Brenner) / injector needle o. pump ‖ **⌐rohr** *n* / injection pipe
injizieren / inject
Inkern... (Nukl) / incore
inklinante Buhne (Hydr) / attracting groin
Inklination *f* (Astr, Magn.Nadel) / inclination, dip
Inklinations·bussole *f*, -kompaß *m* / dip[ping] circle ‖ **⌐nadel** *f*, Inklinatorium *n* / dip[ping] o. inclinatory needle, inclinometer ‖ **⌐nadel** *f*, Inklinatorium *n* / inclinator, inclinatory needle ‖ **⌐winkel** *m* (Kompaß) / angle of dip o. inclination ‖ **⌐winkel** *m*, Mißweisung *f* / magnetic dip ‖ **⌐winkel** *m* (Radar) / pitch attitude
Inklinometer *n*, Neigungsmesser *m* (Luftf) / inclinometer
Inklusion *f* / inclusion
Inklusionsverbindung *f* (Chem) / inclusion compound, clathrate
inklusiv·es ODER, Disjunktion *f* (DV) / inclusive OR, disjunction ‖ **durch ~es ODER verknüpfen**, ODERn *vi*, oderieren / OR *vi* ‖ **~es-ODER-Schaltung** *f* (DV) / logic[al] OR circuit
inkohärent (Phys) / incoherent, loose ‖ **~es Licht** / incoherent light ‖ **~e Streuung** (Nukl) / incoherent scattering
inkohlen, verkoken (Hütt) / carbonize, coke
Inkohlung *f* (Geol) / carbonization, transformation into coal ‖ **⌐**, Verkokung *f* (Hütt) / carbonization, coking process
inkommensurabel, nicht vergleichbar (Math) / incommensurable, -ate
inkompatibel / incompatible
inkompressibel (Phys) / incompressible
Inkongruenz *f* (Math) / incongruity
inkonsistent, widersprüchlich / inconsistent
Inkonsistenz *f* / inconsistency
inkorporieren, vereinigen / incorporate
inkorporiert (DV) / in-stream
Inkraftsetzung *f* / putting into force, placing into effect
Inkreis *m* (Math) / incircle, inscribed circle ‖ **⌐mittelpunkt** *m* / incenter ‖ **⌐radius** *m* / inradius, apothem
Inkrement *n*, Schritt *m* (Math, Phys) / increment ‖ **um ⌐e vergrößern** / increase by increments
Inkremental·... / incremental ‖ **~e Ausfallwahrscheinlichkeit** / incremental failure probability ‖ **~e Permeabilität** / incremental permeability ‖ **~es Testen** (DV) / incremental testing ‖ **⌐bandgerät** *n* / incremental tape recorder ‖ **⌐-Integrator** *m* / incremental o. saturated integrator ‖ **⌐-Meßverfahren** *n* (NC) / incremental measuring method ‖ **⌐meßwertdrucker**, -Digitalrekorder *m* / incremental digital recorder ‖ **⌐-Positionsgeber** *m* / incremental position transducer ‖ **⌐rechner** *m* / incremental computer ‖ **⌐rechner** *m*, digitales Integriergerät / incremental computer, digital differential analyzer
inkrementieren / increment *v*
inkromieren s. inchromieren
Inkrustation, Inkrustierung *f* / incrustation
inkrustieren *vt* / incrust ‖ **~** *vi* / become o. get incrusted
Inkubation *f* (Chem) / incubation
Inkubationszeit *f* / incubation [period]
in-Lage-bringen (F.Org) / position *v*
Inlaidlinoleum, Einleglinoleum *n* / inlaid linoleum
Inland *n* / inland ‖ **⌐eis** *n* (Geol) / inland ice, continental ice sheet ‖ **⌐-Flugverkehr** *m* / domestic air service
inländisch (allg) / native, domestic ‖ **~er Übergabebahnhof** (Bahn) / internal junction station
Inlands·... (Zuck) / home-grown ‖ **⌐erzeugnis** *n* / domestic good ‖ **⌐gespräch** *n* / national call ‖ **⌐markt** *m* / domestic market ‖ **⌐satellit** *m* / domestic satellite,

domsat ‖ **⌐verkehr** *m* / internal o. inland traffic ‖ **⌐verpackung** *f* / packing for domestic shipment ‖ **in ⌐verpackung** / packed for domestic shipment
Inlay *m* (Trickmischung) (TV) / inlay
Inlettköper *m* (Textil) / bed ticking, bedstout, feather drill o. twill
in-line Farbbildröhre *f* / in-line colour picture tube ‖ **⌐-Anordnung** *f* (z.B. Elektroden) / in-line arrangement ‖ **⌐-Pumpe** *f* / in-line pump
Inmould-Verfahren *n* / inmould process
innen / within, inside, on o. in the inside ‖ **~ befestigt** (IS) / rear-mounted (deprecated), back-mounted ‖ **~ glattes Rohr** / smooth bore pipe ‖ **~ räumen** / broach inside surfaces ‖ **~ schwach verdrilltes Seil** / rope with low internal stresses ‖ **~ überstehend** / inward projecting ‖ **~ und außen** / inside and out ‖ **nach ~ gerichtet** / inward, inboard ‖ **⌐abmessung** *f* / internal dimension ‖ **⌐abspulung** *f* (Loch-, Magnetband) / center roll feeding ‖ **⌐achslager** *n* (Bahn) / inner axle box o. bearing ‖ **⌐anlage** *f* / indoor equipment o. fitting ‖ **⌐anstrich** *m* / interior painting ‖ **⌐antenne** *f* / inside antenna, indoor aerial ‖ **⌐antrieb** *m* / internal drive o. movement ‖ **⌐architekt** *m* / interior decorator ‖ **⌐architektur**, -ausstattung, -einrichtung *f* / interior decorating o. decoration, interior design ‖ **~armierter feuerfester Stein** / internal plated o. reinforced refractory brick ‖ **⌐aufnahme** *f* (Phot) / interior ‖ **⌐ausbau** *m* / completion of the interior, engineering of services and technical equipment of buildings ‖ **⌐ausdehnungsbremse** *f* / internal-expanding brake ‖ **~[aus]drehen** (Wzm) / turn interior diameter ‖ **⌐ausdrehschieber** *m* (Wzm) / interior diameter turning slide ‖ **⌐auspolsterung** *f* / upholstery padding ‖ **⌐ausstattung** *f* / interior fittings *pl* ‖ **⌐ausstattung** *f*, -dekoration *f* / interior decoration ‖ **⌐ausstattung** *f* (einschl. Sitzen) (Kfz) / trim ‖ **⌐ausstattung**, -einrichtung *f* (Terminal) / lobby of a terminal ‖ **⌐backenbremse** *f* / internally acting [shoe-]brake, inside shoe brake, expanding brake ‖ **⌐bearbeitung** *f* / inside machining ‖ **~beleuchtetes Meßinstrument** / illuminated-dial instrument ‖ **~beleuchtetes Schaltbild** / illuminated diagram ‖ **⌐beleuchtung** *f* / indoor lighting o. illumination ‖ **⌐belüftung** *f* (Masch) / internal ventilation ‖ **⌐beplankung** *f* (Schiff) / ceiling ‖ **⌐blatt** *n* (Schichtholz) / core sheet ‖ **⌐blech** *n* (Feuerfest) / metal plate insert ‖ **einfache ⌐bogenkreuzungsweiche** / outside single slip on inside of similar flexure curve ‖ **⌐bord**, Kragen *m* (Stanz) / plunged boss ‖ **⌐bord** *m* (Rollenlager) / lipped inner race ‖ **⌐bord-Druckanzug** *m* (Raumf) / intravehicular pressure garment ‖ **⌐bordmotor** *m* / inboard engine, inboard ‖ **mit ⌐bordmotor u. gelenkwellengetriebener Außenbordschraube** / inboard-outboard ‖ **⌐bremse** *f* / internal brake ‖ **⌐drehen** / inside turning ‖ **⌐drehmeißel** *m* (Dreh) / right side tool, inside o. boring tool ‖ **⌐dreikant** *m* / triangle socket ‖ **⌐dreikantschraube** *f* / recessed head triangular screw ‖ **für ⌐dreikantschrauben** / male triangular ‖ **⌐druck** *m* / internal pressure ‖ **⌐druckkabel** *n* / gas-filled internal pressure cable ‖ **⌐druckprobe** *f* / burst test (US) ‖ **⌐druckversuch** *m*, Abdrückversuch *m* / water pressure test, hydraulic pressure test ‖ **⌐druckversuch** *m* **mit Luft** / air pressure test ‖ **⌐durchmesser** *m* / inside diameter, I.D. ‖ **⌐-Eckdrehmeißel** *m* / internal side turning tool for corner work ‖ **⌐-Eckfalzverbindung** *f* / clinched-on bottom seam, joint-inside lock seam (GB), internal double corner seam (US) ‖ **⌐einlage** *f*, -packung *f* / internal packing ‖ **⌐einrichtung** *f* s. Innenausstattung ‖ **⌐einstechen** *n* (Wzm) / internal recessing ‖ **⌐expansionsdüse** *f* (Raumf) / internal expansion nozzle ‖ **⌐falte** *f* (Reifen) / fold ‖ **⌐feuerung** *f* / internal furnace ‖ **⌐feuerung** *f* **durch einen Tauchbrenner** / submerged combustion ‖ **⌐fläche** *f* / inner o. interior surface ‖ **⌐fläche** *f* (Beitel) / incannel ‖ **⌐fläche** *f* (Gewölbe) /

intrados ‖ ~fläche f der Raupenkette / rail of a crawler track ‖ ~fläche f von gesägtem Holz / internal face of sawn timber ‖ ~flügel m (Fenster) / second wing ‖ ~fokussierung f (Verm) / internal focussing ‖ ~fräsen n / internal milling ‖ ~fräser m / interior milling cutter ‖ ~fühlhebel m / internal profile tracer ‖ ~futter n, [Innen-]Auskleidung f / lining ‖ ~gefärbt (Lampe) / inside-colour-sprayed ‖ ~gekühlt (Elektr, Mot) / with ventilated enclosures ‖ ~gelagerter Achsschenkel / inside axle journal ‖ ~getriebe n / annular o. internal gear[ing] ‖ ~gewinde n / internal screw thread, inside o. female thread ‖ ~gewinde schneiden / tap, thread ‖ ~gewindekupplung f (Rohr) / coupling with female ends ‖ ~gewindemeißel m / inside screw tool ‖ ~gewindeschneidmaschine f / internal threading machine ‖ ~gewindesträhler m / inside chaser ‖ ~grat m, Spiegel m (Gesenkschm) / wad n ‖ ~hafen m / basin, inner harbour ‖ ~heiz…, -feuerungs… / internally fired ‖ ~hof m / inner court ‖ ~honmaschine f / internal honing machine ‖ ~hülse f / inside bush, inner sleeve ‖ ~hütchen n (Sprengkapsel) / interior percussion cap, inner capsule ‖ ~hydrant m / inside hydrant ‖ ~impedanz f (Elektronik) / internal impedance ‖ ~interpolator m (NC) / internal interpolator, director ‖ ~isoliert (Elektr, Geräte) / compound-filled ‖ ~kabel n / house o. inside cable ‖ ~kante f / inner o. inside edge ‖ ~kegel m / taper bore n, female taper ‖ ~keilprofilschraube f / spline socket screw ‖ ~kern… (Reaktor) / in-core ‖ ~konus m / inner cone ‖ ~konzentration f des Schutzmittels (Holz) / core loading ‖ ~lager n / inside bearing o. box ‖ ~lagerradsatz m (Bahn) / inside box wheel set, wheels pl on axle with inside journal ‖ ~lastgerät n / inboard lift truck ‖ ~leistung f, indizierte Leistung / indicated effect o. power ‖ ~leitendes CCD / bulk charge coupled device, buried-channel charge coupled device ‖ ~leiter m (Kabel) / inner o. internal conductor ‖ ~leitungen f pl / pipes pl for interior installation, piping ‖ ~leitwert m (Röhre) / conductance ‖ ~leuchte f (Kfz) / [door-operated] interior o. courtesy light ‖ ~liegend (Zündkerzenelektrode) / with retracted tip ‖ ~liegend (Dachrinne) / box type ‖ ~[liegend] adv / internally ‖ ~lunker m (Gieß) / internal shrinkage ‖ ~lunker m / shrink hole ‖ ~maß n, Lichtweite f / clear opening ‖ ~maß n (Bau) / inside dimension ‖ ~mattiert (Lampe) / internally frosted, inside-frosted, pearl-type, satin-etched ‖ ~mauer f, Mittel-, Trennmauer f / inside o. interior wall ‖ ~mauerwerk n (Ofen) / setting brickwork ‖ ~meßgerät n / internal measuring instrument ‖ ~meßschnabel m / internal measuring jaw ‖ ~messung f / inside o. internal measuring ‖ ~messung f (Phot) / TTL, time through lens ‖ ~-Mikrometerschraube f / inside micrometer cal[l]iper ‖ ~ministerium n / Home Office (GB) ‖ ~mischer, Kneter m (Plast) / kneader ‖ ~organisation f (DV) / internal housekeeping ‖ ~packung f, -einlage f / internal packing ‖ ~patent n (Strumpf) / reinforced selvedge attachment ‖ ~plattenspannung f (Mech) / internal plate tension ‖ ~plattenspannung f, Zugspannungsverschluß m (Buch) / tension plate lockup ‖ ~polgenerator m, -polmaschine f / internal pole generator o. dynamo o. alternator ‖ ~programmierung f (DV) / internally stored program ‖ ~prüfung f / interior check ‖ ~putz m (Bau) / interior finish, dressings pl ‖ ~rad n / internal geared wheel ‖ ~radsatz m / internal gear pair ‖ ~rahmen m des Verbundfensters / inner frame of a countersash window ‖ ~raum m / interior space ‖ ~raum m (Bau) / indoors n ‖ ~raum… (Elektr) / indoor ‖ für ~raum (Elektr) / for indoor use ‖ ~raumbeleuchtung f / artificial lighting for interiors ‖ ~räummaschine f / internal-broaching machine ‖ ~räumwerkzeug n / internal-broaching tool ‖ ~reede f / inner road-steads pl ‖ eine ~rille drehen / trepan ‖ ~rinde f (Holz) / inner bark o. phloem, secondary cortex ‖ ~ring m (Kugellager)

/ inner raceway ‖ ~ringstraße f, -ring m / loop ‖ ~riß m / internal fissure o. crack o. rupture ‖ ~riß m (Schm) / shatter crack ‖ ~riß m (Sperrholz) / internal split ‖ ~risse m pl (Holz) / honeycombing ‖ ~-Rundfräsmaschine f / interior circular milling machine ‖ ~rundläppen n / lap a bore o. boring ‖ ~rundschleifmaschine f / internal circular grinding machine ‖ ~rüttler, -vibrator m (Bau) / immersion vibrator, full depth vibrator, internal o. poker vibrator ‖ ~schicht f (Schlauch) / inner tube ‖ ~schleifmaschine f (für Buchsen) / bush grinding machine ‖ ~schleifmaschine f mit umlaufender Spindel / internal grinding machine with planetary movement ‖ ~schleifvorrichtung f / internal grinding attachement ‖ ~schuh m (Mähm, Landw) / main o. inner shoe ‖ ~schuhplatte f (Mähm, Landw) / main shoe wearing plate ‖ ~schuhsohle f (Mähm) / main shoe o. inner shoe slipper o. sole ‖ ~schweißen n / inside welding ‖ ~sechskant m (Schraube) / hexagon socket ‖ ~sechskantschlüssel m / Allan key, hexagon socket screw key ‖ ~sechskantschraube f / hexagon socket screw, Allen screw ‖ ~sechskantschraube f mit Zylinderkopf / hexagon socket head cap screw ‖ ~seite, -fläche f / inside ‖ ~seite (Buch etc.) / inner page, inside page ‖ ~spannfutter n / internal chuck ‖ ~spannung f (Mech) / internal stress ‖ ~spannung f (Wzm) / internal chucking ‖ ~speicher m (DV) / main [frame] memory o. storage (US) o. store (GB) ‖ ~sperrholz n / plywood for internal use, interior-grade plywood ‖ ~spitzgewinde n / female V-thread ‖ ~stadt f / inner city, center of town, downtown (US) ‖ ~-Stechdrehmeißel m / right-angle parting-off tool ‖ ~steuer-Limousine f (Kfz) / sedan (US), saloon (GB), limousine ‖ ~taster m / inside callipers pl ‖ ~temperatur f / internal temperature ‖ ~temperatur f (Quarz) / crystal chamber temperature ‖ ~trübung f (Plast) / internal haze ‖ ~tür f / internal door ‖ ~- und Außentaster, Doppeltaster m / inside and outside callipers pl ‖ ~versatz m (Flurförderer) / inset ‖ ~verzahnt / annular-toothed, internal geared ‖ ~verzahntes Getriebe / annular o. internal gear[ing] ‖ ~verzahnte Planscheibe (Wzm) / internal gear face-plate ‖ ~verzahntes Rad / internal gear ‖ ~verzahnter Zähler / internal transfer pinion type counter ‖ ~verzahnung f / internal gear o. toothing ‖ ~vibrator m (Bau) s. Innenrüttler ‖ ~vielzahn / internal serration ‖ ~vielzahnschraube f / screw with internal serrations ‖ ~vierkant m / square socket ‖ ~vierkantantrieb m / square socket drive ‖ ~-Vierkantschlüssel m / four-square Allen key ‖ ~wange f der Treppe, Freiwange f der Treppe / inner string[board] of stairs ‖ ~weißer Kolben (Lampe) / internally [white-]coated bulb ‖ ~weite f / inner span ‖ ~weite f, -durchmesser m / inner diameter, I.D. ‖ ~welle f (in einer Hohlwelle) / quill shaft ‖ ~widerstand m (Elektr) / internal resistance ‖ dynamischer ~widerstand (Halbl) / drain source resistance ‖ ~widerstand des anstoßenden Oszillators, Quellwiderstand m (Elektronik) / internal o. source resistance ‖ ~widerstand m einer Mischröhre / conversion impedance ‖ ~widerstand m einer Röhre (Widerstandskomponente der Elektrodenimpedanz) / slope resistance ‖ ~winkel m (Math) / interior o. internal angle ‖ ~wirkungsgrad m, indizierter Wirkungsgrad / indicated thermal efficiency ‖ ~zahnkranz m / internal ring gear ‖ ~zahnrad, Zahnrad mit Innenverzahnung n / internal geared wheel ‖ ~zentrierung f / self-centering ‖ ~zwölfkantschraube f / twelve-point socket screw

inner…, Innen…, innerer / inside, inner, internal, interior ‖ ~ (z.B. Überhitzung) / internal (e.g. overheating) ‖ ~e Asche, Pflanzenasche (Kohle) / constitutional ash ‖ ~er Aufbau (o. Bau) / structure ‖ ~er Basispunkt (Halbl) / internal base point ‖ ~e bauliche Einrichtung, Räumlichkeit f eines Hauses (Bau) / conveniences pl ‖ ~e Beanspruchung / internal

strain ‖ ~e **Brandgefährdung** (Bau) / internal hazard ‖
~e **Bremsstrahlung** / inner bremsstrahlung ‖ ~e
Dämpfung (Mech) / internal damping o. friction ‖ ~er
Durchmesser, Innendurchmesser m / inside diameter,
I.D. ‖ ~e **Ecknaht**, Kehlnaht f / fillet weld inside ‖ ~er
Eingangsleitwert (Halbl) / internal input conductance ‖
~es **Elektron** (Phys) / inner-shell electron ‖ ~er
Emitterpunkt (Halbl) / internal emitter point ‖ ~e
Energie / inner energy, internal o. intrinsic energy ‖ ~e
Geometrie / absolute o. inner geometry ‖ ~er
Gewindedurchmesser, Kerndurchmesser m / root
diameter ‖ ~e **Gewölbe- o. Bogenfläche** (Bau) / intrados
‖ ~e **Gleichlaufscheibe** (Kfz) / inner synchromesh disk
‖ ~er **Grenzwiderstand** (Röhre) / limiting anode
impedance ‖ ~e **Hälfte der Zahnflanke** (Kegelrad) / heel
o. toe of a tooth ‖ ~e **Kennlinie** (Elektr) / internal
characteristic ‖ ~e **Konversion** (Nukl) / internal
conversion ‖ ~er **Kreis** / inner circle ‖ ~er **Kurzschluß**
/ internal short circuit ‖ ~e **Leistung** (Kompressor) /
internal power ‖ ~er **Makrobefehl** / inner macro
instruction ‖ ~er **Planet** / inner planet ‖ ~es **Potential**
(Mech) / internal potential ‖ ~es **Produkt**, Skalarprodukt
n (Math) / inner o. scalar o. dot product ‖ ~e **Reibung** /
internal friction ‖ ~er **Riß** / internal fissure o. crack o.
rupture ‖ ~er **Riß** s. auch Innenriß ‖ ~e **Rückwirkung**
(Halbl) / internal feedback ‖ ~e **Salzbildung** / internal
salt formation ‖ ~e **Schieber[über]deckung** (Dampfm) /
inside lap ‖ ~e **Schwingungen** f pl, Nullpunktsenergie f
(Chem) / inner vibrations pl ‖ ~e **Sicherheit** (Masch) /
internal safety ‖ ~e **Spannung** (Mech) / internal stress ‖
~e **Spannung** (Elektr) / internal voltage ‖ ~es
Spannungs- o. Teilverhältnis (Elektronik) / intrinsic
stand-off ratio ‖ ~er **Spannungsabfall** / impedance
drop ‖ ~er **Speicher** (DV) / internal memory ‖ ~e
Steilheit (Halbl) / internal transadmittance ‖ ~es
Störsignal (TV, Röhre) / spurious signal ‖ ~er
Stromkreis / internal circuit ‖ ~e **Taktgabe** f (DV) /
internal clocking, internal timer ‖ ~es **Teilverhältnis**
(Math) / internal ratio ‖ ~er **Totpunkt**, UT / bottom o.
lower dead centre, B.D.C., outer dead centre (GB) ‖ ~e
Treppenwange, Freiwange f / inner string[board] of
stairs ‖ mit ~em **Überdruck** / pressurized ‖ ~e
Überhitzung (Nukl) / internal superheat ‖ ~e
Verschmelzung, Durchschmelzung f (Glas) / internal
seal ‖ ~e **Viskosität** / inherent viscosity ‖ ~es
Vorgelege / internal pinion with inside gearing ‖ ~er
Wärmewiderstand (Halbl) / thermal impedance,
junction to case ‖ ~e **Welle** (Phys) / internal wave ‖ ~er
Widerstand (des freien Raums) / intrinsic impedance
innerbetrieblich, Werks... / works..., shop... ‖ ~ / in-
plant..., in-house..., inhouse ‖ ~, werksintern / intra-
company, intra-plant ‖ ~es **Fernsehen** (TV) / closed-
circuit television, CCTV ‖ ~es **Förderwesen** (F.Org) /
internal transport, materials handling ‖ ~e **System** / in-
house system, in-plant system ‖ ~er **Verbrauch** / own-
farm produced inputs pl ‖ ~es **Vorschlagswesen** /
suggestion system
Inneres n / inside, interior ‖ ~ der **Mauer** (Bau) / hearting
‖ ~ einer **Menge** (Math) / interior of a set
innerhalb / within, inside [of] ‖ ~ (zeitlich) / within ‖
~ der **Maschine** (Pap) / on-machine ... ‖ ~ der **Mauer** /
intramural ‖ ~ der **Verwaltung** / cross-office... ‖ ~ des
Bandes (Elektronik) / in-band ‖ ~ des **Systems** /
intrasystem...
innerlich, wirklich / intrinsic
inner·nuklear / intranuclear ‖ ~städtischer **Verkehr** /
street traffic ‖ ~therapeutisches **Pflanzenschutzmittel**
(Landw) / systemic insecticide ‖ ~tropische
Konvergenz (Meteorol) / intertropical convergence, ITC
innewohnend, immanent / immanent ‖ ~, inhärent,
Eigen... / inherent
inniges Gemisch / homogenous o. intimate mixture
Innovation f / innovation ‖ ~en **bringen** / innovate

Innovationszeit f (Zeit zwischen Erfindung u. Fertigung)
/ innovation period
inoperabel, nicht praktizierbar / inoperable
inorganisch / inorganic
Inosilicat n / inosilicate
Inosin n / inosine
Inosit m / inositol, inosite, dambose (US), meat sugar
(US)
Inoxidation f / inoxidation
Inphasekomponente f (TV) / in-phase component
In-Pile-Thermionik-Reaktor m / in-pile thermionic-
reactor
Insasse m (Kfz) / occupant, passenger
Insekt n / insect, bug (US) ‖ ~en n pl, Ungeziefer n
(Landw) / vermin[s] ‖ ~befallen / insect-infested
Insekten·befall m (Landw) / infestation ‖ ~fest / insect-
resisting o. resistant ‖ angewandte ~kunde /
insectology ‖ ~kunde f, Entomologie f / entomology
insektgeschädigt / insect-damaged
Insektizid, Insektengift n / insecticide ‖ durch den
Magen wirkendes ~, Freßgift n / stomach insecticide ‖
~spray m n / insecticide spray ‖ ~spritze f / insecticide
sprayer
Insel f / island, isle ‖ ~ (Sträßb) / safety island ‖ kleine ~ /
islet ‖ ~bahnhof m / station between lines ‖ ~berg m
(Geol) / inselberg ‖ ~bildung f (Röhren,
Windschutzscheibe) / island effect ‖ ~bildung f (Pap) / skip
coating ‖ ~bildungen f pl (Galv) / plateaux pl ‖ ~kopf m
(Straßb) / tip of island ‖ ~silikat n, Nesosilikat n / island
silicate, neosilicate
Insert n, Schriftbild n (TV) / caption, insert ‖ ~ (Plast) /
inset, insert ‖ ~-Betrieb m (TV) / insert mode
Insertion f (Raumf) / insertion
in-situ·-Laugung f von Erzlagerstätten / solution
mining, in-situ leaching of ore deposits ‖ ~-Pyrolyse f /
in-situ pyrolysis ‖ ~-Verbrennung f, thermisches
Bohren (Öl) / thermal drive, in-situ combustion
Inslot-Signalisierung f (DV) / inslot signalling
Insolation, Sonnenbestrahlung, -einstrahlung f /
insolation, solar radiation received ‖ ~,
Sonneneinstrahlung f auf die Erde / insolation (rate of
solar energy delivered per unit of horizontal surface)
Inspektion f, Kontrolle f / inspection ‖ ~, Abnahme f /
official acceptance
Inspektions·bereich m (Nukl) / bonded area ‖ ~fenster n /
inspection port ‖ ~-Mannjahr n (Nukl) / man-year of
inspection ‖ ~roboter m / inspection robot
Inspektor, Kontrolleur m (F.Org) / inspector ‖ ~,
Aufseher m / supervisor, overseer
instabil, instable, unstable ‖ ~er **Zustand** / unstable state
Instabilität f / instability, unstability ‖ ~, Flattern n /
flutter, fluttering ‖ ~, Zittern n (Kath.Str) / jitter ‖ ~
gegen Knickung (Plasma) / kink o. sausage instability
Instabilitätserscheinungen f pl / instability phenomena pl
Instabilwerden n (Emulsion) / breaking (of an emulsion)
Installateur m, Rohrleger m / pipe fitter, pipelayer, fitter
‖ ~, Klempner m / plumber, tinner ‖ ~ (für Gas) (Bau) /
gas man ‖ ~ (für Dampfleitungen) / steam fitter ‖ ~
(Elektr) / wireman, installer
Installation f, Installierung f / installation ‖ ~, Montage f
(Masch) / mounting ‖ ~ (Gas und Wasser, Bau) / plumbing,
[gas and water] fitting ‖ ~, Verdrahtung f, Verdrahten n
(Elektr, Elektronik) / wiring, electric installation ‖ ~
(Elektr) / electric installation ‖ ~ über der
Erdoberfläche / aboveground installation
Installations·arbeiten f pl (Bau) / installation work ‖
~einheit f, -block m, -zelle f (Fertigbau) / plumbing unit
‖ ~gerät n, -ausrüstung f / installation equipment ‖
~kabel n (Fernm) / house wiring cable ‖
~-Kleinverteiler m / small distribution board ‖
~leitungen f pl (Bau) / house wiring cables pl ‖
~material n / installation material o. accessories o.
supplies ‖ ~material n (Elektr) / electric wiring material
‖ ~plan m / plan of installations ‖ ~rohr n / conduit for

505

electrical wiring ‖ **⁓schalter**, Kleinschalter *m* / installation o. house-wiring switch, small switch ‖ **⁓selbstschalter** *m* (Elektr) / automatic cutout ‖ **⁓wand** *f* / plumbing wall

installieren / install

installierte Leistung (Elektr) / performance, output, installed o. mechanical power

instandgehalten, [gut] ⁓ / in [good] repair

instand·gesetzte Teile *n pl* / repairs *pl* ‖ **⁓haltbarkeits-Vorhersage** *f*, Zuverlässigkeitsvorhersage *f* / maintainability prediction

instandhalten, unterhalten / maintain

Instandhaltung *f*, Wartung, Pflege *f* / maintenance ‖ **⁓** , **Ein- und Ausbau** (Nukl) / maintenance, assembly and disassembly; MAD

Instandhaltungs·arbeiten *f pl* / upkeep, maintenance ‖ **⁓trupp** *m* / maintenance gang

instand·setzbar, reparierbar / repairable, reparable ‖ **⁓setzbarkeit** *f* / restorability

instandsetzen / repair ‖ **das untere Ende** ⁓ (Telegrafenmast) / line the foot

Instandsetzung *f* / repair[ing], overhaul[ing] ‖ **⁓**, fehlerbehebende Wartung / corrective maintenance

Instandsetzungs·arbeiten *f pl* / repair [work] ‖ **⁓dauer** *f* / active repair time ‖ **⁓freundlichkeit** *f* / ease of repair and maintenance ‖ **⁓trupp** *m*, -mannschaft *f* / repair gang ‖ **⁓-Verzugszeit** *f* (DV) / awaiting repair time ‖ **⁓werkstatt** *f* / repairshop ‖ **⁓zeit** *f* / active repair time

Instant·-Mehl *n*, agglomeriertes Mehl / instant flour ‖ **⁓zucker** *m* / instant sugar

instationär (Strömung) / unsteady

Instruktion *f* (DV) / instruction, statement (Fortran) ‖ **⁓ "Weitergehen"** (im Programm) (DV) / non-operable o. no-operation instruction, No-op

Instruktions·abruf *m* / instruction fetch ‖ **⁓adresse** *f* / I-address ‖ **⁓phase** *f*, -zyklus *m* / instruction cycle ‖ **⁓-Speicherbereich** *m* / instruction area of the memory

Instrument *n* / instrument ‖ **⁓**, Werkzeug *n* / appliance ‖ **⁓**, Werkzeug *n* / implement ‖ **⁓e abstimmen o. abgleichen o. anpassen** / match instruments ‖ **⁓ mit abgeschirmten Polen**, Panzerinstrument *n* / shielded pole instrument ‖ **⁓ mit Mitten-Nullpunkt** / zero center instrument ‖ **⁓ mit unterdrücktem Nullpunkt**, Nullinstrument *n* (Elektr) / suppressed-zero o. inferred-zero instrument, set-up[-scale] instrument, set-up-zero instrument, step-up instrument

instrumental / instrumental

instrumentell, mit Instrumenten / with instruments ‖ **⁓e Ausrüstung** *f* / instrumentation

Instrumenten·anflug *m* (Luftf) / instrument approach ‖ **⁓[anflug]piste** *f* (Luftf) / instrument [approach] runway ‖ **⁓ausrüstung** *f* von Satelliten / satellite instrumentation ‖ **⁓bauer**, -macher *m* / instrument maker ‖ **⁓beleuchtung** *f* / instrument lighting ‖ **⁓bodenzeit** *f* (Luftf) / instrument ground time ‖ **⁓brett** *n*, -tafel *f* (DIN) (Kfz) / instrument panel o. board (US), fascia (GB), dashboard, dash (coll) ‖ **⁓brett-Polster** *n* (Kfz) / dashboard pad ‖ **⁓fehler**, Instrumentalfehler *m* / instrumental error ‖ **⁓flug** *m* / instrument flying ‖ **⁓flugregeln** *f pl*, IFR / instrument flight rules, IFR *pl* ‖ **⁓flugzeit** *f* (Luftf) / instrument flight time ‖ **⁓höhe** *f* (Verm) / height of instruments, H.I. ‖ **⁓-Kalibrierung** *f* (Raumf) / flight calibration ‖ **⁓landesystem** *n*, ILS / instrument landing system, ILS ‖ **⁓landung** *f* (Luftf) / I.L., instrument landing ‖ **⁓leuchte** *f* (Kfz) / instrument [panel] lamp, panel o. dashboard lamp ‖ **⁓macher**, -bauer *m* / instrument maker ‖ **⁓piste** *f* (Luftf) / instrument runway ‖ **⁓platte** *f* / instrument mounting plate ‖ **⁓rinne** *f* (Kfz) / instrument channel ‖ **⁓schalter** *m* (Elektr) / meter switch ‖ **⁓sicherung** *f* (Elektr) / potential fuse ‖ **⁓skala** *f* / instrument dial ‖ **⁓steinmacher** *m* / jewel maker ‖ **⁓tafel** *f* (DIN) (Kfz) s. Instrumentenbrett ‖ **⁓verluste** *m pl* (Elektr) / meter losses *pl* ‖

⁓wetterbedingungen *f pl* (Luftf) / instrument meteorological conditions, IMC *pl* ‖ **⁓zeiger** *m* / needle o. pointer of an instrument ‖ **⁓zeit** *f* (Luftf) / instrument time

instrumentieren, Instrumente vorsehen / instrument

Insulin *n* / insulin

Intarsie, [großflächige] Holz-Einlegearbeit *f* / tarsia

Integral *n* (Math) / integral ‖ **⁓...** (Math) / integral *adj* ‖ **⁓** *adj*, integriert / integrated ‖ **⁓es Brückenwiderlager** / integral bridge abutment ‖ **⁓e Dosis** (Nukl) / integral absorbed dose ‖ **⁓ geformter Sitz**, Schalensitz *m* (Kfz) / integral moulded seat ‖ **⁓** *n* **nach der Zeit** / integral with respect to time ‖ **⁓ nach der Zeit im Originalbereich** / integral in the time domain ‖ **bestimmtes** ⁓ / definite integral ‖ **⁓bauweise** *f* (Luftf) / integral construction ‖ **⁓-Differential...** / integrodifferential ‖ **⁓dosis** *f* / integral dose ‖ **⁓gleichung** *f* (Math) / integral equation ‖ **⁓gleichungsmethode** *f*, Singularitätenmethode *f* (Mech) / integral equation method, method of singularities ‖ **⁓körper** *m* (Raumf) / integral body ‖ **⁓-Monitor** *m* (Antenne) / integral monitor ‖ **⁓reaktor**, Reaktor *m* in integrierter Bauweise / integral reactor ‖ **⁓rechnung** *f* (Math) / integral calculus ‖ **⁓register** *n* / integral register ‖ **⁓-Regler**, I-Regler *m* (Regeln) / floating action o. integral action controller, integral control unit ‖ **⁓schaum** *m* / integral skin foam ‖ **⁓schaumstoff** *m* / selfskinning foam ‖ **⁓schaumsystem** *n* (Plast) / integral foam system ‖ **⁓tank** *m* (Luftf) / integral tank ‖ **⁓wirkung** *f* (Regeln) / integral action ‖ **⁓[zeichen]** *n* (Math) / sign of integration, integral sign

Integrand *m* (Math) / integrand

Integration *f* / integration

Integrations·beiwert *m* / integral action factor ‖ **hoher ⁓grad**, LSI... (Elektronik) / large scale integration, LSI ‖ **⁓konstante** *f* (DV) / constant of integration, integration constant ‖ **⁓kreis** *m* / integrating circuit o. network, integrator ‖ **⁓weg** *m* (Math) / path of integration ‖ **⁓zeit** *f* (Schalttransistor) / average time

Integrator *m*, Integriergerät *n* / integrator ‖ **⁓** (DV) / integrator, integrating circuit

Integrieranlage *f*, Differentialanalysator *m* / differntial analyzer

integrierbar, integrabel / integrable

integrieren / integrate ‖ ⁓ **[in]** / integrate [into], design [into]

integrierend / integrating ‖ ⁓ (Instr) / integrating (finding the integral) ‖ **⁓**, integriert / integral ‖ **⁓er Bestandteil** / integral part[icle], integrant ‖ **⁓es Instrument** / integrating instrument ‖ **⁓es Netzwerk** (Analogrechner) / integrating circuit o. network, integrator ‖ **⁓er Pendelbeschleunigungsmesser** / pendulous integrating gyro accelerometer ‖ **⁓er Schrittrechner**, digitaler o. Digital-Differential-Analysator / digital differential analyzer, DDA ‖ **⁓er Trägheitskreisel** / integrating inertial gyro ‖ **⁓er Wendekreisel** / integrating rate gyro

Integrier·gerät / integrating instrument, integrator ‖ **⁓gerät** (zeichnend), Integraph / integrating plotter, integraph ‖ **⁓gerät** *n* (digital), digitaler Integrator / digital differential analyzer, incremental computer ‖ **⁓glied** *n* / integrating circuit o. network, integrator

integriert, eingegliedert / integrated, integrate ‖ ⁓ (DV) / embedded ‖ **⁓e Analogschaltung** / integrated analog circuit, analog integrated circuit ‖ **⁓er Bauteil** (DV) / integrated electronic component, IEC ‖ **⁓es Blockregelsystem** (Nukl) / integrated control system ‖ **⁓es breitbandiges Fernmeldenetz**, IBFN / integrated broad band communications network ‖ **⁓e Breitband-Kommunikation** (Europa), IBC / integrated broad band communication, IBC ‖ **⁓e Datenverarbeitung**, IDV *f* / integrated data processing, IDP ‖ **⁓es digitales Fernmeldenetz**, IDFN, ISDN / integrated services digital network, ISDN ‖ **⁓e Digitalschaltung** / integrated digital circuit, digital integrated micro-circuit

‖ ~e Folgeschaltung / sequential integral circuit ‖ ~e
linienförmige Zugbeeinflussung (Bahn) / integrated
system of linear train control ‖ ~e Mikroschaltung /
integrated micro-circuit ‖ ~e Mikrowellenschaltung /
microwave monolithic integrated circuit, MMIC ‖ ~er
MOS-Schaltkreis / MOS-IC (MOS integrated circuit) ‖
~es Netz (Fernm) / integrated network ‖ ~er
Neutronenfluß / integrated neutron flux ‖ ~e Optik,
IO / integrated optics ‖ ~er Schaltkreis, IC m / IC,
integrated circuit, jelly bean (coll) ‖ ~e
Schichtschaltung / integrated film circuit ‖ ~e
Speicherschaltung / integrated circuit memory ‖ ~e
Speichersteuerung / integrated storage control
[director] ‖ ~e Struktur, Overlaytechnik f (Halbl) /
overlay technique ‖ ~es System (DV) / integrated
system ‖ zusammengesetzter ~er Schaltkreis mit
spezifischen Baugruppen (Elektronik) / monobrid
integrated circuit
Integrierwägevorrichtung f (Bergb) / integrator
Integrimeter n (Planimeter) / integrometer, moment
planimeter
Integrität, Ganzzahligkeit f (Math) / integrity
Integritätsbereich m (Math) / integral domain
intelligent / intelligent ‖ ~e Datenstation / intelligent data
terminal ‖ ~er Roboter / intelligent robot, class F robot
‖ ~e Schnittstelle / intelligent interface, IIF
Intelligenzquotient m / intelligence quotient, IQ
Intensimeter n (Röntgen) / intensitometer
Intensität f, Heftigkeit f / intensity, intenseness ‖ *
(Strahlung) / intensity (of radiation) ‖ *, Umfang m (Ton)
/ volume
intensitäts·abhängig (Laser) / intensity depending ‖
*codierung f / intensity coding ‖ *gitter n (Carcinotron)
/ negative control grid ‖ *maximum n (Elektr) /
maximum of intensity ‖ *messer m (Nukl) / dose rate
meter ‖ *messung f (Akustik) / acoustic intensity
measurement ‖ *modulation f (TV) / intensity
modulation ‖ *schrift f (Film) / variable density
recording o. track ‖ *-Stereophonie f / intensity
stereophony, intensity-difference o. coincident-
microphone stereo ‖ *verteilung f / intensity
distribution
Intensitometer n (Röntgen) / intensitometer
intensiv, kräftig / intensive, intense ‖ ~, sehr stark (allg) /
intensive ‖ ~ (Licht) / extremely bright ‖ ~ (Mischen) /
intimate ‖ ~e Reinigung / fine cleaning ‖ ~gelb /
intensive yellow
intensivieren / intensify
Intensivierung f / intensification
Intensiv·tierhaltung f / factory farming, confinement
farming ‖ *wirtschaft f (Landw) / high farming
Inter·aktionsdiagramm n / interaction diagram ‖ ~aktiv
(Video) / interactive ‖ ~aktive grafische
Datenverarbeitung / interactive graphics ‖
~amerikanisches Fernsprechnetz / ITN,
Interamerican Telecommunications Network ‖
~atomar / interatomic ‖ *carrier m (TV) / intercarrier
‖ *carrier-Überlagerung f (TV) / intercarrier beating ‖
*carrierverfahren, -carriersystem n (TV) / intercarrier
sound system ‖ *cept n (Astronavig) / intercept ‖
*cept-Controller, ICU / intercept controller, ICU ‖
*ceptventil n (Turbine) / intercept valve ‖
*ceptverfahren, Höhenverfahren n (Nav) / intercept
method ‖ *city-Zug m / Intercity train ‖ *digitation f
(Parallelschaltung) (Halbl) / interdigitation ‖
Interfacekabel n (DV) / accessory cable
Interferenz f, Überlagerung f, Schwebung f (Elektronik,
Akustik) / interference ‖ *, Überlagerung f (Elektronik,
Akustik) / beats pl, beat[ing], interference ‖ * (Aerodyn) /
interference drag ‖ *... / interferential ‖ *bild n (Phys) /
interference figure o. pattern, rings and brushes pl ‖
*erscheinung f / interference phenomenon ‖ *farben f
pl / colours of thin films, interference colours pl ‖
*farben f pl, -ringe m pl, Newtonsche Ringe m pl /

Newton's rings pl ‖ *figur f (Kristalloptik) /
interference figure, direction ratio ‖ *filter m n (Opt) /
interference filter ‖ *filter m n (TV) / interference trap ‖
*-Frequenzmesser m / beat-frequency o. heterodyne
frequency meter ‖ *komparator m / interference
comparator ‖ *kontrast m (Opt) / interference contrast
‖ *meßverfahren n / interferometry ‖ *mikroskop,
Mikrointerferometer n / interference microscope ‖
*motor m / subsynchronous reluctance motor ‖
*-Pfeifen n / heterodyne whistle ‖ *photometer n /
interference photometer ‖ *schichten f pl / interference
layers pl ‖ *schwund m, -fading n (Radar) / interference
fading ‖ *spektroskop n / interference spectroscope ‖
*spiegel m / interferential mirror ‖ *streifen m /
interference fringe o. band ‖ *ton m / beat note o. tone,
difference tone ‖ *-Wellenmesser m / beat-frequency
o. heterodyne wavemeter ‖ *widerstand m (Luftf) /
interference drag
interferieren / interfere
Interfero·gramm n / interferogram ‖ ~-holografisch /
interfero-holographic ‖ *-Hologramm n / interfero-
hologram ‖ *meter n (Opt) / interferometer ‖ *meter n
nach Fabry-Perot / Fabry-Perot interferometer ‖
*meter n nach Rayleigh-Haber-Löwe / Rayleigh
interferometer ‖ *meter-Ausgleichsplatte f /
interferometer compensating blade ‖ *metrie f durch
Aufspaltung der Lichtbündel / separate beam
interferometry
Inter·feron n (Biol) / interferon ‖ *fonanlage f /
interphone, intercom
Interfrigo, Internat. Gesellschaft der Eisenbahnen für
Kühltransporte / INTERFRIGO, International Railway
owned Refrigerated Transport Company
inter·galaktisch / intergalactic ‖ ~glazial / interglacial ‖
~granular (Geol) / intergranular ‖
*halogenverbindung f / interhalogen compound ‖
~imistisch (F.Org) / provisional, temporary ‖
*kombination f (Nukl) / intercombination ‖
~kontinental / intercontinental ‖ ~kostal, nicht
durchlaufend (Schiff) / intercostal ‖ ~kristallin /
intercrystalline, -granular ‖ ~kristalline Korrosion /
intercrystalline o. -granular corrosion ‖ ~kristalline
Sprödigkeit (Min) / cleavage brittleness ‖ ~laminar,
Zwischenschichten… / interlaminar ‖ *lockmaschine f
/ interlock knitting machine ‖
*lock-Rundstrickmaschine f / interlock circular
knitting machine ‖ *lockware f (Textil) / interlock
[fabric] ‖ ~mediär, zwischenstuflich (Chem) /
intermediate ‖ ~mediäres Boson (Phys) / intermediary
boson ‖ ~mediäre Gesteine (52-66 % SiO_2) /
intermediate igneous rocks pl ‖ ~metallisch /
intermetallic ‖ ~metallische Verbindung (Chem) /
intermediate constituent, intermetallic compound ‖
~metallische Verbindung, Halbleiter m / intermetallic
alloy, semiconductor ‖ ~mittieren / intermit ‖
~mittierend, absatzweise / intermittent, intermitting, at
intervals ‖ ~mittierend, aussetzend, Aussetz… /
intermittent, discontinuous ‖ ~mittierend arbeitender
Hyperschallwindkanal / hypersonic blowdown wind
tunnel ‖ ~mittierender Destillationsofen m /
intermittent retort setting ‖ ~mittierender
Kontaktdruck (Film) / step contact printing ‖
~mittierende Leistung für Hebezeugmotoren (Elektr) /
crane rating ‖ ~mittierend ziehen (Strangguß) / work on
the stop-go principle ‖ *modulation, Kreuzmodulation
f (Elektronik, Fehler) / intermodulation ‖
*modulationsfaktor m (nach SMPTE) /
intermodulation distortion ‖ *modulationsprodukt n
(Elektronik) / intermodulation product ‖
*modulationsverzerrung f / intermodulation distortion
‖ ~molekular, zwischenmolekular / intermolecular,
intramolecular ‖ ~molekulare Bindung (o. Kraft)
(Flüssig) / molecular association

intern [zu] / internal [to] ‖ ～, Werks…, inhaus / in-house ‖ ～, innerhalb der Verwaltung / cross-office ‖ ～e **Darstellung** (DV) / internal representation ‖ ～es **Register** / hardware register ‖ ～er **Speicher** (DV) / internal memory o. storage ‖ ～e **Standardfunktion** (DV) / intrinsic function ‖ ～er **Wartestatus** (DV) / quiescent state
international / international ‖ ～es **Arbeitsamt**, IAA / International Labour Office ‖ ～e **Arbeits- Organisation**, IAO / I.L.O., International Labour Organization ‖ ～e **Atmosphäre**, INA / international standard atmosphere, INA, normal o. ISA atmosphere ‖ ～e **Atomenergie-Agentur**, IAEA / International Atomic Energy Agency, IAEA ‖ ～e **Atomenergie-Behörde o. -Organisation**, IAEO / International Atomic Energy Agency, IAEA ‖ ～e **Atomzeit** / international atomic time ‖ ～er **Ausschuß zur Frequenzregistrierung** (Elektronik) / Intern. Frequency Registration Board, I.F.R.B. ‖ ～e **automatische Durchgangsvermittlung** (Fernm) / international automatic transit center ‖ ～er **Beratender Ausschuß** (Elektronik) / International Consultative Committee, CCI ‖ ～es **Bestätigungssystem** / International Certification System ‖ ～er **beweglicher Seefunkdienst** / international maritime mobile radiotelephone service ‖ ～es **Container-Büro**, BIC (Bahn) / Intern. Container Bureau, B.I.C. ‖ ～e **Durchgangszentrale** (Fernm) / international transit exchange ‖ ～e **Einheit**, I.E. (Biol) / International Unit, I.U. ‖ ～es **Einheitensystem**, SI-System _n_ / international units system o. system of units, SI ‖ ～es **Eisenbahn-Transportkomitee**, CIT (Bahn) / Intern. Rail Transport Committee, C.I.T. ‖ ～er **Eisenbahnverband**, UIC / Intern. Union of Railways, U.I.C. ‖ ～e **Elektrotechnische Kommission** / International Electrotechnical Commission ‖ ～er **Fernmeldedienst** / international communication service ‖ ～es **Fernmeldekonsortium**, Intelsat _n_ / International Telecommunications Satellite Consortium, INTELSAT ‖ ～e **Fernmelde-Union** (früher: Internationaler Fernmeldeverein; IFV), UIT / International Telecommunication Union, ITU ‖ ～er **Fernmeldevertrag** / Intern. Telecommunications Convention ‖ ～er **Fernschreibcode** / international telegraph o. teletype alphabet o. code ‖ ～er **Fluglinienverkehr** / international air service ‖ ～e **Föderation der Ausschüsse Normenpraxis**, IFAN / International Federation for the Application of Standards, IFAN ‖ ～er **Gummihärtegrad**, IRHD _m_ / international rubber hardness degree, IRHD ‖ ～er **Güterwagenverband**, RIV / Intern. Wagon Union, R.I.V. ‖ ～es **Hydrografisches Büro** / International Hydrographic Bureau ‖ ～es **Institut für Schweißtechnik** / International Institute of Welding, IIW ‖ ～es **Klassifikations-System** (für Kohle) / international system of classification for coals ‖ ～e **Kommission für Strahlenschutz** / International Commission on Radiological Protection, ICRP ‖ ～e **Norm** / international standard ‖ ～e **Normenorganisation** / International Standards Organization ‖ ～er **Normungsverband** / International Standardizing Body ‖ ～es **Notsignal** / international distress signal, PAN ‖ ～e **Nummer**, NM (Textil) / metric o. international count ‖ ～e **Ordnung für die Beförderung von Behältern**, RICo (Bahn) / Intern. Regulations concerning the Carriage of Containers, R.I.Co. ‖ ～er **Q-Code** / international Q code ‖ ～e **Seenotfrequenz** / international distress frequency ‖ ～e **Standard-Buchnummer**, ISBN / International standard book number, ISBN, SBN ‖ ～e **Standardnummer für fortlaufende Sammelwerke**, ISSN / International Standard Serial Number, ISSN ‖ ～er **Standard-Ton- und Bildtonaufnahmeschlüssel**, ISRC / International Standard Recording Code, ISRC ‖ ～e **Tafel-Kalorie**, cal$_{IT}$ / international table calorie ‖ ～er **Telex-Anruf** /

international telex call ‖ ～es **Tonband**, IT-Band _n_ / international sound track, music and effects track, M and E track ‖ ～es **Übereinkommen über den Eisenbahnfrachtverkehr**, IÜG (Bahn) / Intern. Convention concerning the Carriage of Goods by rail, C.I.M. ‖ ～es **Übereinkommen über den Eisenbahn-Personen- u. -Gepäckverkehr**, CIV (Bahn) / International Convention concerning the Carriage of Passengers and Luggage by Rail, C.I.V. ‖ ～e **Union für Umweltschutz** / International Union for the Conservation of Nature and Natural Ressources, I.U.C.N. ‖ ～er **Verband für Schweißtechnik** / International Welding Institute ‖ ～er **Verein für Öffentliches Verkehrswesen**, UITP (Bahn) / Intern. Union of Public Transport, U.I.T.P. ‖ ～e **Zivilluftfahrt-Organisation** / International Civil Aviation Organization, ICAO
Inter·negativ _n_ (Film) / interneg[ative], intermediate negative ‖ ～**nukleare Abstoßung** / nuclear repulsion ‖ ～**nukleonisch** (Nukl) / internucleonic
Intern·-Verarbeitung _f_ (DV) / internal processing ‖ ～**verbindungsschaltung** _f_ (DV, Konzentrator) / local call switching circuit ‖ ～**verkehr** _m_ (DV) / local traffic
inter·operabel (allein oder kompatibel arbeitend) / interoperable ‖ ～**phonanlage** _f_ (Fernm) / intercom, interphone ‖ ～**planetare Materie** / interplanetary matter ‖ ～**planetare Raumfahrt** / interplanetary aviation ‖ ～**planetare Sonde** / interplanetary probe ‖ ～**planetare Überwachungsplattform** / IMP, interplanetary monitoring platform
Interpolation _f_ / interpolation, mediation ‖ ～ **von Meßpunkten** / desampling
Interpolations·einheit _f_ (NC) / interpolation unit ‖ ～**feinheit** _f_ (NC) / interpolation sensitivity ‖ ～**feld** _n_ (Plotter) / plotting field ‖ ～**widerstand**, Eingrenzungswiderstand _m_ (Elektr) / interpolation resistance
Inter·polator _m_ (Regeln, NC) / director, negater, -tor, interpolator (GB) ‖ ～**polieren** (Math) / interpolate ‖ ～**positiv** _n_ (Film) / interpos[itive], intermediate positive
Interpretationsskizze _f_ / interpretation sketch
interpretierend·es Programm, Interpretierer _m_ (DIN) (DV) / interpreter, interpretive routine
Inter·prozeß _m_ / interprocess _n_ ‖ ～**prozeß-Kommunikation** _f_ / interprocess communication ‖ ～**prozessor** _m_ / interprocessor
Interpunktion _f_, Setzen _n_ der Satzzeichen (Buch) / punctuation
Interpunktions·symbol _n_ (DV) / punctuation symbol ‖ ～**zeichen** _n pl_ (Buch) / punctuation marks _pl_
Interrogator-Responder _m_, Frage-Antwort-Gerät _n_ / interrogator-responder, -responser
Interrupt·-Bus _m_ (DV) / interrupt bus ‖ ～**-Controller** _m_ / interrupt controller ‖ ～**gesteuert** / interrupt driven
interruptibler Zustand / interruptible state
Interrupt·-Routine _f_ / interrupt routine ‖ ～**-System** _n_ (DV) / interrupt system
inter·stellar / interstellar ‖ ～**stellare Materie** / interstellar matter ‖ ～**stellares Medium** / interstellar medium ‖ ～**stellare Wolke** / galactic cloud ‖ ～**stitiell**, die Zwischenräume füllend / interstitial ‖ ～**tropische Konvergenzzone** (Meteorol) / intertropical convergence zone, ITCZ
Intertype·-Fotosetter _m_ / Intertype fotosetter ‖ ～**-Setzmaschine** _f_ / Intertype composing machine
Intervall _n_, Zwischenraum _m_ / interval, gap ‖ ～ (Hütt) / baiting ‖ ～**-Laden** _n_ (Akku) / intermittent charge ‖ ～**-Länge** _f_, Bereich _m_ (Math) / range ‖ ～**regel** _f_, Landésche Regel (Nukl) / interval rule, Landé's rule ‖ ～**schaltung** _f_ (Math) / [system of] nested intervals, nest of intervals ‖ ～**-Scheibenwischer** _m_ / intermittent windshield wiper ‖ ～**zeitgeber** _m_ / interval timer
interzellulär / intercellular
Intoxikation _f_ / intoxication

Intra·bild-Codierung f (TV) / intraframe coding ‖
~kristallin / intracrystalline ‖ ~molekular /
intramolecular, intermolecular ‖ ~molekulare
Atmung, anaerobe Atmung / intramolecular respiration
‖ ~molekular kompensiert / internally compensated ‖
~molekulare Strahlenchemie (Nukl) / recoil chemistry
‖ ~nuklear / intranuclear ‖ ↲skop n / intrascope ‖
↲vitalfärbung f / intra-vitam staining ‖ ~zellulär, im
Zellinnern / intracellular
Intrinsic·..., eigenleitend, Eigen[leitungs]... (Halbl) /
intrinsic ‖ ↲-Barrier-Transistor m / intrinsic barrier
transistor ‖ ↲dichte f an einer pn-Übergangsstelle
(Halbl) / inversions density ‖ ↲-Halbleiter m / intrinsic
semiconductor ‖ ↲-Viskosität f / intrinsic viscosity ‖
↲-Zahl f (Halbl) / intrinsic number
Intritt·fallen n / pulling into synchronism ‖ ↲fallmoment
n (Elektr) / pull-in torque ‖ ↲fallversuch m / pull-in test
‖ ↲ziehen n / pulling into synchronism
Introfaktion f (Sol- in Gel-Überführung) / introfaction
Intrusion f (Geol) / intrusion
Intrusionsverfahren, Fließgußverfahren n (Plast) /
intrusion method
Intrusiv·gesteine n pl / intrusion rocks pl ‖ ↲lager n,
Lagergang m (Geol) / intrusive sheet, sill
Intzebehälter m (Hydr) / Intze tank
Inulin n, Kompositenstärke, Alantstärke f / inulin, alant
starch
Invar n (Metall) / invar
invariabel, unveränderlich / invariable
invariant, unveränderlich (Math) / invariant ‖ ~e Ebene /
Laplace's invariable plane ‖ ~es Einbetten (Regeln) /
invariant imbedding ‖ ~er Pol / invariant pole
Invariante f (Math, Phys) / invariant
Invarianz f (Math) / invariancy
Invar·kolben m / Invar piston ‖ ↲pendel n (Uhr) / invar
pendulum
Inventar n, Lagerbestand m / inventory, stock, store
Inventar[ium] n / fixed assets pl
Inventur f / inventory ‖ ↲ machen / take inventory, take
stock ‖ ↲liste f / inventory ‖ ↲prüfung f / inventory
verification
Inverform-Einlaufwalze f (Pap) / former roll
invers·er Betrieb (Halbl) / inverse operation ‖ ~e Fourier-
Transformation / inverse Fourier transform, inverse
Fourier integral equation ‖ ~e Funktion / inverse
function ‖ ~er Schrägstrich (OCR) / reverse solidus ‖
~e Simulation (Regeln) / inverse simulation ‖ ~e Z-
Transformation (Math) / inverse z-transform ‖
↲aszension f / sidereal hour angle, SHA
Inverse f der charakteristischen Matrix (Math) /
resolvent of a matrix
Invers-Impedanz f (Elektr) / negative phase-sequence
impedance
Inversion f, Umkehrung f / inversion ‖ ↲ (Zuck) /
inversion ‖ ↲, Umwandlung f von p- in n-Leitung oder
umgekehrt (Halbl) / inversion ‖ ↲ (DV) / inversion,
negation, NOT operation, boolean complementation
Inversions·dichte f, Intrinsicdichte f (Halbl) / inversions
density ‖ ↲kappe f (Meteorol) / [inversion] lid ‖
↲schicht f (Meteorol) / layer of atmospheric inversion
Inversor m (Opt) / inversor
Invers·schaltung f (Analogrechner) / inverse integrator ‖
↲video n, Umkehrvideo n (DV) / inverse video ‖
↲widerstand m / negative phase-sequence resistance
Invertase f, Invertin n / invertase (US, GB), invertin (US)
Inverter, Negator m (DV) / NOT-circuit o. element o.
gate, inverter, negator, negater
invertieren (Chem) / invert
invertierend (Chem) / inverting
invertiert·e Datei / inverted file ‖ ~e Sprache
(Sprachverschlüsselung) (Fernm) / inverted speech
(privacy)

Invert·telemeter n, Invertentfernungsmesser m / inverted
image range finder, inversion telemeter ‖ ↲zucker m /
invert sugar
investieren / invest
Investierung f / investment
Investition f / investment
Investitions·güter n pl / capital o. industrial goods pl,
producer's goods pl ‖ ↲plan m / investment program
Investmentguß m / waste-wax o. lost-wax casting, cire-
perdue process, investment o. precision casting
Involute, Abwicklungskurve f (Geom) / involute
Involution f (Math) / involution
involutorisch / involutional
Inzidenz f, Ineinanderliegen n (Math) / incidence
IO = integrierte Optik
Iod n, J / iodine, I ‖ ↲(II)-... / iodic, iodine(V)... ‖
↲(III)-... / iodous, iodine(III)... ‖ ↲absorptionszahl f
(Rußschwarz) / iodine absorption number ‖ ↲affinität f /
iodine affinity ‖ ↲argyrit m, Iodit m / iod[yr]ite ‖ ↲at n
/ iodate ‖ ↲azid n / iodazide ‖ ↲bromchlorsilber n /
iodobromite ‖ ↲bromid n / iodine bromide ‖ ↲chlorid
n / iodine [mono]chloride ‖ ↲essigester m (Mil) / ethyl
iodoacetate, K.S.K. ‖ ↲ethyl n / ethyl iodide ‖ ↲gas n /
iodized gas ‖ ~haltig, mit Iod vermischt, Iod... / iodic
Iodid n / iodide
iodieren, mit Iod versetzen / iodate v (impregnate o. treat
with iodine), iodinate (treat o. cause to combine with
iodine), iodize (treat with iodine)
Iodierung f / iodation
Iodinrot, Quecksilber(II)-Iodid n / [red] mercuric iodide
Iod-Iodkaliumlösung f / solution of iodine and potassium
iodide
Iodismus m, Iodvergiftung f / iodism, iodic o. iodine
poisoning
Iodit, Iodargyrit m, Iodsilber n (Min) / iod[yr]ite
Iod·kali[um], Kaliumiodid n / potassium iodide ‖
↲kaliumstärkepapier n / potassium iodide starch
paper, ozone paper ‖ ↲lampe f / iodine lamp ‖ ↲-Laser
m / iodine laser ‖ ↲methan, Methyliodid n /
iodomethane ‖ ↲monochlorid n / iodine monochloride
‖ ↲nebelleuchte f / iodine fog lamp o. adverse weather
lamp (US) ‖ ↲normal (Brau) / normal to iodine
Iodoform, Triiodmethan n / iodoform ‖ ↲reaktion f (auf
Ethylalkohol) / iodoform reaction
Iodometrie f / iodometry
Iodonium n / iodonium
Iodo·phor n (Desinfektionsmittel) / iodophor
(desinfectant)
iodorganisch / iodo-organic
Iodo·soverbindung f / iodoso compound
Iod·oxid n / iodine oxide ‖ ↲oxyverbindung f / iodoxy
compound ‖ ↲pentoxid / iodine pentoxide, iodic
anhydride ‖ ↲phenol n / iodophenol ‖ ↲salz n / iodide ‖
↲säure f / iodic acid ‖ ↲silber (Min) / iod[yr]ite ‖
↲silberverbindung f / iodoargentate ‖ ↲stärkemehl n /
iodide of amylum ‖ ↲stärkepapier n / starch-iodide
paper ‖ ↲stickstoff m / nitrogen iodide ‖ ↲tinktur f /
tincture of iodine ‖ ↲toluol n / toluene iodide ‖
↲trichlorid n / iodine trichloride ‖ ↲verbindung f /
iodine compound ‖ ↲vergiftung f, Iodismus m / iodism,
iodic o. iodine poisoning ‖ ↲wasserstoff m / hydrogen
iodide ‖ ↲wasserstoffsäure f, Hydriodsäure f /
hydriodic acid ‖ ↲zahl f, IZ / iodine value o. number ‖
↲zinnober m / [red] mercuric iodide
Ioffe·-Flasche f / Ioffe magnetic bottle ‖ ↲-Stab m, Ioffe-
Bar f (Nukl) / Ioffe bar, Yoffe bar
Ion n / ion
ional, Ionen... / ionic
Ionen·ableiter m / gap arrester ‖ ↲anhäufung f / ion
clustering ‖ ↲antrieb m (Rakete) / ion propulsion ‖
↲antrieb m, -triebwerk n (Raumf) / ion engine o. motor
o. thruster ‖ ↲[äquivalent]leitfähigkeit f / ionic
conductivity ‖ ↲ätzen (gedr.Schaltg) / ion etching ‖
↲ätzgerät n / ionic etching apparatus ‖ ↲auffänger m

(Vakuum) / ion collector ‖ **~ausbeute** f / ion yield, M/N ratio ‖ **~-Ausstoßtriebwerk** n / ion [micro] thruster ‖ **~austausch** m / ion exchange, IX ‖ **~austauscher** m / ion exchanger ‖ **~austauscharz** n / ion exchange resin ‖ **~austauschmembran** f / ion exchange membrane ‖ **~beschleuniger** m / ion accelerator ‖ **~beschuß** m / ion bombardment ‖ **~beweglichkeit** f (Chem) / ion o. ionic mobility ‖ **~bindung**, [hetero]polare Bindung, Elektrovalenz f / electrovalence, -ency, polar bond ‖ **~dichte**, -konzentration f / ion o. ionic concentration ‖ **~dosis** f / ion dose ‖ **~dosisleistung** f, -dosisrate f / ion dose rate ‖ **~dosisrate** f / ion dose rate ‖ **~-Einpflanzung** f (Halbl) / ion implantation ‖ **~einschuß** m / injection of ions ‖ **~emission** / emission of ions ‖ **~falle** f (Kath.Str) / ion trap (GB), beam bender (US) ‖ **~fallenmagnet** m (Funk) / ion trapping magnet ‖ **~fleck** m (Kath.Str) / ion burn o. spot ‖ **~flotation** f (Bergb) / ion flotation ‖ **~fluß** m, -strom m / ionic current ‖ **~friedhof** m / ion dump ‖ **~[getter]pumpe** f / ion getter pump, getter ion pump ‖ **~gitter** n (Chem) / ionic lattice ‖ **~hagel** m / impact of ions ‖ **~implantation** f (Halbl) / ion implantation ‖ **~implantiertes MOS**, IMOS / ion implanted MOS, IMOS ‖ **~kanone** f / ion gun ‖ **~konzentration** f / ionic concentration ‖ **~kristall**, Polarkristall m / polar crystal ‖ **~laser** m / ion laser ‖ **~lawine** f / ion avalanche ‖ **~leiter** m (Funk) / ion conductor ‖ **~leitung** f, Leitung f II. Ordnung / ion o. ionic conduction ‖ **~massenspektrometer** n / ion mass spectrometer ‖ **~modulation** f (Antenne) / ionic modulation ‖ **~paar** n / ion pair ‖ **~paarausbeute** f, M/N-Verhältnis n (Nukl) / M/N ratio ‖ **~produkt** n / ionic product ‖ **~pumpe** f (Vakuum) / ion[ization] pump ‖ **~quelle** f / ion source ‖ **~radius** m / ionic radius ‖ **~rakete** f (Raumf) / ion rocket ‖ **~röhre** f / ionic tube ‖ **~rücktrieb** m (Raumf) / ion drag ‖ **~rumpf** m / core of an ion ‖ **~-Schallwelle** f / ion-acoustic wave ‖ **~schleuder** f / ionic centrifuge ‖ **~schlupf** m / ion leakage ‖ **~selektiv** / ion selective ‖ **~selektive Elektrode**, ISE / ion sensitive electrode, ISE ‖ **~sensor** m (Raumf) / ion sensor ‖ **~sonde** f / ionosonde ‖ **~spreizung** f / ionic spread ‖ **~stärke** f (Chem) / ionic strength (Massenspektrum) / ion beam scanning ‖ **~strahl** m / ion beam ‖ **~strahlanalyse** f (Massenspektrum) / ion beam scanning ‖ **~strahl-Lithographie** f / ion beam o. projection lithography, IPL ‖ **~strahl-Mikrosonde** f / ion microprobe analyzer ‖ **~strahlung** f, -strahlen m pl / ion o. ionic beam ‖ **~strahlzerstäubung** f / ion beam sputtering ‖ **~strom** m / ionic current ‖ **~-Synchrotron**, Protonen-Synchrotron n / proton synchrotron ‖ **~tautomerie** f (Chem) / ionic tautomerism, ionotropy ‖ **~theorie** f (Chem) / ionic hypothesis o. theory ‖ **~triebwerk** n, -antrieb m (Raumf) / ion engine o. motor o. thruster ‖ **~verdampferpumpe** f (Vakuum) / evaporation ion pump, getter ion pump ‖ **~wanderung** f, (fälschlich:) Ionenbeweglichkeit f, -leitfähigkeit f / ion transference o. transport o. migration ‖ **~wertigkeit** f (Chem) / ionic valence ‖ **~wolke** f / ionic atmosphere o. cloud ‖ **~-Zerstäuberpumpe** f / sputter[ing] ion pump, Penning [type] pump

Ionisation, Ionisierung f / ionization

Ionisations·dosimetrie f / ionization dosimetry ‖ **~kammer** f / ionization chamber, Compton meter ‖ **~konstante** f / ionization constant ‖ **~manometer** n, -vakuummanometer n / ionization manometer o. gauge ‖ **~meßgerät** n (Raumf) / ion gauge ‖ **~prüfung** f (Kabel) / scanning test ‖ **~rauchmelder** m / ionization smoke detector ‖ **~schicht** f / ionization layer, ionized zone ‖ **~spannung** f / ionization potential ‖ **~spannung** f (Ionisationskammer) / ionization striking voltage ‖ **~stoß** m / ionizing collision o. impact ‖ **~stoß** m, Hoffmannscher Stoß / burst of cosmic rays ‖ **~strom** m / ionization current ‖ **~-Ventilelement** n (Elektronik) /

ionic o. gas-filled valve device ‖ **~wahrscheinlichkeit** f durch Stoß / probability of ionization by collision

Ionisator m / ionizer

ionisch, in Ionenform / ionic[al]

ionisieren / ionize

ionisierend / ionizing ‖ **~es Lösungsmittel** / ionizing solvent ‖ **~e Strahlung** / ionizing radiation ‖ **~e Strahlung** / ionization radiation

ionisiert·es Wasser / activated water ‖ **~e Wolke** / charged cloud

Ionisierungs·arbeit f / ionization work ‖ **~bank** f (in der Ionosphäre) / ledge ‖ **~einrichtung** f / ionization plant ‖ **~energie** f / ionization o. radiation potential, electron binding energy ‖ **~fähigkeit** f, -vermögen n / ionizing power ‖ **~feld** n / ionizing field ‖ **~-Getterpumpe** f / ionization getter pump ‖ **~mittel** n / ionizer ‖ **~querschnitt** m / ionization cross section ‖ **~spannung** f s. Ionisationsspannung ‖ **~verlust** m / ionization loss ‖ **~zeit**, Aufbauzeit f / ionizing o. ionization time ‖ **~zustand** m (Spektr. Anal.) / ionized state

Ionistationsstoß m / ionizing collision o. impact

ionitrieren / ionitride vt ‖ **~** n (Masch) / ionitriding

Ionium n, Io (OZ = 90) / ionium, Io ‖ **~-Alter** n, Io-Alter n / Ionium age, Io-age

Ionizität f, Ionencharakter m / ionicity

ionogen / ionogenic ‖ **~ gebundener Wasserstoff** / replaceable hydrogen ‖ **~er Komplex** (Chem) / ionogenic complex ‖ **~es Tensid** / ionic surface-active agent

Iono·gramm n (Raumf) / ionogram ‖ **~graphie** f (Drucker) / ionography ‖ **~mer** n (Plast) / ionomer ‖ **~meter** n (Chem, Nukl) / ionometer

Ionon n (Chem) / ionone, irisone

Iono·pause f / ionopause ‖ **~phon** n (Lautsprecher) / ionophon ‖ **~phorese** f (Chem) / ionophoresis ‖ **~sphäre** f / ionosphere ‖ **~sphäre D**, [E, etc] / D-layer [E-layer etc] ‖ **~sphärenschicht** f / ionospheric region ‖ **~sphärisch** / ionospheric ‖ **~sphärischer Teilsturm** / ionospheric substorm

Ionotron n, Ionenhydrat n / ionotron (a destaticizer)

Ionplating n / ionplating

Iontophorese f / iontophoresis

I.P. Lösungsmittel (I.P. = Institute of Petroleum) n / I.P. petroleum spirit

IPE-Träger m (m. Parallelflansch) / IPE beam (European section)

IPL (einleitendes Programmladen) (DV) / IPL, initial program loading

IPN-Träger m (Normalflansch) / IPN beam

Ipot m (induktives o. Spulenpotentiometer) / inductive potential divider, ipot

IPP = Institut für Plasmaphysik, Garching

I-Profil n, -Querschnitt m / H- o. I-section, I-beam section

IP-Schutz m (Elektr) / protection provided by enclosures

IPTS = Internationale Praktische Temperaturskala

IPT-Thermometer n (IPT = Institute of Petroleum Technologists) (Öl) / I.P.T.-thermometer

I-Querschnitt m, -Profil n / H- o. I-section, I-beam section

IR = Infrarot

Iraser, Infrarotmaser m / iraser, infrared amplification by stimulated emission of radiation

IRDATA m (ein Übersetzercode für Robotersprachen) / IRDATA (= industrial robot data)

irden, tönern / fictile ‖ **~es Geschirr** (Töpf) / stoneware

I-Regelträger m / IPN beam

I-Regler, Integral-Regler m (Regeln) / floating action o. integral action controller, integral control unit

IRHD = internationaler Gummihärtegrad

Iridium n, Ir / iridium, Ir ‖ **~haltig** / containing iridium ‖ **~spitze** f / iridium point ‖ **~(III)-verbindung** f / iridium(III) compound ‖ **~(IV)-verbindung** f / iridium(IV) compound

Iridosmium, Osmiridium n (Min) / osmiridium, iridosmine

Iris·blende f (Phot) / iris diaphragm ‖ **⁓blende** f (Wellenleiter) / iris ‖ **⁓blendehebel** m / iris lever ‖ **⁓druck** m, Regenbogendruck m (Zeugdr) / iris printing
Irisieren n / iridescence, irisation, chatoyancy
irisierend / iridescent, irisate[d], irised
Iris·momentverschluß m (Phot) / instantaneous iris diaphragm ‖ **⁓öl** n / orris root oil ‖ **⁓register** n (Klimatisierung) / sectorized damper
Irländisches Moos, Irisches Moos (Web) / carrag[h]een [moss]
IRLS = Infrarotlaser-Spektroskopie
Iroko n, afrikanisches Teakholz / iroko, chlorophora excelsa
Iron n (Chem) / irone
Irradiation, Überstrahlung f (Opt) / irradiation
irrational, nicht aufgehend (Math) / irrational, surd ‖ **⁓e Zahl** (o. Größe) (Math) / surd
irreduzibel / irreducible
irregeleitet, Irrläufer… / mischanneled
irrelevant, unerheblich / irrelevant
Irrelevanz-Reduktion f (TV) / irrelevance reduction
irreversibel, nicht umkehrbar / irreversible ‖ **irreversible Adsorption von Farbstoffen** (Färb) / fouling ‖ **irreversibles Gel** / irreversible gel ‖ **irreversibles Kolloid** / irreversible colloid ‖ **irreversible Reaktion** / irreversible reaction
Irrfahrt f eines Teilchens (Nukl) / random walk of a particle
Irrigation f / irrigation
Irr·läufer m / mischannelled letter ‖ **⁓licht** n / fen fire, ignis fatuus ‖ **⁓strom** m, vagabundierender Strom / stray o. vagrant current
IRR-Triebwerk n (Raumf) / integral rocket ramjet, IRR
Irrtum, Fehler m / error, mistake ‖ **⁓ vorbehalten** / E.E. (error excepted), E.&O.E. (error and omission excepted), S.E.O., S.E.&O. (salve errore et omissione)
irrtümlich, gegen die Regeln verstoßend / aberrant ‖ **⁓e Bezeichnung** / misnomer
Irrtumswahrscheinlichkeit, Signifikanzzahl f / level of significance
Irrungszeichen n (DV) / erase character, rub-out character o. signal, error character, ERRC
IRS (Nukl) = Institut für Reaktorsicherheit
IR-Schutzfilter n / infrared protection filter
IR⁓-Spektraluntersuchungen f pl / IR-studies pl ‖ **⁓-Spektroskopie** f / infrared spectroscopy
IRS-System n (Nav) / inertial reference system
IS m, integrierter Schaltkreis / IC, integrated circuit
Isallobare, Gleichdrucklinie f (Meteorol) / isallobar
ISA-Passungen f pl / ISA limits and fits
Isarithme, Isolinie f / isogram, isopleth, isoline
Isatin, Dioxyindol n / isatin
ISA⁓-Toleranz f, IT / ISA tolerance, IT
IS-Bauteile n pl / IC-components pl
ISBN = Intern. Standard-Buchnummer
I-Schicht f (Halbl) / intrinsic layer ‖ **⁓-Transistor** m / intrinsic barrier transistor
IS-Diagramm, Mollier-Diagramm n / Mollier diagram
ISDN, integriertes digitales Netz (Europa) / integrated service digital network, ISDN
isenthalpischer Effekt (Gas) / Joule-Kelvin o. Joule-Thomson effect
isentropisch / isentropic
Iserin m (Min) / iserine
Isfet m, ionensensitiver Feldeffekttransistor / isfet, ion-sensitive fet
IS-Flachbaugruppe f / IC module
Isherwoodspanten n pl (Schiff) / Isherwood framing
Isländisches Moos, Chondrus Crispus / Iceland moss
Islandmoos-Gallerte f (Textil) / Iceland moss gum
Islandspat m, isländischer Doppelspat (Min) / Iceland spar, calcareous spar, calcite
IS-Maschine f (Glas) / individual section machine
ISM-Hochfrequenzgerät n (Elektr) / I.S.M. apparatus

ISO f (Masch) / International Organization for Standardization, ISO ‖ **⁓**, Infrarot-Observatorium n / ISO, infrared space observatory ‖ **⁓-Abmaße** n / ISO deviations pl
Iso·amylalkohol m, Fuselöl n (Chem) / potato-spirit oil ‖ **⁓amylazetat** n / isoamyl acetate, pear oil ‖ **⁓amylester** m / isoamyl ester ‖ **⁓amylhalogen** n / isoamyl halide ‖ **⁓anomale**, Isanomale f (Linie gleicher Anomalien) (Meteorol) / isanomal ‖ **⁓bar** (Phys) / isobar, isobaric ‖ **⁓barer Spin**, Iso-Spin m / isobaric o. isotopic spin, isospin ‖ **⁓bare[^1]** (Meteorol) / isobar ‖ **⁓bare[^2]** n pl (Kernphysik) / nuclear isobars pl ‖ **⁓bare [isotherme] Thermogravimetrie** / isobaric, [isothermal] mass-change determination ‖ **⁓barenausbeute** f (Nukl) / chain fission yield ‖ **⁓barisch** / isobaric ‖ **⁓barische Verdampfungswärme** / latent heat of sublimation ‖ **⁓barometrisch** / isobarometric ‖ **⁓base** f (Geol) / isobase ‖ **⁓bathe**, Linie f gleicher Wassertiefe / isobath, depth contour
ISO-7-Bit-Code m, CCITT-Alphabet Nr. 5 n (Lochstreifen) / ISO-7-bit code
Iso·butan n / isobutane ‖ **⁓buten** n / isobutylene ‖ **⁓buttersäure** f / isobutyric acid, butanoic acid ‖ **⁓butylalkohol** m / isobutyl alcohol ‖ **⁓butylbutyrat** n / isobutyl butyrate ‖ **⁓butylen-Isopren-Kautschuk** m, IIR / isobutylene-isoprene rubber, IIR ‖ **⁓chimene** f / isocheim ‖ **⁓chinolin** n (Chem) / isoquinoline ‖ **⁓chor**, bei konstantem Volumen / isochoric, isopycnic, isoplere adj ‖ **⁓chore** f (Chem) / isochore ‖ **⁓chromatisch** / isochromatic, orthochromatic ‖ **⁓chron** / isochronous, -chronic, -chronal ‖ **⁓chrone Tastung** (Fernm) / isochronous modulation o. restitution ‖ **⁓chrone** f (Kartogr.) / isochrone ‖ **⁓chronismus** m (Uhr) / isochronism ‖ **⁓chronzyklotron** / isochronous cyclotron
ISO·Code m / Iso code ‖ **⁓-Container** m / ISO freight container ‖ **⁓-Container** m der Reihe 1, Stückgutcontainer m / general purpose series 1 container
Iso·cyanat n (Plast) / isocyanate ‖ **⁓cyanatharz** n / isocyanate resin ‖ **⁓cyanid** n / isocyanide, carbylamine ‖ **⁓cyanmethan** n / isocyanomethane ‖ **⁓cyansäure** f / isocyanic acid ‖ **⁓cyclisch** / isocyclic ‖ **⁓desmisch** (Krist) / isodesmic ‖ **⁓diapher** n (Nukl) / isodiaphere ‖ **⁓dimorph**, aus zwei isomorphen Zuständen bestehend / isodimorph[ous] ‖ **⁓dispers** (Chem) / isodisperse ‖ **⁓dose** f (Nukl) / isodose ‖ **⁓dosen…**, die gleiche Strahlendosis empfangend (Nukl) / isodose ‖ **⁓dose[nfläche f, -nkurve]** (Nukl) / isodose [surface o. curve] ‖ **⁓dosenkarte** f (Nukl) / isodose chart ‖ **⁓dynam**, gleiche Wärmemengen liefernd (Nahrung) / isodynamic, -ous ‖ **⁓dyname** f (Landkarte) / isodynamic [line] ‖ **⁓dynamie** f / isodynamism ‖ **⁓dynamisch** (Magnetismus) / isodynamic ‖ **⁓dynen**, Linien f pl gleicher Kraftwirkung / isodynamic lines pl ‖ **⁓elektrisch**, äquipotential / isoelectric, equipotential ‖ **⁓elektrischer Punkt** (pH-Messung) / isoelectric point ‖ **⁓elektronisch** / isoelectronic ‖ **⁓enzym** n (Biol) / isoenzyme ‖ **⁓fluxlinien** f pl / isoflux lines pl
ISO-Gabelträger m / ISO fork carrier
Iso·gamme f, Linie f gleicher Schwerkraft / isogravity line ‖ **⁓gehäuse** n, Isolierstoffgehäuse f / plastics case o. cabinet
ISO-Gewinde, metrisches ⁓ / ISO metric [screw] thread
iso·gonal, winkeltreu / isogonic, -gonal ‖ **⁓gone**, Linie f gleicher magnetischer Deklination / isogonic line, isogone
ISO-Grundabmaße n pl / fundamental ISO deviations pl
Iso·hele, Linie f gleichen Sonnenscheins / isohel ‖ **⁓hyete** f, Linie f gleichen Regenfalls / isohyet ‖ **⁓hypse** f (Meteorol) / isohypse, pressure contour o. line ‖ **⁓kinetisch**, geschwindigkeitsgleich / isokinetic ‖ **⁓klin** (Geol) / isoclinal, -nic ‖ **⁓klinalfalte** f (Geol) / isoclinal fold ‖ **⁓kline**, Linie f gleicher Inklination (Magnet) /

isoclinal line, isocline ‖ ~konzentrate f, Linie f gleicher Konzentration / isoconcentrate, equiconcentration line ‖ ~kracken n (Öl) / isocracking

Isolation f, Abtrennung / isolation ‖ ~, Isolierung f (Bau, Elektr) / insulation ‖ ~ für Temperaturen bis 180⁰ C (Elektr) / H-class insulation ‖ ~ gegen Erde / ground insulation ‖ ~ gegen Übertragung von Erschütterungen / vibration isolation ‖ ~ zwischen den Windungen / interturn insulation ‖ ~ zwischen Einkristall u. Schaltkreisen / microcircuit isolation

Isolations·abziehzange f / stripping tongs pl ‖ ~fehler m / insulation defect o. failure o. fault, defect in insulation, defective o. faulty insulation ‖ ~fehler-Schutzsystem n / leakage protective system ‖ ~glas n / insulation glass ‖ ~klasse f bis 365 K = Y, [bis 380 K = A, bis 405 K = B, bis 455 K = H, über 455 K = C] / insulation class Y, etc. ‖ ~koordination f / insulation coordination ‖ ~material n, -stoff m / insulating material, insulant ‖ ~prüfer, -messer m / insulation tester o. detector o. indicator ‖ ~prüfer, Erdschlußprüfer m (Elektr) / leakage tester, ground (US) o. earth (GB) tester ‖ ~prüfung f / insulation test ‖ ~- und Spannungsmesser m / insulation and voltmeter ‖ ~vermögen n / insulating property o. power ‖ ~verstärker m / insulation amplifier ‖ ~wächter m / earth leakage monitor ‖ ~widerstand m / resistance of insulation, insulating resistance ‖ ~widerstand m (Dielektrikum) / direct-current resistivity ‖ ~widerstand m je km (Kabel) / insulation resistance per km ‖ ~widerstandsbelag m (Elektr) / resistance per unit length (insulation)

Isolator m (isolierende Befestigung) / insulator ‖ ~, Nichtleiter m / insulator, nonconductor

Isolatoren·gerüst n, -brücke f / insulator frame[work], insulator supporting bridge ‖ ~kette f / string of insulators, insulator string

Isolator·glocke f / cup of an insulator ‖ ~kappe f / insulator cap ‖ ~klöppel m / pin ball for insulators ‖ ~kopf m / insulator bell ‖ ~rille f, Drahtlager n / insulator groove ‖ ~rippe f / rib of an insulator ‖ ~stütze f / spindle of an insulator, insulator bracket o. pin o. spindle

Isolier·band n / adhesive o. insulating o. electric o. electrician's tape, friction tape (US) ‖ ~bereich m (Gleis) (Bahn) / track circuit zone ‖ ~buchse f / insulating bush ‖ ~-Container m / insulated container ‖ ~-Diffusion f (Halbl) / isolation diffusion ‖ ~ei n / egg-shaped insulator

isolieren / insulate ‖ ~, separieren / isolate ‖ ~ (Chem) / isolate ‖ ~ (Tätigkeit) / insulating n ‖ die Unbekannte ~ / isolate the unknown quantity

isolierend, nichtleitend / insulating, nonconducting

Isolier·faden m / insulating thread ‖ ~fähigkeit f / insulating property o. power ‖ ~falle f (Vakuum) / isolation trap ‖ ~flasche f / insulating bottle, vacuum flask ‖ ~flasche, Thermosflasche f / thermos flask o. bottle (trademark) ‖ ~flüssigkeit f / liquid dielectric ‖ ~folie f / insulating foil o. sheet ‖ ~fuß m (Elektr) / stand insulator ‖ ~gewebe n / adhesive o. insulating fabric o. material ‖ ~glocke f / cup of an insulator, petticoat [insulator] (US) ‖ ~griff m / insulating handle ‖ ~harzmasse f / solventless polymerizable resinous compound ‖ ~haut f / insulating film ‖ ~hülle f / insulating envelope o. covering ‖ ~kasten m (Akku) / insulating case o. box ‖ ~klemme, -schelle f / insulating clamp ‖ ~knopf m / insulating button ‖ ~krepp m / insulating crêpe ‖ ~kreuzrolle f / insulating crossknob ‖ ~lack m / isolac, enamel ‖ [dünnflüssiger] ~lack / insulating lacquer ‖ [dickflüssiger] ~lack / insulating varnish ‖ ~lamelle f / insulating lamination ‖ ~lasche f (Bahn) / insulated bar (US) o. fishplate o. joint ‖ ~masse f / insulating compound ‖ ~material n, -stoff m / insulating material, insulant ‖ ~material, Dielektrikum n / dielectric material ‖ ~matte f / insulating jacket o.

pad ‖ ~matte f gegen Wärme / heat-insulating jacket ‖ ~mauer f / insulating wall ‖ ~öl n / electrical o. insulating oil, insulation oil ‖ ~öl n / insulation oil ‖ ~ölalterung f / ag[e]ing of insulation oil ‖ ~papier n / fishpaper ‖ ~papier n (für Tapeten) (Bau) / lining paper ‖ ~perle f (Elektr) / ceramic o. insulating bead ‖ ~platte f / insulating plate ‖ ~podest m n / insulating stand ‖ ~rohr n (Elektr) / conduit, insulating tube, insulated conduit tube, tubing ‖ ~rohr, Bougierohr n (Kfz) / loom, sleeving ‖ ~rolle f (Fernm) / insulating cylinder ‖ ~rolle f (Elektr) / spool o. reel insulator ‖ ~scheibe f / insulating disk ‖ ~scheibe f (für Abstandshaltung) (Elektronik) / grommet, grummet ‖ ~schemel, -stuhl m / insulating chair o. stool ‖ ~schicht f / insulating bed o. layer o. sheath ‖ ~schicht f, isolierende Einlage / insulating ply ‖ ~schicht f gegen Feuchtigkeit / dampproof insulating layer ‖ ~schicht-Feldeffekt-Transistor m / insulated-gate field-effect transistor ‖ ~schlauch m (Elektr) / flexible insulating tubing, insulating plastic tube, sleeving, spaghetti insulating tubing (US) ‖ ~sockel, -fuß m / insulating base o. foot ‖ ~stoffe m pl / insulating materials ‖ ~stoffgehäuse n / insulating case ‖ ~stoffklasse f s. Isolationsklasse ‖ ~stöpsel, Blindstecker m (Elektr) / dummy plug ‖ ~stöpsel m / dummy plug ‖ ~stoß m (Bahn) / insulated rail joint ‖ ~stütze f / support insulator

isoliert, abgesondert / isolated ‖ ~ (Phys, Elektr) / insulated ‖ ~, wärmeisoliert / lagged ‖ ~er Abschnitt (Gleis) / insulated section ‖ ~es Drahtende zwischen Lötöse und Kabelbaum (Elektronik) / skinner ‖ ~ gegen Feuchtigkeit / dampproof ‖ ~es Metalldach / insulated metal roof ‖ ~er Null- o. Mittelleiter / insulated neutral ‖ ~er Punkt, singulärer Punkt, Einsiedler m (Math) / isolated point ‖ ~er Punkt einer Kurve (Math) / acnode ‖ ~e Rückleitung / insulated return ‖ ~ vorkommend (Biol) / discontinuous ‖ einen Draht ~ aufhängen (o. abspannen) (Fernm, Elektr) / shackle a wire ‖ mit ~er Hin- und Rückleitung / insulated system, two-wire system ‖ ~ schlecht ~ (Elektr) / leaky

Isoliertransformator m, Trenntrafo m (Elektr) / isolation o. isolating transformer, one-to-one transformer

Isolierung f, Isolation f / insulation ‖ ~, Trennung f / isolation ‖ ~, Dichtigkeit f (Bau) / vapour barrier o. seal ‖ ~, Wärmedämmung f / heat insulation, thermal insulation o. protection

Isolier·ventil n (Reaktor) / isolating valve ‖ ~vermögen n / insulating property o. power ‖ ~wandler m / isolating instrument transformer ‖ ~wert m / insulation resistance, insulance ‖ ~zange f / pliers with insulated handles pl, insulated pliers pl ‖ ~zwischenlage f / insulating ply

Iso·linie, Isarithme f / isogram, isopleth, isoline ‖ ~log n (Chem) / isologue ‖ ~magnetische Kurve / isomagnetic line ‖ ~maxverfahren n (Öl) / isomax process ‖ ~mer, ungleichartig bei gleicher Zusammensetzung (Chem, Nukl) / isomeric ‖ ~mer (bei Zuckern) / anomeric ‖ ~mer n, isomere Verbindung (Chem) / isomer ‖ ~mere n pl (Kernphysik) / nuclear isomers pl ‖ ~merer Übergang (Nukl) / isomeric transition ‖ ~merer Zustand / state of isomerism, isomeric state ‖ ~merase f / isomerase ‖ ~merentrennung f / isomer separation ‖ ~merie f, Isomerismus m / isomerism ‖ ~merieinsel f / island of isomerism ‖ ~merisierter Gummi / isomerized rubber ‖ ~merisierungsverfahren n / isomerization

ISO-Methode f (Zeichn) / ISO projection ‖ ~ A / American projection ‖ ~ E / European projection

Iso·metrie f, Längengleichheit f / isometry ‖ ~metrie f (dreidimensionale Zeichnung) / isometric drawing ‖ ~metrisch, maßgleich (Krist) / isometric ‖ ~metrische Kurve / isometric curve ‖ ~metrisches System (Krist) / isometric system ‖ ~mite-Batterie f (Nukl) / Isomite battery (isotope miniature thermionic electric) ‖

~morph, gleichgestaltet, von gleicher Kristallform / isomorphic, -morphous ‖ ⌐morphie, Homöomorphie f (Krist) / isomorphism, morphotropy ‖ ⌐morphismus m (Math) / isomorphism ‖ ⌐nitril n / isonitrile, carbylamine ‖ ⌐nitrosoverbindung f, Oxim n / oxime ‖ ⌐oktan n (Chem) / isooctane ‖ ~osmotisch (Chem) / isotonic ‖ ⌐pache f, Linie f gleicher Hauptspannungssummen (Mech) / isopachic line, isopac[h] ‖ ⌐pache f (Geol) / isopachyte ‖ ⌐paraffin n (Chem) / isoparaffin

ISO-Passungen f pl / ISO limits and fits

Iso·pentan n (Chem) / isopentane ‖ ⌐phone, Linie f gleicher Lautstärke / loudness contour ‖ ⌐phote, -luxe, Linie f gleicher Beleuchtungsstärke (Phot, Astr) / isophot, isolux ‖ ⌐phthalsäure f / isophthalic acid ‖ ~piestisch (Chem) / isopiestic ‖ ~planasisch (Opt) / isoplanasic ‖ ⌐plethe f (Math) / isopleth ‖ ⌐-plus-Houdriforming n (Öl) / iso-plus Houdriforming ‖ ~pluvial / isopluvial ‖ ⌐polymerisation f / isopolymerization ‖ ⌐pren n (Chem) / isoprene ‖ ⌐prenkautschuk m, IR / isoprene rubber, IR ‖ ⌐propanol n, Isopropylalkohol m / isopropanol, isopropyl alcohol, IPA, 2-propanol, secondary propyl alcohol ‖ ⌐propylacetat n / isopropylacetate ‖ ⌐propylbenzol, Cumol n / isopropyl benzene, cumene ‖ ⌐propyliodid n / 2-iodopropane, isopropyliodide

ISO-Prüfobjekt n eins / ISO test object number one
isoseismisch / isoseismic, isoseismal
isosmotisch / iso[o]smotic, isotonic
Iso·-Spin m, isobarer Spin / isobaric o. isotopic spin, isospin ‖ ⌐stasie f (Geol) / isostasy ‖ ~statisch (Geol, Mech) / isostatic ‖ ~statisches Heißpressen / hot isostatic pressing ‖ ~statisches Pressen / isostatic pressing ‖ ⌐sterie f (Chem) / isosterism ‖ ~sterisch (Chem) / isosteric ‖ ~sterisches Paar (Chem) / isostere ‖ ~taktisch (Chem) / isotactic ‖ ~taktische Polymerisation / isotaxy

ISO-Testzeichen n (Repro) / ISO test pattern
iso·there f / isother ‖ ⌐therme, Linie f gleicher Temperatur / isotherm[al line] ‖ ⌐thermie f (Meteorol) / conductive equilibrium ‖ ~therm[isch] / isothermal ‖ ~thermischer Wirkungsgrad / isothermal efficiency ‖ ⌐thermschmieden n / isothermal hot-die forging ‖ ⌐thiocyanat n / isothiocyanate, sulphocarbamide

ISO-Toleranzen f pl / ISO tolerances pl, IT
Iso·ton n, isotoner Kern (Nukl) / isotone, isotonic nucleus ‖ ~tonisch, mit gleichem osmotischen Druck, isosmotisch (Chem) / isotonic, iso[o]smotic
isotop / isotopic ‖ ⌐ (Chem) / isotope ‖ ~er Indikator / isotopic tracer
Isotopen·analyse f / isotopic analysis ‖ ⌐batterie f, -generator m (Raumf) / atomic battery, nuclear battery, radioisotope power generator ‖ ⌐chemie f / isotope chemistry ‖ ⌐gewicht n / isotopic weight, I.W. ‖ ⌐häufigkeit f / isotopic abundance ‖ ⌐häufigkeits-Verhältnis n / isotopic abundance ratio ‖ ⌐indikator m / isotopic indicator o. tracer, indicator isotope ‖ ⌐labor, Radionuklidlaboratorium / radionuclide laboratory ‖ ⌐labor n / isotope laboratory ‖ ⌐nummer f / isotopic number ‖ ⌐spin m / iso[topic} spin, isobaric spin ‖ ⌐symbole n pl / isotopic symbols pl ‖ ⌐technik f / applied radiation and isotopes technique ‖ ⌐träger m / isotopic carrier ‖ ⌐trennung f / isotope o. isotopic separation ‖ ⌐triebwerk n (Raumf) / isotope propulsion unit ‖ ⌐verbindung f / isotopic compound ‖ ⌐verdünnungsanalyse f / isotopic dilution analysis ‖ ⌐verhältnis n / isotopic ratio ‖ ⌐verschiebung f, Isotopieverschiebung f / isotope shift, isotopic shift ‖ ⌐verteilung f / isotope pattern
Isotopie f / isotopy ‖ ⌐verschiebung f / isotope shift

Iso·tron n (elektromagnetischer Isotopentrenner) (Phys) / isotron ‖ ~trop, gleich brechend o. dehnbar, ungerichtet / isotropic ‖ ~troper Strahler / isotropic source o. radiator, omnidirectional radiator ‖ ⌐tropie f/ isotropy ‖ ⌐valenz f (Math) / isovalency ‖ ⌐valeriansäure f / isovaler[ian]ic acid
ISO-Wort n / ISO word
Isoxylol n / isoxylene, -xylol
ISO-Zeichen n / ISO character
Ist·abmaß n / actual deviation ‖ ⌐bestand m / actual inventory, clear amount
IS-Technik f (= integrated screen) (Elektronik) / IS-technology, integrated-screen technology
Ist·fahrplan, grafischer (Bahn) / actual graph of train running ‖ ⌐-Geschwindigkeit f / actual speed ‖ ⌐-Leistung f / actual output ‖ ⌐maß, Effektivmaß n / actual dimension o. size o. scale ‖ ⌐maß (Regeln) / variate ‖ ⌐maßverteilung f im Toleranzfeld / distribution of actual deviations in the tolerance zone ‖ ⌐-Messung f / determination of actual size ‖ ⌐-Oberfläche f / real profile
I-Stoß m (Schweiß) / square butt joint
Ist·-Produktion f / actual production ‖ ⌐wert m / actual value ‖ ⌐wert m (Regeln) / instantaneous value, feedback value ‖ ⌐wert m der Ausfallrate / observed failure rate ‖ ⌐wert-Fernerfassung f / remote sensing ‖ ⌐-Zeit f (F.Org) / clock hours pl
ISZM = indexsequentielle Zugriffsmethode
IT, ISO-Toleranz f / IT, ISO tolerance ‖ ⌐ (Bahn) = Integrierte Transportsteuerung
Itabirit m (Min) / itabirit[e] ‖ ~isch (Hütt) / itabiritic
Itakolumit, Gelenkquarz m (Min) / itacolumite, flexible quartz o. sandstone
Itakonsäure f / itaconic acid
IT-Band n s. internationales Tonband
Iter m (Kernfusion) / Iter, international thermonuclear experimental reactor
Iteration f (Math) / iteration
Iterations·index, Schleifenindex m (DV) / iteration index ‖ ⌐schleife f, Wiederholprogramm n (DV) / iterative loop, loop iteration ‖ ⌐verfahren n / method of iteration, iterative method ‖ ⌐verfahren n / iterative method
iterativ, wiederholend / iterative ‖ ⌐-Lenkung f (Raumf) / orbit correction
ITO-Schicht f (Display-Technik) / indium tin dioxide layer, ITO layer
It-Platte f (i: Gummi, t: Asbest) (Gasarmatur) / It-plate, compressed asbestos fiber sheet
ITR (Nukl) = Incore-Thermionik-Reaktor
I-Träger m / I-beam ‖ leichter ⌐ (Bau, Stahlbau) / joist, girder
ITU (Fernm) = International Telecommunication Union (Intern. Fernmelde-Union)
IUAPPA = Intern. Union of Air Pollution Prevention Associations
IUGG = International Union for Geodesy and Geophysics
IUPAC m / International Union of Pure and Applied Chemistry
IUTAM = International Union of Theoretical and Applied Mechanics (Paris)
Ixtle- o. Isle-Faser f, Tampico-Hanf m / Istle o. Tampico hemp o. fiber
Izod-Kerbschlagprüfung f / Izod notched bar test, Izod impact test
i-Zone, Injektions-Zone f (Halbl) / i-zone

J

J (Phys) = Joule
Jacarandaholz n / jacaranda wood
Jacht f / yacht
Jackblock-Bauweise f (Bau) / jack block method
Jacket n (Deckssektion der Bohrinsel) / jacket ‖ ⌐ (Phot) / jacket
Jacketieren n (Repro) / jacketing
Jack·kalander m / jack calender ‖ ⌐maschine, Feinspulmaschine f (Textil) / jack machine
Jacobideterminante f (Math) / Jacobian
Jaconet, Jaconnet, Jakonett m (Web) / jaconet, jacconette
Jacquard m / jacquard ‖ ⌐einrichtung f / jacquard attachment ‖ ⌐-Gewicht n / lingo for Jacquard weaving ‖ ⌐handstrickmaschine f / jacquard hand knitting machine ‖ ⌐kartenschläger m / card cutter o. puncher ‖ ⌐maschine f / jacquard machine ‖ ⌐möbelstoff m / upholstery denim ‖ ⌐papier n / Jacquard paper ‖ ⌐pappe f / Jacquard board ‖ ⌐rundstrickmaschine f / jacquard circular knitting machine ‖ ⌐weberei f / jacquard o. figure[d] weaving
Jade m / jade
Jadeit m / jadeite
Jagd·gewehr n, -flinte f / sporting gun ‖ ⌐patrone f / sporting cartridge ‖ ⌐pulver n / hunting o. sporting powder ‖ ⌐schrot m n / small shot
Jägerzaun m (Bau) / lattice- o. trellis-work fence
Ja-Glied n, Identitätsglied n (Pneum) / YES relay
Jahr n (Abkürzung: a) / year
Jahres·… / annual, yearly ‖ ⌐abfluß-Mittelwert m (Hydr) / mean annual run-off ‖ ⌐abschluß m / annual gross balance ‖ **von ⌐anfang bis heute** / year-to-date ‖ ⌐bahn f (Raumf) / Crocco orbit ‖ ⌐durchsatz m / annual throughput ‖ ⌐durchschnittstemperatur f / mean annual temperature ‖ ⌐einschlag m (Forstw) / annual felling, fell ‖ ⌐erzeugung, -leistung f / annual output, production per year ‖ ⌐gebühr f / annual rate ‖ ⌐gewinn m / annual proceeds pl ‖ ⌐grenzwert m **für Ingestion** (Nukl) / annual pl limits for intake ‖ ⌐mittelwasserführung f / mean annual runoff ‖ ⌐nagel m (Bahn) / date nail ‖ ⌐ring m / annual ring ‖ ⌐ringspaltung f (Furnier, Fehler) / splintering, shell[ing] ‖ ⌐speicher m / annual reservoir ‖ ⌐uhr f / 400-day clock ‖ ⌐urlaub m / annual holiday o. vacation (US) ‖ ⌐verbrauch m, jährlicher Verbrauch / annual o. yearly consumption ‖ ⌐zeit, Saison f / season ‖ ~zeitlich / seasonal
jährlich / annual, yearly ‖ ~e Aberration (Astr) / annual aberration ‖ ~er Einschlag (Forstw) / annual felling ‖ in ~er Wiederkehr / circannual
Jährlingswolle f / yearling[s] wool, hogget wool, weaners wool (Australia)
Jahrzehnt n (Zeit) / decade, decennium
Jakobs·drehgestell n / common bogie for two car bodies, Jacobs o. Görlitz type bogie ‖ ⌐drehgestellwagen m (Bahn) / twin coaches system Gresley ‖ ⌐-Kreuzkraut n (Unkraut, Landw) / stinking willie, common ragwort ‖ ⌐leiter, Lotsentreppe f (Schiff) / jack o. jacob's ladder
Jalapawurzel f / jalap
Jalousette f (Bau, Plast) / protective blind ‖ ⌐ (mit Plastikprofilen) / Venetian blind o. shutter (made from plastic), jalousie ‖ ⌐ mit senkrechten Stäben / Venetian blind with vertical slats
Jalousie f, Rouleau n / blind ‖ ⌐ (mit Holzstäben) / Venetian blind o. shutter (made of wooden slats), jalousie ‖ ~artig / louver-like o. -type, slatted ‖ ⌐blende f (Opt) / multiflap shutter, Venetian shutter ‖ ⌐effekt m (Elektr) / Venetian effect ‖ ⌐gurt m / strap for blinds ‖ ⌐-Nutenfräsmaschine f (Holz) / louver slot

cutting machine ‖ ⌐öffnung f / louver ‖ ⌐stab m / slat of a Venetian blind ‖ ⌐-System n (Raumf) / window shade system ‖ ⌐tür f / shutter door ‖ ⌐wellblech n / corrugated shutter steel
Jamesonit m (Min) / jamesonite, feather ore
Jamin-Interferometer n, -Interferenzrefraktometer n / Jamin's interferometer
Jamming n (Radio) / jamming
Ja-Nein·… (Meßinstr.) / go/no-go… ‖ ⌐-Arbeitsweise f (Funk) / go/no-go operation, on-off working ‖ ⌐-Aussage f (DV) / yes-or-no information ‖ ⌐-Regelung f / on-off control o. function ‖ ⌐-Test m / true-false test
J-Antenne f / J-antenna
Janus·antenne f / Janus antenna ‖ ⌐grün n / Janus green ‖ ⌐methode f (Luftf) / Janus technique ‖ ⌐schalter m (Fernm) / Janus switch
japanieren (Keram) / japan
Japan·käfer m, Popillia japonica f (Schädling) / Japanese beetle ‖ ⌐lack m / Japan ‖ **schwarzer** ⌐lack / black lac o. lake ‖ ⌐papier n / Japan o. China paper, Japanese paper ‖ ⌐seide f, Japon, Habutais m / Japan silk ‖ ⌐-Seidenpapier n / Japanese tissue ‖ ⌐-Velinpapier n / Japanese vellum ‖ ⌐wachs n, -talg m / Japan o. sumac[h] wax o. tallow, vegetable wax
Jaques-Effekt m (Hütt) / Jaques effect
Jarosit m (Min) / jarosite
jarowisieren, vernalisieren (Landw) / jarowize, vernalize
Jarrahholz n, australisches Mahagoni / jarrah
JA-Schaltung f (DV) / YES-circuit
Jasmin[blüten]öl n / jasmin o. jessamin[e flower] oil
Jaspé m (Textil) / jaspé ‖ ⌐garn n, Zugzwirn m / jaspé yarn, grandrille [yarn], grandrelle
jaspiert, feinflammig meliert (Textil) / sprinkled
Jaspis m (Min) / jasper ‖ **grüner** ⌐ **mit roten Flecken**, Blutjaspis m, Blutstein m / bloodstone ‖ **schwarzer** ⌐ / black jasper ‖ ⌐porzellan n / jasper[ated china]
Jaspopal m (Min) / opal jasper, jaspopal
Jätehacke f / weedhook, weeding hoe
jäten (Landw) / dress, spud, rogue vi ‖ **Unkraut ~** / weed vt
Jato m (Luftf) / JATO (= jet assisted take-off)
Jato, Jahrestonnen f pl (veraltet) / tons per year
Jato-Rakete f / JATO rocket
Jauche, Gülle f (Landw) / liquid manure ‖ ⌐düngung f (Landw) / liquid manure application ‖ ⌐grube f / cistern for liquid manure ‖ ⌐kelle f / ladle for liquid manure ‖ ⌐pumpe f / liquid manure pump ‖ ⌐regner, Gülleregner, -werfer m (Landw) / liquid manure rain gun ‖ ⌐spritze f, -verteiler m / liquid manure spreader
Jaulen n, Schwebung f (Frequenzschwankung bis 6 Hz) (Elektronik) / whine, wow
Javellauge f / Javel water, eau de Javelle
J-Band n (12,4-18,0 MHz) (Elektronik) / J-Band
J-Box f (Web) / J-box, J-tube
Jeanette f (Web) / jeanette
Jeans pl o f (geköperter Baumwollstoff) (Textil) / jeans pl
JEDEC m (Joint Electron Devices Engineering Council) / Joint Electron Device Engineering Council
Jedermann-Band n (Radio) / citizen's band
jederzeit verwendbares Programm (DV) / re-enterable program[me]
JEDOCH-NICHT-Tor n (Elektronik) / AND-NOT-gate
Jeep m (USA-Kübelwagen) (Mil) / jeep
Jenaer Glas (Geräteglas) n / Jena o. thermal glass ‖ ⌐ Glasfiltertiegel m (Chem) / sintered glass crucible
Jenny f, Zwirn-Jenny f / jenny, spinning jenny
jenseits der Sonne / supersolar
J-Entwickler m, Werkstatt-Entwickler m (Schw) / workshop generator
Jentzscher Zündwertprüfer (Chem) / ignition point tester
Jersey m (Textil) / jersey ‖ ⌐ware f, einflächige Ware (Textil) / plain knitted fabric, jersey

JESA = Japanese Engineering Standards Association (Japanischer Normenausschuß)

Jet, Gagat *m* (Bergb) / gagate

Jet *m* (Luftf) / jet[-propelled airplane] ‖ ⮂ (Kernforschung) / JET, Joint European Torus ‖ ⮂-**Färbemaschine** *f* (Färb) / jet dyeing plant ‖ ⮂-**Lag** *n* (Luftf) / jet lag o. fatigue o. syndrome ‖ ⮂**[stream]**, Strahlstrom *m* (Luftf, Meteorol) / jet [stream] ‖ ⮂**stream-Stop-Start-Verfahren** *n* (Trocknung) / jetstream-stop-start-system ‖ ⮂-**transportiert** (Luftf) / jetborne

Jeweils·-Änderung *f* (DV) / running modification ‖ ⮂-**Parameter** *m* (DV) / program parameter

Jigger *m*, Siebsetzmaschine *f* (Bergb) / jigger ‖ ⮂, Breitfärbemaschine *f* (Färb) / jig ‖ ⮂, Kopplungstrafo *m* (Elektronik) / jigger ‖ ⮂, Kopplungsspule *f* / jigger ‖ ⮂, Handtalje *f* (Schiff) / gun tackle ‖ ⮂**färbung** *f* (Textil) / jig dyeing ‖ ⮂**klotzung** *f* (Textil) / jig padding

J-Integral *n* (Math.Prüf.) / J-integral

Jitter *m*, Zittern *n* (Kath.Str) / jitter

j-j-Kupplung *f* (Nukl) / j-j-coupling

Job *m*, Aufgabe *f* (DV) / job

Jobber *m*, Händler *m* / jobber, trader

Job·durchsatz *m* (DV) / job throughput ‖ ⮂-**Eingabe** *f* (DV) / job input ‖ ⮂**eingabefluß** *m* / input job stream ‖ ⮂-**Fernein- u. -ausgabegerät** *n* / remote batch terminal ‖ ⮂-**Fernverarbeitung** *f* (eine Art Teilnehmerbetrieb) (DV) / remote job entry, RJE, remote job processing, RJP ‖ ⮂-**Klasse** *f* / job class ‖ ⮂**management** *n*, Auftragsverwaltung *f* / job management ‖ ⮂**packbereich** *m* (DV) / job pack area ‖ ⮂**scheduler** *m*, Joborganisationsprogramm *n* (DV) / job scheduler ‖ ⮂**start** *m* / job initialization ‖ ⮂**step** *m*, Teilaufgabe *f* (DV) / job step ‖ ⮂**verarbeitung** *f* (DV) / job control o. management ‖ ⮂**verarbeitung** *f* im Rechnernetz (DV) / network job processing, NJP ‖ ⮂**warteschlange** *f* (DV) / job queue

Joch *n* (allg, Landw, Elektr) / yoke ‖ ⮂, Magnet-, Poljoch *n* (Elektr) / yoke ‖ ⮂, Schenkel *m* (Bergb, Schachtausbau) / crib ‖ ⮂ **des Schürfkübels** / hitch of a dragline ‖ ⮂**aufhängung** *f* / yoke suspension ‖ ⮂**brücke** *f* / pile bridge ‖ ⮂**feld** *n* (Brücke) / panel of a bridge ‖ ⮂**gestell** *n* (Elektr) / frame yoke ‖ ⮂**kranz** *m* (Kabelm.) / cradle ring ‖ ⮂**methode** *f* (Magnet) / bar and yoke method, isthmus method ‖ ⮂**ring** *m*, Feldgestell *n* (Elektr) / yoke ring ‖ ⮂**schwelle** *f* (Hydr) / head o. ridge beam, runner ‖ ⮂**träger**, Holm *m* (Hydr) / coping, capping piece ‖ ⮂**weite** *f* (Brückb) / span of a panel ‖ ⮂**[wellentyp]wandler** *m* (Wellenleiter) / crossbar transformer

Jod *n* s. Iod

Jodylion *n* / iodyl ion

joggeln, stauchverschränken, kröpfen (Draht) / joggle

Joggingbetrieb *m* (TV) / jogging mode

Jogglingmaschine, Kröpfmaschine *f* (Draht) / joggling machine

Johannisbrotkernmehl *n* (Färb) / carob seed grain ‖ ⮂**ether** *m* (Färb) / carob seed grain ether

Joint Venture *n* / joint venture

Jokromühle *f* (Pap) / Jokro mill

Jolle *f*, Beiboot *n* / yawl ‖ ⮂, Ruderboot *n* / skiff ‖ ⮂ (als Arbeitsboot) / jolly [boat], dinghi, wherry

Jollysche Federwaage (Phys) / Jolly balance

Joly-Photometer *n* / Joly [block] photometer

Jominy-Versuch, Stirnabschreckversuch von Stahl / Jominy test, hardenability test by end quenching steel

jonisch / Ionic

Jordan *m*, Hydromühle *f* (Pap) / Jordan mill o. refiner ‖ ⮂**scher Kurvensatz** / Jordan's curve theorem o. separation theorem

Josephson·-Effekt *m* (Phys) / Josephson effect ‖ ⮂-**Kontakt** *m* / Josephson contact ‖ ⮂-**Technologie** *f* (Mikroelektronik) / Josephson technology ‖ ⮂-**Tunnelkontakt** *m* / Josephson tunnel contact ‖ ⮂-**Übergang** *m* (Supraleiter) / Josephson junction

Joule *n*, Wattsekunde *f* (= 10^7 erg = 1 Nm) (Elektr) / joule, wattsecond ‖ ⮂-**Effekt** *m*, Gestaltmagnetostriktion *f* / positive o. Joule magnetostriction ‖ ⮂**meter** *m*, -zähler *m* / joulemeter, Joule meter ‖ ⮂**sches Gesetz** (Elektr) / Joule's law ‖ ⮂**sche Wärme** (Elektr) / Joule effect ‖ ⮂**scher [Wärme]verlust** (Elektr) / I^2R-loss ‖ ⮂-**Thomson-Effekt** *m*, isenthalpischer Effekt *m* (Gas) / Joule-Thomson effect, Joule-Kelvin effect

Journal *n* (Buch.m) / journal ‖ **das** ⮂ **beschriften** / journalize ‖ ⮂**bogen** *m* / journal sheet ‖ ⮂**rolle** *f* (Buch.m) / journal roll ‖ ⮂**streifenrolle** *f* (Buch.m) / journal tape o. audit tape roll, tally roll ‖ ⮂**vorschub** *m* (Buch.m) / journal feed

Joystick *m* / joystick

J-Schirmbild *n* (Radar) / J-display o. pattern o. scope

J-Stück, Muffenkniestück *n* / standard socket and spigot elbow 3o⁰

J-Stütze *f* (Elektr) / J-spindle

Juchten[leder] *n* / yuft, yufts *pl*, Russia leather

Jugfet, Sperrschicht-Feldeffekt-Transistor *m* (= *junction gate field effect transistor*) (Elektronik) / junction gate FET

Jukebox *f* (DV) / jukebox

Julianisches Datum (Astr) / Julian date

Julinscher Chlorkohlenstoff / hexachlor[o]benzene (not:) benzenehexachloride

Jumbo·-Computer *m*, Größtcomputer *m* / ultra-large computer ‖ ⮂-**Jet** *m* (z.B. Boeing 747) (Luftf) / Jumbo jet, wide-body aircraft

Jungbier *n* / new o. young o. green beer

Jungfern·fahrt *f* (Schiff) / maiden voyage o. trip ‖ ⮂**rinde** *f*, männlicher Kork / ordinary virgin [cork]

Jungfischnetz *n* (Schiff) / Yngel trawl, young-fish net

jungfräulich, natürlich [vorkommend] (Bergb) / native ‖ ~, gediegen (Bergb) / virgin ‖ ~**es Glas** (Glas) / pristine fibre ‖ ~**es Neutron** (Nukl) / virgin neutron

Junkers-Kalorimeter *n* / continuous flow o. Junkers waterflow calorimeter

Junktor *m* (Math) / propositional connective

Jupiterlampe *f*, Starklicht *n* (Film) / sun arc

Jura·formation *f*, Jura *m* (Geol) / Jurassic [system] ‖ ⮂**kalk** *m* / Jurassic limestone ‖ ⮂**sandstein** *m* / Jurassic sandstone

Justier·... / adjusting, adjustment... ‖ ⮂**achse** *f* (Antenne) / foresight axis ‖ ⮂**einrichtung** *f* / adjusting device

justieren, abrichten / dress, adjust ‖ ~, abgleichen / justify ‖ ~, adjustieren / adjust ‖ ~, zurichten (Buch) / justify, true, fit up ‖ ~ *n*, Justierung *f* / adjusting, adjustment ‖ ⮂, Trimmen *n* (Masch) / trimming

Justier·feile *f* / adjusting file ‖ ⮂**leiste** *f* / checking strip ‖ ⮂**schlitz** *m* (Schneideisen) / adjusting screw slot ‖ ⮂**schraube**, Kopfschraube *f* mit schlankem Vierkantkopf / adjusting screw, set screw

Justierung *f* (Buch) / justification of lines

Justier·walzwerk *n* / equalizing rolling mill ‖ ⮂**zange** *f* / adjusting pliers *pl*

Jute *f* / jute ‖ ⮂ (US) (Mischung aus Holzschliff u. gemischtem Altpapier) (Pap) / jute ‖ ⮂-**Beilauf** *m* (Kabel) / jute filler ‖ ⮂**drell**, -köper *m* / jute sacking ‖ ⮂**hanf** *m* / Chinese hemp ‖ ⮂**kabel** *n* / jute-lead cable ‖ ⮂**leinen** *n* / jute bagging o. canvas, gunny, hessian ‖ ⮂**öffner** *m* (Spinn) / jute opener ‖ ⮂**polster** *n* (Kabel) / jute bedding ‖ ⮂**quetschmaschine** *f* / jute softening machine o. softener ‖ ⮂**riste** *f* / strick of jute ‖ ⮂**sackleinwand** *f* / gunny, jute bagging o. sacking ‖ ⮂ **mit** ⮂**schutz** (Kabel) / JP, jute protected ‖ ⮂**stengelbohrer** *m* / jute stem weevil ‖ ⮂**umhüllung**, -umspinnung *f* (Kabel) / hessian (GB) o. jute serving o. wrapping ‖ ~**verstärkt** (Pap) / burlap lined ‖ ⮂**vorgarn**, -vorgespinst *n* / jute rove o. roving ‖ ⮂**wickler** *m* (Kabelherst) / jute serving unit ‖ ⮂**zwirnmaschine** *f* / jute twisting frame

juvenil (Geol) / juvenile

Juwelier, Goldschmied *m* / jeweller ‖ **~diamant** *m* / jeweller's diamond ‖ **~refraktometer** *n* / jeweller's refractometer
Juxta·position *f* (Krist) / juxtaposition ‖ **~strom** *m* (Elektr) / juxta-current

K

k (Einheit von 1024 Kernspeicherstellen o. -bytes o. -wörtern) (DV) / k
k, Karat *n* / carat, karat
K, Kelvin *n* / K, (formerly °K)
Ka (Schraube) = Kernansatz
Kabbelung, Kabbelsee *f* / chopping o. rippling [sea]
Kabel *n* (Elektr) / cable ‖ **~**, Seil *n* / tow, cable ‖ **~**, überseeisches Telegramm / cable[gram] ‖ **~ mit 2 PET-Mänteln u. zwischenliegendem Alu-Band** / pap cable, PET-cable ‖ **~ mit drei verdrillten Leitern** / triplex cable ‖ **~ mit Formleitern** / shaped conductor cable ‖ **~ mit geringer Aderzahl o. Paarzahl** / bunched cables *pl* ‖ **~ mit großer Aderzahl** (Fernm) / large-capacity o. large-sized cable ‖ **~ mit PET-isolierten Leitern** / PIC-cable ‖ **~ mit symmetrischen Paarleitern** / symmetric pair cable ‖ **ein ~ abwickeln** (o. aus- o. verlegen) / run out a cable, pay out a cable ‖ **in Kanälen verlegtes u. vergossenes ~** (Elektr) / solid laid cable ‖ **in Röhren verlegtes ~** / duct laid cable ‖ **~abdeckhaube** *f* / cable cover ‖ **~abfangung** *f* / cable clamp ‖ **~abgang** *m* / cable outlet ‖ **senkrechter ~abgang** / right-angled cable outlet ‖ **waagerechter ~abgang** / straight cable outlet ‖ **~ablage** *f* (Chemiefasern) / tow baling ‖ **~-Abmantelungszange** *f* / cable unsheathing pliers *pl* ‖ **~abschnitt** *m* / cable section ‖ **~abweiser** *m* / cable deflector ‖ **~abzweigkasten** *m* (Elektr) / branch o. splice box ‖ **~abzweigkasten** *m* (in der Straße) (Elektr) / street box ‖ **~ader** *f*, **-seele** *f* / cable core, conductor of a cable ‖ **~aderausgleich** *m* / cable balancing ‖ **~ähnlich** / cable-type ‖ **~anhänger** *m*, **-wagen** *m* / cable trailer ‖ **~anschluß** *m* / cable connection ‖ **~anschlußdose** *f* (Antenne) / cable connecting box
Kabelar *n*, Kabelarseil *n*, Kabelarung *f* (Schiff) / messenger
Kabel·asphalt *m* / cable compound ‖ **~ast**, **-zweig** *m* / cable branch ‖ **~aufbau** *m* / cable design o. construction ‖ **~aufführung** *f* / cable distributing point ‖ **~aufführungspunkt** *m* / cable lifting point ‖ **~auflage** *f*, **-träger** *m* / cable bracket o. console ‖ **~aufteilungskeller** *m* (Fernm) / cable vault ‖ **~ausgang** *m* / cable outlet ‖ **~ausgußmasse**, **-isoliermasse** *f* / cable compound, insulating compound ‖ **~auslegemaschine** *f* / cable paying-out machine ‖ **~bagger** *m* / cable dredger o. excavator ‖ **~bahn** *f* (allg) / cableway ‖ **~bahn** *f* (Straßenbahn) / cable car (San Francisco) ‖ **~bandstahl** *m* / cable tape steel ‖ **~baum** *m* (Elektronik, Kfz) / cable form (GB) o. harness (US) o. tree, wire harness o. assembly, loom of wires o. cables, harness ‖ **~baumbinden** *n* (Elektronik) / binding of a harness ‖ **~baumschelle** *f* / cable form cleat ‖ **~beilauf** *m* / cable filler ‖ **~bewehrung**, **-armierung** *f* / cable armour o. armature, protective covering of cables ‖ **~bewehrungsmaschine**, **-armierungsmaschine** *f* / cable armouring machine, cable sheathing and serving machine ‖ **~bezeichnung** *f* / cable marker ‖ **~bild** *n* / still picture on cable ‖ **~bruch** *m* / parting of a cable ‖ **~brücke** *f* / cable o. rope suspension bridge ‖ **~brücke,**

-verbindung *f* / cable link ‖ **~brunnen** *m* (Elektr) / cable pit o. shaft o. manhole ‖ **~brunnen**, Einsteigschacht *m* (Fernm) / jointing chamber o. manhole o. box, distribution chamber, main box ‖ **~bündel** *n* / bunched cables ‖ **~bündel** *n*, **-satz** *m* / loom of cables ‖ **~-Bus** *m* / cable bus ‖ **~cord** *m* (Textil) / cable cord ‖ **~draht** *m* / cable wire ‖ **~durchführung** *f* / cable bushing ‖ **~durchgang** *m* / cable duct ‖ **~einführung** *f* / cable entry ‖ **~einziehgerät** *n* / cable pulling device ‖ **~[einzieh]kasten**, **-schrank** *m* (Elektr) / hauling box, draw-in box o. pit ‖ **~einziehtülle** *f* (Fernm) / duct edge shield ‖ **~endgestell** *n* / cable support rack ‖ **~endmuffe**, Abschlußmuffe *f* / terminal box ‖ **~endverschluß** *m* / cable end piece o. sleeve o. connector, cable head o. terminal, pot head ‖ **~endverschluß** *m* (für Verzweigung) / dividing cable box ‖ **~fabrikation** *f*, **-herstellung** *f* / electric cable manufacture ‖ **~faden**, Doppelzwirn *m* (Textil) / corded o. elephant thread ‖ **~fernräumgerät** *n* (Fernm) / long line ‖ **~fernsehen** *n* / wired television, cable TV ‖ **im ~fernsehen senden** / cablecast *v* ‖ **~fernseh-Teilnehmer** *m* / cable subscriber (coll) ‖ **~formstein** *m* / multiple-tile duct ‖ **~führung** *f* (Luftf) / cable routing ‖ **~führungsplan** *m* / cable layout [plan] ‖ **~führungsrohr** *n*, **-schlauch** *m* / cable conduit ‖ **~führungsrolle** *f* / cable guiding roller ‖ **~garn** *n* (Textil, Schiff) / cable o. rope yarn ‖ **~gatt** *n* (Schiff) / cable tier o. locker ‖ **~geführt** (Flugkörper) / wire-guided, teleguided ‖ **~gestell** *n*, **-ständer** *m* / cable rack ‖ **~gleitfett** *n* / cable grease o. lubricator ‖ **~graben** *m*, **-grube** *f* / cable trench o. channel ‖ **~halter** *m* / cable clip o. cramp o. clincher ‖ **~halter**, **-haken** *m* / cable hanger ‖ **~halterung** *f* / cable clamp [assembly] ‖ **~hausanschlußkasten** *m* / house [cable] connection box ‖ **~hersteller** *m* / cable maker o. manufacturer ‖ **~herstellung** *f* / cable making o. manufacture ‖ **~hilfe** *f* (TV, Person) / cableman ‖ **~hochführungsschacht** *m* (Bau) / cable shaft, vertical wall duct for cables ‖ **~hochführungsschacht** *m* (Fernm) / cable chute ‖ **~isoliermaschine**, **-umhüllmaschine** *f* / cable insulating machine ‖ **~isoliermasse** *f* / cable o. insulating compound ‖ **~isolieröl** *n* / cable insulating oil ‖ **~-Kammzug-Konverter** *m* (Spinn) / tow-to-top converter ‖ **~kanal**, **-graben** *m*, **-grube**, **-rinne** *f* (allg) / cable channel o. conduit o. ducting, cable duct o. tunnel ‖ **~kanal** *m* (Bahn) / cable pit, troughing ‖ **mehrfacher o. mehrzügiger ~kanal** (Elektr) / multiple[-way o. -tile] duct ‖ **befahrbarer ~kanal** / practicable duct ‖ **~kanal** *m* **aus Belagstahl** (Kabel) / Zores duct ‖ **~kanal** *m* **in Gebäuden** / raceway ‖ **~[kanal]formstein** *m* / concrete moulded component for cable conduit ‖ **~kanalsystem** *n* / duct run ‖ **~karte** *f* (gedr.Schaltg) / cable card ‖ **~kasten** *m*, **-abschlußgerät** *n*, **-verzweigergerät** *n* / cable box, joint box ‖ **~kasten** *m* (in der Straße) / flush box ‖ **~kern**, **-seele** *f* / cable core ‖ **~kette** *f* (Schiff) / cable chain ‖ **~keule** *f* (Kabel, Elektr) / stress cone ‖ **~klemme** *f*, **-schelle** *f* / cable clamp o. collar ‖ **~klemme**, **-klemmschraube** *f* / cable socket, cable terminal screw, binding post o. screw ‖ **~klemme** *f* **für Zug- u. Tragseile** / bulldog clamp ‖ **~knotenpunkt** *m* (Fernm) / copper centre (GB) ‖ **~konstruktion** *f* / cable design o. construction ‖ **~kran** *m* / cable crane, cableway (GB), blondin (GB) ‖ **~kran** *m* **zum Holzfällen** / logging cablecrane, overhead skidder (US) ‖ **~kranreiter** *m* / carrier ‖ **~kranschaufler**, Schrapper *m* / dragline excavator ‖ **~kupplung** *f* (Elektr) / flit plug ‖ **~länge** *f* (Elektr) / cable length ‖ **~länge** *f*, Kabel *n* (Schiff) / cable's length (GB: 0.1 sm = 608 ft = 185,5 m, USA: 720 ft = 219,45 m, Frankreich = 200 m) ‖ **~längenentzerrer** *m* / cable-length compensator o. equalizer ‖ **~laufzeitausgleich** *m* / cable-delay equalization ‖ **~leger** *m* (Fernm) / jointer ‖ **~leger** *m*, **-legeschiff** *n* / cable [laying] ship o. vessel ‖ **~legung** *f* **zu Lande** / laying of cables ‖ **~legung** *f* **zur See** /

immersion of cables ‖ ⁓**leitung** f, Verkabelung f / underground laying of cables ‖ ⁓**liste** f, -verzeichnis n / list of cables ‖ ⁓**lose** f (Fernm) / slack of a cable ‖ ⁓**löterzelt** n / wireman's tent, jointer's tent ‖ ⁓**lötstelle** f / joint cable splice ‖ ⁓**mantel** m / cable covering o. sheath ‖ ⁓**mantelpresse** f / cable sheathing press ‖ ⁓**marke** f, -preßring m / cable marker ‖ ⁓**maschine** f / cable making machine, cabler, stranding cabler (US) ‖ ⁓**maschinen** f pl / cable making machinery ‖ ⁓**masse** f, -mantelmischung f / cable covering o. sheathing compound ‖ ⁓**merkstein** m / cable identification sign ‖ ⁓**messer** n / cable stripping knife ‖ ⁓**meßkoffer** m / portable cable measuring set ‖ ⁓**meßwagen** m s. Kabelprüfwagen ‖ ⁓**muffe** f / cable coupling box, cable sleeve o. pothead

Kabeln n, Drahten n nach Übersee / cabling, communication by cable

Kabel·netz n **für Energieversorgung** / underground cable system for power supply ‖ ⁓**papier** n / paper for conductor isolation ‖ ⁓**plan** m / position plan of the cable ‖ ⁓**plan** m **im Selbstwählamt** / trunking diagram ‖ ⁓**presse** f / hydraulic cable press ‖ ⁓**prüfdraht** m (Elektr) / pilot wire ‖ ⁓**prüfwagen** m, -meßwagen m / cable-testing car o. van ‖ ⁓**reißmaschine** f (Spinn) / stretch-breaking converter ‖ ⁓**ring** m / cable coil ‖ ⁓**rohr** n (Elektr) / underground conduit ‖ ⁓**rohr** n (Luftf) / wire tunnel ‖ ⁓**rolle** f / cable roller ‖ ⁓**rost** m (DV) / raceway, cable shelf ‖ ⁓**samt** m / Genoa back o. cord ‖ ⁓**sattel** m (Brückb) / cable saddle ‖ ⁓**satz** m, -bündel n / loom of cables ‖ ⁓**schacht** m, -brunnen m (Elektr) / cable pit o. shaft o. manhole ‖ ⁓**schacht** m, -führung f (Luftf) / cable duct ‖ ⁓**schacht** m **für Fahrbahn, [Bürgersteig]** / carriageway ‚[footway] jointing chamber o. manhole ‖ ⁓**schelle** f / cable clip o. grip ‖ **zweilappige** ⁓**schelle** / cable strap (US) ‖ ⁓**schellenzange** f / cable tongs pl ‖ ⁓**schere** f / cable shears pl ‖ ⁓**schirmgeflechts-Klemme** f / cable screen clamp ‖ ⁓**schlag** m (Seil) / cable-laid construction ‖ ⁓**schlagmaschine** f / wire rope machine ‖ ⁓**schlagseil** n / cable-laid rope, laid o. cabled rope ‖ ⁓**schlagseil** n **von weniger als 10'' Umfang** / cablet ‖ ⁓**schlauch** m, -führungsrohr n / cable conduit ‖ ⁓**schleife** f / cable loop ‖ ⁓**schlepp** m (Kran) / trailing cable installation ‖ ⁓**schneidemaschine** f (Spinn) / staple cutter ‖ ⁓**schrank** m / cable cabinet ‖ ⁓**schrank** m, Schaltsäule f zwischen Netzabschnitten (Elektr) / distribution pillar ‖ ⁓**schrapper** m / gravity return scraper ‖ ⁓**schuh** m, Anschlußhülse f für Kabel (Elektr) / cable lug ‖ **geschlossener** ⁓**schuh** / ring terminal ‖ ⁓**schutz** m, -bewehrung f / protective covering of cables ‖ ⁓**schutzhaube** [aus Beton] f (Elektr) / cable protecting cap ‖ ⁓**schutzrohr** n (aus Ton, Beton o. Stahl) / cable duct ‖ ⁓**schutzrohr** n (Kfz) / cable bushing o. sleeve o. loom ‖ ⁓**seele** f / cable core ‖ ⁓**spinnen** n (Textil) / tow spinning ‖ ⁓**spinnmaschine** f (Chemiefasern) / tow-extruding machine ‖ ⁓**spleißstelle** f / cable splice ‖ ⁓**sprosse** f (DV) / cable rung ‖ ⁓**ständer** m, -gestell n / cable rack ‖ ⁓**steckschuh** m / receptacle for tabs ‖ ⁓**strang** m, -bündel n / loom of cables ‖ ⁓**stromwandler** m / cable transformer ‖ ⁓**stumpf** m / [sealed] cable end, stub cable ‖ ⁓**suchgerät** n, -sucher, -spürer m / cable detector o. locator ‖ ⁓**tau** n, Trosse f (Schiff) / hawser ‖ ⁓**text** m / cable text communication ‖ ⁓**tragdraht** m / cable suspension wire ‖ ⁓**trenner** m / cable cutter ‖ ⁓**trog** m / cable trough ‖ ⁓**trommel** f, -haspel m f / cable drum, cable reel ‖ ⁓**trommel** f, Transporthaspel m f / cable drum for shipping ‖ ⁓**trommelwinde** f / jack for the cable reel ‖ ⁓**tülle** f (Kfz) / cable bushing, cable support sleeve ‖ ⁓**tunnel** m / cable tunnel ‖ ⁓**tunnel** m (ein Gummiprofil) / cable tunnel (a rubber profile) ‖ ⁓**überführungskasten** m, -überführungsendverschluß m, -verteiler m, -verzweiger m / cable branch box ‖ ⁓**übertragung** f / transmission by cables ‖ ⁓**überzugsmaschine** f (Plast) /

wire coating machine o. covering machine ‖ ⁓**umhüllmaschine**, -isoliermaschine f / cable insulating machine ‖ ⁓**umklöppelung** f / braiding of cables, plaiting ‖ ⁓**umspritzmaschine** f / extruder for wire coating ‖ ⁓**- und Leitungssystem** n / wiring system ‖ ⁓**verankerung** f (Hängebrücke) / cable anchorage ‖ ⁓**verbinder** m / cable connector ‖ ⁓**verbindungskasten** m / cable junction box, splice box ‖ ⁓**verbindungsstelle**, -lötstelle f / cable joint ‖ ⁓**vergußkasten** m / sealing box ‖ ⁓**vergußmasse**, -ausgußmasse, -isoliermasse f / cable compound, insulating compound ‖ ⁓**verlegemaschine** f, -auslegemaschine f / cable paying-out o. laying-out machine ‖ ⁓**verleger** m / cable installer ‖ ⁓**verlegung** f, -legen n / layout of cables ‖ ⁓**verlegung** f **in Kanälen** / draw-in system ‖ ⁓**verlegung** f **ohne Schutzrohr** / direct laying of cables ‖ ⁓**verschraubung** f / screwed cable gland ‖ ⁓**verseilmaschine** f / wire stranding machine ‖ ⁓**verstärker** m (Fernm) / cable repeater ‖ ⁓**verteilanlagen** f pl / cabled distribution systems pl ‖ ⁓**verteilerschrank** m / cable terminal cubicle ‖ ⁓**verteilung** f / cable distributing point ‖ ⁓**verteilungskasten** m / cable distribution box o. terminal box ‖ ⁓**verzeichnis** n, -liste f / list of cables ‖ ⁓**verzweiger** m / cable branch box, bifurcate[d] box ‖ ⁓**verzweiger für 9 bis 200 Doppeladern** / cable distributing plug o. sleeve ‖ ⁓**videotext** m / cable videotex ‖ ⁓**wachs** n / cable wax, cheese (coll) ‖ ⁓**wagen** m, -anhänger m / cable trailer ‖ ⁓**wanne** f / cable trough ‖ ⁓**weise geschlagen** (Seil) / cable-laid ‖ ⁓**werk** n / cable factory o. maker ‖ ⁓**winde** f / cable winch ‖ ⁓**ziehklemme** f / cable grip ‖ ⁓**ziehstrumpf** m, -ziehklemme f / cable stocking o. grip ‖ ⁓**ziehstrumpf** m **mit zwei Schlaufen** / double-eye cable grip ‖ ⁓**zopf** m / cable fan ‖ ⁓**zubehör** n, -garnitur f (Elektr) / cable fittings pl ‖ ⁓**zubringerlinie** f (TV) / cable link

Kabine f, Zelle f / cubicle ‖ ⁓, Zelle f (Fernm) / booth, box, cabin ‖ ⁓ (Luftf, Schiff) / cabin ‖ ⁓ (Aufzug) / cage, car ‖ ⁓ (Seilb) / cabin, car ‖ ⁓ (als Geräteschutz) (Mil) / shelter ‖ ⁓ **von Traktoren** / driver's cabin

Kabinen·dach, [transparentes] / canopy ‖ ⁓**drucksystem** n **an Ackerschleppern** / enclosure pressurization system ‖ ⁓**fenster** n (Luftf, Schiff) / cabin window ‖ ⁓**fenster** n **der Vorführkabine** (Film) / projection o. lens port, booth window ‖ ⁓**höhe** f (Luftf) / cabin altitude ‖ ⁓**luftverdichter** m (Luftf) / cabin supercharger ‖ ⁓**roller** m / cabin scooter, bubble car ‖ ⁓**seilbahn** f / passenger ropeway

Kabinettfeile f / cabinet file

Kabrio[lett] n / open tourer, convertible

Kabriolimousine f / convertible saloon o. landau (US)

Kachel, Ofenkachel f / [stove] tile ‖ ⁓**herd** m / tile hearth

kacheln, fliesen / tile v

Kachelofen m / tile stove

Kadaverin n / cadaverine

Kadaververbrennung f / carcass cremation

Kadenz f / cadence

Kadeöl n / cade oil, [oil of] juniper tar

kadmieren, verkadmen / cadmium-plate ‖ ⁓ / cadmium plating

Kadmium, Cadmium n, Cd / cadmium ‖ ⁓**...** / cadmic, cadmium... ‖ ⁓**chlorid** n / cadmium chloride ‖ ⁓**elektrode** f / cadmium electrode ‖ ⁓**gelb** n / cadmium yellow ‖ ⁓**linie** f / cadmium red line ‖ ⁓**messung** f (Akku) / cadmium test ‖ ⁓**normalelement** n / Standard Weston cadmium cell ‖ ⁓**orange** n / cadmium orange o. selenide ‖ ⁓**rot** n / cadmium o. selenium red ‖ ⁓**-Schwellenenergie** f (Nukl) / cadmium cut-off ‖ ⁓**stab** m (Reaktor) / cadmium rod o. strip ‖ ⁓**sulfid** n / cadmium sulphide, orange cadmium (US) ‖ ⁓**sulfid-Belichtungsmesser** m / cadmium sulphide exposure meter, CdS-meter ‖ ⁓**-Tellurid-Solarzelle** f / cadmium telluride cell, CdTe solar cell ‖ ⁓**-Verhältnis**

517

Kadmium

n (Nukl) / cadmium ratio ‖ **⁓wolframat** *n* / cadmium tungstate o. wolframate

Käfer *m* / beetle, bug (US)

Kaffee·ballen *m* **von 185 kg** / bale of coffee of 185 kg weight ‖ **⁓bohne** *f* / coffee bean o. berry ‖ **⁓-Ersatz** *m*, -surrogat *n* / coffee substitute ‖ **⁓-Extrakt** *m*, Pulverkaffee *m* / instant coffee ‖ **⁓maschine** *f* / coffee machine ‖ **⁓maschine** *f*, Perkolator *m* / percolator ‖ **⁓mühle** *f* / coffee mill o. grinder ‖ **⁓plantage** *f*, -pflanzung *f* / coffee plantation ‖ **⁓rost** *m* (durch Hemileia vastatrix) (Bot) / coffee o. leaf disease ‖ **⁓röster** *m*, -trommel *f* / coffee roaster ‖ **⁓säure** *f* / caffeic acid ‖ **⁓strauch** *m* / coffee shrub ‖ **⁓trocknung mit gewöhnlicher Bearbeitung o. G.B.** [durch Waschen] / drying of cherry, [parchment] coffee

Käfig *m* / cage ‖ **⁓**, Aufnahme *f* (Masch) / retainer ‖ **⁓ankermotor** *m*, -läufermotor *m* / squirrel cage motor ‖ **⁓antenne** *f* / cage antenna ‖ **⁓läufer**, -anker *m* (Elektr) / [squirrel] cage rotor o. armature ‖ **⁓mühle** *f* / cage mill ‖ **⁓verbindung** *f*, Einschlußverbindung *f* / clathrate compound ‖ **⁓wicklung** *f* (Elektr) / cage winding

kahl geschnitten (o. geschoren) (Textil) / pileless, napless, close-cropped ‖ **⁓e Stelle** (Textil) / gall, bare spot ‖ **⁓e Stelle** (Textil) / bare spot ‖ **⁓ausrüstung**, Kahlappretur *f* (Textil) / pileless finish, bare o. hard o. napless finish ‖ **⁓fraß** *m* / skeletonizing ‖ **⁓fressen** / skeletonize, strip of the leaves ‖ **⁓schlag** *m* (Forstw) / clear cutting o. felling ‖ **⁓schlagen**, abholzen / clear-cut *v*

Kahm, Schimmel *m* / white film, mould film ‖ **⁓hefe** *f* / film-forming yeast, mycoderma

Kahn *m*, Flußkahn *m* / river boat o. barge

Kai *m*, Pier *m* *f* / pier, quay ‖ **⁓**, Hafendamm *m* / quay, wharf ‖ **⁓ für Hafenfahrzeuge** / harbourcraft quay ‖ **⁓arbeiter**, Hafenarbeiter *m* / longshoreman, lumper, docker ‖ **⁓band** *n*, -bandförderer *m* / dock conveyor, quayside conveyor ‖ **⁓fläche** *f* / quayage ‖ **⁓gebühren** *f pl* / pier dues *pl* ‖ **⁓-Kai-Verkehr** *m* / port-port-traffic ‖ **⁓kran** *m* / quay crane ‖ **⁓lader** *m* (Schiff) / portainer ‖ **⁓mauer** *f* / quay wall

Kainit *m* (Min) / kainite

Kajeputöl *n* / cajuput o. cajeput oil

Kajütboot *n* / cabin boat

Kajüte *f*, Kabine *f* / cabin

Kajüten·einteilung *f* (Schiff) / disposition of the cabins

Kajütkompaß *m* / cabin compass

Kajüts·kappe, -luke *f* (Schiff) / companion ‖ **⁓treppe** *f* (Schiff) / companion ladder o. way

Kakao *m*, Kakaopulver, -getränk *n* / cocoa ‖ **⁓ [in Bohnen]** / cacao beans *pl* ‖ **⁓baum** *m* / cacao [tree] ‖ **⁓butter** *f*, -fett, -öl *n* / cocoa butter, butter of cacao, cacao-nut oil ‖ **⁓frucht** *f* / cacao pod ‖ **⁓pflanzung** *f*, -plantage *f* / cacao o. cocoa plantation ‖ **⁓pulver** *n* / cacao powder o. meal ‖ **⁓schale**, -hülse *f* / cacao shell o. husk

kaki s. khaki

Kakodyl *n* / cacodyl ‖ **⁓oxid** *n*, Cadets rauchende Flüssigkeit / cacodyl oxide ‖ **⁓säure** *f* / cacodylic acid

Kalamit *m* (eine Lehmart) / calamite

Kalander *m* / calender ‖ **⁓beschichten** (Gummiindustrie) / calender-coat with caoutchouc ‖ **⁓effekt** *m* (Gummi) / calender grain ‖ **⁓färbung** *f* / calender colouring ‖ **⁓folie** *f* / calendered sheeting ‖ **⁓geleimt** (Pap) / calender sized ‖ **⁓marke** *f* (Pap) / calender mark

kalandern / calender *v*

Kalander·pappe *f* / calendered board ‖ **⁓partie** *f* (Pap.m) / surfacing end ‖ **⁓verdrückt** (Pap) / calender crushed ‖ **⁓walze** *f* (Pap, Textil) / calender bowl o. roller ‖ **⁓walze** *f* (Plast) / bowl of a calender ‖ **⁓walzenpapier** *n* / calender bowl paper

Kalandria·gefäß *n* (Nukl) / calandria ‖ **⁓pfanne** *f*, -kochapparat *m* (Zuck) / calandria pan

Kalandrierausrüstung *f* / calendering equipment

Kalandrieren, Satinieren *n* (Pap) / bowl glazing ‖ **⁓** (Textil) / calender *v*, mangle *v* ‖ **⁓** *n* (Plast) / calendering

Kalandrierwerk *n* / calendering unit

Kalbleder *n* / calf [leather] ‖ **⁓ für Einbände juristischer Werke** (Buch) / law calf, fair calf

Kalbspergament *n* / parchment

Kaldo·-Konverter *m* (Kalling-Domnavet) (Hütt) / Kaldo converter ‖ **⁓-Verfahren** *n* (Hütt) / Kaldo-process

Kalfateisen *n* (Schiff) / calking iron, ca[u]lker, lead sett

kalfatern, dichten / ca[u]lk *vt* ‖ **⁓** / ca[u]lking

Kalfaterwerg *n* / ca[u]lking tow, oakum

Kali *n* / potash, [any] potassium compound ‖ **⁓alaun** *m* (Handelsbezeichnung) (Chem) / common o. potash alum ‖ **⁓alaun** *m* (Min) / potassium alum

Kaliber *n* (Masch, Wehrt) / caliber, bore, diameter of bore ‖ **⁓**, Kaliberdorn *m*, -bolzen *m* / calibre (GB), caliber (US) ‖ **⁓**, Walzspalt *m* (Walzw) / pass, groove ‖ **⁓**, Lehre *f* (Masch) / calibre (GB), caliber (US), ga[u]ge ‖ **⁓** (Größenmaß für Taschenuhren) (Uhr) / caliper (GB) ‖ **unteres ⁓** (Walzw) / bottom pass ‖ **⁓anstellung** *f* (Walzw) / reduction of roll passes ‖ **⁓anzug** *m* (Walzw) / taper of groove ‖ **⁓bahn** *f* (Walzw) / body of the pass ‖ **⁓bauart** *f* (Walzw) / pass design ‖ **⁓bearbeitungsmaschine** *f* / roll-pass dressing machine ‖ **⁓breite** *f* (Walzw) / width of groove ‖ **⁓druck** *m* (Walzw) / bite, draft ‖ **⁓fehler** *m* (Thermometer) / caliber error ‖ **⁓folge** *f* (Walzw) / pass sequence ‖ **⁓fräsmaschine** *f* (Walzw) / groove milling machine

Kalibergwerk *n*, -grube *f* / potassium mine

kaliber·haltig / true to gauge size ‖ **⁓lehre** *f* / shell ga[u]ge ‖ **⁓linie** *f* (Walz) / construction line ‖ **⁓öffnung** *f* (Walzw) / groove opening ‖ **⁓presse** *f* (Walzw) / slab squeezer ‖ **⁓rand** *m* (Walzw) / collar between grooves ‖ **⁓ring** *m*, Lehrring *m* / gauging ring, plain ring gauge ‖ **⁓verschleiß** *m* (Walzw) / wear of grooves, groove wear ‖ **⁓walze** *f* (Walzw) / grooved roll o. cylinder

Kalibriereinrichtung *f* (Röhrenwalzw) / ends sizing installation

kalibrieren, auf genaues Maß bringen / calibrate, size, gauge ‖ **⁓**, eichen (Masch) / standardize, calibrate ‖ **⁓**, nachschlagen (Stanz) / coin, size ‖ **⁓**, graduieren (Chem) / graduate ‖ **⁓**, das Kaliber berechnen (Walzw) / design a roll ‖ **⁓** *n*, Aufmaßbringen *n* / calibration ‖ **⁓** (Walzw) / roll drafting, pass design ‖ **⁓** (Stanz) / forming to size, coining ‖ **⁓** (Sintern) / sizing ‖ **eine Walze ⁓** / groove a roll

Kalibrier·muffe *f* (Extruder) / sizing sleeve ‖ **⁓presse** *f* (Stanz) / coining machine, sizing press ‖ **⁓schema** *n* (Walzw) / roll pass design

kalibriert / ga[u]ged ‖ **⁓**, Kaliber... (Walzw) / grooved ‖ **⁓** (Pap) / calibrated ‖ **⁓e Bohrung** / metered bore o. drilling ‖ **⁓e Lösung** (Chem) / calibrated solution ‖ **⁓es Saatgut** (Landw) / graded seed ‖ **⁓es Unterdrucksignal** (Kfz) / ported vacuum ‖ **⁓e Walze**, Kaliberwalze *f* (Walzw) / grooved roll o. cylinder

Kalibrierung *f* / calibration ‖ **⁓** (Blende) / rating of orifice ‖ **⁓ einer Seilrolle** / rope imprints on a pulley ‖ **⁓[sschema]** *f* (Walzw) / roll pass design

Kalibrier·walze *f* (Walzw) / calibrating o. sizing rolls *pl* ‖ **⁓werkzeug** *n*, Kaltformwerkzeug *n* / drop-forging tool ‖ **⁓zahn** *m* **der Räumnadel** / sizing tooth of a broach

Kali·dünger *m*, Kalidüngesalz *n* / potash fertilizer o. manure ‖ **⁓feldspat**, Orthoklas *m* (Min) / potassium feldspar, orthoclase ‖ **transparenter farbloser ⁓feldspat** / glassy feldspar

kalifornisch·e Riesentanne / silver fir, grand fir, Abies grandis Lindl.

Kali·glas *n* / potassium glass ‖ **⁓glimmer**, Muskovit *m* / potassium mica, white o. biaxial o. biaxed mica, muscovite ‖ **⁓gnost** *m* (Zement) / Natriumtetraphenyloborat *n* (Zement) / sodium tetraphenyloborate ‖ **⁓grube** *f*, -bergwerk *n* / potassium mine ‖ **⁓haltig**, Kali[um]... / potassic

Kaliko[t] *m* (Textil) / calico, plain cotton cloth

Kali·kraut n / salt wort, salsola kali ‖ ⌐**lauge** f / caustic potash solution ‖ ⌐**-Montanwachs** n / saponified lignite wax

Kalinit m (Min) / kalinite

Kaliophilit, Beudantit m (Min) / kaliophilite, phacellite

Kali·salpeter m, Kaliumnitrat n / potassium nitrate, saltpetre, saltpeter ‖ ⌐**salz**, (früher:) Abraumsalz n / potassium salt, natural raw potassic salt, [Staßfurt] abraum salt ‖ ⌐**seife** f, weiche Seife o. Schmierseife f / potash soap ‖ ⌐**-Syenit** m (Geol) / potash syenite

Kalium n, K / potassium, K ⌐**acetat** n / potassium acetate ‖ ⌐**-Aluminium-Sulfat** n / aluminium potassium sulfate ‖ ⌐**antimonyltartrat** n, Brechweinstein m / potassium antimonyl tartrate ‖ ⌐**-Argon-Methode** f / potassium-argon method ‖ ⌐**arsenit** n / potassium arsenite ‖ ⌐**bikarbonat** n / potassium bicarbonate o. acid carbonate ‖ ⌐**bisulfat**, -hydrogensulfat n / potassium bisulphate, sal enixum, sally nixon ‖ ⌐**bitartrat** n, Weinstein m / potassium bitartrate, cream of tartar (US) ‖ ⌐**chlorat** n / chlorate of potassium, potassium chlorate ‖ ⌐**chlorid**, Chlorkalium n / potassium chloride ‖ ⌐**chromalaun** m / potash chrome alum ‖ ⌐**chromat** n / potassium chromate ‖ ⌐**cyanat** n / potassium cyanate ‖ ⌐**cyanid**, Cyankali[um] n / potassium cyanide ‖ ⌐**dichromat**, -pyrochromat n / potassium dichromate ‖ ⌐**disulfit** n (Phot) / potassium metabisulphite ‖ ⌐**ethylxanthat** n / potassium ethylxanthate ‖ ⌐**ferricyanid** n, Ferricyankalium n, rotes Blutlaugensalz / potassium ferricyanide, tripotassium hexacyanoferrate (III) ‖ ⌐**ferrocyanid** n, gelbes Blutlaugensalz / potassium ferrocyanide, yellow prussiate of potash ‖ ⌐**-Fluorotantalat**, -Tantalfluorid n / tantalum potassium fluoride ‖ ⌐**hexafluorosilikat** n / potassium fluosilicate o. silicofluoride ‖ ⌐**hydrid** n / potassium hydride ‖ ⌐**hydrogenfluorid** n / potassium hydrogen fluoride ‖ ⌐**hydro[gen]karbonat** n, doppeltkohlensaures Kali / potassium bicarbonate o. acid carbonate ‖ ⌐**hydrogensulfat** n / potassium hydrogen sulphate ‖ ⌐**hydroxid**, Kalihydrat n / potassium hydroxide o. hydrate, caustic potash ‖ trockenes ⌐**hydroxid**, Ätzkali n / dry potash ‖ ⌐**hypochlorit** n / potassium hypochlorite ‖ ⌐**iodat** n / potassium iodate ‖ ⌐**iodid** n, Iodkalium n / potassium iodide ‖ ⌐**karbonat** n, Pottasche f / potassium carbonate ‖ ⌐**-Magnesiumsalz** n / potassium-magnesium salt ‖ ⌐**metabisulfit** n, Kaliumpyrosulfit n (Phot) / potassium metabisulphite o. pyrosulphite ‖ ⌐**natriumtartrat**, Rochelle-, Seignettesalz n / potassium sodium tartrate, Rochelle o. Seignette salt ‖ ⌐**nitrat** n / nitrate of potassium, potassium nitrate ‖ ⌐**nitrit** n / nitrite of potassium, potassium nitrite ‖ ⌐**oxalat** n / potassium oxalate ‖ saures ⌐**oxalat** s. Kaliumtetraoxalat ‖ ⌐**perchlorat** n / perchlorate of potassium, potassium perchlorate ‖ ⌐**perkarbonat** n / potassium percarbonate ‖ ⌐**permanganat** n / potassium permanganate ‖ ⌐**persulfat** n / potassium persulphate ‖ ⌐**phosphat** n / potassium phosphate ‖ ⌐**röhre** f (Fernm) / potassium tube ‖ ⌐**silikat** n, Kaliwasserglas n / potassium silicate ‖ ⌐**sorbat** n / potassium sorbate ‖ ⌐**sulfat**, [neutrales] schwefelsaures Kali / potassium sulphate ‖ ⌐**sulfid**, Schwefelkalium n / potassium sulphide ‖ ⌐**tartrat** n / potassium tartrate, soluble tartar ‖ ⌐**tetrachloroaurat** n / gold potassium chloride ‖ ⌐**tetraoxalat**, Kleesalz n (Handelsbezeichnung) / potassium tetroxalate o. quadroxalate ‖ ⌐**titanat** n / potassium titanate ‖ ⌐**xanthogenat** n / potassium xanthogenate o. xanthate

Kaliwerk n / potash works

Kalk m / lime ‖ ⌐**...**, kalk[halt]ig, -artig / limy ‖ ⌐ **anmachen** / plash lime ‖ ⌐ **aus Kalkstein mit 12 - 22 % Lehm** / moderately hydraulic lime ‖ ⌐ **aus Kalkstein mit 5-12% Tongehalt** / feebly hydraulic lime ‖ ⌐ **aus Kalkstein mit mehr als 22% Ton** / eminently hydraulic lime ‖ ⌐ **mit mehr als 15 % Säureunlöslichem** / poor

lime ‖ **abgestandener (o. verwitterter)** ⌐ / dead lime ‖ **in** ⌐ **verwandeln** / calcify ‖ **weißer** ⌐ **zum Ausfällen** (Zuck) / temper ‖ **wirksamer** ⌐ / available lime ‖ ⌐**ablagerung** f, Verkrustung f (in Wasserrohren) / furring ‖ ⌐**ablagerung** f (Färb) / lime scum ‖ ⌐**abscheidung** f (Hütt) / calcium precipitation ‖ ⌐**anlage** f (Zuck) / liming device ‖ ⌐**anstrich** m, Tünche f / lime paint, whitewash ‖ ⌐**[anstrich]farbe**, Tünche f (Bau) / lime paint ‖ ~**basische Umhüllung** (Schw) / lime-basic covering, basic sheath ‖ ⌐**bestimmer**, -messer m / calcimeter ‖ ⌐**beton** m / lime concrete ‖ ⌐**bewurf** m / coat, parget ‖ ⌐**blasanlage** f (Hütt) / lime injection plant ‖ ⌐**blau** n (Farbe) / lime blue ‖ ⌐**boden** m (Geol) / lime soil ‖ **auf** ⌐**boden gedeihend** / calciphile, calciphilous, calcareous ‖ ⌐**boden liebend** (Bot) / calcicole, calcicolous ‖ **auf** ⌐**boden nicht gedeihend** / calcifuge, calciphobe, -phobous ‖ ⌐**breccie** f / calcareous breccia ‖ ⌐**brei** m, -paste f (Bau) / lime paste ‖ ⌐**brennen** n, -brennerei f / calcination of limestone, lime burning ‖ ⌐**brenner** m / lime burner ‖ ⌐**brühe**, -milch f (Bau) / milk of lime ‖ ⌐**dinasstein** m / lime dinas brick, gan[n]ister brick (US) ‖ ⌐**dünger** m / calcium manure o. fertilizers pl, lime ‖ ⌐**düngung** f / calcium fertilizing, liming ‖ ⌐**elend** n (Hütt) / lime set

kalken, weiße[l]n / whitewash, white[n], lime-wash o. -white, LW ‖ ~ (Blech) / lime v ‖ ~ (Zuck) / clear, operate the main liming ‖ ~ (Landw) / lime

kälken (Drahtz, Gerb) / lime ‖ ⌐, Äschern n, Schwöden n / liming of hides in fellmongering

Kalk·erde f (Geol) / lime soil ‖ ⌐**estrich** m / mortar floor ‖ ⌐**farbe** f / lime paint ‖ ⌐**farbe** f, -anstrichfarbe f / whitewash, limewash, LW ‖ ⌐**farbe** f, -pigment n / lime pigment ‖ ⌐**feldspat** m (Geol) / lime feldspar ‖ ⌐**fett** n / calcium o. lime base grease, cup grease ‖ ⌐**flecken** m pl (Leder) / lime blast ‖ ~**gebunden** / lime-bonded ‖ ~**gebundenes Silikaerzeugnis** / lime-bonded silica refractory ‖ ⌐**gestein** n / limestone rocks pl ‖ ⌐**gipsputz** m / lime plastering ‖ ⌐**glimmerschiefer** m, Cipolino m / cipolino ‖ ⌐**grieß** m (Zuck) / milk-of-lime grit ‖ ⌐**grube** f, -kasten m (Bau) / lime pit o. pan o. chest ‖ ⌐**guß** m / liquid mortar ‖ ⌐**gußestrich** m / limewash floor

kalkhaltig, -artig, kalkig, Kalk... / calcareous, calcic, calciferous, limy ‖ ~**er Eisenoolith** / calcareous iron stone, calcareous minette ‖ ~**es Sedimentärgestein** / calcareous sedimentary rock ‖ ~**er Ton** / calcareous clay, lime marl

Kalkhärte f (Wasser) / calcium hardness

kalkig·er Beschlag / chalking ‖ ~**es Erz** / calcareous ore ‖ ~**e Minette** / calcareous minette, calcareous iron stone ‖ **keinen** ~**en Ausschlag bildend** / antichalking

Kalk·kitt m / calcareous putty ‖ ⌐**kolonne** f (Chem) / liming column o. still ‖ ⌐**krücke**, -schaufel f (Bau) / lime rake, larry, mortar beates ‖ ⌐**krustenboden** m (Geol) / calcareous crust, lithosol, calciorthid (US) ‖ ⌐**löschanlage** f / lime slaking plant ‖ ⌐**mehl** n, Kalkstaub m (Bau) / lime powder o. dust ‖ ⌐**mergel** m / calcareous clay, lime marl, marl lime ‖ ⌐**messer**, -bestimmer m / calcimeter

Kalkmilch, -brühe f (Bau) / milk of lime ‖ ⌐, Naßkalk m (Zuck) / lime-milk, milk of lime ‖ ⌐**-Grießabscheider** m (Zuck) / milk-of-lime grit separator ‖ ⌐**meßgerät** n (Zuck) / liming and measuring tank ‖ ⌐**meß-** und **-mischgefäß**, Kalkmischgefäß n (Zuck) / lime [slaking sifter and] mixer o. mixing tank ‖ ⌐**-Zumeßanlage** f (Zuck) / automatic liming arrangement

Kalk·mörtel m / lime mortar ‖ ⌐**mörtel** m, -sandgemisch n (Bau) / sand-lime mortar ‖ **kohlensaurer** ⌐**mörtel** / limestone mortar ‖ ⌐**mörtelputz** m (Bau) / lime stuff ‖ ⌐**mühle** f / lime crusher, lime [grinding and bolting] mill ‖ ⌐**natronglas** n / soda-lime glass ‖ ⌐**ofen** m / lime kiln, lime furnace ‖ ⌐**oolith**, Oolith, Rogenstein m / oölite, lenticular stone ‖ ⌐**paste** f s. Kalkbrei ‖ ⌐**pigment** n, -farbe f / lime pigment ‖ ⌐**putz** m (Bau) / lime cast o.

plastering, smooth pargeting ‖ ⌐putzmörtel *m* / plaster
of Paris mortar ‖ ⌐salpeter *m* / nitrate of lime, calcium
nitrate ‖ ⌐salze *n pl* (Zuck) / lime salts *pl* ‖ ⌐sandmörtel
m / sand-lime mortar ‖ ⌐sandstampfbau *m* / rammed
sand mortar work, rammed sand concrete work ‖
⌐sandstein *m* / calcareous o. chalky sandstone ‖
⌐sandstein, -ziegel *m* (Bau) / sand-lime brick, lime sand
brick, lime malm brick ‖ ⌐scheidepfanne,
Scheidepfanne *f* (Zuck) / defecator, liming o. defecation
o. defecating pan o. tank ‖ ⌐scheidung *f*, (jetzt:)
Kalkung *f* (Zuck) / lime defecation o. treatment ‖
⌐schiefer *m* / calcareous slate o. schist o. shale ‖
⌐schieferton *m* / calcareous mudstone ‖ ⌐schlamm *m*
(Pap) / lime mud o. sludge ‖ ⌐schlotte *f* (Bergb) / hollow,
cavity ‖ ⌐seife *f* / calcium soap, lime soap ‖
⌐seifen-Dispergiervermögen *n* / lime soap dispersing
property ‖ ⌐seifenschaden *m* (Textil) / lime soap stains
pl ‖ ⌐silikat *n* / lime silicate ‖ ⌐sinter *m* (Geol) /
calcareous sediment ‖ ⌐-Soda-Prozeß *m*
(Wasserenthärtung) / lime-soda process ‖ ⌐spat *m*,
Calcit *m* (Min) / calcareous spar, calcite ‖ ⌐splitt *m*
(Hütt) / limestone chips *pl* ‖ ⌐spritze *f* (Landw) /
whitening sprayer ‖ ⌐station *f* (Zuck) / [milk-of-]lime
plant o. station o. house, liming station o. house ‖
⌐staub *m*, Kalkmehl *n* (Bau) / lime powder o. dust,
powdered lime ‖ ⌐stein *m* / limestone ‖ ⌐stein… /
calcareous, chalky ‖ eisenschüssiger, sandiger ⌐stein /
marl-stone [rock] ‖ ⌐stein *m* mit über 18% Ton /
cement rock ‖ ⌐steinbruch *m* / limestone quarry ‖
⌐steinniere *f* / spheroidal concretion of marl ‖
⌐steinzuschlag *m* (Gieß) / castina, castine, limestone
flux ‖ ⌐stickstoff *m* / lime-nitrogen ‖
⌐stickstoff[dünger] *m* (Landw) / [crude] calcium
cyanamide ‖ ⌐streumaschine *f*, -streuer *m* (Landw) /
lime spreader o. sower (US) ‖ ⌐tuff *m* / calcareous tuff
‖ ⌐tünche, -weiße, Schlämme *f* (Bau) / cream o. milk of
lime

Kalkül *m* (Math) / calculus
Kalkulation *f* / computation, calculation
Kalkulations·büro *n* / costing office ‖ ⌐programm *n*
(DV) / spreadsheet program ‖ ⌐tabelle *f* (DV) /
spreadsheet
Kalkulator *m* / accountant, calculator ‖ ⌐ (F.Org) / cost
estimator
kalkulatorisch / calculated
kalkulieren, rechnen / calculate, reckon
kalkuliert / costed ‖ ~er Zwischenwert / interplotted
value
Kalkung *f* (Zuck) / lime treatment o. defecation
Kalkungs·carbonatation *f* (Zuck) / defeco-carbonation,
purification by carbonation
Kalk·uranglimmer, Autunit *m* (Min) / lime- o. calco-
uranite, autunite ‖ ⌐vergilben *n* (Bot) / lime chlorosis ‖
⌐verseifung *f* / saponification by lime ‖ ⌐wagen *m*
(Bahn) / lime wagon ‖ ⌐wasser *n* / lime water ‖ in
⌐wasser bleichen (Textil) / bock *vt*, buck, bowk ‖
⌐werk *n* / lime works ‖ ⌐wolle, Gerberwolle *f* /
tanner's wool, butcher's wool, pulled wool ‖
⌐zementmörtel *m* (nach Vorschrift gemischt) /
ga[u]ged mortar ‖ ⌐zuschlag *m* (Hütt) / limestone flux,
castina, castine
Kalmanfilter *n* / Kalman filter
Kalmen *f pl* (Meteorol) / doldrums *pl*
Kalmu[c]k, Fries *m* (Textil) / calmuc, frieze
Kalomel *n*, Calomel *n*, Quecksilber(I)chlorid *n* / calomel,
mercurous chloride ‖ ⌐elektrode *f* (Spannungsnormal) /
[standard] calomel electrode
Kaloreszenz *f* / calorescence
Kalorie *f*, cal (1 cal = 4,1868 J) (veraltet) / [gram o.
small] calorie, cal, gram calorie o. degree (US), g.ca.
‖ ⌐ (Nahrungsmittel) / calorie
Kalorifer *m* / thermophor
Kalorimeter *n* (Phys) / calorimeter ‖ ⌐thermometer *n* /
calorimeter thermometer

Kalorimetrie *f* / calorimetry
kalorimetrisch / calorimetric ‖ ~e Bombe / bomb
calorimeter, combustion o. explosion o. oxygen bomb ‖
~e Heizkraft / caloric power, heating effect ‖ ~e
Verlustmessung (Elektr) / calorimetric test
Kalorisator *m* (Zuck) / juice heater, calorisator
kalorisch (kalorienbezogen) / calor[if]ic ‖ ~, Wärme… /
caloric, of o. relating to heat o. calories ‖ ~e Maschine
/ caloric engine, hot air engine ‖ ~es Ohm (veraltet),
Wärmeohm *n* / thermal ohm
kalorisieren (Hütt) / calorize, alit[iz]e ‖ ⌐ *n*, Erhitzen *n* in
Alu-Pulver / caloric treatment, calorizing
Kalotte *f*, Kugelkappe *f* / spherical cap ‖ ⌐ (Stollenbau) /
roof section of a tunnel
kalotten·förmig / dome shaped ‖ ⌐stein *m* (Uhr) /
concave jewel ‖ ⌐untersicht *f* (Tunnel) / intrados of the
roof section
Kalpin, Kuhleder *n* / cow leather o. hide
kalt, Kalt… (allg, Radioaktivität) / cold ‖ ~ (Lichtfarbe) /
cold, blue ‖ ~ (Farbe) / cool, cold ‖ ~, an Masse (Funk) /
earthy (coll), on earth (GB) o. ground (US) ‖ ~, sehr
kalt, eisig / frigid ‖ ~ abgetrennt (Walzw) / cold-sheared
‖ ~e Anschlußstellen *f pl* / cold connections *pl* ‖
~ biegen / bend cold, cold-bend ‖ ~er Einsatz,
(Gießerei:) mattes Metall / cold metal ‖ ~es Ende des
Thermoelements / cold junction ‖ ~ erblasen (Hütt) /
cold-blast ‖ ~er Fluß (Gummi) / cold creep o. flow ‖
~ gefüttert (Extruder) / cold-fed ‖ ~ gezogen / cold
drawn, bright [drawn] ‖ ~er Kasten (Frühbeet) (Landw)
/ cold frame ‖ ~e Kerze, Zündkerze hohen
Wärmewerts (Kfz) / cold plug ‖ ~e Küpe / cold vat ‖
~es Licht / cold light ‖ ~e Lötstelle / dry joint, high
resistance joint, rosin connection ‖ ~ nachgewalzt (in
geringem Maße) / skin-passed, pinch-passed, non-
kinking, non-flatting, killed ‖ ~e
Phasengeschwindigkeit (Wanderwellenröhre) / interaction
circuit phase velocity ‖ ~ pressen (Tuch) / press cold ‖
~e Prüfung (Nukl) / cold testing ‖ ~e Quelle (Nukl) /
cold source ‖ ~es Rohrziehen / sinking ‖ ~er Schlag
(Schm) / return stroke o. shock ‖ ~er Tropfen,
Spritzabfall *m* / cold slug ‖ ~e Versilberung / silvering
with the rag ‖ ~ verwunden / twisted while cold ‖ ~er
Wiederanlauf / cold restart ‖ ~abbindend (Klebstoff) /
cold-setting ‖ ~abbindender Klebstoff / cold bonding
agent ‖ ⌐abkanten *n* / cold forming by press brake ‖
⌐anstauchen *n* von Köpfen / cold heading ‖
⌐arbeitsstahl *m* / cold work steel ‖ ⌐asphalt *m*,
(veraltet für:) Bitumenemulsion *f* (Straß) / bituminous
emulsion, cutback [bitumen] ‖
⌐asphalt-Emulgierapparat *m* / bitumen emulsifier ‖
⌐asphalt-Mastix *m* / cold insulation mastic ‖
~aushärtend (Plast) / cold-curing ‖ ⌐aushärtung *f* (Alu)
/ precipitation- o. age-hardening ‖ ⌐auslagern *n* (Hütt) /
natural ageing ‖ ⌐band *n* (Walzw) / cold rolled strip ‖
⌐band *n* in Bunden / cold rolled strip in coils ‖
⌐band-Profilwalzwerk *n* / cold roll forming machine ‖
⌐bandreversierwalzwerk *n* / cold strip reversing mill ‖
⌐bandstraße *f* / cold rolling train for steel strip ‖
⌐beanspruchung *f* / cold working, cold straining ‖
⌐bearbeitung, -verarbeitung, -beanspruchung,
-formgebung *f* / cold working ‖ ⌐bearbeitung *f*,
-verformung *f*, -hämmern *n* / hammer-hardening,
peening ‖ ⌐biegeprobe *f* / cold bending test ‖
⌐bitumen *n* (Straß) / rapid curing cutback ‖ ⌐bördeln
n / cold edging ‖ ~brüchig (Hütt) / brittle when cold,
cold short ‖ ~brüchig (Kupfer) / underpoled ‖
⌐brüchigkeit, -sprödigkeit *f* (Hütt) / cold brittleness o.
shortness ‖ ⌐dach *n* / roof with air insulation ‖
⌐druckfestigkeit *f* (feuerfest) / cold compression
strength
Kälte *f* / cold ‖ ⌐… / refrigerating ‖ ⌐…,
Tieftemperatur… / low temperature… ‖ scharfe ⌐,
Frost *m* / frost, nip ‖ ~abbindende Farbe, Cold-Set-
Farbe *f* (Buch) / cold-set ink ‖ ⌐anlage *f* / refrigerating

plant ‖ ⤷**automat** *m* / automatic refrigerating machine ‖ ~**beständig** / cold-resistant ‖ ~**beständig**, gefrierfest / antifreezing, nonfreezing ‖ ⤷**beständigkeit** *f* / low temperature stability ‖ ⤷**brücke** *f* / cold bridge ‖ ⤷**dämmittel** *n* / cold insulator ‖ ⤷**dämmung** *f* / low temperature insulation ‖ ⤷**einbruch** *m* (Meteorol) / cold snap ‖ ⤷**einleitung** *f* / negative heat input ‖ ~**empfindlich** / susceptible to freezing ‖ ~**empfindlich** (Öl) / sensitive to low temperatures ‖ ~**erzeugend**, -erregend / frigorific ‖ ⤷**erzeugung** *f* / cold production ‖ [Kühlung durch] ⤷**erzeugung** / refrigeration ‖ ⤷**fachmann** *m*, -techniker *m*, -ingenieur *m* / refrigeration engineer ‖ ⤷**festigkeit**, -beständigkeit *f* / resistance to cold ‖ ⤷**fett** *n* / low-temperature grease ‖ ⤷**grad** *m* / degree below zero
Kalteinbaudecke *f* (Straßb) / cold mix
Kälteindustrie *f* / refrigeration industry
Kalt·einsenken *n* (Formen, Formenbau) / hobbing, cold sinking o. swaging ‖ ⤷**einsenkpresse** *f* / cold sinking o. swaging press
Kälte·kompressor *m* / chiller ‖ ⤷**kreislauf** *m* / refrigeration cycle ‖ ⤷**leistung** *f* / refrigerating capacity ‖ ⤷**maschine**, -anlage *f* / [mechanical] refrigerator, refrigerating machine o. installation ‖ **magnetische** ⤷**maschine** / ADL-cyclic magnetic refrigerator engine ‖ ⤷**maschinen-Kompressor** *m* / refrigerating machine compressor ‖ ⤷**maschinenöl** *n* / refrigerator oil ‖ ⤷**mischung** *f* (Phys) / frigorific o. freezing mixture, cryogen ‖ ⤷**mischung** *f*, Gefriermischung *f* (Phys) / frigorific mixture
Kaltemission *f* (Elektronen) / cold emission, autoemission
Kälte·mittel *n*, -träger *m* / refrigerating agent o. medium, refrigerant ‖ ⤷**mittelbeständigkeit** *f* / stability against refrigerants ‖ ⤷**mittelbeständigkeit** *f* von **Kältemaschinenölen** / stability of refrigerator oils ‖ ⤷**prüfung**, -probe *f* / cold test ‖ ⤷**raum** *m* / cold chamber ‖ ⤷**schrank** *m* (Labor) / cold chamber ‖ ⤷**schutzmittel** *n*, -isoliermittel *n*, -schutzisolierung *f* / cold insulator ‖ ⤷**sprödigkeitstemperatur** *f* (Plast) / low-temperature brittleness point ‖ ⤷**technik** *f* / refrigeration engineering o. technology ‖ ⤷**technik** *f*, -erzeugung *f*, -anwendung *f* / refrigeration ‖ ⤷**techniker** *m*, -ingenieur *m* / refrigeration eingineer ‖ ⤷**tod** *m* (Phys) / heat death ‖ ⤷**träger** *m*, -mittel *n* / refrigerating agent o. medium, refrigerant ‖ ⤷**träger** *m*, Kühlmittel *n* / cooling agent o. medium ‖ ⤷**turbine** *f*, Expansionsturbine *f* / expansion turbine ‖ ⤷**verdichter** *m* / refrigeration compressor ‖ ⤷**verhalten** *n* / low-temperature behaviour ‖ ⤷**welle** *f* / cold wave
Kalt·färben *n*, -färberei *f* (Textil) / cold dyeing, low-temperature dyeing ‖ ~**fester Stahl** / cryogenic steel ‖ ⤷**flämmanlage** *f* (Hütt) / cold scarfing plant ‖ ⤷**flämmen** *n* (Hütt) / cold scarfing ‖ ⤷**flanschen** *n* / cold flanging ‖ ⤷**fließen** *n*, Kriechen *n* / creep [at normal temperature] ‖ ⤷**fließpressen** *n* / cold extrusion ‖ ⤷**fließpressen** *n*, -einsenken *n* / hobbing, cold sinking o. swaging ‖ ⤷**fließpreßstahl** *m* / cold extruding steel ‖ ⤷**fließpreßtechnik** *f* / cold extrusion [technique] ‖ ⤷**fließstelle** *f* (Plast) / weld mark ‖ ⤷**fluß** *m*, -fließen *n* (Mat Prüf) / cold flow ‖ ⤷**formen** / cold-form ‖ ~**formen**, -schlagen, -prägen (Stanz) / drop-forge ‖ ⤷**formen** *n* von **Profilen** / cold forming of sections ‖ ⤷**formung** *f*, -formgebung *f* (Stanz) / cold forming ‖ ⤷**formung** *f* (Plast) / cold moulding ‖ ⤷**front** *f* (Meteorol) / cold front ‖ ⤷**füllung** *f* (Aerosol) / cold-fill ‖ ⤷**gas** *n*, Reingas *n* / clean gas ‖ ⤷**gas-Düsensystem** *n* (Raumf) / cold gas jet system ‖ ⤷**geformt** (Feder) / cold-formed ‖ ⤷**gehen** *n* (Hütt) / working cold ‖ ~**gepilgert** (Walzw) / cold pilgered ‖ ⤷**gesenkdrücken** *n* / cold swaging, hobbing ‖ ~**gestaucht** (Draht) / cold headed, cold-upset ‖ ~**gewalzt** / cold rolled ‖ ~**gewalztes Bandeisen**, Kaltband *n* / cold rolled strip ‖ ~**gewalzter Spundwandstahl** / cold rolled sheet pile type Wendel ‖ ~**gewalzt u. weichgeglüht** / cold rolled close annealed,

CRCA ‖ ⤷**gewindewalzmaschine** *f* / cold thread rolling machine ‖ ~**glätten** (Textil) / cold-press ‖ ⤷**glätten** *n* (Textil) / cold pressing ‖ ⤷**guß** *m* / spoiled casting ‖ ⤷**guß** *m* / cold shot, entrapped shot ‖ ~**hämmern**, hammerhärten / hammer-harden, peen ‖ ~**härten** *vt*, -verfestigen / strain- o. wear- o. work-harden ‖ ⤷**härten** *n* (Plast) / cold setting ‖ ~**härtender Hartschaum** / high-resistance cold-cure foam ‖ ~**härtung** *f* / strain- o. wear- o. work-hardening ‖ ⤷**kammer-Druckgußmaschine** *f*, Kaltkammermaschine *f* / cold chamber diecasting machine ‖ ⤷**kapazität** *f* / capacitance when cold ‖ ⤷**kathode** *f* / cold cathode ‖ ⤷**kathodengleichrichter** *m* / cold cathode rectifier ‖ ⤷**kathodenröhre** *f* / cold cathode tube ‖ ⤷**kathodenthyratron** *n* / cold cathode thyratron ‖ ⤷**kathoden-Vakuummeter** *n* / cold cathode vacuum gauge ‖ ⤷**kautschuk** *m* / cold rubber ‖ ⤷**kleber** *m* / cold-bonding agent ‖ ⤷**klimaversuch** *m* / cold climate test ‖ ⤷**klotzflottenstabilität** *f* / cold pad liquor stability ‖ ⤷**kreissäge** *f* / circular cold saw ‖ ~-**kritisch** (Nukl) / cold critical ‖ ⤷**lack** *m* / cold-cut varnish ‖ ⤷**laufeigenschaften** *f pl* (Kfz) / cold drivability ‖ ⤷**leim** *m* / cold-setting adhesive ‖ ⤷**leim** *m* (Tischl) / cold glue ‖ wasserfester ⤷**leim** / casein [cold] glue ‖ ⤷**leiter**, Posistor *m* (Elektronik) / posistor ‖ ⤷**leiter**, PTC-Widerstand *m* / PTC-resistor, barretter (US) ‖ ⤷**licht** *n* / cold light ‖ ⤷**lichtquelle** *f* / cold light source ‖ ⤷**lichtspiegel** *m* / metal oxide vaporized mirror ‖ ⤷**lok[omotive]** *f* / cold locomotive o. engine ‖ ⤷**lötstelle** s. kalte Lötstelle ‖ ⤷**luft** *f* / cold air ‖ ⤷**luftfront** *f* (Meteorol) / cold front ‖ ⤷**luftgas** *n* / cold gas-air mixture ‖ ⤷**lufttrocknung** *f* / drying by cold air ‖ ⤷**luftvorhang** *m* (Klimaanlage) / air curtain o. door ‖ ⤷**mangel** *f* (Textil) / cold mangle ‖ ⤷**massivumformung** *f* / cold massive forming, cold forging ‖ ⤷**matrize** *f* (Schm) / cold die ‖ ⤷**meißel** *m*, Schrotmeißel *m* / blacksmith's chisel, cold chisel ‖ ⤷**metall** *n* (mit geringer Wärmeleitfähigkeit) / cold metal ‖ ⤷**nachpressen** *n* (Stanz) / cold finishing, squeezing ‖ ⤷**nachpressen** *n* (Pulv.Met) / cold repressing ‖ ⤷**nachwalzen** *n* / cold rolling pass ‖ leichtes ⤷**nachwalzen** / very light cold rolling pass, skin-pass, temper pass ‖ ⤷**nachwalzwerk** *n* / pinch pass rolling mill, skin pass o. temper pass mill ‖ ~**nieten**, kalt schlagen (Niete) / cold-form, cold-rivet, clench, clinch ‖ ⤷**nieten** *n* / cold-riveting o. -forming ‖ ⤷**pechlösung** *f* (Straßb) / cold solution pitch ‖ ⤷**pilgern** *n* / cold pilger rolling ‖ ⤷**prägen** *n* von **Folien** / cold stamping ‖ ⤷**prägung** *f* (Buch) / cold blocking, cold embossing ‖ ~**pressen** / cold-press, cold mould ‖ ~**pressen**, strangpressen / cold-mould ‖ ⤷**pressen** *n* (Sintern) / cold pressing o. compacting ‖ ~**pressen**, fließpressen / extrude ‖ ~**pressen** (Plast) / cold-mould ‖ ⤷**pressen** (Sintern) / cold-press ‖ ~**pressen** (Tuch) / dress cold ‖ ⤷**pressen** *n* (Textil) / cramping, cold pressing ‖ ⤷**preßling** *m* (Schm) / cold-pressed forging ‖ ⤷**preßmatrize** *f* / cold work die ‖ ⤷**preßschweißen** *n* / cold pressure welding ‖ ⤷**profil** *n* (Walzw) / cold-rolled section, cold steel section ‖ ~**recken** / cold-strain, cold-draw ‖ ~**recken**, -hämmern / cold- o. cool-hammer ‖ ⤷**recken** *n*, -reckung, -verformung *f* / cold-straining o. -working ‖ ⤷**recken** *n* von **Folien** (Plast) / self-hooping, cold stretching ‖ ⤷**reckung**, Autofrettage *f* (Geschütz) / radial expansion, self-hooping ‖ ⤷**reduzierwalzwerk** *n* / cold reduction mill ‖ ~**richten** / cold-straighten ‖ ⤷**säge** *f* / cold saw ‖ ⤷**satz** *m* (Buch) / cold composition, cold-type composing ‖ ⤷**schere** *f*, -eisenschere *f* / cold shears *pl* ‖ ~**schlagen**, prägen (Stanz) / stamp ‖ ~**schlagen** (Niet) / cold-form, cold-rivet, clench, clinch ‖ ⤷**schlagmatrize** *f* (Stanz) / upsetting die ‖ ⤷**schlagmatrize** *f* für **Köpfe** / cold-heading die ‖ ⤷**schlagmatrize mit eingesetztem Kern** / inset heading die ‖ ⤷**schlagmatrize** *f* zum **Kopfanstauchen** / heading and extruding die ‖ ⤷**schlagschmieden** *n* / cold impact

forging, impacting ‖ ⁔**schlagstahl** *m* / cold-heading
steel ‖ ～**schmieden**, -hämmern / cold- o. cool-hammer
‖ ⁔**schmiegemaschine** *f* (Schiff) / bulb steel cold
bevelling machine ‖ ⁔**schornstein** *m* / cold-gas
chimney ‖ ⁔**schrotmeißel** *m* (Schm) / blacksmith's
chisel ‖ ～**schwefeln** (Textil) / cold-vulcanize ‖
⁔**schweiße**, -schweißung, -schweißstelle *f* (Gieß, Fehler)
/ cold set, cold shut o. lap, scabs *pl* ‖ ～**schweißen** /
weld without preheating ‖ ⁔**schweißstelle** *f* (Plast) / weld
mark ‖ ⁔**sinterung** *f* / cold sintering ‖ ⁔**spritzen** *n*
(Walzw) / cold rinsing ‖ ⁔**spritzen** *n* (Alu) / impact
extrusion ‖ ⁔**sprödigkeit**, -brüchigkeit *f* (Hütt) / cold
brittleness o. shortness ‖ ⁔**start** *m* / cold start ‖
⁔**startlampe** *f* (Entladungslampe) / cold-start lamp,
instant-start lamp (US) ‖ ⁔**startventil** *n* (Kfz) / cold start
valve ‖ ⁔**startverhalten** *n* (Mot) / cold start performance
‖ ⁔**stauchen** *n* / cold upsetting ‖ ⁔**stauchen** *n* **von**
Köpfen / cold heading ‖ ⁔**stauchstahl**, -schlagstahl *m* /
cold-upsetting steel, cold-heading steel ‖ ⁔**stich** *m*
(Walzw) / skin pass ‖ ⁔**stich** *m*, -nachwalzen *n* (Walzw) /
cold rerolling ‖ ⁔**strang** *m*, Anfahrstück *n* (Strangguß) /
starting o. dummy bar ‖ **biegsamer** ⁔**strang** (Strangguß)
/ flexible dummy bar ‖ **den** ⁔**strang wieder einfahren**
(Strangguß) / restrand ‖ ⁔**strangfuß** *m* (Strangguß) /
dummy bar bottom ‖ ⁔**stranggrube** *f* (Strangguß) /
dummy bar pit ‖ ⁔**strangkopf** *m* (Strangguß) / dummy
bar head ‖ ⁔**streckgrenze** *f* / yield point at normal
temperature ‖ ⁔**streckstift** *m* (Texturieren) / cold drawing
pen ‖ ⁔**teer** *m* / cold tar ‖ ⁔**umformen** *n* (Walzw) / cold
reduction ‖ ⁔**umformen** *n* (Plast) / cold forming ‖
⁔**umformer** *m* / cold former ‖ ⁔**verarbeitbarkeit**,
-verformbarkeit *f* / cold-workability ‖ ～**verfestigen**,
-härten / strain- o. wear- o. work-harden ‖
～**verfestigter Stahl** / strain-hardened steel ‖
⁔**verfestigung** *f* / strain- o. wear- o. work-hardening ‖
～**verformen**, -bearbeiten / cold-work ‖ ⁔**verformung**
f, Kaltmassivumformung *f* (Stanz) / cold massive
forming, cold forming ‖ ⁔**vergärung des Futters** (18 -
30 °C) *f* (Landw) / cold fermentation ‖ ⁔**vergossen** / cold
cast ‖ ⁔**verruß-Festigkeit** *f* (Zündkerze) / cold fouling
rating ‖ ⁔**verschnitt** *m* (Farben) / cold cut ‖
～**verschnittener Firnis** / cold-cut varnish ‖
～**verstrecken** (Fasern) / cold-stretch, cold-draw ‖
⁔**verweilverfahren** *n* (Färb) / cold pad-batch dyeing,
cold retention dyeing ‖ ⁔**verwinden** *n* / cold twisting ‖
～**verwunden** / cold-twisted ‖ ⁔**vulkanisation** *f* / cold
curing o. vulcanization ‖ ～**vulkanisiert** / cold-cure... ‖
⁔**walze** *f* (Walzw) / cold roll ‖ ～**walzen** / cold-roll *v* ‖
⁔**walzen** *n* / [cold] roll forming ‖ ⁔**walzwerk** *n* / cold
reduction o. cold rolling mill ‖ ⁔**wasserrotte**,
-wasserröste *f* (Hanf) / cold water retting ‖
⁔**wasserwalke** *f* / cold water milling ‖ ～**werden**, sich
abkühlen / cool [down] *vi* ‖ ⁔**widerstand** *m* / cold
resistance ‖ ⁔**wind** *m* (Hütt) / cold blast ‖ ⁔**windofen** *m*
/ cold blast furnace ‖ ⁔**windschieber** *m* / cold blast
slide valve ‖ ⁔**zäh** / tough at subzero temperature ‖
～**zäher Stahl** / low temperature steel, cryogenic steel ‖
～**ziehen** / cold-draw ‖ ⁔**ziehmatrize** *f* / cold drawing
die
kalzinieren (Chem) / calcine ‖ ⁔ *n* (Hütt) / calcination,
calcining *roasting*
Kalzinierofen *m* (Hütt) / calcining furnace, calciner,
roasting furnace, roaster
kalziniert (Magnesia) / calcined ‖ ～**er Dolomit** / single-
burned dolomite ‖ ～**er Koks** / calcined coke ‖ ～**e Soda**
/ soda ash (GB), calcined soda
Kalzinierzone, Entsäuerungszone *f* (Keram) / calcining o.
decarbonation zone
Kalziothermie *f*, Calciothermie *f* / calciothermy,
calciothermic process
Kalzit *m*, Kalkspat *m* (Min) / calcite, calcareous spar
Kalzium, Calcium *n*, Ca / calcium ‖ ⁔**alter** *n* / calcium
age ‖ ⁔**arseniat** *n*, Calciumarseniat *n* / calcium arsenate
‖ ⁔**azetat** *n*, Calciumacetat *n* / calcium acetate ‖

⁔**bikarbonat**, doppeltkohlensaurer Kalk / calcium
bicarbonate ‖ ⁔**bisulfit**, -hydrogensulfit *n* (Pap) /
calcium bisulphite ‖ ⁔**chlorid** *n* / calcium chloride,
chloride of lime ‖ ⁔**chromat** *n*, Steinbühler Gelb (nicht:
gelbes Ultramarin) *n* / calcium chromate, gelbin, yellow
ultramarine ‖ ⁔**cyanamid** *n* / [crude] calcium
cyanamide ‖ ⁔**cyanid** *n* (Flotation) / black cyanide ‖
⁔**ferrit** *n*, Calciumferrit *n* / calcium ferrite ‖ ⁔**fluorid** *n*
/ calcium fluoride ‖ ～**haltig**, Kalzium… / calcic ‖
⁔**härte** *f* (Wasser) / calcium hardness ‖ ⁔**hydrid** *n* /
calcium hydride, hydrolith ‖ ⁔**hydroxid** *n* / calcium
hydrate o. hydroxide ‖ ⁔**hypochlorit** / chlorinated
lime ‖ ⁔**karbid** *n*, Karbid *n* / calcium carbide ‖
körniges ⁔**karbid** / acetylene stones *pl*, acetylith ‖
⁔**karbonat** *n* / calcium carbonate, carbonate of lime o.
calcium ‖ **gefälltes** ⁔**karbonat** / Paris white ‖
⁔**leuchtstoff** *m* / luminous calcium sulphide, Canton's
phosphorus ‖ ⁔**natriumelektrolyse** *f* / calcium sodium
electrolysis ‖ ⁔**nitrat** *n* / calcium nitrate, nitrate of lime
‖ ⁔**orthoplumbat** / calcium orthoplumbate ‖ ⁔**oxalat**
n / calcium oxalate ‖ ⁔**oxid** *n* / oxide of calcium,
calcium oxide, lime, calx (US) ‖ ⁔**phosphat** *n* (Chem) /
phosphate of calcium o. of lime ‖ **dreibasisches**
⁔**phosphat** / tribasic calcium phosphate, tricalcium
phosphate ‖ ⁔**phosphid-Leuchttube** *f* / photophore
buoy ‖ ⁔**saccharat** *n* / calcium saccharate o. sucrate,
saccharated lime ‖ ⁔**silikat** *n* / calcium silicate ‖
⁔**silizid** *n* / calcium silicide ‖ ⁔**-Silizium** *n*
(Vorlegierung) (Hütt) / calcium-silicon ‖ ⁔**sulfat** *n* /
calcium sulphate ‖ ⁔**sulfat** *n* (Pap) / pearl white ‖
⁔**sulfid** *n*, Schwefelcalcium *n* / calcium polysulphide ‖
leuchtendes ⁔**sulfid** / luminous calcium sulphide,
Canton's phosphorus, photophor ‖ ⁔**superphosphat** *n* /
calcic superphosphate ‖ ⁔**wolframat[leucht]schirm** *m*
(TV) / calcium tungstate screen
Kamala[farbe] *f* / kamala [powder]
Kamazit *m* (Min) / kamacite
Kambala-Bongasseholz *n* / red ironwood
Kambrik, Kambrai *m* (Textil) / cambric ‖ ⁔**papier** *n* /
cambric paper
Kambrium *n*, kambrische Formation / Cambrian
Kamel *n* (Schwimmkörper zum Heben von Schiffen) /
camel (vessel for raising ships)
Kämelgarn, Mohairgarn *n* / mohair yarn
Kamel·haar *n* (Textil) / camel-hair, camel's hair ‖
⁔**haargarn** *n* / camel's hair yarn
Kamera *f*, Photoapparat *m* / photo camera ‖ ⁔, Laufbild-,
Filmkamera *f* / film camera ‖ ⁔ **mit Teleobjektiv** (Phot)
/ telecamera ‖ ⁔**assistent** *m* (Film) / focus puller ‖
⁔**baustein** *m* (Mikrosk) / camera module ‖ ⁔**befestigung**
f / camera wedge ‖ ⁔**bereich** *m* / camera coverage o.
lines *pl* ‖ ⁔**film** *m* / camera film ‖ ⁔**heizdecke** *f* (TV) /
blanket heater ‖ ⁔**kassette** *f* (Film) / camera cartridge ‖
⁔**-Kontrollgerät** *n* (TV) / preview monitor ‖ ⁔**kran** *m*
(Film) / camera crane, camera boom ‖ **fahrbarer** ⁔**kran**
/ travelling crane ‖ ⁔**mann** *m* (Film) / cameraman,
operator ‖ ⁔**mikroskop** *n* / attachment microscope ‖
⁔**röhre** *f* / camera tube ‖ ⁔**röhre** *f* **mit Photoeffekt** /
photoemissive camera tube ‖ ⁔**rückholung** *f* (TV) /
dolly out, push o. track out ‖ ⁔**schwenk** *m* (Film) / pan
shot, camera pan ‖ ⁔**schwenkkopf** *m* / pan[ning] head ‖
⁔**stativ** *n* / camera stand o. tripod ‖ ⁔**vorsatz** *m* (Phot) /
attachment, camera bezel adapter ‖ ⁔**vorschub** *m* (TV) /
dolly in, track in ‖ ⁔**wagen** *m* (Film) / dolly, camera car
o. truck
Kamin *m*, offene Feuerstelle / fireplace ‖ ⁔, Schornstein
m / chimney ‖ ⁔**band** *n* **für Antennen** / chimney
bracket ‖ ⁔**bau** / stove setting ‖ ⁔**bauformstein** *m* /
round concrete flue block, chimney block ‖
⁔**bauformstein** *m* **für angelehnte Kamine** / chimney
block for built-on chimneys ‖ ⁔**bauformstein** *m*
innerhalb der Wand / walled-in chimney ‖ ⁔**brand** *m*
/ fire in the chimney ‖ ⁔**einfassung** *f*, -mantel, -sims *m*
(Bau) / mantel[-piece] ‖ ⁔**-Einsatzrohr** *n* / flue lining ‖

⤙**hut**, Essenkopf *m* / chimney head o. crest ‖ ⤙**kühler** *m* / tower cooler, cooling tower ‖ **selbstlüftender** ⤙**kühler** / cooling tower with natural draught ‖ ⤙**putztür** *f* (Schornstein) / cleaning door ‖ ⤙**schacht** *m* / flue ‖ ⤙**-Seitenwände** *f pl* / coving of a fireplace ‖ ⤙**trockner** *m* (Zuck) / drying tower ‖ ⤙**wirkung** *f* / stack effect

Kamm *m* / comb ‖ ⤙, Gebirgskamm *m* (Geol) / crest of a mountain, ridge ‖ ⤙ (Walzw) / cog, cam ‖ ⤙, Wellen-, Wogenkamm *m* / wave summit ‖ ⤙, Kabelzopf *m* / cable fan ‖ ⤙, Verkämmung *f* (Zimm) / cogging, cocking, corking ‖ ⤙, Webgeschirr *n* (Web) / shaft of healds, reed ‖ ⤙, [Aus]hacker *m* (Spinn) / doffer o. doffing comb, vibrating o. fly o. stripper comb ‖ ⤙**abfall** *m* (Spinn) / combing[s] *pl* ‖ ⤙**bart** *m* (Spinn) / tuft ‖ ⤙**bau** *m* (Zuckerrübe) / ridge cultivation ‖ ⤙**blatt** *n* (Web) / sleeve blade ‖ ⤙**breite** *f* (Web) / reed width

kämmen (Web) / comb *v* ‖ **Wolle** ⤙ / tease wool

Kammer *f* (Masch, allg, Hydr, Geschütz) / chamber ‖ ⤙ (Gewehr) / bolt ‖ ⤙ des **Schaufelrades** (Bagger) / cell of a bucket wheel ‖ **obere** ⤙ (Hydr) / upper [flooding] chamber ‖ **untere** ⤙ / lower [flooding] chamber ‖ ⤙ **des ROM-Einschubes** / slot

Kämmer *m*, Kämmaschine *f* (Textil) / comber

Kammer·abdeckung *f* (Hütt, Koksofen) / paving on the battery top ‖ ⤙**bau** *m* (Salz) / working by chambers o. halls ‖ ⤙**bau** *m*, Pfeilerbau *m* (Bergb, Erz) / pillar-and-post work, pillar-and-stall-work, pillar-and-chamber work ‖ ⤙**bruchbau** *m* (Bergb) / room-and-pillar work with caving ‖ ⤙**bruchbau** *m* **mit Rollochförderung** (Bergb) / chute caving ‖ ⤙**dämpfer** *m* (Textil) / steam chest ‖ ⤙**decke** *f* (Koksofen) / oven roof ‖ ⤙**deich** *m* / dam with chambers ‖ ⤙**durchlaufofen** *m* (Keram) / transverse arch kiln

Kämmerei *f* (Textil) / combing room o. plant

Kammer·[filter]presse *f* / chamber filter press ‖ ⤙**gewölbe** *n* (Hütt) / chamber vault ‖ ⤙**halter** *m* (Opt) / cell holder ‖ ⤙**knopf** *m* (Gewehr) / bolt knob ‖ ⤙**kühlofen** *m* (Glas) / annealing kiln ‖ ⤙**matrize** *f* (Stanz) / compartment die ‖ ⤙**mauer**, **-wand** *f* (Hydr) / side wall of a lock ‖ ⤙**ofen** *m* (Ggs: Durchlaufofen) / batch furnace, oven-type furnace, semimuffle furnace, retort furnace ‖ ⤙**ofen**, Muffelofen *m* (Pulv Met) / box furnace ‖ ⤙**ofen** *m* (Keram) / chamber[-oven], retort ‖ ⤙**presse** *f* (Filter) / chamber filter press ‖ ⤙**ringofen** *m* / annular chamber kiln ‖ ⤙**säure** *f* (53°Bé) / chamber acid ‖ ⤙**schießen** *n* (Bergb) / chamber blasting, chambering ‖ ⤙**schleuse** *f* (Hydr) / lift-lock ‖ ⤙**schleuse** *f* (Aufber) / star feeder o. gate ‖ ⤙**schweißen** *n* / enclosed resistance welding, chamber welding of wire ends ‖ ⤙**sieb** *n* (Flotation) / screen with side and bottom apertures ‖ ⤙**sohle** *f* (Hydr) / bed o. bottom of the lock ‖ ⤙**sohle** *f* (Koksofen) / oven sole ‖ ⤙**sohlstein** *m* (Keram) / oven-sole block ‖ ⤙**sprengverfahren** *n* (Bergb) / coyote tunneling method (US), chamber blasting, gopherhole blasting ‖ ⤙**stutzen** *m* (Photometrie) / camera cone ‖ ⤙**ton**, Stimmton *m* (USA: 432, ISA: 440 Schwingungen je s) / concert o. standard pitch, philharmonic pitch ‖ ⤙**trocknen** / stove *v* ‖ ⤙**trocknen** *n* (Textil) / stove o. chamber drying ‖ ⤙**trockner** *m* / compartment drier, chamber drying oven ‖ ⤙**trockner** *m* (Keram) / chamber drier ‖ ⤙**tuch** *n* (Textil) / cambric, cotton cambric ‖ ⤙**und Pfeilerbau** *m* (Bergb) / bo[a]rd-and-stall working ‖ ⤙**verschluß** *m* (Waffe) / bolt action ‖ ⤙**wandstein** *m* (Koksofen) / panel brick ‖ ⤙**wechselsystem** *n* (Photometrie) / interchangeable camera cone system

Kamm·fett *n* / horse grease o. fat ‖ ⤙**filter** *n* (Fernm) / comb filter ‖ ⤙**flug** *m* (Spinn) / comber fly, combing fly o. noils *pl* ‖ ⤙**fräser** *m* (Wzm) / multiple thread [milling] cutter ‖ ⤙**gabel** *f* (Email, Brennwerkzeug) / comb rack

Kammgarn *n* (Textil) / worsted yarn, combed yarn ‖ **gedoppeltes** ⤙, gezwirntes Kammgarn (Textil) / double worsted ‖ **hartes** ⤙ / hard worsted ‖ **mehrfarbiges** ⤙ (Textil) / marl yarn ‖ **weiches** ⤙ / soft worsted ‖

⤙**ausrüstung**, **-garnappretur** *f* (Textil) / pileless finish ‖ ⤙**fleier** *m* / flyer frame for worsted yarn ‖ ⤙**kette** *f* / worsted warp ‖ ⤙**krempelsatz** *m* / worsted cards *pl* ‖ ⤙**-Melange** *f* / worsted melange, blended worsted ‖ ⤙**pergament** *n* / parchment for worsted spinning ‖· ⤙**plätten** *n* (Textil) / smoothing of carded wool ‖ ⤙**schuß** *m* / worsted weft ‖ ⤙**-Serge** *f* / twilled cloth ‖ ⤙**spinnerei** *f*, ⤙spinnen *n* (Tätigkeit) / worsted spinning o. manufacture ‖ ⤙**stoff** *m*, -garn[gewebe] *n* / worsted [cloth o. fabric]

Kamm[garn]wolle *f* / wool for worsted spinning

Kämmgut *n* (Spinn) / combing material

Kamm·kissen *n* (Textil) / backpad ‖ ⤙**lager** *n* / multi-collar thrust bearing

Kämmlinge *m pl* (Web) / comber waste, [recombed] noil

Kämmlingswolle *f* / wool taken from the noils, noils *pl*

Kamm-Maschine *f* (Jacquardstuhl) / tie-up jacquard

Kämm-Maschine *f* (Wolle) / combing machine

Kamm·ofen *m*, -topf *m* (Spinn) / comb pot ‖ ⤙**platte** *f*, Setzweger *m* (Schiff) / spirketing ‖ ⤙**profiliert** (Dichtung) / grooved ‖ ⤙**putz** *m* (Bau) / combed stucco ‖ ⤙**rad** *n* (Walzw) / cog[ged] wheel ‖ **verstellbarer** ⤙**reiniger** (Spinn) / adjustable comb yarn clearer ‖ ⤙**stab** *m*, Nadelleiste *f* (Baumwolle) / needle bar, pin bar, faller gill, gill bar ‖ ⤙**stabzieher** *m* (Strumpf) / slay drawer ‖ ⤙**stahl**, Hobelkamm *m* (Wzm) / rack shaped cutter ‖ ⤙**stapelverfahren** *n* (Textil, Prüfen) / comb staple method ‖ ⤙**stromabnehmer** *m* (Elektr) / comb type brushes *pl* ‖ ⤙**stuhl** *m* (Baumwolle, Kammgarn) / comber, combing machine

Kämmungskonstante *f* / carding constant

Kamm·verfahren *n* (Bau) / peg board method ‖ ⤙**walze** *f* (Walzw) / pinion [gear]

Kämmwalze *f*, Nadelwalze *f* (Textil) / porcupine, combing o. doffing cylinder

Kamm·walzgerüst *n* (Walzw) / pinion stand ‖ ⤙**wolle** *f*, Zettel *m* / combed wool, carded o. worsted wool ‖ ⤙**wollkrempel** *f* / worsted card ‖ ⤙**zug** *m*, Zug *m* (Spinn) / sliver [combing], [combed] top ‖ ⤙**zugdämpfmaschine** *f* / combed-sliver steaming apparatus ‖ ⤙**zugdruck** *m*, Vigoureuxdruck *m* (Textil) / melange print ‖ ⤙**zugfärben** *n* (Textil) / top dyeing ‖ ⤙**zugspule** *f* / worsted bobbin, top bobbin ‖ ⤙**zugstandard** *m* / worsted standard ‖ ⤙**zugtechnik** *f* / combing ‖ ⤙**zug-Wasch- und Plättmaschine** *f* (Textil) / backwashing machine ‖ ⤙**zwecke** *f* / blueheaded tack

Kampagne *f* (Zuck) / campaign

Kampescheholz *n*, Blauholz *n* / logwood, campeachy wood, haematoxylon campechianum

Kampf *m* / struggle, strife, combat, fight ‖ ⤙ **gegen Umweltverschmutzung** / fight against environmental pollution

Kampfer, Japan-Kampfer *m* / [common o. Japan] camphor ‖ ⤙ / camphor ‖ **echter** ⤙ / laurel o. Formosa camphor

Kämpfer *m* (oberster Stein eines Widerlagers) (Bau) / springer, springing stone, cushion, rein ‖ ⤙ (Tischl) / door frame o. case ‖ ⤙, Fensterkämpfer *m*, -weitstab *m* / crossbar o. sashbar o. sashrail of a window, transom of window ‖ **um eine Nische oder einen Pfeiler herumgeführter** ⤙ / continuous impost

Kampferbaum *m*, Cinnamomum camphora / camphor tree, Cinnamomum camphora

Kämpfer·druck *m* / pressure on abutment ‖ ⤙**gelenk** *n* / abutment hinge ‖ ⤙**gesims** *n* / impost moulding

kampferhaltig / camphorated

Kämpfer·höhe *f* / springing height ‖ ⤙**linie** *f*, Widerlagerlinie *f* / springing line

Kampferöl *n* / camphor oil

Kämpferpunkt *m* (Bau) / springing

Kampfersäure *f* / camphoric acid

Kämpferschicht *f* (Bau) / springing course

Kampfspiritus *m* / spirit of camphor

Kämpferstein *m* (Bau) / impost, platband

Kampf·flugzeug n / combat plane o. aircraft, fighter [plane], strike aircraft ‖ ⁺**gas** n / war o. poison gas ‖ ⁺**leistung** f (Luftf, Mot) / combat rating ‖ ⁺**stoff** m / warfare agent ‖ ⁺**wert** m / combat efficiency ‖ ⁺**zonentransporter** m (Luftf) / assault transport
Kamptonit m (Geol) / camptonite
Kampylit m (Min) / kampylite, campylite
Kanadabalsam m, Mekkabalsam m / balsam of Mecca
kanadisch·er Asbest / Canadian asbestos ‖ ~e **Fichte** / Canadian pine tree ‖ ~e **Hemlocktanne**, Tsuga canadensis / pine, eastern hemlock ‖ ~e **Pappel**, Populus deltoides monilifera / Canadian poplar, cottonwood
Kanal m, künstlicher Wasserlauf / canal, waterway ‖ ⁺ (natürlicher) / channel ‖ ⁺, Rinne f (Masch) / conduit, channel ‖ ⁺ (Fernm, TV) / channel ‖ ⁺, Schlitz m (Masch) / groove, channel ‖ ⁺, Gerinne n (Hydr) / raceway ‖ ⁺ **mit gleichmäßiger Periodenverteilung** / equal ratio channel ‖ ⁺ **mit stationärer Strömung** (Hydr) / stable channel ‖ **einen** ⁺ **anlegen** / build a canal, canal ‖ **radioaktiver** ⁺, heißer Kanal / hot channel ‖ ⁺**abstand** m (Elektronik) / interchannel space, channel separation ‖ ⁺**abstand** m (Reaktor) / pitch ‖ ⁺**abstimmung** f (Stereo) / channel balancing ‖ ⁺**adressierung** f (DV) / channel addressing ‖ ⁺**adreßwort** n (DV) / channel address word ‖ ⁺**anschluß** m (DV) / channel interface ‖ ⁺**anschluß** m (Grundstück) / connection to the sewage system, draining of buildings ‖ ⁺**antenne** f / channelized array ‖ ⁺**aufteiler** m (DV) / line splitter ‖ ⁺**bagger** m / canal excavator ‖ ⁺**befehl** m (DV) / channel command word, CCW ‖ ⁺**belegung** f (DV) / channel load[ing] ‖ ⁺**bericht** m / channel history ‖ ⁺**bildung** f (Chem) / channeling ‖ ⁺**bildung** f (Halbl) / channel effect, channeling ‖ ⁺**blech** n / channel plate, U-shaped plate ‖ ⁺**brücke** f / bridge canal, aqueduct carrying a canal, canal bridge ‖ ⁺**codierung** f (TV) / channel coding ‖ ⁺**deckel** m (Bau, Straßb) / manhole cover, drain manhole ‖ ⁺**deckel** m **mit Dichtung** / sealed manhole cover ‖ ⁺**dielen** f pl (Walzw) / trench sheeting ‖ ⁺**düker**, Düker m (Hydr) / siphon, culvert, sewer pipe
Kanäle, Schlitze m pl (Mot) / porting
Kanal·effekt m, -wirkung f (Nukl) / channelling o. streaming effect ‖ ⁺**entlüftung** f / sewage ventilation ‖ ⁺**fernsehgerät** n / sewer television set ‖ ⁺**frequenz** f / channel frequency ‖ ⁺**gas** n / sewer gas ‖ ⁺**gitter** n, -rost m (Straßb) / gully grating ‖ ⁺**gruppe** f (Elektronik) / channel group ‖ ⁺**guß** m / sewer castings pl ‖ ⁺**haltung** f (Hydr) / pond, pound
Kanalisation f, Abwasserleitung f / drain o. discharge channel, drains pl ‖ ⁺, Stadtentsorgung f / sewage removal o. disposal, sewerage ‖ ⁺, Kanalisierung f von Flüssen / canalizing o. training of rivers ‖ ⁺, Kanalnetz n / sewerage system o. network
Kanalisations·anlage f / sewage system, sewerage ‖ ⁺**rohr** n **aus GE** / cast iron sewerage pipe
kanalisieren, einen Kanal anlegen / canal, build a canal, canalize ‖ ~, Abwasserleitungen legen / sewage, sewer
Kanal·klinker m / Dutch clinker o. brick, sewer brick ‖ ⁺**kühlofen** m (Glas) / lehr, lear, leer ‖ ⁺**lücke** f (Elektronik) / interchannel space ‖ ⁺**maschine** f (Spinn) / sliver lap machine ‖ ⁺**mittelstein** m (Feuerfest) / center brick ‖ ⁺**mittelstein**, Verteilerstein m / distributor brick ‖ ⁺**mittelstein** m (Ziegl, Hütt) / spider ‖ ⁺**-Modulator-Demodulator** m / channel translating equipment ‖ ⁺**nebensprechen** n (Fernm) / interchannel crosstalk ‖ ⁺**netz** n (eines Landes) / canal system ‖ ⁺**netz** n (Abwasser), Kanalisation f / sewerage ‖ ⁺**ofen** m / tunnel furnace o. kiln, continuous furnace, tunnel type ‖ ⁺**oszillator** m (TV) / radiofrequency oscillator ‖ ⁺**prüfung** f / channel check ‖ ⁺**radpumpe** f / non-clogging pump, pump with non-clogging impeller, ducted wheel pump ‖ ⁺**register** n (DV) / channel register ‖ ⁺**reinigungsfahrzeug** n / vehicle for cleaning sewers ‖ ⁺**rost** m, -gitter n (Straßb) / gully grating ‖ ⁺**ruß** m /

channel black ‖ ⁺**schacht** m (Straßb) / gully hole ‖ ⁺**schachtdeckel** m / gully lid ‖ ⁺**schalter** m (DV) / sense switch ‖ ⁺**schalter** m, -wähler m (TV) / channel selector switch, T.V. tuner ‖ ⁺**schiff** n / canal boat, river barge ‖ ⁺**schiffahrt** f / still- o. slack-water navigation ‖ ⁺**schlammsauger** m / sewer mud exhaustor ‖ ⁺**schlepper** m / river tug ‖ ⁺**schleuse** f / canal lock ‖ ⁺**sohle** f (natürlicher Kanal) / channel bed o. bottom ‖ ⁺**sohle** f (künstlicher Kanal) / canal bottom ‖ ⁺**sperrkreis** m (TV) / channel rejector circuit ‖ ⁺**spülapparat** m / sewer rinsing apparatus ‖ ⁺**statuswort** n (DV) / channel status word ‖ ⁺**stein** m s. auch Kanalklinker ‖ ⁺**stein** m (Hütt) / runner brick ‖ ⁺**stein** m (Kabel) / duct block ‖ ⁺**stein** m **für Gespannguß** (Hütt) / runner o. channel brick, bottom plate brick ‖ ⁺**stein** m **mit Steigloch u. Endverstopfung** / riser brick ‖ ⁺**steuereinheit** f (DV) / channel controller ‖ ⁺**strahl** m (Phys) / canal ray ‖ ⁺**strahlung** f, -strahlen m pl / positive o. anode rays pl ‖ ⁺**strecke** f (zwischen Schleusen) / reach of a canal ‖ ⁺**strecke** f **auf der Wasserscheide** (Hydr) / summit-level pond ‖ ⁺**stufe** f / level of a canal ‖ ⁺**träger** m (Elektronik) / channel carrier ‖ ⁺**trennung** f / channel separation ‖ ⁺**trockner** m / tunnel drier o. drying oven ‖ ⁺**ufer** n / canal bank ‖ ⁺**umschaltung** f / channel switching ‖ ⁺**umsetzer** m / channel converter o. translator o. modulator ‖ ⁺**umsetzer** m (Trägerfrequ) / modulator ‖ ⁺**verfahren** n **der Geräuschmessung** / in-duct method ‖ ⁺**verlust** m (Nukl) / channeling o. streaming effect ‖ ⁺**verlustfaktor** m (Nukl) / channeling o. streaming factor ‖ ⁺**verstärker** m, KV (Elektronik) / channel amplifier ‖ ⁺**waage** f (Verm) / air o. spirit level ‖ ⁺**wahl** f (Elektronik) / channel selection, tuning ‖ ⁺**wähler** m (TV) / tuner ‖ ⁺**weiche** f / channel branching filter, channel diplexer ‖ ⁺**widerstand** m (Halbl) / channel resistance ‖ ⁺**wirkung** f, -effekt m (Nukl) / channelling o. streaming effect ‖ ⁺**zelle** f (DV) / channel location ‖ ⁺**ziegel** f / sewer brick ‖ ⁺**ziegel**, Stallklinker m / Flemish clinker o. brick ‖ ⁺**zug** m (Kabel) / duct ‖ ⁺**zustand** m (DV) / channel state
Kandelaber m / lamp post
kandiert, umzuckert / crystallized, candied (GB) ‖ ~er **Samen** (Zuck) / pelleted seed
Kandiszucker m / candy, candied sugar
Känguruh-·Technik f (Kassettenrekorder) / kangaroo technique ‖ ⁺**transport** m (französische Huckepacktechnik) (Bahn) / transport by kangaroo-type vehicles ‖ ⁺**-Wagen** m (Bahn) / kangaroo type wagon
Kanister m / tin, tin box ‖ ⁺, Blech[versand]gefäß n / canister ‖ ⁺ (Kfz) / can
Kännchen n / small can
Kanne f, Blechkanne f / sheet iron can ‖ ⁺ (Textil) / can
kannelieren / flute, chamfer, groove
Kannelierung f (Bau) / cannelure, fluting
Kännelkohle f (langflammige Kohle) / cannel coal
Kannen·ablage f (Spinn) / can coiler ‖ ⁺**füllgestell** n (Spinn) / can feeding creel ‖ ⁺**leergestell** n / can emptying creel ‖ ⁺**maschine** f (Spinn) / slubbing machine, can [roving] frame ‖ ⁺**milchkühler** m / in-churn milk cooler ‖ ⁺**spinnverfahren** n / can spinning system ‖ ⁺**spulmaschine** f / can winder ‖ ⁺**teller** m / can plate o. turntable ‖ ⁺**träger** m (Textil) / can carrier o. boy ‖ ⁺**vorlage** f (Spinn) / can creel
Kannette f (Textil) / cop, tapered spool, pirn, quill
Kannettenklemmfeder f (Web) / jaw, pirn clamp
Kannettiermaschine f (Spinn) / quiller, pirn-winding machine
kannibalisieren / cannibalize
Kannvorschrift f / permissive o. discretionary provision
Kanonenbohrer, Spindelbohrer m (DIN) / tube bit
kanonisch (Math) / canonical
Känozoikum, Neozoikum n / kaenozoic period
Kansasstein m (Abziehstein) / Arcansas stone, novaculite
Kantbeitel m / corner chisel, cant [firmer] chisel

Kante f (allg, Math) / edge ‖ ⋆ (an einem Steilabsturz) (Öl) / brink (of a declivity) ‖ ⋆, Einfassung, Stoßkante f / lining, bordering ‖ ⋆, Saum m, Borte f / verge, welt, edge, brink, margin ‖ ⋆, Webrand m / selvedge ‖ ⋆ **auf Kante zusammengelegter Stoff** (Textil) / rigged cloth ‖ ⋆**n brechen o. abrunden** / break corners o. edges ‖ ⋆ **einer Mauer** / edge of a wall ‖ ⋆ **einer Platte u. dergl.** / narrow cant o. edge o. side ‖ **auf die** ⋆ **legen** / lay o. set on edge ‖ **feste** ⋆ (Textil) / selvedge edge ‖ **hintere** ⋆ (Luftf) / trailing edge ‖ **hintere** ⋆ (Polschuh) / trailing pole tip ‖ **hohe** ⋆ / narrow cant o. edge o. side ‖ **mit beschnittenen** ⋆**n** (Hütt) / with sheared edges ‖ **scharfe** ⋆ / arris ‖ **vordere** ⋆ (Luftf) / leading edge ‖ **vordere** ⋆ (Polschuh) / leading pole tip

kanten, umkanten / cant v, tilt up, turn over ‖ **das Walzgut** ∼ (Walzw) / turn v on edge ‖ ⋆**abrundung** f / edge rounding ‖ ⋆**abschneideeinrichtung** f (Textil) / selvedge-trimming device ‖ ⋆**abschrägmaschine** f (Buch) / edge-bevelling machine ‖ ⋆**anleimmaschine** f (Holz) / edge-banding machine ‖ ⋆**ast** m (Holz) / arris knot ‖ ⋆**ausroller** m (Textil) / selvedge uncurler o. spreader ‖ ⋆**band** n, Umleimer m / edge band ‖ ⋆**bearbeitung** f (Holz) / edge processing ‖ ⋆**bearbeitungsmaschine** f (Holz) / edge processing machine ‖ ⋆**bedruckmaschine** f (Web) / selvedge-printing machine ‖ ⋆**beflammung** f (Tex, Mat.Prüf) / ignition at the lower edge ‖ ⋆**beschädigung** f / breaking of corners ‖ ⋆**beschädigung** f (beim Transport) (Walzw) / handling break ‖ ⋆**beschädigung** f **durch Haspeln** (Walzw) / reel break ‖ ⋆**beschneiden** n / edging, trimming ‖ ⋆**beschneiden** n (Hütt) / side shearing ‖ ⋆**beständigkeit** f / edge strength ‖ ⋆**beständigkeit** f / form stability ‖ ⋆**biegevorrichtung** f (f. Offsetplatten) / plate edge bending device ‖ ⋆**bindung** f (Tischl) / edge jointing ‖ ⋆**brechung** f (Opt) / edge diffraction ‖ ⋆**effekt,** Eberhardeffekt m (Phot) / Eberhard effect ‖ ⋆**eingriff** m (Zahnrad) / point interference ‖ ⋆**einriß** m (Walzw) / edge crack o. tearing ‖ ⋆**-Endelstich** m (Nähm) / overedge stitch ‖ ⋆**- f, Falz- u. Profilschleifmaschine** (Holzbearb) / edge and rebate and profile sanding machine ‖ ⋆**festigkeit** f / edge strength o. stability ‖ ⋆**festigkeit** f (gegen Einreißen) / edge tear resistance ‖ ⋆**filter** n (Opt) / cut-off filter ‖ ⋆**fläche** f (Holz) / edge ‖ ⋆**flächenast** m (Holz) / edge knot ‖ ⋆**fräse** f / trimmer ‖ ⋆**fräsmaschine** f (Buch) / bevel routing machine ‖ ⋆**fräsmaschine** f (gedr.Schaltg) / router ‖ ⋆**fühler** m (Web) / selvedge feeler ‖ ⋆**führer** m (Web) / selvedge guide ‖ ⋆**führer** m (Nähm) / edge guide ‖ ⋆**furniermaschine** f / edging machine, bonding machine ‖ ⋆**fuß** m (Nähm) / edge foot, cording foot ‖ ⋆**fuß links, [rechts]** (Nähm) / left [,right] cording foot ‖ ⋆**hobel** m / edge-trimming plane, chamfer plane ‖ ⋆**hobelmaschine** f / edge planing machine ‖ ⋆**längsriß** m (Walzw) / longitudinal corner crack ‖ ⋆**leim** m / edge-jointing adhesive ‖ ⋆**leimmaschine** f (Web) / selvedge gumming machine ‖ ⋆**meißel** m / edge trimming chisel

K-Antenne f (TV) / K-antenna

Kanten·pressung f / compression across the edges, edge pressure ‖ ⋆**querriß** m (Walzw) / transverse corner crack ‖ ⋆**riegel** m (Schloß) / flush bolt ‖ ⋆**riß** m (Holz) / edge crack, edge shake and check ‖ ⋆**riß** m (Walzw) / edge break, corner crack ‖ ⋆**schärfe** f / contour sharpness o. definition ‖ ⋆**schlinge** f (Web) / selvedge loop ‖ ⋆**schneider** m / edge cutters pl ‖ ⋆**schneidmaschine** f (Textil) / machine for cutting selvedges ‖ ⋆**schutz** m (Gurtförd) / edge protection ‖ ⋆**schutz** m (allg, Pap) / header ‖ ⋆**schutz** m (Treppe) / stair nosing [protection] ‖ ⋆**spannung** f / edge stress ‖ ⋆**stauchwiderstand** m / edge crush resistance ‖ ⋆**stepper,** -steppfuß m (Nähm) / straight foot ‖ ⋆**unruhe** f (TV) / edge busyness ‖ ⋆**verbinder,** AMP-Verbinder m (Elektr) / edge connector ‖ ⋆**verleimmaschine** f (Holz) / edge lipping and banding machine ‖ ⋆**verleimung** f (Tischl) / edge banding ‖ ⋆**verschleifung** f (TV) / slope

overload ‖ ⋆**wächter** m (Textil) / selvedge guard o. monitor ‖ ⋆**wirbel** m (Luftf) / edge vortex ‖ ⋆**wirkung** f (elektr. Feld) / edge effect ‖ ⋆**zange** f (Tischl) / carpenter's pincers pl ‖ ⋆**zange** f (DIN), Beißzange f / pincers pl

Kanter m (Walzw) s. Kantvorrichtung ‖ ⋆**gestell** n (Textil) / bobbin creel ‖ ⋆**gestell** n, Spulengatter n (Spinn) / bobbin creel

Kant·haken m (Forstw) / cant-hook o. dog, rolling dog, swamp hook ‖ ⋆**haken** m, Stammwender m, Krempe f, Wendehaken m, Sapine f (Forstw) / rolling dog ‖ ⋆**haken** m, Stammwender m, Krempe f, Wendehaken (Forstw) / swamp hook ‖ ⋆**haken** m, Stammwender m, Krempe f, Wendehaken (Forstw) / peavey ‖ ⋆**haken** m, Stammwender m, Gelenkhaken m, Krempe f, Wendehaken (Forstw) / cant dog o. hook ‖ ⋆**holz** n / squared timber, timber in logs, beam ‖ ⋆**holz** n, Rahmenschenkel m, (Abmessung 2 x 2 bis 4 x 4 1/2'') / scantling ‖ ⋆**holz** n (unter 50 x 100 mm) (Bau, Tischl) / strip of timber ‖ ⋆**holz** n **für Fachwerk** / studding ‖ ⋆**holz-Balken** m / squared beam

kantig / edged ‖ ∼, eckig / angular ‖ ∼ (z.B. Säule), polygonal / canted, polygonal ‖ ∼ **machen** / edge v ‖ ∼ **machen,** behauen / square-edge v

Kantine f / canteen ‖ ⋆ (Industriewerk) / company store

Kantonbatist, Ardée m (Textil) / grass cloth

Kant·rinne f (Walzw) / guide channel ‖ ⋆**- und Verschiebelineal** n (Walzw) / manipulator straightedge ‖ ⋆**- und Verschiebevorrichtung** f (Walzw) / lifting fingers pl ‖ ⋆**vorrichtung** f, Kanter m (Walzw) / manipulator, tilter

Kanüle, Hohlnadel f / hollow needle

Kanvasgewebe n / tire canvas

Kanzel f (Luftf) / cockpit

Kanzleipapier n / document paper

Kaolin n m / kaolin, china clay o. stone (US), porcelain clay, white bole o. bolus, bolus o. terra alba ‖ ⋆**auflöser** m (Pap) / clay dissolver ‖ ⋆**-Chamosin,** (jetzt:) Berthierin m (Min) / chamosite ‖ ⋆**it** m (Min) / kaolinite ‖ ⋆**knoten** m (Pap) / clay lump ‖ ⋆**sand** m / kaolinitic sand ‖ ⋆**sandstein** m / arcose, arkose ‖ ⋆**-Ton-Schamotte** f / china clay - fireclay chamotte

Kaon, K-Meson n (Nukl) / kaon

Kapazitanz f, kapazitive Reaktanz / capacitance, capacitive reactance

Kapazität f (Batt., Kondens) / capacity ‖ ⋆, Kondensator m (Bauteil) / capacitor ‖ ⋆ **eines Kondensators** / capacitance of a capacitor ‖ ⋆ **gegen Erde** / earth (GB) o. ground (US) capacitance ‖ ⋆ **in Ah** (Akku) / ampere-hour capacity ‖ **die** ⋆ **voll belegen** (o. ausschöpfen) (DV) / preempt the capacity ‖ **n-stündige** ⋆ (Akku) / n-hours rate[d] capacity

kapazitäts·arm (Elektr) / anticapacitance... ‖ ⋆**ausgleich** m, -symmetrie f (Fernm) / capacitance balance ‖ ⋆**belag** m / capacitance per unit length ‖ ⋆**differenz** f / capacitance unbalance ‖ ⋆**diode** f / capacitance diode, variable capacitance diode, Varicap [diode], Varactor ‖ ⋆**diode** f **für Abstimmzwecke** / tuning diode ‖ ⋆**koeffizient** m (Elektr) / capacitance coefficient ‖ ∼**los,** -frei / capacitance-free ‖ ⋆**meßbrücke** f / capacitance bridge, capacitance checker ‖ ⋆**messer** m / capacitance meter ‖ ⋆**normal** n / precision capacitor ‖ ⋆**planung** f (F.Org) / work load planning, resource planning ‖ ∼**proportionaler Kondensator** (Radio) / straight-line capacitor ‖ ⋆**reserve** f / spare capacity ‖ ⋆**schwund** m (Akku) / loss of capacity ‖ ⋆**symmetrie** f, -ausgleich m (Fernm) / capacitance balance ‖ ⋆**unsymmetrie** f (Fernm) / capacitance unbalance ‖ ⋆**unterlauf** m / arithmetic underflow ‖ ⋆**-[Variations-]Diode** f / capacitance diode ‖ ⋆**-[Variations-]Kondensator** m (Elektronik) / voltage-variable capacitor, VVC ‖ ⋆**wert** m (Elektr) / capacitance

kapazitiv / capacitive, capacitance..., capacity... ‖ ∼ (Bereich) / capacitive ‖ ∼ (Kühlung) / capacitive ‖ ∼**e (o. voreilende) Belastung** (Elektr) / leading load ‖ ∼**er**

Blindwiderstand *f* / capacitive reactance, capacitance, condensance ‖ ~er **Dehnmeßstreifen** / capacitance strain gauge ‖ ~e **Dreipunktschaltung** / Colpitts oscillator ‖ ~e **Erwärmung** / dielectric [loss] heating ‖ ~ **gespeist** / capacitor-fed ‖ ~e **Hochfrequenzerwärmung** / capacitance current heating, dielectric heating ‖ ~e **Kopplung** / capacitive o. capacity o. capacitance coupling, electrostatic coupling ‖ ~e **Kopplung durch abgeschaltetes Diodengitter** (Elektronik) / blow-by ‖ ~er **Leistungsfaktor** / leading power factor ‖ ~e **Reaktanz** / capacitive o. capacity reactance, negative reactance, capacitance ‖ ~er **Schalter** / proximity switch ‖ ~er **Spannungswandler** / capacitive voltage transformer ‖ ~er **Speicher** (DV) / capacitor storage ‖ ~er **Übertrager** (Phono) / capacitor modulator ‖ ~es **Wärmeschutzmaterial** / capacitive heat absorption material ‖ ~**beschwert** (Antenne) / capacity-loaded
Kapazitron *n*, Kaskadengenerator *m* / capacitron
Kapelle *f*, Probiertiegel *m* (Chem) / assay o. test crucible ‖ ~, Abzug *m* (Chem) / fume cupboard o. hood
Kapellen·ofen *m* (Dokimasie) / assay o. muffle furnace ‖ ~**probe** *f* / assay furnace test
kapillar, haarröhrenförmig / capillary ‖ ~es **Bodenwasser** / capillary soil water ‖ ~**aktiv** / surface-active, capillary active ‖ ~**aktivität** *f* / capillary activity ‖ ~**aszension** *f* / capillary ascension (o. Ionenquelle) / capillary arc ‖ ~**chemie** *f* / capillary chemistry ‖ ~**depression** *f* (Chem) / capillary depression ‖ ~**druck** *m* / capillary pressure
Kapillare *f*, Kapillar-, Haargefäß *n* / capillary vessel o. tube, capillary
kapillar·[förmig] / capillary ‖ ~**hahn** *m* / capillary tap ‖ ~**imeter** *n* / capillarimeter
Kapillarität, Kapillarwirkung, -kraft *f* / capillarity, capillar[y] [attr]action
Kapillaritäts·wasser *n* / water of capillarity
Kapillar·kondensation *f* (Chem) / capillary condensation ‖ ~**lötung** *f* / capillary brazing ‖ ~**lötverbindung** *f* / capillar soldered joint, capillary brazing o. soldering ‖ ~**rohr** *n*, -röhre *f* / capillary tube ‖ ~**rohr-Brücke** *f* (Chem, Labor) / manifold for gas pipettes ‖ ~**rohrbrücke** *f* **für Pipetten** (Chem) / manifold for gas pipettes ‖ ~**röhrchen-Schmelzpunktsapparat** *m* / capillary tube melting point apparatus ‖ ~**tränkung** *f* / infiltration by capillary forces ‖ ~**viskosimeter** *n* / capillary viscometer, caplastometer ‖ ~**viskosimetrie** *f* / capillary viscometry ‖ ~**viskosität** *f* / capillary viscosity ‖ ~**wand** *f* (Raumf) / capillary barrier ‖ ~**wasser** *n* / capillary moisture o. water ‖ ~**welle** *f*, Kräuselwelle *f* / frothing
Kapitalaufwand *m*, Investitionskosten *pl* / capital cost, investment cost
Kapitälchen *n pl* (Buch) / small capitals, smal caps, s.c. *pl*
Kapitel *n* (Buch) / chapter ‖ ~ (COBOL) / section (COBOL)
Kapitell *n* (Bau) / capital of a column, chapiter ‖ ~**platte** *f* (Bau) / abacus
Kapitelname *m* (COBOL) / section name
Kaplanturbine *f* / tubular o. tube turbine, Kaplan [water] turbine
Kapo, Polier *m* (Bau) / head mason, overseer, foreman
Kapok *m*, Pflanzendaune *f* / kapok, capoc ‖ ~**baum**, Wollbaum *m* / kapok tree, ceiba pentandra o. bombax
Kappa-Zahl *f* (Pap) / kappa number
Kappe *f* (Bau, Masch) / cap, top ‖ ~, Haube *f* / hood ‖ ~ (Kopfbedeckung) / cap *n* ‖ ~, Verkleidung *f* / cover ‖ ~, Krone *f*, Deckel *m* / cap, crown, top, crest ‖ ~, Dammkrone *f*, Deichkappe *f* (Hydr) / crown of a dam ‖ ~ (für Ausbau, Bergb) / roof timber o. bar o. member ‖ ~ (Schuh) / (vorn:) toe puff, box toe, (hinten:) back puff, heel cap o. stiffener ‖ ~ **der Elektronenröhre** (Elektronik) / top cap ‖ ~ **des Gasofens** / vault of a gas furnace ‖ ~ **des Grubenarbeiters** (Bergb) / hard hat ‖ ~

des Grubenstempels (Bergb) / mine cap ‖ ~ **des Türstocks** (Bergb) / cornice beam ‖ ~ **eines Gewölbes** (Bau) / severy, civery ‖ ~ **für Druckrohrleitung**, O-Stück *n* (DIN 28535) / cap for pressure mainline ‖ ~ **mit Schraubendreherschlitz** / screwdriver cap ‖ ~ **einteilige** ~ (Bergb) / roof beam ‖ **mit einer** ~ **versehen** / cap *v*
kappen, beschneiden / lop ‖ ~, stutzen / poll ‖ ~, schopfen (Bäume) / top, cut off by the axe ‖ ~ (Naht) / fell ‖ ~ (Taue) / cut ‖ ~ (Strumpf) / heel *v*
Kappen *n* **von Impulsspitzen** (Elektronik) / clipping of peaks
Kappen·ausbau *m* (Bergb) / roof timbering ‖ ~**basis** *f* (Fallschirm) / peripheral hem ‖ ~**-Endplatte** *f* (Elektr) / end plate of a rotor ‖ ~**förmig** / cupped ‖ ~**gewölbe**, Tonnengewölbe mit Kappen *n* / cellar vault ‖ ~**isolator** *m* (Elektr) / cap and pin type insulator, globe strain insulator ‖ ~**leder** *n*, Vacheleder *n* / vache leather ‖ ~**ständer** *m* (Walzw) / open top type housing ‖ ~**steife** *f* (vorn) (Schuh) / toe puff, box toe, toe-cap stiffening ‖ ~**steife** *f* **für Ferse** (Schuh) / heelpiece stiffening, back puff ‖ ~**ziegel** *m* / cap[p]ing o. coping brick
Kapp·faktor *m* (Elektr) / Kapp coefficient ‖ ~**fuß** *m* (Nähm) / hemmer foot, hem foot, hemmer, folder ‖ ~**[kreis]säge** *f* / circular cross-cut saw ‖ ~**kreissägemaschine** *f*, kippend, [wippend] (Holz) / pendular type circular sawing machine with axis of articulation below workpiece, [level with workpiece] ‖ ~**naht** (fügt 2 Gewebebahnen zusammen), Doppelkappnaht *f* (Nähm) / double lapped felling ‖ ~**naht**, überdeckter o. Umschlagsaum *m*, Saumnaht *f* (Nähm) / turned in seam o. hem, [over]lap seam ‖ **aufgesteppte** ~**naht** / flat fell seam, lap seam felling ‖ ~**-Phasenschieber** *m* (Elektr) / Kapp vibrator, Kapp phase advancer ‖ ~**sches [Transformator-]Diagramm** (Elektr) / Kapp's [transformer] diagram ‖ ~**schaltung** *f*, Kapper *m* (Fernm) / clipper circuit ‖ ~**schiene** *f* (Bergb) / cap rail ‖ ~**schuh** *m* (Bergb) / cap shoe, jointing shoe ‖ ~**streifen** *m* (Bau) / flashing strip
Kappung *f*, Schwelleneinschnitt *m* (Bahn) / notch of a sleeper
Kapp·vorrichtung *f*, Abschlagvorrichtung *f* (Buch) / [web-]severing device
Kaprubin *m* / Cape ruby
Kapsel *f*, Hülle *f* / capsule, case, enclosure, sheath ‖ ~ (Baumwolle) / boll ‖ ~, Brennkapsel *f*, -kasten *m*, Koker *m* (Keram) / sagger ‖ ~ **für Webeblätter** / case for reeds ‖ ~ **für Werkstoffbestrahlung** (Nukl) / rig ‖ ~**blitz** *m* (Phot) / clear cap-type bulb ‖ ~**düse** *f* (Diesel) / capsule type injector ‖ ~**fäule** *f* (Baumwolle) / boll rot ‖ ~**feder** *f* (Manometer) / capsule element ‖ ~**federmanometer** *n* / capsule element pressure gauge ‖ ~**gebläse** *n* / positive displacement blower ‖ ~**gebläse** *n*, Roots-Gebläse *n* / Roots [positive] blower ‖ ~**gehörschützer** *m* / ear muff, ear defenders *pl* ‖ ~**höhenmesser** *m* (Luftf) / aneroid type altimeter ‖ ~**kitt** *m*, Kittklumpen *m* (Feuerfest) / wad ‖ ~**klappe** *f* (Nähm) / bobbin case latch lever ‖ ~**kompressor** *m* / enclosed compressor ‖ ~**kompressor** *m*, Rotationskompressor *m* / rotary compressor ‖ ~**kompressor** *m*, gekapselter Kompressor / enclosed compressor ‖ ~**lader** *m* (Mot) / Roots supercharging blower ‖ ~**maschine** *f* (Brau) / capping machine ‖ ~**masse** *f* (Keram) / body for boxing ‖ ~**mikrophon** *n* / button microphone ‖ ~**motor** *m* (Elektr) / enclosed motor ‖ ~**mutter** *n* / capped nut
kapseln, einkapseln / encapsulate ‖ ~, gußkapseln / cast-iron-clad *v*, metal-clad ‖ ~ (Elektronik) / packaging ‖ ~, Einkapseln *n*, Einbauen *n* (Keram) / boxing-in, pocket setting ‖ ~ (Raumf) / packaging
Kapsel·papier *n* / microcapsule paper ‖ ~**schieberpumpe** *f* / slide vane blower ‖ ~**spinnmaschine** *f* / can spinning frame, tubular cop spinning frame ‖ ~**ton** *m* (Keram) / refractory o. saggar clay

Kapselung f (Elektr) / metal protection, metal-cladding
Kapsel·wassermesser m, Ringkolbenwassermesser m / cylindrical-piston water meter
Kapspur f (1067 mm) / Cape gauge
Kapstan n (Tonband) / capstan
Kapteynsches Eichfeld n, Selected Area f (Astr) / selected area
kaputt (coll) / broken, spoiled (coll) ‖ ~gehen (coll) (coll) / go wrong, get out of order, go haywire, go burst ‖ ~machen / bust
Karabiner m / carbine ‖ ⁎haken m / car[a]bine swivel, clipper, spring hook o. snap, trigger snap ‖ scherenförmiger ⁎haken / scissors snap ‖ ⁎haken m mit Blattfeder / spring snap ‖ ⁎strupfe f (Jacquard) / spring collet
Karamel m / caramel, burnt sugar [colouring]
karamelisieren (Zuck) / convert into caramel
Karapaöl n (Seifenherst) / carapa oil
Karat n (Edelsteinmasse: = 1/5 g, als Angabe für Goldlegierungen: 24 Karat = reines Gold), k / carat, karat ‖ ⁎gold n / alloyed gold ‖ ⁎waage f / bullion balance
Karayagummi m, Sterkuliagummi m, Indischer Tragant / karaya gum, crystal gum (US)
Karbamat n / carbamate
Karbamid n / carbamide, urea, carbonyldiamide ‖ ⁎harz n / carbamide o. carbamidic resin, aminoaldehyde o. aminoaldehydic resin, urea resin
Karbid, Kalziumkarbid n / calcium carbide, carbide ‖ ⁎, Metallkohlenstoffverbindung f / carbide ‖ ⁎einfallentwickler, -einwurfentwickler m (Schweiß) / carbide-to-water [gas] generator, carbide feed generator ‖ ⁎-Erzeugnis n / carbide refractory ‖ ⁎füllung f pl, -ladung f, -einsatz m (Schweiß) / carbide charge ‖ ⁎hartmetall n / cemented carbide, (better): sintered [hard] carbide o. metal carbide ‖ ⁎kohle f / carbide carbon ‖ ⁎lampe f / acetylene lamp ‖ ⁎schlacke f / carbide slag ‖ ⁎seigerung f / carbide segregation ‖ ⁎vergröberung f (Hütt) / coarsening of carbides ‖ ⁎zelle f (Hütt) / carbide band o. streak
Karbinol n, Methylalkohol m / carbinol, methanol, methyl alcohol
Karbo·fuchsin n / carbolfuchsin, Ziehl's stain ‖ ⁎kation f (Chem) / carbocation
Karbol n (veraltet für Phenol), -säure f / phenol, carbolic acid ‖ ⁎..., karbolisch / carbolic, phenolic
Karbolineum n / carbolineum
Karbolismus m, Phenolvergiftung f / phenol poisoning
Karbol·kalk m / carbolic lime ‖ ⁎öl n / carbolic oil ‖ ⁎säure f, Phenol n / phen[yl]ic acid ‖ mit ⁎säure tränken / impregnate with phenic acid ‖ ⁎schwefelsäure, -sulfosäure f / sulphocarbolic acid, p-phenolsulphonic acid
Karbon m, schwarzer Diamant / carbon[ado], black diamond
Karbonat n / carbonate ‖ in ⁎ umsetzen (Chem) / carbonate v ‖ Umwandlung in ⁎ / carbonation, conversion into a carbonate ‖ ⁎härte f, temporäre Härte, KH / carbonate hardness
Karbonatit m / carbonatite
Karbonat·puffer m / carbonate buffer
Karbon·druck m (Buch) / carbonizing, carbon coating ‖ ⁎druckmaschine f / carbon-coating machine ‖ ⁎farbband n / carbon ribbon ‖ ⁎formation f, Karbon n (Zeitalter) / Carboniferous
Karbonisation, Karbonisieren n (Textil, Holz, Wasser) / carbonization, carbonizing
karbonisch, Karbon... (Geol) / Carbonic, Carboniferous
Karbonisier·anstalt f (Textil) / carbonizing plant o. workshop o. works ‖ ⁎echtheit f (Textil) / fastness to carbonizing
karbonisieren (Textil, Holz, Wasser) / carbonize ‖ ~, mit CO₂ sättigen / carbonate ‖ ~, karburieren (Hütt) /

carburize, carbonize ‖ ~ (Tuch, Spinn) / carbonate ‖ ~, verkohlen / carbonize
Karbonisier·maschine f (Textil) / carbonizing machine, carbonizer ‖ ⁎maschinen f pl (Textil) / equipment for carbonizing wool ‖ ⁎ofen (Hütt) / carburizing furnace ‖ ⁎ofen m, Auskohlungs-, Karbonisationsofen m (Spinn) / carbonizing stove
karbonisiert·e Wolle / carbonized wool
Karbonisierverfahren n (Buch) / carbonizing
Karbonit m (Zünddynamit) (Bergb) / carbonite
Karbonitrieren n (Hütt) / carbonitriding
Karbon·papier n / carbon paper ‖ ⁎rohpapier n / carbon-base paper ‖ ⁎säure f / carboxylic acid
Karbonylpulver n (Pulv.Met) / carbonyl powder
Karborund n / carborundum ‖ ⁎schleifscheibe f / carborundum wheel
Karboxylgruppe f / carboxyl group
karburieren, einsatzhärten / carburize, carbonize, case-harden ‖ ~ (Heizwert o. Leuchtkraft von Gasen durch Zusätze erhöhen o. Kohlendioxid zu -monoxid regenerieren) / carburate, carburet ‖ ~ (im SM-Ofen) / carburate v ‖ ~ (bei der Karbidherstellung) / carburize (carbide making)
karburiertes Wassergas / enriched o. carburetted water gas
Karburierung f, Heizwerterhöhung f / carburation, carburetion ‖ ⁎ (Hütt) / carburation, carburetting ‖ ⁎, Einsatzhärtung f / carburization, carbonization, case hardening
Karburierungsofen m / carburizing furnace
Kardan·antrieb m / universal o. cardan drive o. transmission ‖ ⁎fehler m / gimbal error ‖ ⁎gelenk, Kreuzgelenk n / cardan o. Hooke's joint, universal joint ‖ ⁎gelenk n mit Innen- und Außenvierkant (für Schraubwerkzeuge) (DIN 3123) / articulated square-drive socket adapter
kardanisch / cardanic, on gimbals ‖ ~ aufhängen / hang by o. mount on o. suspend on gimbals ‖ ~e Aufhängung, Kardanaufhängung f / cardanic o. gimbal mount[ing] o. suspension, suspension by cardan o. universal joints ‖ ~er Bügel, kardanischer Rahmen / gimbal, gymbal ‖ ~er Ring / gimbals pl ‖ in ~er Aufhängung schwenken / gimbal v
Kardan·kreise m pl / Cardan's circles pl ‖ ⁎-Kreuzstück n / journal cross ‖ ⁎kupplung f / universal coupling ‖ ⁎-Lage f (Gelenkgetriebe) / cardanic state of motion ‖ ⁎rahmenausschlag m / gimbal deflection ‖ ⁎rahmen-Stellmotor m / gimbal servomotor o. torquer ‖ ⁎rohr n, -stützrohr, Gelenkwellenrohr n / propeller shaft housing ‖ ⁎sche Koppelschleife f / Cardan drag link ‖ ⁎scheibe f / knuckle washer ‖ ⁎welle f, [Kreuz]gelenkwelle f (Kfz) / cardan shaft, universally jointed shaft, propeller shaft
Karde f (Textil) / card[ing] engine o. machine, carder, card
Kardeel n (Schiff) / strand
Karden·... s. auch Kratzen... und Krempel... ‖ ⁎abfall m / card waste ‖ ⁎arbeiter m / card minder o. tenter, carder ‖ ⁎band n / card sliver ‖ ⁎band-Druckmaschine f, Vigoureux-Druckmaschine f / printing equipment for slivers, vigoureux [printing] machine ‖ ⁎bandwickelmaschine f / card sliver beaming machine o. winding machine ‖ ⁎beschlag m, -garnitur f / card clothing ‖ ⁎blatt n / card sheet ‖ ⁎deckel m / card flat ‖ ⁎draht m / card wire ‖ ⁎flor m, -vlies n / card web ‖ ⁎flug m / card fly ‖ ⁎kanne f (Baumwolle) / card sliver ‖ ⁎kreuz n / carding frame ‖ ⁎maschine f s. Karde ‖ ⁎nadel f / card pin ‖ ⁎rauhmaschine f / raising machine with teasels, teasel gig ‖ ⁎raum m, Karderie f (Spinn) / card room ‖ ⁎reiniger, -putzer, -wender m / card stripper o. cleaner o. brusher ‖ ⁎schleifmaschine f, -schleifer, -nadelrichter m / card grinding machine o. grinder ‖ ⁎setzer m, -einsteller m / card setter ‖ ⁎stab m / teasling bar ‖ ⁎topf m, -kanne f / card can ‖ ⁎trommel

f / gig barrel, card cylinder ‖ ⌐tuch n / endless card
table ‖ ⌐vlies n / card web ‖ ⌐vlies n, -flor m / card
web ‖ ⌐zahn m / card staple ‖ ⌐zylinder m / card
cylinder
kardieren (Textil) / card, tease, comb ‖ ~ (Wolle) / cull the
wool ‖ ⌐ n / carding [work], teasing
Kardier·konstante f / carding constant ‖ ⌐maschine f s.
Karde
kardiert / carded, combed ‖ ~es Garn / carded yarn
Kardinal·ebene, -fläche f (Opt) / cardinal plane ‖ ⌐punkt
m (Opt) / cardinal point ‖ ⌐rot / cardinal, brilliant red ‖
⌐system n (Nav) / cardinal system ‖ ⌐zahl f / cardinal
number o. numeral
Kardiograph m / cardiograph
Kardioide f, Herzkurve f / cardioid [curve], heart-shaped
diagram
Kardioid·kondensator m / cardioid capacitor ‖
⌐kondensor m (Opt) / cardioid condenser ‖
⌐mikrophon n / cardioid microphone
Kargo m (Schiff) / cargo
karieren / checker, chequer (GB)
Karierfehler m (Textil, Fehler) / wrong checking pattern
kariert (Textil) / checked, checky, check ‖ ~es Muster /
checker work ‖ ~es Papier / squared paper ‖ ~es
[Schreib-]Papier / cross-section paper
Karies f, Fäule f / caries
Karité·baum m / karite tree, shea tree ‖ ⌐butter f / karite
butter, shea butter ‖ ⌐kern m (Ölsaat) / karite seed ‖
⌐-Öl n / shea oil, karite oil
Karkasse f (Reifen) / carcass of tire, casing ‖ ⌐ für
Diagonalreifen / diagonal ply carcass o. casing, bias
ply carcass ‖ ⌐ für Gürtelreifen / radial ply carcass o.
casing
Karkassengewebe n / filler tire fabric
Karlikscheibe f, Greiferscheibe f / grip disk
Karman·sche Wirbelstraße f / Karman vortex street ‖
⌐wirbel m / Karman vortex
Karmesin n, Karmoisin n, Dunkelrot n / carmine, crimson
‖ ⌐lack m / carmine lacquer ‖ ⌐rot färben / crimson
vt, dye crimson
Karmin n m, Karminrot n / carmine, [rich] crimson o.
scarlet ‖ ⌐lack m, Coccusrot n / [crimson] lake ‖ ~rot
färben vt / encrimson ‖ [sich] ~rot färben vt vi /
crimson vt vi
Karnallit m (Min) / carnallite
Karnaubawachs n, Carnaubawachs n / carnauba o. Brazil
wax, caranda
Karnaugh-Tafel f (Elektronik) / Karnaugh map
Karnies n, Hohlkehle f (Bau) / ogee, OG, cyma ‖ ⌐bogen
m (Bau) / ogee arch, ogive ‖ ⌐hobel [mit einem
Stäbchen], Leistenhobel m / ogee plane ‖
⌐[hobel]eisen n (Tischl) / ogee plane iron
Karnotit m, Carnotit m (Min) / carnotite
Karo, Feld n (allg) / square
Karobenhülsen f pl, -schalen f pl / carob pods pl
Karoluszelle f, photoelektrische Zelle f / Karolus cell
Karo[muster] n / check [pattern], checker square
Karosserie f, Aufbau m (Kfz) / car body, body, coach ‖ ⌐
mit Schiebedach / sliding body roof ‖ ⌐blech,
Tiefziehblech n / deep-drawing sheet steel, [auto]body
sheet ‖ ⌐blech n / motorcar body sheet ‖ ⌐boden m /
bottom of the car body ‖ ⌐fabrik f, -bauer m,
-hersteller m / body maker o. works ‖ ⌐-Feilenhalter m
(Kfz) / flexible file holder ‖ ⌐gehäuse n / body case ‖
⌐kleber m / body compound ‖ ⌐oberteil m / top, roof
[hood] ‖ ⌐pappe f / panel board, K-B-board ‖ ⌐scheibe
f / large diameter washer ‖ ⌐variante f / secondary
model
Karotin n / carotene ‖ ⌐oide n pl / carotenoids pl
Karrageen n, Carrageen n, isländisches Moos n /
carrag[h]een ‖ ⌐schleim m, Carrgeenan n /
carrageenan, carrag[h]eenin ‖ ⌐schlichte f (Web) /
carragheen size
Karre, Karren m (drei- o. mehrrädrig) / car

karren, mit Karren befördern / cart v
Karren m (allg) / cart ‖ ⌐ (mit 2 Deichseln) / hand truck
‖ ⌐, Laufwerk n, Fahrgestell n / carriage, running gear
‖ ⌐ (Säge) / carriage of a saw ‖ ⌐, Schlitten m (coll)
(Kfz) / jalopy ‖ ⌐ der Schnellpresse / carriage
(high-speed printing machine), bed (high-speed printing
machine) ‖ [Elektro]~ / electric [industrial] truck ‖ 4-
rädriger ⌐ / fourwheel cart ‖ ⌐förderung f / cart
transportation, wheeling ‖ ⌐pflug m / gallows plow o.
plough ‖ ⌐walze f (Gerb) / sole leather roller, carriage
roller
Karriholz n / karri
Karst m (Geol) / karst ‖ ⌐ (Landw) / canterbury hoe ‖ ⌐...
(Geol) / karstic
Karstenit m (Min) / karstenite
Karstwasser n / karst water
Kärtchenwickelmaschine f (Textil, Garn) / card winding
machine o. winder
Karte f (allg, Geogr, LoKa) / card ‖ ⌐, Einlaß- usw. -karte f,
Billet n / ticket ‖ ⌐, Landkarte f / map ‖ ⌐, Seekarte f /
chart ‖ ⌐ (LoKa) / card, fiche ‖ ⌐, gedruckte Schaltung
(Elektronik) / printed circuit board ‖ ⌐ in großem Maßstab / large scale
map ‖ ebene (o. geometrische) ⌐ (Verm) / plat ‖
⌐-Band-Umsetzer, -Streifen-Umsetzer m / card-to-tape
converter
Kartei f, Kartothek f / card index o. register, card file ‖ ⌐
(DV) / card file ‖ ⌐bearbeiter m / file operator ‖ ⌐karte
f / index o. record card ‖ ⌐karton m / index cardboard
‖ ⌐kasten m / card index box o. cabinet, filing box o.
cabinet ‖ ⌐papier n / index paper ‖ ⌐schrank m / filing
cabinet ‖ ⌐zuführung f (LoKa) / file feed
Karte-Karte-Kopiergerät (Mikrofilm) / card-to-card
printer
Kartell n / cartel, trust
Karten·ablage f, -fach n / card stacker, card bin ‖
⌐ablage f (LoKa) / storage container ‖ ⌐anschlag m,
-ausrichtung f (LoKa) / card aligner ‖ automatische
⌐auslösung (LoKa) / stacker autofeed ‖ ⌐ausrichtung,
-ausrichteposition f (LoKa) / card cornering position ‖
⌐auswerfer m (LoKa) / card dropper ‖ ⌐bahn f (LoKa) /
card track o. path, card channel ‖ ⌐bildanzeiger m
(Radar) / plan position indicator, PPI ‖ ⌐bindemaschine
f (Jacquard) / jacquard lacing machine ‖ ⌐binden n
(Jacquard) / card lacing ‖ ⌐datei f (DV) / card file ‖
⌐deck n (LoKa) / card tier o. deck ‖ ⌐doppler m (LoKa)
/ reproducing punch, [card] reproducer ‖ ⌐doppler m
mit Zeichenlochung (LoKa) / marksensing reproducer ‖
⌐druckwerk n (Waage) / weight card printing device ‖
⌐durchlauf m / card run, card pass ‖ ⌐einblendegerät
n (Panoramaanzeige) / virtual reflectoscope ‖
⌐einblendung f / video mapping ‖ ⌐eingabe f (LoKa) /
card entry ‖ ⌐entfernung, Horizontalentfernung f
(Radar) / ground range ‖ ⌐fach n, -ablage f / card
stacker, card bin ‖ ⌐feld n (aus mehreren Spalten)
(LoKa) / card field ‖ ⌐führung f (LoKa) / card bed, card
guide ‖ ⌐führungsblech n (LoKa) / card deflector ‖
⌐gang m (LoKa) / card cycle ‖ ⌐geber, -automat m /
ticket slot machine o. issueing machine ‖ ~gesteuert /
card controlled ‖ ⌐halter m / card holder ‖ ⌐kette f
(Jacquard) / pattern chain ‖ ⌐kopiermaschine f (Jacquard)
/ jacquard copying o. duplicating o. repeating machine ‖
⌐kurs m (Schiff) / course [to be] made good, true track
(US) ‖ ⌐lehre f (LoKa) / card gauge ‖ ⌐leser m (LoKa) /
card reader ‖ ⌐leser und -locher (LoKa) / card read
punch ‖ ⌐locher m (Bahn) / ticket punch o. nippers pl ‖
⌐locher m (LoKa) / card punch ‖ ⌐locher m (Jacquard,
Person) / jacquard card cutter ‖ ⌐lochmaschine f,
-schlagmaschine f (Jacquard) / reading and cutting
machine, card cutting o. perforating o. punching
machine ‖ ⌐messer n (LoKa) / card knife ‖ ⌐mischer m
(LoKa) / collator, interpolator ‖ ⌐muster n (Textil) /
figure of a card ‖ ⌐netz n / map grid ‖ ⌐netz
einzeichnen / implant a grid ‖ ⌐prisma n (Jacquard) /
card cylinder ‖ ⌐projektor m (Radar) / map projector ‖

⌐**quadrat** n (Tercom-Verfahren) / map square ‖
⌐**rapport** m (Jacquard) / number of cards to a pattern ‖
⌐**raum** m (Schiff) / chart room ‖ ⌐**satz** m, -paket n,
-stapel m (LoKa) / card deck (US) o. pack (GB) ‖
⌐**schnüre** f pl (Jacquard) / lacing pl cords for jacquard
cards ‖ ⌐**sockel** m (gedr.Schaltg) / housing shroud ‖
⌐**spalte**, -kolonne f (LoKa) / card column ‖ ~**starkes**
Papier / thick paper ‖ ⌐**stau**, -salat m (LoKa) / card jam
‖ ⌐**staub** m (LoKa) / lint ‖ ⌐**stecher** m / geographic[al]
o. map engraver ‖ ⌐**tasche** f (Kfz) / map holder ‖ ⌐**tisch**
m / map table ‖ ⌐**[ver]binden** n (Jacquard) / card lacing
‖ ⌐**vergleichsgerät** n (Radar) / chart comparison unit,
C.C.U. ‖ ⌐**Videogerät** n / video mapping generator ‖
⌐**vorderkante** f, Anlegekante f / leading edge ‖
⌐**vorderseite** f (LoKa) / card face ‖ ⌐**vorratsbehälter** m
(LoKa) / feed o. feeding hopper ‖ ⌐**wender** m (LoKa) /
card reverser ‖ ~**zeichnen**, kartographieren / map v ‖
⌐**zeichnen**, Kartographieren n / mapping ‖ ⌐**zeichner**
m, (spez:) Kartograph m / map maker, (esp.:)
cartographer ‖ **[horizontale]** ⌐**zeile** (LoKa) / card row
Kartesisch·es Blatt (Math) / folium of Descartes ‖ ~**e**
Koordinaten f pl (Math) / cartesian coordinates pl ‖ ~**es**
Produkt (Math) / cartesian product
Karthamin n, -säure f / carthamine, carthaminic o.
carthamic (US) acid
Kartiergerät n (Photogrammetrie) / plotter
Kartierung f / mapping
Kartierungsmaßstab m (ein Gerät) (Verm) / plotting scale
Kartodiagramm n (graph. Darstellung auf
Landkartenbasis) / diacartogram
Kartoffel f, Solanum tuberosum (Bot) / potato (pl:
potatoes) ‖ ⌐, Kartoffelknolle f / potato [tuber], Irish o.
white potato ‖ ⌐-**Abtüten**, -Absacken n / potato
packaging ‖ ⌐**alkohol**, -spiritus m / alcohol of potatoes,
potato o. starch spirits pl ‖ ⌐**anbau** m / potato growing
o. cultivation ‖ ⌐**anbau** m **für industriell-chemische**
Zwecke / chemurgy ‖ ⌐**anhäufler** m / potato hiller o.
cultivator o. ridger ‖ ⌐**auslesemaschine** f / potato
sorting drum o. screen ‖ ⌐**ausmachen** n / potato
digging ‖ ⌐**breipulver** n / potato granules pl ‖
⌐**dammschar** f / sweep for ridged potatoes ‖
⌐**dämpfanlage** f, -kolonne f / potato steaming plant ‖
⌐**dämpfer** m / potato steamer ‖ ⌐**fäule** f / potato
disease o. blight o. rot ‖ ⌐**fuselöl** / hydrated
amyloxide ‖ ⌐**häufler** m / potato hiller o. cultivator o.
ridger ‖ ⌐**käfer**, Coloradokäfer m / Colorado beetle,
potato bug o. beetle ‖ ⌐**kombine** f (DDR) / potato
harvester ‖ ⌐**kraut** n / potato vine ‖ ⌐**krautzieher**,
-krautrupfer m / potato haulm picker ‖ ⌐**krebs** m / wart
disease of potatoes ‖ ⌐**legeautomat** m / automatic
potato planter ‖ ⌐**legemaschine** f / potato planting
machine ‖ ⌐**mehl** n / potato flour ‖ ⌐**miete** f / potato
clamp ‖ ⌐-**Pflanzlochsterne** f (Landw) / potato dibbler ‖
⌐**quetsche** f / potato crusher o. mashing machine ‖
⌐**quetsche**, -presse f (Küchenger) / ricer ‖ ⌐**reibe** f /
potato rasp ‖ ⌐**rodepflug** m, Pflugroder m / potato
raising plough ‖ ~**roder** m **mit horizontal laufendem**
Schleuderstern / spinner type potato digger, potato
spinner ‖ ⌐**roder** m **mit senkrecht laufendem**
Schleuderstern / fork type potato digger ‖
⌐-**Rüttelroder** m / potato delivery shaken sieve digger
‖ ⌐**sack** m / potato bag ‖ ⌐**schale** f / potato peel ‖
⌐**schälmaschine** f / potato peeling machine ‖ ⌐**schorf**
m (Pilzkrankheit) / common potato scab ‖
⌐-**Schwingsiebroder** m / potato shaking sieve digger ‖
⌐**sortiermaschine** f / potato sorting drum o. screen ‖
⌐**spiritus** m / potato spirits pl ‖ ⌐**stärke** f, -stärkemehl
n / potato starch ‖ ⌐**stärkewaage** f / potato starch
weigher ‖ ⌐**stauden** f pl / potato herbs pl ‖ ⌐-**S-Virus**
m / potato S-virus ‖ ⌐- **und Rübenwäscher** m / potato
and beet washer ‖ ⌐**verladeband** n (Landw) / potato
elevator ‖ ⌐-**Vollernter**, Sammelroder m / potato
harvester ‖ ⌐**zucker** m / potato starch sugar

karto·grafisch, Karten… / cartographic ‖ ~**grafische**
Abbildung / map projection ‖ ⌐**gramm** n (Statistik) /
cartogram ‖ ⌐**graph** m / cartographer, mapper ‖
⌐**graphie**, Kartenwissenschaft f / cartography,
chartography, map making ‖ ~**graphieren**,
kartenzeichnen / map ‖ ⌐**graphieren**, Kartenzeichnen n
/ mapping ‖ ⌐**lithograph** m / cartographer
Karton m, Kartonpapier n, Pappe f (150 bis 500 p/m^2) /
cardboard ‖ ⌐, Pappschachtel f, Schachtel f / cardboard
box, carton ‖ ⌐, Passepartout n (Phot) / mount ‖ ⌐**s** m pl
/ pasteboard articles o. boxes pl ‖ ⌐ m **für Kartonagen**
/ box board ‖ ⌐ **mit Schrenzlage** / combination chip
board ‖ **in** ⌐ **verpacken** / carton vt vi, enclose in
cartons
Kartonagen f pl / cardboard o. pasteboard articles o.
boxes pl ‖ ⌐**fabrik** f / cardboard mill ‖ ⌐**maschine** f /
cardboard o. cardbox machine ‖ ⌐**pappe** f / box board ‖
feste ⌐ / jute board ‖ ⌐**- und**
Papierverarbeitungindustrie f / cardbox
manufacturing and paper working industry
Kartonbahn f (Pap) / endless [chromo] cardboard
Kartoniereinrichtungen f pl / cartoning equipment
kartonieren, in Pappe einbinden / board, bind in board
kartoniert·e Broschur (Buch) / bound in paper-boards, bds
Karton·maschine f / board machine ‖ ⌐**maschinen** f pl /
cartoning machinery ‖ ⌐**rolle** f (Pap) / reel of board
Kartothek f / card index o. registry
Kartuschbeutel m (Mil) / powder-bag
Kartusche f (Bau) / cartouch[e] ‖ ⌐ (Mil) / cartridge
(propellant charge with container), gun cartridge [case]
Kartuschen·hülse f / gun cartridge shell o. case ‖
⌐**papier** n / ammunition cartridge ‖ ⌐**pappe** f /
ammunition board
Kartusch·ladung f / cartridge propellant [charge] ‖
⌐**munition** / separate ammunition ‖ ⌐**rille** f (Mil) /
crimping groove
Karusseldreher m / vertical boring and turning mill
operator
Karussell·bad n (Galv) / revolving bath ‖ ⌐**drehmaschine**
f (DIN), Senkrecht-Bohr[-und Dreh]werk n / vertical
boring and turning mill ‖ ⌐**druckwerk** n (DV) /
carrousel printer ‖ ⌐**presse** f (Wzm) / rotary press ‖
⌐**wagen** m (Feuerfest) / carrousel
Karyatide f (Bau) / caryatid
karzinogen / carcinogenic
Karzinotron n, Rückwärtswellenröhre f (Funk) /
carcinotron
kaschieren (Pap, Plast) / cover, laminate ‖ ~ (Gewebe) /
back, line ‖ ⌐ **auf der Walze** (Pap) / roll laminating
Kaschier·karton m (Pap) / sheet lined board ‖ ⌐**lage** f
(Pappe) / board line ‖ ⌐**maschine** f (Pap) / laminating
machine, board liner, glueing o. covering machine ‖
⌐**papier** n / liner [paper], lining paper
kaschiert·e Elfenbeinkarte / pasted ivory card ‖ ~**e**
Graupappe / lined chipboard ‖ ~**er Karton** / pasted
lined board ‖ ~**e Pappe** (Pap) / sheet lined board,
pasteboard ‖ **mit Gewebe** ~ / fabric backed
Kaschierung f (Brille) / lamination ‖ ⌐ (Pap) / pasting,
lining, lamination
Kaschmir m (Textil) / cas[h]mere, cassimere ‖
baumwollener ⌐ / cas[h]mere-nankin ‖ ⌐**bindung** f /
cashmere weave
Kaschmiret m (Web) / cashmerette
Kaschugummi m / cashew gum
kaschutieren / dye with catechu
Kasein n / casein ‖ **pflanzliches** ⌐, Legumin n / legumin,
vegetable casein ‖ ⌐**beize** f / casein mordant ‖
⌐**bildung** f / casein formation ‖ ⌐**fabrik** f / casein factory ‖
⌐**farbe** f / casein paint ‖ ⌐**faser für Filze** f / casein fibre
for felt ‖ ⌐**kunststoff** m / casein base moulding
compound ‖ ⌐**leim** m, wasserfester [Kalt]leim / casein
[cold] glue
Käsen n / caseation ‖ ⌐, Gerinnen n / curdling
Käserei f / dairy[-farm o. -house]

Kaserne f / barracks sg
Käsewasser n, Molke f (Landw) / whey
käsig, käseartig / caseous, cheesy, curdy ‖ ~ **ausscheiden**
vt, zum Gerinnen bringen / curdle vt, coagulate, curd ‖
~ **ausscheiden** vi, sich käsig ausscheiden / curdle vi,
form curds ‖ ~**er Niederschlag** (Chem) / curdy
precipitation, curds pl
Kaskade f (allg, Chem, Elektr) / cascade ‖ ⌐, Sturztreppe f
(Wassb) / cascade, series of waterfalls ‖ **in** ⌐ **schalten**
(Elektr) / connect in tandem
Kaskaden·-Bildverstärker m / cascade image intensifier
‖ ⌐**boden** m (Chem) / cascade tray ‖ ⌐**durchlaß** m,
Treppendurchlaß m / cascade culvert ‖ ⌐**einheit**
(Einheit in der Theorie kosmischer Strahlen) (Phys) /
shower unit, cascade unit [of cosmic rays] ‖ ⌐**extruder**
m (Plast) / cascade extruder ‖ ⌐**generator** m (für hohe
Gleichspannungen) / cascade generator, capacitron ‖
⌐**-Kernreaktion** f / nuclear cascade ‖ ⌐**kreislauf** m mit
Kältemittelgemisch (Erdgas) / one-flow cascade cycle,
OFC ‖ ⌐**ofen** m (Kalk) / cascade kiln ‖
⌐**-Phasenschieber,** Scherbius-Phasenschieber m (Elektr)
/ Scherbius advancer ‖ ⌐**regelung** f (Regeln) / cascade
control, piggyback control ‖ ⌐**schaltung** f (Elektr) /
cascade o. concatenated connection, tandem connection
‖ ⌐**schaltung eines zweitourigen Motors** (Elektr) /
cascade control of a two-speed motor ‖ ⌐**schauer** m
(Astr) / cascade, cosmic shower, burst ‖ ⌐**sichter** m /
cascade separator ‖ ⌐**steuerung** f (DV) / cascade control
‖ ⌐**steuerung** f (Regeln) / master-and-slave control ‖
⌐**strahlung** f / cascade radiation ‖ ⌐**teilchen,** Xi-
Hyperon n (Nukl) / Xi-particle, cascade particle ‖
⌐**überschlag** m (Isolator) / cascading of insulators ‖
⌐**übertrag** m / cascaded carry-over ‖ ⌐**umformer** m
(Elektr) / Bragstad o. cascade converter, La Cour o.
motor o. concatenated converter ‖ ⌐**verstärkung** f
(Elektronik) / cascade amplification ‖
⌐**verstärkungsröhre** f, -verstärker m / cascade
amplifier ‖ ⌐**wandler** m (Elektr) / cascade transformer
Kaskadynrinne f (Bergb) / Cascadyne washer
Kaskode f (Elektronik) / cascode
Kasse f (am Ausgang des Supermarkts) / check-out
(supermarket) ‖ ⌐, Kassenschalter m,
Auszahlungsschalter m / teller's counter, cashier's
window
Kasseler Braun n / Cassel brown ‖ ⌐ **Gelb,** Mineralgelb n
/ lead oxychloride ‖ ⌐ **Grün** / Cassel's o. manganese
green ‖ ⌐ **Ofen** (Feuerfest) / Cassel kiln
Kassen·bestand m, -abrechnung f / cash accounting ‖
⌐**journal** n / cash journal ‖ ⌐**schaltermaschine** f / bank
teller machine ‖ ⌐**schrank** m, Safe / safe ‖ ⌐**streifen**
m / tally roll ‖ ⌐**terminal** n / point-of-sale terminal,
POS terminal ‖ ⌐**zettel** m / cash statement
Kasserolle f (Chem, Labor) / casserole
Kassette f (Phot) / adapter, plate holder ‖ ⌐, Deckenfach n
(Bau) / [case-]bay ‖ ⌐, Cassette f (Elektronik, DV, TV) /
cartridge, cassette ‖ ⌐, Kästchen n / case, (esp.:) money
box ‖ ⌐ **als Deckenschmuck** (Bau) / coffer ‖ **Decke in**
⌐**n teilen** (Bau) / coffer v ‖ **unbespielte** ⌐ / blank
cassette
Kassetten·-Aufnahmegerät n (TV) / [cassette] video
recorder ‖ ⌐**bibliothek** f / cassette library ‖ ⌐**deck** n
(Elektronik) / cassette deck ‖ ⌐**decke** f (Bau) / panelled o.
coffered ceiling, ceiling with bays ‖ ⌐**fernsehen** n (TV)
/ [cassette] video playback system, cartridge o. cassette
television ‖ ⌐**film** m / cartridge film ‖ ⌐**gerät** n (Kfz) /
cassette recorder ‖ ⌐**manipulator** m (Nukl) / fuel
assembly manipulator ‖ ⌐**rekorder** m (Akust) / cassette
o. cartridge recorder ‖ ⌐**schlitz** m (Projektor) / magazine
valve, fire trap ‖ ⌐**-Tape-Deck** n (Akustik) / cassette tape
deck
Kassia·öl n / Chinese o. China oil ‖ ⌐**rinde** f / cassia bark
‖ ⌐**schote** f / cassia pod
Kassier·relais n / coin [box] relay ‖ ⌐**vorrichtung** f,
Geldeinnahmevorrichtung f (Fernm) / coin box

Kassiterit, Zinnstein m (Min) / tinstone, tin roughs pl,
cassiterite
kastanien·braun / auburn, chestnut, maroon ‖ ⌐**holz** n
(Edelkastanie) / chestnut tree wood ‖ ⌐**holz** n (Roßkastanie)
/ wood of the horse chestnut tree
Kästchen n **in einem Vordruck** / box of a printed form
Kästelmauerwerk n / masonry in hollow pieces
Kasten m / box, case ‖ ⌐, Kiste f / chest, case ‖ ⌐,
Gehäuse n / box, case, casing, housing ‖ ⌐, Pfeiler m
(Bergb, Abbau) / crib ‖ ⌐ (Gieß) / flask, box ‖ ⌐ **des**
Kratzers / bowl of the scraper ‖ ⌐ **für angereichertes**
Gut (Aufber) / headbox ‖ ⌐ **für Ersatzleile** (Kfz) / spare
part kit ‖ ⌐ **zum Unterstützen des Hangenden** (Bergb) /
chock ‖ **in einem** ⌐ / cased ‖ ⌐**antenne** f / box antenna,
travelling wave o. T.W. o. TW antenna ‖ ⌐**aufbau** m,
Wagenkasten m / body, (esp:) box body ‖
⌐**aufbauwagen** m (Kfz) / box body ‖ ⌐**aufkohlen** n /
pack carburization ‖ ⌐[**aufspann**]**tisch** m (Wzm) / box
table ‖ ⌐**ballenbrecher** m, -öffner m (Spinn) / hopper
bale breaker ‖ ⌐**band** m / scraper o. scraping conveyor
o. chain o. band, trough o. tray conveyor ‖
⌐**beschicker** m / charging box ‖ ⌐**bett** m (Wzm) / box-
type bed ‖ ⌐**blau,** Schilderblau n (Textildruck) / pencil
blue ‖ ⌐**brücke** f / box girder bridge ‖ ⌐**dämpfer** m
(Textil) / cottage steamer ‖ ⌐**drachen** m (Luftf) / box kite
‖ ⌐**-Düngerstreuer** m (Landw) / full width fertilizer ‖
⌐**einsatzverfahren** n (Hütt) / pack-hardening ‖
⌐[**fang**]**damm** m, Kofferdamm m (Hydr) / box dam,
coffer [dam] ‖ ⌐**fenster** n / box-type window ‖
⌐**fenster** n (beide Scheiben in einem Rahmen) /
countersash window ‖ ⌐**förderband** n, -rinne f /
scraper o. scraping conveyor o. chain o. belt o. band,
trough o. tray conveyor o. scraper ‖ ⌐**form** f / box
form, box-type design ‖ ⌐**form** f, Fomkasten m (Gieß) /
flask mould ‖ ⌐**form** f (Masch) / box form ‖ ⌐**formerei** f
/ flask moulding
kastenförmig, Kasten... / box[-type]... ‖ ~**er**
Kabelendverschluß / cable end box o. terminal box ‖
~**es Schwimmdock** / box dock ‖ ~**er Teil des**
Bürstenhalters (Elektr) / brush box, box-type
brushholder
Kasten·fuß m (Wzm) / box-type stand ‖ ~**geglüht** (Hütt) /
box-annealed ‖ ⌐**gehäuse** n (Elektr,Masch) / box frame ‖
⌐**gerät** n (Elektr) / rack type apparatus ‖ ⌐**gerätesystem**
n / rack system ‖ ⌐**gerippe** n (Bahn) / body framework ‖
⌐**glühen** n (Hütt) / box annealing, close annealing ‖
⌐**glühen** n (Hütt) / flask annealing ‖ ⌐**glühofen** n / box
annealing furnace ‖ ⌐**griff** m / chest handle ‖ ⌐**guß** m,
-formerei f / sand casting between flasks, box o. flask
casting ‖ ⌐[**obere**] **hälfte** (Gieß) / halfbox, upper flask ‖
untere ⌐**hälfte** (Gieß) / bottom box, drag ‖ ⌐**-Hohlleiter**
m / rectangular waveguide ‖ ⌐**holm** m (Luftf) / box spar
‖ ⌐**holz** n (für Ausbau, Bergb) / chock o. cog wood ‖
⌐**kaliber** n (Hütt) / box pass o. groove o. hole ‖
⌐**keimapparat** m / germinating box ‖ ⌐**kern** m (Gieß) /
flask core ‖ ⌐**kipper,** -kippwagen m / box tip wagon,
tip o. dump box car ‖ ⌐**lautsprecher** m / cabinet
loudspeaker ‖ ⌐**lieferwagen** m / delivery van ‖ ~**los**
(Gieß) / boxless, flaskless ‖ ~**loses Formen** / boxless
moulding, snap flask moulding ‖ ~**loses Formen für**
Spreizkästen / snap flask moulding ‖ ~**lose**
Formmaschine (Gieß) / flaskless o. boxless moulding
machine ‖ ⌐**mangel** f (Textil) / cottage mangle ‖ ⌐**ofen**
m / box kiln ‖ ⌐**öffner** m (Spinn) / hopper opener ‖
⌐**platte** f (Akku) / wide-meshed plate, box negative plate
‖ ⌐**querschnitt** m / box section ‖ ⌐**querschnitt** m **eines**
Trägers / box beam section ‖ ⌐**rahmen** m / box
[section o. type] frame ‖ ⌐**rahmen** m (Kfz) / box type
chassis ‖ ⌐**rinne** f (eine Dachrinne) (Bau) / rectangular
section eaves gutter ‖ ⌐**rinne** f, Rinnenförderer m /
trough o. tray conveyor o. scraper ‖ ⌐**schleuse** f (Hydr) /
square lock ‖ ⌐**schloß** n (Schloss) / box lock, case[d] o.
outside o. rim lock ‖ ⌐**schloß,** Schatullenschloß n / cash
box lock ‖ ⌐**speiser** m (Spinn) / hopper feeder ‖

~speiser m mit Waage (Spinn) / automatic weighing hopper feeder || ~ständer m (Wzm) / rectangular column || ~system, Boxingsystem n / boxing system for dimensioning || ~tisch m, -aufspanntisch m (Wzm) / box table || ~träger m (Bahn) / box girder || ~trägerbrücke f / box girder bridge || ~trockner m (Landw) / bin drier || ~vorsatz m (Radar) / control overlay || ~wagen m (Kfz) / box-type delivery van o. wagon, panel delivery truck (US) || ~zange f / hawk bill pliers pl

Kastor, Petalit, Castor m (Min) / petalite || ~zucker m / castor sugar

Kasuarine f (Bot) / beef-wood, casuarine

kata·batischer Wind / katabatic wind || ~dioptrik f / catadioptrics || ~dynverfahren n / catadyne process || ~kaustik f (Hüllkurve gespiegelter Strahlen) / catacaustics || ~klase f (Geol) / cataclasm || ~klastisch (Geol) / kataclastic, -klastic || ~kustik f / catacoustics || ~lase f (eisenhaltiges Ferment) / catalase

Katalog m / catalogue, catalog (US)

katalogisieren / catalog v

Katalog·karte f / catalogue card || ~speicher m (DV) / catalog memory, pure associative memory || ~speicher m (DV) / pure associative memory

Katalysator m (Kfz) / [catalytic] converter || ~ / catalyst, catalyzer, cat || ~ auf Amin-Basis / amine catalyst || ~ auf Zinn-Basis / tin based catalyst || ~auto n / cat car || ~bett n (Kfz) / catalyst bed

Katalysatoren·gift n s. Katalytgift

Katalysator·gehäuse n (Kfz) / converter casing o. housing || ~regeneration f / catalyst regeneration || ~schädigung f (Kfz) / catalyst degradation || ~schüttung f, Katalysatorfüllung f (Kfz) / catalyst charge || ~träger m / catalyst carrier, decoupling space || ~vergiftung f / catalyst poisoning o. contamination || ~wirkzeit f / cat[alyst] lifetime

Katalyse f (Chemie) / catalysis || ~raum m (Raumf) / catalytic chamber

katalysieren / catalyze

katalysiert, durch Licht ~, lichtinduziert (Chem) / light-induced

Katalyt·benzin n / catalytic gasoline (US) o. petrol (GB) || ~gift n / catalyst o. catalytic poison, anticatalist, paralyser

katalytisch / catalytic || ~e Kohlenoxid-Konvertierung (Chem) / shift reaction, CO shift conversion || ~es Kracken / cat-cracking, catalytic cracking o. raffination || ~es Krackmittel / catalytic cracker || ~es Raffinieren / catalytic refining || ~es Reduktionsverfahren (Galv) / catalytic process || ~es Reformieren, Rexforming n, Thermofor-Prozeß m (Öl) / rexforming, thermofor catalytic cracking (TCC) o. reforming (TCR), catforming || ~e Vergasung / catalytic carburetion

Katamaran m (Schiff) / catamaran

Kataphorese f / cataphoresis

kataphoretisch / cataphoretic || ~e Wirkung / cataphoretic action

Katapult n (Luftf) / catapult || ~einrichtung f / catapult launching gear

katapultieren vt, mit dem Katapult starten / catapult vt || ~ vi, katapultiert werden / start by catapult

Katapult·sitz m / jettison seat || ~start m (Luftf) / catapult start

Katarakt, Wasserfall m / waterfall || ~-Gegenstrom-Kondensator m (Dampfm) / cataract counter-current condenser

Katarin n, Tetrachlorkohlenstoff m / carbon tetrachloride, tetrachloromethane, Tet (US)

Katarolprozeß m / catalytic production of aromatics and olefinic gases, catarole [process]

Kataster m / cadastre || ~... / cadastral || ~-Fallnullenzirkel m / drop-bow pen || ~plan m / cadastral plan

katastrophal / catastrophic[al], catastrophal

Katathermometer n / katathermometer

Kat-Auto n / catalytic converter equipped motorcar, catcar

Katavothre f, Ponor m (Geol) / sinkhole, swallowhole, katavothre, ponor

Katechu, Catechu n (Färb, Gerb) / cutch, catechu [black], cashoo || ~beize f / catechu mordant || ~gerbsäure f / catechutannic acid || ~rot n / catechu red || ~schwarz n / cachou, catechu black

Kategorie f / category

Katenoid n (Umdrehungskörper der parabolischen Kettenlinie) / catenoid

Katergol n (Raumf) / katergol

Katgut n / catgut

Kathedralglas n / rippled o. cathedral glass

Kathete f (Math) / cathetus, leg of a right-angled triangle

Kathetometer n (zum Messen kleiner Höhenunterschiede) / cathetometer

Kathetron n (Elektronik) / cathetron, kathetron

Kathode, (in Analogie zur "Anode" a.:) Katode f / cathode || ~ f (Röhre, Elektrolyt) / negative pole || ~, Senke f (MOS-FET) / source

Kathoden·anheizzeit f / cathode heating time || ~-Anoden-Kapazität f / cathode-plate capacity || ~ausgang m / cathode follower output || ~basisschaltung f / cathode grounded circuit, grounded cathode connection || ~basisverstärker m / anode follower || ~becher m (Röntgen) / concentrating o. concentration cup || ~blech n (Galv) / mother blank || ~dichte f / cathode density || ~dunkelraum m (Elektronik) / cathode dark space, Crooke's dark space, Hittorf's dark space || ~dunkelstrom m / cathode dark current || ~empfindlichkeit f / cathode sensitivity || ~fall m / cathode fall o. drop (US) || ~fallableiter m / cathode fall arrester o. drop (US) arrester || ~fleck m (Kath.Str) / hot spot || ~folgeschaltung f, -folger m s. Kathodenverstärker || ~glimmlicht n / cathode glow || ~hals m / cathode neck || ~kupfer n, Elektrolytkupfer n / cathode o. electrolytical copper || ~niederschlag m / cathode deposit || ~photostrom m / photoelectric cathode current || ~raum m (Elektronik) / cathode space o. region || ~rauschen n / cathode hum o. noise || ~röhre f / cathode tube || ~saum m / cathode border || ~schwamm m (Galv) / cathode sponge || ~seitig steuerbarer Thyristor / P-gate thyristor || ~-Spitzenstrom m / peak cathode current

Kathodenstrahl m / cathode ray || ~bündel n / cathode ray pencil || ~oszilloskop n / cathode ray oscilloscope, cro, oscilloscope || ~röhre f / cathode ray tube, C-R tube, C.R.T., CRT, crt || ~röhre f mit magnetischer innerer Fokussierung (Kath.Str) / internal magnetic focus tube || ~röhre mit Monobeschleunigungsanode / mono[accelerator] tube || ~röhre f mit Nachbeschleunigungsanode (o. Elektrode) / post-deflection accelerator tube, P.D.A. || ~speicherröhre f, -röhrenspeicher m / cathode ray memory tube, cathode ray tube store

Kathoden·strom m / cathode current || ~verstärker m, Anodenbasisverstärker m (Elektronik) / grounded anode amplifier, grounded plate amplifier || ~zerstäubung f / cathode o. cathodic sputtering o. evaporation

kathodisch, Kathoden... / cathodic || ~es Ätzen, Abglimmen n / cathodic etching, vacuum etching || ~er Kalkniederschlag (bei Korrosionsschutz) / cathodic chalk || ~er Schutz (Korrosion) / electric corrosion protection, cathodic o. galvanic protection || ~er Schutzüberzug / cathodic oxide coating || ~e Zerstäubung / cathode o. cathodic sputtering o. evaporation

Kathodo·lumineszenz f / cathodoluminescence || ~lumineszenzlampe f / cathode glow tube || ~phon n / cathodophone, diaphragmless microphone

Kathodyn-Schaltung f / cathodyne circuit

Katholyt m, Kathodenflüssigkeit f / cat[h]olyte

Kathoskop *n* (TV) / cathoscope
Kation *n* (Phys) / cation
kationenaktiv (Chem) / cationic-active
Kationenaustauscher *m* / cation exchanger
kationisch / cationic ‖ **⌐er Farbstoff** / cationic o. basic dye
Kation·seife *f* / cationic o. invert soap ‖ **⌐tensid** *n*, kationische grenzflächenaktive Verbindung / cationic surface-active agent
Katkracken *n* s. katalytisches Kracken
Katode *f* s. Kathode
Katoptrik *f* (Lehre von der Spiegelreflexion) / catoptrics *pl*
Kattun *m*, Kaliko[t] *m*, Baumwollnesseltuch *n* / calico, cotton cloth ‖ **gaufrierter, gepreßter ⌐** / embossed calico ‖ **gedruckter ⌐**, buntes Baumwollzeug / printed calico ‖ **⌐bindung** *f* / cotton weave ‖ **⌐druck** *m*, -druckerei *f* / calico printing ‖ **⌐druckerei** *f* / print works *pl* (for calico) ‖ **⌐papier** *n* / chintz [paper] ‖ **⌐rohware** *f* / cotton cloth
Katzauslegerkran *m* / trolley jib crane
Katze *f*, Führer *m* (Zettelmasch) / heck box, jack ‖ **⌐**, Lauf-, Krankatze *f* / trolley, crab
Katzen·auge *n*, grünlichgrauer Faserquarz (Min) / cat's eye, chatoyant ‖ **⌐auge** *n*, Rückstrahler *m* / rear [red reflex] reflector ‖ **⌐augenblende** *f* (Opt) / cat's eye diaphragm ‖ **⌐gang** *m* (Schiff) / catwalk ‖ **⌐gold** *n*, Goldglimmer *m* / golden mica
Katz·fahrbahn *f* / trolley travelling way ‖ **⌐fahren** *n* / trolley traversing o. travelling ‖ **⌐fahrwerk** *n*, -fahrwinde *f* / trolley travelling winch
Kaue *f* (Bergb) / coe, locker-room, hovel, coop
Kauf, Einkauf *m* / purchase ‖ **⌐** *m*, Auftrag *m* (Handel) / dealing, buying
Käufer, Abnehmer *m* / purchaser, buyer ‖ **⌐markt** *m* / buyer's market ‖ **⌐seits**, vom Käufer (z.B. montierbar) / by the buyer o. customer
Kauffahrteischiff *n*, Kauffahrer *m* / merchant ship o. steamer o. vessel o. man, trader, trading vessel
Kaufman-Ionentriebwerk *n* (Raumf) / Kaufman ion thruster, Kaufman engine, electron-impact ion engine
kaufmännisch·e Datenverarbeitung / business data processing
Kaufrüben *f pl* (Zuck) / purchased beets *pl*
Kauri *n* (Holz) / kauri, cowrie, cowdie ‖ **⌐-Butanolwert** *m* (Farbe) / kauributanol value ‖ **⌐fichte** *f* / kauri [pine], cowrie, cowdie, agathis australis ‖ **⌐harz** *n* (Linoleumherst) / kauri gum o. resin ‖ **⌐kopal** *m* (von der Kopalfichte) / kauri copal, cowrie, kaurie
kausal·es System *n* / causal system ‖ **⌐[itäts]gesetz** *n* / law of causality ‖ **⌐zusammenhang**, Kausalnexus *m* (Phys) / causality
Kausche *f* / thimble, cable eye stiffener
Kauschenlasche *f* (Bergb) / eye clip
kausti[fi]zieren, in Laugenform überführen / causticize
Kaustifizieren, Aussüßen *n* (Pap) / recausticizing
Kaustik *f*, Brennfläche *f* (Opt) / caustic [surface]
kaustisch, ätzend (Chem) / caustic ‖ **⌐e Magnesia** / caustic magnesia ‖ **⌐e Soda**, Natronlauge *f*, Natriumhydroxid *n* / caustic soda, sodium hydroxide o. hydrate
Kaustizität *f*, Ätz-, Beizkraft *f* / causticity
Kautschin *n* / caoutchine
Kautschuk, Rohgummi *m* / caoutchouc, unvulcanized rubber ‖ **⌐**, Gummi *m* / india- o. India-rubber, gum elastic ‖ **⌐...** / rubber ... ‖ **⌐** *m* in **Handelsqualität** / [commercial o. India] rubber ‖ **flüssiger ⌐**, Kautschuköl *n* / caoutchoucen[e] ‖ **⌐artig**, -elastisch / rubber-like ‖ **⌐baum** *m*, Parakautschukbaum *m*, Hevea brasiliensis / hevea [caoutchouc] ‖ **⌐gewebe** *n* / caoutchouc tissue ‖ **⌐hilfsmittel** *n pl* / caoutchouc auxiliaries *pl* ‖ **⌐kitt**, Gummikitt *m* / rubber mastic ‖ **⌐klumpen** *m* / lump of caoutchouc ‖ **⌐masse** *f*, Gummimasse *f* / caoutchouc paste ‖ **⌐milch** *f*, Latex *m*

(pl Latizes) / caoutchouc milk, [natural] latex (pl: latices, latexes) ‖ **⌐öl** *n* / caoutchoucen[e] ‖ **⌐pflanze** *f* / rubber plant ‖ **⌐plantage** *f* / rubber plantation ‖ **⌐regenerat** *n* / reclaimed rubber ‖ **⌐-Trockensubstanz** *f* / dry rubber content ‖ **⌐überzug** *m*, Gummiüberzug *m* / cover o. top-layer of caoutchouc o. of rubber ‖ **⌐zement** *m* / rubber cement
kautsch[ut]ieren / gum *v*
Kavalier·perspektive *f* (mit $45°$ geneigter Projektionsrichtung und um 50 % verkürzten Schrägachsen) / cavalier projection ‖ **⌐perspektive mit um 50 % verkürzten Schrägachsen** (Zeichn) / cabinet drawing
Kaverne *f* / cavern
Kavernen·kraftwerk *n* / underground hydro-electric power plant, cavern power station ‖ **⌐pumpe** *f* / cavern pump
Kavitation *f*, Hohlsog *m* / cavitation
Kavitations·erosion *f* / cavitation erosion ‖ **⌐tunnel** *m* (Schiff) / cavitation tunnel, Lithgow tunnel
kavitierend / cavitating
KB (DV) = Kilobyte (= 1024 Bytes)
K-Band *n* (11000 - 33000 MHZ) / K-band
kbar = kilobar (= 1020 kg/m^2)
KC-Kondensator *m* (K = Kunststoff, C = Polycarbonat) / polycarbonate film dielectric capacitor
KD-Diagramm *n* / force-strain diagram
KDF, Druckfestigkeit bei Raumtemperatur (Keram) / cold crushing strength
Keder *m*, Köder *m* (Kfz) / piping, weatherstrip, rand ‖ **⌐ am Absatz** (Schuh) / split lift
Keenescher Marmorzement / Keene's [marble] cement, artificial marble
Keep *n*, Einkerbung *f* der Kausche (Schiff) / channel o. jag o. notch of a thimble
Keeper *m*, Hilfselektrode *f* (Raumf) / keeper
K-Effekt *m* (Astr) / K-effect
Kefirpilz *m* / kefir fungus
Kegel *m* (Math) / cone ‖ **⌐**, Konus *m* (Masch) / cone, taper ‖ **⌐**, Spielkegel *m* / pin, ninepin, skittle[-pin] (GB) ‖ **⌐**, konischer Meßdorn *m* / taper plug gauge ‖ **⌐**, Schriftkegel *m*, Kegelstärke *f* (Schriftg) / type body o. shank ‖ **⌐ der Jordanmühle** (Pap) / Jordan plug ‖ **⌐achsschnitt** *m* / section in direction of cone axis ‖ **⌐ansatz** *m* (Schraube) / flat cone point ‖ **⌐ansatz-Durchmesser** *m* (Schraube) / diameter of flat cone point ‖ **⌐antenne** *f* / cone antenna ‖ **⌐band**, Hakenband *n* (Schloß) / loop and hook ‖ **⌐bedampfung** *f*, -beschattung *f* (Vakuum) / cone shadowing ‖ **⌐bildung** *f* / coning ‖ **⌐bohren** / taper-bore ‖ **⌐boje** *f*, -tonne *f* / conical buoy ‖ **⌐brecher** *m*, -mühle *f* / cone o. conical breaker o. crusher ‖ **⌐bremse** *f* / cone brake ‖ **⌐buchse** *f* / taper bush o. sleeve ‖ **⌐dach** *n* / conical broach roof ‖ **⌐dichtung** *f* / conical seal ‖ **⌐drehvorrichtung** *f*, Kegelleitapparat *m* / taper turning attachment ‖ **⌐druckversuch** *m* / cone thrust test ‖ **⌐düse** *f* (Rakete) / centerbody nozzle ‖ **⌐eindruck** *m* (Rockwell) / cone impression, indentation left by the cone ‖ **⌐-Erzeugungswinkel** *m* / cone generating angle ‖ **⌐fallpunkt** *m*, KFP / pyrometer cone equivalent, PCE ‖ **⌐fallpunkt-Prüfung** *f* (Email) / cone-fusion test ‖ **⌐färben** *v* / cone dyeing ‖ **⌐feder** *f*, konische Schraubenfeder (aus Draht) / conical wire spring ‖ **⌐feder** *f* (aus Band), Pufferfeder *f* (Bahn) / volute spring ‖ **⌐fläche** *f* / conical surface ‖ **⌐flanschhahn** *m* (Chem) / coned flange tap ‖ **⌐form**, Konizität *f* / conical form, conicity ‖ **⌐[förm]ig** / conic, conical, cone shaped, coniform, conoid[al] ‖ **⌐förmige Aufsatzleuchte** (Straßb) / cone top lantern ‖ **⌐förmige Strahlenbrechung** (Opt) / conical refraction ‖ **⌐förmige Abtastung** / conscan ‖ **⌐fräser** *m* / bevelled cutter ‖ **⌐gewinde** *n* / tapered thread ‖ **⌐gewölbe** *n* / splaying o. fluing arch ‖ **⌐griff** *m*, konischer Griff oder Handgriff *m* / tapered machine handle ‖ **⌐griff** *m* (DIN) (Wzm) /

clamping lever, ball lever ‖ ⌐**griffschraube** f / screw
with tapered handle ‖ ⌐**größe** f / cone mass ‖ ⌐**hahn** m
(Install) / plug cock o. tap, tap cock, taper plug valve ‖
⌐**hahn** m **in Eckform** / angle pattern tapered plug valve
‖ ⌐**härteprüfung** f / cone hardness test ‖ ⌐**herd** m
(Aufber) / conical table ‖ ⌐**höhe** f (Kettgarn) / cone height
‖ ⌐**hülse** f / taper sleeve o. bush ‖ ⌐**hülse** f (Chem) /
conical socket ‖ ⌐**hülse** f (Wzm) / taper socket ‖ ⌐**hülse**
der Spannzange f (Wzm) / closer
kegelig, kegelförmig, konisch / conic[al], cone shaped,
coniform, conoid[al] ‖ ~, kegelförmig (Wzm) / tapered,
tapering ‖ ~ **drehen** / turn taper ‖ ~**e Kreuzspule**
(Spinn) / tapered bobbin ‖ ~**e Kreuzspule** (Spinn) /
conical package o. pineapple ‖ ~**e Kreuzspule mit**
gleichbleibendem Kegelwinkel / conical package with
straight ends perpendicular to the axis of the former ‖
~**e Kreuzspule mit zunehmendem Kegelwinkel** /
conical package with increasing taper ‖ ~**es Plandrehen**
/ bevel facing ‖ ~**es Rohrgewinde** / taper pipe thread ‖
~**es Rohrgewinde für druckdichte Verbindungen**
ohne Schmiermittel und Dichtungsmasse / taper pipe
thread for fuel and oil ‖ ~**er Schleiftopf** m, kegelige
Topfscheibe / flaring cup wheel ‖ ~ **zuspitzen** / taper ‖
~**bohren** / taper-bore
Kegeligkeit f / conicity
Kegel·innenring, Innenring mit kegeliger Bohrung m
(Kugellager) / inner race with taper bore ‖ ⌐**keil** m /
ungula of a cone ‖ ⌐**kerbstift** m (DIN 1471) / full
length taper grooved dowel pin, grooved taper pin ‖
⌐**klauenkupplung** f / claw clutch coupling, cone dog ‖
⌐**kuppe** f (allg) / chamfered end ‖ ⌐**kuppe** f (Schraube,
DIN 78) / blunt start (screw), flat point ‖ ⌐**kupplung** f,
Konuskupplung / cone clutch ‖ ⌐**lager** n (Masch, Wzm)
/ cone bearing ‖ ⌐**lehrdorn** m / taper plug gauge ‖
⌐**lehre** f / taper ga[u]ge ‖ ⌐**lehrhülse** f / taper ring
gauge ‖ ⌐**leitapparat** m / taper turning attachment ‖
⌐**lineal** n / taper template ‖ ⌐**lochwalzverfahren** n /
Mannesmann process ‖ ⌐**mantel** m / envelope of cone ‖
⌐**mischer** m, Konusmischer m / cone mixer ‖ ⌐**nabe** f
(Kfz) / bevel hub ‖ ⌐**neigung**, Kegeligkeit f / amount of
taper ‖ ⌐**nennmaß** n / basic cone dimensions pl ‖
⌐**öffner** m (Textil) / beater o. Crighton opener ‖
⌐**paßsystem** n / cone fit system, system of cone fits ‖
⌐**passung** f / cone fit ‖ ⌐**pendel** n / conical o.
centrifugal pendulum ‖ ⌐**pfanne** f (Masch) / conical
socket ‖ ⌐**preßpassung** f / cone interference fit ‖
⌐**projektion** f (Karte) / conical projection ‖
⌐**prüfverfahren** n, Slumptest m (Beton) / slump test ‖
⌐**querschnitt** m / section perpendicular to the cone axis
Kegelrad n / angular o. bevel wheel, mitre wheel, conical
gear wheel ‖ ⌐ **mit Oktoidenverzahnung** / octoid gear,
involute bevel gear ‖ ⌐ **das größere** ⌐ **eines Paares**
(Masch) / crown wheel ‖ ⌐**antrieb** m / bevel gear drive ‖
⌐**differential**, -ausgleichgetriebe n / differential gear
with bevel wheels, bevel differential gear
Kegelräderpaar n / pair of mating bevel wheels, bevel
gear pair
Kegelrad·fräsmaschine f / bevel gear milling o. cutting
machine ‖ ⌐**-Getriebe** n, -Übersetzung f / mitre gear,
bevel gear pair ‖ ⌐**hobelmaschine** f / bevel gear planing
machine o. planer ‖ ⌐**hobelmaschine** f **nach dem**
Abwälzverfahren / generating bevel gear planer ‖
⌐**rollgang** m (Walzw) / bevel gear type roller table ‖
⌐**schleifmaschine** f / bevel gear grinding machine ‖
⌐**umlaufgetriebe** n / planetary type bevel gear ‖
⌐**vorgelege**, -getriebe n / bevel[led] gear ‖
⌐**wendegetriebe** n / shifting double bevel gear
mechanism
Kegel·reibahle f / taper [pin] reamer ‖ ⌐**riegelkupplung** f
/ conical bolt clutch, cone pawl clutch (US) ‖
⌐**rollenlager** n / taper[ed] roller bearing ‖ ⌐**schaft** m /
cone shaft ‖ ⌐**schaft** m (Wzm) / taper shank ‖ ⌐**scheibe** f
(Schleifm) / taper disk ‖ ⌐**schieber** m (Masch) / conical
slide valve, bevel slide valve, plug valve ‖ ⌐**schleuder** f

(Pap) / centricleaner ‖ ⌐**schliff** m (Glas) / standard
ground joint, conical ground joint ‖ ⌐**schliffkern** m
(Labor) / taper ground spigot ‖ ⌐**schliff-Verbindung** f /
taper-ground joint, conical ground seal ‖
⌐**schmiernippel** m (bisher: Kegelwulstschmierkopf) /
hydraulic-type lubricating nipple (formerly: conical
lubricating head) ‖ ⌐**schnitt** m (Math) / conic [section] ‖
⌐**schnitt** m **zweiter Ordnung** (Geom) / point conic ‖
⌐**schnur** f (Web) / cone cord ‖ ⌐**schraube** f,
Kegelsenkschraube f / countersunk head bolt o. tire bolt
with deep cone head ‖ ⌐**schraubgetriebe**,
Hypoidgetriebe n / hypoid bevel gear ‖ ⌐**schraubrad** n
/ hypoid gear ‖ ⌐**senker** m (DIN) / countersink[er] ‖
⌐**senker** m 60⁰ / countersink 60⁰ ‖ ⌐**senkfrässtift** m /
countersink burr ‖ ⌐**senk-Frässtift 60⁰** m (Werkz) / 60⁰
cone burr ‖ ⌐**senkkopf** m / truncated cone head ‖
⌐**senkschraube** f / countersunk head bolt o. tire bolt
with deep cone head ‖ ⌐**senkschraube** f **für Reißzeuge**
(Zeichn) / slotted raised countersunk bolt ‖ ⌐**sieb** n /
cone classifier ‖ ⌐**sieb-Prüfung** f (Email) / cone screen
test ‖ ⌐**sitz** m, kegeliger Sitz / bevel seat, conical seat ‖
⌐**spielpassung** f / cone clearance fit ‖ ⌐**spitze** f
(Schraube) / cone point ‖ ⌐**spule** f (Spinn) / conical bobbin
o. cheese ‖ ⌐**stärke** f (Buch) / point size, body size ‖
⌐**steigung**, Kegeligkeit f / taper ‖ ⌐**stift** m, konischer
Stift / taper[ed] pin ‖ ⌐**stiftbohrung** f / tapered hole for
taper pin ‖ ⌐**stift[keil]** m / pin key, Nordberg key ‖
⌐**stirnradgetriebe** n / straight bevel gear pair ‖
⌐**stoffmühle** f (Pap) / Jordan mill o. refiner, hydrafiner
‖ ⌐**stumpf** m / truncated cone, conic o. conoid[al]
frustum, frustum o. ungula of a cone (US) ‖
~**stumpfartig** / truncated, tapered ‖ ⌐**stumpffeder** f s.
Kegelfeder ‖ ⌐**stumpfhülse** f (Spinn) / spool with conical
flanges ‖ ⌐**stumpf-Schale** f (Bau) / circular conoid ‖
⌐**toleranz** f / cone tolerance ‖ ⌐**toleranzsystem** n /
system of cone tolerances ‖ ⌐**trieb** m / bevel wheel gear
‖ ⌐**trommel** f (Textil) / cone drum ‖ ⌐**ventil** n, Ventil n
mit konischem Sitz / needle valve tap, plug valve ‖
⌐**walm** m (Bau) / conical hip ‖ ⌐**windung** f,
Kopswindung f (Spinn) / cop winding ‖ ⌐**winkel** m
(Wzm) / angle of taper ‖ ⌐**winkel** m (Geom) / cone angle,
angle of the cone ‖ ⌐**wulstschmierkopf** m s.
Kegelschmiernippel ‖ ⌐**wulstspitze** f (Rakete) / hammer
head nose fairing ‖ ⌐**zentrifuge** f / conifuge ‖ ⌐**zug** m
(Web) / cord draught ‖ ⌐**zug** m (Wolle) / cone drawing ‖
~**zylindrisch** / conicylindrical, conico-cylindrical ‖
~**zylindrischer Kopf** / conico-cylindrical head
Kehl·balken, Hahnenbalken m (Zimm) / collar o. tie beam
‖ ⌐**balkendach** f / collar roof with strut, collar beam
roof ‖ ⌐**blech** n (Bau) / flashing ‖ ⌐**dach** n / intersecting
o. valley roof ‖ ⌐**decke** f / arched floor
Kehle, Hohlkehle f / flute, groove, channel, chamfer ‖ ⌐
(Bau) / valley
kehlen, auskehlen / flute v, chamfer, groove
Kehl·halbmesser m / gorge radius ‖ ⌐**hobel** m (Tischl) /
hollow [plane], beading o. fluting o. moulding o. nosing
o. spout plane, round sole plane ‖ ⌐**hobel** m **für einen**
Rundstab und ein Plättchen (Tischl) / torus ‖ ⌐**hobel**
für einen Rundstab und ein Plättchen an jeder Seite /
astragal ‖ ⌐**hobelmaschine** f (Holzbearb) / [wood]
moulding machine, moulder ‖ ⌐**kern** m (Gieß) / breaker
core, knock-off feeder core o. riser core (US) ‖
⌐**kopfmikrophon** n / necklace o. throat microphone,
laryngophone ‖ ⌐**leiste** f (Tischl) / mould ‖ ⌐**maschine** f
(Holz) / moulding o. shaping machine ‖ ⌐**naht** f (Schw) /
fillet weld ‖ **[leichte]** ⌐**naht** (Schw) / hollow weld,
concave fillet weld ‖ ⌐**naht** f **am Überlappstoß** / fillet
weld in a lap joint ‖ **volle** ⌐**nahtschweiße** / convex fillet
weld ‖ ⌐**nahtschweißung** f **rückseitig** / back gouging ‖
⌐**rinne** f (Bau) / neck o. valley channel o. gutter, hollow
‖ ⌐**schifter**, Kehlgratstichbalken m / valley jack rafter ‖
⌐**sparren**, -gratbalken m / valley rafter ‖ ⌐**stoß** m,
Kehlung f / cornice of a wood mo[u]lding ‖ ⌐**ziegel** m

(Bau) / valley channel o. gutter, hollow ‖ ~ziegel *m* / valley tile

Kehr·bild *n* (Opt) / inverted image, image upside down ‖ ~bild *n*, seitenverkehrtes Bild (Buch, TV) / lateral inversion, reversed image ‖ ~bildtelemeter *n* / inverted image range finder, inversion telemeter

Kehre *f* (Straßb) / turning bend ‖ ~ (Bahn) / loop line, avoiding line ‖ ~ einer Zickzackstraße / zig

Kehren, Fegen *n* / sweep ‖ ~ *n*, Umkehren *n* / return[ing] ‖ ~ (Aufber) / racking **den Schornstein ~ (o. fegen)** / sweep *v*

Kehrherd *m* (Aufber) / buddle, frame

Kehricht, Müll *m* / garbage (US), offal, refuse ‖ ~, Schmutz *m* / [street] sweepings *pl* ‖ ~, Hausmüll *m* / muck, household rubbish, dirt ‖ ~behälter, -eimer *m* / dustbin (GB), garbage can (US)

Kehr·lage *f* **der Frequenzen** / inverted frequencies *pl* ‖ ~maschine *f* / sweeping machine ‖ ~matrix *f* / inverse matrix ‖ ~pflug *m* / hillside o. reversible plow, one-way plough (GB), two-way plow (US) ‖ ~pflügen *m* / two-way plowing (US), one-way ploughing (GB) ‖ ~punkt *m* (Astr) / apse ‖ ~rollpflug *m* / roll-over type reversible plough ‖ ~sauger *m* / brushing vacuum cleaner ‖ ~schaufel, Kehrichtschaufel *f*, -blech *n* / dustpan ‖ ~schleife *f*, Wendeschleife *f* (Bahn) / terminal loop ‖ ~schleife *f* **einer Bergstrecke** / spiral mountain route ‖ ~seite *f*, Rückseite *f* / back ‖ ~seite *f* (Web) / back, underside, wrong side, reverse ‖ ~seite *f* **einer Münze** / tail o. reverse of a coin, pile ‖ ~strecke *f* (Spinn) / ribbon lap machine ‖ ~streckenwickel *m* (Spinn) / ribbon lap machine roll ‖ ~tunnel *m* (Bahn) / helical tunnel ‖ ~wert *m*, umgekehrter o. reziproker Wert / reciprocal [value] ‖ ~wert *m* **der Impedanz** / admittance ‖ ~wert *m* **der Reluktanz** / permeance ‖ ~zeug *n* (Textil) / reversing motion

Keil *m*, Unterlageklotz *m* / block, bolster ‖ ~, Längskeil *m* (Masch) / key ‖ ~, Befestigungskeil *m* / wedge ‖ ~, keilförmiger Ausschnitt [aus einem Rotationskörper] (Math) / spherical wedge, ungula ‖ ~, Sicherungskeil *m*, Haltekeil *m* / retainer key ‖ ~, Zwickel *m* / gore, gusset ‖ ~, Fimmel *m* (Bergb) / quoin, iron wedge ‖ ~, Spitzkeil *m* (Bgb, Schachtausbau) / gad ‖ ~ (Opt) / optical wedge ‖ ~ (Buch) / quoin ‖ ~ **DIN 6886 [mit Anzug]**, Treibkeil *m* / [plain] taper key ‖ ~ **für Hammerstiele** / wedge for hammer handles ‖ ~ **mit Nase** / gib-headed key, nose key ‖ ~ **und Lösekeil** (Masch) / key and gib ‖ ~ **zum Erhöhen der Typen**, Unterlage *f*, Fütterung *f* (Buch) / planer ‖ ~e *m pl* **zur Unterkeilung einer Schalung** / striking o. easing o. lowering wedges ‖ ~abschluß *m*, -absorber *m* (Wellenleiter) / wedge ‖ ~anstellung, Regulierung *f* mittels Keil / regulation by wedge taper, wedge pass gap setting device ‖ ~anzug *m* / wedge taper ‖ ~bahnhof *m* / station located between branching tracks ‖ ~biegen *n* (Stanz) / bending by wedge shaped tool ‖ ~bolzen *m* / cotter o. linch pin, key bolt, forelock ‖ ~damm *m* (Hydr) / spherical dam ‖ ~draht *m* (Sieb) / wedge wire ‖ ~elektrode *f* (Unterkupferschweißen) / electrode back-up

keilen, verkeilen, einkeilen, festkeilen / fasten by wedges o. keys, wedge *v*, key *v*

Keil·fehler *m* (Opt) / wedge error ‖ ~ferse *f* (Strumpf) / American o. pouch heel, gore o. gusset heel ‖ ~-Flachovalschieber *m* / oval-body wedge gate valve ‖ ~flachschieber *m* / wedge-type flat slide valve, sluice valve [with flat body] ‖ ~flügel, Flügel *m* mit Keilprofil (Luftf) / wedge aerofoil, knife-edge wing ‖ ~förmig / wedge-shaped, cuneiform ‖ ~förmig aus- o. zuschneiden / cut on the slant ‖ ~förmiger Lufteinlauf (Turbo) / wedge intake ‖ ~förmige Vierkantscheibe / square taper washer for channels (DIN 434) ‖ ~gezinktes Sperrholz / finger-jointed plywood ‖ ~hammer, Fimmelfäustel *m* (Bergb) / wedge hammer ‖ ~hammer *m* (Bahn) / hammer for driving coins ‖ ~haue *f* (Bergb) / wedge pick ‖ ~kette *f* (Kinematik) / wedge

chain ‖ ~klaue *f*, Steinwolf *m* / stone-lifting bolt o. tongs *pl*, lewis ‖ ~klemme *f* (Bahn) / wedge rail anchor ‖ ~klemme für Seile / wedge socket fitting ‖ ~kompensator *m* (Opt) / wedge-shaped compensator ‖ eiserner ~kranz (Bergb, Schacht) / wedge o. wedging crib o. curb o. ring, tubbing crib ‖ ~kupplung *f* (Kabel) / wedge socket fitting ‖ ~leiste *f* (Wzm) / V-ledge ‖ ~loch *n* (Masch) / cotter slot ‖ ~loch, Klammer-, Kropfloch *n* (Steinmetz) / lewis hole, cramp hole ‖ ~lochfräsmaschine *f* / cotter slot milling machine ‖ ~lochhammer *m* (Bergb) / stone splitting hammer ‖ ~loch- und Keilnutenfräsmaschine *f* / cotter and keyway milling machine ‖ ~meßebene *f* (Bohrer) / reference plane of the cutting edge ‖ ~nabe *f* / spline bore hub ‖ ~nabenräumwerkzeug *n* / spline broach ‖ ~nase *f* (Masch) / key head, gib-head of key ‖ ~neigung *f*, -anzug *m* / wedge taper ‖ ~nut *f*, -bahn *f* (Masch) / key bed o. groove o. seat o. slot, keyway ‖ ~nut *f* **der Keilwelle** / female spline ‖ ~nuten fräsen / keyway *v*, keyseat, cut keyways ‖ ~nutenfräsmaschine *f* / keyway milling machine ‖ ~nutenhobelmaschine *f* / keyway planing machine ‖ ~nutenziehmaschine *f* / draw-cut type (o. pull-type) keyway cutter o. keyway-broaching machine o. keyseater (US) ‖ ~nutfräsen *n* / keyway milling, keywaying, keyseating ‖ ~nutfräsen *n* (Keilwelle) / splining, spline milling ‖ ~nutfräsmaschine *f* / keyway o. keyseating milling machine ‖ ~nutmaschine *f* / key-grooving o. keyseating o. keywaying machine ‖ ~nutstoßmaschine *f* (Wzm) / push type keyway broaching o. keywaying o. keyseating machine ‖ ~platte *f* (Opt) / camera wedge ‖ ~plattenschieber *m* s. Keil-Flachschieber ‖ ~presse *f* / wedge press ‖ ~probe *f* (Schw) / wedge test ‖ ~probe *f* (Gieß) / wedge test piece ‖ ~profil *n* (Welle) / spline profile ‖ ~profilschlüssel *m* (Wz) / key for spline socket screws ‖ ~rädergetriebe *n* / frictional grooved gearing, multiple V-gear, wedge friction gear ‖ ~rädergetriebe *n* / wedge friction gear

Keilriemen *m* / V-belt ‖ ~ **mit Auflage** (ein Transportmittel) / V-belt with patterned top surface (a belt conveyor) ‖ ~-**Innenlänge** *f* / inside length of a V-belt ‖ ~scheibe *f* / V-belt pulley ‖ ~trieb *m* / V-belt drive ‖ ~-Verstellgetriebe *n* / variable speed belt drive

Keil·ring *m* / tapered ring ‖ ~rippenriemen *m* / V-ribbed belt ‖ ~rücken *m* / wedge back o. base o. head ‖ ~-Rundschieber *m* / sluice valve with round body ‖ ~schieber *m* / tapered slide valve, sluice valve, wedge gate o. wedge-type valve ‖ ~schloß *n*, Stangenschloß *n* mit Keilen / gib and cotter ‖ ~schneiden *n* (Stanz) / cutting with blades, wedge-action cutting ‖ ~schneidenprofil *n* (Luftf) / knife-edge wing profile ‖ ~schrägung *f* / key taper ‖ ~schraube *f* / wedge bolt ‖ ~schraubenzwinge *f* (Tischl) / glue press, collar ‖ ~schweißen *n* / heated wedge pressure welding ‖ ~spannfutter *n* / wedge type collet chuck ‖ ~spatien *f pl* (Buch) / quoin spaces *pl* ‖ ~spitze *f* (Strumpf) / gusset type toe ‖ ~spitzen (Bau) / mark the site by pick ‖ ~spreizbremse *f* / wedge brake ‖ ~spundung *f* (Zimm) / wedge grooving o. Vee grooving and tonguing ‖ ~stab *m* (Masch) / trapezoid ‖ ~staffelung *f* (Räumwz) / wedge stepping ‖ ~stahl *m* (Walzw) / key steel ‖ ~stein, -ziegel *m* / feather edged o. wedge edged brick o. stone, wedge, radial brick ‖ ~stein (für Bögen), -ziegel *m* (Bau) / wedge edged brick o. stone ‖ ~stein *m* (Hütt) / jamb brick ‖ ~stein *m* (für Bögen) / arch brick o. stone, coin, quoin, voussoir ‖ ~stein, Schlußstein *m* / headstone, keystone, crown, top stone, closer of an arch ‖ ~treiber *m* (Wzm) / cotter key ‖ ~treiber *m* (Buch) / shooting stick o. bar ‖ ~-Trennversuch *m* / wedge penetration test ‖ ~trichter *m* (Bunker) / wedge gate

Keilung *f*, Verkeilung *f* / fastening by wedges

Keil·verbinder *m* / wedge action connector ‖ ~verbindung *f* (allg) / wedging ‖ ~verbindung *f* (Masch) / keying ‖ **feste ~verbindung** / firm keying ‖

lose ~verbindung / loose keying ‖ ~verschluß m (Mil) / wedge breech block ‖ ~verschluß m (Buch) / wedge closing device, lever-stick ‖ ~verspundung f, Holzdamm m (Bergb) / frame dam ‖ ~verzinken n (Holz) / finger jointing ‖ ~vorlage f (Opt) / sensitometric wedge, step o. density wedge ‖ ~vorlage f, Keil m (Opt) / density wedge ‖ ~vorlage f, Keil m (Opt) / step wedge ‖ ~welle f / spline o. splined shaft ‖ ~wellen fräsen / spline ‖ ~wellenfräsmaschine f / spline milling machine ‖ ~wellenhobelmaschine f / spline shaper ‖ ~wellennute f (eigentlich: der beim Fräsen der Keilwellennute stehenbleibende Rücken) / spline ‖ ~wellen-(o. -naben)profil mit Evolventenflanken (Masch) / involute spline ‖ ~wellen-Räumwerkzeug n / external spline broach ‖ ~wellenschleifmaschine f / spline shaft grinding machine ‖ ~winkel m (Luftf) / leading edge angle ‖ ~winkel β m, (jetzt:) Seitenkeilwinkel m (Dreh) / tool-orthogonal wedge angle ‖ ~winkel m der Hauptschneide, Schneiden-, Meißelwinkel m (Dreh) / tool wedge angle, wedge angle ‖ ~winkel m der Nebenschneide (Dreh) / front cutting edge lip angle ‖ ~winkel m der Schneide / wedge angle of the tool ‖ ~winkel m des Bohrers / wedge angle of the drill ‖ ~zeiger m (Instr) / wedged hand ‖ ~ziegel, -stein m / feather edged o. wedge edged brick o. stone, wedge, radial brick ‖ ~zieher m / key pulling device ‖ ~zinkenverbindung f (eine Schäftverbindung) / dovetail joint, [wood] finger jointing ‖ ~zugprobe f / wedge-draw test ‖ ~zugprobemuster n / wedge-draw specimen ‖ ~zwinge f (Tischl) / glue press, collar

Keim m / germ ‖ ~, Kristallkeim m / nucleus of crystal ‖ ~..., im Keim befindlich / germinal ‖ ~..., keimfähig / germinative ‖ ~apparat m / germinating o. sprouting apparatus ‖ ~bildung, Keimung f, Keimen n (Bot, Krist) / nucleation ‖ ~bildung f für Kristallisation / nucleation ‖ ~boden m (Brau) / malt floor

keimen / germinate ‖ ~, sprießen (Same) / sprout

keimend·e Gerste / germinating barley

keim·frei / germproof ‖ ~frei, steril[isiert] / free[d] from germs, sterilized ‖ ~frei machen / sterilize, degerminate, disinfect ‖ ~freimachung f durch Bestrahlung (Abwasser) / radiation hygenization ‖ ~haltig / germ infested ‖ ~kasten m (Brau) / germinating box, cistern ‖ ~kraft f, -fähigkeit f (Bot) / vitality ‖ ~kristall m / seed crystal ‖ ~ling m / germ, embryo ‖ ~tötend / germicidal, -cide, sterilizing ‖ ~unterlage f (Destill) / seeding ‖ ~verfahren n (Saatenprüf) / germinating method ‖ ~zahl f / germination index o. number ‖ ~zahlbestimmung f / colony count ‖ ~zeit f / period of germination

keine gemeinsame Benutzung (DV) / no-sharing

"Kein Trinkwasser" / non-drinking water

'kein Zutritt' / no admittance, "Private", no entry

Keinadreß... , Nulladreß... (DV) / zero-address

"Keine Einfahrt!", Einfahrt verboten / no entry

K-Einfang m (Nukl) / K-capture (a nuclear capture)

Keith-Gruppenvorwähler m (Fernm) / Keith line switch o. master switch

KE-Kupfer n (Kathoden-Elektrolyt-Kupfer) / CATH copper, electrolytic cathode copper

Kelch m, Kelchglas n / crystal o. glass goblet

kelchen (Rohr) / flare

kelchförmig / bell-shaped

K-Elektroneneinfang m / K-electron capture

Kel-F n (Plast) / Kel-F

Kelle f, Löffel m (allg, Gieß) / ladle ‖ ~, Maurerkelle f / brick trowel, trowel

Kellen·putz m / trowel plaster ‖ ~rückstand m (Glas) / scull

Keller m (Bau) / understairs, cellar ‖ ~ablauf m (Bau) / cellar drain, basement gully, floor drain ‖ ~befehl m (DV) / stack instruction

Kellerei f (Brau) / cellarage

Keller·fenster n / cellar window ‖ liegendes ~fenster / cellar skylight ‖ ~feucht / cellar damp ‖ ~gang m / basement corridor ‖ ~geschoß n / underground floor, basement (US) ‖ tiefliegendes o. zweites ~geschoß / subbasement ‖ ~hals, -eingang m (Bau) / basement entrance

Keller-Ofen m (Gieß) / Keller furnace

Keller·rahmen m (Bau) / cellar frame ‖ ~räume m pl, -geschoß n / cellarage ‖ ~speicher, Stapelspeicher m (DV) / push-down store, push-down stack ‖ ~treppe f / cellar stair, - stairs pl, basement stairs pl ‖ ~tür f / cellar door

Kellerung f (DV) / push-down

Kellfaktor m (TV) / Kell factor

Kellog·-Orthoflow-Verfahren n (Öl) / Kellog orthoflow process ‖ ~-Schwefelsäure-Alkylierung f / Kellog sulphuric acid alkylation

Kelp, Varek n (Tangasche) (Chem) / kelp, varech

Kelterei f / wine press house

Keltergeräte n pl / winemaking implements pl

keltern / press grapes

Kelvin n, K / kelvin, K (formerly °K) ‖ ~brücke, Doppelbrücke f / Kelvin [double] bridge ‖ absolutes ~elektrometer / attracted-disk electrometer ‖ ~temperatur f (gemessen in K) / Kelvin o. thermodynamic temperature

Kenaf m (Gambofaser) (Textil) / gambo fibre, kenaf

Kenn·... / identification ..., code ... ‖ ~bake f, -feuer n / identification beacon, IBn ‖ ~begriff m (DV) / key ‖ ~bit n (DV) / flag o. marker bit ‖ ~buchstabe m / distinguishing mark o. sign ‖ ~buchstabe m (Luftf) / recognition letter ‖ ~buchstabe m (Elektronik) / call letter ‖ ~code m (DV) / identifying code ‖ ~code m (Schiff) / allocated code ‖ ~daten pl / rating pl ‖ ~draht m (Elektr) / tracer [wire]

Kennel, Trog m (Textil) / continuous trough

Kennelly-Heavisideschicht f / Kennelly-Heaviside o. E-layer

Kenn·faden m (Kabel) / coloured tracer thread, marker thread, tracer ‖ ~farbe f (allg) / identification colour[ing] ‖ ~farbe f, Codefarbe f / code colour ‖ ~farben f pl / identification colour code ‖ ~farben f pl für Leuchtmelder / colours pl of indicator lights ‖ ~faser f / tracer fiber ‖ ~feld, -linienfeld n / characteristic diagram, mapping ‖ ~feld n (Math) / performance characteristics ‖ ~feuer n (Luftf, Schiff) / identification beacon, IBn, code light o. beacon ‖ ~größe f (Math) / dimensionless group o. quantity ‖ ~größe f, dimensionslose Zahl / dimensionless number ‖ ~größe f, Parameter m (Elektr, Masch) / parameter ‖ ~größen f pl / characteristic quantities pl ‖ ~impuls m (Film) / sync[hronization] pip o. plop ‖ ~impuls m (Film) / sound pulse ‖ ~intervall n (DV) / identifying interval ‖ ~kräuselung f (Garn) / characteristic curling, crimp module ‖ ~kurve f (Elektronik) / operation characteristic ‖ ~leitwert m (Fernm) / indicial admittance ‖ ~leitwert m (nach Feldkeller) / transfer admittance ‖ reziproker ~leitwert (nach Feldkeller) (Fernm) / mutual o. transfer impedance ‖ ~leuchte f für außergewöhnliche Abmessungen (Kfz) / outline marker lamp ‖ ~licht n, Positionslicht n (Bahn) / marker light ‖ ~licht, Signallicht n (Bahn) / position light signal ‖ ~linie f / characteristic curve o. line ‖ ~linie f (Regeln) / steady state characteristic ‖ ~linie f (Schliffbild) / sensitometric curve ‖ ~linie f (Kfz-Reifen) / circumferential rib of tires, centering rib ‖ ~linie f bei konstantem Strom / constant-current characteristic ‖ ~linie f der Magnetfeldröhre (Elektronik) / cutoff parabola ‖ ~linie f eines Verstärkers / amplifier response curve ‖ ~linie f für cos φ = 0 (Elektr) / zero power-factor characteristic ‖ ~linienfeld n (Röhre) / family of characteristics ‖ ~liniengebirge n / characteristic surface ‖ ~linienknick m / bend of the characteristic ‖ ~linienschar f / family of characteristics ‖ ⌐**linienschreiber** m / characteristic tracer ‖ ⌐**lochung** f (LoKa) / identifiying punch ‖ ⌐**marke** f, Identifizierungsmarke f / identification mark, point of orientation ‖ ⌐**melder** m (Elektr) / indicating pin ‖ ⌐**melodie** f / signature tune ‖ ⌐**nummer** f (DV) / identification number ‖ ⌐**-Nummer** f / tag number ‖ ⌐**satz** m (DV) / identifying label, label[ling], tag ‖ ⌐**satz** m, Etikett n (DV) / label [record] ‖ ⌐**satzfolge** f (Magn.Bd) / label group ‖ ⌐**satzname** m (DV) / label name ‖ ⌐**satzprüfung** f / label check ‖ ⌐**satz-Sektor** m (DV) / label sector ‖ ⌐**satz-Spur** f (DV) / label track

kenntlich / recognizable ‖ ~ **machen**, beschriften (DV) / label

Kenntnis f, Wissen n / knowledge

Kenn-Übertragungsfaktor m (Mikrophon) / rated free-field sensitivity

Kennung f (Schiff, Luftf) / characteristic ‖ ⌐ (Luftf) / identification signal ‖ ⌐, Kennbegriff m (DV) / identification key ‖ ⌐ (Fernschr) / answer-back code

Kennungs·geber m / identification generator o. source ‖ ⌐**marke**, Landmarke f (Luftf) / aeronautical ground mark, field marker (US) ‖ ⌐**marke** f (Flugsicherheit) (Luftf) / identifiable signal identification ‖ ⌐**wechsel** m (DV) / key change ‖ ⌐**zeichenschalter** m (Radar) / challenge switch

Kenn·wert m (Math) / characteristic value, parameter ‖ ⌐**wertermittlung** f (Regeln) / identification, ID ‖ ⌐**widerstand** m (Fernm, Kabel) / surge impedance ‖ ⌐**widerstand** m eines Vierpols (Fernm) / image impedance ‖ ⌐**wort** n (DV) / callword ‖ ⌐**wort** n, Sicherungswort n / password ‖ ⌐**wort-Dateischutz** m (DV) / password protection ‖ ⌐**wortmakro** m (DV) / keyword macro ‖ ⌐**zahl** f / basic o. characteristic number ‖ ⌐**zahl**, Chiffre f / key, cipher ‖ ⌐**zahl** f nach Terra (Bergb, Aufbertg) / deviation ‖ ~**zahlenmäßige Bezeichnung** / indexing ‖ ⌐**zahlenplan** m (Fernm) / national numbering scheme

Kennzeichen n, Merkmal n (allg) / note ‖ ⌐, Wesensmerkmal n / character[istic] ‖ ⌐, Markierung f / marker, distinguishing mark o. sign ‖ ⌐, Kriterium n / criterion ‖ ⌐, Anhaltspunkt m / point of orientation ‖ ⌐ (Buch) / caption ‖ ⌐, Markierung f (Luftf) / marker ‖ ⌐, Hinweissymbol n (DV) / flag, mark, sentinel, tag ‖ ⌐, Insert n (TV) / caption ‖ ⌐ der Befehlslänge / instruction length code ‖ ⌐ der Datenkettung (DV) / chain data flag ‖ ein ⌐ setzen / tag v ‖ polizeiliches ⌐, Nummernschild n (Kfz) / licence number (Am.: license…) ‖ polizeiliches ⌐ (Fahrrad) / bicycle identification plate in France ‖ ⌐**bit** n (DV) / flag bit ‖ ⌐**leuchte** f (Kfz) / license plate light ‖ ⌐**schild** n (Kfz) / license plate

kennzeichnen / denote, nominate ‖ ~, kenntlich machen / mark, distinguish ‖ ~ (DV) / qualify ‖ ~ (Fahrrinne) / mark the navigation channel ‖ ~, Merker setzen (DV) / flag v, mark ‖ **mit Buchstaben** ~ (Zeichn) / letter v

kennzeichnend / characteristic ‖ ~**er Bestandteil** (Geol) / essential mineral ‖ ~**es Intervall** (DV) / significant interval ‖ ~**e Zeitpunkte** / significant instants pl

Kennzeichnung f (allg) / designation ‖ ⌐, Markierung f / marking, identification [marking] ‖ ⌐ (Norm) / certification ‖ ⌐ (Elektr) / identification

Kennzeichnungs·-Aufnahme f (Repro) / identification frame ‖ ⌐**farbe** f (Färb) / sighting colour, marking o. staining colour ‖ ⌐**fläche** f (Masch) / marking area

Kenn[zeichnungs]linie f / line of orientation

Kennzeichnungs·tülle f (Elektronik, Elektr) / cable marker

Kenn·zeitpunkt m (DV) / significant instant ‖ ⌐**ziffer** f, Kennzahl f / basic o. characteristic number ‖ ⌐**ziffer** f, -zahl f, Exponent m (Math) / index, exponent ‖ ⌐**ziffer** f (Fernm) / crew factor ‖ ⌐**ziffer** f (Fernm, Selbstwähler) / code number ‖ ⌐**ziffer** f eines Logarithmus / characteristic of a logarithm, index of a logarithm ‖ ⌐**ziffer** f für Materialangaben / numeral designating

the material ‖ **eine** ⌐**ziffer geben** / digitize ‖ ⌐**ziffernausscheidung** f (Fernm) / digit discrimination ‖ **erster** ⌐**ziffernwähler** (Fernm) / A-digit selector ‖ **zweiter** ⌐**ziffernwähler** (Fernm) / B-digit selector ‖ ⌐**zustand** m / characteristic state ‖ ⌐**zustand** m (Fernm) / significant condition

Kenotron n (Glühkatoden-Diode) (Elektronik) / kenotron

kentern vi (Schiff) / capsize, cant, overturn, overset, be overset (US) ‖ ~ (Gezeiten) / turn, reverse ‖ ⌐ n **der Flut** / turning point of tide ‖ **zum** ⌐ **bringen** (Schiff) / capsize, upset

Kenterschloß n / Kenter connecting link

Kephalin n (Chem) / kephalin, cephalin

Keplersche Umlaufbahn f (Satellit) / Keplerian orbit

Keramik f / ceramics, keramics

Keramiker m / ceramist

Keramik·faser f / ceramic fibre ‖ ⌐**filterelement** n / ceramic filter element ‖ ⌐**fliesen** f pl / ceramic tiles pl ‖ ⌐**-Formverfahren** n (in zweiteiligen Formen) (Gieß) / investment casting with ceramic mould ‖ ⌐**gehäuse** n (Elektronik) / ceramic envelope ‖ ⌐**kondensator** m / ceramic capacitor ‖ ⌐**-Metall-Verbundwerkstoff** m, Cermet n / ceramal, cermet ‖ ⌐**monolith** m (Kfz, Kat) / ceramic honeycomb o. monolith ‖ ⌐**ofen** m / pottery kiln ‖ ⌐**platte** f / tile, flag ‖ ⌐**-Schnittwerkzeug** n / ceramic cutting tooth ‖ ⌐**träger** m **für Chips** (IS) / channel ‖ ⌐**trimmer** m / variable capacitor-ceramic envelope ‖ ⌐**wafer** f / ceramic wafer ‖ ⌐**waren** f pl, Töpferwaren f pl / ceramic goods pl, pottery

keramisch, Keramik… / ceramic, keramic ‖ ~**er Abstandshalter**, Isolierperle f / ceramic bead ‖ ~**es Bindemittel** / vitrified bonding material ‖ ~**e Bindung** (Schleifsch) / ceramic bond, vitrified o. porcelain bond ‖ ~**er Brennstoff** (Nukl) / ceramic fuel ‖ ~**er Druck** / ceramic printing ‖ ~**e Fabrik** / stoneworks pl ‖ ~**e Farbe** / ceramic colour ‖ ~**e Fußbodenplatte** / ceramic floor slab o. pavement slab ‖ ~ **gebunden** (Schleifscheibe) / ceramic o. vitrified bonded ‖ ~**e Metallurgie** / metalceramic ‖ ~**er Reaktor** (Nukl) / ceramic [fuelled] reactor ‖ ~**er Rechteckkondensator** / plate ceramic capacitance ‖ ~**er Umlenkstift für Schützen** / weft guide pin of vitrified ceramic ‖ ~**er Verbundkörper** (Keram) / honeycomb ‖ ~**er Werkstoff** / ceramic material

keramisieren / ceramize

Keramohalit, Alunogen m (Min) / alunogen

Kerargyrit m (Min) / chlorargyrite

Keratin n (Chem) / keratin[e]

keratinisieren / keratinize

Keratophyr n (Geol) / keratophyr

Keratophyr m / keratophyre

Keratoskop n, Placido-Scheibe f (Opt) / keratoscope

Kerb m, Kerbe f (Bergb) / kerf ‖ ⌐**arm** m, -ausleger m (Bergb) / shear jib ‖ ⌐**barren** m (Kupfer, Zink) / ingot bar ‖ ⌐**biegeversuch** m / nick-bend o. notch-bend test ‖ ⌐**durchmesser** m / indentation diameter

Kerbe f, Kerbschnitt m / chamfer[ing] ‖ ⌐, Einschnitt m / [flat] indent, indentation ‖ ⌐, Scharte f / nick, notch ‖ ⌐ (Masch) / slot, notch ‖ ⌐, Sägeschnitt m / saw notch o. kerf ‖ ⌐, Marke f (Zimm) / score

Kerb·einflußzahl f (Mat Prüf) s. Kerbfaktor ‖ ⌐**eisen** n (Schm) / necking tool

Kerbel m (Bot) / chervil

Kerbempfindlichkeit f / notch sensitivity

kerben, Kerben machen / indent, nick, notch ‖ ~, schlitzen, schrämen (Bergb) / cut, kerve, kirve ‖ **senkrecht** ~ (Bergb) / cut downhill v ‖ ⌐**fügung** f (Holz) / groove-and-tongue joint

Kerb·faktor m, -einflußzahl f / stress concentration factor, notch factor ‖ ⌐**faltprobe** f / notched bending test ‖ ⌐**filter** n (Elektronik) / notch filter ‖ ⌐**form** f / notch configuration ‖ ⌐**grund** m / notch o. groove root ‖ ⌐**kabelschuh** m / notch-type cable lug ‖ ⌐**messer** n (Holz) / notcher, notching knife o. tool ‖ ⌐**nagel** m /

grooved drive stud ‖ ⌐**rand** *m* (Münzw) / milled edge, fluting of coins ‖ ⌐**schärfe** *f* (Mat Prüf) / notch acuity ‖ ⌐**schlagarbeit** *f* / notched bar impact work ‖ ⌐**schlagbiegeprobe** *f* / notched bar impact bending test ‖ ⌐**schlagbiegeversuch** *m* **nach Charpy** / Charpy impact test ‖ ⌐**schlagempfindlichkeit** *f* s. Kerbempfindlichkeit ‖ ⌐**schlagprobe** *f* / notched bar [impact] test, Charpy test ‖ ⌐**[schlag]zähigkeit** *f* / notch[ed bar impact] value, impact strength when notched, notched bar test toughness ‖ ⌐**schlagzähigkeit** *f* (Wert) / impact value ‖ ⌐**schlagzähigkeit** *f* **nach Izod** / Izod-test toughness o. value ‖ ⌐**schnitt** *m*, Kerbmarkierung *f* / scoring ‖ ⌐**schnittarbeit** *f*, -schnitzarbeit *f* / chip carving ‖ ⌐**schnitzeisen** *n* / carving tool ‖ ⌐**sprödigkeit** *f* / notch brittleness ‖ ⌐**stab** *m* (Mat Prüf) / notch[ed] bar ‖ ⌐**stift** *m* / grooved [dowel] pin ‖ ⌐**stift** *m* **mit Hals** / grooved pin with gorge ‖ ⌐**tiefe** *f* (Mat.Prüf) / dimension to bottom of notch ‖ ⌐**verbinder** *m* (Elektr) / notch connector, notched type sleeve ‖ ⌐**verbindung** *f* (Elektr) / notch-type joint ‖ ⌐**verzahnung** *f* (Masch) / serration, groove o. channel toothing ‖ ⌐**wirkung** *f* / stress concentration, notch effect ‖ ⌐**wirkungszahl** *f* / fatigue strength reduction factor, fatigue notch factor ‖ ~**zäh** / notch ductile ‖ ⌐**zähigkeit** *f* s. Kerbschlagzähigkeit ‖ ⌐**zahn-Lehrdorn** *m* / plug gauge for serrated hubs ‖ ⌐**zahnnabe** *f* / serrated hub ‖ ⌐**zahnnabenprofil** *n* / internal serrations *pl* ‖ ⌐**zahnnaben-Räumwerkzeug** *n* / [internal] serration broach ‖ ⌐**zahnprofil** *n* / serration profile ‖ ⌐**zahn-Räumwerkzeug** *n* / external serration broach ‖ ⌐**zahnsteckschlüssel** *m* / serrated box o. socket wrench ‖ ⌐**zahnwelle** *f* / serrated shaft ‖ ⌐**zahnwellenprofil** *n* / external serrations *pl* ‖ ⌐**zange** *f* / marking pliers *pl* ‖ ⌐**zugfestigkeit** *f* / notch-tensile strength

Kerma *n* (Nukl) / kerma (= kinetic energy released in matter) ‖ ⌐**rate** *f* (Phys) / kerma rate

Kermes *m*, Kermeskörner *n*, (Färb) / kermes grains *pl* (from Kermes ilicis o. vermilis) ‖ ⌐**eiche** *f*, Quercus coccifera *f* / kermes oak, Quercus coccinea ‖ ⌐**eiche** *f*, Quercus coccifera *f* / Quercus coccifera ‖ ⌐**farbe** *f* / [kermes] scarlet

Kermesit *m* (Min) / kermesite, pyrostibnite

Kermet-Brennstoff *m* (Nukl) / cermet fuel

Kern *m* (allg, Bot) / kernel ‖ ⌐ (allg, Gieß) / core ‖ ⌐, Innerstes *n* (Masch) / core ‖ ⌐ (Holz) / kernel ‖ ⌐, Samenkern von Äpfeln etc. / seed (apple), stone (raisin), pip (orange) ‖ ⌐ (Reaktor, Brennstoffelement) / core ‖ ⌐ (Glasrohrschliff) / cone ‖ ⌐ (Galv) / mandrel, matrix, mould ‖ ⌐ (Opt, Faser) / core ‖ ⌐, Innerstes *n* / heart, core, center ‖ ⌐, Mitte *f* (allg, Krist) / nucleus (pl.: nuclei) ‖ ⌐, Mark o / marrow ‖ ⌐ (z.B. eines Anwendungssystems) (DV) / kernel ‖ ⌐, Magnetkern *m* (DV) / core ‖ ⌐, Grünsandkern *m* (Gieß) / core ‖ ⌐..., nuklear (Phys) / nuclear, nucleal ‖ ⌐... (Gieß, Loch) / cored ‖ ⌐ **der Integralgleichung** / kernel of integral equation ‖ ⌐ **der Kabeltrommel** / barrel of the cable drum ‖ ⌐ **der Schraube** / body of the bolt ‖ ⌐ **des Spiralbohrers** / web ‖ ⌐ **des Ziehsteins** / pellet of the drawing die ‖ ⌐ **von Bäumen** / pith ‖ **dunkler** ⌐ **von Sonnenflecken**, Umbra *f* / umbra ‖ **mit** ⌐ **versehen** (Gieß) / core *vi* ‖ **mit einem** ⌐, mit einem Nukleus (Biol) / mononuclear, -clearic ‖ **mit einem** ⌐ (Biol) / uni-nucleate, -nuclear, mononuclear ‖ **stehenbleibender** ⌐, Bohrkern *m* (Bergb) / carrot, [drilling] core ‖ **weicher** ⌐ (Hütt) / soft core ‖ ⌐**abstand** *m* / internuclear distance ‖ ⌐**achse** *f* (Eisenb) / solid axle ‖ ⌐**ader** *f* / core wire of a cable ‖ ⌐**anregung** *f* / nuclear excitation ‖ ⌐**ansatz** *m*, Ka (Schraube) / half dog point ‖ ⌐**ansatz-Höhe** *f* (Schraube) / half dog length ‖ ⌐**anschnitt** *m* (Gieß) / core gate ‖ ⌐**anspritzmittel** *n* (Gieß) / core spraying material ‖ ⌐**antrieb** *m* (Raumf) / nuclear propulsion ‖ ⌐**art** *f* / nuclear species ‖ ~**artig** / nucleoid ‖ ⌐**atom** *n*, Atomkern *m* ohne Elektronen / nuclear atom, stripped

atom ‖ ⌐**aufbau** *m* / nuclear structure ‖ ⌐**auge** *n*, -lager *n* (Gieß) / core print o. mark ‖ ⌐**ausdrückstempel** *m* / pusher pin ‖ ⌐**ausrichtung** *f* / nuclear alignment ‖ ⌐**-Ausstoßen** *n* (Gieß, Sandkern) / decoring ‖ ⌐**ausstoßer** *m* (Gieß) / decorer, core breaker o. buster ‖ ⌐**ausstoßmaschine** *f* / core knock-out machine, core ejecting machine ‖ ⌐**ausstoß-Rüttler** *m* / decore vibrator ‖ ⌐**auswahlregeln** *f pl* / nuclear selection rules *pl* ‖ ⌐**bauweise**, Wabenbauweise *f* / honeycomb design o. construction ‖ ⌐**beschießung** *f*, -beschuß *m* / nuclear bombardment ‖ ⌐**bestandteile** *m pl* (Nukl) / nuclear components *pl* ‖ ⌐**beton** *m* / coarse concrete, no-fines concrete ‖ ⌐**bildung** *f* (Phys) / nucleation ‖ ⌐**bildung** *f* / nucleation, forming of a nucleus ‖ **natürliche** ⌐**bildung** / nucleogenesis ‖ ⌐**binder** *m* (Gieß) / core binder, core compound ‖ ⌐**bindungskraft** *f* (Nukl) / force constant of linkage ‖ ⌐**blasmaschine** *f* / core blowing machine, core blower ‖ ⌐**bock** *m* (Gieß) / chaplet ‖ ⌐**bohren** *n* (Bergb) / core drilling o. boring ‖ ⌐**bohrer** *m* (Bergb) / core drill ‖ ⌐**bohrer** *m* **mit Stahlkrone** / calyx drill ‖ ⌐**bohrkrone** *f* / annular core bit ‖ ⌐**bohrmaschine** *f* / core drilling machine ‖ ⌐**brecher** *m* (Bergb) / carrott breaker ‖ ⌐**brennstoff** *m* (Nukl) / reactor fuel, atomic o. nuclear fuel ‖ ⌐**brennstoff-Kreislaufpark** *m* / nuclear fuel cycle park ‖ ⌐**brennstofftablette** *f* (Nukl) / fuel pellet ‖ ⌐**brett** *n*, -schablone *f* (Gieß) / model[l]ing board for the core, core board ‖ ⌐**bruchstück** *n*, -splitter *m* / nuclear fragment ‖ ⌐**büchse** *f*, -form *f* (Gieß) / core box ‖ ⌐**büchsenhälfte** *f* (Gieß) / core box half ‖ ⌐**chemie** *f* / nuclear chemistry ‖ ~**chemisch** / chemonuclear ‖ ~**chemischer Reaktor** / chemonuclear reactor ‖ ⌐**dicke** *f* (Schleifscheibe) / thickness at center ‖ ⌐**dicke** *f* (Bohrer) / web thickness ‖ ⌐**draht** *m* / core o. king wire ‖ ⌐**draht** *m* (Gieß) / core bar ‖ ⌐**drehimpuls**, Kernspin *m* / nuclear spin ‖ ⌐**durchmesser** *m* (Gewinde) / core (GB) o. minor (US) diameter, root diameter ‖ ⌐**durchmesser** *m* (Phys) / nuclear diameter ‖ ⌐**eigenschaften** *f pl* / nuclear characteristics o. properties *pl* ‖ ⌐**einheit** *f* (DV) / core assembly ‖ ⌐**einlegelehre** *f* (Gieß) / core setting jig ‖ ⌐**eisen** *n*, -draht *m* (Gieß) / core bar ‖ ⌐**emission** *f* / nuclear emission ‖ ⌐**energetik** *f* / nuclear energetics *pl* ‖ ⌐**energie** *f* / atomic o. nuclear energy ‖ **durch** ⌐**energie antreiben** / nuclear-drive *v* ‖ ⌐**energie-Freisetzung** *f* / nuclear yield ‖ ⌐**energieprogramm** *n* / nuclear power program ‖ ⌐**energie-Rakete** *f* / nuclear fission rocket ‖ ⌐**energie-Raketenantrieb** *m* / nuclear space propulsion ‖ ⌐**energieschiff** *n* / nuclear-powered ship ‖ **mit** ⌐**energie-Triebwerk** (Raumf) / nuclear-powered ‖ ⌐**explosion** *f* (Nukl) / core explosion ‖ ⌐**faden** *m* (Textil) / core o. foundation thread ‖ ⌐**faden**, Seelenfaden *m* (Spinn) / ground o. core o. foundation thread ‖ ⌐**fänger** *m* (Öl) / core catcher ‖ ⌐**fangring** *m* (Öl) / fishing socket ring ‖ ⌐**fäule** *f* (Holz) / heartwood rot ‖ ⌐**feld** *n* / nuclear field ‖ ⌐**feld**, Mesonenfeld *n* (Nukl) / meson field ‖ ~**fernes Elektron** / outer[-shell] o. peripheral electron ‖ ⌐**flecken** *m pl* **u. Streifen durch Pilzbefall** (Holz) / stains and streaks *pl* ‖ ⌐**flüssigkeit** *f* / nuclear fluid ‖ ⌐**flutsystem** *n* (Nukl) / core flooding system ‖ ⌐**form** *f* (Gieß) / core box ‖ ⌐**form**, Atomkernform *f* / nuclear shape ‖ ⌐**formerei** *f* (Gieß) / core moulding ‖ ⌐**formmaschine** *f* (Gieß) / core making o. mo[u]lding machine ‖ ⌐**forschung** *f* / nuclear research ‖ ⌐**forschunganlage** *f* / nuclear research plant ‖ ⌐**forschungszentrum** *n* / nuclear research center ‖ ⌐**fusion**, -verschmelzung *f* / [thermo]nuclear fusion o. reaction ‖ ⌐**gefüge** *n* (Gieß) / core structure ‖ ⌐**gehäuse** *n* (Obst) / core of fruit ‖ ⌐**grat** *m* (Gieß) / joint flash ‖ ⌐**guß** *m*, Hohlguß *m* (Gieß) / casting on a core, hollow casting ‖ ⌐**guß** *m* (Tätigkeit u. Erzeugnis) (Gieß) / cored work ‖ ⌐**halbmesser** *m* (Mech) / core radius ‖ ⌐**halbmesser**, -radius *m* (Gewinde) / minimum radius ‖ ⌐**halteplatte** *f* / core plate ‖ ⌐**haltestift** *m* (Gieß) / dabber ‖ ⌐**härtbarkeit** *f*, Durchhärtbarkeit *f* / through

hardenability ‖ ⌐härten n (Gieß) / core hardening ‖
⌐härteplatte f, -trockenplatte f (Gieß) / core carrier
plate ‖ ⌐heber, Fangring m (Bergb) / core lifter ring ‖
⌐holz n (Holz) / duramen, heart wood ‖ ast- u.
rissefreies ⌐holz / free stuff ‖ ⌐holzflecken m pl durch
Pilzbefall (Holz) / fungal heartwood stains and streaks pl
kernig·er Griff (Textil) / firm o. solid handle
Kern·induktion f / nuclear magnetic resonance, NMR ‖
⌐innen… (Reaktor) / in-core ‖ ⌐inneres n / nucleor,
core of a nucleon ‖ ⌐isomere n pl / nuclear isomers pl ‖
⌐isomerie f / nuclear isomerism
Kernit m (Min) / kernite
Kern·kabel n / central quad of cable ‖ ⌐kasten m (Gieß) /
core box ‖ ⌐kettenreaktion f / nuclear chain reaction ‖
⌐kleben n (Gieß) / gumming of the core ‖ ⌐kleber m
(Gieß) / core gum, core binder ‖ ⌐komponente f,
-bauteil n (Nukl) / core component ‖ ⌐körper,
Nukleolus m (Biol) / nucleolus ‖ ⌐kraft f (Phys) / nuclear
force ‖ mit ⌐kraft betrieben / atomic powered ‖
⌐kraftwerk n, KKW / atomic o. nuclear power station
‖ ⌐kreisel, Partikelkreisel m / particle gyro, atomic
gyroscope ‖ ⌐kristall m / nucleus crystal ‖ ⌐kristall m,
Perimorphose f (Min) / perimorph ‖ ⌐ladungszahl f Z,
Ordnungszahl f Z / atomic number Z ‖ ⌐lager n (Gieß) /
core print o. mark ‖ ⌐leder n / butt ‖ ⌐leitwert m
(Vierpolkonstante) (Fernm) / transfer admittance ‖
⌐leitwert [nach Feldkeller] m / [short-circuit] transfer
o. forward admittance ‖ ⌐linie f, -umfang m (Mech) /
core line ‖ ⌐linse f (Opt) / nuclear lens ‖ ⌐litze f (Seil) /
central strand, core strand ‖ ⌐loch n (Gieß) / core
removing hole ‖ ⌐lockerungsmittel n (Gieß) / core
breakdown agent ‖ ~los / coreless ‖ ~loser
Induktionsofen / coreless induction furnace ‖ ⌐macher
m (Gieß) / core moulder ‖ ~magnetisches Logging o.
Bohrlochmessen (Öl) / nuclear magnetic logging, NML
‖ ~magnetische Resonanz / nuclear magnetic
resonance, NMR ‖ ⌐magneton n / core o. nuclear
magneton ‖ ⌐mantel m (Reaktor) / core shroud ‖
⌐-Mantel-Faser f (Opt) / cladded core fiber, step-index
fiber ‖ ⌐marke f (Gieß) / core print o. mark ‖ ⌐masse f
(Phys) / M, nuclear mass ‖ ⌐masse f (Gieß) / core
moulding o. making compound, core mixture ‖
⌐material n / nuclear material ‖
⌐materialüberwachung f (für friedliche Zwecke),
Sicherungsmaßnahmen f pl / safeguards pl (in a peaceful
nuclear activity), control (of a peaceful nuclear activity)
‖ ⌐materie f / nuclear matter ‖ ⌐matrix f (DV) / core
matrix memory ‖ ⌐matrixelement n / nuclear matrix
element ‖ ⌐matrixspeicher m (DV) / core matrix
memory ‖ ⌐mauer f, Kern eines Sperrdammes m / core
of a barrage ‖ ⌐mehl n (Landw) / meal ‖ ⌐modell n /
nuclear model ‖ ⌐modell n mit unabhängigen
Teilchen / independent particle model ‖ ⌐molekül n /
nuclear molecule ‖ ⌐moment n (Mech, Bau) / moment of
normal force ‖ ⌐moment n (Nukl) / nuclear moment ‖
⌐nagel m (Landw) / core nail ‖ ⌐nagel, -bock m, -stütze f
(Gieß) / chaplet ‖ ~nahes Elektron / fixed electron ‖
⌐-Niveau n / nuclear energy level ‖ ⌐obst n /
pomaceous fruit ‖ ⌐ofen n (Gieß) / core [baking] oven ‖
⌐öl n (Landw) / kernel oil ‖ ⌐öl n (Gieß) / core oil ‖
⌐paket n (Trafo) / core stackings ‖ ⌐papier n (ein
Laminatrohpapier) / resin-laminated core paper,
underlay base paper ‖ ⌐paramagnetische Resonanz /
nuclear paramagnetic resonance ‖ ⌐partikel f / nuclear
particle ‖ ⌐partikelantrieb m / nuclear particle
propulsion ‖ ⌐-Photozerfall, -photoeffekt m (Nukl) /
photo-disintegration, photonuclear reaction, nuclear
photoeffect ‖ ⌐physik f / nuclear physics ‖ angewandte
⌐physik, Nukleonik f / nucleonics ‖ ⌐platte f (Akku) /
core plate ‖ ⌐polarisierung f / nuclear polarisation ‖
⌐potential n (Nukl) / nuclear potential ‖
⌐preßmaschine f / core press ‖ ⌐prozeß m, -reaktion f
/ nuclear reaction ‖ ⌐punkt m (Mech) / point of the core
‖ ⌐radius m (Mech) / core radius ‖ ⌐reaktion f /

nuclear reaction ‖ ⌐reaktor, Reaktor m / [nuclear]
reactor ‖ ⌐regel f / nuclear formula ‖ ⌐reisezeit f (Nukl)
/ core cycle ‖ ⌐reiter m (Reifen, Kfz) / bead filler, bead
apex core o. strip ‖ ⌐resonanzfluoreszenz f (Nukl) /
nuclear resonance fluorescence, NRF ‖
⌐resonanzspektroskopie f / nuclear magnetic
resonance spectroscopy ‖ ⌐riß m (Holz) / heart shake ‖
⌐riß m (Gieß) / veining ‖ ~rissig (Holz) / quaggy, having
heart shakes ‖ ⌐rissigkeit f (Holz) / quagginess ‖ ⌐rohr
n, Seelenrohr n (Mil) / liner of a gun, A-tube ‖ ⌐rohr n
(Öl) / core barrel ‖ ⌐rohr n (Reaktor) / central column ‖
⌐rösten n (Landw) / kernel roasting ‖ ⌐rückfeinen n
(Stahl) / core refining ‖ ⌐rüttler m (Gieß) / core shaker ‖
⌐sand m (Gieß) / core sand ‖ ⌐sandaufbereitung f
(Gieß) / core sand dressing plant ‖ ⌐schablone f (Gieß) /
core template o. strickle ‖ ⌐schablone f, -brett n (Gieß) /
model[l]ing board for the core, core board ‖ ⌐schacht
m, Schachtausfütterung f, -futter n (Hochofen) / ring wall
‖ ⌐schacht m (Tiefbohren) / inner casing ‖ ⌐schale f
(Nukl) / nuclear shell ‖ ⌐schäle, Ringschäle f (Holz) /
cup shake, ring o. shell shake ‖ ~schälig (Holz) / with
internal annular shakes, with cup o. ring o. shell shakes
‖ ⌐schatten m / umbra, perfect o. complete o. core
shadow ‖ ⌐schießmaschine f (Gieß) / core shooter ‖
⌐schlichte f (Gieß) / core dressing, core coating o. wash
‖ ⌐schliff m (Glas) / ground cone (glass) ‖ ⌐schmelzen
n (Nukl) / core melt-through ‖ ⌐schrott m / solid scrap ‖
⌐seife f / olive oil castile soap, curd soap, hard o.
grained o. laundry soap ‖ ⌐seigerung f (Hütt) / normal
segregation ‖ ~spaltend einwirken [auf] / exert fission
capture [on] ‖ ⌐spalttriebwerk n / nuclear reactor
propulsion ‖ ⌐spaltung f / nuclear fission ‖ ⌐spaltung f
in 3 Stücke / ternary fission, tripartition ‖
⌐spaltungsbombe f / nuclear fission bomb ‖
⌐spaltungsenergie f / atomic o. nuclear energy, fission
energy ‖ ⌐speicher m / core memory, core storage,
core matrix memory ‖ ⌐[speicher]matrix f (DV) / core
matrix o. array o. plane ‖ ⌐speicher-Protokoll n,
-speicher-Auszug m (DV) / [storage] snapshot printout ‖
⌐speicher-Sortierung f / incore sort ‖ ⌐speicherstelle f
/ core storage location ‖
⌐speicheruhr-Zeitimpulsgeber m (DV) / storage clock
interval timer ‖ ⌐spektroskopie, -spektrometrie f /
nuclear spectroscopy ‖ ⌐spin, Kerndrehimpuls m /
nuclear spin ‖ ⌐spindel, -stange f (Gieß) / core bar[rel]
o. spindle ‖ ⌐spingyroskop n / nuclear gyroscope ‖
⌐spin-Quantenzahl f / isotopic spin quantum number ‖
⌐spinresonanz f / nuclear magnetic resonance, NMR ‖
⌐spinresonanztomograph m / nuclear magnetic
resonance tomograph ‖ ⌐spintomographie f / nuclear
spin tomography ‖ ⌐splitter m, -bruchstück n / nuclear
fragment ‖ ⌐sprengkopf m / atomic warhead ‖
⌐sprühkranz m (Reaktor) / core spray ring ‖ ⌐spur f /
nuclear trace o. track ‖ ⌐[spur]emulsion f / nuclear
[trace] emulsion ‖ ⌐spurenregistrierung f / nuclear-
particle recording ‖ ⌐spur-Mikrofilm m / nuclear
microfilm ‖ ⌐spurregistrierung f / nuclear trace
recording ‖ ⌐stab m, Dorn m (Schweiß) / core rod ‖
⌐stange f der Röhrenpresse / core bar of the tube
drawing press, triblet ‖ ⌐stift n (Gieß) / core pin ‖
⌐stopfen m (Gieß) / core stopper, core plug ‖
⌐strahlung f / nuclear radiation ‖ ⌐stück n (Leder) /
butt, crop ‖ ⌐stück n (allg) / main item, essential item ‖
⌐stück n (Masch) / core piece ‖ ⌐stückhälfte f (Leder) /
bend [leather] ‖ ⌐stütze f (Gieß) / chaplet ‖ ⌐system n
(DV) / kernel system ‖ ⌐technik f / nuclear engineering
o. technology ‖ ~technische Anlage / nuclear facility ‖
~technische Unterlagen f pl / nuclear engineering data
pl ‖ ⌐teilchen n (Nukl) / nuclear particle ‖ ⌐teilung f
(Biol) / nuclear division ‖ ⌐transformator m (Elektr) /
core [type] o. double core transformer ‖ ⌐treiber m
(DV) / core driver ‖ ⌐[trocken]ofen m (Gieß) / core
[baking] oven ‖ ⌐trockenschale f (Gieß) / core carrier
(GB), core drier (US) o. plate ‖ ⌐übergang m (Nukl) /

nuclear transition ‖ ~umfang m (Kabeltrommel) / barrel outline ‖ ~umfang (Mech) / core line ‖ ~umgruppierung f / nuclear rearrangement ‖ ~umwandlung f (Nukl) / nuclear transformation o. transmutation ‖ ~- und Hülsenschliff m (Glas) / ground joints of cone and socket, multi-glass hard-soft seal ‖ ~verbund m (pl:-verbunde) (DIN 53290) / sandwich (pl: sandwiches), sandwich construction ‖ ~vergiftungssystem n / standby liquid control system ‖ ~verknüpfung f (Chem) / linkage between the nuclei ‖ ~verluste m pl / core losses pl ‖ ~versatz m (Gieß) / core shift o. mismatch ‖ ~verschmelzung, -fusion f / [thermo]nuclear fusion o. reaction ‖ ~vierer m (Fernm) / core phantom circuit ‖ ~waffe f / nuclear o. atomic weapon ‖ 20 Kiloton-~waffe f / nominal weapon ‖ ~waffentauglichkeit f (Nukl) / weapon accessibility ‖ ~waffenträger m / nuclear weapon carrier ‖ ~weite f, -radius m (Mech) / core radius ‖ ~wendemaschine f (Gieß) / core turnover o. core rollover machine ‖ ~widerstand m (Vierpoltheorie) (Fernm) / mutual impedance ‖ ~zähler m / nuclear counter ‖ ~zerfall m / nuclear disintegration ‖ ~zerfallsakte m pl je Sekunde / transmutations per second, tps pl ‖ ~zerfalls-Energie f, Q-Wert m / nuclear disintegration energy ‖ ~zerschmiedung f / forging burst ‖ ~zertrümmerung, Spallation f (Nukl) / spallation ‖ ~zieher m (Plast) / sprue-lock ‖ ~zieher m (Gieß) / core drawback ‖ ~zonen-Umschmelzverfahren n, MHKW-Verfahren n (= Midvale-Heppenstall-Klöckner-Werke, ein ESU-Verfahren) / core zone remelting process, MHVV-process ‖ ~zug m (Druckguß) / core puller

Kerosin, Petroleum n / lamp oil, kerosine, -ine ‖ ~ n (Flugkraftstoff) / kerosine ‖ ~erzeugnis n / kerosin product ‖ ~hydroraffinationsanlage f / kerosine hydrotreating plant ‖ ~stripper m / kerosine stripper

Kerr·effekt m, Kerrsches Phänomen m (Elektronik) / Kerr effect ‖ ~zelle f (Elektronik) / Kerr cell

Kersey m (Web) / kersey, Scotch twilled woollen stuff

Kerze f, Zündkerze f (Kfz) / spark (US) o. sparking (GB) plug, ignition plug ‖ ~, Licht n / candle ‖ ~ hohen Wärmewerts / cold plug ‖ ~ niederen Wärmewerts / hot plug

Kerzen·filter n / cartridge filter, candle filter ‖ ~filter n (Wasser) / tube filter ‖ ~gehäuse n / spark plug barrel o. shell ‖ ~gewinde n / spark plug thread ‖ ~gießmaschine f / candle moulding machine ‖ ~-Großlampe f (DIN Form D) / large candle lamp ‖ ~kleinlampe f / small candle lamp ‖ ~lampe, Kerze f (Elektr) / candle o. flame lamp ‖ ~schlüssel m (für Zündkerzen) / spark plug spanner o. wrench, plug wrench ‖ ~stecker, Zündleitungs-[Entstör]stecker m (DIN) (Kfz) / spark plug socket ‖ ~stein m (Kfz) / spark plug insulator ‖ ~stift m, Mittelelektrode f / center electrode

Kessel m, Koch-, Wasserkessel m / kettle, boiler, boiling pan, boiling vessel ‖ ~, Dampfkessel m / steam boiler ‖ ~, Talkessel m (Geol, Bergb) / basin ‖ ~ (Lichtbogenofen) / shell of an arc furnace ‖ ~, Vulkankessel m (Geol) / caldera ‖ ~ für ortsfesten Betrieb / land type boiler ‖ ~ für Zentralheizung / central heating boiler ‖ ~ mit Wendekammer / boiler with reversed fire ‖ kombinierter Heizungs- und Warmwasser~ / combined central heating and hot water furnace ‖ ~abgas n / smoke gas ‖ ~abnahmeprüfung f / boiler acceptance test ‖ ~anlage f / boiler plant ‖ ~anzug m / boiler dress ‖ ~armaturen f pl / boiler fittings pl ‖ grobe ~armaturen f pl / boiler appurtenances pl, boiler mountings pl ‖ feine ~armaturen / boiler valves and fittings pl (o. and accessories) ‖ ~batterie, -gruppe f / boiler battery ‖ ~bau m / boiler construction ‖ ~bauanstalt f / boiler maker o. manufacturer o. shop (US) ‖ ~bekohlungsanlage f / boiler coaling plant ‖ ~betrieb m / boiler practice ‖ ~blech n / thick o. heavy o. boiler plate ‖ ~bock m (Schiff) / keelson ‖ ~boden m

/ boiler bottom o. end ‖ flacher ~boden / flat boiler end ‖ eingehalster ~boden / bottom flanged inward ‖ gekümpelter ~boden / dished boiler bottom ‖ ~decke f / top of the boiler ‖ ~dekatiermaschine f / kier-decatizing machine, decatizing autoclave ‖ ~dom m / steam dome ‖ ~druck m / boiler pressure ‖ ~[druck]prüfung f / boiler test, hydraulic pressure test ‖ ~explosion f / boiler explosion ‖ ~färbung f / kettle dyeing ‖ ~feuerung f / boiler firing system o. plant o. equipment, boiler fuel burning plant ‖ ~feuerung f mit wassergekühlten Rippen / fin furnace ‖ ~führung f / boiler operation ‖ ~glied n / element o. member of a boiler ‖ ~gruppe f s. Kesselbatterie ‖ ~haus n / boiler house o. room ‖ ~hilfsmaschinen f pl / auxiliary machines pl ‖ ~hopfen m (Brau) / copper hops ‖ ~kochung f (Textil) / kier boiling ‖ ~kohle f / boiler coal ‖ ~lager n / setting of the boiler ‖ ~leistung f / boiler steam rating o. output, boiler evaporative o. steaming capacity ‖ ~mantel m / boiler barrel o. shell ‖ ~mantel m, zylindrischer Teil des Kessels / boiler body ‖ ~mauerwerk n / boiler masonry o. setting o. immuration ‖ ~naht f / riveted boiler seam ‖ ~ofen, Pfannenofen m / pan furnace ‖ ~ölschalter m / oil-trough circuit breaker ‖ ~passage f der Seide / treatment of silk in a solution of ferric salt ‖ ~raum m (Schiff) / stokehole o. -hold ‖ ~raum m unter Überdruck (Schiff) / closed stokehole ‖ ~raumabschluß m / boiler furnace roof ‖ ~regelung, -regulierung f / boiler regulation ‖ ~revision f, -prüfung f, -untersuchung f / boiler test[ing] o. inspection ‖ ~rohr n / boiler tube ‖ ~rost m / boiler grate ‖ ~sattel m (Tank) / tank cradle ‖ ~schlacke, -asche f / boiler slag ‖ ~schlamm m / boiler silt o. slurry o. sludge ‖ ~schleuse [mit 4 Häuptern] f (Wassb) / four-square lock ‖ ~schuß m, Mantelschuß m / shell ring o. belt, boiler barrel o. shell ‖ ~speisepumpe f / boiler feed[ing] pump o. feeder ‖ ~speiserückschlagventil n (Dampfm) / feed check valve ‖ ~speiseventil n / boiler feed valve ‖ ~speisewasser n / boiler feed water ‖ ~speisewasser-Aufbereitung f / boiler feedwater treatment ‖ ~stein m / sediment in boilers, boiler scale, incrustation, deposit, [calcareous] fur ‖ ~stein m (Brau) / copper-fur ‖ ~stein ansetzen / scale vi, become covered with scale ‖ den ~stein entfernen (o. abklopfen) / scale vt, strip the scale ‖ ~steinansatz m, -steinablagerung f / deposit of boiler scale ‖ ~steinförderer m, -steinbildner m / incrustation promoting agent ‖ ~steinhammer m / scaling hammer ‖ ~steinlösemittel n / boiler cleansing compound ‖ ~steinverhütend / anti-incrustant, antiscaling ‖ ~steinverhütungsmittel n / disincrustant ‖ ~stirnwand f, vorderer Kesselboden / face of a bocler ‖ ~stütze f (Lok) / boiler bracket ‖ ~trommel f / cylindrical boiler shell ‖ ~tuch n (Web) / cloth dyed by the piece ‖ ~turbine f (Hydr) / turbine in cylindrical casing ‖ ~verkleidung, -ummantelung f / boiler jacket o. case o. casing o. covering o. cleading o. lagging ‖ ~verkleidung f, -ummantelung f / boiler covering ‖ ~verkrustung f / boiler incrustation o. ‖ ~wagen m (Bahn) / tank wagon o. car (US) ‖ ~wärmeschutz m, -isolierung f / thermal lagging o. cleading of boilers ‖ ~warte f / boiler switchboard ‖ ~wärter m / boilerman, stoker ‖ ~wartung, -bedienung f / boiler attendance ‖ ~wirkungsgrad m / boiler efficiency

Keten n (Chem) / ketene

Keto·alkohol m / alcoholic ketone ‖ β-~buttersäureethylester m / aceto-acetic ester ‖ ~-Enoltautomerie f / keto-enolic tautomerism ‖ ~form f (Chem) / keto form ‖ ~harz n (Plast) / ketone resin ‖ ~hexose f / ketohexose

Keton n / ketone ‖ ~bildner m / ketone former o. producer ‖ ~körper m / ketone body ‖ ~spaltung f / ketonic cleavage

Keto·säure f, Ketocarbonsäure f / ketonic acid ‖ **~se** f, Ketozucker m / ketose ‖ **~xim** n / ketoxime

Ketsch f / ketch

Kett·ablaßvorrichtung f, Kettbaumregler m / warp let-off motion ‖ **~atlas** m (aus Seide) / warp sateen ‖ **~band** n / warp tie ‖ **~baum** m (Textil) / loom o. warp beam, yarn beam o. roller, weaver's beam ‖ **~baumantrieb** m / warper's o. weaver's beam drive ‖ **~baumbleichung** f / beam bleaching ‖ **~baumbremse** f / friction let-off, warp beam brake ‖ **~baumfärbeapparat** m / [warp] beam dyeing apparatus ‖ **~baumlagerwalze** f / warp beam bearing roller ‖ **~baumscheibe** f (Textil) / warp beam flange ‖ **~baumträger** m (Web) / warp beam support

Kettchen n / small chain

Kettdruckmaschine f / warp printing o. clouding machine

Kette f (allg, Chem) / chain ‖ **~**, Kohlenstoffkette f (Chem) / chain of carbon atoms, open chain ‖ **~**, Getriebekette f (Mech) / linkage ‖ **~** (Web) / warp, chain ‖ **~**, Raupenkette f / crawler, endless chain ‖ **~** (Befehlskette) (DV) / catena, chain ‖ **~ der Festmacheboje** / chain of the mooring buoy ‖ **~ für Kettenräder** / sprocket chain ‖ **~ mit Steggliedern**, Stegkette f / studded chain ‖ **~ ohne Stege** (Masch) / ordinary link chain, nonstudded chain ‖ **~ und Schuß** (Web) / warp and weft ‖ **~ mit dichter ~** (Textil) / high warp

Kettel m (Wirkm) / chain warp ‖ **~** (Strumpf) / linking course ‖ **~langreihe** f (Wirkm) / linkage course ‖ **~los** (Strumpf) / loopless, linkless ‖ **~maschine** f **für Trikotagen** / linking machine, binding-off o. looping machine

ketteln (Wirkm) / link, loop, bind-off

Kettel·naht f / linking o. coarse seam ‖ **~stich** m (Textil) / looped stitch

ketten (Chem) / chain v, connect ‖ **~** (DV) / concatenate, catenate ‖ **~...** / chain... ‖ **~abbruch** m (Chem) / termination of a chain ‖ **~abbruch** m (DV) / string break ‖ **~absperrung** f (Straßb) / guard chain ‖ **~angetriebene Rollenbahn** / chain-driven live roller conveyor ‖ **~anknoten** n (Web) / warp tying ‖ **~anschärer** (Web) / beaming machine o. headstock, beamer ‖ **~anschläger** m (Bergb) / clipper, hanger-on ‖ **~[an]trieb** m / chain and sprocket wheel drive, chain drive ‖ **~antrieb** m (Schlepper) / track drive ‖ **~antriebsrad** n (Raupenschlepper) / bull wheel ‖ **~antriebsscheibe** f / chain starwheel ‖ **~aufbau** m (DV) / string building ‖ **~aufhängung** f, Aufhängung f an Ketten / chain suspension ‖ **~aufhängung** f (Fahrleitung) (Bahn) / catenary suspension system ‖ **~auflager** n (Brücke) / chain saddle ‖ **~bahn** f / endless chain transporter o. haulage [system] ‖ **~baum** m s. Kettbaum

~becherwerk n, -elevator m / chain bucket elevator ‖ **~biegemaschine** f / chain link bending machine ‖ **~bildung** f (Chem) / chain formation ‖ **~bindung** f (Textil) / chain weave ‖ **~bogen** m (Bau) / catenarian arch ‖ **~bolzen** m / chain stud, link pin ‖ **~bolzen** m (Raupe) / track pin ‖ **~brecher am Spill** m, Kettengabel f / capstan pointer ‖ **~bruch** m (Math) / continued fraction ‖ **~bruchsicherung** f (Becherwerk) / chain anti-runback device ‖ **~brücke** f / chain bridge ‖ **~code** m (DV) / chain code ‖ **~dämpfung** f (Fernm) / iterative attenuation constant o. coefficient, attenuation constant (GB) ‖ **~datei** f (DV) / chaining file ‖ **~daten** n pl (DV) / string data ‖ **~determinante** f / cascade determinant ‖ **~dichte** f (Web) / sett (GB) o. set (US) of the reed o. warp ‖ **~doublé** n / warp-backed fabric, two-and-one warp ‖ **~druck** m (Textil) / printing on the warps ‖ **~drucker** m (DV) / chain printer, belt type printer ‖ **~druckmaschine**, Schiniermaschine f (Färb) / warp-printing o. clouding machine ‖ **~einziehmaschine** f (Web) / drawer-in for warp thread ‖ **ein ~ende** / a length of chain ‖ **~fahrleitung** f (Bahn) / catenary, overhead contact line ‖ **polygonale o. senkrechte ~fahrleitung** /

polygonal overhead contact line ‖ **windschiefe ~fahrleitung** / inclined overhead contact line ‖ **~fahrzeug** n / tracklaying vehicle ‖ **~[flaschen]zug** m / chain block ‖ **~förderband** n / chain belt conveyor ‖ **~förderer** m (Plattenbänder, Becherwerke usw.) / chain conveyor, endless chain transporter o. haulage [system] ‖ **~förderer** m (Bergb) / scraping chain conveyor ‖ **~förderung** f (Bergb) / chain haulage ‖ **~förmig**, Ketten... / chain... ‖ **~fortpflanzungsreaktion** f (Chem) / propagation o. growth reaction ‖ **~fräse** f (Holz) / chain cutter moulding machine ‖ **~gang** m, Schneckenabsatz m (Uhr) / step ‖ **~gang** m **am Spill**, Kettentrommel f / sprocket wheel of the capstan ‖ **~getriebe** n / chain gear ‖ **~gewirke** n / warp knit fabric ‖ **~glied** n / chain link ‖ **~glied** n (Elektr) / section of a network ‖ **~glied** n, -platte f (Schlepper) / track link o. shoe ‖ **~glied** m **mit Klemmen**, [mit Stiften] / chain link with clips, [with pins] ‖ **~glied** n **mit Steg**, Stegglied n / stud link ‖ **~greiferausleger** m (Buch) / chain gripper delivery ‖ **~greiferscheibe** f / chain gripper pulley ‖ **~halter** m (Verm) / chain pole ‖ **~hängebahn** f / chain trolley conveyor ‖ **~hülse** f (Textil) / warp tube ‖ **~isolator** m, Hängeisolator m / chain o. suspension o. string insulator ‖ **~isomerie** f (Chem) / chain isomerism ‖ **~kalibriermaschine** f / chain link calibrating machine ‖ **~kammgarn** n (Web) / worsted warp ‖ **~kasten** m (Schiff) / chain locker o. well ‖ **~kasten** m (Masch, Kfz) / chain case ‖ **~kneifer** m (Schiff) / chain compressor ‖ **~knüpfmaschine** f (Web) / warp tying machine, tying-in o. twisting-in machine ‖ **~kraftrad** n / crawler type motorcycle ‖ **~kranz** m, Kranz m des Kettenrades / chain rim o. ring ‖ **~kranz** m (Schiff) / chain rim ‖ **~kranz** m (Fahrrad) / chain cog o. sprocket o. wheel, sprocket [wheel] ‖ **~kratzförderer** m (Bergb) / [scraper] chain conveyor, drag link conveyor ‖ **~kühlbett** n (Hütt) / chain cooling bed ‖ **~lader** m / track-type traxcavator ‖ **~lasche** f / link plate ‖ **~läufer** m (Elektr) / segmental rim rotor ‖ **~lauffläche** f (Raupenschlepper) / chain tread ‖ **~leiter** m, -schaltung f (Fernm) / recurrence o. recurrent o. iterative network, artificial coil ‖ **~leiter** m **aus wattlosen Elementen** / reactive network ‖ **~linie** f / funicular curve, catenarian curve, catenary ‖ **~linie** f **gleichen Widerstandes aller Glieder** / catenary of uniform strength ‖ **~maschine** f (Spinn) / warping frame o. machine ‖ **~maß** f (Zeichn) / incremental dimension ‖ **~maßfehler** m (Zeichn) / incremental error ‖ **~maßverarbeitung** f / incremental processing ‖ **~matrix** f / hybrid o. iterative matrix ‖ **~matte** f / chain mesh mat ‖ **~molekül** n / chain molecule, linear molecule chain ‖ **~naht** f (Näh) / chain stitch seam ‖ **~netzwerk** n (Fernm) / ladder network ‖ **~nummer** f (Textil) / warp count ‖ **~nuß** f, -wirbel m (Masch) / sprocket [wheel], chain sprocket ‖ **~pegel** m (Hydr) / chain gauge ‖ **~platte** f, -glied m (Schlepper) / track link o. shoe ‖ **~pumpe** f / chain pump ‖ **~querschlepper** m (Walzw) / chain transfer ‖ **~rad** m (Masch, Uhr) / chain wheel ‖ **~rad** n **als Antriebsrad für Gliederketten o. Raupenketten** / chain wheel, crawler o. bull wheel ‖ **~rapport** m (Web) / repeat of warp threads ‖ **~räummaschine** f (Wzm) / chain-broaching machine. ‖ **~rauschzahl** f (Fernm) / chain noise measure ‖ **~reaktion** f / chain reaction ‖ **~rechnung** f (Math) / chain calculation ‖ **~rechwender** m (Landw) / chain type [side] rake ‖ **~regel** f (Math) / chain rule, compound o. conjoined rule of three ‖ **~rippe** f (Web) / warp cord ‖ **~ripsbindung** f / warp rib weave ‖ **~rohrschneider** m / chain pipe cutter ‖ **~rohrzange** f / chain pipe wrench, chain tongs pl, squeeze chain wrench ‖ **~rost** m, Wanderrost m / chain grate, travelling grate ‖ **~roststoker** m / chain grate stoker ‖ **~säge** f / chain saw ‖ **~sägefeile** f / chain saw file ‖ **~schaltung** f (Fahrrad) / dérailleur ‖ **~schaltung** f, -leiter m (Fernm) / recurrence o. recurrent o. iterative network, artificial

coil ‖ ⌐**schären** *n* (Web) / warping ‖
⌐**schattenbindungen** *f pl* (Textil) / shaded weaves *pl* ‖
⌐**schleier** *m* (Ofen) / chain screen (furnace) ‖ ⌐**schleppe**
f (Landw) / diamond-link chain harrow ‖ ⌐**schlepper** *m*,
Raupenschlepper *m* / tracklaying o. track-type tractor,
crawler o. creeper tractor ‖ ⌐**schlichtmaschine** *f* (Web)
/ warp dressing and sizing machine, slasher, slashing
machine, tape frame (GB) ‖ ⌐**schlinge** *f* / chain sling ‖
⌐**schloß** *n* / chain joint ‖ ⌐**schloß** *n* (Kettenförderer) /
shackle type connector ‖ ⌐**schnippmaschine** *f* (Spinn) /
warp snipping machine ‖ ⌐**[schräg]aufzug** *m* (Hütt) /
creeper ‖ ⌐**schrämmaschine** *f* (Bergb) / chain cutting
machine, continuous cutter, overcutter ‖ ⌐**schutz** *m* /
chain guard o. cover ‖ ⌐**schutz** *m* (Fahrrad) / gear case ‖
⌐**spanner** *m* / chain adjuster, take-up, T.U. ‖
⌐**spannungsregler** *m* (Textil) / let-off motion ‖ ⌐**spill** *n*
(Schiff) / chain capstan ‖ ⌐**spulmaschine** *f*,
Wickelmaschine *f* (Web) / [warp] winding engine o.
machine o. frame ‖ ⌐**stahl** *m* / chain steel ‖ ~**starkes
Gewebe** (Textil) / unidirectional cloth ‖ ⌐**steg** *m* / stud
of the chain link, stay [pin] ‖ ⌐**steg** *m* (Brückb) / chain
suspended footbridge ‖ ⌐**stemm-Maschine** *f* (Holz) /
chain mortising machine ‖ ⌐**stern** *m*, -treibscheibe *f* /
chain starwheel ‖ ⌐**stern** *m* (Raupenschlepper) / chain
drum ‖ ⌐**stern** (für Antrieb von Eimerketten o.
Plattenbändern), Turas *m* (Bagger) / tumbler ‖ ⌐**stich** *m*
(Nähm) / chain stitch ‖ ⌐**stich** *m*, Zopfmuster *n* / cable
stitch ‖ ⌐**stichdurchnähmaschine** *f* (Schuh) / chain
stitch sole sewing machine ‖ ⌐**stich-Einfachnaht** *f* /
chain stitch, single thread sewing ‖ ⌐**stichgravur** *f* /
chain engraving ‖ ⌐**stopper** *m* (Schiff) / chain stopper ‖
⌐**stuhl** *m* (Web) / warp knitting machine o. loom ‖
⌐**teilung** *f*, Gliedlänge *f* / chain pitch ‖ ⌐**träger** *m*
(Chem) / chain propagator ‖ ⌐**treibscheibe** *f* (Bagger) /
dredging tumbler o. drum ‖ ⌐**trieb** *m* / chain drive ‖
⌐**trommel** *f* (Hebezeug) / chain barrel, chain drum ‖
⌐**trum** *n* / chain strand ‖ ⌐**überschlag** *m* (Elektr) /
cascading of insulators ‖ ⌐**übertragung** *f* (Bau) /
successive transfers of measurements ‖
⌐**übertragungsmaß** *n* (Fernm) / iterative propagation o.
transfer coefficient o. constant, propagation coefficient
(GB) ‖ ⌐**umlenkrolle** *f* / pocket wheel ‖
⌐**verarbeitungsprogramm** *n* (DV) / string handling
routine ‖ ⌐**verbindung** *f* (Chem) / chain compound ‖
⌐**verstärker** *m* (Elektronik) / distributed o. cascade
amplifier ‖ ⌐**verstärker** *m* (Fernm) / transmission-line o.
distributed amplifier, D.A. ‖ ⌐**verzweigung** *f* (Chem) /
chain branching ‖ ⌐**vorhang** *m* (Hütt) / chain screen ‖
⌐**[wirk]ware** *f* / warp knit[ted] fabric o. goods *pl* ‖
⌐**wicklung** *f* / chain winding ‖ ⌐**widerstand eines
Vierpols** *m* (Fernm) / iterative impedance ‖ ⌐**winde** *f* /
chain jack ‖ ⌐**winkelmaß** *n* (Fernm) / iterative phase
[change] coefficient o. constant, phase constant ‖
⌐**wirbel** *m*, -nuß *f* / sprocket [wheel], chain sprocket ‖
⌐**wirken** *n* (Textil) / warp knitting ‖ ⌐**wirkmaschine** *f* /
warp knitting loom o. machine ‖ ⌐**wirkungsgrad** *m*
(Isolator) / string efficiency ‖ ⌐**zahnkranz** *m*, kleines
Kettenrad (Fahrrad) / rear wheel cog o. sprocket ‖
⌐**zahnkranz** *m*, großes Kettenrad (Fahrrad) / chain
wheel ‖ ⌐**zerfall** *m* (Nukl) / chain disintegration o.
decay, series decay ‖ ⌐**zug** *m* (Zug in der Kette) / pull
in the chain, chain tension ‖ ⌐**zug**, Kettenflaschenzug *m*
/ chain block o. hoist ‖ ⌐**zug** *m* (Bergb) / chain haulage ‖
⌐**zug** *m*, -länge *f* (Verm) / length of the chain
Kett·faden *m* / beam o. warp thread, [warp] end ‖ **beim
Weben gerissene** ⌐**fäden** *m pl* (Textil) / ends down *pl*,
broken warp threads ‖ ⌐**fadenabfall** *m* / thrum ‖
⌐**fadenbruch** *m* / warp breakage ‖ ⌐**fädenheber** *m*
(Web) / lifting cord of the warp ‖ ⌐**fadenlage** *f* / warp
sheet ‖ ⌐**fadenmuster** *n* / warp effect ‖ ⌐**fadenwächter**
m (Web) / warp stop motion, stopper ‖ ⌐**färberei** *f* /
warp dyeing ‖ ⌐**florgewebe** *n* / warp pile fabric ‖
⌐**garn** *n*, Kette *f*, Kettfäden *m pl* (Web) / warp yarn ‖
⌐**garndruckmaschine** *f* / warp-printing machine ‖

⌐**garnspinner** *m* / warp thread spinner ‖ ⌐**garnspule** *f* /
spool (for warp) ‖ ⌐**gewebe** *n* / warp loom fabric ‖
⌐**kammgarn** *n* / worsted warp ‖ ⌐**köper** *m* (Web) /
warp (GB) o. filling (US) twill ‖ ⌐**kötzer** *m* / warp cop
Kettle-Type-Verdampfer *m* / kettle [type] reboiler
Kett·rippe *f* (Web) / warp cord ‖ ⌐**rips** *m* (Web) / warp rep
(US) o. repp (GB) ‖ ⌐**samt** *m* / warp pile velvet ‖
[echter] ⌐**samt**, Velours *m* / [warp] velvet, velour[s] ‖
⌐**schar** *f*, Kettfäden *m pl* (Web) / warp, sheet of warp
yarns ‖ ⌐**schiniermaschine** *f* / warp printing o.
clouding machine ‖ ⌐**schlichtmaschine** *f* / warp
dressing [and sizing] machine, tape frame (GB) ‖
~**schonend** (Web) / warp-saving ‖ ⌐**seide** *f*,
Organsinseide *f* / organzine silk ‖ ~**streifige Ware** /
reed marked fabric, reedy fabric ‖ ⌐**streifigkeit** *f* / warp
streaks *pl*
Kettung *f*, Verkettung *f* / catenation, concatenation,
chaining
Kett[wirk]ware, Kettstuhlware *f* / warp-knit[ted] fabric
Keuchen *n*, Panting *n* (des Rumpfes) (Schiff) / panting ‖ ⌐,
Husten *n* (Rakete) / coughing
Keule *f* (Antenne) / lobe, beam
Keulen·abtastung *f* (Radar) / pencil beam ‖ ⌐**achse** *f*
(Antenne) / beam axis ‖ ⌐**-Auffiederung** *f* / lobe splitting
‖ ~**förmig** (Antenne) / lobar ‖ ⌐**griff** *m* (Wzm) / extended
operating lever, long machine handle (DIN) ‖
⌐**umtastfrequenz** *f* / lobe frequency ‖ ⌐**umtastung** *f*
(Radar) / beam lobe switching ‖ ⌐**wandler** *m*
(Wellenleiter) / door-knob transformer
Keuper *m* (Formation) / keuper series ‖ ⌐, Keupermergel
m (Geol) / keuper [marl], red o. saliferous marl
Kevlarfaser *f* / kevlar fiber
Kew-Zertifikat *n* **des National Physical Laboratory**
(Uhr) / Kew certificate (GB)
KFA = Kernforschungsanlage
K-Faktor, Dehnungsfaktor *m* (Dehnungsmesser) / gauge
factor ‖ ⌐ *m*, radiale Bruchfestigkeit *f* (Sintern) / radial
crushing strength ‖ ~, Neutronenmultiplikationsfaktor
m / multiplication factor, k-factor
KFK (Plast) = kohlenstoffaserverstärkter Kunststoff ‖ ⌐ (Nukl)
= Kernforschungszentrum Karlsruhe
KFP s. Kegel-Fallpunkt
kfz (Krist) = kubisch-flächenzentriert
Kfz = Kraftfahrzeug ‖ ⌐**-Handwerker** *m* / motor[car]
mechanic ‖ ⌐**-Statistik** *f* / motor statistics
KH = kunststoffbeschichtete dekorative Holzfaserplatte
Khaki *n* / khaki *n* ‖ ~**grau** (RAL 7008) / khaki *adj*
K-Hülle *f* (Phys) / K-shell
kHz = Kilohertz
Kick·-Down-Stellung *f* **des Gaspedals** (Kfz) / kick-down
position ‖ ⌐**magnet** *m* / kicker magnet ‖ ~**starten**,
antreten (Motorrad) / kick *v* ‖ ⌐**starter**, Tretanlasser *m*
(Kfz) / kick starter ‖ ⌐**stufe** *f* (Raumf) / kick stage
Kid *n* (Leder) / kid, goat kid
Kiefer, Gemeine ⌐, Sandkiefer *f*, Forche *f*, Föhre *f*, Forle
f / pine, Scots pine o. fir, Baltic redwood, Pinus
silvestris
Kiefern·buschhornblattwespe *f* / pine sawfly, Diprion
pini ‖ ⌐**eule** *f* / pine beauty moth ‖ ⌐**harz**, *n*, -balsam *m*
/ common rosin ‖ ⌐**holz**, Föhrenholz *n* / pine wood o.
timber
Kiefernholz, zentralamerikanisches ⌐, Pinus caribaea,
Pitchpine / Caribbean longleaf pine, slash pine
Kiefern·knospentriebwickler *m*, Rhyacionia buoliana
Schiff / European pine shoot moth ‖ ⌐**spannerraupe** *f* /
pine looper ‖ ⌐**[sulfat]zellstoff** *m* / pine [kraft] pulp
Kiefer, mit Kreosot imprägnierter ⌐**pfahl** / creosoted
pine pole
Kiel, Schiffskiel *m* / keel ‖ **falscher o. loser** ⌐, Afterkiel
m (Schiff) / keel shoe ‖ ⌐**bogen** *m*, persischer Bogen
(Bau) / keel arch ‖ ⌐**gang** *m* (Schiff) / A-strake ‖ ⌐**klotz**,
Stapelklotz, -block *m* (Schiff) / bilge block ‖ ⌐**kühler** *m*
(Raupenschlepper) / keel cooling ‖ ⌐**legung** *f* (Schiff) /
laying down ‖ ⌐**platte** *f* (Schiff) / keel plate ‖ ⌐**pumpe** *f*

(Raupenschlepper) / bilge pump ‖ ⁓**raum** *m*, Bilge *f* (Schiff) / bilge, bottom, bulge ‖ ⁓**schwein** *n* / kelson, keelson ‖ ⁓**stapel**, -pallen *m* (Schiff) / keel block, bilge o. bulge block ‖ ⁓**wasser** *n*, Blasenspur *f* / wake

Kien·harz *n* / common o. black rosin ‖ ⁓**holz** *n* / resinous wood ‖ ⁓**öl** *n* / wood turpentine

Kies *m*, Geröll *n* / pebbles, pebble stones *pl* ‖ ⁓, Splitt *m* (Bahn) / flint chips *pl* ‖ ⁓**e** *m pl* (Hütt) / pyrites *pl* ‖ ⁓ **von 2 bis 64 mm (0,08'' bis 2,5'') mit bis zu 15% Abrieb** / gravel ‖ **feiner** ⁓ / small cobbles (under 4") ‖ **grober** ⁓ / pebble stone ‖ **grober** ⁓, Flußkies *m* / coarse gravel (30 - 55 mm) ‖ ⁓**abbrand** *m* / pyrite[s] cinder, calcined o. roasted pyrite[s], burnt ore ‖ ⁓**auffüllung**, -packlage *f* (Straßb) / gravel packing o. layer ‖ ⁓**baggern** *n* / gravel dredging ‖ ⁓**bank** *f* / gravel bank ‖ ⁓**beton** *m* / gravel concrete ‖ ⁓**bett** *n*, -bettung *f* (Bahn) / underlayer of gravel ‖ ⁓**brechsand** *m* / crushed stone fines *pl* ‖ ⁓**decke**, -decklage *f* (Straßb) / gravel surfacing

Kiesel *m*, Kieselstein / pebble ‖ ⁓, Rollkiesel *m* / shingle ‖ ⁓**...**, siliziumhaltig / containing silicium ‖ ⁓**alge**, Diatomee *f* / diatom ‖ ⁓**erde** *f* / silica ‖ ⁓**fluorkalium** *n* / potassium fluosilicate o. silicofluoride ‖ ⁓**fluormagnesium** *n* / magnesium fluosilicate ‖ ⁓**fluorwasserstoffsäure** *f*, Kieselflußsäure *f* / hydrofluosilicic o. hydrosilicofluoric acid, fluosilicic o. silicofluoric acid ‖ ⁓**fluß**, -zuschlag *m* (Hütt) / siliceous flux ‖ ⁓**galmei** *m* (Min) / hemimorphite, calamine ‖ ⁓**gel**, Silikagel *n* / silica gel ‖ ⁓**glas**, Quarzglas *n* / quartz o. silica glass, fused o. vitreous silica ‖ ⁓**glasmehl** *n* / silica in powder form ‖ ⁓**grau** (RAL 7032) / pebble gray ‖ ⁓**gur**, Infusorienerde *f* / infusorial o. diatom[aceous] earth, diatomite, celite, tripolite, fossil meal o. dust o. flour, kieselguhr, siliceous earth (US), diatom[aceous] earth ‖ ⁓**gurfilter** *m n* / diatomite filter ‖ **gebrannte** ⁓**gurplatte** / [calcined] diatom[aceous] plate ‖ ⁓**gurstein** *m* / brick from infusorial earth, fossil meal brick ‖ ⁓**gut** *n* / translucent fused quartz ‖ ⁓**haltig**, mit Kieseln durchsetzt / flinty **kieselig·es Erz** / siliceous ore

Kiesel·kalkstein, Granitmarmor *m* / silicalx, silicious limestone ‖ ⁓**kreide** *f* / siliceous chalk ‖ ⁓**putz** *m* (Bau) / slap-dash, pebble dash ‖ ⁓**sandstein** *m* (Geol) / rag stone ‖ ⁓**säure**, -erde *f* / silicic acid ‖ ⁓**säureanhydrid** *n*, Kieselerde *f* / silica, silicon dioxide, siliceous anhydride ‖ ⁓**[säure]gel** *n* / silica gel ‖ ⁓**säurehaltig** / siliceous, silicic, silicious, siliciferous ‖ ⁓**säuresalz** *n*, Silikat *n* / silicate ‖ ⁓**schiefer** *m* (Geol) / chert ‖ ⁓**schiefer** *m*, schwarzer Jaspis (Min) / black jasper ‖ ⁓**sinter** *m* (Geol) / siliceous sinter, geyserite ‖ ⁓**[stein]** *m* / pebble [stone] (> ⁓ ⁓**[stein]bettung** *f* (Bahn) / shingle ballast ‖ ⁓**steindränung** *f*, -steindrain *m* / French o. rubble drain ‖ ⁓**tuff** *m* / tufaceous quartz sinter ‖ ⁓**zinkerz** *n* (Min) / hemimorphite, calamine ‖ ⁓**zuschlag**, -fluß *m* (Hütt) / siliceous flux

kiesen, mit grobem Sand (o. mit Kies) bedecken (Dach) / gravel *v*

Kieserit *m* (Kalisalz) (Min) / kieserite

Kies·fang *m*, Sandfang *m* (Wassb) / sand catcher, grit chamber ‖ ⁓**filter** *n* (Abwasser) / sand filter ‖ ⁓**gewinnungsanlage** *f* / gravel extraction plant ‖ ⁓**grube** *f* / gravel pit ‖ ⁓**grund** *m*, kiesiger Boden / pebble ground

kiesig (Geol) / pebbly ‖ ⁓**e Erze** *n pl* / pyritiferous ores *pl*

Kies·leiste *f* (Dach) / gravel fillet ‖ ⁓**packlage**, -auffüllung *f* (Straßb) / gravel packing o. layer ‖ ⁓**pumpe** *f* / gravel pump ‖ ⁓**sand** *m* (Bau) / fine gravel ‖ ⁓**schaufel**, Erdschaufel *f* / gravel shovel ‖ ⁓**schmelzen** *n* (Hütt) / pyritic smelting ‖ ⁓**schüttung** *f* (Wassb) / gravel heap[ing] ‖ ⁓**splitt** *m* / gravel chippings *pl*

Killersatellit *m* / killer satellite

Kiln *m* (Hütt) / kiln

Kilo·..., k (= 10^3) / kilo..., k (in units) ‖ ⁓**ampere** *n* / kiloampere ‖ ⁓**bar** *n*, kbar / kilobar, kbar ‖ ⁓**byte**, KB(= 1024 Byte) *n* (DV) / kilobyte, KB ‖ ⁓**curie** *n*, kCi

(veraltet) / kilocurie, kc ‖ ⁓**curiequelle** *f* / kilocurie source ‖ ⁓**curie-Strahlenschutzzelle** *f* (Nukl) / high-level cave ‖ ⁓**dyn** *n*, 1000 Dyn (veraltet) *n pl* / dyname, kilodyne ‖ ⁓**elektronvolt** *n*, keV / kilo-electronvolt, keV ‖ ⁓**erg** *n* (veraltet) / kilerg, 1000 erg ‖ ⁓**gramm**, kg *n* / kilogram[me], kg (= 2,2046 pounds) ‖ ⁓**grammolarität**, Molalität *f* (Zahl der gelösten Grammole je 1000 g Lösungsmittel) / molality ‖ ⁓**hertz**, kHz (Elektronik) / kilocycles per second, K.C.P.S., kcps, kc/s, 1000 C.P.S., kilohertz, kHz ‖ ⁓**joule** *n* / kilojoule ‖ ⁓**kalorie** *f* (= 4186,8 J), kcal (veraltet) / kilogram[me] calorie o. calory (US), large o. great calorie, Cal ‖ ⁓**megabit** *n* / billibit, 10^9 bits

Kilometer *m*, km *m* / kilometer, kilometre (GB), km ‖ ⁓**...** / kilometric ‖ **geringe** ⁓**leistung** / low mileage ‖ ⁓**photographie** *f* / bromide [printing] process ‖ ⁓**punkt** *m* (Bahn) / mileage point ‖ ⁓**skala** *f* / kilometer dial ‖ ⁓**stein** *m* (Straßb) / mile stone o. post ‖ ⁓**welle** (über 1000 m), Langwelle *f*, LW (Elektr) / long wave, kilometric waves ‖ **zurückgelegte** ⁓**zahl** / mileage ‖ ⁓**zähler** *m* (Kfz) / hodometer (GB), odometer, mileage indicator ‖ ⁓**zähler** *m* (Fahrrad) / cyclometer ‖ ⁓**zeiger** *m* (Eisenb) / kilometer sign

Kilo·ohm *n* / kiloohm ‖ ⁓**rad** *n*, krad / kilorad, krad ‖ ⁓**tex** *n*, ktex (= 1 kp/1000 m) (veraltet) / kilotex, ktex ‖ ⁓**tonne** *f* (Sprengkraft) / kiloton ‖ ⁓**var** *n* (Einheit der Blindleistung) / kilovar, kVar ‖ ⁓**voltampere** *n*, kVA *n* / kilovolt-ampere, kVA ‖ ⁓**watt** *n*, kW *n* / kilowatt, kW ‖ ⁓**wattstunde** *f*, kWh (= 3,6 MJ) / kilowatt hour, kWh, Board-of-Trade unit, B.T.U. (GB) ‖ ⁓**wattstundenzähler** *m* / kilowatt-hour meter, energy meter

Kimberlit *m* (Geol) / kimberlite

Kimm *f* (Schiff) / bulge ‖ ⁓, Gesichtskreis *m* / visual o. visible o. sensible o. apparent horizon

Kimme *f* (Wasserflugzeug) / chine ‖ ⁓, Visiereinschnitt *m* (Mil) / notch of a sight, backsight [notch], rear sight ‖ ⁓, Zarge (Faß) / chimb, cross groove ‖ **ringförmige** ⁓ / annular front-sight

Kimmenschieber *m* (Mil) / rear sight elevating slide

Kimm·gang *m* (Schiff) / bilge strake ‖ ⁓**hobel**, Gargelkamm *m* (Faß) / notcher, notching tool ‖ ⁓**kielschwein** *n* / bilge keelson ‖ **in der** ⁓**linie** (Schiff) / horizontal, level ‖ ⁓**spiegel** *m* **am Sextant** / horizon glass ‖ ⁓**tiefe** *f* / dip of the horizon

Kimmung *f*, Bodenwrangen-Außenende *n* (Schiff) / floor heads *pl* ‖ ⁓, Luftspiegelung *f* / looming, mirage

Kinase *f* (Chem) / kinase

Kinder·fahrrad *n* / child's bicycle o. bike (US) ‖ ⁓**krankheiten** *f pl* / early life failures *pl*, teething troubles *pl* ‖ **Zeit der** ⁓**krankheiten** (DV) / debugging time ‖ ⁓**krankheiten durchmachen** / eliminate the teething troubles ‖ ⁓**sicherung** *f* (Kfz) / child-proof lock

Kinefilm *m* (Normal- und Schmalfilm) / cinema[tograph] o. movie film, cinefilm

Kinemathek *f* / film library

Kinematik, Phoronomie *f* / kinematics

kinematisch / kinematic ‖ ⁓**e Begrenzungslinie** (Bahn) / kinematic gauge ‖ ⁓**es Getriebe** / mechanism ‖ ⁓**e Kette** / kinematic chain o. linkage ‖ ⁓**e Theorie** / kinematic theory ‖ ⁓**e Übertragungsgenauigkeit** / cinematic precision ‖ ⁓**e Umkehrung** / kinematic reversal ‖ ⁓**e Zähigkeit o. Viskosität** (gemessen in Stokes) / kinematic viscosity ‖ **ebenes** ⁓**es System** (Mech) / link motion

kinematografisch / cinematograph[ic] ‖ ⁓**e Aufnahme** / motion o. moving picture, movie (coll)

Kinematographie *f* / cinematography

Kinemoabdrängungsmesser *m*, Kinemoderivometer *n* (Luftf) / cinemo derivometer o. drift indicator

Kine·rohfilm *m* / cinematographic raw film, raw [film] stock o. film ‖ ⁓**theodolit** *m* (Raumf) / kinetheodolite

Kinetik *f*, Bewegungslehre *f* / kinetics *sing pl*

kinetisch / kinetic ‖ ~**er Druck** (Luftf) / kinetic o. dynamic pressure ‖ ~**e Druckhöhe**, Staudruck m / kinetic o. velocity head ‖ ~**e Energie** (Phys) / momentum, kinetic energy, vis viva ‖ ~**e Gastheorie** / kinetic theory of gases ‖ ~**e Höhe**, Staudruck m / velocity head ‖ ~**e Vakuumpumpe** / kinetic vacuum pump

kineto·barischer Effekt (Elektr) / kinetobaric effect ‖ ~**-Elastodynamik** f (Mech) / kineto-elastodynamics

Kingstonventil n (Schiff) / Kingston['s] valve

Kinke, Schleife f im Draht o. Seil / kink ‖ ~**n bekommen** / kink v ‖ **voller** ~ (Seil) / kinky

Kinnriemen m / chin strap

Kino, Kinotheater n / cinema, motion picture house o. theater, movies pl (US, coll) ‖ ~... / cinematograph[ic] ‖ ~**film** m s. Kinefilm ‖ ~**gummi** n / [gum] kino ‖ ~**kamera** f / moving picture camera (US) ‖ ~**leuchte** f (für Amateure) / movie light ‖ ~**projektor** m s. Kinovorführapparat ‖ ~**reklame** f (im Kino) / screen advertising ‖ ~**rot** n / kino-red ‖ ~**[theater]** n / motion-picture house ‖ ~**theodolit** m / recording theodolite ‖ ~**vorführapparat**, -projektor m / motion-picture projector, cinema o. movie projector ‖ ~**vorführung**, -vorstellung f / cinema show, movies pl

Kinzigit n / kinzigite

Kiosk m / kiosk ‖ ~ (Zeitungsverkauf, Bedürfnisanstalt u. dergl.) / kiosk, public lavatory

Kipp m (Kath.Str.) / sweep ‖ ~..., Schütt... / dumping ‖ ~**ablenkung** f (TV) / time base ‖ ~**achse** f (Theodolit) / horizontal o. trunnion axis ‖ ~**achse**, Drehachse f / tilting o. tipping axle ‖ ~**amplitude**, Ablenkweite f (TV) / scanning o. sweep amplitude ‖ ~**anhänger** m (Kfz) / dump trailer ‖ ~**anlage** f / tipping plant ‖ ~**anschlag** m / tilting dog

kippbar / tiltable, tilting ‖ ~**es Fahrerhaus** (Lkw, Kfz) / binnacle (GB) ‖ ~**er Trog** / tip pan

Kipp-batterie f (Elektr) / reversible o. turn battery ‖ ~**becherwerk** n / tipping bucket conveyor o. elevator ‖ ~**bewegung** f / rocking motion, tilting motion ‖ ~**bratpfanne** f / tilting-type frying pan ‖ ~**bühne**, Sturzbühne f / dumping o. tilting stage o. platform ‖ ~**bühne** f (Bergb) / tipping stage o. platform ‖ ~**dämpfer** m (Raumf) / tip damper

Kippe, [Berge]halde f (Bergb) / dump ‖ ~ f (Baggern) / spoil area

kippen vt / cant v, tilt ‖ ~, neigen / tip v ‖ ~, auskippen / dump v ‖ ~, kippen lassen (Elektronik) / tip v ~, verkanten / tilt ‖ ~, stürzen (Bergb) / tip, dump, heap deads ‖ ~ vt vi, umkippen / overturn ‖ ~ vi (Elektronik) / flip, trick-over ‖ ~, wobbeln (Elektronik) / sweep, wobble ‖ ~, außer Tritt fallen (Elektr) / fall out of step ‖ ~ n / tipping ‖ ~, Verkantung f / tilt, cant ‖ ~, Schaukeln n, (auch:) Umfallen n / tilting over, toppling over ‖ ~ (z.B. Kolben) / canting ‖ ~, Verstürzen n (Bergb) / dumping ‖ ~, Kipp m (Elektronik) / sweep, relaxation ‖ ~ (Luftf) / pitching ‖ ~ **der Gichten** (Hütt) / irregular descent of the charge ‖ ~ **der Leistung** / power tilting ‖ ~ **des Schildes** (Planierraupe) / tilting n ‖ ~ **des Wechselrichters** (Elektr) / commutation failure of an inverter ‖ **[auf Halde]** ~, stürzen / dump, heap deads ‖ **nach vorn** ~, überziehen (Luftf) / pull up, nose up, hoick (coll) ‖ ~**band** n (Bergb) / tipping belt ‖ ~**gerät** n / spreader (GB), [boom] stacker (US) ‖ ~**pflug** m / dump plough ‖ ~**strosse** f (Tagebau) / dump bank o. bench

Kippentladung f, Auskippen n / dumping

Kipper m / tip, tipper ‖ ~, Kippwagen m / dumping truck o. waggon ‖ ~, Lastkraftwagen m mit Kippvorrichtung / tip lorry (GB) o. truck (US) ‖ ~, Wipper m (Bergb) / tipper, tippler ‖ ~ **mit Muldenaufbau** (Bahn) / wagon with tipping bucket ‖ ~**aufbau** m (Kfz) / dumping o. tilting body ‖ ~**bühne** f / tippler floor ‖ ~**kasten** m / box of a dumper ‖ ~**[katzen]brücke** f / travelling bridge with tipping stage ‖ ~**planum** n (Bergb) / working plane

kipp·fähiger Wagen (Bahn) / tip-up wagon ‖ ~**fallprüfung** f (Verpackung) / toppling test ‖ ~**fenster** n, -flügelfenster n, Kippflügel m / pivot-hung window ‖ **nach außen, [innen] öffnendes** ~**fenster** / pivot-hung window opening outward, [inward] ‖ ~**flügel** m im Oberlicht / fanlight ‖ ~**flügeldrehpunkt** m (Fenster) / sash center ‖ ~**flügelfenster** n mit Zugschutz / hopper window, hopper o. hospital light o. sash ‖ ~**flügelflugzeug** n / tilt-wing plane ‖ ~**flügeloberlicht** n (Bau) / high-level opening light ‖ ~**freiheit** f / freeness to rock ‖ ~**frequenz** f / sweep o. wobble frequency ‖ ~**frequenzgenerator**, Wobbler, Wobbelgenerator m / sweep signal generator, sweeping oscillator, wobbler, wobbulator ‖ ~**generator** m (Elektronik) / saw-tooth generator o. oscillator, sweep generator o. oscillator, miller ‖ ~**generator** m (TV) / saw-tooth o. ramp generator, relaxation oscillator o. generator ‖ ~**generator** m für Bildfrequenz (TV) / field o. framing oscillator ‖ ~**gerüst** n (Walzw) / lifting stand ‖ ~**gestell** n / tilting structure ‖ ~**gießwerk** n (Buch) / tiltable casting unit ‖ ~**glied** n, -schaltung, -stufe f (DV) / trigger circuit ‖ ~**halde** f (Bergb) / dumping ground o. yard ‖ ~**hebel** m / rocker o. rocking arm o. lever, rocker ‖ ~**hebel** m (Drehpunkt in der Mitte) (Mot) / valve lifter ‖ ~**hebelabdeckung** f (Kfz) / rocker cover ‖ ~**hebelachse** f (Kfz) / rocker shaft ‖ ~**hebelbock** m / rocker arm bracket ‖ ~**[hebel]schalter** m / reversible switch ‖ ~**herd** m (Hütt) / tilting hearth ‖ ~**hordendarre** f (Brau) / dumping kiln floor ‖ ~**japaner** m (Straßb) / heavy-duty wheelbarrow ‖ ~**kante** f (Walzw) / tipping edge ‖ ~**karren** m / dumping cart ‖ ~**kathode** f / tilting cathode ‖ ~**kessel[-Vakuum]-Schmelzofen** m / tilting vacuum furnace ‖ ~**kreis** m (Elektronik) / sweep circuit ‖ ~**kreisel** m / pitch gyro ‖ ~**kübel**, Kübelwagen m (Hütt) / skip car ‖ ~**kübel** m (Gefäßförderung) / tipping o. dumping bucket, tilting skip ‖ ~**kübelaufzug** m / skip hoist ‖ ~**kübel-Begichtung** f (Bergb) / skip charging ‖ ~**lager** n, Gelenklager n / tilting o. pivoting o. rocker bearing, swing support o. bearing ‖ ~**lager** n (Brücke) / articulated bearing ‖ ~**lampe** f / reversible o. turn lamp ‖ ~**lauf** m (Mil) / drop barrel ‖ ~**laufverschluß** m (Mil) / breakdown action ‖ ~**lore** f / tilting lorry (GB) o. truck (US) o. wagon, trough tipping wagon, tipper ‖ ~**lupe** f, Zeitdehner m (Kath.Str.) / sweep magnifier ‖ ~**-Mantelflugzeug** n / tilting-duct aircraft ‖ ~**moment** n / overturning moment ‖ ~**moment** n (Luftf) / pitching o. tilting moment ‖ ~**moment** n (Kfz) / moment of tilt ‖ ~**moment beim Außertrittfallen** (Elektr) / pull-out torque ‖ ~**moment** n des Motors (Elektr) / breakdown torque (US) ‖ ~**mulde** f / dump body ‖ ~**muldenwaage** f / skip weigher ‖ ~**ofen** m / rocking[-type] furnace, tilting furnace ‖ ~**pfanne** f / tilting ladle ‖ ~**pflug** m / balance o. swivel plough, balance type reversible plow ‖ ~**presse** f / tilting [head]press, tilting platen press ‖ ~**presse** f, Scharnierpresse f / inclinable [press] ‖ ~**-Punkt** m (Thyristor) / breakover point ‖ ~**-Punkt** m (Elektronik) / change-over point, transition point ‖ ~**-Punkt** m (Halbl) / breakover point ‖ ~**-Punkt** m einer Kurve / shoulder of a curve ‖ ~**regel** f (Verm) / alidade with telescope, tilting level ‖ ~**regel** f (Opt. Instrument) / alidade with telescope ‖ ~**regler** m (Luftf) / pitch motivator ‖ ~**relais** n / unbiased polarized relay, beam relay ‖ ~**rinne**, -mulde f, -trog m / tipping trough ‖ ~**rost** m (Dampfm) / tipping grate ‖ ~**rotor** m (Luftf) / convertible rotor, proprotor, prop rotor ‖ ~**schalter** m (Elektr) / flip switch ‖ ~**schalter** m, -hebelschalter m / toggle o. tumbler switch, rocker handle switch ‖ ~**schaltung** f, Multivibrator m / trigger circuit, multivibrator ‖ ~**schaltung** f, Ablenkgenerator m / time base circuit ‖ ~**schaltung** f, Flip-Flop m, n (bistabil) / flip-flop connection

Kippscher Gasentwickler m (Chem) / Kipp['s] [gas] generator o. apparatus

Kipp·schiebestabilität f (Luftf) / pitch-yaw stability ‖ ⁀schlupf m (Masch) / pull-out slip ‖ ~schwimmer m (Mot) / pivoted float, tipping float (US) ‖ ⁀schwingung f (TV) / relaxation oscillation ‖ ⁀schwingungskreis m (Kath.Str) / deflecting coil circuit ‖ ~sichere Zelle / unspillable cell ‖ ⁀sicherheit f (Luftf) / tilt resistance ‖ ⁀spannung f (TV) / sweep voltage ‖ ⁀ständer m (Fahr-, Motorrad) / tilting stand, spring-up stand, kick o. jiffy stand (US) ‖ ⁀stelle f (Bergb) / dumping station ‖ ⁀strom m (Elektr, Motor) / pull-out current ‖ ⁀strosse f (Tagebau) / dumping level ‖ ⁀stufe s. Kippschaltung ‖ ⁀stuhl m (Hütt) / upender, downender, tilting cradle ‖ ⁀taste f / flip switch ‖ ⁀tiegelabguß m (Hütt) / lip pouring ‖ ⁀tisch m (Bergb, Walzw) / tipping o. tilting table ‖ ⁀tor n (Garage) / up-and-over door, overhead door ‖ ⁀trafo m (TV) / sweep transformer ‖ ⁀triode f / sweep triode ‖ ⁀trog m / swing o. dumping trough o. pan

Kippung f (Stahlbau) / overturning

Kipp·versuch m (Elektr) / pull-out test (GB), breakdown test (US) ‖ ⁀vorrichtung f / tipping o. tilting device o. contrivance o. attachment, tip[per] ‖ ⁀vorrichtung f, Scharnier n / swivel, hinge fitting ‖ ⁀vorrichtung f, Kipper m (Bergb) / dumping device o. contrivance o. attachment, tipper ‖ ⁀vorrichtung für Konverter f (Hütt) / tilting device for converters ‖ ⁀vorrichtung f für Wagen (Bahn) / wagon tipper (GB), freight car dumper (US) ‖ ⁀wagen, -handkarren m / tilting cart, tipping cart, tipper ‖ ⁀wagen, Kipper m / dumping truck o. waggon ‖ ⁀wagen m für allseitiges Kippen, Rundkipper m / allround tipping dump car ‖ ⁀wagen m für beiderseitiges Kippen, zweiseitiger Kippwagen / dumping car tipping to both sides ‖ ⁀wäsche, Rätterwäsche f (Bergb) / swing sieve ‖ ⁀wiege f, -sattel m (Masch) / slanting o. pivoting cradle o. saddle ‖ ⁀wiege f, Kippwinkelmesser m (Luftf) / fore-and-aft inclinometer ‖ ⁀zapfen, Wendezapfen m / trunnion, pivot [pin] ‖ ⁀zeiger m (Luftf) / pitch indicator

Kirchhoff·-Lorenzsche Lösung f / Kirchhoff's solution of scalar wave equation, Kirchhoff-Lorenz solution ‖ ⁀sche Regeln f pl (Elektr) / Kirchhoff's laws pl ‖ ⁀sches Strahlungsgesetz (Phys) / Kirchhoff's laws of emission or of radiation pl ‖ zweite ⁀sche Regel, Maschenregel f / Kirchhoff's voltage law ‖ erster ⁀scher Satz, Verzweigungssatz m / Kirchhoff's current law

Kirkifier m (ein Röhrengleichrichter) (Elektr) / kirkifier

Kirlianphotographie f / electrography

Kirne f (Margarine) / churner

kirnen (Margarine) / churn

Kirsch·[baum]harz n, Kirschgummi m / cherry[tree] gum ‖ ⁀baumholz n / cherrytree wood ‖ schwarze ⁀blattlaus, Myzus cerasi (Parasit) / black cherry aphid ‖ ⁀blattwespe f, Eriocampoides limacina (Parasit) / cherry sawfly ‖ ⁀fliege, -fruchtfliege f, Rhagoletis cingulata Loew (Parasit) / cherry maggot ‖ ⁀[frucht]fliege f / cherry fruit fly, cherry maggot, Rhagoletis cerasi ‖ ~rot / cerise o. cherry [red] ‖ ~rotglühend / bright red hot ‖ ⁀rotglut f / cherry red heat ‖ helle ⁀rotglut (1225 K) (Schm) / cherry red o. bright red heat, bright colour ‖ dunkle ⁀rotglut (950 K) / low cherry red heat ‖ auf ⁀rotglut bringen / bring up to cherry-red heat

Kirsey m, Kersey m (Web) / kersey

Kiss-Coating n (Plast) / kiss-roll coating

Kissen n / pillow ‖ ~artige[r] Wulst / pad[ding] ‖ ⁀form, Sanduhrform f (Pulv Met) / hour-glass shape ‖ ⁀form f (Verzerrung) / pin-cushion shape ‖ ~förmig / pulvinate[d] ‖ ⁀lava, Pillowlava f / pillow lava ‖ ⁀tank, -behälter m (Öl) / collapsible container ‖ ⁀verzeichnung, kissenförmige Aberration f (TV) / pillow o. pin-cushion (GB) o. negative (US) distortion ‖ ⁀verzeichnung f, kissenförmige Verzeichnung (TV) / pillow distortion ‖ ⁀verzerrung f NS o. Nord-Süd / NS o. north-south pincushion distortion ‖ ⁀verzerrung

f OW o. Ost-West / EW o. east-west pincushion distortion

Kiste f, Kasten m / box, case ‖ ⁀, Truhe f / chest ‖ ⁀ (Hütt) / box ‖ ⁀ (coll) (Luftf) / crate (GB) (coll) ‖ alte ⁀, Schlitten m (coll) (Kfz) / jalopy (coll) ‖ in ⁀n packen / incase, encase ‖ kleine ⁀, Kasten m / small box

Kisten·beitel m / box chisel ‖ ⁀druckmaschine f / box printing machine ‖ ⁀förderer, Lattenförderer m / slat o. apron conveyor ‖ ~geglüht (Hütt) / box-annealed ‖ ⁀gewölbe n (Hütt) / pot arch ‖ ⁀glühofen m / close o. box o. pot annealing furnace ‖ ⁀griff m / box handle o. hold ‖ ⁀maß n für Versand / volume boxed for shipment ‖ ⁀nagelmaschine f / box nailing machine ‖ ⁀öffner m / nail puller o. wrench, wrecking bar ‖ ⁀pappe f, -vollpappe f / container board ‖ ⁀rollbahn f / roller way for boxes ‖ ⁀stapler m / stapling conveyor for boxes

Kitchenette f, Einbauküche f / kitchenette

Kitt m, Kleber m / [adhesive] cement ‖ ⁀, Dichtungs-, Glaserkitt m / putty ‖ ⁀ (Email) / filler ‖ ⁀ zum Verschmieren / lute, luting ‖ ⁀ zum Zustreichen von Löchern (Bau, Masch) / beaumontage ‖ säurefester ⁀ / acid-resisting cement

Kittel m, Arbeitsbluse f / smock frock

kitten, ein-, auf-, an-, ver-, zu-, zusammenkitten / cement v ‖ ~, verschmieren / lute ‖ ~, mit Kitt verglasen / putty vt ‖ ⁀ n, Verschmieren n (Gieß) / relining, glazing, luting (of crucible)

Kitt·falz m (Fenster) / putty rabbet for glazing, fillister ‖ ⁀gefüge n (Boden) / cemented structure ‖ ~los (Fenster) / uncemented ‖ ~lose Verglasung / patent glazing ‖ ⁀messer n / putty knife o. spattle, glazing knife ‖ ⁀messer n (Anstrich) / stopping knife ‖ ⁀spalte f (Fliesen) / concealed joint ‖ ⁀stelle f (Sperrholz) / filling ‖ ⁀verglasung f / putty glazing

Kjeldahlkolben m (Chem) / Kjeldahl flask

Kjeldahlsche Stickstoffbestimmung f / Kjeldahl's method of nitrogen estimation

K-Jetronic-Einspritzung f (mechanische Einspritzung) / continuous injection system

KKW = Kernkraftwerk

klaffen, offenstehen / gape, be ajar ‖ ~, schlecht passen / gape vi

klaffend / wide open ‖ ~e Weiche (Bahn) / half-closed points pl

klaffenfrei / with no mismatches

klamm / damp

Klamm, Schlucht f (Geogr) / ravine, gorge

Klammer f / clamp, clasp, cramp ‖ ⁀, Haken m / cramp, clip, hook ‖ ⁀, Klemmvorrichtung f / clamp ‖ ⁀, Schlauder f (Bau) / beam tie, iron tie, brace, cramp ‖ ⁀, Krampe f (Schloß) / crank ‖ ⁀, (spez.:) Brief-, Büroklammer f / clip ‖ ⁀, Heftklammer f (Buch) / staple, wire stitch[ing hook] ‖ ⁀ auf, [zu] (Math) / left, [right] parenthesis ‖ eckige ⁀ (Buch) / bracket ‖ geschweifte ⁀ (Buch) / brace ‖ in ⁀n / bracketed ‖ in ⁀n setzen (Buch, Math) / bracket, put into brackets ‖ runde ⁀ (Buch) / parenthesis (pl: -theses) ‖ spitze ⁀ (Buch) / angle bracket ‖ ⁀anschluß m (Elektr) / clamp-type terminal ‖ ⁀ausdruck m (Math) / parenthetical expression, expression in parentheses ‖ ⁀drehbank f (Uhrmacher) / mandrel ‖ ⁀falle f (Waschmasch.) / needle o. pin trap ‖ ⁀flansch m / clamped flange ‖ ⁀flanschverbindung f / clamped flange connection ‖ ⁀freie Schreibweise (DV) / Polish notation, Lukasiewicz notation, prefix notation ‖ ⁀loch, Kropf-, Keilloch n (Steinmetz) / cramp o. lewis hole

klammern, mit Klammern verbinden / clamp, clasp ‖ sich ~ [an] / cling [to], hold on [to]

Klammer·ring m / retaining ring ‖ ⁀schraube f (DIN 25193) / mushroom head anchor screw ‖ ⁀verbindung f (Elektr) / clip connection ‖ ⁀zuführung f (Buch) / staple feeding

Klammheit, Feuchtigkeit f / dampness

Klampe f (Schiff) / cleat

Klampenrolle f (Schiff) / roller fairlead

Klamplage f, Lage f von Klampziegeln (Bau) / layer of bricks to prevent fissures

Klang, Ton m / sinusoidal sound ‖ ᴧ m, Wohlklang m / sonorousness ‖ ᴧ**bild** n / acoustic pattern ‖ ᴧ**blende** f, -filter n, Klangfarberegler m (Funk) / tone control ‖ ᴧ**boden** m, -brett n / sound[ing] board ‖ ᴧ**charakter** m / tonality ‖ ᴧ**farbe** f / timbre, tone colo[u]r ‖ ᴧ**[farbe]regler** m, Klangblende f (Radio) / tone control ‖ ᴧ**fülle** f, -volumen n / sound volume ‖ ᴧ**fülle** f, -reichtum m / musicality, melodiousness ‖ ᴧ**holz** n / sounding timber, resonant wood ‖ ~**los**, klapprig (feuerfest.Mat) / frail ‖ ~**rein** / clear ‖ ~**rein** (Radio) / having a pure tone ‖ ᴧ**reinheit** f (Radio) / definition of sound ‖ **3-D-**ᴧ**system** / 3-D system of sounds ‖ ᴧ**verzerrung** f / sound distortion, acoustic distortion ‖ ᴧ**volumen** n, Lautstärke f / volume ‖ ᴧ**wiedergabe** f / acoustic reproduction ‖ ᴧ**zinn**, Feinzinn n / fine o. sonorous o. ringing tin

Klanke f, Kinke f (Seil) / kink

Klapotständer m, Strangwaschmaschine f (Textil) / rope soaper o. washer, rinsing machine for rope-like goods

Klapp-... s. auch Kipp... ‖ ᴧ**ankerrelais** n / cutout blade relay ‖ ᴧ**armlehne** f (Kfz) / folding armrest ‖ ᴧ**ausleger** m (Bagger) / apron of an excavator (US) ‖ ᴧ**ausleger** m (Baukran) / hinged jib, folding jib

klappbar, Klapp... / collapsible, collapsing ‖ ~, herunter-, herab-, heraufklappbar / hinged, tilting, folding down o. up ‖ ~, herunter-, herab- heraufklappbar, abklappbar / folding up o. down ‖ ~**e Seitenwand** / hinged side wall ‖ ~**er Werkzeughalter** / hinged tool holder

Klapp·blende f (Phot) / drop shutter ‖ ᴧ**boden** m (Bahn) / hinged o. tilting bottom ‖ ᴧ**brücke** f / flap bridge ‖ ᴧ**brücke** f (Eisenb) / lifting loading ramp ‖ ᴧ**brücke [mit Gegengewicht]** f / bascule o. balance bridge ‖ ᴧ**davit** m (Schiff) / folding o. collapsible davit ‖ ᴧ**deckel** m / hinged cover o. lid, lift-up lid ‖ ᴧ**deckel** m (federnd) / spring cover ‖ ᴧ**deckel** m des Tanks (Kfz) / hinged dome cover ‖ ᴧ**deckelwagen** m (mit Schwenkdach) / waggon (GB) o. freight car (US) with lateral sliding roof ‖ ᴧ**dorn** m (Walzw) / collapsible mandrel

Klappe f / flap ‖ ᴧ, Verschlußklappe / shutter, flap ‖ ᴧ (ein Absperrorgan) (Masch) / butterfly valve, swing valve, double clack valve ‖ ᴧ, Schieber m / gate, · stopper ‖ ᴧ, Fallklappe f (Fernm) / call indicator o. disk o. drop ‖ ᴧ (Lkw-Aufbau) / drop backboard o. tailboard ‖ ᴧ (Brücke) / bascule, flap ‖ ᴧ (Hydr) / trap ‖ ᴧ am Schlüsselloch / [e]scutcheon, key drop ‖ ᴧ aus Stoff / flap ‖ ᴧ der Klimaanlage / valve, damper ‖ ᴧ des Briefumschlags / envelope flap ‖ ᴧ des Hobels / cap iron ‖ ᴧ des Klapptisches / leaf o. flap of a flap table ‖ ᴧ des Schutzumschlags / flap of the book jacket

klappen / fold v, tilt ‖ ~, klatschen / clap ‖ ᴧ**ausschlag** m (Luftf) / flap angle ‖ **zwangsläufige** ᴧ**bewegung** (Brückb) / forced movement of the flaps ‖ ᴧ**falzapparat** m (Buch) / nip-and-tuck folder (GB), tuck and grip folder (GB), jaw folder (US) ‖ ᴧ**gelenk** n, Ventilscharnier n / valve hinge ‖ ᴧ**halter** m (Möbel) / flap stop ‖ ᴧ**ruder** n, -querruder n (Luftf) / flap aileron ‖ ᴧ**schrank** m (Fernm) / annunciator board, drop board ‖ ᴧ**schrank** m für Induktoranruf / magneto switchboard ‖ ᴧ**stutzen** m (Kfz) / Venturi control unit ‖ ᴧ**träger** m (Langhobelm) / clapper ‖ ᴧ**ventil** n, [Ventil]klappe f / flap o. clack valve, leaf valve, clapper ‖ ᴧ**verschluß** m / hinged cover o. lid, clack closure ‖ ᴧ**visier** n (Mil) / leaf sight ‖ ᴧ**wehr** n (Hydr) / lever o. shutter weir

Klapperkasten m (coll) (Kfz) / jalopy

klappern / clatter, rattle, chatter ‖ ~, klicken / click

klappernd, klirrend / clattering adj

Klapp·fenster n für Schiffe / ship's [side] scuttle, opening ‖ ᴧ**flügel** m (Fenster) / top-hung sash ‖

ᴧ**flügelfenster** n / top-hung sash window ‖ ᴧ**form** f (Gieß) / book mould, folding mould ‖ ᴧ**form** f, Flaschenzange f (Glas) / folding mould ‖ ᴧ-**Fußrast[e]** f (Motorrad) / retractable foot rest ‖ ᴧ**gabel** f (Flurförderer) / hinged forks pl, folding fork ‖ ᴧ**griff** m (eingelassen) / hinged pattern handle, inset type ‖ ᴧ**kamera** f / folding camera ‖ ᴧ-**Kokille** f (Gieß) / book-type mould ‖ ᴧ**kondensator** m / book capacitor ‖ ᴧ**kübel** m / hinged o. trap bucket ‖ ᴧ**kübel-Schrägaufzug** m (Hütt) / inclined bucket hoist ‖ ᴧ**kübelwagen** m / flap-hinge car ‖ ᴧ**laden** m (Bau) / boxing o. folding shutter ‖ ᴧ**leiter** f / folding ladder ‖ ᴧ**leitwerk** n (Flugkörper) / folding fin ‖ ᴧ**luke** f / hinged hatch ‖ ᴧ**messer** n / clasp knife ‖ ᴧ**öler** m / grease fitting, flap covered, flap covered lubricator ‖ ᴧ**reiter** m (Kabelkran) / disengaging carrier

klapprig (Kfz) / ramshackle, rickety ‖ ~, klanglos (feuerfest.Mat) / frail

Klapp·rost m (Dampfm) / tipping grate ‖ ᴧ**runge** f / hinged stanchion ‖ ᴧ**schraube** f / hasp screw ‖ ᴧ**schute** f / hopper barge, self-emptying barge, dredger's mud barge ‖ ᴧ**schütz** n (Hydr) / tip o. tilting o. flap gate, hinged-leaf gate ‖ ᴧ**sitz** m / flap o. folding o. tilting seat, tip-up seat, drop seat ‖ ᴧ**stecker** m (Landw) / linch pin ‖ ᴧ**stuhl** m / camp stool o. chair, folding chair ‖ ᴧ**tisch** m / flap o. folding table ‖ ᴧ**tor** n / flap gate ‖ ᴧ**tor** n einer Schleuse / drop gate of a lock ‖ ᴧ**tür**, Falltür f / trap door, falling board ‖ ᴧ**verdeck** n (Kfz) / collapsible o. folding hood o. top o. roof, convertible hood ‖ ᴧ**verschluß** m, -deckel m / hinged cover, hinged lid ‖ ᴧ**verschluß** m (Mil) / hinged breech block ‖ ᴧ**visier** n (Mil) / folding backsight ‖ ᴧ**weiche**, -zunge f (Seilb) / fall switch ‖ ᴧ**zungenschloß** n / weblock

Klaprothin m, Lazulit m (Min) / lazulite, blue feldspar

Klaprothit m, Wittichenit m, Kupferwismutglanz m (Min) / klaprothite, klaprotholite, wittichenite

klar, scharf, deutlich / clean, well o. sharply defined, clear, distinct, high-definition, sharp, net ‖ ~, rein / pure, clean ‖ ~, hell / bright, clear ‖ ~, sichtig (Meteorol) / visible, clear ‖ ~, durchsichtig / clear, transparent, limpid, lucid ‖ ~, rein (Ton) / clear[-toned] ‖ ~, scharf (Opt) / clean, well defined, distinct ‖ ~, deutlich / obvious, plain ‖ ~ (Bergb) / small, fine ‖ ~ (Email) / clear ‖ ~**e Farbe** / clear colour

Klär·anlage f (Abwasser) / sewage treatment o. clarification plant, sewage works pl ‖ ᴧ**apparat** m / defecator, defecation o. defecating pan o. tank ‖ ᴧ**becken** n, -teich, -sumpf, -behälter m / clearing o. settling basin o. sump o. pool o. reservoir o. cistern ‖ ᴧ**becken** n, -behälter m (Bergb) / clearing cone ‖ ᴧ**behälter**, Reinigungsbehälter m (Wasserversorgung) / filtering basin o. tank

Kläre f, Klärmittel n / clarifying agent, clarifier ‖ ᴧ (Gewebe) / fineness ‖ ᴧ, Kochkläre f (Zuck) / clairce

Kläreffekt m / cleaning effect, dirt removal

Klareis n / transparent ice, crystal ice

klären (Flüssigk., Zuck) / clarify, clear, defecate ‖ ~, läutern / cleanse, purge, purify ‖ ~ (Zuck) / affine, refine ‖ ~, schleudern (Zuck) / cure ‖ ~, läutern (Bergb) / clear, wash ‖ ~, schönen (Brau) / fine ‖ ~ (sich), klarwerden / clear up vi ‖ ~, Reinigen n (Metall, Zuck, Glas, Tuch) / fining ‖ ~, Klärung f (Bier) / clarification, cleansing ‖ ~ **durch Filtern**, filtern (Zuck) / filter vt ‖ ~ **von Weißlauge** (Pap) / recausticizing ‖ **sich** ~ (durch Absitzen) / settle vi ‖ **sich** ~ / clear up ‖ **Wasser mechanisch** ~ / brighten water

Klärer·überlauf m (Aufber) / clarifier overflow ‖ ᴧ**unterlauf** m, Klärschlamm m (Aufber) / thickened solids pl

Klärevorlauf m (Zuck) / first liquor

Klarfilm m / clear base

Klärfilter, -becken n (Abwasser) / filter bed, sewerage filter

Klarfolie f / clear sheet

Klär·gas n / sewage o. sludge o. sewer gas || **~gefäß** n, -apparat m / clarifier, clearing tub o. vessel

Klar·glas n / clear glass || **~glaslampe** f (Elektr) / clear lamp || **~glaslampenglocke** f / clear-glass globe || **~glasscheibe** f (Opt) / clear glass plate

Klär·grube f, -becken n (Abwasser) / catch pit, detritus chamber o. pit, cesspool || **biologische ~grube** / septic tank

Klarheit, Eindeutigkeit f / clearness, unambiguousness || **~**, Tonschärfe f / definition of sound || **~**, Durchsichtigkeit f / lucidity

Klär·kasten m (Pap) / settler || **~kessel** m (Zuck) / clarification pan, clearing pan, clarifier, second boiler || **~kessel-Sedimente** n pl (Zuck) / clarifier underflow || **~kessel-Überlauf** m (Zuck) / clarifier overflow

Klar·kohle f / fines pl || **~kolbenblitz** m (Phot) / clear capless o. baseless bulb, clear flashbulb

Klärküpe f (Färb) / settling vat

Klar·lack m (allg) / transparent lacquer || **~lack** [auf Basis von Zellulosederivaten] (z.B. Zaponlack) m / clear lacquer, cellulose lacquer || **~lack** [mit ölhaltigem Bindemittel] / clear varnish || **~lacküberzug** m / transparent coating || **~luftturbulenz** f (Meteorol) / clear air turbulence || **~machen** (Schiff) / make ready || **~machen für den Prozessor** / ready vi || **~meldung** f / all-clear

Klärmittel n (allg, Brau) / clarifying agent, clarifier

Klar·punkt m (Tensid) / clarification temperature || **~-rot** / rutilant || **~scheibe** f (Maske) / antimist disk

Klär·schlamm m / sewage sludge, slurry || **~schlamm**, Scheideschlamm m (veralteter Ausdruck) (Zuck) / defecation slime || **~[schlamm]gas** n / digester gas || **~schlammkompostierung** f / slurry composting || **~schlammtrocknung** f / sludge drying

klar·schleifen (Glas) / clear-polish || **~schrift** f (DV) / plain writing || **~schriftaufzeichnung** f (DV) / visual record || **~schriftcodierer** m / character encoder || **~schrift-Kartenleser u. -Stanzer** m (LoKa) / optical reader card punch, card read punch scanner || **~sichtfolie** f, Zellglas n (Plast) / transparent foil o. sheet || **~sichtmittel** n (Kfz) / antimist agent || **~sichtpackung** f / transparent packing || **~sichtscheibe** f, Frostschutzscheibe f (Kfz) / clear-vision screen, defrosting screen, antiblur glass, antimist glass || **~sichtscheibe** f (Schiff) / clear-view screen || **~sichtscheibe** f **für Rückfenster** (Kfz) / antimist panel

Klärspitze f (Aufber) / purification cone

Klar·spülen n (Geschirrspülm.) / clear rinsing || **~spüler** m (Geschirrspülm.) / clear rinse, wetting agent || **~stern** m, -zeichen n (Buch.m) / clear sign

Klärteich m, -sumpf m s. Klärbecken

Klar·text m (DV) / plain language o. text || **~ton-Verfahren** n (Phono) / noiseless recording

Klärung f, Reinigung f (Chem) / clarification, clearing, purification || **~**, Reinigung f [durch Absitzen o. Abgießen] / decantation

Klar·wasser n (Aufber) / clarified water || **~wetterturbulenz** f **in großer Höhe** / high-altitude clear air turbulence, hicat || **~zeichner** m (TV) / crispener

Klär·zentrifuge f (Öl) / clarifying centrifugal machine || **~zyklon** m / cyclone clarifier

Klasse f / order, class || **~** (Zool) / division || **~**, Gattung f, Sorte f / sort, class || **~**, Marke f / brand || **~**, Rang m / grade || **von großer ~** / luxury...

Klassen·breite f / class amplitude o. swing || **~grenzen** f pl (Statistik) / class boundaries o. limits pl || **~häufigkeit** f (Statistik) / class o. cell frequency, absolute frequency || **~intervall** n (Klasse gleicher Breite) (Statistik) / class interval || **~klausel** f (DV) / class clause || **~mitte** f (Qual.Kontr) / mid-value of class interval || **~mitte** f (Statistik) / mid-point of class, class center || **~verzeichnis** n (Patent) / class index || **~zeichen** n (Instr) / class index

Klassieraufbringen n (Aufber) / yield of sizing

klassieren / class[ify] || **~**, Sieben n (Aufber) / grading, screening || **~ der Erze** / grading o. sizing of ores || **~ im waagerechten Wasserstrom** (Bergb) / film sizing o. concentration

Klassierer m (Bergb) / classifier

Klassier·fachmann m (Bergb) / classification specialist || **~gerät** n (Erfassung von Ausfällen) (Fernm) / classifying device || **~[rüttel]sieb** n / classifying [jigging] screen, sizing jig[ging screen] || **~spitze** f, -konus, -trichter m / cone classifier

klassiert·e Kohle / sized coal, graded coal || **~er Koks** / graded coke

Klassier·trommel f / classifying drum || **~trommel** f, Erzwäscher m (Bergb) / clearing o. purificating drum o. cylinder

Klassierung f, Korngrößentrennung f (Bergb) / screening, separation || **~ nach Können** / skill classification

Klassier·waage f / grading machine || **~zyklon** m / cyclone classifier

Klassifikation f, Klassifizierung f / classified system of concepts, classification

Klassifikationsgesellschaft f (Schiff) / Classification Society

klassifizieren, in Klassen ordnen / range into classes, class[ify] || **~**, sortieren / sort, classify || **~** (Schiff) / rate || **~** n, Klassieren n / classifying n

klassifizierend / classifying adj

Klassifizierung, Güteeinteilung f / classification || **~ f der Arbeitselemente nach BTE** (= Bureau des Temps Elémentaires) / classification of the elements of work according to B.T.E.

klassisch, nicht quantisiert (Phys) / non-quantized || **~e Walzung** / straight rolling

klastisch, aus Zertrümmerung entstanden (Geol) / clastic || **~**, katogen, sedimentär (Geol) / sedimentary || **~es Gestein** / conglomerate

Klaub·arbeit f (Hütt) / handpicking || **~band** n, Klaubeband n (Bergb) / picking o. sorting belt o. band

Klaubeberge m pl (Bergb) / hand-picked dirt, picked deads pl

klauben, auslesen (Bergb) / cull, pick vt

Klauberz n / picked o. culled ore, bucked o. bucking ore

Klaube·tisch m, Lesetisch m / picking table || **~zwischengut** n (Bergb) / hand-picked middlings pl

Klaue f, Kralle f / claw || **~**, Kupplungsklaue f / claw of the coupling || **~**, Nase f (Masch) / carrier, catch, driver, dog || **~**, Auf-, Einklauung f (Zimm) / triangular notch (for joining the rafter with the purlin) || **~ des Hammers**, Finne / peen, pein || **~ einer Kuppelmuffe** (Masch) / denture of a coupling

Klauen·fett n, -öl n / neat's foot oil, cattle foot oil, bubulum oil || **~flansch** m (Hohlleiter) / claw flange || **~futter** n (Wzm) / prong chuck || **[schlüsselbetätigtes] ~futter** (Wzm) / key chuck || **~hammer** m / claw o. joiner's hammer, spike hammer, nail hammer with bent claw || **~hammer** m, Zahnhammer m / serrated o. dentate pick axe || **~kupplung** f / dog o. claw coupling o. clutch, positive o. denture o. jaw clutch || **~polgenerator** m (Elektr) / claw pole generator || **~rad** n (Kfz) / gear with dog clutch || **~schraube**, Steinschraube f (Bau) / rag bolt, stone bolt || **~späne** m pl (Härterei, Feuerlösch) / cattle foot shavings pl || **~winde** f / handjack with a double claw

Klausel f (DV) / [description] clause

Klaviatur f / keyboard || **~schreibmaschine** f / keyboard typewriter

Klavier n, Piano n / piano, pianoforte || **elektrisches ~** / player piano || **~band** n, Stangenscharnier n / piano hinge || **~fabrikant** m / piano maker || **~[saiten]draht** m / piano wire o. string

Kleb·anker m (Bergb) / roof bolt for imbedding in plastic mortar || **~dispersion** f / adhesive dispersion

Klebe·band n / scotch tape ‖ ⁻band n auf
Spinnstoffbasis / adhesive cloth tape ‖
⁻bindemaschine f (Buch) / flexible binding machine,
threadless o. adhesive o. thermoplastic binding
machine, perfect binder ‖ ⁻bindung f (Buch) / adhesive
o. threadless o. perfect o. unsewn binding ‖ ⁻blech n
(Relais) / antisticking o. non-freeze plate ‖ ⁻dach n /
built-up felt roofing ‖ ⁻emulsion f (Plast) / emulsion
adhesive ‖ ~fähig / bonding adj, sizing ‖ ⁻fläche f /
adherend ‖ ⁻folie f (zum Verbinden von Lagen)
(gedr.Schaltg) / bonding sheet ‖ ⁻gummi m / sizing
rubber ‖ ⁻karton m (Pap) / pasteboard ‖ ⁻kraft f s.
Klebkraft ‖ ⁻lack m / adhesive varnish ‖ ⁻lösung f /
solution adhesive ‖ ⁻marke f (z.B. Herstellerzeichen,
Briefmarke usw.) / adhesive label o. stamp, sticker
(US) ‖ ⁻maschine f / glu[e]ing o. gumming machine ‖
⁻masse f (Bau) / glue ‖ ⁻mittel n, Klebstoff m / gum,
adhesive
Klebemulsion f / emulsion adhesive
kleben vt, an-, auf-, festkleben / glue [on], paste [on],
cement, stick ‖ ~, kleistern (Bb) / paste ‖ ~ [an] vi /
adhere o. stick [to] ‖ ~, klebrig sein / be tacky ‖ ⁻ n /
glu[e]ing, pasting ‖ ⁻, Fügen n durch Kleben / bonding
‖ ⁻ des Kerns (Elektr) / adherence of the core ‖ ⁻ des
Wischgummis (Kfz) / cling factor of a wiper blade ‖ ⁻
und Nieten von Verbindungen / Scotch welding ‖ an
der Walze ~ (Walzw) / cobble ‖ einen Film ~ / splice a
film
Klebenaht f / pasted seam
Kleben·[bleiben] n (Relaisanker) / adherence, sticking ‖
~bleiben / adhere, stick ‖ ⁻bleiben der Elektroden,
Anschweißen n / freezing of the electrode
klebend, klebrig / viscous, viscid, gluey
Klebepresse f (Film) / joining press, splicer
Kleber m / bonding agent o. cement, cement ‖ ⁻,
Klebereiweiß, Gluten, Tritizin n / vegetable gluten ‖
mit ⁻ befestigen / cement ‖ mit ⁻ versehen / adhesive
v ‖ ⁻leim m / glue of gluten
Klebe·rolle f, Klebestreifen m [in Rollen] / roll of
gummed tape ‖ ⁻stelle f / joint ‖ ⁻stelle f (Film) / splice
‖ ⁻stelle f (Walzw, Fehler) / contact spot, sticker mark ‖
⁻streifen m (für Papieranschluß) (Rot.Presse) / paster tab
‖ ⁻streifen in Rollen s. Kleberolle ‖ ⁻trocknen n (Leder)
/ pasting ‖ ⁻verbindung f / glued joint, glueing, gluing
‖ ⁻verbindung f (Videoband) / mechanical splice ‖
⁻verhalten n / stickiness ‖ ⁻verschluß m (Sack) /
pasted closure ‖ ⁻vorrichtung f / glueing o. pasting o.
cementing device ‖ ⁻zettel m / adhesive label, sticker
(US) ‖ ⁻zinkung f, -zinkenverbindung f (Holz) / glued
dovetail joint, [wood] finger jointing
Kleb·film m, -band n / cel[l]otape ‖ ⁻film m,
Klebstoffschicht f / adhesive film ‖ ⁻folie f / adhesive
film ‖ ⁻fuge f / glue joint ‖ ⁻kitt f / adhesive [cement]
‖ ⁻kraft f (Korrekturband) / tack ‖ ⁻kraft f / adhesive
force o. power o. strength, adhesiveness, adherence,
adherency ‖ ⁻kraft f von Leim, Bindekraft f / binding
power o. strength, adhesiveness ‖ ⁻pfosten m,
Wandsäule f (Zimm) / wall post o. stud ‖ ⁻pfosten m
(Elektr) / consolidation pole ‖ ⁻polteppich m / bonded
pile carpet
klebrig, klebend, Klebe... / adherent, adhesive,
agglutinant ‖ ~, klebend / glutinous, gluey, sticky ‖ ~,
schleimig / mucilaginous ‖ ~ (Farbe) / tacky ‖ ~,
klebend / gummy, sticky, tacky ‖ ~ machen / tackify ‖
~e Schlacke (Hütt) / tacky slag ‖ ~ werden, verharzen /
gum vi ‖ [leicht] ~, klebend / viscoid[al]
Klebrigkeit f / adhesiveness, glueiness, stickiness ‖ ⁻,
Dickflüssigkeit f / viscidity ‖ ⁻ von Lack / tack[iness]
klebrigkeitsverhindernd / tack-inhibiting
Kleb·sand m (Gieß) / clay sand, loamy o. sticky sand ‖
⁻sand n (Keram) / daubing o. luting sand ‖ ⁻schiefer m
/ adhesive slate ‖ ⁻schlaghammer m / special bumping
mallet ‖ ⁻stelle f (Oberflächenfehler) (Walzw) / contact
spot, sticker mark ‖ schlechte ⁻stelle (wegen

Klebstoffmangels) / starved joint ‖ ⁻stift m (Relais) /
antisticking pin, non-freeze pin ‖ ⁻stift m (Stanzwz) /
antisticking pin ‖ ⁻stoff, Kleber m, Klebemittel n /
adhesive [cement o. substance], agglutinant ‖ ⁻stoff,
Leim m / glue ‖ ⁻stoffansatz m / adhesive ready for
use ‖ ⁻stofflage f, aufgetragene Klebstoffmenge / glue
spread o. layer ‖ ⁻stofflücke f zwischen Laminaten
(Plast) / dry spot of a laminate ‖ ⁻stoffpulver n / powder
adhesive ‖ ⁻streifen m, -band n / adhesive tape ‖
⁻verbindung f s. Klebverbindung ‖ ⁻zettel m / stick-on
label, sticker, tag (US)
Klecks, Flecken m / blur, blot[ch]
klecksig (Buch) / blotted, spotchy
Klee m, Trifolium / clover, trefoil ‖ ⁻blatt n,
-blattkreuzung f (Straßb) / clover-leaf [crossing o.
intersection) ‖ ⁻blatt..., kleeblattartig / clover leaf... ‖
runder ⁻blattbogen, Nasenbogen mit drei, fünf oder
mehr Pässen (Bau) / trefoil arch ‖ ⁻blattbogen,
Kragsturz m / straight trefoil arch ‖ ~blattförmig /
trefoiled, trefoil-like ‖ ⁻blattmuffe f (Walzw) /
cloverleaf sleeve ‖ ⁻blattsilo m für Zuschläge (Bau) /
cloverleaf shaped bin for aggregates ‖ ⁻blattzapfen,
Kuppelzapfen m (Walzw) / wobbler, cloverleaf neck ‖
⁻reiber, -drescher m (Landw) / clover huller ‖ ⁻salz n,
Kaliumtetraoxalat, -bioxalat n / potassium tetraoxalate
o. quadroxalate o. bioxalate, sorrel salt ‖ ⁻säure f,
Oxalsäure f / oxalic acid, ethanedioic acid
Klei, Tonboden m / clay [soil], clayey ground o. land o.
soil, loam
Kleid n (Wassb) / apron
Kleider·haken m / clothes peg, coat hook ‖ ⁻motte,
Tineola biselliella f / clothes moth ‖ ⁻schrank m,
-kasten m / clothes press (US) ‖ ⁻schutz m, -netz n
(Fahrrad) / dress guard o. net ‖ ⁻stoff m / dress fabric,
clothing dress goods pl
Kleidung f, Anzug m / dress
Kleidungsstück n / garment
Kleie f (Müllerei) / bran ‖ ⁻bürste f / bran brush o. duster
o. finisher
Kleien·absudbad n (Färb) / bran bath ‖ ⁻mehl n / pollard
Kleie·putzmaschine f für Weißblech (Hütt) / branning
machine
Klei·melasse f / bran molasses pl ‖ ⁻mühle f (Keram) /
loam mill
klein / small ‖ ~, dünn / small, tiny ‖ ~, wenig, schwach /
little ‖ ~[er] / minor ‖ ~er gleich / less than or
equal to ‖ ~er [als] (OCR) / less than sign ‖ ~er,
geringer / less ‖ ⁻ n (Bergb) / smalls pl ‖ ~e Achse
(Math) / minor axis, shorter axis ‖ ~e Fahrt
(Geschwindigkeit) (Schiff) / slow speed ‖ ~er
Frostspanner / Cheimatobia brumata ‖ ~es Kettenrad
(Fahrrad) / sprocket [wheel] ‖ ~e Periode (Chem) / short-
period ‖ ~er Ring (Sonne) / ice halo, halo of 22⁰ ‖ ~er
Ring (Sonne) / halo of 22⁰ ‖ ~er Träger / a small girder
‖ ~e Waschflasche / small gas bubbler ‖ ~er werden,
abnehmen, geringer werden / lessen ‖ für ~e Fahrt
(Schiff) / for coasting track ‖ im ~en, lokal (Math) / in the
small, locally ‖ sehr ~, ungenügend / inadequate,
meager ‖ ⁻anzeige f (Buch) / small ad[vertisement] ‖
⁻auflage f (Buch) / short run ‖ ⁻ausführung f / midget
size ‖ ⁻automat m (Elektr) / automatic cutout ‖ ⁻bahn
f, Nebenbahn f / local railway ‖ ⁻bahn f, Privatbahn f /
private railway ‖ ⁻bessemerbirne / baby Bessemer
converter ‖ ⁻bessemerei f / baby Bessemer steel plant ‖
⁻betrieb m / small scale enterprise, small business
(US) ‖ ⁻bild-Dia[positiv] n / 35mm-diapositive ‖
⁻bildfilm m / miniature film ‖ ⁻bildkamera f (Phot) /
35 mm camera, candid o. miniature camera ‖
⁻bodenrad n (Uhr) / third wheel ‖ ⁻brenner m,
Sparflamme f (Gas) / pilot light o. flame ‖ ⁻buchstabe
m, Minuskel f / small letter, minuscle ‖ ⁻buchstaben m
pl (Buch) / L.C., l.c., lower case, minuscules pl ‖ auf
⁻buchstaben umschalten / downshift ‖
⁻buchstabendruck m, Kleindruck m, -gedrucktes n

(Buch) / fine print ‖ **~bus** *m* / minibus, microbus ‖
~drucker *m* (Zeugdr) / job printer ‖ **~eisen** *n* / iron
furniture o. mounting o. garnishment, small iron work,
armature ‖ **~eisen**, Feineisen *n* / light section iron ‖
~eisenindustrie *f* / small iron [ware] trade o. industry ‖
~eisen[zeug] *n*, Eisenkurzwaren *f pl* / ironmongery,
ironware, -work, hardware (US) ‖ **~eisenzeug** *n* (Bahn) /
track fastenings *pl*

[kleiner] Entleerhahn / pet cock
Kleiner·werden *n* (Opt) / decreasing
Klein·flansch *m* / small flange ‖ **~flanschverbindung** *f*
(Vakuum) / small flange connection ‖ **~flugzeug** *n* /
small airplane ‖ **~fonturig** (Strumpf) / few-section… ‖
~gedrucktes *n*, Kleindruck *m* (Buch) / fine print ‖
~gefüge *n*, Kornstruktur *f* (Hütt) / grain structure o.
texture ‖ **~gefüge** *n*, Mikrostruktur *f* / microstructure ‖
~gefügebild, Mikrobild *n* (Hütt) / [photo]micrograph ‖
~gegliedert, kleingliederig / with small links ‖
~gemustert, small-figured ‖ **~gewerbetreibender** *m* /
small scale industrialist ‖ **~güteraufzug** *m* / service lift
‖ **~heit** *f* / smallness ‖ **~industrie** *f* / small industry ‖
~integriert / small-scale integrated ‖ **~kabelbagger** *m*
/ small-type cable dredger o. excavator, dragline
excavator, cable crane scraper ‖ **~kabinenseilbahn** *f* /
gondola cableway ‖ **~kältemaschine** *f* / small-type
refrigerating machine ‖ **~kältemaschine**,
Haushaltkältemaschine *f* / household refrigerating
machine ‖ **~kapazitätsmesser** *m* / small capacity meter
‖ **~klima**, Mesoklima *n* / mesoclimate ‖ **~kohle** *f* /
smalls *pl* ‖ **~koks** *m* / small coke ‖ **~kompressor** *m* /
small-capacity o. small-type compressor ‖ **~kontakt** *m*
/ microcontact ‖ **~[kopf]pflaster** *n* (Straßb) / small sett
pavement ‖ **in Bogen verlegtes ~kopfpflaster** (Straßb) /
kleinpflaster ‖ **~kornmischung** *f* (Beton) / fine grain
mixture ‖ **~kornweizen** *m* / small wheat ‖ **~kraftrad** *n*
(unter 50 cm³ Hubraum) / motorcycle of less than 50
cm³ capacity ‖ **~kreis** *m* (Verm) / small circle ‖
~kristallin / compact grained ‖ **~lampe** *f* / small size
bulb ‖ **~last** *f* / light load, low load ‖ **~lastabgleich** *m*
(Zähler) / low-load compensation ‖ **~lastbereich** *m* /
low load range ‖ **~lastenaufzug** *m* / service lift ‖
~laster, Schnellastwagen *m* (Kfz) / light lorry (GB) o.
truck (US) ‖ **~lasthärteprüfung** *f* / microhardness
measuring [method] ‖ **~lok[omotive]**, Köf, Rangier-
Motorlokomotive *f* (Bahn) / locomotor, [light] rail motor
tractor, dolly (US) ‖ **~luftschiff** *n* (unstarr) / blimp
(US), small airship ‖ **~maschig** / small mesh…, fine- o.
close-meshed ‖ **~material** *n* (Elektr) / incidental, -s *pl* ‖
~möbel *n* / occasional furniture ‖ **~motor** *m* (El) /
small-size motor, small-power motor ‖ **~motor** *m* (bis
746 W bei n = 1500) (Elektr) / fractional-horsepower
motor, F.H.P. motor ‖ **~motorig** / low-powered ‖
~narbig (Leder) / fine grained
Klein-Nishina-Streuung *f* / Klein-Nishina scattering
Klein·nockenschalter *m* (Elektr) / small cam switch ‖
~offset-Maschine *f* / offset duplicator, small offset
press ‖ **~organismen** *m pl* **am Wassergrund** / nectonic
benthos ‖ **~parkett** *n* (auf Platten) (Bau) / inlaid floor ‖
~periode, Nebenperiode *f* (DV) / minor cycle ‖
~pflaster *n* / small sett pavement ‖ **~planierfahrzeug**
n, -planierraupe *f* / baby bulldozer ‖ **~pulper** *m* (Pap) /
baby pulper ‖ **~rad**, Ritzel *n* / pinion ‖ **~räumig**
(Meteorol) / small scale ‖ **~rechner** *m* / minicomputer ‖
~reparaturen *f pl* / minor repairs *pl* ‖
~rundsteckverbindung *f* / miniature circular connector
‖ **~rüttler** *m* (Gieß) / small jolting machine ‖ **~schalter**
m / miniature switch, microswitch ‖ **~schalter**,
Installationsschalter *m* / installation o. house-wiring
switch, small switch ‖ **~schaltrelais** *n* / miniature
switching relay ‖ **~schaltuhr** *f* / miniature time switch ‖
~scheinwerfer *m* **mit Stufenlinsen** (Film) / baby [spot
o. keg spot] ‖ **~schlag**, Splitt *m* (Straßb) / stone chips *pl*,
chip[ping]s *pl* ‖ **~schlepper** *m* / small tractor, compact
tractor ‖ **~schotter** *m* (Bahn) / boxing material ‖

~schrott *m* / lightweight scrap ‖ **~sender** *m* (Elektronik)
/ small-power transmitter ‖ **~senderöhre** *f* / small
power transmitting tube ‖ **~serie** *f* (F.Org) / job lot o.
size ‖ **~serienfertigung** *f* / small-lot production o.
fabrication, job lot production ‖ **~signal** *n* (bis 0.5 V)
(DV) / low-level signal, low level, small-signal ‖
~signalkapazität *f* (Halbl) / small-signal capacitance ‖
~signal-Kurzschlußstrom-Verstärkung *f* (Halbl) /
short circuit forward current transfer ratio ‖
~signalparameter *m* (Transistor) / small signal
parameter ‖ **~signalverstärker** *m* (DV) / low-level
amplifier ‖ **~signalverstärkung** *f* / small-signal gain ‖
~signalwiderstand *m* (Halbl) / small-signal resistance ‖
~spannung *f* s. Kleinstspannung
kleinst, geringst / least ‖ **~**, niedrigst / lowest ‖ **~**,
minimal / minimal ‖ **~e Fehlerquadrate** *n pl* / least
error squares *pl* ‖ **~er gemeinsamer Nenner** (Math) /
lowest common denominator ‖ **~es gemeinsames
Vielfaches** (Math) / lowest common multiple, least
common multiple ‖ **~er Höchstwert** / minimax (the
smallest of a set of maximums) ‖ **~e Stecknadel** /
minikin ‖ **~e Teilchen** *n pl* / small ultimate particles *pl*
‖ **~e Teilung** (Nonius) / least count ‖ **~antrieb**,
Mikroantrieb *m* (Raumf) / microthruster ‖ **~bohrer** *m* /
microdrill ‖ **~drehmelder** *m* / microsyn
Klein·stellung *f* **am Gaskocher** / low-setting control ‖
~steuerschalter *m* / control switch ‖ **~steuerung** *f* /
small control
Kleinst·gefüge, Feingefüge *n* / microstructure ‖
~gefüge…, Mikrogefüge… / microstructural ‖
~-Ionisationskammer *f* / thimble ionization chamber ‖
~kamera / candid camera ‖ **~maß** *n* (Passung) / low
size o. limit, lower-limit dimension, minimum size o.
limit ‖ **~mögliche Geschwindigkeit** (Luftf) / minimum
[stalling o. flying] speed ‖ **~motor** *m* / subfractional
horsepower motor ‖ **~pflaster** *n* (Straßb) / pegtop paving
‖ **~rakete**, Mikrorakete *f*, -triebwerk *n* (Raumf) /
microrocket ‖ **~röhre** *f* (Elektronik) / peanut tube
Kleinstruktur *f* / small-scale structure
Kleinst·sicherung *f* / subminiature fuse link ‖ **~spannung**
f (kleiner, gleich 42 V) / extra-low voltage ‖ **~spiel** *n*
(Passung) / minimum clearance ‖ **~-Stromversorgung** *f*
/ mini power pack ‖ **~teile** *n pl* / jewelry type parts ‖
~übermaß, Mindestspiel *n* (Passung) / minimum
interference ‖ **~-U-Boot** *n* (Schiff) / minisub, midget
submarine
kleinstückig / small size[d]
Kleinst·verschmutzer *m* / micropollutant ‖ **~wagen** *m*,
-auto *n* / mini o. small o. baby car, midget, light car
(US) ‖ **~wert**, Mindestwert *m* / minimal o. minimum
value, minimum ‖ **~wert** *m*, kleinster Augenblicks- o.
Momentanwert, Talwert *m* / valley value ‖
~zeitverfahren *n*, -studie *f* / predetermined motion time
standards *pl*, PMTS
Klein·teile *n pl* / hardware ‖ **~teilekasten** *m* / small parts
storage box, odds-and-ends box ‖ **~trafo** *n* / bell
transformer ‖ **~transporter** *m* (Kfz) / truckster ‖
~triebwerk *n* / micropropulsion unit ‖ **~uhr** *f* / watch ‖
verlängerter ~verband (Mauer) / elongated small bond
‖ **~verbraucher** *m* / small consumer ‖
~verbrauchermengen *f pl* / small consumer quantities
pl ‖ **~verkehrsflugzeug** *n*, Lufttaxi *n* / air-taxi,
taxiplane (US) ‖ **~versuch** *m*, Laborversuch *m* /
laboratory test, small-scale test ‖ **~wagen** *m*, Kleinauto
n / subcompact ‖ **~werkzeug** *n* / small tool, shop tools
pl ‖ **~wetterlage** *f* / microsynoptic situation ‖
~winkelbeugung *f* (Opt) / small angle diffraction ‖
~winkelstreuung *f* (Nukl) / small-angle scattering ‖
~zelle *f* (Nukl) / junior cave ‖ **~zellenfunk** *m*,
Zellularfunk *m* (mobiler Landfunk) / cellular radio ‖
~zentrale *f* (Elektr) / small power station ‖ **~zentrale** *f*
mit automatischer Vermittlung (Fernm) / unit
automatic exchange, U.A.X. ‖ **~zyklus** *m* (DV) / minor
cycle

Kleister *m*, Stärke-, Buchbinderkleister *m* / paste
kleistern, Kleister geben / paste *v*
Klemm·anschluß *m* (Elektr) / clamped connection ‖ ⋖anschluß *m* (Masch) / clamp ‖ ⋖anschlußstück *n* (Akku) / squeezing binder ‖ ⋖armatur *f* (Schlauch) / clamp o. segment fitting (hose) ‖ ⋖backe *f* / clamping o. gripping jaw, jaw, clamp ‖ ⋖band *n*, -befestigung *f* / clamp fitting ‖ ⋖beschläge *m pl* (DIN 25106) / clamping fittings *pl* ‖ ⋖blech *n* / clamping plate ‖ ⋖bolzen *m* (Elektr) / binder plug ‖ ⋖brett *n* s. Klemmenbrett ‖ ⋖büchse *f* für Kabelbrüche / clamp for cables ‖ ⋖bügel *m* / clamp strap ‖ ⋖bügel *m* für Drahtseile / U-bolt ‖ ⋖bügel *m* für Leiteranschlüsse / clamping saddle for conductors ‖ ⋖-Bürstenhalter *m* (Elektr) / clamping brush-holder ‖ ⋖diode *f* (Elektronik) / clamp[ing] diode ‖ ⋖druck *m* / nip pressure, grip[ping] pressure
Klemme *f* (Elektr) / binding post, binder ‖ ⋖, Quetschvorrichtung *f* / squeezing device ‖ ⋖ (Chem) / hose clip o. clamp ‖ ⋖ am Seilbahnkuppler (Seilb) / grip ‖ ⋖ am Wicklungsausgang / terminal
klemmen, ein-, ver-, festklemmen / jam, cramp ‖ ~, quetschen / pinch, squeeze ‖ ~ *vi*, fressen *vi*, festsitzen / gripe *vi*, seize, bind ‖ ~ (Tür) / be sticking, be jamming ‖ ~ (Säge) / choke [up] ‖ ⋖abdeckung *f*, -abdeckhaube *f*, -deckel *m* / terminal box cover plate ‖ ⋖belegungsplan *m* / plan of terminal connexions ‖ ⋖bezeichnung *f* / terminal designation ‖ ⋖block *m* (Elektr) / block of binding posts ‖ ⋖bolzen *m* (Elektr) / stud terminal ‖ ⋖brett *n*, -leiste *f* / tagboard, terminal board
klemmend·e Beschichtung (Schraube) / jamming coal
Klemmen·kasten *m* (Elektr) / terminal o. conduit box ‖ ⋖kasten *m* mit Strangisolation / phase-insulated terminal box ‖ ⋖kasten *m* mit Strangtrennung / phase-separated terminal box ‖ ⋖kastendeckel *m* (Elektr) / terminal box cover plate, terminal cover ‖ ⋖leiste *f* (Elektr) / terminal strip ‖ ⋖leistung *f* (Elektr) / terminal power ‖ ⋖platte *f* (Elektr) / terminal board ‖ ⋖scheinwiderstand *m* (Elektr) / terminal o. end o. load impedance ‖ ⋖schutzkasten *m* / terminal protection box ‖ ⋖spannung *f* / terminal voltage ‖ ⋖zelle *f* (Elektr) / separate terminal enclosure
Klemm·feder *f* (Uhr) / friction spring ‖ ⋖festigkeit *f* / clamping strength ‖ ⋖feststellung *f*, Klemmung *f* / clamping ‖ ⋖futter *n* (Drechseln) / elastic chuck ‖ ⋖gabel *f* (Flurförderer) / clamping fork ‖ ⋖gesperre *n* (Masch) / silent ratchet ‖ ⋖haken *m* (Tischl) / dog, bench iron ‖ ⋖halter *m* für Wendeschneidplatten (Wzm) / tool holder ‖ ⋖hebel *m* / clamping lever ‖ ⋖hebel am Traktor (Drucker) / sprocket lock lever ‖ ⋖hülse *f* (Werkz) / split taper socket ‖ ⋖hülsenkupplung *f* / split ring clutch ‖ ⋖impuls *m* (TV) / clamping pulse ‖ ⋖isolator *m* / split knob insulator, cleat insulator ‖ ⋖kabelschuh, -schuh *m* / clamp type socket ‖ ⋖kausche *f* (Bergb) / clamp eye, clamp thimble ‖ ⋖klappe *f* (ein Ventil) / wafer butterfly valve ‖ ⋖kraft *f* / binding power o. strength, clamping power ‖ ⋖kupplung *f* (Masch) / clamp coupling ‖ ⋖länge *f* (Niet) / grip of rivet, length under heads ‖ ⋖länge *f* (Schraube) / grip of bolt ‖ ⋖lasche *f* / clamping lug ‖ ⋖leiste *f* (Elektr) / flat connecting o. connector block, strip terminal ‖ ⋖leiste *f* (Fernm) / terminal strip ‖ ⋖linie *f* (Spinn) / nip line ‖ ⋖-Meißelhalter *m* (Wzm) / clamping tool holder ‖ ⋖-Mitnehmer *m* / clamping drive ‖ ⋖-Mutter *f* / tightening nut ‖ ⋖-Mutter *f* (DIN) (selbstklemmend) / prevailing torque type self-locking nut ‖ ⋖öse *f* (Elektr) / clamping o. mechanical ear ‖ ⋖platte *f* (Bahn) / rail o. sleeper clip, clip, clamping plate ‖ ⋖plattenschraube *f* (Bahn) / clip bolt ‖ ⋖profil *n* (Gummi) / clamping profile ‖ ⋖ring *m* / clamping o. locking ring ‖ ⋖ringverbindung *f* / clamping ring connection ‖ ⋖rolle *f* / jamming roller ‖ ⋖rolle *f* (Elektr) / clamp roller ‖ ⋖rolle, -walze *f* (Walzw) / pinch roll ‖ ⋖rollenkupplung

f / grip roller and expanding friction clutch ‖ ⋖rückenhefter *m* / spring-back file ‖ ⋖schaltung, Klemmung *f* (Elektronik) / clamp[ing] circuit, clamping ‖ ⋖schaltung *f* (TV) / clamping circuit ‖ ⋖schaltung *f*, Gleichstrom-Wiederherstellungsschaltung *f* / clamper, d.c. restorer ‖ ⋖schelle *f* / collar band, clamp ‖ ⋖schellenanschluß *m* / clamp terminal ‖ ⋖schieber *m* (Flurförderer) / puller and pusher mechanism ‖ ⋖schnalle *f* (DIN 5292) / strap buckle ‖ ⋖schraube *f*, Stellschraube *f* / adjusting o. binding screw, locking screw ‖ ⋖schraube *f* (zum Befestigen) / attachment screw ‖ ⋖schraube *f* (Elektr) / binding post o. screw, clamping o. terminal screw ‖ ⋖schuh, -kabelschuh *m* / clamp type socket ‖ ⋖schuß *m* (Textil, Fehler) / shuttle marking, taut pick ‖ ⋖sitz *m* / press fit ‖ ⋖sockel *m* / terminal socket ‖ ⋖sperrung *f* / ratchet brake ‖ ⋖stelle *f*, -punkt *m* / nip, contact point ‖ ⋖stelle *f* von Schraubklemmen (Elektr) / screw terminal clamping point
Klemmung *f*, Klemmen *n* / jam, clamping, seizing ‖ ⋖, Verklemmung *f* / jam, clamping ‖ ⋖ / pinching
Klemm·verbindung *f* / clamping joint ‖ ⋖verbindung *f* mit Schrauben / clamped joint ‖ ⋖vorrichtung, Klemme *f* / clamping arrangement o. device o. fixture ‖ ⋖walze, -rolle *f* (Walzw) / pinch roll ‖ ⋖walzenvorschub *m* (Stanz) / double roll feed attachment ‖ ⋖werkzeug *n* / clamped tool ‖ ⋖zange *f* / vise-grip wrench
Klempner, (Südd.:) Flaschner, Spengler *m* / tinman, tinner, tinsmith, plumber, brazier ‖ ⋖arbeiten *f pl* / plumbing works
Klette *f* (Bot, Textil) / burdock, bur
kletten (Wolle) / unbur the wool ‖ ⋖verschluß *m* / Velcro [closer o. fastener] ‖ ⋖walze *f* (Textil) / burring roller ‖ ⋖wolf *m* (Spinn) / burring machine o. willow, bur crusher ‖ ⋖wolle *f* / burry wool ‖ ⋖wurzelöl *n* / burr-root oil
Kletter·bremse *f* (Kfz) / brake for off-road service ‖ ⋖drehscheibe *f* / raised o. climbing o. overground o. surface turntable ‖ ⋖eisen *n pl* (Fernm) / pole climbers, climbing irons, grapplers ‖ ⋖eisen *n* (Forstw) / spur, climbing iron ‖ ⋖fähigkeit *f* / climbing ability o. capacity ‖ ⋖-Gerüstschalung *f* / climbing formwork combined with scaffold ‖ ⋖kran *m* (Bau) / climbing crane ‖ ⋖kreuzung *f* (Bergb) / inclined plane crossing
klettern / climb
Kletter·schalung *f* (Bau) / climbing forms *pl* ‖ ⋖verdampfer *m* (Zuck) / climbing-film evaporator ‖ ⋖weiche *f* (Bergb) / inclined plane switch o. points *pl* ‖ ⋖weiche *f* / inclined plane switch o. points *pl*
klicken, knacken / click
Klickrastung *f* / click-stop adjustment
Klima *n* / climate ‖ ⋖anlage *f* / air conditioning plant o. equipment ‖ ⋖anlage *f* zum Einbau unter dem Fenster / under-window air conditioning unit ‖ ~fest / climatic-proofed ‖ ⋖kammer *f* / climatic chamber, environmental chamber ‖ ⋖kunde *f*, Klimatologie *f* / climatology ‖ ⋖leuchte *f* (Elektr) / air handling fitting, lighting fitting for air supply and return ‖ ⋖raum *m* / climatic chamber ‖ ⋖schrank *m* / climatic [test] cabinet ‖ ⋖schrank *m* für Raumklimatisierung / air conditioning room unit ‖ ⋖-Spiralzentrifuge *f* (Holz) / climate spiral centrifuge ‖ ⋖stufe *f* (Versuch) / constant climate stage
Klimatisator *m* / air-conditioner
klimatisch [bedingt], Klima... / climatic
klimatisieren / air-condition
klimatisiert (Raum) / air conditioned ‖ ~ (Pap) / conditioned
Klimatisierung *f* / air conditioning ‖ ⋖ im Freien / outdoor air conditioning
Klimatisierungsraum *m* / conditioning chamber
Klimatologie *f* / climatology

Klima·tornister m, -koffer m (Raumf) / bioinstrumentation harness ‖ **⌐versuch** m / climatic test
Klimax f / climax
Klima·zelle f / air conditioning cell ‖ **⌐zentrale** f / central air conditioning plant ‖ **⌐zone** f / climatic zone
Klinge f / blade ‖ **⌐** (Landw, Mähbalken) / knife section of the mower bar ‖ **⌐ mit Absatz** / heel blade
Klingel f / bell ‖ **⌐anlage** f / bell system ‖ **⌐draht**, baumwollisoliert B&S No 18 / bell wire ‖ **⌐effekt** m (Elektronik) / ringing effect ‖ **⌐element** n (Elektr) / bell ringing cell ‖ **⌐garn** n / ball-wound yarn ‖ **⌐knopf** m / bell knob o. handle o. button o. push ‖ **⌐knopf** m in **Birnenform**, Kontaktbirne f / pear push ‖ **⌐leitung** f / bell wire
klingeln (Mot) / pink, knock ‖ **⌐** n (allg) / jingle [of keys] n ‖ **⌐** (Mot) / ping[ing], pinking, knocking
Klingelnberg-Verzahnung, Palloid-, Bogenverzahnung f / palloid tooth system, spiral teeth pl
Klingel·prüfung f (Elektr) / ring-out test ‖ **⌐schale** f / bell dome ‖ **⌐schnur**, -litze f / bell cord o. strand ‖ **⌐schnur**, -zug m / bell cordon o. pull ‖ **⌐trafo** m / bell transformer ‖ **⌐zeichen**, Klingeln n (Fernm) / ring
klingen (Geschirr) / clink ‖ **⌐** n (allg) / tinkle [of a small bell] ‖ **⌐** (allg) / sounding ‖ **⌐fläche** f (Messer) / side of the blade
Klingeritdichtung f / Klingerit jointing
Kling·festigkeit f (Elektronik) / insensitiveness to microphonics ‖ **⌐frei** (Elektronik) / non-microphonic ‖ **⌐koeffizient** m (Elektronik) / microphonic coefficient ‖ **⌐neigung**, Mikrophonie f / microphony, -phonism, microphonic effect ‖ **⌐spannung** f / microphonic voltage ‖ **⌐stein**, Phonolith m (Geol) / clink-stone, phonolite
K-Linie f (Röntgen) / K-line
klinische Dosimetrie / clinical dosimetry
Klinke f (Masch) / catch, ratchet, detent ‖ **⌐**, Türklinke f / door handle ‖ **⌐**, Klinkenschalter m / jack plug ‖ **⌐**, Falle f, Schnapper m (Schloß) / latch ‖ **⌐**, Anschalter m (Fernm) / jack, conjoiner ‖ **⌐ der Aufsetzvorrichtung** (Bergb) / cap
klinken (Zimm) / clinch ‖ **⌐**, fortschalten / pawl v, propel a ratchet wheel ‖ **⌐**, zuklinken / latch a door ‖ **⌐**, verklinken (Zimm) / clinch ‖ **⌐bett** n (Walze) / pawl-type bed ‖ **⌐buchse** f (Fernm) / jack bush ‖ **⌐feder** f / catch spring ‖ **⌐feld** n (Fernm) / jack field o. panel ‖ **⌐gehäuse** n (Fernm) / jack box ‖ **⌐griff** m (Kfz) / ratchet handle ‖ **⌐kupplung** f / ratchet clutch ‖ **⌐rad** n (Masch) / ratchet wheel, ratchet ‖ **⌐schaltwerk** n / ratchet mechanism ‖ **⌐schlepper** m (Walzw) / pawl-type skid ‖ **⌐schloß**, Fallenschloß n (Schloss) / lock with a falling latch ‖ **⌐stöpsel** m (Fernm) / jack plug ‖ **⌐streifen** m (Fernm) / strip of jacks ‖ **⌐streifengitter** n (Fernm) / jack strip band ‖ **⌐umschalter** m (Fernm) / toll test o. trunk test board ‖ **⌐umschalter** m (Elektr) / jack switchboard ‖ **⌐umschalter** m (federnd) (Fernm) / spring jack ‖ **⌐umschalter** m, Besetztklinke f (Fernm) / busyback ‖ **⌐verschluß** m (Schl) / latch fastening ‖ **⌐werk** n / rack and pawl arrangement
Klinker m (Zementfabr) / clinker ‖ **⌐**, Hartbrandstein m (Bau) / klinker o. clinker [brick] ‖ **halbgeschmolzener ⌐** (Bau, Fehler) / crozzle ‖ **schwarzer ⌐** (Bau) / terrometallic clinker ‖ **in ⌐bauart** (Schiff) / clinker built, clincher-built ‖ **⌐beton** m / clinker concrete ‖ **⌐bildung** f / clinkering, burning of clinkers ‖ **⌐bildung** f / burning of clinkers ‖ **⌐boot** n / clinker- o. clincher-built boat ‖ **⌐brennen** n (Zement) / clinkering, vitrification ‖ **⌐kühler** m (Zement) / clinker cooler ‖ **⌐pflaster** n / clinker pavement
Klink·haken m, Wand-, Schließhaken m / door latch (to keep open the door) ‖ **⌐werk** n, Schaltwerk n / ratchet gear o. mechanism ‖ **⌐werk** n (Elektr) / spring regulating device
Klino·chlor m (Min) / clinochlore, ripidolite, prochlorite ‖ **⌐enstatit** m (Magnesiumsilikat) (Min) / clinoenstatite ‖

⌐graph m (zur Messung zeitlicher Neigungsvorgänge des Erdbodens) / clinograph ‖ **⌐meter** m, Böschungswaage f / clinometer, batter level ‖ **⌐pinakoïd** m (Krist) / clinopinacoid
Klippe f, steile Felswand / cliff ‖ **⌐**, Deckscholle f (Geol) / outlier, klippe (pl: klippen)
Klippenstraße f, (spez.:) Corniche f / cliff road
Klipper m (Schiff, Luftf) / clipper
Klirr·analysator m (Elektronik) / distortion analyzer ‖ **[gesamte] ⌐dämpfung** / harmonic distortion attenuation ‖ **⌐dämpfung** f **in dB** (Elektronik) / harmonic ratio
klirren (z.B. Ketten) / clang, clank ‖ **⌐**, rasseln / clash, clatter ‖ **⌐**, klingen (Geschirr) / clink ‖ **⌐** (Fenster) / rattle ‖ **⌐**, rasseln / clash vi ‖ **⌐**, Klimpern n / chink[ing], clang, clank
Klirr·faktor m (Elektronik) / nonlinear distortion factor, relative harmonic content, k-factor, klirrfaktor ‖ **⌐faktor-Meßbrücke** f (Elektronik) / distortion bridge ‖ **⌐geräusch** n **in Vielbandsystemen** (Fernm) / intermodulation noise ‖ **⌐koeffizient** m (Fernm) / coefficient of harmonic distortion, harmonic distortion coefficient
Klischee n (Buch) / [printing] block ‖ **⌐anstalt** f / stereotype shop ‖ **⌐fuß** m (Buch) / block mount ‖ **⌐prüfer** m / type-high gauge ‖ **⌐vorlage** f (für den Druck) (Buch) / copy ‖ **⌐zink** n (Buch) / process zinc
Klischieren n, Herstellung f des Druckstockes / block making
Klischierer m / block maker, process engraver
Klischiermaschine f / engraving machine
klischiertes Wort (Buch) / logotype
Klitzing·effekt m, quantisierter Halleffekt m / quantized Hall effect ‖ **⌐kontakt** m / Klitzing contact
Kloake f, Abwasserkanal m / cloaka ‖ **⌐**, Jauche f / sullage, sewage
Kloben m, Hangerlager n (DIN ISO 8314) (Schiff) / trannion piece, span bearing, lead block bearing ‖ **⌐**, Stock m / log ‖ **⌐**, Haspe, Angel f (Schl) / hinge ‖ **⌐**, Block m (Flaschenzug) / block, pulley ‖ **⌐**, Bankhaken m (Tischl, Zimm) / timber dog ‖ **⌐gehäuse** n / block cage ‖ **⌐holz** n / logs pl ‖ **⌐werk** n (Uhr) / Lépine movement
Klockmannit m (Min) / klockmannite
Klon n (Gentechnologie) / clone
Klonierung f / clonation
Klop, Chloropikrin n (Mil) / chloropicrin, aquinite (US)
Klopf·apparat m (Sintern) / tapper ‖ **⌐bremse** f (Kfz) / antiknock additive o. agent ‖ **⌐dichte** f (Sintern) / tap density
Klöpfel m (Tischl) / maul, mall ‖ **⌐** (Steinmetz) / stonemason's hammer
klöpfeln / maul v, mall
klopfen / strike vt ‖ **⌐** (Baumwolle) / batten ‖ **⌐** vi, schlagen / beat, knock ‖ **⌐** (Mot) / knock, detonate ‖ **⌐**, pulsierend schlagen / pulsate ‖ **⌐** n (Gieß) / tucking ‖ **⌐** (Mot) / detonation, engine knock ‖ **⌐**, Schlagen n (allg, Textil) / beat[ing], knocking, breaking ‖ **⌐**, Schlagen n (z.B. Rohrleitung) / hammering [effect] ‖ **die Form ⌐** (Buch) / plane down the forme
klopfend / beating, knocking ‖ **⌐**, pulsierend / pulsatory
Klopfer, Klöpfel m / beater ‖ **⌐**, Klopf[signal]apparat m (Morse) / sounder ‖ **⌐** m (Sintern) / tapper ‖ **⌐**, Türklopfer m / door knocker ‖ **⌐**, Schläger m / beater ‖ **⌐**, Klopfsignalapparat m (Fernm) / sounder ‖ **⌐** (Bunker) / knocker ‖ **⌐ für Formkästen** (Gieß) / rapper
Klopf·fang m (Insektizid) / tree jarring tap ‖ **⌐fest** (Kraftstoff) / antiknock, knockless, antidetonant, non-detonating, non-pinking ‖ **⌐festigkeit** f (Kraftstoff) / knock resistance, pre-ignition resistance ‖ **⌐festigkeit** f **gegen armes Gemisch** / weak mixture rating ‖ **⌐festigkeitswert** m / antiknock value, knock rating ‖ **⌐grenze** f (Mot) / knock limit, octane requirement of the motor ‖ **⌐holz** n / planer ‖ **⌐käfer** m, Totenuhr f (Schädling) / death-watch beetle ‖ **⌐kristall**, Tapkristall

_m_ (Phys) / tap crystal ‖ **⁓maschine** _f_ (Textil) / batting machine, beating machine ‖ **⁓peitsche** _f_ (Mot) / cetane number improver, ignition accelerator ‖ **⁓regelung** _f_ (Mot) / electronic spark control, ESC ‖ **⁓sauger** _m_ / beating vacuum cleaner ‖ **⁓- und Brechmaschine** _f_ (Textil) / machine for beating and crushing, beater-crusher ‖ **⁓- und Brechmaschine** _f_ (Textil) / beater-crusher ‖ **⁓volumen** _n_ (Sintern) / tap volume ‖ **⁓wolf** _m_ (Textil) / beater, beating opener, first devil, willow ‖ **⁓wolf o. Droussierkrempel für Spinnstoffaufbereitung** / willow for fiber preparing ‖ **⁓zustand** _m_ (Sintern) / tapped state

Klöppel _m_, [Glocken]schwengel _m_ / clapper ‖ **⁓**, Spitzenklöppel _m_, Klöppelholz _m_ / lace bobbin ‖ **⁓** (Isolator) / pin ball ‖ **⁓ für Isolatoren** / pin ball for insulators ‖ **⁓gabel** _f_ (DIN 48077) (Freileitg) / ball clevis ‖ **⁓kante, -spitze** _f_ / bobbin o. bone o. pillow lace ‖ **⁓öse** _f_ (Elektr) / ball eye ‖ **⁓pfannenverbindung** _f_ (Isolator) / ball-and-socket coupling ‖ **⁓ring** _f_ **der Glocke** / bell clapper ring ‖ **⁓spitzenmaschine** _f_ / bobbin lace machine ‖ **⁓- und Pfannenverbindung** _f_ (Isolator) / ball and socket coupling of strong insulator units ‖ **⁓verbindung** _f_ (Isolator) / ball coupling

Klöpperboden _m_ (Wölbungstiefe ca. 0,2 des Durchm.) (Kessel) / bumped o. dished boiler end o. head (bumping depth abt. 0.2 of dia), torospherical head

Klosett _n_ (Raum) / lavatory, water closet ‖ **⁓**, Klosettschüssel _f_ / WC bowl, toilet basin, pedestal (GB) ‖ **⁓ mit Siphonwirkung**, Absaugeabort _m_ / syphonic type WC bowl ‖ **[das eigentliche] ⁓** / water closet (toilet bowl and its accessories) ‖ **⁓abflußrohr** _n_ / trap of WC ‖ **⁓becken** _n_ s. Klosettschüssel ‖ **⁓becken [für Wasserspülung]** _n_ / water closet bowl ‖ **⁓papier** _n_ / toilet paper ‖ **⁓sitz** _m_, Brille _f_ / toilet seat ‖ **⁓sitz** _m_ **mit Deckel** / toilet seat with lid ‖ **⁓spülung** _f_, -spülapparat _m_ / water closet flushing apparatus

Klosterdach _n_, Mönch- und Nonnedach _n_ / roof in hollow tiles, roof in convex and concave tiles

Klothoide _f_, Eulersche Spirale / clothoid, Cornu o. Euler's spiral

Klothoidentafel _f_ / table of clothoids

Klotz _m_, Block _m_ / block, log, clump ‖ **⁓**, großer Brocken / chunk ‖ **⁓**, Holzblock _m_ in der Wand / nog ‖ **⁓**, Träger _m_ (Palette) / bearer ‖ **⁓**, Klotzbad _n_ / padding liquor ‖ **⁓-Aufdockverfahren** _n_ (Textil) / vat winding-up method ‖ **⁓bremse** _f_, Backenbremse _f_ / block o. shoe brake ‖ **⁓dämpfverfahren** _n_ (Textil, Färb) / pad-steam process ‖ **⁓druck** _m_ (Textil) / printing from plates

klotzen, aufklotzen, pflatschen (Färb) / pad

Klotz·färben _n_ (Textil) / jig padding, pad dyeing ‖ **⁓farbstoff** _m_ / padding dyestuff ‖ **⁓hahn** _m_ (Chem, Steinzeug) / plug tap ‖ **⁓kontakt** _m_ (Elektr) / block type contact ‖ **⁓kontakt** _m_ (als Schleifkontakt) / wipe contact ‖ **⁓-Kurzverweilverfahren** _n_ (Textil) / short-dwell padding ‖ **⁓lager**, Michell-Drucklager _n_ (Masch) / Michell (GB) o. Kingsbury (US) bearing, pivoted-pad o. tilting-pad bearing ‖ **⁓maschine** _f_ (Textil) / padding machine o. mangle, pad[der] ‖ **⁓säge**, Blocksäge _f_ / log frame ‖ **⁓schlacke** _f_ (Hütt) / block slag ‖ **⁓schwarz** _n_ (Färb) / slop-padded black ‖ **⁓stufe** _f_ (Bau) / massive tread ‖ **⁓trockenverfahren** _n_ (Textil) / pad shock drying process, pad-dry fixation method ‖ **⁓wagen**, -schlitten _m_ (Säge) / carriage of a saw

Kluft _f_, Spalte _f_ (Geol) / chasm ‖ **⁓**, tiefe Spalte (Geol) / crevasse, crevice ‖ **⁓**, Abgrund _m_ / abyss ‖ **⁓**, Gangspalte _f_ (Bergb) / crevasse ‖ **⁓**, Trennfläche _f_ (Bergb, Geol) / fissure ‖ **⁓** (Magn.Bd) / gap, interblock space o. gap ‖ **⁓**, Tiegelzange _f_ (Hütt) / tongs _sg pl_, a pair of tongs ‖ **⁓abstand** _m_ (Bergb) / crevasse distance ‖ **⁓ebene** _f_ (Geol) / bedding plane ‖ **⁓füllung** _f_, Zwischenmittel _n_ (Bergb) / rock vein

klüftig, zerklüftet (Geol) / fissured, cleft ‖ **⁓** (Holz) / cracked

Klüftigkeit _f_ (Geol) / crevasse formation

Klüftigkeitsziffer, durchschnittliche ⁓ (Geol) / [mean average of] crevasse distance

Kluftwasser _n_ (Geol) / crevasse water

klumpen, sich ⁓ (o. zusammenballen) / agglomerate, aggregate, clot _vi_

Klumpen _m_, Stoffbatzen _m_ (Pap) / lump ‖ **⁓**, Klotz _m_ / chunk ‖ **⁓**, Zusammenballung _f_ / cluster ‖ **⁓**, Scholle _f_ (Landw) / clod ‖ **⁓** (Metall, bes.: Gold) / nugget ‖ **⁓** (z.B. Mehl) / lump ‖ **⁓**, Brocken _m_ (Keram) / bat, batt ‖ **⁓ bilden**, klumpig werden _vi_ / clot ‖ **⁓ in ⁓ formen** / lump ‖ **⁓bildung** _f_ (Schlacke) / lumping ‖ **⁓graphit** _m_ / chunky graphite ‖ **⁓stichprobe** _f_ (Hütt) / cluster sampling ‖ **⁓verhindernd** (Chem) / preventing the formation of clots

klumpig, in Klumpen / lumped, cloddish, cloddy, clodded ‖ **⁓** (Zuck) / sticky, caked ‖ **⁓ werden lassen** / clot _vt_

Klumpigkeit _f_ **von Zement** / lumpiness of cement

Klunkern _f pl_ (Wolle) / dag[ging]s, crutchings _pl_

Klunkerwolle, Abfallwolle _f_ / refuse wool

Kluppe _f_, Gabelmaß _n_ / slide caliper ‖ **⁓**, Spannhaken _m_ (Textil) / tenter hook, clip ‖ **⁓**, Zange _f_ (Textil) / nippers _pl_ ‖ **⁓**, Zange _f_ (Textil) / nippers _pl_

Kluppenkettenglied _n_ (Web) / clip chain link

Klüse _f_ (Schiff) / hawse [hole o. pipe]

Klüsen·deckel _m_ (Schiff) / buckler, hawse flap ‖ **⁓loch** _n_ / hawse hole

Klutentrenner _m_ (Landw) / clods separator

Klüverbaum _m_ (Nav) / boom

K/L-Verhältnis _n_ (Nukl) / K/L-ratio

Klydonograph _m_ (ein Meßgerät) (Elektr) / klydonograph

Klystron _n_ (Laufzeitröhre) (TV) / klystron

KML (Elektronik) = Kurz-, Mittel- und Langwellenbereich

K-Modul _m_ (Mech) / modulus of cubic elasticity

kmol (Chem) / kmol

KMS (Schiff) = Küstenmotorschiff

kn (Schiff) = Knoten

Knabbelkoks _m_, Brechkoks _m_ / broken and graded coke

Knabber·schere, -maschine _f_ / nibbling machine, nibbler ‖ **⁓schneiden** _n_, Knabbern _n_ / nibbling

Knack _m_ / crack

knacken _vi_ / crack _v_, click ‖ **⁓**, Ticken _n_ / click ‖ **⁓** _n_ (Fernm) / crackling, thump (coll)

Knacker _m_, Kniehebelhandpresse _f_ / toggle hand press

Knack·filter _n_ (Elektronik) / click filter ‖ **⁓geräusch** _n_ (Fernm) / click, cracking ‖ **⁓geräusch** _n_, Knallgeräusch _n_ (Fernm) / crackle _n_, crackling [noise] ‖ **⁓ frei von ⁓geräuschen** / clickless ‖ **⁓kontrolle** _f_ (Fernm) / click control, audible test

Knagge _f_, Mitnehmer _m_ (Masch) / carrier, catch, driver, dog, star, tappet ‖ **⁓**, Scherknagge _f_ / shear block, block shear connector ‖ **⁓**, Mitnehmer _m_ / carrier, tappet ‖ **⁓ unter den Kopfbändern einer Jochsäule** (Zimm) / cleat

Knaggenschlepper _m_ (Walzw) / dog-bar [type] conveyer

K-Naht _f_, K-Fuge _f_ (Schw) / double level groove

Knall _m_ / sharp report, bang, clap, crack ‖ **⁓**, Explosion _f_ / detonation ‖ **⁓**, Schuß _m_ / pop ‖ **[leichter] ⁓** / puff

knallen _vi_ / report _v_, crack ‖ **⁓** (Chem) / detonate ‖ **⁓**, Fehlzündungen haben (Mot) / misfire, backfire ‖ **⁓**, Krachen _n_ / snap, cracking ‖ **⁓** _n_ **im Auspufftopf**, Auspuffknaller _m_ (Kfz) / muffler explosion o. back-firing ‖ **⁓ im Vergaser** (Kfz) / popping back ‖ **⁓ lassen** / crack _vt_

knallend·er Auspuff / back-firing o. detonating exhaust

Knall·funke _m_ / slow spark ‖ **⁓gas** _n_ / oxyhydrogen gas, electrolytic o. detonating gas ‖ **⁓gasgebläse** _n_ / oxyhydrogen [gas] blow pipe ‖ **⁓geräusch** _n_ (Fernm) / acoustic shock, cracking ‖ **⁓gold**, Goldfulminat _n_ / explosive o. fulminating gold, aurate of ammonia ‖ **⁓kapsel** _f_, -signal _n_ (Bahn) / fog-signal, torpedo, detonator ‖ **eine ⁓kapsel überfahren** (Bahn) / explode a detonator ‖ **⁓platin** _n_ / fulminating platin ‖ **⁓pulver** _n_, Knallsatz _m_ / priming powder ‖ **⁓quecksilber**, Quecksilberfulminat _n_ / mercuric o. mercury fulminate,

551

fulminate of mercury, fulminating mercury ‖ ~säure f / fulminic acid ‖ ~silber, Silberfulminat n / fulminating silver, silver fulminate ‖ ~zündschnur f / quick fuse

knapp, mangelnd / scarce, short, unsufficient ‖ ~, eng / narrow, close, tight ‖ ~, konzis / concise ‖ ~ adv / scantily ‖ ~ **vorbeifliegen**, beinahe treffen / miss narrowly an object

Knappe m / miner, pitman

Knappeneisen n (Salzgewinnung) / mattock

Knäpper m (Bergb) / large rock piece ‖ ~**bohren**, knäppern (Felssprengung) / block-hole ‖ ~**bohrer** m (Bergb) / block-holing drill ‖ ~**schießen** n (Bergb) / secondary shooting o. blasting ‖ ~**schuß** m (Bergb) / blaster shot, boulder blaster

Knappheit f, Mangel m / shortage, scarcity, lack ‖ ~, Enge f / narrowness

Knappschaft f / miner's union

Knarre, Ratsche f (Masch) / ratchet, catrake ‖ **umschaltbare** ~ (Wz) / reversible ratchet handle ‖ **umsteckbare** ~ (Wz) / ratchet handle

knarren / grate ‖ ~, quietschen (Masch) / creak ‖ ~**schlüssel** m / ratchet handle, [reversible] ‖ ~**schraubenzieher** m / ratchet type screwdriver

knattern, knistern / crackle ‖ ~ (Auspuff) (Kfz) / detonate ‖ ~ n, Krachen n / crackling ‖ ~ (Fernm) / frying ‖ ~, Rasseln n (Elektronik) / rattle ‖ ~ (Kfz) / backfire

Knäuel m n / clue, clew ‖ ~ (Garn) / ball ‖ **zu** ~**n wickeln** (Textil) / ball v ‖ ~**maschine** f (Textil) / ball winding o. balling machine ‖ ~**wickeln** n / ball winding ‖ ~**wicklung** f (Elektr) / hand winding

Knauf m (Bau) / [boss] stone

Knauf-Verfahren n (Bergb) / Janol method

knautschen, kniffen / crease

Knautsch·lackleder n / crinkled patent leather, crushed [grain] patent leather ‖ ~**leder** n (Gerb) / upholstery o. furniture leather, marbled leather ‖ ~**zone** f (Kfz) / deformable o. crusher zone, collapsible zone, crumple zone (US)

Knebel m / toggle ‖ ~, Spannholz n (Säge) / tongue of the saw ‖ ~, Knopf m / spindle-shaped button ‖ ~ **der Knebelschraube** / clamping bolt of the tommy screw ‖ ~**gelenk** n, Kniegelenk n / toggle joint ‖ ~**[griff]** m (Wzm) / T-handle, clamp o. locking handle ‖ ~**hutmutter** f, -überwurfmutter f / tommy cap nut ‖ ~**kerbstift** m (DIN 1475) / [third-length] center-grooved dowel pin ‖ ~**klemme** f (für Montage) / toggle clamp ‖ ~**mutter** f (DIN 6305) / tommy nut (DIN 6305) ‖ ~**mutter** f (DIN 80701) / butterfly nut (DIN 80701) ‖ ~**schalter** m (Kippschalter) / toggle switch ‖ ~**schalter** m (Drehschalter) / rotary light switch ‖ ~**schraube** f / tommy screw, T-screw ‖ ~**stropp** m (Schiff) / becket ‖ ~**überwurfmutter** f, -hutmutter f / tommy cap nut

Kneifen n (Draht) / sucking

Kneifzange, (DIN:) Kantenzange f / pincers pl, nippers pl, nipper pliers pl

Kneiß m, Kohlenschiefer m / bituminous schist o. shale, black batt

Knetarm m / kneading arm

knetbar, plastisch / ductile, kneadable ‖ ~, plastisch (Keram) / plastic, figuline

kneten / knead ‖ ~ (Lehm) / pug vt ‖ ~ n, Anfeuchten n, Tempern n / tempering ‖ ~, plastifizieren / plasticize ‖ **Gummi** ~ / masticate caoutchouc ‖ **mit Werfen Ton** ~ (Keram) / wedge clay, slap clay

Knet·gestein n, Mylonit m / mylonite ‖ ~**legierung** f / wrought alloy ‖ ~**maschine** f, -werk n / kneading machine, masticator ‖ ~**schaufel** f (Plast) / kneading blade, kneader arm ‖ ~**schweißung** f / forge welding

Knick m, Ausbuchtung f / bend, flaw ‖ ~ (Walzw, Fehler) / coil flaw o. wrench ‖ ~, Ausbuchtung f, Biegung f / bend, flaw ‖ ~, Winkel m (Bau) / break of a wall ‖ ~, Kinke f (Kabel) / kink ‖ ~ (Ölbohrung) / dog leg, side tracking ‖ ~ **einer Kurve** / kink of a curve ‖ ~ **einer Wand** / break of a wall ‖ ~ **im Band** (Walzw) / kink ‖

oberer ~ (der Röhrenkennlinie) / upper bend (GB) o. flexion point in the characteristic of a diode ‖ ~**arbeit** f / work done on buckling ‖ ~**ausleger** m (Baukran) / swan neck jib ‖ ~**bauchen** n (DIN 8584) (Wzm) / upset bulging ‖ ~**beanspruchung** f / collapsing stress (US) ‖ ~**belastung** f / critical load on a column ‖ ~**biegen** n (Stanz) / bending by bulging

knicken vi, zer-, aus-, einknicken / give way to o. yield to buckling o. to axial compression ‖ ~, aus-, einknicken / buckle (under axial load) ‖ ~ n, Knickung f / buckling

knick·fest (Mech) / non-buckling, short column… ‖ ~**fester Pfeiler**, kurzer Pfeiler / post, pole ‖ ~**fester Stab**, -feste Säule (Mech) / short column ‖ ~**festigkeit** f (Mech) / column strength, buckling resistance o. strength, cross-breaking strength, resistance to buckling o. to lateral bending ‖ ~**festigkeits-Prüfmaschine** f / buckling stress testing machine ‖ ~**finger** m (Roboter) / elbow arm ‖ ~**flachs** m / broken flax ‖ ~**flügel-Flugzeug** n / gull-wing o. cranked-wing aircraft, M-wing aircraft ‖ ~**gelenkt** (Dumper) / center pivot steered ‖ ~**instabilität** f (Plasma) / kink instability ‖ ~**instabilität** f (Mech) / buckling instability ‖ ~**kennlinie** f (Kfz, Spannungsregler) / steep-droop characteristic curve ‖ ~**kraft**, -last f / collapsing force, buckling force ‖ ~**länge** f (Mech) / effective column length o. pillar length, buckling o. collapsing length ‖ ~**last** f (Mech) / buckling o. column load, critical load for a column ‖ ~**lenkung** f (Radlader) / articulated frame steering, center pivot steering ‖ ~**punkt** m, Bruchstelle f (Fehler) / break point ‖ ~**punkt** m (Kurve) / salient point ‖ ~**punkt** m **der Chlorrung** (Wasser) / break point ‖ ~**punkt-Chlorung** f (Wasser) / break-point chlorination ‖ ~**schutz…** (Seil) / antikink… ‖ ~**schwingungen** fpl (Nukl) / bending vibrations pl, deformation vibrations pl ‖ ~**sicherheit** f / security o. safety against buckling ‖ ~**sicken** (Stanz) / belcher, bulge ‖ ~**spannung** f / buckling strain ‖ ~**stab** m / long column ‖ ~**stab**, Druckstab m (Mech) / strut ‖ ~**steif** / buckle-proof ‖ ~**stelle** f, Knick-Ausbauchung f / kink ‖ ~**stelle** f (Kunstleder) / fold ‖ ~**versuch** m / buckling test, column test ‖ ~**versuch** m (Kunstleder) / flexure test ‖ ~**vorgang** m (Mech) / buckling [process] ‖ ~**zahl** f (Mech) / buckling factor o. coefficient ‖ ~**zetter**, Grasknicker m / hay conditioner

Knie n, Kniestück n / bend, elbow ‖ ~, Knierohr n, Kniestück n / knee bend o. pipe ‖ ~, Wasserverschluß m / siphon, drain o. air trap, trap, seal ‖ ~**anlasser** m (Nähm) / kneelift, knee lifter ‖ ~**falte**, Flexur f (Geol) / flexure ‖ ~**förmig** / elbow[ed] ‖ ~**gelenk** n / knee o. toggle link ‖ ~**gelenkbolzen** m, Drehachse am Kniegelenk f / fulcrum pin o. member ‖ ~**gelenkhebelaufhängung** f (Kfz) / knee action suspension ‖ ~**[gelenk]stütze** f (z.B. für Motorhaube) / elbow brace

Kniehebel m (Gelenkmechanismus) / toggle lever o. joint, articulated lever, knuckle joint ‖ ~, Winkelhebel m (starr) / bell-crank o. elbow o. knee lever, bent o. crooked lever ‖ ~ **im Gelenkmechanismus** / bent lever ‖ ~**-Backenbrecher**, Pendelschwingenbrecher m / double toggle jaw crusher ‖ ~**bewegung** f (Steinbrecher) / toggle lever motion ‖ ~**brecher** m / toggle lever jaw crusher ‖ ~**[breit]ziehpresse** f / toggle drawing press ‖ ~**bremse** f / toggle joint brake ‖ ~**gelenk** n / toggle joint ‖ ~**getriebe** n (Mech) / toggle mechanism ‖ ~**handpresse** f, Knacker m / toggle hand press ‖ ~**klemme**, Froschklemme f (Fernm, Elektr) / draw vice, draw[ing] tongs pl, Dutch tongs pl ‖ ~**matrizenpresse** f, -prägepresse f / knuckle joint embossing press ‖ ~**nietpresse** f / toggle [joint] riveting press ‖ ~**presse** f / knuckle-joint press, toggle o. knee press ‖ ~**system** n (starr) / bell-crank system ‖ ~**verschluß** m / toggle catch, bent lever closure ‖ ~**ziehpresse** f / knuckle joint drawing press

Knie·holz n, Latsche f, Krummholzkiefer f / dwarf o.
knee pine, pinus montana pumilio || ~**kissen** n
(Motorrad) / knee grip || ~**leder** n, -schützer m / knee
protector || ~**punkt** m (Phot, Röhre) / knee point || ~**rohr**
n / conduit elbow, pipe bend || ~**rohr** n **aus Blech** /
creased stovepipe bend || ~**rohrbiegemaschine** f / stove
pipe elbow forming machine || ~**rohrwalze** f
(Sickenmaschine) / elbow wheel || ~**spannung** f (Halbl) /
collector saturation voltage || ~**stockwand**,
Drempelwand f (Bau) / jamb wall || ~**stück** n, Winkel m
(Masch) / knee, elbow [joint] || ~**stück** n, Schenkel-,
Bogenrohr n / knee piece || ~**stück** n (des Düsenstocks)
(Hütt) / bootleg, goose-neck || **[unteres]** ~**stück des
Dachrohrs** (Bau) / shoe of a rainpipe
Kniff m, Kunstgriff m / artifice, trick, contrivance, dodge
|| ~, Falte f / crease, wrinkle
kniffen, knautschen / crease || ~, falten / fold, crease,
wrinkle, pinch pleats
Knightsche Verschiebung f (Nukl) / Knight shift
Knipp·maschine f (Zuck) / clipping machine || ~**schere** f /
small pointed scissors pl
knipsen, lochen (Bahn) / clip, punch || ~ (coll) (Phot) / take
pictures, photograph, snap (coll)
Knipszange, Lochzange f (Bahn) / ticket punch o. nippers
pl
knirschen (Masch) / creak, crunch, grate || ~ n / grating,
squeak, creak || ~, Seidenschrei m (Seide) / scroop || ~
des Schnees / crunching of snow || ~ **des Zinns**,
Zinngeschrei n / tin cry o. crackling
knirschende Appretur (Textil) / scroop finish, crunch
finish
Knirschgriff m (Seide) / scroopy feel, crunchy handle
knistern, knattern / decrepitate, crackle || ~, knattern
(Elektronik) / sizzle, crack || ~ n (Pap) / rattle || ~ (Funken)
/ crepitate
Knitter m, Falte f (Stoff) / wrinkle, fold, crease || ~**arme
Ausrüstung**, Knitterfest-, -freiausrüstung f (Textil) /
non-crease o. no-crush finish, wrinkle-resistant finish,
crease proofing || ~**armut** f, -widerstand m (Textil) /
resistance to creasing || ~**erholung** f (Textil) / crease
recovery || ~**erholungswinkel** m (Textil) / crease
recovery angle || ~**fest machen** / creaseproof || ~**frei**,
-fest, -arm / non-creasing, no-crush, crush-resistant,
crease-proof, -resist[ant]
knittern vt, kräuseln / crimp, crease || ~ vi (Textil) /
crumple, wrinkle, crease
Knitterwinkel m (Textil) / crease angle
KNK = Kompakte natriumgekühlte Anlage Karlsruhe
Knochen n / bone n || ~**[aktiv]kohle** f, Spodium n / bone
black o. charcoal, spodium || ~**asche** f (Chem) / bone ash
o. earth, bone ash[es] pl || ~**brecher** m / bone breaker ||
~**gelenk** n, -gelenkkupplung f / pot type joint || ~**hart**,
-trocken / bone-dry || ~**hörer** m (Hörapp.) / osophone ||
~**kohle** f / animal charcoal || ~**leim** m / bone glue ||
~**leitungshörer** m / bone phone, bone vibrator || ~**mehl**
n, -dünger m / bone manure o. meal o. dust || ~**mühle** f
/ bone mill o. crusher || ~**öl** n / animal o. bone oil, white
oil || ~**schallübertragung** f / bone-conduction ||
~**schwarz** n / bone black || ~**suchend** (Nukl) / bone-
seeking || ~**sucher** m (Nukl) / bone seeker
Knöllchen·bakterien n pl / nodule bacteria pl, rhizobium
|| ~**bakterium** n / rhizobium
Knolle f, Rübe n (Bot) / root tuber || ~, Faserklumpen,
-klotz m (Baumwolle) / cotton lump
Knollen m, [Wurzel-, Bakterien-]knöllchen n (Bot) /
nodule || ~ (Geol) / nodule || ~ (Hütt) / knot, lump, clod,
nodule || ~ **im Papier** / patch in paper
knollenförmig / bulbous, bulbiform || ~ (Geol) / nodular
Knollen·opal m (Min) / menilite || ~**pflanze** f / tuberous
plant || ~**stromerzeuger** m (Elektr) / bulb type alternator
|| ~**zerkleinerer** m (Gieß) / sand lump breaker
knollig / cloddish, cloddy, clodded || ~, knotig / nodular,
nodulized

Knopf m (allg, Klingel-, Schalt-, Druck- usw) / button ||
~, Knebel m / spindle-shaped button || ~, Griff m /
handle || ~, Nabel m (Glasbläserpfeife) / nose of the
blowpipe || ~ **mit Öse** / button with eye, shank button ||
einen ~ **wiederholt drücken** / press down a button
several times || ~**annähmaschine** f / button-sewing
machine || ~**auslösung** f (Phot) / trigger shutter, push-
button release (US) || ~**brechmaschine** f (Textil) / button
breaker || ~**druck** m / push of a button || ~**fuß** m (Nähm)
/ button-sewing foot || ~**garn** n (Textil) / spot yarn ||
~**griff** m, Olive f / olive[-shaped] button o. handle ||
~**loch** n / button hole || ~**lochband** n / button hole
ribbon || ~**lochfuß** m (Nähm) / buttonhole foot ||
~**lochmikrophon** n / lapel microphone ||
~**loch[näh]maschine** f / button hole machine ||
~**lochschere** f / button hole scissors pl || ~**ornament** n
(Bau) / stud o. pellet ornament || ~**öse** f, Knopföhr n /
shank of a button || ~**probe** f, -schmelze f (Email) /
button [fusion] test || ~**röhre** f (Elektronik) / door-knob
tube || ~**zelle**, Rundzelle R9 f (Elektr) / round cell R9
DIN 40864
Knorpel m, Cartilago f / cartilage || ~**leim** m / chondrin[e]
Knorren m (Fehler im Holz) / knot, branch || ~ **am
Stamm** (Holz) / kna[u]r || ~ **unter 1 1/2" Größe** (Holz) /
standard knot || **heller** ~ / light knot || **winziger** ~ / pin
knot || ~**holz** n, Maserholz n / wart, upgrowth,
excrescence of wood
knorrig, knotig (Holz) / knotty
Knospe f / bud
knospen / shoot vi, sprout
Knospenwickler, grauer ~, Agyroploce variegana
(Landw) / green budworm || **roter** ~, Tructocera
ocellana / eye-spotted bud moth
Knötchen n **im Papier** / patch in paper || ~**bildung** f
(Gummi, Plast) / pebbling || ~**korrosion** f (Nukl) / nodular
corrosion
knoten, knüpfen / bind, knot
Knoten m / knot, (ship also:) hitch, bend || ~, Endpunkt m
eines Zweiges (Elektr) / node, vertex (US) || ~,
Schwingungsknoten m / oscillation node o. nodal point,
vibration node o. nodal point || ~ (Bambus) / joint of
bamboo || ~ (im Gewebe) (Textil) / burl || ~, Flocke f
(Textil) / knob || ~ (Web, Fehler) / burl || ~ (Spinn, Fehler)
/ nib, nep || ~, Noppe f (Textil) / nap, nep || ~, Höcker m
/ tuber || ~, Schleife f / knot bow || ~, Knäuel m n /
twist || ~ (international = 1852 m/h, Engl. = 1853,181
m/h), Seemeile je Stunde (Schiff) / knot, kn ||
~ **ausputzen** (o. auszupfen o. abzwicken) (Textil) / pick
|| ~ **mit halbem Schlag**, halber Schlag m / half hitch ||
20 ~ **laufen** (Schiff) / do 20 knots || **über 15** ~ (Schiff) /
15 knots plus || ~**bahnhof** m / railway centre o.
junction, junction station || ~**bildung** f (Spinn) / pilling,
knot formation || ~**blech** n, Eckversteifung f (Stahlbau) /
gusset [plate], sheet steel corner plate || ~**brecher** m
(Zuck) / sugar breaker, disintegrator || ~**ebene**, -fläche f
(Elektronik) / nodal surface || ~**eisenerz** n / nodular iron
ore || ~**fänger** m (Web) / knot o. snarl catcher ||
~**fänger**, Zeugsichter m (Pap) / rotary o. pulp strainer,
breast roller, knotter, screener, picker || ~**festigkeit** f
(Wabenstruktur) / node-to-node bond (honeycomb
structure) || ~**frei** (Papier) / free from knots ||
~**garnzwirnmaschine** f / slub yarn doubling frame ||
~**gelenk** n (Bau) / multiple joint || ~**gewebe** n pl (Textil) /
rice weaves pl || ~**glimmerschiefer** n (Geol) / nodular
mica schist || ~**graphit** m / chunky graphite || ~**kette** f /
knotted-link chain || ~**lack** m (für Holz),
Versiegelungslack m / knot varnish || ~**linie** f **in einer
stehenden Welle** (Elektronik) / nodal line || ~**los**, glatt
(Garn) / knotless || ~**maschine** f (Textil) / burling
machine || ~**punkt** m (Math) / node [point] || ~**punkt** m
(Elektr, Phys) / nodal point || ~**punkt** m (Straßenbau) /
important road junction || ~**punkt** m, Systempunkt m
(Mech) / knot, system point o. center || ~**punkt** m
(Stahlbau) / junction point of members, assemblage point

‖ **⁓punkt**, Schnittpunkt *m* der Stabachsen (Stahlbau) / pin of a framework ‖ **⁓punkt** *m* (Bahn) / point of intersection, junction ‖ **⁓punktleiter** *m* (Elektr) / nodal conductor ‖ **⁓[punkt]regel** *f* (Elektr) / first law of Kirchhoff ‖ **⁓[punkts]...** / nodal ‖ **⁓punktsgleichung** *f* (Math) / nodal equation ‖ **⁓schweißen** *n* / node welding ‖ **⁓seil** *n* (Kabelkran) / knot o. button rope ‖ **⁓seil** *n* (Schiff) / knot[ted] rope ‖ **⁓sichter** *m* (Zuck) / tailing sifter ‖ **⁓station** *f* (Fernwirken) / submaster station ‖ **⁓streifer** *m* (Spinn) / clearing apparatus ‖ **⁓stück** *n* **an Streben** / strut attachment fitting ‖ **⁓verbindung** *f* (Stahlbau) / joint connection ‖ **⁓verbindung** *f* (Fernm) / temporary bridge ‖ **⁓vermittlungsstelle** *f*, Knotenamt *n* (Fernm) / nodal switching center, minor exchange ‖ **⁓verschiebungstechnik** *f* (Meßwesen) / node shift technique ‖ **⁓-Zugversuch** *m* (Garn) / knot breaking strength test ‖ **⁓-Zugversuch** *m* (Draht) / tensile test for knotted wire specimens ‖ **⁓zwirn** *m* / knotty twist, spot o. knob yarn

knotig, knorrig (Holz) / knotty ‖ ⁓, faserig (Pap) / knotty ‖ ⁓, flockig (Seide) / knotty ‖ ⁓, knollig / nodular, nodulized ‖ **⁓es Garn** (Textil) / slub yarn

Knotmaschine *f* (Web) / knotting machine

Knotten·erz *n* / knottenerz, modular galenite ‖ **⁓sandstein** *m* / knotten sandstone, sandstone bearing nodular galenite

Know-how *n* / know-how

Knowledge Engineer *m* / knowledge engineer

Knudsen·-Strömung *f* / Knudsen o. transition flow ‖ **⁓-Vakuummeter** *n* / high-vacuum manometer, Knudsen-type

knüllen, knäueln, zusammenrollen / wad ‖ ⁓ (Textil) / crumple

Knüpfbatik *f* / tie dyeing

knüpfen, knoten / bind, knot ‖ **gebrochenes Garn wieder** ⁓ (Textil) / join the ends, piece

Knüpfenden *n pl* (Web) / beatings *pl*, (cotton:) thrums *pl*

Knüpfer *m* (Bindemäher) / twine knotter ‖ **⁓haken** *m* (Bindemäher) (Landw) / bill o. knotter hook

Knüpf·maschine *f* **für Netze** / netting machine ‖ **⁓teppich** *m* / knotted pile carpet

Knüppel *m* (quadratischer Barren) (Hütt) / (less than 36 sq.in.) billet, (more than 36 sq.in.:) bloom ‖ **[Steuer]⁓** *m* (Luftf) / control column o. stick ‖ **hölzerner** ⁓ / cudgel ‖ **mit** ⁓**n befestigt** (Straßb) / corduroy ‖ **⁓abschnitt** *m* (Schm) / slug ‖ **⁓anode** *f* (Galv) / elliptical anode ‖ **⁓bohrmaschine** *f* / billet drilling machine ‖ **⁓bremse** *f* / lever brake ‖ **⁓damm** *m* / log causeway, corduroy road (US) ‖ **unteres o. abgeschopftes ⁓ende** (Hütt) / crop ‖ **⁓folge** *f* (Walzw) / billet sequence ‖ **⁓holz** *n* / faggot wood ‖ **⁓ordner** *m* (Walzw) / unscrambler for billets ‖ **⁓putzerei** *f* (Walzw) / billet bank ‖ **⁓rost** *m* (Hütt) / billet collecting rack ‖ **⁓schere** *f* / billet shears *pl* ‖ **⁓steuerung** *f* (Luftf) / column o. stick (US) control ‖ **⁓stoßofen** *m* / pusher type billet heating furnace ‖ **⁓walze** *f* (Walzw) / billet roll ‖ **⁓walzwerk** *n* (für anderes als Tafelmaterial) / billet mill ‖ **⁓wendekühlbett** *n*, -drehkühlbett *n* (Hütt) / rotating-type cooling bed for billets

Koagel *n* (Chem) / coagel

Koagulase *f* / coagulase ‖ **⁓-positiv** (Chem) / coagulase-positive

Koagulat *n*, Gerinnsel *n* / clot

Koagulation *f* / coagulation, concretion

Koagulations·frequenz *f* (Mischen) / coalescence frequency ‖ **⁓hemmendes Mittel** (Chem) / anticlotter

koagulierbar / coagulable

koagulieren *vt*, zum Koalgulieren bringen / coagulate *vt*, concrete ‖ ⁓ (Latex) / cream ‖ ⁓ *vi*, gerinnen *vi* / coagulate *vi*, become coagulated o. congealed

koaguliertes Sol (Chem) / coagulated o. flocculated sol

Koagulierungs·flüssigkeit *f* / coagulation liquid ‖ **⁓mittel** *n*, Gerinnungsmittel *n* / coagulant

Koaleszenz *f*, Zusammenwachsen *n* / coalescence

koaxial / coax[i]al, co-axial, concentric ‖ **⁓es Abschwächungsglied** / coaxial attenuator ‖ **⁓es Abschwächungsglied mit Blindleitungen** / chimney attenuator ‖ **⁓e Antennenzuführung** (Antenne) / feeder, coaxial line ‖ **⁓e Leitung** (z.B. für Mikrophon) (Elektronik) / concentric tube feeder o. tube transmission line ‖ **⁓e Stichleitung** / coaxial stub ‖ **⁓e Verbindungsleitung** / coaxial cable link ‖ **⁓antenne** *f* / coaxial antenna ‖ **⁓antenne** *f* **mit Sperrtopf** / sleeve o. skirt dipole ‖ **⁓filter** *n* (Fernm) / coaxial filter ‖ **⁓kabel**, Koax[kabel] *n* (Elektronik) / coaxial cable o. lead, coax ‖ **schichtenweise aufgebautes ⁓kabel** (Fernm) / laminated coax ‖ **starre ⁓leitung** (Elektronik) / preplumbed coaxial system ‖ **⁓leitungsresonator** *m* / coaxial line resonator ‖ **⁓stecker** *m* / coaxial plug o. connector ‖ **⁓stichleitung** *f* / coaxial stub, non-dissipative stub ‖ **⁓-Topfkreisverstärker** *m* / coaxial cavity amplifier

Koaxkabel *n* / pipe (coll), coaxial cable

Koazervat *n* (Chem) / coacervate

Koazervation (Trennung lyophiler Kolloide), Koazervierung *f* / coacervation

Kobalt *n*, Co / cobalt ‖ **⁓ 60**, Radiokobalt *n* / cobalt 60, ^{60}Co, radio-cobalt ‖ **⁓...**, kobalthaltig, -führend / cobaltiferous ‖ **⁓(II)-...** / cobaltous ‖ **⁓(III)-...** / cobaltic ‖ **⁓(III)-amminkomplexsalze** *n pl* / cobalt ammines *pl* ‖ **⁓(II)-arsenat** *n* / erythrine, cobaltous arsenate ‖ **⁓beschlag** *m* (Chem) / cobalt crust ‖ **⁓bestrahlungsquelle** *f* / cobalt unit o. source ‖ **⁓blau** *n* / cobalt blue, oxide blue ‖ **⁓blau** *n*, Thenards o. Leithners Blau *n* / Thénard's blue ‖ **⁓blüte** *f*, Erythrin *m* (Min) / cobalt bloom o. mica, erythrite ‖ **⁓bombe** *f* / cobalt bomb ‖ **⁓(II)-chlorid** *n* / cobaltous chloride, $CoCl_2$ ‖ **⁓-Detektor** *m*, -Stromelement *n* (Nukl) / cobalt selfpowered [neutron] detector

kobalten *vt* / cobalt-plate

Kobalt·farbe *f* / cobalt colour ‖ **⁓glanz**, Kobaltin *m* (Min) / [bright white] cobalt glance, cobaltite ‖ **⁓glas** *n* / cobalt glass o. silicate ‖ **⁓grün** *n* / cobalt green ‖ **⁓haltig**, -führend, Kobalt... / cobaltiferous ‖ **⁓kies** *n* (Min) / cobalt pyrites, linneaite ‖ **⁓manganerz** *n* / cobalt black ‖ **⁓nitrat** *n* / cobalt nitrate

Kobalto·-Kobalti-Oxid, Porzellanblau *n* / China blue, porcelain blue

Kobalt·oxid *n* / cobalt oxide ‖ **⁓schnellstahl** *m* / cobalt high speed steel ‖ **⁓speise** *f* / arseniuret of cobalt, cobalt regulus ‖ **⁓-Stromelement** *n*, -Detektor *m* (Nukl) / cobalt selfpowered [neutron] detector ‖ **⁓sulfid** *n* / cobalt sulphide

Kobritdichtung *f* / Kobrit packing

Koch·apparat *m*, -gerät *n* / boiling apparatus ‖ **⁓apparat** *m* (Zuck) / juice boiler ‖ **⁓apparat**, Vakuumkörper *m* (Zuck) / vacuum pan ‖ **⁓automatik** *f* / programmer of the kitchen range ‖ **⁓becher** *m* (Chem) / beaker [glass] ‖ **⁓beständig**, -fest (Chem, Färb) / fast o. resistant to boiling ‖ **⁓beutel** *m* / boilable pouch ‖ **im ⁓beutel / boil-in-the-bag...** ‖ **⁓dauer** *f* / duration of boiling ‖ **⁓echt**, -fest (Textil) / boil-fast o. -resistant, fast to washing o. boiling

kochen *vi* / boil *vi* ‖ ⁓ *vt* / boil *vt*, cook ‖ ⁓ *n* (Hütt) / boiling ‖ ⁓, raffinieren (Zuck) / refine ‖ ⁓ (Pap) / digest, cook ‖ ⁓ *vi*, sieden / seethe, bubble ‖ ⁓, zischen / hiss ‖ ⁓, wallen (Metall, Hütt) / flutter ‖ ⁓, gasen (Akku) / gas ‖ ⁓ (Kühler) / boil ‖ ⁓, Zischen *n* (Elektronik) / boiling, hissing ‖ ⁓ *n*, Aufwallen *n* (Chem) / boiling up o. briskly, bubbling ‖ ⁓, Auskochen *n* (Hütt) / boiling ‖ ⁓ (Pap) / digestion, cooking ‖ **langsam** ⁓ / simmer *vi* ‖ **langsames** ⁓, Erweichen *n*, Auslaugen *n* durch Kochen (Chem) / elixation ‖ **Teer** ⁓ / boil tar, distill tar ‖ **Wasser o. Milch** ⁓ / boil water o. milk ‖ **zum** ⁓ **bringen** / bring to the boil ‖ **zur Fadenprobe** ⁓ (Zuck) / boil in

kochend / boiling ‖ ⁓, sprudelnd / ebullient, briskly boiling (US) ‖ **⁓es Fließbett** / boiling bed ‖ **⁓e Gärung** / boiling o. effervescent o. fiery fermentation ‖ **⁓e**

Schmelze (Hütt) / wild melt ‖ **in der Kokille heftig ~er Stahl** (Hütt) / wild steel ‖ **~wasserbereiter** m (Elektr) / water heater for boiling water ‖ **~wasser-Reaktor** m / water-boiler reactor, boiling water reactor
Kocher m / boiling apparatus ‖ **~** (für Speisen), Kochapparat m, -gerät n / cooking apparatus ‖ **~**, Kochapparat m, -gerät n / cooker, cooking apparatus ‖ **~** (Brau) / copper, heater ‖ **~**, Kugelkocher m (Pap) / digester
Köcher m (Schweiß) / bag for welding rods o. electrodes ‖ **~-Bürstenhalter** m (Elektr) / tubular brush-holder
Kocher·entgasung f (Pap) / digester relief ‖ **~füllapparat** m (Pap) / chip packer ‖ **~raum** m, Kocherei f / digester house, digestery
Koch·feld n, Glasfasermulde f (Küchenherd) / cool top platform ‖ **~fertig** / ready to cook ‖ **~flasche** f (Chem) / boiling flask ‖ **~geräte** n pl (Elektr) / cooking utensils pl ‖ **~geräte** n pl (Elektr) / electric cookers pl ‖ **~geschirr** n / cooking utensils pl ‖ **~geschirr** n (Wehrt) / canteen, mess kit (US), mess tin (GB) ‖ **~grad** m (Pap) / cooking degree ‖ **~grube** f (Spanplatten) / soaking tank ‖ **gemischter ~herd für Gas u. Elektrizität** / combined electric and gas range ‖ **~kessel** m / kettle, boiler, boiling pan, boiling vessel ‖ **~kessel** m (Pap) / pulp boiler o. digester ‖ **~kläre** f (Zuck) / clairce, clearing liquor ‖ **~kölbchen** n (Lab) / fractional distillation flask ‖ **~kolben** m, -flasche f (Chem) / boiling flask
Kochleoide, Schraubenkurve f / cochleoid
Koch·maische f (Zuck) / crystallizer pan ‖ **~nische** f / kitchenet[te] ‖ **~periode** f (Hütt) / boiling period ‖ **~pfanne** f (Seide) / boiling pan ‖ **~platte** f / cooker, cooking o. hot plate ‖ **~platte** f (Herd) / hot plate ‖ **offene ~platte** / open-type boiling plate ‖ **~presse** f (Zelluloid) / block press ‖ **~prozeß** m (Pap) / pulping process ‖ **~punkt** m, Kp / boiling point o. heat o. pitch, b.p. ‖ **~salz** n / common o. kitchen salt ‖ **~salz**, Tafelsalz n / table salt ‖ **~salzbad** n / brine bath ‖ **~salzlösung** f / salt solution o. water, brine ‖ **~station** f (Zuck) / boiling house, vacuum-pan house ‖ **~thermometer** n / thermobarometer ‖ **~topf** m / cooking pot ‖ **~- und eßfertige Nahrungs- o. Lebensmittel** n pl / convenience food
Kochung f (Zuck) / crystallization-separation stage, "boiling" of the boiling scheme (as "first boiling") ‖ **~** (Brau) / boiling of hops
Koch·versuch m (Korrosion) / boiling test ‖ **~versuch** m (Kunststoff) / cooking test ‖ **~wäsche** f (Vorgang) (Textil) / wash at the boil ‖ **~wäsche** f (Gegenstand) / laundry to be boiled ‖ **~zone** f **der Glasfasermulde** / cooking zone of the cool top platform
Kodachrome-Verfahren n (Phot) / Kodachrome process, dye transfer process
Kode m s. Code
Kodein n / codein
Köder m / bait
Köder m, Keder m (Kfz) / piping, weatherstrip, rand
Köder·gift n / insect-attractant poison ‖ **~glas** n (Landw) / bait glass ‖ **~spritzung** f (Landw) / bait spray
Koeffizient m (= Einfluß einer Stoffeigenschaft auf einen physikalischen Zusammenhang) / coefficient ‖ **~** (Faktor einer veränderlichen Größe) / factor ‖ **~ der Annäherungsgeschwindigkeit** (Flüssigkeit) / velocity-of-approach factor ‖ **~ der reflektierten Ströme** (Fernm) / return current coefficient ‖ **~ der Selbstfreimachung** (Nukl) / clearance ‖ **~ des Gier-,[Roll-, Stampf]moments** / yawing, [rolling, pitching] moment coefficient
Koeffizienten-Einstellwert m (DV) / coefficient setting
Koepe·betrieb m, -system n, -förderung f / main and tail rope winding [system] on Koepe sheave ‖ **~fördermaschine** f (Bergb) / Whiting hoist, Koepe hoist, Koepe winding machine ‖ **~scheibe** f (Bergb) / Koepe sheave

Koerzitiv·... (Elektr) / coercive ‖ **~e Blockierung** (Blasenspeicher) / pinning ‖ **~kraft** f / coercive force o. intensity, coercivity ‖ **~kraftmesser** m / coercimeter
Koextrusion f (Plast) / coextrusion n
Koferment n (o. **Koenzym**) **A** / coenzyme A, Co A
koffeinarm·er Kaffee / decaffeinated coffee
koffeinfrei / without caffeine, decaffeinated
Koffer m, Bruchsteinlage f (Hydr) / layer of broken stones ‖ **~** (Straßb) / road bed construction ‖ **~damm** m (Hydr) / coffer [dam], box dam ‖ **~damm** m (Schiff) / cofferdam ‖ **durch ~damm abdichten** / coffer ‖ **~deck** n (Schiff) / trunk deck ‖ **~deckelförmig** (Bau) / shaped like the lid of a trunk ‖ **~empfänger** m, -radio n / portable receiver o. radio (US) o. wireless (GB) ‖ **~-Fernsehempfänger** m / portable television receiver ‖ **~leuchte** f (Straßenbeleucht) / box-type lantern, coffer-type lantern ‖ **~pappe** f (Pap) / trunk board, panel board, suitcase board ‖ **~radio** n / portable radio ‖ **~raum** m (Kfz) / luggage boot (GB) o. trunk (US), rear trunk ‖ **~raumbeleuchtung** f / lighting of luggage boot o. trunk ‖ **~raumboden** m (Kfz) / bottom of the luggage trunk ‖ **~raumdeckel** m (Kfz) / trunk lid o. deck (US), boot lid o. panel ‖ **~raumdeckel** m **mit Druckknopfbetätigung** (Kfz) / self-sprung boot lid ‖ **~raum-Deckelstütze** f / elbow brace ‖ **~schreibmaschine** f / portable typewriter ‖ **~träger** m, -brücke f (Kfz) / luggage grid
Kogasin n / kogasin ‖ **~synthese**, Fischer-Tropsch-Synthese f / Fischer-Tropsch synthesis ‖ **~verfahren** n / kogasin process
Kognaköl, Traubenöl n / grape oil, cognac oil o. essence (US)
kognitiv / cognitive
kohärent (Phys) / coherent ‖ **~es Einheitensystem** / coherent system of units ‖ **~es Licht** / coherent light ‖ **~e optische Nachrichtentechnik**, KONT (LWL) / coherent optical communication technology ‖ **~e Störung** / coherent interference ‖ **~e Streuung** (Nukl) / coherent scattering ‖ **~impulsradar** m n / coherent pulse radar ‖ **~-unterbrochen** (Elektronik) / coherent-interrupted
Kohärenz·bedingung f / coherence condition ‖ **~messung** f (Akustik) / coherence measurement ‖ **~optik** f / coherent optics ‖ **~oszillator** m (Radar) / coherent oscillator, coho ‖ **~phasen-Umtastungsmodulation** f / coherent phase shift keying ‖ **~-Spannung** f / coherency stress
Kohärer, Fritter m (Elektronik) / coherer
Kohäsion f / coherence, cohesion, cohesiveness
Kohäsions·... / cohesive ‖ **~energiedichte** f (Nukl) / cohesive energy density ‖ **~festigkeit** f, theoretische o. ideale Zerreißfestigkeit / cohesive strength
Kohäsion[skraft] f / coherence, coherency, cohesive force
Kohäsionszerrüttung f / cohesive destruction
Kohl·blattlaus f, Brevicoryne brassicae / green-grey cabbage aphis ‖ **~drehherzmücke** f / turnip and swede midge
Kohle f / coal ‖ **~**, Steinkohle f / coal, mineral o. hard coal ‖ **~**, Braunkohle f / brown coal ‖ **~**, Holzkohle f / charcoal ‖ **~**, Kohlenstoff m / carbon ‖ **~**, Retortenkohle f / retort coal ‖ **~...** s. auch Kohlen... ‖ **~ einnehmen**, kohlen / coal vi ‖ **~ führen o. enthalten** (Bergb) / contain coal ‖ **~ mit hohem Wasserstoffgehalt** / perhydrous coal ‖ **~ mit niedrigem Gehalt an Flüchtigem** / low volatile steam coal (GB), low volatile coal (US) ‖ **~ bröcklige (o. erdige o. taube)** (Geol) / muck ‖ **in ~ umwandeln** / carbonize, convert into carbon ‖ **reine ~** / cleans pl ‖ **zu ~ werden** / carbonize vi, char
Kohleabfall m, (auch:) Erzabfall m / feigh
Kohle·ablagerung, Kohleschicht f / coal layer ‖ **~ablagerung** (Kfz) / carbon deposit ‖ **~aufbereitung** f / coal preparation ‖ **~aufbereitungsanlage** f / coal

preparation plant ‖ ~aufdampfverfahren n / carbon replica method ‖ ~bandführung f (DV) / carbon-ribbon feed device ‖ ~brennen n / charring of wood ‖ ~bürste f (Elektr) / carbon o. graphite brush ‖ ~dichtung, -packung f (Turbine) / carbon gland ‖ ~druck m, Pigmentdruck m (Buch) / carbon print[ing] ‖ ~druckregler m (Elektr) / carbon pile voltage regulator, carbon rheostat ‖ ~elektrode f (Schw) / carbon electrode ‖ ~faser f, C-Faser f / carbon fiber ‖ ~faserlaminat n, CFK-Laminat n / carbon fiber laminate ‖ ~filter n (Chem) / bone-black filter, charcoal filter ‖ ~förderung f / coal drawing o. extraction o. winding ‖ ~freies Durchschlagsformular / carbonless copy paper form ‖ ~führend, -haltig, -artig (Geol) / carbonaceous, carboniferous, coaly ‖ ~führend, kohlenhaltig / containing coal ‖ ~führende Schichten f pl (Geol) / coal formation o. series ‖ ~führung f (Bergb) / presence ‖ ~gas n / coal gas ‖ ~geheizter Kessel / coal fired boiler ‖ ~gemischschicht f (Elektr) / carbon composition film ‖ ~-Großabbaugerät n / continuous miner (USA) ‖ ~haltig / carbonaceous ‖ ~hydrat n / carbohydrate ‖ ~hydrathaltiges Abwasser / carbohydrate waste water ‖ ~hydrierung f / coal hydrogenation ‖ ~kontakt m (Elektr) / carbon contact ‖ ~korn n / pellet of carbon black ‖ ~körner n pl, granulierte Kohle / granulated carbon, carbon grains o. granules pl ‖ ~[körner]mikrophon n / carbon [grain] transmitter o. microphone, granulated carbon transmitter o. microphone ‖ ~körnerschalldose f, -Tonabnehmer m / carbon pick-up ‖ ~-Lichtbogenschweißen n / carbon-arc welding ‖ ~massewiderstand m / carbon composition resistor, composition o. composite carbon resistor, AB (after Allen-Bradley Co)(US)

kohlen, verkohlen / carbonize ‖ ~, aufkohlen (Hütt) / carburize, carbonize ‖ ~, Kohle einnehmen (Eisenb, Schiff) / coal vi ‖ ~, Kohle abbauen (Bergb) / win coal

Kohlen·..., kohlenstoffhaltig / carboniferous, containing carbon, producing carbon ‖ ~..., die Steinkohle betreffend / coal..., coal mining... ‖ ~..., kohle- o. kohlenstoffartig o. -haltig / carbonaceous, carbonic, carboniferous, containing o. like carbon o. coal, carbon..., coal... ‖ ~abbau m / mining o. winning of coal ‖ ~abbrand, -verbrauch m (Elektroden) / carbon consumption ‖ ~ader f / coal vein ‖ ~ader, -schicht f / coal seam o. stratum o. series ‖ ~anfuhr, -zufuhr, -anlieferung f / coal supply ‖ ~art, -rang m / rank of coal ‖ ~[aus]klauber m / coal picker ‖ ~becken n (Geol) / coal basin o. field ‖ ~bein n (Bergb) / safety pillar ‖ ~belieferung f / coal supply ‖ ~bergbau m / mining of coal ‖ ~bergmann, -gruben-, -bergarbeiter m / coal miner, collier ‖ ~bergwerk n, -grube f / coal mine o. pit, colliery ‖ ~bett n (Geol) / coal measures pl ‖ ~bett, -lager, -flöz n / coal seam o. stratum o. series, bed of coal ‖ ~bezirk m, -revier n / coal district ‖ ~bilanz f / coal balance ‖ ~blende f / blind coal ‖ ~bogenlampe f / carbon arc lamp ‖ ~bohrer m, -bohrmaschine f / coal drill ‖ ~brechanlage f / coal breaking plant ‖ ~brenner m / charcoal burner ‖ ~brikett, Brikett n / coal briquet[te] ‖ ~bunker m / coal bunker ‖ ~bunker m, -vorratsbehälter m, -vorratsbunker m / coal storage bin ‖ ~bürste f (Elektr) / carbon brush ‖ ~chemie f / coal chemistry ‖ ~dioxid n / carbon dioxide, carbonic acid o. anhydride ‖ ~dioxid[gas] n, (Handel:) Kohlensäure f / carbon dioxide [gas], carbonic acid [gas] ‖ mit ~dioxid gesättigt (Flüssigkeit) / carbonated ‖ mit ~dioxid sättigen / carbonate, saturate with carbonic acid ‖ ~dioxid-Laser m / carbon dioxide laser ‖ ~drehbohrmaschine f / rotary coal boring machine ‖ ~dunst m / vapour from coal ‖ ~einnahme f, Kohlen n / coaling ‖ ~eisen n s. Kohlenstoffeisen ‖ ~eisenstein m, Blackband n / black-band [iron ore], carbonaceous ironstone ‖ ~element n / carbon cell ‖ ~entgasung f / coal carbonization ‖ ~fadenlampe f / carbon filament

lamp ‖ ~fahrer m (Bergb) / haulier ‖ ~fall m (Bergb) / fall of coal ‖ ~feld n (Bergb) / coal field ‖ ~feuerung f / coal firing, combustion of coal ‖ ~feuerung f (Feuerraum) / coal stove ‖ ~flöz, -lager n / coal seam o. stratum o. series, bed of coal ‖ gegen die Oberfläche aufsteigendes ~flöz (Bergb) / crop-out ‖ stark pyrithaltiges ~flöz / brassy seam ‖ ~fördermaschine f / colliery hauling o. winding engine ‖ ~formation f (Zeitalter) / Carboniferous ‖ ~formation f (Geol) / coal series ‖ ~führende Schichten f pl (Geol) / Carboniferous o. Carbonic formation o. series ‖ ~gebirge n / carbonaceous rocks pl ‖ ~fertiges ~gemisch (Hütt) / coking blend ‖ ~gestübbe n / mixture of charcoal, dust, and clay, brasque ‖ ~gewinnung f, -abbau m / winning o. working of coal ‖ bohrende ~gewinnung / auger mining ‖ ~gicht f / coal burden ‖ ~gleichwert m / coal equivalent, C.E. ‖ ~glut f / live coals pl, red hot coal ‖ ~grieß m, Grieß-, Erbs-, Perlkohle f / small o. pea coal ‖ ~größe f / size of coal, grading ‖ ~grube f s. Kohlenbergwerk ‖ ~grus m, -klein n, -lösche f / beans of coal pl, small coal, slack coal ‖ ~hafen m / coaling harbour ‖ ~halde f / coal heap o. pile ‖ ~halter m (Elektr) / carbon holder ‖ ~haltig / carbonaceous, carboniferous ‖ ~hauer m (Bergb) / getter ‖ ~herd m / coal stove ‖ ~hobel m / coal plane ‖ ~hydrat n / carbohydrate ‖ ~kalkstein m (Geol) / carboniferous limestone ‖ ~kapsel f (Fernm) / carbon button o. capsule ‖ ~keuper m, Lettenkohle f / clay coal ‖ ~kippe, -stürze f / coal dump o. tip ‖ ~kipper m, -kippbühne f / coal dumper o. tip ‖ ~klasse f, -rang m / rank of coal ‖ ~klauber m / coal picker ‖ ~klein n (Bergb) / [fine] small, duff, breeze ‖ ~lager n, -vorkommen n / coal deposits o. measures pl ‖ ~lager, -bett, -flöz n / coal seam o. stratum o. series ‖ ~lager n, -lagerplatz m / coal depot, coal storage yard, coal stockyard ‖ stark fallendes ~lager (Bergb) / steep measures pl ‖ ~lagerplatz m / coalyard ‖ ~leichter m / coal lighter ‖ ~lösche f, -klein n / beans of coal pl, small coal, slack coal ‖ ~luke f (Schiff) / coal hatch, coaling scuttle ‖ ~maceral n / coal maceral ‖ ~meiler m / charcoal pile o. kiln o. stack o. mound ‖ ~monoxid n / carbon monoxide ‖ ~[mon]oxid n, böse n pl (o. giftige) Wetter (Bergb) / white damp ‖ ~oxidanzeiger m / carbon oxide detector ‖ ~oxiderzeugung f im Motor / carbon monoxide generation in a motor ‖ ~oxidfilter-Selbstretter m (Bergb) / CO-filter self-rescuer ‖ ~oxidnachverbrenner m (Kfz) / CO-boiler ‖ ~oxidnickel, Nickel[tetra]carbonyl n / nickel carbonyl ‖ ~oxychlorid n / chloride of carbonyl, carbonyl chloride, chlorocarbonic acid, phosgene gas ‖ ~oxysulfid n / carbon oxysulfide (o.) ‖ ~pfeiler m / coal pillar ‖ kleine ~pfeiler m pl (Bergb) / spurns, staples pl ‖ ~pflug m / coal plow ‖ ~pier m / coal wharf ‖ ~rang m, (früher:) Kohlenart f / rank of coal ‖ ~reserven m / [known] coal reserves pl ‖ ~revier n / coal district ‖ ~rutsche f / coal chute ‖ ~sack m (Hochofen) / belly o. waist of a blast furnace, boshes pl, bosh parallels pl, camber ‖ ~sack m (Astr) / coal sack ‖ ~sandstein m (Bergb) / carbonated o. carboniferous sandstone, coal grit, pennant rock o. grit

kohlensauer·er Kalk / calcium carbonate, carbonate of calcium o. lime ‖ ~es Natrium (mit 10% H$_2$O) / sodium carbonate, soda (US), soda ash (GB) ‖ ~es Wasser / carbonated water

Kohlensäure f, -gas n / carbon dioxide, carbonic acid o. anhydride ‖ ~ entziehen / decarbonate ‖ feste ~ / carbon dioxide snow, Cardice ‖ mit ~ sättigen (o. versetzen) / aerate, charge with carbon dioxide gas, carbonate ‖ ~abscheider m / carbon dioxide separator ‖ ~anhydra[ta]se f / carbonic acid anhydrase ‖ ~anhydrid n / carbon dioxide, carbonic acid o. anhydride ‖ ~assimilation f / photosynthesis ‖ ~carbonatation f (Zuck) / carbonation ‖ ~carbonatationsschlamm m / sediment from carbonation ‖ ⌐erzeuger *m* / carbon dioxide generator, carbonator ‖ ~haltiges Wasser / water containing carbon dioxide ‖ ⌐kompressor *m* / carbonic acid compressor ‖ ⌐löscher *m* (F'wehr) / carbon dioxide fire extinguisher ‖ ⌐patrone *f* / carbonic acid cartridge ‖ ⌐salz *n* / carbonate ‖ ⌐schnee *m*, Trockeneis *n* / carbon dioxide snow, dry ice

Kohlen·schacht *m* / coal pit ‖ ⌐schaufel *f* / coal shovel ‖ ⌐scheider *m*, Sichtungsanlage *f* / coal separating plant ‖ ⌐scheidung *f*, -separation *f* / screening of coals ‖ ⌐schicht, -ader *f* / coal seam o. stratum o. series ‖ ⌐schicht *f* (Arbeit) / coaling shift ‖ ⌐schiefer *m*, Brandschiefer *m* / bituminous schist o. shale, black batt, slate coal o. clay ‖ ⌐schiff *n* / collier ‖ ⌐schlamm *m* / coal slime o. sludge o. washings *pl* ‖ ⌐schlepper *m* (Bergb) / coal carrier ‖ ⌐schoneinrichtung *f* / antibreak device ‖ ⌐schrämmaschine *f* / coal cutter ‖ ⌐schubvorrichtung *f* (Lok) / mechanical stoker ‖ ⌐schuppen *m* / coal shed ‖ ⌐schurre, -rutsche *f* / coal chute o. shoot ‖ ⌐sieberei *f* / coal screening plant ‖ ⌐silo *m* (Bergb) / bunker ‖ ⌐sortiermaschine *f* / coal sorting machine ‖ ⌐stab, -stift *m*, -elektrode *f* (Elektr) / carbon [rod] ‖ ⌐station *f* (Bahn, Schiff) / coaling station

Kohlenstaub *m* / pulverized o. powdered coal, coal dust ‖ ⌐, Holzkohlenpulver *n* / pulverized charcoal ‖ ⌐ (als Formsandzusatz) (Gieß) / sea coal (US) ‖ die Form mit ⌐ bestreuen (Gieß) / black[en] the mould ‖ ⌐aufwirbelung *f* / whirling up of coal dust ‖ ⌐brenner *m* / pulverized coal burner, coal dust burner ‖ ⌐explosion *f* / coal dust explosion ‖ ⌐feuerung *f* / pulverized coal firing o. furnace, coal dust firing ‖ ⌐lunge, Anthrakose *f* / anthracosis ‖ ⌐motor *m* / pulverized fuel engine ‖ ⌐mühle *f* / coal pulverizing mill ‖ ⌐ziegel *m* / coal dust briquet[te]

Kohle[n]stift, -stab *m* (Bogenlampe) / arc lamp carbon

Kohlenstoff *m*, C (Chem) / carbon ‖ mit ⌐ verbunden, gekohlt / carbonized, carburized ‖ mit der höchsten Menge ⌐ verbunden / percarbonated ‖ ⌐abfall *m* (Hütt) / carbon drop o. elimination ‖ ~abgebend / yielding carbon, releasing carbon ‖ ⌐anode *f* / inert carbon anode ‖ ~arm (Hütt) / low carbon... ‖ ~arm gemacht (Stahl) / converted into mild steel ‖ ~armer [weicher] Stahl / soft-carbon steel, low-carbon steel ‖ ⌐-Brennstoffzelle *f* / carbon combustion cell ‖ ⌐datierung *f*, -methode *f* (Nukl) / [radio-]carbon method o. dating o. analysis ‖ ⌐disulfid *n*, Schwefelkohlenstoff *m* / carbon bisulphide o. disulphide ‖ ⌐doppelbindung *f* / double-liaison carbon-carbon ‖ ~einsatzhärten, karburieren / carburize, carbonize ‖ ⌐eisen *n*, gekohltes Eisen (Hütt) / carbonated o. carburetted iron, carburet of iron ‖ ⌐entziehung *f* / decarbonization, decarbonizing, removal of carbon ‖ ⌐-Faser *f*, C-Faser *f* / carbon fiber ‖ ⌐-Faserlaminat *n*, CFK-Laminat *n* / carbon fiber laminate ‖ ~-faserverstärkter Kunststoff, KFK / carbon fibre reinforced plastic, CFRP ‖ ⌐-Feuerfeststein *m* / carbon refractory ‖ ⌐-Filamentgarn *n* / carbon fiber filament yarn ‖ ⌐-Fixierung *f* (Photosynthese) / carbon fixation ‖ ~-frei / carbonless ‖ ⌐gehalt *m* / carbon content ‖ mit niedrigem ⌐gehalt / low-carbon... ‖ den ⌐gehalt erhöhen (Hütt) / bring up ‖ ⌐gerüst *n* / carbon network ‖ ~haltig / containing carbon ‖ ~haltiger Wasserstoff / carbonated hydrogen ‖ ⌐kette *f* / chain of carbon atoms ‖ ⌐-Kohlenstoff-Doppelbindung *f* / carbon-carbon double bond ‖ ⌐kreislauf *m* / [organic] carbon cycle ‖ ⌐-Massentransport *m* (Nukl) / carbon mass transfer ‖ ⌐methode *f*, -datierung *f* (Nukl) / [radio-]carbon method o. dating o. analysis ‖ ~reich / rich in carbon ‖ ~reiches Ferromangan / high-carbon ferro-manganese ‖ ~reicher Stahl / high-carbon steel ‖ ⌐stahl *m*, gekohlter Stahl / carbon steel ‖ ⌐stein *m* (Hütt) / carbon brick o. block ‖ ⌐stern, C-Stern *m* / carbon star ‖ ⌐-Stickstoff-Kreislauf *m* / carbon-nitrogen cycle ‖ ⌐tetrachlorid *n*, Tetrachlorkohlenstoff *m* / carbon

tetrachloride, tetrachloromethane, tet (US) ‖ ~umhüllte Teilchen *n pl* (Reaktor) / coated particles ‖ ⌐verbindung *f* / carbon compound ‖ ⌐verbindung *f*, Karbid *n* / carburet, carbide ‖ ~verstärkter Kunststoff, KFK / carbon reinforced plastic ‖ ⌐-Wasserstoff-Bestimmung *f* / carbon-hydrogen estimation ‖ ⌐zustellung *f* (Ofen) / carbon lining

Kohlen·stoß *m* (Bergb) / coal face ‖ ⌐sturzanlage *f*, -stürze *f* / coal dump o. tip ‖ ⌐suboxid *n* / carbon suboxide ‖ ⌐teer *m* / coaltar ‖ ⌐teerfarben *f pl* / coaltar dye, tar dye ‖ ⌐teerpräparat *n* / coaltar produce ‖ ⌐teerschweler *m* / coaltar burner ‖ ⌐tränkungsrohr *n* (Bergb) / water injection pipe for coal ‖ ⌐trichter *m* / coal hopper ‖ ⌐turm *m* (Hütt) / coal storage tower ‖ ⌐turm *m* / coal [storage] tower, coal service bunker ‖ ⌐überladewagen *m* / coal loading car ‖ ⌐übernahme *f* (Schiff) / coaling ‖ ⌐- und Steingemisch *n* (Bergb) / top-shab ‖ ⌐verbrauch, -abbrand *m* (Elektroden) / carbon consumption ‖ ⌐verbrauch *m* je kWh / carbon consumption per kWh ‖ ⌐verladeanlage *f* / coal loading plant ‖ ⌐verladeanlage *f* (von der Halde) / coal pile removing plant ‖ ⌐verladebühne *f* / coal dumper o. tip ‖ ⌐[ver]ladekran *m* (Eisenb, Schiff) / coal loading o. coaling crane ‖ ⌐[verlade]pier *m f* / coal loading o. coaling pier ‖ ⌐versorgung *f* / coaling, coal supply ‖ ⌐vorkommen, -lager *n* / coal deposits *pl* ‖ ⌐vorrat *m* / coal supply ‖ ⌐vortrieb *m* / advance in coal deposit ‖ ⌐wagen *m* (über Tage) (Bergb) / colliery wagon ‖ ⌐wagen, Förderwagen *m* (Bergb) / coal hutch o. tub o. truck, mine car o. tub, cocoa pan (coll) ‖ ⌐waschanlage, -wäsche[rei] *f* / coal washing plant o. washery ‖ ⌐wassergas *n* / carburetted water gas ‖ ⌐wasserstoff *m*, KW-Stoff *m*, -wasserstoffverbindung *f* / hydrocarbon, carbon hydride, AC ‖ absoluter ⌐wasserstoff-Dampfdruck (Kraftstoff) / Reid vapour pressure ‖ ⌐wasserstoffemission (Kfz) / HC-emission ‖ ⌐wasserstoffentziehung *f* / stripping ‖ ⌐wasserstoffgas *n* / carburetted hydrogen gas ‖ gesättigtes ⌐wasserstoffgas / light carburetted hydrogen gas ‖ ungesättigtes ⌐wasserstoffgas, Ethylen *n* / olefiant gas, ethylene, ethene ‖ ⌐wasserstoffkette *f* / hydrocarbon chain ‖ ⌐wertstoffe *m pl* / coal by-products *pl* ‖ ⌐wipper, Kreiselkipper *m* / coal tipp[l]er o. wipper *f* ‖ ⌐wirtschaft *f* / coal economics *pl sg* ‖ ⌐zeche, -grube *f*, -bergwerk *n* / coal mine o. pit ‖ ⌐zentrifuge *f* / centrifugal machine for drying coal ‖ ⌐zufuhr *f*, -anfuhr *f*, -anlieferung *f* / coal supply ‖ ⌐zug *m* / coal train

Kohle·-Ölgemisch *n* / coil-oil slurry o. mixture, COM ‖ ⌐packung, -dichtung *f* (Turbine) / carbon gland ‖ ⌐papier *n* (Büro) / carbon paper ‖ ~papierfrei / carbonless copy... ‖ ⌐pfeiler *m* / coal pile ‖ ⌐plattenwiderstand *m* / carbon pile resistor ‖ ⌐pulver *n* / powdered carbon, carbon powder o. dust ‖ ⌐pulverwiderstand *m* (Elektr) / carbon dust resistor ‖ ⌐pünktchen *n pl* (Pap) / carbon points *pl* ‖ ⌐rohr-Kurzschlußofen *m* (Sintern) / carbon tube furnace

Köhlersche Beleuchtung (Opt) / Köhler illumination

Kohle·schicht, -ablagerung *f* / coal layer, coal deposit ‖ ⌐schicht-Festwiderstand *m* / fixed carbon-film resistor ‖ ⌐schichtwiderstand *m* / deposited carbon resistor, carbofilm o. carbon film resistor ‖ ⌐schleifbügel *m* (Bahn) / carbon slip stirrup ‖ ⌐schleifkontakt *m* / carbon sliding o. slip contact ‖ ⌐schleifstück *n* / carbon slip piece, carbon trolley shoe ‖ ⌐schweißung *f* / carbon arc welding ‖ ⌐schwelung *f* / low-temperture [coal] carbonization ‖ ⌐selbstentzündung *f* in Bunkern (Bergb) / bunker fire ‖ ⌐-Silowagen *m* (Bahn) / coal silo wagon ‖ ⌐stab *m* (Lampe) / arc lamp carbon ‖ ⌐stab-Ofen *m* / carbon rod furnace ‖ ⌐staub-Erdungswiderstand *m* / Brazil resistance ‖ ⌐stift *m*, Zeichenkohle *f* / charcoal ‖ ⌐stopfbuchse *f* / carbon gland ‖ kleines ⌐stück / pea ‖ ⌐tiegel,

Graphittiegel *m* / carbon o. graphite crucible ‖
~veredelung *f* / upgrading of coal ‖ ~verflüssigung *f*,
-hydrierung *f* / coal hydrogenation ‖ ~vergasung *f* /
gasification of coal ‖ ~vergasung mit Wasserstoff /
hydrogasification ‖ ~vergasungsanlage *f* / coal-to-gas
plant ‖ ~verkokung, -vergasung *f* / destructive coal
distillation, carbonization, coking process ‖
~wertstoffchemie *f* / coaltar chemistry ‖ ~wertstoffe
m pl / coke oven by-products *pl* ‖ ~widerstand *m* /
carbon resistor ‖ ~zinkelement *n* (Elektr) / carbon and
zinc o. carbon-zinc cell, sal-ammoniac cell
Kohl·fliege *f* / cabbage maggot, Chortophila brassicae ‖
~**hernie** *f* (Landw) / finger-and-toe disease, clubroot
Kohlrauschsches Gesetz / Kohlrausch's law
Kohl·rübe *f*, Steckrübe *f* / Swede [turnip] ‖ ~**schabe** *f* /
diamond-back moth, Plutella maculipennis ‖ ~**schicht** *f*
(Bergb) / coaling shift
Kohlung *f* (Stahl) / carburizing, carbonizing
Kohlungs·mittel *n* (Hütt) / carburizing o. carbonizing
agent ‖ ~**stahl** *m* / converted steel
Kohlweißling *m*, Pierris brassicae / cabbage butterfly,
Pierris brassicae
Koinzidenz *f* / coincidence ‖ ~... / coincident ‖
~**einstellung** *f* / coincidence control ‖
~**entfernungsmesser** *m*, -telemeter *n* / coincidence
telemeter o. range finder, split-field telemeter ‖ ~**glied**
n (Elektronik) / coincidence gate ‖ ~**-Impuls** *m* / gate
pulse ‖ ~**schaltung**, UND-Schaltung *f* (Elektronik) /
coincidence circuit, logical AND circuit ‖
~**speicherung** *f* / coincidence storage ‖ ~**strom** *m*
(Elektronik) / coincident current ‖ ~**-Zeitangabe** *f*,
-signal, -zeitzeichen *n* (Schiff) / rhythmic time signal ‖
~**-Zeitzeichengeber** *m* (Schiff, Luftf) / rhythmic signal
contactor
koinzidieren / coincide
Koje, Schlafkoje *f* (Schiff) / berth
Koka, Erythroxylon coca *f* (Bot) / coca
Kokain *n* / cocain
kokbar, verkokbar / coking
Kokbarkeit *f* / cokability, coking quality
koken, verkoken *vi* / coke *vt vi* ‖ ~ *n*, Verkoken *n* /
coking
Koker *m* (Öffnung für Ruderschaft im Heck) (Schiff) / port
for the rudder post ‖ ~, Brennkapsel *f*, -kasten *m*
(Keram) / saggar, sagger, seggar
Kokerei *f*, -anlage, -einrichtung *f* / coking plant, coke
oven plant ‖ ~**arbeiter** *m* / coke oven worker ‖ ~**gas** *n*,
Koksofengas *n* / coke oven gas ‖ ~**-Nebenerzeugnis** *n* /
coke by-product, coke derivative ‖ ~**nebenerzeugnisse**
n pl / coke oven by-products *pl* ‖ ~**praxis** *f* (Tätigkeit) /
coking practice ‖ ~**technik** *f*, -betrieb *m* / coal
carbonizing practice ‖ ~**teer** *m* / coke tar
Kokille *f*, Kühlkokille *f* (Hütt) / chill [form], ingot mould ‖
~, Dauerform *f* (Gieß) / permanent mo[u]ld, casting die
‖ ~ **mit dünnem Ende oben** / small-end-up mould,
SEU mould ‖ ~ **mit weitem Ende oben** / wide-end-up
mould, WEU mould, big end up mould ‖ **auf** ~**n**
gehärtet / chill hardened ‖ **auf** ~**n gießen** / chill-cast
Kokillen·anstrichmittel *n* (Hütt) / mould wash, ingot
mould coating ‖ ~**bruch**, -schrott *m* (Hütt) / [ingot]
mould scrap ‖ ~**drehtisch** *m* (Gieß) / mould turntable ‖
~**-Elektronenstrahlschmelzen** *n* / cold mould electron-
beam melting ‖ ~**form** *f* / chill mould ‖ ~**glasur** *f* /
ingot mo[u]ld glazing ‖ ~**guß** *m* (Verfahren und
Erzeugnis) (in Kühlkokille) (Hütt) / chill[ed] casting ‖
~**guß** *m* (Erzeugnis) / chilled work ‖ ~**guß** *m*, Hartguß
m (Gieß) / gravity die casting (GB), permanent mold
casting (US) ‖ ~**haube** *f* / dozzle, hot top, mould brick
‖ ~**lack** *m* (Hütt) / ingot mo[u]ld varnish o. coating ‖
~**lackierung** *f* / ingot mould blackening ‖
~**-Lichtbogenschmelzen** *n* / cold-mould arc melting ‖
~**riß** *m* (Gieß) / crazing ‖ ~**schleuderguß** *m* /
hot-mo[u]ld centrifugal casting [process] ‖ ~**schlichte** *f*
(Gieß) / die coating o. dressing ‖ ~**schluckvermögen** *n* /

swallowing capacity of moulds ‖ ~**schmiere** *f* (Hütt) /
moulding grease ‖ ~**schmierung** *f* (Strangguß) / mould
lubrication ‖ ~**spritzeinrichtung** *f* / ingot mould
washing plant ‖ ~**transportwagen** *m* (Bahn) / wagon for
the carriage of hot ingots ‖ ~**untersatz** *m* / ingot mould
bottom plate (GB), ingot mold stool (US) ‖ ~**-Vorlauf**,
Vorlauf *m* (Hütt) / negative strip
Kokkus *m* (pl: Kokken) (Kugelbakterien) / coccus (pl.:
cocci)
Kokon *m* / cocoon ‖ ~**s töten** / smother o. stifle cocoons ‖
grüner (o. frischer) ~ (Seide) / raw cocoon ‖ ~**faden** *m*
/ cocoon filament o. thread, bave ‖ ~**fadengreifer** *m* /
piecer ‖ ~**haspel** *m f* / cocoon reeler *f m*, swift ‖
~**haspel** *m f* / reel ‖ ~**haspel** *f m*, Seidenhaspel *f m*. /
silk reel ‖ ~**hülse** *f* / cocoon husk
Kokonisierung *f*, gespritzte Umhüllung / spray webbing
Kokon·öffner *m*, -wattenmaschine *f* / cocoon opener ‖
~**spinner** *m* / cocoon spinner ‖ ~**watte** *f* / cocoon
matted waste
Kokos·... (Chem) / cocinic ‖ ~**bastabfall** *m* / coir (outer
fiber of coconut) ‖ ~**butter** *f* / coconut butter ‖
technisch verarbeitbare ~**faser**, Coir *n*, Kokosbast *m* /
coconut fibre, coir [fibre] ‖ ~**fett**, -öl *n* / coconut oil,
copra oil ‖ ~**nuß** *f* / coco, coconut ‖ ~**palme**, Cocos *f*
[nucifera] / coco, coco tree ‖ ~**schalenmehl** *n* (Plast) /
shell flour
Koks *m* / coke ‖ **fester, stückiger** ~ / lump coke, large
coke ‖ ~**abfall** *m* / scrap coke ‖ ~**ablagerung** *f* (Chem) /
coke formation ‖ ~**aufbereitung** *f* / coke preparation ‖
~**ausbeute** *f*, -ausbringen *n* / coke yield ‖
~**ausdrückmaschine**, -ausstoßmaschine *f* / coke
discharging machine, coke pusher o. pushing machine
o. press, pusher ram ‖ ~**ausdrückmaschine** *f* [mit
Planierstange und mit Türabhebevorrichtung] / coke
ram with door lifting device ‖ ~**bildend** / coking ‖
~**brechanlage** *f* / coke crushing plant ‖ ~**bruch** *m*,
Bruchkoks *n* / broken coke ‖ ~**bunker** *m* / coke
bunker, coke storage bin ‖ ~**einsatz** *m* je t Roheisen /
yield, specific coke consumption ‖ ~**einsetzer** *m*,
-einsetzmaschine *f* (Hütt) / coke oven charging machine
‖ ~**feines** *n*, -grus, -abrieb *m* / coke fines *pl* ‖
~**feinkohle** *f* / coking small ‖ ~**festigkeit** *f* / coke
strength ‖ ~**füllwagen**, -begichtungswagen *m* / coke
charging car ‖ ~**gas-Sauerstoffbrenner** *m* / mixed coke
oven gas-oxygen burner ‖ ~**-Gas-Schere** *f* /
disproportion between coke production and gas
consumption ‖ ~**gerüst** *m* / coke network ‖ ~**gicht** *f* /
burden o. charge of coke ‖ ~**gicht** *f* / charge of coke ‖
~**kammer** *f* / coking chamber ‖ ~**klassieranlage**,
-sortieranlage *f* / coke sizing o. sorting plant ‖ ~**klein** *n*,
-lösche *f*, -grus *m* (0 - 10 mm) / coke breeze o. ballast
o. dross ‖ ~**kohle**, Kokerkohle *f* / caking o. coking
coal, bituminous coal, metallurgical grade coal ‖
~**kohlemischung** *f* / coking blend ‖
~**kohlen-Komponentenbunker** *m* / service bunker ‖
~**korb** *m* (Bau) / coke basket, fire devil ‖ ~**kuchen** *m* /
coke cake ‖ ~**kuchen-Führungswagen** *m* (Hütt) / lead
wagon, coke cake guide car ‖ ~**kühlanlage** *f* / coke
cooling plant ‖ ~**löschanlage** *f* / coke quenching plant ‖
~**lösche** *f*, -abrieb *m* / coke cinder o. dust o. breeze ‖
~**löschen** *n* / coke damping o. extinguishing o.
quenching ‖ ~**löschturm** *m* / coke quenching tower,
damping-down tower ‖ ~**löschwagen** *m* / coke
quenching car ‖ ~**maschinenseite** *f* des Koksofens /
coke ram side ‖ ~**mischen** *n* / coke blending ‖ ~**mühle** *f*
(Gieß) / coke mill
Koksofen *m* (Hütt) / coke oven ‖ ~, koksgefeuerter Ofen /
coke [fired] furnace ‖ ~ **mit Beiproduktgewinnung**,
Destillationsofen *m* / regenerator system coke oven ‖ ~
mit senkrechten Zügen / vertical flue [coke] oven ‖ ~
ohne Beiproduktgewinnung, Koksflammofen *m* /
waste heat system coke oven ‖ ~**anlage**, -batterie *f* /
[retort] bench ‖ ~**batterie**, -gruppe *f* / coke oven battery
‖ ~**durchsatz** *m* / coke oven charge ‖ ~**füllwagen** *m*

(Hütt) / coal car, tub ‖ ⌐**gas** n / coke oven gas ‖
⌐**kammer** f / retort ‖ ⌐**stein** m / coke oven brick ‖
⌐**zwischenwand** f / division wall

Koks·-Ölverbrauch m / coke-oil rate ‖ ⌐**perle** f / coke
grain ‖ ⌐**probe** f / coking test ‖ ⌐**rampe** f / [inclined]
coke bench, coke loading bay, coke wharf ‖
⌐**rampenband** n / coke side bench ‖ ⌐**rieseler** m / coke
scrubber ‖ ⌐**roheisen** n / coke iron ‖ ⌐**rückstand** m (Öl)
/ carbon residue, residual coke ‖ ⌐**rückstand** m nach
Conradson (Öl) / Conradson carbon residue ‖ ⌐**satz** m /
coke rate ‖ ⌐**schicht** f, -bett n / coke bed ‖ ⌐**seite** f des
Koksofens / coke side o. end, coke withdrawal side ‖
⌐**sieberei**, -siebanlage f / coke screening o. sifting o.
riddling plant ‖ ⌐**staub** m / breeze ‖ ⌐**teer** m, Kokerei-,
Zechenteer m / coke tar ‖ ⌐**turm** m der Sulfatfabrik /
coke tower ‖ ⌐**verbrauch** m / coke consumption ‖
⌐**verbrauch** m je Tonne Roheisen, spezifischer
Koksverbrauch / coke consumption per ton of pig iron ‖
⌐**wagen** m / coke car ‖ ⌐**zahl** f (Schmieröl) / carbon
value

Kokusholz n / Jamaica ebony, cocuswood

Kola·baum m / cola, kola ‖ ⌐**nuß**, Colanuß f / kola o.
cola o. guru o. gooroo nut

Kolat, Durchgeseihtes n (Chem) / colature

Kolben m (Mot) / piston ‖ ⌐, Stempel m, Druckkolben m /
piston, plunger ‖ ⌐, Gewehrkolben m / rifle butt o.
stock ‖ ⌐ (Kath.Str.) / cone ‖ ⌐ (Druckguß) / plunger ‖ ⌐,
Glaskolben m (Chem) / flask ‖ ⌐ (Glühlampe) (Elektr) /
bulb ‖ ⌐ (Gleichrichter) / lamp, tube ‖ ⌐ aus
Ringsegmenten / orbital piston ‖ ⌐ der Hydropresse /
hydraulic ram o. plunger ‖ ⌐ des Lötkolbens / bit of the
soldering iron ‖ ⌐ für Elektronenstrahlröhren /
electron beam tube bulb ‖ ⌐ mit Ansatzrohr (Chem) /
tubulated flask ‖ ⌐ mit geschlitztem Körper / split skirt
piston ‖ ⌐ mit gewölbtem Boden / spherical piston
head ‖ leicht oval geschliffener ⌐ / cam ground piston,
cam shaped piston ‖ ⌐**abschwächer** m, -[blind]teiler m
(Radar) / piston attenuator ‖ ⌐**aufgabevorrichtung** f /
piston feeder ‖ ⌐**aufladegebläse** n, -auflader m / piston
type supercharger ‖ ⌐**auge** n / piston boss ‖ ⌐**belastung**
f, -beaufschlagung f / piston load ‖ ⌐**bewegung** f /
piston stroke ‖ ⌐**[blind]teiler** m (Radar) / piston
attenuator ‖ ⌐**blitz** m (einmal verwendbar) (Phot) /
photoflash [lamp], flash bulb ‖ ⌐**boden** m (Masch) /
piston head o. top ‖ ⌐**boden**, -blech n (Gewehr) / heel
plate, butt plate ‖ ⌐**bodenabstand** m / piston stroke
clearance ‖ ⌐**bolzen** m / gudgeon [wrist] pin (GB),
piston pin (US) ‖ ⌐**bolzenauge** n / piston pin boss ‖
⌐**bolzenbuchse** f (des Pleuels) / small end bearing bush
‖ ⌐**bolzenende** n (des Pleuels) / small end, little end
(conn. rod) ‖ ⌐**bolzenhaltering** m / piston pin lock ring
‖ ⌐**bolzenlager** n der Pleuelstange (Mot) / small end
bearing ‖ ⌐**bolzensicherung** f / gudgeon pin (GB) o.
piston pin (US) retainer ‖ ⌐**bolzensicherungsschraube**
f / piston pin lock [screw] ‖ ⌐**buchse** f (DIN) / piston
pin bushing ‖ ⌐**bürette** f / piston burette ‖
⌐**dampfmaschine** f / reciprocating o. piston steam
engine ‖ ⌐**deckel** m / piston cover o. head, top plate of
the piston ‖ ⌐**dichtung** f (Luftpumpe) / piston packing ‖
⌐**dichtungsring** m (Luftf) / gas ring ‖ ⌐**fassung** f (Elektr)
/ bulb holder o. socket ‖ ⌐**feder** f (Einspr.pumpe) /
plunger [return] spring ‖ ⌐**federteller** m (Einspr.pumpe) /
seat of the plunger spring ‖ ⌐**fenster** n / cutout in piston
‖ ⌐**fläche** f / piston area ‖ ⌐**fresser** m / seizing o.
jamming of piston ‖ ⌐**gebläse** n / piston blower ‖
⌐**geschwindigkeit** f / piston speed ‖ ~**gesteuert** / piston
controlled ‖ ⌐**gießmaschine** f (Druckguß) / submerged-
plunger die-casting machine, hot-chamber piston
machine ‖ ⌐**hals** m (Gewehr) / handle of the stock ‖
⌐**hals** m (Chem) / neck of a flask ‖ ⌐**hub** m / piston
stroke ‖ abwärts gehender ⌐**hub** / down-stroke,
descending o. return stroke ‖ aufwärtsgehender ⌐**hub**
/ upstroke ‖ ⌐**hubpipette** f / piston pipette ‖
⌐**[innen]schwärzung** f (Lampe) / internal blackening ‖

⌐**kammer** f / piston chamber ‖ ⌐**kappe** f (Gewehr) s.
Kolbenboden ‖ ⌐**kippen** n (Mot) / canting of the piston ‖
⌐**klappern**, -klopfen n / piston knock, piston slap o.
slack ‖ ⌐**kompressor** m / reciprocating [piston]
compressor, piston compressor ‖ ⌐**körper** m, -mantel
m (Mot) / piston barrel ‖ ⌐**[kraft]maschine** f /
reciprocating engine ‖ ⌐**laufbild** n / piston condition
diagram ‖ ⌐**lehre**, manometrische Waage / deadweight
pressure gauge, monometric scale ‖ ~**lose** o.
luftgesteuerte o. luftgepulste Setzmaschine / Baum
[type wash]box, Baum jig ‖ ⌐**luft** f, -spiel n / piston
clearance ‖ ⌐**luftpumpe** f / piston air pump ‖
⌐**manometer** n / piston manometer ‖ ⌐**lederne**
⌐**manschette** / piston packing leather ‖ ⌐**mantel** m,
Zylinderfläche f des Kolbens / piston skirt, skirt of a
piston ‖ ⌐**maschine** f / piston engine ‖ ⌐**motor** m /
piston engine, reciprocating engine ‖ ⌐**pulsator** m
(Landw) / piston pulsator ‖ ⌐**pumpe** f / reciprocating
pump

Kolbenring m / piston ring ‖ ⌐ mit Hakenverschluß /
piston ring with hook lock ‖ ⌐ mit schräger Stoßfuge /
diagonal joint o. bevel joint piston ring, mitre cut piston
ring ‖ ⌐ mit überlapptem Stoß / lap-joint piston ring,
step-cut o. stepped piston ring ‖ doppelt abgesetzter ⌐
/ double-step interlocking joint type of piston ring ‖
⌐**längsspiel** n / axial play of the piston ring, loose of the
piston ring [unzulässiges] ⌐**längsspiel** / sloppy fit of
the piston ring ‖ ⌐**läppmaschine** f / circular face
lapping machine for piston rings, piston ring lapping
machine ‖ ⌐**nut** f / piston ring groove ‖
⌐**-Sicherungsstift** m / stop peg ‖ ⌐**spalt** m / gap
[opening] o. free gap of the piston ring ‖ ⌐**-Spannband**
n, -Spanner m / piston ring clamp o. compressor o.
tightener ‖ ⌐**spiel** n, Radialspiel n / radial clearance o.
diametral clearance of the piston ring ‖ ⌐**stoß** m / piston
ring joint ‖ ⌐**zange** f / compressing tool for piston
rings, piston ring pliers pl

Kolben·rückgang m / return stroke o. backstroke of the
piston ‖ ⌐**schieber** m / tubular [slide] valve, piston
[slide] valve ‖ ⌐**schieberbüchse** f / piston valve liner ‖
⌐**schimmel** m, Aspergillus m / aspergillus ‖ ⌐**schlitz**,
Steuerschlitz m (Mot) / piston port ‖ ⌐**schwärzung** f
(Elektr) / bulb blackening ‖ ~**seitiges**
Kurbelstangenlager (Dampfm) / small end bearing ‖
~**seitiges Pleuel[stangen]auge** (Mot) / small end hole ‖
⌐**setzmaschine** f (Aufber) / piston type washbox o. jig,
piston jig o. washbox ‖ ⌐**-Setzmaschine**, Harzer
Setzmaschine f (Bergb) / harz jig ‖ ⌐**speicher** m (Hydr) /
piston-type accumulator ‖ ⌐**spiel** n (Auf- und
Abbewegung des Kolbens) / back and forward
movement, stroke o. travel o. motion of the piston ‖
⌐**spiel** n, -luft f / piston clearance ‖ ⌐**spiellehre** f /
piston ga[u]ge ‖ ⌐**spritzmaschine** f (Plast) / plunger-
type injection mo[u]lding machine ‖ ⌐**stange** f / piston
rod ‖ ⌐**stange der Pumpe**, Pumpenstange f / pump rod
‖ ⌐**stange** f für Tauchkolben, Kurbelstange f (Kfz) /
connecting rod, con-rod ‖ ⌐**stange** f mit Marinekopf /
marine type connection rod ‖ ⌐**stangenbolzen** m / big-
end bolt ‖ ⌐**stangendeckel** m / rod head cap ‖
⌐**stangendichtung**, -stangenpackung f / piston rod
gland ‖ ⌐**stangenkopf** m (Dampfm) / tail piece of the
piston rod ‖ ⌐**stangenkopf** m (Mot) / top of the
connecting rod ‖ ⌐**steg [zwischen den Ringen]** m /
piston land ‖ ⌐**stoffpumpe** f (Pap) / piston stock pump ‖
⌐**strahler** m (Akustik) / piston type source ‖ ⌐**ventil** n /
plunger valve ‖ ⌐**verdichter** m / piston compressor ‖
⌐**verdrängung** f / piston capacity o. displacement,
stroke capacity o. volume ‖ ⌐**verdrängung** f / stroke
capacity ‖ ⌐**wasserzähler** m / reciprocating piston
water meter, positive o. piston water meter ‖ ⌐**weg** m /
piston stroke o. travel, length of stroke ‖ ⌐**weg** m /
piston travel ‖ ⌐**zirkel** m / bullet o. club compasses o.
dividers pl

kolbig (Form) / dumpy (shape)

Kolchizin *n* / colchicine
Koleopter *m* (Luftf) / coleopter
Kolibakterium *n* / colibacterium
Kolier·rahmen *m* (Filter) / filtering o. straining frame ‖ ⁓tuch *n* / strainer, filter, colander
Kolititer *m* / coli test
Kolk *m*, Kuhle *f* (Hydr) / gully, pool, pond, erosion behind a broken dam ‖ ⁓, Auskolkung *f* (Geol) / scouring ‖ ⁓ (Drehmeißel) / crater ‖ ⁓, Kolkverschleiß *m* (Wz) / crater wear ‖ ⁓breite *f* (Hütt) / width of cratering ‖ ⁓lippe *f* (Hütt) / cratering lip ‖ ⁓lippe *f* (Werkz) / crater edge ‖ ⁓schutz *m* / scour protection ‖ ⁓verschleiß *m* / crater wear
Kollabierschaden *m* (Reaktor) / collapsed fuel damage, collapsed cladding, fuel-rod flattening
Kollagen *n*, Bindegewebsleim *m* / collagen, collogen
Kollaps *m*, Zusammenfallen *n* (Schaumstoff) / collapse ‖ ⁓ring *m* (Filtersack) / ring inside a filter bag
kollationieren (Buch) / collate
Kollektiv *n* (Statistik) / universe ‖ ⁓ (DDR) / team ‖ ⁓er Bus (DV) / collective bus ‖ ⁓linse, Feldlinse *f* / condensing lens ‖ ⁓linse *f*, Sammellinse *f* / focus[s]ing lens ‖ ⁓modell *n* (Nukl) / unified model ‖ ⁓vertrag *m* / labour agreement
Kollektor, (DIN): Kommutator *m* (Elektr) / collector, commutator ‖ ⁓ des Transistors / collector [electrode] ‖ ⁓anschluß *m* (Halbl) / collector contact ‖ ⁓bahnwiderstand *m* (Halbl) / collector bulk resistance o. series resistance ‖ ⁓/Basis-Kapazität *f* / collector-to-base capacitance ‖ ⁓-Basis-Reststrom *m* / collector-base cut-off current ‖ ⁓/Basis-Wirkleitwert *m* / collector-to-base conductance ‖ ⁓blende, Leuchtfeldblende *f* (Opt) / lamp condenser diaphragm, luminous-field diaphragm ‖ ⁓-Diffusionsisolation *f* (Halbl) / collector diffusion isolation, CDI ‖ ⁓elektrode *f*, -anschluß *m* (Halbl) / collector electrode ‖ ⁓-Emitter-Reststrom *m* / collector-emitter cut-off current ‖ ⁓-Emitter-Spannung *f* / collector-emitter voltage ‖ ⁓grundschaltung *f* / common collector o. grounded collector [circuit] ‖ ⁓klemme *f* / collector terminal ‖ ⁓restspannung *f* (Halbl) / cutoff collector voltage ‖ ⁓-Reststrom *m* (Halbl) / collector cut-off current ‖ ⁓ring *m*, Stromleitungsring *m* / collector ring ‖ ⁓schaltung *f* (Transistor) / common collector o. grounded collector [circuit] ‖ ⁓schaltung *f* rückwärts / inverse common collector circuit ‖ ⁓sperrschicht, -grenzschicht *f* (Halbl) / collector barrier [region], collector depletion layer ‖ ⁓spitzenstrom *m* / collector peak current ‖ ⁓strom *m* (Halbl) / collector current ‖ ⁓strom-Instabilität *f* (Halbl) / collector current runaway ‖ ⁓-Verlustleistung *f* / collector dissipation ‖ ⁓zone *f* (Halbl) / collector region
Kollektron *n*, Betastrom-Neutronendetektor *m* (Nukl) / collectron, self-powered neutron detector
Kollenchym, Pflanzengewebe *n* / collenchyma
Koller·bütte *f* (Pap) / breaker vat ‖ ⁓gang *m* (Bergb) / edge mill ‖ ⁓gang *m* (Pap) / edge runner ‖ ⁓gang *m* für Mörtel / pan grinder o. mill ‖ ⁓kopf *m* (Zuck) / pan grinder head
kollern / pan-grind ‖ [im Mischkollergang] ⁓ / grind and mix
Koller·stein, Läufer *m* (Kollergang) / runner, edge runner ‖ ⁓stoff *m* (Pap) / edge runner pulp ‖ ⁓stoff, Ausschuß *m* (Pap) / broke *pl*, brokes *pl*
Kolle-Schale *f* (Chem) / Kolle flask
kollidieren / collide, foul ‖ ⁓ [mit] / crash o. run [against] ‖ ⁓ [mit], anfahren [gegen, an] (Schiff) / run foul [of]
Kollidin *n* / collidine
Kollimation *f*, genaue Einstellung / collimation, collineation
Kollimations·fehler *m* / collimation error ‖ ⁓linie, Ziellinie *f* / line of collimation
Kollimator, Kollineator *m* (Opt) / collimator ‖ ⁓ (Opt) / collimator

kollinear (Math) / collinear
Kollineation *f* / collineation
Kollision *f* (Kfz) / crash ‖ ⁓ (Schiff) / fouling ‖ ⁓ mit Energieaustausch (Nukl) / exchange collision
Kollisions·bremsung *f* (Nukl) / degradation ‖ ⁓erkennung *f* (DV) / collision detection ‖ ⁓freies Zugriffverfahren (DV) / token access method ‖ ⁓kurs *m* (Radar) / collision course ‖ ⁓kurslenkung *f* (Lenkwaffe) / collision course homing ‖ ⁓kurs-Markierung *f* (Radar) / collision course indication ‖ ⁓matte *f*, -segel, -tuch *n* (Schiff) / collision mat ‖ ⁓schott *n* (Schiff) / collision bulkhead ‖ ⁓schutzradar *m n* / anticollision radar ‖ ⁓verhütungssystem *n*, C.A.S. (Luftf) / collision avoidance system, C.A.S.
Kollo *n* / container
Kollodium *n* / collodion ‖ mit ⁓ bestreichen / collodionize ‖ ⁓emulsion *f* / collodion emulsion ‖ ⁓seide *f* / nitrocellulose o. collodion o. gun silk, nitro silk ‖ ⁓wolle *f* / collodion cotton, cellulose dinitrate, soluble guncotton
Kolloid *n* / colloid
kolloidal, Kolloid… / colloidal ‖ ⁓es Gold / colloidal gold ‖ ⁓e Graphit, Kolloidgraphit *m* / colloidal graphite ‖ ⁓e Lösung / colloidal solution, sol ‖ ⁓e Lösung fest/flüssig / soliquoid ‖ ⁓es Palladium / palladium black ‖ ⁓er Schwefel / colloidal sulphur ‖ ⁓es Silbernitrat / lunosol ‖ ⁓ verteiltes Metall (Elektr) / metal black
Kolloid·antrieb *m* (Raumf) / colloid propulsion ‖ ⁓antrieb *m* (Gerät) (Raumf) / colloid microthruster ‖ ⁓charakter *m* / colloidality ‖ ⁓chemie *f* / chemistry of colloids, colloid[al] chemistry, collochemistry ‖ ⁓dispers / colloid-disperse ‖ ⁓elektrolyt *m* / colloidal electrolyte ‖ ⁓gleichrichter *m* / colloid rectifier ‖ ⁓ionentriebwerk *n* (Raumf) / colloidal ion thruster ‖ ⁓kohle *f*, Fließkohle *f* / colloidal fuel ‖ ⁓mühle *f* / colloid mill ‖ ⁓mühle *f* (Keram) / micronizer ‖ ⁓partikelantrieb *m*, kolloidaler Teilchenbeschleuniger (Raumf) / colloid particle [electrostatic] thruster ‖ ⁓silber *n* / colloidal silver, Collargol ‖ ⁓treibstoff *m* (Raumf) / colloidal propellant ‖ ⁓triebwerk *n* / colloid thruster ‖ ⁓zustand *m* / colloidal state
Kolloquium *n* / symposium
Kollotypie, Phototypie *f* (Buch) / phototype, collotype
Kolluvien *pl*, Kolluvialböden *m pl* / colluvial soils *pl*, colluviums *pl*
Kolmation *f*, Kolmatierung *f*, Auflandung *f* (Wassb) / colmation
Kolon *n* (Buch) / colon
koloniales Wohnhaus / colonial *n*
Kolonisierung *f* des Meeresbodens / oceanfarming
Kolonnade *f* (Bau) / colonnade
Kolonne *f* (in Tabellen) / column (of tables) ‖ ⁓ (Chem) / column ‖ ⁓ (Fahrzeuge) / queue, string ‖ ⁓, Mannschaft *f* / gang ‖ ⁓ (Buch, Buch.m.) / column ‖ ⁓, Tour *f* (Öl) / string
Kolonnen·apparat *m* / column apparatus ‖ ⁓boden *m*, Boden *m* (Chem) / tray, column plate ‖ ⁓draht *m* (DV) / column wire ‖ ⁓düse *f* (Chem) / tower nozzle ‖ ⁓elevator *m* (Chem) / column elevator ‖ ⁓führer *m* (Montage) / gang foreman ‖ ⁓ionisation *f* / columnar ionization ‖ ⁓packung *f* (Chem) / column packing ‖ ⁓satz *m* / setting in columns ‖ ⁓schalter *m* (LoKa) / column shift unit ‖ ⁓split *m* (LoKa) / column split ‖ ⁓sprung *m* (LoKa) / column skip ‖ ⁓spundapparat *m* (Brau) / section bunging apparatus ‖ ⁓steller *m*, -wähler *m* (Fernm) / indenting mechanism, self-starter ‖ ⁓steller *m*, Tabulatorsetztaste *f* (Schreibm) / tabulator [set] key ‖ ⁓steuerung *f* (TV) / column control
Kolophonium *n* / colophony, colophonium, rosin ‖ gehärtetes ⁓ / limed rosin ‖ ⁓-Lötdraht *m* / resin-cored solder
kolorieren / illuminate, colour, color (US) ‖ ⁓, Färben *n* / coloration

Kolori·meter n / colorimeter, colour meter, tintometer ‖ ✛meter mit Photozelle (Pap) / transometer ‖ ✛metrie f / colorimetry ‖ ~metrisch / colorimetric ‖ ~metrischer Milchfettmesser / pioscope
koloristisch, färberisch / coloristic ‖ ~e Kennzahl (Färb) / coloristic code o. index
Kolter n, Pflugeisen n / knife coulter
Kolumbinrot n / columbine colour
Kolumbit m (Eisen-Mangan-Tantalerz) / columbite
Kolumne f, Spalte f (Buch) / column
Kolumnen·breite f / column width ‖ ✛breite f in Gevierten gemessen / measure ‖ ✛schnur f (Buch) / page cord ‖ ✛titel m / headline, heading line ‖ **lebender** ✛titel (Buch) / running head ‖ ✛zahl f / folio, page number
Koluren f pl (zwei durch die Himmelspole gehende Großkreise) (Astr) / colures pl
Kolza m (Bot) / colza ‖ ✛, Raps m / rape, Brassica napus oleifera ‖ ✛öl, Kohlsaatöl n, (von Brassica campestris) / colza oil ‖ ✛same, Rapssame m / coleseed, rape seed
Koma f (Opt, Astr) / coma
Kombi m (Kfz) / station wagon (US), estate car (GB) ‖ ✛... / multi-purpose, multiple purpose..., combinational ‖ ✛blechschraube f (mit U-scheibe) / tapping screw assembly ‖ ✛dose f (Verpackung) / composite can, wound body round cylindrical composite can ‖ ✛düse f (Staubsauger) / all-purpose nozzle ‖ ✛hacke f (Landw) / combined hoe and fork ‖ ✛-Krümler m (Landw) / weighted rotary harrow ‖ ✛lader, Fahrlader m / loading o. tractor shovel
Kombination f / combination, connection ‖ ✛ **von Lüfter u. Scheibenbremse u. Wirbelstrombremse** (Kfz) / Telma (France) ‖ ✛ **zweier verschiedener Antriebsaggregate** (z.B. Motor/Turbine), Hybridantrieb m (Luftf) / composite engine
Kombinations·... s. Kombi... ‖ ✛brenner m / combined fuel burner ‖ ✛druck m (Färb) / combination printing ‖ ✛farbstoff m (Textil) / mixed dye ‖ ✛fehlerprüfung f (DV) / forbidden combination check ‖ ✛flugschrauber m (Luftf) / gyrodyne ‖ ✛frequenzen f pl, Mischfrequenzen f pl (Funk) / combination frequencies pl ‖ ✛futter n (Wzm) / combination chuck ‖ ~gegerbt / combination tanned ‖ ✛gerät n (Elektronik) / combination apparatus ‖ ✛leuchte f (Kfz) / multiple lamp ‖ ✛modell n (Nukl) / unified model [of nucleus] ‖ ✛röhre f / triode-hexode [frequency changer] ‖ ✛schloß n, Buchstabenschloß n / combination lock, puzzle lock ‖ ✛töne m pl / combination tones pl ‖ ✛triebwerk n (Rakete) / ducted rocket ‖ ✛widerstand m (Elektr) / joint resistance ‖ ✛zange f s. Kombizange
Kombinator, Übersetzer m (Fernm) / combiner
Kombinatorik, Kombinationslehre f / combinatorial analysis o. mathematics o. typology combinatorics sing
kombinatorisch (Math) / combinatorial ‖ ~e Schaltung (DV) / combinatorial circuit, combinational logic system
kombinieren, vereinigen (Eigenschaften) / combine ‖ sich ~ lassen (DV) / interface
Kombinierfarbstoff m, Mischfarbstoff m / compound dyestuff
kombiniert, vereinigt / combined ‖ ~er Anzeiger für Gleitweg und Landekurs / glidepath localizer ‖ ~e Ätzung (Buch) / combination halftone ‖ ~er Bohrer und Senker (Holz) / combined drill and countersink ‖ ~es Buntsignal (TV) / combined chrominance signal ‖ ~e Drill- und Reihendüngemaschine / combine [fertilizer placement] drill ‖ ~es Hänge-Sprengwerk / combined strut and truss frame ‖ ~e Hypothese / composite hypothesis ‖ ~e Imbibition / compound imbibition ‖ ~er Kanalwähler (TV) / combined tuner ‖ ~es Kraft- u. Heizwerk / cogeneration plant ‖ ~e Kreissäge-Fräs- und Langlochfräsmaschine / circular sawing-moulding-mortising machine ‖ ~er Lichtton / COMMOPT ‖ ~es Luft- und Raumfahrzeug / aerospace plane ‖ ~er Magnetton / COMMAG ‖ ~es

Modell, Kollektivmodell n (Nukl) / unified model ‖ ~er Nebenwiderstand (Fernm) / universal shunt ‖ ~e Phasen- u. Frequenzregelung (TV) / d.c.-quadricorrelator ‖ ~e Presse und Pumpe (Weinbau) / combined crusher and pump ‖ ~e Pumpe (Mot) / unit injector ‖ ~e Scher-, Loch- und Aushaumaschine f / combined shearing, punching and notching machine ‖ ~es Schmiermittel / compound lubricant ‖ ~es Sende- und Empfangsgerät / transceiver ‖ ~e Spannvorrichtung (Seilb) / combined tensioning and anchoring station ‖ ~e Stahl-Beton-Decke / filler joist floor ‖ ~e Stein- und Betondecke / brick and concrete floor ‖ ~e Strangpreß-Blasformung (Plast) / blown-extrusion ‖ ~e Ton-Bild-Aufzeichnung / combined recording, commopt o. commag recording ‖ ~er Verkehr o. Transport / combined traffic o. transport ‖ ~er Verteiler (Fernm) / combined distribution frame, C.D.F.
Kombi·schraube f (DIN 6900) / screw with washer assembly ‖ ✛ventilator m (Bergb) / fan with hybrid drive ‖ ✛wagen m (Kfz) / estate car (GB), station wagon (US), utility vehicle ‖ ✛zange f / flat-nosed and cutting nippers, cut[ting] o. universal o. engineer's pliers pl, cut-pliers pl (US)
Kombüse f (Schiff) / cook's room, caboose, galley ‖ ✛, Kochherd m (Schiff) / cook's stove
Komet, Haar-, Schweifstern m (Astr) / comet
Kometenschweif m / comet trace o. tail, trails pl
Komfort·klimaanlage f / comfort air conditioning plant ‖ ✛telefon n, -fernsprecher m / comfort telephone set
Komitee n / Board, Committee
Komma n, Dezimalpunkt m (Math) / decimal point o. Pt ‖ ✛, Beistrich m (Buch) / comma ‖ ✛ (DV) / point ‖ ✛, Koma m (Akustik) / comma ‖ **bis zur 3. Stelle hinter dem ✛ berechnet** / carried to three decimal places ‖ **eine Stelle hinter dem ✛** / one decimal o. one place behind the decimal point ‖ **mit ✛[s] trennen** (DV) / point off ‖ ✛ausrichtung f / decimal point alignment ‖ ✛bazillus m / comma bacillus ‖ ✛einstellung f / point setting
Kommandant m (Luftf) / commander
Kommando n, Befehl m / command, comd ‖ ✛apparat m, -gerät n (Mil) / firing o. fire [control] director ‖ ✛brücke f (Schiff) / command bridge, conning bridge ‖ ✛gerät für Flugkörper / missile master ‖ ✛kanal m (Satellit) / command channel ‖ ✛kapsel f (Raumf) / command module, CM ‖ ✛kapsel-Versorgungsstufe f (Raumf) / command and service module, CSM ‖ ✛lenkung f / command guidance ‖ ✛raum m, -zentrale f (Schiff) / control room ‖ ✛signalrichtfilter m n (Satellit) / command directional filter ‖ ✛sprache f, Jobbetriebssprache f / job control language, JCL ‖ ✛sprache f, Befehlssprache f (DV) / command language ‖ ✛stand m (Satellit) / central station ‖ ✛stand m, Leitstand m, Schaltwarte f (Elektr) / control room ‖ ✛turm m von Tauchbooten / conning tower, sail (US) ‖ ✛übermittelung f / transmission of orders ‖ ✛verbindung f (Satellit) / command link ‖ ✛zelle f / command cell
Komma·setzung f (DV) / decimal positioning ‖ ✛stelle f, Dezimalkomma n / decimal place ‖ ✛stellung f (DV) / point position ‖ ✛taste f (DV) / decimal fraction key ‖ ✛überlaufkontrolle f (DV) / floating point trap ‖ ✛verschiebung f (DV) / point shift
kommen / come ‖ **im ✛ sein** / be in the pipeline (coll)
kommensurabel, vergleichbar / commensurable
Kommensurabilität f (Astr) / commensurability
Kommentarzeile f (DV) / comment line
kommerziell (DV) / business... ‖ ~es à (Buch) / commercial at, at sign ‖ ~e Daten pl (DV) / commercial data ‖ ~es Fernsehen / commercial television ‖ ~e Logistik / marketing fix ‖ ~er Rechner / business computer ‖ ~e Röhre (Elektronik) / industrial tube
Kommission, auf ✛, in Konsignation / on consignment

561

kommissionieren (im Lager) / commission

Kommissionierer *m* (Lagerstapler) / commissioner

kommunal·es Fernsehen / communal TV ‖ ⌐abwässer *n*
pl / domestic sewage ‖ ⌐fahrzeug *n* / street cleansing
vehicle

Kommunikation *f* offener Systeme, OSI (DV) / open
systems interconnection, OSI

Kommunikations·-Datenzeile *f* (Teletex) / call
identification line ‖ ⌐netz *n* / communication facilities
pl ‖ ⌐-Server *m* (DV) / communication server ‖
⌐-Steuerschicht *f*, Schicht 5 (OSI) / session layer ‖
⌐system *n*, KS / communication system, CS

kommunizierend (z.B. Röhren) / communicating ‖ ~e
Behälter o. Tanks *m pl* / interconnected tanks

Kommutation, Stromwendung *f* / commutation

kommutativ·e Gruppe (Math) / Abelian group ‖ ⌐gesetz *n*
(Math) / commutative law o. principle

Kommutativität *f* (Math) / commutativity

Kommutator (DIN), Kollektor *m* (Elektr) / commutator,
collector ‖ ⌐abdrehvorrichtung *f* / commutator turning
device ‖ ⌐abnutzung *f* / radial wear on a commutator ‖
⌐büchse, -buchse, -nabe *f* / commutator sleeve o. hub
o. shell o. bush ‖ ⌐-Drehstrommotor *m* / three-phase
commutator motor ‖ ⌐druckring *m* / commutator V-
ring ‖ ⌐fahne *f* (Elektr) / commutator riser ‖ ⌐feuer *n* /
commutator sparking ‖ ⌐-Frequenzwandler *m* /
commutator-type frequency converter ‖ ⌐geräusch *n*
(Elektr) / generator hum ‖ ⌐gleichrichter *m* /
commutator rectifier, permutator ‖ ⌐glimmer *m* /
commutator micanite ‖ ⌐lamelle *f* (Elektr) / commutator
bar o. segment (GB), lamina ‖ abgenutzte, vertieft
stehende ⌐lamelle / flat in a commutator bar ‖
⌐lauffläche *f* (Elektr) / commutator [sur]face ‖
⌐maschine *f* / commutating machine ‖ ⌐motor *m* /
commutator motor ‖ ⌐ring *m* (Spann- o. Isolierring) /
commutator ring ‖ ⌐säge *f* (Elektr) / undercutting saw ‖
⌐schleifmaschine *f* / commutator grinder ‖ ⌐schritt *m*
(Teilschritt vorn o. kollektorseitig) (Elektr) / commutator
pitch, winding pitch ‖ ~seitiger Lagerschild / forward
dynamo end plate ‖ ⌐steg *m* / commutator segment ‖
⌐steg-Isolation *f* / commutator segment insulation ‖
⌐verluste *m pl* / commutator losses *pl*

kommutieren (Elektr) / commutate

Kommutierung *f* / commutation

Kommutierungs·feld *n* (Elektr) / commutating o.
reversing field ‖ ⌐frequenz *f* / commutator ripple
frequency ‖ ⌐-Grenzkurven *f pl* (Elektr) / black band ‖
⌐koeffizient *m*, -zahl *f* (Gleichr) / commutation factor ‖
⌐kurve *f* / curve of normal magnetization ‖
⌐schwankungen *f pl* / commutator ripple ‖ ⌐spannung
f / commutation voltage ‖ ⌐strom *m* / commutation
current ‖ ⌐vorgang *m* / process of commutation

kompakt, fest / compact, concrete, firm, solid ‖ ~,
gedrängt (Bauweise) / compact ‖ ~, dicht / compact,
dense ‖ ~es Antriebsaggregat (Kfz) / unitized power
package, UPP ‖ ~e Auslegung (Autokühler) / pack
construction of radiator ‖ eine ~e Masse bilden /
concrete *vi* ‖ zu einer ~en Masse formen,
kompaktieren / concrete, compact *vt* ‖ ⌐bauweise *f* /
compact design ‖ ⌐bauweise *f* (Kompressor) / package
type design ‖ ⌐dichte *f*, theoretische *f* o. Reindichte /
theoretical density ‖ ⌐diskette *f* / compact floppy disk ‖
⌐-Durchlaufglühen *n* / compact continuous annealing
process ‖ ⌐heit, Massivität *f* / compactness, density

Kompaktierungsdruck *m* (Sintern) / compacting pressure

Kompakt·-Klimagerät *n* / compact air conditioner ‖
⌐kolbendichtung *f* (DIN ISO 6547) / piston seal
incorporating bearing rings ‖ ⌐lagertechnik *f* / high
density storage technique ‖ ⌐motor *m* / compact engine
‖ ⌐-Programmiersprache *f* (DV) / compact
programming language ‖ ⌐reaktor *m*, Reaktor in
Kompaktbauweise / compact reactor ‖ ⌐werden *n* /
consolidation ‖ ⌐zündkerze *f* / compact spark plug

Kompander *m* (Fernm) / compandor, -der

kompandieren (Fernm, Elektronik) / compand

Kompandierung *f* (Elektronik) / companding

Komparator *m* (Längenmeßgerät) (Opt) / comparator,
compensator ‖ ⌐, Vergleicher *m* (DV, NC) / comparator,
reference input element ‖ ⌐, Differenzierglied *n* (Regeln)
/ differential element

Kompaß *m*, Bussole *f* / compass ‖ ⌐ der
Selbststeueranlage / automatic steering compass ‖
⌐ mit drehbarem Kursring (Schiff) / compass with
rotatable course ring ‖ ⌐ mit sich drehender
Kompaßrose / compass (with moving card) ‖
⌐abweichung *f* / compass deviation o. deflection ‖
⌐-Ansteuerungsfunkfeuer *n* (Luftf) / compass locator
[beacon] ‖ ⌐ausgleichung, -berichtigung *f* /
compensation of the compass ‖ ⌐beschickung *f* /
compass calibration ‖ ⌐bügel *m*, -gabel *f* / trunnion
arms of the compass ‖ ⌐fehler *m*, Fehlweisung *f* /
compass error ‖ ⌐gehäuse *n*, -kessel *m* / compass bowl
o. helmet ‖ ⌐gehäuse *n* / compass helmet ‖ ⌐haus *n*
(Schiff) / binnacle ‖ ⌐hütchen *n* / socket of the compass
needle ‖ ⌐kompensation *f* / compas compensation ‖
⌐kreis *m* (Verm) / station pointer ‖ ⌐kurs *m*,
gesteuerter Kurs (Nav) / compass course o. heading,
course steered, steered course ‖ ⌐nadel *f* / magnetic o.
compass needle ‖ ⌐peiler *m* / gyrometric direction
finder ‖ ⌐peilung *f* / compass bearing ‖ mißweisende
⌐richtung *f* / magnetic azimuth ‖ ⌐ring *m*, Kardanring
m / gimbals *pl* ‖ ⌐rose *f* / compass card o. dial o. face,
rose of a compass (containing the thirty-two winds) ‖
⌐strich *m*, nautischer Strich / rhumb (= 11^0 15')

kompatibel (Steckverbinder) / compatible ‖ kompatibler
Schaltkreis (Schaltkreis mit integrierten aktiven u.
aufgedampften passiven Bauteilen) (Halbl) / compatible
circuit

Kompatibilität *f* (TV, Elektronik) / compatibility ‖ ⌐ (für
Schwarz/Weiß und Farbe), Verträglichkeit *f* (TV) / full
compatibility ‖ ⌐ für 7-Spur-Band / seven-track
compatibility

Kompensation *f*, Kompensierung *f* / compensation ‖ ⌐,
Nullabgleich *m* / null balance ‖ ⌐, Ausgleich *m* / offset
‖ ⌐ und Einregeln (Kompaß) / swinging ship, compass
calibration

Kompensations·... / compensated, compensating,
compensation... ‖ ⌐... (bei HF-Spannungsmessungen) /
slide-back... ‖ ⌐amperewindung *f* / compensating
ampere turn ‖ ⌐auswuchtmaschine *f* / compensating o.
null-force balancing machine ‖ ⌐farbe *f* / compensation
colour ‖ ⌐feld *n* (Elektr) / compensating field ‖ ⌐filter *m*
n / compensating filter ‖ ⌐halbleiter *m* (bei dem sich
Akzeptoren und Donatoren gerade kompensieren) /
compensated semiconductor ‖ ⌐kapazität *f* (zum
Ausgleich der Gitter-Anodenkapazität) (Elektronik) /
balancing o. neutrodyne o. neutrodyning o. neutralizing
capacitance ‖ ⌐kraftfluß *m* / compensation flux ‖
⌐kreis *m* (Elektr) / bucking circuit ‖ ⌐leitfähigkeit *f*
(Halbl) / compensation conductivity ‖ ⌐leitung *f*,
Abgleichleitung *f* / compensating line, interconnector,
interconnecting feeder ‖ ⌐magnet *m* / compensating
magnet ‖ ⌐magnet *m* (Instr) / control[ling] magnet ‖
⌐-Meßgerät *n* (Instr) / indirect-acting measuring
instrument ‖ ⌐methode *f* / potentiometer method ‖
⌐pendel *n* (Uhr) / compensated o. compensation
pendulum ‖ ⌐pendel *n*, Rostpendel *n* (Uhr) / gridiron
pendulum ‖ ⌐pol *m* (Elektr) / auxiliary o. compensating
pole, compole ‖ ⌐pyrheliometer *n* / compensation
pyrheliometer ‖ ⌐regler *m* / potentiometer controller ‖
⌐schaltung *f* (Regeln) / compensating circuit o. network
‖ ⌐schreiber *m* / potentiometric recorder ‖ ⌐spannung
f / balancing o. compensating voltage ‖ ⌐spule *f* (Elektr)
/ bucking o. backing coil ‖ ⌐spule *f* (TV) /
compensating coil ‖ ⌐verfahren *n*, -methode *f* (Elektr) /
compensation method ‖ ⌐voltmeter *n* / slide-back
voltmeter ‖ ⌐walze *f* (Schärmaschine) / falling o. return
roller ‖ ⌐wicklung *f* / compensating winding o. coil ‖

⤙wicklung *f* (Trafo) / compensating winding ‖ ⤙zone *f* (Halbl) / compensation zone
Kompensation-Unruh *f* (Uhr) / compensation balance
kompensativ·e Farbe / compensation colour ‖ ⤙**maske** *f* (Buch) / compensating mask
Kompensator *m*, Ausgleicher *m* / compensator ‖ ⤙ (Kompaß) / correcting device ‖ ⤙ (Rohrleitung) / bellow expansion joint ‖ ⤙**nivellier** *n* (Verm) / compensator level
kompensieren / compensate ‖ ∼ (durch Gegengewicht) / counterbalance ‖ ⤙, Wirken in entgegengesetzter Richtung / bucking
kompensierend, ausgleichend / compensative, compensation...
Kompensierscheibe *f* (Flugplatz) / compass base
kompensiert, ausgeglichen / compensated ‖ ∼**er Drehstrommotor** / compensated rotary current motor ‖ ∼**er Empfänger** (Elektronik) / balanced receiver ‖ ∼**e Lautstärkeregelung** (Elektronik) / compensated volume control ‖ ∼**er Motor** / compensated motor ‖ ∼**es Netz** (Elektr) / resonant earthed system ‖ ∼**es Pendel** s. Kompensationspendel ‖ ∼**es Wattmeter** / compensated wattmeter ‖ ∼**er [Wechselstrom-] Reihenschlußmotor** / compensated series motor, neutralized series motor
Kompensograph *m* (Thermoelektr) / compensograph
kompetent, qualifiziert / qualificatif, competent ‖ ∼**e Persönlichkeit** / resource person
Kompilation *f* / compilation
kompilieren / compile ‖ ⤙ *n* (DV) / compiling ‖ **während des ⤙s** / at compile time
Kompilierer *m* (DV) / compiler
Kompilier·generator *m* / compiler generator ‖ ⤙**zeit** *f* (DV) / compiling time
komplan / coplanar
Komplement *n* (Geom, DV) / complement ‖ ⤙ (Boolesche Algebra) (DV) / false state, bar e.g. ˉx (gelesen X bar o. X false) ‖ ⤙... / complement[ary] ‖ ⤙ **des Logarithmus einer Zahl**, Mitlogarithmus *m* / cologerithm ‖ ⤙ **des Streichwinkels** / tool approach angle (GB), tool lead angle (US) ‖ **90⁰-⤙ der Breite eines Gestirns** (Astr) / co-latitude
komplementär / complementary ‖ ∼**e Addition** (DV) / complement add ‖ ∼**e Basis** (DV) / complement base ‖ ∼**e Darstellung** (Math) / complement representation ‖ ∼**e Operation** / complementary operation ‖ ∼**e Subtraktion** / complement subtract ‖ ⤙**farbe** *f* (liefert Weiß) / complementary colour ‖ ∼**farbig** (Phot) / in complementary colours
Komplementarität *f* (Phys) / complementarity
Komplementär·-Transistor-Logik *f* / complementary transistor logic, CTL ‖ ⤙**wert** *m* (DV) / complement form
Komplement[är]winkel *m* / complementary angle, complement of an angle
Komplementierung *f* (boolesche Algebra) / complementation
Komplementierwerk *n*, -einrichtung *f* (DV) / completer, complementer
komplett / complete ‖ ∼ *adv* / completely ‖ ∼**er Satellit** / integrated spacecraft ∼ [montiert] / **Handschalter** ∼ [montiert] / hand switch assembly ‖ ⤙**gießmaschine** *f* (Buch) / automatic casting machine
Komplettierung *f* / completion ‖ ⤙, Verrohrung *f* (Öl) / completion
Komplett·lötung *f* (IC) / mass soldering ‖ ⤙**schaltbild** *n* / complete circuit diagram ‖ ⤙**schnitt** *m* (Stanz) / combination o. compound die
komplex (allg, Math) / complex ‖ ⤙, Gesamtumfang *m* / complex *n* ‖ ⤙, Häuser-, Gebäudekomplex *m* / block of buildings ‖ ⤙ (Chem) / complex ‖ ⤙, Gemengsel *n* / aggregate, congeries, congery ‖ ∼**er Ausdruck**, Wortkombination *f* / complex term o. form, combination of words, morphem combination ‖ ∼**e Daten** (real/imaginär) *pl* / complex data *pl* ‖ ∼**e Ebene**

des Belastungsleitwerts (Elektr) / load admittance plane ‖ ∼**er Eingangswiderstand**, Eingangsimpedanz *f* / input impedance ‖ ∼**er Feldwiderstand** (Wellenleiter) / wave impedance ‖ ∼**e Fourier-Konstante** / complex Fourier coefficient ‖ ∼**er Koeffizient** / complexor, phasor (US) ‖ ∼**e Kreisfrequenz** (Elektr, Math) / complex angular frequency ‖ ∼**er Leitungswiderstand** (o. Widerstand) (Wellenleiter) / impedance ‖ ∼**er Leitwert** / admittance ‖ ∼**es Lipoid** / complex lip[o]id ‖ ∼**er Modus** (DV) / complex mode ‖ ∼**er Querleitwert** / shunt admittance ‖ ∼**er Scheinwiderstand** / input impedance ‖ ∼**e Zahl o. Größe** (Math) / complex number o. quantity ‖ ∼**bildend** (Chem) / complexing *adj* ‖ ⤙**bildner** *n* (Chem) / complexing agent ‖ ⤙**bildung** *f* (Chem) / complexing ‖ ⤙**bildungsvermögen** *n* / complexing power ‖ ⤙**fett** *n* / complex grease, mixed base grease, double composition grease ‖ ⤙**ion** *n* (Chem) / complex ion
Komplexität *f* (Grad der Beständigkeit) (Chem) / complexity
Komplexitätsfaktor *m* / complexity factor
Komplex·-Konstante *f* / complex constant ‖ ⤙**molekül** *n* / complex molecule ‖ ∼**ometrisch** (Zement, Chem) / complexometric ‖ ⤙**salz** *n* / complex salt ‖ ⤙**[salz]bildner** *m*, Sequestriermittel *n* (Färb) / sequestering agent, complexing agent ‖ ⤙**stahl** *n* / complex alloy steel ‖ ⤙**verbindung** *f* (Verbindung höherer Ordnung) (Chem) / complex o. coordination compound
kompliziert / complex, complicated ‖ ∼**es Email** / complex enamel
Komponente *f*, Bestandteil *m* (Chem) / constituent ‖ ⤙, Teilkraft *f* / component ‖ ⤙ **des Vektors "Lastvielfaches"** / component of the load factor vector
Komponenten·-Matrize *f* (Elektronik) / master chip ‖ ⤙**-Mischverstärker** *m* / mixing amplifier
Kompositbau *m* / composite o. combined building o. construction
Kompositenstärke *f* / inulin, alant starch
Kompositions·methode *f* (Codieren) / composite character coding ‖ ⤙**walzen** *f pl* (Färb) / composition rollers *pl*
Komposit·schiff *n* (Schiff) / composite craft ‖ ⤙**treibstoff** *m* (Rakete) / composite [fuel]
Kompost *m* / compost, mixed manure
kompostieren / compost *v*
Kompostierung *f* (Bau, Landw) / compost preparation o. formation
Kompound·... (Elektr) / compound[-wound], double-wound ‖ ⤙**betrieb** *m* / compound operation, compounding (US) ‖ ⤙**erregung** *f* (Elektr) / compound excitation
kompoundieren, in Verbund schalten (Elektr) / compound *v* ‖ ⤙ *n*, Mischen *n* / compounding
kompoundiert (Elektr) / compound[-wound]
Kompoundierungs·-Kennlinien *f pl* (Elektr) / compounding characteristics *pl*
Kompound·juteumhüllung *f* (Elektr) / compound jute serving ‖ ⤙**kabel** *n* (Elektr) / compound cable ‖ ⤙**motor** *m* (Elektr) / compound motor ‖ ⤙**schnitt** *m* (Stanz) / combination o. compound die ‖ ⤙**wicklung** *f* (Elektr) / compound winding
kompreß, ohne Durchschuß (Buch) / solid, close-spaced o. -set ‖ ∼ **setzen** (Buch) / compose closely ‖ ⤙**druck** *m* (Buch) / condensed type
kompressibel / compressible
Kompressibilität *f* / compressibility
Kompressibilitätswiderstand *m* / compressibility drag
Kompression *f*, Pressung *f* (Masch) / compression ‖ ⤙, Verdichtung *f* (Mot) / compression ‖ ⤙, Verdichtungsverhältnis *n* (Mot) / compression ratio ‖ ⤙, Datenverdichten *n* (DV) / compression
Kompressions·-Blasformen *n* (Plast) / compression blow moulding ‖ ⤙**[druck]prüfer** *m* / compression gauge ‖ ⤙**druckschreiber** *m* (Mot) / compression recorder ‖

563

ᵗ-**Flexometer** n (Mat.Prüf) / compression flexometer ‖
ᵗ**hub** m, -periode f / compression stroke ‖
ᵗ**kältemaschine** f / compression[-type] o. mechanical
refrigerating machine ‖ ᵗ**modul** m (Mech) / bulk
modulus ‖ ᵗ**nocken** m / compression release ‖ ᵗ**pfeife** f
(Kfz) / compression whistle ‖ ᵗ**raum** m (Mot) / clearance
volume, compression space ‖ ᵗ-**Raum-Volumen** n,
Verbrennungs-Volumen n / combustion space o.
compression space volume ‖ ᵗ-**Set** m (Meßtechnik) /
compression set ‖ ᵗ**takt**, -hub m (Mot) / compression
stroke ‖ ᵗ**verhältnis** n (Gasturbine, Luftf) / pressure ratio
‖ ᵗ**verhältnis** n (Mot) / compression ratio ‖
ᵗ**verminderung**, Dekompression f / decompression ‖
ᵗ**walze** f / compression roller of a beater ‖ ᵗ**zündung** f
/ compression ignition
Kompressivkrumpfmaschine f (Textil) / compressive
shrinking machine
Kompressometer n m / compression recorder
Kompressor m / compressor ‖ ᵗ, Vorverdichter m (Mot) /
supercharger, blower ‖ ᵗ**kaskade** f / compressor
cascade ‖ ᵗ**kühlschrank** m / compression [type]
refrigerator ‖ ~**los** (Mot) / direct o. solid injection …,
airless injection … ‖ ~**lose Dieselmaschine**,
Einspritzmaschine f / [direct o. solid] injection type
diesel engine, compressorless Diesel engine, airless
injection type Diesel engine ‖ ᵗ**motor** m / supercharger
engine, supercharged o. supercharging engine
komprimierbar / compressible
komprimieren, pressen / compress, condense ‖ ~ **und**
imprägnieren (Holz) / compregnate
komprimiert, verdichtet / compressed ‖ ~ (Gase) /
condensed ‖ ~**es Bild** (TV) / picture compression ‖ ~**es**
Naturgas / compressed natural gas
Komprimierung f, Druck m (Masch) / compression
Kompromiß m n, Abstrich m / compromise, trade-off
Koncha f (Bau) / concha
Konche f (Schokolade) / conche
konchieren (Schokolade) / conche, treat in the conche
Konchoide f / conchoid ‖ ᵗ **des Nikomedes** / concoid of
Nicomedes
konchoidenförmig (Math) / conchoidal
Kondensat, Kondensationsprodukt n (Chem) /
condensation product o. polymer, condensate ‖ ᵗ n,
Kondenswasser n (Bau) / perspiration water ‖ ᵗ**ableiter**
m / steam trap
Kondensation, Kondensierung f (allg, Chem) /
condensation ‖ ᵗ f **um einen Kern** / nuclear
condensation
Kondensations·anlage f / condensating plant, condenser
plant ‖ ᵗ**dampfmaschine** f / condensing [steam] engine
‖ ᵗ**harz** n, (jetzt:) Ionenaustauscher m / condensation
resin ‖ ᵗ**hygrometer** n / condensation hygrometer ‖
ᵗ**kalorimeter** n / condensation calorimeter ‖
ᵗ**kalorimeter nach Joly** n / Joly's steam calorimeter ‖
ᵗ**kern** m (Meteor) / condensation nucleus ᵗ**koeffizient**
m (Vakuum) / condensation coefficient, accommodation
coefficient for condensation ‖ ᵗ**kolonne**, -säule f (Chem)
/ condensation column ‖ ᵗ**löten** n (IS) / condensation
soldering, vapour phase soldering ‖ ᵗ**maschine** f (Textil)
/ curing machine, polymerizing machine ‖
ᵗ**polymerisation** f / condensation polymerization ‖
ᵗ**produkt** n (Plast) / condensation polymer ‖ ᵗ**streifen**
m (Luftf) / condensation trails, contrails pl ‖ ᵗ**triebwerk**
n (Raumf) / condensation colloid thrustor ‖ ᵗ**turbine** f /
condensing turbine ‖ ᵗ**verlust** m / condensation loss ‖
ᵗ**wasser** n s. Kondensat
Kondensator m (Elektr) / capacitor, (formerly:) condenser
‖ ᵗ (Dampfm, Chem) / condenser ‖ ᵗ… (Mikrophon,
Lautsprecher) / electrostatic, capacitor… ‖ ᵗ…
(Mikrophon, Lautsprecher) / capacitor… ‖ ᵗ **im**
Zwischenkreis (Elektronik) / secondary circuit capacitor
‖ ᵗ **in Tropfenform** / dipped solid capacitor ‖ ᵗ **mit**
Ölpapierisolation / wax paper capacitor ‖ ᵗ**abgleich** m
(Elektronik) / balancing by capacitors ‖ ᵗ**anlaßmotor** m /

capacitor-start motor ‖ ᵗ**antenne** f, geerdete Antenne /
capacitor antenna ‖ ᵗ**batterie** f, Kondensatorenblock m
/ bank of capacitors, capacitor battery ‖ ᵗ**belag** m,
-belegung f / foil o. armament of the capacitor ‖ ᵗ**belag**
m, -lamelle f / capacitor film ‖ ᵗ**bremsung** f (Elektr) /
capacitor braking ‖ ᵗ-**Chip** m / capacitor chip ‖
ᵗ-**Dosimeter** n / capacitor radiation meter o. r-meter o.
dosimeter ‖ ᵗ-**Druckgrenzregler** m (Dampf) / load
suppression gear, vacuum-operated load reducer for
condensers ‖ ᵗ**durchführung** f (Elektr) / capacitor
bushing o. terminal ‖ ᵗ**elektroskop** n / condensing
electroscope
Kondensatoren·öl n (Elektr) / capacitor oil
Kondensator·entladungslampe f (Elektr) / capacitor
discharge light ‖ ᵗ**kapazität** f, -leistung f (Dampf) /
condenser capacity o. output o. power ‖ ᵗ**kapazität** f
(Elektr) / capacity of a capacitor ‖ ᵗ**kühlwasserpumpe** f
/ condenser circulating pump ‖ ᵗ**lautsprecher** m /
capacitor loudspeaker ‖ ᵗ**messing**, Admiralitätsmetall n
/ Admiralty metal ‖ ᵗ**mikrophon** n / capacitor
microphone o. transmitter ‖ ᵗ**motor** m / capacitor
motor ‖ ᵗ**motor** m **mit Anlauf- u.**
Betriebskondensator / two-value capacitor motor ‖
ᵗ**papier** n / capacitor tissue paper ‖ ᵗ**reaktanz** f (Elektr)
/ condensance ‖ ᵗ**reinigungsanlage** f / tube cleaning
system ‖ ᵗ**rohr** n, -röhre f (Dampf) / condenser tube o.
pipe ‖ ᵗ[**schweiß**]**maschine** f / stored-energy [welding]
machine ‖ ᵗ**telefon** n / capacitor receiver ‖
ᵗ-**Widerstandskopplung** f / resistance-capacitance
coupling, R.C.-coupling ‖ ᵗ**zündung** f / reactor-
capacitor firing
Kondensat·pumpe f / condensate pump, condensed steam
pump ‖ ᵗ**rückleiter** m / wastewater return pipe ‖
ᵗ**sammler** m (Dampfm) / flash tank ‖ ᵗ**sammler** m (Gas)
/ drip pot ‖ ᵗ**schöpfer** m (Pap) / dipper type condensate
evacuator ‖ ᵗ**trommel** m (Öl) / condensate drum
Kondenser m, Abscheider m (Spinn) / blowroom
condenser
kondensierbar, verdichtbar / condensable ‖ ~**e flüchtige**
Stoffe m pl / volatile condensible material
kondensieren, niederschlagen (Gas, Dampf) / condense vt,
precipitate ‖ ~ vt, verdichten (Chem) / condense ‖ ~ vi,
sich verdichten (Chem) / condense vi
kondensiert (Kern, Ring) (Chem) / condensed ‖ ~**er Kern**
(Chem) / condensed nucleus ‖ ~**e Milch**, Kondensmilch
(gezuckert) / condensed milk ‖ ~**e Milch**,
Büchsenmilch (ungezuckert) / evaporated milk, tinned
milk ‖ ~**e Molekularstrahlen** f pl / cluster n ‖ ~**es**
Ringsystem (Chem) / condensed nucleus compound,
fused ring ‖ ~**es System** (Chem) / condensed system ‖
~**e Vollmilch** / full cream unskimmed milk
Kondensor m (Opt) / condenser [lens] ‖ ᵗ**halter** m (Opt) /
substage mount ‖ ᵗ**halter** m **mit Zahn u. Trieb** (Opt) /
rack[-and-pinion] substage mount
Kondens·prüfer m (Zuck) / sweet tester ‖ ᵗ**streifen** m,
-fahne f (Luftf) / condensation trails, contrails pl ‖ ᵗ**topf**
m, -wasserabscheider m / steam trap o. separator,
drainage pot ‖ ᵗ**topf mit offenem Schwimmer** /
inverted bucket steam trap, Dayton-Armstrong steam
trap (GB) ‖ ᵗ**wasser**, Kondensat[ionswasser] n /
condensation water ‖ ᵗ**wasser** (Bau) / perspiration
[water] ‖ ᵗ**wasserableitung** f (Bau) / condensation
gutter o. drainage o. sinking ‖ ᵗ**wasserbehälter** m /
condensation water tank ‖ ᵗ**wasserbildung** f /
condensation of water ‖ ᵗ**wasserrückleiter** m / return
type steamtrap ‖ ᵗ**wasser-Wechselklima-Prüfgerät** n
mit SO₂-haltiger Atmosphäre / testing apparatus in a
saturated atmosphere with presence of SO_2 ‖ ᵗ**wolke** f
(nach einer Atomexplosion) (Nukl) / condensation cloud
Kondition, Verfassung f / condition, shape ‖ ᵗ**en** f pl
(Handel) / conditions, terms pl
Konditionieranlage f (Papier) / [paper] conditioning unit
konditionieren / condition ‖ ᵗ, prüfen (Textil) / condition
‖ ᵗ n, Behandlung f / conditioning ‖ ᵗ **maschinell** /

mechanical conditioning ‖ **Seide** ~ (o. prüfen) / condition silk, dry and weigh silk
Konditioniervorrichtung f (Textil) / testing oven for moisture
Konditionierwaage f / scale for moisture content of textiles
Konduktanz f, Wirkleitwert m / conductance
Konduktivität f (spez. el. Leitfähigkeit) / conductivity, cond.
Konduktometrie, Leitfähigkeitsmessung f / conductimetry
konduktometrisch (Maßanalyse) / conductimetric, -ometric ‖ ~e **Maßanalyse** / conductimetric analysis
Konfektion f (Textil) / garment industry, manufacture of ready-made clothes, needle trade (US) ‖ ⁓ (Ware) / ready-to-wear clothes pl, ready-made clothes pl
konfektionieren / manufacture ready-to-wear clothes ‖ ⁓ n (Plast) / fabrication
konfektioniert / ready to wear, ready-made ‖ ~e **Leitungsschnur** (mit anvulkanisierten Anschlußteilen) f / cord set
Konfektionierung f (z.B. von Baugruppen) / packaging ‖ ⁓ (Buch) / packing ‖ ⁓ (Reifen) / assembly
Konfektions... (Textil) / ready-made
Konferenz·gespräch n (Fernm) / conference call ‖ ⁓schaltung f (Fernm) / conference system
Konfetti pl (Papierstanzung) / chads pl
Konfidenzintervall n, Vertrauensintervall n (Qual.Pr) / confidence interval
Konfiguration f, Konfigurierung f (Astr, DV) / configuration ‖ ⁓, Konstitution f (Chem) / configuration, constitution ‖ **die** ⁓ **verkleinern** (DV) / deconfigure
konfigurations·abhängig (DV) / configuration depending ‖ ⁓faktor m (Strahlung) / configuration factor
konfigurativ, strukturell (Chem) / configurational, -rative
Konfigurierbarkeit f / configurability
konfigurieren / configure
Konflikt·e bei Einführung der EDV / intent fail ‖ ~frei / non-conflicting ‖ ⁓situation f (Luftf) / conflict situation
konfluent (Math) / confluent
Konfluenz f / confluence
konfokal / confocal
konform, winkelgetreu (Geom, Verm) / conformal ‖ ~e **Abbildung** (Kartographie) / conformal representation ‖ ~e **Abbildung** (Math) / conformal mapping ‖ ~e **Lagerung**, Konkordanz f (Geol) / conformability, conformable strata
Konformationsanalyse f (Chem) / conformation analysis
Konformität f (Norm) / conformity
Konformitäts·bestätigung f (DIN 45901) / attestation of conformity ‖ ⁓zeichen n (Norm) / mark of conformity
kongenital, angeboren / congenital
Konglomerat n, Gemisch n / conglomerate ‖ ⁓ (Geol) / conglomerate
konglomerisieren / conglomerate v
Kongo·farbstoffe, (jetzt:) Benzo-Diaminfarbstoffe m pl / Congo dyes pl ‖ ⁓gummi n, -kopal m / Congo gum o. copal ‖ ⁓rot n / Congo red ‖ ⁓rotpapier n / Herzberg's paper, Riegl's paper, Congo red paper
kongruent (Math) / congruent, equal in all respects
Kongruenz f (Math) / congruence, coincidence
Konifere f / cone-bearing tree, conifer
Koniferenöl n / conifer oil
Koniferin n (Chem) / coniferin
Königs·blau n / royal blue ‖ ⁓feldmesser n (Zuck) / milled knife (Koenigsfeld type) ‖ ⁓gelb n / massicot, yellow lead, orpriment, king's yellow ‖ ⁓säule, -welle f, -zapfen, -stock m (Kran) / king journal o. pillar o. post, central [vertical] pivot, center support ‖ ⁓stuhl m (Drehbrücke) / pivot o. center bearing
König·stange f (Förderkorb) / king bolt ‖ ⁓stein m (Gieß) / cluster bottom mould, king brick, runner core, spider
Königs·wasser n / aqua regia, nitrohydrochloric acid ‖ ⁓welle f (Masch) / vertical shaft

Koniin n / coniine
Konimeter m n, Luftstaubgehaltsmesser m / coniometer
konisch / conic, conical, cone shaped, coniform, conoidal ‖ ~, sich verschmälernd / tapering ‖ ~e **Ankernute** (Elektr) / taper slot ‖ ~ **bohren** / taper internally ‖ ~e **Bohrung** / taper hole ‖ ~ **drehen**, kegel[ig]drehen / taper-turn, turn taper ‖ ~es **Endstück** (Rakete) / boattail ‖ ~ **erweitert** / flared, flare shaped ‖ ~er **Felgenring** / detachable endless taper, bead seat ring ‖ ~es **Gewinde** / tapered screw thread ‖ ~es **Hinterachsrohr** / flared rear axle tube ‖ ~er **Keil**, Treibkeil m / forced-in key, taper[-sunk] key ‖ ~e **Leinenscheibe**, Sandpapierkonus m (Galv) / sander cone ‖ ~ **machen** / taper v ‖ ~es **Pendel** / conical o. centrifugal pendulum ‖ ~er **Radreifen** (Bahn) / bevel tire ‖ ~er **Rohrschuß** / conical tube ‖ ~ **schleifen** / bevel-grind, cone- o. taper-grind ‖ ~e **Schleifhülse** / truncated-cone abrasive sleeve ‖ ~e **Schraubenfeder** / conical helical spring ‖ ~er **Stift mit Innengewinde** / internally threaded taper pin ‖ ~er **Transformator o. Wandler** (Ultraschall) / taper stub transformer ‖ ~e **Trommel** / conical drum ‖ ~es **Übergangsrohr** / taper pipe ‖ ~ **zulaufen lassen** (Masch) / lessen, taper ‖ ~ **zulaufend**, verjüngt / reduced, taper[ed] ‖ ⁓drehen n / taper turning
Konizität f, Kegelform f / conical form, conicality ‖ ⁓, Spitzzulaufen n / taper ‖ ⁓ (der Betrag) / amount of taper ‖ ⁓, Schlankheitsverhältnis n / taper ratio ‖ ⁓s... / coning
Konjugation f (Chem) / conjugated compound, conjugation
konjugiert (Math, Chem, Opt) / conjugate ‖ ~e **Achse** (Math) / conjugate axis ‖ ~e **Brennpunkte** m pl / conjugate focus pl ‖ ~es **Dien** / conjugate[d] diene ‖ ~e **Doppelbindung** (Chem) / conjugate[d] double bond ‖ ~e **Doppelbindungen enthaltend** (Chem) / conjugated ‖ ~er **Durchmesser** / conjugate diameter ‖ ~e **Geraden** f pl / conjugate lines pl ‖ ~ **imaginäre Zahl** (Math) / conjugate imaginary ‖ ~ **komplexe Zahl** / complex conjugate ‖ ~e **Verbindung** (Chem) / conjugated compound, conjugation
konjugiert-komplex (Fernm) / conjugate ‖ ~ (Math) / conjugate-complex ‖ ~e **Dämpfung** (Fernm) / conjugate attenuation constant ‖ ~es **Übertragungsmaß** (Fernm) / conjugate transfer constant ‖ ~er **Widerstand eines Vierpols** (Fernm) / conjugate impedance ‖ ~es **Winkelmaß** (Fernm) / conjugate phase constant
Konjunktion f, UND-Funktion o. -Verknüpfung f (Elektronik) / conjunction, AND-function o. operation ‖ ⁓ [zweier Signale] (Regeln) / conjunction ‖ ⁓ (Astr) / conjunction
Konjunktur f / economic situation o. activity
konkav / concave ‖ ~ **gewölbt** / dished ‖ ⁓gitter n (Opt) / concave o. Rowland grating
Konkavität f / concavity, concave[ness]
konkav··konvex / concavo-convex ‖ ⁓säge f / concave saw ‖ ⁓spiegel m / concave mirror
Konkordanz f, konforme Lagerung (Geol) / conformability, conformable strata
konkret / concrete ‖ ~e **Darstellung** (DV) / hardware representation
Konkretion f, Zusammenballung f / concretion ‖ ⁓ (Geol) / concretion[ary structure]
Konkurrent m / competitor
Konkurrenz f / competition ‖ ⁓, Rivalität f / contention ‖ **in** ⁓ [mit] / competitively ‖ ⁓betrieb m von **Datenterminals** / contention mode of terminals ‖ ~fähig / competitive ‖ ~los / without competitors o. rivals ‖ ⁓reaktion f / competing reaction
konkurrierend / competitive
Konnektor m im Ablaufplan (ein Symbol) / connector (a flowchart symbol), off-page connector
Konnossement n (Seeschiff) / bill of lading, B/L
Konode f (Krist) / tie line
Konoid n (Geom) / conoid
Konoskop n (Krist) / conoscope, konoscope

Konoskopie f / conoscopy
konoskopisch (Opt) / conoscopic
konsequent / consequent
Konsequenz, Folge[erscheinung] f / sequel
konservatives System (Phys) / conservative system
Konserve·n f pl / preserve, -ves pl, tinned pl (GB) o.
  canned (US) goods ‖ ⌐ f (Radio) / taped program ‖ ⌐ **für
  On-Line-Übertragungen** (DV) / back-up
Konserven·... / tinned (GB), canned (US) ‖ ⌐...
  (Elektronik) / canned (coll) ‖ ⌐**büchse**, -dose f / tin
  [box], can (US), preserve tin o. can ‖ ⌐**fabrik** f /
  tinnery (GB), cannery (US), pack[ing] house (US) ‖
  ⌐**fabrikant** m / packer (US) ‖ ⌐**glas** n / preserve jar ‖
  ⌐**herstellung** f (Musik) / canning ‖ ⌐**industrie** f / [food]
  packing industry
konservieren, erhalten / keep, preserve ‖ ~, eindosen /
  pack, can (US), tin(GB)
konservierend / conservative, preservative
konserviert (z.B. Latex) / preserved (e.g. latex)
Konservierung f (Lebensmittel) / conservation, preservation
  ‖ ⌐ (in Dosen) / canning (US), tinning (GB)
Konservierungs·mittel n / means of preservation,
  preservative ‖ ⌐**mittel** n pl (für Nahrungsmittel) / food
  preservatives pl
konsistent, fest (Chem) / consistent, compact ‖ ~, nicht
  weich / firm ‖ ~**es Gleitlagerfett** / consistent grease
Konsistenz, Dicke f / consistency, consistence ‖ ⌐ f,
  Beschaffenheit f / conisistence, solidity, compactness ‖
  ⌐ (Farbe) / build ‖ ⌐, Standfähigkeit f (Email) / set of frit
  ‖ ⌐**messer** m / consistometer ‖ ⌐**prüfung**,
  Ausbreitmaßprüfung f (Beton) / slump test ‖ ⌐**zunahme**
  f **von Lack in der Kanne**, Dickwerden n (Lack) /
  feeding-up
Konsol·armierung f (Beton) / cantilever reinforcement ‖
  ⌐**blattschreiber** m / console typewriter
Konsole f, Kragträger m / console, bracket, corbel ‖ ⌐,
  Kragstein m für den Türsturz (Bau) / ancon ‖ ⌐ (DV) /
  console, [system o. operator's] control panel, control
  desk o. console, operator panel ‖ ⌐ (Reaktor) / core pad
Konsoleinheit f (Wzm) / knee-type unit
Konsolen·balkenbrücke f / girder bridge
Konsolfräsmaschine f / knee type milling machine,
  knee[-and-column] miller (US)
Konsolidierung, Festigung f / consolidation
Konsol·kran, Wandlaufkran m / walking o. wall crane ‖
  ⌐**schreibmaschine** f / console typewriter ‖ ⌐**system** n
  (Radar) / Consol system ‖ ⌐**tisch** m (Wzm) / knee o.
  bracket table ‖ ⌐**träger** m / cantilever truss
Konsonanten-Verständlichkeit f (Fernm) / consonant
  articulation
Konsonanz f / consonance
konstant / constant ‖ ~, mit konstanter Spannung (Elektr) /
  constant-voltage... ‖ ~**er Beiwert** / constant coefficient
  ‖ ~**e Beschleunigung** / constant acceleration ‖ ~**es
  Element** (Elektr) / constant [voltage] cell ‖ ~**er
  Fehlalarmanteil** / constant false alarm rate, CFAR ‖ ~**e
  Leuchtdichte** (TV) / constant luminance ‖ ~**e
  Proportionen** f pl / constant o. definite proportions pl ‖
  ~**e Sehne** (Getriebe) / constant chord ‖ ~**e
  Sonneneinstrahlung** / constant ratio of sunlight to
  shadow ‖ ~**e Spannung** / constant o. steady voltage ‖
  ~**e Wärmesummen** f pl / constant summation of heat ‖
  eine Größe ~ halten / keep constant ‖ **mit** ~**em
  Widerstand** / constant resistance... ‖ **mit** ~**er
  Drehzahl o. Geschwindigkeit** / constant-speed...,
  continuous running
Konstantan n (Widerstandslegierung) / constantan ‖
  ⌐**-Heizdraht** m / constantan o. contra o. Eureka wire
Konstante f (Math, Phys) / constant ‖ ⌐ **der
  Expositionsstärke** (Nukl) / exposure rate constant ‖ ⌐
  doppelter Länge / double precision constant ‖ ⌐ **in
  Befehlsform** / instructional constant
Konstanten·abruf m (DV) / fetch of constants ‖ ⌐**haltung**
  f / automatic constant

Konstant·fett n / set grease ‖ ⌐**halter**, Konstanter m
  (coll) (Elektronik) / stabilizer ‖ ⌐**haltung** f,
  Stabilisierung f (Elektr) / stabilization ‖ ⌐**-Kennlinie** f
  (Elektronik) / stabilized output characteristic ‖ ⌐**klima** n
  (Mat Prüf) / constant atmosphere ‖ ⌐**motor** m (Hydr) /
  fixed displacement motor ‖ ⌐**pumpe** f / fixed
  displacement pump ‖ ⌐**spannungsgenerator** m (Elektr) /
  constant-voltage generator ‖ ⌐**spannungsladung** f
  (Akku) / constant-voltage charge ‖ ⌐**spannungsnetz** n
  (Kraftverteilung) / shunt system ‖ ⌐**stromerzeuger** m
  (Elektronik) / current generator ‖ ⌐**stromladung** f (Akku)
  / constant-current charge ‖ ⌐**stromversorgung** f /
  stabilized power supply ‖ ⌐**winkel-Wicklung** f (Elektr) /
  planar wind[ing] ‖ ⌐**zug-Winde** f (Schiff) / automatic
  mooring winch o. gear
Konstanz f, Unveränderlichkeit f / constancy ‖ ⌐,
  Aufrechterhaltung f / retention
Konstellation f / constellation
Konstituent m (Math) / constituent
Konstitution f / constitution ‖ ⌐, chemische Struktur
  (Chem) / configuration, constitution
konstitutionell / constitutional
Konstitutions·formel f (Chem) / graphic o. rational o.
  constitutional o. structural formula ‖ ⌐**wasser** n / water
  of constitution, constitutional water
konstitutiv (Phys) / constitutive
konstruieren / design, construct, build ‖ ~ (Geom) /
  construct (e.g. a triangle) ‖ ⌐, Entwickeln n /
  engineering, designing
Konstrukt n (DV) / construct n
Konstrukteur m (Ggsatz Zeichner) / technical designer
  (ctr. dist: draftsman) ‖ ⌐, (auch:) Hilfskonstrukteur m /
  design engineer
Konstruktion f / construction, structure, design, cons. ‖ ⌐
  mit Lineal u. Zirkel (Math) / geometrical construction ‖
  ⌐ **u. Entwicklung**, E & D / engineering and design, E
  & D
Konstruktions·..., konstruktiv / constructive ‖
  ⌐**abgrenzung** f / design limits pl ‖ ⌐**änderung** f /
  design modificatiON ‖ ⌐**anstrichfarbe** f / structural
  steel paint ‖ ⌐**aufriß** m (Kfz) / engineering layout ‖
  ⌐**blech** n / structural sheet [steel], structural plate ‖
  ⌐**büro** n / design[ing] office, engineering department ‖
  ⌐**daten** n pl, -voraussetzung f / design data pl ‖
  ⌐**durchsicht**, Durchsicht f (Zeichn) / phantom view ‖
  ⌐**einzelheiten** f pl / details [of the constructions] pl ‖
  ⌐**element** n / structural element, constructional element
  ‖ ⌐**entwurf** m, -skizze f, -blatt n / constructional o.
  design sheet ‖ ⌐**fehler** m / construction o. structural
  error o. fault, error of construction o. design ‖ ⌐**form**,
  -art f (allg) / structural shape ‖ ⌐**fuge** f / structural joint
  ‖ ⌐**gedanke** m, -prinzip n / principle of construction o.
  design, constructional conception ‖ ⌐**gewicht** n (Luftf) /
  construction weight ‖ ⌐**höhe**, Bauhöhe f / overall
  height, headroom, headway ‖ ⌐**keramik** f, Industrie-,
  Ingenieur-, Strukturkeramik f / structural ceramics ‖
  ⌐**klebstoff** m / structural adhesive ‖ ⌐**leiter** m / chief
  designer ‖ ⌐**linie**, Mittellinie f (Zeichn) / construction
  line ‖ ⌐**linie** f, Konstruktionswasserlinie f, KWL (Schiff)
  / construction water line, C.W.L. ‖ ⌐**masse** f (Rakete) /
  construction weight o. mass ‖ ⌐**merkmal** n /
  construction detail o. feature ‖ ⌐**prinzip** n, -gedanke m
  / principle of construction o. design, constructional
  conception ‖ ⌐**rohr** n (Walzw) / mechanical tube ‖
  ⌐**stahl** m, Baustahl m / structural steel, constructional
  steel ‖ ~**technisch** / constructional ‖ ⌐**teil** m n,
  -element n / constructional element, structural part ‖
  ⌐**tiefgang** m (Schiff) / designed draft, moulded draught ‖
  ⌐**- u. Baunorm** f / code of construction ‖ ⌐**- und
  Entwicklungsbüro** n / engineering and design
  department ‖ ⌐**- und Entwicklungsbüro** n /
  engineering and design department ‖ ⌐**unterkante** f
  (Stahlbau) / lowest line of structure ‖ ⌐**unterlagen** [in
  Blattform] f pl / design worksheets pl ‖

~voraussetzung f, -daten n pl / design data pl ‖
~wasserlinie f, KWL f (Schiff) / construction water line,
C.W.L. ‖ ~zeichner m / draftsman (US), draughtsman
(GB) ‖ ~zeichnung f (Masch) / construction[al] drawing
konstruktiv, Konstruktions… / constructive,
constructional, structural ‖ ~e Interferenz / structural
interference ‖ ~ nicht vorgesehen / off-design ‖ aus
~en Gründen / for reasons of design
Konsum m / consumption ‖ ~artikel m / daily commodity
‖ ~elektronik f / consumer electronics ‖ ~gesellschaft
f / consumer society ‖ ~güter n pl / daily commodities,
consumer goods pl ‖ ~güterindustrie f / consumer
goods industry ‖ ~zucker m / [unrefined o. direct]
consumption sugar
KONT = kohärente optische Nachrichtentechnik
Kontakt m (Elektr, allg) / contact ‖ ~ „letzte Zeile" (DV) /
last line contact ‖ ~ machen / make contact ‖ ~e mit
gegenseitig gekreuzt stehenden balkenförmigen
Kontaktnieten m pl / crosspoint contacts ‖ ~ m mit
hohem Anpreßdruck / high-force contact ‖ ~ mit
hoher Rekombinationsgeschwindigkeit (Chemie,
Physik) / high recombination rate contact ‖ ~e zwischen
Halbleiterschichten / digdown ‖ fester ~ (Relais) / anvil
contact point ‖ [im Schaltbild getrennt dargestellte]
numerierte ~e (Zeichn) / detached contacts pl ‖ sehr
guter ~ / intimate contact ‖ ~abbrand m / contact
consumption ‖ ~abfrage f (DV) / contact sense ‖
~abstand m / contact clearance ‖ ~abstand offen /
break ‖ ~abzug m (Buch, Phot) / contact copy o. print ‖
~arm m (Fernm) / contact arm o. wiper, wiper ‖ ~bahn
f / contact path ‖ ~bahn f für Stecken von gedruckten
Schaltungen / card-edge finger ‖ ~[band]schleifen n /
abrasive-belt grinding ‖ ~bank, -reihe f, -satz m,
Lamellenbank f (Fernm) / contact o. line bank ‖
~bereich m / virtual contact width ‖ ~betätigung f /
contact operate ‖ ~birne f, Klingelknopf in Birnenform
m / pear push ‖ ~bock m (Schalter) / contact jaw ‖
~boden m (Chem) / contact tray ‖ ~bügel m (Elektr) /
sliding bow ‖ ~bügel m, Stromabnehmerbügel m / bow
collector, current collector bow ‖ ~bürste f / contact
brush ‖ ~diffusionsverfahren n (Phot) / contact
diffusion process ‖ ~druck m (Elektr) / contact[-point]
pressure, contact force ‖ ~druck m (Phot) / contact print
‖ waagerechte ~ebene (Fernm) / level of the Strowger
selector ‖ ~elektrizität f / contact electricity ‖
~elektrode f (Elektrolyse) / contact conductor o.
electrode ‖ ~-EMK f (Elektr) / contact e.m.f. ‖ ~enge f
(Halbl) / capture spot ‖ ~feder f / contact spring ‖
~feder des Relais / relay spring ‖ ~federleiste f /
spring contact strip ‖ ~federring m (Elektr) / spring
contact ring ‖ ~federsatz, Federsatz m (Relais) / contact
assembly o. stack ‖ ~federstütze f / contact stiffener ‖
~feile f / contact file ‖ ~feld n (Fernm, Elektronik) /
contact bank, bank [multiple] ‖ ~festigkeit f / contact
bond strength ‖ ~feuer n / arcing, arking ‖ ~feuern n /
contact burn ‖ ~film m / contact film ‖ ~filterbett n
(Chem) / contact bed ‖ ~finger m (Elektr) / contact finger
‖ ~finger m (der Steuerwalze) / controller finger ‖
~finger m, -gitter n, Gridkontakt m (Solarzelle) / grid
fingers pl ‖ ~-Fixierungsmaschinen f pl / equipment
for setting by surface contact ‖ ~fläche f (Elektr) /
contact surface, area of contact ‖ ~frei / contactless ‖
~froster m / contact freezer ‖ ~gabelkanal m (DV) /
contact operate channel ‖ ~gang m (Bergb) / contact vein
‖ ~geber m, Relaisschalter m / relay actuated switch,
contact maker ‖ ~geberzähler m / contact-making
counter ‖ ~gefrieren n / contact freezing ‖ ~geräusch n
(Fernm) / frying ‖ ~geschützter Steckverbinder (Elektr)
/ scoopproof connector ‖ ~gestein n (Geol) / contact
rock ‖ ~gift, Katalytgift n / catalyst o. catalytic poison,
anticatalyst ‖ ~gift, -insektizid n / contact insecticide o.
poison ‖ ~hammer m, Wagnerscher Hammer (Elektr) /
trembler ‖ ~harz n / no-pressure plastics pl ‖ ~hebel m
/ contact lever ‖ ~herstellend / contacting ‖ ~höcker m

(IS) / bump ‖ ~höhenmesser m (Luftf) / contacting
altimeter, altitude switch ‖ ~hülse f / contact socket of a
connector
kontaktieren (IC) / bond[er] ‖ ~ (Elektr) / contact v
Kontaktierung f (Halbl) / bonding ‖ ~ von Chips / inner
lead bonding of chips
Kontakt·instrument n, Schaltinstrument n / contacting
instrument ‖ ~ionen-Mikroantrieb m (Raumf) / contact
ion microthruster ‖ ~kleben n / contact blocking ‖
~kleber m / contact adhesive ‖ ~klotz m / contact block
‖ ~knopf m / contact button o. plot o. stud ‖ ~kolben
m (Wellenleiter) / contact plunger ‖ ~kopie f,
Kontaktabzug m / contact print ‖ ~kopiergerät n /
contact printer ‖ ~korrosion f / contact corrosion,
dissimilar metal corrosion ‖ Anbringen von
~kügelchen / balling ‖ ~-Kunststoff m / no-pressure
plastics ‖ ~lagerstätte f (Geol) / contact deposit ‖
~lamelle f (Selbstwähler) (Fernm) / contact lamination ‖
~leiste f (Fernm, Elektronik) / contact bank ‖ ~leiste f
(steckbar) / multipoint o. mulitple plug ‖
~linien-Schleifen n / contact line grinding ‖ ~linse f,
-glas n (Opt) / contact lens ‖ ~los / contactless ‖ ~loses
Nachformsystem / proximity copying system ‖
~manometer n / contact making pressure gauge ‖
~maske f (Fernm) / contact mask ‖ ~matte f, -fußboden
m (z.B. zum Türöffnen) / contact floor mat ‖ ~messer n
/ contact blade o. knife ‖ ~metall n / contact metal ‖
~metamorphose f (Geol) / contact metamorphism ‖
~mitgang m (Relais) / contact follow ‖ ~nase f / contact
tappet ‖ ~niederschlag m (Galv) / contact plating ‖
~niet m, plattierter Niet / contact rivet ‖ ~niet m mit
Platinauflage / platinum plated contact rivet ‖ ~ofen m
(Chem) / contact reactor ‖ ~öffnung f (Relais) / contact
gap ‖ ~photographie f / contact print ‖ ~plan m (IC) /
contact plan ‖ ~pneumatolytische Verdrängungsstätte
(Geol) / contact deposit ‖ ~potential-Ionenquelle f
(Raumf) / contact potential ion source ‖ ~potentialwall
m (Elektronik) / contact potential barrier ‖ ~prellen n /
contact bounce o. bouncing o. chatter ‖ ~raster m
(Buch) / contact screen, variable-opacity screen ‖ ~reihe
f (Fernm, Elektronik) / contact bank ‖ ~ring m (Öl) /
sliping ‖ ~rolle f, Stromabnehmerrolle f / contact
roller, trolley [wheel] ‖ ~rolle, Rollenelektrode f
(Schweiß) / contact roller ‖ ~satz m (Elektronik) / switch
stack ‖ ~satz m (Fernm) / contact bank ‖
[zusammengebauter] ~satz (Elektronik) / contact bank ‖
~säure f (Chem) / contact acid ‖ ~schleifen n / abrasive
belt grinding ‖ ~schlitten m (Bahn) / third rail current
collector, contact skate ‖ ~schraube f / contact screw ‖
~schuh m / contact shoe o. saddle ‖ ~schweißung f /
welding with touch-type o. contact electrode ‖
~sengmaschine f (Textil) / contact singeing machine ‖
~spannung f (Phys) / contact potential ‖ ~spannung f /
contact potential ‖ ~spitze f / tip of a contact ‖ ~stange
f (Bahn) / contact rod ‖ ~stellung f / contact position ‖
~stellung (am Kontroller), Schaltstellung f (Elektr) /
notch of a controller ‖ ~stift m / contact pin ‖ ~stift m,
-spitze f (Fernm) / contact point ‖ ~stöpsel m / contact
plug o. wedge ‖ ~stück m (Schalter, Elektr) / contact
maker o. piece ‖ ~tannenbaum m (Fernm) / tree [of
circuit branches] ‖ ~taste f / touch-contact key ‖
~thermometer n / contacting thermometer ‖ ~trockner
m / contact drier ‖ ~trocknung f / contact drying ‖
[elektrochemischer] ~überzug (Galv) / wash ‖
[elektrochemischer] ~überzug / contact plating ‖
~uhr, Schaltuhr f / contact making clock, CMC ‖
~verfahren n (Chem, Galv) / contact process ‖
~verfahren n (Plast) / contact moulding ‖
~verschmutzung f / contact contamination ‖
~versilberung, -vergoldung f (usw) / contact silvering,
contact gold plating etc. ‖ ~voltmeter n / contact
voltmeter ‖ ~walze f / contact roll ‖ ~werk n (Uhr) /
contacting wheel work ‖ ~werkstoff m / contact
making material ‖ ~wirkung f (Chem) / contact action ‖

˪**zeiger** *m* / contact pointer ‖ ˪**zunge** *f* / contact stud ‖
˪**zwinge** *f* (Schweiß) / contact bar o. jaw
Kontamination, Verseuchung *f* (Nukl) / contamination
Kontaminations·-Monitor *m* / contamination monitor ‖
˪**verhinderung** *f*, Verschmutzungsverhinderung *f* /
contamination control
kontaminieren, verunreinigen / contaminate
kontaminierend / contaminating
kontaminiert, verseucht (Nukl) / contaminated
Konten-… s. auch Kontokarten… ‖ ˪**auswurf** *m* (Buch.m) /
ledger card ejection ‖ ˪**rahmen** *m* / standard form of
accounts, model chart of accounts ‖ ˪**sucher**, Sucher *m*
unbewegter Konten (Buch.m) / detector of inactive
accounts ‖ **automatisches** ˪**zufuhrgerät** / automatic
account card feed device
kontern (Masch) / fix by a locknut ‖ ˜ (Buch) / reverse
laterally ‖ ˪ *n* (Repro) / lateral reversing
Konter-Umdruck *m* (Buch) / counterproof
Kontext *m* / context ‖ **Verwaltung der Menge der
definierten** ˪**e** (OSI) / context management ‖ ˪**wechsel**
m / context swapping o. switching
kontinental / continental ‖ ˪**…** (das europäische Festland
betreffend) / Continental (GB) ‖ ˜**es Lademaß** (Bahn) /
continental gauge ‖ ˪**abhang** *m* (200-2400 m) /
continental slope ‖ ˪**böschung** *f*, Schelf *n* (0-200 m u.
M) (Geogr) / continental shelf ‖ ˪**klima** *n* / continental
climate ‖ ˪**rand** *m* (Geol) / shelf edge, continental
margin ‖ ˪**verschiebung** *f* / continental drift
Kontingent *n* / quota, allotment
Kontingenz *f* (Statistik) / contingency
Kontinue·-Ausrüstung *f* (Web) / continuous finishing ‖
˪**bleiche** *f* / continuous bleaching plant ‖
˪**-Düsenspinn-Streckzwirnmaschine** *f* / continuous
spin-draw twister ‖ ˪**-Färbeanlage** *f* (Textil) /
continuous dyeing range ‖ ˪**färberei** *f* / continuous
dyeing ‖ ˪**Strangbleiche** *f* / continuous rope bleaching
‖ ˪**verfahren** *n* (Textil) / continue o. continuous process
‖ ˪**walke** *f* (Wolle) / continuous milling machine
kontinuierlich, fortlaufend / continuous, continued, non-
intermittent ‖ ˜, ohne Ende / endless ‖ ˜, stetig,
analog / analogue ‖ ˜, durchgehend, -laufend (Masch) /
passing, continuous ‖ ˜ (Träger), durchgehend /
through-going, continuous ‖ ˜, durchgehend (Mech) /
through, passing ‖ ˜**er Abbau** (Bergb) / non-cycling
mining ‖ ˜ **arbeitender Bagger** / stationary dredger ‖
˜ **arbeitende Setzmaschine** (Bergb) / self-acting jig ‖
˜**es Aufstecken** (Textil) / magazine creeling ‖ ˜**e
Balkenbrücke** / bridge with continuous beams o.
chords o. stringers ‖ ˜**e Destillation** / continuous
distillation ‖ ˜**e Diffusion** (Zuck) / continuous diffusion
‖ ˜**e Drahtstraße** (Walzw) / continuous wire rod mill ‖
˜**e Drahtverzinnung** / continuous electro-tinplating of
wire ‖ ˜**er Ein-Aus-Betrieb** (Chem) / continual on-off
mode ‖ ˜**es Erzeugnis** / endless product ‖ ˜**e
Extraktion** / continuous extraction ‖ ˜**e Farbe** (Web) /
continuous stroke of the shuttle, continuous colours *pl* ‖
˜**er Filmdurchlauf** / continuous strip system ‖ ˜**e
Gruppe** (Math) / Lie group ‖ ˜**er Kalkofen** / running
kiln ‖ ˜**es Kühlungs-Umwandlungsschaubild** /
continuous cooling transformation curve ‖ ˜**er Laser** /
continuous-wave laser ‖ ˜**e Phasenmodulation mit
Frequenzschiften** / continuous phase frequency shift
keying, CPFSK ‖ ˜**er Planherd** (Bergb) / automatic
percussion table ‖ ˜**e Proportion** (Math) / continual
proportion ‖ ˜**e Raffination** / continuous treating of oil
‖ ˜ **regelbar**, stufenlos / continuous[ly adjustable],
continuously o. infinitely variable ‖ ˜**er Regelkreis** /
infinitely variable control system ‖ ˜**es Rohrwalzwerk**
/ continuous tube rolling mill ‖ ˜**es Sauerstoff-
Frischverfahren** / continuous oxygen refining process ‖
˜**es Spektrum**, Kontinuum *n* / continuous spectrum ‖
˜**e Staffelstraße für Draht** (Hütt) / continuous looping
rod mill train ‖ ˜ **veränderliches Getriebe** /
continuously variable transmission ‖ ˜**er Verlauf** (Mat

Prüf) / continuous characteristic ‖ ˜**e Walzstraße**
(Walzw) / continuous mill train ‖ ˜**es Walzwerk** /
continuous rolling mill ‖ ˜**e Welle** / continuous wave,
C.W., undamped wave ‖ ˜**e Wiegevorrichtung** /
continuous weigher
Kontinuität *f* / continuity
Kontinuitäts·bedingung *f* / condition for continuity ‖
˪**gleichung** *f* / equation of continuity, continuity
equation ‖ ˪**moment** *n* (Mech) / continuity couple ‖
˪**pilot** *m n* (Fernm) / continuity pilot
Kontinuradar *n* / continuous radar system
Kontinuum *n* (Math, Phys) / continuum ‖ ˪,
kontinuierliches Spektrum / continuous spectrum ‖
Kontinuums·mechanik *f* (Mech) / continuum mechanics
sg
Kontinuum·strahler *m* (Spektroskopie) / continuum force ‖
˪**strömung** *f* / continuum flow ‖ ˪**-Triebwerk** *n* /
continuum thruster
Kontinu·-Verfolgung *f* (Radar) / angle tracking ‖
Konti·-Stahlbandbeize *f* / continuous steel strip pickle
line ‖ ˪**-Triebwerk** *n* / continuum thruster
Konto *n* / account, a/c, acc ‖ ˪**…** s. auch Konten… ‖
˪**auszug** *m* (Buch.m) / [bank] statement, statement of
account ‖ ˪**karte**, Kontenkarte *f*, (abgekürzt): Konto *n*
(Buch.m) / ledger card (US), account card ‖
˪**karteneinzug** *m* / account card o. ledger card (US)
feed device
Kontokarten·leser *m* / ledger card device
Konto·kartenpapier *n* / account book paper ‖
˪**kartentrog**, Kontentrog *m* / tray (for account cards) ‖
˪**nummer** *f* / account number ‖ ˪**nummernkontrolle**
f, Nummernkontrolle *f* / account number check ‖
˪**nummernvortrag** *m*, automatischer
Kontonummernvortrag / account number pickup ‖
˪**nummerprüfer** *m*, -nummerprüfgerät *n* / account
number checking device, verifier ‖ ˪**phot** *n*,
Kontophotkopie, -vervielfältigung *f* / Photostat,
photostatic copy
kontrahieren / contract
Kontrakt *m* / contract, agreement ‖ ˪, Leistungsvertrag
m / contract, agreement, undertaking ‖ ˪ **mit festem
Preis für jedes Meter** / contract by the meter ‖ ˪ **nach
dem Stück**, Pauschalkontrakt *m* / contract by the job
Kontraktion *f*, Zusammenziehung *f* / contraction,
constriction, throat ‖ ˪ (Einschnürung) / reduction o.
contraction of o. in area, necking
Kontraktionszahl *f* / area contraction o. reduction factor,
Poisson's ratio
Kontraktor, Kontrakter *m* (Tankstellen) / contractor
Kontrast, Gegensatz *m* (Phot, Opt) / contrast ‖ **einen
˪ bilden**, kontrastieren / contrast [with] ‖ ˜**arm**, flach
(Phot) / flat, poor in contrast, with low gamma ‖
˜**bildend** / contrasting, contrastive ‖ ˪**blende** *f* /
contrast diaphragm ‖ ˪**brei** *m* (Röntgen) / contrast
medium ‖ ˪**empfindlichkeit** *f* (Opt) / contrast sensitivity
‖ ˪**expansion** *f* (TV) / expansion ‖ ˪**farben** *f pl* /
contrasting colours *pl* ‖ ˪**-Filterscheibe** *f* (TV) / filter
screen ‖ ˪**fluoreszenz-Mikroskopie** *f* / combined phase
and fluorescence microscopy
Kontrastier·einrichtung *f* / contrasting device
Kontrast·leistung *f* (Phot) / contrast achievement o. effect
‖ ˜**los** (TV, Phot) / uncontrasty ‖ ˪**mangel** *m*, Flachheit
f (Phot) / flatness ‖ ˪**photometer** *n* / equality-of-contrast
photometer, contrast photometer ‖ ˪**regler** *m* (TV) /
contrast control ‖ ˜**reich** (Phot, TV) / rich in contrast,
high-contrast, contrasty ‖ ˪**schwelle** *f* (TV) / contrast
threshold ‖ ˪**stärke** *f*, Gamma *n* (TV, Film) / gamma ‖
˪**steigerung** *f* / heightening of contrast, accentuation of
contrast ‖ ˪**übertragung** *f* (Opt) / contrast transfer ‖
˪**übertragungsfaktor** *m* / contrast transfer factor ‖
˪**übertragungsfunktion** *f* (Opt) / frequency response
function, contrast transfer function, CTF ‖
˪**verbesserung** *f* (TV) / expanded contrast ‖

~verhältnis n für Einzelheiten (TV) / contrast ratio ‖
~wiedergabe f (Phot) / contrast correction
kontravariant (Math) / contravariant
Kontroll·ablesung f / check reading ‖ ~abschnitt m /
counterfoil
Kontrollampe, Kontrolleuchte f / pilot lamp o. indicator
o. signal [lamp]
Kontrollampenfeld n / control light panel
Kontrollanalyse f / check analysis
Kontrollautsprecher m (Film) / monitor o. pilot
loudspeaker
Kontroll·bereich m (Nukl) / controlled area ‖
~bildapparatur f, -bildschirm m (TV) / monitor,
monitor[ing] display ‖ ~bohrloch n / check bore hole ‖
~buch n (Kfz) / control book ‖ ~bunker m (Raumf) /
blockhouse ‖ ~drucker m (DV) / monitor printer
Kontrolle f, Überwachung f / checking, check, control ‖
~, Inspektion f / testing, inspection ‖ ~, Untersuchung f
/ verification ‖ ~, Nachprüfung f / checking,
verification ‖ ~, Prüfung f / control, check[ing] ‖ ~
(von Maßen) / assay ‖ ~, Abnahmeraum m / inspection
department ‖ ~, Kontrollprobe f / check ‖ ~ **des**
Verbundes (Seil) / inspection of the adhesion ‖ ~ **durch**
Aufeinanderlegen von Karten, Sichtprüfung f (LoKa) /
peek-a-boo ‖ ~ **nach Zahl der Fehler** / defect counting
‖ **[nachgeschaltete]** ~ (F.Org) / secondary inspection ‖
nach ~ (Qual Pr) / outgoing
Kontrollempfänger, Monitor m / check o. monitoring
receiver
Kontroller m (Elektr) / [camshaft- o. drum] controller,
controller drum o. cylinder ‖ ~, Fahrschalter m (Bahn) /
contactor-controller ‖ ~finger m / controller finger ‖
~stellung f / controller notch
Kontrollesen n / parity read after write ‖ ~ (LoKa) /
postpunch read
Kontrolleur m, Inspektor m (F.Org) / inspector ‖ ~,
Aufseher m / supervisor ‖ ~ (Bahn) / controller ‖ ~,
Abnahmebeamter m / checker
Kontroll·feld n (LoKa) / control column ‖ ~fenster n /
observation hole o. port ‖ ~funktion f, Steuerfunktion f
/ control function o. operation (US) ‖ ~gang m / check
patrol ‖ ~gerät n, -vorrichtung f, -apparat m / check
apparatus o. implement o. instrument ‖ ~herd m
(Flotation) / pilot table
Kontrollicht n / control light
kontrollierbar / controllable, to be checked ‖ ~,
nachweisbar / controllable, to be checked
kontrollieren, nachprüfen / verify, check ‖ ~, prüfen /
examine ‖ ~, prüfen (F.Org) / check [up], inspect ‖
100%ig ~ / one-hundred-percent inspect
kontrolliert·er Abstieg (Flugkörper) / controlled descent ‖
~e Atmosphäre, CA / controlled atmosphere, CA ‖
~er Luftraum / controlled airspace
Kontroll·-Information f / check information ‖
~-Instrument n (allg) / monitor
Kontrolliste f (Luftf) / check list
Kontroll·kasse f, Registerkasse f / register cash ‖
~kolben m (Chem) / control flask ‖ ~-Kopfhörer m /
monitor earphone ‖ ~manometer m / master pressure
gauge ‖ ~marke f, -abriß m, -abschnitt m / check,
control coupon ‖ ~marke f, Stammabschnitt m / stub of
a checkbook ‖ ~maschine f (LoKa) / card proving
machine ‖ ~maße n pl / control dimensions pl ‖
~mischung f / checking mixture
Kontrollochung f (LoKa) / control punch
Kontroll·öffnung f / inspection door o. eye o. hole ‖
~peilung f (Luftf) / check bearing ‖ ~platz, -tisch m,
-pult n, -konsole f (TV) / observation desk ‖
~programm n (DV, IBM) / executive routine ‖
~prüfgerät n, -prüflehre f / secondary standard ‖
~relais n / supervisory relay ‖ ~relais, Steuerrelais n /
pilot relay ‖ ~schacht, Revisionsschacht m (Abwasser) /
inspection chamber ‖ ~schalter, Wählschalter m
(Elektronik) / monitoring switch ‖ ~schein m / gauger's

certificate ‖ ~stab m (Nukl) / control rod ‖
~stabwägung f (Nukl) / control rod weighing ‖ ~stelle f
(LoKa) / comparing position, comparison station ‖
~stempel m / validity stamp ‖ ~streifen m / control
strip ‖ ~streifendruck, KSD (Luftf) / home record tape
printing ‖ ~summe f (DV) / control o. hash total,
checksum ‖ **eine** ~**summe bilden**, kontrollsummieren
(DV) / to accumulate a hash total ‖ ~system n / checking
system ‖ ~turm m, Tower m (Luftf) / tower, control
tower ‖ ~uhr f, Stechuhr f (F.Org) / time clock o.
detector, attendance clock ‖ ~uhr,
Wächter[kontroll]uhr f / telltale watch o. clock,
watchman's clock o. [time] detector, controller ‖
~umschalter m (Fernm) / check switch ‖ ~verstärker m
(Fernm) / monitoring o. bridging amplifier ‖ ~versuch
m / check ‖ ~versuch m, Versuchswiederholung f / re-
testing ‖ ~vorrichtung f / checking device o.
mechanism ‖ ~vorrichtung f (TV) / control monitor ‖
~waage f / check weigher ‖ ~warte f, Schaltwerk n
(Elektr) / control room ‖ ~wecker m (Fernm) / pilot
alarm o. bell ‖ ~zahl, -summe f (DV) / checksum, check
total ‖ ~zeichen n / test mark ‖ ~zentrum n (Raumf) /
flight control center ‖ ~ziffer f (DV) / check digit ‖
~zifferprüfer m / check digit verifier ‖ ~zone f /
controlling zone
Kontur f / contour ‖ ~ (NC) / profile ‖ ~ **eines Berges** /
outline of a hill
Konturen·betonung f (TV) / contour accentuation ‖
~hervorhebung f (Video) / edge enhancement, image
sharpening ‖ ~schärfe f / acutance ‖ ~schärfe f (TV) /
definition ‖ ~schärfe f (Buch) / contour acuity ‖
~schnitt m (Schw) / profile cut ‖ ~stecker m (Elektr) /
shaped plug ‖ ~treue f (gedr.Schaltg) / definition ‖
~unschärfe f **schnell bewegter Objekte** (Phot) / blurred
contour of fast moving object
Kontur·schrift f / outline o. open-faced letters pl ‖
~verfolgung f (Zeichenerkennung) / contour tracing ‖
~verstärkung f (TV) / crispening
Konus, Kegel m (Masch) / cone ‖ ~... / coning ‖
schlanker ~ / slight taper ‖ **steiler** ~ / steep angle taper
‖ ~antenne f / cone antenna ‖ ~büchse, -hülse f / taper
adapter ‖ ~[dorn], Kegel m / taper shank ‖
~drehvorrichtung f / taper turning attachment ‖
~fangbüchse f (Öl) / horn o. friction socket ‖ ~getriebe
n / cone drive o. gear ‖ ~hahn m / tap cock ‖ ~horn n
(Antenne) / conical horn ‖ ~kasten m (Spinn) / cone gear
case ‖ ~kugellager n / cup-and-cone bearing, bicycle
type ball bearing ‖ ~kupplung f / cone clutch ‖ ~latte f
(Web) / blade of the warping cone ‖ ~lautsprecher m /
cone[-type] loudspeaker o. diaphragm, hornless
loudspeaker ‖ ~lehre f / taper gauge ‖ ~lineal n (Wzm) /
taper [guide] bar ‖ ~membran f / conical diaphragm ‖
~mischer m, [Doppel-]Konusmischer m,
[Doppel]-Kegelmischer m / [double] cone mixer ‖
~penetration f (Wachs, Fett) / cone penetration ‖
~schärmaschine f (Web) / cone sectional warping
machine ‖ ~schneider m (Drahtz) / pencilling tool ‖
~verbinder m (Elektr) / cone connector ‖ ~winkel m
der Ziehdüse (Drahtz) / approach angle
Konvektion f / convection
Konvektions·..., Übertragungs... / convective ‖ ~gekühlt
/ convection cooled ‖ ~kühlung f (Hütt) / convection
cooling ‖ ~losigkeit f (Raumf) / absence of convection ‖
~ofen m / convective stove ‖ ~ofen m (Chem) /
convection oven ‖ ~raum m / convection vault ‖
~strom m / convection[al] current ‖ ~trockner m
(Textil) / convection drier ‖ ~trocknung f /
convection[al] drying ‖ ~überhitzer m / convective
superheater ‖ ~zone f (Chem) / convection section o.
zone
konvektiv·e Entladung / convective discharge ‖ ~e
Turbulenz / convectional turbulence
Konvektor m (Heizung) / convector heater, convector

Konventionalstrafe *f* / conventional o. stipulated fine o. penalty

konventionell·er Reifen (Kfz) / conventional o. diagonal o. bias [ply] tire ‖ **~e Staffelung** (Luftf) / non-radar separation ‖ **~er Teil** (Kernkraftwerk) / non-nuclear part ‖ **~e Vergrößerung** (Opt) / conventional magnification ‖ **~ wahr** (Math) / conventional true

konventionnelles Dach, Warmdach *n* (Flachdach) / non-insulated flat roof

konvergent, konvergierend / convergent, converging

Konvergenz *f* / convergence, -ency ‖ **~elektrode** *f* (TV) / convergence electrode ‖ **~fläche** *f* (Kath.Str) / convergence surface ‖ **~magnet** *m* (TV) / convergence magnet ‖ **~radius** *m* (Math) / radius of convergence ‖ **~stern** *m* (TV) / convergence star ‖ **~-Ursprungsebene** *f* (TV) / plane of equivalent thin lens ‖ **~zone** *f* (Meteorol) / convergence zone

konvergieren / converge

konvergierende Folge (Math) / convergent sequence

Konversion *f*, Umwandlung *f* (Brüter) / conversion

Konversions·anlage *f* (Nukl) / conversion plant ‖ **~anteil** (Atom, Nukl) / conversion fraction ‖ **~effekt** *m* (Textil) / semidischarge style, conversion effect ‖ **~elektron** *n* / conversion electron ‖ **~faktor** *m* (Atom, Nukl) / conversion factor ‖ **~farbe** *f* (Färb) / conversion colour ‖ **~grad** *m* (eines Brüters) (Nukl) / conversion ratio ‖ **~programm** *n* (DV) / reliberator, conversion program[me] ‖ **~salpeter** *m* / nitrate of potassium ‖ **~verfahren** *n* (Buch) / conversion system ‖ **~verhältnis** *n* eines Konverters (Nukl) / nuclear conversion ratio

Konvertaplan *m* / convertiplane, convertible [plane]

Konverter *m* (Hütt) / Bessemer o. B.-converter ‖ **~**, Wandler *m* (Rakete) / converter ‖ **~** (Brüter, bei dem weniger Spaltmaterial entsteht als verbraucht wird) (Nukl) / converter [reactor] ‖ **~**, Spinnbandreißmaschine (Textil) / converter ‖ **den ~ umlegen** / turn down the converter ‖ **seitlich blasender ~** (Hütt) / tropenas, side blow converter ‖ **~auswurf** *m* / converter slopping and spatter ‖ **~boden** *m* (Hütt) / plug, converter bottom ‖ **~futter** *n* (Hütt) / converter lining ‖ **~hut** *m* / conical converter top, converter hood ‖ **~kupfer** *n* (98,5 - 99,5% Cu) / coarse o. crude o. black o. blown copper ‖ **~mantel** *m* / converter shell ‖ **~mittelstück** *n* / converter bally top ‖ **~mündung** *f* / converter bally mouth ‖ **~rauch** *m* / converter fumes *pl* ‖ **~ring** *m* / converter ring ‖ **~stahl** *m* / basic oxygen furnace steel, converter steel

konvertibel / convertible

Konvertibilität *f* / convertibility

Konvertierung, Umsetzung, -wandlung *f* (DV) / conversion

Konvertierungsgas *n* / conversion gas

konvex / convex, bellied ‖ **~** (Dach) / convex ‖ **~e Fehlanordnung** (Nukl) / cusp geometry ‖ **~e Form**, Bauch *m* / convexity ‖ **~ gewölbt**, polsterförmig / pulvinate[d] ‖ **~e Krümmung** / camber ‖ **~e Linse** / convergent o. convex lens ‖ **~ machen** / render convex ‖ **~e Schweißnaht** / convex weld ‖ **~-konkav** / convexo-concave ‖ **~spiegel** *m* / convex mirror

Konveyor *m* / conveyor, conveyer

Konvoi, Geleitzug *m* (Schiffe) / convoy

Konzentrat *n* (Bergb) / concentrator product, concentrate, -trates *pl*

Konzentration *f*, Anreicherung *f* (Bergb) / concentrating ‖ **~**, Konzentrierung *f* (Chem) / concentration, concn., density ‖ **~ auf Bodenhöhe** (Luftverunreinigung) / ground level concentration, GLC ‖ **~ durch einstufiges Eindicken unter Atmosphärendruck** / SPAC process, single pass atmospheric concentration process ‖ **~ von Rohabwasser** / strength of raw sewage

konzentrations·bedingt (Chem) / colligative, concentration-dependent ‖ **~elektrode** *f* (TV) / beam forming electrode ‖ **~element** *n* (Chem) / concentration cell ‖ **~gefälle** *n* / concentration gradient ‖ **~grad** *m*

(Chem) / degree of concentration ‖ **~polarisation** *f*, Überspannung *f* (Chem) / overpotential ‖ **~stein** *m* (Hütt) / enriched matte ‖ **~überschuß** *m* (Hütt) / concentration excess ‖ **~überschuß** *m* in der Oberfläche[nschicht] (Chem) / surface concentration excess ‖ **~verhältnis** *n* / ratio of concentration ‖ **wachsender ~verlust** / growing dilution ‖ **~verringerung** *f* / dilution

Konzentrator *m* (allg) / concentrator ‖ **~** (Fernschreib, Fernsprech, Terminals) / [remote data] concentrator

konzentrieren / concentrate ‖ **~**, aufbereiten (Erze) / dress ores ‖ **~**, verdicken / evaporate, thicken by boiling ‖ **~**, einkochen (Chem) / reduce [by boiling] ‖ **~** (Anstrengungen) / concentrate efforts ‖ **~**, rektifizieren (Alkohol) / concentrate spirits ‖ **Strahlen ~** / condense rays

konzentriert, verdickt / concentrated ‖ **~** (Elektr) / concentrated, lumped ‖ **~er Entstörwiderstand** / concentrated resistive suppressor ‖ **~er Kollektor** (nach dem SRTA-Prinzip) (Sonnenwärme) / SRTA concentrating collector (= stationary reflector tracking absorber) ‖ **~e Last** (o. Einzellast) / point load (US) ‖ **~e Lauge** / strong alkaline lye ‖ **~e Lösung** / strong solution ‖ **~e Säure** / concentrated o. strong acid

Konzentrierung *f*, Entwässerung *f* (Chem) / dephlegmation

konzentrisch, koaxial / coax[i]al, co-axial, concentric ‖ **~es Bleidoppelkabel** / concentric lead covered double cable ‖ **~er Doppelknopf** (Elektronik) / concentric control ‖ **~es Doppelleiterkabel** / twin-concentric cable ‖ **~e Dreifachleitung**, konzentrisches Dreiaderkabel (Elektr) / triple concentric cable ‖ **~e Leitung** (z.B. für Mikrophon) (Elektronik) / concentric tube feeder o. tube transmission line, coaxial tube feeder ‖ **~e Leitung** (für Installation) (Elektr) / concentric wiring ‖ **~er Teil der Nockenscheibe** (o. Kurvenscheibe o. der Steuerkurve) / dwell of the cam

Konzentrizität *f* / concentricity

Konzept *n* / concept ‖ **~halter** *m* (Schreibm) / copy holder ‖ **~papier** *n* / scribbling o. draft paper, exercise paper ‖ **~studie** *f* / design enginneering

Konzern *m* / combine, combination

Konzession *f* (amtlich) / concession, franchise ‖ **~**, Schürfbefugnis *f* (Bergb) / grant, concession ‖ **~**, Lizenz *f* / license, licence (GB) ‖ **~** (Öl) / grant, concession

Konzessionsdruck *m* (Kessel) / design pressure

konzis, knapp / concise

Kooperation *f* / cooperation

kooperativ, genossenschaftlich / cooperative

Koordinate *f* (Math) / coordinate ‖ **durch ~n festlegen** / plot

Koordinaten·abschnitt *m* / intercept of an axis ‖ **~achse** *f* (Math) / coordinate axis, axis of coordinates ‖ **~bestimmung von Oberflächenpunkten** *f* / surface digitizing ‖ **~bohrmaschine** *f* (Wzm) / jig boring machine o. mill ‖ **~-Bohr- und -Schleifmaschine** *f* / jig boring and grinding machine ‖ **~-Code** *m* / coordinate code, map reference code ‖ **~darstellung** *f* / cross-plot ‖ **~-Einführgerät** *n* / puck ‖ **~kreuz** *n* / system of [the two] coordinates, coordinate o. system axes *pl* ‖ **~-Manipulator** *m* (Nukl) / rectilinear manipulator ‖ **~netz** *n* (Verm) / grid ‖ **~netz**, Kartennetz *n* / map grid ‖ **~netzrahmen** *m* / coordinate frame ‖ **~nullpunkt**, -anfang[spunkt] *m* / origin of [co]ordinates ‖ **~papier** *n* (Bau) / profile paper ‖ **~schleifmaschine** *f* / jig milling machine ‖ **~schreiber** *m* (DV) / X-Y plotter o. recorder ‖ **~system** *n* / system of coordinates ‖ **~transformation** *f* (NC) / transformation of coordinates ‖ **~[um]schalter** *m* (Elektronik) / crossbar switch ‖ **[Aufnahme nach dem] ~verfahren** / plotting by rectangular coordinates ‖ **~wähler** *m* / coordinating selector ‖ **~wandler**, Resolver *m* (NC) / resolver

Koordination, Gleichstellung *f* / coordination

Koordinations·chemie *f* / coordination chemistry ‖ **~ebene** *f* (Bau) / coordinating plane ‖ **~formel** *f* /

coordination formula ‖ ꜛ-Spielraum *m* / coordinating
margin ‖ ꜛverbindung *f* (Verbindung höherer
Ordnung) (Chem) / complex o. coordination compound ‖
ꜛzahl *f* (Chem) / coordination number, CN
koordinativ·e Bindung (Chem) / dative bond ‖ ~e Valenz
/ coordination valence
koordinieren / coordinate ‖ ~, zusammenfassen / pool
Koordinierung *f* / coordination
Koordinierungs·ausschuß *m* / steering committee ‖
ꜛmaß *n*, [-ebene *f*, -raum *m* (Bau) / coordinating
dimension, [plane, space]
Kopaiva·balsam, Kopaibabalsam *m* / balsam copaiba o.
capivi, copaiba [balsam] ‖ ꜛbalsamharz *n* / resin
copaiba ‖ ꜛbaum, Kopaibabaum *m*, Copaïfera *f* /
copaiba tree ‖ ꜛ-Holzöl *n* / copaiba wood oil ‖ ꜛmasse
f / solidified copaiba
Kopal *m*, Kopalharz *n* / copal, copal resin ‖ ꜛfichte,
Kaurifichte *f*, Agathis *f* / kauri [pine], cowrie, cowdie,
agathis australis, copal tree ‖ ꜛfirnis, -lack[firnis] *m* /
copal o. anime varnish
koparametrische Umlaufbahn (Raumf) / co-latus rectum
orbit
Kopenhagener Wellenplan *m* / Copenhagen plan
Kopenstuhl *m*, Rollenstuhl (Strumpf) / stocking loom
with rollers
Köper *m* (Web) / double milled twill, twilled cotton fabric,
2 up 2 down twill ‖ ꜛ mit Gratenmuster / broken crow
twill ‖ [normaler] ꜛ (Textil) / regular o. normal twill ‖
ꜛband *n* / twilled tape ‖ ꜛbindung *f* / twill weave,
croisé weave, 2 up 2 down weave ‖ ꜛ[grat]linie *f*,
Gratlinie *f*, Köpergrat *m* / twill linc ‖ ꜛmanchester *m* /
jean back [velveteen], Genoa back o. cord
köpern (Web) / twill *v*
kopernikanisches System / Copernican system
Köpersatz *m* (Web) / diagonal o. twill set
Kopf *m* / head ‖ ꜛ (z.B. Salat) / head (e.g. lettuce) ‖
ꜛ (des Hutstumpens) / crown of felt hat ‖ ꜛ, verlorener
Speiser (Gieß) / head ‖ ꜛ, Oberteil *n* (z. B. eines Zahns)
(Masch) / crest, top ‖ ꜛ (Ofen) / port-end ‖ ꜛ... (Fernm) /
head..., heading ‖ ꜛ des Brenners / tip of a burner ‖ ꜛ
des Brückenpfeilers, Pfeilerkopf *m* / cutwater ‖ ꜛ des
Keils / back (of the wedge), base (of the wedge) ‖ ꜛ der
Schiene (Bahn) / rail head ‖ ꜛ einer Tabelle / caption ‖
auf dem ꜛ stehend / upside-down ‖ Köpfe anstauchen
/ upset heads ‖ mit ꜛ / headed ‖ vor ꜛ angreifend
(Bergb) / buttock ... ‖ ꜛabbau *m* (Maschinenarbeit)
(Bergb) / working on buttock ‖ ꜛabstand *m* (Magn.Bd) /
head-to-tape separation ‖ ꜛabstandsverlust *m* / spacing
loss ‖ ꜛanfangszeichen *n* (DV) / start of heading
character, SOH ‖ ꜛanker *m*, Schlauder *f* (Bau) / wall
anchor ‖ ꜛanstauchwerkzeug *n* / heading tool o. die ‖
ꜛarbeiter *m* / brain worker, professional man ‖ ꜛbacke
f, Seitenlehne *f* (Bahn) / head rest ‖ ꜛbahn *f* (Zahnrad) /
crest track ‖ ꜛbahnhof *m* / dead- o. stub-end station,
terminus [station] (GB), stub terminal depot (US),
terminal depot (US) ‖ ꜛband *n* (Zimm) / [angle] brace,
bracket, [upper] strut ‖ ꜛband *n*, -strebe *f* (Stahlbau) /
kneebrace ‖ ꜛbandgeschwindigkeit *f* / head-to-tape
speed ‖ ꜛbart *m* (Block) / top fin o. flash ‖ ꜛberührung
haben (Zahnrad) / bottom vi ‖ ꜛbügel *m* des
Kopfhörers (Fernm) / headband o. [head]strap of the
headphone ‖ ꜛdrän *m*, Fangdrän *m* (Bergb) / collecting
drain ‖ ꜛdrehbank, -drehmaschine *f* / face o. facing
lathe ‖ ꜛdruckpresse *f* (Buch) / ticket printer ‖ ~düngen
(Landw) / top *v* ‖ ꜛdüngung *f* (Landw) / top-dressing ‖
ꜛeindringtiefe *f* (Magn.Bd) / tip engagement ‖ ꜛeingriff
m (Getriebe) / addendum contact ‖ ꜛeinguß *m* (Gieß) /
drop gate
köpfen (Zuckerrüben) / top *v* ‖ ~, entwipfeln (Forstw) / poll,
pollard, top ‖ ~ (Drahtenden) / trim, crop ‖ ~ (Pfähle) /
top, saw off
Kopf·ende *n* (Ziegl) / face of a brick ‖ ꜛetikett *n* der
Mikrofiche / header of a microfiche ‖ ꜛfaschine *f*
(Hydr) / headed fascine ‖ ꜛfläche *f* eines Zahns / top

land of a tooth, crest of a tooth ‖ ꜛfläche *f* eines Zahns
/ crest of a tooth ‖ ꜛflanke *f* (Zahnrad) / addendum flank
‖ ꜛfraktion *f* (Öl) / front end ‖ ꜛführung *f* / front guide
‖ ꜛführung *f* (Dampfm) / motion o. guide o. slide bar ‖
~geführt (Ölbohrung) / top guided ‖ ~gesteuert (Luftf) /
canard type, tail first ‖ ~gesteuertes Flugzeug / canard
[type plane], tail first machine ‖ ꜛgoldschnitt *m* (Buch) /
gilt top edge ‖ ꜛhalterstück *n* (Öl) / top hold-down ‖
ꜛhaube *f* des Becherwerks / top casing of the elevator
‖ ꜛhöhe *f* (Zahnrad) / addendum ‖ ꜛhöhe *f* (Schraube) /
thickness of the bolt head ‖ ꜛhöhe *f* (Ofen) / headroom ‖
ꜛhöhe *f* (Zange) / width of jaw ‖ ꜛhöhe *f* des Kfz
(Gesamthöhe vom Erdboden) / headroom ‖ ꜛhöhe *f*
über einer Treppe / staircase headway ‖ ꜛhöhe von
der Sehne des Rollkreisabschnitts gemessen *f*
(Zahnrad) / chordal addendum ‖ ꜛholz *n* (Bergb) / head
block o. board, crusher block, lid ‖ ꜛhörer *m* (einfach)
/ earphone ‖ ꜛhörer *m* (doppelt) / head receiver o. set
o. piece o. phones ‖ ꜛhörer *m* mit Mikrophon,
Kopfsprechhörer *m* / headset ‖ ꜛhörerbügel *m* /
headband o. [head]strap of the headphone ‖
ꜛhörer-Gummimuschel *f* (Fernm, Elektronik) / rubber
ear pad, ear cushion ‖ ꜛhörerschalter *m* / headset jack
‖ ꜛhörerschnur *f* / head cord ‖ ꜛhörer-Stecker *m* /
earphone plug ‖ ꜛkarte *f* (LoKa) / heading card ‖
ꜛkegel *m* (Zahnrad) / tip cone ‖ ꜛkegelwinkel *m*
(Kegelrad) / tip angle ‖ ꜛkehlfläche *f* (Schneckengetriebe) /
gorge ‖ ꜛkipper *m* (Straßb) / front dumper ‖
ꜛkissenhörer *m* (Fernm) / pillowphone ‖ ꜛklappe *f*
(Bahn) / drop end ‖ ꜛkontakt, Arbeitskontakt *m* (Fernm)
/ offnormal contact ‖ ꜛkontaktschraube *f* / screw type
terminal ‖ ꜛkreis *m* (Getriebe) / addendum circle o. line,
tip circle ‖ ꜛkreis *m* (Schneckengetriebe) / circle at root of
gorge ‖ ꜛkreisabstand *m* / tip distance ‖
ꜛkreisdurchmesser *m* / outside diameter of a
gearwheel, tip diameter ‖ ꜛkreuz *n* (Web) / thread-by-
thread lease ‖ ꜛkühlung *f* des SM-Kippofens / chill ‖
ꜛlager *n* / head o. top bearing ‖ ꜛlampe, -leuchte *f* /
cap lamp ‖ ~lastig / top heavy ‖ ~lastig (Luftf) / nose-
o. bowheavy ‖ ꜛlastigkeit *f* / nose-heaviness ‖ ꜛleiste *f*
(Kfz) / headliner ‖ ꜛleiste, Vignette *f* (Buch) / head-
piece, headband ‖ ꜛleitwerk *n* (Luftf) / front *pl* (GB) o.
forward (US) controls, forward tail group (US) ‖
ꜛleitwerk *n* (Hydr) / headworks *pl*, diversion works *pl* ‖
ꜛlupe *f* / headset magnifier ‖ ꜛmantelfläche *f* (Zahnrad)
/ tip surface ‖ ꜛmauerwerk *n* / stone faced rubble
masonry ‖ ~montiert (Ölbohrung) / top mounted ‖
ꜛplatte *f* (Stahlbau) / cover strip, end plate ‖ ꜛplatte *f*
(Gurtung) (Stahlbau) / boom (GB) o. chord (US) plate,
top flange plate ‖ ꜛplatte *f* des Stanzwerkzeuges / top
plate ‖ ꜛplatte *f* einer Schwelle (Bahn) / upper surface
of the sleeper ‖ ꜛplatte *f* für Leistungsdurchführung
(Elektr) / header ‖ ꜛplattform *f* (Bahn) / end-loading
platform ‖ ꜛpolster *n* / upholstered head rest ‖
ꜛprodukt *n*, -destillat *n*, -fraktion *f* / overhead
[product] ‖ ꜛprodukte *n* (Öl, Alkohol) / tops *pl* ‖
ꜛradantriebsmotor *m* (für Videokopfrad) (TV) / head
wheel motor, drum motor ‖ ꜛradantriebssystem *n* (TV)
/ head wheel servo system, drum servo system ‖
ꜛrampe *f* (Bahn) / end-loading ramp, head ramp ‖
ꜛrechnen *n* / mental arithmetic ‖ ꜛreiterfläche *f* (Akku)
/ end sheet ‖ ꜛriegel *m* (Tür) / head brace ‖ ꜛring *m*
(Hütt) / nozzle block ‖ ꜛrücklaufkühler *m* (Öl) / top
pumparound cooler ‖ ꜛrücknahme *f* (Verzahnung) / tip
relief ‖ ꜛsalat *m* (Zuckerrübenkrankheit) / crinkle
Köpfschere *f* (Hütt) / squaring shears *pl*
Kopf·schicht *f* (Bau) / brick-on-end course, course of
headers ‖ ꜛschiene *f*, Breitfußschiene *f* (Bahn) / flat
bottom rail, Vignole rail ‖ ꜛschimmel, Mucor *m* /
mucor ‖ ꜛschlüssel, Mutternschlüssel *m* / wrench (US),
spanner ‖ ꜛschräger *m* (Bau) / bevel end brick ‖
ꜛschraube *f* (Masch) / cap screw ‖ ꜛschraube *f* mit
schlankem Vierkantkopf, Justierschraube *f* / set
screw, adjusting screw ‖ ꜛschraube *f* mit

Sechskantkopf / hexagon head cap screw ‖ ⸜**schraube** f **mit Vierkantkopf,** Würfelschraube f / square-head cap screw ‖ ⸜**schuß** m (Bergb) / top shot ‖ ⸜**schutz** m (Schweiß) / helmet ‖ ⸜**schutzmaske** f / protective head mask ‖ ⸜**seite** f (Münze) / head of a coin ‖ ⸜**seite** f, Stirnfläche f (Steinmetz) / fore-part, face of a stone ‖ ⸜**seite** f (Gerb) / cheek ‖ ⸜**senker** (mit zylindr Schaft) / counterbore ‖ **radiales** ⸜**spiel** (Getriebe) / bottom clearance ‖ ⸜**sprechhörer** m / headset ‖ ⸜**spur** f (Mag Bd) / head channel ‖ ⸜**station** f (Bahn) / dead-end station, stub-end station ‖ ⸜**stauchen** (Masch) / head ‖ ⸜**steg** m (Buch) / upper white line ‖ ⸜**stehen,** Kopfstand machen (Luftf) / nose over, overturn ‖ ⸜**stehend** (z.B. Bild) / upside-down ‖ ⸜**stein** m, Binder m, Ankerstein m, Vollbinder m, Durchbinder m (Bau) / through-binder o. -stone, perpend[er], bond stone, bonder ‖ ⸜**stein** m (Straßb) / cube ‖ **kleiner** ⸜**stein,** Schlußstein m (Bau) / small header-bat ‖ ⸜**steinpflaster** n / cobbles pl, boulder pavement, bouldering, cobblestone o. rubble pavement ‖ ⸜**stempel** m, Preßbacke f für Kopfanstauchen / heading die, header ‖ ⸜**strecke** f (Bergb) / top road o. gate, head gate ‖ ⸜**stück** n (Zimm) / cap o. head piece ‖ ⸜**stück** n, Pufferträger m (Bahn) / headstock (of a wagon), buffer beam ‖ ⸜**stück** n, Scheinbinder m (Maurer) / headstone, header ‖ **doppeltes** ⸜**stück** (Cottonmasch.) / double bed ‖ ⸜**stück** n (Masch) / head piece ‖ ⸜**stück** n **des Erdbohrers,** Bohrkopf m / stirrup brace head ‖ ⸜**stück** n **des Fördergestells** (Bergb) / drawhead ‖ ⸜**stück** n **des Rahmens** (Bahn) / frame end ‖ ⸜**[stücken]schicht** f (Ziegel) / course of headers, course brick-on-end o. upright ‖ ⸜**stückventil** n / screw-down o. screwed bonnet [type] valve ‖ ⸜**stütze** f (Kfz) / neck-rest, headrest, head restraint ‖ ⸜**tank** m / head tank ‖ ⸜**tanklager,** Kopf-TL n (Pipeline) / head depot (GB) o. tank farm (US) ‖ ⸜**träger** m (Stahlbau) / stringer ‖ ⸜**träger** m (Magnetton) / case of the magnetic head, head carrier ‖ ⸜**träger** m (Bahn) s. Kopfstück ‖ ⸜**übergangsfehler** m (TV) / first line and last line error ‖ ⸜**-Übergangsradius** m (Schraube) / radius under head ‖ ⸜**überstand** m (Videokopf) / tip projection of the video head ‖ ⸜**umschalter** m (TV) / video head switcher

Köpf- und Rodemaschine f (Zuck) / topper-lifter

Kopf·ventil n / head valve, upper valve ‖ ⸜**verbrauch** m / per capita consumption ‖ ⸜**verletzungsmerkmal** n (Kfz) / head injury criterion, HIC (motorcar crash test) ‖ ⸜**wand** f / front wall ‖ ⸜**wand** f **eines Wagens** (Bahn) / front wall, end of a car ‖ ⸜**welle** f (Geschoß) / shock wave ‖ ⸜**welle** f, Stoßwelle / shock wave ‖ ⸜**winkel** m (Kegelrad) / addendum angle ‖ ⸜**wolle** f / head wool ‖ ⸜**zeile** f, Kolumnentitel m (Buch) / headline ‖ ⸜**zeilen** f pl (DV) / heading ‖ ⸜**ziegel** m s. Kopfstein ‖ ⸜**zugversuch** m (Schweiß) / cross tension test ‖ ⸜**zylinder** m (Schnecke) / external o. tip cylinder

Kopie f / copy ‖ ⸜ (Magn.Bd) / dupe (US) ‖ ⸜, Umschnitt m (Phono) / rerecording ‖ ⸜ (Repro) / copy-print ‖ ⸜ **der** n**[ten] Generation** (TV) / n**[th]**-generation copyyopy ‖ ⸜ **für Doubeln** (Film) / dubbing print ‖ ⸜ **für Tonmontage** (Film) / slash print

Kopier·apparat m (für Schriftstücke) / duplicating machine ‖ ⸜**apparat** m (für Fotokopien), -gerät n / duplicating o. copying apparatus, copier, copying equipment ‖ ⸜**arbeit** f (Wzm) / copying o. profiling o. forming job o. work ‖ ⸜**automat** m / continuous printer ‖ ⸜**dämpfung** f (Magn.Bd) / printing attenuation, magnetic printing ‖ ⸜**dichte** f / printing density, copy opacity ‖ ⸜**drehmaschine** / copying o. contour lathe, reproducing o. duplicating lathe ‖ ⸜**drehmeißel** m (Wzm) / copying tool ‖ ⸜**druck** m (Wzm) / copying o. profiling o. forming pressure ‖ ⸜**druck** m, -verfahren n (Buch) / copying printing ‖ ⸜**effekt** m (Magn.Bd) / magnetic printing o. print-through o. transfer, transfer, print effect, spurious o. accidental printing, crosstalk ‖ ⸜**einheit** f (Wzm) / profiling unit ‖ ⸜**einrichtung** f,

-vorrichtung f / copying o. forming o. profiling attachment ‖ ⸜**einrichtung** f **für Filme** / printing machine for films, film printer

kopieren, nachmachen, -formen / copy v, imitate ‖ ⸜ (Büro) / copy, duplicate ‖ ⸜, umschreiben (allg, DV, Magn.Bd) / transcribe ‖ ⸜ (Wzm) / form, copy, duplicate, profile, reproduce ‖ ⸜ (Phot) / copy vt ‖ ⸜, Abziehen n (Phot) / printing ‖ **aus einer Zeichnung** ⸜ **o. nehmen** / copy from a drawing ‖ **sich** ⸜ **lassen** / copy vi

kopier·fähige Pause / transparent replica ‖ ⸜**fähigkeit** f / printability ‖ ⸜**farbe,** -tinte f / copying ink ‖ ⸜**fenster** n (Film) / copying window ‖ ⸜**finger** m (Wzm) / former o. guide pin o. finger ‖ ⸜**fräsen** f / copy-milling, profiling ‖ ⸜**fräsen nach Umriß** n (Wzm) / contour milling ‖ ⸜**fräsmaschine** f / duplicating o. profile milling machine, profiler, toolroom machine (US) ‖ ⸜**gerät** n / printer, duplicator, copier ‖ ⸜**halter** m (DIN 58524) (Zeichn) / pricker ‖ ⸜**lampe** f, Pauslampe f / copying lamp ‖ ⸜**lineal** n, -schablone f (Wzm) / master o. guide plate, former, template ‖ ⸜**maschine,** -presse f / manifold copying machine, letterpress ‖ ⸜**maschine** f (Film) / printer ‖ ⸜**maske** f (Phot) / printing mask ‖ ⸜**meister** m / film grader ‖ ⸜**modell** n (Wzm) / master form, template ‖ ⸜**oberfräse** f / profiling, recessing, and shaping machine ‖ ⸜**papier** n / duplicating o. copying paper ‖ ⸜**rahmen** m (Phot) / printing frame ‖ ⸜**raster** m (Buch) / copying screen ‖ ⸜**rolle** f (Wzm) / duplicating roller ‖ ⸜**schablone** f, -lineal n (Wzm) / profile o. profiling plate, form[er] plate, template ‖ ⸜**skala** f / printer scale ‖ ⸜**steuerung** f (NC) / tracer control ‖ ⸜**stift** m / copying-ink pencil ‖ ⸜**support** m / duplicating saddle o. slide ‖ ⸜**tisch** m / copying table ‖ ⸜**- und Repetiermaschine** f (IC) / copying and reproducing machine ‖ ⸜**- und Repetiermaschine** f (Elektronik) / step-and-repeat machine ‖ ⸜**-Unterfräse** f (Holzbearb) / double spindle shaping machine ‖ ⸜**verfahren** n (Buch) / copying print[ing] ‖ **anastatisches** ⸜**verfahren** / anastatic printing process ‖ ⸜**verlust** m (Magn.Bd) / printing loss ‖ ⸜**vorlage** f / master ‖ ⸜**vorlage** f (Wzm) / master template o. pattern ‖ ⸜**vorrichtung** f, Leitapparat m (Wzm) / copying o. profiling o. forming o. duplicating attachment ‖ ⸜**werkzeugmaschine** f / copying o. reproducing machine tool

Kopilot m (Luftf) / copilot

koplanar, in derselben Ebene liegend / coplanar

Kopolymer n / copolymer[ide]

Kopolymerisation f / copolymerization, heteropolymerization

Koppel f (Kinematik) / connecting rod, con-rod, coupler ‖ ⸜, Weidekoppel f (Landw) / paddock ‖ ⸜**balken** m **eines Rostes,** Zange f (Zimm) / straining piece ‖ ⸜**bar** (Container) / coupleable ‖ ⸜**besteck** n (Schiff) / reckoning ‖ ⸜**dämpfung** f (Wellenleiter) / coupling attenuation (in dB) ‖ ⸜**filter** n (Fernm) / coupling filter, filter coupler ‖ ⸜**getriebe** n (Kfz) / coupled gear ‖ ⸜**getriebe** n (Kinematik) / coupler mechanism (output link is driven from a coupler point) ‖ ⸜**glied** n (Elektr) / coupling link ‖ ⸜**glied** n (Elektronik) / resistance-capacitance coupling ‖ ⸜**kapazität** f / coupling capacity ‖ ⸜**kondensator** m / coupling capacitor ‖ ⸜**kurs** m (Schiff) / traverse, compound course ‖ ⸜**kurve** f (Mech) / coupler curve, coupler point curve ‖ ⸜**kurve** f **eines räumlichen Getriebes** / point path of a spatial mechanism ‖ ⸜**leitung,** Drahtbügelkopplung f (Magnetron) / strapping ‖ ⸜**loch** n (Laser) / central hole

koppeln / couple, connect ‖ ⸜ (Fernm) / switch, connect ‖ ⸜, andocken (Raumf) / dock ‖ ⸜ (elektrisch u. mechanisch) (Lokomotiven) / couple [mechanically and electrically] ‖ ⸜ (allg, Elektronik) / coupling ‖ ⸜, Gissung f (Nav) / dead reckoning

Koppel·navigation f / compound o. composite navigation, dead reckoning navigation ‖ ⸜**produktion** f / coupled production ‖ ⸜**punkt** m (Kinematik) / coupler point ‖

~punkt m (Fernm) / crosspoint ‖ ~raum m (Röhre) / interaction space ‖ ~schleife f, -stift m (Wellenleiter) / probe, coupling loop ‖ ~schlitz, Schlitz m (Wellenleiter) / window ‖ ~sonde f / coupling probe ‖ ~spalt m (Wellenleiter) / interaction gap ‖ ~spule f (Elektronik) / coupling coil, jigger (coll) ‖ ~standortanzeiger m (Radar) / ground position indicator, G.P.I. ‖ ~system n / interface [system] ‖ ~tafel f (Schiff) / coupling table, traverse table ‖ ~tisch m (Luftf) / compound course arrangement ‖ ~trafo m, -spule f / coupling transformer ‖ ~vielfach n (Fernm) / switching o. connecting matrix ‖ ~widerstand m (Elektronik) / coupling resistance

Koppler m / coupler

Kopplung f (Chem) / coupling ‖ ~ (Raumf) / docking ‖ ~ durch gemeinsame Kapazität (Elektronik) / autocapacitance coupling ‖ ~ über RC-Glieder (Elektronik) / resistance-capacitance coupling ‖ feste (o. starre) ~ / close coupling ‖ gemischte ~ (in NF-Stufen) (Elektronik) / parafeed coupling ‖ gleichzeitige induktive u. kapazitive ~ (Elektronik) / double reaction ‖ lose, schlaffe ~ / loose coupling

Kopplungs·anschlüsse m pl (Skylab) / multiple docking adapter, MDA ‖ ~dämpfung f (Wellenleiter) / coupling attenuation (in dB) ‖ ~effekt m (Nukl) / coupling effect ‖ ~faktor m (Elektronik) / coupling factor o. coefficient ‖ ~fenster n (Wellenleiter) / coupling aperture ‖ ~glied n / coupling element ‖ ~kondensator m / coupling o. gang capacitor ‖ ~konstante f (Nukl) / coupling constant ‖ ~manöver n (Raumf) / docking manœuvre ‖ ~messer m / capacity unbalance meter ‖ ~öffnung f (Raumf) / docking port ‖ ~schleife f (Magnetron) / probe ‖ ~schwingung f / oscillation in coupled circuits ‖ ~spule f (Elektronik) / coupling coil ‖ ~stufe f (Elektr) / buffer stage ‖ ~symmetrisches o. reziprokes Zweitor / reciprocal two-port network ‖ ~teil m (Raumf) / docking piece ‖ ~trafo m (Fernm) / repeating transformer ‖ ~transformator m (Elektr) / by-pass transformer ‖ ~tunnel m (Raumf) / docking tunnel ‖ ~verbreiterung f (Opt) / resonance broadening, self-broadening ‖ ~widerstand m (Verbinder) / surface transfer impedance, interaction impedance ‖ ~zahl f (Elektr) / coupling value ‖ ~ziffer f s. Kopplungsfaktor

Kopra f / copra ‖ ~öl n / coconut oil

Kopräzipitation f (Chem) / coprecipitation

kopräzipitieren (Chem) / coprecipitate

Koprolith m (Geol) / coprolite

Kops m, Kötzer m (Spinn) / cop ‖ ~aufbau m / cop building ‖ ~dämpfer m / cop steaming pot ‖ ~hülse f / cop tube ‖ ~leiste f, -ständer m (Textil) / cop lath ‖ ~spindel f / cop spindle ‖ ~spulmaschine f / cop o. bobbin winder o. winding machine ‖ ~wechselautomat m (Textil) / cop changer ‖ ~wicklung f, -windung f / cop winding

Koralle f / coral

Korallen·kalk m (Material) / reef limestone ‖ ~kalk[stein] m (Geol) / coral rag, Corallian ‖ ~riff n / coral reef ‖ ~rot (RAL 3016) / coral red

Korb m / basket ‖ ~, Behälter m / cage, holder ‖ ~ (Ballon) / car, basket ‖ ~, Förderkorb m / drawing o. hoisting cage o. frame, mine cage ‖ ~ (Zentrif.) / extractor basket ‖ ~ der Wetterlampe (Bergb) / wire gauze of the safety lamp ‖ ~ ohne Griffe / basket ‖ ~, -waren f pl / basket o. wicker work ‖ ~arbeit f, Kreuzarbeit f, -geflecht n / basket work ‖ ~[boden]spule f (Elektr) / basket coil ‖ ~bogen m (Geom) / compound o. three-center curve, false ellipse ‖ ~bogen m, gedrückter Bogen (Bau) / three-center arch, oval o. basket arch ‖ ~bogengewölbe n / three-center vault ‖ ~flasche f / wicker bottle ‖ ~flasche f, Glasballon m / carboy, demi-john ‖ ~flasche f für Säuretransport / acid carboy ‖ ~flechter m / basket maker o. weaver ‖ ~möbel n / wicker furniture ‖ ~mutter f / lifting nut ‖ ~seiher m (Bau) / wire gutter top ‖ ~spule f / basket coil

‖ ~verseilmaschine f / planetary o. cage strander ‖ ~weide f / basket osier o. willow

Kord, -stoff, -samt m / cord[uroy], cord velvet, rip velvet ‖ ~ m, Cord m (Reifen) / textile cord ‖ ~ablösung f (Reifen) / cord separation ‖ ~einlage f in Reifen (Kfz) / cord ply in tires

Kordel f, Schnur f, [grober] Bindfaden / string, twine ‖ ~, Rundschnur f / round cord ‖ ~ (Wz) / knurled knob o. button ‖ ~bespinnung f (Kabel) / string spinning ‖ ~fuß, Kordeleinleger m (Näh) / corder ‖ ~knopf m / knurled knob o. button

kordeln / knurl diagonally

Kordelteilung f / pitch of knurling

Kordelung f (Masch) / diagonal o. diamond knurl[ing]

Kordelwiderstand m (Elektr) / cord resistor

Korden, Einleseschnüre f pl (Textil) / banding, cords pl

Kord·flechten n / cord cabling ‖ ~gewebe n (Reifen) / cord fabric ‖ ~lage f (Reifen, Kfz) / casing ply

Kordofan-Gummi n (bestes Gummiarabikum) / gum kordofan

Kordonnet m (Textil) / cordonnet

Kordreifen m (Kfz) / cord tire

Korduan[leder], Kordovan n / cordovan [leather]

Kordzwirn m (Textil) / cordonnet [yarn]

korinthische Säulenordnung / Corinthian order

Korium n, Lederhaut f / corium, true skin

Kork m (Rohstoff u. Erzeugnis) / cork ‖ ~, Korken m, Propfen m / bottle cork, cork stopper ‖ ~... (Chem) / suberic ‖ gepreßter o. agglomerierter ~ / agglomerate[d] cork ‖ ~abfall m / corkwaste ‖ ~abfälle m pl / rebusca ‖ ~artig / suberose ‖ ~artig / corky ‖ ~bildung f / suberization ‖ ~bohrer m (Chem) / cork borer ‖ ~eiche f / cork tree o. oak ‖ ~eiche f / cork oak

korken, pfropfen / cork vt, stopper ‖ ~abfälle m pl / cork stopper waste

Kork·fabrikant m / cork maker ‖ ~holz n / cork wood ‖ ~isolierung f für Rohre / cork mo[u]lds pl ‖ ~masse f / cork composition ‖ ~papier n / cork paper ‖ ~parkett n, Korkett n / cork parquet ‖ ~platte f (Bau) / cork plate o. sheet o. slab, cork board ‖ ~platte f (aus expandiertem Kork) / corkwood ‖ ~presse f / bottle corking machine ‖ ~rinde f / cork [crust] ‖ ~säure f / suberic acid ‖ ~schrot m / granulated cork ‖ ~stein m / cork brick, agglomerate[d] cork brick ‖ ~streifen m / cork strip ‖ ~substanz f (Bot) / suber, phellem ‖ ~weste f / cork jacket o. vest ‖ ~zieher m (Garnfehler) / corkscrew [twist] ‖ ~zieherregel f (Elektr) / corkscrew rule

Korn n, Roggen m (Bot) / rye, corn, secale ‖ ~, Getreide n / breadgrain, (esp.:) wheat ‖ ~, Gummikorn n (Gummi) / pellet ‖ ~ (z.B. Sand) / grain ‖ ~, Körnung f (Phot, Schleifsch) / grain ‖ ~ (Chem, Krist) / crystal, grain ‖ ~, Körnigkeit f (Pap) / tooth, grain ‖ ~, Richtkorn n (Gewehr) / front sight ‖ ~ (Münzw) / alloy ‖ ~ 80 (Bergb) / grain size 80 ‖ feines ~ / fine grain ‖ Körner ansetzen (Landw) / corn vi ‖ ~-Abrichtplatte f (Schleifen) / dressing plate with natural diamonds o. diamond grit ‖ ~abstand m / particle spacing ‖ ~ähre f / corn head o. ear, ear of grain, spike ‖ ~alkohol, Korn m / alcohol of grain ‖ ~ätzung f (Buch) / grain halftone ‖ ~bildung f, Körnung f / crystallization ‖ ~blei n / grain lead

Körnchen n / small grain, granule ‖ ~punze f / friezing tool

Korndichte f (Hütt) / closeness of grain

körnen, granulieren, körnig machen / grain, granulate, corn ‖ ~, gränieren (Leder) / grain, granulate ‖ ~ n (Gummi) / pelletization

Körner m (Masch, Uhr) / prick punch ‖ ~ (Wz) / center punch ‖ ~bildung f, Seeding n (Farbe) / seeding ‖ ~bohrung f, -loch n / center drill, dimple ‖ ~bolzen m (Uhr) / balance stud ‖ ~förderer m (Landw) / grain conveyor ‖ ~früchte f pl / cereals pl, grain ‖ ~gebläse n / pneumatic grain conveyor ‖ ~lack m / seed lac ‖ ~marke f, -punkt, Körner m / center o. dotting mark ‖

gebohrte ⌐marke (Wzm) / dimple ‖ ⌐schnecke f (Landw) / auger conveyor for grain ‖ ⌐schraube f (Uhr) / cornet screw ‖ ⌐spitze f (Wzm) / back o. lathe center ‖ ⌐stein, konisch gehöhlter Stein (Instr) / V-jewel ‖ ⌐sumpf m (Bergb) / undersize collecting sump ‖ ⌐welle f (Uhr) / centered staff

Korn·fegemaschine f / cleanser of grain ‖ ⌐feinen n / grain refining ‖ ~feinender Zusatz / grain-growth inhibitor ‖ ⌐feinheit, [kleine] Korngröße f / fineness of grain ‖ ⌐festigkeit f (Rußschwarz) / mass pellet strength ‖ ⌐fläche f (Hütt) / grain surface ‖ ⌐fliese f, -abrichtplatte f / dressing plate o. Fliese with natural diamonds o. diamond grit ‖ ⌐fließbett n / particle-operated fluid[ized] bed ‖ ⌐form f, -struktur f (Plast) / granular structure ‖ ⌐fraktion f / grain size fraction, sieve o. screening fraction ‖ ⌐fuß m (Zuck) / seed, pied-de-cuite, footing ‖ ⌐gefüge n (Hütt) / grain structure ‖ ⌐gemisch n ohne Mittelkorn / gap-sized grading ‖ ⌐gerechtheit f (Bergb) / correct classification ‖ ⌐gestalt f (Hütt) / particle shape ‖ ⌐gleitgeschwindigkeit f / grain sliding speed ‖ ⌐gleitverschleiß m / wear caused by sliding of grains ‖ ⌐grenze f (Metall) / particle size grading ‖ ⌐grenzen f pl (Hütt) / grain boundaries pl ‖ ⌐grenzenangriff m / grain boundary attack, intergranular attack ‖ ⌐grenzenbruch m (Hütt) / intercrystalline failure ‖ ⌐grenzen-Diffusion f (Hütt) / boundary diffusion ‖ ⌐grenzenkorrosion f / intercrystalline corrosion ‖ ⌐grenzenriß m / intercrystalline failure ‖ ⌐größe, Körnung f / granular o. grain size, size o. grade of grain ‖ ⌐größe f (Kohle) / particle size ‖ ⌐größe f (Ionenaustausch) / screen grading ‖ ⌐größe f (Aufber) / sieve size of a particle, particle size ‖ ⌐größenanalyse f (Aufber) / grading, grain size analyses ‖ ⌐größenanteil m (Aufber) / size fraction ‖ ⌐größenbereich m / sieve fraction, particle size range ‖ ⌐größenbestimmung f / size grading, granulometry ‖ ⌐größen-Bestimmungsgerät n / granulometer ‖ ⌐größennummer f / grain size number ‖ ⌐größensteuerung f (Hütt) / grain size control ‖ ⌐größentrennung, Klassierung f (Bergb) / screening, separation ‖ ⌐größenverteilung f / grain size distribution ‖ ⌐größenverteilung f, Kornaufbau m, Körnung f (Feuerfest) / blending, grading ‖ ⌐halm m / corn stalk ‖ ⌐hammer m / graining hammer

Kornhärte f (Org. Pigment) / texture

Korn·hohlkugel f (Schleifmittel) / hollow sphere abrasive ‖ ⌐holen, -machen n (Zuck) / graining

körnig / grained, corned ‖ ~ (Oberfläche) / granular, granulose ‖ ~e Beschaffenheit / granularity ‖ ~er Bruch / crystalline o. granular o. granulated fracture ‖ ~es Eisen / crystalline iron ‖ ~es Material (Plast) / granule material ‖ ~es Material / granular material ‖ ~es (nicht kugeliges) Pulver / granular powder ‖ ~er Perlit / granular o. globular pe[a]rlite ‖ ~es Pulver / shot, granular powder ‖ ~e Wärmeübertrager m pl / heat exchanger pebbles pl

Körnigkeit f (Phot) / granularity of emulsion, grain[eness] ‖ ⌐, Griesigkeit f (Farbe) / seediness

Korn·käfer, -krebs m, Schwarzer Kornwurm, Calandra f granaria (Parasit) / corn earworm ‖ ⌐klassierung, -größentrennung f (Bergb) / grain sizing, particle sizing ‖ ⌐kupfer n / granulated copper ‖ ⌐machen, -holen n (Zuck) / graining ‖ ⌐marke f (Galv) / grain mark

Körn·maschine f (Hütt) / granulating machine, granulator ‖ ⌐maschine f (Buch) / graining machine, grainer

Korn·motte f, -wurm m, Tinea granella / European grain moth ‖ ~orientiert (Krist) / grain oriented ‖ ⌐papier n (Pap) / grained paper ‖ ⌐polymerisation f / pearl polymerization ‖ ⌐raster m (Buch) / grain screen, stipple

Körnrost, Granulierrost m / granulating grate

Korn·scheide f (Bergb, Aufbereitung) / limiting screen aperture ‖ ⌐schrotmaschine f / corn-bruiser ‖ ⌐sieben n (Galv) / grain grading ‖ ⌐/Strohverhältnis n / grain-

straw ratio ‖ ⌐struktur f, Kleingefüge n (Hütt) / grain structure o. texture ‖ ⌐struktur f, -gefüge n (Aufber) / grading, texture

Körnung f, Körnen n (allg, Buch) / graining ‖ ⌐, Kornbildung f / granulation, crystallization ‖ ⌐, Korn n (allg) / grain ‖ mit grober ⌐ (Schleifscheibe) / coarse

Körnungs·aufbau m (Bergb) / size consist ‖ ⌐maschine f (Gummi) / pelletizer ‖ ⌐netz n (Sintern) / diagram of particle distribution ‖ ⌐punkt m (Zuck) / granulation pitch

Korn·verfeinerung f, Umkörnen n (Hütt) / grain refining o. refinement ‖ ⌐vergröberung f / grain coarsening ‖ ⌐wachstum n (Hütt) / grain growth

Körnwalze f / granulating roller, toothed roller

Korn·wälzverschleiß m / wear caused by rolling of grains ‖ ⌐zerkleinerung f / particle size reduction ‖ ⌐zinn n / grain tin

Korona f (der Sonne) (Astr) / corona ‖ ⌐, -[effekt] m (Elektr) / corona [effect] ‖ ⌐einsatzprüfung f (Elektr) / partial discharge inception test ‖ ⌐entladung f (an Hochspann. Leitungen) (Elektr) / corona, (formerly): silent discharge ‖ ⌐verlust m (Elektr) / corona power loss ‖ ⌐voltmeter n / corona voltmeter

Koronograph m (Astr) / coronagraph, coronograph

Körper m (allg, Geom, Luftf, Schiff, Konservendose) / body ‖ ⌐ (Geom) / solid ‖ ⌐ (Elektr) / exposed conductive part ‖ ⌐ (Chem, Phys) / body, substance ‖ ⌐ (Wzm) / frame, body ‖ ⌐, Rationalitätsbereich m (Math) / corpus, domain [of rationality], field ‖ ⌐ des kleinsten Widerstandes (Mech) / body of least resistance ‖ ⌐ von gleichem Widerstand / body of the strongest form ‖ ⌐ von Zahlen (Math) / field of numbers ‖ dem ⌐ angepaßt (Sitz) / contoured ‖ ⌐behinderter m / disabled person ‖ ⌐belastung f (Nukl) / body burden ‖ ⌐farbe f (Phys) / non-self-luminous [perceived] colour, body o. object o. surface colour ‖ künstliche ⌐farbe / mineral colour ‖ ~feste Achse (Luftf) / body axis ‖ scheinbarer ⌐gehalt (Farbe) / false body ‖ ⌐glied, Glied n (allg, Bau) / limb, member ‖ ⌐kapazität f (Elektr) / body capacitance

körperlich, physisch (allg) / physical ‖ ~, räumlich (Geom) / solid ‖ ~, dreidimensional / three-dimensional ‖ ~, physisch (allg) / corporeal ‖ ~ (o. in der Konstitution) bedingt / constitutional

Körperlichkeit f / solidity

Körper·maß n, Raummaß n / solid measure ‖ ⌐maße n pl / human physical dimensions pl ‖ ⌐schall m (Akustik) / structure-borne noise, solid-borne sound, impact sound ‖ ⌐schall m, Knochenschallübertragung f (Akust) / bone-conduction ‖ ⌐schallmelder m / detector for structure-borne noise ‖ ⌐schluß m (Elektr) / ground (US) o. earth (GB) o. body contact ‖ ⌐schlußklemme f (Kfz) / terminal for earthing to crank case ‖ ⌐schutzmittel n (Elektr) / personnel protective equipment ‖ ⌐stabilisiert (Raumf) / body-stabilized ‖ berufsbedingte ⌐verbildung / professional idiosyncrasy ‖ ⌐widerstand m / human body resistance

Korpuskel, Partikel f / corpuscle, particle

korpuskular / corpuscular, particulate ‖ ⌐optik f / corpuscular optics ‖ ⌐strahlung f / corpuscular o. particle radiation o. emission ‖ ⌐theorie f / corpuscular theory

Korpus·möbel n / carcass furniture ‖ ⌐presse f (Tischl) / carcass clamp

Korrasion f (Geol) / corrasion ‖ ⌐ (durch Sand) / Sandschliff m (Geol) / sand scratch

korrekt, genau / proper, correct, precise

Korrektion f, Verbesserung f / correction

Korrektions·daumen m (Fernm) / phase corrector cam ‖ ⌐strom m (Fernm) / correcting current

korrektive Wartung (DV) / corrective maintenance, CM

Korrektor m (Buch) / [proof] reader

Korrektur f (von Meßwerten) / adjustment, reduction ‖ ⌐, Druckberichtigung f (Buch) / correction, correcting, reading ‖ ⌐ (z.B. Zahn) / modification ‖ ⌐ bezüglich

Werkzeugdurchmesser (NC) / tool diameter correction ‖ ⌐ **bezüglich Werkzeugradius** (NC) / tool radius compensation ‖ ⌐ **lesen** (Buch) / read proofs ‖ **[behelfsmäßige]** ⌐ (DV) / patch ‖ **die 2.** ⌐ **lesen** (Buch) / revise ‖ **letzte** ⌐ / final proof, press proof ‖ ⌐**abzug** m / proof, proof sheet ‖ **einen** ⌐**abzug machen** (Buch) / proof v ‖ ⌐**band** n (Schreibm) / correcting ribbon o. tape ‖ ⌐**band** n **für abdeckendes, [abhebendes] Löschen** / correcting tape for cover-up, [lift-off] correction ‖ ⌐**band** n **mit geringer, [mittlerer, starker] Klebkraft** / dry [low tack, high tack] tape ‖ ⌐**befehl** m / correcting instruction ‖ ⌐**bogen** m (Buch) / proof sheet ‖ ⌐**elektronik** f (TV) / processor ‖ ⌐**fahne** f, **-abzug** m (Buch) / slip proof, proof, galley proof o. slip ‖ ⌐**faktor** m / coefficient of correction, correction value ‖ ⌐**faktor** m **für versenktes Kabel** (Kabel) / wet-line correction ‖ ⌐**kurve** f / error correction curve ‖ ⌐**lesen** n / proof reading ‖ ⌐**linie** f, **-zeichen** n (Buch) / guide line ‖ ⌐**luft**, Bremsluft f (Vergaser) / compensating air ‖ ⌐**[maßnahme]**, Verbesserung f / correction ‖ ⌐**presse** f (Buch) / proof-press ‖ ⌐**schalter** n (NC) / offset switch ‖ ⌐**signal** n (Fernm) / patch ‖ ⌐**taste** f (Buch.m) / reset key ‖ ⌐**taste** f / correction button ‖ ⌐**verstärker** m (TV) / processing amplifier ‖ ⌐**vorschriften** f pl (Buch) / protocol (for corrections) ‖ ⌐**zeichen** n (Buch) / proofreader's mark o. symbol

Korrelat n, Ergänzung f / correlative, correlate

Korrelate f / correlative function

Korrelateur, **-lator** m (Elektronik, Regeln) / correlator

Korrelation f, Wechselbeziehung f / correlation ‖ ⌐, Wechselbeziehung f, gegenseitiges Verhältnis / interdependence

Korrelations·analyse f / correlation analysis ‖ ⌐**funktion** f **zweier Signale** / correlation function of 2 signals ‖ ⌐**koeffizient** m (Math) / coefficient of correlation ‖ ⌐**leitwert** m / correlation conductance ‖ ⌐**verhältnis** n / correlation ratio

korrelativ / correlative adj

Korrespondenz·prinzip n (Nukl) / correspondence principle ‖ ⌐**qualität** f (Drucker) / letter quality, LQ, correspondence quality ‖ ⌐**schrift** f / letter quality print

korrespondieren / correspond

korrespondierend, zugeordnet (Math) / corresponding

Korridor m, Gang m (Bau) / corridor ‖ ⌐, Zwischengang, Flur m / lobby, gallery ‖ ⌐, Arbeitsgang m / working aisle ‖ ⌐**tür** f, Wohnungstür f / hall door, front door [of apartment]

korrigieren, verbessern / correct, rectify, set right ‖ ~ (Buch) / proof-read ‖ **ein Programm** ~ / patch a program ‖ **nach unten** ~ / mark down

korrigierend / corrective ‖ ~**e Änderung der Stellgröße** (Regeln) / corrective action

korrigiert, berichtigt / rectified, corrected ‖ ~**e Hauptschneide** (Bohrer) / corrected major cutting edge ‖ ~**e Peilung** / gyro bearing

korrodierbar / corrodible, corrosive ‖ ~ / corrosif

Korrodierbarkeit f / corrodibility

korrodieren vt, angreifen / corrode vt ‖ ~ vi / corrode

korrodierend / corroding, corrosive

Korrosion (allg, Geol) / corrosion ‖ ⌐ f **durch "heiße Flecken"** / hot-spot corrosion ‖ ⌐ **durch Wasserstoff** / hydrogene induced corrosion, HIC

Korrosions·anfälligkeit f / corrodibility ‖ ~**beständig**, **-fest**, **-frei**, **-sicher** / corrosion-proof, **-resisting**, noncorroding, noncorrosive, corrosionless, CRES ‖ ~**beständiger Chrom-Nickel-Stahl** / corrosion-resistant chromium-nickel steel ‖ ⌐**beständigkeit**, **-sicherheit** f / corrosion resistance, anticorrosion property ‖ ⌐**element** n / corroding element ‖ ⌐**ermüdung** f / corrosion fatigue ‖ ⌐**erscheinung** f / corrosion sign o. mark o. indication ‖ ~**fördernd** / developing corrosion ‖ ⌐**fraß** m / corrosive attack, corrosion pits pl ‖ ~**hemmend** / inhibiting corrosion ‖ ⌐**hemmstoff**, **-inhibitor** m / corrosion o. corroding

inhibitor ‖ ⌐**mittel** n, **-stoff** m / corrosive, corroding agent ‖ ⌐**narbe** f / tuberculation, corrosion pit ‖ ⌐**neigung**, **-anfälligkeit** f / susceptibility to corrosion ‖ ⌐**schutz** m / protection against corrosion, corrosion prevention o. proofing ‖ ⌐**schutz...** / anticorrosive, antistain ‖ ⌐**schutzfarbe** f, **-schutzanstrich** m / anticorrosive paint ‖ ⌐**schutz[grund]farbe** f / anticorrosive primer ‖ ⌐**schutzmasse** f / anticorrosive agent, slushing compound ‖ ⌐**schutzmittel** n / preven[ta]tive against corrosion, corrosion preventive, anticorrosive [agent], slushing compound ‖ ⌐**schutzöl** n, **[-fett]** / slushing oil, [grease] ‖ ⌐**schutzpapier** n / antitarnish paper ‖ ⌐**schutzteer** m (Hütt) / Angus-Smith-solution ‖ ⌐**verhalten** n / corrosion stability ‖ ⌐**-Verhinderer** m / anticorrosive agent ‖ ⌐**verhütend** / anticorrosive, antistain ‖ ⌐**versuch** m, **-prüfung** f / corrosion test ‖ ⌐**voltmeter** n / corrosion voltmeter ‖ ⌐**vorgang** m / corrosive action o. effect ‖ ⌐**wechselfestigkeit** f / corrosion fatigue strength ‖ ⌐**zeitfestigkeit** f / corrosion fatigue limit

Korrosivität gegen Metall f (Öl) / corrosiveness to metal

Kortdüse f (Schiff) / Kort nozzle

Körting·-Kondensator m (Zuck) / Koerting condenser ‖ ⌐**sche Anwärmvorrichtung** (Zuck) / Koerting's steam injector

Korund m / corundum ‖ ⌐**feile** f / corundum file ‖ ⌐**-Schamotte-Erzeugnis** n / alumina refractory ‖ ⌐**schleifmaterial** n / aluminous abrasive ‖ ⌐**stein** m / corundum brick

Koschenille, Cochenille f (Färb) / cochineal

Kosekans m, cosec / cosec[ant]

Ko-Sekunde f / rhythmic second

Kosinus m, cos (Math) / cos, cosine ⌐ **hyperbolicus**, ch (Math) / cosh ⌐ φ (Elektr) / power factor, PF, pf, cos φ ‖ ⌐**ausgleicher** m (Videoband) / cosine equalizer ‖ ⌐**kurve** f / cosine curve ‖ ⌐**satz** m (Math) / law of cosine ‖ ⌐**-Transformation** f / cosine transform ‖ ~**- und/oder sinusförmig** / cissoidal

Kosmetik f / cosmetic n

Kosmetika n pl / cosmetics pl

kosmetisch / cosmetic

kosmisch / cosmic ‖ ~**es Funkfernverbindungsnetz** (Raumf) / deep space network ‖ ~**e Geschwindigkeit** / cosmic velocity ‖ ~**e Primärstrahlung** / primary cosmic radiation ‖ ~**er Schauer** (Astr) / cosmic shower, burst, cascade ‖ ~**e Sekundärstrahlung** / secondary cosmic rays pl ‖ ~**e Solarstrahlung** / cosmic solar radiation ‖ ~**er Staub** / cosmic dust, star o. meteor dust ‖ ~**e Strahlen** m pl / Millikan rays pl, cosmic rays ‖ ~**e Strahlung** / space radiation ‖ ~**es Teilchen** / cosmic particle ‖ ~**e Ultrastrahlen** / ultragamma rays pl, cosmic ultrarays ‖ **aus** ~**er Strahlung entstanden** / cosmogenic ‖ **dritte** ~**e Geschwindigkeit** / third cosmic velocity ‖ **erste** ~**e Geschwindigkeit** / first cosmic velocity ‖ **zweite** ~**e Geschwindigkeit** / second cosmic velocity

Kosmo·chemie f / cosmochemistry ‖ ⌐**gonie** f / cosmogony ‖ ⌐**graphie** f / cosmography ‖ ⌐**logie** f / cosmology ‖ ⌐**nautik** f / cosmonautics ‖ ⌐**tron**, Cosmotron n (Teilchenbeschl) / cosmotron

Kossel-Effekt m (Röntgen) / Kossel effect

Kosten pl, **-aufwand** m / cost[s pl.], charges, pl ‖ ⌐, Aufwand m (Buchhaltung) / cost[s] ‖ ⌐**abrechnung** f / cost sheet ‖ **auftragsgebundene** ⌐**abrechnung** / job order cost accounting ‖ ⌐**abteilung** f / cost accounting department ‖ ⌐**anschlag** m / offer, estimate ‖ ⌐**anschlag**, Projekt n / project, estimate ‖ ⌐**anteil** m **des Arbeitslohns** / labour element of cost ‖ ⌐**aufgliederung** f / classification of costs ‖ ⌐**aufwand**, Aufwand m / expenditure ‖ **noch o. knapp** ~**deckend** / marginal ‖ ⌐**denken** n, **-bewußtheit** f / cost consciousness ‖ ⌐**effektivität** f / cost effectiveness ‖ ⌐**einsparung** f, **-ersparnis** f / cost savings pl ‖ ⌐**ermittlung** f / cost ascertainment, cost finding ‖

~freie Tätigkeit (PERT) / zero-cost activity ‖
~/Gebrauchswertanalyse f / cost/service value analysis ‖ ~gliederung f / costs division ‖ ~-Leistungsverhältnis n (DV) / cost-to-performance ratio, price/performance ratio ‖ ~los / free of cost o. charges ‖ ~loses Muster / give-away sample ‖ ~maßstabverfahren n (F.Org) / sliding scale system ‖ ~-Nutzen... / cost-effectiveness... ‖ ~-Nutzen-Verhältnis n / cost-effectiveness ratio ‖ ~rechnung f / cost calculation ‖ ~senkung f / decrease in costs, cost reduction o. decrease ‖ ~sparend / cost-effective ‖ ~spielraum m / cost latitude ‖ ~steigerung f / cost increase ‖ ~stelle f (Abteilung) / cost center, costing department ‖ ~träger m (Betriebsabr.) / product unit ‖ ~überschreitungen f pl / overruns pl ‖ ~umlage f / cost allocation ‖ ~voranschlag m / cost estimate ‖ ~wesen n, -rechnung f / costing, cost accounting

Kotangente f, cot (Math) / cotangent, cot

Kote, Quote f (Verm) / indication of elevation o. altitude, elevation, altitude

Kotentafel f (Verm) / hypsometric tables pl

Kotflügel m (Kfz) / mud guard (GB), wing (GB), fender (US) ‖ vorderer, [hinterer] ~ (Kfz) / front, [rear] fender (US) o. mudguard (GB) ‖ ~leuchte f (Kfz) / fender (US) o. mudguard (GB) o. side lamp, side marker lamp (GB)

kotonisieren (Flachs) / cottonize

Kottonöl n / cotton [seed] oil

Kötzer, Kops m (Textil) / cop ‖ ~aufsteckspindel f / package spindle of the pot spinning frame ‖ ~bildung f, -aufbau m / cop formation, cop building ‖ ~dämpfer m / cop steaming pot ‖ ~fuß m / cop stand ‖ ~garn n / cop spun yarn ‖ ~hülse f, -tüte f / cop tube ‖ ~hülsen-Papier n / paper for textile paper tubes ‖ ~leiste f, -ständer m (Textil) / cop lath ‖ ~schicht f / cop layer ‖ bildende ~schicht (Textil) / building part of the layer ‖ ~spitze f / cop nose ‖ zu lange ~spitze (Textil) / pointed cop nose ‖ ~spulmaschine f / cop winder o. winding machine ‖ ~stock m / cop stand

kovalente Bindung (Chem) / covalent o. homopolar linkage, electron pair bond, atomic bond

Kovalenz f / covalency

kovariant (Math) / covariant

Kovarianz f (Math) / covariance

Kozymase f / cozymase, NAD, DPN

Kp (Chem) = Kochpunkt ‖ ~ (Phys) = Kondensationspunkt

kplt., komplett / complete

Krabb-Echtheit f, Einbrennechtheit f (Wolle) / hot-water fastness

Krabben n / crabbing, wet setting ‖ ~, einbrennen / crab v

Krabbmaschine f (Zeugdr) / crabbing machine

Krach m / crack ‖ ~ töten / mute, desensitize ‖ ~appretur f (Textil) / scroop finish, crunch finish

krachen / crack[le] ‖ ~, Knattern n / crackling ‖ ~, Zusammenstoß m / crash ‖ ~ lassen / crack

krachend einstürzen, zerbrechen / crash vi ‖ Seide ~ machen / scroop silk

Krach·geräusche, [langanhaltende] (Radio) / crashes pl ‖ ~griff m (Seide) / scroopy feel

Krack·... (Chem) / cracked ‖ ~anlage f / cracking plant ‖ ~benzin n / cracked gasoline (US) o. petrol (GB) ‖ ~bitumen n / cracked bitumen

kracken, spalten (Chem) / crack v ‖ ~, Krackung f / cracking

Krack·gas n / cracked gas ‖ ~turm m / cracking tower ‖ ~verfahren n (Chem) / cracking process

Krad n, Kraftrad n / motorcycle

Kraemer·-Sarnow Erweichungspunkt m (Bitumen) / Kraemer-Sarnow softening point ‖ ~-Spilker-Destillation f (DIN 51761) / Kraemer-Spilker distillation

Krafft-Punkt m (Tensid) / Krafft point

Kraft f (Phys) / force, vis ‖ ~, Stärke f (Mech) / force, strength, power ‖ ~, Wirksamkeit f (Chem) / power,

strength ‖ ~, Energie f (Elektr) / heavy o. intense o. power current, electric power ‖ ~, Anstrengung f / force, effort ‖ ~... (z.B. Arbeit), Schwer... / heavy-duty ‖ ~ am Trommelumfang / drum load, hauling o. hoisting load ‖ ~ an der Streckgrenze (Mat.Prüf) / stress at the apparent limit of elasticity ‖ ~ im Raum / force in the space ‖ ~ in Längsrichtung / longitudinal force ‖ außer ~ setzen / abolish, repeal ‖ in ~ treten (Gesetz) / take effect ‖ [mechanische] ~, Stärke f (Mech) / power ‖ ~abgabe f / outgoing power ‖ ~altpapier n / kraft waste paper ‖ ~angriff m / application of a force ‖ ~angriffspunkt m, Krafteintragungspunkt m (Mech) / point of application of force ‖ ~anlage f (Elektr) / power plant ‖ ~anschluß m (Elektr) / power point ‖ ~antrieb m / mechanical drive ‖ ~antrieb, Steller m (Regeln) / actuator ‖ ~arm m [des Hebels] (Mech) / power arm of the lever ‖ ~aufnehmer m / force transducer ‖ ~aufnehmer m für Scherkräfte / shear force transducer ‖ ~aufwand m / expenditure of force o. energy ‖ ~ausgleich m / equilibrant of forces ‖ ~bedarf m / power requirement o. required, power demand, necessary o. requisite power ‖ ~bedarf, -verbrauch m, -aufnahme m / power consumption ‖ ~bedarf m / requisite power ‖ ~begrenzt / power limited ‖ ~betätigter Mitnehmer (Wzm) / power driver ‖ ~betätigung f / power operation ‖ ~betrieb m / power operation ‖ mit ~betrieb / power driven o. operated, powered ‖ ~betriebenes Flurförderzeug / powered industrial truck, powered carrier ‖ ~betriebener Schraub[endreh]er / power driver ‖ ~bremse f / power brake ‖ ~decklage f / kraft liner ‖ ~-Durchbiegungskurve f (Plast) / load-deflection curve

Kräfte·ausgleich m / force balance ‖ ~bestimmung f / stress analysis

Krafteck n (Mech) / polygon of forces

Kräfte·diagramm n (Mech) / reciprocal o. force diagram, diagram of forces, stress diagram ‖ ~dreieck n / triangle of forces ‖ ~freier Kreisel / free gyro[stat], neutral gyro, space gyro ‖ ~gleichgewicht n / equilibrium of forces

Krafteinheit f / unit of force

Kräfte·maßstab m / scale of forces ‖ ~paar n (Mech) / force couple, couple of forces, opposite forces pl ‖ ~paar, Moment n (Mech) / moment [about] ‖ ~parallelogramm m (Mech) / parallelogram of forces ‖ ~plan m, -polygon n, Kräftezug m s. Kräftediagramm

Kraft·ersparnis f, -einsparung f / saving in power ‖ ~erzeugung f / generation of energy o. power

Kräfte·vergleich m (Regeln) / force balance o. comparison ‖ ~zerlegung f, -auflösung f / resolution of forces ‖ ~zusammensetzung f / composition of forces

Kraftfahrdrehleiter f / motor [turnable] extension ladder o. fire escape

Kraftfahrer m / driver, chauffeur, motorcar driver ‖ ~schutzhelm m (DIN) / crash-helmet, helmet for road users

Kraftfahr·leiter f (F'wehr) / ladder truck ‖ ~linie f, Omnibuslinie f / bus line ‖ ~sport m / motoring ‖ ~spritze f, (amtlich:) Löschfahrzeug motorisiert n / [motor-driven] fire engine ‖ ~straße f / motor highway, throughway (US), motorway (GB), motorcar road, motor vehicle road, motorroad ‖ ~wesen n / automobilism

Kraftfahrzeug n / motor vehicle, power-driven vehicle ‖ ~antenne f, Autoantenne f / car antenna ‖ ~ausbesserungswerkstatt f, -reparaturwerkstatt f / motorcar repair shop ‖ ~beleuchtung f / motorcar lighting ‖ ~brief m / registration book ‖ ~dichte f / density of motor vehicles, motor population ‖ ~elektrik f / electric motorcar equipment ‖ ~elektriker m / motor vehicle electrician (GB) ‖ ~fabrik f / automobile o. automotive (US) factory ‖ ~fähre f / motorcar ferry ‖ ~halter m / car o. vehicle owner ‖ ~handwerker, (früher:) -Mechaniker m, (jetzt:) Automobilmechaniker *m* (Kfz) / motorcar o. motor mechanic, automotive mechanic (US) ‖ **⁎industrie** *f* / automobile o. automotive (US) industry ‖ **⁎ingenieur** *m* / automotive engineer ‖ **⁎-Karosserie** *f* / automotive body ‖ **∼-montiert** / road-vehicle mounted ‖ **⁎motor** *m* / motorcar engine ‖ **⁎park** *m* / fleet of motor vehicles ‖ **⁎schein** *m* / certificate of registration, vehicle certificate ‖ **⁎statistik** *f* / motor statistics ‖ **⁎straße** *f* s. Kraftfahrstraße ‖ **⁎technik** *f* / automotive engineering ‖ **⁎teile** *n pl* / motorcar parts *pl* ‖ **⁎teilehändler** *m* / jobber ‖ **⁎teilehändler, der auch Großhändler ist** (Kfz) / semijobber ‖ **⁎verkehr** *m* / motor traffic ‖ **⁎zubehör** *n*, -zubehörteile *n pl* / motor car accessories *pl*

Kraft·feld *n*, elektrisches Feld (Elektr) / field of force, electric o. electrostatic field, lines of force ‖ **⁎fluß** *m* **pro Bandbreite** / power flux ‖ **⁎former** *m* (Wzm) / power former ‖ **∼frei einzuführender Verbinder** / zero insertion force connector, ZIF connector ‖ **⁎futter** *n* (Landw) / fodder concentrate ‖ **⁎gas** *n* / fuel o. power gas, motor gas ‖ **∼getriebenes Flurförderzeug** / self-powered industrial truck ‖ **⁎heber** *m* / power lift

kräftig, solide / strong, solid, sturdy, rugged ‖ **∼**, wirksam / vigorous ‖ **∼**, satt (Farbe) / full ‖ **∼**, kraftvoll / powerful ‖ **∼ gelb** / luteous

Kraft·kabel *n*, Starkstromkabel *n* / power [current] cable ‖ **⁎kalibierung** *f* (Maßwesen) / force calibration ‖ **⁎-Kreppapier** *n* / creped sack paper ‖ **⁎leistung** *f* / dynamic efficiency ‖ **⁎leitung**, -übertragung *f* (allg) / power transmission ‖ **⁎leitung** *f*, Starkstromleitung *f* (Elektr) / power line (US), mains *pl* (GB) ‖ **⁎liner** *m* (Pap) / kraft liner ‖ **⁎linie** *f* (Phys) / line of force ‖ **⁎linien schneiden** (Elektr) / thread, cut lines of force ‖ **⁎linienbild** *n* / force line spectrum ‖ **⁎liniendichte** *f* / density of lines of force, magnetic density ‖ **⁎linienfluß** *m* (gemessen in Weber) / magnetic flux ‖ **⁎linienleithülse** *f* (Zündmagnet) / iron shield ‖ **⁎linienumkehr** *f* (Phys) / flux resetting ‖ **⁎linienverlauf** *m* (Mech) / course of the strain lines ‖ **⁎maschine** *f* (allg) / engine, prime mover, driving o. motor o. power engine ‖ **⁎maschine** *f* **mit äußerer Verbrennung** (o. mit Wärmezufuhr von außen) / external combustion engine ‖ **⁎meßdose** *f* / load cell ‖ **⁎messer** *m*, Dynamometer *n* / dynamometer ‖ **⁎-Meßgeber** *m* (Raumf) / force transmitter ‖ **⁎meßgerät** *n* / force-sensing device, load-sensing device ‖ **⁎meßschlüssel** *m*, Drehmomentschlüssel *m* / torque wrench ‖ **⁎mischpapier** *n* / mixed sulphate paper ‖ **⁎moment** *n* / moment of force o. exerted by a force ‖ **⁎niet** *m n* / load carrying rivet ‖ **⁎nietung** *f* / stress transmitting rivet joint, solid riveting ‖ **⁎omnibus** *m* / autobus, omnibus, motorbus, bus (coll.) ‖ **⁎omnibus** *m*, Reiseomnibus *m* / long-distance coach ‖ **⁎papier** *n* / kraft [paper] ‖ **⁎quelle** *f* / source of power ‖ **⁎rad** *n*, Motorrad *n* / motorcycle ‖ **⁎radfahrer** *m* / motorcyclist ‖ **⁎reserve** *f* / power margin o. reserve o. surplus, reserve power ‖ **⁎rinnenlampe** *f* / power groove lamp ‖ **⁎röhre**, Feldröhre *f* (Elektr) / tube of force ‖ **⁎sackpapier** *n* / kraft bag paper ‖ **⁎scharnier** *n* (Schiff) / torque hinge ‖ **⁎schaufel** *f*, Handschrapper *m* / hand [actuated] scraper ‖ **⁎schiene** *f*, Sammelschiene *f* für Kraftstrom (Elektr) / power bus bar ‖ **⁎schlepper** *m* / tractor, traction engine ‖ **⁎schluß** *m*, kraftschlüssige Verbindung / frictional connection ‖ **⁎schlußbeiwert** *m* (Traktor) / adhesion coefficient ‖ **∼schlüssig** (Mech) / non-positive ‖ **∼schlüssig** (durch Reibung) / actuated by adherence ‖ **∼schlüssig** (durch Gewicht) / actuated by gravity ‖ **∼schlüssig** (durch Feder) / actuated by spring ‖ **∼schlüssige Sicherung** / nonpositive safety ‖ **⁎schlußkreis** *m* (Kfz, Reifen) / tire-road adhesion circle ‖ **⁎sensor** *m* / force sensor ‖ **⁎speicher** *m* (Elektr, Masch) / energy accumulator, energy storing device ‖ **⁎speicherbetätigung** *f* / stored energy operation ‖ **⁎spritze** *f*, Tragspritze / portable fire engine ‖

⁎stellhebel *m* (Bahn) / power type lever ‖ **⁎stellwerk** *n* **mit frei beweglichen, [mit Einzel]hebeln** (Bahn) / power signal box with free, [with individual] levers ‖ **⁎steuerung** *f* (Luftf) / powered control system **Kraftstoff** *m* / [motor] fuel ‖ **⁎ auf Alkoholbasis** / alcohol motor fuel ‖ **⁎ auf Ölbasis** / oil-base motor fuel ‖ **⁎ aufnehmen, tanken** / fuel [up] *vi* ‖ **⁎ mit Wasserzusatz** / gazowater ‖ **⁎ablaßventil** *n* (Luftf) / dump valve ‖ **⁎ansaugung** *f* / induction of fuel ‖ **⁎anzeiger** *m* / tank o. fuel gauge ‖ **⁎behälter** *m*, -tank *m* / petrol (GB) o. gasoline (US) tank, fuel tank ‖ **⁎behälter** *m* **der Beschleunigungspumpe** (Kfz) / pick-up well ‖ **⁎dämpfe** *m pl* / fuel fumes o. vapours *pl* (US) ‖ **⁎-Druckleitung** *f* / forced fuel pipe ‖ **⁎druckmesser** *m* (Luftf) / fuel pressure gauge ‖ **⁎druckpumpe** *f* / fuel pressure pump ‖ **⁎druck-Schalter** *m* / fuel pressure switch ‖ **⁎düse** *f* (Vergaser) / fuel jet ‖ **⁎-Einfüllstutzen** *m* (Kfz) / tank inlet o. filler-pipe (US), fuel filler neck ‖ **⁎einspritzung** *f* (Mot) / fuel injection ‖ **⁎empfindlichkeit** *f* / sensitivity of a motor gasoline ‖ **⁎entnahmepunkt** *m* (unter Pflaster) (Luftf) / underfloor fuel feed point ‖ **⁎ersparnis** *f* / fuel saving ‖ **⁎-Filter** *n* / fuel filter ‖ **⁎[förder]pumpe** *f* / fuel [delivery o. feed o. transfer] pump ‖ **⁎-Förderung** *f* (Kfz) / fuel delivery o. feed ‖ **⁎gemisch** *n* / fuel mixture ‖ **⁎gewinnung** *f* **aus Kohle** / extracting fuels from coal ‖ **⁎hahn** *m* / fuel cock, gasoline (US) o. petrol (GB) shutoff ‖ **⁎[haupt]behälter** *m* (Kfz) / fuel tank ‖ **⁎hilfsbehälter** *m* (Kfz) / fuel reserve tank ‖ **⁎hilfspumpe** *f* (für Druckhaltung) (Raumf) / [fuel] backing pump ‖ **⁎hilfsschiff** *n* (Schiff) / fueller ‖ **⁎leitung** *f* (Kfz) / fuel pipe o. line ‖ **⁎leitung komplett** (Kfz) / fuel piping o. pipes o. pipe assembly ‖ **⁎-Luftgemisch** *n* / fuel[-air] mixture, A/F mix[ture] ‖ **⁎mangel** *m* / lack of petrol (GB) o. gasoline (US) ‖ **⁎mehrverbrauch** *m* / sacrifice o. penalty in fuel economy ‖ **⁎nadelventil** *n* (Kfz) / carburettor fuel adjustment, carburetter needle valve ‖ **⁎nebel** *m* / fuel spray ‖ **⁎nocken** *m* / fuel pump cam ‖ **⁎normverbrauch** *m* / fuel consumption under test conditions ‖ **⁎pumpe** *f* (Kfz) / fuel pump, petrol (GB) o. gasoline (US) pump ‖ **⁎regler** *m* (Turbine) / fuel control unit ‖ **⁎-Reservebehälter** *m* (fest eingebaut) (Kfz) / spare fuel tank (integral with a car) ‖ **⁎-Schnellablaß** *m* (Luftf) / fuel jettison gear ‖ **⁎-Servicer** *m* (Verbindungsschlauch) (Luftf) / servicer ‖ **⁎sieb** *n* (Kfz) / fuel strainer ‖ **⁎sorte** *f* **nach Oktanzahl** / fuel grade ‖ **⁎speicher** *m* (Gasturbine) / fuel accumulator ‖ **⁎stand** *m* / gasoline (US) o. petrol (GB) o. fuel level ‖ **⁎tank** *m* (Kfz) / fuel tank ‖ **⁎-Umschalthahn** *m* / three-way fuel cock ‖ **⁎verbrauch** *m* / fuel consumption ‖ **⁎spezifischer ⁎verbrauch** *m* / fuel mileage ‖ **⁎verbrauch** *m* **je Sitz u. Meile in Imp. Gallons** (Luftf) / seat statute mile per Imperial Gallon ‖ **⁎verdunstungssystem** *n* (Tanksäule) / evaporative emission control system, EECS, fuel vapour recirculation system ‖ **⁎versorgung** *f* / fuel supply ‖ **⁎-Versorgungssystem** *n* (Luftf) / hydrant system ‖ **⁎vorratszeiger** *m* (DIN), Benzinuhr *f* (coll) / fuel gauge, petrol [tank] gauge o. meter (GB), gasoline [level] gage (US) ‖ **⁎-Wasserabscheider** *m* / water separator for diesel fuel ‖ **⁎zufuhr** *f* / fuel supply ‖ **⁎zuführung** *f* **unter Druck** / forced fuel feed ‖ **⁎zufuhrunterbrecher** *m* (Luftf) / fuel cut-off, slow-running [fuel] cut-out ‖ **⁎zulauf** *m* (Vergaser) / fuel entry ‖ **⁎zusatzpumpe** *f* (zur Unterstützung der Hauptpumpe) (Raumf) / booster pump **Kraft·stopfer** *m*, Gleisstopfmaschine *f* (Bahn) / mechanical tamper, packing machine ‖ **⁎stoß** *m* (bei kurzem Schlag) (Phys) / impulse ‖ **⁎strom** *m* (Elektr) / power current, heavy o. intense current, [current for] power ‖ **⁎[strom]anschluß** *m* / power outlet o. socket ‖ **⁎stromkreis** *m* (Elektr) / power circuit ‖ **⁎[strom]leitung** *f* (Elektr) / power line (US), mains (GB) ‖ **⁎stromnetz** *n* / power lines o. mains *pl* ‖

ᵡ[strom]relais *n* / power relay ‖ ᵡ[strom]steckdose *f* / power outlet o. socket ‖ ᵡ[strom]zähler *m* (Elektr) / power current meter ‖ ᵡstromzerhacker *m* / power-supply vibrator ‖ ᵡstufe *f* (Elektr) / hydrostatic pressure utilized for current generation ‖ ᵡtransformator *m* (Elektr) / power transformer ‖ ᵡüberschuß *m* / power margin o. reserve o. surplus ‖ ᵥübertragende Flanke (Zahnrad) / working flank ‖ ᵡübertragung, -leitung *f* (allg) / power transmission, transmission of energy o. power ‖ ᵡübertragung *f* (Mech) / load transmission ‖ ᵡübertragung *f* (Anlage) / power train ‖ **Organe der** ᵡ**übertragung** (Kfz) / transmission [line] ‖ ᵡübertragungskette, Treibkette *f* / transmission chain ‖ ᵡübertragungswelle *f* / propel shaft ‖ ᵡ- und Schmierstoffe *m pl* / fuel and oil ‖ ᵡverbrauch *m* / power consumption ‖ ᵡverkehr *m* / motor traffic ‖ [niveaukreuzungsfreie] ᵡverkehrsstraße *f* / freeway (US) ‖ ᵡ-Verlängerungsdiagramm *n* / stress-elongation diagram ‖ ᵡverlust *m* / loss of power ‖ ᵡversorgungsunternehmen *n*, Elektrizitätswerk *n* / electric power company ‖ ᵡverstärker *m* / [power] assist ‖ ᵡverstärkung *f* (Elektronik) / power gain ‖ ᵡverstellung *f*, maschinelle Verstellung (Wzm) / power traverse ‖ ᵡverteilung *f* / distribution of power o. energy ‖ ᵡvorschub *m*, maschineller Vorschub / power feed ‖ ᵡwagen *m*, Auto *n* (Kfz) / motor vehicle, automobile ‖ ᵡwagen *m*, Nutzfahrzeug *n* / commercial o. utility vehicle ‖ ᵡwagen *m*, Personenwagen *m* / motorcar ‖ **offener viersitziger** ᵡ**wagen** / touring car, open car with folding top ‖ **offener zweisitziger** ᵡ**wagen**, offener Zweisitzer / roadster ‖ ᵡwagenanhänger *m* / motorcar trailer ‖ ᵡwagenbau *m* / building of motorcars ‖ ᵡwagenführer *m* / motorcar driver ‖ ᵡwagengetriebe *n*, Automobilgetriebe *n* / automobile gear ‖ ᵡwagenkupplung *f*, Anhängerkupplung *f* / trailer coupling ‖ ᵡwandler *m* (Fernm. Elektronik) / transducer, transductor ‖ ᵡwasser *n* / power house water ‖ ᵡwasserbilanz *f* / power water balance ‖ ᵡwerk *n*, -anlage, -zentrale *f* (Elektr) / power station o. house o. plant, generating plant o. station, electric power station, central o. supply station ‖ ᵡwerk und Schleuse / power station with sluice ‖ ᵡwerksbetrieb *m* (Elektr) / power station service ‖ ᵡwerkschemie *f* / power station chemistry ‖ ᵡwerksindustrie *f* / utility industry ‖ ᵡwerksleistung *f* (Elektr) / plant capacity ‖ ᵡwerksreaktor *m* / power reactor ‖ ᵡwerks-Talsperre *f* / power dam ‖ ᵡwinde *f* (Bau) / power control unit ‖ ᵡwirklinie *f* (Schm) / deformation axis ‖ ᵡwirkung *f* / dynamic effect ‖ ᵡwirkungsfiguren *f pl* / flow figures *pl* ‖ ᵡzähler *m*, Kraftstromzähler *m* / power current meter ‖ ᵡ[zell]stoff *m* / kraft pulp ‖ ᵡzug *m* / mechanical o. power transport o. traction

Krag·arm *m* / jib [boom], gibbet ‖ ᵡarmregal *n* / cantilever type shelf ‖ ᵡbinder *m* mit Druckstrebe / strutted roof truss ‖ ᵡbinder *m* mit Zugstab / cantilever truss with tension rod ‖ ᵡdach *n* / cantilever roof

Kragen *m* / collar ‖ ᵡ, Rand *m* (Masch) / hoop ‖ ᵡ, Reifen *m* (Masch) / yoke, collar ‖ ᵡ, Hals *m* (Masch) / neck, collar ‖ ᵡ, Innenbord *m* (Stanz) / plunged boss ‖ ᵡ des Lüfters / shroud of the fan ‖ ᵡ einer Fassung (Elektr) / skirt of a socket, lower shield of a socket ‖ ᵡ formen (Stanz) / plunge, burr, bur (US) ‖ mit ᵡ versehen / collar *vt* ‖ ᵡbildung *f*, Aufwallen *n* (Hütt) / rimming action ‖ ᵡdichtung *f* / collar joint ‖ ᵡdicke *f* (Bohrbüchse) / thickness of head, height of washer face ‖ ᵡsteckdose *f* (Elektr) / socket with shrouded contacts ‖ ᵡstecker *m* (Elektr) / plug with shroud[ed contacts] ‖ ᵡziehen *n* / collar forming ‖ ᵡziehen *n* (Stanz) / plunging, collar forming ‖ ᵡziehwerkzeug *n* (Stanz) / plunging tool

Krag·länge *f* (Wzm) / protruding length ‖ ᵡplatte *f* / cantilever plate ‖ ᵡstein *m* / console, corbel ‖ auf ᵡsteinen ruhend (Bau) / corbelled out, bearing out ‖ ᵡsteinziegel *m* / rest brick ‖ ᵡträger *m* / cantilever beam o. girder

Krählarm, Rührarm *m* (Röstofen) / rabble arm

Krählen *n*, Krählarbeit *f* (Bergb) / raking, rabbling

Krählmaschine *f*, -werk *n* (Bergb) / rabbling machine

Krakenprojekt *n* (Ozeanographie) / octopus project

Krakoisit *m* / cracoisite, lead chromate

Kralle, Klaue *f* / claw, clutch ‖ ᵡ *f* des Schlüssels / key neck

Krallen·dübel *m* (Einpreß-Industriedübel) (Zimm) / spike grid ‖ ᵡdübelverbindung *f* / spike grid joint o. connection ‖ ᵡfutter *n* (Wzm) / prong chuck

Kramer-Effekt *m* (Phys) / Kramer effect

Krämer-Kaskade *f* (Elektr) / Krämer system

Krampe *f* / cramp ‖ ᵡ (Elektr) / strap [for cables] ‖ ᵡ, Klammer *f* (Schloß) / crank, metal brace o. bracket ‖ ᵡ des Reißverschlusses / tooth of a zip fastener ‖ ᵡ für Vorhängeschlösser / staple [for padlock] ‖ ᵡ mit Überwurf (Schloss) / staple and hasp

krampen (Schweiz), Schwellen stopfen (Bahn) / tamp, pack sleepers

Krampenloch *n* (Holz, Fehler) / dog hole

Krampmaschine *f* (Schweiz) s. Kraftstopfer

Krampziegel *m*, Krempziegel *m* / flap tile

Kran *m* /·crane ‖ ᵡ auf Schienenfahrzeug, Schienenkran *m* / track-bound crane, rail crane ‖ ᵡ mit Fahrwerk / self-propelling crane ‖ ᵡ mit feststehender Säule / fixed pillar crane ‖ ᵡanlage *f* mit Parallelauslegern / parallel boom system ‖ ᵡarbeit *f*, -kosten *pl* (Bau) / cranage ‖ ᵡarm *m* (Gabelstapler) / jib type crane ‖ ᵡausleger, -arm *m* / crane jib ‖ **heb- und senkbarer** ᵡ**ausleger** / derricking jib ‖ ᵡbahn *f* / craneway ‖ ᵡbahnstütze *f* / crane[way] column o. stanchion ‖ ᵡbahnträger *m* / craneway o. gantry girder ‖ ᵡbalken *m* / crane girder ‖ ᵡbein *m*, -fuß *m* / crane leg o. foot o. base ‖ ᵡboot *n* / crane barge ‖ ᵡbrücke *f* / crane bridge ‖ ᵡdolly *m* (Film) / camera crane, dolly ‖ ᵡfahrgeschwindigkeit *f* / bridge travelling speed ‖ ᵡfahrwerk *n* / travelling o. traversing gear o. device o. mechanism ‖ ᵡführer *m* / crane driver o. operator ‖ ᵡführerhaus *n*, Führerstand *m* (Kran) / driver's cabin, driver-stand

krängen, überliegen (Schiff) / list, heel

Kran·gerüst *n* / gantry, gauntry, gantree ‖ ᵡgetriebe *n* / crane control[ling] gear ‖ ᵡ[gieß]pfanne *f* (Hütt) / crane [operated] ladle

Krängung *f*, Überliegen *n*, Schlagseite *f* (Schiff) / list, lop-side, heel[ing]

Krängungs·ausgleich *m* / heel[ing] compensation ‖ ᵡfehler *m* / heel[ing] error ‖ ᵡfehler *m* (Nav) / heeling error ‖ ᵡfehler-Koeffizient *m* (Kompaß) / heeling error coefficient ‖ ᵡmagnet *m* (Schiff) / Flinders bar, heeling magnet ‖ ᵡpendel *n* / clinometer pendulum ‖ ᵡversuch *m* (Schiff) / inclining experiment ‖ ᵡwinkel *m* (Schiff) / angle of the heel

Kran·haken *m* / crane hook ‖ ᵡhakentraverse *f* / crane hook adapter ‖ ᵡhochbahn *f* / overhead travelling path o. balks *pl*

krank·e Küpe (Farb) / decomposed vat

Krankatze *f* s. Kranlaufkatze

Kranken·aufzug *m* / hospital elevator ‖ ᵡhauseinrichtung *f* / hospital equipment ‖ ᵡkasse *f* (DV, Med) / panel, sickness fund ‖ ᵡstand *m*, Krankheitsziffer *f* / morbidity, morbility ‖ ᵡwagen *m*, -auto *n* (Kfz) / motor ambulance ‖ ᵡziffer *f* / illness frequency rate

Krankette *f* (Schm) / burden chain

krankheits·erregend / morbific

Kran·[lauf]bahn *f* / craneway, travelling path of a crane, crane rails o. track, runway (US) ‖ ᵡlaufkatze *f* / [travelling] crab o. trolley, traveller, crane trolley ‖ ᵡöse *f*, Augbolzen *m* (Masch) / jack ring ‖ ᵡpfanne *f* / crane [operated] ladle ‖ ᵡsäge *f*, schräge Spaltsäge /

whip saw ‖ ⁓säule f, Ständer m / crane pillar o. post ‖
⁓schaden m / crane damage ‖ ⁓schaufler m / crane
shovel ‖ ⁓schiene f / crane rail ‖ ⁓schlammwagen m /
crane sludge tanker ‖ ⁓schrauber m / sky crane, rotor
crane ‖ ⁓steueranlage f / crane control device ‖
⁓träger m / crane girder ‖ ⁓traverse f / lifting beam ‖
⁓trommel f (Gieß) / crane ladle ‖ ⁓unterwagen m /
crane truck ‖ ⁓verladung f / handling by crane ‖
⁓waage f / crane weigher ‖ ⁓wagen m (Bahn) /
breakdown crane, derrick car (US) ‖ ⁓wagen m (Kfz) /
crane truck (US), lorry mounted crane (GB), crane
lorry (GB)

Kranz m, Einfassung f / border, ring, collar ‖ ⁓,
Spurkranz m (Bahn) / wheel rim ‖ ⁓, Aufsatz m / cap,
top ‖ ⁓, Aufsatz m (Bau) / crown, crest ‖ ⁓, Hof m (Astr)
/ corona ‖ ⁓, Schlagring m (Glocke) / rim of a bell ‖ ⁓
des Hochofens / lid of the blast furnace ‖ ⁓ des
Kettenrades / chain rim o. ring ‖ ⁓ des Konverters /
rim of the converter ‖ ⁓ von Öffnungen (Zylinder) /
belt of ports ‖ ⁓ausbau m (Bergb) / cribwork ‖
⁓brenner m / crown burner ‖ ⁓gesims n (Bau) /
principal cornice o. moulding ‖ ⁓gewölbe n (Hütt) /
ringed roof ‖ ⁓leiste f (Maur) / heading [course] ‖
⁓platte f, Schachtkranz m (Hütt) / top of a furnace ‖
⁓schuß m (Bergb) / ring trimmer shot

Krapp m, Färberröte, Rubia tinctorum f (Bot) / madder ‖
⁓gelb, Xanthin n / madder yellow, xantheine ‖ ⁓rot,
Alizarin n / madder red, alizarin ‖ ⁓wurzel,
Färberwurzel f / madder root

krarupisieren (Fernm) / load continuously
Krarupisierung f / Krarup loading, krarupization
Krarup·kabel n (Fernm) / continuously loaded cable ‖
⁓leitung f (Fernm) / continuously loaded line, Krarup
line ‖ ⁓system n / Krarup system

Krater m (Geol, Schw, Email) / crater

Kratz·band n, -bandförderer m / scraper o. scraping
conveyor o. chain o. belt o. band, trough o. tray
conveyor o. scraper ‖ ⁓bandlader m / paddle loader
Krätzblei n / slag lead
Kratz·boden m (Landw) / scraper floor ‖ ⁓bürste f /
scratch o. wire brush

Kratze, Karde f (Textil) / card ‖ ⁓, Kratzeisen n (Hütt) /
paddle, rake ‖ ⁓, Kratzeisen n (Maurer) / scraper, raker
‖ ⁓ am Kratzbagger / rake of a scraper ‖ ⁓ mit
Sägezahndrahtbeschlag (Spinn) / card with saw tooth
wire filleting

Krätze, Metallschlacke f (Hütt) / dross, sweepings pl, slag
‖ ⁓ (Email, Fehler) / scab
Kratzeisen n, Kratzer m / scraper, scraping knife
kratzen, krempeln (Textil) / card v ‖ ⁓, abkratzen / scrape
‖ ⁓ (Fördern) / scrape ‖ ⁓, schrammen / scratch vt ‖ ⁓,
rauhen (Web) / card, tease ‖ ⁓, kratzendes Geräusch /
scrape ‖ ⁓, Schaben n / scraping ‖ ⁓ (Fernm) /
scratching noise ‖ ⁓... s. auch Karden... ‖ ⁓ des Kopfes
(Plattenspeicher) / crash ‖ ⁓aufziehvorrichtung f / card
clothing device ‖ ⁓band n / card filleting ‖ ⁓band n
(Fördern) / scraper o. scraping belt, trough o. tray
scraper ‖ ⁓band n (Spinn) / card filleting, wire clothing
‖ ⁓beschlag, -belag m, -garnitur f / card clothing ‖
⁓blatt n (Spinn) / card sheet ‖ ⁓bürstmaschine f,
-rauhmaschine f (Textil) / brushing machine [with card
wire], machine for raising with card wire

kratzend, Kratz... / scratching, scratchy
Kratzen·draht m / card wire ‖ ⁓drahtstraße f / card train
‖ ⁓garnitur f, -belag m / card clothing ‖ ⁓haken, -stift
m / tooth of cards ‖ ⁓industrie f / card clothing
industry ‖ ⁓schleifmaschine f / card [clothing] grinding
machine ‖ ⁓setzmaschine f / card wire setting machine
‖ ⁓spitzen f pl (Spinn) / card crown ‖ ⁓tuch n / card
cloth ‖ ⁓- und Sägezahndraht-Aufziehmaschine f /
card clothing and metallic card wire mounting machine
‖ ⁓walze f, Vorreißer m (Spinn) / taker-in, licker-in ‖
⁓walze f (Web) / raising roller ‖ ⁓zahn m (Textil) / card

staple, card wire tooth ‖ ⁓zug m (Drahtz) / carding train
‖ ⁓zylinder m / card cylinder
Kratzer m, Baggerschaufel f / drag, dredging shovel o.
bucket ‖ ⁓, Schürfkübel m / steel scoop bucket ‖ ⁓
(Gieß) / scraper ‖ ⁓, Schaumlöffel m (Bergb) / fluke ‖ ⁓,
Abschaber m / grater ‖ ⁓, Schramme f / scratch, scrape
‖ ⁓ auf Glas / scratch ‖ ⁓ auf dem Bildstreifen (o. im
Objektiv) (Film) / optical scratch ‖ ⁓ des Förderers /
scraper, plough ‖ ⁓ auf dem Tonstreifen (Film) /
shadow scratch ‖ ⁓ o. Kratzbagger mit 1 festen u. 1
fahrbaren Turm / dragline with one fixed and one
travelling tower o. hitch
Krätzer m (ein Brunnenbohrer) / dredging shovel ‖ ⁓
(Hütt) / rabble
Kratzer-·Aufgeber m, Aufnehmer m / drag bar feeder ‖
⁓entascher m / [water-] submerged ash conveyor
Kratzerförderer m / trough scraper
Kratzer·kette f / drag chain ‖ ⁓seil n / scraping rope
kratz·fest / mar o. scratch resistant ‖ ⁓festigkeit f (Mat
Prüf) / scratch resistance o. surface abrasion resistance
(on a taber abraser) ‖ ⁓festigkeit f / scratch resistance ‖
⁓geräusch, Kratzen n / scratch, scrape ‖ ⁓geräusch n
(Elektronik, Fernm) / scratching noises pl ‖ ⁓geräusch,
Kratzen n (durch schlechte Kontakte) (Fernm) / contact
noise ‖ ⁓geräuschfilter m n (Phono) / scratch filter
krätzig f (Glashütt) / scabby, mangy
Kratz·kelle f, Fugenkratzer m (Bau) / raker, pointer,
notched trowel ‖ ⁓kettenklassierer m (Bergb) / drag
classifier ‖ ⁓kühler m (Öl) / scraped wall chiller,
scraped surface heat exchanger, scrape chiller ‖
⁓kühler m (Margarine) / scraped film cooler ‖ ⁓lader m
(auf Rädern o. Raupen) (Bergb) / scraper loader ‖
⁓probe f / scratching test ‖·⁓ putz m / scraped
rendering (GB) o. stucco (US) ‖ ⁓schaufellader m
(Bergb) / scraper type shovel loader ‖ ⁓stelle f (Web) /
scratch in a tissue ‖ ⁓wolle f / short [staple] wool
k-Raum m (Nukl) / k-space
Kraurit, Dufrenit m (Eisenerz) / kraurite, dufrenite
kraus, wollig (Textil) / nappy, napped
Kräusel·apparat m, Kräusler m (Nähm) / gatherer ‖
⁓beständigkeit f / crimp resistance, curling resistance ‖
⁓effekt m / crimp effect, crinkle o. crepe effect ‖ ~frei
/ pucker-free ‖ ⁓fuß m (Nähm) / gathering foot, ruffler,
shirring foot ‖ ⁓kennwert m (Textil) / curling parameter
‖ ⁓krankheit f der Zuckerrübe / leaf curl, curly top
Kräuselkrepp m / high bulk crepe
Kräusel·krepp m (geätzt) (Baumwolle, Textil) / crimp cloth
‖ ⁓lack m / wrinkle o. ripple finish o. paint ‖
⁓maschendraht m / crinkled wire mesh screen ‖
⁓maschine f (Textil) / crimping machine, goffering
press
kräuseln (Textil) / goffer, gauffer, frill ‖ ~ (mit
Gummifäden) (Nähm) / shirr ‖ ~ (kreppartig) (Textil) /
crimp, crepe ‖ ~, fälteln / crimp, curl ‖ ~ (Wasser) /
ruffle vt ‖ ~, überzwirnen / overtwist ‖ ~ (sich) (Pap) /
curl ‖ ~, knittern / crimp, crease ‖ ~ n (Web, Fehler) /
crimping ‖ ~ / cockle ‖ ~ der Schicht (Phot) / frilling ‖
[Haar] ~ / crisp ‖ sich ~ / cockle ‖ sich ~ (Fehler im
Email o. Farbe), runzeln / crinkle ‖ sich ~, kleine
Wellen schlagen (Wasser) / ripple
Kräusel·papier n / cockled paper ‖ ⁓spannung f (Elektr) /
ripple voltage ‖ ⁓stoff m (Textil) / ripple cloth
Kräuselung f (Wasser) / dimple, ripple ‖ ~ (Farbe) /
curtaining, crawling ‖ ~ (Nähm) / pucker ‖ ~ (Galv) /
ripple ‖ ⁓ (Magn.Bd, Fehler) / clinching ‖ ⁓ eines Bandes
/ scallop formation
Kräuselungselastizität f (Wolle) / cockling power,
crimping elasticity
Krauseminzöl n / oil of crisped o. curled mint
Kräusengärung f, Hopfentrieb m (Brau) / white head o.
scum, sedimentary fermentation
Kraus·hammer m / facing hammer ‖ ⁓kopf m (Holzbearb)
/ countersink[er], burr ‖ ⁓machen des Flors, Kreppen
n / dressing of crape warp

Kraut n, Gewächspflanze f / herb || **~abscheider** m (Zuck) / trash catcher (a travelling rake), trash screen (a vibrating screen)
Kräuteressig m / aromatic vinegar
Kraut·fänger m (Landw) / leaf o. weed catcher || **~fänger** m (Zuck) / trash catcher (a travelling rake) || **~fäule** f, Braunfleckigkeit f der Tomate / tomato leaf mo[u]ld || **~fäule** f, Knollen- f u. Krautfäule (Kartoffel) / late blight of potatoes (caused by phytophthora infestans) || **~schläger** m (Landw) / stripper
Krawattenseide f / [neck] tie silk
Krawe[e]lbau m (Schiff) / carvel work
Kreatin n (Chem) / creatine || **~in** n (Chem) / creatinine
Krebs m, Schnepper m (Ramme) / monkey, slip hook || **~** des Holzes, Kropf m / tree wart
Kredit·institut n / credit institution o. bank || **~kartenterminal** n / credit card terminal
Kreditorenbuchhaltung f / accounts pl payable
Kreide f / chalk || **feingeschlämmte ~** in Kuchen / dry whiting || **mit ~ anzeichnen** (o. behandeln o. mischen) / chalk v || **rote ~**, Rötel m / ochreous red clay iron-ore || **weiße ~**, weißer Kreidestift / chalk, crayon || **~artig**, -haltig / cretaceous || **~boden** m / chalk soil || **~[formation]** f (Geol) / cretaceous system, Cretaceous || **untere ~formation** / lower cretaceous [stage] || **~gebiet** n / cretaceous terrain || **~mergel**, Kalkmergel m / calcareous clay, lime marl
Kreiden n (Farbe) / chalking
Kreide·papier, Kunstdruckpapier n / enamel[led] paper;, art paper || **~schicht** f (Geol) / chalk bed || **~stelle** f (Plast) / chalk mark || **~test** m (Gieß) / chalk testing || **~zeichen** n / chalk mark
kreidig, kreideartig, -haltig, -weiß / chalky, cretaceous
Kreidungsbeständigkeits-Index m (Farbe) / chalk-resistance index
Kreis m / çircle || **~**, Bereich m / sphere, domain || **~**, Kreislauf m / circuit, circular movement o. motion || **~...** / circular || **~ um einen Buchstaben** (Buch) / balloon || **einen ~ schlagen**, einen Kreisbogen beschreiben / describe a circle || **einen vollen ~ beschreiben** (Punkt) / come full circle || **kleiner ~** / circlet || **sich im ~ bewegen** / circle v, move in a circle || **~abschnitt** m, -segment n / segment of a circle || **~abtastung** f (Radar) / circular scanning || **~abtastung** f (Ultraschall) / swivel scan || **~ähnlich** / near-circular || **~ähnliche Umlaufbahn** / near-circular orbit || **~antenne** f / circular antenna || **~ausschnitt** m, -sektor m / sector of a circle || **~bahn** f, Kreislauf m / orbit, circuit || **~bahnbewegung** f / motion of revolution o. rotation || **~bahngeschwindigkeit** f (Raumf) / circular velocity || **~beschleuniger** m / circular accelerator || **~bewegung** f / circuit, circular movement o. motion || **~bewegung**, -drehung f, drehende Bewegung / gyration || **~blattschreiber** m / round chart recorder || **~blende** f (Opt) / circular aperture || **~bogen** m / arc of a circle || **~bogenprofil** n / circular arc profile || **~bogenverzahnung** f / round-flank toothing, circarc gear || **~bohrer** m / circle o. circular cutter || **~büschel** n (Kinematik) / pencil of circles
kreischen, quietschen / shriek, screech, scream, squeak, squeal || **~**, Screaming n (Raketen, Luftf) / screaming || **~ der Bremsen** / squeaking o. grinding of the brakes || **~ der Säge** / screeching, screaming
kreischend (Akustik) / strident, creaking, grating
Kreis·diagramm n / circle diagram || **~diagramm** n, Heylandkreis m (Elektr) / Heyland diagram || **~diagramm** n / pie-chart, circle graph || **~diagrammschreiber** m / circular o. radial o. round chart recorder || **~[ein]teilung** f / division of a circle
Kreisel m, Spielkreisel m / pegtop, top || **~**, Kreiselgerät, Gyroskop n (ein physikalisches Vorführgerät) / gyroscope, gyroscopic instrument || **~**, Kreiselkompaß m / gyro compass || **~**, Stabilisierungskreisel m / gyroscope, gyrostat || **~ mit drei Freiheitsgraden**, kräftefreier Kreisel / free gyro, space gyro || **~ mit Flüssigkeitsrotor** / fluid sphere gyro || **~ mit rotierendem Gehäuse** / case-rotated gyro || **~ mit zwei Freiheitsgraden** / rate gyro || **~abgriff** m / gyro pick-off || **~achse** f / gyro axis, gyroscopic axis || **~antrieb**, Elektrogyroantrieb m (Kfz, Bahn) / electrogyro drive || **~auflader** m / centrifugal supercharger, rotary blower type supercharger (US) || **~bewegung** f / gyroscope movement || **~brecher** m / cone type gyratory crusher, gyratory [crusher], rotary o. centrifugal crusher || **~brecher** m, Diskusbrecher / rotary o. Bradford breaker || **~dämpfung** f / gyro damping || **~egge** f (Landw) / circular self-cleaning harrow, circular spike harrow || **~gebläse** n / centrifugal airpump o. blower, rotary blower || **~gebläse** n, Zentrifugalgebläse o / turbo exhauster || **~gerät** n / gyroscope, gyro compass || **~gradflugweiser**, Gyrorector m (Luftf) / gyroscopic flight direction indicator, gyrorector || **~granulator** m (Bergb) / gyrogranulator || **~horizont**, künstlicher Horizont, Horizontkreisel m / artificial o. gyroscopic o. gyro-horizon || **~impuls** m, Impulsmoment n / angular moment vector of gyroscope || **~kipper**, -wipper m (Bergb) / revolving o. rotary tipp[l]er || **~kipper**, Kohlenwipper m / coal tipp[l]er o. wipper || **~kompaß** m / gyro compass || **~kompaß...**, gyromagnetisch / gyromagnetic || **~lader**, -verdichter m (Mot) / centrifugal [flow] compressor o. supercharger || **~magnetkompaß** m / gyro-magnetic compass || **~mäher** m / rotary mower, drum mower || **~mischer** m / gyratory o. gyro mixer, rotary mixer || **~moment** n, Kreiselkraft f / gyrostatic moment, gyroscopic moment o. couple || **~mutterkompaß** m / master gyro compass || **~neigungsmesser** m (Luftf) / gyrostatic level, gyro[in]clinometer (US) || **~pendel** n / gyro pendulum || **~pflug** m (Landw) / rotary plough || **~plattform** f / gyroplatform || **~pumpe** f / centrifugal pump, rotatory pump || **~pumpe** f (Vakuum) / turbine pump || **~pumpe mit Gehäusepanzer** (DIN 24253) / armour-plate centrifugal pump || **~rad** n im Kreiselgerät / gyrowheel || **~radgebläse** n / gyro blower || **~rätter** m (Kohle) / gyratory screen o. sifter || **~schlinger- und Stampfanzeiger** m (Schiff) / gyroscopic roll and pitch recorder || **~schwerpunkt** m / center of gravity of the gyroscope, gyro-center || **~schwingung** f / gyroscopic oscillation || **~signal-Verstärkung** f / gyro gain || **~stabilisator** m / gyrostabilizer, gyroscopic stabilizer || **~stabilisierte Plattform**, Trägheitsplattform f / gyro-stabilized platform || **~steuergerät** n / autopilot gyro || **~system** n, -verfahren m (Radar) / gyroscopic system || **~theodolit** m / theodolite gyroscope || **~theorie** f / gyrostatics || **~tochterkompaß** m / repeater (US) o. auxiliary (GB) gyro compass, gyro indicator || **~verdichter**, -lader m (Mot) / centrifugal [flow] compressor o. supercharger || **~verteiler** m / rotary feeder || **~waage** f / gyroscopic weighing machine || **~wendeanzeiger** m / gyroscopic turn indicator || **~wipper**, -kipper m (Bergb) / rotary [wagon] tipp[l]er, rotary dump[er], kick-up || **~wirkung** f, gyrostatische Wirkung / gyroscopic o. gyrostatic effect || **~zetter** m (Landw) / rotary tedder
kreisen, sich im Kreis bewegen / move in a circle o. in a circular course, rotate, revolve, circulate, ring, gyrate, wheel [about] || **~** (Luftf) / orbit || **~** n (z.B. über dem Flugplatz) (Luftf) / orbiting || **~ zur Landung** (Luftf) / flaring out, flattening out
kreisend, Umlauf... / rotatory, rotating, revolving, gyral || **~**, drehend / gyratory || **~**, umlaufend (Raumf) / orbiting
Kreis·evolvente f (Geom) / involute to a circle || **~fläche** f, -inhalt m / area of a circle, circular area || **~fläche** f, kreisförmige Oberfläche / circular surface || **~flächenbelastung** f (Luftf) / disk loading || **~förderer** m / circular o. endless conveyor || **~förderer** m (Wzm) / table conveyor || **~förderer** m **an Deckenschienen** /

overhead monorail chain conveyor ‖ ⤴förderer *m* mit
Gehängen / circular conveyor with hangers ‖ ⤴form,
-förmigkeit *f* / circular form, circularity
kreisförmig, -rund / circular ‖ ~ **machen** / circle *v* ‖ ~**er**
Rechenschieber / circular slide rule ‖ ~**es Rohr** /
circular tube ‖ ~ **[sich bewegend]** / circling ‖ ~**e**
Umlaufbahn / circular orbit ‖ ~**es Wehr** / circular thin-
plate weir in elevation ‖ ~**e Zeitbasis** (Oszillogr) /
circular time base
Kreis·frequenz, Winkelfrequenz *f* (Elektr) / radian o.
angular frequency, pulsatance ‖ **-Funkfeuer** *n* /
nondirectional [radio] beacon, N.D.B. ‖ ⤴**funktion** *f*
(Math) / circular o. trigonometric[al] function ‖
⤴**funktionen** *f pl* / trigonometrical ratios, trigonometric
functions *pl* ‖ ⤴**gruppe** *f* (Antenne) / circular array of
antennae (US: antennas) ‖ ⤴**güte** *f* (Elektronik) / Q-value,
circuit Q, factor of quality ‖ ⤴**gütemesser** *m* / Q-meter
‖ ⤴**hohlleiter** *m* (Elektronik) / circular hollow conductor
‖ ⤴**inhalt** *m* / area of a circle, circular area ‖ ⤴**integral**
n / circular integral ‖ ⤴**interpolation** *f* (NC) / circular
interpolation ‖ ⤴**kegel** *m* (Math) / circular cone ‖
⤴**kolben** *m* / rotary piston ‖ ⤴**kolbengebläse** *n* /
[Tager's] disk piston blower ‖ ⤴**kolbengebläse** *n* (zum
Aufladen) (Luftf) / radial cylinder supercharger o.
compressor ‖ ⤴**kolbenmaschine** *f*, KKM (nicht:
Rotationskolben) / planetary rotation machine, PLM ‖
⤴**kolbenmotor** *m* / planetary rotation RC engine,
planetary piston engine ‖ ⤴**kolbenpumpe** *f* / rotary
piston pump ‖ ⤴**kolbenvakuumpumpe** *f* / rotary piston
vacuum pump ‖ ⤴**kolbenverdichter**,
-kolbenkompressor *m*, -gebläse *n* / rotary piston o.
rotary displacement compressor ‖ ⤴**konchoide** *f*,
Pascalsche Schnecke / limaçon ‖ ⤴**konstante** *f* (Fernm)
/ transmission line constant, circuit constant ‖ ⤴**korn** *n*
(Mil) / ring-shaped o. annular o. circular fore-sight ‖
⤴**-Kriterium** *n* (Regeln) / circle criterion ‖ ⤴**kuppel** *f* /
circular dome
Kreislauf *m* / circuit, circular movement o. motion, loop ‖
⤴, Zyklus *m* / cycle, circle ‖ ⤴, Umlauf *m* (Biol, Chem) /
circulation ‖ ⤴, -strömung *f* / circulation ‖ ⤴ (Astr) /
revolution ‖ ⤴... / circulatory ‖ ⤴ **innerhalb des**
Reaktors (Nukl) / in-pile loop ‖ ⤴ **nach Hertz**,
Einstufenrückführung *f* (Nukl) / single-stage recycle ‖
geschlossener ⤴ / closed circuit, closed loop ‖ **im**
⤴ **umpumpen** (o. zurückführen) / recirculate, recycle ‖
im geschlossenen ⤴ / closed circuit ... ‖ ⤴**anlage** *f*
(Wassb) / circulation installation ‖ ⤴**gas** *n* / recycling gas
‖ ⤴**öl** *n* / recycle oil ‖ ⤴**system** *n* (Fernm) / by-pass
system ‖ ⤴**system, Umlaufsystem** *n* (Nukl) / loop
Kreis·linie *f* / circle, circular curve o. line, circumference
‖ ⤴**magnetisierung** *f* / solenoidal magnetization ‖
⤴**messer** *n* / circular knife ‖ ⤴**mittelpunkt** *m* / center of
a circle ‖ ⤴**polarimeter** *n* / polarimeter with circular
scale ‖ ⤴**polarisierung, -polarisation** *f* / circular
polarization ‖ ⤴**polarisierung** *f* **im Teilnehmerbetrieb**
/ time division circular polarization, TDCP ‖ ⤴**prozeß**
m / cyclic process ‖ **[Carnotscher]** ⤴**prozeß** *m* / Carnot
cycle ‖ **umkehrbarer** ⤴**prozeß** / reversible cyclic
process ‖ ⤴**prozeß der idealen Wärmepumpe** / vapour
compression cycle ‖ ⤴**punkt** *m*, Nabelpunkt *m* (Math) /
circle point, umbilical point ‖ ⤴**punkt einer Fläche** *m*
(Math) / circular point on a surface ‖ ⤴**punktkurve** *f* /
circle point curve ‖ ⤴**quadrant** *m* / quadrant ‖
⤴**querschnitt** *m* / circular section ‖ ⤴**raster** *m* / circular
screen ‖ ⤴**rauschen** *n* (Elektronik, TV) / circuit noise ‖
⤴**repetenz** *f* / coavelength constant ‖ ⤴**ring** *m* (Math) /
[circular] ring, annulus ‖ ⤴**ringsegment** *n* (Math) / ring
segment ‖ ⤴**ringstück** *n* / sector of an annulus ‖ ~**rund**
/ orbicular, circular, spherical ‖ ⤴**säge** *f* / circular o.
buzz (US) saw, disk saw ‖ **höhenverstellbare** ⤴**säge** /
rising and falling saw ‖ ⤴**säge** *f* **mit mehreren**
Sägeblättern / multiple rip saw bench ‖ ⤴**sägeblatt** *n* /
circular saw blade ‖ ⤴**sägewelle** *f* / axle of a circular
saw ‖ ⤴**schere** *f* / circular shears *pl* ‖ ⤴**schiebung** *f*

(Kinematik) / circular translation ‖ ⤴**schwingsieb** *n* /
circular vibratory screen ‖ ⤴**schwingung** *f* / circular
vibration ‖ ⤴**segment** *n*, Kreisabschnitt *m* / segment of
a circle ‖ ⤴**sehne** *f* (Math) / chord ‖ ⤴**sektor** *m*,
Kreisausschnitt *m* (Math) / sector ‖ ⤴**skala** *f* / circular
scale, cirscale, airplane type dial ‖ ⤴**skala** *f* (Verm) /
limb ‖ ⤴**spurverfahren** *n* (Videoband) / circular track
recording system ‖ ⤴**strahlrohrkanone** *f* / circle beam
tube electron-gun ‖ ⤴**straße** *f* (Straßb) / county road ‖
⤴**strömung, Zirkulation** *f* / cyclic flow ‖ ⤴**teilmaschine**
f / circular dividing engine ‖ ⤴**teilung** *f* (Skala) / circular
graduation ‖ ⤴**teilung** (in gleiche Teile) (Math) /
cyclotomy ‖ ⤴**teilungs...** (Math) / cyclotomic... ‖
⤴**umfang** *m*, Peripherie *f* / periphery of a cercle, circle
Kreisungs·punkt *m* (Kinematik) / circling point, frame
pivot ‖ ⤴**punktkurve** *f* (Kinematik) / circling point curve,
frame pivot curve
Kreis·verkehr *m* (Straßb) / rotary o. roundabout (GB)
traffic ‖ **in den** ⤴**verkehr einbiegen** / enter the rotary o.
roundabout (GB) traffic ‖ ⤴**verkehrbeleg** *m*, (DV, OCR)
/ turn-around document ‖ ⤴**verkehrsplatz** *m* /
roundabout o. rotary intersection, roundabout (GB) ‖
großer ⤴**verkehrsplatz** / traffic roundabout (GB) ‖
⤴**viereck** *n*, einbeschriebenes Viereck (Math) /
quadrilateral inscribed in a circle ‖ ⤴**vierer** *m* (Fernm) /
phantom o. superposed circuit ‖ ⤴**visier** *n* (Mil) / ring
sight, annular sight ‖ ⤴**vorschub** *m* (Wzm) / circular
feed ‖ ⤴**wellenzahl** *f*, -wellenziffer *f* / wave number,
wavelength constant ‖ ⤴**wirkungsgrad** *m* (Elektronik) /
circuit efficiency ‖ ⤴**wulst** *m f*, Torus *m* (Math) / torus,
anchor ring, toroid (GB) ‖ ⤴**zeigerwaage** *f* / circular
balance ‖ ⤴**zylinderfläche** *f* / surface of a regular
cylinder ‖ ⤴**zylinderschale** *f* (Bau) / circular cylindrical
shell, cylindrical shell [structure]
Krem *m*, Creme *f* / cream
Krematoriumsofen *m* / crematory [furnace]
Krempe *f*, nach außen umgebogener Rand, Umschlag *m* /
rim ‖ ⤴ (Forstw) / cant-hook o. dog, rolling dog ‖ ⤴ **des**
Kesselbodens / flange of boiler end
Krempel *f*, Kratze *f* (Textil) / card[ing] engine o. machine,
carder, card ‖ ⤴... s. auch Karden... und Kratzen... ‖
⤴**abfall** *m*, Kardenabfall *m* / doffer strip [waste] ‖
⤴**arbeit** *f* / carding work ‖ ⤴**flug** *m* / card fly
krempeln (Textil) / card *v*, comb ‖ ~, wolfen (Textil) /
willow *v*, comb ‖ ~, kratzen (Wolle) / card, tease
Krempel·putzer *m* / card brusher o. cleaner o. stripper ‖
⤴**satz** *m* / set of cards ‖ ⤴**wolf** *m* / carding willow,
breaker card, fearnought (GB)
krempen / crimp *vt*, flange
Krempenplatte *f*, Schienenhakenplatte *f* (Bahn) / hooked
sole plate o. tie plate (US)
Krempenradius *m* / knuckle o. flanging radius ‖ **großer**
⤴ / large knuckle radius ‖ **kleiner** ⤴ / small knuckle
radius ‖ **mittlerer** ⤴ / average knuckle radius
Krempler *m*, Krempelarbeiter *m* / card minder o. tenter,
carder
Krempziegel *m* (Bau) / flap tile
Krennerit *m* (Min) / krennerite
Krenöl *n* / DDW-turpentine oil (= destructively distilled
wood)
Kreosot *n* / creosote ‖ **mit** ⤴ **imprägnieren** (o. tränken) /
creosote *v* ‖ ⤴**imprägnierung** *f* **nach Bethell** (Holz) /
Bethell process ‖ ⤴**öl** *n* / creosote oil, coaltar creosote,
middle tar oil ‖ ⤴**säure** *f* (Kresotinsäurengemisch) /
creosotic acid ‖ ⤴**tränkanlage** *f* / creosoting plant
krep (Nukl) / krep (kilo roentgen equivalent physical)
krepieren (Geschoß) / burst *vi*, explode, detonate
Krepon *m* (Textil) / crepon
Krepp *m* / crêpe, crape, crepe (US) ‖ **dunkler** ⤴ / brown
crepe ‖ ~**artig** / crepey, crepy
kreppen, krausen (Web) / crepe, crinkle, crimp ‖ ⤴,
Krausmachen *n* des Flors / dressing of crape warp

Krepp·garn n / crêpe yarn ‖ ✛-Georgette m / crêpe
Georgette ‖ ✛gewebe n / crêpe fabric o. weaves pl ‖
✛gummi m / crêpe rubber ‖ ✛-Papier n / crêpe paper
Kresol n, -säure f / cresol, cresylol, cresylic acid ‖
✛formaldehyd m / cresol-formaldehyde ‖
✛formaldehydharz n / cresol formaldehyde resin, CF ‖
✛harz n / cresol o. cresylic resin ‖
✛harzpreßmischung f / cresylic mo[u]lding compound
o. composition ‖ ✛purpur m (Chem) / cresol purple ‖
✛rot n (Chem) / cresol red ‖ ✛säure f / cresylic acid
Kreuz n (allg) / cross ‖ ✛, Signal n (Verm) / mark, sign ‖ ✛,
Kreuzsenkung f, -schlitz m / cross recess ‖ ✛, Faden-,
Spannkreuz n (Web) / lease ‖ ✛ (Fitting nach DIN 2950)
/ double junction ‖ ✛ (Buch) / cross, dagger, obelisk,
obelus ‖ doppeltes ✛ (Buch) / diesis, double dagger ‖
✛anschliff m / crosswise grinding ‖ ✛antenne f /
diamond antenna ‖ ✛assembler m (DV) / cross
assembler ‖ ✛balkenrührer m / cross-arm agitator ‖
✛band n, -strebe f (Zimm) / cross-stay, diagonal brace
o. bracing o. stay, St. Andrew's cross, X-brace (US) ‖
✛band n (Schloß) / T-hinge strap, double garnet,
crosstailed hinge ‖ ✛band n am Fenster (Tischl) / garnet
[hinge] ‖ ✛bäumvorrichtung f (Web) / cross winding
device (side traverse motion) ‖ ✛beschuß m (Nukl) /
cross-bombardment ‖ ✛bett-Bohr- und -Fräswerk n /
cross-bed type boring and milling machine ‖
✛bewegung f / cross motion ‖ ✛bodenbeutel m / cross
bottom bag, block bottom bag ‖ ✛bogen m (Bau) / cross
arch o. springer ‖ ✛bohrer m, Kronenbohrer m / square
bit ‖ ✛brennerofen m / cross-fired furnace ‖ ✛bruch m
(Buch) / right-angle fold ‖ ✛bruchfalzung f (Buch) /
right-angle[d] folding, square folding ‖ ✛dipol m /
crossed antennae o. (US) antennas pl ‖ ✛eisen
n / cross-shaped section
kreuzen, queren / cross v ‖ ~, überschreiten / traverse v,
cross ‖ ~ (gegen den Wind) (Schiff) / tack [about] ‖ ~,
eine Kreuzfahrt machen (Schiff) / cruise ‖ ~ (Landw) /
grade v, hybridize ‖ ✛, Überschneiden n von Linien
(Bahn) / cutting across ‖ Leitungen ~, transponieren
(Elektr) / cross vt, transpose ‖ sich ~ / cross vi, intersect
‖ sich ~, sich verschlingen / interlace
kreuzend, sich ~ (Getriebe, Achsen) / intersecting
Kreuzer·heck n (Schiff) / cruiser stern
Kreuz·fach n (Web) / cross shed ‖ ✛fachmaschine f
(Textil) / quick traverse winding frame for doubling
yarns ‖ ✛feder f / cruciform spring, cross-shaped
spring ‖ ✛federgelenk n / flexural pivot ‖ ✛feld...
(Elektronik) / crossed-field... ‖ ✛feld n / crossfield ‖
✛feld-Elektronenschleuder f (Elektronik) / crossed-field
gun ‖ ✛feldröhre f, M-Typ-Röhre / M-type tube ‖
✛feldvervielfacher m / crossed-field multiplier ‖
✛flügelanemograph m / rotating o. rotational wheel
anemograph, fan wheel o. wind-wheel o. wind-vane
anemograph ‖ ✛flügelsteuerung f (Luftf) / Cartesian
control ‖ ~förmig, Kreuz... / cross..., crucial,
cruciform, cruciate ‖ ~förmiger Querschnitt / cross-
shaped section ‖ ✛gatter n (Säge) / cross frame ‖
~gehaspelt (Textil) / cross-reeled ‖ ✛gelenk n (Kfz) /
cardan joint, universal joint, Hooke's joint ‖
✛gelenkgabel f (Kfz) / universal joint yoke ‖
✛gelenkkette f / biplanar chain ‖ ✛gelenkkupplung f /
universal joint coupling, pin-and-bushing coupling ‖
✛gelenkwelle f (Kfz) / propeller shaft with universal
joints ‖ ✛gewickelt, Kreuzwickel... (Elektr) / lattice-
wound, criss-crossed ‖ ✛gewölbe, Muldengewölbe n /
cross-vault, groined vault ‖ ~gezahnt / cross-toothed ‖
✛glied, Brückenfilter n (Fernm) / lattice filter ‖ ✛glied n
des Phasenentzerrers / lattice-type network of the
phase compensator ‖ ✛glied n des Vierpols (Fernm) /
bridge network ‖ ✛griff m (DIN), Griffkreuz m (Wzm) /
star handle o. knob, palm grip ‖ ✛gurt m (Bau) /
diagonal rib ‖ ✛hacke f / pick-point, pickax[e] ‖
✛hahn, Vierweghahn m / four-way cock o. faucet (US)
‖ ✛hieb m (Feile, Stein) / cross cut ‖ ✛hieb m, zweiter

Hieb (Feile) / second course, up-cut ‖ mit ✛hieb (Feile) /
cross-cut ‖ ✛holz, Halbholz n / scantling, quarter
timber ‖ ✛kamm, -zapfen m (Zimm) / birdsmouth
attachment, cross cogging ‖ ✛kappengewölbe n /
circular domical vault ‖ ✛klammer f (Zimm) / cramp
iron with points in opposite direction ‖ ✛klemme f,
kreuzförmige Verbindungsklemme für vier Drähte
(Elektr) / four-wire connector ‖ ✛knoten, Weberknoten
m / crown o. reef knot, thief knot (US) ‖ ✛kopf m
(Dampfm) / [piston] crosshead, tie-bar ‖ ✛kopf m der
Pleuelstange / crosstail ‖ ✛kopfbolzen m / piston
cross-head joint pin ‖ ✛kopfgleitschiene f / piston
cross-head slide bar ‖ ✛kopfmaschine f / crosshead
engine ‖ ✛kopplung f (Elektronik) / cross coupling ‖
✛kopplung f (Regeln) / crosstalk ‖ ✛korrelation f /
cross correlation ‖ ✛korrelations-Funktion f / cross-
correlation function ‖ ✛kötzerspulmaschine f /
crossing motion pirn winder ‖ ✛kupplung f (Phot) /
constant E.V. coupling (=exposure value) ‖ ✛lager n,
Stacker m (Buch) / stacker ‖ ✛libelle, -wasserwaage f /
pair of spirit levels at right angle ‖ ✛linienraster m /
cross-line screen ‖ ✛loch n (Bau) / cross-vent ‖
✛lochmutter f / capstan nut, round nut with set pin
holes in side ‖ ✛lochschraube f / capstan headed screw
‖ ✛mast m (Fernm) / transposition tower ‖ ✛meißel m
(DIN 6451) / cape chisel, cross-cut o. bolt chisel ‖
✛meißel m (Öl) / star bit ‖ ✛meißel m (Schl, Bergb) ·
groove cutting chisel ‖ ✛menge f (Mengenlehre) (Math)
/ Cartesian o. cross product ‖ ✛mittel n (Bau) / crossing,
intersection ‖ ✛modulation, Intermodulation f
(Elektronik, Fehler) / intermodulation, crossmodulation ‖
✛modulationsschwingung f / crossmodulation o.
intermodulation oscillation ‖ ✛muffe f / cross sleeve ‖
✛nagel m (Web) / lease pin ‖ ✛naht f / cross seam ‖
✛netz n / cross net ‖ ✛peilung f (Radar) / cross bearing ‖
✛pfahl m, Dückdalbe f (Wassb) / dolphin, pile mooring
‖ ✛ in ✛pflanzung (o. Quincunxpflanzung) (Landw) /
quincuncial, -cunxial, in quincunx ‖
✛polarisations-Auflösungsvermögen n /
crosspolarization discrimination, XPD ‖ ~polarisiert /
cross-polarized ‖ ✛poller m (Hydr) / cross-shaped
bollard ‖ ✛probestück n / cruciform test piece ‖
✛produkt n (Math) / cross product ‖ ✛propeller m
(Luftf) / four-blade[d] airscrew o. propeller (US) ‖
✛punkt m / crossing point ‖ ✛querträger m (Kfz) /
cruciform transom ‖ ✛rahmenantenne f / quadraloop
antenna, cross-coil o. crossed coil o. crossed-loop
antenna ‖ ✛rahmenpeiler m / Bellini-Tosi direction
finder ‖ ~rändeln / knurl axially and circumferentially
‖ ✛rändelung f / axial and circumferential knurl ‖
✛ring m / crossring ‖ ✛rippe f / crossrib ‖ ✛rute,
-schiene f (Web) / lease rod, crossing rod, lease [bar] ‖
✛schalter, Zwischenschalter m (Elektr) / intermediate
switch ‖ ✛schaltung f (Elektr) / cross mounting ‖
✛schärvorrichtung f (Web) / cross-winding device (side
traverse motion) ‖ ✛scheibe f (Verm) / cross-staff [head]
‖ ✛scheibenkupplung f / Oldham coupling ‖
✛schichtung f (Geol) / cross o. current bedding ‖
✛schienen-Matrix f / crossbar matrix ‖
✛schienensystem n (Fernm) / crossbar system ‖
✛schienenverteiler m (Fernm) / crossbar distributor ‖
✛schienenverteiler m (Elektronik) / crossed bus bars pl ‖
✛schienenverteiler m (NC) / plug board ‖
✛schienenwähler m (Fernm) / crossbar selector o.
switch, matrix selector ‖ ✛schlag m, Diagonalschlag m
(Textil) / diagonal arrangement of the layers of the
double fabric ‖ ✛schlag m (Seil) / ordinary o. regular
lay, crosslay ‖ ✛schlagen f (Web) / leasing ‖
✛schlaghammer m / cross pane sledge hammer,
blacksmith's cross pane hammer ‖ ✛schlagseil n /
crosslay rope, non-parallel lay rope, ordinary lay rope,
regular lay rope ‖ ✛schleifautomat m (Holz) / automatic
cross sanding machine ‖ ✛schleifenkette f (Kinematik) /
Scotch-yoke chain ‖ ✛schliff m / cross-grinding ‖

˅**schlitten**, -support *m* (Wzm) / compound [slide] rest ‖ ˅**schlitten** *m* (Fräsm) / column saddle ‖ ˅**schlitten** *m* (Repro) / cross slide ‖ ˅**schlitz** *m* / cross recession ‖ ˅**schlitzdurchmesser** *m* (Schraube) / diameter of cross recess ‖ ˅**schlitzkopf** *m* / cross recessed head ‖ ˅**schlitzschraube** *f* / recessed head screw, Phillips screw ‖ ˅**schlitzschraube** *f* **mit Senkkopf** / recessed countersunk head screw ‖ ˅**schlitzschraube** *f* **mit Zylinderkopf** / recessed cheese head screw ‖ ˅**schlitzschrauben...** / cross-recess ..., recessed ‖ ˅**schlitzschraubendreher** *m* / screwdriver for recessed-head screws, crosstip screwdriver ‖ ˅**schlitztiefe** *f* (Schraube) / depth of cross-recess ‖ ˅**schlüssel** *m* (für Radmuttern) (Kfz) / spider [wrench o. spanner], four-way socket wrench, lug wrench (US) ‖ ˅**schraffur**, -schraffierung *f* / crosshatching, counterhatching ‖ ˅**schubkurbel** *f* (Mech) / Scotch-yoke mechanism ‖ ˅**spule** *f* (Web) / cheese, cross-wound bobbin ‖ ˅**spule** *f* (Fernm) / crossed coil ‖ ˅**spuleinrichtung** *f* (Spinn) / cross winding mechanism ‖ ˅**spulerei** *f* (Spinn) / cross winding ‖ ˅**spulinstrument** *n* / cross-coil instrument ‖ ˅**spulmaschine** *f* (Spinn) / traverse winding frame, cone and cheese winder, cone winder, coner ‖ ˅**spulrahmenantenne** *f* / crossed coil antenna ‖ ˅**[stab]stahl** *m* / cross-section bar o. steel ‖ ˅**stake** *f* (Zimm) / herringbone strut ‖ ˅**stange** *f* (Masch, Schl) / crossbar ‖ ˅**-Steckschlüssel** *m* / spider [wrench o. spanner], four-way rim wrench ‖ ˅**-Steckschlüssel** *m* / four-way rim wrench ‖ ˅**stich** *m* (Schn) / cross stitch ‖ ˅**stock** *m*, -sprosse *f* (Fenster) / crossbar ‖ ˅**stock** *m* (Klemp) / planishing anvil o. stake ‖ ˅**strebe** *f* / diagonal brace o. bracing. stay ‖ ˅**strombrenner** *m* / nozzle mixing burner ‖ ˅**strom-Wärmeaustauscher** *m* / countercurrent heat exchanger ‖ ˅**stück** *n*, -stutzen *m* (Rohrleitung) / crosspiece o. joint, cross, four-way junction o. piece ‖ ˅**tisch**, -supporttisch *m* (Wzm) / compound table, cross table ‖ ˅**tisch** *m* (Opt) / mechanical stage, stage with X and Y movements ‖ ˅**tisch** *m* (allg) / compound table ‖ ˅**tür**, Vierfüllungstür *f* / four panelled door

Kreuzung *f* (Bahn, Straßb) / intersection ‖ ˅ (allg, Biol, Verkehr) / crossing ‖ ˅ (Weichenteil) / crossing (track) ‖ ˅ (Straßb) / cross roads *pl*, crossing ‖ ˅ (Bahn) / railway crossing ‖ ˅ **elektrischer Leitungen** / wire transposition ‖ ˅ **in Kleeblattform** (Straßb) / cloverleaf ‖ ˅ **mit einer Fernleitung** (Bahn) / traverse of a power transmission line ‖ ˅ **mit Vorfahrt von rechts** / intersection with right of way from the right ‖ ˅ **von Eisenbahn und Straße** / bridge crossing ‖ ˅ **zweier Rohrleitungen mit Verbindungsstelle** / intersection of two ducts ‖ ˅ **zweier Rohrleitungen ohne Verbindungsstelle** / cross-over of two ducts ‖ ˅ **zweier verschieden gekrümmter Gleise** (Bahn) / diamond crossing with one track curved, curved diamond ‖ ˅ **zweier Züge** / crossing of two trains

Kreuzungs·abstand *m* (Elektr, Fernm) / transposition step, crossing step ‖ ˅**abstand** *m* (Kinematik) / common perpendicular between axes ‖ ˅**abstand** *m* **der Flankenlinien**, Hüllkreisradius *m* (Zahnrad) / offset of tooth trace ‖ ˅**bauwerk** *n*, Gleisüberführung *f* (Bahn) / fly-over, overbridge ‖ ˅**drehscheibe** *f* / two-way turntable ‖ ˅**ebene** *f* (Schneckengetriebe) / mid plane ‖ ˅**herzstück** *n* (Bahn) / diamond, frog ‖ ˅**isolator**, Doppelisolator *m* (Fernm) / transposition insulator ‖ ˅**mast** *m* (Elektr) / transposition tower ‖ ˅**muffe** *f* (Elektr) / crossing box o. sleeve ‖ ˅**punkt** *m* / crossing point ‖ ˅**punkt** *m*, Knotenpunkt *m* (Bahn) / point of intersection ‖ ˅**stange** *f* (Fernm) / transposition pole ‖ ˅**stelle** *f* / intersection ‖ ˅**stelle** *f* (Kabel) / pick ‖ ˅**stück** *n* (Bahn, Weichenteil) / obtuse crossing (part of a switch gear) ‖ ˅**-Überführungsmast**, -ständer *m*, -stange *f* (elektr Leitung) / crossing pole ‖ ˅**verlegung** *f* (Bahn) / switching-over of a train ‖ ˅**weiche** *f* / slip (a kind of switch) ‖ **[doppelte]** ˅**weiche** (Bahn) / double slip ‖

˅**winkel** *m*, -verhältnis *n* (Bahn) / angle of crossing ‖ ˅**winkel** *m* (Schere, Wzm) / angle of shear blades ‖ ˅**winkel** *n* (Kybernetik) / angle between axes ‖ ˅**winkel** *m* (Kurssteuerung) / drift angle

Kreuz·verband *m* (Bau) / cross bond ‖ ˅**verband** *n* (Stahlbau) / cross stay ‖ ˅**verschraubung** *f* (Rohr) / cross union ‖ ˅**verspannung** *f* / diagonal bracing ‖ ˅**verstrebter Dachstuhl** (Bau) / scission o. scissors truss ‖ ˅**verzapfung** *f* (Zimm) / cross joint ‖ ˅**wasserwaage**, -libelle *f* / pair of spirit levels at right angle ‖ ˅**weben**, Weben *n* mit gekreuzter Kette / crossing, cross-weaving

kreuzweise / crosswise ‖ ˜ *adv*, querdurch / obliquely ‖ ˜ **Anordnung** (o. Schichtung) (Laminat) / crossbanding ‖ ˜ **geschichtet** (Schichtstoffe) / cross-laminated ‖ ˜ **geschichteter Kunststoff** / cross[wise] laminate ‖ ˜ **schraffieren** (Zeichn) / crosshatch ‖ ˜ **Überprüfung** (Informatik) / cross-check

Kreuz·werk *n*, Trägerrost *m* (Stahlbau) / grillage, grid ‖ ˅**wickel** *m pl* (Textil) / cheeses *pl*, cheese cones *pl* ‖ ˜**wickeln**, -spulen (Textil) / cross-wind *v* ‖ ˅**wicklung** *f*, -wickel *m* (Textil) / crosswinding ‖ ˅**wicklung** *f* **mit konstanter Steigung** / constant pitch cross winding ‖ ˅**zangen** *f pl*, -gurtung *f* (Zimm) / diagonal ties *pl* ‖ ˅**zapfen** *m* (Masch) / cross pin ‖ ˅**zapfen** *m* (Zimm) / double halved joint ‖ ˅**zapfen** *m* (Tischl) / double halved tenon ‖ ˅**zaun** *m*, Jägerzaun *m* / lattice-work fence, trellis-work fence ‖ ˅**zeichen**, Kreuz *n* (Buch) / cross, dagger, obelisk, obelus ‖ ˅**zeiger** *m* / crosspointer

Kribbe *f*, Buhne *f* (Wassb) / groin

Kriechdehnung *f* / creep

kriechen, schleichen / crawl ‖ ˜, allmählich sich verformen (Werkstoff) / creep *v* ‖ ˜, zusammenlaufen (Email, Fehler) / crawl ‖ ˅ *n* (allg) / creeping, creep ‖ ˅ (Elektr) / creeping ‖ ˅ (Metall) / creep, crawling ‖ ˅ (Sperrstrom, Halbl) / creep ‖ ˅, plastisches Fließen / plastic flow ‖ ˅ **des Gummis** / creep under load ‖ ˅ **des Reifens auf der Felge** / creep of the tyre on rim (GB), tire slippage (US) ‖ ˅ **unter Zugbeanspruchung** / creep under tensile stress

kriechend·er Zehnerübertrag / crawl tens transfer mechanism

Kriech·erholung *f* / creep recovery ‖ ˅**festigkeit** *f* / resistance to creep, creep resistance ‖ ˅**gang** *m* (Kfz) / crawling o. creep speed, extra slow speed ‖ ˅**gang** *m* (Winde) / creep speed (winch) ‖ ˅**geschwindigkeit** *f* (Mech) / creep rate ‖ ˅**geschwindigkeitsgrenze** *f* / creep rate limit ‖ ˅**grenze** *f* / creep limit ‖ ˅**grenze** *f* (Elektr) / creep current initiation limit ‖ ˅**hohlraum** *m* (Sintern) / creep cavity ‖ ˅**knicken** *m* (Mech) / creep buckling ‖ ˅**spur** *f* (Straßb) / creeper lane, crawlway, truck climbing lane (US) ‖ ˅**spur** *f* (Elektr) / creep current trace ‖ ˅**spurbildung** *f* (Elektr) / tracking of leak current ‖ ˅**stabilität** *f* (Mech) / creep stability ‖ ˅**strecke** *f* (Elektr) / creep[age] o. leakage distance o. path ‖ ˅**strom** *m* (Elektr) / leak o. tracking current ‖ ˅**stromeinsatzgrenze** *f* (Elektr) / track current initiation limit ‖ ˜**stromfest** (Elektr) / creep o. track resistant, nontracking ‖ ˅**stromfestigkeit** *f* (Elektr) / creep o. tracking resistance ‖ ˅**strom-Sicherheitsausschalter** *m* (Elektr) / leak current protective switch ‖ ˅**verformung** *f* / strain in creep ‖ ˅**verhalten** *n* (Mech) / flow properties *pl* ‖ ˅**verhalten** *n* (Hütt) / creep characteristics *pl* ‖ ˅**verlust**, Streuverlust *m* (Elektr) / leakage, parasitic loss ‖ ˅**verluste haben** (Elektr) / leak *v* ‖ ˅**weg** *m*, -strecke *f* (Elektr) / creep[age] o. leakage distance o. path ‖ ˅**weg** *m* (zu Erde o. einem Leiter) / leak ‖ ˅**wegbildung** *f* (Elektr) / tracking ‖ ˅**wegbildung** *f* **durch Funkenüberschlag** / spark tracking ‖ ˅**wegbildung** *f* **durch Verunreinigungen** / deposit tracking ‖ ˅**wegverlängerung** *f* / insulation barrier ‖ ˅**wirkung** *f* (Mat Prüf) / plastic action ‖ ˅**zahl** *f* (Beton) / creep value

Kriegs·ausführung *f* / war grade ‖ ˅**fahrzeuge** *n pl* / war craft ‖ ˅**industrie** *f* / war industry ‖ ˅**material** *n*, -gerät

n / materiel (with an E representing Military Material), war material
Krill n (Zool) / krill
Krimmer[stoff] m / karakul fabric, imitation astrakhan
Krimp... s. auch Krumpf...
krimpen, einlaufen lassen (Textil) / shrink ‖ ~, netzen (Tuch) / wet, moisten, steam, sponge
Krimp·fähigkeit f (Wolle) / felting property ‖ ~**frei** / thoroughly shrunk, nonshrink... ‖ ~**freimachen** n (Textil) / nonshrink finishing ‖ ~**kraft** f (Wolle) / cockling power, crimping elasticity
Krippe f (Landw) / crib
Krippenwehr n (Hydr) / dike formed by two rows of piles
Krippmaschine f (Drahtgeflecht) / crimper, crimping machine
Krispelholz n (Gerb) / crimping board, pommel
krispeln (auf der Narbenseite), narben (Leder) / grain, board ‖ ~ (auf der Fleischseite) (Gerb) / bruise ‖ **[nach 4 Quartieren]** ~ (Gerb) / cripple
Kristall m (Min) / crystal ‖ ~, Quarzkristall m / quartz crystal, QC ‖ ~..., piezoelektrisch (Lautspr, Mikroph) / crystal..., piezo[electric] ‖ ~ **für Frequenzen unter 500 kHz** / CT-cut crystal ‖ **[fertig bearbeiteter]** ~ / piezoid ‖ **fester** ~ / crystalline solid ‖ ~**achse** f / crystallographic o. crystal axis ‖ ~**anisotropie** f / crystal anisotropy ‖ ~**anordnung** f / crystal texture ‖ **regellose** ~**anordnung** / crystallographic disorder ‖ ~**anschuß** m, -bildung f / crop of crystals ‖ ~**bau** m / crystal[line] structure ‖ ~**baufehler** m / crystal defect o. dislocation o. imperfection, crystal disorder ‖ ~**berechnung** f / crystallographic notation ‖ ~**bild**, Kristallogramm n / crystallogram, crystal pattern ‖ ~**bildung** f / crystallization, crystallizing ‖ ~**bildung**, Körnung f (Zuck) / granulation, crystallization ‖ ~**bildungspunkt** m (Zuck) / granulation pitch ‖ ~**chemie** f / crystal chemistry
Kriställchen, Glitzerchen n (Email, Fehler) / shiner
Kristall·detektor m (Elektronik) / crystal detector o. rectifier ‖ ~**diode** f / crystal diode ‖ ~**-Dislokation** f / crystal dislocation ‖ ~**druse** f / cluster crystal ‖ ~**eis** n / crystal ice, transparent ice ‖ ~**elektrisch** / crystallo-electric ‖ ~**erholung** f (Hütt) / crystal recovery o. regeneration ‖ ~**erholungstemperatur** f (Hütt) / [crystal] regeneration temperature ‖ ~**feuchtigkeit** f (Krist) / crystalline o. vitreous humor ‖ ~**filter**, Quarzfilter n (Elektronik) / crystal o. quartz filter ‖ ~**fläche** f / crystal face o. plane, facet ‖ ~**form** f / crystalline form ‖ ~**förmiger Zustand** / crystalline state ‖ ~**fuß** m (Zuck) / pied-de-cuite, seed ‖ ~**geometrie** f / crystal geometry ‖ ~**gitter** n / molecular o. crystal lattice, crystal grating ‖ ~**gitterbeeinflussung** (Atom, Nukl) / crystal effect ‖ ~**[glas]**, Bleikristall n / lead crystal, potassium lead crystal o. glass ‖ ~**glas**, geschliffenes Glas / cut glass ‖ **böhmisches** ~**glas** (Glas) / lime crystal ‖ ~**glaswaren** f pl / crystal glass ware ‖ ~**grenze** f / crystal junction ‖ ~**grenzlinie** f / crystal junction line ‖ ~**habitus** m / crystal habit
kristallin, kristallinisch / crystalline ‖ ~**e Flüssigkeit**, Flüssigkristall m / anisotropic liquid, liquid crystal ‖ **[kubisch]** ~**es Bornitrid**, CBN f / crystalline boron nitride, CBN ‖ ~**-blättrig** (Geol) / crystallophylian, foliated crystalline ‖ ~**[isch]er Bruch** / crystalline fracture ‖ ~**ischer Dolomit**, Bitterkalk m / magnesian lime [stone] ‖ ~**[isch]es Eisen** / crystalline iron ‖ ~**[isch]er Schiefer** / crystalline schist ‖ ~**ischer Schwefel** / Muthmann's sulphur
Kristallisation f, Kristallisierung f / crystallization ‖ ~ **bei der Dialyse** / percrystallization
Kristallisations·becken n **für Seesalz** / crystallizing basin for marine salt ‖ ~**differentiation** f, fraktionierte Kristallisation / fractionated crystallization ‖ ~**flüssigkeit** f (Rohrzucker) / magma ‖ ~**freudig** / easily crystallizing ‖ ~**gefäß** n, -schale f, Kristallisator m / crystallizer, crystallizing apparatus ‖ ~**geschwindigkeit**

f / speed of crystallization ‖ ~**grenze** f (Plast) / frost line ‖ ~**kern** m (allg) / crystal center ‖ ~**kern** m (Chem) / initial nucleus ‖ ~**kernbildung** f / nucleation ‖ ~**punkt** m (Paraffin) / cloud point ‖ ~**punkt** m (allg) / crystallisation point ‖ ~**wärme** f / latent heat of solidification
Kristallisator m / crystallizer ‖ ~, Kokille f (Strangguß) / mo[u]ld
kristallisierbar / crystallizable
kristallisieren vt vi / crystallize ‖ ~, in Kristall anschießen / crystallize, concrete o. shoot into crystals ‖ ~ n / crystallizing
Kristallisierschale f / crystallization basin o. dish o. pan
kristallisiert / crystallized ‖ ~**er Diamant** / crystal diamond ‖ ~**es Kupfersulfat** / brown vitriol
Kristallisierung f, -isation f / crystallization, crystallizing ‖ ~, Kristallbildung f / crop of crystals
Kristallisierungswasser s. Kristallwasser
Kristallit m (Chem) / crystallite
Kristall·kante f / crystal edge ‖ ~**keim** m / crystal nucleus ‖ ~**keim**, Impfkristall m / seed [crystal] ‖ ~**klar**, -hell (allg) / crystalline ‖ ~**klasse** f / crystal class ‖ ~**korn** n / crystal grain ‖ ~**-Korngrenze** f / crystal boundary ‖ ~**korund** m / crystal corundum ‖ ~**kunde** f / science dealing with crystals, crystallography ‖ ~**mikrophon** n / crystal microphone ‖ ~**mischer** m (Mikrowellen) / crystal mixer ‖ ~**modulator** m (Elektronik) / frequency changer crystal ‖ ~**morphologie** f / crystal morphology ‖ ~**nadel** f / needle ‖ ~**oberfläche** f / crystal surface
kristallo·blastisch (Geol) / crystalloblastic ‖ ~**chemisch** / crystal-chemical
Kristallode f (Halbl) / crystallode
Kristallofen m / crystal oven
Kristallografie f / crystallography
kristallografisch / crystallographic ‖ ~**e Analyse** / crystal analysis ‖ ~**e Zone** / crystallographic zone
Kristallo·gramm, Kristallbild n / crystallogram, crystal pattern ‖ ~**id** n / crystalloid ‖ ~**lumineszenz** f / crystalloluminescence ‖ ~**metrie** f, Kristallmessung f / crystallometry
Kristall·optik f (Wissenschaft) / crystal optics ‖ ~**optiksäule** f / column of crystal elements ‖ ~**orientierung** f / crystal orientation ‖ ~**ose** f (Chem) / crystallose ‖ ~**oszillator**, -schwinger m / crystal oscillator ‖ ~**perlwand**, Perlwand f (Phot) / lenticular o. lenticulated screen, beaded screen ‖ ~**physik** f / crystal physics ‖ ~**-Pickup** m (Phono) / crystal pick-up ‖ ~**plättchen** n / crystal wafer o. platelet ‖ ~**resonator** m / piezoelectric quartz o. resonator ‖ ~**sägen** n, Waferschneiden n / wafering, wafer slicing ‖ ~**salz** n / crystallized salt ‖ ~**säure** f / fuming sulfuric acid of high strength forming a crystalline solid ‖ ~**schwinger**, -oszillator m / crystal oscillator ‖ ~**seigerung**, Mikroseigerung f (Hütt) / cored solid solution, coring, minor segregation, microsegregation ‖ ~**soda** f / washing soda (GB) ‖ ~**spektrometer** n / crystal spectrometer ‖ ~**spektroskopie** f / crystal spectroscopy ‖ ~**spiegelglas** n / polished plate glass ‖ ~**stärke** f, native Stärke / crystal starch ‖ ~**steuerung**, Quarzsteuerung f (Elektronik) / crystal drive ‖ ~**struktur** f / crystal[line] structure ‖ ~**struktur-Analyse** f / crystal analysis ‖ ~**strukturkunde** f / science of crystalline structure ‖ ~**symmetrieebene** f / crystallographic plane ‖ ~**system** n / crystal system ‖ ~**tonabnehmer** m / crystal o. piezoelectric pickup v ‖ ~**tuff** m / unconsolidated crystal tuff ‖ ~**violett**, Gentianaviolett n (Färb) / cryptol o. crystal violet ‖ ~**wachstum** m / crystal growth ‖ **das** ~**wachstum hemmen** (Hütt) / dope v, inhibit grain growth ‖ ~**wasser** n / water of constitution, of crystallization, of hydration, constitutional water ‖ **das** ~**wasser austreiben** / calcine ‖ ~**würfel** m pl (Zuck) / granulated sugar cubes pl ‖ ~**zähler** m (Nukl) / crystal counter ‖ ~**ziehapparat** m / crystal puller ‖ ~**ziehen** n / crystal

pulling o. growing ‖ ⁓ziehen *n* aus schwimmender Zone / float zone refining ‖ ⁓zucker *m*, -raffinade *f* / crystal sugar ‖ ⁓-Zwilling *m*, Doppelkristall *m* / twin

Kriterium, Kennzeichen *n* / criterion

Kritikalität *f* (Nukl) / criticality

Kritikalitäts·daten *pl* / criticality data *pl* ‖ ⁓sicherheit *f* / [nuclear] criticality safety

kritisch (allg, Nukl) / critical ‖ ⁓, entscheidend / crucial ‖ ⁓e Abkühlungsgeschwindigkeit (Hütt) / critical cooling rate ‖ ⁓e Abmessung (Wellenleiter) / broad dimension ‖ ⁓e Anodenspannung (Magnetron) / cut-off voltage ‖ ⁓e Anordnung (Nukl) / critical assembly ‖ ⁓er Anstellwinkel (Luftf) / critical angle of attack, angle of stall ‖ ⁓er Ausfall / critical failure ‖ ⁓er Bereich (Math) / critical range ‖ ⁓er Bereich (Hütt) / critical interval ‖ ⁓e Beurteilung / criticism ‖ ⁓e Drehzahl (Motor) / critical speed ‖ ⁓er Druck (Phys) / critical pressure ‖ ⁓es Element / critical item ‖ ⁓er Entmischungspunkt (Nukl) / plait point ‖ ⁓es Experiment (Nukl) / critical experiment ‖ ⁓ fehlerhaft (Qual Pr) / critical defective ‖ ⁓e Fließgeschwindigkeit / critical flow ‖ ⁓e Frequenz, Grenzfrequenz *f* / cutoff o. cutting-off frequency ‖ ⁓e Geschwindigkeit (zwischen laminarer u. turbulenter Strömung) (Hydr) / critical velocity ‖ ⁓e Geschwindigkeit (Wasserflugz) / hump speed ‖ ⁓e Geschwindigkeit (Luftf) / never-exceed velocity, VNE, V$_{ne}$ ‖ ⁓e Geschwindigkeit (Nukl) / critical speed ‖ ⁓e Gitterspannung / critical grid voltage ‖ ⁓e Gleichung / critical equation, pile equation ‖ ⁓e Größe (Reaktor) / critical size ‖ ⁓e Härtegeschwindigkeit / critical quenching speed ‖ ⁓e Höhe, Volldruckhöhe *f* (Luftf) / critical height ‖ ⁓e Induktion (Magnetron) / critical magnetic field ‖ ⁓e Konzentration (Nukl) / critical concentration ‖ ⁓es Kornwachstum (Hütt) / critical grain growth ‖ ⁓er Lastpunkt, Spitzenlastpunkt *m* (Reaktor) / hot spot ‖ ⁓e Lösungstemperatur / critical solution temperature ‖ ⁓e Machzahl, MNE, M$_{ne}$ / maximum permissible indicated Mach number, Mne (never exceed) ‖ ⁓es Magnetfeld (Supraleitung) / critical field [strength] ‖ ⁓er Mangel (Qual.Kontr) / critical defect ‖ ⁓e Masse, kritische Menge (Nukl) / critical mass, crit. ‖ ⁓e Massenordnung (Nukl) / critical assembly ‖ ⁓e Mizellenbildungskonzentration (Tenside) / critical micelle concentration, CMC ‖ ⁓e Parabel (Magnetron) / cut-off parabola ‖ ⁓er Punkt (Phys) / critical point ‖ ⁓er Punkt, Umwandlungspunkt *m* (Hütt) / transformation point ‖ ⁓e Reaktion (Nukl) / self-sustained reaction, critical reaction ‖ ⁓e Schichthöhe (Nukl) / critical layer ‖ ⁓e Schubspannung / critical shear stress ‖ ⁓e Schwingungszahl, Grenzfrequenz *f* (Bau, Masch) / critical frequency ‖ ⁓e Spannungssteilheit (Halbl) / critical rate of rise of off-state voltage ‖ ⁓e Sprungfrequenz (Wellenfortpflanzung) / zero skip frequency ‖ ⁓es Stadium (Nukl) / critical condition o. state ‖ ⁓e Stellungnahme / comment, -s [on] *pl* ‖ ⁓e Steuerungs-Umkehrgeschwindigkeit (Luftf) / reversal speed ‖ ⁓e Stromdichte (Galv) / critical current density ‖ ⁓e Stromsteilheit (Halbl) / critical rate of rise of on-state current ‖ ⁓e Temperatur, Umwandlungstemperatur *f* (Hütt) / critical transformation temperature ‖ ⁓e Temperatur (Plasma) / critical temperature ‖ ⁓e Überhitzung o. Wärmestromdichte, DNB (= departure from nucleate boiling) (Nukl) / departure from nucleate boiling, DNB, critical heat flux ‖ ⁓er Überhitzungsgrad (Raumf) / danger point of overheating ‖ ⁓e Verformung (Stanz) / critical deformation ‖ ⁓es Volumen / critical volume ‖ ⁓er Weg (Netzplan) / critical path ‖ ⁓e Wellenlänge, Grenzwellenlänge *f* / critical wavelength ‖ ⁓ werden (Nukl) / go critical, diverge ‖ ⁓er Widerstand für die Selbsterregung (Elektr) / critical build-up resistance ‖ ⁓er Zustand / critical state o. condition ‖ ⁓er Zylinderdurchmesser (Nukl) / minimum critical infinite

cylinder ‖ ⁓e-Pfad-Methode *f* / critical path method, CPM

Kritischwerden *n* (Reaktor) / divergence, going critical

Kritizität *f* (Nukl) / criticality

Kritizitäts·-Näherung *f* / approach to criticality ‖ ⁓sicherheit *f* / nuclear criticality safety

Kröhnkit *m* (Min) / kröhnkite

Krokodilklemme *f*, Krokoklemme *f* / [crocodile] clip, alligator clip

Krokoit *m*, Rotbleierz *n* (Min) / crocoite, crocoisite

Krokydolith *m* (Min) / crocidolite, krokidolite

Krollhaar *n* / curled hair

Kroll-Verfahren *n* (Met) / Kroll's process

Kromekoteverfahren *n* (Pap) / cast coating

Kronbalken *m* (Tunnel) / crown bar

Krone *f* / cap, top ‖ ⁓, Kamm *m* (Damm) / crest of dam ‖ ⁓, Kappe *f* (Bau) / crown, crest ‖ ⁓ (Forstw) / crown ‖ ⁓ (Uhr) / button of a watch, winding button ‖ ⁓ der Mauer, Mauerkrone *f* / crest o. crowning o. top of a wall, cap[p]ing, coping

Kröneleisen, Gradiereisen *n* (Steinmetz) / patent pick o. axe

Krönelhammer *m* / bushhammer

kröneln (Steine) / bushhammer *v*

Krönelwalze *f* (Zement) / roughing roller

Kronen·anschlag *m* (Uhr) / click ‖ ⁓armatur *f* / top fitting ‖ ⁓block *m* (Öl) / crown block ‖ ⁓bohrer *m* / annular bit, crown bit o. drill ‖ ⁓bohrer, Kreuzbohrer *m* / square bit ‖ ⁓brenner, Ringbrenner *m* / ring o. boiling burner ‖ ⁓bruch *m*, Kappsturz *m* (Deich) / crest rupture ‖ ⁓buchse *f* (Uhr) / sleeve for crowns ‖ ⁓dach *n* (Bau) / crown-tile roof ‖ ⁓durchmesser *m* (Mutter) / diameter of crown ‖ ⁓gestell *n* (Drahtz) / uncoiling device ‖ ⁓kapsel *f*, Kron[en]kork *m* (Brau) / crown cap, crown [cork] ‖ ⁓korköffner *m* / bottle opener ‖ ⁓mutter *f* / castel[lated] nut ‖ ⁓mutter *f* mit eingepreßter Krone / hexagon castle nut ‖ ⁓rad *n* / contrate gear ‖ ⁓radsatz *m* / contrate gear pair ‖ ⁓schalter *m* / multi-circuit o. -break switch, triple-movement o. electrolier (US) switch ‖ ⁓schleifstein *m* / face grinding wheel ‖ ⁓überlappter Reifen (Kfz) / crown overlap tire ‖ ⁓ventil *n* / bell-shaped valve ‖ ⁓ventil (Dampfm) / cup valve ‖ ⁓winkel, Scheitelwinkel *m* (Reifen, Kfz) / crown angle

kron·förmige Bohrerschneide / across bit ‖ ⁓glas *n* (Opt) / crown glass, soda-lime glass, optical crown ‖ ⁓glas *n* (Opt) / optical crown ‖ ⁓leuchter, Lüster *m* / luster, chandelier *m* / crown chandelier ‖ ⁓rad *n* (Uhr) / wheel with contrate teeth ‖ ⁓säge *f* / annular o. crown o. drum saw ‖ ⁓schwelle *f* (Hydr) / ridge beam

Kropf *m* (Holz) / canker[ous growth] ‖ ⁓achswelle *f* (Bahn) / crank[ed] axle ‖ ⁓eisen *n*, Wolf *m* (Bau) / devil's claw

kröpfen / bend at right angles ‖ ⁓ (Draht) / crimp wires

Kröpfgitter *n* (Draht) / crimped screen

Kropfloch, Keil-, Klammerloch *n* (Steinmetz) / lewis o. sling hole

Kröpf·maschine *f*, Kröppmaschine *f* (Draht) / crimping machine ‖ ⁓rad *n*, Kröpprad *n* (Draht) / crimp wheel ‖ ⁓radschwinge *f* / crimp wheel connecting rod ‖ ⁓radwelle *f* (Kröpfmasch) / crimp wheel shaft ‖ ⁓schnittschlauch *m* für Säcke / notched end tube for sacs

Kropfstück *n*, Krümmling *m* (Treppengeländer) / string wreath

Kröpfung *f* (Bau) / corner moulding ‖ ⁓ (Masch) / right-angle bend ‖ ⁓ (Drehbank) / gap ‖ einseitige ⁓ der Leitung (Elektr) / offset [bend] of conduit

Kröpfungs·bogen *m* (Elektr) / saddle bend of a conduit ‖ ⁓zapfen *m* (aus der Welle herausgefräster Kurbelzapfen) / wobble crank

Kröpfwalze *f* / joggling roll

Kröpp... s. Kröpf...

kröseln, mit dem Krösel abbrechen (Glas) / crumble off, shape the edges of glass

Kröselzange f (Glas) / glazier's pliers pl, shranks pl
Krozin n (gelber Safranfarbstoff) / crocine
Krücke f, Rohrstütze f / bracket, support for pipes ‖ ⁓ (Brau) / oar, rake
Krückenisolator, Nasenisolator m (Elektr) / line insulator, raker o. spur insulator
Krullwolle, Filzwolle f (Textil) / furs pl
Krümel m, Bröckelchen n / crump, scrap, bit ‖ ⁓**egge** f (Landw) / pulverizer [harrow] ‖ ⁓**gerät** n, Krümler m (Landw) / clod breaker, rotary tiller
Krümeligkeit f (Boden) / tilth
krümeln / granulate sinter mix
Krümelwalze f (Landw) / roller tiller
krumm, gebogen / bent, crooked ‖ ⁓, fehlerhaft / crooked, cambered, contorted, deviated ‖ ⁓, verworfen / warped ‖ ⁓ (Straße) / winding, tortuous, meandering ‖ ⁓**e Fläche** / curved surface ‖ ⁓**e Linie**, Kurve f / curve[d] line ‖ ⁓ **stehen**, nicht Linie halten (Buch) / be broken, ride ‖ ⁓**er Strang** (Bahn) / deflecting section of a switch ‖ ⁓ **werden**, sich krümmen (Holz, Metall) / buckle, warp ‖ **unregelmäßig** ⁓ / contorted, crooked
krümmen, biegen / bend, bow, crook, curve ‖ ⁓ (sich) / deflect, become arched ‖ ⁓ n / bending, flection, flexion (GB) ‖ ⁓, Verziehen n / buckling ‖ ⁓, Werfen n (Holz) / casting, warping ‖ **sich** ⁓ / bend ‖ **sich** ⁓ **o. verziehen** (Holz, Metall) / buckle, warp, get warped, cast, twist
Krümmer m / knee, angle, elbow ‖ ⁓ (Kfz) / manifold ‖ **90⁰** ⁓ (Rohr) / quarter bend, elbow
Krumm·holz n, krummgewachsenes Holz / arched o. bent o. crooked o. curved timber, compass timber ‖ ⁓**holzkiefer**, Latsche f / knee pine (pinus montana pumilio) ‖ ⁓**holzöl** n / dwarf pine oil, templin oil
Krümmling m, Kropfstück n (Treppengeländer) / string wreath
krumm·[linig], gekrümmt / curved ‖ ⁓**linig [begrenzt]** / curvilinear, -lineal ‖ ⁓**linige Bewegung** / curvilineal motion ‖ ⁓**linige Koordinaten** f pl / curvilinear coordinates pl ‖ ⁓**-Messer** / slanting knife
Krümmung f (allg, Straßb) / bend, curvature, curve ‖ ⁓ (Bau) / coving ‖ ⁓ **der Platten** (Akku) / buckling of plates ‖ ⁓ **des Raumes** / space curvature ‖ ⁓ **in Hakenform** / aduncity ‖ ⁓ **längs u. quer** (Holz, Fehler) / disk, dish ‖ ⁓ **von Glimmer** / buckle of mica ‖ **ebene** ⁓ (unter Last) / deflection (US), deflexion (GB) ‖ **langgestreckte gewundene** ⁓, Windung f / sweep ‖ **leichte** ⁓ / slight bend, camber ‖ **scharfe** ⁓**en** f pl, Haarnadelkurven m pl (Straßb) / sharp bends o. turns pl ‖ **untere** ⁓ **der Anodenstromkennlinie** / anode bend, bottom bend
Krümmungs·abweichung f (Bau) / curvature deviation ‖ ⁓**bewegliche Lokomotive** (Bahn) / articulated engine ‖ ⁓**halbmesser** m, -radius m / radius of curvature ‖ ⁓**kreis**, Schmiegkreis m / osculatory circle, circle of curvature ‖ ⁓**mittelpunkt** m / center of curvature ‖ ⁓**radius**, -halbmesser m / radius of curvature, bend[ing] radius ‖ ⁓**radius** m **der Fußausrundung** (Getriebe) / root fillet radius ‖ ⁓**reichtum** m (Straße) / tortuousness ‖ ⁓**winkel** m / bend angle
krumpeln (Textil) / crumple v, crease, rumple, wrinkle
krumpen, sich verziehen (Web, Fehler) / draw vi
krumpf·echt, -frei, -fest (Textil) / resistant to shrinking o. shrinkage, shrinkproof, shrink-resisting, nonshrinking ‖ ⁓**echt-Ausrüstung** f / shrinkproof finish, non-shrink finish, shrink-resist finish ‖ ⁓**echtheit** f (Textil) / unshrinkability ‖ ⁓**einrichtung** f (Textil) / shrinking device
krumpfen, eingehen (Textil) / shrink, cockle ‖ ⁓ n (Textil) / shrinking, shrinkage
Krumpf·kraft f (Textil) / shrinking potential ‖ ⁓**maß** n, Speicherverlust m / shrinkage loss
Krumpfungsmeßgerät n / shrinking measuring device
Krüppel·walm m, Halbwalm m (Bau) / partial hip end ‖ ⁓**walmdach** n (Bau) / false o. half o. partial hip roof

Krupp-Rennverfahren n / Krupp direct reduction process
Kruskalgrenze f (Nukl) / Kruskal limit
Kruste, Rinde f / crust ‖ ⁓, Ansatz m / crust, incrustation, deposit ‖ ⁓ (Gieß) / [casting] skin ‖ **die** ⁓ **entfernen** / scale ‖ **eine** ⁓ **bilden** vt / cake vt, encrust, incrust ‖ **eine** ⁓ **bilden** vi / incrust vi, encrust vi
Krustenbildung f / incrustation
Kryo·dessikation f, Gefriertrocknung f / cryodesiccation ‖ ⁓**elektrizität** f / cryoelectricity ‖ ⁓**-Elektronenlinse** f / superconducting electron lens
kryogen / cryogen ‖ ⁓ n **gekühltes Infrarot-Interferometersystem** / cirris, cryogen infrared radiance interferometer system ‖ ⁓**er Kreisel** / cryoscopic gyro ‖ ⁓**er Treibstoff** (Raumf) / cryogenic [fuel]
Kryo·genik f / cryogenics sg ‖ ⁓**hydrat** n, eutektische Sole / cryohydrate ‖ ⁓**hydratischer Punkt** / cryohydric point ‖ ⁓**kabel** n / cryogenic cable ‖ ⁓**lith** m (Min) / cryolite, Greenland spar ‖ ⁓**meter** n / cryometer ‖ ⁓**phil** / cryophilic ‖ ⁓**physik** f / cryophysics ‖ ⁓**plankton** n (auf Schnee gedeihendes Plankton) / cryoplankton ‖ ⁓**pumpe** f / cryogenic pump, cryopump ‖ ⁓**pumpen** / cryogenic pumping, cryopumping ‖ ⁓**punkt** m / cryohydric point ‖ ⁓**sar** m (schnelles Germaniumschaltelement) / cryosar ‖ ⁓**skopie** f (Methode der Molekulargewichtsbestimmung) / cryoscopic method, cryoscopy, freezing point method ‖ ⁓**skopisch** (Chem) / freezing, cryoscopic ‖ ⁓**speicher** m (Elektronik) / cold store ‖ ⁓**stat** m / cryostatic temperature regulator ‖ ⁓**-Sublimationsfalle** f / cryo-sublimation trap, CST ‖ ⁓**technik** f / cryotechnics ‖ ⁓**trapping** n / cryogenetic trapping, cryotrapping ‖ ⁓**trapping** n / cryotrapping ‖ ⁓**tron** n (Tieftemperatur-Schaltelement) (DV) / cryotron ‖ ⁓**tronik** f, Tieftemperatur-Elektronik / cryotronics ‖ ⁓**tronspeicher** m (DV) / cryoelectric memory
Kryptanalysis f (Entziffern von Codes) / cryptanalysis ‖ ⁓**-Spezialist** m (Geheimcode) / cryptanalyst
krypto·kristallin / cryptocrystalline ‖ ⁓**logie** f (Geheimschriftlehre) / cryptology ‖ ⁓**logisch** / cryptological ‖ ⁓**melan** m / cryptomelane
Krypton n, Kr (Chem) / krypton, Kr
Kryptonat n (Chem) / cryptonate
Krypton·linie f (Spektrum) / krypton line
Krypto·-Radikal-Mechanismus m (Chem) / crypto-radical mechanism ‖ ⁓**skop** n (Fluoroskopie) / kryptoscope
Krystal-Fließbett-Kristallisator m / Krystal o. Oslo crystallizer
KS s. Küstenschnellboot
K-Säure f (Färb) / K-acid
K-Schirm m (Radar) / K-display
K-Schirmbild n (Radar) / K-scope
K-Serie f (Nukl) / K-series
KS-Kondensator m (K = Kunststoff, S = Polystyrol) / polystyrene-film dielectric capacitor, polystyrene-foil capacitor
KS-Öl n, Korrosionsschutzöl n / slushing oil
KSP (Keram) = Kegelschmelzpunkt ‖ ⁓ (DV) = Kernspeicher
K-Stiel m, doppelt gegabelte Strebe / K-strut, double forked strut
K-Stück n, Muffenbogen m / standard socket and spigot bend
kT, spezifische Rauschleistung / kT, noise power per 1 Hz bandwidth
KT-Kondensator m (K = Kunststoff, T = Polyterephthalsäureester) / polyethyleneterephthalate film dielectric capacitor
kton-Sprengkraft f (entspr. 1000 tons TNT) (Nukl) / kiloton
Ku-Band n (15,4-15,7 GHz) (Radar) / Ku-band (15.4-15.7 GHz)
Kubanit, Chalmersit m (Min) / cubanite
Kubatur, Raumausmittelung f / cubature, cubage, cubing

Kübel *m* / tub, bucket ‖ ✦, Eimer *m* / pail, bucket ‖ ✦ (Kabelkran) / skep, bucket ‖ ✦ **des Kratzers** (Bau) / bowl of the scraper ‖ ✦ **für Berge** (Bergb) / debris kibble ‖ ✦ **zum Wasserziehen** (Bergb) / kettle, bucket ‖ ✦ *f* **zur Begichtung** (Hütt) / charging bucket (US) o. basket, skip ‖ ✦**aufzug** *m* (Hütt) / bucket conveyor o. elevator ‖ ✦**bahn** *f* **für Beton** / monorail overhead bucket transport system ‖ ✦**begichtung** *f* (Hütt) / basket o. bucket charging, tub filling (US) ‖ ✦**begichtungswagen**, Möllerwagen *m* (Hütt) / larry [car] ‖ ✦**förderung** *f*, Gefäßförderung *f* (Bergb) / skip extraction system ‖ ✦**füller**, Anschläger *m* (Bergb) / loader ‖ ✦**lader**, Ladekübel *m* (Straßb) / load legger ‖ ✦**sitz** *m* (Kfz) / tub-shaped seat, bucket seat ‖ ✦**wagen** *m* (Bahn) / bucket car ‖ ✦**wagen** *m* (Kfz) / open car without doors, jeep, rover ‖ ✦**wagen**, Kippkübel *m* (Hütt) / skip car

kubieren, in die dritte Potenz erheben (Math) / cube *v*

Kubik···, kubisch / cube… ‖ ✦**fuß** *m* (= 0,028317 m³) / cubic foot, solid foot ‖ ✦**fuß** *m* **pl je Sekunde** (Hydr) / cubic feet per second *pl*, cu.-sec., cusec, c.f.s.

Kubikfuß, 216 ✦ / fathom, 6 x 6 x 6 ft.

Kubik·inhalt *m* / cubage, volume, cubature, capacity, cubic[al] contents ‖ ✦**inhaltsberechnung** *f* / cubature, cubage, cubing ‖ ✦**maß** *n* / solid measure ‖ ✦**meter** *m* (= 35,31 cu.ft.) / cubic meter, m³ ‖ ✦**meter** *m* **umbauten Raumes** / cubic meter building volume o. walled-in space ‖ ✦**wurzel** *f*, dritte Wurzel / third o. cube root ‖ ✦**yard** *m* / cubic yard (1 cu.yd. = 27 cu.ft. = 0,764559 m³), cu.yd. ‖ ✦**zahl** *f* / cube-number ‖ ✦**zentimeter** *m* / cubic centimeter ‖ ✦**zoll** *m* (= 16,3872 cm³), Kubikinch *m* / cubic inch

kubisch, Würfel… / cubic, cubical, hexaedral ‖ ~, isometrisch (veraltet) (Krist) / cubic, isometric ‖ ~**er Ausdehnungskoeffizient** / expansion coefficient ‖ ~**es Bornitrid**, CBN / cubical boron nitride, CBN ‖ ~**er Differenztonfaktor** (Elektronik) / cubic distortion factor, cubic intermodulation factor ‖ ~ **flächenzentriert** (Krist) / cubic face centered, face-centered cubic, f.c.c. ‖ ~ **flächenzentriertes Gitter** (Krist) / face-centered cube lattice ‖ ~**e Gleichung**, Gleichung dritten Grades / cubic equation, equation of the third degree ‖ ~**e Parabel** / cubic parabola ‖ ~ **raumzentriert** (Krist) / cubic body centered, body-centered cubic, b.c.c. ‖ ~ **raumzentriertes Gitter** (Krist) / body-centered cubic lattice ‖ ~**er Salpeter** / soda nitre o. saltpetre, Chile saltpetre, nitratine ‖ ~**es System**, reguläres System, (früher:) Tesseralsystem *n* (Krist) / isometric system, cubic o. octahedral o. regular system ‖ ~**e Verzerrung** (Elektronik) / cubic distortion ‖ ~ **zentriert** (Krist) / cubically centered

Kubizierapparat *m* (Brau) / ga[u]ging apparatus

Kubus *m*, Würfel *m* / cube

Küche *f* / kitchen

Kuchen *m* (Hütt) / cake, pig ‖ ✦, Tonklumpen *m* (Keram) / loaf, cake ‖ ✦, ausgebreitetes [Roh-]material / cake, spread-out raw material ‖ ✦, Masse *f* (Kupfer) / cake

Küchen·abfälle *m pl* / kitchen waste o. slops *pl*, offal, refuse, garbage (US) ‖ ✦**abfallzerkleinerer** *m* / kitchen refuse grinder ‖ ✦**abwasser** *n* / swill ‖ ✦**beil** *n* / chopping axe ‖ ✦**block** *m*, -zelle *f* (Bau) / kitchen block o. unit ‖ ✦**gerät** *n*, -geschirr *n* / kitchen utensils *pl*, utensils *pl*, kitchen ware ‖ ✦**herd** *m* / [kitchen o. cooking] range, kitchener (GB) ‖ ✦**maschine** *f* / kitchen machine ‖ ✦**messer** *n* / kitchen knife ‖ ✦**tuch** *n* / kitchen wipe ‖ ✦**waage** *f* / household o. kitchen balance o. scales *pl* ‖ ✦**wärmegeräte** *n pl*, gewerblich / commercial catering equipment with heating elements

Kuckucksuhr *f* / cuckoo clock

Kufe, Roll-, Wiegenkufe *f* / rocker ‖ ✦ (Färb) / box, vat ‖ ✦, Gleitkufe *f* / runner, skid ‖ ✦, Küpe *f* (Färb) / vat, tub, tun ‖ ✦, Trog *m* (Textil) / beck GB, back (US), butt

Kufenfahrgestell *n* (Luftf) / skid undercarriage

Kugel *f* / ball ‖ ✦ / ball ‖ ✦, Sphäre *f* (Math) / sphere, globe ‖ ✦ (Gußeisen) / nodule, spheroid ‖ ✦ (Thermometer) / thermometer bulb o. basin o. cistern o. reservoir ‖ ✦, Geschoß *n* / bullet, ball ‖ ✦ (Leuchte) / ball lamp ‖ ✦ (Lampenschirm) / shade, globe ‖ ✦… (Fräser) / spherical ‖ ✦ **des Kugellagers** / ball ‖ **kleine** ✦ / globule, spherule ‖ **sich zu** ✦**n formen** / ball *vi*, form o. gather into balls ‖ **zu** ✦**n formen** / ball *vt*, form into balls ‖ ✦**abschnitt** *m*, -segment *m* / segment of a sphere, spherical segment ‖ ✦**achslager** *n* / ball bearing axle box ‖ ✦**antenne** *f* / isotropic o. ball antenna, unipole (US) ‖ ✦**arretierung** *f* / ball stop ‖ ✦**auflager** *n* (Brücke) / ball bearing cup ‖ ✦**aufsatz** *m* (Chem) / ball top attachment ‖ ✦**ausschnitt** *m*, -sektor *m* / sector of a sphere, spherical sector ‖ ✦**bahn** *f* (Masch) / ball transfer table ‖ ✦**ballon** *m* (Luftf) / spherical balloon ‖ ✦**behälter** *m* (Gas) / spherical gas holder ‖ ✦**blitz** *m* / globular o. globe o. ball lightning ‖ ✦**blitz** *m* / ball lightning ‖ ✦**bolzen** *m* / ball pin ‖ ✦**bolzenpfanne** *f* / ball socket ‖ ✦**büchse** *f* (Rohrverschraubung) / ball-type nipple, spherical liner ‖ ✦**bundmutter** *f* (DIN) (Kfz) / spherical collar nut ‖ ✦**charakteristik** *f* (Mikrophon) / omnidirectional characteristic

Kügelchen *n* / globule, pellet, spherule ‖ ✦, Perle *f* / bead ‖ **sich in** ✦ **auflösen** (Quecksilber) / flour *v*

Kugel·diorit *m* (Geol) / orbicular diorite ‖ ✦**dreheinrichtung** *f* / ball turning attachment ‖ ✦**[dreh]support** *m* (Wzm) / ball turning rest ‖ ✦**drehverbindung** *f* / ball bearing slewing rim ‖ ✦**dreieck** *n* / spherical triangle ‖ ✦**druckhärte** *f*, -eindruckhärte *f* / indentation hardness, ball [impression] hardness ‖ ✦**drucklager** *n* / ball thrust bearing ‖ ✦**druckprüfapparat** *m*, Brinellapparat *m* / Brinell [hardness testing] apparatus, ball thrust apparatus ‖ ✦**druckprüfung** *f*, Brinellprobe *f* / Brinell test of hardness, ball-thrust hardness test ‖ ✦**durchdrückversuch** *m* (Pap) / ball puncturing test ‖ ✦**durchgang** *m* (Pumpe) / completely free passage ‖ ✦**eindruck** *m* / ball impression o. indentation ‖ ✦**eindruck-Härteprüfung** *f* / ball-thrust test o. Brinell test of hardness ‖ ✦**eindrückung** *f* (Härteprüfung) / indentation of the ball, hollow ‖ ✦**endmaß** *n* / measuring rod with spherical ends, radial o. spherical end measuring rod ‖ ✦**evolvente** *f* / spherical involute ‖ ✦**fallhammer** *m* / ball type junking hammer, drop ball ‖ ✦**fallhärte** *f* / scleroscope hardness ‖ ✦**fallversuch** *m* (Glas) / falling-ball test ‖ ✦**fallviskosimeter** *n* / drop-ball viscometer, falling ball o. falling sphere viscometer ‖ ✦**fang** *m* (Mil) / butt, stop-butt ‖ ✦**federring** *m*, Spannscheibe *f* / curved washer ‖ ✦**flasche** *f* (Chem) / balloon flask ‖ ✦**flechtwerk** *n* (Kuppel) (Bau) / trellis dome-work ‖ ✦**form** *f* / spherical form

kugelförmig, kug[e]lig, sphärisch / spherical, globular, globulate ‖ ~, knollenförmig / bulbous, bulbiform ‖ ~, kugelig (Zementit) / spheroidized ‖ ~**e Druckhülle** (Siedewasserreaktor) / containment sphere ‖ ~**er Lagerbehälter** / spherical storage tank ‖ ~**e Schnecke** / globoidal worm gear

Kugel·fräser *m* (Wzm) / spherical cutter ‖ ✦**fräser**, -senker *m* (Wzm) / cherry ‖ ✦**frässtift** *m* / spherical bur ‖ ✦**führung** *f* / telescopic type ball bearing traveller ‖ ✦**funkenstrecke** *f* / sphere gap ‖ ✦**funktion** *f* (Math) / spherical function ‖ ✦**funktionsmethode** *f* (Nukl) / spherical harmonics method ‖ ✦**fuß** *m* (Scheinwerfer) / ball-and-socket base ‖ ✦**gefüge** *n* (Hütt) / spheroidized structure ‖ ~**gelagert** / ball-bearing… ‖ ✦**gelenk** *n* / ball-and-socket joint, globe o. socket joint ‖ ✦**gelenk** *n* (Kinematik) / spheric pair, S ‖ ✦**gelenkarm** *m* / ball jointed arm ‖ ✦**[gelenk]arm** *m* (des Reglers) / fly-ball arm ‖ ✦**gelenkkopf** *m* / self-contained cardan joint ‖ ✦**gelenk-Steckschlüsseleinsatz** *m* / universal-joint ball-type socket wrench ‖ ✦**gestalt**, -form *f* / globosity, spherical form ‖ ~**gestrahlt** / shot-blasted with steel balls ‖ ✦**gewindetrieb** *m* / ball screw ‖ ✦**gewölbe** *n* /

spherical vault ‖ **⌐glühen** n (Gieß) / spheroidizing ‖
⌐graphit m / spheroidal graphite, nodular graphite ‖
⌐graphitguß m, -gußeisen n / nodular o. nodulized
[graphite] cast iron, spheroidal graphite cast iron, SG
iron ‖ **⌐griff** m, (veraltet für:) Kegelgriff m (Wzm) / ball
handle o. lever ‖ **⌐griff-Handkurbel** f / ball handle
crank ‖ **⌐hahn** m (pl: -hahnen) / ball valve ‖ **⌐haufen**
m (Nukl) / pebble bed ‖ **⌐haufenreaktor** m / pebble-bed
reactor

kugelig, zusammengeballt / conglobate ‖ ⌐, nodular (Gieß)
/ nodular, nodulized, spherical-particled ‖ ⌐ (Zementit) /
spheroidized ‖ ⌐ s. auch kugelförmig ‖ **⌐e Absonderung**
(Geol) / spheroidal weathering ‖ **⌐es Pulver** / spherical
powder ‖ **⌐es Pulver** / globular powder, spherical
powder ‖ **⌐glühen**, Weichglühen n (Hütt) /
spheroidizing

Kugel·integrator m / ball integrator ‖ **⌐isolator** m / globe
insulator ‖ **⌐käfig**, -lagerkäfig m / ball [bearing]
retainer o. cage, ball retainer ring, cage of a ball bearing
‖ **⌐kalotte**, -schale f (Bau) / calotte shell ‖ **⌐kalotte** f
(Masch) / universal ball joint ‖ **⌐kappe**, -haube, -kalotte,
-schale f (Math) / spherical cap o. calotte ‖
⌐kappenfallschirm m / shaped parachute ‖ **⌐keil** m
(Math) / spherical cone ‖ **⌐kette** f / bead chain ‖
⌐kipplager n (Brücke) / rocking ball bearing ‖ **⌐knopf**
m (Wzm) / spherical button o. handle ‖ **⌐kocher** m (Pap)
/ spherical boiler, globe digester ‖ **⌐kolben** m (Pumpe) /
spherical piston ‖ **⌐kompaß** m / spherical glass
compass ‖ **⌐koordinaten** f pl / spherical coordinates pl
‖ **⌐kopf** m (Schreibm) / single-printing element (IBM),
spherical [type] head, golfball (coll) ‖
⌐kopf-Abspannisolator m / ball headed strain insulator
‖ **⌐kopfschreibmaschine** f / spherical head typewriter
‖ **⌐korb** m s. Kugelkäfig ‖ **⌐kreis** m (Elektronik) / bowl-
type resonator ‖ **⌐kühler** m (Chem) / Allihn o. bulb
condenser ‖ **⌐kuppe** f eines Bolzens / rounded end
[with round point] ‖ **⌐kupplung** f (Anhänger, Kfz) / ball-
shaped coupling ‖ **⌐kurbel** f (DIN 959) / ball crank

Kugellager n, -lagerung f / ball bearing, b.b. ‖ **⌐abzieher**
m / ball bearing extractor ‖ **⌐drehscheibe** f (Bahn) /
ball-supported turntable ‖ **⌐fett** n / ball bearing grease ‖
⌐freilauf m / free-wheeling with ball bearings ‖
⌐gehäuse n / ball bearing housing o. cap ‖ **⌐öl** n / ball
bearing luboil ‖ **⌐ring** m, Laufring m / ball race,
raceway of a ball bearing ‖ **⌐sitz** m / ball bearing seat ‖
⌐spindel f, kugelgelagerte Spindel / ball bearing spindle

Kugel·lagerung f / ball bearings pl ‖ **⌐längsführung** f
(Stanzgestell) / ball bearing guide bush ‖ **⌐laufrille** f s.
Kugelrille ‖ **⌐laufschiene** f / ball bearing slide ‖ **⌐lehre** f
/ ball gauge ‖ **⌐leuchte**, -lampe, Kugel f / ball lamp ‖
⌐meßband / ball measuring tape ‖ **⌐meßsystem** n
(Nukl) / Aeroball flux measuring system ‖ **⌐micell** n,
-micelle f / globe micell[e] ‖ **⌐mikrophon** n /
nondirectional microphone ‖ **⌐mikroskop** n / ball stage
microscope ‖ **⌐muffe** f / spherical sleeve ‖ **⌐mühle** f /
ball mill, ball type of mill o. crusher ‖ **⌐mühle** f (zum
Pulverisieren) / ball triturator ‖ **⌐mühle** f (mit Steinen)
/ pebble mill ‖ **⌐mühle** f (Email) / jar mill ‖ **⌐mühle** f
mit Schwerkraftentladung / gravity-discharge ball
mill ‖ **⌐mühlenpulver** n / ball milled powder ‖
⌐mutter f / ball nut ‖ **mutter-Hydrolenkung** f,
-Lenkgetriebe n / ball-and-nut-type power steering gear

kugeln, rollen vi / roll ‖ ⌐, eine Kugel durch eine Bohrung
drücken / ballize

Kugel·[ober]fläche f / spherical surface ‖ **⌐packung** f
(Krist) / sphere packing ‖ **⌐pfanne**, -bolzenpfanne,
-muffe, -schale f / ball socket o. cup ‖ **⌐pfanne** f (Opt) /
ball work pan ‖ **⌐photometer** n, Ulbrichtphotometer n /
Ulbricht sphere photometer ‖ **⌐polieren**, trommeln o.
tumbling-polish ‖ **⌐polieren**, -strahlen / peen- o. pein-
finish ‖ **⌐protein** n / globe protein ‖ **⌐rastung** f (Tischl)
/ ball catch, bullet catch ‖ **⌐reibscheibengetriebe** n
(Analogrechner) / ball-and-disk integrator ‖ **⌐reihe** f /
row of balls ‖ **⌐resolver** m (DV) / ball resolver ‖ **⌐rille**,

-spur, -laufrille f / ball [race] groove, ball track, track
of a ball bearing ‖ **⌐ring** m s. Kugellagerring ‖ **⌐rohr** n,
-röhre f (Chem) / bulb tube, tube with one o. more bulbar
enlargements ‖ **⌐rohrmühle** f / ball tube mill ‖ **⌐rolle** f
(für Möbel) / ball caster o. castor ‖ **⌐rückschlagventil**
n / ball check valve ‖ **⌐schale** f (Math) / space between
two concentric spheres ‖ **⌐schale**, -kalotte f (Bau) /
calotte shell ‖ **⌐schale** f s. Kugelpfanne ‖ **⌐schaltung** f
(Kfz) / ball-and-socket [type] gear shift[ing] ‖ **⌐scheibe**
f (eine Unterlegscheibe) / spherical disk, washer with
spherical seal ‖ **⌐schicht**, -zone f (Math) / spherical
segment between two parallel circles, spherical segment
of two bases ‖ **⌐schleifen** n / spherical grinding ‖
⌐schliff m (Glas) / spherical ground joint ‖
⌐schliffverbindung f / ground-in ball-and-socket joint
‖ **⌐schliffverbindung** f (Vakuum) / ball-and-socket joint
‖ **⌐schmiernippel** (DIN), -schmierkopf m / domed
head o. ball type lubricating nipple ‖ **⌐schnäpper** m
(Tischl) / ball catch ‖ **⌐schreiber** m / ball point pen ‖
⌐schreiber m mit hervorschiebbarer Mine /
retractable ball point pen ‖ **⌐schreiberkappe** f / cap of
ball point pen ‖ **⌐schreibermine** f / ball point pen
cartridge o. refill ‖ **⌐schwimmer** m / ball o. spherical
float ‖ **⌐segment** n / spherical segment ‖ **⌐sektor** m /
sector of a sphere, spherical sector ‖ **⌐senker**, -fräser m
(Wzm) / cherry ‖ **⌐sicher** / bulletproof ‖ **⌐sicher
machen** / bulletproof v ‖ **⌐sinter** m, Pellets n pl (Hütt,
Sintern) / pellets pl ‖ **⌐sperre** f (Tastatur) / lockball o.
wedgelock mechanism, ball lock ‖ **⌐spiegel** m /
spherical mirror ‖ **⌐spur** f, -rille f / ball [race] groove ‖
⌐spurlager m, -drucklager n / thrust ball bearing ‖
⌐stahl m / steel for ball bearing balls ‖ **⌐[stern]haufen**
m pl (Astr) / globular clusters pl ‖ **⌐stift** m (Opt) /
surfacing pin with ball point ‖ **⌐strahl** m / shot blast
with steel balls ‖ **⌐strahlen** / shot-peen ‖ **⌐strahlen** n
(Gieß) / shot peening ‖ **⌐strahler** m (Elektronik) /
isotropic source o. radiator, omnidirectional o.
spherical radiator ‖ **⌐strahlversuch** m / shot-peening
test ‖ **⌐symmetrie** f (Nukl) / spherical symmetry ‖
⌐symmetrisch / spherical-symmetrical ‖
⌐tank-Flüssiggastransporter m / methane carrier with
spherical tank(s) ‖ **⌐tisch** m (Opt) / ball stage ‖
⌐[trommel]polieren / ball-burnish, tumbling-polish ‖
⌐umlaufführung f / linear guidance system with
recirculating linear ball bearings ‖ **⌐umlauflenkung** f
(Kfz) / recirculating ball steering, ball and nut steering ‖
⌐umlaufschnecke f, -schraube f, Kugelumlaufspindel f
/ recirculating ball screw ‖ **⌐umlaufsteuerung** f /
circulating ball steering ‖ **⌐- und
Rollendrehverbindung** f / live ring ‖ **⌐ventil** n,
-verschluß m / spherical o. ball valve, globe valve ‖
⌐verschluß m (z.B. für Rohre) / spherical closure (e.g.
for pipes) ‖ **⌐walm** m (Bau) / spherical hip ‖ **⌐welle** f
(Phys) / spherical wave ‖ **⌐winkel** m (Math) / spherical
angle ‖ **⌐zapfen** m / spherical gudgeon, ball-ended
spindle, ball pivot ‖ **mit ⌐zapfen** (Schraube) / ball-
headed ‖ **⌐zapfenkipplager** n (Stahlbau) / ball jointed
rocker bearing ‖ **⌐zapfenlager** n, -schalenlager n / ball
socket bearing ‖ **⌐zementit** m / spheroidized cementite
‖ **⌐zieh-Viskosimeter** n / ball draw viscosimeter ‖
⌐zone f (Math) s. Kugelschicht ‖ **⌐zweieck** n (Math) /
[spherical] lune

Kuh·haar n / cow hair ‖ **⌐haargewebe** n / cow hair fabric
o. drugget

Kuhl, mit tiefer ⌐ (Schiff) / deep waisted

kühl / cool ‖ **⌐...** / cooling, freezing ‖ **⌐ aufbewahren!** /
keep in cool place! ‖ **⌐aggregat** n / refrigerating set ‖
⌐anlage f / cooling o. refrigerating plant ‖ **⌐apparat**,
Kühler m / cooler, cooling apparatus, refrigerator ‖
⌐apparat m, -gefäß n (Brau) / refrigerator, cooling
vessel ‖ **⌐band** n (Hütt) / cooling conveyor ‖ **⌐becken** n
/ cooling pond o. basin ‖ **⌐behälter** m / cooling tank ‖
⌐bett n (Walzw) / cooling bank o. bed ‖ **⌐blech** n /

cooling plate ‖ ⌐**container** m / cooltainer, refrigerated
o. reefer container
Kuhle f, Kolk m (Hydr) / pool, pond
Kuhleder, Kalpin n / cow leather o. hide
kühlen, abkühlen / cool [down] ‖ ~ (Glas) / anneal ‖ **mit
Wasser** ~ / water-cool v
kühl[end], Kühl… / refrigerant
Kühler m, Kühlapparat m / cooler, cooling apparatus ‖ ⌐
(Kfz) / radiator ‖ ⌐ (Chem) / condenser ‖ ⌐**abdeckung**
(DIN), (früher:) -jalousie f (zw. Kühlerverkleidung u.
Kühler) (Kfz) / radiator shutter o. damper ‖ ⌐**ablaßhahn**
m (Kfz) / radiator drain cock ‖ ⌐**auslaufstutzen** m (Kfz)
/ radiator outlet connection, drain of the radiator ‖
⌐**befestigungsband** n (Kfz) / radiator flange ‖ ⌐**block** m
(Kfz) / radiator core o. block ‖ ⌐**einlaufstutzen** m (Kfz) /
radiator inlet connection ‖ ⌐**element** m (Masch) / radiator
section ‖ ⌐**figur** f (Kfz) / radiator mascot ‖ ⌐**fuß** m (Kfz)
/ radiator bracket o. mounting ‖ ⌐**gehäuse** n, -rahmen
m (Kfz) / radiator frame ‖ ⌐**gruppe** f (Diesellok) / cooling
unit ‖ ⌐**haube** f (Kfz) / radiator cover ‖ ⌐**kern** m /
radiator core ‖ ⌐**klappe** f (Luftf) / gill ‖ ⌐**kopf** m (Kfz) /
radiator header ‖ ⌐**rahmen** m, -gehäuse n (Kfz) /
radiator frame ‖ ⌐**schutzbügel** m (Kfz) / radiator guard
‖ ⌐**schutzgitter** n / radiator grille ‖ ⌐**schutzring** m /
radiator safety ring ‖ ⌐**spritzblech** n (Kfz) / radiator
baffle plate ‖ ⌐**strebe** f (Kfz) / radiator stay [rod] o. strut
‖ ⌐**stutzen** m (Kfz) / filler tube o. neck ‖ ⌐**teilblock** m
(Kfz) / radiator [core] section, radiator element, block
radiator ‖ ⌐**verkleidung** f (Kfz) / radiator cowl[ing] ‖
⌐**verschlußdeckel** m (Kfz) / radiator filler cap
Kühl·fach n / refrigerator section ‖ ⌐**falle** f (Vakuum) /
cold o. cooling o. condensation trap, cryosorb-trap ‖
⌐**feld** n / cooling zone ‖ ⌐**fläche** f / cooling surface ‖
⌐**fläche**, Abstrahlfläche f / radiating surface ‖ ⌐**flügel**
m (Elektrode) / electrode radiator ‖ ⌐**flüssigkeit** f, -mittel
n / coolant, cooling liquid o. agent ‖ ⌐**flüssigkeit** f,
Schneidöl n / cutting oil ‖ ⌐**gefäß** n / cooler ‖ ⌐**gefäß** n
(Brau) / refrigeratory ‖ ⌐**geläger** n (Brau) / brown
sediment ‖ ⌐**gewölbe** n (Keramikofen) / cooling arch ‖
⌐**gut** n / goods to be cooled ‖ ⌐**[gut]verkehr** m (Bahn) /
refrigerated traffic ‖ ⌐**haus** n, -halle f / cold storage
house, cold store ‖ ⌐**kanal** m / cooling duct o. channel
‖ ⌐**kanalfaktor** m (Nukl) / hot-channel factor ‖ ⌐**kasten**
m (Brau) / refrigerator ‖ ⌐**kasten** m, Wasserkasten m /
water box o. tank ‖ ⌐**kasten** m (SM-Ofen) / monkey,
coolers pl ‖ ⌐**kasten**, -ring m (Hochofen) / cooling box ‖
⌐**kette** f / cold chain, freezer chain ‖ ⌐**kokille** f,
profilierte Schreckplatte / densener ‖ ⌐**körper**, -block
m, -blech n (Elektronik) / heat sink, dissipator ‖ ⌐**küvette**
f (Opt) / water-cooled heat trap ‖ ⌐**leistung** f /
refrigerating capacity ‖ ⌐**luft** f / cooling air ‖
⌐**luftdurchsatz** m / cooling air flow rate ‖ ⌐**luftgebläse**
n / cooling air blower ‖ ⌐**luft-Regulierklappe** f (Luftf) /
[cooling] gill, cowl o. radiator flap ‖ ⌐**luftschlitz** m
(Mot) / louver type slot ‖ ⌐**maische** f (Zuck) / water-
cooled crystallizer, cooler crystallizer ‖ ⌐**mantel** m /
[water] cooling jacket ‖ ⌐**mantelmotor** m (Elektr) /
cooling jacket motor ‖ ⌐**maschine** f / mechanical
refrigerator, refrigerating machine ‖
⌐**[maschinen]-Container** m (Bahn, Kfz) / mechanical
refrigerator container, cooltainer, reefer container ‖
⌐**mittel** n (allg) / coolant ‖ **den Rennkraftstoffen
zugesetztes** ⌐**mittel** (Kfz) / internal coolant ‖
⌐**mitteldüse** f / coolant nozzle ‖ ⌐**[mittel]pumpe** f /
cooling pump ‖ ⌐**mittelreinigung** f / coolant
purification ‖ ⌐**mittelrinne** f (Wzm) / coolant gutter ‖
⌐**mittelverlust-Unfall** m / loss-of-coolant accident,
LOCA ‖ ⌐**mittelzuführung** f (Wzm) / coolant supply o.
feed ‖ ⌐**möbel** n pl / domestic o. household
refrigerators pl ‖ ⌐**nagel** m (Gieß) / chill nail ‖ ⌐**ofen** m
(Glas) / annealing o. cooling furnace o. arch o. oven,
tempering furnace ‖ ⌐**ofen** m, Kühlbahn f (Glas) / lehr,
lear, leer ‖ **im** ⌐**ofen abkühlen**, abkühlen (Glas) / anneal

‖ ⌐**öl** n, Schneidöl n / cutting compound, soluble oil,
straight cutting oil
Kuhlorohr n, Rohrdraht m (Elektr) / insulated metal
sheathed wire, conduit wire
Kühl·platte f (Ofen) / plate cooler ‖ ⌐**platte** f / cold plate ‖
⌐**pumpe** f / heat removal pump, coolant pump ‖ ⌐**raum**
m (ein Lagerraum) / cold storage, refrigerating
chamber, refrigerator ‖ ⌐**raum** m (Schiff) / refrigerating
hold ‖ ⌐**raum** m (zum Abkühlen) / cool o. cooling
room o. chamber ‖ ⌐**raum** m (für schnelles Kühlen) /
chill room ‖ ⌐**raumladung** f (Schiff) / refrigerated cargo
‖ ⌐**raumtür** f / cold storage door ‖ ⌐**rechen**,
Hopperboy m (Mühle) / hopper-boy, cooler ‖ ⌐**rippe** f
(ringförmig), Kühlring m / cooling gill ‖ ⌐**rippe** f
(längs verlaufend) / cooling rib o. fin ‖ ⌐**rippe** f (Kfz) /
radiator fin o. rib ‖ ⌐**rippe** (Gieß) / cooling web ‖ ⌐**riß**
m (Hütt) / cooling crack ‖ ⌐**rohr** n / refrigerating o.
cooling pipe ‖ ⌐**rohr** n (des Kühlers) / radiator tube ‖
⌐**rohr** n, -röhre f (Dampf) / condenser tube o. pipe ‖
⌐**rohr für Gase** (Ofen) / baffle tube ‖
⌐**rohr-Walzenlager** n / cooling tube roll bearing ‖
⌐**salz** n / heat transfer salt ‖ ⌐**schale** f (Strangguß) /
mould cooling jacket ‖ ⌐**schatten** (Hütt) / skid mark ‖
⌐**schelle** f (Elektronik) / cooling clamp ‖ ⌐**schiff** n / cold
storage boat, vessel for refrigerated cargo, refrigeration
vessel o. ship, keeper (US) ‖ ⌐**schiff** n (Brau) /
refrigeratory, cooling vat, coolship, cooler, bac, back ‖
⌐**schlange** f (allg) / cooling spiral o. serpentine o. coil,
coil [type] radiator o. refrigerator, coiled cooling pipe ‖
⌐**schlange** f (Dampf) / condensing coil, coil [type]
condenser, worm condenser ‖ ⌐**schlitz** m, -kanal m
(Kfz) / louver ‖ **mit** ⌐**schlitzen** / louvered ‖
⌐**schmierstoff** m / cooling lubricant ‖ ⌐**schrank** m /
[domestic] refrigerator, fridge, frig (coll) (GB) ‖
⌐**schrank mit obenliegendem Verdampfer** / coil top
refrigerator ‖ ⌐**schrankgehäuse** n / refrigerator cabinet
‖ ⌐**schrankinnengehäuse** n / inner liner of the
refrigerator ‖ ⌐**schrankregal** n / refrigerator shelf ‖
⌐**schrott** m (Hütt) / scrap for cooling ‖ ⌐**straße** f
(Walzw) / water mill ‖ ⌐**strecke** f / cooling stretch ‖
⌐**system** m (Mot) / cooling circuit ‖ ⌐**teich** n / cooling
pond o. basin ‖ ⌐**tonne** f (Wärmeinhalt von 1 to Eis
aufgenommen in 24 h) / refrigeration ton ‖ ⌐**transport**
m [auf der Straße] / refrigerated transports pl ‖ ⌐**trog**
m, -wanne f / cooling trough ‖ ⌐**trommelmargarine** f /
rotary-cooled margarine ‖ ⌐**truhe** f, Tiefkühltruhe f /
freezer chest ‖ ⌐**turm** m (Masch) / cooling tower
Kühlung f, Abkühlung f / cooling ‖ ⌐ **durch die
Umwandlungstemperatur** (Hütt) / cooling thru
transformation ‖ ⌐ **durch Düsenkühler** (Luftf) / ducted
cooling ‖ ⌐ **durch hohle Leiter** (Elektr) / direct cooling
‖ ⌐ **durch Kälteerzeugung** / refrigerating
Kühl-- u. Tiefgefrierkombination f / combined
refrigerator-freezer ‖ ⌐**vitrine** f / refrigerated display
case ‖ ⌐**wagen** m (Kfz) / refrigerated truck ‖ ⌐**wagen**, I-
Wagen m (Bahn) / refrigerated o. refrigerator wagon,
refrigerator car (US), reefer (US), cold storage car o.
wagon, freezer ‖ ⌐**walze** f / cooling roller ‖ ⌐**walze** f
(Buch) / chill roll ‖ ⌐**walzenständer** m (Buch) / chilling
roller stand ‖ ⌐**wanne** f / cooling trough
Kühlwasser n / cooling water ‖ ⌐ (Dampf) / condensing
water ‖ ⌐**auslaufstutzen** m (Kfz) / water outlet
connection ‖ ⌐**batterie** f / cooling water distributor ‖
⌐**durchsatz** m / cooling water flow rate ‖
⌐**einlaufstutzen** m (Kfz) / water inlet connection ‖
⌐**einleitung** f (z.B. in Flüsse) / discharge of cooling
water ‖ ⌐-**Fernthermometer** n (Kfz) / water
temperature gauge ‖ ⌐**leitung** f / cooling water pipe ‖
⌐**pumpe** f / cooling water pump ‖ ⌐**regler** m,
Thermostat m / radiator thermostat ‖ ⌐**schlauch** m (Kfz)
/ radiator hose ‖ ⌐**stutzen** m (Mot) / cooling water filler
neck ‖ ⌐**umwälzpumpe** f / cooling water circulating
pump

Kühl·wirkung f / cooling o. refrigerating effect o. action ‖ **~zeit** f (Schweiß) / cooling-down time ‖ **~zelle** f / cold storage cell, cooling cell ‖ **~zylinder** m (Pap) / cooling cylinder o.drum o. roll, sweat roll

Küken, Hahnküken n / plug of a cock o. tap ‖ **~hahn** m / tap cock

Külbel n (Glas) / gob ‖ **vorgeformtes ~** (Glash) / parison

kulieren (Web) / sink the loops

Kulier·platine f / loop forming sinker ‖ **~plüsch** m / knitted plush ‖ **~ware** f (Textil) / filling knit fabric, weft knitted fabric ‖ **~wirkmaschine** f / loop forming sinker web machine, weft knitting machine, knitting loom o. frame ‖ **~zeug** n, -einrichtung f (Strumpf) / draw mechanism

Kulisse f (Masch, Wzm) / connecting link o. member, crank ‖ **~ des Getriebes** (Kfz) / shifting gate of the transmission

Kulissen·antrieb m (Hobler) / crank drive, Scotch crank o. yoke ‖ **~hebel** m (Wzm) / rocker o. rocking arm o. lever, rocker ‖ **~lager** n, -träger m, Schwingenlager n / link bracket ‖ **~schaltung** f (Kfz) / gate type gear shift[ing], gate shift ‖ **~schaltungs-Getriebe** n (Kfz) / gate change gear ‖ **~schütz** n, -schütze f (Wassb) / paddle valve ‖ **~stein** m (Wzm) / [sliding] block ‖ **~stein**, Schwingen-, Gleitstein m (Dampfm) / link block ‖ **~steuerung**, Schwingensteuerung f (Dampfm) / link motion ‖ **~wähler** m (Fernm) / Ericsson selector, 500 point selector

Kulm m (klastische Fazies des Unterkarbon) (Geol) / culm measures pl

Kulmination f (Astr) / culmination, southing

Kulminations·punkt m (Geom) / maximum of a curve ‖ **~punkt** m (Astr) / culminating point

Kultivator, Behäufelungspflug m (Landw) / cultivator ‖ **~ mit beweglichen Zinken** (Landw) / vibrator cultivator ‖ **mit dem ~ bearbeiten** (Landw) / cultivate ‖ **~schar** f / cultivator shovel ‖ **~zinke** f / cultivator tooth

kultivieren / exploit, cultivate o. ~, Land erschließen (Landw) / improve, subdue

kultiviert, unter Kultur genommen / in tillage

Kultivierung f (Landw) / cultivation

Kultur von Bienen usw., Zucht f / culture of bees, fishes, bacteriae ‖ **~amt** n / Bureau of Reclamation (US) ‖ **bakteriologischer ~apparat** / bacteriological culture apparatus ‖ **~[bau]technik** f, Agrartechnik f / agricultural technique ‖ **~boden** m / arable land, plough land ‖ **~egge** f (Landw) / pasture harrow ‖ **~egge**, Messeregge f / knife harrow ‖ **~fähig** (Landw) / arable ‖ **~film** m, Dokumentarfilm m / documentary film, cultural o. educational film ‖ **~fläche**, Anbaufläche f / cultivated area ‖ **~geräte** n pl (Landw) / agricultural implements pl ‖ **~landschaft** f / agricultural landscape ‖ **~pflanze** f (Landw) / cultigen, cultivated plant ‖ **~steppe** f / steppe caused by extensive cultivation of the soil ‖ **~techniker** m (Landw) / drainage engineer

Kumarin n, Tonkabohnenkampfer m / coumarin, tonka bean camphor

Kumaron·harz n / c[o]umarone resin ‖ **~-Indenharz** n / c[o]umarone-indene resin

Kuminöl n / cumin seed oil

Kümmelöl n / caraway oil

Kumpel m (Bergb) / miner (coll)

Kümpel·arbeit f / dishing, flanging ‖ **~blech** n / dished steel plate ‖ **~erzeugnis** n / dished product ‖ **großer, [mittlerer, kleiner] ~halbmesser** / large, [average, small] knuckle radius

kümpeln / dish, flange, border

Kümpelpresse f / [circular] flanging o. bordering press

kumulativ·e Anregung (Elektronik) / cumulative excitation ‖ **~e Spaltungsausbeute** (Nukl) / cumulative fission yield ‖ **~e Verteilungskurve** / cumulative distribution curve

kumuliert / cumulated, cumulative

Kumulonimbus m / cumolo-nimbus

Kumuluswolke, Haufenwolke f / cumulus [cloud], piled cloud

Kunde, Abnehmer m / customer ‖ **beim ~n** / in the field

Kundendienst m, Service m, (DIN:) Bedienung f / after-sales service o. servicing ‖ **den ~ durchführen** / service vt ‖ **durch ~ austauschbar** / field replaceable ‖ **~abteilung** f, Kundendienst m / service department ‖ **~-Anforderung** f / service call ‖ **~anleitung** f / maintenance instructions pl ‖ **~anruf** m / field service call ‖ **~arbeiten** f pl / maintenance work, upkeep ‖ **~arbeiten bei Selbstanlieferung des defekten Geräts** / carry-in labor ‖ **~-Besuch** m (DV) / service call ‖ **~freundlich** / easy-to-service ‖ **~-Freundlichkeit** f / ease of maintenance ‖ **~-Handbuch** n / service manual ‖ **~hinweise** m pl / service aids o. information, service technique ‖ **~mechaniker** m für Rundfunk / radio-serviceman ‖ **~-Prüfprogramm** n (DV) / service checking routine ‖ **~techniker**, -mechaniker m / serviceman, field engineer, F.E. ‖ **~techniker** m im **Außendienst** (TV) / home technician, field-service man ‖ **~techniker** m im **Innendienst** (TV) / bench man ‖ **~-Unterlagen** f pl / service information file ‖ **~werkstatt** f (Kfz) / service station

Kunden·formular n, -auftragsformular n / bespoke form (GB) ‖ **~gebunden**, Kunden... / customized (US) ‖ **~gießerei** f / jobbing foundry ‖ **~guß** m (Gieß) / job[bing] casting ‖ **~-ID** / customer identification number o. ID ‖ **~-IS** f / consumer [designed] IC ‖ **~-IS** f auf **Standardmodoln** / semicustom design ‖ **~kartei** f / customer file ‖ **~leitkarte** f (LoKa) / customer master card ‖ **~löschbar** / field erasable ‖ **~nummer** f / customer's reference sign ‖ **~orientiert** / customer-oriented ‖ **~programmierbar** (DV) / field programmable ‖ **~spezifikation** f / customer's specification ‖ **~spezifisch** / customized ‖ **~spezifisch machen** / customize ‖ **~wunsch** m / customer's need ‖ **nach ~wunsch gefertigt** / custom-made (US), bespoke (GB) ‖ **den ~wünschen anpassen** / customize

Kundtsches Rohr (Akust) / Kundt's tube

künftige Konstruktion / future design

Kunst f, Geschicklichkeit f, Fertigkeit f / art[ifice], skill, kraft ‖ **~...**, künstlerisch / artistic ‖ **~...**, künstlich / manufactured, artificial ‖ **~basalt** m / artificial basalt ‖ **~bauten** m pl (Bahn) / construction[al] works pl, engineering structures pl ‖ **~bohrer** m (Holz) / multi-spur machine bit ‖ **~borste** f / artificial bristle ‖ **~darm** m / artificial sausage skin ‖ **~darm** m (aus Papier) / paper skin ‖ **~diabas** m, Betondiabas m / artificial diabase ‖ **~druck** m (Buch) / [high quality] art printing ‖ **~druck** m (Blatt) / art print ‖ **~druck-Illustrationskarton** m / artist's illustration board ‖ **~druckpapier** n (beschichtet) / coated o. art paper o. stock ‖ **~druckpapier** n (satiniert) / double-supercalendered paper, plate[-glazed] paper ‖ **~druckpapier**, Kreidepapier n / art paper, enamelled paper ‖ **mattes ~druckpapier** / art matt, mat art paper ‖ **[in der Masse gemischtes] ~druckpapier** / imitation art paper ‖ **~druckpapier für Chromolithographie** / chromo paper ‖ **~dünger** m, künstlicher Dünger / artificial o. synthetic (US) fertilizer o. manure ‖ **~eis** n / artificial ice ‖ **~eisbahn** f (Kältetechnik) / artificially frozen rink ‖ **~faser** f, Chemiefaser f / chemical o. synthetic fiber, man-made fiber ‖ **~faserindustrie** f / man-made and synthetic fibres industry ‖ **~faserzellstoff** m, Chemiefaser-Zellstoff m / dissolving pulp ‖ **~fertigkeit**, Geschicklichkeit f / workmanship, art, [artistic] skill ‖ **~fliegen** n, -flug m / trick o. stunt flying, stunts, acrobatics [of aviation], aerobatics ‖ **~gerecht**, nach allen Regeln der Kunst / workmanlike, workmanly ‖ **~gerechte Handhabung** / manipulation ‖ **~gewerbe** n / applied o. industrial art, practical arts pl ‖ **~gewerblich** / art... ‖ **~gewerbliche Keramik** / art ceramics pl ‖ **~gießerei** f / art foundry ‖ **~granit** m / artificial granite ‖ **~graphit** m / artificial graphite ‖

~**griff**, Kniff, Trick *m* / artifice, knack, trick, contrivance, mechanical dodge ‖ ~**gummi** *m* / artificial o. synthetic rubber ‖ ~**guß** *m* (Erzeugnis) / art[istic] castings *pl*, artistic cast goods *pl* ‖ ~**handwerk** *n* / handicraft ‖ ~**handwerker** *m* / artisan, artist craftsman

Kunstharz *n* / artificial resin, plastic ‖ ~**e** *n pl* / plastics *pl* ‖ ~..., Plast[ik]... / plastic, resin ‖ ~ *n* **auf Phenol-Kresolbasis**, Bakelit *n* / bakelite ‖ **in Wärme aushärtendes o. duroplastisches** ~ / duroplast[ic] ‖ **in Wärme bildsam bleibendes, thermoplastisches** ~ / thermoplast[ic] *n* ‖ ~**ausrüstung**, -appretur *f* (Textil) / resin finishing ‖ ~**beton** *m* / polymer-concrete composite material ‖ ~**bindung** *f* (Schleifscheibe) / resin[oid] bond ‖ **[öl- o. wasserlösliche]** ~**farbe** / synthetic enamel ‖ **[fetter]** ~**firnis** / synthetic [long oil] varnish ‖ ~**folie** *f* / plastic foil ‖ ~**-Fußbodenplatte** *f* / plastic floor tile ‖ ~**gebunden** (Schleifscheibe) / resin[oid]-bonded ‖ ~**gebundenes Sperrholz** / resin-bonded plywood ‖ ~**hartpapier**, Hartpapier *n* (z.B. Pertinax) (Plast) / laminated paper ‖ ~**imprägnierung** *f* / impregnation with plastics ‖ ~**kitt** *m* / synthetic resin cement ‖ **[luft- o. ofentrocknender]** ~**lack** / synthetic enamel, air o. stove drying ‖ ~**lager** *n* (Walzw) / fabric o. plastic o. resin bearing ‖ ~**leim** *m*, -kleber *m* / synthetic-resin glue, plastic adhesive ‖ **aushärtender** ~**leim** / thermosetting adhesive ‖ **thermoplastischer** ~**leim** / thermoplastic adhesive ‖ ~**mörtel** *m* / ciment-latex mortar ‖ ~**preßholz** *n* / synthetic-resin-compressed wood ‖ ~**preßmasse** *f* (vor der Verarbeitung), -preßmischung *f* / compression moulding composition o. compound ‖ ~**preßstoff** (nach der Verarbeitung), Plast *m* / moulded plastic material o. compound, moulded plastics *pl* ‖ ~**putz** *m* (Bau) / synthetic resin plaster ‖ ~**schaum** *m* / cellular plastic, plastic foam ‖ ~**verarbeiter** *m* s. Kunststoffverarbeiter ‖ ~**verleimt** / resin-bonded

Kunst·holz *n* / artificial wood ‖ ~**holz** *n*, verdichtetes Holz, Preßholz *n* / compreg, [compregnated] laminated wood ‖ ~**horn** *n* / casein plastics *pl*, galalith ‖ ~**kalkstein** *m*, Hydrokalkstein *m* / artificial o. hydraulic limestone ‖ ~**kautschuk** *m* / artificial caoutchouc ‖ ~**kohle** *f* / artificial carbon ‖ ~**kork** *m* / artificial cork ‖ ~**korund** *m* / fused alumina o. corundum ‖ ~**korund** *m* (Schleifmittel) / aluminium oxide abrasive, aluminous abrasive, synthetic corundum ‖ ~**latex** *m* / artificial latex, synthetic latex ‖ ~**leder** *n* / imitation o. near leather, compo leather, leather cloth, leatherette ‖ ~**leder** *n* **auf Textilbasis** / leather cloth o. fabric ‖ ~**leder** *n* **aus Abfällen** / substitute leather [made from leather clippings] ‖ ~**lederpappe** *f* / artificial leather board ‖ ~**leitung** *f*, künstliche Leitung (Fernm) / artificial line

künstlich, unnatürlich / factitious ‖ ~, nachgemacht / man-made, false ‖ ~, Ersatz... (Elektr) / dummy ‖ ~**er Anhydrit** / chemical anhydrite ‖ ~**e Antenne** / artificial antenna, dummy o. phantom o. mute antenna ‖ ~**e Antennenerde** / counterpoise [antenna], balancing antenna, artificial o. capacity earth (GB) o. ground (US) ‖ ~**e Beleuchtung** / artificial lighting ‖ ~**e Belüftung** / artificial ventilation ‖ ~ **[be]wässern**, berieseln / irrigate ‖ ~**e Bewetterung**, künstlicher Wetterwechsel *m* (Bergb) / artificial ventilation ‖ ~**er Bruchstein** (Bau) / reconstructed o. precast stone, patent stone ‖ ~**er Brunnen** / fountain ‖ ~**es Echo** (Radar) / feather, plume ‖ ~**er Edelstein** / factitious gem ‖ ~**e Erde** (Elektr) / earthing reactor o. autotransformer, neutralator ‖ ~ **getrocknet** / machine-dried, kiln-dried ‖ ~**er Hafen** / artificial harbour ‖ ~**er Horizont**, Kreiselhorizont, Horizontkreisel *m* / artificial o. gyroscopic o. gyro-horizon ‖ ~**e Insel** / man-made island ‖ ~**e Intelligenz**, KI / artificial intelligence, AI ‖ ~**e Leitung** (Fernm) / artificial o. simulated line ‖ ~**e Lunge** / breathing machine ‖ ~**er Mergel** / washed clay, malm ‖ ~**e Narbe** (Leder) / artificial grain ‖ ~**er Nebel** / smoke screen,

screening smoke ‖ ~**er Nullpunkt** s. künstliche Erde ‖ ~**es Ohr** (Fernm) / artificial ear ‖ ~**es Öl** / synthetic oil ‖ ~**e Puzzolanerde** (Bau) / gaize ‖ ~ **radioaktiv** / artificially radioactive ‖ ~**e Radioaktivität** / artificial o. induced radioactivity ‖ ~**es Roßhaar**, Kunstroßhaar *n* / artificial [horse]hair ‖ ~**es Schleifkorn** / manufactured abrasive ‖ ~**e Steinmasse** / artificial stone ‖ ~**es Tageslicht** / artificial daylight ‖ ~**e Trocknung** / hot-air seasoning ‖ ~**e Verknüpfung** (Netzplan) / pseudo-interface ‖ ~**e Verschmutzung** (Mat Prüf) / artificial pollution ‖ ~**er Zinnober** / artificial cinnabar, red mercuic sulphide, vermilion, Chinese red ‖ ~**er Zug** (Kessel) / artificial o. forced draught o. draft (US)

Kunst·licht *n* / artificial light ‖ ~**lichtfilm** *m* / artificial light film ‖ ~**marmor** *m* / artificial marble ‖ ~**öl** *n* / recon crude [oil] (= reconstituted) ‖ ~**platte** *f*, Schichtplatte (Holz) / laminated board ‖ ~**sandstein** *m* / artificial o. hydraulic sandstone ‖ ~**schaltung** *f* (Fernm) / superposed circuit ‖ ~**schlichte** *f* / synthetic size ‖ ~**schmied**, -schlosser *m* / artistic locksmith ‖ ~**schmiedearbeit** *f* / wrought ironwork ‖ ~**seide** *f*, Reyon *m* / rayon, artificial silk ‖ ~**seidenindustrie** *f* / rayon industry ‖ ~**seidespinnbad** *n* / rayon spinbath ‖ ~**speisefett** *n* / manufactured edible fat, artificial o. compound lard ‖ ~**stein** *m* / artificial stone, cast stone ‖ ~**stein-Bauteil** *m* / cast stone building component ‖ ~**steinplatte** *f* (Bau) / artificial flag ‖ ~**steinplatte**, Gehwegplatte *f* (viereckige Zementplatte, über 19 mm dick) / promenade o. quarry tile, pl: quarries ‖ ~**steinstufenplatte** *f* / artificial stone step

Kunststoff *m* / synthetic [material] ‖ ~ (allg) / artificial o. synthetic material ‖ ~**e**, Plaste *m pl* / plastics *pl* ‖ ~... s. auch Kunstharz... ‖ ~**beschichtet** / plastic-laminated ‖ ~**beschichtete dekorative Holzfaserplatte**, KH / decorative laminated fibre building board ‖ ~**beschichtetes Papier** / polypaper ‖ ~**bodenbelag** *m* / plastic floor covering ‖ ~**-Dispersion** *f* / dispersed synthetic resin ‖ ~**erzeugnis** *n* / synthetic article o. product ‖ ~**-Faserfilter** *m* (Entstaubung) / fabric filter dust collector ‖ ~**flammspritzen** *n* / plast-spraying ‖ ~**fliese** *f*, -fußbodenplatte *f* / plastic tile ‖ ~**-Folie** *f*, Kunststofffolie *f* / plastic sheet o. foil

Kunststoff-Folien--KC-Kondensator *m* / fixed polycarbonate film dielectric metal foil d.c. capacitor ‖ ~**-KP-Kondensator** *m* / fixed polypropylene film dielectric metal foil d.c. capacitor ‖ ~**-KS-[KT]-Kondensator** *m* / fixed polystyrene, [polyethylene-terephtalate] film dielectric metal foil d.c. capacitor ‖ ~**-MKC-Kondensator** *m* / metallized polycarbonate film d.c. capacitor ‖ ~**-MKT-Kondensator** *m* / metallized polyethylene terephthalate film dielectric capacitor ‖ ~**-MKU-Kondensator** *m* / metallized celluloseacetate capacitor

Kunststoff--Formmasse *f* (Hütt) / plastic moulding material ‖ **[fugenloser]** ~**-Fußboden** *m* / plastic [jointless o. seamless] floor ‖ ~**glaswanne** *f* (Leuchte) / transparent plastic trough ‖ ~**hammer** *m* / plastic tip hammer ‖ ~**imprägniert** / pre-preg, preimpregnated ‖ ~**imprägniertes Holz** / impreg (US) ‖ ~**isoliert** / plastic-insulated ‖ ~**kachel** *f* / plastic tile ‖ ~**kaschiert** / plastics-coated ‖ ~**kleber**, -klebstoff, -leim *m* / plastic adhesive ‖ ~**legierung** *f* / plastic alloy ‖ ~**lot** *n* (leitender Kleber) / plastic solder ‖ ~**[mantel]kabel** *n* / plastic-sheathed cable ‖ ~**moderierter Reaktor** / plastic moderated reactor ‖ ~**nebel** *m* / foamed plastic smoke ‖ ~**papier** *n* / synthetic paper ‖ ~**plattiertes Blech** / plastic-coated metal sheet ‖ ~**presse** *f* / plastic press ‖ ~**rohr** *n* / plastic pipe ‖ ~**schlauch** *m* / plastic tubing ‖ ~**schlichte** *f*, -schmälze *f* (Glasfasern) / plastic [coupling] size, coupling size ‖ ~**schnur** *f* (Elektr) / plastics insulated cord ‖ ~**[schutz]schlauch** *m* / insulating plastic tube ‖ ~**schweißen** *n* / welding of plastics ‖ ~**seele** *f* (Seil) / plastic core ‖ ~**tablette** *f* / plastic pellet

|| ~technik f / plastics technology || **angeschraubtes ~teil** / plastic hang-on || ~-**Trägerplatte** f (gedr.Schaltg) / laminate for printed boards || ~**überzogen** / plasticized || ~**überzug** m / finish, coupling finish || ~-**Verarbeiter** m / plastics processor || ~-**Verarbeiter**, -Teilelieferant m, (nicht Lohnverarbeiter!) / custom molder (US) || ~**verarbeitung** f / plastics processing || ~**verarbeitungsmaschine** f / plastics processing machine || ~**walze** f, -zylinder m / plastic roll[er]

Kunst·stopfen n (Textil) / invisible mending || ~**stopfen** (Web) / mend invisibly, fine-draw || ~**tischler** m **für eingelegte Arbeit** / maker of marquetry || ~**weber** m / art square weaver || ~**wolle** f, Reißwolle f / artificial o. mungo wool, remanufactured wool, regenerated wool

Kuoxam n (= Kupferoxidammoniak) / cuoxam

Küpe f (Färb) / vat

Kupelle f (Glühschale aus Knochenasche) (Chem) / cupel, assay porringer, muffle || ~, Läuterofen m (Dokimasie) / refining furnace

kupellieren (Chem, Hütt) / cupel || ~, Treibverfahren n (Hütt) / cupellation, cupelling, cup assay o. test

Küpen·druck m / vat printing || ~**farbstoff** m / vat dye || ~**färbung** f / vat dyeing || ~**kontinueverfahren** n (Textil) / vat-dye continue process || ~**rahmen** m (Färb) / dipping frame || ~**reserve** f / vat-dye resist || ~**satz** m / vat sediment || ~**säure** f / vat acid || ~**säureklotzverfahren** n (Textil) / vat-acid pad dyeing

Kupfer n, Cu / copper, Cu || ~**(I)-...**, Cupro... / cuprous, copper(I)... || ~**(II)-...**, Cupri... / cupric, copper(II)... || ~ **in Platten** (o. Tafeln) / copper cake o. tile || ~ **von 99,75 % Reinheit** / best selected copper || ~ **von 99,4 % Reinheit** / casting copper || ~ **von Lake-Superior-Erzen** / Lake copper || ~ **mit** ~ **bedecken** (o. beschlagen) / copperplate || ~**acetat** n / acetate of copper, crystallized verdigris (US) || ~**ader** f (Elektr) / copper core || ~-**Aluminium-Legierung** f / copper-aluminium alloy, (also:) aluminium bronze || ~**ammoniakverfahren** n / cuprammonium process || ~**ammonium** n, -oxidammoniak m / ammoniacal copper || ~**anteil** m **am Wicklungsquerschnitt** (Elektr) / copper factor || ~**arsenat** n (Insektizid) / copper arsenate || ~**arsenit** n (Chem) / copper arsenite || ~**(II)-arsenit** n / cupric arsenite || ~**artig**, -ähnlich, -farbig / cuprous, copperlike, coppery || ~**asbestdichtung** f / copper asbestos jointing || ~**ätzung** f (Buch) / copper etching || ~**auflage** f, -niederschlag m / deposit of copper || ~**aufwand**, -verbrauch m / copper consumption, amount of copper used || ~**bad** n / copper bath || ~**band** n / copper band || ~**bedachung**, -bedeckung f (Bau) / copper covering || ~**bergwerk** n / copper mine || ~**bessemern** / treat copper in the Bessemer converter || ~**blau** n / copper carbonate || ~**blau** n, -lasur f / copper carbonate || ~**blech** n / sheet copper || ~**blech** n, -platte f / copperplate || ~**dünnes] blech** / copper sheet || ~**blei** n, Bleibronze f / copper-lead || ~**blüte** f, Chalkotrichit m (Min) / copper bloom, chalcotrichite || ~**braun** n / mahogany brown, copper-brown || ~**bronze** f (Farbe) / copper powder || ~**(II)-carbonat** n / copper(II) carbonate, cupric carbonate || ~**carbonatblau** n / Bremen blue (GB) o. green (US), Brunswick blue (US) o. green (GB), azurite || ~**chlorid** n / copper chloride || ~**(I)-chlorid** n / cuprous chloride || ~**(II)-chlorid** n / cupric chloride || ~-**Coil** m, -Bandring m / coiled sheet o. strip || ~**cyanid** n / copper cyanide || ~**(I)-cyanid** n / cuprous cyanide, cupricin (US) || ~**draht** m / copper wire || ~-**Drahtgeflecht** n / copper mesh, copper braiding || ~**druck** m, -tiefdruck m / copperplate printing || ~**druckfarbe** f / copperplate engraving ink, photogravure ink || ~**druckpapier** n / copper plate printing paper || ~**eisen(II)-cyanid** n / cupric ferrocyanide || ~**erz** n / copper ore || ~**erze** npl **von Utah** (USA) / porphyry copper ores pl, disseminated copper ores pl || ~**fahlerz** n / gray copper ore || ~**farbig**, -farben / copper coloured, coppery ||

~**(II)-ferrocyanid** n / cupric ferrocyanide || ~**folie** f / copper foil || ~**führend** / copper bearing || ~**füllfaktor** m (Elektr) / copper factor || ~**geschirr**, -gerät n / copper utensils pl / verzinntes ~**gestrickband** / tinned copper braid || ~**gewinnung** f / copper extraction || ~**glanz**, Chalkosin m (Min) / copper glance, chalcocite || ~**glanz** m / copper glance, digenite || ~**grün** n (Lebensmittelfarbe) / copper green || **natürliches** ~**grün**, Malachit m (Min) / copper green, malachite || ~**guß** m / copper castings pl || ~-**Gußformate** n pl / copper refinery shapes pl || ~**gußlegierung** f / copper cast alloy || ~-**Halbzeug** n / wrought coppers pl || ~**haltig**, Kupfer... / cupriferous, containing copper, coppery || ~**hammerschlag** m / copper ashes o. scales pl || ~**hammerschlag** m, Kupfersinter m / scales pl || ~**haut** f (Buch) / copper skin || ~**hütte** f / copper mill o. works pl || ~**hüttenschlacke** f / copper works' slag || ~**hydration** n / hydrated cupric ion, tetraaqua copper(II) ion || ~**(II)-hydroxid**, Cuprihydroxid n / cupric hydroxide || ~**indig**, Covellin m (Min) / covellite || ~**(I)-jodid** n / cuprous iodide || ~**kalkbrühe** f (Landw) / Bordeaux mixture || ~**kessel** m, Blase f / copper kettle o. boiler || ~**kies** m, Chalkopyrit m (Min) / copper pyrite, cupriferous pyrite, chalcopyrite, yellow copper ore || ~**knetlegierung** f / wrought copper alloy, copper wrought alloy || ~**kohle** f (Elektr) / copper-plated o. coppery carbon || ~**köpfe** m pl (Email, Fehler) / copper heads pl || ~**[kunst]seide** f s. Kupferseide || ~**lackdraht** m / enamelled copper wire || ~**lasur** f, Azurit m (Min) / azurite (of Beudant) || ~**legierung** f / copper base alloy || ~**leiter** m / copper conductor || ~**litze** f / copper tinsel conductor, copper strand o. braid || ~**lot** n (Hartlöten) / copper filler metal || ~**manganerz** n, Kupfer[mangan]schwärze f / cuprous manganese || ~**mantel** m (Relais) / copper head o. shell o. slug of a relay || ~**manteldraht** m / copper-clad wire || ~**mantelkabel** n / copper-sheathed cable || ~**mantel[-Verzögerungs]relais** n / coppered relay || ~**mine** f / copper mine

Kupfermüller-Kriterium n / stability criterium of Kupfermüller

kupfern adj / cupreous, of copper

Kupfer·naphthenat n / copper naphthenate || ~**natronzellulose** f / copper sodium cellulose || ~**nickel** n (Min) / nickeline, nickelite, niccolite || ~**nickel** n (Legierung) / cupro-nickel || ~**nickel-Aluminium** n / cupro-nickel-aluminium || ~-**Nickel-Zink-Legierung** f / copper-nickel-zinc alloy, nickel silver || ~**niederschlag** m, -auflage f / deposit of copper || ~**niederschlag** m (Galv) / copperplating || ~**nitrat** n / copper nitrate || ~**oxid** n / copper oxide || ~**(I)-oxid** n / cuprous oxide, copper(I) oxide || ~**(II)-oxid** n / cupric oxide, copper(II) oxide || ~**oxidammoniak**, Schweitzers Reagens n / cuproammonia, Schweitzer's reagent || ~**oxidammoniakbase** f / ammoniacal copper oxide compound || ~**oxidammoniakseide** f s. Kupferseide || ~**oxidhydrat** n / Bremen green (GB) || ~**oxydulgleichrichter** m / copper-oxide o. copper disk rectifier, copper oxide-on-copper rectifier || ~**platte** f, -blech n / copper plate || ~**plattieren** / copper-clad vt || ~**plattiertes Aluminium**, Cupal n / copper clad aluminium stock o. sheet || ~**plattierter Stahldraht** s. Kupferstahldraht || ~**querschnitt** m (Elektr) / copper cross section || ~**raffination** f, -raffinieren n / refining of copper, copper refining || ~**(II)-rhodanid**, Kupfer(II)-sulfocyanid n / cupric thiocyanate || ~**rohr** n / copper pipe || ~**rohr-Abschneider** m / tube cutter for non-iron tubes || ~**rohstein** m / copper metal o. matt[e] ||

Kupferron n, Cupferron n / cupferron

kupfer·rot, -braun / copper colour[ed] || ~**(I)-salz** n / cuprous salt, copper(I) salt || ~**(II)-salz** n / cupric salt, copper(II) salt || ~**scheibe** f, Kupfer n in Platten / copper cake o. tile || ~**schiefer** m / cupriferous o. copper schist o. slate || ~**schirmgeflecht** n / copper-mesh o. -braid shielding || ~**schmied** m,

Messingschmied *m* / coppersmith, brass worker ‖ ~schutzlot *n* / copper protective solder ‖ ~schwamm *m* / copper sponge ‖ ~schwärze *f* s. Kupfermanganerz ‖ ~seide, -oxidammoniakseide *f* / cuprammonium o. cuprated silk o. rayon, copper rayon, lustracellulose ‖ ~(I)-Selenid *n* / selenkupfer, cuprous selenide ‖ ~silberglanz *m* / jalpaite ‖ ~silikat *n* / copper silicate ‖ ~sinter *m* s. Kupferhammerschlag ‖ ~spinnfaser *f* (Textil) / cuprammonium staple fiber ‖ ~stahl *m* / copper bearing steel ‖ ~stahldraht *m* / steel-cored copper conductor, SCCu, copper-clad steel conductor o. wire, CCSW, compound wire ‖ ~-Stahlkabel *n* / copper cable steel reinforced, ccsr ‖ ~stein, Rohlech *m* (20-45 % Cu) / copper metal o. matt[e], matte of copper, crude copper ‖ konzentrierter ~stein / white metal, enriched copper matte ‖ ~stich *m* / copper engraving ‖ ~streifen *m* / copper strip ‖ ~streifentest *m* (Öl) / copper strip test, copper corrosion test ‖ ~sulfat *n* (Min) / blue vitriol o. stone ‖ ~sulfat / copper(II) sulphate, blue vitriol ‖ ~sulfid *n*, Kupfer-I-Sulfid *n* / copper(I) sulphide ‖ ~sulfid *n*, Kupfer-II-Sulfid *n* / copper(III) sulphide ‖ ~(I)-sulfocyanid *n* / cuprous thiocyanate ‖ ~(II)-sulfocyanid / cupric thiocyanate ‖ ~süßung *f* (Öl) / copper sweetening ‖ ~tiefdruck *m*, Tiefdruckverfahren *n* (Buch) / (photo)gravure o. intaglio printing ‖ ~tiefdruck *m*, Rotogravure *f*, Heliogravure *f* / rotogravure ‖ ~überzug *m* / copperplating layer o. deposit ‖ ~überzug *m*, -schicht *f* / copper deposit ‖ ~uranit, Torbernit *m* (Min) / copper o. cupro-uranite, torbernite ‖ ~(II)-verbindung *f* / cupric compound ‖ ~verbrauch, -aufwand *m* / copper consumption, amount of copper used ‖ ~vergiftung *f*, Kuprismus *m* / copper poisoning ‖ ~verhüttung *f* / copper smelting ‖ ~verlust *m* (Elektr) / copper loss ‖ ~vitriol *n* (Min) / blue jack, chalcanthite ‖ ~vitriol, blaues Vitriol (veraltet) (Chem) / copper sulphate, bluestone, blue o. Roman vitriol ‖ mit ~vitriol spritzen / treat with copper(II) sulphate o. with blue vitriol ‖ ~voltameter *n* / copper voltameter ‖ ~-Vordecken *n* / copper flash o. strike ‖ ~vorlegierung *f* / intermediate copper alloy ‖ ~walze *f* / copper cylinder ‖ ~walzwerk *n* / copper rolling mill ‖ ~wellmantel *m* / corrugated copper sheath ‖ ~wismutglanz, Emplektit *m* (Min) / emplectite ‖ ~(II)-xanthogenat *n* / cupric xanth[ogen]ate ‖ ~zahl *f* (Chem) / copper number ‖ ~zement *m*, Zementkupfer *n* / precipitated copper ‖ ~-zinklegiertes Hartlot / brazing solder o. spelter, spelters *pl* ‖ ~-Zink-Legierung *f* / copper-zinc alloy, brass ‖ ~-Zinn-Legierung *f* / copper-tin alloy, bronze ‖ ~zuschlag *m*, geschmolzener Kupferstein (Hütt) / flux of copper

Kupol·ofen *m* / cupola [melting furnace] ‖ ~ofen *m* mit **Sekundärwind** / divided blast cupola ‖ ~ofenarbeiter *m* / cupola hand ‖ ~ofendüse *f* / cupola nozzle ‖ ~ofenfutter *n* / cupola lining ‖ ~ofengichtgas *n* (Gieß) / waste top gas ‖ ~ofenguß *m* / casting from a cupola, cupola casting ‖ ~ofenmantel *m* (Gieß) / cupola shell ‖ ~ofenvorherd *m* / cupola furnace receiver ‖ ~ofen-Windschieber *m* / cupola blast gate

Kupon *m*, Abschnitt *m* / coupon, ticket

Kuppe *f* (Geol) / cone, summit ‖ ~, Kugelkappe *f* / spherical cap ‖ ~ (z.B. Indiumkuppe im Transistor) / bump ‖ ~ (Straße) / high-crowned road ‖ ~ (Quecksilber) / meniscus of mercury ‖ ~, Absprengkappe *f* (Handarbeit) (Glas) / moil

Kuppel *f*, Haube *f*, Kuppeldach *n* (Bau) / dome-shaped roof, cupola roof ‖ ~ des Flammofens / reverberating roof, furnace dome ‖ ~achse *f* (Bahn) / coupled axle ‖ ~achswelle *f* / coupled axle pin ‖ ~bolzen *m* (Bahn) / coupling o. drag bolt, knuckle bolt o. pin ‖ ~haken *m* (Bahn) / coupling o. drag hook ‖ ~kasten *m* (Lok) / hind drag box, trailing box ‖ ~kette, Sicherheitskette *f* (Bahn) / coupling o. drag chain ‖ ~klaue *f* (Bahn) / coupler jaw ‖ ~kopf *m* (Bahn, autom.Kupplung) / trumpet ‖ ~kranz *m*

(Sternwarte) / observatory dome ring ‖ ~länge *f* (Bahn) / length between couplings ‖ ~lasche *f* (Bahn) / shackle link ‖ ~leitung, Vermaschungsleitung *f* (Elektr) / interconnecting line o. feeder ‖ ~los (Fernrohr) / domeless ‖ ~muffe *f* / coupling box o. sleeve

kuppeln (allg) / couple *v*, connect *v* ~, einrücken / clutch *v* ‖ ~ *n* / coupling ‖ ~ der geteilten Walze (Schreibm) / normalizing of split platens ‖ für Gleichlauf ~ / gang *v*

Kuppel·ofen *m*, Kupolofen *m* / cupola [melting furnace] ‖ ~produktion *f*, verbundene Produktion / coupled production ‖ ~rad *n* (Bahn) / coupled wheel ‖ ~schalter *m* (Elektr) / section switch ‖ ~schlauch *m* (Bahn) / coupling hose ‖ ~schleusen *f pl* (Wassb) / twin locks *pl* ‖ ~schraube *f* (Bahn) / coupling screw ‖ ~stange *f* (von Lokomotiven) (Bahn) / coupling rod, side rod (US) ‖ ~stange, Zugstange *f* (Bahn) / drawbar, drawgear, draught- o. drag-bar ‖ ~stange *f* von Leitungsmasten / brace of a coupled pole ‖ ~stangenführung *f* (Bahn) / drawbar guide ‖ ~staumauer *f* (Hydr) / multiple-dome dam ‖ ~stein *m* (Hütt) / dome brick ‖ ~stelle *f* (auf der Strecke) (Fahrleitung) / paralleling point ‖ ~stelle *f*, Einkuppelstelle *f* (Seilb) / coupling point ‖ ~stelle *f*, Auskuppelstelle *f* (Seilb) / uncoupling point ‖ ~stück *n* / coupling piece ‖ ~temperatur *f* (Hütt) / dome temperature ‖ ~wagen *m* (ein Sonderwagen) (Bahn) / coach with automatic coupling ‖ ~zapfen, Kleeblattzapfen *m* (Walzw) / wobbler

Kuppenkontakt *m* (Elektr) / butt contact

Kuppler *m*, Kupplung *f* / coupler ‖ ~ (Seilb) / coupler, grip ‖ ~, Rangierer *m* (Bahn) / yardman (US), shunter ‖ freier Raum für den ~ (Wagenkupplung) (Bahn) / Berne rectangle

Kupplung *f*, Kuppler *m* / coupler, coupling ‖ ~, Kuppelvorrichtung *f* (Bahn) / coupling ‖ ~ (zum Aus- und Einrücken), schaltbare Kupplung (Masch) / clutch ‖ ~, Gerätesteckvorrichtung *f* (Elektr) / coupler plug and socket connection, hickey (US) ‖ ~ (von Leitungsschnüren), Kuppeln *n* / coupling ‖ ~, Verlängerungsschnur *f* (Elektr) / extension cord (US), [extension] flex (GB) ‖ ~, Kuppelstück *n* (Rohre) / pipe coupling ‖ ~ durch Ringkeil (Seilb) / ring wedge coupling ‖ ~ von Diazoverbindungen / coupling of diazocompounds ‖ ~ von Motoren (Elektr) / coupling of motors ‖ eine ~ schalten (o. einrücken) / throw-in, connect ‖ [nicht schaltbare] ~ (für Wellenverbindung) / coupling [box]

Kupplungs·ausrücklager *n* / clutch release stop ‖ ~belag *m* / clutch facing o. lining ‖ ~bremse *f* / clutch brake o. stop ‖ ~bügel *m* (Bahn) / looped coupling link, D-link ‖ ~deckel *m* (Kfz) / clutch cover [plate] ‖ ~dose *f* (Elektr) / coupler socket ‖ ~druckfeder *f* / clutch facing spring o. engagement spring, clutch thrust spring ‖ ~drucklager *n* (Kfz) / throwout collar o. bearing of the clutch, clutch thrust bearing ‖ ~druckplatte *f* / clutch thrust plate ‖ ~flansch *m* / coupling flange, half coupling ‖ ~führungslager *n* / clutch release bearing, clutch guide bearing ‖ ~fußhebel *m*, -pedal *n* (Kfz) / clutch lever o. pedal ‖ ~gabel *f* (Kfz) / clutch fork ‖ ~gehäuse *n* (Kfz) / clutch housing o. case ‖ ~gehäuse *n*, Kabelkasten *m* (Bahn) / junction o. coupling box ‖ ~gelenk *n* (Kfz) / clutch coupling ‖ ~gestänge *n* (Kfz) / clutch operating gear, clutching gear ‖ ~haken *m* (Bahn) / coupling hook, draw hook ‖ ~hälfte *f* / half-coupling, coupling half ‖ ~hebel *m* / coupling lever ‖ ~hebel *m* (Kfz) / clutch lever ‖ ~kabel *n* (Bahn) / connecting cable ‖ ~klaue *f* / coupling claw ‖ ~kopf *m* (Bremse, Kfz) / hose coupling of air brake ‖ ~kraftverstärker *m* (Kfz) / power clutch ‖ ~kurbel *f* (Bahn) / coupling crank ‖ ~leitung *f* (Elektr) / connection o. connecting line, coupler ‖ ~magnet *m* / clutch operating magnet ‖ ~muffe *f*, Hülse *f* / coupling box o. sleeve ‖ ~mutter *f* (Bahn) / adjusting o. regulating nut ‖ ~pedal *n* / clutch lever o. pedal ‖ ~rupfen *n* / grabbing of the clutch ‖ ~schalter *m* / linked switch ‖ ~scheibe *f* / clutch disk ‖

593

⤙schraube f (Bahn) / coupling screw ‖ ⤙schwengel m (Bahn) / coupling screw lever ‖ ⤙seite f (Mot) / coupling end ‖ ⤙spindel f (Walzw) / coupling spindle ‖ ⤙[steck]dose f (Elektr) / socket coupler, portable socket outlet ‖ ⤙[steck]dose f (hängend) (Elektr) / pendant socket outlet ‖ ⤙stecker m (Elektr) / coupler plug ‖ ⤙teil n, -hälfte f / coupling half ‖ ⤙treibscheibe f (Kfz) / clutch-driving plate ‖ ⤙welle f / clutch shaft ‖ ⤙zapfen m (Sattelschlepper) / fifth-wheel king pin

Kupraminbase f / ammoniacal copper oxide compound
Kuprammon[ium]sulfat, Ammonium-Kupfersulfat n / cupric ammonium sulphate
Kuprismus m, Kupfervergiftung f / copper poisoning
Kupronelement n (Elektr) / copper oxide cell
Kurbel f / crank ‖ ⤙, Handkurbel f / crank handle ‖ ⤙ **am Handrad** / crank of the handwheel ‖ ⤙ **mit Außenvierkant** (für Schraubwerkzeuge) (DIN 3122) / speed brace ‖ ⤙achse f (eine Achsenbauart) (Kfz) / crank axle ‖ ⤙achse f, Triebradachse f (Lok) / crankshaft ‖ ⤙achse mit 2 um 180⁰ versetzten Kurbeln (Bahn) / cross axle ‖ ⤙[an]trieb m (Mot) / crank drive ‖ ⤙arm m / crank arm o. web ‖ ⤙belastung f / crank effort ‖ ⤙blatt n / crank shaft cheek, crank disk ‖ ⤙bolzen m / crank bolt ‖ ⤙fenster n (Kfz) / drop window
Kurbelgehäuse n, -kasten m / crankcase ‖ ⤙explosion f (Kfz) / base o. crankcase explosion ‖ ⤙gebläse n, -vorverdichter m / crankcase supercharger (US), blower embodied in the crankcase ‖ ⤙lüftung f / crankcase breather o. ventilator ‖ ⤙oberteil m / crankcase upper half ‖ ⤙spülung f / crankcase scavening ‖ ⤙unterteil m n (Kfz) / crankcase bottom o. lower half
Kurbel·getriebe n / crank mechanism o. gear ‖ ⤙griff m, -griffhülse f / crank handle sleeve ‖ ⤙hammer m / crank driven hammer ‖ ⤙handrad n / handle o. crank wheel ‖ ⤙induktivität f / switch inductance box ‖ ⤙induktor m, Anrufinduktor m (Fernm) / magneto, hand generator ‖ ⤙induktor m (Elektr) / magneto, insulation tester with hand-driven generator ‖ ⤙induktor-Zentrale f (Fernm) / magneto exchange ‖ ⤙kasten m s. Kurbelgehäuse ‖ ⤙keil m (Fahrrad) / cotter pin of crank ‖ ⤙kondensator m (Elektr) / capacity box with lever switches ‖ ⤙kröpfung f / crank of the shaft ‖ ⤙lager n (Fahrrad) / bottom bracket [ball] bearing ‖ ⤙lagerkappe f (Fahrrad) / bottom bracket bearing cap ‖ ⤙mast m, Teleskopmast m / telescoping mast, extension mast ‖ ⤙meßbrücke f (Elektr) / measuring bridge with lever switches
kurbeln (Masch) / [turn the] crank ‖ ⤙, drehen (Film) / shoot, film v
Kurbel·nähmaschine f / crank operated sewing machine ‖ ⤙presse f / crank press ‖ ⤙presse f mit mehrfach gekröpfter Welle / multiple crank press ‖ ⤙rad n / crank wheel ‖ ⤙rädergetriebe n / link-mounted gear train ‖ ⤙radius m / crank throw ‖ ⤙schalter m (Elektr) / [drum-type] switch operated by crank ‖ ⤙scheibe f, -blatt n / crank disk ‖ ⤙schleife f (Kinematik) / slider crank ‖ ⤙schwinge f (Wzm) / rocker arm, pivoted link ‖ ⤙schwinge f (Kinematik) / crank-[and-]rocker linkage o. mechanism ‖ ⤙schwingen-Backenbrecher m / single toggle jaw crusher ‖ ⤙schwingsieb n / crank sieve ‖ ⤙stange f (Bahn) / driving rod ‖ ⤙stange f (Masch) / pitman (US), [connecting] rod ‖ ⤙stange f mit zwei Gabelenden (Dampfm) / sling ‖ ⤙stativ n / elevator tripod ‖ ⤙stellung f / position of the crank[shaft] ‖ ⤙tafelschere f / crank type plate shears pl ‖ ⤙trieb m / crank mechanism o. gear ‖ ⤙versetzung f / angle between cranks ‖ ⤙viereck n / four-bar [straight-line] mechanism o. equivalent mechanism, four-bar linkage o. chain ‖ ⤙vorrichtung f für Fenster (Kfz) / crank mechanism ‖ ⤙walkmaschine f (Textil) / milling stocks pl, fulling stocks pl ‖ ⤙wange f / web of a crank, crank web, crank arm (US) ‖ ⤙wanne f (Kfz) / crankcase bottom o. lower half

Kurbelwanne f s. auch Kurbelgehäuse
Kurbel·wannensumpf m / engine pit o. sump, crank pit ‖ ⤙welle f / crankshaft, cranked shaft ‖ ⤙welle mit schrägem Mittelstück / crankshaft with oblique body
Kurbelwellen·auge n / crank eye ‖ ⤙drehmaschine (Wzm) / crankshaft turning lathe ‖ ⤙kegel m (Luftf) / taper end of crankshaft, propeller cone o. pin (US) ‖ ⤙kröpfung f / crank throw ‖ ⤙lager n / crankshaft bearing ‖ ⤙lager n der Pleuelstangen (Kfz) / big end bearing bush ‖ ⤙lagerdeckel m / cap piece of the crankshaft bearing ‖ ⤙lagerschale f / crankshaft bearing bush ‖ ⤙rad n (Kfz) / crankshaft timing gear, timing sprocket ‖ ⤙schwungrad n / crankshaft flywheel ‖ ~seitiges Kolbenstangenende / tail piece of the piston rod, big end ‖ ~seitiges (o. großes) Pleuel[stangen]auge / big-end hole ‖ ⤙stumpf m (Kfz) / tail shaft ‖ ⤙zapfen m / crankshaft journal
Kurbel·widerstand m (Elektr) / lever resistance box, rotary rheostat ‖ ⤙winkel m / crank angle ‖ ⤙zapfen m / crank pin, stud, journal ‖ ⤙zapfen des angelenkten Pleuels, Anlenkbolzen m (Mot) / wrist o. knuckle pin ‖ ⤙zapfenbohrmaschine f für Lokomotivradsätze (Wzm) / wheel-quartering machine ‖ ⤙ziehpresse f / crank [type] drawing press
Kürbiskernöl n / marrow oil
Kurkuma f, Gelbwurzel f / curcuma, turmeric, Indian saffron ‖ ⤙gelb, Kurkumin n / turmeric yellow, curcumin ‖ ⤙papier n (Chem) / curcumin o. turmeric paper
Kurkumin, Gelb 6 (für Lebensmittel) n / curcumin
Kurre f (ein Netz) / trawl [net]
Kurrentschrift f, Laufschrift f (Buch) / running hand
Kurrleine f (Schiff) / trawl line
Kurrleinenwinde f / trawler winch
Kurs m (Schiff, Luftf) / course ‖ ⤙, Lehrgang m / curriculum ‖ ⤙ **bestimmen o. geben** / set the course ‖ ⤙ **halten** / keep the course ‖ ⤙ **nehmen** [auf] / steer [for] ‖ ⤙ **über Grund**, Flugbahnprojektion f / flight course, flight track ‖ ⤙abweichung f / course deviation ‖ ⤙abweichung f (Luftf) / heading displacement ‖ ⤙abweichungssignal n (Luftf) / off-course signal ‖ ⤙[anzeige]kreisel m / directional gyro ‖ ⤙anzeiger m, Ablageinstrument n (Schiff) / course indicator ‖ ⤙anzeiger m (Luftf) / direction indicator, left-right indicator ‖ ⤙anzeiger m (Börse) / course indicator ‖ ⤙aufschaltung f (Luftf) / signal mixing ‖ ⤙buch n, Fahrplan m / railway guide, timetable, schedule (US)
Kürschner m (Sperrholzfehler) / blister, blow
Kürschnerei f / fur making o. trade ‖ ⤙maschine f / furrier's machine, skin dresser's machine
Kurs·dreieck n (Schiff) / course triangle ‖ ⤙einstellmarke f / course marker ‖ ⤙feuer n (Luftf) / airway beacon o. light, route beacon ‖ ⤙finder m (Luftf) / course finder ‖ ⤙führungsanlage f (Luftf) / track guide ‖ ⤙funkfeuer n / radio range ‖ ⤙geben n / course setting ‖ ⤙genauigkeit f / accuracy of tracking ‖ ⤙gleiche f, Loxodrome f / rhumb line
kursiv schreiben, kursiv drucken / italicize ‖ ⤙schrift f, Schrägschrift f / italic [letter o. character], cursive
Kurs·karte f, Segelkarte f (Schiff) / course map, track chart ‖ ⤙koppler m (Schiff) / automatic navigator ‖ ⤙korrektur f (Raumf) / course correction ‖ ⤙korrektur f (im Flug) (Raumf) / mid-course correction ‖ ⤙kreisel m (Luftf) / directional gyro ‖ ⤙linie f / line o. trace of course ‖ ⤙mikroskop n / teaching microscope ‖ ⤙radargerät n / true motion radar, true plot radar ‖ ⤙rechengerät n (Luftf) / CSC, course and speed computer ‖ ⤙ring m / grid ring of a compass ‖ ⤙schreiber m (Schiff) / course recorder ‖ ⤙schwingungen f pl / course scalloping ‖ ⤙stabilität f / directional stability ‖ ⤙steueranlage f (Luftf) / automatic flight control unit ‖ ⤙steuerungswähler m / course selector ‖ ⤙strich m / lubber line ‖ ⤙strichfehler m

(Kompaß) / lubber error ‖ ⤙- **und Fahrtfehler** m / course and speed error

Kursus, Lehrgang m / curriculum, school, course

Kurs·verbesserung f (Luftf) / heading correction ‖ ⤙**wagen** m (Bahn) / through car[riage] o. coach, direct car ‖ ⤙**wähler** m (Luftf) / omnibearing selector, omniselector ‖ ⤙**wählcranzeige** f (Luftf) / course counter signal ‖ ⤙**wechsel** m / change of course ‖ ⤙**winkel** m / flight-path azimuth angle, angle of track ‖ ⤙**winkel** m (geografisch) / route o. track angle ‖ ⤙**winkel** m (magnetisch) / magnetic azimuth, magnetic track angle (US) ‖ ⤙**zahl** f (Luftf, Schiff) / course figure ‖ ⤙**zeiger** m / direction indicator

Kurtschatovium n (OZ = 104) (Nukl) / kurtschatovium, KU (in USA = rutherfordium)

Kurve f / curve, bow, bend ‖ ⤙ (Abweichung von der Geraden) / curve, curvature ‖ ⤙, Schaubild n / graph ‖ ⤙ (Bahn) / curve ‖ ⤙ (Wzm) / cam plate o. disk o. wheel ‖ ⤙ (Automatendrehbank) / cam of the automatic lathe ‖ ⤙ **3. Grades** / cubic curve ‖ ⤙ **4. Grades** / quartic n ‖ ⤙**n auftragen** (o. zeichnen) / plot a graph ‖ ⤙ **der Abkühlungsgeschwindigkeit** (Thermoanalyse) / cooling rate curve ‖ ⤙ **der Atomvolumina** / atomic volume curve ‖ ⤙ **gleichen Wirkungsgrades** / line of constant efficiency ‖ ⤙ **gleicher Lautstärkepegel** / equal-loudness contour ‖ **eine** ⤙ **fahren** / turn a curve ‖ **flache** ⤙ / curve of large radius ‖ **in die** ⤙ **gehen** (Luftf) / bank ‖ **scharfe** ⤙ (Straßb) / sharp turn

kurven·abhängig (Wagenkasten) (Bahn) / tilting, body-tilt... ‖ ⤙**analysator** m / curve analyser ‖ ⤙**ast** m (Math) / branch of a curve ‖ ⤙**aufhängung** f / tilting suspension ‖ ⤙**ausrüstung** f (Wzm) / cam equipment ‖ ⤙**bahn** f / curved path ‖ ⤙**band** n / curved continuous conveyer ‖ ⤙**beweglichkeit** f (Bahn) / radial movement of axles ‖ ⤙**beweglichkeit**, Seitenverschieblichkeit f (Bahn) / transverse movement of axles ‖ ⤙**bild** n / diagram, graph[ical representation] ‖ ⤙**blatt** n / curve sheet ‖ ⤙**brücke** f / curved bridge ‖ ⤙**diagramm** n (Wzm) / cam diagram ‖ ⤙**einstellung** f (Bahn) / taking of curves ‖ ⤙**fahren**, in o. um die Kurve fahren (Kfz) / corner v ‖ ⤙**form** f, -verlauf m / course o. run of a curve ‖ ⤙**form** f (Masch) / cam contour o. shape o. profile o. outline ‖ ⤙**form** f (Mot) / camshaft lobe contour ‖ ⤙**fräsmaschine** f / curve forming [and profiling] machine ‖ ⤙**gängig** / curve-going ‖ ⤙**gängiger Drahtgurtförderer** / curved wire mesh belt conveyer ‖ ⤙**generator** m (DV) / curve generator ‖ ⤙**gesteuert** / cam-controlled ‖ ⤙**getriebe** n, -[an]trieb m / cam drive o. gear o. mechanism ‖ ⤙**lage** f, Schräglage f (Luftf) / bank[ing], sloping position ‖ ⤙**lage** f, Verhalten n in der Kurve (Kfz) / cornering ability ‖ ⤙**läufigkeit** f (Bahn, Kfz) / cornering motion ‖ ⤙**leser** m (DV) / curve follower ‖ ⤙**lineal** n (Zeichn) / curve templet o. template, French curve, multicurve ‖ **[biegsames]** ⤙**lineal** (Zeichn) / pliant rule, spline ‖ ⤙**lineal** n **mit großen Kreisbögen** (Zeichn) / railway curve ‖ ⤙**maximum** n / peak of a curve ‖ ⤙**maximum** n, Gipfelpunkt m (Feuerfest, Versuch) / peak ‖ ⤙**messer** m / opisometer ‖ ⤙**-Neigungseinrichtung** f (Bahn) / tilting device for car bodies ‖ ⤙**netz** n (Math) / family of curves ‖ ⤙**radius** m (Luftf) / turning radius ‖ **kleinstzulässiger** ⤙**radius** / minimum radius of curves ‖ ⤙**reich**, gewunden (Straßb) / winding ‖ ⤙**reißfeder** f, -ziehfeder f (Zeichn) / curve pen ‖ ⤙**rolle** f (Seilb) / curve roller o. pulley ‖ ⤙**rolle** f (Wzm) / follower, cam roller ‖ ⤙**rolle** f (Förderanl) / guide roller ‖ ⤙**rollgang** m / curved roller table ‖ ⤙**schar** f (Math) / family o. group of curves ‖ ⤙**scheibe** f / cam plate o. disk o. wheel, eccentric disk, radial cam ‖ ⤙**scheibe** f (Nähm) / cam ‖ ⤙**scheibengetriebe** n (Kinematik) / disk cam mechanism ‖ ⤙**schere** f / curve shear ‖ ⤙**schreiber**, -zeichner m / graphic recorder, graphic display unit ‖ ⤙**schreiber**, -zeichner, Plotter m (DV) / curve plotter ‖ ⤙**tal** n / valley of a curve ‖ ⤙**technik** f (Kfz) / cornering technique ‖ ⤙**trieb** m / plane-motion direct-contact

mechanism ‖ ⤙**trommel** f / barrel cam, cam barrel o. drum, cylinder o. cylindrical cam ‖ ⤙**überhöhung** f (Straßb) / banking, camber, cross-fall ‖ ⤙**verbreiterung** f (Straßb) / curve widening ‖ ⤙**verhalten** n (Kfz) / cornering ability ‖ ⤙**vorschub** m (Wzm) / automatic cam feed ‖ ⤙**widerstand** m (Bahn) / curved track rolling resistance ‖ ⤙**-Wischen** n, Power-Slide m (Kfz) / power slide, four-wheel drift ‖ ⤙**zeichner**, -schreiber m / graphic recorder, graphic display unit ‖ ⤙**ziehfeder** f, -reißfeder f (Zeichn) / curve pen

kurvilinear / curvilinear, -lineal

kurz / short ‖ ⤚ (Zeit) / short, brief ‖ ⤚, verkürzt / short[ened] ‖ ⤚, spröde (Metall) / stubborn, brittle, short[-brittle] ‖ ⤚**e Abweichung im Einschwingen** (Oszillograph) / wrinkle (US), bump ‖ ⤚**es Ausschwingen** (Oszillogr) / termination bump ‖ ⤚ **darstellen**, zusammenfassen / condense ‖ ⤚**er Dipol** (Antenne) / infinitesimal dipole ‖ ⤚**e Faser** (Holz) / short grain ‖ ⤚**e Flotte** / short bath o. liquor, concentrated bath ‖ ⤚**er Lack** / short-oil varnish ‖ ⤚**er Pfeiler**, knickfester Pfeiler / short column ‖ ⤚**er Stromstoß** (Elektronik) / pulse, impulse ‖ ⤚**es Überschwingen ins Negative** (Oszillgr) / anticipation bump ‖ ⤚**er Werbefilm** / spot ‖ **zu** ⤚ **kommen** (Luftf) / undershoot ‖ ⤙**arbeit** f / part-time work ‖ ⤙**auslöser** m (Elektr) / instantaneous release ‖ ⤙**berichte** m pl, Auszüge m pl / abstracting journal ‖ ⤙**bestrahlt** / short-term irradiated, shortly irradiated ‖ ⤙**bezeichnung** f / code designation ‖ ⤚**brennweitiges Objektiv** / objective of short focal length ‖ ⤚**brüchig** (Hütt) / short-brittle ‖ ⤙**dämpfer** m (Textil) / rapid steamer ‖ ⤙**dipol** m, Hertzscher Dipol / Hertz dipole ‖ ⤙**distanzbestrahlung** f (Röntgen) / contact radiation

Kürze f / shortness

kürzen (Math) / reduce, cancel ‖ ⤚, ab-, verkürzen / shorten, cut off, dock ‖ ⤚, zusammenziehen / abbreviate ‖ ⤚, abbrechen / truncate ‖ ⤚, reduzieren (z.B. Lohn) / dock

kürzerwerden, sich verkürzen / shorten, grow shorter

kürzest (Weg) / nearest

Kurz·faser f (Glas) / milled fiber ‖ ⤚**faserig** / short-staple..., short-fibered ‖ ⤚**faseriger Asbest** / short-staple asbestos ‖ ⤚**faserspinnen** n / short staple spinning ‖ ⤙**film** m / short film o. feature, filmlet ‖ ⤚**flammig** (Kohle) / short-flame o. -flaming ‖ ⤚**fristig** / short-term..., short-range... ‖ ⤚**fristige Bestrahlung** (o. Strahlenexponierung) (Nukl) / acute exposure ‖ ⤚**fristige Kosten** pl / short run costs pl ‖ ⤚**gefaßt** / concise ‖ ⤚**geschlossen** (Elektr) / short-circuited ‖ ⤚**geschoren** (Tuch) / short nap, close cropped ‖ ⤙**gewindefräsmaschine** f / short-thread o. plunge-cut thread milling machine ‖ ⤚**glasfaserverstärkt** (Plast) / short-glass-fiber reinforced ‖ ⤚**gliedrig [ohne Steg]** (Kette) / short linked ‖ ⤙**halskolben** m (Chem) / short-neck flask ‖ ⤙**heck** n (Kfz) / short back ‖ ⤙**hobler** m (Wzm) / shaping machine ‖ ⤙**hubhonen** n / superfinish ‖ ⤚**hubig**, Kurzhub... / short-stroke ‖ ⤚**hubig**, überquadratisch (Mot) / oversquare ‖ ⤙**impuls** m / short pulse ‖ ⤙**karte** f (LoKa) / short card, scored card ‖ ⤚**kettig** (Chem) / short-warp ... ‖ ⤙**klemmhalter** m / cartridge for indexable insert ‖ ⤙**kupplung** f (Bahn) / tight o. close coupling ‖ ⤚**lebig**, vergänglich / short-lived, short-life, ephemeral ‖ ⤙**lebigkeit** f / short life ‖ ⤙**lichtbogen** m (Schw) / short arc ‖ ⤙**lichtbogen-Schutzgasschweißen** n / short shielded arc welding ‖ ⤙**nippel** m (Masch) / close nipple ‖ ⤙**parken** n / short-time parking ‖ ⤙**prüfung** f, Kurzprüfverfahren n / short-period o. short-time test, STT ‖ ⤙**-Punktschweiße** f / shot weld[ing] ‖ ⤙**referat** n / summary, résumé digest ‖ ⤙**rufnummer** f (Fernm) / abbreviated number ‖ ⤙**-Scharnier** n / rolled steel hinge ‖ ⤙**schleifentrockner** m (Textil) / short festoon drier ‖ ⤚**schließen** (Elektr) / short[-circuit], short-out ‖ ⤚**schließen** (zwecks Diebstahl) (Kfz) / hot-wire (US) ‖

˷schließen *n* (Elektr) / shorting, short-circuiting ‖ ˷schließen *n* eines Poles mit Kupferring (Spaltpolmotor) / pole shading ‖ ˷schlitten... (Wzm) / short-carriage... ‖ ˷schlitzrichtkoppler *m* (Satellit) / short-slot hybrid

Kurzschluß *m* (Elektr) / short circuit, short ‖ **satter** ˷ / bolted fault ‖ ˷**abschaltleistung** *f* / short circuit breaking power ‖ ˷**admittanz** *f* **rückwärts**, Remittanz *f* / short circuit reverse transfer admittance, remittance ‖ ˷**admittanz vorwärts**, Transmittanz *f* / short circuit forward transfer admittance, transmittance ‖ ˷**anker** *s*. Kurzschlußläufer ‖ ˷**-Ausgangs-Admittanz** *f* (Halbl) / output admittance with input shorted ‖ ˷**begrenzung** *f* / short circuit limitation ‖ ˷**betrieb** *m* (Elektronik) / back-to-back operation, short circuit operation ‖ ˷**blindschwanz** *m* (Antenne) / closed stub ‖ ˷**bremse** *f* / short circuit brake ‖ ˷**brücke** *f*, -bügel *m* (Elektronik) / shorting bar ‖ **mit** ˷**brücke** (Elektronik) / shunted ‖ ˷**charakteristik** *f s*. Kurzschlußkennlinie ‖ ˷**-Eingangs-Admittanz** *f* (Halbl) / input admittance with output shorted ‖ ˷**-Eingangs-Impedanz** *f* (Halbl) / input impedance with output shorted ‖ ˷**-Eingangskapazität** *f* / input-capacitance with output shorted ‖ ˷**fernsehen** *n* (TV) / closed circuit television ‖ ˷**fest** (Elektronik) / short circuit-proof ‖ ˷**fortschaltung** *f* / automatic rapid reclosing under short-circuit conditions ‖ ˷**impedanz** *f* / short circuit o. closed-end impedance ‖ ˷**kennlinie** *f* / short-circuit characteristic ‖ ˷**kennlinie** *f* (Asynchronmaschine) / locked-rotor impedance characteristic ‖ ˷**kolben**, -schieber, Drosselkolben *m* (Wellenleiter) / non-contact o. choke piston o. plunger ‖ ˷**kontakt** *m* / arcing o. sparking contact o. tips *pl* ‖ ˷**kreis** *m* / short[ed] circuit ‖ ˷**läufer** *m* / short-circuit armature o. rotor, [squirrel-]cage rotor ‖ ˷**läufermotor** *m* / squirrel-cage [induction] motor, cage motor ‖ ˷**leistung** *f* (Netz) / fault power o. level ‖ ˷**leistung** *f* (Schalter) / short circuit capacity ‖ ˷**leistung** *f* (el. Maschine) / short-circuiting power ‖ **gegenseitiger** ˷**leitwert** *m* (nach Piloty) / transfer admittance ‖ ˷**lichtbogen** *m* / short circuit arc ‖ ˷**messung** *f* (Bauteile) / leakage measurement ‖ ˷**nachbildung** *f* (Elektr) / short circuit calculator ‖ ˷**ofen** *m* (Elektr) / short circuit furnace ‖ ˷**ring** *m* (Spaltpolmotor) / shading ring ‖ ˷**ring** *m* / short circuit ring, cage ring, end ring ‖ ˷**-Rückstrahlung** *f* (Elektronik) / reverse transfer admittance ‖ ˷**-Sanftanlaufschaltung** *f*, KUSA-Schaltung *f* / stator-resistance starting circuit ‖ ˷**schalter**, Magnetschalter *m* (Kfz, Magnetzünd) / ignition switch, short-circuiting switch ‖ ˷**schieber**, -kolben, Drosselkolben *m* (Wellenleiter) / non-contact o. choke piston o. plunger ‖ ˷**schleifringläufer** *m* / short-circuited slipring rotor ‖ ˷**sicher** / short circuit proof ‖ ˷**spannung** *f* / short circuit voltage ‖ ˷**stecker** *m*, -stöpsel *m* / short circuit plug ‖ ˷**-Stichleitung** *f* (Antenne) / closed stub ‖ ˷**strom** *m* / short circuit current, fault current ‖ ˷**strom** *m* (Mot, Elektr) / locked rotor current ‖ ˷**strombremse** *f* (Bahn) / short circuit brake ‖ ˷**-Stromempfindlichkeit** *f* (Halbl) / short circuit current sensitivity ‖ ˷**stromverstärkung** *f* (Halbl) / short circuit forward current ratio ‖ ˷**taste** *f* / short circuit key, shorting key ‖ ˷**verhalten** *n* / behaviour under short circuit conditions ‖ ˷**verluste** *m pl* (Elektr) / short circuit losses *pl* ‖ ˷**versuch** *m*, -probe *f* / short circuit test ‖ ˷**vorrichtung** *f* (Elektr) / short-circuiting device ‖ ˷**vorrichtung** *f* **und Bürstenabhebevorrichtung** (Elektr) / short-circuiting and brush-lifting device ‖ ˷**-Vorwärtssteilheit** *f* (Halbl) / forward transadmittance ‖ ˷**wicklung** *f* / [squirrel-]cage winding ‖ ˷**widerstand** *m* / short circuit resistance ‖ **gegenseitiger** ˷**widerstand** (nach Piloty) (Fernm) / mutual o. transfer impedance

kurz·schneiden (Landw) / cut down to the ground ‖ ˷**schriftmaschine** *f* / shorthand typewriter, stenotype[r] ‖ ˷**schürige Wolle** / short-stapled wool ‖ ˷**sichtig** (Opt) / near-sighted, myopic ‖ ˷**sichtigkeit**, Myopie *f* / near-sightedness, myopia ‖ ˷**spanend** (Wzm) / short-chipping

‖ ˷**spanendes Hartmetall** / cemented carbide for short chipping material ‖ ˷**speicher** *m* (DV) / short-time storage ‖ ˷**staplig**, -faserig, kurz (Textil) / short staple, short-fibred ‖ ˷**start-Flughafen** *m* / stolport ‖ ˷**startflugzeug**, Stolflugzeug *n* / short take-off and landing plane, STOL plane ‖ ˷**-Start- und Landesystem** *n* / short take-off and landing system, STOL-system ‖ ˷**strecken...** (Rakete) / short-range... ‖ ˷**strecken...** (Luftf) / short-haul..., short-distance... ‖ ˷**streckenflugzeug** *n* / short-haul jet ‖ ˷**streckenverkehr** *m* / short-haul traffic o. transport ‖ ˷**tisch** *m* (Wzm) / short table ‖ ˷**-träg[e]** (Sicherung) / with definite time lag ‖ **geräuscharmer** ˷**-und Senkrecht-Starter** / QSTOL, Quiet Short Take Off and Landing Airliner

Kürzung *f* / abbreviation, abridgment ‖ ˷ (Math) / reducing

Kurz·unterbrecher *m* / recloser equipment ‖ ˷**verfahren** *n* / abridged process, short-cut method ‖ ˷**versuch** *m* / short-period test, short-time test, STT, accelerated test ‖ ˷**vorhersage** *f* (Wetter) / now-casting ‖ ˷**wahl** *f* (Fernm) / abbreviated dialling, short-code dialling ‖ ˷**wangendrehmaschine** *f* / short bed lathe ‖ ˷**waren** *pl* (Textil) / small wares *pl*, haberdashery (GB), notions *pl* (US) ‖ ˷**wegdestillation** *f* (Destillation mit diskontinuierlichem Druckabfall) / flash distillation ‖ ˷**wegdestillation**, Molekulardestillation *f* / molecular distillation ‖ ˷**welle** *f* (GB: 15 bis 100 m, US: unter 60 m, Dtschld: 10 bis 100 m o. Frequenzbereich 7) (Elektronik) / short wave ‖ ˷**wellen...** (Radio) / high-frequency ‖ ˷**wellenamateur** *m* / radio amateur [constructor] ‖ ˷**wellenempfänger** *m* / short-wave receiver ‖ ˷**wellenlupe** *f* / short wave band spread [vernier] tuning ‖ ˷**wellenradar** / microwave radar ‖ ˷**wellensender** *m* / short-wave o. high-frequency transmitter ‖ ˷**wellenspreizung** *f* / short-wave spread ‖ ˷**wellentelegrafie** *f* / short-wave wireless o. radio telegraphy ‖ ˷**wellenvorsatz** *m* (Radio) / short-wave converter ‖ ˷**wellig**, Kurzwellen... / short-wave, of short wave length ‖ ˷**wellig** / short-wave... ‖ ˷**zeichen** *n* / symbol ‖ ˷**zeichen** *n* (in Buchstaben) / letter symbol

Kurzzeit·-Anregung *f* / short-time excitation ‖ ˷**bad** *n* (zum Beizen) (Hütt) / fast acting solution ‖ ˷**belichtung** *f* (Phot) / short-time exposure ‖ ˷**bestrahlung** *f* (Röntgen) / short-time exposure ‖ ˷**betrieb** *m* / temporary service ‖ ˷**betrieb** *m* / short-time service o. operation, temporary service ‖ ˷**betrieb** *m*, S2 (früher KB) (Elektr) / short-time service o. duty ‖ ˷**betrieb** *m* **mit wechselnder Belastung** / short-time service with variable load ‖ ˷**einbruch** *m* (Elektr.) / short-time dip, notch

kurz·zeitig, Kurzzeit... / short-time..., momentary ‖ ˷**zeitig** (Elektr) / transient ‖ ˷**zeitiger Kontaktgabekanal** (DV) / momentary contact operate channel

Kurzzeit·kurzschlußstrom *m* / momentary short-circuit current ‖ ˷**leistung** *f* (30- o. 60 Minuten-Leistung) (Elektr, Mot) / short-time rating ‖ ˷**lösung** *f* **eines Problems** / fast acting solution ‖ ˷**meldung** *f* (Fernwirken) / fleeting o. transient information ‖ ˷**messer** *m* / microchronometer, time interval meter, TIM ‖ ˷**neutrographie** *f*, -neutronenphotographie *f* / pulsed neutrography ‖ ˷**stabilität** *f* / short-time stability ‖ ˷**verhalten** *n* / short-term behaviour o. performance ‖ ˷**versuch** *m* / short-period o. short-time test, STT, accelerated o. rapid test ‖ ˷**wert** *m* / momentary value

Kusaschaltung *f* (Walzw) / Kusa control

Kußdruck *m* (Buch) / kiss impression o. printing

Küste *f*, Strand *m* / beach ‖ ˷, Ufer *n* / shore, coast

Küsten·... / coastal, shore-based ‖ ˷**...**, an der Küste liegend / inshore ‖ ˷**...**, litoral, Ufer... / littoral ‖

~bagger m / coastal dredge[r] ‖ ~befeuerung f / shore lighting ‖ ~bohrturm m / offshore drill rig tower ‖ ~brechung f (Radar) / coastal refraction, coastline o. shore effect ‖ ~fern / off the shore ‖ ~fischerei f / inshore fishing ‖ ~funkstelle f / coastal radio station, shore station ‖ ~gewässer n pl / coastal waters pl, nearshore waters pl ‖ flache ~gewässer n pl / inshore waters pl ‖ ~kabel n / coastal cable, shallow water cable, shore end of a cable ‖ ~ladekapazität f (Schiff) / beach capacity ‖ ~licht n / coastal lights pl ‖ ~linie f (Hydr) / shore line ‖ ~motorschiff, Kümo n / motor-coaster ‖ ~nahes Gewässer / coastal area ‖ ~nahe Ölbohrung / offshore oil well ‖ ~peilstation f / coastal direction finding station ‖ ~reflex m (Radar) / coastal reflection ‖ ~schiff n, -fahrer m / coastal o. coasting vessel, coaster ‖ ~schiffahrt, -fahrt f / coastwise trading, coasting [trade], cabotage (US) ‖ ~schiffahrt betreiben (Schiff) / coast v ‖ ~schlick, -schlamm m / mud, littorial underwater deposit o. mud deposit ‖ ~schnellboot, KS / patrol craft, PC ‖ ~schutz m / shore o. coastal protection ‖ ~standort m / coastal site ‖ ~station f (Elektronik) / maritime station ‖ ~strand m / beach of shore ‖ ~streifen m zwischen Hoch- u. Niedrigwasserstand / sea shore ‖ ~strich m / coast line ‖ ~tankschiff n / intercoastal tanker ‖ ~überwachungsradar m n / coast defense radar ‖ ~vorland n, Sandbank f vor der Küste / foreshore

Kustos m (Buch) / direction word, catchword
Kutter m (Schiff) / cutter
kuvertieren / envelope v
Kuvertiermaschine f / inserter
Kuverwasser n / rushing-out water o. underground water (behind a dam), drain water
Küvette f (Chem) / bulb, cell, vessel ‖ ~ (Opt) / optical cell
Küvetten·automatik f (Zuck) / cell dispenser ‖ ~verschluß m (Chem) / cell cover
KV (Elektronik) = Kanalverstärker
K-Verband m (Stahlbau) / K-bracing, arrow-point bracing
KVSt (Fernm) = Knotenvermittlungsstelle
KW (Chem) = Kohlenwasserstoff
K-Wagen, Flachwagen m (Bahn) / flat wagon
K-Wert m (Plast) / K-value ‖ ~ der Bodendurchlässigkeit / K-value of soil permeability
KWIC-Index m, Register nach signifikanten Titel-Worten geordnet (DV) / KWIC index, key-word-in-context index
KWL (Schiff) = Konstruktionswasserlinie
KWOC, alphabetisches Register nach Stichworten mit Text (DV) / keyword out of context
K.W.-Stoff = Kohlenwasserstoff
kyanisieren, mit einer Sublimatlösung tränken (Holz) / kyanize
Kyanit m (Min) / kyanite
Kybernetik f / cybernetics
Kybernetiker m / cybernetician, -ticist
Kylindrit, Cylindrit m (Min) / cylindrite
Kymograph, Schwingungsschreiber m (Elektr) / kymograph ‖ ~ (Aufzeichnungsgerät für Mikrobewegungen) (F.Org) / kymograph
kyrillisch (Schrift) / cyrillic
Kys-Verfahren n zur Stahlherstellung (Klöckner u. Youngstown Sheet & Tubes) (Hütt) / Kys process (for steel production)
K-Zahn m (Säge) / hook tooth, rake tooth
K-Zustand m / K-state

L

L = Lohschmidtsche Zahl
Lab n (Chem) / rennet
Label n, Kennsatz m (DV) / label, key
Lab[ferment] n / rennin, chymosin
labil, unbeständig / unstable, instable ‖ ~, statisch unstabil (Bau) / deficient, unstable ‖ ~, unbeständig (Chem) / labile ‖ ~es Gleichgewicht / instable o. unstable equilibrium
Labilität f / lability
Labkasein n / rennet casein
Labor n (Chem) / laboratory, lab ‖ ~anhänger m (Kfz) / laboratory trailer
Laborant m (Chem) / assistant chemist, laboratory assistant o. operator (US)
Labor·apparat m / laboratory appliance ‖ ~[atorium] n / laboratory, lab ‖ ~[atorium] n (Dokimasie) / assay laboratory ‖ ~[atoriums]techniker m / laboratory technician ‖ ~aufbau m (Elektronik) / breadboard assembly o. construction, breadboarding, hook-up ‖ Entwicklungsstand des ~aufbaus / breadboard stage ‖ ~ausbeute f / laboratory yield ‖ ~blatt n / laboratory sheet ‖ ~einrichtung f / laboratory equipment ‖ ~geräte n pl / laboratory equipment ‖ ~geräte n pl aus Glas / laboratory glassware ‖ ~kapelle f / laboratory cupel ‖ ~leiter m / laboratory senior o. boss (coll) ‖ ~mühle f / laboratory crusher o. grinder ‖ ~muster n / laboratory sample ‖ ~prüfung f / lab-examination ‖ ~schaltbrett n (Elektronik) / breadboard ‖ ~stadium n / laboratory stage ‖ ~system n (Nukl) / laboratory system, LS ‖ ~tisch m / laboratory bench ‖ ~tischfliese f / ceramic tile for laboratory bench tops ‖ ~tischplatte f / laboratory bench top ‖ ~versuch, Kleinversuch m / laboratory test ‖ ~versuch m (Flotation) / bench scale test ‖ ~waage f / laboratory balance
Labrador·it m (Anorthosit) (Geol) / labrador ‖ ~it m (Plagioklas) (Min) / labradorite ‖ ~porphyrit m (Geol) / labrador-porphyrite
Labyrinth·dichtung f / labyrinth box o. gland o. seal ‖ ~dichtungsring m (Dampfturbine) / gland of a labyrinth box ‖ ~-Durchgang m / labyrinth passage
Laccase f (Chem) / laccase
Lace-Antrieb m (Raumf) / Lace, liquid air cycle engine
Lachgas, Distickstoff-Monoxid n / nitrous oxide
Lack m (allg) / lacquer n ‖ ~, Firnis m / varnish ‖ ~ auf Nitrobasis, Nitrolack m / cellulose lacquer ‖ [ofentrocknender] ~, Einbrennlack m (Farbe) / enamel ‖ schwarzer oder roter, japanischer oder chinesischer ~ / Chinese lacquer, japan ‖ synthetischer ~, Kunstharzlack m / synthetic enamel ‖ ~abdruckverfahren n (Opt) / lacquer replica technique ‖ ~abziehzange f (Elektr) / coated-wire stripping tweezer ‖ ~abzugdruck m / lacquer replica ‖ ~anstrich m / coat of lacquer ‖ ~arbeit f / lacquered work ‖ ~arbeit f (Gegenstand) (japanisch) / japan n ‖ ~band n (Elektr) / cambric, varnished cotton ‖ ~bandkabel n / varnished cambric cable ‖ ~benzin n / mineral spirit, white spirit, light gasoline ‖ verdampfender ~bestandteil / carrier ‖ ~dose f, -eimer m / paint can ‖ ~draht m / enamel covered wire, e.c. wire, enamelled wire ‖ ~druck m (Textil) / lacquer printing ‖ ~dye, Färberlack m / lac-dye ‖ ~ester m / resin ester, ester gum ‖ ~fabrik f / lacquer and varnish factory ‖ ~farbe f, Lack m / varnish [paint] ‖ ~farbenanstrich m / varnish paint coat ‖ ~film m / coating film ‖ ~firnis m / gloss paint ‖ ~gewebe n (Textil) / varnished fabric o. cambric ‖ ~gießanlage f (Holz) / curtain coater ‖ ~glanz m (Farbe) / gloss ‖ ~glasgewebe n (Elektr) / varnished glass fabric ‖

⌐**glasseidenband** n / varnished glass fabric tape ||
⌐**hantel** f (Opt, Phot) / coating roller system Retsch ||
⌐**harz** n / resin for lacquers and varnishes || ⌐**harz** n
(der Lackschildlaus), roter [Gummi]lack / lac ⌐**haut** f
/ film of paint || ⌐**hersteller** m / varnish maker
Lackier·anlage f (Fließband) / enamelling line || ⌐**arbeit** f
(Kfz) / enamelling
lackieren / lacquer || ~ (einbrennlackieren) / enamel || ⌐ n
(Plast) / coating || ⌐ **mit metallischem Pigment** (o. mit
Metalleffektlack) / bronzing || **mit Japanlack** ~ / japan
|| **zu** ~**der o. lackierter Gegenstand** / substrate,
support
Lackierer m / lacquerer || ⌐ (für Einbrennlack) /
enameller || ⌐ / lacquerer
Lackiererei f / paint shop
Lackier·maschine f (Buch) / varnishing machine ||
⌐**maschine** f (Schichtstoffe) / lac o. glue smearing
machine || ⌐**ofen** m, Einbrennofen m / enamelling
stove, baking oven
lackiert / lacquered || ~ (einbrennlackiert) / enamelled ||
~**es Isolierrohr** / enamelled conduit, loricate[d] conduit
(US) || ~**es Rohr** / varnished tube
Lackiertrommel f / coating drum
Lackierung f (der Überzug) / coat of lacquer o. varnish,
enamel (US) || ⌐ (Tätigkeit) / lacquering, varnishing,
enamelling (US) || ⌐ (Kfz) / enamelling || ⌐ **mit gelbem
Klarlack** / Dutch gilding
Lackier·walze f / varnishing roller
Lack·isolierschlauch m / varnished loom o. sleeving ||
~**isoliert** (Draht) / enamelled || ⌐**kabel** n / varnished
cable || ⌐**leder** n / patent leather, varnished o.
enamelled o. japanned o. lacquered leather ||
⌐**lederherstellung** f / japanning || ⌐**leinöl** n / refined
linseed oil || ⌐**lösemittel** n, Verdünner m / thinner
Lackmus m n, Azolitmin n / litmus, turnsole [acid] ||
⌐**papier**, Reagenzpapier n (Chem) / litmus paper
Lack·nase f, Läufer m / varnish tit o. tear o. run ||
⌐**orange** n / lake orange || ⌐**papier** n / varnished paper
|| ⌐**papierdraht** m / paper-insulated enamelled wire ||
⌐**papierkabel** n / varnished paper cable || ⌐**pigment** n /
lake pigment || ⌐**platte** f (Spanplatte) / enamelled board ||
⌐**rand** m, -saum m (Fehler) / fatty edge || ⌐**safloröl** n /
safflower oil || ⌐**samen** m / seed lac || ⌐**säure**,
Arabinsäure f / arabic acid, arabin, acacin[e] ||
⌐**schaden** m / defect in paint work || ⌐**schicht** f,
-überzug m / coat of lacquer || **sehr dünne** ⌐**schicht** /
coating film || ⌐**schildlaus** f / lac insect, lakshadia lacca
|| ⌐**seide** f (Elektr) / empire (GB) o. varnished silk ||
⌐**sojaöl** n / refined soya bean oil || ⌐**stift** m (Kfz) /
touch-up applicator
Lacmoid, Resorcinblau n (Färb) / lacmoid, resorcinol blue
Lactam n, Laktam n / lactam || ⌐**bildung** f / lactam
formation || ⌐**öl** n (Chemiefaser) / lactam oil
Lactase f / lactase
Lactat n (Chem) / lactate
Lacto·[bio]se f, Milchzucker m / lacto[bio]se, milk sugar
|| ⌐**[densi]meter** n / galactometer, lactometer || ⌐**flavin**
n / riboflavin
Lacton n (Chem) / lactone || ⌐**bildung** f / lactonization
ladbar (DV) / machine executable || ~**e Steuerstufe** (DV) /
RCS, reloadable control stage
Lade f (Textil) / batten, lathe, lay, sley, slay || ⌐**adresse** f /
load address, load point || ⌐**aggregat** n, -gerät n, -satz
m (Elektr) / charging set || ⌐**anlage**, Verladeanlage f /
loading plant || ⌐**anweisung** f, -instruktion f (DV) / load
instruction || ⌐**arbeit** f, [Be-, Um]laden n / loading ||
⌐**automat** m (Elektr) / automatic battery charger ||
⌐**bagger** m, Skooper m / scoop charger, scooper || ⌐**band**
n / transition belt, loading belt || ⌐**band, fahrbar** /
portable loading belt || ⌐**baum** m (Schiff) / cargo boom,
derrick boom || ⌐**baum**, Schwenkkran m (Bahn) / davit ||
⌐**baum**, -mast m (Schiff) / sheers, shear o. sheer legs pl,
derrick || ⌐**baumpfosten** m (Schiff) / sam[p]son post ||
⌐**block** m (Schiff) / cargo block || ⌐**breite** f (Bahn) /

loading width || ⌐**brücke** f, Überfahrbrücke f (Bahn) /
loading ramp, deck leveller || ⌐**bucht** f (Raumf) / loading
bay || ⌐**bühne** f, Hubtisch m / elevating platform ||
⌐**bühne**, -vorrichtung f am Lkw (Kfz) / elevating gate ||
⌐**dauer** f (Elektr) / charging time || ⌐**druck** m (Mot) /
boost pressure || ⌐**druckmesser** m / boost[er] gauge ||
⌐**druckmesser** m (Luftf) / manifold pressure gauge ||
⌐**druckregelventil** n (Kfz) / waste gate || ⌐**druckregler**
m / boost control || ⌐**druckwähler** m / turbo-boost
selector || ⌐**einheit** f (Luftf) / unit load device ||
⌐**einrichtung** f, -gerät n / loader || ⌐**einrichtung** f
(Akku) / charging equipment || ⌐**einrichtung**,
Mehrladeeinrichtung f (Mil) / magazine catch ||
⌐**-Endspannung** f (Akku) / cutoff voltage ||
⌐**/Entladezyklen** m pl (Raumf) / charge/discharge cycles
pl || ~**fähig** (DV) / loadable, executable || ⌐**fähigkeit**,
Tragfähigkeit f / loading o. lading o. carrying capacity ||
⌐**fähigkeit** f, Tonnage f (Schiff) / tonnage || **größte**
⌐**fähigkeit** (Fahrzeug) (Bahn) / load limit, limit of
carrying o. loading capacity || ⌐**faktor** m (Akku) /
discharge [rate] || ⌐**fehler** m (DV) / loading error ||
⌐**fläche** f (Kfz) / floor of a truck, loading area || ⌐**fläche**
f (Bahn) / loading area || ⌐**flächenleuchte** f (Kfz) /
loading light || ⌐**gebläse** n (Mot) / supercharger, blower
|| ⌐**gerät** n, -maschine f / loading machine || ⌐**gerät** n,
-satz m (Elektr) / charging set, battery charger || ⌐**gerät**
n für Abbaustrecken (Bergb) / loader for headings ||
⌐**gerät n für Eisenbahnwagen** / wagon loading
machine || ⌐**gerüst** n, -bühne, -brücke f / loading o.
handling platform o. stage || ⌐**geschirr** n (Schiff) / cargo
[handling] gear || ⌐**geschirr n für gekuppelte Bäume**,
Union-Purchase f / union purchase || ⌐**gewicht** n
(Fahrzeug) / carrying capacity || ⌐**gewicht** n (Bahn) /
weight of load, weight loaded, load || ⌐**gleichrichter** m
(Elektr) / charging rectifier || ⌐**gleis** n / loading track o.
sidings o. rails pl || ⌐**grad** m, Fanggrad m (Mot) /
supercharging rate || ⌐**grenzlinie** f (Akku) / charging
limits pl || ⌐**haken** m (Schiff) / cargo hook, runner hook
|| ⌐**hemmung** f (Schußwaffe) / jam || ⌐**kanal** m (Nukl) /
channel of a reactor || ⌐**karte** f (DV) / bootstrap card,
load card || **hintere** ⌐**klappe** (Kfz) / end gate o. board ||
⌐**kondensator** m / charging capacitor || ⌐**kontrolle** f
(Luftf) / load control || ⌐**kontrolleuchte** f (Kfz) / charge
control o. indicator lamp, telltale lamp, generator
warning light || ⌐**kran** / loading o. charging crane ||
⌐**kran**, Deckskran m (Schiff) / deck crane || ⌐**kratzband**
n / charging scraper conveyor || ⌐**kübel**, Kübellader m
(Straßb) / load legger || ⌐**kurve** f, -kennlinie f (Akku) /
charge characteristic || ⌐**läufer** m (Schiff) / cargo o.
winch runner || ⌐**leistung** f (Elektr) / charging capacity ||
⌐**linie** f, -marke f (Schiff) / Plimsoll line, Plimsoll's
mark, load [water] line, L.W.L. || ⌐**luftkühlung** f (Mot)
/ charge cooling || ⌐**luke** f, -öffnung f (Bahn) / loading
trap || ⌐**luke**, Luke f (Schiff) / hatch (an opening in the
deck), cargo hatchway || ⌐**maschine** f, -generator m
(Elektr) / charging generator || ⌐**maschine** f (Nukl) / fuel-
charging machine || ⌐**maß** n, Meßrahmen m (Bahn) /
loading ga[u]ge, load limit gauge, clearance ga[u]ge ||
das ⌐**maß überschreitend** (Bahn) / out-of-gauge ||
⌐**maßüberschreitung** f (Bahn) / fouling of the clearance
gauge || ⌐**mast** m (Schiff) / derrick mast || ⌐**meister** m
(Bahn) / loading forman || ⌐**modul** m (DV) / load module
|| ⌐**modus** m (DV) / load mode
laden, ver-, beladen / load, charge || ~, aufladen durch
Werfen / pitch, throw || ~ (Programm) / load || ~ (Akku) /
charge || ~, speisen (Elektr) / load, supply the current
|| ⌐ n, Ladung f / charging, loading, charge || ~, Um-,
Aufladen n / loading, charging, lading || ⌐ (Schiff) /
lading || ⌐, Ladung f (Akku) / charge, charging || ⌐ **aus
der Böschung** (o. Bank) (Bau, Straßb) / bank loading ||
⌐ **bei konstantem Strom** (Akku) / constant current
charging || ⌐ **mit konstanter Spannung** (Akku) /
constant voltage charging, potential charging, taper
current charging || ⌐ **des Programms von der**

Zentraleinheit / downloading ‖ ⁔ **des Programms von der Peripherie aus** / uploading ‖ ⁔ **(erneutes)** (DV) / reloading ‖ ⁔ **u. Löschen** (Schiff) / loading and unloading ‖ ⁔ **eines Reaktors** (Reaktor) / loading in a reactor

Laden *m*, Geschäftslokal *n* / shop, store (US) ‖ ⁔, Fensterladen *m* / window shutter

Laden·[an]schlag *m* (Web) / stroke of the slay, beat-up ‖ ⁔**arm**, **-stock** *m* (Web) / rocking tree ‖ ⁔**bau** *m* / store construction ‖ ⁔**baum**, **-klotz** *m* (Web) / slay cheek o. beam ‖ ⁔**deckel** *m* (Web) / slay cap, sley o. lay o. batten cap ‖ ⁔**diebstahlsicherung** *f* / anti-shop-lifting system ‖ ⁔**flügel** *m* (Fenster) / shutter leaf ‖ ⁔**hüter** *m* / dormant stock, sticker ‖ ⁔**klotz**, **-baum** *m* (Web) / slay cheek o. beam ‖ ⁔**schlag** *m* (Web) / stroke of the slay ‖ ⁔**stelze** *f* (Web) / slay arm o. sword ‖ ⁔**stillstand** *m* (Web) / dwell of the slay ‖ ⁔**stock**, **-arm** *m* (Web) / rocking tree ‖ ⁔**straße** *f* / shopping parade ‖ ⁔**tisch** *m* / sales counter ‖ ⁔**tischwaage** *f* / counter scale ‖ ⁔**wechsel** *m* (Textil) / box motion ‖ ⁔**zentrum** *n* / shopping complex o. center

Lade·palette *f* / loading pallet ‖ ⁔**pforte** *f* (Schiff) / cargo port ‖ ⁔**pfosten** *m* (Schiff) / sam[p]son post ‖ ⁔**plattform** *f* / handling platform o. stage ‖ ⁔**platz** *m* (allg) / loading place ‖ ⁔**platz** *m* (Schiff) / wharf, pier (US) ‖ ⁔**platz** *m* (Bahn) / loading platform ‖ ⁔**potential** *n* / charging potential ‖ ⁔**pritsche**, Palette *f* / plank bed, pallet, stillage ‖ ⁔**pritsche** *f* / dead skid ‖ ⁔**pritsche** *f* **mit Stahlkufen** / flat stillage with metal legs ‖ ⁔**profil** *n* (Bahn) s. Lademaß ‖ ⁔**programm** *n* (DV) / loading program o. routine ‖ ⁔**programm** *n* **für verschiebliche Programme** (DV) / relocatable program loader ‖ ⁔**programm-Hauptband** *n* (DV) / system master tape ‖ ⁔**pumpe** *f* (Mot) / [super]charge pump ‖ ⁔**punkt** *m*, **-adresse** *f* (DV) / load point, load address

Lader *m*, Beschicker *m* / charger ‖ ⁔, Pflugbagger *m* (Straßb) / loader ‖ ⁔, Ladegebläse *n* / supercharger, blower ‖ ⁔, Loader *m* (Öl) / loader

Lade·rampe, **-plattform**, **-bühne** *f* / goods o. loading platform o. ramp ‖ ⁔**rampe** *f*, Loading Rack *n*, Verladerampe *f* (Raffinerie) / loading rack ‖ **zur** ⁔**rampe bringen** (US) (Bahn) / dock ‖ ⁔**raum** *m* (Schiff) / cargo hold o. space, [freight] hold, ship's hold, belly hold ‖ ⁔**raum** *m* (Luftf) / load bay ‖ ⁔**raum** *m* (LKW) / cargo hold o. space ‖ **hinterer** ⁔**raum** (Schiff) / afterhold ‖ **verfügbarer** ⁔**raum** / freight space ‖ ⁔**raumbagger** *m* / hopper dredger ‖ ⁔**raumsaugbagger** *m* / hopper o. hold suction dredger ‖ ⁔**raupe** *f* / loading tractor o. shovel, traxcavator ‖ ⁔**raupenkette** *f* (Dreistegbodenplatte) / three-webbed crawler shoe

Lader·laufrad *n* (Luftf) / impeller ‖ ⁔**leistung** *f* / supercharger capacity ‖ ⁔**motor** *m* / supercharger engine, supercharged o. supercharging engine

Lade·rutsche, **-schurre** *f* / loading chute ‖ ⁔**satz** *m*, **-gerät** *n* (Elektr) / charging set ‖ ⁔**schaffner** *m* (Bahn) / loading foreman ‖ ⁔**schäkel** *m* (Schiff) / load shackle ‖ ⁔**schalter** *m* (Akku) / cell switch, battery [regulating] switch ‖ ⁔**schaltung** *f* (Elektr) / charging connection ‖ ⁔**schaufel** *f*, Frontlader *m* / loading shovel, tractor loader o. shovel ‖ ⁔**schein** *m* (Binnenschiff) / bill of lading, B/L ‖ ⁔**sonde** *f* (Elektr) / charging probe ‖ ⁔**spannung** *f* / charging voltage ‖ ⁔**stärke** *f* (Akku) / charge o. charging rate ‖ ⁔**station** *f* (Akku) / charging station ‖ ⁔**stelle** *f* (Bahn) / loading yard ‖ ⁔**straße** *f* (Bahn) / approach for trucks ‖ ⁔**strecke** *f* (Bergb) / delivery gate, loading road ‖ ⁔**strom** *m* (Elektr) / charging current ‖ ⁔**stromkontrolleuchte** *f* s. Ladekontrolleuchte ‖ ⁔**stromstärke** *f* (Elektr) / charge o. charging rate ‖ ⁔**stütze** *f* **des Langholzwagens** / hydraulic jack ‖ ⁔**tafel** *f* (Akku) / charging board o. panel ‖ ⁔**tank** *m* / cargo tank ‖ ⁔**taste** *f* (DV) / load key ‖ ⁔**tiefgang** *m* (Schiff) / load draught ‖ ⁔**tiefgang** *m*, Tiefgang *m* beladen (Schiff) / loaded draught ‖ ⁔**tür** *f* (Bahn) / loading door ‖ ⁔**tür** *f* (Kfz) / sliding side door for loading and unloading ‖ ⁔**-und Lüfterpfosten** *m*

(Schiff) / ventilator type sam[p]son post o. king post ‖ ⁔**-und Meßgerät** *n* (Nukl) / charger-reader ‖ ⁔**verdrängung** *f* (Schiff) / load displacement ‖ ⁔**vorrichtung** *f* **von Automaten** (Wzm) / tilting magazine ‖ ⁔**wagen** *m* (Landw) / self loading forage box ‖ ⁔**wagen** *m* (Bergb) / car loader ‖ ⁔**wasserlinie** s. Ladelinie ‖ ⁔**widerstand** *m* / charging resistance ‖ ⁔**winde**, Winsch *f* (Schiff) / winch, cargo winch ‖ ⁔**zone** *f* (Ggs.: Parkzone) (Straßb) / no-waiting area ‖ ⁔**zyklus** *m* (DV) / load cycle ‖ ⁔**zyklus** *m*, Beschickungszyklus *m* (Nukl) / charging cycle, fuelling cycle

Ladung *f*, Last *f* / burden, load ‖ ⁔, Fracht *f* (Bahn, Schiff) / charge, freight ‖ ⁔, Fracht *f* (Schiff) / lading ‖ ⁔ (Kondensator) / charge, amount of electricity ‖ ⁔ (Sprengen) / shot ‖ ⁔ (Ionenaustauscher) / loading ‖ ⁔ **eines Lkw** / load of a lorry (GB), freight of a truck (US) ‖ ⁔ **je Querschnittseinheit** (Kabel) / electric displacement ‖ ⁔ **übernehmen** / take over the cargo

Ladungs·aufbauzeit *f* (Atom, Nukl) / charge collection time ‖ ⁔**aufnahme** *f* / charge acceptance ‖ ⁔**aufwand** *m* (Mot) / delivery ratio ‖ ⁔**austausch** *m* / charge exchange ‖ ⁔**bild** *n* (TV) / charge image o. pattern, image pattern ‖ ⁔**dosis** *f* / charge dosage ‖ ⁔**dreieck**, Diffusionsdreieck *n* (Halbl) / diffusion triangle ‖ ⁔**durchsatz** *m* (je Zeiteinheit) (Mot) / charge throughput ‖ ⁔**einheit**, Elementarladung *f* (Phys, Chem) / unit charge ‖ ⁔**einsatz** *m* (je Arbeitsspiel) (Mot) / charge input per cycle ‖ ⁔**fähigkeit**, Tragfähigkeit *f* (Schiff) / tonnage ‖ ⁔**faktor** *m* (TV) / coefficient of charge ‖ ~**gekoppelt** (Elektronik) / charge-coupled ‖ ~**gekoppeltes Bildelement**, CCID (Video) / charge coupled imaging device o. imager, CCID ‖ ~**gekoppelter Bildwandler** (Laser) / charge-coupled imager, CCI ‖ ~**gekoppeltes Element**, CCD (Halbl) / charge coupled device, CCD ‖ ~**gekoppeltes Flächen-**, **[Linien-]Element**, CCAID, [CCLID] (Video) / charge coupled area, [line] imaging device, CCAID, [CCLID] ‖ ⁔**injektions-Bauelemente** *n pl* (Laser) / charge injection device, CID ‖ ⁔**konjugation** *f* (Nukl) / charge conjugation ‖ ⁔**konzentration** *f* (IS) / carrier concentration ‖ ⁔**meßgerät** *n* / charge meter ‖ ⁔**multiplett** *n* (Atom, Nukl) / charge multiplet ‖ ⁔**quantenzahl** *f* (Phys) / nuclear charge quantum number ‖ ⁔**rückstand** *m* (Elektr) / residual charge ‖ ⁔**schichtung** *f*, Schichtladung *f* (Mot) / stratified charge, stratification ‖ ⁔**speicherelement** *n* (Elektronik) / charge-coupled device, CCD ‖ ⁔**spule**, Pupinspule *f* (Fernm) / loading coil o. inductance ‖ ⁔**teilchen** *n* (Phys) / charge particle

Ladungsträger *m* (Halbl) / [charge] carrier, charged particle ‖ ⁔**beweglichkeit** *f* / charge carrier mobility ‖ ⁔**dichte** *f* / charge carrier density ‖ ⁔**dichte** *f* **an einer pn-Übergangsstelle** (Halbl) / inversion density ‖ ⁔**diffusion** *f* / charge carrier diffusion ‖ ⁔**injektion** *f* (Halbl) / carrier injection ‖ ⁔**-Speicherzeit** *f* (Halbl) / carrier storage time

Ladungs·transport *m* (Halbl) / charge transfer ‖ ⁔**transportspeicher** *m* (Halbl) / charge coupled device, CCD ‖ ⁔**umkehr** *f* (Phys) / charge reversal ‖ ⁔**verschiebe-Bauelement** *n* (Halbl) / charge transfer device ‖ ⁔**verschiebungsschaltung** *f* (Halbl) / charge transfer device ‖ ⁔**verteilung** *f* **im Atomkern** / nuclear charge distribution ‖ ⁔**wechsel** *m* (Mot) / gas exchange, charge changing ‖ ⁔**zahl** *f* / charge number ‖ ⁔**zahl** *f*, Ordnungszahl *f* (Phys) / atomic number, proton number ‖ ⁔**zuordnung** *f* (Nukl) / charge conjugation

Lady-Zelle, Rundzelle R1, *f.* (Elektr) / round cell R1 DIN 40861

Lafette *f* (Mil) / mount[ing], gun carriage

Lage *f* / position ‖ ⁔, Stellung *f*, Position *f* / location, situation, position ‖ ⁔, Stand *m* / condition, situation, state ‖ ⁔, Schicht *f* / ply, layer ‖ ⁔, Zwischenlage *f* (Reifen) / ply ‖ ⁔, Richtung:f. (Gebäude) / aspect, exposure ‖ ⁔, Platz *m* (Bau) / site ‖ ⁔, Reihe, Schicht *f* (z.B. Ziegel) / layer, course ‖ ⁔, Reihe *f* / tier ‖ ⁔,

Schichtung, Lagerung f (Geol) / layer, ledge ‖ ⁓ (Anzahl Bogen) (Buch) / quire (= 1/20 ream) ‖ ⁓n f pl / plies pl ‖ ⁓… / positional ‖ ⁓ f der Schichtseite (Phot) / emulsion position ‖ ⁓ der Schneide / orientation of cutting edge ‖ ⁓ der Spanfläche, [Freifläche] / orientation of face, [of flank] ‖ ⁓ des Schwerpunkts / location of the center of gravity ‖ ⁓ eines Bauwerks / location of a building ‖ ⁓ eines Geländes / lay, lie ‖ ⁓ im Raum / position in space ‖ ⁓ Sand / bed of sand ‖ ⁓ Sand, Sandbettung f (Straßb) / sand bed o. layer ‖ ⁓ von Faserstoff (Pap) / ply of fibres ‖ ⁓ Ziegel (als Unterlage) / bed of bricks ‖ ⁓ zweier Schiffe zueinander (Schiff) / gauge ‖ auf den ⁓n sitzend (Bergb) / working on the face slip[s] ‖ aus dünnen ⁓n bestehend (Min) / bladed ‖ dünne ⁓ / sheet, layer, lamination ‖ dünne ⁓, Überzug m / film, coat[ing] ‖ [einzelne] ⁓, [Um]wicklung f (Elektr) / lap ‖ unter den ⁓n sitzend (Bergb) / working on the back slip[s] ‖ untere ⁓ (Straßb) / lower layer o. coating o. stratum ‖ ⁓abweichung f / deviation of position ‖ ⁓bestimmung f / attitude measurement ‖ ⁓bestimmungsgerät n (Luftf) / air position indicator, API ‖ ⁓bezugsmaß eines Bauteils (Bau) / positional reference of a component ‖ ⁓energie f / potential energy ‖ ⁓fehler m / positional error o. fault ‖ ⁓fest machen, stetigen / stabilize, make stable ‖ ⁓festpunkt m, LFP (Verm) / datum point of position ‖ ⁓genauigkeit f (gedr.Schaltg) / registration ‖ ⁓genauigkeit f (Roboter) / positional accuracy ‖ ⁓kreisel m / sight-line gyro, bootstrap gyro ‖ ⁓-Lage-Kopplung f (Kabel) / interlayer coupling ‖ ⁓maß n (Bau) / data of building site ‖ ⁓meßeinrichtung f / position sensor o. transducer ‖ ⁓meßsystem n (NC) / position measuring system ‖ ⁓messung f (durch Messen) / localization ‖ digitale ⁓messung / digital localization

Lagen⁓…, in Lagen o. Schichten angeordnet / stratified ‖ ⁓ablösung f (Sperrholz) / delamination, cleaving ‖ ⁓ablösung f (Reifen) / looseness of casing, casing looseness, ply separation ‖ ⁓bindung f (Pappe) / ply bond ‖ ⁓bruch m (Reifen) / ply break ‖ ⁓haftung f (Gummi) / ply adhesion ‖ ⁓holz, Schichtholz n / [compregnated] laminated wood, compreg ‖ ⁓kabel n / layer-stranded o. layered cable ‖ ⁓riß, Schichtenriß m / lamination crack ‖ ⁓umschlag m (Reifen, Kfz) / ply turn-up ‖ ⁓verbindung f / interlayer connection ‖ ⁓weise / in plies o. layers etc ‖ ⁓weise, schichten-, flözweise (Bergb) / in layers ‖ ⁓weise Anordnung, Schichtung f / arrangement in layers ‖ ⁓weise wickeln (Elektr) / wind in layers ‖ ⁓winkelzuordnung f / coordination of positions and angles

Lage·plan m (Bau) / plan of building and site, general o. key plan ‖ ⁓plan, Geländeplan m (Bau) / estate layout ‖ ⁓prüfung f (Uhr) / position tests pl

Lager n, Wellenlager n (Masch) / bearing ‖ ⁓, Bettung f (Bau) / bedding ‖ ⁓, Bock m / bench, horse ‖ ⁓, Pfanne f (Instr) / saucer, socket, footstep, cup ‖ ⁓, Speicher m / storage (the place) ‖ ⁓ (als Ganzes) (Masch) / plummer block ‖ ⁓, Lagerstätte f (Bergb, Geol) / seam, stratum, deposit, bearing, bed ‖ ⁓, Lagerraum m / store o. storage room o. space ‖ ⁓ eines Schlußsteins (Bau) / bed of a voussoir ‖ ⁓ eines Steins (Bau) / lier o. lay (GB) of a stone ‖ ⁓ im Bauwesen / structural bearing ‖ ⁓ mit Druckölentlastung / oil-jacked bearing ‖ ⁓ mit Druckölschmierung / pressure-lubricated bearing ‖ ⁓ mit Festringschmierung / disk-and-wiper lubrication bearing ‖ ⁓ mit geteiltem Laufring / fractured race bearing ‖ ⁓ mit Spülölschmierung / flood-lubricated bearing ‖ ⁓ mit Sumpfschmierung / splash-fed bearing ‖ ab ⁓ [lieferbar] / off-the-shelf ‖ auf ⁓ / in stock, on store ‖ auf falsches ⁓ gelegt (Stein) / bedded against the grain ‖ falsches ⁓, Fleckenseite f (Stein) / breaking o. cleavage grain ‖ hintereinander liegende ⁓ bohren / bore bearings in line ‖ ⁓achse f (Masch) / bearing axis ‖ ⁓anordnung f (Masch) / arrangement of bearings,

disposition of bearings ‖ ⁓art f (in der Grube) (Bergb) / deads ‖ ⁓aufseher, -verwalter m / store keeper o. man ‖ ⁓ausguß m, -ausgießen n / lining of bearings ‖ ⁓ausrüstung f, -ausstattung f / storage equipment ‖ ⁓balken m (Zimm) / sole, ground sill, [ground] sleeper ‖ ⁓behälter, Sammelbehälter m / storage tank ‖ ⁓belastung f / bearing load ‖ ⁓bestand, -vorrat m / stock, warehouse stock, store ‖ ⁓bestand m / stock in store, goods on hand [in the store] pl ‖ ⁓bestand m, Inventar n / inventory ‖ ⁓bestand Null m, Fehlteil n / stock outage ‖ ⁓beständigkeit f / shelf o. storage life, stability in storage ‖ ⁓bestandsaufnahme f / stock taking ‖ ⁓bestandsaufstellung f (DV) / stock-status report ‖ ⁓bestandskartei f / stock file, inventory file ‖ ⁓bestandsprüfung f / inventory verification ‖ ⁓bier n / lager [beer] ‖ ⁓bildung f / inventory building ‖ ⁓bock m, -stütze f (Masch) / pillow block, pedestal ‖ ⁓bock, -stuhl m (Masch) / bearing chair o. block o. stool ‖ ⁓bock m für bewegliche schwenkende Lagerung / swivel fixed pivot bracket ‖ ⁓bock m für die Lichtmaschine (Kfz) / dynamo bracket ‖ ⁓bohrung f / bore of the bearing ‖ ⁓bronze f / bronze for bearings and bushes ‖ ⁓brücke f (Elektr) / end bracket (GB), bearing bracket (US) ‖ ⁓buchführung f / store bookkeeping ‖ ⁓buchse m, -büchse f / bearing bush o. shell, brass ‖ ⁓buchse m (Uhr) / bearing bush ‖ ⁓deckel m (Masch) / cap piece of the bearing, plummer block cover ‖ ⁓deckel m, Deckplatte f (Masch) / crown ‖ ⁓dimensionsliste f / list of dimensions in stock ‖ ⁓disposition f / inventory management ‖ ⁓druck m / pressure per surface unit of bearing

lage·recht gelegter Stein / stone laid upon its cleaving grain ‖ ⁓regelkreis m (Regeln) / closed loop position control ‖ ⁓regelung f (allg) / attitude control ‖ ⁓regelung f (Regeln) / positioning action ‖ ⁓regelung f (Raumf) / attitude control, steering ‖ ⁓regelung f, -stabilisierung f / axis stabilization ‖ ⁓regelungseinheit f (Raumf) / attitude control unit ‖ ⁓regelungsrakete f (Raumf) / [attitude] control rocket, maneuvering rocket ‖ ⁓regelungssystem n / attitude control system ‖ ⁓regler m (Kath.Str.) / positioning control [knob]

Lager·entlastung f (Masch) / bearing relief ‖ ⁓entnahmeschein m / bin card ‖ ⁓fähig / fit for storage, storable ‖ ⁓fähigkeit, Haltbarkeit f / storage o. shelf life, storing properties pl ‖ ⁓faß n / storage cask o. keg ‖ ⁓faß n (Brau) / storage vat ‖ ⁓festigkeit, -beständigkeit f / stability in storage ‖ ⁓filz m / bearing felt ‖ ⁓fläche f, Auflagefläche f / bearing [sur]face ‖ ⁓fläche f (Bau) / floor space for storing ‖ ⁓fläche, Unterseite f, unteres Lager n (Bruchstein) / lower cleaving grain

lagerförmig·es Vorkommen / occurrence in beds

lager·freier Kreisel / free rotor gyro ‖ ⁓fuge f (Bau) / coursing joint, horizontal o. bed joint ‖ ⁓fuge f (zum Ausstreichen) (Bau) / grouting space ‖ ⁓ mit hohlen ⁓fugen (Bau) / weatherstruck ‖ ⁓fugenfläche f (Bau) / [bed] joint surface ‖ ⁓fugenschablone f (Bau) / joint rule ‖ ⁓fugenschablone f (Stein) / pointing template ‖ ⁓gang m, Intrusivlager n (Geol) / sill, intrusive sheet ‖ ⁓gasse f, -gang m / storage aisle ‖ ⁓gebäude n, Lagerbau m / storage building ‖ ⁓gehäuse n / bearing housing ‖ ⁓gestein n (Bergb) / bed rock ‖ ⁓gestell n / warehouse rack ‖ ⁓getreide n, -frucht f (Landw) / laid o. lodged grain, ley (GB) ‖ ⁓gleitfläche f / bearing lining ‖ ⁓hals, -zapfen m (Welle) s. Lagerzapfen ‖ ⁓haltung f, Aufbewahrung f / holding in storage, stock keeping ‖ ⁓haltungs-Buchführung f / inventory control ‖ ⁓haus n / depot, store [house], warehouse ‖ ⁓haus n (mit Packerei) / packhouse ‖ ⁓haus n, Möbelspeicher m / pantechnicon ‖ ⁓hauseinrichtung f (Fördern) / appliances pl for warehousing ‖ ⁓haus-Stapler m / stacker ‖ ⁓holz, Dielenlager n / flooring sleeper, boarding o. flooring joist ‖ ⁓kartei f / inventory file ‖ ⁓kasten m / stock box ‖ ⁓kontrolleinheit f (DV) / store

controller ‖ ⌁körper *m* (Stehlager) / bearing box ‖
⌁kosten *pl* / stockkeeping cost ‖ ⌁kühlmöbel *n* /
storage refrigerator ‖ ⌁länge *f* (Walzw) / mill length ‖
⌁längsband *n* (Transport) / stockpile length conveyor ‖
⌁luft *f* / bearing slackness o. play o. clearance ‖
⌁metall *n* / babbit metal, Bab., Bb., bearing metal
lagern / store, warehouse ‖ ~, sich umlegen (Getreide) / lay
vi, lodge *vi* ‖ ⌁ **an Luft** / weathering, exposure to air
‖ ⌁ **von Getreide durch Regen** / lodging, laying of
crop ‖ **auf fester Bettung (o. festem Fundament)** ~ /
carry on solid foundation o. on solid frames o. **auf fester
Bettung, auf festem Fundament** ~ / carry on solid
frame o. on solid foundation ‖ **auf Steinen** ~ (Uhr) /
jewel ‖ **eine Welle** ~ / arrange the bearings of a shaft ‖
in Regale ~ / shelve ‖ **lose** ~ / store in bulk ‖ **unter
Wasser** ~ / keep under water ‖ **unter Zollverschluß** ~ /
warehouse
Lager·pfanne *f* / step bearing o. block ‖ ⌁**platte** *f*,
Sohlplatte *f* (Masch) / bearing plate, sole plate ‖ ⌁**platz**
m / stockyard, yard ‖ ⌁**platz** *m*, -fläche *f* / storage area
‖ ⌁**platz** *m* **für Atommüll** (Nukl) / graveyard, burial ‖
der einzelne ⌁**platz im Hochregal** / storage cell ‖
⌁**[platz]kran** *m* / stockyard crane ‖ ⌁**raum** *m*, Lagern *n*
/ stor[ag]e room o. space ‖ **abgeschirmter** ⌁**raum**
(Nukl) / cave, hot o. shielded cell ‖ ⌁**reibung** *f* / bearing
friction ‖ ⌁**reibungsverlust** *m* / bearing-friction loss ‖
⌁**reibungswert** *m* (Elektr, Instr) / pivot factor ‖ ⌁**reihe** *f*
/ aisle of a storage building ‖ ⌁**schaber** *m* (Werkz) /
curved scraper ‖ ⌁**schale** *f* / bearing shell, pillow ‖
nicht ausgegossene ⌁**schale** / backing shell ‖ ⌁**schalen**
f pl / two-slit bushes o. brasses *pl* ‖ ⌁**[schalen]ausguß**
m / lining of the bearing ‖ ⌁**schein** *m* / warehouse
warrant o. receipt ‖ ⌁**schild** *m n* (Elektr) / end shield o.
plate ‖ ⌁**schmieröl** *n* / bearing luboil ‖ ⌁**schrank** *m* /
storage cabinet ‖ ⌁**schraube** *f* (Uhr) / screw type bearing
‖ ⌁**schuppen** *m* / store shed ‖ ⌁**schwelle** *f* **des
Fußbodens**, Lagerholz *n* / sleeper o. dormant of the
groundfloor ‖ ⌁**segment** *n* **des Michell-Lagers** /
bearing pad ‖ ⌁**seite** *f*, Bruchlager *n* / natural bed of a
stone, lay of a stone, cleaving grain ‖ ⌁**sitz** *m* (auf der
Welle) (Wälzlager) / seat of the rolling bearing ‖ ⌁**spiel** *n*
(Masch) / bearing clearance o. slackness o. play ‖
⌁**spiel**, Längsspiel *n* (Uhr) / shake ‖ **das** ⌁**spiel
nachstellen** / take up ‖ ⌁**spitze** *f*, Drehpunkt *m* / pivot
point
Lagerstätte *f*, Vorkommen (Bergb) / deposit, bed ‖ ⌁**n
abfahren** (Bergb) / examine beds by means of adits ‖ ⌁**n
anfahren** (o. anbrechen) / meet beds, discover ‖ **stark
fallende** ⌁ / steep measure
Lagerstätten·forschung *f* / reservoir exploration
technique ‖ ⌁**forschung** *f* **durch Schweremessung** /
gravity prospecting ‖ ⌁-**Gasdruckerhöhung** *f* (Öl) / gas
lift ‖ ⌁**heizung** *f* (Öl) / formation heating ‖ ⌁-**Ingenieur**
m / reservoir engineer ‖ ⌁**physik** *f* / exploration
geophysics ‖ ⌁**seismik** *f* / seismic prospection ‖
⌁-**Suchgerät** *n* **mit akustischer Anzeige** / prospecting
audio-radiation indicator ‖ ⌁-**Technik** *f* / reservoir
engineering ‖ ⌁**vergasung** *f* / underground gasification
Lager·stein *m*, Steinloch *n* (Instr.) / jewel bearing ‖ ⌁**stelle**
f (Masch) / bearing ‖ ⌁**streustrom** *m* (Elektr) / bearing
current ‖ ⌁**stuhl** *m* (Schiff) / thrust bearing o. block ‖
⌁**stütze** *f*, -**bock** *m* (Masch) / pillow block, pedestal ‖
⌁**system** *n* **"first in - first out"** / first in first out
system, FIFO system ‖ ⌁**system** *n* **"last in - first out"** /
last in first out system, LIFO system ‖ ⌁**tank** *m* (Öl) /
storage tank ‖ ⌁**temperatur** *f* (Lagerhaus) / storing
temperature
Lagerückführung *f* (Regeln) / position feedback
Lagerung *f* (allg) / bedding ‖ ⌁, Lageranordnung *f* (Masch)
/ arrangement of bearings ‖ ⌁, Einlagerung *f* / keeping
o. taking in stock, storage, storing, warehousing ‖ ⌁
(Geol) / stratification ‖ ⌁ (Bergb) / disposition of the
mass, stratification *pl* [conditions ‖ ⌁, Orientierung *f*
(Krist) / orientation ‖ ⌁ **der Platten** (DV) / storing of

disks ‖ ⌁ **des Motors in Gummikissen** (Kfz) / bedding
of the engine in rubber cushions ‖ ⌁ **eines Steines**,
Gefüge *n* (Bau) / grain of a stone ‖ ⌁ **in Steinen** (Uhr) /
jewelled bearing ‖ **Art der** ⌁ (Masch) / bearing
application, kind o. method of bearing ‖ **unterirdische
[Gas]**~ / underground storage of gas
Lagerungs·beständigkeit *f* (Öl) / storage stability ‖
⌁**dichte** *f* **des Untergrundes** / compactness of the
ground ‖ ⌁**störung**, Dislokation *f* (Geol) / dislocation ‖
⌁**temperatur** *f* / storing temperature ‖
⌁**temperaturbereich** *m* (Halbl) / storage temperature
range
Lager·verluste *m pl* / storage o. store losses *pl* ‖
⌁**verwalter**, -aufseher *m* / store keeper o. man ‖
⌁**vorrat**, -bestand *m* / stock, warehouse stock, store ‖
⌁**werkstoff** *m* / bearing material, antifriction material ‖
⌁**zapfen** *m* (Welle) / bearing neck o. journal o. throat,
journal ‖ ⌁**zapfen**, -hals *m* (Achse) / axle journal ‖
⌁**zugang**, Wareneingang *m* / [stock] receipt
Lage·schalter *m* / position switch ‖ ⌁**schwankung** *f* /
oscillation, instability of position ‖ ⌁**sensor** *m* (Raumf) /
attitude sensor ‖ ⌁**sensor** *m* (Regeln) / absolute position
transducer ‖ ⌁**sortiereinrichtung** *f* (DV, OCR) / mark-
position sort feature ‖ ⌁-**Spezifikation** *f* / specification
of position ‖ ~**stabilisiert** (Raumf) / attitude-stabilized ‖
⌁**stabilität** *f* (Raumf) / attitude o. positional stability ‖
⌁**toleranz** *f* / positional tolerance ‖ ⌁**wechsel** *m* **von
Leitungen**, Drahtkreuzung *f* (Fernm) / transposition of
lines ‖ ⌁**winkel** *m* (Wz) / orientation angle
Lagrange·-Multiplikator *m* / Lagrange multiplier ‖
⌁**sche Funktion** *f* / Lagrange function ‖ ⌁**sche
Koordinaten** *f pl* / material coordinates *pl* ‖ ⌁**sche
Punkte** *m pl* / Earth/Moon librating centers *pl* ‖
⌁-**Stabilität** *f* (Regeln) / bounded input - bounded output
stability
Lagune *f*, Meeresbucht *f* (Geogr) / lagoon ‖ ⌁ (innerhalb
von Korallenriffen) / lagoon inside coral reefs
lahm (Feder) / weak
lähmen, paralysieren / paralyse
lahm·legen, blockieren, tie up ‖ ⌁**legung** *f*, Blockierung *f*
/ tie-up
Lahn *m* (Edel- u. Buntmetall) / flattened wire ‖ ⌁**litzenleiter**
m / tinsel conductor o. wire
Lahnung *f* (Landgewinnung) / mud dam o. dike
Laibung, Leibung *f*, (innere o. hohle Gewölbe- o.
Bogenfläche) (Bau) / soffit, intrados ‖ **äußere** ⌁ (Bau) /
reveal, respond
Laibungs[sseite] *f* (Wölbung) / inner o. interior surface,
side against the intrados
Laie, Nichtfachmann *m* / non-professional ‖ ⌁ *m* **auf dem
Rechnergebiet** / klutz (coll)
laienhaft / amateurish, buckeye (US)
Lake *f*, Salzlake *f* / brine ‖ ⌁, Pökellake *f* / pickle
lakig / briny
Lakkolith *m* (Geol) / laccolith
Lakto... s. Lacto...
· **LAMA** (Fernm) / LAMA equipment (= local automatic
message accounting)
Lamawolle *f* / llama [hair]
Lambda = 1 *n* (Mot) / A/F (o. air-fuel) ration 14.7:1 ‖
⌁..., λ (Phys) / lambda... ‖ ⌁-**Begrenzung** *f* (Nukl) /
lambda-limiting process ‖ ⌁**fenster** *n* (Mot) / lambda
window ‖ ⌁-**Halbe...**, λ/2, Halbwellen... / half-wave... ‖
‖ ⌁-**Halbe-Blättchen** *n* / half-wave plate ‖
⌁-**Halbe-Drosselspule** *f* / half-wave suppressor coil ‖
⌁-**Halbe-Phasenplatten** *f pl* / half-wave retardation
plates ‖ ⌁-**Halbe-Resonanzgebilde** *f* / half-wave
resonant section ‖ ⌁-**Hyperon** *n*, Λ-Hyperon *n* / lambda
hyperon, lambda meson, lambda particle ‖ ⌁-**Leck** *n*
(Phys) / lambda leak, super leak ‖ ⌁**punkt** *m* (2,17 K)
(Phys) / lambda point ‖ ⌁-**Regelung** *f* (Mot) / lambda
control, A/F (o. air-fuel) control ‖ ⌁-**Sonde** *f* / lambda
probe o. sensor ‖ ⌁-**Übergang** *m*, Λ-Übergang *m* /
lambda point transition ‖ ⌁-**Viertel...**, λ/4 (Phys) /

quarter-wave ⌐ ⌐-**Viertel-Anpassungsglied**, λ/4-Anpassungsglied n (Wellenleiter) / quarter-wave [length] transformer, quarter-wave bar o. line ‖ ⌐-**Viertel-Kontaktkolben** m (Wellenleiter) / bucket piston o. plunger ‖ ⌐-**Viertel-Koppler** m (Koax Ltg) / sleeve ‖ ⌐-**Viertel-Kopplung** f / quarter-wave coupling ‖ ⌐-**Viertel-Leitung**, λ/4-Leitung f / quarter-wave transmission line, tank line ‖ ⌐-**Viertel-Platte** f (Opt) / quarter-wave plate ‖ ⌐-**Viertel-Schwingung**, λ/4-Schwingung f / quarter-wave mode

Lambert n (= 1/π sb) (Einheit der Leuchtdichte, US) / lambert ‖ ⌐**it** m (uranhaltig) (Min) / lambertite ‖ ⌐**'s winkeltreuer Kegelentwurf** (Karte) / Lambert conformal [conic] projection ‖ ⌐**sches Gesetz** (Strahlung) / Lambert's law ‖ ⌐**sches Kosinusgesetz** / [Lambert's] cosine law

Lamb-Niveau-Verschiebung f / Lamb shift, Lamb-Rutherford shift

Lambris m, Sockeltäfelung f (aus Holz, Marmor, Fliesen usw) / wainscot, wainscoted socle

Lambwelle f, Plattenwelle f / Lamb o. plate wave

lamellar, blättrig / foliated ‖ ⌐, lamelliert, lamellenförmig, in Lamellenform, Lamellen... / lamellar, laminar, laminate[d], laminose

Lamelle f, Blättchen n / lamella ‖ ⌐ (Reifen) / blade, sipe ‖ ⌐ (Masch) / disk, plate ‖ ⌐, Gurtplatte f (Stahlbau) / boom (GB) o. chord (US) plate ‖ ⌐ (Irisblende) / blade, leaf ‖ ⌐ **des Kommutators** (Elektr) / lamina, bar ‖ ⌐ **für Kettfadenwächter** (Textil) / drop wire for warp stop motion

Lamellen-·Aufstecken n (Web) / dropping the drop wires ‖ ⌐**bank**, Kontaktbank, -reihe f, -satz m (Fernm) / line bank ‖ ⌐**blende** f / lamellar diaphragm ‖ ⌐**bremse** f / multiple disk brake ‖ ⌐**dach**, Segmentbogendach n / segmental arch roof ‖ ⌐**Einziehen** n (Web) / threading the drop wires ‖ ⌐**förmig**, in Lamellen[form], Lamellen... / lamellar, laminar, laminal, lamelliform ‖ ⌐**haken** m / laminated hook ‖ ⌐**keilriemen** m / lamellar V-belt ‖ ⌐**kettfadenwächter** m / drop wire ‖ ⌐**klärer** m (Aufber, Bergb) / baffle plate thickener ‖ ⌐**kollektor**, -kommutator m (Elektr) / multi-part o. bar collector ‖ ⌐**kühler** m (DIN) (Kfz) / finned o. ribbed radiator, cellular radiator ‖ ⌐**kupplung** f, Mehrscheibenkupplung f / multi[ple]-disk clutch, multi-plate clutch ‖ ⌐**lager** n / leaf bearing ‖ ⌐**magnet** m, Blättermagnet m / lamellar o. laminate[d] magnet ‖ ⌐**motor** m / rotating piston air engine ‖ ⌐**pumpe** f / lamella pump ‖ ⌐**register** n (Klimaanlage) / multiple leaf damper, iris damper ‖ ⌐**satz** m (Selbstwähler) / contact o. line bank ‖ ⌐**Schleifrad** n / flap wheel ‖ ⌐**Schleifstift** m / flap wheel with shaft ‖ ⌐**sicherung** f / strip fuse ‖ ⌐**spaltung** f (Walzfehler) / lamination (defect) ‖ ⌐**spannung** f (Elektr) / pressure o. voltage between collector bars ‖ ⌐**spannzange** f (Wzm) / collet with clamping lamellas ‖ ⌐**stempel** m (Bergb) / lamellar prop ‖ ⌐**struktur**, lamellare o. Lamellarstruktur f / lamellar structure ‖ ⌐**teilung** f (Elektr) / spacing of collector bars ‖ ⌐**verschluß** m (Phot) / lamellar shutter (US)

lamellieren, laminieren / laminate

lamelliert / foliated, lamellar ‖ ⌐ (Reifen) / siped ‖ ⌐**er Bus** / laminar bus ‖ ⌐**e Beilegescheibe** / laminated shim ‖ ⌐**e Bürste**, Blätterbürste f (Elektr) / lamellar brush ‖ ⌐**e Stromschiene** / laminated conductor

Lamellierung f / lamination

laminar / laminar ‖ ⌐**e Grenzschicht** / laminar boundary layer ‖ ⌐**e Strömung** / steady o. laminar o. streamline o. viscous flow, sub-critical flow ‖ ⌐**er Strömungsbereich** / state of laminary o. steady o. streamline o. viscous flow ‖ ⌐**profil** n (Luftf) / laminar profile ‖ ⌐**turbulenter Umschlag** (Hydr) / transition from laminar to turbulent flow

Laminat n (Plast) / laminate ‖ ⌐ (Plast) / laminate ‖ ⌐**-Herstellung**, -Fabrikation f / laminating ‖ ⌐**rohpapier** n / base paper for lamination ‖

⌐**verbindung** f **von Rohren** (Plast) / butt joint of pipes made from reinforced plastics ‖ ⌐**winkel** m (Plast) / laminated angle section

laminieren, lamellieren / laminate ‖ ⌐, Schichtstoff herstellen (Plast) / laminate ‖ ⌐ (Pap) / cover, laminate ‖ [**Seide**] ⌐ / flatten silk

Laminier·harz n / laminating resin ‖ ⌐**maschine**, Verbundschichtmaschine f (Plast) / laminating machine, laminator

laminiert, lamelliert / lamellate[d], laminate[d] ‖ ⌐ (Plast) / laminate[d]

Lammwolle, Schafwolle f / lamb's wool

La-Mont-Kessel m / La Mont boiler

Lämpchen n **in Erbsengröße** / pea lamp

Lampe f, Leuchte f / lamp, lantern, light, luminaire (US) ‖ ⌐, Tischlampe f, -leuchte f / table lamp ‖ ⌐, Bodenleuchte f / floor lamp ‖ ⌐, Stehlampe f / standard lamp ‖ ⌐, Wandleuchte f / wall lamp ‖ ⌐, Hängeleuchte f / pendant lamp ‖ ⌐, Glühlampe f / incandescent lamp o. bulle, filament lamp o. bulle ‖ ⌐, Röhre f (Elektronik) / tube (US, GB), valve (formerly GB) ‖ **bunte o. farbige** ⌐ / coloured lamp

Lampen·anlasser m **für Bogenlampen** / arc lamp starter ‖ ⌐**anschluß** m, -befestigung f / lantern fixing ‖ ⌐**arbeit**, -bläserei f (Glas) / lamp working ‖ ⌐**arm** m / lamp bracket ‖ ⌐**armatur** f / fitting ‖ ⌐**fassung** f, B = Bajonett, BA = Bajonett für Autos, BM = Bajonett für Bergbau, E = Schraubgewinde / lampholder, lamp holder o. socket, socket ‖ ⌐**feld** n / bank of lamps ‖ ⌐**feld** [für Nummernanzeige] / display panel ‖ ⌐**fuß**, -ständer m / lamp stand ‖ ⌐**gehäuse** n (Straßenleuchte) / canopy of a street lantern ‖ ⌐**glocke** f / lamp shade o. globe ‖ ⌐**haus** n (Mikrosk) / lighting module ‖ ⌐**haus** n (Projektor) / lamp housing

Lampén-Mühle f (Pap) / Lampén mill

Lampen·ofen m (Chem) / lamp furnace ‖ ⌐**öl** n, Brennöl n / lamp oil ‖ ⌐**reihe** f / bank of lamps ‖ ⌐**ruß** m, Rußschwarz n / lampblack, carbon o. furnace o. oil black ‖ ⌐**schiene** f **für Leuchtstofflampen** / fluorescent lamp fitting ‖ ⌐**schirmkarton** m / lamp shade base board ‖ ⌐**schirmring**, -halter m / shade carrier ring ‖ ⌐**signal** n (Fernm) / lamp indicator ‖ ⌐**sockel** m (Elektr) / base, cap ‖ ⌐**sockel [BA7, BA9 usw]** (nach IEC) m, BA (= Bajonett für Autos) (Kfz) / lamp cap o. base [BA7, BA9 etc] ‖ ⌐**sockel E 40/45 DIN 49625**, Goliathsockel m (Elektr) / goliath [Edison] screw cap, mogul base ‖ ⌐**sockel** m **E 27 DIN 49620** (Elektr) / medium Edison screw cap ‖ ⌐**sockel** m **E 10 DIN 49610** / pocket lamp [Edison] screw cap, miniature [Edison screw] cap o. socket ‖ ⌐**sockel** m **mit 14 Stiften**, Diheptalsockel m (Elektronik) / diheptal base ‖ ⌐**sockel** m **mit Elektrogewinde** (DIN) / small Edison screw cap ‖ ⌐**sockel** m **W (für Blitzlampen)** / wedge base for photo-flash lamps ‖ ⌐**ständer** m / lamp post ‖ ⌐**streifen** m (Fernm) / lamp strip ‖ ⌐**sucher** m, Suchlampe f (Elektr) / lamp detector ‖ ⌐**wärter** m **für Sicherheitslampen** (Bergb) / davyman, davykeeper ‖ ⌐**widerstand** m (ein Gerät) / lamp resistor ‖ ⌐**zylinder** m / lamp chimney o. glass

Lamprophyr m (Geol) / lamprophyre

LAN n, lokales Netzwerk (DV) / local area network, LAN

Lanac-Verfahren n (laminar air navigation anticollision) (Luftf, Radar) / Lanac system

Lanameter n (Textil, Opt) / lanameter

Lancé n, lancierte Gewebe n pl / embroidered fabrics

Lancier·rohr n / [torpedo] launching tube ‖ ⌐**schuß** m (Web) / lance filling ‖ ⌐**stuhl** m (Web) / embroidery loom

lancierter Stoff / extra weft-figured fabric, lance

Lancy-Verfahren n, Direktentgiftung f (Galv) / integrated system, Lancy system

Land n, Boden m, Gebiet / country, region, territory ‖ ⌐, Erdboden m / ground, soil, land ‖ ⌐ (Ggs: Stadt) / country ‖ ⌐ (Ggs: Wasser), Festland / land ‖ ⌐, Gebiet

n / terrene, terrain ‖ ⁴ **unter Kultur** / cultivated lands
pl ‖ **am** ⁴ / ashore, on shore ‖ **dem Meer**
⁴ **abgewinnen** / reclaim o. recover land from the sea ‖
zu ⁴**e** / overland ‖ ⁴**amt** *n*, -zentrale *f* (Fernm) / rural
automatic exchange, R.A.X. ‖ ⁴**anschluß** *m* (Schlauch) /
shore connection ‖ ⁴**arbeit** *f* / farmwork, agricultural
labor ‖ ⁴**arbeiter** *m* / farm-hand, labourer, laborer
(US) ‖ ⁴**auffüllung** *f* / land-fill
Landaulet *n* (Kfz) / saloon landaulette (GB), sedan
landaulet (US)
Land·bau *m* / agriculture, farming, husbandry ‖ ⁴**bau** *m*
für Energieerzeugung / energy agriculture ‖
⁴**bauingenieur** *m* / agricultural engineer ‖
⁴**baumaschine** *f* / agricultural o. farming machine ‖
⁴**bautechnik** *f* / agricultural engineering ‖ ⁴**bildung** *f*
durch Anschwemmung / alluvion ‖ ⁴**brücke** *f*,
Vorlandbogen *m* / shore bay ‖ ⁴**dampfkessel** *m* / land
type boiler, stationary boiler
Lande·bahn, -piste *f*, -streifen, -bereich *m* (Luftf) / landing
area o. strip, landing runway ‖ ⁴**bahnanflug** *m* /
runway approach ‖ ⁴**bahnbefeuerung** *f* / landing area
lighting ‖ ⁴**bahnbeleuchtung** *f* (Luftf) / battery of
landing [flood]lights ‖ ⁴**bahnfeuer** *n* / runway light ‖
⁴**bahnleuchte** *f* (Luftf) / landing area floodlight ‖
⁴**bahnmitte** *f* (der Länge nach) / landing strip center ‖
⁴**bahnschwelle** *f* (Luftf) / runway threshold ‖
⁴**bahnsicht** *f* / runway visual range, RVR ‖ ⁴**bake** *f*,
Gleitwegbake *f* (Funk) / glideway beacon ‖
⁴**bereichs-Randkennzeichen** *n* (Luftf) / boundary
marker [beacon] ‖ ⁴**bremse** *f*, -klappe *f* (Luftf) / air
brake o. deflector ‖ ⁴**bremse** *f* (Mil) / aircraft arrestor ‖
⁴**bremsvorrichtung** *f* (Luftf, Flugzeugträger) / deck
brake, arresting gear on deck ‖ ⁴**brücke** *f* / landing
stage
Landecho *n* (Radar) / land-return
Lande·deck, Landungs-, Flugdeck *n* (Schiff) / landing
deck, flying deck (US) of an airplane carrier ‖
⁴**einrichtungen** *f pl* (Luftf) / alighting gears *pl* ‖
⁴**erlaubnis**, -freigabe *f* (Luftf) / clearance ‖ ⁴**fallschirm**
m (Raumf) / paraglide, parawing ‖ ⁴**folge** *f* (Luftf) /
number of landings ‖ ⁴**führungsgerät** *n* (Luftf) /
localizer, LOC ‖ ⁴**funkfeuer** *n*, LFF (Luftf) / runway
localizing beacon ‖ ⁴**geschwindigkeit** *f* / landing speed
‖ ⁴**gleitstrecke** *f* (Raumf) / landing run ‖ ⁴**hilfe** *f* (Luftf) /
landing aid, LAN, ground support for landings ‖
⁴**kapsel** *f* (Raumf) / lander, landing module ‖ ⁴**klappe** *f*
(Luftf) / air brake o. deflector, landing o. wing flap ‖
⁴**kreuz** *n* (Luftf) / landing cross o. T ‖ ⁴**kurs** *m* /
localizer course ‖ ⁴**kurs-Leitstrahl** *m* (Luftf) / localizer
beam ‖ ⁴**kurssender** *m* (Luftf) / [tone] localizer, LOC,
localizer beacon ‖ ⁴**licht** *n* (am Boden) / approach light,
landing light ‖ ⁴**meldung** *f* / arrival message
landen *tr intr* / land *vt vi* ‖ ~, niedergehen (Luftf) / alight,
touch down ‖ ~ *vi* (Passagiere) (Schiff) / land, go ashore
‖ ⁴ ~ *n* (Luftf) / landing, alighting, landfall ‖ ⁴ ~ (Schiff) /
landing ‖ ~ **an Deck** / alight on deck ‖ ⁴**auf dem
Wasser** (Luftf) / alighting on the water ‖ **auf dem
Flugdeck** ~ / alight on deck ‖ **auf dem Mond** ~ / moon
‖ **auf dem Wasser** ~ (Luftf) / alight on the water ‖ **auf
einem Flügelende** ~ (Luftf) / cart-wheel ‖ **zum**
⁴ **ansetzen** (Luftf) / land
Landende *n* eines Kabels / landing end
Lande·pfad *m* (Luftf) / landing path ‖ ⁴**pfad-Befeuerung**
f (Luftf) / landing flares *pl* ‖ ⁴**piste** *f*, -streifen, -bereich
m (Luftf) / landing area o. strip ‖ ⁴**platte** *f*, Landekissen
n (Raumf) / footpad ‖ ⁴**platz** *m*, Landungsplatz *m* (Schiff) /
landing place o. stage ‖ ⁴**puffer** *m* (Luftf) / bumping bag
‖ ⁴**regel- u. Logikgerät** *n* (Luftf) / landing control and
logic unit, LCLU ‖ ⁴**richtungsanzeiger** *m*, **beleuchtet**
/ landing direction indicator light ‖ ⁴**satellit** *m* (Raumf) /
lander
Landes·aufnahme *f* / geodetic survey
Lande·scheinwerfer *m* (Luftf) / ground projector, landing
[flood]light o. searchlight ‖ ⁴**schiff** *n* (Mil) / landing

ship ‖ ⁴**schiff** *n* **für Panzer** / landing ship for tanks,
L.S.T. ‖ ⁴**schneise**, Anflugschneise *f* (Luftf) / landing
lane ‖ ⁴**segel** *n* (Luftf) / landing sail
Landes·fernwahl *f* (Fernm) / subscriber trunk dialling
(GB), STD, direct distance dialling (US), DDD
Landesichtweite *f* / landing visual range
Landes·kennzahl *f* / country code ‖ ⁴**kennzahl** *f*
(Fernschr) / destination code ‖ ⁴**koordinaten** *f pl* (Verm)
/ state plane coordinates ‖ ⁴**planung** *f* / country
planning ‖ ⁴**straße** *f* (früher: Landstraße) / highway,
state o. main o. trunk road
Lande·stelle *f* **von Seekabeln** / point of emergence from
the sea ‖ ⁴**stoß** *m* (Luftf) / landing shock ‖
⁴**stoß-Beschleunigungsmesser** *m* (Luftf) / impact
accelerometer ‖ ⁴**strahl** *m* (Luftf) / landing beam ‖
⁴**strecke** *f* (Luftf) / alighting run ‖ ⁴**streifen** *m* (Luftf) /
air strip ‖ ⁴**stufe** *f* (Raumf) / descent stage, lander [stage]
Landes·vermessung *f* / Ordnance Survey (GB) ‖
⁴**vermessungsnetz** *n*, Triangulationsnetz *n* /
triangulation network ‖ ⁴**verteidigung** *f* / national
defense ‖ ⁴**wasserkartei** *f* / national inventory of river
pollution
Lande·verbot *n* / landing prohibited ‖ ⁴**weiser** *m* (Luftf) /
landing direction indicator ‖ ⁴**wettervorhersage** *f*,
Entwicklungsvorhersage *f* (Luftf) / weather trend, trend-
type landing forecast ‖ ⁴**winkel**, Ausrollwinkel *m*
(Luftf) / landing angle ‖ ⁴**zustand** *m* eines Flugzeugs
(Luftf) / landing configuration
Land·fahrzeug *n* / land craft ‖ ⁴**fall** *m* (Punkt, an dem die
Küste erreicht wird) (Flugkörper) / landfall ‖
⁴**fernsprechnetz** *n* **für Selbstwählbetrieb** / rural
automatic telephone system ‖ ~**festes Seezeichen**
(Schiff) / landmark ‖ ⁴**flugzeug** *n* / land plane ‖ ⁴**gang**
m, Gangway *f* / gangway ‖ ~**gestützt** (Flugkörper) / land-
based ‖ ⁴**gewinnung** *f* (Hydr) / land reclamation ‖
⁴**gewinnung** *f* durch Mülldeponie / sanitary landfill
Landing *n*, Signalamplitudenfehler *m* (TV) / landing ‖
⁴ **Gear** (Container) / landing gear
Land·kabel *n* / subterranean o. underground cable ‖
⁴**karte** *f*, Panoramakarte *f* / floorscape ‖ ⁴**karte** *f* / map
‖ ⁴**karteneinblendung** *f* (Radar) / video mapping ‖
⁴**kartenpapier** *n* / map paper ‖ ⁴**kartenviereck** *n* (15 x
15 o. 30 x 30 ft.) (Verm) / quadrangle (US) ‖ ⁴**kennung**
f (Schiff) / landfall ‖ ⁴**kompaß** *m* / land compass
ländlich, Land… / rural
Land·marke, Kennungsmarke *f* (Luftf) / airway o.
aeronautical ground mark, landmark, field marker (US)
‖ ⁴**marke**, landfestes Seezeichen *n* (Schiff) / landmark
‖ ⁴**maschine** *f* / agricultural machine ‖
⁴**maschinenbau** *m* / agricultural machine industry ‖
⁴**meile** *f* (veraltet) / [statute] mile (GB = 5280 ft. =
1760 yds = 320 rds. = 8 furlongs = 1,609 341 km; US
= 1,69 . 15^{-13} Lichtjahre = 1,609 347 km) ‖ ⁴**messer**,
Feldmesser *m* / measurer, [land] surveyor ‖
⁴**netzgruppe** *f* (Fernm) / rural district ‖ ⁴**peilstation** *f* /
terrestrial direction finding station ‖ ⁴**peilung** *f* (Schiff) /
shore bearing ‖ ⁴**pfeiler** *m* (Brücke) / end abutment, land
pier ‖ ⁴**rad** *n* (Pflug) (Landw) / land wheel
Landschaft *f* / landscape ‖ eine ⁴ **skizzieren** / sketch
Landschafts·architekt *m* / landscape architect ‖
⁴**bauarbeiten** *f pl* / landscaping works *pl* ‖ ⁴**bild** *n* /
landscape ‖ ⁴**gärtner** *m* / landscape gardener ‖
⁴**gestaltung** *f* / landscape architecture ‖ ⁴**linse** *f* (Phot) /
landscape lens, achromatic lens ‖ ⁴**pflege** *f* (Wassb) /
landscape conservation ‖ ⁴**schutz** *m* / landscape
protection ‖ ⁴**schützer** *m* / conservationist ‖
⁴**-Verbesserungsmaßnahmen** *f pl* / landscape
improvement measures
Land·seite *f* **des Pfluges** (Landw) / bar of the plough,
landside (of a plough) ‖ ⁴**sorte** *f* (Landw) / local strain o.
variety ‖ ⁴**steg** *m* (Binnenschiff) / gangway ‖ ⁴**technik** *f*,
Landbautechnik *f* / agricultural engineering ‖
⁴**transport** *m* / land-carriage o. -conveyance

Landungs·boot, -fahrzeug n (Schiff) / landing craft ||
⌐brücke f / landing stage || **⌐brücke** f senkrecht zum
Ufer / wharf, landing stage || **⌐fahrzeug** n (Mil) / motor
landing craft, M.L.C. || **⌐korrektur** f (Luftf) / touch-
and-go || **⌐kufe**, Schneekufe f (Luftf) / snow skid (US) ||
⌐ponton m / landing pontoon
Land·verkehr m / ground transportation || **[amtliche]**
⌐vermessung (Engl) / Ordnance Survey[ing], OS ||
[unbesetztes] **⌐wählamt** (Fernm) / community dial
office, CDO || **⌐weg** m / overland transportation || **auf**
dem ⌐weg / overland || **⌐wind** m / land breeze o. wind
Landwirtschaft f / agriculture, farming, husbandry
landwirtschaftlich, Agrar... / agrarian || ~,
Land[wirtschafts]..., Landbau... / agricultural, farming
|| ~**er Betrieb**, Hof m / farming yard || ~**es Erzeugnis**
(Ggs. Getreide) / produce (contr. dist.: grain) || ~**e**
Erzeugung f / agricultural production || ~**e Fahrzeuge**
n pl / farm vehicles pl || ~**e Genossenschaft** /
agricultural cooperative || ~**es Insektizid** / agricultural
insecticide || ~**er Kleinbetrieb** / small holding || ~**e**
Maschine / agricultural o. farming machine || ~**er**
Pachtbetrieb / tenant farming, farming lease || ~**e**
Schlepper / agricultural tractor || ~**e**
Verfahrenstechnik / agricultural processing
landwirtschaftliche Verschmutzung / agricultural
pollution
landwirtschaftliches Wohnhaus, Bauernhaus n (Landw) /
farm house
Landwirtschafts·chemie f / agricultural chemistry ||
⌐physik f / agricultural physics || **⌐technik** f / rural
engineering
Land·zeichen n, Bake f / navigation guide, landmark ||
⌐zentrale f, -amt n (Fernm) / rural automatic exchange,
R.A.X. || **⌐zunge** f / neck **⌐zuwachs** m (durch
Zurücktreten des Wassers) / atterration (caused by
retreating water)
lang (allg., a. zeitlich) / long || ~, langdauernd / lengthy ||
~**er Buchstabe** (z.B. g) / long letter || ~**er Fließweg**
(Plast) / deep flow || ~**er Gitterstein** / whelp || ~**e**
Lebensdauer, Langlebigkeit f / longevity || ~**e Serie**
(Kopierapp.) / long series || ~**er Spiralbohrer** m / long
series twist drill || ~**er vertikaler Strich** (OCR) / long
vertical mark || **... m** ~ / of ... m long || **sich**
~ **hinziehend**, langgestreckt / long straggling ||
⌐beckzange f / long-nose pliers pl
Langbeinit m (Min) / langbeinite
Lang·brenner m (Gas) / bar o. pipe burner ||
~**brennweitig** / of long focal length || **⌐buckel** m (Schw)
/ elongated projection || **⌐drahtantenne** f / long-wire
antenna || **⌐drehautomat** m / long turning automatic
screw machine || **⌐dreheinrichtung** f (Wzm) / plain-
turning attachment || **⌐drehen** n (Wzm) / longitudinal o.
straight turning, plain turning || **⌐drehschlitten**,
-support m / carriage of an automatic lathe, plain
turning slide || **⌐drehsupport** m des Oberschlittens /
top slide rest || **⌐dreschmaschine** f (Landw) / long
thresher
Länge f (Raum, Zeit) / length || **⌐** (Geogr) / longitude || **⌐ der**
Einführungsfase / length of lead (e.g. of a bush) ||
im Lichten / inside length || **⌐ in Fuß** / footage || **⌐ in**
Yard / yardage || **⌐ nach der Verlegung** / laid length ||
⌐ über alles / length over all, LOA, o. total
length || **⌐ über Flanschen** / length over flanges ||
⌐ über Puffer, L. ü. P. (Bahn) / length between o. over
buffers || **⌐ von 12 m**, Stück n von 12 m Länge / piece
12 m long || **⌐ zwischen den Loten** (Schiff) / length
between perpendiculars || **der ⌐ nach** / lengthwise,
-ways, longitudinally || **in die ⌐ ziehen** / drag out o.
along || **wirkliche ⌐**, Baulänge f eines Kabels / paying-
out length of a cable
längen, auseinanderziehen / extend, stretch ||
⌐abmessung f / linear dimension || **⌐abmessung** f,
-ausdehnung f, Längenmaß n / extension, extent ||
⌐änderung f / change o. alternation of length ||

⌐änderung, -verformung f / linear o. longitudinal
deformation || **⌐anschlag** m / longitudinal dead limit ||
⌐anschlag m (Wzm) / length [feed]stop || **⌐attribut** n /
length attribute || **⌐ausdehnung** f, Wärmedehnung f /
thermal elongation, linear [thermal] expansion ||
⌐ausdehnung f, -maß n / [linear] extension, extent ||
⌐ausdehnungskoeffizient m / coefficient of elongation
o. of linear [thermal] expansion, longitudinal expansion
coefficient || ~**bezogen** / per unit length || ~**bezogene**
Masse / mass per unit length || **⌐differenz** f / difference
of lengths, of linear extension || **⌐eingang** m (Web) /
shrinkage in length || **⌐einheit** f / unit of length ||
⌐fehler m / longitudinal error, length error || **⌐gewicht**
n, Metergewicht n / weight per meter [run] || **⌐grad** m /
degree of longitude || **anliegender ⌐gurt** (Bau) /
[longitudinal] wall arch || **freistehender ⌐gurt** (Bau) /
[longitudinal] pier arch || **⌐klausel** f (DV) / size clause ||
⌐kreis m (Astr) / circle of longitude || **⌐kreis** m (Geogr) /
meridian || **⌐maß** n / measure of length, linear o. long
measure || **⌐maßstab** m / scale of lengths || **⌐meßband**
n / measuring tape, tape measure || **⌐meßtechnik** f /
length measuring technique || **⌐messung** f /
measurement of lengths, linear measurement ||
⌐meßvorrichtung f / length meter || **⌐nivellierung** f,
-nivellement n, Trassennivellierung f / level[l]ing of a
profile o. along a line || **⌐profil** n, Längsprofil n (Verm)
/ longitudinal profile o. section || **⌐regelung** f (Wzm,
NC) / closed-circuit control of dimensions and shape ||
⌐schärfegrad, Zylindervölligkeitsgrad m (Schiffsform) /
prismatic coefficient || **⌐schermaschine** f / lengthwise
shearing machine || **⌐schlüssel** m (DV) / length code o.
modifier || **⌐schnitt**, Längsschnitt m (Holz) / cut with the
grain || **⌐stuhl** m (Strumpf) / legging frame ||
⌐teilmaschine f / longitudinal division plate o. machine
|| **⌐treue** f (Kartogr) / layer step || **⌐unterschied** m /
difference of lengths, of linear extension ||
⌐unterschied m (Geogr) / difference of longitude ||
⌐verformung, -änderung f / linear o. longitudinal
deformation || **⌐verhältnis**, Schlankheitsverhältnis n
(Mech) / aspect ratio || **⌐verstellbarkeit** f / lengthwise
adjustability || **[prozentuale] ⌐zunahme des Blechs**
(Kaltwalzen) / temper
Langette f (Nähm) / scallop
Langettenstich m / shell scalloping stitch
langettieren / scallop v
Längezeichen n (Buch) / long accent, straight accent,
macron
Lang·fahrstellung f (Landw) / transport position ||
⌐fahrvorrichtung f (Landw) / drill transporter ||
~**faserig** / having a long fiber || ~**faserig**, -stapelig
(Web) / long-stapled || **⌐flächenmaschine** f,
Doppelständer- o. Portalmaschine f (Wzm) / planer type
machine || **⌐flächenschleifmaschine** f (Wzm) / planer-
type grinding machine || ~**flammig** (Kohle) / long-
flaming || ~**form** f / oblongness || **⌐format** n (Buch) /
oblong size || **⌐fräsmaschine** f, -tischfräsmaschine f /
longitudinal milling machine || ~**fristig** / long-term ||
~**fristige Kosten** pl / long run costs pl || ~**fristige**
Voraussage f / long range forecast || ~**gebaut** / straight-
line type || ~**gestielt**, -stielig / long-handled ||
~**gestreckt** / long stretched-out || ~**gestreckte**
Moleküle n pl / long-chain molecules ||
~**gewindefräsmaschine** f / long thread milling machine
|| ~**gezogener Faden** (Flüssigkeit) / rope of a liquid ||
⌐gutnachläufer m (Kfz) / pole dolly || ~**halsig** (Chem) /
long-neck... || **⌐halskolben** m (Chem) / long-neck flask
|| **⌐hanfseil** n / hemp rope **⌐hanfzwirn** m (Schiff) /
hemp twine || **⌐haus**, -schiff n (Bau) / nave **⌐hobel**
27'' lang m / long plane || **⌐hobel von 18-24''** m / fore
plane || **⌐hobel von 16'' Länge**, Schrupphobel m / jack
plane || **⌐hobelmaschine** f / parallel planing machine ||
⌐holz n / long[-cut o. -tailed] wood o. timber ||
⌐holzanhänger m (Kfz) / pole trailer || **⌐holzwagen** m
(Bahn) / timber wagon, lumber car (US) || **⌐holzwagen**

m (Kfz) / timber truck ‖ ~**hubig** / long-stroke… ‖ ~**hubig** (Mot) / oversquare ‖ ~**kettig** (Chem) / long-chain ‖ ⁻**knäuel** *m n* (Garn) / oblong ball, pullskein ‖ ⁻**kompensator** *m* (Opt) / slow oscillating compensator ‖ ⁻**lebensdauer…** / long-lived ‖ ⁻**lebensdauerröhre** *f* (Elektronik) / ruggedized-variety tube ‖ ~**lebig** (allg, Atom) / long-life, long-lived, longevous ‖ ~**lebige Abfälle** *m pl* / long-lived wastes *pl* ‖ ~**lebiger Satellit** / long-lifetime satellite ‖ ~**lebiges Raumfahrzeug** / long-lived spacecraft ‖ ⁻**lebigkeit, lange Lebensdauer** *f* / longevity

länglich, mehr lang als breit / longish, oblong ‖ ~**er Ast** (Holzfehler) / splay knot, spike ‖ ~**e Form** / oblongness ‖ ~**rund,** oval / oval

Lang·lichtbogen *m* (Schw) / long arc ‖ ⁻**lichtbogenschweißen** *n* / long arc welding ‖ ⁻**loch** *n* / elongated o. long o. oblong hole, slot ‖ ⁻**loch** *n,* Längsloch *n* / elongated o. long o. oblong hole, slot ‖ ⁻**lochbohren** *n* (Bergb, Öl) / long-hole drilling ‖ ⁻**lochbohrmaschine** *f* / slot boring machine, longitudinal boring machine ‖ ⁻**löcher herstellen** (Holzbearb) / dado ‖ ⁻**lochfräsbohrer** *m* (DIN 6442) (Holz) / straight flute bit ‖ ⁻**lochfräser** *m* (Wzm) / slotting end mill, long-hole milling cutter ‖ ⁻**lochfräsmaschine** *f* (Wzm) / slot milling machine ‖ ⁻**lochmaschine,** Schlitzmaschine *f* (Holz) / slot mortising machine ‖ ⁻**lochplatte** *f* / oblong hole perforated plate ‖ ⁻**lochziegel** *m* / horizontal coring brick ‖ ⁻**lochziegelplatte** *f* / horizontal coring brick panel unit

Langmuir·-Mulde *f* (Phys, Chem) / Langmuir [film] trough ‖ ⁻**sche Waage** *f* (Phys) / surface balance ‖ ⁻-**Sonde** *f* (Phys) / Langmuir probe

lang·nachleuchtend / longtime afterglowing ‖ ~**reichweitig** (Partikel) / long trajectory ‖ ⁻**reihe** *f* (Strumpf) / slack o. loose course motion ‖ ⁻**reiheneinrichtung** *f* (Wirkm) / slack-course equipment ‖ ⁻**riemenboden** *m,* -parkett *n* (Bau) / strip flooring ‖ ~**rissig** / long-cracking ‖ ⁻**rohr-Einspritzung** *f* / manifold injection ‖ ⁻**rohrgeschütz** *n* / long barrelled gun ‖ ⁻**rohrgeschütz** *n* **von 155 Kaliber** / long barrelled gun of 155 calibers length ‖ ⁻**rücken** *n* (Forstw) / end hauling ‖ ~**rund,** (früher:) langoval / rounded oblong

längs / along[side of] ‖ ⁻**…,** longitudinal / longitudinal ‖ ⁻**…** s. auch Längen… ‖ ⁻**ableitung** *f* (Elektr) / series impedance ‖ ⁻**achse** *f* (allg) / longitudinal axis ‖ ⁻**achse** *f* (Luftf) / x-axis, longitudinal axis ‖ ⁻**achse** *f* **der Kabeltrommel** / longitudinal axle of the cable drum ‖ ⁻**achse** *f* **der Zeitkonstanten** (Elektr) / direct axis of the time constant

langsam (allg, Phot) / slow ‖ ~ **anlaufend** / slow-speed… ‖ ~ **anwachsende Spannung** / creeping stress o. strain ‖ ~ **bindend** / slow-setting, -taking ‖ ~**es Blinkfeuer** / intermittent light ‖ ~ **brennend** (Plast) / slow burning, SB ‖ ~**es Elektron** / slow electron, low-energy electron ‖ ~ **fahren,** kriechen (Kfz) / crawl ‖ ~ **fahren!** (Kfz) / slow down! ‖ ~ **fortschreitender Riß** (o. Bruch) / progressive failure ‖ ~ **gehen!** (Schiff) / easy! ‖ ~**e Geschwindigkeitsänderung** / long-term speed variation ‖ ~ **kochen** *vi* / boil up, simmer *vi* ‖ ~ **laufend** / slow-speed… ‖ ~ **luftgekühlt** / slowly air cooled ‖ ~**es Neutron** / cold o. slow neutron ‖ ~**es Peripheriegerät** / slow speed peripheral ‖ ~**er Speicher** (DV) / slow access storage ‖ ~ **übergehen** [in], sich langsam verwandeln [in] / graduate [into] ‖ ~ **wirkend** / slow acting ‖ **sehr** ~, "im Schritt" / dead slow ‖ **sich** ~ **bewegen** / inch *v* ‖ ⁻**anlasser** *m,* -startvorrichtung *f* (Elektr) / time-delay starter, inching starter ‖ ⁻**ausschalter** *m* (Elektr) / time-delay contact breaker ‖ ⁻**binder** *m* / slow-setting cement ‖ ~**brennendes Pulver** / slow burning powder ‖ ⁻**einschaltung** *f* / time-delay starting, step-by-step starting

langsamer als gewöhnlich / off-speed ‖ ~ **fahren** / slack up

langsamerwerden / decelerate, slow down ‖ ⁻ *n* (Rotation) / decay ‖ ⁻, Geschwindigkeitsabfall *m* (Raumf) / decay

Langsam·fahrsignal *n* (Bahn) / signal to reduce speed, speed restriction signal, slow flag (US) ‖ ⁻**fahrspur** *f* (Straßb) / slow-vehicles lane ‖ ⁻**filter** *m n* / slow process filter ‖ ⁻**gang** *m* / slow speed ‖ ~**laufend,** Langsamläufer… / slow-speed… ‖ ⁻**läufer** *m* (Motor) / low-speed o. slow-speed engine ‖ ⁻**regner** *m* (Landw) / slow-rate sprinkler

Längs·ansicht *f* / longitudinal view ‖ ⁻**anteil** *m* **der Polradspannung** (Elektr) / direct-axis component of the synchronous generated voltage ‖ ⁻**aufschleppe** *f* (Wassb) / longitudinal slipway ‖ ⁻**ausgleich** *m* (Fernm) / balancing of the mutual capacities ‖ ⁻**balken** *m* (Unterzug) / joist ‖ ⁻**balligkeit** *f* (Zahn) / crowning ‖ ⁻**begrenzung** *f* / longitudinal dead limit ‖ ⁻**begrenzung** *f* (Wzm) / longitudinal stop ‖ ⁻**belastung** *f* / axial load ‖ ⁻**belastung** *f,* -schub *m* / thrust load ‖ ⁻**besäummaschine** *f* (Säge) / ripping trimmer saw ‖ ⁻**besäummaschine** *f* (Schere) / trimming shears *pl* ‖ **sich** ~**bewegend** / lengthwise, -ways ‖ ⁻**bewegung** *f* (allg) / lengthwise motion ‖ ~**bewegung** *f* (Wzm) / longitudinal movement o. motion ‖ ⁻**bewegung** *f* (Brückb) / lengthwise motion o. displacement ‖ ⁻**brenner** *m* (Gas) / bar burner, pipe burner

Lang·schermaschine *f* (Web) / longitudinal o. length shearing machine ‖ ⁻**schienen,** durchgehend geschweißte Schienen *f pl* (Bahn) / long-welded rails *pl,* ribbon rails (US) *pl* ‖ ⁻**schiff,** -haus *n* (Bau) / nave, body ‖ ⁻**schiff[chen]** *n* (Nähm) / sliding shuttle, open-boat shaped shuttle ‖ ⁻**schlitten** *m* (Wzm) / long[itudinal] carriage o. slide ‖ ⁻**schlitz** *m* / elongated slot ‖ ⁻**schlitzbrenner,** Bandbrenner *m* (Gas) / ribbon [flame] burner ‖ ⁻**schlitz-Richtkoppler** *m* (Elektronik) / long-slot directional coupler ‖ ~**schürige o. -staplige Wolle** / wool of long staple ‖ ⁻**schwelle** *f* (Bahn) / longitudinal sleeper, stringer ‖ ⁻**schwelle zu einem Fundamentrost** (Hydr) / longitudinal sill, running sleeper ‖ ⁻**schwellenoberbau** *m* (Bahn) / longitudinal sleeper track

Längs·dehnung, lineare Ausdehnung *f* / longitudinal o. linear expansion o. extension ‖ ⁻**drift** *f* / longitude drift ‖ ⁻**druck,** Axialdruck *m* / axial o. end thrust ‖ ⁻**durchflutung** *f* (Elektr) / direct-axis component of magnetomotive force

Langseite *f* (Dach) / long pane of a roof

Längs·-EMK *f* (Elektr) / longitudinal component of e.m.f. ‖ ⁻**entzerrer** *m* (Fernm) / series equalizer ‖ ⁻**entzerrung** *f* (Fernm) / equalization in series ‖ ⁻**falte** *f* / lengthwise crease ‖ ⁻**falte** *f* (Pap) / long[itudinal] fold ‖ ⁻**falz** *m* (Buch) / longitudinal fold, length fold ‖ ⁻**falzmaschine** *f* / side seaming machine ‖ ⁻**faser** *f* / longitudinal fiber ‖ ⁻**flammenwanne** *f* (Glasofen) / longitudinal flame tank ‖ ⁻**fuge** *f* / longitudinal joint ‖ ⁻**fuge** *f* (Sperrholz) / edge joint ‖ ⁻**gang** *m* (Wzm) s. Längshub ‖ ⁻**gefälle** *n* (Straßb) / declivity, descent, gradient ‖ ⁻**gefaltet,** faltig (Geol) / plicate, folded ‖ ~**gerippt** / ribbed longitudinally o. lengthwise ‖ ~**gestreift** (Web) / striped lengthwise ‖ ~**gestrichelt** / lineate[d] ‖ ~**geteilt** (Warmband) / obtained by slitting ‖ ~**geteilte Abstichrinne** (Gieß) / breech runner, breeches runner ‖ ⁻**gewölbeofen** *m* / longitudinal arch kiln ‖ ⁻**heftung** *f* (Buch) / longitudinal stitching ‖ ⁻**holzverleimung** *f* / longitudinal glueing ‖ ⁻**hub** *m,* Längsvorschub *m,* Längshub *m* (Wzm) / longitudinal travel o. traverse

Lang·sieb *n* (Pap) / machine wire web, [endless] wire ‖ ⁻**sieb-Entwässerungsmaschine** *f* (Pap) / wet machine ‖ ⁻**siebmaschine** *f* (Pap) / Fourdrinier [paper] machine, Fourdrinier wire, endless wire [paper-making] machine ‖ ⁻**siebpartie** *f* (Pap) / Fourdrinier wire part ‖

↳siebpresse f für Faserplatten / continuous metal link belt press for fiber boards
Längs·impedanz f / series impedance ‖ ↳induktion f / longitudinal induction ‖ ↳induktivität f / series inductance ‖ ↳instabilität f (Luftf) / longitudinal instability ‖ ↳kante f / longitudinal edge ‖ ↳keil m, Feder f (Masch) / taper key ‖ ↳kraft f / axial o. longitudinal force ‖ ↳kraft f (Mech) / thrust ‖ ↳krümmung f der Schmalfläche (Holz, Fehler) / spring ‖ ↳krümmung f der Seite (Holz, Fehler) / bow, longitudinal warping ‖ ↳lager n, Axiallager n / thrust bearing o. block ‖ ↳lenker m (Kfz) / longitudinal swinging arm o. control arm, pull rod, trailing link ‖ ~liegend, Längs… / lengthwise, -ways ‖ ↳magnetfeld n / longitudinal magnetic field ‖ ↳magnetisierung f / longitudinal magnetization ‖ ↳magnetostriktion f / longitudinal magnetostriction ‖ ↳moment n (Luftf) / pitching moment ‖ ↳naht f (Nieten) / longitudinal [rivet] seam ‖ ↳naht f (Schweiß) / straight bead ‖ ↳naht f (Gewebe) / longitudinal seam ‖ ↳nahtüberlappung f / longitudinal overlap ‖ ↳neigung n (Phot) / longitudinal tilt ‖ ↳neigungsmesser m (Luftf) / longitudinal clinometer, pitch indicator, fore-and-aft level ‖ ↳neigungspendel n / fore-and-aft level ‖ ↳nut[e] f / longitudinal slot o. keyway
langspanend (Wzm) / long-chipping
Längs·-Paritätsprüfung f (DV) / longitudinal redundancy check, LRC, block check ‖ ↳parken n / curbside parking
Lang·speicher m, Langzeitspeicher m (Wassb) / long-time storage ‖ ↳speicherung f (Wassb) / long-time storage
Längsperforation f (Buch) / longitudinal perforation
Lang·spielband n / long-playing tape ‖ ↳spielplatte f (33 Umdr/min) / long play[ing] record, L.P., micro groove record
Längs·probe f (Mat.Prüf) / longitudinal test piece, longitudinal sample ‖ ↳profil, Längenprofil n (Verm) / longitudinal profile o. section ‖ ↳prüfzeichen n / horizontal parity bit ‖ ↳quartier, Riemenstück, Riemchen n (Maurer) / quarter brick, queen closer ‖ ↳rauhen n (Textil) / long raising o. teazeling ‖ ↳reibemaschine f (Schokolade) / conche ‖ ↳richtung f / lengthwise direction ‖ in ↳richtung / lengthwise ‖ ↳rillen f pl (Reifen, Kfz) / parallel and longitudinal nerves pl ‖ ↳rillenprofil n (Reifen, Kfz) / longitudinal grooved profile, continuous groove profile ‖ ↳rippe f (Reifen) / longitudinal rib ‖ ↳rippenprofil n (Reifen) / circumferential rib tread pattern ‖ ↳riß, Aufriß m (Schiff) / sheer plan ‖ ↳riß m im Werkstoff / longitudinal crack of the material ‖ ↳säge f / rip saw ‖ ~sägen / rip v ‖ ↳schälschleifen n / rough traverse grinding ‖ ↳schiffkraft f (Schiff) / longitudinal force, fore-and-aft force ‖ ↳schifter (Zimm) / longitudinal jack rafter ‖ ↳schlag, Gleich-, Albertschlag m (Seil) / Lang['s] lay, long lay ‖ ↳schleifen n / longitudinal o. traverse grinding ‖ ↳schlitten, -support m (Dreh) / plain turning slide, saddle carriage o. slide ‖ ↳schlitz m / longitudinal slot ‖ ↳schlupf f / longitudinal slip ‖ ~schmieden / forge with the grain ‖ ↳schneideeinrichtung f (Buch) / slitting assembly ‖ ↳schneidemesser n (Buch) / slitting knife ‖ ↳schneiden n (Pap) / slitting ‖ ↳schneider m / longitudinal cutter ‖ ↳schnitt m (Zeichn) / axial o. longitudinal section ‖ ↳schnitt m, -schneiden n (Holz, Metall) / parallel-to-the grain cut, ripping cut ‖ ↳schnitt m mit der Schere im Stoff / longitudinal cut by scissors ‖ ↳schnittbauart f / block construction ‖ ↳schnittriß m (Bergb) / longitudinal section of the seam ‖ ↳schnittzahnung f / rip teeth ‖ ↳schott n (Schiff) / longitudinal bulk head ‖ ↳schräger m (Keram) / side skew ‖ ↳schub m, -belastung f / thrust load ‖ ↳schubkraft f / longitudinal shearing load ‖ ↳schwad m (Landw) / long windrow ‖ ↳schwadroder m (Rüben) / collecting beet lifter ‖ ↳schweißnaht f / straight weld ‖ ↳schwingung f /

longitudinal oscillation ‖ ↳schwingung f (Quarz) / extensional mode ‖ ↳schwund m, -schwindung f / longitudinal shrinkage ‖ ↳seite f / side wall ‖ ~seits / alongside ‖ ~seits (Schiff) / alongside [of] ‖ ↳spannung f / axial o. longitudinal stress ‖ ↳spannung f (Elektr) / direct-axis component of voltage ‖ ↳spant n (Schiff) / longitudinal frame ‖ ↳spiel n / longitudinal o. axial play o. clearance ‖ ↳spiel, Axialspiel n (Welle) / end play o. float ‖ ↳spiel, Lagerspiel n (Uhr) / shake ‖ ↳spülung f, Gleichstromspülung f (Mot) / through scavenging, uniflow scavenging ‖ ↳spurverfahren n (Videoband) / longitudinal track recording system ‖ ↳stabilität f (Luftf) / longitudinal stability ‖ ↳staffelung f (Luftf) / longitudinal separation ‖ ↳steghohlleiter m / ridge o. septate waveguide ‖ ↳steife f (Stahlbau) / longitudinal stiffener ‖ ↳strahler m (Antennbau) / end-on o. end-fire array, alignment array ‖ ↳strom m (Elektr) / direct-axis component of current ‖ ↳ströme m pl (auf beiden Leitungen in gleicher Richtung, Fernm) / longitudinal currents pl ‖ ↳symmetrieebene f / longitudinal plane of symmetry
Lang·stab m (Mat Prüf) / long test bar ‖ ↳stabisolator m / long-rod insulator
Längstakt-Transfermaschine f (Wzm) / rectilinear transfer machine
langstaplige (o. lange) Baumwolle / long-staple[d] cotton, peeler
Längs·teiler m (Straßb) / traffic divider ‖ ↳teilschere f / slitting shears pl ‖ ↳teilung [von Ketten usw] f / longitudinal pitch ‖ ↳träger m, Rahmenwange f (Bahn) / sole bar ‖ ↳träger m (Luftf, Kfz) / longitudinal beam, longeron spar ‖ ↳träger m erster Ordnung (Brücke) / longitudinal o. main girder ‖ ↳träger m zweiter Ordnung (Brücke) / subsidiary longitudinal girder ‖ ↳trägerbrücke f / platform girder bridge ‖ ↳tragseil n (Bahn) / longitudinal carrying cable ‖ ↳transistor m / series pass transistor
Lang·strecken…, weitreichend, -tragend / long range…, LR ‖ ↳strecken…, Fern… / long-distance, LD ‖ ↳strecken… (Luftf) / long-distance… ‖ ↳streckenkabel n / LD cable, long distance cable ‖ ↳strecken-Marschflugkörper m / long-range cruise missile ‖ ↳streckennavigation f, Loransystem n / Loran system, long-range navigation system ‖ ↳streckenradar m n / long-range radar
Längstrenner m (Elektr) / section[alizing] switch
Längst·welle f, LstW (über 10 km) (Elektronik) / myriametric wave
Längs·überdeckung f (Verm) / end lap ‖ ↳überwalzungs-Fehler m, Welle f (Walzw) / pinch, pincher ‖ ↳verband m (Stahlbau) / longitudinal bond o. bracing ‖ ↳verband m (Schiff) / longitudinal structure ‖ ↳vergleichschutz m (Elektr) / longitudinal differential protection ‖ ↳vergrößerung, Achsenvergrößerung f (Opt) / longitudinal magnification ‖ ↳verschiebung f / longitudinal movement o. shift ‖ ↳verschiebung, -bewegung f / longitudinal displacement o. movement o. feed ‖ ↳versteifung f / longitudinal stiffening o. reinforcement ‖ ↳versteifung f, Binnenkiel m (Schiff) / keelson, kelson ‖ ↳versteifungsträger m (Luftf) / stringer ‖ ↳verstrebung f / longitudinal bracing ‖ ↳vorschub, -zug m (Wzm) / longitudinal feed o. traverse ‖ ↳welle f (Masch) / longitudinal shaft ‖ ↳welle, Longitudinalwelle f / longitudinal wave ‖ ↳widerstand m (Vierpoltheorie) (Fernm) / transfer impedance ‖ ↳widerstand m (z.B. eines Leiters) / series resistance ‖ ↳wind m (Luftf) / wind down ‖ ↳ziehen m der Schienen / pull of rails ‖ ↳zweig m (Elektronik, Filter) / series arm
Lang·[tisch]fräsmaschine f / longitudinal milling machine, plano-milling machine, straight-line miller o. milling machine ‖ ↳- und Senkrechtfräsmaschine f / combined longitudinal and vertical milling machine
Längung, Dehnung f / elongation

Längungsmeßgerät *n* / strain ga[u]ge
Lang·vorschub *m* (Wzm) / longitudinal feed || ⤴**welle**
(über 1000 m), Kilometerwelle *f*, LW (Elektr) / long
wave || ⤴**wellenbereich** *m* / long wave range ||
⤴**wellenpeilung** *f* / low frequency direction finding ||
⤴**wellensender** *m* / long-wave transmitter || ~**wellig** / of
long[er] wave length || ~**welliges Rot** (TV) / far red ||
~**wellige Himmelsstrahlung** / sky radiation || ~**wierig** /
tedious
Langzeit·... / long-duration... || ⤴**-Alterung** *f* / long-time
ageing || ⤴**drift** *f* (Halbl) / long-time drift || ⤴**echo** *n* /
long-delay echo, long-duration echo || ⤴**festigkeit** *f* /
long-time strength || ⤴**geber** *m* / gross timer ||
⤴**gefährdung** *f* / long-term hazard || ⤴**lagerung** *f* /
long-time storage || ⤴**parkplatz** *m* / long-time car park
|| ⤴**relais** *n* / slow-operating relay || ⤴**schwund** *m* (TV) /
blackout [effect] || ⤴**speicher** *m* (Hydr) / long-term
storage || ⤴**speicher** *m* (DV) / slow memory ||
⤴**stabilität** *f* / long-time stability || ⤴**verhalten** *n* (Mech)
/ long-term behaviour || ⤴**versuch**, Dauerversuch *m* /
long-time test, extended time test || ⤴**-Warmfestigkeit** *f*
/ long-term creep and stress-rupture strength, long-time
high temperature strength || ⤴**-Warmfestigkeitswerte**
m pl / long-term creep and stress-rupture properties *pl* ||
⤴**wirkung** *f*, Depotwirkung (Pharma) / depot effect,
repository effect || **mit** ⤴**wirkung** (Pharma) / sustained-
release... || ⤴**zünder** *m* (Mil) / large time bomb
Lanolin, Wollfett *n* / wool fat o. grease, lanolin[e] ||
wasserfreies ⤴ / lanain, lanalin, lani[ch]ol
Lanolinseife *f* / wool fat soap
L-Antenne *f* / inverted L-antenna, gamma antenna
Lanthan *n*, La (Chem) / lanthanum || ⤴**chlorid** *n* /
lanthanum chloride || ⤴**it** *m* (Min) / lanthanite ||
⤴**kronglas** *n* / lanthanum crown [glass]
Lanthanoide *n pl* (OZ 57 - 71), Lanthanide *n pl* (Chem) /
lanthanide series, lanthanides *pl*
Lanthanoiden··Kontraktion *f* (Nukl) / lanthanide
contraction
Lanthanoxid *n* / lanthanum [tri]oxide, lanthana
Lanze *f* / lance
Lanzen·fangvorrichtung *f* (Hütt) / lance safety gear ||
⤴**frischen** *n* (Hütt) / refining by top blowing || ⤴**holz** *n*,
Oxandra lanceolata (Westindien) / lancewood ||
⤴**schlitten** *m* (Hütt) / lance carriage || ⤴**schlitten** *m* (Hütt)
/ lance carriage
Lanzettbogen *m*, [überhöhter] Spitzbogen (Bau) / lancet
arch
Lanzette *f* / lancet || ⤴ (Gieß) / sleeker
lanzettenförmig / lanceolated
Lanzierrohr *n*, Torpedoausstoßrohr *n* (Schiff) / torpedo
launching tube
Lapilli *pl* (Geol) / lapilli *pl* (sg: lapillus), cinders *pl*
Lapislazuliblau *n* / native ultramarine
Laplace··Operator *m* (Math) / Laplacian, Laplace
operator || ⤴**sche Gleichung** (Elektr) / Laplace's
equation || ⤴**-Transformation** [von] *f* (Math) / Laplace
transform [of]
Läppdorn *m* / lapping arbor
lappen, Lappen ausstanzen (Stanz) / tab *v*, form tabs
Lappen *m*, Lumpen *m* / rag, tatter || ⤴, Zipfel *m* (Antenne)
/ lobe || ⤴ (als Verbindungselement) (Stanz) / tab || ⤴ **am**
Fräserschaft / tang || ⤴ **für Lötanschluß** (Elektr) / tang
terminal || ⤴ **eines Türbandes**, Ösenteil *n* / loop of a
hinge || ⤴ **der Sicherungsscheibe** / lockwasher tab
läppen, feinschleifen (Wzm) / lap *v* || ⤴ *n* (Wzm) / lapping
Lappen·band *n* (Schloß) / joint hinge o. frame, strap hinge,
band-and-hook hinge || ⤴**schraube** *f* / flap screw ||
⤴**verbindung**, -befestigung (Blechwaren) / staked joint,
staking
Läppfilm *m* / lapping film
lappig, schlaff (Textil) / limp || ~, gelappt / lobed, lobate ||
~ (Pap) / phozy
Lappingmaschine *f*, Bandvereinigungsmaschine *f* (Textil) /
lap doubler o. machine

Läpp··maschine *f* (Wzm) / lapping machine || ⤴**mittel**,
-pulver, -korn *n* / lapping abrasive || ⤴**ring** *m* / external
o. ring lap || ⤴**scheibe** *f* / lapping wheel || ⤴**werkzeug** *n*
(Wzm) / lap, lapping tool
Laptop-Computer *m* / laptop computer
Laram-Speicher *m* (DV) / line-adressable random-access
memory (charge coupled device), LARAM
Lärche *f* / larch, Larix decidua || **nordamerikanische** ⤴ /
tamarack
Lärchen·holz *n* / larch wood || ⤴**terpentin** *n m* / larch
turpentine, Venetian o. Venice turpentine
Lardöl *n* / lardoil
Lärm *m*, starkes Geräusch / excessive noise || ~**arm** /
low-noise..., quiet || ⤴**bekämpfung**, -minderung,
-abwehr *f* / silencing, noise control o. abatement (US) ||
~**belastete Fläche**, Lärmzigarre *f* (Luftf) / noise
contours *pl* || ⤴**belästigung** *f* / annoyance caused by
[excessive] noise || ⤴**beurteilung** *f* / noise rating o.
weighting || ⤴**dosis** *f* / noise dose || ~**frei machen** /
noiseproof || ⤴**freiheit** *f* / noiselessness || ~**gedämpft**,
lärmmindernd / noise-reducing || ~**intensiv** / noisy
Larmor··Kreismittelpunkt *m*, Leitpunkt der Larmor-
Präzession *m* / guiding center of a particle ||
⤴**präzession** *f* (Nukl) / Larmor precession || ⤴**-Radius** *m*
/ gyromagnetic radius
Lärm·schleppe *f*, Schallschleppe *f* (Luftf) / noise footprint
|| ⤴**schutz** *m*, Schallschutz *m* / noise protection ||
⤴**schützer** *m pl* (Luftf) / muffs *pl*, ear defenders *pl* ||
⤴**schutzwall** *m* (Straßb) / noise protection dam o.
embankment || ⤴**schutzwand** *f* (Straßb) / noise protection
wall || ⤴**schwerhörigkeit** *f* / noise deafness || ⤴**stärke** *f*
/ perceived noise level || ⤴**teppich** *m* (Luftf) / noise
carpet || ~**verseucht** / contaminated with noise ||
⤴**zigarre** *f*, lärmbelastete Fläche (Luftf) / noise contours
pl || ⤴**zone** *f* / influence zone of noise
Larssen·pfahl *m* / Larssen sheet pile || ⤴**wand**,
Spundwand *f* / Larssen's sheet piling
Larve *f* (Zool) / larva || ⤴ **des Apfelbaum- o. Birnen-**
Prachtkäfers / pear borer larva
larvizid / larvicidal || ⤴, Larven-, Raupenvertilgungsmittel
n (Landw) / larvicide || ~**-ovizid** / larvicidal-ovicidal
Lasche *f*, Befestigungslasche *f* / bracket || ⤴ (Kfz) / clip,
shackle || ⤴ (Stahlbau) / butt strap, cover plate || ⤴,
Schiene *f* (Zimm) / fishplate || ⤴ (Bahn) / fishplate, fish-
o. splice-bar o. -piece, shin || ⤴, Verbindungsschiene *f*
(Elektr) / link, joint bar || ⤴ (Kette) / plate of a roller chain
|| ⤴, Zunge *f* (Schuh) / tongue of a shoe
Laschen und Platten *f pl* (Bahn) / joint bars and fishplates
pl || ⤴**bolzen** *m* (Bahn) / fish bolt, track bolt || ⤴**gelenk** *n*
(Kfz) / shackle joint || ⤴**kammer**, -anschlußfläche *f*
(Bahn) / fishing surface of a rail || ⤴**kette** *f* / flat link
articulated chain, plate link chain, band chain, bush[ed]
roller chain, ladder chain, pitch o. sprocket o. pintle
chain, Gall's chain || ⤴**kupplung** *f* **für Förderwagen**
(Bergb) / side-bar coupling, strap-type coupling ||
⤴**nietung** *f* / butt rivetting || ⤴**punktschweißung** *f* /
bridge spot weld || ⤴**randentfernung** *f* / distance from
center of rivet to end of butt strap || ⤴**schiene** *f* (Bahn) /
fishplate rail || ⤴**schraube** *f*, -bolzen *m* (Bahn) / fishbolt
|| ⤴**schweißung** *f* / bridge weld || ⤴**stein** *m* (Hütt) / tab
brick || ⤴**stoß** *m* (Schweiß) / strapped joint || ⤴**teilung** *f*
der Kette / sprocket pitch || ⤴**verband an stumpfen**
Stößen *m* / fishplating with free heads || ⤴**verbindung** *f*
/ fish joint, fishing || ⤴**zwickel** *m* (Schuh) / tongue gusset
Laschung *f*, Lasch *m n* (Schiff) / scarf, lashing
Laser *m* / laser (light amplification by stimulated emission
of radiation) || ⤴ **bei normalen Betriebsbedingungen** /
laser under normal operating conditions || ⤴ **mit**
Güteschaltung, Q-Switch-Laser *m* / Q-switch laser ||
harter, [weicher] ⤴ / hard, [soft] laser || **mit**
⤴ **bearbeiten**, lasern / laser *vt* || ~**aktives Material** /
lasant, laser o. lasing material || ~**aktive Zone** / laser-
active area || ⤴**-APR** *m* (Verm) / airborne profile

recorder with laser ‖ **⁓ausgang** *m* / laser output ‖
⁓-Bearbeitung *f* / laser machining ‖ **⁓bildplatte** *f* /
laser videodisk ‖ **⁓blitz** *m* / laser flash o. spike ‖
⁓bohrer *m* / laser drill ‖ **⁓brennschneiden** *n* / oxygen
cutting of metals by laser ‖ **⁓-Ceilometer** *n*, Laser-
Wolkenhöhenmesser *m* / laser ceilometer ‖ **⁓diagnostik**
f / laser diagnostics *pl* ‖ **⁓diode** *f* / laser diode ‖
⁓drucker *m* / laser [beam] printer, intelligent printer ‖
⁓dünnschichtschneider *m* / laser scriber ‖
⁓-Entfernungsmessung *f* / laser range finding ‖
⁓-erzeugtes Plasma / laser-produced plasma ‖
⁓-Fusion *f* / laser fusion, laser-driven o. -induced
fusion ‖ **⁓geführt** (Mil) / laser guided ‖ **⁓-gesteuert** /
laser-induced ‖ **⁓glasieren** *n* / glazing by laser ‖
⁓graphie *f* / laser graph ‖ **⁓induziert** / laser-induced ‖
⁓induzierte Fluoreszenz, LIF / laser induced
fluorescence, LIF ‖ **⁓induzierte Stoßwelle** / laser
induced shock wave ‖ **⁓-Interferometer** *n* / laser
interferometer ‖ **⁓-Interferometrie** *f* / laser
interferometry ‖ **⁓justierbrille** *f* / laser adjusting
goggles *pl* ‖ **⁓kamera** *f* / laser camera ‖ **⁓klasse** *f* /
laser class ‖ **⁓kopierer** *m* / laser photocopier ‖ **⁓kreisel**
m / laser gyro ‖ **⁓-Kristall-Ofen** *m* / laser-crystal oven
‖ **⁓lichtstreuung** *f* / laser light scattering ‖ **⁓material** *n*
/ laser material ‖ **⁓material** *n*, laseraktives Material /
lasant ‖ **⁓mikroschweißgerät** *n* / laser microwelder
lasern *vi* / lase *vi*
Laser·netzröhre *f* / laser flash tube ‖ **⁓niveau** *n* / laser
level ‖ **⁓phonie** *f* / laserphony ‖ **⁓pumpen** *n* / laser
pumping ‖ **⁓-Radar** *m n* / ladar, laser radar ‖
⁓-Radar-Messung *f* / laser-radar-measurement ‖
⁓rauschen *n* / laser noise ‖ **⁓recorder** *m* / laser
recorder ‖ **⁓resonator** *m* / laser resonator ‖
⁓[ring]kreisel *m* / laser gyro ‖ **⁓satz** *m* (Buch) / laser
composition, lasercomp (Monotype) ‖
⁓-Scan-Mikroskop *n* / laser scanning microscope ‖
⁓schmelzschneiden *n* / inert gas fusion cutting by laser
‖ **⁓schneidgerät** *n*, -schneider *m* / laser cutter ‖
⁓schnelldrucker *m* / high-speed laser printer ‖
⁓schreiber *m* / laser pencil ‖ **⁓schutzbrille** *f* /
spectacles *pl* against laser radiation ‖ **⁓schweißgerät** *n* /
laser welding device ‖ **⁓schwelle** *f* / lasing threshold ‖
⁓spektrografie *f* / laser spectrography ‖ **⁓spiegel** *m* /
laser mirror ‖ **⁓störung** *f* (Mil) / laser jamming ‖
⁓strahl *m* / laser beam ‖ **⁓strahlabtragung** *f*, LBM /
laser beam machining, LBM ‖ **⁓strahlbrennschneiden**
n / laser beam cutting with oxygen ‖ **⁓strahlen
aussenden**, lasern / lase ‖ **⁓strahlmaschine** *f* (Wzm) /
laser beam machine ‖ **⁓strahlschmelzschneiden** *n* /
laser beam fusion cutting ‖ **⁓strahlschweißen** *n*, LBW /
laser beam welding, LBW ‖ **⁓strahlung** *f* / laser
irradiation ‖ **⁓sublimierschneiden** *n* / laser sublimation
cutting ‖ **⁓-Trimmer-System** *n* / laser-trimmer system
‖ **⁓vision** *f*, LV (Video) / laser vision, LV ‖
⁓-Werkzeugmaschine *f* / laser machine tool ‖
⁓xerografie *f* / laser xerography ‖ **⁓-Zielmarkierer** *m*
(Mil) / laser target designator o. target marker
LASH--Leichter *m* (Schiff) / LASH lighter ‖ **⁓-Schiff** *n*,
Schutenträger *m* / LASH ship (= lighter aboard ship)
Lass, lichtbetätigter Siliziumschalter *m* (Elektronik) / Lass,
light-activated silicon switch
Lassenschuß *m* / blasting charge placed in a crevice
Last *f*, Belastung *f* / weight, burden ‖ **⁓**, Ladung *f* /
burden, load, charge ‖ **⁓**, Bürde *f* (Elektr) / working
resistance ‖ **⁓** (Elektronik) / load resistance o. resistor ‖
⁓..., unter Last / on-load..., under load ‖ **⁓ am Stropp**
/ underslung load ‖ **⁓ auf der Spannweite** / span
loading ‖ **zu große ⁓** / overweight ‖ **⁓abhängig** / load-
controlled ‖ **⁓abhängige Bremse** / load controlled
brake ‖ **⁓abhängige Bremskraftregelung** (Kfz) / load-
controlled braking ‖ **⁓abwurf** *m* (Generator, Elektr) /
[sudden] release, load shedding ‖ **⁓achse** *f* / load axle ‖
⁓amplitude *f* / load swing ‖ **⁓angriffspunkt** *m* / load
application point, loading point ‖ **⁓anhänger** *m* / goods

trailer, general-purpose trailer ‖ **⁓annahme** *f* (Mech) /
design load ‖ **⁓anzeigegerät** *n*, Wägeeinrichtung *f* /
load indicator ‖ **⁓arm** *m* (Hebel) / work arm ‖
⁓aufnahmeeinrichtung *f* / load suspension device ‖
⁓aufnehmend / weight-carrying ‖ **⁓ausgleich**,
Belastungsausgleich *m* / load compensation o. balance ‖
⁓ausgleich *m*, -verteilung *f* / load distribution ‖
⁓ausgleichsgruppe *f* (DV) / load balancing group ‖
⁓bank *f*, L-Bank *f* (Reaktor) / load bank, L-Bank ‖
⁓begrenzer *m* / force limiting device ‖ **⁓bereich** *m* /
load range ‖ **⁓bügel** *m*, -öse *f* / clevis, shackle ‖
⁓-Dehnungskurve *f* / load-extension curve ‖
⁓drehzahl *f* / on-load speed ‖ **⁓dreieck**,
Belastungsdreieck *n* / load triangle ‖ **⁓druckbremse** *f*
(Kran) / automatic mechanical brake, friction disk brake,
Weston washer brake ‖ **⁓einheit** *f* (DV) / load unit
Lasten·abwurf-Fallschirm *m* / paradrop ‖ **⁓aufzug** *m* /
freight elevator o. lift, goods lift (GB) ‖ **⁓heft** *n* /
delineation, [performance] specification, specs *pl* (US)
‖ **⁓heft** *n* **für ein System** / system requirement ‖
⁓hubschrauber *m* / heavy lift helicopter, HLH ‖
⁓hub-Trägerfahrzeug *n* / heavy-lift launch vehicle,
HLLV ‖ **⁓rechnung** *f* / loading computation ‖
⁓sammler *m* (z.B. Gepäck) / load collector (e.g.
baggage) ‖ **⁓segelflugzeug** *n*, -segler *m*, -gleiter *m* /
paraglider ‖ **⁓seilbahn** *f* / goods ropeway, ropeway for
goods ‖ **⁓transportanlage** *f* / burden carrier ‖
⁓trenner *m* (z.B. Gepäck) / load separator (e.g.
baggage)
Lastex *n* (Web) / Lastex ‖ **⁓gewebe** *n* / lastex fabric
Last·faktor *m*, -vielfaches *n* (Luftf) / load factor o.
coefficient ‖ **⁓faktor**, Belastungsfaktor *m* (Elektr) / load
factor ‖ **⁓faktor-Vektor** *m* / load factor vector ‖ **⁓fall**
m (Mech) / type of burden ‖ **⁓feld** *n* (Mech) / area o. field
of load ‖ **⁓folge** *f*, -folgeverhalten *n* / load following
[behaviour] ‖ **⁓folger** *m* (Reaktor) / load follower ‖
⁓führung *f* **der Kommutierung** (Elektr) / load
commutation ‖ **⁓fuhrwerk** *n*, Karren *m* / cart ‖
⁓geführter Stromrichter / load commutated converter
‖ **⁓güte** *f* (Elektronik) / Q external ‖ **⁓haken** *m* (Kran) /
crane o. lifting o. load hook ‖ **⁓haken** *m* **mit Schaft** /
shank hook ‖ **⁓halter** *m* / top clamp stabilizer ‖
⁓[hebe]magnet *m* / hoisting o. lifting magnet, crane
magnet ‖ **⁓hebemittel** *n* / hoisting means o. device
lästig, unbequem / burdensome, annoying
Lastigkeit *f*, Trimm *m* (Schiff) / trim ‖ **⁓** (früher für
Tragfähigkeit) (Schiff) / burden
Lästigkeitspegel *m* (Akust) / level of perceived noisiness,
A-scale sound level
Lastimpedanz *f* / loaded impedance
Last-in - first-out, LIFO / LIFO, last-in/first-out
Lasting, Wollsatin, Prunell *m* (Web) / lasting, prunella,
prunello ‖ **⁓garn** *n* / lasting yarn
Last·kahn *m* (Binnenschiffahrt) / cargo boat o. ship,
[river] barge ‖ **⁓kante**, Stirnkante *f* (des
Luftschraubenblattes) / leading edge of the airscrew
[blade] ‖ **⁓kompensiert** / load compensated ‖
⁓-Kraft-Verhältnis *n* / mechanical advantage, MA
Lastkraftwagen *m*, Lkw, LKW *m* / motor lorry (GB),
[auto]truck (US), motor truck (US) ‖ **⁓** (als Gattung) /
commercial vehicle ‖ **⁓** s. auch Lkw und Lastwagen ‖ **⁓ für
Ferntransporte**, Brummi *m* (Slang) / long-distance
lorry (GB), long-haul truck (US) ‖ **⁓ mit
Kippvorrichtung**, Kipper *m* / tip lorry (GB) o. truck
(US) ‖ **kleiner (o. leichter) ⁓** / light truck (US) o. lorry
(GB) ‖ **⁓fahrer** *m*, Lkw-Fahrer *m* / lorry driver (GB),
trucker, teamster (US), truckmann (US) ‖ **⁓reifen** *m* /
lorry tyre (GB), truck tire (US) ‖ **⁓zug** *m* / road train
Last·kreis *m* (Fernm) / load circuit ‖ **⁓laufbahn** *f* (Power
and Free) / load track ‖ **⁓-Leer-Verhältnis** *n* (Kfz) / load/
no-load ratio ‖ **⁓linie** *f* (Halbl) / load line ‖ **⁓los** (Elektr) /
no-load ... ‖ **⁓los schaltend** (Relais) / under dry circuit
conditions, dry ‖ **⁓methode** *f* / trial load method ‖
⁓moment *n* / load moment ‖ **⁓öse** *f*, -bügel *m* / clevis,

shackle ‖ ↗ösenbolzen m / clevis pin ‖
↗plattenversuch m (zur Bestimmung der
Bodenfestigkeit) (Straßb) / plate [loading] test, plate load
bearing test ‖ ↗raum m (Raumf) / loading bay ‖
↗/Reifendruck-Tabelle f / load and inflation table ‖
↗sattelanhänger m / general-purpose semi-trailer ‖
↗schalter m, unter Last schaltender Schalter / power
circuit breaker (for cos φ ⟨ 0.7) ‖ ↗schalter m
(Lichtbogenofen) / tap changer ‖ ↗schalt- und
Wendegetriebe, Power-Shift-Getriebe n (Mot) / power
shift gear ‖ ↗schema n, Lastverteilung f (Stahlbau) / load
diagram o. curve ‖ ↗schriftzettel m, Debit-Nota f /
debit note ‖ ↗schwankung, Belastungsschwankung f /
load change o. variation ‖ Ausmaß der ↗schwankung /
load swing ‖ ↗schwerpunkt m / load center ‖ ↗seil n,
Tragseil n (Seilbahn) / carrying cable ‖ ↗seite f
(Förderband) / load surface ‖ ↗spannung f / on-load
voltage ‖ ↗spiel n / alternation of load ‖ ↗spielzahl f
(Dauerversuch) / stress reversals pl, stress cycles endured
pl ‖ ↗spitze f / peak [of the] load ‖ ↗station f (Elektr) /
load center ‖ ↗strom-Regelfaktor m (IC) / load
stabilization coefficient ‖ ↗teilbaugruppe f / load
module ‖ ↗tier n / beast of burden ‖ ↗träger m / load
bearing implement ‖ automatische ↗traverse (Kran) /
spreader ‖ ↗trennschalter m (Elektr) / load-break
switch, load disconnecting switch ‖ ↗umschalter m
(Elektr) / on-load tap changer ‖ ~unabhängiger (o.
eingeprägter) Strom (Elektr) / load independent current
‖ ↗verformungs-Verhalten n / load-deflection
response ‖ ↗verstimmung f (Elektronik) / pulling ‖
↗verstimmungsmaß n (Elektronik) / pulling figure ‖
↗verteiler m (Elektr) / load dispatcher o. distributor ‖
↗verteilerwarte f (Elektr) / load dispatching center ‖
↗verteilung f, -ausgleich m, Belastungsverteilung f /
load distribution ‖ ↗verteilung f, Lastschema n
(Stahlbau) / load diagram o. curve ‖ ↗verteilung f (Elektr)
/ load dispatching ‖ ↗vielfaches n (Luftf) / load factor o.
coefficient ‖ ↗wagen m, Lkw m / lorry (GB), truck
(US) ‖ ↗wagen oder Bus (Sammelbegriff) / camion
(US, Australia) ‖ ↗wagen-Anhänger m / trailer for
motor lorries ‖ ↗wagen-Fahrer, Lkw-Fahrer m / lorry
(GB) o. truck (US) driver, trucker (US), truckman
(US), teamster (US) ‖ ↗wagenmotor m / lorry (GB) o.
truck (US) engine ‖ ↗wagentransport m / road
transport, trucking (US) ‖ ↗wechsel m / alternation o.
change of load, load alternation ‖ ↗wechsel m pl (Mat
Prüf) / loadings pl ‖ ↗wechselzahl, Zahl der ertragenen
Lastwechsel (Dauerprüfung) f / endurance ‖
↗widerstand m (Elektr) / load resistor ‖ ↗widerstand
m, Ballastwiderstand m (Elektr) / ballast o. loading
resistor ‖ ↗wirkungsgrad m (Fernm) / load efficiency ‖
↗zug m, Radlastzug m (Brücke) / load train, loading
diagram ‖ ↗zug m (Kfz) / trailer train, road convoy,
lorry (GB) o. truck (US) with trailer ‖
↗zug-Bremsventil n (Kfz) / tractor-trailer brake valve ‖
↗zuschlag, Belastungs-, Gewichtszuschlag m / load
allowance o. tolerance ‖ ↗zyklen m pl (Elektr) / current
loading cycles pl, load cycles pl
Lasur, eine dünne ↗ auftragen / scumble ‖ ↗farbe f /
translucent o. transparent ink, scumble
LAT = Leistungsanpassungsteil
Latensifikation f (Phot) / latensification
latent, gebunden / latent ‖ ~es (o. gespeichertes) Bild /
latent image ‖ ~e Elektrizität / dissimulated electricity
‖ ~e Magnetisierungsfähigkeit (Phys, z.B. Mn, Cr) /
latent magnetization ‖ ~e (o. gebundene) Wärme
(Phys) / latent heat ‖ ~wärmespeicher m / PCM device
(phase change material which stores heat)
Latenz f, Latenzzustand m / latency, latence ‖ ↗zeit,
Reaktionszeit f / reaction o. response time o. period ‖
↗zeit f, Wartezeit f / latency ‖ ↗zeit f (Biol) / latent
period ‖ ↗zeit f (Nukl) / latency time ‖ ↗[zeit] f (=
Wartezeit, bis die Information unter dem auf der

richtigen Spur lesebereiten Kopf erscheint) (DV) /
latency [time]
lateral·e Hemmung (DV) / lateral inhibition ‖ ↗plan m
(Schiff) / lateral plan ‖ ↗sekretion f (Geol) / lateral
secretion ‖ ↗system n (Nautik) / lateral system ‖
↗vergrößerung f, Abbildungsmaßstab m (Opt) / lateral
amplification
Laterisierung f (Geol) / laterisation
Laterit m (Geol) / laterite ‖ ~isch (Bodenmechanik) / lateritic
Laterne f / lantern ‖ ↗, Straßenlaterne f / street lantern
‖ ↗, Lampe f / lantern, lamp, light ‖ ↗, Haube f (Bau) /
louver, louvre, skylight turret ‖ ↗, Oberlicht n (Stahlbau)
/ skylight
Laternen·dach n / lantern o. capped roof ‖ ↗dach n
(Dach mit durchgehender befensterter Mittel-Laterne) /
monitor roof ‖ ↗getriebe n / trundle [motion], lantern
gear ‖ ↗halter m (Fahrrad) / lamp bracket ‖
↗minutenrohr n (Uhr) / cannon pinion ‖ ↗öl n,
Leuchtpetroleum für Signallampen (Bahn) / signal oil ‖
↗pfahl m / lamp post ‖ gerader ↗ständer / post top
lighting column ‖ konischer ↗ständer / tapered lighting
column
Laterolog[meß]verfahren n (Ölbohrung) / laterolog
process
Latex m (pl: Latizes), Kautschukmilch f / latex (pl:
latices) ‖ ↗, Milch, Dispersion f (Plast) / latex ‖
entrahmter ↗ / latex-skim, skimmed latex ‖ saurer ↗ /
acid latex ‖ ↗-Bitumen-Emulsion f / latex-bitumen
emulsion ‖ ↗faden m / latex thread ‖ ↗farbe,
Dispersionsfarbe f / latex paint ‖ ↗gelierung f / latex
gelling ‖ ↗kleber m / latex adhesive, latex cement ‖
↗schaum m / foam latex ‖ ↗zelle f (Bot) / laticifer
Latit m (Geol) / latite
Latrixspeicher m (DV) / latrix (light accessible transistor
matrix)
Latsch m (Reifen) / contact area, latch
Latschen[kiefer]öl n / mountain o. dwarf pine oil, templin
oil
Latte f, Dachlatte f / lath ‖ ↗, Leiste f (Tischl) / batten ‖
↗ von 1 x 3/8" bis 1 x 1/2" / double lath
latten, belatten (Bau) / lath
Latten·breithalter m (Textil) / slatted expander ‖
↗förderer m, -förderband n / batten conveyor, lath o.
slat o. apron conveyor ‖ ↗gestell, -werk n / lathwork ‖
↗gitter n, -werk n / latticework ‖ ↗kiste f / crate ‖
↗profil n eines Dammes (Erdb, Straßb) / gauge of lath ‖
↗rost, Rostfußboden m / lath floor ‖ ↗rost für den
Fußboden / floor grid ‖ ↗schalung, Lattung f,
Lattenwerk n / lathing ‖ ↗trommel f (der Krempel) /
lattice drum ‖ ↗tuch n (Textil) / endless feed[ing] lattice,
lattice apron ‖ ↗tuchwalze, -trommel f (der Krempel)
(Spinn) / lattice block o. drum o. roller ‖ ↗tür f /
batten[ed] door ‖ ↗verschlag m, -kiste f / crate ‖
↗verschlag, Gitterverschlag m (Bau) / lath partition,
lathed space ‖ ↗wand f (Bahn) / sidewall with ventilation
flaps, slatted wall ‖ ↗wand f / battened partition, batten
wall ‖ ↗wegerung f (Schiff) / spar ceiling ‖ ↗werk,
-gitter n / lattice work, lattice ‖ ↗werk n (Dach) / tiling
battens pl ‖ ↗werk, -gestell n / lathwork ‖ ↗zaun m /
lattice fencing o. fence, batten fence
Latthammer, Spitzhammer m (Zimm) / scabbling pick,
carpenter's roofing hammer
Lattung f (für Putzarbeiten) / lath for plaster work
Latzhose f / boiler suit, trousers with bib pl
lau, lauwarm / tepid
Laub n / foliage, leaves pl ‖ ↗... / leafy ‖ grünes ↗ /
green leaves pl ‖ trockenes ↗ / dry leaves pl ‖ ↗baum
m / deciduous tree ‖ ↗blatt n / foliage leaf
Laube·n f pl (eine Reihe von gewölbten Räumen) (Bau) /
arch[ing], concameration ‖ ↗ f, Gartenlaube f / arbor,
bower ‖ ↗n f pl, Laubenbogengang m (Bau) / covered
walk
laub·grün (RAL 6002) / leaf green ‖ ↗holz n
(Kurzzeichen: LH) / wood bearing leaves, wood of

deciduous o. foliage trees ‖ ⁴holzteer *m* / beech wood
tar ‖ ⁴holzzellstoff *m* / hardwood [kraft] pulp ‖ ⁴säge *f*
/ jig saw ‖ ⁴säge *f* (Blatt ⟨ 2 mm⟩ / scroll saw, fret o.
inlaying saw ‖ ⁴sägebogen *m* / frame of the fret saw ‖
⁴schnittholz *n* / sawn timber of broadleafed species ‖
⁴wald *m* / deciduous o. leafy wood ‖ ~wechselnd,
abfallend (Bot) / deciduous ‖ ⁴werk, Blattwerk *n* (Bau) /
leafage, leaves *pl*
Laue·diagramm *n* / Laue X-ray pattern, Laue photograph
o. diagram ‖ ⁴-Rückstrahlverfahren *n* / Laue backscattering method
Lauf *m*, Fluß *m* / course, flow ‖ ⁴ (Masch) / movement,
run, work, action, play ‖ ⁴, Fahrt *f* / run ‖ ⁴, Gang *m*
(Masch) / operation, working ‖ ⁴ (Gewehr) / barrel ‖ ⁴,
Abstichrinne *f* (Gieß) / runner ‖ ⁴, Datendurchlauf *m*
(DV) / throughput, thruput, run ‖ ⁴ **des Saftes** (Zuck) /
juice travel ‖ ⁴ **eines Flusses** / course of a river ‖
⁴achse *f* (Lok) / carrier o. carrying axle, idler (US) ‖
hintere achse (Bahn) / trailing axle ‖ ~achslose
Lokomotive (Bahn) / engine providing total adhesion ‖
⁴achswelle *f* / carrying axle pin ‖ ⁴anweisung *f* (DV) /
perform statement ‖ ⁴anweisung *f* (ALGOL) (DV) / for
statement ‖ ⁴bahn *f* (Masch) / track, running path ‖
⁴bahn *f*, Gleitbahn *f* / slide way ‖ ⁴bahn, -fläche *f* des
Reifens (Kfz) / tire tread ‖ ⁴bahnkreis *m* (Drehkran) /
bearing race ‖ ⁴band *n*, rollender Gehsteig / moving
pavement, moving walkway, people carrier ‖ ⁴bereich
m (DV) / partition ‖ ~bereit / ready to run ‖ ⁴bild *n*,
Film *m* / moving picture, movie (coll) ‖
⁴bildaufnahme *f* / motion-picture, moving picture,
movie (coll) ‖ ⁴bildaufnahmekamera *f* s.
Laufbildkamera ‖ ⁴bildbetrachter *m* / [animated] viewer
‖ ⁴bildkamera *f* / motion-picture o. film camera,
moving picture camera (US) ‖ ⁴bildwerfer *m* (DIN) /
cinema[tograph] o. movie projector, motion-picture
projector ‖ ⁴boden *m* (Phot) / base board ‖ ⁴breite *f*
(Treppe) / effective width ‖ ⁴brett *n*, -bohle, -planke *f* /
access o. running board ‖ ⁴brett *n* (Bahn) / continuous
running board ‖ ⁴brücke *f* (Bergb) / flying bridge ‖
⁴brücke *f*, -steg *m*, Fußgängerüberführung *f* (Bahn,
Hydr) / footbridge ‖ ⁴brücke *f* (Bau) / rising scaffold
bridge o. stage bridge ‖ ⁴buchse, -büchse *f* / bush[ing],
sleeve ‖ ⁴bühne *f*, Bedienungsgang, -stand *m* /
[service] platform, service gangway ‖ ⁴decke *f*, Mantel
m (Kfz) / [outer] cover, tire (US), tyre (GB) ‖
⁴drehgestell *n* (Bahn) / carrying bogie ‖ ⁴breite *f*
travelling slewing crane ‖ ⁴eigenschaften *f pl* / running
qualities o. properties *pl*, operation characteristics *pl* ‖
⁴eigenschaften *f pl* (Bahn) / riding qualities *pl* ‖
⁴eigenschaften *f pl* (eines Lagers) / antifrictional
qualities *pl*
laufen / run ‖ ~, funktionieren / operate, work, act ‖ ~
(Räder) / turn ‖ ~ (Wasser) / flow, run ‖ ~, gehen (Uhr) /
go, run ‖ ~, fahren (Fahrzeug) / run *vi*, tool *vi* ‖ ~ *n* des
Wassers / running o. flowing of water ‖ ~ lassen
(Masch) / let run ‖ mit voller Geschwindigkeit ~ / spin
along
laufend (allg, Meter, Monat) / running ‖ ~ (Band) /
conveyor…, assembly… ‖ ~ (Tauwerk) / running ‖ ~,
routinemäßig / routine ‖ ~, augenblicklich / current ‖
~e **Änderung** (DV) / running modification ‖ ~es **Band**
(F.Org) / conveyor o. assembly line ‖ ~er **Bedarf** /
current demand ‖ ~e **Bestandskartei** (DV) / perpetual
inventory file ‖ ~es **Blatt** (Tuchschere) / slider ‖ ~er
Block (Schiff) / running block ‖ ~er **Fuß** (Längenmaß) /
foot run ‖ ~es **Gleichgewicht** (Nukl) / transient
equilibrium ‖ ~es **Gut** (o. Tauwerk) (Schiff) / running
rigging ‖ ~er **Inch** / lineal inch ‖ ~e
Instandsetzungsarbeiten *f pl* / routine repair work ‖
~er **Kundendienst** / routine maintenance ‖ ~er **Meter**,
(DIN:) Folgemeter *m* / running meter ‖ ~es **Modell**
(Kfz) / current model ‖ ~e **Nummer** / serial number ‖
~es **Programm** (DV) / running program, active program
‖ ~es **radioaktives Gleichgewicht** / transient

radioactive equilibrium ‖ ~e **Satznummer** (NC) /
sequence number ‖ ~e **Schnecke** (Hütt) / continuous
helix ‖ ~e **Summe** (DV) / running total ‖ ~er **Titel**
(Buch) / running title ‖ ~ **überwachen** / routine ‖ ~e
Überwachung / routine inspection ‖ ~e **Unkosten** /
running costs ‖ ~e **Unterhaltung** / current maintenance
‖ **am** ~**en Band** / continuously
Läufer *m*, Rotor *m*, Anker *m* (Elektr) / rotor, armature
‖ ⁴, schmaler Teppich / carpet runner o. strip, rug ‖ ⁴,
Schieber *m* (Masch) / traveller, slide, coupler ‖ ⁴
(Brecher) / crusher roll ‖ ⁴ (im Kollergang) / edge
runner, muller ‖ ⁴, Strecker *m* (Baumwollspinn) / outbond brick,
stretcher ‖ ⁴ (Baumwollspinn) / traveller, urchin, squirrel
‖ ⁴ (Web) / whirl ‖ ⁴, Lacknase *f* / varnish tit o. tear o.
run ‖ ⁴, Treppenläufer *m* (Teppich) / stair o. Venetian
carpet ‖ ⁴ (Grubenausbau) / joist ‖ ⁴, Schieber *m* (allg) /
slide [index] ‖ ⁴ **an einer Skala** (Instr) / cursor ‖
flachgelegter ⁴ (Bau) / bull stretcher ‖ ⁴anlasser,
-anlaßwiderstand *m* / rotor starter ‖ ⁴bandage *f* / rotor
binding ‖ ⁴blech *n* (Elektr) / armature core disk
lamination, core disk ‖ ⁴bleche *n pl* (Elektr) / rotor
plates *pl* ‖ ⁴eisen *n* (Elektr) / rotor iron ‖ ⁴fuge *f*
(Maurer) / collar joint ‖ ⁴kappe *f*, -kappenring *m* (Elektr)
/ rotor end-winding retaining ring ‖ ⁴kreis *m* (Elektr) /
rotor circuit ‖ ⁴kupferverlust *m* / rotor copper loss ‖
⁴mühle *f*, Kollergang *m* / edge mill, Chili[an] o.
Chilean mill ‖ ⁴mühle, Erzmühle *f* (Bergb) / vertical
mill [for crushing ore] ‖ ⁴ring *m* (Brecher) / muller ring
‖ ⁴schale *f* (Grubenausbau) / link shell ‖ ⁴schicht *f* (Bau)
/ stretcher o. stretching course, line of stretchers,
through course ‖ ⁴schwungmasse *f* (Elektr) / rotor
inertia ‖ ⁴spannung *f* (Elektr) / rotor voltage ‖ ⁴stange
f, [Treppen]läuferstange *f* / stair [carpet] clip o. rod ‖
⁴stern *m* / armature cross o. spider ‖ ⁴strom *m* (Elektr)
/ rotor current ‖ ⁴strom *m* (Wert) (Elektr) / rotor
amperage ‖ ⁴stromkreis *m* / rotor circuit ‖ ⁴verband
m (Bau) / stretcher o. stretching o. facing o. running
bond, chimney bond ‖ ⁴walze *f* einer
Garnettmaschine / fancy roller of a garnetting roller ‖
⁴wicklung *f* (Elektr) / armature o. rotor winding ‖
⁴zeitkonstante *f* / rotor time constant
Lauffeldröhre *f* / travelling wave tube ‖ ⁴ **mit**
gekreuzten Feldern / travelling wave magnetron, linear
magnetron, M-type carcinotron ‖ ⁴ **mit statischem**
Querfeld (Elektronik) / transverse field travelling wave
tube ‖ ⁴ **mit Widerstandsschicht** (Elektronik) / resistive
wall amplifier
Lauffläche *f* (Masch) / running o. bearing [sur]face ‖ ⁴,
-kranz, -kreis *m* (Bahn, Räder) / running tread, tread of
wheels ‖ ⁴, Bahn *f* der Schiene (Bahn) / upper surface of
the rail ‖ ⁴ (Reifen) / cap o. cover of tire
Laufflächen·abnutzung *f* (Kfz) / tread wear ‖ ⁴gummi *m*
/ tread rubber ‖ ⁴platte *f* (Reifen) / tread strip ‖ ⁴polster
m, -kissen *n* (Kfz Reifen) / breaker cushion (GB) o.
squeegee (US) ‖ ⁴profil *n* (Reifen) / tread pattern o.
profile ‖ ⁴-Verstärkung *f* (Reifen) / tread bracing
Lauf·gang *m* (Masch) / gallery, gangway ‖ ⁴gang *m*,
Passage *f* / walking way ‖ ⁴geräusch *n* / running noise
‖ ⁴geschwindigkeit *f* / running speed ‖
⁴geschwindigkeit *f* (Kath.Str.) / sweep speed ‖ ⁴gestell,
Fahrgestell *n* / bogie, (Kran): bogie truck o. wagon ‖
⁴gestell *n* (Lok) / set of carrying wheels ‖ ⁴gewicht *n*,
Läufer *m* (Waage) / slider, sliding weight, jockey weight
‖ ⁴gewichtshebel *m* (Waage) / steelyard ‖
⁴gewichtswaage *f* / sliding weight balance, poise beam
scale, jockey balance, steelyard weighing machine
steelyard ‖ ⁴grenze, Indexgrenze *f* (ALGOL) (DV) /
subscript bound ‖ ⁴kante *f* (Schiene) / inner o. inside
edge ‖ ⁴karte *f* (F.Org) / route o. routing card, batch o.
process card, move ticket, tracer ‖ ⁴katze *f* /
[travelling] crab o. trolley, traveller, crane trolley ‖
⁴katzenausleger *m* / trolley jib ‖ ⁴kegel *m* (Bahn,
Reifen) / running cone ‖ ⁴kette *f* (Traktor) / crawler ‖
⁴klausel *f* (ALGOL) / for clause ‖ ⁴knoten *m* / slip knot

‖ ⁺kraftwerk n (Elektr) / run-of-river power station ‖
⁺kraftwerksmaschinensatz m / bulb turbine generator set ‖ ⁺kran m / overhead [travelling] crane ‖ ⁺kran, Wandlaufkran m (DIN) / travelling crane ‖ ⁺kranz m, -kreis m (Bahn) / tread of wheels, running tread ‖
⁺kranz m (Kabelmasch) / stranding cage disk ‖ ⁺kranz m (Drehofen) / running ring of a revolving cylindrical furnace ‖ [achsenlose] ⁺kranztrommel (Bergb) / trommel ‖ ⁺kultur f (Mot) / smooth running characteristics pl, smooth performance ‖ schlechte ⁺kultur (Mot) / poor performance ‖ ⁺länge f (Web) / running length, yardage ‖ ⁺länge f (Film) / run length, running length ‖ ⁺längencodierung f (DV) / run length coding ‖ ⁺leiter f / painter's steps pl, double ladder ‖
⁺liste f (ALGOL) (DV) / for list ‖ ⁺masche f (Strumpf) / ladder (GB), run (US) ‖ ~maschenfest, maschenfest (Strumpf) / ladder-proof, non-run, nonravel ‖
~maschengesichert (Web) / non-laddering, non-ravel, non-run ‖ ~maschensichere Ausrüstung (Textil) / snag-free finish, ladder-proof o. non-run finish ‖ ⁺milbe f (Landw) / broad mite, hemitarsonemus latus ‖ ⁺modul m (Zahnrad) / working module ‖ ⁺nummer f (Fernm) / serial number, channel sequence number, serial number ‖ ⁺nummer f (F.Org) / serial number ‖ ⁺nummernsender m (Fernm) / numbering transmitter ‖ ⁺nummernspeicher m (DV) / serial-number storage ‖ ⁺passung, Spielpassung f / loose fit ‖ ⁺planke f (Schiff) / gangboard, gangplank

Laufrad n / running wheel ‖ ⁺ (Luftf) / landing wheel ‖ ⁺ (Bahn) / carrying wheel, bogie o. track wheel ‖ ⁺ (Turbine) / rotor disk, [blade] wheel ‖ ⁺ (Wasserturb) / runner ‖ ⁺ (Gebläse) / blower wheel, impeller ‖ ⁺ (Pumpe) / impeller ‖ ⁺ (Turbokompressor) / bladed wheel ‖
⁺-Eintrittslaufschaufel f (Luftf) / impeller intake guide vane, rotating guide vane ‖ ⁺kranz m mit Gummieinlage (Seilb) / rubber lined wheel rim ‖ ⁺satz m (Lok) / set of carrying wheels ‖ ⁺servomotor m (Turbine) / blade wheel servomotor ‖ ⁺welle f (Luftf) / impeller shaft ‖ ⁺zuströmung f (Luftf) / rotor inflow

Lauf·raum m (Elektronik, Laufzeitröhre) / drift space ‖
⁺raumelektrode f (Elektronik) / drift tunnel ‖ ⁺richtung f / moving direction o. sense ‖ ⁺richtung f, Drehrichtung f / rotating direction o. sense, running direction ‖ ⁺richtung f (Pap) / longitudinal o. machine direction ‖ ⁺richtung f (Buch) / direction of feed ‖
⁺richtung f der Fasern (Spinn) / direction of feed ‖
⁺rille f im Kugellager / groove o. track of the ball bearing, raceway ‖ ⁺rillenschlag m / raceway run-out ‖
⁺ring m (Kugellager) / ball o. bearing race ‖ ⁺ring m mit Stiftlöchern (DIN 2208) / thrust ring with pin holes ‖ ⁺ringegoutteur m / rim-type dandy roller ‖ ⁺rolle f (Raupe) / track roller ‖ ⁺rolle f, Leitrolle f (Seilb) / roller ‖ ⁺rolle f für Möbel / swivelling roller, castor, caster (US) ‖ ⁺ruhe f / smoothness of running, quiet running ‖ ⁺ruheprüfung f (Elektr) / balance test ‖ ⁺satz m (Kran) / running carriage ‖ ⁺schaufel f (Dampfturb) / moving o. rotating blade ‖ ⁺schaufelkranz m / moving blade ring ‖ ⁺schiene f / runner, running rail ‖
⁺schiene, Gleitschiene f / slide [rail], sliding rail, gliding channel ‖ ⁺schiene f (für Rollen) / roller rail ‖
⁺schiene der Schiebetür / door runner rail ‖
⁺schiene f der Spinnmaschine / copping o. shaper rail ‖ ⁺schild n (Bahnsteig), Richtungstafel f (Bahn) / destination board o. panel o. sign (on the platform) ‖
⁺schlacke f (Hütt) / running slag ‖ ⁺schrift f / light writing ‖ ⁺schrift-Nachrichtendienst m / moving newspaper ‖ ⁺seite f (des Riemens) / pulley side of belt ‖ ⁺seite f (Förderband) / backing side ‖ ⁺sitz m (Masch) / running fit

Laufsohle f / outsole
Lauf·spiegel m (Lager) / actual running surface ‖ ⁺spindel f (Wzm) / main arbor ‖ ⁺spule f, Garnwickel m, Abrollspule f (Web) / loose cop, movable pirn, rolling o. revolving, bobbin hand rail[ing] bobbin ‖ ⁺status m

(DV) / running state ‖ ⁺steg m / catwalk ‖ ⁺steg m, -brücke, Fußgängerüberführung f (Bahn, Hydr) / footbridge ‖ ⁺steg zum Schornstein / access board ‖
⁺strecke f (Chromatographie) / seepage propagation ‖
⁺streifen m (Pap) / felt bar mark ‖ ⁺tisch m / travelling table ‖ ⁺toleranzen f pl (Schleifscheibe) / run-out tolerances pl ‖ ⁺variable f (DV) / control variable ‖
⁺verzahnung f (Ggs.: Kuppelverzahnung) / running gears pl ‖ ⁺wagen m (Kran) / bogie truck o. wagon ‖
⁺wasserkraftwerk n s. Laufkraftwerk ‖ ⁺weg m / course run, track ‖ ⁺weg auf der Schiene m (Verkehr) / rail section

Laufwerk n (Seilb) / pulling cradle, running gear ‖ ⁺ / running carriage ‖ ⁺, Fahrwerk n (Masch) / running gear ‖ ⁺ (Kran) / travelling gear ‖ ⁺, Uhrwerk n, Federantrieb m / clockwork [motion], clock movement, spring drive o. motor o. work ‖ ⁺, Bandantrieb m (Magn.Bd) / tape drive ‖ ⁺e n pl / running gear ‖ ⁺ n für kontinuierliche Dateneingabe / streamer drive ‖
⁺hauptträger m (Seilb) / principal beam of the running carriage ‖ ⁺platte f (Magn.Bd) / motor board, tape deck ‖ ⁺rolle f / track roller ‖ ⁺winde f / travelling winch
Laufzapfen m (Bahn) / axle end
Laufzeit f / running period o. time
Laufzeit f, Durchgangszeit f / in-station transfer time
Laufzeit f, Programmzeit f (DV) / running time, run time, execution time, operation time ‖ ⁺, Maschinenzeit f (Wzm) / machining time ‖ ⁺, Einschaltdauer f (Maschine) / working o. operating time ‖ ⁺ (Partikel) (Nukl) / time of flight ‖ ⁺ (Elektronik) / transit time, propagation o. propagating time ‖ ⁺ (TV) / rise o. build-up time ‖ ⁺ (Chromatogr) / propagation time ‖ ⁺ (Instr) / summing time ‖ ⁺ (F.Org) / running time ‖ ⁺ in der Laufzeitkette / delay time in a delay line ‖ ⁺ mit langer ⁺ / long-time, longtime (US) ‖ ⁺ausgleich m (Radar) / transit time compensation ‖ ⁺ebenung f (Fernm) / response delay flattening ‖ ⁺entzerrer m / delay equalizer ‖
⁺entzerrung f (TV) / rise time correction ‖
⁺entzerrung f (Fernm) / delay equalization ‖ ⁺fehler m (Elektronik) / relative time delay ‖ ⁺formel f (Elektronik) / delay formula ‖ ⁺glied n / delay unit ‖ ⁺kette f (Elektronik) / delay line ‖ ⁺kette f einer Leitung / delay-line of a network ‖ ⁺messung f (Radar) / timing the interval between transmission and echo-return ‖
⁺modus m / transit time mode ‖ ⁺röhre f (Elektronik) / velocity modulated [electron] tube, prionotron (US) ‖
⁺speicher m (Elektronik) / delay line storage unit, dynamic storage ‖ ⁺speicher m (Fernm) / delay-time register ‖ ⁺triftröhre f (Elektronik) / drift tube, klystron ‖ ⁺verzerrung f (Elektronik) / envelope o. group delay/ frequency distortion, transit-time o. phase-delay distortion ‖ ⁺winkel m (Nukl) / transit [phase] angle ‖
⁺zähler m / operating time meter o. counter
Laufzettel m (F.Org) s. Laufkarte
Lauge, Laugflüssigkeit f / lye, alkaline solution, caustic solution (US) ‖ ⁺ f, Waschlauge f / lye ‖ ⁺behandlung f (Öl) s. Laugen
laugen, alkalisieren (Textil) / treat with caustic soda ‖ ~, auslaugen / steep in lye ‖ ~, scheiden (Bergb) / leach, buck ‖ ~ (Seide) / boil off, degum ‖ ⁺ n, Alkalisieren n (Spinn) / treatment with caustic soda o. in alkaline solution ‖ ⁺, Auslaugen, Extrahieren n (Chem) / leaching ‖ ⁺ (zur Neutralisierung saurer Öle) / Laugebehandlung f, Laugewäsche f / caustic neutralizing o. wash[ing], alkali treatment ‖ ⁺, Beuchen n (Textil) / bucking ‖ ⁺bad n / lye [bath], alkaline solution, liquor ‖ ~beständig, -fest / resistant to alkaline o. caustic solutions, alkali-fast, -proof, lye resistant ‖ ⁺eindampfanlage f / lye concentration plant ‖ in ⁺form überführen / causticize ‖ ~merzerisiert (Textil) / caustic-soda mercerized ‖ ⁺pumpe f / lye pump ‖ ⁺rißbeständigkeit f (Hütt) / resistance to caustic cracking ‖ ⁺rückgewinnung f / lye recovery ‖

laugen

~sprödigkeit, -brüchigkeit f (Kessel) / caustic embrittlement
Laugerei f, -betrieb m (zum Extrahieren) / lixiviating plant, lixiviation ‖ ~, Laugung f, Laugeverfahren n (Bergb) / wet extraction, leaching ‖ ~[anlage] f (zur Behandlung in Lauge), Laugungsanlage f / leaching plant
Laugewäsche f (Öl) s. Laugen
laugieren (Färb) / caustify ‖ ~ (Textil) / treat in alkaline solution o. with caustic soda
Laugung f, Auslaugung f / leaching
Laumontit m (Min) / laumontite
Launcher m (Raketen) / launcher
Laurat n (Chem) / laurate
Laurin·..., Lauryl... / lauric, lauryl ‖ ~aldehyd m, Dodecanal n / lauryl aldehyde ‖ ~säure, Dodecansäure f / lauric acid
La[u]rvikit m (Geol) / la[u]rvikite
Lauryl·..., Laurin... / lauric, lauryl ‖ ~-Alkohol, Laurin-, Dodecyl-Alkohol m / lauryl alcohol ‖ ~-Pyridinium-Chlorid n (Textil) / lauryl pyridinium chloride
Laus f (coll. für Fehler) / bug (US, coll)
laut (Geräusch) / loud ‖ ~, geräuschvoll / noisy ‖ ~, voll (Stimme) / big ‖ ~ m (als Grundeinheit der Sprache), Phonem n (Fernm) / phoneme
Lautamasse f (Chem) / luxmasse
Lautarchiv n (Film) / sound library
Läute·apparat m, -werk n / bell, sounder ‖ ~induktor m (Elektr) / ringing inductor
läuten, klingeln / ring, be ringing ‖ ~ n, Anruf m (Fernm) / ring
Läuter·apparat m (Bergb) / washer ‖ ~batterie f (Brau) / lauter battery for testing the wort ‖ ~boden m (Brau) / false bottom, strainer ‖ ~bottich m (Brau) / clarifying o. straining vat o. tub, lauter tub o. vat
läutern, klären / cleanse, purge, purify, defecate ‖ ~ (Glas) / refine ‖ ~, abtreiben (Chem) / capel, cupel ‖ ~ (Zuck) / clarify, clear ‖ ~, klären (Bergb) / clear, wash ‖ ~ n (Glas) / plaining, [re]fining, founding
Läuter·ofen m, Kupelle f (Dokimasie) / refining furnace ‖ ~rinne, -batterie f, -grant m (Brau) / underback ‖ ~trommel f (Bergb) / clearing o. washing o. picking drum o. cylinder, trommel washer ‖ ~vorrichtung f (Brau) / straining apparatus ‖ ~wanne f (Glasf) / refining bath ‖ ~zone f (Glas) / refining end o. zone
Läute·schaltung, -stellung f (Fernm) / bell [in] circuit ‖ ~taste f / bell key o. push ‖ ~taste f mit Rücksignal / repeating bell push ‖ ~werk n / alarm [bell] ‖ ~werk n (Bahn) / warning bell ‖ ~werk n (Lok) / locomotive signal bell ‖ ~werksglocke f / gong of the bell, alarm bell
Lautfernsprecher m / loudspeaking o. radiating telephone
Lautheit f (in son gemessen) / loudness ‖ ~ der Sprache / speech loudness
Laut·hörtelefon n / speakerphone ‖ ~lehre f / phonics ‖ ~schrift f / phonetic transcription ‖ ~sprechend (Empfänger, Fernm) / radiating, loudspeaking
Lautsprecher m (Elektronik) / loudspeaker, LS, speaker ‖ ~anlage f (allg) / loudspeaker equipment ‖ ~anlage, Rufanlage f / public address o. P.A. system ‖ ~anschluß m, -buchse f / loudspeaker socket o. terminal ‖ ~box f [mit 2 Kanälen] (Phono) / loudspeaker enclosure [with 2 channels] ‖ ~-Frequenzweiche f / loudspeaker dividing network o. cross-over network ‖ ~gehäuse n / loudspeaker cabinet o. case ‖ ~gitter n / loudspeaker gril[le] ‖ ~kombination f (Elektronik) / multiple speaker ‖ ~korb m / loudspeaker frame ‖ ~mikrophon n / loudspeaker microphone ‖ ~mitteilung f / message broadcast, radio announcement ‖ ~schallwand f / loudspeaker baffle ‖ ~telefon n / loudspeaking o. radiating telephone ‖ ~trichter m / loudspeaker funnel o. horn ‖ ~übertragung f, öffentliche Lautsprecherübertragung / public broadcast ‖ ~verstärker m / P.A. amplifier, public address amplifier ‖ ~wagen m (Kfz) / public address car
Lautstärke f (Phys) / loudness ‖ ~ (in phon gemessen) / loudness level ‖ ~, Klangvolumen n / volume ‖ ~ bezogen auf 1000 Hz-Ton / loudness scale ‖ ~ linker Kanal o. links (Stereo) / lefthand volume ‖ ~ rechter Kanal o. rechts (Stereo) / righthand volume ‖ ~änderung, -schwankung f (Elektronik) / loudness o. signal change o. variation ‖ ~grenzen f pl (für das Ohr) / audition limits pl ‖ ~-Index m / loudness rating ‖ ~messer m (Fernm) / sound meter ‖ ~messer m, Phonmeßgerät n / phonmeter ‖ ~pegel m / loudness o. intensity level ‖ ~regelung f (Elektronik) / volume adjustment o. regulation ‖ automatische ~regelung / automatic gain control ‖ ~regler m, -regelung f (Akust) / volume control ‖ ~regler m, -regelung f / volume control button ‖ den ~regler voll aufdrehen (Radio) / fully advance the volume control ‖ ~schwankung, -änderung f (Elektronik) / loudness o. signal change o. variation ‖ ~skala f (in Phon) / phon scale ‖ ~umfang m, Dynamik f (Elektronik) / volume range, contrast o. dynamic range
Laut·verständlichkeit f (Fernm) / sound articulation o. intelligibility ‖ ~verstärker m (Fernm) / sound amplifier o. intensifier
lau[warm] / lukewarm, tepid
Lava f (Geol) / lava
Lavadecke f / lava nappe
Lavagestein n, Vulkanit m / extrusive rocks pl, lava flows pl
Lavaldüse f / Laval nozzle
Lavalier-Mikrophon n / Lavalier microphone o. mike
Lavalverfahren n (Schmieröl) / Laval acid treatment
Lavandin m (Bot) / lavandin, hybrid lavender
Lavastrom m / flow of lava
Lavendel m / lavender ‖ ~kopie f (Film) / lavender print, picture duping print ‖ ~öl n / lavender oil ‖ ~öl, Spikeöl n, Nardenöl n / spike oil, spikenard
lävogyr, L (Opt) / levogyrate, -rotatory
Lävulinsäure f / levulinic acid
Lävulose, Fruktose f, Fruchtzucker m / laevulose
Lawine f / avalanche
lawinen·artig (Ionisation) / cumulative ‖ ~diode f mit eingegrenztem Durchbruchsbereich / controlled avalanche diode ‖ ~durchbruch, -effekt m (Elektronik) / avalanche breakdown ‖ ~durchbruchspannung f / avalanche voltage ‖ ~galerie f, -dach n / avalanche gallery ‖ ~-Gleichrichterdiode f / avalanche rectifier diode ‖ ~laufzeitdiode f / propagation time avalanche diode, impact avalanche transit-time diode *impact diode* ‖ ~schutzmauer f / avalanche baffle works pl ‖ ~transistor m / avalanche transistor ‖ ~verbauung f / breaking-up of avalanches [at the starting point] ‖ ~wehr, Galerie f (Straßb) / avalanche protector o. screen
Lawrence-Farbfernsehröhre f (TV) / tricolour chromatron, Lawrence tube
Lawrencium n, -tium n, Lr (OZ) = 103) / lawrencium
Lawson-Gebiet n (Nukl) / Lawson range
Lawsonit, farbloser Lievrit m (Min) / lawsonite
Layout n (Buch) / layout ‖ ~-Diagramm n (Formular) / layout chart
Layouter m (Buch) / lay-out man
Layoutraster n (Bau) / layout grid
LB = Linearbeschleuniger
L-Band (390 - 1550 MHz) (Radar) / L-band
L-Bank, Lastbank f (Reaktor) / L- o. load bank
L-Bereich m, unterer Wertbereich (Halbl) / low range, L-range
LBM = Laserstrahlabtragung
LCCC m (Halbl) / LCCC, leadless ceramic chip carrier
LC-Dipol m / LC dipole
LCF-Breich m / LCF range (= low cycle fatigue)
LC-Glied n / LC module

LC'-Glieder *n pl* (L = Induktion, C = Kapazität) (Elektronik) / L.C.-components o. members *pl* ‖ ~-Kopplung *f* (Elektronik) / inductance-capacitance o. LC coupling
LC-Reinnickel *n* / low-carbon pure nickel
LCS *n* (Ggs: LED) / LCS, liquid crystal shuttle
LD50 (Nukl) / mean a median lethal dose, MLD
LD = Laserdiode, Laserdrucker
LD-AC-Verfahren *n* (= Linz-Donawitz-Arbed-CNRM) (Hütt) / LD-AC-process
L-Dock *n* (Schiff) / offshore dock
LD-PE (= low density, weich) = Hochdruckpolyethylen (= low density)
LDP-Verfahren *n* (= Linz-Donawitz-Pulver) (Hütt) / LDP process (Linz-Donawitz powder)
LDS-Chip (= low dimensional structures) / LDS-chip
LD-Verfahren (LD = Linz-Donawitz), Sauerstoff-Blasstahlverfahren *n* (Hütt) / L.D.-process, top blowing
Lea *n* (Garnmaß: Baumwolle = 120 yds, Kammgarn = 80 yds, Leinen u. Hanf = 300 yds) (Textil) / lea
Leasing-Satellit *m* / leasat
Leasingverfahren *n* / leasing
Leatheroid *n* (eine Vulkanfiber) / leatheroid
leben, verleben / live ‖ ~ (Biol) / life
lebend, lebendig / alive, living ‖ ~er Kolumnentitel (Buch) / live heading, catchword, running head o. title
Lebendauer-Schmierung *f* / for-life lubrication
lebendig, lebhaft / live, active ‖ ~, lebhaft / active, vigorous ‖ ~e Kraft, Wucht *f* / active force
Lebend·masse *f* (Abwasser) / biomass ‖ ~speicher *m* (DV) / RWM, read-write memory ‖ ~verbauung *f* (Hydr) / stabilization of banks o. dams by planting, site stabilization by seeding
Lebens·…, biotisch / biotic ‖ an eine einzige ~bedingung gebunden (Biol) / obligate ‖ ~dauer *f* / service[able] life ‖ ~dauer *f*, Lagerfähigkeit *f* / shelf life ‖ ~dauer, Haltbarkeit *f* / life, durability, durableness ‖ ~dauer, Dauerhaftigkeit *f* / lasting ‖ ~dauer *f* (Zeit bis zur Verminderung der Minoritätsträger auf den 1/e-ten Teil) (Transistor) / lifetime ‖ [nutzbare] ~dauer / working life ‖ von großer ~dauer / long-lasting ‖ ~dauer bis zum Bruch / rupture life ‖ ~dauer der Radioaktivität (= 1.443 Halbwertszeit) *f* (Nukl) / mean life ‖ ~dauerkennlinie *f* / life characteristic ‖ ~dauer-Schmierung *f* / lifetime lubrication, for-life lubrication ‖ ~dauerversuch, -dauertest *m* / life test ‖ ~erhaltendes System (Raumf) / life support equipment o. system ‖ ~erhaltungsgerät *n*, -erhaltungstornister *m* (Raumf) / portable life support system, PLSS ‖ ~erwartung *f* / life expectancy ‖ ~fähigkeit *f* / viability ‖ ~gefährlich / hazardous, perilous, mortal ‖ ~größe *f* / life-size[d] ‖ ~kreislauf *m* / life-cycle
Lebensmittel *n pl* (Ggs: Nahrungsmittel) / food[stuff], eatables, edibles, victuals *pl* ‖ ~ mittlerer Feuchtigkeit / intermediate-moisture food, IMF ‖ ~bestrahlung *f* / radiation (US) ‖ ~chemie *f* / food[stuff] chemistry ‖ ~farbe *f* / food[stuff] colour[ing] ‖ ~industrie *f* / foodstuff industry o. manufacturing, provisions industry ‖ ~konservierung *f* durch Bestrahlung / radiation preservation of food ‖ ~packung *f* / food wrapper ‖ ~-Supermarkt *m* / foodstuff supermarket ‖ ~verarbeitung *f* / food[stuff] processing ‖ ~vergiftung *f* / food poisoning ‖ ~wissenschaft *f* / food science, dietetics
lebens·notwendig, -wichtig / vital ‖ ~prozeß *m* / living process ‖ ~raum *m*, Habitat *n* (Biol) / habitat ‖ ~raum *m*, Biotop *n* (Biol) / biotope ‖ ~sphäre *f* (bis 13000 ft) (Luftf) / exosphere ‖ ~standard *m* / standard of living, living standard ‖ ~wichtig, wichtig / essential ‖ ~wichtig, -notwendig / vital ‖ ~wichtige Aminosäure / essential amino acid ‖ ~wichtiger Betrieb / essential supply service ‖ ~wissenschaft *f* / life science ‖ auf ~zeit / lifetime…
Leber·opal *m* (Min) / menilite ‖ ~stärke *f* / glycogen

lebhaft, schnell, heftig (allg, Chem) / brisk ‖ ~ (Farbe) / bright ‖ ~er Verkehr / heavy traffic
leblos, tot / dead
lebrig (Schlickerfehler) (Email) / livery
Lech *n*, Stein *m* (Hütt) / matte
Le-Chatelier-Prinzip *n*, Prinzip des kleinsten Zwanges / Le Chatelier[-Braun] principle, principle of least restraint o. constraint o. resistance
Lecherleitung, Paralleldrahtleitung *f* (Elektr) / Lecher line o. wires *pl*, parallel-wire resonator
leck, undicht / leaky, dropping out ‖ ~, undichte o. lecke Stelle / leak, flaw ‖ ~ (Schiff) / leak[age] ‖ ~ sein, lecken (Flüssigkeiten) / lose, leak ‖ ~ werden (Schiff) / spring a leak
Leckage *f* (Nukl) / leakage ‖ ~, Verlust *m* durch Auslaufen / waste, leakage ‖ ~betrag *m* / leakage rate
Leck·anzeiger *m* / escape o. leak detector ‖ ~anzeiger *m* für Unterdruck / vacuum leak detector ‖ ~dampf *m* / steam from leaks
lecken *vi* / lick *vi*
Leck·faktor *m* (Nukl) / leakage probability ‖ ~leistung *f* (Röhre) / leakage power *f* (Hydr) / leakage pipe ‖ ~leitwert *m* (Halbl) / leakage conductance ‖ ~loch, Entwässerungsrohr *n* (Bau) / weephole ‖ ~matte *f*, -segel, -tuch *n* (Schiff) / collision mat ‖ ~ölleitung *f* (Mot) / [oil] leakage pipe ‖ ~ölleitung *f*, Überlaufleitung *f* (Kfz) / overflow oil line ‖ ~ortung (Pipeline) / leakage detection o. finding ‖ ~ortungsgerät *n* / leakage detector o. finder ‖ ~rate *f* (Vakuum) / rate of leak, leak rate ‖ ~schraube *f*, Ablaßverschraubung *f* / drain plug ‖ ~sicher, dicht / leakproof ‖ ~sicher (Kraftstoffbehälter) (Luftf) / petroltight (GB), fuel-tight ‖ ~stelle *f* / leakage place ‖ ~strahlung *f* / leakage radiation ‖ ~sucher *m* / escape o. leak indicator ‖ ~walze *f* (Buch) / vibrator, vibrating roller ‖ ~warngerät *n* / seepage warning device ‖ ~wasser *n* / leaking water
Leclanché'-Element *n* (Elektr) / Leclanché cell ‖ diaphragmaloses ~-Element (ohne Tonzylinder) / agglomerate Leclanché cell
Lectin *n*, Phytagglutinin *n* / lectin
LED-Diode *f* / LED, light-emitting diode
Ledeburit *m* (Hütt) / ledeburite
ledeburitisch (Stahl) / ledeburitic
Leder *n* / leather ‖ ~…, ledern / leathern ‖ ~ in der Kruste / crust leather ‖ ~abfälle *m pl* / leather shavings o. scrapings *pl* ‖ ~artig, zäh / leathery ‖ ~ballen *m* / leather pad ‖ ~braunton *m* (Textil) / tan shade ‖ ~dichtung, Manschette *f* / cup leather ‖ ~einband *m* (Buch) / calf binding ‖ ~ersatz *m* / imitation leather ‖ ~etui *n* / leather case ‖ ~farben / buff-coloured ‖ ~färben *n* mittels Einbürsten / staining ‖ ~faserplatte *f* / compo leather, leather fiber board ‖ ~fett[öl] *n* / leather dubbing o. grease o. oil ‖ ~fettungsmittel *n pl* / fat liquors and greases for leather ‖ ~futteral *n*, -tasche *f* / leather bag ‖ ~gelb *n* (Färb) / phosphine, chrysaniline, leather yellow ‖ ~hart / leather-hard ‖ ~härte *f* / leather hardness ‖ ~haut *f*, Corium *n* / corium ‖ ~hilfsmittel *n* / leather auxiliary ‖ ~imitation *f* / leatherine, leather cloth ‖ ~industrie-Abwässer *n pl* / tannery waste water ‖ ~kalk *n* (Gerb) / quick lime ‖ ~lack *m* / leather varnish ‖ ~leim *m* / leather glue ‖ ~manschette, Stulpdichtung *f* / leather packing
ledern *v*, beledern / leather *v*, cover with leather ‖ ~ *adj*, Leder… / leathern
Leder·öl *n* / leather [dressing] oil ‖ ~paketkupplung *f* / laminated leather coupling ‖ ~papier *n* / Brazil wood paper, brown [paper], nature brown ‖ ~pappe *f* / leather [card]board, brown cardboard ‖ ~pappenimitation *f* / imitation leather board ‖ ~riemen *m* / leather belt o. strap ‖ ~rücken *m* (Buch) / leather back ‖ ~samt, Duvetine *m* (Web) / duvetyn[e], -tine ‖ ~schärfmaschine *f* / paring machine ‖ ~scheibe, lederne Dichtungsscheibe / leather washer ‖

⌐schlaufe f / leather sling ‖ **⌐schmiere** f, Gerberfett n (Gerb) / stuff[ing], dubbing ‖ **⌐schutzhülle** f, -futteral n, -etui n / leather case ‖ **⌐schwarz** n / leather black ‖ **⌐spaltmaschine** f / leather skiving machine ‖ **⌐stanzen** n / cutting-out of leather ‖ **⌐streifen**, [-]riemen m / thong ‖ **⌐streifen** m **zum Auslegen von Hohlkanten** (Gieß) / leather hollows pl ‖ **⌐tuch** n / leather cloth ‖ **⌐tuch**, Englisch Leder n / moleskin ‖ **⌐waren** f pl / leather goods o. articles pl, skins pl ‖ **⌐waren** f pl / skins pl ‖ **⌐zurichter** m / currier ‖ **⌐zurichtung** f / leather dressing o. currying

Ledge f, Leere f (Spinn) / tapered spool ‖ **⌐-Kontur** f (Kfz) / ledge contour

leer / empty ‖ ~, unbeschrieben / blank ‖ ~, entladen (Batt) / discharged, dead, run down ‖ ~... / blank... ‖ ~es **Anfangsetikett** (DV) / dummy header o. label ‖ ~ **anlaufen** / start with low o. no load ‖ ~es **Bild** / zero order image ‖ ~**er Datenträger** / empty medium ‖ ~es **Energieband** (Halbl) / empty band ‖ ~e **Färbung** / dead dyeing ‖ ~es **Gehäuse** (Rakete) / empty case ‖ ~er **Kartengang** (LoKa) / idling cycle ‖ ~e **Kopie** / blind copy ‖ ~ (o. im Leerlauf) **laufen** / idle ‖ ~ **laufen** (Luftschraube) / windmill ‖ ~e **Menge**, Nullmenge f (Math) / empty set, null set ‖ ~er **Raum**, Vakuum n / empty space, vacuum ‖ ~er **Raum**, Leere f / vacancy ‖ ~er **Raum** (z.B. in Schüttgütern) / void [space] ‖ ~e **sortierte Folge** (DV) / dummy string ‖ ~ **werden**, sich leeren / empty vi ‖ **⌐adresse** f (DV) / blank address ‖ **⌐anweisung** f (DV) / dummy statement ‖ **⌐anweisung** f (DV, PL/1, Fortran) / null statement ‖ **⌐aufnahme** f (Phot) / blank exposure ‖ **⌐ausgabe-Nachricht** f / null-output message ‖ **⌐band** n (Magn.Bd) / blank o. clean tape ‖ **⌐befehl** m (DV) / no-op[eration] o. non-operable instruction, no-op, blank o. skip instruction, do-nothing instruction ‖ **⌐behälter** m, -container m / [returned] empty container ‖ **⌐bereich**, Totbereich m / dead range ‖ **⌐boden**, Aufstampfboden m (Hütt) / joint board

Leere f / emptiness ‖ ⌐, Ledge f (Spinn) / tapered spool, pirn

leeren, leermachen / clean out, clear, empty, deplete ‖ ~, ausschütten / shoot, dump ‖ ⌐ n / evacuation, emptying

Leer·fahrt f, -lauf m (Bahn) / empty running ‖ **⌐fahrt** f, Rückfahrt f / return journey ‖ **auf ⌐fahrt** (Lok) (Bahn) / running light ‖ **⌐flug** m / non revenue flight ‖ **⌐gebinde**, Zwischengebinde, -gespärre n (Zimm) / common couple o. truss, empty truss ‖ **⌐gehend** (Schraube) / with end play ‖ **⌐gewicht** n / empty weight, weight empty, tare o. unloaded weight ‖ **⌐gewicht** n, Konstruktionsgewicht n / structural weight ‖ **⌐gewicht** n (Luftf) / weight empty ‖ **⌐gewicht** n / curb weight ‖ **⌐gicht** f (Hütt) / non-coke charge ‖ **⌐gut** n / empties pl ‖ ~**hebern** / siphon ‖ **⌐hub** m **der Hobelmaschine** / return stroke of a planer ‖ **⌐induktion** f / permeability of vacuum ‖ **⌐karte** f (LoKa) / blank card ‖ **⌐kassette** f / empty cassette ‖ **⌐kette** f / null string ‖ **⌐kupplung** f (Bahn) / dummy coupling ‖ ~**lassen** (Buch.m) / blank [out]

Leerlauf m / no-load operation o. running o. working, idling, idle running, running with no load ‖ ⌐, toter Gang (Gewinde) / end play, lost motion ‖ ⌐... (Elektronik) / open circuit... ‖ **⌐ eines Wehres** / spillway of a barrage ‖ **im ⌐ (o. leer) laufen lassen** / let idle, let run at no-load ‖ **im ⌐ fahren** (Kfz) / coast ‖ **⌐anzeige** f / idling light ‖ **⌐arbeit**, -energie f / wasted power o. energy ‖ **⌐-Ausgangs-Admittanz** f (Halbl) / open-circuit output admittance ‖ **⌐-Ausgangs-Impedanz** f (Halbl) / open-circuit output impedance ‖ **⌐begrenzungsschraube** f (Vergaser) / idle [speed o. mixture] adjusting screw ‖ **⌐bohrung** f (Kfz) / bore of the slow-speed nozzle ‖ **⌐büchse** f / no-load o. loose bush[ing] ‖ **⌐charakteristik** f / no-load characteristic ‖ **⌐charakteristik** f (Generator) / open-circuit characteristic ‖ **⌐diagramm** n / no-load diagram ‖ **⌐drehsteller** m (Mot) / idle speed stabilizer o. adjustor ‖

⌐drehzahl f / idling o. no-load speed, idle-running speed ‖ **⌐düse** f (Kfz) / slow-speed o. slow-running jet o. nozzle, low-speed nozzle, idling o. idle jet ‖ **⌐-Eingangs-Impedanz** f (Halbl) / open-circuit input impedance ‖ **⌐einstellung** f (Mot) / idling adjustment

leerlaufen, auslaufen / drain off ‖ ~ **lassen** (Pumpe) / drain a pump

Leerlauf·energie, -arbeit f / wasted power o. energy ‖ **⌐gleichspannung**, Schwebspannung f (Halbl) / floating voltage ‖ **⌐-Gleichspannung** f (Elektr) / no-load direct voltage ‖ **⌐güte** f, -gütefaktor m (Elektronik) / Q unloaded, basic Q, non-loaded Q, unloaded Q ‖ **⌐impedanz** f / blocked impedance ‖ **⌐[kühler]pumpe** f (Reaktor) / residual heat removal o. RHR pump ‖ **⌐-Kurzschlußverhältnis** n (Elektr, Synchronmaschine) / short circuit ratio ‖ **⌐luftschraube** f (Vergaser) / idle [speed] air adjusting screw ‖ **⌐prüfung** f **des Wasserzählers** / spin test ‖ **⌐schaltung** f / open circuit ‖ **⌐spannung** f / no-load o. open-circuit voltage ‖ **⌐-Spannungsrückwirkung** f (Halbl) / value of the open-circuit reverse voltage transfer ratio ‖ ~**stabil** / open-circuit stable ‖ **⌐steller** m (Jetronic) (Mot) / auxiliary air regulator ‖ **⌐stellung** f (Getriebe) / neutral [position] ‖ **⌐strom** m / no-load current ‖ **⌐ventil** n (Luftf) / idling control valve ‖ **⌐ventil** n (Düsenantrieb) (Luftf) / minimum burner pressure valve ‖ **⌐verlust** m (Elektr) / no-load loss ‖ **⌐verstärkung** f (Oper.-Verst) / open-loop voltage gain ‖ **⌐versuch** m / no-load test ‖ **⌐versuch** m **als Generator** (Elektr) / open-circuit test ‖ **⌐versuch** m **als Motor** (Elektr) / no-load test ‖ **⌐vorgang** m (DV) / idle stroke ‖ **⌐wert** m / no-load value ‖ **⌐wert**, Ruhewert m (Elektronik) / quiescent value

Leer·lokomotive f, Lok-Zug m (Bahn) / light engine ‖ **⌐-Lokomotive** f (die vor einem Zug vorausfährt) (Bahn) / pilot engine ‖ ~**machen**, ausräumen / clear out, empty ‖ **⌐machen** n / emptying ‖ **⌐material** n, -wagen m pl (Bahn) / empty stock ‖ **⌐-Null**, Füll- o. führende Null f (DV) / left o. leading zero ‖ **⌐packung** f / dummy ‖ **⌐raum**, Schwund m (Lagertank) / ullage f ‖ **⌐raum-Koeffizient** m **der Reaktivität** (Nukl) / void coefficient of reactivity ‖ **⌐rolle**, Losrolle, -scheibe f / loose pulley o. wheel ‖ **⌐rückfahrt** f (Autoschütter) / deadheading ‖ **⌐schritt** m (Fernm) / letter blank ‖ **⌐schuß** m (Web) / misspick ‖ **⌐seite** f (Buch) / blank page ‖ **⌐spalte** f (DV) / space ‖ **⌐spaltenprüfung** f (DV) / blank column verification, space check (IBM) ‖ **⌐spaltensucher** m (LoKa) / neutron chopper ‖ **⌐sparren** m / common o. empty o. intermediate rafter ‖ **⌐sparren** m, Freisparren m / intermediate rafter, edge rafter ‖ **⌐spule** f / empty reel o. spool ‖ **⌐stelle** f (Drucker) / blank character, void (as in a printer) ‖ **⌐stelle** f (DV) / blank space ‖ **⌐stelle**, Lücke f (Halbl) / vacancy ‖ **⌐stelle** f (Krist) / vacancy ‖ **⌐stellenwanderung** f, Fehlstellenwanderung f (Halbl) / vacancy migration ‖ **⌐stellenzeichen** n (DV) / space ‖ **⌐stelle-Zwischengitteratom-Paar** n / vacancy-interstitial pair ‖ **⌐taste** f, Zwischenraumtaste f (Schreibm) / space bar o. key ‖ **⌐taste** f (Repro) / blank key ‖ **⌐trum[m]** n, ungespanntes Trumm / loose side of a belt, return strand ‖ **⌐trum** n (Seil) / empty side rope ‖ **⌐trumrollen** f pl (Förderband) / idlers pl ‖ **⌐- u. Bruttogewicht lt. amtlicher Typ-Bescheinigung** (GB) n (Kfz) / plated weight ‖ **⌐übertragung** f (DV) / blank transfer

Leerung f (Briefkasten) / postal collection

Leer·versuch m (Reaktor) / dry run ‖ **⌐wagen** m pl, -material n (Bahn) / empty stock ‖ **⌐wagensammelgleis** n / empties siding ‖ **⌐weg** m (Kfz) / run empty, empty run ‖ **⌐wertermittlung** f (Labor) / blank test ‖ **⌐wertlösung** f / blank solution ‖ **⌐zeichen** n (DV) / ignore character ‖ **⌐zeichen** n (Drucker) / blank ‖ **⌐zeichen** n pl **innerhalb eines Feldes** / embedded blank ‖ **⌐zeicheneintragung** f (DV) / blank-when-zero clause ‖ **⌐zeile** f (Fernschr) / line feed ‖ **⌐zeit** f, Leerlaufzeit f /

idle time ‖ ⁻zeit f, Verlustzeit f / lost time ‖ ⁻zeit
(Fernm) / no-load time ‖ ⁻zeit (F.Org) / nonproductive
time ‖ ⁻zeit f (DV) / idle time ‖ ⁻zug m (Buch.m) / idle
stroke ‖ ⁻zug m (Bahn) / train of empty passenger cars
Lee·[seite], Unterwindseite f / lee, lee[ward] side, side
sheltered from the wind ‖ ~seitig / leeward, alee
legal, gesetzmäßig / legal ‖ ~er Titer, Td (= titre denier)
(Textil) / legal titer
Lege·konus m (Hütt) / laying head ‖ ⁻liste f für
Kabelbäume / running-out list ‖ ⁻maschine f (Web) /
plaiting machine, cuttler
legen, verlegen / lay ‖ ~ (Tuch) / fold ‖ ~ [an] (Elektr) /
connect across ‖ ⁻ n / laying ‖ an Masse ~ / return to
earth, shunt to earth ‖ einen Teppich ~ / lay down a
carpet
Legende f (Buch) / legend, caption
Legendresches Polynom (Math) / Legendre polynomial
expansion
Lege·schiene 1,[2] f (Wirkw) / back, [front] guide bar ‖
⁻schiene f der Raschelmaschine (Web) / guide bar of a
Rashel machine ‖ ⁻tisch m (Web) / plaiting table,
folding table ‖ ⁻vorrichtung f (Textil, Karde) / layering
apparatus, cuttler
Legföhre f / knee pine, Pinus montana pumilio
legierbar / alloyable
legieren / alloy
legiert / alloyed ‖ ~ (Schmierstoff) / doped ‖ ~es Band /
alloy strip ‖ ~er Baustahl / structural alloy steel ‖ ~es
Gußeisen / alloy cast-iron ‖ ~er Stahl / alloyed steel ‖
~er Übergang (Halbl) / alloyed junction
Legierung f / alloy ‖ ⁻, Legieren n / alloyage, alloying ‖
⁻ auf ...Basis / ...-base alloy ‖ ⁻ aus zwei
Bestandteilen / binary alloy ‖ ⁻ hoher Festigkeit /
heavy-duty alloy ‖ ⁻ mit mehr als 0,5% Pb / leaded
alloy (US) ‖ geringwertige ⁻ (z.B. Me 60/40) / base
alloy ‖ hochwertige ⁻ (z.B. Me 67/33) / high-grade
alloy ‖ mittelwertige ⁻ (z.B. Me 63/37) / medium
grade alloy
Legierungs·abscheidung f (Galv) / alloy plating o.
deposition ‖ ⁻bestandteil m / alloying constituent ‖
⁻element n (Stahl) / alloying addition o. element ‖ ⁻erz
n (Hütt) / alloy ore ‖ ⁻pulver n (Sintern) / alloyed powder
‖ ⁻pyrometer n / cupel pyrometer ‖ ⁻schicht f / alloy
layer ‖ ⁻schicht (Elektronik) / alloy junction ‖ ⁻stahl
m, legierter Stahl / alloyed steel ‖ ⁻system n / alloy
system ‖ ⁻transistor m / alloyed transistor ‖
Herstellung von galvanischen ⁻überzügen / alloy
plating o. deposition ‖ ⁻zusatz m, -zugabe f / alloying
addition
Legumen n, Hülsenfrucht f (Landw) / legume
Legumin n, pflanzliches Kasein / legumin, vegetable
casein ‖ ⁻ose f, Hülsenfrucht f / leguminous plant
Lehm, Ziegelton m / loam ‖ ⁻ m (Gieß) / clay, loam ‖ ⁻
(Korngröße 20 - 50 μm) (Geol) / loam ‖ ⁻... / clay... ‖ ⁻
aus Löß entstanden / clay originating from loess, lehm
‖ ⁻ stampfen o. kneten / pug v ‖ angemachter ⁻
(Hydr) / clay puddle ‖ gekneteter ⁻ / pug n ‖ harter
⁻ (o. Letten) (Bergb) / clod ‖ mit ⁻ ausgekleidet (Hütt) /
dabbed ‖ mit ⁻ verschmieren / daub v, clay v ‖ ⁻bau
m (Bau) / loam o. clay walling o. work ‖ ⁻bau m,
-gemäuer n mit Stroh / cobwork, cob walling ‖ ⁻bau m,
-stampfbau m, Pisébau m / beaten cobwork, pisé
building, pisé de terre ‖ ⁻boden m (Landw) / clayey
ground o. land o. soil, loamy ground ‖ ⁻boden m mit
40 - 50 % Lehm / clayey soil with 40 - 50 % loam ‖
⁻boden m mit ⟨30 % Lehm / clayey soil with ⟨30%
loam ‖ ⁻braun (RAL 8003) / clay brown ‖ ⁻einschluß
m, -salband n (Bergb) / salvage ‖ ⁻estrich m (Bau) / clay
floor ‖ ⁻estrich m (zum Dichten) (Bau) / puddle ‖
⁻form f (Gieß) / loam mould ‖ ⁻formen n, -formerei f /
loam moulding ‖ ⁻formen schwärzen (o. schlichten)
(Gieß) / black[en] o. dust o. face loam moulds ‖
⁻formguß m / loam casting ‖ ⁻grube f / clay o. loam
pit ‖ ⁻hinterfüllung f (Bau) / puddled clay filling

lehmig, lettig (Geol) / argill[ace]ous, clayey ‖ ~, tonhaltig,
Ton... / argilliferous ‖ ~, lehmhaltig / loamy
Lehm·kern m (Staumauer) / clay core ‖ ⁻kneten n / loam
pugging ‖ ⁻kneter m / clay pugger ‖ ⁻mauer vor dem
Alten Mann (Bergb) / wax wall ‖ ⁻mörtel m / clay o.
cob mortar ‖ ⁻mühle, -knetmaschine f, -[misch]wagen
m (Ziegl) / pug mill ‖ ⁻pfropf, Stichpfropf m (Hütt) /
clay plug, tap hole plug ‖ ⁻salband n, -einschluß m
(Bergb) / salvage ‖ ⁻stampfen, -kneten n (Ziegelei) /
pugging ‖ ~- und sandhaltig / argillo-arenaceous ‖
⁻wand f (Bau) / clay o. mud wall ‖ ⁻ziegel m,
Luftziegel m / clay brick
Lehne f / back [rest]
lehnen, stützen [auf] / lean [on] ‖ ⁻versteller m (Kfz) /
back-rest adjuster
Lehr·..., Übungs... / practice... ‖ ⁻beruf m / skilled
trade ‖ ⁻beruf m (F.Org) / vocation requiring an
apprenticeship ‖ ⁻bogen m, -gerüst n (Bau) / center
[scaffolding], cent[e]ring, cradling ‖ ⁻brett n,
Bogenschablone f (Bau) / template, templet, reverse
(GB) ‖ ⁻dorn m / barrel o. cylinder o. plug gauge
Lehre f (Masch) / ga[u]ge, calibre (GB), caliber (US) ‖ ⁻,
Schablone f / model, template ‖ ⁻, Form f / mould
(GB), mold (US) ‖ ⁻, Bohrvorrichtung f, -lehre f / jig ‖
⁻, Schablone f (Gieß) / loam board ‖ ⁻, Wissenschaft f /
science ‖ ⁻, Lehrzeit f / apprenticeship ‖ ⁻ der Maße
u. Gewichte, Metrologie f / metrology ‖ ⁻ vom Licht /
photics sg
Lehren·bohrwerk n, -bohrmaschine f (Wzm) / jig boring
machine o. mill ‖ ⁻formerei f (Gieß) / template
moulding ‖ ~haltig / true to gauge size ‖ ~haltige
Kette / calibrated chain ‖ ⁻körper m / gauging
member, segmental cylindrical plate gauging member ‖
⁻maß n / gauge dimension
Lehr·fach n / discipline ‖ ⁻film m / class-room film
(GB), instructional o. educational film, film course ‖
⁻gang, Kursus m / curriculum, class, course ‖
⁻gerippe n (Bau) / truss of a center ‖ ⁻gerüst n (Bau) /
soffit scaffolding, falsework ‖ ⁻gesparre n / guiding
rafters pl ‖ ⁻hauer m (Bergb) / helper
Lehrling, (jetzt:) Auszubildender m, Azubi m / apprentice
Lehrlings·ausbildungswesen n / apprentice training dept.
‖ ⁻werkstatt f / apprentice [training] shop
Lehr·maschine f für programmierten Unterricht (DV) /
teaching machine ‖ ⁻material n, -geräte n pl /
instructional material, (also:) teaching machines pl ‖
⁻mittel n / means of instruction, instructional aids,
teaching media pl ‖ ⁻modell n / instruction model,
mockup (US) ‖ ⁻plan m / curriculum, syllabus ‖ ⁻ring
m / ring o. female ga[u]ge, ga[u]ging ring, plain ring
ga[u]ge ‖ ⁻satz m, Theorem m (Math) / proposition,
theorem ‖ ⁻stein, Ansetzer m (Maurer) / guide stone ‖
⁻tafel f / poster studyview
Lehrung f, Lehren m (Masch) / ga[u]ging
Lehr·werkstatt f / apprentice [training] shop ‖ ⁻zahnrad
n / master gear[wheel] ‖ ⁻zahnstange f / master rack
gear tester
Leibbinde f, Bauchbinde f (Buch) / blurb, band
Leibung, Laibung f, (innere o. hohle Gewölbe- o.
Bogenfläche) (Bau) / soffit, intrados
Leiche f (Buch) / out, missing word, omission
leicht (Gewicht) / light, lightweight ‖ ~ (Boden) / light ‖ ~,
nicht schwierig / easy ‖ ~, bequem / ready ‖ ~,
gering[fügig] / slight ‖ ~ (Raupenfahrzeug) / light
tracked ‖ ~ (Steigung) / gentle ‖ ~, locker (Landw) /
mellow ‖ ~ adv, schwach / slightly ‖ ~, mühelos /
easily ‖ ⁻..., für geringe Beanspruchung / light-duty...
‖ ⁻..., leichtgebaut / lightweight ‖ ~ abweichend (von
den Spezifikationen) / nominal ‖ ~ anvulkanisierend
(Fehler) / scorchy ‖ ~ aufklappbar / easy-swing ‖ ~ aus
der Form gehen (Hütt) / issue freely from the mould ‖
~e Ausführung / slight type ‖ ~e Auswechselbarkeit /
ease of exchangeability ‖ ~ bearbeitbar (Masch) /
treatable ‖ ~ bearbeitbar, lang (Glas) / sweet ‖

~ **beweglich** (o. drehbar) / free[ly] movable o. moving o. rotatable o. rotating ‖ ~ **beweglich sein** / turn readily ‖ ~**e Brise** (Windstärke 2) (Schiff) / light breeze ‖ ~**e Destillation** (Öl) / topping ‖ ~ **entzündbarer Brennstoff** / highly inflammable fuel ‖ ~ **entzündlich** / flammable, fiery, easily [in]flammable fuel ‖ ~ **erreichbar** / handy ‖ ~ **flüchtig** / volatile ‖ ~ **flüchtiger** (o. **leicht siedender**) **Kraftstoff** / light fuel (US) ‖ ~ **flüchtiges Öl** / volatile oil ‖ ~**er Formstahl** (Walzw) / light sections pl ‖ ~**er Gang** (o. Lauf) / easy o. smooth o. soft running o. working ‖ ~ **gezwirnt** / loosely doubled ‖ ~**e Handhabung** / convenient handling ‖ ~**es Heizöl** / domestic fuel ‖ ~**e Kehlnaht** (Schw) / hollow weld ‖ ~ **kenntlich** / easy to know o. recognize ‖ ~**e Kette** (Biochemie) / light chain ‖ ~ **klopfen** / pat vt ‖ ~**e Krümmung**, Durchbiegung f / slight bend, camber ‖ ~ **lesbar** / readily readable, easy-to-read ‖ ~ **löslich** / easily o. readily soluble ‖ ~**er machen** (Bau) / lighten ‖ ~**es M.G.** / light machine gun ‖ ~**er Nebel** (Sichtweite = 1 km, Teilchengröße = 2 μm) / mist ‖ ~**e Pupinisierung** (Fernm) / light loading ‖ ~**er Räumschild** (Bau) / brush rake ‖ ~**es Sandstrahlen** / brush-off blast cleaning ‖ ~ **schmelzbar** / fusible ‖ ~ **spaltbar** / scissile ‖ ~ **verderblich** / perishable ‖ ~**e Ware** (Textil) / thin fabrics ‖ ~**er werden** / lighten ‖ ~ **zerreibbar** / powdery ‖ ~ **zersetzlich** / easily decomposable ‖ ~**er Zug** (Windstärke 1) / light air ‖ ~**e Zugänglichkeit** / ease of access ‖ **sehr** ~ **löslich** / very easily soluble ‖ **zu** ~ (Web) / flimsy

Leichtbau m (Stahlbau) / light-gauge design o. construction, lightweight construction ‖ ~ (Straßb) / lightweight flooring, light-gauge carriageway o. decking ‖ ~**fertigplatte** f (Beton) / lightweight precast concrete panel ‖ ~**platte** f / light building board ‖ ~**platte** f (Plast) / plastic fiber board ‖ ~**platte**, Verbundplatte f / wall board

Leicht[bau]stoff m / lightweight material

Leicht[bau]wand f (Innenausbau) / lightweight partition wall

Leichtbauweise, in ~ (Gasturb) / aviation type

Leicht·benzin n / light petrol (GB) o. gasoline (US) ‖ ~**benzin** (DIN 51630), Waschbenzin n / petroleum ether o. benzin (US) o. naphtha, ligarine ‖ ~**beton** m / lightweight o. breeze concrete ‖ ~**beton** m (mit leichten Zuschlagstoffen) / lightweight aggregate concrete ‖ ~**betonplatte** f / breeze concrete slab ‖ ~**betonvollstein** m / lightweight-concrete solid block

Leichter, Prahm m, Schute f (Schiff) / lighter ‖ ~ **mit Deck** / covered barge

leichtern, ableichtern / lighter v

Leichter·schiffer m / lighterman ‖ ~**-Träger** m (Schiff) / barge o. kangaroo carrier, Lash-ship ‖ ~**verkehr** m, -kosten pl, (auch:) Leichtern n, (auch:) Leichterschiffe n pl / lighterage

Leicht·fahrbahn f, orthotrope Fahrbahn (Brücke) / orthotropic deck ‖ ~**faserplatte** f (Bau) / lightweight fiber board ‖ ~**faß** n / fiber drum ‖ ~**flugzeug** n / light plane ‖ ~**flüssig** / mobile ‖ ~**flüssig** (Chem) / easily liquefiable ‖ ~**flüssig**, -schmelzend / easily fusible ‖ ~**flüssiges Erz** / fusible ore ‖ ~**flüssige Glasur** (Keram) / fusible glazing ‖ ~**flüssiges Öl**, dünnflüssiges Öl / light oil, low boiling naphtha ‖ ~**gängig** / smooth o. soft running, easy-running ‖ ~**gängig** f / smooth o. soft running ‖ ~**gaskanone** f (Aerodynamik) / light-gas gun ‖ ~**gebaut**, Leicht... / lightweight ‖ ~**gedrehtes Fachen** (Textil) / folding with low twist ‖ ~**gutkurve** f, A_{1c}-Kurve f (Bergb) / effective cumulative float curve

Leichtigkeit f, Unschwierigkeit f / ease, facility ‖ ~, Leichtheit f, leichtes Gewicht / lightness

Leicht·industrie f / light industry ‖ ~**kolben** m (ausgesparter Leichtmetallkolben) (Mot) / slipper piston ‖ ~**kraftrad** n / light motor cycle ‖ ~**ladelinie** f (Schiff) / light water line ‖ ~**-LKW-Reifen**, Transportreifen m / transport tire ‖ ~**löslich** / easily o. readily soluble

Leichtmetall n / light alloy o. metal ‖ ~**blech** n / light sheet metal ‖ ~**erzeugnisse** n pl / LMP, light metal products ‖ ~**feile** f / aluminium file ‖ ~**-Gußrad** n (Kfz) / light alloy wheel ‖ ~**kolben** m / lightweight piston ‖ ~**-Legierung** f / light metal alloy ‖ ~**-Scheibenrad** n (Kfz) / light alloy disk wheel ‖ ~**schmelzofen** m / light metal melting furnace ‖ ~**-Speichenrad** n (Kfz) / light alloy spoked wheel

Leicht·öl n / light crude [oil] ‖ ~**öl**, Leichtsiedendes n (Öl) / low[er] boiling fraction ‖ ~**öl**, Vorprodukt n / first light oil ‖ ~**papier** n / light-weight paper ‖ ~**papier** n, Federleichtpapier n / featherweight paper ‖ ~**profil** n (Walzw) / light section ‖ ~**schaum** m (F'wehr) / high-expansion foam ‖ ~**schmelzend**, -flüssig / easily fusible ‖ ~**-Schwer-Waage** f / light and heavy scale ‖ ~**siedendes** n (Öl) / low boiling fraction ‖ ~**stein**, Feuerleichtstein m / lightweight refractory brick ‖ ~**steinerzeugnis**, Feuerfest-Erzeugnis mit niedriger Rohdichte n / lightweight refractory ‖ ~**stoff** m / light-density material ‖ ~**versilberung** f / silver strike o. flash, pre-silver plating ‖ ~**wasser** n (Nukl) / light water ‖ ~**wassergekühlt** (Nukl) / light water cooled ‖ ~**wasser-Leistungsreaktor** m / light water power reactor ‖ ~**wassermoderiert** (Nukl) / light water moderated ‖ ~**wasserreaktor** m / light-water reactor, LWR **gasgekühlter** ~**wasserreaktor** m / LWGCR, light water moderated, gas cooled reactor ‖ ~**ziegel**, -stein m / light [clay] brick ‖ ~**zug** m (Bahn) / lightweight metal train ‖ ~**zuschlagstoffe** m pl / lightweight aggregate

Leidener Flasche f / Leyden jar

leihgebührenpflichtig·e Verpackung / premium container (US)

Leih·kauf m / lease-back ‖ ~**maschinen** f pl (Bau) / construction engines on hire ‖ ~**wagen** m (Selbstfahr-Vermietfahrzeug) / rental car

Leim m, Kleber m / adhesive ‖ ~, Kitt m / glue, cement ‖ ~, Tischlerleim m / joiner's glue ‖ ~ **für Leimfarben** / size for distemper ‖ **aus dem** ~ **gehen** / come off o. away ‖ ~**auftragen** n / glue running ‖ ~**auftragmaschine** f / glue spreading o. glueing machine, gumming machine ‖ ~**austritt** m, Durchschlagen n des Leims (Sperrholz) / glue penetration, bleed through ‖ ~**bau** m, [Holz-]Leimbau m / glued wood construction ‖ ~**druck** m (Tapeten) / print coating ‖ ~**drucktapete** f / size print wallpaper

leimen / glue, paste ‖ ~, anleimen, ankleben / fasten by glueing ‖ ~ (Pap) / coat ‖ ~, planieren (Pap) / size ‖ **Tapeten** ~ / glue wallpaper

leimend, klebend / agglutinant

Leim·faden m (Holz) / glue thread ‖ ~**farbe** f / glue-[water] colour, size colour, [non-washable] distemper, calcimine (GB) ‖ ~**festigkeit** f **von Papier** / imperviousness of paper due to sizing, resistance of paper due to sizing ‖ ~**film** m / glue film ‖ ~**fläche** f (Sperrholz) / glue line ‖ ~**folie** f / film glue ‖ ~**grund** m (Tünchen) / clairecolle, clearcole, clerecole

leimig / gluey adj, guily adv

Leim·kitt m (Tischl, zum Ausbessern) / glue putty, durol ‖ ~**maschine** f (Bb) / pasting machine ‖ ~**maschine** f (Web) / glueing o. gum machine ‖ ~**mischer** m / glue blender ‖ ~**papier** n / sized paper ‖ ~**pistole** f (Holzbearb) / glue gun ‖ ~**pressenstreichverfahren** n (Pap) / size press coating ‖ ~**pulver** n / glue powder, powdered glue ‖ ~**ring** m (Landw) / sticky band ‖ ~**station** f (Spanplatten) / glue deck ‖ ~**tiegel**, -topf m / glue pot ‖ ~**tränken** n (Färb) / glue size

Leimung f (Textil) / glueing, gumming ‖ ~, Leimen n / glu[e]ing ‖ ~ (Pap) / sizing ‖ ~ (Sperrholz) / bond ‖ ~ **in der Masse**, Stoffleimung f / intermass sizing

Leim·vergoldung f, Wasservergoldung f / water o. burnished gilding, gilding in distemper ‖ ~**walze** f (Bb) / glue spreading roller ‖ ~**zusatzstoff** m / additive for adhesive ‖ ~**zwinge** f / screw clamp, hold-fast, cramping frame, C-clamp, glue press

Lein *m*, Leinpflanze *f* / flax, linum [usitatissimum] ‖
~**dotter** *m n* (Textil) / gold-[of-]pleasure, cameline (of
Camelina sativa) ‖ ~**dotteröl** *n* / cameline oil
Leine, Schnur *f* / string ‖ ~, starke Schnur / line, cord ‖
~ *f* im Kabelschlag / cable laid cord
leinen, von Leinwand, Leinen… / linen *adj* ‖ ~, Leinzeug,
Linnen *n* / linen, linen cloth ‖ grobes ~ / crash, burlap
‖ ~**band** *n* / linen band o. strip ‖ ~**batist** *m* / sheer
lawns *pl*, linen batiste ‖ ~**damast** *m* / linen damask ‖
~**[ein]band** *m* (Bb) / cloth binding ‖ ~**einlage** *f* / linen
ply ‖ ~**garn** *n* / flax o. linen yarn ‖ ~**garne** *pl* (allg) /
bast fibre yarns *pl* ‖ ~**gewebe** *n* / linen texture o. woof ‖
~**hadern** *pl* (Pap) / linens *pl* ‖ ~**kambrik** *m* / linen
cambric ‖ ~**karton** *m* / linen board ‖ ~**nähzwirn** *m* /
flax thread ‖ ~**papier** *n* / fabric-finish paper, linen-
embossed paper, linen paper ‖ ~**pergament** *n* (Pap) /
linen parchment ‖ ~**postpapier** *n* / cambric paper ‖
~**prägung** *f* (Pap) / linen finish, cambric finish ‖
~**rücken** *m* (Bb) / linen back o. backbone (US) ‖
~**scheibe** *f* (Galv) / cloth disk ‖ ~**schnitzel** *n pl* / linen
chips *pl* ‖ ~**sparrolle** *f* (Galv) / cloth economy roll ‖
~**stopper** *m* (Schiff) / rope stopper ‖ ~**umschlag** *m*,
-kuvert *n* / linen paper envelope ‖ ~**verstärktes Papier**
/ linen back paper ‖ ~**werk** *n* (Schiff) / rigging ‖
~**wurfapparat** *m* (Schiff) / line throwing apparatus ‖
~**zwirn** *m* / linen thread
L-Einfang *m* (Nukl) / L-capture
Leinkuchen, Ölkuchen *m* / linseed cake
Leinöl *n* / linseed oil ‖ ~**-Fettsäure** *f* / linseed fatty acid ‖
~**firnis** *m* / boiled linseed oil, kettle-boiled oil ‖ ~**firnis
mit Terpentin** / megilp ‖ ~**kitt** *m* / linseed oil cement ‖
~**lack** *m* (Gerb) / linseed oil lacquer ‖ ~**säure**,
Linolsäure *f* / linoleic acid ‖ ~**-Standöl** *n* / linseed
standoil
Lein·pfad, Treidelpfad *m* / towing path ‖ ~**samen** *m*,
-saat *f* / flaxseed, linseed ‖ ~**tuch [für Bettwäsche]**,
Bettuchleinwand *f* (Web) / sheeting ‖ ~**wand** *f*,
Flachsleinwand *f* / linen, linen cloth ‖ ~**wand**,
Projektionsschirm *m* (Phot) / screen ‖ grobe ~**wand** /
burlap, crash ‖ ungebleichte ~**wand** / [brown]
holland[s] ‖ ~**wandbindung** *f* (früher: Kattun- o.
Musselinbindung bei Baumwolle, Tuchbindung bei
Wolle, Taftbindung bei Seide) (Textil) / linen o. plain
weave, basket weave ‖ ~**wandpapier** *n* / cloth [lined]
paper ‖ ~**wandprober** *m* (Web) / weaver's o. whaling
glass, cloth prover ‖ ~**wandschicht** *f* des Laufbandes
(Reifen, Kfz) / breaker strip of a tire ‖ ~**weberei** *f* / flax
weaving
Leiocom, Röstgummi *n* / leiocom
leise / soft, slight, low, faint ‖ ~, geräuschlos / silent,
noiseless ‖ ~, schwach / slight, low ‖ ~**r Zug** (Meteorol)
/ light air
Leiste *f*, Zier-, Deck-, Fugenleiste *f* (Tischl) / batten,
ledge, cover strip ‖ ~, Spalier-Latte, Latte *f* / lath ‖ ~,
Verstärkungsrippe *f* / bead, ridge ‖ ~, Führungsleiste *f*
(Masch) / small rail, guide gib o. rail ‖ ~, Randleiste *f*,
-anschlag *m* / shoulder ‖ ~, Paßleiste *f* (Masch) / fitting
strip ‖ ~ (Web) / selvedge (GB), selvage (US), listing
‖ ~, Vignette *f* (Buch) / vignette, border, floret ‖ ~
(COBOL) / report group ‖ ~ **aus Holz** (Bau, Tischl) /
ledge, strip ‖ ~ **der Kette** (Web) / edge of the warp ‖
~ **zum Verstärken o. Fixieren** / cleat ‖ dünne ~ (z.B.
um Risse zu füllen) / a thin wooden strip ‖
nachstellbare ~ (Masch) / adjusting jib ‖ **umlaufende**
~**n** *f pl* (Tischl) / girth battens
leisten, verrichten / perform, carry out ‖ ~, arbeiten /
work *vi*, operate, run, function *vi* ‖ ~, vollbringen /
accomplish ‖ ~, handeln / work, act
Leisten *m* (Schuh) / last, block, tree
Leisten·arbeit *f* (Schuh) / cleat work ‖ ~**ausroller**,
Kantenausroller *m* (Web) / selvedge spreader ‖ ~**garn** *n*
(Textil) / list o. selvedge yarn ‖ ~**gerade** (Web) /
selvedge upon selvedge ‖ ~**hobel** *m* / fillet o. moulding
plane ‖ ~**hobelmaschine** *f* (Holzbearb) / moulding

machine, moulder ‖ ~**modelliermaschine** *f* (Tischl) /
beading machine ‖ ~**rollenapparat** *m* (Web) / selvedge
curling apparatus ‖ ~**rundstrickmaschine** *f* / border
circular knitting machine, circular string border
machine ‖ ~**schaft** *m* (Web) / selvedge shaft ‖ ~**tür**,
Brettertür *f* [mit aufgenagelten Leisten] / batten[ed] o.
ledged door ‖ ~**- und Kantenverleimmaschine** *f* (Holz)
/ core stock composing and joinery stock offset
composing and glueing-up machine ‖
~**verleimmaschine** *f* (Holz) / core stock composing and
glueing-up machine ‖ ~**werk** *n* (Tischl) / bolection o.
balection moulding
Leistung *f*, Arbeit in der Zeiteinheit (Phys, Mech) / power
‖ ~, Leistungsvermögen *n* / capability, capacity ‖ ~ (an
Menge, Kraft usw) / output ‖ ~, Nutzarbeit *f* / duty ‖ ~,
Ausbeute *f* / effect, yield, production ‖ ~ **am
Radumfang** (Bahn) / power at wheel rim ‖ ~ **am
Zughaken** (Bahn) / drawbar power ‖ ~ **außerhalb der
Spitzenbelastung** (o. in der Schwachlastzeit) / off-peak
power ‖ ~ **bei intermittierendem Betrieb** / intermittent
duty o. rating ‖ ~ **der inneren Wärmequelle** / strength
of an internal heat source ‖ ~ **eines Schneidstahls** /
cutting efficiency ‖ ~ **in Bodennähe** / power near to
ground ‖ ~ **in der Spitzenzeit** / peak power ‖ ~ **in der
Zeiteinheit** / capacity per unit time ‖ ~ **je
Flächeneinheit** / output per surface unit ‖ ~ **laut
Leistungsschild** / service capacity ‖ ~ **pro Mann u.
Schicht** (Hütt) / man-shift output ‖ auf ~ **laufen** / run
with full power ‖ **zu erbringende** ~ / performance
Leistungs·abgabe *f* / outgoing o. power output, power
delivery ‖ ~**abgabe** *f*, -verlust *m* / power drain ‖
~**abnahme** *f* / decrease of performance ‖
~**abstimmung** *f* (F.Org) / balancing of operation times ‖
~**abweichung** *f* / efficiency variance ‖ ~**addierer** *m* /
power adder ‖ ~**angabe** *f* auf dem Typenschild /
nameplate rating ‖ ~**anpassungsteil** *n*, LAT (Fernm) /
line adapter, communications adapter ‖ ~**anreiz** *m*
(F.Org) / incentive ‖ ~**antrieb** *m* (Prozeßrechn) / actuator
‖ ~**arm** (Elektronik) / nearly wattless ‖ ~**aufnahme** *f*,
-bedarf, -verbrauch *m* / power consumption o. input o.
requirement o. drain, power draw ‖ ~**aufnahme** *f*,
-bedarf *m* (Kompressor) / power draw ‖ ~**aufnahme** *f* in
kVA / power draw in kVA ‖ ~**automat** *m* (Elektr) /
automatic cutout ‖ ~**bedarf** *m* (allg) / demand for energy
‖ ~**bedarf** *m* (eines Verbrauchers) / requirement of
energy, power requirement o. drain o. draw ‖ ~**bedarf**
m am Leitungsende (Elektr) / termination (i.e. the load)
‖ ~**bedarf-Bilanz** *f* / power breakdown ‖ ~**belastung** *f*
(Luftf) / power load[ing] ‖ ~**bereich** *m* / power range,
range of capacity, performance range ‖ ~**bereich** *m* /
range of capacity ‖ ~**bereich** *m* (Reaktor) / power density
‖ ~**bereitschaft** *f* (F.Org) / willingness to work ‖
~**beschrieb** *m* / delineation, specification, specs *pl* (US)
‖ ~**bewertung** *f* / performance evalution ‖ ~**bezogen** /
basing on power requirement ‖ ~**bezogene Masse** /
power[-to]-mass ratio ‖ ~**bremse** *f* / dynamometric
brake ‖ ~**brüter** (Bahn) / power breeder o.
breeding reactor ‖ ~**brüter**, -brutreaktor *m* / power breeder o.
breeding reactor ‖ ~**charakteristik**, -kurve *f*,
-diagramm *n* / power curve, characteristic curve o. line,
load diagram o. curve ‖ ~**demodulator** *m* / power
detector o. demodulator ‖ ~**diagramm** *n* / performance
curve o. chart o. diagram ‖ ~**dichte** *f* in W/m² (Nukl,
Antenne) / power density ‖ ~**dichte-Begrenzungssystem**
n (Nukl) / incore power limit control system ‖
~**dichte-Überwachung** *f* (Nukl) / power density
monitoring ‖ ~**diode** *f* / power diode ‖ ~**durchgang** *m*
(Akku) / time rate of energy flow ‖ ~**einbruch** *m*
(Reaktor) / trip ‖ ~**einheit** *f* (Watt) / power unit, watt ‖
~**elektronik** *f* / power electronics *pl* ‖ ~**elektronisches
Schalten** / electronic power switching ‖ ~**element** *n*
(Elektronik) / power gate ‖ ~**entnahme** *f* / taking up of
power ‖ ~**exkursion** *f* (Nukl) / reactor excursion,
[power] excursion of a reactor ‖ ~**fähig** / efficient ‖
~**fähig**, stark (Maschinen) / powerful ‖ ~**fähig**,

produktiv / productive, efficient ‖ ~fähigkeit f,
-vermögen n / efficiency, capability ‖ ~fähigkeit f,
-vermögen n, Produktivität f / capability, capacity ‖
~fähigkeit, Wirksamkeit f / efficacy ‖ ~fähigkeit f,
-vermögen n (Fertigung) / productive capacity,
productivity, -tiveness ‖ betriebliche ~fähigkeit /
operating efficiency ‖ menschliche ~fähigkeit /
endurance, stamina ‖ ~fähigkeit einer Strecke f (Bahn)
/ track capacity ‖ ~fähigkeit eines Kabels / carrying
capacity of a cable
Leistungsfaktor m, cos o. Kosinus φ m (Elektr) / power
factor, PF, pf, cos φ ‖ ~ (F.Org) / rating factor ‖ ~en m
pl, Hilfsquellen f pl (DV) / resources pl ‖ ~ m Eins /
unity power factor ‖ ~anzeiger, -faktormesser m /
power factor indicator o. meter, phase meter o.
indicator ‖ ~ausgleich m, -kompensation f / power
factor compensation ‖ ~-Eins-Versuch m / unit power
factor test ‖ ~kehrwert m / inverse power factor ‖
~schreiber m / graphic o. recording power-factor meter
‖ ~verbesserung f / power factor improvement o.
correction, improving the power factor
Leistungs·fernmeßgerät n / telewattmeter ‖ ~fluß m /
power-flow ‖ ~fluß m, Energiekreis m / energy circuit
‖ ~flußdichte f / power flux density ‖ ~gebühr f
(Elektr) / demand rate ‖ ~gesellschaft f / achieving
society, meritocracy ‖ ~gewicht n / weight per unit of
power, power-weight ratio ‖ ~gewicht n (in N/kW)
(Elektr) / weight coefficient ‖ ~gewicht n (z.B. eines
Kessels) (Masch) / unit weight ‖ ~gewinn m (in dB)
(Elektronik) / power ratio ‖ ~gewinn m,
Antennengewinn m / antenne gain ‖ ~gitterröhre f /
power grid tube ‖ ~gleichrichter, Stromrichter m
(Elektr) / power rectifier ‖ ~grad m (F.Org) / level of
performance, efficiency, performance rate ‖ ~grad m
des Kraftwerks (Elektr) / plant factor ‖ ~grad m einer
Energieumsetzung / power efficiency of an energy
conversion ‖ ~gradschätzen n (F.Org) / pace o.
performance rating, rating ‖ zu enge, [zu weite, zu
hohe, zu niedrige] ~gradschätzung (F.Org) / flat,
[loose, steep, light] rating ‖ ~gradüberschreitung f /
off-standard performance ‖ ~grenzwerte m pl / limits
of power range ‖ ~größe f / rating ‖ ~halbleiter m /
power semiconductor ‖ ~herabsetzung f (zur
Schonung), Drosseln n (Mot) / derating ‖ ~impuls m /
power impulse ‖ ~index m (Regeln) / performance
criterion ‖ ~kabel n / power [current] cable ‖
~kennwerte m pl / performance characteristics pl ‖
~kennzeichen n pl, -daten pl / statement of
performance ‖ ~klystron n / high-power klystron ‖
~koeffizient m der Reaktivität (Nukl) / reactivity
power coefficient ‖ ~kondensator m (Elektr) / power
capacitor ‖ ~konstante f, spezifische Leistung (z.B.
kW/N) / specific output o. power ‖ ~kontrollabteilung
f / efficiency department ‖ ~kontrolle f / efficiency
survey ‖ ~kontroll-Sachverständiger m / efficiency
expert ‖ ~kurve f / power curve o. diagram, load
diagram ‖ ~kurve f, Produktionskurve f / output o.
production curve ‖ ~lohn m, Akkordlohn m /
piecework rate o. pay o. wage ‖ ~lohn m, Prämienlohn
m / incentive rate ‖ voller ~lohn (z.B. nach REFA)
(F.Org) / hundred per cent incentive ‖ ~lohn- zu
Zeitlohn-Verhältnis / bonus index ‖ ~lohnanteil m /
percentage of the incentive rate ‖ ~lohnformel f /
efficiency wage plan formula ‖ ~lohnsatz m (F.Org) /
incentive rate ‖ ~lohnsystem n / [wage] incentive
system ‖ ~lose Speicherung (durch Stromausfall
unbeeinflußt) (DV) / non-volatile storage ‖ ~mangel m
(Masch) / plant o. power shortage ‖ ~merkmal n /
feature of performance ‖ ~messer m, Wattmeter n
(Elektr) / wattmeter ‖ ~meßkopf m / power head ‖
~meßsender m / high-power signal generator ‖
~messung f / power measurement o. metering ‖
~minderung f / decrease of performance ‖ ~nachweis
n / performance record ‖ [relativer] ~pegel (Fernm) /

transmission o. power level ‖ ~pegelschaubild n
(Fernm) / power level diagram ‖
~-Polradwinkel-Quotient (Elektr) / synchronizing
coefficient ‖ ~prämie f / incentive rate ‖ ~prüfung f
(DV) / performance evaluation ‖ ~reaktor m / power
reactor ‖ transportabler ~reaktor / army package
reactor ‖ ~regelstab m (Reaktor) / power control rod ‖
~regler m / output regulator ‖ ~regulierventil n /
capacity reducing valve ‖ ~reihe f für Motoren (Elektr)
/ rated output values for motors ‖ ~relais n / power
relay, output relay ‖ ~reserve f / reserve capacity, RC ‖
~-Richtungsrelais n (Elektr) / power direction[al] relay,
PDR ‖ ~röhre, -stufe f (Elektronik) / output valve o. tube
‖ ~rückgang m / decrease of performance ‖ ~schalten
n / power switching ‖ ~schalter m (Elektr) / power
circuit breaker [for any value of cos φ], power switch ‖
~schalter m (Elektr) / power switch ‖ ~schild n (Elektr) /
[maker's] name plate, output o. rating plate ‖
~schreiber m / output recorder ‖ ~spektrum n (Elektr) /
power spectrum ‖ ~spitze f / peak power ‖ ~steigerung
f / increase of power ‖ ~steigerung f, Steigerung f des
Ausbringens / increase of performance o. output ‖
~steigerung f, Belastungssteigerung f / increase of load
‖ ~stellglied n / power output stage ‖ ~steuerung f /
power control ‖ ~stufe f / power stage ‖ ~stufe, -röhre
f (Elektronik) / output valve o. tube ‖ ~summenkurve f /
cumulative load curve ‖ ~tarif m (Elektr) / demand rate
‖ ~tonnenkilometer m (einschl Lok) (Bahn) / gross ton-
kilometer worked ‖ ~transformator m (Elektronik) /
output transformer ‖ ~transistor m / power transistor ‖
~trenner m, -trennschalter m / load-break switch ‖
~übertragung f / power transfer ‖ ~verbrauch m /
consumption of energy o. power ‖ ~verbraucher,
Verbraucher m (Elektronik) / sink (US) ‖ ~verhältnis n
(DV) / efficiency ratio ‖ ~verhältnis n Träger/
thermisches Rauschen / carrier-to-thermal noise power
ratio ‖ ~verlust m / lost effect o. power, waste power,
power loss ‖ ~verlust m (in dB) (Elektronik) / power
ratio ‖ ~verlust m, -verschwendung f / power
dissipation ‖ ~verlust m durch Dämpfung / power
attenuation ‖ ~verminderung f / decrease of
performance ‖ ~vernichter m / power dump ‖
~verstärker m (Elektronik) / power amplifier, P.A. ‖
~verstärker, Ausgangsverstärker m (Elektronik) / pack
amplifier ‖ ~verstärker m des Steuersenders / master
oscillator power amplifier, MOPA ‖ ~verstärkung f
(Elektronik) / power amplification o. gain ‖
~verzehrendes Gerät (Kfz) / power accessory ‖
~verzeichnis n beim Angebot / detailed estimate ‖
~verzweigung, Drehmomentverzweigung f / torque
division or split ‖ ~waage f / brake dynamo ‖
~wandler m / power converter ‖ ~wirkungsgrad m /
power efficiency ‖ ~zahl, Performance-Number f
(Benzin) / performance number, PN, figure of merit ‖
~zahl f eines Netzes (Elektr) / rate of performance of a
network ‖ ~zähler, Gesprächszähler m (Fernm) /
communication counter ‖ ~zähler m,
Wattstundenzähler m (Elektr) / watthour counter ‖
~zahl-Meßgerät n (Flugbenzin) / figure-of-merit meter ‖
~zulage f (F.Org) / merit rate ‖ ~zusatz m / power boost
Leit·... / directed ‖ ~... (Elektronik, Kompass) / master... ‖
~... (Elektr) / pilot... ‖ ~achse, Vorder-, Lenkachse f
(Bahn) / guiding o. leading o. front axle ‖ ~amt n
(Fernm) / director exchange ‖ ~apparat m,
Kopiervorrichtung f (Wzm) / copying o. profiling o.
forming attachment ‖ ~apparat m (Hydroantrieb) /
control device ‖ ~apparat m (Dampfturbine) / diffuser,
distributor ‖ ~apparat m, Leitschaufelapparat m
(Wasserturbine) / distributor of a water turbine ‖
~apparat m zum Gewindestrehlen / chasing arm o. jig
‖ ~auge n / guide of a cable ‖ ~backe f, Gewindebacke
f (Wzm) / thread rolling die ‖ ~balken m (Brücke) / curb,
kerb ‖ ~befehl m (DV) / routing directive ‖ ~blatt n
(DV) / master data sheet ‖ ~blech n, Führungsblech n /

guiding plate ‖ ⌐**blech** *n*, Umlenkplatte, -scheibe *f* / baffle plate ‖ ⌐**blech** *n* (Raumf) / fin, guide plate ‖ ⌐**block** *m* (Schiff) / fairlead block ‖ ⌐**blocklager** *n*, Hangerlader *n* / trunnion piece, span bearing, lead block bearing ‖ ⌐**damm** *m* (Hydr) / training dike o. dam ‖ ⌐**dipol** *m* / director ‖ ⌐**ebene** *f* (Luftf) / reference plane of flight ‖ ⌐**element** *n*, Indikator *m* (Nukl) / tracer
leiten (z.B. Betrieb) / manage ‖ ~, wahlweise leiten (Fernm) / route a call ‖ ~ (als oberster Leiter) / supervise ‖ ~, Richtung geben, beaufsichtigen / direct *v* ‖ ~, führen / conduct, lead, guide, rule ‖ ~, lenken / control ‖ ~, fort-, weiterleiten (Phys) / transmit ‖ ~ (DV) / promt *v* ‖ **durch Rohre** ~ / pipe
leitend, betriebsführend / managing ‖ ~, lenkend / guiding ‖ ~, führend / leading, guiding ‖ ~, führend / conducting ‖ ~, richtunggebend / directive ‖ ~, entscheidungsbefugt (F.Org) / policy-level... ‖ ~, leitfähig (Phys) / conductive ‖ ~, Leitungs... / transmitting ‖ ~**er Angestellter** / executive (US) ‖ ~**er Architekt** / chief architect ‖ ~**e Folie** / conductive foil ‖ ~ **machen** / drive into conduction ‖ ~**e Oberfläche**, Leitfläche *f* (Elektr) / conducting surface ‖ ~**es Personal** (Schiff) / officers *pl* ‖ ~**e Schicht** (Elektr) / conducting coat ‖ ~**e Verbindungen zwischen den Mänteln paralleler Kabel** *f pl* / crossbonding ‖ ~ **verbunden** / electrically connected ‖ **[galvanisch]** ~**e Verbindung** / conductive connection, ohmic contact
Leiter[1] *m* (Phys) / conductor, cond. ‖ ⌐ **1. Klasse** / first class conductor ‖ ⌐ **3. Klasse** / third-class conductor ‖ ⌐, Manager *m* / manager
Leiter[2] *f*, Trittleiter *f* / step ladder ‖ ⌐, Sprossenleiter *f* / ladder ‖ **kleine** ⌐ / steps *pl*
Leiter·abstand *m* (Freileitg) / air clearance ‖ ⌐**abstand** *m* / conductor spacing ‖ ⌐**ausladung** *f* (F'wehr) / ladder range ‖ ⌐**bahn** *f* (gedr.Schaltg) / strip conductor, track ‖ ⌐**bahnen** *f pl*, -bahnenmuster *n* (IS) / land pattern ‖ **durch** ⌐**bahnen verbunden** / connected by strip conductors ‖ ⌐**bahnseite** *f* (gedr.Schaltg) / foil side of a board ‖ ⌐**bahnverlauf** *m* / track run ‖ ⌐**beanspruchung** *f* (Freileitung) / conductor load ‖ ⌐**bild** *n* (gedr.Schaltg) / conductive pattern ‖ ⌐**bild-Galvanisieren** *n* / pattern plating ‖ ⌐**bruchschutz** *m* (Elektr) / open phase protection ‖ ⌐**durchhang** *m* (Freileitung) / conductor sag ‖ ⌐**-Erd-Spannung** *f*, Leiter-Sternpunkt-Spannung *f* / phase-to-earth voltage (GB) o. -to-ground voltage (US), phase-to-neutral voltage ‖ ⌐**gebilde** *n* / conductive system ‖ ⌐**gerüst** *n* (Bau) / ladder scaffold ‖ ⌐**material** *n* **von 1 cm Länge und 1 cm² Querschnitt** / centimeter cube material ‖ ⌐**paste** *f* / conductive paste ‖ ⌐**platte** *f* (Elektronik) / printed circuit [board], printed card o. board ‖ ⌐**platte** *f* **fertig zum Bestücken** (gedr.Schaltg) / printed board o. card [ready for insertion of components] ‖ ⌐**platte** *f* **in 482,6 mm Bauweise** / nineteen inch printed board ‖ ⌐**platten-Bestückungsmaschine** *f* (Elektronik) / component insertion machine ‖ ⌐**polymer** *n* / ladder o. double-strand polymer ‖ ⌐**querschnitt** *m* / conductor cross-section ‖ ⌐**spannung** *f* (Elektr) / voltage between lines (IEC 05), combined voltage (a.c.) ‖ ⌐**spannung** *f*, halbe Windungsspannung (Elektromasch) / half [value] of the inter-turn voltage ‖ ⌐**spannung**, verkettete Spannung *f* (Elektr) / phase-to-phase voltage ‖ ⌐**sprosse**, Sprosse *f* / ladder rung o. spoke ‖ ⌐**sprosse** *f* (des Sprossenbaums) / peg of a peg ladder ‖ ⌐**stufe** *f* (der Steigeleiter) / step of a step ladder ‖ ⌐**tafel** *f*, Nomogramm *n* / nomogram, -graph, alignment chart ‖ ⌐**treppe** *f*, eingehobene o. Speichertreppe / disappearing stairs ‖ ⌐**verseilmaschine** *f* / conductor stranding machine ‖ ⌐**wellenlänge** *f* / waveguide wavelength ‖ ⌐**zahnstange** *f* (System Riggenbach) (Bahn) / ladder rack
Leit·faden *m* / manual ‖ ⌐**faden** *m*, Handbuch *n* in Taschenbuchform / handbook

leitfähig, leitend / conductive ‖ ~**er Kleber** / conductive adhesive ‖ ~**er Lack** (Elektr) / conductive lacquer o. varnish ‖ ~**er Satz** (Zündmittel) / conductive mix ‖ ~**e Tinte** (DV) / electrographic ink
Leitfähigkeit *f* / property of conducting heat o. electricity, conducting capacity o. power, conductibility ‖ **spezifische elektrische** ⌐ / conductivity, cond.
Leitfähigkeits·änderung, -beeinflussung *f* / conductivity modulation ‖ ⌐**band** *n* (Halbl) / conduction band ‖ ⌐**gefäß** *n* (Chem) / conductivity cell ‖ ⌐**kupfer** *n* / high-conductivity copper ‖ ⌐**messung**, Konduktometrie *f* / conductimetry ‖ ⌐**normal** *n* / conductivity standard ‖ ⌐**sonde** *f* / conductivity probe ‖ ⌐**verlust**, Gleichspannungsverlust *m* (Elektronik) / [d.c.] leakance ‖ ⌐**wasser** *n* / conductivity water
Leit·fahrzeug *n* (Luftf) / guiding vehicle, "follow me" ‖ ⌐**fernrohr** *n* / guiding telescope ‖ ⌐**feuer** *n* (für Leitsektor im Fahrwasser) (Schiff) / sectorial light ‖ ⌐**feuer** *n* (Luftf) / guiding light, landing light ‖ ⌐**fläche** *f*, leitende Oberfläche (Elektr) / conducting surface ‖ ⌐**fläche** *f* (Lautsprecher) / deflecting labyrinth o. baffle o. vane ‖ ⌐**fläche** *f* (Luftf) / tail surface ‖ ⌐**flügel** *m* (Masch) / guide vane ‖ ⌐**flügelkranz** *m* / guide vane ring ‖ ⌐**fossilien** *n pl* (Geol) / characteristic o. guide o. index fossils *pl* ‖ ⌐**führungskranz** *m* (Ventilator) / distributor rim ‖ ⌐**funkstelle** *f* (Radio) / control o. directing station ‖ ⌐**gedanke** *m* / leading idea ‖ ⌐**gerade** *f*, -linie *f* / directrix (pl.: -trixes, -trices) ‖ ⌐**geschirr** *n*, -rolle *f* (an Windentrommeln) / fairlead ‖ ⌐**größe** *f* (Regeln) / command variable ‖ ⌐**hebel** *m* / directing lever
Leithners Blau *n* / cobalt blue
Leit·horizont *m* (Geol) / key horizon ‖ ⌐**horizont** *m* (Luftf) / horizon director indicator (HDI), horizon flight director, attitude director indicator ADI ‖ ⌐**isotop** *n* (Phys) / radioactive tracer, labelled o. tagged atom ‖ ⌐**isotopentechnik**, Tracertechnik *f* / tracer technique ‖ ⌐**kabel** *n* (Elektr) / leader cable ‖ ⌐**kanal** *m* / guiding channel ‖ ⌐**kante** *f* **der Luftschraube** / leading edge of propeller ‖ ⌐**karte** *f* (Kartei) / card index guide [card] ‖ ⌐**karte** *f*, Matrizenkarte *f* (LoKa) / master card ‖ ⌐**kartenkarton** *m* / board for guide cards ‖ ⌐**körper**, Ziehbalken *m* (Glas) / drawbar ‖ ⌐**kranz**, Düsenring *m* (Turbine) / nozzle ring ‖ ⌐**kranz der Turbine** (Wasserturbine) / rim of the distributor, rim of the guide blading ‖ ⌐**kupfer** *n* (Elektr) / high-conductivity copper ‖ ⌐**kursanzeiger** *m* / pictorial deviation indicator, PDI ‖ ⌐**kursanzeiger** *m* (Luftf) / horizontal situation indicator, HSI, pictorial deviation indicator, PDI ‖ ⌐**kurve** *f* (Wzm) / lead cam ‖ ⌐**lack** *m* (Elektr) / conductive lacquer o. varnish ‖ ⌐**lineal** *n* (Wzm) / former, template, guide o. master plate, profile o. profiling plate ‖ ⌐**linie** *f*, -kurve *f*, Direktrix *f* (Math) / directrix (pl.: -trixes, -trices) ‖ ⌐**linie** *f*, Mittellinie *f* (Straßb) / lane line ‖ **durchgehende** ⌐**linie** (Straßb) / continuous line ‖ **unterbrochene** ⌐**linie** (Straßb) / interrupted line ‖ ⌐**linien** *f pl*, Markierungsstreifen *m pl* (Straße) / highway striping ‖ **mit** ⌐**linien** (Straßb) / provided with highway striping ‖ ~**liniengesteuerter Schlepper** / electronically controlled tractor ‖ ⌐**lochung** *f*, Steuerlochung *f* / control holes *pl*, function holes *pl* ‖ ⌐**netz** *n* (PERT) / guidance network ‖ ⌐**netz** *n* (Elektr) / pilot network ‖ ⌐**pflanze** *f*, bodenzeigende Pflanze / plant indicator ‖ ⌐**planke** *f* (Straßb) / beam barrier, guide board, crash barrier (GB) ‖ ⌐**plastik** *f* / electrically conducting plastics ‖ ⌐**profil** *n* (Bodenkunde) / lead soil profile ‖ ⌐**programm** *n* (DV) / master program ‖ ⌐**punkt** *m* **der Larmor-Präzession**, Larmor-Kreismittelpunkt *m* / guiding center of a particle ‖ ⌐**rad** *n*, Leitschaufeln *f pl* (Turbine) / stator ‖ ⌐**rad** *n* (horizontales Führungsrad) (Bahn) / guiding wheel ‖ ⌐**rad** *n*, Vorderrad *n* (Fahrzeug) / leading o. front wheel, fore-wheel ‖ ⌐**rad** *n* (Luftf, Turbine) / guide wheel, nozzle diaphragm o. ring ‖ ⌐**rad**, Leitradschaufel *f* (Kreiselpumpe) / peeler ‖ ⌐**rad** *n* (Kupplung) / stator ‖ ⌐**rad** *n*, Spannrolle *f* (Traktor) / idler

‖ ⌐rad n des Aufladegebläses / diffuser plate ‖
⌐radgehäuse n (Wasserturbine) / guide wheel casing ‖
⌐radservomotor m (Wasserturbine) / guide wheel
servomotor ‖ ⌐rechen, Triftrechen m (Hydr) / leading
grate ‖ ⌐rechner m (DV) / master computer ‖ ⌐rohr n
(Opt) / guiding tube ‖ ⌐rolle f / training idler, guide roll
‖ ⌐rolle f (an Windentrommeln), -geschirr n / fairlead ‖
⌐rolle, -scheibe f / guide o. idler pulley o.
roller o. sheave ‖ ⌐salz n (Galv) / conducting salt ‖
⌐schaufel f (Turbine) / guide blade o. vane of a turbine,
directrix ‖ ⌐schaufel f (Gußputzapparat) / guide vane ‖
⌐[schaufel]apparat m / distributor of a turbine, guide
blades pl ‖ ⌐schaufelkranz m (Gasturb) / vane ring ‖
⌐schaufelkranz m (Turboreaktor) / distributor of a
turboreactor ‖ ⌐schaufelträger m / vane support ‖
⌐schicht f, -horizont m (Geol) / key horizon, guiding
bed ‖ obere ⌐schicht der Troposphäre, Höhenkanal m
(Elektronik) / elevated duct ‖ äquivalente ⌐schichtdicke
/ equivalent conducting layer ‖ ⌐schiene f (Bahn) /
counterrail, check o. safety o. side rail, rail guard,
guard-rail ‖ ⌐schiene f (Wzm) / guide bar ‖ ⌐sender m
(Decca) / master transmitter ‖ ⌐spindel f (Dreh) / leading
spindle o. screw ‖ ⌐spindeldrehmaschine f / s.s. and
s.c. lathe (= sliding, surfacing, and screw-cutting)
(GB), screw-cutting lathe (GB), engine lathe (US) ‖
⌐spindel[dreh]maschine f mit Räderspindelstock /
selective head engine lathe ‖ ⌐spindelmutter f,
-spindelschloß n (Dreh) / leadscrew nut, clasp nut ‖
⌐spindelmutterbacke f / half nut of the leadscrew ‖
⌐spindel-Wendegetriebe n / lead screw reverse gear ‖
⌐stab m, Führungsstange f (Färb) / guide rod ‖ ⌐stand
m, Führerstand m / control station ‖ ⌐stand m (Walzw) /
directing stand ‖ ⌐stand m (Schiff) / engine control
room ‖ ⌐stange, Führungsstange f (Masch) / drag-link o.
rod, drag rod ‖ ⌐stange, Parallelogrammseitenstange f
(Dampfm) / parallel motion side rod ‖ ⌐station,
-funkstelle f (Radio) / control station ‖ ⌐station f (Elektr)
/ net control station, NCS ‖ ⌐station f (DV) / control
station ‖ ⌐steven m, Rudersteven m (Schiff) / rudder
post
Leitstrahl m / conducting ray ‖ ⌐ (Luftf) / guide beam,
localizer o. radio beam ‖ ⌐, Fahrstrahl m (Math) /
position o. radius vector ‖ ⌐, Radius in
Polarkoordinaten m / radius vector in polar coordinates
‖ ⌐... (Elektronik) / beam... ‖ ⌐anflug m (Luftf) / beam
approach ‖ ⌐anflug-Funkfeuersystem n / blind o.
beam approach beacon system, B.A.B.S. ‖ ⌐anlage f /
guide beam system ‖ ⌐-Aufschaltgröße f (Radar) / pilot
beam shunt factor o. switch factor ‖ ⌐aufschaltung f
(Luftf) / automatic track correction ‖ ⌐bake f / beam
approach beacon ‖ ⌐drehung f (Luftf) / beam switching,
lobing ‖ ⌐empfänger m, -bordgerät n / missile guide-
beam receiver ‖ ⌐frequenz f (Schiff) / range frequency ‖
⌐lenkung f (Luftf) / beam riding guidance ‖ ⌐linie f
(Radar) / equisignal line ‖ ⌐peiler m (Radar) / switched-
beam direction finder ‖ ⌐reiter m (Lenkwaffen) / beam
rider ‖ ⌐sektor, Dauertonsektor m, -zone f / equisignal
zone o. sector ‖ ⌐sender m / directional radio beacon ‖
akustischer ⌐sender / aural radio range ‖ ⌐steuern n
(Luftf) / beam riding, beam rider guidance
Leitstrahlverfolgung f (Luftf) / tracking, maintaining
course
Leitstrahl·wanderung f / localizer beam deviation
Leit·streifen m (Straßb) / marginal strip ‖ ⌐stück n,
Schallgeber m (Ultraschall) / transducer, modulator ‖
⌐technik f / process control technique ‖ ⌐- und
Zugspindel-Drehmaschine f / sliding and screw-
cutting lathe, center lathe
Leitung, Fortleitung f (Phys) / conduction ‖ ⌐ (Fernm) / line
‖ ⌐, Ader f (Elektr) / wire ‖ ⌐, Übertragung f (Elektr) /
transmission ‖ ⌐, Zuleitung f, Netz n (Elektr) / line ‖ ⌐,
Leitungsmaterial n / leads pl, wiring ‖ ⌐, Führung f /
lead, guidance ‖ ⌐, Führung f, Management n /
conduct, management ‖ ⌐, Aufsicht f / supervision,

supervising, superintendence ‖ ⌐, Lenkung f, Führung f
/ control ‖ ⌐ als Ganzes (Rohre) / conduit, duct ‖
⌐ besetzt / line busy ‖ ⌐ nach oben führend / duct
going upwards ‖ ⌐ nach unten führend / duct going
downwards ‖ ⌐en verlegen, mit Leitungen verbinden
(Elektr) / wire ‖ 0-⌐, Goubau-Leitung f,
Oberflächenleitung f (Fernm, TV) / Goubau line, G-string
(coll)
Leitungs·abgang m / line departure ‖ ⌐abgleich m / line
balancing ‖ ⌐abgleichverfahren n (Fernm) / balancing
of circuits ‖ ⌐absatz m (z. B. vor einem Hindernis)
(Elektr) / offset [bend] of conduit ‖ ⌐abschluß m / line
o. circuit termination ‖ ⌐anlage f, Röhrensystem n /
conduits pl ‖ ⌐anlage f, -system n (Elektr, Fernm) / line
system ‖ ⌐anpassung f / line matching ‖ ⌐anschaltung
f (DV) / line-up ‖ ⌐anschluß m / branch circuit
connection ‖ ⌐anschluß m (Fernm) / line termination,
line adapter [unit] ‖ ⌐anschlußeinheit f, LE (Fernm) /
line termination unit ‖ ⌐anschlußgruppe f / line
terminator group ‖ ⌐-Anwortmodus m (DV) / line
response mode ‖ ⌐armaturen f pl / line fittings pl ‖
⌐ausgang m / line output ‖ ⌐ausnutzung f (Fernm) /
paid time ratio ‖ ⌐band n, Bandleiter m / ribbon
conductor ‖ ⌐band n (Halbl) / conduction band ‖ ⌐bau
m (Elektr, Fernm) / construction of lines, line
construction ‖ ⌐belag m, Ausbreitungsmaß n (Fernm) /
propagation constant per unit length ‖ ⌐belastung f
(Elektr) / line load ‖ ⌐belegung f (Fernm) / line
occupancy ‖ ⌐berührung f / line-to-line fault ‖
⌐bezeichnung f / wire mark[ing] ‖ ⌐blockierung f
(Fernm) / line lockout ‖ ⌐bruch, Drahtbruch m / line
break ‖ ⌐brücke f (IC) / jumper link ‖ ⌐bündel n
(Fernm) / grouping of junction lines, bunch of trunks,
trunk group ‖ ⌐code m (DV) / line code ‖
⌐-Distanzschutzrelais n (Elektr) / back-up protection
relay ‖ ⌐draht m / conducting wire ‖ ⌐draht m (Fernm)
/ line wire ‖ ⌐durchhang m (Elektr, Fernm) / line sag o.
dip ‖ ⌐durchschalter m (Fernm) / line concentrator,
speech concentrator ‖ ⌐einführung f / line entrance,
leading-in of a line ‖ ⌐elektron n (im Leitungsband frei
bewegliches Elektron) (Halbl) / conduction electron ‖
⌐ende n (Fernm) / line terminal o. termination ‖ ⌐enden
[um]wickeln (z.B. an Widerständen) / clinch leads ‖
⌐entzerrer m (Fernm) / antidistortion device, line
balancer ‖ ⌐entzerrung f (Fernm) / correction of the line
distortion, line o. phase equalization, phase
compensation, lumped loading ‖ ⌐ergänzung f (Fernm) /
line building-out network ‖ ⌐erweiterung f (DV) / line
expansion ‖ ⌐feld n (der Schalttafel) / feeder panel of
the switchboard ‖ ⌐festpunkt m (Elektr) / pole with line
stays ‖ ⌐freigabe f (Fernm) / line enable ‖ ⌐führung f
(Elektr) / arrangement of the wiring ‖ ⌐führung f,
Linienführung f der Leitung (Fernm) / direction of a line
‖ ~gebundene Welle / guided wave ‖ ⌐geräusch n,
-rauschen n (Fernm) / line noise, circuit noise ‖
⌐gruppenwähler m (Fernm) / line group selector ‖
⌐hahn m / faucet, spigot, water tap ‖ ~individuell / on
an individual line base ‖ ⌐-Interface n (DV) / line
interface ‖ ⌐kabel n (Kfz) / cable ‖ ⌐kanal m / duct,
line channel ‖ ⌐kanal m (in die Mauer geschlagen) /
chase ‖ ⌐kanal m (im Fußboden) / conduit subway ‖
⌐konstante f (Fernm) / line constant ‖ ⌐kontakt m / line
contact ‖ ⌐konzentrator m, -knoten m / line
concentrator ‖ ⌐kreuzung f (Elektr) / crossing ‖
⌐kühlung f / conductive cooling ‖ ⌐kupplung f (Elektr)
/ cable-connecting socket, electric coupler ‖ ⌐leger,
Telegrafenarbeiter m (Fernm) / wireman, lineman ‖
⌐leger-Werkzeug n (Elektr) / wiring tool ‖ ⌐loch n
(Halbl) / conduction hole ‖ ⌐mast m (Elektr, Fernm) /
pole, utility pole (US), line pole ‖ ⌐mast, Telefonmast
m / telephone pole o. post o. mast ‖ ⌐mastenbild,
Stangenbild n, -plan m (Elektr) / pole diagram ‖
⌐material n / conductive material ‖ ⌐material n,
Leitung f (Elektr) / leads pl, wiring ‖ ⌐material

(Installation) (Elektr) / conduit fittings *pl* ‖ ~mischer *m* (Öl) / [in-]line blender ‖ ~monteur *m* / lineman ‖ ~nachbildung, Ersatzschaltung *f* (Elektr) / equivalent network, artificial line ‖ ~nachbildung *f* (Fernm) / balancing circuit o. network, line balance o. impedance ‖ ~netz *n* (Elektr) / network, main circuit, mains *pl*, supply network o. system o. grid ‖ ~[netz]plan *m* (Elektr) / map of a grid ‖ ~orientiert (DV) / line oriented ‖ ~öse *f* (Elektr) / metal ring for conductors ‖ ~plan *m* / plan of installations ‖ ~prüfer *m*, Isolationsprüfer *m* / insulation tester o. detector o. indicator, megger ‖ ~prüfer *m*, Durchgangsprüfer *m* / line tester, line fault finder, circuit tester ‖ ~querschnitt *m*, metallischer Querschnitt / metallic section, conductor cross section ‖ ~rohr *n*, -röhre *f* / conduit [pipe] ‖ ~rohr *n* (Öl) / line pipe ‖ ~rohr *n* (Elektr) / metal tubing, rigid conduit ‖ ~rohr *n*, Isolierrohr *n* (Kfz) / loom, sleeving ‖ ~roller *m*, (früher:) Kabeltrommel *f* / cable take-up, cord reel ‖ ~sack *m* (Unterführung unter einem Hindernis) (Elektr) / conduit saddle ‖ ~schleife, Doppelleitung *f* (Fernm) / loop, double wire circuit ‖ ~schleife *f* / circuit loop ‖ ~schnur *f* (Elektr) / cord, flex (GB), flexible cord (US) ‖ ~schnur *f* des Handlesers (DV) / wand cord ‖ ~schutzdrossel *f* / line choking coil ‖ ~schutzschalter *m* (Elektr) / automatic cutout, line safety switch

Leitungsschutzschalter *m* mit Differenzstromauslöser / miniature circuit breaker with differential-current tripping device

Leitungs·seil *n*, Leiterseil *n* / conductor strand, stranded conductor ‖ ~seil *n* aus Stahl / steel stranded conductor ‖ ~spanner *m* (Elektr) / Dutch draw tongs *pl* ‖ ~stabilisierung *f* (Fernm) / line stabilization ‖ ~störung *f* (Elektr) / failure of the line, transmission failure ‖ ~störung *f* (Fernm) / line disturbance, line fault o. failure ‖ ~strom *m* (Halbl) / conduction current ‖ ~stütze *f* (Blitzableiter) / wall stud ‖ ~sucher *m* (Fernm) / line finder o. selector o. switch ‖ ~tafel, Zugleitungstafel *f* (Bahn) / route diagram ‖ ~telefonie, Drahttelefonie *f* / line telephony ‖ ~träger *m* (Isolator) / insulator groove ‖ ~träger *m*, -stütze *f* / line carrier ‖ ~transistor *m* / alloyed transistor ‖ ~trommel *f* (Elektr) / cable drum ‖ ~trosse *f* (Kran) / trailing cable ‖ ~trupp *m* (Fernm) / line team ‖ ~typ *m* (Halbl) / mode of conductivity ‖ ~übertrager *m* (Fernm) / line transformer ‖ ~überwachungsgerät *n* / line monitor ‖ ~unterbrechung *f* / line disconnection ‖ ~unterbrechung *f* (Fernm) / line breakdown ‖ ~verlängerung *f* (Fernm) / padding out ‖ ~verlegung *f* (Elektr, Elektronik) / wiring ‖ ~verlust *m* / line loss ‖ ~verlust *m*, Versickerung *f* / pipeline [loss by] leakage ‖ ~verlust *m* (Fernm) / drop, line drop ‖ ~vermögen *n* s. Leitfähigkeit ‖ ~verstärker *m* (Fernm, TV) / line amplifier ‖ ~verzerrung *f* (Fernm) / line distortion ‖ ~wagen *m* (Bahn) / piped vehicle ‖ ~wählen *n* (Fernm) / circuit switching ‖ ~wähler *m* (Fernm) / tandem connector ‖ ~wahlschalter *m* (Fernm) / line selection switch ‖ ~wasser *n* (allg) / tap water, water from the main ‖ ~wasser *n* (nach der Herkunft) / (privat): company's water, (städtisch): town water, city supply water ‖ ~wechselcode *m* (DV) / line feed code ‖ ~weiche *f* (Fernm) / line separating filter ‖ ~-Weichenstellung *f* (Fernm) / line splitting ‖ ~welle *f*, L-Welle *f* (Wellenleiter) / TEM-mode ‖ ~widerstand *m*, spezifischer [elektrischer] Widerstand (Elektr) / resistivity, specific resistance ‖ ~zeichen *n* (Fernm) / line signal ‖ ~zug *m* (Kabel) / circuit o. line section ‖ ~zug, Drahtzug *m* (Bahn) / wire transmission o. gearing ‖ ~zweig *m* / leg

Leit·verkehr *m* / controlled communication ‖ ~vermerk *m* (DV) / data routing character ‖ ~vermerkzeichen *n* (Fernm) / routing character ‖ ~vermitteln *n* (DV) / circuit switching ‖ ~vermittlungsstelle *f* (DV) / routing center ‖ ~vermögen, Leitungsvermögen *n* s. Leitfähigkeit ‖ ~vorrichtung, Führung *f* / guide o. guiding device o.

appliance o. mechanism, guide ‖ ~vorrichtung *f* des Gewindeschneidkopfs (Wzm) / swinging arm of the die-head ‖ ~walze *f* (Textil) / guide roller, carrier roller ‖ ~walze *f* (Papier) / guiding roller ‖ ~walzentrockner *m* (Textil) / guide roller drier ‖ ~wand *f* (Lautsprecher) / deflecting labyrinth o. baffle o. vane ‖ ~warte *f* / control room ‖ ~wartenbediener *m* / control room operator ‖ ~weg *m* (Fernm) / routing, route ‖ ~wegangabe *f* (Fernm) / route indication ‖ ~weganzeiger *m* (DV, Luftf) / routing indicator ‖ ~wegblatt *n* (Fernm) / route chit ‖ ~wegkenngruppe *f* (Luftf) / routing indicator ‖ ~weglenkung *f* (Tätigkeit) (Fernm) / automatic alternative (GB) o. alternate (US) routing ‖ ~wegpfad *m* / routing path ‖ ~werk *n* (DIN) (DV) / control unit o. section, routing circuits *pl* ‖ ~werk *n* (Luftf) / tail plane o. unit o. empennage o. group o. surfaces *pl* (US), horizontal stabilizer (GB) ‖ ~werk *n* (Hydr) / training wall, stream deflector ‖ [festes] ~werk (Luftleitung) / fixed directional grille, directional grille ‖ ~werksträger *m* (Luftf) / tail boom ‖ ~wert *m* (Gleichstrom) / electric conductance ‖ ~wert *m* (Wechselstrom) / susceptance ‖ ~wert *m* (Vakuum) / conductance ‖ ~wertmesser *m* / resistivity meter ‖ ~wertmesser *m* in Mho / mho-meter ‖ ~wertverhältnis *n* (Elektr) / conductance ratio ‖ ~zahl *f* einer Lichtquelle (Phot) / guide number of a light source ‖ ~zelle *f* (DV) / control word ‖ ~zunge *f* der Weiche (Bahn) / point rail ‖ ~zylinder *m* (Regeln) / guide cylinder

L-Elektron *n* / L-electron, L-shell electron

Lemma *n*, Hilfssatz *m* (DV, Math) / lemma

Lemniskate *f* (Math) / lemniscate [of Bernouilli], figure-of-eight curve

Lemongrasöl, Citronellöl *n* / lemon grass oil

Lenard-Fensterröhre *f* (Kath.Str.) / Lenard tube

Lendenlordose *f* (Berufskrankheit) / lumbar flexure

Lendenstütze *f* (Kfz) / lumbar support

Lenicet *n*, basisches Aluminiumacetat / printer's acetate

Lenk·achsbereifung *f* (Mähdrescher) / rubber-tired wheel on the steering axle ‖ ~achse, Leit-, Vorderachse *f* (Bahn) / leading o. front axle, fore axle, radial o. radius axle ‖ ~achse *f* (Kfz) / steering type axle ‖ ~achswelle *f* (Bahn) / radial axle pin ‖ ~anlage *f* (Flugkörper) / guidance package ‖ ~anschlag *m* / steering stop ‖ ~anschlag *m* (Traktor) / anti-jackknife stop

lenkbar, steuerbar / steerable, controllable, guidable, dirigible *adj* ‖ ~ (Opt) / steerable ‖ ~ (Luftschiff) / navigable ‖ ~er Rotorkrümler (für Obstfarmen) (Landw) / offset rotary cultivator

Lenkbarkeit *f*, Einschlag *m* (Kfz) / locking, degree of lock ‖ ~, Wendigkeit *f* / manoeuvrability, maneuverability ‖ ~, Wenderadius *m* (Kfz) / turn, degree of lock ‖ leichte ~ / steering ease

Lenk·begrenzung *f* / steering limiter ‖ ~blech *n*, -wand *f*, -platte *f* / deflector ‖ ~bremse *f* (Traktor) / steering brake ‖ ~doppelrolle *f* / twin wheeled swivel castor ‖ ~einrichtung *f* / steering gear ‖ ~empfänger *m* (Flugkörper) / guidance receiver

lenken / direct, turn ‖ ~, leiten / control, guide, rule ‖ ~, fahren / drive ‖ ~, steuern (Luftf, Schiff) / steer ‖ ~, Steuern / steerage ‖ ~ *n* (Kfz) / steering ‖ auf eine Seite ~ / bias

lenkend / directive

Lenker *m* (Masch) / pitman (US), [connecting] rod ‖ Lenkhebel *m* (Dampf) / guide rod o. bar ‖ ~, Lenkstange *f* (Motor-, Fahrrad) / handlebar ‖ ~ (Kfz) / transversal swinging arm ‖ ~, Lenkstab *m* (Kfz) / pull rod ‖ ~ s. auch Leitstange ‖ ~ des Enddrehgestells (z.B. Langholzwagen) (Kfz) / tillerman (US) ‖ ~arm *m*, Querlenker *m* (Kfz) / control arm, suspension arm, transverse link, wishbone ‖ ~griff *m* / handlebar grip

Lenk·finger *m* (Kfz) / steering finger ‖ ~flugkörper *m* / guided missile ‖ ~gehäuse *n* (Kfz) / steering box, steering gear case o. housing ‖ ~gehäuseflansch *m* /

steering box flange ‖ ⁓**geometrie** f / king pin geometry, steering geometry ‖ ⁓**gestänge** n / steering linkage ‖ ⁓**gestänge** n (Kfz) / steering gear ‖ ⁓**gestell** n (Lok) (Bahn) / pony truck ‖ ⁓**getriebe** n (Kfz) / steering gear ‖ ⁓**hebel** m (Kfz) / steering arm and swivel, drop o. pitman arm ‖ ⁓**[hebel]welle** f (Kfz) / drop arm spindle ‖ ⁓**hilfe** f, Servolenkgerät n (Kfz) / steering booster (for power-assisted steering) ‖ ⁓**kette** f (Straßenwalze) / lock chain ‖ ⁓**kommando** n, Lenksignal n (Flugkörper) / steering command, guidance instructions pl ‖ ⁓**kontrollradar** m n, Lenkradar m n / guidance [control] radar ‖ ⁓**kranz** m (Flurförderer) / steering ring ‖ ⁓**kugelrolle** f **für Möbel** / swivel ball castor for furniture ‖ ⁓**kupplung** f (Traktor) / steering clutch ‖ ⁓**mutter** f / steering nut ‖ ⁓**rad** n, Steuerrad n (Kfz, Luftf) / steering wheel ‖ ⁓**rad** n, Ablenkrad n (Seilb) / castor wheel ‖ ⁓**rad** n **mit federnden Speichen** (Kfz) / spring spoke steering wheel ‖ ⁓**radausschläge** m pl (Kfz) / wheel fight ‖ ⁓**radeinschlag** m (Kfz) / turning angle of the steering wheel ‖ **mit** ⁓**rädern** (Anhänger) / with steering swivels ‖ ⁓**radnabe** f (Kfz) / steering wheel hub ‖ ⁓**radnabe** f **als Pralltopf ausgebildet** (Kfz) / controlled-collapse steering column ‖ ⁓**rad-Schalthebel** m / finger-tip gear shift lever ‖ ⁓**radschaltung** f (Kfz) / finger-tip gear shift, steering column [type] gear change o. shift ‖ ⁓**radseite** f (links bei Rechtsverkehr u. umgekehrt) (Kfz) / off-side ‖ ⁓**radspeichenkreuz** n / steering wheel spider ‖ ⁓**radsteuerung** f / wheel steering ‖ ⁓**regelkreis** m (Raumf) / telemetry control loop ‖ ⁓**rohr** n, Mantelrohr n / outer steering column, steering column jacket ‖ ⁓**rohr** n (Ggs: Mantelrohr) (Kfz) / inner steering column o. steering post ‖ ⁓**rohrstummel** m / steering tube extension ‖ ⁓**rolle** f / deflection tumbler, training idler, guide roll ‖ ⁓**rolle** f (Kfz) / steering roller ‖ ⁓**rollenwelle** f / steering roller shaft ‖ ⁓**rollradius** m (Kfz) / roll radius, scrub radius ‖ ⁓**säule** f (Schiff) / steering pillar ‖ ⁓**säule** f (Kfz) / steering column o. pillar o. post ‖ ⁓**säule** f **mit lampionartigem Ausschnitt** (Kfz) / Japanese lantern column ‖ ⁓**säulenhalter** m (Kfz) / steering column bracket ‖ ⁓**säulenrohr** n, Mantelrohr n / steering column jacket o. tube ‖ ⁓**säulenrohr** n, Mantelrohr n / outer steering column, steering column jacket o. tube ‖ ⁓**schemel** m (Bahn) / body bolster ‖ ⁓**schenkel** m (Kfz) / steering swivel o. arm o. knuckle ‖ ⁓**schloß** m / steering column o. steering wheel lock ‖ ⁓**schnecke** f (Kfz) / steering worm ‖ ⁓**schneckenarm** m (Kfz) / pitman shaft gear ‖ ⁓**schneckenrad** n / steering worm gear o. wheel ‖ ⁓**schneckensegment** n, -schneckensektor m / steering [worm] sector ‖ ⁓**schraube** f (Kfz) / steering screw ‖ ⁓**segment** n, Steuersegment n (Kfz) / steering sector ‖ ⁓**segmentwelle** f / steering sector shaft ‖ ⁓**seil** n **beim Aufziehen von Lasten** (Bau) / directing rope ‖ ⁓**signal** n (Flugkörper) / flight control command ‖ ⁓**spindel** f (Kfz) / steering shaft o. spindle ‖ ⁓**spindelstock** m (bei ungeteilter Lenkung) / steering shaft [and worm] ‖ ⁓**stabilität** f / steering stability ‖ ⁓**stange** f (Kfz) / steering rod ‖ ⁓**stange** f (nicht: Lenkspurstange) (Kfz) / drag-link, steering o. pull rod ‖ ⁓**stange** f (früher): Lenkschubstange f (Kfz) / strut rod ‖ ⁓**stange** f, Lenker m (Motor-, Fahrrad) / handlebar ‖ ⁓**stangenschaft** m (Fahrrad) / head tube ‖ ⁓**stock** m / steering column assembly ‖ ⁓**stockhebel** m (Kfz) / steering [gear] arm (US) o. drop arm (GB), steering lever (GB), pitman arm ‖ ⁓**stockschalter** m (Kfz) / steering column switch ‖ **[halb]automatischer** ⁓**stockschalter** / self-cancelling steering column switch ‖ ⁓**stockschaltung** f / steering column type gear change ‖ ⁓**stoßdämpfer** m (Kfz) / anti-kickback snubber ‖ ⁓**stützrohr** n, -[säulen]rohr n, Mantelrohr n / outer steering column, steering column jacket ‖ ⁓**übersetzung** f (Kfz) / steering [reduction] ratio

Lenkung f / control, guidance, steerage ‖ ⁓ (Kfz) / steering mechanism o. assembly ‖ ⁓ (Satellit) /

midcourse guidance ‖ ⁓, Regelung f / control ‖ ⁓ **mit Schnecke und Segment** (Kfz) / worm-and-sector steering device ‖ ⁓ **mit Schraube und Mutter** (Kfz) / screw-and-nut steering device ‖ ⁓ **von Flugkörpern**, Fernlenkung von Flugkörpern / missile guidance

Lenkungs·anschlag m (Kfz) / steering stop ‖ ⁓**ausschlag** m (Kfz) / [angle of] lock ‖ ⁓**-Ausschlagwinkel** m (Kfz) / angle of [steering] lock ‖ ⁓**bock** m (Kfz) / steering gear mounting ‖ ⁓**computer** m (Raumf) / guidance computer ‖ ⁓**lager** n (Motorrad) / steering tube bush ‖ ⁓**rückschlag** m / steering shock ‖ ⁓**teile** m pl (Kfz) / steering assembly parts pl ‖ ⁓**- u. Navigationssystem** n (Raumf) / guidance/navigation system

lenk·unwillig (Kfz) / hard to steer ‖ ⁓**verbindungsstange** f, Spurstange f (Kfz) / steering tie rod (US) o. track rod (GB) ‖ ⁓**waffe** f, Fernlenkgeschoß n (Mil) / missile ‖ ⁓**waffen-Bordrechner** m / missile computer ‖ ⁓**walze** f (Straßenwalze) / pony truck ‖ ⁓**welle** f (Kfz) / steering axle ‖ ⁓**welle**, Segmentwelle f (Kfz) / steering worm sector shaft ‖ ⁓**welle** f (bei geteilter Lenkung) / steering shaft ‖ ⁓**willig** (Kfz) / steerable ‖ ⁓**willigkeit**, Steuerbarkeit f / steerability ‖ ⁓**zapfen** m (Kfz) / steering pivot ‖ ⁓**zeit** f (Kfz) / driving period ‖ ⁓**zwischenhebel** m (Kfz) / idler arm ‖ ⁓**zwischenstange** f (Kfz) / radius rod, drag link

Lentikulariswolke f (Meteorol) / wave cloud

lentisch, stehend (Gewässer) / lentic

Lenz·brunnen m (Schiff) / drain o. bilge well ‖ ⁓**brunnen** m (Schiff) / bilge well

lenzen, lenzpumpen (Schiff) / free

Lenz·pumpe f (Schiff) / bilge pump ‖ ⁓**pumpe** f **der Bergungsschiffe** / wrecking pump

Lenzsche Regel f, Lenzsches Gesetz n (Elektr) / Lenz's law

Lenz·topf m (Schiff) / drain pot ‖ ⁓**- u. Ballast-Plan** m (Schiff) / pumping plan ‖ ⁓**- u. Ballastpumpe** f / bilge and ballast pump

Leonard-Umformer, -Satz m (Elektr) / Ward-Leonard system

leonisch·er Draht / false gold o. silver wire ‖ ⁓**e Fäden** (o. Ware) m pl (Textil) / leonine spun ‖ ⁓**es Gespinst** / leonine spun

LEP n **des CERN** / LEP (= large electron positron storage ring), (coll:) large European project

Lepido·krokit, Rubinglimmer m (Min) / lepidocrocite ‖ ⁓**lith** n (Min) / lepidolite ‖ ⁓**melan** m (Min) / lepidomelane, ferribiotite, ferromuscovite

Lepolofen m (Zement) / Lepol kiln

Leporello·bruchfalzung f (Pap) / fanfold, Leporello o. accordeon o. concertina o. zigzag fold o. pleat ‖ ⁓**einrichtung** f (DV) / fanfold attachment ‖ ⁓**formular** n (DV) / fanfold form ‖ ⁓**formular** n (für Stachelführung) / pin feed fanfold ‖ ⁓**gefalzt** (Pap) / fanfold, fan-folded

Lepton n (Nukl) / lepton

Leptonenzahl f (Phys) / lepton number

Leptoquark n (Phys) / leptoquark

lernen / learn ‖ ⁓ **am Erfolg** / instrumental o. operant conditioning ‖ ⁓ **des Rechners** / learning ability of a computer

lernend, adaptiv (DV) / adaptive, trainable ‖ ⁓**er Automat** / intelligence o. intelligent automaton ‖ ⁓**er Rechner** / learning computer ‖ ⁓**e Regelung** / learning control system ‖ ⁓**es System** (DV) / pattern recognition system

lern·fähig (DV) / adaptive ‖ ⁓**fähigkeit** f (Roboter) / compliance ‖ ⁓**maschine**, Lehrmaschine f / teaching machine ‖ ⁓**methode** f (Regeln) / learning method

lesbar, readable, legible ‖ ⁓**er Text** (DV) / hard copy ‖ **für den Menschen** ⁓ / human-readable ‖ **von vorn** ⁓ / visible from the front

Lesbarkeit f / readability, legibility ‖ ⁓ **für Menschen** / human readability

Lesbarkeits·abstand m / visibility distance ‖ ⁓**test** m (Buch, Reprographie) / legibility test

Lese·anfang m (DV, Band) / logical leading end ‖ ⁓**anweisung** f (DV) / read statement ‖ ⁓**band** n (Aufber)

/ picking table conveyor, picking o. sorting belt o. band ‖ ⭍beleuchtung f (Kfz) / reading light ‖ ~bereit / ready to read ‖ ⭍berge m pl (Bergb) / picked deads pl ‖ ⭍brille f / reading spectacles pl ‖ ⭍draht m (DV) / sense wire ‖ ⭍einrichtung f (LoKa) / read feature ‖ ⭍fehler m (DV) / read error, RE ‖ ⭍gerät n / reading device, reader ‖ ⭍gerät n für Mikrofilme / microfilm reader ‖ ⭍gerät n für Wagenmarkierungen (Bahn) / scanner ‖ ⭍geschwindigkeit f (DV) / reading rate ‖ ⭍impuls m (DV) / read-out pulse ‖ ⭍kopf m (Magn.Bd) / read[ing] head ‖ ⭍-Kopier-Gerät n / reader-printer ‖ ⭍lampe f (Bahn) / reading [spot] lamp ‖ ⭍leuchte f (Kfz) / reading lamp ‖ ⭍lupe f / reading lens ‖ ⭍lupe f (Repro) / hand viewer

lesen vt vi / read ‖ ~, pflücken / pick, gather, pluck ‖ ~, kutten (Bergb) / pick ‖ ⭍ n (LoKa) / reading, sensing ‖ ⭍ (Korrektur) / proof-reading ‖ ⭍, Klauben n (Bergb) / picking ‖ ⭍ der Reinschrift (Buch) / fair copy reading ‖ ⭍ mit Handlesekopf / wanding ‖ ⭍ mit Löschen (DV) / destructive read[ing] o. readout ‖ mit dem Handlesekopf ~ o. arbeiten / wand vi ‖ Trauben ~ / gather the grapes

Lese·objektiv n / objective lens ‖ ⭍probe f (DV) / read check

Leser m (für maschinenlesbare Schrift) (DV) / reader ‖ [kombinierter] ⭍-Drucker (DV) / reader-printer

leserlich, lesbar / legible, readable ‖ ⭍keit, Lesbarkeit f / legibility, readability

Lese·rost m (Bergb) / grate belt ‖ kombinierter ⭍-Schreibkopf (DV) / read-write head ‖ ⭍signal n (Elektronik) / playback signal, sense signal ‖ ⭍spannung f (DV) / reading-voltage ‖ ⭍speicher m, ROM (DV) / read-only o. permanent store o. memory, ROM ‖ ⭍station f (LoKa) / read[ing] station ‖ ⭍strahlerzeuger m (Röhre) / reading gun ‖ ⭍tisch m (Aufber) / picking table ‖ ⭍- und Rückvergrößerungsgerät n (Mikrofilm) / reader-printer ‖ ⭍verstärker m (LoKa) / read amplifier, sense amplifier ‖ ⭍vorimpuls m / preread disturb pulse

Lessingringe m pl (Chem) / Lessing rings pl

letal, tödlich / lethal ‖ ⭍dosis f, L.D. / L.D., lethal dosis ‖ 50 % ⭍dosis, LD 50 (Nukl) / mean o. median lethal dose, MLD ‖ ⭍faktor m / lethal factor

Lethargie f (Nukl) / lethargy

Letten, Töpferton m / potter's clay o. earth o. loam, ball clay ‖ ⭍... s. auch Lehm... ‖ ⭍besatz m (Hütt) / stemming with clay ‖ ⭍bohrer m (Bergb) / claying o. bulling bar ‖ ⭍haue f (Bergb) / single-end mattock ‖ ⭍kluft f, -besteg m (tonige schmierige Steinart) (Bergb) / clay coat of veins, clay wall, slide, flookan, flucan ‖ ⭍querkluft f (Bergb) / cross-floocan

Letter, [Druck]type f (Buch) / letter, type, character

Letternmetall, Schriftmetall n / printer's o. type metal

Letterset m (indirekter Hochdruck) (Buch) / dry offset, letterset printing

lettig, lehmig (Geol) / argill[ace]ous, clayey, clayish ‖ ~, lehmig / clayey, loamy

letzt / last ‖ ~, endgültig / final, ultimate ‖ ~, neuest (Modell) / latest ‖ ~er Anstrich / final paint ‖ ~e Korrektur, Preßrevision f (Buch) / press proof ‖ ~er Rückstand / drains pl ‖ ~er Termin / deadline date ‖ ⭍verbraucher m / ultimate consumer ‖ ⭍weg m (Fernm) / last-choice routing

Leucht·... / luminous ‖ ⭍... s. auch Licht... ‖ ⭍anregung f / luminescence ‖ ⭍anzeige f / luminous o. visual indication ‖ ⭍bake f / lighted beacon ‖ ⭍bakterien f pl / luminous bacteria pl ‖ ⭍band n (Elektr) / luminous band ‖ ⭍bild, Transparent[bild] n / transparency, transparent screen, diaphane ‖ ⭍bildkondensator m (Opt) / luminous spot ring condenser ‖ ⭍bildwaage f / luminous dial scale ‖ ⭍bildwarte f / luminous control panel ‖ ⭍blende f / transparent lamp cover ‖ ⭍boje, -tonne f (Schiff) / beacon buoy, light[ed] buoy ‖ ⭍bombe f (Luftf) / light o. flare bomb, marker ‖ ⭍decke, Lichtdecke f / luminous ceiling ‖ ⭍dichte f (Opt) /

radiant intensity per unit area, brightness, luminance ‖ ⭍dichte f, Dunkelstufe f im DIN-Farbsystem / blackness value ‖ ⭍dichteabfall m / loss of luminance ‖ ⭍dichte-Indikatrix f / luminance indicatrix ‖ ⭍dichtesignal n (TV) / luminance signal ‖ ⭍dichteumfang m / luminance o. contrast range ‖ ⭍dichteverteilung f / brightness distribution ‖ ⭍draht m / radiant filament ‖ ⭍druckknopftaster m / luminous push-button key

Leuchte f, Lampe f / lamp, lantern, light, luminaire (US) ‖ ~, Wohnraumlampe f / decorative lamp ‖ ~, Kleinleuchte f (Kfz) / light, lamp ‖ ~, Brennstelle f / lighting unit

Leucht·elektron n (Nukl) / luminous electron, optically active electron ‖ ⭍element n (eine Leuchte) / individual lamp ‖ ⭍email n / luminescent enamel

leuchten, strahlen / beam, radiate, be radiant, lighten ‖ ~, scheinen / irradiate, shine ‖ ~, brennen / light ‖ ~, phosphoreszieren / phosphoresce ‖ ~, Licht geben / give light ‖ ⭍, Helligkeit f (Farbe) / brilliance

leuchtend / bright ‖ ~, hell / brilliant ‖ ~, selbstleuchtend / luminous ‖ ~, glänzend, strahlend / lustrous, shining, bright ‖ ~, glänzend, blank, strahlend / glossy ‖ ~e Flamme / luminous flame ‖ ~er Körper / luminary ‖ ~es Landezeichen / luminous ground mark (US) ‖ ~ rot / vermillion, bright red

Leuchten·feld n / control light panel ‖ ⭍fenster n (Kfz) / transparent lamp cover ‖ ⭍raster, Raster m / louver (illumination), spill shield ‖ ⭍schale f / bowl of a lamp ‖ ⭍wirkungsgrad m / lamp o. luminaire (US) efficiency, optical output ratio

Leuchterscheinung f / luminous phenomenon

leuchtet, eine rote Lampe ~ auf, es leuchtet rot auf / a red lamp lights up

Leucht·faden m / filament ‖ ⭍fallschirm m / parachute flare ‖ ⭍farbe f / luminous paint o. colour ‖ ⭍farbe f, Fluoreszenzfarbe f (Buch) / fluorescent ink ‖ ⭍farbendruck m / luminous colour print ‖ ⭍feld n, leuchtendes Feld / luminous field, transparency ‖ ⭍feld n (Opt) / radiant field ‖ ⭍feldblende, -feldschirm m (Opt) / radiant field stop o. screen, lamp field stop ‖ ⭍feldblendenschieber m / lamp field stop slider ‖ ⭍feld[iris]blende f (Opt) / luminous-field diaphragm ‖ ⭍feldlinse f / condenser ‖ ⭍feuer n / beacon ‖ ⭍feuerleuchte f (Nautik) / projector ‖ ⭍fläche f / phosphor surface ‖ ⭍flammen-Brenner m / non-aerated burner, pin burner ‖ ⭍fleck m / light spot, luminous spot ‖ ⭍fleck (Radar) / spot ‖ ⭍fleckaufweitung, -flecküberhellung f (TV) / blooming ‖ ⭍gas n / illuminating o. lighting gas, city o. coal gas ‖ ⭍kasten m (Repro) / light box ‖ ⭍kompaß m / illuminated o. luminous compass ‖ ⭍kondensator m, Flächenleuchte f / luminous capacitor, panel light ‖ ⭍körper m, -gerät n / lamp, luminary, illuminant ‖ ⭍körper m der Glühlampe / luminous element ‖ ⭍kraft, Helligkeit f, Glanz m (allg) / luminosity ‖ ⭍kraft, Brillanz f / brilliancy ‖ ⭍kraft f, Beleuchtungsstärke f (Opt) / luminous intensity ‖ ⭍kraft f einer Lichtquelle / luminous o. illuminating power ‖ ⭍kraftbestimmung f, -kraftmessung f, Photometrie f / measurement of luminous intensity, photometry ‖ ⭍kraftklasse f, LC (Astr) / luminosity class, LC ‖ ⭍kugel f / flare, light ball o. flare, signal light, Very light (US) ‖ ⭍kugel, Signalrakete f / signal [sky] rocket ‖ ⭍manometer n / illuminated pressure gauge ‖ ⭍markierung f / luminous spot ‖ ⭍masse s. Leuchtstoff ‖ ⭍melder m (Elektr) / signal lamp, indicator light, indicating lamp ‖ ⭍melder m pl / signalling and warning lights pl ‖ ⭍petroleum n, -öl n / burning kerosene, lamp kerosine (US) ‖ ⭍petroleum für Signallampen / long-time burning oil ‖ ⭍pfosten m (Straßb) / illuminated traffic bollard, illuminated guard post ‖ ⭍-Photoleiter m / ELPC, electroluminescent photoconductor ‖ ⭍pigment n / luminescent pigment ‖

623

˛**pilz** *m*, "Schildkröte" *f* (Straßb) / button light ‖
˛**pistole** *f* / signalling o. illuminating pistol, very light
pistol (US) ‖ ˛**platte** *f* (für Kopierzwecke) / light table,
shiner ‖ ˛**platte** *f* (Bau) / panel light ‖ ˛**platte**,
Elektrolumineszenzplatte *f* / electroluminescent source
(a panel lamp) ‖ ˛**platte** *f*, Leuchtkondensator *m* /
luminous capacitor ‖ ˛**punkt**, -fleck *m* (TV) / luminous
o. beam spot ‖ ˛**quarz**, -resonator *m* (Phys) / luminous
o. luminator crystal ‖ ˛**rahmensucher** *m* (Phot) / bright-
line viewfinder, brilliant-frame finder ‖ ˛**rakete** *f* /
light flare o. rocket ‖ ˛**reklame**, Lichtreklame,
-werbung *f* / luminous advertising, illumination
advertisement, (spec.:) neon sign ‖ ˛**röhre** *f* / tubular
o. tube lamp, neon lamp ‖ ˛**satz** *m* / composition for
light flares ‖ ˛**säule** *f*, -pfosten *m*, Lichtsäule *f* (Straßb) /
[illuminated] guard post, illuminated traffic bollard ‖
˛**schaltbild** *n* / luminous circuit diagram, illuminated
diagram ‖ ˛**scheibe** *f*, -zeichen *n* / luminous disk ‖
˛**schild** *n* / light sign[board] ‖ ˛**schirm** *m* / luminescent
screen ‖ ˛**schirm**, Fluoreszenzschirm *m* / fluorescent
screen ‖ ˛**schirm** *m* (Ultraschall) / oscilloscope, scope
(coll) ‖ ˛**schirm** *m* **der Bildröhre** (TV) / viewing screen
‖ ˛**schirmbild**, Reflektogramm *n* (Ultraschall) /
oscilloscope pattern ‖ ˛**schirmröhre** *f* (Elektronik) /
luminescent screen tube ‖ ˛**schrift** *f* / illuminated letters
pl ‖ ˛**signal**, Warnungssignal *n* (Bahn) / fusee, warning
signal ‖ ˛**signale** *n pl* (Mil) / Ordnance devices *pl* ‖
˛**signal** *n* **am Rettungsring** / phoscar ‖ ˛**spur** *f* (Mil) /
tracer streak ‖ ˛**spurgeschoß** *n* / tracer shell o. bullet ‖
˛**spurmunition** *f* (Mil) / tracer ammunition ‖ ˛**spursatz**
m / tracer composition ‖ ˛**spurzusatz** *m* (Mil) / tracer ‖
˛**stärke** *f* / luminosity ‖ ˛**stärken-[Verteilungs]kurve**
f (Lichttechnik) / luminosity curve ‖ ˛**stift** *n* (DV) / light
pen o. gun o. sensor ‖ ˛**stoff** *m*, -masse *f*
(selbstleuchtend) / luminous matter o. substance ‖
˛**stoff**, Luminophor *m* / luminophore ‖ ˛**stoff [für
Kathodenstrahlröhren]** / phosphor ‖ ˛**stofflampe**,
-stoffröhre *f* / fluorescent lamp o. tube ‖ ˛**stofflampe** *f*
für Starterbetrieb / switch-start fluorescent lamp ‖
˛**stofflampe** *f* **für starterlosen Betrieb** / starterless
fluorescent lamp ‖ ˛**stofflampenschiene** *f* / fluorescent
lamp fitting ‖ ˛**stoffpunkt** *m* (TV) / phosphor dot ‖
˛**stoffpunkt-Dreier**, "Trüffel"-Dreier *m* (TV) /
phosphor dot trio ‖ ˛**stoffzähler** *m* / scintillation
counter ‖ ˛**streifen** *m pl* (Meteor) / luminous clouds *pl* ‖
˛**system** *n* (Elektronik) / magic eye section ‖ ˛**taste** *f* /
illuminated push button, lighted push button switch ‖
˛**technik** *f* / illuminating o. lighting engineering ‖
˛**tisch** *m* (Opt) / light table ‖ ˛**tonne**, -boje *f* / beacon
buoy, light[ed] buoy ‖ **grüne** ˛**tonne** / wreck buoy ‖
˛**turm** *m* / lighthouse ‖ ˛**turm** *m* **mit Festfeuer,
[Drehfeuer, Blinkfeuer]** / lighthouse with fixed light,
[with revolving light, with flashing light] ‖ ˛**vermögen**
n / luminous power ‖ ˛**visier** *n*, -zielvorrichtung *f* /
illuminated sight ‖ ˛**werbung** *f* s. Leuchtreklame ‖
˛**zeichen** *n* / luminous signal ‖ ˛**zeichen** *n*, -scheibe *f* /
luminous disk ‖ ˛**zeiger** *m* / luminous hand ‖
˛**zeigerwaage** *f* / luminous indicator scale ‖ ˛**zeit** *f* /
luminosity period ‖ ˛**zifferblatt** *n* / luminous dial ‖
˛**ziffer-Großanzeige** *f* / large-size digital indicator
Leucin *n*, Aminocapronsäure *f* / leucine
Leucit *m* (Geol) / leucite ‖ ˛**it**, -basalt *m* (Geol) / leucitite ‖
˛**porphyr**, Leucitophyr *m* (Geol) / leucitophyre
Leuko·... / lauco..., leuco... ‖ ˛**base**, Leucobase *f*,
-verbindung *f* / leuco base o. compound ‖ ˛**farbstoff** *m*
(Textil) / leuco dye ‖ ˛**indigo** *m*, Indigoweiß *n* / indigo
white ‖ ˛**küpenfarbstoff** *m* / leuco vat-dye
Leukol, Chinolin *n* / quinoline, chinoleine (US)
Leuko·manganit *m*, Fairfieldite *m* (Min) /
leucomanganite, fairfieldite ‖ ˛**schwefelsäureester** *m* /
sulphuric ester of leuco compounds ‖ ˛**skop** *n* (Opt) /
leucoscope ‖ ˛**verbindung** *f* s. Leukobase
Levelflex-Gerüst *n* (Walzw) / Levelflex unit
Leviathan-Wollwaschmaschine *f* / leviathan washer

levieren, Muster einlesen (Textil) / thread in ‖ ˛, Muster
einlesen (Textil) / read in, thread in samples ‖ ˛,
Mustereinlesen *n* / reading in o. off
Levitation *f* / levitation
Levitationskraft *f* / levitating lifting force
Lewisit, Chlorvinyldichlorarsin *n* (Chem, Mil) / lewisite
Lexem *n* / content word
lexikografische Daten *pl* (DV) / lexicographical data *pl*
LFF (Luftf) = Landefunkfeuer
LFF-Methode *f* (Roboter) / level feature focus method,
LFF method
LFK = Lenkflugkörper
L-förmige Handauflage (Wzm) / L-rest
L-Gas *n* / lowgrade gas
L-Gelb 3 *n* / chinolin[e] yellow
L-Glied, Halbglied *n* (Filter) / half section ‖ ˛, induktives
Glied (Elektronik) / L-component o. member ‖ ˛,
-Schaltung *f* (Fernm) / L-network o. attenuator o. filter
LH (DIN 4076) = Laubhölzer
LHD-Technik *f* (Bergb) / load-haul-dump technics *pl*,
LHD technics *pl*
Lias·bildung *f*, Lias *m f* (untere Juraformation) / liassic
system, lias ‖ ˛**kalk** *m* / lias stone
Libelle *f* (Instr) / bubble level ‖ ˛, Wasserwaage *f* (Verm) /
water level, spirit level ‖ **längliche** ˛, Rohrenlibelle *f* /
tube type level ‖ **runde** ˛, Dosenlibelle *f* / box level
Libellen·prüfer *m* (Instr) / level trier ‖ ˛**sextant** *m* /
bubble sextant
Liberalisierung des Linienverkehrs / deregulation (US)
Libration *f* (Astr) / libration ‖ **tägliche o. parallaktische** ˛
/ diurnal libration
Librationspunkt *m* (Raumf) / libration point
Lichen- o. Alginatverdickung *f* / alginate thickening
licht, hell / light, bright, clear ‖ ˜**er Abstand** [von] / clear
distance [from] ‖ ˜**er Abstand** [zwischen] / clearance
[between] ‖ ˜**er Abstand der Gleisbremsenbacken** /
clearance of brake shoes ‖ ˜**e Höhe** / headway,
clearance [height], headroom ‖ ˜**e Höhe** (Bau) / height
of the day ‖ ˜**e Öffnung** (Tür) / clear opening width ‖
˜**e Öffnung eines Bogens** / free span of an arch ‖ ˜**er
Querschnitt** (Bau) / clear opening ‖ ˜**er Raum**,
Lichtraum *m* / space in the clear, clear space ‖ ˜**e
Schrift** (Buch) / outline o. open-faced letters *pl* ‖ ˜**e
Töne** *m pl* (Pap) / light tints *pl* ‖ ˜**e Weite**, Durchgang
m (Bohrung) / diameter inside ‖ ˜**e Weite**, Innenweite *f*
(Bau) / inside o. inner width, clearance, clear width ‖ ˜**e
Weite** (Ablauf) / clear opening, CO ‖ ˜**e Werte
zwischen Spurkränzen** (Bahn) / inside distance between
tires, gauge of tires
Licht *n*, -schein *m* / light ‖ ˛, Fensteröffnung *f* (Bau) /
opening ‖ ˛**..** s. auch Leucht... ‖ ˛**ausstrahlen** (o.
-senden o. verbreiten) / effuse light ‖ ˛**richten** (o.
werfen) / play, throw ‖ **das** ˛**ausschalten** / turn off the
light ‖ **das** ˛**einschalten** / turn on o. switch on the light
‖ **durch** ˛**verursacht** / photogenic, produced by light ‖
mattes ˛**verbreiten** / blink ‖ **von hinten einfallendes**
˛ / backlight ‖ ˛**abdeckschirm** *m* (für die
Aufnahmelinse) (TV) / flag ‖ ˛**abdeckung** *f* / light gate
‖ ˛**abgabe** *f*, -menge *f* / time-flux of light, emission of
light ‖ ˛**abgabe**, -entwicklung *f* / evolution of light ‖
˛**abgabe** (in lmh) / quantity of light ‖
˛**ablenkvorrichtung** *f* (für Lichtleiter) / guided-light
deflector ‖ ˛**abschluß** *m* / absence of light, light
exclusion ‖ **unter** ˛**abschluß** / protected from light ‖
˜**absorbierend** / optically absorptive ‖ ˛**absorption** *f* /
optical absorption ‖ ˛**aggregat** *n*, Lichtmaschinensatz
m (Elektr) / lighting set ‖ ˛**anlasser** *m*,
Lichtanlaßmaschine *f* (Kfz) / [Dyneto] motor-generator,
starter-generator unit ‖ ˛**antenne** *f* / light-sector
antenna ‖ ˛**äquivalent** *n* / light equivalent ‖ ˛**arbeit** *f*
(in lmh) / quantity of light ‖ ˛**art** *f* (DIN 5031) /
illuminant ‖ ˛**artwechsel** *m* / change of illuminants ‖
˛**ausbeute** *f* / luminosity factor, luminous efficiency o.
power, light efficiency ‖ ˛**ausbeute** *f* / light efficiency

|| ⌐ausbeute f in cd/W (Lampe) / specific consumption ||
~aussendendes Organ (Biol) / photogen ||
~ausstrahlend, photogen (Biol) / photogenic ||
⌐ausstrahlung f (Tätigkeit) / radiation of light ||
⌐ausstrahlung f (Zustand) / luminous radiation ||
⌐band n (Bau) / row of windows ||
⌐bandbreitenverfahren n (Phono) / optical pattern method, christmas-tree o. light-band o. Buchmann-Meyer pattern method || ⌐batteriezünder m (Kfz) / dynamo-battery-ignition unit || ~beständig s. lichtecht ||
⌐bestimmung f (Phot) / grading, timing || ⌐bild, Bild n / photograph, photo[graphic picture], still ||
⌐bildauswertung f, Photogrammetrie f / photogrammetry || ⌐bildervortrag m / slide lecture, keyed talk || ⌐bildkunst, Photographie f / photography || ⌐bildvermessung f / photographic survey || ~blau, hellblau / light blue || ~blau, blaßblau / pale blue ||
⌐blitz m, Photoblitz m / photoflash, flashlight ||
⌐blitzstroboskop n / high-speed flash stroboscope ||
⌐blitz-Warnleuchte f (Luftf) / anticollision light
Lichtbogen, Überschlag m / arc, arcing, arking || ⌐ m (Elektr) / electric arc || ⌐ zwischen mehr als zwei Elektroden / compound arc || ⌐ zwischen zwei Elektroden / plain arc || ⌐abfall m / arc drop [voltage] || ⌐antriebseinheit f (Rakete) / plasma jet thrustor ||
⌐bearbeitung f, -brennen n / electric arc machining ||
⌐beheizung f / heating by electric arc || ⌐dauer f / arc duration || ⌐entladung f / arc discharge || ⌐erdschluß m / arcing ground (US) o. earth (GB) || ⌐erosion f / electric arc erosion || ⌐festigkeit f / arc resistance ||
⌐flamme f (Schweiß) / arc flame || ⌐generator m / arc generator || ⌐-Handschweißen n / manual arc welding || ⌐ionenquelle f / arc-discharge ion source || ⌐kammer f / explosion chamber o. pot || ⌐kohle f, Kohlenstift m / arc carbon || ⌐kontakt m (ein Bauteil) / arcing contact ||
⌐kopf m / arc terminal || ⌐krater m / arc crater ||
⌐-Kriechwegbildung f / arc tracking || ⌐löscher m / arc extinguisher, arc quencher || ⌐löschspule f / arc-quenching coil || ⌐löschung f / arc extinguishing o. quenching || ⌐ofen m / arc furnace || unmittelbarer o. direkter ⌐ofen (Stromdurchgang durch den Einsatz) / direct arc furnace || ⌐preßschweißen n, Bolzenschweißen n / arc pressure welding, stud welding || ⌐säule f / arc stream, column of gas in arc discharge || ⌐saum m (Schweiß) / arc seam || ⌐schaukelofen m / swing type arc furnace || ⌐schritt m / arcing step ||
⌐schutz m (Elektr) / flash barrier || ⌐schweißautomat m / automatic arc welding machine || ⌐schweißelektrode f / arc welding electrode || ~schweißen / arc-weld ||
atomares ~schweißen / atomic arc welding || ⌐schweißen n mit Mantelelektrode / shielded metal arc welding, SMAW || ~schweißer m / arc welder ||
⌐schweißmaschine f, -schweißapparat m / arc welding machine o. apparatus || ⌐schweißung f unter Schutzgas / shielded [inert gas metal] arc welding, inert gas shielded arc welding || ⌐spaltverfahren n (Chem) / arc process for acetylene production ||
⌐spannungsabfall m / voltage [drop] across an electric arc || ⌐spektrum n / electric spectrum || ⌐stromrichter m / rectifier tube || ⌐widerstandsofen m / arc resistance furnace || ⌐zündung f / arc ignition o. starting ||
⌐zündung f, Zündung f durch Lichtbogen / arc ignition o. starting, starting by arc || ⌐zündung f, Zündung f des Lichtbogens / arc ignition o. starting, starting of the arc
licht·brechend / refracting, refractive, refringent ||
⌐brechung f / optical refraction, refraction of light ||
⌐brechungsvermögen n / [optical] refractive power, refrangibility, refringence, -ency || ⌐bündel, Strahlenbündel n / luminous aigrette o. beam o. pencil, pencil of rays || ⌐büschel n (Elektr) / brush discharge ||
~chemisch, photochemisch / photochemic[al] ||
⌐dämpfung f / subdueing of light || ⌐deckenleuchte f / strip light ceiling || ~dicht / light-proof, light-tight ||
⌐drehschalter m / light spindle switch || ⌐druck m,

Strahlungsdruck m (Phys) / light pressure, pressure of light || ⌐druck m (Buch) / phototype, collotype ||
⌐drucker m, Photograveur m / photoengraver ||
⌐durchlaßgrad, Transmissionsfaktor m (Opt) / [light] transmittance, transmission factor || ⌐durchlaßgrad m im sichtbaren Bereich / luminous transmittance ||
~durchlässig, transparent / translucent, -lucid, transparent, pellucid, diaphanous || stark ~durchlässig (Linse) / of great light transmitting capacity ||
⌐durchlässigkeit, Transparenz f / light transmitting capacity o. power o. quality, light transmission, transparency || ⌐durchlässigkeit f (Phys) / light transmission ratio || ⌐durchlässigkeitszahl f / transparency index
Lichte n, lichte Öffnung (Bau) / clear, day || im ⌐n [gemessen] / measured inside, in the interior
licht·echt / light-fast o. -resisting, non-fading, unfading, fadeless, stable to light, color-fast, sunfast (US) ||
⌐echtheit f / light-fastness || ⌐echtheitsprüfer m, Fadeometer n / fad[e]ometer, light sensitiveness tester ||
⌐effekt m / effect lighting || ⌐einfall[s]winkel m / angle of incidence || ⌐einheit f / photometric o. light unit || ⌐einstrahlung f / incident light radiation ||
⌐einwirkung f / action of light
lichtelektrisch / photoelectric, autophotic, phototronic ||
~e Austrittsarbeit / photoelectric work function || ~er Effekt / photo-effect || ~e Elektronen-Emission / external photoelectric effect, photo-emission, photoemissive effect || ~es Kreispolarimeter / photoelectric polarimeter with circular scale || ~es Mikroskop / photoelectric microscope || ~e Photometrie (Astr) / photoelectric photometry || ~e Zelle / photoelectric cell, PEC, pec || umgekehrter ~er Effekt / photonegative effect
Licht·elektron n / photoelectron || ⌐emission f / light emission || ⌐emissionsgrad m / luminance factor ||
~emittierende Diode / light-emitting diode, LED ||
~empfindlich / sensitive to light, light-sensitive, optically sensitive, photo-active, photosensitive ||
~empfindlich gemachter Film / sensitized film ||
~empfindlich machen, sensibilisieren (Phot) / sensitize, sensibilize || ~empfindliches Papier / photographic paper || ~empfindliche Seite, Schichtseite f (Phot) / sensitized face o. side || ~empfindliche Stoffe m pl (Phys) / photochromics pl || ~empfindliche Zelle / photodetector, photosensitive cell, photosensor ||
⌐empfindlichkeit f / sensitivity to light, luminous sensitivity, photosensitivity || ⌐empfindlichkeit f des Films (Phot) / speed of emulsion
lichten (Wald) / clear || ~ (Bäume) / lop off branches || den Anker ~ (Schiff) / weigh, wind up, windglass v
Licht·entladung f / luminous discharge || ⌐entwicklung, -abgabe f / evolution of light
Lichter pl (Luftf, Schiff) / position lights pl
Licht·erscheinung f, optisches Phänomen / optical phenomenon || ~erzeugend, -fortpflanzend, -spendend / luminiferous || ⌐farbe f (Kfz) / colour of the lamp ||
⌐farbmeßgerät n / colour temperature meter, Kelvin meter || ~fest s. lichtecht || ⌐figurenmethode f (Krist) / optical reflection figure method || ⌐filter m n, Farbenfilter m n / light filter, coloured screen || ⌐filter m n, Lichtdrossel f / light filter, optical filter ||
⌐filterschieber m / (light-)filter slider || ⌐fleck, -punkt m (TV) / luminous beam spot, hot spot, light spot ||
plötzlicher intensiver ⌐fleck (TV) / womp || ⌐flut f / dazzle || ⌐fortpflanzung f / transmission of light ||
⌐gang m (Phys) / path of light rays || ⌐gatter n (Elektronik) / light gate || ⌐geschwindigkeit f / velocity of light, light velocity o. propagation || ~gesteuert / light activated || ⌐gitterrost m, -gitterbelag m / egg crate decking, grating floor || ⌐gitterschranke f (Presse) / light-grille barrier || ~grau (RAL 7035) / light gray ||
⌐griffel m, Lichtstift m / light pointer, light pen ||
⌐griffelprogrammierung f (Video) / light pen

programming || **~grün**, Säuregrün n / acid green ||
~hauptschalter m / master lighting switch || **~hof** m,
Hof m (Opt) / corona || **~hof** m (Phot, TV) / halo, corona
|| **~hof** m (Bau) / light well || **~hofbildung** f (Opt) /
irradiation || **~hofbildung** f (Phot) / halation || **~hoffrei**
(Phot) / non-halo, nonhalating, -halation, antihalation,
-halo || **~hofschutzschicht** f (Buch) / antihalation layer
o. backing || **~hülle** f, Aureole f (Meteorol) / aureole ||
~hülle f (Elektr) / luminous envelope, aureole || **~hupe** f
(Kfz) / headlamp flasher || **~hupebetätigung** f (Kfz) /
flashing || **~hydraulisch** (Laser) / light-hydraulic ||
~impuls m / light-induced pulse || **~impulsgerät** n /
light pulser || **~induziert**, durch Licht katalysiert (Chem)
/ light-induced || **~intensität** f / luminous intensity ||
~intensität f, Beleuchtungsstärke f / illumination ||
~jahr n (= 0,94606 · 10^18 cm) (Astr) / light-year, l.y. ||
~kabel n / electric light[ing] cable || **~kegel** m / cone of
light, luminous o. light cone, illuminating pencil ||
~klima n (Beleuchtung der Erde) / photoclimate ||
~kreuz n (Meteorol) / light cross || **~kuppel** f (Hütt) /
saucer dome, domelight || **~kupplung** f (Elektr) /
lighting connection || **~lampe** f, Pumplampe f (Laser) /
pumping flash || **~lehre** f, Optik f / optics || **~leistung** f /
luminous power || **~leiter** m / glass- o. fiber-optic[al]
light guide o. waveguide ||
~leiter-Nachrichtenübertragung f / optical fiber
transmission || **mit negativem**
~leitfähigkeitskoeffizienten / light-negative, photo-
negative o. resistive || **mit positivem**
~leitfähigkeits-Koeffizienten / light positive ||
~leitfaser f / fiber optical waveguide, optical fiber ||
~leitung f (Elektr) / light[ing] circuit o. mains pl ||
~leitung f (Kfz) / lighting cable || **~loch** n, Sehloch n
(Bau) / lunette || **~magnetzünder** m (Kfz) /
mag-dyn[am]o, magneto-generator, dynamomagneto ||
~marke f, Lichtpunkt m / light spot || **~maschine** f
(Gleichstrom) (Kfz) / dynamo || **~maschine** f, Generator
m (Kfz) / [electric] generator || **~maschine** f (Fahrrad) /
bicycle dynamo || **~maschine** f (Bahn) / lighting dynamo
|| **~maschine** f mit isolierter Rückleitung (Kfz) /
dynamo with insulated return [feeder] || **~maschine** f
mit Masserückleitung (Kfz) / dynamo with ground
return || **~maschinengehäuse** n (Kfz) / generator barrel
o. body || **~maschinensatz** m, Lichtaggregat n (Elektr) /
lighting set || **~maß** n, Lichtprofil n (Bahn) s.
Lichtraumprofil || **~mast** m (Straßb) / light pole o. standard
o. mast, lighting pole o. column || **~mast** m (Bahn) /
lighting pylon o. mast || **~menge** f (in der Zeiteinheit) /
luminous flux per time unit || **~menge** (in lmh),
Lichtarbeit f / quantity of light, light quantity || **~menge**
f, -abgabe f / time-flux of light, emission of light ||
~meßgerät n (allg) / photometer, light meter ||
~messung f, Photometrie f / photometry ||
~messungs..., photometrisch / photometric ||
~mikroskop n / light-optical microscope ||
~mikroskopie f / light-optical microscopy ||
~mikroskopisch / light-microscopy... || **~modulator** m
(Elektronik) / light modulation equipment, light
modulator || **~mühle** f, Crookes Radiometer / Crookes'
radiometer || **~netz** n, -leitungen f pl / lighting line[s] o.
mains pl || **~netzantenne** f / light sector antenna ||
~öffnung f, Fensteröffnung f (Bau) / light || **~öffnung** f,
-loch (Bau) / lunette || **~öffnung** f im Straßenpflaster /
vault light || **~optik** f / light optics pl || **~optisch** / light-
optical || **~pausapparat** m, -maschine f / diazo printing
o. blueprinting machine || **~pause** f, Blaupause f /
blueprint || **~pause** f auf Diazomaterial / diazo print,
diazotype, diazocopy || **~pauserei** f / blueprint shop ||
~pausgerät n für Diazo / diazo printing apparatus o.
printer, dyeline printer || **~pausmaschine** f (Blaupausen)
/ blueprinting machine || **~pausmaterialien** n pl / diazo
type materials pl || **~pauspapier** n / [heliographic]
printing o. tracing paper || **~pauspapier** n,
Blaupauspapier n / ferroprussiate paper, blueprinting

paper, ozalid paper || **~pauspapier**, Diazopapier n /
diazo paper || **~pistole** f (ein Lichtstift) (Elektronik) /
light gun || **~profil** n (Bahn) s. Lichtraumprofil || **~punkt**
m, Lichtmarke f / light spot || **~punkt** m (TV) / flying o.
scanning spot || **~punktabtaster** m (Abtastung mit
Lichtpunkt) (TV) / flying spot scanner ||
~punktgalvanometer n / light spot galvanometer ||
~quant, Photon n / light quantum, photon || **~quelle** f /
luminous source, source of light, light source ||
selbstleuchtende ~quelle / self-luminous o.
luminescent source || **~rampe** f / footlights pl || **~raum**
m (Bau) / space in the clear, clear space || **~raumprofil**
n, Umgrenzungslinie f des lichten Raumes (Bahn) /
structure gauge o. clearance || **~raumprofil für die**
Fahrleitung (Bahn) / contact system gauge ||
~raumprofil für Stromabnehmer (Bahn) / clearance
gauge for pantographs || **~raumverengung** f (Bahn) /
fouling of the clearance gauge, encroachment on the
clearance gauge || **~reflexion**, -rückstrahlung f /
luminous reflectance || **~regie** f (TV) / lighting control ||
~regler m / dimmer, light regulator || **~reiz** m /
luminous excitation || **~reklame**, -werbung,
Leuchtreklame f / luminous advertising, illumination
advertisement || **~relais** n / photoelectric relay || **~relais**
n, photoelektrisches Relais, Lichtschranke f, Lichtgitter
n / light barrier o. relay, photoswitch ||
~remissionsgrad m (DIN) / luminous reflectance factor
|| **~riß** m / light crack || **~riß** m (Bauholz) / sun crack o.
check || **~rißschutzmittel** / anti-sunchecking agent ||
~ruf m (Rufanlage) / signal light, luminous call ||
~rufanlage f / light signalling o. call installation,
luminous call system || **~rufsprechanlage** f /
intercommunication light call installation ||
~[sammel]schiene f / lighting bus bar || **~satz** m /
photo type-setting, filmsetting, photocomposing ||
~säule f / luminous post || **~schacht** m (Bau) / day shaft, light
well || **~schalter** m / light switch || **~schalter** m (Kfz) /
headlamp switch || **~schaltkasten** m / light switch box ||
~schein m / blaze || **~schleier** m (Phot) / light fog[ging] ||
~schleuse f (Phot) / light trap || **~schluckend**,
-absorbierend / absorptive to light, light absorbing ||
~schnitt m (Opt) / light section || **~schnittmikroskop** n
/ light section microscope || **~schnitt-Tubus** m / light
section tube || **~schnittverfahren** n (Opt) / light-section
procedure, light-section procedure, split-beam method ||
~schranke f / light barrier, photoelectric barrier ||
~schreiber m / light pen || **~schubschalter** m / light
push switch || **~schutzmittel** n / light stabilizer ||
~schutzmittel m (Holz) / sun cracking inhibitor ||
schwarzes ~schutzpapier / black photo paper, blacks
pl || **~schwach** (TV) / low-luminosity || **~schwaches**
Objektiv / objective of low light transmitting power,
slow objective || **~schwankung** f / light fluctuation ||
~schwerpunkt m (Leuchte) / light center position ||
~schwerpunktsabstand m (Leuchte) / light center length
|| **~setzmaschine** f / photocomposing o. photo-
typesetting machine, photocomposer, filmsetter,
filmsetting machine || **~setzverfahren** n / photo-
composing process || **~sicherung** f (Elektr) / light fuse ||
~signal n, (früher:) Lichttagessignal n (Bahn) / light
signal, colour-light signal || **~signal** n, Leuchtkugel f /
signal rocket || **~signal** n (Straßb) / traffic light, traffic
signal || **~signal** n mit beweglicher Farbblende (Bahn) /
searchlight type colour signal || **~spalt** m / light gap,
light slit || **~spur** f s. Leuchtspur || **~spurverfahren** n
(F.Org) / chronocyclography || **~stark**, -durchlässig
(Linse) / of great light transmitting capacity || **~starkes**
Objektiv / objective of great light transmitting capacity
o. power, rapid o. fast objective || **~stärke** f, Helligkeit
f (Leuchtdichte x Fläche) / intensity of light, luminous
intensity || **~stärke** f (einer Linse) / aperture o. f-
number of a lens, speed o. rapidity of a lens || **die**
~stärke reduzieren / brown out || **~[stärke]messer** m,

Photometer n / photometer ‖ ~stärkennormal n,
Lichtstandard m / primary luminous standard ‖
~steckdose f / light [wall] socket, lighting outlet ‖
~steckdose f / light socket ~stecker m / light plug ‖
~steuergerät n / dimmer unit ‖ ~steuergerät n (Film) /
light control ‖ ~steuerröhre f (TV) / light modulator ‖
~steuerschirm m (TV) / intensity-control screen ‖
~stift m (DV) / [light] pointer, light pen ‖ ~stiftanzeige
f / graphics pl, light pen display ‖ ~stifteingabe f / light
pen hit ‖ ~strahl m / ray of light, light beam o. ray ‖
plötzlicher ~strahl / dazzle ‖ ~strahlenwirkung f,
Aktinität f / actinism ‖ ~strahlinstrument n / light-
beam instrument ‖ ~strahloszillograph m / Duddel
oscillograph ‖ ~strahlschreiber m / light pen ‖
~strahlschweißen n / laser welding ‖ ~strahlung f /
luminous radiation ‖ ~streifen m / thin streak of light ‖
~streifen m pl, Schichten f pl (Phys) / striation ‖
~streuung f, Streulicht n / light scatter ‖ ~strom m
(Elektr) / light[ing] current, current for lighting purposes
‖ ~strom m (Phys) / luminous o. light flux ‖ ~strom,
Photostrom m (Elektronik) / light-current, photo-current
‖ ~strombedarf m (TV) / required light flux ‖
~strommesser m / luminous flux meter, integrating
photometer, lu[men]meter ‖ ~sucher m (Repro) / light
finder ‖ ~taster m (Regeln) / light scanner ‖ ~technik f,
Beleuchtungstechnik f / illuminating o. lighting
engineering ‖ ~technik im Theater / lighting ‖
~techniker m, Beleuchtungsingenieur m / illuminating
o. lighting engineer ‖ ~technische Bewertung /
photometric evaluation ‖ ~technische Einheit /
luminous standard
Lichtton m / optical sound ‖ ~-Abtastgerät n / optical
sound head ‖ ~-Aufzeichnung f / photographic [sound]
record[ing] ‖ ~film m / combined sound and picture
film, (code word), comopt, optical sound film ‖ ~gerät
n / optical sound recorder ‖ ~-Gleichlaufmeßfilm m /
optical sound film for measuring wow and flutter ‖
~-Kamera f / sound recording camera, optical sound
recorder ‖ ~kopie f (TV) / combined optical sound print
‖ ~lampe f / optical-sound lamp, exciter lamp ‖
~negativ n, SN (Film) / sound-negative film, SN ‖
~-Negativrohfilm m / sound negative raw stock ‖
~positiv n, SP (Film) / sound positive film, SP ‖
~schreiber m / photographic sound recorder ‖ ~spalt
m (Film) / recording slit ‖ ~spur f / optical sound track ‖
~verfahren n (Film) / sound-on-film system, optical
recording ‖ ~-Wiedergabegerät n / optical sound
scanner ‖ ~-Wobbelfilm m / buzz-track film
Licht·transformator m / light[ing] transformer ‖
~undurchlässig, undurchsichtig / opaque, impervious
to light ‖ ~unempfindliche Deckmasse, Photoresist n,
-resistlack m / photoresist ‖ ~unempfindlich machen
(Film) / desensitize completely ‖ ~unempfindlichkeit f /
light stability
Lichtung f (Forstw) / clearance, clearing, opening, glade
Licht·vektor m (Krist) / light vector ‖ ~verstärkung f
(Laser) / light amplification ‖ ~verteilungskurve f /
polar distribution curve ‖ ~verteilungsschirm m /
concentric light diffuser ‖ ~visier n / light-beam
localizer ‖ ~wange f (Treppe) / outer string[board] (a
notchboard) (the string furthest from the wall) ‖ ~weg
m, Weglänge f / optical path length ‖ ~weite f, lichte
Weite (Masch) / clear opening ‖ ~weite f (Bau) / open
space, clearance, clear width ‖ ~weite f (Brücke) / clear
opening ‖ ~weite f der Türzarge / width of door leaf
inside door frame ‖ ~welle f / light wave ‖
~wellen-Dopplerradar m n / light wave Doppler radar
‖ ~wellenlehre, Wellenoptik f / physical optics ‖
~wellenleiter m, LWL m / beam waveguide, optical
waveguide ‖ ~wellenleiter-Endgerät n / fiber optic
terminal device ‖ ~wellenleiterkabel n, LWL m / light
wave guide cable ‖ ~wellenleiter-Kabel n / optical
fiber cable ‖ ~wellenleiter-Schalter m / fiber optic
switch ‖ ~wellenleiter-Sender m / fiber optic

transmitter ‖ ~wellenzug m / light wave train ‖ ~wert
m (Phot) / exposure value, E.V., light value ‖
~wertautomatik f (Phot) / automatic gain control,
automatic E.V. control ‖ ~wert-Einstellring m (Phot) /
light value setting ring ‖ ~wertkupplung f (Phot) /
constant E.V. coupling ‖ ~wiederholer m,
Signalmeldelämpchen n (Bahn) / light repeater ‖
~wirkung, Aktinität f / actinism ‖ ~wurflampe f /
projector lamp ‖ ~zähler m (Elektr) / light-current meter
‖ ~zeichen, -signal n / luminous o. light signal ‖
~zeichenanlagen f pl, Verkehrsampeln f pl / traffic
lights pl ‖ ~zeiger, Leuchtzeiger m / illuminated o.
luminescent o. luminous hand o. pointer ‖
~zeigerwaage f / projection balance, luminous indicator
balance ‖ ~zeile f / row of lights, lighting rail ‖ ~zeit f,
Aberrationszeit f (Astr) / light-time ‖ ~zündschalter m
(Kfz) / light and ignition switch
LiCl-Hygrometer n / LiCl hygrometer
LID n (eine Zenerdiode) (Elektronik) / LID, leadless
inverted device
LIDAR n (lichtmaserbetriebenes Radar) / LIDAR (light
detection and ranging)
Liderung f (Waffe) / obturation
Liebenow-Schaltung f (Elektr) / Delon rectifier
Liebigkühler m (nach West) / Liebig condenser
Lieferabgrenzung f / delimitation of deliveries
Lieferant m / supplier ‖ ~, Lieferfirma f / purveyor,
seller, vendor ‖ ~ chemischer Zusätze / formulator
lieferbar / deliverable, available ‖ ~ (Buch) / in print ‖
sofort ~ / on the spot
Liefer·bedingungen f pl / terms of delivery pl ‖ ~beton m
/ ready-mix[ed] concrete
Lieferer m, Lieferant m / supplier
Liefer·frist f / term of delivery ‖ ~grad (Mot, Kompressor,
Pumpe) / volumetric efficiency, charging efficiency ‖
~länge f / supply length ‖ ~los n / delivery lot,
shipment lot ‖ ~menge f / quantity delivered ‖ ~menge
f, Förder-, Pumpenleistung f, Leistung f (Pumpe) / flow
rate of a pump ‖ ~mischer m (Bau) / truck mixer
liefern, ausliefern / deliver o. ~ / deliver, supply ‖ ~,
zuführen / furnish ‖ ~, ergeben / yield ‖ ~, fördern
(Pumpe) / deliver ‖ eine bestimmte Wassermenge ~
(Pumpe) / discharge ‖ Strom ~ (Elektr) / supply the
current
Liefer·norm f / delivery standard ‖ ~programm n /
delivery program[me] ‖ ~schein m / shipping note,
delivery note ‖ ~spule f (Draht) / delivery spool o.
bobbin, supply bobbin o. package o. spool ‖
~spulen-Haltevorrichtung f (Textil) / holding device
for supply packages ‖ ~termin m / date of delivery
Lieferung f / delivery ‖ ~ (Tätigkeit) / providing, supplying
‖ ~, Beschaffung f / supply ‖ ~, Sendung f / shipment,
parcel ‖ ~, Heft n (Buch) / number, part ‖ ~ als
Unterlieferant / delivery of subcontractor ‖ ~ frei
Haus / delivered free domicile
Liefer·wagen m (Kfz) / multi-stop [delivery truck],
delivery car o. vehicle o. truck, van (GB) ‖ ~wagen m
pl / light pl motor lorries and delivery vans ‖ ~wagen m
für den Rollfuhrdienst (Bahn) / door-to-door delivery
van ‖ ~wagen m mit offenem Kasten / express body
truck, pick-up [body] truck (US) ‖ ~walze f (Spinn) /
sliver calender, delivery roller, calender [take-off]
roller ‖ ~walzen, Abzugwalzen f pl (Textil) / draw-box ‖
~werk o / delivering o. purveyance works sg, supplier
‖ ~werk n (Ringwirnm) / delivery device ‖ ~zeit, -frist
f, -termin m / term o. time of delivery ‖ ~zustand m
(Walzw) / mill finish
Liege f für [Bei]fahrer (Kfz) / sleeper berth ‖ ~dauer,
-zeit f, (des Oberbaus) (Bahn) / lifetime o. lay-days of
rails in the track ‖ ~geld n (Schiff) / wharfage, quayage ‖
~gleiter m (Luftf) / prone position glider (US)
liegen / lie, be [placed] ‖ ~ [auf] / lie [on]
liegenbleiben (Kfz) / break down, have a breakdown ‖
~ wegen Kraftstoffmangel / run dry ‖ ~ n wegen

627

Kraftstoffmangel / running dry, running out of petrol o. gas

liegend / in horizontal position ‖ ~ / in a horizontal position ‖ ~ **aufbewahren** / keep in horizontal [position] ‖ ~es **Blatt** (Tuchsch) / lower blade ‖ ~e **Falte**, Deckfalte f, Überfaltung f / recumbent fold ‖ ~es **Fenster** / lying window ‖ ~e **Maschine** / horizontal engine ‖ ~er **Motor** / horizontal engine ‖ ~e **Noppe** (Textil) / laid pile ‖ ~e **Scholle** (Geol) / upcast side, upthrow side

Liegendes n (Bergb) / footwall, bottom, bottoms pl, basal part o. base of a seam ‖ ~, Sohle f (Bergb) / floor ‖ ~, Totliegendes n (Bergb) / deads below the vein

Liege·platz m (Schiff) / slip, berth ‖ ~platz m (Bahn) / reclining berth, couchette ‖ ~presse f (Pap) / straight-through press ‖ ~rinne f (Dach) / gutter resting on the wall ‖ ~tage m pl (Schiff) / lay days pl ‖ ~wagen m (Bahn) / coach with reclining berths o. couchettes, couchette coach ‖ ~zeit [im Betrieb] f, Lagerungszeit f [im Lager] (F.Org) / storage time

Liek n / bolt rope

Liesche Algebra f / Lie algebra

lieschen (Mais) / husk ‖ ~ n (Mais) / husking

Liesegangsche Ringe m pl, periodischer Niederschlag (Kolloid) (Chem) / Liesegang rings o. phenomenon pl, periodic precipitation

Lievrit, Ilvait m (Min) / lievrite, ilvaite ‖ **farbloser** ~, Lawsonit m (Min) / lawsonite

LIF, laserindizierte Fluoreszenz / LIF, laser-induced fluorescence

Lifo (Lager) / last come - first served, last in - first out

Lift, Fahrstuhl, Aufzug m / lift, elevator ‖ ~-dumper m (Luftf) / lift dumper ‖ ~-**Fan** m (Luftf) / lift fan

Lifting Body, [keilförmiger] ~ (Raumf) / lifting body

Lift--off m (Rakete) / lift-off ‖ ~-**on/lift-off**, Vertikalbeladung f (Schiff) / lift-on/lift-off ‖ ~-**on/Lift-off-Containerschiff** n / lift-on/lift-off container ship ‖ ~-**Slab-Bauweise** f (Bau) / lift slab method ‖ ~- **und Lift/Cruisefan-System** n (Luftf) / lift and lift/cruisefan system (VTOL)

Ligand m (ein Ion) / ligand

Ligase f, Synthetase f / ligase, synthetase

Ligatur f, Doppelbuchstabe m (Buch) / ligature, double letter, tied letters pl

Light--Ends-Anlage f (Öl) / light-ends plant ‖ ~-**Water** n (F'wehr) / Light-Water

Ligierung f (Gentechnik) / ligation

Lignin n / lignin[e] ‖ **natives** ~, Protolignin n / protolignin ‖ ~**aufnahme** f / lignin uptake ‖ ~**harz** n / lignin resin ‖ ~**kunststoff** m / lignon plastic ‖ ~**sulfonat**, Lignosulfonat n / lignosulphonate ‖ ~**zerstörung** f (Pap) / delignification

Lignit m, holzige Braunkohle / lignite, woody brown coal ‖ ~**ton** m / lignite clay

Lignocellulose f / lignocellulose

Lignofolhartholz n / densified impregnated laminated wood, compreg, compregnated laminated wood

Lignum vitae n, Pockholz n / pock wood, lignum vitae

Ligroin n (Leichtöl) / ligroine (petroleum fraction from 90 - 120 °C), ligarine, petroleum ether ‖ ~ (Lösungsmittel) / varnishmaker's and painter's naphtha

Li-Li-Methode f (Container) / lift-on/lift-off method

Liliputsockel m / pocket lamp [Edison] screw cap

LIM (Elektr) = Linearinduktionsmotor

Limburgit m (Geol) / limburgite

Limbus, Gradbogen m (Verm) / limb, graduated arc

limes, Grenzwert m (Math) / limiting value, limit ‖ ~**federring** m **für Scheibenräder** / Limes type conical spring washer

Limit n, obere o. Höchstgrenze f / limit

Limiter m (Plasma) / limiter

limitieren / limit

limitiert, beschränkt, begrenzt / limited

limnisch (im Süßwasserbereich vorkommend) / limnic

Limnologie f / limnology

Limone f / lime, Citrus aurantifolia ‖ **süße** ~, Citrus limonia / sweet lime

Limonen n (Chem) / limonene, carvene, citrene, hesperidene

Limonenöl n / cedro oil

Limonit m (Min) / limonite, (misnomer:) brown haematite ‖ ~**beton** m / limonite concrete

Limousine f (Kfz) / sedan (US), saloon (GB), limousine ‖ ~ **mit 6 Fenstern** / Pullman saloon o. sedan, executive limousine ‖ ~ **mit abgeteiltem Fahrersitz** (Kfz) / berline ‖ ~ **mit getrenntem [offenem] Fahrersitz** (Kfz) / town car, brougham ‖ ~ **mit großem Kofferraum** / sedan with large baggage room ‖ **zweitürige viersitzige** ~ / tudor sedan (US), twodoor sedan

Linac s. Linearbeschleuniger

Linaloeöl, Rosenholzöl n (Handelsbez) / linaloe oil

Linalool n (Chem) / linalool

Linar m (Astr) / linar (a specified point source of radiation), master o. guide plate, former, template

Linarit m (Min) / linarite

lind[e], gelind[e] / mild

Linde f, Tilia cordata / lime [tree], linden, tilia ‖ **amerikanische** ~ / white basswood, beetree ‖ ~**-Kälteverfahren** n / Linde process ‖ ~**-Kupfersüßung** f / Linde copper sweetening (gasoline)

Lindemann-Fenster n (Röntgen) / Lindemann window

lindgrün / lime green

Lindlar-Kontakt[katalysator] m / Lindlar catalyst ‖ **Lindlar-Kontaktkatalyse** f / heterogeneous catalysis

Lineage f, Kleinwinkelkorngrenze f (Krist) / line formation, lineage

Lineal n, Linienzieher m / straightedge, ruler ‖ ~, Führer m (Nähm) / rule, guide ‖ ~ (Nähm) / rule, guide ‖ **der Kopiervorrichtung** (Wzm) / master o. guide plate, former, template ‖ ~**kanter** m (Walzw) / manipulator with hook tilter ‖ ~**schlepper** m (Walzw) / bar-type skid

linear, geradlinig, Linear… / linear, lin ‖ ~**e Ablenkung** (TV) / linear sweep ‖ ~**er Akkord** (F.Org) / 100 % incentive rate ‖ ~**e Aktivität** (Nukl) / linear activity ‖ ~**e Algebra** / linear algebra ‖ ~ **ansteigende Spannung** (Elektronik) / ramp voltage ‖ ~**er Anstiegsvorgang** (Elektr) / unit ramp ‖ ~**e Ausdehnung**, Längsdehnung f / linear o. longitudinal expansion o. extension ‖ ~**es Bremsvermögen** (Nukl) / total linear stopping power ‖ ~**es CCD** / photosensible linear array ‖ ~**e Deformation** / linear strain ‖ ~**e Dispersion** (Atom, Nukl) / linear dispersion ‖ ~**es Energieübertragungsvermögen**, beschränktes lineares Bremsvermögen (Nukl) / linear energy transfer, LET ‖ ~**er Frequenzgang** / flat frequency response ‖ ~**er Fuß** / linear foot, lin.ft. ‖ ~ **gespalten** / split linear ‖ ~**e Gleichrichtung** (Fernm) / straight-line o. linear rectification ‖ ~**e Gleichung** (Math) / simple o. linear equation ‖ ~**er integrierter Schaltkreis** / linear integrated circuit, linear IC, LIC ‖ ~**e Interpolation** (Math) / straight-line interpolation ‖ ~**e Ionisation** / linear ionization ‖ ~**es Kollisions-Bremsvermögen** (Atom, Nukl) / linear collision stopping power ‖ ~**es Makromolekül** / linear macromolecule ‖ ~**e Modulation** (Fernm) / linear modulation ‖ ~**es Molekül** / linear molecule ‖ ~**es Moment**, Impuls m, Bewegungsgröße f / linear momentum ‖ ~**es Niederdruck-Polyethylen**, LLDPE / linear low density polyethylene, LLDPE ‖ ~**e Optimalisierung** / linear optimization ‖ ~**e PCM** / LPCM, linear pulse code modulation ‖ ~**er Pinch** (Plasma) / linear pinch ‖ ~**es Polyethylen**, LGDPE / linear polyethylene ‖ ~**e Programmierung** o. **Planrechnung** (DV) / linear programming ‖ ~**e proportionale Dämpfung** / linear viscous damping ‖ ~**er Raum**, Vektorraum / linear o.

vector space || ~es **Regelsystem** / linear control system || ~e **Regelung** / linear control || ~e **Regression** / linear regression || ~er **Schwund** (Gieß) / linear shrinkage || ~e **Stableistung** (Nukl) / linear power density o. power rating || ~es **Superpolymer** / linear superpolymer || ~e **Transformation** (Math) / linear transform[ation] || ~e **Verstärkung** (Elektronik) / flat gain amplification || ~ **verzerrt** / linearly distorted || ~e **Verzerrung**, Linearverzerrung f (Opt) / [curvi]linear distortion || ~er **Wandler** (Schwingungen) / linear transducer || ~er **Wandler** / linear transducer || ~er **Wärmeausdehnungskoeffizient** / coefficient of elongation o. of linear [thermal] expansion || ~e **Zugbeeinflussung** (Bahn) s. Linienzugbeeinflussung || ⌐**antenne** f, Käfigantennte f / cage antenna || ⌐**antennengruppe** f / linear array of antennas || ⌐**arm** m (Roboter) / horizontal arm || ⌐**beschleuniger** m, Linac / linac, lineac , linear accelerator || ⌐**feuer** n (Luftf) / linear light || ⌐**gleichungslöser**, Polynomrechner m / equation solver || ⌐**induktionsmotor** m, LIM / linear induction motor, LIM

linearisieren / linearize

Linearisierung f **von Kennlinien** (Elektronik) / linearization of characteristics

Linearisierungswiderstand m (TV) / peak resistor, peaking resistor

Linearität f / linearity

Linearitäts·abweichung f / linearity deviation || ⌐**fehler** m (TV) / linearity distortion || ⌐**maß** n (TV) / figure of linearity || ⌐**testbild** n (TV) / linearity test pattern

Linear·kolloide n pl / linear colloids || ⌐**koordinaten** f pl / linear coordinates pl || ~**-logarithmisch** / linear-logarithmic || ⌐**maßstab** m (Regeln) / linear measuring scale, linear transducer || ⌐**meßschlitten** m (Opt) / linear measuring slide || ⌐**motor** m (linearer Drehstrom-Induktionsmotor) / linear [induction] motor || ⌐**perspektive** f / linear perspective || ⌐**planimeter** n / linear planimeter || ⌐**polarisation** f (Wellen) / linear o. plane polarization || ~**polarisiert** (Wellen) / plane-polarized || ⌐**programmierung** f (DV) / linear programming || ~**-Revolver** m (Wzm) / linear turret lathe || ⌐**schweißen** n (Plast) / linear movement friction welding || ⌐**strahler** m (Antenne) / linear radiator || ⌐**strahlröhre** f, O-Typ-Röhre f / linear beam tube, O-type tube || ⌐**verstärker** m / linear amplifier, LA

Lineatur f, Liniatur f, Linierung f / lines pl, lining of paper

Liner m (Pap) / liner || ~**-Platte** f (Bau) / liner plate

Lingenerverfahren n (Gasprüf) / Lingen method

Linguist m (DV) / linguist

Linie f, Strich m / stroke, line || ⌐, Setzlinie f (Buch) / composing o. setting rule || ⌐ (Opt) / line || ⌐ (= 0.88'' = 2.2558 mm) (Uhr) / ligne, line || ⌐ **der elastischen Dehnung** / modulus line || ⌐**n** f pl **der magnetischen Induktion B** (gemessen in Weber/m² o. Vsm⁻², früher: in Gauß) / magnetic flux density curve || ⌐ f **des Einfallens** (Bergb) / full dip || ⌐ **gleicher Beleuchtungsstärke** / isophote || ⌐ **gleicher Bodenstrahlung** / isorad || ⌐ **gleicher Deckgebirgsmächtigkeit** / isopachyte || ⌐ **gleicher Gitternetzabweichung** / isogriv || ⌐ **gleicher Lautstärke**, Isophone f / loudness contour, isoacoustic curve, equal-loudness curve || ⌐ **gleicher Undurchsichtigkeit** (Phot) / isopaque || ⌐ **im Spektrum** / line in a spectrum || ⌐ **in Richtung von der Hauptstadt weg** (Bahn) / down-line (GB, Japan) || ⌐ **in Richtung zur Hauptstadt** (Bahn) / up-line || ⌐**n ziehen** / rule vi, line || ⌐ **in direkter** ⌐, direkt, geradlinig / lineal || **mit parallelen** ~**n** / lineate[d] || **neue** ⌐ / new concept || **nicht** ~ **halten** (Buch) / be broken || ~**haltende Ziffern** f pl (Buch) / lining o. ranging figures pl

Linien·analyse f (Röntgen) / line scan || ⌐**anker** m (Fernm) / longitudinal stay || ⌐**aufdruck** m (Instr) / chart lines pl ||

⌐**biegeapparat** m (Buch) / rule bender || ⌐**bild** n, Liniendicke f (Buch) / rule thickness || ⌐**blitz** m / furrow lightning || ⌐**bö** f (Meteorol) / line squall || ⌐**bus** m (über Land) / interurban coach || ⌐**bus** m (innerstädtisch) / urban bus || ⌐**büschel** n (Math) / sheaf o. pencil of lines || ⌐**dienst** m / scheduled service, regular service || ⌐**fahrt** f (Schiff) / regular line shipping, liner trade || ⌐**festpunkt** m, Leitungsfestpunkt m (Elektr) / pole with line stays, strutted pole || ⌐**flugzeug** n (Luftf) / liner, airliner || ⌐**flußbild** n (Regeln) / line flow diagram || ~**förmige Abwälzberührung** / rolling line contact || ~**förmige Berührung** / extended contact || ~**förmige Verkehrsbedienung** / point-to-point service || ⌐**frachter** m / cargo liner || ⌐**frequenz** f / line frequency || ⌐**führung**, -auswahl f / line direction determination o. location o. selection || ⌐**führung**, Trasse f (Bahn, Fernm) / layout of the line || ⌐**führung** f **der Leitung** (Fernm) / direction of a line || ⌐**guß** m (Buch) / rule casting || ⌐**index** m (Repro) / line indexing || ⌐**integral** n, Kurvenintegral n / line integral || ⌐**kasten** m (Buch) / rule case || ⌐**komplex** m, Multiplett n (Spektrum) / multiplet || ⌐**-Konfiguration** f (Fernwirk) / multipoint-partyline configuration || ⌐**koordinaten** f pl / line coordinates pl || ⌐**kreuzung** f (Fernm) / transposition || ⌐**lampe** f / linear lamp || ⌐**last** f (Mech) / knife-edge o. line load || ⌐**leiter** m (Bahn) / track conductor || ⌐**material** / rules pl || ⌐**netz**, Bahnnetz n / traction system o. network || **einfaches** ⌐**nivellement** (Verm) / rise-and-fall system || ⌐**paare** n pl (Spektroskopie) / line pairs pl || ⌐**papier** n (Web) / cartridge o. design o. drafting o. squared paper || ⌐**plan** m (Fernm) / line routing plan || ⌐**raster** m n (Buch) / line grating || ⌐**raster** n (Radar) / lattice || ⌐**rasterverfahren** n (Phot) / line screen process || ~**reich** (Spektrum) / exhibiting a great wealth of lines, with large number of spectral lines || ⌐**reißer** m (Masch) / ruler, ruling device || ⌐**relais**, Anrufrelais n (Fernm) / line o. main relay o. contactor, call relay || ⌐**riß** m (Schiff) / lines plan o. drawing || ⌐**schalter** m (Fernm) / line jack || ⌐**schnittverfahren** n (Krist) / intercepted-segment method || ⌐**schreiber** m / [continuous] line recorder || ⌐**speicherröhre** f (TV) / line storage tube || ⌐**spektrum** n, diskontinuierliches Spektrum / line spectrum || ⌐**spektrum** n / discontinuous o. line spectrum || ⌐**stärke** f / rule width || ⌐**stärke**, Strichstärke f / line width o. thickness || ⌐**störung**, Leitungsstörung f, -fehler m (Fernm) / line fault o. failure || ⌐**strahler** m / line source || ⌐**sucher**, -wähler m (Fernm) / line finder o. selector o. switch || ⌐**symbol** n (Regeln) / line symbol || ⌐**treiber** m (Elektronik) / line driver || ⌐**umschalter** m (Elektr) / line commutator || ⌐**verschiebung** f (Spektrum) / line displacement || ⌐**verzweiger** m (für max. 2000 Doppeladern) (Fernm) / cable distributing plug o. sleeve || ⌐**wähler** m (Fernm) / final selector o. switch || ⌐**wähleranlage** f (Fernm) / intercommunication system || ⌐**wählerleitung** f (Fernm) / intercommunication circuit || ⌐**wasserzeichen** n (Pap) / linear watermark || ⌐**wirbel** m / line vortex || ⌐**zahl** f (Trägerfrequenz-Photographie) / number of lines || ⌐**ziehvorrichtung**, -zieher m / ruler, ruling device || ⌐**zug** m / continuous lines || ⌐**-Zugbeeinflussung** f (Bahn) / continuous automatic train running control

lin[i]ieren / line, provide with lines etc, rule

Lin[i]iermaschine f / ruling machine

lini[i]ertes Papier, Linienpapier n / ruled paper

Lini[i]erung f / lining, lines pl

Lin[i]iervorrichtung f / ruler, ruling device

link, linksseitig / lefthand, L.H., l.h., left side, l.s. || ~**e [Druck]seite** (mit gerader Nummer) (Buch) / verso || ~**e Fahrbahn** (Straßb) / left lane, near-side lane (GB) || ~**e Masche** / reverse stitch || ~**er Meißelschieber** (Senkrechtdrehmaschine) / left-hand railhead || ~**e Seite** / left || ~**e Seite** (Gleichung) / first member || ~**e Seite**, **Links...** (Straßb) / near side (lefthand driving), far side

(righthand driving) ‖ ～e Seite (Web) / wrong side, back ‖ ～er Seitenmeißel (Wzm) / lefthand tool
Linkage-Editor m (DV) / linkage editor, linker
Linkehandregel f (Elektr) / lefthand rule
Link·kopplung, Gliedkopplung f (Elektronik) / link coupling ‖ ～packbereich m (DV) / linkpack
Linkrusta f (Plast) / lincrusta
links adv / left ‖ ～ (Tür o. Geländer nach DIN 107) / DIN-left[-handed] ‖ ～... (Chem, Opt) / laevo..., levo..., loevo... ‖ ～ noppen (Textil) / back-shear, dress the wrong side of cloth ‖ ～ stricken / cast knit ‖ ～- und rechtsbündig / left-and right justified ‖ ～abbiegen n / left[-hand] turn ‖ kein ～abbiegen / no left-turn ‖ tangentiales ～abbiegen ("amerikanisch") (bei Rechtsverkehr) / turning nearside-to-nearside ‖ ～abbiegender Verkehr / left-turning traffic ‖ ～abbieger m / left-turning vehicle ‖ ～abbiegerspur f / left turn filter ‖ ～ablenkend (Opt) / laevogyre (GB), levogyre (US) ‖ ～ablenkung f / backing, left-hand deflection, deflection counterclockwise o. left-hand ‖ ～appretur f (Textil) / back finish ‖ ～ausführung f / left-hand execution ‖ ～bewegung f / left-hand travel o. movement o. motion ‖ ～bündig (Buch) / left-justified, flush left ‖ ～draht m (Garn) / left-hand twist, S-twist ‖ ～drall (Masch) / left-hand twist ‖ ～drehend, entgegen dem Uhrzeiger / counter-clockwise, cckw, c.c.w. ‖ ～drehend (Chem) / laevo-rotary, -gyrate (GB), levo-rotary, -gyrate (US) ‖ ～drehend (Propeller) / left-handed ‖ ～drehend polarisiert / left-handed polarized ‖ ～drehende Kampfersäure / laevo-camphoric acid (GB), levo-camphoric acid (US) ‖ ～drehender Zucker / laevo-rotatory sugar ‖ ～drehung f, -lauf m / left-hand rotation, counter-clockwise rotation, cckw o. ccw rotation ‖ ～drehung f (Chem) / laevo-gyration (GB), levo-gyration (US)
Link-Segment n (DV) / link segment
links·färben (Textil) / dye inside-out ‖ ～gang m, -bewegung f / lefthand travel o. movement o. motion ‖ ～gang m (Gewinde) / left-hand[ed] thread
linksgängig / left-handed ‖ ～ (bei Seil: S, bei Litze: s) / left-hand ‖ ～es Gleichschlagseil (Kurzzeichen sS) / left-hand long-lay cable ‖ ～es Kreuzschlagseil (Kurzzeichen zS) / left-hand cross lay cable ‖ ～e Schraube / left-handed screw
Links·gewinde n, linksgängiges Gewinde / left-handed thread ‖ ～gezwirnt / S-twist ‖ ～gratköper m (Textil) / right-to-left twill, twill right to left ‖ ～händig / left-handed ‖ ～komparativität f (Math) / left-handed comparativity ‖ ～lauf m s. Linksdrehung ‖ ～läufige Schrift / right-to-left writing ‖ ～läufige Schrift (DV) / fount involving a right to left typebasket traverse action ‖ ～-Links-Bindung f (Wirkm) / left/left construction, links-links o. purl construction ‖ ～-Links-Flachstrickmaschine f, Flach-Links-Links-Maschine f / flat purl knitting machine ‖ ～-Links-Maschine f (Textil) / purl machine ‖ ～-Links-Nadel f (Textil) / double head needle ‖ ～-Linksplatine f (Textil) / slide, links jack, knitting jack ‖ ～-Linksplatine f (mit seitlicher Bremsfeder) (Textil) / spring jack
Links-Links-Strickmaschine f / flat links - and links knitting machine, purl stitch knitting machine
Links--Linksware f (Wirkm) / purl fabric, links/links fabric ‖ ～masche f (Wirkm) / rib loop o. stitch, purl o. reverse stitch ‖ ～maschine f / lefthand engine ‖ ～-Rechts... / left-right... ‖ ～-Rechtsrändelrad, (früher:) Kordelrad n / axially and circumferentially knurling wheel ‖ ～schneidend (Werkz) / left-hand cut[ting] ‖ ～schraube f / left-hand thread[ed] bolt ‖ ～schützen m (Web) / left-eye shuttle ‖ ～schweißung f / left welding, forward o. forehand (US) welding ‖ ～seitig (Web) / on the left-hand side, on the back of cloth ‖ ～seitige Komponenten f pl, Teilprodukte in n pl Zehnern (DV) / left-hand components pl ‖ ～steigende

Verzahnung / left-hand teeth ‖ ～steuerung f (Kfz) / left-hand drive ‖ ～stricken (Textil) / purl v ‖ ～stricken n / purl knitting ‖ ～strumpf m (Textil) / reverse-knit o. inside-out stocking ‖ ～weiche f (Bahn) / points for left-hand turnout, left-hand switch o. turnout ‖ ～weiche f im Innenbogen / left-hand turnout on similar flexive curve ‖ ～weinsäure f / laevotartaric acid (GB), levotartaric acid (US) ‖ ～ziegel m / left-hand side tile ‖ ～zirkular (Polarisierung) / left-handed circular ‖ ～zwirn, Zwirn mit linker Schußdrehung m (Textil) / left-hand thread
Lin-Log·-Empfänger m (Elektronik) / lin-log receiver ‖ ～-Papier n / lin-log paper
Linneit m (Min) / cobalt pyrites, linneaite
Linoleat n (Chem) / linoleate
Linolensäure f / linolenic acid
Linoleum n / lino, linoleum ‖ ～schiene, -leiste f / linoleum nosing
Linol·säure, Leinölsäure f / linoleic acid
Linometall n (Buch) / linotype metal
Linon, Batist m (Textil) / lawn, linon, leno ‖ **leichter** ～ / nainsook
Linotype·gußrohling m (Buch) / linus ‖ ～maschine f (Buch) / Linotype machine ‖ ～satz m / Linotype composition ‖ ～zeile f (Buch) / linotype slug
Linoxyn n, oxidiertes Leinöl (Linoleumherst) / linoxyn
Linse f (Bot) / lentil ‖ ～ (Opt, Geol) / lens ‖ ～ (flaches Pendelgewicht) (Uhr) / flat pendulum ball o. bob, lenticular bob ‖ ～ (Bergb, Geol) / lens ‖ ～ für mikroskopische Aufnahmen / microlens ‖ ～ mit Antireflexbelag / coated o. lumenized lens ‖ unkorrigierte ～ (Phot) / monocle
Linsen·anode f (Galv) / turret-top anode ‖ ～antenne f / [metal] lens antenna ‖ ～blechschraube f / pan-head tapping screw ‖ ～dichtung f / lenticular gasket, sealing lens ‖ ～effekt m, -lichtfleck m (Phot) / lens flare, womp ‖ ～elektrode f (Elektronik) / focus[s]ing electrode ‖ ～erz n, Lirokonit m / liroconite n ‖ ～fassung f (Phot) / lens mount[ing] ‖ ～fehler m (Phot) / lens error o. impairment, lens aberration ‖ ～fernrohr n, Refraktor m / refractor ‖ ～flachkopf m (Schraube) / flat mushroom head (GB), binding head (US) ‖ ～förmig, Linsen... / lenticular, lentiform, lentoid ‖ ～förmig (Geol) / phacoid[al] ‖ ～förmige Einlagerung (Geol) / lenticle ‖ ～glas n / lens ‖ ～gleichung f (Opt) / lens equation ‖ ～granulat n (Plast) / granules pl ‖ ～halter m / lens holder ‖ ～kopfschraube f / tallow-drop screw ‖ ～kranzabtaster m (flach) (TV) / lens [carrying scanning] disk ‖ ～kranzabtaster m (in Trommelform) / lens drum ‖ ～krümmung f (Opt, Teleskop) / figure ‖ ～kuppe f (Schraube, DIN 78) / blunt start, oval point, rounded end ‖ ～lampe f (Elektr) / lens tip lamp ‖ ～leiter m / lens guide ‖ ～mikrophon n / machine gun microphone o. mike (US), shot-gun o. ultradirectional microphone ‖ ～niet, Blechniet m / oval countersunk-head rivet ‖ ～rasterung f (des Schichtträgers) (Farbphot) / lenticulation ‖ ～rasterverfahren n (Farbphot) / lenticular process ‖ ～rundkopf m / pan head ‖ ～schirm m, Schutzschirm m für die Linse (Phot) / lens shield o. screen, lens hood ‖ ～schraube f (DIN 85) / oval head [cap o. machine] screw ‖ ～senkblechschraube f (mit kleinen Kopf) / slotted shallow-raised countersunk-head tapping screw (GB), slotted oval trim-head tapping screw (US) ‖ ～senkholzschraube f (DIN 95) / oval head wood screw ‖ ～senkholzschraube f mit Kreuzschlitz / cross recessed raised countersunk (GB) o. oval head (US) wood screw ‖ ～senkkopf m (Schraube) / raised countersunk head ‖ kleiner ～senkkopf / flat oval head ‖ ～senkschraube f (DIN 88, 91) / raised (o. oval head) countersunk head screw, French head screw (US) ‖ ～senkschraube f mit Zapfen (DIN 924) / oval head countersunk screw, full dog point ‖ ～sitz m (Rohrdichtg) / lens seat ‖ ～system n / lens combination o. system ‖ ～träger m (Stahlbau) /

lentiform girder ‖ ⁀verbreiterung f (Spektrum) / line broadening ‖ ⁀zylinderkopf m / raised cheese head (GB), fillister head (US), flat mushroom head ‖ ⁀zylinderschraube f / raised cheese head screw (GB), raised fillister head screw (US) ‖ ⁀zylinderschraube f mit Ansatz / slotted flat mushroom head screw with full dog point ‖ ⁀zylinderschraube f mit Kreuzschlitz / recessed raised cheese head screw (GB), recessed fillister head screw (US)

Linsey-Woolsey m (Leinen-Wolle o. Leinen-Baumwolle) (Web) / linsey-woolsey

Lintbaumwolle f, Lint m / lint

Linterkocher m / bull cook

Linters pl (Textil) / linters pl

Linz-Donawitz-Verfahren, LD-Verfahren n (Hütt) / Linz-Donawitz process

Liparit, Rhyolith m (Geol) / liparite, rhyolite

Lipase f (Chem) / lipase

Lipid n (Chem) / lipid[e]

Lipo·chromfarbstoff m, Lipochrom n (Chem) / lipochrome ‖ ⁀fuszin n, Abnutzungspigment n (Biol) / lipofuscine ‖ ⁀id n / lipoid ‖ ⁀lyse, Fettspaltung f / lipolysis ‖ ~phil (Chem) / lipophil ‖ ⁀philie f / lipophily ‖ ⁀phobie f / lipophoby ‖ ⁀proteid, -protein n / lipoprotein

Lippen·bohrer m (Holz) / lip auger ‖ ⁀dichtung f / lip seal ‖ ⁀klüse f (Schiff) / fairlead, warping chock ‖ ⁀mikrophon n / lip microphone ‖ ~synchron (Film) / lip sync ‖ ⁀synchronisierband n / lip-sync band ‖ ⁀synchronisierung f (Film) / lip-sync, lip synchronizing ‖ ⁀ventil n / spear valve

Lippklampe f (Schiff) / cleat, chock

LIPS pl, logische Entscheidungen je s / lips, logical inferences per s

Liquidität f, flüssiger Zustand / liquidity, liquidness ‖ ⁀ (Finanzen) / liquidity

Liquidus m (Hütt) / liquidus ‖ ⁀fläche f / liquidus area ‖ ⁀linie f, -kurve f / liquidus line

Lirokonit m (Aluminiumkupfer-II--trihydroxidorthoarsenat) (Min) / liroconite

Lisene f (Bau) / pilaster strip

Liskeardit m / liskeardite

LISP (eine Programmiersprache) / LISP, list programming language

Lissajoussche Figuren f pl / Lissajous figures pl

Lisseuse f (Spinn) / equipment for smoothing wool, back washing machine

Liste f / list (of names, of articles etc.), bill, register ‖ ⁀, Aufzählung f / enumeration ‖ ⁀, Verzeichnis n / record, index, panel ‖ ⁀ (DV) / report [group] ‖ ⁀ der qualifizierten Erzeugnisse / qualified products list, QPL ‖ auf eine ⁀ setzen / slate ‖ eine ⁀ aufstellen o. anlegen / draw up a list ‖ in eine ⁀ eintragen / bill

Listen n, Listgang m (DV) / list cycle ‖ ⁀anfangsbefehl m (DV) / input statement, (COBOL), initiate statement ‖ ⁀art f (DV) / report group ‖ ⁀artklausel f (COBOL) / type clause ‖ ⁀bild n (DV) / printer layout ‖ ⁀datei f (DV) / report file ‖ ⁀datenerklärung f (DV) / report group description entry ‖ ⁀[daten]wort n (DV) / report item ‖ ⁀endbefehl m, -abschlußanweisung f (DV) / terminate statement

Listener m (DV) / listener

Listen·generator m s. Listenprogrammgenerator ‖ ⁀gruppe f (COBOL) (DV) / report group group item ‖ ⁀kopf m (DV) / report heading report group ‖ ⁀name m (DV) / report name ‖ ⁀namenklausel, -namerneintragung f (DV) / report clause ‖ ⁀preis m / list price

List[en]programm n (DV) / report program ‖ ⁀generator m, LPG / report writer, report program[me] generator, RPG

Listen·schreibung f (DV) / listing ‖ ⁀verarbeitung f (DV) / list processing ‖ ⁀ware f, Dimensionshölzer n pl /

timber sawn to definite dimensions, dimension lumber o. timber

List·gang m (DV) / list cycle ‖ ⁀gerät n (DV) / lister, listing device ‖ ⁀gerät n für Magnetkontokarten (DV) / ledger reader

listrisch (Geol) / listric ‖ ~e Fläche, Schaufelfläche f (Geol) / listric plane

Liter m n / liter (US), litre

Literal n, selbstdeutendes Symbol (DV, Programm) / literal

Liter·kolben m (Chem) / liter flask ‖ ⁀leistung f (Mot) / specific output (with reference to the cylinder volume in liters) ‖ ⁀-Molarität, Molarität f (Zahl der gelösten Grammol je Liter Lösung) / molarity

LITG = Lichttechnische Gesellschaft

lithergol, hybrid / lithergol adj ‖ ~er (o. hybrider) Treibstoff (Raketen) / lithergol

Lithion·eisenglimmer, Zinnwaldit m (Min) / zinnwaldite ‖ ⁀glimmer, Lepidolith m (Min) / lepidolite

Lithiophilit m (Min) / lithio[phi]lite

Lithium n, Li (Chem) / lithium, Li ‖ ⁀aluminiumhydrid n / lithium aluminiumhydride ‖ ⁀borhydrid n / lithium borohydride ‖ ⁀chlorid n / lithium chloride ‖ ⁀chlorid-Hygrometer n, LiCl-Hygrometer n / LiCl-hygrometer ‖ ⁀feldspat m, Lithonfeldspat m / lithium fel[d]spar, berzelite, castorite ‖ ⁀fett n / lithium base grease ‖ ⁀fluorid n / lithium fluoride ‖ ⁀hydrid n / lithium hydride ‖ ⁀hydroxid n (Raumf) / lithium hydroxide ‖ ⁀hydroxidtablette f / lithium hydroxide pellet ‖ ⁀karbonat n / lithium carbonate ‖ ⁀niobat n, LiNbO₃ / lithium niobate ‖ ⁀oxid n / lithia ‖ ⁀phenolat n / lithium phen[ol]ate ‖ ⁀verseifung f / lithium base saponification ‖ ⁀zelle f / lithium cell

Litho·firnis m (Buch) / lithographic varnish o. oil, litho oil ‖ ~grafisch / lithographic ‖ ⁀graph, Steindrucker m / lithographer ‖ ⁀graphenfarbe f / lithographic ink ‖ ⁀graphenpapier n / lithographic paper, plate-glazed paper ‖ ⁀graphenschiefer m / lithographic stone ‖ ⁀graphie f, Steindruck m / lithographic drawing o. engraving o. print, litho[graph], lithography, lithoprint ‖ ⁀graphie f (Verfahren) / lithographic printing process, lithography ‖ ⁀graphie f mit fokussiertem Ionenstrahl / focussed ion beam lithography, FIBL ‖ ~graphieren n / litho[graph] ‖ ⁀graphie-Schiefer m (o. Solnhofener Schiefer) / lithographic stone ‖ ~graphische Anstalt / lithographic printing house ‖ ⁀pone f, Zink[sulfid]weiß n / lithopon[e], Charlton white, Griffith's white ‖ ⁀sphäre, Erdkruste f / lithosphere, earth crust

Litoral n, Ufergelände, -land n, Küstenstrich, -streifen m / coastal region, littoral, seaboard ‖ ~ adj, Ufer…, Küsten… / littoral adj ‖ ~er Lebensbezirk / littoral zone ‖ ⁀ablagerungen f pl / littoral deposits pl

Littlewaymaschine, Seitenklammerzwickmaschine f (Schuh) / staple side lasting o. pincer side staple lasting o. littleway lasting machine

Litze f (Seil) / strand, cant ‖ ⁀, Litzenschnur f (Fernm) / cord ‖ ⁀, Leitungsschnur f / flex (GB), flexible cord (US), stranded conductor ‖ ⁀, Tresse f (Textil) / lace, braid ‖ ⁀, Helfe f (Web) / heald, heddle (US) ‖ ⁀ für HF-Leitungen / litz, litzendraht ‖ ⁀ für Klingelleitungen / bell cord o. strand

Litzen·aufnäher m (Nähm) / braiding o. piping device ‖ ⁀aufschlagen n (Web) / mounting the harness ‖ ⁀auge n / heald eye o. hole, wrap eye mail ‖ ⁀bruch m / heald smash ‖ ⁀draht m (Elektr) / stranded wire ‖ ⁀einzelner ⁀draht / tinsel conductor ‖ ⁀eintragschiene f, Schaftstab m / heald slide bar, heald lath, heald stave ‖ ⁀garn n / cordonnet yarn ‖ ⁀isolation f (Elektr) / strand insulation ‖ ⁀leiter m / bunched conductor ‖ ⁀maschine f (Textil) / plaiting machine, braiding machine ‖ ⁀maschine f für Posamenten / braiding machine for trimmings ‖ ⁀muster n (Web) / cord pattern ‖ ⁀öffnung f (Web) / interval between the healds ‖ ⁀schiene f (Textil) / ridge bar ‖ ⁀schlagmaschine f für

Drahtseile / wire stranding machine ‖ **⌐schnur** f (Fernm) / cord ‖ **⌐schnur** f (Textil) / heddle (US) cord ‖ **⌐schnur** f (Elektr) / flexible lead o. cord ‖ **⌐seil** n / stranded rope ‖ **⌐spiralseil** n / multilayer stranded rope of equal round strands ‖ **⌐spule** f / stranded conductor coil ‖ **⌐steigungswinkel** m, -verseilwinkel m / angle of closing of strands, strand angle ‖ **⌐träger** m, Schienenrute f (Web) / rod for supporting the tapestry ‖ **⌐verdrahtung** f / flexible wiring ‖ **⌐zug** m (Textil) / lift of healds ‖ **⌐zwirn** m (Textil) / heald twine o. thread
Live·-Sendung f / on-the-spot transmission, live transmission ‖ **⌐-Tastatur** f (Rechenm) / live keybord ‖ **⌐-Ton** m / live sound
Liveware, Computer-Mannschaft f (DV) / liveware
Livreetuch n / livery cloth
Lizenz f / license, licence (GB) ‖ **eine ⌐ erteilen** [an o. jemandem] / license vt, licence (GB) ‖ **⌐abkommen** n / license agreement ‖ **⌐entzug** m / revocation of licence ‖ **⌐geber** m / licenser, licensing party ‖ **⌐gebühr** f / license fee, royalty ‖ **⌐nehmer** m, -inhaber m / licensee, licencee, licensed party, grantee, license holder ‖ **⌐vergabe** f / licensing, granting a license
Ljapunov·[sche] Funktion (Math) / Lyapunov function ‖ **⌐-Stabilität** f (Regeln) / Lyapunov stability
Ljungström-Turbine f / Ljungstrœm turbine
Lkw m, LKW, Lastkraftwagen m / motor lorry (GB) o. truck (US) ‖ **⌐** s. auch Lastkraftwagen ‖ **⌐ mit** (einem o. zwei o. drei) **hintereinander auf das jeweils vorhergehende Fahrzeug aufgesattelten weiteren Lkw** (z.B. Überführungsfahrt) / [single o. double o. triple] saddle mount combination (US) ‖ **⌐ mit offener Ladefläche** / rack body truck ‖ **⌐ mit Pritsche** / flatbed [truck] ‖ **⌐-Anhänger** m / trailer for motor lorries (GB), truck trailer (US), drawbar trailer ‖ **⌐-Aufbaulader** m (Kfz, Landw) / lorry (GB) o. truck (US) mounted loader ‖ **⌐-Belader** m / loading unit for trucks ‖ **⌐-Fahrer**, Lastwagen-Fahrer m / lorry (GB) o. truck (US) driver, trucker (US), teamster (US) ‖ **⌐-Fahrgestell mit Kabine** / truck chassis with driver's cabin ‖ **⌐-Halter** m / carrier ‖ **⌐-Kombi** m / truck station wagon ‖ **⌐-Ladekran** m / lorry- (GB) o. truck-(US)mounted crane ‖ **⌐-Transport** m / motor transport ‖ **⌐-Zug** m / road train
Lloyd·'s Register n (Schiff) / Lloyd's Register of Shipping ‖ **⌐scher Spiegel** (Phys) / Lloyd's mirror ‖ **⌐vorschriften** f (Schiff) / Lloyd's rules and regulations pl
LM LM = Landwirtschaftsministerium
LM, Mondlandeeinheit (Raumf) / lunar excursion module
L-Meßgerät n / inductivity meter
lmh = Lumenstunde
LMP f / liquid membrane permeation, LMP
L/M-Verhältnis n (Nukl) / L/M ratio
ln (Math) s. Logarithmus naturalis
LNG, Flüssig-Erdgas n / LNG, liquefied natural gas ‖ **⌐-Tanker** m (Schiff) / LNG tanker
Loading Rack n, [Ver]laderampe f (Raffinerie) / loading rack
Load-on-Top (Öltanker) / load-on-top
Lobelin n (Chem) / lobeline
Loch n / hole ‖ **⌐**, Löcher-, Lochelektron n (Halbl) / hole [electron] ‖ **⌐** (Preßfehler) (Plast) / pit ‖ **⌐** (LoKa) / punch ‖ **⌐**, Pore f (Plast, Fehler) / pit ‖ **⌐ zum Abstellen des Bohrgestänges**, Vorbohr-, Ratten-, Mäuseloch n (Öl) / rathole ‖ **ein ⌐ machen** / hole ‖ **mit Löchern** (o. Öffnungen) / apertured ‖ **tiefes ⌐ im Boden** (Bau) / pothole ‖ **⌐abstand** m / hole spacing o. pitch ‖ **⌐absteller** m (Textil) / fall-out detector ‖ **⌐abzug** m (Stahlbau) / deduction of [area for] holes ‖ **⌐anker** m (Elektr) / closed slot armature ‖ **⌐anordnung** f / hole arrangement ‖ **⌐apparat** m / punching device o. apparatus ‖ **⌐aufweitungsversuch** m, Lochleibungsversuch m / hole widening test ‖ **⌐band** n, Lochstreifen m / punched tape, (GB also:) paper tape ‖

⌐bandschleife f / control loop ‖ **⌐beitel** m (Tischl) / cross-cut chisel ‖ **[kräftiger] ⌐beitel**, Stemmeisen n / mortise chisel ‖ **⌐bild** n (z.B. für Flansche) (DIN 24340) / master gauge for holes ‖ **⌐bild** n (gedr.Schaltg) / hole pattern ‖ **⌐blech** n / perforated plate ‖ **⌐blende** f (Phot) / pin diaphragm o. stop, apertured diaphragm ‖ **⌐blende** f (Kath.Str) / aperture ‖ **⌐code** m (LoKa) / card code ‖ **⌐diopter** n (Sextant) / peep sight (US), pin sight ‖ **⌐dorn** m (Schm) / mandrel plug, piercer, piercing plug ‖ **⌐dornstange** f (Walzw) / piercing rod ‖ **⌐düse** f (Diesel) / hole type nozzle ‖ **⌐eisen** n, Lochbeitel m (Tischl) / mootise chisel ‖ **⌐eisen** n, -stanzer m (Wz) / hollow punch, puncher ‖ **viereckiges ⌐eisen**, Räumeisen n (Schm) / puncher chisel ‖ **⌐elektrode** f (Elektr.Mikr) / apertured electrode disk
lochen / hole v ‖ **⌐**, perforieren / perforate ‖ **⌐**, durchlochen, stanzen / punch, stamp ‖ **⌐** (Fahrkarten) / punch tickets ‖ **alle Löcher einer Kolonne ⌐** (LoKa) / lace ‖ **[durch]⌐** (Schm) / pierce, hole, punch
Locher m (Pap) / perforator ‖ **⌐**, Lochstempel m (Stanz) / punch, punching die ‖ **⌐**, Locherin f (LoKa) / punch operator, puncher
Löcher·beweglichkeit f (Halbl) / hole mobility ‖ **⌐bildung im Schaumbett** (Flotation) / blubbing ‖ **⌐dichte** f (Halbl) / hole density
löcherig / perforate[d] ‖ **⌐** (Oberfläche) / pitted ‖ **⌐**, porös / porous, porose, poriferous
Löcherleitung f (Halbl) / p-type o. hole conduction, conduction by holes o. by defect
Locher·matrize, Stanzmatrize f (LoKa) / punch die ‖ **⌐schritt** m (LoKa) / pitch of punch
Löcher·strom m (Halbl) / hole current ‖ **⌐theorie** f (Halbl) / hole theory
Locher·-Zahnstange f (Bahn) / locker rack
Loch·fang m (Halbl) / hole capture ‖ **⌐feile** f / entering file ‖ **[gebogene] ⌐feile** / riffler ‖ **⌐feld** n (LoKa) / field of perforations ‖ **⌐flansch** m (Rohr) / flange with holes ‖ **⌐fräser** m / bore type o. arbor type cutter ‖ **⌐fraß** m (Korrosion) / pitting, crevice corrosion, selective corrosion ‖ **⌐gurt** m, Schlaufengurt m / rigging o. suspension band ‖ **⌐kamera** f (ohne Linse) / pin camera, camera obscura ‖ **⌐kante** f / edge of a hole
Lochkarte f / unit record, punched card ‖ **⌐**, Filmlochkarte f / aperture card for film ‖ **⌐**, (formerly:) unit record card ‖ **⌐**,
Lochkarten·abfühler, -leser m / punched card reader ‖ **⌐doppler** m / reproducing punch, reproducer ‖ **⌐inhalt in Schrift umsetzen** (LoKa) / interpret ‖ **⌐karton** m / paper for punched cards ‖ **⌐-Magnetbandumsetzer** m (o. -Lochstreifenumsetzer) / card to tape converter ‖ **⌐maschine** f / punched card machine, unit record machine ‖ **⌐programmiert** / card programmed ‖ **⌐prüfung** f (LoKa) / key-verify ‖ **⌐spalte** f / card column ‖ **⌐zeile** f / card row
Loch·kasten m (F.Org) / perforated tote box ‖ **⌐kombination** f (LoKa, Lochstreifen) / punch combination, pattern of holes ‖ **⌐kranz** m (Zylinder) / belt of ports ‖ **⌐kranz m der Nummernscheibe** (Fernm) / dialling o. finger holes pl ‖ **⌐kreis** m / pitch circle for holes, hole circle ‖ **⌐kreis m für Schrauben** / screw-hole circle, bolt circle ‖ **⌐kreisdurchmesser** m / diameter of pitch circle ‖ **⌐kreis-Koordinaten** f pl / co-ordinates pl for hole circles ‖ **⌐kupplung**, Bethekupplung f (Wellenleiter) / multihole coupler ‖ **⌐lehre** f / hole ga[u]ge ‖ **⌐lehre für Türangeln** f (Bau) / mortise ga[u]ge ‖ **⌐leibungsdruck** m / pressure on the face of a hole ‖ **⌐leibungsfläche** f (Stahlbau) / effective bearing area ‖ **⌐maske** f (TV) / shadow mask ‖ **⌐maskenröhre** f (TV) / shadow mask tube ‖ **⌐messer**, Stanzmesser n / punching tool ‖ **⌐mittenabstand** m / pitch o. spacing of holes ‖ **⌐mutter** f, -rundmutter m (Masch) / round nut with drilled holes in one face ‖ **⌐naht** f (Schw) / plug weld, slot weld ‖ **⌐platte** f (Schm) / boss, swage block ‖ **⌐platte** f (DV, Speicher) / apertured

[ferrite memory] plate ‖ **⌐presse** f, -stanze f / perforating press ‖ **⌐probe** f / punching test ‖ **⌐prüfung** f **durch Übereinanderlegen** (Loka) / peek-a-boo ‖ **⌐rasterplatte** f (Elektronik) / breadboard ‖ **⌐reihe** f (Lochband) / track o. channel of punched holes ‖ **⌐säge** f (mit kreisförmigen Sägeblättern) / rotating circular band saw ‖ **⌐säge** f, Stichsäge f / compass saw ‖ **⌐scheibe** f, Stauscheibe f / breaker plate ‖ **⌐scheibe** f / pierced disk, perforated disk ‖ **⌐scheibe** f (Opt) / aperture[d] disk ‖ **⌐scheibe** f (Schm) / punched disk ‖ **⌐scheibe** f (Fernm) / dial ‖ **⌐scheibe**, Abtastscheibe f (TV) / scanning disk, disk scanner, aperture[d] disk ‖ **⌐scheibenanode** f (Kath.Str) / disk anode ‖ **⌐scheibenschlagverfahren** n (Textilpräf) / punching method using a perforated disk ‖ **⌐[schnitt]maschine** f / punching machine, cutting press ‖ **⌐schreiber** m / punching recorder ‖ **⌐schrift** f / punch code ‖ **⌐schrift** f **von Lochkarten** (o. Lochstreifen) (DV) / common language ‖ **⌐schriftübersetzer** m (LoKa) / [alphabetic] interpreter ‖ **⌐schriftübersetzer** m (Telegr) / translator ‖ **⌐schweißung** f / plug o. slot weld ‖ **⌐sieb** n / perforated screen ‖ **⌐spaten** m (Landw) / dibbling share ‖ **⌐stanze**, Stanzmaschine f / punch, holehole punching machine o. press ‖ **⌐stanzer** m (für nichtmetallische Werkstoffe) / hollow punch ‖ **⌐station** f (LoKa) / punchhead, punching station ‖ **⌐stein** m, -ziegel m / ventilated o. ventilating brick, hollow o. perforated brick ‖ **⌐stein**, Brennerstein m (Hütt) / nozzle brick ‖ **⌐stein** m (Instr) / watch jewel ‖ **⌐stein, bombiert** / balance jewel ‖ **⌐stein, flach** (Uhr) / planeparallel jewel, ring jewel ‖ **⌐stempel**, Locher m (Stanz) / punch, punching die, piercing punch, stamp ‖ **⌐stern** m (Landw) / dibbler ‖ **⌐stift** m (Plast, Wz) / plain core pin

Lochstreifen m / punched tape, (GB also:) paper tape ‖ **⌐** (Fernm) / perforated strip o. slip (GB) o. tape (US) ‖ **⌐ für Börsentelegrafen** / ticker tape ‖ **⌐ für Vorschubsteuerung** (DV) / control tape ‖ **⌐ mit vorgezogenen Transportlochungen** / advance feed tape ‖ **⌐[ab]taster** m (Fernm) / pecker ‖ **⌐code** m / punched-tape code ‖ **⌐empfänger** m / perforated strip recorder (GB) ‖ **⌐ende** m / end of medium, EM ‖ **~gesteuert** / [punched] tape controlled o. operated ‖ **~gesteuerte Werkzeugmaschine** / tape-controlled N/C machine ‖ **⌐kanal** m / tape channel ‖ **⌐karte** f (DIN 66213) / edge-punched card ‖ **⌐leser** m / punched tape reader ‖ **⌐lochen** n / tape punching ‖ **⌐-Magnetband-Umwandler** m / paper tape-to-magnetic-tape converter ‖ **⌐papier** n / tape paper ‖ **⌐rolle** f / roll of unpunched tape ‖ **⌐rücklauf** m (NC) / tape rewind ‖ **⌐sender** m (Fernm) / tape-transmitter, automatic [tape] transmitter ‖ **⌐spule** f / take-up reel ‖ **⌐stanzer** m / tape punch ‖ **⌐vorschub** m / tape skip ‖ **⌐vorschubgerät** n (DV) / tape controlled carriage ‖ **⌐wickel** m / roll of punched tape

Loch·stück n (Walzw) / pierced blank ‖ **⌐suchgerät** n (Hütt) / pinhole detector ‖ **⌐taster** m / inside callipers pl

Löchtemaschine f (Landw) / husker (US), shucker

Loch·transport m **für Formulare** / pin feed system, sprocket drum feed ‖ **⌐trommeltrockner** m (Textil) / suction drum drier, perforated drum drier ‖ **⌐- und Ausklinkmaschine** f / punching and coping machine, punch and coper ‖ **⌐- und Schermaschine** f / punching and shearing machine ‖ **⌐- und Ziehpresse** f / piercing and drawing press

Lochung f (Stanz) / punching ‖ **⌐** / perforation ‖ **⌐**, Perforation f (Film) / sprocket holes pl

Lochungs·zone f (untere o. obere) (Lochkarte) / [lower o. upper] curtate

Loch·versatz m (Lochstreifen) / code hole misalignment ‖ **⌐versuch** m (Hütt) / punching test ‖ **⌐versuch** m (Pap) / penetration test, piercing test ‖ **⌐visier** n / peep sight (US) ‖ **⌐vorrichtung** f / perforator, perforating attachment ‖ **⌐vorschar** f (Landw) / furrow opener [share] ‖ **⌐walzwerk** n (Walzw) / piercing mill, piercer ‖

⌐weite f / width of a hole o. aperture ‖ **⌐werkzeug** n (Stanz) / punch, punching die o. tool, piercing die o. tool ‖ **⌐zahlprüfung** f (DV) / hole count check ‖ **⌐zange** f, Knipszange f (Bahn) / ticket punch o. clippers pl ‖ **⌐zange** f (für Leder) / belt punch, spring belt punch ‖ **⌐zange** f **mit Revolverkopf** / revolving punch pliers ‖ **⌐zeiger** m (Instr) / hole-shaped hand ‖ **⌐ziegel** m, Hochlochziegel m / ventilated brick, ventilation brick, hollow brick, perforated brick

locken (Oszillator) / lock-in ‖ **⌐span** m (Wzm, Dreh) / helical chip type B ‖ **⌐wolle**, Stückwolle f / locks pl

locker, lose / loose, slack ‖ ~, weich / mellow ‖ ~, durchbrochen / open-worked ‖ ~ (Gewebe, Knoten) / flimsy ‖ ~, lose, unzusammenhängend / loose, mellow ‖ ~ (Schraube) / slack ‖ ~, aufgelockert (Boden) / loose ‖ ~, dünn / flimsy, frail ‖ ~, aufgelöst (Chem) / dissolute ‖ ~, wenig kompakt / incompact ‖ ~, schwammig, porös / porous, spongy, porose, poriferous ‖ **~e Anziehungskraft** (Phys) / loose attraction ‖ **~ arbeiten** (Web) / loosen the loops ‖ **~er Boden** (Landw) / light soil ‖ **~er (o. rutschiger) Boden** / loose earth o. soil ‖ **~es Gebirge** (Bergb) / unconsolidated deposit ‖ **~ gewickelt** / loose wound, wound with low density ‖ **~ [geworden]** / loose, loosened ‖ **~er Sand** (Gieß) / open sand ‖ **~e Schaumschicht** (Galv) / puff of foam ‖ **~e Schwelle** (Bahn) / pumping sleeper ‖ **~e Steinlage**, Uferschutzverbauung f (Hydr) / sheath, pierraille ‖ **~e Wolle** / loose wool ‖ **~gestein** n / unconsolidated material

Lockerheit f / looseness, fluffiness ‖ **⌐ von Geweben** (Textil) / sleaziness, flimsiness

Lockermaß n (Bau) / loose yards pl

lockern, locker machen / loosen vt, make loose ‖ ~, entlasten / ease ‖ ~, nachlassen / relax, relieve ‖ ~, lösen / unbend ‖ ~ (Baumwolle) / open up ‖ **den Boden ~** / break up the ground, loosen the ground ‖ **Nägel o. Schrauben ~** / start nails ‖ **sich ~**, lose o. locker werden / loosen vi

Lockerstelle, Störungsstelle f / loose place ‖ **⌐** f (Krist) / Smekal defect o. flaw, center of disturbance

Lockerung f, Lösung f / loosening ‖ **⌐** (Seil) / slackening ‖ **⌐** (von Schrauben, Knoten), Lockermachen n / working loose ‖ **⌐**, Lockerwerden n / loosening, becoming loose ‖ **⌐ des Bodens**, Hacken n, Behacken n / hoeing ‖ **⌐ des Gleises** (Bahn) / pumping of the track ‖ **⌐ einer Verbindung** (Chem) / loosening of a linkage

Lockerungs·gerät n / aerating apparatus ‖ **⌐keil** m **für Schalungen** (Bau) / releasing key

Lockflamme f, Zündflamme f / pilot light o. flame

Lock-in-Verstärker, Blockierverstärker m (Laser) / lock-in amplifier

Loctite n (flüssige Muttersicherung) / Loctite

Loden n, ungewalkter Wollstoff / unfulled o. unmilled wool[len] cloth, rough wool cloth, loden (US)

Löffel m / spoon ‖ **⌐ des Löffelbaggers** / dipper ladle (GB), shovel ladle, scoop ‖ **⌐armlager** n (Bagger) / saddle block ‖ **⌐bagger** m / shovel o. dipper dredger (GB), [mechanical o. power] shovel o. navvy (US), dredging shovel (US) ‖ **⌐ auf Zug arbeitender ⌐bagger** / dragshovel, pullshovel, hoe ‖ **⌐bagger** m **auf Raupenketten** / crawler shovel ‖ **⌐bagger großer Reichweite** / stripping shovel ‖ **⌐bagger** m **mit Schleppschaufel** / shovel with dragline equipment ‖ **⌐bohrer** m (Bergb) / auger [bit], boring bit ‖ **⌐bohrer** m (Holz) / shell o. spoon o. dowel o. duck's-bill auger o. bit, nose bit, wimble scoop ‖ **⌐egge** f (Landw) / chisel-toothed harrow ‖ **⌐eisen** n (Werkz) / flat spoon ‖ **⌐entleerung** f / shovel discharge ‖ **~förmig** / spoon-shaped, spoonlike ‖ **~förmige Strebe**, Löffelstrebe (Luftf) / spoonshaped o. spatular strut ‖ **⌐hahn** m / rabbit-ear faucet ‖ **⌐rad** n, horizontales Wasserrad (Hydr) / vortex wheel, tube wheel, horizontal water wheel ‖ **⌐rand** m / edge of a spoon ‖ **⌐rückholwinde** f (Bagger) / retract winch ‖ **⌐schaber** m (Wz) / hollow-

ground scraper ‖ ‑**schale** f / bowl of the spoon ‖
‑**schwimmbagger** m / dipper dredge (US) ‖ ‑**spitze** f /
tip of a spoon ‖ ‑**stiel** m (Bagger) / shovel arm (US),
dipper arm (GB), handle of a dipper shovel ‖
‑**tiefbagger** m / back o. trench hoe, ditcher, clipper
shovel, backacter ‖ **pendelndes** ‑**walzwerk**, pendelnde
Löffelwalze, -walzmaschine / hunting spoon rolling mill
‖ ‑**zange** f / duck-bill pliers pl

Löfflerkessel m / Loeffler o. Löffler boiler

Lo-Fi n, geringe Wiedergabegüte / Lo-Fi, low fidelity

LOFT n, Niederfrequenz-Radioteleskop n / LOFT, low
freqency radiotelescope

Lofti f / lofti, low frequency transionosphere

Log n, Fahrtmesser m (Schiff) / log ‖ ‑, Handlog n / hand
log ‖ ‑, Patentlog n / patent o. harpoon o. taffrail log

log₁₀, lg / log₁₀, common logarithm

Logarithmen·papier n / logarithmic paper ‖ ‑**rechnung** f
/ logarithmic calculus ‖ ‑**tafel** f / log table

logarithmieren / take the logarithm, logarithmize ‖ ‑ n,
Logarithmenrechnung f / logarithmic calculus

**logarithmiertes Formänderungs- (o.
Umform-)Verhältnis** / natural strain, strain [caused by
deformation]

logarithmisch / logarithmic, log ‖ ~ **abstufen** / graduate
o. grade logarithmically ‖ ~**es Dekrement** (Konstante
eines elektr. Schwingungskreises) / logarithmic
decrement, log-dec. ‖ ~**e Eichung** / logarithmic
calibration ‖ ~**es Energiedekrement** / logarithmic
energy decrement ‖ ~**e Normalverteilung** /
log-normal distribution ‖ ~**e Spirale** / equiangular o.
logarithmic spiral ‖ ~**e Viskositätszahl** / logarithmic
viscosity number ‖ **im** ~**en Maßstab auftragen** / plot in
logarithmic scale

Logarithmus m (Math) / logarithm, log ‖ ‑ **naturalis**,
natürlicher Logarithmus m, ln / natural logarithm, logₑ
‖ ‑ **zur Basis 2** (Math) / logarithm to the base of 2 ‖
gemeiner, dekadischer, Briggsscher ‑,
Zehnerlogarithmus m / decimal logarithm

Log·atom n (Fernm) / logatom ‖ ‑**atomverständlichkeit** f
(Fernm) / logatom or syllable (US) articulation ‖ ‑**band**
n / log tape ‖ ‑**buch** n (Luftf, Schiff) / log[-book], deck
log ‖ ‑**buch führen**, im Logbuch eintragen / log, enter
in a log ‖ ‑**Etronic-Verfahren** n (Kontraststeuerung)
(Phot) / logEtronic process

Logger m (zur Erzeugung logarithmischer
Ausgangssignale) (Elektronik) / logger ‖ ‑,
Heringsfänger m (Schiff) / lugger

Loggia f (Bau) / loggia

Logging n, Bohrlochmeßverfahren n / logging

Logik f **mit gesättigten Transistoren** (DV) / saturated
logic ‖ ‑ **mit nicht gesättigten Transistoren** (DV) /
non-saturated logic ‖ **symbolische (o. mathematische)**
‑, Logistik f (Math) / symbolic o. mathematical logic ‖
‑**analysator** m / logic analyser ‖ ‑**-Baustein** m (DV) /
logical unit ‖ ‑**block** m (Druckluft) / logical block ‖
‑**diagramm** n (DV) / logic diagram ‖ ‑**kalkül** n (Math,
Logistik) / logic calculus ‖ ‑**plan** m, logisches
Diagramm / logic diagram, logic chart ‖ ‑**schaltglied** n
(Pneum) / pneumatic relay ‖ ‑**-Schaltkreis** m / logical
circuit

Login (Start eines Prozesses nach Benutzeridentifikation)
(DV) / login

Logis n, Mannschaftsraum m (Schiff) / crew's quarter o.
space

logisch / logic, logical ‖ ~, boolesch (Math) / Boolean ‖
~**er Ablauf** (DV) / logical flow ‖ ~**e Adresse** / logic[al]
unit o. address ‖ ~**er Befehl** (DV) / logic[al] instruction
‖ ~**e Beziehung** / logical relation ‖ ~**e Datenstation** /
high-level terminal ‖ ~**es Element** (o. Schaltelement)
(NC, DV) / logic[al] element, gate circuit ‖ ~**e
Entscheidung** (DV) / decision instruction (IBM), logical
instruction ‖ ~**er Entwurf** (DV) / logic[al] design ‖ ~**es
Flußdiagramm** n / logic flowchart ‖ ~ **fortlaufende
Verarbeitung** (DV) / control sequential processing ‖

~**er Kanal** (DV) / logical channel ‖ ~**e Kette**,
Operationspfad m / logical chain ‖ ~**e Konzeption o.
Struktur** / logic design ‖ ~**e Multiplikation**, UND-
Verknüpfung f / logic[al] multiplication, AND
operation ‖ ~**es ODER** / OR-operator, logical OR
circuit ‖ ~**e Operation** / logical operation ‖ ~**er
Operator**, boolescher Operator (DV) / logical operator,
Boolean operator ‖ ~**er Pegel** (DV) / logic level ‖ ~**e
Schaltung** / logic circuit ‖ ~**es Schema**, logische
Struktur (NC) / functional design ‖ ~**e Schlußfolgerung**
/ logic[al] inference ‖ ~**e Schlußfolgerungen je
Sekunde** / logic[al] inferences per second, lips ‖ ~**er
Stellenwert** / logical value of occupancy ‖ ~**e Struktur**
(DV) / logic design ‖ ~**es Symbol** (DV) / functional
symbol ‖ ~**es UND** (Elektronik) / AND-operator, logical
AND circuit ‖ ~**es Verbindungselement zwischen
Variablen** (DV) / functor ‖ ~**-duale Operation** / dual
operation

Logistik f, Bereitstellung unter Einsatz militärischer
Hilfsquellen (Mil) / logistics ‖ ‑, symbolische o.
mathematische Logik (Math) / symbolic o. mathematical
logic

logistisch / logistic ‖ ~**es Modul der Raumstation**
(Raumf) / logistics module ‖ ~**es Schiff** (Transporter)
(Mil) / logistic ship ‖ ~**e Unterstützung** / logistic
support ‖ ~**es Vergleichswerk** (DV) / logistic
comparator

Log·leine, Knotenleine f (Schiff) / log-line ‖
‑**normalverteilung** f (Math) / log-normal distribution

Logoff n (DV) / log-off

Logogramm n, Logikplan m / logogram

Logon n (DV) / log-on, log-in

Logotype f (Buch) / logotype

Logout n (Ende eines nach Benutzeridentifikation
abgelaufenen Prozesses) (DV) / logout

Logscheit n (Schiff) / log chip

Loh·ballen, -kuchen m (Gerb) / brick made from refuse
tans, tan ball o. cake ‖ ‑**brühe** f / tan[ning] liquor

Lohe f, Gerberlohe f / tan, [oak] bark

lohen, mit Lohe beizen, lohgar machen (Gerb) / bark, tan,
steep in tan

loh·gar, lohgegerbt (Gerb) / oozed, bark tanned ‖
‑**gerberei** f / bark tannage

LOH/LOX-Triebwerk n (Raumf) / LOH/LOX engine

Lohmesser, -prüfer, -prober m (Gerb) / barkometer,
barktrometer

Lohn m / wage, salary, pay

Lohn- o. Gehaltssumme f / total pay roll (US)

Lohn·abrechnung f / payroll accounting ‖ ‑**abzüge** m pl
/ deductions pl from salary ‖ ‑**anreiz** m (F.Org) /
financial o. wage incentive ‖ ‑**anteil** m / wage fraction
‖ ‑**arbeit** f / wage work, paid labour ‖ ‑**arbeiter** m /
paid workman, wage receiver ‖ ‑**arbeiter** m (Landw) /
hired man (US) ‖ ‑**ausgleich** m (F.Org) / make-up pay ‖
‑**ausgleich** m (für Akkordarbeiter bei Zeitlohnarbeit) /
lieu bonus ‖ ‑**betrieb** m **für Reparaturen** / commercial
repairshop ‖ ‑**beutel** m, -tüte f / pay envelope o.
packet, wage envelope o. packet ‖ ‑**büro** n / wages
department, payroll office ‖ ‑**durchschnitt** m / wage
level

Löhne und Sozialleistungen pl / wages and welfare

Lohn·empfänger m, Arbeiter m (Ggs.: Angestellter) /
wage earner, hourly[-paid] employee (US) ‖
~**erhöhend** (F.Org) / promotional ‖ ‑**erhöhung** f / wage
o. pay increase o. increment, raise (US), rise (GB) ‖
‑**festsetzung** f / wage determination ‖ ‑**gefüge** n,
-struktur f / wage structure ‖ ‑**gerbung** f / tanning on
commission, contract tanning ‖ ‑**gruppe** f (F.Org) / job
class ‖ ‑**gruppenkatalog** m (F.Org) / job classification ‖
~**herabsetzend** (F.Org) / demotional ‖ ‑**herabsetzung** f
/ reduction of wage o. pay ‖ ~**intensiv** / with a high
labour content ‖ ‑**kosten** pl, Lohn m / labour costs o.
charges pl ‖ ‑**liste** f, Gehaltsliste f / payroll ‖ ‑**periode**
f / payroll period ‖ **ein einziger** ‑**satz für alle Arbeiten**

(F.Org) / flat rate ‖ ~satz unter Tarif (F.Org) / substandard rate ‖ ~skala f / salary scale ‖ ~spanne f / wage spread o. range ‖ ~steuer f / withholding tax ‖ ~steuerabzug m / pay as you earn, P.A.Y.E. ‖ ~stopp m, Gehaltsstopp m / wage freeze ‖ ~stufe f / wage class ‖ in der gleichen ~stufe (F.Org) / in-grade ‖ ~system n / wage plan ‖ ~tabelle f / table of wages ‖ ~tarif m / scale of wages, wage scale ‖ ~tarifvertrag m / collective labour agreement ‖ ~- u. Gehaltsabrechnung f / payroll accounting ‖ ~verarbeitung f (Öl) / processing ‖ ~verzinkerei f / galvanizing jobber, job galvanizer ‖ ~walzen n / job[bing] o. hire rolling ‖ ~wesen n / wages costing ‖ ~[zahlungs]periode f / payroll period ‖ ~zettel m, -streifen m / wage slip, pay slip ‖ ~zuschlag m (F.Org) / bonus

Lohrinde f / oak bark
LOI m, Absichtserklärung f / LOI, letter of intent
LOI-Wert m (Brand) / limiting oxygen index
Lok f (Bahn) / locomotive, loco (coll), engine (US)
Lokain, Chinesisch Grün n, Lokaonsäure f / locain, locao[nic acid], lokao, China o. Chinese green
lokal, Lokal... / local ‖ ~e Anziehung (Bergb, Verm) / local attraction ‖ ~er Bestimmungspunkt (DV) / local destination ‖ ~e Buserweiterung, LBX / local bus extension, LBX ‖ ~es Datennetz / local data net ‖ ~e Einheit (Türblätter) / local flatness ‖ ~e Gruppe (näher als 1 Mpc) (Astr) / local group ‖ ~e Jobverarbeitung (DV) / local job processing, LFP ‖ ~es Netzwerk, LAN n / local area network, LAN ‖ ~e Stapelverarbeitung / local batch processing ‖ ~bahn f / local railway ‖ ~bus m (DV) / local bus ‖ ~daten pl / home data pl ‖ ~datenregister n (DV) / home register ‖ ~element n (Korrosion) / local element, electrolysis junction
lokalisieren, eingrenzen, beschränken / localize, locate ‖ ~ (Masch) / position
Lokalisierer m, Positionsgeber m (DV) / locator
lokalisiertes Elektron, Haftelektron n / trapped electron
Lokalisierung, Festlegung f / localization ‖ ~ f, Ortsbestimmung f / position fixing
Lokalisierungsprogramm n (DV) / locate program
Lokalität f eines Code (DV) / locality of a code
Lokal·korrosion f (o. örtliche Korrosion) / localized corrosion, local o. selective action o. corrosion ‖ ~oszillator m, Stalo m (Radar) / local oscillator ‖ ~verarbeitung f (DV) / home-loop operation ‖ ~verkehr m, Nahverkehr m / short-distance traffic
Lokaonsäure f s. Lokain
Lok·buch n (Bahn) / locomotive log ‖ ~dienstleiter m / locomotive running foreman
Lokomobile f, fahrbare Kesseldampfmaschine / locomobile
Lokomotiv·antrieb m (Elektr) / locomotive drive ‖ ~antrieb m mit Doppelmotor und Dreieckskurbelstangen (Bahn) / Scotch yoke drive ‖ ~antrieb mit Doppelmotor, Hohlachse und Zwischenfedern, Westinghouseantrieb m (Bahn) / geared quill drive, Westinghouse drive ‖ ~antrieb mit elastischem Gelenkmechanismus, Büchliantrieb m (Bahn) / springbron universal drive, Büchli drive ‖ ~antrieb m mit gefedertem Zahnrad und Gestänge (Bahn) / cushion-geared jackshaft and side-rod drive ‖ ~antrieb m mit Pratz[en]- o. Tatz[en]lagermotor (Elektr) / tram-drive, suspension drive ‖ ~aufbau m (Bahn) / superstructure of locomotive ‖ ~bau m / engine building ‖ ~besetzungsplan m (Bahn) / driver's roster ‖ ~betriebswerk n, -schuppen m (Bahn) / running shed
Lokomotive f, Maschine, Lok f / [locomotive] engine, locomotive, loco (GB) ‖ ~ für gemischten Dienst (Bahn) / mixed traffic locomotive ‖ ~ mit Innenrahmen / inside framed engine ‖ kleine ~ (Bahn) / pug (GB)
Lokomotiv·fabrik f / engine works ‖ ~[fahr]betrieb m, -bespannung f / locomotive traction ‖ ~förderung f / locomotive hauling ‖ ~führer m (Bahn) / engine driver

o. man (GB), engineer (US) ‖ ~gelenkdrehscheibe f / articulated turntable for locomotives ‖ ~hebebock m, -winde f (Bahn) / engine heaver o. jack, locomotive heaver ‖ ~kessel m / tube o. tubular boiler ‖ ~leerfahrt f (Bahn) / light running ‖ ~personal, Triebfahrzeugpersonal n / locomotive crew ‖ ~pfeife f / engine whistle ‖ ~radsatz m / wheelset for locomotives ‖ ~rahmen m (Bahn) / engine frame ‖ ~[rund]schuppen m / circular shed, rotunda for locomotives (GB), roundhouse (US) ‖ ~schiebebühne f / travelling platform for locomotives ‖ ~schuppen m, Maschinenhaus n (Bahn) / engine house o. shed
Lok[omotiv]-Schuppen m / engine shed, roundhouse (US)
Lokomotivverkehrsgleis n (Bahn) / engine road o. track
Lokomotivwartegleise n pl / engine storage
Lokomotiv·wechsel m (Bahn) / change of engines ‖ ~winde f, -hebebock m (Bahn) / engine heaver o. jack, locomotive heaver
Loktal·röhre f (Elektronik) / loctal tube ‖ ~sockel m, quetschfußfreier Sockel (Elektronik) / loctal base
Lokus m, Ort m / locus
Löllingit, Arsenikalkies m (Min) / loellingite
Lo-Lo-Methode f (Container) / lift-on/lift-off method
Lomax-Prozeß m, -verfahren n (Öl) / lomax process, light oil maximizing process
Long-Boom-Satellit m / long-boom satellite
Long-Gripzange f / long-grip pliers
longitudinal, Längs... / longitudinal ‖ ~-Fluß-Linearmotor m (Elektr) / linear motor with longitudinal flux ‖ ~komparator m / comparator for linear measurements ‖ ~welle, Längswelle f / longitudinal wave
Long-life-Tonkopf m / long-life sound head
Longton f (Masseeinheit) / long o. shipping ton (GB) (= 2240 lbs = 1016,05 kg)
Loop m (Nukl) / loop
Looping m n (Luftf) / loop[ing] ‖ ~ n ausführen / loop [the loop]
Lorac-System n / Lorac (long-range accuracy radar)
Lorandit m (Min) / lorandite
Loran-Signalregistriergerät n / lodar
Loransystem n, Weitstreckenradar m, n (1750-1950 Megahertz) / long range navigation system, loran
Lore f, Spurwagen m (Bahn) / trolley
Lorentz·-Lorenzsche Refraktionsgleichung f (Chem) / Lorentz-Lorenz equation ‖ ~-Transformation f (Math) / Lorentz transformation
Lorenzgenerator m (Elektr) / Lorenz generator
Lorettoit m (Min) / lorettoite
Lorimersystem n (Fernm) / Lorimer system
Lorin-Triebwerk, Staustrahl-Triebwerk n (Luftf) / ram jet engine
Los, abgeteilte Menge / batch, lot, charge ‖ ~, Einzelarbeit f, -auftrag m (F.Org) / job ‖ ~ (Schlageinteilung, Forstw) / lot, chance, parcel, drift
lösbar / detachable, separable ‖ ~ (Math) / resolvable, dissoluble ‖ ~, löslich, auflösbar (Chem) / soluble ‖ ~ (Kupplung) / engaging and disengaging ‖ ~e Flachsteckverbindung / flat quick-connect termination ‖ ~e Kupplung / [engaging and disengaging] clutch ‖ leicht ~ / easily removable
los·binden, aufbinden, [ab-, los]trennen, ab-, losmachen / unbind, unfasten ‖ ~blatt n, -kamm m (Textil) / loose reed ‖ ~boden m des Tiegels (Hütt) / detachable bottom ‖ ~brechen vt / break off ‖ ~brechen n / breakaway n ‖ die Gußform ~brechen (Gieß) / open the mo[u]ld ‖ ~brechmoment n (Elektr) / initial breakaway torque ‖ ~brechversuch m (Leim) / breakaway test ‖ ~brechwiderstand, Losreißwiderstand m (Bahn) / break-away force
Lösch·anlage f (Schiff) / unlading o. unloading plant, discharging plant ‖ ~anlage f für Kalk / lime slaking plant

löschbar·e Bildplatte / erasable laser optical disk ‖ **~er Speicher** (DV) / erasable store ‖ **nicht ~** (DV) / nondestructible ‖ **nicht ~es** (DV) / hold

Lösch·befehl *m* (DV) / delete statement ‖ **~beton** *m*, Aschenbeton *m* / ash[es] concrete ‖ **~bit** *n* (DV) / erase bit ‖ **~boden** *m* (Hütt) / charcoal bottom o. bed ‖ **~dampf** *m* (Hütt) / quenching vapour ‖ **~dämpfung** *f* (Tonband) / erasure ratio ‖ **~drossel**, -drosselspule *f* / quenching [choke] coil

Lösche *f* (Holzkohle) / culm

Lösch·eimer *m* / fire bucket ‖ **~-Eingangssignal** *n* (Pneum) / input signal Y

löschen, nullstellen (Buch.m) / clear, reset, zeroize ‖ **~**, ausstreichen / efface, blank [out], cancel ‖ **~**, ab-, auslöschen (Feuer) / quench, extinguish, slake ‖ **~**, entladen (Schiff) / unlade, unload, discharge ‖ **~**, leichtern (Schiff) / lighten ‖ **~** (DV) / delete, del, cancel, erase, destroy ‖ **~**, nullstellen / zeroize ‖ **~** (Magn.Bd) / wipe-out *v*, erase, degauss ‖ **~** (Koks) / quench ‖ **~** (Kalk) / slake o. slacken (lime) ‖ **~** (Magn.Bd) / degaussing, erasing ‖ **~** (Sichtanzeige) / reset ‖ **~ mit fliegendem Kopf** (Videoband) / flying erase ‖ **~ mittels Gleichstromsättigung** (Magn.Bd) / washout ‖ **teilweises ~** / muting

löschend, unter Vernichtung des Inhaltes (DV) / destructive ‖ **~ überschreiben** (Magn.Bd) / overwrite

Löscher *m* / quenching agent ‖ **~** (Lumineszenz) / quencher, quench ‖ **~pumpe** *f*, Mammutpumpe *f* (Zuck) / airlift beet pump

Lösch·fahrzeug *n* / fire truck (US) ‖ **~fahrzeug motorisiert** (amtlich) *n*, Kraftfahrspritze *f* / fire engine, fire-fighting vehicle, fire brigade truck ‖ **~feld** *n* / obliterating magnetic field ‖ **~gas** *n* (Geiger-Müller-Zähler) / quenching gas ‖ **~gerät** *n*, Entmagnetisierungsspule *f* (Magn.Bd) / degausser, bulk eraser ‖ **~geräte** *n pl* (Feuer) / fire extinguishing gear ‖ **~impuls** *m* (Magn.Bd) / erase signal ‖ **~kalk** *m*, [ab]gelöschter Kalk / dead lime, calcium hydroxide ‖ **~kammer** *f* (Ölschalter) / explosion chamber o. pot ‖ **~klausel** *f* (COBOL) / reset clause ‖ **~kondensator** *m* / quenching condenser ‖ **~kopf** *m* (Magn.Bd) / erase o. erasing head, eraser ‖ **~kreis** *m* (DV) / reset circuit ‖ **~kreis** *m* (Geigerzähler) / quenching circuit ‖ **~kurbel** *f*, -hebel *m* (Add.m.) / effacer ‖ **~magnet** *m* / erase magnet

Loschmidtsche Zahl (Phys) / Loschmidt number, Avogadro's constant o. number

Lösch·papier *n* / blotting o. sinking paper ‖ **~papier** *n*, ungeleimtes Papier / waterleaf paper ‖ **~patrone** *f* / fire extinguishing cartridge ‖ **~platte** *f* (Elektr) / blow-out plate ‖ **~rampe** *f* (Koks) / quenching wharf ‖ **~rohrsicherung** *f* (Elektr) / expulsion fuse ‖ **~satz** *m* / deletion record ‖ **~schalter** *m* (DV, Terminal) / acknowledge switch ‖ **~silo** *m* *n* (Kalkofen) / slaking bin ‖ **~spannung** *f* (Magn.Bd) / erasing potential o. voltage ‖ **~sperre** *f* (Magn.Bd) / erase prevention ‖ **~spule** *f* (Elektr) / blow-out coil ‖ **~spule** *f* **für das aufgewickelte Band** (DV) / bulk eraser ‖ **~strom** *m* (Magn.Bd) / erase current ‖ **~taste** *f* / cancel o. erasing key ‖ **~trommelverfahren** *n* / quenching drum o. slaking drum process ‖ **~turm** *m* (Koks) / quenching tower

Löschung *f*, Löschen *n* (allg, Nukl) / quenching ‖ **~**, Nullstellung *f* / effacement, (esp.:) zeroizing ‖ **~** (Schiff) / discharge, unlading ‖ **~**, Löschen *n* (z.B. Feuer) / extinction ‖ **~**, Nullstellung *f* / keyboard clearance ‖ **~** (DV) / erasion ‖ **~** (Patent) / annulment, cancellation

Lösch·wagen *m* (Koks) / quenching car ‖ **~wasser** *n* (F'wehr) / water for fire fighting ‖ **~wasser** *n* (Härterei) / water for tempering steel ‖ **~wasserbrunnen** *m* / fire well ‖ **~wedel** *m* (Schm) / sprinkle ‖ **~wesen** *n* / fire fighting ‖ **~winkel** *m* (Elektronik) / extinction angle ‖ **~wirkung** *f* (Elektr) / quenching effect ‖ **~zeichen** *n* (DV) / cancel character, delete o. rub-out (US) character, erase character, DEL ‖ **~zeit**, Entionisierungszeit *f* (Elektronik) / de-ionization time ‖

~zeit *f* (Geigerzähler) / quench time ‖ **~zeit** *f* (Thyristor) / gate-controlled turn-off time ‖ **~zeit** *f*, Entionisierungszeit *f* (Elektr) / de-ionizing time ‖ **~zweig** *m* (Elektronik) / turn-off arm

lose, locker / loose, slack ‖ **~**, abnehmbar / removable ‖ **~**, beweglich (Masch) / loose, running ‖ **~**, durchsichtig gewebt (Web) / open ‖ **~**, unverpackt / unpacked, loose, [in] bulk ‖ **~** (Sperrholzlage) / non-adhering, dead, encased ‖ **~**, locker (Boden) / unconsolidated ‖ **~**, schwimmend (Masch) / floating ‖ **~**, abgesondert / detached ‖ **~** (Schwelle, Bahn) / dancing, pumping ‖ **~** *f*, Spiel *n* / backlash, play ‖ **~** (Seil) / slack ‖ **~ ankuppeln** (Bahn) / couple loose[ly] ‖ **~ Backe** (Plast, Wz) / loose jaw ‖ **~r Ballen**, Kernstück *n*, Außenkern *m* (Gieß) / inset core ‖ **~ eingestelltes Gewebe**, (Fehler:) schütteres Gewebe / loosely constructed fabric ‖ **~ Eruptiv-Breccie** / unconsolidated volcanic breccia ‖ **~r Flansch** (DIN 2641), Losflansch *m* / lapped flange ‖ **~ geben**, nachlassen / ease away o. down o. off a rope ‖ **~s Gefüge** / porous structure ‖ **~es Gerät** / removable tackle ‖ **~s Gewebe** (Textil) / open texture weave, loose weave fabric ‖ **~s Gewebe** (Reifen) / loose cords *pl* ‖ **~ gewordene Klemme** (Elektr) / loose terminal ‖ **~ gezwirnt** (Spinn) / twisted slack ‖ **~ *n* haben** (Masch) / have too much play ‖ **~r Knorren o. Ast** / dead knot, loose knot, encased knot ‖ **~ Kopplung** (Radio) / weak coupling ‖ **~ kuppeln** (Bahn) / couple loose[ly] ‖ **~ (o. lösbare) Kupplung** (Masch) / loose coupling ‖ **~ Ladung** (Schiff) / bulk cargo ‖ **~s Material** (Fasern) / loose stock ‖ **~ Passung** / loose fit, easy fit ‖ **~ Riemenscheibe** / dead pulley ‖ **~ Rolle** s. Losrolle ‖ **~ (o. wackelig) sein** / be o. hang loose ‖ **~r Sprengstoff** / free running explosive ‖ **~ Stelle** (Web) / open space ‖ **~r Stempel** (Plast) / loose punch ‖ **~s Teil** / loose piece ‖ **~s Trumm** (Seil) / slacked o. unwound rope ‖ **~ Verbindung** / loose connection ‖ **~ verlegt** / fitted loosely, not rigidly fastened ‖ **~ verseilt** (Seil) / loose ‖ **~s Wechselrad** (o. Aufsteckwechselrad) (Dreh) / loose change gear wheel ‖ **~ Wegerung** / loose ceiling ‖ **~ werden** (Masch) / become o. get loose, loosen itself ‖ **~ Wolle** / loose wool

Löseanlage *f*, Laugerei *f* (Bergb) / wet extraction plant

Loseblatt·… / loose-leaf…

Loseblattkatalog *m* / loose-leaf catalogue

Löse·hebel *m* / release gear ‖ **~keil** *m* (Masch) / loosening wedge ‖ **~keil** *m* (Bau) / key of scaffolds ‖ **~kessel** *m* / dissolving tank

Lösemittel, Auflösungsmittel *n* (Chem) / menstruum ‖ **~** *n*, Lösungsmittel *n* / solvent ‖ **~ für Lacke** / vehicle ‖ **~echtheit** *f* von Färbungen (Färb) / colour fastness to organic solvents ‖ **~festigkeit** *f* / resistance to solvents ‖ **~rest** *m* / residual solvent ‖ **~spritzentfetten** *n* / solvent spray degreasing ‖ **~trocknung** *f* (für Nahrungsmittel) (Landw) / solvent-drying ‖ **~vergiftung** *f* (Chem) / poisoning by solvents

lösen, abnehmen / detach ‖ **~**, losbinden / loose, untie, unknot ‖ **~**, losmachen, ablösen / loosen ‖ **~**, losschrauben / slacken, unscrew, release ‖ **~**, auflösen (Chem) / dissolve ‖ **~**, losweben, -machen / unweave ‖ **~** (Keile) / loosen the wedge ‖ **~**, auflösen (Math) / resolve, solve ‖ **~**, ausarbeiten (Math) / work ‖ **~** *n*, Abheben *n* / unlocking, unclamping ‖ **~ eines Schlauchs** / loosening of a hose ‖ **~ von Preßsitzen** / releasing of drive fits ‖ **die Bremse ~** / release the brake ‖ **die Wasser ~** (Bergb) / drain, fork a mine ‖ **Fahrkarte ~** / take a ticket ‖ **sich ~**, losgehen, sich losarbeiten / work loose *vi* ‖ **sich ~** [von] / disengage, withdraw ‖ **sich ~** (Schraube) / back out, work loose ‖ **stufenweises ~** (Bahn) / adjustable braking

lösend (Chem) / solvent

Löser *m* (Chem) / solutizer ‖ **~**, Lösewerkzeug *n* / loosening tool

Losesein *n* (Räder) / [accidental] slipping

Löse·stellung f (Bremse) / release position ‖ **⁺ventil** n, -vorrichtung f der Bremse (Bahn, Kfz) / release valve o. device
Löseventil, Bremsentwässerungsventil n (Bahn) / discharge valve
Löse·walzwerk n / detaching mill ‖ **⁺zeit** f (Bahn, Bremse) / releasing time o. delay
losgehen / come off o. away ‖ ~, aus dem Leim gehen / unglue ‖ ~, aus der Lötung gehen / unsolder ‖ ~, sich losarbeiten / work loose ‖ ~, sich ausklinken / come o. go off ‖ ~ (Schuß) / go off ‖ **vom Heft** ~ / come off the handle
losgerissen·er Wagen (Bahn) / break-away wagon
Los·größe f (allg) / batch size, lot size ‖ **wirtschaftliche ⁺größe** / economic lot size, economic ordering quantity ‖ **~hacken**, -hauen / loosen by hacking ‖ **~haken** / unhook ‖ **⁺kamm** m, -blatt n (Textil) / loose reed ‖ **⁺kiel** m, falscher Kiel (Schiff) / false keel ‖ **~kitten** / unlute ‖ **~klopfen**, -schlagen / beat loose, knock off o. down ‖ **[maschinelles] ⁺klopfen** (Gieß) / rapping ‖ **⁺klopfer** m (Gieß) / rapper ‖ **⁺kommen**, Abheben n (Luftf) / get-off, -away ‖ **⁺koppeln** n, Abkopplung f (Raumf) / undocking ‖ **~kuppeln** / disengage, uncouple, disconnect ‖ **⁺lager** n / movable bearing ‖ **~lassen** / let loose o. off o. go, cast loose ‖ **~lassen** (Therblig) (F.Org) / release load ‖ **die Feder ~lassen** / relax the spring ‖ **~leimen** vt, Geleimtes trennen / unglue, unpaste
löslich, [sich] auflösend / dissolving ‖ ~, [auf]lösbar / soluble ‖ **~er Gärungserreger** / soluble ferment ‖ **~er Metallgehalt** (Farbe) / soluble metal content ‖ **~e Stärke** / soluble starch ‖ **gut (o. voll)** ~ / freely soluble ‖ **kaum** ~ (Chem) / scantily o. hardly soluble, antisoluble
Lösliches n / soluble matter
Löslichkeit f / solubility ‖ **⁺ im flüssigen Zustand** / liquid solubility ‖ **⁺ in festem Zustand** / solid solubility ‖ **teilweise (o. beschränkte)** ⁺ / partial solubility
Löslichkeits·koeffizient m (Chem) / absorption coefficient, solubility coefficient ‖ **⁺kurve** f / solubility curve, binodal curve ‖ **⁺kurve f für den Zustand im Zustandsschaubild** (Hütt) / solid solubility curve ‖ **⁺produkt** n / solubility product ‖ **⁺unterschied** m / difference in solubilities
los·lösen / dissociate, detach ‖ **~löten** / unsolder, unsweat ‖ **~machen**, abnehmen / detach, take off, loosen ‖ **~machen**, lösen / loosen, make loose ‖ **~machen** s. auch lösen ‖ **~nehmbares Geländer** (Schiff) / chain railing ‖ **~nieten** / unrivet, unclinch ‖ **~platzen** / burst off ‖ **~reißen** vt / break loose, pull off ‖ **⁺rolle** f, -scheibe f, Losrad n / loose pulley o. wheel, movable o. idle[r] pulley ‖ **⁺rolle** f (Walzw) / roller ‖ **~rütteln** / loosen by vibrations o. shocks
Löß m (Geol) / loess
los·schäkeln / open the shackle ‖ **~schlagen**, -klopfen / beat loose, knock off o. down ‖ **den Keil ~schlagen** / loosen the wedge ‖ **~schmelzen** / melt off ‖ **~schrauben** / screw off, unscrew ‖ **~schrauben**, nachlassen / slacken ‖ **~sprengen** / blast off, dynamite off
Lost (Lo = Lommer, St = Steinkopf), Senfgas n (Mil) / lost, lewisite, yperite
Lostoleranz f (F.Org) / lot tolerance, LT
lostrennen / sever, cleave, slit, split ‖ ~ (Näh) / unstitch
Losumfang m / lot size
Lösung f (allg, Chem, Math) / solution, sol, soln, soltn ‖ **⁺ im Gleichgewicht** (Chem) / balanced solution ‖ **feste ⁺** (Hütt, Chem) / solid solution ‖ **in ⁺ befindlich** / dissolved
Lösungs·... (Färb) / solubilizing ‖ **⁺anode** f (Elektr) / soluble anode ‖ **⁺benzin** n / light naphtha, white spirit, light gasoline (US) ‖ **⁺benzol** n / industrial grade benzene ‖ **⁺druck** m / solution pressure ‖ **⁺elektrode** f (Galv) / soluble electrode ‖ **⁺entropie** f / solution entropy ‖ **⁺extraktion** f (Chem) / liquid-liquid extraction ‖ **⁺fähigkeit**, -kraft f, -vermögen n / dissolving power ‖

⁺glühen n (Stahl) / solution annealing ‖ **⁺glühen** n (Leichtmetall) / solution heat treatment ‖ **⁺härten** n / solution hardening ‖ **⁺hilfsmittel** n / solubilizing agent ‖ **⁺mischer** m / solution mill
Lösungsmittel, Lösemittel, Solvent n (Chem) / solvent, resolvent, dissolvent, dissolver ‖ **⁺** n, Solutiser m (Färb) / solutizing agent ‖ **⁺** (zur Verteilung fester Stoffe) (Chem) / vehicle, carrier ‖ **⁺ auf Erdölbasis** / petroleum solvent ‖ **mit ⁺n gestrichenes Papier** / solvent-coated paper ‖ **⁺dämpfe** m pl / solvent vapours pl ‖ **⁺echtheit** f, -festigkeit f (Färb) / solvent fastness o. resistance, fastness o. stability to solvente ‖ **⁺farbstoff** m / solvent dye ‖ **~frei** / solventless, solvent-free ‖ **⁺quellung** f (Ionenaustauscher) / solvent swelling ‖ **⁺raffinat**, Solventraffinat n (Schmieröl) / solvate ‖ **⁺raffination**, Solventraffination f / solvent refining ‖ **⁺-Rückgewinnung** f / solvent reclamation o. recovery
Lösungs·nitrieren n / solution nitriding ‖ **⁺petroleum** n / solvent kerosene ‖ **⁺polymer** n / solution polymer ‖ **⁺polymerisation** f / solution polymerization ‖ **⁺produkt** n (Chem) / solute ‖ **⁺spannung** f / electrolytic solution voltage ‖ **⁺strecke** f, -stollen m (Bergb) / holing - through gallery ‖ **⁺tendenz** f / tendency of solution ‖ **⁺vermittler** m (Chem) / solubilizer ‖ **⁺vermögen** n / solvent power ‖ **⁺volumen** n (in Litern, das ein Grammolekül des gelösten Stoffes enthält) / dilution ‖ **⁺wärme** f / heat of solution ‖ **⁺weg** m (Versuch) / approach ‖ **⁺wirkung** f / solution action
Los·walze f / loose roll, idle roller ‖ **~weben** / unweave ‖ **~weise** adj / lot-by-lot adj ‖ **~weise Arbeit** / batch processing ‖ **~weise Prüfung** / lot-by-lot testing ‖ **~wickeln**, aufwickeln / unwind
Lot n, Lotrechte f / vertical, normal, perpendicular ‖ **⁺** (am Theodolit) / plumb bob ‖ **⁺**, Senkblei n (Schiff) / leads pl ‖ **⁺**, Lötmittel n (allg) / solder, soft solder ‖ **⁺**, Lötmittel n (Weichlot) / solder n ‖ **⁺**, Weichlot n (mit 50 % Blei) / tin-lead solder ‖ **⁺**, Weichlot n (mit weniger als 50 % Blei) / tinman's solder ‖ **⁺** (Hartlot) / brazing filler metal ‖ **⁺** (60% Pb; 40% Sn) / solder (60% Pb, 40% Sn) ‖ **aus dem ⁺**, aus der Senkrechten / overhanging adj ‖ **aus dem ⁺ weichen** / carry false, batter ‖ **im ⁺ fällen** / draw o. drop o. erect o. let fall a perpendicular ‖ **im ⁺**, senkrecht / vertical, right by the plummet ‖ **zwischen den ⁺en** (Schiff) / between perpendiculars, B.P.
Lötabdecklack m (gedr.Schaltg) / solder resist
Lotabweichung f / deflection of the plumb bob line
Löt·anschluß m / wire terminating tab ‖ **⁺anschluß** m, -verbindung f / soldered connection o. joint ‖ **mit ⁺anschluß** / solder-hook terminated ‖ **⁺apparat** m, -einrichtung f / soldering equipment o. apparatus, brazing apparatus
Lotapparat m, Tiefenlotapparat m (Schiff) / sounding apparatus
Löt·auge n (IS) / land for soldering ‖ **~augenlos** (gedr.Schaltg) / landless ‖ **⁺augenmuster** n (IS) / land pattern ‖ **⁺bad** n / solder o. soldering bath ‖ **~bar** / solderable ‖ **⁺barkeit** f / solderability
Lot·blei, Lot n / sounding lead o. plummet ‖ **⁺blei** n (das Gewichtsstück) / sounding weight
Lötblock m / jointer's vice
Lot·block n / ingot of solder ‖ **⁺brücke** f / solder bridge
Löt·brunnen m, Kabelbrunnen m / cable jointing chamber o. manhole o. box ‖ **⁺draht** m / tin solder wire, filler wire ‖ **⁺draht** m (Kerndraht) / cored filler wire ‖ **⁺draht** m **mit 5 Flußmittelseelen** / flux cored soldering wire containing 5 cores ‖ **⁺durchführung** f / soldering bushing
Lotebene f (Photogrammetrie) / vertical plane
loten (Bau) / let fall a perpendicular ‖ ~, die Tiefe ausloten o. sondieren (Schiff) / sound, plumb, lead ‖ ~, ab-, einloten (Zimm) / let fall a perpendicular ‖ **⁺** n, Lotung f (Schiff) / sounding, casting the lead, plumbing

löten, ver-, zusammenlöten / solder ‖ ~ (mittels Ausbreitenlassen von Lot) / sweat ‖ ~, Lötung f / soldering ‖ ~, Weichlöten n / [soft] soldering, sweating ‖ ~, Hartlöten n / brazing ‖ ~ mit Schweißbrenner / torch brazing ‖ mit Messing ~ / braze
Löt·fahne / soldering tag o. lug ‖ ~fett n, -paste f / soldering paste, zinc chloride paste ‖ ~fläche f / soldering surface ‖ ~flansch m / brazed flange ‖ ~flußmittel n / soldering flux
Lotformteil n / solder preform
löt·freie Wickelverbindung / solderless wrapped connection ‖ ~fuge, -naht, -stelle f (Hartlöten) / brazing joint o. seam o. point
Lotgeber m, Lotinformation f (Flugkörper) / vertical reference
Lötgerät n / soldering equipment
Lötigkeit f (Silber) / fineness of silver
lotisch, rasch fließend (Gewässer) / lotic
Löt·kolben m / soldering copper o. bit o. iron, copper bit ‖ [fremdbeheizter] ~kolben / copper bit o. bolt ‖ ~kolben m mit Schneide / hatchet iron ‖ ~kolbenschneide f / hatchet of the soldering iron ‖ ~kolbenspitze f / bit of the soldering iron ‖ ~kolophonium n / soldering rosin ‖ ~kontakt m / soldering contact
Lot·kreisel m / vertical gyro ‖ ~kugelprüfung f / globule solderability test
Löt·lack m / solderable lacquer ‖ ~lampe f (für Weichlöter) / blow lamp o. torch (US), soldering lamp, torch lamp ‖ ~lampe f (für Hartlöten) / blow lamp o. blow torch (US) for brazing
Lot·leine, -schnur f (Bau) / plumb line ‖ ~leine (Schiff) / sounding o. lead line
Löt·leiste f (Elektronik) / tag block ‖ ~los / solderless, non-soldered ‖ ~lose Verbindung, Wickel-Verbindung f (Fernm, Elektronik) / wire wrap system, wrapped connection ‖ ~lose Rohrverschraubung mit Schneidring / non-soldered taper-bush type pipe union
Lotlücke f (Fehler) / void joint, non-wetted joint, skip
Lötmanschette f / soldering sleeve
Lotmaschine f (Schiff) / sounding machine
Löt·masse, aufstreichbare / solder paint ‖ ~messing n / brazing filler metal ‖ ~mittel n / solder ‖ ~naht, -stelle, Lötung f / soldered o. soldering point o. joint o. seam ‖ ~naht, -stelle f (Hartlöten) / brazing joint o. seam o. point ‖ ~ofen m / soldering o. brazing furnace ‖ ~öse, -fahne f / solder[ing] terminal o. eye[let] o. tag o. lug ‖ ~ösenbrett n, -ösenleiste f (Elektronik) / tagboard ‖ ~ösenstreifen m / tagboard for sockets ‖ ~paste f / paste solder, solder paste ‖ ~perle f / solder bead ‖ ~pin m (Elektronik) / soldering pin ‖ ~pistole f / solder gun
Lotpunkt m / plummeting point
Lötpunkt m / soldering point
lotrecht / perpendicular, vertical, normal ‖ ~e o. senkrechte o. vertikale Linie, Lotrechte f / vertical [line], plumb line ‖ ~e Richtung o. Stellung o. Haltung / perpendicularity
Lotrechte f / vertical [line], plumb line, perpendicular ‖ eine ~ fällen (o. ziehen o. errichten) / let fall a perpendicular
Lötrohr n / blowpipe
Lot·röhre f (Ozeanogr) / core sampler ‖ ~röhre f (Schiff) / sounder
Löt·rohrprobe, -analyse f, -test, -versuch m / blowpipe proof o. assay o. test ‖ ~[rohr]spitze f / blowpipe nozzle
Lotse m / pilot[man]
Lötseite f (gedr.Schaltg) / solder side
lotsen (Schiff) / pilot ‖ ~ n / piloting ‖ ~betrieb m (Bahn) / piloting of trains ‖ ~funk m / pilot radio service ‖ ~schiff, -[versetz]boot n (Schiff) / pilot boat o. vessel ‖ ~treppe, Jakobsleiter f (Schiff) / jack o. jacob's ladder,

pilot ladder ‖ ~treppe f, Sturmleiter f, Seefallreep n / pilot o. sea o. storm ladder
Lötspritzer m / blob of melted solder
Lot·stange f / solder stick ‖ ~stange f, -stab m (Hartlot) / brazing rod ‖ ~stange f (Hydr) / sounding rod
Löt·steckdose f / soldering outlet ‖ ~stecker m / soldering plug ‖ ~stelle f, -fuge f, -naht f / soldering joint ‖ ~stelle f (Thermoelement) / junction of thermocouple ‖ ~stelle von Blei- o. Kupferrohren, stumpf gestoßen / butt soldering joint of lead o. copper tubes ‖ ~stift m / terminal pin
Lotstörung f / deviation from the vertical
Löt·stutzen m (DIN 7633) / brazed hexagon nipple ‖ ~stützpunkt m (Elektronik) / U-pin, soldering terminal ‖ ~-Trenn-Löt-Technik f / solder-cut-solder technique
Lötung f / soldering
Löt·verbindung f / soldered joint ‖ [ineinander verspitzte] ~verbindung (Bleirohre) / taft joint ‖ ~verbindung f abgeschrägter Enden (Elektr) / scarfed joint ‖ ~verbindung f von Drähten / brazing joining of wires ‖ ~verbindungsmuffe f / splicing sleeve for soldering, soldering sleeve ‖ ~wasser n / soldering fluid, liquid flux, killed spirits pl, zinc chloride solution ‖ ~wulst m f (Kabel) / wiped joint ‖ ~zange f / soldering tweezers o. tongs pl ‖ ~zelt n / jointer's tent ‖ ~zinn n / soldering pewter o. tin ‖ ~zinn n s. auch Lot ‖ ~zinnauftragung f (Galv) / solder plating ‖ ~zinnstaub m / soft solder granules pl, powdered filler material
Love-Welle f (Elektronik) / Love-wave
Lovibond-Colorimeter n / Lovibond colorimeter (GB)
lower warning limit (Qual Kontr) / lower monitoring limit
Low·-key-Technik f (Phot) / low-key method ‖ ~-Level-Meßtechnik f (Nukl) / low-level measuring methods pl ‖ ~-Noise-Band n (Elektronik) / low-noise tape ‖ ~-Profile-Resin n (ungesättigtes Polyesterharz) / low profile resin ‖ ~-Section-Gürtelreifen, Niederquerschnittsreifen m (Kfz) / low-section o. -profile tire ‖ ~-Stretch-Ware f / low-stretch fabric
LOX n (Rakete) / liquid oxygen, LOX
LOX-Entleerung f / lox depletion
Loxo·drome f (Math) / loxodrome, rhumb line ‖ ~dromer Kurs / loxodromic sailing ‖ ~dromisch, schräglaufend (Nav) / loxodromic, rhumbline...
LP (Bau) = Luftporenbildner ‖ ~, lineare Programmierung (DV) / linear programming, LP
LPC / LPC
LPC-Methode f der Sprachsynthese / linear predictive coding, LPC
LPF-Verfahren n (Hütt) / LPF-process (= leaching, precipitation, flotation)
LPG = Listenprogrammgenerator
LP-Stoff, Luftporenzusatzstoff m (Bau) / air entraining agent
LPV-Stoff m, luftporenbildender Verflüssiger (Bau) / air-entraining plasticizer
L-Qualität f (Gas) / low quality
LRC-Glied n (Elektronik) / LRC-element
L-Ringdichtung f / L-ring gasket
LRU (DV) / last recently used, LRU
LSA·-Bauelement n (= limited space charge accumulation) (Elektronik) / LSA component, limited space charge accumulation component ‖ ~-Diode f / LSA diode
L-Schale f (Nukl) / L-shell
L-Schaltung f, -Glied n (Fernm) / L-network o. attenuator o. filter ‖ ~ (IS) / L-circuit
L-Schirmbilddarstellung f (Radar) / L-display
LSD n, Lysergsäurediethylamid / LSD, lysergic acid diethylamide
LSI, hochintegrierter Schaltkreis / LSI, large scale integrated circuit ‖ für ~ vorbereiten / ellesify ‖ ~-Hybridkreis m (Elektronik) / LSI hybrid circuit
LS-Kopplung f, Russel-Saunders-Kopplung (Nukl) / l-s coupling, Russel-Saunders-coupling

LSL, langsame störsichere Logik (DV) / LSL-logic
LS-Sicherung f / line protecting cutout
LS-Stahl m, gleichschenkliger scharfkantiger Winkelstahl / equal angle squared edge steel, sharp edged angle steel
L-Stahl m (Walzw) / angle steel
L-Störabstand m (Elektronik) / L-noise margin
L-Stück n, Winkel m (Rohr) / ell ‖ ⁺ **mit einem Außengewinde** / service ell
Lübecker Hut m, Sicherheitsleitkegel m (Straßb) / roadmarker cone
Lubrizität f / lubricity o. oiliness of oil
Lucalox-Lampe f / Lucalox lamp
Lucite n (Methacrylharz) (Plast) / lucite
Lückbetrieb m (Elektronik) / intermittent flow of d.c.
Lucke f, Blase f (Hütt) / blow-hole, blister
Lücke, Unterbrechung f / break, gap ‖ ⁺, kleiner Zwischenraum / interstice ‖ ⁺, offene Stelle / blank, gap, vacancy ‖ ⁺, Hohlraum m / void ‖ ⁺, Öffnung f (Bau) / bay, recess, break, gap ‖ ⁺, Riß m, Bresche f (Bau) / gap of a wall, breach ‖ ⁺, Langzeitschwund m (TV) / blackout ‖ ⁺n f pl (Luftverm) / mismatch ‖ ⁺ f, Gitterlücke f (Krist) / vacancy ‖ ⁺ **im Deich** / gap of a dam ‖ ⁺ **im Gewebe** / interstice ‖ ⁺n **zustopfen** (Bau) / lace
Lücken·atom n (Phys) / interstitial [atom] ‖ ⁺**fräser**, Winkelfräser m / angular milling cutter, single-angle o. V-shaped cutter ‖ ⁺**fräser [für Werkzeuge]** m / toolmaking angular cutter ‖ ⁺**füllung** f (Kabel) / valley sealer, filler ‖ ⁺**grad** m (Hütt) / voidage, voids fraction ‖ ~**haft** / incomplete ‖ ~**haft**, unvollständig, unvollkommen / not finished ‖ ⁺**karbid** n / interstitial carbide ‖ ~**los** / without gap ‖ ~**los**, fortlaufend / continuous ‖ ~**los**, vollständig / complete ‖ ~**lose Abtastung** / continuous scanning ‖ ~**lose Gleise**, langverschweißte Gleise (Österreich) / long welded rails pl, welded track ‖ ~**lose Mischkristallreihe** / continuous crystalline solid solution ‖ ⁺**mauerwerk** n, durchbrochene Mauer / perforated wall ‖ ⁺**weite** f (Getriebe) / space width ‖ ⁺**weite** f **im Normalschnitt** (Getriebe) / normal spacewidth ‖ ⁺**weite** f **im Stirnschnitt** (Getriebe) / transverse space width ‖ ⁺**zeichen** n (DV) / gap digit ‖ ⁺**zeit** f (Magn.Bd) / blackout time
luckig, blasig (Hütt) / blistered, cavernous, porous
lückig, gezahnt / toothed, jagged, jaggy
Lüders'-Pauli-Theorem n (Kfz) / CPT-theorem ‖ ⁺**sche Linie**, Fließlinie f / flow line, Luders' line
Ludolfsche Zahl, π / Ludolf's number, number π
Ludolphsches Auswertegerät (Meteorol) / protractor (US)
Luft f / air ‖ ⁺, Spiel n / backlash, play ‖ ⁺, Abstand m (Masch) / clearance ‖ ⁺ (Lager) / bearing slackness o. play o. clearance ‖ ⁺..., in der Luft, zur Luft gehörig / aerial ‖ ⁺..., eisen[kern]los (Elektr) / air-core... ‖ ⁺..., Druckluft... / pneumatical ‖ ⁺ **ablassen** (Reifen) / deflate tires ‖ ⁺ **auffüllen** (Kfz) / inflate tires ‖ ⁺ **durch flüssiges Eisen pressen** / force a blast of air through the molten iron ‖ ⁺ **im Getriebe** / internal slackness ‖ ⁺ **mit Atmosphärendruck** (Melkm.) / expanded air ‖ ⁺ **stechen**, vent vi ‖ ⁺ **zuführen** / ventilate ‖ ⁺ **zum Auslassen** / air-to-extent ‖ ⁺ **zum Öffnen** / air-to-open ‖ ⁺ **zum Zurückziehen** / air-to-retract ‖ **der freien** ⁺ **aussetzen** / aerate, air ‖ **in der** ⁺ **gemessen** (Luftf) / air-derived ‖ ⁺**abführung** f (Gieß) / air drain ‖ ⁺**abhebevorrichtung** f (Stanz) / pneumatic take-up device ‖ ⁺**abhebung** f (Gieß) / air lifting ‖ ⁺**ablassen** n (Reifen) / deflation ‖ ⁺**ablaßventil** n (Druckkabine) / spill valve ‖ ⁺**ableitung** f, -loch n / air[ing] hole ‖ ⁺**absauger** m / air suction ventilator, exhauster, aspirator ‖ ⁺**absaugvorrichtung** f, -absauger m / air suction ventilator, exhauster, aspirator ‖ ⁺**abscheider** m / air separator ‖ ⁺**abscheidevermögen** n (Öl) / air release property ‖ ⁺**abscheidung** f / air release ‖ ⁺**abschluß** m / exclusion of air, air seal (US) ‖ **unter**

⁺**abschluß**, luftdicht verschlossen / hermetically sealed ‖ ⁺**abschrecken** n / air quenching ‖ ⁺**absorption** f (Akustik) / atmospheric absorption ‖ ⁺**abzug** m (allg) / air exhaust, egress of air ‖ ⁺**abzug** m, -loch n (Bergb) / air hole o. flue ‖ ⁺**anfeuchtung**, -befeuchtung f / air damping o. moistening ‖ ⁺**ansaugdüse** f / aspiration hole ‖ ⁺**ansaugrohr** n, -leitung f / air intake tube ‖ ⁺**ansaugtemperatur** f, -eintrittstemperatur f / air intake temperature ‖ ⁺**ansaugung** f / indraught, air intake o. entrainment ‖ ⁺**ansaugwirbel** m / air entraining vortex ‖ ⁺**anschluß**, Druckluftanschluß m, -versorgung f / compressed-air supply ‖ ⁺**äquivalent** n (Nukl) / air equivalent ‖ ~**äquivalente Substanz** / air equivalent material ‖ ~**äquivalente Ionisationskammer** / air wall ionization chamber ‖ ~**atmend** (Antrieb) / air-breathing ‖ ~**atmender [Zusatz]antrieb** (Luftf) / air breathing booster ‖ ⁺**aufbereitung** f (Bergb) / pneumatic classification o. dressing ‖ ⁺**aufbereitung** f **für pulverisiertes Material** / air elutriation ‖ ⁺**aufnahme** f, Luftbild n / aerial o. air photo[graph] ‖ ⁺**auftanksystem** n / refuelling-in-flight system ‖ ⁺**auftrieb** m / buoyancy of the air ‖ ⁺**auslaß**, -austritt m / air escape, air exit ‖ ⁺**auslaß** m, -austrittsseite f (Ventilator) / air exit side ‖ ⁺**auslaßdämpfer** m (Kfz) / air diverter muffler ‖ ⁺**auslaßgitter** n **für verbrauchte Luft** / viscous-air discharge grill ‖ ⁺**austrittsklappe** f / air exit flap ‖ ⁺**auswerfer** m (Plast) / air ejector ‖ ⁺**bad** n (Chem) / air bath ‖ ⁺**ballon** m / balloon, aerostat ‖ ⁺**bedarf** m / air requirement o. consumption ‖ ⁺**bedarf** m, -beimischung f (Brenner) / aeration ‖ ⁺**befeuchter** m / air humidifier ‖ ⁺**befeuchtung**, -anfeuchtung f / air humidification o. wetting ‖ ⁺**behälter** m, -kasten m, -kessel m / air reservoir o. vessel o. receiver ‖ ⁺**behälter** m (Chem) / air holder ‖ ~**bereift** / running on pneumatics ‖ ⁺**bereifung** f (Kfz) / [pneumatic] tires (US) o. tyres (GB) ‖ ⁺**beschaffenheit** f / air quality ‖ ~**beständig** / fast in air o. to air o. to atmospheric influences ‖ ⁺**bewegung** f / blast
Luftbild n, Luftaufnahme f / aerial o. air photo[graph], aerial view ‖ ⁺ (in der Luft erzeugt) (Opt) / aerial image ‖ ⁺, -meßbild, -vermessungsbild n / aerial survey photograph, airscape, aerophotogram ‖ ⁺ **eines Geländestreifens** / [aerial view of a] strip ‖ ⁺**aufnahmegerät** n s. Luftbildmeßkammer ‖ ⁺**auswertung** f / plotting of aerial photographs ‖ ⁺**ebene** f (Opt) / virtual image plane ‖ ⁺**film** m / aerial survey film ‖ ⁺**interpretation** f / air photo interpretation ‖ ⁺**kamera** f / aerial camera ‖ ⁺**karte** f / photo-map ‖ ⁺**meßflugzeug** n / aerial survey plane ‖ ⁺**meßkammer** f / air o. aerial survey camera, aerial mapping camera ‖ ⁺**messung**, Photogrammetrie f (Verm, Luftf) / photogrammetry, metrophotography ‖ ⁺**meßwesen** n / aerophotogrammetry ‖ ⁺**plan** m (Verm) / controlled mosaic, aerial o. photo map, aerial mosaic ‖ ⁺**umzeichner** m / aerial sketchmaster ‖ ⁺**vermessung** f / aerial survey o. mapping, air survey[ing] (US)
Luftbläschenbildung f (Gieß) / pinholing
Luftblase f / air bubble ‖ ⁺ (Glas) / blowhole, void ‖ ⁺ **in einer Saugleitung** / air lock in a pipe ‖ **kleine** ⁺ (Glas) / bleb ‖ **mit wenig** ⁺**n** (Hütt) / low-void
Luft·blasenbildung f (Vakuum) / puffing ‖ ⁺**blasen-Viskosimeter** n / air bubble viscometer ‖ ⁺**blasenvorhang** m (zur Eingrenzung von Ölteppichen) / air curtain ‖ ⁺**-Boden...** (Luftf) / air-ground..., air-surface... ‖ ⁺**-Boden-Rakete** f / air-to-surface missile, ASM ‖ ⁺**-Boden-Verkehrs-Container** m / air-surface container ‖ ⁺**brechungsvermögen** n (Opt) / absolute refractive power ‖ ⁺**bremse**, Landeklappe f (Luftf) / air brake o. deflector ‖ ⁺**bremse** f (Seilb) / air brake o. deflector ‖ ⁺**bremse** f, Druckluftbremse f / air brake, compressed air brake ‖ ⁺**-Brennstoff-Verhältnis** n / air-fuel ratio ‖ ⁺**brücke** f / air-lift ‖ ⁺**brunnen** m (Klimaanlage) / air well ‖ ⁺**bürste** f, -pinsel m (Plast) /

air brush o. jet o. knife ‖ **~bürsten-Streichverfahren** n (Pap) / air knife coating ‖ **~dämpfung** f, -federung f / air cushioning, pneumatic shock absorption ‖ **~darre** f (Brau) / air kiln

luftdicht / [air]tight, air-sealed, close ‖ ~, hermetisch / hermetically sealed ‖ **~er Abschluß** / airproof closure ‖ ~ **machen o. verschließen** / airproof v ‖ ~ **verschließen** / close o. lock hermetically o. airtight, seal hermetically ‖ ~ **[verschlossen]** / airproof, airtight, hermetically sealed o. closed

Luft·dichte f / atmospheric density ‖ **~dichtemesser** m / air densimeter, aerometer ‖ **~dichtenhöhe** f (Luftf) / density altitude ‖ **~dielektrikum** n / air dielectric ‖ **~diffusor**, -verteiler m / air diffuser ‖ **~dosis** f (Nukl) / free-air dose ‖ **~draht** m (Fernm) / carried wire ‖ **~drehkondensator** m / variable air capacitor ‖ **~drossel** f (Elektr) / air-core choke

Luftdruck m / air pressure, pressure of the air ‖ ~ (Reifen) / tire pressure ‖ ~, atmosphärischer Druck / atmospheric o. air pressure ‖ ~, Barometerstand m / barometric height o. pressure ‖ ~..., Druckluft... (Masch) / pneumatic, compressed air... ‖ ~ **durch Explosion** / blast ‖ ~ **durch Geschützfeuer** (Mil) / windage ‖ **auf normalen** ~ **umstellen** (Luftf) / depressurize ‖ **~ausgleich** m / balancing o. compensation of air pressure ‖ **~fühler** m / barometric pressure sensor ‖ **~gradient** m (Meteorol) / pressure gradient ‖ **~-Höhenlinie** f / pressure contour ‖ **~prüfer** (DIN), Reifenprüfer m / tire gauge, pressure gauge ‖ **~schalter** m / air pressure [actuated] switch ‖ **~schalter** m (durch atmosph. Druck schaltend) / baroswitch ‖ **~welle** f (Explosion) / blast wave ‖ **~wirkung** f (Explosion) / blast

Luft·durchflußzähler m / air meter ‖ **~durchlässigkeit** f / air permeability ‖ **~durchlässigkeit** f (von Formsand) (Gieß) / venting property ‖ **~durchlässigkeitsprüfer** m (Pap) / porosity meter o. tester, porosimeter, Potts tester ‖ **~durchsetzt** / air permeated ‖ **~düse** f / air jet o. nozzle ‖ **~echt** / fast in air o. to air o. to atmospheric influences ‖ **~einblasung** f (Mot) / air injection ‖ **~einlaß** m / admission of air ‖ **~einlaß** m, -eintrittsseite f (Ventilator) / air admission ‖ **~einlaß** m, Spülschlitz m (Masch) / port ‖ **~einlaßgitter** n / fresh-air grill ‖ **~einlaßklappe** f / air choke o. damper o. strangler ‖ **~einlaßrohr** n / air admission pipe ‖ **~einpressen** n, Airlift m (Öl) / airlift ‖ **~einschluß** m / inclusion o. trapping of air ‖ **~einschluß** m **in einer Saugleitung** / air lock in a pipe ‖ **~einschluß** m **unter der Aufstandsfläche** (Reifen) / air under tread ‖ **~einspritzung** f (Diesel) / air injection ‖ **~eintritt**, -einlaß m / air intake ‖ **~eintritt** m / air access, air admission ‖ **~eintrittsöffnung** f / air admission hole ‖ **~eintrittsöffnung** f (Klimaanlage) / supply air terminal device ‖ **~elektrizität** f / atmospheric electricity ‖ **~empfindlich** / sensitive to air

lüften, anheben / lift ‖ ~, frische Luft zulassen, Luft erneuern / renew the air ‖ ~, ventilieren, ent-, aus-, durchlüften / vent, ventilate ‖ ~, auslüften, der freien Luft aussetzen / aerate, air ‖ ~, Durchlüften o.? venting ‖ ~ **des Werkzeugs** (Plast) / breathing of the mould ‖ **die Bremse** ~ **o. lockern o. loslassen** / release the brake, unjam

Luft·entfeuchter m **für Räume**, Raumluftentfeuchter m / air dehumidifier for rooms ‖ **~entzündlich**, pyrophor / pyrophorous, -phoric

Lüfter m, Ventilator m, Fächer m / [ventilating] fan, ventilator ‖ ~, Lüftungsschieber m (Bahn) / ventilator for coaches ‖ ~, Ventilator m (Kfz) / cooling fan ‖ ~, Gebläse n (Kompressionsverhältnis kleiner als 3) / blower ‖ ~, Exhauster m / exhaust fan, extract fan, extractor, aspirator ‖ ~ **mit verschiebbarer Schlitzplatte** (Bahn) / hit-and-miss ventilator o. damper ‖ **~achse** f (Kfz) / fan fixed shaft ‖ **~bauwerk** n (Tunnel) / ventilator installation ‖ **~bock** m (DIN) (Kfz) / fan

bracket o. support ‖ **~flügel** m / fan blade ‖ **[langsamlaufender]** ~**flügel** / paddle ‖ **~gehäuse** n / fan housing ‖ **~haube** f (Kfz) / fan cowl ‖ **~haube** f (Masch) / ventilator cowl

Luft·erhitzer m / air heater, air heating apparatus ‖ **~erhitzer** m **ohne Ventilator**, Kalorifer m, Warmlufterzeuger m (Warmluftheizung) / air heater without ventilator, thermophor

Lüfter·kopf m (Schiff) / ventilator cowl ‖ **~kragen** m (Elektr) / fan shroud ‖ **~motor**, -antrieb m / fan motor ‖ **~motor** m (Bauart) (Elektr) / ventilated motor

Luft·erneuerung f / air renewal ‖ **~erneuerungsrate** f / air renewal rate

Lüftersatz m / motor-ventilator set

Lufterschütterung f **durch den Schall** / percussion, (rare:) verberation

Lüfter·schutzring m / fan guard ‖ **~welle** f (Kfz) / fan drive shaft

Luftexplosion f (Lagerstättenforschung) / air shooting

Luftfahrt f, Luftfahrtwesen n / aviation, aeronautics sg, aerial navigation ‖ ~... / aeronautical ‖ **~behörde** f (USA) / FAA, Federal Aviation Agency ‖ **~elektronik**, Avionik f / avionics sg ‖ **~elektronik** f, -fernmeldewesen n / aerotronics sg ‖ **~feuer** n / air traffic light ‖ **~handbuch** n / aeronautical information publication, AIP ‖ **~industrie** f / aeronautical o. aircraft industry ‖ **~ingenieur**, -techniker m / aeronautical engineer, aeroengineer ‖ **~ingenieur**, -techniker m / aeroengineer ‖ **~navigation** f / air navigation ‖ **~sextant** m / air sextant ‖ **~technik** f, -ingenieurwesen n / aeronautical engineering, aerotechnics pl (US) ‖ **~werkstoff** m / material for aircraft industry, aviation material

Luftfahrzeug n / aircraft, craft ‖ ~ **leichter als Luft** / lighter-than-air craft, aerostat ‖ ~ **schwerer als Luft** / heavier-than-air craft, aerodyne ‖ **~-Aufrufzeichen** n / aircraft call sign ‖ **~-Erkennung** f / aircraft identification ‖ **~führer** m / pilot ‖ **verantwortlicher ~führer** / pilot-in-command ‖ **~muster** n / type of aircraft ‖ **~prüfingenieur** m / licensed aircraft engineer, (formerly:) ground engineer

Luft·fang m, Hutze f (Bergb) / blower, air scoop ‖ **~feder** f / pneumatic spring ‖ **~federhammer** m / pneumatic spring hammer ‖ **~federung** f / pneumatic cushioning o. damping, pneumatic shock absorption ‖ **~federungsventil** n (Kfz) / suspension level[l]ing valve ‖ **~fest**, -beständig, -echt / fast o. stable in air o. to atmospheric influences, air-resistant, airproof, not affected by air ‖ **~feuchtigkeit**, -feuchte f / atmospheric o. air moisture o. humidity ‖ **~feuchtigkeit** f, Dunst m / vapour, vapor (US), reek ‖ **bei 65% relativer ~feuchtigkeit** / at 65% relative humidity of air ‖ **~feuchtigkeitsmenge** f **im Sättigungszustand** / capacity of air, saturation vapour pressure of air ‖ **~feuchtigkeitsmesser** m / hygrometer ‖ **~feuchtigkeitsmessung** f / hygrometry ‖ **~filter** m n, -reiniger m / air filter o. cleaner o. purifier ‖ **~flasche** f / air bottle ‖ **~flecken** m (Textil) / air stain ‖ **~förmig** / aeriform ‖ **~förmig**, Luft... / aerial, consisting of air ‖ **~frei** / free from air ‖ **~freie Masse** / air-free mass ‖ **~führung** f / air conduction ‖ **mit ~führung versehen** / ducted ‖ **~funkstelle** f / aircraft station ‖ **~gang** m / air passage o. rise ‖ **~gang** m (Färb) / skying ‖ **~gas** n / air gas ‖ **~gefedert** (Kfz) / air-suspended, air-cushioned ‖ **~gefrierapparat** m (Kältetechnik) / air blast freezer ‖ **~gefüllt** / inflated ‖ **~gekühlt** / air-cooled ‖ **~gekühlt** (Elektr) / ventilated ‖ **~gekühlte Triode** (Elektronik) / aircooled triode, act ‖ **~gelagerter Kreisel** / air bearing gyro ‖ **~gepulst**, -gesteuert (Aufber) / air pulsed ‖ **~geschwindigkeit** f / velocity of air, air speed ‖ **~geschwindigkeitsmesser** m, Windmesser m, Anemometer n / ASI, airspeed indicator o. meter, anemometer, velometer ‖ **~gesteuertes Anhängerbremsventil** (Luftf) / pneumatic trailer brake valve || ~gesteuerte (o. luftgepulste) Setzmaschine (Bergb) / Baum jig || ~getragen, luftverfrachtet / air transported || ~getrocknet / air-dried, air-dry, A.D., seasoned || verdrängtes ⌐gewicht / weight of displaced air || ~haltig / containing air || ⌐hammer m (Schm) / pneumatic hammer, air-lift gravity hammer || ⌐härter m (Stahl) / air hardening steel || ⌐härtung f (Stahl) / hardening in the air, air-hardening || ⌐hauch m / puff || ⌐hauptleitung f / pipeline for air || ⌐hebebohrverfahren n (Bgb) / airlift drilling || ⌐heber m (ein Kissen) / pneumatic lifting cushion || ⌐heber m, Mammutpumpe f (Bergb) / airlift || ⌐heizgerät n (mit Ventilator u. Wärmeerzeuger) / unit heater || ⌐heizgerät n (ohne Ventilator) / air heater without ventilator, thermophor || ⌐heizung f (Heizanlage) / [hot-]air heater o. heating apparatus || ⌐heizung f (System) / hot-air heating [system] || ⌐heizung f mit Gebläse / forced hot-air heating || ⌐heizungsanlage f (ohne Ventilator) / calorifer || ⌐herd m (Aufber) / pneumatic ore processing table || ⌐hülle, Atmosphäre f / atmosphere || ⌐hülle f der Erde / aerosphere || ⌐hutze f, -fänger m / airscoop || ⌐hygiene f / air pollution control || ⌐induktion f / air induction || ⌐isolation f / air insulation || ~isoliert (Elektr) / air-spaced, -insulated || ⌐isolierung, -isolierschicht f, -polster n / insulating air cushion || ⌐kabel n (Fernm) / aerial o. air cable, overground o. overhead cable || ⌐kabeltragseil n (Fernm) / supporting strand o. wire o. cable for air cables, guy rope, messenger wire for air cables || ⌐kalk m / air hardening lime || ⌐kammer f, -kessel m / air chamber o. reservoir || ⌐kammer f, -behälter m (Chem) / air holder || ⌐kammer f (Flotation) / air chamber || ⌐kammer f, -speicher m (Mot) / air chamber o. cell || ⌐kammerdämpfung f (Instr) / air vane damping || ⌐kammergewölbe n (Hütt, SM-Ofen) / air slag arch || ⌐kanal m (Bau, Elektr, Hütt) / airduct, air flue o. tunnel || ⌐kanal m, Zug m / air duct || ⌐kanal m (Bau, Gieß) / air flue o. channel || ⌐kanal m, Luftweg m (Masch) / airway || ⌐kanal m, -abzug m (Bau) / air drain || ⌐kanal m der Klimaanlage / air conditioning conduit || ⌐kanal im Kern (Gieß) / air channel of the breaker core || ⌐kanal m im Motor (Elektr) / ventilating o. cooling duct in the motor, air duct || für ⌐kanalanschluß (Elektr) / duct-ventilated || ⌐kasten m / air receiver || ⌐kern m (Elektr) / air core || ⌐kern m, -stift m, Washburn-Kern m (Gieß) / Washburn [atmospheric] core, breaker core || ⌐kessel m / air tank o. receiver || ⌐kessel, -behälter, -kasten m / air reservoir o. vessel o. receiver

Luftkissen n, -puffer m / air buffer o. cushion o. pad || ⌐ (Stanz) / air cushion || ⌐boot n / air cushion boat, marine air cushion craft, marine hovercraft, hydroskimmer || ⌐fahrzeug, Bodeneffektfluggerät n, LKF / air cushion vehicle o. craft, cushion craft (US), ACV, hovercar o. -craft (GB), aeromobile (US), air car (US) || ⌐plattform f, -palette f / hoverpallet || ⌐schutz m (Kfz) / inflatable occupant restraint system || ⌐transportrinne f / aeroglide || ⌐zug m (Bahn) / aerotrain

Luft·klappe f (Masch) / air throttle || ⌐klappe f, Choke m (Kfz) / choke, strangler || ⌐klappe f, -einlaßklappe f (Masch) / air choke || ⌐klappe f (Aufber) / air valve || ⌐klappe, Lüftungsöffnung f / ventilator || ⌐klappe f (in der Wand) / ventilation damper in the wall || ⌐kompressor, -verdichter m / air compressor || ⌐kondensator m / air capacitor || ⌐konditionierer m (Pap) / air conditioner || ⌐konditioniergerät n (für Einzelräume) / room unit || ⌐-Kontaminationsmesser m (Nukl) / air contamination monitor || ⌐kontroller m, Fluglotse m / air traffic controller || ⌐korrekturdüse f, Ausgleichluftdüse f (Vergaser) / air correction jet || ⌐korridor m (Luftf) / corridor || ⌐kraft f (Flugmechanik) / aerodynamic force || ⌐kraftfluß m / magnetic flux in the air gap || ⌐kraftmühle, Strahlmühle f / fluid energy mill || ⌐kreislauf m (Aufber) / washbox air cycle || ⌐kreuzung f (Bahn, Fahrleitung) / aerial o. overhead

crossing, contact wire crossing || ⌐kühler, -kühlapparat m / air cooler || ⌐kühlmaische f (Zuck) / air-cooled crystallizer || ⌐kühlung f / air cooling || ⌐kühlung f in geschlossenem Kreislauf (Elektr) / closed-air-circuit refrigeration || ⌐kunstseide f / aerated rayon || ⌐lack m, lufttrocknender Lack / air-drying lacquer || ⌐lager n (Masch) / air bearing || ⌐lage-Radar m n / air position radar || ~leer (Phys) / exhausted, void of air, airvoid, vacuous || ~leer, platt (Reifen) / flat || ~leer machen / evacuate, draw out (air) || ~leer machen, Vakuum herstellen / apply vacuum || ⌐leere f, luftleerer Raum / vacuum || ⌐leeremesser m, Vakuummeter o / vacuum gauge o. indicator o. meter || ⌐leermachen n, Vakuum-Herstellen n / evacuation || ⌐leitblech n, Spoiler m (Kfz) / spoiler || ⌐leiter m (Fernm) / aerial conductor || ⌐leitung f, -leitungsrohr n / air pipe o. piping o. tube || ⌐leitung f (Fernm) / overground o. overhead line || ⌐leitung f des Schalls / air conduction of noise || ⌐leitung f für Belüftung (Bergb) / air piping for ventilation || ⌐leitwand f im Thermalcontainer / bulkhead of thermal container || ⌐leuchten n der Atmosphäre / airglow || ⌐licht n (Phot) / atmospheric haze || ⌐linie f / straight line, beeline, linear distance, air line (US) || ⌐linie f, -verkehrslinie f / air traffic line, airline || ⌐linie f (Spektrum) / air line || ⌐linienentfernung f / linear distance, straight line distance || ⌐loch n, Entlüftungsöffnung f / vent [draught o. hole], ventiduct || ⌐loch n (Bau) / air drain || ⌐loch n, Rauchabzug m / air[ing] hole o. pipe || ⌐loch, -abzug m, -öffnung f (Bergb) / ventilator, air hole || ⌐loch n, Gußblase f (Gieß) / air hole o. bubble o. pocket || ⌐loch n, Fallbö f (Meteorol) / down-gust || ⌐loch n (Luftf) / air hole o. pocket, bump || ⌐log n (Luftf) / air log || ~los (Einspritzung) / airless || ~lose Einspritzung (Mot) / direct o. solid o. airless injection, mechanical injection || ⌐-Luft-Rakete f / air-to-air missile, AAM || ⌐-Luft-Rückkühler m / air-to-air cooling tower || ⌐-Luft-Wärmepumpe f / air-to-air heat pump || ⌐mangel m (im Gemisch) (Mot) / rich mixture || ⌐mangel m / deficiency o. want of air || ⌐mantel m / air jacket || ⌐mantel des Schornsteins (Bau) / air case o. casing (of chimney) || ⌐maschine f, pneumatische Maschine / pneumatic o. aerostatic engine || ⌐menge f / air quantity || ⌐menge f, -volumen n / air volume || ⌐mengenmesser m (Mot) / air flow sensor || ⌐meßbild, -vermessungsbild n / aerial survey photograph, airscape, aerophotogram || ⌐messer n, -rakel f / air squeegee || ⌐messer n, -schaber m, -bürste f (Pap) / air knife || ⌐messer-Streichmaschine f (Pap) / air knife coater || ⌐moment n (Flugmechanik) / aerodynamic moment || ⌐monitor m (Nukl) / air sampling monitor || ⌐mörtel m / ordinary lime o. mortar, air [hardening] mortar, non-hydraulic mortar || ⌐naßreiniger m (Farbspritzen) / wet spray full flow air wash scrubber || ⌐navigation f / aeronautics || ⌐nebelschallsender m / air fog signal || ⌐not, Flugnot f / distress || ⌐-Öl-Gemisch-Verbrennungen f pl (im Zylinder) (Verdichter) / dieseling || ⌐ortung f / aerial position finding || ⌐patentieren n (Hütt) / air patenting || ⌐perspektive f, Vogelschau f (Phot) / aerial perspective, bird's eye view || ⌐pfeife f / air whistle || ⌐pfeifen f pl (Gieß) / ventilating system, whistlers pl || ⌐pinsel m, -bürste f (Plast) / air brush o. jet o. knife || ⌐pinsel m (Pap) / air impactor || ⌐plan m / pneumatic connection diagram || ⌐plasma-Schmelzschneiden n / fusion cutting by air plasma || ⌐polster n / insulating air cushion || ⌐pore f / air void || ⌐porenbeton m / air-entrained concrete || ⌐porenzusatzstoff m, LP-Stoff m (Bau) / air-entraining agent, air entrainer || ⌐post f / airmail || ⌐postpapier n / airmail paper || ⌐presser m (DIN) (f.Bremse) / brake compressor || ⌐pressung f / air pressure o. squeeze || ⌐puffer m, -kissen n / air buffer o. cushion o. pad || ⌐puffer m (Öl) / air binding || ⌐pufferung f / pneumatic cushioning o. damping,

pneumatic shock absorption ‖ ⁓**pumpe** f / air pump ‖
⁓**pumpe** f (Kfz) / tire pump o. inflator ‖ ⁓**pumpe** f **für
Einspritzung** (Mot) / air injection pump ‖ ⁓**pumpe** f
mit Motorantrieb (Kfz) / motor-driven tire pump ‖
⁓**rakel** f, -**messer** n / air squeegee, air knife ‖
⁓**rakelstreichverfahren** n (Pap) / air knife coating ‖
⁓**rate** f **der Lufterneuerung** / air renewal rate in a
specified time
Luftraum m / air space ‖ ⁓, -**kammer** f / air space o.
chamber ‖ ⁓ (Luftf) / air space ‖ ⁓ (zur Dämmung) (Bau)
/ ventilation space, (esp.:) crawl space ‖ ⁓ **im
Flüssigkeitsbehälter** / headspace ‖ ⁓ **innerhalb eines
Gebäudes**, innerer Raum eines Gebäudes (Bau) / clear
inside work ‖ ⁓ **über Grundstücken** / aerial region
above the building site ‖ ⁓**kabel** n / air-space [insulated]
cable ‖ ⁓-**Überwachung** f / air surveillance ‖
⁓-**Überwachungsradar** m n / air surveillance radar ‖
⁓**überwachungssystem** n (Luftf) / surveillance system
Luft·regelung f / air regulation o. control ‖ ⁓**reibung** f /
air friction ‖ ⁓**reibung** f, atmosphärische Reibung /
atmospheric friction ‖ ⁓**reibungswiderstand** m /
friction drag ‖ ⁓**reifen**, Reifen m (Kfz) / [pneumatic]
tire (US) o. tyre (GB) ‖ ⁓**reifenwalze** f (Straßb) /
pneumatic-tired roller ‖ ⁓**reinheitsbedingungen** f pl /
clean-air conditions pl ‖ ⁓**reiniger** m / air cleaner o.
purifier ‖ ⁓**reiniger** m, -verbesserer m / disinfecting
apparatus ‖ ⁓**riß** m (Holz) / natural crack, cleft ‖
⁓**röhre**, Wetterlutte f (Bergb) / air conduit o. tube,
casing tube ‖ ⁓**rückstand** m, Restluft f / residual air ‖
⁓**rückstand** m (Chem) / residual atmosphere ‖ ⁓**ruder** n
(Raumf) / aerodynamic control surface ‖ ⁓**sack** m (eine
Sicherheitsvorrichtung) (Kfz) / air bag ‖ ⁓**sack** m (Gieß)
/ air pocket ‖ ⁓**salpeter** m / synthetic niter ‖ ⁓**sättigung**
f / saturation of the air ‖ ⁓**sauerstoff** m / atmospheric
oxygen, oxygen of the air ‖ ⁓**sauerstoff-Element** n,
-Batterie f / air [depolarized] cell ‖ ⁓**sauger** m,
-absauger m / air suction ventilator, exhauster, aspirator
‖ ⁓**saugrohr** n / air suction pipe ‖ ⁓**saugschlauch** m
(Kfz) / air suction hose ‖ ⁓**säule** f / air column ‖
⁓**schaberstreichmaschine** f (Pap) / air knife coater ‖
⁓**schacht**, -**abzug** m (Bergb) / air hole o. flue, ventilating
shaft ‖ ⁓**schacht** (Bau) / air shaft o. well ‖ ⁓**schacht** m
für Erdarbeiten / (air hole) for excavation
work ‖ ⁓**schachtgitter, verzinkt** / air shaft grating,
galvanized ‖ ⁓**schadstoffe** m pl / atmospheric pollutants
pl ‖ ⁓**schall** m / airborne sound o. noise ‖
⁓**schallemission** [von] f / airborne noise emitted [by] ‖
⁓**schallschutzmaß** n / airborne insulation margin ‖
⁓**schallübertragung** f / air conduction of noise ‖
⁓**schallwandler** m / air transducer ‖ ⁓**schalter** m
(Elektr) / air break switch ‖ **großer** ⁓**schauer** / air
shower ‖ ⁓**schaum** m / air foam o. froth ‖ ⁓**schicht** f /
air layer ‖ ⁓**schicht** f (einer Schalenwand) / air space
(of a cavity wall) ‖ ⁓**schießrohr** n (Zementfabrik) / air
breaker ‖ ⁓**schiff** n / airship, dirigible [airship] ‖
halbstarres ⁓**schiff** / semirigid airship ‖ **unstarres**
⁓**schiff**, Pralluftschiff n / nonrigid airship ‖ ⁓**schiffahrt**
f / aerial navigation, aeronautics sg ‖ ⁓**schifferei** f (mit
Ballons etc.) / aerostation ‖ ⁓-**Schiff-Flugkörper** m /
air-to-ship missile ‖ ⁓**schlauch** m / air hose o. tube ‖
⁓**schlauch** (Kfz) / inner o. air tube ‖ ⁓**schlauch** m,
Schlauch m (Kfz) / inner o. air tube ‖
⁓**schlauchextruder** m (Gummi) / tube machine, tuber ‖
⁓**schleier** m (Heizung) / hot-air curtain ‖ ⁓**schleuse** f /
air lock ‖ ⁓**schleuse** f (Skylab) / airlock module, AM ‖
⁓**schliere** f / streak o. striation in the air o. produced by
air ‖ ⁓**schlitz** m **der Motorhaube** / bonnet louver ‖
⁓**schlitz** m **im Blechpaket** (Elektr) / core duct ‖
⁓**schneise** f / flight lane, equisignal corridor ‖
⁓**schraube** f / airscrew, propeller
Luftschrauben·blatt n, -**flügel** m / airscrew o. propeller
blade ‖ ⁓**seite** f **des Motors** / airscrew end of the engine
‖ ⁓**steigung** f / propeller pitch ‖ ⁓**strahl**, -**wind** m
(Luftf) / propeller race, prop blast, wake ‖ ⁓**turbine** f /

airscrew o. propeller turbine ‖ ⁓**verstellung** f (Luftf) /
pitch change o. control
Luft·schütz n (Elektr) / air gap relay, air break contactor ‖
⁓**schutzsirene** f / air-raid siren ‖ ⁓**schwindung** f / air
shrink[age] ‖ ⁓-**Seenotdienst** m / air-sea rescue, sea-air
rescue, SAR ‖ ⁓**seide** f (Textil) / aerated yarn ‖
⁓**seilbahn**, Seilbahn f **für Lasten** / aerial ropeway o.
cableway o. railway, wire ropeway, aerial funicular
(ISO) ‖ ⁓**seite** f (Wassb) / downstream side of a barrage
dam, downstream face, barrage glacis ‖ ⁓**separation** f /
air separation ‖ ⁓[**setz**]**maschine** f (Bergb) / pneumatic
o. air jig ‖ ⁓**sichtung** f, -klassierung f / classification by
air ‖ ⁓**sieb** n (Textil) / air screen ‖ ⁓**spalt** m / ventilation
duct o. slot ‖ ⁓**spalt** m (zwischen Pol und Anker),
Luftspalt m im Eisenkreis (Elektr) / interferric space o.
gap, air gap ‖ ⁓**spalt** m (Lager) / bearing slackness o.
play o. clearance ‖ ⁓**spalt der Tür** / joint clearance ‖
⁓**spaltdrossel** f (Elektr) / air-core choke ‖
⁓**spaltinduktion** f / magnetic loading ‖ ⁓**spaltloser
Magnetkreis** / closed magnetic circuit ‖ ⁓**spaltloser
Trafo** / closed-core transformer ‖
⁓**spaltmagnetometer** n / flux gate magnetometer ‖
⁓**spalt-Torsionsmeßgerät** n / air-gap torsion meter ‖
⁓**speicher** m (Mot) / air chamber o. cell, energy cell ‖
⁓**speicher-Bremszylinder** m (Kfz) / air-cell brake
cylinder ‖ ⁓**spiegelung** f / looming, mirage ‖ ⁓**spieß** m
(Gieß) / vent[ing] rod o. wire, wire riddle, pricker ‖
⁓**sport** m / aviation ‖ ⁓**spule** f / air-core coil ‖
⁓**standort-Anzeiger** m / air position indicator, API ‖
⁓**staudüse**, Lorindüse f / athodyd jet engine, ram jet ‖
⁓**stechen** n (Gieß) / venting ‖ ⁓**stickstoff** m /
atmospheric nitrogen ‖ ⁓**stoß** m / air blast ‖ ⁓**strahl** m /
air jet ‖ ⁓**strahlpumpe** f / air jet pump ‖
⁓**strahlsieb-Verfahren** n / air-jet screening method ‖
⁓**strahltriebwerk** n (Luftf) / jet engine ‖ ⁓**straße** f
(Luftf) / air route, airway, prescribed course of flight ‖
⁓**strecke** f, -spalt m (Elektr) / air gap ‖ ⁓**strecke** f
(Funkenüberschlag) / sparking distance in air
Luftstrom m, -**strömung** f / air current, airflow ‖ **im**
⁓ **aufgebracht** / airlaid ‖ ⁓**geschwindigkeit** f / airflow
rate ‖ ⁓-**Kontrollschalter** m (Elektr) / airflow sensing
switch ‖ ⁓-**Kugelmühle** f / air-swept ball mill ‖
⁓**mahlanlage** f, -mühle f / air-swept grinding mill o.
plant ‖ ⁓**mahlen** n / air-swept grinding ‖ ⁓**sichtung** f /
air-suspension sifting
Luft·strömung f, -**zug** m / flow o. current of air ‖
⁓**strömung**, Zugluft f (Bau) / draft, draught ‖ ⁓**stutzen**
m (Mot) / scoop, air horn ‖ ⁓**stutzen** m (Elektr) / air
trunking ‖ ⁓**tanken** n / refuelling in flight ‖ ⁓**tanker** m,
-tankflugzeug n / supply aircraft ‖ ⁓**tanker** m,
-tankflugzeug n / in-flight-refuelling craft ‖ ⁓**taxi** n / air
taxi, taxiplane (US) ‖ ⁓**taxi** n, Kleinverkehrsflugzeug n
/ taxiplane (US) ‖ ⁓**technisch** / ventilation … ‖
⁓**technische Anlage** f / ventilation system ‖
⁓**transformator** m (luftgekühlt) / air-cooled
transformer ‖ ⁓**transformator** m (eisenkernlos) / air-
core transformer ‖ ⁓**transformator** m, luftgekühlter
Transformator / air-cooled transformer ‖ ⁓**transport** m
(Luftf) / airlift, air transport ‖ ⁓**transportfähig** / air
transportable, at ‖ ⁓**trennung** f (Fahrleitg) (Bahn) / air
gap overlap span ‖ ⁓**trichter** m (Masch) / draught
catcher ‖ ⁓**trichter** m (Vergaser) / venturi ‖ ⁓**trimmer** m
(Elektronik) / air-space trimmer ‖ ⁓**trocken** / air-dried,
air-dry, A.D., air-seasoned, A.S. ‖ ⁓**trocknen**, lagern
(Holz) / season, mature ‖ ⁓**trocknend** / air-drying ‖
⁓**trübung** f / turbidity of air ‖ ⁓**trübung**, Dunstigkeit f
/ murkiness of air, mist, fog ‖ ⁓**tüchtigkeit** f / air
worthiness ‖ ⁓**turbulenz** f (Luftf) / atmospheric
turbulence ‖ ⁓**überlegenheit** f / air supremacy ‖
⁓**überbracht** m (im Gemisch) (Mot) / lean mixture ‖
⁓**überschuß** m / excess air ‖ ⁓**überwachungsgerät** n
(Nukl) / air contamination monitor ‖ ⁓**umlauf** m,
-umwälzung, -zirkulation f / air circulation ‖
⁓**umwälzungs-Heizung** f / heating by means of forced

o. pulsated air ǁ ⁓- und Raumfahrt... / aerospace...,
aerospatial ǁ ⁓- und Raumfahrt-Elektronik f /
avionics sg ǁ ⁓- und Raumfahrtindustrie f /
aerospatial o. aerospace industry ǁ ⁓- und
Raumfahrtmedizin f / aerospace medicine ǁ ⁓- und
Regenecho n (Radar) / air clutter ǁ ⁓undurchlässigkeit
f / air-tightness
Lüftung, Be-, Aus-, Entlüftung f / ventilation ǁ ⁓ des
Getreides / aeration of grain
Lüftungs·... / ventilating ǁ ⁓aufsatz m, -haube,
Saughutze f (Bau, Schornstein) / extract ventilator,
ventilator cowl ǁ ⁓aufsatz m für Abzugsrohre / vent
stack ǁ ⁓flügel m (Bahn) / shutter in wagons ǁ ⁓kanal m
/ duct ǁ ⁓klappe f / ventilation flap, ventilator, air
shutter o. valve ǁ ⁓klappe f (Kfz) / ventilating valve ǁ
⁓klappe f (Bahn) / ventilating shutter ǁ ⁓leitung f /
uptake ǁ ⁓loch n / ventiduct ǁ ein ⁓loch machen (z.B.
in Behälter) / vent, provide with a vent ǁ ⁓öffnung f,
Luftloch n / vent [draught o. hole], ventiduct ǁ ⁓rohr n,
-röhre f / aerating o. ventilating pipe o. tube ǁ ⁓rohr n
(für Klosettleitungen) (Bau) / vent pipe, continuous vent
ǁ ⁓schieber, Lüfter m (in Eisenb.wagen) / fan (in
railway coaches) ǁ ⁓schieber m / ventilating valve ǁ
⁓ziegel m (Dach) / ventilating tile
Luft·-Unterwasserrakete f / air-to-underwater missile,
AUM ǁ ⁓ventil n / air valve ǁ ⁓verbesserer m /
deodorant ǁ ⁓verbrauch m / air consumption ǁ
⁓verdichter, -kompressor m / air compressor ǁ
⁓verdrängung f / air volume o. aerodynamic volume
displacement ǁ ⁓verdrängung f (Tätigkeit) / displacing
the air ǁ ⁓verdrängung f (im Tunnel) / air
displacement (in a tunnel) ǁ ⁓verdünnt (Raum) /
rarefied ǁ ⁓verdünnter Raum / space filled with
rarefied air, rarefied air space ǁ im ⁓verdünnten
Raum / under diminished air pressure ǁ ⁓verdünnung
f / air dilution o. rarefaction, rarefaction of air ǁ
⁓verflüssigung f / liquefaction of air ǁ ⁓verfrachtet /
air transported ǁ ⁓vergüten n / air hardening with
subsequent tempering ǁ ⁓verhältnis n (Mot) / air ratio ǁ
⁓verkehr m / air traffic ǁ ⁓verkehrscontainer m / air
mode container ǁ ⁓verkehrsgesellschaft f (Luftf) /
operator, carrier, airline company ǁ ⁓verkehrslinie f,
Luftstrecke f / air line o. connection ǁ ⁓verkehrsnetz n
/ network of air routes ǁ ⁓verkehrsregeln f pl / rules of
the air pl ǁ ⁓verkehrsregelung f / air traffic control ǁ
⁓verkehrs- u. FS-Regeln f pl (Luftf) / RAC, rules of the
air and air traffic control ǁ ⁓verkehrsunternehmen n /
airline company, carrier ǁ ⁓verkehrszentrale f / air
traffic control center ǁ ⁓verlust m / air leakage o. loss ǁ
⁓vermessung f / aerial survey ǁ ⁓vermessungsbild,
-meßbild n / aerial survey photograph, airscape,
aerophotogram ǁ ⁓vermessungskammer f / mapping
camera, stereometric camera ǁ ⁓verschmutzung f,
-verunreinigung f / air pollution, air contamination ǁ
⁓verteiler, -diffusor m / air diffuser ǁ
⁓verteiler-Baugruppe f / component of air diffusion ǁ
⁓verteilerschieber m / air distributing valve ǁ
⁓verteilungsnetz n / ductwork ǁ ⁓verunreiniger m /
source of air pollution ǁ ⁓verunreinigung,
-verschmutzung f / atmospheric o. air contamination o.
pollution ǁ ⁓verunreinigung, Emission f (in g je m³) /
emission, polluting matter ǁ ⁓verunreinigung durch
Inversionsglocke bei Windstille / calm inversion
pollution, CIP ǁ ⁓volumen n, -menge f / air volume ǁ
⁓vorhang m (Ofen) / air seal ǁ ⁓vorhang m,
Warmluftvorhang m (Heizung) / air curtain, hot air
curtain ǁ ⁓vorreiniger m / first o. preliminary air
strainer o. filter o. purifier ǁ ⁓vorwärmer m / air
preheater, economizer ǁ ⁓vorwärmer,
Wärmeaustauscher m / recuperative air-heater ǁ
⁓vorwärmer (um die Abgasleitung) (Mot) / heating
muff ǁ ⁓vorwärmer m am Vergaser (Kfz) / hot-air pipe
ǁ ⁓wärmer m (Kfz) / air preheater ǁ ⁓warteraum m,
Warteschleife f (Luftf) / holding pattern ǁ ⁓waschanlage

f / air washer ǁ ⁓wäscher m (Klimaanlage) / air washer ǁ
⁓wassergas n / air and water gas ǁ ⁓-Wasser-Kühler
m / water-cooled air cooler ǁ ⁓wechsel m / change of
air, ventilation ǁ ⁓wechselkanal m (Glasofen) / air
regenerator flue ǁ ⁓weg m (Luftf) / advisory route, ADR
ǁ ⁓weg m (Transport) / air transport[ation] o.
conveyance ǁ auf dem ⁓wege [transportiert] / by air,
airborne ǁ ⁓weiche f (Bahn) / contact wire frog, aerial o.
overhead o. trolley frog ǁ ⁓werterechner m / air data
computer ǁ ⁓widerstand m / air resistance, head
resistance (coll), drag ǁ ⁓widerstandsbeiwert,
Widerstandsbeiwert m, -zahl f, cᵥ / drag coefficient ǁ
⁓widerstandsfläche f / drag area o. scale
⁓widerstandsverluste m pl (El.Maschine, Turbine) /
windage ǁ ⁓widerstandswaage f / drag balance o. scale
ǁ ⁓wirbel m / air vortex o. whirl ǁ ⁓zahl f (Mot) / air
ratio ǁ ⁓-Zahn-Koeffizient m (Elektromasch) / extension
coefficient ǁ ⁓zerlegung f / air separation ǁ
fraktionierte ⁓zerlegung / air fractionation ǁ
⁓zerlegungsanlage f (Chem) / air separation plant ǁ
⁓zerlegungsanlage f / air separation installation ǁ
⁓ziegel m / air-dried o. unburnt brick, air o. clay brick
ǁ ⁓zirkulation, -umwälzung f, -umlauf m / air
circulation ǁ ⁓zufuhr, -versorgung f / air supply ǁ
⁓zuführungsrohr n / air inlet [pipe] ǁ ⁓zug m (Bau) /
draft, draught ǁ ⁓zug, Durchzug m / ventilation ǁ ⁓zug
des SM-Ofens (Hütt) / air uptake, air end ǁ ⁓zutritt m /
air admission o. access ǁ ⁓zwischenraum m / air gap ǁ
⁓zylinder m / air cylinder
Lügendetektor m / polygraph, lie detector
Luke f, Ladeluke f (Schiff) / hatch[way] ǁ ⁓, Laderaum m /
ship's hold ǁ ⁓ (Silo) / door ǁ kleine ⁓ / scuttle (on
deck) ǁ verglaste ⁓, Bodenluke f (Bau) / dormer
window, fixed light
Luken·band n (Silo, Landw) / door-band ǁ ⁓deckel m
(Schiff) / hatch[way] cover ǁ ⁓deckelwinde f / hatch
cover winch ǁ ⁓leiter f (Schiff) / pillar ladder ǁ
⁓schlinge f (Schiff) / hatch[way] carling ǁ ⁓stringer m /
tie plate ǁ ⁓süll n (Schiff) / hatch coaming
lumbecken (Buch) / pad, "lumbeck"
Lumbeckverfahren n / padding, Lumbeck process
Lumen n, lm (photometr. Einheit des Lichtstroms) /
lumen ǁ ⁓messer m / lumenmeter, lumeter ǁ ⁓stunde f,
lmh / lumen hour, lhr
Luminanz f (TV) / luminance ǁ ⁓kanal m (TV) /
luminance channel ǁ ⁓signal, Helligkeitssignal n (TV) /
luminance signal ǁ ⁓temperatur f / luminance
temperature
Luminar n (Opt) / luminar lens
Lumineszenz f (Phys) / luminescence ǁ ⁓analyse f /
luminescence analysis ǁ ⁓diode f / luminescent diode,
light-emitting diode, LED ǁ ⁓erreger m / luminescence
excitant ǁ ⁓gift n, -killer m / luminescence poison o.
killer ǁ ⁓-Zentrum n / luminescent centre
lumineszierend / luminescent
Lumino·graphie f (Buch) / luminography ǁ ⁓meter n (Öl) /
luminometer ǁ ⁓phor, Leuchtstoff m / luminophore
Lümmel m (DIN 82042) (Schiff) / gooseneck pin ǁ ⁓lager
n (Schiff) / bearing for derrick goosenecks
Lummer-[-Brodhun]-Photometer n, -Photometerwürfel
m / Lummer-Brodhun photometer ǁ ⁓-Gehrckeplatte f
/ Lummer-Gehrcke interferometer
Lumpen m, Hader f (Pap) / rag ǁ ⁓ zerreißen (o. zu
Halbzeug zerkleinern) (Pap) / undo o. reduce rags ǁ
⁓abfälle aus der Konfektion / rag cuttings pl ǁ
⁓auskohlung, -karbonisation f / carbonizing of rags ǁ
⁓baumwolle f / rag cotton ǁ ⁓drescher m, -klopfer m /
rag thrasher ǁ ⁓entstaubungstrommel f,
Shakertrommel f (Textil) / rag shaker, rag duster ǁ
⁓kocher m (Pap) / rag digester ǁ ⁓maschine f / rag
working machine ǁ ⁓reinigungsmaschine f (Pap) /
duster ǁ ⁓reißer, -wolf m (Pap) / rag tearing machine,
willow rag machine, willowing machine ǁ ⁓sortiertisch
m (Pap) / hurdles pl ǁ ⁓stoff m (Pap) / rag pulp ǁ ⁓- und

fasergefüllt (Plast) / rags and fibre filled ‖
⌐-**Verpackpapier** n / rag wrapping ‖ ⌐**wolle** f /
reclaimed o. recovered wool, remanufactured o.
artificial wool, mungo wool ‖ ⌐**zeug** n, zerfaserte
Lumpen (Pap) / shredded rags
Lumps pl, **getrocknete** ⌐ (Gummi) / lump scrap
lunar, Mond... / lunar ‖ ⌐e **Massenkonzentration**,
Mascon n / lunar mass concentration, mascon ‖
⌐**hohlleiter** m / lunar line waveguide
Lunar Modul n, LM / lunar module
Lünette f (Dreh) / back rest o. stay, steady [rest], collar
plate ‖ ⌐, fester Setzstock (Dreh) / fixed stay o. steady,
steady rest ‖ ⌐, Sehloch, Lichtloch n (Bau) / lunette ‖
mitgehende ⌐ / follow rest
Lunge f / lung ‖ **eiserne** ⌐ / iron lung
lungen·automatische Sauerstoffanlage (Luftf) / demand
oxygen system ‖ ⌐**gängig** (Bergb) / respirable,
absorbable by the lung ‖ ⌐**gift** n / respiratory poison ‖
⌐**reizend** / lung-irritant
Lunge-Stickstoffmesser m / Lunge nitrometer
lunisolar / lunisolar
Lunker m (Gieß) / blowhole ‖ ⌐ (Gieß, Plast) / bubble ‖ ⌐,
Schwindungshohlraum m (Hütt) / contraction o.
shrinkage cavity, shrink o. sink hole ‖ ⌐ (Schaumstoff) /
void ‖ **nadelförmiger** ⌐ (Plast) / pinhole ‖ **offener**
kegelförmiger ⌐ / pipe ‖ **unverschweißter** ⌐ (Hütt) /
roak, seam ‖ ⌐**abdeckmasse auf dem Steiger** f,
-pulver, -verhütungsmittel n (Hütt) / hot-topping
compound ‖ ⌐**bildung** f (Hütt) / [shrinkage] cavitation ‖
⌐**frei** / free from cavities o. holes
lunkern / pipe vi, shrink vi ‖ ⌐ n / piping, shrinking
Lunker·neigung f / shrinkage sensitivity ‖ ⌐**rest** m /
metallic inclusion ‖ ⌐**stelle** f (Hütt) / porous spot ‖
⌐**verhütungsmittel** n (Hütt) / shrinkage pipe preventing
agent, antipiping agent
lunkrig (Hütt) / unsound
Lunte f, Zündschnur f / slow match wick ‖ ⌐, Vorgarn,
Vorgespinst n (Textil) / roving, slubbing, card[ed] sliver
Lunten·führer m (Spinn) / traverse guide o. motion, sliver
guide, roving guide, slubbing guide ‖ ⌐**führerschiene**
f, Bandführerschiene f / sliver guide rail, slubbing guide
rail
LüP (Bahn) = Länge über Puffer
Lupe f / magnifying glass o. lens, pocket lens ‖ ⌐,
Zählglas n (Phys) / counting glass ‖ **zusammenlegbare**
⌐, Taschenlupe f / collapsible pocket magnifier, folding
lens
Lupen·anatomie f / magnifying glass anatomy ‖
⌐**aufnahmegerät** n (Opt) / photomacrographic system ‖
⌐**brille** f / telescopic spectacle ‖ ⌐**photographie** f /
photomacrography ‖ ⌐**vergrößerung** f / factorial o.
lens magnification, magnifier enlargement
Lupine, Feig-, Wolfsbohne f (Landw) / lupin[e], lupinus
lupinenblau / lupine
Lupinenentbitterung f / unbittering of lupines
Lupinidin, Spartein n / lupinidin
Lupinin / lupinin[e]
Luppe f (Hütt) / loop, ball
Lupulin, Hopfenmehl n / lupulin ‖ ⌐**säure** f / lupulic acid,
lupulinic acid
Lupulon n (Brau) / beta resin, lupulone
Lusec (= 10^{-3} Torr · l/s) / lusec (= 1 micron liter per
second)
Lüster, Kronleuchter m / luster, chandelier ‖ ⌐**farbe** f,
Muffel-, Streichlüster m (Keram) / luster colour ‖ ⌐**garn**
n / luster yarn ‖ ⌐**glasur** f, Scharffeuerlüster m (Keram)
/ luster glaze ‖ ⌐**klemme** f / biscuit connector, luster
terminal, insulating screw joint
Lüstern n, Lüstrieren n (Textil) / lustring
Lüster[stoff] m (Gewebe, Textil) / luster, lustre (GB)
Lüstriereffekt m (Textil) / lustered effect
Lustrin, Glanz-Taft o. -Taffet m (Textil) / lustrine
Lutein n, Xanthophyll n / lutein, xanthophyll
Luteol n / luteol

Luteolin n / luteolin, 3',4',5,7-Tetrahydroxyflavone
Luteotropin n / luteotropin, prolactin, lactogen
Lutetium, Lu (OZ = 71) / lucecium
Lutidin, Dimethylpyridin n (Chem) / lutidine
lutro, lufttrocken / air-dried, air-dry, A.D., air-seasoned,
A.S.
Lutte f (Bergb) / air conduit o. pipe, conduit pipe for air,
airduct
Lutten·gebläse n (Bergb) / fanner ‖ ⌐**lüfter** m /
turboventilator ‖ ⌐**tour** f, -netz n, -strang m (Bergb) / air
duct system, conduit of air pipes
Lutter, Vorlauf m (Destill) / singlings pl, fore-runnings pl,
low wine
Luvo = Luftvorwärmer
Luv·[seite] f, Windseite f (Schiff) / weather side, windward
side ‖ ⌐**seitig** / windward adj, aweather ‖ ⌐**winkel** m
(Nav) / drift correction angle
Lux n, lx (Einheit der Beleuchtungsstärke, lm/m²) / lux, lx
Luxemburgeffekt m (Elektronik) / Luxembourg effect
Luxfer·prismen, Glasprismen n pl (Bau) / prism light
Lux·masse f (Chem) / luxmasse ‖ ⌐**meter** n,
Beleuchtungs[stärke]messer m / luxmeter
Luxulian m (Geol) / luxul[l]ianite
luxuriös, Luxus... / de luxe..., luxury...
Luxus·..., in Luxusausführung / fancy..., de luxe ‖
⌐**ausführung** f / de luxe execution ‖ ⌐**papier**,
Maserpapier n / fancy paper ‖ ⌐**wagen** m (Europa)
(Bahn) / Pullman car (USA), de luxe coach
Luzerne, Medicago sativa, Alfalfa f (Landw) / lucern[e],
alfalfa
LV, Laservision f (Video) / LV, laser vision
LVA = Landesvermessungsamt ‖ ⌐ = Landesversuchsanstalt
LW = lichte Weite ‖ ⌐ = Langwelle
L-Wandler m (Wellenleiter) / L-type mode changer o. mode
transformer
LWC-Papier n (= light weight coated) (Buch) /
lightweight coated paper, LWC paper
L-Welle f, Leitungswelle f (Wellenleiter) / TEM-mode
LWL-Dämpfungsglied n / optical attenuator
LWL-Steckverbinder m, Lichtwellenleiter-
Steckverbinder m / light wave guide plug-in connection,
fiber-optic connector
LWR = Leichtwasserreaktor
ly (Astr) = Langley
Lyapunow-Stabilität f (Regeln) / asymptotic o. Lyapunow
stability
Lyase-Synthese f / lyase-synthetase
Lydall-Maschine f (Elektr) / Scherbius machine
Lyddit, Melinit n (Sprengstoff) / lyddite
Lydit, Probierstein m (Min) / lydite, Lydian stone,
touchstone
Lykopodium n, Bärlappsamen m / lycopodium
Lyman-Serie f (Phys) / Lyman series
Lyo-gel n (Chem) / lyogel ‖ ⌐**lysis**, Solvolyse f (Chem) /
lyolysis, solvolysis ‖ ⌐**phil** (Kolloid) / lyophilic ‖
⌐**philes Kolloid**, Emulsoid n / lyophilic colloid,
emulsoid ‖ ⌐**philisation** f, Gefriertrocknung f / freeze
drying, lyophilization ‖ ⌐**philisiert** / dry frozen ‖
⌐**phob** (Kolloid) / lyophobic ‖ ⌐**sorption** f (Benetzung
durch Lösungsmittel) / lyosorption
Lyotfilter m n / Lyot filter
lyo·trop / lyotropic ‖ ⌐**trope Reihe** (Chem) / lyotropic
series
Lypsoidreifen m (Dozer) / lypsoid tire
Lyra·bogen m (Rohrleitung) / compensation tube bend ‖
⌐**maische** f (Zuck) / lyra crystallizer
Lyse f (Chem) / lysis
Lysergsäure f / lysergic acid
Lysholm-Smith-Drehmomentwandler m (Kfz) /
Lysholm-Smith torque converter
Lysimeter n (Sickerwasser-Bestimmung) (Landw) /
lysimeter
Lysin n (Chem) / lysine
Lysine f (Wildlederimitation) (Textil) / lysine

Lysoform *n* / lysoform
Lysokline *f* (chemikalienlösende Schicht in 4000 m Tiefe) (Ozeanographie) / lyscline
Lysol *n* (Chem) / lysol
LZB (Bahn) = Linienzugbeeinflussung

M

M, Mega..., 10^6 / M, mega, one million, 10^6
M, Ma = Machzahl
M *n* (Strangpresse) / extrusion die
Mäander *m* (Bau) / fret, Greek key pattern ‖ ⁀ (Hydr) / meander, meanders *pl* ‖ ⁀durchbruch *m* (Hydr) / avulsion
mäandern / meander *vi* ‖ ⁀ *n* (Hydr) / meandering, meanders *pl*
Mäanderspannung *f*, Rechteckspannung *f* (Funk) / square wave voltage
Mac, mehrfach analoges Bauelement / Mac, multiple analog[ue] component
Maceral *n* (Kohle) / maceral
Machart *f*, Arbeit *f* / make, making, workmanship, working up
machbar / feasible
Machbarkeitsstudie *f*, Durchführbarkeitsstudie *f*, Projektstudie *f* / feasability study
Mache-Einheit *f*, ME (veraltet) (Nukl) / Mache unit
Mach-Front *f* / Mach front o. stem
Machie-Linien *f pl* (Phot) / Machie lines *pl*, silhouette effect
Mach·meter *n* (Luftf) / Mach meter, machmeter ‖ ⁀sche Grenzdruckzahl / Mach critical pressure number ‖ ⁀scher Kegel / Mach cone ‖ ⁀scher Winkel / Mach angle
Macht *f* eines Testes / power of a test
mächtig, reich (Bergb) / rich, abundant, productive ‖ ~, dick (Bergb) / thick, wide
Mächtigkeit *f* (Bergb, Geol) / thickness, depth, substance ‖ ⁀, Kardinalzahl *f* (Mengenlehre) / cardinal number o. numeral
Machzahl *f*, Machsche Zahl, M, Ma (veraltet) / Mach [number], M., critical velocity ratio ‖ kritische ⁀ / never exceed Mach number, M_{ne}, MNE
Macisöl (aus der Schale der Muskatnuß) / mace oil
Mackintosh *m* (gummierter Stoff) (Textil) / mackintosh cloth
Maclaurinsche Reihe (Sonderfall der Taylorschen Reihe) *f* (Math) / Maclaurin's series
Maclurin *n*, Moringerbsäure *f* / mori[n]tannic acid
MADAP (Luftf) = Maastricht Automatic Data Processing and Display System
Made *f*, Larve *f* / maggot, larva ‖ ⁀ (Fliege) / larva, gentle
Maden·schloß (Südd), Vorhängeschloß *n* / padlock ‖ ⁀schraube *f* (Südd), Gewindestift *m* / grub screw, headless screw, stud screw (US)
Madras *m* (Textil) / Madras muslin ‖ ⁀hanf *m* / Madras hemp
MADT-Transistor *m* / MADT-transistor, micro-alloy diffused transistor
Maerz-Gitter *n* (Hütt) / Maerz checkers *pl*
Maerz-Zoelens-Ofen *m* (Hütt) / pork pie furnace
mafisch (Geol) / mafic
Magazin *n* (Wzm, LoKa, Gewehr, Phot) / hopper ‖ ⁀, Requisitenraum *m* (Theater) / scene dock ‖ ⁀, Lagerhaus *n* / store, warehouse, magazine ‖ ⁀ (Mehrladewaffe) /

magazine ‖ ⁀automat *m* (Wzm) / hopper type automatic lathe ‖ ⁀bau *m* (Bergb) / magazine mining ‖ ⁀gatter *n*, -rahmen *m* (Textil) / magazine [warp] creel ‖ ⁀gewehr *n* / repeating rifle, [magazine] repeater
Magazinieren *n* (Roboter) / magazining
Magazin·lader *m* (Wzm) / hopper feeder ‖ ⁀schleifer *m* (Pap) / magazine grinder ‖ ⁀schleuse *f* (Wzm) / magazine lock ‖ ⁀-Schraubendreher *m* / magazine screwdriver ‖ ⁀webstuhl *m* / magazine loom, box loader ‖ ⁀zuführung *f* (Wzm) / magazine feed attachment
Magdalarot, Naphthalinrot *n* / naphthalene o. magdala red
Magdeburger Halbkugeln *f pl* / Magdeburg hemispheres *pl*
Magenta[rot] *n* / magenta
mager (allg, Bergb) / meager, meagre (GB) ‖ ~ (allg, Formsand) / lean ‖ ~, gasarm (Gemisch) / lean, poor ‖ ~ (Buchstabe) / light[-faced] ‖ ~er Boden / meager land ‖ ~er Farbton / poor o. thin shade ‖ ~er Grund, Schleifgrund *m* (Anstrich) / yellow earth size ‖ ~er Kalk / meager chalk o. lime, brown lime ‖ ~e Lauge / weak lye ‖ ~er Sand (Gieß) / sand containing little clay ‖ ~er Ton / tamped concrete, lean o. poor concrete ‖ ⁀erz *n* / poor ore ‖ ⁀kohle *f* / non bituminous coal, non baking o. non caking coal, uninflammable coal ‖ ⁀kohle *f* (mit 5-18% Flüchtigem) / lean coal, free burning coal ‖ ⁀kohle *f* (als Kokskohle) / weakly o. feebly caking coal ‖ ⁀koks *m* / lean coke ‖ ⁀lack *m* / short-oil varnish ‖ ⁀milch *f* / skim milk ‖ ⁀motor *m* (Kfz) / lean-mix engine
Magern *n* (Keram) / grogging ‖ mit gemahlener Schamotte ~ (Hütt) / grog
Magerrasen *m* / oligotrophie grass land
Magerungs·mittel *n* (Keram) / lean clay [to be added], nonplastic material, opening material ‖ ⁀mittel *n*, Ausbrennstoff *m* (Keram) / opening material
magisch·es Auge (Funk) / cathodic o. magic o. tuning eye, cathode ray tuning indicator, visual tuning indicator ‖ ~e Säure / magic acid ‖ ~es T (Wellenleiter) / hybrid T ‖ ~e Zahl (Nukl) / magic number
Magma *n* (Phys, Schweiß) / magma ‖ ⁀, Schmelzfluß *m* (Geol) / magma, .flow of rock ‖ ~tisch / magmatic ‖ ⁀tite *m pl* / eruptive stones o. rocks *pl* ‖ ~togen / magmatogenous
Magnafluxprüfung, Magnetpulverprüfung *f* / magnaflux test
Magnalium *n* / magnalium [alloy]
Magnefit, Magnesiumbisulfit *n* (Pap) / magnefite, magnesium bisulphite
Magnesia *f*, Magnesiumoxid *n* / magnesium oxide ‖ ⁀ alba, Magnesiumcarbonat *n* / magnesia alba, magnesium carbonate ‖ ⁀ usta, gebrannte Magnesia / calcined magnesia, magnesium oxide ‖ ⁀binder *m* / magnesia cement, magnesium oxychloride cement ‖ ⁀-Chromerz-Erzeugnis *n* / magnesite-chrome refractory ‖ ⁀-Estrich *m* / magnesia flooring ‖ ⁀glas *n* / magnesia glass ‖ ⁀glimmer *m*, Biotit *m* / biotite, black mica ‖ ⁀glimmer, Phlogopit *m* (Min) / phlogopite ‖ ⁀härte *f* (Wasser) / magnesia hardness ‖ ⁀-Karbonathärte *f*, Magnesia-KH *f* (Wasser) / magnesia-carbonate hardness ‖ ⁀mörtel *m* / magnesia mortar ‖ ⁀stampfgemisch *n* / magnesite ramming mix ‖ ⁀weiß *n* (Farbe) / magnesia white ‖ ⁀zement *n*, Sorelzement *m* / magnesia cement, magnesium oxychloride cement
Magnesidon Spezialstein *m* / magnesidon special brick
Magnesio·ferrit *m* / magn[esi]oferrite ‖ ⁀wüstit *m* / magnesio-wustite
Magnesit *m* (Min) / magnesite ‖ ⁀binder *m* / magnesia cement, magnesium oxychloride cement ‖ ⁀-Chromerzstein *m* / magnesite chrome brick ‖ ⁀-FF-Erzeugnis *n* / magnesite refractory ‖ ⁀fußboden *m* / magnesite flooring ‖ ⁀mehl *n* / fine-grained

645

magnesite ‖ **⌐-Stampfmasse** f / magnesite ramming mass ‖ **⌐stein** m, -ziegel m / magnesite brick
Magnesium n, Mg / magnesium, Mg ‖
⌐-Ammoniumphosphat n / magnesium ammonium phosphate ‖ **⌐bikarbonat**, -hydro[gen]karbonat n / magnesium bicarbonate ‖ **⌐bisulfit** n / magnesium bisulphite, magnefite ‖ **⌐[blitz]licht** n / magnesium light ‖ **⌐chlorid** n, Chlormagnesium n / magnesium chloride ‖ **⌐chromit** m (Hütt) / picrochromite ‖
⌐druckguß m / magnesium diecasting ‖ **⌐fluat**, -fluorsilicat, -silicofluorid n / magnesium light o. flashlight ‖ **⌐fluorid** n / magnesium fluoride ‖ **⌐guß** m / cast magnesium ‖ **⌐hexafluorosilikat** n, -silicofluorid n / magnesium silicofluoride o. fluosilicate ‖ **⌐hydrat** n / magnesium hydrate ‖ **⌐hydro[gen]karbonat**, -bikarbonat n / magnesium bicarbonate o. hydrogen carbonate ‖ **⌐hydroxid** n / magnesium hydroxide ‖ **⌐iodid** n / magnesium iodide ‖ **⌐knetlegierung** f / magnesium forging alloy ‖ **⌐legierung** f / magnesium alloy ‖ **⌐licht** n / magnesium light ‖ **⌐nitrid** n / magnesium nitride ‖ **⌐oxid** n, Magnesia f / magnesium oxide, magnesia ‖ **⌐salz** n / magnesium salt ‖ **⌐silikat** n / magnesium silicate ‖ **⌐silikathydrat** n / magnesium silicate hydrate ‖ **⌐sulfat**, Bitter-, Epsomsalz n / magnesium sulphate
Magneson n (Chem) / magneson
Magnet m (Phys) / magnet ‖ **⌐**, magnetelektrische Maschine f / magneto ‖ **⌐ mit konzentrischen Polen** / homopolar magnet ‖ **mit dem ⌐ bestreichen** / polarize, magnetize ‖ **natürlicher ⌐** / loadstone, lodestone ‖
⌐[ab]scheider m / magnetic separator ‖ **⌐anker** m (Relais) / cutout blade o. arm, armature, keeper ‖
⌐anker m (der magnetelektrischen Maschine) / magneto inductor ‖ **⌐aufnahme** f, -aufzeichnung f / magnetic recording
Magnetband n / magnetic tape, magtape ‖ **⌐ 4** / magnetic tape of 0.15" width ‖ **⌐ 6** / magnetic tape of 1/4" width ‖ **⌐ für Sprachausgabe** / audio tape ‖ **⌐antrieb** m / tape transport o. drive ‖ **⌐aufzeichnungsgerät** n (TV) / telerecording equipment for magnetic tape ‖
⌐-Digitalspeicher m / magnetic tape digital memory ‖
⌐-Drucker-Umsetzer m / magnetic tape-to-printer converter ‖ **⌐fernsehen** n / tape television, video TV ‖
⌐gerät n / magnetic tape recorder, tape unit ‖
⌐gesteuert / magnetic tape controlled o. fed ‖
⌐kassette f / magnetic tape cassette ‖ **⌐-Kennsätze** m pl / magnetic tape labelling ‖ **⌐laufwerk** n / magnetic tape drive, tape transport mechanism ‖ **⌐lese- und Schreibgerät** n / magnetic reading and recording unit ‖
⌐-Musikanlage f / band relay o. repeater ‖ **⌐-Reiniger** m / tape cleaner ‖ **⌐steuerung** f / magnetic tape control ‖ **⌐transport** m / magnetic tape transport ‖
⌐verformung f / tape curling o. deformation
Magnet·bezugsband n / reference o. standard o. test tape ‖ **⌐bildaufzeichnung** f, MAZ / video tape recording, VTR ‖ **⌐bildband** n / video tape ‖ **⌐bildwiedergabe** f / video tape reproduction ‖ **⌐bläschen** n (sehr kleiner magnetisierter Bereich in Festkörpern) / magnetic bubble ‖ **⌐blasenspeicher** m, Domänentransportspeicher m (DV) / magnetic bubble memory ‖ **⌐bremse** f / magneto-electric brake, [electro]magnetic brake ‖ **⌐bremsen** n (mechanisch) / electromagnetic braking ‖ **⌐brumm** n (Elektronik) / magnetic hum o. ripple ‖ **⌐bündel** n, Lamellenmagnet m / compound magnet ‖ **⌐dämpfung** f / magnetic damping ‖ **⌐detektor**, -gleichrichter m (Elektronik) / magnetic detector ‖ **⌐diode** f / magnetic diode ‖ **⌐draht** m / magnetic wire ‖ **⌐drahtspeicher** m (DV) / plated-wire memory ‖ **⌐eisenstein** m, Magnetit m / magnetic iron ore, magnetite ‖ **⌐elektrisch** / magneto-electric ‖
⌐elektrische Maschine, Magnet m / magneto ‖
⌐elektrizität f / magneto-electricity ‖ **⌐farbe** f / magnetic ink ‖ **⌐farbendruck** m / magnetic printing ‖
⌐feld n / magnetic field [of force] ‖ **⌐feld innerhalb**

einer Spirale [einer Schleife] / magnetic field inside a solenoid, [generated by a conductor loop] ‖
⌐feldantenne f / magnetic field antenna ‖
⌐feldausschalter m (Elektr) / field break[ing] o. discharge switch ‖ **⌐feldglühen** n (Hütt) / magnetic annealing ‖ **⌐feld-Lichtbogen-Preßschweißen** n / magnetic field stud welding ‖ **⌐feldlinie** f / magnetic field line ‖ **⌐feldmesser** m, induktive Meßsonde (Nav) / fluxgate, fluxvalve ‖ **⌐[feld]regler** m (Elektr) / [exciter] field rheostat o. regulator ‖ **⌐feldröhre**, Laufzeitröhre f mit gekreuzten Feldern / travelling-wave magnetron, Maggi (coll) ‖ **⌐feldröhrenkennlinie** f (Magnetron) / critical voltage parabola ‖ **⌐feldstärke** f, magnetischer Spannungsbelag / magnetomotive force per unit length ‖
⌐feldverschiebung f / displacement of the magnetic field of force ‖ **⌐film** m (DV) / magnetic film ‖
⌐filmspeicher m (DV) / magnetic-film o. thin-film memory ‖ **⌐filter** m n (für Wasser) / magnetic filter (for water) ‖ **⌐filter** m n (Kfz) / magnetic plug ‖ **⌐fluß** m / magnetic flux ‖ **⌐formverfahren** n (Gieß) / magnetic moulding ‖ **⌐futter** n, -spannfutter n / magnetic chuck ‖
⌐gestell n, -rahmen m / magnet frame o. keeper ‖
⌐gleichrichter, -detektor m (Elektronik) / magnetic detector ‖ **⌐glocke** f (Fernm) / magneto bell ‖ **⌐hammer** m / magnetic hammer ‖ **⌐hydrodynamische Welle** / hydromagnetic wave ‖ **⌐impulsgeber**, -schienenkontakt m (Bahn) / electromagnetic treadle (on track) ‖
⌐impulsschweißen n / magnetic pulse welding ‖
⌐induktion f / magnetic induction ‖ **⌐induktions...** / magnetically induced ‖ **⌐induktor** m (Fernm) / calling magneto
magnetisch, Magnet... / magnetic, magnetical ‖ **~e Abschirmung** / magnetic screen[ing] o. shield[ing] ‖
~e Abstimmung (Elektronik) / permeability tuning ‖ **~e Achse** (Elektr) / magnetic axis ‖ **~ aktives Plasma**, Magnetoplasma n / magnetically active plasma, magnetic plasma, magnetoplasma ‖ **~es Altern** (Hütt) / magnetic ageing ‖ **~e Anisotropie** (Hütt) / magnetic anisotropy ‖ **~er Äquator** / aclinal line ‖ **~e Aufbereitung** (o. Scheidung (Bergb) / magnetic dressing o. separation ‖ **~e Aufnahmefähigkeit**, Suszeptibilität f / coefficient of induced magnetization ‖
~e Aufzeichnung / magnetic recording ‖ **~es Bahnmoment** / orbital magnetic moment ‖ **~e Bai** (Magnetogramm) / magnetic bay ‖ **~e Bandumlenkwalze** (Walzw) / magnetic roll for strip ‖ **~e beeinflußbar** / sensible to magnetism ‖ **~es Bildaufzeichnungsgerät Vera** / vision electronic recording apparatus, VERA ‖
~e Blasung (Elektr) / magnetic blow-out ‖ **~es Blatt** / magnetic shell ‖ **~e Breite** / magnetic latitude ‖ **~e Bremsstrahlung** / magnetic bremsstrahlung ‖ **~e Deckleiste** (Elektr, Anker) / magnetic slot-wedge ‖ **~e Dichte** / magnetic density ‖ **~er Dipol** / magnetic dipole ‖ **~e Domäne** / magnetic domain ‖ **~e Doppelbrechung** / magnetic double refraction, Cotton-Mouton effect ‖ **~e Doppelschicht** / magnetic shell ‖
~es Drehvermögen / magnetic power of rotation ‖ **~e Durchflutung** / current caused by magnetic potential difference ‖ **~er Eigenschutz**, magnetische Eigensicherung, MES (Schiff) / degaussing coils o. D.G. coils on board pl ‖ **~e Einschließung von Plasma** / magnetic confinement of plasma ‖ **~er Einschluß**, Magnet-Einschluß m (Plasma) / magnetic confinement ‖
~es Elektronenspektrometer / magnetic electron spectrometer ‖ **~e Entsättigung** / magnetic unloading ‖
~e Erregung von Kernen in Amperewindungen, Treiben n (DV) / drive ‖ **~es Feld der Erde** / geomagnetic field ‖ **~es Feld von Spulen** / magnetic field of coils ‖ **~e Felddichte in AW je Quadratzoll** / ampere-turns per square inch pl ‖ **~e Feldkonstante**, Induktionskonstante f / induction constant, magnetic constant, relative permeability ‖ **~e Feldlinie** / magnetic flux line, magnetic tube of force ‖ **~e Feldstärke o. Erregung** (gemessen in Ampere/Meter, früher in

Oerstedt) / magnetic [field] intensity o. strength ‖ ~e **Fernbetätigung** / electromagnetic control ‖ ~e **Flasche** (o. Hülle) (Nukl) / magnetic bottle, mirror machine, adiabatic trap ‖ ~er **Flußdichtemesser** / magnetic flux density meter (GB), gaussmeter (US) ‖ ~e **Flüssigkeit** / ferrohydrodynamic fluid, FHD-fluid ‖ ~e **Fokussierung** (Kath.Str.) / magnetic focussing ‖ ~er **Funkenlöscher**, Funkenbläser *m* / magnetic spark arrester ‖ ~es **Gebläse** (Elektr) / magnetic blow-out ‖ ~er **Gegenstand** / magnetic *n* ‖ ~ gelagerter Kreisel / magnetically suspended gyro ‖ ~es **Gewitter** / magnetic perturbation ‖ ~e **Grobabstimmung** (Elektronik) / spade tuning ‖ ~e **Hülle** s. magnetische Flasche ‖ ~e **Hysterese** / viscous o. magnetic hysteresis ‖ ~e **Hysteresisschleife** / magnetic hysteresis loop, B/H loop ‖ ~er **Impulsgeber** / magnetic impulse generator ‖ ~e **Induktion** (o. Flußdichte) / magneto-electric induction, magnetic flux density ‖ ~er **[Induktions- o. Kraft]fluß**, Magnetfluß *m* / magnetic flux, induction flux ‖ ~es **Kernmoment** / nuclear magnetic moment ‖ ~er **Kopplungsschutz** / protection by choking coil ‖ ~es **[Kraft]feld** / magnetic field ‖ ~e **Kraftlinie** / line of magnetic force, magnetic line of force ‖ ~e **Kraftliniendichte** (o. Flußdichte o. Induktion B) (Phys) / magnetic flux density, magneto-electric induction ‖ ~er **Kreis**, Eisenkreis *m* (Elektr) / magnetic circuit ‖ ~e **Kreiswelle** / circular magnetic wave ‖ ~er **Kurs**, mißweisender Kurs / magnetic track o. course ‖ ~er **Kurs**, mißweisender Kurs / magnetic track o. course ‖ ~e **Lagerstättenforschung** / magnetic prospection ‖ ~e **Länge** / magnetic longitude ‖ ~e **Lavaldüse** (Raumf) / magnetic Laval nozzle ‖ ~er **Leitwert**, Permeanz *f* / permeance ‖ ~e **Levitation**, Magnetschwebetechnik *f* / maglev, magnetic levitation ‖ ~e **Löschung** / magnetic quenching ‖ ~es **Mikrophon** / variable reluctance pickup ‖ ~es **Moment** / magnetic moment, moment of a magnet ‖ ~e **Nachwirkung** / magnetic creep o. viscosity ‖ ~es **Nadelpaar** / astatic system ‖ ~ **neutraler Zustand** / neutral magnetic state ‖ ~e **Permeabilität**, μ (=B/H) / magnetic permeability ‖ ~e **Polarisierung** (Chem) / magneto-optical rotation, magnetic rotation of the plane of polarization ‖ ~e **Preßformmaschine** (Gieß) / magnetic squeezer ‖ ~es **Pumpen** (Phys) / magnetic pumping ‖ ~e **Punktgruppe** / black-and-white-group, magnetic point group ‖ ~e **Quantenzahl**, Achsenquantenzahl *f* / magnetic quantum number ‖ gesamte ~e **Quantenzahl** / total angular momentum quantum number ‖ ~es **Querfeld** / magnetic traverse field ‖ ~e **Reibungskupplung** / magnetic friction clutch ‖ ~e **Relaxation** / magnetic relaxation ‖ ~e **Remanenz von der Sättigung ausgehend** / magnetic remanence from saturation ‖ ~e **Resonanz**, Spinresonanz *f* / magnetic o. spin resonance ‖ ~e **Rißprüfung** / magnetic flow detection ‖ ~ **sättigen** / magnetize to saturation ‖ ~e **Sättigung** / magnetic saturation ‖ ~e **Schale** (Magnetosphäre) / magnetic shell ‖ ~e **Schleppe der Erde** / magnetotail of Earth ‖ ~er **Schutzring** / antimagnetic shield ‖ ~es **Schweben** / magnetic levitation, maglev ‖ ~e **Spannung**, Durchflutung *f* / magnetic potential difference, magnetomotive force ‖ ~e **Spannung**, Magneto-EMK / magnetomotive force ‖ ~er **Spannungsbelag**, Magnetfeldstärke *f* / magnetomotive force per unit length ‖ ~es **Speicherelement** / [static] magnetic cell ‖ ~er **Spiegel**, magnetischer Pfropfen (Plasma) / magnetic barrier, magnetic mirror o. region ‖ ~e **Steifigkeit** (Nukl) / magnetic rigidity, momentum-charge ratio ‖ ~es **Steuerorgan** / magnetic control element ‖ ~e **Störung** / magnetic perturbation ‖ ~e **Störung** (Hütt) / magnetic change ‖ ~er **Streufluß** / magnetic leakage flux ‖ ~er **Sturm**, erdmagnetischer Sturm / magnetic perturbation o. storm ‖ ~e **Suszeptibilität** / magnetic susceptibility ‖ ~er **Taster** (Elektronik) / magnetic key ‖ ~es **Teilniveau** (Phys) / magnetic sublevel ‖ ~e **Umformmaschine** / magnetic pulse forming machine ‖ ~e **Umlenkwalze**

(Walzw) / magnetic roll for strip ‖ ~e **Unregelmäßigkeit** (o. Anomalie) / magnetic anomaly ‖ ~er **Vektor** / magnetic vector ‖ ~es **Vektorpotential**, Vektorpotential *n* der magnetischen Flußdichte / magnetic vector potential ‖ ~er **Verlust** / magnetic loss ‖ ~ **verriegelt** / solenoid-held ‖ ~e **Verriegelung** / magnetic latching ‖ ~e **Videosignalaufzeichnung** / magnetic video recording ‖ ~e **Viskosität** / magnetic viscosity, magnetic after-effect ‖ ~e **Vorzugsrichtung** / preferred magnetic orientation ‖ ~e **Waage** (Instr) / magnetic balance ‖ ~e **Wand** (Blasenspeicher) / charged wall (magn. bubble memory) ‖ ~es **Wechselfeld** / alternating magnetic field ‖ ~ **weich**, weichmagnetisch / of low retentivity ‖ ~ **weich**, weichmagnetisch / magnetically soft, of low retentivity ‖ ~er **Widerstand**, Reluktanz *f* / magnetic resistance, reluctance ‖ ~e **Zeichenerkennung** / magnetic ink character recognition, MICR ‖ spezifischer ~er **Widerstand eines Kubikzolles Stoff** / reluctivity **magnetisierbar** / magnetizable **Magnetisierbarkeit**, -fähigkeit *f* / magnetizability **magnetisieren**, magnetisch machen / magnetize **magnetisierende Röstung** (Hütt) / magnetic roasting, magnetizing roast **magnetisierter Gummi** / magnetized rubber **Magnetisierung** *f* / magnetization ‖ ~ **an den Enden** [eines Stabes] / solenoidal o. circuital magnetization ‖ ~ **bis zur Sättigung** / saturated magnetization ‖ ~ **durch den Ankerstrom** (Elektr) / cross magnetizing effect ‖ ~ **M**, Magnetisierungskraft *f*, -stärke *f* / intensity of magnetization, intrinsic induction (magnetic moment per cm³), magnetizing force ‖ ~ **quer zur Hauptausdehnung** / lamellar magnetization ‖ **langsame Zunahme der** ~ / magnetic creeping **Magnetisierungs·kurve** *f* / magnetization curve, B/H-curve ‖ ~**spule** / magnetizing coil ‖ ~**stärke** *f* s. Magnetisierung ‖ ~**strom** *m* / magnetizing current **Magnetismus** *m* / magnetism **Magnetit**, Magneteisenstein *m* (Min) / magnetite, magnetic oxide of iron ‖ ~ **von der Elfenbeinküste** / magnetite from the Ivory Coast ‖ ~**beton** *m* / magnetite concrete **Magnet·joch** *n* / magnet yoke o. frame ‖ ~**kern** *m* (Elektr) / magnet core ‖ ~**kern** *m* (DV) / ferrite core, magnetic core ‖ ~**kernantenne** *f*, -stabantenne *f* / magnet core antenna ‖ ~**kernspeicher** *m* (DV) / [magnetic] core memory o. storage (US) o. store (GB) ‖ ~**kernwickelmaschine** *f* / toroidal winding machine ‖ ~**kies** *m* (Min) / magnetic o. magnetopyrite, magnetic [iron-]pyrites, magnetkies, pyrrhotite ‖ ~**kissen** *n* / magnetic cushion *f* (Bahn) / magnetic cushion railroad ‖ ~**kompaß** *m* / magnetic compass ‖ ~**konstanter** *m* (Elektronik) / magnetic constanter ‖ ~**kontokarte** *f* / magnetic-stripe account card, magnetic ledger card ‖ ~**kopf** *m* (Magn.Bd) / head ‖ ~**kopf-Aufsitzen**, -Kratzen *n* (Plattensp) / head crash ‖ ~**kraft** *f* / magnetic force ‖ ~**kran** *m* / magnet crane ‖ ~**kupplung** *f* (Masch) / magnetic clutch o. coupling ‖ ~**kupplung** *f* (Kfz) / magnetic transmission ‖ ~**lager** *n* (aktiv magnetisch geführt) / magnetic bearing ‖ ~**lautsprecher** *m* / magnetic loudspeaker ‖ ~**legierung** *f*, -werkstoff *m* / magnetic alloy ‖ ~**linse** *f* (Opt) / magnetic objective o. lens ‖ ~**[lüfter]bremse** *f* / solenoid brake, operator brake (US) ‖ ~**mikrophon** *n* / magnetic microphone ‖ ~**modulation** *f* / magnetic modulation ‖ ~**motor** *m* / reluctance motor ‖ ~**motorzähler** *m* / direct-current commutator meter, permanent-magnet motor meter ‖ ~**nadel** *f* / magnetic o. compass needle ‖ **schwimmende o. schwingende o. umspringende** ~**nadel** / untrue needle **magneto·akustisch** / magnetoacoustic ‖ ~**chemie** *f* / magnetochemistry ‖ ~**-Fluidodynamik**, MFD, Magneto-Hydrodynamik, MHD *f* / magneto-fluid dynamics ‖ ~**fluid[o]dynamisch**, MFD... / magnetofluiddynamic ‖ ~**gasdynamik**, MGD *f* /

magneto-gas dynamics, MGD ‖ ~gramm n (Geol) / magnetogram ‖ ~graph m (Geol) / magnetograph ‖ ~hydrodynamik f, MHD / magnetohydrodynamics, MHD pl

magnetohydrodynamisch, MHD... (besser:) magnetoplasmadynamisch, MPD... / magnetohydrodynamic ‖ ~er Generator o. Wandler / magnetohydrodynamic generator o. converter ‖ ~es Triebwerk (Raumf) / MHD drive ‖ ~e Welle / magnetohydrodynamic wave

magneto·ionisch / magnetoionic ‖ ~-kalorisch / magnetocaloric

magnetomechanisch / magnetomechanic[al] ‖ ~er Effekt / magnetomechanical effect ‖ ~er Parallelismus / magnetomechanical parallelism

Magneto·meter n, erdmagnetisches Instrument / magnetometer ‖ ~motorisch / magnetomotive ‖ ~motorische Kraft / magnetomotive force

Magneton n (Phys) / magneton

Magneto·optik f / magneto-optics pl ‖ ~optisch / magneto-optic[al] ‖ ~optischer Kerreffekt / magneto-optical o. Kerr effect ‖ ~-optische Kopie / magoptical print ‖ ~pause f (Meteorol) / magnetopause ‖ ~phon n / magnetophone ‖ ~plasmadynamik f, MPD / magnetoplasmadynamics, MPD ‖ ~plasmadynamischer Antrieb, MPD-Antrieb m (Raumf) / magnetoplasmadynamic o. MPD arc jet ‖ ~plumbit m (Min) / magnetoplumbite ‖ ~pyrit m, Magnetkies m / magnetopyrite, magnetic pyrite ‖ ~resistenz f, magnetische Widerstandsänderung / magnetoresistance, magnetoresistive effect ‖ ~rotation, Faraday-Effekt m / magnetorotation, magneto-optical o. magnetic rotation, Faraday effect ‖ ~schicht f der Magnetosphäre / magnetosheath ‖ ~-Seebeck-Effekt / magneto-Seebeck effect ‖ ~skop n / magnetoscope ‖ ~skopisch / magnetoscopic ‖ ~sphäre f (3000 km über der Erdoberfläche) (Meteorol) / magnetosphere ‖ ~stabil / magnetostable ‖ ~statik f / magnetostatics ‖ ~statisch / magnetostatic ‖ ~statisches Elektronenmikroskop / permanent magnet electron microscope ‖ ~striktion f, Joule-Effekt m / magnetostriction, magnetic elongation of ferrite cores

magnetostriktiv / magnetostrictive, magnetostriction... ‖ ~er Schwinger (Elektronik) / magnetostriction oscillator o. transducer ‖ ~er Sender/Empfänger (Ultraschall) / magnetostrictive transceiver ‖ ~er Speicher / magnetostriction memory ‖ ~e Verzögerungsleitung / magnetostriction o. magnetic delay line

magneto·tellurisch, das Magnetfeld der Erde betreffend / magnetotelluric ‖ ~thermionisch / magneto-thermionic ‖ ~thermisch / magnetothermal ‖ ~-Widerstandskopf m, MRH (DV) / magneto-resistive head, MRH, barber-pole

Magnet·pendel n / magnetic pendulum ‖ ~platte f (DV) / magnetic disk ‖ flexible ~platte, Diskette f, Floppy-Disk n / flexible disk cartridge ‖ ~platte f des Magnetsystems (Lautsprecher) / magnetic armature ‖ ~plattenspeicher m (DV) / disk memory o. stor[ag]e, magnetic disk [storage unit] ‖ ~pol m / magnetic pole, (Geogr. auch:) Magnetic Pole ‖ ~pulverkern m (Elektronik) / dust core ‖ ~pulverkupplung f / magnetic particle o. powder clutch, magnetic-particle coupling ‖ ~pulverprüfung f (Masch) / magnetic particle inspection, magnetic powder test ‖ ~pulverprüfung, Magnafluxprüfung f / magnaflux test ‖ ~pulverprüfung f nach Magnaglo-Technik / Magnaglo technique ‖ ~rahmen m, -gestell n / magnet frame o. keeper ‖ ~räumgerät n (Schiff) / magnetic sweep

Magnetron n / magnetron, Maggi (coll) ‖ ~ mit angebautem Magneten / integral magnetron, packaged magnetron ‖ ~-Betriebsart f / magnetron mode ‖ ~effekt m / magnetron effect ‖ ~-Frequenzziehen n, -Lastverstimmung f / magnetron pulling ‖ ~generator

m / magnetron oscillator ‖ ~-Stromverstimmung f / magnetron pushing

Magnet·rührer m / magnetic stirrer ‖ ~rüttler m (Bau) / magnetic vibrator ‖ ~schalter m (Elektr) / magnetic switch ‖ ~schalter, Kurzschlußschalter m (Kfz, Magnetzünd) / ignition switch, short-circuiting switch ‖ ~schalter m mit Tauchmagnet / solenoid [operated] switch ‖ ~scheideanlage f / magnetic separating plant ‖ ~scheiden n (Keram) / drawing ‖ ~scheider m / magnetic grader o. separator ‖ ~scheidung f (Bergb) / magnetic separation ‖ ~schenkel m / leg of a magnet, magnetic arm ‖ ~schicht f / magnetic film ‖ ~schienenbremse f (Bahn) / electromagnetic rail brake o. shoe brake ‖ ~schienenkontakt, Magnetimpulsgeber m (Bahn) / electromagnetic treadle (on track)

Magnetschrift f / magnetic ink font ‖ Beschriftung mit ~ / subsequent magnetic character printing ‖ ~drucker m / magnetic character printer ‖ ~freier Raum (DV) / clear band ‖ ~leser m / magnetic character reader ‖ ~sortierer m (DV) / reader-sorter ‖ ~verfahren n (DV) / magnetic ink character recognition, MICR

Magnet·schütz n / magnetic contactor ‖ ~schutzschalter m / magnetic circuit breaker ‖ ~schwebetechnik f / magnetic levitation, maglev ‖ ~schwebezug m / maglev train ‖ ~senkrechtförderer m / magnetic elevator ‖ ~spannfutter n (Wzm) / magnetic chuck ‖ ~spannplatte f (Wzm) / magnetic holding plate ‖ ~spannplatte f mit Dauermagneten / permanent-magnet chuck ‖ ~speicher m / magnetic memory ‖ ~speicherplatte f (DV) / magnetic memory disk ‖ ~speicherschicht f / magnetic memory film ‖ ~speisung f / magnet power supply ‖ ~spiegel m, magnetischer Pfropfen (Plasma) / magnetic mirror, magnetic barrier ‖ ~spiegel-Effekt m / magnetic mirror effect ‖ ~spule f / magnet o. magnetizing coil ‖ ~spule, Feldmagnetspule f (Elektr) / field coil o. winding ‖ ~spule f (Schalter, Relais) / trip coil ‖ ~spur f (DV) / [magnetic] track ‖ ~stab m / magnetic bar o. rod ‖ ~stabantenne f, -kernantenne f / magnet core antenna ‖ ~stahl m / magnet steel ‖ ~stopfen m (Kfz) / magnetic plug ‖ ~streifen m (Kontokarte) / magnetic stripe ‖ ~streifen-Aufbringung f auf Film / magnetic striping ‖ ~streufeld n / magnetic stray field ‖ ~system n (Kompaß) / directional system ‖ ~tinte f / magnetic ink

Magnetton m / magnetic sound ‖ ~abtaster m / magnetic sound scanner ‖ ~band n / sound [recording] tape ‖ ~folie f / magnetic recording foil ‖ ~gerät n / magnetic [sound] reproducing o. recording machine o. recorder ‖ ~-Gleichlaufmeßfilm m / magnetic sound film for measuring wow and flutter ‖ ~kopie f (TV) / combined magnetic sound print ‖ ~-Pegelfilm m / magnetic sound reference film ‖ ~platte f / magnetic sound recording disk ‖ ~technik f / magnetic sound recording [technics pl.] pl ‖ ~träger m / magnetic recording medium ‖ ~wiedergabe f / magnetic sound reproduction

Magnet·trommelspeicher m / magnetic drum [storage unit] ‖ ~variometer n / ferrite reactor ‖ ~ventil n (Ballon) / electrovalve, solenoid valve ‖ ~verschluß m / magnetic lock ‖ ~verstärker, Transduktor-Verstärker m / magnetic amplifier, magamp, magnet intensifier, saturable reactor, d.c. controlled reactor, transductor ‖ ~verstärker m mit Ferritkernen / ferractor, ferracter ‖ ~werkstoff m / magnetic material ‖ ~wicklung f / magnet winding ‖ ~zünder, -apparat m (Kfz) / magneto ‖ ~zünder m, Zündmagnet m (Kfz) / magneto (an ignitor) ‖ ~zünder m mit feststehendem Anker (Kfz) / inductor type magneto ‖ ~zünder mit umlaufendem [Hochspannungs-]Anker (Kfz) / compound armature type magneto ‖ ~[zünder]anker m (Kfz) / magneto armature o. inductor ‖ ~zündergenerator m (Kfz) / magneto-generator ‖ ~zündung f (Kfz) / magneto ignition

Magnicol n (Magnetwerkstoff) / magnicol

Magnistor m (Plasmatechnik) / magnistor

Magnitude f, Erdbebenstärke f / magnitude (of earthquakes)
Magnitudo f (pl: -tudines), mag (Astr) / magnitude
Magnoferrit m (Min) / magn[esi]oferrite
Magnolia[-Bleilager]metall n / magnolia metal
Magnon n (ein Energiequant) (Phys) / magnon, magnetic energy quantium ‖ ↳, quantisierte Spinwelle / magnon, quantized spin wave
Magnovalröhre f / magnoval tube
Magnox n / magnox (a Mg alloy)
Magnuseffekt m (Phys) / Magnus effect
MAG-Schweißen n, Metall-Aktivgas-Schweißen n / MAG arc welding, metal active gas welding
mahagoni·braun (RAL 8016) / mahogany brown adj ‖ ↳holz n / mahogany, baywood ‖ ↳säure f (Türkischrotöl-Ersatz) / mahogany acid (US)
Mäh·balken m (Landw, Mähmaschine) / reciprocating finger bar mover ‖ ↳binder m (Landw) / binding machine, binder, harvester-binder, reaper and binder ‖ ↳dreschen n, -drusch m (Landw) / combining, combine-harvesting ‖ ↳drescher m, Combine f / harvester-thresher, combine[-harvester]
mähen (mit Sichelmäher, besonders Gras) / mow (with rotary mower) ‖ ~ (Getreide) / reap ‖ ↳ n **an Böschungen** / mowing on banks
Mäh·feldhäcksler m (Landw) / double-chop forage harvester, crop chopper ‖ ↳gang m (Landw) / mowing speed ‖ ↳kreisel m / mower drum
Mahlabgänge m pl / milling wastes pl
Mählader m (Landw) / cutter loader
Mahl·anlage f, Grobmahlanlage f / breaking o. crushing plant ‖ ↳anlage f, Feinmahlanlage f / pulverizing o. grinding equipment ‖ ↳anlage f für Braunkohle / lignite pulverizer ‖ ↳art f, Mahlen n (Mühl) / multure ‖ ↳bahn f des Kollergangs / grinding track ‖ ↳barkeit f (grob) / crushability ‖ ↳barkeit f (fein) / grindability ‖ ↳busen m (Meereskunde) / tidal slough
mahlen, pulverisieren / grind, reduce to powder ‖ ~, zerquetschen (Chem) / triturate ‖ ~ (Pap) / beat, refine ‖ ↳ n (Zerkleinern) / milling, breaking, crushing ‖ ↳ (Mehl) / grinding ‖ ↳ (Pap) / beating, refining ‖ ↳ **im geschlossenen Kreislauf** / closed-circuit grinding ‖ ↳ **in einem Durchgang** / open-circuit grinding ‖ ↳ **und Auslaugen** / grind and leach ‖ **autogenes** ↳ / autogenous grinding ‖ **fein** ~ / grind ‖ **grob** ~, brechen / break, crush ‖ **Lumpen** ~ / beat rags ‖ **zu feinem Mehl** ~ / powder, reduce to flour, flour v
Mahl·feinheit f / fineness of grind, grinding fineness ‖ ↳gang m / milling course ‖ ↳gang m, Quetschmühle f (für Getreide) / crushing mill for corn ‖ ↳gang m (Bergb, Aufbereitg) / emery mill, buhr o. burr mill ‖ ↳gehäuse n / mill casing ‖ ↳gerät n, -apparat m, -anlage f / grinding device o. apparatus o. attachment ‖ ↳gestein n, Mylonit m / mylonite ‖ ↳grad m / degree of grinding ‖ ↳grad (Pap) / degree o. extent of beating, freeness value ‖ ↳gradentwicklung f (Pap) / development of wetness ‖ ↳gradprüfer m (Pap) / beaten stuff o. beating tester, freeness tester of beaten stuff (US) ‖ ↳gut n, gemahlenes Gut / ground stock ‖ ↳gut, zu mahlendes Gut / material to be ground, grinding stock ‖ ↳gut (Mühl) / grist, grain, ground corn ‖ ↳gut n, Eintrag m (Pap) / furnish ‖ ↳holländer m (Pap) / hollander ‖ **geriffelter** ↳kegel, -konus m / corrugated grinding cone ‖ ↳kollergang, Kollergang m / pan grinder o. mill ‖ ↳kollergang m **mit seitlichem Austrag** / rim discharge mill ‖ ↳körper m / grinding body o. medium ‖ ↳kreislauf m (Aufber) / grinding cycle, grinding circuit ‖ ↳läufer m / edge-running grinding wheel ‖ ↳mühle, Getreidemühle f / flour o. corn mill, grinding o. grist mill ‖ ↳mühle f für Aufbereitungsanlagen / grinding plant ‖ ↳pulver n (Pulv Met) / comminuted powder, milled powder ‖ ↳ring m / grinding o. breaking ring, muller ring ‖ ↳rückstand m / grinding residue ‖ ↳span m

(Spanplatten) / ground particle ‖ ↳stein m, Mühlstein m / millstone ‖ ↳stein m (Geol) / millstone ‖ **grober** ↳stein / rough grindstone ‖ ↳trommel f / grinding drum
Mahlung, starke ↳ (Pap) / hard beating
Mahlungs·grad (Pap) s. Mahlgrad
Mahl·werk n / grinding gear, mill work ‖ ↳werk n (Mühl) / mill work
Mäh·maschine f, Getreidemäher m (Landw) / reaper, reaping machine, grain mower ‖ ↳maschine f für Rasen / lawn mower ‖ ↳quetschzetter m / mower-crusher ‖ ↳schlägel m / mower flail ‖ ↳selbstlader m / cutter-loader ‖ ↳werk n (Landw) / cutter bar ‖ ↳werkantrieb m (Landw) / mid power-take-off
maigrün (RAL 6017) / may-green
Mailmanager m / mail manager
Mainframe m (kleine o. mittelgroße Rechneranlage) / main frame
Mainframer m (Hersteller von Mainframes) / mainframer
Mais m / maize, Turkey o. Indian corn, corn (US, Australia)
Maisch·apparat (Brau) / malt extract bath ‖ ↳bottich m, -kessel m (Brau) / mash tun, mash copper
Maische f (Kohle) / slurry ‖ ↳, Maischmasse f (Brau) / mash ‖ ↳ (Rohrzucker) / magma ‖ ↳, Maischtrog m, -rührwerk n (Zuck) / mingler, mixer, crystallizer ‖ ↳, Aufmaische f (Rohrzuck) / magma mixer
Maischeweiß n, Zein n / zein
maischen, einmaischen (Brau) / mash, (also:) brew ‖ ↳ (Zuck) / mingling ‖ ↳ (Brau) / mashing ‖ ↳station f (Zuck) / crystallizer house o. station
Maische·rührer m (Brau) / mash stirrer ‖ ↳tankwagen m (Weinbau) / crushed grape transporter
Maisch·programm n (Brau) / mashing program ‖ ↳pumpe f (Brau) / mash o. wort pump ‖ ↳temperatur f / mashing heat ‖ ↳- **und Transportrührwerk** n (Zuck) / mashing and stirring conveyor ‖ ↳wasser n (Brau) / mash[ing] liquor
Mais·drillmaschine f / corn planter (US) ‖ ↳eiweiß n (Chem) / zein, maize proteine ‖ ↳entkerner, -rebbler m / maize sheller, corn sheller (US) ‖ ↳-Entliescher m / maize o. corn (US) husker ‖ ↳flockenstuhl m / corn-flaking mill (US) ‖ ~gelb (RAL 1006) / maize-yellow, corn-coloured (US) ‖ ↳häcksler m / corn forage and silage trailer ‖ ↳keimöl n / maize oil ‖ ↳kleber m / maize gluten ‖ ↳kolben m / corn (US) o. maize ear, cob of maize ‖ ↳kolbenfaser f / corncob fiber ‖ ↳kolbenoberfläche f (Verstärkerfaser) / popcorn surface ‖ ↳kolben-Pflück-Schroter m / maize cob o. corncob picker and husking rolls pl ‖ ↳kolben-Schrotergebläse n / maize cob grinder blower, corn blower burr mill ‖ ↳mehl n / Indian o. maize meal ‖ ↳öl n / corn o. maize oil ‖ ↳pflück-Drescher m (Landw) / maize picker-sheller, Mais-Vollernter m ‖ ↳pflücker m / maize picker o. snapper, corn picker (US) ‖ ↳protein n / maize protein, zein ‖ ↳rebbler m / maize o. corn sheller ‖ ↳saatkuchen m / maize germ cake ‖ ↳spindel f (ohne Körner) / maize o. corn (US) cob ‖ ↳stärke f / maize starch, cornstarch (US) ‖ ↳stengel m / maize o. corn (US) stalk ‖ ↳stengelschneidemaschine f / corn stalk cutter (US) ‖ ↳zucker m / corn sugar (US) ‖ ↳zünsler m / European corn borer
Majolika f / majolica ware
Majoran m / marjoram
Majorana·-Kraft f (Nukl) / Majorana force ‖ ↳-Neutrino o. -Teilchen n / Majorana neutrino o. particle
Majoranöl n / oil of marjoram
Majoritäts·emitter m (Halbl) / majority emitter ‖ ↳glied n (DV) / majority element o. gate ‖ ↳logik f (DV) / majority logic ‖ ↳träger m (Halbl) / majority carrier o. conductor
Majuskel, Versalie f / majuscule
MAK (Nukl, Chem) = maximale Arbeitsplatz-Konzentration
Makadamdecke f, Makadam m n (Straßb) / macadam [pavement], macadamization, telford pavement

makadamisieren / macadamize
Makadamisierung f / macadamizing
Makel, Defekt m / flaw, defect ‖ **kleiner** ~ / minute flaw
makellos, fleckenlos / stainless, flawless
Makeln n (Fernm) / broker's call
Makerhammer m (Schiff) / mall, maul, sledge
Make-up n, Umbruch m (Buch) / make-up
Make-up-Spiegel m, Spiegel m für den Beifahrersitz (Kfz) / make-up mirror
Mako m f n / Egyptian o. jumel cotton, maco cotton ‖ ~ (Baumwolle) / maco fabric ‖ **~garn** n / Egyptian yarn
Makoré n, afrikanischer Birnbaum / cherry mahogany
Makro·… / macro ‖ **~analyse** f / macroanalysis ‖ **~-Assembler** m / macro assembler ‖ **~aufnahme** f (kleiner Objekte) / macrophotograph ‖ **~aufnahme** f, Großaufnahme f (Phot) / [extreme] close-up ‖ **~aufruf** m (DV) / macro call, macro ‖ **~befehl** m (DV) / macro-instruction, general instruction ‖ **~chemie** f / macro-chemistry ‖ **~code** m (DV) / macrocode ‖ **~definition** f, Makroerklärung f, Makrokörper m, -rumpf m / macro definition o. declaration ‖ **~-Ende-Anweisung** f (DV) / macro definition trailer, macro trailer statement ‖ **~filmaufnahme** f / macrofilm photography ‖ **~generator** m (DV) / macro generator, macro generating program ‖ **~geräte** n pl (Phot) / macro equipment ‖ **~graphie** f, Grobgefügebild n / macrography ‖ **~härteprüfung** f / macro-hardness test ‖ **~klima** n / macro climate ‖ **~kristallin** / macrocrystalline ‖ **~lon** m (Plast) / Macrolon ‖ **~molekül** n, -molekel f / macromolecule ‖ **~molekular** / macromolecular ‖ **~molekulare Dispersion** (Plast) / macromolecular dispersion
Makron, Metron, Astron n, Sternweite f (= 10^6 AE = $1,495 \cdot 10^{14}$ km) (Astr) / macron, metron
Makro·ökonomik f / macroeconomics pl ‖ **~photographie** f / macrophotograph ‖ **~physik** f / macrophysics pl ‖ **~pore** f / macropore ‖ **~porös** / macroporous ‖ **~programm**, Anwenderprogramm n (DV) / macroprogram[me] ‖ **~programmierung** f (DV) / macroprogramming ‖ **~schall** m / macrosonics ‖ **~schalter** m (DV) / temporary switch ‖ **~skopie** f (schwache Vergrößerung bis 50) / macroscopy ‖ **~skopisch**, mit bloßem Auge sichtbar / macroscopic ‖ **~skopischer Querschnitt** / macroscopic cross section, cross section density ‖ **~spore** f / macrospore ‖ **~struktur** f, Grobgefüge n / macrostructure ‖ **~strukturprüfung** f / macro[graphic] examination ‖ **~übersetzer** m / macroprocessor ‖ **~verzeichnis** n (DV) / macro directory ‖ **~waage** f / macro balance
Makulatur f (Buch) / spoilage, spoils pl, waste paper, discards pl ‖ **~bogen** m (Buch) / spoiled sheet, waste sheet
MAK-Wert m, maximale Arbeitsplatzkonzentration / maximum working place concentration, threshold limit value, lower toxic limit
mal (Math) / times, [multiplied] by
Mal, Zeichen n / print
mal, 3 ~ 4 / three times four, four multiplied by three
Malachit m (Min) / malachite ‖ **~grün** n / malachite green, benzal green, mineral green
Malakkazinn n / Malacca o. cap tin
Malat n (Chem) / malate
Malchit m (Geol) / malchite
Maleat n (Chem) / maleate
Malein·at n (Chem) / maleinate ‖ **~harz** n / maleic resin ‖ **~säure** f / maleic acid ‖ **~säureanhydrid** n / maleic anhydride
malen, aus-, an-, bemalen / paint ‖ ~, Anmalen n / painting
Maler m / painter ‖ **~arbeiten** f pl (Bau) / paint o. painter's work
Malerei f mit Schmelzfarben auf weißes Glas / annealed glass painting

Maler·leiter f / double ladder ‖ **~pinsel** m / painter's o. painting brush ‖ **~schablone**, Schablone f / pattern, stencil ‖ **~werkstatt** f / paint shop
Malimo-Ware f (Textil) / Malimo fabrics pl
Malipol-Verfahren n (Textil) / malipol process
Mallboden m, Schnürboden m (Schiff) / drawing loft, mould loft floor
mallen, auf Form bringen (Schiffbau) / mould
Mallkante f (Schiff) / moulding edge
Mallorybatterie f / Mallory battery
Malm m, weißer Jura (Geol) / malmstone, upper oolite
malolaktisch (Chem) / malolactic
Malon·at n (Chem) / malonate ‖ **~ester** m, Malonsäurediathylester m / malonic acid ester ‖ **~säure** f / malonic acid
Maltase f / maltase
Malteserkreuz n / Geneva stop, crosswheel, maltese cross (GB) ‖ **~getriebe** n / Geneva motion o. movement ‖ **~stellung** f (Uhr) / Maltese-cross stopwork
Malthene n pl / malthenes pl
Maltin n / maltin[e]
Malto·-Dextrin n / malto dextrin[e] ‖ **~dextrin** n / malto-dextrin[e] ‖ **~-Oligosaccharid** n, Maltooligosid n / malto-oligosaccharide ‖ **~saccharid** n / malto-saccharide
Maltose f, Malzzucker m / maltose, malt-sugar ‖ **~-Dextrin** n / maltodextrin[e] ‖ **~einheit** f / maltose equivalent, ME
Malto·-Tetrose f / malto-tetraose ‖ **~-Triose** f / malto-triose
malvenfarbig / mauve
Malz n (Brau) / malt ‖ **~abreibeapparat** n / malt detrition apparatus ‖ **~ausbreiten** n (Brau) / couching ‖ **~bier** n / malt beer ‖ **reich an ~bildnern** / buoyant ‖ **~darre** f, -haus n (Brau) / oast, malt kiln ‖ **~diastase** f / diastase of malt, maltin
Malzeichen n / multiplication sign
malzen, mälzen (Brau) / malt
Malz·entkeimung f / malt degermination ‖ **~enzym** n / malt enzyme, diastase
Mälzer m, Brauer m / brewer
Mälzerei f (Fabrik) / malt house o. factory ‖ ~ (Tätigkeit) (Brau) / malting ‖ **~gerste** f / malting barley
Malz·ersatz m / malt adjunct ‖ **~extrakt** m / malt extract ‖ **~fabrik** f, Mälzerei f / malt house o. factory ‖ **~haufen** m (Brau) / malt couch ‖ **~keime** m pl / malt culms o. rootlets pl ‖ **~mühle** f (Brau) / malt mill ‖ **~poliermaschine** f (Brau) / malt polisher ‖ **~schrot** m (Brau) / grist, bruised o. crushed malt ‖ **~silo** m n / malt silo ‖ **~staub** m, trockene Malzkeime m pl (Brau) / maltdust, cooms pl, chives pl ‖ **~treber** pl (Brau) / spent barley o. grains pl, malt husks o. grains o. returns pl ‖ **~wender** m / malt turner ‖ **~zucker** m / malt-sugar, maltose
Mammatuswolke f / mammatus o. festoon cloud
Mammut·baum m, Sequoia gigantea f / sequoia, Wellingtonia, giant redwood ‖ **~pumpe** f / mammoth pump ‖ **~pumpe** f (Bergb) / airlift ‖ **~pumpe** f (Zuck) / airlift beet pump ‖ **~tanker** m / giant tanker
Management n / management ‖ **~-Entscheidungs-Unterstützung** f / management decision support system ‖ **~-Informatik** f / management information technique ‖ **~-Information-System** n / management information system, MIS
Manchester m (Web) / Manchester velvet, rip o. cord velvet, Genua corduroy ‖ **~gelb** n / Manchester o. Martius yellow, naphthylamine yellow
Manchon, Papiermaschinenfilz m (Pap) / felt, paper machine felt
Mandause f, Auszugschnecke f (Spinn) / backshaft [drawing-out] scroll

mandel·artig, -förmig (Geol) / amygdaline, tonsillar ‖ ~**förmiger Einschluß** (Geol) / amygdaloid *n* ‖ ~**öl** *n* / almond oil ‖ ~**säure** *f* / mandelic acid
Mangan *n*, Mn / manganese, Mn ‖ ~**(II)-...**, Mangano... / manganous ‖ ~**(III)-...**, Mangani... / manganic ‖ ~**at** *n* / manganate ‖ ~**bister** *m*, -braun *n* / manganese bister o. bistre o. brown ‖ ~**blende** *f* (Min) / manganese sulphide o. monosulphide, mangan-blende ‖ ~**bronze** *f* / manganese bronze ‖ ~**(II)-carbonat**, Manganocarbonat *n* / manganese carbonate, (as a pigment:) manganese white ‖ ~**carbonyl** *n* / manganese carbonyl ‖ ~**(II)-chlorid**, -dichlorid, Manganochlorid *n* / manganese dichloride, manganous chloride ‖ ~**eisen** *n*, Ferromangan *n* / ferromanganese ‖ ~**eisenerz** *n* / manganese iron ore ‖ ~**grün** *n* / manganese green, Cassel's green, barium manganate ‖ ~**haltig**, Mangan... / manganesian, manganiferous ‖ ~**hartstahl** *m* / austenitic manganese steel, straight manganese steel
Manganin *n* / manganin ‖ ~**widerstand** *m* (Elektr) / manganin [wire] resistance
Mangan·it *m* (Min) / manganite, gray manganese ore ‖ ~**karbid** *n* / manganese carbide ‖ ~**knollen** *m* / manganese nodule, deep-sea nodule ‖ ~**legierungen** *f pl* / manganese alloys *pl* ‖ ~**metall** *n*, metallisches Mangan *n* / manganese metal
Mangano·melan *m* / black h[a]ematite
Mangan·ometrie *f* / manganometry ‖ ~**osit** *m* (Min) / manganosite ‖ ~**(II)-oxid**, Manganooxid *n*, Manganmonooxid *n*, MnO / manganous oxide ‖ ~**(II** *n*, **III)-oxid**, Manganoxyduloxid *m*, Mn_3O_4 / [neutral o. mixed] manganese oxide, mangano-manganic oxide, Mn_3O_4 ‖ ~**(III)-oxid** *n*, Manganioxid *n*, Dimangantrioxid *n*, Mn_2O_3 (Chem) / manganese trioxide, manganic oxide ‖ ~**(IV)oxid**, Manganperoxid, -dioxid *n*, MnO_2 / manganese peroxide o. dioxide ‖ ~**(VII)-oxid** *n*, -heptoxid *n*, Mn_2O_7 / manganese heptoxide ‖ ~**phosphat** *n* / manganese phosphate ‖ ~**schlamm** *m* / regenerated slime o. mud in the Weldon process, Weldon mud ‖ ~**schwarz** *n* / manganese black ‖ ~**seife** *f* / manganese soap ‖ ~**-Silizium** *n* / silicomanganese ‖ ~**siliziumstahl** *m* / silicomanganese steel ‖ ~**spat** *m* (Min) / manganese spar ‖ ~**stahl** *m* / manganese steel ‖ **[austenitischer]** ~**stahl** (11-14 % Mn) / austenitic o. straight manganese steel ‖ ~**-Stahlguß** *m* (Erzeugnis) / manganese steel casting ‖ ~**sulfat** *n* / manganese sulphate ‖ ~**(II)-sulfid** *n* (Chem) / manganese sulphide o. monosulphide ‖ ~**-Trockenstoff** *m* / manganese drier
Mangel[1], Schaden *m* / defect ‖ ~, Fehlen *n* / deficiency, lack ‖ ~ [an] / want [of], lack [of], need [of] ‖ **mit Mängeln behaftet** / defective, faulty
Mangel[2] *f*, [Block]kalander *m* / mangle, mangling machine
Mängel *m pl* / shortcomings *pl*, failings *pl*
Mangelelektron *n* (Halbl) / hole [electron]
mangelhaft, ungenügend / deficient, insufficient ‖ ~, unvollkommen / imperfect ‖ ~, fehlerhaft / defective, faulty ‖ ~**e nachvulkanisiert** / defective recured ‖ ~**e Verpackung** / fault in packing, faulty packing ‖ ~**e Verständigung** (Fernm) / transmission trouble
Mängelhaftung *f* / liability for defects
Mangel·halbleiter *m* / p-type semiconductor ‖ ~**kosten** *pl* (Lagerhaltung) / out-of-stock costs *pl* ‖ ~**leitung**, p-Leitung *f* / p-type o. hole conduction
mangeln, rollen / mangle ‖ ~ (Leinwand) / calender
mangelnd, knapp / scarce ‖ ~**e Neuheit** / lack of novelty ‖ ~**e Trennschärfe** (o. Selektivität) / flat tuning
Mangel·ware *f* / shortage goods *pl*, lack
Mang·futter *n* / mixed grain ‖ ~**korn** *n* / meslin
Mango *n*, Mangobaum *m* / amchur, mango tree
Mangold *m* (Landw) / mangel
Manifest *n* (Schiff) / manifest [of cargo]
Manihot *m* (Bot) / manihot

Manikin, dreidimensionales ~ (Kfz) / anthropomorphic dummy
Manila·-Elemi *n* / elemi bitter ‖ ~**faser** *f* (aus Musa lextilis), Abaca *f* / manil[l]a hemp, abaca fiber, agotai o. bandala fiber, lupis fiber ‖ ~**karton** *m* / document manila, manilla cardboard ‖ ~**karton für Etiketten** / manil[l]a tag ‖ ~**mischseil** *n* / manila-sisal rope ‖ ~**-Packpapier** *n* / manil[l]a wrapping ‖ ~**papier** *n* / manil[l]a paper ‖ ~**-Seidenpapier** *n* / manil[l]a tissue ‖ ~**seil** *n* / manil[l]a rope
Maniok *m*, Manioka *f*, Mandioka *f*, Kassave *f* (Bot) / manioc, manihoc, mandioc[a]
Maniokastärke *f* / starch of manioc
Maniok·mehl *n* / raspa (US) ‖ ~**wurzel** *f* / manioc root, cassava root
Manipulation *f* / manipulation
Manipulator *m* (Nukl) / manipulator ‖ ~, Schmiedezange *f* / manipulate attachment ‖ ~ (Robotor) / manual manipulator (class A robot)
manipulieren (kunstgerecht handhaben o. behandeln) / manipulate
Manko an Gewicht *n* / deficiency in weight ‖ ~ **an Maß**, Fehlen an Maß *n* / deficiency in measure ‖ ~**verzeichnis** *n* / return of "shorts"
Mann *m* **der Praxis** / practician, practical man ‖ ~ **für Außenarbeiten**, Außenarbeiter *m* / field worker ‖ ~ **hinter der Walze** (Walzw) / catcher
Mannan *n* (Chem) / mannane
Mannesmann·-Verfahren *n* / Mannesmann process ‖ ~**-Walzenstraße** *f* / Mannesmann-type rolling train
Mannich-Reaktion *f* (Chem) / Mannich reaction
mannigfaltig / multiple, manifold
Mannigfaltigkeit *f* / variety, multiplicity ‖ ~, Diversifikation *f* / diversification ‖ **dreidimensionale algebraische** ~ / algebraic threefold
Mannit, Mannazucker *m* / D-mannitol, mannite, manna sugar
Mann-Jahr *n* (DV) / man year, MY
männlich (Gewinde) / male ‖ ~**er Kork**, Jungfernrinde *f* / virgin cork
Mannloch, Fahrloch *n* / manhole, M.H. ‖ ~, Schlammloch *n* (Dampfm) / manhole, mud hole ‖ ~**bügel** *m* / crossbar of the manhole ‖ ~**deckel**, -verschluß *m* (Kessel) / manhole door o. cover ‖ ~**dichtung** *f* / manhole gasket ‖ ~**ring** *m*, -versteifung *f* / manhole ring o. frame o. reinforcement ‖ ~**stein**, Spiegelstein *m* (Hütt, Kupolofen, Cowper) / dome plug ‖ ~**stutzen**, Fahrstutzen *m* / raised manhole ‖ **dichter** ~**verschluß** / sealed cover, manhole blanking device
mann·loser Streb / manless coal face ‖ ~**-Minute** *f* / man minute, manite
Mannose *f*, d-~ / mannose, [β-]D-mannose, seminose
Mannosidase *f* / mannosidase
Mann-Rem-Dosis *f* (Gruppenäquivalentdosis) (Nukl) / man-rem dose
Mannschaft *f* / crew ‖ ~, Arbeitsgruppe *f*, Team *n* / team
Mannschafts·fahrung, Seilfahrt *f* (Bergb) / descending by the rope, man-ride ‖ ~**kaue** *f* / dog-house ‖ ~**raum** *m*, Logis *n* (Schiff) / crew's quarter o. space
Mann-Stunde *f* / man hour
Manokontaktgeber *m* (= Manometer + Kontakt) / pressure contactor
Manokryometer *n* (= Manometer + Kryoskop) / manocryometer
Manometer *n*, Druckmesser *m* / manometer, pressure gauge ‖ ~**anschluß** *m* / manometer connection ‖ ~**druck** *m* / gauge pressure ‖ ~**skala** *f* / manometer scale
manometrisch / manometric ‖ ~**e Förderhöhe**, Druckhöhe *f* / manometric lift o. head ‖ ~**e Waage**, Kolbenmanometer *n* / deadweight pressure gauge
Mano·stat *m* (zum Konstanthalten von Druck) / manostat ‖ ~**vakuummeter** *n* / mano-vacuummeter
Manöver *n* / manoeuvre, maneuver

Manövrierbarkeit, Wendigkeit f / manoeuvrability, maneuverability, steerability
manövrieren / manoeuvre, maneuver
manövrier·fähiges Anti-Radar-Fahrzeug / MARV, maneuverable anti-radar vehicle ‖ ⌐**ventil** n / manoeuvring o. hand valve
Mansarde f (Bau) / mansard ‖ ⌐ (Textil) s. Mansardentrockner
Mansarden·dach n / mansard o. curb o. French o. gambrel roof, broken o. knee roof ‖ **obere Hälfte eines** ⌐**dachs** (Bau) / false roof, upper mansard roof ‖ ⌐**fenster** n / mansard o. attic window ‖ ⌐**trocknen** n, Trocknen im Trockenstuhl (Textil) / chamber drying ‖ ⌐**trockner** m (Textil) / hot-air chamber
Manschette f (Dichtung) / packing, collar ‖ ⌐, Lederdichtung f / cup leather ‖ ⌐ (Diktiergerät) / belt ‖ ⌐ **für Schalthebel** (Kfz) / protective cover of gear shift lever, gaiter
Manschetten·dipol m / sleeve dipole ‖ ⌐**ring** m (für Kolbendichtung) / junk ring
Mansell-Stromleitungsscheibe f (zwischen Radreifen und feststehender Achse) (Bahn) / Mansell disk wheel
Mansfeld·er Schachtofen (Hütt) / Mansfeld cupola ‖ ⌐**verfahren** n (zum Prüfen von Cu-Erzen) (Bergb) / Mansfeld method
Mantel m, Ummantelung f / case, casing, jacket, shell ‖ ⌐, Verkleidung f / cleading, envelope ‖ ⌐, Schale f (krumme Fläche) (Math) / nappe, curved surface ‖ ⌐ (Form) / shell of the mould, casing ‖ ⌐ (Geom) / convex surface ‖ ⌐ (Kessel) / barrel, shell ‖ ⌐ (Geschoß) / jacket of the cannon shell ‖ ⌐, Reifen m, Decke f (Kfz, Fahrrad) / tyre (GB), tire (US), outer case, cover ‖ ⌐ (opt.Faser) / cladding ‖ ⌐, Ausfütterung f / case, casing, lining ‖ ⌐, Gerippe n (Bau) / cage, carcass ‖ ⌐, Futtermauer f (Hütt) / shell, second o. outer casing, mantle ‖ ⌐ **der Erde** / mantle of the Earth ‖ ⌐ **des Fusionsreaktors** / blanket of the fusion reactor ‖ ⌐ **des Kabels**, Kabelmantel m / sheath[ing] ‖ ⌐ **eines Drahtseils** / shell of a steel cable ‖ ⌐**abstreifmaschine** f (Kabel) / sheath-stripping machine ‖ ⌐**blech** n / jacket sheet o. sheathing, sheet casing ‖ ⌐**blech** n / sheet casing ‖ ⌐**draht** m / wrapped wire ‖ ⌐**elektrode** f (Schweiß) / covered o. sheathed electrode ‖ ⌐**fläche** f (Math) / generated surface, lateral o. surface area ‖ ⌐**fläche** f **einer Kuppel**, Flechtwerkmantel m (Bau) / surface shell ‖ ⌐**formbrett** n (Gieß) / template for the exterior mould ‖ ⌐**gebläse** n (Luftf) / ducted fan ‖ ⌐**geschoß** n / enveloped o. jacketed bullet o. projectile ‖ ⌐**gründung** f / timber-and-steel cased concrete ‖ ⌐**heizung** f / jacket heating ‖ ⌐**index** m / cladding index ‖ ⌐**-Kern-Typ** m / mantle-core type ‖ ⌐**-Kern-Typ** m / mantle-core-type ‖ ⌐**klemme** f / sheath clamp ‖ ⌐**kühler** m, Wasserkühlmantel m / cold water jacket ‖ ⌐**kühlung** f (Masch, Elektr) / jacket cooling o. ventilation ‖ ⌐**kühlung** f (Turbine) / double casing, ducted cooling ‖ ⌐**kurve** f (Wzm) / barrel cam, cylinder o. cylindrical cam ‖ ⌐**kurve** f (Statistik) / envelope curve ‖ ⌐**leitung** f (Elektr) / light plastic-sheathed cable ‖ ⌐**linie** f (Geom) / surface line ‖ ⌐**linie** f **des Kerbes** (Mat.Prüf) / surface line of the notch ‖ ⌐**magnet** m / iron-clad magnet ‖ ⌐**mischung** f (Kabel) / sheathing compound ‖ ⌐**ofen** m / jacket furnace ‖ ⌐**ring** m (Gieß) / mould-hoop ‖ ⌐**ring** m (Geschütz) / shrunk-fit section ‖ ⌐**ringrohr** n (Mil) / built-up barrel, multi-section barrel ‖ ⌐**riß** m / envelope crack ‖ ⌐**rohr** n (der Steuersäule, feststehend) (Kfz) / outer steering column, steering column jacket o. tube ‖ ⌐**rohrwasser** n (Öl) / jacket water ‖ ⌐**rolle** f (Isolator) / single-shed reel insulator ‖ ⌐**stab** m (Schw) / covered electrode, sheathed electrode ‖ ⌐**strahler** m (Antenne) / sleeve dipole ‖ ⌐**strahlrohr** n / jacketed jet pipe ‖ ⌐**strom** m (Kabel) / sheath current ‖ ⌐**strom** m (Turboreaktor) / by-pass flow ‖ ⌐**stromtriebwerk** n (Luftf) / by-pass power unit, [ducted] fan engine, fan jet, turbofan ‖ ⌐**stromverhältnis** n / by-pass rate ‖ ⌐**stützwalze** f (Walzw) / sleeve backing-up roll ‖ ⌐**tarif** m / skeleton wage agreement ‖ ⌐**transformator** m

(Elektr) / shell[-type] transformer ‖ ⌐**verluste** m pl (Kabel) / sheath losses pl ‖ ⌐**walze** f / chilled cast roll ‖ ⌐**wirbelstrom** m (Kabel) / sheath eddies pl ‖ ⌐**wirbelstrom** m **in leitend verbundenen Kabeln** / sheath-circuit eddies in bonded cables
Mantisse f (Math) / mantissa
Mantissenlänge f (DV) / mantissa length ‖ **mit geringer** ⌐ (Logarithmus) / short precision
manuell, Hand... / manual ‖ ~ **bedienen o. verfahren** / maneuver manually ‖ ~**e Betriebsart** (ohne Benutzung der NC-Einrichtung) (NC) / manual mode of operation ‖ ~**e Dateneingabe** (DV) / manual data input, manual entry ‖ ~ **eingegebener Takt** (NC) / manual clock ‖ ~**e Geschicklichkeit erfordernd** / mechanical, manual ‖ ~**es Lochen** / key punching ‖ ~**es Schütteln** / manual shaking ‖ ~**e Tätigkeit** / manual labour ‖ ~**e übersteuerung** / manual override
Manufaktur f / manufacture ‖ ⌐**ware** f / manufactured goods
Manuskript n / manuscript, copy
MAO, Monoamin-Oxydase f / monoamin oxydase, MAO
MAOI, Monoamin-Oxydaseinhibitor m / monoamin oxydase inhibitor, MAOI
MAP (DV) / MAP, manufacturing automation protocol
MAP-Netzplanmethode f / M.A.P., multiple allocation procedure
Maraging-Stahl, Martensit-aushärtender Stahl m (Hütt) / maraging steel
Marantastärke f / arrowroot
Maratti-Wirkmaschine f / maratti knitting loom
Marbel m (Glash, Keram) / marble
Marbeln, Wälzen n (Glas) / marvering
Marbelplatte, Wälzplatte f (Glas) / marver
Marconiantenne f / Marconi antenna
Marconi-Richtantenne f / Marconi beam antenna
Mare n (pl: Maria) (Mond) / mare (pl: maria)
Marengofarbe f (Textil) / Oxford grey
Marengogarn n / marengo yarn
Margarine f / margarin[e] ‖ ⌐**fabrik** f, -industrie f / margarine factory o. industry
Margarinsäure, Daturinsäure f / margaric acid
Margarit m (Kalk-, Perlglimmer) (Min) / margarite
Marginalien pl (Buch) / marginalia pl
Marginalverteilung f (Statistik) / marginal distribution
Marianihahn, Dosierhahn m (Bahn) / lever tap
marin, Meeres... / marine ‖ ~**er Abbau** / ocean mining ‖ ~**e Aquakultur** / sea farming ‖ ~ **lagernd** (Bergb) / marine deposited
Marine f (Mil) / navy ‖ ⌐**...**, nautisch / nautical ‖ ~**blau** / navy-blue ‖ ⌐**blautöne** m pl (Färb) / navies pl ‖ ⌐**-Dieselöl** n / marine diesel fuel ‖ ⌐**flugwesen** n, -fliegerei f / naval aviation ‖ ⌐**glas** n / marine glasses pl ‖ ⌐**ingenieur** n / marine engineer o. architect ‖ ⌐**kopf** m (Dampfm) / marine-type connecting rod big end
Marinellibecher m, Ringbecher m (Nukl) / Marinelli beaker, reentrant beaker
Marine·radar m n / marine radar ‖ ⌐**satelliten-Navigationssystem** n / navy navigation satellite system, NNSS ‖ ⌐**wesen**, Seewesen n / naval matters pl
Mariottesches Gesetz n (Phys) / Mariotte's law
maritimer Satellit / maritime service satellite
Mark n, Kern m / marrow ‖ ⌐ **von Pflanzen** / pith ‖ **zu** ⌐ **werden**, zu Pulpe werden / pulp vi, become pulpy
Markasit, Wasserkies m / marcasite, hydropyrites
Marke f, Sorte f / quality, brand ‖ ⌐, Qualität f / sort, quality ‖ ⌐, Klebe-, Briefmarke f, Postwertzeichen n / stamp ‖ ⌐, Fabrikmarke f, Schutzmarke f / trademark ‖ ⌐, Landmarke f / land mark ‖ ⌐, Zeichen n / mark ‖ ⌐, Kerbe f (Zimm) / score ‖ ⌐, Markierung f, Kennsatz m (DV) / label, tag
Marken·artikel m / brand[ed] o. trademarked o. name article, proprietary o. proprietor article ‖

�ⁱ**artikelhersteller** *m* / name manufacturer ‖
ᵗ**bezeichnung** *f*, -name *m* / trademark, brand ‖
ᵗ**erzeugnisse** *n pl*, -ware *f* / brand[ed] o. name o.
proprietary articles, (esp:) trademarked articles ‖ ᵗ**öl** *n*
/ premium luboil ‖ ᵗ**schild** *n* / emblem plate ‖ ᵗ**schutz**
m / protection of [registered] trademarks ‖ ᵗ**verkauf** *m*
/ sale under proprietor name ‖ ᵗ**zeichen** *n* /
manufacturer's mark ‖ ᵗ**zeichen** *n* **bei Zinn** / touch
mark
Marker *m* (Luftf) / marker radio beacon
Marketeriesäge *f* (Blatt 2-4 mm) / inlaying o. scroll saw
Marketing *n*, Marktgewinnung *f* / marketing
Markfortsatz *m*, -strahl *m* (Holz) / medullary o. vascular
ray
Markierapparat *m* / marker, marking apparatus
markieren, anzeichnen / mark [out] ‖ ~, abstecken (Verm)
/ peg out ‖ ~ (Atom) / tag, label ‖ ~ (Fahrbahn) / delimit
by white lines *vt* ‖ ~ (Goldbarren) / earmark
Markierer *m* (Fernm) / marker ‖ ᵗ**system** *n* (Fernm) /
marker system
Markier·filz *m* (Pap) / marking felt, ribbing felt ‖
ᵗ**hammer** *m*, Waldhammer *m* / marking hammer ‖
ᵗ**impuls** *m* (Radar) / strobe pulse ‖ ᵗ**kreis** *m* (Radar) /
distance mark ‖ ᵗ**naßfilz** *m* / marking wet felt ‖
ᵗ**pflock** *m* / marking stake ‖ ᵗ**presse** *f* (Pap) / marking
press ‖ ᵗ**[preß]filz** *m* (Pap) / marking [press] felt ‖
ᵗ**stab** *m* (Verm) / ring peg, arrow ‖ ᵗ**stich** *m* / half-lace
stitch, marking stitch ‖ ᵗ**symbol-Übermittlung** *f* (Luftf)
/ pointer symbol transfer
markiert, indiziert (Nukl) / labelled, labeled (US), tagged
‖ ~, mit Kennzeichnung / legend-engraved ‖ ~**es Isotop**
(Phys) / radioactive tracer, labelled o. tagged atom
Markierung *f*, Kennzeichen *n* / mark[er] ‖ ᵗ,
Kennzeichnung *f* / marking ‖ ᵗ, (spez:)
Fünfermarkierung *f* / tally ‖ ᵗ, Zeichen *n* / sign ‖ ᵗ
(Tischl) / guiding mark ‖ ᵗ, Marke *f* (Film) / cue [mark]
‖ ᵗ (DV) / sentinel [flag], flag ‖ **bestimmte**
ᵗ **anbringen**, stempeln / mark, stamp ‖ **eine bestimmte**
ᵗ **anbringen** (Edelmetall) / assay, mark
Markierungs·boje *f* / marker beacon ‖ ᵗ**differenz** *f*
(Radar) / rate of change ‖ ᵗ**drucken** (DV) / marksensing
‖ ᵗ**farbe** *f* (Kabelader) / tracer colour ‖ ᵗ**funkfeuer** *n*
(Luftf) / marker beacon ‖ ᵗ**furche** *f* (Verm) / lockspit ‖
ᵗ**impuls** *m* (DV, Fernm) / marker pulse ‖ ᵗ**lesen** *n*,
Marksensing *n* (DV) / mark reading o. sensing ‖ ᵗ**leser**
m (DV) / optical mark page reader o. scoring reader ‖
ᵗ**loch** *n* **für Reifenabnutzung** / wear-depth hole, wear-
indicating hole ‖ ᵗ**schild** *n* / marking label ‖ ᵗ**sender** *m*
(Luftf) / marker transmitter ‖ ᵗ**streifen** *m pl*, Leitlinien *f*
pl (Straße) / highway striping ‖ ᵗ**tafel** *f* (Bahn) / reference
plate
Markier·vorrichtung, Zeichenvorrichtung *f* / marking
device ‖ ᵗ**werkzeug** *n*, Gravierwerkzeug *n* (Stanz) /
numbering tool ‖ ᵗ**zeiger** *m* / adjustable o. reference
pointer
Markise *f* (Bau) / awning, canvas blind ‖ ᵗ (halbrund,
faltbar) / half-spherical awning ‖ ᵗ **mit Gelenkarmen** /
awning with articulated arms ‖ ᵗ **mit Scherenarmen** /
awning with lazy tongs
Markisenstoff *m* / sunshade cloth, awning fabric
Markow··-Generator *m* / Markov generator ‖ ᵗ**-Prozeß**
m (Math) / Markov process ‖ ᵗ**sche Kette** / Markov
chain
Mark·scheide *f* (Bergb) / border of a claim, boundary,
limit ‖ ᵗ**scheidekunst**, -scheidekunde *f* (Bergb) /
subterranean geometry, [art of] mine surveying,
surveying underground ‖ ᵗ**scheiden**, einen Grubenplan
aufnehmen (Bergb) / measure a mine ‖ ᵗ**scheider** *m*
(Bergb) / measurer, [underground] surveyor ‖
ᵗ**scheiderarbeit**, Grubenvermessung *f* / underground
o. mine survey, measuring of mines ‖ ᵗ**scheiderei** *f* /
mine-surveying office ‖ ᵗ**scheidergehilfe** *m* (Bergb) /
chainman ‖ ᵗ**scheideriß** *m*, Grubenriß *m* / mine plot ‖
ᵗ**scheiderwaage** *f*, Gradbogen *m* (Bergb) / protractor,

miner's o. surveyor's level, graduated arc ‖
ᵗ**scheiderzug** *m*, Markscheidern *n* (Bergb) / lining,
surveying o. draft underground, dialling ‖
ᵗ**scheide-Sicherheitspfeiler** *m* (Bergb) / boundary pillar
‖ ᵗ**scheidewesen** *n*, bergmännische Meßkunst (Bergb) /
subterranean geometry
Marksensing, Markierungsdrucken, -lesen *n* /
marksensing ‖ **im** ᵗ**verfahren arbeiten** / marksense
Markstrahl *m*, -fortsatz *m* (Holz) / medullary o. vascular
ray
Markt *m* / market ‖ **auf dem** ᵗ, lieferbar (Neuentwicklung)
/ available ‖ ᵗ**beherrschung** *f* / market dominance ‖
ᵗ**forschung** *f* / market research, marketing support ‖
ᵗ**führer** *m* / leader (in a certain branch) ‖ ~**gängig** /
marketable ‖ ~**gängig**, gangbar, gängig / saleable ‖
ᵗ**gewinnung** *f*, Marketing *n* / marketing ‖ ᵗ**halle** *f* /
[public] market hall ‖ ᵗ**lücke** *f* / gap on the market ‖
eine ᵗ**lücke schließen** / fill in a gap on the market ‖
ᵗ**reife** *f* / market maturity
Markush-Formel *f* (Chem) / Markush's formula
Markzeichen, Versetzzeichen *n* (Zimm) / point o. mark of
reference, benchmark
Marleisen *n*, Marlpfriem *m*, -spieker *m* (Schiff) / marline
spike, awl
Marmatit *m* (Min) / marmatite
Marmor *m* / marble ‖ ᵗ..., marmorn / marmoreal,
marmorean, marbly ‖ ᵗ **schwarzer** ᵗ / brilliant black
marble ‖ ᵗ**ader** *f* / cloud in the marble ‖
ᵗ**-Beklebepapier** *n* (Pap) / marbled lining o. pasting
(paper) ‖ ᵗ**block** *m* / block of marble ‖ ᵗ**bruch** *m*,
-steinbruch *m* / marble quarry ‖ ᵗ**gips** *m* (fälschlich:
-zement) / Keene's cement ‖ ᵗ**-Handsäge** *f* / grub saw
marmorieren, adern / grain, marble, vein ‖ ~ (Email) /
marblize, marbleize ‖ ᵗ *n* (Anstrich) / graining
Marmorier·kamm *m* / graining comb o. tool ‖ ᵗ**kasten**
m (Pap) / mottling chest
marmoriert (Textil) / jaspé ‖ ~, geadert, Ader... /
marbled, veined, veiny ‖ ~**er Karton** / veined board ‖
~**es Papier**, Buntpapier *n* / domino paper ‖ ~**er Schnitt**
(Buch) / marble-edged, marbled
Marmorierung *f* / marbling, mottling ‖ ᵗ (Plast) / mottle
Marmor·platte *f* / slab of marble ‖ ᵗ**säge** *f* / stone saw ‖
ᵗ**[stein]bruch** *m* / marble quarry ‖ ᵗ**wandbekleidung** *f*
/ marble lining of a wall, (also:) tessellated work
Marocain *m* (Web) / crepe marocain
Maroquin, Saffian *m* (Leder) / morocco [leather]
Marquisette *f m* (Web) / marquisette
Marronkopie *f* (Film) / fine-grain print
Marsch¹ *m* (Web) / repeat of weft threads
Marsch² *f*, Marschgebiet *n* / marshy region
Marschantrieb *m* (Flugkörper) / sustained propulsion
Marschboden *m* / marshy ground
Marschenlöffel *m* (Bodenprobe) / spoon sampler for
marshes
Marsch·fahrt, -geschwindigkeit *f* (Schiff) / cruising speed
‖ ᵗ**flug** *m* / cruise flight ‖ ᵗ**flugbahn** *f* (Flugkörper) /
cruising trajectory ‖ ᵗ**flughöhe** *f* (Flugkörper) / cruise
altitude ‖ ᵗ**flugkörper** *m* / cruise missile ‖
ᵗ**geschwindigkeit**, -fahrt *f* (Schiff) / cruising speed ‖
ᵗ**phase** *f* (Flugkörper) / midcourse phase ‖
ᵗ**phasenantrieb** *m* (Flugkörper) / cruise propulsion ‖
ᵗ**stufe** *f* (Raumf) / main stage ‖ ᵗ**triebwerk** *n*
(Flugkörper) / sustainer [engine] ‖ ᵗ**triebwerk** *n*
(Flugkörper) / cruise engine ‖ ᵗ**turbine** *f* (Schiff) /
cruising o. ahead turbine
Marseiller Seife, Kernseife *f* / grained o. laundry o. hard
soap
Marshall-Fließwert *m*, [-Stabilität *f* (Bitumen) / Marshall
flow, [stability]
Martens[form]beständigkeit *f* / Martens dimensional
stability [under heat]
Martensit *m* (Hütt) / martensite ‖ ᵗ **in kompakter Form** /
circular martensite ‖ ᵗ**-Anlassen** *n* / martensite
tempering ‖ ~**aushärtbar**, -aushärtend (Stahl) /

653

maraging ‖ ~-aushärtender Stahl, Maraging-Stahl m (Hütt) / maraging steel
martensitisch / martensitic
Martensitpunkt m (Hütt) / Ms point, M$_s$ point, martensite transformation point
Martensit·zerfall m / martensite breakdown
Martens·scher Spiegelapparat / mirror extensometer ‖ ~schrank m / Martens cabinet ‖ ~versuch m, -probe f / Martens test
Martin·ofen m / Martin furnace, open-hearth furnace ‖ ~schlacke f / open-hearth slag ‖ ~stahl m / Martin steel ‖ ~stahlwerk n / Martin steel works
Marx·-Effekt m (Elektronik) / Marx effect ‖ ~generator m (Röntgen) / Marx o. surge generator
Mascagnin m (Min) / mascagnite, mascagnine
Masche f / mesh ‖ ~ (Wirkw) / stitch, knitting stitch, loop ‖ ~ (Netzplan) / hammock ‖ ~n abnehmen (o. fallen lassen) (Textil) / let down stitches, cast off, narrow ‖ ~n auflösen, aufziehen / unmesh ‖ ~n aufnehmen (o. aufheben) / take up stitches ‖ ~ eines Netzes (Elektr) / mesh of a network ‖ glatte ~ (Textil) / plain loop
Maschen·anode f / meshed anode ‖ ~bild n (Textil) / mesh structure ‖ ~bildend / knitting, looping, loop-forming ‖ ~bildende Maschine / knitting machine ‖ ~dichte f (Textil) / stitch density, stitch spacing, mesh density ‖ ~draht m, -drahtgewebe n / netting wire ‖ ~draht m (für Zäune) / fence wire ‖ ~draht m (als Putzträger) / laths pl, lathing ‖ ~draht annageln (Bau) / lath v ‖ ~draht rechteckig, [sechsbedral] / wire nettings (pl.) with square, [hexahedral] meshes ‖ ~drahtgewebe n / wire nettings pl ‖ ~drahtreflektor m (Antenne) / screen reflector ‖ ~drahtverstärkung f / wire mesh reinforcement ‖ ~feinheit f (Textil) / knitting gauge, stitch fineness ‖ ~fest, laufmaschenfest (Strumpf) / ladder-proof (GB), run-proof (US) ‖ ~größe f, -weite f / mesh size ‖ ~kulieren n / sinking o. kinking the loop ‖ ~netz n (Fernm) / mesh network, party line connection ‖ ~netz n (Elektr) / network system, mesh network ‖ ~rad n (Textil) / sinker o. loop wheel ‖ ~raffer m / stitch tightener ‖ ~regel f (Elektr) / second law of Kirchhoff, mesh rule ‖ ~regulierung f (Strumpf) / loop control ‖ ~reihe f (Textil) / stitch row o. course, wale ‖ ~reihenwächter m (Textil) / stitch row guard ‖ ~scheinwiderstand m (Elektr) / mesh impedance ‖ ~schutzreihe f (Strumpf) / garter run-stop course, stop-ladder course, antiladder mesh bar ‖ ~sieb, Drahtsieb n / wire sieve o. screen, wire-cloth screen ‖ ~sprengschaden m (Textil) / loop damage (due to brittle yarn o. to needle cutting) ‖ ~stäbchen n, Langreihe f (Wirkware) / wale, stitch wale ‖ ~ware f / knitted yard goods pl, knitted o. knit fabrics pl ‖ ~weite f, -zahl f (Sieb), Maschenzahl f je Quadratzoll / mesh [width o. size], aperture width o. size ‖ ~weite 300 / 300 mesh ‖ 2''-~weite f / two-inch mesh ‖ ~weite f (Pulv.Met) / mesh number ‖ ~weite f (Sieb) / mesh aperture o. size, aperture size ‖ ~weite f (Fischnetz) / aperture size, opening of mesh ‖ ~weite f des Harzgrundgerüsts (Ionenaustauscher) / porosity of resin ‖ ~werk n / net, meshwork ‖ ~zahl f (Textil) / number of apertures o. meshes ‖ ~zähler m (Textil) / stitch glass
maschig / meshed, netted
Maschine f, Arbeitsmaschine f / machine ‖ ~, Kraftmaschine f / engine ‖ ~n f pl (Sammelbegriff) / equipment ‖ ~ f, Hebe-, Transportmaschine f / engine, machine ‖ ~, Lok f / engine, locomotive, loco (coll) ‖ ~ (vom Rechner getrennt) (DV) / equipment ‖ ~ für die Aufmachung (Textil) / making-up machine ‖ ~ für Umdruckverfahren (Textil) / printing machine by transfer, thermo-printing machine ‖ ~ für zweiseitigen Druck / duplex printing machine ‖ ~ mit Eigenschaften lebender Wesen (DV) / automaton (pl: automata) ‖ ~ mit hin- und hergehender Bewegung, Kolbenmaschine f / reciprocating o. piston engine ‖ ~ mit obenliegender Kurbelwelle / crank-overhead

engine ‖ ~n f pl zum Geschmeidigmachen (Textil) / softening equipment ‖ ~ f zum Öffnen von Rundgestricktem / slitting machine for tubular knit fabrics ‖ einfache ~ (Hebel, Rolle usw) (Phys) / simple machine
maschinell, Motor…, Maschinen… / mechanical, motor driven, power… ‖ ~, mechanisiert / mechanized ‖ ~ (z.B. Arbeit) (F.Org) / mechanical ‖ ~er Abbau (Bergb) / machine mining ‖ ~e Ausrüstung, Maschinenanlage f / mechanical equipment ‖ ~e Ausrüstung, am gleichen Werkstück arbeitende Maschinen / train, truck (a series of machines) ‖ ~ (o. spanabhebend) bearbeiten / machine ‖ ~ bearbeitete Stange (Plast) / machined rod ‖ ~e Beladevorrichtung / mechanical loader ‖ ~ betätigen / actuate, operate, control, command ‖ ~ betrieben / machine driven ‖ ~e Bewegung / power drive ‖ ~e Einrichtung (o. Ausrüstung) / mechanical equipment ‖ ~e Entwicklung (Phot) / machine processing ‖ ~e Entwicklung (Phot) / machine development o. processing ‖ ~ festgeschraubt / machine-tight ‖ ~e Förderstrecke (Bergb) / engine road ‖ ~ geschäumt (Plast) / mechanically foamed ‖ ~ hergestellt, Maschinen… / produced by a machine, machine made ‖ ~ hochwinden / lift by machine ‖ ~e Intelligenz, KI / artificial intelligence, AI ‖ ~ lesbar s. maschinenlesbar ‖ ~e Sprachübersetzung (DV) / mechanical translation ‖ ~e Verstellung (Wzm) / power traverse ‖ ~er Vorschub / power feed
Maschinen·… / machine [driven] ‖ ~…, maschinell hergestellt / machine made ‖ ~abzug m (Buch) / machine proof ‖ ~adresse f (DV) / machine address ‖ ~adreßregister n (DV) / MAR, machine address register ‖ ~aggregat n / machine set o. unit ‖ ~anker m / holding bolt ‖ ~anlage f / machinery [equipment o. plant], mechanical equipment o. plant ‖ ~anlage f, -satz m (Schiff, Luftf) / engine plant ‖ ~antrieb m, -betrieb m / engine drive ‖ ~anwendung f, -einsatz m / machinery, (also:) application and science of machines ‖ ~arbeit f / machine work ‖ ~arbeiter, Bedienungsmann m / operator ‖ ~ausfall m / machine failure ‖ ~ausfallzeit f (allg) / machine down time ‖ erforderliche ~ausrüstung / machine requirements pl ‖ ~ausstattung f / machinery [equipment o. plant] ‖ ~-Bandsägefeile f / machine bandsaw file ‖ ~batschen n (Jute) / machine batching ‖ ~bau m / engine o. machine construction o. building ‖ ~bau m, -wesen n, -kunde f / mechanical engineering ‖ ~bauanstalt f / engineering shop ‖ ~bauer m, Maschinenbauingenieur m / mechanical engineer ‖ ~bauindustrie f / engineering industry ‖ ~bäumer m (Web) / beaming machine minder ‖ ~baustahl m / engineering steel, machinery steel, steel for mechanical engineering ‖ ~bauwerkstätte, -bauanstalt f / engineering shop ‖ ~bedienung f / engineering, machine operation ‖ ~bedingte Ausfallzeit / machine-spoilt worktime ‖ ~befehl m, -instruktion f (DV) / computer o. machine instruction ‖ ~belastung f / machine load ‖ ~belegung f / machine utilization ‖ ~betätigt / machine-operated ‖ ~betätigte Werkzeuge / machine-operated tools pl ‖ ~betrieb m / machine operation ‖ ~bett n, -gründung f / engine bed o. foundation [plate] ‖ ~bezeichnung f (DV) / hardware name ‖ ~-Braunschliffpappe f / brown woodpulp board ‖ ~breite f, a.: Standardbreite f (Pap, Textil) / machine width ‖ ~[bügel]säge f (Wzm) / power hacksaw ‖ ~bütte f, Stoffkasten m (Pap) / machine chest, head box ‖ ~code m (DV) / machine code, specific o. object code ‖ ~[code]programm n (DV) / object program o. routine, machine program ‖ ~defekt m / failure of machinery, accident to machinery ‖ ~druck m (Textil) / machine printing ‖ ~druck m (Buch) / machine impression ‖ ~einsatz m, -anwendung f / application o. use of machinery ‖ ~element n / machine element o. part ‖ einfaches ~element / simple machine element ‖

⌐**fabrik**, -bauanstalt f / machine factory o. shop, engine works ‖ ⌐**fahrstand** m (Schiff) / engine control stand o. station ‖ ⌐**fehler** m (DV) / hardware malfunction ‖ ⌐**feile** f / machine file ‖ ⌐**feld** n (Ringzwirn) / machine section ‖ ⌐**formerei** f, -formen n (Gieß) / machine o. mechanical mo[u]lding ‖ ⌐**führer** m / machine operator, machinist ‖ ⌐**fundament** n, -bett n, -gründung f / machine bed o. foundation, eingine bed o. foundation [plate], foundation plate ‖ ⌐**gang** m / machine cycle ‖ **nicht im** ⌐**gang** (Masch) / off the line ‖ ⌐**garn** n / machine[-spun] yarn ‖ ⌐**garn** n (Spinn) / twine ‖ ⌐**gattung** f / class of machinery ‖ ~**gebunden** (DV) / machine dependent, hardware dependent ‖ ~**gebundene Darstellung** (IBM) (DV) / hardware-dependent representation ‖ ~**geknüpfter Polteppich** / machine-knotted pile carpet ‖ ⌐**gemeinschaft** f, Maschinenring m (Landw) / machinery cooperative o. partnership ‖ ⌐**geräusch** n (Elektr) / generator hum ‖ ⌐**geräusch** n (Masch) / machinery noise ‖ ~**geschliffen** / machine-ground ‖ ⌐**geschriebenes** n / typescript ‖ ⌐**gestell** n, -rahmen m / machine o. engine frame ‖ ~**gesteuerte Fernwahl** (Fernm) ⌐ automatic calling unit ‖ ~**gestrichen** (Pap) / machine coated ‖ ~**gestrickt** / machine knit ‖ ~**gestützt** (DV) / computer-aided ‖ ~**getrocknet** (Pap) / machine dried ‖ ⌐**gewehr**, MG n / machine gun, m.g. ‖ ⌐**gewindebohrer** m / chucking o. machine tap, tapping machine tap, power tap ‖ ⌐**gewindebohrer**, Überlaufbohrer m (Wzm) / tapper tap ‖ ⌐**glas** n / broad [window] glass ‖ ⌐**-Glasthermometer** n / glass thermometer for industrial purposes ‖ ~**glatt** (geleimt u. einmal kalandert) (Pap) / machine-finished, M.F., mill finished, M.F.

maschinenglatte Pappe / machine-glazed board o. finished board, M.G. board, M.F. board

Maschinen·, mit hoher ⌐**glätte** (Pap) / high machine o. high mill finish ‖ ~**glattes Papier** / machine finished paper, M. F. paper ‖ ⌐**graupappe** f / chipboard ‖ ⌐**grube** f (Masch) / engine pit ‖ ⌐**grundplatte** f, -grundrahmen m / machine foundation [plate] ‖ ⌐**gründung** f, -bett n / machine (o. engine) bed o. foundation [plate] ‖ ⌐**guß** m / machine casting ‖ ⌐**guß** m, Gußteil n für Maschinenbau / castings for general engineering pl, engineering castings pl ‖ ⌐**halle** f s. Maschinenraum ‖ ⌐**hammer** m / power hammer ‖ ⌐**hauer** m (Bergb) / rock-cutting machine driver, machine driller ‖ ⌐**haus** n / machine[ry] house o. hall ‖ ⌐**haus** n (Kraftwerk) / power house ‖ ⌐**hobler** m / planing machinist, planer hand ‖ ⌐**holzpappe** f / wood pulp board ‖ ⌐**industrie** f / machine-building ‖ ⌐**ingenieur** m / mechanical engineer ‖ ⌐**instruktion** f, -befehl m (DV) / computer o. machine instruction ‖ ⌐**kartei** f (NC) / catalogue of machines ‖ ⌐**konstante** N:(D²Ln) f (Elektr) / specific torque coefficient, output o. Esson coefficient ‖ ⌐**koordinatensystem** n (NC) / machine coordinate system ‖ ⌐**kopf** m (Nähm) / machine head ‖ ⌐**körper** m / machine frame, engine frame ‖ ⌐**korrektur** f (Buch) / pressproof ‖ ⌐**kraft**, -leistung f / engine power ‖ ⌐**labor** n / mechanical laboratory ‖ ⌐**laufzeit** f (F.Org) / machine running time ‖ ⌐**leistung** f / power of an engine, engine output ‖ ⌐**leistung** f (Wzm) / machine-tool output o. efficiency ‖ ~**lesbar** (DV) / machine readable o. recognizable o. sensible ‖ ~**lesbare Bestandteile** m pl / machine readable material, MRM ‖ **in** ~**lesbare Schrift umwandeln** (DV) / interpret ‖ ⌐**luke** f / engine hatch ‖ ~**mäßig** / mechanical, mechanic ‖ ⌐**meister** m, Maschinist m / machinist ‖ ⌐**melken** n / machine milking ‖ ⌐**messer** n / machine knife ‖ ⌐**messer** m (Schere) / guillotine knife ‖ ⌐**nadel** f / machine needle ‖ **[symbolischer]** ⌐**name** (DV) / mnemonic name ‖ ⌐**nietung** f / machine o. power riveting ‖ ⌐**nullpunkt** m (NC) / machine zero point, machine datum ‖ ⌐**nullpunkt** m (NC) / origin ‖ ⌐**nummer** f (Nummernschild) / [item] serial number ‖ ⌐**nutzeffekt** m / machine efficiency ‖ ⌐**öl** n /

machine[ry] oil o. luboil ‖ ~**orientiert** (DV) / computer o. machine-oriented ‖ ⌐**papier** n, Rollenpapier n / endless paper, machine[-made] paper ‖ ⌐**pappe** f / machine-made board ‖ ⌐**park** m, maschinelle Einrichtung / machinery, machine outfit o. train, machinism ‖ ⌐**periode** f, -zyklus m, Rechnerperiode f (DV) / machine cycle ‖ ⌐**personal** n (Schiff) / engine room complement o. staff ‖ ⌐**pistole** f / submachine gun, automatic [pistol], tommy gun (coll) ‖ ⌐**presser** m (Tuch) / hydraulic press operator ‖ ⌐**programm** n (DV) / machine program[me], computer routine ‖ ⌐**putzen** n (F.Org) / clean-up ‖ ⌐**putzerei** f (Spinn) / mechanical cleaning ‖ ⌐**rahmen** m (Masch) / engine frame ‖ ⌐**rand** m (Pap) / mill edge ‖ ⌐**raum** m, -halle f, -saal m / machine[ry] room o. hall ‖ ⌐**raum** m (Kraftmasch) / engine o. power room ‖ ⌐**raum** m (Schiff) / engine room ‖ ⌐**reibahle** f / chucking reamer, machine [chucking] reamer ‖ ⌐**retusche** f (Buch) / machine retouching ‖ ⌐**richtung**, Faserrichtung f (Pap) / long direction, long grain, making direction ‖ ⌐**rolle** f (Pap) / jumbo reel ‖ **[hölzerner]** ⌐**rost** / pontoon ‖ ⌐**saal** m (Fabrik) s. Maschinenraum ‖ ⌐**saal** m (Buch) / press room ‖ ⌐**säge** f / sawing machine ‖ ⌐**-Sägefeile** f / machine saw file ‖ ⌐**satz** m, -aggregat n / machine group o. set o. unit ‖ ⌐**satz** m (Luftf) / engine group, propulsive group ‖ ⌐**satz** m (im Wasserkraftwerk) (Elektr) / hydroelectric generating set ‖ ⌐**satz** m (Buch) / machine composition, machine set letters o. slags pl ‖ ⌐**schacht** m (Bergb) / engine shaft ‖ ⌐**schacht** m (Schiff) / engine o. machinery casing ‖ ⌐**schere** f (Wzm) / shearing machine ‖ ⌐**schere** f, Schneidmaschine f (Pap) / press-cutter ‖ ⌐**schild** n / identification plate ‖ ⌐**schild**, Leistungsschild n / output o. rating plate ‖ ⌐**schlangenbohrer** m / machine auger bit ‖ ⌐**schlichter** m (Web) / starch machine operator ‖ ⌐**schliff** m / machine grinding ‖ ⌐**schlosser**, Monteur m / [machine o. engine] fitter, mechanic, machinist (US), mechanic installer ‖ ⌐**schraube** f / machine bolt o. screw ‖ ⌐**schrauber** m / screw driving machine ‖ ⌐**schraubstock** m / machine [jaw] vice, pivoted vice ‖ ~**schreiben** / type, typewrite v ‖ ⌐**schrift** f / typewriting, typescript (US) ‖ **in** ⌐**schrift ausgefüllt** / type-written ‖ ⌐**schriftsatz** m, -geschriebenes n / typescript ‖ ⌐**schweißung** f / automatic welding, machine welding ‖ ⌐**-Segmentsägefeile** f / cant saw file ‖ ⌐**seide** f / sewing machine silk ‖ ⌐**setzer** m (Buch) / machine compositor ‖ ⌐**sockel** m / engine bracket o. pedestal ‖ ⌐**spinnerei** f (Textil) / mechanical spinning ‖ ⌐**sprache** f / computer[-oriented] language, low-level language, computer o. machine language ‖ **in** ⌐**sprache** / machine sensible ‖ ⌐**stammbaum** m (Aufber) / equipment flow sheet ‖ ⌐**stand** m (Schiff) / engine room platform ‖ ⌐**ständer** m / machine tool table ‖ ⌐**ständer** m **der Fräsmaschine** / milling machine column ‖ ⌐**stärke** f / power of an engine ‖ ⌐**-Steckschlüsseleinsatz** m (DIN 3129) / power square drive socket wrench ‖ ⌐**steiger** m / maintenance foreman o. captain ‖ ⌐**stickerei** f (Textil) / machine embroidery ‖ ⌐**stift** m / nail for nailing machines ‖ ⌐**stillstandszeit** f (DV) / machine down-time ‖ ⌐**stopp** m / dead halt ‖ ⌐**störung** f / machine malfunction, machine defect o. fault ‖ ⌐**störung** f (DV) / hardware breakdown ‖ ⌐**strecke** f (Bergb) / engine plane o. road ‖ ⌐**stunde** f / machine hour ‖ ⌐**teil** m n / machine member, machine o. engine part o. piece ‖ ⌐**teil** m (COBOL) / environment division (COBOL) ‖ ⌐**telegraf** m (Schiff) / engine room telegraph ‖ ⌐**tisch** m (Cottonm) / front bed, center bed ‖ ⌐**tisch** m (Wzm) / [supporting] table, platen ‖ ⌐**transformator** m / generator transformer ‖ ⌐**turm** m (Kabelkran) / engine tower ‖ ⌐**turm** m **für Holzfällkabelkrane** / tailspar for skidding lines ‖ ~**unabhängig** (DV) / machine- o. computer-independent ‖ ⌐**- und Elektroindustrie** f / engineering and electrical industries pl ‖ ~**unterstützt** (DV) / computer-aided ‖ ⌐**unterstützung** f (DV) /

machine aids || **⤚variable** f (Analogrechner) / machine variable || **⤚wache** f (Schiff) / steam watch || **⤚waffe** f / automatic weapon [o. gun o. rifle o. pistol], automatic || **⤚wähler** m (Fernm) / machine-type selector, power-driven selector || **⤚wählerimpuls** m (Fernm) / machine generated impulse || **⤚wählersystem** n (Fernm) / machine-type selection, power driven selection || **⤚wärter** m (Kraftmasch) / engine man o. minder o. tender, engineer (US) || **⤚wärter**, Maschinist m (Arbeitsmasch) / machine attendant o. tender o. operator (US), machinist || **⤚wärter** m (Textil) / machine minder || **⤚webstuhl** m / power loom || **⤚wechsel** m (Eisenb) / change of engines || **⤚werkstatt**, -abteilung f / machine shop, mechanical workshop || **⤚wesen** n / machine building activities pl, engineering activities pl || **⤚wicklung** f, maschinelle Wicklung / mechanical winding (e.g. of coils) || **⤚wort** n (DV) / machine word, computer word || **⤚zahlengeber** m (Fernm) / pulse machine || **⤚zeichnung** f / engineering drawing || **⤚zeit**, Laufzeit f (Wzm) / machining time || **⤚zeitalter** n / mechanical age || **⤚ziegel** m / machine-made brick || **⤚zug** m (Add.m.) / cycle || **⤚zyklus**, -periode f, Rechnerperiode f (DV) / machine cycle
Maschinerie f / machinery || **⤚**, Vor-, Einrichtung f (allg) / engine, mechanical equipment || **⤚**, Mechanismus m / wheel work, mechanism
maschineschreiben, tippen / type, typewrite
Maschinist m (allg) / machinist || **⤚**, Mechaniker m (Masch) / operative, mechanic || **⤚**, Maschinenführer m / engine man o. driver o. operator, [stationary] engineer (US) || **⤚**, Maschinenwärter m (Wzm) / machine attendant o. tender o. operator (US)
Maschin[ist]enstand m / engineer's berth
Maschnenring m (Landw) / machinery cooperative o. partnership
Mascon n, abweichende Dichtekonzentration auf dem Mond (Raumf) / mascon, lunar mass concentration
Maser m, Maserverstärker m / maser (microwave amplification by stimulated emission of radiation), maser o. quantum amplified
Maser f, Flader f (Holz) / curled spot, speck[le] || **⤚block** m (für Furnier) / curl || **⤚holz** n / bird's eye wood, curled wood || **⤚holz** n, buntädriges Holz / variegated o. veined wood
maseriges Mahagoniholz / curled mahogany
masern v / mase v || ~ (Anstrich) / comb, vein || **Holz ~** (o. adern) / grain wood
Maserung f / grain of worked wood || **⤚**, Zeichnung f (Holz) / texture, grain
Maserungs·bürste f (Email) / graining brush || **⤚effekt** m (Anstrich) / scumbling
Maskaligner m (Elektronik) / maskaligner
Maske f (allg) / mask || **⤚**, Gesichtsschutz m (Schweiß) / welder's head screen || **⤚** (Phot) / mask || **⤚**, Blende f (Radar) / hood || **⤚** (PL/1, COBOL) / picture || **⤚**, feste Bitgruppe (DV) / mask || **⤚** (Gieß) / shell || **die ⤚ abnehmen** / unmask
Maskelynit m (Min) / maskelynite
Masken·abdecklack m / masking lacquer || **⤚apparat** m / masking device || **⤚band** n (DV) / PG-tape || **⤚bit** n (DV) / mask bit || **⤚farbe** f, -paste f (Dickfilm) / masking paste || **⤚form** f (Gieß) / shell mould || **⤚formen** n (Gieß) / shell mo[u]ld casting || **⤚generator** m (DV) / screen generator, mask generator || **⤚kern** m (Gieß) / shell core || **⤚kernmaschine** f (Gießerei) / shell core machine || **⤚klausel** f (COBOL) / picture clause || **⤚klebepresse** f (Gieß) / shell mould sealing press || **⤚kleber** m (Gieß) / shell mould sealer || **⤚mikrophon** n / mask microphone || **~orientiert** / mask oriented || **~programmierter Festwertspeicher** / mask programmed ROM || **⤚programmierung** f / mask programming || **⤚röhre** f / shadow-mask tube, mask tube || **⤚tastatur** f (Fernm) / matrix keyboard || **⤚tastatur** f (DV) / programmed keyboard || **⤚technik** f (Elektronik) / mask engineering ||

⤚-Technik f, Match-Technik f (Zeichenerkennung) / mask matching technique || **⤚vergleich** m (DV) / mask matching || **⤚zeichen** n (COBOL) / picture character || **⤚zustand** m / masked state
maskieren (Chem) / mask
maskierte Lautstärke (Fernm) / mask loudness
Maskierungsmittel n (Chem) / sequestering agent
Maß n, Ausmaß n / dimension, measure (in one length), meas. || **⤚**, Verhältnis n / proportion, rate || **⤚**, Größe f (Math) / quantity || **⤚**, Maßzahl f / dimension figure || **⤚**, Abmessung f / size || **⤚**, Maßstab m / metric || **⤚**, Meßwerkzeug n / measuring tool o. instrument || **⤚...** / dimensioned || **⤚e abnehmen** / take off dimensions || **⤚ der Vergrößerung** / power of magnification || **⤚ für Abfangstabilität** / maneuver margin || **⤚ ohne Toleranzangabe**, offenes Maß / dimension with no indication of tolerances || **⤚e und Gewichte** n pl / weights and measures pl || **auf ⤚** / to size || **auf genaues ⤚ bringen**, kalibrieren / calibrate || **die ⤚e einschreiben**, die Maße einzeichnen / draw o. write dimensions into a design || **ein ⤚ [nach]prüfen** / check a dimension || **in dem ⤚ [wie]** / im proportion [as] || **⤚abweichung** f, Abmaß n (Zeichn) / deviation, variation in dimension || **⤚abweichung** f (Fehler) / dimensional imperfection || **⤚abweichung** f **der Bohrung**, Bohrungsabmaß n / bore diameter deviation || **⤚abweichung** f **des Außendurchmessers** / outside diameter deviation || **⤚analyse** f, Volumetrie f, Titrimetrie f / titration, volumetric analysis || **⤚analyse** f, Titrimetrie f / volumetric analysis, volumetry, titration || **~analytisch** / volumetric || **⤚änderung** f (Zeich) / correction of dimensions || **⤚angaben** f pl (NC) / program || **⤚band** n (Verm) / measuring tape, tape measure || **~beständig** / permanent to size o. dimension || **⤚beständigkeit** f / dimensional stability, permanence of size o. dimension || **⤚beständigkeit** f / permanence of size o. dimension || **⤚bezeichnung** f / given o. figured dimension o. measurement || **⤚beziehungen** f pl / dimensional relations pl
Masse f (Phys) / [material] mass || **⤚** (Phys) / material mass || **⤚** (DV) / logic[al] ground, chassis o. frame ground || **⤚**, (auch:) Scherben m (Keram) / body || **⤚** (Kfz, Elektr) / earth, ground (US) || **⤚**, Menge f / bulk, aggregate || **⤚**, Substanz f / substance || **⤚**, Menge f, Haufen m / load, mass || **⤚**, Gemisch n / compound || **⤚** (Chem) / composition || **⤚** (Hütt) / cake, pig || **⤚**, Formmasse f (Gieß) / dry sand || **⤚**, fetter [Form]sand (Gieß) / loamy sand, strong o. fat sand || **⤚**, Glasfluß m, -paste f (Glas) / paste || **⤚ des Elektrons** / electron mass || **⤚ des Musters** / mass of sample || **⤚ gemäß Rechnung** / invoiced mass || **⤚ je Meter** / mass per meter || **⤚ ohne Treibstoffe** (Raumf) / zero fuel weight || **aktive ⤚** (Akku) / active material || **effektive (o. reduzierte) ⤚** (Phys) / reduced mass || **⤚- f, Erdleitung** / earth wire || **⤚- f, Erdleitung** / ground o. earth wire || **in ⤚** / in lump || **in der ⤚ gefärbt** (Pap) / pulp coloured || **in der ⤚ geleimt** (Pap) / beater sized || **⤚anschluß** m (Elektr) / connection to earth (GB) o. ground (US) || **~arm** (Isolierung) (Elektr) / mass-impregnated and drained || **⤚aufbereitung** f (Gieß) / dry sand preparation || **⤚band** n (Kfz) / ground (US) o. earthing (GB) strap, braided strap, ground (US) braiding o. strap, earth connection (GB) || **⤚band** n (Magn.Bd) / dispersed magnetic powder tape, homogeneous tape || **~beeinflussend** (Raumf) / mass chargeable || **⤚einheit** f / unit of mass || **⤚elektrode** f (Zündkerze) / earth electrode, shell electrode (US) || **⤚-Energie-Äquivalenz** f (Phys) / mass-energy equivalence || **⤚-Energie-Beziehung** f / mass-energy relation || **⤚form** f (Gieß) / dry sand mo[u]ld || **⤚formerei** f / dry sand moulding || **~getränkt** (Elektr) / compound- o. mass-impregnated
Maß·einheit f / unit of measure[ment] o. notation, measuring unit, dimensional unit (GB) || **die ⤚einheiten betreffend**, Einheits... (Phys) / unitary || **⤚[ein]teilung** f

/ scale, graduation ‖ ⌐eintragung f (Zeichn) / dimensioning
Masse·kabel n / ground (US) o. earth (GB) cable, earthing wire ‖ ⌐kern m (DV) / iron-dust o. -powder core, dust core ‖ ⌐klemme, Erdungsklemme f (am Gerät) (Elektr) / earth[ing] (GB) o. ground[ing] (US) terminal ‖ ⌐kreis m / ground (US)o. earth (GB) loop
Massel, Roheisenmassel f (Hütt) / pig ‖ ⌐bett, Gießbett n (Hütt) / pig bed ‖ ⌐bett n (Hütt) / pig bed ‖ ⌐brecher m, Fallwerk n (Hütt) / pig breaker, stamp, drop work ‖ ⌐drähtig, -strängig (Textil) / corkscrewed
Masseleimung f (Pap) / internal o. beater sizing
Massel·eisen, Roheisen n / pig iron
Masse-Leuchtkraft-Beziehung f (Astr) / mass-luminosity relation o. law
Massel·form f (Hütt) / bed pig, pig mould ‖ ⌐gießmaschine f / pig casting machine ‖ ⌐graben m, Flossenbett n (Hütt) / drain, pig-mould, [sow] channel ‖ ⌐grabeneisen n (Hütt) / sow-iron ‖ ⌐kran m (Hütt) / pigyard crane
masselos / massless, zero-mass
Massel·schläger m, -brecher m / pig breaker ‖ ⌐schlagwerkskran m / pig-breaking travelling crane ‖ ⌐strängig, -drähtig (Textil) / corkscrewed
Massemühle f (Porzellan) / mass mill
Massen·... (Schiff) / bulk... ‖ ⌐... (Atom, Phys) / mass... ‖ in ⌐ produzieren / mass-produce v ‖ ⌐absorption f (Atom) / mass absorption ‖ ⌐absorptionskoeffizient m, -absorptionszahl f (Röntgen) / mass absorption coefficient ‖ ⌐analysator m (Nukl) / mass analyzer ‖ ⌐anteil m des Propergols / propellant mass fraction ‖ ⌐anteil in % m / percentage by mass ‖ ⌐anziehung, Gravitation f / mass attraction, gravitation ‖ ⌐anziehung f, gegenseitige Anziehung / mutual attraction ‖ ⌐äquivalenz f der Energie (Phys) / energy-mass equivalence ‖ ⌐artikel m / mass produced article, bulk article ‖ ⌐-Auffahrunfall m / multiple pile-up, multiple collision ‖ ⌐-Auffahrunfall m / multiple collision ‖ ⌐ausgleich m / mechanical o. mass balance o. balancing, balancing of masses ‖ ⌐ausgleich m, Ausgleichmasse f (Luftf) / mass-balance weight ‖ ⌐ausgleich m in der Längsrichtung (Bahn) / fore and aft balancing ‖ ⌐ausstoß m / mass expulsion ‖ ⌐beförderung f, -transport m / mass transportation ‖ ⌐berechnung f (Phys) / determination of cubic contents, calculation of cubic contents, computation of quantities ‖ ⌐berechnung f, -ermittlung f (Bau) / computation of quantities, taking-off ‖ ⌐berechnung f bei Erdarbeiten / mensuration of earthwork ‖ ⌐beschleunigung f / mass acceleration ‖ ⌐bestimmung f / determination of mass ‖ ⌐bestimmung f, -wertbestimmung f (Nukl) / mass assignment ‖ ⌐beton m / bulk o. mass concrete ‖ ⌐bewegung f (Geol) / mass movement wasting, gravitational transfer ‖ ⌐bewegung f (Bau) / distribution of masses o. earth quantities ‖ ⌐bilanz f / weight assessment ‖ ⌐bremsvermögen f (Nukl) / [total] mass stopping power ‖ ⌐daten m pl (DV) / mass data pl ‖ ⌐defekt m (Phys) / mass defect (GB) o. decrement (US), mass deficit ‖ ⌐dekrement n (Nukl) / mass decrement (GB) o. excess (US) ‖ ⌐dichte f, Dichte f (Quotient aus Masse und Volumen) / density ‖ ⌐dichte f im Atomkern / nuclear density ‖ ⌐diskriminierung f (Isotopen) / mass discrimination ‖ ⌐durchfluß m / mass flow rate ‖ ⌐durchsatz m (Raumf) / mass flow rate ‖ ⌐durchsatzmesser m / mass flowmeter ‖ ⌐effekt m (Hütt) / mass effect ‖ ⌐einheit f / unit of mass ‖ ⌐energie-Absorptionskoeffizient m / mass[-energy] absorption coefficient ‖ ⌐-Energieumwandlungskoeffizient m, -Energie-Übertragungskoeffizient m / mass energy transfer coefficient ‖ ⌐erhaltung f / mass conservation ‖ ⌐erhaltungsgesetz n / law of conservation of mass, mass conservation law ‖ ⌐ermittlung f, -berechnung f (Bau) / computation of quantities, taking-off ‖

⌐erzeugnis n / piece produced in wholesale manufacture, mass-produced part ‖ ⌐erzeugung, -fabrikation, -fertigung f / quantity o. mass o. bulk o. wholesale manufacturing o. production, large quantity o. scale manufacture o. production, production in bulk ‖ ⌐exzentrizität f / mass eccentricity ·
Masse[n]exzeß m / mass excess (GB)
Massen·faktor, Zuschlag für rotierende Massen m / rotational inertia coefficient ‖ ⌐faktor, Zuschlag für rotierende Massen m (Bahn) / coefficient of increase of mass of a train ‖ ⌐fertigen / produce in quantity ‖ ⌐fertigung s. Massenerzeugung ‖ ⌐filter, Quadrupol-Massenspektrometer n / quadrupole mass spectrometer ‖ ⌐förderer m / continuous conveyor o. transporter ‖ ⌐gestein n / massive rock ‖ ⌐guß m / duplicate castings pl ‖ ⌐gut n (Schiff) / bulk goods pl, loose bulk material
Massengut·-Entlader m / bulk unloader
Massengüter n pl / bulk goods
Massengut·fahrt f (Schiff) / bulk shipping ‖ trockene ⌐fahrt (Schiff) / dry bulk shipping ‖ ⌐förderer m / bulk material conveyor ‖ ⌐frachter m / bulk carrier o. freighter, bulk cargo ship ‖ ⌐frachter m, UBC-Schiff n / universal bulk carrier ‖ ⌐umschlag m / bulk handling ‖ ⌐-Umschlaganlage f / bulk handling plant o. installation
Massen·herstellung s. Massenerzeugung ‖ ⌐koeffizient m der Reaktivität (Nukl) / mass coefficient of reactivity ‖ ⌐kommunikation f / mass media communication ‖ ⌐kontraktion, -schrumpfung f (Phys) / mass reduction ‖ ⌐kopfkokille f (Hütt) / big-end-up mould, hot top mould ‖ ⌐-Kornfestigkeit f (Riß) / mass pellet strength ‖ ⌐kraft f (Phys) / inertia force ‖ ⌐kräfte f pl (Mech, Phys) / forces of gravity pl ‖ ⌐lötung f / mass soldering ‖ ⌐mäßig (Verschleiß) / with regard to the mass ‖ ⌐medien n pl / mass media ‖ ⌐mittelpunkt m / center of gravity o. of mass o. of inertia, barycenter, C.G., c.g., cg ‖ ⌐moment n (Mech) / moment of inertia [about], m. of i. ‖ ⌐normal n (Phys) / mass standard ‖ ⌐plan m, Baumassenplan m / block plan ‖ ⌐produktion f s. Massenerzeugung ‖ ⌐punkt m (Phys) / mass point, material point, particle ‖ ⌐reaktanz, -trägheit f (Akustik) / mass reactance ‖ ⌐reichweite f (Nukl) / mass range ‖ ⌐rückstoßsystem n (Raumf) / reaction jet system ‖ ⌐schrumpfung, -kontraktion f (Phys) / mass reduction ‖ ⌐schwächungskoeffizient m / mass attenuation coefficient ‖ ⌐separator m (Phys) / mass separator ‖ ⌐speicher m (DV) / background store, bulk o. mass storage ‖ ⌐speicher-Spezifikator m (DV) / mass storage unit specifier ‖ ⌐spektrograph m / mass spectrograph ‖ ⌐spektrometer m / mass spectrometer zur Anzeige der Abwesenheit von Bosonen (Nukl) / boson missing spectrometer ‖ ⌐spektrometrie f / mass spectrometry ‖ ⌐spektrum n / mass spectrum ‖ ⌐stahl m, (jetzt:) Grundstahl m / ordinary [low-carbon] steel, rimmed o. rimming o. rising steel, tonnage steel ‖ ⌐strahler m / mass radiator ‖ ⌐strom m, Mengendurchfluß m / mass flow [rate] ‖ ⌐-Synchrometer m (zur Bestimmung der Atommassen) (Atom, Nukl) / mass synchrometer ‖ ⌐teil n, Massenerzeugnis n / mass-produced part, piece produced in wholesale manufacture ‖ ⌐tierhaltung f / factory farming ‖ ⌐trägheit, -reaktanz f (Akustik) / mass reactance ‖ ⌐trägheit [bewegter Massen] f / inertia of masses [in movement] (J = 1/8 md^2) / mass moment of inertia (J = $^1/8$ md^2) ‖ ⌐trägheitsmoment n (J = 1/8 md^2) / mass moment of inertia (J = $^1/8$ md^2) ‖ ⌐trägheitsmoment, Drehimpulsmoment n (Phys) / angular momentum ‖ ⌐transport m / mass transportation ‖ ⌐transportkurve f (Bau) / mass-haul curve ‖ ⌐trenner, -separator m (Phys) / mass separator ‖ ⌐- und Qualitätsstähle m pl / general-purpose steels pl ‖ ⌐vergrößerung f (Astr) / increase of masses ‖ ⌐verhältnis n (Rakete) / mass ratio ‖ ⌐verkehrsmittel n / means of mass transportation sg, mass transit ‖ ⌐verlust m (Korrosion) / material consumption ‖

⤳vermehrung f (Schädling) / rapid o. massive multiplication ‖ **⤳versand** m / mass mailing ‖ **⤳verzeichnis** n (Bau) / bill of quantities ‖ **⤳wert** m (Nukl) / atomic mass, absolute atomic weight ‖ **⤳wertbestimmung** f, **-zahlbestimmung** f (Nukl) / mass assignment ‖ **⤳widerstand** m / mass impedance ‖ **spezifischer ⤳widerstand** / mass resistivity ‖ **⤳wirkung** f / mass action ‖ **⤳wirkungsgesetz** n (Chem) / Guldberg and Waage's law, law of mass action ‖ **⤳zahl** f (Isotopen) / mass-number, nuclear o. nucleon number ‖ **⤳zufluß** m / mass influx ‖ **⤳zunahme** f (Korrosion) / material increase ‖ **⤳zusammenbruch** m / mass breakdown

Masse·platte f (Akku) / pasted plate ‖ **⤳polymer** n / mass polymer ‖ **⤳polymerisation, Substanzpolymerisation** f / mass polymerization ‖ **⤳punkt** m / mass point, material point, particle ‖ **⤳reaktion** f / weight reaction ‖ **⤳rückleitung** f / earth return ‖ **⤳schluß** m (Elektr) / accidental ground, ground (US) o. earth (GB) contact o. fault o. leakage, short to frame o. to ground (US) o. to earth (GB) ‖ **⤳schluß** m, **Körperschluß** m / ground (US) o. earth (GB) o. body contact ‖ **⤳schlußklemme** f (Elektr) / body contact terminal ‖ **⤳schlußklemme** f (Kfz) / terminal for earthing to crank case ‖ **⤳schwund** m / mass disappearance ‖ **⤳strang** m (Keram) / extruded column, clay column ‖ **⤳teilchen** n / mass element o. particle ‖ **⤳überschuß** m / mass decrement, mass excess (US) ‖ **⤳verbinder** m, **-verbindung** f / bonding clip ‖ **feste ⤳verbindungen** f pl / bonding ‖ **⤳verschluß** m (Waffe) / blowback action ‖ **⤳widerstand** m, **Kohlemassewiderstand** m (Elektronik) / composition o. composite carbon resistor

Masseypapier n / Massey paper

Masse·zeichen n (Elektr) / ground symbol (US), earth symbol (GB) ‖ **⤳zylinder**, **Spritzzylinder** m (Plast) / injection cylinder

Maß·fehler m / error in dimension, dimensional error, faulty dimension ‖ **⤳flüssigkeit, Titrierlösung** f / titrating solution ‖ **⤳gebend**, entscheidend / decisive ‖ **⤳gebend**, höchstzulässig (Gefälle, Steigung Straßb) / limiting, ruling ‖ **⤳gebende Abmessung** / controlling dimension ‖ **⤳gebende Wellenlänge** (Opt) / dominant wavelength ‖ **⤳geblich**, vorherrschend / ruling ‖ **⤳gebliche o. -gebende Steigung** (Bahn) / ruling gradient, limiting gradient ‖ **⤳genau** / accurate to size o. dimension o. measurement ‖ **⤳genauigkeit** f / accuracy of measurements, dimensional accuracy ‖ **mit besonderer ⤳genauigkeit** / to close tolerances ‖ **⤳gerecht** / true to dimensions o. gauge ‖ **⤳gerecht verkleinern** / scale down ‖ **⤳getreue Darstellung** (Math) / protraction ‖ **⤳gleich**, isometrisch (Krist) / isometric ‖ **⤳grenze** f / dimensional tolerance ‖ **⤳haltig** / coming up to requested dimensions, having exact size ‖ **nicht ⤳haltig sein** (Masch) / run out ‖ **⤳haltigkeit** f / accuracy to size, dimensional accuracy ‖ **⤳haltigkeit** f (Spritzform) / dimensional stability ‖ **⤳haltigkeit** f **gegen Dehnung u. Schrumpfung** / stability in dimension ‖ **⤳haltigkeitsprüfung** f / dimensional inspection

Massicot n, Blei(II)-Oxid n (Min) / massicot

Massicotit m (Min) / massicotite

massieren, häufen / agglomerate ‖ **[sich] ⤳** / mass v

Massierung, Anhäufung f / agglomeration, aggregate

massig, umfangreich / extensive ‖ **⤳**, massiv / massive

mäßig / moderate, mild ‖ **⤳** (Wärme) / temperate, moderate ‖ **⤳**, vorsichtig (Dimensionierung) / conservative ‖ **⤳**, mittelmäßig / moderate ‖ **⤳ angereichert** / moderately enriched ‖ **⤳e Brise** (Windstärke 4) (Schiff) / moderate breeze

mäßigen, [sich] ⤳ / moderate vt [vi]

Mäßigung f / moderation

massiv / solid, sturdy (US) ‖ **⤳**, gediegen / massive, solid ‖ **⤳**, dicht (Geol) / compact ‖ **⤳** n (Geol) / massif ‖ **⤳er Ferrit** / bulk ferrite ‖ **⤳es Formteil** (Schm) / swage ‖ **⤳er Kiel** (Schiff) / bar keel ‖ **⤳e Spanplatte** / solid

extruded particle board ‖ **⤳bau** m / massive type of construction ‖ **⤳bauart, -bauweise** f / massive type of construction, solid construction ‖ **⤳decke** f (Bau) / solid ceiling ‖ **⤳getterpumpe** f / bulk getter pump

Massivität, Kompaktheit f / compactness

Massiv·leiter m / solid conductor ‖ **⤳lochen** n (Hütt) / indirect impact extrusion of hollow items ‖ **⤳mauer** f / solid wall ‖ **⤳mauerwerk** n / solid masonry ‖ **⤳pol** m (Elektr) / solid pole ‖ **⤳prägen** n / closed-die coining ‖ **⤳säule** f / solid column ‖ **⤳streifen** m, **-platte** f (Bau) / solid slab ‖ **⤳umformmaschine** f / forming machine ‖ **⤳umformung** f / massive forming ‖ **⤳zylinder** m (Masch) / solid cylinder

Maß·kegel, **Erdkegel** m (Bau, Straßb) / old man, witness, mound ‖ **⤳kontrolle** f / dimensional inspection ‖ **⤳kontrolle** f (Qual.Prüf) / inspection by variables ‖ **⤳kontrolleur** m (Gieß) / inspector for dimensional stability ‖ **⤳koordinierung** f (Bau) / dimensional co-ordination ‖ **⤳lehre** f / tolerance gauge ‖ **⤳linie** f / dimension line

Maßnahme f / measure, proceeding[s] ‖ **⤳**, **Schritt** m / move ‖ **⤳n gegen passive elektronische Gegenmaßnahmen** / antipassive ECM ‖ **⤳n von Nicht-Kundendienst-Leuten** f pl (DV) / operator servicing ‖ **besondere ⤳** / accommodation, arrangement

maßnehmen, abmessen / take the measurements ‖ **⤳** n, **Abmessen** n / measuring, taking measurements

Maßnorm f, **Abmessungsnorm** f / dimension standard

MaßO = Maß- und Gewichtsordnung

Maß·ordnung f (Bau) / dimensional co-ordination ‖ **⤳ordnung**, **Modulordnung** f (Bau) / modular co-ordination ‖ **⤳ordnungsbreite** f / coordinating width ‖ **⤳ordnungshöhe** f / coordinating height ‖ **⤳pfeil** m (Zeichn) / arrow head ‖ **⤳prägen** n (Schm) / sizing ‖ **⤳schaufel**, **Dosierschaufel** f (Bahn) / measuring shovel ‖ **⤳schleifen** / grind to ga[u]ge, precision-grind ‖ **⤳skala** f / scale, graduation ‖ **⤳skizze** f / dimensioned sketch ‖ **⤳sprung** m (zwischen Einzelstufen einer Baureihe) (Masch, Bau) / increment

Maßstab m / scale, graduation ‖ **⤳**, **Zollstock** m / meter rule o. stick ‖ **⤳** (Zeichn) / scale ‖ **⤳ 1 : 1** / natural o. plain o. full scale o. size ‖ **⤳ der Darstellung** / plotting scale ‖ **⤳ der Klebekraft** / tackiness ‖ **den ⤳ festlegen** (o. ändern o. herauf- o. heruntersetzen) / scale v ‖ **gleicher ⤳ für Längen u. Höhen** (Verm) / natural scale ‖ **im ⤳ 1 : 200 000** / scale 1 : 200 000 ‖ **in großem ⤳** / on a large scale ‖ **ohne ⤳** (Zeichn) / no scale, N/S ‖ **⤳faktor** m / scaling factor ‖ **⤳fehler** m (Zeichn) / scale error ‖ **⤳gerecht** / correct scale ‖ **⤳gerecht gemacht** / made to scale ‖ **⤳höhe** f, **Äquivalenthöhe** f (Raumf) / scale height

maßstäblich, maßstabgerecht / [true] to scale, [to] correct scale ‖ **⤳ ändern** / scale v ‖ **⤳e Darstellung** / true-to-scale representation ‖ **⤳es Modell** / scale model ‖ **⤳e Vergrößerung** / scale-up ‖ **⤳e Verkleinerung** / scale-down ‖ **⤳ zeichnen** / draw to scale

maßstab·loses Verfahren (NC) / scaleless method ‖ **⤳papier** n / scale paper

Maßstabs·-Ablese-Mikroskop n / scale reading microscope ‖ **⤳einfluß** m (Luftf) / scale effect ‖ **⤳höhe** f (Satell. Techn) / scale height ‖ **⤳zahl** f **eines Objektivs** / initial magnification of an objective

Maßstab·verfahren n (NC) / scale method ‖ **⤳verkleinerung** f (Zeichn) / scaling down

Maß·synthese f / dimensional synthesis ‖ **⤳system** n / system of units ‖ **⤳tabelle** f (Bau) / rule, run ‖ **⤳tensor** m (Math) / metric tensor ‖ **⤳theorie** f (Math) / measure theory ‖ **⤳toleranz** f / dimensional tolerance ‖ **⤳- und Gewichtsordnung** f, **MaßO** / order of measures and weights ‖ **⤳- und Lauftoleranzen** f pl (Schleifscheibe) / tolerances for dimensions and run-out pl ‖ **⤳- und Toleranznorm** f / size standard ‖ **⤳verchromen** n / chromium plating to size ‖ **⤳verkörperung** f / material measure ‖ **⤳vorstoß** m (Walzw) / measuring stop ‖

⤳**walzwerk** *n* / sizing [rolling] mill, sizing rolls *pl* ‖ ⤳**zahl** *f* (Zeichn) / dimension figure ‖ ⤳**zeichnung** *f* / dimensioned drawing

Mast *m* (pl.: Maste, Masten) / mast ‖ ⤳, Leitungsmast *m* / pole, mast ‖ ⤳, Mastbaum *m* (Schiff) / mast ‖ ⤳..., am Mast angebracht (Fernm) / pole-mounted ‖ ⤳ **mit Spannisolator** (Elektr) / stretching pole ‖ **durch Abstrebungen gehaltener** ⤳ / strutted mast ‖ **großer [Leitungs]**⤳ / pylon ‖ ⤳**abstand** *m*, -entfernung *f* (Fernm) / distance between poles, pole spacing ‖ ⤳**ansatzleuchte** *f* / slip fitter street lighting ‖ ⤳**antenne** *f* / mast antenna ‖ ⤳**aufsatzleuchte** *f* / post-top lantern ‖ ⤳**ausleger** *m* (Elektr) / pole arm (US) ‖ ⤳**befeuerung** *f* (Luftf) / mast warning lights *pl*

mästen (Vieh) / fatten cattle

Mast-Endverschluß *m* (Elektr) / pole-mounted pot-head

Master *m* (Video) / master ‖ ⤳**batch** *n* (Gummi) / master batch

Masterdung *f* (Eisenb) / pole ground wire (US), earth wire (GB)

Master·-Slave-Anordnung *f* (Elektronik) / master-slave arrangement ‖ ⤳**-Slave-Manipulateur** *m* / master-slave manipulator

Mast·feld *n*, Spannweite *f* / span [between masts] ‖ ⤳**fuß** *m* (Schiff) / mast heel ‖ ⤳**fuß**, -sockel *m*, -fundament *n* (Elektr, Fernm) / pole base o. footing ‖ ⤳**hausung** *f* / mast housing

Mastikation *f* / mastication

Mastikator *m* (Gummi) / masticator, miller

Mastix *m*, Mastixharz *n* / mastic, mastix, lentisk gum, gum mastic ‖ ⤳**-Deckschicht** *f* (Straßb) / mastic asphalt ‖ ⤳**-Eingußdecke** *f* (Straßb) / grouted macadam

mastizieren / masticate

Mast·kopfbild *n* (Freileitung) / conductor arrangement ‖ ⤳**kran** *m* / derrick

MAS-Transistor *m* / MAS transistor (metal-alumina-semiconductor)

Mast·schaft *m* (Elektr) / shaft of a pole ‖ ⤳**schalter** *m* (Elektr) / pole [top] switch ‖ ⤳**sonde** *f*, Zuwachsbohrer *m* (Fernm) / pole testing drill o. tester ‖ ⤳**transformator**, -trafo *m* / pole [type] transformer ‖ ⤳**traverse** *f* (für Isolatoren) (Fernm) / cross arm ‖ ⤳**verstärker** *m* (Elektronik) / masthead amplifier ‖ ⤳**zopf** *m* (Straßenlaterne) / pole end

Masurium *n* (jetzt: Technetium, Tc) (OZ=43) / masurium, Ma

Masut *n* / masut, mazout

MAT *m* (= micro-alloy transistor) (Elektronik) / micro-alloy transistor, MAT

MatABw = Materialamt der Bundeswehr

MA-Technik *f* (Textil) / minimum application technique, MA-technique

Matelassé *m* (Textil) / matelassé

Mater, Matrize (Buch) / matrix, mat, flong, mould

Material *n*, Stoff *m* / material, stuff ‖ ⤳ (Ggs. Personal) / material (contradict: personnel) ‖ ⤳, Ausgangsmaterial *n* / raw material ‖ ⤳, Zutaten *f pl* / makings *pl* ‖ ⤳ **für Phasenumwandlung** / phase-change material, PCM, heat-of-fusion material ‖ ⤳ **für Regalbau** / shelving *n* ‖ ⤳ **mit großem Einfangquerschnitt** (Nukl) / high cross-section material ‖ ⤳ **vom (o. im) Lager** / stock, store ‖ ⤳**abnahme** *f* (Wzm) / stock removal ‖ ⤳**abnahme** *f*, Abnahmeprüfung *f* / acceptance test o. inspection, lot o. receiving inspection ‖ ⤳**abrechnung** *f* / material accounting ‖ ⤳**anforderung** *f* / material requisition ‖ ⤳**anhäufung** *f* / material accumulation ‖ ⤳**aufzug** *m* (allg) / hoisting device o. apparatus o. tackle o. gear ‖ ⤳**aufzug** *m*, Waren-, Lastenaufzug *m* / freight o. goods elevator o. lift ‖ ⤳**aufzug** *m* (Bau) / hoist for building material ‖ ⤳**ausgabe** *f* (Masch) / material distribution ‖ ⤳**ausnutzung** *f* / material utilization ‖ ⤳**bahn** *f*, Stoffbahn *f* (Web) / web o. length of fabric ‖ ⤳**beanspruchung** *f* / stress on [the] material, material stressing ‖ ⤳**bearbeitung** *f* im Weltraum / space

processing ‖ ⤳**bedarf**, -verbrauch *m* / consumption of material, material requirements *pl* ‖ ⤳**behandlungsreaktor** *m* / materials processing reactor ‖ ~**bezogene optische Rauchdichte** (Brand) / specific optical density ‖ ⤳**bilanzbericht** *m* (Nukl) / material balance report ‖ ⤳**bilanzierung** *f* (Nukl) / material balance accountancy ‖ ⤳**bilanzzone** *f* (Nukl) / material balance area, MBA ‖ ⤳**buchhaltung** *f* / material accountancy ‖ ⤳**buchhaltung** *f* (Abteilung) (F. Org) / material accounting department ‖ ⤳**disposition** *f* (F.Org) / inventory control ‖ ⤳**durchlaß** *m* (Wzm) / bar capacity ‖ ⤳**einsatz** *m* (Reaktor) / inventory, hold-up ‖ ⤳**einsparung** *f* / material saving ‖ ⤳**entnahme** *f* / material take-off ‖ ⤳**ermüdung** *f* / material fatigue ‖ ⤳**faktor** *m* (Zahnrad) / material factor ‖ ⤳**fehler** *m* / flaw o. fault in material, faulty material ‖ ⤳**fehler** *m* (Textil) / structural defect, flaw ‖ ⤳**-Festigkeit** *f* / strength of materials ‖ ⤳**flußtechnik** *f* / material handling engineering ‖ ⤳**förderung** *f* (Bergb) / letting down, lowering ‖ ⤳**führung** *f* (Dreh) / stock guides *pl* ‖ ~**gerecht** / appropriate for the material involved ‖ ⤳**grube** *f* (Bau, Straßb) / borrow pit

Materialisation *f* (Phys) / materialization

Material·kennzeichnungsdaten *pl* (Nukl) / material identification data *pl* ‖ ⤳**knappheit** *f* / lack of material ‖ ⤳**konstante** *f* / matter constant ‖ ⤳**kosten** *pl*, -preis *m* / cost of material, material cost ‖ ⤳**lager** *n*, -depot *n* / laydown *n* ‖ ⤳**lagerplatz** *m* / storeyard, depot, stockyard ‖ ⤳**mangel** *m* / shortage of material ‖ ⤳**preis** *m* / cost of materials ‖ ⤳**prüfer** *m* / teaster of materials ‖ ⤳**prüfer** *m* (Gerät) / material testing apparatus ‖ ⤳**prüfreaktor** *m*, MTR *m* / materials testing reactor, MTR ‖ ⤳**prüfung**, -untersuchung *f* (allg) / material test o. research, testing o. research of materials ‖ ⤳**prüfung nach Spezifikation** / specification test ‖ ⤳**prüf[ungs]anstalt** *f* / material research o. testing laboratory ‖ ⤳**riß** *m* (Masch) / material flaw, rupture of material ‖ ⤳**schaden** *m* / material damage ‖ ⤳**schein** *m* / voucher for material ‖ ⤳**schleuse** *f* (Bau) / material lock ‖ ⤳**schlüssel** *m* (DV) / material code ‖ ⤳**schuppen** *m* / store shed ‖ ⤳**seilbahn** *f* / material ropeway ‖ ⤳**stamm** *m* / material master file ‖ ⤳**stärke** *f* an Löchern / [wall] thickness, substance, cheek ‖ ⤳**transport** *m* / material transport ‖ ⤳**transport** *m* vom Einschnitt zum Auftrag (Bahn, Straßb) / teaming ‖ ⤳**transportwagen** *m* / materials handling car ‖ ⤳**verdrängung** *f* (Stanz) / crowding ‖ ⤳**vorschub** *m* (Wzm) / stock feed ‖ ⤳**wirtschaft** *f* / material management ‖ ⤳**zuführung** *f* (Tätigkeit) / feeding of stock, bar feed ‖ ⤳**zuführung** *f* (Stanz, Einrichtung) / feeding attachment ‖ ⤳**zuführungstrommel** *f* / vibratory bowl feeder ‖ ⤳**zugabe** *f* (Wzm) / overmeasure of material

Materie, Substanz *f* / matter, substance, stuff ‖ ⤳**dichte** *f* im Atomkern / nuclear density

materiell, stofflich / material ‖ ~**e Flußdichtewölbung** (Nukl) / material buckling ‖ ~**es Pendel** / built-up o. compound o. physical pendulum ‖ ~**er Punkt** / mass point, point particle ‖ ~**er Schwächungskoeffizient** (Nukl) / attenuation coefficient ‖ ~**es Teilchen** / constituent particle, material particle

Materie·tensor *m* / matter tensor ‖ ⤳**welle** *f* (Phys) / matter wave, De Broglie wave ‖ ⤳**wellen** *f pl* / De Broglie waves

matern (Buch) / make a matrix o. flong ‖ ⤳**pappe** *f* / flong, matrix board ‖ ⤳**presse** *f*, -prägepresse *f* (Buch) / matrix-striking press ‖ ⤳**trockenapparat** *m* (Buch) / flong dryer, matrix dryer ‖ ⤳**trockenapparat** *m* (Buch) / matrix dryer

Mathematik *f* / mathematics ‖ **höhere** ⤳ / higher mathematics *pl* ‖ **reine** ⤳ / abstract mathematics

mathematisch / mathematical ‖ ~**e Entscheidungsvorbereitung**, Operations-Research *n* / operations research ‖ ~**e Grundlagen (o. Berechnungen)** *f pl* / mathematics *pl*, foundations of

mathematics *pl* ‖ ~e **Induktion** / mathematical
induction ‖ ~e **Logik** / mathematical logic ‖ ~e **Zeichen**
/ mathematical symbols and signs *pl*
Matlockit *m* (Min) / matlockite
Matratze *f* / mattress
Matratzen·draht *m* / mattress spring wire ‖ ⌐**überzug** *m*,
-drell *m* (Textil) / bed tick
Matrix *f (pl: Matrizen, Matrices)* (Math, TV, DV) / matrix
(pl: matrices, matrixes) ‖ ⌐*f* (ALGOL, FORTRAN)
(DV) / array ‖ ⌐ **der Korrelationskoeffizienten** / matrix
of the coefficients of correlation ‖ ⌐**drucker** *m* (DV) /
matrix o. mosaic printer, wire printer ‖ ⌐**inversion** *f*
(Math) / matrix inversion ‖ ⌐**-Oxidkathode** *f* / matrix
oxide cathode ‖ ⌐**röhre** *f* (TV) / matrix storage tube ‖
⌐**speicher** *m* (DV) / matrix memory o. stor[ag]e ‖
⌐**streifen** *m* (Lochstreifen) / composite tape ‖
⌐**-Vorratskathode** *f* / impregnated cathode
Matrize *f*, Untergesenk *n* (Schm) / bottom die o. swage
‖ ⌐, Schnittplatte *f* (Schm) / clipping bed ‖ ⌐,
Schnittplatte *f* (Stanz) / die-plate, die proper ‖ ⌐ (Formen)
/ female mo[u]ld ‖ ⌐ (Masch) / matrix ‖ ⌐, Mater (Buch)
/ matrix, mat, flong ‖ ⌐, Vervielfältigungs-Matrize *f* /
stencil ‖ ⌐ (Galv, Münzw, Stereotyp) / mould ‖ ⌐ (Sintern) /
mould ‖ ⌐, Matrix *f* (Math) / matrix (pl.: matrices,
-trixes) ‖ ⌐ **aus einem Stück** (Plast) / cavity block,
female mould ‖ ⌐ **der Abquetschform** (Plast) / chase
Matrizen·armierung *f* (Fließpressen) / die ring ‖ ⌐**block** *m*
/ die block ‖ ⌐**boden** *m* (Plast) / bottom plug ‖
⌐**durchbruch** *m* / die break-through ‖ ⌐**formulierung**,
-rechnung *f* (Math) / matrix transformation ‖
⌐**gleitmittel** *n* / die lubricant ‖ ⌐**hohlraum** *m*, Matrize *f*
/ cavity ‖ ⌐**inversion** *f* (Math) / matrix inversion ‖
⌐**karte** *f* (LoKa) / master card ‖ ⌐**körper** *m* / die body ‖
⌐**mantel** *m* (Sintern) / die bolster ‖ ⌐**methode** *f* des
Gesamtstrahlungstransportes (Nukl) / invariant
imbedding ‖ ⌐**pappe** *f* (Buch) / matrix board, flong ‖
⌐**pappegewicht** *n* / flong caliber ‖ ⌐**platte** *f* (Sintern) /
die bolster ‖ ⌐**prägepresse** *f* (Buch) / matrix moulding
press ‖ ⌐**rechnung** *f* (Math) / matrix algebra o. calculus
o. method ‖ ⌐**satz** *m* (Buch) / set of matrices ‖
⌐**schaltung** *f* (TV) / matrix circuit o. unit ‖
⌐**schreibweise** *f* (DV) / matrix notation ‖ ⌐**spalte** *f*
(Math) / matrix column ‖ ⌐**spannvorrichtung** *f* / die
clamp ‖ ⌐**speicher** *m* (DV) / matrix memory o. stor[ag]e
‖ ⌐**stahl** *m* / die steel ‖ ⌐**walze** *f* (Walzwerk) / collared
roll, bottom roll ‖ ⌐**zeile** *f* (Math) / matrix row
Matrizieren *n* (TV) / matrixing
Matsch *m* / sludge, slush
matt, trüb[e] / dim ‖ ~, glanzlos / lackluster, lacklustre,
lustreless, mat, matt[e], dull ‖ ~, mattgeschliffen
(Glas) / ground ‖ ~, preßmatt / matt[e] finished ‖ ~
(Farbe, Pap, Phot) / obscure ‖ ~, unpoliert (Metall) /
unpolished ‖ ~, kraftlos / faint, feeble ‖ ~**er Anstrich** /
flat surface ‖ ~ **brennen** / burn blue ‖ ~es **Eisen** / cold
iron ‖ ~ **gestrichen** (Pap) / dull coated ‖ ~ **machen**
(Farbe) / sadden ‖ ~**e Oberfläche** / dull finish, mat
surface ‖ ~**er Schein** / faint glow o. shine ‖ ~ **schleifen**,
mattätzen, mattieren (Glas) / obscure, rough ‖ ~**e**
Schmelze / cool melt ‖ ~ **werden** / dim *vi* ‖ ~ **werden**
(Farbe) / sadden down ‖ ~**e Wetter** *n pl* (Bergb) / bad o.
foul air, oppressed air ‖ ⌐**appretur** *f* / dull finish ‖
~**beizen**, -brennen (Messing) / dead-dip ‖ ⌐**blech** *n* (Hütt)
/ dull-finish sheet, terne [plate] ‖ ⌐**blech** / long
terne plate ‖ ⌐**brenne** *f* (Galv) / matt[e] dip ‖ ⌐**dekatur** *f*
(Textil) / dull decatizing ‖ ⌐**druckpapier** *n* / mat
printing paper
Matte *f* / mat, matting ‖ **mit** ⌐**n bedecken** / mat, provide
with matting
Matteis *n* / opaque ice, white ice
Matten·bewehrung *f* (Bau, Straßb) / mesh reinforcement ‖
⌐**binder** *m* (Glasmatten) / binding matter for glass mats
Matt·farbe *f* (Buch) / dull o. matt ink ‖ ⌐**finish** *n* (Textil) /
mattfinish ‖ ⌐**garn** *n* / dull o. mat yarn ‖ ~**geätzt** (Glas)
/ [acid-]frosted ‖ ~**[geschliffen]** (Glas) / dead-ground,

mat-cut ‖ ⌐**glanz** *m* / dull finish o. gloss, mat finish ‖
⌐**glanz** *m* (Textil) / low lustre ‖ ~**glänzend** / dull-bright
‖ ~**glänzend** (Leder) / gunmetal finish ‖ ⌐**glas** *n*, matt
geschliffenes Glas / obscured glass, mat-cut o. -ground
gloss ‖ ⌐**glaslampe** *f* (Elektr) / frosted lamp ‖ ~**gold** *adj*
(Textil) / matt gold *adj* ‖ ⌐**gold** *n* / dead gold ‖ ~**grün** /
pale-green
Mattheit *f* (Glas) / ground state of glass ‖ ⌐ **verhindernd** /
anti-tarnish
mattieren, matt machen / deaden, dull, mat, tarnish ‖ ~,
matt schleifen (Glas) / deaden, frost ‖ ~ (Metall) / dim,
depolish ‖ ~ *n* (allg) / deadening, dulling, tarnishing ‖ ⌐,
Anrauhen *n* (Bau) / deadening
mattiert (Textil) / delustered ‖ ~ (Lampe) / frosted ‖ ~**e**
Oberfläche (gedr.Schaltg) / matt finish
Mattierung *f* / delustering
Mattierungs·pigment *n* / pigment for dulling
Matt·kalander *m* (Textil) / delustering calendar ‖ ⌐**kohle**
(langflammige Kohle), Kännelkohle *f* / cannel o. kennel
coal, dull coal ‖ ⌐**kohle** *f*, Durit *m* / durain ‖
⌐**kunstdruckpapier** *n* / mat art paper ‖ ⌐**lack** *m* / mat
lacquer ‖ ⌐**lackierung** *f*, Mattlack[überzug] *m* / matt[e]
paint, flat o. dead finish, bastard flatting, egg-shell
gloss ‖ ⌐**papier** *n* (Phot) / dull o. mat paper ‖ ⌐**reyon** *m*
/ delustered o. dull rayon ‖ ⌐**satinage** *f* / mat
supercalendering o. glazing ‖ ~**satiniert** (Pap) / dull-
glazed, velvet-finished ‖ ⌐**scheibe** *f* (Opt, Phot) / ground-
glass disk o. screen, groundglass, diffusing o.
focus[s]ing screen ‖ ⌐**scheibe** *f* / ground glass screen ‖
~**schleifen** / dull-grind ‖ ⌐**schweiße** *f* (Blockfehler)
(Hütt) / cold shut, teeming lap ‖ ~**verchromt** / brushed
chromium-plated, mat chromium plated ‖ ⌐**vergoldung**
f / dead gilding ‖ ⌐**versilberung** *f* / dull silver plating ‖
⌐**weiß** *n* / matt o. delustre white ‖ ~**weißes Porzellan** /
statuary biscuit ‖ ⌐**zinn** *n* / matt tin ‖ ⌐**zwirn** *m* (Textil) /
dull thread
Mauer *f* / wall ‖ ⌐**n** *f pl* / walling ‖ ⌐ *f* **auf Pfählen** / wall
on piles ‖ ⌐ **aus lauter Binderschichten** / perpend wall
‖ **ein Stein starke** ⌐ / one-brick [thick] wall ‖ **eine**
⌐ **abdecken** (o. bekappen o. bedachen) / cope ‖ **eine**
⌐ **ziehen** (o. bauen) / erect a wall ‖ **fliegende (o. auf**
Bogen ruhende) ⌐ / spandrel wall ‖ **trockene o. kalte**
⌐ / stone packing, dry wall ‖ **wasser- und luftdichte** ⌐
(Bergb) / stank ‖ ⌐**abdeckung** *f* / crown of a wall,
parapet weathering ‖ ⌐**absatz** *m*, -vorsprung *m* / offset,
set-off, setoff (US) ‖ ⌐**absatz**, Rücksprung *m* (Bau) /
retreat ‖ ⌐**absatz**, Schwächerwerden *n* (Bau) / lessening
‖ ⌐**absatz** *m* **schrägem Gelände folgend** / steps of a
wall built on sloping ground ‖ ⌐**anker** *m* / [wall]
anchor, tie bolt, grappling iron, wall cramp ‖ ⌐**anstrich**
m, Tünche *f* / whitewashing ‖ ⌐**anstrichfarbe** *f* /
masonry paint ‖ ⌐**arbeit** *f* / bricklaying work,
brickwork ‖ ⌐**arbeit** *f*, -werk *n*, Gemäuer *n* / brick
building ‖ ⌐**auskleidung** *f*, gemauerte Auskleidung /
brickwork lining ‖ ⌐**band** *n* (Bau) / projecting band ‖
⌐**binder** *m* / wall tie ‖ ⌐**bohrer** *m* / stone drill,
masonry drill ‖ ⌐**brüstung** *f* / wall cornice ‖ ⌐**bügel** *m*
(Fernm) / wall bracket ‖ ⌐**dach** *n* (Bau) / coping ‖
⌐**damm** *m* (Bergb) / wall of brickwork, brick wall ‖
⌐**dübel** *m* / wall dowel ‖ ⌐**durchführung** *f* (Elektr) /
lead-in, wall duct ‖ ⌐**ecke** *f* / quoin, corner stone ‖
⌐**feld** *n*, -strecke *f* / pane o. front of a wall ‖ ⌐**fläche** *f*
(als Bezugsfläche für Maße) / plain of a wall ‖ **[fertige]**
⌐**fläche** / finished plain of a wall ‖ **innere** ⌐**fläche** /
interior plain of a wall ‖ ⌐**flucht** *f* / wall line ‖ ⌐**fuge** *f* /
wall commissure o. joint ‖ ⌐**fuß** *m* / wall bottom ‖
⌐**gelb** *n* / yellow badigeon, yellow mason's colour ‖
⌐**gleiche**, Abgleichung *f* (Bau) / level[l]ing ‖ ⌐**grund** *m*,
-masse *f* (Bau) / wall o. stone mass ‖ ⌐**haken** *m* / wall
hook ‖ ⌐**haupt** *n* / outer stack of a wall ‖ ⌐**klammer** *f* /
wall clamp [iron] ‖ ⌐**klinker** *m*, Fassadenklinker *m* /
clinker ‖ ⌐**konsole** *f* (Fernm) / bridge bracket ‖ ⌐**krone** *f*
/ crest o. crowning o.top of a wall, top course of a wall,
cap[p]ing, coping ‖ ⌐**lücken** *f pl* **mit Steinsplittern**

ausfüllen / garret, gallet ‖ **~mantel** m (Bau) / casing, lining, mantle, outer stack of a wall ‖ **~masse** f (Bau) / stone mass, solid mass, backing
mauern / lay bricks, brick v, mason ‖ **in Verband** ~ / wall bound o. in bond, engage bricks together
Mauer·nische f / bay, niche ‖ **~nische** f **für das Schleusentor** / hollow quoin ‖ **~nut** f / wall chase ‖ **~öffnung** f / fenestra ‖ **~öffnung** f **mit Fensteranschlag** / structural opening with rebated reveal ‖ **~öse** f / wall eye ‖ **~pfeiler** m, Stütz-, Strebepfeiler m / pier of a wall ‖ **~putz** m / cast, plaster ‖ **~riß** m, -spalte f, -ritze f (Bau) / crack, cleft, crevice ‖ **~riß** m **infolge Erschütterung** / crack in a wall caused by vibrations ‖ **~rohr** n (Bau) / cane, reed, reeds-thatch ‖ **~rosette** f / wall rose[tte] ‖ **~säge** f, Steinsäge f / stone saw ‖ **~schall** / noise transmission by masonry ‖ **~schwelle**, -sohle f (Bau) / sole plate, wall plate ‖ **~senkschuh** m (Bergb) / brick wall shoe for sinking shafts ‖ **~sockel** m / plinth ‖ **~sohle**, -schwelle f (Bau) / sole plate, wall plate ‖ **~speise** f (Bau) / mortar ‖ **~stärke**, -dicke f / wall thickness ‖ **~stein** m, Haustein m / out stone, ashlar ‖ **~stein** m, Kunststein m / brick ‖ **einseitig abgeschrägter ~stein** / splay o. cant brick, slope ‖ **hochwertiger ~stein** / engineering brick ‖ **~steine zurichten** / gauge bricks ‖ **~steingewölbe** n / brick vault ‖ **~teer** m (aus Steinkohlenteer) / goudron ‖ **~umlauf** m **in Schleusen** / culvert of a lock ‖ **~verband** m / wall bond, walling manner o. bond ‖ **den ~verband verlieren** (Bau) / break joint ‖ **~verblendung** f / brick veneer ‖ **~versetzung** f / skew notch on a wall ‖ **~vertiefung**, -blende f / break of a wall ‖ **~vertiefung**, -nische f (Bau) / niche ‖ **~verzahnung** f / dentelation, toothing of walls ‖ **~vorsprung** m, -absatz m / offset, set-off, setoff (US) ‖ **tragender ~vorsprung** (Bau) / corbelling ‖ **~werk** n / brickwork, masonry ‖ **~werk**, Gemäuer n / walling ‖ **rohes, unverputztes ~werk** / common o. raw brickwork ‖ **in ~werk herstellen** / build in masonry ‖ **~werksbogen** m / brick arch ‖ **~werksflachbogen** m (Bau) / French o. Dutch arch ‖ **~werkskörper** m / body of masonry ‖ **~ziegel** m / [clay] brick ‖ **gelber ~ziegel** / malmbrick ‖ **~ziegel für spitzwinklige Ecken** (Bau) / squint ‖ **mit ~ziegeln erbaut** / brick-built ‖ **~zinne** f / pinnacle, battlement
mauken, sumpfen (Keram) / age, mature, sour ‖ **~** n / souring, ageing, maturing ‖ **~ mit Bakterieneinwirkung** / bacterial ageing
~ des Magnesits / magnesite souring
Maukmischer m (Keram) / tampering mill
Maul n (Zange) / bit of tongs ‖ **~** (Brecher) / mouth of a breaker ‖ **~** (Schraubstock) / opening of vice ‖ **~**, Spanloch n (Hobel) / plane hole o. mouth ‖ **~anschluß** m (Elektr) / side opening sleeve terminal ‖ **~beerbaum** m / mulberry tree ‖ **~beerbaumpapier** n, chinesisches Papier / mulberry paper ‖ **~beerseide** f / mulberry silk ‖ **~beerspinner** m / bombyx mori, silk moth ‖ **~klemme** f (Elektr) / open mouthed connecting block ‖ **~ringschlüssel** m (Masch) / combination ring and open-end spanner ‖ **~schlüssel** m / [open-jawed] spanner (GB) o. wrench (US) ‖ **~schlüssel, ein- o. zweiseitig** / single-headed o. double-headed [end] wrench (US) o. [open-jawed]spanner (GB) ‖ **~sicherung** f (Kranhaken) / safety catch ‖ **~tiefe** f **der Nietmschine** / gap depth o. throat depth of the riveting machine ‖ **~weite** f (Backenbrecher) / feed opening ‖ **~weite** f (Schraubenschlüssel) / size of jaw, opening of the spanner ‖ **~weite** f (Meßinstr) / opening [width] ‖ **~weite** f **der Karde** (Textil) / tensor gap ‖ **~wurf** m (Tunnelbau) / mole (for tunnelling) ‖ **~wurfdrainage** f (Landw) / mole drain ‖ **~wurfpumpe** f (Ammoniaksynthese) / mole pump ‖ **~wurfsdränpflug** m (Landw) / mole plow ‖ **~wurfsgrille** f (Schädling) / mole cricket
Maurer m / bricklayer, mason ‖ **~arbeit** f / mason's work, masonry, walling ‖ **~gerüst** n (in Rüstlöchern

abgestützt) / bricklayer's scaffold ‖ **~geselle** m / bricklayer's journeyman ‖ **~gips** m / bricklayer's plaster of Paris ‖ **~hammer** m / mason's o. bricklayer's hammer, brick axe ‖ **~hammer** m **mit 2 Schneiden** / double-edged mason's hammer ‖ **~kelle** f / mason's trowel ‖ **~meister** m / master mason o. bricklayer ‖ **~pinsel**, -quast m / whitewash brush ‖ **~polier** m / head mason ‖ **~waage** f / mason's level
Maus f (ein Handeingabegerät) (DV) / mouse
Mäuse·loch n (für Bohrrohr) (Öl) / mouse hole, rathole ‖ **~zähnchen** n pl (coll), Zittern n (TV, Radar) / mouse's teeth, jitter, serration ‖ **~zähnchen** n pl (Strumpf) / picot edge, scalloped welt edge ‖ **~zähnchen** n pl (coll), Zittern n (TV, Radar) / serration
Mausfarbe f, -grau n / mouse grey
M-aus-N-Code m / M-out-of-N Code
Mautstation f / tollbooth
Mautstraße f / toll road, pike (US)
Mauvein, Anilinpurpur m (Färb) / mauveine, aniline purple o. violet
Maxeconmühle, Ringwalzenmühle f (Bergb) / Kent mill, ring [roller] crusher o. mill
Maxidiskette f **8 Zoll** / maxi floppy disk
maximal adv / maximally, up to a maximum ‖ **~** adj, Maximal.., größt, höchst, Höchst…, Größt… / maximum adj ‖ **~e Abtastfähigkeit** (Vergleichsmaßstab für Gesamtleistung) (Tonabnehmer) / trackability ‖ **~e Anzugkraft** (Bahn) / maximum starting drawbar pull ‖ **~er Arbeitsplatz-Konzentrationswert**, MAK-Wert m (Nukl) / threshold limit value, lower toxic limit ‖ **~e Emissions-Konzentration**, MEK f / lower emission limit, maximum emission concentration ‖ **~ geebnet** (Elektronik) / maximally flat ‖ **~e Geschwindigkeit** / maximum speed o. velocity ‖ **~e Immissions-Konzentration**, MIK / lower immission limit, maximum immission concentration ‖ **~e Kosten** (bei minimaler Dauer der Tätigkeit) pl (PERT) / crash cost ‖ **~e nachträgliche Schätzung** / maximum a posteriori estimation ‖ **~e Reichweite** / maximum range ‖ **~es Schußgewicht** (Plast) / shot capacity ‖ **~ verfügbare Leistungsverstärkung** (Elektronik) / completely matched power gain ‖ **~e Verminderung der Übertragungsgüte** (Fernm) / maximum transmission impairment ‖ **~ zulässige Konzentration**, MZK (Chem) / maximum admissible concentration, MAC ‖ **~[aus]schalter** m / overload o. overcurrent circuit breaker o. cutout o. switch, maximum cut-out ‖ **~belastung** f / maximum o. highest o. peak load ‖ **~brennerleistung** f / maximum gas-rate of a burner ‖ **~drucklinie**, Höchstdrucklinie f (Mech) / maximum line of pressure, line of maximum pressure ‖ **~gewicht** n / maximum weight o. **~impedanzfrequenz** f / frequency at maximum impedance ‖ **~konfiguration** f (DV) / maximum configuration o. **~nullspannungsschalter** m / overload o. overcurrent no-voltage circuit breaker o. switch o. protection o. release ‖ **~relais** n / maximum-current relay, overvoltage relay ‖ **~-Sequenzlängen-Schieberegister** n / maximum length sequence shift register, MLSR ‖ **~signalpegel** m (TV) / peak signal level ‖ **~spannung** f / peak voltage ‖ **~steigung** f (Bahn) / maximum gradient ‖ **~stromauslöser** m / overcurrent relay ‖ **~stromzeitauslösung** f / overcurrent time-lag release ‖ **~tarif** m (Elektr) / maximum-demand tariff, contract-demand tariff ‖ **~- und Minimalwert** m (Elektronik) / peak-to-peak value, pp.-value ‖ **~wertauswahl**, Höchstwertauswahl f (Reaktorschutz) / auctioneering
Maxime f, Grundsatz m (Math) / maxim
Maximum n / maximum, crest, peak ‖ **~**, Höchstlast, -belastung f (Tarifberechnung) / maximum demand ‖ **~ der Sonnentätigkeit** / solar maximum ‖ **auf das ~ einstellen** / maximize ‖ **~anzeiger** m (Elektr) / [maximum] demand indicator ‖ **~-Drehgestell** n (Straßenbahn) / maximum traction truck ‖

~-Material-Prinzip n (z.B. größter Bolzen u. kleinste Bohrung) / maximum materiel principle ‖
~-Minimum... / high and low ... ‖
~-Minimum-Stromverhältnis n (Elektronik) / peak-to-valley ratio ‖ **~-Minimum-Thermometer** n / maximum and minimum thermometer ‖ **~prinzip** n (Math, Regeln) / maximum principle ‖ **~stromanzeiger** m / maximum ammeter ‖ **~tarif** m (Elektr) / contract-demand tariff, maximum-demand tariff ‖ **~thermometer** n / maximum thermometer ‖ **anzeigendes ~werk**, Maximumzählwerk n (Elektr) / maximum demand indicator, MD-indicator ‖ **~zähler** m / maximum demand counter, MD-counter ‖ **~zeiger** m / maximum pointer
Maxwell n (= 10^{-8}Vs) (veraltet), Mx / maxwell (unit of magnetic flux), Mx ‖ **~-Boltzmann-Statistik** f / Maxwell-Boltzmann statistics ‖ **~erde** f (Elektr) / Maxwell ground (US) o. earth (GB) ‖ **~sche Korpuskel** f / Maxwellian corpuscle ‖ **~sche Verteilung** / Maxwellian distribution
Mayday-Meldung f, SOS-Ruf m (Luftf, Schiff) / mayday
Mayer-Kurve f, M-Kurve f (Flotation) / Mayer curve
MAZ, Magnetbildaufzeichnung f (TV) / video tape recording, VTR
Mazametwolle f, Blut-, Rauf-, Hautwolle f / Mazamet wool, fellmongered o. plucked wool
Mazerationsstrohstoff m (Pap) / maceration straw pulp
mazerieren, auslaugen (Chem, Brau) / macerate
Mazerierung f, Mazeration f / maceration
mbar = Millibar
MBAS = methylenblauaktive Substanz
MB-Kupplung f (Tankwagen) / female dust coupling
MBL = Musterprüfstelle der Bundeswehr für Luftfahrtgerät
MBL-Schweißverfahren n (magnetisch bewegter Lichtbogen) / magnetically moved arc welding process
MBT s. Merkaptobenzothiazol
MBV-Verfahren n = modifiziertes Bauer-Vogel-Verfahren für Oberflächenschutz am Aluminium
MCC (USA) = Microelectronics and Computertechnology Corp
McLeod[-Apparat m, **-Vakuummesser]** / McLeod gauge
McQuid-Ehn-Korngröße f / McQuid-Ehn-grain size
MD m, Mitteldruck m / medium pressure
M-Dach n (o. Doppel-Sattel-Dach) / M-roof
MD-CMT-Additiv n (Chem, Kfz) / MD-CMT, methyl derivative of cyclopentadienylmanganese tricarbonyl
MD-Gehäuse n / medium pressure housing o. casing o. shell
MDI n, Diisocyanatodiphenylmethan n / biisocyanatodiphenylmethane
MDT = mittlere Datentechnik
ME = Masseneinheit
Mechanik f / mechanics sg, mechanical science ‖ **~**, Ein-, Vorrichtung f / mechanism ‖ **~** (Klavier) / action of a piano ‖ **~ deformierbarer Körper** (o. der Kontinua) / mechanics of elastic fluids ‖ **~ der luftförmigen Stoffe** / pneumatics sg ‖ **~ des Bruchvorgangs** / fracture mechanics ‖ **~ fester Körper** / mechanics of rigid bodies, of solids ‖ **~ flüssiger Körper**, Hydromechanik f / mechanics of fluids, hydromechanics ‖ **den Gesetzen der ~ zuwider** / immechanical
Mechaniker m / mechanic[ian] ‖ **~**, Maschinist m (Masch) / operative ‖ **~** (TV, Luftf) / aeromechanic, ack-ack-emma (coll) ‖ **~drehbank** f / mechanician's lathe
mechanisch / mechanical ‖ **~**, Maschinen... / mechanic[al], machine driven ‖ **~**, mit Kraftantrieb / mechanized ‖ **~**, automatisch / mechanical, automatic ‖ **~er Abgleich** / mechanical balance ‖ **~es Abtasten**, mechanical scanning ‖ **~es Abtastverfahren** (TV) / optical-mechanical system ‖ **~es Äquivalent** / mechanical equivalent ‖ **~e Arbeit** / mechanical work ‖ **~er Arm** (Nukl) / slave arm ‖ **~er Aufbau** / mechanical construction, physical construction ‖ **~e Aufbereitung** / mechanical o. dry dressing process ‖ **~e Aufladung** (Mot) / mechanical pressure charging ‖ **~er Aufwind**,

Hangwind m (Luftf) / mechanical o. forced up-current, slope current ‖ **~e Beanspruchung** / load[ing], stress ‖ **~e Beförderung** / mechanical haulage ‖ **~e Beförderung mittels Drahtseil** / cable haulage ‖ **~e Belastung** / loading ‖ **~ beschädigen** / bruise ‖ **~ beschädigen o. zerstören** / work destructions ‖ **~e Bodenausrüstung** (Raumf) / mechanical ground support equipment ‖ **~e Drosselkette** (Filmprojektor) / mechanical filter ‖ **~es Dynamometer** / absorption dynamometer ‖ **~e Eigenschaften** f pl / mechanical properties pl ‖ **~e Einspritzung** (Mot) / mechanical [fuel] injection ‖ **~e Einspritzung** (kontinuierlich) / continuous injection system, CIS ‖ **~e Einstellung** / mechanical adjustment ‖ **~ einwirken** / control, operate ‖ **~e Einwirkung** / mechanical action ‖ **~e Entdrallung** (Antenne) / mechanical despinning ‖ **~es Enthüllen** (Atom, Nukl) / mechanical decladding ‖ **~e Entwässerung** / dewatering ‖ **~e Fernsteuerung** / mechanical remote control, telemechanics ‖ **~e Fernsteuerung** / telemechanics ‖ **~e Festigkeit** / mechanical stability o. resistance ‖ **~e Festigkeit von Wagen** (Bahn) / strength of a wagon ‖ **~e Förderer** m pl / power driven conveyor and elevator ‖ **~er Formverschluß** (Plast) / mechanical die locking ‖ **~er Fortschrittsgrad**, Gütegrad m (Luftschraube) / performance factor of the airscrew ‖ **~er Funkbeschicker** (Ortung) / mechanical compensator o. corrector ‖ **~ gekuppelt** / ganged ‖ **~er Gleisumbau** (Bahn) / mechanized track renewal ‖ **~e Haftung (o. Verankerung)** [gegen Gleiten] (Bau) / mechanical bond ‖ **~ hervorbringen** / churn out ‖ **~er Holzstoff**, Holzschliff m / mechanical wood pulp ‖ **~e Impedanz**, mechanischer Widerstand (Akustik) / mechanical impedance ‖ **~er Kesselrost** / mechanical boiler grate ‖ **~e Kippsteuerung** (Raumf) / mechanical tilt ‖ **~er Knüppelordner** (Walzw) / billet unscrambler ‖ **~es Konditionieren** (Elastomer) / mechanical conditioning ‖ **~er Kontaktschutz** (Elektr) / shroud ‖ **~e Kopplung** (z.B. von Kondensatoren) (Elektronik) / ganging ‖ **~e Kraftübertragung** (Bremse) / mechanical transmission (GB) o. linkage (US) ‖ **~er Kraftverstärker** (Regeln) / servo link ‖ **~e Kraftverstärkung** / mechanical advantage, MA, purchase ‖ **~e Kraftverstärkung** f, Hebelübersetzung f / mechanical advantage, MA, lever transmission, leverage ‖ **~e Kratze** (Hütt) / rabble ‖ **~ kuppeln** (Schalter) / gang (US) ‖ **~es Legieren** / mechanical alloying ‖ **~es Lichtäquivalent** (= 0,00147 W/lm) / mechanical equivalent of light ‖ **~er Nullpunkt** (Instr) / mechanical zero ‖ **~e Oberflächenbeschädigung** (Walzw) / dogleg, manipulator mark ‖ **~er Papierbrei o. -zellstoff** / mechanical pulp, asplund ‖ **~es Plattieren mit Zinn** / mechanical plating with tin ‖ **~e Presse** (Wzm) / mechanical press, power press ‖ **~es Register o. Rechenwerk** (Buch.m) / mechanical register ‖ **~e Rostbeschickung** (o. Feuerung) / mechanical stoking ‖ **~e Schreibmaschine** / manually operated typewriter ‖ **~e Sicherheit** / mechanical safety ‖ **~es Spielzeug** / mechanical toys pl ‖ **~e Spinnerei** / machine spinning ‖ **~es Stellwerk** (Bahn) / mechanical interlocking cabin ‖ **~e Stickerei** (Textil) / machine embroidery ‖ **~er Stoker** / automatic stoker ‖ **~e Umformung** (Sperrholz) / mechanical transformation ‖ **~er Unterbrecher** (Strahlungen) / chopper ‖ **~e Verbindung** / mechanical linkage ‖ **~ vorgereinigtes Abwasser** / mechanically preclarified sewage water ‖ **~e Vorspannung** / mechanical bias ‖ **~es Wärmeäquivalent** (1 kcal = $4,1868 \cdot 10^3$ J) / mechanical equivalent of heat, Joule's equivalent ‖ **~e Weberei** / power weaving ‖ **~er Webstuhl** / power loom ‖ **~e Werkstatt** / mechanical workshop ‖ **~e Werkstatt**, Reparaturwerkstatt f / machine shop, job shop (US) ‖ **~er Widerstand**, mechanische Impedanz / mechanical impedance ‖ **~er Wirkungsgrad** / mechanical efficiency ‖ **~es Zählwerk**

/ mechanical counter ‖ ~er Zug (Phys, Mech) / traction ‖
~e Zugeinwirkung (Bahn) / signal replacer, mechanical
replacement treadle ‖ ~-akustisch / mechanical-
acoustical ‖ ~-elektrisch / electromechanical ‖
~-hydraulisch / hydromechanical
mechanisieren / mechanize
mechanisiert, mit industriellen Methoden / industrialized
(e.g. building) ‖ ~, maschinell / mechanized ‖ ~er
Abbau (Bergb) / mechanized o. machine mining ‖ ~e
Gleisunterhaltung (Bahn) / mechanical o. mechanized
track maintenance
Mechanisierung f / mechanization
Mechanismus m, Werk n, Apparat m / action,
mechanism, apparatus, engine, gear ‖ ~, Anordnung f,
Vorrichtung f / contrivance, arrangement, device ‖ ~,
Triebwerk n / machinery, wheel work ‖ ~, Vorgang m /
process ‖ ~ zur Steuerung des Schiffchens (Web) /
pick-at-will
mechanochemisch / mechanochemical
Mechatronik f / mechatronics
Mechernichit m (Min) / bravoite
Medialobjektiv n / medial copying lens
Mediane, Seitenhalbierende f (Dreieck) / median line
Median·karte, Zentralwertkarte f (Statistik) / X and R chart
‖ ~wert, Zentralwert m (Qual.Kontr) / median
Mediävalziffern f pl (Buch) / old style figures pl
Medien n pl / media pl ‖ ~verbund m / joint media,
multi-media system
Medio·garn n / medio twist o. yarn ‖ ~kette f (Spinn) /
mule twist, medium warp yarn
Medium, Mittel n (Phys) / medium ‖ ~verstärkung f /
medium gain
medizinal, Medizin..., arzneilich / medicinal
Medizin·flasche f / medicine bottle ‖ ~glas n / medical o.
dispensing glass
medizinisch, Medizinal..., ärztlich / medical ‖ ~e Seife /
medicated soap ‖ ~-biologisch / medico-biological
Meehanite-Gußeisen n / Meehanite cast iron
Meeres·..., marin / marine ‖ ~arm m / arm of the sea,
inlet, branch (US) ‖ ~bauwerke n pl / artificial
structures pl ‖ ~boden, -grund m / ocean bed o. bottom
‖ mit mehr als 40 m Wasser bedeckter ~boden /
elittoral zone ‖ auf den ~boden sinkend / demersal ‖
~bucht f (fast abgeschlossen), Haff n / lagoon ‖
~grund m / ocean o. sea floor o. bed o. bottom ‖
~höhe f / sea level ‖ ~höhe f, Höhe über dem Meer
(Verm) / height above sea level, altitude ‖ ~horizont m,
Kimm f, natürlicher o. scheinbarer o. sichtbarer
Horizont, Sichthorizont m / sea horizon ‖ ~kunde f /
oceanography, marine science, oceanics ‖ ~küste f /
sea shore ‖ ~oberfläche f / surface of the sea ‖
~plankton m / haliplankton ‖ ~salz n / marine o. bay
salt ‖ ~spiegel m / sea level ‖ ~strömung f / oceanic
current ‖ ~verschmutzung f / marine pollution ‖
~wärme-Energie f / ocean thermal energy
meer·grün / sea-green, bluish green, celadon ‖ ~salz n /
sea salt ‖ ungereinigtes ~salz / unrefined sea salt ‖
~schaum m (Min) / sepiolite, meerschaum ‖ ~schleuse
f, See-, Hafenschleuse f / sea lock ‖ ~wasser n /
seawater, salt water ‖ ~wasserechtheit f (Färb) /
seawater fastness ‖ ~wasserentsalzung f /
desali[ni]zation ‖ ~wasserentsalzungsanlage f /
desali[ni]zation plant for sea water ‖ ~wasserpumpe f /
seawater-intake pump
Meeting n / meeting
Mega·..., 10^6 / mega... ‖ ~ampere n / megampere ‖ ~bar
n / megabar ‖ ~byte n (DV) / megabyte ‖ ~chip m /
megachip ‖ ~dyn n / megadyne ‖ ~elektronenvolt m,
MeV / million-electron o. megaelectron volt ‖ ~farad n
/ megafarad ‖ ~flop (10^6 Gleitkommaoperationen je s) /
megaflop ‖ ~hertz n, MHz / megacycles per second,
mcps, mc/s, MCPS, M.C.P.S., megahertz, MHz ‖
~lith m (Geol) / megalith
Megalo·tanker m / very large crude carrier

Mega·octet, Moctet n / Moctet ‖ ~ohm n, Megohm n,
MΩ / megohm ‖ ~phon, Trichtersprachrohr n /
megaphone ‖ ~tanesystem n (Brennstoff) / megatane
system ‖ ~technologie f (DV) / megatechnology ‖
~tonne f (Sprengwirkung) (Nukl) / megaton ‖ ~tron n /
megatron, disk-seal tube, lighthouse tube ‖ ~volt n /
megavolt, MV ‖ ~watt n, MW / megawatt, 1000
kilowatt ‖ ~watt elektrische Leistung (Reaktor) /
megawatt electric, MWE, MWe ‖ ~wort n / megaword
Megger m, Magnet-Megohmmeter n / megger
Megohm n / megohm
Mehl n / flour ‖ feinstes ~ / superfine flour ‖ grobes ~ /
meal ‖ ~bleichmittel, -blaumittel n / flour improver ‖
~gang m / milling course ‖ ~[halt]ige Stoffe m pl /
farinaceous matter
mehlig, mehlhaltig, -artig / farinaceous, floury, mealy ‖
~, mehlartig / floury, mealy
Mehl·käfer m, Tenebrio molitor / yellow mealworm
beetle ‖ ~kasten m des Stromapparates (Bergb) /
labyrinth ‖ ~körper m im Getreide (im Getreide) /
endosperm (of grains) ‖ ~kreislauf m (Bgb) / grinding
circuit ‖ ~kühler m (Mühl) / cooler ‖ rotierende
~maschine / rotary bolter ‖ ~milbe f, Acarus siro o.
Tyroglyphus farinac / flour mite ‖ ~motte f / flour moth
‖ ~-Plansichter m / flour plansifter ‖ ~sack m / flour
bag o. sack ‖ ~sichter m, -sieb n / flour sifter ‖ ~sieb n
/ sieve for flour ‖ helle ~sorte / high-grade fluor ‖
~staub, Mühlenstaub m / mill dust ‖ ~tau m (Bot) /
blight, mildew, blast ‖ echter ~tau (Oidium Tuckeri) /
[vine] mildew ‖ falscher ~tau (von Peronospora) /
downy mildew ‖ von ~tau befallen / mildewed ‖ ~type
f / grade of flour according to ash content ‖ ~wurm m
(Larve von Tenebrio molitor) / flour o. meal worm
Mehr·..., mehrfach / multi..., multiple ‖ ~..., zusätzlich /
additional ‖ ~ als (Genauigkeit usw.) / better than ‖
~ als 100 / more o. better than 100 ‖ ~ als 20 Minuten
/ above 20 minutes ‖ ~abschnitt-Signal n (Bahn) /
multi-aspect block signal ‖ ~abschnitt-Signalsystem n
(Bahn) / multiple block signalling ‖ ~achsantrieb m
(Bahn) / multiple transmission, multi-axle drive ‖
~achsenplattform f (Raumf) / multi-axis platform ‖
~achsensteuerung f (NC) / multiaxis control ‖
~achsensteuerung f, Mehrrädersteuerung (Fahrzeug) /
combined multi-axle, [multi-wheel] control ‖ ~achsig /
multiaxis... ‖ ~achsige Spannung f / multiaxial stress ‖
~aderkabel n / multicore o. multiple cable ‖ ~adreß... /
(DV) / multiaddress ‖ ~adrig (Elektr) / multiwire ‖
~ämtergebiet n (Fernm) / multiexchange area ‖
~anoden... / multianode... ‖ ~arbeit f (F.Org) / excess
work ‖ ~arbeit f, Überstunden f pl / overtime [work],
over-work ‖ ~arbeit f, zusätzliche Arbeit / additional
work ‖ ~atomigkeit f / polyatomicity ‖ ~aufwand m,
-ausgaben f pl / extra expenses o. expenditure ‖
~ausbeute f / superior output ‖ ~badfärbung f /
multiple bath dyeing ‖ ~bahntrockner m (Web) /
multipassage drier ‖ ~band..., Universal... (Elektronik)
/ multiband..., all-pass... ‖ ~band... (Trägerfrequ) /
multicarrier... ‖ ~band..., Allwellen... (Funk) / all-
wave ‖ ~bandanlage f (Walzw) / multistrand line ‖
~basisch (Chem) / polybasic ‖ ~bedarf m / increased
demand ‖ ~begriffiges Farblichtsignal (Bahn) / multi-
aspect colour-light signal ‖ ~belastung f, Überlast f /
overload ‖ ~belastung f, zusätzliche Last / increase of
load, additional load ‖ ~benutzersystem n (DV) / time-
sharing system ‖ ~bereichs... (Instr) / multirange... ‖
~bereichsöl n / multigrade oil ‖ ~beton m (Bau) /
remaining concrete ‖ ~betrag, Überschuß m / over,
extra yield ‖ ~bitfehler m (DV) / multi-bit error ‖
~blattkreissäge f / multiple disk circular saw ‖ ~chorig
(Web) / in several groups ‖ ~choriger Einzug (Web) /
space pass ‖ ~dateiangabe f (DV) / multiple file option
‖ ~datei-Verarbeitung f (DV) / multi-file processing ‖
~decker m (Luftf) / multiplane ‖ ~decker m (Sieb) /
multiple-deck screen ‖ ~deutig (Begriff) / many-o.

multiple valued, plurivalent, ambigous ‖ ⌐deutigkeit *f* / ambiguity, equivocation, -vocality ‖ ~dimensional / multidimensional, polydimensional, multivariate ‖ ~dimensionale Verteilung (Statistik) / joint distribution ‖ ⌐draht…, mehrdrähtig / multiwire ‖ ⌐druck[dampf]turbine *f* / mixed pressure [steam] turbine ‖ ⌐düsenlanze *f* (Hütt) / multiple nozzle lance ‖ ⌐düsenvergaser *m* / multiple-jet carburet[t]er ‖ ⌐ebenen… (DV) / multilevel ‖ ~eckig / polygonal ‖ ⌐einflußversuch *m* / multiple factor experiment ‖ ⌐-Einheiten… ‖ / multi-unit… ‖ ⌐einheiten-Nachricht *f* / multi-unit message ‖ ⌐elektrodenröhre *f* / multi-electrode tube

mehrere, Mehrfach… / several ‖ **in ~n Exemplaren anordnen** / gang *v*

Mehr·ertrag *m* / increment, extra yield ‖ ⌐etagenpresse *f* / platen press (US) ‖ ⌐etagen-Röstofen *m* (Hütt) / multiple-hearth furnace ‖ ⌐etagen-Spannrahmen *m* (Textil) / multititer tenter frame ‖ ⌐etagen-Spann- und Trocknungsmaschine *f* (Textil) / multistage stenter

mehrfach, Mehrfach… / multiple, manifold ‖ ~, multiplex / multiplex ‖ ⌐…, mehrfältig / reiterated, repeated ‖ ⌐…, fest verbunden (Landw, Masch) / gang… ‖ ~ abgestimmte Antenne / multiple-tuned antenna ‖ ~e Auflage (Galv) / multilayer deposit, composite electroplating, composite deposit ‖ ~ aufrufbares Programm / reusable program ‖ ~ behandeln / repeat the process ‖ ~ benutzt (Färbebad) / standing ‖ ~ bespielen, überspielen (Magn.Bd) / register sound-on-sound ‖ ~er Flor (Spinn) / multiple pile ‖ ~ geerdet / multiple earthed ‖ ~ geriffelte Wellpappe / multiwall board ‖ ~es Integral (Math) / multiple integral ‖ ~ isoliert / multiinsulated ‖ ~e Probenahme / multiple sampling ‖ ~ programmierbarer Festwertspeicher / reprogrammable ROM ‖ ~e Radpaarung, Getriebezug *m* / train of gears ‖ ~e Rückkopplung / multiple feedback ‖ ~e Sternsysteme *n pl* (Astr) / multiple stars *pl* ‖ ~e Streuung (Nukl) / plural scattering ‖ ~e Verstärkung (Elektronik) / multiple o. multistage amplification ‖ ~ verzweigt (z.B. Lichtleiter) / multiple-branched ‖ ~es Warten / multiple wait ‖ ~ wiederholbarer Programmabschnitt, Routine *f* / reusable program, routine ‖ ~er Zeilenvorschub (DV) / multiple new line, MNL ‖ ~ zusammenhängender Bereich (Math) / multiply-connected domain o. region ‖ ~er Zwischenraum (DV) / multiple space, MS ‖ ⌐abbiegen *n* (Walzw) / multiple folding ‖ ⌐abschneiden *n* (Walzw) / multiple cropping ‖ ⌐abstimmkondensator *m* / gang tuning capacitor ‖ ⌐abstimmung *f* (Antenne) / multiple tuning ‖ ⌐abtastung *f* (Ferns) / multiple scanning o. sampling ‖ ⌐adressierung *f* (Fernm) / multi[ple]-address message ‖ ⌐anguß *m* (die Einspritzöffnungen) (Plast) / multigating ‖ ⌐anguß *m* (die Teile) / multiple sprue ‖ ⌐-Ankopplungsadapter *m* (Raumf) / multiple docking adapter, MDA ‖ ⌐anlage *f* (Buch) / multiple feed ‖ ⌐anordnung *f* / multiple arrangement ‖ ⌐anordnung *f* (Widerstände) / ganging ‖ ⌐anruf *m* / multiple call ‖ ⌐anschlag *m* / multiple stop ‖ ⌐anschluß *m* (DV) / attachment for peripheral units ‖ ⌐anschluß *m* (Fernm) / multiaccess line ‖ ⌐anschlußapparat *m* (Fernm) / multiple request line apparatus ‖ ⌐anstrich *m* / several coats of paint *pl* ‖ ⌐antenne *f* / multiple-unit antenna ‖ ⌐aufspannung *f* (Wzm) / stacking ‖ ⌐aufteilung *f* / subdivision of parts into more parts ‖ ⌐aufteilung *f* (Qual.Prüf) / cross classification ‖ ⌐ausbreitung *f* / multipath propagation ‖ ⌐ausnutzung *f* (DV) / multiplexing ‖ ⌐ausnutzung *f* der Frequenzbänder (Raumf) / frequency re-use ‖ ⌐ausnutzung *f* durch Zeitaufteilung (Fernm) / time division ‖ ⌐automatik *f* (Phot) / automatic multiple exposure control ‖ ⌐bespielung *f*, Überspielen *n* (Tonband) / sound-on-sound ‖ ⌐-Betonform *f* (Bau) / gang mould ‖ ⌐betrieb *m* (Fernm) / multiple[x] transmission, ancillary working ‖ ⌐betrieb *m* (DV) /

multi-job operation ‖ ⌐bild *n* (gedr.Schaltg) / multiple pattern ‖ ⌐bindung *f* (Chem) / multiple bond ‖ ⌐brenner *m* / cluster burner ‖ ⌐buchsenkette *f* / multiple bush chain ‖ ⌐dorn *m* für Fässer (Flurförderer) / barrel forks *pl* ‖ ⌐echo *n* (Radar) / multiple echo, mirror reflection echo, flutter echo (US) ‖ ⌐einfang *m* (Nukl) / overcapture ‖ ⌐eintasten *n* (Buch.m) / multiple key depression ‖ ⌐elektrode *f* (Chem) / polyelectrode, multielectrode ‖ ⌐empfang *m* (Fernm, Elektronik) / multiple reception ‖ ⌐empfang *m*, Diversityempfang *m* / diversity reception ‖ ⌐-End-End-Konfiguration *f* (Fernwirk) / multiple point-to-point configuration ‖ ⌐erdschluß *m* / polyphase earth, double earth fault ‖ ⌐-Expansions[dampf]maschine *f*, Verbundmaschine *f* / multiple-expansion engine, compound engine ‖ ⌐fallschirm *m* / cluster ‖ ⌐faser *f* / roving ‖ ⌐filter *m n* (Röntgen) / compound filter ‖ ⌐filter *f* (für verschiedene Teile) (Plast) / composite o. multiple mould, composition die ‖ ⌐form *f* (für gleiche Teile) (Plast, Druckguß) / multi[ple]-cavity o. -impression mould o. die ‖ ⌐form *f* mit Einzeleinsätzen / unit die ‖ ⌐form *f* mit getrennten Füllräumen / separate-pot mould ‖ ⌐-Formularsatz *m* / multiple-copy set ‖ ⌐funkenstrecke *f* / multiple spark gap ‖ ⌐gebühren *f pl* / multiple charging ‖ ~gegliederte Tabelle / cross tabulation ‖ ⌐gesenk *n* / multi[ple]-cavity mould o. die ‖ ⌐gewebe *n pl* / compound fabrics *pl* ‖ ⌐integral *n* / multiple integral ‖ ⌐ionisation *f* / multiple ionization ‖ ⌐isolation *f* / multilayer insulation ‖ ⌐kabel *n* / multiple cable ‖ ⌐-Kabelkanal *m* (Kabel) / multiway duct ‖ ⌐kammer *f* (Verm) / multiple photogrammetric chamber ‖ ⌐kanal *m* (Fernm) / multiple channel ‖ ⌐karbon-Schreibband *n* / multistrike carbon ribbon ‖ ⌐karte *f* (LoKa) / fractional card ‖ ⌐keilbiegen *n* (Stanz) / multiple V-form bending ‖ ⌐keilwelle *f* / multi-spline shaft ‖ ⌐kochwäsche *f* (Textil) / repeated washing at the boil ‖ ⌐kondensator *m* / gang capacitor ‖ ⌐kontakt *m* (Fernm) / hunting contacts *pl* ‖ ⌐kopie *f* / multiple copy ‖ ⌐langsiebmaschine *f* (Pap) / multi[-wire] Fourdrinier machine ‖ ⌐leiterkabel *n* / multi-conductor cable, bunch[ed] cable ‖ ⌐leitersystem *n* / multiple-wire system ‖ ⌐leitung *f* / multiple line ‖ ⌐lochung *f* (LoKa) / multiple punching, multipunching ‖ ⌐modulation *f* / multi-channel o. multiple modulation ‖ ⌐nutzen *m* (gedr.Schaltg) / multiple printed panel ‖ ⌐nutzen-Druckwerkzeug *n* / multiple-image production master ‖ ⌐nutzung *f* (Fernm) / multiple access ‖ ⌐-Oszillograph *m* / multitrace oscilloscope ‖ ⌐parallelwicklung *f* (Elektr) / multiple parallel winding ‖ ~periodisch (Math) / multiple periodic ‖ ⌐preßtechnik *f* (Sintern) / multiple pressing ‖ ⌐preßwerkzeug *n* (Sintern) / multiple tool set ‖ ⌐prüfgerät *n* / multiple testing set ‖ ⌐rakete *f*, MIRV-Flugkörper *m* (Mil) / MIRV (multiple independent reentry vehicle o. individually targetable reentry vehicle) ‖ [gewollte] ⌐redundanz (DV) / cross-strapping ‖ ⌐reflexion *f* (Elektronik, Wellenausbreitung) / miltihop ‖ ⌐reflexion, Interflexion *f* (Beleuchtg) / inter-reflection, interflection (US) ‖ ⌐reflexion *f* (Opt) / multiple reflection ‖ ⌐reflexion *f* (Radar) s. Mehrfachecho ‖ ⌐reflexionen *f pl* / zigzag reflections *pl* ‖ ⌐regelsystem *n*, -regelstrecke *f* / multivariable o. multivariate control system ‖ ⌐regelung *f* / multivariable control ‖ ⌐-Richtstrahler *m* / multibeam antenna ‖ ⌐röhre *f* (Elektronik) / multiple-unit [tube] ‖ ⌐rollenkette *f* / multiple strand roller chain ‖ ⌐schalter *m* (Elektr) / multiple circuit breaker ‖ ⌐schlagversuch *m* / multiple blow impact test ‖ ⌐-Schmetterlingsantenne *f* / bat[-wing] o. superturnstile antenna ‖ ⌐schneidegerät *n* (Textil) / multiple cutter ‖ ⌐schreiber *m* / duplicating recorder, multiple recorder ‖ ⌐schütz *n* (Elektr) / multiple-unit contactor ‖ ⌐-Schutzerdung *f* / protective multiple earthing ‖ ⌐schwingquarz *m* / multiple crystal ‖ ⌐spaltung *f* (Nukl) / iterated fission ‖

⌐speiser *m* (Elektr) / multiple feeder ‖ ⌐sprung *m* (DV) / continuous skip ‖ ⌐sprung-Staffelung *f* (Räumwz) / multi-skip stepping ‖ ⌐spule *f* / multi-section coil ‖ ⌐spur... (DV) / multiple track... ‖ ⌐steckdose *f* / multiple socket ‖ ⌐stecker *m* (Elektr) / multiconductor o. multiple plug ‖ ⌐steckverbinder *m* (Elektronik) / multipoint o. multipole connector ‖ ⌐steuerung *f* (Bahn) / multiple-unit control ‖ ⌐stichprobenplan *m* (Qual. Kontr) / multiple sampling plan ‖ ⌐streuung *f* (Nukl) / multiple scattering ‖ ⌐stromkreis *m* / multiple circuit ‖ ⌐stropp *m* (Fallschirm) / bridle ‖ ⌐sucher, Universalsucher *m* (Phot) / zoom finder ‖ ⌐support *m* (Wzm) / connected rests *pl* ‖ ⌐systeme *n pl* (Astr) / multiple galaxies *pl* ‖ ⌐systemumfeld *n* / multisystem environment ‖ ⌐tarifzähler *m* (Elektr) / multiple tariff o. multirate meter ‖ ⌐teilung *f* (Web) / multiple lease ‖ ⌐telefonie *f*, Multiplextelefonie *f* / multiplex telephony ‖ ⌐telegraf *m* in Gabelschaltung / forked multiplex telegraph ‖ ⌐telegrafie *f*, -betrieb *m* / multiplex telegraphy ‖ tonfrequente ⌐telegrafie / multi[ple]-channel voice frequency telegraphy ‖ ⌐übersetzungsgetriebe *n* (Masch) / compound train, train of gears ‖ ⌐übertragung *f* (DV) / multipath transmission ‖ ⌐verdampfer *m*, Mehrkörperverdampfer *m* (Zuck) / multiple effect evaporator ‖ ⌐vereinbarung *f* (DV) / multiple declaration ‖ ⌐verseilung *f* / multiple stranding ‖ ⌐verstärker *m* (Elektronik) / multiple o. multistage amplifier ‖ ⌐verteiler *m* (Fernm) / distributor ‖ ⌐verteilung *f* / multiple distribution ‖ ⌐verwendung *f* / multi-use ‖ ⌐wellentyp... / multimode ‖ Betrieb mit ⌐wellentyp (Wellenleiter) / multi-mode operation ‖ ⌐wellentyp-Strahler *m* / multimode radiator ‖ ⌐-Wellenwicklung *f* / multiplex winding ‖ ⌐werkzeug *n* s. Mehrfachform ‖ ⌐wicklung *f* / multiplex winding ‖ ⌐zackenschrift *f* (Film) / multilateral sound track ‖ ⌐zählung *f* (Fernm) / repeated metering, multimetering ‖ ⌐-Zeigerumlaufwaage *f* / multirevolution balance scale ‖ ⌐zeilensprung *m* (TV) / multiple interlacing ‖ ⌐-Zeitmessung *f* / multiple time metering ‖ ⌐ziehmaschine *f* (für gleichzeitiges Ziehen mehrerer Stränge) (Draht) / multiple drawing bench o. machine ‖ ⌐ziehstein *m* / compound drawing die ‖ ⌐zugriff *m* (DV) / carrier sense multiple access, CSMA ‖ ⌐zugriff *m* im Frequenzmultiplex (Fernm) / frequency division multiple access, FDMA ‖ ⌐zugriff *m* im Zeitmultiplex (Fernm) / time division multiple access, TDMA ‖ ⌐zwirn *m* / plied o. ply yarn, cord

Mehr·fadenlampe *f* (Elektr) / multifilament lamp ‖ ~fädig (Textil) / multifilament ‖ niedriges ⌐familienhaus (einstöckig) / low rise [not exceeding 2 stories in height] ‖ ⌐familienhaus *n* / mutlifamily residential structure, multiple dwelling (Canada) ‖ ⌐familienhaus *n* ab zwei Stockwerken (USA) / hi[gh] rise[r] (US) ‖ ⌐farbenautomat *m*, Buntautomat *m* / multicolour loom ‖ ⌐farbendruck *m* / multicolo[u]r print[ing], process printing, polychrome print ‖ ⌐farbenoffset *m* / multicolour offset ‖ ⌐farbenpunktschreiber *m* / multicolour point recorder ‖ ⌐farben-Rollen-Offsetdruckmaschine *f* / multicolour rotary offset press ‖ ⌐farbenschreiber *m* / multicolour recorder o. plotter ‖ ⌐farbentiefdruck *m* / multicolour gravure printing ‖ ⌐farbentiefdruckrollenmaschine *f* / multicolour gravure printing machine ‖ ⌐farbenverfahren *n* (TV) / polychrome o. polychromatic system ‖ ~farbig / multicoloured ‖ ~farbiges Licht / heterochromatic light ‖ ~farbiger Prospekt / multicolour leaflet ‖ ⌐farbigkeit *f*, Polychromie *f* (Färb) / polychromatism, polychromy ‖ ⌐farbigkeit *f* (Buch) / multicolour printing ‖ ⌐farbigkeit *f* (Phys, Min) / pleochroism ‖ ⌐fasen-Stufenbohrer *m* (Wzm) / subland twist drill ‖ ~feldrig (Brücke) / multispan... ‖ ~flächig (Krist) / many-faced ‖ ~flächiges Ruder (Luftf) / slotted

multisurface ‖ ⌐formatsucher *m* (Phot) / multiframe view finder ‖ ⌐frequenz... / multifrequency ‖ ⌐frequenzen-Tastenwahl *f* / voice-frequency key sending ‖ ⌐frequenzsignal *n* (Fernm) / compound signal ‖ ⌐frequenzsystem *n* / multifrequency system ‖ ⌐funkenzündung *f* / multipoint ignition ‖ ⌐funktions... / polyfunctional, multifunction ‖ ⌐furchenpflug *m* / multi-furrow plough, gang[ed] plow (US) ‖ ⌐gang... (Wzm) / multispeed ‖ ⌐ganggetriebe *n* (Kfz) / multiple o. multispeed gear

mehr·gängig (Gewinde) / multi[ple]- o. multiplex-start o. thread, multiple[-threaded] ‖ ~er Abwälzfräser (Wzm) / multithread hob [cutter] ‖ ~es Gewinde / multiple-start o. multiple[x] thread ‖ ~er Gewindefräser / multiform milling cutter ‖ ~e Parallelwicklung (Elektr) / multiple parallel winding ‖ ~e Schleifenwicklung (Elektr) / multiplex lap winding ‖ ~e Wellenwicklung (Elektr, Mot) / series-parallel winding, multiple [wave] winding, multiplex wave winding

mehr·gehäusig (Turbine) / multicylinder ‖ ~gerüstig (Walzw) / multiple-stand... ‖ ~geschossig (Bau) / multistor[e]y ‖ ⌐gewicht *n*, Überlast *f* / excess load ‖ ⌐gewicht, Übergewicht *n* / excess weight, overweight ‖ ~gipflige Verteilung *f* (Statistik) / multimodal distribution ‖ ⌐gitterröhre *f* (Elektronik) / multigrid tube ‖ ~gleisig (Bahn) / multiple-track...

mehrgliedrig·er Fernschnelltriebwagen / long-distance multiple-unit train ‖ ~es Filter (Elektronik) / multisection filter [circuit] ‖ ~er Kettenleiter / multisection network ‖ ~e Zugeinheit / multiple-unit train, motor-coach train

Mehr·gratköper *m* (Textil) / combined twill, stitched twill ‖ ⌐größenregelung *f* / multivariable control system ‖ ⌐größensystem *n* (Regeln) / multivariable system ‖ ⌐gruppenmodell *n* (Nukl) / multigroup model ‖ ⌐gruppenzug *m* (Bahn) / multiple section train

Mehrheits·auswahl *f* (DV) / voting redundancy ‖ ⌐glied *n* / majority element o. gate

Mehr·impuls-Punktschweißung *f* / pulsation weld[ing] ‖ ⌐kammer... (Masch) / multiple chambered ‖ ⌐kammerbehälter *m* / multichamber reservoir ‖ ⌐kammer-Klystron *n* / multicavity klystron ‖ ⌐kammerkrümmer *m* (Kfz) / multiple-pipe manifold ‖ ⌐kammerrohrmühle *f* / multichamber tube mill ‖ ⌐kammerschlagkreuzmühle *f* / aeropulverizer ‖ ⌐kammerverbundrohrmühle *f* / compeb mill, compartment pebble mill

Mehrkanal·... (Elektronik) / multi[ple]-channel..., multichannel ‖ ⌐... (TV) / multisector... ‖ ⌐... (Fernm) / multiplex ‖ ~anschluß *m* (DV) / parallel data adapter ‖ ⌐antenne *f* / all-channel antenna ‖ ⌐-Datenübertragungsprogramm *n* (DV) / multichannel communications program, MCP ‖ ⌐decodierer *m* / all-channel decoder ‖ ⌐durchschubofen *m* (Keram) / multipassage kiln ‖ ⌐-Frequenzumtastung *f* (Fernm) / polyplex method ‖ ⌐-Leitweg *m* (Fernm) / multichannel route ‖ ⌐-Rundfunksender *m* / multi[ple]-channel radio transmitter ‖ ⌐spektrometer *n* / multichannel spectrometer ‖ ⌐telegrafie *f* / multi[ple]-channel telegraphy ‖ ⌐ton-Empfänger *m* (TV) / multichannel sound receiver ‖ ⌐-Trägerfrequenztelefonie *f* / multiplex carrier current telephony ‖ ⌐verfahren *n* (TV) / multi[ple]-channel system

Mehr·kantblock *m* (Hütt) / multiple-cornered ingot ‖ hohlflächiger ⌐kantblock / corrugated ingot, fluted ingot ‖ ~kant[ig] / polygonal

mehrkaptan·freies Bezin / sweet gasoline

mehr·kernig (Chem) / multinuclear, polynuclear ‖ ⌐klanghorn *n* (Kfz) / multitone horn ‖ abgestimmtes ⌐klanghorn / musical horn ‖ ⌐kolbenmotor *m* / multipiston engine ‖ ⌐kolbenpumpe *f* / multiplunger pump ‖ ⌐komponenten... / multicomponent ‖ ⌐komponenten-Breitbandstrahlung *f* (Raumf) / multicomponent whistlers *pl* ‖ ⌐komponentenkleber *m*

/ mixed adhesive ‖ ⊷**komponententreibstoff** *m* / multipropellant ‖ ⊷**komponentenwaage** *f* / multiproduct weigher ‖ ⊷**kontaktstecker** *m* / multiway plug ‖ ⊷**kopfstickmaschine** *f* (Textil) / multiple-head embroidery machine ‖ ⊷**kopfstrecke** *f* (Spinn) / multiple-head draw frame ‖ ⊷**körpermodell,** -teilchenmodell *n* (Nukl) / many-body o. many-particle model ‖ ⊷**körperproblem** *n* (Astr) / problem of many bodies, many-body problem ‖ ⊷**körper-Verdampfer,** -verdampfapparat *m* (Zuck) / multiple-effect evaporator ‖ ⊷**kosten** *pl* / extra cost, excess costs ‖ ⊷**kreisbremssystem** *n* / multiple-circuit brake system, split brake system ‖ ⊷**kreiser** *m,* -kreisempfänger *m* (Funk) / multicircuit harmonic receiver ‖ ⊷**kreisfilter** *n* (Elektronik) / multisection filter [circuit] ‖ ⊷**kreis-Triftröhre** *f* / multicavity velocity modulation tube ‖ ⊷**ladeeinrichtung,** Ladeeinrichtung *f* (Mil) / magazine catch ‖ ⊷**ladegewehr,** Repetiergewehr *n* / repeater, repeating rifle ‖ ⊷**lagenbehälter** *m* (Masch) / multilayer cylindrical tube ‖ ⊷**lagengewebe** *n* / multilayer fabric ‖ ⊷**lagenkarton** *m* / combination o. multilayer [paper] board, multiplex ‖ ⊷**lagen-Keramik** *f* / multilayer ceramic, MLC ‖ ⊷**lagenpapier** *n* / multilayer paper ‖ ⊷**lagen-Papiersack** *m* / multiwall bag ‖ ⊷**lagenplatte** *f,* Multilayerplatte *f* (gedr.Schaltg) / multilayer printed board ‖ ⊷**lagenraupe** *f* (Schweiß) / multiple bead ‖ ⊷**lagenschweißung** *f* / multiple layer welding ‖ ⊷**lagensperrholz** *n* / multiply plywood ‖ ⊷**lagenwicklung** *f* / multiple layer winding ‖ ~**lagig,** Mehrlagen... / multilayer[ed] ‖ ~**lagig,** in Verbundbauweise / sandwich... ‖ ~**lagige** Unterlegeplatte / peel shim ‖ ⊷**leiter** *m* (Elektronik) / polyconductor ‖ ⊷**leiter...,** mehrdrähtig / multiwire, multiple wire... ‖ ⊷**leiterantenne** *f* / multiple wire antenna ‖ ⊷**leiter-Endverschluß** *m* (Elektr) / cable dividing box ‖ ⊷**leiterkabel** *n* / multiconductor cable ‖ ⊷**leitersystem** *n* / multiple-wire system ‖ ⊷**leitungs-Bremssystem** *n* / multiple line braking system ‖ ⊷**linien...,** Mehrzeilen... / multiline ‖ ~**linsig** / of several lenses ‖ ~**linsiges Objektiv** / composite objective ‖ ⊷**loch...** / multihole ‖ ⊷**lochdüse** *f* (Einspritzpumpe) / multihole nozzle ‖ ⊷**loch-Formstück** *n* / multiple tile duct for cables ‖ ⊷**lochkern** *n* (Elektronik) / multiaperture core ‖ ~**lösige Bremse** (Bahn) / graduated brake ‖ ⊷**magazinmaschine** *f* (Buch) / multimagazine printing machine ‖ ~**malig,** wiederholt / reiterate[d], repeated

mehrmals gebeizt (Blech) / full-pickled

Mehr·mantelkabel *n* / separate lead type cable, S.L.-type cable ‖ ⊷**maschinenbedienung** *f* (F.Org) / multiple-machine assignment o. work ‖ ⊷**meißelarbeit** *f* (Wzm) / multiple tool operation ‖ ⊷**meißelhalter** *m* / combination tool block ‖ ⊷**meißelsupport** *m* (Dreh) / multiple-tool rest ‖ ⊷**metall-Druckplatte** *f* (Buch) / polymetallic printing plate, multimetal printing plate ‖ ⊷**metall-Druckplatte** *f* (Buch) / multimetal offset plate ‖ ⊷**moden...** (Elektronik) / multimode ‖ ⊷**moden-Lichtwellenleiter** *m* / multimode optical fiber ‖ ~**motorig** / multiengine[d] ‖ ⊷**nachrichtenverarbeitung** *f* (DV) / multiple message mode ‖ ⊷**nadel-Nähmaschine** *f* / multineedle sewing machine ‖ ⊷**normen...** (TV) / multistandard... ‖ ~**paariges Koaxkabel** / multitube coax cable ‖ ⊷**phasenlegierung** *f* / polyphase alloy ‖ ⊷**phasenmaschine** *f* (Elektr) / polyphase machine ‖ ⊷**phasenreihenschlußmotor** *m* / polyphase series-connected motor ‖ ⊷**phasenstrom** *m* / polyphase current ‖ ⊷**phasenwebmaschine** *f* / wave-shed weaving machine, high-performance loom ‖ ⊷**phasenwechselstrom** *m* / polyphase alternating current, polyphaser ‖ ~**phasig,** Mehrphasen... (Elektr) / multiphase, polyphase ‖ ~**phasiges Hohlraumfilter** / multi-cavity filter ‖ ~**phasiges Medium** (Pneum) / multiphase medium ‖ ⊷**platz...** (DV) / multistation... ‖

⊷**platzsystem** *n,* System *n* mit mehreren Bedienungsplätzen (DV) / multi-console system ‖ ⊷**platzvermittlung** *f* (Fernm) / multiposition switchboard ‖ ~**polig** (Elektr) / multipolar ‖ ~**polig** (Stecker usw) / polypole, multicontact, multipin ‖ ~**poliger Ausschalter** / multiple cutout ‖ ~**poliger Messerschalter** / multiple-pole knife switch ‖ ⊷**polröhre** *f* (Funk) / multiple tube ‖ ⊷**profil-Schleifscheibe** *f* / multirib wheel ‖ ⊷**programmbetrieb** *m* (DIN) (DV) / multiprogramming [mode], multirunning (US) ‖ ⊷**prozeßbetrieb** *m* (DV) / multitask[ing] mode ‖ ⊷**prozessorsteuersystem** *n,* MPST / multiprocessor control system ‖ ⊷**prozessorsystem** *n* (DIN), MPS (DV) / multiprocessor system, MPS ‖ ⊷**punktbetrieb** *m* / multidrop o. multipoint operation ‖ ⊷**punkt-Sicherheitsgurt** *m* (Kfz) / safety harness ‖ ⊷**punktverbindung** *f* (DV) / multipoint connection o. link, multidrop link ‖ ⊷**punktverhalten** *n* (Regeln) / multilevel action, multiple output ‖ ⊷**quadrantenbetrieb** *m* (NC) / multiquadrant operation ‖ ~**rädrig** / multiwheel ‖ ⊷**rechnersprache** *f* / language for distributed systems ‖ ⊷**rechnersystem** *n* / multicomputer system, -computing system ‖ ⊷**reihenmotor** *m* / multirow engine ‖ ~**reihige Nietung** / multiple-row riveted joint ‖ ~**rillige Scheibe** / multiple groove pulley ‖ ~**ringig,** -kernig, polyzyklisch (Chem) / polycyclic ‖ ⊷**röhren...** (Elektronik) / multitube, multivalve ‖ ⊷**rollenbandwaage** *f* / belt weigher with several weighing rolls ‖ ⊷**rollen-Flaschenzug** *m* (Bau) / multiple lines *pl* ‖ ⊷**rollen-Kaltwalzwerk** *n* / cold rolling cluster mill ‖ ⊷**rumpfboot** *n* (Schiff) / multiple hulled boat ‖ ⊷**säulen...** (Wzm) / multicolumn ‖ ⊷**schalengreifer,** Polypgreifer *m* / grapple, grappel, grapnel, orange peel bucket ‖ ~**scharig** (Pflug) / with many shares, multifurrow..., gang[ed] (US) ‖ ⊷**scharpflug** *m* / multifurrow plough, gang[ed] plow (US) ‖ ⊷**scheiben-Isolierglas** *n* / insulating glass unit ‖ ⊷**scheibenkupplung** *f* (Kfz) / multi[ple]-disk clutch, multiplate clutch ‖ ⊷**schichtenkarton** *m* / multiply cardboard, multiply paperboard ‖ ⊷**schichten-Phosphor-Schirm** *m* (TV) / penetration screen ‖ ⊷**schichten-Preßtechnik** *f* (Sintern) / multilayer pressing technique ‖ ⊷**schichten[sicherheits]glas,** Schicht[sicherheits]glas *n* / laminated glass, multilayer glass ‖ ⊷**schichtfolie** *f* / sandwich film ‖ ~**schichtig,** Mehrschichten... / multilayer[ed], multiply ‖ ⊷**schicht-Leichtbauplatte** *f* / multiple lightweight building slab ‖ ⊷**schicht-Leichtbauplatte** *f* (aus Schaumkunststoffen und Holzwolle) / multilayered board of cellular plastics and woodwool ‖ ⊷**schichtmetall** *n* / laminated metal ‖ ⊷**schicht-Multichip-Modul** *n* / multilayer multichip module ‖ ⊷**schichtplatte** *f* (gedr.Schaltg) / multilayer printed wiring board ‖ ⊷**schichtpreßling** *m* (Sintern) / multilayer compact ‖ ⊷**schicht-Solarzelle** *f* / multiple junction o. multiple gap structure, multibandgap solar cell ‖ ⊷**schichtsperrholz** *n* / multiply plywood ‖ ~**schiffig** (Bau) / multibayed ‖ ⊷**schleifen-Regelkreis** *m* / multiloop control system ‖ ⊷**schnecken-Extruder** *m* (Plast) / multiple screw extruder ‖ ~**schneidig** / multiple-edged, multiblade ‖ ~**schnittig** (Nietung) / multiple-shear... ‖ ⊷**schriftenleser** *m* / multifont reader ‖ ⊷**schrittverfahren** *n* (Math) / multistep method ‖ ⊷**seelenlötdraht** *m* / multicore filler wire ‖ ⊷**seilförderung** *f* (Bergb) / four-rope system ‖ ⊷**seilgreifer** *m* / multirope clamshell o. grab ‖ ⊷**sektionsverbindung** *f* / multilink connection

mehrsiebig·e Setzmaschine (Bergb) / compartment jig

Mehrsiebmaschine *f* (Pap) / multiple wire machine

mehrsitzig / multiseat[er] ‖ ~**es Fahrrad** / multicycle ‖ ~**es Flugzeug,** Mehrsitzer *m* (Luftf) / multiseater ‖ ~**es Ventil** / multiple-seat valve, step valve

Mehrspaltensucher *m* (DV) / multiple column control

Mehrspindel·... / multispindle ‖ **~automat** m (Wzm) / multiple-spindle o. multispindle automatic lathe o. machine ‖ **~automat** m (Dreh) / multi[ple]-spindle automatic lathe ‖ **~bohrkopf** m / multiple-spindle o. multispindle drill-head ‖ **~bohrmaschine** f (mit verstellbaren Bohrspindeln für gleichzeitige Durchführung verschiedener Arbeiten, Ggs.: Reihenbohrmaschine) / [adjustable center] multispindle drilling machine, multiple drill[-press] o. drilling machine

Mehrspindelbohrmaschine f (mit verstellbaren Bohrspindeln für gleichzeitige Durchführung verschiedener Arbeiten) / multiple drill[-press] o. drilling machine, (contr. dist: multi-unit machine)

Mehrspindel·bohrwerk n / multihole boring machine ‖ **~einrichtung** f / multispindle attachment ‖ **~futterautomat** m (Wzm) / multiple-spindle o. multi-spindle automatic chucking machine

Mehrsprachen... (DV) / multilingual ‖ **~spulenangabe** f (DV) / multiple reel option ‖ **~spulendatei** f / multireel file ‖ **~spurband** n (Elektronik) / multitrack tape ‖ **~spurig** (Straßb) / multilane ‖ **~spurig** (Magn.Bd) / multitrack ‖ **~spurkopf** m (Magn.Bd) / head stack ‖ **~spurtechnik** f / multitrack recording ‖ **~stärkengläser** n pl / multifocal glasses pl ‖ **~stationen-Verbindung** f / multipoint link ‖ **~stellenarbeit, -bedienung** f / multiple machine work ‖ **~stellenregelung** f / multi[ple]-step control, multiposition control ‖ **~stellenschweißapparat** m / multiple operator welding unit ‖ **~stellenschweißumformer** m / multiple operator welding converter ‖ **~stellenverfahren** n (Math) / mehrstellen method ‖ **~stellig** (Math) / multidenominational, -digit, -place, of several places, multiplace ‖ **~stellige Werteinstellvorrichtung** (Buch.m) / multidenominational device ‖ **~stempelpresse** f, Stufenpresse f / multiple die press, progressive (GB) o. transfer (US) press ‖ **~stöckig** (Bau) / multistor[e]y ‖ **~stoff...** (Mot) / multifuel, polyfuel ‖ **~stoffbronze** f / multi-alloy bronze ‖ **~stoffeutektikum** n (Hütt) / polynary eutectic ‖ **~stoffgemisch** n / complex mix ‖ **~stoffkatalysator** m (Chem) / composite catalyzer ‖ **~stofflager** n / compound bearing ‖ **~stoffmotor** m / multifuel o. polyfuel diesel ‖ **~stoffpreßling** m (Sintern) / compound compact ‖ **~stoffsystem** n (Hütt) / multicomponent system ‖ **~strahlflugzeug** n / multijet ‖ **~strahloszillograph** m / multibeam oscilloscope ‖ **~strängiges Extrudieren** (Plast) / multiple hole extruding ‖ **~strangmaschine** f (Strangguß) / multistrand machine ‖ **~strom...** (Elektr) / multiple current...

Mehrstufen·-Dauerschwingversuch m / multistage fatigue test ‖ **~form** f (für Folgestufen) / multiple cavity die ‖ **~gebläse** n / multistage blower o. fan ‖ **~getriebe** n / multistage reduction gear ‖ **~-Impuls-Gegenstrom-Rührer**, MIG-Rührer m / multistage impulse counter-current agitator ‖ **~kompressor** m / multistage compressor ‖ **~rakete** f / multistage rocket ‖ **~regelung** f / multi[ple]-step control ‖ **~-Stichprobenverfahren** n (Qual. Kontr) / multistage sampling

mehrstufig, Mehrstufen... / multistage, multiple-stage... ‖ **~,** mit mehreren Geschwindigkeiten / multispeed ‖ **~e Entspannungsverdampfung** (Entsalzung) / multistage flash evaporation, MSF (desalinization) ‖ **~e Kreiselpumpe** / multistage centrifugal pump ‖ **~e Programmunterbrechung** (DV) / multilevel interrupt ‖ **~er Textilbetrieb** / multistage textile mill ‖ **~e Turbine** / multipressure stage turbine with single velocity stages ‖ **~e Vakuumpumpe** / multistage vacuum pump ‖ **~er Verstärker** (Elektronik) / multistage amplifier ‖ **~er Wähler** (Fernm) / multipoint selector ‖ **~er Zwirn** / cable[d] yarn, cabled cord, cordonnet yarn

Mehr·stunden-Werkstückmagazin n / magazine for many hours ‖ **~stündig** / of several hours duration, lasting for hours ‖ **~system** n (DV) / multiple system ‖ **~system...** (Bahn, Lok) / multisystem... ‖ **~systemröhre** f (Elektronik) / multiple tube ‖ **~system-Unterstützung** f (DV) / multiple system support ‖ **~tarifzähler** m (Elektr) / multiple tariff o. multirate meter ‖ **~teilchenmodell, -körpermodell** n (Nukl) / many-body o. many-particle model

mehrteilig / multiple, multipart, -piece, of several parts o. pieces ‖ **~,** zusammengesetzt / complex ‖ **~,** zusammengesetzt (Preßform) / split, composite ‖ **~er Fernschnelltriebwagen** (Bahn) / motor-coach train, multiple-unit train ‖ **~e Form** (Plast) / split [cavity] mo[u]ld, composite mould, multipart mould ‖ **~er Isolator** / multiple piece insulator ‖ **~er Langholzwagen** m / sett (GB) ‖ **~er Wälzfräser** / segmented hob

Mehr·teil-Preßtechnik f (Sintern) / multiple-pressing technique ‖ **~teil-Preßwerkzeug** n (Sintern) / multiple tool ‖ **~tonfärbeverfahren mit beliebig wechselnden Rapporten** / space-dyeing ‖ **~tonfärbung** f / multishade dyeing ‖ **~tore** n pl (Elektr) / multiports pl ‖ **~träger-Mehrkanalsystem** n (Fernm) / multi-carrier multi-channel system ‖ **~trümmig** (Bergb) / with several ways ‖ **~verbrauch** m (Kraftstoff) / fuel economy penalty ‖ **~verbrauch** m / excess consumption ‖ **~walzen-Streichmaschine** f (Pap) / multi-roll coater ‖ **~weg...** / multipath ‖ **~weg-Ausbreitung** f / multipath propagation ‖ **~wegehahn** m, Wahlventil n (Luftf) / selector valve ‖ **~wegeschalter** m / multiple way switch ‖ **~wegig** (Elektronik) / multi[ple]-channel... ‖ **~weg-Kugelventil** n / multiple-way spherical valve ‖ **~wegpalette** f / multiple-entry pallet ‖ **~wegsteuerung** f / multiway control ‖ **~wegverpackung** f / returnable pack ‖ **~wellen-Interferometrie** f (Laser) / multiple wave interferometry ‖ **~wert** m / increased value ‖ **~wertig**, vielwertig (Math) / multivalent, -valued, multiple valued ‖ **~wertig** (Alkohol) / polyhydric, polyatomic ‖ **~wertig** (Chem) / polyvalent ‖ **~wertig** (Logik) / polyvalent ‖ **~wertiger Alkohol** / polyol, polyhydric alcohol ‖ **~wertige Menge** / fuzzy set ‖ **~wertige Wurzel** (Math) / multiple root ‖ **~wertigkeit** f (einer Wurzel) (Math) / multiplicity ‖ **~wertigkeit** f (Chem) / multivalence ‖ **~wertsteuer** f / TVA, tax on value added ‖ **~windungswandler** m (Elektr) / multi-turn current transformer ‖ **~wortregister** m (DV) / multiword register ‖ **~wortspeicher** m (DV) / plural word storage unit ‖ **~zackenschrift** f (Film) / multilateral sound track ‖ **~zeicheneingabe** f (DV) / multi-character input ‖ **~zeilenformat** n (DV) / multiline format ‖ **~zeilenkarte** f (LoKa) / multiple line card ‖ **~zellenaufbau** m (Luftf) / multicell structure ‖ **~zellensilo** m / multiple silos pl ‖ **~zonen...** / multiple zone... ‖ **~zonenofen** m / multiple-zone furnace ‖ **~zügiges Formstück** / multiple tile duct for cables

Mehrzweck·... / multipurpose, multi-purpose..., all-purpose..., general-purpose..., polyfunctional, utility... ‖ **~drehbank, -drehmaschine** f / multipurpose lathe ‖ **~fahrzeug** n / multipurpose vehicle ‖ **~feile** f / all-purpose file ‖ **~-Forschungsreaktor** m / multipurpose research reactor ‖ **~-Frachter** m (Schiff) / multipurpose freighter ‖ **~frachter** m / all-freight ship ‖ **~frachter** m / multipurpose carrier, all-freight ship ‖ **~-Hubschrauber** m / multipurpose helicopter ‖ **~-Klüse** f (Schiff) / multipurpose chock ‖ **~lokomotive** f (Bahn) / mixed traffic locomotive ‖ **~maschine** f (Wzm) / multipurpose machine tool ‖ **~personenwagen** m (Kfz) / special passenger car ‖ **~reifen** m, MPT / multipurpose tire, MPT ‖ **~-Reisezugwagen** m (Bahn) / all-purpose coach ‖ **~sorte** f / multiple purpose grade ‖ **~spektrometer** n / multiparticle spectrometer ‖ **~strahlrohr** n (Feuerw) / jet-spray branch pipe ‖ **~versorger** m (Schiff) / multipurpose supplier

Mehrzylindermotor m (Kfz) / multicylinder engine
Meierei f / dairy[-farm o. -house]
Meile f (USA, Canada, 5280 ft = 1609.34 m), gesetzliche englische Meile (= 1760 yds) / statute mile, sta[t] m. ‖ ⬩n **je Gallone** (Kfz) / m/gal (US = 2.35 km/l, GB = 2,82 km/l o.: 20 m/gal US = 11.8 l/100 km, GB = 14,1 l/100 km), miles/gallon ‖ ⬩n **je Stunde je Sekunde** (1 mphs = 1/2,24 msec^{-2}) (Beschleunigung) / miles per hour per second, mphps ‖ ⬩ **Normalkabel** (Fernm) / mile of standard cable, M.S.C. ‖ **(gesetzliche) englische** ⬩ / statute mile, sta[t]. m. (1760 yds = 1.6093 km) ‖ **offizielle nautische** ⬩ (= 1,852 km), sm / Admiralty measured mile, international nautical mile ‖ **schnelle** ⬩ (Kfz) / maximum sustained vehicle speed ‖ **US-nautische** ⬩ / United States coast survey mile (US) (= 6080.27 ft = 1,853.25 km)
Meilen·fahrt f (Schiff) / speed trial ‖ ⬩**stein** m (Netzplan) / milestone (PERT) ‖ **zurückgelegte** ⬩**zahl** / mileage ‖ ⬩**zählwerk** n (Luftf) / air-mileage unit
Meiler m (Holzkohle) / charcoal kiln o. stack o. pile o. mound ‖ ⬩**verkohlung** f, -verfahren n / charring of wood in heaps o. piles
Meißel m / chisel ‖ ⬩, Stichel m (Wzm) / tool ‖ ⬩ / chipping chisel ‖ ⬩, Bohrer m (Bergb) / cutter ‖ ⬩**abhebung** f (Wzm) / tool relief ‖ ⬩**bohrer** m (Bergb) / chisel bit o. jumper, flat jumper, pitching-borer ‖ ⬩**bohrer** m (Tiefbohren) / chisel bit o. jumper, flat jumper, pitching borer ‖ ⬩**halter** m, Stichelhaus n / lathe tool holder o. box ‖ ⬩**halter der Revolverbank**, Revolverkopf m / turret tool-post ‖ ⬩**halter** m **mit Abhebung** (Wzm) / relieving tool box ‖ ⬩**hammer** m / chisel hammer, chipper ‖ ⬩**hammer zum Stemmen** / ca[u]lking hammer ‖ ⬩**haus** n, -halter m (Wzm) / tool holder o. block o. post (GB)
meißeln, ab-, ausmeißeln / chisel, chip
Meißel·rückzug m (Wzm) / chisel retreat o. withdrawing ‖ ⬩**schaft** m, Schwerstange f (Öl) / drill-stem o. collar ‖ ⬩**schaft** m (Wzm) / tool shank ‖ ⬩**schar** f (Pflug) / chisel ‖ ⬩**schieber** m **der Senkrechtdrehmaschine** / railhead of the vertical turning mill ‖ ⬩**schiebersupport** m (Dreh) / railhead ram ‖ ⬩**schneide** f / cutting edge ‖ ⬩**verschleiß** m (Wzm) / tool wear ‖ ⬩**winkel**, Keilwinkel β m (Dreh) / tool orthogonal-wedge angle ‖ ⬩**zahnkette** f (Holz) / chisel chain
Meißner-Schaltung f / Meissner circuit o. oscillator
Meister m / master, foreman ‖ ⬩**schalter** m / contactor controller, pilot controller ‖ ⬩**[schalt]walze** f / master controller ‖ ⬩**stück**, -werk n / master piece ‖ ⬩**stück** n / masterpiece
Mejonit, Mionit m (Min) / meionite
MEK = maximale Emissions-Konzentration
Mékerbrenner m (Gas) / Meker burner
Mekkabalsam m / balsam of Gilead, balsam Canada o. Mecca
M$_e$-Kurve f, effektive Mayerkurve / effective Mayer curve
Mel (Kurzzeichen für Tonhöhenempfindung), mel n / mel
Melakonit m (Cu-Erz) (Min) / melaconite
Melamin n (Chem) / melamin[e] ‖ ⬩**-Formaldehydharz** n / melamine formaldehyde o. MF-resin ‖ ⬩**harz** n / melamin[e] resin ‖ ⬩**leim** m / melamine adhesive ‖ ⬩**plast** m / melamine plastic
Melampyrit n, Dulcit m (Chem) / melampyrit, -pyrin, dulcite, dulcitol
Melange f (Web) / melange, blend, mixture [cloth] ‖ ⬩ (Färb) / colour blending ‖ ⬩**-Effekt-Teppich** m / heather mix carpet ‖ ⬩**garn** n / blended yarn, blend
melangieren, melieren (Textil) / blend, mix
Melanglanz m, Stephanit m / stephanite, brittle silver ore
Melanin n / melanin
Melanit m (Min) / melanite
Melanterit m (Min) / melanterite, copperas, green vitriol
Melaphyr m (Geol) / melaphyre

Melasse f ([letzter] Ablauf o. Rückstand von Zuckerschleudern) / molasses sg ‖ ⬩**behälter** m / molasses tank ‖ ⬩**entzuckerung** f / sugar extraction ‖ ⬩**-Entzuckerungswerk** n / sugar extraction plant ‖ ⬩**maische**, -decke f / molasses wash ‖ ⬩**schlempe** f / molasses vinasses pl ‖ ⬩**schnitzel** m pl, melassierte Schnitzel m pl / molasses o. molassed pulp ‖ ⬩**sprit** m, Rübenalkohol m / beet root spirit o. alcohol ‖ ⬩**zucker** m, Zucker m aus Melasse / sugar extracted from molasses
melassieren (Zuck) / molasse v
Melde·amt n (Fernm) / record office ‖ ⬩**amtsbetrieb** m (Fernm) / direct record working ‖ ⬩**anreiz** m (Fernwirkung) / change of state announcement ‖ ⬩**beamtin** f (Fernm) / recording operator ‖ ⬩**einheit** f / signalling unit ‖ ⬩**fernverkehr** m, Sofortverkehr m (Fernm) / demand working o. service ‖ ⬩**lampe** f, Anzeigelampe f / pilot o. indicator o. signal lamp ‖ ⬩**leitung** f (Fernm) / record circuit o. [operator's] line, call circuit ‖ ⬩**leitung im Fernverkehr** (Fernm) / combined line and recording trunk
melden, anzeigen / point out, indicate ‖ ∼ (sich) (Luftf) / check-in ‖ **sich** ∼ (Fernm) / answer
melde·pflichtig / notifiable ‖ ⬩**platz** m (Fernm) / B-[operator's] position, trunk record position ‖ ⬩**punkt** m (Luftf) / reporting point
Melder-Einzelanzeige f / individual detector identification
Melde·relais n / transmitting relay ‖ ⬩**relais n für unsymmetrische Last** / out-of-balance relay ‖ ⬩**schalter** m / signalling switch ‖ ⬩**schrank** m (Fernm) / recording section ‖ ⬩**sicherung** f (Elektr) / alarm type fuse ‖ ⬩**signal** n, Meldung f (Regeln) / status signal ‖ ⬩**stöpsel** m (Fernm) / answering plug ‖ ⬩**verteileramt** n (Fernm) / record section with selectors ‖ ⬩**verzug** m (Fernm) / answering delay
Meldung f, Nachricht f / message, notice ‖ ⬩, Bericht m / information ‖ ⬩ **beim Fernwirken** / monitored information
Meldungskennung f, -ID f / message identification o. ID
Melf n (= metal electrode face bond) (Halbl) / melf
Melf-Widerstand m / melf resistor (= metal electrode face)
melieren (Bergb) / mix ‖ ∼ (Tuch, Web) / mingle, mottle, mix
Melier·papier n / veined paper ‖ ⬩**schützen** m (Web) / shuttle with several bobbins
meliert (Gußeisen) / mottled ‖ ∼ (Pap) / veined ‖ ⬩**es (o. plattiertes) Garn** / melange [yarn], blended o. mixture yarn
Melierte f (Kohle) / good quality through (screened and hand-cleaned coal over 30 mm containing 30 - 40 % of lumps over 80 mm)
Melier·wolf, Mischwolf m (Textil) / mixing willow
Meli·lith m (Min) / melilite ‖ ⬩**lotin** n (Chem) / melilotin
Melinex n (GB) (Plast) / Melinex (similar to Mylar)
Melinit, Lyddit n (Sprengstoff) / lyddite
Melioration f, Bodenverbesserung f / soil improvement o. amelioration, conditioning the soil, amelioration, land improvement
meliorisieren (Landw) / ameliorate, improve
Melissen·alkohol, Melissyl-, Myricylalkohol m / melissyl o. myricyl alcohol ‖ ⬩**geist** m / spirit of melissa, Carmelite water
Melissinsäure f / melissic acid
Meliszucker m (Zuck) / titlers pl
Melitose, Melitriose, Raffinose f / raffinose, melit[ri]ose
Melk·... / milking ‖ ⬩**eimer** m / milking pail
melken / milk vt ‖ ⬩ n / milking
Melk·maschine f / mechanical milker, milking machine ‖ ⬩**stand** m (Landw) / milking parlour ‖ ⬩**zeug** n / teat cup cluster ‖ ⬩**zeugreiniger** m / milking machine washer
Mellit, Honigstein m (Min) / mellite, honey stone
Mellithsäure, Benzolhexacarbonsäure f / mellitic acid, mellic acid (US)

Melodie f / strain, tune

melodisch·es Pausenzeichen (Elektronik) / chime ‖ ~es **Zeichen** (Fernm) / musical tone

Meltau, Honigtau m (Landw) / honey dew

Melton m (Textil) / melton, admiralty cloth ‖ ~**ausrüstung** f (Textil) / melton finish

Membran·[e] f (allg) / diaphragm, membrane ‖ ~, Zellwand f (Holz) / membrane ‖ ~**armatur** f (ein Ventil) / diaphragm valve ‖ ~**berstdruck** m / membrane burst pressure ‖ ~**deckel** m (Telefon) / diaphragm cap ‖ ~**element** n (Fluidik) / membrane element ‖ ~**filter** n / membrane o. molecular filter ‖ ~**gleichgewicht,** Donnangleichgewicht n (Biol) / membrane o. Donnan equilibrium ‖ ~**kolbensetzmaschine** f / diaphragm type washbox ‖ ~**lautsprecher** m / baffle [loud]speaker ‖ ~**potential,** Donnanpotential n / membrane potential, Donnan potential ‖ ~**pumpe** f / diaphragm pump ‖ ~**ring-Modusfilter** n (Wellenleiter) / diaphragm ring [mode] filter ‖ ~**schalter** m, Folienschalter m / pressure sensitive switch, membrane switch ‖ ~**[-Spannungs]zustand** m (Mech) / membrane state ‖ ~**spritze** f (Landw) / diaphragm sprayer ‖ ~**teller** m / diaphragm disk ‖ ~**vakuumpumpe** f / diaphragm vacuum pump ‖ ~**ventil** n / diaphragm valve ‖ ~**verdichter** m, -kompressor m / diaphragm-type compressor

Memory·-Legierung f / memory alloy, memorious metal ‖ ~-**Röhre** f (Elektronik) / memory tube ‖ ~ **Swapping** n, Speicheraustausch m (zwischen Haupt- u. Plattenspeicher) (DV) / memory swapping

Menaccanit m (Min) / menaccanite

Mendap-System n (Fernm) / Mendap system

Mendelejeffs System n, periodisches System der Elemente (Chem) / Mendeleev's table

Mendelevium n (OZ 101) / mendelevium, Md

Mendelismus m, Mendeln n / Mendelian inheritance, Mendelism

mendeln / mendelize

mengbar, mischbar / miscible, mixable

Menge f, Masse f / aggregate, bulk ‖ ~, Haufen m, Masse f / load, mass ‖ ~, Anzahl f / amount ‖ ~, große Zahl f / multitude ‖ ~, Quantität f / quantity ‖ ~, Portion f / portion ‖ ~, Liefermenge f / delivery, quantity delivered ‖ ~ (Math, DV) / set, group ‖ ~, Aggregat n (Math) / aggregate ‖ ~n f pl / quantities pl ‖ **[große]** ~, Masse f (allg, Math) / flow, flood ‖ der ~ nach / quantitative

mengen, [sich] ~ (o. mischen) / mingle vt [vi] ‖ **[sich] passend (o. harmonisch)** ~ / blend vt, [vi] ‖ ~**abhängig** (DV) / volume-sensitive ‖ ~**ausbringen** n / weight yield ‖ ~**bestimmung** f / quantitative determination ‖ ~**charakter** m / quantitative characteristic ‖ ~**durchsatz** m / throughput (GB), thruput (US) ‖ ~**einbringen** n (Aufber) / blending ‖ ~**einheit** f / unit of quantity ‖ ~**fluß** m / mass flow ‖ ~**geber** m / volume transmitter ‖ ~**herstellung** f / industrial scale manufacture ‖ ~**konstante** f (Elektronik) / Richardson constant ‖ ~**lehre** f / set theory, theory of sets ‖ ~**leistung** f / productive capacity, productivity, -tiveness ‖ ~**mäßig,** quantitativ / quantitative ‖ ~**mäßig bestimmen** / quantify ‖ ~**mäßiger Nachweis** (Chem) / quantification ‖ ~**mäßige Zusammensetzung,** Mengenverhältnis n / quantitative composition ‖ ~**mäßige Angaben** f pl / quantitative information ‖ ~**messer** m / volumeter ‖ ~**messer** m, Durchflußmesser m / [fluid] flow meter ‖ ~**produkt** n (Math) / Cartesian o. cross product, set product ‖ ~**regelung** f / rate control ‖ ~**regelventil** n / volume controlling valve ‖ ~**regler** m / volume governor ‖ ~**regler** m, Durchflußregler m / flow governor ‖ ~**regler** (z.B. für Gas) / quantity governor ‖ ~**regler** m (Öl) / choke ‖ ~**schliff** m / high-production grinding ‖ ~**schreiber** m / quantity recorder ‖ ~**strom** m, Massenstrom m / mass flux ‖ ~**strombild** n (Aufber) / weighted flow sheet ‖

~**teiler** m (Kraftstoff) / fuel distributor ‖ ~**teiler** m / flow divider ‖ ~**theoretisch** (Math) / set-theoretical ‖ ~**ventil,** (jetzt:) Stromventil n / flow control valve ‖ ~**verhältnis** n, mengenmäßige Zusammensetzung / quantitative proportion o. relation o. composition ‖ ~**verhältnis** n (Chem) / proportion of ingredients ‖ ~**verlust** m / loss of volume ‖ ~**vorwähler** m / predetermining o. preset counter ‖ ~**welle** f, Volumenwelle f (Wellenleiter) / bulk wave ‖ ~**wert** m, Quantil n / quantile ‖ ~**wirkungsgrad** m / quantity efficiency ‖ ~**wirkungsgrad** m, organisches Ausbringen (Aufber) / organic efficiency ‖ ~**zähler** m (Zapfsäule) / volumeter

Meng·futter n, Mengfrucht f (Landw) / dredge grain ‖ ~**getreide** n aus 2/3 Weizen u. 1/3 Roggen / meslin (2/3 wheat, 1/3 rye) ‖ ~**sieb** n (Hütt) / mingling riddle

Mengung f / mixing, mix

Mengungsverhältnis n / ratio of components o. of mixture o. of ingredients

Menilit m (Min) / menilite

meniskenförmig, sichelförmig / meniscal

Meniskus m, Meniskenglas n (Opt) / meniscal lens, meniscus ‖ ~, Kuppe f / concave meniscus [of water], convex meniscus [of mercury] ‖ ~**fernrohr** n / meniscus o. Maksutov telescope ‖ ~**linse** f (Opt) / meniscus lens

Mennige f, Bleirot n / lead oxide red, minium ‖ ~ **mit Bleichromatzusatz** / chromate minium ‖ **ein- o. zweimal erhitzte** ~ / minium oxidized once o. twice ‖ **gelbe** ~ / orange minium o. lead, yellow lead ‖ ~**kitt** m / red lead putty

Mensch m / man ‖ **vom** ~**en abhängige Zeit** (F.Org) / human-depending time ‖ **vom** ~**en verursacht** / man-induced

menschen·ähnlicher Roboter / android ‖ ~**flug** m, bemannter Flug (Raumf) / manned flight ‖ ~**führung** f / personal management ‖ ~**gedränge** n / crush, crowd ‖ **Belastung durch** ~**gedränge,** Menschenlast f / load by human crowd ‖ ~**kraft** f / man o. hand o. human power ‖ ~**kraft,** Arbeitskraft f / manpower

menschlich / human ‖ ~e **Arbeit** / human labour ‖ ~e **Beziehungen** f pl, Human Relations pl / human relations pl ‖ ~e **Informationsverarbeitung** / human information processing ‖ ~e **Kraft** / man power, power of man ‖ ~er **Kraftaufwand** / physical effort ‖ ~es **Versagen** / human error

Mensch·-Maschine… (DV) / man-machine… ‖ ~-**Maschine-Dialog** m / man-machine communications pl ‖ ~-**Technik-Verbundsystem** n, MTV-System n (DV) / joint man-machine system

Mensur f, Meßglas / graduated measuring glass, glass gauge ‖ ~, -zylinder m (Chem) / measure, measuring jar ‖ ~ (Akustik) / diapason

Menthol, Stearopten m / menthol ‖ ~ n / menthol, hexahydrothymol, peppermint camphor ‖ ~**artig,** -haltig / mentholated

Menü n (DV) / menu ‖ ~**gesteuert** / menu-driven ‖ ~**technik** f / menu technique

Mepacrin[um] n (Chem) / mepacrine

Mercaptan s. Merkaptan

Mercator·karte f / Mercator grid ‖ ~**projektion** f / Mercator's projection

Mergel m (Geol) / marl ‖ ~**boden** m / marly ground ‖ ~**grube** f / marl quarry ‖ ~**haltig** (Geol) / marly ‖ ~**kalk,** Kalkmergel m / marl lime ‖ ~**sandstein** m / marl sandstone ‖ ~**schiefer** m / marl slate o. shale, slaty marl ‖ ~**schieferton** m / marly mudstone ‖ ~**ton,** Tonmergel m / marl[y] clay, argillaceous o. clay marl ‖ ~**tonschicht** f / marl[y] clay layer

mergen, mischen (DV) / merge

Meridian m / meridian ‖ ~…, meridional (Astr) / meridional ‖ ~**durchgang** m (Astr) / meridian passage o. transit ‖ ~**ebene** f (Math) / meridian plane ‖ ~**instrument** n (Nav) / transit instrument ‖ ~**kreisel** m / meridian gyro

meridional, Meridian... / meridional ‖ ~**e Brennlinie** (Opt) / meridional focal line
Merino m (Web) / merino ‖ ~**garn** n / merino yarn ‖ ~**wolle** f / merino wool
Meristem n / meristem
Merkanweisung f (DV) / note statement
Merkaptal n / mercaptal
Merkaptan, Mercaptan n / mercaptan, thio-alcohol, thiol (US) ‖ ~**befreiung** f (Öl) / chelate sweetening ‖ ~**schwefel** m / mercaptan sulphur
Merkaptid n (Salz des Merkaptans) / mercaptide
Merkapto·benzothiazol n, MBT / mercaptobenzthiazole (accelerator for rubber) ‖ ~**essigsäure**, Thioglykolsäure f / thioglycol[l]ic acid
Merkaptol n / mercaptol
Merk·bit n (DV) / note o. noting bit ‖ ~**blatt** n (Bau) / code of practice
Merker m, Merkzeichen n (DV) / marker (GB), sentinel (US), tag [bit], flag ‖ ~ **setzen**, kennzeichnen (DV) / flag v, post v
Merk·farbe f / indicator colour ‖ ~**kopf** m (Videoband) / cue head
merklich / sensible
Merkmal, Kennzeichen n (allg) / note, characteristic, feature ‖ ~, Attribut n / attribute ‖ ~**e**, Daten n pl / specification ‖ ~ n **einer Erfindung** / element of an invention ‖ ~**analyse** f (DV) / feature analysis
Merkmals·klasse f / category ‖ ~**modifikation** f / modality ‖ **mit mehreren** ~**variablen** (Statistik) / multivariate
Merkmal·verteilungsdichte f (Aufber) / particle characteristic frequency density ‖ ~**verteilungssumme** f (Aufber) / particle characteristic cumulative quantity
Merk·name m / mnemonic name ‖ ~**spur** f (Videoband) / cue track ‖ ~**ton** m (Videoband) / cue tone
Merkurblende f (Min) / cinnabarite
Merkuri..., Quecksilber(II)-... (Chem) / mercuric
Merkurierung, Umsetzung mit Quecksilbersalz f (Chem) / mercuration
Merkurirhodanid, Quecksilber(II)-rhodanid n / mercuric thiocyanate o. sulfocyanate o. sulfocyanide
Merkuro..., Quecksilber(I)-... (Chem) / mercurous
Merkuro·chlorid n / mercurous chloride, calomel ‖ ~**tannat** n / hydrargotin
Merk·zeichen n (Buch) / guide mark ‖ ~**zeichen** n, Merker m (DV) / marker, sentinel, tag [bit], flag ‖ ~**zeichen** n (Bergb) / pin, mark, sign ‖ ~**zeiger** m / adjustable o. reference pointer
Mero·gonie f (Biol) / merogony ‖ ~**morph** (Math) / meromorphous ‖ ~**trop** / merotrop[ic] ‖ ~**tropie** f / merotropy, -tropism ‖ ~**xen** m (Min) / meroxene
Mersennesche Zahl, M_n / Mersenne number, M_n
Mersol n (Chem) / mersol ‖ ~**ate** n pl (oberflächenaktive Stoffe) / mersol soaps pl
Mersolierung f / mersolation
Merzerisierechtheit f / fastness to mercerizing
merzerisieren, mercerisieren (Textil, Pap) / mercerize ‖ ~ n, -ierung f / mercerizing, mercerization
Merzerisier·foulard m / mercerizing mangle o. pad ‖ ~**hilfsmittel** n / mercerizing assistant ‖ ~**lauge** f (Textil) / mercerizing liquor ‖ ~**maschine** f (Textil) / mercerizing machine
MES (Schiff) = magnetischer Eigenschutz
Mesatransistor m / mesa transistor
Mesh n (Sieb) / mesh size
...-mesh-Sieb n / ...-mesh screen **mesh-Sieb** n, **40** ~ / 40 mesh sieve o. screen
Mesiallinie f / mesial (between distal and proximal)
mesisch (Nukl) / mesic
Mesi·tinspat m (Min) / mesitite ‖ ~**tylen** n / mesitylene ‖ ~**tyloxid** n (Chem, Lösungsmittel) / mesityl oxide
Mesnager-Probe f (Mat.Prüf) / Mesnager test piece
Mesnyschaltung f (Elektronik, Höchstfrequ.) / Mesny circuit

Meso·benthos n (Meeresboden-Benthos zwischen 400 u. 1000 m Tiefe) / mesobenthos ‖ ~**dynamik** f / meson dynamics ‖ ~**kolloid** n / mesocolloid ‖ ~**lith** m (Min) / mesolite ‖ ~**mer** (Chem) / mesomeric ‖ ~**merie**, Resonanz f (Nukl) / mesomerism ‖ ~**merie** f **im Benzolkern** (Chem) / intra-annular tautomerism ‖ ~**morph** (Krist) / mesomorphous ‖ ~**morphe Phase**, kristalline Flüssigkeit / liquid crystal, crystalline liquid
Meson n (Nukl) / meson ‖ μ-~, Myon n (Phys) / muon, my-o. μ- o. mu-meson ‖ **neutrales o.** ν-~, Neutretto n / neutral meson, neutretto ‖ π-~, Pion n / π-meson, pion ‖ ~**atom** n / mesonic atom
Mesonen·... / mesonic ‖ ~**bahn** f / meson track ‖ ~**feld**, Kernfeld n (Nukl) / meson field ‖ ~**komponente** f / mesonic component
Mesonium n / mesonium
Meson·-Molekül n / mesic molecule
Meso·pause f (80-85 km Höhe) / mesopause (atmosphere) ‖ ~**phil** (bei 10-40 °C gedeihend) (Bakterien) / mesophilic ‖ ~**saprobien** pl / mesosaprobes pl ‖ ~**säure** f / meso-acid ‖ ~**-Scale-Zirkulation** (Luft) (10-500 km) / mesoscale circulation ‖ ~**siderit**, Steinmeteorit m / mesosiderite ‖ ~**sphäre** f (35-80 km Höhe) / mesosphere, middle atmosphere ‖ ~**thermal**, mittelthermal (Geol) / mesothermal ‖ ~**thor[ium]** n (Nukl) / mesothorium, MsTh ‖ ~**thorium I** (OZ = 88) / mesothorium I, MsTh¹ ‖ ~**thorium II** (OZ = 89) / mesothorium II, MsTh² ‖ ~**weinsäure** f / mesotartaric acid
Mesoxalsäure, Ketomalonsäure f / mesoxalic acid
Meso·zoikum n / Mesozoic ‖ ~**zoische Kohle** / mesozoic coal
Mesquitegummi, Sonoragummi n / mesquite gum
Meß·abweichung, Drift f (Meßinstr) / drift ‖ ~**abweichung** f, -fehler m / error of dimension ‖ ~**ader** f, -leitung f, -draht m (Fernm) / pilot wire, P-wire, (Siemens:) c-wire ‖ ~**ader** f **des Kabels** / test o. second wire of the cable ‖ ~**anordnung** f / set-up of measuring instruments ‖ ~**apparat** m / measuring apparatus o. device o. instrument ~**apparat** m, Dosierapparat m / dosing apparatus ‖ ~**apparatur** f / measurement equipment ‖ ~**arm** m, Alhidade f (Sextant) / index arm, alidade ‖ ~**automat** m / automatic testing equipment, ATE ‖ ~**bake** f (Funk) / radio beacon, aerophare ‖ ~**ballon** m / sounding balloon ‖ ~**band** n (Verm) / measuring tape, tape measure, tapeline (US) ‖ ~**bank** f, -schiene f / measuring bench
meßbar, ausmeßbar / measurable, mensurable ‖ ~**e Größe** / measurable quantity ‖ ~**er Zeitabschnitt** / measurable fraction of time
Meß·batterie f / testing battery ‖ ~**becher** m / fuel measure ‖ ~**bedingungen** f pl / measurement conditions pl ‖ ~**behälter** m / rating tank ‖ ~**behälter**, -tank m / measuring tank ‖ ~**bereich** m (Instr) / measuring range o. capacity, range of an instrument ‖ ~**bereich** m, Skalenbereich m / scale range o. span ‖ ~**bereich** m (Regeln) / span ‖ ~**bereich** m (NC) / measuring range ‖ ~**bereichregelung** f / measuring range control ‖ ~**bereichs-Endwert** m (Instr) / rating ‖ **einsteckbare** ~**bereichspule** / plug-in range bobbin ‖ ~**bereichsschalter** m, -umschalter m (Elektr) / range switch, scale switch ‖ **den** ~**bereichsschalter umschalten** / scale-switch v ‖ ~**bereichsumfang** m (Instr) / span ‖ ~**bereichs-Vorschaltwiderstand** m (Instr) / range multiplier ‖ ~**bildkammer** f / photographic surveying camera ‖ ~**bildverfahren** n (Verm, Luftf) / photogrammetry, metrophotography ‖ ~**blende** f (Opt) / measuring diaphragm ‖ ~**blende** f (Hydr) / sharp-edged orifice, orifice gauge, plate orifice, metering orifice ‖ ~**bolzen** m (Mikrometer) / screw, spindle ‖ ~**brief** m (Schiff) / rating certificate, measurement certificate ‖ ~**brücke** f (Elektr) / measuring bridge, resistance bridge ‖ ~**buchse**, Prüfklinke f (Fernm) / test jack ‖ ~**bunker** m / gauging hopper ‖ ~**bürette** f / graduated burette ‖

~bürste f (Elektr) / pilot brush ||
~daten-Empfangsanlage f (Raumf) / read-out station ||
~dorn m / barrel o. plug gauge || ~dose, Kraftmeßdose f / load cell, fluid ga[u]ge chamber || ~draht m / potentiometer wire || ~draht m, -leitung f, -ader f (Fernm) / pilot wire, P-wire, (Siemens:) c-wire || ~draht m (in der Teilnehmerleitung) (Fernm) / S-wire (sleeve wire) || ~[draht]brücke f (Elektr) / slide wire bridge || ~dreieckverfahren n (Verm) / equalization of boundaries, give-and-take lines method || ~druck m, Meßkraft f / measuring pressure || ~durchführung f (Vakuum) / instrumentation feedthrough || ~düse f / measuring nozzle || ~düse f für Flüssigkeiten / choke for measuring of liquid flow || ~düse f in Parabelform / parabolic o. German nozzle

Messe f (Schiff) / mess || ~, Ausstellung f / fair
Meß·ebene f / measuring plane || ~einheit f / unit of measurement || ~einrichtung f (als System) / measuring system || ~einsatz m / gauge slide || ~elektrode f / meter electrode || ~empfindlichkeit f / measuring sensitivity

messen vt / meter, measure || ~ (Verm) / observe || ~, eichen / gauge v || ~ vi, Abmessungen haben / measure vi, have a specified measurement || ~ / measure vi || ~ n, Messung f / metering, measuring, mensuration || ~ im Walzspalt / in-gap gauging || ~ mit Kaliber / gauging || ~ und Regeln / instrumentation and control || amtliches ~ (von Kohlen, Getreide) / metage || die Wassertiefe ~, loten / sound vt, fathom vt
messend, Meß… / measuring
Messenger-RNS f (Chem) / messenger RNA
Messer[1], Schneide f (Wzm) / cutter, cutting edge || ~ n / knife, blade || ~ (Elektr) / switch blade || ~ (des Straßenaufreißers) / bit (of the scarifier) || ~ (hin- und hergehendes) / sickle
Messer[2], Meßapparat m / measuring device o. apparatus || ~, Zähler m / meter (US), metre, counter, counting apparatus o. device || ~, Vermesser m / ga[u]ger
Messer·bahn f / face of a blade || ~balken m (Tafelschere) / blade carrying rail || **[feststehender] ~balken** (Landw, Mähmaschine) / cutter bar || ~bestoßmaschine f / equalization machine for knives
Meßerdungsleiter m / measuring earth conductor
Messer·egge f (Landw) / knife o. pasture harrow || ~-Entrindungsmaschine f (Forstw) / knife barking machine || ~falz m (Buch) / knife fold || ~farbkasten m (Buch) / ductor-type ink fountain || ~feile f / cant o. hack file, knife file || ~fräser m / cutter head o. block || ~führungsplatte f (Mähm, Landw) / cutter bar wearing plate || ~furnier n / sliced veneer
Meßergebnis n / measuring result || ~, Ablesung f / test reading
Messer·grat m / wire edge, fin || ~griff m / haft of knife || ~halter m (Mähm, Landw) / cutter bar knife guide o. knife clip || ~haus n (Dreh) s. Meißelhalter || ~kasten m (Jacquard) / knife box, griffe box || ~klinge f / knife blade || ~klinge f (Mähm) / knife section || ~kontakt m (Elektr) / knife contact, blade contact || ~kopf, Bohrkopf m (Wzm) / boring head o. wheel || ~kopf (Fräsen) / inserted tooth milling cutter, cutter o. milling o. facing head || ~kopf m (Mähm) / knife head || an der Stirnseite schneidender ~kopf / face milling head || ~kopfhalter m (Mähm) / knife head guide || ~korb m (Jacquard) s. Messerkasten || ~leiste (Stecker) / multiple o. multipoint plug || ~leiste f für Testen / test contact strip || ~rollegge f (Landw) / rotary harrow || ~rücken m (Mähm) / knife back, non-cutting edge || ~schale f / knife scale || ~schälmaschine f (Pap) / disk barker || ~schälmaschine f (Forstw) / knife barking machine || ~schalter m (mit gefederten Messern) (Elektr) / knife o. blade switch, knife break o. edge switch || einfacher ~schalter (Elektr) / slow-break switch || ~scharf / very sharp || ~scheibe f / cutter o. knife disk || ~schmied m / cutler || ~schmiedarbeit, -ware f / cutlery || ~schneide

f, Schneidkante f / knife-edge, cutting edge of a knife || ~schneiden n (Stanz) / cutting with a single blade || ~schnitt m (Zange) / knife edge and anvil || ~schnittkorrosion f / knife-edge o. interfacial corrosion || ~sech n (Landw) / knife co[u]lter || ~spitze f / knife tip || ~stahl m / knife steel, cutlery steel || ~träger m / knife holder || ~umschalter m / double-throw knife switch || ~walze f, -welle f (Wzm) / cutter block || ~walze f (Pap) / rag engine cylinder || ~walze f der Sickenmaschine / cutter wheel || ~zeiger m (Instr) / edgewise pointer, knife-edge pointer || ~zeiger m (Elektr) / knife indicator || ~zylinder m (Buch) / cutting cylinder, knife cylinder

Meß·faden m für Entfernungen (Aufber) / distance measuring thread || ~fehler m / error of measurement || ~feinheit f (NC) / smallest measurable quantity || ~feldblende f (Opt) / measuring field diaphragm || ~felge f (Reifen) / measuring rim || ~film m (Tonband) / standard o. test tape, reference tape || ~fläche f / measuring surface || ~fläche f (Galv) / measuring area || ~flansch m / orifice flange || ~flasche f / graduated flask || ~fluchtstab m, Absteckstab m / picket || ~flügel m / hydrometric vane || ~folge f (von AD-Wandlern) / conversion rate (of analog-digital converters) || ~fühler, Fühler m / probe, sensor || ~fühlerimpuls m / sensor signal || ~funkenstrecke f / measuring spark gap || ~gefäß n, Maß n / measuring vessel || ~gefäß n, -kasten m (Zuck) / gauging tank || ~gefäß, -glas n / glass measure, graduated vessel || ~gegenstand m, Meßling m, Meßobjekt n / test object || ~gelände n (Elektronik) / test site || ~genauigkeit f / measuring accuracy, accuracy of measurement || ~generator m / signal generator || ~geometrie f (Opt) / measuring geometry || ~gerät n / measuring instrument || ~gerät n für Erdströme / electrotellurograph || ~gerät n für Induktivität, Kapazität und Impedanz / L-C-Z meter || ~gerät n mit elektrischer Anzeige / measuring instrument with electrical indication || ~gerät n mit Zeiger[anzeige] / deflection type meter || ~geräte n pl / measuring apparatus o. devices o. instruments pl, gauges pl || ~geräteausrüstung f, Instrumentarium n / instrumentation || ~gerinne f, -kanal m / flow-measuring flume, meter flume || ~gestell n / test bay || ~gesteuert (Wzm) / size-controlled || ~glas, Mensur f / graduated measuring glass, glass gauge o. measure || ~gleichrichter m / meter rectifier || ~glied n (Relais) / discriminating element || ~glied n / measuring component o. unit || ~glied, Vergleichsorgan n (Regeln) / error sensing device || ~größe f / quantity to be measured, measurable o. measured variable || ~größenumformer (DIN), Transducer m (Fernm, Elektronik) / transducer || ~harke f (Luftf) / mouse

Messing n, Ms / brass, yellow brass || ~…, von Messing / brassy, brass… || ~ für Kondensatorrohre / naval metal o. brass, Tobin bronze || ~ für Schiffbauzwecke (ca. 60 % Cu, 1 % Sn) / Admiralty o. naval brass (GB), Tobin bronze || ~ Ms 65 / high brass || ~ Ms 70 (70 % Cu, 30 % Zn) / cartridge brass || ~ Ms 90 (90 % Cu, 10 % Zn), Ms 90 / commercial brass, gilding metal || ~aus / brazen, brassy || ~blech n / brass plate o. sheet, sheet brass || dünnes ~blech mit Zinnzusatz / white latten || ~blech, beiderseits poliert / roll latten || ~bruch m / brass shruff, metal srap || ~buchse f / brass bush || ~draht m / brass wire || ~druckguß m / brass diecasting || ~farben, -artig / brassy, brazen || ~gießer m / brass founder, brazier || ~gießerei f / brass foundry, yellow metal foundry || ~guß m / brass casting || ~guß m (Werkstoff) / cast brass || ~linie f (Buch) / brass rule || ~platte f / brass plate || ~plattiert / brass plated || ~preßteil n / [hot] pressed brass part || ~rohr n / brass pipe o. tube || ~[schlag]lot n, Hartlot m / brazing solder o. spelter, spelters pl || ~schrott m / metal scrap || ~spatien n pl (Buch) / brass spaces pl || ~ware f, -geschirr n / brass ware

Meßinstrument n / measuring apparatus o. device o. instrument, ga[u]ge ‖ ⌐ **für Bohrungen** / internal measuring instrument ‖ ⌐ **für Neutronenfluß** / neutron flux measuring instrument ‖ ⌐ **mit Dauermagnet** / permanent magnet instrument ‖ ⌐ **mit Nullpunkt in der Skalenmitte** / center-zero instrument ‖ ⌐ **mit projizierter Skala** / projected scale instrument ‖ ⌐ **mit unterdrücktem Nullpunkt** / inferred-zero instrument
Meß·kabel n, Prüfkabel n / measuring cable ‖ ⌐**kammer** f / photogrammetric camera ‖ ⌐**kanal** m, -gerinne f / flow-measuring flume, meter flume ‖ ⌐**kanne** f **für Benzin** / measuring tin for gasoline (petrol) ‖ ⌐**-Kapazitätskasten** m / capacitance box ‖ ⌐**kasten** m / gauging tank ‖ ⌐**kegel** m (Bau) / mound, witness, old man ‖ ⌐**keil** m / measuring wedge ‖ ⌐**kette** f (Länge 66 ft = 20,12 m) (Verm) / chain, land- o. measuring o. surveyor's chain ‖ ⌐**klammer** f / snap-around ammeter ‖ ⌐**klemme** f / measuring terminal ‖ ⌐**kluppe** f (Forstw) / calipers pl, caliper rule, sliding ga[u]ge o. caliper ‖ ⌐**kolben** m (Chem) / volumetric flask, delivery flask ‖ ⌐**kollimator** m / focal collimator ‖ ⌐**kondensator** m / precision capacitor ‖ ⌐**kopf** m / measuring head, mount ‖ ⌐**kopf** m **für spezifische Ausstrahlung** / emittance head ‖ ⌐**kraft** f, Meßdruck m / measuring pressure ‖ ⌐**kreis** m (Elektr) / low-potential lead o. circuit ‖ ⌐**kreis**, Spannungskreis m (Elektr) / voltage o. pressure circuit ‖ ⌐**kreis** m, Nebenschlußkreis m (Instr) / shunt circuit ‖ ⌐**kreis** m, Teilkreis m / graduated circle, limb ‖ ⌐**kunde**, -technik f, -wesen n / metrology, mensuration ‖ ⌐**länge**, -strecke f / measuring length ‖ ⌐**länge** f (Prüfstab) / gauge length ‖ ⌐**latte** f (Verm, allg) / surveyor's staff ‖ ⌐**latte**, Nivellierlatte f / level[l]ing-staff o. rod, stadia rod ‖ ⌐**latte** f, -stab m (Bahn) / graduated ruler ‖ ⌐**latte für Basismessung** (Verm) / offset rod, measuring staff ‖ ⌐**latte** f **für Fernablesung** (vom Vermessenden aus) (Verm) / self-reading staff ‖ ⌐**-Lege-Maschine** f (Textil) / measuring and folding machine ‖ ⌐**leitung** f (Elektr) / instrument leads pl ‖ ⌐**leitung** f (Wellenleiter) / slotted line, slotted [measuring] section ‖ ⌐**leitung** f (Fernm, Siemens) / C-wire, testing o. holding wire ‖ ⌐**linie** f (Radar) / sweep ‖ ⌐**marke** f (Keram) / pop mark ‖ ⌐**marke** f (Mat Prüf) / reference mark ‖ ⌐**maschine** f (allg) / measuring o. metering machine ‖ ⌐**maschine** f (für Abmessung o. Inhalt) / ga[u]ging machine ‖ ⌐**methode** f / measuring method o. technique ‖ ⌐**mikrophon** n / standard microphone o. transmitter ‖ ⌐**mikroskop** n, -lupe f / measuring o. reading microscope o. telescope ‖ ⌐**mikroskop** n, -lupe f (zum Messen kleiner Höhenunterschiede) / cathetometer ‖ ⌐**moment** n (Meßinstr) / driving torque ‖ ⌐**motor** m (Regeln) / integrating motor ‖ ⌐**nabe** f (Motorprüfung) / dynamo hub ‖ ⌐**nadel** f / measuring probe ‖ ⌐**objekt** n / test object ‖ ⌐**okular**, Okularmikrometer n / micrometer eyepiece ‖ ⌐**ort** m, -punkt m, -stelle f / measuring point ‖ ⌐**oszilloskop** n / precision oscilloscope ‖ ⌐**pegel** m (Elektr) / test level ‖ ⌐**pegel** m, absoluter Spannungspegel (Fernm) / through level (GB), expected level (US) ‖ ⌐**pipette** f / graduated o. scale pipette ‖ ⌐**pipette** f **für teilweisen Ablauf** / graduated pipette for partial delivery ‖ ⌐**pipette** f **mit völligem Ablauf** (Chem) / graduated pipette for delivery to jet, swift delivery pipette ‖ ⌐**platz** m / measuring desk o. position, test assembly o. set-up o. rig ‖ ⌐**prinzip** n / principle of measurement ‖ ⌐**prisma** n / measuring vee ‖ ⌐**probe** f / test sample ‖ ⌐**protokoll** n / test certificate ‖ ⌐**punkt** m / measuring point, spot mark ‖ ⌐**punkt** m (Regeln) / data point ‖ ⌐**punkt** m (mit anzeigenden oder schreibenen Instrumenten), Meßstelle f, -stelle f / metering point ‖ ⌐**punkt** m, Kontrollpunkt m / check point ‖ ⌐**rad** n (Verm) / [per]ambulator, odometer, surveying o. measuring o. metering wheel ‖ ⌐**rad für Landkarten** / map measurer, opisometer ‖ ⌐**rahmen** m, Lademaß n (Bahn) / loading ga[u]ge ‖ ⌐**rahmen** m

für Zuschläge (Bau) / measuring frame ‖ ⌐**raum** m, Feinmeßraum m / room for precision measuring ‖ ⌐**reaktor** m (Nukl) / source reactor ‖ ⌐**rechen** m (Luftf) / rake, comb ‖ ⌐**reihe** f / series of measurements ‖ ⌐**rohr** n / meter tube, graduated tube ‖ ⌐**schacht** m (Öl) / stilling well ‖ ⌐**schalter** m / test switch ‖ ⌐**schaltung** f (Elektr) / connections for measurement pl ‖ ⌐**scheibe** f / test record ‖ ⌐**schieber** m, Schieblehre f / caliper gauge ‖ ⌐**schiene** f, -bank f / measuring bench ‖ ⌐**schleife** f / loop of the measuring circuit ‖ ⌐**schnabel** m / measuring jaw ‖ ⌐**schneide** f / measuring knife edge ‖ ⌐**schrank** m (Fernm) / test desk ‖ ⌐**schraube** (DIN), Bügelmeßschraube f / micrometer [gauge], (US coll:) mike ‖ ⌐**schreiber** m / operations recorder ‖ ⌐**schwert** n (Hütt) / test rod, gas probe ‖ ⌐**sender** m (Funk) / standard signal generator, test oscillator (US) ‖ ⌐**sender** m, Wellengenerator m (Elektronik) / waveform generator ‖ ⌐**signal** n (TV) / test o. measuring signal ‖ ⌐**signalgenerator** m / test signal o. test pattern generator ‖ ⌐**sonde** f, -kopf m / measuring head ‖ ⌐**spannung** f (Elektr) / measuring voltage ‖ ⌐**spannung** f **des Meßwertdruckers** / code voltage of a digital converter ‖ ⌐**spitze** f / test prod ‖ ⌐**spule** f (Goniometer) / exploring coil ‖ ⌐**stab** m (für Kraftstoff) / fuel level plunger ‖ ⌐**stab** m, -stange f (Verm) / measuring stick ‖ ⌐**stab** m, -latte f (Bahn) / graduated ruler ‖ **stelle** s. auch Meßpunkt ‖ ⌐**stelle** f (Wassb) / measuring point ‖ ⌐**stelle** f (Thermoelement) / hot-junction ‖ ⌐**stellenabtaster** m / scanner ‖ ⌐**stellenumschalter** m / measuring point change-over switch ‖ ⌐**stempel** m (Bergb) / dynamometer prop ‖ ⌐**steuerung** f (NC) / dimensional control ‖ ⌐**stickstoff** m (Reaktor) / instrument nitrogen, measuring nitrogen ‖ ⌐**stift** m / measuring pin ‖ ⌐**strahl** m (Interferometer) / working beam ‖ ⌐**strecke** f, gemessene Strecke / measured length o. section ‖ ⌐**strecke** f (Luftf) / speed course ‖ ⌐**strecke** f (Windkanal) / working section ‖ ⌐**streifen** m (Meßtechnik) / measuring tape ‖ ⌐**strich** m / gauge mark ‖ ⌐**strom** m (Fernm) / C-wire (Siemens) o. S-wire current, holding-wire current ‖ ⌐**stromkreis** m (Instr) / measuring circuit ‖ ⌐**sucher** m (Phot) / coupled rangefinder, combined view- and rangefinder ‖ ⌐**system** n, -werk n (Instr) / measuring unit o. equipment ‖ ⌐**systemnullpunkt** m (NC) / zero point of measuring system ‖ ⌐**tank**, -behälter m / measuring tank ‖ ⌐**tasche** f (Hütt) / gauging hopper ‖ ⌐**taste** f, Prüftaste f (Fernm) / test key ‖ ⌐**technik** f, -kunde f / metrology ‖ ⌐**technik** f, -methode f / measuring method o. technique ‖ ⌐ ablesender **techniker** / observer ‖ ⌐**tisch** m / measuring table ‖ ⌐**tisch** m (Verm) / plane table, surveyor's board o. table, anvil ‖ ⌐**tischaufnahme** f / plane survey, plane tabling ‖ ⌐**tischblatt** n, (jetzt:) topografische Karte / plane survey sheet [scale 1 : 25000] ‖ ⌐**tischphotogrammetrie** f / plane photogrammetry ‖ ⌐**ton** m / reference tone, ref-tone line-up tone ‖ ⌐**transformator** m, -trafo m / measuring transformer ‖ ⌐**transformator** m s. auch Meßwandler ‖ ⌐**trog** m / measuring trough ‖ ⌐**trommel** f / graduated o. micrometer drum ‖ ⌐**trupp** m / surveyor's o. surveying gang ‖ ⌐**truppkennziffer** f (Fernm) / crew factor ‖ ⌐**uhr** f, Feinzeiger m (DIN) / dial gauge, indicating caliper (US), dial test indicator ‖ ⌐**uhr** f, Zähluhr f / metering clockwork ‖ ⌐**umformer** m / measuring transducer o. transmitter ‖ ⌐**umschalter** m / measuring o. testing commutator o. switch ‖ ⌐**- und Regeltechnik** f / measuring and control engineering ‖ ⌐**- und Dosiergerät** n / proportioning apparatus ‖ ⌐**- und Regeltechnik** f / mensuration and control techniques pl
Messung f, Messen n / measurement, mensuration ‖ ⌐, Ablesung f, Vor- o. Rückblick m (Verm) / sight ‖ ⌐ (mit anzeigenden o. schreibenden Instrumenten) / metering ‖ ⌐, Messen n, Aus-, Vermessung f, -messen n / mensuration ‖ ⌐ **der Eigenschwingung** / measurement

of the natural frequency || ~ **der**
Radialgeschwindigkeit / range rate measuring || ~ **der**
spektralen Ebenheit (Fernm) / spectral flatness measure
|| ~ **der Strahlendosis** / monitoring for radiation || ~ **im**
Beharrungszustand / steady-state measuring || ~ **in**
Metern / linear measuring in meters || ~ **mechanischer**
Schwingungen / vibration test || ~ **mittels**
Tyndallkegel / tyndallimetry || ~ **über [den**
elektrischen] Widerstand / resistometric measurement
|| ~ **verschiedenartiger Farben** / heterochromatic
photometry || ~ **von Glätte** (Masch) / measuring the
smoothness || ~ **während der Bearbeitung** / in-process
measurement || **eine** ~ **machen** / take a measurement
Meß·ungenauigkeit f / measuring inaccuracy ||
~**unsicherheit** f / measuring incertainity || ~**urkunde** f
(Schiff) / rating certificate, measuring certificate ||
~**verfahren** n / measuring system o. method ||
~**verstärker** m / measuring o. meter o. test amplifier ||
~**vorrichtung** f / measuring apparatus o. device o.
instrument || ~**wagen** m / measuring carriage || ~**wagen**
m, Dynamometerwagen m / dynamo car || ~**walze** f /
measuring roller || ~**wandler** m (Elektr) / instrument o.
measuring o. pilot transformer || ~**wandler** m (Fernm,
Elektronik) / transducer || ~**wandler** m **in Sparschaltung**
/ instrument autotransformer || ~**warte** f (Hütt) /
measuring station || ~**weg** m / measuring path || ~**wehr**
n, Absturzwehr n (Hydr) / tumbling bay, meter fall o.
drop || ~**wehr** n, Absturzwehr n (Hydr) / meter fall o.
drop || ~**wehr** n **mit Einschnitt** / notched weir || ~**wehr**
n **mit Einschnitt** / measuring o. notched weir || ~**wehr**
n **mit scharfer Kante** / sharp-crested weir || ~**werk** m,
-gerät n, -uhr f, Zählwerk n / meter (US), metre,
counter, counting apparatus o. device || ~**werk** n (als
Ganzes) (Meßinstr) / [meter] movement, works pl ||
~**werk** n, -system n / measuring unit o. equipment ||
~**werkzeug**, Maß n / measuring tool o. instrument ||
Meßwert m, ablesener Wert / reading || ~, gemessener
Wert / measured quantity o. value || ~, zu messender
Wert / measured value || ~**abfragesystem** n / data
scanning system || ~**abtaster** m (Funk) / data scanner ||
~**anzeiger** m (Funk) / data o. event recorder ||
~**aufbereitung** f (Regeln) / signal conditioning ||
~**aufnehmer** m / transducer || ~**drucker** m / digital
recorder
Meßwerte drahtlos übertragen / telemeter
Meßwert·erfasser m (Elektronik) / data logger ||
~**erfassung** f (NC) / measuring || ~**fernübertragung** f
(Regeln) / telemetry || ~**-Fernübertragung** f, Telemetrie
f / remote sensing, telemetering || ~**geber** m /
measurement transducer, sensor, pick-off, pick-up,
primary element || ~**geber**, Transmitter m / transmitter
|| ~**geber** m (für Kräfte) / force meter || ~**linien** f pl
(Instr) / chart scale lines pl || ~**plotter** m / data plotter ||
~**schreiber**, -drucker m / data o. event recorder, data
logger || ~**übertragung** f / transmission of measured
values o. quantities || ~**umformergruppe** f / transducer
bank || ~**-Umkehrspanne** f / hysteresis error ||
~**umsetzer** m / transducer, translating device ||
~**-Verarbeitungssystem** n / feedback gauging system ||
~**verschiebung** f (Meßinstr) / offset
Meß·wesen n, Messen n / metrology ||
~**-Wickel-Maschine** f (Textil) / measuring and rolling
machine || ~**widerstand** m / precision resistor ||
~**widerstand** m (Instr) / multiplier [resistor] ||
~**zählrohr** n / measuring counter tube || ~**zange** f /
tong-test instrument || ~**zeit** f (Zähler) / gate time ||
~**zelle** f (Vakuum) / gauge head || ~**zentrale** f /
measuring center || ~**zerhacker** m (Elektronik) / chopper
|| ~**zeuge** n pl / measuring tools pl || ~**ziffer** f / index
number || ~**zirkel** m / measuring compasses pl ||
~**zweck** m / measuring o. testing purpose || ~**zyklus** m /
measuring run on a balancing machine, measuring cycle
Meta·-Anthrazit m (Bergb) / meta-anthracite || ~**bolismus**
m, Stoffwechsel m / metabolism || ~**bolit** m (Biol) /

metabolite || ~**borsäure** f / metaboric acid ||
~**chromatin** n (Biol) / metachromatin || ~**chromatisch**
(Mikrosk) / metachromatic || ~**chromfärben** n /
metachrome o. monochrome dyeing || ~**dyne** f (eine
Querfeldmaschine) (Elektr) / metadyne ||
~**dyne-Generator** m (Elektr) / metadyne generator o.
machine || ~**file** m (DV) / metafile || ~**galaxis** f (Raumf) /
metagalaxis
Metaldehyd m (Chem) / metaldehyde, meta (US)
Metall n / metal || ~ **im Brechgut** / tramp metal || ~ **mit**
Formerinnerungsvermögen / memorious metal,
memory alloy || **edles** ~, Edelmetall n / precious o.
noble metal || **Nichteisen-**~ / nonferrous metal ||
unedles ~ / base metal || ~**abfall**, Schrott m / metal
scrap || ~**abfall** (Hütt) / skimmings and drosses pl ||
~**abschirmung** f **der Fassung** (Elektr) / center shield of
a socket || ~**ähnlich**, -artig / metalliform, metallic,
metalloid, metalline || ~**-Aktivgas-Schweißen**, MAG-
Schweißen n / activ-gas metal-arc welding || ~**alkyl** n /
alkyl metal || ~**ammin** n, -ammoniakat n / metal
ammoniacate || ~**analysiergerät** n / metal analyzer ||
~**arbeiter** m / metal worker || ~**artig**, -ähnlich /
metalloid adj || ~**asbestdichtung** f / metal asbestos
gasket || ~**ätzung** f / metal etching || ~**auflage** f / metal
coat[ing] o. plating || ~**aufspritzen** n (mit Pistole) /
metallization, metal spraying || ~**auftrag** m (Galv) /
plating charge || ~**ausbringen** n (Bergb) / metal yield ||
~**backenbremse** f / metal-to-metal [shoe] brake || ~**bad**
n / molten metal bath || ~**badfärbemaschine** f (Textil) /
molten metal dyeing machine || ~**badfixierung** f,
Fixierung f im Metallbad (Textil) / molten metal
thermosetting machine || ~**bandsäge** f / metal-cutting
band saw || ~**barometer** n, Aneroid n / aneroid
barometer || ~**bau** m / shopwindow construction ||
~**bearbeitungsmaschine** f / metal working machine ||
~**bearbeitungsöl** n / oil for processing metals, metal
working oil || ~**bedampfter Papierkondensator**, MP-
Kondensator m / metallized paper condenser ||
~**bedampfung** f / metallizing, cathodic sputtering ||
~**bedampfungsanlage**, Bedampfungsanlage f /
metallizer || ~**bedampfungsschicht** f / coat of
vapourized metal || ~**beize** f (Textil) / metallic mordant ||
~**belag** m / metal coat o. lining || ~**bergwerk** n, -mine f
/ metal mine || ~**beschlag** m, -beschläge m pl / metal
fittings o. furnishings o. mountings pl || ~**beschlag** m,
-haut f (Bau) / metal trim || ~**beschlagen**, -verkleidet /
metal-clad || ~**bindung** f (Chem) / metallic bond ||
~**blattbürste** f (Elektr) / copper strip brush || ~**blech** n /
sheet metal || ~**bohrer** m / twist drill [bit] ||
~**[bohr]späne** m pl / metal borings o. bore chips pl ||
~**buchse**, -büchse f, -futter n / metal bush[ing], brass ||
~**chemie** f / chemistry of metals, metallochemistry ||
~**dämpfe** m pl / metallic fume || ~**dampflampe** f /
metal vapo[u]r lamp || ~**detektor**, -sucher m / metal
detector || ~**dichtung** f (Dampfm) / metallic packing o.
gland || ~**draht** m / metal wire || ~**draht** m (Lampe) /
metal filament || ~**drahtgewebe** n / woven metal wire
cloth || ~**drahtlampe**, -fadenlampe f /
metal[lic]-filament lamp || ~**drehbank** f, -drehmaschine
f / metal turning lathe || ~**dreher** m / metal turner ||
~**drücken** n (Wzm) / metal spinning || ~**-Druckfarbe** f /
metal printing ink || ~**druckmaschine** f / metal-printing
machine || ~**druckverfahren** n / metal printing ||
~**effekt** m / metallic effect || **mit** ~**effekt lackieren** /
bronze v || ~**effektfaden** m (Textil) / metal-coated yarn ||
~**effektfarbe** f, -lack m / bronze paint o. varnish ||
~**einlage** f / intermediate metal ply || ~**einsatz** m (Hütt) /
metallic charge || ~**einschluß** m / metal inlay ||
~**elektrode** f (Schweiß) / metal electrode || ~**erz** n /
metalliferous ore || ~**faden** m (Lampe) / metal filament ||
~**fadenlampe** f / metallic-filament lamp || ~**farbe** f /
metal colour || ~**färbelösung** f (für Kupfer) / bronze
liquor (made of chloride of antimony and sulfate of
copper) || **anodische** ~**färbung** / colouring of metal by

673

anodic oxidation ‖ **chemische ⌐färbung** / metallochrome, -chromy ‖ **~faserverstärkter Kunststoff**, MFK / metal fiber reinforced plastic ‖ **⌐fenster** n / window with metal frame ‖ **⌐filmkathode** f / metal film cathode ‖ **⌐filmsonde** f (Regeln) / metal film probe ‖ **⌐folie** f, Blattmetall n / leaf metal, metal foil ‖ **⌐folie** f / metal foil ‖ **⌐form** f, Kokille f (Gieß) / ingot mould, chill ‖ **~frei** / free from metal ‖ **⌐fußventil** n (Pneu) / metal base valve ‖ **⌐garn** n / metallic o. metallized yarn ‖ **⌐-Gate-Feldeffekttransistor** m / metal gate field-effect transistor ‖ **⌐gatter** n / metal gate ‖ **⌐gaze** f / metal o. wire ga[u]ze ‖ **⌐[gefäß]-Gleichrichter** m (Elektr) / metal-tank rectifier ‖ **~gefaßte Dichtung** / metal jacketed gasket ‖ **⌐gehalt** m von Erzen / yield of ores ‖ **⌐gehäuse** n / metal casing ‖ **⌐gelenk** n (Brille) / metal hinge ‖ **⌐gerüst** n / metal frame ‖ **~geschützt** / metal sheathed ‖ **⌐gewebe** n / metallic tissue, metallic cloth, wire cloth o. fabric o. netting, metallic woven fabric ‖ **⌐gewebeeinlage** f / flexible braided metal liner ‖ **⌐gewinnung** f / extractive metallurgy ‖ **⌐gießer** m (Person) / pourer, ladle man ‖ **⌐gießer** m (Beruf) / metal founder ‖ **⌐gießerei** f / [yellow] metal foundry ‖ **⌐glanz** m / metallic lustre ‖ **⌐glasurschicht** f (Widerstand) / metal glaze film ‖ **⌐glasurschicht-Widerstand** m / metal glaze film resistor ‖ **⌐-Glasverschmelzung** f / glass-to-metal seal ‖ **⌐gleichrichter** m (veraltet) / steel-tank o. steel-clad rectifier, tank rectifier ‖ **⌐-Gummi-Verbindung** f / rubber-metal connection ‖ **⌐guß** m (Erzeugnis) / cast metal ‖ **⌐guß** m, -gießen n / metal casting ‖ **⌐-Halogen-[Kurzbogen]lampe** f (Opt) / metal halide lamp ‖ **~haltig**, -führend, -reich, -trächtig (Bergb) / metalliferous ‖ **⌐höcker** m (IS) / bump ‖ **⌐holz** n / metal-faced wood ‖ **⌐hütte** f / metallurgical works o. plant ‖ **⌐hüttenkunde** f / metallurgy ‖ **⌐hüttenschlacke** f / metal slag

Metallidieren n, Oberflächenlegieren n / metalliding
Metall·industrie f / metal producing and working industries ‖ **⌐-Inertgas-Schweißen** n, MIG-Schweißen n / inert-gas metal arc welding, MIG
Metallinienstern m (Astr) / metallic-line star
Metallisator m / metal spray gun o. spraying pistol, metallizing gun
metallisch, metallähnlich, -artig / metallic, metalline ‖ **~**, rein (Chem) / reguline ‖ **~e Abschirmung** (Elektronik) / metal screen ‖ **~er Behälter** / canister ‖ **~e Bindung** (Chem) / metallic bond ‖ **~es Blei** / blue lead ‖ **~er Brennstoff** (Nukl) / metallic fuel ‖ **~e Dichtung** / metal-to-metal joint ‖ **~er Fremdkörper** / tramp metal ‖ **~ gebunden** (Schleifscheibe) / metal bonded ‖ **~ glänzend** / with metallic lustre ‖ **~es Glas** / metallic glass, amorphous metal ‖ **~er Klang** / ring[ing] ‖ **~er Kratzenbeschlag** (Textil) / metallic card clothing ‖ **~e Kupplung** (Kfz) / metal-to-metal clutch ‖ **~e Leitung** (Phys) / metallic conduction ‖ **~es Natrium** / sodium metal ‖ **~es Pigment** (Farbe) / bronze [powder] ‖ **~er Querschnitt** (Elektr) / metallic section ‖ **~er Querschnitt** (Draht) (Elektr) / wire cross section ‖ **~er Satz** (Buch) / lead o. hot composition ‖ **~er Überzug** / metallic coating ‖ **~e Verbindung** (Elektr) / metallic bond o. joint ‖ **~es Verstärken** (integr. Schaltg.) / plating ‖ **~e Verzögerungslinse** (Antenne) / metallic delay lens, metal lens ‖ **mit ~em Treibstoff** (Reaktor) / metal fueled ‖ **~-nichtmetallisch** / metal-metalloid
metallisieren (Stoff) / metal-coat ‖ **~**, mit Metall bespritzen o. bedampfen / metallize, spray-shield ‖ **⌐** n, Metallisierung f / metallization ‖ **⌐**, Bedampfen n / vapour-deposition o. vaporization technique ‖ **⌐** (gedr.Schaltg) / plating
metallisiert, mit Metall bedeckt o. bespritzt o. bedampft / metallized ‖ **~es Papier** / metallized paper
Metall-Isolator-Halbleiter m / metal insulator semiconductor, MIS

metallithographiert / metal lithographed
Metall·kapselung f / metal protection, metal cladding ‖ **⌐karbid** n / metal carbide ‖ **⌐karde** f (Spinn) / wire card, metal teasel ‖ **~kaschiert** (gedr.Schaltg) / metal-clad ‖ **~kaschiertes Papier** / metallic paper ‖ **⌐kassette** f, -kästchen n / metal box, tin box ‖ **⌐kassette** f (Phot) / metal adapter ‖ **⌐kathode** f / metal cathode ‖ **⌐keramik** f, keramische Metallurgie / metal-ceramic ‖ **⌐-Keramik[-Kombination]** f / cermet ‖ **~keramisch** / of metal-ceramic, [of] cermet, ceramic/metal... ‖ **⌐kitt** m / metal bonding cement ‖ **⌐kleben** n / glu[e]ing of metals, metal bonding ‖ **⌐kleber** m / metal adhesive ‖ **⌐klötzchen** n, Kontaktklotz m / contact block ‖ **⌐klumpen** m, -stück n / slug ‖ **⌐kohle** f / metal bearing carbon ‖ **⌐kohle[bürste]** f (Elektr) / compound brush, metal bearing carbon [brush] ‖ **⌐komplexfarbstoff** m (Textil) / metallic complex dye, metallized dye ‖ **⌐komplexfärbung** f / metal complex dyeing ‖ **⌐-Komplexion** n / complexing metal ion ‖ **⌐komposition** f (Masch) / compo ‖ **⌐könig** m (Dokimasie) / metallic button ‖ **⌐könig** m (Hütt) / prill (a nugget of virgin metal) ‖ **in das Ofenfutter gedrungene ⌐körner** (Hütt) / cobbing ‖ **⌐krampen**, -steppen n / joining metal sheets by cramps ‖ **⌐kreissäge** f / circular metal saw ‖ **⌐kreissäge für Schlitzarbeiten** / metal slitting saw o. cutter ‖ **⌐-Kreissägeblatt** n / circular metal saw blade ‖ **⌐kristalle** m pl / metallic crystals pl ‖ **⌐kugelkopf** m (Drucker) / metal point wheel ‖ **theoretische ⌐kunde** / metallography ‖ **~kundlich**, metallografisch / metallographic ‖ **⌐lagerstättenkunde** f / metal deposit exploration [science] ‖ **⌐-Lattung** f / metal lathing ‖ **⌐legierung** f / metal alloy ‖ **⌐-Lichtbogenschweißen** n / metal arc welding ‖ **⌐mantel** m, -ummantelung f / metal coating o. sheath ‖ **⌐mantelkabel** n / metal-clad cable, metal sheathed cable ‖ **⌐mehl** n (als Düngerzusatz) (Landw) / metal meal ‖ **⌐-Metall-Klebung** f / metal-to-metal bonding ‖ **⌐-Metalloid-Sinterwerkstoff** m, Metall-Nichtmetall-Werkstoff m / sintered metal-metalloid material, metal-non metal material ‖ **⌐-Metalloxid-Werkstoff** m / metal-metal-oxide material ‖ **⌐mischung**, Speise f (Metallurgie) / metallic mixture ‖ **⌐möbel** n / metal furniture ‖ **⌐modifizierte Oxid** / metal-modified oxide ‖ **⌐nebel** m (Gieß) / metallic fume ‖ **⌐-Nitrid-Oxid-Silizium-Feldeffekttransistor** m, MNOS-FET / MNOS-FET ‖ **⌐oberflächenbehandlung**, -oberflächenbearbeitung (o. -veredlung) / metal finishing treatment o. surface treatment
Metallo·chromfärbung f / metallochrome ‖ **~grafisch** / metallographic ‖ **~grafische Prüfung** / micrographic examination ‖ **~grafischer Schliff** / metallographic section, microsection ‖ **⌐graph** m / metallographer ‖ **⌐graphie**, [theoretische] Metallkunde f / metallography
Metalloid, (unrichtig für:) Nichtmetall n / nonmetal
Metall·organica pl / organometallic compounds, organometallics pl ‖ **~organisch** / metallo-organic, organometallic, organomineral ‖ **~organische Verbindung**, Organometall n / organo-metallic compound ‖ **~oxid** n / metal[lic] oxide ‖ **⌐[oxid]farbe** f / oxide-of-metal paint ‖ **⌐oxid-Schaltelement** n (Halbl) / moxic ‖ **⌐oxidschicht** f / metal oxide film ‖ **⌐oxid-Transistor**, MOS-Transistor m / metal oxide semiconductor transistor, MOS transistor ‖ **⌐packung** f, -dichtung f / metallic packing ‖ **⌐papier** n / metallized paper, metal foil paper ‖ **⌐papierkondensator** m, MP-Kondensator m / metallized paper capacitor ‖ **⌐pigmentfarbe** f, -lack m / bronze paint o. varnish ‖ **⌐platte** f, -tafel f / plate of metal, [sheet] metal plate ‖ **⌐platte** f am Kopf eines Messers / bolster of a knife ‖ **⌐prägeanstalt** f, -prägerei f / metal-stamping shop o. works ‖ **⌐pressen** n / metal stamping ‖ **⌐profil** n / metal section ‖ **⌐profildichtung** f / coined metal gasket ‖ **⌐prüfung** f /

metallographic examination ‖ ~pulver n / metal powder, powder[ed] metal ‖ ~pulver-Spritzpressen n / PM-IM, powdered metal injection moulding ‖ ~putzmittel n / metal polish ‖ ~putzsand m / metal abrasive, grit for blasting ‖ ~raffination f / metal refining ‖ ~reflektor, -spiegel m (Illum) / metal reflector ‖ ~rest m (Gieß) / excess of metal ‖ ~ring m (Masch) / thimble ‖ ~rohr n / metal tube o. tubing o. pipe ‖ ~röhrenpresse f, -rohrpresse f / metal-tube making machine o. press ‖ ~rückstände m pl / metal residues pl ‖ ~säge f / metal cutting saw ‖ ~sägeblatt n / hack saw blade ‖ ~salz n, anorganisches Salz / inorganic o. metallic salt ‖ mit ~salzen imprägnieren (Chem) / metallize ‖ ~sand m / grit for blasting, metal abrasive ‖ mit einer ~schicht bedecken / metallize ‖ ~schicht-Festwiderstand m / fixed metal-film resistor ‖ ~schichtwiderstand m / metal film resistor ‖ ~schirmisolator m / metal cap insulator ‖ ~schlacke, Krätze f (Hütt) / dross, scoria containing iron ‖ ~schlauch m / flexible metal tube ‖ ~schlauch m (Kfz, Elektr) / flexible conduit ‖ ~schleifer m / emery wheel man ‖ ~schließzeug n (Buch) / metal quoin ‖ ~schmelze f / molten bath ‖ ~schonendes Papier / non-tarnish paper ‖ ~schraube f / machine screw ‖ ~schutz m / protection against corrosion ‖ ~schützendes Papier / anti-tarnish paper ‖ ~-Schutzgas-Schweißen n / gas[-shielded] metal-arc welding ‖ ~seele f (Seil) / metal core ‖ ~seelenkohle f / metal-cored carbon ‖ ~seife f (Chem, Textil) / metallic soap ‖ ~seife f, Seifenerz n (Hütt) / alluvial ore deposit ‖ ~seifen-Stabilisator m / metal soap stabilizer ‖ ~-Spaltstoff-Element n (Nukl) / metallic fuel element ‖ ~späne m pl / scobs pl ‖ ~späne m pl (Dreh) / turnings pl ‖ ~späne m pl, Bohrspäne m pl / borings pl, bore chips pl ‖ ~späne m pl, Feilspäne m pl / metal filings pl, scobs pl ‖ ~spiegel m / metallic mirror ‖ ~spiegel, -reflektor m (Illum) / metal reflector ‖ ~spiegel m (Opt, Med) / speculum ‖ ~-Spiegellinie f / flux line, metal level ‖ ~spitze f, Dorn m / tab, spike ‖ ~spritzen n / metal spraying ‖ ~spritzer m (Gieß) / metal projection ‖ ~-Spritzgießen n / metal injection moulding ‖ ~spritzpistole f / metallizing gun, metal-spraying pistol ‖ ~spritzverfahren n / metal [powder] spray process o. spraying ‖ [Schoopsches] spritzverfahren / schoopage, Schoop's metal spraying process ‖ ~stange f, -stab m / metal bar ‖ ~stangenpresse f, -strangpresse f / metal bar extrusion o. extruding press ‖ ~staub m / metallic powder ‖ ~staubabsaugvorrichtung f / metal dust extractor ‖ ~steg m / metal stud ‖ ~steppen, -krampen n / joining metal sheets by cramps ‖ ~stift m (eine Verzierung) / aglet ‖ ~strangpresse, -stangenpresse f / metal bar extruding o. extrusion press ‖ ~streifen, -stab m / slat ‖ ~suchgerät n / metal locator o. detector ‖ ~tafel f / metal sheet o. plate ‖ ~thermometer n / metallic thermometer ‖ ~tinte f / metal ink ‖ ~tröpfchen n in der Schlacke (Hütt) / prill ‖ ~tuch n / metallic cloth, metal cloth o. gauze ‖ ~überzug m, Kontaktüberzug m / contact plating ‖ ~überzug m durch das Metallspritzverfahren / sprayed metal sheathing, metal coating by metal spray ‖ ~umklöppelt (Kabel) / metal-braided ‖ ~ummantelung f, -mantel m / metal coating o. sheath

Metallurg[e] m / metallurgist

Metallurgie, [praktische] Metallkunde f / metallurgy

metallurgisch / metallurgic, metallurgical

metall·verarbeitende Industrie / metal-working industry ‖ ~verarbeitung f / metal working o. finishing ‖ dichtungslose ~verbindung / face-to-face joint ‖ ~vergiftung f / metal poisoning ‖ ~verkleidet, -beschlagen / metal-clad, -sheathed ‖ ~waren f pl / metal goods o. articles pl ‖ ~waren f pl, Blechwaren f pl / fabricated metal products pl ‖ ~warenfabrik f / metal-stamping shop o. works, metal-working factory, metal works ‖ ~warenindustrie f / pressed metal

industry ‖ ~-Wasserstoff-Zelle f / metal-hydrogen cell ‖ ~whisker-verstärkter Kunststoff, MWK / metal whisker reinforced plastics ‖ ~-Zellulose-Klebband n / metallized cellotape ‖ ~zerstäubung f durch Ionenbeschuß / sputtering of metals

Meta·magnetismus m / metamagnetism ‖ ~mathematik f / metamathematics ‖ ~merie f (eine Isomerie) (Chem) / metamerism, metamery ‖ ~merieindex m (Farbe) / index of metamerism ‖ ~mikt (Krist) / metamict ‖ ~morph (Geol) / metamorphic ‖ ~morphes Gestein, Metamorphit m / metamorphic o. crystalline rock ‖ ~morphismus m (Geol) / metamorphism ‖ ~morphose f / metamorphosis (pl: -ses)

Metanil·gelb, Viktoriagelb O n / metanil[ine] yellow, orange MNO ‖ ~säure f / meta-aminobenzene-sulphonic acid, metanilic acid

Meta·papier n / decalcomania simplex paper ‖ ~phosphorsäure f / metaphosphoric acid ‖ ~plasma n / metaplasm ‖ ~säure f / meta-acid ‖ ~silikat n (Chem) / metasilicate ‖ ~somatische Lagerstätte, Verdrängungslagerstätte f (Geol) / metasomatic o. replacement deposit ‖ ~somatose, Verdrängung f (Geol) / metasomatism, -tosis, replacement ‖ ~-Sprache f (Math) / meta-language

metastabil / metastable ‖ ~es Gleichgewicht / metastable equilibrium ‖ ~er Term, Haftterm m / metastable term ‖ ~er Zustand (Chem) / metastable state

meta·statisch (Nukl) / metastatic ‖ ~variszit m (Min) / metavariscite ‖ ~verbindung f / meta derivative ‖ ~xylol n / 1.3-dimethylbenzene, metaxylene ‖ ~zentrisch / metacentric ‖ ~zentrische Höhe / metacentric height ‖ ~zentrum n (Schiff) / metacenter ‖ ~zinnabarit m (Min) / mercuric sulphide ‖ ~zinnsäure f / metastannic acid ‖ ~-Zustand m / metastate

Meteor m n, Feuerkugel, Sternschnuppe f / meteor ‖ ~... / meteoric ‖ ~echo n (Radar) / meteor echo ‖ ~eisen n / meteoric [native] iron, siderite

Meteorit m / meteorite, meteoric stone, aerolite, aerolith

Meteoriten·einschlag m / meteoroid encounter ‖ ~krater m / meteor crater ‖ ~schutzwand f (Raumf) / bumper shield, meteoroid bumper ‖ ~zufluß m (Raumf) / meteorite influx

meteoritischer Staub / meteoritic dust

Meteorograph m / barothermograph, meteorograph

Meteorologe m / meteorologist

Meteorologie f / meteorology ‖ ~ des Nahbereichs / mesometeorology

meteorologisch / meteorological ‖ ~er Ballon / balloon sonde ‖ ~e Erscheinung / meteorological phenomenon ‖ ~e Erscheinung (z.B. Blitz, Regenbogen, Schneefall) / meteor ‖ ~e Navigation (Luftf) / pressure-pattern flying, aerologation ‖ ~es Observatorium / meteorological observatory ‖ ~e Station, Wetterwarte f / meteorological office o. station ‖ ~e Weltorganisation / World Meteorological Organization, WMO ‖ ~e Zustandsgrößen f pl / meteorological elements pl

Meteor·schauer m / meteor shower ‖ ~schwanz m, -schweif m / meteor trail ‖ ~schwarm, Sternschnuppenschwarm m / meteor shower ‖ ~stein m / meteoric stone, aerolite, aerolith ‖ ~teilchen n / meteoroid

Meter n (Schweiz: m) (1 m = 39,370'') / meter (US), metre ‖ ~ m je Sekunde, ms⁻¹, Sekundenmeter m (coll) / meter per second ‖ ~ Wassersäule (veraltet) m pl, m WS / meters head of water pl ‖ ~gewicht n / weight per meter [run] ‖ ~gewicht n über Puffer (Bahn) / weight per metre run between buffers ‖ ~kilogramm n, Kilogrammeter n / kilogram-meter (abt 7.235 ft.lb) ‖ ~-Kilogramm-Sekundensystem n, MKS-System n (veraltet) / MKS system ‖ ~komparator n / meter comparator ‖ ~konvention f / Meter Convention ‖ ~küvette f (Opt) / meter cell ‖ ~länge f, -zahl f, Länge f in Metern / length in meters ‖ ~pendel n / meter

pendulum ‖ ⁓**prototyp** *m,* -urmaß *n* / standard meter ‖
⁓**spur** *f* (Bahn) / one-meter gauge ‖ ⁓**tonne** *f* (veraltet) /
meter-ton ‖ ⁓**ware,** Schnittware *f* (Textil) / cut o. piece
goods *pl,* yard ware ‖ ⁓**wellen,** VHF-Wellen (Elektronik)
/ very high frequency range, metric waves *pl* ‖ ⁓**zähler**
m (Web) / length counter ‖ ⁓**zähler** *m* (Film) / footage o.
meter counter ‖ ⁓**zähler** *m* (Spinn) / length counter,
yardage counter
Methacrolein *n,* Methacrylaldehyd *m* / methacrolein
Methacryl... / methacrylic
Methacrylat *n,* Methacrylsäureester *m* / methacrylate,
methacrylic ester ‖ ⁓**harz-Beton** *m* / methacrylic resin
concrete
Methacryl·harz *n* / methacrylic resin ⁓**säure** *f* /
methacrylic acid ‖ ⁓**säuremethylester** *m* / methyl
methacrylate
Methan *n,* leichtes Kohlenwasserstoffgas / light-
carburetted hydrogen gas, methane ‖ ⁓ (Bergb) /
methane, fire-damp ‖ ⁓**al** *n,* Formaldehyd *m* /
formaldehyde, formic aldehyde, oxomethane ‖
⁓**erzeugender Organismus** / methanogen ‖
⁓**erzeugung** *f* **aus Kohle** / hydrogasification ‖ ⁓**-Hafen**
m / LNG-harbour
Methanisierung *f* / methanation
Methan·kohlenwasserstoff, Grenzkohlenwasserstoff *m* /
paraffin[e], paraffin o. limit hydrocarbon ‖ ⁓**ol** *n* /
methanol, methyl alcohol, carbinol ‖ ⁓**reihe** *f* / methane
series
Methen *n* s. Methylen
Methin·farbstoffe *m pl* / methine dyes *pl* ‖ ⁓**gruppe** *f* /
methine group
Methionin *n* / methionine
Methode *f,* Art und Weise *f* / method, scheme, mode ‖ ⁓,
System *n* / system, method ‖ ⁓ **der Einflußsphären**
(Raumf) / matched-conics technique ‖ ⁓ **der kleinsten**
Quadrate / method of least squares, least squares *pl*
Methoden·bank *f* (DV) / methods base o. bank ‖ ⁓**lehre** *f*
/ methodology
Methodik, Systementwicklung *f* (Masch) / systems
engineering ‖ ⁓, Systematik *f* / systematics ‖ ⁓,
Bestgestaltung *f* (F.Org) / optimization ‖ ⁓**abteilung** *f*
(F.Org) / planning office
Methodiker *m* (F.Org) / methods engineer
methodisch / methodic[al], systematic[al]
Methose *f* / DL-fructose
Methoxy·butanol *n* (Chem) / methoxybutanol ‖ ⁓**gruppe** *f*
(Chem) / methoxyl group
methoxylieren / methoxylate
Methyl *n* (Chem) / methyl ‖ ⁓**...** / methylic ‖ ⁓**acetat** *n,*
Essigsäuremethylester *m* / methyl acetate ‖ ⁓**al,** Formal
n / methylal ‖ ⁓**alkohol** *m* / methyl alcohol, methanol,
carbinol ‖ ⁓**amin** *n* / methylamine ‖ ⁓**aminophenol** *n* /
methylaminophenol ‖ ⁓**anilin** *n* / [mono]methylaniline
‖ ⁓**arsin** *n* / methylarsine ‖ ⁓**ase** *f* / methylase ‖ ⁓**at** *n* /
methylate ‖ ⁓**benzol,** Toluol *n* / methylbenzene,
toluene, toluol ‖ ⁓**blau** *n* / methyl blue, brilliant cotton
blue ‖ ⁓**bromid,** Brommethyl *n* / methyl bromide ‖
⁓**butadien** *n* / 2-methylbutadiene, isoprene ‖
⁓**cellosolve** *n,* Ethylenglukolmonomethylether *m* /
methyl cellosolve ‖ ⁓**chlorid,** Monochlormethan *n* /
methyl chloride, chloromethane ‖ ⁓**cyclohexanol,**
-cyclohexalin, Heptalin *n* / methylcyclohexanol,
hexahydrocresol, sextol
Methylen, Methen *n* / meth[yl]ene ‖ ⁓**blau** *n* /
meth[yl]ene blue ‖ ⁓**blauaktive Substanz,** MBAS /
methylene-blue active substance, MBAS ‖ ⁓**chlorid,**
Dichlormethan *n* / dichloromethane, methylene chloride
‖ ⁓**chlorid** *n* / methylene chloride, dichloromethane
Methyl·ester *m* / methyl ester ‖ ⁓**ethylketon,** Butanon *n* /
methyl ethyl ketone, MEK ‖ ⁓**gelb** *n* (Färb) / annatto,
methyl yellow, orlean ‖ ⁓**grün,** Parisgrün *n* / methyl o.
light green, double green ‖ ⁓**gruppe** *f* / methyl group ‖
⁓**harnstoff** *m* / methyl urea
methylieren / methylate

Methylierung *f* / methylation
Methyl·iodid, Monoiodmethan *n* / methyl iodide,
iodomethane ‖ ⁓**isobutylketon** *n,* MIBK /
methylisobutylcetone ‖ ⁓**isocyanid** *n,* MIC /
methylisocyanide, MIC ‖ ⁓**kautschuk** *m* / methyl
rubber ‖ ⁓**-Maleinsäure** *f,* Citraconsäure *f* /
methylmaleic o. citraconic acid ‖ ⁓**-Methacrylharz** *n* /
methyl-methacrylate resin ‖ ⁓**naphthylketon** *n* / orange
ketone (US) ‖ ⁓**ol...** / methylol... ‖ ⁓**orange,**
Goldorange, Me / methyl o. gold orange, helianthine ‖
⁓**orangealkalität** *f,* Gesamtalkalität *f* (Wasser) / total
alkalinity ‖ ⁓**phenylether** *m,* Anisol *n* / anisole,
methoxybenzene, phenyl methyl ether ‖ ⁓**pyridin,**
Picolin *n* / methyl pyridine, picoline ‖ ⁓**radikal** *n* /
methyl radical, Me ‖ ⁓**rot** *n* / methyl red ‖ ⁓**salicylat** *n*
/ methyl salicylate ‖ ⁓**silikonharz** *n* / methyl silicone
resin ‖ ⁓**violett,** Pyoktanin *n* / methyl violet, pyoctanine
‖ ⁓**zellulose,** Tylose *f* / methyl cellulose, cellulose
methyl ether, cellmeth ‖ ⁓**zellulose** *f,*
Zellulosemethylether *m* / methyl cellulose ‖ ⁓**zinnsäure**
f / methylstannic acid
Metol *n* (Phot) / metol ‖ ⁓**hydrochinon** *n* (Phot) /
metolhydroquinone, M.Q.
Metrage *f* (Textil) / yardage
Metra-Potential-Methode *f* (Netzplantechnik) / MPM,
Metra-potential method
metrisch / metric ‖ ⁓**es Feingewinde** (England) / British
Association o. B.A. screw thread (No.0 = 6 mm
through No.25 o.25 mm) ‖ ⁓**es Gewinde** / metric
screw-thread ‖ ⁓**es ISO-Gewinde** / ISO metric screw
thread ‖ ⁓**es Karat** (= 200 mg) / metric carat, M.C.,
m.c. ‖ ⁓**es Maß** / metric size, MS ‖ ⁓**es Maßsystem** /
international metric measures *pl* ‖ ⁓**e Nummer** (Textil) /
metric o. international count ‖ ⁓**er Raum** (Math) /
metric space, metrizable space ‖ ⁓**es System** / metric
system ‖ ⁓**e Tonne** / megagram, Mg, metric ton ‖ **auf**
⁓**es System umstellen** / metrify, go metric, metricate
(US), metrificate (GB)
Metrologie, Lehre der Maße u. Gewichte *f* / metrology
Metron *n,* Sternweite *f* (= 10^6 AE = 1,495 · 10^{14} km)
(Astr) / metron, macron
Metronom *m n,* Taktmesser *m* / metronome, timekeeper
Metteur *m* (Buch) / clicker, make-up man, maker-up ‖
⁓**tisch** *n,* -regal *n,* Mettagetisch *m* (Buch) / [imposing]
stone, random
MeV s. Megaelektronenvolt
MeV-Bereich *m* / MeV-region
Mexitbefehl *m* (DV) / mexit instruction (= macro
definition exit)
MF s. Mittelfrequenz ‖ ⁓ = Melaminformaldehyd
MFB, Bewegungsrückkopplung *f* (bei Lautsprechern) /
MFB, motional feedback
MFD, magnetofluiddynamisch, magneto-
hydrodynamisch, MHD / magnetofluiddynamic,
magnetohydrodynamic
MFD-Wandler *m* (Raumf) / MFD converter, magneto-
fluid-dynamic converter
MFK = metallfaserverstärkter Kunststoff
Mf-Punkt *m* (Hütt) / Mf-point
M-Funktion *f* (NC) / M-function
MGD = Magnetogasdynamik
MHD = Magnetohydrodynamik
MHI, Montage- und Handhabungstechnik und
Industrieroboter / assembly and handling technique and
industrial robots ‖ ⁓**-Bereich** *m,* Montage,
Handhabung, Lagerung und Transport / assembly,
handling, warehousing and transports ‖ ⁓**-Forschung** *f,*
Montage-Handhabung-Industrieroboter-Forschung *f* /
research on assembly-handling-industrial robots
MHKW-Verfahren *n* (= Midvale-Heppenstall-Klöckner-
Werke, ein ESU-Verfahren) (Hütt) / MHKV process,
core zone remelting process
MHz s. Megahertz
Miargyrit *m,* Silberantimonglanz *m* / miargyrite

miarolitisch (Min) / miarolitic ‖ ⁓e Druse, Miarole f / miarolitic structure
MIBK (Chem) = Methylisobutylketon
MIBL / masked ion beam lithography, MIBL
Micarta n (Glimmer-Preßstoff) / micarta
Micell n (pl.: Micellen) (Chem) / micell[e]
micellar (Chem) / micellar
Micellenbildung f (Nukl) / micelle formation
Michaelistopf m (Zuck) / Michaelis water extractor
Michell-Lager n / pivoted pad thrust bearing, Michell thrust block o. bearing
Michelson·-Interferometer n / Michelson interferometer ‖ ⁓-Versuch m (Phys) / Michelson-Morley experiment
Michie-Schlammprobe f, -Test m (Öl) / Michie sludge test
Micro·... s. auch Mikro... ‖ ⁓burst-Ereignis n (Raumf) / microburst event ‖ ⁓fiche f, Mikroplanfilm für Dokumentation m (Phot) / microfiche ‖ ⁓naire-Wert m (Baumwolle) / Micronaire value ‖ ⁓pad-Gehäuse n (Halbl) / micro-pad package
Micum-Zahl f (Aufber) / Micum index
Middleware f (DV) / middleware
Midkontinent-Erdöl n / mid-Continent oil
Midraxverfahren n (zur direkten Stahlerzeugung) (Hütt) / Midrax process
Miederwaren f pl (Textil) / foundation garments pl, fondations pl, support garments pl, corsetry
Mie·-Effekt m, -Streuung f / Mie effect ‖ ⁓scher Oszillator / Mie oscillator
Miet..., Pacht... / rental
Miete f / hire, rent ‖ ⁓, Dieme f, Schober m (strohgedeckt Landw) / rick, stack, cock ‖ in ⁓ lagern, einmieten (Landw) / pit, stack, cock (hay), store (potatoes) ‖ zur ⁓ wohnen / live in lodgings
mieten, anmieten / rent a house, engage a room
Mieter m / lodger ‖ als ⁓ wohnen / lodge
Miet·gebühr f (DV) / rental ‖ ⁓gebühr f (Fernm) / rental charge ‖ ⁓kauf m / hire-purchase ‖ ⁓leitung f (Fernm) / leased o. private line, tie line (US), leased circuit
Miets·haus n / leasehold house (GB) ‖ großes ⁓haus, "Mietskaserne" f / mansions pl (GB)
Miet·wagen m / hired wagon, leased car (US) ‖ ⁓wert m / rental o. renting value ‖ ⁓wohnung f / lodging, apartment (US), apartments pl (GB)
MiFf, musterinduzierte Flickerfarben f pl (Phys) / Benham colours pl, Fechner colours pl
MIG-Impulslichtbogenschweißen n / pulsed MIG arc welding
Mignon·fassung f (Elektr) / intermediate socket ‖ ⁓schrift f (Buch) / minion, 7 p. ‖ ⁓sockel, Zwergsockel m (Lampensockel E 10 DIN) (Elektr) / miniature [Edison screw] cap o. socket
Mignonzelle, Rundzelle R6 f (Elektr) / round cell R6 DIN 40863 ‖ halbe ⁓, Rundzelle R3 f (Elektr) / round cell R3 DIN 40862
Migration, Wanderung f / migration
Migrations·freiheit der Lederfarbe f / staining from leather ‖ ⁓inhibitor m (Färb) / migration inhibitor ‖ ⁓pfad m (DV) / migration path
Migrieren n (Färb) / migration
migrierend, wandernd / migrating
MIG·-Rührer, Mehrstufen-Impuls-Gegenstrom-Rührer m / multistage impulse counter-current agitator ‖ ⁓-Schweißen n (= Metall-Inert-Gas) / MIG arc welding, metal electrode inert gas welding
MIK = maximale Immissionskonzentration
Mika f, Mica f, Glimmer m / mica
Mikafilverfahren n (Kriechstromfestigkeitsprüfung) / micafil process
Mikanit n (Kunstglimmer) / micanite ‖ ⁓leinwand f / micanite linen
Mikrat n (Phot) / micrate
Mikro·... (bei Maßbezeichnungen = ein Millionstel) / micro ‖ ⁓... s. auch Micro... ‖ ⁓ampère n / microampere ‖ ⁓amperemeter n / microammeter ‖ ⁓analysator m

mit elektronischer Sonde / electron probe microanalyzer ‖ ⁓analyse f / microanalysis ‖ ⁓analysenwaage f / micro[analytical] balance ‖ ⁓analytisches Reagens (Chem) / microanalytical reagent, MAR ‖ ⁓antrieb, Kleinstantrieb m (Raumf) / microthruster ‖ ⁓atmosphäre f im Satellit / microatmosphere ‖ ⁓ätzen f / microetching ‖ ⁓ballon m (Öl, Plast) / microballoon ‖ ⁓bandleiter, Mikrostrip m (Wellenleiter) / microstrip (US), flat coaxial transmission line, strip transmission line (GB) ‖ ⁓bar n / microbar (= 0,1 N m⁻², barye, μbar ‖ ⁓baustein m (Halbl) / micro assembly
Mikrobe f / microbe, microorganisme, germ ‖ ⁓n tötend, antibiotisch / microbicidal ‖ von ⁓n lebend / microphagous
Mikro·befehl m (DV) / microinstruction ‖ ⁓befehlsspeicher m / microinstruction memory
Mikroben·... / microbial, microbian, microbic
Mikro·betatron n / microbetatron ‖ ⁓bewegung f / micromotion ‖ ⁓bicid n / microbicide
mikrobiell·er Gärungserreger / microbial ferment ‖ ⁓e Laugung (Erz) / microbial leaching
Mikro·bild, Kleingefügebild m (Hütt) / [photo]micrograph ‖ ⁓biologie f / microbiology ‖ ⁓biolog[isch] / microbiological ‖ ⁓blitz m (Phot) / microflash ‖ ⁓blockbauweise f (Elektronik) / micropackaging ‖ ⁓board n / microboard ‖ ⁓bohrwerkzeug n (Wzm) / microbore ‖ ⁓bürette f (Chem) / microburette ‖ ⁓chemie f / micro-chemistry ‖ ⁓chemisch / microchemical ‖ ⁓chip m, μC / microchip ‖ ⁓code m (DV) / microcode ‖ ⁓computer m / microcomputer, micro n ‖ ⁓curie n (Phys) / microcurie ‖ ⁓diorit m (Geol) / microdiorite ‖ ⁓diskette f (3,5'') / micro floppy disk ‖ ⁓dokumentation f / microdocumentation, -photography ‖ ⁓drahtbonder m (Halbl) / lead bonder ‖ ⁓düse f / microjet ‖ ⁓elektronik f / microelectronics pl ‖ ⁓element n (F.Org) / microelement ‖ ⁓farad n, μF n / microfarad ‖ ⁓farbaufnahme f / colour microphotograph o. photomicrograph ‖ ⁓felsitisch, felsitisch (Geol) / [micro]felsitic ‖ ⁓fernsehkamera f / TV-microcamera
Mikrofiche f / microfiche
Mikrofilm f / microfilm, bibliofilm f ‖ ⁓ für Computerausgabe / computer output microfilm, COM ‖ auf ⁓e aufnehmen / microfilm vt vi ‖ ⁓archiv n / microfilm library o. file ‖ ⁓-Aufnahmegerät n, -Kamera f / microfilm camera ‖ ⁓-Durchlaufkamera f / microfilm flow camera, rotary camera ‖ ⁓einheit f (DV) / film unit
Mikrofilmen n / microcinematography
Mikrofilm·-Entwicklungsautomat m / microfilm processor ‖ ⁓-Haftfolie f / mounting tape (for microfilms) ‖ halbe ⁓, -lochkarte f / aperture card, microcard ‖ ⁓-Kopier- und Sortiersystem n / fiche duplicator-collator ‖ ⁓-Lesegerät n / microfilm reading apparatus ‖ ⁓plotter m / microfilm plotter ‖ ⁓-Rolle f / roll microfilm ‖ ⁓sortierung f / filmsort ‖ ⁓streifen m (Phot) / microstrip ‖ ⁓tasche f / microfilm jacket ‖ ⁓technik f / microfilming ‖ ⁓träger m / microfilm tape
Mikro·filter m / micro filter ‖ ⁓fonie f, Rückheulen n (Radio) / howlback ‖ ⁓form f / microform ‖ ⁓gefüge..., Kleinstgefüge... / microstructural ‖ ⁓gefüge n / microstructure ‖ ⁓gekörnt (Buch) / micrograined ‖ ⁓grafisch, -pegmatisch (Geol) / micrographic, -pegmatic ‖ ⁓grafisches Gefüge (Geol) / micropegmatite, micrographic texture ‖ ⁓graphie f / micrography ‖ ⁓graphie f (Bild), -photo n / microphoto[graph] ‖ ⁓gravitation f (10⁻⁴ bis 10⁻⁶ g) / microgravitation ‖ ⁓härte f / microhardness ‖ ⁓härte f nach Vickers / Vickers microhardness ‖ ⁓härteprüfer m / micro hardness tester ‖ ⁓hydrierung f / microhydrogenation ‖ ⁓inch m, μin / mu-inch ‖ ⁓indikator m, Schnelläuferindikator m (Masch) / high-speed indicator, microindicator ‖ ⁓interferometer,

Interferenzmikroskop n / interference microscope ‖
~kanal m (DV) / microchannel ‖ ~kanalplatte f /
microchannel plate ‖ ~kapsel f / microcapsule ‖ ~karte
f / microcard ‖ ~kassette f, Microcassette f /
microcassette ‖ ~kinematografisch / cinemicrographic
‖ ~kinematographie f, Mikrofilmen n /
microcinematography ‖ ~klima n / microclimate ‖
~klin m (Min) / microcline ‖ ~kontroller m, Ein-Chip-
Computer m / microcontroller, single chip computer ‖
~konturentest m (Pap) / micro contour test ‖ ~kopie f
(Erzeugnis) / microcopy, -photograph ‖ ~kopie
(Methode), -dokumentation f / microcopying ‖ ~korn
n, -körnung f (Schleifmittel) / microgrit ‖ ~kosmisch /
microcosmic ‖ ~kosmos m, Kleinwelt f / microcosm ‖
~krepp m (Pap) / micro crêpe o. crape ‖ ~kreppen n /
microcreping ‖ ~kristallin, -kristallinisch /
microcrystalline ‖ ~kristallines Paraffin, Mikrowachs
n / microcrystalline wax ‖ ~küvette f (Opt) / microcell ‖
~kymographie f (Opt) / microkymography ‖ ~laterolog
n (Öl) / micro-laterologging, trumpet logging ‖ ~legiert
/ micro-alloyed ‖ ~lichtleiter m / optical microguide ‖
~lith m (Geol) / microlite ‖ ~logik-Kabel n / micrologic
lead ‖ ~lux n (Phys) / microlux ‖ ~lytapparat m (Pap) /
fiber length tester ‖ ~manipulator m /
micromanipulator ‖ ~maschensieb n / micromesh o.
electroformed sieve ‖ ~-Materialbearbeitung f /
micromachining ‖ ~mechnik, Feinstmechanik f /
micromechanics ‖ ~melf m, Mikro-Rundchip m /
micromelf ‖ ~meteorit m (Raumf) / micro meteorite
Mikrometer n, [Bügel]meßschraube f (DIN) (Masch) /
micrometer [gauge], (US coll:) mike ‖ ~, μm, (früher:)
My n, μ, Mikron n / micrometer, μm, (formerly:)
micron ‖ ~..., mikrometrisch / micrometric ‖ ~diopter
n (Mil) / micrometer peep sight ‖ ~einstellung f,
-zustellung f / micrometer adjustment, sensitive
adjustment ‖ ~funkenstrecke f / micrometric spark
discharger o. [spark] gap ‖ ~kupplung, -ratsche f
(Masch) / micrometer ratchet stop o. friction drive ‖
~lehre f, -taster m, Feinmeßlehre f / micrometer caliper
‖ ~okular n (Mikrosk) / ocular micrometer (US),
micrometer eyepiece, eyepiece graticule (GB) ‖
~ratsche f s. Mikrometerkupplung ‖ ~schraube f,
Feinstellschraube f / micrometer screw ‖ ~stichmaß n /
inside micrometer cal[l]iper ‖ ~theodolit n (Verm) /
micrometer theodolite
Mikro·metrologie f / micrometrology ‖ ~miniatur...,
MM / microminiature, MM ‖ ~miniatur-Elektronik f /
micromodule technique ‖ ~-Miniaturisierung f /
microminiaturization ‖ ~miniaturrelais n /
microminiature relay ‖ ~modul (Elektronik) /
micromodule ‖ ~modul-Elektronik f / micromodule
technique
Mikron n s. Mikrometer ‖ **Millionstel** ~, Millionstel
Mikrometer / micromicrometer
Mikro·nährstoff m / micro-nutrient ‖ ~nukleus,
Kleinkern m (Biol) / micronucleus ‖ ~ohm n / microhm
‖ ~ökonomik f / microeconomics pl ‖ ~organismus m,
Mikrobe f / microorganism, microbe ‖ ~pegmatisch,
-grafisch (Geol) / micropegmatic, -graphic ‖
~peripherie f / microperipherals pl ‖ ~perthit m (Geol)
/ microperthite ‖ ~phagen pl (Biol) / microphages
Mikrophon n / microphone, (US coll:) mike ‖ ~... /
microphonic ‖ ~ mit Parabolreflektor / parabolic
microphone ‖ ~ kabelloses ~ / radiomicrophone ‖
verstecktes ~, Wanze f (coll) / bug ‖ ~ankopplung f /
microphone coupling ‖ ~anschluß m / microphone
connector ‖ ~effekt m / microphony, -phonism,
microphonic effect ‖ ~eingang m / microphone entry o.
input ‖ ~geräusch n, Prasseln, Schmoren n (Elektronik) /
frying o. burning o. stew of the microphone ‖ ~hörer m
(Fernm) / handset, (US also:) French telephone
Mikrophonie, Klingneigung f / microphony, -phonism,
microphonic effect ‖ ~, Pfeifen n (Fernm, Elektronik) /
singing

Mikrophon·kapsel f / microphone capsule o. cartridge,
button of a microphone ‖ ~speisung f / microphone
power supply ‖ ~spule f / speech coil ‖ ~stange f,
Galgen m / mike boom ‖ ~strom m / microphone o.
speaking o. voice (US) current ‖ ~summer m (Fernm) /
microphone buzzer ‖ ~übertrager, Ausgangsübertrager
m / microphone transformer ‖ ~verstärker m /
microphone o. (coll:) bullet amplifier
Mikro·photo n, -graphie f (Bild) / microphoto[graph] ‖
~photogramm n (Spektrosk.) / microphotogram ‖
~photo[gramm] n, mikrophotografische Aufnahme
(durch Mikroskop) / photomicrograph ‖
~photographie, Photomikrographie (Verfahren) /
microphotography (= microdocumentation),
photomicrography (= photography through
microscope) ‖ ~photo-Kopiergerät n / microcopier ‖
~phyrisch (Geol) / microphyri[ti]c ‖ ~physik f /
microphysics pl ‖ ~planfilm m für Dokumentation,
Microfiche f (Phot) / microfiche, sheet of microfilm ‖
~plastizität f / microplasticity ‖ ~plättchen n (Halbl) /
wafer, slice ‖ ~plättchen-Schneidemaschine f
(Elektronik) / wafering machine ‖ ~pore f / micropore ‖
~poren f pl / pin porosity ‖ ~ mit ~poren, mikroporös /
microporous ‖ ~positionierer m / micropositioner ‖
~prismenraster n (Mot) / microprism collar ‖
~programm n (DV) / microprogram o. -routine ‖
~programmier m / microprogrammer ‖
~programmierbares Prozessorelement / bit slice ‖
~programmieren / microprogram v ‖
~programmierung f (DV) / microprogramming ‖
~programmspeicher m / read-only control memory,
microprogram memory ‖ ~projektion f /
microprojection ‖ ~projektionseinrichtung f /
microprojection equipment ‖ ~prozessor m (ein
LSI-Bauelement) (DV) / microprocessor ‖
32-Bit-~prozessor m / 32-bit microprocessor ‖
~prozessor-Einheit f, MPU / microprocessor unit,
MPU ‖ ~prozessorgesteuert / microprocessor based o.
driven o. controlled ‖ ~prozessorschaltung f /
integrated circuit microprocessor ‖ ~radiographie,
-röntgenographie f / microradiography ‖ ~rakete f,
-triebwerk n, Kleinstrakete f (Raumf) / microrocket ‖
~reflexion f / microreflectance ‖ ~refraktometrie f /
microrefractometry ‖ ~rille f (Phono) / microgroove ‖
~rillenschallplatte f, Langspielplatte f / long-play[ing]
record ‖ ~riß m / microcrack ‖ ~riß m (Plast, Farbe) /
craze ‖ ~rißbildung f / microcracking ‖ ~schalter m
(Elektr) / miniature o. microswitch ‖ ~schaltschütz n /
microcontactor ‖ ~schaltung f (Elektronik) / microcircuit
‖ ~-Schaltungsaufbau m (Elektronik) / microcircuitry ‖
~schaltungselement n / microcircuit component ‖
~schaumgummi m / microfoam rubber ‖ ~schieber m
/ micro slide valve ‖ ~schlacke f / microslag ‖ ~schliff
m (Hütt) / microsection ‖ ~schliff m (Gegenstand) /
microtest object ‖ ~schwärzungsmesser m /
microdensitometer ‖ ~schwerkraft f / low gravity ‖
~seigerung, Kristallseigerung f (Hütt) / cored solid
solution, coring, minor o. microsegregation ‖
~seismische Bewegung / microseism ‖ ~sekunde f, μs
f / microsecond, μs ‖ ~sicherung, Kleinstsicherung f
(Elektr) / microfuse
Mikroskop n / microscope, (US coll:) mike, scope ‖ ~
mit 60facher Vergrößerung / times 60 microscope
Mikroskopie f (Opt) / microscopic optics ‖ ~,
mikroskopische o. Mikrotechnik f / microscopy
mikroskopieren / microscopize ‖ ~ n / microexamination
Mikroskopierlampe f, -leuchte f / microscope lamp
Mikroskopiker, Mikroskopierer m / microscopist
mikroskopisch / microscopic[al] ‖ ~er Riß (o. Mikroriß)
/ microcrack ‖ ~er Schliff (Objekt) / polished sample ‖
~er Schnitt / microscopic section
Mikroskop·theodolit m, Theodolit mit
Ablesemikroskopen / theodolite with reading
microscopes

Mikro·sonde f (Chem) / microprobe || **⌐spaltbildfeld** n (Phot) / microprism collar || **⌐spektrophotometrie** f / microspectrophotometry || **⌐spektroskop** n / microspectroscope || **∼sphärulitisch** / microspherulitic || **⌐steuerbaustein** m / microcontroller || **⌐strahlenstichapparat** m / microray stabbing device || **⌐streifenleiter, -bandleiter** m, Mikrostrip m (Wellenleiter) / microstrip (US), flat coaxial transmission line, strip transmission line (GB) || **⌐streifenleiter** m **mit beiderseitiger Abschirmung** / double-ground-plane strip line || **⌐streuvermögen** n (Galv) / microthrowing power || **⌐struktur** f / microstructure || **⌐synchronisation** f (Fernm) / microsynchronization || **⌐system** n (Analogrechner) / micro system || **⌐technik** f, mikroskopische Technik / microscopy || **⌐technik** f (gedr.Schaltg) / microcircuitry, micronics || **⌐tom** n / microtome || **⌐triebwerk** n, -rakete, Kleinstrakete f (Raumf) / microrocket || **⌐tron**, Elektronenzyklotron n / microtron || **⌐-Umgebung** f / microenvironment || **⌐verbindungen herstellen** (IC) / bond[er] || **⌐verdichtung** f (Pulv.Met) / microhardening || **⌐verdrahtung** f / microminiature circuitry || **⌐verfilmung** f / microfilming || **⌐verkapselung** f (von Farben, Geruchsstoffen usw) / microencapsulation (NCR) || **⌐verschmutzer** m / micropollutant || **⌐volt** n, μV / microvolt || **⌐waage** f, mikrochemische Waage / microanalytical balance, microbalance || **⌐wachs** n, mikrokristallines Paraffin / microcrystalline wax, microwax || **⌐wärmemesser** m / microradiometer || **⌐watt** n, μW / microwatt || **⌐welle** f (Dtschld: 1 mm-30 cm) / microwave (GB: ≦ 10 cm, US: ≦ 100 cm)

Mikrowellen·abtaster m / microwave scanner || **⌐antenne** f / microwave antenna || **⌐antennen-Verzögerungslinse** f (Antenne) / path length microwave lens || **⌐bauteil** n / microwave module || **⌐detektor** m / microwave detector || **⌐duplexer** m / microwave duplexer || **⌐-Erwärmungsanlage** f / microwave heating equipment || **⌐gerät** n (Med) / microwave treatment unit || **⌐gerät** n (Küche) / domestic microwave oven || **⌐hohlraum** m / microwave hohlraum || **⌐-Interferometer** n / microwave interferometer || **⌐-Landesystem** n, MLS n (Luftf) / microwave landing system, MLS || **⌐-Leitstrahlsteuerung** f / microwave guidance || **⌐modulation** f / microwave modulation || **⌐ofen** m / microwave oven || **⌐-Prüfschrank** m / microwave console || **⌐-Radiometer** n / microwave radiometer || **⌐-Radiometrie** f / microwave radiometry || **⌐-Reflektometer** n / microwave reflector || **⌐resonator** m / microwave resonator || **⌐röhre** f / microwave tube

Mikrowellenschaltkreis m / microwave circuitry

Mikrowellen·spektroskopie f / microwave spectroscopy || **⌐streifenleiter** m s. Mikrostreifenleiter || **⌐technik** f / microwave technics

Mikro·wellpappe f / micro-corrugated board || **⌐zelle** f, Rundzelle R 03 f (Elektr) / round cell R 03 DIN 40860 || **⌐zellgummi** m / microcellular rubber, moss rubber || **∼zelliges elastomeres (o. gummiertes) Urethan** / microcellular elastomeric urethane / microstate

Mil n (besonders bei Drahtdurchmessern) / mil, 10⁻³ inch

Milanese f (Textil) / Milanese [knit] fabrics, traverse warp fabric || **⌐-Flachkettenwirkmaschine** f / Milanese flat warp-stitch knitting machine || **⌐kettenwirkmaschine** f, Milanesemaschine f (Web) / traverse warp loom, Milanese knitting loom

Milbe, Akaride f / acaride, mite

Milch f / milk || **⌐**, Dispersion f, Latex m (Plast) / latex || **⌐...**, milchig / lactic || **⌐...** / milchic adj (US), make o. derived from milk || **⌐absauger** m / releaser || **⌐annahmewaage** f / milk weigher || **⌐fettrefraktometer** n / milk fat refractometer || **⌐gerinnsel** n / curd || **⌐glas** n / milk o. alabaster glass, translucent glass || **⌐glas** n (aus Knochenasche) / bone

glass || **⌐glasglocke** f **für Beleuchtungskörper** / opal globe || **⌐glaslampe** f (Elektr) / opal lamp || **⌐[güte]messer** / milk poise o. gauge, lactometer

milchig / milky || **∼er Schein** (Min) / adularescence || **∼ weiß**, milchweiß / milky white

Milchigkeit, Trübung f / milkiness

Milch·kanne f, Transportkanne f / milk can (US) o. churn (GB) || **⌐kanne** f / churn, milk churn || **⌐kannenheber** m / churn lifter || **⌐kasein** n / paracasein || **⌐kühler** m / milk cooler || **⌐lagertank** m / milk storage tank || **⌐leitung** f / milk pipeline || **⌐leitung** f **der Melkanlage** / milking pipeline || **⌐mengenmesser** m, Milchzähler m / milk meter || **⌐messer** m, -gütemesser m, -prüfer m, -waage f / milk poise o. gauge, lactometer || **⌐produkte** n pl / dairy produce o. products pl (US) || **⌐pulver** n, pulverisierte Milch / milk powder, powdered o. desiccated milk || **⌐raum** m, -geschäft n, -handlung f / dairy || **⌐säure** f / hydroxypropionic o. lactic acid || **⌐säuregärung** f / lactic fermentation || **⌐schleuder** f, -zentrifuge f / centrifugal cream separator, separator (US) || **⌐straßensystem** n / galactic system || **⌐waage** f, -spindel f, Galaktometer n / galactometer, lactometer, milk poise o. gauge || **⌐weiß**, Annalin n, Annaline f (Pap) / unburnt [powdered] plaster || **⌐wirtschaft** f (allg) / dairy, dairying, dairy husbandry || **∼wirtschaftliche Maschine** / dairying machine || **⌐zucker** m, Lactose, Laktose f / milk sugar, lacto[bio]se

mild / mild, soft, light || **∼ gesalzen** / mild cured || **∼e Kochung** / mild cooking || **∼es Licht** / subdued light || **∼e trocknen** / dry slowly || **∼e Wäsche** / light o. mild washing

mildern / temper, moderate || **∼**, dämpfen / dull || **∼**, beruhigen / allay, mollify, appease || **∼** (Chem) / correct || **∼** (Färb) / soften, temper, allay || **eine Farbe ∼** / relieve a colour

Milieu n, Umgebung f / medium

Militär·... / military || **⌐ausrüstungsgegenstände** m pl, Militäreffekten pl / military equipment, materiel

militärisch·er Nachrichtensatellit / milcomsat (military communication satellite) || **∼er Satellit** / military o. spy satellite || **∼e Unbedenklichkeit** / security clearance

militärische Anwendung / military application

Militär·sender m / forces station || **⌐tuch** n, Uniformtuch n / military cloth, army cloth (US)

Miller·brücke f (Elektr) / Miller bridge || **⌐-Effekt** m / Miller effect || **⌐it** m (Min) / millerite, capillary pyrites || **⌐sche Indizes** m pl (Krist) / Miller[ian] indices pl || **⌐-Zeitbasis** f (Elektronik) / Miller time-base

Milli..., m, ein Tausendstel n, 10⁻³ / milli

Milliamperemeter n / milliammeter

Milliarde f, 10⁹ / one thousand millions (GB), milliard (GB), billion (US)

Milli·bar n, mb o / millibar || **⌐curie** m, mCi, mC, mc / millicurie || **⌐curiedétruit** m / millicurie destroyed || **⌐gon** n (Geom) / milligon || **⌐gramm** n, mg / milligram[me], mg || **⌐-Inch** m / mil (0.001 inch = 25.4 μm)

Millikan·-Leiter m, hauteffektarmer Leiter / Millikan conductor || **⌐-Versuch** m / Millikan experiment

Milli·liter m n, ml / millilitre, ml || **⌐lux** n, mlx / millilux

Millimeter m, mm / millimeter (US), mm, millimetre (GB) || **⌐** m **pl Wassersäule** (veraltet) / millimeters head of water pl || **⌐gewinde** n / metric screw thread || **⌐papier** n / cross-section o. graph paper, squared o. scale paper, functional o. sectional paper || **⌐papier** n (Bau) / profile paper || **⌐papier** n, mit einfacher Teilung in der Abszissen- und logarithmischer Teilung in der Ordinatenachse / semilog[arithmetic] paper || **⌐papier**, Koordinatenpapier n / coordinate paper || **⌐steigung** f (Gewinde) / millimeter pitch || **⌐teilung** f / graduation in millimeters, millimeter scale || **sich ∼weise bewegen** / inch vi || **∼weise Bewegung** / inching || **⌐wellen** f pl (Elektronik) / dwarf waves pl

Milli·nile n (eine Einheit), 10^{-5} / millinile, 10^{-5} ‖ **⌐ohm** n / milliohm

Million f, 10^6 / million ‖ **⌐ Gallons/d** / million gallons per day, mgd ‖ **⌐en Kubikfuß je Tag** (Gas) / MMcfd (M = 10^3)

Milli·radian[t] m / milliradian, 10^{-3} radiann ‖ **⌐sekunde** f, ms f / millisecond ‖ **⌐torrpumpe** f / millitorr pump ‖ **⌐voltmeter** n / millivoltmeter

Millmotor m (Elektr) / mill motor

Millons Reagens n (Chem) / Millon's reagent

Millstone n (Empfindlichkeitsmaß des Planetenradars) / millstone (measure of sensitivity of planetary radar)

Milori Blau n / mineral blue (ferric ferrocyanide)

MIL-Spezifikation f (USA) / MIL-specification

Milzbrand m (Landw) / anthrax L

Mimet[es]it m (Art Apatit) (Min) / mimet[es]ite

mimetisch, nachahmend / mimetic

Mimikry f / mimicry

Mimosenextrakt m (Gerb) / wattle-bark extract, mimosa extract

Minder·ausbringen n (Aufber) / yield loss, washing loss ‖ **⌐betrag** m / deficit, shortage ‖ **⌐druckbereich** m (Kompressor) / minimum pressure range ‖ **⌐flachstrickmaschine** f / narrowing flat knitting machine ‖ **⌐gehalt** m / deficiency in content, unsufficient content ‖ **⌐gewicht** n / short weight, deficiency o. loss o. shortage [in weight], underweight ‖ **⌐güte** f / second quality ‖ **~haltig** / low-grade, with low grade ‖ **⌐leistung** f, nicht erreichte Leistung / unsufficient output, deficiency in output, output deficit ‖ **⌐leistung** f, verringerte Leistung / reduced output ‖ **⌐maschine** f (Textil) / narrowing machine, decreasing machine ‖ **⌐maß** n / lower size, bottom size

Mindern, Decken n (Cottonm) / narrowing

Minderung f, Verringerung f / reduction ‖ **⌐**, Verlust m / loss, diminution, decrease

Minderungskurve f (Luftf) / significant turn

Minderwert m, Wertabnahme f / decrease in value, depreciation ‖ **⌐**, Wertminderung f / debasement ‖ **⌐**, -wertigkeit f / inferiority of value

minderwertig, geringwertig / base, poor[-grade] ‖ **~** (Brennstoff) / low-grade ‖ **~es Bauelement** (Elektronik) / rogue component ‖ **~e Kohle**, Ballastkohle f / low-grade coal, low-rank coal ‖ **~e Wolle** / defective wool, doggy wool

Mindest·... / minimum ‖ **⌐abschaltspannung** f (Thyristor) / gate turn-off voltage ‖ **⌐abschaltstrom** m (Thyristor) / gate turn-off current ‖ **⌐anlaßspannung** f / minimum starting voltage ‖ **⌐auftriebsgeschwindigkeit** f (Luftf) / minimum stalling speed ‖ **⌐bestand** m / minimum inventory ‖ **⌐betriebsdruck** m / minimum working pressure ‖ **⌐-B-Konfiguration** f (Plasma) / minimum B configuration ‖ **⌐breite** f / minimum breadth ‖ **⌐druck** m / minimum pressure ‖ **⌐drucklinie** f, Minimaldrucklinie f / line of least pressures ‖ **⌐durchsatzmenge in %** f (Chem) / turn-down ratio

mindestens, wenigstens / fully, at least ‖ **~ haltbar bis...** / best before...

Mindest·entfernung f / minimum distance ‖ **⌐festigkeit** f / minimum strength ‖ **⌐fluggeschwindigkeit** f / minimum flying speed, stalling speed ‖ **⌐gebühr** f / minimum rate ‖ **⌐geschwindigkeit** f / minimum speed ‖ **⌐gewicht** n / minimum [of] weight ‖ **⌐haltbarkeitsdatum** n / best before date ‖ **⌐impulsfrequenz** f (Trägerfr) / minimum sampling frequency ‖ **⌐konfiguration** f (DV) / minimum configuration, basic machine configuration ‖ **⌐kosten**, Grenzkosten pl / marginal cost ‖ **⌐[lager]bestand** m / safety stock quantity ‖ **⌐last**, -belastung f / minimum load ‖ **⌐latenz**, Minimalsuchzeit f (DV) / minimum o. minimal latency, minimum access time ‖ **⌐leistung** f / minimum output ‖ **⌐lohn** m (F.Org) / clock card rate ‖ gesetzlich garantierter **⌐lohn** (in Frankreich) / base rate guaranteed by law in France ‖ **⌐löschzeit** f

(Sperr-Röhre) / recovery time ‖ **⌐maß** n / minimum [measure o. dimension] ‖ **⌐mengentarif** m (Bahn) / incentive freight rate (US) ‖ **⌐mischdruck** m (Öl) / minimum miscibility pressure ‖ **⌐pause** f (Fernm) / minimum pause ‖ **⌐vorgeschriebenes ⌐profil** (Reifen) / statutory depth of profile ‖ **⌐punkte** m pl (analytische Arbeitsbewertung) (F.Org) / base points pl ‖ **⌐satz** m / minimum rate ‖ **⌐schaltdruck** m (Kompressor) / minimum pick-up pressure ‖ **⌐sicherheitsabstand** m / nearest approach ‖ **⌐sinkgeschwindigkeit** f (Luftf) / minimum speed of descent ‖ **⌐-Soll** n für Anforderungen / minimum mandatory requirements pl ‖ **⌐spannung** f, Spannungs-Mindestwert m / minimum voltage ‖ **⌐spiel** n (Passung) / minimum clearance ‖ **⌐spiel**, Kleinstübermaß n (Passung) / minimum interference ‖ **⌐stau** m, Mindeststauhöhe f, Absenkziel n (Wassb) / impounding head, [minimum] storage level ‖ garantierte **⌐toleranz** / guaranteed minimum value, G.M.V. ‖ **⌐wert** m (Qual.Prüf) / lower limiting value ‖ **⌐wert**, Kleinstwert m / minimal o. minimum value, minimum ‖ **⌐zündstrom** m (Thyristor) / minimum gate trigger current, striking current

Mine f, Bergwerk n (Bergb) / mine ‖ **⌐**, Sprengmine f (Mil) / mine ‖ **⌐** (Bleistift) / lead refill, spare lead

Minen·bezirk m (Gold) / diggings pl ‖ **⌐feld** n / mine field ‖ **⌐herd** m einer Sprengmine / mine focus o. hearth ‖ **⌐kammer** f, Sprengkammer f (Bergb) / mine chamber, powder drift ‖ **⌐sucher** m, -suchgerät n (Landminen) (Mil) / mine detector ‖ **⌐suchgerät** n (Seeminen) / mine sweeping device ‖ **⌐werfer** m, (jetzt:) Mörser (Mil) / minethrower, [trench] mortar ‖ **⌐zündmaschine** f / firing apparatus, blasting machine, exploder

Mineral n / mineral ‖ aus einer **⌐art** (Geol) / monomineralic ‖ **⌐bestandteil** m der Kohle / mineral matter of coal, mineral component ‖ **⌐beton** m (Straßb) / wet-mix macadam ‖ **~bildend** / mineralizing ‖ **⌐blau** n / copper carbonate ‖ **⌐böden** m pl / mineral soils pl ‖ **⌐dünger** m / mineral fertilizer ‖ **⌐farbe** f / body o. mineral colour ‖ **⌐farbe**, Erdfarbe / colouring earth ‖ **⌐farbstoff** m (Färb) / mineral dyestuff ‖ **⌐faser** f / mineral fiber ‖ **⌐fettwachs** n (Chem) / mineral tallow, rock fat ‖ **⌐gang** m, Erzader f / mineral vein ‖ **⌐gelb** n, Wolframgelb n / tungstic yellow ‖ **⌐gelb** n, Kasseler Gelb n / lead oxychloride, Cassel yellow ‖ **⌐gerbung** f / mineral tanning ‖ **⌐grün** n / copper arsenite

Mineralisator m (Geol) / mineralizer

mineralisch / mineral ‖ **~es Chamäleon** / potassium permanganate ‖ **~er Füllstoff** (Plast) / mineral filler, stone powder ‖ **~es Glas** / natural glass ‖ **~er Kautschuk** / elastic bitumen, elaterite ‖ **~es Pigment** / mineral pigment ‖ **~es Schmiermittel** / mineral lubricant

Mineralisierung f / mineralization

Mineralkultur f / soilless culture

Mineraloge m / mineralogist

Mineralogie f / mineralogy

mineralogisch·e Beschaffenheit (Erz) / mineral make-up

Mineral·öl n / mineral oil ‖ **⌐ölerzeugnisse** n pl / petroleum products ‖ **⌐öl-Kohlenwasserstoff** m / mineral oil hydrocarbon ‖ **~öllösliche Farbstoffe** m pl / oil soluble dyes pl ‖ **⌐öl-Meßtafel** f / petroleum measurement table ‖ **⌐ölparaffin** n / petroleum wax ‖ **⌐ölraffinerie** f / refinery ‖ **⌐ölverarbeitung** f / oil refining ‖ **⌐orange** n / mineral orange ‖ **⌐pigment** n / mineral pigment ‖ **⌐pulver-Brennschneiden** / mineral powder flame cutting ‖ **⌐quelle** f / mineral source ‖ **⌐reich** n / mineral kingdom ‖ **⌐rubber** m (Gummiherst) / mineral rubber ‖ **⌐salz** n / mineral salt ‖ **⌐salze zuführen** / mineralize ‖ **⌐säure** f / mineral acid ‖ **⌐stoffe** m pl (Straßb) / mineral aggregate ‖ **⌐terpentinöl** n, Terpentinersatz m / white spirit ‖ **⌐wachs** n / mineral wax, lignite wax (US), moldavite (of Cobalescu), ozokerite, ozocerite, petrostearin[e]

~wasser n / mineral water ‖ ~wasser... / mineral water... ‖ künstliches ~wasser, Sodawasser n / acidulated water, soda water ‖ ~weiß n / mineral white ‖ ~wolle f / mineral o. slag wool, mineral cotton
Miner-Summierung f (Hütt) / miner summation
Minette f (ein Lamprophyr) (Geol) / minette ‖ ~, Brauneisenoolith m (Bergb) / minette, oölitic iron-ore
Mineur m (Sprengarb) / miner
Mini·-Akku m / minicell ‖ ~-**Atomwaffen** f pl / mini-nukes pl
miniaturisieren (Elektronik) / miniaturize
Miniaturisierung f / miniaturization
Miniatur·kamera f / miniature camera ‖ ~kern m (DV) / miniature core ‖ ~kugellager n / miniature ball bearing ‖ ~-**Laserschweißgerät** n / laser microwelder ‖ ~relais n / miniature relay ‖ ~röhre, Zwergröhre f (Elektronik) / [sub]miniature tube o. valve ‖ ~schalter m / microswitch ‖ ~schaltung f / miniaturized circuit ‖ ~technik f / miniature technics ‖ ~verstärker m / midget amplifier ‖ ~wälzlager n / miniature rolling bearing
Minicare-Ausrüstung f (Textil) / minicare finish
Minidiskette f (5,25''), Minifloppy disk f / mini floppy disk
minieren / sap, [under]mine ‖ ~ (Biol) / sap vi
Minier·fraß m (Schädlinge) / tunnelling ‖ ~motte f (Landw) / leaf miner
Mini·-Grenztaster m (Pneum) / miniature limit sensor ‖ ~-**Hohlraumreaktor** m (Raumf) / mini-cavity reactor
Minim n (= 1/16 cm³) / minim
minimal, kleinst / minimal ‖ ~... / minimum ‖ ~ausrüstung f (DV) / minimum configuration, basic machine configuration ‖ ~automat m (Elektr) / automatic minimum o. underload circuit breaker ‖ ~-**Bodenbearbeitung** f, MB / minimum cultivation ‖ ~drucklinie, Mindestdrucklinie f / line of least pressures ‖ ~flugwegrechner m (Luftf) / minimum flight path o. MFP computer ‖ ~hemmkonzentration f, MHK / minimum inhibit concentration ‖ ~hörbarkeit f / minimum audibility ‖ ~impedanzfrequenz f (Quarz) / frequency at the minimum impedance ‖ ~-Impuls m (Raumf) / minimum impulse bit ‖ ~leistung f, Mindestleistung f / minimum output ‖ ~leistungsschalter m / minimum-power cutout ‖ ~-**Letalkonzentration** f, MLK / minimum lethal concentration ‖ ~mengenschmierung f / minimal quantity lubrication ‖ ~-**Phasen/Frequenz-Charakteristik** f (Elektronik) / minimum phase/frequency current ‖ ~-**Phasenmodulation** f / minimum phase shift keying, MSK ‖ ~phasensystem n / minimum phase-shift network o. structure ‖ ~relais n (Elektr) / minimum o. undercurrent relay ‖ ~schalter m (Elektr) / minimum circuit breaker, minimum cut-out o. switch ‖ ~strom, Unterstrom m (Elektr) / minimum current ‖ ~suchzeit, Mindestlatenz f (DV) / minimum o. minimal latency, minimum access time ‖ ~suchzeitprogrammierung f / forced coding, minimum access coding ‖ ~wert m / minimum [value]
Minima·-Maxima-Kontrolle f (Buch.m) / minima-maxima check
Minimeter n / minimeter
Minimierung f, Minimieren n (DV) / minimization
Minimum n, Geringstwert m / minimum [value] (pl: minima, -mums) ‖ ~ der Geschwindigkeit / minimum of speed ‖ auf ein ~ zurückführen / minimize ‖ im ~, auf dem tiefsten Punkt / at the minimum ‖ ~-**Maximum-Prinzip** n (Math) / minimax principle ‖ ~peilung f / zero signal direction finding ‖ ~thermometer n / minimum thermometer
Mini·sirene f / microsiren ‖ ~stahlwerk n / mini steelworks pl ‖ ~track-**Verfahren** n (Satelliten-Ortung) / minitrack system

Minium n, Bleimennige f / minimum, mineral red, red lead
Mini-Wrap-Verbindung f (Elektronik) / mini-wrap connection
Minkowski-Welt f, Raum-Zeit-Mannigfaltigkeit f / space-time, event space, Minkovski[an] universe o. world
MIN-Leuchtdiode f / MIN-LED (metal insulating n-type)
Minor, Unterdeterminante f (Math) / minor [determinant], subdeterminant
Minoritäts·[ladungs]träger m (nur durch Diffusion bewegte Trägerart) (Halbl) / minority carrier ‖ ~-**Ladungsträger-Stauzeit** f / minority carrier lifetime ‖ ~träger-Ansammlung f (Halbl) / hole storage
Minuend m (Math) / minuend
minus (Math) / minus adj, less ‖ ~ unendlich / minus infinite ‖ bei ~ 10 Grad / at minus 10⁰ ‖ ~anzapfung f (Elektr) / minus tapping ‖ ~bereich m / minus zone ‖ ~bürste f / negative brush ‖ ~elektrizität f / negative electricity
Minuskel f, Kleinbuchstabe m / small letter, minuscle
Minus·korngröße f (beim Sieben) / minus mesh o. size ‖ ~lehre f / minimum-gauge, scrap side of a gauge ‖ ~platte f (Batterie) / negative plate ‖ ~pol m, negativer Pol / negative pole ‖ ~seite f / minus n ‖ ~taste f (Add.m.) / minus o. subtract key ‖ ~toleranz f / permissible minimum dimension ‖ ~zeichen n, negatives Vorzeichen / minus sign, negative sign ‖ ~zonung f (DV) / minus zoning
Minute f (Math, Uhr) / minute
Minuten·rad n, -schaltrad n (Uhr) / center wheel ‖ ~radachse f (Uhr) / center arbor ‖ ~ring m (Mot) / tapered compression piston ring ‖ ~rohr n (Uhr) / cannon pinion ‖ ~rohrfeder f (Uhr) / friction spring ‖ ~springer m (Uhr) / jumping minutes hand ‖ ~teilung f / circle gauging minutes of arc ‖ ~trieb m (Uhr) / minute o. center pinion ‖ ~werk n (Uhr) / minute wheel work ‖ ~zeiger m (Uhr) / minute hand
minutiös, minuziös / painstaking, careful
minutliche Drehzahl o. Tourenzahl, Umdrehungen je Minute f pl / R.P.M., r.p.m., rpm, revolutions per minute
Miozän n / Miocene Period
MIP = Mikroprozessor
Mips m (Halbl) / metal insulator piezoelectric semiconductor, MIPS ‖ ~, Millionen Instruktionen je Sekunde (DV) / mips, millions of instructions per second pl
Mirabilit m, Glaubersalz n (Min) / Glauber['s] salt, mirabilite
Mirasterne m pl (Astr) / Mira stars pl, long period variables pl
Mirbanöl, Nitrobenzol n / mirbane, essence o. oil of mirbane
Mired n, M, μrd (reziproker Mikrograd) (Phot) / mired (= micro reciprocal degree)
MIRV = multple independently targetable reentry vehicle unabhängig zielsuchendes Mehrfachwiedereintrittsfahrzeug) / multiple independently targetable reentry vehicle
MIS n (= Management Information System) / MIS-system, management information system
Misch·... / mixing adj ‖ ~... (mit Gleich- u. Wechselanteil) (Elektr) / pulsating ‖ ~absetzer m (Chem) / mixer-settler ‖ ~anilinpunkt m (Chem) / mixed aniline point ‖ ~anlage f / mixing plant, mixer ‖ ~antrieb, Hybridantrieb m (Rakete) / hybrid thruster o. propulsion ‖ ~apparat, Mischer m / mixing apparatus, mixer ‖ ~asphalt m / natural asphalt [rock], native asphalt ‖ ~automat m / blending hopper ‖ ~automat m (Spinn) / automatic blender ‖ ~ballen m (Spinn) / blending cotton bale ‖ ~ballenbrecher m (Textil) / mixing bale opener o. breaker, blending bale opener ‖ ~band n, Überspielband n (Funk) / mixing tape
mischbar, mengbar / miscible, mixable ‖ vollständig ~ / consolute

Mischbarkeit f / miscibility

Misch·batterie f, -ventil n (Wasserhahn) / combination set (US), mixing battery o. tap (GB), mixing faucet (US) ‖ **eingriffige ꞏbatterie** / single-lever combination set (US) o. mixing battery (GB) ‖ **ꞏbauweise** f / composite o. combined building o. construction, mixed construction ‖ **ꞏbauwerk** n (Bau) / composite building o. construction ‖ **ꞏbett** n (Ionenaust.) / mixed bed ‖ **ꞏbettfilter** n / gravel bed filter ‖ **ꞏbild-Entfernungsmesser** m / coincidence rangefinder, superposed-image rangefinder ‖ **ꞏbinder** m (Bau) / mixed hydraulic binder ‖ **ꞏbrenner** m (Hütt) / proportioning mixer ‖ **ꞏbühne** f / mixing platform ‖ **ꞏdämpfung** f (Halbl) / conversion loss ‖ **ꞏdiagramm** n (Öl) / blending chart ‖ **ꞏdieselkraftstoff** m / diesel fuel blended with coal tar oils ‖ **ꞏdiode** f / mixer diode ‖ **ꞏ-Duplizierautomat** m (DV) / collator ‖ **ꞏdüse** f (Brenner) / proportioning o. mixing nozzle o. jet, combining nozzle ‖ **motorisch einstellbare ꞏdüse** (Gas) / motorized fuel valve, adjustable-port proportioning valve ‖ **ꞏdüsenmischer** m / orifice mixer ‖ **ꞏeinrichtung** f (LoKa) / collating device ‖ **ꞏelement** n (Phys) / mixed element

mischen, eine Mischung anmachen / mix ‖ **ꞏ**, vermischen (Chem) / compound, mix ‖ **ꞏ** (LoKa) / collate, merge ‖ **ꞏ** (Tätigkeit) / mixing ‖ **ꞏ**, Kompoundieren n / compounding ‖ **ꞏ**, Merge n (DV) / merging, merge ‖ **ꞏ**, Mischtechnik f / mixing technique ‖ **ꞏ durch Umpumpen in einen gemeinsamen Tank** / batch blending ‖ **ꞏ fester Stoffe** / solid-solid blending ‖ **ꞏ in der Pumpleitung** (o. innerhalb des Rohrsystems) (Öl) / in-line blending ‖ **ꞏ in zwei Durchgängen** (LoKa) / two-pass merge ‖ **ꞏ ohne Folgeadresse** (Plattenspeicher) / stripped merge ‖ **ꞏ u. Laden** (DV) / relocated merge ‖ **ꞏ und gleichzeitig trennen** (DV) / collate ‖ **innig ꞏ** / mix homogenously ‖ **richtig ꞏ** / temper ‖ **[sich] ꞏ** (o. mengen) / mingle ‖ **[sich] passend (o. harmonisch) ꞏ** / blend vt [vi]

Mischer m (allg, Hütt) / mixer ‖ **ꞏ** (TV) / program assembly switcher ‖ **ꞏ**, Mischanlage f / mixer, mixing plant ‖ **ꞏ** (Hütt) / hot-metal mixer ‖ **ꞏauslauf** m, -auslauföffnung f / issue of a mixer ‖ **ꞏroheisen** n / mixer metal ‖ **ꞏ-Slinger** m (Hütt) / mixer-slinger ‖ **ꞏstufe** f, Mischer m (Radio) s. Mischstufe

Misch·erzpellet n / mixed ore pellet ‖ **ꞏfarbe** f / secondary colour ‖ **ꞏfarbe**, Schattierung f / shading, tinge ‖ **ꞏfarbe** f (Glas) / broken o. mixed colour ‖ **ꞏfilter** n (Wellenleiter) / combining filter ‖ **ꞏfolge** f, Sortierfolge f (DV) / collating sequence ‖ **ꞏformel**, -vorschrift, -spezifikation f (Chem) / mixing formula ‖ **ꞏfrequente Aussendungen** f pl / intermodulation products pl ‖ **ꞏfrequenz**, Überlagerungsfrequenz f / beat frequency ‖ **ꞏfrequenzen** f pl (Fernm) / combination frequencies pl ‖ **ꞏfritte** f / blended frit ‖ **ꞏfutter** n, Kraftfutter n (Landw) / mixed provender, mash ‖ **ꞏgarn** n / mixed o. blended yarn, blend ‖ **ꞏgas** n / dual process gas, mixed gas ‖ **ꞏgasschweißen** n / gas-mixture-shielded metal-arc welding ‖ **ꞏgebiet** n (Städtebau) / mixed area ‖ **ꞏgegerbt** / combination tanned ‖ **ꞏgerät** n (Raketen) / mischgerät ‖ **ꞏgetreide** n, Mengfrucht f (Landw) / dredge corn o. grain ‖ **ꞏgewebe** n / blended fabric, blend, union fabric ‖ **ꞏgewebe** n, Halbwollware f (Web) / wool-cotton union ‖ **ꞏgitter** n (Elektronik) / injection grid ‖ **ꞏgitter** n (Krist) / mixed lattice ‖ **ꞏgröße** f / pulsating quantity ‖ **ꞏgut** n (Straßb) / coated materials pl, bituminous mixture ‖ **ꞏgut** n **mit offenem Kornaufbau** (Straßb) / open-grain mix ‖ **ꞏgutbauweise** f (Straßb) / mix construction ‖ **ꞏgutschrapper** m (Straßb) / scraper for coated materials ‖ **ꞏhahn** m (Warmwasser) / mixing battery o. tap (GB), combination set (US), mixing faucet (US) ‖ **ꞏhahn** m **für Duschen** / mixing battery for showers ‖ **ꞏ-Heptode**, Fünfgitter-Mischröhre f (Elektronik) / pentagrid [converter], heptode converter o. mixer ‖

ꞏhexode f (Elektronik) / mixing hexode ‖ **ꞏhöhenverfahren** n (TV) / mixed-highs [process], mixed high technique ‖ **ꞏholländer** m (Pap) / beater mixer ‖ **ꞏhybrid** n, -lithergol n (Raumf) / mixed hybrid ‖ **ꞏkabine**, Abhörbox f (Film, Radio) / control box o. booth ‖ **ꞏkammer** f (Vergaser) / carburettor mixer chamber, secondary ventur, air plenum ‖ **ꞏkammer**, Düsenkammer f / jet chamber ‖ **ꞏkammer** f (Klimaanlage) / mixing chamber ‖ **ꞏkanalisation** f (Abwasser) / combined system ‖ **ꞏkarbid** n (in Hartmetall) (Hütt) / composite carbide ‖ **ꞏkasten** m (Pap) / mixing box ‖ **ꞏkatalysator** m, Mehrstoffkatalysator m / mixed catalyser ‖ **ꞏkessel** m, -gefäß n / mixing tank o. vessel ‖ **ꞏklebstoff** m / mixed adhesive ‖ **ꞏkollergang** m / mixing [edge] runner, mixing pan mill ‖ **ꞏkollergang** m (für Mörtel) / pan-mill o. mortar mixer ‖ **ꞏkollergang** m (Gieß) / sand mill ‖ **ꞏkomponente** f (Öl) / blending component o. stock ‖ **ꞏkondensation** f (Chem) / co-condensation ‖ **ꞏkondensation** f (Kessel) / co-condensation ‖ **ꞏ-Konfiguration** f (Fernwirk) / hybrid o. composite configuration ‖ **ꞏkonzentrat-Flotation** f (Bergb) / collective o. bulk flotation ‖ **ꞏkopf** m (Wellenleiter) / mixer casing ‖ **ꞏkopf** m (Ton) / superimposing head ‖ **ꞏkorn** n / mixed grain ‖ **ꞏkrempel** f (Textil) / mixing card ‖ **ꞏkristall** m / isomorphous mixture ‖ **ꞏkristall** m, feste Lösung / mixed crystal, solid solution ‖ **aus dem Eutektikum auskristallisierter ꞏkristall** (Hütt) / primary proeutectic ‖ **ꞏkristallhärtung** f / solid solution hardening ‖ **ꞏkristallphase** f (Krist) / duplex region ‖ **ꞏkristallseigerung** f / solid solution segregation ‖ **ꞏkultur** f (Landw) / mixed cultivation ‖ **ꞏ[kunst]dünger** m / mixed fertilizer ‖ **ꞏlicht** n / mixed light ‖ **ꞏlichtlampe** f (allg) / blended lamp ‖ **ꞏlichtlampe** f (Quecksilber-Hochdrucklampe) / self-ballasted mercury lamp

Mischling m / hybrid

misch·mahlen / crush and mix ‖ **ꞏmaschine** f, Mischer m / mixing machine, mixer ‖ **ꞏmetall** n / composition metal ‖ **ꞏmühle** f, -walzwerk n / incorporating o. mixing mill ‖ **ꞏnuance** f (Färb) / mixed shade ‖ **ꞏoktanzahl** f / octane number of blends ‖ **ꞏöl** n, compoundiertes Öl / compound oil ‖ **ꞏordnung** f (der Werkzeugmaschinen-Gruppierung) (F.Org) / mixed order ‖ **ꞏoxid** n (Metallhütte) / leaded zinc oxide ‖ **ꞏoxidbrennstoff** m / mixed oxide fuel ‖ **ꞏoxide** n pl (allg) / mixed oxide systems pl ‖ **ꞏpappe** f / mixed board ‖ **ꞏpfanne** f (Gieß) / bull ladle ‖ **ꞏphase** f (Hütt) / mixed phase ‖ **ꞏphasenverdrängung** f (Öl) / miscible displacement o. drive ‖ **ꞏpolymerisat**, (jetzt:) Copolymerisat n / [cross-linked] copolymer ‖ **ꞏpolymerisation** f / copolymerization ‖ **ꞏpolymerisieren** / copolymerize ‖ **ꞏprobe** f (Nukl) / composite sample ‖ **ꞏprogramm** n (DV) / merge program[me] ‖ **ꞏprogramm-Generator** m (DV) / merge generator ‖ **ꞏpult** n (TV, Ton) / audiomixer ‖ **ꞏfahrbares ꞏpult** (Film, Elektronik) / dolly mixer ‖ **ꞏpulver** n (Sintern) / powder mix, blended powder ‖ **ꞏpumpe** f / proportioning pump, blender ‖ **ꞏpunkt** m (Regeln) / mixing point ‖ **ꞏraum** m (Vergaser) / mixer chamber ‖ **ꞏraum** m (TV, Elektronik) / mixing booth ‖ **ꞏraum** m (Textil) / mixing room ‖ **ꞏraum** m (Glasofen) / port neck ‖ **ꞏrechnung**, Mischungsrechnung f (Math) / rule of alligation ‖ **ꞏreibung** f / mixed friction ‖ **ꞏrohr** n (Brenner) / mixing (GB) o. injector (US) tube ‖ **ꞏrohr** n (Chem) / mixer tube ‖ **ꞏrohr** n **des Vergasers** (Kfz) / choke, Venturi tube ‖ **ꞏrohrbrenner** n / atmospheric gas burner ‖ **ꞏröhre** f, Frequenzwandler m (Elektronik) / frequency converter, mixer tube ‖ **ꞏrohrkopf** m (Brenner) / mixer head ‖ **ꞏsaft** m (Zuck) / mixed juice ‖ **ꞏsäure** f, Nitriersäure f / mixed o. nitrosulfuric acid ‖ **ꞏschmelzpunkt** m (Chem) / mixed melting point ‖ **ꞏschmierung** f / mixed lubrication ‖ **ꞏschnecke** f / mixing screw ‖ **ꞏ-Setz-Prinzip** n (Nukl) / mixer-settler principle || ~-Setz-Stoffaustauscher m (Nukl) / mixer-settler || ~silo m n / blending silo || ~sortieren n (DV) / merge sort || ~spannung f (Elektr) / mixed [d.c. and a.c.] voltage || ~spektrumreaktor m (Nukl) / mixed spectrum reactor || ~spezifikation, -vorschrift, -formel f (Chem) / mixing formula || ~splitt m (Straßb) / coated chippings || ~steilheit f (Röhre) / conversion [trans]conductance || ~strahlwasserzähler m / mixed-jet water meter || ~strecke f (Textil, Vorgang) / blend drafting || ~strecke f (Klimaanlage) / mixing section || ~strecke f für Kammwolle / melange gill box for worsted || ~strom m (Textil) / mixed stream || ~strom m (Elektr) / undulatory current || ~stufe f (Elektronik) / frequency conversion stage o. changing stage, converter o. mixer stage || ~stufe f für Steuerkommandosignale / command signal mixer || ~system n (Abwasser) / combined system || ~tafel f (TV) / audiomixer, sound mixer, mixing desk o. console || ~teller, -tisch m / blending o. mixing plate o. table || ~temperatur f / mixing temperature || ~temperatur f, kritische Lösungstemperatur / consolute temperature || ~trommel f / mixing drum || ~trommel f, Mixer m (Zuck) / pug mill, mixer || ~übertrager m (Elektronik) / multiple-input transformer, mixing transformer || ~- und Fördereinrichtung f / blending and conveyor plant || ~- und Füllgerät n (Hütt) / mixer-slinger

Mischung f / mixing, mix || ~, Gemisch n / mixture, commixture, compound || ~, Gemisch n (Chem) / mechanical mixture || ~ (Funk) / mixing || ~ (Plast) / compound || ~ (ITC1149) (Fernm) / grading || richtige ~ / temper

Mischungs·... / mixed ~..., Durchschnitts... (Math) / medial || ~ansatz m / compound formulation || ~bestandteil m / compounding ingredient || ~fluten (Öl) / miscible slug process || ~kalorimeter n / water calorimeter || ~lücke f (Chem) / [im]miscibility gap || ~rechnung f (Math) / rule of alligation || ~regel f (Chem) / rule o. law of mixtures || ~regelglied n (Regeln) / proportioning element || ~rezept n / compound formula, mixing formula || ~schmierung f (Mot) / oil-in-gasoline (US) o. petroil (GB) lubrication || ~verhältnis n / ratio of components o. of mixture o. of ingredients, mixture ratio || ~verhältnis n, Mengungsverhältnis n / ratio of mixture, ratio of ingredients || ~verhältnis n (Chem) / proportion of ingredients || ~verhältnis n (Bau) / proportion of mixture || ~wärme f / heat of mixing

Misch·ventil n / mixing valve || ~ventil n, -batterie f (Wasserhahn) / combination set (US), mixing faucet (US), mixing battery o. tap (GB) || ~verband m (Bau) / opus mixtum || ~verfahren n (Abwasser) / combined system || ~verstärker m, -pult n (Elektronik, TV) / mixer [console] || ~verstärkung f (Elektronik) / conversion gain || ~vorwärmer m / mixer preheater || ~wähler m (Fernm) / outgoing secondary switch, load distribution switch || ~wald m / mixed forest || ~walze f, -walzwerk n (Plast) / roll mill || ~walze f (Gummi) / open o. mixing mill || ~walzwerk n, -mühle f / incorporating o. mixing mill || ~wasser n / mixed water || ~wasserschwebestoffe m pl / mixed liquor suspended solids, MLSS pl || ~werk n / mixing apparatus, mixer || ~wolf m, Melierwolf m (Textil) / mixing willow, blending willow || ~wolle f / mixed wool, blended wool || ~zwirn m / union thread || ~zylinder m (Chem) / graduated measuring cylinder with stopper

MISFET = Metall-Isolator-Feldeffekt-Transistor
Mispickel m (Min) / mispickel
Miß·benennung f / misnomer || ~bildung, Mißgestaltung f / deformation, disfiguration || ~-handlung f / misus[ag]e || ~brauch m, unbefugte Benutzung / unauthorized use || ~brauch m, falsche Benutzung / abuse n || ~brauchsicher, mißgriffsicher / foolproof || ~brauchsicherheit f / foolproofness || ~farbig /

inharmonious in colour, off-shade || ~farbig, fleckig / discoloured || ~griff m / mistake
Mission f für Raumfahrtversuche (Raumf) / experimental operation
Missionswiederholung f (Raumf) / reflight
mißlungen, mißraten / failed, miscarried, spoiled
MIS-Solarzelle f / MIS cell, surface insulator solar cell
Miß·pfeilung f (Luftf, Propeller) / out-of-alignment || ~stand m, Ärgerlichkeit f / nuisance || ~verhältnis n / disproportion, incongruity
mißweisend (Nav) / magnetic, magnetical || ~er Kurs (Nav) / magnetic track o. course || ~ Nord (Nav) / magnetic north || ~e (o. magnetische) Peilung (Luftf, Schiff) / magnetic bearing || ~e Richtung / magnetic azimuth || ~er Steuerkurs (Luftf) / magnetic heading || ~ Süd (Nav) / magnetic south
Mißweisung f (Magnetnadel) (Verm) / declination of the needle || ~, Deklination f (Nav) / magnetic declination o. deviation o. variation, variation of the compass || ~, Fehlanzeige f (Radar) / indication error
Mist m, Stalldünger m / farmyard manure, dung || ~beet n (Landw) / hot bed || ~beeterde f / hotbed soil || ~gas n / biogas [from dung] || ~streumaschine f (Landw) / fertilizer distributor
mit oder ohne... / with or without
Mitarbeiter·stab m / staff of coworkers || ~tubus, Assistententubus m (Opt) / assistant's viewing tube
Mit·benutzer m / co-user, joint user || ~benutzungsrecht n (Patent) / right of joint use || ~beobachtertubus, Gästetubus m (Opt) / secondary viewing tube || ~bestimmung f (F.Org) / worker-management participation, (misnomer:) industrial democracy || ~bewegt (Luft) / associated
miteinander schnüren (Bergb) / meet || ~ verbundene Atome n pl / compound atoms pl || Punkte ~ verbinden (Math) / join
mit·erhitzen / warm up simultaneously || hinterer ~fahrer (Kfz) / backseat passenger || ~fällung f (Nukl) / coprecipitation, coseparation || ~[feld]komponente f (Elektr) / positive phase sequence component || ~[feld]leistung f (Elektr) / positive sequence power || ~fluß, Nachfluß m (Messen) / second reflection || ~führen, übertragen (Elektronik, Chem) / carry || ~führen (Sand) (Hydr) / carry sand v || ~führung f (o. Konvektion) von Wärme / convection of heat || ~gegossen / cast simultaneously, cast-on || ~gehender Setzstock (Dreh) / follow-rest || ~gekoppelter Rechenverstärker (DV) / regenerative operational amplifier o. op. amp. || ~gerissene Flüssigkeit (Chem) / entrained liquid, entrainment || ~gerissen werden, gepackt werden (Verkehrsunfall) / be caught || ~gerissenes n / entrainment || Rücklaufrohr für ~gerissenes (Destillation) / downcomer || ~geschleppter Fehler (DV) / inherent o. inherited error || ~glieder n pl einer radioaktiven Familie (Nukl) / parent and daughter
Mithöreinrichtung, Abhöreinrichtung f (Fernm) / monitor
mithören, abhören (Fernm, TV, Elektronik) / monitor, listen in, overhear
Mithör·klinke f / monitoring jack || ~kontrolle f / monitoring || ~lautsprecher m / monitor[ing] loudspeaker || ~leitung f (Fernm) / controlling line || ~schalter m, -taste f (Fernm) / listening key, monitoring key || ~schalter m (Tonband) / tape monitor switch || ~stöpsel m / cutting-in o. listening plug || ~- und Sprechschalter m (Fernm) / listening and speaking key
mit·klingen [lassen] / resonate || ~komponente f (Elektr) / positive sequence component || ~koppeln n, Zeichnen n (Radar) / plotting || ~kopplung f, positive Rückkopplung / regenerative o. positive feedback, regeneration || ~kopplungsschleife f (Elektronik) / regenerative loop || ~lauf m (Masch) / follow
mitlaufend, umlaufend, rotierend (Spindel, Wzm) / live, revolving || ~, schritthaltend (DV) / on-line || ~, mitgehend / travelling, following-on || ~er Fehler (DV)

/ propagated error ‖ ~e Körnerspitze / revolving center ‖ ~er Meßleitungsdetektor / travelling detector ‖ ~er Setzstock / following steady ‖ ~er Sucher (Phot) / follow-focus device ‖ ~e Verarbeitung (DV) / immediate o. in-line processing

Mitläufer m (Textil) / back cloth, wrapper, [feeder] back gray, undercloth ‖ **endloser** ~, Druckdecke f (Textil) / endless blanket ‖ ~**baum** m (Textil) / gray beam ‖ ~**papier** n / interleaving paper ‖ ~**walze** f (Pap) / pipe o. idler o. idling roller ‖ ~**walze** f (Textil) / blanket roller, back-gray roller

Mitlauf·generator m, -nahmegenerator m (Elektronik) / locked[-in] oscillator ‖ ~**pot[entiometer]** n (Elektronik) / retransmitting pot[entiometer] ‖ ~**werk** n (Fernm) / [switching] repeater selector, selector repeater, discriminating selector ‖ ~**werk** n (um das Wählen bestimmter Kennziffern zu verhindern) (Fernm) / digit suppressor o. dropper

Mit·leistung f (Elektr) / positive sequence power ‖ ~**lesen** / read for control ‖ ~**logarithmus** m, Komplement des Logarithmus einer Zahl / cologerithm

Mitnahme f, Führung f (Masch) / slaving ‖ ~, Einfangen n / catching n ‖ ~, Einfangen n (Elektronik) / pulling into tune ‖ ~, Netzsynchronisierung f (TV) / locking ‖ ~**bereich** m (TV) / pull-in range, lock-in range, collecting range o. zone ‖ ~**bolzen** m (Räumwz) / pulling pin ‖ ~**effekt** m (Elektronik) / pulling effect ‖ ~-**Einrichtung** f (Kabeltrommel) / carrier appliance ‖ ~**fläche** f (Räumwz) / pulling face ‖ ~**platte** f (Räumwz) / driving plate ‖ ~**reibung** f, gewünschte Reibung / traction ‖ ~**synchronisierung** f / sound-signal direct synchronization

mitnehmen, -reißen / entrain

Mitnehmer m, Nase f (Masch) / carrier, catch, driver, dog ‖ ~ (Werkz) / driving feature o. tenon ‖ ~ (Kette) / pusher ‖ ~ (Power and Free) / pusher dog ‖ ~ (Dreh) / lathe dog ‖ ~ **an Werkzeugen** / tongue end of tools ‖ ~**bohrung** f, -loch n (Masch) / driving o. tappet hole o. slot ‖ ~**bolzen** m, -stift m, -zapfen m / driving pin, tappet ‖ ~**bolzen**, Haltebolzen m / retaining bolt ‖ ~**gabel** f / carrying o. driver fork ‖ ~**kette** f / drag chain ‖ ~**klaue** f / engaging dog, tappet ‖ ~**lappen** m (Werkz) / flat tang ‖ ~**lasche** f (Rollenkette) / straight lug link plate ‖ ~**nut** f / driving slot ‖ ~**platte** f mit Spannschlitzen (Wzm) / driving chuck ‖ ~**ring** m (Wzm) / clutch drive ring (for hob arbors) ‖ ~**scheibe** f (Wzm) / driver o. driving plate, carrier plate, catch o. dog plate ‖ ~**spindel**, Werkstückantriebswelle f (Wzm) / live spindle ‖ ~**stange** f (Ölbohren) / [square] kelly, oilfield kelly, grief stem ‖ ~**verbindung** f / drive type fastening

Mitochondrion n (pl.: -chondrien), Chromosom n / mitochondrion (pl.: -dria), chromosome

Mitral-Verfahren n (für Zinkniederschläge) (Galv) / peen plating

Mitreaktanz f (Elektr) / positive phase-sequence reactance

mitreißen (z.B. Wasser) / entrain ‖ ~ (Destill) / carry over ‖ ~, Entrainment n (Chem) / entrainment ‖ ~ n **von Wasser**, Spucken n (Dampf) / priming

Mitscherlich·verfahren n (Pap) / Mitscherlich process

Mit·schleppen n (NC) / coupled motion ‖ ~**schnitt** m (Phono) / log ‖ ~**schreiber** m (o. **Zeitschreiber**) **für physikalische Vorgänge** / logger ‖ ~**schwingen** / covibrate, resonate ‖ ~**schwingen** n, Resonanzschwingung f / covibration, resonant vibration ‖ ~**schwingender Leiter** / resonant conductor ‖ ~**schwingende Saite** / sympathetic cord o. string ‖ ~**sehgerät** n / monitor ‖ ~**gehender Setzstock** / follow-rest ‖ ~**sprechen** n (Fernm) / [phantom-to-side] crosstalk ‖ ~**sprechkopplung** f (Fernm) / phantom-to-side unbalance ‖ ~**stromaustauscher** m / co-current exchanger ‖ ~**system** n, Mitfeldsystem n (Elektr) / positive sequence system

Mittags·höhe f / meridian height ‖ ~**kreis** m (Astr) / meridian ‖ ~**pause** f / meal time

Mitte f / middle, midst ‖ ~, Mittelpunkt m / centre (GB), center (US), central point, center point ‖ ~ (mittlerer Grad o. Zustand) / medium, mean ‖ ~ **der Plattendicke** / mid-plate thickness ‖ ~ **Laufbahn** (Kugellager) / middle of raceway ‖ **in der** ~ **befindlich** / centric[al] ‖ **in der** ~ **falten** / middle v ‖ **in die** ~ **stellen** / middle v ‖ **nach der** ~ **zu gelegen**, Mittel… / medial, median ‖ **von** ~ **bis Mitte**, Mitte-Mitte / center to center, c to c ‖ **[von]** ~ **zu Mitte** / center to center, C to C

mitteilen / communicate ‖ **sich** ~ (Chem) / be imparted [to]

Mitteilung f, Nachricht f / information, message, piece of information ‖ ~, Anzeige f / notice ‖ ~**en** f pl [zu] (z.B. Zeitschrift) / informations pl ‖ **schriftliche** ~ / missive, letter ‖ ~**en** f pl, Werkszeitschrift f / company magazine, house organ

Mitteilungsfeld n (DV) / [supervisor] communication region

Mittel n, Mittelwert m / average o. mean [value], average, mean ‖ ~, Weg m / means sg pl ‖ ~, Medium n (Phys) / medium ‖ ~, Agens n (Chem) / agent ‖ ~ (Bergb) / mineral mass ‖ ~ (z.B. Ausgabe- o. Aufzeichnungsmittel) (DV) / medium ‖ ~…, nach der Mitte zu gelegen / medial, middle ‖ ~…, Zwischen… (Math) / medium ‖ ~… (Größe) / medium gauge… ‖ ~, Mittel…, Durchschnitts… / average, mean ‖ ~, mittlerer, Mittel… / central, middle ‖ ~ (z.B. Heizstellung) / medium (e.g. heating) ‖ ~, [mittel]mäßig / medium ‖ **aus dem** ~ **laufen** (Rotation) / cock ‖ **das** ~ **nehmen** / strike o. take the average, take the mean, average

Mittelabgriff, mit ~ (Elektronik) / center tapped

Mittel·abschnitt m / central sector ‖ ~**achse** f / center line ‖ ~**achse** f (Bahn) / center axle ‖ ~**anordnung** f / central position ‖ ~**anschluß** m (Elektronik) / center terminal ‖ ~**anzapfung** f (Elektr) / center tapping, mid connection ‖ ~**bahnsteig** m (Bahn) / intermediate platform

mittelbar, indirekt / transmitted, indirect, mediate ‖ ~ **gespeiste Antenne** / indirectly-fed antenna, parasitical[ly excited] antenna, passive antenna (US) ‖ ~ **wirkende (o. mittelbare) Belastung** / indirect load

Mittel·bau m, -trakt m (Bau) / frontage ‖ ~**benzin** n / medium-heavy petrol (GB), medium gasoline (US) ‖ ~**bereichs…**, -strecken… / medium range… ‖ ~**betrieb** m / medium sized enterprise ‖ ~**bildung** f / averaging ‖ ~**bituminös** (Kohle) / semibituminous, medium-volatile ‖ ~**blech** n (3 bis 4,75 mm) (Walzw) / medium plate, medium sized sheet iron, heavy-gauge sheet, jobbing sheet o. plate ‖ ~**blech-Walzwerk** n / jobbing sheet o. plate mill ‖ ~**blindader** f (Kabel) / center filler, center blind core ‖ ~**bogen** m (Brücke) / center o. central arch ‖ ~**bohrung** f / central bore ‖ ~**brand** m (Ziegl) / demi-baking ‖ ~**brand[stein]** m (Ziegl) / medium baked brick ‖ ~**brenner** m (Glashafenofen) / eye ‖ ~**container** m (Bahn) / medium container ‖ ~**container** m / medium container ‖ ~-**Cutter** m (Bergb) / center cutter ‖ ~**deck** n (Schiff) / middle deck ‖ ~**decker** m (Luftf) / mid[-set] wing monoplane ‖ ~**destillat** n (zwischen Petroleum u. Schweröl) (Öl) / middle distillate ‖ ~**draht** m / medium gauge wire ‖ ~**druck** m (mittlerer Druck) / medium pressure ‖ ~**druck** m (Druck in der Mitte) / center o. middle pressure ‖ ~**druckentwickler** m (Schweiß) / medium pressure generator ‖ ~**druckläufer** m (Turbine) / medium pressure wheel ‖ ~**druckschieber** m / intermediate slide valve ‖ ~**[druck]walze** f (Walzw) / center o. middle roll ‖ ~**ebene** f / center plane, mid-plane ‖ ~**einstieg** m (Bahn) / central entrance ‖ ~**einstiegswagen** m (Bahn) / center door coach ‖ **durchgehende befestigte laterne** (Dach) / monitor ‖ ~**elektrode** f (Zündkerze) / center o. central electrode ‖ ~**energetisch** / medium-energy… o. power… ‖ ~**europäische Zeit** / Greenwich mean time, zulu time (mil) ‖ ~**farbe** f (Färb) / secondary colour ‖ ~**fein**

(Kohle) / fine-middling ‖ ⁓feines **Druckpapier** / medium printing paper ‖ ⁓feiner **Sand** / medium sand ‖ ⁓**feinkörnig** / medium-grained ‖ ⁎**feld** *n* (z.B. Schalttafel) / center bay o. panel ‖ ⁎**feld** *n* (Brücke) / central o. middle bay ‖ ⁎**feld-Verdichter** *m* (Spinn) / middle condenser ‖ ⁓**fester Stahl** / medium strength steel ‖ ⁎**flyer** *m* (Spinn) / intermediate flyer o. frame o. slubber ‖ ⁎**förderwagen** *m* (Bergb) / middle-size mine car ‖ ⁎**frequenz** *f* (0,3-3 MHz) (Elektr) / medium frequency ‖ ⁎**frequenzumformer** *m* / medium frequency transformer ‖ ⁎**frotteur**, -nitschler *m* (Textil) / second bobbin drawing box ‖ ⁎**furche** *f* (Landw) / dead furrow ‖ ⁎**gang** *m* (Bahn) / central passage o. corridor, aisle (US), centre corridor (GB) ‖ ⁎**gang m eines Einkaufszentrums** / mall of a sales center ‖ ⁎**gangwagen** *m* (Bahn) / open aisle coach, day coach, intercommunication car, intercommunicating coach ‖ ⁎**gerüst** *n* (Walzw) / intermediate roll stand ‖ ⁎**glieder** *n pl* (Math) / means *sg pl* ‖ ⁓**grau** / median gray ‖ ⁎**grob** / medium coarse ‖ ⁓**groß**, -räumig (Meteorol) / meso-scale, subsynoptic ‖ ⁓**groß** (Kfz) / midsize ‖ ⁎**größen** *f pl* (Textil) / middle sizes *pl* ‖ ⁎**grund** *m* (Phot) / middle distance ‖ ⁎**gut**, -produkt *n* / middlings (as final product) ‖ ⁎**gut** *n* (als Endprodukt) (Bergb) / finished middlings *pl* ‖ ⁎**halle** *f* / central wave ‖ ⁓**hart** / medium-hard ‖ ⁎**hart**, mäßig hart / moderately hard ‖ ⁓**hart** (Gestein) / mediumhard ‖ ⁎**hieb** *m* (Feile) / bastard cut ‖ ⁓**hohe Zufallsbahn** (Satellit) / medium-high random orbit ‖ ⁎**joch** *n* (Brücke) / central o. middle bay ‖ ⁎**kasten** *m*, Zwischenkasten *m* (Gieß) / check ‖ durchlaufender ⁎**kiel** (Schiff) / center through-plate keel ‖ ⁎**kielschwein** *n*, -binnenkiel *m* (Schiff) / center keelson ‖ ⁎**klassewagen** *m* (Kfz) / intermediate car ‖ ⁎**kohle** *f* (Aufber) / small graded coal ‖ ⁎**kontakt** *m* / center contact ‖ ⁎**kontakt...** (Elektr) / center contact ... ‖ ⁎**kontaktfassung** *f* (Lampe) / center contact holder ‖ ⁎**kontaktsockel** *m* (Elektr) / center contact cap ‖ ⁎**konusdüse** *f*, Ringdüse *f*, Kegeldüse *f* / bullet nozzle ‖ ⁎**kraft** *f* (Mech) / central force ‖ ⁎**kraftlinie**, Stütz-, Drucklinie *f* (Mech) / line of resultant pressure, axis line o. center line of pressure o. thrust ‖ ⁎**lage** *f* / mean position ‖ ⁎**lage** *f*, -schicht *f* / medial layer ‖ ⁎**lagenmaschine** *f* (Holz) / core stock composing machine ‖ ⁎**lager** *n* (Brücke) / center bearing ‖ ⁎**länge** *f* (von Buchstaben) / x-height of letters ‖ ⁎**last** *f* / center load ‖ ⁎**lauge** *f* / weak lye ‖ ⁎**legiert** (Hütt) / mediumalloy... ‖ ⁎**leiste** *f* (Web) / inside o. center selvedge ‖ ⁎**leiter** *m*, Mittelpunkts-, Mp-Leiter *m* (Drehstrom) / neutral o. mid-point conductor o. wire, neutral ‖ ⁎**leiter** *m* (im Gleichstrom- o. Einphasensystem) / neutral o. middle conductor, third conductor ‖ ⁎**leitersystem** *n* (Elektr) / neutral- o. third-wire system axis ‖ ⁎**linie** *f*, -achse *f* / axis, center line ‖ ⁎**linie**, Halbierende *f* (Math) / bisecting line, bisector, bisectrix ‖ ⁎**linie**, Konstruktionslinie *f* (Zeichn) / construction line ‖ ⁎**linie**, Zentrale *f* / median line ‖ ⁎**linie** *f* (Krist) / median line ‖ ⁎**linie** *f* (Straßb) / center line ‖ ⁎**linie** *f* **des Dreiecks** / median line (of the triangle) ‖ ⁎**linie des Profils** (Luftf) / mean camber line, median line ‖ ⁎**linie** *f* **eines Stabes** (Stahlbau) / axis of a member ‖ ⁎**linienbefeuerung** *f* (Luftf) / center line lighting, runway center line lights *pl* ‖ ⁎**loch** *n*, Zentrierloch *n* / center hole ‖ ⁎**lot** *n* / vertical center line ‖ ⁓**mäßig**, mäßig o. moderate, mediocre ‖ ⁎**mauer** *f* / inside o. interior wall ‖ ⁎**mauer** *f* **zweier Besitzer** / common o. partition o. party wall ‖ **Mittelmeerfruchtfliege** *f*, Ceratitis capitata / Mediterranean fruit fly, medfly ‖ **mitteln**, ausmitteln / take the mean ‖ **Mittel·nitschler**, -frotteur *m* (Textil) / second bobbin drawing box ‖ ⁎**öffnung** *f*, Hauptöffnung *f* (Brückb) / main arch, main passage ‖ ⁎**öl** *n* / middle [tar] oil ‖ ⁎**öl**, Phenolöl *n* / carbolic oil ‖ ⁎**patent** *n* (Wirkm) / spindle control mechanism at center of machine ‖ ⁎**pfeiler** *m* / center pier ‖ ⁎**pfeiler** *m* (einer Tür) / intermediate

jamb, middle jamb ‖ ⁎**pfette** *f* (Bau) / center purlin ‖ ⁎**pfosten** *m* (Fenster) / mullion, munnion, monial ‖ ⁎**plicht** *f* (Schiff) / central cockpit ‖ ⁎**produkt**, -gut *n* / middlings (as final product) ‖ ⁎**pufferkupplung** *f* (Bahn) / central buffer coupling ‖ **Mittelpunkt** *m* (von Strecken) (Math) / mid-point, central point ‖ ⁎, Zentrum *n* / center (US), centre (GB) ‖ **im** ⁎ **befindlich** / centric[al] ‖ **nach dem** ⁎ **strebend** / centripetal ‖ ⁎**abstand** *m* / distance between centers ‖ ⁎**abweichung** *f* (bei Führungslöchern) (DV) / centre-of-hole deviation ‖ ⁎**ausbreitung** *f* (Radar) / open centre control, center expansion ‖ ⁎**körner** *m* (Wzm) / center punch ‖ ⁎**kurve** *f* / center point curve ‖ ⁎**lehre** *f* / centering gauge ‖ **Mittelpunkts·aufweitung** *f* (Radar) / expanded center ‖ ⁎**gleichung** *f* (Math) / equation of a circle with the origin at the center ‖ ⁎**leiter** *m* s. Mittelleiter ‖ ⁎**schaltung** *f* (Trafo) / mid-point tapping ‖ ⁎**speisung** *f* (Antenne) / apex drive (US), centre feed (GB) ‖ ⁎**sucher** *m* / centering bridge (for finding the center of a bore) ‖ ⁎**transformator**, Spannungsteiler *m* (Elektr) / a.c. o. static balancer ‖ ⁎**winkel** *m* / angle at center ‖ **Mittel·quadrat** *n* (Flugsicherung) / center square ‖ ⁎**rahmen** *m* (Tür) / lock rail ‖ ⁎**rapport** *m* (Färb) / center repeat ‖ ⁓**räumig**, -groß (Meteorol) / meso-scale, subsynoptic ‖ ⁎**riegel** *m* (Zimm) / crossbrace ‖ ⁎**rohrrahmen** *m* (Kfz) / center tube frame ‖ **mittels**, mit Hilfe [von] / through [the medium of], by means [of] ‖ **Mittel·saft** *m* (Zuck) / half-concentrated o. middle juice ‖ ⁎**schaft** *m*, -pfeiler *m* / middle jamb ‖ ⁎**scheibe** *f* **an Vielstreifenscheren** / intermediate disk of slitting rollers ‖ ⁎**schicht** *f* / medial layer ‖ ⁎**schiene** *f* (Bahn) / center o. central rail, middle rail ‖ ⁎**schiene** *f*, Leitzunge *f* **einer Kreuzung** (Bahn) / junction-rail of a crossing ‖ ⁎**schiff** *n*, -halle *f* (Stahlbau) / center o. middle bay ‖ ⁎**schifter** *m* (Zimm) / intermediate jack rafter ‖ ⁓**schlächtig** (Hydr) / middle-shot, breast-shot, center-float ‖ **in** ⁓**schmutzigem Wasser gedeihend** (Pflanze) / mesosaprobe ‖ ⁎**schneider** *m* (eines 3-teiligen Satzes) (Gewinde) / second tap, plug tap ‖ ⁓**schnelles Neutron** / intermediate neutron ‖ ⁓**schneller Reaktor** / intermediate [spectrum] reactor, epithermal reactor ‖ ⁎**schnitt** *m* (Landw) / middle cut (2" spacing) ‖ ⁎**schrift** *f* / medium-spaced lettering ‖ ⁓**schwarz** / medium black ‖ ⁎**schwelle** *f* (Bahn) / intermediate sleeper ‖ ⁓**schwere (o. mittlere) Bespulung** (o. Pupinisierung) (Fernm) / medium loading ‖ ⁎**senkrechte** *f* (Dreieck) (Math) / mean perpendicular, mid-perpendicular ‖ ⁎**senkrechte** [in einer der Seiten] (regelm. Vieleck, Pyramide, Kegel) *f* / apothem ‖ ⁎**sorte** *f* / medium quality ‖ ⁎**spannung** *f* (Dauerversuch) / mean stress, steady stress component ‖ ⁎**spannung** *f* (6-36 kV) / medium high voltage ‖ ⁎**spannung** *f* (GB) (Elektr) / medium voltage (250-650 V) ‖ ⁎**spannungskabel** *n* (bis 36 kV) / medium high voltage cable ‖ ⁎**spant** *n*, -rippe *f* / midship frame ‖ ⁎**speisung** *f*, Speisung *f* im Mittel[punkt] / mid-point supply ‖ ⁎**spur** *f*, mittlere Fahrbahn / center lane ‖ ⁎**stahlwalzwerk** *n* / rolling mill for medium sized products ‖ ⁎**starkberegnung** *f* (7-17 mm/h) (Landw) / medium precipitation rate ‖ ⁎**steg** *m* (Brille) / nose saddle o. piece ‖ ⁓**steil** (Bergb) / semi-steep ‖ ⁎**stellung** *f*, -lage *f* / central o. neutral position ‖ ⁎**stellung** *f* (Schalter) / neutral of a switch ‖ ⁎**stellung** *f*, Zwischenstellung *f* / intermediate position ‖ ⁎**stellung** *f* (Bremsventil) / lap position (driver's valve), neutral position ‖ ⁎**stempel** *m* (Bergb) / center prop ‖ ⁎**straße** *f* (Walzw) / intermediate mill, medium-sized rolling mill ‖ ⁎**strecke** *f* / medium range ‖ ⁎**strecken...**, -bereichs... / medium range... ‖ ⁎**strecken-Fernlenk-Geschoß** *n*, Mittelstreckenrakete SSBS *f* (Mil) / medium range ballistic missile, MRBM ‖ ⁎**streckenflugzeug** *n* / medium-range aircraft, medium haul jet ‖ ⁎**streifen** *m* **der Autobahn** / central reserve

(GB), central divider (GB), median strip (US), mall (US) ‖ ~strich m (Straßb) / center line ‖ ~strom, Hauptstrom m (Hydr) / main stream ‖ ~stromschiene f (Bahn) / central conductor rail ‖ ~stück n / central o. middle piece ‖ ~stück n (Konverter) / body, belly ‖ ~stück n einer Welle / middle shaft ‖ ~stütze f (Stahlbau) / king post ‖ ~support m (Dreh) / center saddle o. slide ‖ ~teil n einer Spule (Film) / core ‖ ~thermal, mesothermal (Geol) / mesothermal ‖ ~töne m pl (Pap) / medium tints pl ‖ ~ton-Lautsprecher m / mid-range loudspeaker ‖ ~tonnage-Tanker m / middle-size tanker ‖ ~träge (Sicherung) / semi time-lag ‖ ~träger m, -balken m / central beam o. girder ‖ ~träger einer breiten Holztreppe / carriage of a stair ‖ ~trakt m, -bau m (Bau) / frontage ‖ ~trieb m (Opt) / joint focus[s]ing arrangement o. wheel, central [twin] focussing device ‖ ~trieb m (Zirkel) / spring-bow center wheel ‖ ~triebeinstellung f (Opt) / joint focussing ‖ ~- u. Feinstahl- u. Drahtwalzwerk n / intermediate small-section and wire rolling mill ‖ ~verteiler m (Elektr) / cellular-type distribution switchboard ‖ ~wagen m im Triebwagenzug / center trailer ‖ ~walze f (Walzw) / central o. middle roll ‖ ~wand f, Zwischenwand f (Bau) / inside o. interior wall ‖ ~wand f (Holländer, Pap) / midfeather ‖ ~wasser n, Gezeitenmitte f / half tide ‖ ~wasser n, MQ (in m³/s) (Fluß) / mean water ‖ ~wasser einer Talsperre / average flow of a barrage ‖ ~wasserstand m, MW (in cm) / mean water level ‖ ~weiß n (TV) / equal signal white ‖ ~welle f (100-1000 m) (Elektronik) / medium wave (200-1000 m), hectometer o. hectometric wave ‖ ~wellenbereich m / medium wave range, hectometer wave range ‖ ~wert m / average o. mean [value] ‖ ~wert m einer Anzahl von... / mean value of a number of... ‖ ~wert m einer Funktion / mean value of a function ‖ ~wertbildend / averaging ‖ ~wertkupplung f (Nukl) / intermediate coupling ‖ ~wertmesser, Impulsfrequenzmesser m (Strahlung) / ratemeter ‖ ~wertsanzeige f (Instr) / average reading ‖ ~wertschreiber m / mean-value recorder, average data recorder ‖ ~wertsgerade f / line of best fit ‖ ~werttheorem n / theorem of the mean ‖ ~wertverfahren n, -wertmethode f / mean value method ‖ ~winkel m / central angle ‖ ~wolle f (Spinn) / middle worsted ‖ ~zug m (Drahtzieh) / second wire drawing

mitten, inmitten / in the middle [of]
Mitten·... / centric[al], center... ‖ ~..., Mittel... / middle ‖ ~abstand m, Abstand m von Mitte zu Mitte / distance from center to center, center distance ‖ ~abstand m, Achsabstand m / center distance of axes ‖ ~abstand m Bohrbüchse-Schraubensitz / drilling bush center to lip center ‖ ~abweichung f / center deviation ‖ ~angezapft (Elektr) / mid-tapped ‖ ~anschlag m (Masch) / center stop o. dog ‖ ~antriebs-Drehautomat m / center drive automatic lathe ‖ ~anzapfung f (Elektr) / central tapping ‖ ~-Einheit f (Rundschalttisch) / center main base ‖ ~-Einheit f (Wzm) / multi-sided center base ‖ ~frequenz f / center frequency ‖ mit einer ~frequenz [von] (Fernm) / centered [at] ‖ ~kehlfläche f (Schneckengetriebe) / reference toroid ‖ ~kreis m (Schneckengetriebe) / reference circle ‖ ~kreis-Durchmesser m (Schneckengetriebe) / reference diameter ‖ ~kreisteilung f (Schneckengetriebe) / reference pitch ‖ ~markierung f, (SSR) (Radar) / center marking ‖ ~markierung f (Repro) / centering arrows pl, center marking ‖ ~nullpunkt m (Instr) / center zero ‖ ~rauhwert m / average peak-to-valley height ‖ ~schneider m (DIN 5237) (eine Zange) / center cutting nippers pl, middle cutter ‖ ~schneidgerät n / center cutter ‖ ~stellung f / center position ‖ ~umfang m (Holz) / mid-[timber]girth ‖ ~versatz m / mismatch ‖ ~verstärkung f / central boss ‖ ~warze f (Federblatt) / central wart (laminated spring) ‖ ~welligkeit f / medium waviness ‖ ~zylinder m (Schneckengetriebe) /

reference cylinder ‖ ~zylinder-Schraubenlinie f (Schneckengetriebe) / reference helix

mittig / in [dead] center, centric[al] ‖ ~, axial / axial ‖ ~ ausrichten vi (Phot) / center ‖ ~e Beanspruchung / center stress ‖ ~ einstellen (o. anbohren) / centre (GB), center (US) ‖ ~ einstellen (Phot) / center the picture

mittler·er, Mittel... / mid ‖ ~er, Durchschnitts... / average, mean ‖ ~er, -e, -es (größenmäßig, zeitlich) / middle ‖ ~e aerodynamische Flügeltiefe (Luftf) / aerodynamic chord ‖ ~es Amplitudenquadrat / mean square amplitude ‖ ~e Äquivalentdosis / average dose equivalent ‖ ~er Arbeitsdruck / mean effective pressure, M.E.P. ‖ ~e Arbeitsfähigkeitsdauer / mean uptime, MUT ‖ ~er Ausfallabstand (Elektronik) / mean time between failures, MTBF ‖ ~e Ausfallzeit / mean down time, MDT ‖ ~es Band (zwischen MF und Kanal 7) (TV) / intermediate frequency band (between MF and channel 7) ‖ ~er bedingter Informationsgehalt (DV) / average conditional information content ‖ ~er Beobachtungswert (Phys) / median ‖ ~e Bezugstemperatur / referred mean temperature ‖ ~e Bildhelligkeit (TV) / average illumination, average picture level, APL ‖ ~e Bildleuchtdichte (TV) / average luminance o. brightness ‖ ~e Datentechnik, direkte Datenverarbeitung / office-oriented data processing technology, distributed data processing (GB) ‖ ~e Dichte (Sintern) / mean density ‖ ~er Druck / mean pressure ‖ ~er Druck, Mitteldruck m / middle pressure, MP ‖ ~e Empfindlichkeit bei diffusem Schalleinfall (Mikrophon) / mean spherical response, reverberation o. random response ‖ ~e Enthalpie / bulk enthalpy ‖ ~er Ergänzungskegel (Getriebe) / middle cone ‖ bezogene ~e Erregungsgeschwindigkeit (Elektr) / excitation-response ratio ‖ ~es Fehlerquadrat / error mean square ‖ ~e Fertigungsgüte (Qual.Pr) / process average ‖ ~e Flügeltiefe (Luftf) / [second o. standard] mean chord ‖ ~e Flußdichte im Anker (Elektr) / specific magnetic loading ‖ ~er Förderweg (Bau) / average haul distance ‖ ~e freie Weglänge (Phys) / mean free path ‖ ~e Genauigkeit, Richtigkeit f / accuracy of the mean ‖ ~e Geschwindigkeit / average o. mean speed o. velocity ‖ ~e Geschwindigkeit, Normalgeschwindigkeit f / allowed o. proper speed ‖ ~e Geschwindigkeit in einer Kanalhaltung (Hydr) / mean velocity of a reach ‖ ~es Geschwindigkeitsquadrat (Phys) / root mean square velocity ‖ ~e Größe (Koks) / mean size ‖ von ~er Größe / medium-sized ‖ ~er Gürtel (Van-Allen-Gürtel) / mid-belt ‖ ~e hemisphärische Lichtstärke / mean hemispherical candle power ‖ ~er Index (DV, PL/1) / interleaved subscript ‖ ~er indizierter Druck / mean indicated pressure ‖ ~er indizierter Druck (Bremse) / brake mean effective pressure, B.M.E.P. ‖ ~er Informationsbelag / average information content per symbol, information rate per character ‖ ~er Informationsgehalt, Entropie f / average information content, entropy ‖ ~er Integrationsgrad (Elektronik) / medium-scale integration, MSI ‖ ~e Jahreswassermenge / mean annual flow ‖ ~er Kolbendruck / mean [effective] piston pressure ‖ ~e Kolbengeschwindigkeit / mean piston speed, M.P.S. ‖ ~e Kornfläche (Mikrosk) / mean grain area ‖ ~e Ladung der Teilchen (Atom, Nukl) / average charge ‖ ~e maximale mittlere Lage (Akust) / median pitch ‖ ~e Lebensdauer / average life period o. time ‖ ~e Lebensdauer (Halbl) / mean life, lifetime ‖ ~e Leistung / mean power ‖ ~e Leistungsdichte (Reaktor) / power density ‖ ~e Leitplanke (Straßb) / median barrier ‖ ~e Letaldosis, LD 50 (Nukl) / median lethal dose ‖ ~e Letalzeit, M.L.Z. f (Nukl) / median lethal time, MLT, fifty-percent survival, LD 50 time ‖ ~e Lichtstärke in der Horizontalebene / mean horizontal intensity of light ‖ ~e Lichtstärke in einer gegebenen Zone / mean zonal intensity of light ‖ ~es Management (F.Org) /

second line management ‖ ~er **Mittag** (Astr) / mean noon ‖ ~er **Nullpunkt** (Instr) / center-zero ‖ ~e **Nummer** (o. Stärke) (Textil) / medium count ‖ ~er **Ort** (Astr) / mean place ‖ ~e **Ortszeit** / local mean time, L.M.T. ‖ ~e quadratische **Abweichung** / mean square deviation ‖ ~e quadratische **Brems[weg]länge** (Nukl) / mean square length of moderation, slowing-down length ‖ ~er quadratischer **Äquivalentdurchmesser** / mean square equivalent diameter ‖ ~er quadratischer **Fehler** / root mean square error, r.m.s. error, RMS error ‖ ~er quadratischer **Fehler** (nach der Methode der kleinsten Fehlerquadrate) / least mean square error ‖ ~e **Qualität**, mittelgute Qualität / middle quality ‖ ~e **Rauhtiefe** (Masch) / average peak-to-valley height ‖ ~e **Reparaturdauer** (DV) / mean time to repair, MTTR ‖ ~e **Rotglut** (1025 K) / medium cherry red heat ‖ ~e **Rückwärtsverlustleistung** (Halbl) / mean inverse dissipation ‖ ~e **Schallausstrahlung** (Fernm) / average speech power ‖ ~er **Schluff**, Feinschluff m / medium silt, 0.02 - 0.006 mm ‖ ~er **Siedepunkt** / mid-boiling point ‖ ~e **Sonne** (Astr) / mean sun ‖ ~e **Sonnenzeit** (Astr) / mean solar time ‖ ~e **Spannung gleich Null** / mean stress zero ‖ ~e spezifische **Wärme** / mean specific heat ‖ ~e sphärische **Lichtstärke** / mean spherical candle power, M.S.C.P. ‖ ~e **Steigung** / mean pitch ‖ ~e **Stichprobenzahl** / average sampling number ‖ ~e **störungsfreie Zeit** (DV) / mean time between failures, MTBF, mean time to failure, MTTF ‖ ~e **störungsfreie Zeit für neue Teile** / mean time to failure observed (for non repaired items) ‖ ~e **Streuweglänge** / diffusion length ‖ ~e **Stundengeschwindigkeit** / average hourly speed ‖ ~e **Temperaturdifferenz** / mean temperature difference, M.T.D. ‖ ~e theoretische **Lebensdauer** / average rated life ‖ ~es **Tidehochwasser**, MThw / mean high tide ‖ ~es **Tideniederwasser**, MTnW / mean low tide ‖ ~er **Transinformationsgehalt** / average transinformation content ‖ ~er **Verbrauch** / average consumption ‖ ~e verfügbare **Betriebszeit**, mittlere Arbeitsfähigkeitsdauer / mean uptime, MUT ‖ von ~er **Viskosität** (Öl) / medium bodied ‖ ~er **Wartungsabstand** (DV) / mean time between maintenance, MTBM ‖ ~er **Wasserstand** / mean water level ‖ ~e **Weglänge** / mean path length ‖ ~e **Zeit bis zu beobachtetem Fehler** / mean time to failure observed, MTTF ‖ ~e **Zeit bis zum ersten Fehler** (DV) / mean time to first failure, MTTFF ‖ ~e **Zeit zwischen Stops** (DV) / mean time between stops, MTBS

mit·tönen (Pfeife) / resound ‖ ~tragend / carrying jointly

mittschiffs / midship *adj*, amidship[s] *adv* ‖ ~ebene *f* / center line plane

Mittschiffspant *n* / midship frame

Mittstrom *m* (Hydr) / main stream

Mit·veränderlichkeit *f* / covariability ‖ ~veränderung *f* / covariation ‖ ~verbund…, additiv-kompoundiert (Elektr) / cumulatively compound ‖ ~verwendung *f* / co-application ‖ ~wirkend, gemeinsam / cooperative, common ‖ ~wirkend, Hilfs…, behilflich / subsidiary ‖ ~wirkende **Plattenbreite** (Brücke) / effective width of concrete slab ‖ ~wirkendes **Ziel** (Radar) / cooperative target ‖ ~ziehbereich *m* (Frequenz) / frequency pull-in range ‖ ~ziehen / lock in [with]

MI-Verfahren *n* (Regeln, Schiff) / manual initiation o. MI-method

Mixer *m*, Haushaltmischer *m* / domestic blending mixer ‖ ~ / food processor ‖ ~, Muser *m* (Landw) / food masher ‖ ~, Mischtrommel *f* (Zuck) / pug mill ‖ ~, Mischfilter *n* (Wellenleiter) / combining filter ‖ ~-Settler *m* (Nukl) / mixer-settler

Mixtruder *m* (Fa. Eck, Düsseldorf) / mixtruder

Mixtur *f* (Chem) / mixture, mixt

Mizelle *f* (Chem) / micelle

Mizzonit *m* (Min) / mizzonite

MJ-Gewinde *n* / MJ thread ‖ ~ / MJ-thread

MKC-Kondensator *m* (Elektr) / capacitor with metallized polycarbonate foil

MK-Kondensator *m* (M = Metall, K = Kunststoff) / metallized film capacitor

MK-Kupplung *f* (Tankwagen) / female coupling

M-Kontakt *m* (Phot) / M-contact, flash synchronization contact

MKP-Kondensator *m* / metallized polypropylene film dielectric capacitor

MKR = magnetische Kernresonanz

MKSAKC-System *n*, internationales Einheitensystem, SI-System *n* / international units system o. system of units, SI

MKSA-System (veraltet), Giorgisches System *n* (Phys) / MKSA-system (meter, kilogram, second, ampere), Giorgi system of units

MKS-System *n* (veraltet) (Phys) / meter-kilogram-second system, M-K-S o. m-kg-s system

MK-System, Yerkes-System *n* (Astr) / MK- o. Yerkes-system

MKT-Kondensator *m* (Elektr) / metallized polyethyleneterephtalate film dielectric capacitor

MKU-Kondensator *m* (M = Metall, K = Kunststoff, U = Celluloseacetat) / metallized cellulose acetate film capacitor

M-Kurve *f*, Mayer-Kurve *f* (Flotation) / Mayer curve

m-Lösung *f* (Chem) / molar solution

MLS = Mikrowellen-Landesystem

M.L.Z. (Nukl) s. mittlere Letalzeit

MM (Elektronik) = Mikrominiatur…

M-Modul, Modifikationsmodul *m* / M module

MMS / manufacturing message specification, MMS

MnBz = Manganbronze

MNE, M_{ne}, höchste zulässige Machzahl / never-exceed Mach number, MNE, M_{ne}

Mnemo·technik *f*, Mnemonik *f* / mnemonics ‖ ~[tech]nisch / mnemonic ‖ ~technische **Bezeichnung** (DV) / mnemonic symbol ‖ ~[tech]nischer **Code** (DV) / mnemonic code

MNOS-Kondensator *m* / MNOS capacitor (= metal-nitride-oxide-silicon)

MnSt = Manganstahl

M/N-Verhältnis *n*, Ionenpaarausbeute *f* (Nukl) / M/N ratio

Mobel[stück] *n* / piece of furniture

Möbel·beschläge *m pl* / furniture mountings o. fittings *pl* ‖ ~bleche *n pl* (Walzw) / furniture sheets *pl* ‖ ~fabrik *f* / furniture factory ‖ ~firnis *m* / polish ‖ ~gleiter *m* / glider for furniture ‖ ~gurt *m* / upholstery o. furniture webbing ‖ ~haus *n*, -großhandlung *f* / large furniture store, home-center ‖ ~lack, -firnis *m*, -politur *f* / cabinet varnish o. polish ‖ ~lackierer *m* / furniture varnisher ‖ ~leder *n*, -vachette *f* / upholstery leather ‖ ~politur *f* / French o. furniture polish ‖ ~röllchen *n* / swivelling roller, castor, caster (US) ‖ ~schreinerei *f*, -tischlerei *f* / cabinet maker's o. making ‖ ~stoff *m* / furniture o. upholstery fabric ‖ schwerer ~stoff (Textil) / tapestry ‖ ~tischler, (Südd.:) -schreiner *m* / cabinet maker ‖ ~tischlerei, -schreinerei *f* / cabinet making o. maker's ‖ ~transport *m* / furniture removal ‖ ~transportunternehmen *n* / van and storage company (US) ‖ ~wagen *m* / furniture [removal] van, moving van, pantechnicon [van]

mobil, nicht ortsfest (Reaktor) / mobile ‖ ~es **Funksprechgerät** / motorcar telephone ‖ ~bagger *m* / mobile excavator ‖ ~funk *m* / mobile radiotelephone service ‖ ~kran *m* (fahrbar ohne eigenen Antrieb) / mobile crane ‖ ~ometer *n* (Viskosität) / mobilometer ‖ ~-Portalkran, Transtainer *m* / transtainer

Möbius·sches Band (Math) / Möbius strip ‖ ~sche **Fläche** (Math) / Möbius surface ‖ ~verfahren *n* (Gold- u. Silberscheidung) / Möbius process (for parting gold and silver)

mod s. Modulo

Modacryl n (Plast) / modacryl ‖ **⌐faser** f / modacrylic fiber

modal / modal ‖ **~e Regelung** / modal control ‖ **~es Ungleichgewicht** n^{ter} **Ordnung** / modal unbalance of order n ‖ **⌐analyse** f / modal analysis

Modder, Schlick m / warp, mud, slime, ooze ‖ **⌐prahm** m, Baggerboot n / dredging boat, drag o. mud boat

Model m (abgesägte Rundholzscheibe) / module, pattern, block (produced by parallel saw cuts) ‖ **⌐** (Färb) / block, hand block, form ‖ **⌐druck** m (Textil) / block printing, hand printing ‖ **⌐druckmaschine** f (Färb) / block printing machine

Modeling n (DV) / modeling

Modell n / model, pattern ‖ **⌐**, Baumuster n, -art f / design, type ‖ **⌐**, Gußmodell n (Gieß) / pattern ‖ **⌐ I, II usw** / mark I, II, etc ‖ **⌐ des vereinigten Atoms** / united atom model ‖ **⌐ für Berechnung** / structural modelling for analysis ‖ **⌐ mit einfachem Schwindmaß** (Gieß) / single contraction pattern ‖ **das ⌐ aus der Form [von Hand] ausheben** (o. ziehen) (Gieß) / draw o. lift the pattern ‖ **87er ⌐** (Kfz) / model 1987 ‖ **⌐abdruck** m (Gieß) / pressing the pattern into the sand ‖ **⌐ansicht** f / architectural model ‖ **⌐arm** m (im Windkanal) / sting (wind tunnel) ‖ **⌐bau** m / model making ‖ **⌐bauanstalt** f, -werkstätte f / model workshop ‖ **⌐bauer, -schreiner, -tischler** m / model[l]er ‖ **⌐bauer** m **für verkleinerte Modelle** / model maker ‖ **⌐bedarf** m / pattern making sundries ‖ **⌐boden** m, Modellager n (Gieß) / pattern storage ‖ **⌐brett** n (Gieß) / pattern board, moulding board ‖ **⌐deformation** f (Photogrammetrie) / model deformation ‖ **⌐eisenbahn** f / model railway ‖ **⌐eisenbahnbetrieb** m / model railroading ‖ **⌐fall** m / typical case ‖ **⌐fliegerei** f, -flugwesen n / model aviation ‖ **⌐flugzeug** n / model airplane ‖ **⌐flugzeugbau** m / aeromodelling ‖ **⌐gips** m / plaster of Paris ‖ **⌐grundplatte** f (Gieß) / pattern plate

modellierbar, verformbar (Keram) / plastic, figuline

modellieren / model v ‖ **~**, formen / mould, form

Modellier·holz, -werkzeug n / model[l]ing bone o. stick ‖ **⌐holz** n, Holz oder Gerät zum Modellieren n / wood for model[l]ers ‖ **⌐ton** m / model[l]ing clay ‖ **⌐wachs** n / moulding wax

Modell·jahr n (Kfz) / model year ‖ **⌐macher** m (Gieß) / model[l]er ‖ **⌐maßstab** m / model scale ‖ **⌐pappe** f / model board ‖ **⌐platte** f (Gieß) / moulding plate, pattern plate ‖ **⌐reaktion** f (Chem) / typical reaction ‖ **⌐regelkreis** m / model feedback ‖ **⌐sand** m (Gieß) / moulding sand ‖ **⌐schleppstation** f (Schiff) / model testing plant ‖ **⌐schräge** f (Gieß) / draught, taper ‖ **⌐schreiner** m, -tischler m (Gieß) / pattern maker ‖ **⌐schreinerei** f, -tischlerei f (Gieß) / [wood] pattern making shop ‖ **⌐teilung** f (Gieß) / pattern joint ‖ **⌐- u. Kernkastenfräsmaschine** f / pattern milling and recessing machine ‖ **⌐unabhängigkeit** f / self-similiarity ‖ **⌐verfahren** n **für Regelung, Optimalwertsteuerung** f / feed forward control ‖ **⌐versuch** m, Grundversuch m / model experiment o. test ‖ **⌐werkstätte** f, -bauanstalt f / model workshop

Modem n (Modulator und Demodulator) (Fernm) / modem ‖ **⌐ mit Selbstwählapparat** (Fernm) / data set ‖ **⌐-Interface** n / modem interface

Moden·dispersion f (DV) / multimode distortion ‖ **⌐filter** m n (Elektronik) / mode filter ‖ **⌐form** f / mode shape ‖ **~gekoppelt** (Laser) / mode-coupled ‖ **⌐-Instabilität** f / moding ‖ **⌐kopplung** f (Laser) / mode coupling ‖ **⌐mitte** f (Elektronik) / mode center, mode top ‖ **⌐selektion** f (Laserstrahl) / mode selection

Moder, Schimmel m / mustiness, mould

Moderateur m (Textil) / backing-off control o. regulator o. retarding motion o. chain-tightening motion

Moderator m (Nukl) / moderator, denaturant ‖ **⌐**, Diskussionsleiter m (TV) / discussion chairman, anchor man, presenter, moderator (US) ‖ **⌐gitter** n / moderator lattice ‖ **⌐mantel** m (Plasma) / moderator blanket ‖

⌐säule f, Bremssäule f (Nukl) / moderator column ‖ **⌐-Spaltstoff-Verhältnis** n / moderator-fuel ratio ‖ **⌐trimmung** f (Nukl) / moderator control

Mode-Regler, Darstellungs-Regler m (DV) / mode control

Moder·fäule f (Holz) / soft rot ‖ **~fleckig**, stockfleckig, verstockt / mildewy, stained o. spotty by damp o. mo[u]ld ‖ **⌐geruch** m / musty smell, fust (GB)

moderieren, abbremsen (Nukl) / moderate ‖ **~** (TV) / present

moderierter Reaktor / moderated reactor

Moderierung f (Reaktor) / moderation, Abbremsung f

moderig, schimmlig / fusty, musty ‖ **~**, stockfleckig (Pap) / mouldy (GB), moldy (US), musty

Moderigkeit, Schimmeligkeit f / mouldiness

modern[1] vi, schimmeln / mildew ‖ **~**, vermodern / moulder (GB), molder (US)

modern[2] adj, neu[zeitlich] / modern, contemporary ‖ **~e Schrift** / modern type

modernisieren / modernize, bring up to date ‖ **Fahrzeuge ~** (Bahn) / recondition o. reconstruct the rolling stock, modernize, rebuild, revamp (US)

Modernisierung f, Umbau m / rebuilding, reconditioning, modernization, remodelling, reconstruction

Modewaren f pl / fancy goods pl

MODFET m (Halbl) / modulation doped FET, MODFET

Modified Uniontown-Methode f (Oktanzahl) / modified Uniontown method of testing

Modifikation f / modification ‖ **⌐**, Anpassungsreaktion f (Bot) / modification ‖ **⌐**, Änderung f / limited change, modification

Modifikationsbefehl m (DV) / modification instruction

Modifikator m (Biol) / modifier, modifying factor

modifizieren / modify

Modifizierer m, Modifiziermittel n (Chem) / modifier

Modifizierfaktor m (DV) / modifier

modifiziert / modified ‖ **~** (Plast) / oil-modified ‖ **~e Stärke**, dünnkochende Stärke / thin boiling starch ‖ **~e Stärke**, Quellstärke f / pregelatinized starch, modified starch ‖ **~e Stärke**, vernetzte Stärke f / cross-linked starch, cross-bounded starch

Modistor m (Magnetdiode) / modistor

modrig s. moderig

Modul m (Elektronik, Masch, Wzm, Raumf) / module ‖ **⌐**, Vektor m, Vektorgröße f (Math, Mech) / modulus ‖ **⌐** (Raumf) / module ‖ **⌐...**, bausteinartig [erweiterbar] / modular ‖ **⌐ für Raumfahrtversuche** (Raumf) / experiment module

modular, Modul... (Bau, Funk) / modular ‖ **~e Abmessung** (Bau) / modular dimension ‖ **~ aufgebaut** / designed in modular system ‖ **~es Element** / modular element ‖ **~er Flächenraster** (Bau) / modular surface grid ‖ **~es Führerstandsanzeigegerät** (Bahn) / modular indicating equipment for driver's cab ‖ **~e Gerade** (Bau) / modular line ‖ **~es Grundraster** / basic modular grid ‖ **~e Komponente** / modular component ‖ **~e Linie** / modular line ‖ **~es Mehrprozessor-Steuersystem, MPSS** / modular multiprocessor control system ‖ **~es Mikroprozessor-Steuerungssystem, MPST** / modular microprocessor control system ‖ **~er Plan** / modular plan ‖ **~e Raumraster** (Bau) / modular space grid ‖ **~e Vertikalstartanlage** / modular vertical start system ‖ **~e Zone**, modularer Bereich / modular zone ‖ **⌐bauweise** f / modular design o. concept

modularisieren / modularize

Modular·programm n (DV) / modular program[me] ‖ **⌐struktur** f / modular structure ‖ **⌐technik**, Baublocktechnik f (DV) / modular technique ‖ **⌐verzahnung** f / module gearing

Modulation f, Modulierung f / modulation, mod ‖ **⌐ auf hohem Niveau** / high-level o. high-power modulation ‖ **⌐ auf niedrigem Niveau** / low-level o. low-power modulation ‖ **⌐ durch 90^0-Phasenverschiebung binär codiert** / duobinary encoded quadrature shift keying, DEQSK ‖ **⌐ durch Amplituden-Ein- und**

Ausschaltung / amplitude shift keying, ASK ‖ ⁓ durch Frequenz-Ein- und Ausschaltung / frequency shift keying, FSK ‖ ⁓ durch Frequenzverschiebung mit kontinuierlicher Phasenänderung / continuous phase frequency shift keying, CPFSK ‖ ⁓ durch selbsterregte Impulse / self-pulse modulation ‖ ⁓ durch sinusförmige Verschiebung der Frequenz / sinusoidal frequency shift keying, SFSK ‖ ⁓ durch Umtasten / shift keying ‖ ⁓ mit kohärenter Phasenverschiebung / coherent phase shift keying, CPSK ‖ ⁓ mit minimaler Phasenverschiebung / minimum shift keying, MSK ‖ flache o. schwache ⁓ / modulation in shallow ‖ geradlinige o. lineare o. verzerrungsfreie ⁓ / linear modulation ‖ tiefe o. starke ⁓ / modulation in deep ‖ unvollständige ⁓ / undermodulation ‖ vor der ⁓ / premodulation…

Modulations·anzeiger m (DV) / program volume indicator, modulation indicator ‖ ⁓aussteuerung f / modulation level ‖ ⁓bild n (Oszillogr) / modulation pattern ‖ ⁓drossel f / modulating choke ‖ ⁓ergebnis n / modulation product ‖ ⁓frequenz f (Elektronik) / modulating o. modulation frequency ‖ ⁓frequenzband n / baseband ‖ ⁓gitter n (Elektronik) / bunching grid ‖ ⁓grad m, -tiefe f / modulation depth o. factor, depth of modulation ‖ ⁓grad in % / percentage modulation, modulation percentage ‖ ⁓hub m / modulation amplitude ‖ ⁓-Hüllkurve f / modulation envelope ‖ ⁓kennlinie f / modulation characteristic ‖ ⁓kennzustand m (Fernm) / significant condition of a modulation ‖ ⁓kreis m / modulation circuit ‖ ⁓leitung, Zubringerleitung f (Radio) / program line ‖ ⁓multiplizierer m (DV) / mark-space multiplier unit ‖ ⁓multiplizierer m mit 2 Kanälen (Analogrechner) / time-division multiplier ‖ ⁓produkt n / modulation product ‖ ⁓rauschen n / modulation noise, noise behind the signal ‖ ⁓röhre f (Elektronik) / modulating o. modulator tube ‖ ⁓steilheit in Hz/V f / modulation sensitivity ‖ ⁓strom m / modulating current ‖ ⁓stufe f (TV) / modulation stage ‖ ⁓stufe f, Modulatorstufe f / modulator stage ‖ ⁓teil m / modulating part o. system ‖ ⁓tiefe f / depth of modulation ‖ ⁓-Transformator m / modulation transformer ‖ ⁓übertragung f (Trägerfrequ) / remodulation ‖ ⁓übertragungsfunktion f, MÜF f / modulation transfer function ‖ ⁓-Überwachungsgerät n / modulation monitor ‖ ⁓umsetzung f / modulation conversion ‖ ⁓umwandler, Diskriminator m / discriminator ‖ ⁓verlust m (Kristallmodulator) / conversion loss of a frequency-changer crystal ‖ ⁓verzerrung f / modulation distortion ‖ ⁓zusammenhang m / modulation coherence

Modulator m (allg, Fernm) / modulator, mod ‖ ⁓ für Sende-Empfangsgerät (Elektronik) / receiver-transmitter modulator, RTM ‖ ⁓röhre f (Elektronik) / modulating o. modulator tube

Modul·bauweise f (Elektronik) / modular design ‖ ⁓bibliothek f / object modul library, relocatable modul library ‖ ⁓binder m (DV) / linkage editor ‖ ⁓bit n / bank bit ‖ ⁓fräser m / module milling cutter

Modulierbarkeit, Modulationsfähigkeit f / modulation capability

modulieren / modulate

modulierend, Modulations… / modulating, mod ‖ ⁓e Schwingung / modulating wave

moduliert, Modulations… (Elektronik) / modulated ‖ ⁓e hochfrequente Eingangsspannung / input voltage of signal frequency ‖ ⁓e Schwingung / modulated oscillation o. wave ‖ ⁓e Trägerwelle / modulated carrier wave ‖ ⁓e ungedämpfte Welle (Fernm) / modulated continuous wave, M.C.W.

Modulo m n, mod (DV) / modulo ‖ ⁓-n-Prüfung, Nummernprüfung nach Modulo n, Querrest-Kontrolle f (DV) / modulo-n-check, residue check ‖ ⁓-n-Zähler m (DV) / modulo-n-counter

Modulor m (Bau) / modulor

Modul·ordnung, Maßordnung f (Bau) / modular co-ordination ‖ ⁓palettensystem n (Raumf) / module pallet system ‖ ⁓reihe f / module series ‖ ⁓steckbaugruppe f / plug-in modular unit ‖ ⁓system n, -technik f (Elektronik) / modular system, module technique

Modus m, Art u. Weise / mode ‖ ⁓, Wellentyp m (Elektronik) / mode, wave type ‖ ⁓, quantitative geologische Zusammensetzung / quantitative composition, mode ‖ ⁓bit n (DV) / mode bit ‖ ⁓filter, Wellentypfilter n (Wellenleiter) / mode filter ‖ ⁓wandler m, Wellentypwandler m / mode changer

Moëllon n, Dégras m, n (Lederfett) (Gerb) / moellen, degras

Mofa, Motorfahrrad n / motor-assisted o. motorized bicycle, mob[ylette]

Mofette f (Geol) / mofette

Mögel-Dellinger-Effekt m / Dellinger fade-out, sudden ionospheric disturbance, SID

Mogelpackung f / bluff package

möglich / possible, realizable ‖ ⁓, durchführbar / possible, practicable ‖ ⁓, in der Anlage vorhanden / potential ‖ ⁓, zufällig, nicht voraussehbar / accidental, fortuitous, casual ‖ ⁓, ausdenkbar / possible ‖ ⁓es Erz / possible ore ‖ ⁓ machen / permit ‖ ⁓ machen, erleichtern / facilitate

möglicherweise, potentiell / potentially

Möglichkeit f / possibility ‖ ⁓en f pl / scope ‖ ⁓ f, Eventualität f / eventuality

Möglichkeitstabelle f / contingency table

Mohär m, Mohär-, Mohair-Angorahaar n (Textil) / mohair ‖ ⁓garn n (Angoragarn) / mohair yarn ‖ ⁓plüsch m / mohair plush ‖ ⁓wolle f, Angoraziegenwolle f / mohair wool, fine angora wool

Mohn·kapsel f / poppy head ‖ ⁓öl n / poppyseed oil

Moho n (Geogr) / Moho[rovičić discontinuity]

Moholeprojekt n / Mohole project (Mohorovičić hole) (US)

Möhren·blattlaus f / carrot willow aphid ‖ ⁓fliege f / carrot fly, rust fly (US) ‖ ⁓floh m, -sauger m / carrot psyllid

Mohr·sches Momentenverfahren / Mohr's area moment method ‖ ⁓sches Salz, Ferroammonsulfat n / Mohr's salt ‖ ⁓sches Seileckverfahren (Mech) / funicular polygon method ‖ ⁓scher Spannungskreis (Mech) / Mohr's circle ‖ ⁓[-Westphal]sche Waage f, Mohrsche Waage / Mohr balance

Mohssche Härteskala f / Mohs' [hardness] scale

Moiré m n, moirierter Stoff (Textil) / moiré [cloth] ‖ ⁓, Moiréwirkung f / moiré effect, watered effect, wavy watered appearance ‖ ⁓ n (Rohre) / moiré ‖ ⁓band n / moiré ribbon ‖ ⁓garn n / moiré yarn ‖ ⁓kalander m (Textil) / moiré calender ‖ ⁓ränder m pl (Opt) / moiré fringes pl ‖ ⁓-Spannungs-Untersuchung f (Mech) / moiré analysis ‖ ⁓-Verfahren n (Verformung) / moiré [fringes] method

moirieren / moiré vt, water, tabby, cloud ‖ ⁓ / producing the moiré effect

moiriert, Moiré…, gewässert (Web) / moiré, watered, waved, clouded, cloudy

moistureset Farbe (Buch) / moisture-set ink

Moker m (ein Hammer) / double faced sledge

Mokett m, Moquette f (Textil) / moquette

Mol, Grammolekül n, (Abkürz:) mol (Phys, Chem) / mol, mole ‖ ⁓…, molar / molar

molal / molal

Molalität f (Quotient aus gelöster Stoffmenge und Masse des Lösungsmittels in kmol/kg), Kilogramm-Molarität f / molality

molar, Mol… / molar ‖ ⁓er Durchfluß, Stoffmengendurchfluß m / molar flow rate ‖ ⁓e Leitfähigkeit / molar conductance ‖ ⁓e Lösung / molar solution ‖ ⁓e Masse (stoffmengenbezogene Masse in kg/kmol) / molar mass ‖ ⁓e spezifische Wärme /

volumetric heat ‖ **1/10 ~e Lösung** / one tenth molar solution

Mol[ar]gewicht, Molekulargewicht n / molecular o. molar weight, mol wt

Molarität f (Quotient aus gelöster Stoffmenge und dem Volumen der Lösung), Stoffmengen-Konzentration f in mol/lit / molar concentration

Molar·volumen n, Molekularvolumen, ^{V}mn (= 22,415 L) / [normal] molar volume, gram-molecular volume ‖ **~wärme** f s. Molekularwärme

Molasse f, -sandstein m (Geol) / molasse, soft Tertiary sandstone

Molch m, Reinigungsbürste f (Pipeline) / scraper, go-devil, pig ‖ **~** (Gewicht zum Fixieren von Splinen) (Schiff) / lead weight ‖ **~bar** (Pipeline) / piggable ‖ **~schleuse** f (Öl) / pig trap

Moldawit m (Min, ein Glasmeteorit) / moldavite (of Zippe, a tektite)

Mole f, Wellenbrecher m / mole, breakwater ‖ **~**, Hafendamm m / harbour dam, jetty, pier

Molekel f, Molekül n / molecule ‖ **~sieb** n (Chem) / molecular sieve

Molektronik f (Molekular-Elektronik) / mole-electronics

Molekül n, Molekel f / molecule ‖ **~-Anregung** f / molecular excitation

molekular, Molekular…, Molekel… / molecular ‖ **~e Depression,** Molekulardepression f / molecular depression of freezing point ‖ **~e Leitfähigkeit** / molecular conductivity ‖ **~e Lösung,** echte Lösung f / molecular o. true solution ‖ **~e Siedepunktserhöhung** / molecular elevation of boiling point ‖ **~e Wärmeübertragung** / molecular transfer ‖ **~akustik** f (Phys) / molecular acoustics ‖ **~anziehung** f / molecular attraction ‖ **~bahn** f (Nukl) / molecular orbital ‖ **~bewegung** f / Brownian movement ‖ **~bogenlampe** f / molecular arc lamp ‖ **~brechungsvermögen** n, -refraktion f / molecular refraction o. refractivity ‖ **~destillation** f, Kurzwegdestillation f / molecular distillation ‖ **~dipol** / molecular dipole ‖ **~druck-Manometer** n / molecular ga[u]ge ‖ **~effusion** f (Vakuum) / molecular effusion ‖ **~elektronik** f / mole-electronics, molectronics, molecular electronics ‖ **~film** (Phys) / built-up film ‖ **~film** m, monomolekulare Schicht / monomolecular surface layer, built-up film ‖ **~fluß** m (Nukl) / molecular flow ‖ **~formel** f (Chem) / molecular o. empirical o. constitutional o. structural formula ‖ **~gefüge** n / molecular structure, structure of the molecule ‖ **~geschwindigkeit** f / molecular velocity ‖ **~gewicht,** Mol[ar]gewicht n / molecular o. molar weight, mol wt ‖ **~gewichts-Bestimmung** f / molecular weight determination

Molekularität f / molecularity

molekular·kinetisch / molecular-kinetic ‖ **~kräfte** f pl / intermolecular forces pl ‖ **~kristall** m / molecular crystal ‖ **~leitfähigkeit** f / molecular conductivity ‖ **~[luft]pumpe** f / molecular pump ‖ **~magnet,** Elementarmagnet m / molecular magnet ‖ **~orientierung** f / molecular orientation ‖ **~physik** f / molecular physics ‖ **~pumpe** f, -luftpumpe f / molecular [drag] pump ‖ **~refraktion** f, -brechungsvermögen n / molecular refraction o. refractivity ‖ **~sieb** n (Chem) / molecular sieve ‖ **~strahl** m / molecular beam o. ray ‖ **~strahl-Epitaxie** f / molecular beam epitaxy, MBE ‖ **~strom,** Elementarstrom m (Magnet) / molecular current ‖ **~strömung** f / molecular flow ‖ **~verhalten** n / molecular behavior ‖ **~verstärker** m / molecular resonance amplifier ‖ **~volumen** n, V_{mn} (= 22,415 Liter) / molar o. gram-molecular volume, molecular volumee ‖ **~wärme** f (Produkt aus spez. Wärme und Molekulargewicht), Molwärme f / molecular o. molar heat ‖ **spezifische ~wärme** / molal specific heat ‖ **~wirkung** f / molecular action ‖ **~zustand** m / molecular state o. condition, molecularity

Molekül·bau m / molecular structure ‖ **~bindung** f (Chem) / molecular bond o. compound ‖ **~gerüst** n, -verband m / molecular structure, structure of the molecule ‖ **~haufen** m / molecular cluster o. swarm ‖ **~kette** f / molecular chain, linear molecule chain ‖ **~kolloid** n / molecular colloid ‖ **~laser** m / molecular laser ‖ **~masse** f / molecular mass ‖ **~orbital** n, Molekularbahn f / molecular orbital ‖ **~rotation** f / molecular rotation ‖ **~spektrum** n / molecular spectrum ‖ **~strom** m / molecular flow ‖ **~umlagerung** f / molecular transformation ‖ **~verband** m, -gerüst n / molecular structure, structure of the molecule ‖ **~verbindung** f (Chem) / molecular compound

Molen·bruch m (Chem) / mol fraction ‖ **~kopf** m / jetty o. mole o. pier head ‖ **~kran** m / block crane for building piers, goliath crane

Moler n (Min) / moler

Moleskin m n (Textil) / moleskin

Moletronik f (Molekularelektronik) / mole-electronics, molectronics, molecular electronics, sg.

Molette f, halbechtes Wasserzeichen (Pap) / impressed water mark, facsimile water mark, press mark ‖ **~** (Spinn) / grooved roller ‖ **~** (Textildruck) / raised pattern cylinder ‖ **~** (Nähm) / cam

Molettieren, Prägewalzen n (Stanz) / roll embossing

Molettiermaschine, Walzengraviermaschine f / roller engraving machine

Molex·prozeß m (Paraffin) / molex process

Molgewicht n / mol[ecul]ar o. gram-molecular o. mole weight, mol wt

Molke f, Käsewasser n (Landw) / whey

Molkerei f / dairy ‖ **~bedarf** m / dairy equipment ‖ **~maschine** f / dairy machine ‖ **~produkte** n pl / dairy produce o. products pl (US) ‖ **~wesen** n / dairy [husbandry], dairying

Moll m (Textil) / molleton, mollitan, swanboy

Möller m (Hütt) / burden, batch, charge, ore and fluxes ‖ **~ausbringen** n / burden yield ‖ **~berechnung** f / burdening, burden calculation ‖ **~boden** m (Hütt) / place for iron-ore ‖ **~gewicht** n / burden ratio

möllern, mischen (Hütt) / blend, mix

Möllersonde f (Hütt) / charge level indicator

Möllerung f (Hütt) / burdening

Möller·verhältnis n, Möllergewicht zu Koksgewicht n / burden ratio ‖ **~vorbereitung** f / burden preparation o. homogenizing ‖ **~wagen,** Kübelbegichtungswagen m (Hütt) / larry [car]

Mollier-Diagramm, i,s,-Diagramm n, Enthalpie-Entropie-Diagramm / Mollier diagram

Molluskizid n / molluscicide

Mollweide-Projektion f (Karte) / Mollweide projection

Molsieb n / molecular sieve

Molton m (Textil) / molleton, mollitan, swanboy, silence o. hush cloth

Moltopren n (Plast) / Moltopren

Mol·verhältnis n / mol ratio ‖ **~volumen** n s. Molekularvolumen ‖ **~wärme** f s. Molekularwärme

Molybdän, Mo n / molybdenum ‖ **~(II)-…** / molybdenous ‖ **~(III)-…** / molybdenic ‖ **~(VI)-…** / molybdic ‖ **~blau** n / molybdenum blue ‖ **~disulfid** n / molybdenum disulphide ‖ **~eisen,** Ferromolybdän n / ferromolybdenum ‖ **~glanz** m, Molybdänit m (Min) / molybdenite ‖ **~ocker** m s. Molybdit ‖ **~-Orange** n / molybdenum orange ‖ **~VI-oxid** n, -säureanhydrid, MoO_3 / molybdic oxide, molybdenum trioxide, molybdic [acid] anhydride ‖ **~polysulfid** n / molybdenum polysulfide ‖ **~säure** f / molybdic acid ‖ **~stahl** m / molybdenum steel, moly-steel ‖ **~-Titanblech** n (99,34 % Mo, 0,4 - 0,55 % Ti, 0,01 - 0,04 % C) / moly-ti, Mo-0,5 % Ti sheet ‖ **~uran** n / molybdurane

Molybdat, Molybdänsalz n / molybdate

Molybdat·rot n / molybdenum red

Molybdit *m*, Molybdänocker *m* (Min) / molybdite, molybdic ochre
Molybdo·ferrit *m* / molybdoferrite ‖ ⁺**phyllit** *m* / molybdophyllite
Moment[1], Augenblick *m* / moment, instant
Moment[2] **eines Kräftepaars** *n*, Kräftepaar *n* / moment, couple of forces ‖ **aufnehmbares** ⁺ / moment of resistance ‖ **statisches** ⁺ / moment of force
Momentan·…, momentan / instantaneous ‖ ⁺**es Blickfeld** / instantaneous field of view, IFOV ‖ ⁺**e Durchlaßspannung** (Triac) / on-state voltage ‖ ⁺**er Durchlaßstrom** / nonrepetitive on-state current ‖ ⁺**e Sperrspannung** (Triac) / main terminal 1 to main terminal 2 voltage ‖ ⁺**e Spitzensperrspannung** / non-repetitive peak reverse voltage ‖ ⁺**achse** *f*, Wälzachse *f* (Getriebe) / instantaneous axis ‖ ⁺**leistung** *f* / instantaneous power ‖ ⁺**pol** *m* / instantaneous center of rotation, velocity pole ‖ ⁺**strom** *m* / instantaneous current ‖ ⁺**wert** *m* / instantaneous o. momentary o. transient value ‖ ⁺**wertumsetzer** *m* / feedback encoder
Moment·aufnahme *f*, -photographie *f* / snapshot ‖ ⁺**auslöser** *m* / instantaneous release ‖ ⁺**ausrücker** *m* / instantaneous o. rapid disengaging device ‖ ⁺**[aus]schalter** *m* / rapid break o. quick break cutout o. switch, instantaneous cutout ‖ ⁺**einrückung** *f* / instantaneous engaging gear ‖ ⁺**einschalter** *m* / instant-on switch ‖ ⁺**empfänger** *m* (Regeln) / synchro [control o. torque] receiver o. repeater o. transformer
Momenten·anschluß *m* (Stahlbau) / moment transmitting joint ‖ ⁺**ausgleich** *m* / balancing of moments ‖ ⁺**ausgleichverfahren nach Cross**, Crossverfahren *n* (Mech) / moment distribution [method] ‖ ⁺**-Beiwert** *m* / moment coefficient ‖ ⁺**-[Dreh]pol** *m*, -[Dreh]punkt *m* / center of rotation ‖ ⁺**einflußlinie** *f* / influence line of moments ‖ ⁺**fläche** *f* / diagram of moments ‖ ⁺**flächenverfahren** *n* (nach Mohr) (Bau) / area moment method ‖ ⁺**linie** *f* / moment curve o. line ‖ ⁺**nullpunkt** *m* / zero point of moments, point of zero moment ‖ ⁺**-Satz**, Impuls-Satz *m* (Phys) / momentum theorem ‖ ⁺**vektor** *m* (Math) / momental vector
Moment·fläche *f* / diagram of moments ‖ ⁺**geber** *m* / synchro [control] transmitter, synchro generator ‖ ⁺**kreisel** *m* / CMG, central momentum gyroscope ‖ ⁺**kupplung** *f* / instantaneous clutch ‖ ⁺**photo** *n*, -aufnahme *f* (Phot) / snapshot ‖ ⁺**sauger** *m*, Explosions-Jauchefaß *n* / explosion type liquid manure pump ‖ ⁺**schalter** *m* (Elektr) / quick [make-and-]break switch o. cut-out ‖ ⁺**schaltung** *f* / instantaneous connection ‖ ⁺**umlagerung** *f* (Mech) / redistribution of moments ‖ ⁺**verschluß** *m* (Phot) / instantaneous shutter ‖ ⁺**verschluß** *m* (Masch) / rapid-action locking device ‖ ⁺**werte bilden** (DV) / sample ‖ ⁺**wirkung** *f* (Schalter) / quick break ‖ ⁺**zünder** *m* / high-sensitive fuse, instantaneous fuse o. detonator
monadisch (DV) / monadic
Monalbit *m* (Min) / monalbite
Monatsdurchschnitt *m* / average rate per month
monaural, mit einem Ohr / monaural
Monazit *m* (Min) / monazite ‖ ⁺**sand** *m* / monazite sand
Mönch *m*, [obenliegender] Hohlziegel (Bau) / convex [roof] tile
Mönchs·bogen *m* (schwach gedruckter Bogen) (Buch) / friar, blank sheet
Mönch·- und Nonneziegel *m pl* / curved tiles *pl*, pantiles *pl* ‖ ⁺**- und Nonneziegel** *m pl*, Deck- und Rinnenziegel *m pl* / convex and concave tiles *pl*, over-and-undertiles *pl*
Mond·…, lunar / lunar ‖ **vom** ⁺ **reflektiert** / moonbounce … ‖ ⁺**ansicht** *f* / view of the lunar surface, lunarscape ‖ **unter Ausnutzung der** ⁺**anziehung** / lunar gravity assisted ‖ ⁺**beben** *n* / moonquake ‖ ⁺**beschreibung**, Selenographie *f* / selenography ‖ ⁺**bodenfahrzeug**, -erforschungsfahrzeug *n* (Raumf) / lunar scientific survey module, LSSM

Möndchen *n* (Math) / lune, crescent
Mond·erschließung *f* / selenological exploration ‖ ⁺**exkursion** *f* **auf dem Mondfahrzeug** / moon drive ‖ ⁺**fähre**, -transportrakete *f* / lunar ferry ‖ ⁺**fahrer** *m* (Raumf) / luna[r]nant ‖ ⁺**fahrzeug** *n* / lunar roving vehicle, LRV, moon car o. crawler o. rover ‖ ⁺**flutintervall** *n* (Astr) / lagging of tides ‖ ⁺**förmig**, halbmond-, sichelförmig / meniscal ‖ ⁺**forscher** *m* / selenologist ‖ ⁺**forschungsfahrzeug** *n* / LLRV, lunar landing research vehicle ‖ ⁺**gas** *n* / Mond gas ‖ ⁺**gebirge** *n* / lunar highlands *pl* ‖ ⁺**[geo]grafisch** / selenographic ‖ ⁺**gestein** *n* / lunar rocks *pl* ‖ ⁺**gezeit** *f* / lunar tide ‖ ⁺**hochländer** *m pl*, Terrae *pl* / upland moon surface (adj.: lunarite) ‖ ⁺**krater** *m* / lunar crater ‖ ⁺**kreisbahn** *f* / lunar orbit ‖ ⁺**landeeinheit** *f*, LM *n* / lunar [excursion] module, LM, moon lander ‖ ⁺**landung** *f* / alighting on the moon, moonlanding, moonfall ‖ ⁺**milch** *f*, Bergmilch *f* (Min) / rock milk, agaric mineral ‖ ⁺**mittelpunkt…** / selenocentric ‖ ⁺**monat** *m* / lunar month, synodic month (= 29,53059 days) ‖ ⁺**nachschubfahrzeug** *n* / lunar logistics vehicle, LLV ‖ ⁺**naher Punkt einer Umlaufbahn** / perilune, periscynthion, periselenum ‖ ⁺**oberfläche** *f* / moonscape, lunarscape
Mondopoint-Schuhgrößensystem *n* / Mondopoint system of shoe sizing
Mondovision *f* / mondovision
Mond·-[Prüf]rakete *f* / moon probe, lunar probe ‖ ⁺**rakete** *f* / mooncraft ‖ ⁺**ring** *m*, Ringfäule *f* (Holz) / double sap, halo ‖ ⁺**-Schutzraum** *m* / lunar module shelter ‖ ⁺**stein** *m* (Min) / moonstone ‖ ⁺**tiefländer** *m pl*, Maria *pl* (sing: Mare) / maria *pl* (sing: mare), flat surface of the moon (adj.: lunabase) ‖ ⁺**transportrakete** *f* / lunar supply mission [rocket] ‖ ⁺**-umkreisend** / moon circling o. orbiting ‖ ⁺**umlauf** *m*, Lunation *f* (Astr) / Lunation, synodic month ‖ ⁺**verfahren** *n* (Hütt) / Mond [nickel extracting] process ‖ ⁺**verfolger** *m* / moon tracker
Monelmetall *n* (70% Ni, 28% Cu, 2% Fe) / monel metal
Monergol *n* (Raumf) / monergol [propellant], monopropellant ‖ ⁺ **flüssig** / liquid monopropellant
Monier·stahl *m* / concrete reinforcing steel ‖ ⁺**zange** *f* (DIN 5242) / tower pincers for cutting wire netting
Moniliakrankheit *f* (Landw) / brown rot
Monitor *m*, Warn-Anzeige *f* (allg) / monitor ‖ ⁺ (DV, Programmier-Hilfsgerät) / monitor, visual display unit ‖ ⁺, Kontrollempfänger *m* / monitor receiver ‖ ⁺ (Strahldüse) (F'wehr) / monitor, cannon ‖ ⁺ (ein Strahlenmeßgerät) / monitor ‖ ⁺ **für staubige Luft** (Nukl) / dust monitor ‖ ⁺ **zum Prüfen von Händen u. Füßen** (Nukl) / hand and foot monitor ‖ ⁺**eingabe** *f* (DV) / monitor [job] stream ‖ ⁺**kolben** *m* / bulb for cathode ray tubes ‖ ⁺**-Kopfhörer** *m* / monitor earphone ‖ ⁺**lauf** *m* (DV) / monitor run o. session ‖ ⁺**programm** *n* (DV) / monitor routine o. supervisor, executive [routine] ‖ ⁺**röhre** *f* (TV) / monitor tube ‖ ⁺**system** *n* (DV) / monitor system
Mono·…, monophon (Phono) / mono[phonic] ‖ ⁺**amin-Oxidase** *f* / monoamine oxidase ‖ ⁺**aufnahme** *f* (Phono) / mono[phonic] recording ‖ ⁺**bad** *n* (Phot) / monobath ‖ ⁺**betrieb** *m* (Ggs.: Stereo) (Phono) / mono-operation ‖ ⁺**blockbohrer** *m* (Bergb) / monobloc drill, integral stem ‖ ⁺**blockgehäuse** *n* (Motorrad) / monobloc housing ‖ ⁺**blockrad**, Vollrad *n* (Bahn) / solid wheel ‖ ⁺**block-Scheinwerfer** *m* / sealed beam headlight ‖ ⁺**bromnaphthalen** *n* / monobromonaphthalene ‖ ⁺**bromtoluol**, Benzylbromid *n* / benzyl bromide, α- o. ω-bromotoluene ‖ ⁺**calciumphosphat** *n* / monobasic o. acid calcium phosphate ‖ ⁺**calciumsaccharat** *n* / monocalcium saccharate ‖ ⁺**carbonsäure** *f* / monocarboxylic acid ‖ ⁺**chlorbenzol** *n* / monochlorobenzene ‖ ⁺**chloressigsäure** *f* / monochloracetic acid ‖ ⁺**chlorethan** *n* / monochlorethane ‖ ⁺**chlortoluol**, Benzylchlorid *n* /

benzyl chloride ‖ ‹chord n (Phys) / monochord, sonometer ‖ ~chrom, einfarbig / monochrome, -chromic[al] ‖ ‹chromasie f (Phys, Physiol) / monochromasy ‖ ‹chromat m / monochromatic lens ‖ ~chromatisch (Opt) / monochromatic, -chroic, homogeneous ‖ ~chromatische Strahlung (Phys) / monochromatic radiation ‖ ‹chromator m / monochromator, monochromatic illuminator ‖ ‹diazotierung f, einseitige Diazotierung / monodiazotizing ‖ ~fil / monofil, monofilament adj ‖ ‹fil, -filament n (Plast, Spinn) / monofilament ‖ ‹filextrusion f / monofil extrusion ‖ ‹filgarn n / monofil o. monofilament yarn ‖ ‹flop n (Elektronik) s. monostabiles Flip-Flop ‖ ‹foto, Monotypelichtsetzmaschine f (Buch) / monophoto

monogen (Math) / monogenic ‖ ~er Kies (von 2-10 mm) / monogenetic gravel ‖ ~[etisch] (Geol) / monogenetic

Mono·germsaat f (Landw) / monogerm seed ‖ ‹halogenderivat n / monohalogenated derivative ‖ ‹hydrat n / monohydrate ‖ ~hydratisch, Monohydrogen… / monohydric ‖ ‹hydrogenphosphat n / monohydric phosphate

Monoïd n, Halbgruppe f (Math) / monoid

Mono·iodmethan n / methyl iodide ‖ ~klin, mit nur einer Neigungsfläche (Geol) / monoclinal ‖ ~klin (mit 3 ungleichwertigen Achsen) (Krist) / monoclinic, -symmetric, oblique ‖ ~kliner o. β-Schwefel / monoclinic sulphur, β-sulphur ‖ ~klines System (Krist) / oblique system ‖ ‹klin[al]e f (Geol) / monocline ‖ ~kular, mit einem Auge / monocular ‖ ~kulares Fernrohr / monocular telescope ‖ ‹kultur f (Landw) / monoculture ‖ ‹lage f / monolayer ‖ ‹lith m (Bau, Elektronik) / monolith ‖ ~lith[isch] (Bau) / monolithic ‖ ~lithisch, Festkörper… (Elektronik) / solid-state…, monolithic ‖ ~lithische integrierte Schaltung / solid state IC ‖ ~lithischer Schaltkreis (Elektronik) / solid [state] circuit, monolithic [integrated] circuit ‖ ~lithischer Speicher / monolithic storage ‖ ~lithische Systemtechnologie, MST (DV) / monolithic system technology ‖ ‹lith-Katalysator m (Kfz) / monolith catalyst

Monom n (Math) / monomial

mono·mer / monomer[ic] ‖ ‹mer n (Chem) / monomer ‖ ‹mer-Einheit f (Plast) / monomeric unit, mer ‖ ‹metall n (Buch) / monotype metal ‖ ‹metallisch / monometallic ‖ ‹methylamin n / aminomethane ‖ ‹methylanilin n / monomethyl aniline, MMA ‖ ~metrisch (Krist) / monometric

monomisch, eingliedrig (Math) / monomial

Mono·modefaser f / monomode fiber, single-mode fiber ‖ ‹mode-Kern-Mantel-Faser f / monomode-core-sheath fiber ‖ ~molekular / monomolecular, monofilm…, unimolecular ‖ ~molekular, unimolekular / unimolecular ‖ ~molekulare Schicht / monomolecular film o. layer, monofilm, -layer, unimolecular layer ‖ ~morph (Krist) / monomorphous ‖ ‹motorantrieb, -moteurantrieb m (Bahn) / single-motor drive o. equipment, monomotor drive ‖ ‹natriumglutamat n / monosodium glutamate, MSG ‖ ~objektiv (Opt) / one-objective ‖ ‹-Organozinn n / mono-organotin ‖ ‹pack m (Phot) / monopack, integral tripack ‖ ~phon, Mono… (Phono) / mono[phonic] ‖ ~phonische Zweispurtechnik / two-track mono recording ‖ ‹-Phosphin, Phosphin n / phosphine ‖ ‹plast m mit 1 - 3 % Dehnung / monoplast with 1 - 3 % elongation ‖ ‹pol n / monopoly ‖ ‹pol m (Nukl) / monopole ‖ ‹polantenne f / monopole antenna ‖ ‹pol-Massenspektrometer n (Vakuum) / monopole mass spectrometer

Monopteros m / gazebo

Mono·pulsantenne f / monopulse antenna ‖ ‹pulsradar m n / monopulse radar ‖ ‹puls-Technik f (Elektronik) / monopulse technique ‖ ‹säure f / monoacid n

Monose f, Monosaccharid n / monose, monosaccharide

Mono·sematik f / monosemy ‖ ~sematischer Begriff / monosematic term, monosemous term ‖ ‹silikat, Singulosilikat n / monosilicate, singulosilicate, unisilicate ‖ ‹skopröhre f (TV) / monoscope, monotron ‖ ~stabil (Elektronik) / single-shot…, monostable ‖ ~stabiles Flip-Flop, monostabile Kippschaltung, monostabiler Multivibrator / monostable multivibrator o. flip-flop, monovibrator, MV, start-stop o. single-step multivibrator, gated multivibrator, one-shot multivibrator, monoflop (US), monostable circuit (US), flop-over (US), flip-flop (GB) ‖ ‹-Substitutionsprodukt n / monosubstituted product

monoton, einförmig / monotonous

mono·ton (allg, Math, Elektr) / monotonic (never increasing nor decreasing) ‖ ‹tonabnehmer m / mono[phonic] pick-up ‖ ‹tonie f / monotonousness, monotony ‖ ‹tron n (eine Laufzeitröhre) (Elektronik) / monotron ‖ ~trop (Chem) / monotropic ‖ ‹type f, Monotypesetzmaschine f (Buch) / monotype [composing machine]

Monotype·lichtsetzmaschine, Monofoto f (Buch) / monophoto ‖ ‹satz m / Monotype composition ‖ ‹setzer m (Buch) / monotyper, monotype operator

mono·variant (Chem) / monovariant, univariant ‖ ‹vibrator m (Elektronik) / monostable multivibrator, monovibrator, MV ‖ ‹-Wiedergabe f / mono[phonic] playback

Monoxid n / monoxide

Mono·-Zelle, Rundzelle R20 f (Elektr) / round cell R20 DIN 40866, mono-cell ‖ ~zentrisches Okular / monocentric eye-piece ‖ ~zyklisch / monocyclic

Monsun… (Kaffee) / monsooned

Monsun m / monsoon

Montage f, Zusammenbau m, -bauen n / assembly, assembling, assemblage, mounting, erection ‖ ‹, Aufbau m / erecting, erection ‖ ‹, Installation f (Masch) / mounting, installation ‖ ‹, Anbringung f / installation, establishment ‖ ‹ (Antenne) / rigging ‖ ‹… / mounting, assembly… ‖ ‹ am laufenden Band, Bandmontage f / conveyor line assembly, fitting on the assembly line ‖ ‹ auf der Kopie [auf dem Original] (Video) / montage off line, [on line] ‖ ‹ auf einer Montageschiene (Elektr) / subbase mounting ‖ ‹abschnitt m, vorgefertigte Sektion (Stahlbau) / prefabricated section ‖ ‹anweisungen f pl / mounting instructions pl ‖ ‹ausschnitt m (Buch) / mounting cut-out ‖ ‹automat m, -roboter m / automatic assembly machine ‖ ‹bahn f (Seilb) / erection o. auxiliary ropeway ‖ ‹band n / conveyor o. assembly line ‖ ‹-Bauverfahren n (Bau) / site assembly ‖ ‹bock m / assembly o. erecting trestle ‖ ‹bock m für Reifen (Kfz) / tire mounting rack o. remover ‖ ‹brücke f / provisional o. temporary bridge ‖ ‹bühne f (Bau, Masch) / movable platform, portable extension stage (US) ‖ ‹eisen n (Beton) / reinforcing rod spacer ‖ ‹fehler m / defect in assembling ‖ ‹freiraum m / erection clearance ‖ ‹gebäude n (Raumf) / preparation building ‖ ‹gerüst n / erecting scaffold o. frame ‖ ‹gerüst n ausfahrbar (Raumf) / service tower ‖ ‹gruppe f, Untergruppe f / subassembly (as a unit) ‖ ‹halle, -werkstatt f / assembly o. fitting o. mounting shop o. bay ‖ ‹halle f (Raumf) / assembly building ‖ ‹ingenieur m / chief erecting engineer ‖ ‹joch n (Bau) / false o. temporary frame ‖ ‹kabel n (Brücke) / catwalk cable ‖ ‹kleinmaterial n / incidentals for assembly pl ‖ ‹kopf m für Bauteile (Elektronik) / insertion head ‖ ‹kran, Rüstkran m / assembly o. assembling o. erection crane ‖ ‹kran, Baukran m / building crane ‖ ‹lehre f / assembling jig ‖ ‹leiter m / chief erector o. fitter ‖ ‹material n / assembling auxiliaries pl ‖ ‹modul… (Elektronik) / asmodular (as = assembly) ‖ ‹niet m (Masch) / field rivet ‖ ‹platte, Aufbauplatte f / mounting plate o. base ‖ ‹platz m / assembly yard ‖ ‹platz m (Luftf) / dock ‖ ‹platz m am Band / assembly station ‖ ‹presse f / assembly press ‖ ‹roboter m /

assembly robot ‖ **leichter ~roboter** / light assembly robot, LARS ‖ **~roller** m (Kfz) / creeper ‖ **~schaum** m, Dosenschaum m / PUR foam in cans ‖ **~schiene** f (Elektr) / subbase ‖ **~schraube** f / erection o. temporary bolt ‖ **~seilbahn** f / auxiliary o. erection ropeway ‖ **~stoß** m, Baustellenanschluß m (Stahlbau) / site (GB) o. field (US) connection, site joint (GB), field splice (US) ‖ **~tisch** m / illuminated planning table ‖ **~tor** n / assembly door ‖ **~turm** m (Raumf) / assembly tower, gantry ‖ **~[unter]gruppe** f (Masch) / subassembly (as a unit) ‖ **~unternehmer** m / erector of industrial plants ‖ **~vorrichtung** f / mounting device ‖ **~wagen** m (Fernm, Elektr) / mounting car ‖ **~wand** f (Bau) / prefabricated wall ‖ **~-Wandertische** m pl / apron table assembly conveyor, pallet table assembly conveyor ‖ **~werkstatt** f / assembling o. erecting shop ‖ **~winde** f / mounting jack, crab winch ‖ **~winde** f (Bau) / windlass, winch, mounting jack ‖ **~zange** f / circlip pliers pl ‖ **~zeichnung** f / assembly o. erection drawing, installation o. mounting drawing

Montan·industrie f / winning and working of mines, mining industry ‖ **~produkte** n pl / mining produce ‖ **~salpeter** m / ammonia sulfa-nitrate ‖ **~säure** f / montanic acid, nonacosanoic acid ‖ **~säure** f / nonacosanoic acid ‖ **~union** f, Europäische Gemeinschaft für Kohle u. Stahl / European Coal and Steel Community

Montasit m (Faserasbest) (Min) / montasite

Monte-Carlo-Methode f (DV) / random-walk method, Monte Carlo method

Monteur m / erecting engineer, erector, [engine] fitter ‖ **~**, Maschinenschlosser m / mechanic[al engineer], fitter, mechanic installer

Monticellit m (Min) / monticellite

Montiereisen n, -heber m / tire lever

montieren, errichten / assemble, erect, mount, install ‖ **~** (Film) / edit vt

Montier·gerät n (Buch) / mounter ‖ **~gerät** n (Repro) / mounter

Montierung f (Teleskop) / axis arrangement ‖ **~ mit Knicksäule** (Teleskop) / Coudé mounting

Montmorillonit m (quellfähiger Ton) (Min) / montmorillonite

Monturköper, Dungery m / dungaree

Monzonit m (Geol) / monzonite, syenodiorite

Mooney· f (Maßzahl für Gummi) / Mooney unit ‖ **~-Viskosität** f / Mooney viscosity

Moor n (allg) / swamp, marsh, bog ‖ **~**, Hochmoor n / moor ‖ **~boden** m / moorland, marshy ground, bogland ‖ **~boden** m (Landw) / organic soil, bog soil ‖ **~[braun]kohle** f / moor coal

Moore-Licht n / Moore lamp

Moor·entwässerungskanal m / moor canal o. drain ‖ **~glei** m / bog gley soil

moorig, Moor… / swampy, marshy, boggy

Moorings·block m / mooring block

Moor·kultur f / cultivation of bogs o. of marshy soil, muck farming ‖ **~schlepper** m / marsh o. swamp tractor ‖ **~walze** f / bogland roller

Moos n (Bot) / moss ‖ **~achat** m (Min) / moss agate, mocha stone ‖ **~garn** n, Persisches Garn / Persian yarn ‖ **~grau** (RAL 7003) / moss-gray ‖ **~grün** n (Chem) / chrome green, chromic oxide, chromium sesquioxide ‖ **~grün** (RAL6005) / moss-green ‖ **~gummi** n m / cellular rubber, sponge [rubber] ‖ **~gummi** m **mit geschlossenen Zellen** / closed-cell sponge ‖ **~krepp** m (Web) / moss[y] crepe, sand crepe ‖ **~wolle** f / crotchet yarn

Moped n (bis 50 cm³) / motorbicycle, -bike (coll), moped

Moquette f, Mokett m (Textil) / moquette

Moräne f (Geol) / moraine

Moränen… / morainic

Morast, Schlamm m / mud ‖ **~**, Sumpf m / swamp, marsh, bog, morass

Mordant m n (Buch) / mordant

Mordenit m (Min) / mordenite, arduinite

Mordsding n (coll) / buster

Moreen m (Web) / moreen

Morganit m (Min) / morganite

Morin n (Färb) / morin

Morindin n (Chem) / morindin

Moringaöl n / behen oil, oil of ben

Moringerbsäure f, Maclurin n / mori[n]tannic acid

Morphem n / ultimate constituent of a term, morpheme

Morphin, Morphium n / morphin[e], morphia

Morpho·gramm n (Math) / morphogram ‖ **~grammatisch** (Math) / morphogrammatic ‖ **~graphie**, Orographie f (Geol) / orography

Morpholin n (Ölraffinerie) / morpholine

Morpho·logie f / morphology ‖ **~logisch** / morphological ‖ **~tropie** f / morphotropy

morsch, brüchig / decayed, decaying, rotten ‖ **~**, baufällig / dilapidated

Morse·alphabet n, -schrift f (Fernm) / Morse code o. alphabet ‖ **~-Farbschreiber**, Schreibempfänger m / Morse inker o. inkwriter ‖ **~feuer** n (Elektronik) / code beacon, system Morse ‖ **~-Innenkegel** m (Wzm) / Morse taper bore ‖ **~kegel** m, -konus m (Wzm) / Morse taper o. cone ‖ **~kegellehre** f / Morse taper gauge ‖ **~kegelschaft** m (Wz) / Morse taper shank ‖ **~kegel-Schaftfräser** (Wzm) / taper-shank end-mill

morsen, tasten (Fernm) / key, morse

Mörser m (Granatwerfer) (Mil) / grenade projector o. thrower ‖ **~**, Minenwerfer m / mine thrower, [trench] mortar ‖ **~**, Reibschale f (Chem) / mortar ‖ **~keule** f (Chem) / pestle

Morse·signal n, -zeichen n (Fernm) / Morse signal ‖ **~signal**, -zeichen n, (über Drahtleitung) (Fernm) / dot and dash ‖ **gefunktes ~signal** (Elektronik) / dit and dash ‖ **~streifen** m / Morse slip o. tape ‖ **~strich** m (Fernm) / dash ‖ **~taster** m / Morse key o. sender

Mortalität, Sterblichkeit f / mortality

Mörtel m (Bau) / mortar ‖ **~ aus Zement, Kalk und Ziegelmehl im Verhältnis 2:5:7** / mason's putty ‖ **~ richtig mischen** / gauge the mortar ‖ **~band** n, Strich m / mortar filling ‖ **~fuge** f / mortar joint, concealed joint, abreuvoir (GB) ‖ **~kollergang** m / mortar mill, pan mill mixer ‖ **~mauerwerk** n / mortar walling ‖ **~mischer** m / mortar mixer, pug mill ‖ **~schicht** f, -bett n, -lage f / bed o. layer of mortar ‖ **~spritzer** m pl (Bau) / mortar droppings pl ‖ **~wurf** m (Tätigkeit, Menge) / throw of mortar

MOS m (Elektronik) / MOS, metal-oxide semiconductor ‖ **positiver ~** / P/MOS

Mosaik n / mosaic ‖ **unregelmäsiges ~** / irregular mosaic ‖ **~artig angeordnet**, in Mosaik gearbeitet, Mosaik… / mosaic adj ‖ **~bilder** n pl (Radar) / mosaic tile mimic diagram ‖ **7 x 7-Punkt ~druck** m / 7 by 7 matrix o. mosaic print ‖ **~drucker**, Nadeldrucker m (DV) / mosaic o. matrix printer, wire o. pinpoint o. stylus printer ‖ **~fehler** m (TV) / blemish ‖ **~fußboden** m / tesselated pavement, Roman mosaic, mosaic floor ‖ **~gold** n (ein gelbes Zinnsulfid) / mosaic gold ‖ **~krankheit** f (Landw) / mosaic [virus] disease, mottle ‖ **~parkettlamelle** f / parquet-mosaic finger ‖ **~photokathode** f (Elektronik) / mosaic photocathode ‖ **~platte** f (Ikonoskop) / mosaic of photo-emissive material ‖ **~pult** n / mosaic diagram control desk ‖ **~raster** n, Punktmatrix f (DV) / dot matrix ‖ **~rasterschirm** m (Farbphot) / mosaic screen ‖ **~schalter** m / mosaic switch ‖ **~schwinger** m (Ultraschall) / crystal mosaic ‖ **~steinchen** m (Pflaster) / tessera, tessella (pl: -ae) ‖ **~struktur** f (Fehler) (Krist) / mosaic structure ‖ **~telegrafie** f / mosaic telegraphy ‖ **~[virus]krankheit** f (Landw) / mosaic [virus] disease, mottle

Moschus·körneröl n / ambrette seeds oil ‖ **~wurzel** f, Sumbul f, Formula sumbul / musk root

Moseleysches Gesetz (Röntgen) / Moseley's law

Moselreaktor *m* / molten salt epithermal reactor
MOS-FET *m* / MOS-FET (= metal oxide semiconductor field effect transistor)
Mößbauereffekt *m* (Nukl) / Mößbauer o. Mossbauer effect
Mossit *m* (Fe-Niobat) (Min) / mossite
Most *m* (Wein) / must ‖ **~-Aräometer** *n* s. Mostwaage
Mostereigerät *n* / musting implement
MOS-Transistor / metal oxide semiconductor transistor, MOS transistor, MOST
Mostwaage *f* (Wein) / must gauge, must meter
motil, frei o. selbst-beweglich / motile
Motilität *f* / motility
Mot-Japaner *m* (Kleinkipper, Bau) / baby dumper
Moto *f pl*, Monatstonnen *f pl* (veraltet) / tons per month *pl*
Motor *m* (allg) / motor ‖ ~, Triebwerk *n* / mover, moving apparatus, motor, movement ‖ ~, Verbrennungsmotor *m* / engine ‖ ~, Kraftmaschine *f* / motor ‖ ~ **der Beobachtungsplattform** (Raumf) / scan motor ‖ ~ **für 40% Einschaltdauer** / motor for 40% intermittent duty ‖ ~ **für flüssigen Treibstoff** / liquid fuel engine ‖ ~ **in V-Anordnung**, Motor *m* mit V-förmig angeordneten Zylindern / V-type engine ‖ ~ **mit belüfteten Kollektorfahnen** / ventilated riser motor ‖ ~ **mit Eigenlüftung** (Elektr) / self-ventilated motor ‖ ~ **mit gegenläufigen Kolben** / opposed- o. double-piston engine ‖ ~ **mit halbkugeligem Brennraum** (Kfz) / hemi-engine (US) ‖ ~ **mit hängenden (o. obengesteuerten) Ventilen** / O.H.V.-engine, drop-valve o. caged-valve o. inverted valve engine, I-head engine ‖ ~ **mit hängenden Zylindern** / inverted engine ‖ ~ **mit hintereinander angeordneten Zylindern** / stationary engine with cylinders in line, straight-type o. in-line engine ‖ ~ **mit Hub gleich Bohrung** / square motor ‖ ~ **mit Kompensationswicklung** / compensated motor ‖ ~ **mit konstanter oder unveränderlicher Drehzahl** / constant-speed motor ‖ ~ **mit Mantelkühlung** (Elektr) / totally enclosed ventilated motor ‖ ~ **mit mehreren Geschwindigkeitsstufen** / change-speed motor ‖ ~ **mit mehreren konstanten Drehzahlen** (Elektr) / multi-constant speed motor ‖ ~ **mit regelbarer Drehzahl** (Elektr) / variable-speed motor, adjustable-speed motor ‖ ~ **mit ständig angeschaltetem Kondensator** / capacitor start-and-run motor ‖ ~ **mit stehenden o. unten gesteuerten Ventilen** / T-head-engine ‖ ~ **mit stehenden oder untengesteuerten Ventilen** / T-head engine ‖ ~ **mit stehenden Zylindern** / vertical engine ‖ ~ **mit Trägheitsdämpfung** / inertia damped motor ‖ ~ **mit übereinander angeordneten Ventilen** (Mot) / F-head engine ‖ ~ **mit veränderlicher Drehzahl** (Reihenschlußverhalten) / varying-speed motor ‖ ~ **mit Vorverdichtung**, Kompressormotor *m* / supercharger (o. -charged o. -charging) engine ‖ ~ **mit Widerstandsverbindern** (Bahn) / motor with armature resistance connections ‖ ~ **mit zweistufiger Aufladung** / two-stage blown engine ‖ ~ **von 1 PS aufwärts** (Elektr) / integral horsepower motor ‖ **mit ~en versehen** / motorize ‖ **~abschalter** *m* (Bahn) / isolating switchgroup ‖ **~anker** *m* (Elektr) / motor armature ‖ **~anlasser** *m* / motor starter, motorized starter ‖ **~anschluß** *m* (Elektr) / motor connection ‖ **~antrieb** *m*, -betrieb *m* / mechanical o. motor drive, power o. engine drive ‖ **mit ~antrieb** / power driven o. operated, powered, motorized ‖ **~barkasse** *f* / motor launch ‖ **~bauart** *f*, -typ *m* / type of motor o. engine ‖ **~block** *m* / motor unit ‖ **~bock** *m* / engine o. motor bed o. frame o. support o. trestle ‖ **~boot** *n* / motorboat ‖ **offenes ~boot mit Innenbordmotor** / runabout (a boat) ‖ **~boot[fahr]en** *n* / motorboating ‖ **~bremse** *f* (Kfz) / exhaust brake, engine brake ‖ **~bremslüfter** *m* (Kran) / motor-driven brake operator ‖ **~defekt** *m* / engine failure o. breakdown o. trouble ‖ **~dichtung** *f* / motor gasket ‖ **~draisine** *f*, Gleiskraftwagen *m* / track motor car ‖ **~drehleiter** *f* (F'wehr) / turntable fire escape ‖ **~drehmoment** *n* / engine o. motor torque ‖ **~drehwähler** *m* (Fernm) / motor-uniselector ‖ **~drehzahl** *f* / engine speed, motor speed ‖ **~dreirad** *n*, dreirädriger Lieferwagen / motor tricycle o. three wheeler ‖ **~einzelantrieb** *m* / individual motor drive
Motoren·anlage, Triebwerksanlage *f* / motive power unit ‖ **~bau** *m* / motor construction ‖ **~benzin**, Benzin *n* / gasoline, gas[olene] (US), petrol (GB), motor spirit o. fuel (GB), mogas ‖ **~benzol** *n* / motor benzol[e], benzol[e] mixture ‖ **~fabrik** *f* (Mot) / engine works ‖ **~fabrik** *f* (Elektr) / motor works ‖ **~geräusch** *n* / engine noise ‖ **leises ~geräusch** (Masch) / hum[ming] ‖ **~kraft**, -leistung *f* / engine power ‖ **~lärm** *m* / roar of engines ‖ **~lärm erzeugen** / vroom *vi* ‖ **~öl** *n* / engine oil, lubricating oil, lube [oil] (US) ‖ **~petroleum** *n* **für Traktoren** / T.V.O., tractor vaporizing oil, vaporizing oil, vapoil ‖ **~prüfstand** *m* / engine test bench o. bed ‖ **~raum** *m* / engine room ‖ **~schlosser** *m* / motor mechanic
Motor·fähre *f* / motor-driven ferry ‖ **~fahrrad** *n* / motor-assisted o. motorized bicycle, moped ‖ **~fahrzeug** *n* / motor vehicle ‖ **~fliegerei** *f*, -flugwesen *n* / mechanical flight, engine flying (US) ‖ **~frachtschiff** *n*, -frachter *m* (Schiff) / motor freight vessel o. freighter ‖ **~fräse** *f* (Landw) / motor-driven rotary hoe ‖ **~gehäuse** *n*, Kurbelgehäuse *n* (Kfz) / crankcase ‖ **~gehäuse** *n* (Elektr) / motor frame o. casing ‖ **~generator** *m* / rotary o. rotatory converter (GB), motor generator [set] ‖ **~getriebeblock** *m* (Kfz) / engine gearbox unit, unit construction, unit power plant ‖ **~grader**, Grader *m* (Bau, Straßb) / motor grader ‖ **~greifer** *m* (Kran) / [single-rope] motor driven grab ‖ **~grundplatte** *f* / motor base plate o. bracket ‖ **~gruppierungsschalter** *m* (Bahn) / motor grouping switchgroup ‖ **~hacke** *f* (Landw) / rotary cultivator ‖ **~haube** *f* (Kfz) / engine bonnet (GB) o. hood (US) ‖ **~haube** *f* (Luftf) / engine cowling ‖ **offene ~haube** (Luftf) / pressure cowling, unsealed cowling ‖ **~hubraum** *m* (Kfz) / capacity of the engine
motorisch / motive, driving ‖ **~ angetrieben**, mit Motorantrieb, Motor... (Elektr) / motor-driven ‖ **~ betrieben**, Motor... / power driven o. operated, powered ‖ **~e Brennweitenverstellung** / power zoom
motorisiert / motorized, motoring ‖ **~es Brennstoff-Regelventil** / motorized fuel valve ‖ **~e Drehscheibe** / power driven rotating table ‖ **~e Landwirtschaft** / mechanized farming ‖ **~e Schwellenschraubmaschine** (Bahn) / motor-driven sleeper-screw driver
Motorisierung *f* / motorization
Motorisierungs·grad *m* / degree of motorization
Motor·karren *m* / industrial truck ‖ **~kennlinie** *f*, -kennung *f* / characteristic of a motor in curve-form, motor diagram ‖ **~kettensäge** *f*, -waldsäge *f* / chain saw ‖ **~kompressor** *m* / motor-compressor set ‖ **~kraftstoff**, Treibstoff *m* / motor fuel ‖ **~lager** *n* (Kfz) / engine bearer ‖ **~lager** *n* **für Kfz** / automotive bearing ‖ **~läufer** *m* (Elektr) / motor armature ‖ **~leerlauf** *m* / idling [speed] of a motor ‖ **~leistung** *f* (Mot) / engine output ‖ **~leistung** *f* (Elektr) / motor output, motor power ‖ **zulässige ~leistung** / power rating ‖ **~lokomotive** *f*, Diesellokomotive *f* / diesel locomotive, oil-engined locomotive ‖ **~mäher** *m* (Landw) / motor-driven reaper (grain) o. mower (grass), power reaper o. mower ‖ **~-Methode**, F_2-Methode *f* (Oktanzahlbest.) / motor method, F_2-method ‖ **~moment** *n* / motor o. engine torque ‖ **~[nenn]leistung** *f* / motor rating ‖ **~nennstrom** *m* (Elektr) / nominal o. rated motor current ‖ **~nutzleistung** *f* (Kfz) / useful output of the engine [on the crankshaft] ‖ **~oktanzahl**, M.O.Z. (nach Research-F_2-Methode) *f* / motor octane number, M.O.N. ‖ **~pflug** *m* / motor plough ‖ **~-Potentiometer** *n* (Elektronik) / motor potentiometer ‖ **~pumpe für Reifen** *f* / motor-driven tire pump ‖ **~pumpenspritze** *f* / motor-driven fire engine ‖ **~rad** *n* / motorcycle ‖ **~rad mit doppeltem Auspuff** / two-port motorcycle ‖ **~rad**

mit höchstens 5 Brems-PS / motor-driven cycle (US) ‖ **˄radfahrer** m / motorcyclist ‖ **˄radgespann** n / combination ‖ **˄radschutzhelm** m / safety helmet for motorcyclists ‖ **˄rad-Sicherheitsgurt** m / lap belt ‖ **˄radtank** m / motorcycle tank ‖ **˄relais** n / motor-type relay ‖ **˄riemenscheibe** f / motor pulley ‖ **˄roller** m (Kfz) / motor scooter ‖ **˄säge** f / motor saw ‖ **˄schalter** m (Elektr) / starter, linestarter (US) ‖ **˄schalter mit Anlaßtrafo** / autotransformer [type] starter, reduced voltage starter ‖ **˄schalter mit Überstrom-Nullspannungsauslösung** (Elektr) / magnetic linestarter ‖ **˄schiff**, Dieselmotorschiff n / motor ship, MS, motor vessel, Diesel ship ‖ **˄schild** m (Kfz) / engine suspension swivel ‖ **˄schlepper** m / motor tractor ‖ **˄schlitten** m / motor sleigh o. sled, snowmobile ‖ **˄schürfzug** m (Straßb) / tractor-scraper unit, tournapull ‖ **˄schutz** m / engine protection plate ‖ **˄schütz** n / motor [starting] contactor ‖ **˄schutz-Ölschalter** m (Elektr) / protective motor oil-break switch ‖ **˄schutzschalter** m (Elektr) / protective motor switch ‖ **˄segler** m (Luftf) / power glider ‖ **˄segler** m, Segelschiff n mit Hilfsmotor / motor sailor, auxiliary powered vessel ‖ **˄spaten** m / tiller ‖ **˄spritze** f / motor-driven fire pump ‖ **selbstfahrende ˄spritze** / fire engine ‖ **kombiniertes ˄-Sprüh- und Stäubegerät** (Landw) / motor atomizer and duster ‖ **˄start** m (Luftf) / engine start ‖ **˄startmarke** f (Film) / motor cue ‖ **˄stäuber** m (Landw) / motor duster ‖ **tragbarer ˄stäuber** (Landw) / barrow motor duster ‖ **˄steuerung** f, motorische Steuerung / motor-actuated control ‖ **˄steuerung** f (Steuerung des Motors) / motor-control, speed control ‖ **˄steuerung**, Ventilsteuerung f (Mot) / timing gear, engine timing ‖ **˄stichsäge** f / alternating sawing machine ‖ **˄störung** f / engine failure o. breakdown o. trouble ‖ **˄synchronisieren** n (Intrittziehen durch Erregen) (Elektr) / motor synchronizing ‖ **˄tandemwalze** f (Straßb) / motor tandem roller ‖ **˄tanker** m, -tankschiff n (Schiff) / motor tanker, MT ‖ **˄taste** f, -hebel m (Buch.m) / motor bar ‖ **˄triebwagen** m (Bahn) / motor [rail] coach o. car, rail coach, railcar ‖ **˄typ** m, -bauart f / type of motor o. engine ‖ **˄überholung** f / engine overhaul ‖ **˄unterschutz** m (Kfz) / underscreen o. -shield o. -protection o. -pan, engine shield, mud pan o. shield ‖ **˄ventil** n / motor operated valve ‖ **˄verkleidung** f, -schutz m (Luftf) / engine cowling ‖ **˄verlangsamer** m, Auspuffbremse f (Kfz) / exhaust brake ‖ **˄wagen** m (Straßenbahn) / rail motorcar ‖ **˄wagenbremsventil** n / driver's control valve ‖ **˄wähler** m (Fernm) / motor operated selector, power driven selector ‖ **˄walze**, Straßenwalze f / motor roller ‖ **˄weiche** f, elektrische Weiche (Bahn) / motor points pl ‖ **˄welle** f / motor shaft, main o. engine shaft ‖ **˄winde** f / motor winch o. hoist ‖ **˄wippe** f / motor-driven rocker dolly switch ‖ **˄yacht** f / motor yacht ‖ **˄zähler** m / motor meter ‖ **˄zapfwelle** f / live power take-off ‖ **˄zug** m (Buch.m) / motor operation o. stroke ‖ **˄zugkraft** f, Zugkraftvermögen n (Bahn) / haulage capacity of a motor ‖ **˄zugwagen** m / motor tractor

Motte f (allg) / moth

motten·echt / mothproof ‖ **˄echte o. -feste Ausrüstung** (Textil) / mothproof o. -resistant finish, moth-repellent finish ‖ **˄fraß** m (Textil) / ravage by moths ‖ **˄fraß** m, -schaden m. / ravage by moths ‖ **˄schutzmittel** n / mothproofing agent

Mottramit m (Min) / mottramite, psittacinite, cuprovanadite

Motz f, Motzklotz m (Glas) / shaping block, forming block

Mouliné m (Zwirn) (Textil) / coloured twisted yarn, mouliné o. marl yarn

moulinieren (Seide) / throw

moussieren (Gärung) / effervesce

moussierend / brisk ‖ **˄**, perlend / sparkling

MOX-Brennstoff m / mixed uranium [di]oxide-plutonium [di]oxide fuel

MOZ = Motoroktanzahl

MP, Metallpapier n / MP, metallized paper ‖ **˄** (Chem) = Mischpolymerisat ‖ **˄** (Math) = Mittelpunkt

MPA = Materialprüfungsamt, -anstalt

Mpc (Astr) = Megaparsec

MPC-Ruß m (= medium processing channel) / MPC carbon black

MPDE (Röntgen) / MPDE, maximum permissible dose equivalent

MPD-Generator m, -wandler m (= magnetoplasmadynamisch) / MPD converter, magnetoplasmadynamic converter

MPD-Maschine f / magnetoplasmadynamic engine, MPD engine

MPG = Max-Planck-Gesellschaft

MPI = Max-Planck-Institut

MP-Kondensator m, metallbedampfter Papierkondensator / metallized paper condenser

Mp-Leiter m, Mittelpunktsleiter m (Elektr) / mid-point conductor

MPM (Netzplan) = Metra-Potential-Methode

MPS (DV) = Mehrprozessorsystem

MPT-Reifen m (Kfz) / multipurpose tire

MPU f, Mikroprozessor-Einheit f / MPU, microprocessor unit

MP-Verfahren n (Regeln, Schiff) / manual plotting o. MP-method

MQ, Mittelwasser n (in m³/s) / mean water

MRCA-Flugzeug n (= medium range combat airplane), Tornado m / MRCA-plane

M-Ring, Minutenring m (Mot) / M-ring, taper-faced compression ring

MRP-Konverter m / MRP converter (= metal refining process)

MRV-Flugkörper m / MRV, multiple reentry vehicle

MS (Schiff) = Motorschiff

MSBS-Gerät n / strategical ballistic missile sea-land, submarine ballistic missile

M-Schale f (Nukl) / M-shell

M-Schirmbilddarstellung f (Radar) / M-display

M-Schnitt m **für Trafos** / shell-type transformer stamping

MS-DOS-Betriebssystem n / MS-DOS operating system

MSF-Anlage f (Meerwasser) / multi-stage flash-evaporator plant

MSF-Netz n (Raumf) / MSF- o. man spaceflight network

MSI, mittlere Integration (Elektronik) / MSI, medium-scale integration

MSK-Skala f (nach Medvedev, Sponheuer u. Karnik) (Seismik) / MSK-scale

Ms-Punkt m (Hütt) / Ms-point

MSR, Messen, Steuern, Regeln / measurement and control

M+S-Reifen, Schnee- und Matsch-Reifen m pl (Kfz) / snow tires, mud and snow tires pl, grip tires pl

MSR-Einrichtung f (= Meßsteuerungs- u. Regel) (DIN 19217), MSR-Geräte n pl / process measuring and control equipment

MSR-Technik f, Meß-, Steuerungs- und Regeltechnik / process measuring and control technology

mSt = Millistokes

MST (DV) = monolithische Systemtechnologie

M-Strebe f (Stahlbau) / M-strut

M-Synchronisation f (Phot) / M- o. flash-synchronization

MTA (Motion Time Analysis), Bewegungszeitanalyse f (F.Org) / motion time analysis

MThW = mittleres Tidehochwasser

MTI-Gerät n (Luftf) / moving target indicator, MTI

MTI-Radar m n (= moving target indication, Festzeichenunterdrückung) / MTI radar, moving target indication radar

MTM-Methode f (F.Org) / M-T-M-technique, methods-time-measurement system, MTM procedure

MTNS-Bauelement *n*, -baustein *m* (Halbl) / metal thick oxide-nitride-silicon semiconductor, MTNS

MTnW = mittleres Tiedeniederwasser

MTOS-Bauelement *n*, -Baustein *m* / MTOS, metal thick oxide semiconductor

MTR-Verfahren *n* / MTR o. multiple-track radar range, multiple-object phase tracking and ranging

MTS = Motortankschiff

MTS-System *n* (veraltet) = Meter-Tonne-Sekunde-System

MTV-System *n*, Mensch-Technik-Verbundsystem / JMM system, joint man - machine system

MÜ = maschinelle Sprachübersetzung

Mucilago *m* (pl: Mucilagines) / mucilage

Mucin *n* (Chem) / mucin

Mucke *f* (coll. für Fehler) / bug (US, coll)

Muconsäure *f* / muconic acid

Mucopolysaccharid *n* / mucopolysaccharide

Mucor, Kopfschimmel *m* / mucor

Mud, Modder *m* (Geol) / mud ‖ ~, Schlick *m* / sea mud o. ooze ‖ ~ **Acid** *f* (Öl) / mud acid ‖ ~**-Sampler** *m* (Öl) / mud sampler

Muffe, Hülse *f* / bushing, sleeve ‖ ~, Stutzen *m* / muff ‖ ~ *f*, Kupplungsmuffe *f*, Hülse *f* / coupling box o. sleeve ‖ ~ (Elektr) / coupler of conduits ‖ ~ **des Muffenrohres** (Rohr) / faucet, socket end ‖ ~ **für Leitungsenden** (Elektr) / boot for protecting terminations

Muffel *f* (Hütt) / muffle ‖ ~**durchziehofen** *m* / continuous muffle type furnace ‖ ~**farbe** *f* (Keram) / muffle colour ‖ ~**härteofen** *m* / gas fired furnace [for hardening steel] ‖ ~**ofen** *m* / box-type furnace, muffle furnace ‖ ~**röstofen** *m* (Hütt) / muffle roaster

muffen *vt* / couple by sleeve [coupling] *vt* ‖ ~ *n* (von Plastikrohren) / placing of socket ends ‖ ~**aufschraubmaschine** *f* / coupling making-up machine ‖ ~**bauwerk** *n*, -bunker *m* (Kabel) / cable pit, cable jointing chamber o. manhole ‖ ~**bogen** *m*, K-Stück *n* / standard socket and spigot bend ‖ ~**deckel** *m* (Rohr) / socket cover ‖ ~**deckel** *m* **als Rohrverschluß** / cap (for closing pipes) ‖ ~**druckrohr** *n*, Schleudergußrohr *n* / centrifugally cast socket and spigot pressure pipe ‖ **[gußeisernes]** ~**druckrohr** / cast iron socket and spigot pressure pipe ‖ ~**gehäuse** *n* (Kabel) / joint box ‖ ~**hahn** *m* / valve with socket ends ‖ ~**hub** *m* (Dampfm) / range of governor ‖ ~**kniestück** *m*, J-Stück *n* / standard socket and spigot elbow 30⁰ ‖ ~**kreuz** *n*, BB-Stück *n* / all-socket cross ‖ ~**krümmer** *m* / socket bend ‖ ~**kupplung** *f* (Masch) / box o. muff coupling, butt coupling ‖ ~**kupplung** *f* (Rohr) / sleeve o. socket coupling ‖ ~**-Reduzierstück** *n*, -Übergangsstück *n* / double socket taper ‖ ~**rohr** *n* / socket o. spigot pipe ‖ ~**schweißung** *f* / socket welding ‖ ~**stemmverbindung** *f* **mit Hanf u. Blei** (Rohre) / bell-and-spigot [lead] joint, lead joint ‖ ~**stopfen** *m* (Rohr) / socket plug ‖ ~**stoß** (Rohr) / bell butt joint ‖ ~**stück**, B-Stück *n* (Rohr) / standard tee ‖ ~**stück** *n*, T-Stück *n* / all-socket tee ‖ ~**stück** *n*, B-Stück *n* mit Flanschabzweigung / double socket tee with flanged branch ‖ ~**stutzen** *n*, -kreuz *n*, BB-Stück *n* (Rohr) / standard cross ‖ ~**übergangsstück**, R-Stück *n* / standard socket and spigot taper ‖ ~**ventil** *n* / sleeve valve, socket valve ‖ ~**verbindung** *f* / bell-and-spigot-joint, sleeve o. socket joint, spigot-and-socket joint (GB) ‖ ~**vergießmasse** *f* / sleeve compound ‖ ~**verschraubung** *f* / sleeve joint

muffig / musty, frowsty

Muguetmast *m* (Elektr) / Muguet pylon

Mühle *f* / mill ‖ ~, Zerkleinerer *m* / grinder ‖ ~ (ein Brecher) / mill (a disintegrator) ‖ ~ (coll) (Luftf) / jalopy (coll) ‖ ~ **mit festen Walzen** / mill with fixed rollers

Mühlen·... / mill… ‖ ~**bauer**, Maschinenbauer *m* / millwright ‖ ~**bauindustrie** *f* / millwright industry ‖ ~**charakteristik** *f* / mill characteristic ‖ ~**feuerung** *f* / pulverized coal firing, coal dust firing ‖ ~**saft** *m* (Zuck) / mill juice ‖ ~**sandstein** *m* (Geol) / millstone grit ‖ ~**staub**, Mehlstaub *m* / meal o. mill dust ‖ ~**straße**

(Zuck) / milling train ‖ ~**versatz** *m* (Email) / mill batch o. formulae

Mühl·gerinne *n*, -graben *m* / mill race o. course o. flume ‖ ~**rumpf** *m*, Trichter *m* / mill-hopper ‖ ~**stein** *m* / millstone ‖ ~**steinquarz** *m* / millstone rock

Mukoid *n* (Chem) / mucoid

Mukonsäure *f* / muconic acid

mukös, schleimabsondernd / mucous

mul (mit dem Uhrlauf) (DIN) / clockwise

Mulde *f* (Geol, Bergb) / basin ‖ ~, Weitung *f* (Bergb) / cavity ‖ ~, kleines Tal (Geol) / vale, dell ‖ ~, Synklin[al]e *f* (Geol) / syncline ‖ ~, Tal *n* (Phys, Elektr) / minimum, valley ‖ ~, Trog *m* / hutch ‖ ~, Wanne *f* / trough, vat ‖ ~, Beschickungsmulde *f* (Hütt) / charging box ‖ ~ (Muldenkipper) / body of a trough tipping wagon ‖ ~, Schmelzbad *n* (Schweiß) / pool crater ‖ ~ **der Krempel** (Spinn) / undercasing of the card

mulden *v* (Förderband) / trough

Mulden·..., gemuldet (Förderband) / cleated ‖ ~**ballenbrecher** *m* (Spinn) / pedal bale breaker ‖ ~**band** *n*, -gurtförderer *m* / troughed belt conveyor ‖ ~**beschickkran** *m* / trough-charging crane ‖ ~**bildung** *f* (Geol) / synclinal formation ‖ ~**blei**, Blockblei *n* / lead pig o. lump ‖ ~**einsetzkran** *m* / charging box handling crane ‖ ~**falzziegel** *m* / trough gutter tile ‖ ~**förderband** / troughed belt conveyor ‖ ~**förmig** / trough-shaped ‖ ~**kipper**, -kippwagen *m* / dumper, dump truck, trough-tipping wagon, V-dump car (US), skip lorry (GB) o. truck (US) ‖ ~**kipper** *m* (Bergb) / rocker dump car ‖ ~**kippkran** *m* / charging box tilting crane ‖ ~**lader** *m* / scoop charger, scooper ‖ ~**linie** *f*, -tiefste *n* (Geol) / bottom line ‖ ~**magnetkran** *m* (Hütt) / magnet and box type charging crane ‖ ~**ofen**, Tiefofen *m* (Pulv Met) / crucible furnace ‖ ~**presse** *f* (Web) / rotary cloth press, roller press, press with cover o. wrapper ‖ ~**presse** *f* **mit fest gelagertem Zylinder** (Web) / cylinder press with fixed cylinder ‖ ~**presse** *f* **mit Mitläuferfilzeinrichtung** (Web) / bed press with doubler felt ‖ ~**rinne** *f* (Straßb) / trapezoidal ditch ‖ ~**rolle** *f* **für Förderbänder**, Muldungsrolle *f* / trough roller o. trough-shaped idler for belt conveyors, troughing idler ‖ ~**rutsche** *f* / trough shaped chute ‖ ~**stelleisen** *n* (Spinn) / undercasing bracket ‖ ~**tiefstes** *n*, -linie *f* (Geol) / bottom line, syncline bottom ‖ ~**transportkatze** *f* (Hütt) / charging box handling trolley ‖ ~**trockner** *m* / trough drier ‖ ~**vordach bei Muldenkippers** *n* / canopy ‖ ~**vorkrempel** *m* (Spinn) / shell breaker card ‖ ~**wagen** *m* (Gieß) / scrap car ‖ ~**warenspeicher** *m*, Strangverweileinrichtung *f* (Web) / machine for storage and reaction in rope form, J-box ‖ ~**zuführung** *f* / box charging

Muldex *n* (Fernm) / multiplexer-demultiplexer

Muldung *f* (Geol) / depression

Muldungsfähigkeit *f* (Förderer) / troughability

Mule·dozer, Räum-Zusatz *m* (Straßb) / muledozer ‖ ~**garn** *n*, -twist *m* / mule-spun yarn, mule twist ‖ ~**[spinn]maschine** *f* / mule [spinning machine], self-acting mule, selfactor ‖ ~**zwirnmaschine** *f* / twining mule

Mulhollandverfahren *n* (Metall) / Mulholland process

Mull *m* (Textil) / cheesecloth, fine muslin, mull, serim, tiffany ‖ ~, -erde *f*, Mulm *m* (Bodenart) / mull, duff, leaf mould

Müll *m*, Kehricht *m* / garbage (US), offal, refuse, dust (GB) ‖ ~**abfuhr** *f* / sanitation service, refuse o. garbage collection ‖ ~**[abfuhr]wagen** *m*, -sammelfahrzeug *n* / refuse removing truck, dust cart (GB), garbage car o. truck (US) ‖ ~**abwurfschacht** *m*, -abwurfanlage *f* (DIN) / Müllschlucker *m*, garbage chute, refuse duct, rubbish dumper, waste disposer ‖ ~**berg** *m* / waste dump ‖ ~**-Container** *m*, Müllgroßbehälter *m* / bulk refuse o. garbage (US) container ‖ ~**deponie** *f*, -abladeplatz *m*, -kippe *f* / garbage pit o. dump, sanitary landfill ‖ **[un]geordnete** ~**deponie** / controlled, [wild]

sanitary landfill ‖ ‹eimer m (bis 50 Liter) / dustbin (GB), ash bin o. can (US), garbage o. trash can ‖ ‹entsorgung f / refuse disposal, waste disposal
Müller·gaze f / bolting cloth, screen gauze ‖ ‹gewerbe n / mill operation, miller's trade
Müllgrube f / dust hole (GB), garbage pit
Mullit m (Min) / mullite ‖ ‹stein m / mullite brick
Müll·kipper m / refuse tipper ‖ ‹kompost m / compost from refuses ‖ ‹kompostieranlage f / composting plant ‖ ‹kompostierung f / refuse composting ‖ ‹preßbehälter m / compaction container for garbage ‖ ‹sammelanlage f / refuse collecting plant ‖ ‹schlucker m s. Müllabwurfschacht ‖ ‹schluckereinwurf m / insertion slot of garbage chute ‖ ‹schluckerreiniger m / garbage chute cleaner ‖ ‹tonne f (110 Liter) / ash barrel (US), dustbin (GB) ‖ ‹tonneninhalt m / contents pl of dustbin (GB) o. ash barrel ‖ ‹verbrennung f / garbage incineration, refuse destruction ‖ ‹verbrennungsanlage f / garbage incinerating plant ‖ ‹verbrennungskraftwerk n / destructor station (GB), garbage incineration power station ‖ ‹verbrennungsofen m / destructor (GB), incinerator ‖ ‹vernichtung f / refuse destruction ‖‹verwertung f / garbage o. refuse dressing ‖ ‹verwertungsanlage f / refuse dressing plant ‖ ‹wagen m, -abfuhrwagen m (Kfz) / refuse collection vehicle (GB), garbage truck (US) ‖ ‹wagen-Aufbau m (Kfz) / refuse collector body ‖ ‹zerkleinerer m (Haushalt) / garbage disintegrator o. grinder, kitchen-waste disposer, garburetor ‖ ‹zerkleinerung f / reduction in size of waste products
Mulm m (Geol) s. Mull
mulmig (Min) / earthy, friable ‖ ‹-e Braunkohle / pulverulent o. earthy brown coal
Multi m / multinational conglomerate ‖ ‹band-Kamera f (Phot) / multiband camera ‖ ‹burst m (ein Schärfetest) (Video) / multiburst ‖ ‹bus-kompatibel / multibus compatible ‖ ‹chip m (Halbl) / multi-chip ‖ ‹chip-Baustein m (Elektronik) / multichip component ‖ ‹chip-Modul m / multi-chip module, MCM ‖ ‹-Chip-Satz m (DV) / multi-chip set ‖ ‹complexer m / multicomplexer ‖ ‹curiezelle f (Nukl) / multi-curie cell, intermediate cave ‖ ‹emitter-Transistor m / multi-emitter transistor ‖ ‹fil (Textil) / multiple thread, multifilament adj ‖ ‹filament n (Plast) / multifilament ‖ ‹filgarn n / multifilament yarn ‖ ‹font... (DV) / multifont ‖ ‹fontlesen n (DV) / multifont reading ‖ ‹funktionales Endgerät / multifunctional subscriber station ‖ ‹funktionalität f / multifonctionality ‖ ‹gruppen... / multigroup ‖ ‹gruppentheorie f (Nukl) / multigroups theory ‖ ‹-Kilowatt-Laser m / high-power laser ‖ ‹kontrastpapier n / multicontrast paper ‖ ‹-Lap-Verfahren n (Textil) / multilap process ‖ ‹layerplatte f, Mehrlagenplatte f / multilayer board ‖ ‹layertechnik f (gedr.Schaltg) / multilayer technology ‖ ‹-Leaving n (DV) / mutlileaving ‖ ‹linear (Math) / multilinear ‖ ‹materialien n pl (Plast) / multimaterials pl ‖ ‹modefaser f, vielwellige Faser / multimode fiber ‖ ‹mode-Gradientenfaser f (Opt) / multimode graded index fiber ‖ ‹mode-Laser m / multimode laser ‖ ‹moden-Lichtwellenleiter m / multimode fiber ‖ ‹moden-Stufenindex-Faser f (Opt) / multimode step index fiber ‖ ‹mode-Wellenleiter m / multimode waveguide ‖ ‹modul m (Bau) / multimodul ‖ ‹momentaufnahme, Zeithäufigkeitsstudie f (F.Org) / ratio delay study, activity sampling ‖ ‹momentaufnahmen f pl (F.Org) / activity sampling, ratio delay studies pl ‖ ‹nomialverteilung f / multinomial distribution ‖ ‹nominales Verteilungsgesetz / multinomial distribution law ‖ ‹oktansäule f / custom blending pump ‖ ‹-Package-Satz m (DV) / multipackage set
multipel f pl, **multiple Proportionen** (Math) / multiple proportions pl
Multiplett n, Linienkomplex m (Spektrum) / multiplet

Multiplett n (Nukl, Quantenphysik) / multiplet
multiplex, vielfach / multiplex ‖ ‹ (DV) / multiplex n ‖ ‹... (Fernm) / multiplex, multi-channel ‖ ‹betrieb m (Fernm) / multiplex operation, multiple[x] transmission, channeling ‖ ‹betrieb m (DV) / multiplex mode, multiplexing ‖ ‹-Busleitung f (DV) / multiplex bus
multiplexen, Übertragungskanäle bündeln o. vielfach ausnutzen (DV) / multiplex v
Multiplexer m, MUX (DV) / multiplexer, -plexor ‖ ‹-Demultiplexer m (DV) / muldex, multiplexor-demultiplexor
Multiplexing n, Arbeiten im Multiplexbetrieb (Aufteilung eines Übertragungskanals in mehrere Kanäle) (DV) / multiplexing
Multiplex·kanal m (DV, Elektr) / multiplex[er] channel ‖ ‹karton m / multilayer board ‖ ‹leitung f (Fernm) / multiplex lead, highway ‖ ‹orgel f / unit orchestra o. organ (US) ‖ ‹schaltung f, Sammelschaltung f (Fernm) / conference connection, multiplex connection ‖ ‹schrank, -umschalter m (Fernm) / multiple switch board ‖ ‹telefonie f / multiplex telephony ‖ ‹telegraf m mit abgestimmten Empfängern / multiplex harmonic telegraph ‖ ‹telegrafie f, -betrieb m / multiplex telegraphy ‖ wechselseitige ‹telegrafie / selective multiplex telegraphy ‖ ‹umschalter m (Fernm) / multiplex switch ‖ ‹verbindung f / multiplex transmission
Multiplier, [Sekundär]elektronenvervielfacher m / electron multiplier
Multiplikand m (Math) / multiplicand
Multiplikand-Divisor-Register n (DV) / multiplicand register
Multiplikanden-Ausrichtung f (DV) / multiplicand line-up
Multiplikation f (Math) / multiplication ‖ $a \times b \times c$ -‹ f / three-factor multiplication
Multiplikations·anweisung f (DV) / multiply[ing] statement ‖ ‹faktor m (Nukl) / multiplication factor ‖ ‹konstante f / multiplying constant ‖ ‹punkt m (Regeln) / multiplication point ‖ ‹symbol n, -operator m (DV) / multiplying operator ‖ ‹tafel f / multiplication table ‖ ‹tastatur f / multiplier keyboard
multiplikativ (Math, TV, Elektronik) / multiplicative
Multiplikator m (Math) / multiplier ‖ ‹leitwert m / multiplier gap loading ‖ ‹register, MR n (DV) / multiplier register ‖ ‹spule f / multiplying coil ‖ ‹werk n / multiplying mechanism
Multiplizier·-Akkumulator m, MAC / multiplying accumulator, MAC ‖ ‹einheit f (DV) / multiplying unit, multiplier
multiplizieren [mit] (Math) / multiply [by] ‖ über Kreuz ‹ / multiply criss-cross, cross-multiply
multiplizierend·es Medium (Nukl) / multiplying medium
Multiplizier·gerät n / multiplier ‖ ‹gerät n nach der Viertelquadratmethode / square-law multiplier ‖ ‹locher m (LoKa) / multiplier [punching machine] ‖ ‹schaltung f (DV) / multiplier
Multiplizität f (Math) / multiplicity
Multi·plungerpumpe f, Vielkolbenpumpe f / multiplunger pump ‖ ‹point-Betrieb m (DV) / multipoint operation ‖ ‹point-Einspritzanlage f / multipoint injection installation ‖ ‹point-Verbindung f / multipoint connection ‖ ‹pol m (Phys) / multipole ‖ ‹polfeld n / multipole field ‖ ‹polmoment n / multipole moment ‖ ‹polymerisat n / multipolymer ‖ ‹processing n (Parallelarbeit mehrerer Rechner mit gemeinsamen Speicher und Peripheriegeräten) (DV) / multiprocessing ‖ ‹programmbetrieb m mit variabler Anzahl von Aufgaben / multiprogramming with variable tasks, MVT ‖ ‹programming n, -programmierung f (DV) / multiprogramming [mode] ‖ ‹prozessor[rechner] m (DV) / multiprocessor ‖ ‹prozessor-Mikrocomputer m / multiprocessor-microcomputer ‖ ‹prozessor-Steuerung f, MPST /

multiprocessor control ‖ **⤴reedkontakt** *m* (Fernm) /
multireed contact ‖ **⤴reflex-Klystron** *n* / multiflex
klystron ‖ **⤴-Rotation** *f* (Chem) / multirotation,
mutarotation ‖ **⤴sensorik** *f* / multisensorics ‖
⤴spektral-Abtast-Radiometer *n* (Raumf) / multispectral
scanner ‖ **⤴spektralkamera** *f* (Phot) / multispectral
camera ‖ **⤴spindelbohrmaschine** *f* (für gleichzeitige
Durchführung verschiedener Arbeiten, Ggs.: multi-unit
machine) / multi-spindle drilling machine, multiple
drill[-press] o. drilling machine ‖ **⤴-SPU-System** *n*
(Raumf) / multi-SPU-system (standard propulsion unit) ‖
⤴tasking *n* (DV) / multitasking ‖ **⤴ton** *m* (ein
Tongenerator) / multitone ‖ **⤴tonkreis** *m* / multitone
circuit ‖ **⤴tron** *n* (Elektronik) / multitron ‖
⤴user-Dialogsystem *n* (DV) / multi-user dialog system ‖
~variabel / multivariable ‖ **⤴vibrator** *m* (Elektronik) /
multivibrator, multi, MV, lock-over circuit ‖
⤴vibratorbrücke *f* (Temperaturmessung) / multivibrator
bridge ‖ **⤴volumen…** (DV) / multivolume ‖
⤴volumendatei, Mehrplattendatei *f* / multivolume file ‖
⤴zellularvoltmeter *n* / multiple electrometer ‖ **⤴zyklon**
m, Multiklon *m* / multiple dry cyclone, multiclone ‖
⤴zyklonentstaubung *f* / multicyclone dust collection o.
collector
Mu-Metall *n* / mu-metal
M- und S-Reifen *m pl* / grip tires *pl*, snow o. mud-and-
snow tires *pl*
münden [in] (Straße) / run [into] ‖ **~** [in] (Fluß) / flow
[into], discharge [into]
mündliche Beratung (Luftf) / briefing
Mund·loch *n* / opening, mouth, orifice, outlet, port ‖
⤴loch *n* (Tunnel) / portal, mouth ‖ **⤴ring** *m* (Strangpresse)
/ relief ring of the die
Mundstück *n* (Mus.Instr) / bill ‖ **⤴**, Schalltrichter *m*
(Telefon) / mouth piece, transmitter ‖ **⤴** (Schlauch) / nose
piece ‖ **⤴**, Ansatzrohr *n* / nozzle, short pipe, mouth
piece ‖ **⤴**, Schnauze *f* / snout ‖ **⤴** (Zigarette) / tip ‖ **⤴**,
Düsenaustritt *m* (Strangpressen) / die relief ‖ **⤴** s. auch
Mundloch ‖ **⤴ der Birne** / mouthpiece of converter ‖
⤴ von Flaschen / bottle finish ‖ **⤴platte** *f* (Plast) / die
adapter
Mündung *f*, Öffnung *f* / opening, mouth, orifice, outlet,
port ‖ **⤴** (Flasche, Fluß) / mouth ‖ **⤴** (Mil) / muzzle ‖ **⤴**
(Konverter) / mouth
Mündungs·bär *m* (Hütt) / [mouth] skull, bug ‖
⤴bär-Abschmelzen *n* / skull melting ‖ **⤴bremse** *f* (Mil)
/ muzzle brake o. gland ‖ **⤴feuer** *n* / muzzle flash ‖
⤴feuerdämpfer *m*, Vorlage *f* (Mil) / flash reducer ‖
⤴fläche *f* / face of the muzzle ‖ **⤴geschwindigkeit** *f*, V-
Null *n* / muzzle velocity ‖ **⤴knall** *m* / muzzle blast o.
report ‖ **⤴putzen** *n* (Konverter) / trimming the converter
mouth ‖ **⤴waagerechte** *f* (Mil) / horizontal plane of the
muzzle
Mund-zu-Mund-Beatmung *f*, -zu-Nase-Beatmung *f* /
exhaled-air resuscitation, mouth-to-mouth o.-to-nose
respiration
Mungo *m* (Textil) / artificial short-stapled wool, mungo ‖
⤴garn *n* / mungo yarn
Munition *f* / ammunition
Munitions·…, Rüstungs… / munition… ‖ **⤴fabrik** *f* /
ammunition factory ‖ **⤴fabrik** *f* **für Gewehrmunition** /
rifle ammunition factory
Munsell·-Neuwerte *m pl* (Farblehre) / Munsell renotations
pl ‖ **⤴-System** *n* (Farblehre) / Munsell system [of
chromaticity], Munsell scale
Muntzmetall *n* (Me 60, bis 0,8 % Pb, schmiedbar) /
Muntz [yellow] metal
Münz·apparat *m*, -automat *m* / slot paying mechanism,
coin machine ‖ **⤴automat** *m* (Elektr) / penny-in-the-slot
meter ‖ **⤴behälter** *m*, -kassette *f* (Automat) / cash o. coin
box o. receptacle ‖ **⤴behälter** *m*, -kassette *f* (Automat) /
cash receptacle, coin box ‖ **~betätigtes Schloß** / coin
lock ‖ **~betätigter Zähler** / coin-freed meter

Münze *f*, Geldstück *n* / coin, money ‖ **⤴**, Münzwerkstätte,
-anstalt *f*, Münzgebäude *n* / mint, mint-smithery ‖ **⤴**,
Denkmünze *f* / medal ‖ **⤴ für Automaten** / slot coin,
token (US) ‖ **⤴n schlagen o. prägen**, münzen / coin *v*,
mint
Münz·einrichtung *f* (Automat) / coin collector ‖ **⤴einwurf**
m / insertion o. slot for coins ‖ **⤴[einwurf]zähler** *m* /
slot meter ‖ **⤴fernsehen** *n* / coin o. subscription o. toll
television, pay-as-you-view television, [per program]
pay television ‖ **⤴fernsprecher** *m* / telephone call-box
o. coin-box, prepayment telephone, pay phone (US) ‖
⤴gaszähler *m* / prepayment gas meter ‖ **⤴gold** *n*,
Dukatengold *n* / mint gold (98.6 %) ‖ **⤴kassette** *f*,
-behälter *m* (Automat) / cash o. coin box o. receptacle ‖
⤴legierung *f* (75 % Cu, 25 % Ni) / coinage alloy ‖
⤴platte *f* (Münzw) / blank ‖ **⤴prägemaschine** *f* /
mintage machine ‖ **⤴prägung** *f* / mintage ‖ **⤴prüfer** *m* /
coin-acceptor unit ‖ **⤴rückgaberät** *n* / coin dispenser
‖ **⤴[strom- *m*, -gas]zähler** / prepayment meter ‖
⤴vorwahlgerät *n* (Tanksäule) / prepayment preselector
Mural, Großphoto *n* (Phot) / photomural
mürbe / mellow ‖ **~** (Holz, Stein) / brittle ‖ **~**, weich /
tender ‖ **~ machen** / mellow *v*
Mürbheit *f* (Stein) / brittleness
Mürbschicht *f* (Stein) / brittle layer on a stone
Mure, Vermurung *f* / sand [and stone] avalanche,
mudflow
Murexid *n*, saures Ammoniumpurpurat / purpurate of
ammonia, murexide ‖ **⤴probe** *f* (Chem) / murexide test
Muriazit *m* (Min) / muriacite
Muring-Winde *f*, Muringsblock *m* (Schiff) / mooring
winch o. gear
Murray·-Alphabet *n* (Schreibm) / Murray code o. style ‖
⤴-Kiefer *f* / murray pine, Pinus murrayana ‖ **⤴-Schleife**
f (Elektr) / Murray's test loop
Musaantenne *f*, Mehrfachrautenantenne *f* / MUSA,
multiple-unit steerable antenna
Muschel *f*, -schale *f* / shell *n* ‖ **⤴** (Fernm) / earpiece ‖
⤴antenne *f* / shell type antenna ‖ **~förmig** / conchate,
conchiform ‖ **⤴gold**, Malergold *n* / shell gold ‖ **⤴griff**
m (Kfz) / recessed door handle ‖ **⤴griff** *m* (Möbel) / inset
type handle
muschelig, schalig / conchoidal ‖ **~**, muschelbrüchig
(Krist) / shelly ‖ **~er Bruch** / conchoidal fracture
Muschel·kalk *m* (Formation) / muschelkalk ‖ **⤴kalk[stein]**
m / shell[y] marl o. lime[stone] ‖ **⤴linie** *f* / conchoid ‖
⤴linie *f* **von Dürer** / conchoid of Dürer ‖ **tertiärer**
⤴sand aus Anjou u. Touraine / faluns, shell marl ‖
⤴säumer *m* (Näh) / shell hemmer ‖ **⤴[schale]** *f* / shell,
conch ‖ **⤴schieber** *m* (Dampfm) / three-ported slide
valve, shell valve ‖ **⤴seide** *f*, Byssusseide *f* / byssus
silk, shell o. mussel silk, sea silk
muschlig s. muschelig
Musenit *m* (Min) / musenite
Muser *m*, Mixer *m* (Landw) / food masher
musiert (Buch) / rimmed
Musik·automat *m* / juke box ‖ **⤴band** *n* / music tape ‖
⤴berieselung *f* / non-stop background music, piped
music ‖ **⤴frequenz** *f* / music frequency ‖ **⤴instrument**
n / musical instrument ‖ **⤴instrumenten-Hersteller** *m* /
maker of musical instruments ‖
⤴instrumentenherstellung *f* / manufacture of musical
instruments ‖ **⤴leistung** *f* / music signal power, musical
power ‖ **~pupinisiert** (Fernm) / coil-loaded with musical
loading ‖ **~pupinisierte Leitung** (Fernm) / loaded line
with musical loading ‖ **~pupinisierung** *f* (Fernm) /
music loading ‖ **sehr leichte ⤴pupinisierung** (Fernm) /
program circuit loading ‖ **⤴spur** *f*, Track *m* 2 (Film) /
separate music track ‖ **⤴truhe** *f*, -schrank *m* / radio-
gramophone, radiogram (GB) ‖ **⤴übertragung** *f* /
music broadcasting ‖ **⤴übertragungsleitung** *f* (Fernm) /
music line

Musiv·arbeit f / mosaic ‖ ~**gold**, [unechtes] Muschelgold n, (früher: Zinn(IV)-sulfid, jetzt: Broncepigment) / mosaic gold ‖ ~**silber** n / mosaic silver

Muskarin n (Chem) / muscarin[e]

Muskat·nuß f / nutmeg ‖ ~**nußbaum** m / nutmeg ‖ ~**öl**, Macisöl n / mace oil

Muskel·arbeit f / physical work ‖ ~**fibrille** f / muscular fibril ‖ ~**kraft** f / muscular power ‖ ~**kraftbetätigung** f / manual control ‖ ~**strom** m / muscle current

Muskovit, Kaliglimmer m / muscovite, biaxial o. biaxed mica, white mica

Mußanweisung f (DV) / mandatory instruction

Musselin m (Textil) / mousseline, muslin ‖ ~**band** m (Reifen) / muslin strip ‖ ~**glas** n / muslin glass, mousseline [glass]

Muster n, Vorbild n (allg) / paragon ‖ ~, Modell n / sample, pattern, mould, mold (US) ‖ ~, Spezimen n / specimen, sample ‖ ~ (z.B. Web), Musterung f / patterning, figured effect ‖ ~, Zeichnung f (Web) / pattern, design ‖ ~, Form f / model, pattern ‖ ~ **einlesen**, levieren (Textil) / read in, thread in ‖ ~ **mit systematischem Fehler** / biassed sample ‖ ~**abschnitt** m **von Tuch** (Textil) / swatch, cutting, sample ‖ ~**apparat** m (Textil) / pattern device ‖ ~**-Aufsteller** m (Textil) / pattern reader ‖ ~**betrieb** m (Masch) / model plant ‖ ~**beutel** m (allg) / mailing bag ‖ ~**beutel** m (Pap) / sample bag ‖ ~**beutel** m **mit Metallklammer** / envelope with metal fastener ‖ ~**bildender Schuß** (Textil) / pattern weft ‖ ~**bogen** m / specimen ‖ ~**buch** n / specimen book ‖ ~**buch** n (Textil) / pattern book, sample book ‖ ~**entnahmestelle** f (Flüssigkeiten) / observation o. sampling station ‖ ~**färber** m / swatch dyer ‖ ~**flasche** f / sample bottle ‖ ~**gewalzt** / pattern rolled ‖ ~**gut** n, -betrieb m (Landw) / model farm ‖ ~**haus** n / model house o. home ‖ ~**induzierte Flickerfarben** f pl (Phys) / Benham colours ‖ ~**karte** f (Web) / pattern o. sample card o. book ‖ ~**kette** f (Web) / pattern o. sample warp, figure warp ‖ ~**koffer** m / sample case ‖ ~**konstrukteur**, -entwerfer m -zeichner m (Web) / textile pattern designer ‖ ~**kopie** f (Film) / married copy, daily o. rush print ‖ ~**lesen**, Einlesen n, Angabe f (Web) / reading of the patterns, reading in o. off ‖ ~**locher**, -schläger m (Jacquard) / card cutter ‖ ~**los** n (Qual Pr) / pilot lot ‖ ~**maschine** f (Textil) / figuring machine ‖ ~**messe** f / samples exhibition o. fair ‖ ~**motor** m (Luftf) / prototype engine

mustern, mit Muster versehen / pattern v, figure, make designs [on] ‖ **eingewoben** ~ / loom-figure

Muster·nehmen n / sampling ‖ ~**nehmen** n (durch wiederholtes Teilen und Mischen) (Bau, Bergb) / heap sampling ‖ ~**papier** n (Web) / ruled o. squared paper ‖ ~**presse** f (Web) / pattern presser ‖ ~**presser** m, Preßrad n (Web) / tuck presser [wheel] ‖ ~**problemstellung** f (DV) / sample problem statement ‖ ~**rad** n (Textil) / pattern wheel ‖ ~**rapport** m (Färb) / pattern repeat ‖ ~**-Reduzierung** f / sample reduction ‖ ~**-Rundstrickmaschine** f **mit Einschließ-Platinen** / design sinker top knitting machine ‖ ~**schläger**, -locher m (Jacquard) / card cutter ‖ ~**schutz** m / protection of effects o. designs, copyright in effects o. designs ‖ ~**stück**, Vorbild n / specimen o. piece to be copied ‖ ~**trommel** f (Textil) / pattern drum

Musterung f **aus der Kette** (Textil) / pattern produced by the warp ‖ ~ **mit mehreren Kettfäden** / extra warp figuring ‖ **andersfarbige aufplattierte (o. verstärkte)** ~ (Strumpf) / shadow clock

Muster·-Vorbereitung f / sample preparation ‖ ~**walze** f / engraved brass cylinder ‖ ~**weberei** f / pattern weaving ‖ ~**webstuhl** m (Textil) / pattern loom, loom for sample weaving ‖ ~**wechsel** m (Web) / pattern changing ‖ ~**werkstätte** f (Masch) / model shop (US) ‖ ~**zeichenmaschine**, Kartenlochmaschine f (Textil) / reading and stamping machine, reading and cutting machine ‖ ~**zeichner**, -entwerfer m -konstrukteur m

(Web) / textile pattern designer ‖ ~**zeichner** m (gedr.Schaltg) / pattern generator ‖ ~**zittern** n (DV) / pattern jitter

Mutante f (Biol) / mutant n, morph, sport

Muta-Rotation f (Chem) / mutarotation, birotation, multirotation

Mutation f / mutation ‖ ~ **verursachend** / mutant adj

muten, Mutung einlegen (Bergb) / apply for a concession, claim

Muter, Antragsteller m (Bergb) / claimant, claim holder

mutieren / mutate

mutmaßliche Reserve (Öl) / probable reserve

Mutmaßlichkeit, größte ~ / maximum likelihood

Mutter f, Schraubenmutter f / [screw] nut ‖ ~ (Essig) / mother, mycoderma aceti ‖ ~... (Elektronik, Kompass) / master... ‖ ~ **mit Bund** / flanged o. collar nut ‖ ~ **mit Klemmteil** / prevailing torque type nut ‖ ~ **niedrige Form** / thin nut ‖ ~**band** n (Magn.Bd) / master copy o. tape ‖ ~**blech** n (Raffinerie) / starting sheet ‖ ~**boden** m (Landw) / foundation, native soil, surface o. top soil ‖ **den** ~**boden entfernen** / clear of surface soil ‖ ~**bodenkippe** f / topsoil stockpile ‖ ~**frequenz** f / master frequency ‖ ~**gesellschaft** f / parent company ‖ ~**gestein** n (Geol) / parent rock ‖ ~**gestein** n, Gangart f (Bergb) / matrix, gangue ‖ ~**gewinde** n / internal screw thread, female thread, nut thread ‖ ~**gewinde-Kerndurchmesser** m / minor diameter of nut threads ‖ ~**kern** m, -nuklid n (Nukl) / precursor, nuclear parent ‖ ~**kern** m **verzögerter Neutronen** (Nukl) / delayed neutron precursor ‖ ~**kompaß** m / master gyro[compass] ‖ ~**korn**, Secale cornutum (Befall mit Claviceps purpurea) n, Brand m (Landw) / ergot, spur (US) ‖ ~**kornpilz** m, Claviceps purpurea / ergot fungus ‖ ~**kreis**, Originalkreis m (Teilmasch) / prime sector ‖ ~**kristall** m / mother crystal ‖ ~**lauge** f (Chem) / mother liquor ‖ ~**metall** n, -werkstoff m (Schweiß) / base o. parent metal ‖ ~**mischung** f, konzentriertes Vorgemisch (Chem) / master-batch ‖ ~**modell** n, Urmodell n (Gieß) / master pattern, premaster

Muttern·abkantmaschine f / nut bevelling machine ‖ ~**anziehmaschine** f, -festziehgerät n / nut runner o. setter, nut driver ‖ ~**fräser** m / nut shaver ‖ ~**fräsmaschine** f / nut-milling machine, polygon machine ‖ ~**gewindebohrer** m / nut tap ‖ ~**gewindebohrmaschine** f / nut tapper ‖ ~**gewinde[schneid]automat** m / automatic nut tapper ‖ ~**halter** m / nut holder ‖ ~**presse** f / nut press ‖ ~**schlüssel** m / spanner (GB), wrench (US) ‖ ~**senkautomat** m / automatic nut bevelling machine ‖ ~**sicherung** f / nut locking device o. lock ‖ ~**sicherung** f **durch Selbstsicherung** / locking of the nut ‖ ~**stahl** m / steel for manufacturing nuts ‖ ~**teil- und -fräsapparat** m / nut dividing and shaping apparatus

Mutternuklid n, -kern m (Nukl) / precursor, nuclear parent

Muttern·zange f / nut plier

Mutter·pause f (Buch) / master print ‖ ~**platte** f (Phono) / master o. mother record, metal positive ‖ ~**raster** m (Buch) / master screen ‖ ~**reihe** f (Walzw) / original section ‖ ~**saft**, -sirup m (erster Ablauf) (Zuck) / first molasses pl, mother syrup ‖ ~**schiff** n / mother ship ‖ ~**schloß** n (Dreh) / split nut, half nuts pl ‖ ~**schloßbacke** f, Leitspindelmutterbacke f (Dreh) / half nut of the leadscrew ‖ ~**schraube** f / bolt with nut, stove bolt (US) ‖ ~**schutz** m / protection of mothers-to-be and of nursing mothers ‖ ~**sender** m (Elektronik) / master station o. sender, master transmitter ‖ ~**sicherung** f s. Muttersicherung ‖ ~**sole**, -lauge f (Salz) / bittern, motherlye ‖ ~**stoff** m, -substanz f (Chem) / parent o. mother substance ‖ ~**uhr** f (Elektr) / master o. driving clock ‖ ~**werkstoff** m (von plattiertem Metall) / core alloy ‖ ~**wolle** f / ewe's wool

Mutung f (Bergb) / application for patent of a mining claim

Mutungs·… (Bergb) / fiducial ‖ **˗bereich** *m* / claim area, concession area ‖ **˗riß** *m*, -karte *f* / concession plan

Mütze *f*, Kappe *f* / cap (with visor; without brim), peaked cap ‖ **˗**, Kappe *f* / peaked cap

Mützen·lampe *f* (allg) / cap lamp ‖ **˗schirm**, Schirm *m* / [cap] peak, visor

MUX, Multiplexer *m* / multiplexer, -plexor

MW (Elektr) = Megawatt ‖ **˗** (Elektronik) = Mittelwellenbereich ‖ **˗** (Hydr) = Mittelwasserstand

MWG = Massenwirkungsgesetz

MWK = metallwhisker-verstärkter Kunststoff

MWM-Motorenöl-Test *m* / MWM motor oil test

mWS = Meter Wassersäule

Myko·bakterien *f pl* / mycobacteria *pl* ‖ **˗logie** *f*, Pilzkunde *f* / mycology ‖ **˗toxin** *n* (Lebensm.konserv) / mycotoxin

Mylar *n* (Plast) / mylar ‖ **˗folie** *f* / mylar film

Mylonit *m*, Knet-, Mahlgestein *n* / mylonite

Myon, (früher:) *μ*-Meson *n* (ein Lepton) / muon ‖ **˗atom** *n* / muonic atom

Myonenchemie *f* / muon chemistry

Myonion *n*, Myonen-Ion *n* / muonic ion

myonisch, (früher:) *μ*-mesisch / muonic, myonic

Myonium *n* / myonium, muonium

Myricin *n* (Chem) / myricin, myricil palmitate

Myricylalkohol *m* / melissyl o. myricyl alcohol

Myristinsäure *f* / myristic acid

Myrrhenharz *n* / gum resin Myrrh

Myrtenwachs *n* / Bayberry wax

Myxobakterien, Schleimbakterien *m pl* / mixobacteria, -bacteriales *pl*

Myxomyzeten *pl*, Schleimpilze *m pl* / myxomycetes *pl*, mycetozoa *pl*

Myzel[ium] *n* / mycelium

M-Zahn, Stockzahn *m* (Säge) / M-tooth

MZFR = Mehrzweck-Forschungs-Reaktor

MZK = maximal zulässige Konzentration

N

n, Nano…(10^9) / n, nanoo

n:1… (z. B. Zähleruntersetzung) / count-by-n

n geordnete Elemente *n pl* (DV) / n-tuple

NAA = Neutronen-Aktivierungs-Analyse

Nabe *f* (Rad) / [wheel] hub, center of a wheel ‖ **˗** (Gebläse) / root of a blower

Nabel *m*, Knopf *m* (Glasbläserpfeife) / nose of the blowpipe ‖ **˗eisen** *n* (Glas) / spinning rod, punty, pontil, sticking-up iron (US) ‖ **˗förmig** / umbilicate[d] ‖ **˗punkt** *m* (Math) / umbilic[al point] ‖ **˗scherben** *m*, Heftglas *n*, (Gemenge) (Glas) / moil ‖ **˗schnurstecker** *m* (Raumf) / ground supply plug ‖ **˗-Steckverbinder** *m* (Elektr) / umbilical connector

Naben·abzieher *m* / hub puller ‖ **˗aufweiteprobe** *f* / hub-widening test ‖ **˗bremse** *f* / hub brake ‖ **˗büchse** *f* / hub bush ‖ **˗deckel** *m*, -kappe *f* (Kfz) / wheel boss cap, axle cap, hub cap ‖ **˗flächen ansenken** / spot-face ‖ **˗gehäuse** *n*, -körper *m* (Fahrrad) / hub shell o. barrel o. body ‖ **˗haube** *f*, -kappe *f*, Nabendeckel *m* (Kfz) / wheel boss cap ‖ **˗-Kilometerzähler** *m* / hub odometer (GB) ‖ **˗kranz** *m* / rim of the center ‖ **˗motor** *m* / motor in the wheelhub ‖ **˗nut-Räumwerkzeug** *n* / internal keyseating broach ‖ **˗platte** *f* / hub plate ‖ **˗reifen** *m* (Kfz) / hub tire ‖ **˗senker** *m* (Wzm) / spotting drill ‖ **˗sitz** *m* / wheel fit ‖ **˗wirbel** *m* (Luftf) / eddy

produced by the propéller boss ‖ **˗wulst** *m* *f* (Luftf, Propeller) / boss

Nabla-Operator *m* (Math) / nabla [operator], del

NACA-Haube *f*, Ringkühler *m* / NACA o. ring cowling

NACA-Profil *n* (Luftf) / NACA profile (= National Advisory Committee for Aeronautics)

nach, hinter, Nach… / after ‖ **˗**, in Richtung auf / to[wards], for ‖ **˗**, entsprechend / according [to], in conformity [with], after ‖ **˗…** (z.B. nachbehandeln) / later on, subsequently ‖ **˗ und nach**, allmählich / by degrees ‖ **˗ und nach**, allmählich, schrittweise / little by little ‖ **dy ˗ dx** (Diff.Rechnung) (Math) / dy by dx ‖ **˗ahmen**, -machen / imitate, counterfeit ‖ **˗ahmend**, mimetisch / mimetic ‖ **˗ahmung** *f*, Fälschung, Imitation *f* / copy, mock, imitation, counterfeit ‖ **˗ahmung**, Simulierung *f* / simulation ‖ **˗appretur** *f* (Textil) / afterfinish, additional o. final finish ‖ **˗arbeit** *f* / subsequent machining o. treatment o. work ‖ **˗arbeit** *f* (Bau) / overhauling of the work ‖ **˗arbeit**, -bearbeitung zur Oberflächenverbesserung *f* (Masch) / fashioning, [re]finishing operation, dressing, retouching work ‖ **˗arbeiten** / refinish, finish o. touch up, rework ‖ **˗arbeitsteil** *n* / reworkable piece ‖ **˗austastung** *f* (TV) / final blanking, post-blanking ‖ **˗avivage** *f* (Seide) / after-scrooping, final brightening ‖ **˗avivieren** (Färb) / aftersoften

Nachbar·…, benachbart / neighbouring ‖ **˗…**, angrenzend (Math) / adjacent, limitrophe ‖ **˗bildfalle** *f* (TV) / [adjacent] picture carrier trap ‖ **˗bildträger** *m* (TV) / adjacent picture carrier o. vision carrier ‖ **˗gleis** *n* / neighbouring o. adjacent track ‖ **˗kanal** *m* (Elektronik) / flanking channel, off-channel ‖ **˗kanalstörung** *f* (Fernm, TV) / adjacent channel interference o. splash ‖ **˗kanalstörung** *f*, Seitenbandstörung *f* (Fernm, TV) / monkey-chatter ‖ **˗ortsverkehr** *m* (Fernm) / neighbourhood traffic ‖ **˗schaft**, Umgebung *f* (allg, Math) / neighbo[u]rhood ‖ **˗schaftseffekt** *m* (Elektr) / proximity effect ‖ **˗schicht** *f*, benachbarte Schicht / neighbo[u]ring layer o. stratum ‖ **˗spur** *f* (Phono) / adjacent track ‖ **˗tonfalle** *f* (TV) / adjacent sound channel rejector ‖ **˗tonträger** *m* (TV) / adjacent sound carrier ‖ **˗[träger]welle** *f* **für Bild** (TV) / adjacent picture carrier ‖ **˗[träger]welle** *f* **für Ton** / adjacent sound carrier ‖ **˗-Vierernebensprechkopplung** *f* (Fernm) / side-to-side crosstalk coupling ‖ **˗wirkung** *f* (Insektizid) / adjacent effect

nach·bauen, kopieren / copy ‖ **˗bauen**, imitieren / imitate ‖ **˗bauerlaubnis** *f* / manufacturing permit ‖ **˗bauprüfung** *f* / duplicate test ‖ **˗bearbeitungs-Drehbank** *f* / finishing lathe ‖ **˗beben** *n* (Seismik) / aftershock ‖ **˗beeisung** *f* (Bahn) / re-icing ‖ **˗behandlung** *f* / aftertreatment, subsequent o. secondary treatment ‖ **˗behandlung** *f* (Beton) / curing ‖ **˗behandlung** *f* **von Daten** / postprocessing ‖ **˗behandlung von Fehlchargen**, Rework *n* (Nukl) / rework ‖ **˗behandlungsgerät** *n* **für verzinnte Leiterplatten** (IC) / solder levelling and footing machine ‖ **˗beizen** (Färb) / sadden ‖ **˗berechnung** *f* / checking up ‖ **˗beschleuniger** *m* (Kath.Str.) / post-deflection accelerator ‖ **˗beschleunigung** *f* / post-acceleration ‖ **˗beschleunigungselektrode** *f* / intensifier electrode ‖ **˗beschleunigungsspannung** *f* / accelerating potential o. voltage ‖ **˗bessern**, überholen / touch up, retouch ‖ **˗bessern** (Bau) / overhaul the work ‖ **˗bestellen** / reorder ‖ **˗bestellung** *f* / repeat [-order] ‖ **˗bestrahlung** *f* / post-irradiation ‖ **˗beulverhalten** *n* (Bau) / postbuckling behaviour ‖ **˗bild** *n* (Opt) / afterimage, incidental image ‖ **˗bild** *n* (Kath.Str) / afterimage, paste sticking ‖ **komplementäres ˗bild** *n* (Opt) / complementary afterimage ‖ **˗bilden**, kopieren / copy ‖ **˗bilden**, imitieren / imitate ‖ **˗bildner**, Simulator *m* (DIN) / simulator ‖ **˗bildprüfer** *m* (Fernm) / balancing network tester ‖ **˗bildung** *f* / imitation ‖

⤙**bildung** f (Fernm) / balancing ‖ ⤙**bildung** f (Netz) (Elektr) / balance network ‖ ⤙**bildung** f, Simulation f (DV, Fernm, allg) / simulation ‖ ⤙**bildungsgestell** n (Fernm) / balancing network rack ‖ ⤙**bildungsgüte** f (Fernm) / quality of balance ‖ ⤙**bildungsverfahren** n (Fernm) / method of balancing ‖ ⤦**blasen** v ‖ ⤙**blasen** n (Hütt) / afterblow ‖ ⤦**bläuen** vi (Färb) / turn bluish ‖ ⤦**bleichen** vt (Textil) / afterbleach ‖ ⤦**bohren**, aufweiten / bore again o. up, rebore ‖ ⤦**bohren**, fertigbohren / finish-bore ‖ ⤙**bohrer** m (Masch) / finish borer ‖ ⤙**bohrer**, Nachnahmebohrer m (Öl) / underreamer ‖ ⤙**bohrloch** n (Öl) / offsetting well ‖ ⤙**brechen** n des Deckgebirges (Bergb) / breaking-down of the rocks ‖ ⤙**brecher** m / second crusher ‖ ⤙**brennen** n (Brenner) / reheat n (GB), afterburning (US) ‖ ⤙**brennen** n (Glühlampe, Zündholz) / afterglow ‖ ⤙**brennen** n mit Flamme / afterflame ‖ ⤙**brenner** m (für Zusatzschub) (Luftf) / [exhaust] reheater (GB), afterburner (US) ‖ ⤙**büchsen** n der Lager / rebushing ‖ ⤦**chlorieren** (PVC) / [post]chlorinate ‖ ⤦**chloriertes Polyethylen** / chlorinated polyethylene ‖ ⤦**chloriertes Polyvinylchlorid**, PC / [post]chlorinated PVC ‖ **nicht** ⤦**chloriertes Polyvinylchlorid**, PCU / not postchlorinated PVC ⤙**chromieren** n (Textil) / top chroming, afterchroming ‖ ⤙**codierung** f / subsequent encoding ‖ ⤙**decken** (Färb) / fill up, cross-dye

nachdem, je ~ / as relevant

Nach·destillationsapparat m / secondary still ‖ ⤙**dieseln** n (Mot) / dieseling, running-on ‖ ⤙**draht** m (Spinn) / head twisting ‖ ⤙**drehbank** f, -drehmaschine f (Wzm) / second-operation lathe [model] ‖ ⤦**drehen** (Dreh) / take the finishing cut ‖ ⤦**drehen**, überdrehen (Dreh) / turn diameter v ‖ ⤦**drehen**, auftreiben (Zwirn) / body up v ‖ ⤙**drehschleuder** f (Zuck) / afterworker ‖ ⤙**drehung** f (Zwirn) / additional twist, extra twist ‖ ⤙**druck** m (Plast) /. dwell pressure, pressure dwell ‖ ⤙**druck** m (Buch) / reprint, reimpression ‖ ⤙**druck** m, Separatabdruck m (Buch) / off-print ‖ **illegaler** ⤙**druck** (Buch) / piracy, piratic edition ‖ ⤦**drucken** / reprint ‖ ⤦**dunkeln** vi / darken, turn dark vi, sadden vi ‖ ⤦**dunkeln** vt (Färb) / darken, deepen vt ‖ ⤙**dunklung** f (Pap) / brightness reversion ‖ ⤦**eichen** / recalibrate ‖ ⤙**eichung** f / subsequent verification, recalibration ‖ ⤦**eilen** / run behind ‖ ⤦**eilen** (Elektr) / lag ‖ **in Phase** ⤦**eilen** / lag in phase ‖ ⤦**eilend** / retarded ‖ ⤦**eilend** (Elektr) / inductive, lagging ‖ ⤦**eilende Verschiebung**, Nacheilung f (des Feldes) (Elektr) / lag (of the field) ‖ ⤦**eilende Wicklung** (Spinn) / afterwind ‖ ⤙**eilung** f (Walzen) (Elektr) / backward slip, peripheral recession ‖ ⤙**eilung** f (Walzw) / backward slip, peripheral recession, lagging ‖ ⤙**eilwinkel** m / angle of lag ‖ ⤦**einander** / successive, subsequent ‖ ⤦**einander abtasten** / sample sequentially ‖ ⤦**einander aufrufbar** (DV) / serially reusable ‖ ⤙**einanderfolge** f / succession ‖ ⤙**entflammung** f / post-ignition ‖ ⤦**entwickeln** / redevelop ‖ ⤙**entwickeln** n (Phot) / redevelopping ‖ ⤙**entzerrung** f (TV) / de-emphasis ‖ ⤙**erwärmen** n (Hütt) / reheating ‖ ⤦**fallendes Gut** (Bergb) / caving material, following [dirt], detritus in a bore hole, fall in bore holes ‖ ⤙**färben** n (Textil) / cobbling, cross dyeing, topping ‖ ⤙**faulbecken** n (Abwasser) / secondary digestion tank ‖ ⤙**federung** f / elastic hysteresis ‖ ⤦**feilen** / retouch by filing ‖ ⤙**filter** n / afterfilter ‖ ⤙**fixieren** n (nach dem Färben) (Strumpf) / postboarding ‖ ⤙**flammen** n (Dieselmotor) / afterignition ‖ ⤦**fließen** / continue flowing ‖ ⤙**flockzone** f (Beflockung) / reflocking zone ‖ ⤦**flotieren** (Bergb) / refloat vt ‖ ⤙**fluß**, Mitfluß m (Messen) / second reflection ‖ ⤦**fluten** (Öl) / afterflood vi ‖ ⤦**folgen** / succeed ‖ ⤦**folgend**, folgend / consequent ‖ ⤦**folgend** (z.B. Stufe), nachgeschaltet / later, succeeding ‖ ⤙**folger** m (Math) / successor ‖ ⤙**folge-Satellit** m / trailer satellite ‖ ⤙**formabrichtgerät** n (Wzm) / copy-dressing attachment ‖ ⤙**formarbeit** f (Wzm) / copying job o. work ‖

⤙**formdrehmaschine** f / copying o. contour lathe ‖ ⤦**formen**, kopieren (Wzm) / copy ‖ ⤙**formen** n (Kunstharz) / postforming ‖ ⤙**formfräsen** n, Kopierfräsen n / copy-milling ‖ ⤙**formfräsmaschine** f / copy milling machine, profile milling machine, profiler ‖ ⤦**formieren** (Diode) / reform vt ‖ ⤙**formieren** n (Elektronik, Gleichrichter) / reforming ‖ ⤙**formschleifen** n / copy-grinding ‖ ⤙**formschleifmaschine** f / copy grinding machine ‖ ⤙**formsteuerung** f (NC) / tracer control ‖ ⤙**formung** f (Arbeitsgang) (Plast) / postforming ‖ ⤙**formvorrichtung** f (Wzm) / copying attachment ‖ ⤙**fräser** m / finishing milling cutter ‖ ⤙**führautomatik** f / automatic guidance system ‖ ⤙**führeinrichtung** f (Raumf) / tracker ‖ ⤦**führen**, [die Kamera] schwenken (TV, Film) / pan ‖ ⤙**führgerät** n, NFG / tracking device ‖ ⤙**führung** f, -lauf m / follow-up ‖ ⤙**führung** f, Auswertung f. (Photogrammetrie) / plotting ‖ ⤙**führung** f durch einen Bediener (Roboter) / direct teaching ‖ ⤙**führungsoszillator** m / lockable oscillator ‖ ⤙**führungssystem** n (Radar) / follow-up system ‖ ⤙**führungssystem** n (solar) / sun tracker system, heliotropic orientation device ‖ ⤦**füllbar** / refillable ‖ ⤦**füllen**, aufschütten / feed ‖ ⤦**füllen**, auffüllen / fill up v, refill ‖ ⤦**füllen** (Bremsflüssigkeit) (Kfz) / charge o. refill the brake ‖ ⤦**füllen** (z.B. Wasser, Benzin) (Kfz) / top up ‖ ⤙**füllen** n / topping-up ‖ **die Batterie** ⤦**füllen** / top up the battery ‖ ⤙**füll-lösung** f (Repro) / replenisher ‖ ⤙**füllung** f / refill ‖ ⤙**füllung** f, Zuguß m (Chem) / adding of liquid, affusion ‖ ⤦**gären** / undergo afterfermentation ‖ ⤙**gärung** f / secondary fermentation, afterfermentation ‖ ⤙**gärung** f in Flaschen o. Fässern / conditioning ‖ ⤙**gärungshefe** f / secondary yeast ‖ ⤦**gasen** (Akku) / continue gassing ‖ ⤙**gasen** n / aftergeneration of gas

nachgeahmt, Schein... (Bau) / dummy, feigned, mock ‖ ⤦**e Backsteinarchitektur** / counterfeit brickwork

nach·geben, sacken / give way, sink, subside ‖ ⤦**geben**, herunterhängen / droop ‖ ⤙**geben** n (elastisch) / give ‖ **seitliches** ⤦**geben** (o. Ausweichen) / lateral yielding ‖ **[einem Druck]** ⤦**geben**, ausweichen / yield, give way ‖ ⤦**gebend** / yielding ‖ ⤦**gebend**, dehnbar / expandable ‖ ⤦**geformtes Profil aus Schichtpreßstoff** / postformed laminated section ‖ ⤦**gehen**, zu langsam gehen (Uhr) (Uhr) / lose, be slow, be o. go too slow, retard ‖ **der Ursache** ⤦**gehen** / investigate the cause ‖ ⤦**gehend** (Uhr) / slow ‖ ⤦**gemacht**, -geahmt / imitated, artificial ‖ ⤦**gemacht**, unecht / bogus, phon[e]y, sham, spurious ‖ ⤦**gemacht**, gefälscht / imitated, counterfeit ‖ ⤦**gemacht**, künstlich / man-made ‖ ⤦**gemacht**, künstlich dargestellt / false, imitated, bogus ‖ ⤙**gerbstoff** m / retanning material ‖ ⤙**gerbung** f (Gerb) / retanning ‖ ⤦**geschaltet** / downstream, topped by something else ‖ ⤦**geschaltetes Getriebe** / secondary transmission ‖ ⤦**gestanzt** / restamped ‖ ⤦**gewiesene Reserven** f pl / proved reserves

nachgiebig (allg) / non-positive ‖ ~ (allg, Plast) / non-rigid ‖ ~, geschmeidig / plastic, ductile ‖ ~, elastisch / elastic ‖ ~, flexibel / flexible

Nachgiebigkeit f, Federung f / compliance of a spring ‖ ~, Elastizität, Geschmeidigkeit f / elasticity, flexibility, limberness, resilience ‖ ⤙ (Kehrwert der Steifigkeit) / flexibility ‖ ⤙, Zusammendrückung f unter Belastung / compression under load ‖ ⤙ **des Gleises in der Längsrichtung** (Bahn) / resilience of the line ‖ ⤙ **des Schotterbetts** (Bahn) / resilience of the ballast

nach·gießen, pour again, pour for the second time ‖ ⤦**gießen**, -füllen / refill, replenish ‖ ⤦**gießen**, speisen (Gieß) / feed vt ‖ ⤙**gießen** n im Speiser (Gieß) / hot topping ‖ ⤦**gilben** / undergo subsequent yellowing ‖ ⤦**gleichen** (Meßbrücke) / rebalance ‖ ⤙**glimmen** n / afterglow ‖ ⤦**glühen** vt, anlassen (Hütt) / reanneal ‖ ⤙**glühen** n (Zündhölzer, Glühlampe) / afterglow ‖ ⤦**gravieren**, -setzen (Gesenk) / resink a die ‖ ⤙**greifsicherung** f (Presse) / hand o. finger guard ‖ ⤙**guß**

m, Abguß m / cast taken from another, second cast, copy || ⌐guß m (Brau) / second wort, aftermash, sparge arms liquor || ⌐hall m, diffuser Schall / reverberant sound || ⌐hall m (von Räumen), Nachhallen n / reverberation || ⌐halleinrichtung f / artificial echo unit || ~hallen (Schall) / reverberate || ⌐hallen n, -hall m (Schall) / reverberation, repercussion || ~hallend / repercussive, reverberating || ~hallfrei / reverberation-free || ~hallfrei, schalltot / anecoic, dead || ⌐hall-Meßgerät n / reverberation time meter || ⌐hallraum m / reverberation room || ⌐hallzeit f (auf über 60 dB Dämpfung) (Akustik) / reverberation time o. period || ~haltig, haftend (Geruch) / lasting, enduring || ~hämmern / hammer over || ~hängen / run late, lag v || ⌐hängen n, Verzögerung f / lag || ⌐härten, Tempern n (Plast) / post-cure, afterbake, stoving, aftercuring || ~härten (Kunstharz) / afterbake vt, aftercure || ⌐hecheln n (Hanf) / resorting || ~heizen bei abgestellter Energiequelle (z.B. Heizplatte) / coasting of temperature || ~helfen / boost || ~hinken / lag behind || ⌐hinken n der Drehzahl bei Öffnung der Drosselklappe (Mot) / hunting || ⌐holbedarf m / pent-up demand (US) || ⌐holzeit f (Radar) / reestablishing time || ⌐hydrolyse f / posthydrolysis || ⌐impuls m (Elektronik) / afterpulse || ~inkrementieren (DV) / post-increment || ~kalibrieren / recalibrate || ⌐kalkulation f / post-calculation || ⌐kalkulation, Abrechnung f / accounting, following-up, historical costing || ⌐kämmen n (Spinn) / (cotton:) double combing, (worsted top:) re-combing || ⌐kampagne f (Zuck) / off-season, dead season || ⌐klärbecken n (Abwasser) / final humus o. sedimentation tank, secondary settler || ⌐klassiersieb n (Kohle) / nut sizing screen || ⌐klassierung f (Bergb) / sizing || ⌐klassierung f (Bergb) / resizing || ⌐kleben n des Lackes / aftertack || ⌐klingen n (nach Wegfall der Anregung) / hum note || ~klingend, widerhallend / resonant, lingering-on || ⌐knäppern / secondary blasting || ~kochen vi / boil again, continue boiling || ⌐kochen, -gasen (Akku) / continue gassing || ⌐kondensator m / aftercondenser || ⌐kristallisation f / aftercrystallization || ⌐kühler m / additional cooler, aftercooler, recooler || ⌐kühlpumpe f (Reaktor) / residual heat removal o. RHR pump || ⌐kupferungsfarbstoff m / aftercoppering dye || ~laden (Elektr) / recharge || ~laden (DV) / reload || ständiges ⌐laden (Akku) / trickle charge || ⌐ladung f (Akku) / additional o. second charge, recharging || ⌐ladung f (Mot) / additional scavenging air, boost

nachlassen vt, Lose geben / ease away o. down o. off a rope || ~ (Chem) / expand || ~ vi, sich lockern, locker werden / slacken vi, become slack || ~, schwächer werden / abate, taper off || ~, aufhören / cease || ~, schlaff werden / give [off], slacken || ~, sich lockern, locker werden / [be]come loose, loosen vi || ~, sich entspannen, erschlaffen / relax, relieve || ⌐ n / abatement, decrease || ~, Aussetzen n / intermission, -mittence, -mittency || ⌐ (Farbe) / fading || ⌐ der Leistung (Elektronik) / derating || ⌐ der Leuchtstärke / fading || ⌐ der Spannung (Gummi) / relaxation, release of tension || ⌐ der Wirksamkeit / fading || ⌐ des Glanzes / fading, loosing brilliance || ⌐ bei 180^0 C ~ / draw to 350^0F || ⌐ bei Anlauftemperatur ~ (Stahl) / blueanneal || ⌐ ein Tau o. Seil o. Kabel ~ / pay out a cable || [vorübergehendes] ⌐ / remission

Nachlauf m (Masch) / after-running || ⌐ (Zuck) / drips pl || ⌐ (Destillation) / heavy ends o. tails pl, tails pl, last runnings pl || ⌐ (Maß) (Kfz, Luftf) / castor length || ⌐ (der Betrag) (Kfz) / axle pin rake || ⌐, Pendeln n / hunting || ⌐, Zielfolge f / follow-up, tracking || ⌐ (Heizung) / return water || ⌐ (Chem) / last o. second runnings pl || ⌐, Wirbelstrom m (Raumf, Hydr) / wake || ⌐, Selbstregelung f (DV) / hunting || ⌐, Nachlaufstreifen m (Film) / protective trailer, run-out, tail-leader || ⌐ (Lochstreifen) / trailer || ⌐ der

Vorderräder (Kfz) / castor o. caster (US) of the front wheels, trailing effect o. action || naher ⌐ (Raumf) / near wake || ⌐achse f (Kfz) / trailing axle
nachlaufen, -eilen / lose, be slow || ~, auslaufen / coast
nachlaufender Netzstrom / follow-on current
Nachläufer m (Bahn) / damaged end runner || ⌐ (DV) / trailer document || ⌐ des Langholzwagens / rear bank o. bed
Nachlauf·filter n (Elektronik, Verm) / tracking filter || ⌐flotte f (Färb) / feeding liquor || ⌐gerät n / lagging device || ⌐-Krümelwalze f / roller tiller for attachment to plows || ⌐programm n, Postprozessor m (DV) / postprocessor || ⌐rechen m (Luftf) / pitot comb || ⌐regelkreis m (Regeln) / null seeking circuit || ⌐regler m / servo governor (GB) o. controller (US) || ⌐regler m mit Sättigung / saturating servo-mechanism || ⌐-Schaltung f (Radar) / tracking circuit || ⌐steuerung, -regelung f / follow-up o. follower control || ⌐störsender m (Mil) / frequency seeking interference unit || ⌐weg m (Masch) / slowing-down path || ⌐winkel m (Kfz) / steering error angle
nach·legen (Formulare o. Papiere) (Bürom) / replenish forms || Feuerung ~legen / put on || ⌐leistung f (Nukl) / after-power || ⌐leuchtdauer f (TV) / time of persistence || ⌐leuchteffekt m / phosphorescence effect || ⌐leuchten n (Kernenergie) / luminescence || ⌐leuchten n, -glühen n (Plasma) / afterglow || ⌐leuchten n (Elektr) / luminescence || ⌐leuchten n (TV) / persistence, afterglow, tailing, hangover || ~leuchtend, phosphorogen || ~leuchtend (Leuchtschirm) / persistent || ⌐leuchtschirm m (Kath.Str) / long persistence screen || ⌐leuchtschleppe f, Impulsschwanz m (Radar) / pulse stretching, trail, tail || ~liefern / supply o. deliver subsequently || ~liefern, nachblasen, -drücken (Elektronik) / dispense emission substance || ⌐lieferung f von Emissionssubstanz (Elektronik) / dispensation of emission substance || ⌐linksschweißen n / lefthand o. leftward o. forehand o. foreward welding || ⌐listung f (nach der Umwandlung) (DV) / postassembly listing || ~löten / resolder || ~machen, kopieren / copy || ~machen, -ahmen / imitate, counterfeit || ⌐mehl n, Futtermehl n, Bollmehl n / middlings pl, second flour || ~messen / verify, measure [again] || ⌐messen n / dimensional check || ⌐mittagsschicht f (Bergb) / back shift || ⌐nahmebohrer, Nachbohrer m (Öl) / underreamer || die Sohle ~nehmen (Bergb, Tunnel) / dint || ⌐nehmen n des Fahrseils (Öl) / slipping practice || ⌐nehmer, Bohrlochräumer m (Bergb) / reamer || ⌐normalisierung f (DV) / postnormalization || ⌐öl n / refuse o. rough oil || ⌐operationen f pl (Filmaufnahme) / postproduction || ⌐optimierung f (DV) / postoptimization || ⌐oxidation f / postoxidation || ~polieren / redress the surface || ⌐polieren n / second polish[ing] || ⌐polieren n auf der Schwabbelscheibe (Galv) / colouring || ⌐preßautomat m (Sintern) / automatic press for repressing || ⌐preßautomat m (Sintern) / automatic post press || ⌐presse f (Zuck) / additional press || ~pressen / repress, press again || ~pressen, nachverdichten / re-press || ⌐pressen n (Sintern) / repressing || ⌐preßsaft m (Zuck) / juice from the last mill || ⌐preßsaftpumpe f (Zuck) / maceration pump || ⌐preßzustand m (Sintern) / repressed condition || ⌐produkt n / afterproduct, second product || ⌐produkt n (Chem) / low product || ⌐produkt, 3. Produkt n (Zuck) / third jet, afterproduct || ⌐produktfüllmasse f (Zuck) / lowgrade massecuite || ⌐produktsud m (Zuck) / lowgrade strike || ~prüfen / recheck, test again || ~prüfen, feststellen / ascertain, make sure, verify || ~prüfen, -rechnen / check, verify || ⌐prüfung f / verification, check || ~raffinieren feinen (Stahl) / refine subsequently || ⌐räumer m (Bergb) / underreamer || ⌐reaktion f / secondary reaction || ~rechnen / examine, check up
nachrechnen, durchrechnen / go over

Nach·rechtsschweißen *n* / righthand o. rightward o. backhand o. backward welding ‖ **~reduziert** (Sinterpulver) / reduced ‖ **~regeln**, -regulieren / readjust ‖ **~regulierung** *f* / readjustment ‖ **~reibahle** *f* / finishing reamer ‖ **~reiben** (Masch) / reream ‖ **~reifen** / ripen subsequently ‖ **~reinigung** *f* / afterpurification ‖ **~reißberge** *m pl* (Bergb) / brushed-down deads *pl* ‖ **~reißen** (Bergb) / brush down ‖ **~reißer** *m*, Nachreißbauer *m* (Bergb) / brusher, [back]ripper
Nachricht *f*, Information *f* / information ‖ **~**, Meldung *f* / message, notice ‖ **~**, Neuigkeit *f* / news ‖ **~en** *f pl* (Radio) / news cast ‖ **~ an alle** (Fernm) / one-way information message ‖ **~ für Luftfahrer** (Luftf) / NOTAM (notice for airmen)
Nachrichtanlage *f* (Masch) / redressing o. straightening installation
nachrichten / redress ‖ **~** (Walzw) / straighten ‖ **~**, nachstellen / adjust, readjust, reset ‖ **~**, wiederausrichten / realign ‖ **[ein Gesenkschmiedestück] ~** (Schm) / restrike
Nachrichten·anlage *f* (Fernm) / signalling equipment ‖ **~aufbereitung** *f* (DV) / message editing ‖ **~austausch** *m* (DV) / message exchange ‖ **~band** *n* (Fernm) / communication channel ‖ **~bandbreite** *f* (Elektronik) / intelligence bandwidth ‖ **~beginn** *m* / start of message, SOM ‖ **~dienst** *m* (Funk) / news service ‖ **~eingabe-,[Ausgabe]deskriptor** *m* / message input, [output] descriptor ‖ **~-Elektronik** *f* / communication electronics, C.E. ‖ **~-Ende** *n* (Fernm) / ending ‖ **~fluß** *m* / information flow ‖ **~format** *n* (DV) / message format ‖ **~gehalt** *m* (Inform. Theorie) / intelligence ‖ **~gerät** *n* / communication equipment o. facility ‖ **erster ~impuls** (nach dem Vorimpuls) (Fernm) / suffix ‖ **~inhalt** *m* / message contents *pl* ‖ **~kanal** *m* (Fernm) / communication channel ‖ **~menge** *f*, -raum *m* (Kybernetik) / message o. sample space ‖ **~netz** *n* / communication network ‖ **~protokoll** *n* (DV) / message log ‖ **~quelle** *f* / information source, message source ‖ **~reduktion** *f* / data compression ‖ **~satellit** *m* / [tele]communication satellite ‖ **~satellit in mittlerer Höhe** / MACSS, medium altitude communication satellite system ‖ **~sendung** *f* / news broadcast o. program o. bulletin, news cast ‖ **~senke** *f* (DIN 40146) / message designation, signal designation ‖ **~sicherungsbereich** *m* (DV) / message retention area ‖ **~sicherungscode** *m* / message security code ‖ **~signal** *n* (Elektronik) / intelligence signal ‖ **~steuerung** *f* (DV) / message scheduling ‖ **~struktur** *f* / information format ‖ **~system** *n* **für bemannte Weltraumstationen** / manned space station communications system, MSSCS ‖ **~technik** *f* / communication engineering, communications *pl*, weak-current engineering, signal engineering (US) ‖ **~techniker**, -ingenieur *m* / communication engineer ‖ **~theorie** *f* / information theory ‖ **~trennzeichen** *n* / IS, information separator ‖ **~übermittlung** *f* / transmission and switching of informations ‖ **~übermittlung** *f* (Fernm) / signalling, signaling (US) ‖ **~übermittlung** *f* **über Meteorschweife** (Fernm) / meteor burst communication ‖ **~übertragung** *f* / transmission of information ‖ **~übertragung** *f* **auf Hochspannungsleitungen** / power line telephony ‖ **~übertragungsteil** *m* / message transfer part, MTP ‖ **~-Unternehmen** *n* / common [communication] carrier ‖ **~verarbeitung** *f* / information processing ‖ **~verarbeitung** *f* (DV) / message handling ‖ **~verbindung** *f* / communication link ‖ **~verbindung** *f* **über Synchronsatelliten** / SYNCOM, synchronous orbit communications ‖ **~vermittlung** *f* (Fernm) / message routing ‖ **~verteilung** *f* (Fernm) / message switching ‖ **~vorsatz** *m* (Fernm) / message header o. preamble ‖ **~-Warteschlange** *f* (DV) / message queue ‖ **~wartezeit** *f* (Fernm) / message waiting time ‖ **~weiche**, -vermittlungsstelle, Speichervermittlung *f* (Fernm) / message switching

center ‖ **~wesen** *n* (Fernm) / communications *pl*, telecommunications engineering
nach·rufen (Fernm) / re-ring ‖ **~rufzeichen** *n* / reringing signal ‖ **~rüsten** / retrofit *v*, backfit ‖ **~rüsten** *n*, -rüstung *f* / retrofitting, backfitting ‖ **~rüstsatz** *m* / retrofit kit ‖ **~rutschen**, -sacken (Gieß) / sink, descend ‖ **~rutschen** *n* (Bergb) / sloughing, settling ‖ **~rutschende Charge** (Hütt) / dropping charge ‖ **~sacken** *n* / sinking ‖ **~sacken**, -rutschen (Gieß) / sink, descend (burden) ‖ **~sacken**, Saugen *n* (Gieß) / sinking ‖ **~saturation** *f* (Zuck) / final saturation ‖ **~satz** *m* (DV, Band) / trailer [label] ‖ **~satz** *m* (Färb) / feeding liquor ‖ **~satz** *m*, Bandende *n* (DV, Band) / trailer, end-of-file label ‖ **~satz** *m* (Software) / trailer record ‖ **~satzlösung** *f* (Färb) / replenishing solution ‖ **~saugen** *n* (Hütt, Blocke) / feeding ‖ **~saugesteiger** *m* (Gieß) / feeder head ‖ **~schalldämpfer** *m* / rear silencer (GB) o. muffler (US) ‖ **~schälmaschine** *f* (Pap) / fine barker ‖ **~schalten** (hinter einen Apparat) / top *vt* ‖ **~schärfen**, -schleifen / resharpen ‖ **~schärfen** (Beizbad) / top up, regenerate the bath ‖ **~schäumer** *m* (Flotation) / finishing trough ‖ **~scheidesaft** *m* (Zuck) / postdefecation juice ‖ **~schiebefahrt** *f* (Bahn) / pusher operation ‖ **~schießen** *n* (Bergb) / stripping down, widening by blasting ‖ **~schlagen**, kalibrieren (Stanz) / coin, size ‖ **~schlagen** (beim Tiefziehen) (Stanz) / finish bottom ‖ **~schlagetabelle** *f* (DV) / look-up table ‖ **~schlagmaschine**, -schlagpresse *f* (Stanz) / coining machine ‖ **~schlagsicherung** *f* (Presse) / backing o. locking pawl ‖ **~schlagwerkzeug** *n* (Stanz) / reshaping tool ‖ **~schleifen**, -schärfen / regrind, resharpen ‖ **Bohrer ~schleifen** / repoint ‖ **Ventile ~schleifen** / reface ‖ **~schleppend**, Schlepp... / trailing ‖ **~schlüssel** *m* (Schloß) / false key ‖ **~schlüssel** *m*, Dietrich *m* / picklock ‖ **mit ~schlüssel öffnen** / pick-lock ‖ **~schmelztransistor** *m* / meltback transistor ‖ **~schmierung** *f* / regreasing ‖ **~schneideisen** *n* / rethreading die ‖ **~schneiden** / cut again ‖ **~schneiden** (DIN), schaben (Stanz) / shave ‖ **~schneiden**, repassieren (Web) / trim ‖ **Gewinde ~schneiden** / rethread ‖ **~schneiden** *n* **des Profils** / regrooving ‖ **~schneiden** *n* **des Profils** / regrooving ‖ **~schneidwerkzeug** *n*, -schneider *m* (Stanz) / shaving die ‖ **~schub...** (Mil) / logistic ‖ **~schubvorrichtung** *f* / feeding mechanism ‖ **~schuß** *m* (Bergb) / buller shot ‖ **~schwaden nach dem Schießen** (Bergb) / afterdamp ‖ **~schwefeln** (Textil) / restove ‖ **~schweißen** / resolder ‖ **~schwinden** *f* (Plast) / aftershrinkage ‖ **~schwinden** *n*, -schwindung *f*, NS (Ziegl) / aftercontraction ‖ **~schwingen** *n* (Impuls) / post-pulse oscillation, backlash ‖ **~schwingzeit** *f* (Schall) / reverberation time ‖ **~sehen**, durchsehen (Masch) / look over ‖ **~sehen**, überholen (Masch) / overhaul ‖ **~setzen**, auffrischen (Färb) / replenish, feed up ‖ **~setzen** (Bergb) / rewash *v* ‖ **~setzen**, -gravieren (Gesenk) / resink a die ‖ **~setzgut** *n* (Bergb) / rewash middlings ‖ **~setzmaschine** *f* (Bergb) / rewash box ‖ **~setzstein** *m* (SM-Ofen) / filler brick ‖ **~sieben** / screen again, sieve again ‖ **~sintern** *n* (Pulv.Met) / resintering, high-sintering ‖ **~sinterzustand** *m* / resintered condition ‖ **~spann** *m* (Film) / trailer tape, tape trailer ‖ **~spann** *m* (als Titel) (Film) / final title strip ‖ **~spann** *m* (der Inhalt) (Film) / end o. closing titles o. captions o. credits *pl* ‖ **~spannen** / increase the tension ‖ **~spannen** (Seil) / stretch again, restretch, take up slack ‖ **~spannen**, die Spannung regeln (Masch) / regulate the tension ‖ **~spannfeder** *f* / spring takeup ‖ **~spanngewicht** *n* (Fahrleitung) / pull-off (US), counterweight ‖ **~spannöse** *f* / adjusting ear ‖ **~spannvorrichtung** *f* (Bahn, Fahrleitung) / wire strainer ‖ **~speisesystem-Turbine** *f*, NSS-Turbine *f* / reactor core isolating cooling system turbine, RCIC turbine ‖ **~speisung** *f* **von Energie** / energy backfeed ‖ **~sprengen** (Bergb) / blast again ‖ **~spülen** / rinse again,

rewash ‖ **↲spur** f, negative Vorspur (Kfz) / toe-out ‖ **die Luftschraube ↴spuren** / realign the airscrew
nächste Nachricht (DV) / message advance
Nach·startanhebung f (Mot, Gemisch) / after-start enrichment ‖ **↲startphase** f (Mot) / after-start phase
nachstellbar, -ziehbar, einstellbar / adjustable ‖ **↴e Reibahle** / solid expansion [chucking] reamer, expanding reamer
nachstellen, nachrichten / adjust, reset, regulate ‖ **↴** (Uhr) / put back ‖ **↴** (Färb) / rematch shades ‖ **↲** n (Schlicker) (Keram) / complementary setting
Nachstell·farbstoff m (Textil) / toning dye, shading dyestuff ‖ **↲glied** n / adjusting link ‖ **↲keil** m / regulating wedge, tightening wedge, wedge bolt ‖ **↲-Leiste** f (Wzm) / adjusting gib ‖ **↲mutter** f / adjusting nut ‖ **↲rädchen** n / knurled adjusting wheel ‖ **↲schraube** f / adjusting screw ‖ **↲schraube** f (für Spiel) / take-up screw
Nachstellung f, Einstellung f / adjustment, reset
Nachstell·vorrichtung, Regelvorrichtung f / adjusting device ‖ **↲zeit** f bei PI-Verhalten (Regeln) / reset time, integral action time
nachstemmen, Niete ↴ / recaulk rivets
nach·steuern, Ziel verfolgen / follow up, track ‖ **↲steuern** n, Folgen n (Masch) / follow-up ‖ **↲steuerung** f (TV) / automatic timing control, ATC
nächst·größer / next in size ‖ **↴höher** / next-higher
Nach·stimmbereich m (Frequenz) / frequency trimming limits pl ‖ **↴stimmen** (Frequenz) / trim the frequency ‖ **↲stimmstufe** f / automatic frequency control stage
nächstniedrig, -tiefer / next-lower
nach·stopfen (Eisenb) / retamp, repack ‖ **↲störfall-Wärmeabfuhr** f (Nukl) / post-accident heat removal, PAHR
Nächstpunkt m (Opt) / closest point in picture ‖ **↲abstand** m (Opt) / spacing of closest homologues
nach·strecken / restretch ‖ **↲strom** m (Luftf, Schiff) / wake ‖ **↲strom**, Schraubenstrahl m (Luftf) / slipstream ‖ **↲strom** n beim Schalten (Elektr) / post-arc current ‖ **↲synchronisierung** f (Film) / postsynchronization, postsync, postscoring ‖ **↲tanken**, Tanken n / refuel[l]ing
Nacht·arbeit f / night work, night turn ‖ **↲aufnahme** f (Phot) / night exposure ‖ **↲beleuchtung** f / dimmed light o. illumination ‖ **↲bild** n, -aufnahme f / night picture o. photo[graph] ‖ **↴blind** / hemeralopic ‖ **↲blindheit** f, Hemeralopie f / nyctalopia, night blindness, hemeralopia ‖ **↲dienst** m (Eisenb) / night service ‖ **↲effekt** m (Peil) / polarization error, (formerly:) night-effect o. -error ‖ **↴effektfreies Funkfeuer** (Schiff) / night-error-free radio beacon
Nachteil m, Beeinträchtigung f / drawback ‖ **↲** / disadvantage ‖ **↲**, lästiger Zwang (Patent) / disadvantage, drawback
nachteilig, schädlich / detrimental, unfavourable
Nacht·[fern]glas n / night telescope o. glass ‖ **unbeschränkte ↲-Fernverbindungen gegen Jahrespauschale** (Fernm) / midnight line facility (GB) ‖ **↲flug** m / night flying ‖ **↲himmelsleuchten** n / night glow
nach·tonen, -synchronisieren / postsynchronize, postscore ‖ **↲trabant** m (TV) / post-equalizing pulse
Nachtrag, Anhang m / add, addendum ‖ **↲**, Zusatz m / annex, supplement, appendix ‖ **↲** / amendment of contract ‖ **↲ zu einer Patentschrift** / supplementary patent specification
nachtragender Nonius / direct vernier
nachträglich / secondary ‖ **↴**, später / subsequent ‖ **↴ durchgebrochene Öffnung** (Maurer) / cutting in a wall ‖ **↴er Einbau** / retrofitting, backfitting ‖ **↴er Einbau** / retrofitting ‖ **↴ einbaubar** / retroactively installable ‖ **↴ formbar** (Plast) / postforming ‖ **↴ vorgespannte Bewehrung** / post-tensioned reinforcement ‖ **für ↴en Einbau** / as commercial type

Nachtränken des Farbbands / re-inking of the ribbon
Nacht·reichweite f (Radio) / night range ‖ **↲riegel** m (Schloss) / check-lock
nach·triggern / retrigger ‖ **↴trimmen** / readjust by trimming ‖ **↲trocknen** n / final o. second drying process
Nacht·schicht f / night shift o. turn o. work ‖ **↲schicht** f (Leute) / night shift ‖ **↲schiffahrt** f / night navigation ‖ **↲sehen** n / scotopic vision ‖ **↲seite** f (Astr) / night side ‖ **↲sicht** f (mit Hilfe infraroter Strahlen) (TV) / noctovision ‖ **↲sicht-Fernsehen** n / low-light-level television, LLLTV ‖ **↲sichtgerät** n / night security device, nightviewer ‖ **↴sichtig** / day-blind ‖ **↲sichttechnik**, Restlichttechnik f / low-light-level technology ‖ **↲signal** n / night signal ‖ **↲speicherung** f (Elektr) / night storage ‖ **↲strom** m / night current ‖ **↲strom-Speicherofen** m, Speicherofen m / thermal storage heating stove ‖ **↲[strom]tarif** m (Elektr) / night [current] tariff ‖ **↲tarifstunden** f pl / night-shift hours pl
Nach·übertrager m (Elektronik) / output transformer ‖ **↲- und Voranhebung** f (Akustik) / post- and pre-emphasis ‖ **↲verbrenner** m / afterburner ‖ **↲verbrennung** f (Kfz) / afterburning ‖ **↲verbrennung** f, Zusatzschub m (Luftf) / reheat (GB), afterburning (US), post-combustion ‖ **↲verdampfung** f / re-evaporation ‖ **↲verdichten** n (Sintern) / redensification ‖ **↲verdichtung** f, Abdichten n der Mikroporen (Galv) / sealing of anodic coating ‖ **↲verfilmung** f (Repro) / retake ‖ **↲vergrößerung** f (Opt) / aftermagnification ‖ **↲vermessung** f (Wassb) / repeating a measurement ‖ **↲verstärker** m / booster amplifier ‖ **↲verstärkungsfrequenz** f (100 - 450 kHz) (Elektronik) / supersonic frequency, SSF ‖ **↲verstreckung** f (Pap) / re-elongation ‖ **↲vertonung** f (Film) / postsynchronization, postscoring ‖ **↴vollziehen** / reconstruct, retrace ‖ **↲wachsen** n (allg) / after-growth, secondary growth ‖ **↲wachsen** n (allg) / secondary growth ‖ **↲wachsen** n, NW (Keram) / afterexpansion, secondary expansion ‖ **↲wachsende Energie** / reproductive energy ‖ **↲wahl** f / suffix dialing ‖ **↲walken** n / remilling of cloth ‖ **↴walzen** / reroll ‖ **↴walzen**, dressieren (Walzw) / kill ‖ **↴walzen** n (Walzw) / rerolling ‖ **↴walzen**, Dressieren (kalt) (Walzw) / skin o. pinch passing, temper rolling ‖ **↲walzgerüst** n, Dressiergerüst n / skin-pass mill stand, sizing stand ‖ **↲walzwerk** n, Dressierwalzwerk n / skin pass mill, sizing mill ‖ **↲wärme** f (Nukl) / afterheat, residual heat ‖ **↲wärmekühler** m (Reaktor) / residual heat exchanger ‖ **↲wärmen** (Hütt) / sadden, reheat ‖ **↲wärmofen** m (Walzw) / reheating furnace ‖ **↴waschen** (Chem) / wash [after a treatment], reclean ‖ **↴waschen** (Aufber) / rewash ‖ **↲waschkohle** f / residue of coal washing ‖ **↲[wasch]setzmaschine** f (Bergb) / rewash jig, rewashing machine, rewasher, rewash box
Nachweis m / verification, proof ‖ **↲** (Chem) / detection ‖ **↲**, Beweis m / demonstration ‖ **↲**, Feststellung f / detection ‖ **den ↲ erbringen** / deliver the proof
nachweisbar / detectable
nachweisen, feststellen / detect ‖ **↴**, anzeigen / indicate ‖ **↴**, den Nachweis erbringen für / prove, demonstrate, establish ‖ **↴** (Chem) / detect, test
Nachweis·flüssigkeit f (Chem) / tracing fluid ‖ **↲grenze** f / detection limit
Nach·wickelrolle f (Phot) / take-off o. take-up sprocket wheel, lower o. bottom sprocket [wheel] ‖ **↴wiegen** / weigh again ‖ **↲wirkung** f / aftereffect, secondary effect ‖ **↲wirkung** f (Öl) / carry-over effect ‖ **↲wirkung** f (Elektr) / viscosity ‖ **↲wirkung** f (Elektr, Elektronik) / aftereffect, secondary effect ‖ **↲wirkung** f im Auge, Augenträgheit f / permanency o. persistence of vision ‖ **↲wirkungsbild** n s. auch Nachbild ‖ **↲wirkungsbild** n (Opt) / retained image ‖ **↲wirkungsbild** n (TV) / burn-in picture ‖ **↴wirkungsfrei** (Elektronik) / memoryless ‖ **↲wirkungsstrom** m (Elektr) / transient-decay current ‖

˕wirkzeit f (Echosperre) / holding time ‖ ˷wuchten / rebalance ‖ ˕würze f (Brau) / afterwort ‖ ˷zählen / count over again ‖ ˕zerfallsleistung f (Atom, Nukl) / decay heat power ‖ ˕zerfallswärme f (Nukl) / afterheat ‖ ˕zerkleinerer m / regrinder ‖ ˷zerkleinern (Spanplatten) / regrind ‖ ˕ziehbereich m (Quarz) / locking range ‖ ˕zieheffekt m (TV) / smearing o. lag effect ‖ ˷ziehen (Stanz) / redraw ‖ ˕ziehen, nochmals zeichnen / retrace ‖ ˷ziehen, festziehen / tighten ‖ ˕ziehen n (Draht) / follow-up drawing ‖ ˕ziehen n (TV) / pulling on whites ‖ ˕ziehen n (Aufnahmeröhre) / trailing ‖ Keile ˷ziehen / tighten wedges ‖ ˕ziehen n einer Bildaufnahmeröhre / incomplete discharge ‖ ˕ziehen n einer Linie / retracing of a line ‖ ˕ziehen n im Tiefschlag (Stanz) / second-operation drawing ‖ ˕ziehtestbild n (TV) / streaking test pattern ‖ ˕zucker m, -produkt n / second-class sugar, lowgrade sugar ‖ ˕zug m (Färb) / exhaust ‖ ˕zug m (Textil) / afterdraft ‖ ˕zug m (Eisenb) / extra train o. section (US) [following the regular train] ‖ ˕zug m (Stanz) / redrawing ‖ ˕zündspannung f / restriking voltage ‖ ˕zündung f, Nachentflammung f (DIN) (Kfz) / afterignition, post-ignition, sparking retard ‖ ˕zündung f (Bergb) / retarded priming ‖ ˷zwirnen, organsinieren (Seide) / twist o. organzine silk ‖ ˕zwirnen n (Spinn) / twisting at the head

Nacken·bock m, Nackenstütze f (Baukran) / gantry ‖ ˕schutz m / neck flap o. guard ‖ ˕stütze f (Kfz) / neck-rest

nackt, blank (Elektr) / bare, naked, uninsulated, untaped ‖ ˷ (Dachpappe) / saturated, uncoated ‖ ˷ (Opt) / unaided, naked ‖ ˷ (Mauer) / blank ‖ ˕es Atom / nuclear o. stripped atom ‖ ˷es Chassis, Chassis n allein (Kfz) / bare frame ‖ ˕e Dachunterseite / open roof ‖ ˷es Kabel / uncovered cable ‖ ˕er Lichtbogen (Elektr) / open arc ‖ ˷es Modell (ohne Extras) (Kfz) / stripped model ‖ ˷er Reaktor / bare reactor ‖ ˷e Schweißelektrode / bare electrode ‖ ˷er Spaltstoff (Reaktor) / uncanned fuel ‖ ˷e Teer[dach]pappe (Bau) / saturated fluxed pitch felt ‖ ˕drahtelektrode f / bare wire electrode

NAD, Nikotinsäureamid-adenin-dinucleotid n / niacinamide-adenine-dinucleotide, NAD

Nadel, Fallnadel f (Reißzeug) / pivot needle ‖ ˕ (allg, Nähm, Vergaser usw) / needle ‖ ˕ (Phono) / stylus, pick-up stylus, reproducing stylus tip ‖ ˕ (von Nadelbäumen) / needle[-leaf] ‖ ˕, Steck-, Haarnadel usw / pin ‖ ˕, Räumnadel f / broaching tool ‖ mit ˕n stecken / pin [together] ‖ ˷artig, kristallinisch (Hütt) / scorched ‖ ˷artige Kristallbildung (Stahl) / scorching ‖ ˕-Ausreißfestigkeit f (Gummi) / needle tear resistance ‖ ˕-Ausreißversuch m (Plast) / needle tear test ‖ ˕ausschlagknopf m (Nähm) / stitch selector ‖ ˕-Axialkugel-[zylinderrollen]lager n / needle thrust, [roller] bearing ‖ ˕barre f (Strumpfm) / needle bar ‖ ˕baum m, Konifere f / conifer ‖ ˕baumöl n / conifer oil ‖ ˕beschlag m, Kamm m (Spinn) / needle clothing, wire fitting of the card ‖ ˕bett n (Web) / needle bed o. board ‖ ˕boden m (Hütt) / spiked bottom, needle bottom, pinhole plug ‖ ˕brecher m (Bergb) / pick breaker ‖ ˕brief m / book of needles, needle book ‖ ˕bruch m (Textil) / needle smash, broken needle ‖ ˕bruchabsteller m (Textil) / needle protector ‖ ˕draht m / pin wire ‖ ˕drosselung f (Vergaser) / metering pin principle ‖ ˕druck m (Phono) / stylus force o. pressure, tracking pressure o. force ‖ ˕druck m (Phono) / stylus force ‖ ˕drucker, Mosaikdrucker m (DV) / mosaic o. matrix printer, wire printer ‖ ˕druckermatrix f / impact dot matrix ‖ ˕düse f (Kfz) / needle jet ‖ ˕einfädler m (Nähm) / threader, needle threader ‖ ˕[einwickel]papier n / needle paper ‖ ˕eisenerz n / needle iron ore ‖ ˕feder f / needle spring ‖ ˕feile f / needle-point file ‖ ˕fertig, krump- und bügelecht / ready for making-up o. for sewing ‖ ˕filz m / needled

felt ‖ ˕filzen n (Textil) / needle felting ‖ ˕filzmaschine f (Textil) / needle-felting machine, needle loom ‖ ˕fliese f, -abrichtplatte f / dressing plate o. Fliese with diamond points ‖ ˕flor m, Flornoppe f, (auch:) Knüpfschlinge f (Teppich) / tuft ‖ ˕flor..., Tufted-... (Teppich) / tufted ‖ ˕flormaschine, Tufting-Maschine f (Textil) / tufting machine ‖ ˕flor-Teppich, Tufted-Teppich m / tufted [pile] carpet ‖ ˷förmig (Hütt) / accular ‖ ˷förmig / in the shape of a needle, needle-shaped ‖ ˷förmige Kristallbildung (Hütt) / scorching ‖ ˷förmig kristallisieren (Krist) / needle v ‖ ˷förmiger Lunker / pin hole ‖ ˷förmiges Pulver, faseriges Pulver / acicular powder ‖ ˷förmige Struktur (Hütt) / acicular structure ‖ ˕fräsen n (zur Beseitigung entkohlter Schichten) (Hütt) / microscalping ‖ ˕führung f (Räummaschine) / broach guiding tray ‖ ˕funkenstrecke f (Elektr) / needle point gap ‖ ˕funktion f (Regeln) / unit impulse function ‖ ˕fuß m / shank o. butt of the needle ‖ ˕galvanometer n / moving-magnet galvanometer ‖ ˕geräusch n (von Nadelvibration) (Phono) / needle chatter ‖ ˕geräusch n (von Oberflächenrauheiten) (Phono) / surface o. needle scratch o. noise ‖ ˕geräusch n (im Übertrager o. Tonarm erzeugt) / needle talk ‖ ˕halter m (Nähm) / needle guard o. clamp ‖ ˕halter m (Zirkel) / needle holder ‖ ˕heber m (Web) / needle lifter ‖ ˕heber m (Web) / needle clearing cam, needle lifter ‖ ˕holz n / wood of coniferous o. cone-bearing trees, pine wood o. timber ‖ ˕[holz]... (Bot) / coniferous ‖ ˕holzharz, Kolophonium n / colophony, colophonium ‖ ˕holzlignin n im Sulfatverfahren aufgeschlossen / indulin[e] ‖ ˕holz[sulphite]zellstoff m / softwood [kraft] pulp ‖ ˕holzteer m / pine tar ‖ ˕holz-Teeröl n / oil of pinetar ‖ ˕hülse f (Mot) / needle bush

nadelig (Pulv Met) / acicular

Nadel·impuls m (Kath.Str.) / spike pulse (CRT) ‖ ˕käfig m (Masch) / needle cage, needle retainer ring ‖ ˕kanal m (Textil) / trick [of needle cylinder], needle slot ‖ ˕kette f (Textil) / pin chain, spiked o. needle chain ‖ ˕koks n / needle coke ‖ ˕kopf m / pin o. needle head ‖ ˕kopffeile f / slot file ‖ ˕kristall m (Krist) / needle ‖ kleine ˕kristalle (Bot) / raphides pl ‖ ˕[kristall]förmig / acicular, aciculate ‖ ˕lager n / needle [roller] bearing ‖ ˕lattentuch n, -tuch n (Spinn) / spiked [feed] lattice ‖ ˕leiste f, -stab m (Baumwollkämmerei) / comb strip ‖ ˕leiste f, Kammstab n (Jute) / pin o. needle bar ‖ ˕leiste f (Web) / needle ledge ‖ ˕loch n (Defekt) (gedr.Schaltg) / pinhole (defect) ‖ ˕loch n (Fehler, Galv) / pit ‖ ˕loch n (Öl) / jewel orifice ‖ ˕masche f, -henkel m, Fadenschlinge f (Wirkm) / needle loop

Nadeln n, Nadelung f (Teppich) / needling, needle bonding ‖ ˷ (Textil) / needle-felt vt ‖ ˕, Nadelfilzen n (Textil) / needle felting ‖ ˷ / needle v

Nadel·nummer f, -stärke f / needle size ‖ ˕öhr n, Öhr n / needle eye ‖ ˕öler m, Tropföler m / drip-feed lubricator ‖ ˕penetration f (Wachsprüfung) / needle penetration ‖ ˕punkt-Anguß m (Plast) / pinpoint gate ‖ ˕regulierventil n (Peltonturbine) / needle-type turbine governor ‖ hydraulisches ˕regulierventil (Pelton Rad) / Seewer governor ‖ ˕reihe f (Web) / row of needles ‖ ˕richten n / needle pliering ‖ ˕richtzange f / needle pliers ‖ ˕rippenrohr n / pin-fin pipe ‖ ˕rolle f, Lagernadel f / needle roller ‖ ˕schaft m / pin shank ‖ ˕scheibe f (Galv) / needle wheel ‖ ˕schieber m (Nähm) / needle driver ‖ ˕schieber m (Wassb) / needle gate ‖ ˕schloß n (Web) / tappet ‖ ˕schnittholz n / coniferous sawn timber ‖ ˕schrägkugellager n / needle angular contact ball bearing ‖ ˕schuß m (Web) / wire pick ‖ ˕senker m (Web) / draw-down cam, knock[ing]-over cam ‖ ˕sortierung f (LoKa) / needle sorting ‖ ˕span m (Fräsen) / needle chip ‖ ˕spitze f / pinpoint ‖ ˕stab m (Textil) / faller, gill ‖ ˕stabstrecke f, -streckwerk n (Spinn) / gill box ‖ ˕stange f (Nähm) / needle bar ‖ ˕stapel m, kleinknipsiger Stapel (Spinn) / pin-head staple ‖ ˕stärke f / needle number o. size ‖ ˕stein m, [prismatischer] Zeolith / needle-zeolite ‖ **⁓stich** *m* (Textil, allg) / stitch ‖ **⁓stich** *m* (Fehler, Pap, Textil) / pin hole ‖ **⁓stichtiefe** *f* / needle penetration ‖ **⁓strahl** *m* / needle-shaped jet ‖ **⁓strahlantenne** *f* / sting-beam antenna ‖ **⁓streifen** *m* (Web) / pin stripe ‖ **⁓stuhl** *m* (Web) / embroidering loom ‖ **⁓teilung** *f* / needle gauge ‖ **⁓tonabnehmer** *m* / needle pick-up ‖ **⁓tonverfahren** *n* / sound-on-disk system ‖ **⁓tuch** *n*, **-lattentuch** *n* (Spinn) / spiked [feed] lattice

Nadelung *f* (Textil) / needle felting ‖ **⁓ von Papiersäcken** / perforation

Nadel·ventil *n* / needle valve ‖ **⁓verschleiß** *m* (Phono) / needle wear ‖ **⁓vlies** *n* / needle punched nonwoven ‖ **⁓vliesbodenbelag** *m* / tufted floor covering ‖ **⁓wald** *m* / coniferous forest, fir o. pine forest ‖ **⁓walze** *f* (Wirkm) / needle roller ‖ **⁓walze**, Kammwalze *f* (Spinn) / porcupine roller, spiked roller ‖ **⁓walzenstrecke** *f* (Spinn, Wolle) / porcupine o. French o. rotary drawing frame ‖ **⁓wärmeaustauscher** *m* / pin-fin heat exchanger ‖ **⁓wehr** *n* / pin o. needle weir ‖ **⁓weiche** *f* (Textil) / switch cam bracket ‖ **⁓zahl** *m* (Kompaß) / azimuth reading of a compass ‖ **⁓zählrohr** *n* / needle counter tube ‖ **⁓zange** *f* / needle nose pliers *pl*

Nadir, Fußpunkt *m* (Astr) / nadir ‖ **⁓distanz** *f* / nadir distance

n-adisch, n-fach / n-adic

n-adische Operation, n-aere Operation (Math) / n-adic operation

N-Adreßbefehl *m* (DV) / N-address instruction

n-adrige Leitung / cable with conductors

Na-Form *f* (Chem) / Na-form

NAFuO = Normenausschuß Feinmechanik und Optik

Nagatelit, Phosphororthit *m* (Min) / nagatelite, phosphororthite

Na-gekühlt (Nukl) / sodium cooled

Nagel *m* / nail ‖ **⁓**, Drahtstift *m* / wire nail ‖ **⁓**, Bankhaken *m* (Tischl) / hold-fast, cramp iron ‖ **⁓** (Straßenmarkierung) / road stud ‖ **⁓ mit Widerhaken** / spike nail ‖ **⁓ mit Zierkopf**, Ziernagel *m* / decorative o. ornamental nail, stud ‖ **⁓ von mehr als 4" Länge** / spike ‖ **3" langer ⁓** / tenpenny nail ‖ **durch Nägel gekennzeichnet** (Straßb) / studded ‖ **⁓ast** *m* (Holz) / knot horn, spike o. splay knot ‖ **⁓bar** / nail-holding, nailable ‖ **⁓binder** *m* (Zimm) / nailed [plank] truss, plank truss ‖ **⁓binder** *m* **aus gebogenen Brettern** / laminate[d] arch ‖ **⁓bohrer** *m* / gimlet with ring handle, twist gimlet ‖ **⁓bohrer**, Schneckenbohrer *m* (DIN) (Zimm) / wimble ‖ **⁓eisen**, Hakeneisen *n* (Bahn) / dog spike bar ‖ **[Zimmermanns-]⁓eisen** *n* / [carpenter's] pinching bar ‖ **⁓fänger** *m* / nail catcher ‖ **⁓fluh** *f* (Geol) / nagelfluh, gompholite ‖ **⁓hammer** *m* / nailing hammer ‖ **⁓hart** (Lack) / nail-hard ‖ **⁓heber** *m*, **-klaue** *f* / nail puller o. drawer ‖ **⁓kopf** *m* / nail head ‖ **⁓[kopf]form** *f* (Wz) / heading tool, nail mould ‖ **⁓kopfschweißen** *n* / nail-head welding ‖ **⁓loch** *n* (Reifen) / nail hole ‖ **⁓maschine** *f* / nailing machine

nageln *v*

Nägeln, mit ⁓ kennzeichnen o. **schmücken** o. **schützen**, benageln / stud

nagel·neu / brand-new ‖ **⁓rahmen** *m*, genagelter Schwartenrahmen (Zimm) / balloon framing ‖ **⁓risse** *m pl*, **[verzögerte] Fischschuppenbildung** (Email) / [delayed] fish-scaling ‖ **⁓ritze** *f* (Taschenmesser) / blade groove o. slot ‖ **⁓schraube** *f* / screw nail, drive screw ‖ **⁓setzer** *m*, **-treiber** *m* / nail punch o. set ‖ **⁓stift** *m*, Drahtstift *m* **mit zylindrischem Kopf** / wire nail with upset head

Nagelung *f* / nailing

Nagel·walze *f* (Spanplatten) / nail o. pin roll ‖ **⁓zange** *f* / nippers, cutting nippers, nipper pliers *pl* ‖ **⁓zieher** *m* / nail puller o. drawer, claw wrench ‖ **⁓zieher**, **-heber** *m*, **-klaue** *f* (Bahn) / spike puller o. drawer

Nagetierfraß, gegen ⁓ geschützt (Kabel) / gopher-protected, rodent-protected

Nagler *m* / nail driver

Nagyagit *m* (Goldtellurit) (Min) / nagyagite

nah·e [bei] / near o. close [to], close-range… ‖ **⁓…** / short-haul…, short-distance… ‖ **⁓…** (Fernm) / trunk… (US), toll… (GB) ‖ **⁓…**, Nachbar… / close (Fernm) / near end ‖ **⁓es Ende** (Fernm) / near end ‖ **⁓es Infrarot** / near-infrared ‖ **⁓er Vorbeiflug an einem Stern** (Raumf) / near encounter ‖ **vom ⁓en Leitungsende gesteuert** (Fernm) / near-end operated ‖ **⁓antwortdämpfung** *f* s. Nahechodämpfung ‖ **⁓auflösung** *f* (Opt) / near zone resolution ‖ **⁓aufnahme** *f* (Film) / close-up [view], close shot, mug shot (coll)

Nähautomat *m* / sewing robot

Nahbereich *m* / VSR, very short range, close o. short range ‖ **⁓** (eines Senders, Feldstärke > 10 mV/m) / A-service area ‖ **⁓** (Stadt) / immediate vicinity ‖ **⁓**, **-zone** *f* (Bahn) / local zone ‖ **im ⁓**, Nah… / close-range…

Nah·bereichsradar *n* / short-range radar ‖ **⁓bereichs-Sendung** *f* (TV) / narrow casting ‖ **⁓besprechungs-Mikrophon** *n* / close-talking microphone ‖ **⁓bestrahlung** *f* (Röntgen) / contact radiation ‖ **⁓betrieb**, Ortsbetrieb *m* (Fernm) / local operation

Nähbinden *n*, Malimo-Verfahren *n* / stitch bonding

Nahbrille *f* / reading spectacles *pl*

Nähdraht *m* / binding wire

Nahdrehzahlmesser *m* / direct-reading tachometer, direct-revolution counter

Nähe *f*, kurze Entfernung / proximity

Nah·echo *n* (Fernm) / local echo ‖ **⁓echo** *n* (Radar) / near echo ‖ **⁓echodämpfung** *f* (Radar) / sensitivity time o. gain time control, STC, GTC, swept gain, anticlutter sea, anticlutter gain control ‖ **⁓ effekt** *m* (Funk) / proximity effect ‖ **⁓einstellung** *f* / close-up adjustment ‖ **⁓einstellvorrichtung** *f* / nearfocussing device

naheliegend (Patent) / obvious

Nah·empfang *m* (Funk) / short-distance receiving ‖ **⁓empfangsbereich** *m* (Radio) / [primary] service area

nähen / sew ‖ **⁓** (Leder) / stitch ‖ **⁓** (Segelmacher) (Schiff) / lash, tie down ‖ **⁓** *n*, Näharbeit *f* (Zusammennähen) / sewing ‖ **⁓ ohne Herstellung einer Verbindung** / stitching (for decorative purposes only)

Nah·entstörung *f* (Kfz) / short-range interference suppression ‖ **⁓erholungsgebiet** *n* / recreation area in the immediate vicinity

näherkommen, sich nähern / approach

nähern, sich ⁓ (z.B. einem Grenzwert) / approach ‖ **sich ⁓**, approximieren (Math) / approximate ‖ **sich ⁓**, konvergieren / converge

Näherung *f* **zweier Leitungen** (Elektr) / exposure of two lines

Näherungs·… / approximate, -mative ‖ **⁓bruch** *m* (Math) / convergent *n*, continued fraction ‖ **⁓formel** *f* / approximation formula ‖ **⁓lösung** *f* (Math) / approximate solution ‖ **⁓rechnung** *f* / approximate o. -mation calculation o. calculus o. computation ‖ **⁓schalter** *m* / proximity switch ‖ **⁓verfahren** *n*, -methode *f* / method of approximation, approximate method ‖ **⁓weise** / by approximation ‖ **⁓wert** *m* / approximate, approximate[d] value, approximation ‖ **⁓wert einer Reihe** (Math) / convergent ‖ **⁓zünder** *m* / proximity fuse

Nahewirkung *f* / short-range effect

nahezu Briefqualität *f* (Drucker) / near letter quality, NLQ ‖ **⁓ senkrecht** / near vertical ‖ **⁓-Echtzeit…** (DV) / near real-time…

Nah·feld *n* (Akust, Antenne) / near field ‖ **⁓feldeinfluß** *m* (Ultraschall) / near-field influence ‖ **⁓-Fern-Regler** *m* (TV) / local-distant control ‖ **⁓fokus-Bildwandler** *m* (TV) / proximity focus converter ‖ **⁓förderer** *m*, **-fördermittel** *n* / short-distance o. close transporter o. conveyor

Näh·fuß, Stoff[drücker]fuß *m* (Nähm) / press[ure] foot, sewing foot ‖ **⁓garn** *n* / sewing cotton o. thread o. yarn ‖ **⁓garnrolle**, Kegelstumpfhülse *f* / sewing spool, spool with conical flanges ‖ **⁓garnspule** *f* / sewing thread bobbin ‖ ~garnspulmaschine f / sewing-thread reeling machine

Nah·gespräch n / local call ‖ ~grenze f (Radar) / minimum range ‖ ~güterzug m / pick-up goods train ‖ ~leitung f (Fernm) / suburban jonction

Nählicht n / sewing machine lamp

Nähmaschine f / sewing machine, stitching machine ‖ ~ für starkes Zeug (o. Leder) / closing machine

Nähmaschinen·greifer (freilaufend o. rotierend) / rotating shuttle ‖ ~motor m / sewing machine motor ‖ ~nadel f / sewing machine needle ‖ ~öl / sewing machine oil, white o. bone oil ‖ ~wickel m (Spinn) / ready-wound package without former for sewing machines

Nähnadel f / sewing needle

Nah·nebensprechdämpfung f / near-end crosstalk attenuation ‖ ~nebensprechen n (Fernm) / near-end crosstalk ‖ ~ordnungseinstellung f / position of short range order ‖ ~ostrohöl n / Middle East crude [oil] ‖ ~peilung f / close direction finding

Nähplatte f, Tisch m (Nähm) / table, top, platform

Nah·punkt m (Opt) / near point ‖ ~punkt m, anallaktischer Punkt (Phot) / hyperfocal point ‖ ~punktsabstand m / hyperfocal distance

Nähr·agar m, Nährboden m für Mikrobenzucht / nutrient o. nutritive agar ‖ ~boden m / nutritive substratum o. medium, nutrient medium ‖ ~boden m für Kulturen, Nährbrühe f, -bouillon f / culture medium ‖ ~boden m für Mikrobenzucht / gelose, agar-agar ‖ ~bodengrundlage f / nutritive substratum

nahrhaft / nourishing, nutritive, nutritional, nutrient ‖ ~, Nahrungs… / alimentary

Nähr·hefe f / yeast extract, nutrient yeast ‖ ~humus m / nutritive humus

Nähriemen m / leather strap for sewing

Nähr·kraft f / nourishing power ‖ ~lösung f / nutrient solution ‖ ~mittel n pl / nutrients ‖ ~präparat n / food[stuff] preparation ‖ ~salz n / nutrient salt ‖ ~stoff m / nutrient n ‖ ~stoff m, Nahrung f / food[stuff] ‖ ~stoff für Bakterienkulturen / nutrient medium, nutritive substance ‖ ~stoffentzug m / nutrient removal

Nahrung f, Nahrungsmittel n / nutriment, nourishment, food[stuff] ‖ ~ (in der Weißgerberei) / tawing paste ‖ ~ (jeglicher Art) / pabulum

Nahrungs·aufnahme f / intake of food ‖ ~kette f / food chain ‖ ~kreislauf m / nutrition cycle ‖ ~mittel n, Nahrung f / aliment [for man], nutriment, nourishment, food, eatables, edibles pl ‖ ~mittel n pl, Lebensmittel n pl, Eßwaren f pl / aliments [for man] pl, nutriments, nourishments pl, food[stuff] ‖ ~mittel haltbarmachen (o. konservieren) / preserve food

Nahrungsmittel·chemie f / food[stuff] chemistry ‖ ~farbe f / food[stuff] colour[ing] ‖ ~industrie f / food processing industry, food[stuff] industry ‖ ~kunde f / food science, dietetics

Nahrungs·pflanze f / food plant ‖ ~stoff m / nourishment

Nährwert m / food value, nutritive value

Nah·[schnell]verkehrszug m (Bahn) / stopping train, commuter train (US) ‖ ~schwund m (Elektronik) / close o. local o. near fading, low-angle fading ‖ ~schwundantenne f / short-range antenna ‖ ~schwundfrei / free from close-range fading

Nähseide f / sewing silk

Nah·selektion f (Elektronik) / adjacent channel selectivity ‖ ~sender m, Regionalsender m (Elektronik) / short-distance sender o. transmitter, district transmitter

Nähstichtyp m (für Klassifizierung) / stitch type

Nah·störung f (Elektronik) / close disturbance ‖ ~streuung f (Elektronik) / short-distance scatter

Naht f, Fuge f / seam ‖ ~ (Nähm) / stitched seam ‖ ~ (Plast) / seam ‖ ~, Gießnaht f (Gieß) / lapped joint, lap ‖ ~ (Büchse) / joint, seam ‖ ~, Schweißnaht f / weld[seam] ‖ ~dichtung f (Textil) / impregnation of the seam ‖ ~dichtung f durch Verstemmen / ca[u]lking ‖ ~dicke

f, -höhe f (Schweiß) / throat thickness ‖ ~-Gegenschweißung f / welding of root reinforcements

Nähtisch m (Nähm) / work plate

nahtlos (Guß) / finless ‖ ~ (Schweiß) / weldless ‖ ~ (Strumpf) / seamless, -free, no-seam, circular-knit ‖ ~es Gasrohr / seamless gas pipe ‖ ~ gewalzt / seamless [rolled] ‖ ~ gezogen / seamless drawn, solid-drawn ‖ ~e Stahlflasche für Sauerstoff / oxygen cylinder o. flask

Naht·schweißung f / continuous o. line o. seam welding ‖ ~stelle, Schnittstelle f (DV) / interface ‖ ~verbindung f (Textil) / stitched seam ‖ ~verstärkung f (Strumpf) / reinforced selvedge

Nah·-Unendlich-Einstellung f (Phot) / focussing from close-up to infinity ‖ ~verkehr m (Fernm) / local o. junction traffic o. service, intergroup traffic, short-distance service, toll service (GB) ‖ ~verkehr m, Vorortsverkehr m (Bahn) / outer suburban service ‖ ~verkehr m innerhalb eines Hauptamtsbezirks (Fernm) / toll traffic (GB) ‖ ~verkehrsamt, Schnellamt n / toll exchange (GB) ‖ ~verkehrsbereich m (Flughafen) / terminal control area ‖ ~verkehrsgespräch n (Fernm) / junction call ‖ ~verkehrsleitung f (Fernm) / toll line o. circuit (GB), junction circuit ‖ ~verkehrswagen m (Bahn) / suburban coach ‖ ~verkehrszug, Personenzug m (Bahn) / omnibus (GB) o. local (US) train

Nähverschluß m (z.B. Sack) / sewn closure

Nah·visus m / near visual acuity ‖ ~vorsatzlinse f / portrait lens ‖ ~wahlbereich m (Fernm) / extended area service, EAS

Nähwirkmaschine f (Textil) / stitch-bonding machine, Malimo machine

Nah·wirkungskräfte f pl (Nukl) / short-range forces ‖ ~ziel n (allg) / short-range objective ‖ ~zone f, -bereich m (Bahn) / local zone ‖ ~[zonen]gespräch n (Fernm) / short-haut call

Nähzwirn m / sewing thread o. twine

Nakrit m (Min) / nacrite

NAM = Normenausschuß Maschinenbau

Name m (allg, DV) / name ‖ ~ (ALGOL) / identifier, name

Namen·geber m (Fernm) / answer-back unit ‖ ~-Schnittleistenapparat m (Textil) / device for written selvedges and false selvedges

Namens·schild m / nameplate ‖ ~zug m / signature sign

NAND-Funktion o. -**Verknüpfung** f, Sheffer-Funktion f / NON-conjunction, NOT-AND o. NAND gate o. element, NOT-BOTH operation

NAND-Glied, NICHT-UND-Glied n, NAND-Schaltung f, NICHT-UND-Schaltung f (DV) / NAND-element, NAND circuit

Nanismus m, Nanosomie f / nanism

Nanking m (Web) / nankeen, nankin

Nano… (10^{-9}), n / nano…

Nanobrücke f / nano bridge

Nano·farad n / nanofarad, nF ‖ ~meter m, nm / nanometer, nm, millimicrometer, mμ ‖ ~plankton n / man[n]oplankton ‖ ~sekunde f, ns / nanosecond, ns ‖ ~tesla n, nT / nanotesla (= 10^{-9} Wbm^{-2})

Napalm n (Natrium-Palmitat) (Chem, Mil) / napalm ‖ ~ für Brandbomben o. Flammenwerfer / incendierjell

Napersche Regel (o. Napiersche Regel) f (Math) / Napier's analogies pl

Napf m / cup ‖ ~, Becher m / bowl

Näpfchen n, kleiner Napf / cup ‖ ~ (Spinn) / step

Napf·fließpressen, Napfen n / can extrusion, cup extrusion ‖ [feste] ~kathode / pool cathode ‖ ~kathodenröhre f (Elektronik) / pool tank o. tube ‖ ~ziehen, tiefziehen (Stanz) / dish, cup ‖ ~ziehen, flachziehen (Stanz) / shallow-cup o. -form ‖ ~ziehversuch, Tiefungsversuch m (DIN) / cupping test

Naphtha n / naphtha

Naphthaldehyd m / naphthaldehyde

Naphthalin n / naphthalene, -lin[e], tar camphor (US), naphthene (US) ‖ ~derivat n / naphthalene derivative ‖

⌐rot n, Magdalarot n / naphthalene o. magdala red ‖
⌐sulfonsäure f / naphthalene sulfonic acid ‖ **⌐wäscher**
m / naphthalene washer
naphthalisieren / naphthalize
Naphthalsäure f / naphthalic acid
Naphtha·produkt n / naphthalene product ‖ **⌐sulfonat** n,
-sulfoseife f / naphthasulfonate
Naphthen, Cyclohexan, Hexahydrobenzol n / naphthene,
hexanaphthene, hexahydrobenzene, naphthene (GB) ‖
⌐at n / naphthenate ‖ **~basisch** (Öl) / naphthenic base…
‖ **~basisches Rohöl** (Öl) / naphthenic base crude ‖
~isch (Chem) / naphthenic ‖ **⌐säure** f / naphthenic acid
Naphthionsäure f, 1-Naphthylamin-4-sulfonsäure f /
naphthionic acid, naphthylamine-sulfonic acid
Naphthochinon n / naphthaquinone (GB), naphtoquinone
(US)
Naphthoësäure f / naphthoic acid
Naphthol, Hydroxynaphthalin n / naphthol ‖
⌐-AS-Kombination f (Färb) / naphthol-AS-combination
‖ **⌐-AS-Kupplungskörper** m / naphthol AS coupling
compound ‖ **⌐atdruck** m (Textil) / naphtholate print ‖
⌐färberei f / naphthol dyeing ‖ **⌐gelb S**, Citronin A n /
naphthol yellow S, acid yellow S, sulfur yellow S,
citronin A ‖ **⌐grundierung** f (Textil) / naphthol
bottoming
naphtholieren / naphtolate, -lize
Naphtholklotz m (Textil) / naphthol padding liquor
Naphthyl n / naphthyl ‖ **⌐acetsäure** f / α-naphtylacetic
acid ‖ **⌐amin** n / naphthylamine ‖ **⌐aminblau** n /
trypan blue ‖ **⌐aminbordeaux** n / vacanceine red ‖
⌐amingelb n, Manchestergelb n / naphthylamine
yellow, Manchester o. Martius yellow ‖ **⌐indone** n pl /
naphtylindane-1,3-indones ‖ **⌐oxyacetsäure** f /
naphtyloxyacetic acid
Napoleonit m (Min) / napoleonite
Nappaleder n / nappa leather
Narbe f / scar ‖ **⌐** (Landw) / topsoil
narben / grain, corn ‖ **~**, prägen (Leder) / emboss ‖ **~**,
krispeln (Leder) / pommel ‖ **~**, chagrinieren (Leder) /
shagreen ‖ **⌐** m, Oberflächenbild n (Leder) / grain ‖ **⌐**…
/ grained, corned ‖ **⌐bruch** m, -sprengung f (Leder) /
cracking of the grain ‖ **⌐korrekturverfahren** n (Gerb) /
corrected grain process ‖ **⌐korrosion** f / tuberculation ‖
⌐leder, genarbtes o. körniges Leder, Chagrin n /
shagreen ‖ **⌐seite** f, Haarseite f (Gerb) / grain o. hair
side ‖ **⌐spalt** m (Leder) / grain split, skiver of sheepskin
‖ **⌐spalten** n (Leder) / frizzing [off the grain]
narbig, befleckt, fleckig / maculate, maculiferous, -form,
maculose ‖ **~** (Leder) / grained ‖ **⌐werden** n (Anstrich,
Fehler) / pebbling
Narbkalander m / graining calender
Nardenöl n / spike oil, spikenard
NARG = Neutronenautoradiografie
Narkotikum, Narkosemittel n / narcotic
Narkotin n (Chem) / narcotine
narkotisch / narcotic
narrensicher / foolproof ‖ **~** (Nukl) / eversafe
Narrow-Gap-Schweißverfahren n / narrow-gap welding
process
Narzein n / narceine
Nase f, Mitnehmer m (Masch) / carrier, catch, driver, dog
‖ **⌐** (an bewegten Teilen), Ansatz m (Masch) / tappet ‖ **⌐**
(Hobelgriff) / horn o. handle of a plane, ramshorn
handle ‖ **⌐**, Schnauze f eines Gefäßes / nose, mouth,
spout ‖ **⌐**, Ansatz m (Masch) / lug, projection, nose, heel
‖ **⌐** (z. B. an einer Platine) (Masch) / snug ‖ **⌐**, Nocken
m (Masch) / toe, lobe of the cam ‖ **⌐** (Luftf) / nose ‖ **⌐**,
Haken m der Dachplatte / knob of a tile, cog, nib, stud
‖ **⌐ am Lager** / lip o. joggle of a bearing ‖ **⌐ am
Nasenkeil** / wedge head o. nose o. gib ‖ **⌐ an der
Gebläseform** / slags pl on the conduit-pipe ‖ **⌐ der
Senk- und Halbrundschraube** / snug, nib ‖ **⌐ der
Treppenstufe** / nosing of stairs ‖ **⌐ drinnen**, [draußen]

(Luftf) / nose in, [out] ‖ **⌐ eines Gefäßes** / nose o.
muzzle of a vessel
Nasen·anschlag m / tappet stop ‖ **⌐bolzen** m / snug bolt,
nip bolt ‖ **⌐flachkeil** m / flat gib key, gib-headed flat
taper key ‖ **⌐hohlkeil** m / gib-headed tapered saddle
key, hollow gib key ‖ **⌐isolator**, Krückenisolator m
(Elektr) / line o. spur insulator ‖ **⌐kappe** f (Propeller) /
nose cap ‖ **⌐keil** m / gib-headed key, nose key,
foxwedge ‖ **⌐klappe** f (Luftf) / leading-edge flap, droop
flap ‖ **⌐klemmplatte** f (Eisenb) / catch-fitted clip ‖
⌐leiste, Stirnleiste f (Luftf) / leading edge stringer strip ‖
⌐profil n (Walzw) / ribbed flats pl, bulge profile ‖
⌐-Rachenreizstoff m / sternutator ‖ **⌐ring** m (Kfz) / oil
scraper ring ‖ **⌐rippe** f (Luftf) / nose rib ‖ **⌐scheibe** f
(Fahrradachse) / slotted cone adjusting washer ‖
⌐schraube f, -bolzen m / nip bolt, snug bolt ‖ **⌐steg** m
(Brille) / nose saddle o. piece ‖ **⌐stein** m (Glas,
Wannenofen) / plate block ‖ **⌐trommel** f (Textil) / opening
cylinder ‖ **⌐walze** f / porcupine roller o. cylinder
naß / wet ‖ **~**, feucht / moist, humid ‖ **~ auf naß** (Farbe) /
wet on wet ‖ **~ aufbereiten**, auslaugen (Bergb,
Aufbereitg) / wash ‖ **~ gezogener Draht** (Hütt) / lacquer
drawn wire ‖ **~ satinierte Pappe** / water-finished board
‖ **auf nassem Wege probieren** / wet-assay ‖ **nasse
Zelle**, nasses Element (Elektr) / wet cell, fluid cell ‖
nasse Zylinderbüchse (Mot) / wet [cylinder] liner ‖
nasser Gasbehälter / wet gas holder ‖ **nasser
Gaszähler**, -messer m / wet gas meter ‖ **⌐abscheider** m
(Hütt) / water-spray separator ‖ **⌐appreturmaschine** f
(Textil) / wet-finishing machine ‖ **⌐aufbereitet** / wet
processed ‖ **⌐aufbereitung** f (Hütt) / [concentration by]
flotation, wet dressing o. process, washing the ores ‖
⌐aufstellung f (Pumpe) / wet-well o. wet-pit installation
‖ **für ⌐aufstellung** / wet-well o. wet-pit design ‖
⌐ausschuß m (Pap) / wet broke ‖ **⌐bagger** m,
Baggergerät n, -maschine f, (unter Wasser) / dredging
engine o. machine, dredge[r] ‖ **⌐bagger**,
Schwimmbagger m / floating o. floater dredge[r] ‖
~baggern / dredge ‖ **⌐behandlung** f / wet method o.
treatment ‖ **⌐beize** (Getreide) / immunization ‖ **~beizen**
(Landw) / immunize ‖ **⌐beständigkeit** f / humidity
resistance ‖ **⌐blank gezogen** (Hütt) / bright-wet drawn ‖
⌐bohren n / wet drilling ‖ **⌐bruchstandzeit** f
(Klebenaht) / water immersion endurance ‖
⌐bürstmaschine f (gedr.Schaltg) / wet brushing machine
‖ **~chemisches Ätzen** / wet-chemical etching ‖ **⌐dampf**
m, nasser Dampf / wet steam ‖ **⌐dehnung** f (Pap) / wet
expansion ‖ **⌐dekatiermaschine** f / wet decatizing
machine, potting equipment ‖ **⌐dekatur** f,
Pottingverfahren n / wet decatizing, potting ‖
⌐detachiermittel n / liquid stain remover, wet spotter ‖
⌐dock n / wet dock ‖ **⌐dreheinrichtung** f / coolant
arrangement ‖ **~drehen** / wet-turn vt ‖ **⌐drehofen** m /
wet-process rotary kiln ‖ **⌐druck** m / wet-on-wet
printing
Nässe f / moisture, humidity ‖ **bei ⌐** (Straßb) / when wet ‖
vor ⌐ schützen! / keep dry! ‖ **vor ⌐ schützend** (o.
geschützt) / dampproof ‖ **⌐gehalt** m / moisture content
Naß·eimerbagger m / bucket ladder dredger, elevator
dredger ‖ **⌐elektrolyt-Kondensator** m / wet
electrolytic capacitor ‖ **⌐element** n (Elektr) / wet cell,
fluid cell ‖ **⌐emulsionsverfahren** n (Phot) / wet
collodion o. wet plate process
nässen / moisten, humidify, wet
Naß·entstauber m / dust scrubber ‖ **⌐entwickler** m
(Schweiß) / wet generator ‖ **⌐fäule** f / wet rot ‖ **⌐fäule** f,
Weichfäule f durch Erwinia carotovora (Landw) /
[bacterial] soft rot ‖ **~fest** (Pap) / wet-strength… ‖
⌐festigkeit f / wet strength ‖ **geringe ⌐festigkeit** /
hygroinstability ‖ **⌐festigkeitsindex** m / wet strength
retention ‖ **⌐[feuer]löscher** m / wet fire extinguisher ‖
⌐filter n / wet type filter ‖ **⌐filz** m (Pap) / wet felt, press
felt ‖ **⌐formen** n (Gieß) / green sand moulding ‖ **⌐gehalt**
m, Feuchtigkeit f von Kohle / moisture in coal ‖

~**gekreppt** (Pap) / full- o. water-crêped ‖ ~**gemacht** / moistened, wetted ‖ ⁺**gründung** f / wet foundation ‖ ⁺**guß** m (Gieß) / green sand casting ‖ ⁺**gußsand** m (Gieß) / greensand ‖ ⁺**hüllenpressen** n (Sintern) / wet bag pressing ‖ ~**-in-naß** (Buch) / wet-in-wet ‖ ~**-in-trocken** (Buch) / wet-in-dry ‖ ⁺**kalander** m / water calender ‖ ⁺**kalk** m, Kalkmilch f (Zuck) / milk of lime ‖ ⁺**kalkung** f (Zuck) / defecation with milk of lime ‖ ~**kalt** / damp ‖ ⁺**kaschierung** f (Pap) / wet lamination ‖ ~**klassieren** (Bergb) / wet-size v ‖ ⁺**knitterechtheit** f / wet wrinkle fastness ‖ ⁺**knitterfestausrüstung** f (Textil) / wet crease resistance finish, smooth-drying finish ‖ ⁺**kollergang** m / wet-grinding edge runner, edge runner wet mill ‖ ⁺**kollergang** m **mit fester Mahlbahn für chargenweisen Betrieb** / plastic clay grinding mill ‖ ⁺**korrosion** f / cold condition corrosion ‖ ⁺**krepp** m (Pap) / full- o. water-crêped paper ‖ ⁺**kreppen** n (Pap) / wet creping o. crêping ‖ ⁺**kugelmühle** f / wet ball mill ‖ ⁺**kühlturm** m / wet cooling tower ‖ ⁺**läufer** m (Wasserzähler) / wet running meter ‖ ⁺**löffelbagger** m / dipper dredg[r] ‖ ~**löschen** (Koks) / quench wet o. by water ‖ ⁺**löscher** m (Feuerw) / wet fire extinguisher ‖ ⁺**luftfilter** m n (Kfz) / oil-wetted air cleaner ‖ ~**machen** / wet v, damp ‖ ⁺**mahlung** f / wet milling ‖ ~**mechanische Aufbereitung** (Bergb) / gravity concentration o. dressing, physical beneficiation ‖ ⁺**metallurgie** f (Hütt) / hydrometallurgy ‖ ⁺**mühle** f, -mahlgang m / wet-grinding mill ‖ ⁺**offsetdruck** m / wet offset printing ‖ ⁺**öl** n / emulsified o. cut o. wet oil ‖ ⁺**öltank** m (Ölgewinnung) / wet oil tank, wash tank ‖ ⁺**partie** f, -teil m (Pap) / wet end section, forward end ‖ ~**polieren** / wet-polish ‖ ⁺**presse** f (für Ziegel) / pug stream machine, wet clay machine ‖ ⁺**presse** f (Pap) / wet press ‖ ⁺**pressen** n / wet pressing ‖ ⁺**preßkohle** f / briquet[te] made with a binder ‖ ⁺**probe** f / wet assay o. test

Näßprobe f, Feuchtigkeitsprobe f / humidity test
Naß·prüfspannung f (Elektr) / wet test voltage ‖ ⁺**raffination** f (Öl) / wet refining ‖ ⁺**rauhmaschine** f (Textil) / wet raising machine ‖ ⁺**räume** m pl (Bau) / damp room ‖ ⁺**reiniger** m, Turmwäsche f / tower washer ‖ ⁺**reiniger** m, Gaswäscher m / wet scrubber, gas washer ‖ ⁺**reinigung** f (Aufber) / liquid purification, wet cleaning ‖ ⁺**reinigungsmaschine** f (Straßb) / wet-pickup vacuum cleaner ‖ ⁺**reißer** m, -reißmaschine f (Pap) / wet rag tearing machine ‖ ⁺**reißfestigkeit** f (Textil) / wet tenacity ‖ ⁺**reißlast** f / wet tear load ‖ ⁺**rohrmühle** f / wet tube mill ‖ ⁺**sanden** n, -sandstrahlen n / wet sand blasting, vapour blasting ‖ ⁺**scheidung** f / wet separation ‖ ~**scheuern** (Gieß) / hydroblast v ‖ ~**scheuern** (Gieß) / blast hydraulically ‖ ⁺**schlamm** m (Zuck) / wet sludge ‖ ⁺**schleifen** n, -schliff m / cool o. wet grinding ‖ ⁺**schleifmaschine** f / wet grinder o. grinding machine ‖ ⁺**schnitzel** n pl (Zuck) / wet pulp ‖ ⁺**schrämen** n (Bergb) / wet holing o. kerfing, wet cutting ‖ ⁺**sieberei** f (Aufber) / wet screening ‖ ⁺**silage** f (Landw) / fresh o. green silage ‖ ⁺**silo** m (Holzind.) / wet particle silo ‖ ⁺**spinnen** n / wet spinning ‖ ⁺**spinnen** n, Feinspinnen mit heißem Wasser (Leinen) / hot-wet spinning ‖ ⁺**spinnmaschine** f / wet-spinning frame ‖ ⁺**stoff** m (Pap) / wet pulp ‖ ~**strecken** (Leder) / set out ‖ ⁺**teilfeld** n (Web) / wet-splitting device ‖ ⁺**transferdruck** m (Färb) / wet transfer printing ‖ ⁺**trommeln** n / wet tumbling ‖ ⁺**überschlagspannung** f / wet flashover o. sparkover voltage ‖ ⁺**- [und Schlämm]verfahren** n (Bergb) / wet o. washing process ‖ ⁺**veraschung** f / acid digestion ‖ ⁺**verbrennung** f / wet combustion ‖ ⁺**veredelung** f (Textil) / wet finishing ‖ ⁺**versilberung** f / wet silvering ‖ ⁺**versuch** m / wet test ‖ ⁺**verzinkung** f / wet galvanizing ‖ ⁺**vlieslegemaschine** f / wet fleece folding machine ‖ ⁺**zelle** f (Bau) / sanitary block, plumbing unit, bathroom unit ‖ ⁺**zerkleinerung** f / wet crushing ‖ ⁺**ziehen** n,

-zug m (Draht) / wet drawing ‖ ⁺**zwirnen** n (Textil) / wet-twining
Nasturan n, Pechblende f / pitchblende, nasturan, parapitchblende
naszierend, freiwerdend (Chem) / nascent ‖ ~**er Wasserstoff** / nascent hydrogen
Nathanverfahren n (Brau) / Nathan process
National·es Bestätigungssystem / national certification system ‖ ~**e Norm** / national standard ‖ ⁺**er Normenverband** / National Standards Body ‖ ~**e Nummer** (Fernm) / national number
Nationalitäts·-Kennzeichen n (Kfz) / national plate o. tag, nationality plate
Nationalpark m / national park
nativ·e Cellulose / true cellulose ‖ ~**e Stärke**, Kristallstärke f / crystal starch
Natrium, Na n / sodium, Na ‖ ⁺ **enthaltend** (o. zugehörig) / sodaic, sodic, sodio... ‖ ⁺**acetat** n / sodium acetate ‖ ⁺**aluminat** n / sodium aluminate ‖ ⁺**amid** n / sodium amide, sodamide ‖ ⁺**ammonium-Hydrogenphosphat**, Phosphorsalz n / sodium ammonium hydrogen phosphate ‖ ⁺**azid** n / sodium azide ‖ ⁺**bicarbonat** n / sodium hydrogen carbonate o. bicarbonate ‖ ⁺**bichromat** n, -dichromat n / bichromate of sodium ‖ ⁺**bisulfit** n / sodium bisulphite ‖ ⁺**boden** m / sodic soil ‖ ⁺**brechweinstein** m / antimonyl sodium tartrate ‖ ⁺**chlorid** n / sodium chloride ‖ ⁺**chromat** n / sodium chromate ‖ ⁺**cyanid**, Cyannatrium n / sodium cyanide ‖ ⁺**dampflampe** f / sodium vapour lamp, sodium discharge lamp ‖ ⁺**dampf-Niederdrucklampe** / low pressure sodium vapour discharge lamp ‖ ⁺**disulfit** n (Phot) / sodium metabisulphite ‖ ⁺**dithionit** n, -hydrosulfit n, -hyposulfit / sodium dithionite ‖ ⁺**-D-Linie** f / D-line ‖ ⁺**ethylat** n / sodium ethylate, caustic alcohol (US) ‖ ⁺**falle** f (warm o. kalt) (Nukl) / sodium [hot o. cold] trap ‖ ⁺**fett** n / soda grease, sodium-base grease ‖ ⁺**fluorid**, Fluornatrium n / sodium fluoride ‖ ⁺**fluorsilikat** n / sodium fluorosilicate ‖ ⁺**form** f (Chem) / sodium form, Na-form ‖ ⁺**gekühlt** / sodium-cooled ‖ ⁺**gekühlter graphitmoderierter Reaktor** / SGR, sodium cooled, graphite moderated reactor ‖ ~**gekühlter Reaktor** (Nukl) / sodium cooled reactor ‖ ⁺**goldchlorid** n / gold sodium chloride ‖ ⁺**graphitreaktor** m / sodium graphite reactor ‖ ⁺**härte** f (Ionenaustauscher) / sodium concentration ‖ ⁺**hexametaphosphat** n / sodium hexametaphosphate ‖ ⁺**hydro[gen]carbonat** n / sodium hydrogen carbonate ‖ ⁺**hydrogensulfat**, -bisulfat n / sodium acid sulphate ‖ ⁺**hydrogensulfid** n, -bisulfid n / sodium disulphide ‖ ⁺**hydrosulfit** n, -dithionit n / sodium dithionite ‖ ⁺**hydroxid** n, Ätznatron n / caustic soda, sodium hydroxide o. hydrate ‖ ⁺**hypochlorit** n, unterchlorigsaures Natrium / sodium hypochlorite ‖ ⁺**hypochloritlauge** f, -lösung f, Natronbleichlauge f / Javelle water (US), Javel water (GB) / verdünnte ⁺**hypochloritlösung** / Carrel-Dakin solution ‖ ⁺**ion** n / sodion ‖ ⁺**kabel** n / sodium [filled] cable ‖ ⁺**karbonat** n, Soda f / sodium carbonate, carbonate of sodium, soda (US), soda ash (GB), soda [salt] ‖ ⁺**metall** n / sodium metal ‖ ⁺**nitrat** n, Natronsalpeter m / sodium nitrate, nitrate of sodium, saltpeter ‖ ⁺**nitrit** n / sodium nitrite ‖ ⁺**orthophosphat** n / trisodium phosphate(V) ‖ ⁺**permanganat** n, übermangansaures Natrium / permanganate of sodium ‖ ⁺**peroxid** n / sodium peroxide o. dioxide o. superoxide ‖ ⁺**phosphat** n / sodium phosphate ‖ ⁺**phosphid**, Phosphornatrium n / sodium phosphide ‖ ⁺**salz** n / sodium salt ‖ ⁺**-Schwefelbatterie** f (Elektr) / sodium-sulphur acccumulator ‖ ⁺**seife** f, Sodaseife f / soda soap ‖ ⁺**silikat** n / sodium silicate ‖ ⁺**stannat**, Präpariersalz n (Textil, Galv) / preparing salt, sodium stannate ‖ ⁺**sulfat** n / sodium sulphate ‖ **saures ⁺sulfat** (Färb) / acid sodium sulphate ‖ **neutrales ⁺sulfat**, Glaubersalz n / sodium sulphate, Glauber's salt ‖ ⁺**sulfid** n / sodium

sulfide || ⁎sulfit *n*, schwefligsaures Natrium / sodium sulphite || ⁎tetraborat *n*, Borax *m* / sodium [tetra]borate o. pyroborate || ⁎tetraphenyloborat, Kalignost *n* (Zement) / sodium tetraphenyloborate || ⁎thiosulfat, Fixiersalz *n*, Antichlor *n* / sodium thiosulphate, fixing salt, antichlor[ine] || ⁎uranat *n* / uranium yellow, sodium uranate || ⁎verbindung *f* / sodium derivative || ⁎zelluloseglykolat *n* / sodium carboxymethyl cellulose, CMC || ⁎zellulosexanthogenat *n*, Viskose *f* / sodium cellulose xanthogenate, viscose

Natro·calcit *m* (Min) / natrochalcite || ⁎jarosit *m* (Min) / natrojarosite || ⁎lith *m* (Min) / natrolith

Natron *n* (Chem) / sodium bicarbonate o. hydrogen carbonate, natron || ⁎ (Min) / natron, hydrated native sodium carbonate || ⁎asbeströhrchen *n* (Chem) / soda-asbestos tube || ⁎bleichlauge *f* / Labarraque's solution || ⁎feldspat *m* / sodic fel[d]spar || ⁎glas *n*, Sodaglas *n* / soda glass || ⁎haltig, Soda enthaltend / containing soda || ⁎kalk *m* / soda lime || ⁎-Kalkglas *n* / soda-lime[-silica] glass || ⁎-Kalk[-Silikat]-Glas *n* / soda-lime[-silica] glass || ⁎lauge *f* / caustic soda hydrated o. lye, soda lye || ⁎papier *n* / sodium paper, soda paper (US) || ⁎salpeter *m* / nitrate of sodium, cubic nitre o. saltpeter || ⁎salpeter *m*, Chilesalpeter *m* / Chile saltpeter o. niter o. saltpetre (GB) o. nitre (GB) || ⁎see *m*, Salzsee *m* / soda lake || ⁎seife *f* / hard o. soda soap || ⁎verseifung *f* / sodium base saponification || ⁎wasserglas *n* / silicate of sodium, soda water glass || ⁎zellulose *f*, -zellstoff *m* / sodium cellulose o. woodpulp, soda pulp

Natté *m* (Web) / natté

Natur, Art *f* / kind, nature, disposition || ⁎, Beschaffenheit *f* / nature, quality || ⁎…, natürlich / nature…, natural || ⁎…, elementar / elemental, natural || ⁎… (Bergb) / native || von ⁎ [angeboren] / constitutional

Natural·farbe *f*, -tinte *f*, -schwarz *n* / neutral tint

Natur·asphalt *m* / natural asphalt [rock], native asphalt || gereinigter ⁎asphalt / épuré || ⁎benzin, Rohrkopfbenzin *n* / natural gasoline (US) || ⁎bims *m*, Naturbimsstein *m* / pumice *n* || ⁎brandsohle *f* / leather insole || ⁎braun (Pap) / natural unbleached || ⁎darm *m* / sausage casing

Naturell-Tapete *f* / ordinary wallpaper

Natur·erscheinung *f* / phenomenon, appearance || ⁎erzeugnis *n* (allg) / natural product || ⁎farbe *f*, Eigenfarbe *f* / natural colour || ~farben, ungebleicht (Textil) / gray, grey (GB) || ~farben (Wolle) / natural undyed, beige || ⁎farbstoff *m* / natural dyestuff || ⁎fasern *f pl* / natural fibres *pl* || ⁎forscher *m* / naturalist, student of natural science || ⁎gas *n* / casing head gas, natural gas, native gas || ~gegebene Funkstörung / natural noise || ⁎gesetz *n* / law of nature, principle || ~gesetzlich, physikalisch (Phys) / physical || ~getreu / true to nature || ~getreue Wiedergabe / faithful reproduction || ⁎glimmer *m*, Blockglimmer *m* / crude o. natural mica || in ⁎größe zeichnen / draw to full o. life size || ⁎hafen *m* / natural harbour || ~hart, von SS-Qualität (Stahl) / self-hardening || ~hart (Walzerzeugnis) / with as-rolled hardness || ⁎härte *f* / natural hardness || ⁎harz *n* / natural resin || ⁎holzfarbe *f*, natürliche Holzfarbe / natural wood colour || ⁎kalkstein *m* (Bau) / rubble [stone] || ⁎kante, Walzkante *f* (Hütt) / mill edge || ⁎karde *f* / teazle || ⁎karden-Rauhmaschine *f* (Textil) / natural teazle raising machine || ⁎kautschuk *m*, NR / caoutchouc, natural o. India- o. india-rubber, NR || ⁎konstante *f* / natural o. physical constant || ⁎kraft *f* / natural force || ⁎kraft, -kräfte *f pl* / physical agents *pl* || ⁎-Krumpfmaschine *f* (Textil) / natural shrinking machine || ⁎lehrpfad *m* / nature trail

natürlich, Natur… / natural || ~e Abnutzung / wear and tear || ~er Ankerplatz (Hydr) / natural roadstead || ~e

Atmung / natural aspiration || ~e Barriere / natural barrier || ~e Belüftung (Tunnel) / natural ventilation || ~er (o. roher) Borax, Tinkal *n* / native borax || ~e Einflüsse ausübend / appearing in nature || ~e *f* Einheit des Informationsinhalts, NAT / natural unit of information content, NAT || ~e Einheiten *f pl* / natural units || ~e Energiequellen *f pl* / natural energy sources *pl* || ~e Erdstrahlung / background radiation || ~er Farbstoff / natural dyestuff || ~ gewachsen / grown || ~e (o. naturgegebene) Grenze / physical barrier || ~e Grenzen durch das Gelände (Bau) / site limitation || ~e Größe, natürlicher Maßstab / natural o. plain o. full scale o. size, real o. actual o. life size || ~e Grundstrahlung / background exposure || ~e Hintergrundstrahlung / natural background [radiation] || ~e Holzfarbe / natural wood colour || ~e Isotopenhäufigkeit (Nukl) / natural abundance, isotopic abundance || ~er Kanal / channel || ~e Kohlenwasserstoffe *m pl* / native hydrocarbons *pl* || ~e Koordinaten *f pl* / natural coordinates *pl* || ~er Korund / mineral corundum || ~e Kräuselung (Textil) / natural crimps *pl* || ~er Logarithmus / Napierian logarithm, natural o. hyperbolic logarithm, ln || ~er Luftstrom o. -zug, Selbstzug *m* / natural draft o. draught o. ventilation || ~er Magnet / natural magnet, lodestone || ~er Mangel / inherent vice || ~er Maßstab (Zeichn) / natural size o. scale || ~e o. native Zellulose / natural cellulose || ~e Radioaktivität / natural radioactivity || ~e Reserven *f pl* / natural reserves *pl* || ~e Schwindung / air shrink[age] || ~e Sprache / natural language || ~e Stärke / native starch || ~e Stimmung (Musik) / natural o. just scale, natural pitch, just temperament || ~e Streckgrenze (Ggs. Dehngrenze) / yield strength, proof stress || ~e Trocknung (Holz) / natural seasoning || ~e Umwelt / natural environment || ~ [vorkommend], jungfräulich (Bergb) / native || ~e Zahl (Math) / natural number || ~e Zahlen *f pl* (Math) / natural series

Natur·nässe *f* / natural amount of moisture || ⁎papier *n* / non-coated o. uncoated paper || ⁎pappe *f* / unbleached cardboard || ⁎poliert (Holz) / natural wood finish || ⁎sandstein *m* / natural sandstone || ⁎schutz *m* / nature conservation || ~schwarz / natural black || ⁎seide *f* / real o. cultivated o. natural o. mulberry silk || ⁎stein *m* / natural stone, virgin stone || ⁎stein-Imitation *f* / French stuc || ⁎steinmauer *f* / natural stone wall || ⁎steinwerkstück *n* / cut ashlar || ⁎straße *f* (Straßb) / dirt road || ⁎uran *n* / natural uranium || ⁎uranreaktor *m* / natural-uranium-fueled reactor || ⁎vaseline, Rohvaseline *f* / petrolatum stock (US) || raffinierte ⁎vaseline / petroleum jelly (US) || ⁎versuch *m* (Korros) / test under natural conditions || ⁎walzkante *f* / rough-rolled edge || ⁎werkstein *m* (Bau) / natural stone, ashlar || ⁎wissenschaft *f* (einschl. Physik) / natural science, hard science (US) || ⁎zement *m* / natural cement || ⁎zug-Kühlturm *m* / natural draught cooling tower

Nautik *f*, Schiffahrtskunde *f* / navigation, nautics *pl*

nautisch / nautical || ~e Dämmerung / nautical twilight || ~er Kalender, -es Jahrbuch / nautical almanac || ~e Karte / nautical chart o. map, [sea] chart || ~e Meile (Maße s. unter Meile) / nautical mile

Navaglobe-Verfahren *n* (Ortung) / navaglobe system

navalisieren, den Schiffsbedürfnissen anpassen / navalize *vt*

Navigation *f* / navigation || ⁎, Schiffahrt *f* / sailing, navigation || ⁎ mit Hilfe von Satelliten (Schiff) / satellite navigation || ⁎ nach Mikrowellenstrahlung von Gestirnen / celestial radio tracking

Navigations·… / navigational || ⁎boje *f* / navigation buoy || ⁎funkdienst *m* / navigational radio service || ⁎hilfe *f* / navigational aid, navaid || ⁎planet *m* / navigational planet || ⁎radar *m n* / navigational radar || ⁎raum *m* (Schiff) / chart room || ⁎rechengerät *n* (Luftf) / airborne computer || ⁎rechner *m* / navigation computer || ⁎satellit *m* / navigation satellite, NAVSAT

Navigator *m*, Navigationsoffizier *m* (Luftf) / navigator
navigieren / navigate
Navoid *n* (Math) / navoid
NAVSTAR-System *n* (Luftf) / NAVSTAR system
N.b.z.u. s. Normalbenzinunlösliches
NC-..., / N/C ..., numerically controlled
NC *n* **im Teilnehmerbetrieb** / time sharing numerical
control, TSNC ‖ **⌐-Maschine** *f* / N/C machine,
numerically controlled machine
NCR-Papier *n* / NCR-paper
ND (Rohrleitung) = Nenndruck ‖ **⌐** *m*, Niederdruck *m* / low
pressure, LP
NDIRA (Abgas) = nicht dispersives Infrarot-Absorptionsgerät
nd-Kabel *n* (Elektr) / nd-cable (= non draining)
NDRO-Verhalten *n* (= non destructive read-out) (DV) /
non-destructive read-out or reading, NDRO-behaviour
NDRW-Verhalten *m* (= non destructive read and write)
(DV) / NDRW-behaviour
NE..., Nichteisen... / nonferrous, non-ferruginous
Neapel·gelb, Bleiantimoniat *n* (Keram) / lead antimoniate,
Naples yellow ‖ **⌐grün** *n* / chrome green, chromic
oxide, chromium sesquioxide
Near-Letter-Qualität *f* (Drucker) / near letter quality,
NLQ
Near-Net-Shape-Technologie *f* (z.B. für Sinterteile) /
near-net-shape technology
Nebel *m* / fog ‖ **⌐** (z.B. Ölnebel) (Chem) / mist ‖ **⌐** (Astr) /
nebula (pl: nebulae) ‖ **⌐**, Rauch *m* (Mil) / smoke ‖ **⌐**
(sehr dicht) (Luftf, Schiff) / pea soup (coll) ‖ **leichter ⌐**
(Meteorol) / mist ‖ **⌐apparat** *m* (Brau) / spraying
apparatus ‖ **⌐bank** *f* (Schiff) / fog bank ‖ **⌐bildung** *f* /
nebulosity ‖ **⌐düse** *f* / mist projector ‖ **~gekühlt** (Nukl) /
fog cooled ‖ **⌐horn**, -signal *n* / foghorn ‖ **⌐kammer** *f* /
cloud chamber ‖ **⌐kühlung** *f* / fog cooling ‖ **⌐leuchte** *f*
s. Nebelscheinwerfer u. Nebelschlußleuchte ‖ **⌐lichtsignal** *n* /
fog repeater ‖ **⌐-Lichtung** *f* (Luftf) / fog dispersal ‖
⌐pfeife *f*, -signal *n* / fog whistle ‖ **⌐radar** *m n* /
weather radar ‖ **⌐-Rückstrahlung** *f* (Radar) / fog return
‖ **⌐schallsignal** *n* / air fog signal ‖ **⌐scheinwerfer** *m*
(Kfz) / fog lamp, adverse weather lamp (US) ‖
⌐schleier, Rauchschleier *m* / smoke screen, screening
smoke ‖ **⌐schlußleuchte** *f*, -rückleuchte *f* / rear fog
lamp, fog tail lamp, adverse weather warning lamp (US)
‖ **⌐spur** *f* (Wilsonsche Kammer) / cloud track ‖ **⌐wand**
f (Mil) / smoke screen ‖ **eine ⌐wand legen**, ein-,
vernebeln / lay a smoke-screen ‖ **⌐werfer** *m* (Mil) /
rocket launcher system Nebel ‖ **⌐zerstreuer** *m* (Luftf) /
fog dispersal service ‖ **⌐zone** *f* (z.B. in chemischen
Verfahren) / mist zone
Neben·..., zusätzlich / additional, accessory ‖ **⌐...**,
Seiten... / collateral, lateral, side... ‖ **⌐...**, Sonder... /
extra ‖ **⌐...**, getrennt / separate ‖ **⌐...**, nebensächlich /
side..., incidental ‖ **⌐abtrieb** *m* / power take-off ‖
⌐achse *f* (Math) / conjugate axis, secondary axis ‖
⌐achse *f* (Hyperbel) / imaginary axis ‖ **⌐achse**, kleine
Achse (Math) / minor axis ‖ **⌐amt** *n* (Fernm) / satellite
exchange ‖ **⌐anlagen** *f pl* (Bahn) / premises *pl* ‖
⌐anlagengebäude *n* (Kraftwerk) / service building ‖
⌐anode, Hilfsanode *f* / auxiliary anode ‖ **⌐anschluß** *m*
(Fernm) / substation, subscriber's station, extension ‖
⌐anschlußleitung *f* (Fernm) / extension line ‖ **⌐antrieb**
m (Kfz) / accessory drive, auxiliary drive ‖
⌐antriebssperre *f* (Kfz) / auxiliary drive lock ‖
⌐apparat *m*, Hilfsapparat *m* / accessory o. additional o.
auxiliary o. supplementary apparatus o. implement ‖
⌐arbeit, -beschäftigung *f* / part-time work, byjob,
bywork ‖ **⌐ausfall** *m* (Qual.Prüf) / minor failure ‖
⌐ausgaben *f pl* / extras *pl*, incidental expenses *pl* ‖
⌐ausgang *m*, -tür *f* / side- o. by-door ‖ **⌐bahn** *f*, -linie *f*
(Eisenb) / secondary o. branch line o. railway, shortline
railroad (US) ‖ **an der ⌐bahn** (Pap) / side-run ‖
⌐bedingung *f* / secondary condition ‖ **⌐befehl** *m* (DV) /
branch order ‖ **⌐betrieb** *m* / auxiliary plant ‖ **⌐betriebe**
m pl / auxiliary plants and shops o. installations *pl*,

service shops *pl* ‖ **⌐bild** *n* / secondary image ‖
⌐diagonale *f* (Math) / secondary diagonal
neben einander / side by side ‖ **~**, parallel (Elektr) / in
parallel ‖ **~gelagert** (Pleuel) / side-by-side ‖ **~legen** /
juxtapose, place side by side ‖ **~[liegend]** / adjacent ‖
~liegend (Windungen) / contiguous ‖ **abwechselnd**
~liegend / alternately side by side ‖ **in Reihe ~setzen** /
set in line ‖ **⌐vorkommen** *n* / simultaneous occurrence
o. presence
Neben·entladung *f*, seitliche Entladung / lateral discharge
‖ **⌐entwicklung** *f* (Raumf) / spin-off development ‖
⌐ergebnis *n* / spillover, spin-off ‖ **⌐erwerbsbetrieb** *m*
(Landw) / semi-farming, part-time farming ‖ **⌐erzeugnis**
n / byproduct ‖ **⌐erzeugnisanlage** *f* / by-product works
‖ **⌐erzeugnisgewinnung** *f* / recovery of by-products ‖
⌐faden *m* (Web) / extra thread ‖ **⌐farbe** *f* / secondary
colour ‖ **⌐fehler** *m* (Qual.Prüf) / minor defect ‖ **⌐flöz** *n* /
branch vein ‖ **⌐flügel** *m* / lateral o. side wing ‖ **⌐flügel**
m (z.B. Fortsetzung einer Kolonnade) (Bau) / return ‖
⌐fluß, Zufluß *m* / tributary [stream], influent, affluent,
feeder ‖ **⌐freifläche** *f* (Wz) / minor flank ‖ **⌐frequenz** *f*
/ secondary frequency ‖ **⌐gang**, Quergang *m* (Bergb) /
counterlode ‖ **⌐gang** *m*, Seitengang *m* (Bau) / lateral
alley o. passage ‖ **⌐gebäude** *n* / annex, detached o.
additional building ‖ **⌐gebäude** *n*, Dependance *f* /
dependency ‖ **⌐gebäude** *n* (durch Laufgang mit dem
Flughafengebäude verbunden) (Luftf) / satellite ‖
[separates] ⌐gebäude / outbuilding, outhouse (GB) ‖
⌐geräusch *n* (allg) / ambient o. wild noise ‖ **⌐geräusch**
n (Fernm) / extraneous o. parasitic o. secondary noise ‖
oberster zugelassener ⌐geräuschpegel (Elektronik) /
squelch level ‖ **⌐geräuschunterdrücker** *m* (Elektronik) /
X-stopper ‖ **⌐gestein** *n* (Geol) / secondary rocks *pl*,
surrounding strata *pl* ‖ **⌐gestein** *n* (Bergb) / partition o.
wall rock, country [rock] ‖ **⌐gleis** *n* (Bahn) / secondary
track, service line o. track, sidetrack ‖ **⌐graben** *m*,
-kanal *m* / side drain ‖ **⌐gruppe**, -klasse *f*, -komplex *m*
(Math) / coset ‖ **⌐impuls** *m* (Elektronik) / spurious pulse ‖
⌐kanal *m* (Abwasser) / subsidiary o. tributary canal ‖
⌐kern *m* / paranucleus ‖ **⌐keule** *f*, -zipfel, -lappen *m*
(Antenne) / minor lobe, spurious o. side lobe ‖
⌐keulen-Abfrageunterdrückung *f* (Radar) / side lobe
suppression, SLS ‖ **⌐kolben** *m* / slave piston ‖
⌐kontakt *m* / accessory contact ‖ **⌐kopplung** *f*
(Elektronik) / stray coupling ‖ **⌐kosten** *pl*,
Unvorhergesehenes *n* / incidentals *pl*, extra charges *pl* ‖
⌐last *f* (Masch) / by-weight ‖ **⌐licht** *n* (Phot) / spill o.
stray light ‖ **⌐lichtfilter** *n* (TV) / stray light filter ‖
⌐lichtfleck *m* / flare spot ‖ **⌐linie** *f* (Bahn) / secondary
o. siding line ‖ **⌐linie**, Verbindungslinie *f* (Bahn) /
junction line o. railway ‖ **⌐luft** *f*, falsche Luft /
secondary o. additional air, air [entering through a]
leak, bleed air ‖ **⌐luft** *f*, Zusatzluft *f* / supplementary air
‖ **⌐lufteinlaß** *m* (Kfz) / supplementary air intake, air
bleed opening (US) ‖ **⌐maschine** *f* (DV) / detail
machine ‖ **⌐materialien** *n pl* (Bau) / subsidiary materials
pl ‖ **⌐maximum** *n* (Antenne) / secondary lobe o. ear ‖
⌐metall, Begleitmetall *n* / accessory metal ‖
⌐mondhalo *n* / mock moons *pl* ‖ **⌐netz**, Hilfsnetz *n*
(Elektr) / feeder circuit ‖ **⌐periode**, Kleinperiode *f* (DV) /
minor cycle ‖ **⌐pfeiler** *m* (Bergb) / man-of-war pillar ‖
⌐pleuelstange *f* (Mot) / articulated connecting rod, link
connection rod ‖ **⌐produkt** *n*, -erzeugnis *n* / by-product
‖ **⌐produktenkokerei** *f* / byproduct coking plant ‖
⌐quantenzahl *f* (Phys) / azimuthal o. secondary
quantum number ‖ **⌐rad** *n* / follower [wheel] ‖
⌐rahmen *m* (Kfz) / underframe [of a carriage],
subframe ‖ **⌐raum** *m* / side room, backroom, adjoining
room ‖ **⌐räume** *m pl* (Bau) / arrangements *pl* ‖
⌐reaktion *f* / secondary reaction ‖ **⌐resonanzen**,
-wellen *f pl* (Quarz) / spurious resonances *pl*
nebensächlich, unwesentlich / accidental, incidental ‖ **~**,
Neben... / accessory, by... ‖ **~**, vernachlässigbar /

711

negligible ‖ ~er Fehler / incidental defect, irregularity ‖ ~es n / secondary

Neben·säule f (im mehrsäuligen Hängewerk) / princess o. side post of a truss ‖ ~scheinwerfer m / secondary searchlight

Nebenschluß m (Elektr) / shunt, by-pass ‖ ~... / shunt wound ‖ im ~ [gelegt o. geschaltet] (Elektr) / placed in shunt, shunted ‖ im ~ legen oder schalten (Elektr) / shunt, connect side by side, connect in parallel o. across ‖ ~bremse f / shunt brake ‖ ~charakteristik f s. Nebenschlußverhalten ‖ ~dämpfungswiderstand m (Elektr) / diverter ‖ ~dauerwiderstand m, Vorbelastungswiderstand m, Spannungsteiler m / bleeder resistor ‖ ~-Einrichtung f / shunting device, shunter ‖ ~erregung f (Elektr) / shunt excitation ‖ ~generator m mit Stabilisierungswicklung / stabilized shunt generator ‖ ~kommutatormotor m, -kollektormotor m / shunt connected commutator motor ‖ ~leitung f / parallel line o. circuit, shunt line ‖ ~maschine f (Elektr) / shunt dynamo o. generator ‖ ~messer m für Kabel (Elektr) / shunt meter ‖ ~motor m / shunt motor ‖ ~motor m mit Stabilisierungswicklung / stabilized shunt motor ‖ ~-Phasenkompensator m / susceptor phase advancer ‖ ~regler m, -Regulierwiderstand m (Elektr) / field-coil regulator, shunt [dynamo] regulator ‖ ~reglung f / shunt control ‖ ~relais n / shunt field relay, diverter relay ‖ ~schaltung f / shunt connection, shunting ‖ ~spule f (Elektr) / shunt coil ‖ ~strom, Zweigstrom m / shunt o. branch current ‖ ~stromkreis m, Shunt m (Elektr) / shunt [circuit], derived circuit ‖ ~-Übergangsschaltung f (Bahn) / short circuit transition ‖ ~verhalten n, -charakteristik f (Elektr) / shunt characteristics pl, constant-speed characteristics pl ‖ ~verhältnis n / shunt ratio ‖ ~wicklung f (Elektr) / shunt o. bleeder winding ‖ ~wicklung parallel zu Anker und Hauptschlußwicklung (Kompoundmasch) (Elektr) / long shunted circuit ‖ ~wicklung f parallel zum Anker, in Serie mit Hauptschlußwicklung (Kompoundmaschine) / short shunted circuit ‖ ~widerstand m (Elektr) / bleeder o. shunt resistor ‖ ~widerstand m mit hoher Selbstinduktion / highly inductive shunt ‖ ~zweig, Querzweig m (Elektronik) / shunt arm

Neben·schneide f (Dreh) / minor cutting edge ‖ ~schneidenwinkel m des Meißels (Dreh) / side rake of the tool ‖ ~sender m (Radio) / wireless (GB) o. broadcast o. radio (US) relay transmitter ‖ ~sender, Tochtersender m (Decca) / slave ‖ ~signal, Hilfssignal n (Bahn) / subsidiary signal ‖ ~sonnenhalo n / mock suns pl ‖ ~spanfreifläche f, Nebenspanfläche f / second land of the face o. flank ‖ ~spannung f (Mech) / secondary stress ‖ ~spitzenfläche f / minor apex face ‖ ~sprechdämpfung f (Fernm) / crosstalk attenuation ‖ ~sprechdämpfungsmesser m (Fernm) / crosstalk [attenuation] meter ‖ ~sprech-Einheit f / crosstalk unit ‖ ~sprechen n (Fernm) / crosstalk ‖ [un]verständliches ~sprechen / [un]intelligible crosstalk ‖ ~sprechkopplung f (Fernm) / transversal crosstalk coupling ‖ ~spur f (Straßb) / additional lane ‖ ~station f (Funk) / slave [station] ‖ ~stelle f (Fernm) / subscriber's extension station, subscriber's apparatus of an extension line ‖ ~stelle f (Fernm) / subscriber's apparatus of an extension line ‖ voll amtsberechtigte ~stelle / unrestricted extension ‖ ~stellenanlage f mit Amtsanschluß / private branch exchange, P.B.X. ‖ ~stellenanlage f mit Durchwahl (Fernm) / direct inward dialling o. DID PABX ‖ ~stellenanlage f mit Selbstwählbetrieb und Amtsanschluß / private automatic branch exchange, P.A.B.X. ‖ ~stellendurchwahl f (Fernm) / direct inward dialling

Nebenstellen-Vermittlung f / private branch exchange switching

Neben·stellenzentrale f, Hauszentrale f (Fernm) / private branch exchange, PBX ‖ ~stollen, Seitengang m (Bergb) / lateral ‖ ~straße f (Straßb) / branch road ‖ ~straße f, -weg m (städtisch) / (Landstraße) by-road, (Stadt) bystreet ‖ ~straße f, Seitenweg m / cross-country road ‖ ~strecke f (Bahn) / secondary line, light railway ‖ ~strom m (Luftt, Triebwerk) / bypass flow ‖ ~stromfilter n (Mot) / partial flow filter ‖ ~stromsepariereinrichtung f für Öl / by-pass separating apparatus ‖ ~strömung f / secondary flow ‖ ~stromverhältnis n (Luftf) / by-pass ratio ‖ ~träger, Hilfsträger m (TV) / subcarrier ‖ ~treppe f / service stairs pl, side stairs pl, backstairs pl ‖ ~tür f, -eingang m / private door o. entrance ‖ ~uhr f (Elektr) / secondary o. receiving clock ‖ ~valenz, -wertigkeit f (Chem) / auxiliary o. partial valency ‖ ~valenz f (Singlettbindung) (Chem) / semivalence ‖ ~verstärkeramt n (Fernm) / secondary repeater station ‖ ~viererkopplung f (Fernm) / adjacent phantom circuit ‖ ~weg m (unbeabsichtigt) (DV) / sneak path ‖ ~wegzweig m (Elektronik) / bypass arm ‖ ~welle f (Masch) / auxiliary o. secondary shaft ‖ ~wellen... (Elektronik) / spurious ‖ ~wellenresonanz f / sympathetic resonance ‖ ~wellen-Seitenband n / spurious sideband ‖ ~welligkeit f im Durchlaßbereich (Halbl) / passband spurious ‖ ~wertigkeit f s. Nebenvalenz ‖ ~widerstand m (Instr) / instrument shunt ‖ ~widerstand m (Elektr) / shunt resistance ‖ ~winkel m, Supplementwinkel m (Math) / adjacent o. adjoining angle, contiguous o. supplementary angle ‖ ~winkel m, Supplementwinkel m (Math) / adjoining angle ‖ ~winkel m, Supplementwinkel m (Math) / contiguous angle ‖ ~winkel m, Supplementwinkel m (Math) / supplementary angle ‖ ~wirbel m (Luftf) / boss eddy o. vortex ‖ ~wirkung f, -effekt m / secondary o. side effect o. action ‖ ~wirkung f, -effekt m / secondary action ‖ ~wirkung f, -effekt m / side action ‖ ~wirkung f, -effekt m / side effect ‖ ~zeit f (F.Org) / ancillary time, auxiliary progress time, nonproductive time ‖ ~zimmer n, -raum m / room next to..., adjoining room ‖ ~zimmer n (privat) / by-room ‖ kleines ~zimmer / small by-room ‖ ~zipfel m (Antenne) / side lobe ‖ ~zipfelecho n (Radar) / side echo

Nebulium n, "verbotene" Spektrallinien f pl (Astr) / nebulium

Neckaltest m, Seifenblasentest m / soap bubble test

NEC-Vorschrift f [der UL] (entspricht den VDE-Vorschriften) / National Electric Code, NEC (US)

Neefscher Hammer m (Elektr) / magnetic hammer break o. interrupter

Néel·-Punkt m / Néel point ‖ ~-Temperatur f (antiferromagnetische Curie-Temperatur) / Néel temperature

NEG = Neutroneneinfang-Gammaspektroskopie

Negation f (Regeln) / inversion ‖ ~, boolesche Komplementierung f (DV) / negation, NOT-operation, inversion, Boolean complementation ‖ ~-Baustein m (Pneum) / NOT-relay ‖ ~-Differenzdruckschalter m (Pneum) / threshold NOT relay

Negationszeichen n / NOT symbol

negativ / negative ‖ ~, in negativer Richtung / negative-going ‖ ~, negatives Bild (Phot) / negative [picture] ‖ ~e Anzeige / downscale reading ‖ ~er Auftrieb, Abtrieb m / negative lift ‖ ~er Bahnwiderstand (Halbl) / bulk negative resistance ‖ ~e Beschleunigungskraft (in Richtung Fuß-Kopf) (Raumf) / negative o. minus g ‖ ~e Boostermaschine (Elektr) / suction o. sucking booster ‖ ~er differentieller Leitwert (Halbl) / negative differential conductance ‖ ~er Druckausgleich für Unterleib (Skylab) / lower-body negative pressure device ‖ ~er einachsiger Kristall / negative mineral ‖ ~ elektrisch / negatively electric, electronegative ‖ ~e Elektrizität / negative electricity ‖ ~e Elektrode / negative plate ‖ ~es Elektron, Negatron n / negative

electron, negatron, negaton ‖ ~er **Farbauszug** (Phot) /
colour separation negative ‖ ~es g (Raumf) / negative g,
minus g ‖ ~e **g-Toleranz** (Raumf) / negative g tolerance
‖ ~er **Katalysator** / depressor ‖ ~e **Katalyse**,
Reaktionshemmung f (Chem) / reaction inhibition,
negative catalysis ‖ ~er **Koeffizient** (Math) / minus
coefficient ‖ ~er **Kristall** / negative crystal ‖ ~e
Ladung (Elektr) / minus charge ‖ ~er (o. voreilender o.
kapazitiver) **Leistungsfaktor** / leading power factor ‖
~er **Lenkrollradius o. Sturz** (Kfz) / negative scrub
steering geometry ‖ ~ **moduliertes Videosignal** (TV) /
negative video-signal ‖ ~es **Moment** (Mech) / hogging
bending moment ‖ ~e **Multiplikation** / subtractive o.
negative multiplication ‖ ~er **M-Wert** / equivalent of
mineral acids ‖ ~es **Nachbild** (Opt) / negative afterimage ‖ ~e **Pfeilstellung des Flügels** (Luftf) / sweep-
forward ‖ ~er **Pol** / negative pole ‖ ~e **Polung der
Elektrode** (Schweiß) / straight polarity ‖ ~e **Quittung**,
Schlechtmeldung f, -quittung f / NAK, negative
acknowledge ‖ ~es **Quittungszeichen**,
Schlechtmeldung f / negative acknowledge character,
NAK character ‖ ~e **Reaktivität** / negative o. deficit
reactivity ‖ ~er **Richtung**, negativ / negative-going ‖
~e **Rückführung**, Gegenkopplung f (Regeln) / negative
follow-up ‖ ~e **Rückkopplung** (Elektronik) / inverse
feedback, countercoupling ‖ ~e **Steigung** (Masch, Luftf) /
reverse pitch, inverse pitch ‖ ~er **Sturz** (Kfz) / negative
scrub steering geometry, negative camber rake o. wheel
rake ‖ ~er **Synchronisierimpuls** / negative-going sync
pulse ‖ ~es **Verfahren** (Phot) / negative process ‖ ~e
Verwindung (Luftf) / wash-out ‖ ~ **verwunden** (Luftf) /
washed-out ‖ ~e **Vorspannung** (Elektronik) / negative
bias ‖ ~e **Vorspur**, Nachspur f (Kfz) / toe-out ‖ ~es
Vorzeichen, Minuszeichen n / negative o. minus sign ‖
~e **V-Stellung der Flügel** (Luftf) / anhedral angle ‖ ~er
Wirkleitwert (Halbl) / negative conductance ‖
~**-Amplitudenmodulation** f / negative amplitude
modulation ‖ ~**bild**, Umkehrbild n / reversed o.
negative image ‖ ~**druck** m (Buch) / reversed printing ‖
~**einfärbung** f (Mikrosk) / negative staining ‖
~**entwickler** m (Phot) / negative developer ‖ ~**farbfilm**
[für Papierabzüge] m / negative colour-film ‖ ~**film** m /
negative film ‖ ~**filmmaterial** n / negative film [stock]
‖ ~**-Frequenzmodulation** f / negative frequency
modulation
Negativität f (Elektr) / negativity
Negativ·kopie f / negative print o. copy ‖ ~**kopieren** n
(Repro) / negative copying ‖ ~**kordel** f (Wzm) /
impressed knurl ‖ ~**leitungsverstärker** m (Fernm) /
negative impedance repeater o. amplifier ‖ ~**material** m
(Film) / negative raw stock ‖ ~**modulation** f (TV) /
negative light modulation ‖ ~**papier** n (Phot) / negative
paper ‖ ~**pause** f / negative cyanotype ‖ ~**-positiv**
(Filmentwicklung) / neg-pos ‖ ~**-positiv** (Fluß, Phys) /
false-true ‖ ~**saldo** m / credit balance ‖ ~**schnitt** m
(Film) / negative cutting ‖ ~**schwärzung** f (Phot) /
negative density ‖ ~**widerstand** m, NW / negative
resistance, negative resistor
Negator, Inverter m (DV) / NOT-circuit o. element o.
gate, inverter, negater, negator ‖ ~ (Masch) / negator
Negatron n, negatives Elektron / negative electron,
negatron, negaton ‖ ~ (eine Doppelgitterröhre)
(Elektronik) / negatron
Negentropie f (Math, Statistik) / negentropy, negative
entropy ‖ ~, mittlerer Informationsgehalt / negentropy,
mean o. average information content
negieren / deny ‖ ~ (DV) / negate
negierte Konjunktion (DV) / NAND operation
Negistor m (ein Zweidrahtverstärker) (Elektronik) /
negistor
nehmen / take ‖ ~, fangen / capture ‖ ~ (Web) / take in
Nehmerpapier n (Mikrokapseln) / receiving paper
Nehmerzylinder m (Regeln) / slave cylinder
Nehrstrom m (Wassb) / countercurrent between groins

neigbar / inclinable ‖ ~er **Hubmast** (Flurförderer) /
collapsed mast ‖ ~e **Presse** (Stanz) / inclinable [press] ‖
~er **Propeller** / swivelling airscrew
Neige·bewegung des Handgelenks / bend at the wrist,
wrist bend ‖ ⤻**bewegung** f **des Schultergelenks**
(Roboter) / shoulder bend ‖ ⤻**-Einrichtung** f (Presse) /
inclining mechanism
neigen vt / lean vt, incline, tilt ‖ ~, kippen / tip, tilt ‖
~ [zu] / tend [to] ‖ **sich** ~ / lean, incline, decline ‖ **sich**
~ (Geogr) / dip
neigend [zu], unterworfen / liable [to]
Neigepresse f (ein Werkzeug), Kipppresse f / tilt-jack
Neigung f, Steigung f / incline, ascent, gradient ‖ ⤻,
Gefälle n / descending gradient o. slope, descent,
declivity, dip[ping], pitch ‖ ⤻, Geländeabfall m / fall,
descent ‖ ⤻, geneigte Fläche, Schräge f / slope, slant,
obliquity ‖ ⤻, Quergefälle n (Straßb) / camber ‖ ⤻,
Tonnlage f, Einfallen n (Bergb) / hade, descent, dip,
inclination ‖ ⤻ [zu], Tendenz f / trend, bent, bias,
propersity ‖ ⤻ **der Auftriebskurve** / slope of the lift
curve ‖ ⤻ **gegen die Lotrechte** / inclining, leaning ‖ ⤻
nach hinten / rear tilt ‖ ⤻ **zeigen** / show a trend [to] ‖ ⤻
zur Wasseraufnahme / hygroscopicity ‖ **mit geringer**
⤻ (Dach) / low pitched
Neigungs·aufnehmer m, -messer m / tiltmeter, inclination
meter ‖ ⤻**ebene** f / plane of inclination ‖
⤻**-Gewichtseinstellung** f (Waage) / pendulum device ‖
⤻**grenze** f **der Adhäsion** (Bahn) / maximum gradient ‖
⤻**kompaß** m, Inklinatorium m (Geol) / inclinometer ‖
⤻**korrektur** f (Verm) / slope correction ‖ ⤻**linie** f,
Sattellinie f (Geol) / anticlinal axis o. line ‖ ⤻**messer** m,
-waage f (Verm) / grad[i]ometer, gradiograph, grading
instrument, gradient indicator, clinometer ‖ ⤻**messer**
m, Inklinometer n (Luftf) / inclinometer, heeling error
instrument ‖ ⤻**-Substitutionswaage** f / pendulum
weighing machine with weight substitution ‖
⤻**unterschied** m / difference of inclinations, of
vergence ‖ ⤻**verhältnis** n, Steigung f / gradient, ratio of
inclination, degree of slope ‖ ⤻**verstellung** f (Kamera) /
angle adjustment ‖ ⤻**waage** f / pendulum weighing
machine ‖ ⤻**waage** f s. auch Neigungsmesser ‖ ⤻**wechsel**
m / change in gradient ‖ ⤻**winkel** m / angle of
inclination o. of slope ‖ ⤻**winkel** m (Drehmeißel) / tool
cutting edge inclination ‖ ⤻**winkel** m (Antenne) /
inclination angle ‖ ⤻**winkel** m (Raumf) / tip-of angle ‖
⤻**winkel**, Weichenwinkel m (Bahn) / crossing angle in a
switch ‖ ⤻**winkel** m (Math) / rake ‖ ⤻**zeiger** m (Bahn) /
gradient post ‖ ⤻**zeiger** m / grade post (US)
Neinschaltung f, Inverter m (DV) / NOT-circuit
Nekton n (Ggs: Plankton) (Biol) / necton, nekton
NE-Kurve f (Bergb) / effective washability curve based on
gravity
NE-Legierung f / nonferrous alloy
N-Elektron n (Nukl) / N-electron
Nelkenöl n / cloves oil
Nelkin-Modell n (Öl) / Nelkin model
NEL-System n (NC) / NEL-system
nematisch (Krist, Chem) / nematic
NE·-Metalle n pl / nonferrous metals pl ‖
⤻**-Metall-Schmelzofen** m / melting furnace for
nonferrous metals ‖ ⤻**-Metallwalzwerk** n / nonferrous
mill
NEMP-Härtung f / NEMP hardening
Nenn·... / nominal, calculated, rated ‖ ⤻**ableitstrom** m /
nominal discharge current ‖ ⤻**ablenkung** f (Kath.Str.) /
rated deflection ‖ ⤻**abmaß** n, -abweichung f / nominal
allowance o. deviation, nominal dimensional tolerance ‖
⤻**abmessung** f / nominal dimension ‖
⤻**abschaltvermögen** n / rated breaking power ‖
⤻**-Abstreifkonzentration** f (Isotope) / standard tails
assay ‖ ⤻**aufnahme** f (Elektr) / nominal o. rated [current
o. power] consumption ‖ ⤻**auslösestrom** m (Elektr) /
rated breaking current ‖ ⤻**belastbarkeit** f (Lautsprecher) /
power handling capacity ‖ ⤻**belastung** f / nominal load

713

‖ **⌁belastungsdauer** f, Nennbetrieb m / operation at normal rating ‖ **⌁bereich** m / nominal range ‖ **⌁betrieb** m, -betriebsart f / operation at normal rating ‖ **⌁betriebsdauer** f / nominal working time ‖ **⌁betriebsstrom** m / nominal operating o. working current ‖ **⌁betriebsstrom** m (Schweiß) / 50 % duty cycle current ‖ **⌁breite** f (gedr.Schaltg) / design width ‖ **⌁breite** f (Reifen) / section width ‖ **⌁bürde** f (Trafo) / rated impedance ‖ **⌁dauerleistung** f / maximum continuous rating, power rating ‖ **⌁dichte** f (Elektrolyt) / nominal density, specific gravity ‖ **⌁drehmoment** n / rated load torque ‖ **⌁drehzahl** f / nominal speed ‖ **⌁druck** m / nominal pressure ‖ **⌁durchfluß** m / rating ‖ **⌁durchmesser** m / nominal diameter ‖ **⌁durchmesserreihe** f / range of nominal diameters

Nennenswertes n / important criterion

Nenner m (Math) / denominator ‖ **auf gleichen ⌁ bringen** / reduce to a common denominator ‖ **gemeinsamer ⌁** / common denominator ‖ **kleinster gemeinsamer ⌁** / lowest common denominator

Nenn·fassungsvermögen n, -inhalt m / nominal capacity ‖ **⌁fläche** f / nominal area ‖ **⌁frequenz** f / rated frequency ‖ **⌁gebrauchsbereich** m (Instr) / nominal range of use ‖ **⌁größe** f / rated quantity ‖ **⌁inhalt** m, -fassungsvermögen n / nominal capacity ‖ **⌁-Intrittfallmoment** n (Elektr) / nominal pull-in torque ‖ **⌁-Isolationspegel** n / rated insulation level ‖ **⌁kraft** f **der Presse** / press rating o. tonnage ‖ **⌁-Kurzschlußspannung** f (Trafo) / impedance voltage ‖ **⌁-Kurzzeitbetrieb** m / short-time rating ‖ **⌁-Ladefähigkeit** f / nominal load capacity ‖ **⌁last** f / rated load ‖ **bei ⌁last** (Meßtechnik) / loaded with rated load ‖ **⌁last des Ausbaus** (Bergb) / rated yield load ‖ **⌁leistung** f (Trafo) / rated burden ‖ **⌁leistung** f (Masch) / nominal o. rated capacity o. output o. power, [power] rating, service output (GB) ‖ **⌁leistung** f (Reaktor) / rated power ‖ **⌁leistungsfaktor** m / rated power factor ‖ **⌁leistungshöhe** f (Luftf) / rated altitude ‖ **⌁maß** n (Passung) / specified size, basic o. nominal size ‖ **⌁maß** n (Bau) / nominal size ‖ **⌁maß n für Bohrung** / nominal bore diameter ‖ **⌁-Nutzlast** f (Bahn, Kfz) / rated payload ‖ **⌁oberspannung** f (Trafo) / nominal voltage ‖ **⌁querschnitt** m / nominal o. rated cross-section[al area] ‖ **⌁querschnittsverhältnis** n (Reifen) / nominal aspect ratio ‖ **⌁saugleistung** f / rated o. nominal throughput ‖ **⌁schmelzstrom** m (Sicherung) / rated blowing current ‖ **⌁spannung** f / nominal o. rated voltage ‖ **⌁sperrspannung** f (Halbl) / recommended o. nominal crest working reverse voltage ‖ **⌁spiel** n (Elektr) / duty-cycle rating ‖ **⌁stand** m (Elektrolyt) / nominal level ‖ **⌁-Stehspannung** f / rated withstand voltage ‖ **⌁strom** m / nominal o. rated current ‖ **⌁temperatur** f (Ofen) / nominal temperature ‖ **⌁titer** m (Textil) / nominal titre ‖ **⌁verzeichnung** f (Opt) / nominal distortion ‖ **⌁weite** f, NW / nominal width ‖ **⌁weite** f (Rohr) / nominal diameter ‖ **⌁wert** m, Nominalwert m / nominal value, rated value, rating ‖ **⌁wert** m / nominal value, rated value, rating ‖ **⌁wert-Grenzdaten** n pl (Röhre) / design-center ratings pl

Neodym n (OZ = 60), Nd n (Chem) / neodymium, Nd ‖ **⌁dotierter Laser**, Nd-Laser m / Nd-laser, neodymium laser

Neo·gen n (Geol) / Neogene ‖ **⌁hexan** n (Chem) / neohexane ‖ **⌁lan** n (Färb) / neolan ‖ **⌁lithikum** n (Geol) / Neolithic period

Neon n, Ne (Chem) / neon, Ne ‖ **⌁flächenglimmlampe** f / plate neon lamp o. light ‖ **⌁glimmlampe** f / neon glow lamp ‖ **⌁lampe** f, -röhre f / neon tube o. lamp ‖ **⌁leuchtreklame** f / luminous advertising, illumination advertisement ‖ **⌁licht** n / neon lights pl ‖ **⌁lichtband** n / neon strip light ‖ **⌁röhre** f / neon [discharge] tube ‖ **⌁schild** n / neon sign ‖ **⌁spannungsanzeiger** m / neon voltage indicator

Neopentan n, Tetramethylmethan n / neopentane, tetramethylmethane

Neopren n / neoprene ‖ **⌁kabel** n / neoprene covered o. sheathed cable

Neozoikum n (Geol) / Neozoic

Neper n, Np, (früher:) N (= 8,686 dB) (Fernm) / neper (unit of attenuation) ‖ **1/10 ⌁**, Dezineper n / decineper ‖ **⌁zahl** f / neper number

Nephelin m, Eläolith m (Min) / nepheline, nephelite, elaeolite ‖ **⌁basalt** m / nepheline-basalt ‖ **⌁it** m (Geol) / nephelinite ‖ **⌁syenit** m / nepheline-syenite

Nephelo·meter n (Chem) / nephelometer ‖ **⌁metrie**, Trübungsanalyse f (Chem) / nephelometric analysis, nephelometry ‖ **⌁metrisch** (Chem) / nephelometric ‖ **⌁metrische Titration**, Heterometrie f (Chem) / heterometry

Nephoskop n, Bewölkungsmesser m (Meteorol) / nephoscope

Nephrit m (Min) / nephrite

Neptunium n, Np (Chem) / neptunium, Np ‖ **⌁reihe** f (Phys) / neptunium series

neritische Zone, Flachseezone f / neritic zone

Nernst·-Effekt m / Nernst effect ‖ **⌁lampe** f / Nernst lamp ‖ **⌁sche Regel** / Nernst theory ‖ **⌁sches Theorem** / Nernst heat theorem ‖ **⌁scher Verteilungskoeffizient** (Chem) / Nernst's distribution coefficient

Nero antico (schwarzer Marmor) / nero-antico

Neroliöl n, Orangenblütenöl n / neroli oil, orange blossom oil ‖ **künstliches ⌁** (Methylanthranilat) / artificial neroli oil

Nerv m (Plast) / nerve

Nerven·elektrizität f / neuroelectricity ‖ **⌁gas** n / nerve gas ‖ **⌁system** n / nervous system ‖ **⌁- u. Blutgift** n, (Mil:) Tabun n / nerve and blood poison

Nesistor m (ein Transistor) / nesistor

Nessel·faser f / nettle fibre ‖ **⌁scheibe** f (eine Schleifscheibe) / gray cotton cloth mop ‖ **⌁stoff** m, -gewebe n, Nessel m / grey cotton cloth, nettle cloth, heavy-weave o. plain-weave cotton fabric

Neßlers Reagens n / Nessler's solution

Nest n, geschlossenes Lager (Geol, allg) / nest ‖ **⌁**, Nester n pl (Beton) / voids pl ‖ **⌁**, Aufnahme f (Mehrfachwerkzeug) / nest ‖ **⌁**, KLumpen m (Hütt) / cluster ‖ **⌁**, Einarbeitung f (Plast) / cavity, recess ‖ **⌁**, Webernest n (Tuch, Fehler) / skip, tangle, bore ‖ **⌁**, Schachtelung f (DV) / nest

Nestel f, Schuhband n / shoestring, shoelace

Nest·säge f / nest saw ‖ **⌁stichprobe** f (Hütt) / cluster sampling

netto, rein (/ net adj ‖ **⌁ ergeben** (o. einbringen) / net v ‖ **⌁abmessung** f (Bau) / neat size, net size ‖ **⌁absackwaage** f / sack net weigher ‖ **⌁-Brutto-Beschickungsverhältnis** n, Netto-Brutto-Ofenbelastung f (Hütt) / net-to-gross furnace load ‖ **⌁durchsatz**, -transport m (Nukl) / net transport ‖ **⌁flügelfläche** f (Luftf) / net wing area ‖ **⌁format** n (Pap) / net sheet size ‖ **⌁gefälle** n / net pressure head ‖ **⌁gefälle** n (Wasser) / net head ‖ **⌁gewicht**, Reingewicht n / net weight ‖ **⌁gewicht** n, -masse f (Container) / actual mass ‖ **⌁lohn**, -verdienst m / take-home pay ‖ **⌁-Nationalprodukt** n / net national product ‖ **⌁preis** m / trade price ‖ **⌁querschnitt** m / net section ‖ **⌁registertonne** f / net [registered] ton ‖ **⌁registertonnengehalt** m / net [registered] tonnage, NRT ‖ **⌁schub** m (Luftf) / net thrust ‖ **⌁spannung** f **im Querschnitt** (Mech) / net sectional stress ‖ **⌁-Steigwinkel** m, sicherer Steigwinkel (Luftf) / net gradient [of climb] ‖ **⌁tonnenkilometer**, Nettotkm m / net ton-kilometer

Network n (Rundfunk) / network

Netz n (allg) / network ‖ **⌁** (Landkarte) / map grid ‖ **⌁** (Bahn) / railway network o. system ‖ **⌁**, Fischnetz n / net ‖ **⌁** (Verm) / canvas ‖ **⌁**, Gitter n (Röntgen) / grating ‖ **⌁** (Wechselstrom) / a.c. mains ‖ **⌁** (Elektr) s. auch Netzwerk ‖ **⌁ eines Fachwerks** / frame o. system of a trelliswork

‖ ~ **von Bodenstationen** (Raumf) / ground segment ‖ **auf ~ geschaltet sein** (Generator) / deliver current into the network ‖ **mit ~ versehen** / webbed ‖ **mit ~ versehene Zeichnung** (o. Karte) (Zeichn) / graticule ‖ **mit einem ~ versehen** (Zeichn) / graticulate ‖ **~abhängig** / mains-operated ‖ **~analysator** m (Analogrechner) / transient network analyzer o. calculator, TNA ‖ **~anode** f (Elektronik) / battery o. B-eliminator, high-tension battery eliminator ‖ **~anschluß** m / electric mains, public [current] supply ‖ **~anschluß** m, "Netz" n (Wechselstrom) / a.c. power ‖ **~anschluß** m, NT (DV) / network termination, NT ‖ **~anschluß** m / connection to the network ‖ **~anschluß** m (Elektronik) / mains supply, public [current] supply ‖ **für ~anschluß**, Netz... / mains operated, line powered (US) ‖ **~[anschluß]gerät** n, -empfänger, -apparat m / mains operated wireless set o. radio, mains receiver o. set ‖ **~anschlußkasten** n / mains box ‖ **~anschlußschalter** m (TV) / voltage selector switch ‖ **~anschlußspannung** f / mains connection voltage ‖ **~antenne** f / mains antenna, light line antenna ‖ **~apparat** m, -maschine f (Zeugdr) / damping machine ‖ **~artig**, -förmig / netted ‖ **~artig verschlungener Bügel** (Betonbau) / mesh-type stirrup ‖ **~artige Rißbildung** (Lack) / checking of lacquer, alligator cracking ‖ **~ausfall** m (Fernm) / line fault o. failure ‖ **~ausfall** m (Elektr) / power outage o. failure ‖ **~ausfallschutz** m / power failure protection ‖ **~auslauf** m (Elektr) / end of network ‖ **~ausläufer** m (Elektr) / network spur ‖ **~ausschalttaste** f (Radio) / mains disconnecting key
netzbar, benetzbar / wettable
Netzbarkeit f / wettability
Netz·belastung f (Elektr) / supply system loading ‖ **~betrieben**, Netz... (Elektr) / on the line, mains operated, line-powered (US) ‖ **~betriebene Synchronisierung** / mains synchronization ‖ **~brooke** f / net sling, cargo net ‖ **~brumm** m (Elektronik) / mains hum, power line hum, A.C. hum ‖ **~brummfilter** n / mains hum filter, power line hum filter ‖ **~drossel** f (Elektr) / power choke ‖ **~ebene** f, -plan m / network level ‖ **~ebene** f (Röntgen) / grate plane ‖ **~ebenen-Abstände** m pl / interplanar spacing ‖ **~egge** f (mit Zinken) (Landw) / chain harrow (with tines), flexible o. spiked harrow ‖ **~egge** f (mit Messern) / chain harrow (with cutters) ‖ **~eigen** / on-net ‖ **~einschub** m (Elektronik) / power supply chassis ‖ **~elektrode** f / net-shaped electrode, wire gauze electrode ‖ **~elektrode** f, Feldnetz n (Elektron) / field mesh ‖ **~empfänger** m (Elektronik) / mains receiver o. set
netzen, wässern (Tuch) / wet, moisten, steam ‖ **~**, annässen (Maurer) / soak
netzend, Netz... / wetting
Netz·entkopplung f (Elektronik) / supply isolation, power line (US) isolation ‖ **~entstörfilter** m n (Elektronik) / mains suppression filter ‖ **~ersatzumformer** m / stand-by converter ‖ **~fähigkeit** f (Textil) / wetting out property ‖ **~fernsehen** n / institutional o. network TV ‖ **~fischerei** f / net fishing ‖ **~flotte** f (Textil) / wetting liquor ‖ **~form** f, -struktur f, -auflau m (Elektr) / network structure ‖ **~förmig**, retikuliert / reticulate, reticular, retiform ‖ **[sich] ~förmig anlegen** (o. ausdehnen) / reticulate ‖ **~frei** (Funk) / non-network... ‖ **~fremd** / off-net ‖ **~frequenz** f / mains o. supply frequency ‖ **~frequenz** f (50 o. 60 Hz) (Elektr) / standard o. power frequency ‖
~frequenzinduktionsofen m / mains frequency induction furnace ‖ **~führung** f / power system management ‖ **~führung** f **von Geräten** (Elektr) / line commutation ‖ **~funkstelle** f (Luftf) / network station ‖ **~garn** n / netting yarn ‖ **~geführt** (Elektr) / line-commutated ‖ **~generierung** f (Mech) / mash generation ‖ **~gerät** n (Gerät für Netzanschluß) / mains apparatus o. receiver etc. ‖ **~gerät** n, gesöndertes Netzteil

(Elektronik) / power pack o. supply o. unit, mains supply circuit ‖ **~gerät** n, Benetz-, Anfeuchtgerät n (Textil) / wetting equipment ‖ **eingebautes ~gerät** / power pack o. unit, mains supply circuit ‖ **~geräusch** n / mains noise, power line noise ‖ **~gestaltung** f (Elektr) / network design ‖ **~gewebe** n / netting ‖ **~gewölbe** n / reticulated vault ‖ **~glas** n / reticulated glass ‖ **~gleichrichter** m / mains o. power rectifier ‖ **~größe** f (Fischnetz) / size of netting ‖ **~grund** m (Web) / lace ground, filet ground ‖ **~grundgarn** n / mounting yarn ‖ **~gruppe** f (Fernm) / network group, district network ‖ **~gruppe** f (Fernm) / district network ‖ **~gruppenverkehr** m (Fernm) / junction traffic o. service ‖ **~haftmittel** n / dope ‖ **~hauptleitung** f (Elektr) / supply mains pl ‖ **~hautbild** n / retinal image ‖ **~kabel** n / mains cable, line cord ‖ **~kessel** m, Weichküpe f (Färb) / warm o. steeping vat o. copper o. trough, steeper ‖ **~knoten** m (Fischnetz) / network junction point ‖ **~knotenpunkt** m (Elektr) / nodal point of a network ‖ **~knüpfmaschine** f / fishnet machine ‖ **~kommandoanlage** f (Elektr) / audiofrequency remote control method ‖ **~konstante** f (Elektr) / network constant ‖ **~kraft** f / wetting power ‖ **~kupplung** f (Elektr) / coupling of networks ‖ **~leitung** f, -anschluß m (Elektr) / supply main ‖ **~leitzentrale** f (Fernm) / network control center, NCC ‖ **~linie**, Systemlinie f / system line ‖ **~linie** f (Bau) / reference o. grid line ‖ **~masche** f (Elektr) / network mesh ‖ **~masche** f (Textil) / screen mesh ‖ **~maschine** f (Textil) / damping machine ‖ **~meßzentrale** f (Fernm) / network measurement center, NMC ‖ **~mikrometer** n, -bügelmeßschraube f / crossline micrometer ‖ **~mittel** n (Chem) / surface-active agent, wetting o. bathotonic o. interlacing agent ‖ **~modell** n (Elektr) / network model ‖ **~muster**, Gittermuster n / lattice design ‖ **~nachbildung** f (Elektr) / artificial mains network, network analog ‖ **~-Oxidkathode** f (Elektronik) / mesh-oxide cathode ‖ **~pinsel** m (Bau) / whitewash brush ‖ **~plan** m (FOrg) / network, arrow diagram ‖ **~plan** m (PERT) / lattice design ‖ **~planmethode** f, MAP / multiple allocation procedure, M.A.P. ‖ **~plantechnik** f / critical path planning, network analysis, project network techniques pl ‖ **französische ~plantechnik** / potential method (a French critical path method) ‖ **~plantechnik nach CPM** / critical path method, CPM ‖ **~plantechnik** f **nach PERT-System** / program evaluation and review technique, PERT-system ‖ **~planung** f (Elektr) / power system planning ‖ **~punkt** m, Richtpunkt m (Verm) / station ‖ **~radarbake** f / chain radar beacon ‖ **~-Reck- und Knotenfixier-Maschine** f (Textil) / net stretching and setting machine ‖ **~reflektor** m (Antenne) / screen reflector ‖ **~regler** m / network regulator ‖ **~riegel** m (Bau, Gerüst) / putlog, putlock (US) ‖ **~rückspeisung** f (Elektr) / current regeneration o. recuperation ‖ **~ruf** m (Fernm) / net call ‖ **~schalter** m (Elektronik) / mains switch ‖ **~schnur** f / line cord, A.C. extension cord ‖ **~schnur** f / a.c. extension cord ‖ **~schwankungen** f pl (Elektr) / mains o. supply fluctuations pl, line variations pl ‖ **~schwefel** m (Landw) / wettable sulphur ‖ **~-Schwerpunkt** m / core of a network ‖ **~seite** f (Elektr) / line side ‖ **~sicherung** f / mains fuse ‖ **~sonde** f (Schiff) / net sonar device ‖ **~spannung**, Betriebsspannung f (Elektr) / line o. supply voltage, power supply (US) ‖ **~spannungsschwankungen** f pl / mains voltage fluctuations pl ‖ **~spannungsüberwachung** f / power monitor circuit ‖ **~speisung** f s. Netz-Stromversorgung ‖ **~spinne** f (Fernm) / junction network ‖ **~statik** f, -aufladung f / static charge of mains ‖ **~stecker** m (Elektr) / mains plug ‖ **~stert** m (Schiff) / tail of a net ‖ **~stoff** m (Textil) / netting, open-meshed fabric ‖ **~-Störfestigkeit** f (Empfänger) / mains-interference immunity factor ‖ **~störung** f, -ausfall m / mains interruption, line disturbance o. failure ‖ **~strom** m (Elektr) / public o. mains current, line o. power

current, current from the house-lighting circuit (US) ‖
⌐**stromversorgung** f (Elektr) / mains supply, external o.
commercial power supply ‖ ⌐**struktur** f, -gefüge n
(Hütt, Fehler) / network structure, crocodile skin ‖
⌐**strumpf** m / mesh o. net stocking ‖
⌐**synchronisierung** f (TV) / locking, mains hold ‖
⌐**tafel** f (Math) / net chart ‖ ⌐**takt** m, NT / network
clock pulse, network timing pulse ‖ ⌐**teil** n (Elektronik) /
power pack o. supply o. unit, mains supply circuit ‖
⌐**tendenz** f (Chem) / wetting tendency ‖
⌐**transformator** m (Elektr) / mains o. power
transformer ‖ ⌐**transformator** m (Stromverteilung) /
distribution transformer ‖ ⌐**tuch** n (Textil) / netting ‖
⌐**übersicht** f (Elektr) / network diagram o. map ‖
⌐**umschalter** m / mains reversing switch ‖
⌐**umwandlung** f / network transformation ‖
~**unabhängig**, fremdbetrieben (Elektr) / off the line,
nonsystem-connected (US) ‖ ~- **und batterie-
unabhängiges Gerät** (Elektronik) / self-contained unit ‖
⌐**vektor** m (Elektr) / grid vector ‖ ⌐**verband** m, -werk n
(Bau) / net-masonry, reticulate[d] bond o. work ‖
⌐**verband** m (Stahlbau) / lattice bracing ‖ ⌐**verband** m,
-werk n (Bau) / reticulate[d] bond o. work ‖ ⌐**vermögen**
n / wetting power o. ability ‖ ⌐**verriegelung** f (TV) /
mains locking ‖ ⌐**waage** f / wetting weigher ‖ ⌐**waren** f
pl / netting works pl ‖ ⌐**warte** f / system control center
‖ ⌐**webstuhl** m, -wirkstuhl m / netting machine, bobbin
net frame ‖ ⌐**weiterverbinder** m / interconnection
coupler

Netzwerk n (Verzierung) (allg, Bau) / tracery ‖ ⌐, Geflecht
n / netting, meshes pl ‖ ⌐ (Mech) / meshing, meshwork
‖ ⌐ (Stahlbau) / trelliswork ‖ ⌐ (Elektr) / network ‖ ⌐,
-struktur f (Fehler, Hütt) / network structure o. pattern
‖ ⌐ (Walzw) / crazing, lattice, crocodile skin ‖ ⌐ **in
Dreieckschaltung** (Elektr) / delta network ‖ ⌐ **von
Bahnen, Leitungen usw.** / gridiron ‖ ⌐ **zum
Differenzieren der Regelabweichung** (Regeln) / error-
rate network ‖ ⌐**analysator** m,
Netzwerkgleichungslösung f (DV) / network analyzer o.
calculator ‖ ⌐**analyse** f (Elektr) / network analysis ‖
⌐-**Datenbank** f / network data base ‖ ⌐**nachbildung** f
(DV) / network analogue ‖ ⌐-**Rechengerät** n / network
calculator ‖ ⌐**synthese** f (Elektr) / network synthesis ‖
⌐**theorie** f / network theory ‖ ~**weit**, auf
Netzwerkebene / network-wide

Netz·winde f (Schiff) / trawler winch ‖ ⌐**zerfall** m
(Metallurgie) / disappearance of network pattern ‖
⌐**zweig** m (Elektr) / network branch

neu / new ‖ ~ **adressieren** (DV) / relocate ‖ ~ **beginnen** /
restart ‖ ~ **belegen** (DV) / repackage v ‖
~ [**be**]**schottern** (Bahn) / reballast ‖ ~ **einstellen** /
readjust ‖ ~ **eintragen** (Magn.Bd) / rerecord ‖
~ **entwerfen o. zeichnen** / redesign ‖ ~**er
Erfindungsgedanke** (Patent) / novelty, novel object of
invention ‖ ~ **gestalten** / re-create, remake ‖
~ **herausgeben**, eine neue Auflage bringen / reedit ‖
~ **legen** / relay, re-lay ‖ ~**e Mathematik** / new math ‖
~ **planen** / redesign ‖ ~**er Saldo** / new balance ‖
~ **setzen** (Buch) / reset ‖ ⌐**er Stern**, Nova f (Astr) /
exploding star, nova ‖ ⌐**er Stil**, n.s., n.st. (Astr) / New
Style, NS ‖ ~ **wickeln** (Mot) / rewind ‖ **Geräte**
~ **verdrahten** / rewire ‖ **Leitungen** ~ **verlegen** (o. neu
installieren) / rewire ‖ **Öfen** ~ **zustellen** / reline ‖
⌐**anstrich** m / repainting of a house ‖ ~**aufgebaut**,
wiederhergestellt / reconstructed ‖ ⌐**aufnahme** f,
Neueintrag m / entry in a list ‖ **eine** ⌐**aufnahme
machen**, nochmals vernessen (Verm) / resurvey ‖
⌐**ausaat** f / reseeding ‖ ⌐**ausgabe** f (Buch) / reprint ‖
⌐**ausgabe** f, Neubearbeitung f / revised edition ‖ ⌐**bau**
m (während des Baus) / new building, building under
construction ‖ ⌐**bau** m (der fertige Bau) /
reconstruction ‖ ⌐**bauten** m pl (allg) / new works pl ‖
~**belegen** (Walzen) / recoat, reline ‖ ~**belegen** (DV) /
redefine ‖ ~**belegen** (Kfz) / reline ‖ ⌐**belegen** n **von**

Walzen / recoating o. relining of rollers ‖ ⌐**belegung** f
(DV) / redefinition ‖ ⌐**belegungsklausel** f (DV) /
redefines clause ‖ ~**bilden** / form anew o. freshly ‖
⌐**bildung** f / new formation o. growth ‖ ⌐**blau**,
Stärkeblau n / starch blue ‖ ⌐**blauschwarz** n (Färb) /
new blue-black ‖ ⌐**braun** n / mahogany brown,
prussiate of copper ‖ ⌐**druck** m, Nachdruck m / reprint
‖ ⌐**echtgrau** n / new fast grey ‖ ⌐**einsteiger** m / start-
up company

Neuerung, Neueinführung, -gestaltung f / innovation ‖
⌐**en bringen** / innovate

neuest, letzt (Modell) / latest ‖ ~**er** (o. letzter o.
derzeitiger) **Entwicklungsstand** / latest state of
development

Neu·festigkeit f, Festigkeit in neuem Zustand f / new
strength ‖ ⌐**fläche** f / new area ‖ ⌐**gelb** n, Zitronengelb
n / lemon chrome ‖ ⌐**gelb**, Bleigelb n / massicot, yellow
lead ‖ ⌐**gelb**, Säuregelb D n / trop[a]eolin[e] 00 ‖
⌐**generierung** f **einer Datei** / regeneration of a file ‖
⌐**gestalten** / remodel, recast, refashion ‖ **bauliche**
⌐**gestaltung** (Bau) / redevelopment ‖ ~**gewonnenes
Land** / reclaimed soil o. ground ‖ ⌐**grad** m, Gon n
(Phys) / centesimal degree, grade ‖ ⌐**gradsekunde** f,
cc / second of a centesimal degree ‖ ⌐**grad-Teilung** f /
centesimal measure ‖ ⌐**grün** n, Schweinfurter Grün /
new o. Schweinfurt green ‖ ⌐**grün**, Malachitgrün n /
Victoria green B o. WB, new Victoria green extra 0, o.
I, o. II, malachite green

Neuheit f (technisch) / innovation

Neuheits·bescheid m (Patent) / novelty report ‖ ⌐**prüfung**
f (Patent) / examination for novelty

Neu·installation f (Elektr) / new installation ‖
⌐**konstruktion** f / new design ‖ ⌐**konstruktion** f,
verbesserte Konstruktion / revised design o.
construction, improved design ‖ ⌐**kurve** f (Phys) / virgin
curve of magnetization ‖ ⌐**land** n / reclaimed soil o.
ground ‖ ⌐**land** n (Landw) / newly broken soil ‖
aufgespültes ⌐**land** (Hydr) / innings pl, reclaimed land ‖
~**magnetisieren** / remagnetize

Neumannsche Funktion f (Math) / Neumann function

Neumann-Streifung f (Krist) / Neumann lamellae o. bands
pl

Neuminute f (des Bogengrads) / 1/100 of the centesimal
degree

neun (Fernm) / nine ‖ ⌐**eck** n / ninesided figure, nonagon,
enneagon ‖ ~**eckig** / nine-angled, -cornered

Neuner--Komplement n, -Komplementärzahl f (DV) /
ninth's o. nines complement, complement on nine ‖
⌐**probe** f (Math) / casting-out nines ‖ ⌐**sprung** m /
standing-on-nines carry

Neun·kanal-Übertragung f / enneaphony ‖ ⌐**polröhre** f,
Nonode f / nonode ‖ ⌐**punktekreis**, Feuerbachscher
Kreis m (Math) / nine-point circle (of a triangle) ‖
~**seitig** / ninesided

neunten Grades / cubo-cubo-cube

Neunzig·grad-Anflug m (Luftf) / ninety-degree-approach
‖ ⌐**gradfehler** m (Elektronik) / quadrature error ‖
~**spaltig** (LoKa) / ninety column

Neu·öl n / fresh oil, new oil ‖ ⌐**programmierung** f /
reprogramming ‖ ⌐**ries** n, 1000 Bogen m pl (Buch) /
1000 sheets pl

Neurin n (Chem) / neurin

Neuron n (Biol, Kybernetik) / neuron

Neuronal n / neuronal

Neuronen·system n / neuron system ‖ ⌐**theorie** f / neuron
theory

Neu·sand m, natürlicher Sand (Gieß) / natural sand, new
sand, fresh sand ‖ ⌐**satz** m (Buch) / recomposition, resetting ‖ ⌐**schreiben** n / rewriting ‖ ⌐**silber**, Alpaka,
Argentan n (45-70% Cu, 8-28% Ni, 8-45% Zn) / nickel
o. German silver, paktong, alpaca, argentan ‖ ⌐**silber**
n, Argentan n / packfong ‖ ⌐**silberlegierung** f (52%
Cu, 26% Ni, 22% Zn) / nickel-silver, electrum

neutral / neutral, neut. ‖ ~, farblos / gray, grey (GB) ‖ ~, träge (Chem, Phys) / indifferent, neutral, inert ‖ ~e **Achse** (o. Faser), Nullinie *f* (Mech) / neutral axis, N.A., neutral line ‖ ~**er Bereich der Atmosphäre** (Raumf) / neutral atmosphere ‖ ~**es Blendglas** / absorbing filter of neutral glass ‖ ~ **eingestelltes Relais** / neutral tongue relay ‖ ~ **färben** / dye in a neutral bath ‖ ~ **färbend** (Textil) / neutral dyeing ‖ ~**es Feuerfest-Material** / neutral refractory ‖ ~e **Fläche**, Spannungs-Nullfläche *f* / neutral surface ‖ ~e **Flamme** / neutral flame ‖ ~e (o. **indifferente) Lage** (Relaisanker) / neutral position ‖ ~**er Leiter** (Elektr) / zero conductor o. wire ‖ ~e **Linie des Kalibers** (Walzw) / pitch line ‖ ~e **Lösung** (pH = 7) (Chem) / neutral solution ‖ ~**es Relais** / neutral [armature] (GB) o. nonpolarized (US) relay ‖ ~e **Schicht o. Fläche** (Magnetosphäre) / neutral sheet ‖ ~e **Zone** (Mech) / neutral zone o. surface of a deflected beam ‖ ~e **Zone**, Totzone *f* (NC) / dead zone ‖ ~**dämpf-Drucken** *n* (Textil) / neutral steam printing ‖ ~**dämpfer** *m* (Textil) / neutral steamer, neutral ager (US) ‖ ~**farbe** *f*, -tinte *f* / neutral tint ‖ ~**fett** *n* / neutral fat o. grease ‖ ~**filter** *m n* (TV) / ambient light filter ‖ ~**filter** *n* (Phot) / neutral filter ‖ ~**gas** *n* (Raumf) / neutral gas ‖ ~**grau** / neutral density… ‖ ~**graues Filter**, Neutral-Graufilter *n* / neutral [density] filter ‖ ~**graues Polarisationsfilter** (Phot) / neutral density polarizing filter ‖ ~**graue Stelle im Farbfilm** / colour film neutral
Neutralisation *f* (Chem, Elektronik) / neutralization, neutralizing
Neutralisations·analyse *f* (Chem) / neutralization analysis ‖ ~**becken** *n* (Nukl) / neutralization pond ‖ ~**kondensator** *m* (Funk) / neutralizing capacitor ‖ ~**mittel** *n* / neutralizer ‖ ~**wärme** *f* / neutralization heat ‖ ~**widerstand** *m*, Spulenvorwiderstand *m* (Instr) / swamping resistor ‖ ~**zahl** *f*, Nz, Säurezahl *f* (Öl, Fett) / acid number, neutralization value
Neutralisator *m* (Chem) / killer, neutralizing agent
neutralisieren (Chem) / neutralize, block ‖ ~, entsäuren / disacidify ‖ ~, beseitigen / kill ‖ ~ *n* **von Magnetisierungseinflüssen** / degaussing ‖ **eine Säure** ~ **o. absättigen** / neutralize an acid
neutralisierend (Chem) / absorbent
Neutralisier·kolonne *f* (Öl) / kill string o. line ‖ ~**- und Spülmaschine** *f* (Textil) / machine for neutralizing and rinsing, neutralizer
Neutralisierungs·schaltung *f* / neutrodyne circuit ‖ ~**spannung** *f* / neutralizing voltage
Neutralität *f* (Chem) / neutrality
Neutral·massenspektrometer *n* / neutral mass spectrometer ‖ ~**öl** *n* / neutral oil ‖ ~**punkt** *m* (Chem, Luftf) / neutral point ‖ ~**punkt** *m*, Sternpunkt *m* (Elektr) / zero point ‖ ~**punktsabstand** *m* (Luftf) / static margin ‖ ~**rot** *n*, Toluylenrot *n* / neutral red, toluylene red ‖ ~**salz** *n* / neutral o. normal salt ‖ ~**strahl** *m*, -atomstrahl *m* / neutral atom beam ‖ ~**-Sulfitzellstoff** *m* / neutral sulphite pulp ‖ ~**teilchen** *n* (Nukl) / neutral particle ‖ ~**tinte** *f* / neutral tint ‖ ~**ziehend** (Textil) / neutral dyeing
Neutretto, neutrales o. *ν*-Meson (Phys) / neutral meson, neutretto
Neutrino *n* (Phys) / neutrino
Neutro·dyn *n* (Elektronik) / neutrodyne ‖ ~**[dyn]empfang** *m* (Funk) / neutrodyne reception ‖ ~**graphie** *f* / neutron photography, neutrography
Neutron *n* (Phys) / neutron, n, Nn
Neutronen·abbremsung, Thermalisierung *f* (Nukl) / thermalization ‖ ~**abkömmling** *m* / neutron offspring ‖ ~**-Absorbermaterial** *n*, -Absorbierer *m* / neutron absorber [material] ‖ ~**absorption** *f*, -einfang *m* (Nukl) / neutron absorption o. capture ‖ ~**absorptionsquerschnitt** *m* / neutron absorption cross-section ‖ ~**aktivierungsanalyse** *f*, NAA / neutron activation analysis, NAA ‖ ~**albedo** *f* / neutron albedo ‖ ~**anteil** *m* / neutron fraction ‖ ~**arm** / neutron-deficient ‖ ~**ausbeute** *f* **je Absorption, [je Spaltung]** / neutron

yield per absorption, [per fission] ‖ ~**ausbruch** *m* (Nukl) / neutron burst ‖ ~**ausfluß** *m* (Nukl) / leakage of neutrons ‖ ~**autoradiografie** *f*, NARG / neutron autoradiography ‖ ~**beschießung** *f* / neutron bombardment ‖ ~**beugung** *f* / neutron diffraction ‖ ~**bilanz** *f* / neutron balance ‖ ~**blitz** *m*, -impuls *m* / neutron burst ‖ ~**bombe** *f* / neutron bomb ‖ ~**breite** *f* / neutron width ‖ ~**bremse** *f* / moderator ‖ ~**bremse** *f* **zwecks Denaturierung** (Nukl) / denaturant ‖ ~**bremsung** *f* / slowing-down of neutrons, neutron degradation o. moderation ‖ ~**-Bremsvermögen** *n* (Nukl) / slowing-down power ‖ ~**chopper**, -strahlunterbrecher *m* / neutron chopper ‖ ~**detektion** *f* / neutron detection ‖ ~**dichte** *f* / neutron density ‖ ~**diffusion** *f* / neutron diffusion ‖ ~**einfang** *m* / neutron capture ‖ ~**einfang-Gammaspektroskopie** *f*, NEG / neutron capture gamma spectroscopy ‖ ~**emissionsbreite** *f* / neutron width ‖ ~**emissionsdetektor** *m* / collectron ‖ ~**-Energiegruppe** *f* / neutron energy group ‖ ~**-Entweichen** *n* / neutron leakage o. escape ‖ ~**fänger** *m* (Reaktor) / neutron absorbing curtain ‖ ~**fluenz** / neutron fluence ‖ ~**-Flugzeit-Spektrometer** *n* / time-of-flight neutron spectrometer ‖ ~**fluß** *m*, Flux *m* / neutron flux ‖ ~**fluß [je cm² u. s]** *m* (Reaktor) / neutron density and flux ‖ ~**flußdichte** *f* (Nukl) / flux density ‖ ~**flußdichte-Standard** *m* / standard pile ‖ ~**flußperiode** *f* (für eine 2,72-fache Änderung des Flusses) / neutron period ‖ ~**generator** *m* / neutron generator ‖ ~**geschwindigkeit** *f* / neutron speed o. velocity ‖ ~**gift** *n* / nuclear poison ‖ ~**härtung** *f* / neutron hardening ‖ ~**induziert** / neutron-induced ‖ ~**kanal** *m* (Nukl) / beam hole ‖ ~**-Kollimator** *m* / neutron gun o. howitzer, neutron collimator ‖ ~**konverter** *m* (Nukl) / neutron converter ‖ ~**-Lebensdauer** *f* / neutron lifetime ‖ ~**lehre** *f*, -studium *n* / science and study of neutrons ‖ ~**log** *n* (Öl) / neutron log ‖ ~**-Mangelkern** *m* / neutron deficiency core ‖ ~**messung** *f* / neutron monitoring ‖ ~**monochromator** *m* / neutron velocity selector, neutron monochromator ‖ ~**multiplikation** *f* / neutron multiplication ‖ ~**ökonomie** *f* / neutron economy ‖ ~**-Physik** *f* / neutron physics ‖ ~**[prismen-** *m*, **spiegel-, gitter]monochromator** *m* / neutron monochromator [with prism, with reflector, with grid] ‖ ~**-Produktionstarget** *n* / neutron production target ‖ ~**quelle** *f* / neutron source ‖ ~**radiographie** *f* / neutron radiography, neutron graphy ‖ ~**resonanz** *f* / neutron resonance ‖ ~**resonanzabsorption** *f*, -resonanzempfang *m* / resonance absorption of neutrons ‖ ~**schild** *m* (Reaktor) / neutron shield ‖ ~**schild** *m*, -reflektor *m*, -sparer *m* / neutron shield o. reflector ‖ ~**-Spektrometer** *n* / neutron spectrometer ‖ ~**stern** (hypothetisch) (Astr) / neutron star ‖ ~**strahlreaktor** *m* / beam reactor ‖ ~**strahlung** *f* / neutron radiation ‖ ~**strahlunterbrecher** *m* / neutron chopper ‖ ~**temperatur** *f* / neutron temperature ‖ ~**therapie** *f* / neutron therapy ‖ ~**überschuß** *m* / neutron excess ‖ ~**-Überschußkern** *m* / neutron excess core ‖ ~**-Verlust** *m* / neutron leakage o. escape ‖ ~**vermehrer** *m* / neutron booster o. multiplier ‖ ~**vermehrung** *f* / neutron multiplication ‖ ~**-Wirkungsquerschnitt** *m* / neutron cross-section ‖ ~**zahldichte** *f* (Nukl) / neutron number density ‖ ~**zählrohr** *n* / neutron counter ‖ ~**zerfall** *m* / neutron decay ‖ ~**zyklus** *m* / neutron cycle
Neutron·-Neutron-Bohrlochmessung *f*, N-N Meßverfahren *n* / neutron-neutron logging, n-n borehole logging ‖ ~**-Neutron-Reaktion**, (n,n)-Reaktion *f* / neutron-neutron reaction
Neutronographie *f* / neutronography
neutro·phil (Färb) / neutrophil ‖ ~**sphäre** *f* (bis 80 km Höhe) / neutrosphere
Neu·tuch *n* (Textil) / mungo from new rags ‖ ~**vergletscherung** *f* / neo-glaciation ‖ ~**waschen** (Textil)

/ clear-starch ‖ **~waschen und kalandern** / clear-starch and calender ‖ **~wert** *m* / original o. as-new value ‖ **~wertiges Teil** / new value part ‖ **~wicklung** *f* / rewinding ‖ **~wolle** *f* / new o. virgin wool ‖ **~zeit** *f* (Geol) / Cenozoic ‖ **~zeitlich**, modern / modern ‖ **~zustand** *m* / new state, as manufactured, as delivered ‖ **~zustellung** *f* (Hütt) / fresh lining

Nevadit *m* (Geol) / nevadite

Nevidenrad *n* (Masch) / heart wheel o. sheave

Neville-Winthersäure *f* (Färb) / Neville and Winther's acid

Newall-Passungssystem *n* (Einheitsbohrung) / Newall system

Newton *n*, N (Einheit der Kraft, 1 N = 10^5 dyn = 1 mkg s^{-2}, 1 kp = 9,80665 N) (Phys) / newton ‖ **~metall** *n* / Newton alloy o. metal

Newtons Bewegungsgesetz *n* / Newton's law of motion ‖ **~ Gravitationsgesetz** / law of gravitation

Newtonsch / Newtonian ‖ **~e Axiome** *n pl* / Newton's axioms *pl* ‖ **~es Feld** / inverse-square field ‖ **~e Flüssigkeit** / Newtonian fluid ‖ **~e Flüssigkeit** / Newtonian fluid ‖ **~es Gesetz** / Newtonsches Abkühlungsgesetz ‖ **~e Linsengleichung** / Newton's lens equation ‖ **~e Mechanik** / Newtonian mechanics ‖ **~es Näherungsverfahren** (Math) / Newtonian method of approximation ‖ **~er Reflektor** (Astr) / Newtonian telescope ‖ **~e Ringe** *m pl* / Newton's rings *pl*

NF (Bau, Pap) = Normalformat ‖ **~** (Elektr, Elektronik) = Niederfrequenz (0-10 kHz)

nf (Fernm) = naturfarben

n-fach·e Operation (Math) / n-adic operation ‖ **das ~e** / n-th multiple

NF-F s. Niederfrequenz-Fernsprechen

NFG, Nachführgerät *n* / tracking device

NF-Messung *f* / audiometry

N-förmige Stütze (Fernm) / N-pole

NF'-Platte *f* (Elektronik) / audiofrequency board ‖ **~-Ziegelstein** *m* / standard brick

N-Garn *n* / non-bulk yarn

N.H., NH, NHP = Normalhöhenpunkt

n-Halbleiter *m* / n-type semiconductor

NH-Sicherung f, Niederspannungs-Hochleistungssicherung *f* / low-voltage power fuse o. HRC-fuse (= high-rate current)

NHTSA = National Highway Traffic Security Administration

Niacin *n*, Nikotinsäure *f* / nicotinic acid, niacin

Niagara·blau *n* / Niagara o. trypan blue ‖ **~spindel** *f* (Textil) / ring spindle, ring and runner, ring and traveller

Niauoliöl *n*, Gomenol *n* / niaouli oil solution, cajuput o. cajeput oil

Nibbelmaschine *f* / nibbling machine, nibbler

Nibbeln *n* (Wzm) / nibbling

NIC *n* (DV) / numerically intensive computing, NIC

Nichrom *n* (Metallegierung der Driver-Harris Org.) / Nichrome

Nichrothermstahl *m* / nichrotherm steel

nicht s. auch nicht... und nicht- ‖ **~ abbauwürdig** (Bergb) / unworkable ‖ **~ abdruckbares Zeichen** (DV) / non-printing character ‖ **~ abfärbend**, farbbeständig / non-discolouring ‖ **~ abgefedert** (Bahn, Kfz) / non-suspended ‖ **~ abgenommen werden können** / fail to pass inspection ‖ **~ abgespreizt** (Bau) / unbraced ‖ **~ abgestimmte Antenne** / untuned antenna, aperiodic antenna ‖ **~ abschmelzend** (Elektrode) / non fusing ‖ **~ adressierbar** (DV, Speicher) / shaded, non-addressable ‖ **~ [an den Zentralrechner] angeschlossen** (DV) / off-line ‖ **~ angepaßt** / unmatched ‖ **~ anwendbar [auf]** / inapplicable [to] ‖ **~ appretiert** (Textil) / unfinished ‖ **~ auffindbar** (Kernmaterial) / hidden ‖ **~ aufgeladen** (Mot) / normally aspired ‖ **~ ausblühend** (Gummi) / no-blooming ‖ **~ ausführbar** (DV) / nonexecutable ‖ **~ ausgeformter Formteil** (Plast) / short moulding ‖ **~ ausgefüllte Form** (Gieß) / short-poured mould, poured-short mould ‖ **~ ausgerichtet** / non-aligned ‖

~ austauschbar / non-interchangeable ‖ **~ beamteter Ingenieur** / private engineer ‖ **~ bearbeitbar o. verformbar** / unworkable ‖ **~ bebauber** (Bau) / undeveloped ‖ **~ berechenbar** / incompatible ‖ **~ berechnet** (Fernm) / non chargeable ‖ **~ berechnet** (Kosten) / not charged ‖ **~ berührend**, kontaktlos / non-contacting ‖ **~ betreffend** / N/A, not applicable ‖ **~ betriebsfähig**, funktionsunfähig / inoperative, unworkable ‖ **~ betriebsfähiger Zustand** / inoperable condition ‖ **~ blendend** / non-glare ‖ **~ brennbar** / non-flam[mable], non-combustible ‖ **~ dezimal** / non-decimal ‖ **~ drahtgewickelt** (Widerstand) / non-wirewound ‖ **~ durchgehend** / non-continuous ‖ **~ eben** / non-planar ‖ **~ eindeutig**, unbestimmt / undetermined ‖ **~ eingespanntes Stabende** (Stahlbau) / free end ‖ **~ einlaufend** (Textil) / unshrinkable ‖ **~ einschalten !** / Do not switch on ! ‖ **~ entartet** (Gas) / non-degenerate ‖ **~ entflammbar** / non-flam[mable] (US), non-inflammable (GB) ‖ **~ entflammbar** (Plast) / flame resistant o. resistive o. retardant ‖ **~ entschwefelt** (Hütt) / under sulphurized ‖ **~ entzundert** (Hütt) / black ‖ **~ erlaubt** (Phys) / non attainable ‖ **~ erreichen**, unterschreiten / fall short [of] ‖ **~ explodierend** / non explosive ‖ **~ festgeschrieben** (DV) / uncommitted ‖ **~ fleckend** / non-staining ‖ **~ formhaltig** / off-size ‖ **~ fortschreitend** (Bruch) / non propagating ‖ **~ funkenbildend** / non-arcing ‖ **~ ganz geostationär** / quasi-geostational ‖ **~ ganz rein** (Met) / commercial ‖ **~ gebunden** (allg, Phys) / unbound ‖ **~ geerdet** (Elektr) / ungrounded ‖ **~ gefedert** / unsprung ‖ **~ gemessen** / unmeasured ‖ **~ geregelt** / unregulated ‖ **~ geschlossener Ausdruck** (Math) / open sentence ‖ **~ gewittergefährdet** (Elektr) / non-exposed ‖ **~ gezündete Stufe** (Rakete) / inert stage ‖ **~ gleichzeitig zulässig** (Strecke, Bahn) / incompatible, conflicting, convergent ‖ **~ gut [ein]passen** / go stiffly ‖ **~ haken!**, nicht mit Haken anfassen! / use no hooks! ‖ **~ indiziert** (DV) / non subscripted ‖ **~ instandgesetzt** / non-repaired ‖ **~ kanten!** / not to be tipped!, not to be overturned! ‖ **~ klassifiziert**, nicht geheim (Mil) / unclassified (US) ‖ **~ kompatibel** / incompatible ‖ **~ kornorientiert** (Hütt) / non grain-oriented ‖ **~ löschbar**, permanent (DV) / non-volatile ‖ **~ markiert** (DV) / unlabeled ‖ **~ maßhaltig** / off-gauge, out of tolerances, non sizing, running out ‖ **~ maßhaltig geschnitten** / non cut to gauge o. to pattern ‖ **~ maßstäblich** / not-to-scale, N.T.S. ‖ **~ mehr rauchen!** (Luftf) / stop smoking! ‖ **~ misch- o. mengbar** / non-miscible ‖ **~ moiriert** (Web) / unwatered ‖ **~ nach Spezifikation** / off specification ‖ **~ nachgewiesenes Material** (Nukl) / material unaccounted for, MUF ‖ **~ netzbetrieben** (Elektr) / off the line ‖ **~ normalisiert** (DV) / unnormalized ‖ **~ normgerecht** / non-standard, bastard... ‖ **~ notwendiges Element** / unessential ‖ **~ organisiert** (Arbeiter) (F.Org) / free ‖ **~ patentfähig** / unpatentable ‖ **~ perforiert**, ohne Perforationen (Film) / unsprocketed ‖ **~ permanent** (Speicher, DV) / volatile ‖ **~ qualifiziert** (DV) / unqualified ‖ **~ quantisiert**, klassisch (Phys) / non-quantized ‖ **~ radioaktiv** / cold ‖ **~ rapporthaltig** (Textil) / out-of-register, off-register ‖ **~ rechtwinklig**, schief / out of square ‖ **~ registerhaltig** (Buch) / out-of-register, off-register ‖ **~ reparierbar** / irretrievable ‖ **~ rezeptpflichtige Arzneimittel** *n pl* / over-the-counter drugs *pl*, OTC drugs *pl* ‖ **~ schienengebunden** (Bahn) / off-track ‖ **~ schiffbar** / unnavigable ‖ **~ schlagwettersicher** (Bergb) / non-safety ‖ **~ schlußgeglüht** (Hütt) / in semi-processed state ‖ **~ selbständig**, abhängig (LoKa) / on-line ‖ **~ selbsthaltend** (Relais) / non-locking ‖ **~ selbstleuchtend** / illuminated, non self-luminous ‖ **~ selbsttätig** / nonautomatic ‖ **~ siebbar**, Fein[st]... (Bergb) / subsistence-sieve... ‖ **~ söhlig** (Bergb) / unlevelled ‖ **~ spationiert** (Buch) / unspaced ‖

~ **speichernd** / non storing ‖ ~ **splitternd** / non splintering ‖ ~ **splitterndes Glas** / splinterproof o. shatterproof glass, safety glass ‖ ~ **ständig verbindendes o. zeitweilig entlastetes Dichtprofil** / non-permanent seal ‖ ~ **stromführend** (Elektr) / dead, idle ‖ ~ **stromführendes Metallteil** (Elektr) / dead-metal part ‖ ~ **stürzen!** / not to be dropped! ‖ ~ **tauschbar** (Palette) / captive ‖ ~ **thermostabilisiert** (Quarz) / non-oven controlled ‖ ~ **überhöhtes Längenprofil** (Verm) / true section ‖ ~ **überladen, frei** (Bau) / disencumbered ‖ ~ **überziehbares Flugzeug** / non-stalling plane ‖ ~ **umkehrbar, irreversibel** / irreversible ‖ ~ **umkehrbar** (Palette) / non reversible ‖ ~ **umstürzen!** / keep upright! ‖ ~ **unique verboten** (Nukl) / non-unique forbidden ‖ sich ~ **verbrauchend** / inconsumable ‖ ~ **verfilzend** (Textil) / non-felting ‖ ~ **verhüttbar** (Bergb) / unworkable, unsmeltable ‖ ~ **verlaufend** (Farbe) / non-bleeding o. -crawling ‖ ~ **verschmutzt o. verseucht, sauber** / unpolluted ‖ ~ **verseifbar** / nonsaponifiable ‖ ~ **verspinnbar** (Textil) / nonspinnable, non-spinning ‖ ~ **verstellbar** / fixed ‖ ~ **verstellbarer Propeller** / fixed pitch propeller ‖ ~ **verwachsene Äste** m pl (Holz) / dead knots pl ‖ ~ **viererfähig** (Elektronik) / non-phantomed ‖ ~ **viererverseilt** (Fernm) / non-quadded ‖ ~ **wahrnehmbar** / imperceptible ‖ ~ **walkend** (Wolle) / not milling ‖ ~ **wärmedurchlässig** / opaque to heat ‖ ~ **wiederherstellbar** / unrecoverable ‖ ~ **wiederverwendbares Raumfahrzeug** (Raumf) / expendable vehicle ‖ ~ **zentrifugiert, Füllmassen…** (Zuck) / non-centrifugal ‖ ~ **zersetzbar** (Chem) / indecomposable ‖ ~ **zubereitet, roh** / raw, crude ‖ ~ **zugelassen, fremd** / outside ‖ ~ **zusammendrückbar** (Phys) / incompressible ‖ ~ **zusammengesetzt, einfach** (Stahlbau) / plain ‖ ~ **zusammenhängend** / discontiguous ‖ ~ **zusammenpassend** / inconsistent ‖ ~ **zyklisiert** (Chem) / uncyclized ‖ ~ **für Kohlengruben zugelassener Sprengstoff** / non-permitted explosive ‖ sich ~ **berührend** / discontiguous
nichtabgestimmt / untuned
nicht·abstandsstabilisierte Satelliten / random satellites pl ‖ ~**-Addieren** n, NA (Buch.m) / non-add, total elimination ‖ ~**-addierend, nichtaddierbar** (Statistik) / non-additive ‖ ~**additionstaste,** NA-Taste f / non-add key ‖ ~**additive Multiplikation** (Math) / logic[al] multiplication ‖ ~**alphabetische Wörtersammlung** (DV) / thesaurus ‖ ~**alternd** / non-aging ‖ ~**amalgamierbares Golderz** / refractory ore ‖ ~**angetriebener Rollgang** / idle roller table ‖ ~**armierter (o. unbewehrter) Beton** / bulk o. mass concrete ‖ ~**atmosphärische Störungen** f pl (Elektronik) / man-made noise ‖ ~**aufgehendes Verhältnis** (Übersetzung) / non-integer ratio ‖ ~**aushärtung** f (Plast) / undercure ‖ ~**ausnutzung** f, -benutzung f / nonutilization ‖ ~**ausnutzung** f, geringe Ausnutzung (Speicher) / loafing (e.g. of memory) ‖ ~**ausübung** f (Patent) / non-working, non-exploitation ‖ ~**automatisch, befohlen** (DV) / separately instructed ‖ ~**automatische Lochstreifen-Weitergabeeinrichtung** (Fernschr) / torn tape relay installation ‖ ~**automatische Speichervermittlung mit Lochstreifen** (Fernm, DV) / torn tape switching center ‖ ~**ballig,** -bombiert / crownless
NICHT-Bauglied n / NOT-circuit o. element o. gate
nicht·beherrscht / out of control ‖ ~**beherrschter Prozeß** / process out of control ‖ ~**bewehrt** (Kabel) / unarmoured ‖ ~**bindig, rollig** (Straß) / friable ‖ ~**-Bindung** f (Chem) / antibonding n ‖ ~**brütend** (Nukl) / non-breeding o. ~**daltonid** s. nichtstöchiometrisch ‖ ~**dekadisches Zahlensystem** / non-denominational number system, non-decimal system ‖ ~**dialogfähiges Bildschirmtextsystem** / broadcast videotext system ‖ ~**dispersiv** (Öl) / non-dispersive ‖ ~**-dispersives Infrarot-Absorptionsgerät** n, NDIRA (Abgas, Europa) /

non-dispersive infra-red absorber ‖ ~**drahtgewickelt** (Widerst.) / non-wirewound ‖ ~**drucken, -schreiben** n, NS (Buch.m) / print suppress, non print[ing], NP ‖ ~**-Drucken** n (Buch.m) / non print[ing], Np ‖ ~**druckend** / non-printing ‖ ~**druckender Teil der Strichätzung** / non-printing o. deep-etched part of the line engraving ‖ ~**-Edelmetall** n / base metal ‖ ~**einhaltung** f (z.B. von Vorschriften) / non-compliance ‖ ~**einsetzbarkeit** f / non-availability ‖ ~**eisen…,** NE… / nonferrous, non-ferruginous ‖ ~**eisen-Metall** n / nonferrous metal ‖ ~**erze** n pl, Steine u. Erden pl / nonmetallic minerals pl ‖ ~**-euklidisch** / non-euclidean ‖ ~**fachmann** m, Laie m / non-professional, inexperienced hand o. man ‖ ~**fachmann** m (Ggs. Spezialist) / generalist ‖ ~**fahrplanmäßig** (Bahn) / supplemental, non scheduled ‖ ~**färbend** / non-dyeing ‖ ~**faulend** / antifouling, -septic, antirot ‖ ~**feststellbare Verschmutzungsquelle** / nonpoint source ‖ ~**fluchtend** / out of alignment ‖ ~**flüchtig** (Chem) / fixed, non volatile ‖ ~**flüchtige Bestandteile** m pl / non-volatile matter ‖ ~**flüchtiges (animalisches o. vegetabil[isch]es) Öl** (Ggs: ätherisches Öl) / fixed oil ‖ ~**formhaltend** / off-size ‖ ~**freikommen** n (Luftf) / floating-effect ‖ ~**funktionieren,** Versagen n / malfunction ‖ ~**-funktionsbeteiligt** / nonfunctional ‖ ~**gasförmig** / nongaseous ‖ ~**gebundenes Wasser** / free water ‖ ~**gewebt** / nonwoven ‖ ~**gewerkschaftler** m (F.Org) / scab, non-union man
NICHT-Glied n, Negation f / NOT gate o. element
nicht·härtend, weichbleibend / non-hardening ‖ ~**-Identitäts-Operation** f / non-identity operation
Nichtig·erklärung f (Patent) / declaration of annulment, invalidation ‖ ~**keit** f (Patent) / invalidation, nullity
nicht·ionisierend, schaumfrei (Detergentien) / nonionic ‖ ~**ionisiert** (Elektronik) / un-ionized, (tube:) unfired ‖ **in Lösung** ~**ionisiert** (Chem) / monistic ‖ ~**ionogen** (Chem) / nonionic ‖ ~**isotop** (Nukl) / nonisotopic ‖ ~**karbonathärte** f, Permanenthärte f, NKH (Wasser) / non carbonate hardness ‖ ~**kenternd** (Schiff) / non-capsizing, non-capsizable ‖ ~**klebend** (Kontakt) / non-blocking ‖ ~**koaxial** (Elektronik) / non-coaxial ‖ ~**kohärent** / non-coherent ‖ ~**koinzidenz** f (Impulse) / non-coincidence ‖ ~**kompensierender Fehler,** unsymmetrischer Fehler / bias error ‖ ~**kompensierter Leistungsfaktor** / natural power factor ‖ ~**korrosives Öl,** süßes Öl / sweet oil ‖ ~**lamellierter Pol** (Elektr) / solid pole ‖ ~**leitend,** dielektrisch / dielectric ‖ ~**leitend,** isolierend (Elektr) / nonconducting, insulating ‖ ~**leitendes Material** / insulant, insulation ‖ ~**leiter,** Isolator m (Elektr) / nonconductor, insulator ‖ ~**leiterbild** n (IS) / non-conductive pattern ‖ ~**leuchtend** / non luminous ‖ ~**linear** / nonlinear ‖ ~**lineare Korrelation** / curvilinear relationship ‖ ~**lineare Modulationsfrequenz-Verzerrung** / differential [modulation] distortion ‖ ~**linearer Spannungsteiler** / function generating potentiometer ‖ ~**lineare Verzerrung** (Akust) / harmonic distortion ‖ ~**linearer Widerstand** / nonlinear resistor, NLR ‖ ~**linearität** f / nonlinearity ‖ ~**logarithmisch** (Math) / natural ‖ ~**lösbar,** unlöslich / fixed, permanent ‖ ~**löschbar,** wiederverwendbar (DV) / nonerasable ‖ ~**löschendes Lesen** (DV) / nondestructive read[ing] o. readout, NDRO ‖ ~**lückender Betrieb** (Elektr) / continuous flow (of d.c.) ‖ ~**luftatmendes Triebwerk** / anaerobic propelling unit ‖ ~**magnetisch** / nonmagnetic ‖ ~**magnetisierbar** / non magnetizable ‖ ~**magnetisierbarer Stahl** / nonmagnetizable steel ‖ ~**mechanischer Drucker** (DV) / non-impact printer ‖ ~**metall** n, Metalloid n / nonmetal ‖ ~**-Metallerz** n / nonmetallic ore ‖ ~**metallisch** / nonmetallic, unmetallic ‖ ~**metallischer Einschluß** (Hütt) / solid nonmetallic inclusion in metal, sonim ‖ ~**metallischer Satz** (Buch) / cold composition o. type ‖ ~**metamer** / non-metameric ‖ ~**navigatorischer Ortungsfunkdienst**

nonnavigational radio locating service ‖ **~negativ** (Math) / nonnegative ‖ **~netzend** (Chem) / non-wetting ‖ **~netzer** *m* (Textil) / non-wetter ‖ **~-Newtonsch** / nonnewtonian ‖ **~-Newtonsches Medium** / nonnewtonian medium ‖ **~-Normen…** / non-standard ‖ **~-Normenkabel** *n* / non-association cable ‖ **~-normgemäßer Werkstoff** / non-conforming material ‖ **~-Normgröße** *f* (Pap) / bastard size ‖ **~nuklear** / non-nuclear ‖ **~numerisch** (DV) / non-numeric[al] ‖ , **~-Nyquist-Impulsformung** *f* / non-Nyquist pulse shaping
NICHT-ODER / NOR
NICHT-ODER-Glied *n* (DV) / NOR circuit o. element
nicht·öffentliche Straße / private road ‖ **~öffentlicher beweglicher Landfunkdienst** / nonpublic land mobile service ‖ **~öffnende Plisseeware**, Plisseeware *f* / mock-pleated fabric, pleated fabric ‖ **~-ohmsch** / nonohmic ‖ **~oxidierbar**, **-oxidierend** / inoxid[iz]able, non-oxidizing ‖ **~periodisch** / nonperiodic ‖ **~permanent** (DV) / volatile ‖ **~plattiert** / unclad ‖ **~polar**, pollos / nonpolar ‖ **~polarisiert** / nonpolarized ‖ **~-Primzahl** *f*, zusammengesetzte o. zerlegbare Zahl / nonprime number, composite number ‖ **~programmierter Sprung** / nonprogrammed jump, trap ‖ **~rastend** (Taste) / nonlocking ‖ **~rastender Drucktaster** / momentary pushbutton switch, MPB ‖ **~rauchende Schwefelsäure** / non-fuming sulfuric acid ‖ **~rechnen** *n* (Buch.m) / non-add, total elimination ‖ **~relativistisch** (Phys) / nonrelativistic ‖ **~resident** (DV) / transitional ‖ **~rollend** (Pap) / non-curling ‖ **~rostend** / rustless, rustproof, rust-resistant o. -resisting, antirust ‖ **~rostender Chromstahl** / stainless chromium steel ‖ **~rutschend** (Textil) / nonslip, nonskid, antiskid
Nichts *n*, Null *f* / nil, null ‖ **~** (Ggs.: Null) (DV) / zero, blank (ctr dist: null) ‖ **~**, wertlose Sache / cipher, nonenty
Nicht·sammeln *n* (Buch) / non-collect production ‖ **~schaltbar** (Kupplung) / fast
NICHT-Schaltung *f*, NICHT-Glied *n*, Inverter, Negator *m* / NOT-circuit o. element o. gate, inverter, negator, negater, inverse gate
Nicht·schreiben *n*, NS (Buch.m) / non print[ing], NP ‖ **~schreibende Taste** / non-printing key, function key ‖ **~schwenkbar** / not swivelling
Nicht-Serien·teil *m n* / nonserial part
nicht·singulär (Math) / nonsingular ‖ **~spanabhebend** / noncutting, chipless ‖ **mit ~spannungsführender Vorderseite** (Elektr) / dead-front ‖ **~speichernd** (TV) / nonstorage ‖ **~spurgebunden** (Fahrzeug) / free-moving, free-riding
nichts·sagendes Ergebnis / void result
nicht·stabiler Zustand (Chem) / non-stable state ‖ **~stapelbarer Gitterbehälter** / collapsible box pallet
Nichts·taste *f* (DV) / blank key
nicht·stationär (Kreiskonstanten) / distributed ‖ **~stationär** (Raumf) / non stationary, moving ‖ **~stationär** (Strömung) / nonstationary ‖ **~stationäre Leitungskonstante** (Elektr) / distributed constant ‖ **~staubender Farbstoff** / dedusted dyestuff ‖ **~stöchiometrische o. nichtdaltonide Verbindung** (Chem) / intersticial o. non-stoichiometric o. non-daltonide compound ‖ **~strahlend** / non-radiative ‖ **~synchrone Antwortüberlagerung** (Radar) / non-synchronous reply code overlap o. code interleave ‖ **~synchrone Antworten** *f pl* / fruit ‖ **~synchronisiertes Getriebe** (Kfz) / nonsynchronized gear box, crash box (coll) ‖ **~tragend** / non-load bearing ‖ **~-Trinkwasser**, Betriebswasser *n* / nondrinkable o. nonpotable water for industrial etc purposes, industrial water ‖ **~trocknend** (Öl) / nondrying ‖ **~übertragende Flanke**, rückwärtige Flanke (Getriebe) / nonworking flank ‖ **~umgesetzt** (Chem) / not transformed ‖ **~umsetzt**, nicht reagierend (Chem) / not reacting ‖ **~umkehrbar** / nonreversible ‖ **~umkehrbarer Wandler**

(Schwingungen) / unilateral transducer ‖ **~umlaufend** / nonrotating
NICHT-UND / NAND
NICHT-UND-Schaltung, NAND-Schaltung *f*, NICHT-UND-Glied *n* (DV) / NAND circuit
Nicht·verbund…, Differential… (Elektr) / decompounded ‖ **~verdrilltes Paar** (Fernm) / parallel pair ‖ **~verfärbend** / nonfading ‖ **~verfügbarkeit** *f* / nonavailability ‖ **~-Verfügbarkeitsbit** *n* / not-capable bit ‖ **~verkleben** / non-stick effect ‖ **~vernetzt** (Chem) / non crosslinked ‖ **~verriegelt** (Taste) / nonlocking ‖ **~verriegelt** (Bahn) / noninterlocked ‖ **~verzehrbare Elektrode** / non-consumable electrode ‖ **~viskos** / inviscid ‖ **~vorgespanntes Glas**, ungehärtetes Glas / non toughened glass ‖ **~vorhandensein** / absence ‖ **~wässerig** / non aqueous ‖ **~wässeriges Lösungsmittel** / non-watery solvent ‖ **~wassermischbar** (Öl) / straight ‖ **~-Wiederholung** *f* / nonrepetition ‖ **~wirbelnd** (Strangguß) / non-swirl
NICHTzeichen *n* / NOT symbol
nicht·zementiert / uncemented ‖ **~zerlegbare Kerze** (Kfz) / nonseparable [spark] plug ‖ **~zerstörend**, nichtlöschend (DV) / non-destructive ‖ **~zucker[stoff]** *m* / nonsugar ‖ **~zulässig** (Math) / forbidden ‖ **~zündender Steuerstrom** (Thyristor) / non-trigger current ‖ **~zusammendrückbar** / noncompressible
Nick *m*, Nicken *n* (Luftf) / pitch ‖ **~** *f* (Werkz) / nick[ing] ‖ **~achse** *f* (Luftf) / pitch axis ‖ **~dämpfer** *m* / pitch damper ‖ **~düse** *f* (Raumf) / pitch jet ‖ **~ebene** *f* (Raumf) / pitch plane
Nickel *n*, Ni / nickel, Ni ‖ **~(II)-…** / nickelous, nickel(II)… ‖ **~(III)-…** / nickelic, nickel(III)… ‖ **~ in Halbzeug** / wrought nickel ‖ **98,9%iges ~** (Met) / X-shot ‖ **~-Acetylacetonat** *n* / nickel acetylacetonate ‖ **~ammon[ium]sulfat** *n* / nickel ammonium sulphate ‖ **~at** *n* / nickelate ‖ **~bad** *n* (Galv) / nickel bath ‖ **~beize** *f* / nickel dip o. flashing ‖ **~blech** *n* / nickel sheet ‖ **~grüne ~blüte**, Annabergit *m* (Min) / nickel bloom o. arseniate o. ochre, annabergite ‖ **~bronze** *f* / nickel bronze ‖ **~carbonat** *n* / nickel carbonate ‖ **~carbonyl** *n*, Carbonylnickel *n* / carbonyl nickel ‖ **~chlorid** *n* / nickel chloride ‖ **~chromstahl** *m*, Chromnickelstahl *m* / nickel-chromium steel ‖ **~dimethylglyoxim** *n*, -diacetylglyoxim *n* / nickel dimethylglyoxime ‖ **~-Dip** *n* (Nickelbeize) / nickel dip o. flashing ‖ **~eisen** *n*, Ferronickel *n* / ferronickel ‖ **~-Eisen-Batterie** *f*, -akkumulator *m* / nickel-iron[-alcaline] battery ‖ **~erz** *n* / nickel ore ‖ **~galvano** *n* (Buch) / nickel electro ‖ **~glanz** *m* (Min) / gersdorffite ‖ **~haltig** / nickeliferous
Nickelin *m* (Min) / nickeline, nickelite, niccolite ‖ **~** *n* (Elektr) / nickeline
Nickel·-Kadmium-Stahlakkumulator *m* / nickel cadmium-battery ‖ **~kies** *m* (Min) / nickel pyrites, millerite ‖ **~-Knetlegierung** [mit Chrom, [mit Kupfer] / wrought nickel-chromium, [-copper] alloy ‖ **~körner** [nach dem Mondverfahren] *n pl* / grain nickel ‖ **~-Kupfer-Zinklegierung, z. B. Neusilber, Alpakka, Argentan** / copper-nickel-zinc alloy, nickel-silver ‖ **~legierter Einsatzstahl** / case-hardened nickel steel ‖ **~magnetkies** *m* (Elektr) / nickeliferous pyrotite ‖ **~matte** *n* (Hütt) / nickel matte ‖ **~nitrat**, salpetersaures Nickel *n* / nickel nitrate ‖ **~ocker** *m* s. Nickelblüte ‖ **~(II)-Oxid**, Nickelmonoxid *n* / nickel (II)-oxide o. monoxide ‖ **~(III)-Oxid**, Dinickeltrioxid *n* / nickel (III)-oxide o. sesquioxide ‖ **~plattiert** / nickel-plated o. -clad ‖ **~plattiertes Stahlblech** / niclad ‖ **~pyrit** *m* (Min) / nickel pyrites *pl*, bravoite ‖ **~reicher Stein** (Hütt) / high-grade nickel matte ‖ **einfache o. doppelte ~salze** / blue salts *pl* ‖ **zweifache, [dreifache] ~schicht** / double, [threefold] nickel coat ‖ **~schwamm** *m* / spongy nickel ‖ **~stahl** *m* / nickel steel ‖ **~sulfamat** *n* / nickel sulphamate ‖ **~sulfat** *n* / nickel sulphate ‖ **kristallisiertes ~sulfat** / brown salt ‖ **~(II)-sulfid** *n* / nickel sulphide ‖

˅[tetra]carbonyl, Kohlenoxidnickel n / nickel carbonyl ‖ ˅-Zink-Akkumulator m / nickel-zinc storage battery
Nicken n, Tauchen n, Galoppbewegung f (Schweiz) (Bahn, Schweiz) / galloping ‖ ˅ (Luftf) / pitch
Nick·geschwindigkeit f (Luftf) / rate of pitch ‖ ˅kontrolldüse f (Raumf) / pitch control jet ‖ ˅lage f (Raumf) / pitch attitude ‖ ˅lagenskala f (Luftf) / pitch reference scale ‖ ˅lagesteuerung f (Luftf) / fuselage pitch pointing ‖ ˅meßkreisel m / pitch rate gyro ‖ ˅trimmgerät n (Luftf) / stabilizer trim unit ‖ ˅trimmknopf m (Luftf) / pitch trim knob ‖ ˅- u. Landekontrollkoppler m (Luftf) / stabilizer and landing control coupler ‖ ˅winkel m / pitch angle
Nicol[sches Prisma] n / Nicol [prism], crossed Nicols pl
Nicrosilal n (warmfestes Gußeisen mit 18% Ni u. 5% Si.) (Hütt) / nicrosilal
nieder·... s. auch niedrig... ‖ ~e Computersprache (z.B. Maschinensprache) (DV) / low-level language ‖ ~e Garnnummer / low count of thread ‖ sich ~beugen / stoop ‖ ~blasen (Hütt) / blow down o. out ‖ ˅bordschiff n / low-built ship ‖ ˅bordwagen, R-Wagen m (Bahn) / gondola car (US), flat [car] (US), platform wagon (GB) ‖ ~brennen / burn away o. down o. off, destroy by fire ‖ ~bringen (Bergb) / deepen, drive, sink ‖ einen Schacht ~bringen (Bergb) / sink a shaft ‖ ein Bohrloch ~bringen (Bergb) / drill a shot hole
Niederdruck m, niedriger Druck (Masch) / low pressure, L.P. ‖ ˅..., niedrigverdichtend, -verdichtet / low-compression... ‖ ˅dampfheizung f / low-pressure steam heating
niederdrücken / press down ‖ [in der Mitte] ~ / sag vt, cause to sag
Niederdruck·entwickler m (Schw) / low-pressure generator ‖ ˅gasbrenner m / low-pressure gas burner ‖ ˅harz n / low-pressure resin, contact resin ‖ ˅heizung f / low-pressure heating ‖ ˅-Laminat n (Plast) / low-pressure laminate ‖ ˅-Ölbrenner m / low-pressure atomizer ‖ ˅-Ölkabel n / self-contained oil-filled cable ‖ ˅preßverfahren n (Plast) / low-pressure o. contact pressure mo[u]lding ‖ ˅pumpe f / low lift pump ‖ ˅reifen m (Kfz) / low-pressure tire ‖ ˅-Strohpresse f / low-density press baler ‖ ˅stufe f / low-pressure stage ‖ ˅teil m n (Turbine) / low-pressure cylinder, L.P. cylinder
nieder·energetisches Teilchen (Phys) / low energy particle ‖ ~fester Stahl / low-strength steel ‖ ˅flurelektrokarren m, -flurelektrowagen m (Straßenfahrzeug) / low-platform truck ‖ ˅[flur]hubwagen m / pallet truck o. stacker ‖ ˅flurpritschenanhänger m / low-platform semitrailer ‖ ˅[flur]rahmen m (Kfz) / drop[ped] frame ‖ ˅fluß... (Nukl) / low-flux... ‖ ˅flußreaktor m / low flux reactor ‖ ~frequent (Elektronik) / low-band, low-pass
Niederfrequenz f (25 - 60 Hz) (25 - 60 Hz) (allg) / low frequency ‖ ˅ (etwa 30 bis 20000 Hz), NF f (Akust) / audiofrequency, AF, a.f., a-f ‖ ˅endstufe f (TV) / audiofrequency final stage ‖ ˅-Fernsprechen n, NF-F / audiofrequency telephony ‖ ˅generator m (Akustik) / audiofrequency o. radiofrequency oscillator ‖ ˅kristall m (unter 500 kHz) / DT cut crystal ‖ ˅ofen m (Hütt) / low frequency induction furnace ‖ ˅rauschen n (Elektronik) / garbage (US, coll) ‖ ˅siebkette f (Elektronik) / low-pass filter ‖ ˅stufe, NF-Stufe f (Elektronik) / audiofrequency stage ‖ ˅trafo f -übertrager m (TV) / audiofrequency transformer, aft ‖ ˅verstärker m (Akust) / audiofrequency amplifier ‖ ˅verstärker m (Elektronik) / low-frequency amplifier ‖ ˅vorstufe f (TV) / low frequency preamplifier
Nieder·führung f (Elektr) / down-lead ‖ ˅gang m, Kajütstreppe f (Schiff) / companion ladder o. way ‖ ˅gang m (des Kolbens) (Mot) / down-stroke ‖ ~gedrückt / depressed ‖ ~gehen (Bergb) / break down ‖ ~gehen, landen / land vi, alight, touch down, descend ‖ ~gehen, wassern / alight o. descend on water, water vi

‖ bei schallnaher Geschwindigkeit ~gehen (Luftf) / tuck under ‖ plötzliches ˅gehen des Hangenden (Bergb) / bump ‖ stufenweises ˅gehen des Hangenden (Bergb) / gradual coming-down of the hanging wall ‖ ~geschlagen (Chem) / precipitated ‖ ~geschlagen werden (Chem) / precipitate ‖ ˅haltemutter f / hold-down nut ‖ ˅halten n / suppression ‖ ˅halter m (Stanz) / holding-down clamp o. device for plates, blank holder, pressure pad ‖ ˅haltevorrichtung f (Wzm) / holding-down appliance ‖ ~lassen, [ab]senken / lower ‖ ˅lastzeit f (Elektr) / night-tariff hours pl, night-rate hours pl ‖ ˅legiert, niedriglegiert / low-alloy... ‖ ˅leistungs..., schwachmotorig / low-powered, low-power... ‖ ˅leistungsstück n (Hohlleiter) / low power termination ‖ ~mo[leku]lar (Chem) / low-mo[lecu]lar ‖ ~ohmig (Wechselstr, Elektronik) / [of] low impedance ‖ ˅pegel... (Fernm) / low-level... ‖ ˅plattformwagen m (Bahn) / crocodile truck ‖ ˅querschnittsreifen m (Kfz) / low-section o. -profile tire ‖ ˅rahmen m (Kfz) / [double] drop frame, low frame ‖ ˅rahmen... (Kfz) / low built, low-frame... ‖ ˅rahmenfahrgestell n (Kfz) / low-frame chassis, safety chassis ‖ ˅rahmenomnibus m / low-level o. low-mount bus ‖ ~reißen (Bau) / dismount, dismantle, demolish, break down ‖ ˅reißen n, Abbruch m / demolition, destruction ‖ ˅rollen, anrollen (Gummi) / stitch ‖ ˅schachtofen m / low-shaft furnace
Niederschlag m, Bodensatz m (Chem) / deposit, sediment, precipitate, precipitation ‖ ˅, Auflage f (Galv) / deposit ‖ ˅ (vom Dekantieren) / underflow ‖ ˅ vom Ablaufwasser (Zuck) / flocculate ‖ atmosphärischer ˅ / precipitation ‖ erster dünner ˅ (Galv) / strike deposit ‖ ~bar (Chem) / precipitable ‖ ˅elektrode f / collecting o. passive electrode
niederschlagen, kondensieren (Gas, Dampf) / condense, precipitate ‖ ~, absetzen / deposit, settle, precipitate ‖ ~ (Staub) / precipitate dust ‖ [Rauch] ~ (Hütt) / densify with water ‖ Schaum ~ (Aufber) / kill foam ‖ sich ~ (Meteorol) / precipitate ‖ sich ~ (Chem) / subside
Niederschlagkupfer, Zementkupfer n / precipitated copper, cement[atory] copper
Niederschlags·arbeit f (Bergb) / precipitation method, working by thrusts ‖ ˅-Auffanggerät n / rain gauge ‖ ˅bereich m (Galv) / deposition range, [electro]plating range ‖ ˅echo, Regenecho n (Radar) / precipitation echo ‖ ˅elektrode f (Filter) / collecting o. passive electrode ‖ ~frei / non-precipitating ‖ ˅gebiet n / area of precipitation, precipitation area ‖ ˅gebiet n, Einzugsgebiet n (Wassb) / drainage o. catchment area o. basin, water shed (US) o. basin ‖ ˅höhe, -menge f / quantity of precipitation o. of rainfall, precipitation rate, amount o. depth of precipitation o. rainfall ‖ ˅menge f (Aufber) / amount of settled matter ‖ durchschnittliche ˅menge in % (Meteor) / pluviometric coefficient ‖ ˅messer m, Regenmesser m / rain ga[u]ge, hyetometer, pluviometer, udometer ‖ ˅meßgefäß n / measuring glass for rain ga[u]ge ‖ ˅mittel n, Fällungsmittel n (Chem) / precipitant, precipitating agent ‖ ~reich (Klima) / wet ‖ ˅schreiber m / hyetograph ‖ ˅wasser n, Regenwasser n / atmospheric o. rain water
Niederschlagung, Bekämpfung f / abatement
nieder·schmelzen (Hütt) / melt down ‖ ˅schrift, Aufzeichnung f / write-out, print-out ‖ ~sinken / sink down ‖ ~sinken n der Gicht (Hütt) / descent of the charge
Niederspannung f (lt VDE ⟨ 1000 V, allg ⟨ 250 V) / low potential o. tension o. voltage (GB: ⟨ 250 V, US: no definition), LV
Niederspannungs·feld n / low tension panel o. section ‖ ˅-Hochleistungssicherung f / low-voltage power fuse ‖ ˅kabel n / low-voltage cable ‖ ˅leitung f / low tension line, low-voltage line ‖ ˅netz n / low-voltage mains pl ‖ ˅-Schaltgerät n, Schaltanlage f (Elektr) / low tension switch gear ‖ ˅-Schaltgeräte n pl / low tension o. low-

voltage switch gear ‖ **⁓seite** f (Elektr) / secondary ‖ **⁓sicherung** f / low-voltage fuse-link ‖ **⁓verdrahtung** f / low-voltage wiring ‖ **⁓zündung** f (Kfz) / low-tension ignition

Nieder·stammplantage f (Landw) / bush-tree orchard ‖ **⁓temperaturfraktionierung** f (Gas) / low-temperature rectification ‖ **⁓tor** n **der Schleuse**, unteres Schleusentor (Hydr) / tailgate, aft gate, lower flood gate ‖ **⁓tourig**, niedrigtourig / low-speed…, low-revolution…

Niederung f (Geogr) / bottom land, lowland, flat

Nieder·vakuum n / low vacuum ‖ **⁓vakuumröhre** f (Elektronik) / soft tube ‖ **⁓volt…**, Niederspannungs… / low-voltage…, low tension… ‖ **⁓voltlampe** f / low voltage lamp

Niederwald m / low forest, copse

Nieder·wasser n, niedrigster Wasserstand / low water ‖ **⁓wasserrinne** f, -wasserkanal m (Hydr) / low-water channel, cunette ‖ **⁓wertig** (Math) / low-order… ‖ **⁓wertige Stelle** / low-order position

niedrig, nieder / low ‖ **⁓**, gering / mean, inferior ‖ **⁓** (Math, Beiwerte usw.) / low ‖ **⁓**… s. auch nieder… ‖ **⁓ angelassen** (Hütt) / tempered at low temperature ‖ **⁓ belastbar** / low power…, low load [bearing] ‖ **⁓er Erddamm** (Bau) / windrow ‖ **⁓e Frequenzen** f pl / low frequencies pl ‖ **⁓e Mutter** / pressed nut ‖ **⁓ siedendes Benzin** / high-test gasoline ‖ **⁓es Signal** (Bahn) / dwarf signal ‖ **⁓e Touren- (o. Dreh)zahl** / slow-speed, low number of revolutions ‖ **⁓e Umlaufbahn** / low orbit ‖ **⁓e Vergrößerung** / low magnification ‖ **⁓e Wertigkeit** / low order ‖ **mit ⁓er Decke** (Bau) / low ceiling ‖ **⁓aktiv**, schwachaktiv / low-level… ‖ **⁓[gebaut]** (Bergb) / low head… ‖ **⁓gekohlt** (Hütt) / low carbon… ‖ **⁓legiert**, schwachlegiert / low-alloy…, alloy-treated ‖ **⁓paariges Kabel** / small capacity cable, small sized cable, small make-up cable ‖ **⁓prozentig** / low-percentage… ‖ **⁓schmelzend** / low melting point… ‖ **⁓siedend** / low-boiling ‖ **⁓siliziert** (Hütt) / low silicon…

niedrigst, kleinst / lowest ‖ **⁓**, geringst / minimal, -mum ‖ **⁓er Leerlauf** / low idle [run] ‖ **⁓er o. billigster Tarif** / lowest o. cheapest rate ‖ **⁓er Wert** / low value ‖ **⁓wertig** / of lowest order, least significant ‖ **⁓wertiges Bit**, wertniedrigstes Bit / lowest-order bit ‖ **⁓wertige Stelle** (DV) / least significant digit, LSD

Niedrig·temperaturzerfall m (Hütt) / low temperature break, LTB, reduction degradation unit, RDU ‖ **⁓tourig** / low-speed… ‖ **⁓verdichtend**, -verdichtet, Niederdruck… / low-compression… ‖ **⁓viskos** / of low viscosity ‖ **⁓wasser** n, niedrigster Wasserstand (Meßgröße) / low water ‖ **⁓wasser…** (Fluß) / low-water… ‖ **niedrigstes ⁓wasser** / low-water mark zero ‖ **⁓wasserstand** m / low-water mark ‖ **⁓wertiges Bit**, wertniedriges Bit / low order bit

niellieren, niello vt

Niello n, Schwarzschmelz m / niello

Niere f, Erzniere f (Geol) / nodule

Nieren·baumfrucht f, Anacardium-, Cashewnuß f / cashew nut ‖ **⁓baumöl** n, Anacardium n occidentale / acajou oil ‖ **⁓bruch** m (Fehler) (Hütt) / oval flaw ‖ **⁓bruch** m **in Schienen** (Bahn) / shatter crack ‖ **⁓charakteristik** f (Elektronik) / cardioid pattern o. characteristic ‖ **⁓erz** o / nodular ore ‖ **⁓förmig** / reniform ‖ **⁓förmiger Drehkondensator** / square-law capacitor, straight-line wavelength capacitor

Niesholz, Pako n / sneezewood, pako

Niet m n, Niete f / rivet ‖ **⁓** m **mit Dom** / rivet with dome ‖ **⁓abstand** m, -teilung f / pitch o. spacing of rivets ‖ **⁓abstand** m **bei Zickzacknietung** / zigzag pitch ‖ **⁓abstand** m **quer zum Kraftangriff** / transverse pitch ‖ **⁓anschluß** m (Stahlbau) / riveted joint ‖ **⁓beanspruchung** f / strain of the rivet ‖ **⁓bolzen** m, vernieteter Bolzen / clinch[ed] bolt ‖ **⁓bolzenkette** f / pin chain ‖ **⁓döpper** m, Schelleisen n / rivet header, snap [head] die ‖ **⁓druck** m / riveting pressure

nieten, ver-, zusammennieten / rivet v, fasten with rivets ‖ **⁓** n / riveting [on] ‖ **⁓**, Nietkopfschlagen n / riveting [down] ‖ **⁓ mit Presse** / machine riveting

Niet[en]quetscher m / rivet buster, side chisel

Nieten·stahl m / rivet iron o. steel o. stock ‖ **⁓wärmer** m / rivet furnace o. forge ‖ **⁓zieher** m s. Nietzieher

Nieter m (Arbeiter) / riveter

Niet·fabrikant m / rivet maker ‖ **⁓hammer** m / riveting hammer, dolly ‖ **⁓horn** n / riveting horn ‖ **⁓keil** m / rivet o. gudgeon pin ‖ **⁓kloben** m, -kluppe f, -zwinge f / riveting clamp ‖ **⁓kontakt** m / stake contact ‖ **⁓kopf** m / rivet head ‖ **⁓kopf**, Schließkopf m / swage-head, die head ‖ **platter, trapezförmiger ⁓kopf** / pan head ‖ **⁓kopf-Anstauchmaschine** f, -Setzer m / rivet header ‖ **⁓kopfschraube** f / rivet head screw bolt ‖ **⁓länge** f **zwischen den Köpfen**, Klemmlänge f / grip of rivet, length under head ‖ **⁓loch** n / rivet hole ‖ **⁓lochschreibahle** f / bridge reamer ‖ **⁓maschine** f / riveter, riveting machine ‖ **⁓maschine** f, -presse f / riveting press ‖ **⁓mutter** f / rivet[ing] nut ‖ **⁓naht** f / riveted seam ‖ **⁓presse** f / riveting press ‖ **⁓prüfung** f / riveting test ‖ **⁓reihe** f / chain of rivets, row o. line of rivets ‖ **⁓rißlinie** f (Stahlbau) / rivet gauge line, rivet back-mark ‖ **⁓schaft** m / shank o. stem o. shaft of a rivet, rivet body o. shank ‖ **⁓schere** f / rivet-shearing machine ‖ **⁓spitze** f (Spaltniet) / prong of the split rivet ‖ **⁓stempel** m, Döpper m / snap [head] die, riveting die o. header o. set, set (US) ‖ **⁓stempel** m, Gegenhalter m / holding-up hammer dolly ‖ **⁓stift** m / riveting bolt ‖ **⁓teilung** f / longitudinal pitch

Nietung, Nietverbindung f / rivet[ed] joint, riveting

Niet·verbindung f (Stahlbau) / riveted joint ‖ **⁓wärmeofen**, -glühofen m / rivet furnace o. forge ‖ **⁓winde** f / screw dolly ‖ **⁓wippe** f / holding-up lever, dolly bar, lever dolly ‖ **⁓zange** f / tongs for rivets pl, riveting tongs pl ‖ **⁓zieher** m / rivet setter, rivetting set

NIFE-Akkumulator m / NIFE battery, nickel-iron [alcaline] battery

Nifekern m (Geol) / nife

Nigeröl n / niger seed oil

Nigrosin n (Färb) / nigrosine

Ni-hard n (verschleißfestes Gußeisen mit 1,5% Co u. 4,5% Ni) (Hütt) / Ni-hard

Nikethamid n / nikethamide

Nikotin n / nicotine ‖ **⁓säure** f, Niacin n / nicotinic acid, niacin ‖ **⁓säureamid** n (Chem) / P.P. factor, pellagra preventive factor ‖ **⁓vergiftung** f / nicotine poisoning

Nilblau n / Nile blue

Nile n (Reaktivitätsänderung um 10^{-2}) (Nukl) / nile

nilpotent (Math) / nilpotent

NIL-Zeichen n (DV) / null character, NUL

Nimbostratuswolke, Regenwolke f / nimb[ostrat]us

Nimon-Legierung f (Ni, CHr + Ti, Co, Al) / nimonic alloy

Ninhydrin n / Ninhydrin, 1,2,3-indantrione hydrate

Niobat n / niobate

Niobcarbid n / niobium carbide

Niobit m (Min) / niobite

Niob·[ium] n, Nb / niobium, Nb, (US) a.: columbium, Cb ‖ **⁓[ium]säure** f / niobic acid ‖ **⁓[ium]wasserstoff** m / niobium hydride ‖ **⁓nitrid** n / niobium nitride ‖ **⁓zinn** n / niobium stannide

Nip m (Berührungslinie von Zylindern) / nip

Niperyt, Nitropenta n / penta-erythritol o. -erythrityl tetranitrate, PETN, nitropenta

Nipkowscheibe f (TV) / Nipkow [scanning] disk, aperture[d] disk

Nippel m, Anschlußstück n / fitting ‖ **⁓** (Kabelherst) / die ‖ **⁓** (für Rohre) / nipple [for pipes] ‖ **⁓** (Fahrradspeichen) / spoke nipple ‖ **⁓ mit Dichtkopfanschluß** / nipple with male taper end ‖ **⁓ mit Einschraubanschluß** / nipple with male thread end ‖ **⁓ mit Flanschanschluß** / nipple with flange end ‖ **⁓ mit Gewinde an beiden Enden** / barrel nipple, shoulder nipple ‖ **⁓ mit Ringanschluß** /

nipple with banjo end ‖ ⁓ **mit Rohranschluß** / nipple with stand pipe end ‖ ⁓**gewindeschneidmaschine** f / nipple-threading machine
Nippflut f, -tide f / neap [tide]
Niresist-Gußeisen n (Hütt) / Ni-resist
Nirostageschirr n / stainless vessel
Nische f (Bau) / bay, niche, recess ‖ ⁓, Alkoven m (Bau) / alcove
nischen·artig (Bau) / apse-like ‖ ⁓**blende** f (Hydr) / slot filler ‖ ⁓**poller** m, Haltekreuz n / pocket-type bitt o. bollard
Ni-Speed-Bad n (Galv) / Ni-speed bath
Nisse f (Textil) / nep, burl
nissig (Textil) / neppy
NiSt = Nickelstahl
Nit n, nt (= 10^{-4} sb = 1 cd m^{-2}) (veraltet) (Opt) / nit, nt ‖ ⁓ (= 1,44 Bit) (DV) / nit
Nital n (alkoholische Salpetersäurelösung) / nital
NiTi-Legierung (Nickel, Titan) / NiTi-alloy
Nitinol n (Ni-Ti-Legierung des Naval Ordnance Lab) / nitinol (a memory alloy)
Niton, (jetzt:) Radon n / niton
Nitragarn n / mercerized yarn, nitrated yarn
Nitralloystahl m / Nitralloy
Nitramin n (Chem) / nitramine
Nitraphotlampe f (Phot) / nitraphot lamp
Nitrat n (Salz der Salpetersäure) / nitrate ‖ ⁓ / nitrate(V) n ‖ ⁓... / nitric ‖ **Umwandlung in** ⁓ / nitration, conversion into a nitro compound ‖ ⁓**-Bakterien** n pl (Nitratbildner) / nitric bacteria pl ‖ ⁓**dünger** m / nitrate fertilizer ‖ ⁓**film** m (Phot) / nitrate film ‖ ⁓**-Ion** n / nitrate ion ‖ ⁓**seide** f / nitrocellulose o. gun silk ‖ ⁓**weißätze** f (Färb) / nitrate white discharge
Nitrid n / nitride ‖ ⁓**-Feuerfesterzeugnis** n / nitride refractory
Nitrier·anlage f / nitrating plant ‖ ⁓**apparat** m / nitrator, nitrating o. nitrifying apparatus ‖ ⁓**bar** / nitrable ‖ ⁓**benzin** n / benzene, nitration grade
nitrieren (in Nitrat umwandeln) (Chem) / nitrate ‖ ⁓, nitrierhärten (Stahlbehandlung) / nitride v, nitrify, nitration-harden v, nitrogen case harden ‖ ⁓, aufsticken (mit Stickstoff behandeln) / nitrogenize ‖ ⁓ (NO₂-Gruppe einführen) (Chem) / nitrate vt, combine o. treat with nittric acid o. a nitrate
Nitrier·gemisch n, -mischung f / nitride compound, nitration compound ‖ ⁓**gut** n (Textil) / nitrated charge ‖ ⁓**härtetiefe** f / nitriding depth ‖ ⁓**härtung** f, -härten n / nitriding [process], nitrogen case hardening, nitration o. nitride hardening ‖ ⁓**krepp[stoff]** m (Pap) / nitrated crape ‖ ⁓**masse** f (Textil) / nitration batch ‖ ⁓**ofen** m / nitriding furnace ‖ ⁓**papier** n, -rohstoff m / nitration o. nitrating o. nitrated paper ‖ ⁓**qualität** f / nitration grade ‖ ⁓**säure** f / nitrating acid ‖ ⁓**stahl** m (Sorte) / nitriding steel
nitrierter Stahl, Nitrierstahl m / nitride steel
Nitrierung f, Nitrieren n (Einführung der NO₂-Gruppe) (Chem) / nitration
Nitrifikanten pl, Nitrat-Bakterien pl / nitric bacteria pl
Nitrifikation f (Bakterien) / nitrification ‖ **erste Stufe der** ⁓ (durch Nitrosomas-Bakterien) / nitrozation ‖ **zweite Stufe der** ⁓ (durch Nitrobacter-Bakterien) / nitration
Nitrifikations·bakterien, nitrifizierende Bakterien f pl / nitrifying bacteria, Nitrobacteriaceae pl, azotobacteria pl ‖ ⁓**bakterien**, nitrifizierende Bakterien f pl / azotobacter
nitrifizieren, in Nitrat o. Nitrit verwandeln (Biol) / nitrify
nitrifizierend (Bakterien) / nitrogen-fixing (bacteria)
Nitrifizierung f **durch Bakterien** (Bot) / fixation of nitrogen
Nitril n (Chem) / nitrile ‖ ⁓**gruppe** f (Cyanide der org. Chemie) / nitriles pl ‖ ⁓**kautschuk** m / nitrile rubber ‖ ⁓**latex** m / nitrile latex
Nitrilotriessigsäure f, NTA / nitrilotriacetic acid, NTA

Nitrit, salpetrigsaures Salz n / nitrite ‖ ⁓**bakterien** n pl (Nitritbildner) / nitrous bacteria pl
Nitro·abkömmling m / nitro derivative ‖ ⁓**alizarin** n / nitro-alizarin[e] ‖ ⁓**alkan** n / nitroalkane ‖ ⁓**anilin** n (Färb) / nitro-aniline ‖ ⁓**baryt** m (Min) / nitrobaryte ‖ ⁓**benzoësäure** f / nitrobenzoic acid ‖ ⁓**benzoësäureanhydrid** n, wasserfreie Nitrobenzoësäure / nitrobenzoic acid anhydride ‖ ⁓**benzol** n, Mirbanöl n / nitrobenzene, [oil of] mirbane ‖ ⁓**carburieren** n / nitrocarburizing ‖ ⁓**[cellulose]seide** f / collodion silk ‖ ⁓**derivat** n / nitro derivative ‖ ⁓**farbstoff** m / nitro dye ‖ ⁓**gen** n, N / nitrogen, N ‖ ⁓**genase** f / nitrogenase ‖ ⁓**glykol** n / nitroglycol ‖ ⁓**glyzerin**, -glycerin n / [tri]nitroglycerin[e], -glycerol (US), blasting o. explosive oil ‖ ⁓**glyzerinsprengstoff** m / nitroexplosive ‖ ⁓**guanidin** n (Sprengstoff) / nitroguanidine ‖ ⁓**harnstoff** m / nitrocarbamide, -urea ‖ ⁓**kalzit** m (Min) / nitrocalcite ‖ ⁓**körper** m / nitrocompound, -derivative ‖ ⁓**kupfer** n / nitrocopper ‖ ⁓**lack** n / nitrocellulose lacquer, n.c. lacquer ‖ ⁓**lackieren** n / cellulose spraying ‖ ⁓**lampe** f / nitrogen-filled lamp
Nitrol·verbindung f / nitrol[ic] compound
Nitro·metall n / nitrometal ‖ ⁓**meter** n (Chem) / nitrometer ‖ ⁓**methan** n / nitromethane (GB), nitrocarbol(US)
Nitron (Chem) / nitron
Nitronium-Perchlorat n (Raketenantrieb) / nitronium perchlorate
Nitro·paraffin n / nitroparaffin ‖ ⁓**penta** (Sprengstoff) / nitropenta, penta-erythritol o. -erythrityl tetranitrate, PETN ‖ ⁓**phenid** n / nitrophenide, NP ‖ ⁓**phenol** n / nitrophenol ‖ ⁓**phil** (Bot) / nitrophilous ‖ ⁓**phosphat** n / nitrophosphate [fertilizer] ‖ ⁓**propan** n / nitropropane ‖ ⁓**prussid** n / nitroprusside ‖ ⁓**prussidkalium** n / potassium nitroprusside ‖ ⁓**prussidnatrium** n / sodium nitroprusside
nitros, Stick... / nitrous ‖ ⁓**e Gase** n pl / nitrous fumes pl
Nitrosamin n / nitrosamine
Nitro·schwefelsäure f / nitrosulphuric acid ‖ ⁓**seide** f / nitro[cellulose] silk
nitrosieren / treat with nitrous acid
Nitrosierung f (Einführung der NO-Gruppe) / nitrozation
Nitroso·benzol n / nitrosobenzene, -benzol[e] ‖ ⁓**blau** n / nitroso blue ‖ ⁓**farbstoff** m / nitrose dye[stuff] ‖ ⁓**kautschuk** m / nitroso rubber
Nitrosomas-Bakterien pl (oxidieren Ammoniak zu Nitrit) / nitrosomonas bacteria pl, nitrosobacteria pl
Nitroso·verbindung f / nitroso compound
Nitro·sprengstoff m / nitroexplosive ‖ ⁓**stärke** f / nitro starch ‖ ⁓**stärkedynamit** n / nitrostarch dynamite ‖ ⁓**sulfonsäure** f, Nitrosylschwefelsäure f, Bleikammerkristalle m pl / nitrosylsulphuric acid ‖ ⁓**syl** n / nitrosyl ‖ ⁓**sylchlorid** n / nitrosyl chloride ‖ ⁓**toluidin** n / nitrotoluidine ‖ ⁓**toluol** n, Trotyl n / nitrotoluene ‖ ⁓**verbindung** f / nitro compound ‖ ⁓**verdünnung** f / diluent for cellulose lacquers (Cellosolve, Solvol etc), thinner ‖ ⁓**xyle** n pl (Chem) / nitroxyls pl ‖ ⁓**xylol** n / nitroxylene ‖ ⁓**zellulose** f, -zellstoff m, (besser): Zellulosenitrat n / cellulose nitrate, nitrocellulose ‖ ⁓**zellulose**, Schießbaumwolle f / nitrocellulose, pyroxylin[e] ‖ ⁓**zelluloselack** n / nitrocellulose o. n.c. lacquer, pyroxylin[e] lacquer ‖ ⁓**[zellulose]seide** f / nitrocellulose o. collodion o. gun silk
Nitryl... / nitrile
Nitschel·hose f (Spinn) / rubber [leather], rubbing leather ‖ ⁓**hub**, Würgelhub m (Spinn) / traverse of the rubbing leathers
nitscheln, reiben / rub
Nitschel·strecke, Frotteurstrecke f / bobbin o. rubber drawing ‖ ⁓**walze** f (Spinn) / rubbing roller ‖ ⁓**werk** n, Nitschler m (Spinn) / rubber condenser o. gear
Niveau n / level ‖ ⁓ **auf gleichem** ⁓ (o. Potential) [mit] / level [with] ‖ ⁓**abstand** m (Nukl) / level spacing ‖

⌐breite f (Nukl) / level width ‖ ⌐breite f für
Kernabspaltung (Nukl) / fission width ‖ ⌐fläche f,
Äquipotentialfläche f (Elektr) / equipotential surface o.
region ‖ ⌐flasche f (Chem) / level[l]ing bottle ‖ ⌐gefäß
n (Chem, Labor) / levelling bulb ‖ ⌐kreuzung f,
-übergang m (Bahn) / grade o. level crossing ‖ ⌐linie f /
contour [line], level line ‖ ⌐linie, Äquipotentialkurve f
(Elektr) / equipotential line ‖ ⌐linie f,
[Höhen]schichtenlinie f (Verm) / contour line ‖
⌐-Regelventil n (Luftfederung) (Kfz) / level[l]ing valve
‖ schreibender ⌐regler / level recorder controller,
LRC ‖ ~regulierende Federbeine n pl,
Niveaureguliergerät n (Kfz) / level[l]ing device, ride
leveler ‖ ⌐regulierung f / height control ‖ oberhalb
des ⌐s arbeitend (Bagger) / above level working ‖
⌐schema, Termschema n / energy level diagram o.
scheme, term scheme ‖ ⌐übergang m (Schweiz) (Bahn)
/ grade crossing, level crossing ‖ ⌐ungleiche
Kreuzung (Bahn, Straßb) / scissors crossover, fly-over ‖
⌐unterschied m / difference of level ‖ ⌐verbreiterung,
Pegelverbreiterung f (Phys) / level broadening
Nivellement n / levcl[l]ing ‖ eln ⌐ anschließen (Verm) /
connect a levelling
Nivellier n / level[l]ing instrument ‖ automatisch
horizontierendes ⌐ (Verm) / level[l]ing instrument with
automatically level[l]ing head ‖ ⌐band n / level[l]ing
tape ‖ ⌐bohle f (Straßb) / screed
nivellieren, planieren, ausgleichen / level, planish, grade,
even, plane the soil ‖ ~, ein Nivellement machen / take
the level ‖ ⌐ n, Nivellierung f (Verm) / level[l]ing ‖ ⌐
von Kuppen / level[l]ing out of humps, lowering
Nivellier·fähigkeit f / level[l]ing capacity ‖ ⌐gerät n
(Straßb) / land leveler ‖ ⌐[instrument] n / level[l]ing
instrument ‖ ⌐[instrument] n (Bau) / builder's level ‖
⌐[instrument] n mit automatisch horizontierter
Ziellinie / self-level[l]ing instrument ‖ ⌐[instrument] n
mit festem Fernrohr / telescope level, dumpy level ‖
⌐[instrument] n mit Kippschraube / tilting level ‖
⌐[instrument] n mit Reiterfernrohr / wye theodolite ‖
⌐kreuz n / boning board o. rod, sighting board ‖ ⌐latte
f / level[l]ing-staff o. rod, grade stake (US) ‖ ⌐latte f,
Visiertafel f (Verm) / level indicator ‖ feingeteilte ⌐latte
(Verm) / New York rod ‖ ⌐latte f mit Achtelzoll-
Teilung / Philadelphia rod ‖ ⌐maschine f (Straßb) / land
leveler ‖ ⌐-Meßlatte f mit Ableseschieber (Verm) /
target rod ‖ ⌐mittel n (Tensid) / levelling agent ‖
⌐pflöcke m pl (Bau) / blue tops pl ‖ ⌐scheibe f, Tafel o.
Visierscheibe der Nivellierlatte (Verm) / sliding vane ‖
⌐schraube f / jackscrew ‖ ⌐tachymeter n / theodolite
level, transit level, tacheometer level ‖ ⌐waage f (Verm)
/ air o. balance o. spirit level
Nixieröhre f / nixie tube
NK = Naturkautschuk
n-Kanal m (Halbl) / N channel ‖ ~-Feldeffekttransistor
m, N-Kanal m FET / N-channel FET (field effect
transistor) ‖ ~-Verfahren n (DV) / n-channel process
NKH = Nichtkarbonathärte
NL = Normenstelle Luftfahrt
n-leitend, elektronenleitend (Halbl) / N-type
N-Leitung f (Halbl) / N-type conduction
NLGI-Klasse f (= National Lubricating Grease Institute)
(Fett) / NLGI grade
NLQ, nahezu Briefqualität (Drucker) / NLQ, near letter
quality
NLQ-Drucker m / near-letter-quality printer, NLQ printer
NLT-Verstärker m (=negative line transitorized) (Fernm)
/ negative-line-transitorized amplifier, NLT-amplifier
Nm = Newtonmeter
n-minus-eins-Schaltung f / clean feed
NMOS m / NMOS, n-channel metal oxide semiconductor
NMR, nukleare magnetische Resonanz / nuclear magnetic
resonance, NMR ‖ ⌐-Bohrlochmessung f / NMR
logging

NMR-Spektroskopie f (Nukl) / nuclear magnetic
resonance spectroscopy
NN = Normal-Null
N-N Meßverfahren n für Bohrlöcher / n-n borehole
logging
NO, Stickstoffmonoxid n / nitric oxide, NO
NO_2, Stickstoffdioxid n / nitrogen dioxide, NO_2
Nobelium n, No (OZ 102) / nobelium, No
Nobili-Ringe m pl (Phys) / Nobili's rings pl,
metallochromes pl
Nobilität f (Metall) / nobility
nochmaliger Versuch (Fernm) / reattempt
Nockbeschlag m (Schiff) / derrick-head fitting
Nocke f, Nocken m / cam ‖ ⌐, Hebedaumen m / cam lever
Nocken m, Nocke f, Zahn m (Masch) / lifter, lifting cog,
wiper, cam ‖ ⌐, Nase f (Masch) / toe, tappet ‖ durch
⌐ angetrieben, nockenbetätigt / cam controlled ‖
⌐ablauf m, -abfall m / cam drop ‖ ⌐anlauf m, Nocke f
der Nockenscheibe / cam catch o. hump o. nose ‖
⌐arretierung f / catch stop ‖ ⌐fahrschalter m (Elektr) /
cam[shaft] controller ‖ ⌐form f / cam contour o. shape
o. profile o. outline ‖ ⌐fräsmaschine f / cam milling o.
cutting machine ‖ ⌐hub m, -erhebung f / cam pitch ‖
⌐kontroller m / cam[shaft] controller ‖ ⌐platte f / cam
plate ‖ ⌐presse f (Pulv Met) / cam [action] press ‖ ⌐rad
n (Mot) / valve timing gear ‖ ⌐reibkupplung f (Landw) /
pin safety clutch ‖ ⌐ring m / cam ring ‖ ⌐schalter m,
-kontroller m / cam[shaft] controller ‖ ⌐scheibe f / cam
plate o. wheel, cam o. eccentric disk (US), disk o. plate
cam ‖ ⌐schleifmaschine f / cam grinding machine ‖
⌐steuerung f / cam control ‖ ⌐stößel m / cam follower
o. lifter ‖ ⌐welle f (Mot) / secondary o. half-speed o.
half-time shaft, camshaft, accessory o. side shaft ‖
⌐wellenantrieb m (Kfz) / camshaft drive ‖
⌐wellenantriebsrad m, Nockenrad n / valve timing gear
‖ ⌐wellenlager m / camshaft bearing ‖ ⌐wellenräder n
pl / camshaft phasing gear
nodular, kugelig (Hütt) / nodular, nodulized
NOF, maschinenlesbare Schrift der NCR (DV) / NOF,
National Optical Font
No-Iron-Ausrüstung f (Textil) / non-iron o. no-iron
finishing
Nomag n (nicht-magnetisches Gußeisen mit 10-12% Ni u.
5% Mn) (Hütt) / nomag
Nomarskiprisma n (Opt) / Nomarski prism
Nomenklatur f / nomenclature, system of naming
Nominal·..., Nenn... / nominal, calculated, rated ‖ ~es
Bezugs-Äquivalent / nominal reference equivalent ‖
~er End-Titer (Spinn) / nominal resultant linear density
‖ ~er Spinnverlust / nominal spinning loss ‖ ⌐kraft f /
nominal power ‖ ⌐-Merkmal n (Qual.Prüf) / nominal
characteristic ‖ ⌐wert m / nominal value ‖ ⌐wert m,
Bemessungswert m / rated value
nominell, Nenn... / rated, calculated, nominal
Nominieren, Vorschlagen n / slating (US)
Nomo·gramm n, Rechentafel f / nomogram, nomograph ‖
⌐graph m (Math) / abac[us] ‖ ⌐graphie f,
Tafelrechnung f / nomography
Nonalol n (ein Weichmacher) / nonalol, n-nonyl alcohol
Nonan n (Chem) / nonane
Non-fluid-Öl n (Textil) / non-fluid oil
Nonienteilung f / vernier scale
Non-Impact-Drucker m / non-impact printer
Nonius m / vernier, nonius ‖ auf Zehntelmillimeter
ablesbarer ⌐ / vernier reading to one tenth of a
millimeter ‖ ⌐schublehre f / vernier cal[l]iper gauge o.
slide gage ‖ ⌐skala f / vernier scale ‖ ⌐-Tiefenlehre f /
vernier depth gauge ‖ ⌐verfahren n für Zeitmessung /
vernier counting of time
Nonne f, Lymantria monacha (Kiefernschädling) / black-
arched moth, nun o. night o. tussock moth, pine moth
‖ ⌐, Lymantria monacha (Kiefernschädling) / nun moth
‖ ⌐, [unterer] Hohlziegel (Bau) / concave tile
Nonode f, Neunpolröhre f / nonode

Nonose f (Chem) / nonose (a monosaccharide)
Nonpareille[schrift] f (Buch) / nonpareil, 6 p, 6
Continental points pl
Nonstop... / nonstop
Nonvoice-Dienste m pl / non-voice services pl
Nonwoven, Faservlies n (Vliesstoff) (Textil) / nonwoven,
bonded web
Nonylalkohol m / nonyl alcohol, nonalol
No-Op-Befehl m (DV) / non-operational instruction
Noppe f, Knoten m / nap, nep, nub, knob, burl ‖ ⁓ (Web,
Fehler) / nep ‖ ⁓ (Textil) / nop n ‖ lange grobe ⁓ (Textil) /
shag
noppen, rauhen (Tuch) / nap, nep ‖ ⁓, ausrupfen, -putzen /
pinch, cull, pick, burl ‖ ⁓, Putzen n (Textil) / burling ‖
⁓ einweben / weave knops [into], knop v ‖ links ⁓,
abrechten / dress the wrong side of cloth ‖ ⁓bildung f
(Textil) / knob formation ‖ ⁓frei (Farbe) / knop-free ‖
⁓garn n (Textil) / nappy yarn, knob o. knotted yarn ‖
⁓muster m / nap pattern ‖ ⁓schuß, Flockenschuß m /
nap weft ‖ ⁓spiegel m, -entfernung f / knob spacing ‖
⁓stoff m / knopped o. slubby fabric ‖ ⁓zahl f je Zoll im
Kettfaden (Teppichweb) / beat-up
Noppzange f (Textil) / burling tweezer, weaver's nippers pl
Noradrenalin, Norepinephrin, Arterenol n /
noradrenaline, norepinephrine
Norbergit m (Min) / norbergite
Nord n / north point
nördliche Deklination (Astr) / northing
Nord·licht n / Aurora Borealis, northern o. polar lights pl
‖ ⁓magnetismus m / north magnetism ‖ ⁓orientiert,
nordwärts gerichtet (Kartographie) / northing ‖
⁓orientiert, -bezogen / north-up ‖ ⁓pol m / north pole
‖ ⁓pol m der Magnetnadel / north [seeking]-pole ‖
⁓pol m des Magneten, magnetischer Nordpol /
magnetic north ‖ ⁓seegas n / North Sea gas ‖
⁓sternberichtigung f (Nav) / Q-correction ‖
⁓suchender Kreiselkompaß / north seeking gyro-
compass ‖ ⁓-Süd-Positionsbeibehaltung f (Raumf) /
north-south stationkeeping
NOR·-Element n / NOR-element ‖ ⁓-Funktion f (o.
Peirce-Funktion) / NOR-function, non-disjunction ‖
⁓-Glied n, WEDER-NOCH-Schaltung f, NICHT-
ODER-Schaltung f / NOR element o. gate
Norit m (Geol) / norite
Norleucin n / norleucine
Norm f, Regel f / norm, rule ‖ ⁓ (DIN) / standard ‖ ⁓,
Normzeile f (Buch) / standard line ‖ französische ⁓en /
French standards pl ‖ für mehrere ⁓en (TV) / multi-
standard... ‖ gültige ⁓ (Frankreich) / valid standard
(France)
normal, Einheits... / standard ‖ ⁓, üblich, gewöhnlich /
regular, conventional, usual ‖ ⁓, durchschnittlich /
common, ordinary, normal ‖ ⁓, genormt / standardized
‖ ⁓ (Chem) / normal ‖ ⁓ n / standard ‖ ⁓..., Haupt..., in
ständigem Einsatz / main (contradist: reserve) ‖ ⁓e
Abnutzung f / fair wear and tear ‖ ⁓e Abweichung /
standard deviation ‖ ⁓e Arbeitsbedingungen f pl
(F.Org) / standard conditions pl ‖ ⁓er Arbeitsbetrieb /
normal functioning ‖ ⁓es Auslösesignal / nominal
trigger ‖ ⁓e Bahn (Raumf) / normal flight path ‖ ⁓e
Betriebs-Machzahl / normal operating Mach number ‖
⁓e Fehlerkurve (Math) / normal error curve ‖ ⁓e Flug-
Machzahl (Luftf) / M_mo, normal operating Mach number
‖ ⁓e Flußdichte (Atom, Nukl) / conventional flux
density, 2200 ms⁻¹ flux densityy ‖ ⁓e Gipfelhöhe (Luftf)
/ practical ceiling ‖ ⁓e Größe / standard size,
conventional size (US) ‖ ⁓e Häufigkeits- o.
Verteilungskurve / probability curve ‖ ⁓e Lautstärke
/ normal voice level ‖ ⁓e Leistung (F.Org) / normal
performance ‖ ⁓es Luftgewicht / weight of air under
standard conditions ‖ ⁓e Radio-Atmosphäre / standard
radio atmosphere ‖ ⁓e Schreibstellen f pl (DV) / normal
print entry ‖ ⁓e Schweißnaht / standard weld ‖ ⁓e
Seigerung (von außen nach innen zunehmend) / normal

segregation (increasing towards the center) ‖ ⁓e
Sofortbefehlskarte (DV) / standard execute card ‖ ⁓es
Tempo (F.Org) / normal pace ‖ im ⁓en Bauwesen / in
standard building construction ‖ ⁓achse f, gerade Achse
(Bahn) / straight axle ‖ ⁓anode f (Galv) / normal anode ‖
⁓antrieb m / normal drive ‖ ⁓arbeiter m (F.Org) /
normal operator ‖ ⁓arbeitsleistung f in einer Minute
(F.Org) / standard performance in one minute ‖
⁓arbeitsstunde f (F.Org) / standard hour ‖
⁓atmosphäre f (Luftf) / standard atmosphere ‖
⁓ausbreitung f (Elektronik) / standard propagation ‖
⁓ausführung f, -bauart f / normal o. standard o.
conventional design o. execution o. type ‖
⁓ausstattung f, Standardeinrichtung f / standard o.
routine equipment o. feature o. option, regular
equipment ‖ ⁓-Aussteuerungsmesser m / volume-unit
meter, VU-meter ‖ ⁓austrag m (Aufber) / correctly
placed material ‖ ⁓axt f / single bit axe ‖
⁓bedingungen f pl (Phys) / standard conditions pl ‖
⁓belastung f / normal load, off-peak load ‖
⁓belastungsmaschine f (Meßwesen) / deadweight
standardizing machine ‖ ⁓benzin n (Kfz) / regular
[grade] gasoline (US) o. petrol (GB), two-star petrol
(GB) ‖ ⁓benzin n (Chem) / pure benzene ‖ ⁓benzin n
(für Hartasphaltbestimmung, DIN 51635) / A.S.T.M.
precipitation naphtha ‖ ⁓benzin n nach I.P. (=
Institute of Petroleum) / I.P. spirits ‖
⁓benzinunlösliches n, N.b.z.u. / n-pentene insolubles,
I.P. spirits insolubles ‖ ⁓beobachter m nach CIE /
standard colorimetric observer ‖ ⁓beschleunigung f
(Phys) / normal acceleration ‖ ⁓betrieb m / normal
operation ‖ ⁓betriebs-Geschwindigkeit f (Luftf) /
VNO, normal operating limit speed ‖ ⁓brechung f (Opt)
/ standard refraction ‖ ⁓dosis f (Nukl) / normal dose ‖
⁓druck m / normal pressure ‖ ⁓durchmesser m /
standard diameter
Normale, Senkrechte f (Math) / normal [line]
normal·eben (Walzw) / with standard flatness tolerances ‖
⁓eingriffswinkel m / normal pressure angle ‖
⁓elektrode f (Chem) / standard calomel electrode ‖
⁓element n (Elektr) / normal element, standard cell
normalerweise / normally
Normal·essig m / proof vinegar ‖ ⁓fach n (LoKa) / normal
o. accept stacker ‖ ⁓fall m / normal o. standard case ‖
⁓film m (35 mm) / standard film [stock] ‖ ⁓filter m n
(Phot) / standard filter ‖ ⁓flachlehre f / standard flat
plug gauge ‖ ⁓flankenspiel n / normal backlash ‖ ⁓flug
m (Luftf) / normal flight ‖ ⁓flughöhe f (Luftf) / cruising
altitude o. level ‖ ⁓form f (Math) / canonical o. standard
form, normal form ‖ ⁓format n (DV) / standard format
‖ ⁓format n (Pap) / standard size
Normalformat·e n pl (Pap) / basic sizes
Normal·format n, NF (Bau) / standard o. statute brick ‖
⁓frequenz f (Elektronik) / standard frequency ‖
⁓frequenz f einer persönlichen Größe,
Fundamentalfrequenz f einer persönlichen Größe /
fundamental frequency of a periodic magnitude o.
quantity ‖ ⁓frequenz f eines Empfängers (Elektronik) /
tie-down-point ‖ ⁓frequenzfunkdienst m / standard
frequency service ‖ ⁓frequenz-Signal n der Station
WWV / standard-frequency signal ‖ ⁓gattierung f
(Hütt) / standard burden ‖ ⁓geschwindigkeit f / normal
speed o. velocity, allowed o. proper speed ‖
⁓geschwindigkeit f, mittlere Geschwindigkeit / mean
speed ‖ ⁓gewinde m / standard thread ‖
⁓gewindebohrer m / original tap, master tap ‖
⁓gewindelehrring m / standard thread ring ga[u]ge ‖
⁓gitter-Stufensieb n / standard screen scale sieve ‖
⁓glühen (Hütt) / normalize ‖ ⁓glühen n / normalizing ‖
⁓gut n (Aufber) / standard commercial product ‖
⁓heptan n, n-Heptan n (Kfz) / normal heptane ‖
⁓höhenpunkt m, NHP (Verm) / standard datum plane ‖
⁓horizont m, -null n (Verm) / datum level o. plane,

datum surface, true level ‖ **↗horizont** *m*, wahrer
Horizont / real o. rational horizon
Normalie *f*, Standard *m* / standard [specification]
Normalienraum *m* (den Normvoraussetzungen angepaßt)
/ conditioned room
normalisieren, normieren / standardize ‖ ~ (Stahl) /
anneal for relieving stresses, normalize
normalisiert·e Darstellung / normalized representation o.
form ‖ ~**e Koordinate**, NK (DV) / normalized device
coordinate, NDC
Normalisierung *f* (DV) / normalization
Normalisierungsfaktor *m* (DV) / scaling o. scale factor
Normalität *f*, Äquivalenz-Konzentration *f* (Chem) /
normality
Normal·kabel *n* (Fernm) / standard cable ‖ **↗kiste** *f* (Hütt) /
base box of sheets ‖ **↗klima** *n* (Meteorol) / standard
climate ‖ **↗klima** *n* (Masch) / standard atmosphere,
standard operating environment ‖ **↗klima** *n* (Mat Prüf) /
standard reference atmosphere ‖ **↗klimaraum** *m* /
cabinet conditioned with standard atmosphere ‖
↗kompaß *m* / standard compass ‖ **↗kondensator** *m* /
reference capacitor ‖ **↗konzentration** *f* (Chem) / normal
concentration, N., N- ‖ **↗korn**, Sollkorn *n* (Bergb) /
correctly sized product ‖ **↗kraft** *f* / normal force ‖
↗kraft *f* / perpendicular force ‖ **↗kraftstoff** *m* s.
Normalbenzin ‖ **↗kubikfuß-Minute** *f* / standard cubic
feet minute, scfm ‖ **↗kubikfuß-Stunde** *f* / standard
cubic feet hour, scfh ‖ **↗lampe** *f* / standard lamp,
calibrated lamp ‖ **↗lampe** *f*, Vergleichslampe *f* (Opt) /
secondary standard lamp ‖ **↗länge** *f* / standard length ‖
↗laser *m*, Laser *m* im Normalbetrieb / laser under
normal operating conditions ‖ **↗lehre** *f* / standard gauge
‖ **↗lehrring** *m*, -ringlehre *f* / standard ring gauge ‖
↗leistung *f* / standard capacity ‖ **↗leitwerk** *n* (Luftf) /
normal tail unit ‖ **↗lichtart** *f* (Opt) / standard source ‖
↗lichtquelle *f* / standard illuminant ‖ **↗lineal** *n* /
standard straightedge ‖ **↗loch** *n* (LoKa) / normal-stage
punching ‖ **↗lochzone** *f* (LoKa) / sector area ‖ **↗lohn** *m* /
standard pay ‖ **↗lösung** *f*, -flüssigkeit *f* (Chem) /
standard o. normal solution ‖ **↗lückenweite** *f* (Zahnrad) /
normal space width ‖ **↗maß** *n* / standard ga[u]ge
measure, standard [measure] ‖ **↗mensch** *m* (Nukl) /
standard man ‖ **↗meter** *m* / standard metre (meter) ‖
↗mischung *f* (Bau, Beton) / standard mix (= 1:2:4) ‖
↗modul *m* (Schrägverzahnung) / real pitch module ‖
↗niveau s. Normalzustand ‖ **↗null** *n*, -horizont *m* (Verm) /
datum level o. plane ‖ **↗null** *n*, Seehöhe *f*, NN / mean
sea level, M.S.L. ‖ **↗null** *n*, -horizont *m* (Verm) / datum
level o. plane, datum surface, true level ‖ **↗null** /
above mean sea level, amsl ‖ **↗null** *f* (mittlerer
Wasserspiegel in Newlyn, Cornwall) / Ordnance Datum
(GB) ‖ **↗null** *n* (Verm) / zero ‖ **↗objektiv** *n* (Phot) /
allround lens, standard lens ‖ **↗objektiv** *n* (Phot) /
standard lens ‖ **↗ohm** *n* / standard ohm ‖ **↗öl** *n* / regular
oil ‖ **↗papier** *n* / average paper ‖ **↗papier** *n* /
standard[ized] paper, average paper ‖ **↗potential** *n*,
Grund-Bezugspannung *f* (Chem) / standard electrode
potential, standard reference voltage ‖ **↗profil** *n* (Walzw)
/ standard section, British Standard beam o. channel
(GB) ‖ **↗profil** *n* (Zahnrad) / normal profile ‖
↗profilwinkel *m* (Getriebe) / normal pressure angle at a
point ‖ **↗quarz** *m* / piezoelectric frequency standard ‖
↗rachenlehre *f* / standard snap gauge ‖
↗[reaktions]kraft *f* / normal reaction ‖ **↗ringlehre** *f*,
-lehrring *m* / standard ring gauge ‖ **↗sand** *m* (Bau) /
standard sand ‖ **↗säure** *f* / standard acid ‖ **↗schaufel** *f*
(Bagger) / general-purpose bucket ‖ **↗-Schmiedestück** *n*
/ commercial tolerance forging ‖ **↗schmieröle** *n pl* /
lubricants of standardized viscosity *pl* ‖ **↗schnitt** *m*
(Math) / normal o. right section ‖ **↗schnitt**
(Schrägstirnrad) / normal ‖ **↗schnittbalken** *m* (Landw) /
high-cut cutter bar ‖ **↗schrift** *f* (Drucker) / draft mode ‖
↗schrift *f* (o. Langschrift) / long hand ‖ ~**sichtig** /
emmetropic ‖ **↗sichtigkeit** *f*, Emmetropie *f* /

emmetropia ‖ **↗sichtweite** *f* / normal visual range ‖
↗sockel *m* (Lampe) / standard base o. cap ‖ **↗spannung**
f (Elektr) / normal o. standard voltage ‖ **↗spannung** *f*
(Mech) / direct stress ‖ **↗spiel** *n* (Zahnrad) / normal
backlash ‖ **↗spur** *f* (1435 mm) (Bahn) / standard gauge
(4 ft. 8 1/2 in) ‖ **↗spurbahn** *f* / standard-ga[u]ge
railway o. railroad o. line ‖ **↗stab** *m* / standard test bar
o. specimen ‖ **↗stab** *m* (Zerreißprobe) / standard
tension test bar ‖ **↗stau** *m*, Regelstau *m*, -stauhöhe *f* /
normal regulation of flow ‖ **↗steigung** *f* / standard pitch
Normalstein *m* / square brick, standard square brick
Normal·stein *m*.(Hütt) / straight brick ‖ **↗stein** *m* (25 x 12
x 6,5 cm) (Ziegl) / standard brick ‖ **↗störgrad** *m*, N
(Elektronik) / standard interference rate ‖ **↗strahl** *m* /
normal beam ‖ **↗swansockel** *m* (Elektr) / standard
bayonet cap ‖ **↗teiler** *m* (Math) / normal divisor,
invariant subgroup, self-conjugate subgroup ‖ **↗teilung**
f (Schrägverzahnung) / real pitch ‖ **↗ton**, Eichton *m* /
reference tone, reftone ‖ **↗tube** *f* (Wellenleiter) / standard
tube ‖ **↗uhr** *f* / regulator [clock], precision clock ‖
↗verteilung *f* (Statistik) / normality, normal distribution,
Laplace-Gauss distribution, Gaussian distribution ‖
↗verteilungsgesetz *n* **der Fehler** / Gaussian law of
error distribution ‖ **↗-Wasserstoffelektrode** *f* /
standard hydrogen electrode ‖ **↗weingeist** *m* (49,28
Gewichtsprozent, 57,10 Volumen %) / proof spirit ‖
↗weiß *n* (Opt) / normal white ‖ **↗wellenbereich** *m* /
broadcast band ‖ **↗widerstand** *m* / standard resistor ‖
↗widerstand, Vergleichswiderstand *m* / comparator
resistor ‖ **↗winkel** *m* (Wz) / standard square ‖ **↗wort** *n*
(5 Buchstaben + 1 Zwischenraum) (Fernm) / average
word ‖ **↗zahn**, Vollzahn *m* (Getriebe) / full-length tooth,
full-depth tooth (US) ‖ **↗zahndicke** *f* / normal tooth
thickness ‖ **↗zeit** *f* (allg) / standard time ‖ **↗zeit** *f* (F.Org)
/ normal time ‖ **↗zement** *m* / standard cement ‖
↗zustand *m* / normal state ‖ **↗zustand** *m*, -niveau *n*
(Atomphys) / ground o. normal state, normal energy level
Norm·änderungsvorschlag *m* / tentative revision of
standard ‖ **↗atmosphäre** *f* (allg) / standard atmospheric
conditions *pl* ‖ **↗atmosphäre** *f*, INA / international
standard atmosphere, ISA o. normal atmosphere, INA ‖
↗band *n* (Magn.Bd) / master tape ‖ **↗bauteil** *n* / standard
component ‖ **↗-Bau- und Betriebsvorschriften** *f pl* /
standard specifications *pl* ‖ **↗blatt** *n* / standard sheet ‖
↗blende *f* / standard orifice plate ‖ **↗brandkurve** *f*
Zeit-Temperatur / standard curve time-temperature ‖
↗dichte *f* / standard density ‖ **↗draht** *m* / code wire ‖
↗druck *m* / normal pressure ‖ **↗druckhöhe** *f* / standard
pressure ‖ **↗düse** *f* / flow nozzle ‖ **↗einschub** *m*
(Elektronik) / standard rack, standard rack enclosure
normen / standardize ‖ ~, standardisieren / reduce to a
standard [quality] ‖ ~, normalisieren / normalize ‖ **↗** *f*
pl, Normalien *f pl* / standard specifications
Normen... / standard[izing]
Normenausschuß *m* / Standards Committee,
standardizing body ‖ **↗ mit örtlicher Beschränkung** /
regional standardizing body ‖ **Belgischer ↗** / Standards
Committee of Belgium
Normen·bitumen *n* / bitumen according to DIN 1995 ‖
↗blatt *n* / standard sheet ‖ **↗kabel** *n* / association cable
‖ ~**mäßig** / conforming to standards ‖ **↗sand** *m*,
Normalsand *m* (Bau) / standard sand ‖ **↗sieb** *n* / standard
test sieve ‖ **↗system** *n* / system of specifications ‖
↗teile-Datei *f* / standard parts file ‖ **↗verzeichnis** *n* /
list of standards ‖ **↗zement** *m* / cement conforming to
standards
Norm·-Fahrwiderstand *m* (Kfz) / road load ‖ **↗farbtafel** *f*
nach CIE / chromaticity diagram ‖ **↗farbwert** *m* /
standard colour value ‖ **↗farbwerte X, Y, Z** *m pl* / CIE
coordinates *pl* ‖ **↗felge** *f* (Kfz) / measuring rim ‖
↗format *n* / standard size ‖ **↗frequenzfolge** *f* / standard
frequency range ‖ **↗gas** *n* / calibrating gas ‖ **↗gerecht** /
conforming to standards ‖ **↗gerechtheit** *f* / conformity
with standards ‖ **↗geschwindigkeit** *f* / calibrated speed

‖ **⌐gestell** *n* (Elektronik) / 19'' rack enclosure, standard rack ‖ **⌐grenze** *f* (Mech) / conventional limit of elasticity ‖ **⌐größe** *f* / standard size (i.e according to a standard) ‖ **⌐größe** *f*, -menge *f* / rated quantity, standard quantity
normieren, skalieren / normalize, scale *vt*
normiert·e Bandbreite (Elektronik) / fractional bandwidth ‖ **~e Gauß-Verteilung** (Statistik) / standarized normal distribution ‖ **~e Plateausteilheit** (Nukl) / normal plateau slope ‖ **~e Schnittstelle** (DV) / standardized interface
Normierungsfaktor *m* (DV) / scale o. scaling factor
Norm·klassifikation *f* (Buch) / decimal classification ‖ **⌐klima** *n* s. Normalklima ‖ **⌐konsistenz** *f* (Gips) / standardized consistency ‖ **⌐kubikmeter** *m*, Nm³ (veraltet) / standard cubic meter ‖ **⌐lichtart** *f* (DIN 5031) / standard illuminant ‖ **⌐maßreihe** *f* / range of standard dimensions ‖ **⌐modul** *m* / standard modul ‖ **⌐motor** *m* (Elektr) / standard-dimensioned motor, standard motor ‖ **⌐probe** *f*, -prüfstab *m* / standard test piece ‖ **⌐rillenschallplatte** *f*, Normalschallplatte *f* (78 U/min) / standard groove record (78 min⁻¹) ‖ **⌐schliff** *m* (Chem) / standard ground joint ‖ **⌐schnittstelle** *f* / standard interface ‖ **⌐schrank** *m* (Elektronik) / standard rack cabinet ‖ **⌐schrift** *f* (Zeichn) / normal text print, standard lettering **schräge ⌐schrift** (Zeichn) / standard lettering, sloping style ‖ **senkrechte ⌐schrift** (Zeichn) / standard lettering, vertical style ‖ **⌐spannung** *f* / standard voltage ‖ **⌐stein** *m* (Bau) / standard brick ‖ **⌐-Stimmhöhe** *f* / standard tuning frequency ‖ **⌐stimmton** *m* / standard tuning ‖ **⌐-Stimmtonhöhe** *f* / standard tuning frequency ‖ **⌐teil** *n* / standard part ‖ **⌐teildatei** *f* / standard parts file ‖ **⌐-Telefonkabel** *n* / standard telephone cable ‖ **⌐temperatur** *f* / standard temperature ‖ **⌐-Testblatt** *n* / standard test chart
Normung *f*, Standardisierung *f* / standardization, normalization
Normungs·arbeit *f* / standardization work o. procedure ‖ **⌐tätigkeit** *f* / standardization work
Norm·valenzsystem, CIE-Farbmaßsystem *n* / C.I.E. standard colorimetric system ‖ **⌐verbrauch** *m* (Kfz) / gasoline (US) o. petrol (GB) o. fuel consumption under standard conditions ‖ **⌐volumen** *n*, Vn (Chem) / volume under standard conditions ‖ **⌐vorschlag** *m* / tentative standard, draft code ‖ **⌐vorschrift** *f* / mandatory standard ‖ **⌐wandler**, Fernsehumsetzer *m* / [international] television transducer o. transposer, standards converter ‖ **⌐zahl** *f*, NZ *f* / preferred number ‖ **⌐zahlreihe** *f* / series of preferred numbers ‖ **⌐zeichnung** *f* / standard drawing ‖ **⌐zustand** *m* (allg) / standard conditions *pl* ‖ **⌐zustand** *m*, Normalbedingungen *f pl* (Thermodynamik) / standard o. normal temperature and pressure, S.T.P., s.t.p. ‖ **⌐zustand** *m* **druckseitig** (Kompressor) / standard discharge condition
NOR-Schaltung, ODER-NICHT-Schaltung *f* (Elektronik) / NOR circuit, NOR gate
Northrupofen *m* (eisenkernloser HF-Ofen) / Northrup furnace
North-Slope Öl (aus Nord-Alaska) *n* / North Slope oil
Norton·getriebe *n* (Wzm) / quick-change gear [mechanism] ‖ **⌐sches Theorem** / Norton's theorem ‖ **⌐schwinge** *f*, Hebelschwinge *f* (Dreh) / tumbler lever o. yoke
NOR·-Verknüpfung *f* (DV) / NOR-operation ‖ **⌐-Verknüpfungsglied** *n* / NOR-gate
No-Sag-Feder *f* **für Möbel** / no-sag spring, sinuous o. zig-zag spring
Nose-in-Position *f* (Luftf) / nosed-in position
NOSFER (Fernm) / NOSFER (European Master Telephone Transmission Reference System)
Nosian, Noselit *m* (Min) / nosean, noselite
Not··· / emergency ‖ **⌐...**, Hilfs... / stand-by... ‖ **⌐...** (Schiff, Luftf) / jury ‖ **⌐abfackelanlage** *f* (Öl) / emergency flare stack ‖ **⌐abfahren** *n*, -abschaltung *f*

(Reaktor) / emergency shutdown, scram (US) ‖ **~ablassen** (Luftf, Schiff) / jettison ‖ **⌐-Abschaltrelais** *n* (Elektr) / overflux relay
Notam *n* (notice to airmen) / notam
Notanker *m* (Schiff) / sheet anchor
Notation, Aufzeichnung *f* (allg, Programm) / notation
Notations·konstante *f* (DV) / notation constant ‖ **⌐variable** *f* (DV) / notation variable
Not-Auffangnetz *n* (Flugzeugträger) / crash barrier
"Not-Aus"-Einrichtung *f* / emergency shutdown
Not·ausgang *m* / emergency exit, fire exit ‖ **⌐ausgangsverschluß** *m* / panic bolt o. hardware ‖ **⌐auslaß**, Hochwasserdurchfluß *m* (Hydr) / storm water flow, rain outlet ‖ **⌐ausrücker** *m*, -ausschalter *m* / emergency o. safety disconnector, emergency switch ‖ **⌐ausschalter**, Hauptausschalter *m* (Bahn) / line breaker ‖ **⌐ausschaltung** *f* (Masch) / kick-off ‖ **⌐ausstieg** *m*, Rettungsluke *f* (Raumf) / escape hatch ‖ **⌐-Ausstoßtriebwerk** *n* (Raumf) / launch-escape motor ‖ **⌐behelf** *m* / makeshift ‖ **⌐beleuchtung** *f* / emergency lighting ‖ **⌐bestrahlung** *f* / emergency exposure ‖ **⌐betrieb** *m* / emergency service ‖ **⌐bremse** *f* / emergency o. safety brake ‖ **⌐bremsgriff** *m* (Eisenb) / alarm signal handle ‖ **⌐bremsstellung** *f* (Bahn) / emergency application position ‖ **⌐bremsung** *f* (Bahn) / emergency braking ‖ **⌐bremsventil** *n*, -hahn *m* (Bahn) / emergency brake valve ‖ **⌐brücke** *f* / emergency bridge
Notch-Filter *n* / Notch filter
Not·dienst *m* / emergency service ‖ **⌐druckknopf** *m* / emergency [press] button ‖ **⌐düse** *f* (Hütt) / auxiliary tuyere
Note *f* (Musik) / note
Noten·ausgabe *f* (Geld) / issue of bank notes ‖ **⌐bank** *f* / bank of issue o. of circulation ‖ **⌐druck** *m* (Musik) / music printing ‖ **⌐druck** *m*, Papiergelddruck *m* / banknote o. bill (US) printing ‖ **⌐[druck]papier** *n* / music paper ‖ **⌐linien** *f pl* / staff, music lines *pl* ‖ **⌐stechen** *n* / music engraving
Not·entspannungstank *m* (Raffinerie) / blow-down tank ‖ **⌐fahrtrum** *m n* (Bergb) / footway ‖ **⌐fall** *m* / case of emergency ‖ **⌐frequenz** *f* / emergency radio channel ‖ **⌐hafen** *m* (Fluß) / harbour of refuge ‖ **⌐hafen** *m* (am Meer) / port of refuge, of distress
Nothafen, den ⌐ anlaufen / put in, call [at]
Notieren von Ablesungen, Datensammeln *n* / logging ‖ **eine Adresse ~** / note down an address
Notiz *f* / note, memo[randum], mem ‖ **⌐**, kurze Anmerkung / short note ‖ **⌐block** *m* / memo o. scribbling pad ‖ **⌐blockspeicher** *m* (DV) / scratchpad memory ‖ **⌐buch** *n* / note-book, memorandum book
Not·kabel *n* (Elektr) / interruption cable ‖ **⌐kabine** *f* (Seilb) / emergency car ‖ **⌐kette** *f* (Bahn) / check o. safety o. side chain ‖ **⌐kondensationsanlage** *f* (Nukl) / reactor core inventory control o. core isolation cooling system, RCIC system ‖ **⌐kühleigenschaften** *f pl* (Reaktor) / emergency cooling features *pl* ‖ **⌐kühlung** *f* (Reaktor) / stand-by cooling, emergency cooling ‖ **⌐lage** *f*, -stand *m* / emergency ‖ **auf dem Wasser ⌐landen** (Luftf) / ditch ‖ **⌐landeplatz**, -landungsplatz *m* (Luftf) / emergency landing ground o. field (US) ‖ **⌐landung** *f* (Luftf) / emergency o. forced landing ‖ **⌐landung** *f* (Raumf) / emergency landing [in territory] ‖ **⌐landung** *f* **auf dem Wasser** (Luftf) / ditching ‖ **⌐lasche** *f* (Bahn) / emergency fish-plate ‖ **⌐laufeigenschaften** *f pl* (allg) / emergency running properties *pl* ‖ **⌐laufhohlkehle** *f* **am Nabensitz** (Bahn) / hub fillet o. throat ‖ **⌐lenkpumpe** *f* (Kfz) / emergency steering pump ‖ **⌐leuchte**, -lampe *f* / emergency lamp ‖ **⌐peilsender** *m* (Radar) / emergency transmitter beacon ‖ **⌐pfanne** *f* (Hütt) / emergency ladle ‖ **⌐rampe** *f* (Bahn) / emergency platform ‖ **⌐ruder** *n* (Schiff) / temporary rudder ‖ **⌐ruf** *m* (Fernm) / emergency call ‖ **⌐rufmelder** *m* **mit Münzfernsprecher** / emergency telephone ‖ **⌐rufnetz** *n* (Fernm) / emergency call network ‖ **⌐rufsäule** *f*

(Straße) / emergency telephone, call box ‖ ⁓rutsche f
(Luftf) / evacuation slide ‖ ⁓schalter m (Aufzug) /
emergency stop ‖ ⁓schwimmgestell n, -schwimmwerk
n (Luftf) / emergency flotation gear o. floating gear ‖
⁓signal n, Gefahrzeichen n / danger-signal, emergency
signal, signal of distress o. danger ‖ ⁓sitz m, Klapp-,
Reservesitz m / spare seat ‖ ⁓sitz m, Gepäckbank f im
Coupé (Kfz) / narrow backseat of coupé ‖ äußerer
rückwärtiger ⁓sitz (Kfz) / rumble seat ‖ ⁓sitz m im
Gang (Omnibus) / aisle seat ‖ ⁓sitz mit runder
Rückenlehne (Kfz, Luftf) / bucket seat ‖ ⁓speisestation
f / emergency feed station ‖ ⁓stab m (Nukl) / scram o.
safety o. shut-down rod, emergency rod ‖ ⁓stand m,
-lage f / emergency, distress ‖ ⁓standsäquivalentdosis
f (Nukl) / emergency dose ‖ ⁓standsarbeiten f pl / relief
works [during strike] pl ‖ ⁓standsarbeiten f pl (für den
Notfall) / relief works pl ‖ ⁓standsgebiet n / labour-
surplus area ‖ ⁓steife f (Bau) / needling ‖ Aufstellung von
⁓steifen (Bau) / needling ‖ ⁓steuerung, -regelung f
(Nukl) / emergency control ‖ ⁓stich m (Hütt) / auxiliary
taphole ‖ ⁓-Stop m / emergency stop ‖
⁓störungsbehebung f (Bahn) / emergency breakdown
repair ‖ ⁓stromanlage f, Notstromaggregat n (Elektr) /
stand-by unit, emergency [power generating] unit ‖
⁓strombatterie f (Elektr) / floating battery ‖
⁓[strom]schalter m (Elektr, Bahn) / hospital switch ‖
⁓stufe, Alarmstufe 3 f / distress phase ‖ ⁓treppe f,
Feuertreppe f / fire exit ‖ ⁓verkehr m (Fernm) / distress
traffic ‖ ⁓verlaschung f, -laschenverband m (Bahn) /
emergency fish-plating ‖ ⁓verschluß m / emergency o.
temporary closure ‖ ⁓-Wartung f (DV) / emergency
maintenance, EM ‖ ⁓wasserbehälter m / emergency
water tank ‖ ⁓wasserung f (Luftf) / ditching ‖
⁓wasserungsausrüstung f (Luftf) / flotation gear ‖
⁓wehr n / waste weir
notwendige und hinreichende Bedingung / necessary
and sufficient condition
Notwendigkeit f / exigency
Not·wohnung f / emergency housing ‖ ⁓zugentriegelung
f (Elektr) / snatch-disconnect break away ‖
⁓zugverriegelung f (Stecker) / emergency release
Nova f (Pl. Novä) (Astr) / nova (pl: novae), new o.
exploding star ‖ ⁓-ähnlich (Astr) / nova-like
Noval·röhre f (Elektronik) / nine-pin tube ‖ ⁓sockel m
(Elektr) / nine-pin cap
Novikov-Verzahnung f, Kreisbogenverzahnung f / circarc
gear
Novo·cain n / novocaine ‖ ⁓lak n (Plast) / novolak
Nox n, nx (Einheit der Dunkelbeleuchtungsstärke)
(veraltet) / nox, nx (unit of illumination)
NP = Normalprofil ‖ ⁓ = Normenprüfstelle im DNA
NPA-Farbe f (NPA = National Petroleum Assoc.) (Öl) /
NPA color
NPIN-Transistor m / NPIN transistor
NPT = Netzplantechnik
NQL-Druck m / near letter quality printing, NLQ printing
NQR, Kernquadrupolresonanz f / nuclear quadrupole
resonance, NQR
NR m, Naturkautschuk m / NR, natural rubber
NRC = National Research Council
NR-Filztuch n (= needle-reinforced), Rauhnadelfilztuch n
/ needle-reinforced woven felt
N-Ring m, Nasenring m (Mot) / N-ring, oil scraper ring
NRT = Nettoregistertonne
NRZ/C-Schreibverfahren n / nonreturn-to-zero change
recording, NRZ/C-recording
NRZ/M-Schreibverfahren n (DV) / nonreturn-to-zero
mark recording, NRZ/M recording
NS (Buch.m) s. Nichtschreiben ‖ ⁓ (Keram) = Nachschwinden
N-Schale f (Nukl) / N-shell
N-Schirmbild-Darstellung f (Radar) / N-display
NSF (USA) = National Science Foundation
NSS-Turbine, Nachspeisesystemturbine f (Reaktor) /
reactor core inventory control o. RCIC turbine

n-stufige Ziffer (DV) / n-ary digit
NT (DV) = Netzanschluß u. Netztakt
NTA, Nitrilotriessigsäure f / NTA, nitrilotriacetic acid
N-Tastenabrollen n / N-key rollover
NTC-Widerstand m (Heißleiterwiderstand mit negativem
Temperaturkoeffizient) / NTC resistor
n-te Ordnung f (Math) / nth order
NTG = Nachrichtentechnische Gesellschaft
NTIS = National Technical Information Service
NTSC-System n (USA, Japan) (TV) / NTSC-system
(National Television System Committee) (USA, Japan)
n-Tupel n (Zeichenerkennung) / n-tuple
NTZ = Nachrichtentechnische Zeitschrift
Nuance f, Farbton m / shade
Nuancen·abstufung f / gradation of shade ‖
⁓abweichung f / deviation in shade
nuancieren, leicht färben / tint, tinge, shade, tone
nuancierender Farbstoff, Nuancierungsfarbstoff m
(Textil) / toning dye
Nuancierung, Tönung f (Färb) / shading, tinge
N-Übergang m (Elektronik) / N-junction
Nubukleder n / nubu[c]k leather
Nu-Eisen n (Elektronik) / Nu-iron
Nugget n, Goldklumpen m / nugget
nuklear (Phys) / nuclear, nucleal ‖ ⁓er Antrieb (Raumf) /
nuclear propulsion ‖ ⁓e Ausbeute / nuclear yield ‖ ⁓er
Brennstoff / nuclear fuel ‖ ⁓e
Dampferzeugungsanlage / nuclear steam supply
system, NSSS ‖ ⁓er elektromagnetischer Impuls /
nuclear electromagnetic pulse, NEMP ‖ ⁓er
Raumpendler, nuklearer Pendler / nuclear shuttle ‖
⁓er Schaden / nuclear damage ‖ ⁓e Sicherheit /
nuclear safety ‖ ⁓e Sicherheit im Raum / nuclear
safety in space ‖ ⁓e Überhitzung / nuclear superheat ‖
⁓e Waffe / nuclear o. atomic weapon ‖ ⁓batterie f
(Raumf) / atomic battery ‖ ⁓elektronik f / nuclear
electronics ‖ ⁓kreisel m (Luftf) / nuclear gyro ‖ ⁓park
m / nuclear park ‖ ⁓technik f / nuclear engineering o.
technology
Nuklease f / nuclease
Nukleierungsfaktor m (Plast) / nucleation factor
Nukleinsäure f / nucleic acid
Nukleolus, Kernkörper m (Biol) / nucleolus
Nukleon (Proton + Neutron) (Nukl) / nucleon
Nukleonen·komponente f / nucleonic component ‖ ⁓zahl
f / mass number
Nukleonik f, angewandte Kernphysik / nucleonics pl
nukleo·phil (Chem) / nucleophilic ‖ ⁓philes Reagenz /
nucleophile [reagent] ‖ ⁓proteid n (Chem) /
nucleoprotein ‖ ⁓sid n / nucleoside ‖ ⁓tid n / nucleotide
Nukleus, mit einem ⁓ (Biol) / uni-nucleate
Nuklid n (eine Atomkernart) / nuclide ‖
⁓erzeugungsreaktor m / isotope-production reactor
Null f (Math) / additive inversion ‖ ⁓ / nought, cipher,
zero, O (US) ‖ ⁓, Nichts n / nil ‖ auf ⁓ einstellen /
adjust to zero ‖ auf ⁓ stehen (Instr) / be [down] at zero ‖
gleich ⁓ setzen (Math) / zero v ‖ zu ⁓ werden (Math) /
vanish ‖ ⁓abdruck m (Buch.m) / zero print, nought
printing ‖ ⁓abgleich m, Kompensation f / null balance,
nullification ‖ ⁓abgleichempfänger m / null-balance
receiver ‖ ⁓abgleichmethode f / null o. zero method,
balancing method ‖ ⁓ablesung f / zero reading
[method] ‖ ⁓-Achsabstand m (Zahnrad) / reference
center distance ‖ ⁓adress... , Keinadress... (DV) / zero-
address ‖ ⁓adreßbefehl m (DV) / addressless o. no-
address o. zero-address instruction ‖ ⁓amplitude f,
Trägernull n (Elektronik) / zero carrier ‖ ⁓amplitude f
(TV) / zero amplitude ‖ ⁓anode f / null anode ‖
⁓anodenstromeffekt m / magnetron cut-off current ‖
⁓anschlag m / zero dead stop ‖ ⁓anzeigegerät n,
-anzeiger m (Instr) / null indicator o. detector, zero
indicator
Nullast f, Null-Last f / no load

Null·auffüllung f (DV) / zero fill o. insert ‖ ↶**auftrieb** m (Luftf) / no-lift, zero-lift ‖ ↶**auftriebsrichtung** f (Luftf) / no-lift direction ‖ ↶**auslösung** f (Elektr) / no-load release o. trip, undervoltage o. low-voltage release o. trip, undervoltage o. no-volt[age] circuit breaker, zero cut-out, neutral circuit breaker (US) ‖ ↶**beton** m, Ausgangsbeton m / base concrete ‖ ↶**bit** n / zero bit ‖ ~**dimensional** / zero-dimensional ‖ ↶**durchgang** m (Wechselstrom) / crossover, zero crossing ‖ ↶**durchgang haben** (Elektr) / null v ‖ ↶**effekt** m, -rate f, Untergrundzahlrate f (Nukl) / background ‖ ↶**effekt** m, Eigengeräusch n (Phys) / background noise ‖ ↶**-Effekt-Niveau** n / no-effect level ‖ ↶**effektstrahlung** f (Nukl) / background radiation ‖ ↶**[ein]stellung** f / zero adjusting o. setting, zeroizing, adjustment to zero ‖ ↶**[ein]stellung** f, Tarierung f / taring ‖ ↶**einstellung** f des Thermometers / zero adjusting o. setting, zeroizing, adjustment to zero ‖ ↶**einsteuerung** f (DV) / zero fill o. insert

Nulleiter m (Drehstrom) / neutral o. mid-point conductor o. wire, neutral, zero conductor o. wire ‖ ↶ (im 3- o. 4-Phasennetz) (Elektr) / fourth wire ‖ ↶**klemme**, Nullklemme f (Elektr) / neutral o. zero terminal

Nulleitung f, Nulleiter m (Elektr) / neutral feeder
Null·elektrode f (Chem) / null electrode ‖ ↶**element** n (Math) / null o. zero element

nullen, nullstellen / zeroize, zero vt ‖ ~, an den Nullpunkt legen (Elektr) / neutralize ‖ ↶ / zero setting, zeroizing
Nullenergiereaktor m / zero-energy o. zero power reactor
Nullen·taste f (Add.m.) / single-cipher key ‖ **2-**↶**taste** f / double- o. two-cipher o. -zero key ‖ **3-**↶**taste**, 3-geteilte Nullentaste f / three-cipher key, three-zero key ‖ ↶**unterdrückung** f / zero elimination o. compression o. suppression ‖ ↶**zirkel** m (Zeichn) / drop o. pump compass pl ‖ ↶**zirkel mit 3 Spitzen** / spring bow point o. spacer
Null·-Fehler-Methode f / zero-defect method ‖ ↶**-Fehler-Programm** n (F.Org) / zero-defect program ‖ ↶**förderdruck** m (Pumpe) / zero-delivery pressure ‖ ↶**frequenz**, Gleichstromkomponente f (TV) / zero frequency, z.f. ‖ ↶**-g** n, Null-Schwere f (Raumf) / zero-g ‖ ↶**geschwindigkeit** f / zero speed ‖ ↶**-Grad-Isotherme** f (Meteorol) / melting level ‖ ↶**hyperbel** f (Radar) / lane, Lane-Emden function ‖ ↶**hyperbelidentifizierung** f (Schiff) / lane identification ‖ ↶**hypothese** f / null hypothesis ‖ ↶**impedanz** f / zero phase-sequence impedance ‖ ↶**impuls** m, Nullstellungsimpuls m / reset pulse
Nullinie f / zero line ‖ ↶, Bezugslinie f (Meßtechnik) / datum o. gauge line, fiducial o. reference line ‖ ↶, neutrale Achse o. Faser (Mech) / neutral axis, N.A., neutral line ‖ ↶ (Diagramm) / baseline of a diagram
Null·instrument n / null o. zero indicator o. detector, zero reading instrument ‖ ↶**justierung** f / rectification of an instrument, zero adjust control ‖ ↶**kapazität** f (Diode) / zero capacitance ‖ ↶**kegel**, Schweigekegel m (Radar) / cone of silence ‖ ↶**kegelfeuer** n / cone-of-silence marker beacon ‖ ↶**klemme**, Nulleiterklemme f (Elektr) / zero terminal ‖ ↶**komponente** f, Gleichstromkomponente f (Elektr) / zero-sequence component, homopolar component ‖ ↶**kontrolle** f (DV) / zero check o. test ‖ ↶**koordinate** f / homopolar coordinate ‖ ↶**korrektur** f (Instr) / zero[izing] adjustment ‖ ↶**korrekturschraube** f / zero adjusting screw ‖ ↶**-Lage** f, Nullage f / zero position, neutral position ‖ ↶**-Last** f, Nullast f / no-load ‖ ↶**-Lastbereich** m / zero power range ‖ ↶**-Leistung** f, Nulleistung f (Elektr) / homopolar power ‖ ↶**-Leistung** f (Nukl) / zero power ‖ ↶**-Leistungsreaktor** m / zero-energy o. zero power reactor ‖ ↶**matrix** f (Math) / null matrix ‖ ↶**menge** f, leere Menge (Math) / empty set, null set ‖ ↶**methode** f (Elektr) / balance method, null o. zero method ‖ ↶**niveau** n (Verm) / dead level ‖ ↶**niveau** n (Phys) / zero level ‖ ↶**nulltaste** f, Zweinullentaste f (Buch.m) / two-zero key, double- o. two-cipher key ‖ ↶**ode** f, elektrodenlose Röhre (Elektronik) / nullode, spark gap tube ‖ ↶**operationsbefehl** m (DV) / no-op[eration] o. non-operable instruction, No-op ‖ ↶**pegel** m (Verm) / zero level ‖ ↶**pegel** m (Fernm) / zero power level ‖ ↶**phase** f (Funk) / zero phase ‖ ↶**phasenmodulation** f / zero phase sequence modulation ‖ ↶**potential** n (Elektr) / zero potential ‖ ↶**profil** n (Garn) / design profile
Nullpunkt m / zero point ‖ ↶, Anfangspunkt m / point of origin o. start, initial point ‖ ↶ (Koordinaten) / origin of [co]ordinates ‖ ↶, (jetzt:) Neutralpunkt m (Elektr) / neutral [point], central point ‖ ↶, Sternpunkt m (Elektr) / star point ‖ ↶, Gefrierpunkt m Frierpunkt m / zero, freezing-point, point of congelation ‖ ↶, Nichts n / scratch ‖ ↶ (Ultraschall) / transmission point ‖ ↶ (Instr) / zero[point] ‖ ↶ der Festigkeitsprüfung (Pap) / non-beating test ‖ ↶**abweichung** f / null drift ‖ ↶**einstellung** f, -justierung f / zero point adjustment ‖ ↶**energie** f / zero point energy, zero energy level ‖ ↶**-Entropie** f / zero point entropy ‖ ↶**erdung** f (Elektr) / neutral grounding (US) o. earthing (GB) ‖ ↶**fehler** m (Instr) / residual deflection ‖ ↶**korrektur** f (NC) / zero offset compensation ‖ ↶**methode** f (Elektr) / balance method, null o. zero method
Nullpunkts·auswanderung f / zero drift ‖ ↶**energie** f, innere Schwingungen f pl (Chem) / inner vibrations ‖ ↶**fehler** m (Kath.Str) / origin distortion, residual deflection
nullpunktsicher (Funk) / zero-stable
Nullpunktsicherheit f (Elektronik) / zero stability
Nullpunkts·konstanz f / zero point constancy
Nullpunktspannung f / neutral-to-ground potential
Nullpunkts·verlagerung f / zero displacement ‖ ↶**verschiebung** f / zero offset ‖ ↶**verschiebung** f (Messen) / zero shift ‖ ↶**verschiebung**, -verschiebbarkeit f (NC) / floating zero ‖ **[langsame]** ↶**verschiebung** (Elektronik) / zero drift ‖ ↶**wahl** f (Instr) / zero point establishment
Nullpunkt·-Thermostat m / zero thermostat ‖ ↶**transformator** m (Elektr) / earthing reactor, neutralator, negative compensator o. autotransformer, earthing autotransformer ‖ ↶**unterdrückung** f / zero point suppression ‖ langsame ↶**veränderung** (Messung) / zero creep
Null·-Rad n (Verzahnung) / X-zero gear, zeroset wheel ‖ ↶**radpaar** n / X-zero cylindrical gear pair, standard gear set (US) ‖ ↶**reaktanz** f / zero phase-sequence reactance ‖ ↶**reißlänge** f (Reißlänge bei Einspannlänge Null) (Pap) / zero span breaking length ‖ ↶**schwere** f (Raumf) / zero-g ‖ ↶**serie** f / pilot lot o. production o. run (US) ‖ ↶**serienwagen** m / pilot production car, pre-production car ‖ ↶**signal** n (Magn.Bd) / zero output ‖ ↶**spannung** f (Elektr) / no-voltage, null voltage, zero potential ‖ ↶**[spannung]auslösung** f / no-volt[age] release o. circuitbreaker o. switch, neutral circuit breaker (US)
nullspannungs·gesichert, nichtlöschend, permanent (Speicher) / retentive, with retentive memory
Null·spannungsschalter m / no-voltage releasing magnet ‖ ↶**spannungsschutz** m / low-voltage o. undervoltage protection ‖ ↶**spant**, Grundspant m (Schiff) / midship frame o. section, main frame ‖ ↶**start** m (Luftf) / ZELL-start (= zero length launcher), zero launch, zero length take-off ‖ ↶**steckkraft-Stecker** m / zero insertion force connector, ZIF connector ‖ ~**stellbar** / resetting (adj.) ‖ ~**stellbarer Zähler** / reset[ting] counter ‖ ↶**stelleinrichtung** f / zeroizing device ‖ ~**stellen** / zeroize, zero, reset, clear ‖ ↶**stellen** n / zero setting, zeroizing, setting to zero, clearance, reset ‖ ↶**stellen-Pol-Verteilung** f (Regeln) / pole zero configuration o. pattern ‖ ↶**stellfehler** m / zero[izing] fault ‖ ↶**stellfehler haben** (o. machen o. bringen) /

clear faulty ‖ **⌐stellgriff** *m* / zeroizing handle ‖
⌐stellung *f* / zero position, off-position ‖ **⌐stellung** *f*,
Rückstellung *f* auf Null / zeroizing ‖ **⌐stellung** *f* (Elektr)
/ neutral position ‖ **⌐stellung**, Ausschaltstellung *f* /
switch-off position, open position ‖ **automatische**
⌐stellung (LoKa) / automatic clearing device ‖
⌐stellungszustand *m* (DV) / reset condition ‖
⌐streckenstart *m* s. Nullstart ‖ **⌐strich**, Index[strich] *m*
/ index line ‖ **⌐strich** *m* **an Skalen** / zero mark o. line
on scales ‖ **⌐strom** *m* / zero current ‖ **⌐stufe** *f* / zero
stage ‖ **⌐system** *n* (in allen Phasen symmetrisches
Sternpunktsystem) (Elektr) / zero phase sequence
[system] ‖ **⌐taste** *f* (Add.m.) / [single-]cipher o. zero key
‖ **⌐tastimpuls** *m* (Elektronik) / clamping pulse
nullte Gruppe (Chem) / zero group ‖ **~ Ordnung** / zero
order
Nulltermin, Schlußzeitpunkt *m* (PERT) / final date
Nullung *f* (Elektr) / grounding (US), earthing (GB) ‖ **⌐**,
Nullstellung *f* / zeroizing, reset
Null·unterdrückung s. Nullenunterdrückung ‖ **⌐vergleich** *m*
(DV) / zero check o. test ‖ **⌐verschleiß** *m* / zero wear ‖
⌐versuch *m* / blank experiment ‖ **⌐ viskosität** *f* /
viscosity at zero rate of shear ‖ **⌐-Voltleiter**, 0-V-Leiter
m (Elektronik) / common wire ‖ **⌐vorspannung** *f*
(Elektronik) / zero bias ‖ **⌐wert** *m* / zero value ‖ **~wertig**
(Chem) / nonvalent, zerovalent, avalent ‖ **⌐wertigkeit** *f* /
null valency, zerovalency ‖ **⌐wertlösung** *f* / zero
number compensation solution ‖ **⌐zacke** *f* (Radar) / null
signal ‖ **⌐zeichen** *n* / null character, NUL ‖
⌐zeitpunkt, Startmoment *m* (Count-down) / zero-time ‖
⌐zone *f* / dead line
Number-Cruncher *m* (DV, allg) / number cruncher ‖ **⌐**
(Zentralrechner) / host computer
Numerierapparat *m*, -maschine *f*, Numerator *m* /
numbering apparatus o. machine, numberer
numerieren / number *v* ‖ **~**, beziffern / ticket, mark the
number o. cipher ‖ **⌐** *n*, Numerierung *f* / numbering ‖
Seiten ~, paginieren / mark the page[s]
Numeriermaschine *f* / numbering machine
Numerierungs·bereich *m* (Fernm) / numbering area
Numerierwerk *n* / numbering box
Numerikmaschine *f* (Wzm) / numerically controlled
machine tool
numerisch / numeral, numerical ‖ **~**, quantisiert / digital ‖
~ (Zahlen verarbeitend) (DV) / numeric ‖ **~e Anzeige** /
digital display ‖ **~e Apertur** (Opt) / numerical aperture ‖
~e Darstellung / numeric representation ‖ **~es**
Drucken (DV) / numerical print [feature] ‖ **~ gesteuert**
/ numerical control …, N/C…, numerically controlled ‖
~ gesteuerte Werkzeugmaschine / N/C machine,
numerically controlled machine tool ‖ **~ gesteuerter**
Roboter / N/C robot (class E robot) ‖ **~ gesteuerter**
Wähler / numerical selector ‖ **~e Größe** / numerical
quantity ‖ **~er Rechner** / digital computer ‖ **~e**
Steuerung, NC / numerical control, N/C ‖ **~e**
Steuerung mit Microcomputer / microcomputer
numerical control, MNC ‖ **~er Text** / numerical text ‖
~e Wettervorhersage / numerical weather prediction,
NWP ‖ **~es Wort** / numeric word ‖ **rein ~es System**
(DV) / all-numerical system
Numerus *m* (Math) / inverse logarithm, antilogarithm
Nummer *f* / number, No., num. ‖ **⌐**, Zahl *f* / cipher ‖ **⌐**,
Größe *f* / size, count ‖ **⌐**, Größe *f* (Kleidung) / size,
number ‖ **⌐**, Feinheit *f* (Garn) / grist of yarn ‖ **[Geräte-,**
Maschinen-]⌐ / serial number ‖ **die ⌐ wählen** (Fernm) /
dial, select
nummern, benummern, numieren / number *v* ‖
durchlaufend o. fortlaufend ~ / number continuously
‖ **⌐anzeiger** *m* (Fernm) / annunciator board, call
indicator ‖ **⌐anzeiger** *m*, Fallnummern-,
-scheibenapparat *m* (Fernm) / drop annunciator ‖
⌐darstellung *f* / number representation ‖ **⌐endezeichen**
n (Fernm) / end of pulsing signal ‖ **⌐fernanzeiger** *m* /
remote number indicator ‖ **⌐geber** *m*, Numerator *m* /

numerator, numbering apparatus ‖ **[Konto-]⌐kontrolle**
f / account number checking ‖ **⌐prüfer** *m* (Buch.m) /
number check ‖ **⌐prüfung** *f* **nach Modulo n** (DV) /
modulo-n-technique ‖ **⌐quittung** *f* / number-received
signal ‖ **⌐quittungszeichen** *n* (Fernm) / number received
signal ‖ **⌐schalter** *m* (Fernm) / dial plate o. switch ‖
⌐schalter *m* (am Bedienungstisch) (DV) / console load
unit switch ‖ **⌐schalterwahl** *f* / dial pulsing ‖ **⌐scheibe**
f, Wählscheibe *f* (Fernm) / dial o. finger disk, dial ‖
⌐scheibenimpuls *m* (Fernm) / dial pulse ‖
⌐scheibenkontakt *m* (Fernm) / impulse contact ‖
⌐schild *n* (Kfz) / license o. number plate ‖ **⌐schild** *n*
(Masch) / number plate ‖ **⌐schild** *n* **in Streifenform**
(Instr) / number strap ‖ **⌐schlucker** *m* (Fernm) / digit
absorbing device o. selector ‖ **~speicherndes Telefon** /
repertory dialer telephone ‖ **⌐sucher** *m* (LoKa) / number
detector ‖ **⌐-Tastenwahl** *f* (Fernm) / key-set selection ‖
⌐wahl *f* (Fernm) / impulse stepping, numerical selection
‖ **reine ⌐wahl** (Fernm) / all-numerical system ‖
⌐wählautomat, Zahlengeber *m* (Fernm) / register
sender ‖ **⌐-Wähleinrichtung** *f* (Fernm) / telephone
dialer ‖ **⌐wähler** *m* / numerical selector ‖ **⌐zeichen** *n*
(DV) / number sign
Nummerung *f* / numbering
Nummerungs·technik *f* / numbering practice
Nummerzeichen *n* / pound sign, (US) ♯
Nummuliten·formation *f* (jetzt: Eozän) / Nummulitic
formation ‖ **⌐kalk** *m* (Geol) / nummulitic limestone
Nunatak *m* (pl: Nunatakr, Nunatakker) (aus dem
Inlandeis ragender Berg) (Geol) / nunatak
Nur für Anlieger (Straßb) / access only !
Nur·-Feststoff-Phase *f* / solid-only phase ‖
⌐flügelflugzeug *n* / all-wing type airplane, flying wing,
tailless airplane, wing body, flying body ‖
⌐-Flüssigphase *f* / liquid-only phase ‖ **⌐-Gasphase** *f* /
gas-only phase ‖ **⌐glasdeckenleuchte** *f* / all-glass
ceiling lamp ‖ **⌐lesespeicher** *m* / read-only memory,
ROM
Nürnberger Schere *f*, Scheren-, Gelenkspreize *f* / lazy
tongs *pl*
Nuß *f* / nut ‖ **⌐** (Schloß) / nut of a lock ‖ **⌐**, Kettennuß *f*
(Masch) / sprocket [wheel], chain sprocket ‖ **⌐** (Web) /
little pulley ‖ **⌐ I** (Bergb) / trebles *pl* (GB) ‖ **⌐ II** (Bergb,
Kohle) / double nuts *pl* ‖ **⌐ III** / single nuts *pl* ‖ **⌐ IV** /
pea coal ‖ **⌐ V** / pearls *pl* ‖ **⌐…**, nußartig / nutty ‖
⌐abrieb *m* / nutty slack ‖ **⌐band** *n* (Schloss) /
counterflap hinge ‖ **⌐[baum]beize** *f* / nut mordant ‖
⌐[baum]holz *n* / walnut, nutwood ‖ **~braun** / nut-
brown, hazel ‖ **~braun**, chemischbraun / bistre, bister
(US) ‖ **⌐butter** *f* / coconut butter, nutter
Nußeltzahl *f*, Nu (Wärme) / Nusselt number
Nußgeschmack, mit ⌐ / nutty
Nuß·isolator *m* / egg insulator ‖ **⌐-Klassiersieb** *n*,
Nachklassiersieb *n* (Kohle) / nut sizing screen ‖ **⌐kohlen**
f pl (Bergb) / nuts *pl* ‖ **⌐schale** *f* (Färb) / walnut husk o.
peel
Nut *f*, Nute *f* / channel, mortise, groove ‖ **⌐**, Falz *m*
(Tischl) / slit ‖ **⌐**, Keilnut *f* / keyway, key groove o. slot
o. seat ‖ **⌐ der Keilwelle** / spline ‖ **⌐ des Ankers**
(Elektr) / slot of the armature ‖ **⌐ des Schiebefensters** /
window style ‖ **⌐ des Schiebefensters für**
Gegengewichte / window box ‖ **⌐en stanzen** (Stanz) /
notch *vt* (e.g.: armature laminations) ‖ **⌐ und Feder**,
Spundung *f* (Tischl) / groove and tongue ‖ **mit ⌐ u.**
Feder versehen (Tischl) / tongue [and groove] *v* ‖
⌐anker *m* (Elektr) / slotted armature
Nutation *f* (Phys, Astr) / nutation
Nutationsfeld *n* (Radar) / nutation field
Nutauskleidung *f*, -isolation *f* (Elektr) / slot liner
Nute *f* **für Angußstutzen**, Angußabreißer *m* / sprue lock
nuten (Masch) / channel *v*, groove ‖ **~**, Keilnuten fräsen
(Masch) / mill (keyways) ‖ **~** (Brett) / dado, cut a groove
‖ **Holz ~** / flute wood ‖ **⌐antenne** *f* / notch antenna ‖
⌐bart *m* (Schlüssel) / grooved bit ‖ **⌐beilage** *f* (Elektr) /

slot packing ‖ **⌐fräser** *m* / grooving o. groove milling cutter, slotting mill[ing cutter] ‖ **⌐fräser, gekuppelt** / interlocking side milling cutter ‖ **⌐fräsmaschine** *f* / groove- o. slot-milling machine ‖ **⌐frequenz** *f* (Elektr) / tooth pulsation frequency ‖ **⌐füllfaktor** *m* / slot space factor ‖ **⌐füllstück** *n* (Elektr) / slot packing ‖ **⌐keil** *m*, Paßfeder *f* (DIN) (Masch) / feather [key], sunk key ‖ **⌐keil** *m* (Elektr) / slot wedge ‖ **⌐lineal** *n* / V-shaped rule ‖ **~loser Anker** (Elektr) / smooth-core armature o. rotor ‖ **⌐meißel** *m* / grooving chisel ‖ **⌐obertöne** *m pl* (Spannungsschwankungen infolge der Ankernuten) (Elektr) / slot o. tooth ripple ‖ **⌐presse** *f* / notching press ‖ **⌐preßspan** *m* / presspahn for armature slot ‖ **⌐reißer** *m* (Tischl) / router gauge ‖ **⌐schränkung** *f* / slot skew[ing] ‖ **⌐schritt** *m* **im Anker** / coil pitch o. span, tooth pitch, slot pitch ‖ **⌐stanzen** *n* (Masch) / notching ‖ **⌐stanzmaschine** *f* (für Ankerbleche) / notching press ‖ **⌐stein**, Schwingenstein *m* (Wzm) / sliding [crank] block, tenon block ‖ **⌐stoßmaschine** *f* (für Keilnuten) / push-type slotter ‖ **⌐teilung** *f* (Elektr) / tooth pitch, slot pitch ‖ **⌐walzmaschine** *f* (Wzm) / spline-rolling machine ‖ **⌐welle** *f* / spline[d] shaft ‖ **⌐welligkeit** *f* (Elektr) / tooth o. slot ripple ‖ **⌐-Zahnverhältnis** *n* (Elektr) / tooth ratio ‖ **⌐ziehmaschine** *f* (für Keilnuten) / pull type keyway-broaching o. keywaying o. keyseating machine

Nut·hobel *m* (Tischl) / grooving plane, plough [plane], rabbet o. rebate (GB) plane, matching plane ‖ **⌐hobeleisen** *n* / matching plane cutter ‖ **⌐isolation** *f*, -auskleidung *f* (Elektr) / slot liner ‖ **⌐kreissäge** *f* / swivelling grooving saw ‖ **⌐kurve** *f* (Masch) / cam with groove ‖ **~los** (Masch) / keyless ‖ **⌐messer** *n* (Wzm) / keyway cutterbar ‖ **⌐mutter** *f* / slotted round nut for hook spanner, groove nut ‖ **⌐partie** *f* / gutter ‖ **⌐ring** *m*, Lippendichtung *f* / lip seal ‖ **⌐rolle** *f* / grooved pulley

Nutschapparat *m*, Saugapparat *m* (Zuck) / suction pipes *pl*
Nutsche *f* (Chem) / suction filter o. strainer ‖ **⌐ mit Vakuumtank** (Chem) / vacuum tank filter
nutschen (Chem) / suck liquids by siphon
Nutsch·filter *n*, Nutsche *f* / suction filter o. strainer ‖ **⌐methode** *f* (Plast) / aquaglass preform method

Nut·spitze *f*, Spitze *f* mit Schabenut (Schraube) / scrape point ‖ **⌐teilung** *f* (Elektr) / slot pitch, tooth pitch ‖ **⌐-und Spundhobel** *m pl* (Tischl) / match planes *pl* ‖ **⌐-und** *f* **Spundmaschine** (Tischl) / matching machine ‖ **⌐-und Zapfensäge** *f* / groove and dovetail saw ‖ **⌐-und-Feder-Verbindung** *f* (mit eingelegter Feder) (Zimm) / tongue-and-groove joint ‖ **⌐- und-Feder-Verbindung** *f* (mit gehobelter Feder) / matched joint ‖ **⌐verlust**, Schlitzverlust *m* (Elektr) / slot leakage ‖ **⌐[verschließ]keil** *m*, Deckleiste *f* (Elektr) / slot wedge ‖ **⌐verschluß[keil]** *m* **aus Magnetwerkstoff** (Elektr) / magnetic slot wedge

Nutz·..., Watt... (Elektr) / real ‖ **⌐amplitude** *f* **des Bildsignals** / picture signal amplitude
Nutzapfen *m* (Zimm) / mortised tenon
Nutzarbeit *f* / effective o. useful work, duty
nutzbar, verwertbar / utilizable, useful, usable ‖ **~es Ausmaß** (Kfz) / useful dimensions ‖ **~e Fläche** (Masch) / active surface ‖ **~e Flanke** (Zahnrad) / usable flank ‖ **~es Gefälle**, Druckhöhe *f* (Wasserkraft) / hydrostatic pressure, effective head, pressure head ‖ **~er Hohlraumgehalt**, nutzbare Volumenkapazität, NVK (Wasserenthärtung) / specific yield of pore space ‖ **~ machen**, aktivieren / activate ‖ **~ machen** (Kräfte) / harness ‖ **~ machen [zu]** / utilize, take advantage [of] ‖ **~e Mächtigkeit** (Bergb) / total thickness of coal worked ‖ **~es Mineral** / industrial mineral ‖ **~e Zeit** (DV) / serviceable time, available time ‖ **~e Zeit**, Betriebszeit *f* / operating time ‖ **⌐machung** *f* / activation, utilization ‖ **⌐machung** *f* **der technologischen Errungenschaften** / technology utilization

Nutz·bereich *m* (DV) / useful range ‖ **⌐breite** *f* / useful o. working width ‖ **⌐bremse** *f* (Bahn) / regenerative brake o. control ‖ **⌐bremsung** *f* (Bahn) / regenerative braking ‖ **⌐dämpfung** *f* (Fernm) / effective transmission equivalent ‖ **⌐dämpfung** *f*, Ersatzdämpfung *f* (Fernm) / articulation reference equivalent ‖ **⌐effekt** *m* / performance ‖ **⌐effekt** *m*, Wirkungsgrad *m* (Mech) / efficiency ‖ **⌐eisen** *n* (Walzw, Sammelbegriff) / reusable products ‖ **⌐-EMK** *f* / effective o. virtual electromotive force
Nutzen *m*, Vorteil *m* / advantage ‖ **⌐**, Gewinn *m* / profit, gain ‖ **⌐**, Nützlichkeit *f* / value ‖ **⌐** *m pl* (Buch) / copies *pl* (produced) from one sheet ‖ **⌐** *m* (gedr.Schaltg) / panel ‖ **⌐ ziehen** / derive advantage [from] ‖ **⌐ ziehen [aus]** / make profit [on]
Nutzenergie *f* / collectible energy
Nutzen·-Kosten-Analyse *f* / cost-benefit-analysis, gain-cost analysis ‖ **⌐-Kosten-Verhältnis** *n* / benefit-cost-ratio ‖ **⌐-Kosten-Zeitanalyse** *f* / cost-function-time analysis ‖ **⌐zahl** *f* (Repro) / copy capability
Nutz·erz, -material *n* / pay mineral ‖ **⌐fahrzeug** *n* / commercial vehicle, utility vehicle ‖ **⌐fahrzeug...** (Kfz) / utility ‖ **⌐faktor** *m* / utilization coefficient ‖ **⌐feld** *n* (Elektr) / useful field ‖ **⌐fläche** *f* (allg) / useful area ‖ **⌐fläche** *f*, wirksame Oberfläche / effective area o. surface ‖ **⌐gefälle** *f* / effective o. useful o. working head ‖ **⌐holz** *n*, NH, (auch:) Nutzholzstamm *m* / straight o. strength o. structural timber, timber ‖ **⌐holzbestand** *m*-/ standing timber o. wood ‖ **⌐information** *f* / useful information ‖ **⌐kilometer** *m* / useful kilometer ‖ **⌐kraftwagen** *m* / commercial vehicle ‖ **⌐kraftwagen-Kombi** *m* / truck station wagon ‖ **⌐ladefaktor** *m* (Luftf) / overall o. all-up o. weight load factor, revenue ton mile load factor ‖ **⌐länge** *f* / effective o. useful o. working length
Nutzlast *f* / useful load, load[ing] capacity, live o. net o. working load ‖ **⌐**, [bezahlte] Zuladung *f* (Kfz, Luftf) / pay load ‖ **⌐** (Stahlbau) / live o. superimposed load, load capacity ‖ **⌐** (Raumf) / payload ‖ **⌐ einer Raketensonde** / nose cone of a sounding rocket ‖ **mit ⌐** / loaded ‖ **mit ⌐** (Flurförderer) / laden ‖ **⌐-Bedienungsgerät** *n* (Raumf) / payload manipulator arm ‖ **⌐befestigung** *f*, -unterbringung *f* (Raumf) / stowage of useful load ‖ **⌐faktor** *m* (Luftf) / actual-load factor, full-load factor ‖ **⌐kapazität** *f* (Raumf) / lift capacity to low earth orbit, LEO ‖ **⌐raum** *m* (Raumf) / cargo bay, payload bay ‖ **⌐spitze** *f* (Raumf) / head load
Nutz·lebensdauer *f* / useful life ‖ **⌐leistung** *f*, -effekt *m* / useful effect ‖ **⌐größte ⌐leistung** (Fernm) / overload level ‖ **⌐leistungslast** *f* (Elektr) / useful performance load ‖ **⌐leistungswirkungsgrad** *m* (Luftf) / net [airscrew] efficiency
nützlich, brauchbar / useful
Nützlichkeit *f* / usefulness, utility
Nutzlichtstrom *m* / utilized flux
Nützlingsfauna *f* / beneficial animals *pl*
nutz·lose Leistung, Leistungsverlust *m* / lost effect o. power, waste power ‖ **⌐pflanzen** *f pl* / useful plants *pl* ‖ **⌐querschnitt** *m* / effective cross section ‖ **[Speicher-]⌐raum** (Wassb) / useful storage volume ‖ **⌐schicht** *f* (Bodenbelag) / wear layer ‖ **⌐schub** *m* (Luftf, Propeller) / net thrust ‖ **⌐signal** *n* (Fernm) / wanted signal ‖ **⌐spannung** *f* / useful o. signal voltage ‖ **⌐stich-Nähmaschine** *f* / automatic sewing machine ‖ **⌐störabstand** *m*, Brummabstand *m* / signal-to-hum o. -to-noise ratio ‖ **⌐strahlenkegel** *m* (Röntgen) / active beam ‖ **⌐strahlung** *f* / effective radiation ‖ **⌐strom** *m* (Elektr) / active o. actual o. useful current ‖ **⌐-Tonnenkilometer** *m* / usable ton-kilometer
Nutzung, Nutznießung *f* / produce, yield ‖ **⌐** *f*, Benutzung *f* / use, utilization ‖ **⌐**, Nutznießung *f*, Ertrag *m* / putting to profit
Nutzungs·dauer *f* / service[able] life ‖ **⌐grad** *m* / utilization ratio ‖ **⌐schreiber** *m* / production recorder ‖

~**variant** / reusable ‖ **⁓zeit** f (Ofen) / furnace hours worked

Nutz·wärme f / available heat ‖ **⁓wasser** n, Brauchwasser n / water for industrial use ‖ **⁓wasserraum** m, nutzbare Füllmenge (Wassb) / useful storage volume ‖ **⁓wert** m (Mech) / efficiency ‖ **⁓wert** m / efficiency, advantage

Nuvistorröhre f (Elektronik) / Nuvistor

NU-Zahnung f (Säge) / interrupted peg teeth pl

NV-Zahnung f (Säge) / continuous peg teeth pl

NW (Keram) = Nachwachsen ‖ **⁓** = Nennweite

n-wertig (DV) / n-ary

Nyktalopie f, Tagblindheit f / nyctalopia

Nylanders Reagens n (Chem) / Nylander solution ‖ **⁓ Reaktion** f (Chem) / Almen-Nylander test

Nylon n (Plast) / nylon ‖ ~**isolierter Lackdraht** / SNE, single-nylon enamelled wire ‖ ~**verstärkt** / nylon reinforced

Ny-Meson, ν-Meson n / nu meson

Nymphe f (Biol) / chrysalis, nymph

Nyquist·grenze f / Nyquist limit o. rate ‖ **⁓intervall** n (Fernm) / Nyquist interval ‖ **⁓punkt** m (TV) / point of 50 % amplitude response ‖ **⁓-Stabilitätskriterium** n (Fernm) / Nyquist criterion, stability criterion of Nyquist

Nytril n (Plast) / nytril

Nz = Neutralisationszahl

NZ = Normzahl

N-Zahnung f (Säge) / plain teeth pl

O

Obach-Entharzungsverfahren n (Guttapercha) / Obach process

OB-Betrieb m (Fernm) / local battery working

OBD-System n (Nav) / OBD system (omnibearing distance navigation)

Obelisk m, Spitzsäule f (Bau) / obelisk

oben / topside adv ‖ ~ **im Hause** / upstairs ‖ ~ **[schwimmend]** / supernatant ‖ **nach** ~ / upward ‖ **von** ~ **kommend** / overhand ‖ ~**betätigt** / top operated ‖ ~**dreher** m (Turmdrehkran) / tower slewing crane revolving at top, top slewing crane ‖ **⁓entleerung** f (Gießpfanne) / top pouring ‖ ~**gespeiste Antenne** / top-fed antenna ‖ ~**gesteuert**, hängend (Ventil) / overhead, O.H., in the head ‖ ~**gesteuertes Ventil** (Mot) / valve in the head, inverted o. drop o. overhead valve, O.H.V. ‖ ~**liegend**, ganz oben befindlich, oberst / uppermost adv ‖ ~**liegende Fahrbahn** / roadway above boom ‖ ~**liegende Fahrbahn**, obere Fahrbahn (Brücke) / upper deck ‖ ~**liegende Nockenwelle** / overhead camshaft, O.H.C. ‖ **mit** ~**liegender Kurbelwelle** / crank-overhead ‖ **⁓-ohne-Container** m, Open-top-Container m / open-top o. tilt-top container ‖ **⁓schloß** n (Tischl) / top lock ‖ **⁓schmiermittel** n / upper cylinder lubricant ‖ ~**stehend**, überschüssig (Chem) / supernatant

Ober... / over ‖ **⁓...**, Haupt... / main, capital, chief ‖ ~**er**, höher, Ober... / upper, head, top, superior ‖ ~**es Abmaß** / upper allowance, over-allowance ‖ ~**e Abweichung** (Toleranz) / upper deviation ‖ ~**es Band** (oberhalb Kanal 13) (TV) / upper band ‖ ~**e Bauhöhe** (Bergb) / thickness of vein above the gallery sole ‖ ~**er Bereich eines binären Signals** / high range of a binary signal ‖ ~**e Drehpfanne**, Drehzapfen m (Bahn) / upper center casting ‖ ~**er Eckbeschlag** (Container) / top fitting ‖ ~**s Ende** / upper end, top ‖ ~**e Erdschicht** / overburden ‖ ~**e Grenze** / upper bound[ary] ‖ ~**e Grenzfrequenz** / high-end cut-off frequency ‖ ~**es Grenzmaß** / maximum limit of size, upper limit ‖ ~**es Gurtungsblech** (Stahlbau) / top flange ‖ ~**er Heizwert**, spezifischer Brennwert (DIN) / gross calorific value ‖ ~**er Index** ol.o. **Zeiger** f, Hochzahl f, hochstehende Zahl / superscript ‖ ~**e Kammer** (Hydr) / upper chamber ‖ ~**e Kante voraus** / top edge first ‖ ~**e Kastenhälfte**

(Gieß) / top part ‖ ~**e Kennzeichnungsleuchte für Fahrzeuge über 80" Breite** (USA) (Kfz) / identification lamp ‖ ~**es Lager einer stehenden Welle** / upper pan o. head pan of an upright shaft, bearing o. rest of the upper gudgeon ‖ ~**e Magnetosphäre** / outer magnetosphere ‖ ~**es Plenum** (Nukl) / upper plenum, top plenum ‖ ~**er Pressentisch** / top platen ‖ ~**e Preßplatte** (Druckguß) / top plate ‖ ~**e Resonanz** / upper resonance ‖ ~**e Schicht** (Geol) / superstratum ‖ ~**e Schleusenhaltung** / upper level o. pond of the sluice ‖ ~**es Schleusentor**, Obertor n / head gate, upper flood gate, water gate ‖ ~**er Schmiedesattel** / upper die block ‖ ~**e Schranke** (Mech, Math) / upper bound ‖ ~**e Schranke** (F.Org, Berechnungsverfahren) / upper bound ‖ ~**es Seitenband** (TV) / upper sideband, USB ‖ ~**es Stammende** / top end of a trunk ‖ ~**e Streikgrenze** / upper yield point ‖ ~**er Totpunkt**, OT (Mot) / top o. inner dead centre, T.D.C. ‖ ~**e Tragplatte** (Nukl) / core plate ‖ ~**e Tragschicht** (Straßb) / road base ‖ ~**e Turasscheibe** (Bagger) / top tumbler ‖ ~**e Warngrenze** (Qual Pr) / upper monitoring limit, upper warning limit ‖ ~**e Werkplatte** (Uhr) / upper plate ‖ ~**er Wertbereich**, H-Bereich m (Halbl) / high range, H-range ‖ ~**e Zangenbacke** (Spinn) / top-nipper ‖ ~**es Zapfenlager** (Masch) / top step ‖ ~**er Zeiger** o. **Index** (z.B. H¹) (Math) / superscript ‖ ~**e Zone** (LoKa) / upper curtate ‖ ~**er Zuführer** (Nähm) / top feed ‖ ~**e Zwischenstufe** (Hütt) / upper bainite structures ‖ **⁓armdrehung** f (Roboter) / upper arm rotation ‖ **⁓armvorschub** m (Roboter) / upper arm extension ‖ **⁓bär** m / upper ram

Oberbau m, Hochbau m (Bau) / superstructure ‖ **⁓** (Straßb) / road construction, pavement ‖ **⁓** (Bahn) / superstructure ‖ **⁓ von Baubahnen** / temporary way ‖ ~**los** (Masch) / low-built, without superstructure ‖ **⁓maschine** f (Bahn) / machine for constructing the permanent way, machine for the railroad track ‖ **⁓material** n / track material, permanent-way material ‖ **⁓material** n, Ausrüstung f des Gleises / track equipment ‖ **⁓meßwagen** m / track recording car ‖ **⁓schicht** f / top of road bed ‖ **⁓werkstätte** f (Bahn) / permanent-way workshop, maintenance-of-way shop

Ober·beck n (Schere) / upper shear blade o. knife ‖ **⁓begriff** m / generic term ‖ **⁓begriff** m (Patent) / characterizing clause o. portion, preamble [of a patent], introductory clause (US) ‖ **⁓bekleidung** f (Textil) / outer wear ‖ **⁓bereich** m (Math) / original o. superior space ‖ **⁓bergamt** n / Superior Board of mines ‖ **⁓beton** m (Straßb) / top concrete layer ‖ **⁓boden** m (Bau) / ceiling ‖ **⁓bohrmeister** m (Bohrinsel, Öl) / tool pusher ‖ **⁓bund** m (Isolator) / top binding ‖ **⁓deck** n (Schiff) / upper deck ‖ **⁓deckomnibus** m / doulbe-deck[er] bus ‖ **⁓druck** m (Walzw) / top roll pressure ‖ **⁓druckhammer** m (Schm) / double-acting hammer ‖ **⁓druckpresse** f (Plast) / top ram press, down-stroke [moulding] press ‖ **⁓druckpreßform** f (Plast) / top force mould ‖ **⁓fach** n (Web) / upper o. top shed ‖ **⁓faden** m (Nähm) / upper thread, needle threads, face yarn ‖ **⁓felge** f (Kfz) / upper rim ‖ **⁓filz** m (Pap) / top felt

Oberfläche f / surface, area ‖ **⁓**, obere Fläche / top o. upper surface ‖ **⁓** (Art der Oberflächenbehandlung) (Galv) / finish, surface finish ‖ **⁓** (Geom) / superficies, area ‖ **⁓** (coll) s. Oberflächenbeschaffenheit ‖ **⁓ 2. Grades** / quadratic ‖ **⁓ der Packlage** (Straßb) / subgrade ‖ **⁓n legieren**, metallidieren / metallide ‖ **auf der ⁓ des Wassers** / awash ‖ **die ⁓ bearbeiten** / surface v ‖ **die ⁓ nacharbeiten** (o. erneuern) / reface ‖ **ebene** (o. **plane** o. **glatte**) **⁓** / equal surface ‖ **mit roher ⁓** (Bruchstein) / quarry-faced (US)

Oberflächen·ableitung f (Elektr) / surface leakage ‖ **⁓ableitung** f, -entnahme f (Wassb) / surface runoff ‖ ~**aktiv** / capillary active, surface-active ‖ ~**aktive Stoffe** m pl / ampholytics pl ‖ **⁓aktivität** f (Nukl) / surface activity ‖ **⁓angaben** f pl / specifications pl for surfaces ‖ **⁓angriff** m / surface attack ‖ **⁓ausbrüche** m

pl (Walzw) / spalling ‖ **~ausdehnung** *f* / extent ‖
~bearbeitung *f* (Wzm) / surface working ‖
~behandlung *f* / surface treatment ‖ **~behandlung** *f*
(Straßb) / surface coating o. dressing ‖ **~behandlung** *f*,
-überzug *m* (Straßb) / sealing coat ‖ **~behandlung** *f* **von**
Leder / surface treatment ‖ **~belüftung** *f* / surface
aeration ‖ **~berieselung** *f*, -kühlung *f* / surface cooling,
spray cooling ‖ **~beschädigung** *f* (Hütt) / dog leg (coll)
‖ **~beschaffenheit** *f* / character o. condition o. kind of
surface ‖ **~beschaffenheit** *f*, -finish *n*, -güte *f* / surface
finish o. quality ‖ **~beschaffenheit** *f* (des Abzugs)
(Phot) / texture ‖ **~bewässerung**, Berieselung *f* / surface
irrigation ‖ **~bezeichnung** *f* (F.Org) / designation of
surface finish ‖ **~bild** *n*, Narben *m* (Leder) / grain ‖
~chemie *f* / surface chemistry ‖ **~dichte** *f* (Nukl) /
surface density ‖ **~dichte** *f* (Elektr) / surface density ‖
~dichtungsmittel *n* / waterproofing means for surfaces
‖ **~eindruck** *m* (Walzw) / surface mark ‖ **~element** *n*
(Math) / element of area ‖ **~energie** *f* / surface energy ‖
freie ~energie / differential free surface energy ‖ **große**
~entfaltung / big surface ‖ **~entladung** *f* / sliding
discharge ‖ **~entlastungsanlage** *f* (Hochwasser) /
overflow o. overfall spillway, ogee type spillway ‖
~erder *m* / surface grounding (US) o. earthing (GB)
connection ‖ **~erhebung** *f*, -ausbauchung *f* / asperity on
a surface ‖ **~explosion** *f* (Nukl) / surface burst ‖ **~fehler**
m / surface flaw o. irregularities *pl*, surface defect ‖
~feinheit *f* (Masch) / scratch-and-dig ratio ‖ **~festigkeit**
f (Pap) / surface bonding strength ‖ **~feuchtigkeit** *f* /
surface dampness o. humidity ‖ **~film** *m* / surface film
‖ **~film** *m*, Molekularfilm *m* (Phys) / built-up film ‖
~forschung *f* / surface science ‖ **~furnier** *n* / surface
veneer ‖ **~gekühlt** (Elektr, Motor) / totally enclosed fan-
cooled ‖ **~geleimt** (Pap) / surface-sized ‖
~geschwindigkeit *f* (Hydr) / surface velocity ‖ **~gestalt**
f / surface shape ‖ **~gestein** *n* / surface rocks *pl* ‖
~glanz, -schimmer *m* (Plast) / luster, lustre (GB) ‖
~güte *f*, Finish *n* / [surface-]finish, quality of finish,
surface quality ‖ **~güte** *f* (Farbe) / flow-out ‖ **~härte** *f* /
skin o. surface hardness ‖ **~härten** / surface-harden *vt* ‖
~härtung *f* / surface hardening ‖ **~helligkeit** *f* /
[surface] brightness ‖ **~keimzahl** *f*, -kolonnenzahl *f*,
OKZ$_S$ (Pap) / surface growth number (of germs) ‖
~kennzahl *f* / specific surface area [of a powder] ‖
~kondensation *f* / condensation by surface cooling ‖
~kondensator *m* / surface condenser ‖ **~kühler** *m* /
surface radiator ‖ **~kühlung** *f* / surface cooling ‖
~kühlung *f* (Elektr) / surface cooling by air ‖ **~ladung** *f*
(Phys) / surface charge ‖ **~lebensdauer** *f* (Halbl) / surface
lifetime ‖ **~leimung** *f* (Pap) / surface sizing ‖ **~leitendes**
CCD / surface channel CCD (= charge coupled device)
‖ **~leitfähigkeit** *f* / surface conductivity ‖ **~maß** *n* /
surface measure ‖ **~messer** *m* (Kohleaufber) / surface
meter ‖ **~meßgerät** *n* / profile meter, profilometer ‖
Oberflächenmontage-Technik *f*, OMT / surface
mounting device technique, SMD technique ‖
Oberflächen·nachbehandlung *f* / surface refinement ‖
~nahe Bodenforschung (Bergb) / near-surface
exploration ‖ **~ölkühler** *m* / surface oil cooler ‖
~orientierung *f* / surface orientation ‖ **~poren** *f pl* /
apparent porosity, skin holes *pl*, pepperbox ‖
~prüfgerät *n* (Masch) / surface analyzer ‖
~rauheits-Meßgerät *n* / instrument for the
measurement of surface roughness by profile method ‖
~rauhigkeit *f*, -rauheit *f* / surface roughness ‖
~reibung *f* / skin friction o. frictional resistance,
surface friction drag ‖ **~rekombination** *f* (Halbl) /
surface recombination ‖
~-Rekombination[sgeschwindigkeit] *f* (Elektronik) /
surface recombination [velocity] ‖ **~riß** *m* /
superficial o. surface crack o. scratch ‖ **~riß**,
Faltungsriß *m* (Hütt) / road, seam ‖ **~riß** *m* (Holz) /
shallow shake and check ‖ **~riß** *m* (Plast) / craze ‖
~risse *m pl* **infolge lokaler Überhitzung** (Glas) /

crizzling ‖ **~ruhe** *f* (Spanplatten) / surface stability ‖
~schaden *m*, -beschädigung *f* / surface blemish ‖
~schäden *m pl* (Plast) / surface defects *pl* ‖ **~schicht** *f* /
surface layer
Oberflächenschießen *n* / air shooting
Oberflächen·schutz *m* / preservation of surfaces, surface
protection ‖ **~schutz** *m* (Galv) / surface protection ‖
~schutz *m* **des Holzes** / surface protection of wood ‖
~sieden *n*, örtliches Sieden / incipient boiling, surface
boiling ‖ **~spannung** *f*, Grenzflächenspannung *f* /
surface tension ‖ **~spannungsanalyse**, Stalagmometrie
f / stalagmometry ‖ **~spiegel** *m* (Opt) / surface mirror,
front surface mirror ‖ **~sprengung** *f*, Freisteinschießen
n (Steinbruch) / mudcapping ‖ **~strömung** *f* / surface
current ‖ **~struktur** *f* / superficial structure ‖
~struktur *f* (Web) / figured surface, surface structure ‖
~trockner *m* / surface dryer ‖ **~trübung** *f* (Plast) /
surface haze ‖ **~überzug** *m*, Deckenaufbringung *f* ‖
(Straßb) / surface coating o. dressing o. treatment ‖
~unebenheit *f* / asperity ‖ **~unruhe** *f*, Orangenhaut *f*
(beim Anstrich) (Spanplatten) / telegraphing [after
painting], orange peel ‖ **~verbindung** *f* (Chem) / surface
compound ‖ **~verbrennung** *f* / superficial combustion ‖
~verdunstungskollektor *m*,
Oberflächenverdampfungskollektor *m* (Sonnenwärme) /
trickling water collector ‖ **~veredelt** (Spanplatte) /
decorative ‖ **~veredelung** *f* / surface refinement ‖
~verfestigung *f* / surface bonding ‖ **~vergaser** *m* /
surface carburet[t]or ‖ **~-Vergleichsmuster** *n* (DIN
4769) / roughness comparison specimen ‖
~-Vergleichsnormal *n* / surface reference standard,
standard surface specimen ‖ **~vergütung** *f* (Opt) /
coating, lumenizing, blooming (GB) ‖ **~verschleiß** *m* /
scuffing ‖ **~vorspannung** *f* / surface prestressing ‖
~vorwärmer *m* / surface economizer ‖
~wärmeaustauscher *m* / surface heat exchanger ‖
~wasser, Tagwasser *n* / surface water ‖
~wasser-Kanalisation *f* / storm sewer system ‖
~wechselwirkung *f* (Nukl) / direct o. surface interaction
‖ **~welle** *f* (Radio) / surface wave ‖ **~wellen** *f pl* (Wasser)
/ surfaces waves *pl*, ripples *pl* ‖ **~wellen-Antenne** *f* /
surface wave antenna ‖ **~wellenfilter** *n*, OFW-Filter *n* /
surface acoustic wave filter, SAW-filter ‖ **~wellenleiter**
m, bodennaher Kanal (Elektronik) / surface duct ‖
~wellenvorrichtung *f* (Akust) / surface acoustic wave
device
Oberflächen-Welligkeitsschreiber *m* / wavegraph
Oberflächen·widerstand *m* (Elektr) / surface resistance ‖
~wirkung *f*, Einwirkung *f* auf die Oberfläche /
influence on the surface ‖ **~wirkung** *f*, Wirkung *f* der
Oberfläche / surface action ‖ **~wölbung** *f* / top camber
‖ **~zähigkeit** *f* / surface tenacity ‖ **~zeichen** *n*,
Bearbeitungszeichen *n* / surface finish indication o.
marking ‖ **~zerrüttung** *f* (Verschleiß) / surface ruin ‖
~zustand *m* / surface finish o. quality
oberflächlich, Oberflächen... / superficial, on the surface
‖ **~** (Wurmgang) / shallow ‖ **~e Ader** (Bergb) / superficial
seam
Ober·flansch *m* (Stahlbau) s. Obergurt ‖
~fleckenstiftmaschine *f* (Schuhfabrik) / slugging
maschine ‖ **~flottenjigger** *m* (Textil) / ordinary jig, open
o. surface jig ‖ **~form** *f* (Gieß) / top flask ‖ **~fräse** *f*
(Holzbearb) / recessing and shaping machine, top spindle
moulder, routing machine ‖ **~fräser** *m* (Holzbearb) /
surface milling cutter ‖ **~funktion** *f* (Math) / time
function ‖ **~gärig** (Brau) / produced by surface o. top o.
high fermentation, fermented from top ‖ **~gäriges Bier**
/ top fermentation beer ‖ **~gärung** *f* (Brau) / top o.
surface o. high fermentation ‖ **~gautsche** *f* (Pap) / lump
breaker [roll] ‖ **~geschoß** *n* / upper floor o. story ‖
~gesenk *n* (Kaltformen) / hob ‖ **~gesenk** *n* (Schm) / upper
die o. swage ‖ **~gestell** *n* (Hütt) / upper part of the hearth
‖ **~graben** *m* (Wasserkraft) / leat, upper channel ‖
~gruppe *f* (Math) / class of classes, larger class ‖ **~gurt**

733

m (Stahlbau) / upper o. top boom (GB) o. chord (US) o. flange ‖ **⁀gurt** m (Bandförderer) / carrying run of a conveyor ‖ **⁀gurtplatte** f (am Kiel) (Schiff) / rider plate ‖ **⁀gurtstab** m (Stahlbau) / upper boom (GB) o. chord (US) member ‖ **⁀haar** n (Wolle) / bristly wool, kemp ‖ **~halb**, obenliegend / above ‖ **~halb** (in Flußrichtung) / upstream ‖ **⁀haupt** n (Schleuse) / upper chamber lock ‖ **⁀haut**, Epidermis f (Leder) / epidermis, scarfskin, cuticle ‖ **⁀hefe** f / top [fermentation o. fermenting] yeast, high fermentation yeast, top barm ‖ **⁀hieb** m, Kreuzhieb m (Feilh) / second course, up-cut ‖ **⁀hitze** f, -feuer n (Hütt) / upper heat ‖ **⁀ingenieur** m / chief engineer, engineer-in-chief
oberirdisch / aerial, overground, overhead ‖ **~e Explosion** (Nukl) / surface explosion, above-ground explosion ‖ **~es Kabel** (Fernm) / aerial o. air cable, overhead cable ‖ **~e Leitung** (Elektr) / overhead line ‖ **~e Stromzuführung** / overhead current supply
Ober·kanal m (Wasserbau) / leat, upper channel ‖ **⁀kante** f / top o. upper edge o. surface ‖ **⁀kasten** m (Gieß) / top flask o. box of a mould, cope ‖ **⁀kessel** m / upper boiler ‖ **⁀kessel** m, Dampftrommel f / steam drum ‖ **⁀kette**, Samtkette f (Web) / pile [warp], nap [warp], face warp ‖ **⁀kettfäden** m pl (Web) / face warp threads pl ‖ **⁀kiel** m (Schiff) / main o. upper keel ‖ **⁀kolben** m (Sintern) / upper ram ‖ **⁀kolbenpresse** f (Plast) / downstroke press ‖ **⁀korb** m (Bergb) / upper part of the cage ‖ **⁀kreide** f (Geol) / Upper Cretaceous [stage] (Europe), Cretacic (USA) ‖ **⁀krume** f (Landw) / upper top soil, A-horizon ‖ **⁀lage** f, Decklage f / top ply ‖ **⁀lager** n (Stein) / upper cleaving grain ‖ **⁀länge** f **des Buchstabens** (Buch) / ascender ‖ **⁀lastig** / top-heavy ‖ **⁀lauf** m (Fluß) / upper course op. reaches pl ‖ **⁀läufermühle** f (Zerkleinerung) / upper runner mill ‖ **⁀leder** n / shaft o. upper leather ‖ **⁀leder**, Blatt n / vamp ‖ **⁀leitung** f, Fahrleitung f / contact o. overhead line, aerial [contact] line
Oberleitungs·aufhängung f / contact wire [catenary] suspension ‖ **⁀draht** m / contact wire, overhead o. aerial wire ‖ **⁀draht** m (für Rollenstromabnehmer) / trolley wire ‖ **⁀kreuzung** f (Bahn, Fahrleitung) / overhead crossing ‖ **⁀mast** m (Bahn) / overhead line mast ‖ **⁀mast** m **mit Ausleger** (Bahn) / bracket pole ‖ **⁀omnibus**, Obus m / [trackless] trolley bus ‖ **⁀spanner** m / trolley wire compensator, wire-tensioning device ‖ **⁀system** n (Bahn) / overhead contact system ‖ **unteres ⁀tragseil** / lower catenary suspension wire ‖ **[oberes] ⁀tragseil** / main catenary suspension wire ‖ **⁀weiche** f / overhead o. trolley frog
Ober·licht n (Bau) / borrowed o. indirect light ‖ **⁀licht**, Skylight m (Schiff) / skylight ‖ **⁀licht** (halbkreisförmig, senkrecht) / fanlight ‖ **⁀lichtaufbau** m (Bahn) / clerestory ‖ **⁀kippbares ⁀lichtfenster** / tilting fanlight ‖ **⁀lichtöffner** m / skylight o. fanlight opener ‖ **⁀lichtpfette** f / skylight purlin ‖ **⁀litze** f (Web) / sleeper ‖ **⁀menge** f (Math) / set including subsets ‖ **⁀messer** n / top cutter, upper knife o. blade ‖ **⁀messerhalter** m (Wzm) / upper blade (o. knife) holder ‖ **⁀monteur** m / chief erecting engineer, chief erector o. fitter ‖ **⁀nähfuß** m (Nähm) / pressure bar ‖ **⁀pegel** m / upstream gauge ‖ **⁀platte** f (Uhr) / 3/4 plate ‖ **⁀programm** n (DV) / executive [routine] ‖ **⁀putz** m (Bau) / final coat ‖ **⁀rand** m (Wirkm) / welt ‖ **⁀randverstärkung** f (Wirkm) / welt splicing ‖ **⁀riegel** m (Hydr) / top cross piece ‖ **⁀riemchen** n (Spinn) / top apron ‖ **⁀riemchenkäfig** m **des Streckwerks** (Textil) / cradle ‖ **⁀rohr** n (Fahrrad) / top tube, crossbar ‖ **⁀schacht** m **des Hochofens** / upper chamber o. shaft of the blast furnace ‖ **~schalig** (Waage) / top-pan… ‖ **⁀schenkel** m, oberer Rahmen (Tür) / top rail ‖ **⁀schenkelschutz** m / thigh extension rubber ‖ **⁀schicht** f / surface, upper layer ‖ **⁀schiff** n, totes Werk (Schiff) / dead o. upper works pl, top-hamper ‖ **~schlächtig** (Wassb) / overshot ‖ **~schlächtiger Farbkasten**, Filmfarbwerk m (Buch) / overshot ink duct, overshot ink

fountain ‖ **⁀schlag** m (Web) / overpick, upper pick ‖ **⁀schlagwebmaschine** f / overpick loom ‖ **⁀schlinge** f (Textil) / upper loop ‖ **⁀schlitten** m (Dreh) / cross o. top slide ‖ **⁀schuß** m (Web) / face weft ‖ **⁀schwelle** f, Deckschwelle f (Hydr) / coping, head beam, runner ‖ **⁀schwelle** f, -balken m (Zimm) / cross-top, cap piece ‖ **⁀schwingung** f / harmonic oscillation ‖ **⁀schwingungsanteil** m (Elektr) / harmonic content ‖ **⁀schwingungsfrequenz** f / harmonic frequency ‖ **⁀schwingungsgehalt** m (Akust) / relative harmonic content ‖ **⁀schwingungsgehalt** m, Klirrfaktor m (Phys) / total harmonic distortion ‖ **⁀schwingungsgehaltmessung** f / harmonic test ‖ **⁀schwingungsgenerator** m / harmonic generator ‖ **⁀schwingungsmeßgerät** n / harmonic distortion meter ‖ **⁀schwingungsquarz** m / overtone crystal ‖ **⁀seil** n (Bergb) / upper rope ‖ **⁀seilapparat** m (Seilb) / overtype coupler ‖ **⁀seilbetrieb** m (Seilb) / upper rope traction ‖ **⁀seite** f / top surface, upper side ‖ **⁀seite** f, -fläche f, Rücken m / upper surface ‖ **⁀seite** f (Tuch) / face, right side ‖ **⁀seite** f (Pap) / top side, felt side ‖ **⁀seite** f **des Filzes** (Pap) / top side of felt ‖ **⁀seite** f **des Schlauchs** / crown of a tire tube ‖ **⁀spannung** f (Elektronik) / higher harmonic voltage ‖ **⁀spannung** f (Trafo) / primary voltage ‖ **⁀spannung** f (Mech) / maximum stress ‖ **⁀spannung** f **der Dauerfestigkeit** / maximum stress limit ‖ **⁀spannungsdurchführung** f (Trafo) / high-voltage bushing ‖ **⁀spannungsseite** f (Elektr) / primary ‖ **⁀spannungsstrom** m (Elektr) / high-voltage current
oberst·er Gang (Kfz) / top gear ‖ **~er Luftraum** / upper upper airspace ‖ **~e Schicht** (Straßb, Bau) / topping ‖ **~es Stockwerk** / top floor ‖ **~er Teil**, Spitze f / topping
ober·ständig (Elektr, Anker) / overtype ‖ **⁀steiger** m (Bergb) / assistant underground undermanager (GB) o. foreman (US), mine captain ‖ **⁀stempel** m (Stanz) / punch, punching die, counter-die ‖ **⁀stempel** m (Plast) / top force o. ram ‖ **⁀stempel** m (Sintern) / upper punch ‖ **⁀stempel** m (Bergb) / upper pit prop member ‖ **⁀stempel** m (Presse) / upper punch ‖ **⁀stoß** m (Bergb) / upper bank ‖ **⁀strichleistung** f (Sender) / peak power ‖ **~stromig**, oberhalb / upstream ‖ **~stromiger Flußlauf** / upper water course ‖ **⁀stufe** f / upper o. top stage ‖ **⁀stufe** f **des Raumgleiters** / orbiter ‖ **⁀teil** m n / upper part ‖ **⁀teil** m n, -seite f / upper side ‖ **⁀teil** m n (Schuh) / closed uppers pl ‖ **⁀teil** m n, Kopf m (z. B. eines Zahns) (Masch) / crest, top ‖ **⁀teil** m n **des Zylinders** / upper part of the cylinder ‖ **⁀ton** m (Akustik) / overtone, upper harmonic ‖ **⁀ton** m (der dominierende Ton) / overtone sound ‖ **⁀tonquarz** m (Elektronik) / overtone crystal, harmonic mode crystal ‖ **⁀tor** n (Kanalschleuse) / crown gate ‖ **⁀trichter**, Doppeltrichter m (Buch) / balloon former ‖ **⁀trum** m n (Förderband) / carrying run ‖ **⁀tuch** n, -ware f (Textil) / top cloth ‖ **⁀tuch** n, -filz m (Pap) / overfelt, pick-up o. top felt ‖ **⁀- und Unterschicht** f (Landw) / upper-and under-soil ‖ **⁀- und Unterstempel** m / top and bottom ram ‖ **⁀- und Unterwalze** (für Streckwerke) f (Textil) / drafting roller ‖ **⁀wagen** m (Bagger) / revolving superstructure ‖ **⁀wagenlaterne**, Schlußlaterne f (Bahn) / tail lamp, taillight ‖ **⁀wagenscheibe** f, Zugschlußsignal n (Bahn) / tail disk ‖ **⁀walze** f (Walzw, Spinn) / top o. upper roll[er], pressure roller ‖ **⁀walzenhalter** m (Ringzwirnm) / top drafting roller guide ‖ **⁀wange** f / top clamping bar ‖ **⁀wasser** n (Wassb) / upstream water, head water ‖ **⁀wasser** n, Stauwasser n / top water ‖ **⁀wasser** n (Schleuse) / head bay ‖ **⁀wasser** n (Aufber) / flush water, top water ‖ **⁀wasserjigger** m (Färb) / open jig ‖ **⁀wasserspiegel** m, O.W.Sp / upstream level, upper water level ‖ **⁀welle** f / [upper] harmonic wave
Oberwellen·analysator m (Akustik) / harmonic analyzer ‖ **⁀antenne** f / harmonic antenna ‖ **⁀anzeiger** m / harmonic marker ‖ **⁀drossel** f / choking coil for higher harmonics ‖ **~erregt** / harmonically excited o. driven ‖ **~erregte Antenne** / harmonic antenna ‖ **⁀erregung** f /

harmonic excitation o. drive ‖ ⤙**filter** *m n*, -sieb *n*,
-sperrkreis *m* / harmonic suppressor o. filter o. trap ‖
⤙**freiheit** *f* (Elektr) / absence of harmonic waves ‖
⤙**frequenz** *f* / harmonic frequency ‖ ⤙**gehalt** *m* (Elektr) /
harmonic content ‖ ⤙**-Ordnungszahl** *f* / harmonic
number ‖ ⤙**quarz** *m* s. Obertonquarz ‖ ⤙**-Quarzoszillator**
m / crystal harmonic oscillator ‖ ⤙**resonanz** *f* /
sympathetic resonance ‖ ⤙**selektivruf** *m* (Fernm) /
harmonic selective ringing o. signalling ‖ ⤙**spannung** *f*
/ harmonic voltage ‖ ⤙**störung** *f* / harmonic interference
Ober·werk, -schiff *n*, totes Werk (Schiff) / dead o. upper
works *pl*, top-hamper ‖ ⤙**werksbau** *m* (Bergb) / rise
workings *pl* ‖ ⤙**wind** *m* (Feuerung) / overfire air ‖ ⤙**wind**
m (Hütt) / downjet ‖ ⤙**windfrischen** *n* (Hütt) / top
blowing ‖ ⤙**wolle** *f* / prime locks *pl*, best quality wool ‖
⤙**wolle**, Rückenwolle *f* / back o. spine wool ‖ ⤙**zange** *f*
(Textil) / nipper knife ‖ ⤙**zentren-Bildung** *f*,
Conurbation *f* / conurbation ‖ ⤙**zentrum** *n*,
Ballungszone *f* / area of concentration ‖ ⤙**zugleitung** *f*
(Bahn) / district control office
Objekt *n*, Gegenstand *m* / object ‖ ⤙ (DV) / object ‖ ⤙
(Opt) / subject (US), work piece ‖ ⤙**im Raum** / body in
space ‖ ⤙**antastung** *f* (Feinmeß) / object positioning ‖
⤙**erkennung** *f* (Roboter) / form and positive recognition
‖ ⤙**feld** *n* / object field ‖ ⤙**feldbeleuchtung** *f*, Phot /
field illumination
objektiver Geräuschmesser / objective noise meter ‖ ~**e**
Messung / objective measurement
Objektiv *n* (Opt) / lens, objective ‖ ⤙ **mit veränderlicher**
Brennweite / variable focus lens, zoom lens ‖
⤙**abstand** *m* / distance between the objectives ‖
⤙**brennpunkt** *m* / focus of the objective ‖ **hinterer**
⤙**brennpunkt** / image o. back focus, second focal point
‖ **vorderer** ⤙**brennpunkt** / object o. front focus, first
focal point ‖ ⤙**brücke** *f* (Mikrosk) / objective carrier
module ‖ ⤙**deckel** *m* / lens cap ‖ ⤙**diopter** *m* / lens
diopter ‖ ⤙**fassung** *f* / objective mount, lens mount o.
barrel ‖ ⤙**[glas]** *n* (Opt) / objective, object-glass
objektivieren / objectify, -ivate
Objektiv·kopf *m* **am Fernrohr** / telescope head ‖ ⤙**linse** *f*
/ objective lens ‖ ⤙**mikrometer** *n* / micrometer
objective ‖ ⤙**mikrometer** *n*, Heliometer *n* / heliometer
‖ ⤙**öffnung** *f* (Phot) / lens aperture o. opening, aperture
of the objective ‖ ⤙**revolver** *m* (Mikrosk) / lens turret ‖
⤙**revolver** *m* (drehbarer Objektivwechsler) (Phot) /
revolving objective changer ‖ ⤙**ring** *m* / lens o.
focussing ring o. adapter ‖ ⤙**standarte** *f* (Phot) / lens
panel o. standard ‖ ⤙**träger** *m* (Opt) / base board ‖
⤙**tubus** *m* / lens barrel ‖ ⤙**vorsatzlinse** *f* / front lens
working as an objective
Objekt·koordinaten *f pl* / object coordinates *pl* ‖
⤙**messung** *f* (Opt) / reflected-light measurement ‖
⤙**mikrometer** *n* / stage micrometer ‖ ~**orientiertes**
Management (DV) / object management ‖ ⤙**programm**
n, Maschinencodeprogramm *n* / object [language]
program ‖ ⤙**programm-Kartensatz** *m* (DV) / object
deck ‖ ⤙**punkt**, Dingpunkt *m* (Opt) / object point ‖
⤙**schleuse** *f* (Mikrosk) / object gate o. sluice, specimen
lock ‖ ⤙**schutz** *m* (Nukl) / physical protection ‖
⤙**sicherungssystem** *n* (Nukl) / access control system ‖
⤙**sprache** *f* (DV) / object language ‖ ⤙**strahl** *m*,
Gegenstandsstrahl *m* (Laser) / object ray ‖ ⤙**tisch** *m* /
microscope stage, specimen stage ‖ ⤙**tisch** *m* (Opt) /
specimen stage ‖ ⤙**träger** *m* (Opt) / glass o. object
holder o. slide, microscope slide, specimen slide ‖
⤙**trägerkultur** *f* (Opt) / slide culture ‖ ⤙**umfang** *m*
(Phot) / contrast range o. brightness range of object ‖
⤙**umfang** *m* (Phot) / brightness range of object ‖ ⤙**welle**
f / object wave
öbL (Fernm) = öffentlicher beweglicher Landfunkdienst
obligatorisch / compulsory
Obliteration *f* (Porenverstopfung) (Lager) / obliteration
OBM-Verfahren *n* (Oxygen, Boden, Maxhütte),
bodenblasendes Sauerstoffverfahren (Hütt) / Q-BOP

process (quiet basic oxygen process), OBM-process
(oxygen bottom blowing)
Obo-Carrier *m*, Erz-Massengut-Öl-Frachtschiff *n* (Schiff)
/ OBO-carrier, ore-bulk-oil-carrier
Oboe-System *n* (ein veraltetes Entfernungsmeßsystem)
(Radar) / oboe
Observable *f* (Nukl) / observable
Observatorium *n*, Sternwarte *f* / observatory,
astronomical station
Observer-Estimator *m* (Regeln) / observer-estimator
Obsidian *m*, [schwarze] Glaslava / obsidian, vitreous lava
‖ ⤙**it** *m* (Geol) / obsidianite
Obsoleszenz, planmäßige o. geplante ⤙ (Masch) / planned
obsolescence (US)
Obst·[an]baugebiet *n* / fruit farming region ‖ ⤙**bau** *m*,
Obstbaumkultur *f* / fruit farming, pomiculture ‖
⤙**bauer**, -züchter *m* / fruit farmer, fruiter ‖ ⤙**baugebiet**
n / fruit farming region ‖ ⤙**bauminiermotte**,
Cemiostoma scitella *f* / pear leaf blister moth ‖
⤙**baumspinnmilbe** *f*, rote Spinne / fruit tree red spider
mite, metatranychus ulmi, paratranychus pilosus ‖
⤙**baumspritze** *f* / orchard sprayer ‖ ⤙**bauschlepper** *m* /
orchard tractor ‖ ⤙**garten** *m*, -plantage *f* / orchard, fruit
farm o. grove ‖ ⤙**horde** *f*, -kratte *f* / fruit basket,
hamper ‖ ⤙**konserven** *f pl* / preserved o. tinned o.
canned *pl* (US) fruits ‖ ⤙**korbheftmaschine** *f* / basket
stapling machine ‖ ⤙**made** *f* / codling moth, carpocapsa
pomonella ‖ ⤙**mühle** *f* / fruit crusher ‖ ⤙**pflanzung**,
-plantage *f* / fruit grove, fruit farm ‖ ⤙**schädling** *m* /
fruit pest ‖ ⤙**schale** *f* (Kühlschrank) / fruit drawer ‖
⤙**schiff** *n* / fruiter
Obturateur, Dichtungskragen *m* (Mil) / obturator ring, gas
ring (US)
Obus, Oberleitungsomnibus *m* / [trackless] trolley bus
Ochsen·auge *n*, Rundfenster *n* (Bau) / oculus ‖ ⤙**wurzel**,
Alkannawurzel *f* / dyer's alkanet o. gromwell
Öchslegrad *m* / degree Öchsle
Ocker *m n*, -farbe *f* / ochre, ocher (US) ‖ **gelber [roter,**
brauner] ⤙ / yellow ochre ‖ ~**farben**, gelbbraun,
braungelb / ochery, ochre-coloured, ochr[ac]eous ‖
~**haltig**, -artig, -farbig / ochreous, ocherous (US),
ochry ‖ ⤙**schlämmerei** *f* / ochre washing
ockrig·er Brauneisenstein (Min) / iron ochre ‖ ~**er**
Roteisenstein, Rötel *m* (Min) / raddle
OCP-Verfahren *n* (= oxygène-chaux-pulvérisé) (Hütt) /
OLP process (= oxygen-lime-powder)
OCR, optische Zeichenerkennung (DV) / OCR, optical
character recognition
OCR-Druck *m* / OCR print
OCR·-Drucker *m* (DV) / OCR-printer ‖ ⤙**-Farbband** /
OCR ink ribbon
OCT = Office central pour les Transports Internationaux par
Chemin de fer
Octan s. Oktan
Octanal *n*, Octyl-, Caprylaldehyd *m* / octanal
Octanol *n* (Chem) / octanol
Octyl·alkohol *m*, Octanol-l *n* / octyl alcohol ‖ ⤙**amin** *n*
(Chem) / octyl amine ‖ ⤙**phenol** *n* (Chem) / octyl phenol
ODER (DV) / OR ‖ ⤙**-Glied** *n*, exklusives ODER /
exclusive OR element o. gate ‖ ⤙**-Glied** *n*, inklusives
ODER / [inclusive] OR element o. gate ‖
⤙**-NICHT-Schaltung**, NOR-Schaltung *f* (Elektronik) /
NOR circuit ‖ ⤙**-Operation** *f* (boolesche Algebra) / cross,
+ ‖ ⤙**-Schaltung** *f* (DV) / OR-circuit, buffer ‖
⤙**-Verknüpfung** *f*, inclusives ODER / logical addition
o. sum, logical add ‖ ⤙**-Zeichen** *n* / OR-operator
Ödland *n* / unfertile soil, waste land
Ödometer *n* (Boden) / oedometer
Odorans *n*, Odor[is]ierungsmittel *n* / odorant
Odoriermittel *n* / odorizer
odoriphore Gruppe (Chem) / odoriphore, osmophore,
aromatiphore
O-Elektron *n* / O-electron

OEM·, auf ⊰-Basis (OEM = Orig. Equipm. Manuf.) / on OEM base ‖ **⊰-Kunde** m / OEM customer ‖ **⊰-Lieferungen,** Fabriklieferungen f pl / OEM deliveries pl ‖ **⊰-Teile** n pl / OEM components pl

Oenometer n, Weinwaage f / vinometer

Oersted n (veraltet), Oe n (Phys) / oersted, Oe

Oerstit n (Magnetwerkst.) / œrstite

OE-Spinnen n / open-end o. break spinning

OE-Spinnmaschine f, Open-End-Spinnmaschine f / open-end spinning machine

OFC-Verfahren n (Erdgasverflüssigung) / one-flow-cycle o. OFC-process

Ofen m (Glas) / furnace, kiln, oven, calcar ‖ ⊰, Zimmerofen m (Bau) / stove n ‖ ⊰ (Industrie) / fire chamber of furnace, furnace, kiln ‖ ⊰ (Keram) / oven ‖ ⊰ **für Einzelbeschickung** / intermittent kiln ‖ **⊰ für satzweisen Einsatz** / in-and-out furnace ‖ **⊰ mit aufsteigender Flamme** / up-draught kiln ‖ **⊰ mit doppelter Gasführung** (Zement) / double pass kiln ‖ ⊰ **mit Einrichtungsdurchlauf** / single-pass oven ‖ ⊰ **mit überschlagender Flamme** / down-draught kiln ‖ ⊰ **mit wanderndem Feuer** (Keram) / moving-fire kiln ‖ **elektrischer** ⊰ / electric furnace ‖ **⊰abgänge** m pl (Hütt) / effluent, emission ‖ **⊰abkühlung f,** -erkältung f (Gieß) / furnace cooling ‖ **⊰alter** n / age of the furnace ‖ **⊰alterung** f / furnace ag[e]ing ‖ **⊰ansatz** m / scar ‖ **⊰arbeiter** m / furnace o. oven man ‖ **⊰arbeiter** m pl, -mannschaft f / furnace crew ‖ **⊰atmosphäre f,** Schutzatmosphäre f / protective furnace gas ‖ **⊰ausfütterung,** Futtermauer f (Hütt) / countermure ‖ **⊰ausmauerung** f (Hütt) / brick lining of a furnace, refractories pl ‖ **⊰bank** f / bench of gas furnaces ‖ **⊰betrieb** m / furnace o. kiln operation o. practice o. working ‖ **⊰block** m (Koksofen) / oven block ‖ **⊰bruch** m (Feuerfest) / waster ‖ **metallischer ⊰bruch** (Hütt) / metallic soot, tutty ‖ **⊰bühne** f (Hütt) / top platform ‖ **⊰durchsatz** m / throughput of a furnace ‖ **⊰form,** Windform f (Hütt) / mouth o. opening o. orifice of the tuyere, [blast] tuyere ‖ **⊰führung** f / operation of a furnace ‖ **⊰futter** n, Ausmauerung f, Futtermauer f (Hütt) / lining [of a furnace] ‖ **saures ⊰futter** (mit hohem SiO₂-Gehalt) (Hütt) / acid refractory ‖ **⊰galmei** m / zinc mush ‖ **⊰gang,** -betrieb m / furnace operation o. practice o. working ‖ **⊰gang** m, Absinken n (Hütt) / descent of charge ‖ **⊰gefäß** n (Hütt) / furnace vessel o. casing o. shell ‖ **⊰gerüst** n (Hütt) / blast furnace frame[work] ‖ **⊰gestell** n / furnace body ‖ **~getrocknet** / kiln-dried ‖ **~getrocknet** (Sand) / baked ‖ **⊰gewölbe** n / furnace vault ‖ **⊰halle** f / furnace house ‖ **~hartlöten** / furnace-braze ‖ **⊰haus** n (Gasf) / retort house ‖ **⊰heizung** f (Bau) / stove heating ‖ **⊰inbetriebsetzung** f / putting into operation o. practice ‖ **⊰kachel,** Kachel f / [stove] tile, Dutch tile ‖ **⊰kegel** m (Hochofen) / upper shell ‖ **⊰klappe** f / register, damper ‖ **⊰kopf** m (Hochofen) / furnace end, port block o. end ‖ **⊰kopf** m **des Drehrohrofens** (Keram) / kiln hood ‖ **⊰lack** m / baking o. stove enamel ‖ **⊰lehm** m (Keram) / oven o. furnace lute o. clay ‖ **⊰loch,** Stichloch n, -öffnung f (Hütt) / tap hole, mouth of a furnace ‖ **⊰loch** n (Trockner) / kiln-hole ‖ **~löten** / sweat, furnace-braze ‖ **⊰löten** n / furnace brazing, sweating ‖ **⊰mannschaft f,** -arbeiter m pl / furnace crew ‖ **⊰mantel** m (Hütt) / furnace shell ‖ **⊰massiv** n / body of a furnace ‖ **⊰mauer** f, -wand f (Hütt) / oven wall ‖ **⊰mauerung** f / furnace masonry ‖ **⊰mund** m (Glasofen) / neck [of the kiln] pl ‖ **⊰nutzungszeit** f / furnace hours worked pl ‖ **⊰öffnung** f, -mund m / opening of the kiln ‖ **⊰panzerung** f / furnace shell ‖ **⊰reise** f (Hütt) / furnace campaign ‖ **⊰rohr** n / stove pipe ‖ **⊰rollgang** m (Walzw) / furnace feed table ‖ **⊰ruß** m / furnace black ‖ **⊰sau** f (Hütt) / furnace pig o. bear o. sow, salamander ‖ **⊰schacht** m / furnace shaft ‖ **⊰schlacke** f (Betonzuschlag) / furnace clinker ‖ **⊰schließer** m, -schließstein m (Hütt) / lid, stopper ‖ **⊰schwärze** f / powdered black-lead ‖ **⊰setzer**

m / stove fitter o. maker o. setter ‖ **⊰sohle** f / furnace bottom ‖ **⊰sohle** f (Keram) / kiln floor o. hurdle ‖ **⊰stein** m / furnace brick ‖ **⊰stillstand** m (Hütt) / furnace shutdown ‖ **⊰stock** m / ground wall ‖ **⊰stütze** f (Keram) / setter ‖ **~trocken,** -getrocknet / oven-dried o. dry ‖ **~trocken,** otro (Pap) / oven-dry ‖ **⊰trocknung** f / oven drying ‖ **⊰trocknung** f (Farbe) / stoving, baking ‖ **⊰trocknung** f (unter 82⁰C) (Farbe) / force drying ‖ **⊰tür** f / fire door o. hole, feed door, stoke hole ‖ **⊰tür** f / wicket ‖ **⊰warte** f / furnace control station ‖ **⊰zarge** f (Elektrolyseofen) / lined steel box ‖ **⊰ziegel** m, feuerfester Stein / kiln-brick ‖ **⊰zug** m / furnace draught o. draft ‖ **⊰zunder** m / furnace scale ‖ **⊰zustellung** f (Hütt) / preparation of a furnace

offen / open ‖ ~, herstellerneutral (Datennetz) / open for all ‖ ~, unverschlossen / unsealed ‖ ~, unverpackt, lose / loose ‖ ~ (Feuer) / naked ‖ ~, ungeschützt (Elektr, Mot) / open ‖ ~, ohne Verdeck (Kfz) / open-top ‖ ~ (Kabelschuh) / forked ‖ ~ (Ring) / broken (ring) ‖ ~ (Strecke) (Bergb) / open (gallery) ‖ ~, unverschlüsselt / clear, not coded ‖ ~ (radioakt. Stoff) / unsealed ‖ ~ (Abkochapparat, Web) / in an open pan o. vat ‖ **~e Abbaugrube** / dig-down pit ‖ **~es Abkochen** (in offenem Gefäß) (Färb) / open boil ‖ **~e [Anker]wicklung** (Elektr) / open coil winding ‖ **~e Bauart** / open type ‖ **~e Baugrube** / approach trench, open trench ‖ **~es Betanken** (Luftf) / open line refuelling ‖ **~er Betrieb** (ohne Gewerkschaftszwang) (F.Org) / open shop ‖ **~e Blechschere,** Ausladungsblechschere f / open-gap plate shears pl ‖ **~er Bleichapparat** / open bleaching machine ‖ **~er Brand** / blazing fire ‖ **~er Brennstoffkreislauf** (Nukl) / once-through fuel cycle ‖ **~er Bund** (Walzw) / open coil ‖ **~er Container,** öffnender Container / open, [opening] wall freight container ‖ **~e Dampfvulkanisation** (Gummi) / heater cure ‖ **~e Decklagenfuge** (Sperrholz) / separated joint ‖ **~er Eisenkern** (Trafo) / open core ‖ **~er Elektromotor** / open [type] motor ‖ **~es Feuer** / direct fire, open fire o. flame ‖ **~e Form,** Herdform f / open mould ‖ **~e Fuge** (Sperrholz) / open joint, gap ‖ **~es Garn** / lofty yarn ‖ **~es Gaspreßschweißen** / open-square pressure gas welding ‖ **~e gerade Kette** (Chem) / straight chain ‖ **~es Gerinne** (Hydr) / open channel ‖ **~es Gesenk** / open o. plain die ‖ **~ gewebt** / loosely woven ‖ **~es Gitter** (mit unbestimmtem Potential) (Elektronik) / floating grid, free grid ‖ **~er Güterwagen,** E-Wagen m (Bahn) / open goods wagon ‖ **~er Güterwagen,** Plattformwagen m (Bahn) / truck (GB), open railroad [freight] car (US), gondola car (US), platform car o. wagon ‖ **~e Harzgalle** (Sperrholz) / one-sided pitch pocket ‖ **~er Heißwasserbereiter** / open-outlet water heater ‖ **~er hochbordiger Güterwagen,** O-Wagen m (Bahn) / high-sided open wagen ‖ **~e Innenlagenfuge** (Sperrholz) / hidden core gap ‖ **~es Kaliber** (Walzw) / open pass o. groove ‖ **~er Kanal** (DV) / public channel ‖ **~es Kapillarwasser** / open capillary moisture o. water ‖ **~e Karosserie** / open body ‖ **~er Kastenaufbau** (Kfz) / pick-up body ‖ **~er Kastenträger,** Trogträger m (Stahlbau) / open-box girder ‖ **~e Kokille** / open-top mould ‖ **~e Kommunikation,** Kommunikation f offener Systeme, OSI / open systems interconnection, OSI ‖ **~er Kreislauf** / open cycle, open circuit ‖ **~er Kühlkreis** / open circuit cooling ‖ **~e Kupplung** (Seil) / tapered open socket ‖ **~er Lagerschild** (Elektr) / end bracket ‖ **~es Land** (o. Meer) / open, the open ‖ **~e Leitung** (Elektr, Fernm) / open wire o. circuit ‖ **~es Lichtbogenschweißen** / unshielded arc welding ‖ **~e Masche** / open loop ‖ **~es Meer,** open sea o. high sea ‖ **~es Meer,** hohe See / high sea ‖ **~e Meßstrecke** (Luftf) / open working section ‖ **~es Netzwerk** (Elektr) / unconnected network ‖ **~er Polygonzug** (Verm) / open traverse ‖ **~e Porosität** / open porosity ‖ **~e Präzisionskreuzwicklung** (Textil) / open precision cross winding ‖ **~er radioaktiver Stoff** / unsealed source ‖ **~er Regelkreis o. Wirkungskreis** /

open loop ‖ ~er Regenwasserablauf / spoon drain (Australia) ‖ ~er Revolver[kopf] (Wzm) / hollow turret ‖ ~er Riß (Sperrholz) / open split ‖ ~er Sack (Pap) / open-mouthed sack ‖ ~es Schiff / open ship (with large hatches) ‖ ~er Schuppen / open shed ‖ ~e Seite (Furnier) / loose o. slack side ‖ ~er Seitenspeiser (Gieß) / open-top side feeder ‖ ~e Sicherung / open fuse ‖ ~e Spannung (Elektr) / voltage at no-load condition, at open circuit ‖ ~er Speiser (Gieß) / open riser o. feeder ‖ ~e Spule (Elektr) / open-ended coil ‖ ~e Stelle / blank, gap ‖ ~er Sternhaufen (Astr) / open cluster ‖ ~er Strahl (Flüssigkeit) / open jet ‖ ~er Stromkreis / open circuit ‖ ~es System (DV) / open system ‖ ~e Tribüne (Stadion) / bleachers pl (US), open grandstand ‖ ~es Unterprogramm / in-line o. open subroutine ‖ ~e Verbrennungskammer (Mot) / open combustion chamber ‖ ~es Vereisungsnetz (Luftf) / gapped-type iceguard ‖ ~er Verstärker (Analogrechner) / high-gain amplifier ‖ ~e Verteilung (Fernm) / radial distribution ‖ ~er Wagen (Kfz) / open car ‖ ~er Wagen (Bahn) s. offener Güterwagen ‖ ~es Wasser im Treibeis / lead o. channel between ice floes ‖ ~e Wegerung / open ceiling, sparred ceiling ‖ ~e Wicklung / open-circuit winding, open winding ‖ ~e wiederaufladbare Nickel-Cadmium-Zelle / open nickel-cadmium prismatic rechargeable cell ‖ ~er Windkanal (ohne Rückführung) / open[-jet] wind tunnel, nonreturn flow wind tunnel ‖ ~er Wirkungsweg (NC) / open loop ‖ ~e Zeichenreihe (DV) / open string

offenbar (Irrtum) / plain

offenbaren / manifest v, disclose

Offen·blendenmessung f (Phot) / full-aperture metering ‖ ⌐end-Egoutteur m (Pap) / open-end dandy ‖ ⌐-End-Spinnen n / open-end o. break spinning

Offene-Posten-Buchführung f / open account bookkeeping

Offen·fach... (Web) / open-shed... ‖ ~gelegt, unterwaschen / bared, laid bare ‖ ~gelegt (Patent) / laid open to public inspection ‖ ~legen, unterwaschen / bare vt ‖ ⌐legung f (Patent) / laying open to public inspection ‖ ~liegender Wulstdraht / exposed bead wire ‖ ~-prozeßgekoppelter Betrieb / open loop system ‖ ~sichtlich, augenscheinlich / obvious ‖ ~stehen / be ajar ‖ ⌐stellung f, Aus-Stellung f / off-position

öffentlich / public ‖ ~e Ausschreibung / invitation to tender, call for tenders ‖ ~e Bauten pl / public works pl ‖ ~es Bauvorhaben / public building scheme ‖ ~er beweglicher Landfunkdienst, öbL / land mobile [telephone] service, en-route communication ‖ ~es bewegliches Landfunknetz / public land mobile network ‖ ~es Datennetz / public data network, PDN ‖ ~er Dienst / public service o. utilities pl (US) ‖ ~e Einrichtung (Bau) / utility, -ties pl ‖ ~es Gewässer / public waters pl ‖ ~es Netz / public network ‖ ~er Platz / square, place ‖ ~es Schnellverkehrsnetz / public express traffic network o. system ‖ ~e Sprechstelle, Öffentliche f (Fernm) / public call office (GB), pay station ‖ ~er Transportunternehmer / public carrier o. haulier ‖ ~er Verkehr / public communication ‖ ~e Verkehrsbetriebe m pl (Kfz) / carrier o. ~e Verkehrslinie / public communication route ‖ ~e Verkehrsmittel n pl / public transport ‖ ~e Vermittlung[sstelle] / public exchange ‖ ~e f pl Versorgungseinrichtungen / utilities pl ‖ ~e Waage / public weighing machine ‖ ~es Wählnetz / public switched network, PSN ‖ ~er Weg / public road, right of way (US) ‖ ~e Zufahrt (Straßb) / occupation road (GB) ‖ ~-rechtlich / under public law

Offen·zeit f (Phot) / duration of full aperture ‖ ~zellig / open-cell... ‖ ~zelliger Schaumstoff / open-cell cellular material ‖ ~zelliger Schaumstoff mit geschlossener Außenhaut / open-cell cellular material with closed skin

offiziell / official adj

offizinell (Pharm) / official, officinal ‖ ~es flüssiges Paraffin / liquid paraffin, medicinal oil

Offline·... (DV) / off-line ‖ ⌐-Betrieb m / offline mode o. operation ‖ ⌐-Geräte n pl / off-line equipment ‖ ⌐-Verarbeitung f / off-line operation o. processing o. working

öffnen / open ‖ ~, aufdrücken / press open ‖ ~, droussieren (Streichgarn) / open ‖ ⌐ n (Wirkwaren) / slitting open ‖ ⌐ des Seils für Prüfzwecke / opening a rope for inspection ‖ den Stromkreis ~ / open the circuit ‖ Gewebe ~ / scutch v, open out ‖ hier ~ ! / open here! ‖ sich ~ (o. spalten) / gape

Öffner m, Ruhe-, Öffnungskontakt m (Relais) / break [contact] ‖ ⌐, Hilfsöffnungskontakt m / normally closed auxiliary contact ‖ ⌐, Reißwolf m (Textil) / devil[ling machine] ‖ ⌐, Wollbrecher m (Textil) / willow, willey, willy ‖ ⌐, Kamm m (Web) / separator, ravel ‖ ⌐ mit Brückenkontakt (Relais) / double break ‖ ⌐lattentuch n (Textil) / opener lattice ‖ ⌐trommel f (Textil) / opening cylinder ‖ ⌐-vor-Schließer-Kontakt m, Umschaltkontakt m mit Unterbrechung (Relais) / break-before-make contact, non-shorting contact ‖ ⌐-Wechsel m (Relais) / break-make-break [contact] (GB), break-make before break [contact] (US) ‖ ⌐-Zwillingsschließer m (Relais) / break-make-make [contact o. relay]

Öffnung f, Mündung f, Ein-, Ausgang m / opening ‖ ⌐, Mündung, Ritze f / opening, port, mouth, orifice, outlet, gap, aperture ‖ ⌐, Schlitz m / aperture ‖ ⌐, Lücke f (Bau) / bay, recess ‖ ⌐, Lücke f / break, gap ‖ ⌐ (Schraubstock) / clamping range ‖ ⌐, Stützweite f / span ‖ ⌐ des Zirkels, Schenkelweite f / opening of the compass ‖ ⌐ eines Winkels (Math) / opening of an angle ‖ ⌐ für Ölaufnahme im Schiffsboden / moonpool (GB) ‖ ⌐ im Ofen zum Anwärmen der Pfeife (Glas) / nose-hole ‖ ⌐ in einer Mauer / void, opening ‖ ⌐ mit falzloser Leibung (Bau) / structural opening with non-rebated reveal ‖ mit ~en (o. Löchern) / apertured ‖ mit ~en [versehen] adj (Mot) / ported

Öffnungs·dauer f, -zeit f / open period ‖ ⌐dauer f der Kontakte (Kfz) / break period of contacts ‖ ⌐druck m (Atemgerät) / opening pressure ‖ ⌐druck m (Kompressor) / cutting-in pressure ‖ ⌐extrastrom m / extra-current on break

Öffnungsfläche f / opening surface

Öffnungs·funke[n] m / spark on break o. at breaking, breaking spark ‖ ⌐induktionsstrom m (Elektr) / induced current on opening ‖ ⌐kontakt m (Relais) / break ‖ ⌐lichtbogen m (Elektr) / break[-induced] arc, interruption arc ‖ ~lose Wand / blank wall ‖ ⌐strom m (Elektr) / break-induced current, current on break ‖ ⌐stromstoß m (Elektr) / break-induced impulse ‖ ⌐sunk m (Wassb) / sinking of water level due to opening of a downstream lock ‖ ⌐verhältnis n (Opt) / aperture ratio ‖ ⌐winkel m (allg) / aperture angle, beam width ‖ ⌐winkel m (Strahlenbündel) / angle of beam spread ‖ ⌐winkel m (Opt) / aperture angle, flare angle ‖ ⌐winkel m (Radar) / angle of beam, beam width ‖ ⌐winkel m (der Positionslampen) (Luftf) / dihedral angle (of navigation lights) ‖ ⌐winkel m (Spritzwerkzeug) / included o. cone angle, angle of Vee ‖ ⌐winkel m (des Scheinwerfers) / aperture (of the searchlight) ‖ ⌐winkel m (Antenne) / apex angle ‖ ⌐winkel m der Ziehdüse (Drahtz) / approach angle ‖ ⌐winkel m des Radarstrahls / angle of beam ‖ ⌐zahl f (Phot) / aperture number ‖ ⌐zeit f (Phot) / time of shutter opening

Offset·betrieb m (TV) / carrier deviation, frequency lag ‖ ⌐-Doppel-Scheibenegge f (Landw) / offset disk harrow ‖ ⌐druck m, Gummidruck m / offset [printing] ‖ ⌐drucker m (Phot) / offset printer ‖ ⌐druckform f / offset printing forme ‖ ⌐[druck]presse f / offset [printing] press ‖ ⌐-Lithographie f / offset lithography ‖ ⌐papier n / offset paper ‖ ⌐-Papiermatrize f / paper offset master ‖ ⌐platte f / offset plate ‖ ⌐presse f,

Offset

Einführpresse f (Pap) / offset o. smoothing press ‖
~rotations[druck]maschine f / rotary offset [printing]
machine, web-fed offset rotary [press] ‖ ~spannung f
(Oper. Verst) / offset voltage ‖ ~tiefverfahren n / deep-
etch offset, offset gravure ‖ ~-Tuch n (Buch) / offset
blanket ‖ ~walze f (Buch) / offset roller ‖
~-wire-Bauart f (Bau) / offset-wire design
Offshore~... / offshore... ‖ ~-Bohrung f (Tätigkeit) /
offshore drilling ‖ ~-Bohrung f / offshore oil well ‖
~-Nachschub m / offshore logistics pl ‖ ~-Öl / offshore
oil ‖ ~-Ölhafen m / offshore port ‖ ~-Terminal m (Öl)
/ deep-water terminal
OFHC-Kupfer n (= oxygen-free high conductivity
copper) / OFHC copper, oxygen-free high-conductivity
copper
OFN (Fernm) = Ortsfernsprechnetz
OH·-Form f (Chem) / hydroxide form ‖ ~-Gruppe f
(Chem) / hydroxyl group
Ohm n, Ω (Elektr) / ohm ‖ ~ pro Volt npl / ohms per volt
pl ‖ internationales ~ / Board-of-Trade ohm, B.O.T. ‖
~-cm (Einheit) / ohm-cm ‖ ~meter n / ohmmeter ‖
~meter n für kleine Widerstände (Elektr) / ducter
ohmsch, ohmisch / ohmic ‖ ~er Anteil (Elektr) / resistive
component ‖ ~e Belastung (Elektr) / resistive load ‖ ~es
Gesetz (Elektr) / Ohm's law ‖ ~es Gesetz der Akustik,
Ohm-Helmholtzsches Gesetz / Ohm's law of hearing ‖
~e Heizung / resistance heating ‖ ~e Kopplung /
resistance coupling ‖ ~er Leitwert / direct-current
conductance ‖ ~er Spannungsabfall / ohmic drop,
resistance drop, IR-drop (I = current, R = resistance) ‖
~er Spannungsteiler, R-Teiler m / resistive voltage
divider ‖ ~er Verlust / ohmic o. resistance loss ‖ ~er
Widerstand / ohmic o. active o. actual resistance ‖ ~er
Widerstand, Gleichstrom-Widerstand m / d.c.
resistance ‖ ~er Widerstand m (Bauteil) / ohmic o.
linear resistor ‖ [rein] ~ (Elektr) / real
Ohmwert m / ohmic value
Ohne-Kohle-Papier n / no-carbon paper
Ohr n, Öse f, Auge n / lug, eye ‖ mit einem ~, monaural /
monaural
Öhr n, Öse f / ear, eye ‖ ~ (Nadel) / eye, eyelet ‖
~admittanz f / aural admittance
Ohrempfindlichkeitskurve f / ear response curve
Ohren..., Hör... / aural
öhren (Nadeln) / eye v
Ohren·kappen f pl, Gehörschutz m (Luftf) / ear muffs pl ‖
~mikrophon n / ear microphone ‖ ~spezialist m, -arzt,
Otologe m / aurist
Öhr·furche f (Nadel) / channel for the eye ‖ ~impedanz f
/ aural impedance ‖ ~knopf[hörer], Ohrhörer m /
insert[ion] earphone ‖ ~kurve f (Akustik) / psophonetic
curve ‖ ~kurvenfilter, Ohrfilter n / phosphometric
filter, aural sensitivity network, ASN ‖ ~schützer m pl
/ defenders pl ‖ ~spant n (Schiff) / foremost frame ‖
~stück n, Hörmuschel f (Fernm) / earpiece, earphone
OHZ, Hydroxylzahl f / hydroxyl number
Oil·dag n (kolloidale Öl-Graphit-Dispersion) / oildag ‖
~ostatic-Kabel n / oilostatic cable (US), high-pressure
oil-filled pipe type cable ‖ ~sink n (gegen Ölpest) /
oilsink
OIRT =Organisation Internationale de Radiodiffusion et
Télévision (Prag)
Oiticika-Öl n (Lack) / oiticica oil
Okklusion f (Meteorol) / occlusion ‖ ~ (von Gasen) (Chem)
/ occlusion (of gases)
ökografische Bodenbeschaffenheit (Raumf) / ground truth
Ökologe m / ecologist
Ökologie f / ecology
ökologisch, umweltsbedingt / ecological ‖ ~es
Gleichgewicht / ecological balance ‖ ~ inertes Gebiet /
static terrain
Ökonometrie f / econometrics
Öko·sphäre f / ecosphere ‖ ~system n / ecosystem
Ökozid n / ecocide

Oktaeder n, Achtflach n / octahedron
oktal, Oktal..., auf Basis 8 (DV) / octal ‖ ~sockel m
(Elektronik) / octal o. (GB:) loktal base ‖ ~zahlen f pl /
octal notation o. representation ‖ ~-Zahlensystem,
Achtersystem n (Math) / octal [number] system ‖ ~ziffer
f / octal digit
Oktan n (Chem) / octane ‖ ~index m (= 1/2(ROZ +
MOZ)) / octane index ‖ ~säure f / caprylic acid
Oktanschwefel m, Cyclo-~, λ-Schwefel m / cyclo-
octasulphur, λ-sulphur
Oktan-Selektor m (Kfz) / octane number selector
Oktant m (Math, Navig) / octant ‖ ~..., achtelkreisig
(Peilung) / octantal ‖ ~spiegel m / octant mirror
Oktanzahl f, -ziffer f / octane number o. rating o. value
‖ ~ von unverbleitem Benzin / octane number clear o.
unleaded ‖ ~ von verbleitem Benzin / octane number
leaded ‖ von hoher ~, klopffest / of high octane
number, high-octane... ‖ ~bedarf m (Mot) / octane
number requirement ‖ ~bestimmung f nach der
Überlademethode / supercharge method F_4 ‖
~bestimmung f von Flugkraftstoffen nach ASTM /
aviation method, F_3-method ‖ ~verteilung f / octane
number distribution
Oktav n (Achtel eines Papierformats, ergibt 16 Seiten) /
octavo, 8vo, 8^0
Oktave f (Phys) / octave
Oktaven·band n (Akust) / octave band ‖ ~sieb n
(Elektronik) / octave filter o. analyzer
Oktavsiebanalyse f / octave filter analysis
Oktett n, Achterschale f (Phys) / octet, ring of 8 electrons
‖ ~ (DV) / octet ‖ ~-Modell n (Nukl) / eightfold way ‖
~-Regel f (Chem) / octet rule
Oktode f (Elektronik) / octode
Oktodez[format] n (Buch) / octodecimo, decimo octavo,
18mo
Oktogon n, Oktagon n (Bau) / octagon
Oktoidenverzahnung f / octoid gear, involute bevel gear
Oktose f (Chem) / octose
Okular n (Opt) / eyepiece, eyeglass, ocular ‖ ~ mit
Dioptrieneinstellung / eyepiece adjustable in terms of
diopters ‖ ~auszug m / eye draw-tube ‖ ~blende f /
eyepiece diaphragm ‖ ~einstellung f, -fokussierung f /
focus[s]ing of the eye piece ‖ ~klemmung f / clamping
device for the eye piece ‖ ~mikrometer n / eyepiece
micrometer ‖ ~muschel f / eyepiece cup ‖ ~wechsler m
/ eyepiece head o. changer o. changing device ‖
drehbarer ~wechsler, Okularrevolver m / eyepiece
revolver
okulieren (Landw) / bud, inoculate
okulogyral (Raumf) / oculogyral (illusion)
Okumé n (Holz) / okumé, gaboon
Öl n / oil ‖ ~, Heizöl n / fuel oil, paraffin[e] (GB) ‖ ~... /
oleic ‖ ~..., ölgefeuert, -geheizt / oil-fired ‖ ~..., unter
Öl (Elektr) / oil-break..., oil-immersed ‖ ~ entziehen /
de-oil ‖ ~ für verlängerte Wechselintervalle (Kfz) /
long life oil ‖ ~ nachfüllen / replenish oil ‖ ~ von
Pelargonium roseum / [rose] geranium oil ‖
~ wechseln o. erneuern / change the oil ‖ ~ zum
Nachhelfen (Färb) / assistant oil ‖ in ~ laufend (Kfz) /
running in oil ‖ länger dispergierendes ~ (Kfz) / long-
distance oil ‖ saures ~ / oil containing naphthenic acid
‖ ~abdichtung f / oil seal ‖ ~ablaß m, -ablassen n / oil
drain[ing] ‖ ~ablaßhahn m (Kfz) / waste oil tap ‖
~ablaßschraube f (Kfz) / waste oil screw, screw plug,
oil[pan] drain plug ‖ ~abscheider m, Entöler m / oil
separator o. trap, oil interceptor ‖ ~abscheidung f
(Schmierfett) / oil separation, bleeding ‖ ~abschreckbad
n / oil quenching bath ‖ ~abschreckung f (Hütt) /
oil-quench[ing] ‖ ~absorptionszahl f (Rußschwarz) / oil
absorption number ‖ ~abstreifer m (Drehbank) / shear
wiper ‖ ~abstreifring m (Mot) / oil [control] ring, oil
wiper o. wiping ring o. deflector, scraper ring ‖
~abweisend / oil repelling ‖ ~abweiser m, Ölschutz m
/ oil barrier ‖ ~abziehstein m / oil rubber o. stone ‖

⌁anbau *m* / culture of oil bearing plants, oleiculture ‖ **~angereichert** / oil-extended ‖ **⌁anlasser** *m* (Elektr) / oil-cooled starter ‖ **⌁anzeige** *f,* -anzeichen *n* (Geol) / oil indication o.seepage ‖ **~anziehend** / oleophilic ‖ **⌁anzug** *m* / oilskin ‖ **⌁aräometer** *n* / oleometer, oil areometer ‖ **~arm** (Elektr) / small oil-volume… ‖ **~armer Lack** / short-oil varnish ‖ **~artig,** -ähnlich / oily, oleaginous ‖ **⌁asche** *f* / incineration ash of oil ‖ **⌁aufbereitung** *f,* -reinigung *f,* -regeneration *f* / oil regeneration ‖ **⌁auffangschale** *f* / oil sump pan, oilpan, oil tray o. trough ‖ **⌁aufnahme** *f* / oil absorption ‖ **~aufsaugend** / oil absorbing ‖ **[natürlicher] ~ausbiß** / seepage ‖ **⌁ausbruch** *m,* -eruption *f* / well blowout ‖ **⌁ausdehnungsgefäß** *n,* Ölkonservator *m* (Trafo) / oil conservator, oil expansion tank ‖ **⌁avivage** *f* (Textil) / brightening with oil ‖ **⌁bad** *n* (Chem) / oil-bath ‖ **⌁bad** (Hütt) / oil quenching bath ‖ **⌁bad…** (Hütt) / oil-quenched ‖ **⌁bad-Anlassen** *n,* -Vergütung *f* / oil tempering ‖ **⌁badluftfilter** *n* (Kfz) / oil bath air cleaner ‖ **⌁-Barrel-Einheit** *f* / barrel of oil equivalent ‖ **⌁basis-Temperafarbe** *f* / oil-bound distemper ‖ **⌁batist** *m,* -seide *f* / oilsilk ‖ **⌁baum** *m* / olive [tree] ‖ **⌁befeuchtung,** -benetzung *f* / oil humidifying ‖ **⌁behälter** *m* / oil reservoir o. basin o. tank ‖ **⌁beize** *f* (Färb) / oil[y] mordant ‖ **⌁bekämpfungsschiff** *n* / oil pollution fighter, oil-spill combating o. clearance vessel ‖ **~benetzt** / oil moistened ‖ **⌁berieselung** *f* / sprinkling with oil ‖ **~beständig** (Farbe) / oil resisting ‖ **~betätigtes Schütz,** Ölschütz *n* (Hydr) / oil weir ‖ **~bildend** / oil-forming ‖ **⌁bleiche** *f* (Textil) / oil bleaching ‖ **⌁bohrer** *m* / oil drill ‖ **⌁bohrung** *f* (Masch) / oil duct o. hole ‖ **⌁bohrung** *f* (Tätigkeit) / oil drilling ‖ **⌁bremse** *f,* -dämpfer *m* / oil dampe[ne]r o. dashpot, oil brake ‖ **⌁brenner** *m* / oil burner ‖ **⌁bunker** *m* (Schiff) / oil tank ‖ **⌁dampf** *m* (Kfz) / oil gas ‖ **⌁dämpfer** *m* / oil dampe[ne]r o. dashpot, oil brake ‖ **⌁dämpfung** *f* / oil damping ‖ **⌁dampf[vakuum]pumpe** *f* / oil [vapour] ejector pump, oil jet air pump
Oldhamit *m* (Min) / oldhamite
Oldhamkupplung, Kreuzgelenkkupplung *f* / Oldham coupling
öl·dicht / oiltight, oilproof ‖ **⌁dichtung** *f* / oil seal ‖ **⌁diffusionspumpe** *f* (Vakuum) / oil diffusion pump ‖ **⌁dotter** *m n* (Textil) / cameline, gold-[of-]pleasure
Öldruck *m* / oil pressure ‖ **⌁,** -druckverfahren *n* / oleography ‖ **⌁…,** ölhydraulisch / elaulic, oil-hydraulic ‖ **⌁anzeiger** *m* (Kfz) / oil-pressure gauge o. indicator ‖ **⌁-Ausgleichgefäß** *n* / oil expansion tank ‖ **⌁bremse** *f* / oil-pressure brake ‖ **⌁kabel** *n* / oil-pressure cable, pressure-assisted oil-filled cable ‖ **⌁kontrollampe** *f* (Kfz) / oil-pressure indicator lamp o. pilot lamp
Öl-Druckluft… / oleopneumatic
Öldruck·messer *m* (Kfz) / oil-pressure gauge ‖ **⌁minderventil** *n* / oil-pressure relief [valve], lubricator ball valve ‖ **⌁schalter** *m* / oil pressure switch ‖ **⌁schalter** *m* (für Kontrollampe) (Kfz) / hydraulic stop light switch ‖ **⌁schmierung** *f* / lubrication by oil ‖ **⌁steuerung** *f* / oil-hydraulic control ‖ **⌁warnleuchte** *f* / low-oil warning lamp
Oldtimer *m* / vintage car, oldtimer
Öl·dunst *m* / oil vapour ‖ **⌁durchfluß** *m* / oil flow ‖ **⌁durchlässigkeit** *f* / oilpenetrability ‖ **⌁durchlässigkeitsmaß** *n* (Met. Keram) / rate of oil flow ‖ **⌁düse** *f* / oil atomizer
Oleat *n* / oleate
Olefin *n* / olefin ‖ **~isch** / olefinic, olefin… ‖ **⌁keton** *n* / olefinic ketone
Olein *n,* technische Ölsäure / olein
Öl·[ein]füllstutzen *m* / oil filler [cap o. neck] ‖ **⌁einheit** *f* / oil equivalent
Olein·säure *f,* Ölsäure *f* / 9-octadecenoic acid, oleic acid
Ölemulsion *f* (Wasser in Öl) / oily emulsion, H-L (H = hydor, L = lipos)

ölen, schmieren (Masch) / lubricate, lubrify, oil ‖ **~,** mit Öl imprägnieren / oil-impregnate ‖ **⌁** *n* / oil lubrication ‖ **⌁,** Schmälzen *n* (Textil) / oiling
Öl·endverschluß s. auch Ölkabelendverschluß ‖ **⌁endverschluß** *m* / oil-filled pothead ‖ **⌁entwässerung** *f* / dehydration of oil
Oleo·margarin *n* (Margarineherstellung) / oleomargarin[e] ‖ **⌁phobie** *f* (Textil) / oil repellency ‖ **⌁resin** *n* / oleoresin
Oleosolfarbstoffe *m pl,* Ceresfarbstoffe *m pl* / oil soluble dyes
Öler *m* / oiler ‖ **⌁,** Schmierbüchse *f* / oil cup ‖ **⌁,** Schmiernippel *m* / lubricator [nipple] ‖ **⌁ in Druckluftleitungen** / line oiler
Öleruption *f,* -ausbruch *m* / well blowout
Oleum *n,* rauchende Schwefelsäure / fuming sulfuric acid, oleum (pl: olea, oleums)
Öl·extraktion *f* / oil extraction ‖ **⌁extraktionsanlage** *f,* -gewinnungsanlage *f* / oil-extracting plant
Oleylalkohol *m* (Chem) / oleyl alcohol
olfaktorisch / olfactory, olfactive
Öl·fangblech *n* / oil baffle ‖ **⌁fänger** *m,* -falle *f* / oil catch[er], oil trap, oil save-all ‖ **⌁fänger** *m,* Auffangschale *f* (Mot) / oil collector ‖ **⌁fänger** *m* (Vakuum) / oil splash o. spray baffle ‖ **⌁fangring** *m* (Kfz) / oil seal of the crankcase ‖ **⌁farbe** *f* / oil-bound o. oil paint ‖ **mit ~farbe gestrichen** / oil-painted ‖ **⌁[farben]anstrich** *m* / coat of oil paint ‖ **⌁farbendruck** *m* (Buch) / oil print ‖ **⌁fasenring** *m* (Kolben) / chamfered oil scraper ring ‖ **⌁faß** *n* / oil barrel ‖ **⌁feder** *f* (Kfz, Masch) / oil spring ‖ **⌁federbein** *n* (Luftf) / oleo shock strut, oleoleg ‖ **⌁feld** *n,* -gebiet *n,* -konzession *f* / oil field ‖ **⌁[fern]leitung** *f* / oil pipeline ‖ **⌁-Fernthermometer** *n* / remote oil temperature gauge ‖ **⌁feuerung** *f* / oil-fired furnace, oil firing ‖ **⌁feuerungsanlage** *f* / oil-burning installation ‖ **⌁feuerungsanlage** *f pl* / oil furnace systems *pl* ‖ **⌁film** *m,* -haut *f* / oil film ‖ **⌁film *m* auf Wasser** / oil slick ‖ **⌁filmlager** *n* / oil film o. fluid film bearing ‖ **⌁filter** *n m* / oil filter ‖ **⌁filter *m n* (Kfz)** / oilpan screen ‖ **⌁filz** *m* / oil felt pad ‖ **⌁firnis** *m* / oil varnish, boiled oil ‖ **⌁fleck** *m* / oil stain ‖ **⌁fleck *m* auf dem Meer** / oil pest ‖ **⌁flutlager** *n* / flood lubricated bearing ‖ **⌁formation,** -lagerstätte *f* (Bergb) / producing formation ‖ **~freier Kompressor,** Trockenlaufkompressor *m* / oil-free o. dry-running compressor ‖ **⌁früchte** *f pl* / oil seeds *pl* ‖ **~führendes Gebiet** / proved oil land ‖ **⌁füller** *m* / oil filler [cap o. neck] ‖ **⌁füllung** *f* / oil filling ‖ **die ~füllung vornehmen** (Kfz) / fill in the oil ‖ **~gar** (Gerb) / oiled ‖ **~gares Leder** / oil leather ‖ **~gas,** Fettgas *n* / fat o. oil gas ‖ **⌁-Gas-Trennung** *f* / oil and gas separation ‖ **⌁geber** *m* (Uhr) / oil pike ‖ **⌁gebiet** *n* / oil region ‖ **~gefeuert,** -geheizt, Öl… / oil-fired, oil-burning ‖ **~gefeuerte Lokomotive** / oil-burning engine ‖ **~gefülltes Kabel** / oil-filled cable ‖ **~gehalt** *m* / oil content ‖ **~gehärtet** / oil-hardened ‖ **~geheizter Kessel** / oil-fired boiler ‖ **~gekapselt** / oil-immersed, -immersed ‖ **~gekapselter (o. ölgekühlter) Transformator** (Elektr) / oil transformer ‖ **~gekühlt** / oil-cooled ‖ **~gekühlte Reaktanzspule** (Elektr) / oil-immersed reactor ‖ **⌁gesellschaft** *f* / oil company ‖ **~gestreckt** / oil-extended ‖ **~gestreckter Kautschuk** / oil-extended caoutchuc ‖ **~getränkt** / oil drenched o. impregnated ‖ **~getränkter Wollabfall** / creash ‖ **⌁gewinnung** *f* (pflanzl. u. tierische Öle) / oil extraction ‖ **⌁gewinnungsanlage,** Ölextraktionsanlage *f* / oil extracting plant ‖ **⌁-Graphit-Gemisch** *n* / oil-graphite compound ‖ **~grün** (Farb) / chrome green ‖ **⌁hafen** *m* / petroleum port ‖ **⌁hahn** *m* / lubrication cock, oil cock, lubrifier ‖ **~haltig** (Geol) / oil saturated ‖ **~haltig,** ölemulgiert / oil emulsive ‖ **~haltig** (Bot) / oleiferous, oleaginous ‖ **~haltige Lagerstätte** (Geol) / pool ‖ **~haltige Linse,** Öl-Linse *f* (Geol) / oil lens ‖ **⌁härter** *m,* ölhärtender Stahl / oil hardening steel ‖ **⌁härtung** *f,* Härtung *f* in Öl (Masch) / oil hardening, O.H. ‖

~härtung, Härtung f von Ölen o. Fetten / oil hardening o. hydrogenation, hardening of oil ‖ ~harz n / oleoresin ‖ ~-Harz-Gemisch n / oil-rosin compound ‖ ~harzig / oleoresinous ‖ ~harzlack m / oleoresinous varnish ‖ ~haut f (auf Flüssigkeiten) / oil film ‖ ~haut f, Ölbatist m / oilsilk, oilskin ‖ ~heizeinsatz m / oil-fired insertion furnace ‖ ~heizofen m mit Schornsteinanschluß / flued oil stove ‖ ~heizung f / oil heating ‖ ~heizungskessel m / oil-fired boiler ‖ ~höffige Schicht (Öl) / pay ~höffigkeit f / oil bearing capacity ‖ ~horizont m / oil [bearing geological] horizon ‖ ~hydraulik f / oil-hydraulics pl ‖ ~hydraulisch / elaulic, oil-hydraulic

Olibanumöl n, Weihrauchöl n / olibanum oil

Oliensis-Spot-Test m / oliensis spot test (ASTM D 1370)

ölig / oily (adv.: oilily), oleaginous ‖ ~, fettig / unctuous ‖ ~ werden / oil vi

oligarches Netz (Fernm) / oligarchic network

Öligkeit f / oiliness

oligo·dynamisch (Chem) / oligodynamic ‖ ~klas m (Geol) / oligoclase ‖ ~mer n (Chem) / oligomer ‖ ~merisierung f (Chem) / oligomerization ‖ ~nukleotid n / oligonucleotide ‖ ~saccharid n / oligosaccharide ‖ ~troph (See) / oligotrophic ‖ ~zän n (Geol) / Oligocene

Öl·immersion f (Opt) / oil-immersion ‖ ~imprägniert, -durchtränkt / oil-impregnated ‖ ~index m an der Oberfläche (Geol) / oil seepage ‖ ~industrie f / oil industry ‖ ~inhalt m von Sinterlagern / oil content of sinter bearings ‖ ~-in-Wasser-Emulsion f / oil-in-water emulsion

Öl-in-Wasser-Emulsion f, wäßrige Emulsion / L-H (L = lipos, H = hydor)

Öl·isolator m (Elektr) / oil insulator ‖ ~isoliert (Elektr) / oil insulated o. immerged ‖ ~isolierung f, -isolation f / oil insulation

Olive f (Bot) / olive ‖ ~, Knopfgriff m / olive[-shaped] button o. handle

oliven·farbig / olive [colour], olivaceous, olive green ‖ ~fliege f / olive fruit fly ‖ ~fruchthülle f, -pericarp n / olive pericarp

Olivenit m (Min) / olivenite

Oliven·kern m / olive kernel ‖ ~kernöl n, Panello-Öl / olive kernel oil ‖ ~nachöl n / refuse olive oil ‖ ~öl n / olive oil, sweet oil ‖ ~öl n der ersten Pressung / olive oil of the first pressing ‖ ~öltrester m / olive marc ‖ ~plantage f / olive plantation

Oliverfilter m n (Zuck) / rotary drum vacuum filter type Oliver-Campbell

oliv·gelb (RAL 1020) / olive-yellow ‖ ~grün / olive-green oliviert (Lagerstein) / olived, olivated

Olivin m (Min) / olivine ‖ ~bombe, -knolle f (Geol) / olivine-nodule ‖ ~-Feuerfestmaterial n / olivine refractory

Öl·kabel n / oil-filled cable ‖ ~kabel mit Hohlleiter / Pirelli type cable ‖ ~kabelendverschluß m / oil cable head, oil cable end sleeve ‖ ~kammer f / oil chamber ‖ ~kammer f (Kfz) / oil pocket o. well, splash basin ‖ ~kanal m, -rinne f / oil way ‖ ~kanal m, -umlaufkanal m / oil duct ‖ ~kännchen n, Spritzkanne f / squirt oiler ‖ ~kännchen n (mit Handgriff) / hand oiler ‖ ~kanne f, Ölkännchen n / oil can ‖ ~kapselung f / oil immersion ‖ ~karburierung f / oil carburizing ‖ ~kasten, Schmierkasten m / oiling trough ‖ ~kautschuk, Faktis m / factice ‖ ~keil m / oil wedge ‖ ~kessel m, ölgefeuerter Kessel / oil-fired boiler ‖ ~kessel m, -behälter m (Masch, Elektr) / oil tank ‖ ~kohle f (Mot) / oil carbon ‖ ~kohleablagerung f (Kfz) / carbon deposit, coking ‖ ~kohleentferner m / decarbonizer ‖ ~kohleentfernung f (Mot) / decarbonization, decarbonizing ‖ ~kohlenwasserstoffe m pl / petroleum hydrocarbons pl ‖ ~koks m / oil coke ‖ ~kondensator m (Elektr) / oil-immersed capacitor ‖ ~konservator m, Ölausdehnungsgefäß n (Trafo) / oil conservator, oil expansion tank ‖ ~konservierung f /

preservation of oils ‖ ~kontrollampe f / oil [pressure o. temperature] pilot lamp, oil warning lamp ‖ ~kraftwerk n / oil-fired power station ‖ ~kuchen m / oil cake ‖ ~kuchen, Leinkuchen m / linseed cake ‖ gemahlener ~kuchen (Landw) / oil meal ‖ ~kuchenbrecher m / oil cake breaker ‖ ~kühler m / oil cooler ‖ ~kühlschmierung f / oil cooling lubrication ‖ ~lache f auf Wasser / oil slick ‖ ~lachenabräumer m / oil slick licker ‖ ~lack m / [oleo-resinous] varnish ‖ ~lackband n / varnished cotton tape ‖ ~lager-Armaturen f pl / oil cup fittings pl ‖ ~lagerstätte, -formation f / producing formation ‖ ~lampe f, -laterne f / oil lamp ‖ ~länge, Fettigkeit f (Farbe) / oil length ‖ ~leder n, ölgares Leder / oil leather ‖ ~leinwand f, -leinen n / oiled linen ‖ ~leinwand f als Abdeckung (Schiff) / tarpanlin ‖ ~leitung f, Öl-Pipeline f / fuel pipeline ‖ ~leitung f, -zuführung f / oil duct o. feed ‖ ~leitung (Mot) / oil line o. pipe ‖ ~leitung f von küstenferner Anlegestelle / sea-line ‖ ~-Linse, ölhaltige Linse f (Geol) / oil lens ‖ ~loch n / oil-holc ‖ ~los / oilless ‖ ~löslich (Harz) / oil soluble ‖ ~lösliches Kunstharz / oil-soluble resin ‖ ~-Luft-Federbein n (Luftf) / oleo-pneumatic strut ‖ ~-Luft-Stoßfänger m, -Stoßdämpfer m / oleo-pneumatic damper ‖ ~manometer n (Kfz) / oil pressure gauge, oil pressure indicator ‖ ~meßstab m / oil-level gauge o. indicator, dip rod o. stick ‖ ~mischung f / oil blend ‖ ~modifiziert / oil modified ‖ ~modifiziertes Harz / oil-modified resin ‖ ~motor m / oil engine ‖ ~motor, Druckölmotor m / oil pressure motor ‖ ~mühle f, Ölschlägerei f / oil mill ‖ ~nase f am Kolben / oil scoop o. dipper ‖ ~nebel m (Wzm) / oil mist ‖ ~nebel m (Brennstoff) / atomized fuel oil ‖ ~nebel m, -staub m (z.B. Kfz) / oil spray ‖ ~nebelbesprühung f (Kfz) / oil spray lubrication ‖ ~nebeldetektor m (Mot) / crankcase mist detector ‖ ~nebelkühlung f / mist coolant system ‖ ~nebelschmierung f / oil mist lubrication ‖ ~nute f / oil groove ‖ ~ofen m / fuel oil heater ‖ ~ofen m mit Verdampfungsbrenner / flued oil stove ‖ ~palme f / oil palm ‖ ~papier n / oiled paper ‖ ~papierkondensator m / oil[ed paper] capacitor ‖ ~pauspapier n / oiled tracing paper ‖ ~pausrohpapier n / oil tracing base paper ‖ ~pegelstab, -meßstab m / oil-level ga[u]ge o. indicator, dip rod o. stick ‖ ~pest f / black tide, oil pest ‖ ~pflanze f / oil plant ‖ ~pier m f / oil pier ‖ ~pipeline f / oil pipe line ‖ ~presse f / oil-press ‖ ~presse f / oil expeller ‖ ~[preß]tuch n / oil-bag ‖ ~pumpe f / oil-pump ‖ ~pumpe f (Vakuum) / oil diffusion pump ‖ ~pumpenzahnrad n / oil pump gear wheel

OLP-Verfahren n (Hütt) / OLP (oxygen-lance powder)

Öl·quelle f / oil-spring o. well ‖ sprudelnde ~quelle, Springer m / spouter ‖ ~raffination f / oil refining ‖ ~raffinerie f / oil refinery ‖ ~raum m / oil chamber ‖ ~reaktiv (Chem) / oil reactive ‖ ~reaktives Kunstharz / oil-reactive resin ‖ ~reaktivität f (Kunstharz) / oil reactivity, reactivity to oil ‖ ~reiche Braunkohle / bituminous lignite ‖ ~reicher (o. fetter) Lack / long-oil varnish ‖ ~reiniger m / oil cleaner o. purifier ‖ ~reiniger m, -filter n / oil strainer ‖ ~reinigungsschleuder f / centrifugal oil purifier ‖ ~ring m, Schmierring m / oiling ring, lubrication ring ‖ ~rinne f, -kanal m / oil way ‖ ~rohr, Schmierrohr n / oil pipe o. tube ‖ ~rückförderleitung f / scavenge oil pipe ‖ ~rückförderpumpe f (Mot) / scavenger o. scavenging pump ‖ ~rückgewinnungsanlage f / oil rectifier ‖ ~rücklaufbohrung f / oil drain hole ‖ ~rücklaufrohr n / oil return pipe, by-pass ‖ ~rückstand, -schlamm m / oil mud o. deposit o. sludge ‖ ~rückströmung f (Vakuum) / backstreaming of oil ‖ ~ruß m / oil black ‖ ~samen m / oilseed ‖ ~sand m (Geol) / oil sand ‖ ~säure f / oleic acid ‖ ~säure-Avivage f (Färb) / oil-acid brightening ‖ ~schale f, -auffangschale f / oil sump pan ‖ ~schalter *m* (Elektr) / oil circuit breaker, oil switch ‖ **~schauglas,** **-standsglas** *n* / oil-level gauge [glass], oil-level o. -sight glass ‖ **~schicht** *f* / oil film ‖ **~schiefer** *m* / oil shale ‖ **~schieferschwelgas** *n* / oil shale low temperature carbonization gas ‖ **~schlamm** *m*, **-rückstand** *m* / pasty sediment of oil, oil mud o. deposit o. sludge ‖ **~schleuder** *f* (allg) / oil whizzer ‖ **~schleuder** *f* (Wzm) / oil extractor ‖ **~schleuderring** *m* / oil splash ring o. splasher, oil striker, oil splasher [ring], oil slinger o. retainer, oil thrower ring ‖ **~schlitzring** *m* (Kolbenring, Kfz) / slotted oil control ring, S-ring ‖ **~schmierapparat** *m* / centralized lubricating system ‖ **komplettes ~schmierlager** / plummer block ‖ **~schmierung** *f* / oil lubrication, oiling ‖ **~schnellschalter** *m* (Elektr) / rapid oil-jet circuit breaker ‖ **~schutz** *m* (Elektr) / oil insulation ‖ **~schütz** *n,* ölbetätigtes Schütz (Hydr) / oil weir ‖ **~schütz** *n* (Elektr) / oil-immersed contactor ‖ **~schutzblech** *n* / oil deflector ‖ **~schutzschalter** *m* (Elektr) / oil-immersed magnetic contactor ‖ **~schwemme** *f* / oil glut ‖ **~seide** *f,* **-batist** *m* / oilsilk ‖ **~seidenband** *n* (Elektr) / oiled silk tape ‖ **~seife** *f* / oil soap ‖ **~senkung** *f* (Lagerstein) / oil sink ‖ **~sicherung** *f* / oil-quenched fuse ‖ **~sichtkontrolle** *f* / oil sight feed ga[u]ge ‖ **~sieb** *n* (Kfz) / oil screen ‖ **~sikkativ** *n* (DIN 55945) / linoleate o. oil drier

Olsonmikrophon *n* / Olson microphone o. transmitter
Öl·spaltgas *n* / oil cracking gas ‖ **~-Speicher-Wasserheizer** *m* (DIN 4733) / oil fired bath water heater ‖ **~sperre** *f* (Hafen) / boom at the harbour mouth ‖ **~spritze** *f,* Schmierspritze *f* / lubricating o. oil gun o. syringue ‖ **~spritzer** *m pl* / oil splashes *pl* ‖ **~spritzring** *m* / oil splash ring o. splasher ‖ **~spritzschmierung** *f,* **-schleuderschmierung** *f* / oil splash lubrication ‖ **~spülung** *f* / flood lubrication ‖ **~spülung, -überflutung** *f* / oil flooding ‖ **~stab** *m* (Mot) / oil dip rod o. stick ‖ **~stand** *m,* **-pegelstand** *m* / oil-level ‖ **~standanzeiger** *m* / oil-level pointer ‖ **~standsanzeiger** *m,* **-standsmesser** *m* (Kfz) / oil-level ga[u]ge o. indicator ‖ **~standsglas** *n,* **-schauglas** *n* / oil-level gauge [glass], oil-level o. -sight glass ‖ **~standshahn** *m* / bleeder [cock], gauge-cock ‖ **~standsschraube** *f* / oil-level plug ‖ **~stein,** **-wetzstein** *m* / oil rubber o. stone ‖ **~stelle** *f,* Schmierstelle *f* / oiling point ‖ **~stopschlauch** *m* (Umweltschutz) / oil boom ‖ **~stoßdämpfer** *m* / oil shock absorber ‖ **~strahl-Leistungsschalter** *m* (Elektr) / cross-blast oil circuit breaker ‖ **~strahlschalter** *m* (Elektr) / rapid oil-jet circuit breaker, impulse circuit breaker, orthojector circuit breaker ‖ **~strömungsschalter** *m* (Elektr) / oil-blast circuit breaker ‖ **~stutzen** *m,* Öl[ein]füllstutzen *m* / oil filler neck ‖ **~stutzenentlüftung** *f* / oil filler breather ‖ **~sucher** *m* (Erdöl) / prospector ‖ **~sumpf** *m,* **-trog** *m* / oilpan, oil tray o. trough o. sump, sump pan ‖ **~sumpf** *m* (Mot) / crankcase sump ‖ **~tank** *m* (Schiff) / oil tank ‖ **~tanker** *m* (Schiff), Tanker *m* / petroleum o. oil tanker, oiler ‖ **~tanker** *m* **über 200 000 tdw** / oilberg (US) ‖ **~teig,** Bodensatz *m* / oil foot o. paste ‖ **~teppich** *m* / oil carpet ‖ **~tinte** *f* / oleic ink
OLTP (DV) / on-line transaction processing, OLTP
Öl·träger *m* (Geol) / oil [bearing geological] horizon ‖ **~tränken** *f* (Sintern) / oil impregnation ‖ **~transformator** *m* (Elektr) / oil transformer ‖ **~trocknung** *f,* Wasserentziehung *f* / dehydration of oil by centrifuging ‖ **~trog** *m,* Ölsumpf *m* / oilpan ‖ **~tropfapparat** *m* / drip feed lubricator ‖ **~tropfen** *m* (Bot) / nucleus (pl.: nuclei) ‖ **~tropfschale** *f,* **-tropfenfänger** *m* / oil drip pan ‖ **~ - u.** **Wasserabscheider** / oil and water separator ‖ **~überdruckventil** *n* / oil-pressure relief ‖ **~überflutung, -spülung** *f* / oil flooding ‖ **~überströmventil** *n* / oil relief valve ‖ **~umlaufkanal** *m,* **-kanal** *m* / oil duct ‖ **~umlaufkühlung** *f* / oil circulating cooling ‖ **~umlaufschmierung** *f* / oil circulating lubrication ‖ **umleitventil** *n* (Kfz) / oil by-

pass valve ‖ **~undurchlässig, -beständig, -fest** / oilproof ‖ **~unfall** *m,* Tankerunfall *m* / [accidental] oil spill
Ölung *f,* Ölen *n* / oiling, lubrication
Öl·verdampfungsbrenner *m* / vaporizing oil burner ‖ **~verdickung** *f* / thickening of oil ‖ **~verdünnung** *f* (Kfz) / oil dilution ‖ **~vergüten** *n* / oil quenching and tempering ‖ **~vergütet** (Hütt) / oil-quenched and tempered ‖ **~vergüteter Flachdraht** / F.O.T.-wire, flat oil tempered wire ‖ **~vergütungsbad** *n* / oil quenching bath ‖ **~verschmutzung** *f* **des Meeres** / oil spill ‖ **~verseucht** / oil contaminated ‖ **~versorgung** *f* / oil supplies *pl* ‖ **~verteiler** *m* / oil distributor, oil manifold ‖ **~vorkommen** *n* / oil deposit ‖ **~vorlage** *f* (Chem) / Florence flask, Florentine flask o. receiver ‖ **~waage** *f,* Öläräometer *m* / elaeometer, oleometer, oil areometer ‖ **~wandler** *m* (Elektr) / oil-filled instrument transformer ‖ **~wanne,** **-mulde** *f* / oilpan, sump pan, oil tray o. trough ‖ **~wanne** *f* (Ofen) / oil trough ‖ **~wanne** *f,* **-sumpf** *m* (Kfz) / oil sump, oilpan, lower crankcase, crankcase bottom o. lower half ‖ **~wanne,** **-sammler, -trog,** **-untersatz** *m* / save-oil, -pan, -trough ‖ **~wannendichtfläche** *f* (Kfz) / pan rail surface ‖ **~wannenschlüssel** *m* (Kfz) / drain plug spanner ‖ **~-Wasser-Kühler** *m* (Trafo) / oil-to-water heat exchanger ‖ **~wechsel** *m* / oil change ‖ **~wehr** *n* / oil weir ‖ **~werfernase** *f,* **-werfer** *m* (an Pleuelstangen) (Kfz) / oil dipper ‖ **~[wetz]stein,** Wetzstein *m* / oil rubber o. stone ‖ **kleiner ~[wetz]stein** / oilslip ‖ **~widerstand** *m* (Elektr) / oil-cooled resistor ‖ **~wolf** *m,* Streichwolf *m* (Wolle) / opener with oil, oiling willow ‖ **~zahl** *f* (Farbe) / oil absorption [value o. number] ‖ **mit niedriger ~zahl** (Lack) / low oil absorption… ‖ **~-Zentralheizung** *f* / oil-fired central heating ‖ **~zentrifuge** *f* (Wzm) / oil extractor ‖ **~zerstäuber** *m* / oil atomizer ‖ **~zerstäubungsbrenner** *m* / vaporizing oil burner, atomizing oil burner ‖ **~zeug** *n* / oil cloth ‖ **~zuführung** *f,* **-leitung** *f* / oil duct o. feed, oil lead
Ombrays *m,* **Ombré** (Web) / ombrays *pl,* ombré
Ombrograph, registrierender Niederschlagsmesser *m* (Meteorol) / ombrograph
Omega·funktion *f* (Bau) / omega function ‖ **~meson,** ω-Meson *n* / ω-meson ‖ **~[-Minus]-Teilchen** (o. -Hyperon), ω-Teilchen *n,* ω-Resonanz *f* / omega o. ω-minus particle ‖ **~schiene** *f* (ein Befestigungteil, DIN 46277) / omega rail ‖ **~teilchen** *n* / omega [particle] ‖ **~tron** *n* (Phys) / omegatron ‖ **~-Verfahren** *n* (Mech) / omega method o. procedure
Omnibus *m* (Kfz) / bus ‖ **~ für Reiseverkehr** / long-distance coach ‖ **~ mit Fahrersitz über dem Motor** / cabover bus, forward drive bus ‖ **~ ohne Oberdeck** (Kfz) / single-deck bus ‖ **~anhänger** *m* (Überland) / trailer coach ‖ **~-Anhänger** *m* (Stadt) / bus trailer ‖ **~bahnhof** *m* / bus terminal ‖ **~-Einstellhalle** *f,* **-Garage** *f* / carbarn (US) ‖ **~fahrer** *m* / bus driver ‖ **~-Haltebucht** *f* (Straßb) / cutout ‖ **~-Konfiguration** *f* (Fernwirk) / omnibus configuration ‖ **~leitung** *f* (Fernm) / [omni]bus line, intermediate station line ‖ **~linie** *f* / bus line ‖ **~-Sattelanhänger** *m* / bus semi-trailer ‖ **~-Telegrafenverbindung** *f* (Fernm) / way circuit ‖ **~zug** *m* (Kfz) / passenger road train
omnidirektional / omnidirectional
Omphazit *m* (Min) / omphacite
Omsgrube *f* (Abwasser) / four-chamber O.M.S. cesspit
ON (Fernm) = Ortsnetz
ÖNA = Österreichischer Normenausschuß
Önanth·… / enanthic, oenanthic ‖ **~aldehyd,** Heptylaldehyd *m,* Önanthol, Heptanal *n* / enanthaldehyde, oenanthal[dehyde], oenanthic aldehyde ‖ **~alkohol** *m* / enanthic alcohol ‖ **~ether** *m* / enanthic ether
Ondé[rips], Ondulé *m* (Textil) / ondé [rep], ondulé
Ondograph *m* / ondograph
Ondoskop, Glimmlicht-Oszilloskop *n* / ondoscope

Ongueko *m*, Isano *m* (Holz) / ongueko, isano

Onion-Skin-Papier *n* / onion skin paper, cockle finished paper

Onium·farbstoff *m* (Textil) / onium dye ‖ **⁓salz** *n* / onium salt ‖ **⁓säure** *f* / onium acid

onkotischer Druck, kolloidosmotischer Druck / oncotic o. colloid-osmotic pressure

On-line·... (DV) / on-line ‖ **⁓-Anschluß** *m* / on-line connection

On-Line-Gerät *n* / on-line machine

On-line-Nachrichteneditor *m* / on-line message editor

On-line-Steuerung, DNC *f* (Regeln) / direct numerical control, DNC

On-Line-Transaktionsverarbeitung *f*, OLTP / on-line transaction processing, OLTP

Önologie, Wein[bau]kunde *f* / oenology (GB), enology (US)

Onsager-Relation *f* / Onsager equation

Onshore..., Festlands... / onshore

Ontogenese *f* / ontogeny

Onyx *m* (Min) / onyx

Ooid *n* / oölith (GB), oolite grain (US)

Oolith, Kalkoolith, Rogenstein *m* / oölite (US), oölith (GB) ‖ **⁓formation** *f*, -jura *m* / oölite [series] ‖ **⁓isch** / oölitic

O-O-Übergang *m*, Null-Null-Übergang *m* / zero-zero transition, O-O transition

Op (DV) = Operationsteil

opak / opaque ‖ **⁓e Kopie** (Buch) / opaque copy ‖ **⁓email** *n* / opaque enamel ‖ **⁓glas** *n* / opaque glass ‖ **⁓illuminator** *m* (Opt) / opaque illuminator

Opal *m* (Min) / opal ‖ **⁓...** / opal..., opaline

Opaleszent·glas, Opaleszenzglas *n* / opalescent glass

Opal·glas *n* / opal glass, opaline ‖ **⁓glasglocke** *f* **für Beleuchtungskörper** / opal globe

opalisieren, opaleszieren, [opalartig] schimmern / opalesce, opalize ‖ **⁓** *n*, Opaleszenz *f* / opalescence

opalisierend / opalescent

Opal·lampe *f* (Elektr) / opal lamp ‖ **⁓scheibe** *f* (Repro) / opal plate

Op Amp *m* (Elektronik) / Op Amp, op amp, operational amplifier ‖ **⁓** (Elektronik) / operational amplifier, Op Amp

Opazimeter *n* (Hydr) / opacimeter

Opazität *f* (Kehrwert des Durchlaßgrades) (allg, Pap) / opacity

Open·-coil-Verfahren, Glühen im offenen Bund *n* (Hütt) / open coil process ‖ **⁓-End-Spinnen** *n* / open-end o. break spinning ‖ **⁓-End-Spinnmaschine** *f*, OE-Spinnmaschine *f* / open-end spinning machine ‖ **⁓-Loop...** (Regeln) / open-loop... ‖ **⁓-Routine** *f* (DV) / open routine ‖ **⁓-Shell-Elektronen** *n pl* / open-shell electrons

Open Shop *m* (mit betriebseigenen Programmierern) (DV) / open shop

Open-Side-Container / freight container with opening wall, open-side container

Open-top Container *m* / open-top o. tilt-top côntainer

Open-Wall-Container *m* / open wall container

Operand *m* / factor ‖ **⁓** / operand

Operanden·adresse *f* (DV) / operand address ‖ **⁓register** *n* (DV) / operand register ‖ **⁓teil** *m* (DV) / operand part

Operateur *m* (Film) / operator, cameraman ‖ **⁓** (DV) / operator

Operating System, Betriebssystem, BS *n* (DIN) (DV) / operating system, OS

Operation *f* (DV, Math) / operation

Operations·... / operation... ‖ **⁓befehl**, -code *m* (DIN) (DV) / operation code ‖ **⁓bereich** *m* (F.Org) / processing section ‖ **⁓ergänzung** *f*, -ergänzer *m* (DV) / D-character modifier, digit modifier, D-modifier (D = digit) ‖ **⁓folge** *f* / sequence of operations ‖ **⁓lampe** *f* (Med) / operational lamp ‖ **⁓-Ordnungszahl**, Befehlsnummer *f* (DV) / operating number ‖ **⁓pfad** *m*, logische Kette *f* /

logic chain ‖ **⁓-Register** *n* (DV) / operation[al] o. op register ‖ **⁓-Research** *n*, mathematische Entscheidungsvorbereitung / operations research ‖ **⁓schlüssel** *m* (IBM) (DV) / operation code ‖ **⁓steuerung** *f* (DV) / operation control ‖ **⁓symbol** *n*, Operator *m* (Math, DV) / operator ‖ **⁓tabelle** *f* (DV) / truth table, Boolean operation table ‖ **⁓tastenfeld** *n* (DV) / operational keyboard ‖ **⁓teil** *m* (des Befehls), Op (DV) / operation part, operator part, function part ‖ **⁓verstärker** *m* (Analogrechner) / operational amplifier, op amp ‖ **⁓zähler** *m* (DV) / sequence register, control register ‖ **⁓zeichen** *n*, Operator *m* / operator ‖ **⁓zeit** *f* (DV) / operation time

operativ·es Betriebspersonal / operating personnel o. staff ‖ **⁓er Speicher**, Arbeitsspeicher *m* / working storage

Operator *m*, Operationssymbol *n* (Math, DV) / operator ‖ **⁓ des Kernspins** / nuclear spin operator ‖ **⁓befehl** *m* (DV) / operator command

Operatoren·rangfolge *f* / operator precedence ‖ **⁓rechnung** *f* (Math) / operational calculus

operierendes Management (unterste Stufe der Hierarchie) (F.Org) / first line management

Operment *n* (Farbe) / orpiment, auripigment, arsenic trisulfide

Operon *n* (Genetik) / operon

Opferanode *f* (Korros) / reactive o. sacrificial anode

Opferelektrodenschutz *m* (Galv) / sacrificial protection

Ophicalcit, Forsteritmarmor *m* / ophicalcite

Oph[iol]it *m* (basischer Grünstein) (Geol) / ophite

Ophthalmologie, Augenheilkunde *f* / ophthalmology

Opiat *n* / opiate

Opium *n* / opium ‖ **⁓vergiftung** *f* / opium poisoning

Opportunitätskosten *pl*, Ertragsausfall *m* (PERT) / outage losses *pl*

Opposition *f* (Astr) / opposition

Oppositron M *n*, Rückwärtswellen-Magnetfeldröhre *f* / M-type carcinotron, M-type backward wave tube

O-Presse *f* **für Rohre** / O-press for tubes

Optik *f*, Lichtlehre *f* / optics *pl* ‖ **⁓**, Objektiv *n* / lens [system] ‖ **⁓**, (auch:) optisches Instrument / optic *n*

Optikator *m* (Meßgerät) / opticator

Optiker *m* / optometrist (US), optician (GB)

Optik·fläche *f* / optical surface ‖ **⁓-Ingenieur** *m* / optical engineer ‖ **⁓teile** *n pl* / optical components *pl*

optimal / optimal, optimum ‖ **⁓** *adv* / optimumly ‖ **⁓e Alkalität** (Zuck) / optimal alkalinity ‖ **⁓e Bemessung** (Mech) / limit-design ‖ **⁓e Expansion** (Raumf) / optimum expansion ‖ **⁓e Losgröße** (F.Org) / economic ordering quantity (EOQ), economic batch size o. lot size ‖ **⁓bestrahlungsfaktor** *m* (Atom, Nukl) / pile factor ‖ **⁓betrieb** *m* / optimal working ‖ **⁓farbe** *f* / optimum colour

Optimalisierung *f* / optimization

Optimal·programm *n*, optimale Programmierung / minimum-access program[ming], optimum program[ming] ‖ **⁓system** *n* / optimum system ‖ **⁓wertkreis** *m* (Math) / optimalizer ‖ **⁓wertregelung** *f*, Optimal-Regelsystem *n* / optimal control system ‖ **⁓wertsteuerung** *f*, Modellverfahren für Regelung *n* / feed forward control

Optimeter *n*, optischer Fühlhebel / optimeter

optimieren / optimize ‖ **⁓de Grenzwertregelung**, Optimier-, ACO-Regelung *f* (NC) / adaptive control optimization, ACO

Optimierung *f* / optimization, optimation

Optimierungs·system *n* / optimal system ‖ **⁓vorschrift** *f* **für Optimalwertregelung** / variational method for optimal control

Optimum *n*, Bestwert *m* / optimum

Option *f* (DV, PL) / option

optisch / optical, visual ‖ **⁓e Abbildung** / optical image formation ‖ **⁓e Ablenkung**, Verzerrung *f* / optical deviation ‖ **⁓er Abstimmanzeiger** (Elektronik) / visual tuning indicator ‖ ~e **Abtasteinheit** / optical scanner, photoelectric reader ‖ ~e **Abtastung** (DV) / optical scanning ‖ ~er **Abzug** / optical printing ‖ ~e **Achse** (Instr) / optical axis, axis of vision, collimation line ‖ ~e **Achse** (Krist) / optic o. principal axis ‖ ~er **Achsenwinkel** (Krist) / optic axial angle ‖ ~ **aktiv** (Stoffeigenschaft) / optically active ‖ ~e **Aktivität** / optical activity ‖ ~er **Antipode** (Chem) / optical antipode ‖ ~e **Anwendungen** *f pl* / optics *pl* ‖ ~es **Anzeichengerät** (für Schnürböden) (Schiff) / optical marking-off device (for mould lofts) ‖ ~e **Anzeige-Einheit**, Displaygerät *n* (DV) / visual display device, display [unit] ‖ ~ **aufgehellt** (Pap) / optically whitened o. brightened ‖ ~er **Aufheller**, Weißtöner *m* (Chem, Textil, Pap) / optical bleach o. brightener o. white, fluorescent whitening agent ‖ ~e **Aufhellung** / optical bleaching, fluorescent whitening o. brightening ‖ ~e **Bank** / optical bench ‖ ~er **Belegleser** / videoscan document reader ‖ ~er **Belichtungsmesser** / visual exposion meter, extinction meter ‖ ~er **Codeumsetzer** (DV) / optical encoder ‖ ~e **Datenverarbeitung** / optical data processing ‖ ~ **dicht** / impervious to light ‖ ~ **dicht, [dünn]** (Brechung) / with higher; [lower] refractive index ‖ ~e **Dissoziation** / photodissociation, -decomposition ‖ ~e **Doppelsterne** *m pl* (Astr) / optical double ‖ ~e **Drehung** / optical rotation ‖ ~e **Eigenschaften** *f pl* / optics ‖ ~e **Eingabe-Automatisierung** / optical input automation optimation ‖ ~e **Einwegleitung** (Wellenleiter) / optical isolator ‖ ~e **Emissionsspektralanalyse**, OES / optical emission spectral analyses ‖ ~e **Emisssions-Spektralanalyse**, OEG / optical emission spectral analysis ‖ ~e **Erkennungseinheit** (Roboter) / vision station ‖ ~er **Fahrtanzeiger** / speed light ‖ ~e **Filmleseeinheit** (DV) / film optical sensing device, FOSDIC ‖ ~er **Frequenzbereich** / optical range of frequencies ‖ ~er **Fühlhebel**, Optimeter *n* / optical contact lever, optimeter ‖ ~ **gelenkter Flugkörper** / optically guided missile ‖ ~ **gepumpt** (Laser) / optically pumped ‖ ~e **Geräte** *n pl* / optical equipment ‖ ~es **Gitter** / diffraction grid o. grating ‖ ~es **Glas** / optical glass ‖ ~e **Gleis]meldetafel** (Bahn) / illuminated diagram o. track diagram ‖ ~er **Höhenmesser** (Luftf) / optical landing indicator ‖ ~ **inaktiv** / optically inactive ‖ ~er **Indikator** (Mot) / optical indicator ‖ ~es **Instrument** / optical instrument ‖ ~ **isomer**, antimer / [optically] antimer, enantiomer, enantiomorphous ‖ ~e **Isomerie** (Chem) / enantiomerism, optical isomerism, enantiomorphism ‖ ~er **Kitt** / optical cement ‖ ~ **klarer Stoff** / transparent medium ‖ ~er **Klarschriftleser** (DV) / optical character reader ‖ ~er **Komparator** / optical comparator

optisches Kontaktmittel (Photovervielfacher) / coupling medium

optisch·e Kopie (Repro) / optical projection print ‖ ~es **Kopieren** (Repro) / optical copying ‖ ~es **Kopierverfahren** / optical printing ‖ ~e **Landehilfe** (Luftf) / visual landing aid ‖ ~e **Leistung** / optic performance ‖ ~ **lesbare Markierung** (DV) / photosensing mark ‖ ~e **Leser** / optical scanner ‖ ~e **Lotung** / optical ranging ‖ ~es **Markierungslesen** / optical mark recognition, OMR ‖ ~er **Maser**, Laser *m* / optical maser, laser ‖ ~e **Meldetafel** (Bahn) / visual control signal ‖ ~er **Mittelpunkt**, optisches Zentrum, Sehsphäre *f* / optical center ‖ ~es **Modell** (Nukl) / optical model, cloudy crystal ball model ‖ ~e **Nachrichtentechnik** / optical communication engineering ‖ ~e **Nachwirkung** / retinal fatigue ‖ ~ **neutral** (Phys) / inactive ‖ ~es **Phänomen** / optical phenomenon ‖ ~e **Planfläche** / optical flat ‖ ~e **Politur** / optical polish ‖ ~es **Pumpen**, optische Anregung (Nukl) / optical pumping ‖ ~es **Pyrometer** / radiation pyrometer ‖ ~es **Radar**, Colidar *n* / colidar (coherent light detection and ranging), Opdar, optical radar ‖ ~e **Randverdunkelung** / optical border

obscurity ‖ ~er **Raster** / optical grating ‖ ~e **Reichweite** (Sender) / optical range ‖ ~e **Sichtbarkeit** / optical visibility ‖ ~es **Signal** (Bahn) / visual signal ‖ ~er **Spannungsprüfer** / polarizing stress tester ‖ ~e **Speicherplatte** / optical memory disk ‖ ~es **Strahlungsfilter** / colour filter ‖ ~e **Täuschung** / optical illusion o. delusion ‖ ~es **Terminal** / CRT terminal ‖ ~e **Tiefe** (eines Mediums) / optical depth τ ‖ ~ **trüber Stoff** / turbid medium ‖ ~ **unwirksame Kampfersäure** / paracamphoric acid ‖ ~e **Verzerrung** / optical distortion ‖ ~er **Verzweiger** (Wellenleiter) / optic branching device ‖ ~e **Verzweigung** / branching of optical fibers ‖ ~es **Vorzeichen** (+ = rechtsdrehend) (Chem, Phys) / optical sign ‖ ~e **Weglänge** / optical distance o. path ‖ ~er **Wirkungsgrad** (Laser) / optical output ratio ‖ ~e **Zeichenerkennung**, OCR (DV) / OCR, optical character recognition, OMR, optical mark recognition ‖ ~es **Zwillingsbild** (Krist) / optical twinning

optisch-akustisch / audio-visual

optisch-elektronisch / optoelectronic

Optode *f*, fluoreszenz-optischer Sensor / optode

Opto·elektronik *f* / optoelectronics ‖ ~**elektronisch**, elektronenoptisch / optoelectronic ‖ ~**elektronisches Koppelelement** / optocoupler ‖ ~**entkoppelt** / optodecoupled ‖ ⁺-**Koppler** *m* / optoelectronic coupler, photocoupler ‖ ⁺**mikromechanik** *f* / optomicromechanics ‖ ⁺**technik** *f* / optical technology ‖ ⁺-**Transistor** *m* (Halbl) / optotransistor

Optotype *f*, Sehzeichen *n* / optotype, optical test object

Optovarfaktor *m* (Opt) / Optovar factor

Optronik *f* / optronics

orange, OG (Farbe, Fernm) / orange, OG ‖ ⁺ *n*, Orangefarbe *f* / orange [colour] ‖ ⁺ (Spektrum) / orange *n* ‖ ⁺ **II**, α-Naphtholorange *n* / orange I, tropaeolin 000 No. 1 ‖ ⁺ **II**, β-Naphtholorange *n* / Orange II, tropaeolin 000 No. 2, mandarin 6 (US) ‖ ⁺ **III**, Helianthin *n* / methyl orange, helianthine ‖ ⁺ **IV** (o. GS o. N), Tropäolin 00 *n* / orange IV o. GS o. N, tropaeolin 00 ‖ ⁺ **VIII** / dichlorofluorescin, D and C orange No.8 ‖ ~**braun** (RAL 8023) / orange brown ‖ ~**[farben]** / orange, amber ‖ ~**farbene Anzeigelampe** (DV) / OIL, orange indicating lamp ‖ ⁺**filter** *n* (Phot) / orange filter ‖ ⁺**mennige** *f* / orange minium o. lead, yellow lead

Orangen·blütenöl *n*, Neroliöl *n* / orange flowers oil, neroli oil ‖ ⁺**haut** *f*, (Hütt) / orange peel ‖ ⁺**schaleneffekt** *m*, -schalenstruktur *f* (Lack, Email) / orange peel ‖ ⁺**[schalen]öl**, Pomeranzenöl *n* / orange peel oil, portugallo oil, sweet orange oil ‖ ⁺**schalenstruktur** *f*, -schaleneffekt *m* / pitting, pinholing

orange·rot / orange [red], reddish yellow ‖ **hell** ~**rot** / cinnabarine ‖ ⁺-**Zyanlinie** *f* (TV) / orange-cyan line, l-line

Orbisdruckmaschine *f* (Textil) / printing equipment by roller coloured en masse, Orbis printing machine

Orbit *m* / orbit

Orbital *n* (Atom) / orbital ‖ ~es **Antennensystem** / orbital antenna farm ‖ ⁺**antriebssystem** *n*, OMS / orbital maneuvering system, OMS ‖ ⁺**flug** *m* (Space Shuttle) / captive flight ‖ ⁺**labor** *n* / orbiting laboratory, orbital workshop ‖ ⁺**observatorium** *n* / orbiting astronomical observatory, OAO ‖ ⁺**rakete** *f* / orbital rocket ‖ ⁺**station** *f* (Raumf) / orbital station ‖ ⁺**theorie** *f* / orbital theory

Orbiter *m* (Raumf) / orbiter ‖ ⁺**stufe** *f* / orbiter stage

Orbiting Vehicle *n* / orbiting vehicle, OV

Orbitzähler, Umlaufzähler *m* (Raumf) / orbit counter

Orcein *n* (Färb) / orcein

Orcin[ol] *n* (Textil) / orcin[ol]

ordentlich, sauber / neat, nice, clean ‖ ~er **Strahl** (Doppelbrechung) (Opt) / ordinary ray

Ordinal-Merkmal *n* (Qual.Prüf) / ordinal characteristic

Ordinärbraun n (Textil) / ordinary brown
Ordinate f (Math) / ordinate ‖ **als ⌐ auftragen** / lay off as ordinate
Ordinaten·abschnitt m / intercept of an ordinate ‖ **⌐abstand** m, -differenz f / rise between two points ‖ **⌐achse** f / axis of the ordinate, Y-axis
ordnen, organisieren / arrange, organize ‖ ~, in ein System bringen / digest ‖ ~, anordnen / order v ‖ ~ (Fasern) / straighten ‖ ~ (Therblig, F.Org) / preposition v ‖ ⌐, Einreihen n / sequencing ‖ **der Größe nach** ~ / classify, grade
Ordner, Zuordner m / collator ‖ ⌐, Briefordner m / letter file ‖ **[mechanischer]** ⌐ (Walzw) / unscrambler
Ordnung f / order ‖ ⌐, Grad m (Math) / order, degree ‖ ⌐, Stufenreihe f / sequence, order ‖ ⌐, richtiger Zustand / trim ‖ ⌐ (Bau) / dimensional coordination ‖ ⌐, Stufe f (DV) / level ‖ **(erste usw)** ⌐ **einer Reaktion** / reaction order ‖ **aus der** ⌐ (Buch) / out of register ‖ **außer** ⌐, in Unordnung (Masch) / deranged, out of order ‖ **fallende, [steigende]** ⌐ / descending, [ascending] order o. sequence ‖ **in** ⌐ **bringen**, zurechtmachen / trim ‖ **nicht in** ⌐, in Unordnung (Masch) / out of order
Ordnungs·axiom n (Math) / ordering axiom ‖ **⌐begriff** m (DV) / control data pl, defining argument, key ‖ **~gemäß aufstellen** / marshal ‖ **⌐gütemaß** n, -abstand m (DV) / ordering bias ‖ **⌐lehre**, Systematik f (DV) / taxonomy ‖ **⌐nummer** f / indenture number ‖ **⌐struktur** f (Math) / order structure ‖ **⌐zahl**, Atomzahl f, OZ / nuclear charge [number], atomic number, at. no., charge on the nucleus ‖ **⌐zahl** f, Ordinalzahl f (Math) / ordinal [number]
Ordovizium n, Ordovizische Formation f (Geol) / Ordovician
Oregonfichte, -tanne f / Oregon fir o. pine, Douglas fir o. pine o. spruce, British Columbia pine
Orfordprozeß m (Nickel) / Orford process
Organ n (Biol) / organ ‖ **⌐e der Kraftübertragung** n pl (Kfz) / transmission [line]
Organdin, -dy m, Glasbatist m / organdy, organdie, glass cambric
Organigramm n, Ablaufdiagramm n / flowchart, organization[al] chart
Organiker m (Chem) / organic chemist
Organisation f / organization ‖ **⌐[sdurchführung]** f / engineering, organization
Organisations·aufruf m (DV) / control system call ‖ **⌐befehl** m / executive instruction ‖ **⌐beratung** f / system information ‖ **⌐beschreibung** f (DV) / application write-up ‖ **⌐mittel** n pl / organizing means pl ‖ **⌐plan** m, -schema n (F.Org) / organization[al] chart, organigram ‖ **⌐programm** n (DV) / executive [routine], executive control system, supervisor, supervisory program, control system, processing manager ‖ **⌐programm-Aufruf** m (DV) / supervisor o. monitor call ‖ **⌐programm-Bibliothek** f / [system] executive library
Organisation u. Verfahren (o. Methoden) (Bahn) / O and M, Organization and Methods
Organisator m (DV) / systems analyst ‖ ⌐ (F.Org) / systems man
organisatorisch, Routine… (DV) / nonproductive ‖ **~er Befehl**, Organistionsbefehl m / red tape instruction ‖ **~e Kontrolle** (DV) / housekeeping control ‖ **~e Operation**, Routinelauf m (DV) / red-tape operation, housekeeping [operation], overhead operation ‖ **~es Programm** (DV) / housekeeping [program], red-tape o. overhead program
organisch / organic ‖ **~e Analyse** / organic analysis ‖ ~ **anordnen**, arrangieren / organize ‖ **~es Ausbringen** (Aufber) / organic efficiency ‖ **~e Base** (Chem) / organic base ‖ **~er Binder** (Feuerfest) / organic binder ‖ **~e Chemie** / organic chemistry ‖ **~er Dünger** (Landw) / pomace ‖ ~ **eingebaut** / engineered in ‖ **~e Elektrizität** / bioelectricity ‖ **~e Farbstoffe** m pl / organic dyes pl ‖

ohne ~e Farbstoffe (Färb) / azootic ‖ ~er
Fußbodenbelag / organic flooring ‖ ~ **gebremster Reaktor** / organic moderated reactor, OMR ‖ ~ **gekühlt** (Nukl) / organic-cooled ‖ **~es Glas** (Plast) / organic glass, transparent plastics pl ‖ **~e Klassifizierung** / supervised classification ‖ **~es Metall** / organic metal, organometallic n ‖ ~ **moderiert** (o. gebremst) (Nukl) / organic moderated ‖ **~e Oberflächenverschmutzung** f (Reaktor) / fouling ‖ **~es Pigment** / organic pigment ‖ **~es Präparat** (Chem) / organic compound ‖ **~e Säure** / organic acid ‖ **~er Stoff** / organic matter, O.M. ‖ **~e Verbindung** (allg) / organic o. structural connection ‖ **~e Verbindung** (Chem) / organic compound ‖ ~ **werden** (o. wachsen) / organize vi
organisieren, ordnen / arrange, organize vt ‖ **sich** ~ / organize vi
organisierter Arbeiter / organized worker
Organismus m / organism
Organo·aluminiumverbindung f / organoaluminium ‖ **⌐chlor…** / organochlorine … ‖ **⌐-Halogen-Verbindung** f / organic halogen compound ‖ **~leptisch** (Chem) / organoleptic ‖ **~leptische Prüfung** (Chem) / organoleptic o. tongue test ‖ **⌐magnesium…** / organomagnesium… ‖ **⌐metall** n, metallorganische Verbindung f / metallocene, organometallic compound ‖ **~metallischer Binder** (Feuerfest) / organometallic binder ‖ **⌐metallverbindungen** f pl / organometallic compounds pl ‖ **⌐molybdän** n / organomolybdenum ‖ **⌐phosphat** n / organophosphate ‖ **⌐silan** n / organosilane ‖ **⌐silikon** n (Plast) / organosilicone ‖ **⌐siliziumverbindung** f / organosilic compound ‖ **⌐sol** n (Chem) / organosol ‖ **⌐zink** n / organozinc ‖ **⌐zinnverbindung** f, OZV / organotin compound
Organsin n, Organsin-, Organzin-, Orsoyeside f / thrown silk, organzine [silk], orsey ‖ **~gezwirnter Knüpffaden** / organzine tie thread
organsinieren, nachzwirnen / twist o. organzine silk
ORG-Aufruf m (DV) / supervisor call, SVC
Orgel f / organ, pipe organ ‖ **⌐bauanstalt** f, -bauer m / organ builder o. maker (US) ‖ **⌐pfeife** f / organ pipe ‖ **⌐pfeifenmaß** n, Mensur f / diapason ‖ **⌐stempel** m pl (Bergb) / breaker props pl
Orgware f (DV) / orgware
orientieren, recken (Textil) / orient[ate] ‖ ~, einstellen (Verm) / set right ‖ **[sich]** ~ / orient[ate]
orientierend (Klassifizierung) / preliminary
Orientierkompaß m / orientation o. orienting compass
orientiert, [aus]gerichtet / oriented
Orientierung f (Bau, Chem) / orientation, orienting ‖ ⌐ (Quarz) / crystal cut ‖ ⌐ (z.B. in einem Gebäudekomplex) / orientation ‖ ⌐ **I**, X-Schnitt m (Krist) / X-cut, face-perpendicular cut ‖ ⌐ **II**, Y-Schnitt m (Krist) / Y-cut, face-parallel cut
Orientierungs·abweichung f (Krist) / misorientation ‖ **⌐bussole** f, -kompaß m / orientation o. orienting compass ‖ **⌐doppelbrechung** f / orientation birefringence ‖ **⌐punkt** m (Verm) / control point ‖ **⌐verbesserung** f (Verm) / correction of orientation elements
Origanumöl n / origanum oil
Original n / original ‖ ⌐, Urmuster n / prototype ‖ ⌐, Vorbild n / specimen to be copied ‖ ⌐, Bezugsformstück n (Wzm) / master, original ‖ **⌐…**, Original… (Masch) / original, primitive ‖ **⌐…** (nicht von Platten usw), direkt (Ton, Bild) / live, real ‖ ⌐ **für Verkleinerungen** / microimage ‖ **⌐bohrer** m (für Gewindeschneidbacken) / original tap ‖ **⌐daten** pl (DV) / raw data pl ‖ **⌐dokument** n (Buch.m) / source document ‖ **⌐-Ersatzteil** n / genuine spare part ‖ **⌐größe** f (Kopie) / size for size ‖ **⌐halter** m (Repro) / copyboard ‖ **⌐kopie** f / master copy ‖ **⌐kreis** m (Teilmsch) / prime sector ‖ **⌐modell** n / master pattern ‖ **⌐-Mutterschablone** f / polyester master film ‖

⤙negativ n (Film) / master negative ‖ **in ⤙sprache** (Film) / undubbed ‖ **⤙ton** m (Film) / live sound ‖ **⤙ton**, O-Ton m / original sound ‖ **⤙verpackung** f / original packing
O-Ring-Dichtung f / O-ring seal
Orkan m (Windstärke 12) / hurricane ‖ **~artiger Sturm** (Windstärke 11) / storm
Orlean m (Sammelbegriff) (Färb) / orlean, orelline ‖ **⤙**, Annatto m (Färb) / annatto, methyl yellow
Orleans m (Web) / orleans, summer cloth
Orlon n (PoLyacrylnitrilfaser) (Polyacrylnitrilfaster) / fiber A, Orlon
Orlopdeck n (Schiff) / orlop deck
Ornament n / ornament ‖ **⤙glas** n, Profilglas n / figured glass
Ornamentierung f, Verteilung f der Verzierungen / ornamentation
Ornamentik f / ornamental art, decorating art
Ornamentmarmor m / ornament marble
Ornithin n / ornithine
Ornithopter, Schlagflügelflugzeug n (Luftf) / ornithopter
Oro·genese, orogenetische Bewegungen, Gebirgsbildung f (Geol) / orogenesis, orogeny ‖ **~genetisch** / orogenic ‖ **⤙graphie**, Morphographie f (Geol) / orography
OROM, optische Bildplatte in ROM-Technik / optical ROM, laser optical disk
Orsatapparat m / Orsat-type flue gas analyzer, Orsat apparatus, gas testing apparatus
Orseille f (Farbstoff), Cudbear n / orseil, orseille, cudbear ‖ **⤙**, Orcein n / archil
Orsell[in]säure f / orcellinic acid
Orsoyseide f, Organsin m / thrown silk
Ort[1] m, Fleck m, Örtlichkeit f / place, location, locality, spot ‖ **⤙**, Stelle f / spot, place ‖ **⤙**, Örtlichkeit f / locality ‖ **⤙ hoher Strahlungsdichte** / high spot ‖ **⤙ verschwindender magnetischer Feldstärke** (Phys) / kernel ‖ **an ⤙ und Stelle** / spot... (e.g. check) ‖ **an ⤙ und Stelle** (Bau) / in-situ
Ort[2] n, Ortsbrust f (Bergb) / face [of the gateway o. of work], working stall, benk ‖ **⤙**, Abbaustrecke f (Bergb) / working level ‖ **⤙**, Ahle f / awl ‖ **vor ⤙arbeiten** (Bergb) / drive the head of a gallery
Ort·balken m (Bau) / beam touching the wall ‖ **⤙-Bauverfahren** n (Bau) / site work ‖ **⤙beton** m (Ggs.: Fertigbeton) / mix-in-situ concrete, job-mixed o. site-mixed concrete ‖ **⤙betonmauer** f / wall cast in situ ‖ **⤙beton-Schlitzwand** f / in-situ concrete diaphragme wall ‖ **⤙blech** n (Dach) / verge sheet of metal
orten / take a bearing, find o. fix a direction o. a position ‖ **~** vi (Luftf) / take a bearing ‖ **~** (Schiff) / locate, localize ‖ **⤙** n / location, localization
Örter·bau m (Bergb) / board-and-stall working, stall working ‖ **⤙pfeilerbau** m / pillar mining
Ort·fach, Balkenfach n zunächst der Mauer (Bau) / tailbay ‖ **⤙gang** m (Bau) / verge flashing ‖ **⤙gangbrett** n (Bau) / verge o. barge board
Orthikon n (TV) / orthicon
Orthit, Allanit m (Min) / orthite, allanite
ortho..., o-... (Chem) / ortho..., o-..., 1,2-...
Orthobel m, Simshobel m / cornice o. moulding plane
ortho·chromatisch (Phot) / ortho[chromatic], orthoskiagraphic, isochromatic ‖ **⤙diagonale**, -achse f (Math) / orthoaxis, orthodiagonal [axis] ‖ **⤙diagraph** m (Röntgen) / orthodiagraph ‖ **⤙dichlorbenzol** n / orthodichlorobenzene ‖ **⤙drome** f, Hauptkreis m (Nav) / orthodrome, great circle ‖ **~dromisch** / orthodromic ‖ **~dromische Projektion** (Karte) / gnom[on]ische Projektion / gnomonic projection ‖ **⤙ferritscheibe** f, Orthoferritwafer n / orthoferrite wafer ‖ **⤙ferrosilit**, Orthopyroxen m (Min) / orthoferrosilite, orthopyroxene ‖ **⤙gneis** n (Geol) / orthogneiss, igneous gneiss
orthogonal / orthogonal ‖ **~**, rechtwinklig o. senkrecht zueinander / mutually perpendicular ‖ **~er Vektor** (Math) / orthogonal vector ‖ **⤙flächen** f pl / orthogonal surfaces pl

Orthogonalisierung f (Math) / orthogonalization
Orthogonal·projektion f, Aufriß m / orthogonal projection, orthograph
ortho·grafisch (Karte) / orthographic ‖ **~grafische Abbildung** (Kartographie) / orthographic projection ‖ **⤙helium** n (Phys) / orthohelium ‖ **⤙klas** m (Geol) / orthoclase ‖ **⤙klasporphyr** m (Geol) / orthophyry ‖ **~klastisch** (Geol) / orthoclastic ‖ **~metrische Höhe** (Verm) / orthometric height ‖ **⤙normierung** f (Math) / orthonormation ‖ **⤙phosphat** n / phosphate(V) ‖ **⤙phosphorsäure** f / orthophosphoric acid ‖ **⤙photo** n (Verm) / orthophoto ‖ **⤙photoplan** m (Verm) / orthophoto [map] ‖ **⤙photoskop** n / orthophotoscope ‖ **⤙phyr** m (ein Trachyt) / orthophyre, syenitic porphyry ‖ **⤙pinakoid** n / orthopinacoid ‖ **~rhombisch** (Krist) / trimetric, orthorhombic ‖ **~rhombisches System** (Krist) / orthorhombic o. prismatic system ‖ **⤙säure** f / ortho acid ‖ **~skopisch**, verzerrungsfrei (Opt) / orthoscopic ‖ **~skopische Betrachtung** (Verm) / orthoscopic viewing ‖ **~ständig** (Chem) / ortho... ‖ **~trop** (Mech) / orthotropic, orthogonal-anisotropic ‖ **~trope Fahrbahn**, Leichtfahrbahn f (Brücke) / orthotropic deck ‖ **~trope Plattenbrücke** / orthotropic plate bridge ‖ **⤙wasserstoff** m (Phys) / orthohydrogen ‖ **⤙xylol** n / orthoxylene ‖ **⤙zentrum** n (Math) / orthocenter ‖ **⤙zykloide** f / cycloid
örtlich / local, localized ‖ **~**, lokal, Orts... / topical ‖ **~e Anfärbung** (Textil) / localized dyeing ‖ **~e Aufkohlung** (Hütt) / selective carburizing ‖ **~ begrenzt** / regional ‖ **~ begrenztes Abschrecken** / differential quenching ‖ **~er Benutzer** (DV) / local user ‖ **~e Bezirkskontrolle** (Luftf) / local control ‖ **~e Erwärmung** / localized heating ‖ **~e Farbe** (Färb) / topical colour ‖ **~ festlegen**, fixieren / locate, localize ‖ **~ gestrahlte Fläche** (Gieß) / single-shot surface ‖ **~e Hemmung** (Math) / lateral inhibition ‖ **~e Korrosion** (o. Lokalkorrosion) / localized o. selective corrosion ‖ **~e Lage**, Platz m / situation, position, location ‖ **~es Material** (Bau) / near-by material ‖ **~er Nebel** (Meteorol) / local fog ‖ **~er Pfeilwinkel** (Luftf) / local sweep angle ‖ **~ reflektierte Protonen** n pl / locally mirroring protons pl ‖ **~es Sieden**, Oberflächensieden n / incipient o. surface boiling ‖ **~e Störung** (Meteorol) / blob ‖ **~e Wetterämter** n pl (Meteorol) / secondary data users pl
Örtlichkeit f, Ort m / locality, location
Orton-Kegel m / Orton cone
Ort·pfahl, -pflock m (Bergb) / corner stake ‖ **⤙pfahl** m (Bau) / situ-cast pile
Orts·... / local ‖ **⤙ältester** m (Bergb) / face boss ‖ **⤙amt** n, -vermittlung f (Fernm) / local central office, local exchange ‖ **⤙anfangschild** n / beginning of built-up area board ‖ **⤙anschlußkabel** n (Fernm) / local junction cable ‖ **⤙antenne** f (TV) / community antenna ‖ Fernsehen über **⤙antennenanlage** (TV) / community antenna television, CATV ‖ **⤙batterie** f, O.B. (Fernm) / local battery, L.B. ‖ **⤙batteriebetrieb** m, OB-Betrieb m (Fernm) / local battery working ‖ **⤙batteriesystem** n mit Induktoranruf (Fernm) / magneto system ‖ **⤙bausatzung** f (Bau) / local development plan ‖ **⤙bebauungsplan** m / local plan for housebuilding ‖ **⤙bedienung** f / local control ‖ **⤙behörde** f / local authority ‖ **⤙belegschaft** f (Bergb) / face crew ‖ **⤙bereich** m (Fernm) / local area ‖ **⤙bestimmung** f, Peilung f / position finding o. fixing, taking of a bearing ‖ **⤙bestimmung** f, Ortung f (Raumf) / pointing ‖ **⤙bestimmung** f eines Leitungsfehlers (Fernm) / localizing a line failure ‖ **⤙betrieb** m, Nahbetrieb m (Fernm) / local operation ‖ **⤙betrieb** m (Bergb) / face working ‖ **⤙beweglich**, -veränderlich / travelling, traveling (US), portable, locomotive ‖ **⤙beziehung** f (Math) / topological relation
Ortschaft f (Straßb) / built-up area
Ort·schaum m (Plast) / in-situ cellular plastic, in-situ PUR foam ‖ **⤙schaumdach** n / flat roof with in-situ PUR

foam ‖ ⌐schicht f (Dachd) / verge course, extreme row of slates o. tiles

Orts·durchfahrt f / passage through a community o. through a built-up area ‖ ⌐empfang m / short-distance receiving ‖ ⌐empfänger m (Elektron) / local receiver ‖ ⌐endeschild n (Straßb) / end of built-up area board ‖ ⌐farbe f / topical colour ‖ ~fest, standfest / stationary, fixed ‖ ~fester Absetzer (Bergb) / fixed rotating stacker ‖ ~feste Batterie (Elektr) / stationary battery ‖ ~feste Maschine / fixed machine ‖ ~fester Motor / stationary engine ‖ ~fester Überladekran / stationary revolving crane ‖ ⌐frequenzebene f (Trägerfrequenzphotographie) / spatial frequency plane ‖ ⌐frequenzfilter n (Opt) / spatial-frequency filter ‖ ⌐funktion f (Math) / point o. position function ‖ ⌐gebühr f (Fernm) / local rate ‖ ~gebunden (Personal) / sedentary ‖ ⌐gespräch n (Fernm) / local call, unit-fee call (GB) ‖ ⌐gleichung f / equation of the locus ‖ ⌐kennung f (Luftf) / location indicator ‖ ⌐klinke f (Fernm) / local jack ‖ ⌐kurve f (Math) / locus curve ‖ ⌐kurve f des Frequenzganges (Elektronik) / Nyquist plot ‖ ⌐kurvenschreiber m / local oscillograph ‖ ⌐leitung f (Fernm) / local line ‖ ⌐leitung f, Ortsverbindungsleitung f (Fernm) / local junction line, interoffice trunk ‖ ⌐leitungswähler m (Fernm) / local line selector ‖ ⌐mißweisung f / magnetic declination o. deviation o. variation ‖ ⌐netz n, ON n (Fernm) / local telephone network, exchange area ‖ ⌐netzkennzahl f, ONKz (Fernm) / area code ‖ ⌐pfahl m / situ-cast pile ‖ ⌐planung f, städtebauliche Planung / local development plan ‖ ⌐selbstwählamt n / community automatic exchange, CAX, (US auch:) CDO ‖ ⌐sender m (Funk) / local channel [station] (US) o. broadcasting station, local sender, regional transmitter ‖ ⌐stapelbetrieb m (DV) / local batch mode ‖ ⌐stoß m (im Streb) (Bergb) / face (of the gateway o. of work), working stall o. place, gallery o. gate end o. head ‖ ⌐stoß m (Streckenende) (Bergb) / foretread ‖ ⌐stoß m im Pfeiler (Bergb) / breast ‖ ⌐stoß m in massiver Kohle (Bergb) / fast ‖ ⌐strecke f (Bergb) / gate ‖ ⌐strom m (Elektr) / local current ‖ ⌐stromkreis m (Fernm) / local circuit ‖ ⌐tafel f (Straßb) / place identification sign ‖ ⌐tarif m (Fernm) / local tariff ‖ ⌐tastung f (Fernm) / local keying ‖ ⌐teilnehmer m (Fernm) / local subscriber

Ort·stein m, -ziegel m (Dachd) / border tile, margin tile ‖ ⌐stein m (Landw) / hardpan ‖ ⌐stein m (Straßb) / second cheek stone ‖ ⌐stein m (eine Bodenart) / iron [humus] pan ‖ ⌐stein m / iron pan ‖ ⌐stein m (eine Bodenart) / humus pan

Orts·toleranzen f pl / tolerances pl of location

Ortstoß m (Bergb) s. Ortsstoß

orts·üblicher Grundlohn (F.Org) / going rate o. wage ‖ ⌐umgehung f (Straßb) / roundabout ‖ ⌐vektor, Radiusvektor m / radius o. position vector (pl. radii vectores, radius vectors) ‖ ~veränderlich, beweglich / locomotive, mobile ‖ ~veränderlich, fahrbar / movable, moveable, portable ‖ ⌐veränderung f / change of place, shifting ‖ ⌐veränderung f, Fortbewegung f / locomotion ‖ ⌐veränderung f, Fortbewegung f / shifting ‖ ⌐verbindung f, -gespräch n (Fernm) / local connection, local call ‖ ⌐verbindungskabel n / local junction cable ‖ ⌐[verbindungs]leitung f, OL (Fernm) / local [junction] line, interoffice trunk ‖ ⌐verkehr m (Fernm) / local communication ‖ ⌐verlängerungsleitung f, OVL (Fernm) / local extension circuit ‖ ⌐vermittlung f, -amt n (Fernm) / local central office, local exchange ‖ ⌐wagen, Stückgutkurswagen m (Bahn) / station wagon ‖ kleines ⌐wählamt / community automatic exchange, CAX ‖ ⌐wähler m (Fernm) / local selector ‖ ⌐wähler m mit Kennziffernausscheidung / local selector with digit discrimination ‖ ⌐zeit f / local [standard] time, LST

Ortung, Ortsbestimmung f / bearing, taking of a bearing, locating ‖ ⌐ durch Magnetfeldstörung / magnetic anomaly detection, MAD

Ortungs·antenne f / position fixing antenna ‖ ⌐funkmeßgerät n / radiolocation equipment, radiogoniometer ‖ ⌐funkstelle f / radiodetermination station ‖ ⌐gerät n (allg) / detector ‖ ⌐gerät, Peil-, Suchgerät n (Luftf, Schiff) / locating equipment o. device ‖ drahtloses ⌐gerät / direction finder, DF, radiogoniometer ‖ ⌐objekt n (Radar) / distant object, target ‖ ⌐punkt m (Luftf) / landmark ‖ ⌐radar m n / direction finding radar, DF radar ‖ ⌐station f / DF transmitter o. station ‖ ⌐- und Verfolgungsradar m n / acquisition and tracking radar ‖ aktives ⌐verfahren (Radar) / secondary radar ‖ ⌐werte m pl / present position data pl

Ortziegel m (Dachd) / gable tile

Os n (langgestreckter Geschiebehügel), Esker m (Geol) / esker, eskar

Ösaggregat n (Wzm) / looper

Osazon n (Chem) / osazone

O-Schale f (Nukl) / O-shell

Ose f (Chem) / ose ‖ ⌐ (z.B. für Schuhe) / eyelet ‖ ⌐, Auge, Ohr n / lug, eye ‖ ⌐, Öhr n, Ring m / ring, loop, link ‖ ⌐ für gerade Strecke (Elektr) / straight-line ear ‖ ⌐ für Krümmungen (Elektr) / curve ear

Ösen·haken m (Kran) / eye hook ‖ ⌐kopf m (Luftf) / rod end ‖ ⌐leiste f (Web) / thread guide carrier ‖ ⌐loch n (Schuh) / eyelet hole ‖ ⌐maschine f (Schuh) / eyelet forming machine ‖ ⌐nähmaschine f / eyeletting machine ‖ ⌐schraube f / eyelet bolt ‖ ⌐schraube f, -spannschraube f / tightening eyebolt ‖ ⌐sockel m (Elektr) / cap with connecting loops ‖ ⌐streifen m / eyelet stay o. facing ‖ ⌐zange f / eyelet punch o. pliers o. pincers pl

OSF f / Open Software Foundation, OSF

OSI n (von ISO geschaffenes Verbindungssystem), ISO-Schichtenmodell n, Referenzmodell n für offene Verbindungen, OSI-RM (DV) / OSI, open systems interconnection ‖ ⌐-Empfehlungen f pl (DV) / OSI-recommendations pl

Oskulation f (Math) / osculation

Oskulations·... (Math) / osculating ‖ ⌐ebene f / osculating plane ‖ ⌐kreis m / osculating circle

oskulierende Bahn / osculating orbit

Osmat, Salz der Osmiumsäure / osmate

OSM-B = offenes Siemens-Baugruppensystem

Osmiridium, Iridosmium n (Min) / osmiridium, iridosmine

Osmium n, Os n (Chem), Os ‖ ⌐... (Chem) / osmic ‖ ⌐legierung f / osmide ‖ ⌐(IV)-Oxid, -dioxid n / osmic oxide ‖ ⌐tetroxid n, (fälschlich:) Osmiumsäure f / osmium tetroxide, (erroneously: osmic acid)

Osmo·logie f / osmology ‖ ⌐meter n (für Messung osmotischer Drücke) / osmometer ‖ ~metrisch / osmometric

Osmondit m (Hütt) / osmondite

osmo·phor / osmophore ‖ ~phore Gruppe / osmophore, odoriphore, aromatophore

Osmose f / osmosis, membrane diffusion, chemosmosis ‖ auswärts verlaufende ⌐ / exosmosis ‖ durch ⌐ übergegangene Flüssigkeit / osmosed liquid ‖ einwärts verlaufende ⌐ / endosmosis ‖ ⌐verfahren n (Holzschutz) / osmosis process

osmotisch / osmotic ‖ ~er Druck / osmotic pressure ‖ ~ gebundenes Wasser / osmotic suction water ‖ ~er Koeffizient / osmotic coefficient

Oson n (Chem) / osone

Ossannakreis m (Elektr) / Ossanna's circle

Ossein n, Knochenleim m / ossein, collagen

O₂-Stahl m (Hütt) / oxygen refined steel

Osten, nach ⌐ gerichteter Start (Raumf) / easterly launching

ostindisch·er Hanf / East Indian hemp, Chinese hemp ‖ ~es Satinholz / East Indian o. Ceylon satinwood

Östradiol n / β-estradiol
Ostwald·scher Farbenatlas / Ostwald colour atlas ‖
 ⤙scher Farbkörper / Ostwald colour body ‖ ⤙sche
 Indikatortheorie f / Ostwald's theory of indicators ‖
 ⤙sches Verdünnungsgesetz / dilution law of Ostwald
Ost·-West-Abweichung f (Fernm) / east-west rate of
 change ‖ ⤙-West-Bahn f eines Planeten / orbit of a
 planet from east to west ‖ ⤙-West-Effekt m (Nukl) /
 east-west effect
Oszillation f, Schwingung f / oscillation ‖ ⤙, periodische
 Bewegung (Phys) / vibration, undulating motion ‖ ⤙
 (Math) / extraneous solution, spurious solution
Oszillationspumpe f (Vakuum) / reciprocating pump
Oszillator, Summer m (Akustik, Elektronik) / oscillator ‖ ⤙,
 Schwinger m (Elektronik) / oscillator, generator ‖
 ⤙-Abstimmraum m / oscillator cavity ‖ ⤙frequenz f /
 oscillator frequency, OF ‖ ⤙kreis m / oscillator circuit
 ‖ ⤙quarz m / oscillator quartz o. crystal ‖ ⤙-Rauschen
 n / oscillator noise ‖ ⤙röhre f (Elektronik) / oscillator
 tube
oszillieren, schwingen / oscillate
oszillierend, hin- und hergehend / oscillating, oscillatory ‖
 ⤳er Greifer (Nähm) / central bobbin shuttle, C.B.
 shuttle, oscillating shuttle ‖ ⤳er Strom / oscillating
 current
Oszillogramm n / oscillogram ‖ ⤙, Oszillographenblatt n /
 oscillograph chart ‖ geschlossenes o. schleifenförmiges
 ⤙, Lissajousfigur f / cyclogram, Lissajous figure
Oszillograph m (Lichtstrahl-) / oscillograph ‖ ⤙
 (Schleifen-) / Duddel oscillograph
Oszilloskop n (Kathodenstrahl-) / oscilloscope, scope
 (coll) ‖ ⤙ mit 2 Plattenpaaren für
 Schleifendarstellung, Polaroszilloskop n / cyclograph
 ‖ ⤙anzeige f / scope trace ‖ ⤙röhre f / oscilloscope tube
OT-Geber m (= oberer Totpunkt) (Mot) / crankshaft
 position sensor
Otolith m (Min) / otolith
otro, ofentrocken (Pap) / oven-dry
OTS, orbitaler Test-Satellit m / OTS, orbital test satellite
Otto·-Core n (Nukl) / once-through then-out core ‖
 ⤙kraftstoff m / carburettor fuel, gasoline, gas[olene]
 (US), petrol (GB), motor spirit o. fuel (GB)
Ottoman m (Textil) / ottoman rib
Ottomane·bindung f (Textil) / ottoman weave
Otto·motor m / Otto engine, spark ignition engine ‖
 ⤙verfahren n, -kreisprozeß m / constant volume cycle,
 Otto cycle
Ottrelith, Karstin m (Min) / ottrelite ‖ ⤙, Chloritoid m
 (Min) / masonite
Ouabain n (Chem) / ouabain
Outband-Zeichengabe f (DV) / outband signalling
Out-of-Core·-Thermionik f (Nukl) / out-of-core
 thermionic ‖ ⤙-Thermionikreaktor m / out-of-core
 thermionic reactor
Outputmeter n / output meter
Outsert-Technik f (Plaseinsätze in Blechplatine) / outsert
 technology
Outslot-Zeichengabe f (DV) / outslot signalling
Oval n, Eilinie f / oval ‖ ⤳ / oval, oviform ‖ ⤳er
 Abwasserkanal / sewer of oval cross section ‖ ⤙ansatz
 m (Schraube) / oval shoulder ‖ ⤙bogenanlage f
 (Strangguß) / oval arc plant
Ovalbumin n, Ovoalbumin n / ovalbumin
Oval·drehbank f / oval[-turning] lathe ‖ ⤙haspel m f
 (Textil) / oval winch ‖ ⤙kaliber n (Walzw) / oval pass ‖
 ⤙litze f / oval strand ‖ ⤙radzähler m / oval disk o. oval
 wheel [liquid] meter, elliptical gear meter ‖ ⤙relais n /
 oviform relay ‖ ⤙schieber m / oval-body valve ‖
 ⤙werk n / oval chuck ‖ ⤙zirkel m / oval compasses pl
Overall m / dungarees pl, overall[s]
Overdrive m (Kfz) / overdrive
Overflowmaschine f (Textil) / overflow machine

Overhead n, Gemeinkosten pl / overhead [cost] ‖ ⤙-Folie
 f für Projektion / overhead transparent foil ‖
 ⤙projektor m (Phot) / overhead projector
Overlay m (TV) / overlay ‖ ⤙ n (DV) / overlay ‖ ⤙-Netz n
 (Fernm) / overlay network ‖ ⤙-Papier n (Plast) / overlay
 paper ‖ ⤙technik, integrierte Struktur f (Halbl) / overlay
 technique ‖ ⤙-Technik f (DV) / overlay technique ‖
 ⤙-Transistor, Überdeckungs-Transistor m / overlay
 transistor
Overlocknaht f (Textil) / overlock seam
Overshot n (Öl) / overshot n
Ovizid n / ovicide ‖ ⤳ / ovicidal
OVSt (Fernm) = Ortsvermittlungsstelle
OW = Oberwasserstand
OW-Emulsion f / oil-in-water emulsion, L-H (lipos,
 hydor)
Owens[sche Flaschenblas]maschine f / Owens' bottle
 blowing machine
O.W.Sp. = Oberwasserspiegel
Oxal·... / oxalic ‖ ⤙at n (Chem) / oxalate ‖ ⤙ieren n /
 oxalic acid treatment ‖ ⤙it m (Min) / humboldtine ‖
 ⤙salz n, Oxalat n / oxalate, ethandioate ‖ ⤙salz n,
 Oxalat n / ethanedioate ‖ ⤳sauer / oxalic ‖ ⤙säure f /
 oxalic acid
Oxalyl... / oxalyl...
Oxamid n (Chem) / oxamide
Oxazin, Phenoxazin n / oxazin[e] ‖ ⤙farbstoffe m pl /
 oxazin dyes pl
Oxazol n / oxazole
Oxethylierung f, Ethoxylierung f / ethoxylation
Oxford m (Web) / Oxford ‖ ⤙-Indiapapier n / Oxford
 paper
Oxid n / oxide ‖ ⤙ablagerung f / oxide deposit
Oxidase f / oxidase
Oxidation f / oxidation ‖ ⤙ an Luft (Öl) / air oxidation ‖
 ⤙-Reduktion f / oxidation-reduction, oxydoreduction
Oxidations·base f / oxidation base ‖ ⤙beständigkeit f /
 oxidation stability ‖ ⤙farbstoff m / oxidation dye ‖
 ⤳frei, nicht oxidierend / non-oxidizing ‖ ⤳freie
 Wärmebehandlung / non-oxidizing heat treatment ‖
 ⤙grad m (Sintern) / degree of oxidation ‖ ⤙inhibitor m /
 oxidation inhibitor, antioxidant ‖ ⤙katalysator m (Kfz) /
 oxydation-type catalytic converter ‖ ⤙mittel n,
 Oxidierungsmittel n / oxidant, oxidizer, oxidizing agent
 ‖ ⤙-Reduktion f / oxidoreduction ‖ ⤙-Reduktionskette
 f, Redoxkette f / oxidation-reduction cell, reduction-
 oxidation cell, redox cell ‖ ⤙schwarz, Hängeschwarz n
 (Textil) / oxidation black ‖ ⤙stufe f, -zahl f, -wert m
 (z.B. +2) / oxidation number (e.g. +2) ‖ ⤙teich m
 (Abwasser) / bio-oxidation pond ‖ ⤙zone f (Geol) / zone
 of weathering, oxidation zone
Oxidator m, Oxidans n (pl: -dantien) (Rakete) / oxidant,
 oxidation agent
Oxid·-Disperionswerkstoff m / oxide dispersion
 strengthened material ‖ ⤙einschluß m (Hütt) / oxide
 inclusion ‖ ⤙einsprenkelung f (Hütt) / broken oxide ‖
 ⤙haut f / oxide skin o. film
oxidierbar / oxidable, oxidizable
Oxidierbarkeit f / capability of oxidation, oxid[iz]ability
oxidieren, mit Sauerstoff verbinden o. anreichern /
 oxygenate, oxygenize ‖ ⤳ vi, oxidiert werden / oxidize
 vi, become oxidized ‖ ⤙ n, Oxidationsvorgang m,
 Oxidierung f / oxidation process, oxidizing ‖ ⤙,
 Oxidationsvorgang m / oxidizing ‖ ⤙,
 Sauerstoffanlagerung f / oxygenation
oxidierend / oxidizing adj ‖ ⤳e Flamme / oxidizing flame
 ‖ ⤳es Rösten (Hütt) / oxidation roasting, oxidizing
 roasting
oxidiert / oxidized ‖ ⤳, geblasen (Öl) / blown ‖ ⤳e
 Gasblasen f pl (Gieß) / oxidized blowholes pl ‖ ⤳e
 Kante (Hütt) / blue edge ‖ ⤳es Leinöl (Linoleumherst.) /
 oxidized linseed oil
Oxidimetrie, Redoxanalyse f / oxidimetry
oxidimetrisch / oxidimetric

oxidisch / oxidic
Oxid·isolation f (Halbl) / oxide isolation ‖ ⁓**kathode** f / oxide cathode, Whenelt cathode ‖ ⁓**keramik** f / oxide ceramics pl ‖ ⁓**keramischer Werkstoff** / oxide ceramic material ‖ ⁓**maske** f / silicon oxide mask, oxide mask ‖ ⁓**röhre** f (Elektronik) / oxide coated filament tube ‖ ⁓**schicht** f / oxide film ‖ **die** ⁓**schicht entfernen** (Hütt) / remove the oxide film ‖ ⁓**[schicht]kathode** f / oxide [coated] cathode ‖ ⁓**verlust** m / oxide shedding
Oxim n / oxime
Oximid n / oximide
Oxindol, Indoxyl n / oxindole
Oxo-cyclo-Tautomerie f (Chem) / oxy-cyclo tautomerism
Oxonium·... / oxonium... ‖ ⁓**salz** n / oxonium salt
Oxo·säure, Oxysäure f / oxy-acid, oxo-acid ‖ ⁓**synthese** f, -verfahren n, Hydroformylierung f / Oxo process o. synthesis
Ox-Redox-Verfahren n / ox-redox process
Oxweldschweißung, Preßschweißung f / Oxweld welding
Oxy·-Azofarbstoff m / oxy-azo dye ‖ ⁓**cel** n, Celluronsäure f / cellulosic acid ‖ ⁓**cellulose** f / oxidized cellulose, oxycellulose ‖ ⁓**chinolin** n (Chem) / oxyquinoline, 8-hydroxyquinoline ‖ ⁓**chlorid** n / oxychloride ‖ ⁓**chloridzement** m (Bau) / oxychloride cement ‖ ⁓**gen** n, Sauerstoff m, O / oxygen [gas] ‖ ⁓**genase** f, Atmungsferment n / oxygenase, atmungsferment ‖ ⁓**genstahl** m / top-blown steel ‖ ⁓**keton-Farbstoff** m / oxyketone dye ‖ ⁓**nitril** n / cyan[o]hydrin ‖ ⁓**propionsäure** f / hydroxypropionic acid, lactic acid ‖ ⁓**säure**, Oxosäure f / oxy-, oxo-acid
OZ = Oktanzahl
Ozalid·pause f / ozalid print ‖ ⁓**verfahren** n / ozalid process
ozeanisch / oceanic
Ozeankarte f / ocean map
ozeanografisch / oceanographic[al]
Ozeanographie f / oceanography
Ozeanologie f / oceanology, marine science
Ozeanstationsschiff n / ocean station vessel
Ozelitwiderstand m / ocelit rod o. resistor
Ozobromdruck m, Carbrodruck m (Phot) / ozobrome o. carbro print
Ozokerit m / ozokerite, ozocerite, mineral o. earth wax, lignite wax (US), petrostearin[e]
Ozon n / ozone, active oxygen ‖ ⁓**abbau** m / ozonolysis ‖ ⁓**anlage** f / ozonizing plant ‖ ⁓**bleiche** f (Textil) / ozone bleach ‖ ⁓**fest** / ozone-proof ‖ ⁓**gewinnungsanlage** f / ozonator o. ⁓**haltig**, Ozon... / ozonic, ozoniferous, containing ozone ‖ ⁓**ide**, explodierende Öle n pl / ozonides pl
Ozonisator m / ozonizer
ozonisieren, in Ozon verwandeln, mit Ozon behandeln / ozonize
ozonisiertes Wasser, Ozonwasser n / ozone o. ozonized water
Ozonisierung, Ozonisation f / ozonization
Ozonisierungs·apparat, Ozonisator m / ozonizer, ozonizing apparatus
Ozon·loch n / ozone hole ‖ ⁓**messer** m / ozonometer
Ozono·graph m, registrierendes Ozonoskop / ozonograph ‖ ⁓**skop** n / ozonoscope
Ozon·[reagenz]papier, Jodkaliumstärkepapier n / ozone paper ‖ ⁓**rißbildung** f / ozone cracking ‖ ⁓**schicht**, Ozonosphäre f (in 20-35 km Höhe) / ozone layer, ozonosphere ‖ ⁓**schutzmittel** / antioxidant (GB), antiozonant (US) ‖ ⁓**spaltung** f, Ozonolyse f / ozonolysis
Ozonung f / ozonization
OZ-Teil n, Teil n ohne Zeichnung (F.Org) / part without drawing, not represented part
OZV = Organozinnverbindung

P

p.a. (pro analysi), analysenrein (Chem) / analytical[ly pure]
Pa = Pascal
PA = Polyamid
Paar n / pair, couple ‖ ⁓, Zweiergruppe f (Math) / dyad, duad ‖ ⁓ **gleichwertiger Dinge** / peer ‖ ⁓**bildung** f (Nukl) / pair emission o. generation o. production ‖ ⁓**bildungsgeschwindigkeit** f (Halbl) / pair generation speed ‖ ⁓**bildungsgrad** m (Halbl) / pair creation o. generation rate ‖ ⁓**elektronen** n pl / paired electrons pl
paaren, zusammenpassen / match, mate, pair ‖ ⁓ n (Masch) / mating ‖ ⁓ **von Teilen** / pairing of pieces ‖ **Säulen** ⁓, paarweise ordnen (Bau) / couple columns
paargekoppeltes Netz (DV) / peer-coupled network, peer-to-peer network
paarige Karten f pl (LoKa) / equal o. matching cards
Paarigkeit f / quality of being paired o. mated ‖ ⁓ (Biol) / existence in pairs, gemination
Paarig·stehen n der Zeilen (TV) / twinning, pairing
Paar·prüfung f (DV) / peer checking ‖ ⁓**selektierter Ternärcode** / peer selected ternary code ‖ ⁓**triebwerk** n (Luftf) / paired engines pl
Paarung, Doppelung / copulation ‖ ⁓, Paarbildung f / combination, pairing ‖ ⁓ f, Doppelung f, Zwillingsbildung f (Krist) / pairing ‖ **Auslese**⁓ (Passung) / selective assembly ‖ **fehlerhafte** ⁓ / mismatch
Paarungs·energie f (Nukl) / pairing energy ‖ ⁓**kraft** f (Nukl) / pairing force ‖ ⁓**maß** n (Masch) / pairing dimension ‖ ⁓**teile** n pl / paired pieces pl
Paar·vernichtung, -zerstrahlung f (Nukl) / mutual annihilation ‖ ⁓**verseiltes Kabel** / paired o. twin cable ‖ ⁓**vertauschung** f (DV) / peer transposition ‖ ⁓**weise**, gepaart / paired ‖ ⁓**weise gegossen** (Gieß) / twin-cast, cast in pairs ‖ ⁓**weise gewalzte Bleche** n pl (Walzw) / doubles pl ‖ ⁓**weise Sortierung** / bubble sort (US)
pa-Behälter m (= porteur aménagé) (Bahn) / pa-container
P-Abweichung f, bleibende Regelabweichung (Regeln) / offset [behaviour], position error, proportional offset
PAC = Polyacrylnitril
Paccoschalter m (Elektr) / metal-clad switch
PACE n (Halbl) / processor and control element, PACE
Pacemaker m (Med) / heart pacemaker
Pacht..., gepachtet / leasehold
pachten vt, verpachten (Landw) / rent vt ‖ ⁓ (Landw) / take a lease of, rent
Pacht·, kleines ⁓**grundstück** / allotment (GB) ‖ ⁓**gut** n / farming lease
Pack m n, Packen m, Ballen m / pack, bale
Pack n (engl. Textilmaß) / pack
Packagekessel m (in der Werkstatt zusammengebaut, selbsttragend) / package boiler
Päckchen n / packet ‖ ⁓ (Post) / small parcel
Packeis n / pack, pack-ice ‖ **loses** ⁓ (Schiff) / rubble
Packeisgebiet, ausgedehntes ⁓ / ice pack
packen vt, ergreifen / clutch ‖ ⁓, greifen / grab, seize ‖ ⁓ (DV) / pack ‖ ⁓, ein-, verpacken / pack, wrap [up] ‖ ⁓, verdichten / pack vt ‖ ⁓ vi, angreifen (Masch) / bite-in, catch ‖ ⁓, beißen / hold fast, catch ‖ ⁓, anziehen (von Schrauben) / take, put on ‖ ⁓ n, Verpacken n / packing ‖ ⁓ m, Ballen m / bale ‖ ⁓ (Bergb) / caving material ‖ ⁓ (Schriftstücke, Papier usw.) / bundle ‖ ⁓, Ballen m, Bündel n / bale ‖ ⁓ **in Fässer** ⁓ (Trockensubstanzen) / cask, pack in kegs ‖ **in Pakete** ⁓ / parcel ‖ **in Säcke** ⁓ / pack into sacks o. bags
Packerei f / shipping bay, packing area ‖ ⁓ **für Dosen** / cartooning area ‖ ⁓**gebäude** n / packing shed

Pack·färben n (Textil) / pack dyeing ‖ ⌐**faschinenlage** f, Deckwerk n / protection by fascines, fascine layer ‖ ⌐**faß** n / dry cask, barrel ‖ ⌐**faß** (bis 10 gall.) / keg ‖ ⌐**film** m / packfilm, film pack
Packfong, Neusilber n / German o. nickel silver
pack·gefärbt (Färb) / package dyed ‖ ⌐**hadern** f pl (Pap) / packing cloth rags pl ‖ ⌐**hahn** m (DIN 7112) / gland tap, stuffing box cock ‖ ⌐**kiste** f / packing case o. box ‖ ⌐**-Knippmaschine** f (Zuck) / combined cutting and packing machine ‖ ⌐**krepp** m / crêped packing paper ‖ ⌐**lage** f (Straßb) / base, bed, hard core, bottoming, Telford base, metal foundation (US) ‖ ⌐**lage** f **von Schlacke** / slag base ‖ ⌐**leinwand** f, Sackleinwand f / pack[ing] cloth o. canvas o. duck, bagging o. sack cloth, coarse canvas, sacking ‖ ⌐**liste** f / packaging manual, packing list, docket (GB) ‖ ⌐**material** n / packing [material] ‖ ⌐**nadel** f / packing needle, collar needle ‖ ⌐**papier** n / wrapping o. packing paper, packaging paper ‖ **festes** ⌐**papier** / strong wrapping paper, basket cap (GB) ‖ ⌐**papierumhüllung** f **für Papierrollen** / paper shell ‖ ⌐**pappe** f / cardboard for packing ‖ ⌐**presse** f / packing press ‖ ⌐**presse** f **für Garn** (Textil) / bundle o. bundling press ‖ ⌐**rolle** f **für Kabel** / cable guide pulley ‖ ⌐**schein** m, -zettel m / packing list, docket (GB) ‖ ⌐**schlauch** m (des Fallschirms) / sleeve of the parachute ‖ ⌐**schlaufe** f (Fallschirm) / stowage loop ‖ ⌐**schnur** f / pack thread, packing cord ‖ **unitisiertes** ⌐**stück** (Schiff) / unitized load o. package ‖ ⌐**stück** n / filled package ‖ ⌐**stück** n, Verpackungseinheit f / packing unit ‖ ⌐**tisch** m / bagging board, packing board ‖ ⌐**- und Bündelpresse** f / spinning-drying-cutting-baling machine
Packung f (abgepackte Menge) / package ‖ ⌐, Dichtung f / stuffing, packing ‖ ⌐, Steinpackung f für trockene Mauer (Bau) / dry wall, stone packing ‖ ⌐ (DV, Nukl) / packing
Packungs·anteil m (Nukl) / packing fraction o. factor ‖ ⌐**art** f (Krist) / arrangement of the crystals in lattices ‖ ⌐**dichte** f / packing density ‖ ⌐**dichte**, Informationsdichte f (DV) / packing density ‖ ⌐**dichte** f **im Kocher** (Pap) / degree of packing ‖ ⌐**dichte** f **von Bauteilen** (Elektronik) / component density ‖ ⌐**effekt** m / packing effect, mass defect ‖ ⌐**ring** m, -scheibe f / packing ring o. disk o. washer, gasket ‖ ⌐**satz** m **mit mehrfacher Lippendichtung** / multiple-lip packing set ‖ ⌐**zieher** m, Stopfbüchsenzieher m / packing worm, packing extractor
Pack·wagen m (Bahn) / luggage van (GB), baggage car (US), brake van o. car, van (GB) ‖ ⌐**werk** n (aus Faschinen) (Hydr) / mattress ‖ ⌐**werk** n, Steinschüttung f / stone filling o. packing ‖ ⌐**zettel** m, -schein m / packing list, docket (GB)
Padang-Zimt m / Padang o. Batavia Cassia, Cassia vera
Paddel·becken n (Abwasser) / paddle tank ‖ ⌐**-Färbemaschine**, Schaufelrad-Färbemaschine f (Textil) / paddle dyeing machine ‖ ⌐**mischer** m, Schaufelmischer m / paddle o. wing mixer ‖ ⌐**waschmaschine** f (Textil) / paddle washing machine
Padding n (allg, DV) / padding ‖ ⌐**maschine** f (Textil) / padding machine o. mangle, pad ‖ ⌐**-Reihenkondensator** m / oscillator padder
Paddles n pl (DV) / paddles pl
Pad-Jig-Färben n / pad-jig dyeing
Pad-Roll-Verfahren n (Färb) / pad-roll method
Pad-Steam-Ausrüstung f (Textil) / pad-steam finish
Paging n (Übertragen großer Informationsmengen von einem Speicher zum anderen) (DV) / paging, ping pong ‖ ⌐ (Programm-Umbruch in Seiten zu je 1024 Wörtern), Seitenadressierung f (DV, Programmierung) / paging ‖ **bedarfsabhängiges** ⌐ / demand paging
paginieren (Buch) / page, mark the page[s], number the page[s]
Paginier·maschine f / paging machine, numbering machine ‖ ⌐**stempel** m / paging stamp

Pagodit, Agalmatolith m (Min) / pagodite
pa-Großbehälter m (Bahn) / pa-container
Pahrphase f (Nukl) / post-accident heat removal phase, PAHR
Pahthanf m / Chinese hemp
Paket n / parcel, packet, pack[age] ‖ ⌐, Federsatz m / stack of contacts, pile-up ‖ ⌐, Kontaktblock m (Relais) / stack of contacts ‖ ⌐ [von Programmen] / package [of programs] ‖ ⌐, Bündel n / bundle ‖ **[kleines]** ⌐ / packet ‖ ⌐**ausleger** m (Buch) / stacker ‖ ⌐**binder** m (Hütt) / piler, bundler
Paketieren n (Hütt) / briquetting, busheling, fagotting ‖ ⌐, in Paketform bringen (DV) / packetize ‖ ⌐ (Schrott, Hütt) / bundle, bale, strap ‖ ⌐ (Elektronik) / pack ‖ ⌐, Blechen n (Elektr) / bundling o. packing of laminations ‖ ⌐ (DV) / packetization
Paketier·ofenmann m (Walzw) / hooker, drag-out ‖ ⌐**presse** f / packing press ‖ ⌐**schrott** m, paketierter Schrott / baled scrap, fagotted scrap ‖ ⌐**schrott** m, zu paketierender Schrott / scrap for baling
Paket·schalter m (Elektr) / multi-section rotary switch, deck o. gang[ed] switch ‖ ⌐**schneiden** n (von Blech) (Hütt) / mill shearing (sheet steel) ‖ ⌐**spannung** f (Wzm) / stacked mounting ‖ ⌐**teilnehmer** m (Fernm) / packet-terminal customer ‖ ⌐**vermittlung** f (DV) / packet switching, P/S ‖ ⌐**vermittlungsknoten** n / packet switch node ‖ ⌐**vermittlungsnetz** n, DATEX-P / packet switching net, packetnet ‖ ⌐**verstärker** m (Fernm) / repeater on packets, ROP ‖ ⌐**waage** f / Post Office scale ‖ ⌐**walzen** n / pack-rolling ‖ ⌐**wärmeofen** m / fag[g]otting furnace, pack [heating] furnace, sheet heating furnace
Pakohaar n (Textil) / paco hair
PAL n (= phase alternation line) (ein Fernsehsystem) / PAL ‖ ⌐ (Plast) = Polyacrylnitril ‖ ⌐ (ein programmierbarer Logikbaustein) / programmable array logic, PAL
Paläo·... / palaeo... (GB), paleo... (US) ‖ ⌐**biochemie** f / palaeo-biochemistry ‖ ⌐**botanik**, -phytologie f / palaeobotany ‖ ⌐**lithikum** n, Altsteinzeit f / Palaeolithic period ‖ ⌐**magnetismus** m / paleomagnetism
Paläontologie f / palaeontology
Paläo·zän, Paleozän n / Palaeocene system ‖ ⌐**zoikum** n, paläozoische Formationsgruppe f / Palaeozoic ‖ ⌐**zoikum** n (Zeitalter) / Palaeozoic [Era]
PAL-Decoder m / PAL-decoder
Pale Ale (helles obergäriges Bier) n / pale ale (GB)
Palette f, Stapelplatte f / pallet, stillage ‖ ⌐ (Uhr) / pallet ‖ **auf** ⌐**n stapeln** / palletize
Paletten·ankerhemmung f / pallet lever escapement ‖ ⌐**-Aufsetzgestell** n / pallet converter ‖ ⌐**-Aufsetzrahmen** m / pallet collar ‖ ⌐**einfahröffnung** f / pallet truck opening ‖ ⌐**entlader** m / depalletizer ‖ ⌐**geschirr** n / pallet handling gear ‖ ⌐**heber** m / pallet lift ‖ ⌐**hubwagen** m / pallet truck o. stacker ‖ ⌐**pack** m (Pap) / frame bundle ‖ ⌐**platte** f / load board, pallet (US) ‖ ⌐**pool** m (Verkehr) / pallet pool ‖ ⌐**rahmen** m (Bahn) / pallet frame ‖ ⌐**regal** n / pallet rack ‖ ⌐**-Träger** m / pallet deck spacer (US) ‖ ⌐**wechsel** m (NC) / switch of pallet
palettierbar / palletizable
palettieren, auf Paletten packen / palletize ‖ ⌐ n / palletizing
Palettierroboter m / palletizing robot
palettisiert / palletized, in busse packs (GB)
Palingenese f (Geol) / palingenesis
Palisade f, Pfahlwand f / palisade
Palisaden·block m (Glasofen) / one-piece construction, soldier course ‖ ⌐**vermauerung** f (Glasofen) / soldier course ‖ ⌐**zaun** m / palisade
Palisanderholz n, brasilianisches Pockholz / rosewood, palisander
Pall m n, Sperrklinke f (Schiff) / pawl
palladinieren / palladium-plate

Palladium *n*, Pd (Chem) / palladium, Pd ‖ ~(II)-... /
pallad[i]ous, palladium(II) ‖ ~(IV)-... / palladic,
palladium(IV) ‖ ~asbest *m* / palladinized asbestos ‖
~(II-)chlorid *n* / palladium(II) chloride ‖ ~gold *n*,
Porpezit *m* (Min) / palladium gold ‖ ~-Lecksucher *m*
(Vakuum) / palladium leak detector ‖ ~mohr *n* /
palladium black ‖ ~schwamm *m* / palladium sponge
Palle *f*, Kielblock *m* (Schiff) / [keel] block ‖ ~, Klinke *f*
(Schiff) / pawl
Pallkranz, -ring *m* (Schiff) / pawl rim
Palloid-Verzahnung, Klingelnberg-Verzahnung *f* /
palloid tooth system, spiral teeth
Pallring *m* (Füllkörper) (Chem) / Pall ring (column)
Palmarosa-Öl *n* / East Indian geranium oil
Palm·ausbreiter *m* (Textil) / palmer ‖ ~beach *m* (Web) /
palm beach ‖ ~butter *f*, -fett *n*, -öl *n* / palm butter
Palme *f* / palm, palm-tree
Palmer-Abtaster *m* (Radar) / Palmer scanner
Palmfett, -öl *n*, -butter *f* / palm oil o. butter
Palmitat *n* / palmitate
Palmitin *n* / palmitine ‖ ~säure *f* / palmitic o. hexadecylic
acid, cetylic acid
Palm·ito-Oleinsäure *f* / palmitoleic acid ‖ ~kernöl *n* /
palm nut o. kernel oil ‖ ~öl *n* s. Palmfett ‖ ~öl *n* /
African oil ‖ ~ölkern *m* / African oil kernel ‖ ~stärke
f, Sago *m* / sago starch
Palmutter *f* (Sicherungsmutter) / PAL nut
Palmzucker *m* / palm sugar
PAL-System *n* (TV) / PAL system
PAM, Prioritätsausgabemeldung *f* (DV) / priority output
note
PAM-Motor *m* (= Pol-Amplituden-Modulation) (Elektr) /
PAM-motor
PAM·-Rakete *f* / PAM rocket (= payload as module) ‖
~-Seite *f* (DV) / paging area memory space, PAM space
PAN *n*, Polyacrylnitril *n* / PAN, polyacrylnitrile
Panama·bindung *f* (Textil) / hopsack o. Celtic o. matt
weave, basket weave ‖ ~rinde *f* / Panama bark
panchromatisch (Phot) / panchromatic, pan
Paneel *n*, Füllung *f* (Tischl) / panel of a wainscot ‖
~ zwischen Fenster u. Fußboden / breast mouldings *pl*
‖ ~ zwischen Fensterbrett u. Fußleiste / breast lining
paneelieren, täfeln (Tischl) / panel, wainscot
Paneel·prüfung *f* (Temp.prüfung) / panel spalling test (US)
‖ ~[werk] *n*, Füllwand *f* / panel
Panel *n* (Wand-, Decken- o. Bodenteil) (Elektronik) / panel
‖ ~flattern, Feldflattern *n* (Rakete) / panel flutter
Panellöol *n*, Olivenkernöl *n* / olive kernel oil
Pan·film *m* (Phot) / pan[chromatic] film stock ‖ ~filter,
-glas *n* / pan filter
Panhardstab *m* (Kfz) / Panhard rod
Panik·sicherung *f*, -verschluß *m* / panic bolt o. hardware
pankratisch (Opt) / pancratic[al]
Panne *f*, kleiner Unfall / accident ‖ ~, Störung *f* /
breakdown, breaking down, mishap ‖ ~ beim Start
(Raumf) / pad abort ‖ ~ vor dem Start (Raumf) / pad
accident
Pannen·streifen *m* (Schweiz) (Straßb) / hard shoulder
(GB), breakdown lane (US) ‖ ~-Warnlampe *f* /
flashing alarm lamp
Panné[samt] *m* / panne [velvet]
Panorama *n* (allg, Radar) / panorama ‖ ~... / panoramic ‖
~anzeige, PPI-Anzeige *f* (Radar) / PPI, plan position
indication ‖ ~anzeiger *m* / plan position indicator, PPI
‖ ~aufsatz *m*, -fernrohr *n* (Mil) / panoramic sight ‖
~-Aussicht *f* / toporama ‖ ~breitwand *f* / panoramic
screen ‖ ~empfänger, Weitwinkelempfänger *m* (Radar)
/ panoramic receiver ‖ ~fernrohr *n* / panoramic
telescope ‖ ~gramm *n* / panoramagram ‖ ~kamera *f* /
panoramic camera ‖ ~kammer *f* (Verm) / panoramic
camera ‖ ~schwenk *m* / pan[ning] shot ‖ ~- u.
Neigekopf *m* (Phot) / pan-and-tilt head ‖
~[windschutz]scheibe *f* (Kfz) / wrap-around windshield
‖ ~zusatz *m* / panoramic adapter

Panoramierung *f* (Phot) / panning
Pantoffelmaschine *f*, Krispelmaschine *f* (Gerb) / graining
machine, boarding machine
pantoffeln, krispeln (Gerb) / grain, bruise, board, pommel
Pantoffel·tierchen *n* / slipper animalcule, Param[o]ecium
Panto·graph *m*, Storchschnabel *m* (Zeichn) / pantograph ‖
~thensäure *f* / pantothenic acid
Pantry, Anrichte *f* (Schiff) / pantry
Panzer, (Hütt) / steel jacket ‖ ~ / armour (GB), armor
(US) ‖ ~ s. Panzerkampfwagen ‖ ~..., gepanzert / armour-
plated o. -cased, armoured, steel-clad ‖ ~ der
Kugelmühle / liner of a ball mill ‖ ~ader *f* (Elektr) /
armoured wire ‖ ~aderkabel *n* / armoured-wire cable ‖
~aderleitung *f* (Elektr) / metal sheathed conductor ‖
~biegemaschine *f*, -biegepresse *f* / armour-bending
machine o. press ‖ ~brechend (Mil) / semi-armour-
piercing ‖ ~brecher *m* / armo[u]red crusher ‖
~förderer *m* (Bergb) / armoured chain conveyor ‖
~gewölbe *n*, -raum *m* [armoured] strong room ‖ ~glas
n / bullet-proof glass ‖ ~granate *f* / armour-piercing
shell ‖ ~instrument *n*, Instrument mit abgeschirmten
Polen / shielded pole instrument ‖ ~kabel *n* (Kfz) /
flexible steel armo[u]red cable ‖ ~kampfwagen *m* /
armoured car, tank ‖ ~lage *f* (Fördergurt) / breaker strip
‖ ~mantel *m* (Zentrifuge) / safety monitor case
panzern / armour (GB), armor (US), [armour-]plate ‖ ~
n, Panzerung (gegen Verschleiß) (Keram.Ofen) /
armouring
Panzer·platte *f* / armour plate o. plating ‖ ~platte *f* (Akku)
/ ironclad o. tubular plate ‖ ~[platten]stahl *m* / armour
steel ‖ ~plattenwalzwerk *n* / armour-plate rolling mill
‖ ~plattenzelle *f* (Akku) / cell with tubular positive
plates ‖ ~pumpe *f* (DIN 24253) / armour-plate
centrifugal pump ‖ ~rohr *n* (Elektr) / armoured conduit
‖ ~rohrinstallation *f* (Elektr) / conduit system ‖
~rutsche *f* / armoured tray conveyor ‖ ~schlauch *m* /
armoured tube, reinforced hose ‖ ~schott *n* (Schiff) /
armour bulkhead ‖ ~schrank *m* / safe ‖ ~sperrholz *n*
(außen Metall) / plymase ‖ ~tür *f* / armoured door
Panzerung *f*, Panzer *m* / armour-plating, armouring, steel
plating o. cladding ‖ ~, Verschleißschutz *m*
(Keramikofen) / armouring
Panzer·ventil *n* / armoured valve ‖ ~zentrifuge *f* / steel-
armoured centrifugal [machine]
Papain *n* / papain
Papaverin *n* (Chem) / papaverine
Paperback *n* (Buch) / paperback
Papier *n* / paper ‖ ~ (aus Altpapier hergestellt) / ecology
paper ‖ ~..., papieren / of paper ‖ ~ 2. Wahl (Pap) /
retree [paper], job lot paper ‖ ~ einschießen (o.
durchschießen) (Buch) / interleave, interfoliate ‖ ~ für
Leiterisolation / paper for conductor insulation ‖ ~ in
Bogen / paper in the flat ‖ ~ mit abgeschrägten
Kanten / feather-edge paper ‖ ~ mit
Egoutteurrippung / laid paper ‖ ~ mit geraden
Wasserstreifen, cremegeripptes Papier / cream-laid
paper ‖ ~ mit Gewebeeinlage / cloth-centered paper
‖ ~ mit Maßeinteilung / scaled paper ‖ ~ mit
Seidenfäden / Dickenson paper ‖ ~ mit wechselndem
Kontrast / multigrade paper ‖ ~ ohne Maßeinteilung /
non-scale paper ‖ ~ vom Bahnende / self-end paper,
own ends *pl* ‖ das ~ (z.B. schriftl. Unterlagen) / paper
work ‖ holzhaltiges ~ / mechanical [wood pulp] paper
‖ leeres ~ / virgin paper ‖ nicht ausgereiftes ~ / green
paper ‖ steifes ~ (0,2 - 5 mm dick) / board ‖ ~abfall *m*,
Makulatur *f*, Abfallpapier *n* / discards *pl*, paper waste,
waste paper ‖ ~ablage *f* (DV) / forms stacker ‖
~[abschluß]kabel *n* / tight core cable ‖ ~abzug *m*
(Druck) / paper print ‖ ~ auf Glas aufgepreßter ~abzug
(Phot) / opaline ‖ ~andruckrolle *f* (Schreibm) / paper o.
pressure roll ‖ ~andrückstange *f* (Schreibm) / auxiliary
feed roller rod ‖ ~anfeuchter *m* (Buch) / paper wetter ‖
~artig / papyraceous ‖ ~auflegeblech *n* (Schreibm) /

paper rest o. shelf o. table ‖ ~**auskleidung** f / paper lining ‖ ~**auslöser** m (Schreibm) / paper release ‖ ~**bahn** f / paper web ‖ ~**bahn** f (Pap.masch) / sheet ‖ ~**bahnübernahme** f **ohne Vakuum** / lick-up ‖ ~**band** n / paper strip o. tape ‖ ~**bandbeschrifter** m (DV) / selective tape listing feature ‖ ~**bandisolierung** f (Kabel) / paper tape o. ribbon (US) insulation, spiral-strip paper insulation ‖ ~**bandscheibe** f (Papierspinn) / paper pad ‖ ~**baumwollkabel** n / paper-[and-]cotton-covered cable ‖ ~**bearbeitungsmaschine** f / paper working machine ‖ ~**becher** m / paper cup ‖ ~**[be]schneider** m, -beschneidemaschine f / paper trimmer, polling machine ‖ ~**bespannung** f / paper covering ‖ ~**beutel** m / paper bag ‖ ~**bindfaden** m / paper twine o. yarn ‖ ~**bleikabel** n / paper-insulated lead-covered cable ‖ ~**bogen** m / paper sheet ‖ ~**bohrmaschine** f / paper[-]drill[ing machine] ‖ ~**brei** m / paper pulp o. paste o. stuff ‖ ~**brei-Preßteil** n / pulp moulding ‖ ~**bremse** f (DV) / paper brake ‖ ~**bremse** f **der Rotationsdruckmaschine** / web brake ‖ ~**bruch** m / paper break ‖ ~**büschel** n (Elektr) / paper tuft ‖ ~**chromatographie** f (Chem) / paper [strip] chromatography ‖ ~**dehnung** f / paper stretch ‖ ~**durchführungskondensator** m / metallized paper bushing o. feedthrough capacitor ‖ ~**durchlaß** m (Schreibm) / paper capacity ‖ ~**einführer** m (Fernm) / paper guide ‖ ~**einführungsblech** n (Schreibm) / paper rest o. shelf o. table ‖ ~**einlage** f / paper insert ‖ ~**einziehvorrichtung** f / [paper] webbing device ‖ ~**einzugswerk** n / paper infeed unit

papieren / [of] paper
Papier·endefühler m / paper-out arm ‖ ~**endemeldung** f / hardware alarm ‖ ~**fabrik** f / paper-mill ‖ ~**fabrik** f **für Zeitungspapier** / newsprint mill ‖ ~**falzer** m / paper folding machine ‖ ~**filter** m n / paper filter ‖ ~**form**, Drahtform f / wire form o. mould ‖ ~**format** n, -**größe** f / paper size, format ‖ ~**führung** f / paper guide ‖ ~**führungsdaumen** m / paper guide cam ‖ ~**führungsrolle** f (Schreibm) / paper guide roll ‖ ~**führungswalze** f / paper guiding roller ‖ ~**garn**, -bindfaden m / paper yarn o. twine ‖ ~**garntellerspinnmaschine** f / paper yarn o. twine plate spinning machine ‖ ~**-Gasinnendruckkabel** n / air-space paper-core cable, aspc-cable ‖ ~**gelb 3 G** n / brilliant yellow ‖ ~**geschwindigkeit** f (Buch) / paper travel speed ‖ ~**gewebe** n, -**stoff** m (papierbeschichtet) / paper fabric ‖ ~**gewicht** n / paper weight, weight of paper ‖ ~**halter** m / paper bail ‖ ~**handtuch** n / paper hand drying towel ‖ ~**hilfsstoff** m / paper additive ‖ ~**-Hohlraumisolierung** f (Kabel) / air-space paper insulation ‖ ~**holz** n (Pap) / pulp wood ‖ ~**hülse** f (Elektr) / paper sleeve ‖ ~**hülse**, Kötzerhülse, -tüte f (Textil) / paper tube o. bobbin, paper pirn ‖ ~**industrie** f / paper industry ‖ ~**isolation** f, -**isolierung** f / paper insulation ‖ ~**isolierrohr** n (Elektr) / paper conduit, paper insulating tube ‖ ~**isolierte Ader** / paper-insulated core ‖ ~**kabel** n / paper-insulated cable ‖ ~**kalander** m / paper calender ‖ ~**kanne** f (Spinn) / paper can ‖ ~**kern** m (Textil) / paper core ‖ ~**kohle** f, Blätterkohle f (Bergb) / papyraceous lignite, paper coal ‖ ~**kondensator** m / paper capacitor ‖ ~**konus** m (Lautsprecher) / paper cone ‖ ~**kopie** f (Repro) / hard copy ‖ ~**korb** m / wastepaper basket ‖ ~**kordel** f s. Papierbindfaden ‖ ~**kordelader** f / paper string wire ‖ ~**-Kunststoff-Isolierung** f / paper-plastic insulation ‖ ~**laus** f, Holzlaus f, Psocus / wood louse ‖ ~**leitblech** n / paper deflector ‖ ~**leitwalze** f (Buch) / paper guiding roller ‖ ~**locher** m / paper piercer o. punch o. perforator ‖ ~**lochstreifen** m / punched paper tape ‖ ~**löser** m (Schreibm) / paper release ‖ ~**-Luftraum-Isolierung** f (Kabel) / air-space paper insulation ‖ ~**lumpen** m pl, Hadern m pl / rags for paper making ‖ ~**maché** n / paper machee, papier mâché ‖ ~**macher** m / paper maker ‖ ~**maschine** f / paper[-making] machine ‖ ~**maschinenfilz** m / paper

machine felt ‖ ~**maschinenglättwerk** n / paper machine glazer ‖ ~**maschinenschaber** m / paper machine blade ‖ ~**maschinensieb** n / paper making wire [cloth], wire cloth o. fabric o. netting ‖ ~**maschinen-Siebpartie** f / paper machine screen ‖ ~**maske**, -schablone f (Buch) / frisket, paper stencil ‖ ~**masse** f / paper pulp o. paste o. stuff ‖ ~**massefänger** m (Pap) / pulp catcher o. saver, save-all ‖ ~**-Massekabel** n / paper insulated mass-impregnated cable ‖ ~**negativ** n (Phot) / paper negative ‖ ~**niederhalter** m / paper hold-down plate ‖ ~**-Palette** f / unipal pallet ‖ ~**positiv** n (Ggs.: Diapositiv) / katapositive ‖ ~**prägepresse** f / paper embossing press ‖ ~**rohr** n (Elektr) / metal-sheathed paper conduit ‖ ~**rolle** f, Rolle f für Papier / paper reel ‖ ~**rolle** f, Rollenpapier n / reel o. web paper, continuous o. endless paper ‖ ~**rollenbreite** f / width of paper reel ‖ ~**rollen-Transportwagen** m, -rollenwagen m (Buch) / reel bogie, paper reel truck, dolly o. reel truck ‖ ~**rüttler**, Bogengeradeleger m (Buch) / jogger[-up] ‖ ~**saal** m (Pap.fabr.) / salle, finishing house ‖ ~**sack** m, -beutel m / paper bag ‖ ~**schablone**, -maske f (Buch) / frisket, paper stencil ‖ ~**schere** f / paper scissors pl ‖ ~**schneidemaschine** f, -schneider m / paper cutting machine o. cutter, guillotine ‖ ~**schneidemaschine**, -beschneidemaschine f (Pap) / trimming, trimming machine, polling engine ‖ ~**schneider** m, -beschneider m / paper trimmer ‖ ~**schnitzel** pl / paper scrap o. shavings pl, shreds pl ‖ ~**schnur** f / paper twine o. string ‖ ~**schrumpfung** f / paper shrinkage ‖ [ausgestanzte] ~**schuppe** (Kontokarte) / flap ‖ ~**sieb** n / mould ‖ ~**spannungsregelung** f / paper tension control ‖ ~**spinnen** n (Kabel) / paper lapping ‖ ~**spule** f (Textil) / paper tube o. bobbin ‖ ~**stärke** f, -gewicht n / paper thickness, paper gauge ‖ ~**staub** m / fluff ‖ ~**stoff** m, -gewebe n (papierbeschichtet) / paper fabric ‖ ~**stoff** m, Brei m / pulp ‖ ~**[stoff]garn** n, -schnur f / pulp yarn ‖ ~**stramin** m (Textil) / punched card paper for tapestry work ‖ ~**strang** m / paper ribbon ‖ ~**streichvorrichtung** f / coating apparatus for paper ‖ ~**streifen** m / paper strip o. tape ‖ ~**streifen** m (Morse) / ticker tape ‖ ~**tapete** f / paper prints pl, [paper] wallpaper, paper wall covering ‖ ~**taschentuch** n / disposable handkerchief ‖ ~**techniker** m / paper technician ‖ ~**träger** m / paper carrier ‖ ~**traktor** m / paper tractor ‖ ~**transport** m (Schreibm) / paper feed ‖ schneller ~**transport** / paper skip, paper slew, paper throw ‖ ~**tüte**, Kötzertüte f (Spinn) / cop tube ‖ gedrehte ~**tüte** / coffin ‖ ~**[umlauf]wickler** m, -spinnmaschine f (Kabelherst) / paper-lapping unit ‖ ~**umschlag** m / paper-cover, wrapper, envelope ‖ ~**verarbeitend** / paper-working o. -converting o. -processing ‖ ~**verarbeitung** f / paper converting ‖ ~**veredelung** f / paper finishing ‖ ~**verpackung** f / paper packing ‖ ~**vorschub** m, -transport m (Schreibm) / paper feed ‖ ~**vorschub** m **nach dem Drucken** / postslew ‖ ~**vorschub-Lochband** n (DV) / carriage control tape, paper feed [punched] tape ‖ ~**waage** f / paper scale ‖ ~**wagen** m (Schreibm, Drucker) / carriage ‖ ~**walze** f (Schreibm) / platen ‖ ~**waren** f pl / paper goods pl ‖ ~**warenindustrie** f, -industrie f / paper industry ‖ ~**weifwalze** f / slewing roller ‖ ~**wickel** m (Textil) / roll of paper ‖ [vorgefertigter] ~**wickel** / paper tube ‖ ~**wolf** m / paper shredder ‖ ~**wolle** f (Verpackung) / excelsior tissue (US), paper shreds pl ‖ ~**zellstoff** m / paper pulp o. paste o. stuff ‖ ~**zeug**, Feinzeug n (Pap) / pulp [stock], stuff ‖ ~**zuführung u. -Ablage** f (Drucker) / forms stand stacker ‖ ~**zug** m (Pap) / pull of the paper web
Papinscher Topf m / Papin's steam digester
Papp·band m, Einband m in Pappe (Buch) / hard back, binding in boards, bording ‖ ~**dach** n / [asphalted] cardboard roof ‖ ~**deckel**, Karton m (allg) / millboard ‖ ~**dichtung** f / fiberboard joint
Pappe f / paperboard ‖ ~ (etwa 50 bis 150 p/m^2) / cardboard ‖ ~ (Jacquard) / card ‖ ~ **aus Schichten** /

pasteboard ‖ ⁴ **für Dachpappe** / roofing board ‖ ⁴ **für Kartonagen** / box board ‖ **dreifach gegautschte o. mehrlagige** ⁴ / triplex board ‖ **geformte o. verformte** ⁴ / millboard ‖ **geharzte** ⁴ (Pap) / moulding board ‖ **minderwertige** ⁴ **als Zwischenschicht** / card middles *pl*

Papp·einband *m* s. Pappband ‖ ⁴**einlage** *f* / cardboard filler o. insert

Pappel *f* / poplar, Populus ‖ ⁴, Graupappel *f* / gray o. Picardian poplar ‖ ⁴, Schwarzpappel *f* / black poplar ‖ ⁴, Silberpappel *f* / silver poplar

pappen, aus Pappe / cardboard... ‖ ⁴**gießmaschine** *f* / cardboard-casting machine ‖ ⁴**guß** *m* / pasteboard casting ‖ ⁴**verarbeiter** *m* / board converter ‖ ⁴**zieher** *m* (Bb) / pickup sucker

Papp·flansch *m* (Galv) / blotter ‖ ⁴**hülse** *f*, Etui *n* / pasteboard tube o. case ‖ ⁴**kanne** *f* (Spinn) / card can ‖ ⁴**karton** *m* / cardboard box, cardbox ‖ ⁴**karton** *m* (aus Mehrschichtenpappe) / pasteboard box ‖ ⁴**kern** *m* / hard paper core ‖ ⁴**matrizenprägung** *f* (Buch) / pasteboard matrix pressing ‖ ⁴**nagel**, -stift *m* (Bau) / nail for prepared roofpaper, nail for tarred felt ‖ ⁴**reserve** *f* (Färb) / paste resist ‖ ⁴**schachtel** *f* / cardboard box, cardbox ‖ ⁴**scheibe** *f* / cardboard disk ‖ ⁴**spule** *f* / cardboard bobbin ‖ ⁴**[unterlege]scheibe** *f* / cardboard washer

Pappussche Regel *f* (Math) / Pappus theorem

Pappverschluß *m*, -deckel *m* / cardboard cap o. lid

pa-Präparat, pro-analysi-Reagens *n* / analytical reagent, A.R.

Papyrolin *n* / cloth-lined o. -centered paper

PAR, Präzisionsanflugradar *m n* / precision approach radar, PAR

Para-·Aminophenol *n* / para-amino phenol ‖ ⁴**-Aminosalizylsäure** *f*, PAS *n* / para-aminosalicylic acid, PAS

Parabel *f* / parabola ‖ ⁴... / parabolic, para ‖ ⁴ **höherer Ordnung** / parabola of higher degree o. order ‖ ⁴**abschnitt** *m*, -segment *n* / segment of a parabola ‖ ⁴**achse** *f* / principal diameter of the parabola ‖ ⁴**belastung** *f*, parabolische Belastung / parabolic load ‖ ⁴**bogen** *m* (Math) / arc of parabola, parabolic curve ‖ ⁴**förmig** / parabolic ‖ ⁴**multiplizierer** *m* (Analogrechner) / square multiplier ‖ ⁴**nahe** (Umlaufbahn) / near-parabolic ‖ ⁴**segmentflügel** *m* (Luftf) / parabola wing ‖ ⁴**träger** *m* / parabolic girder ‖ ⁴**-Umlaufbahn** *f* / parabolic orbit

Parabens *n pl*, PHB-Ester *m pl* / parabens, p-hydroxybenzoates *pl*

Parabolantenne *f* / parabolic [reflector] antenna, mirror reflector

parabolisch, Parabel... / parabolic, para ‖ ⁴**e Belastung**, Parabelbelastung *f* / parabolic load ‖ ⁴**e Funktion** (Math) / parabolic function ‖ ⁴**e Kettenlinie** / common o. parabolic catenary ‖ ⁴**e partielle Differentialgleichung** / parabolic partial differential equation ‖ ⁴**er Zylinder** / parabolic cylinder

Parabol·kalotten-Antenne *f* / offset paraboloidal antenna ‖ ⁴**oid** *n*, Umdrehungs-, Rotationsparaboloid *n* / paraboloid ‖ ⁴**oidisch** / paraboloidal ‖ ⁴**scheinwerfer** *m* (Kfz) / paraboloid headlight ‖ ⁴**spiegel** *m*, Parabol[oid]reflektor *m* (Antenne) / paraboloidal-type reflector ‖ **beschnittener** ⁴**spiegel** (Antenne) / cut paraboloid

Parabraunerde *f* / grey-brown podzolic soil

Parachor *m* (Chem, Phys) / parachor ‖ ⁴**methode** *f pl* **von Snudgen** / [Snudgen's] parachor method

Paradiesholz *n* / wood of paradise tree

Paradigma *n* (DV) / paradigm, example

Paradoxon *n* / paradox

Parafarbstoff *m* / para dye

Paraffin *n* / paraffin[e], paraffin o. limit hydrocarbon ‖ ⁴ (Raffinerie) / wax ‖ **festes** ⁴, Paraffinum solidum *n* / hard paraffin, paraffin wax ‖ ⁴**-Ausscheidungspunkt**,

-trübungspunkt *m*, BPA / cloud point ‖ ~**basisch** (Öl) / paraffin-base... ‖ ~**basisches Öl** / paraffin-base oil ‖ ⁴**gatsch** *m*, Rohparaffin *n* (Öl) / slack wax, paraffin sludge ‖ ~**haltig** (Öl) / waxy ‖ ~**haltiges Destillat** / waxy distillate

paraffinieren, mit Paraffin tränken o. überziehen o. behandeln / paraffin *v* ‖ ⁴ *n* (Garn) / treatment with paraffin wax, waxing

paraffinierte Pappe / paraffined cardboard

paraffinisch, paraffinhaltig / paraffinic

Paraffin·kerze *f* / paraffin o. mineral (US) candle ‖ ⁴**-Kohlenwasserstoffe**, Paraffine *n pl* / paraffin o. limit hydrocarbons *pl* ‖ ⁴**kracken** *n* / wax cracking ‖ ⁴**krätze** *f* / paraffin rash ‖ ⁴**öl** *n* / liquid paraffin o. petrolatum, paraffin oil ‖ ⁴**papier** *n* / wax o. waxed paper ‖ ⁴**reihe** *f* / paraffin series ‖ ⁴**rest** *m*, -rückstand *m* / paraffin residue, paraffin slop ‖ ⁴**scheibe** *f* (Spinn) / paraffin application device ‖ ⁴**-Schuppen** *f pl* / paraffin scales *pl* ‖ ⁴**[wachs]** *n* / hard paraffin, paraffin wax

Para·flow *n* (ein Wirkstoff) (Öl) / paraflow ‖ ⁴**formaldehyd** *m*, Paraformalin *n* / paraform[aldehyde] ‖ ⁴**fuchsin**, -rosanilin *n* / pararosaniline ‖ ⁴**genese** *f* (Geol, Min) / paragenesis ‖ ⁴**gleiter**, Rogalloflügel *m* (Raumf) / flex-wing, paraglider ‖ ⁴**gneis** *m* (Geol) / paragneiss, sedimentary gneiss ‖ ⁴**gonit** *m* (Min) / paragonite

Paragraph *m* (COBOL) / paragraph ‖ ⁴**zeichen** *n* (Buch) / section mark

Para·gummi *n m* / para rubber ‖ ⁴**gutta** *f* (Isoliermat) / paragutta ‖ ⁴**kampfersäure** *f* / paracamphoric acid ‖ ⁴**klase**, Verwerfung *f* (Geol, Bergb) / shifting, fault

Paraldehyd *m* / paraldehyde, paracetaldehyde

paralisch (Geol) / paralic

parallaktisch / parallactic ‖ ~**e Achse** / equatorial o. parallactic axis ‖ ~**es Achsensystem** / equatorial head ‖ ~**e Ellipse** (Astr) / parallactic ellipse ‖ ~**es Lineal**, Triquetrum *n* / parallactic rule ‖ ~**e Ungleichheit** / parallactic inequality

Parallaxe *f* / parallax

Parallaxen·ausgleich *m* / antiparallax, parallax compensation o. correction ‖ ⁴**-Ausgleichspiegel** *m* / antiparallax mirror ‖ ⁴**blende** *f* (Opt) / telecentric stop ‖ ⁴**fehler** *m* / parallax error ‖ ⁴**frei**, parallaxfrei / free from parallax, without parallax, no-parallax, antiparallax ‖ ⁴**refraktometer** *n* / parallax refractometer ‖ ⁴**sekunde** *f*, Parsec *n*, pc (1 pc = $30837 \cdot 10^{18}$ cm) (veraltet) / parallax second, parsec

Parallaxpanoramagramm *n* (Phot) / parallax stereogram

parallel [zu] / parallel, par. [with, to] ‖ ~, nebeneinander (Elektr) / in parallel ‖ ~**e Ein- u. Ausgabe** (DV) / parallel access ‖ ~ **geschaltet** (Elektr) / paralleled, parallel connected ‖ ~ **gespeist** (Antenne) / shunt fed ‖ ~**er Hybridrechner** / parallel hybrid computer ‖ ~ **legen o. anordnen o. schalten** / parallel *vt* ‖ ~ **programmierbare Steuerung**, PPC / parallel programmable control, PPC ‖ ~**er Teil des Schiffskörpers** (Schiff) / parallel body ‖ ~ **verarbeitete Zahl** (DV) / parallel arithmetic unit ‖ ~ **[ver]laufen [zu]** / parallel *vi* ‖ ~ **verschobene Kraft** / transposed force ‖ ~ **zur Wand** (Bau) / outbond ‖ **2 Linien** ~ **machen** / collimate ‖ ⁴**abruf** *m* (DV) / parallel poll ‖ ⁴**addierer** *m* (DV) / parallel adder ‖ ⁴**anordnung** *f* **der [zur Sicherheit] redundanten Bauteile** (DV) / component stand-by (contr dist: system standby) ‖ ⁴**anzeige** *f* (DV) / slave monitor ‖ ⁴**arbeiten** *f pl*, -arbeit *f*, -betrieb *m* / concurrent o. parallel operation ‖ ⁴**aufreißer** *m* (Straße) / parallelogram ripper ‖ ⁴**[aus]drucken** *n*, Zeilendruck *m* (DV) / line-[at]a-time printing, line printing ‖ ⁴**backenzange** *f* (Roboter) / parallel jaw tongs ‖ ⁴**baum-System** *n* (Schiff) / twin derrick system ‖ ~**besäumt** (Holz) / square-edged sawn ‖ ⁴**betrieb** *m* / parallel working ‖ ⁴**bewegungsstange**, Leitstange *f* (Dampfm) / conducting rod ‖ ⁴**bohrer** *m*, Löffelbohrer *m* (Holz) / spoon bit, shell bit ‖ ⁴**-Digitalrechner** *m* /

parallel digital computer ‖ ~-Drahtkabel n, DINA- o. HiAm-Kabel n / DINA o. HiAm cable ‖ ~drahtleitung f, Lecherleitung f (Elektr) / Lecher line o. wires pl, parallel wire resonator ‖ ~drahtleitung f (Fernm) / parallel-wire line ‖ ~druck m (DV) / line printing **Parallele** f (Math) / parallel [line] ‖ ~ **zur Z-Achse des Satelliten** (Raumf) / vertical ‖ **eine** ~ **ziehen** / draw a parallel line **Parallel·elektrode** f / secondary emission electrode ‖ ~endmaß n / block gauge, gauge block, slip gauge ‖ ~endmaß-Länge f / gauge distance ‖ ~-entgegengesetzt (Math) / antiparallel ‖ ~entwicklung f (Biol) / parallelism ‖ ~entzerrer m / parallel equalizer ‖ ~epiped[on] n, Parallelflach n (Math) / parallelepiped ‖ ~falzung f (Buch) / parallel folding ‖ ~falzziegel m / parallel gutter tile ‖ ~faserige Lagen f pl (Sperrholz) / parallel grain ‖ ~feder f / double-pointed pen ‖ ~feinanstellung f (Wzm) / parallel vernier adjustment ‖ ~filter n (Funk) / shunt resistance ‖ ~flächenresonator m (Elektronik) / plane-parallel resonator ‖ ~flachzange f / parallel-action flat-nose pliers ‖ ~[flansch]träger m / parallel flange[d] girder ‖ ~flügel m (Brücke) / parallel wing ‖ ~führung f / parallel motion ‖ ~führung f (Dampfm) / crosshead guides pl ‖ ~führung f (Zeichn) / sliding parallel straightedge ‖ ~führung für Zirkelgriffe (Zeichn) / straightener device ‖ ~führung f von Leitungen (Elektr) / parallel exposure ‖ ~funkenstrecke f (Elektr) / parallel spark gap ‖ ~gelenk n / parallel-action joint ‖ ~geschaltet (Elektr) / placed in parallel ‖ ~geschichtet / parallel laminated ‖ ~gespeiste Antenne / shunt-fed antenna ‖ ~güte f (Krist) / figure of merit **Parallelismus** m (Biol) / parallelism **Parallelität** f / parallelism **Parallelitätszeichen** n (Math) / sign of parallelism **Parallel·kanal** m, Seitenkanal m / branch canal o. channel, by-pass channel ‖ ~kapazität f, -kondensator m / by-pass o. shunt capacitor ‖ ~kapazität f, Eigenkapazität f (Krist) / inherent capacitance ‖ ~klinke f (Fernm) / duplicate jack ‖ ~kreis m (Math) / parallel circle ‖ ~kreis m (Elektr) / parallel o. shunt circuit ‖ ~kreis, Breitenkreis m (Geogr) / circle of latitude ‖ ~-Ladebaum-Vorrichtung f (Schiff) / twin derrick system ‖ ~lauf m / parallel working ‖ ~leitung f (Elektr) / parallel line ‖ ~lineal n / parallel ruler ‖ ~machart, -schlagart f (Seil) / Seale o. Warrington type rope design, parallel lay ‖ ~manipulator m / master-slave manipulator ‖ ~-Melkstand m (Landw) / abreast milking parlour ‖ ~nietung f / chain riveting ‖ ~nut f (Elektr) / parallel slot ‖ ~-ODER-Schaltung f / parallel connected OR-gate **Parallelogramm** n / parallelogram ‖ ~ **der Kräfte** / parallelogram of forces ‖ ~führung (o. -aufhängung) (der Räder) f (Kfz) / parallelogram suspension of wheels ‖ ~satz m (Vektoren) / parallelogram rule (for addition of vectors) ‖ ~stangen f pl (Dampfm) / main link bars of the parallelogram pl, parallel bars pl ‖ ~verzeichnung f (TV) / parallelogram o. skew distortion ‖ ~verzeichnung f (TV) / skew distortion ‖ ~-Zeichentisch m / parallelogram drawing table **Parallel·ohmmethode** f / parallel ohm method ‖ **doppelte Genauigkeit durch** ~operation (DV) / double precision by parallel processing ‖ ~otop n (Math) / parallelotope ‖ ~perspektive f / parallel perspective ‖ ~platten-Funkenkammer f / parallel-plate spark chamber ‖ ~platten-Spektrometer n / parallel plate spectrometer ‖ ~platten-Wellenleiter m (Elektronik) / parallel plate guide ‖ ~plattenzähler m (Nukl) / parallel plate chamber ‖ ~programmierung f / parallel programming ‖ ~projektion f / parallel projection ‖ ~-Rechenwerk n / parallel arithmetic unit ‖ ~rechner, Simultanrechner m / parallel computer ‖ ~reduktion f (DV) / one-line-data reduction ‖ ~register n (DV) / parallel register ‖ ~reißer m (Masch) / scribing block,

marking o. surface gauge ‖ ~reißer m, Höhenreißer m (Masch) / marking gauge ‖ ~reißer m, Höhenreißer m (Masch) / surface gauge ‖ ~-Reißschiene f (Zeichn) / sliding parallel straightedge ‖ ~resonanz, Stromresonanz f / current o. parallel resonance ‖ ~resonanz f (Elektronik, Krist) / shunt o. parallel resonance, antiresonance ‖ ~-Roboter m, Master-Slave Roboter / master-slave robot ‖ ~röhrenmodulation f (Elektronik) / choke control o. modulation ‖ ~röhrenmodulation f, Drosselmodulation f, Heisingmodulation f / choke modulation ‖ ~-Rückkopplung f / parallel feedback ‖ ~schalten (Elektr) / connect in parallel o. across, connect side by side, shunt ‖ ~schalter m (Elektr) / multiple switch ‖ ~schaltung f (allg) / paralleling, coupling in parallel ‖ ~schaltung f (Elektr) / parallel connection ‖ ~schaltung der Platten (Akku) / multiple system ‖ ~schere, Schlagschere f / parallel shears pl ‖ ~schlagart (Seil), -machart f / Seale o. Warrington type rope design, parallel lay ‖ ~schnitt m / parallel section ‖ ~schnittstelle f, Port m (DV) / port ‖ ~schraubstock m / parallel [jaw] vice ‖ ~schwingkreis, PR-Kreis m / parallel resonant circuit ‖ ~schwingkreissägemaschine f / parallel link sawing machine ‖ ~schwund m (Sintern) / shrinkage in height ‖ ~seitenelektrode f (Zündkerze) / parallel side electrode ‖ ~-Serienbetrieb m / parallel and series working ‖ ~-Serien-Schaltung f (Elektr) / parallel-series connection ‖ ~-Serie-Umsetzer m (DV) / parallel-serial converter, dynamiciser ‖ ~speicher m (DV) / parallel storage ‖ ~speiser m, -speiseleitung f (Elektr) / parallel feeder ‖ ~speisung f / parallel feed ‖ ~-Starttriebwerke m pl (Raumf) / wrap-round boosters pl ‖ ~stoff m (Textil) / parallel fabric ‖ ~strahlenbündel n / bundle o. sheaf of parallel lines ‖ ~strecke f (Bergb) / parallel road, double o. twin entry, monkey gangway ‖ ~streckenbetrieb m (Bergb) / double entry working ‖ ~streifigkeit f (Fehler) (Schleuderguß) / bacon striping ‖ ~strombrenner m (Gas) / non-premixed burner, nozzle mixing burner ‖ ~strom-Diffusionszelle f (Nukl) / concurrent diffusion cell ‖ ~stromkreis m (Instr) / voltage circuit in parallel ‖ ~stück n (Wzm) / steel parallel ‖ ~stufenrakete f / parallel stage rocket **Parallel-Systembus** m, PSB / parallel system bus, PSB **Parallel·-T-Glied** n, H-Verzweiger m (Wellenleiter) / shunt-Tee ‖ ~tonverfahren n (TV) / parallel sound technique, split sound o. separate sound technique ‖ ~träger m (gerader Fachwerkträger) / parallel [lattice] girder, diagonally braced girder ‖ **abgeschrägter** ~träger, Trapezträger m (Stahlbau) / parallel flanged girder with slanting end posts ‖ ~träger m mit Dreiecksverband / half-lattice o. Warren girder ‖ ~übertragung f, -übergabe f (DV) / parallel transmission ‖ ~übertragungssignal n (DV) / parallel transfer signal ‖ ~verarbeitung f (DV) / parallel o. concurrent processing **Parallelverarbeitung** f der Befehlsphasen, Fließbandprinzip n / pipelining **Parallel·verschiebung** f, Translation f (Mech) / translation, translational motion, parallel displacement ‖ ~verschiebung f des Koordinatensystems (Math) / displacement, parallel shift ‖ ~versuch m / replication ‖ ~[vielfach]klinke f (Fernm) / bridging jack ‖ ~-Viergelenkgetriebe n / parallelogram four-bar linkage ‖ ~weg m (für Streckenbegehung) (Bahn) / four-foot way, side path, cess side ‖ ~wicklung f (Elektr) / parallel winding, straight winding ‖ **effektiver** ~widerstand (Halbl) / performance index, PI ‖ ~zugriff m (DV) / parallel o. simultaneous access **paralysieren**, lähmen / paralyse **Para·magenta** n / pararosaniline ‖ ~magnetisch / paramagnetic ‖ ~magnetische Elektronenresonanz, Elektronenspinresonanz f, ESR / electron paramagnetic resonance ‖ ~magnetische Kristalle m pl /

paramagnetic crystals *pl* ‖ ⌐**magnetismus** *m* / paramagnetism

Parameter *m*, Unabhängige *f*, unabhängige Variable (Math) / parameter, argument, characteristic value ‖ ⌐ (FORTRAN) (DV) / assignment ‖ ⌐ **eines Kegelschnitts** (Math) / focal chord, latus rectum ‖ ⌐ **liefern** / pass parameters ‖ ⌐**darstellung** *f* / parametric representation ‖ ~**erregt** (Schwingung) / parametrically excited ‖ ⌐**gleichung** *f* / parametric equation ‖ ⌐**gruppe** *f* / parameter set ‖ ⌐**karte**, **-steuerkarte** *f* (DV) / parameter card, control o. pilot card ‖ ⌐ **protokollierung** *f* / parameter listing o. logging ‖ ⌐**-Substitutionsbefehl** *m* (DV) / parameter setting order ‖ ⌐**wort** *n* / parameter word ‖ ⌐**zuordnung** *f* (DV, FORTRAN) / argument association

parametrieren / parameterize ‖ ⌐ *n* / parameterization, -meterizing

parametrisch / parametric ‖ ~**e Instabilität** (Nukl) / parametric instability ‖ ~**e Resonanzspektroskopie** / electron resonance spectroscopy ‖ ~**e Synthese** / parsyn (parametric synthesis) ‖ ~**er Verstärker** (Elektronik) / paramp, parametric amplifier, mavar

Para·metron *n* (DV) / parametron ‖ ⌐**milchsäure** *f* / paralactic acid ‖ ⌐**molekül** *n* / paramolecule ‖ ⌐**morphose**, physikalische Pseudomorphose *f* (Min) / paramorphosis

PAR-Anflug *m*, Präzisions-GCA-Anflug *m* / precision o. PAR-approach

Para·nußöl *n* / Brazil nut oil ‖ ⌐**pechblende** *f*, Nasturan *n* / parapitch blend ‖ ⌐**phasenverstärker** *m* (TV) / paraphase o. seesaw amplifier ‖ ⌐**phenylenblau** *n* / paraphenylene blue ‖ ⌐**phenylendiamin** *n* / paraphenylene diamine ‖ ⌐**positronium** *n* / parapositronium ‖ ⌐**rosanilin**, -fuchsin *n* / pararosaniline ‖ ⌐**rot** *n*, Echtrot *n*, Paranitranilinrot *n* (Färb) / para[nitraniline] red ‖ ⌐**sepiolith** *m* (Min) / parasepiolite ‖ ⌐**sheet-Fallschirm** *m* (Luftf) / parasheet ‖ ⌐**sheet-Fallschirm** *m* **mit, [ohne] verstärkter Basis** / gathered [,ungathered] parasheet

Parasit *m* (Biol, Min) / parasite ‖ ⌐ (Bot, Zool) / guest ‖ ⌐**en**, Schädlinge *m pl* (Landw) / vermin[s]

parasitär, parasitisch / parasitic[al] ‖ ~**es Echo** / parasitic echo ‖ ~**er Neutroneneinfang** (Nukl) / parasitic capture ‖ ~**er Strom** / parasitic current ‖ ⌐**strahlung** *f* / parasitic radiation

parasitisch / parasitic[al], biogenous

Parasitologie *f* / parasitology

para·ständig (Chem) / para… ‖ ⌐**statistik** *f* / parastatistics, Gentile statistics ‖ ⌐**thion** *n* (Insektizid) (Chem) / parathion

Paraventscharnier *n* / screen hinge

Parawasserstoff *m*, p-Wasserstoff *m* (Nukl) / parahydrogen, p-hydrogen

paraxial, achsenparallel (Opt) / paraxial ‖ ~**er Brennpunkt** / paraxial focus

para·zentrisch / paracentric[al] ‖ ⌐**-Zustand** *m* / parastate

Pardune *f*, Backstag *m*, Pardun *n* (Schiff) / guy wire, backstay

Pardunenisolator *m* / backstay insulator

parelektrisch / para-electric

Parenchym *n* / parenchyma

Parenterale *f* / parenteral

Parexprozeß *m* (Paraffin) / parex process

Parfüm *n*, Riechstoff *m* / perfume, scent ‖ ⌐**herstellung**, **-fabrikation** *f* / perfumery

parfümieren / perfume *v*

Pargasit *m* (Min) / pargasite

Parhelium *n* / parhelium

pari beschweren (Seide) / load par

Pariangips *m* (boraxhaltiger entwässerter Gips) (Bau) / Parian cement, Par.C.

Pari·beschwerung *f* (Seide) / loading o. weihgting to par ‖ ⌐**seide** *f* / par [loaded] silk

Pariser Blau *n* / mineral blue (ferric ferrocyanide), Prussian blue ‖ ⌐ **Gips** *m* / boiled plaster of Paris ‖ ⌐ **Schwarz** *n* / Paris black ‖ ⌐**gelb**, Chromgelb *n* / chrome yellow, lead chromate ‖ ⌐**rot** *n* / crocus, polishing rouge

Parisgrün, Methylgrün *n* / methyl o. light green

Parität, Gleichheit *f* / parity

Paritäts·bit, Paritybit *n* (DV) / parity bit ‖ ⌐**fehler** *m* / parity error, PE ‖ ⌐**prüfung** *f*, Parity-Check *m* / parity check, odd-even check ‖ ⌐**prüfung** *f*, Parity-Check *m* / odd-even check ‖ **der** ⌐**prüfung genügen** / parity-check ‖ **die** ⌐**prüfung vornehmen** / parity-check *v* ‖ ⌐**ziffer** *f* (DV) / parity digit

Park·anlage *f* / park ‖ ⌐**automat** *m* / parking meter, automatic ‖ ⌐**bahn** *f* (Satellit) / park[ing] orbit ‖ ⌐**bremse** *f* (Kfz) / parking brake ‖ ⌐**bucht** *f* / lay-by

parken (Kfz) / park *v* ‖ ⌐ *n* (Kfz) / parking ‖ ⌐ **auf Parkplätzen** [auf Straßen] / off-, [on-]street parking ‖ ⌐ **außerhalb von Parkplätzen** / parking outside of parking spaces ‖ ⌐ **in der 2. Reihe** / double-parking ‖ ⌐ **mit anwesendem Fahrer** / live parking ‖ ⌐ **mit beschränkter Zeitdauer** / time-limited parking ‖ **bewachtes** ⌐ / attendant parking, supervised parking lot (US)

parkern (phosphatieren) / parkerize ‖ ⌐ / Parker's process, parkerizing

Parkers Legierung (chromhaltiges Neusilber) *f* / Parker's alloy

parkesieren / operate the Parkes treatment ‖ ⌐, Parkesverfahren *n* (Hütt) / Parkes' process

Parkesschaum, Zinkschaum *m* (Hütt) / Parkes' foam

Parkett *n* / parquet ‖ ⌐ **auf Tafeln**, Mosaikparkett *n* / inlaid floor ‖ ⌐ **in Fischgrätenmuster** / herringbone flooring ‖ ⌐ **in Schiffsbodenart** / fillet o. strip flooring

Parkettafel *f* / parquet block

Parkett·arbeit *f* / parquetry ‖ ⌐**diele** *f* / parquet deal ‖ ⌐**fußboden** *m* / parquetry floor

parkettieren / parquet a floor

Parkett·legen *n* / parquetry ‖ ⌐**leger** *m* / parquet layer ‖ ⌐**platten** *f pl* / parquet in boardings ‖ ⌐**riemen** *m* / parquet fillet, parquet strip

Park·fläche *f* (Kfz) / parking area ‖ ⌐**garage** *f* / parking garage ‖ ⌐**haus** *n*, **-hochhaus** *n* / multi-storey car park (GB), parking garage (US) ‖ ⌐**leuchte** *f*, **-licht** *n* / parking light ‖ ⌐**lücke** *f* / parking gap ‖ ⌐**möglichkeit** *f* / parking facilities *pl* ‖ ⌐**orbit** *m* (Raumf) / parking orbit ‖ ⌐**platte** *f* (z.B. über einem Bahnhof) / parking area (e.g. on top of railroad station) ‖ ⌐**platz** *m* (Kfz) / parking lot (US) o. space, car park ‖ ⌐ **[un]bewachter** ⌐**platz** / [un]supervised parking lot (US), [un]attended car park (GB) ‖ ⌐**platzordner, der die Fahrzeuge rangiert** / auto babysitter, car jockey ‖ ⌐**platzwächter** *m* / car park attendant ‖ ⌐**riegel** *m*, **-kralle** / Denver shoe (US), park clamp (GB) ‖ ⌐**scheibe** *f* / parking dial ‖ ⌐**scheinspender** *m* / parking ticket issuing machine ‖ ⌐**sperre** *f* (Getriebe, Kfz) / parking brake ‖ ⌐**stellung** *f* (Scheibenwischer) (Kfz) / parking position ‖ ⌐**streifen** *m* / parking line ‖ ⌐**uhr** *f*, Parkzeituhr *f*, Parkometer *n* / parking meter, parkometer ‖ ⌐**-und-Ride-Parkplatz** *m* / park-and-ride yard ‖ ⌐**-und-Ride-System** *n*, P + R (Straßb) / park-and-ride-system ‖ ⌐**verbot!** / no parking! ‖ ⌐**way** *m* (Straßb) / parkway

PAR-Radar *m n* / precision approach radar, PAR

Parry-Kegel *m*, Parry-Verschluß *m* (Hütt) / Perry type cup and cone arrangement

Parsec *n*, Parallaxensekunde *f*, pc (1 pc = 308371 · 10¹⁸ cm) (veraltet) / parallax second, parsec

Parser *m* (Math) / parser

Parsing *n*, automatische Syntaxanalyse (Math) / parsing

Parsonsturbine *f*, Überdruckturbine *f* / Parsons turbine

Parterre *n*, Erdgeschoß *n* / ground floor, (USA, Japan:) first floor ‖ ⌐**maschine** *f*, Presse *f* in Reihenbauart (Buch) / one-level press, in-line press

Partial·belichtungsmesser *m* / spot photometer ‖ ⌐**bruch** *m* (Math) / partial fraction ‖ ⌐**bruchzerlegung** *f* (Math) / expansion into partial fractions ‖ ⌐**druck** *m* / partial pressure ‖ ⌐**druckanzug** *m* (Luftf) / partial pressure suit ‖ ⌐**druckgesetz** *n*, Daltonsches Gesetz / Dalton's law of partial pressures, partial pressure law ‖ ⌐**druckmeßgerät** *n* / partial pressure measuring instrument ‖ ⌐**gasmesser**, -gaszähler *m* / shunt gas meter ‖ ⌐**ladung** *f* / split ionic charge ‖ ⌐**reflektor** *m*, teildurchlässiger Spiegel / semireflecting mirror, output mirror ‖ ⌐**ton** *m* (Akustik) / partial [tone] ‖ ⌐**turbine** *f* / fractional admission o. supply turbine ‖ ⌐**valenz**, -wertigkeit, Restaffinität *f* (Chem) / auxiliary o. partial valency, residual affinity ‖ ⌐**valenz** (Singlettbindung) (Chem) / semivalence ‖ ⌐**wassermesser** *m*, -wasserzähler *m* / shunt water meter

Partie *f*, abgeteilte Menge (allg, Textil) / batch, lot ‖ ⌐ **der Papiermaschine** / section of the paper machine

partiell, teilweise / fractional, partial, partly ‖ ~ (Math) / partial, by parts ‖ ~**e Ableitung** / partial differential o. derivative ‖ ~ **beaufschlagte Turbine** / fractional admission o. supply turbine ‖ ~**e Bildaufnahme**, Streifenabtastung *f* (TV) / zone television ‖ ~ **deuteriert** (Nukl) / partly deuterated ‖ ~**es Differential** / partial differential o. derivative ‖ ~**e Differentialgleichung** / partial differential equation ‖ ~**e Integration** / integration by parts ‖ ~**er Steuerimpuls** / partial drive pulse ‖ ~**e Zerfallskonstante** (Nukl) / partial decay constant ‖ ~**er** [galvanischer] Überzug / parcel plating

Partikel, Korpuskel *f* / corpuscle, particle ‖ ⌐, Teilchen *n* (Nukl) / [elementary] particle ‖ ⌐... / particulate

Partikelchen *n* / particulate (US)

Partikel·emission *f* (Mot) / particulate emission ‖ ⌐**-Ereignisse** *n pl* (Elektron) / particle events *pl* ‖ ⌐**fluß** *m* / particle stream ‖ ⌐**form** *f* / particle shape ‖ ⌐**konzentration** *f* (Reinraum) / particle concentration ‖ ⌐**kreisel**, Kernkreisel *m* / particle gyro ‖ **aus** ⌐**n bestehender Stoff** / particulate *n*

partikuläres Integral (Math) / particular integral

Partikularhavarie *f* (Schiff) / particular average

Partikularisator *m*, Seinszeichen *n* (Math) / existential quantifier

Partinium *n* (Aluminium-Wolfram-Legierung) / partinium

Partitionierung *f* einer Schaltung / partitioning of a circuitry

Partner *m*, Gesprächsteilnehmer *m* (Fernm) / partner ‖ ⌐ **einer Arbeitsgemeinschaft** (Bau) / partner ‖ ⌐**leitung** *f* (Fernm) / serving line o. port

Parton *n* (Nukl) / parton

Parts per million *pl*, ppm / parts per million *pl*, ppm

Party Line *f*, kollektiver Bus (DV) / party line

Partyline *f* (DV) / collective bus, party line ‖ ⌐**-Betrieb** *m* (DV) / multipoint operation

Parzelle *f* / lot o. parcel of land ‖ ⌐ (kleines Pachtgrundstück) / allotment (GB)

Parzellen·drescher *m* (Landw) / parcel thresher, test thresher ‖ ⌐**drillmaschine** *f* (Landw) / small plot drill ‖ ⌐**vermessung** *f*, Parzellar-, Stückvermessung *f* / survey of lots

parzellieren, [Land] aufteilen (Land) / parcel, partition, break up

PAS = Paraaminosalicylsäure

Pascal *n* (Einheit des Druckes, 1 Pa = 1 Nm^{-2}) / pascal ‖ ⌐**sches Dreieck** / Pascal's triangle ‖ ⌐**scher Satz** / Pascal's theorem ‖ ⌐**-Code** *m*, P-Code *m* / P-code, pseudo-code ‖ ⌐**-Compiler** *m* / Pascal based compiler ‖ ⌐**sche Schnecke**, Kreiskonchoide *f* / limaçon

Paschen·s *n* **Gesetz** (Elektronik) / Paschen's law ‖ ⌐**-Back-Effekt** *m* (magnetischer Verwandlungseffekt) / Paschen-Back effect ‖ ⌐**-Serie** *f* (Spektrosk) / Paschen series ‖ ⌐**-Sprung** *m* (Astr) / Paschen discontinuity

Paspel *f* (Textil) / braid, hem, piping ‖ ⌐**fuß** *m* (Nähm) / piping foot ‖ ⌐**fuß** *m*, Biesenfuß *m* (Nähm) / welting foot ‖ ⌐**maschine** *f* (Nähm) / welting machine

paspeln (Nähm) / braid, pipe, trim with piping o. braids

Passage *f*, Durchgang *m* / arcade, passage ‖ ⌐, Schiffahrtsrinne *f* / pass ‖ ⌐, Schiffsfahrt *f* / passage, voyage ‖ ⌐ (Astr) / transit ‖ ⌐, Stufe *f* (Spinnen) / passage, head ‖ ⌐ (Web) / pass ‖ ⌐ (Walzenstuhl- und Plansichter-Abteilung) (Mühle) / grind (roller mill and plansifter compartment)

Passagier *m* / passenger ‖ ⌐**raum** *m* (Kfz) / tonneau, seating compartment

Passameter *n* / dial test indicator, dial gauge, indicating caliper

Paßarbeit *f*, An-, Einpassen *n* / fitting work

Passat *m* / trade winds *pl*

Paß·bolzen *m* **mit Kopf** / headed shear pin with close tolerances ‖ ⌐**dorn** *m* / setting plug ‖ ⌐**dorn** *m* **für Gewindelehre** / screw check plug gauge ‖ ⌐**einsatz** *m* / gauge piece o. inset ‖ ⌐**einsatz** *m* **für Sicherungen** / set screw for fuses

passen [auf, in, zu] *vi* / fit *vi* ‖ ~, entsprechen / be suitable ‖ ~, gelten [für] / apply [to] ‖ ~, entsprechen / suit, be suitable ‖ ~, übereinstimmen / tie in ‖ **gut** ~ / fit snugly ‖ **nicht gut** ~ / misfit

passend [für] / appropriate [for o. to] ‖ ~, geeignet / fitting, suitable ‖ ~, angepaßt / matched ‖ ~, bequem / convenient ‖ ~, widerspruchsfrei (Math) / consistent ‖ ~**er Anschluß** / adapter, adaptor ‖ ~ **machen** / make fit ‖ ~ **schneiden** / cut to fit

Passepartout *n*, Hauptschlüssel *m* / pass key, master key, passe-partout ‖ ⌐ *m* (Schweiz: n) (Phot, Einrahmung) / mount, passe-partout ‖ ⌐**-Billet** *n* (Bahn, Schweiz) / blank-to-blank ticket ‖ ⌐**karton** *m* (Pap) / scaleboard, melton cardboard, passe-partout cardboard, photomount board, picture backing board

Passer *m* (gedr.Schaltg) / registration ‖ ⌐, Passermarke *f* (Buch) / corner o. register o. registration mark o. tick ‖ ⌐**kreuz** *n* / register mark

Paß·feder *f* (Keil) / feather key ‖ ⌐**fehler** *m* (Opt) / form error ‖ ⌐**fläche** *f* / locating surface, fitting o. faying surface, seat-engaging surface ‖ ⌐**flächenkorrosion**, -flächenoxidation *f* / frictional o. fretting corrosion ‖ ⌐**form** *f* (Buch) / key form, register o. colour form ‖ **mit voller** ⌐**form** (Strumpf) / full[y] fashioned

passierbar, befahrbar / traversable

Passieren *n* (z.B. ein Bad) / passing through ‖ ~ (Kettfäden) / draw-in o. heddle the warp threads

Passiermaschine *f*, Fleischwolf *m* / passing machine

Passig·drehbank *f* / oval turning machine ‖ ~**drehen** / turn oval

Passimeter *n* (Meßinstr) / passimeter

passiv / passive ‖ ~**er Ausfall** (Nukl) / passive failure ‖ ~**es Bauteil** / passive component o. device ‖ ~**er Einbruchschutz** / passive protection ‖ ~**e Erfassung** (Elektronik) / passive detection, PD ‖ ~**e Erfassung u. Entfernungsmessung** (Elektronik) / passive detection and ranging, padar ‖ ~**e Erfassung u. Ortung von Gegenmaßnahmen** (Elektronik) / passive detection and location of countermeasures, padloc ‖ ~**e Fehlerdämpfung** / passive return loss ‖ ~**e Gegenmaßnahmen** *f pl* (Mil) / passive counter-mesures *pl* ‖ ~**es Insassen-Rückhaltesystem** (Kfz) / passive restraint system ‖ ~**es Netz[werk]** (Fernm) / passive network ‖ ~**e Regelung** (Raumf) / passive control ‖ ~**es Relais** / passive repeater ‖ ~**es Schaltglied** (Pneum) / passive function relay operation ‖ ~**es Schaltglied** (Fluidik) / passive function relay ‖ ~**er Strahler** / parasitical[ly excited] antenna ‖ ~**er Umformer** (gleiche Energieart) / passive transformer ‖ ~**es Versagen** (Nukl) / passive failure ‖ ~**er Vierpol** (Fernm) / passive four-terminal network, passive quadripol ‖ ~**er Wandler** (in andre Energieart) / passive converter ‖ ~**er Zweipol** (Fernm) / passive one-part network

Passiva n pl / liabilities pl
passivieren / passivate, render passive ‖ ~, drücken (Flotation) / deaden
passivierendes Mittel (Flotation) / depressant
passiviert, gedrückt (Flotation) / depressed ‖ ~ (Metall) / passivated
Passivierung f (Flotation) / passivation
Passivierungsmittel n, Drücker m (gegen das Aufschwimmen von Erzen) (Flotation) / deadening agent, deadener
Passivität f / passivity
Passiv·radar m n / passive radar ‖ ⁺satellit m / passive satellite
Paß·keil m (Einlegekeil) / sunk tapered key ‖ ⁺kerbstift m (DIN 1472) / half length taper-grooved dowel pin, close-tolerance grooved pin ‖ ⁺kerbstift m mit Hals / half-length grooved pin with gorge ‖ ⁺kreuz n (Buch, Farbdruck) / lay mark, register mark ‖ ⁺kreuz n, Passerkreuz n, Registermarke f (Buch, Farbdruck) / register mark ‖ ⁺leiste f (Masch) / checking o. fitting strip ‖ ⁺leiste f, Justierleiste f / checking strip ‖ ⁺loch n (Plast) / dowel hole ‖ ⁺niet m n (Masch) / [close] tolerance rivet ‖ ⁺niet m n (Luftf) / lockbolt ‖ ⁺niet m n mit Universalkopf / tolerance rivet with protruding heat ‖ ⁺nute f / fitting groove ‖ ⁺punkt m (Verm) / control point ‖ ⁺ring m (Elektr) / gauge ring ‖ ⁺ring m / adjusting ring ‖ ⁺schaftlänge, Lochleibungslänge f / grip length of a body-fit bolt ‖ ⁺scheibe f (Masch) / shim ring, adjusting washer ‖ ⁺schraube f / dowel screw, close-tolerance bolt ‖ ⁺schraube f, -hülse f (Sicherung) / set screw for fuses ‖ ⁺schraube mit Innensechskant / stripper bolt ‖ ⁺sitz m, Feinpassung / snug fit ‖ ⁺stift m / alignment pin, [straight] cylindrical pin, fixing o. steady pin, locating pin o. plug, setpin ‖ ⁺stift, Spannstift m / dowel pin ‖ ⁺stift m (beim Nieten) / drift pin ‖ ⁺stift m (Gieß) / dowel pin ‖ ⁺stift m (bei Montage) / alignment pin ‖ ⁺stift m, Zylinderstift m / parallel o. straight pin ‖ ⁺stück, -teil n, Adapter m / fitting piece o. part, adapter, adaptor, matching piece ‖ ⁺stück, Zwischenstück n / intermediary ‖ ⁺stück n, -einsatz m / sleeve socket ‖ ⁺stück n, -teil n / fitting block o. bolster, regulating wedge ‖ ⁺toleranz f / tolerance of the fit, fit tolerance
Passung f, Sitz m (Masch) / fit
Passungs·art f / kind of fit ‖ ⁺auswahl f / selection of fits ‖ ⁺familie f / class of fits ‖ ⁺grad m / degree of fit ‖ ⁺maß n / dimension in a class of fits ‖ ⁺rost m / frictional o. fretting corrosion ‖ ⁺system n (Masch) / classification o. system of fits
Paß·wort n (DV) / password ‖ ⁺wortschutz m / password protection
Paste, Masse f, Gemisch n / mass, paste ‖ ~ f, Pasta f / paste ‖ ⁺faden m (Glühlampe) / pasted filament ‖ ⁺kathode f (Elektronik) / paste cathode
pastell·orange (RAL 2003) / pastel-orange ‖ ⁺stift m / pastel [crayon]
pasten, pastieren (Akku) / paste ‖ ~artig / paste-like, pasty ‖ ⁺aufkohlen n / carburizing in pasty medium ‖ ⁺entwicklung f (Repro) / paste development ‖ ⁺station f (gesamte Streichmassenaufbereitung) (Pap) / coating kitchen ‖ ⁺tinte f / paste ink ‖ ⁺zementieren n (Hütt) / paste carburizing
Pasteurisierapparat m / pasteurizer
pasteurisieren / pasteurize
Pasteverfahren n (Sintern) / paste method
pastieren, pasten (Akku) / paste
pastierte Platte (Akku) / pasted plate
pastig, steif / consistent, pasty ‖ ~er Wasserstoff / slush hydrogen
Pastille, Tablette f / tablet, pastil[le], lozenge
Pastillenpresse f, Tablettenpresse f / tablet compressing machine, pill machine
Pastingverfahren n (Leder) / pasting process

Patent n / patent ‖ ⁺ angemeldet / patent applied [for] ‖ ⁺ erteilen / grant a patent ‖ abgelaufenes ⁺ / expired patent ‖ ein ⁺ anmelden / apply for a patent ‖ ein ⁺ gleichzeitig beantragen (mit einem anderen Anmelder) / interfere [with…] ‖ ein ⁺ nehmen / take out a patent, patent ‖ ein ⁺ verletzen / infringe a patent ‖ ⁺abteilung f / patent division ‖ ⁺amt n / patent office ‖ ~amtlich geschützt / patented, proprietary ‖ ⁺anker m (Schiff) / stockless anchor ‖ ⁺anmelder m / petitioner ‖ ⁺anmeldung f / patent application, caveat (US) ‖ ⁺anspruch m / patent claim ‖ ⁺anwalt m / patent attorney (US), patent agent (GB) ‖ nicht auftretender ⁺anwalt / patent solicitor ‖ ⁺anwaltsbüro n / patent agent's office (GB), patent law firm (US) ‖ ⁺anwaltschaft f / patent bar ‖ ⁺anwaltskammer f / Chartered Institute of Patent Agents (GB), Patent Attorney's Society (US) ‖ ⁺auslegung f / patent publication ‖ ⁺auslegung[sdauer] f / opposition period of a patent ‖ ⁺auswertung f / patent exploitation ‖ ⁺beschreibung f / specification [of a patent] ‖ vollständige o. endgültige ⁺beschreibung / complete specification ‖ ⁺blatt n / patent reports pl ‖ ⁺blau n (Färb) / patent blue ‖ ⁺dübel m (ein Spreizdübel) (Bau) / Metlex plug ‖ ⁺einspruch m / opposition [to], objection [to] ‖ ⁺erteilung f / patent grant ‖ ~fähig, patentierbar / patentable ‖ ⁺fähigkeit f / patentability ‖ ⁺gelb n / Cassel's yellow ‖ ⁺[gummi]platte f / patent plate
Patentieren n (Draht) / patenting ‖ ~ (Drahtz) / patent ‖ ⁺, Salzbadhärten n / salt bath patenting ‖ ⁺, Bleihärten n (Draht) / lead patenting ‖ Draht ~ / patent the wire ‖ [etwas] ~ / patent vt ‖ [sich etwas] ~ lassen / take out a patent, patent vi
patentiert / patented
Patent·ingenieur m / patent engineer ‖ ⁺inhaber m / patentee ‖ ⁺kette f / chandelier chain ‖ ⁺log n / harpoon o. patent log, taffrail log ‖ ⁺neuheit f / patent novelty ‖ ⁺prozeß m / patent suit ‖ ⁺prüfer m / examiner [assistant] ‖ ⁺recht n / patent right o. law ‖ ⁺register, -verzeichnis n, -rolle f / patent-rolls o. -lists pl, records of patents pl ‖ ⁺schrift f / patent document o. specification ‖ ⁺schutz m / protection by a patent ‖ ~schutzfähig / patentable ‖ ⁺streitigkeit f / patent litigation o. contest ‖ ⁺talje f, Differentialflaschenzug m / differential pulley block ‖ ⁺- und Erfahrungsaustausch m / patents and processes agreement ‖ ⁺urkunde f / patent letter, letters of patent pl ‖ ⁺verletzung f / infringement of (GB) o. on (US) a patent, patent infringement ‖ ⁺verletzungsklage f / action for infringement ‖ ⁺verschluß m / safety lock ‖ ⁺verschluß m (Brau) / patent stopper ‖ ⁺verwertung f / patent exploitation ‖ ⁺vorbenutzung f / prior use ‖ ⁺zeichnung f / patent drawing ‖ ⁺zement, Romanzement m / Roman o. Parker's cement
Paternoster·aufzug m / paternoster [lift o. elevator], continuous lift (GB) ‖ ⁺fischband n (Schl) / chaplet hinge ‖ ⁺förderer m / bucket chain ‖ ⁺werk, Wasserheberad n / noria ‖ ⁺werk n (Hydr) / noria ‖ ⁺wickler m (Färb) / batcher with endless belt, paternoster winder
Patina f, Edelrost m / patina, vert antique ‖ ⁺…, grünspanig / aeruginous ‖ ~grün (RAL 6000) / patina-green
patinieren / patine vt
Patio m (Bau) / patio
Patioverfahren n (Silber Hütt) / patio process
Patrize f, Stempel m / male mo[u]ld
Patrone f (Mil) / cartridge (GB), bullet (US) ‖ ⁺ (Film) / magazine for film ‖ ⁺, Spannpatrone f (Dreh) / collet [chuck] ‖ ⁺, Sicherungseinsatz m / fuse cartridge ‖ ⁺ (Artillerie) / cartridge (propellant charge with container), complete round (US) ‖ ⁺ (Artillerie), (spez:) Kartuschbeutel m / gun cartridge [case o. bag] ‖ ⁺, auswechselbarer Einsatz / cartridge ‖ ⁺ (Web) /

point paper design o. draft, weave design, weave pattern ‖ ⁓ (DV) / [magnetic-tape] cartridge

Patronen·anlasser m (Luftf) / combustion o. cartridge starter ‖ ⁓**auswerfer** m (Gewehr) / cartridge ejector ‖ ⁓**hülse** f (Mil) / cartridge case ‖ ⁓**papier** n (für Webereien) (Pap) / pattern paper primed with oil ‖ ⁓**papier** n (Web) / ruled o. squared paper, design o. drafting o. point paper ‖ ⁓**sicherung** f (Elektr) / cartridge fuse ‖ ⁓**spannung** f (Wzm) / collet gripping o. chucking

patronieren / draft, design, pattern v

Patronit m (Vanadinsulfid) (Min) / patronite

Patschuliöl n / patchouli oil

Patterngenerator m (IS) / pattern generator

Patterson-Funktion f (Phys) / Patterson function

Pattinsonieren n, Pattinson-Verfahren n (Gewinnen des Silbers aus armem Blei) / Pattinson's process, pattinsonizing

Pauliprinzip n, -verbot, Paulisches Ausschließungsprinzip o. Äquivalenzverbot / Pauli's [exclusion] principle

Pauliträger m (Stahlbau) / Pauli lattice girder

Paulypfanne f (Zuck) / Pauly pan

Pausapparat m / copying apparatus

Pauschale f / package

Pauschalgebühr f, -preis m / flat rate

pauschalieren / fix a global fee o. a flat rate

pauschaliert (F.Org) / allocated

Pauschal·kontrakt m / contract by the job ‖ ⁓**tarif** m / bulk tariff, fixed payment tariff, flat rate tariff

Pause f, Zeitraum m / interval, space of time interval ‖ ⁓, Arbeitsunterbrechung f / pause, break, let-up (coll) ‖ ⁓, Zeichnungskopie f / traced design, tracing ‖ ⁓ (Ggs.: Original) (Zeichn) / copy, blueprint ‖ ⁓ zwischen den Ziffern (Fernm) / interdigital pause ‖ ⁓ zwischen Impulsen / quiescent period ‖ ⁓ zwischen Impulsserien zweier Dekaden der Rufnummer (Fernm) / interdigit pause ‖ ⁓**anweisung** f (FORTRAN) / pause statement

pausen vi, eine Blaupause anfertigen [von] / blueprint v ‖ ⁓ vt, durchzeichnen / trace, copy ‖ ⁓**dauer** f / pause time ‖ ⁓**-Impuls-Verhältnis** n (Impulstechnik) / break-make ratio ‖ ⁓**regelung** f / rest-time regulation ‖ ⁓**schritt** m (Fernm) / no-current step ‖ ⁓**welle** f, Verstimmungswelle / spacing wave ‖ ⁓**zeichen** n (Elektronik) / station identification code signal, identification o. interval signal ‖ ⁓**zeichen** n, Stationszeichen n (Melodie) (Elektronik) / signature tune, theme song ‖ ⁓**zeit** f, Strompause f / currentless time ‖ ⁓**zeit** f bei Wiedereinschaltung (Elektr) / dead time ‖ ⁓**zeitmesser** m (Radio) / interval timer

paus·fähig, Paus… / printable ‖ ⁓**fähigkeit** f / printability ‖ ⁓**lampe** f / copying lamp ‖ ⁓**papier**, Blaupauspapier n / blueprint paper ‖ ⁓**papier** n (durchscheinend) / translucent tracing paper ‖ ⁓**papier** n, Diazopapier n / diazotype paper ‖ ⁓**raum** m / blueprint shop, printshop

Paver m, selbstfahrende Straßenbetoniermaschine (Straßb) / paver

Pavillon m / pavilion ‖ ⁓**dach** n / pavilion roof

Paynesgrau n (Zeichn) / Payne's gray

P-Band n, 225 - 390 MHz, 133 - 77 cm / P-band

P-Bereich, Proportional[itäts]-Bereich m (Regeln) / proportioning o. proportional band

PBT m (Halbl) / permeable base transistor, PBT

PC, nachchloriertes Polyvinylchlorid / postchlorinated PVC ‖ ⁓, Personal Computer / personal computer, PC ‖ ⁓, programmierbare Steuerung (NC) / programmable control, PC ‖ ⁓, Befehlszähler m / program counter, PC ‖ ⁓ n, Polycarbonat n / PC, polycarbonate

PCB n, gedruckte Schaltung / printed circuit board, PCB ‖ ⁓, polychloriertes Biphenylen / postchlorinated biphenylene

PC-DOS-Betriebssystem n / PC-DOS operating system

PC-Host-Verbindung f / PC-host connection

PCI-Verfahren n (Mot) / pre-chamber injection

PCM (Elektronik) = Pulscodemodulation

PCM-Codec n / PCM codec (= coding/decoding)

PCMI-Mikrobildtechnik f (NCR) / photochromic micro imagery, PCMI

PCM-Zeitmultiplex-System n / PCM time division multiplex system

P-Code m, Pascal-Code m / P-code, pseudo code

PCP (Plast) = Polychloropren

PCS-Faser f, Plastic-Clad-Silikafaser f / PCS-fiber, plastic clad silica fiber

PCTFE, Polychlorotrifluorethylen n / polychlorotrifluoroethylene

PCT-Plan m (Patent) / Patent Cooperation Treaty

PCT-Theorem n (Phys) / CPT theorem (C = charge conjugation, P = parity operation, T = time reversal)

PCU, nicht nachchloriniertes Polyvinylchlorid / not postchlorinated PVC

PCV (Math) = Prädiktor-Korrektor-Verfahren

PCV-Ventil n, Mot / positive crankease ventilation valve, pollution control valve, PCV valve

PDAP, Polydiallylphthalat n / polydiallylphthalate

PDC-Tank m (Rollstabilisierung) (Schiff) / period and damping controlled o. PDC tank

PDM (Elektronik) = Pulsdauermodulation

PD⁻-Regelung f (o. Proportional-Differential-Regelung) / proportional plus derivative control, PD control ‖ ⁓**-Regler** m / proportional-plus-derivative controller

PDV = Prozeßlenkung mit Datenverarbeitungsanlagen ‖ ⁓**-System**, Prozeßdaten-Verarbeitungssystem n / process control system

PE niederer Dichte (PE = Polyethylen) / low-density PE o. polyethylene, LDPE

Peak n (Spektrum) / peak, maximum ‖ ⁓**fläche** f (Nukl) / peak area ‖ ⁓**-Holding-System** n (Regeln) / peak holding system

Peaking··Versteilerungsspule, Entzerrspule f (TV) / peaking coil o. inductance

Peaksuche f (Chem) / peak searching

Pech n / pitch ‖ ⁓ aus Kiefern zapfen / extract resin from pines ‖ [weiches] schwarzes ⁓, Schiffs-, Schusterpech n / common black pitch ‖ weißes ⁓ / white rosin

Pechan-Prismen n pl (Opt) / Pechan prism set

pech·artig / pitchy, tarry ‖ ⁓**blende** f, amorpher Uraninit (Min) / pitchblende, black blend, nasturan ‖ ⁓**bund** m (Web) / pitch binding of reed ‖ ⁓**bundblatt** n (Textil) / pitch bound reed

pechen (Schiff) / pay, pitch

Pech·harz n / mastic pitch ‖ ⁓**kohle** f (Bergb) / pitch coal ‖ ⁓**koks** m / pitch o. tar coke ‖ ⁓**schwarz** n / pitchy black ‖ ⁓**spritzapparat** m / pitch-spraying apparatus ‖ ⁓**stein** m (Geol) / pitchstone ‖ ⁓**torf** m / bituminous o. black peat ‖ ⁓**uran** n / retinic uranium ‖ rotes ⁓**uran**, Gummit m / [urano]gummite

Péclet-Zahl f, Pe (Hydr) / Péclet number

Peculiarity, Charming-Quantenzahl f (Phys) / peculiarity, charming quantum number, supercharge

PECVD, plasmaunterstützte chemische Aufdampfung / plasma-exhauced chemical vapour deposition, PECVD

Pedal n, Fußhebel, -tritt m / pedal, treadle ‖ ⁓**abstand** m (Fahrrad) / tread ‖ ⁓**achse** f (Kfz) / pedal [pivot] shaft ‖ ⁓**auflage** f (Kfz) / pedal pad

Peddig n, -rohr n / peeled ratan reeds pl

Pedion n (Kristallform) / pedion

Pedologie, Bodenkunde f / pedology

Pedometer n (ein Schrittzähler) / pedometer

Pedon m (pl: Peda) (Boden) / pedon (pl: peda)

Pedotop m (Boden) / pedotope

Peening n, Hämmern n / peening

Pegamoid n / pegamoid

Pegel m (Phys) / level ‖ ⁓, Wasserstandsmarke f, -anzeiger m (Hydr) / water gauge o. level indicator, floater ‖ ⁓, Gezeitenmesser m, -schreiber m / tide recorder ‖ ⁓ bei abgeschlossener Leitung (Fernm) / terminated level ‖ ⁓**ausgleicher**, -kompensator m (Elektronik) / level

compensator ‖ ~**band** n (Magn.Bd) / standard level tape ‖ ~**bildgerät** n (Fernm) / transmission measuring set, TMS ‖ ~**diagramm** n, -[kenn]linie f / level characteristic o. diagram ‖ ~**empfänger** m (Regeln) / level receiver ‖ ~**fernanzeiger** m / level teleindicator, televisor, remote indicator ‖ ~**festpunkt** m (Wassb) / high-water reference mark ‖ ~**frequenz...** (Fernm) / level-frequency... ‖ ~**geber**, -sender m (Regeln) / level generator o. sender ‖ ~**haltung** f (TV) / clamping ‖ ~**[kenn]linie** f, -diagramm n / level characteristic o. diagram ‖ ~**kompensator**, -ausgleicher m (Elektronik) / level compensator ‖ ~**konverter** m (Elektronik) / level converter ‖ ~**latte** f / permanent gauge ‖ ~**linie**, Wasserstandslinie f, Wasserstand m (Hydr) / level line ‖ ~**linie** f, -diagramm n (Opt) / surface-by-surface diagram ‖ ~**messer** m, -meßeinrichtung f (Fernm) / transmission measuring set, TMS ‖ **in Dezibel geeichter** ~**messer** / decibel meter ‖ ~**messer** m **in Neper** / neper meter ‖ ~**messung** f (Fernm) / level measuring
Pegeln n (Elektronik) / level adjustment, line-up ‖ ~ (Mot) / dipping
Pegel·nullpunkt m, Pegelnull n / low water datum, L.W.D. ‖ ~**regler** m, Aussteuerung f / level control ‖ ~**schreiber** m (Fernm) / recording transmission measuring set ‖ ~**schreiber** m, selbstschreibendes Pegelgerät (Wassb) / level recorder, LR, liquid stage recorder ‖ ~**sender**, -geber m (Regeln) / level generator o. sender ‖ ~**stab** m (für Behälter) / ga[u]ging rod o. rule, level indicator, dipstick, thief rod (coll.) ‖ ~**stab** m **für Kraftstoff** / fuel level plunger, fuel dipstick ‖ ~**stab** m **für Öl** (Mot) / dip rod o. stick, oil gauge rod ‖ ~**stabilisierung** f (TV) / synchronization stretcher ‖ ~**[stand]** m, -höhe f (Hydr) / level o. depth of water, water level ‖ ~**stand**, Ölstand m / oil-level ‖ ~**standmesser** m **mit Schwimmer** / float type water gauge ‖ ~**verbreiterung** f, Niveauverbreiterung f (Phys) / level broadening ‖ ~**wasserstand** m / level o. depth of water, water level ‖ ~**wert** m / gauge reading
Pegmatit m (Geol) / pegmatite
Peigneur m (Spinn) / doffer, doffing cylinder
Peil m (Wassb) s. Pegel ‖ ~**acht**, Doppelkreischarakteristik f (Radar) / figure-eight pattern, cosine diagramm ‖ ~**antenne** f, -rahmen m, -ring m / DF antenna o. frame o. loop, aural null loop (US) ‖ ~**anzeiger** m, Sichtpeilgerät n (Peilgerät) / CRT unit, cathode ray direction finder ‖ ~**aufsatz** m, -scheibe f (Schiff) / pelorus (US), bearing plate ‖ ~**deck** n (Schiff) / observation deck ‖ ~**diopter** n (Schiff) / bearing diopter ‖ ~**diopter** n **mit Kompaß** / visual direction finder ‖ ~**empfänger** m, -gerät n / direction finder, DF, directional receiver, [radio] position finder o. fixer, radiogoniometer ‖ ~**empfänger** m **mit zwei Rahmen** / spaced-loop direction finder
peilen, orten / take a bearing, find o. fix a direction o. a position ‖ ~, loten / sound v, plumb ‖ ~ n, Peilfunk m / DF, direction finding ‖ ~ (z.B. Ölstand) (Mot) / dipping
Peil·faden m (Radar) / cursor ‖ ~**fehler** m / error in bearing, tuning o. directional error ‖ ~**fehler** m (infolge örtlicher Bedingungen) / site error ‖ ~**fehler** m **durch unsymmetrische Erdkapazität des Peilrahmens** / electrostatic error ‖ ~**funk** m / radio direction finding, DF ‖ ~**funker** m / DF operator ‖ ~**[funk]sender** m / DF transmitter o. station, radio beacon, aerophare ‖ ~**funkstelle** f, -station f / radio direction finding post o. station, radio bearing station ‖ ~**genauigkeit** f (Luftf) / bearing accuracy o. classification ‖ ~**gerät**, Such-, Ortungsgerät n (Luftf, Schiff) / locating equipment o. device ‖ ~**kompaß** m, Azimutalkompaß m / amplitude compass ‖ ~**leitstelle** f (Luftf) / main direction finding o. DF-station ‖ ~**netz**, Funkpeilnetz n, -basis f / DF network ‖ ~**null** f (Peilen) / null ‖ ~**platte** f (Öltank) / datum plate ‖ ~**radar** m n / DF radar ‖ ~**rahmen** m / loop antenna ‖ ~**richtung** f / direction of bearing ‖ ~**rohr** n (Schiff) / sounding pipe ‖ ~**rohrhahn** m (Schiff)

/ sounding plug ‖ ~**rose** f / azimuth dial ‖ ~**scheibe** f, -aufsatz m (Schiff) / pelorus (US), bearing plate ‖ ~**schiff** n **mit elektronischen Gegenmaßnahmen** / duffer ‖ ~**sichtanlage** f / visual radio range o. direction finder ‖ ~**stab** m (für Kraftstoff) / fuel level plunger, fuel dip stick ‖ ~**stab** m (Schiff) / sounding rod o. line ‖ ~**stableuchte** f (am Kotflügel) (Kfz) / side-marker lamp ‖ ~**standort** m (Luftf) / fix (US) ‖ ~**stange** f (Kfz) / side marker ‖ ~**station** f, Ortungsstation f / DF transmitter o. station ‖ ~**strahl** m / radio range beam ‖ ~**strahl** m, -linie f / bearing line ‖ **raumgeradlinige** ~**strahlen** m pl / orthodrome ‖ ~**strich** m (Radar) / bearing cursor o. marker ‖ ~**strichdrehknopf** m / bearing cursor control ‖ ~**tabelle** f / bearing chart ‖ ~**tochterkompaß** m / magnetic direction indicator, MDI
Peilung, Funkort[bestimm]ung f / position finding o. fixing, [taking of a] bearing, radio direction finding ‖ **drahtlose** ~ / radiogoniometry, radiogoniometric direction finding
Peilungs·beiwert m / error compensation value
Peil·winkel m, -richtung f / bearing [angle], radio bearing ‖ ~**winkel**, Seitenpeilung f / relative bearing ‖ ~**winkel** m **mit ± 2° Genauigkeit** (Radar) / first class bearing ‖ ~**winkel** m **mit ± 5° Genauigkeit** / second-class bearing ‖ ~**winkel** m **mit ± 10° Genauigkeit** / third-class bearing ‖ ~**winkelmesser** m, Goniometer n / goniometer ‖ ~**wirkung** f / directivity ‖ ~**zeiger** m / bearing ruler ‖ ~**ziel** n, -objekt n, -gegenstand m / bearing object
peinlich genau / meticulous
Peirce-Funktion f (o. NOR-Funktion) / NOR-function, non-disjunction
Peitsche f / whip n
Peitschen·antenne f / whip antenna ‖ ~**förmiger Kabelanschluß** / cable splitter ‖ ~**hieb-Effekt** m (bei Auffahrunfall) (Kfz) / whiplash effect ‖ **elliptischer** ~**mast** (Straßb) / lantern pole with elliptical arm curvature ‖ ~**schlag** m (Drahtseil) / large oscillation due to shock load
Peitschrinne, Schlagrinne f (Walzw) / guiding channel
Pekanuß f / peka nut
Pékin, Pequin m (Textil) / pekin
Pektase, Pektinesterase, Pektolipase f / pectase
Pektin n / pectin, pectine [substance], vegetable jelly ‖ ~**...** / pectic ‖ ~**appretur** f (Textil) / pectin finishing ‖ ~**ase**, Pektolase f / pectinase ‖ ~**haltig** / pectinaceous ‖ ~**säure** f / pectic acid ‖ ~**stoff** m / pectic matter ‖ ~**zucker** m, Arabinose f / pectin sugar, arabinose
Pekto·lith m (Min) / pectolite ‖ ~**zellulose** f / pectocellulose
Pekuliarbewegung f (Astr) / peculiar motion, motus peculiaris
Pelagial n, Pelagialfauna f / pelagic fauna
pelagisch, pelagial / pelagic, deep-sea... ‖ ~**e Ablagerung** / deep-sea deposit ‖ ~**es Schleppnetz** (Schiff) / pelagic trawl
Pelargonsäure, Nonansäure f / pelargonic acid
Pelawachs n / pela, Chinese wax
P-Elektron n (in der P-Schale) / P-electron ‖ ~ (im p-Zustand) / p-electron
Peligotrohr n, -röhre f / Péligot-tube
Pelit m, pelitisches Gestein / pelitic rock, clay
Pellagraschutzstoff m / pellagra preventive factor, P.P.-factor
Pellet n / pellet ‖ ~ (in kleine Quader gepreßte Trockenschnitzel) (Zuck) / pellet ‖ ~**s** n pl, Kugelsinter m (Hütt, Sintern) / pellets pl
pelletisieren (Bergb, Hütt, Plast) / pelletize ‖ ~ n, Pelletisierung f (Bergb, Hütt, Plast) / pelletizing, pelletization
Pelletpresse, Futtermehlpresse f (Landw) / pelleting machine, pellet mill, compounder
Pellicle n (Halbl) / pellicle
Pellin-Broca-Prisma n / Pellin-Broca prism

Pellistor *m* (ein Sensor, geheizte Katalysatorperle) / pellistor

Pelluzidität *f* (Min) / pellucidity, pellucidness

Pelotoneuse *f* (Seife) / plodder

Pelseide *f*, Pelogarn *n* / poil silk, single silk, pel[o] silk

Peltier·effekt *m* / Peltier effect ‖ **⁻element** *n* / Peltier element o. couple ‖ **⁻koeffizient** *m* / Peltier coefficient ‖ **⁻-Kühlung** *f* / Peltier cooling ‖ **⁻zelle** *f* (Elektr) / Peltier cell

Pelton·rad *n* / Pelton wheel ‖ **⁻schaufel** *f*, -becher *m* / bucket of the Pelton wheel ‖ **⁻turbine** *f* / Pelton turbine

Pelz, Wickel *m* (Textil) / lap, fleece ‖ **⁻bildung** *f* (Spinn) / formation of fleece o. lap ‖ **⁻brecher**, -reißer, Florbrecher, -reißer *m* (Textil) / lap breaker ‖ **⁻brecher** *m*, -reißer *m*, Florbrecher *m* (Spinn) / lap breaker

pelzen, rauhen (Textil) / shag

Pelz·felle *n pl* von Schafen und Ziegen / Persians *pl* ‖ **⁻krempel** *f* (Spinn) / intermediate card, second breaker, shag machine ‖ **⁻maschine** *f* (Web) / shag machine ‖ **⁻maschine**, Fellmaschine *f* (Wolle) / fleece scribbler ‖ **⁻motte** *f*, Tinea pallionella / clothes moth ‖ **⁻samt**, Tuchsamt *m* / woollen velvet, worsted long pile ‖ **⁻stoff** *m* (Textil) / fleecy fabric, imitation fur ‖ **⁻trommel** *f*, Aufroller *m* (Spinn) / fleece roller

PEM-Effekt *m*, photoelektromagnetischer Effekt / PEM-effect

Penalty-Faktor *m* (Elektr) / penalty factor

Pendant *n* / counterpart, fellow, pendant, equal

Pendel *n* / pendulum ‖ **⁻**, Hängelampe *f* (Elektr) / suspended lamp, pendant lamp ‖ **⁻** (Uhr) / pendulum ‖ **⁻achse** *f* (Kfz) / full floating axle, jointed cross shaft axle ‖ **⁻antrieb** *m*, -getriebe *n* / pendulum drive ‖ **⁻apparat** *m* (Geophysik) / pendulum apparatus ‖ **⁻artig**, hängend / pendulous, penduline ‖ **⁻aufhängung** *f* / pendulum suspension ‖ **⁻ausschlag** *m* / amplitude of pendulum swing ‖ **⁻band** *n* / shuttle belt conveyor ‖ **⁻becherwerk** *n* / chain-and-bucket conveyor, pendulum o. swing. o. gravity bucket conveyor o. elevator ‖ **⁻bewegung** *f*, Hin- und Herdrehung *f* / oscillating o. pendulum o. reciprocating motion o. movement, reciprocation ‖ **⁻bewegung** *f*, -schwingung *f* (Uhr) / oscillation, vibration, heaving ‖ **⁻brief** *m* / shuttle letter ‖ **⁻[drahtseil]bahn** *f* / to-and-fro system aerial ropeway ‖ **⁻drehklappe** *f* (Güterwagen) (Bahn) / articulated rotating flap (freight car) ‖ **⁻fadenführer** *m* (Textil) / pendulum o. rocking yarn guide ‖ **⁻feuer** *n* (Nav) / oscillating beacon ‖ **⁻fitsche** *f* / spring hinge for swing doors ‖ **⁻flugzeug** *n* / shuttle aircraft ‖ **⁻förderer** *m* (allg) / shuttle conveyor ‖ **⁻förderer** *m* (Bergb) / shuttle hauler ‖ **⁻förderung** *f* (Bergb) / shuttle haulage ‖ **⁻fräsen** *n* / reciprocal o. planetary milling ‖ **⁻freie Regelung** / antihunting control ‖ **⁻frequenz** *f* (Elektronik) / quench[ing] frequency ‖ **⁻frequenz** *f* (in der HF-Röhre erzeugt) / self-quenched frequency ‖ **⁻frequenzgenerator**, Pendeloszillator *m* (Elektronik) / quenching oscillator ‖ **⁻führung** *f* (Uhr) / crutch ‖ **⁻futter** *n* (Wzm) / floating tool holder ‖ **⁻gelenk** *n* (Brückb) / pendulum joint ‖ **⁻generator**, -dynamo *m* / cradle dynamometer, dynamometric dynamo ‖ **⁻gewicht** *n* / bob *n*, tup ‖ **⁻gleichrichter** *m* / vibrating reed rectifier, pendulum rectifier ‖ **⁻hammer** *m* (Mat.Prüf) / pendulum ram impact testing machine ‖ **⁻hammer** *m* (im Schlagwerk) / swing hammer of a crusher ‖ **⁻isolator** *m* / swinging insulator ‖ **⁻klappe** *f* / shuttle valve, rotary lock ‖ **⁻klappe** *f* / rotary lock ‖ **⁻kontakt** *m* (Elektr) / pendulum circuit breaker ‖ **⁻kreisel** *m* / pendulous gyro ‖ **⁻kugel** *f*, -gewicht *n*, -linse *f* (Uhr) / pendulum ball o. bob ‖ **⁻[kugel]lager** *n* / self-aligning [ball] bearing ‖ **⁻lager** *n* (Brückb) / pendulum bearing ‖ **⁻lager** *n*, -wiege *f* (Stahlbau) / swing bolster, tumbler bearing ‖ **⁻lager** *n* (Masch) / self-aligning bearing ‖ **⁻motor** *m* (Elektr) / swivel bearing motor

pendeln (Schw) / weave with the electrode ‖ **~** / oscillate o. swing o. move in pendulum fashion, oscillate, vibrate, librate ‖ **~** (Zug) (Bahn) / ply, run ‖ **~**, auf Zeitkarte fahren (Bahn) / commute (US) ‖ **~**, nicht am Arbeitsplatz wohnen / live out ‖ **~** *n* / pendulum movement o. motion ‖ **~**, periodische Instabilität (Elektronik) / squegging, squagging ‖ **~** (Schw) / weaving ‖ **~**, Pendelung *f* (Ballistik) / yawing motion ‖ **~ im Sekundenschlag** (Uhr) / vibrate seconds ‖ **~ lassen** / arrange to oscillate ‖ **~ um die Nenndrehzahl** / hunting, cycling, oscillation ‖ **~ von Synchronmaschinen**, Phasenschwingung *f* (Elektr) / phase swinging

pendelnd, sich hin- und herbewegend / oscillating, in pendulum fashion ‖ **~** (z.B. Stempel im Stanzwz) / floating ‖ **~ [aufgehängt]** / pendulous, penduline ‖ **~er Halter** (Wzm) / floating bush ‖ **~ lagern** / arrange to oscillate, carry in pendulum bearing ‖ **~es Löffelwalzwerk** / hunting spoon rolling mill ‖ **~er Stempel** (Stanz) / floating punch ‖ **~er Werkzeughalter** / floating tool holder

Pendel·neigungsmesser *m* (Luftf) / pendulum [in]clinometer ‖ **⁻oszillator**, Stoßoszillator *m* (Elektronik) / self-quenching o. squegging oscillator, squegg ‖ **⁻pflug** *m* / swivel plough ‖ **⁻regelung** *f* (Regeln) / average position action ‖ **⁻reibahle** *f* / floating reamer ‖ **⁻roboter** *m* / oscillating robot ‖ **⁻rollenlager**, Tonnenlager *n* (DIN) / spherical roller bearing, self-aligning o. swivel-joint roller bearing ‖ **⁻rückkopplung**, Superregenerativkopplung *f* (Radio) / superregenerative coupling, superreaction ‖ **⁻rückstrahler** *m* / pendulum type rear reflector ‖ **⁻rutsche** *f* / tipping trough ‖ **⁻säge** *f* / pendulum saw, swinging saw, oscillating saw ‖ **⁻sattel** *m* (Bremse) / hinged caliper ‖ **⁻schere**, Schwingschere *f* / pendulum shears *pl* ‖ **⁻schlag** *m*, -schwingung *f*, -bewegung *f* (Uhr) / oscillation, vibration, heaving ‖ **⁻schlagversuch** *m* / pendulum impact test ‖ **⁻schlagwerk** *n*, -schlagmaschine *f* / pendulum ram impact testing machine ‖ **⁻schleifmaschine** *f* / pendulum grinding machine, swing grinding machine ‖ **⁻schleuder** *f* / pendulum type hydro-extractor ‖ **⁻schnur** *f*, Hängelampenschnur *f* (Elektr) / pendant cord ‖ **entlastete ⁻schnur** / pendant cord with suspending cord ‖ **⁻schurre** *f* / tipping trough ‖ **⁻schutz** *m*, -sperre *f* / surge guard ‖ **⁻schutzrelais** *n* / antisquegging relay ‖ **⁻schwingenbrecher** *m* / blade crusher ‖ **⁻schwingenbrecher** *m*, Kniehebel-Backenbrecher *m* / double toggle jaw crusher ‖ **⁻schwingung** *f* / pendulum oscillation o. swing[ing] ‖ **⁻schwingung** *f*, schaukelnde Bewegung / rocking o. seesaw motion ‖ **⁻seilbahn** *f* / to-and-fro system aerial ropeway ‖ **⁻signal** *n*, schwingendes Warnsignal für Bahnkreuzungen (Bahn) / wig-wag [signal] ‖ **⁻sperre** *f* (Elektr) / surge guard ‖ **⁻stange** *f* (Uhr) / pendulum rod, verge ‖ **⁻streuer** *m* **für Dünger** / pendulum broadcaster ‖ **⁻stütze** *f* (Stahlbau) / articulated column, rocking o. socketed o. pendulum stanchion o. pier, hinged pier o. pillar ‖ **⁻stütze** *f*, -turm *m* (Kabelkran) / pendulum tower o. support ‖ **⁻stütze** *f* (Reaktor) / sway brace ‖ **⁻stütze** *f* **des Schwingenlagers** / rocker pendulum o. post of the rocker bearing ‖ **⁻tandemachse** *f* / independent tandem axle ‖ **⁻tisch** *m* (Wzm) / reciprocating table ‖ **⁻tür** *f* / swing[ing] door ‖ **⁻türband**, Federband *n* / spring hinge for swinging doors ‖ **⁻uhr** *f* / pendulum clock

Pendelung *f* s. Pendel u. Pendelschwingung

Pendelungs·dämpfer *m* (gegen Drehschwingungen) (Mot) / pendulum damper

Pendel·unterbrecher *m*, Helmholtzpendel *n* (Elektr) / pendulum type circuit breaker ‖ **⁻ventil** *n* (Hydr) / shuttle valve ‖ **⁻verkehr** *m* / shuttle traffic ‖ **⁻verschluß** *m* / pendulum lock ‖ **⁻verschluß** *m*, schwingender Verschluß (Bahn) / oscillating lock ‖ **⁻vervielfacher** *m*, dynamischer Vervielfacher /

dynamic multiplier ‖ ⌐waage f (Bau) / pendulum level ‖
⌐wagen m (Bergb) / shuttle car ‖ ⌐walze f
(Ausgleichwalze) / compensator roller ‖ ⌐walze f,
Schwingwalze f (Buch) / dancing roller ‖ ⌐walzwerk n /
pendulum mill ‖ ⌐wechselrichter m, Zerhacker m /
chopper, vibrating rectifier ‖ ⌐werkzeug n (Wzm) /
floating tool ‖ ⌐wiege f, -lager n (Stahlbau) / swing
bolster, tumbler bearing ‖ ⌐wippe f (Stromabnehmer) /
pendular-suspended bow (pantograph) ‖ ⌐wischer m
(Kfz) / pendulum type wiper [motor] ‖ ⌐zentrifuge f /
pendulum type hydro-extractor ‖ ⌐zug m (Bahn) / pull-
and push train, reversible train, shuttle [service] train ‖
⌐zugverkehr m (Bahn) / shuttle-train service ‖
⌐zwischenstück n (Uhr) / crutch

Pendentif n, Zwickel m (zwischen Kuppel u.
quadratischem Sockel) (Bau) / panache, pendentive

Pendler m (Bahn) / commuter (US) ‖ ⌐ pl (F.Org) / out-of-
town people

Peneplain, Rumpffläche, -ebene f (Geol) / peneplain

penetrant, durchdringend / penetrative

Penetration f (Chem) / penetration

Penetrations·farbröhre f / penetration colour tube ‖
⌐index m (Bitumen) / penetration index, P.I. ‖ ⌐klasse f
(Fette) / penetration class ‖ ⌐röhre f / penetration tube ‖
⌐verbesserer m (Chem) / penetrant ‖ ⌐zwillinge m pl
(Krist) / penetration twins pl

Penetrier-Anstrichmittel n / penetrating paint

Penetrometer n (Röntgen, Wachsprüfg) / penetrometer

Penicillin n / penicillin

PEN-Leiter m (= PE + Neutralleiter) (Elektr) / PEN-
conductor

Pennin m (Min) / penninite, pennine

Penning·-Pumpe, Ionenzerstäuber-Pumpe f / Penning
type pump ‖ ⌐[vakuummeter] n / Penning type
vacuum meter

Pennyroyalöl, amerikanisches Poleiöl n / pennyroyal oil,
hedeoma oil

Penplotter m, Zeichenplotter m / penplotter

Penrose-Theorem n / Penrose theorem

Pensky-Martens-Versuch m / Pensky-Martens test

Penta·boran, beständiges (Raketentreibst) / [stable]
pentaborane ‖ ⌐carbocyclisch / pentacarbocyclic ‖
⌐chlorethan n / pentachloroethane ‖ ⌐chlorophenat n
/ pentachlorophenate ‖ ⌐chlorophenol n, -chlorphenol
n, PCP / pentachlorophenol

Pentade f (Zeitraum von 5 Tagen o. Jahren) / pentad

Penta·dekansäure f / pentadecanoic acid ‖ ⌐eder n,
Fünfflächner m / pentahedron ‖ ⌐erythrit n (Chem) /
penta-erythrite ‖ ⌐erythrittetranitrat, Pentrit n,
Nitropenta n (Sprengstoff) / penta-erythritol o. -erythrityl
tetranitrate, PETN, nitropenta

Pentagon, Fünfeck, -seit n / pentagon ‖ ⌐dodekaeder n
(Krist) / pentagonal dodecahedron, pyritohedron,
hemitetrahexahedron ‖ ⌐prisma, Penta-Prisma,
Prandtl-Prisma n / pentaprism, pentagonal prism

Penta·methylen, Cyclopentan n / cyclopentane,
pentamethylene ‖ ⌐methylendiamin n /
pentamethylenediamine, cadaverine, animal coniine

Pentan n (Chem) / pentane ‖ ⌐al n, Amylaldehyd m / amyl
aldehyde ‖ ⌐ol n, Amylalkohol m / 1-pentanol, amyl
alcohol ‖ ⌐säure, Valeriansäure f / valeric acid

Penta·thionsäure f / pentathionic acid ‖ ⌐tron n
(Elektronik) / pentatron

Penten, Amylen n / pentene

Penthouse n (Bau) / penthouse

Pentin n / pentine

Pentlandit, Eisennickelkies m / pentlandite, iron nickel
pyrites, nicopyrite

Pentode, Fünfpolendröhre f (Elektronik) / pentode [valve]

Pentosan n (Polysaccharid) / pentosan

Pentose f (Chem) / pentose

Pentothal n, Thiopental n (Chem) / thiopental, Pentothal
‖ ⌐ (Chem) / Pentothal

Pentoxid n / pentoxide

Pentrit n s. Pentaerythrittetranitrat

Penumbra f (Astr) / penumbra

Pepitamuster n / small houndstooth, small check pattern

Peplosphäre f / peplosphere

Pepsin n / pepsin

PEP-Technik, Planar-Epitaxial-Technik mit Passivierung
f (Elektronik) / PEP technique

Peptid n (Chem) / peptide ‖ ⌐ase f / peptidase ‖ ⌐bindung
f (Chem) / peptide bond

Peptisation, Peptisierung, Gel-Sol-Umwandlung f /
peptization

Peptisationsmittel n, Flockenzerstörer m (Flotation) /
deflocculant

Peptisator, Dispergator m (Pap, Gummi) / peptizer,
dispergator

peptisieren, auflösen (Kolloid) / disperse, peptize

Pepton n / peptone

Peptonisation f / peptonization

peptonisieren / peptonize

Per·ameisensäure f / performic acid ‖ ⌐borat n /
perborate ‖ ⌐borsäure f / perboric acid ‖ ⌐bunan n /
buna N, Chemigum (Goodyear), paracril (Stdd Oil) ‖
⌐centil n (eine von 100 Gruppen mit prozentual
gleicher Häufigkeit) / percentile, centile ‖ ⌐chlorat n /
perchlorate ‖ ⌐chloratsprengstoff m / perchloratite ‖
⌐chlorbenzol n / hexachlor[o]benzene (not:
benzenehexachloride ‖ ⌐chlor[diethyl]ether m /
perchlor-ether ‖ ⌐chlorethan n / perchloroethane,
hexachlor[o]ethane, hexoran (US) ‖ ⌐chlorethylen n /
per- o. tetrachloroethylene ‖ ⌐chlorierung f /
perchlorination ‖ ⌐chlorit n / hyperchlorite ‖
⌐chlorsäure f / perchloric acid ‖ ⌐chromsäure f /
perchromic acid

Perco·-Flußsäure-Alkylierung, Perco-HF-Alkylierung f
(Öl) / Perco HF-alkylation ‖ ⌐-Kupfersüßung f (Öl) /
Perco copper sweetening

per·deuterierte Verbindung / perdeuterated compound ‖
⌐duren n (Plast) / perduren ‖ ~ennierend, ausdauernd
(Bot) / perennial

perfekt·e Auswaschung (Zuck) / double perfect washing ‖
~e magnetische Kopplung (Elektronik) / unity coupling
‖ ~e Menge (Math) / perfect set

Perfektionierung f (Öl) / training

Perfektionswahn m / perfectionistic mania

Perfluor·alkoxy-Copolymerisat n, PFA /
perfluoroalkoxy copolymer, PFA ‖
⌐-Ethylen-Propylen-Harze n pl / perfluoroethylene/
propylene plastics, FEP ‖ ⌐polyether m /
perfluoropolyether

Perfoband n (Magn.Bd) / perforated magnetic tape,
magnetic film

Perforation f, Perforierung f (Briefmarken) / perforation ‖
⌐, Lochung f (Film) / sprocket holes pl ‖ beschädigte ⌐
/ damaged o. picked o. torn perforation

Perforations·geräusch n (Film) / sprocket hum o. noise ‖
⌐teilung f (Film) / pitch

Perforierbreitpresse f / all-across perforating press

perforieren / perforate ‖ ~, lochstanzen / pierce ‖ ~,
Lochen n / perforating

Perforier·linie f (Buch) / perforating rule ‖ ⌐messer n /
perforating knife ‖ ⌐presse f (für Lochstanzungen) /
perforating press

perforiert / perforate[d] ‖ ~ (Film) / sprocketed ‖ ~e
Blechabdeckung / perforated metal screen ‖ ~e Hülse ‖
perforated zone ‖ ~e Leinwand (Film) / porous screen ‖
~e Lochkarte / stub card, ticket ‖ ~e verlorene
Verrohrung (Öl) / perforated liner

Perforiervorrichtung f / perforating attachment,
perforator

Performance-Nummer, Leistungszahl f (Benzin) /
performance number

Pergament n / vellum, parchment ‖ ⌐ bester Qualität /
parchment of best quality ‖ ~artig, Pergament... /
parchment-like, pergameneous, pergamentaceous ‖

⌐ersatz m, -papier n / artificial parchment, parchment paper, vegetable parchment, papyrin[e], grease-proof paper || ⌐hülle f der Kaffeebohne / parchment
pergamentieren / parchmentize
Pergament·leim m / parchment glue o. size || ⌐rohstoff m / waterleaf paper
Pergamin n (Pap) / glassine
Pergelisol m / permafrost soil
Pergola f / pergola
per·hydrieren / perhydrogenize || ⌐hydrol n (30 %iges Wasserstoffsuperoxid) (Chem) / Perhydrol, hydrogen peroxide 30% || ⌐hydronaphthalin n / decahydronaphthalene, decalin, dec
Peri·apse f / periapsis, periapse || ⌐apsenhöhe f (Raumf) / periapsis height || ⌐astron n, Sternnähe f (Astr) / periastron || ⌐dot m (Min) / peridot || ⌐dotit m (Geol) / peridotite || ~galaktisch (Astr) / perigalactic || ⌐gäum n, Erdnähe f / perigee || ⌐gäumsdurchgang m / perigee pass || ⌐gäumsmotor m / perigee motor || ⌐gäumsstufe f / perigee stage || ⌐hel n, Sonnennähe f / perihelion || ⌐hel…, in Sonnennähe befindlich / perihelial, -helion || ⌐klas m (Min) / periclase || ⌐klas-Spinell-Stein m / magnesium-alumina brick || ⌐klin m (Min) / pericline
Perillaöl n / perilla oil
Peri·lun n, Mondnähe f / perilune || ⌐meter n (Gerät zur Messung des Gesichtsfeldes) (Opt) / perimeter || ⌐meter m, Umfang m / perimeter || ~morph (Krist) / perimorphic, -morphous || ⌐morphose f, Kernkristall m (Min) / perimorph
Period… (Chem) / periodic
Periodat n (Chem) / periodate
Periode f, Zeitintervall n, -abschnitt m / period || ⌐, voller Wechsel (Elektr) / cycle || ⌐ der zeitlich gleichbleibenden Ausfälle / constant failure rate period || ⌐ des Leistungsanstiegs (Nukl) / period of power increase || ⌐ je Sekunde, Hertz n / cycle per second, cps, c.p.s., CPS, c/s, hertz || ⌐ zufallsbedingter Ausfälle (DV) / useful life || große ⌐ (Chem) / long period
Perioden·änderung f (Astr) / period change || ⌐bereich, Zeitkonstantenbereich m (Nukl) / period range, time-constant range || ⌐dauer f (Elektr) / period || ⌐element n (hauptsächlich der VIII. Gruppe) / period element || ⌐-Leuchtkraft-Beziehungen f pl, Helligkeitsbeziehungen f pl (Astr) / period-luminosity relations pl || ⌐meßgerät n, Zeitkonstantenmesser m (Nukl) / period meter || ⌐system n (Chem) / classification of elements || ⌐umformer m (Elektr) / frequency changer o. converter || ⌐zahl f, Frequenz f (Elektr) / frequency, number of cycles, periodicity || ⌐zähler m / cycle counter || ⌐zeit f / periodic time
periodisch, regelmäßig wiederkehrend / periodic, periodical || ~ (Math) / recurrent, periodic[al], circulating || ~ adv, in Abständen / periodically || ~e Bewegung, Oszillation f (Phys) / vibration || ~er Bruch / circulating fraction || ~er Bruch, periodische Dezimalzahl / recurring o. repeating decimal, repeater, circulating decimal || ~e Dämpfung (Fernm) / periodic damping || ~e Druckschwankungen f pl (Kompressor) / rotating stall || ~e Funktion (Math) / periodic[al] function || ~e Größe (Elektr) / periodic quantity || ~e Instabilität, Pendeln n (Elektronik) / squegging, squagging || ~er Kontakt / intermittent contact || ~er Kontakt (Elektronik) / ticker || ~e Korrektur (Regeln) / sampling action || ~er Niederschlag, Liesegangsche Ringe m pl (Kolloid) / periodic precipitation, Liesegang rings pl o. phenomenon || ~er Ofen (Keram) / periodic kiln || ~es Potential (Nukl) / periodic potential || ~e Rückwärts-Spitzenspannung / repetitive peak reverse off-state voltage || ~e Schwingung / [periodic] vibration || ~er Speicher (DV) / cyclic storage || ~e Spitzensperrspannung (Triac) / repetitive peak off-state voltage || ~er Spitzenstrom / repetitive peak forward current || ~e Steigungssteuerung (Hubschrauber) / cyclic

pitch control || ~e Störungen f pl, Schwarz-weiß-Streifen m pl (TV) / pattern noise || ~er Strom (Fernm) / periodic current || ~es System der Elemente, PSE / classification of elements, periodic system o. arrangement o. law of elements, Mendeleev's table || ~e u. zufällige Ablenkungen f pl (Kath.Str.) / PARD, periodic and random deviations pl || ~es Walzen (Schm) / die rolling || ~ wechselnde Kraft / alternating force || ~ wiederkehrend (Chem, Math) / recurring || ~ zerhackte Welle / interrupted wave || nicht ~ / aperiodic
Periodizität f / periodicity
Periodsäure f / periodic acid
peripher·e Einheit (DV) / peripheral [unit] || ~e Geräte n pl (DV) / peripheral equipment || ~e Übertragung / peripheral transfer
Peripheralpumpe f / peripheral pump
Peripherie f / peripheral equipment || ⌐, Umfang m / periphery, circumference || ⌐ (DV) / peripheral equipment || ⌐-Anschlußleitung f (DV) / bus || ⌐gerät n (DV) / peripheral unit o. equipment || ⌐maschine f, periphere Maschine (DV) / peripheral machine || ~-orientiert / periphery-oriented || ⌐winkel m / angle at circumference
Peripherik f / peripherals pl
peripherisch, Umfangs… / peripheral, peripherical
Periskop n / periscope || ⌐kompaß m / periscopic compass
Perisphäre f (Phys) / perisphere
peristaltisch (Induktion) (Elektr) / peristaltic || ~e Pumpe f / peristaltic pump o. impeller
Peri·ston, Polyvinylpyrrolidon n (Plast) / periston || ⌐tektikum n (Hütt) / peritectic n || ~tektisch (Hütt) / peritectic || ~tektische Umwandlung (Hütt) / peritectic transformation || ⌐television f (DIN) / peritelevision || ⌐televisions-Anschluß m / Euro-connection, scart connection, peritelevision connection || ⌐trochoide f (Math) / peritrochoid || ⌐tron n (Kath.Str.) / peritron || ⌐zykloide f (Math) / pericycloid
Perkal m (Web) / percale
Perkalin n (Web) / percaline
Perkin--Reaktion f / Perkin's synthesis || ⌐violett n / Perkin's mauve
Perkohlensäure f / percarbonic acid
Perkolation, Versickerung f (Hydr) / percolation || ⌐-Filtration f (Öl) / percolation-filtration
Perkolator m (Filtersack; Kaffeemaschine) / percolator
perkolieren, filtern / percolate || ⌐ n (eine Raffination) (Chem, Öl) / percolation
Perkussions·zünder m, Stoß-, [Auf-]schlagzünder m / percussion fuse, contact fuse || ⌐zündhütchen n, Zündkapsel f / percussion cap
Perl·alaun m (Pap) / pearl alum || ~artig, Perl[en]… / pearly || ⌐diabas m (Geol) / variolite
Perle f / pearl || ⌐, Glasperle f / [glass] bead || ⌐, Kügelchen n / bead || ⌐n… / beaded
perlen, sprudeln / form bubbles, sparkle || ~, durchperlen (Gas durch Flüssigkeit) / bubble vi through
perlend (Getränk) / brisk
Perl[en]glanz m / pearly lustre
Perlen·naht f / bead suture || ~schnurartige Ausscheidung / discontinuous chain type precipitation
Perl·faden m, Perlgarn n / bead yarn || ⌐fangware f (Wirkw.) / royal rib fabric || ⌐festigkeit f / pellet strength || ⌐garn n, -faden m (Textil) / bead yarn || ⌐glanz m / nacreous o. pearly lustre || ⌐härte f (Ruß) / pellet hardness
Perlit, Perlstein m (Geol) / perlite || ~armer Sonderbaustahl, PAS / fine-grained low-pearlite structural steel || ⌐eisen n, -guß m / pearlite iron
perlitisch (Hütt) / pearlitic
Perlitisieren n (Hütt) / isothermal annealing
Perl·koks m / rubbly culm coke || ⌐leinwand f (Film) / beaded screen, highly reflective screen || ⌐moos n

(Textil) / Carragheen moss, Irish moss ‖ **⌐mühle** f / bead mill ‖ **⌐mutter** f, Perlmutt n / pearl-shell, mother-of-pearl, nacre ‖ **~mutt[er]artig**, -glänzend / nacreous ‖ **⌐naht** f (Textil) / shot suture

Perlon n (Polycaprolactam) (Chem, Textil) / Perlon

Perl·polymerisation f / pearl polymerization ‖ **⌐pulsation** f (Nukl) / pearl pulsation ‖ **⌐rohr** n, -röhre f (Chem) / bead tube, tube filled with glass beads ‖ **⌐schrift** f (Buch) / pearl ‖ **⌐seide** f / embroidery silk, stitching silk ‖ **⌐spat** m (Dolomit) / pearl spar ‖ **⌐stärke** f / pearl starch ‖ **⌐wand**, Kristallperlwand f (Phot) / lenticular screen ‖ **⌐weiß**, Schminkweiß n (Wismutsubnitrat) / pearl (GB) o. paint (US) white (bismuth subnitrate), cosmetic bismuth ‖ **⌐ziegenleder** n / morocco o. saffian [leather] ‖ **⌐zwirn** m / beaded twist, pearly yarn

Perm n, Permische Formation / Permian system, Permic

Permafrost, Dauerfrostboden m / permafrost

Permalloy n (21,5 % Fe, 78,5 % Ni) / permalloy ‖ **⌐ mit 50% Fe, 45% Ni, 5% Cu** / radiometal ‖ **⌐-Legierung mit 64% Fe, 36% Ni** / rhometal

permanent, dauernd / permanent ‖ **~**, nicht löschbar (DV) / non-volatile ‖ **~e Eichung** / permanent calibration ‖ **~e Härte** (Wasser) / non-carbonate hardness ‖ **~e Inventur** / perpetual inventory ‖ **~e Speicherung** (durch Stromausfall unbeeinflußt) (DV) / non-volatile storage ‖ **~es Stranggießen** (Hütt) / continuous continuous casting ‖ **⌐appretur** f (Textil) / permanent finish ‖ **~blau** n / permanent blue ‖ **⌐-Crease Veredelung** f (Textil) / permanent crease finish ‖ **~-dynamisch** / permanent-dynamic ‖ **⌐-Elektrode** f / continuous o. self-baking o. permanent electrode ‖ **⌐magnet** m / permanent magnet ‖ **⌐magnet-Maschine** f, PM-Maschine f (Elektr) / magneto[-electric] generator ‖ **⌐-Preß-Veredelung** f (Textil) / perma-press finish, durable press finish ‖ **⌐speicher** m (DV) / permanent o. non-volatile storage ‖ **⌐weiß** n / permanent o. constant white, baryta white, blanc-fixe

Permanenz f, Beständigkeit f / permanence ‖ **⌐prinzip** n (Math) / principle of permanence

Per·manganat n / permanganate ‖ **⌐mangansäure** f / permanganic acid

Permaskop n (Galv) / permascope

Permatron n (Elektronik) / permatron

permeabel / permeable

Permeabilität, Durchdringbarkeit f / permeability, perm ‖ **⌐** f, μ_{abs} (Phys) / permeability ‖ **⌐**, Durchlässigkeit f / permeableness ‖ **absolute ⌐ [des Vakuums]**, μ_o / absolute permeability ‖ **relative ⌐ eines Isolators**, μ_{rel} / relative permeability

Permeabilitäts·abstimmung f / permeability tuning ‖ **⌐koeffizient** m (Pulv.Met) / permeability coefficient ‖ **⌐zahl** f / relative permeability

Permeameter n (Permeabilitätmeßgerät) / permeameter ‖ **⌐** (Lederprüfung) / permeameter ‖ **auf Zug wirkendes ⌐** / traction permeameter

Permeanz f, magnetischer Leitwert m / permeance

Permeat n (Chem) / permeate

Permeation f (Öl) / permeation

permeieren, durchdringen / permeate

Perminvar n (Hütt) / Perminvar

permisch, dem Perm o. Dyas zugehörig / Permian, Permic

permissiv·er Block (Bahn) / permissive block ‖ **~es Haltsignal** (Bahn) / permissive signal o. light, stop and proceed light

permporös adj (Plast) / permporous

Permutation f (Math) / permutation

permutieren, vertauschen (Math) / permut[at]e

Permutierungskreis m / permuting circuit

Permutit n (Kationenaustauscher) / Permutit ‖ **⌐verfahren** n / permutit process

Permutoid n (Chem) / permutoid

Pernambuc[holz], Brasilienholz n / Brazil o. Queen's wood, Caesalpinia echinata

Perowskit m (Min) / perovskite

Per·oxid n / [su]peroxide ‖ **⌐oxidase** f (Chem) / peroxidase ‖ **~oxidisch vernetzt** (Elastomer) / peroxide-cured ‖ **⌐oxidschwefelsäure** f / peroxysulfuric acid ‖ **⌐oxidzahl** f (Öl) / peroxide number (UOP method) ‖ **⌐oxoacetylnitrat** n, PAN n / peroxoacetylnitrate, PAN ‖ **⌐oxokohlensäure** f / percarbonic acid ‖ **⌐oxo[mono]schwefelsäure** f (Chem) / peroxysulfuric acid ‖ **⌐oxoverbindung** f (Chem) / peroxo compound

Perpendikel n (Schiff) / perpendicular [line]

Perpetuum mobile [erster o. zweiter Art] n / perpetuum mobile, perpetual motion engine [of the first o. second kind]

Perrotinendruck m (Textil) / perrotine printing

Per·salz n (Chem) / persalt, per-salt ‖ **⌐säure** f / peracid, per-acid ‖ **⌐schwefelsäure** f / persulfuric acid

Persenning f / canvas, duck, sail cloth, tarpanlin

Persisch·es Garn, Moosgarn n / Persian yarn ‖ **⌐rot** n (Eisenoxid) / Persian gulf red ‖ **⌐rot** n (basisches Bleichromat) / Persian red, chrom[at]e red

Per·sistenz f (Phys) / persistence ‖ **⌐sistorelement** n / persistor

Person f / individual ‖ **⌐, die den Abmaßen von 95 % der erwachsenen Frauen entspricht**, 95 %-Frau f (Kfz) / 5th percentile adult female

Personal auf Zeit / temporary personnel ‖ **das ⌐**, Angestellte pl / staff (US), personnel (GB) ‖ **⌐ausbildung** f / instruction of personnel ‖ **⌐ausweis** m / identity card ‖ **⌐bedarf** m / requirement of personal ‖ **⌐bestand** m / man power, employees on the pay-roll ‖ **⌐beurteilung** f (F.Org) / merit rating ‖ **⌐-Computer** m, PC / personal computer, PC ‖ **⌐-Computer-Betrieb** m / personal computing

Personalisierung f / personalization, -lizing

Personality-Modul n (steckbares Modul zur Speicheranpassung) / personality module

Personal·leitung f, -verwaltung f / personnel management ‖ **⌐probleme** n pl des Rechnereinsatzes (DV) / manware, peopleware ‖ **⌐ruf** m (Elektronik) / call of persons ‖ **⌐[un]kosten** f pl, -ausgaben f pl / personal expenses pl ‖ **⌐vertreter** m / shop steward ‖ **⌐vertreter** m (bei Behörden) / representation of the staff ‖ **⌐verwaltung** f / personnel administration

Personen·-Abfertigungsgebäude n (Luftf) / departure building ‖ **⌐aufzug** m / passenger elevator o. lift ‖ **~bedingter systemischer Fehler** / personal equation ‖ **⌐beförderung** f / passenger service o. transport, conveyance o. transport of passengers ‖ **⌐beweger** m / people mover ‖ **~bezogen** / personal ‖ **⌐dosis** f (Nukl) / personal dose ‖ **⌐förderkorb** (Bergb) / drawing cage for men ‖ **⌐kennzeichen** n, PK (DV) / personal identifier ‖ **⌐kilometer** m / passenger-kilometer ‖ **⌐[kraft]wagen**, Pkw m (Kfz) / passenger car, private car ‖ **⌐[kraft]wagen** m mit 3. o. 5. Tür und umklappbaren Rücksitzen / station wagon ‖ **⌐linienverkehr** m / regular passenger line service ‖ **⌐ruf** m / paging ‖ **⌐schwebebahn** f, Drahtseilbahn f für Personenbeförderung / [aerial] ropeway o. cableway for passenger traffic, passenger ropeway ‖ **⌐seilbahn** f, Standseilbahn f für Personenbeförderung / passenger cable car ‖ **⌐suchanlage** f / paging installation, pager ‖ **⌐-Tag** m (DV) / person-day ‖ **⌐transportband** n / people conveyor ‖ **⌐- und Lastenaufzug** m / combined passenger and freight elevator ‖ **⌐verkehr** m / conveyance of passengers, passenger traffic ‖ **⌐verkehr** m, -transport m, -beförderung f / passenger service o. transport, conveyance o. transport of passengers ‖ **⌐verkehr** m (Bergb) / man haulage ‖ **⌐waage** f / person scale ‖ **⌐wagen** m (Eisenb) / carriage (GB), coach (US) ‖ **⌐wagen** m (Kfz) / passenger car ‖ **⌐zug** m (Eisenb) / passenger train ‖ **⌐zug**, Nahverkehrszug m (Bahn) / omnibus train, accomodation (US) ‖ **⌐zug** m mit Güterbeförderung (PmG) / mixed train ‖ **⌐zugbremse** f / passenger train brake

persönlich / personal ‖ ~**e Beurteilung** (des Einzustellenden) (F.Org) / personal rating ‖ ~**e Geheimzahl o. Kennzahl** (Bank) / personal identification number, PIN ‖ ~**e Gleichung**, persönlicher Fehler (Meßinstr) / personal equation ‖ ~**es Kontrollbuch** (Kfz) / driver's daily log-book ‖ ~**er Leistungsgrad** (F.Org) / performance rating factor ‖ ~**er Schutz** (z.B. für die Augen) / personal protection ‖ ~**e Unkosten o. Auslagen** *f pl* / personal expenses *pl* ‖ ~**e Verteilzeit** (F.Org) / personal [need] allowance
Persönlichkeitsschutz *m* / protection against invasion of privacy
Persorption *f* (Adsorption in Poren) / persorption
Perspektive *f* / perspective
perspektivisch / perspective *adj* ‖ ~**e Darstellung in Einzelteile aufgelöst** / exploded view ‖ ~ **verkürzt zeichnen o. verjüngen** (Zeichn) / reduce perspectively, foreshorten
Perspektivitäts·zentrum *n* (Math) / center of homology
Per·spex *n* (ein Polymethylmethacrylat) (Plast) / perspex ‖ ~**sulfat** *n* / persulfate (US), -sulphate (GB) ‖ ~**sulfid** *n* / persulfide (US), -sulphide (GB)
PERT *n* / PERT (= Program evaluation and review technique, programme estimation revaluation technique)
Per·tank *m* / tank for perchloroethylene ‖ ~**technetat** *n* (Nukl) / pertechnetate ‖ ~**thit** *m* (eine Feldspatstruktur) (Min) / perthite
Pertinax *n* (Plast) / Pertinax
PERT-Kosten *pl* / PERT cost
Perturbation *f* (Astr) / perturbation
Perturbationstechnik *f* (Regeln) / perturbation technique *n*
PERT-Zeit *f* / PERT time
Peru·balsam *m* / balsam [of] Peru, black o. Peruvian o. Indian balsam
Perveanz (der äquivalenten Diode), Raumladungskonstante *f* (Child-Langmuir-Gleichung) (Elektronik) / perveance
Perzentil *n* Q, Q-Zentil *n* / Q-percentile
Perzeptron *n* (Modell für Wahrnehmungs- u. Lernprozesse) / perceptron
PES = Polyester
PE-Schrift *f* (DV) / phase-encoding recording
Pese, Antriebsschnur *f* / endless string, round belt
Pestizid *n* / pesticide
Peta..., 10^{15} / peta....
Petalit, Castor, Kastor *m* (Min) / petalite
Petarde *f*, Knallsignal *n* (Bahn) / detonating cartridge, torpedo (US)
Petersenspule *f* (Elektr) / Petersen coil, earth leakage coil, arc suppression coil
Petinet·einrichtung *f* (Wirkm) / petinet o. lace attachment, à jour attachment ‖ ~**muster** *n* / knitted lace pattern, petinet pattern ‖ ~**ware** *f*, Ajourwirkware *f*, Filetgestrick *n* / open work
Petitgrainöl *n* / petitgrain oil
PETN (Sprengstoff) = Pentrit
PETP = Polyethylenterephthalat
Petrefakt *n* (Geol) / fossil
Petrifikation (das Objekt), Versteinerung *f* / [process of] petrifaction
petrifizieren, versteinern / petrify, turn into stone
Petrischale *f* (Chem) / Petri dish, culture dish
Petro·chemie, Petrolchemie *f* / petrochemistry, petrol chemistry ‖ ~**chemie**, Gesteinschemie *f* / petrochemistry, chemistry of rocks ‖ ~**chemikalien**, Petrolchemikalien *f pl*, -derivate *n pl* / petrochemicals *pl*, petroleum chemicals ‖ ~**grafische Provinz** (Geol) / petrographic province ‖ ~**graphie**, [beschreibende] Gesteinskunde *f* / petrography ‖ ~**graphie eines Landes** *f* / petrology
Petrolatum *n* / petrolatum, mineral o. petroleum jelly
Petrol·chemie *f* s. Petrochemie ‖ ~**ether** *m* / petroleum ether o. benzine (US) o. naphtha, ligroin

Petroleum *n*, Naphtha *f* / crude petroleum (US), kerosine (US), paraffin[e] o. rock oil (GB) ‖ ~, Kerosin *n*, Brenn-, Leuchtöl *n*, Leuchtpetroleum *n* / kerosine, kerosene, lamp oil ‖ ~**erzeugnis** *n*, Kerosinerzeugnis *n* / kerosine product ‖ ~**fett** *n* / petroleum grease ‖ ~**gaskocher** *m* / kerosene gas [cooking] stove ‖ ~**motor** *m* (Mot) / vaporizing engine ‖ ~**pier** *m f* / oil pier ‖ ~**tankschiff** *n* / petroleum o. oil tanker ‖ ~**teer** *m* / petroleum tar ‖ ~**teerdestillation** *f* / petroleum-tar distillation ‖ ~**verdampfer** *m* (Kocher) / fuel evaporator ‖ ~**vergaser** *m* / paraffin[e] oil carburet[t]er
Petrol·jelly *n* / petrolatum, mineral o. petroleum jelly ‖ ~**koks** *m* / oil o. petroleum coke
Petrologie *f*, [physikalisch-chemische] Gesteinslehre / petrology
petrologisch / petrologic[al]
Petrolpech *n* / petroleum pitch
Petter-Motorenöl-Test *m* (GB) / Petter motor oil test
Petzit *m* (ein Silber-Gold-Tellurit) / petzite
Petzval-Schale *f* (Opt) / Petzval curvature
Pewter *n* (Zinnlegierung) / pewter
pF (Phys) s. Picofarad
PF = Phenolformaldehyd
PFA (Chem) = Perfluoralkoxy ‖ ~ *f*, Flugasche *f* / pulverized fuel ash, fly ash
Pfad *m*, [aus]getretener Weg / trail, path ‖ ~, Fußpfad *m* / footway, footpath ‖ ~ (Elektronik) / path
Pfaffe, Einsenkstempel *m* (Formenbau) / hob
Pfahl *m*, [lange] Stange *f* / pole ‖ ~, Zaunpfahl *m* / pale ‖ ~ (Färb) / tree ‖ **kleiner** ~, Zeltpfahl *m* / post, stake ‖ **[spitzer]** ~ / pile, stake ‖ ~**ausheber** *m*, -ausziehmaschine *f* / pile-extracting o. withdrawing machine, pile extractor o. drawer ‖ ~**bau** *m* **nach Le Corbusier** / structure on pile foundation ‖ ~**brücke** *f* / pile bridge ‖ ~**eintreiben**, -hauen *n* / pile driving ‖ ~**eisen** *n*, Vorpfahl *m* (Bau) / pile helmet, dolly ‖ ~**gründung** *f*, -fundament *n* / pile foundation ‖ ~**joch** *n* / pile pier ‖ ~**kappe** *f* (Fernm, Elektr) / pole cap ‖ ~**kranz** *m*, -ring *m* (Bergb, Wassb) / pile crown o. hoop o. ring ‖ ~**ramme**, Ramme *f* / pile-driver o. engine, pile-driving machine, pile driver ram ‖ ~**rost** *m*, -gründung *f* / pile-work ‖ ~**rost** *m* (Wassb) / pile-frame o. grating, piling ‖ **hoher** ~**rost** (Bau) / elevated pile foundation grill o. pile grating ‖ ~**rostbau** *m* (Bau) / pile foundation ‖ ~**[rost]holm** *m* / brace of a pile grating ‖ ~**schuh** *m* / pile shoe o. ferrule, iron sheath of a pile ‖ ~**spitzen verkohlen** / char poles, carbonize the points ‖ ~**treiben** *n* **mit Wasserspülung** (Hydr) / water jet driving ‖ ~**wand** *f*, -werk *n* / piling, pile planking, row of piles ‖ ~**wurm** *m* / ship worm, teredo navalis ‖ ~**wurzel** *f* (Bot) / tap root ‖ ~**zieher** *m* s. Pfahlausheber ‖ ~**zugkraft** *f* (Schiff) / static [tow rope] pull
Pfänden *n* (Bergb) / blocking
Pfandflasche *f* / deposit bottle
Pfänd·keil *m* (Bergb) / miner's o. packing wedge ‖ ~**latte** *f* (Bergb) / repair-timber
Pfanne *f* (Brau) / tun, tub ‖ ~ (Metallurgie) / kettle ‖ ~ (Hütt) / ladle ‖ ~ (allg) / pan ‖ ~ (Feuerverzinkung) / galvanizing kettle ‖ ~, Kugelpfanne *f* / ball socket o. cap ‖ ~, Lager *n* (Instr) / saucer, socket, footstep, cup ‖ ~ (Waage) / block of the balance blade ‖ ~ **mit Wagen** (Hütt) / bogie ladle ‖ ~**n umfüllen** (Hütt) / reladle ‖ ~ **zum Abdampfen** / evaporating boiler o. vessel
Pfannen·aufheizanlage *f* (Gieß) / ladle heating plant ‖ ~**ausguß** *m* (Hütt) / nozzle of a ladle, ladle lip ‖ ~**ausmauerung** *f* / ladle lining ‖ ~**bär** *m* (Hütt) / button, ladle skull ‖ ~**blech** *n* (Walzw) / tile sheet, roofing sheet ‖ ~**bock** *m* (Hütt) / ladle stand ‖ ~**bodenlochstein** *m* (Hütt) / pocket block, [ladle] nozzle seating block ‖ ~**dach** *n*, Eindeckung *f* mit Dachpfannen (Bau) / pantiled roof, pantiling ‖ ~**durchlaufentgasung** *f* (Hütt) / ladle stand degassing ‖ ~**entgasung** *f* / ladle degassing ‖ ~**führer** *m* (Hütt) / ladleman, ladle operator ‖ ~**gabel** *f* (Freiltg) / socket clevis ‖ ~**gabel** *f* (Gieß) / ladle shank ‖

↳gehänge n (Hütt) / ladle bail ‖ ↳gehäuse n / ladle casing o. shell ‖ ↳guß m / teeming from the ladle, pouring, casting ‖ ↳haube f (Brau) / dome of the tun ‖ ↳kappe f (Isolator) / socket ended cap, clevis cap ‖ ↳kipper m / ladle tilter ‖ ↳kran m (Hütt) / ladle crane ‖ ↳masse f / ladle material ‖ ↳mörtel m (Gieß) / ladle cement ‖ ↳nachbehandlung f / aftertreatment in the ladle ‖ ↳ofen, Kesselofen m / pan furnace ‖ ↳öse f (Freileitg) / socket eye ‖ ↳rest, -bär m (Hütt) / skull ‖ ↳restbeseitigung f / deskulling ‖ ↳säure f (60⁰ Bé) / concentrated sulphuric acid ‖ ↳schaufel f / mining o. pan shovel ‖ ↳schnabel m (Gieß) / lip of the ladle, ladle spout ‖ ↳[stand]entgasung f (Hütt) / ladle degassing ‖ ↳stein m (Brau) / copper-fur ↳stein m, -ziegel m (Hütt) / ladle brick ‖ ↳träger m / bail, ladle support ‖ ↳träger m / ladle support ‖ ↳wagen m (Hütt) / ladle car[riage], ladle bogie ‖ ↳ziegel m, Hohlziegel m, Dachpfanne f / pantile ‖ ↳zusätze m pl / ladle additions pl
Pfannkuchschutz m (Kabel) / Pfannkuch protection
Pfeffer·alkaloid n / pepper alkaloid ‖ ↳minzöl n / peppermint oil ‖ ↳- und-Salz-Stoff m / pepper-and-salt
Pfeife f, Orgelpfeife f (Orgel) / organ pipe ‖ ↳ (Glas) / blowing iron, blowpipe ‖ ↳, Signalpfeife f / whistle n ‖ ↳ (Bergb) / eruption column ‖ ↳, Steiger m (Gieß) / air o. vent hole
pfeifen (Bahn) / hoot (US), whistle ‖ ~ (Elektronik, Fernm) / whistle, sing ‖ ↳ (o. Pfeifneigung) **verhindernd** (Fernm) / antisinging ‖ **[schrilles]** ↳ (Elektronik) / squeaking, squealing ‖ ↳kopf m (Glasbläserpfeife) / nose of the blowpipe ‖ ↳signal n (Bahn) / blast of the whistle ‖ ↳ton m / plastic o. pipe clay ‖ zäher ↳ton (Bergb) / clump, clunch
Pfeif·marke f (Empfängerabgleich) / birdie-type marker ‖ ↳neigung f (Elektronik) / near-singing ‖ ↳punkt m (Fernm, Elektronik) / singing point ‖ ↳punktabstand m (Fernm, Elektronik) / singing margin, stability near enough (GB) ‖ ↳sicherheit f (Fernm) / stability
Pfeil m / arrow ‖ ↳ (Richtung) / arrow head, direction sign ‖ ↳ für Hinweise / Belgian arrow for public information
Pfeiler m, Säule f / column ‖ ↳, Stützpfeiler m / pillar, support ‖ ↳, Säule f, Stütze f, (auch:) tragende Mauer (zwischen Öffnungen) (Bau) / pier (Bau, Brücke) / pier ‖ ↳, Sicherheitspfeiler m (Bergb) / [pit] pillar ‖ ↳, Kasten m (Bergb, Abbau) / crib, cog ‖ ↳, Pföstchen n (Uhr) / pillar, stud ‖ ↳ mpl in gleichen Reihen / coordinate pillars pl ‖ ↳ m zwischen Fenstern / window pier ‖ mit ↳n schmücken (o. stützen o. verstärken) / pillar v ‖ ↳abbau m, -rauben n (Bergb) / pillar drawing o. extraction o. robbing ‖ ↳abbau mit Abteilungen, Pfeilerbau m (Bergb) / stall- and roomwork ‖ ↳aufsatz m / cap of a pillar ‖ ↳bau m (Bergb) / bo[a]rd-and-pillar work, room-and-pillar work, panel work ‖ ↳bau m (Salz) / working by chambers o. halls ‖ ↳bau m, -bruchbau m (Bergb) / pillar mining ‖ ↳bau-Verfahren n (Bergb) / post-and-stall method ‖ ↳bogen m (Bau) / arch band, binding o. pier arch ‖ ↳bruch m (Bergb) / pillar burst ‖ ↳brücke f / bridge resting on piers ‖ ↳durchhieb m (Bergb) / holing-through, junking, jenking ‖ ↳gewölbe[stau]mauer f / multiple-arch buttress dam ‖ ↳gründung f / pier foundation ‖ ↳holz, Kastenholz n (Bergb) / pillar o. support of round pit timber ‖ ↳klotz m (Bergb, Holz) / boxed-heart timber ‖ ↳kopf m, -spitze f (Brücke) / cut-water, fore-starling ‖ ↳kraftwerk n / power station in bridge pier ‖ ↳kuppel[stau]mauer f / multiple dome dam ‖ ↳mauer f / buttress[ed] wall ‖ ↳[rück]bau m (Bergb) / pillar-and-breast work ‖ ↳rücken m (Brücke) / back starling ‖ ↳schalen-Staumauer f (Hydr) / multiple-arch dam ‖ ↳stau m, Brückenstau m / standing pier eddy ‖ ↳staumauer f (Hydr) / counter-arched retaining wall ‖ ↳strecke f (Bergb) / stall road ‖ ↳verband m (Bau) / pier bond ‖ ↳vorlage f, Lisene f (Bau) / pilaster strip

Pfeil·fallversuch m (Glas) / falling dart test ‖ ↳flugzeug n / airplane with sweptback o. sweepback (US) wings ‖ ~förmige (o. gepfeilte) Flügel, Flügel in Pfeilform m pl (Luftf) / sweptback o. sweepback pl (US) wings ‖ ↳höhe f, Pfeil m, Bogenstich m (Bau) / pitch, camber, rising height ‖ ↳höhe f (des Durchhangs) / sag ‖ ↳naht f (Textil) / sagittal suture ‖ ↳rad n, pfeilverzahntes Stirnrad / double helical wheel, herringbone [gear] wheel ‖ ↳räderfräsmaschine f / herringbone-wheel cutting machine ‖ ↳rädergetriebe n / herringbone gear [system] ‖ ↳radmotor m, Zahnradmotor m / double helical wheel type air motor ‖ ↳richtung f / direction of arrow ‖ positive ↳stellung des Flügels (Luftf) / sweep-back, trailing sweep
Pfeilung f (Flugzeug) / sweep
Pfeil·verband m (Stahlbau) / K-bracing, arrow-point bracing ‖ ↳verhältnis n (Brücke) / rise-span ratio ‖ ↳verzahnung f / double helical gearing, herringbone gearing ‖ ↳wurz[stärke] f / arrowroot ↳zahn m / herringbone tooth
PFEP, FEP = Polytetrafluorethylenperfluorpropylen, "das andre Teflon" (Du Pont)
Pferchelement m (Messen) / fitting-in element
Pferde·haar n, Roßhaar n (Spinn) / horsehair ‖ ↳stärke f, PS n (1 PS = 735,5 W) (veraltet) / continental horsepower, cont. hp. ‖ ↳stärke f, Horsepower, HP (= 745,7 W) / horsepower, hp (= 33000 ft lbs min⁻¹ = 745,7 W)
Pfette f (Bau) / purlin
Pfetten·anschluß m / purlin joint ‖ ↳aufhängung f (Stahlbau) / sag bar ‖ ↳dach n [mit Leersparren] / purlin roof ‖ ↳dach [ohne Leersparren], italienisches Dach / roof with purlins o. templets without common rafters ‖ ↳lage f / purlin course ‖ ↳sparren m (Zimm) / common o. binding rafter ‖ ↳stoßverbindung f / purlin butt joint ‖ ↳träger m, Bindersparren m des Pfettendaches / principal rafter of the purlin roof ‖ ↳versteifung f / sag tie
Pfirsich m / peach ‖ [künstliches] ↳aroma / peach aldehyde ‖ [grüne] ↳blattlaus / green peach aphid, mycus persicae ‖ ↳kernschwarz n / peach black ‖ ↳motte f / peach twig borer ‖ ↳rot, -farben / peach-red, peach
Pflanze f, Gewächs n (Bot) / plant ‖ ↳ , die Zucker statt Stärke bildet / sugar plant ‖ ↳n ziehen, kultivieren (Landw) / cultivate ‖ an unerwünschter Stelle wachsende ↳ (z.B. Kartoffel zwischen Geranien) / weed
pflanzen / plant ‖ vorübergehend ~, einschlagen (Bau, Landw) / heel in ‖ ↳base f, Alkaloid n / vegetable base ‖ ↳baustoff m (Bot) / plastic material ‖ ↳biologie f / plant biology, phytobiology ‖ ↳blindwert m (Insektizide) / plant blank ‖ ↳butter f (unzulässige Bezeichnung) / vegetable butter ‖ ↳chemie f / phytochemistry ‖ ↳daune f, Kapok m / vegetable down, capoc ‖ ↳eiweißstoff m / vegetable albumin, phytoalbumin ‖ ↳erde f, Humus m / vegetable mould ‖ ↳farbstoff m / vegetable dyeing matter ‖ ↳faser f / plant o. vegetable fibre ‖ ↳fett n / vegetable fat o. shortening (US) ‖ ↳gelatine f / vegetable mucilage ‖ ↳geographie f / phytogeography, geobotanics ‖ ↳gerbung f (Textil) / vegetable tannage ‖ ↳gesellschaft f, -gemeinschaft f / climax o. plant association o. community o. society ‖ typische Gattung in einer ↳gesellschaft / climax species ‖ vorherrschender Vertreter einer ↳gesellschaft / climax dominant ‖ ↳gewebe, Gewebssystem n (Bot) / tissue system, collenchyma ‖ ↳gummi n, Gummiharz n / gum ‖ ↳haar n / vegetable hair ‖ ↳heilkunde f, -medizin f, -schutz m / phytopharmacy ‖ ↳hygiene f / phytohygiene ‖ ↳inhaltsstoffe m pl (Biol) / plant substances pl ‖ ↳kohle f, Holzkohle f / vegetable [char]coal ‖ ↳krankheiten f pl / plant diseases pl ‖ ↳krankheitskunde, Phytopathologie f / plant pathology, phytopathology ‖

ᐩleim *m*, Gliadin *n* / vegetable glue ‖ ᐩöl *n* / vegetable oil ‖ ~physiologisch / plant-physiological ‖ ~physiologisch nutzbares Wasser / growth water ‖ ᐩpigment *n*, -farbstoff *m* / plant pigment ‖ ᐩreich *n* / vegetable kingdom ‖ voll ᐩresten (Wolle) / strawy, shivey ‖ ᐩreste *m pl* (in Wolle o. Flachs o. Papier) / shives *pl*, vegetable matter ‖ ᐩsauger *m* / plant-sucking pest ‖ ᐩsäure *f* / vegetable acid ‖ ᐩschleim *m* / mucilage ‖ ᐩschutz *m* / plant protection ‖ ᐩschutz *m*, -medizin *f*, -heilkunde *f* / phytopharmacy ‖ ᐩschutz... / plant protective ‖ ᐩschutz... (gegen Pflanzenkrankheiten) / phytopathological ‖ ᐩschutzdienst *m* / crop protection service ‖ ᐩschutzmaßnahmen *f pl* / plant protection measures ‖ ᐩschutzmittel *n* / plant protective ‖ ᐩschutzpapier *n* / brushing kraft ‖ ᐩschutzwart *m* / crop protection technician ‖ ᐩseide *f* / vegetable silk ‖ ᐩsprühöl *n* / plant spray oil ‖ ᐩstiel, -stengel, -halm *m* / stalk, stem ‖ ᐩvereinzelung *f* (Landw) / crop thinning ‖ ~verfügbares Bodenwasser / plant available water ‖ ᐩverträglichkeit *f* (Insektizide) / tolerance to plants, plant tolerance ‖ ᐩwachs *n* / vegetable wax ‖ ᐩwachstum *n*, Vegetation *f* (Bot) / plant growth, vegetation ‖ ᐩwuchsregulator *m* / plant growth regulator ‖ ᐩzucht *f* / cultivation of plants ‖ ᐩzucht *f*, -züchtung *f* / plant breeding ‖ ᐩ[zucht]sorte *f*, Pflanzenstamm *m* / clone

Pflanzkartoffel *f* / seed potatoe

pflanzlich, Pflanzen... / vegetable, plant... ‖ ~es Kasein, Legumin *n* / vegetable casein ‖ ~es Schmierfett / vegetable lubricant ‖ ~er Spinnstoff (Textil) / vegetable textile material

Pflanz·loch *n* (für mehrere Pflanzen) / seed hole ‖ ᐩmaschine *f* (Landw) / planter, planting machine ‖ ᐩmaschine *f* (zum Umpflanzen) (Landw) / transplanter ‖ ᐩmaschinen *f pl* / planting machinery ‖ ᐩrad *n* / gripper wheel ‖ ᐩschule *f*, -garten *m* / seed-plot

Pflanzung, Plantage *f* / plantation

Pflaster *n*, Straßenpflaster *n* / pavement, paving ‖ ᐩ aus Platten / paving with flagstones o. slabs o. tiles ‖ ᐩ im Rautenverband / diamond pavement ‖ ᐩarbeiten *f pl* / paving, (esp.:) laying of a pavement ‖ ᐩarbeiten *f pl* (Wassb) / paving ‖ ᐩeinsenkung *f* / subsidence of pavement

Pflasterer *m*, Steinsetzer *m* (Straßb) / pavior, paver

Pflaster·hammer *m* / paver's dressing hammer, paving hammer ‖ **[gelber]** ᐩklinker / Dutch clinker o. brick ‖ ᐩklotz *m* (Holz) / paving block ‖ ᐩmeißel *m* (Straßb) / clink

pflastern / pave, lay a pavement

Pflaster·ramme *f* / paving beetle o. rammer ‖ ᐩstein *m* (Straßb) / paving stone, pavior ‖ ᐩstein [in Würfelform] *m* (Straßb) / cube ‖ ᐩstraße *f* / paved road

Pflasterung *f*, Pflaster *n* / paved floor ‖ ᐩ, Straßenpflaster *n* / pavement, paving

Pflaster·vergußmasse *f* / pavement grouting ‖ ᐩverzahnung *f* / set of teeth stones in a pavement ‖ ᐩweiche *f*, Straßenbahnweiche *f* / streetcar (US) o. tramway (GB) switch ‖ ᐩziegel *m* (Bau) / paving brick

Pflatschdruck *m* (Textil) / slop pad printing

Pflatschen, Klotzen *n* (Textil) / slop padding

Pflege *f*, Instandhaltung, Wartung *f* / maintenance, keeping in repair ‖ ᐩ, Wartung *f* (Tätigkeit) / attendance, attending ‖ ᐩ, Bodenbearbeitung *f* (Landw) / cultivation ‖ ᐩabkommen *n* (DV) / maintenance contract ‖ ᐩanweisungens *f pl* (Textil) / care regulation *pl* ‖ ᐩarbeiten *f pl* (Landw) / plant husbandry ‖ ᐩbedürfnis *n* eines Stoffes (Textil) / necessary care for a fabric ‖ ᐩgerät *n* (Art Egge) (Landw) / regenerator ‖ ᐩleicht, bügelfrei (Textil) / wash-and-wear (GB), easy-care (US), carefree ‖ ~leicht, bügelfrei (Textil) / easy-care (US)

pflegen, warten / attend [to], service, valet (US)

Pfleidern *n* (Textil) / pfleidering

Pflicht, Aufgabe *f* / business, task ‖ ᐩanker *m* (Schiff) / sheet anchor ‖ ᐩausrüstung *f* / compulsory fitting

Pflichtenheft *n*, Lastenheft *n* / performance spec[ification], specification, specs *pl* (US), delineation

Pflock *m* / plug, pin ‖ ᐩ, Zapfen *m* / peg ‖ ᐩ, Dübel *m* (Zimm) / peg, dowel ‖ ᐩ, Pfahl *m* / picket ‖ **hölzerner** ᐩ (Verm) / peg

pflöcken / peg *v*

Pflug *m* (Landw) / plough, plow ‖ ᐩ **für Tiefpflügen** / digger plow ‖ ᐩ **mit federnden Scharen** / stump jump plow (US) ‖ ᐩ **mit Rädern**, Gestell-, Räderpflug *m* / wheel[ed] plough ‖ ᐩ **mit Stelze**, Stelzenpflug *m* / wheel[ed] plough with one wheel ‖ ᐩbagger, Lader *m* (Straßb) / loader ‖ ᐩbagger *m* **mit Diskusschar** (Straßb) / elevating grader ‖ ᐩbagger *m* **mit Keilschar** (Straßb) / elevating loader ‖ ᐩbalken *m*, -baum *m* / beam of the plow ‖ ᐩeinstellung *f* / plow setting o. adjustment

pflügen, ackern / plough, plow ‖ ~, den Pflug führen (Landw) / drive the plough ‖ ᐩ **entlang den Höhenlinien** / contour farming ‖ **seicht** ~ / plough fleet *v*

Pflug·falz *m* (Buch) / plough fold ‖ ᐩgestell *n*, Rahmen *m* / plough frame ‖ ᐩgriffe, Arme *m pl* / tail of a plow ‖ ᐩkette *f* / plough trace ‖ ᐩkörper, Rumpf *m* / plow bottom (US) o. base ‖ ~lose Bearbeitung / plowless (US) o. no-plough (GB) farming ‖ ᐩmesser, Sech *n* (Landw) / coulter (GB), colter (US) ‖ ᐩroder *m* (Rüben) / beet plow ‖ ᐩrücker *m* (Bergb) / plough-type shifter ‖ ᐩsaat *f* / single-pass ploghing and sowing, plow planting (US) ‖ ᐩschar *f n* / plough blade o. share ‖ ᐩschar mit daran angebrachter Landseite / bar share ‖ ᐩschraube *f*, rohe Senkschraube mit Nase (DIN 604) / plough bolt, countersunk nip head bolt ‖ ᐩsohle *f*, Furchensohle *f* / plough pan o. sole (US) ‖ ᐩsohle *f*, Schleifsohle *f* / slade o. runner (US) of a plow ‖ ᐩstelze *f* / plough shoe ‖ ᐩsterz *m* / plough tail ‖ ᐩstreifen *m*, Erdbalken *m* / furrow slice, list (US)

PFM = Puls-Frequenzmodulation

Pforte *f* (seitlich, an Bug o. Heck) (Schiff) / raft port ‖ ᐩ (Bau) / wicket

Pförtner *m* / gate keeper, gateman ‖ ᐩhaus *n* / gate house, gate keeper lodge ‖ ᐩzimmer *n*, -loge *f* / gatekeeper's o. porter's (GB) lodge, reception

Pföstchen *n* (Uhr) / pillar, stud ‖ ᐩ (IC) / small column ‖ ᐩ setzen (Uhr) / plant pillars

Pfosten *m* / stake, stay ‖ ᐩ (Bau, Masch, Schiff) / stanchion, standard, stay, post ‖ ᐩ, Stiel *m* (Bau) / upright ‖ ᐩ, Ständer *m* / pillar, support ‖ ᐩ, Vertikalstab *m* (Stahlbau) / vertical rod o. member ‖ **kleiner** ᐩ, Hausstütze *f* (Elektr) / house attachment o. pole

Pfriem *m* / awl, piercer, bodkin, broach ‖ ᐩgras *n*, Spartgras *n*, Alfa *n*, Stipa tenacissima / esparto, alfa grass

Pfropf[en] *m* / stopple, stopper ‖ ᐩ, Korken *m* / cork ‖ ᐩ (Filtern) / slug

pfropfen (Landw) / engraft ‖ ᐩ (Gieß) / mould plug ‖ ~durchströmtes Becken (Nukl) / plug-flow reactor ‖ ᐩsieden *n*, -strom *m* (Nukl) / plug flow

Pfropf·maschine *f* / corking machine ‖ ᐩpolymerisat *n* / graft polymer ‖ ᐩpolymerisation *f* / graft polymerization

Pfund = 16 Unzen / pound (= 16 ounces) ‖ ᐩ **je Quadratzoll** (1 psi = 0.07031 kp/cm^2 = 6,89467 · 10^3 N/m^2) / pounds per square inch, lbs/sq. in., pps[i], psi ‖ **englisches** ᐩ (Masseeinheit) / pound, lb (1 lb = 453,59237 g (Engl) o. = 453,5924277 g (USA)) ‖ ᐩkalorie *f* (GB) (= 0.453 5923 kcal) / centigrade heat unit (approx. 1.8 B.Th.U.), C.H.U. ‖ ᐩ-Serie *f* (Spektrum) / Pfund series ‖ ᐩzeichen *n* / pound sign

Pfusch *m*, Pfuscharbeit *f*, Pfuscherei *f* / blunder, bungling, scampwork, botching, slap-dash, sloppy work

pfuschen / bungle

Pfuscher *m* / tinker, bungler, scamper

PFZ (Fernm) = Post- und Fernmeldetechnisches Zentralamt

765

PGA *n* (Halbl) / PGA, pin gate array
pH *n* (Wasserstoffexponent) / pH
Phaeton *n* (Kfz) / touring car, phaeton, open car with folding top ‖ ⌐**aufbau** *m* / open body
p-Halbleiter *m* / p-type semiconductor
phanerokristallin, sichtbar-kristallinisch / phanerocrystalline
Phänologie *f* (Biol) / phenology
phänologisch / phenological
Phänomen *n* (Phys) / phenomenon
Phanotron *n* (ungesteuerte Gleichrichterröhre) (Elektronik) / phanotron
Phänotypus *m* / phenotype
Phantasie·bindung *f* / fancy weave ‖ ⌐**köper** *m* (Textil) / fancy twill ‖ ⌐**zwirn** *m*, -garn *n* / fancy twist o. yarn ‖ ⌐**zwirn** *m*, Zierzwirn *m* / fancy twist
Phantastron *n*, Kippschaltung mit einmaliger Ablenkschaltung (Radar) / phantastron, phant
Phantom *m* / phantom ‖ ⌐ **für Röhrensockel** / wiring jig for bases of electron tubes ‖ ⌐**fallversuch** *m* (Glas) / head form test ‖ ⌐**gruppe** *f* (Fernm) / phantom group ‖ ⌐**kreis** *m* **mit Erdrückleitung** / earth phantom circuit ‖ ⌐**leitung** *f* (Fernm) / superposed line ‖ ⌐**licht** *n* (Verkehrsampel) / phantom light ‖ ⌐**messung** *f* / phantom measuring ‖ ⌐**schaltung**, -leitung *f*, Doppelstromkreis *m* (Fernm) / phantom circuit, superposed circuit ‖ ⌐**speisung** *f* / phantom powering ‖ ⌐**spule** *f*, -übertrager *m* (Fernm) / phantom coil ‖ ⌐**zeichnung** *f* / ghost view
Pharma·kochalzit *m* (Min) / prismatic arseniate of copper ‖ ⌐**kolith** *m* (von Karsten) (Min) / pharmacolite ‖ ⌐**kolog[e]** *m* / pharmacologist ‖ ⌐**kologie** *f* / pharmacology ‖ ~**kologisch** / pharmacological ‖ ⌐**kopöe** *f* / dispensatory, (when authorized:) pharmacopœïa ‖ ⌐**kosiderit** *m* (Min) / pharmacosiderite, cube ore, arsenical iron ore ‖ ⌐**zeutika** *pl* / pharmaceuticals *pl* ‖ ~**zeutisch** / pharmaceutic[al] ‖ ~**zeutische Chemie** / pharmaceutic[al] chemistry ‖ ~**zeutische Industrie** / pharmaceutic[al] industry ‖ ~**zeutisches Labor** / pharmaceutic[al] laboratory ‖ ~**zeutisches Werk** / pharmaceutic[al] works
Pharmazie *f*, Apotheke / dispensary, chemist's shop ‖ ⌐, Arzneimittellehre *f* / pharmaceutics *sg*, pharmacy
Phase *f* (Elektr, Bahn, Astron) / phase ‖ ⌐ **gegen Erde** / phase to earth ‖ ⌐ **gegen Phase** / phase to phase ‖ **aus der** ⌐ **bringen** / dephase ‖ **bewegliche, [feste]** ⌐ (Chromatogr) / mobile, [stationary] phase ‖ **in** ⌐ **bringen**, synchronisieren (Elektr) / phase v, synchronize ‖ **in** ⌐ **nacheilen** (Elektr) / lag in phase ‖ **in** ⌐ **sein** / be in phase ‖ **in** ⌐ **voreilen** / lead in phase ‖ **in entgegengesetzter** ⌐ **[sein]**, entgegengesetzte Phase haben / be in opposite phase ‖ **in gleicher** ⌐ / cophasal
Phasen·abgleich *m* (Elektr, Elektronik) / phasing ‖ ~**abhängig** / phase-selective, -sensitive ‖ ⌐**abhängigkeit** *f* / phase response ‖ ⌐**abweichung** *f*, -hub *m* (Elektronik) / phase deviation ‖ ⌐**änderung** *f* / phase change o. shift ‖ ⌐**änderung** *f*, Phasenübergang *m* (Chem) / transition, phase transformation ‖ ⌐**änderung** *f*, Phasensprung *m* (Phys) / phase shift ‖ ⌐**angleicher** *m* (Elektr) / phase adapter ‖ ⌐**angleichung** *f* / phase lock *n* ‖ ⌐**anker** *m*, Schleifringläufer *m* (Elektr) / slipring rotor ‖ ⌐**anpassung** *f* / phase matching ‖ ⌐**anschnittsteuerbar** (Elektr, Ventil) / phase-controllable ‖ ⌐**anschnittwinkel**, Arbeitswinkel *m* (Elektronik) / operating angle ‖ ⌐**anzeiger** *m* / phase indicator o. monitor ‖ ⌐**ausfall** *m* / phase failure ‖ **bei** ⌐**ausfall** / single-phased ‖ ⌐**ausfallüberwacher** *m* / phase monitor ‖ ⌐**ausgleich** *m* / phase compensation o. correction ‖ ⌐**aussortierung** *f* (Elektronik) / phase selecting, phasing ‖ ⌐**ballung** *m* (Elektronenstrom) / bunching ‖ ⌐**beziehung** *f* / phase relation ‖ ⌐**bibliothek** *f*, Bibliothek *f* ausgeführter Programme / core image library ‖ ⌐**codierung** *f* / phase coding ‖ ⌐**dauer** *f* (Software) / run duration ‖ ⌐**defokussierung** *f* / defocussing o.

debunching of phases ‖ ⌐**demodulator** *m* / phase demodulator ‖ ⌐**detektor** *m*, -diskriminator *m* (Ferns) / phase detector o. discriminator ‖ ⌐**diagramm** *n* / phase plot ‖ ⌐**differenz** *f* / phase [angle] difference ‖ ⌐**differenz** *f* (Antenne) / phase difference ‖ ⌐**diskriminator** *m* / phase discriminator o. detector ‖ ⌐**dispersion** *f* (TV) / phase response ‖ ⌐**drehtrafo** *m* / interphase transformer, phase equalizer ‖ ⌐**drehung** *f* / phase angle rotation ‖ ⌐**einsortierung** *f* (Elektronik) / phasing ‖ ⌐**einstellung** *f* / phase adjustment ‖ ~**empfindlich** / phase-selective, -sensitive ‖ ⌐**entmischung** *f* (Hütt) / phase separation ‖ ⌐**entzerrer** *m* (Fernm) / phase compensator ‖ ⌐**entzerrung** *f*, -kompensation *f* / phase compensation o. correction o. equalization ‖ ⌐**erdschluß** *m* (Elektr) / leakage on one phase ‖ ⌐**erdung** *f*, einphasige Erdung (Elektr) / one-phase grounded working ‖ **n-faches** ⌐**einstallsystem** / n-phase tracking system ‖ ⌐**faktor** *m* (Elektr) / phase factor ‖ ⌐**faktor** *m* (Albedo) / phase integral ‖ ⌐**fehler** *m* / phase error ‖ ⌐**filter** *m n*, -platte *f* (Laser) / phase plate ‖ **90⁰** ⌐**filter** *m n* (Laser) / 90⁰ phase filter ‖ ⌐**fokussierung** *f* / phase focus[s]ing, bunching ‖ ⌐**folge**, Drehrichtung des Feldes *f* (Elektr) / phase-sequence ‖ ⌐**folge** *f* **[der Kennfarben] entgegen dem Uhrzeigersinn** (Elektr) / negative phase sequence (i.e. in the order red, blue, yellow) ‖ ⌐**folge** *f* **Rot-Gelb-Blau o. im Uhrzeigersinn** (Elektr) / positive phase-sequence ‖ ⌐**folge-Wechselrichter** *m* / phase sequence rectifier ‖ ⌐**-Frequenzcharakteristik** *f*, -[frequenz]gang *m* (Elektronik) / group delay-frequency characteristic, phase-frequency characteristics, phase response ‖ ⌐**gang**, -frequenzgang *m* / phase-frequency characteristics, phase response ‖ ⌐**gang** *m*, -kennlinie *f* (Ferns) / phase-frequency characteristics *pl*, phase response ‖ ⌐**geschwindigkeit** *f* / phase velocity ‖ **kalte** ⌐**geschwindigkeit** (bei Fehlen des Elektronenstroms) (Wanderwellenröhre) / slow wave structure phase velocity (GB), interaction circuit phase velocity (US) ‖ ⌐**gesetz** *n*, -regel *f* (nach Gibbs) (Chem) / phase rule ‖ ~**gesteuerte Anordnung** (Antenne) / phased array ‖ ⌐**gitter** *n* (Opt) / phase grid ‖ ~**gleich** (Elektr) / balanced, equiphase, in phase ‖ ~**gleiche Komponente im Vektordiagramm** (Elektr) / zero-phase sequence component ‖ ⌐**gleichgewicht** *n* (Chem) / phase equilibrium ‖ ⌐**gleichheit** *f*, -übereinstimmung *f* / phase balance o. coincidence ‖ ⌐**gleichrichter** *m* / phase demodulator ‖ ⌐**gliederantenne** *f* / phase link antenna ‖ ⌐**grenze** *f* (Galv) / phase limit ‖ ⌐**grenzfläche** *f* (Chem) / interphase ‖ ⌐**-Grobplan** *m* (Netzplan) / master phasing chart ‖ ⌐**hub** *m*, -abweichung *f* (Elektronik) / phase deviation o. swing ‖ ⌐**indikator** *m* / phase indicator o. monitor ‖ ⌐**integral** *n*, Wirkungsvariable *f* (Nukl) / action variable, phase integral ‖ ⌐**kennlinie** *f s*. Phasen-Frequenzcharakteristik ‖ ⌐**kennschleife** *f* / phase lock loop ‖ ⌐**kettenoszillator** *m* (Fernm) / line oscillator, phase shift oscillator ‖ ⌐**koeffizient** *m* (Astr) / phase coefficient ‖ ⌐**koeffizient** *m* (Funk) / phase constant ‖ ⌐**koinzidenz-Oszillator** *m* / bumped phase oscillator ‖ ⌐**kompensation**, -korrektur *f* / phase compensation o. correction o. equalization ‖ ⌐**kompensations-Netz** *n* (Fernm) / phase shift network ‖ ⌐**kompensator** *m* (Elektr) s. Phasenschieber ‖ ~**kompensierter Motor** / allwatt motor ‖ ⌐**konstante** *f*, Phasenmaß *n* (Fernm) / image phase change coefficient ‖ ⌐**konstante** *f* (Akustik, Elektr) / phase constant ‖ ⌐**kontrast** *m* / phase contrast ‖ ⌐**kontrastaufnahme** *f* / phase contrast print ‖ ⌐**kontrastfluoreszenz-Mikroskopie**, Kontrastfluoreszenz-Mikroskopie *f* / combined phase and fluorescence microscopy ‖ ⌐**kontrastmikroskop** *n* / contrasting phase microscope ‖ ⌐**kontrastplatte** *f* / phase plate ‖ ⌐**kontrastverfahren** *n*, -kontrastmikroskopie *f* / phase contrast microscopy ‖ **selbsttätige o. automatische** ⌐**kontrolle** (o. -regelung) *f* (TV) / automatic phase control [circuit], APC, apc ‖

~kontrollschleife f (TV) / automatic phase control loop ‖ ~koordination f (Fernm) / phase linkage ‖ ~koordinierungsdiagramm n (Fernm) / phase diagram ‖ ~korrigiertes Horn, Planwellenhorn n (Antenne) / phase corrected horn ‖ ~lage f / phase position ‖ ~lagen-Einsteller m (TV) / phaser ‖ ~lampe f, Synchronoskop n (Elektr) / synchro[no]scope, synchronizing lamp, phase lamp ‖ ~laufzeit f, -geschwindigkeit f / phase velocity ‖ ~laufzeit f, -verzögerung f (Fernm) / phase delay o. retardation o. lag ‖ ~laufzeit f auf einer Leitung (Elektr) / time of phase transmission ‖ ~leiter m / phase conductor ‖ ~leitung, Umwegleitung f (Antenne) / phasing line ‖ ~linear / phase-linear ‖ ~linie f (für das Gleichlaufsignal) (TV) / phasing line ‖ ~maß n, -winkel m (Elektr) / phase angle, change of phase ‖ ~maß n, -konstante f (Fernm) / image phase change coefficient, [image] phase constant (GB) o. wavelength constant (US) ‖ ~messer m (Elektr) / phase meter o. indicator, power factor indicator o. meter ‖ ~meßgerät n (Akustik) / phase meter ‖ ~modulation f (Elektronik) / phase modulation, P.M., p.m. ‖ ~modulations-Modem n (Fernm) / phase shift-keyed modem ‖ ~modulationsschrift f (Magn.Bd) / phase modulation o. encoding ‖ ~nacheilung f, -verzögerung f (Elektr) / phase lag[ging] o. retardation ‖ ~name m (DV) / load name ‖ ~objekt n (Opt) / phase object ‖ ~opposition f, -verschiebung f (Elektr, Elektronik) / opposition of phases ‖ ~platte f (Laser) / phase plate ‖ ~raum m / phase space ‖ ~raumelement n (Phys) / phase-space cell ‖ ~rauschen n / phase jitter ‖ ~reaktion f (Chem) / phase reaction ‖ ~reduktion f / reduction in phase velocity ‖ ~regel f (Chem) / phase doctrine, Gibb's phase rule ‖ ~regelung f, -kompensation f, -verbesserung f (Elektr) / phase-shift control ‖ ~regelung f (TV) / phase-shift control ‖ ~regler m (Raffinerie) / interfacial level controller ‖ ~regler m (Elektr) / phase regulator ‖ ~reguliert / phase regulated ‖ ~rein / free from phase shift ‖ ~relais n (Elektr) / phase balance relay ‖ ~resonanz f / phase o. velocity resonance ‖ ~schalter m (DV) / permanent switch ‖ ~schieber m (Elektr) / phase advancer o. adjuster o. changer o. shifter ‖ ~schieber m (Fernm) / phase changing network, phase shift network ‖ ~schieber-Kondensator m (Elektr) / phase shifting capacitor, phase modifier ‖ ~schieberkreis m (Elektr) / quadrature circuit ‖ ~schieberspule f / quadrature coil ‖ ~schwankung f / phase variation ‖ ~schwingung f, Pendeln von Synchronmaschinen n (Elektr) / phase swinging ‖ ~schwund m / phase fading ‖ ~signal n (Faksimile) / phasing signal ‖ schwarzes ~signal (Faksimile) / phase black ‖ ~spalter m / phase splitter ‖ ~spannung, Strangspannung f (Elektr) / phase voltage, voltage to neutral ‖ ~spannung f (Spannung gegen Sternpunktsleiter) (Elektr) / Y-voltage, star voltage ‖ ~sprung m / phase jump o. shift ‖ ~sprung m (Fernm) / phase hit ‖ ~sprung-Isolation f (Elektr) / phase coil insulation ‖ ~sprungverfahren n, -tastung f / phase shift keying, PSK ‖ ~sprungverfahren n / phase inversion modulation ‖ ~stabilität f (Nukl) / phase stability ‖ ~starr, -verriegelt / rigid o. locked in phase, phaselock[ed] o. -rigid ‖ ~strang m / phase conductor ‖ ~strom m / phase current ‖ ~synchronisation f / phase synchronizing ‖ ~synchronisierung f (TV) / phase synchronization, phasing ‖ ~taktschrift f (DV) / phase-encoding recording ‖ ~teiler m (Elektronik) / phase divider, phase splitter ‖ ~transformation f / phase transformation ‖ ~transformations-Plastizität f (Metalle) / phase transformation plasticity ‖ ~trennstrecke f (Eisenb) / phase break section ‖ ~trennung f / phase break ‖ ~trick m (Film) / stop-frame animation ‖ ~übereinstimmung f, -gleichheit f / phase balance o. coincidence ‖ ~übergang m (Chem) / phase transition [point] ‖ ~überschneidungsgebiet n

(Radar) / equiphase zone ‖ ~überwachung f / phase monitoring ‖ ~umkehr f (Chem, Fernm) / phase reversal o. inversion ‖ ~umkehrschaltung f / phase inverter circuit ‖ ~umkehrstufe f, -wender m / phase inverter ‖ ~umkehrung f / phase inversion ‖ ~umkehrverstärker m / paraphase o. seesaw amplifier ‖ ~umtastungsmodulation f / phase-shift-keyed modulation (PSK) ‖ ~umwandlung f, -übergang m (Phys) / phase transition o. change ‖ ~ungleichheit f / phase unbalance ‖ ~unterbrechungsrelais n / phase balance relay ‖ ~unterschied m (Elektr) / difference of phase ‖ ~vergleich m / phase monitoring o. indication ‖ ~vergleicher m, -messer m / power factor indicator o. meter, phase indicator o. monitor ‖ ~verhalten n / phase characteristics ‖ ~verhältnis n / phase relationship ‖ ~verkettung f / interlinking of phases ‖ ~verlust m / phase jump o. shift ‖ ~verriegelt, -starr / rigid o. locked in phase, phaselock[ed] o. -rigid ‖ ~verriegelter Empfänger / phase locked receiver ‖ ~verriegelung f (Elektronik) / mode locking ‖ ~verriegelungsschleife f / phase lock loop ‖ ~verschiebende Schlierenblende (Laser) / phase shifting schlieren diaphragm ‖ ~verschiebung f (Elektr) / displacement of phase, phase displacement o. shift ‖ ~verschiebung f, -opposition f (Elektr, Elektronik) / opposition of phases ‖ ~verschiebung f, -verbesserung f / power factor improvement o. correction ‖ 90°-~verschiebung f / phase quadrature ‖ ~verschiebung f des Wandlers o. Aufnehmers (Meßwesen) / transducer phase shift ‖ ~verschiebung f nacheilend (Elektr) / phase lag[ging] o. retardation ‖ mit ~verschiebung Null / being in phase ‖ ~verschiebung f voreilend / phase lead ‖ ~[verschiebungs]winkel m (Elektr) / angle of phase difference ‖ ~verschoben (Elektr) / dephased, out-of-phase, shifted ‖ ~verschoben, nacheilend, [voreilend] (Elektr) / lagging, [leading] ‖ um 90° ~verschoben (Elektr) / in quadrature ‖ ~verteilungs-Spektrum n / [Fourier] phase spectrum ‖ ~verzerrung f (Fernm) / phase (GB) o. delay (US) distortion ‖ ~verzögerung, -verschiebung f (Fernm) / phase delay o. retardation o. lag ‖ ~verzögerung f bei Nullfrequenz (in rad) (Fernm) / phase intercept ‖ ~verzögerungsverzerrung f (Fernm) / phase delay distortion ‖ ~voreilung f / lead in phase, phase lead ‖ ~wähler m (Fernm) / phase selector ‖ ~wahlsystem n (Fernm) / phase selecting system ‖ ~wechsler m / phase commutator ‖ ~welle, De-Broglie-Welle f (Elektronik) / De-Broglie wave, phase wave ‖ ~wender m, -umkehrstufe f / phase inverter ‖ ~winkel m (Elektr) / phase angle ‖ ~winkelabweichung f / phase angle deviation tolerance ‖ ~winkelmodulation f / phase angle modulation ‖ ~zahl f / phase number, number of phases ‖ ~zahl-Umrichter m / phase converter ‖ ~zeichnen n [im Zeichentrickfilm] / animation ‖ ~zeichner n (Film) / animator ‖ ~zertrümmerung f (Hütt) / phase disintegration

phasierte Projektplanung / phased project planning, PPP

Phasitron n (Phasenmodulatorröhre) (Elektronik) / phasitron [modulator]

Phasmajektor, Prüfbildgeber m (TV) / phasmajector

Phasotron n (UdSSR) / synchro-cyclotron, frequency-modulated cyclotron

pH-Begriff m / pH-concept

Phellandren n (Chem) / phellandrene

Phellogen n, Korkkambium n (Bot) / phellogen

Phen·acetin n (Chem) / phenacetin ‖ ~akit m (Min) / phenakite, phenacite (US) ‖ ~alkydharz n (Plast) / phenalkyd resin ‖ ~anthren n (Chem) / phenanthrene ‖ ~anthrolin n / phenanthroline ‖ ~at n, Phenolat n / phenate ‖ ~azin n / phenazine ‖ ~etidin n (Chem) / phenetidine ‖ ~etol n, Phenylethylether m / phenetole

Phengit n / biaxial o. biaxed mica, phengite, muscovite

Phenizin n / phenicin, phoenicin[e]

Phenol n / phenol, carbolic o. phen[yl]ic acid, hydroxybenzene ‖ ⌐... / carbolic, phenolic ‖ mit ⌐ tränken / carbolize ‖ ⌐[ab]wasser n / phenolic waste water ‖ ⌐aldehyd m / phenol aldehyde ‖ ⌐alkohol m / phenolic alcohol ‖ ⌐anilinharz n / phenolic aniline resin ‖ ⌐at, Phenat, Phenolsalz n / phenate, phenolate ‖ ⌐ester m / phenol ester ‖ ⌐extraktion f / phenol extraction ‖ ⌐farbstoff m / phenol dye[ing matter] ‖ ⌐[formaldehyd]harz n, Phenoplast m / phenol formaldehyde o. P.F. o. phenolic resin o. plastic ‖ ⌐-Furfurolharz n / phenol-furfural resin ‖ ⌐gießharz n / phenolic casting resin ‖ ⌐harz n, PF / phenolic resin ‖ ⌐harzgewebe n / phenolic resin fabric ‖ ⌐harzkitt m / phenolic ciment ‖ ⌐harzlaminat n auf Quarzfaserbasis / phenolic resin silica cloth ‖ ~[harz]modifiziert / phenolic modified ‖ ⌐harzpreßmischung f, Phenoplast m / phenolic moulding compound o. molding composition (US), phenolic plastic ‖ ⌐harzschaum n / phenolic foam
phenolieren / carbolate, carbolize
Phenol·öl n / carbolic oil ‖ ⌐phthalein n / phenolphthalein ‖ ⌐rot n / phenol red, phenol-sulphonphthaleine, P.S.P. ‖ ⌐sulfonat n / phenolsulphonate ‖ ⌐sulfosäure f / phenolsulphonic acid ‖ ⌐vergiftung f, Karbolismus m / phenol poisoning
Phenoplast m s. Phenolformaldehydharz u. Phenolharzpreßmischung
Phenosolvan-Extraktion f (von Phenol) / Phenosolvan extraction
Phenothiazin n / phenothiazine
Phenoxazin, Oxazin n / oxazin
Phenoxy·ethanol n / phenoxyethanol ‖ ⌐propandiol n / phenoxypropanediol
Phenyl n / phenyl, Ph ‖ ⌐acetat n / phenyl acetate ‖ ⌐acrolein n / cinnamic aldehyde, cinnamal[dehyde] (US) ‖ ⌐alanin n, Phe / phenylalanine ‖ ⌐amin n, Aminobenzol n, Anilin n / aniline
Phenylen n (zweiwertiger Benzolrest C⁶H⁴) / phenylene ‖ ⌐blau n / phenylene blue ‖ ⌐diamin, Diaminobenzol n / phenylenediamine ‖ ⌐oxid n / phenylene oxide ‖ ⌐sulfon n / phenylene sulfone
Phenyl·essigsäure f / phenylacetic acid ‖ ⌐ethylen, Vinylbenzol n (Styrol) / styrene, styrol[ene] ‖ ⌐glycin n (Färb) / phenylglycine ‖ ⌐hydrazin n / phenylhydrazine ‖ ⌐hydroxylamin n / phenylhydroxylamine ‖ ⌐mercuricarbamid n / phenylmercuriurea ‖ ⌐merkaptan n / phenyl mercaptan ‖ ⌐methan n, Toluol n / toluene ‖ ⌐methylketon n / acetophenone ‖ ⌐methylketon n / phenylethanone ‖ ⌐-β-Naphthylamin n / phenyl-β-naphtylamine, P.B.N.
2-Phenylphenol n / 2-phenyl phenol
Phenyl·, n, 1-⌐pyrazolidinon-(3) (Phot) / 1-phenyl-3-pyrazolidinone, phenidone ‖ ⌐quecksilber n / phenylmercury ‖ ⌐quecksilberchlorid n / phenylmercury chloride ‖ ⌐quecksilbersalicylat n / phenylmercury salicylate ‖ ⌐schwefelsäure f / phenolsulphuric acid ‖ ⌐senföl n / phenyl mustard oil ‖ ⌐sulfid n / phenyl-sulphide ‖ ⌐thioharnstoff m, -thiokarbamid n / phenylthiourea, -thiocarbamide ‖ ⌐urethan n / phenylurethan[e] ‖ ⌐wasserstoff m / benzene, benzol ‖ ⌐-Xylyl-Ethan n, PXE / phenylxylylethane, PXE
Pherografie f, Trägerelektrophorese f / electropherography, pherography, carrier electrophoresis
Pherogramm n (Elektrophorese) / pherogram ‖ ⌐-Photometer n (Opt) / pherogram photometer
Pheromon n (chemisches Signal zwischen Insekten) / pheromone
PHI-Anzeiger m (Luftf) / position-and-homing indicator, PHI
Philips·prozeß m (Kälte) / Philips process ‖ ⌐-Test m (Kälteöle) / Philips test of refrigerator oils
Phillipsit m (Min, Geol) / phillipsite

Phillipskurve, Endkurve f (Unruhfeder) / Phillips o. terminal curve
Phi-Meson, Φ-Meson / phi-meson
pH-Indikator m / pH-meter
Phlegma n, Rückstand m (Chem) / phlegm
phlegmatisieren, stabilisieren / stabilize explosives
Phlobaphen, Gerberrot n (Gerb) / phlobaphene
Phlogopit, Magnesiaglimmer m (Min) / phlogopite
Phloridizin, Phlorizin n / phlori[di]zin, phlorrhizin
Phloroglucin n / phloroglucinol
pH·-Meßgerät n / pH-meter ‖ ~-Messung f / pH-measurement
Phon n / phon
Phonem n, Laut m (als Grundeinheit der Sprache) (Fernm) / phoneme
Phonetik f / phonetics
phonetische Form / phonic o. phonetic form
phonisch·es Rad (im Fernschreiber) (Fernm) / phonic wheel o. drum
Phonmeter n, Schallpegelmesser m / sound level meter
Phono·adapter m (Elektronik) / phono adapter ‖ ⌐gramm n, Tonaufzeichnung f / phonogram ‖ ⌐koffer m / portable record player ‖ ⌐lith, Klingstein m (Geol) / phonolite, clink-stone ‖ ⌐meter n (eine Schallquelle) / phonometer ‖ ⌐metrie f / phonometry
Phonon, Schallquant n (Phys) / phonon
Phono·skop n / phonoscope ‖ ⌐thek f / phonotheque ‖ ⌐typistin f / audio secretary ‖ ⌐vid n (TV, Elektronik) / phonovid
Phonstärke, Lautstärke f / sound level scale, phon scale
Phoron n (Chem) / phoron
Phoronomie, Kinematik f / kinematics, phoronomics
Phosgen·[gas] n / phosgene [gas], carbonyl chloride, chlorocarbonic acid, chloride of carbonyl ‖ ⌐it m (Min) / phosgenite
Phospham[id] n / phospham[ide]
Phosphat n / phosphate ‖ mit ⌐ düngen / phosphate-fertilize v ‖ sekundäres ⌐ / monohydric phosphate
Phosphatase n / phosphatase
Phosphat·brücke f / phosphate bridge ‖ ⌐dünger m (Landw) / phosphate fertilizer, phosphoric acid fertilizer, basic slag ‖ ⌐düngung f / phosphate fertilizing ‖ ⌐erde f / phosphated earth ‖ ⌐glas n / phosphate glass ‖ ⌐glasdosimeter n / phosphate glass dosimeter ‖ ⌐id, Phospholipin n, Phospholipid n / phosphatide, phospholipin
phosphatieren / phosphatize ‖ ⌐ / ~, bondern / bonderize ‖ ~, parkern / parkerize ‖ ~ (nach dem Coslettverfahren) / coslettise ‖ ⌐, Phosphatierung f / phosphating
phosphatisch, phosphathaltig / phosphatic
Phosphat·knollen m (Ozeanographie) / phosphatic nodule ‖ ⌐-Lagerstätten f pl / phosphatic deposits pl ‖ ⌐puffer m (Chem) / phosphate buffer ‖ ~rostgeschützt, phr / phosphate-treated against corrosion ‖ ⌐schicht f / phosphate coating ‖ ⌐schlacke f / basic o. phosphate slag ‖ ⌐schutz m, Phosphatierung f / phosphatization, phosphatizing, phosphate treatment ‖ ⌐überzug m / phosphate coating
Phosphid n / phosphide ‖ ⌐-Seigerungsstreifen m (Hütt) / phosphide streak
Phosphin n, Chrysanilin n, Ledergelb n (Färb) / phosphine, chrysaniline, leather yellow
Phosphit n (Chem) / phosphite
Phospho·amidase f / phosphoamidase ‖ ⌐kreatin n, Kreatinphosphorsäure f / phosphocreatine ‖ ⌐lipase f / lecithinase, phospholipase ‖ ⌐lipid n, Phosphatid n / phospholipin, phosphatide
Phosphonierung f (Tensid) / phosphonation
Phosphoniumsalz n / phosphonium salt
Phosphoproteid, Phosphoprotein n / phosphoprotein
Phosphor m, phosphoreszierender Stoff / phosphor ‖ ⌐, P (Chem) / phosphorus, P ‖ ⌐(III)... / phosphorous, phosphor(III)... ‖ ⌐(V)... / phosphoric, phosphor(V)...

‖ **mit ⌐ behandelt** / phosphorated ‖ **mit ⌐ gesättigter Stickstoff** / phosphorized nitrogen ‖ **mit ⌐ verbinden** (o. behandeln) / phosphorate, phosphorize ‖ **roter o. violetter ⌐** / red phosphorus ‖ **schwarzer o. Hittorfscher ⌐** / black phosphorus ‖ **weißer o. farbloser o. gelber ⌐** / white phosphorus ‖ **~arm** / low-phosphorous… ‖ **⌐bronze** f / phosphor bronze, Ph.Bz. ‖ **⌐(III)-chlorid**, -trichlorid n / phosphorous chloride ‖ **⌐(V)-chlorid**, -pentachlorid n / phosphorus pentachloride o. perchloride ‖ **⌐eisen** n, Eisenphosphid n / iron phosphide

Phosphoreszenz f / phosphorescence ‖ **⌐messer** m / phosphorometer ‖ **⌐spektrum** n / phosphorescence spectrum

phosphoreszieren, leuchten / phosphoresce

phosphoreszierend, selbstleuchtend / phosphorescent, noctilucent ‖ **~es Gedächtnis** (Kybernetik) / short-time memory ‖ **~ machen** / phosphorate

Phosphor·gehalt m / phosphorus contents pl ‖ **~haltig** / containing phosphorus, phosphoric

phosphoriert, mit Phosphor behandelt o. verbunden / phosphorated, phosphoret[t]ed, phosphuret[t]ed

phosphorig, Phosphor(III)-… / phosphorous ‖ **~e Säure** / phosphorous acid

Phosphor·iodid n / phosphorus iodide o. triiodide ‖ **⌐it** m, Calciumphosphat n (Min) / phosphorite, rock phosphate ‖ **⌐kohlenwasserstoffgas** n / phospho-carburet[t]ed hydrogen gas ‖ **⌐kupfer** n / phosphorized copper ‖ **⌐lot** n / high-phosphorus brazing filler metal ‖ **⌐natrium** n, Natriumphosphid n / sodium phosphide ‖ **⌐nitrilchlorid** n / phosphorus chloronitrile ‖ **⌐nitril-Fluorelastomer** n / phosphonitrilic fluoroelastomer, PNF ‖ **⌐ochalcit** m (Min) / phosphocalcite ‖ **⌐orthit**, Nagatelit m (Min) / phosphorthite, nagatelite

Phosphoroskop n / phosphoroscope

Phosphor·(III)-oxid n, [Di]phosphortrioxid n / phosphorous oxide, phosphorus(III) oxide ‖ **⌐(V)-oxid**, -pentoxid, Phosphorsäureanhydrid n / phosphorus pentoxide, phosphoric anhydride, phosphorus(V) oxide ‖ **⌐oxychlorid** n / phosphorus oxychloride ‖ **⌐proteid** n / phosphorproteide ‖ **⌐quenching** n, -tilgung f / quenching of phosphor ‖ **⌐roheisen** n / phosphoric pig [iron] ‖ **⌐salzperle** f, Phosphorsalz n / microcosmic salt bead ‖ **⌐säure** f / [ortho]phosphoric acid ‖ **⌐säureester** m / phosphoric ester ‖ **⌐säure[tri]chlorid** n / phosphoryl [tri]chloride ‖ **⌐scheibchen** n (TV) / phosphor dot ‖ **⌐stahl** m / phosphor-steel ‖ **⌐stickstoff** m / phosphoretted nitrogen ‖ **⌐(V)-sulfid**, -pentasulfid n / phosphorus pentasulphide o. (V)sulphide ‖ **⌐tilgung** f, -quenching n / quenching of phosphor ‖ **⌐vergiftung** f, Phosphorismus m / phosphorus poisoning ‖ **⌐wasserstoff** m / phosphoret[t]ed hydrogen, hydrogen phosphide ‖ **⌐wolframat**, [Dodeka]wolframatophosphat n / phosphotungstate, $PW_{12}O_{40}$ ‖ **⌐wolframsäure** f, Dodekawolframatophosphorsäure f / phosphotungstic acid ‖ **~ylieren** / phosphorylate ‖ **⌐ylierung** f / phosphorylation ‖ **⌐yl[tri]chlorid** n / phosphoryl [tri]chloride ‖ **⌐zinnbronze** f / phosphor tin bronze

Phosphosiderit m / phosphosiderite

Phosphuranylit m (Uranerz) (Min) / phosphuranylite

Phot n (Einheit der spezifischen Lichtausstrahlung) (veraltet), ph (1 ph = 10^4 lx = 1 lm cm^{-2}) / phot, centimeter candle

photisch·e Region (Hydr) / photic zone ‖ **in der ~en Region lebend** (Ozean) / photobathic

Photo n, Photoabzug m, Photographie f / photo, [photo]print, still [picture] ‖ **⌐absorption** f / photoabsorption ‖ **~aktinisch [strahlend]** / photoactinic ‖ **~akustisch** / photoacoustic ‖ **⌐anregung** f / photoexcitation ‖ **⌐apparat** m / camera ‖ **⌐apparat** m, Kamera f, Kameragehäuse n / camera [body] ‖ **⌐archiv** n / photo o. stills library ‖ **⌐ätzung** f

(gedr.Schaltg) / photoetching ‖ **⌐aufnahme** f / photograph, photographic picture, shot ‖ **⌐bedarf** m / photographic materials o. supplies pl ‖ **⌐beschriftung** f / photo lettering ‖ **⌐biologie** f / photobiology ‖ **⌐blitz** m / photoflash, flashbulb ‖ **elektronisches ⌐blitzgerät** / electronic flash apparatus for photographic purposes ‖ **⌐chemie** f / photochemistry ‖ **~chemigrafisch** (Buch) / photo-chemigraphic

photochemisch / photochemic[al] ‖ **~ abbaubar** (Plast) / photochemically degradable ‖ **~e Äquivalenz** / photochemic[al] equivalence ‖ **~e Elementarreaktion** / elementary photochemical reaction ‖ **~e Wirkung** / photochemic[al] activity ‖ **~e Zelle**, elektrolytische Photozelle / photoelectrolytic cell, photoelectromotive cell, photochemical o. Becquerel cell ‖ **~e Zersetzung** / photodecomposition, -dissociation

photo·chrom, -trop (Glas) / photochromic, -sensitive ‖ **~chromatisch** / photochromatic ‖ **⌐chromie** f / photochromism ‖ **⌐chrom-Mikroverfahren** n / photochrome micro procedure ‖ **~dielektrisch** / photodielectric ‖ **⌐diode** f / photodiode ‖ **⌐dissoziation** f / photodissociation, -decomposition ‖ **~dynamisch** / photodynamic ‖ **~elastisch** / photoelastic ‖ **⌐elastizität** f / photoelasticity

photoelektrisch / photoelectric ‖ **~e Absorption** (Nukl) / photoelectric absorption ‖ **~e Abtastung** (LoKa) / photoelectric sensing o. reading ‖ **~es Auge** / photoelectric eye ‖ **~er Effekt**, Photoeffekt m / photoelectric o. photo-effect ‖ **äußerer ~er Effekt** / photoelectric emission ‖ **innerer ~er Effekt** / photoconductive effect ‖ **~e Emission** / photoelectric emission ‖ **~er Flammenwächter** / photoelectric flame failure detector ‖ **~e Konstante** / photoelectric constant ‖ **~er Lageprüfer für Dokumente** / photo document sensor ‖ **~er Schwärzungsmesser** / photoelectric densitometer ‖ **~e Schwellenfrequenz** / photoelectric threshold [frequency] ‖ **~e Sicherung o. Sperre** / photoelectric safety locking ‖ **~e Umwandlung** / photovoltaic conversion ‖ **~er Wirkungsgrad** m / photovoltaic o. conversion efficiency ‖ **~es Zählgerät** / photoelectric counter ‖ **~er Zeitnehmer** / photoelectric counter chronometer

Photo·elektrizität f / photoelectricity ‖ **⌐elektrolumineszenz** f / photoelectroluminescence ‖ **~elektromagnetischer Effekt**, PEM-Effekt m / photoelectromagnetic o. photomagnetoelectric effect, PEM effect ‖ **~elektromotorisch** / photoelectromotive ‖ **⌐elektron** n / photoelectron ‖ **⌐elektronenspektroskopie** f, ESCA / electron spectroscopy for chemical analyses, ESCA ‖ **⌐elektronenstrom** m / photoelectric current ‖ **⌐elektronen-Teleskop** n / photo telescope ‖ **⌐elektronenvervielfacher** m / photo[electric] o. photoelectron multiplier ‖ **⌐elektronik** f / photoelectronics ‖ **~elektronisches Bauelement** / photo-sensitive cell ‖ **~elektronische Leitliniensteuerung** (Flurförderer) / photoelectric control ‖ **⌐element** n, lichtelektrische Photozelle / photocell, PEC, pec, photoelectric cell, photoelectric galvanometer ‖ **⌐element** n, Sperrschichtphotozelle f / photovoltaic cell ‖ **⌐elementverstärker** m / PEC o. pec amplifier ‖ **⌐emission** f / photo-emission, photoemissive effect ‖ **⌐emissions…** / photoemissive ‖ **⌐emissionsdiode** f / photoemission diode ‖ **⌐emissionsstrom** m / photoemission current ‖ **~emissiv** / photoemissive ‖ **⌐empfänger** m / photodetector, photosensitive cell ‖ **⌐emulsionsmethode** f (Nukl) / photographic emulsion technique ‖ **⌐-FET** m (Halbl) / photo-FET ‖ **⌐film** m / photo film ‖ **⌐finish** n (Sport) / photo finish ‖ **⌐fragmentierung** f / photofragmentation ‖ **~gen**, lichtausstrahlend (Biol) / photogenic, producing light ‖ **~gen**, gut zu photographieren (Phot) / photogenic, suited for being photographed ‖ **⌐glimmröhre** f / photoglow tube ‖ **⌐gramm** n /

photogram ‖ ⁓grammetrie, Luftbildmessung f (Verm, Luftf) / photogrammetry, metrophotography ‖ terrestrische ⁓grammetrie, Erdbildmessung f / photographic surveying, phototopography ‖ ⁓grammetrische Aufmessung / photographic measurement ‖ ⁓grammetrisches Auswertegerät / instrument for photogrammetrical evaluations ‖ ⁓grammetrische Karte / photomap ‖ ⁓graph m / photographer ‖ ⁓graphie, Fotografie f / photograph, photographic picture ‖ ⁓graphie, Lichtbildkunst f / photography ‖ ⁓graphieren, aufnehmen / photograph, take pictures

photographisch, fotgrafisch / photographic[al] ‖ ⁓er Abzug / photographic print o. copy ‖ ⁓er Apparat / camera ‖ ⁓e Bedarfsartikel / photographic requisites pl ‖ ⁓e Chemikalien f pl / photographic grade chemicals pl ‖ ⁓e Empfindlichkeit, (Kurzzeichen:) S / sensitivity ‖ ⁓e Herstellung / photofabrication ‖ ⁓es Kopiergerät (Repro) / projection printer ‖ ⁓es Material, Photomaterial / photographic material ‖ ⁓e Photometrie / photographic photometry ‖ ⁓e Platte / photographic plate ‖ ⁓es Zenitteleskop (Zeitmessung) / photographic zenith tube

Photo·gravüre, Heliogravüre f / photogravure, photoengraving, heliography, heliogravure ‖ ⁓halogenid n / photohalide ‖ ⁓händler m / photographical dealer ‖ ⁓heliograph m (Astr) / photoheliograph ‖ ⁓induzierte Elektrochromie / photoinduced electrochromy ‖ ⁓interpretation f / photointerpretation ‖ ⁓ionisation f / photoionization ‖ ⁓kamera f / photo-camera ‖ ⁓karte f / photomap ‖ ⁓katalyse f / photocatalysis ‖ ⁓kat[h]ode f / photocathode ‖ ⁓klima n (Beleuchtung der Erde) / photoclimate ‖ ⁓kopie f (Erzeugnis) / [photographic] photocopy, photostat[ic] copy ‖ ⁓kopie f (Methode) / photocopying ‖ ⁓kopieren / photocopy vt vi, photoduplicate vt vi ‖ ⁓kopiergerät n / photocopier, photocopying apparatus ‖ ⁓kopierpapier n / photocopying paper ‖ ⁓labor n / photographic laboratory ‖ ⁓lack m (gedr.Schaltg) / photosensitive resist ‖ ⁓lampe f / photo[flood] lamp ‖ ⁓leiter, -widerstand m / photoconductor, PC, photoresistor, light-dependent resistor, LDR ‖ ⁓leiter, -widerstand m / light-dependent resistor, LDR ‖ ⁓leitfähig / photoconductive ‖ ⁓leitfähigkeit f / photoconductivity ‖ ⁓leitung f (Halbl) / photoconductive effect ‖ ⁓linie f, Photopeak m / photopeak ‖ ⁓lithographie f (Buch, Erzeugnis) / photolithograph ‖ ⁓lithographie (Verfahren) / photolithography (process) ‖ ⁓lumineszenz f / photo-luminescence ‖ ⁓lyse f / photolysis ‖ ⁓lytisch / photolytic ‖ ⁓lytisch herstellen / photolyse ‖ ⁓magnetismus m / photomagnetism ‖ ⁓magnetoelektrischer Effekt / photomagneto-electric o. PME effect ‖ ⁓maske f (IC) / photomask ‖ ⁓matongerät n / Photomaton camera ‖ ⁓mechanisch / photomechanical ‖ ⁓mechanisch behandeln (Buch) / process ‖ ⁓mechanisches Druckverfahren / photo printing ‖ ⁓mechanischer Entwickler (Phot) / process developer ‖ ⁓meson n (Nukl) / photomeson ‖ ⁓meßfühler m / photosensor ‖ ⁓meter n, Lichtmesser m / photometer ‖ ⁓meterbank f / photometer bench, bench photometer ‖ ⁓meterkugel f / [Ulbricht] globe o. sphere photometer ‖ ⁓metrie f / photometry ‖ ⁓metrie f des Reflexionsgrades / reflectometry ‖ ⁓metrisch, Lichtmessungs... / photometric ‖ ⁓metrische Analyse (Chem) / photometric analysis ‖ ⁓metrische Bestimmung (Mat Prüf) / photometric determination ‖ ⁓metrischer Doppelstern, Bedeckungsveränderliche m pl / eclipsing binary ‖ ⁓metrisches Entfernungsgesetz (Opt) / inverse square law ‖ ⁓metrisches Strahlungsäquivalent / luminous efficiency, visibility factor ‖ ⁓mikrographie, Mikrophotographie f (Verfahren) / microphotography (= microdocumentation), photomicrography (= photography through microscope) ‖ ⁓mikroskop n /

photomicroscope ‖ ⁓montage f / mont[age], photomounting o. mont[age], montage photograph ‖ ⁓mosaik n (TV) / photomosaic ‖ ⁓multiplier m, Photovervielfacher m / photo[electric] multiplier, photoelectron multiplier

Photon, Lichtquant n / light quantum, photon ‖ ⁓... / photonic

Photo·nastie f (Bot) / photonasty ‖ ⁓negativ (Leitfähigkeit) / photonegative

Photonen·ablösung f / photon detachment ‖ ⁓antrieb m / photon drive ‖ ⁓ausbeute f / photon yield ‖ ⁓gekuppelt / photon-coupled ‖ ⁓impulse m pl / photon drag ‖ ⁓rakete f / photon rocket ‖ ⁓rauschen n / photon noise

Photoneutron n (Nukl) / photoneutron

Photon·-Photon-Streuung f / photon-photon scattering

photo·nuklear / photonuclear ‖ ⁓nukleare Reaktion / photonuclear reaction ‖ ⁓objektiv n / photographic objective ‖ ⁓oxidation f / photo-oxidation ‖ ⁓papier n / photographic paper ‖ ⁓papiereinschlag m / photo wrapping glassine ‖ ⁓phon n (Akust) / photophone ‖ ⁓phorese f (Chem) / photophoresis ‖ ⁓pigment n / photopigment ‖ ⁓planzeichner m / photoplanigraph ‖ ⁓plastische Aufzeichnung / photoplastic recording ‖ ⁓plotter m / photoplotter ‖ bilderzeugendes ⁓polarimeter / imaging photopolarimeter, IPP ‖ ⁓polymer n / photo-polymer ‖ ⁓polymere Druckplatte, Auswaschplatte f (Buch) / photo-polymeric printing plate ‖ ⁓positiv (Leitfähigkeit) / photopositive ‖ ⁓proton n (Nukl) / photoproton ‖ ⁓rapidfarbstoff m (Textil) / photo-rapid dye ‖ ⁓relais n / photorelay ‖ ⁓resist n, -resistlack m, lichtunempfindliche Deckmasse / photoresist, photosensitive resist ‖ ⁓rezeptor m / photoreceptor ‖ ⁓rohpapier n / photo base paper ‖ ⁓röhre, Vakuum-Photozelle f (Elektronik) / photoelectric tube, phototube ‖ ⁓satellit m / photographic satellite ‖ ⁓satz m, Lichtsatz m / filmsetting, photosetting, photocomposition ‖ ⁓schicht f / photoelectric layer ‖ ⁓schutzpapier n / photoprotecting paper ‖ ⁓sensibel / photosensitive ‖ ⁓setzmaschine f (Buch) / filmsetter, photosetter, filmsetting machine ‖ ⁓skop n (Phys) / photoscope ‖ ⁓spaltlampe f / photo-slit lamp ‖ ⁓spaltung f (durch γ-Strahlen) / photofission, photonuclear fission ‖ ⁓spannung f / photoelectric voltage ‖ ⁓sphäre f (Astr) / photosphere ‖ ⁓spotmeter n / spot photometer ‖ ⁓stativ n / tripod ‖ ⁓-Sternkarte f (Astr) / photomap ‖ ⁓strahlen m pl / actinic rays pl ‖ ⁓strom m / photocurrent, photoelectric current, light-current ‖ ⁓synthese f / photosynthesis ‖ ⁓taktisch (Biol) / phototactic ‖ ⁓taxis f / phototaxis ‖ ⁓technischer Film / reproduction film ‖ ⁓teleskop n / phototelescope ‖ ⁓thek f / photo library ‖ ⁓theodolit m / phototheodolite ‖ ⁓thyristor m / photothyristor ‖ ⁓transistor m / phototransistor, photistor ‖ ⁓trop, -tropisch / phototropic ‖ ⁓trop, -chrom (Glas) / photochromic, -sensitive ‖ ⁓tropie f (Farbänderung durch Lichtabsorption) (Chem) / phototropy ‖ ⁓tropismus m / phototropism ‖ ⁓tubus m / photographic tube ‖ ⁓typie, Kollotypie f (Buch) / phototype, collotype, photogelatine printing ‖ ⁓umformer m (Fernm) / photoformer ‖ ⁓varistor m / photovaristor ‖ ⁓vernetzt (Chem) / photolinked ‖ ⁓vervielfacher m, Photomultiplikatorröhre f / photo[electric] o. photoelectron multiplier, multiplier phototube ‖ ⁓-voltaisch / photo-voltaic ‖ ⁓widerstand m s. Photoleiter ‖ ⁓widerstandszelle f / photoconductive cell ‖ ⁓zelle f, lichtelektrische Zelle / photocell, photoelectric cell, PEC, pec, photoelectric galvanometer ‖ ⁓zellendetektor m / photocell detector, photosensor ‖ ⁓zellenverstärker m / photocell o. PEC amplifier, electron multiplier phototube ‖ ⁓zellen-Zerhacker m / electronic chopper ‖ ⁓zinkätzung, -zinkographie f / photozincography

phreatisch, frei beweglich o. wandernd (Geol) / phreatic ‖ ~es Grundwasser / phreatic water ‖ ~er Grundwasserspiegel / phreatic water level
pH-Regelgerät n / pH-regulator
Phthal·... / phthalic ‖ ~amid n / phthalamide
Phthalat n, Phthalsäureester m, -salz n / phthalate ‖ ~harz n / phthalate resin
Phthal·ein n (Färb) / phthalein ‖ ~einfarbstoff m / phthalic dye ‖ ~imid n / phthalimide
Phthalo·cyanin n / phthalocyanine ‖ ~cyaninblau n / phthalocyanine blue, Alcian blue (ICI) ‖ ~cyaninfarbstoff m / phthalocyanine dye ‖ ~cyaninkristall m (Färb) / phthalocyanin[e] crystal ‖ ~genfarbstoff m / phthalogen dye ‖ ~nitril n / phthalonitrile
Phthalsäure f / phthalic acid, benzene dicarboxylic acid ‖ ~anhydrid n, PSA n / phthalic anhydride ‖ ~ester m / phthalic ester
pH·-Wert m / pH-value ‖ ~-Wertänderung f / change of pH-value ‖ Apparat für kalorimetrische ~-Wertbestimmung / capillator ‖ ~-Wertigkeit f / pH-valence
Phygoidbewegung f (Luftf) / phugoid oscillation
Phygoide f / phugoid curve
Phyllit[schiefer] m (Min, Geol) / phyllite
Phyllosilikat n / phyllosilicate
Physik f / physics pl ‖ ~ der Beziehungen Sonne-Erde / solar terrestrial physics
physikalisch, naturgesetzlich (Phys) / physical ‖ ~es Alter, Isotopenalter n / radioactive age, isotopic age ‖ ~e Atmosphäre, atm (= 760 Torr = 1013 mb) (veraltet) / physical atmosphere, 14,7 lbs/sq. in ‖ ~er Begriff / physical concept ‖ ~e Chemie / physical chemistry ‖ ~e Farbbildung (Pap) / physical colour reaction ‖ ~e Farbe, Strukturfarbe f / physical colour, structural colour ‖ ~e Größe / physical quantity, physical variable ‖ ~e Grundlagen f pl / physics pl ‖ ~e Grundlagenforschung / basic physical research ‖ ~e Grundverfahren n pl / unit operations pl ‖ ~es Instrument / physical instrument ‖ ~er Katalysator (durch Strahlung wirkend) (Plast) / physical catalyst ‖ ~e Konstante / physical constant ‖ ~es Labor[atorium] / physics laboratory ‖ ~e Optik / physical optics sg ‖ ~es Pendel / built-up o. physical pendulum, compound pendulum ‖ ~e Photometrie / physical photometry ‖ ~es Röntgenäquivalent, Röntgen, r, rep n (veraltet) / röntgen equivalent physical, r, rep ‖ ~er Satz (DV) s. physischer Satz ‖ ~e Statistik / physical statistics ‖ ~e Therapie / physical therapy ‖ ~e Therapie, Physiotherapie f / physiotherapy ‖ ~-chemisch, physiko-chemisch / physico-chemical ‖ ~-chemischer Strahlenschaden / radiation damage
Physiker m / physicist
Physiko·chemie f / physical chemistry, physicochemistry ‖ ~chemiker m / physical chemist ‖ ~-chemisch / physico-chemical, physicochemical
Physiksalz n, Zinnlösung, -solution f (Färb) / tin composition
Physio[geo]graphie f / physiography
Physiologie f / physiology
physiologisch / physiological ‖ ~e Arbeitsgestaltung / physiological methods study ‖ ~e Blendung / disability glare ‖ ~e Chemie / physiological chemistry ‖ ~e Lautstärkeregelung / loudness control ‖ ~e Spezies / physiological variety ‖ ~e Verfärbung (Holz) / physiological discolouration
physisch, körperlich (allg) / physical ‖ ~e Datenstruktur f (DV) / physical data structure ‖ ~er Doppelstern / binary [star] ‖ ~e Geographie / physiography ‖ ~e Logdateischreibung f (DV) / physical logging ‖ ~es Pendel / built-up o. compound o. physical pendulum ‖ ~er Satz (Ggs.: Datensatz), Block m [von Informationen] (Programm) / physical record ‖ ~er

Seitenwechsel (DV) / physical paging ‖ ~e Verbindung (DV) / physical link
Physostigmin, Eserin n / physostigmine, eserine
Phytagglutinin n / lectin
Phytin n (Chem) / phytin ‖ ~säure f / phytic acid
Phyto·geographie f / phytogeography, geobotanics ‖ ~gift n / phytopoison ‖ ~medizin f / phytopathology ‖ ~pathologie f, Lehre f von den Pflanzenkrankheiten / plant pathology, phytopathology ‖ ~phag, pflanzenfressend / phytophagous ‖ ~plankton, Pflanzenplankton n / phytoplankton ‖ ~sterin n (Chem) / phytosterol ‖ ~therapie f (Pflanzenheilkunde) / phytotherapy
Pi n (3.1415926783), π, Ludolfsche Zahl / number π
Piano n / piano ‖ ~-Jaulen n (Phono) / piano whine
Piassava[faser], Piassaba, Picaba, Picuba f / piassava fibre, Attalea funifera
PIB = Polyisobutylen
Pi-Betrieb m (Elektronik) / π-mode
Picen n (Chem) / picene
Pichapparat m (Fässer) / pitching apparatus
Pick-à-pick-Spulenwechsel m (Textil) / pick-and-pick bobbin changing
Picke f, Kreuzhacke f, Pickel m (Bau, Bergb) / pick[-axe]
Pickel f (Gerb) / pickling process, pickle ‖ ~ m (Fehler) (Plast) / pimple (defect) ‖ ~bildung f (Walzw) / pick-up ‖ ~brühe f (Gerb) / pickle bath ‖ ~hammer m (Geol) / hammer with pic
Picker m, Web[er]vogel m / loom driver, picker ‖ ~, Baumwollpflückmaschine f / cotton picker
Pickeringit m (Min) / pickeringite
Pickhacke, Hammerspitzhaue f (Bergb) / pitching pollpick o. tool
Pick-up m, Anzugsvermögen n (Kfz) / pick-up ‖ ~, Abtastdose f (Phono) / pick-up [head] ‖ ~ des Detonationsmessers / pick-up of the detonation tester (CFR-engine) ‖ ~-Presse f (Landw) / pick-up baler o. press ‖ ~-Reaktion f (Nukl) / pick-up reaction ‖ ~-Trommel f (Landw) / pick-up reel
Pico·..., 10⁻¹² / pico... ‖ ~farad n, pF / pico-farad, pF, micromicrofarad, mmf, puff[er] (US coll) ‖ ~farad-Trimmerkondensator m / billi-capacitor
Picolin, Methylpyridin n / methyl pyridine, picoline
Picotit, Chromspinell m (Min) / picotite, chrome spinel
Picture-Attribut n (DV) / picture attribute
PID·-Regelung f / proportional plus floating plus derivative control, PID control ‖ ~-Regler m (Proportional, Integral, Differential) / three-term o. PID controller (proportional plus floating plus derivative)
Piedestal n, Fußgestell n (Bau) / pedestal
Pi-Elektron n / pi electron
Piemontit m (Min) / piemontite, piedmontite, mangan epidote
Piepton m, Piepser (Fernm) / beep [tone], beeper
Pier m f, Kai m / pier, quay ‖ ab ~ o. Kai / ex wharf, alongside ‖ auf Pfählen gebauter ~ / pile pier
Pierce-Schaltung f (Elektronik) / Pierce oscillator
Pier-Pier-Verkehr m / port-port traffic
Piewolle f / pie wool, skin digested wool ‖ ~, Stückwolle f / skin digested wool
Piezo·chemie, Hochdruckchemie f / piezochemistry ‖ ~elektrisch, Piezo... / piezoelectric ‖ ~elektrisch, Kristall... (Lautsprecher, Mikrophon) / crystal..., piezoelectric ‖ ~elektrischer Druckmesser / piezoelectric pressure gauge ‖ ~elektrisches Druckschaubild / piezoelectric pressure diagram ‖ ~elektrischer Effekt, Piezoeffekt m / piezoelectric effect ‖ ~elektrischer Quarz, Piezoquarz m / piezoelectric quartz o. resonator ‖ ~elektrischer Spannungskoeffizient (Krist) / g-coefficient ‖ ~elektrische Steuerung (Lautsprecher, Mikrophon) / crystal drive ‖ ~elektrischer Vibrator / piezoelectric vibration generator ‖ ~elektrischer Film / piezofilm ‖

771

⌐elektrizität f / piezoelectricity ‖ **~ferroelektrisch** / piezo-ferroelectric ‖ **⌐kristall** m / piezoelectric crystal ‖ **~magnetisch** / piezomagnetic ‖ **⌐meter** n / piezometer ‖ **~metrisch** / piezometric ‖ **~resistiv** (Phys) / piezoresistive ‖ **~tropisch** / piezotropic
Piezoxid n (Elektronik) / piezoxide
Pi-Filter m n (Elektronik) / pi[-type] filter
Pigeonit m (Min) / pigeonite
Pi-Glied n (Elektronik) / pi section
Pi-Glied n, -Schaltung f (Fernm) / pi-network, π-network
Pigment n, Farbkörper m / pigment, colouring body, insoluble colorant ‖ **⌐ für Ölfarbe** / oil colour ‖ **⌐ Yellow 3** / pigment yellow ‖ **⌐druck** m (Buch) / pigment print[ing] o. process, carbon print[ing] ‖ **⌐farbe** f / pigment ink ‖ **⌐farbstoff** m / pigment dyestuff, organic pigment ‖ **~frei** / non-pigmented
pigmentieren vt / pigment ‖ **~** vi / become pigmented
Pigmentier·färbeverfahren n (Textil) / pigment dyeing method
Pigment·klotzverfahren n (Textil) / pigment padding ‖ **⌐papier** n / carbon tissue paper ‖ **⌐papierkopie** f / pigment paper copy ‖ **⌐papierübertragung** f (Buch) / pigment paper transfer ‖ **⌐paste** f (Farbe) / pigment paste ‖ **⌐träger** m, Vehikel n / vehicle ‖ **⌐verankerung** f / pigment binding
Pigtail n (Laser) / pigtail
Pikee m, Piké m (Web) / piqué
Pikral n (alkoholische Pikrinsäurelösung) / picral
Pikraminsäure f / picramic acid
Pikrat n / picrate ‖ **⌐pulver** n, Pikrinpulver n / picric powder
Pikrinsäure f, Trinitrophenol n / picric o. picronitric o. nitroxanthic acid, carbazotic acid, trinitrophenol
Pikrit m (Geol) / picrite
Pikrolith m (Min) / picrolite, picroline, hampdenite
Pikrylchlorid n / picryl chloride
Piktogramm n / pictograph
Piktographie f, Bilderschrift f / pictography
Pilat-Fraktionierung f (Asphalt) / Pilat process
Pilézucker m / pilé sugar
Pilferproofmundstück n (Flasche) / pilferproof finish
Pilger·... (Walzw) / pilger, pilgrim ‖ **⌐dorn** m (Walzw) / piercer, pilger mandrel
pilgern, pilgerschrittwalzen / put through a pilger mill
Pilger·nadel f (Rohrwalzw) / [cold-]forming mandrel ‖ **⌐schrittschweißung** f / step-back welding ‖ **⌐schrittwalzen** n / reciprocating rolling ‖ **⌐schrittwalzwerk** n / pilger step-by-step-type seamless tube rolling mill, Mannesmann-type pilger mill ‖ **⌐walze** f (Walzw) / reciprocating roll
pilieren, Seife **~** / refine soap
Piliermaschine f für Seife / soap mill
pillbeständig, pillfest, pillingfest / pill resistant
Pille f / pellet, pill ‖ **⌐**, Anschlußfläche f (Elektronik) / dot, donut
pilliertes Saatgut (Landw) / pilled seed
Pilling·effekt m, Pillneigung f (Web) / pilling effect
Pilltest m (Web) / pill test (a flammability test)
Pilot, Flugzeugführer m / pilot, aviator ‖ **⌐** (ein Moleskin) (Web) / pilot cloth ‖ **⌐** m n (Fernm) / pilot ‖ **⌐anlage**, Pilot Plant f / pilot plant ‖ **⌐ballon** m (Meteorol) / pilot balloon ‖ **⌐bohrkrone** f (Bergb) / pilot bit ‖ **⌐frequenz** f, Steuerfrequenz f / pilot frequency ‖ **⌐frequenz-Aufzeichnung** f, Pilottonverfahren n / pilot frequency recording, pilot tone process ‖ **⌐kontakt** m (Elektr) / pilot contact ‖ **⌐krackanlage** f / kitty cracker ‖ **⌐kreis**, Steuerstromkreis m (Regeln) / pilot circuit ‖ **⌐licht** n (Mikrosk) / pilot lamp o. indicator o. signal [lamp] ‖ **⌐projekt** n / pilot project ‖ **⌐schwingung** f (Akustik) / pilot reference tone, reference oscillation ‖ **⌐störung** f (Fernm) / pilot breakdown ‖ **⌐ton** m / pilot signal ‖ **⌐träger** m (Elektronik) / pilot carrier ‖ **⌐trägerpegel** m (Fernm) / pilot carrier level ‖ **⌐ventil** n (Pneum) / pilot operation ‖ **⌐welle** f (Fernm) / line pilot ‖ **⌐zündschnur** f / igniter cord
PIL-Röhre f (TV) / precision-in-line tube, PCL-tube
Pilz m / mushroom ‖ **⌐**, Schwamm m / fungus ‖ **⌐**, Block m von Zahnrädern / gear cluster ‖ **⌐**, Drehpilz m (Wzm) / button tool ‖ **⌐...**, Schwamm... / fungal ‖ **⌐amylase** f / fungal amylase ‖ **⌐befall** m / fungal attack ‖ **~befallverhütend** / antifungal ‖ **⌐beständigkeit** f (Plast) / fungus resistance ‖ **⌐bewuchs**, -rasen m / fungal growth ‖ **⌐bildung** f / fungoid growth ‖ **⌐decke** f (Bau) / mushroom construction o. slab o. floor, two-way-system flat slab (US) ‖ **⌐diastase** f / fungal diastase ‖ **⌐enzym** n / fungal enzyme ‖ **⌐festigkeit** f (Pap) / funginertness ‖ **~förmig** / mushroom-shaped, fungiform ‖ **~förmig**, -ähnlich / mushroom-shaped, fungiform ‖ **~förmig** (Chem) / fungoid ‖ **~förmiger Kopierdrehmeißel** / mushroom-shaped copying tool ‖ **⌐fräser** m (Wzm) / semicircular cutter
pilzig, pilzartig / fungoid, fungous
Pilz·isolator m / mushroom insulator ‖ **⌐kopfbildung** f (Metallbearb., Fehler) / mushrooming ‖ **⌐kopflüfter** m / mushroom ventilator ‖ **⌐krankheit** f, Mykose f (Landw) / fungus disease, mycosis ‖ **⌐lampe** f, -leuchte f / mushroom lamp ‖ **⌐lautsprecher** m / mushroom loudspeaker, exponential horn loudspeaker ‖ **⌐meißel** m (Dreh) / button tool ‖ **⌐schaden** m (Holz) / defect caused by fungi ‖ **⌐schutzmittel** n / fungicide ‖ **⌐sicherung** f (Kolbenbolzen) / mushroom type retainer
Pimelinsäure f / pimelic acid
Piment n, roter Bolus (Galv) / ruddle ‖ **⌐** (Gewürz), Nelkenpfeffer m / pimento, Pimenta dioica merrill, allspice ‖ **⌐beere** f / pimento berry
pi-mesisch, π-mesisch (Quantenmech) / pi- o. π-mesonic
Pi-Modus m, -Schwingungsart f (Magnetron) / pi-mode
Pimpel m (Relais) / nipple stud
Pin n, Beinchen n (coll) (Halbl) / pilot pin
Pina·colin, Trimethylaceton n / pinacolone, pinacolin ‖ **⌐con** n / pinacone, pinacol (US) ‖ **⌐koid** n (Krist) / pinacoid ‖ **⌐kryptol** n (Phot) / pinacryptol
Pinanordnung f (Halbl) / pinout
Pinasse f, Beiboot n (Schiff) / pinnace
Pinatypie f, -typverfahren n (Phot) / pinatype
Pinch m (Plasmaphysik) / pinch ‖ **⌐-Apparatur** f (Plasma) / pinch device ‖ **⌐effekt**, Schnüreffekt m (Elektr, Nukl) / pinch effect ‖ **⌐-Entladung** f (Nukl) / pinch discharge ‖ **⌐kraft** f (Schweiß) / pinch force ‖ **⌐-off-Spannung** U_p f / pinch-off voltage
p-i-n-Diode f / p-i-n-type diode
Pineapple-Spule f (Textil) / pineapple cone
Pinen n / pinene
Pineöl n / pine oil
Pi-Netzwerk n (Fernm) / pi- o. π-network
Pinge f, Trichter m (Bergb) / glory-hole
Pingenbau, Trichterbau m (Bergb) / glory-hole mining method
Pingpongblitz m (Phot) / bounce-light
Pin-Grid-Gehäuse n (Halbl) / pin-grid package
Pin-hole n, Nadelstichpore f, Randblase f (Gieß) / pin hole, blister
Pininsäure f / amorphous resin of colophony
pinken (Seide) / load with tin
pinkompatibel (DV) / pin-compatible
Pinksalz, Ammoniumzinnchlorid n (Färb) / double chloride of tin and ammonium, pink salt o. colour, ammonium stannic chloride
Pinne f / pintle, pintail ‖ **⌐** (Kompass) / center pin ‖ **⌐**, Finne f des Hammers / hammer edge, peen, pein ‖ **⌐** (Brennhilfsmittel) / pin
Pinnenträger m, Trägerstift m (Kompaß) / pivot post, center pin support
Pinnhammer m / long cross-pein hammer
Pinning n, koerzitive Blockierung (Blasenspeicher) / pinning ‖ **⌐**, Flußfadenverankerung f (Phys) / flux pinning ‖ **⌐zentrum** n (Supraleiter) / pinning center

Pinnoit *m* (Min) / pinnoite
Pinole *f* (Dreh) / [center o. tailstock] sleeve ‖ ⁓ (Fräsm) / quill ‖ ⁓ (Bohrm) / spindle sleeve
Pinolen·klemme *f* (Schleifm) / center sleeve locking mechanism ‖ ⁓-**Rückzug** *m* / center sleeve withdrawal mechanism
Pinolit *m* (Min) / pinolite
PIN-Photodiode *f* / PIN-photodiode
Pinpoint·druck *m* / pinpoint print ‖ ⁓**drucker**, Mosaikdrucker *m* (DV) / pinpoint printer
Pinsel *m*, Malpinsel *m* / paint brush ‖ ⁓ **für Tüncherarbeiten** / whitewash brush ‖ **dünner, feiner** ⁓ / pencil ‖ ⁓**anstrich** *m* / brush application of paint ‖ ⁓**auftrag** *m* / brush application ‖ ⁓**borste** *f* / bristle, brush bristle ‖ ~**förmig** / penicillate, penecilliform ‖ ⁓**galvanisierung** *f*, Bürstengalvanisierung *f* / brush plating ‖ ⁓**macher** *m* / maker of paint brushes
pinseln / daub
Pinsel·schimmel *m*, Penicillium *n* / penicillium ‖ ⁓**strich** *m* / dash of the brush, stroke ‖ ⁓**strich** *m* / brush-up, touch
Pint *m* (Hohlmaß) / pint, pt ‖ ⁓**haken** *m* (Tuch) / double-hooked clamp
Pinzette *f* / forceps, [pair of] tweezers *pl* ‖ ⁓ (Buch) / nippers;pl., tweezers *pl*
Pinzettengreifer *m* (Roboter) / pincette tong
Pion, π-Meson *n* / π-meson, pion
Pionierbohrung *f* (Öl) / wildcat o. prospect well
Pipeline, Öl[fern]leitung *f* / pipeline ‖ ⁓-**Betreiber** *m* / pipeliner
Pipelining *n* (DV) / pipelining
Piper·azin, Diethylendiamin *n* / piperazine ‖ ⁓**idin**, Hexahydropyridin *n* / piperidine ‖ ⁓**in** *n* / piperine ‖ ⁓**onal** *n* / piperonal ‖ ⁓**onylbutoxid** *n* / piperonyl butoxide
Pipette *f* (Chem) / pipette, dropping glass ‖ ⁓ **für teilweisen, [völligen] Ablauf** / pipette for partial, [complete] delivery
Pipettenverfahren *n* / pipette method
pipettieren / pipette
Piqué, Pikee *m* (Web) / piqué
Pirani·-Manometer *n* / hot wire manometer ‖ ⁓-**Vakuummesser** *m* / Pirani vacuum gauge
Piratensender *m* (Elektronik) / pirate sender
Piraterei *f* (DV) / piracy
PI-Regler *m*, Proportional-Integralregler *m* / proportional-plus integral control unit, proportional plus reset controller, proportional and floating action controller, PI controller
Pirsch·pulver *n* / sporting powder
Pi-Schaltung *f*, -Glied *n* (Fernm) / pi-network, π-network
Pi-Schwingungsart *f*, -Modus *m* (Magnetron) / pi-mode
Pisébau *m* (Bau) / coffer work, beaten cobwork, pisé building
Pisolith, Erbsenstein *m* (Min) / pisolite ‖ ~**isch** / pisolitic
Pissasphalt *m* / pissasphalt[us], mineral tar
Pißbecken *n* / wall urinal
Pissoir *n* / urinal
Pistaziengallapfel *m* (Gerb) / pistachia gall
Pistazit, Epidot *m* (Min) / pistacite, epidote
Piste *f*, Start- und Landebahn, SLB *f* (Luftf) / runway
Pisten·begrenzungsfeuer *n* / runway edge light ‖ ⁓**feuer** *n* (Luftf) / runway light ‖ ⁓**maschine** *f* (Ski) / snow smoother ‖ ⁓**oberflächenfeuer** *n* / runway surface light ‖ ⁓**richtungsanzeiger** *m* / runway alignment indicator ‖ ⁓**richtungsfeuer** *n* / runway alignment beacon ‖ ⁓**sichtweite** *f* (Luftf) / runway visual range, RVR
Pistill *n*, Mörserkeule *f* (Chem) / pestle
Pistole *f* / pistol
Pistolen·griff *m* / pistol grip ‖ ⁓**röhrenapparat** *m* / pistol pipe oven ‖ ⁓**ventil** *n* (Feuerlöscher) / pistol valve (fire extinguisher)
Pit *n* (TV) / pit
Pitafaser *f* / Spanish dagger fiber

Pitchpine, Kernholz *n*, Pinus caribaea / longleaf pine ‖ ⁓, Pinus palustris / pitchpine
Pitot·druck *m* / pitot pressure ‖ ⁓-**Kleinröhre** *f* **für hohe Temperaturen** / micro-Pitot tube ‖ ⁓**rohr** *n* / Pitot tube ‖ ⁓**rohr für ruhenden Druck** / total pressure Pitot tube ‖ ⁓-**Venturi-Rohr** *n* / Pitot-Venturi-tube
Pitting *n*, Pockennarbe *f* (Preßfehler) (Plast) / pit, pitting
Pitts *pl*, Pitze[n] *pl* / untorn rags *pl*
Pittsburgh·-Falzverbindung *f* (Blech) / Pittsburgh lock joint o. seam (US) ‖ ⁓-**Verfahren** *n* (Senkrechtziehen) (Glas) / Pittsburgh process
Pius *m* (Bergb) / center hole, blank center
Pivot *m n* (des Schlepphakens) (Schiff) / pivot
Pixel *n*, Bildelement *n* (DV) / pixel, pel ‖ ⁓**matrix** *f*, Bildelementmatrix *f* (DV) / pixel array o. matrix
PK s. Pyrometerkegel ‖ ⁓ = persönliche Kennzahl ‖ ⁓ = Personenkennzeichen
P-Kanal *m* / P-channel
P-Kanal-FET *m* / P-channel FET
P-Kanal-Nitridtechnik *f* / P-channel nitride technique
PKB = polykristallines Bornitrid
PKD = polykristalliner Diamant
Pkw, Personenkraftwagen *m* / passenger o. private car ‖ ⁓ *m* **für max. 10 Personen auf Lkw-Chassis** (o. geländegängig) (USA) (Kfz) / multi-purpose passenger vehicle ‖ ⁓-**Einheit** *f*, PKW-E *f* / passenger car unit, PCU
pK-Wert *m* (Chem) / pK-value
Pkw·-Reifen *m* / passenger car tire ‖ ⁓-**Zug** *m* (Kfz) / passenger car/trailer combination
PLA *n* (DV) / programmable logic array, PLA
Plachentisch *m* (Erzaufbereitung) / blanket strake
Placido-Scheibe *f*, Keratoskop *n* (Opt) / keratoscope
Plagge *f*, Deckrasen *m* / lining turf
Plaggen·esch *m* (Boden) / plaggen ‖ ⁓**pflug** *m* / sod knife
Plagio·klas *m* (Min) / plagioclase feldspar ‖ ⁓**nit** *m* (ein Spießglanz) (Min) / plagionite
Plakat *n* / poster, bill, placard ‖ ⁓ **für öffentliche Bekanntmachungen** / placard, bill ‖ ⁓**druckerei** *f* / poster works *pl*, placard o. poster printing establishment ‖ ⁓**farbe** *f* / poster ink ‖ ⁓**format** *n* / i-sleet poster (GB) (30 x 20'') ‖ ⁓**karton** *m* / poster board ‖ ⁓**schrift** *f* / poster type
Plan *m* / plan, project, scheme ‖ ⁓, Planung *f*, Entwurf *m* / project, plan ‖ ⁓, Programm *n* / schedule, planning ‖ ⁓, Entwurf *m* (Bau) / outline, delineation, draft ‖ ⁓, Übersicht *f* / schema (pl.: schemata), outline ‖ ⁓, Entwurf *m*, Gliederung *f* / design, disposition, plan ‖ ⁓, Skizze *f* / drawing, drg., design, plot ‖ ⁓**anschlag[bolzen]** *m* (Dreh) / facing stop, transversal stop, cross-stop
planar (Opt) / planar ‖ ~, flächig / plain ‖ ⁓ *n* (Opt) / planar ‖ ~**er Graph**, ebener Graph / planar graph ‖ ~**e Optik** / planar optics
Plan·arbeit, Aufnahme *f* (Bau) / plan, layout ‖ ⁓**arbeit** *f*, Planung *f* / planning, design, schedule work ‖ ⁓**arbeit** *f* (Eisenb) / plotting ‖ ⁓**arbeit** *f* (Dreh) / facing
Planar·-Epitaxial… / PEP, planar-epitaxial ‖ ⁓-**Epitaxialtechnik** *f*, PEP-Technik *f* / planar epitaxial technique ‖ ⁓**technik** *f* (Halbl) / planar technique ‖ ⁓**transistor** *m* / planar transistor ‖ ⁓**triode** *f* / planar triode
Plan·aufnahme *f*, Feldmessen *n* / surveying ‖ ⁓**ausleger** *m* (Buch) / open sheet delivery ‖ ⁓**bauplatte** *f* / concrete precision building plate ‖ ⁓**bearbeitung** *f* **von Stangen** (Dreh) / end facing of bars ‖ ⁓**bewegung** *f*, -gang *m* (Dreh) / cross movement, transverse movement ‖ ⁓**bindung** *f* (Buch) / flat binding
Plancheit *m* (Min) / plancheite
Planchette *f*, Zählschälchen *n* (Nukl) / planchet
Planck·sche Farbe / Planckian colour ‖ ⁓**sche Konstante**, Plancksches Wirkungsquantum / Planck's constant, Planck's [elementary] quantum of action ‖ ⁓**sche Kurve** / Planckian locus ‖ ⁓**sche**

Quantenhypothese / Planck's law ‖ **⁓scher Strahler** / Planckian radiator, black body, complete radiator ‖ **⁓sches Strahlungsgesetz** / Planck's radiation formula
Planck-Zeit f, 10⁻⁴⁴s / Planck time
Plan·dichtsitz f (Zündkerze) / flat seating (spark plug) ‖ **⁓drehbank** f, **-maschine** f / surface lathe ‖ **⁓dreheinrichtung**, **-drehvorrichtung** f / facing attachment ‖ **⁓drehen** n (Dreh), die Stirnfläche bearbeiten (Dreh) / face v ‖ **⁓drehen** n (Dreh) / facing, transverse turning [operation] ‖ **⁓drehmaschine** f mit Spannfläche / facing lathe with a floor ‖ **⁓drehschlitten** m, **-drehapparat** m (Dreh) / facing slide rest o. tool rest, cross-slide rest
Plane f (allg) / tarpaulin, tarred canvas ‖ **⁓**, Wagendecke f / tilt, awning ‖ **mit ⁓ abdecken** / tilt v
planen (allg) / make plans ‖ **⁓**, projektieren, ausarbeiten / design, plan, map out ‖ **⁓container** m / tilt container, tiltainer ‖ **⁓herd** m (Aufber) / blanket strake ‖ **⁓stoff** m (Web) / awning cloth
Planer, Fertigungsvorbereiter m / methods o. production engineer ‖ **⁓**, Organisator m / planner ‖ **⁓**, Organisator m (DV) / systems analyst
Plänermauerwerk n (Bau) / rag-[stone] work
Planet m (Astr) / planet ‖ **äußere ⁓en** m pl / superior planets pl ‖ **innere ⁓en** m pl / inferior planets pl
Planetar-Funkenerosion f, **-Erodieren** n / planetary spark erosion, planetary EDM
planetarisch, Planeten... / planetary ‖ **⁓e Grenzschicht** / planetary boundary layer, PBL ‖ **⁓e Nebel**, Ringnebel m pl / planetary nebulae pl
Planetarium n / orrery, planetarium
Planeten·bewegung f (Masch) / planet wheel motion, planetary motion ‖ **⁓getriebe** n, **-rädergetriebe** n / sun[-and-planet] gear, planet[ary] gear, epicyclic o. epicycloidal gear ‖ **⁓getriebemotor** m / planetary back geared motor ‖ **⁓getriebezug** m / planetary o. epicycloidal gear train ‖ **⁓-Kaltwalzverfahren** n für Verzahnungen / planetary style production rolling of gears ‖ **⁓landungsgerät** n (Raumf) / lander ‖ **⁓mission** f (Raumf) / planetary mission ‖ **⁓rad** n / planet wheel, spider gear, carrier pinion ‖ **⁓radträger** m / planet carrier ‖ **⁓radträgerwelle** f / planet carrier shaft ‖ **⁓radwelle** f / pinion shaft ‖ **⁓rührwerk** n / planetary paddle mixer ‖ **⁓scheibe** f / planet disk ‖ **⁓-Seitenantrieb** m / planetary final drive ‖ **⁓sonde** f (Raumf) / planetary probe ‖ **⁓träger** m (Masch) / pinion cage ‖ **⁓träger** m, Sonnenrad n (Masch) / sun wheel ‖ **⁓-Walzgerüst** n (Hütt) / planetary millstand ‖ **⁓walzwerk** n / [Sendzimir] planetary rolling mill ‖ **⁓-Warmwalzwerk** n / planetary hot-rolling mill
Planet--Fernsensor m / far-encounter planet sensor ‖ **⁓landung** f / planet landing ‖ **⁓oid** m, kleiner Planet / planetoid, asteroid, minor planet
Plan·feststellung f / compulsory purchase order (GB), compulsory acquisition by state (GB), compulsory surrender (Scotland), eminent domain (US) ‖ **⁓film** m (Phot) / flat o. sheet film ‖ **⁓filter** m n / plane filter ‖ **⁓fläche** f (Wzm) / end face ‖ **⁓fläche** f (Opt) / plane face ‖ **optische ⁓fläche** / optical flat ‖ **⁓fräsen** / trim by surface milling ‖ **⁓fräser** m / surface [milling] cutter, facing cutter ‖ **⁓fräsmaschine** f (Wzm) / surface milling machine, plano-milling machine ‖ **⁓frei**, nicht niveaugleich (Straßb) / grade-separated, fly-over, multi-level ‖ **⁓gang**, **-vorschub** m (Wzm) / transverse feed o. movement o. traverse o. travel, crosswise motion o. feed ‖ **⁓glas** n (Opt) / plane face glass ‖ **⁓gleich** (Straßb) / at-grade, single-level ‖ **⁓heit** f / surface evenness, flatness ‖ **⁓herd**, Vanner m / vanner ‖ **⁓herdarbeit** f (Erz) / vanning of ore
Planie f s. Planierung
Planier·bagger m, **-löffel** m, **-schaufel** f, **-gerät** n / skimmer, scimming ladle ‖ **auf der ⁓bank plattdrücken** (o. planieren) (Metall) / planish ‖ **⁓drehmaschine** f (Dreh) / smoothing lathe

planieren, einebnen / level, bring to the level, planish, even, plane ‖ **⁓**, prägerichten (Stanz) / flatten, planish ‖ **⁓**, einebnen (Boden) / smooth, face ‖ **⁓**, das Planum herstellen (Bahn) / top-level, clear o. finish the formation ‖ **auf der Drückbank ⁓** / spin out wrinkles
Planierer m (Bau) / leveller, planer ‖ **⁓**, Richtmaschine f (Walzw) / planisher
Planier·gerät n **auf Rädern** / tournadozer ‖ **⁓hammer** m (Werkz, einbahnig) / dresser, planishing hammer ‖ **⁓maschine** f (Straßb) / grader, road o. motor grader ‖ **⁓maschine** f (Bahn) / formation finishing o. levelling machine ‖ **⁓pflug** m (Tagebau) / elevating grader ‖ **⁓pflug** m (Straßb) / road maintainer ‖ **⁓raupe** f / earth mover, [bull]dozer, tracked grader ‖ **⁓raupe** f, **-pflug** m mit Winkelschild (Straßb) / angle o. angling dozer ‖ **⁓raupe** f mit heb- und kippbarem Schild / gyrodozer ‖ **⁓raupe** f mit hebbarem Schild / tiltdozer ‖ **⁓raupenkette** f (Einstieg-Bodenplatte) / single-webbed crawler shoe ‖ **⁓schaufel** f, Abstecheisen n / trenching shovel o. spade ‖ **⁓schild** n der Planierraupe / dozer blade o. bowl ‖ **⁓schwenklader** m / grader-type swing-loader ‖ **⁓stange** f (Koksofen) / leveller bar o. beam
Planierungs·arbeiten f pl / levelling
Planier·walze f (Straßb) / grader roller ‖ **⁓werkzeug** n (Stanz) / flattening o. planishing tool
Planimeter n / planimeter
Planimeter·zirkel m / divider with setting arm
Plani·metrie f, ebene Geometrie / geometry of two dimensions, plane geometry, planimetry ‖ **⁓metrieren** / planimeter
Plankappenfallschirm m / flat parachute
Planke f / plank (thickness 2 - 6 in., width from 11 in. up) ‖ **⁓**, Bohle f / deal (thickness 2 - 4 in., width 9 - 11 in.)
Planken·gang m (Schiff) / plank strake ‖ **oberster ⁓gang** (Schiff) / paint strake ‖ **⁓naht** f (Schiff) / plank seam
Plan·kerbverzahnung f / crown gearing ‖ **⁓konkav** / plano-concave ‖ **⁓konvex** / plano-convex ‖ **⁓kopieren** n (Wzm) / transverse taper turning and forming, crossfeed forming and profiling, transverse copying ‖ **⁓kosten** pl (F.Org) / target cost ‖ **⁓kostenüber-** f, **[-unter]schreitung** / over, [under] plan condition ‖ **⁓kostenwert** m (PERT) / target cost value
Plankton n / plankton ‖ **⁓ aus den oberen Meeresschichten** / epiplankton ‖ **⁓ aus mehr als 180 m Tiefe** / bathyplankton ‖ **⁓-Mikroskop** n, umgekehrtes Mikroskop / plankton o. inverted microscope ‖ **⁓netz** n l. plankton net
Plan·kurvenfräsmaschine f / face cam profiling machine ‖ **⁓kurve[nscheibe]** f / face cam ‖ **⁓lage** f (Buch) / flatness ‖ **⁓langfräsen** / slab milling ‖ **⁓langfräsmaschine** f (Wzm) / slab milling machine ‖ **⁓läppen** n / surface lapping ‖ **⁓laufabweichung** f, Axialschlag m / axial run-out, wobble ‖ **⁓lauftoleranz** f / run-out tolerance
planmäßig, methodisch, systematisch / methodic[al], systematic[al] ‖ **⁓**, Soll... / scheduled ‖ **⁓**, geplant / planned ‖ **⁓e Betriebszeit** (DV) / schedule[d] operation time ‖ **⁓er Halt** (Bahn) / compulsory stop ‖ **⁓e Reinigung** / routine cleaning ‖ **⁓e Stichprobenprüfung** / sampling plan ‖ **⁓e Wartung** / scheduled o. routine maintenance
plano (Pap) / [in the] flat ‖ **⁓auslage** f (Buch) / open-sheet delivery ‖ **⁓bogen** m (Pap) / full size
Planokular n (Opt) / flat-field eyepiece
Planopapier n / plane paper
plan·parallel / plane-parallel, with parallel faces ‖ **⁓parallele Anordnung** / plane-parallel configuration ‖ **⁓paralleler Lochstein** (Uhr) / ring jewel ‖ **⁓parallelläppen** n / plane-parallel lapping ‖ **⁓parallelplatte** f (Opt) / plane-parallel plate ‖ **⁓pause** f (Zeichn) / overlay ‖ **⁓plattenmikrometer** n / planimeter micrometer ‖ **⁓plattenvorsatz** m (Opt) / parallel plate adjusting unit ‖ **⁓polarisation** f (Opt) / plane polarization ‖ **⁓polarisiert** (Opt) / plane-polarized ‖

⌐quadrat n (Karte) / grid square ‖ **mit ⌐quadraten** (Karte) / gridded ‖ **⌐quadratzahl** f (Verm) / map square coordination ‖ **⌐rad** n, Zahnscheibe f (Kegelwinkel 90°) / crown gear ‖ **⌐rad** n **mit konstanter Zahnhöhe** / contrate gear ‖ **⌐radpaar** n / contrate gear pair ‖ ⌐rahmen m (Textil) / drying stenter (GB) o. tenter (US) ‖ **⌐rätter** m (Bergb) / shaking o. reciprocating screen o. sieve o. table, riddle, griddle ‖ **⌐-Räumwerkzeug** n / flat broach ‖ **⌐revolverdrehbank**, -drehmaschine f (Wzm) / plain turret lathe ‖ **⌐rost** m (Dampfm) / plane grate ‖ ⌐scheibe f (Dreh) / surface plate, face plate o. chuck, flanged chuck (GB) ‖ **⌐scheibe f der Karusseldrehmaschine** / table of the vertical boring and turning mill ‖ **⌐scheibenbahn**, -gleitbahn f (Karusseldrehmaschine) / table track ‖ **⌐schieber** m (Fräsm) / radial facing slide ‖ **⌐schlag** m (Fehler) / axial run-out, wobble ‖ ~schleifen / surface-grind ‖ **⌐schleifen** n / surface grinding ‖ **mit der Topfscheibe** ~schleifen / cup-and-cone-grind ‖ **⌐schleifmaschine** f, Flächenschleifmaschine f / surface grinding machine ‖ ⌐schlichten n (Wzm) / transverse o. face finishing, finish-facing ‖ **⌐schliff** m, -schleifen n, Flachschliff m, -schleifen (DIN) / surface grinding ‖ ⌐schliffverbindung f / flat ground seal ‖ **⌐schlitten** m, Kreuzschlitten m (Wzm) / compound carriage o. slide ‖ ⌐schneide f / wiper edge ‖ **⌐schneider** m / face cutting machine ‖ **⌐schneider** m (Pap) / guillotine type cutter ‖ ⌐schnitt m (Dreh) / facing cut ‖ **⌐schruppen** n (Dreh) / rough facing ‖ **eine Oberfläche** ~schruppen (durch Hobeln) / rough-face a surface by planing ‖ ⌐seitenschlag m / lateral run-out ‖ **⌐senken** n / spot facing, end facing ‖ **⌐senken** n **mit Stufensenker** / spot facing with stepped cutter ‖ **⌐sichter** m (Mühle) / plansifter, plan sifting machine, flat sifter ‖ **⌐sichter** m (Kohle) / gyratory screen o. sifter ‖ **⌐spiegel** m / plane mirror ‖ **⌐spiel** n (DV) / business game

Planstein m (Bau) / concrete precision block

Plan·stoßherd m s. Planherd ‖ **⌐tafel** f / planning board

Plantage f, Pflanzung f / plantation

Plantagen·kautschuk m / estate o. plantation rubber ‖ **⌐latex** m (Gummi) / field latex ‖ **⌐pflug** m (Landw) / orchard plow

Planteil m **der Nichtverfügbarkeit** (DV) / planned downtime

Plantéplatte f (Akku) / Planté plate

Plantermin m (PERT) / project completion time, scheduled time

Plantieren n (Uhr) / uprighting

Planum n (Straßb) / soil, road level ‖ ⌐ (Bahn) / track formation, subgrade (US) ‖ ⌐, Strosse f (Bergb) / track level ‖ **⌐fertiger** m (Straßb) / level grader

Plan- und Rundschleifmaschine f / face and circular grinding machine

Planung f, Planarbeit f / design, planning ‖ ⌐, Projektierung f / project work ‖ ⌐, Entwurf m / planning, concept ‖ ⌐, [Betriebs-]Organisation f / planning ‖ **industrielle ⌐ und Ausführung** / engineering

Planungs·abteilung f (F.Org) / layout department ‖ **⌐forschung** f / operational research ‖ **⌐ingenieur** m / layout engineer ‖ **⌐raster** m (Bau) / planning grid ‖ **⌐rechnen** n **nichtlinearer Art** (DV) / nonlinear programming ‖ **lineare ⌐rechnung** (DV) / linear programming

Plan·verzahnung f (Kegelwinkel 90°) / crown gear ‖ **⌐vorschub** m (Wzm) / transverse feed o. movement o. traverse o. travel, crossfeed, cross movement ‖ **⌐[vorschub]spindel** f (Wzm) / crossfeed screw ‖ **⌐wellenhorn**, phasenkorrigiertes Horn n (Antenne) / phase corrected horn ‖ **⌐wirtschaft** f / planned economy ‖ **⌐zeichnung** f / plan drawing ‖ **⌐zeit** f (F.Org) / planned time ‖ **⌐zug** m s. Planvorschub ‖ **⌐zuganschlag**, Queranschlag m (Wzm) / crossfeed stop ‖ ~zylindrisch / plano-cylindric[al]

Plasma n (Phys, Biol) / plasma ‖ ⌐..., plasmatisch / plasmatic ‖ **⌐antrieb** m, -motor m / plasma engine ‖ **⌐-Aspektverhältnis** n / plasma aspect ratio ‖ **⌐-Bearbeitungsmaschine** f (Masch) / plasma jet machine ‖ **⌐-Beschleuniger** m (Raumf) / plasma accelerator ‖ **⌐bildschirm** m / plasma display, gas panel ‖ **⌐brenner** m, Elektronenfackel f / plasma o. electron torch ‖ **⌐brücken-Neutralisator** m (Raumf) / plasma bridge neutralizer ‖ ~chemisch / plasma-chemical ‖ **⌐diagnostik** f / plasma diagnostics pl ‖ **⌐dichte** f / plasma density ‖ **⌐drift** f / plasma drift ‖ **⌐dynamik** f / plasma dynamics ‖ **⌐-Einschließung** f / plasma containment o. confinement ‖ **⌐frequenz** f (Elektronik) / plasma frequency ‖ **⌐gerät** n / plasma equipment ‖ ~gestützte chemische Abscheidung, P-CVD / plasma enhanced chemical vapour deposition, P-CVD ‖ ~gestützte physikalische Abscheidung, PVD / plasma enhanced physical vapour deposition, PVD ‖ **⌐hülle** f / plasma sheath ‖ **⌐kanone** f / plasma gun ‖ **⌐kügelchen** n / plasma pellet ‖ **⌐lichtbogenofen** m / plasma arc furnace ‖ ~nitrieren / plasma-nitride ‖ **⌐physik** f / plasma physics pl ‖ **⌐-Plating-Methode für Coatings** f / plasma plating method ‖ **⌐-Polymerisation** f / plasma polymerization ‖ **⌐pumpe** f / Lorenz force plasma accelerator ‖ **⌐reaktor** m (Nukl) / fusion reactor ‖ **⌐säule** f / plasma column ‖ **⌐schicht** f / plasma sheet ‖ **⌐schirm** m (TV) / plasma screen ‖ **⌐-Schmelzschneiden** n / plasma cutting ‖ **⌐schneiden** n, -lichtbogenschneiden n / plasma arc cutting, constricted arc cutting, transferred constricted arc cutting (US) ‖ **⌐schneiden** n, -brennschneiden n / plasma oxygen cutting ‖ **⌐schweißen** n / plasma jet welding, constructed-arc o. plasma-arc welding, transferred-arc welding ‖ **⌐separator** m (Raumf) / plasma separator ‖ **⌐spritzen** n / plasma spraying ‖ **⌐-[Spritz]pistole** f **für Coatings** / plasma [spray]gun ‖ **⌐-Spritzüberzug** m / plasma spray coat ‖ **⌐-Strahlen-Wechselwirkung** f / plasma-beam interaction ‖ **⌐strahlschweißen** n / plasma jet o. plasma flame welding ‖ **⌐triebwerk** n, -antrieb m (Raumf) / plasma thrustor, plasma engine ‖ **⌐tron** n / plasmatron ‖ **⌐-Umgebung** f (Raumf) / plasma environment ‖ **⌐verlust** m **bei der Kernfusion** / pump-out ‖ ~verstärkte chemische Aufdampfung, PECVD / plasma-enhanced chemical vapour deposition, PECVD ‖ **⌐-Wand-Wechselwirkung** f / plasma-wall interaction ‖ **⌐wanne** f / plasma trough

Plasmid n / plasmagene, plasmid

Plasmoid n (Phys) / plasmoid

Plasmolyse f / plasmolysis

Plasmon n (Phys) / plasmon

Plast, Plastwerkstoff m / plast, [moulded] plastic material o. compound, [moulded] plastics pl ‖ ~beschichtet / plastic-laminated ‖ **⌐beschichtung** f / plastics covering ‖ **⌐beschichtung** f (Bau) / plastic coating ‖ **⌐beton** m / plast concrete ‖ **⌐bezug** m / plastic coat for rollers

Plaste, Kunststoffe m pl / plastics pl

Plasteinband m (Buch) / plastic binding o. cover

plastelöslich (Textil, Färb) / plastosoluble

Plastic f, plastisches Schamottestampfgemisch / fireclay plastic refractory ‖ **⌐-Clad-Silicafaser** f, PCS-Faser f / plastic-clad silica fiber, PCS-fiber

Plastifikator m (Plast) / softener, plasticizer

plasti[fi]zieren / plasticize, plastify

Plastifizierschnecke f / preplastifying spindle

Plastifizierung f (Plast) / melting

Plastifizierungszone f (Plast) / melting section o. zone

Plastigel, gelierendes Plastisol n (Chem) / plastigel

Plastik f / plastic art

Plastik n, Kunststoff m / plastics pl

Plast[ik]..., Kunstharz... / plastic, resin

Plastikat n / oil regenerated rubber

Plastikator m (Gummi) / plasticator

Plastik·beutel *m* / plastic bag ‖ **⁻effekt** *m*, Bildplastik *f* (TV) / plastic effect ‖ **⁻-Einbandmaschine** *f* / plastic covering machine ‖ **⁻farbe** *f* / texture paint
Plast[ik]folie *f*, -film *m* / plastic film o. foil o. sheet[ing]
Plastik·hammer *m* / plastic tip hammer ‖ **⁻lot** *n* (leitender Kleber) / plastic solder ‖ **⁻rad** *n* / plastic tired wheel ‖ **⁻rücken** *m* (Buch) / plastic back ‖ **⁻schmälze** *f* / plastic size ‖ **⁻schüssel** *f*, Plastikschloßöffner *m* / loid (US) ‖ **⁻sprengstoff** *m* / blasting o. explosive o. nitro gelatin[e] ‖ **mit ⁻sprengstoff sprengen** / blast up with a plastic bomb ‖ **⁻transistor** *m* / plastic can transistor ‖ **∼-ummantelt** / plastic-clad ‖ **⁻wanne** *f* / plastic basin o. tub
Plastilin *n*, Knetmasse *f* / plasticine, plastilina (US)
plastisch, bildsam / plastic, ductile, kneadable ‖ ∼, formbar / fictile ‖ ∼, knetbar (Keram) / plastic, figuline ‖ ∼, räumlich (Opt) / plastic, three-dimensional ‖ **∼er Beton** (Konsistenz k 2) / plasticized concrete ‖ **∼es Fernsehen** / stereoscopic television ‖ **∼es Fernsehen** (Fehler, TV) / plastic effect ‖ **∼es Fließen**, Kriechen *n* / plastic flow ‖ **∼e Formänderung** / plastic deformation ‖ **∼es Holz** / plastic wood ‖ **∼es Hören**, Stereophonie *f* / plastic hearing, stereophony ‖ **∼e Masse**, Abdruckmasse *f* / plaster, impressive mass ‖ **∼e Masse** (als Rohstoff) / plastic mass, synthetic plastic material ‖ **∼e Masse**, Plast *m* (Erzeugnis) / plastic material, plastics *pl* ‖ **∼e Nullachse**, neutrale Achse / plastic neutral axis ‖ **∼e Nullachse o. neutrale Achse** (Mech) / plastic neutral axis ‖ **∼es Recken** (Wolle) / plastic setting ‖ **∼er Schwefel** / plastic sulphur ‖ **∼es Sehen** / plastic sight, seeing in relief, depth of perception ‖ **∼es Stampfgemisch** / plastic o. mouldable refractory ‖ **∼er Ton** / foul clay ‖ **∼es Verfahren** (Keram) / stiff mud process (US) ‖ **∼e Verformung** (Mat.Prüf) / plastic deformation o. yield, permanent set ‖ **∼e Zone** (Mat Prüf) / plastic zone
Plastisol *n* (Plast) / paste, plastisol
plastizieren (Kunstharz) / plasticize
Plastiziermittel *n* / plasticizer
Plastizität *f*, Bildsamkeit *f* / plasticity, ductility
Plastizitäts·grenze *f*, Ausrollgrenze *f* (Boden) / plastic limit ‖ **⁻theorie**, -lehre *f* (Bau, Stahlbau) / plastic design o. theory, plasticity theory
Plastomer *n* / plastomer
Plastoponik *f* (Landw) / plastiponics *pl*
Plast·sack *m* **für radioaktive Abfälle** / plastic bag for radioactive waste ‖ **⁻schweißen** *n* / plastics welding ‖ **⁻spritzen** *n* / plast-spraying ‖ **⁻streifen** *m* **zwischen Oberleder und Sohle** (Schuh) / foxing ‖ **⁻technik** *f* / plastics technology
Plast-Überzug *m* / plastic covering
Plast·-Walzwerk *n* / plastic mill ‖ **⁻werkstoff** *m* s. Plast
Platane *f*, Platanus / plane tree, platan[e] ‖ **amerikanische** **⁻** / buttonwood, American plane o. sycamore
Plateau *n*, Hochebene *f* (Geogr) / plateau ‖ **⁻** (Zählrohr) / plateau ‖ **⁻erguß** *m*, -basalt *m* (Geol) / plateau eruptions *pl*, plateau basalt ‖ **⁻länge** *f* (Geigerzähler) / plateau length, flat-top pulse length ‖ **⁻-Pulsdauer** *f* / flat-top pulse length
Plate-out *n*, Ablagerung *f* von Nukleiden / plate-out of nuclides
Platformat *n* (erzeugt mit Pt als Katalysator) (Benzin hoher Oktanzahl) (Öl) / platformate
Platform-Container / platform container
Platformer *m* (Öl) / platformer
Platformingverfahren *n* (Öl) / platforming, platinum reforming
Platin *n*, Pt / platinum ‖ **⁻(II)-...** / platinous, platinum(II)… ‖ **⁻(IV)...** / platinic, platinum(IV)… ‖ **metallisches ⁻** / platinum metal ‖ **[natürlich vorkommendes] ⁻** / platina ‖ **⁻ammin** *n*, Platiak *n* / platinum-ammonia [complex] compound ‖ **⁻asbest** *m* / platinized asbestos ‖ **⁻at** *n* (Chem) / platinate ‖ **⁻blech** *n*

/ platinum foil ‖ **⁻chlorid** *n* / chloroplatinic acid ‖ **⁻(II)-chlorid** *n*, Platindichlorid *n* / platinous chloride ‖ **⁻-IV-chlorid** *n* / platinum(IV) chloride ‖ **⁻chlorid-Ammoniumchlorid** *n*, Platinsalmiak *m* / platinic ammonium chloride ‖ **⁻(III)-chlorwasserstoffsäure** *f*, [Tetra]chloroplatinsäure *f* / chloroplatinous acid ‖ **⁻(IV)-chlorwasserstoffsäure** *f*, [Hexa]chloroplatin(IV-)säure *f* / chloroplatinic acid ‖ **⁻(II)-cyanid** *n* / cyanoplatinite ‖ **⁻dioxid** *n* / platinum dioxide, platinic oxide ‖ **⁻draht** *m* / platinum wire ‖ **⁻druck** *m*, Platinotypie *f* (Buch) / platinotype
Platine *f* / lifter ‖ **⁻** (DV) / board ‖ **⁻** (Stanz) / blank ‖ **⁻** (bis 150 mm Breite), Breiteisen *n* (Hütt, Walzw) / billet, mill bar, sheet bar ‖ **⁻**, Werkplatte *f* (Uhr) / bottom plate ‖ **⁻**, Hebehaken *m* (Web) / lifting wire, lifter, hook ‖ **⁻** (Hebel mit Nase) (Web) / notched bar ‖ **⁻**, Platte *f* (Strumpf) / plate ‖ **⁻** (Wirkm) / stop rod, sinker ‖ **⁻** (Holländer, Pap) / elbow [bed]plate ‖ **⁻ für Weißblech** (Hütt) / tin-plate bar
Platineinheit *f* (Phys) / candela
Platinen·barre *f* (Web) / sinker bar ‖ **⁻barre**, Gardplatine *f* (Strumpf) / plate guard ‖ **⁻brett** *n* (Jacquard) / bottom o. collar board ‖ **⁻computer** *m*, SBC *m* / single board computer, SBC ‖ **⁻exzenter** *m* (Textil) / jack cam ‖ **⁻fuß** *m* (Web) / sinker butt ‖ **⁻henkel** *m*, -masche *f* (Web) / sinker loop ‖ **⁻kappe** *f* (Web) / sinker cup ‖ **⁻kopf** *m* (Web) / sinker head ‖ **⁻kranz** *m*, -ring *m* (Textil) / jack ring, sinker ring ‖ **⁻masche** *f*, Platinenhenkel *m* (Textil) / sinker loop ‖ **⁻maschen-Übergabe** *f* (Wirkm) / sinker loop transfer ‖ **⁻messer** *n*, Schaftmesser *n* / lifting blade ‖ **⁻presse** *f* (Web) / sinker lifting bar ‖ **⁻ring** *m*, -kranz *m* (Textil) / sinker ring ‖ **⁻schere** *f* (Hütt) / mill bar shears *pl*, sheet billet shears *pl* ‖ **⁻schnitt** *m* (Stanz) / blanking die ‖ **⁻schnur** *f* (Textil) / tail cord, lifting cord ‖ **⁻stab** *m* **mehrfacher Länge** (Walzw) / sheet bar multiple ‖ **⁻walzwerk** *n* / sheet bar rolling mill ‖ **⁻wärmeofen** *m* (Hütt) / sheet bar reheating furnace ‖ **⁻zahl** *f* (Textil) / number of hooks
platinhaltig / containing platinum
platinieren / platinize
Platin·iridium *n* / platinum iridium ‖ **⁻it** *n* (FeNi-Legierung) / platinite ‖ **⁻kontakt** *m* (Elektr) / platinum contact ‖ **⁻metall** *n*, Metall *n* der Platingruppe / metal of the platinum group ‖ **⁻mohr** *m*, -schwarz *n* / platinum black o. mohr ‖ **⁻oid** *n* (Legierung mit 60 % Cu, 24 % Zn, 14 % Ni, 2 % Wo) / platinoid ‖ **⁻otron** *n* (Mikrowellenröhre) / platinotron ‖ **⁻otypie** *f* (Buch) / platinotype ‖ **⁻plattierung** *f* / platinum-plated work, platinum-plating ‖ **⁻rhodium** *n* / platinum rhodium ‖ **⁻salmiak** *m* / platinic ammonium chloride ‖ **⁻-IV-Salz** *n* / platinum(IV) salt ‖ **⁻schale** *f* / platinum dish ‖ **⁻scheidung** *f* / platinum refining ‖ **⁻schwamm** *m* / platinum sponge, spongy platinum ‖ **⁻spitze** *f* / platinum o. platinized point ‖ **⁻tiegel** *m* / platinum crucible ‖ **⁻-Widerstandsthermometer** *n* / industrial platinum resistance thermometer
platonische o. regelmäßige Körper *m pl* (Math) / regular convex solids *pl*
Platschen *n*, Schwappen *n* / swash
platt, flach / flat, even ‖ ∼, eben / plain, level ‖ ∼, gestreckt (Geom) / prolate ‖ ∼, luftleer (Reifen) / flat ‖ **∼ machen**, plan machen / flatten ‖ **∼ walzen** / roll flat ‖ **⁻band** *n* (Spinn) / spindle bearing plate
Plättchen *n*, dünne Schicht *f*, Blättchen *n* / lamina ‖ **⁻**, Deckleistchen *n*, Deckwulst *m f* (Bau) / listel ‖ **⁻**, Blechplättchen *n* / lamina ‖ **⁻** (z.B. Widia) / tip (e.g. of stellite) ‖ **⁻** (Feuerfest) / split, scone brick ‖ **⁻**, Brennbruch *m* (Keram) / bart, bat ‖ **⁻förmig** (Pulver) / platelike ‖ **∼förmig** (Sintern) / flaky
Platte *f* (allg, Phot, Stech, Akku, Kondens.) / plate ‖ **⁻** (Schaumstoff) / slab form ‖ **⁻**, Steinplatte *f* / stone slab ‖ **⁻**, Tischplatte *f* / table board o. leaf o. top, slab ‖ **⁻**,

Tafel f / slab, plate ‖ ⊰ (Glas) / pane[l] ‖ ⊰, Scheibe f, Schwarte f (Gieß, Keram) / cake, crust, slab ‖ ⊰, Magnetplatte f (DV) / disk, disc ‖ ⊰, Schallplatte f / [disk] record ‖ ⊰, Drucktiegel m (Buch) / platen ‖ ⊰ (gedr.Schaltg) / board, card ‖ ⊰ **der Palette** / deck of a pallet ‖ ⊰ **des Drehkondensators** (Elektronik) / vane of a capacitor ‖ ⊰ **des Werktisches** / top of the work bench ‖ ⊰ **für 45 Umdr/min** (RCA) / extended play record ‖ ⊰ für Bodenbelag (mehr als 60 x 60 x 5 cm) / paving flag o. stone ‖ ⊰ **für Türfüllungen** / plate for door panels ‖ ⊰ **mit 2 Stegen** o. **mit doppeltem Steg** (Bau) / double-webbed slab ‖ ⊰ **mit Lochraster** (Elektronik) / breadboard ‖ **auf ⊰n montieren** (Elektronik) / package ‖ [dünne] ⊰, Tafel f / sheet, pane ‖ **mit ⊰n belegen** / plate v ‖ **quadratische ⊰ aus Zement**, Gehwegplatte f / promenade o. quarry tile ‖ **stärkere ⊰**, Tafel f / board ‖ **zu ⊰n formen** / slab v ‖ **zu ⊰n ziehen** (Gummi) / sheet v ‖ **⊰-Betriebssystem** n, PBS, DOS / disk operating system, DOS

Plätteisen n, Bügeleisen n / smoothing iron
Plätteisen n (Glashütt) / battledore, pallette
plätteln, fliesen / tile walls o. floors, flag, lay flags ‖ ~, mit Platten belegen / tile vt walls o. floors
Platten... s. auch Schallplatten...
plätten, lahnen (Drahtzieh) / laminate, flatten ‖ ~ (Schn) / iron v, press v
Platten·abfall m (Kork) / rejected disk waste ‖
⊰abzugsband n / discharging plate conveyor ‖
⊰adreßwort n (DV) / disk control field, DCF ‖
⊰amalgamation f / plate amalgamation ‖ **⊰assembler** m (DV) / disk assembler ‖ **⊰aufteilautomat** m (Holz) / automatic panel divider ‖ **⊰ausputzen** n (Buch, Stereotypplatten) / picking ‖ **⊰balken** m (Beton) / T-beam ‖
⊰balkenbrücke f / slab-and-beam bridge, T-beam bridge ‖ **⊰balkendecke** f / T-beam ceiling ‖ **⊰band**, -förderband n / apron o. slat conveyor, steel plate conveyor ‖ **⊰band** n **für Bunkerentleerung**, Abzugsplattenband n / discharging plate conveyor ‖
⊰bandaufgeber m / apron feeder ‖ **⊰bandsegment** n / apron pan ‖ **⊰belag** m, -abdeckung f / paving with flags o. slabstones o. tiles, pavement of paving tiles, flagging, slabstone paving, slabbing ‖ **⊰belag** m s. auch Plattenverblendung ‖ **⊰besäumung** n / panel sizing ‖
⊰bibliothek f, Diskothek f / disk library ‖
⊰biegevorrichtung f (Buch) / plate bending device ‖
⊰blitzableiter m / plate o. film lightning arrester, tablet protector ‖ **⊰block** m (Akku) / block of plates ‖ **⊰boden** m (Bergb) / steel plate floor at the pit eye ‖ **⊰-Bohr- und Fräswerk** n / floor type boring and milling machine ‖
⊰bohrwerk n / portable boring and milling machine ‖
~breite Farbabstellung (Buch) / page-wide ink cut-off ‖
⊰dach n / slab roof ‖ **⊰datei** f (DV) / disk file ‖ **⊰druck** m (Textil) / copperplate printing of calico ‖ **⊰druck** m, Stereotypdruck m (Buch) / stereo[type] printing ‖
⊰druck m (Textil) / copperplate printing of calico ‖
⊰drücker m (Nietmasch) / plate grip o. closer ‖
⊰druckversuch m (Boden) / plate load test ‖ **⊰durchlaß** m / slab culvert ‖ **gekuppelter ⊰durchlaß**, Doppelplattendurchlaß m / twin slab culvert ‖ **⊰einheit** f (DV) / disk drive ‖ **⊰erhitzer** m (zum Vorwärmen), -heizkörper m / plate preheater ‖ **⊰fahne** f (Akku) / plate lug ‖ **⊰feder** f (Manometer) / diaphragm element ‖
⊰federmanometer m / diaphragm prcssure ga[u]ge ‖
⊰feld n (Bauteil) (Luftf) / panel (component) ‖ **⊰feld** n (Fräsm) / fixed table ‖ **⊰filter** m / plate filter, leaf filter ‖ **⊰filzmaschine** f (Textil) / plate felting machine ‖
⊰förderband n / plate belt o. conveyor ‖
⊰formatkreissäge f / panel sizing machine ‖
⊰formmaschine f (Spanplatten) / board machine ‖
⊰formung f, Formgebung f für den Spankuchen (Spanplatten) / mat forming ‖ **⊰fräsapparat**, Rauter m (Buch) / routing [and trimming] machine, router ‖
⊰führungsschnitt m (Wzm) / guided punch ‖
⊰fundament n, Sohlplatte f / raft foundation o. footing

‖ **⊰funkenstrecke** f / disk discharger, disk gap transmitter ‖ **⊰gang** m (Schiff) / plate strake, strake, streak ‖ **⊰gefrieranlage** f / plate freezer ‖ **⊰gerät** n (Leitfähigk.Prüf) / plate apparatus ‖ **⊰gerät** n **zur Wärmeschutzprüfung** / guarded hot plate apparatus ‖
⊰gitter n (Akku) / accumulator grid, plate grid ‖
⊰gleichrichter m (Elektr) / plate rectifier ‖ **⊰glimmer** m / sheet mica ‖ **⊰gründung** f (Bau) / spread foundation ‖
⊰gummi m n, -kautschuk m / sheet rubber, India-rubber sheet ‖ **⊰guß** m (Gieß) / plate-casting ‖ **⊰hebel** m (Fernm) / slab lever ‖ **⊰heizkörper** m (Zentralheiz) / flat radiator ‖ **⊰herstellung** f (Buch) / plate making ‖ **⊰hobel** m (Tischl) / side-fillister ‖ **⊰kassette** f (DV) / disk cartridge, cassette ‖ **⊰kassette** f (Phot) / plate holder o. magazine (US), dark slide ‖ **⊰kokille** f / plate mould ‖
⊰kollektor m (Sonnenwärme) / plate collector ‖
⊰kondensator m / plate capacitor ‖ **⊰kork** m / cork board ‖ **⊰kühler** m (Keram-Ofen) / stave cooler ‖
⊰kurzschluß m (Akku) / short circuit between plates ‖
⊰lade f (Comp.Disk) / disk tray ‖ **⊰lade- und -transportwagen** m (Schiffbau) / captivator ‖ **⊰lager** n, -unterlage f (Stahlbau) / plate bearing ‖ **⊰lager**, Magazin n von Blechplatten (Hütt) / plate racks pl ‖ **⊰laufwerk** n, -einheit f (DV) / disk drive ‖ **⊰legen** n / tiling of walls o. floors ‖ **⊰leger** m, Fliesenleger m / paver, pavior, floor tiler ‖ **⊰material**, Laminat n, Schichtstoff m (Plast) / laminate, laminated plastic ‖ **⊰oberbau** m (Bahn) / slab track ‖ **⊰paar** n / plate pair, plate couple ‖ **⊰perrotine** f (Textil) / common perrotine ‖ **⊰protokoll** n, Fehlersuchprogramm n (DV) / disk trace program ‖
⊰rahmen m (Nife-Batterie) / plate frame ‖
⊰-Rüttelmaschine, -Schüttelmaschine f (Gieß) / plate vibrator ‖ **⊰satz** m (Akku) / plate group o. section ‖
⊰-Schaumstoff m / slab foam ‖ **⊰schieber** m / parallel slide gate valve ‖ **⊰schlag** m (Buch) / plate slap o. chattering ‖ **⊰schluß** m (Akku) / internal short circuit ‖ **autogene ⊰schneidemaschine** / autogenous plate cutting machine ‖ **⊰schutz** m (Elektr) / plate protection ‖
⊰sengmaschine f (Web) / plate singeing machine ‖ **⊰sitz** m (Buch) / plate cling o. fit ‖ **⊰speicher** m (DV) / disk memory o. stor[ag]e, juke-box storage ‖ **⊰speicher** m **mit einheitsgerechten Adressen** / natural pack ‖
⊰speicheranschluß m / disk I/O attachment ‖
⊰[speicher]-Betriebssystem n, PBS, DOS (DV) / disk operating system, DOS ‖ **⊰spieler** m (Phono) / record player ‖ **⊰spieler** m **mit Lautsprecher** / electric phonograph ‖ **⊰spieleranschluß** m, -spielerbuchse f / gramophone socket ‖ **⊰spielermotor** m / phonomotor ‖
⊰spielerradio n / radio-gramophone, radiogram (GB) ‖
⊰spielerteil n / gram section (coll) ‖ **⊰spielertruhe** f / console ‖ **⊰spur** f (DV) / disk track ‖ **⊰stampfer** m (Gieß) / flat rammer ‖ **⊰stapel** m (Phono) / record stack ‖ **⊰stapel** m (DV) / disk pack o. set ‖
⊰stapel-Archivnummer f (DV) / pack serial number ‖
⊰stapelspeicher m / disk pack memory ‖ **⊰stapler** m (Sägewerk) / panel stacker ‖ **⊰steg** m (Traktor) / grouser [bar] ‖ **⊰steg** m (Akku) / terminal o. connector bar, terminal yoke ‖ **⊰stoß** m / butt of plates ‖ **⊰stufe** f / stair slab ‖ **⊰tasche** f (Phono) / record cover o. jacket ‖
⊰tektonik f (Geol) / new global tectonics, plate tectonics ‖ **⊰teller** m (Phono) / [record] turntable ‖
⊰tellergeräusch n (Phono) / turntable rumble ‖
⊰-Tiefdruck m (Buch) / plate gravure printing ‖ **⊰träger** m (Akku) / plate support ‖ **⊰turm** m (DV) / disk stack ‖
⊰ventil n / plate valve ‖ **⊰verblendung** f, -belag m, -verkleidung f / slab lining o. dressing ‖
⊰verleimmaschine f (Holz) / panel joining machine ‖
⊰wärmeaustauscher m / plate [heat] exchanger ‖
⊰wascher m (Aufber) / plate cleaner ‖ **⊰wechsler** m (Phono) / autochanger, record changer ‖ **⊰weiche** f (Bahn) / switch with sliding plates ‖ **⊰welle** f, Lambwelle f / plate wave, lamb wave ‖ **⊰zähler** m (Nukl) / parallel plate counter tube ‖ **⊰ziegel**, Flachziegel m (Bau) / flat tile, plain o. plane o. crown

tile ‖ ⌐**zink** n, Zinkbarren m / bar zinc ‖ ⌐**zugriff** m (DV) / disk access ‖ ⌐**zurichtung** f (Buch) / plate makeready ‖ ⌐**zylinder** m (Buch) / plate cylinder
Platter, Plattfuß m (coll), Reifenpanne f (Kfz) / flat (coll)
Plattes n, [**Kohlen-**]⌐ (Bergb) / flat
Plattform f / platform ‖ ⌐, Bühne f / stage, scaffold ‖ ⌐, Absetzbrett n (Keram) / stillage, pallet ‖ ⌐, Raumstation f (Raumf) / platform ‖ ⌐ (geschlossener Vorraum am Wagenende) (Bahn) / platform of a car ‖ ⌐, Flachdach n / flat o. platform roof, terrace ‖ ⌐ **des Förderturms** (Bergb) / platform of the shafthead frame ‖ ⌐ **des Lastenaufzuges** / platform of freight elevator ‖ ⌐ **für beliebige Lasten** / bus (a platform) ‖ **offene** ⌐ (Bahn) / vestibule of a car (US) ‖ ⌐**aufzug** m / platform elevator ‖ ⌐**bein** n (Bohrinsel) / jacketleg (drilling platform) ‖ ⌐**brücke** f (Bahn) / gangway between coaches ‖ ⌐**-Container** m / platform container ‖ ⌐**dach** n / flat o. truncated roof ‖ ⌐**deck** n (Schiff) / platform deck, flat ‖ ⌐**-Hubwagen** m / walking lift truck ‖ ⌐**kipper** m / tipping platform ‖ ⌐**-Stützenisolator** m (Elektr) / plate-supported pin-type insulator ‖ ⌐**träger** m (Kfz) / platform outrigger ‖ ⌐**träger** m **der Flurförderzeuge** / carriage of industrial trucks ‖ ⌐**waage** f, Brückenwaage f / platform weighing machine ‖ ⌐**wagen** m, offener Güterwagen (Bahn) / truck (GB), platform wagon (GB), open railroad [freight] car (US), flat [car] (US) ‖ ⌐**wagen** m (Flurförderer) / platform trolley, industrial truck ‖ ⌐**-Zwischendeck** n (Schiff) / watertight flat
Platt·fuß m s. Platter ‖ ⌐**gatt** n (Schiff) / square tuck ‖ ~**gedrückt** / pressed flat, flattened ‖ ⌐**hacke** f / mattock
Plattheit f / flatness
Plattier·... (Textil) / plating, plated, plaiting, plaited ‖ ⌐**auflage** f (Metall) / metal coat[ing] o. plating ‖ ⌐**auflage** f (Material) / cladding material
plattieren (Glas) / coat ‖ ~ (Metall) / metal-coat, clad, plate ‖ ~ (Web) / plait, plate ‖ **mit Silber** ~ / silver, silver-plate
Plattier·faden m (Textil) / plaiting thread ‖ ⌐**fadenführer** m / plaiting o. plating carrier ‖ ⌐**maschine** f (Kabel) / paper-lapping machine ‖ ⌐**strangguß** m / cladding continuous casting
plattiert (Wolle) / plated ‖ ~ (Metall) / clad ‖ ~**es Blech** (o. Metall) / plated metal plate ‖ ~**e Schlauchware** (Wirkm) / plaited tubular goods pl ‖ ~**e Ware** (Textil) / plated knit goods pl
Plattierung f, Verstärkung f (Strumpf) / plating, plaiting ‖ ⌐, Plaqué n (Metall) / coating, cladding ‖ ⌐ (Edelmetall) / rolling-on ‖ ⌐ **von Zellstoffkochern** / lining of digesters
Plattierungs·schweißen n / cladding by weld deposition
Plattier·vorrichtung f (Web) / plaiting tackle
Plattkarte f (Schiff) / flat map
Plättmaschine f, Bügelpresse f / ironing machine, pressing o. smoothing machine, steam press
Plattnagel m / flat-headed plank nail
Plattnerit m (Bleioxid) (Min) / plattnerite
Platt·schicht f (Ziegl) / course of bricks laid flatwise ‖ ⌐**schiene** f, flache Schiene / plate rail ‖ ⌐**seide** f, Stickseide f / slack-silk ‖ ⌐**stich** m (Nähm) / flat o. broad stitch ‖ ⌐**stichmaschine** f (Web) / flat-stitch [embroidering] machine ‖ ⌐**walken** n (Tuch) / flat fulling
Plättwalze f, -werk n / flatter for hair springs
Platykurtosis f (Statistik) / platykurtosis
Platymeter n (Kapazitätsmess.) (Elektronik) / platymeter
Platz m, Stelle f / place ‖ ⌐, Position f (allg, Fernm) / position ‖ ⌐, Raum m / space, room ‖ ⌐ (am Band), Arbeitsgang m / station of an assembly line ‖ ⌐, Lager-, Zimmerplatz m / yard ‖ ⌐, Bauplatz m / building site ‖ ⌐ **des Kompasses** / sitting of the compass ‖ ⌐ **verbrauchen** (Buch) / space vi, require space ‖ ⌐ **zum Sitzen**, Sitzplatz m / seat ‖ **an den richtigen** ⌐ **bringen** (Masch) / position ‖ **öffentlicher** ⌐ / square ‖ ⌐**arbeiter** m / yardman ‖ ⌐**aushilfe** f (Fernm) / team work ‖

⌐**ausnutzungsgrad**, -besetzungskoeffizient m, -belegungszahl f / seat occupancy coefficient ‖ ⌐**austausch** m, Aufstemmung f, -schmelzung f (Geol) / [magmatic] stoping ‖ ⌐**bedarf** m / [floor] space required o. requirement ‖ ⌐**befeuerung** f (Luftf) / airfield lighting ‖ ⌐**beladen** n, -beschicken n / stockyard stocking, stockpiling ‖ ⌐**belader** m (Bergb) / boom stacker, stacker for stockpiling, spreader (GB) ‖ ⌐**belegung** f / seat reservation ‖ ⌐**belegung** f / position wiring ‖ ⌐**beleuchtung** f / lighting of squares etc ‖ ⌐**beleuchtung** f (F.Org) / localized lighting ‖ ⌐**einflugbake** f, -einflugzeichen n (Luftf) / inner boundary o. marker beacon
platzen / chap, check ‖ ~, aufplatzen / crack, splinter, split ‖ ~ (allg, Luftschlauch) / burst vi, blow off ‖ ~, explodieren / explode ‖ ⌐ n **von Pfählen** / mushrooming of piles ‖ **zum** ⌐ **bringen** / burst vt
Platzer m (gerissener Schußfaden) (Textil) / broken pick o. end
Platz·ersparnis f / saving in space ‖ ⌐**funkfeuer** n (Luftf) / locator [beacon] ‖ ⌐**karte** f / reservation card o. ticket ‖ ~**kartenpflichtig** / seat reservation necessary ‖ ⌐**kilometer** m (Bahn) / seat kilometer ‖ ⌐**lampe** f (Fernm) / pilot lamp o. indicator o. signal [lamp], position pilot lamp ‖ ⌐**mangel** m, Raummangel m / lack of space, restricted space ‖ ⌐**membran** f, Berstscheibe f / rupture disk o. diaphragm ‖ ⌐**patrone** f / blank cartridge ‖ ⌐**randbefeuerung** f (Luftf) / boundary lights pl ‖ ⌐**reservierung** f / seat reservation, booking of seats ‖ ⌐**reservierungsanlage** f (DV) / seat reservation installation ‖ ⌐**rollroute** f (Luftf) / aerodrome taxi circuit ‖ ⌐**runde** f (Luftf) / aerodrome traffic circuit ‖ ⌐**runden-Führungsfeuer** n pl (Luftf) / circling guidance lights pl ‖ ~**sparend** / space-saving ‖ ~**sparend** (z.B. auf Magnbd), dicht gepackt / packed ‖ ⌐**umschalter** m (Fernm) / position switch ‖ ⌐**veränderung** f / shifting ‖ ⌐**wähler** m (Fernm) / position selector ‖ ⌐**wechsel** m, Kreuzung f (Elektr) / circuit crossing ‖ ⌐**wechsel** m, -tausch m, Transposition f (Fernm) / transposition ‖ ⌐**wechsel** m, Schleifenkreuzung f (Fernm) / phantom transposition, twisting of wires ‖ ⌐**wechselmast** m, -stange f (Fernm) / tranposition pole ‖ ⌐**zähler**, Belegungszähler m (Fernm) / position meter ‖ ⌐**zusammenschaltung** f (Fernm) / coupling of positions, position coupling
Plausibilitätskontrolle f (DV) / reasonableness check o. test, plausibility check
Playback, Abspielen n / playback ‖ ⌐**-Roboter** m / playback robot (class D robot) ‖ ⌐**verfahren** n (Film) / playback method
Playertypie f, Reflexkopierverfahren n (Buch) / player-type
PL-Beziehungen f pl (Astr) / period-luminosity relations pl
PLC m (DV) / programmable logic computer, PLC
PLD-Baustein m / PLD-component
PLD-Compiler m / PLD compiler
PLE n (DV) / programmable logic element, PLE
Pleistozän, (früher:) Diluvium n / Pleistocene Period, Great Ice Period
p-·leitend (Halbl) / p-type ‖ ~**Leitung**, Mangelleitung f / p-type o. hole conduction
Plejaden pl (Chem) / pleiades pl
Plenterkultur f, -hieb m, Plentern n (Forst) / selection felling o. cutting o. logging
Plenumkammer f, Ansaugluftsammler m (Mot) / plenum chamber
Pleo·chroismus m (Krist) / pleochroism ‖ ~**chroitischer Hof** (Krist) / pleochroic halo ‖ ⌐**nast** m (Min) / pleonaste, ceylonite
Plessit m (Min) / plessite
Pleuel n (Mot) / connecting rod, con-rod ‖ ⌐ **mit [angelenktem] Nebenpleuel** / articulated type connecting rod ‖ ⌐ **mit eingeklemmtem Kolbenbolzen** / clamp type connecting rod ‖ **flaches** ⌐ (Mot) / blade

type connecting rod ‖ **⌐anordnung** f mit **Gleitflächen** (Mot) / slipper type assembly ‖ **⌐auge** n / connecting rod eye ‖ **⌐buchse** f (Mot) / connecting rod bushing, small-end bushing ‖ **⌐lager** n / connecting rod bearing, big-end bearing ‖ **⌐lager-Gegenstück** n / big-end keep ‖ **⌐schaft** m (Mot) / connecting rod shank ‖ **⌐schraube** f / connecting rod bolt ‖ **⌐stange** f (Bahn) / connecting o. drive o. main rod ‖ **kolbenseitiger ⌐stangenkopf** / connecting rod small end ‖ **⌐stangenkopf** m (kurbelwellenseitig) / connecting rod big end o. cotter end ‖ **⌐stern** m (Mot) / master and articulated rod assembly

Pleuger m, Aktivruder n (Schiff) / active rudder

Plexiglas, Acrylglas, -harz n / plexiglass, Plexiglas, Lucite (of DuPont)

Plexigum n (Plast) / Plexigum

Plexus m, netzartiges Geflecht / plexus

PL/I (DV) / PL/I (= programming language)

Plicht f, Cockpit n (Schiff) / cockpit

pliesten (Galv) / grind with a set-up wheel, dry-fine

Pliestscheibe f (Galv) / set-up wheel

Plimsollmarke f (Schiff) / Plimsoll line, Plimsoll's mark

Plinthe f / plinth

Plio·tron n (Elektronik) / pliotron, triode tube ‖ **⌐zän** n (Geol) / Pliocene Period

Plissee n (Textil) / plissé, accordion pleating ‖ **⌐ausrüstung** f (Textil) / pleated finish ‖ **⌐maschine** f / plissé o. pleating machine

plissieren (Textil) / pleat

Plissier·führer m / pleating guide ‖ **⌐maschine** f, Plisseemaschine f / pleater, pleating machine

plissiert / [mock] pleated

PLL-Schaltung f (= phase locked loops) / PLL circuit, phase-locked loop circuit

PLM (Elektronik) = Pulslängenmodulation

Plombe, Bleiplombe f / lead[en] seal, leading

Plombendraht m / locking wire, seal wire

plombieren, mit Blei ~ (Masch) / plumb, seal with leads

Plombier·fahne f / lead sealing tab ‖ **⌐kappe** f / cap for lead seal ‖ **⌐schraube** f / leading screw

plombiert, verplombt / leaded, under leads

Plombierung f, Plombenverschluß m / lead seal[ing], plumbing

Plombierzange f, Plombenzange f / lead-stamping punch pliers pl, lead-sealing pliers pl, leading tongs pl

Plottbefehl m (DV) / plot instruction

Plotter, Kurvenzeichner, -schreiber m (DV) / curve plotter, graph plotter, graphic output unit ‖ **⌐schrittweite** f / plotter step size

Plottgerät n (Mil) / plotting equipment

plötzlich, unvermittelt / sudden ‖ **~er Anstieg** / ⸱jump ‖ **~er Ausbruch** / rush ‖ **~es Bersten** (Atom, Nukl) / fast burst ‖ **~e Eingebung** / brain-storm ‖ **~es Einsetzen eines Magnetsturms** (Raumf) / sudden storm commencement, SSC ‖ **~er heller Lichtschein** / flare ‖ **~er intensiver Lichtfleck** / womp ‖ **~ loslassen** (o. schnappen lassen) / trip v ‖ **~ zum Vorschein kommen** (Geol) / crop up

PL/1-Programmiersprache f / programming language one, Pl/1

PLS n (DV) / programmable logic sequencer, PLS

Plug m (Öl) / plug

Plugging n, Verstopfen n (Nukl) / plugging

Plumbagin n / plumbagin, $C_{11}H_8O_3$

Plumbat (II), Plumbit n / plumbite

Plumbicon-Aufnahmeröhre [für Farbfernseh-Kameras] (TV) / plumbicon tube

Plumbo·aragonit m (Min) / plumboaragonite ‖ **⌐ferrit** m / plumboferrite ‖ **⌐jarosit** m (Min) / plumbojarosite

plump / heavy, clumsy, gross ‖ **~** (Bau) / coarse

Plunger, Plunger-, Druckkolben m / pump plunger o. ram ‖ **⌐**, Stempel m (Keram) / plunger, needle ‖ **⌐kolben** m (saugend) / sucker ‖ **⌐presse** f / hydrostatic press ‖ **⌐pumpe** f / plunger pump

Plus n, Plusdifferenz f / excess, surplus ‖ **~** (Math, Elektr) / positive, plus ‖ **~ unendlich** / plus infinite ‖ **⌐-Anzapfung** f (Trafo) / plus tapping ‖ **⌐bürste** f (Elektr) / positive brush

Plüsch m (Web) / plush ‖ **gerissener ⌐** / cut plush ‖ **gezogener ⌐** / uncut plush ‖ **~artig** / plushy ‖ **⌐leder** n / suede ‖ **⌐leder** n, Samtkalbleder n / ooze leather ‖ **⌐teppich** m / terry carpet ‖ **⌐zurichtung** f (Gerb) / suede finish

Plus·elektrizität f, positive Elektrizität / positive electricity ‖ **~-minus**, ± / plus over minus ‖ **⌐-Minus-Toleranz** f / plus and minus limit ‖ **⌐-Minus-Zähler** m (LoKa) / direct subtract counter ‖ **⌐platte** f (Akku) / positive plate ‖ **⌐pol** m (Elektr) / positive pole ‖ **⌐-Seite** f (Elektr) / plus ‖ **⌐taste** f (Bürom) / plus bar o. key ‖ **⌐teilchen** n / positive particle, plus particle ‖ **⌐- und Minusabmaß** n / plus and minus limits pl ‖ **⌐-Zählung** f (Raumf) / plus count ‖ **⌐zeichen** n / positive o. plus sign

plutonisch (Geol) / plutonic ‖ **~es Gestein**, Plutonit m / plutonic rock

Plutonismus m (Geol) / plutonism

Plutonium n, Pu (Chem) / plutonium, Pu ‖ **⌐-Brutreaktor**, -Brüter m / plutonium breeder ‖ **~erzeugend** / plutonium generating ‖ **⌐-Gutschrift** f, Plutoniumwert m (Nukl) / plutonium credit ‖ **⌐reaktor** m / plutonium [-fueled] reactor ‖ **⌐rückführung** f / plutonium recycling ‖ **⌐rückgewinnung** f / plutonium recovery ‖ **⌐vergiftung** f / plutonium poisoning ‖ **⌐zyklus** m, -kreislauf m / plutonium cycle

Pluvio·graph, Regenschreiber m / pluviograph ‖ **⌐meter** n, Regenmesser m / pluviometer, rain ga[u]ge, hyetometer, udometer

PL-Verfahren n (= Phoenix-Lanzen) (Hütt) / PL-process

Ply-Rating n, PR-Zahl f (Reifen) / ply rating [number], PR

PM (Elektronik) = Phasenmodulation ‖ **⌐** (Elektronik) = Pulsmodulation

PM-Kern m (Ferrit) / PM-core

PMMA-Formmasse f / polymethylmethacrylate moulding material

PM-Motor m, permanent-magnetisch erregter Motor (Elektr) / magneto-electric motor

PN, Nenndruck m / nominal pressure

PN-dB-Skala f / perceived noise scale

PN-Eigenschaften f pl (Halbl) / p-n properties pl

Pneufahrzeug n / rubber-tyred vehicle

Pneumatik-Schweißzylinder m / pneumatic welding cylinder

pneumatisch / pneumatic ‖ **~e Belastung** (Textil) / pneumatic loading ‖ **~er Düngerstreuer** / pneumatic fertilizer spreader ‖ **~er Förderer** / pneumatic conveyor ‖ **~er Grenztaster** / pneumatic limit sensor ‖ **~e Logiksteuerung** / pneumatic control system ‖ **~e Maschine**, Luftmaschine f / aerostatic engine, pneumatic engine ‖ **~er Mengenregler** / pneumatic flow-rate controller ‖ **~es Meßgerät** (Masch) / pneumatic gauge ‖ **~er Ölstoßfänger**, -stoßdämpfer m / oleo-pneumatic shock absorber ‖ **~er Regler** / pneumatic governor ‖ **~e Rinne** / airslide ‖ **~er Salbandfühler** / pneumatic selvedge feeler ‖ **~er Schlaghammer** (Wzm) / impact cylinder ‖ **~e Wanne** (Chem) / pneumatic trough ‖ **~er Widerstand** (DV) / pneumatic resistor ‖ **~-ölhydraulisch** / pneumo-oil...

Pneumatolyse f (Geol) / pneumatolysis

PN-FET m, Feldeffekttransistor m mit PN-Übergang / PN-FET

pn-Flächendiode f, p-n o. PN Flächendiode f / p-n junction diode

P_N-Näherung f (Nukl) / P_N-approximation

PNP·-Transistor m / p-n-p transistor

PN-Sperre f / p-n barrier

pn-Übergang m, PN-Übergang m / p-n junction

POB-Technik f (= push-out base) (Halbl) / POB-technique (= push-out base)

pochen *vi* / beat, knock ‖ ~ *n* / beat, knocking ‖ **Erze** ~ / stamp o. pound o. crush ores

Poch·erz *n* (Bergb) / pounding ore ‖ ~**werk** *n* / pounding o. crushing o. stamp[ing] mill

Pockels-Effekt *m* (Elektrooptik) / Pockels effect

Pocken·narbe *f*, Pitting *n* (Preßfehler) (Plast) / pit, pitting ‖ ~**narbige Oberfläche** / pitted surface ‖ ~**narbig werden** / pit *vi*

Pocketing *m* (Web) / pocketing

Pocket-Terminal *n* / pocket terminal

Pockholz *n*, Guaiacum guatemalense / pock wood, lignum vitae

Pod *n* (abnehmbare Gondel) (Luftf) / pod

Podbielnak-Analyse *f* (Chem) / POD analysis

Podest *m n*, Podium *n* / platform ‖ ~ (DIN), Austritt *m* einer Treppe / stair head o. top, stairs-head, landing [place] ‖ ~ *n m*, Treppenabsatz *m* (in einem Treppenlauf) (Bau) / resting place ‖ ~**e** *pl*, Podestarten *f pl* / practicals *pl* ‖ ~**balken** *m* (Bau) / landing joist ‖ ~**balken** *m* (zur Abstützung der Zargen) (Bau) / apron o. pitching piece ‖ ~**höhe** *f* (Bau) / landing height ‖ ~**platte** *f*, Treppenabsatzplatte *f* / landing slab ‖ ~**treppe** *f* / stairs with landing place ‖ **gebrochene** ~**treppe mit zwei Läufen o. Armen** / two-flight stairs *pl* ‖ ~**verfahren** *n* **für Einkristall-Züchtung** / pedestal method of growing crystals

Podsol *m*, Bleicherde *f* (Geol) / podzol, podsol

podsoliger Lehm, Bleicherde *f* / podzol loam

Pogo-Effekt *m* (Pogo: ein Springspiel) (Raumf) / pogo effect

poikilitisch (Geol) / poikilitic, poecilitic

poikilotherm, wechselwarm / poikilothermal, -thermic

Point-Counter-Zusatz *m* (Mikrosk) / point-counter attachment

pointierte Passage, Pointieren *n* (Web) / diamond draft

Point-to-Point-Verbindung *f* (Fernm) / point-to-point communication

Poise *f* (Viskositätseinheit), P ($= 10^{-1}$Pa·s) / poise

Poiseuille·sches Gesetz (Hydr) / Poiseuille's formula ‖ ~**-Strömung** *f* / Poiseuille flow

Poisson·-Gleichung *f*, Poissonsche Gleichung / Poisson's equation ‖ ~**scher Beiwert**, Poissonsche Konstante (Mech) / Poisson's ratio ‖ ~**-Verteilung** *f* (Statistik) / Poisson's distribution

pökeln, einsalzen / cure [meat], salt, corn, pickle o. souse [meat]

poken, schwinge[l]n (Flachs) / swingle, scutch

Pol *m* (Phys) / pole ‖ ~, [Pol]klemme *f* (Akku) / terminal ‖ ~ (Mech) / pole, instantaneous o. virtual center of rotation ‖ ~... / pole... ‖ ~ **mit Parallelogrammquerschnitt** (Elektr) / skewed pole ‖ ~**abschrägung** *f* (Elektromotor) / pole bevel ‖ ~**abstand** *m* (Elektr) / pole pitch ‖ ~**abstand** *m*, -weite *f* (Mech) / pole o. polar distance ‖ ~**achse** *f* / polar axis ‖ ~**anker** *m* (Elektr) / salient pole armature ‖ ~**anzeiger** *m* / pole finder

polar, Polar... (Geogr, Elektr, Chem) / polar *adj* ‖ ~**e Bindung** (Chem) / polar o. ionic bond ‖ ~**e Entsprechung o. Reziprozität** (Math) / polar reciprocation, dualizing ‖ ~**e Gruppe** (Tensid) / polar group ‖ ~**e Magnetosphäre** / polar magnetosphere ‖ ~**es Molekül** / polar molecule ‖ ~ **reziprok** (Figur) (Math) / polar-reciprocal ‖ ~**es Trägheitsmoment** (Mech) / polar o. radial moment of inertia ‖ ~**e Umlaufbahn** / polar orbit ‖ ~**achse** *f* / polar axis ‖ ~**diagramm** *n* (Math) / clockface diagram ‖ ~**diagramm** *n*, -kurve *f* (Luftf) / polar curve o. diagram, profile polar ‖ ~**distanz** *f*, Poldistanz *f* (Astr) / polar distance ‖ ~**dreieck** *n* **eines Kegelschnittes** (Math) / self-polar o. self-conjugated triangle

Polare *f* (Geom) / polar [line o. curve]

Polarebene *f* (Math) / polar plane

Polarentheorie *f* / theory of pole and polar

Polar·flug *m* / transpolar flight ‖ ~**front** *f* (Meteorol) / polar front

Polari·meter *n* (Opt) / polarimeter ‖ ~**metrie** *f* / polarimetry

Polarisation *f*, Polarisierung *f* / polarization

Polarisations·apparat *m* / polariscope ‖ ~**ebene** *f* / plane of polarization ‖ ~**ebene** *f* **einer Welle** / polarized wave plane ‖ ~**entkopplung** *f* / decoupling of polarization ‖ ~**fehler** *m* (Peil) / polarization error, (formerly:) night-effect o. -error ‖ ~**filter** *n* (Opt) / polaroid screen, polarizing filter, polarizer ‖ ~**gerät** *n*, Spannungsprüfer *m* / strain viewer, polariscope ‖ ~**mikroskop** *n* (Opt) / micropolariscope, polarizing microscope ‖ ~**photometer** *n* / polarizing o. polarization photometer ‖ ~**prisma** *n*, Polarisator *m* / polarizer ‖ ~**prüfung** *f* / bias check ‖ ~**richtung** *f* (Hohlleiter) / polarizing direction ‖ ~**schwund** *m* / polarization fading ‖ ~**-Sonnenprisma** *n* / polarizing sun prism ‖ ~**spannung** *f* / polarization voltage ‖ ~**-Stabilisator** *m* / levelling circuit ‖ ~**strom** *m* / polarization current ‖ ~**windung** *f* (Ultraschall) / polarizing flux winding ‖ ~**winkel**, Brewsterwinkel *m* / Brewster o. polarizing angle

Polarisator *m* / polarizer ‖ ~ (polarisierender Glasplattenstapel) (Opt) / pile of plates ‖ **parallelstehender** ~ (Opt) / parallel polarizer

polarisierbar / polarizable

Polarisierbarkeit *f* / polarizability

polarisieren (Elektr, Opt) / polarize

polarisierender Monochromator (Astr) / polarizing monochromator

polarisiert / polarized, biassed ‖ ~**er Diversityempfang** / polarized diversity ‖ ~**es Licht** / polarized light ‖ ~**es Relais** / polarized relay ‖ ~**es RZ-Schreibverfahren** (Magn.Bd) / polarized dipole modulation, polarized return-to-zero recording ‖ ~**e Sperre** / polarity trap ‖ ~**e Streustromableitung** (Korrosion) / electric drainage ‖ ~**er Wechselstromwecker** (Fernm) / polarized bell o. ringer ‖ ~**e Welle** / polarized wave

Polarisierungswinkel *m* / angle of polarization

Polarität *f* / polarity ‖ **nur eine** ~ / single polarity ‖ **umgekehrte** ~ / reverse polarity

Polariton *n* (Phys) / polariton

Polar·koordinaten *f pl* / polar coordinates *pl* ‖ ~**koordinatenschreiber** *m* / radial chart recorder ‖ ~**kristall**, Ionenkristall *m* / polar crystal ‖ ~**licht** *n* / polar light ‖ ~**lichtzone** *f* / auroral belt ‖ ~**luft** *f* / polar air

polaro·grafisch (Chem) / polarographic ‖ ~**gramm** *n* (Chem) / polarogram ‖ ~**graph** *m* (Chem) / polarograph ‖ ~**graphie** *f* (Chem) / polarography

Polaroid·kamera *f* / Polaroid o. Land camera ‖ ~**[material]** *n* (zur Polarisierung von Lichtquellen und Ausschaltung von Reflexen) (Opt) / polaroid ‖ ~**verfahren** *n* / polaroid method

Polaron *n* (Nukl) / polaron

Polar·oszillograph, Oszillograph mit 2 Plattenpaaren für Schleifendarstellung *m* / cyclograph ‖ ~**planimeter** *n* / polar planimeter ‖ ~**projektion** *f* / polar projection ‖ ~**-reziprok** / polar-reciprocal ‖ ~**röhre** *f* (Oszillogr) / circular time base tube, polar coordinate tube

Polarstern-Sucher *m* / Polaris sensor

Polar·steuerung *f* (Luftf) / twist and steer, polar control ‖ ~**unpolar** (Tensid) / polar non-polar ‖ ~**e-unpolare Struktur** (Tensid) / polar non-polar structure ‖ ~**winkel** *m* (Astr) / amplitude

Pol·bahn *f* (Mech) / centrode, polode ‖ ~**bahn** *f* (Mech) / polode ‖ ~**bahnnormale** *f* (Mech) / centrode normal ‖ ~**bahntangente** *f* (Mech) / centrode tangent ‖ ~**baum** *m* (Textil) / pole beam ‖ ~**bogen** *m* (Elektr) / pole arc ‖ ~**brücke** *f* (Akku) / terminal o. connector bar, terminal yoke, cell connector, connecting strap ‖ ~**dämpfung** *f* / polar damping

Polder *m* (Hydr) / polder ‖ ~**mühle** *f* (Hydr) / drain mill

Pol·distanz f / polar distance ‖ **~draht** m / electrode wire ‖ **~dreieck** n (Mech) / pole triangle
Pole f (Web) / upper part of the warp
Polecke f **eines Kristalls** / vertical solid angle of a crystal
Poleiöl n (Chem) / mint oil (Spain), pennyroyal oil (US)
polen (Elektr) / polarize ‖ ~ (Kupfer) / pole v
Pol·faden / loop pile, terry, pile thread ‖ **~faden**, Schling-, Dreherfaden m (Gaze) (Textil) / right-hand thread, moving hand thread ‖ **~figur** f (Lauediagramm) / pole figure ‖ **~finder** m / pole finder, polarity indicator ‖ **~flächenabschrägung** f (Elektr) / pole face level ‖ **~flächenkrümmung** f / pole face shaping ‖ **~flächenverluste** f pl (Eisenverlust) (Elektr) / pole face losses pl ‖ **~gehäuse** n (Elektr) / pole box o. casing ‖ **~gehäuse** n, Stator m (Elektr) / stator ‖ **~gerade** f (Mech) / pole line ‖ **~höhe** f (Viskosität) / pole height ‖ **~höhe** f (Astr) / polar distance ‖ **~höhenverstellung** f **am Fernrohr** / polar adjustment of a telescope ‖ **~hörner** n pl (Elektr) / pole horns pl
Polianit m, Pyrolusit m (Min) / polianite, manganese dioxide, pyrolusite
Polier m, Kapo m / head mason, overseer, foreman
polierbar, mit der Schwabbelscheibe ~ / buffable
Polier·blech n (Galv) / Scotch trowel ‖ **~bock** m / buffer (US) ‖ **~dorn** m (am Schleifbock) (Galv) / polishing cone, buffing cone ‖ **~drücken**, preßglanzpolieren / press-polish, burnish ‖ **~emulsion** f / polishing solution
polieren / polish, brighten ‖ ~ n **mit Lösungsmittel** / solvent polishing ‖ ~ **mit Schleifmittel** / polishing with abrasives ‖ ~ **von Getrieben durch Einlaufen** / burnishing of gears ‖ **am Schleifbock** ~ / sleeken on the wheel stand ‖ **auf der Schwabbelscheibe** ~ / polish at the buff wheel, buff ‖ **auf Hochglanz** ~ / mirror-polish vt ‖ **mit Schellack** ~ (Tischl) / French-polish vt ‖ **Silber** ~ / polish silver
Poliererei f / slicking shop (US), polishing shop
polier·fähig, polierbar, Politur annehmend / polishable, taking a good polish ‖ **~fähig**, polierbar, Politur annehmend / taking a good polish ‖ **~fähigkeit**, -güte f / buffability ‖ **~feile** f / dead-smooth file ‖ **~filz** m / polishing felt ‖ **in einer ~flüssigkeit bewegen** / agitate in abrasive liquid vt ‖ **~gerüst** n (Walzw) / planishing stand ‖ **~grün**, Chromgrün n (Galv) / green rouge ‖ **~hammer** m **für Kupferschmiede** / coppersmith's hammer ‖ **~holz** n, -stock m / polishing stick ‖ **~kaliber** n (Walzw) / finishing groove ‖ **~kette** f (Glas) / block rake, cullet cut ‖ **~kratzer** m (Glas) / sleek, fine scratch ‖ **~kreide** f, Wiener Putzkalk / Vienna [polishing] chalk o. lime ‖ **~läppen** n / lapping and polishing ‖ **~leder** n / buff leather ‖ **~maschine** f, -bock m / polishing lathe o. head o. machine ‖ **~maschine** f (Holz) / buffing o. polishing machine ‖ **~masse** f, -mittel n / polishing agent o. material o. composition ‖ **~mittel** n (für Polierdrücken) / burnishing compound ‖ **~motor** m / polishing motor ‖ **~paste** f / polishing paste ‖ **~platte** f / polishing plate ‖ **~pulver** n / buffing powder, polishing powder ‖ **~pulver** n, Zinnasche f, -dioxid n / putty powder ‖ **~rollen** n / roller burnishing ‖ **~rollen** n / roller burnishing ‖ **~rot** n / crocus, polishing rouge ‖ **~rot**, Englischrot n / jeweller's [trip] red, English o. Paris red ‖ **~rotkuchen** m (Galv) / rouge cake ‖ **mit ~rot-Schlichte streichen** (Gieß) / dress with rouge ‖ **~schaufel** f (Hütt) / trowel ‖ **~scheibe** f (Galv) / spinner, polishing wheel ‖ **~scheibe** f **aus Baumwolle** / cotton dolly o. mop ‖ **~scheiben-Abdrehwerkzeug** n (Galv) / buff stick ‖ **~schiefer** m, Tripel m / adhesive slate, tripoli [powder], tripolite, float[ing] stone, polishing slate ‖ **~schleifen** n / polish-grinding, rubbing ‖ **~schnecke** f **für Zahnräder** / polishing worm ‖ **~stab**, -stock m, -holz n / polishing stick ‖ **~stahl** m / burnisher, steel polisher, sleeking steel ‖ **~stein** m, Blutstein m (Keram) / burnishing stone ‖ **~stich**, Schlichtstich m (Walzw) / final pass

poliert (Granit, Marmor) / glassed ‖ ~ / polished ‖ ~, glänzend (Stahl) / bright ‖ **~er und geätzter Schliff** / polished and etched microsection
Polier·trommel, Scheuertrommel f / polishing drum o. barrel o. tub, scouring barrel ‖ **~wachs** n / polishing wax ‖ **~walze** f (Walzw) / planishing roll, finisher ‖ **~walze** f (Polierdrücken) / burnishing roller ‖ **~walzengerüst** n (Walzw) / bullhead ‖ **~walzwerk** n (Walzw) / planishing mill
…poliger Stecker / …channel plug **Politur** f, Glanz m / burnish ‖ ~, Glanz m, Feuer n / luster, lustre (GB) ‖ ~, Glätte f / polish ‖ ~, Möbellack m / polish
Polizei·fahrzeug n / patrol car, z-car ‖ **~funk** m / police radio
polizeilich abschleppen / impound
Polizeirufanlage f / police signal system
Polje n (Geol) / polje
Pol·joch n (Elektr) / magnet yoke o. frame ‖ **~joch** n, Feldmagnet m, Polpaket n, Feldpaket n (Elektr) / inductor ‖ **~kante** f, Polschuhkante f / pole horn o. tip ‖ **~kante** f **eines Kristalls** / terminal edge of a crystal ‖ **~kern** m (Elektr) / pole core o. shank ‖ **~kette** f, Flor m (Web) / pile [warp], nap [warp] ‖ **~kettenbaum** m (Textil) / beam for the pile warp ‖ **~klemme** f (Elektr) / pole binder o. terminal, cell terminal, connection binder ‖ **~kopfplatte** n, -blech n (Elektr) / pole end plate ‖ **~kopfverstärkung** f, Bleicheibe f (Akku) / lead disk ‖ **~kranz** m (Elektr) / rotor rim
Poll-Abfrage f (ob Terminal sendebereit), Polling n (DV) / poll message, polling
Pol-Lagenkurve f (Mech) / pole locus curve o. position curve, pole curve
Pollen m (Bot) / pollen ‖ **~analyse** f / pollen analysis
Poller m **am Land** (Schiff) / snubbing post, bollard ‖ ~ **auf dem Schiff** / bitt
Polling n, zyklischer Abrufbetrieb m / polling
pol·los, nichtpolar / non-polar ‖ **~loser** [Textil-]**Fußbodenbelag** / textile floor covering without pile ‖ **~lücke** f / pole gap ‖ **~nahe** (Geogr, Astr) / subpolar, near-polar
polnisch, klammerfrei, präfix… (DV) / prefix adj, polish, parenthesis-free, Lukasiewicz… ‖ **~e o. klammerfreie Schreibweise** (DV) / Polish notation
Pol·nutzschicht f (Web) / effective pile, pile above substrate ‖ **~nutzschicht** f / pile above substrate ‖ **~-Objektiv** n / pol-objective
poloidal (Plasma) / poloidal (plasma) ‖ **~feld** n (Kernfusion) / poloidal field
Poloncéträger m, Wiegmannträger m (Stahlbau) / Polonceau girder, Fink o. Belgian o. French truss
Polonium n, Po (Chem) / polonium, Po
Pol·paarzahl f (Elektr) / number of pairs of poles ‖ **~paket** n (Elektr) / field magnet ‖ **~platine** f (Textil) / pile sinker ‖ **~platte** f (Elektr) / pole flange ‖ **~prüfer** m / polarity [direction] indicator ‖ **~rad** n (Elektr) / field spider, magnet wheel, revolving field ‖ **~radpendelungen** f pl (Elektr) / phase swinging ‖ **~radwinkel** m / rotor displacement angle ‖ **~radwinkelkennlinie** f (Elektr) / load angle characteristic ‖ **~reagenspapier** n, -reagenzpapier n (Elektr) / pole-finding paper ‖ **~-Rohdichte** f (Teppich) / surface pile density ‖ **relative ~-Rohdichte** / pile fiber volume ratio ‖ **~schenkel** m (Elektr) / pole core o. shank ‖ **~schicht** f **mit Musterung durch Tip-Shearing** (Teppich) / tip sheared pile, carved pile ‖ **~schichtdicke** f / [effective] pile thickness ‖ **~schlüpfen** n (Elektr) / pole slipping ‖ **~schraube** f **mit Mutter** (Akku) / screw-on terminal ‖ **~schuh** m (El.Maschine) / pole piece o. shoe ‖ **~schuhfläche** f (Elektr) / pole face ‖ **vordere [hintere] ~schuhkante** (Elektr) / leading [trailing] pole tip o. horn ‖ **~schur** f (Textil) / pile napping o. ‖ **~schuß** m (Textil) / pile pick ‖ **~schwankungen der Erde** f pl, Nutation f / Chandler wobble, free nutation ‖ **~spule** f (Elektr) / exciter coil ‖ **~stärke** f (Phys) / pole strength

Polster, Kissen *n* / pad ‖ ⤳ *n*, Polsterung *f*, Füllung *f* / padding, stuffing ‖ ⤳ (Kfz) / upholstery ‖ ⤳, Schutzgaspuffer *m* (Nukl) / gas blanket ‖ ⤳**beschichtung** *f*, Primär-Coating *n* (LWL) / primary coating ‖ ⤳**bezüge** *m pl* / upholstery

Polsterer *m* / upholsterer

polster·förmig, konvex gewölbt / pulvinate[d] ‖ ⤳**gewebe** *n* / stuffing coat, upholstery fabric ‖ ⤳**haar**, -material *n* / packing, stuffing [hair] ‖ ⤳**holz** *n* (Bau) / dormant of the ground floor, boarding o. flooring joist, sleeper of the ground floor ‖ ⤳**material** *n* (Tap) / upholstery, bolstering [material] ‖ ⤳**material** *n* (Schneider) / wad ‖ ⤳**möbel** *n* / upholstered furniture

Polstern *m* (Elektr) / rotating field magnet, field spider

polstern, aus-, aufpolstern / stuff, pad, upholster ‖ ⤳ *n* / upholstering

Polsternagel *m* / upholstering nail, bullen nail

Polsternagel *m*, Tapeziernagel *m* / cut nail, tin tack

Polster·rolle *f* / cushioned idler ‖ ⤳**schimmel** *m*, Moniliakrankheit *f* (Landw) / monilia ‖ ⤳**schmierung** *f* / pad lubrication ‖ ⤳**sitz** *m* / easy-chair ‖ ⤳**tür** *f* / padded door

Polsterung *f* / stuffing, padding ‖ ⤳ (für Möbel) / upholstering, upholstery ‖ ⤳, Wattierung *f* (Schneider) / wadding

Polster·watte *f* / quilting cotton

Pol·streuung *f* / polar dispersion ‖ ⤳**sucher** *m*, -prüfer *m*, -anzeiger *m*, -finder *m* / polarity [direction] indicator, pole finder ‖ ⤳**teilung** *f* (Elektr) / pole pitch ‖ ⤳**teppich** *m* (Textil) / pile carpet

Polterbank, Knüppelwäsche *f* (Draht) / beetling bench, shakers *pl* ‖ ⤳, Knüppelwäsche *f* (Draht) / shakers *pl*

Poltern, Rattern *n* / rumble

Pol·umkehr, Umpolung *f* / pole reversal ‖ ⤳**umschaltbar** (Elektr) / change-pole…, pole-changing ‖ ⤳**umschaltbarer Elektromotor** / pole changing motor, change-pole motor, multiple speed motor ‖ ⤳**umschaltung** *f* (Elektr) / pole changing [control]

Polung *f* / polarity ‖ ⤳, Polfestlegung *f* / polarization

Pol·unverwechselbarkeit *f* / barrier polarization ‖ [Aufnahme nach dem] ⤳**verfahren** (Verm) / plotting by polar coordinates ‖ ⤳**wechsel** *m* (Elektr) / alternation ‖ ⤳**wechselgeschwindigkeit** *f* (Mech) / pole velocity ‖ ⤳**wechselschalter** *m*, -wechsler *m*, -wender *m* (Elektr) / pole changing switch ‖ ⤳**wechselzahl** *f*, Frequenz *f* / frequency ‖ ⤳**weite** *f*, -abstand *m* (Mech) / pole o. polar distance ‖ ⤳**wender** *m* (Elektr) / pole changer, reverser

Poly·acetal *n* / poly[vinyl]acetal ‖ ⤳**acetalharze** *n pl* / polyacetals *pl* ‖ ⤳**acrylatmodifiziert** *adj* / acrylic modified ‖ ⤳**acrylharz** *n* / polyacrylic resin ‖ ⤳**acrylnitril** *n*, PAC / polyacrylnitrile ‖ ⤳**acrylsäure** *f* / polyacrylic acid ‖ ⤳**acrylsäureester** *m* / polyacrylate ‖ ⤳**addition** *f* (Chem) / polyaddition ‖ ⤳**additionsfaser** *f* / polyaddition fiber ‖ ⤳**alkan** *n* / polyalkane ‖ ⤳**alkohol** *m* / polyhydric o. polyhydroxy alcohol, polyalcohol ‖ ⤳**alkylmethacrylat** *n* (Chem) / polyalkylmethacrylate, PAMA ‖ ⤳**amid** *n*, PA / polyamide ‖ ⤳**amidimid** *n* / polyamideimide

Polyamid·papier *n* / polyamide paper

Poly·amin *n* / polyamine ‖ ⤳**amincaprolactam** *n* / polyaminocaprolactame ‖ ⤳**angiden** *pl*, Bakterienpilze *m pl* / myxobacteria *pl* ‖ ⤳**aramid** *n* (Kevlar) / polyaramide ‖ ⤳**argyrit** *m* (Min) / polyargyrite ‖ ⤳**cyclischer aromatischer Kohlenwasserstoff**, PCA / polycyclic aromatic hydrocarbon, PCA ‖ ⤳**arylsulfon** *n* / polyarylsulfone ‖ ⤳**ase** *f* (Enzym) / polyase ‖ ⤳**basit**, Eugenglanz *m* (Min) / polybasite ‖ ⤳**beton** *m* (Bau) / polyester concrete ‖ ⤳**blend-Kautschuk** *m* / polyblend ‖ ⤳**block-Wärmeübertrager** *m* / graphite [block] heat exchanger, polybloc heat exchanger ‖ ⤳**butadien** *n* / polybutadiene ‖ ⤳**buten-1** *n* / polybutene-1, PB ‖ ⤳**but[yl]en** *n*, PB / polybutene, PB ‖ ⤳**butylenterephthalat** *n*, PBTP / polybuteneterephthalate, PBTP ‖ ⤳**carbamid** *n*,

-harnstoff *m*, PH / polyurea, polycarbamide ‖ ⤳**carbonat** *n*, Makrolon *m* / polycarbonate, makrolon ‖ ⤳**chlorbiphenyl** *n* / polychlorinated biphenyl, PCB ‖ ⤳**chloropren**, PCP *n*, Chloroprenkautschuk *m* / polychlor[o]prene, PCP, chloroprene rubber, CR ‖ ⤳**chroilith** *m* (Min) / polychroi[li]te ‖ ⤳**chroit** *n*, Farbstoff *m* des Safrans / polychroite, -chroit, colouring element of saffron ‖ ⤳**chrom** (Buch) / polychrome ‖ ⤳**chrom** *n* / polychromium ‖ ⤳**chromer Druck** (Buch) / polychromy ‖ ⤳**chromatisch** (Strahlung) / polychromatic ‖ ⤳**chromie**, Mehrfarbigkeit *f* (Phys, Färb, Buch) / polychromatism, polychromy ‖ ⤳**cid** *n* / polycide ‖ ⤳**dispers** (Kolloid) / polydisperse ‖ ⤳**dymit** *m* (Min) / polydymite ‖ ⤳**eder** *n*, körperliches Vieleck, Vielflach *n* / polyhedron

Polyeder·abbildung *f* (Kartographie) / polyhedral projection

poly·edrisch, vielflächig / polyhedral ‖ ⤳**elektrolyt** *m* (Plast) / polyelectrolyte ‖ ⤳**energetisch** (Nukl) / polyenergetic

Polyenfettsäure *f* / polyethenoid fatty acid

Polyepichlorhydrin *n* / polyepichlorhydrin

Polyester *m* (Chem) / polyester, PES ‖ ⤳… / polyester…, alkyd… ‖ **Umwandlung in** ⤳ / polyesterification ‖ ⤳**amid** *n* / polyester amide ‖ ⤳**beton** *m* (Bau) / polyester concrete ‖ ⤳**-Fasergewebe** *n* / polyester fiber fabric ‖ ⤳**film** *m*, Stabilfolie *f* / mylar film ‖ ⤳**-Glasfasermasse** *f* (Plast) / gunk ‖ ⤳**harz** *n* / polyester resin ‖ ⤳**harz** *n*, glasfaserverstärkt, UP-GF / glass-fiber reinforced polyester resin, UP-GF ‖ ⤳**-Maschenware** *n* (Textil) / polyester knits *pl* ‖ ⤳**urethan** *n* / polyester urethane ‖ ⤳**-UR-Weichschaum** *m* / flexible polyether urethane foam

Poly·ether *m* / polyether ‖ ⤳**etheretherketon** *n*, PEEK / polyetheretherketone, PEEK ‖ ⤳**etherketon** *n*, PEK / polyetherketone, PEK ‖ ⤳**ether-Schaumstoff** *m* / polyether foam ‖ ⤳**ethersulfon** *n*, PES / polyethersulfone, PES ‖ ⤳**ethylen** *n*, PET / polyethylene, polythene, PE, PET ‖ ⤳**ethylen** *n* **hoher Dichte**, HDPE / high density polyethylene, HDPE ‖ ⤳**ethylen** *n* **mit extrem hohem Molekulargewicht** / ultra high molecular weight PE, UHM PE ‖ ⤳**ethylen** *n* **niedriger Dichte**, PE-LD / low density polyethylene, LDPE ‖ ⤳**ethylen, vernetzt**, PE-X / crossed-linked polyethylene, PE-X ‖ ⤳**ethylenglykol** *n* / polyethyleneglycol ‖ ⤳**ethylenplast** *m* / polyethylene plastic ‖ ⤳**ethylenschaum-isoliertes Kabel** / PEF cable, polyethene foam insulated dable ‖ ⤳**ethylenterephthalat** *n*, PETP / polyethyleneterephthalate ‖ ⤳**formaldehyd** *m*, POM / polyformaldehyde, polyoxymethylene, POM ‖ ⤳**fusionsschweißung** *f* (Plast) / polyfusion welding ‖ ⤳**gen[etisch]** (Geol) / polygenetic, -genous ‖ ⤳**genetisch** (durch verschiedene Beizen verschieden getönt) (Färb) / polygenetic ‖ ⤳**genetischer Farbstoff** (Textil) / polygenetic dyestuff ‖ ⤳**glas** *n* / polyglas[s] ‖ ⤳**gon** *n*, Vieleck *n* / polygon

polygonal (z.B. Säule), kantig / polygonal, canted ‖ ⤳**er Balken** (Stahlbau) / polygonal bowstring o. beam ‖ ⤳**mauer** *f*, -mauerwerk *n* (Bau) / polygonal rubble wall ‖ ⤳**spiegel** *m* (Opt) / polygonal mirror

Polygon·aufhängung *f* (Bahn) / polygonal suspension ‖ ⤳**aufnahme** *f*, -zug *m*, Polygonieren *n* / traverse [survey], traversing ‖ ⤳**ausbau** *m* (Bergb) / square setting o. timbering ‖ ⤳**boden** *m* / polygonal soil ‖ ⤳**-Bündeltabelle** *f* (DV) / polyline bundle table ‖ ⤳**dach** *n* / polygonal roof ‖ ⤳**gelenk** *n* / polygonal link

polygonisieren (Krist) / polygonize

Polygon·profil *n*, Keilwellen- o. K-Profil *n* / spline profile ‖ ⤳**schaltung** *f*, Ringschaltung *f* (Elektr) / polygonal circuit ‖ ⤳**spannung** *f* (im Mehrphasensystem) (Elektr) / polygonal voltage ‖ ⤳**verband** *m* (Bau) / polygon bond ‖ ⤳**winkel** *m* / angle at circumference ‖ ⤳**zug** *m* (Verm) / draft of traverse, progression

Poly·graph *m* (ein Vervielfältigungsapparat) / polygraph
‖ ~halit *m* (Min) / polyhalite ‖ ~harnstoff *m* /
polycarbamide ‖ ~hydroxyetherharz *n* / phenoxy resin
‖ ~hydrozellulose *f* (Textil) / polyhydrocellulose ‖
~imid *n*, Polymer SP *n* / polyimide ‖ ~isobutylen *n*,
PIB / polyisobutylene, PIB ‖ ~isopren *n* / polyisoprene
‖ ~kondensat *n* / polycondensation product ‖
~kondensatfaser *f* / polycondensation fiber ‖
~kondensation *f* (Chem) / polycondensation ‖
~kondensationsgrad *m* / degree of polycondensation ‖
~konische Projektion (Geogr) / polyconic projection ‖
~kras *m* (Min) / polycrase, -crasite ‖ ~kristall *m* /
polycrystal ‖ ~kristallin / polycrystalline ‖
~kristalliner Diamant, PKD *m* / polycrystalline
diamond, PCD ‖ ~kristallines Bornitrid, PKB /
polycristalline boron nitride, PCB ‖ ~kristallinisches
kubisches Bornitrit, PKB / polycrystalline cubical
boron nitride, CBN ‖ ~kultur *f* (Landw) / multi-course
system ‖ ~liner[-Torpedo] *m* (Plast) / polyliner ‖
~marke *f* (DV) / polymarker
polymer (Biol, Chem) / polymeric ‖ ~ *n*,
Polymerisationsprodukt *n* (Chem) / polymer ‖ ~es
Amid, Nylon *n* / polymeric amide, nylon ‖ ~e
Kohlenwasserstoffe *m pl* / polymer hydrocarbons *pl* ‖
~ SP *n*, Polyimid *n* / polyimide ‖ ~er Werkstoff /
polymeric material ‖ lebendes, [schlafendes] ~ /
living, [sleeping] polymer ‖ ~benzin *n* / polymer petrol
(GB) o. gasoline (US) ‖ ~beton *m* / concrete polymer ‖
~holz *n* / resin impregnated wood ‖ ~homolog *n* /
homologous polymer ‖ ~homolog *adj* / polymeric
homologous
Poly·merie *f* (Chem) / polymerism ‖ ~merisat *n* /
polymer[ide] / ~merisatfaser *f* / polymeride fiber ‖
~merisatgemisch *n*, Polymerisatmischung *f* /
polymeride compound ‖ ~merisation *f* / polymerization
‖ ~merisation *f* in Masse, Massepolymerisation *f* /
mass polymerization ‖ ~merisationsharz *n* /
polymerization resin ‖ ~merisatklebstoff *m* /
polymerization glue ‖ ~merisieren / polymerize ‖
~merisiermaschine *f* / polymerizer ‖ ~merisiertes
Leinöl / genoline oil ‖ ~meter *n* (Klimakunde) /
polymeter ‖ ~methacrylharz *n* / polymethacrylic resin
‖ ~methacrylsäure *f* / polymethacrylic acid ‖
~methacrylsäureester *m*, -methacrylat *n* /
polymethacrylate ‖ ~methylen, Naphthen *n* /
polymethylene ‖ ~methylen... / polymethylenic ‖
~methylmethacrylat *n*, PMMA *n* /
polymethylmethacrylate, PMMA ‖ ~morph (Chem,
Krist) / polymorphic, -morphous ‖ ~morphe
Umwandlung (Hütt) / polymorphic transformation /
~morphie *f*, Polymorphismus *m* (Chem) /
polymorphism, -morphy ‖ ~när / polynary ‖
~noidmotor *m* (Linearmot) / polynoid motor ‖ ~nom *n*
(Math) / polynomial, multinomial ‖ ~nomisch /
polynomial *adj* ‖ ~nomrechner, Lineargleichungslöser
m / equation solver ‖ ~nosicfaser *f* (Textil) / polynosic
fibre ‖ ~nosisch (Plast) / polynosic, of nonsynthetic
polymer ‖ ~nucleotid *n* / polynucleotide ‖ ~nuklear
(Chem) / polynuclear
Polyol *n*, Polyalkohol *m* / polyhydric o. polyhydroxy
alcohol ‖ ~addukt *n* (Galv) / polyol adduct
Poly·olefin *n* / polyolefine ‖ ~olefin... / polyolefin... ‖
~olefinplast *m* / polyolefine plastic ‖
~olefin-Schichtmantel *m* (Kabel) / moisture barrier
polyolefin sheath ‖ ~ose *f*, (jetzt:) Polysacchrid *n* /
polysaccharide ‖ ~oxamid *n* (Plast) / polyoxamide ‖
~oxymethylen *n*, POM, Polyformaldehyd *m* /
polyoxymethylene, POM, polyformaldehyde ‖ ~peptid
n / polypeptide ‖ ~peptidketten *f pl* (Chem) /
polypeptide chains *pl*
Polyp·greifer, Mehrschalengreifer *m* / grapple, grappel,
grapnel, orange peel bucket
Poly·phenylenoxid *n*, PPO *n* / polyphenylene oxide, PPO
‖ ~phenylensulfid *n*, PPS / polyphenylene sulfide, PPS

‖ ~phenylensulfon *n*, PPSU / polyphenylene sulphone,
PPSU ‖ ~phenylsiloxan *n*, PPS *n* / polyphenylsiloxane,
PPS ‖ ~phosphorsäure *f* / polyphosporic acid ‖
~pivalolacton *n* (Plast) / polypivalolacton ‖ ~plaste *n pl*
/ plastics (US) ‖ ~plexer *m* (Radar) / polyplexer ‖
~ploid (Biol) / polyploid ‖ ~propylen *n*, PP /
polypropylene ‖ ~propylenglykol *n* /
polypropyleneglycol ‖ ~propylenoxid *n*, PPOX /
polypropylene oxide, PPOX ‖ ~reaktion *f* /
polyreaction ‖ ~rodantenne *f* (Wellenleiter) / polyrod
antenna ‖ ~saccharase *f*, Polyase *f* / polysaccharase ‖
~saccharid *n*, (früher:) Polyose, -saccharose *f* /
polysaccharide, polyose, -saccharose ‖ ~saprob,
stärkstens verschmutzt / polysaprobe ‖ ~saprobien *f pl*
/ polysaprobes *pl* ‖ ~saprobiont *n* (Abwasser) /
polysaprobe, -biont ‖ ~säure *f* / polyacid ‖
~semantischer Begriff / polysemantic o. -semous term,
polyseme ‖ ~semie *f* / polysemy ‖ ~sialat *n* (Baustein
des Geopolymer) / polysialate ‖ ~silicon *n*, -silizium *n* /
polysilicon ‖ ~silit *n* / polysilite ‖ ~siloxan,
[-]organosiloxan, Silicon *n* / polysiloxane, silicone ‖
~solenoidmotor *m* (Elektr) / tubular motor ‖ ~styrol *n*
(Plast) / polystyrene ‖ ~styrol *n* / polystyrene [plastic] ‖
~styrol Pelaspan F *n* (Plast) / frostwood (US) ‖
~styrol-Partikelschaum *m*, Styropor *n* (BASF) /
polystyrene particle foam ‖ ~styrolschaum *m* /
polystyrene foam ‖ ~styrol-Spritzgußmasse *f* /
polystyrene injection moulding resin ‖ ~sulfid *n* /
polysulphide ‖ ~sulfon *n* / polysulfone ‖
~terephthalsäureester *m*, Polyethylenterephthalat *n* /
polyethylene terephthalate, polyterephthalic acid ester ‖
~terpen *n* / polyterpene ‖ ~tetrafluorethylen *n* (z.B.
Teflon, Fluon) (Plast) / polytetrafluor ethylene ‖
~tetramethylenterephthalat *n* / polytetramethylene-
terephthalate, PTMT ‖ ~then *n* s. Polyethylen ‖
~thermid *n* / polythermide ‖ ~thionsäure *f* /
polythionic acid ‖ ~toxizität *f* / polytoxicity ‖
~trifluorchlorethylen *n*, PTFCE /
polytrifluorochloroethylene, PTFCE ‖ ~trope *f* /
polytropic curve ‖ ~tropisch (Phys) / polytropic ‖
~urethan *n*, PUR *n* / polyurethane ‖ ~urethan... /
polyurethane... ‖ ~urethankunststoff *m* / polyurethane
plastics *pl* ‖ ~urethan-Schaum, Schaum[kunst]stoff *m*
/ polyurethane foam ‖ mit Gasen gefüllter
~urethanschaum / polyurethane rigid foam ‖
~urethan-Strukturschaumstoff *m*, PUR-RIM / PUR-
RIM, polyurethane structural foam ‖
~urethan-Teer-Kombination *f* / pitch-polyurethane
coating ‖ ~urethantreibstoff *m* / polyurethane
propellant ‖ ~valent, vielwertig (Chem) / polyvalent ‖
~valenter Code / multicondition code ‖ ~verbindung *f*
(Chem) / polycompound
Polyvinyl *n* / polyvinyl ‖ ~acetal *n* / polyvinyl acetal ‖
~acetat *n* / poly[vinyl] acetate ‖ ~alkohol *m* /
polyvinyl alcohol, PVA ‖ ~alkohol-Lack *m* (Buch) /
polyvinyl alcohol enamel ‖ ~butyral *n* (Chem) /
polyvinyl butyral
Polyvinylcarbazol *m*, PVK / polyvinylcarbazole, PVK
Polyvinyl·chlorid *n*, PVC / polyvinyl choride, PVC ‖
~chlorid *n* hart / PVC rigid ‖ ~chloridacetat *n* /
polyvinyl chloride acetate ‖ ~ether *n* / polyvinyl ether
‖ ~fluorid *n* / polyvinylfluoride ‖ ~formol *n* /
polyvinyl formaldehyde ‖ ~harz *n*, Vinylpolymerisat *n*
/ polyvinyl resin
Polyvinyliden *n* / polyvinylidene ‖ ~chlorid *n* /
polyvinylidene chloride ‖ ~fluorid *n*, PVDF, PVdF,
PV2F, PVF$_2$ / polyvinylidenefluoride
Polyvinyl·pyrrolidon *n*, PVP, Albigen *n* / polyvinyl
pyrrolidone, PVP
Poly·wasser *n* / polywater, superwater ‖ ~zyklisch,
mehrringig, -kernig (Chem) / polycyclic
Pol·zahl *f* (Elektr) / number of poles ‖ ~zwinge *f* (Schweiß) /
hand screw cramp
POM = Polymethylenoxid

Pomeranze f / bitter orange
Pomeranzen·blütenöl n, Neroliöl n / orange flower oil, neroli oil ‖ ‹öl, Orangen[schalen]öl n / orange peel oil ‖ bitteres ‹schalenöl / bigarade oil, bitter lemon oil
Pompejanischrot, Ziegelrot n / Pompeian red
PONA-Analyse f (Bestimmung von Paraffinen, Olefinen, Naphthenen u. Aromaten) (Chem) / PONA analysis
Ponceau RRR (o. 3 R) n (Färb) / ponceau 3 R ‖ ‹farbe f (Färb) / ponceau
Poncelet-Rad n (Hydr) / Poncelet wheel
Pond n (veraltet), p (= $9,80665 \cdot 10^{-3}$ N) / pond, p
ponderabel, wägbar / ponderable
ponderomotorisch (Phys) / ponderomotive ‖ ‹e Kraft / ponderomotive force
Pongeeseide f / China silk, pongee
Ponor m, Katavothre f (Geol) / ponor, swallow hole
Ponton m / pontoon, bridging boat ‖ ‹brücke f, Boot-, Schiffsbrücke f / movable o. boat o. floating o. pontoon bridge ‖ ‹dock n (Schiff) / pontoon dock ‖ ‹fähre f / pontoon ferry ‖ ‹kran m, Schwimmkran m / floating o. floater crane, pontoon crane ‖ ‹tor n (Schleuse) / caisson gate ‖ ‹wagen, Schiffswagen m / pontoon wagon o. carriage
Ponymischer m (Plast) / pony mixer
Pool m / pool ‖ ‹ (DV) / pool ‖ ‹anker m (Schiff) / pool anchor ‖ ‹palette f / interchangeable European pallet
Poop f, Hinterschiff n (Schiff) / stern, poop (obsolete) ‖ ‹, erhöhtes Achterdeck (Nav) / poop deck
Popelin m, Popeline f (Textil) / poplin, popeline
Poperoller, Tragtrommelroller m (Pap) / Pope reel winder, Pope type reel
Pop-Geräusch n (von Explosivlauten) (Mikrophon) / pop [noise]
POP-Papier n / particle oriented paper
Population f (Zool, Astr) / population
Populations·inversion f, Besetzungsumkehr f (Laser) / population inversion ‖ ‹typen m pl (Astr) / population types pl
Pore f / pore ‖ ‹n f pl (Schweißfehler) / blowholes and pores pl
Poren·beton m / foam mortar ‖ ‹bildner m / pore forming material ‖ ‹bildung f / pore formation ‖ ~frei / non-porous ‖ ~frei und lunkerfrei / free from pores and sink-holes ‖ ‹füller, Kitt m / putty ‖ ‹füller m, -schließer m (Anstrich) / sealer ‖ ‹gips m / aerated o. cellular gypsum ‖ ‹größe f / pore size ‖ ‹kanal m / pore channel ‖ ‹leitfähigkeit f / pore conductivity ‖ durchgängiger ‹raum / interconnected pore volume ‖ ‹saugwasser n (Boden) / capillary water ‖ ‹saugwirkung f, Kapillarität f / capillarity, capillar[y] [attr]action ‖ ‹schließer m, -füller m (Anstrich) / sealer ‖ ‹struktur f / pore structure ‖ ~verhütend, antipitting / antipitting, depitting, non-pitter ‖ ~verschließend / pore-sealing ‖ ‹volumen n / pore o. void volume ‖ ‹wand f / pore wall ‖ ‹wasser n / interstitial water ‖ ‹wasserdruck m (Beton) / interstitial pressure, pore pressure ‖ ‹winkelwasser n / pellicular water, water of hydration ‖ ‹ziegel m / porous brick ‖ ‹ziffer f / void ratio
Porigkeit f, Porosität f / porosity
porig-zellig, leicht (Plast) / expanded
poromerisch (Plast) / poromeric
porös, porig / porous, porose, poriferous ‖ ~, locker / spongy, porous ‖ ~, blasig (Gieß) / blown, blowy ‖ ~, zellig (Textil) / cellular ‖ ~, atmend (Textil) / breathing ‖ ~ brennend (Keram) / open-burning ‖ ~er fester Stoff, Aerogel n / porous solid, aerogel ‖ ~e Glasur, eierschalige Beschaffenheit (Porzellan) / porous glaze ‖ ~e Holzfaserplatte, HFD / soft board ‖ ~er Sand / open sand ‖ ~e Scheidewand o. Trennwand (Chem) / porous diaphragm o. barrier ‖ ~er Stoff (Plast) / foamy plastic ‖ ~e Struktur / weak o.discontinuous structure ‖ ~es Tongefäß / hydroceramic vessel, porous earthenware vessel ‖ ~e Tongefäße o. -waren (für

Filter) n pl / hydroceramic, porous earthenware ‖ ~es Tonrohr (Bau) / land tile ‖ ~er Überzug (infolge hoher Stromstärke) (Galv) / burnt deposit
Porosität f / porosity, porousness ‖ ‹ unter der Oberfläche / sealed o. closed o. sub-surface porosity
Porositäts·grad m / degree of porosity ‖ ‹messer m (Pap) / densimeter, densometer
Porpezit m, Palladiumgolderz n (Min) / porpezite, palladium gold
Porphin n (Chem) / porphin
Porphyr m (Geol) / porphyry ‖ schwarzer ‹, Augitporphyr m, Melaphyr m / augite o. black porphyry, melaphyre ‖ ~artig, -haltig, porphyrisch / porphyritic, porphyraceous ‖ ‹in n (Chem) / porphyrin ‖ ~ische Struktur / porphyritic texture ‖ ‹it m (Min) / microdiorite, porphyrite ‖ ‹oblast m / porphyroblastic rock ‖ ‹oid n (Geol) / porphyroid ‖ ‹walze f / porphyry roller
Porpoising, Tauchstampfen n (Wasserflugz) / porpoising
Porroprisma n / Porro['s] prism
Porroprismensystem n / Porro system of prisms
Port m (DV) / port
Portabilität f (Software) / portability
Portainer m, Containerbrücke f, -kran m / portainer
Portal n, Haupteingang m (Bau) / portal ‖ ‹, Haupteinfahrt f / front gate, main gate, gateway ‖ ‹, Mundloch n (Tunnel) / mouth ‖ ‹ausführung f (Roboter) / overhead gantry ‖ ‹automat m (Wzm) / portal automatic ‖ ‹brücke f mit eingebauten Stetigförderern / overhead belt transporter ‖ ‹fahrzeug n, -hubwagen m / straddle carrier o. truck ‖ ‹fräsmaschine f / portal milling machine, planomilling machine with travelling table ‖ ‹-Fräs- u. -Schleifmaschine f / double-column planer-miller ‖ ‹hubwagen m, -stapler m / straddle loader o. lift, van carrier ‖ ‹kran m, Volltorkran m / full gantry crane ‖ [kleiner] ‹kran, Bockkran m / gantry crane, trestle crane ‖ großer ‹kran (DIN), Verladebrücke f / travelling bridge, loading bridge ‖ ‹kran m mit Drehlaufkatze / portal jib crane ‖ ‹manipulator m / overhead support robot ‖ ‹rahmen m (Stahlbau) / frame, portal, bent (US) ‖ ‹rahmen m ein Stockwerk hoch (Bau) / frame one story high ‖ ‹-Schleifmaschine f (Wzm) / planer type grinding machine ‖ ‹verband m (Stahlbau) / crossbracing frame, portal bracing ‖ ‹wagen m (Bahn) / gantry wagon
Portefeuille-Leder n / bag leather o. hides pl
Porterbier n / porter beer
Portier m (Fabrik) / gatekeeper, gateman
portieren (DV) / transfer v
Portion, Menge f / portion
portionieren / portion v
Portionsweide n (Landw) / close folding
Portland·-Hochofenzement m 20 bis 35 / Portland blast furnace cement 20 to 35 ‖ ‹it m (Min) / portlandite ‖ ‹klinker m / Portland clinker ‖ ‹stein m, Portlandkalk[stein] m / Portland rock o. [lime]stone ‖ ‹zement m (auf Basis Ton u. Kreide) / Portland cement ‖ gemahlener ‹zement-Klinker / alite
Portliner m (im Auspuff) (Mot) / portliner
Portugalöl n, süßes Pomeranzenschalenöl / orange [peel] oil
Porzellan n / porcelain ‖ ‹ aufbrennen [auf] / porcelainize ‖ ‹ und Steingut / whiteware (US) / dünnes ‹, [Art] feines Steingut / bone china o. porcelain ‖ englisches ‹ / iron-stone china ‖ weiches ‹, Glas-Porzellan n / vitreous porcelain ‖ ‹abdampfschale f / porcelain evaporating dish ‖ ‹arbeiter m, -hersteller m / porcelain worker o. maker ‖ ~artig, glasig (Bruch) / vitreous ‖ ‹behälter m / porcelain tank ‖ ‹blau / China o. porcelain blue ‖ ‹brei m / porcelain slip ‖ ‹brennofen m / porcelain baking kiln ‖ ‹dreieck n (Labor) / pipeclay triangle ‖ ‹durchführung f (Elektr) / porcelain bush[ing] ‖ ‹einsatz m (Lab.) / porcelain shelf ‖ ‹email n,

porzellanartiges Email / porcelain enamel ‖ ~erde f,
Kaolin n / terra alba, kaolin, China clay ‖ ~[geschirr] n
/ china[ware] ‖ ~glasur f / glass glazing for porcelain ‖
~glocke f (Elektr) / insulator cup o. petticoat ‖
~haushaltgeschirr n / chinaware ‖ ~industrie f /
porcelain industry ‖ ~isolator m, -glocke f / porcelain
insulator ‖ ~kapsel f (Keram) / coffin ‖ ~kapsel f
(Fernm) / shackle ‖ ~küvette f (Chem) / porcelain cell ‖
~manufaktur f / porcelain factory ‖ ~masse f, -teig m
/ porcelain body ‖ ~scherbe f / crock n, shard,
[pot]sherd ‖ ~schienenklemme f (Elektr) / porcelain
clamp for distributing bars ‖ ~schiffchen n (Chem) /
porcelain boat ‖ ~stein m / fire brick, fireclay
refractory ‖ ~tiegel m (Chem) / porcelain crucible ‖
~ton m s. Porzellanerde ‖ ~versatz m / porcelain batch ‖
~wandler m (Elektr) / porcelain transformer
Posamenten f pl (Textil) / notions pl (US), [ornamental]
trimmings pl ‖ ~maschine f / lace and trimming
machine
Posamentierstuhl m, Bortenwirkerstuhl m / trimming
frame
Posaune f (Wellenleiter) / trombone ‖ ~ (Funk, Mus.Instr.) /
trombone
Posaunenfederung f, Teleskopfederung f / telescopic
shock absorber
Posistor, Kaltleiter m (Elektronik) / posistor
Position f (allg, Astr, Navig) / position ‖ ~, Eintragung f
(z.B. in einer Liste) / entry, item ‖ ~, Schiffsort m /
place of a ship, position
Positioner, Aufspanntisch m (Schweiß) / positioner
Positionier·antrieb m / position drive ‖ ~aufgabe f /
positioning problem
positionieren (Prozeßrechn) / index v ‖ ~ (NC) / position v
‖ ~ n / positioning ‖ ~ (Siebdruck) / setting
Positionier·genauigkeit f (NC) / positioning accuracy ‖
~loch n, Abstimmloch n / timing hole ‖ ~stein m (Wzm)
/ tenon ‖ ~system n, Positionsanfahrsystem n /
positioning system
Positionierung, Punktsteuerung f (Wzm) / position control,
positioning ‖ ~ f der Last / positioning of load
Positionierungs·aufgabe f / positioning duty
Positionier·zeit f (Plattenspeicher) / seek time
positionindizierender Fernmesser / position telemeter
Positions·... / positional ‖ ~abweichung f (NC) / deviation
of position ‖ ~astronomie, Astrometrie f / astrometry ‖
~beibehaltung f (Satellit) / station-keeping ‖
~bestimmungsgerät n (Radar) / air position indicating
radar ‖ ~darstellung f (Math) / radix [notation] ‖
~daten pl (Flugkörper) / location information ‖
~[faden]mikrometer n (Opt) / position [filar]
micrometer ‖ ~fehler m (NC) / position error ‖ ~geber
m / position transmitter ‖ ~geber m (Ventil) / positioner
block ‖ ~kontrolliert (Satellit) / position-controlled ‖
~kreis m (Astr) / position circle ‖ ~lampe, -laterne f,
-licht n (Schiff) / steering light, position o. running light,
navigation light ‖ ~licht n, Kennlicht n (Bahn) / marker
light ‖ ~linie f / LOP, line of position ‖ ~meldung f /
position message ‖ ~messung f (NC) / position
measuring ‖ ~nummer f, Teilnummer f (Stückliste) /
piece number, item number ‖ ~nummer f (Zeichn) /
reference number ‖ ~regler m / positioning system ‖
~-Sollwert m (NC) / programmed o. actual position ‖
~stange, -kugel f (Kfz) / steering indicator ‖
~streubreite f (NC) / positioning variation, scatter ‖
~system, Stellenwertsystem n (Zahlensystem) /
denominational number system ‖ ~verschluß m /
positioning lock ‖ ~winkel m (Opt, Astr) / position angle
Positiv n / positive n ‖ ~ (Phot) / positive [picture] ‖ ~
(allg, Elektr) / positive, plus ‖ ~e Abwicklung der Kette
(Web) / winding off the warp ‖ ~e
Amplitudenmodulation (TV) / positive amplitude
modulation ‖ ~er **Antrieb** (Masch) / gear[ed] drive ‖ ~e
Anzeige (Meßinstr) / upscale reading ‖ ~er **Auftrieb** /
positive lift ‖ ~e **Beschleunigungskraft** (in Richtung

Kopf-Fuß) (Raumf) / positive g ‖ ~er einachsiger
Kristall (Krist) / positive mineral ‖ ~ **elektrisch** (Elektr) /
electropositive ‖ ~e **elektrische Ladungseinheit** / unit
positive charge ‖ ~e **Elektrizität** / positive electricity ‖
~e **Elektrode** / (gen:) positive electrode, (voltameter:)
anode, (primary cell:) cathode ‖ ~e **ganze Zahl** /
positive integer ‖ ~ **gerichtet** (Gerade, Ebene) / positive ‖
~er **Gitterstrom** / backlash ‖ ~e **g-Toleranz** (Raumf) /
positive g tolerance ‖ ~er **Heizfadenanschluß**
(Elektronik) / positive filament terminal ‖ ~e **Impuls-
Dachschräge** / pulse tilt (contr. dist: pulse droop) ‖ ~e
Ladung (Nukl) / positive charge ‖ ~e **Lichtpause** /
positive cyanotype ‖ ~es **Lichtpauspapier** / black-line
paper ‖ ~es **Moment** (Stahlbau) / sagging bending
moment ‖ ~e **Multiplikation** / accumulative
multiplication ‖ ~es **Nachbild** / positive afterimage ‖
~er **Pol** (Elektr) / positive pole ‖ ~e **Polung der
Elektrode** (Schweiß) / reversed polarity ‖ ~e
Rückkopplung, Mitkopplung f / positive feedback,
regenerative feedback ‖ ~e **Säule** (Leuchtentladung an
der positiven Elektrode) (Elektronik) / positive column ‖
~e **Sperrkennlinie** (Thyristor) / forward off-state
characteristic ‖ ~er **Sperrstrom** (Halbl) / positive
offstate current ‖ ~e **Sperrzeit** (Röhre) / blocking period
‖ ~er **Taktwechsel**, positive Taktflanke (Drucker) /
positive going impulse ‖ ~ **verwunden** (Luftf) / washed-
in ‖ ~es **Vorzeichen** / positive o. plus sign ‖ ~e
Wortkonstante (DV) / full-word positive constant ‖ ~e
Zuleitung (Elektr) / positive feeder ‖ ~e **Zyanotypie**,
umgekehrte Blaupause (Zeichn) / Pellet's process ‖
~druck, -abzug m / positive printing ‖ ~emulsion f
(Phot) / positive emulsion ‖ ~entwickler m (Phot) /
positive developer ‖ ~farbfilm m / colour positive film
o. print film ‖ ~film m / positive film stock ‖ ~form n
(Plast) / positive mould ‖ ~-Frequenzmodulation f /
positive frequency modulation ‖ ~kopie f / positive
copy ‖ ~kopierverfahren n (Buch) / positive copying
process ‖ ~linse, Sammellinse f / positive o. focus[s]ing
lens, convergent o. convex lens ‖ ~modulation f (TV) /
positive video signal, positive light modulation ‖
~-negativ (Fluß, Phys) / true-false, positive-negative ‖
~original n (Drucker) / positive overlay master ‖
~verfahren n (mit Vorstreckung) (Plast) / air-slip
process
Positron n, positives Elektron, e⁺ (Phys) / positron,
positive electron
Positronik f (Nukl) / positronics
Positron·ium n (Nukl) / positronium ‖ ~zerfall m /
positron integration o. decay
Post f / post (GB), mail
postalisch, Post... / postal
Post-alloy-Diffusionstechnik f (Halbl) / post-alloy-
diffusion technique
Postambel f (DV) / postamble
Postament n / base, pedestal
Post-DNB-Bereich m (Nukl) / post-departure from nuclear
boiling region, post-DNB-region
Posteingangsstempel m / stamp of receipt
Postelektronenemission f, abklingende Nachemission
(Nukl) / postelectron emission
Posten m (Ware) / lot, batch ‖ ~, abgeteilte Menge /
parcel, batch ‖ ~, Punkt m / entry, item ‖ ~ (Glas) / ball,
lump, gob, gather ‖ ~, Rehposten m, -schrot m n /
buckshot ‖ nach ~ gegliedert / itemized ‖ zu
addierender ~ / summand ‖ ~daten pl (DV) / batch
data pl ‖ ~eingang m (LoKa) / list entry ‖ ~karte f
(LoKa) / detail card ‖ ~liste f (Programm) / detail report
group ‖ ~schreibung f (LoKa) / normal card listing,
listing ‖ ~umdrucker m (DV) / facsimile posting
machine ‖ ~umfang m (Kontrollwesen) / inspection lot
size ‖ ~zähler m (Add.m.) / item counter ‖ ~zähler m
(Reg.Kasse) / transaction counter ‖ ~zeile f (DV) / detail
line
posteriori, a ~, aus Erfahrung gewonnen / a posteriori

Postflugzeug *n* / mail plane

Postformationstheorie, Epigenesetheorie *f* (Biol) / epigenesis theory

Postier·apparat *m* (Web) / raising apparatus [before the machine]

Post·kabel *n pl* (Straßb) / telephone cables *pl* ‖ **⤴kraftwagen** *m* / post office van, mail van ‖ **⤴kraftwagen** *m* / mail truck (US) o. lorry (GB) ‖ **⤴leitzahl** *f* / post code (GB, Australia), zip code (US)

Postmortem, nach Ablauf des Programmlaufs (DV) / postmortem

Postmortem-Programm, Fehlersuch-Programm *n* (DV) / postmortem program[me]

Postnovae *pl* (Astr) / postnovae *pl*

Post-Office-Brücke *f* (eine Stöpsel-Meßbrücke) / Post Office o. P.O. box o. bridge (GB)

Post·omnibus *m* / mail o. Postal Office bus ‖ **⤴paket** *n* / postal parcel

Postprocessor *m*, Anpassungsprogramm *n* (DV) / postprocessor

Post·-Prozeßmessen *n* (Wzm) / postprocess measuring ‖ **⤴sache** *f* (Versandart) / interoffice mail ‖ **⤴scheck** *m* / postal cheque ‖ **⤴scheckamt** *n* / post-cheque office ‖ **⤴scheckdienst** *m* / post-cheque service ‖ **⤴scheckkonto** *n* / postal cheque account ‖ **⤴stempel** *m* / postmark ‖ **⤴synchronisation** *f* / playback ‖ **⤴-Trigger** *m* / post-trigger

Postulat *n*, Voraussetzung *f* / postulate

Post·wagen *m* (Eisenb) / postal van, post wagon (GB), mail car o. van (US) ‖ **⤴zug** *m* (Bahn) / mail train

Pot *n* (Elektronik) s. Potentiometer

Potential *n*, Spannung *f* (z.B. gegen Erde) (Elektr) / potential ‖ **⤴**, Spannung in Volt (Elektr) / voltage ‖ **⤴...** (Elektr) / potential *adj* ‖ **⤴ der Schallschnelle** / velocity potential ‖ **auf gleichem ⤴** (o. Niveau) [mit] / level [with] ‖ **⤴abfall** *m*, -gefälle *n* / potential o. voltage drop ‖ **⤴ausgleich** *m* / equipotential bonding ‖ **⤴ausgleichleiter** *m* (Elektr) / equipotential bonding conductor, potential equalization line ‖ **⤴ausgleichschiene** *f* / equipotential busbar ‖ **⤴barriere** *f* / potential barrier o. threshold ‖ **⤴berg**, -hügel *m* / potential hill o. wall ‖ **⤴bewegung** *f*, -strömung *f* / streamline motion ‖ **⤴differenz** *f*, Elektrodenspannung *f* / potential difference between electrodes ‖ **⤴differenz** *f*, Spannungsunterschied *m* zwischen zwei Leitern / voltage between lines o. phases, of the system, potential difference, PD ‖ **⤴differenz** *f* **zwischen Eingangsklemmen** (Elektr) / applied pressure ‖ **⤴feld** *n* / potential field ‖ **⤴fläche** *f* / potential [energy] surface ‖ **⤴funktion** *f*, harmonische Funktion / power function ‖ **⤴gefälle** *n* (entlang einem Leiter) / potential difference, P.D., pd ‖ **⤴gefälle** *n*, -abfall *n* / potential o. voltage drop ‖ **⤴gradient** *m* (Potentialgefälle je Längeneinheit) / potential gradient, electromotive intensity ‖ **⤴hügel**, -berg *m* / potential hill o. wall ‖ **[Maxwellscher] ⤴koeffizient** / potential coefficient ‖ **⤴minimum** *n* / minimum of potential ‖ **⤴mulde** *f* (Nukl) / potential trough ‖ **⤴/PH-Diagramm** *n* / potential/PH diagram ‖ **⤴plateau** *n* / potential plateau ‖ **⤴rand** *m*, Rand *m* der Potentialmulde / border of potential wall ‖ **⤴regler**, Drehtrafo *m* / adjustable o. variable transformer ‖ **⤴schwelle** *f* / potential barrier o. threshold ‖ **⤴senke** *f*, -topf *m* / potential well o. pot o. pit ‖ **⤴sonde** *f*, Kollektor *m* (Elektr) / collector ‖ **⤴sprung** *m* / potential jump ‖ **⤴steuerung** *f*, Glimmschutz *m* (Elektr) / corona shielding ‖ **⤴streuung** *f* (Nukl) / potential scattering ‖ **⤴strömung** *f*, wirbelfreie Strömung / irrotational flow, potential flow ‖ **⤴strömung** *f*, -bewegung *f* (Phys, Luftf) / streamline motion ‖ **⤴theorie** *f* / potential theory ‖ **⤴topf** *m*, -trog *m* (Nukl) / potential well o. pot o. pit ‖ **⤴unterschied** *m*, -differenz *f*, -verlauf *m*, -gefälle *n* (Elektr) / difference of potential, potential difference, P.D. ‖ **⤴vermittler** *m*

(Chem) / potential mediator ‖ **⤴wall** *m* / potential barrier o. threshold

potentiell / potential ‖ **⤴e Energie** (Energie der Lage) (Mech) / potential o. static energy ‖ **⤴er Rückstand**, Abdampfrückstand *m* nach der Alterung / potential gum ‖ **⤴e Temperatur** (Phys) / potential temperature

Potentiometer, Pot *n* (Elektronik) / potentiometer, pot ‖ **⤴** *n* **für potentiometrische Titration** / titrimeter ‖ **⤴ mit Elektronenstrahlröhre** (Chem) / sectrometer ‖ **⤴ mit festen Anzapfungen** (Elektronik) / tapped control ‖ **⤴geber**, -abgriff *m* / potentiometer pickoff ‖ **⤴-Regelung** *f* / potentiometer control ‖ **⤴schaltung** *f* / potentiometer circuit

Potentiometrie *f*, potentiometrische Titration (Chem) / potentiometric o. electrometric analysis o. titration

potentiometrisch, elektrometrisch / potentiometric, electrometric

Potentiostat *m* / potentiostat

potentiostatisch / potentiostatic

Potenz *f* (Math) / power ‖ **6. ⤴** / cubo-cube ‖ **dritte ⤴** / third power, cube ‖ **in die dritte ⤴ erheben**, kubieren (Math) / cube *v* ‖ **zweite ⤴**, Quadrat *n* / square, second power ‖ **⤴basis** *f* (Math) / base ‖ **⤴flaschenzug** *m* / pulley block with one fixed pulley only ‖ **⤴gesetz** *n* (Math) / exponential law, law of exponents

potenzieren, in die höhere Potenz erheben / raise to a higher power, exponentiate

Potenz·linie *f* (Math) / radical axis ‖ **⤴netz** *n* (Kernverteilung) / power-function grid ‖ **⤴papier** *n* / double-logarithmic paper ‖ **⤴punkt** *m* (Math) / radical center ‖ **⤴reihe** *f* (Math) / power series ‖ **⤴schreibweise** *f* (DV) / power mode

Potier-Reaktanz *f* (Elektr) / Potier reactance

Potlife *n*, Topfzeit *f* (Plast) / potlife

Pottasche *f*, (Handelsbezeichnung für:) Kaliumcarbonat *n* / potash ‖ **rohe, schwarze ⤴** / crude potash ‖ **⤴-Rongalitverfahren** *n* (Färb) / potash-Rongalit method, potash sulfoxylate formaldehyde method

Pottaschküpe *f* (Färb) / potash vat

Potter-Bucky-Blende *f*, bewegliches Raster (Röntgen) / moving o. reciprocating grid

Potting·echtheit *f* / fastness to potting ‖ **⤴verfahren** *n*, Naßdekatur *f* / wet decatizing, potting

Pottmischer *m* / Pott rotary mixer

Poulsen-Generator *m* / Poulsen arc converter

Poundal *n* / poundal, pdl (unit of force = acceleration of 1 ft/sec² in a mass of 1 lb, 32,2 pdl = 1 pound-force (GB) o. pound-weight (US), 1 pdl = 0,138255 N)

Pound-Force *n* (= 4.4482 N) / lbf, pound force

Pourpoint *m* (Öl) / pour point

Poussière *f* (Zinkgewinng) / zinc dust

Powellit *m* (Min) / powellite

Power·-and-Free-Förderer, Schleppkreisförderer *m* / power-and-free conveyor ‖ **⤴-Block** *m* (Ringwadenfischerei) (Schiff) / power block ‖ **⤴-Down-Versorgung** *f* (DV) / power-down option ‖ **⤴forming** *n* (Öl) / Powerforming ‖ **⤴-Shift-Getriebe**, Lastschalt- und Wendegetriebe *n* (Mot) / power shift gear

Poynting·-Robertson-Effekt *m* (Astr) / Poynting-Robertson effect ‖ **⤴scher Faktor**, Energiestromdichte *f* (Elektr) / Poynting factor ‖ **⤴scher Satz** / Poynting theorem ‖ **⤴scher Vektor** (Elektr) / Poynting vector

PP = Polypropylen

P.P. (Logarithmen) = partes proportionales

ppb *pl* (= parts per billion) (10⁻⁷ Volumen %) / p.p.b. *pl*, parts per billion (10⁻⁹) *pl* ‖ **⤴**, Teilchen *pl* pro Milliarde / part per billion, ppb ‖ **⤴-Bereich** *m* / ppb-range (= parts per billion)

PPC, parallel programmierbare Steuerung / PPC, parallel programmable control ‖ **⤴** (ein Rechner) / professional personal computer, PPC

PP-Fraktion *f*, PP *n*, C₃-Fraktion *f* (Propan-Propylen-Mischung) (Öl) / PP fraction

PPI·-Anflug *m* (Luftf) / plan position indicator approach, PPI-approach ‖ ⌐**-Anzeige**, Panorama-Anzeige *f* (Radar) / PPI, plan position indication ‖ ⌐**-Gerät**, Rundsicht-Gerät *n* / plan-position indicator, PPI ‖ ⌐**-Schirm mit Nullkreisdarstellung** (Radar) / open-center display
ppm, Teilchen *n* pro Million, 10₋₄ Volumen-% / part per million, ppm
PPM (Elektronik) = Pulsphasenmodulation
ppm-Bereich *m* / ppm-range
PPO = Polyphenylenoxid
PPS = Polyphenylsiloxan ‖ ⌐ = Produktions-Planungs- und Steuersystem
PP-Übergang *m* (Elektronik) / p-p junction
Pr = Prandtl-Zahl
Präambel *f* (DV) / preamble
Präcompound... (Nukl) / precompound...
Prädiktion, Voraussage *f* (Regeln) / prediction
Prädiktions·kodierung *f* (TV) / predictive coding ‖ ⌐**theorie** *f* (Math) / prediction theory
prädiktives [Regel]system (Regeln) / prediction [control] system
Prädiktor-Korrektor-Verfahren *n* (Math) / predictor-corrector method
Prädissoziation *f* (Chem) / predissociation
Präfix *n*, Vorsatzcode *m* (DV) / prefix ‖ ⌐**operator** *m* (DV) / prefix operator ‖ ⌐**schreibweise** *f* (DV) / prefix o. Polish notation
Präge·ausrüstung *f* (Textil) / embossed finish ‖ ⌐**druck** *m*, Pressen *n* / die stamping ‖ ⌐**druck** *m*, Stahlstich *m* (Buch) / relief print[ing] o. embossing, raised impression ‖ ⌐**druck** *m*, Blinddruck *m* (Buch) / blind blocking ‖ ⌐**druck** *m* (Textil) / embossed print ‖ ⌐**etikett** *n* / embossed label ‖ ⌐**folie** *f* (Galv) / embossing foil ‖ ⌐**folie** *f* (Plast) / embossed sheet ‖ ⌐**form** *f*, Matrize *f* / stamping mo[u]ld, matrix ‖ ⌐**kalander** *m* (Masch) / embossing o. stamping calender ‖ ⌐**kalander** *m* (Textil) / moire calender ‖ ⌐**krepp** *m* (Textil) / embossed crape ‖ ⌐**maschine** *f* (Leder) / embossing machine ‖ ⌐**maschine** (Münzw) / coining machine
prägen, ein-, aufprägen / stamp, imprint, emboss ‖ ⌐, kaltschlagen (Stanz) / stamp ‖ ⌐, massivprägen (Münzw) / coin *vt*, mint *vt* ‖ ⌐, hohlprägen (Stanz) / raise, emboss ‖ ⌐, narben (Leder) / emboss, grain ‖ ⌐, gaufrieren (Web) / emboss, goffer, gauffer ‖ ⌐ (Buch) / blind-tool, block, tool ‖ ⌐ *n* (Sintern) / coining
Präge·platte, Druckplatte *f* (Buch) / die (pl.: dies) ‖ ⌐**polieren**, polierdrücken / burnish ‖ ⌐**poliermaschine** *f* / burnishing lathe ‖ ⌐**presse** *f* (allg) / embossing press o. machine ‖ ⌐**presse**, Stanzpresse *f* / stamping machine o. press ‖ ⌐**presse** *f* (Münzw) / coining press ‖ ⌐**presse** *f* (Sintern) / coining press ‖ ⌐**presse** *f* (Buch) / embossing press ‖ ⌐**richten**, planieren (Stanz) / flatten, planish ‖ ⌐**richtwerkzeug**, Prägeplanierwerkzeug *n* (Stanz) / roughened planishing tool ‖ ⌐**ring** *m* (Münzw) / ferrule ‖ ⌐**schaum** *m* (Teppich) / embossed backing ‖ ⌐**stempel** *m* (Stanz) / coining die ‖ ⌐**stempel** *m* (Münzw) / coining dies *pl* ‖ ⌐**stempel** *m* **für Kaltformen** (Wzm) / hob ‖ ⌐**teil** *n* (Stanz) / stamping ‖ ⌐- **u. Druckwerkzeug** *n* / imprinter ‖ ⌐**walzen**, Molettieren *n* (Stanz) / roll embossing ‖ ⌐**werkzeug** *n* (allg) / embossing die, stamping tool o. die ‖ ⌐**werkzeug** *n* (z.B. für Verzierungen) / coining die, embossing die ‖ ⌐**werkzeug** *n* **für Münzen** / coining die
Pragmatik *f* (DV) / pragmatics
prägnant / concise
Prahm, Leichter *m*, Schute *f* (Schiff) / lighter, praam (Baltic and North Sea) ‖ ⌐**bagger** *m* / hopper-dredger, dredge transporting the dredged material ‖ ⌐**gerüst** *n* (Brückb) / erecting pontoon stage
Praktikant *m* / trainee
Praktiker *m* / practician, practical man
Praktikum *n*, Seminar *n* / workshop ‖ ⌐ / practical o. laboratory course ‖ ⌐ **für Kundendienst** / maintenance clinic

praktisch, geeignet / convenient ‖ ⌐, nützlich / expedient, suitable ‖ ⌐, zweckmäßig / practical ‖ ⌐ *adv*, so gut wie (z.B. unsichtbar) / practically (e.g. invisible) ‖ ⌐**e Ausbildung** / hand-on training ‖ ⌐**e Brauchbarkeit** / practicability ‖ ⌐**e Erfahrung** / practical knowledge ‖ ⌐**e Fehlergrenze**, Vertrauensbereich *m* / practical limit of error ‖ ⌐**e Korrektureinheit** (Auswuchten) / practical correction unit ‖ ⌐**e Prüfung** / practical *n* ‖ ⌐**e Regel**, Daumenregel *f* / rule-of-thumb ‖ ⌐**e Tätigkeit** / laboratory work ‖ ⌐**es Wissen** / practical knowledge
praktizieren, ausüben / exercise ‖ ⌐, in die Praxis überführen / put into practice
prall, straff / tight, taut ‖ ⌐ **füllen** / inflate taut o. to tautness
Prall *m*, Rückprall *m* / bounce, [re]bound, repercussion, recoil ‖ ⌐, An-, Aufprall *m* / impact, clash
Prall..., senkrecht [zu] / vertical [to]
Prall·anzeiger *m* (Luftf) / volume indicator ‖ ⌐**blech** *n* / impact plate, deflector ‖ ⌐**blech** *n*, -platte *f* / baffle plate ‖ ⌐**brecher** *m* / rebound crusher, [coarse reduction] impact crusher ‖ ⌐**elektrode**, Dynode *f* (Sekundäremissionskathode) (Elektronik) / dynode
prallen, zurückprallen / rebound ‖ ⌐, aufprallen / bounce o. bound [against] ‖ **Mehl** ⌐ / impact flour
Prall·fläche *f* / rebounding surface, deflector ‖ ⌐**fläche** *f* (Strahlung) / backscattering surface ‖ ⌐**fläche** *f* (Vakuum) / baffle ‖ ⌐**flächenbrenner** *m* / target impact burner ‖ **den Ballon** ⌐**füllen** / inflate to tautness a balloon ‖ ⌐**heit**, Vollheit *f* / fullness, tautness ‖ ⌐**höhe** *f* (Ballon) / pressure height ‖ ⌐**-Luftschiff** *n* / blimp ‖ ⌐**mühle** *f* / impact crusher (a mill), rebound crusher ‖ ⌐**mühle** *f* (Kohlestaubfeuerung) / air jet impact pulverizer ‖ ⌐**platte** *f*, Ablenkplatte *f* / flapper, deflector ‖ ⌐**platte** *f*, -kern *m* (Gieß) / splash core ‖ ⌐**platte** *f*, -blech *n* / baffle [plate] ‖ ⌐**platte** *f* (Kath.Str, TV) / target ‖ ⌐**spalter**, Schlagbrecher *m* (Bergb) / impact crusher ‖ ⌐**strahlverschleiß** *m* / wear by oblique blast ‖ ⌐**strom-Einspritzdüse** *f* (Raumf) / impinging stream injector ‖ ⌐**teller** *m* (Hydr) / rebounding plate ‖ ⌐**tellermühle** *f* / impact disk mill, impeller breaker (US) ‖ ⌐**trommel** *f* (Bagger) / breaker drum ‖ ⌐**verschleiß** *m* / wear by impacts ‖ ⌐**wand** *f* (Akustik) / live end ‖ ⌐**zerkleinerung** *f* / impact crushing
Prämie *f* / premium, pm ‖ ⌐ **mit steigendem Prozentsatz bei steigender Leistung** (F.Org) / accelerating premium
Prämien·lohnsystem *n* / premium [wage] system ‖ ⌐**zuschlag** *m* (F.Org) / bonus increment
Prandtl·-Prisma, Pentagonprisma, Penta-Prisma *n* / pentaprism ‖ ⌐**sches Staurohr** / Prandtl's Pitot tube, pitostatic tube, pitot head ‖ ⌐**-Zahl** *f*, Pr / Prandtl number
Präparat *n* (Pharm) / preparation, compound ‖ ⌐, Gebräu *n* / concoction
Präparatenglas, -röhrchen *n* (Chem) / preparation o. specimen glass o. tube
präparativ / technical ‖ ⌐ (Chem) / preparative ‖ ⌐**e Darstellung** / preparative obtention
Präparatstärke *f*, Quellstärke *f* (Nukl) / source strength o. intensity
präparieren, vorbereiten / prepare
Präparier·mikroskop *n* / dissecting microscope ‖ ⌐**salz** *n*, Natriumstannat *n* (Textil, Galv) / preparing salt, sodium stannate
präpariert (Chem) / prepared ‖ ⌐, fertig / ready-prepared ‖ ⌐**er Teer** / blended tar
Präparier·tisch *n* / preparing table ‖ ⌐**vorrichtung** *f* (Web) / waxing device
Präsentationsschicht *f* (OSI) / presentation layer
Präsenz, Anwesenheit *f* (Elektronik) / presence
Praseodym *n*, Pr (Chem) / praseodym[ium], Pr
präservieren / preserve
Präservierungsmittel *n* / preservative

prasseln (z.B. Regen) / pelt, rattle, patter ‖ ⌁, Knistern *n* / decrepitation, crackling ‖ ⌁ (Fernm) / frying ‖ ⌁ (Chem) / crackling
Pratze *f*, Klaue *f* / claw, lug, bracket
Pratzen·kran *m* / claw crane ‖ ⌁**traverse** *f* (Kran) / claw crossbar
Pratzlagermotor *m* (Bahn) / axle suspension o. nose suspension o. nose[-and-axle] suspended motor
Praxis, Ausübung *f* / practice, praxis ‖ **in der** ⌁, in praxi / in action, in practical operation ‖ ⌁**erprobt** / field-proven ‖ ⌁**nah** / practical, field-experienced ‖ ⌁**naher Versuch** (Masch, Elektr) / field trial ‖ ⌁**orientiert** / practice oriented ‖ ⌁**schulung** *f* **für Benutzer** / implementation course o. class
Präzession *f* (Phys) / precession ‖ ⌁ **aufweisen** / precess
Präzessionswinkel *m* (Raumf) / coning angle
Präzipitat, Sediment *n* (Chem) / deposit, sediment
präzis, genau / precise
präzisieren / state precisely
Präzision, Genauigkeit *f* / precision, accuracy ‖ **an einem Urmaß geprüfte** ⌁ (Instr) / substandard precision ‖ **doppelte** ⌁ (DV) / double precision, double length
Präzision-in-Line Röhre (Bildschirm) / precision in-line tube
Präzisions·..., Fein... / precision..., high-accuracy... ‖ ⌁**anflugpiste** *f* / precision approach runway ‖ ⌁**anflugradar** *m n* / precision approach radar, PAR ‖ ⌁**anschluß** *m* (Elektronik) / matched impedance connector ‖ ⌁**arbeit** *f* / precision work ‖ ⌁**attribut** *n* (DV) / scaling attribute ‖ ⌁**-Bezugsspannungsquelle** *f* (Elektronik) / precision voltage reference ‖ ⌁**drahtziehen** *n* / accurate wire drawing ‖ ⌁**[dreh]teile** *n pl* / precision screw machine parts *pl* ‖ ⌁**faktor** *m* (Assembler) / scale modifier ‖ ⌁**feile** *f* / adjusting file ‖ ⌁**garnwaage** *f* / accurate yarn quadrant ‖ ⌁**-GCA-Anflug**, PAR-Anflug *m* / precision o. PAR-approach ‖ ⌁**guß**, Wachsausschmelzguß *m* / precision investment casting, lost-wax o. waste-wax process o. casting ‖ ⌁**guß** *m* **mit gefrorenem Quecksilber** / equipment casting by frozen mercury process ‖ ⌁**-Höhenmesser** *m* / three-pointer altimeter ‖ ⌁**instrument** *n* / precision instrument, instrument of precision ‖ ⌁**-Kreuzspulmaschine** *f* (Textil) / precision crosswinder ‖ ⌁**kreuzwicklung** *f* / precision cross winding ‖ ⌁**mechanik** *f* / high-precision mechanics ‖ ⌁**meßgerät** *n* (Elektr) / substandard instrument ‖ ⌁**messung** *f*, Feinmessung *f* / precision o. accurate measurement o. measuring ‖ ⌁**nivellement** *n* (Verm) / precise levelling ‖ ⌁**nivellier** *n* / precision level ‖ ⌁**offset** *n* (Trägerfrequ.) / precision offset ‖ ⌁**quarz** *m* / high precision crystal ‖ ⌁**-Radaranflug** *m* / precision radar approach ‖ ⌁**regler** *m*, Feinregler *m* / precision regulator ‖ ⌁**reißzeug** *n* / precision drawing instruments *pl* ‖ ⌁**rundstahl**, Silberstahl *m* / silver steel (GB), Stub's steel (US) ‖ ⌁**saat** *f*, Einzelkornsaat *f* / spaced seed, precision planting ‖ ⌁**-Schallpegelmesser** *m* / precision sound level meter ‖ ⌁**schleifmaschine** *f* / precision grinding machine ‖ ⌁**taschenuhr** *f* / half chronometer ‖ ⌁**teile** *n pl* / precision parts *pl* ‖ ⌁**theodolit** *m* (Verm) / theodolite ‖ ⌁**trommeln** *n* / slidabrading ‖ ⌁**waage** *f* / high-accuracy weighing machine ‖ ⌁**werkzeug** *n* / precision tool ‖ ⌁**wickelverfahren** *n* (Plast) / filament winding ‖ ⌁**zeitmesser** *m* / timekeeper
PRC-Oberflächenbehandlung *f* (Galv) / PRC-plating (periodic reverse current)
Preemphasis *f* (Modulation) / pre-emphasis, accentuation
preemptiv *adj* (DV) / preemptive
Prefocuslampe *f* / prefocus lamp
P-Regelung, Proportional-Regelung *f* / proportioning control, rate control o. action, booster o. time action
P-Regler *m*, Proportionalregler *m* (Regeln) / proportional [action] control[ler], proportional [position] action controller, proportional control unit, P controller
Preheater, Schrott-Vorwärmer *m* / scrap preheater

Prehnit *m* (Min) / prehnite
Preis *m* / cost *sg*, price ‖ ⌁ **ab Zeche** / pit price ‖ ⌁**e erzielen** (o. einbringen) / fetch prices ‖ ⌁**angabe** *f*, -angebot *n* / quotation of price ‖ ⌁**anzeigende, [-Auszeichnungs-]Waage** / price indicating, [printing] weighing machine ‖ ⌁**ausschreiben** *n* / prize competition ‖ ⌁**berechnung**, Kalkulation *f* / calculation ‖ ⌁**bewerber** *m* / entrant ‖ ⌁**günstig** / budget-priced ‖ ⌁**-Leistungs-Verhältnis** *n* / cost-performance ratio ‖ ⌁**-Leistungs-Vorteil** *m* / cost-performance tradeoff ‖ ⌁**liste** *f*, -verzeichnis *n* / price list ‖ ⌁**nachlaß** *m* / allowance, price reduction ‖ ⌁**rechnende Waage** / price computing weighing machine ‖ ⌁**rechner** *m* **für Parkplätze** / parking computer ‖ ⌁**rechner** *m* **für Zapfsäulen**, Geld- und Literzähler *m* (Zapfsäule) / computer head, countmetering head ‖ ⌁**steigerungs-Vorbehalt** *m* / escalation formula in a contract
Prell·abstand *m* (Schreibm) / rebound distance ‖ ⌁**blech** *n* s. Prallblech u. Prallplatte ‖ ⌁**bock** *m* (Eisenb) / buffer [block o. stop], bumper, bumping post, fender beam ‖ ⌁**draht** *m* (Schreibm) / repulser wire
prellen *vi*, zurückprallen / rebound ‖ ⌁ ~ *vt* / cause to rebound ‖ ⌁ *n* / rebounding ‖ ⌁ **von Kontakten** / contact shatter o. bounce
Preller *m* / bounce pulse
prell·frei / bounce-free ‖ ⌁**schlag** *m* (Schm) / blow die to die ‖ ⌁**schuß** *m* (Mil) / ricochet ‖ ⌁**stift** *m* **an der Hemmung** (Uhr) / banking pin ‖ ⌁**stock** *m*, Reitel *m* (Schm) / recoil, rabbit, spring beam ‖ ⌁**vorrichtung** *f* / buffer [gear], cushioning, bumper, shock absorber ‖ ⌁**zeit** *f* (Relais) / bouncing time
Premium·öl *n* / premium oil ‖ ⌁ **Quality** *f* (Hütt) / premium quality
Premix-Preßmasse, flächenförmige ⌁, SMC-Formmasse *f* / sheet moulding component plastics, SMC plastics
Prepaktbeton *m* / preplaced o. prepacked aggregate concrete, prepact concrete
Prepreg *n* (Plast) / prepreg, preimpregnated glass fabric
Presenning *f* / canvas, tarpaulin
Pre-Slung-Fracht *f* (Schiff) / pre-slung freight
Preß·arbeit *f* / pressing ‖ ⌁**armatur** *f* (Schlauch) / swaged o. crimped fitting ‖ ⌁**automat** *m* / automatic press ‖ ⌁**backe** *f* / cheek plate ‖ ⌁**backe** *f* **der Abkantpresse** / pressure clamp of the press brake ‖ ⌁**backe für Kopfanstauchen** *f*, Kopfstempel *m* / heading die, header ‖ ⌁**bahn** *f* (Plast) / impregnated fabric for shaped laminates ‖ ⌁**balken** *m*, -haupt *n* / crosshead of a press ‖ ⌁**barkeitsprüfung** *f* (Pulv.Met) / compressibility test ‖ ⌁**barren** *m* (zum Vorpressen) / slug ‖ ⌁**bau** *m* (Bergb) / complete cutting ‖ ⌁**bernstein** *m* / pressed amber, amb[e]roid ‖ ⌁**beutel**, -sack *m* (Ölmühl) / oil-bag ‖ ⌁**blank** (Schraube) / semimachined ‖ ⌁**blank** (gedr.Schaltg) / having plate finish ‖ ⌁**-Blasmaschine** *f* (Glas) / press-and-blow machine ‖ ⌁**-Blas-Verfahren** *n* (Glas) / press-and-blow process ‖ ⌁**-Blasverfahren** *n* **mit gepasteter Form** (Glas) / paste-mould press and blow process ‖ ⌁**blech** *n*, Druckplatte *f* / pressing o. pressure plate ‖ ⌁**blech** *n*, gepreßtes Blech / pressed sheet ‖ ⌁**block** *m* **in der Strangpresse** / dummy block ‖ ⌁**boden** *m* / stamped bottom ‖ ⌁**bolzen** *m* (Strangpressen / slug (extrusion) ‖ ⌁**deckel** *m* (Buch) / tympan ‖ ⌁**dichte** *f* / density after compression, compressed density ‖ ⌁**draht** *m* / extruded rod ‖ ⌁**druck** *m* / pressing power ‖ ⌁**druck**, Schließdruck *m* (Form) / mould pressure ‖ ⌁**druck** *m* (Buch) / blind blocking o. tooling, blinding, blocking ‖ ⌁**druckschmierung** *f* / pressure [feed] lubrication
Presse *f* / press ‖ ⌁, Stanze *f* / stamping machine o. press ‖ ⌁ (Spinn) / press, calender ‖ ⌁ (Wein, Öl usw) / wine o. oil press ‖ ⌁ **für Einzelantrieb** (Plast) / self-contained press ‖ ⌁ **für gleichzeitigen Druck auf beiden Seiten** (Bb) / perfecting press, perfector ‖ ⌁ **für Preßpappenherstellung** / pressboard press ‖ ⌁ **mit**

kurzer **Ausladung** (Wzm) / short throat[ed] press ‖ ⌐
mit Mitläuferband (Pap) / fabric press ‖ ⌐ mit tiefer
Ausladung / deep throat[ed] press ‖ ⌐ mit
Werkstoffzuführung / magazine feed press,
mechanical feed o. table feed press ‖ ⌐ mit Zahnstange
und Kurbel / jack-and-pinion press ‖ ⌐ zur Erzeugung
geradliniger Bewegungen (Wzm) / thrustor ‖
mechanische ⌐ (Buch) / printing press o. machine, press
‖ unter der ⌐ (Buch) / in the printing
Preßegoutteur m (Pap) / press dandy roll
Pressemappe f (Werbung) / kit
pressen, komprimieren / compress, condense ‖ ~,
einzwängen / squeeze [into], force [into] ‖ ~ vt / press
vt, exert pressure ‖ ~, glanzpressen, glänzen (Tuch) /
gloss, press ‖ ~, gaufrieren / diaper, figure ‖ ~, prägen
(Leder) / emboss ‖ ~ (Sintern) / compact ‖ ~ vi vt,
drücken / press vi vt ‖ ⌐ n, Prägedruck m / die stamping
‖ ⌐ / pressing [action] ‖ ⌐ in Formen (Plast) / moulding
‖ ⌐ mit Gummisack / bag moulding ‖ ⌐ mit
schwebender Matrize (Sintern) / floating-die pressing
‖ ⌐ von abgesetzten Profilen / stepped extrusion ‖ eine
Form ⌐ / squeeze a mould ‖ **Luft durch flüssiges Eisen**
~ / force a blast of air through the melt ‖ ⌐**bau** m /
press manufacture o. making ‖ ⌐**führer** m (Schm) /
pressman ‖ ⌐**füllung** f, eingefüllte Masse / quantity to
be pressed (in one operation) ‖ ⌐**garn** n (für Ballen)
(Landw) / baler twine ‖ ⌐**gestell** n, -körper m (Wzm) /
pressbody o. -frame ‖ ⌐**haus** n (Zuck) / pressing
department for beet pulp ‖ ⌐**hub** m / press stroke ‖
⌐**kopf** m / head of a press ‖ ⌐**oberteil**, Haupt n / crown
of a press ‖ ⌐**partie** f / press section ‖ ⌐**querhaupt** n,
Pressenholm m / crosshead of a press ‖ ⌐**saal** m /
pressing plant, pressroom ‖ ⌐**säule** f / press upright ‖
⌐**schleifer** m (Pap) / pocket grinder ‖ ⌐**sicherung** f
(Stanz) / accident preventer for presses ‖ ⌐**spindel** f /
drive shaft of a screw press ‖ ⌐**stößel** m, -stempel m /
press ram o. slide, [slide-]bar o. plunger of a press ‖
⌐**stößel mit Flansch** / flanged slide ‖ ⌐**straße** f / press
working line ‖ ⌐**tisch** m (Stanz) / bedplate of press ‖
⌐**tisch** m (Buch) / mounting plate o. platen ‖ **unterer**
⌐**tisch** (Stanz) / bottom platen of a press ‖ **unterer**
⌐**tisch** (Buch) / lower platen
Presser m, Preßfinger m (Nähm) / presser, spring-finger ‖
⌐**-Dehner**, Dynamikregler m (Fernm) / compandor, -der
Presserei f, Pressensaal m / pressing plant, pressroom
Presserfuß m (Nähm) / press[er] foot, sewing foot
preßerleichternder Zusatz (Sintern) / lubricant
Presserstange f (Nähm) / presser bar
Preß·erzeugnis n (Plast) / shot ‖ ⌐**erzeugnisse** n pl /
pressings pl
Presseur m, Presseurwalze f (Buch) / impression cylinder
Preß·faden m (Pap.masch) / press thread ‖ ⌐**fehler** m,
Oberflächenerhebung f / blister ‖ ⌐**fehler** m (Plast) /
moulding defect o. fault, flaw ‖ ⌐**fehler** m, offene Blase
(Plast) / bubble ‖ ⌐**fehler** m, Streifen m (Plast) /
segregation ‖ ⌐**fehler** m, Einsackung, -senkung,
Einsackstelle f (Plast) / sunk spot ‖ ⌐**fehler** m (Sintern) /
compression crack ‖ ⌐**filter** m n / combined press and
filter, press[ure] filter, filter press ‖ ⌐**filz** m / pressed
felt ‖ ⌐**filz** m (Pap) / press felt ‖ ⌐**flügel** m, Stoffdrücker
m (Nähm, Spinn) / presser-flyer, presser [fly] frame ‖
⌐**form** f (Masch) / press[ing] mould ‖ ⌐**form** f (Sintern) /
die-set, inserts pl ‖ ⌐**form** f (Plast) / compression
mo[u]ld ‖ ⌐**form**, Ziehform f / extrusion die ‖ ⌐**form** f
mit Einsätzen (Plast) / built-up mould ‖ ⌐**form** f **mit**
Materialüberschuß / flash mould ‖ ⌐**form** f **mit**
vertieft liegendem Abquetschrand / semipositive form
‖ ⌐**form** f **ohne Austrieb**, Füll[raum]form f / fully o.
truly positive mould ‖ ⌐**form-Auskleidung** f, Matrizen-
Innenteil n (Pulv.Met) / die liner o. lining o. insert ‖
~**formen** (Gieß) / press-form, squeeze-mould ‖ **Satz**
⌐**formen** / cycle of mo[u]lds ‖ ⌐**formerei** f (Gieß) /
pressworking ‖ ⌐**formmaschine** f (Gieß) / power
squeezing machine, squeeze moulding machine,

squeezer ‖ ⌐**formmaschine** f (druckluftbetrieben) /
[compressed-]air squeezer ‖ ⌐**gas** n, Hochdruckgas n /
high-pressure gas ‖ ⌐**gaskondensator** m (Elektronik) /
gas filled capacitor ‖ ~**geschweißt** (elektrisch) /
resistance welded using pressure ‖ ⌐**gewicht** n (Web) /
pressed weight ‖ ⌐**gießen** n, -guß m / pressure casting,
high-pressure die-casting ‖ ⌐**gießmaschine** f / cold-
chamber diecasting machine ‖ ⌐**glanz** m (Plast) / press-
polish ‖ ⌐**glanz** m (Stoff) / press lustre o. gloss ‖
⌐**glanzdekatiermaschine** f (Textil) / press luster o. gloss
decatizing (GB) o. decating (US) machine ‖ ~**glänzen** /
burnish v ‖ ~[glanz]polieren / press-polish vt ‖ ⌐**glas** n
/ pressed o. moulded glass ‖ ⌐**grat** m **an der**
Abquetschfläche (Plast) / flash [fin], fin ‖
⌐**grat-Entfernen** n / deflashing ‖ ⌐**gratlinie** f (Plast) /
flash line ‖ ⌐**gut** n, zu pressendes Gut / material to be
pressed ‖ ⌐**gut** n, gepreßtes Gut / pressed material ‖
⌐**hartglas** n / pressed hard glass ‖ ⌐**harz** n / moulding
resin ‖ ⌐**haut** f (Plast) / surface film ‖ ⌐**haut** f (Pulv.Met)
/ pressing skin ‖ ⌐**hefe** f / press[ed] o. compressed yeast
o. barm, dry o. German yeast o. barm ‖ ⌐**holz**,
Kunstholz n / [compregnated] laminated wood,
compreg, jicwood (GB)
Pressionsstrecke, Spiralstrecke f (Textil) / pressure
drawing frame, spiral drawing frame
Preß·kanal m (Strohpresse) / baling channel ‖ ⌐**kegel** m
(Sintern) / pressing cone ‖ ⌐**kissen** n (Plast) / forming
pad, blanket ‖ ⌐**klemme** f (Buch) / ferrule ‖ ⌐**klemme** f
für Drahtseile (DIN 3093) / wire rope clamp ‖ ⌐**kohle**
f, Brikett n / briquet[te] ‖ ⌐**kolben** m, Plunger m /
plunger [piston], force plate ‖ ⌐**kork** m / composition
cork, manufactured cork ‖ ⌐**körperdichte** f (Pulv.Met) /
green density ‖ ⌐**kraft** f / force of pressure ‖ ⌐**kuchen**
m (Formen) / biscuit ‖ ⌐**kuchen** m (Zuck) / press cake ‖
⌐**kurve** f (Sintern) / comprssibility curve, compactibility
curve
Pressley-Index m (Textil) / Pressley index
Preßling m / die-formed o. pressed part o. piece o. article
‖ ⌐ (Plast) / moulding ‖ ⌐ (Schm) / pressed forging,
stamping ‖ ⌐ (Zuck) / pressed pulp ‖ ⌐ (Sintern) / green
compact ‖ ⌐ **für optische Teile** / blank for optical
elements
Preßlings·dichte f (Sintern) / green density, compact
density
Preß·lochverschraubung f / Prestole screwed joint ‖
⌐**luft** f (veraltet für Druckluft) / [compressed] air ‖
⌐**luftatmer** m / compressed air breathing apparatus ‖
⌐**mantel-Elektrode** m (Schweiß) / extruded covered
electrode ‖ ⌐**maschine** f (Textil) / flattening o.
smoothing machine ‖ ⌐**maschine** f, Musterpresser m
(Wirkm) / tuck presser ‖ ⌐**masse**, -mischung f (Plast) /
moulding compound o. composition ‖ ⌐**masse** f
(gepreßte Masse) / moulded plastic material o.
compound, moulded plastics ‖ ⌐**masse** f **mit Faser-,**
[Gewebe-]Zusatz / fiber-, [textile-] filled moulding
material ‖ ⌐**matrize** f, -stempel m (Strangpresse) /
extrusion die ‖ ⌐**matt**, matt / matt[e] finished ‖
⌐**messing** n / hot-pressed brass ‖ ⌐**muffe** f / pressed
sleeve ‖ ⌐**mulde** f (Spinn) / press dish ‖ ⌐**muster** n
(Wirkm) / tuck pattern ‖ ⌐**naht** f / mould[ing] seam,
mould parting line, burr, bur (US), flash line (US) ‖ ⌐**öl**
n, Drucköl n / pressure oil, oil under pressure ‖ ⌐**öl** n,
ausgeprßtes Öl / oil from pressings ‖ ⌐**ölschmierung** f
/ force-feed circular lubrication ‖ ⌐**pappe** f / pressboard
‖ ⌐**passung** f, -sitz m / drive o. driving fit, force o.
press fit, interference fit ‖
⌐**passungs-Gewindeschraube** f / interference fit thread
screw ‖ ⌐**platte** f / press plate ‖ ⌐**platte**,
Hartfaserplatte f (Bau) / hardboard ‖ ~**polieren**,
aufkugeln / press-finish, ball-burnish v ‖ ⌐**probe** f,
-probestück n / compressibility test specimen ‖ ⌐**pulver**
n (Plast) / moulding powder ‖ ⌐**pumpe** f / press pump ‖
⌐**pumpe** f (Druckprüfung) / pressure test pump ‖
⌐**rahmen-Drehgestell** n (Bahn) / pressed steel bogie ‖

~**reibung** f (Sintern) / die wall friction ‖ ~**rest** m (Fließpressen) / remainder, discard (GB), butt (US) ‖ ~**ring** m / wraparound ring ‖ ~**ring** m (Röhrenfertigung) / shaping ring, die ‖ ~**riß** m (Pulv Met) / pressing o. compacting crack ‖ ~**rückstand** m, Kuchen m / press cake ‖ ~**sack** m, -beutel m (Ölmühle) / oil-bag ‖ ~**saft** m / pressed-out juice ‖ ~**scheibe** f (Extrusion) / dummy block ‖ ~**schichtholz** n / densified impregnated-laminated wood, pressed laminated wood, jablo (GB) ‖ ~**schmierung** f, Druckschmierung f / forced [feed] lubrication ‖ ~**schnecke** f / pressure worm ‖ ~**schnitzel** m pl, Preßlinge m pl (Zuck) / pressed pulp ‖ ~**schraube** f, Druckschraube f / press-screw ‖ ~**schweißung** f / pressure welding ‖ ~**schweißung**, Oxweldschweißung f / Oxweld welding ‖ ~**sintern** n (Plast) / pressure sintering ‖ ~**sitz** m s. Preßpassung ‖ ~**span** m / glazed insulating pressboard, presspahn, glossboard, electrical pressboard ‖ ~**span-Ersatz** m / imitation pressboard ‖ ~**spindel** f / press spindle ‖ ~**spritzen** (Kunstharz) / transfer-mould vt ‖ ~**spritzen**, Fließgußverfahren n (Plast) / flow moulding, transfer moulding ‖ ~**spritzform** f (Duroplaste) / transfer mould ‖ ~**stempel** m, -matrize f (Strangpresse) / extrusion die ‖ ~**stempel** m (Plast) / force o. moulding plug, pressure ram ‖ ~**stoff** m (allg) / pressed material ‖ ~**stoff** m, Kunstharzpreßstoff m / compression moulding compound o. composition ‖ ~**stroh** n / pressed straw ‖ ~**stück**, -teil m (Schm) / die-formed o. pressed part ‖ ~**stumpfschweißen** n / upset [butt] welding, butt-seam [resistance o. induction] welding ‖ ~**technik** f / pressing practice ‖ ~**technik** f (Warmpressen) / hot-pressing practice ‖ ~**technik** f (Plast) / moulding technique o. technology ‖ ~**teil** n, Preßstück n (allg) / pressed piece o. part ‖ ~**teil** n, Formteil n (Plast) / moulding ‖ ~**teil** n (Plast) / moulded article o. part ‖ ~**topf** m (Wzm) / hydraulic jack ‖ ~**topf** m der Strangpresse / billet container of the extruder ‖ ~**träger** m, gepreßter Blechträger / pressed [plate] girder ‖ ~**tuch** n / press cloth

Pressung f / pressing ‖ ~, Klemmung f / squeeze ‖ ~, Schuß m (Plast) / shot ‖ ~, Dynamikpressung f (Elektronik) / compression of volume

Pressungsscheide f (Pulv.Met) / neutral zone

Pressure-Set-Druckfarbe f (o. Adsorptions-Druckfarbe) (Buch) / pressure set ink

Preß·verband m s. Preßpassung ‖ ~**verbinder** m (Elektr) / compression joint ‖ ~**verbinder zugfest** / full tension compression joint ‖ ~**vergoldung** f (Buch) / gold blocking ‖ ~**vollholz** n / solid o. massive pressed wood ‖ ~**vorgang** m (Plast) / moulding cycle ‖ ~**walze** f / press-roll[er] ‖ ~**wasser** n / power water ‖ ~**wasser** n (Zuck) / pulp press water ‖ ~**wasserantrieb** m / power water drive ‖ ~**wasser-Entzundern** n (Hütt) / water descaling ‖ ~**wasserpumpe** f, Druckwasser erzeugende Pumpe / power water [producing] pump ‖ ~**wasserpumpe** f, mit Druckwasser arbeitende Pumpe / power water operated pump, water pressure pump ‖ ~**wasserpumpe** f (Zuck) / press water pump ‖ ~**weg** m (Hütt) / press stroke ‖ ~**werk** n (Hütt) / forging press department ‖ ~**werkzeug** n / compression moulding die ‖ ~**werkzeug** n (Pulv.Met) / pressing tool ‖ ~**werkzeug-Schmiermittel** n / die lubricant ‖ ~**werkzeugtisch** m, Formplatte f (Pulv Met) / die plate ‖ ~**ziegel** m / pressed brick ‖ ~**ziehen** / draw and [wall-]iron, D&I ‖ ~**zonenbreite** f (Pap) / nip width ‖ ~**zusatz** m, Preßmittel (Sintern) / pressing additive, lubricant for pressing ‖ im ~**zustand**, ungesintert (Sintern) / green ‖ ~**zylinder** m / pressing cylinder

Pre-Trigger m / pre-trigger

Preußischblau n / mineral blue (ferric ferrocyanide), Prussian o. Berlin blue

Preventer m (Schiff) / preventer [guy o. backstay] ‖ ~, Sicherheitsschieber m (Öl) / preventer ‖ ~**winde** f (Schiff) / preventer winch, slewing o. span winch

Prevost-Fechner-Benham-Farben f pl (Phys) / Benham colours pl

Pricke f, Pricken m (Seezeichen für Nebenfahrwasser) (Nav) / prick, spear (US)

prickelnd (Getränk) / brisk

Priel m (Geogr) / slough, creek in shallows

Priependach, Mönch- u. Nonnedach n / roof covered with over- and undertiles

prillen, granulieren / prill

Prill-Turm, Sprühkondensationsturm m (Chem) / prill[ing] tower

Prim..., unteilbar (Math) / prime

primär, induzierend / primary, inducing ‖ ~er Alkohol / primary alcohol ‖ ~es Amin / primary amine ‖ ~e Bodenbearbeitung (Landw) / primary tilling ‖ ~es Eingangsstelle (DV) / primary entry point ‖ ~es Erz (Geol) / hypergene ore, primary ore ‖ ~e feste Lösung (Hütt) / primary solid solution ‖ ~e Gitteremission / thermionic grid emission ‖ ~es Holz, Xylem n / primary wood, xylem ‖ ~e Ionisation f, Primär-Ionisation f / primary ionization ‖ ~es Kalziumphosphat / monobasic o. acid calcium phosphate ‖ ~er Nitrokörper / primary nitro compound ‖ ~er radioaktiver Niederschlag (Nukl) / close-in fallout ‖ ~e Spaltausbeute (Nukl) / independent o. primary fission yield ‖ ~e Stromverteilung (Galv) / primary current distribution ‖ ~er Trägerfluß (Elektronik) / primary [carrier] flow ‖ ~**amt** n (Fernm) / primary center ‖ ~**anforderung** f / primary request ‖ ~**anker** m (Elektr) / primary armature ‖ ~**anweisung** f (DV) / source [language] statement ‖ ~**anweisung** f / source statement ‖ ~**aufnehmer** m (pneum.Transport) / primary receiver ‖ ~**ausdruck** m (Math) / primary ‖ ~**ausfall** m / primary failure ‖ ~**auslöser** m (Elektr) / direct over-current release ‖ ~**bibliothek** f (DV) / source library ‖ ~**-Coating** n, Primärummantelung f (LWL) / primary coating ‖ ~**datei** f / primary data set ‖ ~**daten** pl (DV) / primary data pl, source data ‖ ~**datenerfassung** f / source data capturing ‖ ~**diagramm** n (Antenne) / primary radiation diagram ‖ ~**druck** m (Druckregler) / inlet pressure ‖ ~**eingabe** f (DV) / primary data set ‖ ~**elektron** n (Elektr) / initiating o. primary electron ‖ ~**element** n (Elektr) / primary cell ‖ ~**emission** f (Elektronik) / primary emission ‖ ~**energie** f / primary energy ‖ ~**farbe**, Grundfarbe f / primary o. elementary colour ‖ ~**federung** f des Drehgestellrahmens (Bahn) / primary suspension of the bogie

Primarfleck m (Röntgen) / primary point

Primär-förderung f (Öl) / primary recovery ‖ ~**frequenz** f / parent frequency ‖ ~geregelt (Elektr) / primary-regulated ‖ ~**-Graphitisation** f / first stage graphitization ‖ ~**gruppe** f (Trägertelephonie) / twelve channel group ‖ ~**gruppenverteiler** m (Fernm) / group distribution frame ‖ ~**ion** n / primary ion ‖ ~**ionisation** f / initial o. primary ionization ‖ ~**jigger** m (Funk) / primary jigger ‖ ~**karbid** n / primary carbide ‖ ~**klemme** f (Elektr) / primary winding terminal ‖ ~**kornbildung**, Blockseigerung f (grobstengelige Struktur) / ingotism, ingot structure, major segregation ‖ ~**kristallisation** f / primary crystallization ‖ ~**kühlkreislauf** m (Nukl) / primary coolant circuit ‖ ~**kühlmittel** n (Nukl) / primary coolant ‖ ~**kühlzone** f (Hütt) / primary cooling zone ‖ ~**luft** f / primary air ‖ ~**luftloch** n (Turboantrieb) / primary hole ‖ ~**phase** f (Hütt) / primary phase ‖ ~**programm**, Quellenprogramm n (DV) / source program ‖ ~**programmband** n (DV) / source [language] library tape ‖ ~**prozeß**, -vorgang m / primary process ‖ ~**radar** n, aktives Radar / primary radar, PR ‖ ~**reagens** n (Chem) / trigger ‖ ~**reaktion** f (Chem) / simple reaction ‖ ~**rechner** m (DV) / host processor, host [computer] ‖ ~**schlamm** m (im Fördergut bereits enthalten) (Bergb) / primary slime ‖ ~**seite** f (Elektr) /

primary n ‖ ~seitige Spannung, Primärspannung f
(Elektr) / primary voltage ‖ ~spaltung f (Nukl) / original
fission ‖ ~spannung f (Mech) / primary stress ‖
~speicher m (DV) / primary store, working o.
computing store, main o. working memory ‖ ~sprache
f (DV) / source language ‖ ~spule f (Elektr) / primary
coil ‖ ~stoffauflauf m (Pap) / primary headbox ‖
~strahlbündel n / primary beam of rays ‖
~-Strahlenschutzwand f (Nukl) / primary protective
barrier ‖ ~strahler m (Antenne) / active o. primary
radiator, exciter ‖ ~strahlung f / primary radiation ‖
~strom m (Elektr) / primary current ‖ ~strom m
(Turboreaktor) / hot flow ‖ ~[strom]kreis m (Elektr) /
primary circuit ‖ ~teilchen n / single [crystal] particle ‖
~teilchen n (Nukl) / primary particle, initial particle ‖
~valenz f (TV) / reference stimulus ‖ ~wicklung f
(Elektr) / primary winding ‖ ~zählwerk n (Elektr) /
primary counter ‖ ~zunder m / furnace scale

Primasprit m, Feinsprit m / rectified spirit
Primer m, Grundierung f (Farbe) / primary coat, primer,
priming paint o. colour
Prim·faktor m, -teiler m (Math) / prime factor ‖
~faktorenzerlegung f (Math) / prime factorization
primitiv, frühest, erst / primitive
Primitivierung f (Math) / primitivation
Primitiv·schnitt m (Stanzwerkzeug) / continental die (US),
primitive die (without die sets)
primordial, uranfänglich / primordial
Primulin, Cyclamin n (Färb) / primulin[e]
Primzahl f, prime Zahl / prime number, prime
Print n (DV) / printed board assembly
Printing Master m (Halbl) / printing master
Print·platte f (Elektronik) / printed [circuit] board o. card ‖
~relais n / print relay ‖ ~-Roll-Lager n, Print-Roll-
Magazin n (Buch) / reel paper magazine
Prinzip n, Grundsatz m / principle ‖ ~ der adaptiven
Zeitkonstante (Nukl) / principle of adaptive time
constant ‖ ~ der geringsten Wirkung / principle of
least action ‖ ~ der konstanten Helligkeit (TV) /
constant luminance principle ‖ ~ der virtuellen Arbeit,
[d']Alembertsches Prinzip / d'Alembert's principle ‖ ~
des kleinsten Zwanges, Le-Chatelier-Prinzip / Le
Chatelier[-Braun] principle, principle of least restraint
o. constraint o. resistance
Prinzipalserie, Hauptserie f (Spektrum) / principal series
prinzipiell / on principle ‖ ~er Aufbau / basic structure,
elementary structure ‖ ~ unbeobachtbar / essentially
unobservable
Prinzip·schaltbild n / basic circuit o. wiring diagram,
elementary diagram, skeleton diagram ‖ ~schaltung f /
basic circuit o. wiring ‖ ~schema n, -bild n / pictorial
schematic ‖ ~skizze f / schematic diagram
Priorisierung f / priorization
Priorität f, Vorrang m (allg, DV) / priority, precedence,
preference ‖ ~ geben / prioritize ‖ ~ haben [über] (DV)
/ have priority [over] ‖ ~ von ... ist in Anspruch
genommen (Patent) / claims priority ‖ höchste ~ (DV) /
right-of-way precedence, highest priority
Prioritäts·anspruch m (Patent) / claim of priority ‖
~anzeiger m / priority indicator ‖ ~schema n (DV) /
priority scheme ‖ ~steuerungssystem m / priority
scheduler ‖ ~stufe, Dringlichkeitsstufe f (DV) /
precedence rating ‖ ~verarbeitung f (DV) / priority
processing
Priority-Scheduler m (DV) / priority scheduler
Prise f (Web) / taking-in
Prisma n / prism ‖ ~, Bohrprisma n, Prismenauflegebock
m / V-block, vee-block, vee, V ‖ ~ (Jacquard) / pattern
cylinder ‖ ~ der Führung (Dreh) / inverted V-way ‖ ~
mit gerader Durchsicht, Geradsichtprisma n / direct-
vision prism ‖ ~ dreiteiliges aus drei Gläsern
zusammengesetztes ~ / triple prism
prismatisch / prismatic[al] ‖ ~er Andalusit, Stanzain m /
prismatic andalusite ‖ ~e Führungsbahn,

Prismenführung f (Wzm) / Vee-way, V-guide o. way,
vees pl, prismatic guide o. way ‖ ~e Reflexionsbussole
(Verm) / prismatic [surveying] compass, Schmalcalder's
compass ‖ ~er Schwefel / prismatic sulphur ‖ ~e
Wirkungsdifferenz (Opt) / prismatic aberration ‖ ~e
Zelle / prismatic cell ‖ ~er Zeolith (Min) / radiated
zeolite, needle zeolite
Prism[at]oid n (Math) / prism[at]oid
Prismen·antenne f, -strahler m (Elektronik) / pyramidal
horn, pyramid o. prism antenna ‖ ~astrolabium n (Astr)
/ prismatic astrolabe ‖ ~auflage f (Messen) / measuring
V-block ‖ ~auflegeblock m (Wzm) / V-block ‖
~bussole f (Verm) / prismatic compass ‖ ~drehbank f /
gantry lathe ‖ ~fassung f / prism casing ‖ ~festigkeit f
(Beton) / prism strength ‖ ~fräser m / double equal-
angle milling cutter, milling cutter for vee-guides ‖
~glas n, -feldstecher m / prism[atic] glass o. binoculars
pl ‖ ~instrument n (Verm) / prism square ‖ ~kreis m /
prism sextant ‖ ~kreuz n / double prism for angles of
90 ^{0} ‖ ~lupe f / prismatic magnifying glass ‖ ~paar n
(Getriebe) / prismatic pair ‖ ~photometer n / prism
photometer ‖ ~schmalführung f / narrow Vee-guide ‖
~spektrograph m / prism spectrograph ‖ ~spektrum n
/ prismatic spectrum ‖ ~steg m (Akku) / prism bridge ‖
~strahler m, -antenne f (Elektronik) / pyramidal horn,
pyramid o. prism antenna ‖ ~sucher m (Phot) /
prism[atic] viewfinder ‖ ~trommel f (Ferns) / prism
drum ‖ ~vorsatz m / prism attachment ‖ ~warze f
(Verdolmasch) / prism peg, pattern cylinder peg
Prismoid n (Math) / prismoid
Prismometer n (Opt) / prismometer
Pritsche f (Kfz) / stake body, flatbed body (US) ‖ ~ (Färb) /
stillage
Pritschenwagen m (Kfz) / platform truck (US) o. lorry
(GB), flatbed truck (US)
privat, abgeschlossen / private ‖ ~... / proprietary,
privately owned and managed ‖ ~es Fernschreibnetz /
private telegraph network ‖ ~es Fernsprechnetz /
private telephone network ‖ ~er Stromverbraucher /
domestic current consumer ‖ ~anschluß m (Fernm) /
private telephone [set] ‖ ~anschluß m (Elektr) / private
connection ‖ ~anschlußgleis n (Bahn) / private junction
line o. sidings pl, industry track (US) ‖ ~antenne f für
Satellitenempfang / personal disk antenna ‖ ~bahn f /
private [railway] line o. railroad (US) ‖ ~bus m (DV) /
private bus ‖ ~dosismesser m / personal dosimeter ‖
~einfahrt, -anfahrstraße f (Straß) / driveway ‖
~eingang m (Bau) / postern ‖ ~flugplatz m (z.B. einer
Fabrik) / air park (US) ‖ ~-Funkbenutzer m, CB-
Funker m / user of citizens band, "CBer" (US) ‖
~funk-Sprechkanal m / citizens band, CB (US) ‖
~funkstation f / CB-sender ‖ ~güterwagen m (Bahn) /
P.O. wagon (privately owned)
privatisieren (Ggs.: verstaatlichen) / go o. take private
Privatisierung f / privatization
Privat·leitung f (USA) / private line ‖ ~leitungsanschluß
m, Leitungsanpassungsteil n, LAT (Fernm) / line adapter
[set], communications adapter ‖ ~sphäre f / privacy
privilegiert (DV) / privileged ‖ ~er Befehl / privileged
instruction
PR-Kreis, Parallelschwingkreis m / parallel resonant
circuit
probabilistisch / probabilistic
Probe f, Muster n / type sample ‖ ~, Muster n, Probestück
n / sample [piece], specimen ‖ ~, Versuch m / trial,
test[ing], proving, proof, experiment, tryout (coll) ‖ ~,
Prüfung f, (auf Zusammensetzung, Gewicht usw.) /
assay ‖ ~, Probeentnahme f (Chem) / sampling ‖ ~,
Stufe f (Bergb) / specimen, pattern of ore ‖ ~ auf
Merkmale (Nukl) / attributes sample ‖ ~ auf Variable
(Nukl) / variables sample ‖ ~ aus dem Grundwerkstoff
(Schweiß) / parent metal test piece o. test specimen ‖
~ [von, aus] / test piece [from] ‖ bei der ~ ergeben /
assay v ‖ die ~ machen (Math) / check o. prove o. test a

rule o. computation, try ‖ **eine ~ nehmen** / sample, take samples ‖ **eine ~ nehmen**, prüfen (Chem, Hütt) / assay ‖ **zur ~** / on appro[val] ‖ **~abzug** *m* (Buch) / proof sheet o. copy, specimen ‖ **~abzug** *m* (Phot) / pilot print, check print ‖ **~belastung** *f* / test load ‖ **~betrieb** *m* / service trial, trial run, trial service ‖ **~bild** *n*, Testbild *n* (Ferns) / test pattern ‖ **~bohrung** *f* **mit Spülung** (Bergb) / wash boring ‖ **~druck** *m* (Masch) / test pressure ‖ **~druck** *m* (für Bauteile) (Druckluft) / component test pressure ‖ **~druck** *m* (Buch) / experimental print, specimen print ‖ **~druckpumpe** *f* / pressure test pump ‖ **~[entnahme]** *f* (Chem) / test portion ‖ **~fahrt** *f* (allg) / trial trip o. ride ‖ **~fahrt** *f* (Kfz) / trial run, road test ‖ **~fahrt** *f* (Schiff) / sea trials *pl* ‖ **~fahrt** *f* (allg) / trial ride ‖ **~fahrtaufbau** *m* (Kfz) / test body ‖ **~farbe** *f* (Färb) / standard colour ‖ **~flug** *m* / test o. trial flight ‖ **einen ~flug machen** / test [out] a plane ‖ **~glas** *n*, Reagenzglas *n* (Chem) / test glass o. tube ‖ **~gold** *n* / alloyed gold ‖ **~gut** *n* / sample ‖ **~hahn** *m* **für Füllmasse** (Zuck) / massecuite test cock ‖ **~kochung** *f* (Pap) / pulping trial ‖ **~korn**, Probierkorn *n* (Bgb) / assay grain ‖ **~körper** *m*, Gummischlappe *f* (Gummi) / test piece ‖ **~last, -belastung** *f* / test load ‖ **~lauf** *m* (Masch) / test o. trial run ‖ **~lauf** *m* (Schleifsch) / safety speed test

Pröbeln, Probieren *n* (zum Suchen der Lösung) / trial-and-error method

Probe-, entnommene ~[menge] (Chem, Hütt) / assay ‖ **~montage** *f* / trial o. check erection ‖ **~nahme** *f*, -nehmen *n* (Mat.Prüf) / taking a specimen ‖ **~nahme** *f* **auf Merkmale o. zur Merkmalbestimmung** (Nukl) / attributes sampling ‖ **~nahme** *f* **auf Variable o. zur Variablenmessung** (Nukl) / variables sampling ‖ **~nahmenstreuung** *f* / variance of something

Proben-behälter *m* / sample container

Probe-nehmen *n*, Erzprobe *f* (Bergb) / averaging, taking averages ‖ **~nehmer** *m* / sampler ‖ **~nehmer** *m* (Gerät) / sampling device ‖ **~nehmer** *m* (Zuck) / beet pricker o. sampler ‖ **~nehmer** *m* **für Bodenuntersuchungen** (Bau) / soil sampler o. borer o. pencil

Proben-entnahmestelle *f* / sampling point ‖ **~flasche** *f* / sample bottle ‖ **~geometrie** *f* (Mat Prüf) / specimen configuration ‖ **~-Häufigkeit** *f* / frequency of sampling ‖ **~heber** *m* / sampling tube ‖ **~heber** *m* (Pulv.Met) / sample thief, sample scoop ‖ **~schälchen** *n* **für radioaktive Stoffe** / planchet for radioactive samples ‖ **~schalter**, Abfrageschalter *m* / sampler ‖ **~schaufel** *f* (Aufber) / scoop ‖ **~schwenkarm** *m* (Nukl) / sample swivel arm ‖ **~teiler** *m* / sample divider ‖ **~teilung** *f* / sample division

Probenummer *f* (Buch) / specimen [copy]

Probenwechsler *m* / sample changer

Prober, Sampler *m* (Regeln) / sampler

Proberohr *n* (Bergb) / gas sampling tube

Probertit *m* (Min) / probertite

Probe-rübe *f* (Zuck) / specimen beet ‖ **~säure** *f* / standard acid, test acid ‖ **~schweißung** *f* / experimental weld ‖ **~seite** *f* (Buch) / specimen page ‖ **~silber** *n* / silver with the assay-stamp, standard silver ‖ **~sonde** *f* (Zuck) / sampler ‖ **~stab** *m* (Mat Prüf) / test bar, specimen (US) ‖ **~stück** *n* / sample [piece], specimen ‖ **~stück** *n* (für Prüfung) / test piece o. specimen ‖ **~umfang** *m* / sample size ‖ **~umfangsbuchstabe** *m* (F.Org) / sample size letter ‖ **~weise**, versuchsweise / on appro[val] ‖ **~werkstoff** *m* / tryout material ‖ **~würfel** *m* (Bau) / concrete test cube ‖ **~würfelform** *f* (Bau) / concrete test cube mould ‖ **~zeit** *f* / [time of] probation

Probierblei *n* (Metall) / test lead

probieren, ausprobieren / try, prove, test ‖ **~**, untersuchen (Chem, Hütt) / assay ‖ **~** (zum Suchen der Lösung), Pröbeln / trial-and-error method ‖ **~**, Probierkunst *f* (Hütt) / assaying, docimasy ‖ **auf nassem Wege ~** / assay by the moist o. wet way ‖ **auf trockenem Wege ~** / fire-assay *v* ‖ **auf trocknem**

Wege ~ (Hütt) / fire-assay ‖ **durch ~**, empirisch / cut-and-try...

Probier-geschirr *n*, Brandprobe *f* (Keram) / assaying vessel, sample of the baking, show ‖ **~glas** *n*, Reagensglas *n* / test glass o. tube ‖ **~hahn** *m* / test cock, try-cock ‖ **~hahn**, Wasserstandshahn *m* / gauge-cock ‖ **~hammer** *m* / assayer's hammer ‖ **~korn**, Silberkorn *n* / regulus of silver, silver grain ‖ **~kunst** *f* / assaying, docimasy, dokimasy ‖ **~nadel** *f*, -stift *m* (Goldschm) / proof needle, touch[ing]-needle ‖ **~ofen** *m* / assay furnace ‖ **~papier** *n* (Chem) / test paper ‖ **~raum** *m* / assay laboratory o. office ‖ **~scherben** *m* / assay test ‖ **~stein**, Lydit *m* (Min) / lydite, Lydian stone, touchstone ‖ **~tiegel** *m* (Metall) / assay o. test crucible ‖ **~tonne** *f* (Edelmetallerz) / assay ton (= 29,166 g for the short ton, = 32,67 g for the long ton) ‖ **~waage** *f*, Justierwaage *f* / assay balance ‖ **~wert** *m* (Edelmetallerz) / assay value ‖ **~zange** *f* / assayer's tongs *pl*

Problem *n* / problem ‖ **ein ~ stellen** / pose o. state a problem ‖ **~analyse** *f* / problem analysis ‖ **~beschreibung** *f* / problem description ‖ **~los** / unproblematic ‖ **~lösung** *f* / problem solving ‖ **~orientiert** (DV) / problem oriented ‖ **~orientierte Sprache** / problem-oriented language ‖ **~programm**, Arbeitsprogramm *n* (DV) / problem program ‖ **~variable, -veränderliche** (Regeln) / problem variable ‖ **~zustand** *m* (nur Aufgaben können ausgeführt werden) / problem state

Pro-cellulose *f* / procellulose ‖ **~chlorit**, Ripidolith *m* (Min) / ripidolite, prochlorite

Proco *f*, programmierte Verbrennung / proco, programmed combustion

Proco-Motor *m*, Schichtlademotor *m* (Kfz) / stratified charge engine, proco engine

Proctor-dichte *f* (Straßb) / Proctor density ‖ **~-Test** *m* (Bodenmech) / Proctor test ‖ **~zylinder** *m* (Landw) / Proctor cylinder

Prodorit *n* (säuref. Mat) / Prodorite

Productscarrier *m* (Tankschiff) / products carrier

Produkt, Erzeugnis *n* / product, make ‖ **~** *n* (Math) / product ‖ **~ aus Drehzahl und Polpaarzahl** (Elektr) / speed-frequency ‖ **~ der Isotopentrennung nach Anreicherung** / product (isotopes) ‖ **~ am Kaskadenanfang** (Isotopentrennung) / output (isotopes) ‖ **~ am Kaskadenende** (Isotopen) / reject (isotopes)

Produkte *n pl* (Öl) / process products *pl*

Produkten-förderung *f* (Bergb) / product drawing ‖ **~tanker** *m* (Schiff) / products carrier ‖ **~trenner** *m* (Öl) / well test separator

Produkt-entwicklung *f* / product design ‖ **~gas** *n* (Öl) / product gas ‖ **~information** *f* / product information

Produktion, Erzeugung *f* (Tätigkeit) / production, manufacture ‖ **~, -sfähigkeit** *f* / production rate ‖ **~** (Menge) (Masch) / output, yield ‖ **~, Ausbringen** *n* (Bergb) / winning, mining ‖ **~ je Mann-Stunde** / production per man-hour, p.m.h.

Produktions-... / manufacturing, production... ‖ **~ablauf** *m* / course of manufacture ‖ **~ausfall** *m* / loss of production ‖ **~bereinigung** *f* / clearing up of a factory program ‖ **~drehmaschine** *f* / general purpose center lathe, sliding lathe ‖ **~einrichtung** *f* / processing equipment ‖ **~einstellung** *f* / phase-out ‖ **~faktor** *m*, thermischer Spaltfaktor (Nukl) / thermal fission factor ‖ **~freigabe** *f* / engineering release ‖ **~geschmiert** (Lager) / product lubricated ‖ **~güter**, Investitionsgüter *n pl* / producer's goods *pl* ‖ **~güterindustrie** *f* / industry of producer goods ‖ **~index** *m* (Öl) / production index ‖ **~-Informationssystem** *n* / manufacturing information system ‖ **~kapazität** *f* / production o. output capacity ‖ **~kosten** *pl*, Herstellungskosten *pl* / production cost, cost of production o. manufacture ‖ **~kostensenkung** *f* / manufacturing economics *pl* ‖ **~kreuz** *n* (Öl) / christmas o. Xmas tree ‖ **~kurve** *f* / output o. production curve ‖

~leiter m, Fertigungsleiter m / production manager o. supervisor || ~mittel n pl / means pl of production, manufacturing facilities pl || ~motor m (Mot) / series production engine || ~plan m, -programm n / production scheme || ~planungsübersicht f / survey of the productio plan || ~-Planungs- und Steuersystem n, PPS / production planning and control system || ~plattform f (Öl) / production platform || ~reaktor m (Nukl) / production o. regenerative reactor || ~reaktor m für Plutonium / plutonium-production reactor || ~reaktor für spaltbaren Stoff / fissile-material production reactor || ~steigerung f / increase of production || ~stockung f, -stillstand m / production stop, shutdown || ~technik f / manufacturing technics || ~teilkopf m (Öl) / in-process dividing head || ~überschuß m, Überproduktion f / overproduction || ~umstellung f / rearrangement o. conversion of production || ~zahlen f pl / production figures pl, output rates pl

produktiv, leistungsfähig / productive, efficient || ~, direkt (Arbeit) (F.Org) / direct, productive || ~, Fertigungs… (Arbeiter) / direct labour… || ~e Arbeit / productive job, direct labour || ~e Arbeitszeit / man minute [o. hour] labo[u]r || ~er Lohn, Fertigungslohn m / direct labour cost

Produktivität f, [wirtschaftliche] Leistungsfähigkeit / productivity, productiveness

Produktiv·lauf m (DV) / production run ~zeit f / productive time

Produkt·kern m (Nukl) / product nucleus || ~klasse f (Gewinde) / product grade || ~manager m / product manager || ~menge f (Math) / Cartesian product, product set || ~menge f in einer Ver- o. Bearbeitungsanlage / hold-up || ~palette f / product mix || ~planung f / product engineering o. planning || ~sicherung f / product assurance || ~strom m / product stream || ~-Überlauf m (DV) / product overflow || ~variante f / product variant

Produzent m, Hersteller m / producer o. ~, Züchter m (Landw) / grower

produzieren, erzeugen / manufacture, produce

Proenzym, -ferment n (Chem) / proenzyme

professionelles Fernsehen / non-broadcast TV, industrial TV, closed-circuit TV

Profibus s. Prozeßbus

Profil n (allg) / profile || ~ (Hochofen) / construction [out]lines pl || ~ (Reifen) / tread, pattern || ~, Querschnitt m / profile, section, profile section || ~, Querprofil n (Verm) / lateral section || ~ (Bahn) / load limit [gauge], clearance [gauge] || ~, Höhenplan m (Bahnlinie) / gradient diagram || ~, Form f (Walzw) / section || ~… / profiled || ~… (Sohle) / patterned || ~ im Normalschnitt (Getriebe) / normal profile || das ~ ändern (Bahn) / regrade a line || ~abrieb m (Kfz) / tread wearout o. abrasion || ~abrieb m infolge falscher Radlage (Kfz) / tread squirm || ~abtrennmaschine f (Reifen) / tread stripping machine || ~ansicht f / side-face view || ~-Bezugsebene f (Getriebe) / datum plane || ~-Bezugslinie f (Getriebe) / datum line || ~dichtung f / profile packing || ~draht m, Formdraht m (allg, Oberleitung) / profile[d] o. figured wire, shaped o section wire || ~draht m (Sieb) / wedge wire || ~einschränkung f (Bahn) / fouling o. encroachment of the clearance gauge || ~extruder m, -strangpresse f / profile extruding machine || ~faser f (Textil) / profiled fiber || ~fingerfräser m (Wzm) / kellering cutter || ~fräsen n / profile milling || ~fräser m / profiling o. profile[d] o. forming o. formed cutter || ~gefälle n (Räumwz) / back taper || ~gehäuse n (Instr) / edgewise instrument case || ~gerechte Straßendecke (Straßb) / surface true to profile || ~gerüst n (Bau) / profile || ~gerüst n (Walzw) / section mill frame || ~glas, Ornamentglas n / figured glass || ~glattwalzen n (Walzw) / smooth rolling || ~grenzschicht f / profile boundary layer || ~gummi m / rubber profile || ~halbmesser m / profile radius || ~herstellung f durch Kaltwalzen von Streifen / cold-roll forming || ~hobel m für bogenförmige Ausschnitte / roundsole plane

Profilierblech n für die Grabensohle (Grabenbagger) / crumber

profilieren / profile v, contour, shape || ~, stäben (Holzstäbe) / mould v, flute || ~ von Brennstoff (Nukl) / nonlinear grading of fuel || Reifen neu ~ (Kfz) / recap

Profiliermaschine f / profiling machine

profiliert·er Querschnitt, Formquerschnitt m / shaped cross-section || ~e Schreckplatte, Kühlkokille f / densener || ~er Strang (Strangguß) / dogbone

Profil·kalander m (Plast) / embossing calender || ~kaliber n (Walzw) / shaping groove || ~längswalzen n (Walzw) / longitudinal rolling of profiles || ~lehre f (Eisenb) / profile form || ~loch n / shaped hole || ~loser Reifen (Kfz) / slick (US) || ~messer n (Tischl) / moulding cutter || ~methode f (Oberflächenrauhigkeit) / profile method of measurement || ~-Mittellinie f (Oberfl.Rauhigkeit) / mean line of the profile || ~normale f im Berührungspunkt (Zahnrad) / transverse line of action || ~projektor m / profile projector || ~rahmen m (Bahn) / sectional frame o. underframe || ~reifen m / sculptured tire || ~rille f (Reifen) / tread groove || ~rohr n / special section tube || ~rohrstiel m, -rohrstrebe f (Luftf) / profile o. streamline strut || ~scheibe f, -schleifscheibe f / form-grinding wheel || ~schere f / section shearing machine || ~schleifen / profile- o. plunge- o. form-grind || ~schliff m / profile o. plunge grinding, form grinding || ~schnitt m (Tischl) / sawing round || ~schnitt m, Querschnitt m / section || ~schrägwalzen n (Walzw) / skew rolling of shapes || ~sehne f (Luftf) / chord || ~sehne f des Flügels, Flügeltiefe f (Luftf) / chord of wing || ~stabfräsmaschine f (Holz) / double-spindle moulding machine || ~stahl m / section[al] steel o. bar, structural shape || ~stahl m (für Bewehrung) / profiled concrete steel || ~stahlausbau m (Bergb) / sectional steel support || ~stahlgerüst n (Bau) / sectional steel frame || ~stahlschere f / section cutter o. shears pl, shape shears pl || ~stahl-Walzwerk n / structural mill, section mill, shape rolling mill || ~stein, -ziegel m / moulded brick || ~stich m (Walzw) / shaping o. forming pass || ~stollen-Ausbrüche m (Reifen) / chunking || ~strangpresse f, -extruder m / profile extruding machine || ~strichplattenokular n (Opt) / profile reticule eyepiece || ~tiefe f (Reifen) / tread depth, pattern depth || ~tiefenmesser m, Tiefenlehre f (Reifen) / tread depth o. skid depth gauge || ~tor n (Bahn) / safety gantry || ~überdeckung f (Zahnrad) / transverse contact ratio || ~überdeckungs-Wälzkreisbogen m (Zahnrad) / transverse arc of transmission || ~überdeckungswinkel m (Getriebe) / transverse angle of transmission || ~umströmung f (Luftf) / flow around the profile || ~verjüngung f / tapering in section || ~verschiebung f (Verzahnung) / profile correction o. offset, addendum modification || ~verschiebung f mit Achswinkelveränderung / modification of addendum and angle of axes || ~verschiebung und Achsabstandsänderung / addendum and center distance modification || ~verschiebungsfaktor m (Verzahnung) / addendum modification coefficient || ~walze f / shape roll, grooved roll || ~walzen n (Hütt) / roll forming || ~walzwerk n / section o. pass rolling mill || ~widerstand m (Kfz, Luftf) / profile drag, parasitic drag || ~widerstandsleistungsverlust m (Luftf) / profile-drag power loss || ~winkel m, Stirnwinkel m (Zahnrad) / transverse pressure angle at a point || ~winkel m im Normalschnitt (Schrägstirnrad) / normal pressure angle at a point || ~zeichner m mit Kippregel (Verm) / telescopic alidade and cross sectioning apparatus

Progesteron n / progesterone

Prognose f (DV) / forecasting

Prognostic-Programm *n* / prognostic program
Programm, Vorhaben *n* (allg) / plan, scheme ‖ ＜ (allg,
Rechner) / program[me] ‖ ＜, Maschinenprogramm *n*
(DV) / computer routine, machine program ‖ ＜ **einer
Steuerung** / controller program ‖ ＜ **für
Fluglärmbekämpfung** (Luftf) / quiet engine program
(US) ‖ ＜ **um den Rechner nur leer laufen zu lassen** /
red-tape, housekeeping ‖ **in Maschinensprache
umgesetztes** ＜ / object program o. routine ‖
schrittweise aus dem ＜ **nehmen**, auslaufen lassen
(F.Org) / phase-out ‖ **zweites usw.** ＜ (Ferns) / second etc
program ‖ **~abhängiger Betrieb** (DV) / program sort
mode ‖ **~abhängiger Fehler** / programm sensitive fault
‖ **＜ablauf** *m* / program flow ‖ **während des ＜ablaufs** /
at object time ‖ **＜ablaufänderung** *f* / dynamic
sequential control ‖ **＜ablauffolge**, Job-Folge *f* / job
stream ‖ **＜ablaufplan** *m* (DV) / program flowchart ‖
＜ablaufrechner *m* / object computer ‖ **＜abruf** *m* /
program fetch ‖ **＜abschnitt** *m* / control section,
program section o. segment ‖ **＜anfang** *m* / program
start ‖ **＜anforderung** *f* / program request ‖
＜anwahltaste *f* / program [select] key ‖ **＜ausrüstung** *f*
(IBM) / software ‖ **＜austausch** *m* (Radio) / link-up ‖
＜band *n* / program tape ‖ **~bedingt** / program sensitive
‖ **＜befehl** *m* (Fernwirk) / function command ‖ **＜bereich**
m / region of a program ‖ **＜bewertung** *f* /
programmetry ‖ **＜bezeichnung** *f* / program
identification ‖ **＜bibliothek** *f* / program library, PL ‖
＜bibliotheksband *n* / program library tape, PLT ‖
＜blatt, -formblatt *n* (DV) / programming sheet ‖ **＜datei**
f / program write-up ‖ **＜-Datenspeicher** *m* / combined
program and data store ‖ **＜-Ein-/Ausgabe** *f* / program
input-output ‖ **＜-Einlesebefehl** *m* / read-all data
forward ‖ **＜element** *n* / program item ‖ **＜entwicklung** *f*
/ program development ‖ **＜ereignis-Registrierung** *f* /
program event recording, PER ‖ **＜erprobung** *f* (d.h.
mittels Programm) / programmed checking ‖
＜erprobung *f* (d.h. des Programms) / program check ‖
~erzeugter Parameter / program-generated parameter
‖ **＜erzeugung**, -übersetzung *f* (DV) / compiling ‖
＜erzeugung *f*, -erstellung *f* (DV) / producing a program
‖ **＜fehler** *m* (Ggs: Maschinenfehler) / mistake (ctr dist:
malfunction) ‖ **＜formblatt** *n*, -formular, -schema *n* /
programming sheet, coding form o. sheet ‖ **＜gang** *m* /
program cycle ‖ **＜generator** *m* / program generator ‖
＜gerät *n* (Wzm) / programming attachment,
programmer ‖ **~gesteuert** (Wzm) / program-controlled
programmierbar / programmable ‖ **~er Lesespeicher** /
programmable read-only memory, PROM ‖ **~er
Logikbaustein** / programmable logic chip ‖ **~es
Logiknetz**, programmierbare Logikanordnung, PLA
(DV) / programmable logic array, uncommitted logic
array, PLA ‖ **~e Steuerung**, PC (NC) / programmable
control, PC ‖ **~e Taste** / soft key ‖ **~er Transistor** /
programmable transistor ‖ **für Handlesekopf ~** /
programmable for hand-held reader
Programmierbarkeit *f* **außerhalb der Fertigungsstraße**
(Roboter) / off-line programmability
Programmiereinrichtung *f* / programming device
programmieren / program[me] *vi* *vt* ‖ ＜ *n* (DV) /
programming, programing ‖ ＜ **mit absoluten Adressen**
(o. in Maschinensprache) / absolute programming,
basic coding ‖ ＜ **mit beliebiger Zugriffszeit** / random
access programming ‖ ＜ **mit relativen Adressen** /
relative programming
Programmierer, Programmer *m* / program[m]er ‖
besonders geschickter ＜ / wizard (coll) ‖ **＜verb** *n* /
new verb ‖ **＜wort** *n* / non-reserved word
Programmier·fehler *m* / programming error ‖
＜-Handgerät *n* (Roboter) / teach-in pendant
Programmiersprache *f* / programming language, course
writer
programmiert / programmed, programed ‖ **~e Prüfung** /
programmed checking ‖ **~e Sperre** / programmed

interlock ‖ **~e Tastatur** / programmed keyboard ‖ **~er
Unterricht**, PU / programmed instruction, PI
Programmierteam *n* / programming team
Programmierung *f* / programming ‖ ＜ **für doppelte
Wortlänge** / double-precision programming ‖ ＜ **in
Blockschaltbildern** (Regeln) / block diagrammatic
programming
Programmier·unterstützung *f* / programming support ‖
＜verb *n* (COBOL) / verb name ‖ **＜verfahren** *n* / method
of programming
Programm·impulse *m pl* (DV) / program exits *pl* ‖
＜kassette *f* / program cassette ‖ **＜kennzahl** *f* / call
number o. word ‖ **＜konsole** *f* / operator intervention
panel ‖ **＜ladekarte** *f*, Ladekarte *f* (DV) / load card ‖
＜ladekarte *f* (Urladen) / bootstrap card ‖ **＜-Laden** *n* /
program loading ‖ **erstmaliges o. einleitendes ＜laden** /
initial program loading ‖ **＜lage** *f* (DV) / program
location ‖ **＜lenkung** *f* (Luftf) / memory guidance ‖
＜liste *f* (Radio) / log ‖ **＜liste** *f*, -manuskript *n* (NC) /
program schedule o. manuscript ‖ **＜liste** *f*, -manuskript
n / program manuscript ‖ **＜listing** *n* / program listing ‖
＜-Manager *m* / programming manager ‖ **＜-Maske** *f* /
program mask ‖ **＜-Matrix** *f*, Stecktafel *f* (Wzm) /
program plug board, program panel ‖ **＜-Modul** *m* /
program module ‖ **~orientiert** / program-oriented ‖
＜paket *n* / package ‖ **＜pegel** *m* (Fernm) / program level
‖ **＜phase** *f* / program phase ‖ **＜protokoll** *n* / output
listing ‖ **＜prüfanordnung** *f* / facility program ‖
＜prüfung *f* / program test ‖ **＜prüfung** *f*,
programmierte Prüfung / program check ‖ **＜regelung** *f*
(Regeln) / time pattern control, time program control ‖
＜regler *m* (Chem) / automatic process controller ‖
＜residenz *f* (DV) / program residence ‖ **＜rumpf** *m*
(FORTRAN) / program body ‖ **＜satz** *m* (COBOL) /
sentence ‖ **＜schalter** *m* (Regeln) / cycle control timer ‖
＜schalter *m* (Luftf) / master sequence selector ‖
＜schaltung *f* (DV) / overflow program transfer ‖
＜schleife *f* / program loop ‖ **＜schleife** *f*,
-schleifendurchlauf *m* / cycle ‖ **＜schleifen fahren** /
loop through a sequence of operations ‖ **＜schloß** *n* (DV)
/ program lock ‖ **＜schritt**, -gang *m* / program step ‖
＜schrittzähler *m*, -zählregister *n* / program counter,
PC, sequence [control] register, instruction counter ‖
＜speicher *m*, -register *n* (DV) / program register,
program storage o. memory ‖ **＜speicher** *m*
(Haushaltmasch) / clock timer ‖ **＜-Spezifikationsblock** *m*
(DV) / program specification block, PSB ‖ **＜sprache** *f* /
program[ming] language ‖ **＜sprung** *m* / jump ‖ **＜status**
m, -zustand *m* / program status ‖ **＜statuswort** *n*, PSW
(DV) / program status word ‖ **＜stecker** *m* (NC) / coded
plug ‖ **＜steuereinheit** *f* (Regeln) / program timer,
program control gear ‖ **＜steuerung** *f* (Regeln) /
automatic sequencing, program control ‖ **＜steuerung** *f*
(NC) / programmed control, PC ‖ **[bedingter] ＜stop** /
break point of a program ‖ **＜stufe** *f* / program level ‖
＜tafelsteuerung *f* (Wzm) / plug board control ‖ **＜taste** *f*
/ program key ‖ **＜teil** *m* / routine, program part ‖ **auf
Band gespeicherter ＜teil** / overlay ‖ **＜trommel** *f*
(LoKa) / program drum ‖ **＜überblender** *m* (TV) / fade-in
and fade-out control, fade-over ‖ **＜übersetzung**,
-erzeugung *f* (DV) / compiling, compilation ‖
＜[um]schalter *m* / alteration o. sense switch ‖
＜unterbrechung *f* / program interrupt[ion] ‖
＜unterbrechung *f* **durch den Prozeß** / process
interrupt ‖ **＜verbindung** *f* / linkage of programs ‖
＜verbindungs-Richtlinien *f pl* (DV) / linkage
convention ‖ **＜verfolgung** *f* (DV) / trace ‖ **＜verstärker**
m (Fernm) / program repeater, program amplifier ‖
＜verstellknopf *m* (Buch.m) / job selector knob ‖
＜verwaltung *f* / program management ‖ **＜verweilzeit** *f*
/ program residence time ‖ **＜vordruck** *m* / coding sheet
o. form ‖ **＜wahl** *f* (Radio) / station selection ‖ **＜weiche** *f*
(DV) / program switch ‖ **＜werk** *n* (Haush.Masch) / clock
timer ‖ **＜wiederholung** *f* / repeat ‖ **＜zähler** *m* s.

Programmschrittzähler ‖ **⁺zustandsregister** n, PZR / program status register ‖ **⁺zweig** m / program branch
Progression f, Reihe f (Math) / progression
progressiv, zunehmend / progressive ‖ **~e Abschreibung** / progressive o. graceful degradation ‖ **~e Wicklung** (Mot, Ventilfeder) / lazy coil ‖ **⁺drall** m (Mil) / progressive o. gain twist ‖ **⁺feder** f / progressive spring
Projekt n, Vorhaben n / project, plan ‖ **⁺**, Kostenanschlag m / project, estimate
projektieren, planen, entwerfen / design, project, plan
Projektierung f, Planung f / project work o. planning ‖ **⁺**, Raumordnung f / planning ‖ **⁺**, Bauentwurf m / design, planning
Projektil n, Geschoß n / projectile, missile ‖ **⁺kern** m (Nukl) / projectile nucleus ‖ **⁺webmaschine** f / projectile [shuttle] weaving machine, gripper shuttle loom
Projektingenieur m / planning engineer
Projektion f (Math, Opt) / projection ‖ **⁺**, Darstellung f (Zeich) / projection
Projektions·... (Opt) / projecting ‖ **⁺achse** f (Math) / reference line of projection ‖ **⁺apparat** m, Bildwerfer m / projecting o. projection apparatus, projector ‖ **⁺apparat** m für Filme / film projector ‖ **⁺aufsatz** m (Mikrosk) / projection attachment ‖ **⁺ebene** f / plane of projection ‖ **⁺empfänger** m (Ferns) / projection receiver ‖ **⁺entfernung** f / projection distance, throw ‖ **⁺fenster** n (Film) / aperture, projection gate ‖ **⁺fernsehen** n / projection o. wall television ‖ **⁺fläche** f (Math) / projected area ‖ **⁺glühlampe** f / projector type filament lamp ‖ **⁺kompaß** m / projector compass ‖ **⁺lampe** f, Bildwerferlampe f / projection o. projector lamp ‖ **⁺[lein]wand** f / projecting screen ‖ **⁺mikroskop** n / projection microscope ‖ **⁺optik** f (TV) / reflective optics ‖ **⁺-PPI-Gerät** n, -Rundsichtgerät n / projection PPI, projection plan position indicator ‖ **⁺punkt** m, Zenitalpunkt m (Astr) / zenith point ‖ **⁺schirm** m, Leinwand f (Phot) / screen ‖ **⁺winkel** m (Antenne) / angle of departure ‖ **⁺zentrum** n / perspective center ‖ **⁺ziffern** f pl / illuminated numerals pl
projektisieren, in Projekte unterteilen / projectize
Projektiv n / projection lens, projector lens ‖ **~** / projective ‖ **~e Geometrie** / projective geometry ‖ **~es Netz** (Verm) / perspective grid ‖ **~er Raum** / projective space ‖ **~e Transformation** (Math) / projective transformation
Projekt·leiter m / project manager ‖ **⁺management** n / project management ‖ **~mäßig** / design...
Projektor m / projector ‖ **⁺kompaß** m / projector compass ‖ **⁺optik** f / projection optics pl ‖ **⁺raum** m (Film) / projection booth o. box, projection room [box] ‖ **⁺verstellung** f (Verm) / projector motion ‖ **⁺werk** n (Bildwerfer) / picture head
Projekt·planung f / project engineering ‖ **⁺voraussage** f / project forecast ‖ **⁺-Wirtschaft** f / project controlling ‖ **⁺wissenschaftler** m / project scientist ‖ **⁺zeichnung** f / project drawing
projizierbar, gut **~** / projectual
projizieren (Math) / project ‖ **~** (Opt) / throw pictures
Projizierstreckplanierbank f (Wzm) / projection straightening and planishing lathe
projiziert·e Frontscheibenanzeige / head-up display ‖ **~er Gipfelpunkt o. Höckerpunkt** (Tunneldiode) / projected peak point
Prolamin, Gliadin n / prolamin[e], gliadin
Prolin n (Chem) / prolin
PROM (= programmable read-only memory), programmierbarer Lesespeicher (DV) / programmable read only memory, PROM
Promenadendeck n (Schiff) / promenade deck
Promethium n, Pm (OZ = 61) / promethium, Pm
PROM-geeignet / PROMable
Promille n, Protausend n / per mil, per thousand
Promotor m (Katalysator) / catalyst promoter

PROM-Programmiergerät n / PROM programmer o. writer
prompt, sofortig / prompt ‖ **~e Gammastrahlung** / prompt gamma radiation ‖ **~ lieferbar** / ready for delivery ‖ **~es Neutron** / prompt neutron ‖ **~er Term** (Phys) / prompt term
Prompter m (Progr.) / prompter
prompt-kritisch (Nukl) / prompt critical
Pronyscher Zaum m, Bremsdynamometer n / dynamometrical brake, Prony brake o. dynamometer
Propadien, Allen n (Chem) / propadiene, allene
Propaganda f, Werbung f, Werbetätigkeit f / propaganda, publicity
Propagierapparat m (Brau) / propagating apparatus
Propan n, Propangas n / propane ‖ **⁺...**, Propion... / propionic ‖ **⁺al** n / propanal, propion-, propylaldehyde ‖ **⁺-Entasphaltierung** f / propane deasphalting ‖ **⁺-Entparaffinierung** f / propane dewaxing ‖ **⁺[gas]** n in Flaschen / propane from cylinders ‖ **⁺hydrat** n / propane hydrate ‖ **⁺-Luftgemisch** n (Stadtgas) / propane-air mixture
Propanol-(I) n, Propylalkohol m / propyl alcohol
Propanon n / acetone
Propanonitril n / propanonitrile
Propan·säure, Propionsäure f / propanoic acid, propionic acid ‖ **⁺tanker** m (Nav) / propane tanker o. carrier
Proparylalkohol m / propargyl alcohol
Propeller m, Luftschraube f (Luftf) / screw propeller, [air]screw, propeller, prop (coll) ‖ **⁺**, Schiffsschraube f / marine screw propeller o. propelling screw ‖ **⁺ für Bütten** (Pap) / circulation agitator for chests ‖ gleichachsige gegenläufige **⁺** m pl / coaxial propellers pl ‖ **~ schwach belasteter ⁺** / propeller of low pitch angle ‖ **⁺anstellwinkel** m (Luftf) / chord incidence ‖ **⁺antrieb** m durch Fahrtwind (Luftf) / windmilling ‖ **⁺blatt** n, -flügel m / airscrew o. propeller blade ‖ **⁺düse** f (Schiff) / propeller duct o. shroud o. nozzle ‖ **⁺gebläse** n, Schraubengebläse n (Masch) / helical blower, propeller fan ‖ **⁺geräusch** n / propeller noise ‖ **⁺haube** f (Luftf) / airscrew spinner ‖ **⁺kasten** n (Färb) / propeller compartment ‖ **⁺[kegel]zapfen** m (Luftf) / taper end of crankshaft ‖ **⁺kreis** m (Luftf, Schiff) / propeller disk ‖ **⁺kreisfläche** f (Luftf) / disk area ‖ **⁺leistung** f (Schiff) / propeller o. screw performance ‖ **⁺mischer** m / mixer with propeller ‖ **⁺mühle** f / blade disintegrator ‖ **⁺nabe** f / propeller boss ‖ **⁺nachstrom** m, Luftschraubenstrahl m / propeller race o. wake, prop blast ‖ **⁺pumpe** f / axial-flow pump, screw pump ‖ **⁺rührwerk**, -mischwerk n / propeller mixer ‖ **⁺schub** m (Schiff, Luftf) / propeller o. screw thrust ‖ **⁺steigung** f (Luftf, Masch) / propeller pitch ‖ **⁺turbine** f (Kaplanturbine mit festen Schaufeln) (Hydr) / propeller type [water] turbine ‖ **⁺-Turbinen- Luftstrahltriebwerk**, Turboprop- o. PTL-Triebwerk n (Luftf) / propeller turbine engine, prop-jet [engine], turboprop engine ‖ **⁺wirkungsgrad** m (Luftf) / propeller efficiency ‖ **⁺zapfen** m (Mot, Luftf) / propeller cone o. pin (US)
Propen n / prop[yl]ene ‖ **⁺al** n / acrolein[e]
Propenol-3 n, Allylalkohol m / 2-propen-1-ol, allyl alcohol
Propensäure f / acrylic acid
Propergol n (Raumf) / propellant, propergol ‖ einfaches **⁺** / homogeneous propellant ‖ **⁺reaktion** f / propergolic reaction
Propfan-Triebwerk n (Luftf) / prop-fan engine
Propin, Allylen n (Chem) / propine, allylene
Propiolsäure f / propiolic acid, propine o. propargylic acid
Propionaldehyd, Propylaldehyd m / propionaldehyde, propylaldehyde
Propionat n / propionate
Propion·säure, Propansäure f / propionic acid, propanoic acid ‖ **⁺säureamid** n (Chem) / propanamide
Propionyl... / propionyl...

Prop-Jet, Turboprop *m* / prop-jet [engine]
Proportion *f* (Math) / proportion ‖ ~, Verhältnis *n* / rate, fixed ratio
proportional, verhältnisgleich / proportional ‖ ~, anteilig / pro rata ‖ ~, maßstäblich / scaled, proportional ‖ ~e Dämpfung (Schwingungen) / viscous damping ‖ ~er Spanquerschnitt / equivalent chip section ‖ genau ~ / strictly proportional ‖ umgekehrt ~ / inversely o. reciprocally proportional ‖ ~bereich *m* s. Proportionalitätsbereich ‖ ~-Differential-Regelung *f* (o. PD-Regelung) / proportional plus derivative control, PD control
Proportionale *f* (Math) / proportional
proportional·gedämpft / viscous damped ‖ ~glied *n* (Regelung) / proportional control unit, P-control unit ‖ ~-Integralregler *m*, PI-Regler *m* / proportional-plus-integral control unit, proportional-plus-reset controller, proportional and floating-action controller, PI controller
Proportionalität *f* / proportionality
Proportionalitäts·beiwert *m* (Regeln) / proportional action factor ‖ ~-Bereich, P-Bereich *m* (Regeln) / proportioning o. proportional band ‖ ~grenze *f* (Mech) / proportional[ity] limit, limit of proportionality, stress-strain limit ‖ ~grenze *f* der Elastizität / proportional elastic limit
Proportional·-Navigation *f* / proportional navigation ‖ ~-Regelung, P-Regelung *f* / proportioning control ‖ ~-Regler *m* (o. P-Regler) (Regeln) / proportional [action] control[ler], proportional [position] action controller, proportional control unit, P controller ‖ ~-Sicherheitsventil *n* / relief valve ‖ ~stab *m* / proportional specimen ‖ ~steuerung *f* / proportional control ‖ ~-Verstärkung *f* (Regeln) / proportional sensitivity ‖ ~zähler *m* (Nukl) / proportional counter ‖ ~-Zählrohr *n* / proportional counter tube
pro·portioniert / proportionate
Proportionszirkel *m* / proportional divider o. compasses *pl*
Propoxylierung *f* (IC) / propoxylation
Propyl·aldehyd, Propionaldehyd *m* / propylaldehyde, propionaldehyde ‖ ~alkohol *m*, Propanol *n* / propyl alcohol
Propylen, Propen *n* / prop[yl]ene ‖ ~dichlorid *n*, Dichlorpropan *n* / prop[yl]ene dichloride ‖ ~harz *n* / prop[yl]ene plastic ‖ ~oxid-Allylglycidylether-Kautschuk *m* / propylene oxide-allyl glycidylether rubber
Propyl·halogenid *n* / propyl halide ‖ ~radikal *n* / Pr, propyl radical C₃H₇--
Prorationssteuerung *f* der Produktion (Öl) / proration
Prospekt *m*, Druckschrift *f* / (advertizing) folder, pamphlet ‖ [ausführlicher] ~ / leaflet, prospectus
prospektieren, schürfen / prospect *vt*, explore *vt* ‖ ~ *n* (Bergb) / prospecting
Prospektion (Bodenforschung) / prospection
Prospektor, Schürfer *m* / prospector
prosthetische Gruppe (Chem) / prosthetic group
Protactinid *n*, -actinoid / protactnide, -actinoide
Protactinium *n*, Pa (Chem) / protactinium, Pa ‖ ~-Isotop 234 *n* / prot[o]actinium isotope 234, brevium (occasional name only)
Protactinoid *n*, Protactinid *n* / protactinoid, protactinide
Prot·amin *n* / protamine ‖ ~argol *n* / protargol
Protease *f* (Chem) / protease
Proteid *n* (Chem) / proteid[e], conjugated protein
Protein *n* (Eiweißstoff) (Chem) / protein ‖ ~..., Eiweiß... / proteinic ‖ ~ase *f*, Protease *f* (Chem) / protease, proteinase, peptidase ‖ ~ase *f*, Protease *f* (Chem) / proteinase ‖ ~fasern *f pl* / fibers derived from proteins *pl*, protein fibres *pl*, azlons *pl* ‖ ~kunststoff *m* / protein base moulding compound ‖ ~stapelfaser *f* / protein staple fiber
Protektor·ablösung *f* (Reifen) / tread separation ‖ ~ablösung *f*, -abplatzen *n* / tread looseness, loose tread

‖ ~lage *f* (Reifen) / tread ply, breaker ply ‖ ~oberteil *m* (Reifen) / cap tread rubber, top cap (US) ‖ ~schere *f* (Textil) / protector cutter ‖ ~streifen *m* (Reifen) / breaker [strip]
Pro·teolyse *f*, Eiweißabbau *m* / proteolysis ‖ ~teolytisch (Enzym) / proteolytic, proteoclastic ‖ ~teose *f*, Proteinderivat *n* / proteose ‖ ~terozoische Formationsgruppe, Proterozoikum *n* (Geol) / Proterozoic
Prothese *f*, Kunstglied *n* / prosthesis
Prothrombin *n* / prothrombin
Protium *n* (Wasserstoffisotop ¹H) (Chem) / protium
Proto·catechusäure *f* / protocatechuic acid ‖ ~gen (Geol, Chem) / protogenic
Protogin *n* / protogene granite o. gneiss
Protokoll *n*, Zahlenbericht *m* (DV) / log ‖ ~, Tagungsbericht *m* / minute, memo ‖ ~ (Software) (DV) / log[-book], listing ‖ ~ (formell) / protocol ‖ ~, Abnahmeprotokoll *n* / certificate ‖ ~ für Datennetz in der Fabrik (DV) / manufacturing automation protocol, MAP ‖ ~ für Netzwerke in der Verwaltung (DV) / technical office protocol, TOP ‖ das ~ führen / keep the minutes
protokollieren (DV) / log *vt*
Protokoll·programm *n* (DV) / tracing o. trace program o. routine
Proto·lignin *n*, natives Lignin / protolignin, native lignin ‖ ~lyse *f* (Chem) / protolytic reaction
Proton *n* (Phys) / proton ‖ ein ~ liefernd (Chem) / protogenic ‖ einfach positiv geladenes ~ / single, positively charged proton ‖ ~-Alpha-Teleskop *n* / proton-alpha telescope
Protonen·akzeptor *m* (Chem) / proton acceptor ‖ ~-Beschleuniger *m* / proton accelerator ‖ ~beschuß *m* / proton bombardment ‖ ~donator *m* (Chem) / proton donor ‖ ~erregt / proton excited ‖ ~frei (Chem) / aprotic ‖ ~induziert / proton induced ‖ ~leitung *f* / proton conduction ‖ ~mikroskop *n* / proton microscope ‖ ~präzessions-Magnetometer *n* / proton precession magnetometer ‖ ~resonanz *f* / proton resonance ‖ ~röhre *f* (Phys) / proton tube ‖ ~rückstoß-Spektrometer *n* / proton recoil spectrometer ‖ ~-Synchrotron, Ionen-Synchrotron *n* / proton synchrotron ‖ ~teleskop *n* (Raumf) / proton telescope ‖ ~zerfall *m* / proton decay
protonieren / protonize
Protonierung *f* / protonation
Protonium *n* (Nukl) / protonium, nucleonium
Proton·-Neutron-Reaktion, p,n-Reaktion *f* / proton-neutron reaction
Protonova *f* / protonova
Proton·-Proton-Reaktion *f* / proton-proton chain ‖ ~-Proton-Streuung *f* / proton-proton-scattering ‖ ~-Proton-Zyklus *m* / proton-proton cycle
proto·phil (Nukl) / protophilic ‖ ~plasma *n* (Biol) / protoplasm ‖ ~porphyrin *n* / protoporphyrin ‖ ~prisma *n* (Krist) / protoprism ‖ ~pyramide, Grundpyramide *f* (Math) / protopyramid, unit pyramid ‖ ~pyramide *f* (Krist) / protopyramid ‖ ~tropie *f* (eine Tautomerie) (Chem) / prototropy ‖ ~typ *m*, Erstausführung *f* / prototype ‖ ~typ *m*, Urmaß *n* / standard of measurement ‖ ~typreaktor *m* / prototype reactor
Protoxid *n* / protoxide
Protozoen *n pl*, Urtiere *n pl* / protozoans *pl*, (subkingdom:) protozoa *pl*
Protuberanz, Ausstülpung *f* / excrescence, protuberance ‖ ~ *f* (Astr) / prominence
Proustit *m*, lichtes Rotgüldigerz (Min) / light red silver ore, proustite
Proviantraum *m* / provision stores *pl*, provision room
Provinz *f* (Geol) / clan
provisorisch / provisional, auxiliary ‖ ~ anschalten (Elektr) / lash-up ‖ ~er Anschluß (Elektr) / hook-up ‖ ~e

Brücke / temporary bridge ‖ **~er Mittelwert** / auxiliary mean, assumed mean ‖ **~er Stempel** (Zimm) / dead shore

Provitamin, Vorvitamin *n* / provitamin, precursor

Proxicon[aufnahme]röhre *f* (TV) / proxicon

proximal, in der Nähe, nächstgelegen / proximal ‖ **⌁linie** *f* / proximal line

Proximity·abstand *m* (Halbl) / proximity distance ‖ **⌁-Potential** *n* (Nukl) / poximity potential

Prozedieren *n* / procedure, process

Prozedur *f* (DV) / procedure ‖ **⌁-Anweisung** *f* (COBOL) / procedural statement, procedure statement ‖ **⌁aufruf** *m* / procedure reference ‖ **⌁block** *m* (DV) / procedure block ‖ **⌁kopf** *m* (ALGOL) / procedure heading ‖ **⌁name** *m* (DV) / procedure identifier o. name ‖ **⌁rumpf** *m* (DV) / procedure body ‖ **⌁teil** *m* (COBOL) / procedure division (COBOL) ‖ **⌁vereinbarung** *f* (DV) / procedure declaration, declarative sentence, compiler directing declarative

Prozent *n*, Vomhundert *n* / percent, per cent, p.c., Pct ‖ **⌁ Unverbranntes** (vom Treibstoff) (Raumf) / sliver loss ‖ **größer/gleich 100 ⌁** / with a triple digit ‖ **⌁anteil** *m* / percentile ‖ **⌁anzeige** *f* (Meßinstr) / percentage indication ‖ **⌁-Aufschrieb** *m* / percentage registration ‖ **⌁automatik** *f* (DV) / automatic percentage key ‖ **⌁gehalt** *m*, Gehalt *m* in Prozenten / percentage

43-prozentig (Alkohol) / 43° G.L. (= Gay Lussac), 86% proof (US)

prozentig / percent, percentage

Prozent·rechnung *f* / percentage calculation ‖ **⌁satz** *m,* Vomhundert-Satz *m* / percentage, rate per hundred ‖ **⌁satz** *m*, Quote *f* / percentage, ratio ‖ **⌁satz** *m* **der abgewickelten Gespräche** (Fernm) / percent completion ‖ **⌁satz** *m* **fehlerhafter Stücke** / percent defective

prozentual / percental, percentage ‖ **~er Anteil,** Prozentsatz *m*, -gehalt *m* / proportion, percentage ‖ **~ arbeitendes Differentialrelais** (Elektr) / percentage differential relay ‖ **~e Dehnung** (Mat.Prüf) / percentage elongation ‖ **~e Einschaltdauer** / percentage duty cycle ‖ **~er Fehler** / percentage errors ‖ **~er Gehalt** (o. Satz) / percentage ‖ **~e Häufigkeit** (Nukl) / abundance in % ‖ **~es Hörvermögen** / percent hearing ‖ **~ konstant** / constant-percentage... ‖ **~er Säuregehalt** / percentage of acid ‖ **~e Verständlichkeit von Logatomen** (Fernm) / percentage articulation ‖ **~e Zusammensetzung** / composition by percentage ‖ **~vergleichsschutz** *m* (Elektr) / percentage differential protection

Prozent·wäsche *f*, Rübenprobewascher *m* (Zuck) / tare washer ‖ **⌁zeichen** *n* / percent mark, %

Prozeß, Verfahren *n* (Chem) / action, operation, process ‖ **~abhängig** (Regeln) / process-bound ‖ **⌁ablaufdiagramm** *n* / process diagram ‖ **⌁analysator** *m* / process analyzer ‖ **⌁automation** *f* / process automation ‖ **⌁bestand** (Nukl) / in-process inventory ‖ **⌁bus** *m* (DV) / process data highway ‖ **⌁bus-Schnittstellensystem** *n* / process date highway interface system ‖ **⌁daten** *pl* / process data *pl* ‖ **⌁datenanschlußeinheit** *f* / data adapter unit ‖ **⌁datenbus** *m*, -daten-Vielfachschaltung *f*, PROWAY *m* / process data highway, PROWAY ‖ **⌁daten-Steuereinheit** *f* / data control unit ‖ **⌁daten-Übertragungs-System** *n* (Regeln) / process communicating system ‖ **⌁datenverarbeitung** *f*, PDV (DV) / process control ‖ **~entkoppelt** (Prozeßrechn) / off-line ‖ **⌁erkennung** *f* (Regeln) / process o. system identification ‖ **⌁folge** *f* / process cycle o. sequence ‖ **⌁gaschromatographie** *f* / process gas chromatography ‖ **~gekoppelt** (Prozeßrechn) / on-line ‖ **~gekoppelt,** abhängig / on-line ‖ **~gekoppelt-geschlossen** (Regeln) / closed-loop... ‖ **~gekoppelt-offen** (Regeln) / open-loop... ‖ **~gesteuert** / process-controlled ‖ **~gesteuertes Regelsystem** / closed-cycle control system ‖ **⌁gleichung** *f* (DV) / process equation ‖ **⌁identifikation** *f* (Meßtechnik) / process identification ‖

⌁ingenieur *m* / process engineer ‖ **⌁inventar** *n* / hold-up capacity ‖ **⌁kopplung** *f* / process interface ‖ **⌁leittechnik** *f* / process control engineering ‖ **⌁lenkung** *f* / process control ‖ **⌁lenkung** *f* **mit DV-Anlagen** / computerized process control ‖ **⌁meldesignal** *n* (Regeln) / process alert signal ‖ **~nahe** (Regeln) / process-oriented ‖ **gesteuerte ⌁optimierung** / feed-forward process optimization

Prozessor *m*, Betriebseinrichtung *f*, -programm *n* (DV) / processor ‖ **⌁**, Mikroprozessor *m* (Elektronik) / microprocessor ‖ **⌁**, Hauptprozessor *m* / central processing unit ‖ **⌁ der PL/1-Maschine** / PL/1-processor ‖ **~gebunden**, -beschränkt / processor-bound o. -limited

prozeßorientiert / process-oriented

Prozessor·kamera *f* / processor camera ‖ **⌁leistung in 1000 Operationen/s** / kilooperations per second, KOPS

prozeß·parallel (Regeln) / open-loop... ‖ **⌁peripherie** *f* / process computer peripherals *pl*, process interface system ‖ **⌁planung** *f* / process design ‖ **⌁-Prioritäts-Steuerung** *f* (DV) / task scheduler ‖ **⌁pumpe** *f* (Öl) / process pump ‖ **⌁rechensystem** *n* / process computing system ‖ **⌁rechner** *m* / process [control] computer ‖ **~rechnergestützte Automatisierung** *f* / process computer aided automation ‖ **⌁steuerung** *f* / process o. feedback control ‖ **⌁steuerung** *f* (Nukl) / operation control ‖ **⌁toleranz** *f* / process tolerance ‖ **⌁-Trommel-Pellomat** *m*, PTP (Gerb) / process-drum pellomat ‖ **⌁überwachung** *f* / process monitoring o. control, process-generated heat ‖ **⌁verdichter** *m* / process compressor ‖ **⌁verwaltung** *f* (DV) / task management ‖ **⌁videosystem** *n* / process video system ‖ **⌁wärme** *f* / process heat

Prud'homme--Reserveartikel *m* (Textil) / Prud'homme style ‖ **⌁-Schwarz** (Färb) / Prud'homme [aniline] black

Prüf-... s. auch Probier... ‖ **⌁adapter** *m* / test adapter ‖ **⌁ader** *f* s. Prüfdraht ‖ **⌁anlage** *f* (für den Betrieb) / operational monitoring system, OMS ‖ **⌁anstalt** *f* / testing house ‖ **⌁anteil** *m* (Qual.Prüf) / inspection level ‖ **⌁anweisung** *f*, -befehl *m* (DV) / examine statement ‖ **⌁anweisung** *f* (Masch) / inspection instruction, test instruction ‖ **⌁anzeige** *f* (DV) / check indicator ‖ **⌁arbeit** *f* / testing work ‖ **⌁argument** *n* (DV) / search argument ‖ **⌁arm** *m* (Fernm) / test wiper ‖ **⌁arm** *m* (Raumf) / umbilical arm ‖ **⌁aufnahme** *f* (F.Org) / check study ‖ **⌁automat** *m* / automatic testing device ‖ **~bar** (DV) / testable ‖ **⌁batterie** *f* (Elektr) / testing battery ‖ **⌁becher** *m* (Plast) / cup ‖ **⌁becherfließzahl** *f* / cup flow figure ‖ **⌁bedingung** *f* (DV) / sense condition ‖ **⌁bedingungen** *f pl*, -klima *n* / test conditions *pl*, test atmosphere ‖ **⌁bedingungen** *f pl* **für Prüfung unter Last** (Elektr) / conditions of severity *pl* ‖ **⌁befehl** *m* (DV) / examine statement ‖ **⌁belastung** *f* / test load ‖ **⌁beleg** *m* / test document ‖ **⌁bereich** *m* (Ultraschall) / time base range ‖ **⌁bereit-Signal** *n* (Fernm) / ready-for-test signal ‖ **⌁bericht** *m* / test report ‖ **⌁bescheinigung** *f* / test certificate ‖ **⌁bestimmung** *f*, -vorschrift *f* / test specification o. condition ‖ **⌁bild** *n* (TV) / test pattern o. chart o. card ‖ **⌁bildgeber**, Phasmajektor *m* (TV) / phasmajector ‖ **⌁bit** *n* (DV) / check bit ‖ **⌁buchse** *f* (Elektronik) / insulated test terminal ‖ **⌁bürste** *f*, Meßbürste *f* (Elektr) / exploring brush, pilot brush ‖ **⌁byte** *n* (DV) / sense byte ‖ **⌁daten** *pl* / test data ‖ **⌁dehngrenze** *f* / conventional limit of elasticity ‖ **⌁draht** *m*, -ader *f* (Kabel) / holding wire, test wire ‖ **⌁draht** *m*, -ader *f* (Fernm) / pilot wire, P-wire, testing wire, C-wire (Siemens) ‖ **⌁draht** *m*, -ader *f* (in der Teilnehmerleitung) (Fernm) / S-wire (sleeve wire) ‖ **⌁druck** *m* (für Drucksysteme) (Druckluft) / system test pressure, design pressure ‖ **⌁druck** *m*, Probedruck *m* / test pressure ‖ **angegebener ⌁druck** / proof pressure ‖ **⌁einrichtung** *f* / testing device

prüfen, untersuchen / test *v*, try, inspect, prove, examine ‖ ~, fragen (DV) / prompt the operator ‖ ~, in Augenschein nehmen / view *v* ‖ ~, probieren (Chem, Hütt) / assay *v* ‖ ~ (Ultraschall) / probe *vt* ‖ ~ *n* nach beiden Ausläufern der Prüfverteilung / double tailed test ‖ ~ unter verschärften Bedingungen, Grenzprüfung *f* / marginal test o. check ‖ auf 2 verschiedene Weisen ~ / crosscheck ‖ genau (o. eingehend) ~ / scrutinize, examine critically o. closely ‖ mit Meßsonden ~ / probe-test ‖ Qualität ~ / assess ‖ Seide ~ (o. konditionieren) / condition silk

Prüf·fahrzeug, -gerät *n* (Luftf) / test vehicle ‖ ~faktor *m* (Luftf) / proof factor ‖ ~fehler u. Toleranzen (DIN 51 849) *pl* (Öl) / precision and tolerances *pl* ‖ ~fehlerfreiheit *f* / precision ‖ ~feld *n* / test[ing] floor o. shop ‖ ~feld *n*, Versuchsanlage *f* / trial station ‖ ~feld *n* (Elektr, Elektronik) / test lab o. department ‖ ~[feld]ingenieur *m* / test engineer ‖ ~felge *f* (Reifen) / test rim ‖ ~fernsprecher *m* / test telephone ‖ ~finger *m* (VDE, Elektr) / probe ‖ ~fläche *f* (Ultraschall) / scanning zone ‖ ~gas *m* (Vakuum) / search gas ‖ ~gas *n*, Testgas *n* / test gas, calibration gaz mixture ‖ ~gegenstand *m* / test item ‖ ~genauigkeit *f* / precision ‖ ~gerät, -instrument *n*, -einrichtung *f* / testing apparatus o. set o. instrument, test control unit, TCU, tester ‖ ~gerät *n*, Fehlersuchgerät *n* / set analyzer (GB), trouble shooter (US) ‖ ~gerät *n* für Signalverfolgung [in einem Gerät] (Elektronik) / signal tracer ‖ ~geräte *n pl*, -ausrüstung *f* / testing equipment ‖ ~[grenz]lehre *f* / master gauge ‖ ~hahn *m* s. Probierhahn ‖ ~hantel *f* (Elektr) / dumb-bell shaped test piece ‖ ~hinweis *m* (DV) / diagnostic flag ‖ ~hörer *m* (Elektronik) / test phones *pl* ‖ ~instrument *n* s. Prüfgerät ‖ ~kabel *n*, jumper, test cable ‖ ~kabel *n*, Meßkabel *n* / measuring cable ‖ ~kanal *m* (Nukl) / loop ‖ ~karte *f* / test card ‖ ~karte *f* (Qual.Prüf) / control chart ‖ ~kartensatz *m* / test deck ‖ ~klemme *f* / testing terminal ‖ ~klima *n*, -bedingungen *f pl* / test conditions *pl*, test atmosphere o. environment ‖ ~klinke *f*, Meßbüchse *f* (Fernm) / test jack ‖ ~koffer *m* / portable tester ‖ ~kopf *m* (Ultraschall) / probe ‖ ~kopie *f* (DV) / audit copy ‖ ~körper *m*, -spezimen *n* / test sample, test piece o. specimen ‖ ~kreis *m* / test circuit ‖ ~labor[atorium] *n* / testing lab[oratory] ‖ ~lampe *f*, -leuchte *f* / pilot lamp o. indicator o. signal [lamp] ‖ ~lampe *f* (Elektr) / test lamp ‖ ~länge *f*, Versuchslänge *f* (Spinn) / test length ‖ ~länge *f* (Oberfl) / sampling length ‖ ~last *f* / test load ‖ ~lehre *f* / reference ga[u]ge ‖ ~lehre *f* des Lieferanten / inspection gauge ‖ ~leistung *f* / test capacity ‖ ~leitung *f*, -draht *m* (Elektr) / test lead ‖ ~leitung *f* (DV) / error detecting circuit ‖ ~libelle *f* / test level

Prüfling *m* / test sample o. specimen, test piece

Prüf·liste *f* / check list ‖ ~locher *m* (LoKa) / verifier ‖ ~los *n* / inspection lot ‖ ~losgröße *f* / size of an inspection lot ‖ ~maschine *f* / testing machine ‖ [Wöhlersche] ~maschine für Biegeschwingungen / testing machine for rotating beam test piece ‖ ~maschine *f* für Drehschwingungen / oscillating twisting machine, torsion [fatigue] testing machine ‖ ~maschine *f* für Zug- und Druckversuche / tension and compression testing machine ‖ ~maschine *f* zum Prüfen von Knickfestigkeit / buckling stress testing machine ‖ ~masse *f* / proof mass ‖ ~methode *f*, Untersuchungsmethode *f* / method of examination ‖ ~methode *f*, Versuchsmethode *f* / method of testing ‖ ~netzteil *n* / test power control unit ‖ ~norm *f* / test standard ‖ ~notenmaschine *f* (DV) / test scoring machine ‖ ~pfad *m* (DV) / audit trail ‖ ~plakette *f* / test badge ‖ ~plan *m* / check plan ‖ ~platte *f* (Elektr) / proof plane ‖ ~platz *m* (Fernm) / testing position ‖ ~presse, Druckprüfmaschine *f* (Masch) / test press ‖ ~prisma *n* / Vee-block for measuring ‖ ~programm *n* (DV) / test o. check o. diagnostic program o. routine ‖ ~programm *n* (Speicher) / audit program, audit subsystem ‖

~programm *n* für das Hauptprogramm (DV) / operation mode routine ‖ ~programm *n* mit teilweiser Speicherentleerung (DV) / postmortem program[me] ‖ ~protokoll *n*, -bescheinigung *f* / test certificate, inspection sheet ‖ ~protokoll *n*, -niederschrift *f* / test record ‖ ~protokoll, Abnahmeprotokoll *n* [der Schlußprüfung] / production test document ‖ ~pult *n* / test board ‖ ~pult *n*, -tisch *m* (Fernm) / test desk ‖ ~punkt *m* (Elektr) / test point ‖ ~punkt *m* (Elektronik) / monitoring point ‖ ~raum *m* für Prüfung unter Umgebungsbedingungen / environmental space chamber ‖ ~reaktor *m* / test reactor ‖ ~reißlack *m* / strain indicating lacquer ‖ ~röhrchen *n* / test tube ‖ ~röhrchen *n* / detector tube ‖ ~[schalt]tafel *f* (Elektr) / test board ‖ ~schärfe *f* (Mat Prüf) / inspection level ‖ ~schrank *n* / test console ‖ ~schrank *m* (Fernm) / test board ‖ ~schranke *f* (Elektr) / test jumper ‖ ~sieb *n* / test sieve ‖ ~signal *n* (TV) / test [pattern] signal ‖ ~signalgeber *m* / test signal generator ‖ ~signalgemisch *n* (TV) / composite test signal ‖ ~spalte *f* (am Lochstreifen) / check row ‖ ~spannung *f* / testing voltage ‖ ~spannung *f* für den Oszillator (Elektronik) / test signal ‖ ~spezifikation *f* / inspection specification ‖ ~spitze *f* (DV) / logic o. test probe ‖ ~spitze *f* / probe tip, test prod ‖ ~spitze *f* (Fernm) / testing spike, test pick (US) ‖ ~spitze *f* (Härteprüfg) / penetrator ‖ ~spule *f* (Elektr) / exploring coil ‖ ~spur *f* (Magn.Bd) / parity test track ‖ ~stab, -stück *m* / specimen, test piece, test bar ‖ ~stand *m*, -raum *m* (Masch, Mot) / testing stand o. bed o. room, test bench o. stand ‖ ~stand *m*, -raum, Bremsstand *m* (Masch, Mot) / torque stand o. bed o. room ‖ ~standswerte *m pl* (Mot) / bench performance ‖ ~stecker *m* (Elektronik) / test plug ‖ ~Steckleiste *f* (Elektronik) / test plot ‖ ~strom *m* (Elektr) / testing current ‖ ~stück *n* / test specimen ‖ ~summe *f* / check sum, proof total ‖ ~taktsignal *n* (DV) / testing clock signal ‖ ~taste, Meßtaste *f* (Fernm) / test key ‖ ~text *m* (Fernschreiber) / test code ‖ ~tisch *m*, -pult *n* (Fernm) / test desk ‖ ~ton *m* (Fernm) / test tone ‖ ~transformator *m*, -trafo *m* / testing transformer ‖ ~- u. Wartungsstation *f* (DV) / Organizational Maintenance Test Station, OMTS ‖ ~umfang *m* / amount of inspection ‖ ~- und Kontrolleinrichtungen *f pl* / test setups and monitoring equipment ‖ ~- und Meßplatz *m* / test and measuring table

Prüfung *f*, Versuch *m* / test, probe ‖ ~, Versuchsdurchführung *f* / test procedure ‖ ~, Untersuchung *f* / examination ‖ ~ (von Maßen) / checking measures ‖ ~, Erprobung *f* / trial, test[ing], proving, tryout (coll) ‖ ~ (auf Zusammensetzung, Gewicht usw.) / assay ‖ ~, Begutachtung *f* / survey ‖ ~ auf doppelte Ronden (Stanz) / double blank check ‖ ~ auf Durchgang (Elektr) / continuity test ‖ ~ auf Fehlerwiederholung (LoKa) / successive card checking ‖ ~ auf Flachfallen und Umstürzen / bench test ‖ ~ auf gerade Einer-Bitzahl (DV) / even-parity check ‖ ~ auf Maßhaltigkeit / dimensional inspection ‖ ~ auf ungerade Parität / odd parity check ‖ ~ auf Verhalten bei Lagerung im Wasser / static water immersion test ‖ ~ bei Normalbetrieb / dynamic test ‖ ~ der Mikrostruktur / micro[graphic] examination ‖ ~ durch Vergleichsrechnung, Kreuzsicherung *f* / cross check ‖ ~ im Stillstand / stationary test ‖ ~ in verschiedenen Lagen (Uhr) / position tests *pl* ‖ ~ Kontakt offen o. geschlossen / contact sense ‖ ~ mit Schwefellampe nach Sandlar (DIN51771) (Öl) / lamp gravimetric method ‖ ~ und Abnahme / approval and tests *pl* ‖ ~ unter verschärften Bedingungen, Grenzprüfung *f* (NC) / marginal testing ‖ ~ von Eigenschaften / characterization ‖ ~ während der Fertigung / in-process testing ‖ ~ zwischen Stromwenderstegen (Elektr) / bar-to-bar test ‖ eine ~ durchführen / carry out o. conduct a test ‖ genaue ~ / scrutiny

Prüfungs·alter n / test age ‖ ~**ausschuß** m, Rückweisungen f pl / rejects ‖ ~**ausschuß** m / examining board ‖ ~**bedingung** f / test specification o. condition ‖ ~**protokoll** n, -niederschrift f / test o. trial record

Prüf·ventil n / test valve ‖ ~**verfahren** n / method of test[ing], test procedure ‖ ~**vielfach** n (Fernm) / check multiple ‖ ~**vorrichtung** f s. Prüfgerät ‖ ~**vorschrift** f, -bedingung f / test specification o. condition ‖ ~**waage** f, Goldwaage f / assay balance, gold o. physical balance ‖ ~**wähler** m (Fernm) / test selector ‖ ~**wahlschalter** m / test selector switch ‖ ~**wert** m (Elektr) / test value ‖ ~**zahl** f (DV) / check number ‖ ~**zange** f (Elektr) / test tongs ‖ ~**zeichen** n, Kontrollzeichen n / test mark ‖ ~**zeichen** n (DV) / check character ‖ ~**zeichen** n (für Bauartzulassung) / mark of conformity ‖ ~**zeile** f (TV) / test line, insertion test signal ‖ ~**zeile** f (TV) / insertion test signal ‖ ~**zeileneinmischer** m / test line inserter, ITS inserter ‖ ~**zeit** f, Probezeit f / test period ‖ ~**zelle** f (Akku) / pilot cell ‖ ~**zelle** f, -raum m / test box, test chamber ‖ ~**ziel** n, Echohohlraumresonator m (Radar) / phantom target, echo box ‖ ~**ziffer** f, Kontrollziffer f / check digit ‖ ~**ziffer** f des Wagens (Bahn) / check digit of wagon code ‖ ~**zifferngeber** m / selfchecking number generator ‖ ~**zuverlässigkeit** f (eines Gerätes) / test reliability

Prunell m, Lasting m (Web) / prunella, prunello, lasting

Prussiat n / prussiate, pentacyanoferrate ‖ ~**schwarz** n (Färb) / prussiate aniline black

PR-Zahl f, Ply-Rating n (Reifen) / ply rating [number], PR

PS = Polystyrol

PSA = Phthalsäureanhydrid

Psammite m pl (Geol) / psammitic rocks pl

Psammophyt m, Sandpflanze f / sand binder

PSA-Prozeß m (Öl) / PSA process (= pressure swing adsorption process)

PSB (DV) / PSB, parallel system

P-Schale f (Nukl) / P-shell ‖ ~, p-Unterschale f (Nukl) / p-shell, p-subshell

P-Schirm m (Radar) / P-display

P-Schirmbilddarstellung f (Radar) / PPI-display

Pscht (DV) / programmable macrologic

PSE = periodisches System der Elemente

Pseudo·..., Schein... / pseudo-..., apparent ‖ ~**abschnitt** m (DV) / dummy section ‖ ~**adresse** f / symbolic address, pseudo address ‖ ~**anweisung** f (DV) / dummy statement ‖ ~**asymmetrie** f (Chem) / pseudoasymmetry ‖ ~**base** f (Chem) / pseudobase ‖ ~**befehl** m, symbolischer Befehl (DV) / dummy o. pseudo instruction, quasi instruction ‖ ~**boolesch** / pseudo-Boolean ‖ ~**code** m (DV) / pseudocode ‖ ~**-Datei** f (DV) / dummy data set ‖ ~**dezimale** f (DIN) / pseudodecimal digit ‖ ~**elastizität** f / pseudoelasticity ‖ ~**entkoppelt** (Regeln) / pseudo-noninteracting ‖ ~**geschwindigkeit** f (Schwingungen) / pseudo-velocity ‖ ~**katalyse** f / pseudocatalysis ‖ ~**legierungen** f pl / pseudoalloys pl ‖ ~**makrobefehl** m (DV) / pseudomacro [instruction] ‖ ~**malachit**, -phosphorchalcit m (Phosphorkupfererz) / pseudomalachite ‖ ~**merie** f (Chem) / pseudomerism ‖ ~**monotrop** (Chem) / pseudomonotropic ‖ ~**morph** (Min) / pseudomorph[ous] ‖ ~**morphose** f (Min) / pseudomorphosis ‖ physikalische ~**morphose**, Paramorphose f (Min) / paramorphosis ‖ ~**noise-System** n / PN-system ‖ ~**nym** n / alias ‖ ~**plastizität** f / pseudoplasticity ‖ ~**programm** n (DV) / pseudoprogram[me] ‖ ~**säure** f (Chem) / pseudo-acid ‖ ~**skalar** (Math) / pseudoscalar ‖ ~**skopisch** (Opt) / pseudoscopic ‖ ~**sphäre** f (Math) / pseudosphere ‖ ~**stabil** / pseudo-stable ‖ ~**stereoskopischer Effekt**, Eisenbahneffekt m / pseudostereoscopic effect ‖ ~**streuergebnis** n (DV) / pseudo random result ‖ ~**-Suchen** n (DV) / dummy seek ‖ ~**symmetrie** f (Min) / pseudosymmetry ‖ ~**tachylith** m (Geol) / pseudotachylite ‖ ~**variable** f (PL/1) /

pseudovariable ‖ ~**wissenschaft** f / exploded science, pseudoscience ‖ ~**wollastonit** m (Kalziumkarbonat) (Min) / pseudowollastonite ‖ ~**zufällig** (DV) / pseudo-random ‖ ~**-Zufallsrauschen** n / pseudonoise ‖ ~**-Zufallsrauschsystem** n / pseudonoise system, PN system ‖ ~**-Zufallszahl** f (Math) / pseudo-random number

Psi n / J- o. psi-particle

PSI-Anzeigegerät n (Luftf) / plan speed indicator, PSI

P-Silicon-Ausrüstung f (Textil) / p-silicon finish

Psilomelan m, schwarzer Glaskopf, Hartmanganerz n (Min) / psilomelane

Psittazinit m (Min) / psittacinite

Psophometer n, Geräuschspannungsmesser m (Fernm) / psophometer

psophometrisch gewichtet / psophometrically weighted ‖ ~**e Gewichtung** / psophometric weighting

PSP (DV) = Plattenspeicher

PS-Stunde (veraltet), PSh f (= 735,498 Wh) / horsepower hour, hph (= 1,0139 PSh)

P-Statik f / precipitation static

PSW (DV) = Programmstatuswort

psychedelische Konstruktion / psychedelic o. psychodelic design

psychologisch·e Blendung / discomfort glare

psycho-physiologische Ergonomie / biological engineering, human engineering

Psychotechnik f / industrial psychology, psychotechnics sg, psychotechnology

Psychrometer n / psychrometer, wet-and-dry bulb hygrometer

PTB = Physikalisch-Technische Bundesanstalt

PTC·-Theorem s. PCT-Theorem ‖ ~**-Widerstand** m / PTC-resistance (= positive temperature coefficient)

p-T-Diagramm n (Phys) / p-T-diagram

PTFCE = Polytrifluorchlorethylen

PTFE = Polytetrafluorethylen ‖ ~**-imprägniertes Glasgewebe** / textile glass fiber impregnated by PTFE

PT-Film m (photoleitender thermoplastischer Film) / PT-film

PTL-Triebwerk n, Propeller-Turbinen-Luftstrahltriebwerk n (Luftf) / turboprop [engine], propeller turbine engine, prop-jet [engine]

PTMT = Polytetramethylenterephthalat

ptolemäischer Satz (Math) / Ptolemy's theorem

Ptomain n (Chem) / ptomaine

PTR = Phys.-Techn. Reichsanstalt (bis 1945)

Ptyalin n (Chem) / ptyalin[e]

PTZ = Posttechnisches Zentralamt

Publikum n / the public, the people

Pucherit m (Wismutvanadiat) (Min) / pucherite

Puddelluppe, Rohluppe f (Hütt) / mill bar, muck bar

puddeln, im Flammofen frischen (Hütt) / puddle vt

Puddelstahl m / puddled steel

Puddingstein m (Flintkonglomerat) (Geol) / pudding stone

Puder m (Kosmetik) / powder ‖ ~**...** (Stärke) / powdered ‖ ~**einzug** m (Zuck) / introduction of powdered sugar ‖ ~**-Emaillierung** f / dry[-process] enamelling ‖ ~**graphit** m, Graphitstaub m / powdered graphite ‖ ~**zucker** m / sugar powder, icing o. castor sugar (GB), confectioner's sugar (US)

Puff-Diffusionsmodell n (Luftverunreinigung) / Langrangian puff diffusion model

Puffen n (Ofen) / puffing

Puffer m (allg) / buffer [gear] ‖ ~ (Bahn) / buffer, bumper ‖ ~, Dämpfungskissen n / resilient pad ‖ ~**abstand** m (Bahn) / distance between buffers ‖ ~**batterie** f (Elektr) / balancing o. buffer battery, boosting o. floating battery ‖ ~**batterie-Betrieb** m für Brennkraft-Elektrofahrzeuge (Bahn) / automixte system ‖ ~**betrieb** m (Akku) / floating operation o. service ‖ ~**feder** f / cushioning spring ‖ ~**feder** f (Bahn) / volute spring, buffer spring ‖ ~**gemisch** n (Chem) / buffer [reagent] ‖ ~**hülse** f, -gehäuse n (Bahn) / buffer box o. case o.

casing o. guiding ‖ ⤷**kissen** *n* / buffer, cushion, pad ‖
⤷**komplex** *m* (DV) / buffer pool ‖ ⤷**[kreis]** *m*, -stufe *f*
(DV, Software) / buffer ‖ ⤷**ladung** *f* (Akku) / trickle
charge ‖ ⤷**lösung** *f* (Chem) / buffer solution ‖ ⤷**magazin**
n (Wzm) / buffer magazine ‖ ⤷**maschine** *f*, -dynamo *m*
(Elektr) / buffer dynamo, regulating dynamo ‖
⤷**[maschinen]satz** *m* (Elektr) / booster set, buffer o.
regulating set
puffern (Chem) / poise ‖ ~, ausgleichen / buffer *vt*,
equalize *vt* ‖ ~, Stoße dämpfen / buffer *vt* ‖ ~,
zwischenspeichern (DV) / buffer
Puffer·ring *m* (Gurtförderer) / impact ring for carrying idler
‖ ⤷**säure** *f* (Chem) / buffer acid ‖ ⤷**schaltung** *f* (Elektr) /
buffer circuit ‖ ⤷**scheibe** *f*, -teller *m* (Bahn) / buffer head
o. disk ‖ ⤷**schuh** *m* (Bahn) / buffer shoe ‖ ⤷**[speicher]** *m*
(DV, Hardware) / buffer o. temporary store (GB) o.
storage o. memory (US) ‖ ⤷**speicher** *m*, Cachespeicher
m (DV) / cache, scratch-pad memory ‖ ⤷**speicher** *m*
(Elektr) / buffer storage ‖ ⤷**stange** *f*, -stößel *m* (Bahn) /
plunger of the buffer, buffer plunger ‖ ⤷**stoß** *m* (Eisenb)
/ buffer stroke ‖ ⤷**stößel** *m* **des Hülsenpuffers** (Bahn) /
plunger buffer ‖ ⤷**stoßring** *m* (Bahn) / buffer ring ‖
⤷**strebe** *f* (Bahn) / buffer brace ‖ ⤷**stufe** *f* (Elektronik) /
buffer stage ‖ ⤷**substanz** *f*, passivierender Zusatz
(Chem) / depressor ‖ ⤷**takt** *m*, -taktsignal *n* (DV) / buffer
clock pulse o. signal ‖ ⤷**träger** *m* (Bahn) / breast piece,
head stock, buffer beam
Pufferung, Pufferwirkung *f* / buffer action, cushioning
effect ‖ ⤷ *f* (Chem) / buffer action
Puffer·zeit *f* (allg) / time allowance o. margin ‖ ⤷**zeit** *f*
(PERT) / activity slack, float ‖ **freie** ⤷**zeit der Tätigkeit**
(PERT) / free float ‖ ⤷**zone** *f* (Nukl) / buffer zone (reactor
core)
Puffreis herstellen / puff up rice
Pulegon *n* (Chem) / pulegone
Pulfrichrefraktometer *n* (Phys) / Pulfrich refractometer
Pullmanlimousine *f* (Kfz) / Pullman saloon o. sedan
Pull-off-Kupplung *f* / pull-off coupling
Pulmotor *m* (Atemgerät) / pulmotor
Pulp *m*, Pulpe, Pülpe *f* (Früchte, Zuck) / pulp
Pulpe *f* (Pap) / mash, pulp ‖ ⤷, Erztrübe *f* / ore sludge, ore
pulp ‖ ⤷ **aus Altpapier** / pulp from used paper ‖ ⤷ **aus
Lumpen** / rag pulp o. stock ‖ **mechanische** ⤷ /
mechanical pulp, asplund ‖ ⤷**fänger** *m* (Pap) / pulp
catcher o. saver, save-all
Pülpefänger *m* (Zuck) / pulp catcher o. saver, save-all
Pulper *m* (Pap) / pulper
Puls *m*, Impuls *m* (Elektronik) / pulse, impulse ‖ ⤷,
Impulsfolge *f* / pulsed quantity ‖ ⤷... s. auch Impuls... ‖
⤷**abstandmodulation** *f* / pulse interval modulation ‖
⤷**-Amplitudenmodulation** *f*, PAM *f* / pulse amplitude
modulation, PAM ‖ ⤷**-Amplituden-Phasenmodulation**
f / pulse amplitude phase modulation, PAPM
Pulsar *m* (Astr) / pulsar
puls·artig, getastet, Impuls... / pulsed, keyed ‖ ~**artiges
Ausgangssignal** (Regeln) / sampled output
Pulsation *f* (Astr) / pulsation
Pulsations·häufigkeit *f* (Melken) / pulsation rate ‖
⤷**kolonne** *f* (Chem) / pulsed column ‖ ⤷**verluste** *m pl*
(Elektr) / pole face losses *pl*
Pulsator *m* (Landw, Melkmaschine) / pulsator ‖
⤷**-Setzmaschine** *f* (Bergb) / pulsator o. pulsating jig ‖
⤷**sichter** *m* (Bergb) / pulsating deduster ‖ ⤷**sieb** *n* /
pulsator screen
Puls·betrieb *m* (Plasma) / pulsed-mode operation ‖
⤷**bewertungskreis** *m* / detector (a circuit) ‖ ⤷**breite** *f* /
pulse duration, pulse width ‖ ⤷**breiten-Modulation** *f*,
-dauermodulation *f*, PBM, PDM / pulse width
modulation, PWM ‖ ⤷**code** *m* / pulse-code ‖
⤷**code-Modulation** *f*, PCM / pulse code modulation,
PCM, pcm ‖ ⤷**-Doppler-Radar** *m n* / pulse modulated
Doppler radar ‖ ⤷**-Echo** *n* / pulse echo
pulsen (Elektronik) / pulse *v*
Pulser·bagger *m* / pulsometer dredger

Puls·folge *f* / pulse train ‖ ~**förmig** (Mech) / by [im]pulses
‖ ⤷**formung** *f* / shaping of pulses ‖ ⤷**frequenz**,
[Im]pulsfolgefrequenz *f* / pulse repetition o. recurrence
frequency, PRF ‖ ⤷**frequenz-Modulation** *f*, PFM *f*
(Elektronik) / pulse frequency modulation, PFM ‖
⤷**frequenzuntersetzung** *f* (Radar) / countdown ‖
⤷**hammer** *m* (Werkz) / water hammer ‖
⤷**höhenanalysator** *m* / pulse height analyzer
pulsieren *vi*, schwingen / pulsate ‖ ⤷ *n*, rhythmisches
Schlagen / pulsation
pulsierend, schwingend / pulsatory, pulsating ‖ ~, wellig
(Elektr) / ripple, undulating ‖ ~, vibrierend / vibratory,
vibrating ‖ ~ **arbeitende Kolonne** (Chem) / pulsed
column ‖ ~**e** *f pl* **Auroren** / pulsating auroras *pl* ‖ ~**er
Gleisstrom** (Bahn) / impulse track-circuit current ‖ ~**er
Strom** (Elektr) / pulsatory o. pulsating current, PC ‖ ~**er
Strom**, aussetzender Strom / intermittent current ‖ ~**e
Verbrennung** (Rakete) / bumping, resonant burning ‖
~**e Verbrennungskammer** (z.B. Schmidtrohr) /
pulsating combustor
Pulsierung, Schwingung *f* / pulsation
Pulsions·... s. Pulso...
Puls·kennlinie *f* (Elektronik) / pulse characteristic ‖
⤷**kolonne** *f* (Nukl) / pulsed column ‖
⤷**kompressionsverfahren** *n* (Elektronik) / chirp
modulation (this name was given because it was
introduced inconspicuously with "little chirp"), swept
frequency modulation ‖ ⤷**lagenmodulation** *f*,
-phasenmodulation *f*, PPM / pulse position modulation,
PPM ‖ ⤷**längen-Modulation** *f*, PLM *f* / pulse length
modulation, PLM ‖ ⤷**magnetron** *n* / pulsed magnetron
‖ ⤷**modulation** *f*, Impulsmodulation *f* / pulse
modulation ‖ ~**moduliertes Funkfeuer** (Schiff) / pulsed
beacon
Pulso·code... / pulsed-code ‖ ⤷**heizung** *f* (Bau) / hot-air
pulsation heating ‖ ⤷**meter** *n* (kolbenlose Dampf- o.
Gasdruckpumpe) / pulsometer [pump] ‖ ⤷**meterbagger**
m / pulsometer dredge[r] ‖ ⤷**strahltriebwerk** *n* /
propulsive duct, pulse o. pulso jet [engine], intermittent
jet, pulsating jet engine, athodyd, aero-pulse
Puls·phasen-Modulation *f*, PPM / pulse position
modulation, PPM ‖ ⤷**radar** *m*, -radargerät *n* / pulse
radar ‖ ⤷**radiolyse** *f* (Chem) / pulse radiolysis ‖
⤷**reaktor** *m* / pulse[d] reactor ‖ ⤷**regenerierung** *f*
(Elektronik) / pulse regeneration o. restoration ‖
⤷**steuerung** *f* (Elektronik) / pulse o. chopper control ‖
⤷**stopfverfahren** *n* (Fernm) / pulse stuffing method ‖
⤷**-Transformator** *m* (Elektronik) / pulse transformer ‖
⤷**verzögerungsgerät** *n* (Elektronik) / clock delay device
‖ ⤷**wärmewiderstand** *m* (Halbl) / thermal impedance
under pulse conditions ‖ ⤷**wechsler** *m* (Landw,
Melkmaschine) / pulsator ‖ ⤷**weitenmodulation** *f*,
PWM / pulse-width modulation ‖ ⤷**wertmesser** *m* /
quasi-peak voltmeter ‖ ⤷**zahl** *f* / pulse number ‖
⤷**zahl-Modulation** *f* / pulse number modulation, PNM
‖ ⤷**-Zeitmodulation** *f*, -Winkelmodulation *f* / pulse-time
modulation
Pult *n* / desk ‖ ⤷**dach** *n* (Bau) / lean-to roof, pent[house]
roof, monopitch roof, shed roof (US) ‖ ⤷**feuerung** *f* /
firing on stepped grate bars ‖ ⤷**querschnitt** *m* (Straßb) /
straight crossfall ‖ ⤷**rost** *m* / stepped bar grate
Pulver *n* / powder
..**pulver** *n* (Lebens- u. Genußmittel), Puder... (Zucker) /
dried, dehydrated (milk, eggs), powdered (chocolate),
instant (coffee), castor... (sugar) **Pulver, in äußerst
hartes** ⤷ **verwandeln** / comminute, triturate ‖ **zu**
⤷ **zerreiben** / reduce to powder, powder, attrite,
comminute, triturate ‖ ⤷**aufkohlen** (Härten) / pack o.
powder carburizing ‖ ⤷**beschichtung** *f* (Plast) / powder
coating ‖ ⤷**brennschneiden** *n* / powder flame cutting ‖
⤷**dichte** *f* (Sintern) / powder density ‖ ⤷**diffraktometrie**
f (Röntgen) / X-ray diffratometry, powder
diffractrometry ‖ ⤷**elektrode** *f* / powder electrode ‖
⤷**-Entwicklung** *f* (Repro) / powder development ‖ ⤷**erde**

f, Smink m (ein schädlicher Schlick) / powder earth ‖
⌐fluß m (Sintern) / flow of powder ‖ ⌐formen n (Plast) /
powder moulding ‖ ~förmig / dustlike, powdery, dusty
‖ ~förmig, pulverisiert / pulverized ‖ ~förmiges Erz
(Bergb) / fines pl ‖ ~förmiger Kleber auf Stärkebasis /
starch-based powdered adhesive ‖ ~förmige Mischung
/ dry o. powder blend ‖ ⌐granulat n (Sintern) / granular
powder ‖ ⌐harz n (Ionenaust) / powdered resin ‖
⌐herstellung f mit rotierender Abschmelzelektrode
(Sintern) / rotating electrode process for powders
Pulverisator m, (veraltet für:) Injektionsbrenner m /
atomizer
pulverisierbar / pulver[iz]able
pulverisieren / reduce to powder, powder, pulverize,
attrite, comminute, triturate ‖ ~, zerreiben (naß) /
levigate ‖ ~ n (Kohle) / grinding, pulverizing ‖ ~,
Zerreiben n / attrition ‖ ~, Feinstmahlung f / powdering
‖ mit starken Sprengladungen ~ (Bergb) / burn
pulverisiert, gemahlen / powdered ‖ ~er Treibstoff
(Raumf) / sprayed propellant
Pulverisierung f / pulverization ‖ feinste ~ (durch
Schlämmen) / levigation
Pulver·kautschuk m / pulverized caoutchouc ‖ ⌐korn n,
-teilchen n / powder particle ‖ ⌐körnmaschine f,
Granulator m / granulating machine, granulator ‖ ⌐lack
m / coating powder ‖ ⌐ladung f / powder charge ‖
⌐löschanlage f (F'wehr) / dry powder system ‖
⌐magnetkern m / powder core ‖ ⌐markieren n (Schw)
/ powder marking ‖ ⌐metall n / powder metal ‖
⌐metallurgie f, Sintermetallurgie f / powder metallurgy
‖ ⌐methode f, Debye-Scherrer-Verfahren n (Röntgen,
Min) / powder method ‖ ⌐mischung f / powder
mix[ture]
pulvern s. pulverisieren
Pulver·preßkuchen m (Gieß) / press cake ‖ ⌐rakete f /
solid-propellant rocket ‖ ⌐raum m / powder chamber ‖
⌐satz m (Chem) / powder composition o. ingredients pl
‖ ⌐satzzeitzünder m (Bergb) / powder-train time-fuse ‖
⌐schmieden n / swaging of powder ‖ ⌐schneelawine f
/ drift avalanche ‖ ⌐schorf, Schwammschorf m,
Spongospora subterranea (Landw) / powdery o. corky
scab of potatoes ‖ ⌐spritzlackierung f / powder [spray]
coating ‖ ⌐technik f (Prüfung) / powder technics ‖
⌐technologie f / powder technology ‖ ⌐teig m, -masse f
/ powder paste o. composition ‖ ⌐teilchen n / powder
particle ‖ ⌐teilchengröße f (Sintern) / particle size ‖
⌐walzen n (Sintern) / powder rolling, roll compacting ‖
⌐zementieren n, Aufkohlen n im Kasten (Hütt) / pack
carburizing
Pump·anlage, -station f / pumping set o. station ‖ ⌐arbeit
f / pumping n ‖ ⌐automat m, Pumpkarussel n (Vakuum)
/ rotary exhausting machine ‖ ⌐barkeit f / pompability
‖ ⌐-Beginn m (Punkt, an dem das Pumpen beginnt)
(Kompressor) / surge point ‖ ⌐beton n / pumped
concrete ‖ ⌐bohrung f (Öl) / pumping well
Pumpe f / pump ‖ ⌐ des Teilchenbeschleunigers / pump
for accelerating elementary particles ‖ ⌐ für
überflutete Räume / pump for pumping-out cellars ‖
⌐n verlagern (Bergb) / bed pumps ‖ eine ⌐ ansaugen
lassen / fetch a pump, light o. prime a pump ‖ ⌐düse f
(Mot) / monobloc injection pump and nozzle
Pumpellyit m (Min) / pumpellyite
pumpen vt vi / pump v ‖ ⌐ n / pumping ‖ ⌐, Anregung f
(Laser) / pumping ‖ ⌐, Pumpwirkung f / pumpage,
pumping action ‖ ⌐ (Kompressor) / surge, surging ‖ ⌐
(Gieß) / rod feeding ‖ ⌐ bei Niedrigsttemperatur,
Cryopumping o / cryopumping ‖ ⌐ longitudinales,
[transversales] ⌐ (Laser) / longitudinal, [transvers]
pumping ‖ Öl ~ / pump oil ‖ ⌐aggregat n / pumping set
‖ ⌐auslaßventil n / head valve ‖ ⌐bagger, Saugbagger
m / sand pump dredger, suction dredger ‖ ⌐block m /
pressure pump set ‖ ⌐boot n (Schiff) / pump engine boat
‖ ⌐brunnen m / pump well ‖ ⌐düse f (Kfz) / pump
nozzle ‖ ⌐einlaß m / pump inlet ‖ ⌐einlaßventil n /

pump intake valve ‖ ⌐einlaufkranz m (Rakete) / inducer
‖ ⌐element n (Kfz) / pump element ‖ ⌐flügelrad n /
pump impeller ‖ ⌐gehäuse n (allg) / pump case ‖
⌐gerüst n, -bock m (Öl) / pumping station head frame ‖
⌐gestänge n / pump rods pl ‖ ⌐haus n (Wasserversorgg) /
dry well, pump house ‖ ⌐hub m / pump lift ‖ ⌐klappe
f, -ventil n / pump clack o. valve ‖ ⌐kolben m / pump
plunger o. ram ‖ ⌐kolben m (Öl) / sucker ‖
⌐kolbenwelle f (Hochdruckpumpe) / pump plunger
shaft ‖ ⌐korb, Sandkorb m / pump kettle o. sieve o.
strainer ‖ ⌐leistung f / pumping capacity ‖ ⌐leitung f /
pump main o. piping ‖ ⌐loch n (Elektronik, Röhre) /
exhaust port ‖ ⌐-Motor m (Hydr) / pump motor ‖
⌐raum m / pump room ‖ ⌐raum m (Pumpwerk) / dry
well ‖ ⌐satz m, Wasserhaltung f (Bergb) / pumps pl, set
of shaft pumps ‖ ⌐satz m, -aggregat n / motor-driven
pump, motor-pump ‖ ⌐schacht, Tiefbauschacht m /
sump shaft, engine pit o. shaft ‖ ⌐schacht m (Straßb) /
pump shaft ‖ ⌐schwengel m / handle of a pump ‖
⌐schwenkwinkel m / swivel angle of the pump ‖ ⌐sod
m (Schiff) / limbers pl ‖ ⌐stange f, Kolbenstange der
Pumpe / pump rod ‖ ⌐stiefel m / barrel of a pump ‖
⌐stock m / pump staff ‖ ⌐sumpf m (Bergb) / pump sump
o. well ‖ ⌐sumpf m (Schiff) / pump well ‖ ⌐turbine f /
pump-turbine ‖ ⌐- u. Rohrleitungsbau m / hydraulic
engineering ‖ ⌐umlauf-Kühlung f (DIN) (Kfz) / forced
circulation o. forced flow cooling, pump circulated
cooling ‖ ⌐ventil n, -klappe f / pump clack o. valve ‖
⌐werk n (Bergb) / draft engine
pump·fähige Masse / slurry ‖ ~fähige Suspension / slush
‖ ⌐fähigkeit f / pumpability ‖ ⌐frequenz f (Elektronik) /
pumping frequency ‖ ⌐gas n / pumping gas ‖
⌐gestänge n (Öl) / sucker rod ‖ ⌐grenze f
(Flüssigk.Mech) / surge limit ‖ ⌐höhe f, Förderhöhe f /
lift of a pump, delivery o. discharge o. pump[ing] head
‖ ⌐lampe f, Lichtlampe f (Laser) / pumping flash ‖
konzentrisch aufgebaute ⌐lampe / coaxial flash ‖
⌐leistung f (Laser) / pumping level ‖ ⌐licht n (Laser) /
pumped light ‖ ⌐modulation f / pumping modulation ‖
⌐siel n (Wassb) / discharging culvert of a dam ‖ ⌐sonde
f (Öl) / pumping o. beam well, pumper ‖
⌐speicherbecken n / pump storage reservoir ‖
⌐speicherverfahren n (Elektr) / pumped storage ‖
⌐speicherwerk n (Elektr) / pump-fed power station,
pumped storage power station ‖ ⌐spitze f [der
Glühlampe] / pip ‖ ⌐stange f (Öl) / sucker rod ‖
⌐station, -anlage f / pumping set o. station ‖ ⌐straße f
(Vakuum) / trolley exhaust system ‖ ⌐werksumpf m /
wet well (pumping station), pumping pit ‖ ⌐wirkung f,
Pumpen n / pumpage, pumping action
Punkah-Louver-Auslaß m (Klimaanlage) / Punkah-Louver
outlet
Punkt m (allg, Setzerei) / point ‖ ⌐ (Zahlen) / point, decimal
point ‖ ⌐ (Orthographie) / period, full stop (a punctuation
mark) ‖ ⌐, Fleck m, Tüpfelchen n / dot ‖ ⌐, Posten m /
entry, item, article ‖ ⌐ (Fernm, Morse) / dot ‖ ⌐ (im
gefunkten Morsealphabet) (Elektronik) / dit ‖ ⌐,
Lichtpunkt m (Ferns) / flying o. scanning spot ‖ ⌐...
(Kontakt) / localized ‖ ⌐ der beginnenden Sättigung
(Halbl) / valley point ‖ ⌐e der punktierten Linie m pl /
dots of a dotted line ‖ ⌐ m des halben
Sättigungswertes auf der Magnetisierkurve /
diacritical point ‖ ⌐e m pl je Zoll / dots per inch pl, dpi
‖ 100 °C-⌐ m (Phys) / steam point ‖ 50%-⌐ m der
Annahmekennlinie / point of control ‖ durch
denselben ⌐ gehend (Math) / conpunctal, concurrent ‖
⌐-Abstandsmodulation f (Fernkopierer) / dot-space
modulation ‖ ⌐abweichung f / point deviation ‖
⌐abweichung f (TV) / spot displacement, spot
misalignment
Punktal..., punktuell-abbildend / point-focal...
Punkt·analyse f (Röntgen, Chem) / point analysis ‖ ⌐anguß
m (Plast) / pin-point gate ‖ ⌐auflösungsvermögen n
(Opt) / point-resolving power ‖ ⌐bahn f / trajectory,

path ‖ ⌐-**Bahnsynthese** f (Getriebe) / point-path synthesis ‖ ⌐-**Balken-Generator** m (TV) / dot-bar generator ‖ ⌐**berührung** f, punktweise Berührung / localized contact, point contact ‖ ⌐**bestimmung** f / determination of a point ‖ ⌐**bestimmung** f **als Schnittpunkt zweier Linien** (Verm) / determination of a point by intersection of two lines ‖ ⌐**bewertungsverfahren** n, Punktbewertung f (F.Org) / rating by points

Pünktchen n pl / dots, spots pl ‖ ⌐**muster** n (Textil) / polka dot

Punkte·generator m / dot generator

Punkt·elektrode f s. Punktschweißelektrode ‖ ⌐**elektron** n / single point electron

Punkteraster n, 7x7-⌐ / 7x7 matrix

Punkt·feuer n (Luftf) / point light ‖ ⌐**folge[farben]verfahren** n (TV) / dot sequential system ‖ ⌐**folgezeit** f (Instr) / time per point

punktförmig / punctual, punctiform, point… ‖ ~e **Abtastung** (TV) / dot scanning ‖ ~e **Belastung** (Mech) / lumped load ‖ ~e **Glühwendel** / concentrated coiled filament ‖ ~e **Kapazität** / concentrated capacitance ‖ ~e **[Licht]quelle** / point source [of light] ‖ ~e o. **punktuelle Abbildung** / point image, point shaped image ‖ ~e **Radioquelle** / discrete radio source ‖ ~e **Störstelle** (Halbl) / point imperfection ‖ ~es **Teilchen** (Nukl) / point particle ‖ ~es **Zeichnen** (DV) / point plotting ‖ ~e **Zugbeeinflussung** / intermittent automatic train running control

Punkt·gamma n (TV) / point gamma ‖ ~**geschweißt**, gepunktet / spot-welded ‖ ⌐**gitter** n / point lattice ‖ ebenes ⌐**gitter** (Math) / grid ‖ ⌐**gleichrichter** m / point rectifier ‖ ⌐**grafik** f / point graphics ‖ ~**große Wiedergabe** (Repro) / microdot ‖ ⌐**haufen** m / cluster of points ‖ ⌐**häufung** n, -wolke f (Math) / point cloud, bivariate point distribution, scatter plot ‖ ⌐**haus** n (Bau) / point block ‖ ⌐**helle** f, -**helligkeit** f / point brilliance ‖ ⌐**helligkeit** f (TV) / spot brightness ‖ ⌐**höhe** f (Verm) / spot elevation o. height o. level

punktieren, punkten / dot

Punktier·rad n / dotting wheel ‖ ⌐**stange** f, Punktier-, Hefteisen n (Glashütt) / spinning rod, pointil, punty, sticking-up iron (US)

punktiert (Kleiderstoff) / polka dot… ‖ ~ / punctate[d] ‖ ~, gepunktet (Zeichn) / stippled ‖ ~ (Web) / spotted ‖ ~**er Druck** (Textil) / stipple print ‖ ~e **Linie** / dotted line

Punkt·kontakt, Spitzenkontakt m (Transistor) / point contact ‖ ⌐**koordinaten** f pl (Math) / point coordinates pl ‖ ⌐**ladung** f (Phys) / point charge ‖ ⌐-**Lage-Reduktion** f (Getriebe) / point-position reduction ‖ ⌐**lampe** f / spot lamp o. light ‖ ⌐**landung** f (Luftf) / spot landing ‖ ⌐**last** f (Mech) / lumped load

pünktlich, prompt / punctual ‖ ~ **ankommen o. fahren** (Bahn) / be on time ‖ ⌐**keit** f / exactness, exactitude, punctuality

Punkt·lichtabtastung f (TV) / flying-spot scanning ‖ ⌐**lichtlampe** f (Elektr) / point light lamp ‖ ⌐**lichtquelle** f / point light source ‖ ⌐**lichtspeicher** m (Fernm) / flying spot store ‖ ⌐**masse** f / lumped mass ‖ ⌐**menge** f (Math) / point set ‖ ⌐**musterdrucker** m (DV) / wire printer, matrix printer ‖ ⌐**nahtwiderstandsschweißung** f / resistance spot seam welding ‖ ⌐**quelle** f / point source [of light] ‖ ⌐**raster** m (Buch) / dot screen ‖ ⌐**raster** n, -matrix f (DV) / dot matrix ‖ ⌐**rastung** f / catch ‖ ⌐**rücklauf** m / flyback, retrace ‖ ⌐**schärfe** f (Ferns) / spot focus ‖ ⌐**schätzung** f (Statistik) / point estimation ‖ ⌐**schreiber** m / point recorder, dotted-line recorder ‖ ⌐**[schweiß]elektrode** f / point o. spot o. tip electrode, contact point electrode ‖ ⌐**schweiß-Elektrodenschaft** m / resistance spot welding electrode adapter ‖ zweiseitiges o. direktes ⌐**schweißen** / direct spot welding ‖ einseitiges o. indirektes ⌐**schweißen** / indirect spot welding ‖ ⌐**schweißen** n **von Flanschen**, deren Gratseiten nach gleicher Richtung liegen /

pinchweld ‖ ⌐**schweißmaschine** f / spot-welding machine, fixed spot o. pedestal spot welder ‖ **Arm der** ⌐**schweißmaschine** / contact bar, arm, horn (US) ‖ ⌐**schweißroboter** m / robotic spotwelder ‖ ⌐**schweißung** f, -schweißen n / point o. spot welding ‖ ⌐**schweißung** f **mit Stoßelektrode** / gun spot weld ‖ ⌐**sprungverfahren** n (TV) / dot interlace scanning, dot interlacing ‖ ⌐**startgerät** n, (Flugkörper) / zero-length launcher ‖ ⌐**steuerung** f (NC) / coordinate setting, point-to-point positioning control, position control, positioning ‖ ⌐**steuerung** f (Plotter) / coordinate setting ‖ ⌐-**Strich-Tastung** f (Fernm) / dash-dot rhythm ‖ ~**symmetrisch** / centrically o. point-symmetric ‖ ⌐**system** n (Statistik) / weighted system ‖ **englisch-amerikanisches** ⌐**system** (1p = 0.351 mm, 12p = 1 Pica) (gegenüber dtsch.-franz. Punktsystem 1p = 0.376 mm, 12p = 1 Cicero) (Buch) / point system

punktuell abbildendes Brillenglas (z.B. Punktalglas) / point-focal lens

Punktur·loch n (Buch) / point hole ‖ ⌐**nadel** f (Buch) / awl, bodkin ‖ ⌐**nadeln für Papierschneiden** / needles pl, pins pl ‖ ⌐**spitze** f (Buch) / spur, bodkin, point

Punkt·verflechtung, Zwischenpunktabtastung f (TV) / dot interlacing ‖ ~**weise** / point-by-point… ‖ ~**weises Abtasten einer Oberfläche** / surface scanning ‖ ~**weise Berührung** / point contact ‖ ~**weise Röntgenaufnahme** / spot radiography ‖ ⌐**wolke**, -häufung f (Math) / point cloud, bivariate point distribution, scatterplot ‖ ⌐-**zu-Punkt Positionierung** f / PTP, point-to-point positioning ‖ ⌐-**zu-Punkt** f **Wählleitung** / point-to-point switched connection ‖ ⌐-**zu-Punkt-Verbindung** f (Fernm) / point-to-point communication ‖ ⌐-**zu-Punkt-Verdrahtung** f (Elektronik) / point-to-point wiring

Punt n (ein Wasserfahrzeug) / punt n

Punze f (Buchstabe), Punzen m (Buch) / bowl (letter), counter ‖ ⌐, Stempel m / chasing tool

punzen (Metall) / chase, emboss

Punzierung f, Stempelung f, Stempel m (Edelmetall) / hallmarking, assaying of gold o. silver

Pupille f (Opt) / aperture diaphragm o. plate

Pupillen·lichtstärke in Trol[and] / pupil intensity ‖ ⌐**strahlengang** m / illuminating ray path

Pupin·apparat m **für Freileitungen** (Fernm) / loading coil for open lines ‖ ⌐**freileitung** f / lump-loaded open circuit

pupinisieren, bespulen (Fernm) / pupinize, load with coils, coil-load, lump-load ‖ ⌐, Bespulen n / Pupin loading, pupinization

Pupin·kabel n, pupinisiertes Kabel (Fernm) / pupinized o. Pupin cable, coil-loaded cable ‖ ⌐**spule** f / Pupin coil, loading coil o. inductance ‖ ⌐**spulenfeld** n, -spulenabschnitt m (Fernm) / loading coil section ‖ ⌐**spulenkasten**, Spulenkasten m (Fernm) / loading coil case o. pot

Puppe f, Larve f / larva ‖ ⌐ (Insekt) / chrysalis, pupa (of insects) ‖ ⌐ (Insekt), Nymphe f / nymph ‖ ⌐ (Strangpresse) / billet ‖ ⌐ (aufgerolltes Fell) (Gummi) / puppet, roll of uncured rubber

Puppenruhe f (Biol) / chrysalid stage

PUR = Polyurethan

Purbeckkalkstein m (Geol) / Purbeck limestone

PUR-Elastomerschaum m / PUR foam

Purexprozeß m (Plutonium-Uran-Reduktions-Extraktionsverfahren) (Nukl) / purex process

Purin n (Chem) / purine ‖ ⌐**kern** m / purine nucleus

Puroferverfahren n (zur direkten Stahlerzeugung) (Hütt) / Purofer [direct reduction] process

Purple Plague f (Halbl) / purple plague

Purpur m (heute blaustichiges Rot, früher grelles Rot) / purple ‖ ~**ähnlich** / purplish, purply ‖ ⌐**erz** n (Bergb) / blue billy, purple ore ‖ ⌐**färbung** f (Färb) / purple dyeing ‖ ⌐**in** n, Krapp-Purpur m / purpurin[e] ‖ ⌐**linie** f

(Farblehre) / purple boundary ‖ ~rot (rot-violett) / purple ‖ ~rot, magenta (Dreifarbendruck) / magenta ‖ ~rot färben / [dye] purple

PUR-RIM *m f* / polyurethane reaction injection moulding, PUR-RIM

Purton *m* (Farbe) / full shade

Push-down-Liste *f,* Liste *f* nach dem Kellerungsprinzip (FIFO) / push-down [list o. stake]

Push-Prozeß *m,* forcierte Entwicklung (Phot) / push process

Push-Pull·-Schaltung *f* / push-pull connection ‖ ⤹-Verstärker, Gegentakt-Verstärker *m* (Elektronik) / push-pull amplifier

Push-up-Liste (FIFO) / push-up list, pop-up list

pusten, blasen / puff

Pustprobe *f* (Zuck) / bubble test

Putreszin *n* (Chem) / putrescine

Putz *m* (Bau) / cast, plaster ‖ ⤹ **aus drei Lagen** / rendering, floating, and set, R.F.S. ‖ **auf** ⤹ (Elektr) / exposed, on the surface ‖ **aus mehreren Lagen bestehender** ⤹ (Bau) / multiple skin work ‖ **grober** ⤹ (Bau) / daub, roughcast ‖ **mit** ⤹ **bewerfen** (Bau) / sparge ‖ **unter** ⤹ (Elektr) / buried, concealed ‖ ⤹**anschlußschiene** *f* (Fenster) / water o. weather bar ‖ ⤹**apparat** *m,* -maschine *f* (Spinn) / stripper, stripping machine ‖ ⤹**ausbesserung** *f* / resurfacing (of outside walls) ‖ **leichte** ⤹**barkeit** (Karde) / collapsability ‖ ⤹**bau** *m* / roughcast building, roughcasting ‖ ⤹**brett** *n* (Spinn) / clearer board ‖ ⤹**deckel** *m* (Abwasser) / cleaning eye o. access eye cover ‖ ⤹**deckel** *m* (Baumwollspinn) / top clearer ‖ ⤹**draht** *m* (Maschendraht als Putzträger) (Bau) / lath

Putzen *m,* Stanzputzen *m* / cutting, punching, piece punched out

putzen, reinigen / clean ‖ ~, flämmputzen (Hütt) / deseam ‖ ~, [blank] beizen (Met. Guß) / scour ‖ ~ (Gieß) / fettle (GB), clean (US), dress ‖ ~, sandstrahlen (Gieß) / blast, sandblast ‖ ~, abputzen (Bau) / plaster ‖ ~, rommeln (Masch) / tumble ‖ ~ (Spinn) / strip, clean, blow ‖ ~ (Plast) / trim ‖ ⤹, Putzschleifen *n* (Gieß) / fettling ‖ ⤹ *n* **der Baumwolle** / cotton cleaning ‖ ⤹ **der Kratzenbeschläge** (Textil) / fettling, card stripping ‖ ⤹ **von Glimmer** / cobbing of mica ‖ **Bruchsteine** ~ / chisel off the soft of stones ‖ **Felswände** ~ / scale ‖ **Maschinen** ~ / wipe up *vt* ‖ **rauh** ~ (Bau) / roughplaster ‖ **Schmiede- o. Gußstücke** ~ / chip, trim

Putzerei *f* (Textil) / opening room, blow[ing] room ‖ ⤹ (Gieß) / blasting o. cleaning room ‖ ⤹**maschine** *f* (Spinn) / blow room machine

Putzer·hammer *m* / plasterer's hammer

Putz·fehler *m* (Web) / peeling defect ‖ ⤹**gips** *m* (Bau) / plaster [of Paris][for facing] ‖ ⤹**grund** *m* (Maur) / rendering base (GB) ‖ ⤹**haus** *n,* -kammer *f* (Sandguß) / sand blast chamber ‖ ⤹**hobel** *m* / short double plane ‖ ⤹**kalk** *m,* Stuck *m* / lime for plastering ‖ ⤹**kammer** *f,* Sandstrahlgebläse *n* (Gieß) / sand blasting chamber ‖ ⤹**kelle** *f* / trowel for plastering ‖ ⤹**kratze** *f,* -karde *f* (Spinn) / cleaning card ‖ ⤹**krepp** *m* (Pap) / dusting paper ‖ ⤹**lage** *f* **auf Latten** (o. Maschendraht) (Bau) / laying ‖ **erste** ⤹**lage auf Latten** (Gipser) / scratch coat ‖ ⤹**lappen** *m* / rubber, cleaning rag, scouring cloth ‖ ⤹**leder** *n* / chamois o. window o. wash leather, shammyskin (US, coll) ‖ ⤹**leiste** *f* **der Krempel** (Textil) / clearer flat of the card ‖ ⤹**maschine** *f* (Hütt) / boshing machine ‖ ⤹**maschine** *f* (Mühl) / grain cleaning machine ‖ ⤹**maschine** *f,* erste Schlagmaschine (Spinn) / cleaning machine ‖ ⤹**maschine** *f* **für Fässer,** Scheuermaschine *f* / cask brushing machine ‖ ⤹**maschine** *f* **für Florettgarn** / stripping machine for schappe yarn ‖ ⤹**mittel** *n* / cleanser, cleaning o. scouring material ‖ ⤹**mittel** *n,* -pomade *f* / polishing paste ‖ ⤹**mittel** *n,* -pulver *n* / polishing powder, cleaning powder ‖ **flüssiges** ⤹**mittel** / polish ‖ ⤹**sand** *m* (Gieß) / abrasive [sand] ‖ ⤹**schleuder** *f* (des Rübenroders) / crown cleaner of the beet-

harvester ‖ ⤹**stern** *m* / tumbling star, jack star ‖ ⤹**stern** *m* / jack star ‖ ⤹**tisch** *m* (Gieß) / dressing table ‖ ⤹**träger** *m* (Bau) / plaster base, lathwork ‖ ⤹**trommel** *f* / cleansing drum ‖ ⤹**trommel** *f,* Rommelfaß *n* / tumbling barrel o. drum o. tub, rattle o. rumbling barrel ‖ ⤹**trommel** *f* (Gieß) / tumbling barrel ‖ ⤹**tuch** *n* (Spinn) / cleaning cloth ‖ ⤹**tür** *f* (Ofen) / soot door ‖ ⤹**- u. Mauerbinder** *m* / plaster- and joint mortar binder ‖ ⤹**walze** *f* (Spinn) / clearer roller ‖ ⤹**wand** *f* / lath and plaster partition ‖ ⤹**wasser** *n* / dilute acid for scouring ‖ ⤹**werkzeug** *n* (Bau) / plasterer's tool ‖ ⤹**wolle** *f* / cleaning wool o. waste, engine waste, waste cotton o. wool

PU-Zahnung *f* (Säge) / interrupted hook teeth

Puzzolanbeton *m* / breeze concrete

Puzzolan-Eigenschaft *f* / pozzolanic property

Puzzolanerde *f* / pozzolana, pozzolan, pozzuolane

Puzzolanität *f* / pozzolanicity

Puzzölanmortel *m* / pozzolanic mortar, breaking-down train

Puzzolanzement *m* / pozzolanic cement

PVA, PVAL = Polyvinylalkohol

PVAC = Polyvinylacetat ‖ ⤹-**Leim** *m,* Weiß-, Kaltleim *m* / PVAC glue o. cement

PVB = Polyvinylbutyrat

PVC = Polyvinylchlorid ‖ ⤹ *n* **hart,** weichmacherfreies PVC / unplasticized PVC, PVC rigid ‖ ⤹ **weich** / PVC non-rigid

PVCA = Vinylchlorid-Vinylacetat-Copolymere

PVC·-Fußboden, Spachtelboden *m* / PVC flooring ‖ ⤹-**Heißmischung** *f,* PVC-Dry Blend *n* (Plast) / PVC-dry-blend

PVDC = Polyvinylidenchlorid

PV-Diagramm, Arbeitsdiagramm *n* (Phys) / pressure-volume diagram

PVD-Verfahren *n* (Bedampfung) / physical vapour deposition, PVD

P-Verstärkung *f* (Regeln) / proportional sensitivity

PVF = Polyvinylfluorid

PVFM = Polyvinylformal

PVP = Polyvinylpyrrolidon

PVÜ (Patent) = Pariser Verbandsübereinkunft

P-Wert *m,* (jetzt:) Säurekapazität *f* / acid capacity

PWM = Pulsweitenmodulation (Elektronik)

PWR = druckwassergekühlter Reaktor

Pyknometer *n* (Dichtemesser) (Chem) / pyknometer, pycnometer, density bottle

Pylon *m* / tower of a suspension bridge

Pyoktanin *n* / pyoctanin, methyl violet ‖ **blaues** ⤹, Gentianaviolett *n* / pyoctanine blue, gentian violet ‖ **gelbes** ⤹ (Färb) / auramine

pyramidal (Krist) / pyramidal ‖ ⤹**einrichtung** *f* (Strumpf) / pyramid o. pointex system ‖ ⤹**hochferse** *f* (Strumpf) / pyramid heel, Cuban heel

Pyramide *f* / pyramid

Pyramiden·dach *n* / pyramidal broach roof, high-pitched roof, spire roof ‖ ~**förmig,** Pyramiden… / pyramidal ‖ ~**förmige Stütze,** Pyramidenstütze / pyramidal pole ‖ ⤹**härte** *f,* HV / [Vickers] pyramid hardness, diamond penetrator hardness ‖ ⤹**horn** *n* (Lautsprecher, Antenne) / pyramidal horn ‖ ⤹**pappel,** italienische o. lombardische Pappel *f* / pine poplar, Lombardy poplar, Populus pyramidalis ‖ ⤹**ständer** *m* (Wzm) / pyramid[-form o. -shaped] column ‖ ⤹**stativ** *n* / pyramid stand ‖ ⤹**stiel** *m,* -strebe *f* (Luftf) / pyramidal strut ‖ ⤹**stumpf** *m* / truncated pyramid, frustum o. ungula of a pyramid (US) ‖ ⤹**würfel** *m,* Hexatetraeder *n* / tetra[kis]-hexahedron

Pyranometer *n* (für Globalstrahlung) / pyranometer

Pyran·ring *m* (Chem) / pyran ring

Pyrargyrit *m,* [dunkles] Rotgüldigerz (Min) / pyrargyrite, dark red silver ore

Pyrazol *n* (Chem) / pyrazole

Pyra·zolonfarbstoffe *m pl* / pyrazolone dyes *pl*

Pyren *n* (Chem) / pyrene

Pyrexglas n / Pyrex glass
Pyr·geometer n (für langwell. Ausstrahlg) / pyrgeometer ‖ ⁵**heliometer** n (Meteorol) / pyrheliometer
Pyridazin n / pyridazine
Pyridin (Chem) / pyridine ‖ ⁵**kern** n / pyridine nucleus, Py ‖ ⁵**ringbildung** f (Chem) / pyridine ring formation
Pyrimidin n (Chem) / pyrimidine
Pyrit, Schwefelkies m (Min) / pyrite[s], iron o. cubic pyrite[s], mundic ‖ ⁵**abbrand** m / pyrites cinders pl ‖ ~**durchsetzte Kohle** (Bergb) / grizzle ‖ ~**haltig** / pyritiferous ‖ ~**haltig** (Kohle) / drossy
pyritisch / pyritic, -ical ‖ ~**es Schmelzen** (Hütt) / pyritic smelting
Pyrit·ofen m / pyrite[s] oven o. burner ‖ ⁵**rösten** n / pyrite burning ‖ ⁵**schiefer** m / pyritic shales pl ‖ ⁵**schwefel** m **in Kohle** / unbound sulphur in coal
Pyro·catechin n / catechol ‖ ~**chemisch** / pyrochemical ‖ ⁵**chlor** m (Min) / pyrochlore ‖ ⁵**chlor** n (Trafoöl) / Pyrochlor ‖ ⁵**chroit** m (Min) / pyrochroite ‖ ~**elektrisch** / pyroelectric ‖ ⁵**elektrizität** f / pyro-electricity ‖ ⁵**gallol** n, Pyrogallussäure f / pyrogallol, pyro, pyrogallic acid ‖ ~**gen** (Geol, Gieß) / pyrogenic ‖ ⁵**genfarbstoffe** m pl / pyrogen dyes pl ‖ ⁵**graphit** / pyrographite, pyrolytic graphite ‖ ⁵**hydrolyse** f / pyrohydrolysis ‖ ⁵**kohlensäurediethylester** m / diethyl pyrocarbonate ‖ ⁵**kohlenstoff** m, PC / pyrocarbon, PC ‖ ⁵**lignit** n (Chem) / pyrolignite ‖ ⁵**lusit** m (Manganerz) (Min) / pyrolusite, polyanite, manganese dioxide
Pyrolyse f, thermische Zersetzung / decomposition by heat, pyrolysis ‖ ⁵**benzin** n / pyrolysis gasoline ‖ ⁵**-Öl** n / pyrolysis oil
pyro·lytisch / pyrolytic ‖ ⁵**metallurgie** f / pyrometallurgy ‖ ~**metallurgisch** / pyrometallurgical ‖ ⁵**meter** n / pyrometer ‖ ⁵**meterkegel** m, PK / pyrometric cone ‖ ⁵**meterkegel-Fallpunkt**, Kegel-Fallpunkt, KFP m / pyrometric cone equivalent, P.C.E. ‖ ⁵**meterkegelreihe** f / series of pyrometric cones ‖ ⁵**meter-Schutzrohr** n / pyrometer protection tube ‖ ⁵**metrie** f / pyrometry ‖ ~**metrisch** / pyrometric ‖ ⁵**morphit** m, Braunbleierz n (Min) / pyromorphite, brown o. green lead ore (native phosphate of lead) ‖ **grüner** ⁵**morphit** / pyromorphite, brown o. green lead ore
Pyron n (Chem) / pyrone
Pyrop, Eisengranat m (Min) / pyrope
Pyro·papier n / nitrated paper ‖ ⁵**phor**, Luftzünder m / pyrophorus ‖ ~**phor**, luftentzündlich / pyrophorous, pyrophoric
pyrophor·e Legierung / pyrophorous alloy, spark metal ‖ ~**es Pulver**, Luftzünder m / pyrophorous powder
Pyro·phorität f (Sintern) / pyrophoricity, degree of inflammability ‖ ⁵**phosphat** n (Chem) / pyrophosphate ‖ ⁵**phosphorsäure** f / pyrophosphoric acid ‖ ⁵**photografie** f, Einbrennen photografischer Bilder (Keram) / pyrophotography ‖ ⁵**phyllit** m (Min) / pyrophyllite, pencil stone ‖ ⁵**pissit** m, Wachskohle f / pyropissite ‖ ⁵**schwefelsäure** f / pyrosulphuric acid ‖ ⁵**skop** n / pyroscope ‖ ⁵**sol** n (Chem) / pyrosol ‖ ⁵**technik** f, Feuerwerkstechnik f / pyrotechnics pl, pyrotechny ‖ ⁵**techniker** m, Feuerwerker m / pyrotechnist ‖ ~**technisch** / pyrotechnic adj, -ical ‖ ~**technische Kette** / pyrotechnic chain ‖ ~**technisches Material**, Feuerwerksmaterial n / pyrotechnic n ‖ ~**technischer Stoff**, (USA auch:) Zündmittel n / basic pyrotechnic device ‖ ⁵**tron** n / pyrotron ‖ ⁵**xene**, Augite m pl (Min) / pyroxene group ‖ ⁵**xenit** n (Geol) / pyroxenite ‖ ⁵**xylin** n, Schießbaumwolle f / pyroxylin ‖ **konzentrierte** ⁵**xylinlösung** / celloidin
Pyrrhotin n (Min) / magnetic o. magnetopyrite, magnetkies, pyrrhotite
Pyrrol, Imidol n / pyrrole, azole
Pyrro·lidin n / pyrrolidine ‖ ⁵**lin** n / pyrroline
Pyruvat n (Chem) / pyruvate
pythagoreisch / Pythagorean ‖ ~**er Lehrsatz**, [Satz des]

Pythagoras m / Pythagorean theorem o. proposition ‖ ~**e Zahlen** / Pythagorean numbers pl
PZR (DV) = Programmzustandsregister
P-Zustand m (Nukl) / P-state

Q

Q, Elektrizitäts-Ladungsmenge f (Elektr) / Q, quantity of electricity
QAM n (TV) / QAM, quadrature amplitude modulation
Q-Antenne f / Q-antenna, stub-matched antenna
/Qarz/Quarz f / quartz[-crystal] clock, crystal clock
QASK-Modulation f / quadrature amplitude shift keying, QASK
Q-Band n / Q-band (26-40 GHz, radar: > 33 GHz)
Q-Betrieb m (Laser) / Q-mode
QC-Flugzeug n / quick- o. rapid-change aircraft
Q-Code m (Elektronik) / Q-code
Q-Elektron n / Q-electron
QF = Q-Faktor
Q-Faktor, Gütefaktor m (Elektronik) / Q, Q-factor, magnification o. quality o. storage factor ‖ ⁵ m, Gütefaktor m eines Schwingkreises / Q-factor of a resonant circuit
Ql (Fernm) = Querleitung
QL-Problem, Query-Language-Problem n / query-language problem
Q-Messer m / Q-meter
QPQ-Verfahren n (Härten) / quench-polish-quench method, QPQ-method
QPSK-Modulation f / quadrature phase shift keying modulation, QPSK
Q-Schale f (Nukl) / Q-shell
Q-Schaltung f (Laser) / Q-mode
Q-Signal n (TV) / Q-signal (NTSC)
q-Steuerdrucksimulator m (Luftf) / q-feel system, q-pot (coll)
Q-Switch m, Resonanzraum m des Lasers / Q-switch ‖ ⁵**-Laser** m, Laser m mit Güteschaltung / Q-switch laser
QTOL = quiet take-off and landing
Quader m, Quaderstein m (Stein) / broad stone, hewn o. cut stone, ashlar, ashler ‖ ⁵, Parallelepipedon n (Math) / right parallelepiped, cuboid ‖ ⁵**haupt** n (Bau) / stone facing ‖ ⁵**mauerwerk** n / ashlar stone work, ashlaring, ashlar ‖ **regelmäßiges** ⁵**mauerwerk** n / regular coursed ashlar stone work
quadern (Bau) / imitate rustication
Quader·pfeiler m / intermediate o. corner jamb stone ‖ ⁵**pfeiler** n / corner jamb stone ‖ ⁵**putz** m, gefugter Putz / squared stone imitation ‖ **rauher** ⁵**putz** / rustic plaster ‖ ⁵**reaktor** n / parallelepiped reactor ‖ ⁵**sandstein** m / quader [sandstone]
Quaderung f (Bau) / imitated ashlar stone work
Quadrant m (allg, Astr) / quadrant ‖ ⁵, Viertelkreisfläche f (Math) / quadrant ‖ ⁵**…**, viertelkreisig / quadrantal
Quadrant·ausschlagfehler m (des Kompasses) (Schiff) / quadrantal deviation of the compass ‖ ⁵**korrektion** f (Schiff) / quadrantal correction
Quadrantantenne f / quadrant antenna
Quadranten·elektrometer n, Kelvinelektrometer n / [Dolezalek] quadrant electrometer, Kelvin electrometer ‖ ⁵**flugregel** f / quadrantal rule ‖ ⁵**-Rudermaschine** f (Schiff) / quadrant steering gear
Quadrant·fehler m (Radar) / quadrantal error ‖ ⁵**flughöhe** f (Luftf) / quadrantal cruising level ‖ ⁵**signal** n / quadrant gating ‖ ⁵**zahnbogen** m / toothed quadrant
Quadrat n (Geom) / [four]square ‖ ⁵, zweite Potenz (Math) / square, second power ‖ ⁵, Quadrätchen n (Buch) / quadrat, quad, em-quad, mutton [rule] ‖ ⁵ **der mittleren Abweichung** (Statistik) / variance ‖ **in** ⁵**e teilen**, karieren / square out ‖ **ins** ⁵ **erhoben, im**

Quadrat (Math) / squared || **Verfahren der kleinsten** ⌐e / method of least squares || ⌐**block** *m* (Hütt) / square ingot || ⌐**fläche** *f* **von 1/1000 Zoll Seitenlänge** (= 0,0006452 mm²) (Elektr) / square mil || ⌐**fuß** *m* (= 0,092903 m³) / square foot, sq.ft. || ⌐**inch** (= 6,451626 cm²), -zoll *m* / square inch

quadratisch / square, quadriform, quadrate || ⌐, zweiten Grades (Kurve, Fläche) / quadric *adj*, quadratic || ⌐ (Mot) / square || ⌐e **Beschaffenheit** (o. Form) / squareness || ⌐er **Detektor** / square-law demodulator || ⌐es **Entfernungsgesetz** (Opt) / square law || ⌐es **Gewinde** / square thread || ⌐er **Gleichrichter** / square-law rectifier || ⌐e **Gleichrichtung** / square-law rectification || ⌐e **Gleichung**, Gleichung zweiten Grades / equation of the second degree, quadr[at]ic equation || ⌐es **Halbzeug** (Walzw) / square semi-finished products *pl* || ⌐e **Kaskade** (Nukl) / square cascade || ⌐es **Liniennetz** / square ruling || ⌐ **machen** (o. zurichten o. behauen o. bearbeiten) (allg) / square [up] || ⌐es **Mittel** (Math) / root mean square, r.m.s. || ⌐er **Mittel...** (Wert) / root mean square, R.M.S. || ⌐er **Mittelwert**, Effektivwert *m* (Elektr) / root mean square [value], r.m.s. o. rms [value], effective o. virtual value || ⌐er **Mittelwert in Mikrozoll** / mu-in rms, μ-inch root mean square || ⌐er **Mittenrauhwert**, Ra / height root mean square, hrms || ⌐e **Programmierung** (DV) / quadratic programming || ⌐er **Rauhtiefenmittelwert** / root mean square average, Rs || ⌐e **Regelabweichung** (Regeln) / r.m.s. deviation || ⌐es **Röhrenbündel** / square tube bundle || ⌐er **Summenwert** / root sum square value, RSS-value || **einer** ⌐**en Funktion folgend**, parabolisch / square-law...

Quadrat·kilometer *m* / square kilometer || ⌐**knüppel** *m* (50x50 mm bis 130x130 mm) (Walzw) / square billet || ⌐**lochplatte** *f* / square hole perforated plate || ⌐**meile** *f* (= 2,589998 km²) / square mile || ⌐**meter** *m* (= 10,76 sq.ft.) / square meter o. metre || ⌐**metergewicht** *n* (Pap) / square meter weight || ⌐**seil** *n* / square cable || ⌐**spundung** *f* (Zimm, Wassb) / square grooving and tonguing || ⌐**stahl** *m* / square bar steel || ⌐**summe** *f* / sum of squares

Quadratur, Ausvierung *f* (Bau) / quadrature || ⌐, Flächeninhaltsbestimmung *f* / squaring, quadrature || ⌐**entzerrer** *m* (Elektr) / quadrature equalizer || ⌐**fehler** *m* (Elektronik) / quadrature error o. fault || ⌐**modulation** *f* / quadrature modulation

Quadrat·wurzel *f*, zweite Wurzel / square root || ⌐**zahl** *f* / square number || ⌐**zoll** *m*, -inch (= 6,451626 cm²) / square inch

quadrierbar / squarable

quadrieren, zum Quadrat oder in die zweite Potenz erheben (Math) / square, raise to the second power || ⌐ *n* / squaring

Quadrierglied *n* (Regeln) / square-law transfer element

Quadrik *f* (Math) / quadrics *pl*

Quadrikorrelator *m* (Elektr, TV) / quadricorrelator (quadrature information correlator)

Quadrillé *m* (Web) / quadrillé

Quadrillion *f*, 10²⁴ / quadrillion (GB), septillion (US))

Quadripol..., Quadrupol... / quadripolar, -pole

Quadripol- o. Vierpol-Massenspektrometer *n* (Vakuum) / quadrupole mass spectrometer

Quadrophonie *f* (Phono) / quadraphony, tetraphony

Quadrupel *f*, Vierfaches *n* / quadruple *n* || ⌐**punkt** *m* (Chem) / quadruple point

Quadruplextelegrafie *f* (Fernm) / quadruplex telegraphy

Quadrupol *m*, Vierpol *m* (Phys) / tetrapole || ⌐, Vierpolschaltung *f* (Fernm) / quadripole || ⌐**feld** *n* (Nukl) / quadrupolar field || ⌐**kraft** *f* / quadrupole force || ⌐**-Massenspektrometer** *n*, Massenfilter *m n* / quadrupole mass spectrometer || ⌐**moment** *n* (Nukl) / quadrupole moment || ⌐**strahlung** *f* / quadrupole radiation

Quai *m*, Kai *m* / quay

Qualifikation *f*, Eignung *f* / qualification

qualifizieren / qualify

qualifiziert, befähigt / qualified || ⌐, gekennzeichnet (DV) / qualified || ⌐**er Arbeiter** / qualified worker

Qualimeter *n*, Härtemesser *m* für Röntgenstrahlen (Röntgen) / qualimeter

Qualimetrie *f* (F.Org) / qualimetry

Qualität *f*, Beschaffenheit, Marke *f* / grade, sort, quality || ⌐ (der Bearbeitung) / finishing, workmanship || ⌐ **und Zuverlässigkeit** / Q + R (quality and reliability)

qualitativ, dem Wert o. der Güte nach / qualitative || ⌐e **Analyse** (Chem) / qualitative analysis

Qualitäts·... / high-grade, high-quality || ⌐**abweichung** *f* / deviation in quality || ⌐**audit** *n* (DV) / quality audit || ⌐**bezeichnung** *f* / quality mark o. term || ⌐**bezeichnung** *f*, Gütezeichen *n*, -marke *f* / quality term || ⌐**blech** *n* (Walzw) / high-grade sheet steel || ⌐**faktor** *m* (Elektronik) s. Q-Faktor || ⌐**feinblech** *n* / deep-drawing quality sheet || ⌐**kontrolle** *f* / quality control || ⌐**statistische** ⌐**kontrolle** / statistical quality control || ⌐**kreis** *n* / quality spiral o. loop || ⌐**lage** *f* / quality level || ⌐**lenkung** *f* / quality control || ⌐**niveau** *n* / acceptable level || ⌐**niveau** *n* **des Konsumenten**, Schlechtgrenze *f* / lot tolerance percent defective, LTPD || ⌐**probe** *f*, Laborprobe *f* / quality test || ⌐**prüfung** *f* (nicht: -kontrolle) / quality inspection || ⌐**sicherung** *f* / quality assurance || ⌐**sicherung** *f* **in der Beschaffung** / purchase control || ⌐**sicherungsplan** *m* / quality plan || ⌐**sicherungssystem** *n*, QS-System *n* / quality assurance system || ⌐**stahl** *m* / high-grade steel || ⌐**steuerung** *f*, -regelung *f* (nicht: -kontrolle) / quality management || ⌐**technik** *f* / quality engineering || ⌐**verbesserung** *f* / improvement of quality || ⌐**verlust** *m* / degradation || ⌐**verschlechterung** *f* / quality loss o. impairment || ⌐**zink** *n* (99,9 % Zn) / high-grade zinc

Qualm *m*, dichter Rauch / black o. dense smoke || ⌐**absaugung** *f* / smoke removal by suction

qualmen / emit dense smokes

qualmend·es Feuer / smudge

Qualm·entwicklung *f* / smoke development || ⌐**wasser** *n*, Körwasser *n*, Kuverwasser *n* / return seepage

Quant *n* (pl. Quanten) (Phys) / quantum

quanteln *vi* (Phys) / quantize || ⌐ *n*, Quantelung *f* (Phys) / quantization, quantizing

Quanten·... / quantum || ⌐**ausbeute** *f*, -ertrag *m* (allg) / quantum yield || ⌐**ausbeute** *f* (Photokathode) / conversion quantum efficiency || ⌐**ausbeute** *f*, Lumineszenzausbeute *f* (Chem) / quantum efficiency || ⌐**bedingung** *f* / quantum condition || ⌐**biologie** *f* / quantum biology || ⌐**chemie** *f*, quantentheoretische Chemie / quantum chemistry || ⌐**elektrodynamik** *f* / quantum electrodynamics || ⌐**elektronik** *f* / quantum electronics *pl* || ⌐**feldtheorie** *f* / quantized field theory || ⌐**interferometer** *n* / squid (= superconducting quantum interference device) || ⌐**linien** *f pl* (Cyclotron) / dee lines *pl* || ⌐**mechanik** *f* / quantum mechanics *pl* || ⌐**mechanisch** / quantum-mechanical || ⌐**mechanische Poisson-Klammer** / quantum-mechanical Poisson bracket || ⌐**mechanischer Potentialtopf**, Quantentopf *m* / quantum well || ⌐**messer** *m* / quantum meter || ⌐**optik** *f* / quantum optics *pl* || ⌐**physik** *f* / quantum physics *pl* || ⌐**plasma** *n* / quantum plasma || ⌐**plasma** *n* / quantum plasma || ⌐**sprung** *m* (Phys) / quantum jump o. transition, quantum leap (US) || ⌐**statistik** *f* / quantum statistics || ⌐**theorie** *f* / quantum theory || ⌐**theorie** *f* **der Felder** / quantized field theory || ⌐**verzerrung** *f* / quantization distortion || ⌐**zahl** *f* / quantum number || ⌐**zustand** *m* / quantum state

Quantifikation *f* (Math) / quantification

Quantifikator *m*, Quantor *m* (Math) / quantor

Quantil *n* (Math, Statistik) / quantile, fractile || ⌐ **einer Wahrscheinlichkeitsverteilung** / quantile of a probability distribution

quantisieren *vt* / quantize

805

quantisiert (Phys) / quantized ‖ ~, numerisch / digital ‖
~**er Hall-Effekt** / quantized Hall effect ‖ ~**e
Puls[lage]modulation** (Elektronik) / quantized pulse
modulation
Quantisierung f (Phys) / quantization
Quantisierungs·bereich m (Fernm) / working range ‖
~**geräusch**, -rauschen n (Elektronik) / quantization noise
‖ ~**verzerrung** f / quantization distortion
Quantität f, Menge f / quantity ‖ **auf** ~ **arbeiten** / work
for volume
quantitativ adj / quantitative ‖ ~ (DV) / quantified ‖ ~
adv, der Menge nach / quantitatively ‖ ~**e Analyse** (o.
Bestimmung) / quantitative analysis ‖ ~ **bestimmbar** /
quantifiable ‖ ~ **bestimmen** / quantify ‖ ~**e
Eisenbestimmung** / quantitative analysis of iron ‖ ~**e
geologische Zusammensetzung**, Modus m (Geol) /
mode ‖ ~**e Größe** (Math) / extensive property ‖ ~**es
Merkmal** (Math) / variate ‖ ~**e Metallographie** /
quantitative metallography
Quantor m, Quantifikator m (Math) / quantor
Quantum n, Menge f, Quantität f / quantity ‖ ~, Quant n
(Phys) / quantum
Quap n (= Quark + Antiproton) / quap
Quarantänehafen m / quarantine harbour o. port o.
anchorage
Quark[1] m / curd[s pl.]
Quark[2] n (Nukl) / quark
Quart n (Imperial quart = 1/4 gallon = 1,1365 litres, US
dry quart = 1,101 liters, US liquid quart = 0,9464
liters) / quart
quartär, quaternär (Chem, Geol) / quaternary ‖ ~**e
Ammoniumbase** / quaternary ammonium base ‖
~**formation** f / Quaternary era o. formation
Quartation f s. Quartierung
Quarterdeck n, Achterdeck n (Schiff) / quarterdeck,
quarter-deck
Quartformat n, Quart n (Buch) / quarto
Quartier n (Schuh) / quarter
Quartierung, Scheidung von Gold u. Silber durch die
Quart (Hütt) / [in]quartation
Quartil n, Viertelwert m / quartile ‖ ~**abstand** m,
Hälftespielraum m (Statistik) / interquartil range
Quartogerüst n (Walzw) / four-high stand
Quarz m (Min) / quartz ‖ ~ (Elektronik) / crystal, quartz ‖
~... / quartz... ‖ **durchsichtiger** ~ / transparent quartz
‖ **gelber** ~ (Min) / Scotch topaz ‖ **grüner** ~ / green
quartz ‖ ~**andesit** m / quartz-andesite ‖ ~**chromatlinse**
f / chromatic quartz lens ‖ ~**dreieck** n (Chem) / silica
triangle ‖ ~**faden** m / quartz fiber o. filament o. thread
‖ ~**faden-Dosismesser** m / quartz fiber dosimeter ‖
~**faser** f / quartz fiber ‖ ~**fassung**, -halterung f / crystal
socket o. mount ‖ ~**filter**, Kristallfilter n / crystal filter,
piezoelectric o. quartz filter ‖ **hochselektiver**
~**filterkreis** (Elektronik) / stenode circuit ‖
~**fluorit-Achromatlinse** f / achromatic quartz fluorite
lens ‖ ~**gang** m (Bergb) / quartz vein ‖ ~**gehäuse** n /
crystal enclosure ‖ ~**generator** m (Meßwesen) / crystal
generator ‖ ~**gesteuert** / crystal- o. quartz-controlled ‖
~**gesteuerter Eichoszillator** / crystal calibrator ‖
~**gesteuerter Zwischenfrequenzempfänger** / crystal
gate receiver ‖ ~**glas**, Kieselglas n / quartz o. silica
glass, fused o. vitreous silica ‖ ~**gut** n / translucent
fused quartz, vitreous fused silica ‖ **zerkleinerter**
~**gutbruch** / vitreous silica grog ‖ ~**halogenlampe** f /
quartz-iodine o. -halogen lamp, tungsten iodine o.
halogen lamp ‖ ~**haltig**, -artig, quarzig / quartzose,
quartzous, quartziferous
Quarzit, Quarzfels m / quartzite ‖ **kristalliner** ~,
Felsquarzit m / uncemented quartzite
Quarz·keil m / quartz wedge ‖ ~**-Keratophyr** m / quartz-
keratophyre ‖ ~**kopf** m (Ultraschall) / crystal head ‖
~**kristall**, Kristall m / quartz crystal, QC ‖ ~**lampe** f /
quartz [mercury vapour] lamp ‖ ~**mehl** n / quartz
powder ‖ ~**oszillator** m / quartz o. crystal oscillator o.

resonator, piezoelectric oscillator o. resonator ‖
~**oszillator** m **in Pierce-Schaltung** / Pierce oscillator ‖
~**porphyr** m / quartz-porphyry ‖ ~**rastpunkt** m /
crystal lock point ‖ ~**resonator**, Schwingquarz m /
quartz resonator ‖ ~**rohr** n / quartz tube, silica tube ‖
~**sand** m / silica o. glass sand, sharp and non-absorbent
sand, arenaceous quartz ‖ ~**schaltung** f / crystal-
controlled circuit ‖ ~**schamottestein**, Silikastein m /
silica refractory, siliceous brick, quartz grog brick ‖
~**schamottestein**, Dinasstein, -ziegel m (Hütt) / quartz
o. Dinas brick ‖ ~**schiefer** m / quartz slate, quartzose
schist ‖ ~**schwinger**, -oszillator m / quartz o. crystal
oscillator, crystal resonator, piezoelectric quartz o.
resonator ‖ ~**sender** m / crystal transmitter ‖
~**stabilisiert** / crystal stabilized ‖ ~**steuerung** f
(Elektronik) / crystal control o. drive ‖ ~**uhr** m (über 25
mm Dicke) / quartz-diorite ‖ ~**uhr** f (unter 25 mm
Dicke) / crystal watch ‖ ~**wellenmesser** m /
piezoelectric wavemeter ‖ ~**wind** m / quartz wind
Quasar m, Radiostern m / quasi-stellar radio source,
QSO, quasar
quasi·binär (Math) / pseudobinary ‖ ~**-bistabil** (Elektronik)
/ quasi-bistable ‖ ~**brüter** m (Nukl) / quasi-breeder
reactor ‖ ~**-Direktzugriff** m / quasi-random access ‖
~**duplex** (Fernm) / quasi-duplex ‖ ~**-elastisch** / quasi-
elastic ‖ ~**elektronisch** / semi-electronic ‖ ~**-hybrid**
(Rakete) / quasi-hybrid ‖ ~**-Hybridhorn** n (Radio) / quasi
hybrid horn ‖ ~**-Impulsstörung** / quasi-impulse noise ‖
~**komplementär** / quasi-complementary ‖ ~**kristallin** /
quasi-crystalline ‖ ~**-Linearisieren** n, -Linearisierung f
(Math) / quasi-linearization ‖ ~**millimeterband**, (~ 20
GHz) / quasimillimeter band ‖ ~**molekül** n / quasi-
molecule ‖ ~**optisch** / quasi-optical, semioptical, sub-
millimetre... ‖ ~**optische Reichweite** (Radar) / line-of-
sight coverage ‖ ~**periodisch** / quasi-periodic ‖
~**punktförmig** / quasi-punctiform ‖ ~**simultan** / quasi-
simultaneous ‖ ~**sinusförmig** / quasi-sinusoïd[al] ‖
~**-Spaltung** f (Nukl) / quasi-fission ‖ ~**stabil** / quasi-
stable ‖ ~**stationär** / quasi-statical, -stationary ‖ ~**steif**
/ quasi-rigid ‖ ~**stellare Galaxis** / quasi-stellar galaxy,
QSG ‖ ~**synonym** / quasi-synonymous ‖ ~**teilchen** n,
-partikel f / quasi particle ‖ ~**-unendlich lange Leitung**
(Fernm) / semi-infinite line
Quassie f, Quassia f amara / quassia, Quassia amara
Quassin n / quassin
Quast m, Pinsel m (Gieß) / swab, water brush
quastenförmig (Bot) / penicillate, penicilliform
quaternär, quartär (Chem) / quaternary ‖ ~**es System**,
Vierstoffsystem n / quaternary system ‖ ~**e Zahl** (Math)
/ quaternary number
Quaternion n (Math) / quaternion
Quaternionen·algebra f / algebra of quaternions ‖
~**körper** m / quaternion field
Quebracho n (Gerb) / quebracho extract ‖ ~**holz** n /
quebracho wood
Quecke f (Landw) / couch grass, witchgrass
Quecksilber n, Hg / mercury, hydrargyrum, Hg,
quicksilver ‖ ~**(I)-...**, Merkuro... (Chem) / mercurous ‖
~**(II)-...**, Merkuri... / mercuric ‖ ~ **galvanisch
aufbringen** / quick[en] ‖ ~ **gewinnen** / mercurify ‖
~**abdichtung** f / mercury seal ‖ ~**alkylverbindung** f /
alkyl mercury compound ‖ ~**-Argon-Gaslaser** m /
green laser ‖ ~**ausschalter** m (Elektr) / mercury cut-out
‖ ~**barometer** n / mercury barometer ‖ ~**batterie** f /
mercury cell ‖ ~**bergwerk** f / quicksilver mine ‖
~**bromid** n / mercuric bromide ‖ ~**(I)chlorid** n,
Kalomel n / mercurous chloride, calomel ‖
~**(II)-chlorid** n, Sublimat n / chloride of mercury,
mercuric chloride
Quecksilberdampf m (Elektr) / mercury vapo[u]r
Quecksilberdämpfe f pl (Bergb) / mercury vapours
Quecksilberdampf·gleichrichter m / mercury-arc o.
-vapour rectifier ‖ ~**gleichrichter** m (mit
Zündelektrode) / ignition rectifier ‖

~-Hochdrucklampe f / high-pressure mercury-arc o. -vapour lamp ‖ ~[kipp]lampe f / Cooper-Hewitt lamp, coop ‖ ~lampe f, Quecksilberlampe f / mercury discharge lamp o. arc lamp ‖ ~-Mischlichtlampe f / mercury vapo[u]r combination light lamp ‖ ~pumpe f / mercury vapour pump ‖ ~stromrichter m / mercury-arc o. -vapour converter ‖ ~turbine f / mercury vapour turbine ‖ ~wechselrichter m / mercury-arc o. -vapour inverter

Quecksilber·diffusionspumpe f / mercury [vapour] diffusion pump ‖ ~dimethyl n / dimethyl mercury ‖ ~-Dochtrelais n / mercury wetted relay ‖ ~druckmethode f (Keram) / mercury penetration method ‖ ~-Element n (Elektr) / mercury electrolytic cell ‖ ~erz n / mercurial ore ‖ pulverförmige ~erze n pl / tierras pl ‖ ~fahlerz n, Spaniolith m, Schatzit m / spaniolite, schwatzite ‖ ~falle f (Chem) / mercury trap ‖ ~fulminat, Knallquecksilber n / mercuric o. mercury fulminate ‖ ~haltig, -artig / mercurial ‖ ~hochdrucklampe f / high-pressure mercury vapour lamp ‖ ~höchstdrucklampe f, -höchstdruckbrenner m / extra-high pressure mercury [vapour] lamp, superpressure mercury lamp ‖ ~hochvakuumpumpe f / mercury vapour pump ‖ ~hornerz n / horn mercury, calomel (obsolete) ‖ ~(I)-iodid n / iodomercurate(I) ‖ ~(II)-iodid, Iodinrot n / [red] mercuric iodide ‖ ~kathode f / mercury pool cathode ‖ ~kippröhre, -wippe f / mercury tilting o. tipping tube ‖ ~knallsäure f / acid of fulminate of mercury ‖ ~kontakt m (Elektr) / mercurial contact ‖ ~[kontakt]relais n / mercury contact relay ‖ ~kontaktrohr n, -schaltröhre f / mercury contact tube ‖ ~lampe f / mercury discharge lamp o. arc lamp ‖ ~legierung f, Amalgam n / amalgam ‖ ~lichtbogen m / mercury arc ‖ ~luftpumpe f / mercurial o. mercury air pump ‖ ~manometer n / mercurial o. mercury gauge o. manometer ‖ ~meniskus m, -kuppe f / meniscus of mercury ‖ ~mohr n / metacinnabarite ‖ ~nitrat n / mercury nitrate ‖ gelbes ~(II)-oxid / yellow precipitate ‖ ~pendel n (Uhr) / mercurial pendulum ‖ ~präzipitat n (Chem) / mercury precipitate, precipitate of mercury ‖ ~punktlampe f / mercury point lamp ‖ ~quarzlampe f / quartz mercury vapour lamp ‖ ~(II)-rhodanid, Mercurirhodanid n / mercuric thiocyanate o. sulfocyanate o. sulfocyanide ‖ ~röhre f (Elektronik) / mercury tube ‖ ~ruß m, Stupp f / mercurial soot, stupp ‖ ~säule f / mercury column ‖ ~säule f (Meteorol) / barometric column ‖ ~säule f, -druck m / pressure of mercury ‖ 1/1000 mm ~säule / micron (US) ‖ ~schalter m / mercury switch, wet reed relay (US) ‖ ~schaltröhre f / mercury contact tube ‖ ~strahlunterbrecher m (Elektr) / rotary jet mercury breaker o. switch ‖ ~strahlwechselrichter m / rotary jet mercury converter ‖ ~sublimat n s. Quecksilber(II)-chlorid ‖ ~(II)-sulfid n (Chem) / mercuric sulphide ‖ rotes ~sulfid (Farbe) / artificial cinnabar, Chinese red ‖ ~tank, -[laufzeit]speicher m / mercury memory o. tank o. delay-line ‖ ~(I)-tannat n / mercurous tannate ‖ ~test m / quick test ‖ ~test m (Benzol) / mercury test ‖ ~thermometer n / mercury thermometer ‖ ~tropfelektrode f / dropping mercury electrode ‖ ~unterbrecher m (Elektr) / mercury [circuit-]breaker ‖ ~vakuummeter n / mercurial condenser ga[u]ge ‖ ~vakuumpumpe f / mercury vacuum pump ‖ ~-Ventil / mercury-arc valve ‖ ~vergiftung f / mercurialism, mercurial poisoning, hydrargyrism ‖ ~vergoldung f, Amalgamvergoldung f / mercurial gilding ‖ ~verstärker m (Phot) / mercury intensifier ‖ ~zähler m (Elektr) / mercury meter ‖ ~zelle f (Elektr) / mercury cell

Quell·beständigkeit, -festigkeit f (Gummi, Textil) / resistance to swelling ‖ ~binder m / swelling binder ‖ ~code m (PL/1) / source coding ‖ ~dichte f (Nukl) / source density

Quelle f (allg, Hydr, DV) / source ‖ ~, Herkunft f / origin ‖ ~, Wasserquelle f / spring, fountain ‖ ~, Quellfluß m / river head ‖ ~ (Öl) / well ‖ ~ für Brüche, Ausgangspunkt m für Brüche (Masch) / starting point of a fracture, incipient fracture ‖ dicke, [dünne] ~ (Nukl) / thick, [thin] source

quellen vi, sprudeln / spring, gush ‖ ~, anschwellen / swell, rise ‖ ~, fließen / spring vi, well vi, pour vi ‖ ~, sprudeln (Öl) / well [up] ‖ ~ vt, mazerieren (Brau) / macerate ‖ ~ n, Quellung f (Appretur) / swelling ‖ ~, Quellung f / moisture expansion, bulking ‖ ~ des Gummituchs (Offset) / embossing ‖ ~abfalldrift f (Nukl) / source decay drift ‖ ~admittanz f (Elektronik) / source admittance ‖ ~beladung f, Beladung f einer Strahlungsquelle / source loading ‖ ~bereich m (Nukl) / source range ‖ ~codierung f (DV) / source encoding

quellend, schwellend / heaving, swelling

Quellen·daten pl (DV) / source data ‖ ~decodierung f (DV) / source decoding ‖ ~dichte f, Quelldichte f (Nukl) / source density ‖ ~freies Feld (Elektr) / solenoidal field, source-free field ‖ ~freies Feld (Math) / zero divergence field ‖ ~freier Fluß (Elektr) / conservative flux ‖ ~leitwert m (Elektronik) / source admittance ‖ ~programm n (DV) / source program ‖ ~reaktor m, Quellreaktor m / [neutron] source reactor ‖ ~sprache f (DV) / source language

Queller m, salicornia herbacea (Landw, Hydr) / saltwort, Salsola, glasswort

Quell·fähigkeit f / swelling capacity, swellability ‖ ~fähigkeit f des Tons (Email) / set of clay ‖ ~fassung, -stube f / spring water chamber, well chamber o. house ‖ ~fest / swell resistant, non swelling, swellproof ‖ ~festappretur f / swell-resistant finish ‖ ~gas n / well gas ‖ ~gut n (Wassermenge) / well water ‖ ~impedanz f / source impedance ‖ ~kade f (Hydr) / landside cofferdam ‖ ~maß n / amount of swelling ‖ ~mittel n / swelling agent ‖ ~mulde f (Geol) / valley head ‖ ~reif (Brau) / full steeped ‖ ~schutzmittel n (Holz) / antiswelling agent ‖ ~schweißen n, Warmklebung f / solvent bonding o. welding ‖ ~stab m (Reaktor) / source rod ‖ ~stärke, Emissionsrate f (Nukl) / emission rate ‖ ~stärke f, modifizierte Stärke / pregelatinized starch, swelling starch ‖ ~stock, Weichtank m (Brau) / steeping cistern o. tank o. vat

Quellungs·reaktion f (Zellulose) / swelling reaction ‖ ~vermögen n (Gummi) / swelling property ‖ ~wasser n, (jetzt:) Gleichgewichtsfeuchte f (Ionenaust.) / equilibrium moisture content

Quell·verkehr m / originating traffic ‖ ~versuch m (Bitumen) / swell test ‖ ~wasser n / mountain spring water, spring o. well water ‖ ~wert m (Textil) / water imbibition value ‖ ~widerstand m, Innenwiderstand des anstoßenden Oszillators (Elektronik) / internal o. source resistance ‖ ~zement, Expansivzement m / expanding cement

Quench (plötzlicher Übergang bei Supraleitung) / quench (superconduction) ‖ ~behälter m (Kohle) / quench vessel, quencher ‖ ~kühler, Einspritzkühler m / quench cooler

Quendelöl n / wild thyme oil

Quenzelvorrichtung f (Bergb) / suspension device of the cage

quer, in die Quere, schief / askance, askew, aslant ‖ ~, überkreuz / crosswise ‖ ~ adv, schief / obliquely, transversely, crosswise ‖ ~... (Luftf) / lateral ‖ ~ addieren / cross-add ‖ ~ angeordneter Motor / transverse engine ‖ ~ durch, übereck / diagonally ‖ ~ hinein / broadside on ‖ ~ liegen / cross vi ‖ ~ subtrahieren / cross-subtract ‖ ~ zur Faser / across the grain ‖ ~ zur Umlaufbahn (Raumf) / across track ‖ ~ zur Wand, Kopf... (Bau) / inbond ‖ Holz ~ absägen / saw across the grain ‖ ~ab, dwars (Luftf, Navig) / abeam ‖ ~[ab]bau m (Bergb) / cross-opening ‖ ~ablage f vom eingestellten Kurs über Grund (Luftf) / cross-track distance ‖ ⌐abweichung, Seitenabweichung f / lateral deviation o. deflection ‖ ⌐achse f (Luftf) / lateral axis ‖ ⌐achse f (elektr. Strom) / quadrature axis ‖ ⌐achse f der Zeitkonstanten (Elektr) / quadrature axis of time constant ‖ ⌐ader f (Bergb) / cross-lode ‖ ⌐amperewindung f / cross ampere turn ‖ ⌐anschallung f (Schw) / depth scan of a weld ‖ ⌐anschlag, Planzuganschlag m (Wzm) / crossfeed stop ‖ ⌐anteil m der Polradspannung / quadrature-axis component of synchronous-generated voltage ‖ ⌐aufschleppe f (Schiff) / transversal slipway ‖ ⌐ausdehnung f / cross dimension[s pl.] ‖ ⌐ausgleich m (Fernm) / capacitance balancing ‖ ⌐ausgleichhebel m (Bahn) / swing bolster ‖ ⌐aussteifung f, -versteifung f / transverse bracing, sway bracing, cross-tie ‖ ⌐axt f / crossgrain ax[e] ‖ [zweischneidige] ⌐axt / holing axe ‖ ⌐balken, -träger m (allg) / transverse o. transversal bar o. beam o. girder, traverse, crossbeam, browpost ‖ ⌐balken m (Luftf, Bodenfeuer) / crossbar ‖ ⌐balken m (Wzm) / intertie rail ‖ ⌐balken (z.B. im Gerüst) (Zimm) / ledger ‖ ⌐balken m als Dielenträger / joist n ‖ mit ⌐balken belegen (Bau) / joist v ‖ ⌐balken m der Langhobelmaschine / rail of a planer ‖ ⌐balkensupport m / crossrail carriage (vertical turret lathe), crossrail head (planer) ‖ ⌐band f, Diagonale f / crossband, crossbelt, intertie ‖ ⌐bandförderer m / crossover conveyor ‖ ⌐bau m (Bergb) / working by crosscuts ‖ ⌐bauten m pl (Wassb) / groins pl ‖ ⌐baum m des Holztransportwagens / bunk ‖ ⌐belastung f / transverse load ‖ radiale ⌐belastung (o. Querkraft) / radial load ‖ ~beweglicher Ständer (Bohrm) / traversing column ‖ ⌐bewegung f, -verschiebung f / transverse o. sidewise o. crosswise movement o. motion o. travel, transversal motion, cross motion ‖ ⌐bewegung f, Queren n / traversing ‖ ⌐biegefestigkeit f / transverse bending o. rupture ‖ ~biegen / bend crosswise ‖ ⌐biegeversuch m / transverse bending test ‖ ⌐bild n / horizontal picture ‖ ⌐blockprofil n (Reifen) / transversal block profile ‖ ⌐bohrung f / cross hole ‖ ⌐bruch m (Feinblech) / cross break ‖ ⌐bürstmaschine f (Textil) / cross-brushing machine

Quercetin n (Färb) / quercetin

Quercit m, Pentahydroxycyclohexan n / quercite, d-quercitol

Quercitrin n (Farbstoff) / quercitrin

Quercitron n (Färb) / quercitron, black o. dyer's oak ‖ ⌐rinde f / quercitron [bark]

Quer·damm m, Sperrbuhne f (Hydr) / cross-dam ‖ ⌐deckkrümmung f, -deckskürbhöhung, -wölbung f (Schiff) / round-of-beam, camber ‖ ⌐dehnung f / lateral o. transverse strain ‖ ⌐dehnungszahl f, Poissonsche Konstante f / Poisson's ratio ‖ ⌐denken n / lateral thinking ‖ ⌐differentialschutz m (Elektr) / transverse differential protection, split-conductor protective system ‖ ⌐draht m, -seil n (Fahrleitung, Bahn) / cross-wire ‖ ⌐draht m (Sieb) / filler wire ‖ ⌐drift f (Luftf) / cross-drift ‖ ⌐duktilität f (Hütt) / transverse ductility ‖ ~durch adv, kreuzweise / obliquely ‖ ⌐durchflutung f (Elektr) / quadrature-axis component of magnetomotive force ‖ ⌐durchlaß m (Schleuse) / cross culvert, branch culvert ‖ ⌐durchmesser m / transverse diameter ‖ ⌐einschnitt-Profil n (Reifen) / transversal groove profile ‖ ⌐-EMK f / quadrature axis component of the E.M.F.

queren, kreuzen / cross v ‖ ⌐ n, Querbewegung f / traversing

Quer·entwässerung f (Straßb) / transverse drainage system ‖ ⌐entzerrer m (Elektr) / shunt admittance [type] equalizer ‖ ⌐entzerrung f (Elektronik) / shunt-admittance [type] equalization ‖ ⌐falte f / transverse fold ‖ ⌐falte f (Hütt) / transverse lap ‖ ⌐faltversuch m / cross bending test ‖ ⌐faltversuch m (Rohr) / transverse flat bend test ‖ ⌐falzung f / cross folding ‖ ⌐faser f / cross fibre ‖ ⌐faserpelz m (Krempel, Textil) / cross fibre lap ‖ ⌐faserspeisung f (Krempel) / transverse fiber feed

‖ ⌐faser-Sperrholz n / cross-grained plywood ‖ ⌐feder f (Kfz) / transverse spring ‖ ⌐feld n (Elektr) / cross-field ‖ ⌐feld n (Fahrleitung) / headspan ‖ ~feldein, Gelände… / cross-country…, off-highway ‖ ⌐feldmaschine f, Rosenbergdynamo m (Elektr) / crossfield dynamo, Rosenberg dynamo ‖ ⌐fenster n / lying window ‖ ⌐festigkeit f, Schubfestigkeit f / transverse o. shear[ing] strength o. resistance ‖ ⌐flammbrenner m / cross-firing burner ‖ ⌐fließpressen n / lateral o. side[ways] extrusion, transverse impact extrusion ‖ ⌐fokussierung f / transverse focussing ‖ ⌐förderband n, -förderer m / cross belt ‖ ⌐format n (Pap) / broadside ‖ ⌐format n (Phot) / landscape ‖ ⌐fries m einer eingestemmten Tür / rail of a door-frame ‖ ⌐fuge f / transverse joint ‖ ⌐fuge f (Furnier) / end joint ‖ ⌐fuge f (Straßb) / cross expansion joint ‖ ⌐gabelstapler m / side fork-lift [truck] ‖ ⌐gabelstapler m mit zweiseitiger Lastaufnahme / double-side loading fork truck ‖ ⌐gang m (Bergb) s. Querschlag ‖ ⌐gefälle n, -neigung f (Straßb) / banking, camber, transversal slope ‖ ⌐gefälle geben, überhöhen (Straßb) / bank v ‖ ⌐gefälleübergang m (Straßb) / cross fall change-over ‖ ~geführter Schnitt / transverse section ‖ ~[gerichtet] / transverse ‖ ~gerippt / with transverse ribs ‖ ~gestreift / cross-striped, with transverse stripes ‖ ~gestreift (Web) / traversé ‖ ⌐gleiten n (Walzw) / cross slip ‖ ⌐gleitlager n / plain bearing, journal type radial bearing ‖ ⌐glied n des Vierpols / parallel element of the four-pole network ‖ ⌐griff m (für Schraubwz) (DIN 3122) / tee handle, T-handle ‖ ⌐gurt m (Bau) / transversal rib ‖ ⌐haupt n (Presse) / crown (GB), stationary crosshead (US) ‖ ⌐haupt n (Senkrechtbohrwerk) / cross head, crosshead ‖ ⌐haupt n zur Druckaufnahme (Bahn) / crosshead [taking up the pressure] ‖ ⌐heftung f (mit Klammern) (Buch) / flat o. side [wire] stitching (with clinching of the wires), side stabbing (without clinching) ‖ ⌐hieb m im Holz (Fehler) / fistula, dent ‖ ⌐holz n, -stange f / bail, cross timber ‖ ⌐holz n, -leiste f, -riegel, -balken m / binding joist ‖ ⌐holz, -eisen o. -schiene, -stange / crossbar, rail ‖ ⌐holz n, Sperrleiste f (Zimm) / ledger ‖ ⌐holz n, -balken m (z.B. über der Tür) / transom ‖ mit ⌐hölzern versehen / rail v ‖ ⌐impedanz f / shunt impedance ‖ ⌐induktion f, -induktivität f / transversal induction ‖ ⌐induktivität f, -induktanz f / shunt inductance ‖ ⌐instabilität f (Luftf) / lateral o. rolling instability ‖ ⌐jochtragwerk n (Oberleitung) / rigid portal structure ‖ ⌐kapazität f (Tunneldiode) / case capacitance ‖ ⌐keil m / cotter ‖ ⌐keilbefestigung f (Werkz) / cotter retention ‖ ⌐komponente f (Elektr) / quadrature axis component ‖ ⌐kontraktion f / transversal contraction ‖ ⌐kontraktion, -zusammenziehung f (Zerreißstab) / bottling ‖ ⌐kontrolle f (DV) / cross-totals pl, cross-check[ing] ‖ ⌐kopf m (Strangpresse) / crosshead ‖ ⌐kopfziehform f der Strangpresse / crosshead extrusion die ‖ ⌐kopplung f (Elektr) / cross-coupling ‖ ⌐kraft f / lateral force, radial stress ‖ ⌐kraft f, Scherkraft f (Mech) / transverse action o. force o. load, shearing force o. load ‖ ⌐kraft f (Luftf) / cross-wind force ‖ ⌐kraftfläche f / area of shearing force ‖ ~kraftfreies Biegen / bending without radial stress ‖ ⌐kraftlinie f / shearing stress curve, shear line ‖ ⌐kreissäge f / cross-cut circular saw ‖ ⌐krümmung f (Holz, Fehler) / cup, transverse warping ‖ ⌐[kugel]lager n / radial [ball] bearing ‖ ⌐labilität f (Luftf) / lateral instability ‖ ⌐lader m (Bergb) / parallel working loader ‖ ⌐lagenhaltung f / bank hold ‖ ⌐lager n, Radiallager n / radial ball bearing ‖ ⌐längung f (Textil) / traverse lengthening ‖ ⌐lastig (Luftf) / wing-heavy ‖ ⌐lastigkeit f (Luftf) / asymmetrical loading ‖ ⌐leiste f, -riegel m / door-bar ‖ ⌐leiste f im Druckwerk / bail of a printer ‖ ⌐leitwert m (Elektr) / shunt conductance ‖ ⌐lenker m (Kfz) / transverse link, control arm, wishbone ‖ ⌐lenker m (Aufhängung) (Kfz) / suspension arm ‖

trapezförmiger ⁓lenker (Vorderräder), Dreieckslenker *m* (Kfz) / long and short arm suspension ‖ ~liegend, -laufend, Quer... / traverse ‖ ⁓lochstein *m* (Bau) / end construction tile with vertical cells ‖ ⁓luftspannrahmen *m* (Textil) / tenter (US) o. stenter (GB) with lateral ventilation ‖ ⁓lüftung *f* / cross venting ‖ ⁓magnetisierung *f* / cross o. perpendicular o. transverse magnetization ‖ ⁓markenfeuer *n* (geben Grenzen des nutzbaren Bereichs an) (Schiff) / cross marker, cross marking light ‖ ⁓messer *n* (Schere) / transverse blade ‖ ⁓metazentrum *n* (Schiff) / latitudinal metacenter ‖ ⁓minderung *f* (Textil) / traverse shortening ‖ ⁓moment *n* (Luftf, Schiff) / rolling moment ‖ ⁓nahtschweißmaschine *f* / transverse seam welding machine ‖ ⁓narbe *f* (Ziehen) / cross ripples *pl* ‖ ⁓neigung *f* / lateral inclination ‖ ⁓neigung *f* (Luftf) / banking ‖ ⁓neigung *f*, -gefälle *n* (Straßb) / banking, camber, transversal slope ‖ ⁓neigung einnehmen (Luftf) / bank *vi* ‖ ⁓neigungsanzeiger, -neigungsmesser *m* (Luftf) / bank[ing] indicator ‖ ⁓neigungswinkel *m* (Luftf) / angle of bank ‖ ⁓nutmitnahme *f* (Fräswerkzeug) / clutch drive, tenon drive ‖ ⁓paritätsprüfung *f* (DV) / vertical parity check ‖ ⁓perforation *f* / horizontal perforation, cross o. transverse perforation ‖ ~perforieren / cross-perforate ‖ ⁓pflasterung *f*, Diagonalpflaster *n* (Straßb) / diagonal paving ‖ ⁓platte *f* (Wellenleiter) / transverse septum ‖ ⁓platte *f* bei Stützenstößen (Stahlbau) / division plate ‖ ⁓polarisations-Trennschärfe *f* / cross polarization discrimination, XPD ‖ ⁓probe *f* (Mat.Prüf) / transverse test piece o. specimen ‖ ⁓profil *n* (Verm) / cross-section ‖ ⁓prüfungsbit *n* / lateral check bit ‖ ⁓prüfungskriterium *n* (DV) / crossfooting test ‖ ⁓rechnung *f*, -rechnen *n* (DV) / crossfooting ‖ ⁓resonanz *f* (Akustik) / parallel resonance ‖ ⁓rest-Kontrolle *f*, Modulo-n-Prüfung, Nummernprüfung nach Modulo n (DV) / modulo-n-check, residue check ‖ ⁓richtung *f* / crosswise o. transverse direction ‖ ⁓richtung *f* (Pap) / cross direction ‖ ⁓riegel, -balken *m*, -schwelle *f* / crossbeam ‖ ⁓riegel *m* (Masch) / cross bracket, stay ‖ ⁓riegel *m* am A-Mast (Elektr, Fernm) / pole cribbing (US), cross bracket ‖ ⁓riegel *m* im Dach (Bau) / ashlar joist ‖ ⁓rillenprofil *n* (Reifen) / cross-groove tread ‖ ⁓rinne *f* (Straßb) / cross-drain ‖ ⁓rippe *f*, -gurt *m* (Bau) / transversal rib ‖ ⁓rippe *f* (Masch) / transverse fin o. rib ‖ ⁓ripsbindung *f* / warp rib weave ‖ ⁓riß *m* / transverse o. transversal crack[ing], cross-crack ‖ ⁓riß *m* (Bergb, Geol) / breakage, fracture ‖ ⁓riß, Kantenriß *m* (Holz) / crack along the edge, edge crack ‖ ⁓riß *m* (Metall) / edge fracture

Querruder *n*, -steuer *m* (Luftf) / aileron ‖ ⁓antrieb *m* (Luftf) / aileron booster ‖ ⁓-Ausgleichfläche *f* (Luftf) / aileron compensating surface o. balancing surface ‖ ⁓ausschlag *m* (Luftf) / aileron angle o. deflection ‖ gleichsinniger ⁓ausschlag / aileron droop ‖ ⁓hebel *m* (Luftf) / aileron crank o. lever ‖ ⁓hebel *m* (am Querruder) / aileron horn ‖ ⁓-Regelkreis *m* / aileron servo loop

Quer·säge, (jetzt:) Zugsäge *f* / trim saw ‖ ⁓schaltung *f* (Elektr) / cross connection ‖ ⁓schermaschine *f* (Tuch) / cross-shearing o. transversal shearing machine ‖ ⁓schicht *f* / cross band ‖ ⁓schieber *m* (Dreh) / rest, cross slide ‖ ⁓schieber *m* / cross slide ‖ ⁓schiene, -stange *f* / transverse rail, crossbar ‖ ⁓schiff *n* (Bau) / cross-aisle ‖ ⁓schiffskraft *f* (Schiff) / thwartpole o. cross pole force, transverse o. athwartship (US) force ‖ ⁓[schiffs]pol *m* (Schiff) / cross pole, transverse o. thwartship o. athwartship (US) pole ‖ ⁓schlag, -stollen, -gang *m*, -strecke *f* (Bergb) / cross cut o. heading, traverse heading, cross measures drift, crossway ‖ kurzer ⁓schlag (Bergb) / offset ‖ ⁓schlag in Kohle *m* / gain ‖ ⁓schläger *m* (Mil) / ricochet ‖ ⁓schlaghauer *m* (Bergb) / drifter ‖ Holz ~schleifen / grind across the

grain ‖ ⁓schlepper *m* (Walzw) / skid-type transfer, transfer skid ‖ ⁓schliff *m* / polish of cross-section ‖ ⁓schliffverfahren *n* (Schichtdicke) / cross-section method ‖ ⁓schlitten *m* (Fräsm) / table base ‖ ⁓schlitten *m*, -support *m* (Wzm) / cross slide rest ‖ ~schmieden / forge normal to the grain ‖ ⁓schneide *f* (Bohrer) / chisel edge ‖ ⁓schneiden *n* (Pap) / [cross]cutting ‖ Holz ~schneiden / cut wood across the grain ‖ ⁓schneidenwinkel *m* (Bohrer) / chisel edge angle ‖ ⁓schneider *m*, -schneideeinrichtung *f* / cross cutter, -cutting attachment ‖ ⁓schneider *m* (Pap) / guillotine

Querschnitt *m* / cross section ‖ ⁓, Profil *n* (Verm) / profile, section, profile section ‖ ⁓, Schnitt *m* quer zur Faser / perpendicular-to-the-grain cut ‖ ⁓ der Kernfusionsreaktion / nuclear fusion reaction cross section ‖ ⁓ des Bindungsbildes (Web) / weave cross section diagram ‖ ⁓ unelastischer Streuungen (Nukl) / inelastic scattering cross-section [quadratischer] ⁓ von 1/1000 Zoll Seitenlänge (= 0.0006452 mm^2) (Elektr) / square mil ‖ runder ⁓ / circular section ‖ runder ⁓ von 1/1000 Zoll Durchmesser / circular mil

Querschnitts·... / cross-sectional ‖ ⁓abmessung, -dimension *f* / dimension of cross section ‖ ⁓abmessungen *f pl*, -dimensionen *f pl* (Schiff) / cross-sectional dimensions *pl* ‖ ⁓abnahme *f* (Drahtz) / draft in wire drawing ‖ mit geringer ⁓abnahme (Drahtziehen) / mild o. soft drawn ‖ ⁓anpasser *m* (Wellenleiter) / taper, transition piece ‖ ⁓belastung *f* (Elektr) / burden on a line ‖ ⁓faktor *m*, -formbeiwert *m* / form o. shape factor ‖ ⁓fläche *f* / cross-sectional area ‖ ⁓fläche *f* eines Ausflusses / draft of discharge ‖ ⁓fläche eines Baumbestandes in Brusthöhe (Forst) / basal area ‖ ⁓formbeiwert *m* (Stahlbau) / form o. shape factor ‖ ⁓[ver]änderung *f* / change of cross section ‖ plötzliche ⁓[ver]änderung / abrupt change of cross section ‖ ⁓verengung *f*, -verringerung *f* (Gieß) / reduction of area, R. of a ‖ ⁓vergrößerung (Hütt) / gathering stock ‖ ⁓verjüngung *f* / tapering of the cross section ‖ ⁓verminderung *f* / diminished cross section ‖ ⁓verminderung *f* (Tiefziehen) / reduction ‖ ⁓verminderung, Einschnürung *f* / contraction in area, necking ‖ ⁓verminderung, Brucheinschnürung *f* / reduction o. contraction of o. in area ‖ ⁓verringerung *f* (allg) / reduction of area of cross section ‖ ⁓verringerung *f* in % / reduction of area in percent ‖ ⁓zeichnung *f* / drawing of a section

Querschnitt·veränderung *f* / change of diameter

Quer·schott *n* (Schiff) / transverse o. cross bulkhead ‖ ⁓schramme *f* / horizontal scratch ‖ ⁓schubanlage *f* (Schiff) / lateral thrust installation ‖ ⁓schwad *m* (Landw) / cross-windrow ‖ ⁓schwad-Sammelroder *m* / windrowing beet lifter and collector ‖ ⁓schwelle, Eisenbahnschwelle *f* (Bahn) / sleeper (GB), tie (US), cross-tie (US) ‖ ⁓schwelle *f* (Straßb) / offlet, grip ‖ ⁓schwelle *f* eines Rostes, Zange *f* (Hydr) / traverse beam of a grating ‖ ⁓schwingung *f* (Phys) / transverse vibration ‖ ⁓schwingung *f* (Luftf) / lateral oscillation ‖ ⁓schwingung, Wiegebewegung *f* (Bahn) / side rocking o. sway ‖ ⁓schwingung *f* (Krist) / contour vibration ‖ ⁓schwund *m* (Sintern) / shrinkage in width ‖ ⁓seilaufhängung *f* (Bahn) / flexible cross-span suspension, flexible gantry, cross-wire suspension ‖ ⁓seilaufhängung *f*, biegsames Fahrleitungsjoch / head span ‖ ⁓selbstgang *m* (Wzm) / power crossfeed o. cross traverse ‖ ⁓sieb-Kartoffelroder *m* (Landw) / dwars shaker digger ‖ ⁓siederohrkessel, Quersieder *m* / cross-tube boiler ‖ ⁓sitz *m* / cross o. transverse seat ‖ ⁓spannung *f* (Elektr) / quadrature-axis component of voltage ‖ ⁓spant *n* (Schiff) / transverse couple ‖ ⁓sparren, Wechsel *m* (Zimm) / assembling piece of rafters, trimmer of rafters ‖ ⁓speisung *f* (Krempel) / crossfeed ‖ ⁓spritzkopf *m* (Extruder) / crosshead, angular extruder head ‖ ⁓sprosse *f*, Querschenkel *m* (Fenster) / crossrail ‖ ⁓spülung *f* (Kfz) / cross scavenging

‖ ⁎spurverfahren n (Videoband) / transversal track recording system ‖ ⁎stabilisator m (Kfz) / anti-sway bar, sway bar, roll bar, roll stabilizer ‖ ⁎stabilität f (Luftf) / lateral stability ‖ ⁎stab[wellentyp]wandler m (Wellenleiter) / crossbar transformer ‖ ⁎stapler, Bogenstapler m (Pap) / cutter piler ‖ ⁎stellen n (des Anhängers) (Kfz) / jackknifing ‖ sich ~stellen (Kfz-Anhänger) / jackknife ‖ ⁎steuerung f (Luftf) / lateral control ‖ ⁎steuerwelle f (Luftf) / aileron spindle ‖ ⁎stollen, -gang m, -strecke f (Bergb) / cross cut o. heading, traverse heading, cross measures drift, crossway ‖ ⁎strahl... (Elektronik) / transverse beam... ‖ ⁎strahler m, Dipolebene f (Antenne) / broadside o. christmastree antenna ‖ ⁎-Strangpressen n / transverse extrusion of rods and tubes ‖ ⁎straße f / crossroad, -way ‖ ⁎straße f (städtisch) / cross-street ‖ ⁎strebe f, Diagonalversteifung f / cross strut ‖ ⁎strecke f (Bergb) s. Querschlag ‖ ⁎streifen m (Textil) / cross-stripe ‖ ⁎strich m, Gedankenstrich m (Buch) / dash, break ‖ ⁎strich, Teilungsstrich, Divis m / division, hyphen ‖ ⁎strich m (Buch) / dash, break ‖ durch ⁎striche teilen (Opt) / rule ‖ ⁎strom m (Elektr) / quadrature-axis component of current ‖ ⁎stromkühler m / cross flow cooling device ‖ ⁎strommikrophon, Reißmikrophon n / transverse-current microphone ‖ ⁎strömung f, -strom m / cross-flow, cross-current ‖ ⁎stromventilator m, -lüfter m, -gebläse n / cross current ventilator, cross flow fan ‖ ⁎stromverteiler m (Pap) / flow spreader, cross flow distributor ‖ ⁎summe f / sum of digits ‖ ⁎summe f (horizontal) (DV) / horizontal checksum ‖ ⁎summenkontrolle f (DV) / parallel balance ‖ ⁎teilanlage f (Hütt) / cut-to-length line ‖ ⁎teilung f / transverse pitch ‖ ⁎träger, -balken m (allg) / transverse o. transversal bar o. beam o. girder, traverse, crossbeam, browpost ‖ ⁎träger m (Stahlbau) / transverse girder ‖ ⁎träger m, Fahrleitungsjoch n (Bahn) / gantry support, arched catenary support ‖ ⁎träger m, -strebe, -verstrebung f (Fahrzeuge, Bahn) / stretcher ‖ ⁎träger m (am Eisenbahnwagen) / transom of a wagon ‖ ⁎tragseil n (Bahn) / cross-span supporting cable ‖ ⁎[transport]band n / crossover conveyor ‖ ⁎trennsäge f / separating o. cross saw ‖ ⁎überdeckung f (Verm) / side lap ‖ ⁎- und Längsschneider m / sheeter and slitter ‖ ⁎verankerung f / cross supports pl ‖ ⁎verband m, -versteifung f (Brücke) / transverse o. sway bracing, cross-tie ‖ ⁎verbindung f (Chem) / cross linkage o. linking ‖ ⁎verbindung, Verbindungsbahn f (Bahn) / crossover line ‖ ⁎verbindung f (Fernm) / inter-switchboard line, tie line, liaison circuit, cross connection ‖ ⁎verbindung f am Rahmen (Bahn) / frame-stay ‖ ⁎verbindung der Schienen / cross-tying of rails ‖ ⁎verbindung zwischen Ämtern, -weg m (Fernm) / interoffice trunk, liaison circuit ‖ ⁎verbindungsleitung f (Fernm) / interswitchboard line, tie line ‖ ⁎vergleichsschutz m (Elektr) / transverse differential protection ‖ ⁎vergrößerung, Lateralvergrößerung f (Opt, TV) / lateral magnification ‖ ⁎verleimautomat m (Holz) / crossfeed edge-to-edge veneer splicing automatic machine ‖ ~verschiebbar / cross-sliding ‖ ⁎verschiebung f, -verstellung f / cross[wise] movement o. motion o. travel ‖ ⁎versteifung f, -verstrebung f (Brücke) s. Querverband ‖ ⁎verstellung f / cross adjustment ‖ ⁎verteilung f / lateral distribution ‖ ⁎verweis m / cross reference ‖ ⁎verweisliste f / cross-reference list ‖ ⁎verwerfung f (Bergb) / transverse fault ‖ ⁎vorschub m / crossfeed, cross traverse ‖ ⁎vorspannung f / transverse pretensioning ‖ ⁎walzen n / transverse rolling o. laminating, cross rolling ‖ ⁎wand f / transverse wall ‖ ⁎weg m, -verbindung f (Fernm) / interoffice trunk ‖ ⁎wegtechnik f (Fernm) / direct routing [scheme] ‖ ⁎welle f, Transversalwelle f (Phys) / transverse wave ‖ ⁎wind m (Luftf) / wind across ‖ ⁎wölber m (DIN) (Bau)

/ key stone ‖ ⁎wölber, Ganzwölber m (Ofen) / end arch [brick]

Query·-Language-Problem, QL-Problem n / query-language problem ‖ ⁎sprache f (DV) / query language

Quer·zahl, -dehnungsziffer f (Mech) / Poisson's ratio ‖ ⁎zug m (Mech) / transverse pull ‖ ⁎zug m, Querverstellung f (Wzm) / cross adjustment ‖ ⁎zugversuch m (Walzw) / tensile test across the rolling direction ‖ ⁎zusammenziehung, -kontraktion f / lateral o. transversal contraction ‖ ⁎zusammenziehung f (Gummi) / necking ‖ ⁎zusammenziehung, -kontraktion f (Zylinder) / contraction of diameter ‖ ⁎zweig, Nebenschlußzweig m (Elektronik) / shunt arm

Quetsch·beanspruchung f (der Schienen) (Bahn) / crushing effort of rails ‖ ⁎bruch m (Reifen) / bruise break

quetschen, klemmen / pinch, squeeze, nip ‖ ~ (Drähte) / pinch wires ‖ ~, zermalmen / break, crush ‖ ~, zerreiben / bruise ‖ ~ (Landw) / roll, crush ‖ **Jute** ~ / soften jute ‖ **Schotter** ~ (Südd.) **o.** brechen / break o. stub stones

Quetscher m, Gummiwalze f / squeezer, squeegee, squilgee

Quetsch·falte f / crease ‖ ⁎fuß m (Elektronik, Elektr) / pinch base ‖ ⁎fuß-Durchführung f (Elektr) / pinch-type lead-in ‖ ⁎grat, Walzgrat m / burr from rolling ‖ ⁎grenze f / crushing yield point ‖ ⁎griff m (Roboter) / squeeze-type handle ‖ ⁎hahn m / pinchcock, squeezing cock, spring clip ‖ ⁎hohlleiter m / squitter, split o. squeezable waveguide ‖ ⁎holz n, Unterlegeholz n (Bergb) / footboard ‖ ⁎holz n, Anpfahl m (Bergb) / head block o. board, cap piece ‖ ⁎kartoffeln f pl (Landw) / potato pulp ‖ ⁎klemme f / spring clip ‖ ⁎kondensator m / book capacitor ‖ ⁎leitung f (Wellenleiter) / squeeze section

Quetschling m (Geol) / phacoid

Quetsch·maschine f / squeezer, squeezing machine ‖ ⁎maschine f (Flachs) / rolling machine ‖ ⁎maschine f (Textil) / mangle, mangling machine ‖ ⁎messer n / crush cutter ‖ ⁎mühle f, Mahlgang m (für Getreide) / bruising mill, grain crusher, crushing mill for grain ‖ ⁎nahtschweißen n / mash [seam] welding o. resistance welding ‖ ⁎präparat n (Chem) / crush preparation ‖ ⁎riß m (Strangguß) / pinch roll crack ‖ ⁎rolle f (Repro) / print roller ‖ ⁎schlauchpumpe f / squeezed tube pump, peristaltic pump o. impeller ‖ ⁎tube f / collapsible tube

Quetschung f, Druck m / crush, violent pressure ‖ ⁎ (Glühlampe) / pinch, stem press

Quetsch·verbindung f (Elektronik) / crimp connection ‖ ⁎versuch, Druckversuch m, (an Baustoffen) / crushing test, compression test ‖ ⁎vorrichtung f, Klemme f / squeezing device ‖ ⁎walze f / press-roll[er], nip roller, nipper ‖ ⁎walzenpaar n / nips pl ‖ ⁎walzmaschine f (Bergb) / roller crusher ‖ ⁎walzwerk n (Flachs) / chat roller ‖ ⁎werk n, Preßwerk n (Hütt) / squeezer, shingling rolls pl ‖ ⁎zylinder m (Pap) / couch roll

Quettenhärten n (Hütt) / chill hardening

Quibinärcode m (DV) / quibinary code

Quick·-Batch-Betrieb m (DV) / quick batch ‖ ⁎beize, Silberbeize f (Galv) / quick o. blue dip

quicken, amalgamieren / amalgamate

Quick·-Look-Station f (Raumf) / quick-look station ‖ ⁎-Look-Übertragung f (Direktübertragung der Meßergebnisse vom Satelliten) (Raumf) / quick-look ‖ ⁎sand m, Treibsand m / quick sand

quietschen, knarren (Masch) / creak ‖ ~ (z.B. der Bremsen), kreischen / shriek, screech, scream, squeak, squeal ‖ ~ (Masch) / grate, creak, squeak ‖ ⁎ n der Reifen / squeal of tires

Quillajarinde f / soap o. China (US) bark, quillai[a] bark

quinär, zur Basis 5 gehörend (Math) / quinary ‖ ~ (Math) / two-out-of-five...

Quincke·sches Rohr (Akustik) / Quincke tube ‖ ⁎sche Steighöhenmethode (Magnet) / Quincke's method

Quincunxanordnung, Fünfpunktanordnung f / quincunx
Quintal m (100 kg) / quintal, hundredweight
Quintillion f, 10^{30} / quintillion (GB), nonillion (US))
Quintupel f, Fünffaches n / quintuple n ‖ ⌐punkt m (Chem) / quintuple point
Quirl m / twirling-stick ‖ ⌐, Rührwerk n (Gieß, Keram) / blunger
quirlen vt vi, wirbeln / twirl, whirl around ‖ ⌐ n, Keulennutation f (Radar) / conical scan[ning]
Quirlwäsche f (Rüben) / beet washer with revolving agitating arm
Quiteron n (Halbl) / quiteron (= quasiparticle injection tunneling effect)
quittieren, bestätigen (Fernm) / acknowledge, ack (coll)
Quittierschalter m, -vorrichtung f (Elektr) / acknowledge switch
Quittierungsaustausch m (DV) / handshaking
Quittung f, Beleg m / voucher, receipt ‖ ⌐, Rückmeldung f / acknowledge
Quittungs·austausch-Mitteilung f (DV) / handshake message ‖ ⌐druck m (Reg.Kasse) / receipt printing ‖ ⌐drucker m (Zahlkasse) / cash register printer, customer's receipt printer ‖ ⌐gabe f (Fernm) / identification signal ‖ ⌐marke f, -abschnitt, -abriß m / check ‖ ⌐schaltschütz n / acknowledging contactor ‖ ⌐steuerschalter m (Elektr) / indicating control switch ‖ ⌐zeichen n (Fernm) / acknowledg[e]ment signal ‖ ⌐zeichen n (DV) / acknowledge character, ACK
Quote f, Kote f (Verm) / elevation, altitude ‖ ⌐, Anteil m / quota
Quotenstichprobe f / quota sampling
Quotient m / quotient ‖ ⌐ (Math) / ratio ‖ ⌐ Eingangsspannung u. Ausgangsstrom (Fernm) / transfer impedance
Quotienten·kriterium n (Math) / Cauchy's ratio test, generalized ratio test ‖ ⌐messer m (Elektr) / ratio meter ‖ ⌐relais n / quotient relay ‖ ⌐verstärker m (Elektronik) / ratio amplifier
Quotienten n des Verkehrs / quota-based allocation o. distribution of traffic
Q-v-Produkt n / elementary [conduction] current
Q-Wert m, Kernzerfalls-Energie f / nuclear disintegration energy, reaction energy, Q value
Q-Zentil n / Q-percentile ‖ ⌐ der Lebensdauer / Q-percentile life
Q-Zentrum n (Nukl) / Q-center

R

Ra = quadratischer Mittenrauhwert
Raabe-Kriterium n (Math) / Raabe's convergence test
Rabatt m / rebate, discount
Rabitz·bau m / Rabitz [wire lattice o. wire netting] plaster construction ‖ ⌐gewebe n / wire plaster netting ‖ ⌐wand f, Drahtputzwand f (Bau) / wire fabric wall, Rabitz plaster fabric wall
Racah-Koeffizient m, Racahscher Dreieckskoeffizient m (Nukl) / Racah coefficient o. function
Race = Research and Development in Advanced Communications-Technology for Europe
Racemat m (Chem) / racemic compound
racemisch / racemic, r-
Racemisierung f / racemization
Rachen m (Masch) / jaw of the gap gauge ‖ ⌐lehre f / gap o. snap ga[u]ge ‖ ⌐reizstoff m / throat irritant, sternutator ‖ ⌐weite f / width between jaws
Rack n, Rohrlager n (Ölraffin) / pipe rack ‖ ⌐, Einschubschrank m (Elektronik) / rack
Racon n (Radar) / racon, responder beacon
Rad n, rd (Einheit der Energiedosis) (veraltet) (1 rd = 10⁻² J/kg) / rad, rd, radiation absorbed dose

Rad n / wheel ‖ ⌐, Fahrrad n / bicycle ‖ ⌐ mit abnehmbarer Felge / demountable rim wheel ‖ ⌐ mit Luftbereifung / pneumatic tired wheel ‖ nach außen, [innen] eingepreßtes ⌐ / outset, [inset] wheel ‖ stärkstes ⌐ einer Getriebekette / bull gear ‖ ⌐abweiser m (Bau, Straßb) / spurpost ‖ ⌐abzieher m / gear puller o. withdrawer, withdrawing screw ‖ ⌐achse f / axletree
RADAN n / radar Doppler navigation, RADAN
Rad·antenne f / wheel antenna ‖ ⌐antriebsspritze f, Feldspritze f (Landw) / two-wheel field sprayer
Radar m n / radar (radio detecting and ranging) ‖ ⌐ mit elektronisch gesteuerter Strahlschwenkung / electronic scanning radar system ‖ ⌐ m mit künstlicher Strahleröffnung / synthetic aperture radar, SAR ‖ ⌐abfrage-Funkfeuer, Racon / racon, responder beacon ‖ ⌐absorptionsmaterial n / radar absorption material, RAM ‖ ⌐abtastschema n / radar scan pattern ‖ vom Flugzeugträger gesteuerter ⌐anflug / carrier controlled approach, CCA ‖ ⌐anfluggerät n / approach control radar ‖ ⌐antenne f / scanner (radar) ‖ im Flügel eingebaute ⌐antenne (Luftf) / head light ‖ ⌐antwort f / radar response ‖ ⌐astronomie f / radar astronomy ‖ ⌐ausrüstung f / radar equipment ‖ ⌐bake f, Ziel n mit kontinuierlicher Radarkennung / radar beacon ‖ ⌐beobachtungsstation f / radar picket station ‖ ⌐bewegtziel n / moving radar target ‖ ⌐bild n / radar image ‖ ⌐bildschirm m (Radar) / radar scope o. screen, crystal ball (US) ‖ ⌐bildspur f / radar trace ‖ ⌐bildübertragung f / radar relay ‖ ⌐bild-Übertragung f / retransmission of radar images ‖ ⌐blindlandeanlage f / radar controlled approach plant, G.C.A. ‖ ⌐boje f / radar marker float ‖ ⌐-Digitalisierung f / radar digit[al]ization ‖ ⌐echo n / radar echo ‖ ⌐echoanzeige f / radar blip ‖ ⌐erfassung f / radar contact ‖ ⌐falle f (coll) / bear trap (US), radar trap (GB) ‖ ⌐fenster n / radar window ‖ ⌐-Flugsicherungsdienst m / radar air traffic control ‖ ⌐führung f / radar vectoring ‖ ⌐gegenmaßnahmen f pl / counterradar measures pl, CRM ‖ ~gesteuert / radar controlled ‖ ~gesteuert, Radarziel… / radar homing… ‖ ⌐-Höhenmesser m / radar altimeter ‖ ⌐-Höhenrechner m / radar aircraft altitude calculator, RAA ‖ ⌐horizont m / radar horizon ‖ ⌐information f / radar return ‖ ⌐karte f / radar map ‖ ⌐kennung f / radar identification o. ID ‖ ⌐kette f / CR system, chain radar system ‖ ⌐-Kontrollbereich m / radar control and direction area ‖ ⌐kontrolle f / radar control ‖ ⌐kopf m (Radar) / scanner ‖ ⌐kuppel f / radome, raydome, blister ‖ ⌐küstenbild n / radar coast image ‖ ⌐landegerät n (Luftf) / approach control radar ‖ ⌐leitdienst m / radar surveillance ‖ ⌐leitfeuer n / radar navigational pilot ‖ ⌐leitstelle f / radar intelligence collation section ‖ ⌐lotse m (Luftf) / radar controller ‖ ⌐lotse m für Präzisions-Radargerät / precision controller ‖ ⌐lotse m für Rundsichtradargerät / surveillance controller ‖ ⌐lotse m für Suchradar (Luftf) / traffic director ‖ ⌐mast m (Schiff) / radar mast ‖ ⌐modulator m / keyer ‖ ⌐-Mosaik n (Luftf) / radar mosaic ‖ ⌐nachrichtendienst m / radar intelligence, RADINT ‖ ⌐nase f (Luftf) / radome, raydome, blister ‖ ⌐navigation f / radar navigation ‖ ⌐-Navigationshilfe für die Seeschiffahrt, ARPA / marine automatic radar plotting aids pl, ARPA ‖ ⌐netz n / CR system, chain radar system ‖ ⌐-Operator m, -Mann m / radar operator ‖ ⌐parabolreflektor m / radar dish ‖ ⌐photobild / radar display photography ‖ ⌐querschnitt m, äquivalente Radarrückstrahlfläche / radar cross section ‖ ⌐raumelement n / radar cell ‖ ⌐reflektor m für Ablenkung um 90° / rotoflector ‖ ⌐reflektorboje f / radar reflector buoy ‖ ⌐reflexion f, Echo n / return, echo ‖ ⌐reichweite f / radar range ‖ ⌐relaisstation f / radar relay station ‖ ⌐richtspiegel m / rotating radar antenna ‖ ⌐schirm m, -leuchtschirm m / radar scope o. screen, crystal ball (US) ‖ ⌐schirmbild n

811

/ radar display || **~schutz** *m*, Antiradareinrichtung *f* / radar absorption material, RAM || **~sendebake** *f* / ramark, raymark || **~sichtröhre** *f* / radar CRT || **~signalauswertung** *f* / gating || **~sonde** *f* / radar sonde || **~spezialist** *m*, -techniker *m* / radar engineer o. specialist || **~staffelung** *f* / radar separation || **~stelle** *f* (Dienststelle) / radar unit || **~stenge** *f* (U-Boot) / radar scanner for submarines || **~steuerung** *f*, -lenkung *f* (z.B. für Flak) / radar control || **~-Störgeräte** *n pl* (Mil) / electronic systems counter-measures *pl*, ECS || **~störung** *f*, -störecho *n* / radar clutter || **Beseitigung von ~störungen** / anticlutter || **~technik** *f* / radar engineering || **~-Telemeter** *n* / radar ranging system || **~-Teleskop** *n* / radar telescope || **~theodolit** *m* / radar theodolite || **~trugziel** *n* / phantom radar target || **~überwachung** *f* / radar monitoring || **~vorpostenboot** *n* / radar picket ship || **~wellen-Detektor** *m* / radar emission sensor || **~windmessung** *f* / rawin, radar wind sounding || **~ziel** *n* / radar target || **~ziel...**, radargesteuert / radar homing... || **aktives ~ziel** / active radar target || **~zielidentifikation** *f* / radar target identification || **~zielsuche** *f*, -zielansteuerung *f* / radar homing || **~zielverfolgung** *f* / radar tracking, RT

Rad·befestigungsbolzen *m*, Radbolzen *m* (Kfz) / wheel stud, wheel mounting bolt || **~befestigungskeil** *m* (Bahn) / wheel key o. wedge || **~befestigungsmutter** *f* (Kfz) / wheel mounting nut || **~bremse** *f* / wheel brake || **~bremsscheibe** *f* (Bahn) / wheel-mounted brake disk || **~büchse** *f*, Nabenbüchse *f* / wheel bush

Rädchen *n*, Röllchen *n* / roll[er], wheel || **~** (z.B. am Feuerzeug) / wheel of lighter

Rad·dozer *m* / wheel dozer, tournadozer, tournapull || **~druck** *m* / wheel pressure o. load || **~druckverstärker** *m* (Traktor, Landw) / weight transfer unit || **~eingriff**, Zahneingriff *m* (Getriebe) / meshing

Rädelerz *n* / bournonite

Räder·antrieb *m* / geared drive || **~[aufzieh]presse** *f*, Radpresse *f* / wheel[-mounting] press, wheel forcing press || **~drehbank**, -drehmaschine *f* (Wzm) / wheel lathe || **~fahrzeug** *n* (allg) / wheel carriage || **~falz** *m* (Buch) / cylinder fold || **~falzmesser**, Tuckerfalzmesser *n* (Buch) / flying tuck || **~getriebe** *n* / wheel gear || **~kasten** *m*, -getriebe *n*, Getriebekasten *m* / transmission case, gearbox, gear casing || **~[kasten]spindelstock** *m* (Dreh) / geared headstock || **~koppelgetriebe** *n* / geared in-bar linkage || **~los**, getriebelos / gearless || **~paar** *n* / meshing gears *pl* || **~paar** *n* **mit Profilverschiebung** / X-cylindrical gear pair, enlarged gear set (US) || **~platte** *f* (Dreh) / lathe o. saddle apron || **~-Raupen-Fahrzeug** *n*, Halbkettenfahrzeug *n* / wheel-track vehicle || **~schere** *f* (Dreh) / gear quadrant || **~stellhebel** *m* (Wzm) / gearshift lever || **~übersetzung** *f* / gearwheels *pl* || **~übersetzung** *f* / gear transmission || **~übersetzung** *f*, Übersetzungsverhältnis *n* / gear o. speed o. transmission ratio || **~untersetzung**, Untersetzung *f* / gear reduction || **~vorgelege** *n* / wheel gear || **ohne ~vorgelege** (Dreh) / gearless o. plain head... || **~wechselgetriebe** *n* / change [wheel] gear || **~werk** *n*, [-]Getriebe *n* / gear [train], gearing, train, wheel work || **~werk** *n* (Uhr) / going parts *pl*, motion, train of a clockwork || **~werk** *n* (Taschenuhr) / watch work o. movement o. train || **~werkbrücke** *f* (Uhr) / train bar || **~ziehpresse** *f* (Wzm) / geared reducing press

rad·fahren, radeln / ride on a bicycle, cycle, bike (US coll) || **~fahrer** *m* (STVO) / pedal cyclist || **~fahrweg** *m* (Straßb) / cycle path || **~federweg** *m* / rebound clearance o. travel, static wheel deflection || **~felge** *f* / wheel rim || **~fenster** *n* / wheel window || **~flanke** *f* (Zahnrad) / gear-tooth flank || **~flansch** *m* / wheel flange || **~flügelflugzeug** *n* / cyclogyro, paddle plane || **~förmig** / wheel-shaped || **~förmig**, rollenförmig (Geom) / trochoidal || **~freiheit** *f* / wheel clearance || **~gestell** *n* (Masch) / wheel frame o. trestle || **~getriebe** *n*

/ wheel gear || **~gürtel** *m* (Mil) / pedrail || **~gürtel** *m* (Landw) / wheel girdle o. belt || **~hälfte** *f* / half wheel || **~halter** *m*, Reserveradhalter *m* / wheel carrier || **~hemmung** *f*, Sperrkegel *m* (Uhr) / nut, pallet

Radiac *n* (Strahlungsmeßgerät) / radiac

Radial·[gleit]lager *n* / plain bearing, journal type radial bearing || **~** / radial || **~** *adv* / radially || **~e Auflösung** (Radar) / range discrimination || **~ beansprucht** / radially stressed, under radial stress || **~e Bruchfestigkeit**, K-Faktor *m* (Sintern) / radial crushing strength || **~es Kontaktfeld** (Fernm) / rotary selector bank || **~er Kühlschlitz** (Elektr) / radial duct || **~e Labyrinthdichtung** / radial [clearance type] labyrinth gland || **~e Querkraft** / radial force o. load || **~e Rißbildung** / radial cracking || **~er Turboverdichter** / centrifugal compressor || **~e Zeitbasis** (Radar) / radial time base, RTB || **sich ~ ausbreiten** / radiate, proceed from a center || **~ablage** *f* / radial stacker || **mit ~anschlüssen, -beinen** / radial leaded || **~beaufschlagung** *f* / radial admission || **~bohrer** *m* (Arbeiter) / radial drilling machine operator || **~bohrmaschine** *f* / radial drill[ing o. boring machine] || **~dichtring** *m*, [Radial-]Wellendichtring *m* / rotary shaft [lip] seal || **~druck** *m* / radial pressure || **~ebene** *f* / radial plane || **~[ein]stellung** *f* / radial adjustment || **zwangsläufige ~[ein]stellung** / forced radial position || **~-Entlüfter** *m* / radial fan o. ventilator || **~faltung** *f* (Pap) / radial folding || **~feldkabel** *n* / radial field cable, shielded conductor cable || **~freiwinkel** *m* (Wz) / tool side clearance || **~gebläse** *n* / radial compressor || **~gebläse** *n* (niederer Druck) / radial [flow] fan || **~geschwindigkeit** *f*, RG (Astr) / radial velocity, r.v. || **~gitter** *n* (Opt) / radial grating || **~hohlleiter** *m* / radial waveguide || **~kolbenpumpe** *f* / radial piston pump || **~komponente** *f* / radial component || **~kompressor** *m* / radial [flow] compressor || **~kraft** *f* / radial force o. power || **~kugelbüchse** *f* / radial ball bushing || **~[kugel]lager** *n* / radial [ball] bearing || **~laufring** *m* (Kugellager) / radial raceway || **~luft** *f*, -spiel *n* / radial play || **~-Magnetkupplung** *f* / radial magnetic coupling || **~[mauer]stein** / radial o. radius brick, compass brick || **~planimeter** *n* / rotameter || **~rad** *n* (Dampfturb.) / radial-flow wheel || **~reifen**, Gürtelreifen *m* / radial-ply o. braced-tread tyre o. tire || **mit ~reifen ausstatten** / equip with radial-ply tires || **~ringkühler** *m* (Luftf) / ring radiator || **~riß** *m* (Holz) / radial shake || **~schieber** *m* / radial valve || **~schieberpumpe** *f* / vane pump || **~schlag** *m* (Radkranz) / radial deviation || **~schnitt** *m* / radial cut || **~schrapper** *m* / radial scraper || **~spannung** *f* (Elektr) / radial tension || **~spiel** *n* / radial play || **~stein**, -ziegel *m* / radius o. radial o. radiating brick, compass brick || **~stein** *m* **auf hoher Kante** / circle brick on edge || **~strahlröhre** *f* / radial beam tube || **~struktur** *f* / radial web || **~symmetrische Resonanz** (Akust) / pulsation resonance || **~turbine** *f* / radial [flow] turbine || **~vakuumpumpe** *f* / radial flow vacuum pump || **~ventilator** *m* / radial fan o. ventilator || **~verbindung** *f* (Bahn) / radial artery o. route || **~verdichter** *m* / radial flow compressor || **~verteilung** *f* (Elektr) / radial system || **~vorschub-Getriebezug** *m* (Wzm) / radial feed gear train || **~-Wellendichtring** *m* s. Radialdichtung || **~zustellung** *f* (Wzm) / radial feed || **~-Zylinderrollenlager**, Zylinderrollenlager *n* / parallel roller journal bearing, cylindrical roller bearing

Radian[t] *m*, Winkel 1 im Bogenmaß, rad (= $57{,}29578^0$ (Altgrad), = $63{,}66197^8$ (Gon)) (Math) / radian || **~ je sek**, rad/s / radian per second

Radiation *f*, Strahlung *f* / radiation

Radiationsthermometer *n* / radiation thermometer

Radiator, [Rippen]heizkörper *m* (Heizung) / radiator

Radiatoren·gehäuse *n*, -kessel *m* (Trafo) / radiator tank || **~schlüssel** *m* (Werkz) / radiator wrench

Radiatorrohr *n* / gilled pipe

Radien·lehre f, -schablone f / radius gauge ‖ **⌐probeglas** n (Opt) / testing glass for radii ‖ **⌐tafel** f / radii-table
radieren, mit Radiergummi o. -messer ausradieren / erase ‖ ~ (Stech) / etch ‖ ~ vi (Kfz) / grind ‖ ⌐ n **der Räder** (Kfz) / grinding of wheels
Radier·festigkeit f (Pap) / erasability ‖ **⌐gummi** m / eraser ‖ **⌐messer** n / eraser, desk o. erasing knife
Radikal n (allg, Chem) / radical
Radikalen-Reaktion f (Chem) / radical reaction
Radikal·wanderung f (Chem) / radical migration ‖ **⌐zerfall** m (Chem) / radical decomposition
Radikand m, Wurzelgröße f (Math) / radical quantity o. expression, radicand
Radio n (allg) / radio, broadcasting (US), wireless [transmission] (GB) ‖ ⌐ s. auch Radioapparat ‖ **⌐...** / radio..., broadcast... (US), wireless (GB) ‖ ⌐ **hören** / listen in ‖ **im ⌐** / on the radio ‖ **⌐actinium** n, RdAc, Thorium 227 / radio-actinium, RdAc
radioaktiv, verseucht / radioactive, r.a. ‖ **~er Abbau** / artificial o. radioactive disintegration ‖ **~er Abfall** / nuclear scrap o. waste, radiowaste ‖ **~er Abfall kontrolliert abgegeben** / radioactive effluent discharged under controlled conditions ‖ **~e Abfälle** m pl / effluent ‖ **~e Altersbestimmung** / radioactive dating ‖ **~er Ausfall** / radioactive fall-out, atomic fall-out ‖ **~es Element** / radio-element ‖ **~es Gleichgewicht** / radioactive equilibrium ‖ **~er Hof** (Krist) / pleochroic halo ‖ **~es Isotop** / radioisotope, radioactive isotope ‖ **~er Kanal**, heißer Kanal / hot channel ‖ **~er Körper** / radioactive body ‖ **~e Leuchtfarbe** / radioluminescent agent ‖ **~er Niederschlag** (Nukl) / radioactive rainout ‖ **~es Spurenelement** s. Radioindikator ‖ **~es Standardpräparat** / radioactive o. radioactivity standard, reference source ‖ **~er Stoff** / radioactive material, active material ‖ **~e Strahlen** m pl / radioactive beams pl ‖ **~er Strahler** o. Stoff / radioactive source o. emitter ‖ **~e Umwandlung** / radioactive decay ‖ **~e Verseuchung** / radioactive contamination ‖ **~er Zerfall** / radioactive disintegration o. decay ‖ **~e Zerfallkonstante** / radioactive decay constant ‖ **~e Zerfallsreihe** / radioactive disintegration series, transformation chain ‖ **⌐entstrahlung** f / fission product disposal
Radioaktivität f / radioactivity ‖ **⌐ der Luft** / airborne radioactivity ‖ **⌐ in Curie** / curiage (US) ‖ **frei von ⌐**, kalt / cold
Radioaktivitäts·zähler m **für Flüssigkeiten** (Nukl) / liquid flow counter
Radio·apparat m, Radio n, Empfänger m / wireless (GB) o. broadcast o. radio (US) receiver o. set, radio (US), receiving set ‖ **⌐astronomie** f / radio-astronomy ‖ **⌐bake** f, Funkpeilstation f / radio beacon ‖ **⌐bastler** m, -amateur m / radio [home] constructor o. builder, radio fan, ham (US coll) ‖ **⌐bauteile** n pl / radio component parts pl ‖ **⌐biologie** f, Strahlenbiologie f / radiobiology ‖ **⌐blei** n, Ra D, $^{210}_{32}$ Pb / radio lead ‖ **⌐burst** m (Astr) / radio burst ‖ **⌐carbon- o. C-14-Methode** (Altersbestimmung) f / radiocarbon assay o. method o. dating ‖ **⌐-Cäsium** n, Cs^{137} / radio caesium ‖ **⌐chemie** f / radiation o. radiochemistry ‖ **⌐chemisch** / radiochemical ‖ **~chemische Reinheit** / radiochemical purity ‖ **⌐-Einrichtung** f, (spez:) Rundfunkteil m eines Rekorders / radio facility ‖ **~elektrisch** / radioelectric ‖ **⌐elektrizität** f / radioelectricity ‖ **⌐element** n / radio-element ‖ **⌐-Empfangsstärkemesser** m / S-meter ‖ **⌐frequenz** f / radiofrequency ‖ **⌐gehäuse** n / radio cabinet ‖ **⌐gen**, durch radioaktiven Zerfall entstanden / radiogenic ‖ **⌐goniometer** n, Funkpeiler m / radiogoniometer ‖ **goniometrie, Funkpeilung** f / radio direction finding o. fixing (US), RDF, D/F, radiogoniometry ‖ **~goniometrisch** / by radiogoniometry ‖ **graphie** f / X-ray photography, radiography ‖ **⌐hörer** m / radio listener, listener[-in] ‖ **⌐horizont** m (Meteorol) / radio horizon ‖ **⌐indikator** m /

radioactive tracer ‖ **⌐introskopie** f (Geol) / radio-introscopy ‖ **⌐isotop** n / radioisotope, radioactive isotope ‖ **~isotopes Brayton-System** / isotope Brayton system ‖ **mit ⌐isotopen versetzt**, markiert (Nukl) / labelled, labeled (US) ‖ **⌐isotopenantrieb** m (Raumf) / radioisojet ‖ **~isotopische Reinheit** / radioisotopic purity ‖ **⌐isotop-Thermoelektrik-Generator** m (Raumf) / RTG, radioisotopes thermoelectric generator ‖ **⌐kohlenstoff C^{14}** m / radiocarbon ‖ **⌐kolloid** n (Nukl) / radiocolloid ‖ **⌐kompaß** m (Luftf) / radio-compass ‖ **automatischer ⌐kompaß** / automatic direction finder, ADF, A.D.F., adf, a.d.f. ‖ **⌐kompaß-Rahmenantenne** f / radiocompass frame aerial ‖ **⌐koppler** m (Luftf) / radio coupler ‖ **⌐larienschiefer** m / radiolarian shale ‖ **⌐larienschlamm** m / radiolarian ooze ‖ **⌐larit** m (Geol) / radiolarian chert, radiolarite ‖ **⌐logie** f / radiology ‖ **~logisch**, Strahlen... / radiological ‖ **~logische Physik** / radiological physics ‖ **⌐lumineszenz** f / radioluminescence ‖ **⌐lyse** f (Nukl) / radiolysis ‖ **⌐meter** n / radiometer ‖ **⌐meter** n, Crookessche Lichtmühle (Phys) / [Crookes'] radiometer ‖ **⌐meterlampe** f / radiometric lamp ‖ **⌐meter-Vakuummeter** n / high-vacuum manometer, Knudsen type ‖ **⌐metrie** f (Geol) / radiometry ‖ **~metrisch** (Chem) / radiometric ‖ **~metrische Bohrlochvermessung** / radiometric borehole logging ‖ **~metrische Klaubung** (Erz) / radiometric sorting ‖ **⌐mimetikum** n / radiomimetic agent ‖ **~mimetisch** (Chem, Biol) / radiomimetic ‖ **⌐nuklid** n / radionuclide ‖ **⌐nuklidlaboratorium**, Isotopenlabor n / radionuclide laboratory ‖ **⌐nuklidreinheit** f / radioactive purity ‖ **⌐nuklidtechnik** f, RNT / radiotracer technics sing ‖ **⌐-Iod** n / radio-iode ‖ **⌐ökologie** f / radioecology ‖ **~-optisch** / radio-optical ‖ **⌐peilung** f s. Radiogoniometrie ‖ **⌐phon** n / radio[tele]phone ‖ **⌐[-Plattenspieler]-schrank** m, -truhe f / console ‖ **⌐quelle** f / radio source ‖ **[punktförmige] ⌐quelle** (Astr) / radio-star ‖ **⌐recorder** m / cassette recorder ‖ **⌐röhre** f (Elektronik) / tube, valve (obsolete) ‖ **⌐sender** m, -station f / radio transmitter ‖ **⌐sendung**, -übertragung f / radio transmission ‖ **⌐sextant** m / radio sextant ‖ **⌐-Sicherung** f / radio fuse ‖ **⌐sonde** f (Meteorol) / radio-sonde ‖ **⌐stern** m / radio-star ‖ **⌐störung** f (Elektronik) / interference ‖ **⌐strahlung** f (Astr) / radio radiation ‖ **⌐strahlungs-Forscher** m / radio science investigator ‖ **⌐strontium** n / radiostrontium, RdSr ‖ **⌐synthese** f, Strahlensynthese f / radiation-induced synthesis, radiosynthesis ‖ **⌐technik** f / wireless (GB) o. broadcast o. radio (US) engineering, radiotechnology ‖ **⌐techniker** m / radiotechnician, radioman ‖ **⌐telefonie** f / radiotelephony, wireless telephony (GB) ‖ **⌐telegrafie** f / radiotelegraphy ‖ **~telegrafisch**, drahtlos ‖ radiotelegraphic ‖ **~teleskop** n / radiotelescope ‖ **⌐tellur** n / radiotellurium, RdTe ‖ **⌐therapie** f / radiotherapy, radium therapy ‖ **⌐thorium** n / radiothorium, RdTh ‖ **⌐toxizität** f / radiotoxicity ‖ **⌐übertragung**, -sendung f / radio transmission ‖ **~voltaisch** (Nukl) / radio-voltaic ‖ **⌐wellen** f pl / radio waves ‖ **⌐-Werbedurchsage** f (Elektronik) / spot announcement ‖ **⌐zange** f / chain nose side cutting plier ‖ **⌐-Zeitzeichen** n / radio time signal
Radium n, Ra / radium, Ra ‖ **⌐behälter** m / radium container ‖ **⌐[be]strahlung**, Strahlenbehandlung f / radiotherapy, radium therapy ‖ **⌐bromid** n / radium bromide ‖ **⌐chlorid** n / radium chloride ‖ **⌐-Emanation** f, RaEm, Radon 222 n / radium emanation, RaEm ‖ **~haltig**, radiumführend / containing radium, radium bearing ‖ **⌐kapsel** f / radium cell o. capsule, radiode ‖ **⌐präparat** n / radium source o. **strahlung** f / Becquerel rays pl ‖ **⌐sulfat** n / radium sulphate ‖ **~verseucht** / radium-contaminated ‖ **⌐zerfall** m / spontaneous disintegration of radium

Radius m, Halbmesser m / radius ǁ ⌐, halbe Reichweite (Luftf) / half the range ǁ ⌐ **der stillen Zone** (Elektronik) / skip distance ǁ ⌐ **in Polarkoordinaten**, Leitstrahl m / radius vector in polar coordinates ǁ ⌐**lehre** f / radius gauge ǁ ⌐**schaftfräser** m / radius form end mill ǁ ⌐**vektor**, Ortsvektor m / radius o. polar vector (pl: radii vectores, radius vectors) ǁ ⌐**vektor** m (eines Kegelschnittpunktes) / focal distance o. radius

Radix, Basis, Grundzahl f (DV) / radix ǁ ⌐, Wurzel f (Bot) / radix ǁ ⌐**punkt** m, Komma n (zur Trennung ganzer u. Bruchzahlen in einer Zahl mit beliebiger Basis) (Math) / radix point ǁ ⌐**schreibweise** f (DIN) (DV) / base o. radix notation ǁ ⌐**schreibweise** f mit fester Basis / fixed-radix notation ǁ ⌐**schreibweise** f mit wechselnder Basis / mixed-radix notation

radizieren, wurzelziehen (Math) / take a root, extract o. evolve a root ǁ ⌐, Wurzelziehen n / evolution, extracting the root of a number

Radizierglied n (Elektronik) / square-root law transfer element

Rad·kappe f (Kfz) / hub cap, wheel boss cap ǁ ⌐**kasten** m (Masch) / wheel case o. guard ǁ ⌐**körper** m / wheel body, wheel center ǁ ⌐**kranz** m / wheel rim ǁ ⌐**kranz** m (Bahn) / wheel flange ǁ ⌐**kranz** m **von halber Zahnhöhe** (Zahnrad) / half-shroud ǁ ⌐**kranzschweißung** f (Bahn) / building-up weld of tires ǁ ⌐**kufenflugzeug** n / wheel-ski airplane ǁ ⌐**lader** m (Bau) / wheel loader ǁ ⌐**last** f / wheel pressure o. load ǁ ⌐**lastzug**, Lastzug m (Brücke) / load train ǁ ⌐**lauf** m (Kfz) / wheel housing ǁ ⌐**lenker** m (Bahn) / guard o. check rail ǁ ⌐**licht** n, -lichtanlage f / electric bicycle lighting set ǁ ⌐**lichtmaschine** f / bicycle dynamo ǁ ⌐**linie** f, Zykloide f / cycloid, trochoid ǁ ⌐**magnetron** n, Vielfachmagnetron n / cavity magnetron ǁ ⌐**mitte** f / center of wheel ǁ ⌐**mutter** f (Kfz) / wheel nut, lug ǁ ⌐**mutterkurbel**, Felgenwinde f (Kfz) / speeder ǁ ⌐**mutternschlüssel** m (Kfz) / nut wrench ǁ ⌐**nabe** f / wheel hub, center of a wheel ǁ ⌐**nabenmotor** m / wheel hub motor ǁ ⌐**nabenzieher** m / wheel hub puller

Radoflektor-Antenne f / radoflector antenna

Radom n, Antennenkuppel f (Luftf) / radome, raydome, blister

Radon n, Rn (Chem) / radon, Rn ǁ ⌐**isotop 219,** [220, 222] / radon 219, [220, 222]

Rad·paar n / gear pair ǁ ⌐**paar** n **mit parallelen Achsen** / gear pair with parallel axes ǁ ⌐**paar** n **mit sich schneidenden Achsen** / intersecting axle gear ǁ ⌐**paarung** f / mating gears pl ǁ ⌐**planiergerät** n / tournadozer ǁ ⌐**presse** f / wheel [mounting] press

Radreifen m, (früher:) Bandage f (Bahn) / tire (US), tyre (GB) ǁ ⌐**aufziehen** (o. anlegen) (Bahn) / tire v, tyre (GB) ǁ ⌐**ansatz** m (Bahn) / lip of tire ǁ ⌐**ausbohrbank** f / tire boring lathe ǁ ⌐**block** m (Walzw) / tire ingot ǁ ⌐**drehbank** f / tire turning mill ǁ ⌐**glühofen** m (Walzw) / tire heating furnace ǁ ⌐**gußblock** m (Hütt) / cheese ǁ ⌐**karusselldrehbank**, -karusseldrehmaschine f (Bahn) / vertical turning and boring mill for tires ǁ ⌐**neigung** f (Bahn) / conical tread ǁ ⌐**profil** n (Bahn) / tire contour ǁ ⌐**[profile] abdrehen** (Bahn) / retread o. re-turn tires ǁ ⌐**sprengring** m (Bahn) / spring clip o. ring ǁ ⌐**walzwerk** n / tire rolling mill

Rad·rohling m (Hütt) / wheel blank ǁ ⌐**satz** m (Bahn) / wheelset ǁ ⌐**satzbohrmaschine** f (Wzm) / wheel-quartering machine ǁ ⌐**satzdrehmaschine** f / wheel lathe ǁ ⌐**satzkraft** f (DIN 26010) / axle load ǁ ⌐**satzlenker** m (Bahn) / wheel-set guide ǁ ⌐**satzspur** f (Bahn) / distance between the inside surfaces of flanges ǁ ⌐**schalter** m (Drehung senkrecht zur Skalen-Ebene) (Elektronik) / rotary [type] switch ǁ ⌐**scheibe**, Scheibe f des Scheibenrades / disk wheel center, center web of a wheel, wheel disk ǁ ⌐**scheiben-Walzwerk** n / wheel web rolling mill ǁ ⌐**-Schiene-System** n / wheel-rail system ǁ ⌐**schlepper** m / wheel tractor ǁ ⌐**schleuder** f, Trommelschleuder f (Gieß) / centrifuge, centrifugal

cutter (US) ǁ ⌐**schraube** f, rohe Kegelsenkschraube / countersunk head bolt o. tire bolt with deep cone head ǁ ⌐**schuh** m (Bahn) / drag shoe, skid pan ǁ ⌐**schürfgerät** n / tournadozer ǁ ⌐**schutz** m / gearwheel guard ǁ ⌐**schutz** m (Schleifscheibe) / wheel guard cover ǁ ⌐**schutz** m (Bagger) / avalanche protector ǁ ⌐**speiche**, Speiche f / spoke ǁ ⌐**spur** f, Wagenspur f / wheel rut o. track ǁ ⌐**spurschar** f (Pflug) / track loosener ǁ ⌐**stand** m, Achsstand m (Bahn, Kfz) / wheel base, W.B. ǁ langer ⌐**stand** (Kfz) / long wheel base, LWB ǁ ⌐**stelze** f (Pflug) / gauge wheel ǁ ⌐**stern** m / star of spokes, wheel spider o. center ǁ ⌐**steuerung** f (Luftf) / wheel control ǁ ⌐**sturz** m (Kfz) / camber of wheels, king pin angle o. inclination ǁ ⌐**umdrehung** f / turn of a wheel ǁ ⌐**umdrehungszähler** m (Kfz) / wheel revolution counter ǁ ⌐**umformer** m (DIN), Getriebe n / wheel gear ǁ ⌐**verbinder** m (Bahn) / wheel bond ǁ ⌐**verblendscheibe** f (Kfz) / spoke disk ǁ ⌐**vorspur** f (Kfz) / wheel caster ǁ ⌐**weg** m / cycle track ǁ ⌐**wulst** m f (Kfz) / bead of the wheel rim ǁ ⌐**zapfen** m / spindle, pivot ǁ ⌐**zapfen** m / pivot of a wheel ǁ ⌐**zierkappe** f / ornamental hub cap ǁ ⌐**zylinder** m (Kfz) / wheel brake cylinder

Raffeinrichtung f **an Mähmaschinen** (Landw) / reel reaping device, reel

raffen, zusammenziehen / tighten up ǁ ⌐, zusammenziehen (Näh) / gather

Raffinade f, Weißzucker m / white refined sugar ǁ flüssige ⌐ / liquid sugar ǁ ⌐**füllmasse** f / refined sugar massecuite ǁ ⌐**kläre** f (Zuck) / refined liquor ǁ ⌐**kupfer** n / fire-refined copper ǁ ⌐**zink** n (99,5 % Zn) / intermediate zinc ǁ ⌐**zucker** m / refined sugar

Raffinat n / raffinate ǁ ⌐**blei** n / refined o. soft lead

Raffination f / refining ǁ ⌐ **auf trockenem Wege** / furnace refining

Raffinations·ertrag, -wert m (Zuck) / rendement ǁ ⌐**ofen** m (Alu) / aluminium-refining cell ǁ ⌐**produkt** n / raffinate ǁ ⌐**rückstand** m (Öl) / waste oil ǁ ⌐**verluste**, Verarbeitungsverluste m pl / refinery o. refining losses pl

Raffinat·kupfer n / refined copper ǁ ⌐**silber** n / refined silver ǁ ⌐**zink**, Handelszink n (98,75 % Zn) / selected zinc

Raffinerie f (Öl) / oil refinery ǁ ⌐, Weißzuckerfabrik f / refinery ǁ ⌐, Affinerie f (Hütt) / finery, refinery ǁ ⌐**gas** n / refinery gas ǁ ⌐**kläre** f (Zuck) / raw sugar liquor ǁ ⌐**lagertank** m / refinery storage tank ǁ ⌐**melasse** f (Zuck) / refinery molasses pl, barrel syrup ǁ ⌐**rückstände** m pl / refinery waste ǁ ⌐**- u. Halbfertigerzeugnisse** n pl / refinery feedstocks pl

Raffineur m / refiner

raffinieren (Hütt) / purify, refine ǁ ⌐, kochen (Zuck) / refine ǁ ⌐ n (allg, Öl, Zuck) / refining ǁ ⌐ **auf trockenem Wege** (Kupfer) / fire refining

Raffinierofen m / refining furnace

raffiniert, ausgeklügelt / sophisticated, gadgety ǁ ⌐**er Kristallzucker** / granulated refined sugar ǁ ⌐**es Zylinderöl** / filtered cylinder oil

Raffinose, Melitose f / raffinose, melit[ri]ose

Rahe f (Antenne) / spreader ǁ ⌐, Rah f (Schiff) / yard

Rahm m, Sahne f (Milch) / cream ǁ ⌐ **ansetzen** (Milch) / cream vi

rahmen (Bild) / frame v ǁ ⌐, in Rahmen spannen (Tuch) / stenter v (GB), tenter (US) ǁ **Milch** ⌐, ent-, abrahmen / cream vt, skim vt

Rahmen m (Bau, Bild) / frame ǁ ⌐, Gerüst n / housing, framing ǁ ⌐, Gestell n, Fassung f (Masch) / frame[work], mounting, framing ǁ ⌐ (Motorrad, Fahrrad) / frame ǁ ⌐, Fachwerk n (Tischl) / pannelling ǁ ⌐ (Selbstanschluß) / rack ǁ ⌐, Spannrahmen m (Tuch) / stenter (GB), tenter (US) ǁ ⌐, Fassung f / mounting ǁ ⌐, Bereich m / scope ǁ ⌐, Fachwerk n (Bau) / square framed work ǁ ⌐ (Schuh) / welt ǁ ⌐, Chassis n (Plast, Wz) / bolster, chassis, frame ǁ ⌐ (Buch) / [forme] chase ǁ ⌐

des **Fensterflügels** / sash-wing frame ‖ ⌐ **mit Knautschzone** (Kfz) / crush control frame ‖ ⌐ **unter der Hinterachse**, Unterzugrahmen *m* (Kfz) / rear-axle chassis ‖ **19''**-⌐ (Elektronik) / crate ‖ **im** ⌐ [von] / within the scope o. limits [of] ‖ **oberer** ⌐ **der Aufzugskabine** / upper frame of the lift car ‖ **stehender** ⌐ (senkr. Schiebefenster) / casement of a sash window, English casement ‖ ⌐**antenne** *f* / loop[-wire] antenna, frame antenna ‖ ⌐**antenne** *f*, Schleifenantenne *f* / frame antenna ‖ **drehbare** ⌐**antenne** / rotatable loop aerial ‖ **feste** ⌐**antenne** / fixed loop aerial ‖ ⌐**arbeit** *f* (Schuh) / welted o. cleat work ‖ **mit** ⌐**aufhängung**, im Rahmen gelagert (Mot, Elektr) / frame-suspended ‖ ⌐**bau** *m* (Bau) / framework construction ‖ ⌐**bau** *m* (Bauweise) (Kfz) / chassis and body as separate units ‖ ⌐**bescheinigung** *f* (Elektr) / general construction certificate ‖ ⌐**bildwand** *f* / even screen with frame ‖ ⌐**brille** *f* (Kfz) / frame center rest ‖ ⌐**code** *m* (DV) / skeletal code ‖ ⌐**dauer** *f* (Fernmessen) / frame period ‖ ⌐**dingweite** *f* (Stereo) (Opt) / distance of stereo window ‖ ⌐**durchfederung** *f*, elastische Durchbiegung des Rahmens / elastic deformation o. elasticity of frame ‖ ⌐**eckblech**, -eckstück *n* (Stahlbau) / corner piece o. plate of a frame, gusset [plate] of a frame ‖ ⌐**empfang** *m* (Elektronik) / frame o. [filter]reception ‖ ⌐**[filter]presse** *f* / [plate and] frame filter press ‖ ⌐**freiheit** *f* (Höhe zwischen Rahmen u. Aufbau) (Kfz, LKW) / mounting height ‖ ⌐**garn** *n* / tambour work yarn ‖ **echt** ~**genäht** (Schuh) / welted, welt-sewn ‖ ⌐**geschirr** *n* (Schiff, Container) / spreader ‖ ⌐**gestell** *n* (Textil) / creel ‖ ⌐**gestell** *n*, Rahmen *m* (Fernm) / rack, shelf ‖ ⌐**höhe** *f* (über Boden) (Kfz) / height of chassis above ground ‖ ⌐**holz**, Holz *n* zum Rahmenbau / framing timber (GB) ‖ ⌐**holz** *n* **beim Fachwerk**, Rähm *m* (Zimm) / head rail ‖ ⌐**impuls** *m* (Radar) / bracket o. framing pulse ‖ ⌐**impulsdekodierung** *f* (Rundsichtsekundärradar) / bracket decoding ‖ ⌐**konstruktion** *f* / framework construction ‖ ⌐**länge** *f* / chassis length ‖ ⌐**leder** *n* / welting [leather] ‖ ~**los** / frameless ‖ ~**loses Fenster** (Bau) / fixed sash, fast stand sheet ‖ ⌐**maschine** *f* (Tuch) / tentering machine ‖ ⌐**norm** *f* / generic specification ‖ ⌐**peiler** *m*, -peilgerät *n* / frame o. loop direction finder ‖ ⌐**pflug** *m* / two-wheel frame plough ‖ ⌐**platte** (Akku) / frame plate ‖ ⌐**presse** *f* (Tischl) / frame clamp o. press ‖ ⌐**presse** *f* (Wzm) / frame press ‖ ⌐**rechenwaschmaschine** *f* (Textil) / harrow type washing machine ‖ ⌐**register** *n* (DV) / covering register ‖ ⌐**riegel** *m* (Stahlbau) / frame transom ‖ ⌐**rohr** *n* (Fahrrad) / frame tubing o. tubes ‖ **oberes** ⌐**rohr**, Scheitelrohr *n* (Fahrrad) / crossbar ‖ ⌐**rolle**, Fensterrolle *f* / sash pulley ‖ ⌐**säge**, Spannsäge *f* (DIN) / frame o. span saw ‖ ⌐**schenkel** *m* / [vertical] frame piece, capping ‖ ⌐**schenkel** *m* (Abmessung 2 x 2 bis 4 x 4 1/2''), Kantholz *n* / scantling ‖ ⌐**schenkel** *m* **von 2'' bis 6'' Dicke** (Zimm) / quartering ‖ ⌐**schuh** *m* / welt[ed] shoe, welt-sewn shoe, Goodyear welt shoe ‖ ⌐**spant** *n* (Schiff) / web frame ‖ ⌐**spezifikation** *f* (Norm) / sectional specification ‖ ⌐**stab** *m* (Mech) / frame bar ‖ ⌐**ständer** *m* (Stahlbau) / framed stanchion ‖ ⌐**steuereinheit** *f* (Elektronik) / crate controller ‖ ⌐**stiel** *m* (Bau) / frame strut ‖ ⌐**stiel** *m* (gelenkig gelagerter Rahmen) (Stahlbau) / vertical member (of a rigid portal with hinged base) ‖ ⌐**stütze** *f* (Stahlbau) / frame stanchion, vertical frame member ‖ ⌐**sucher** *m* (Phot) / frame finder, direct vision view finder ‖ ⌐**synchronisation** *f* (Telemetrie) / frame synchronization ‖ ⌐**tafel** *f* (Math) / skeleton table ‖ ⌐**träger** *m* / framed plate girder ‖ ⌐**träger** *m*, Strebe *f* (Bahn) / frame stretcher ‖ ⌐**trägerbrücke** *f* / rigid frame bridge ‖ ⌐**tragwerk** *n*, Rahmen *m* / frame structure ‖ ⌐**tragwerk** *n* (Bau) / framework ‖ ⌐**treppenvisier** *n* (Mil) / step-and-leaf sight ‖ ⌐**tür** *f* / framed and braced door ‖ ⌐**unterzug** *m* (Kfz) / frame trussing ‖ ⌐**verlängerung** *f* (Kfz) / frame extension ‖ ⌐**verstärker**

m (Elektronik) / loop amplifier ‖ ⌐**wange** *f*, Längsträger *m* (Bahn) / sole bar, main side frame, frame plate ‖ ⌐**-Wasserwaage** *f* / frame level ‖ ⌐**weite** *f* (Buch) / chase width ‖ ⌐**werk** *n*, Türrahmen *m* / door frame ‖ ⌐**zimmerung** *f* (Bergb) / square sets *pl*

Rahm·messer *m*, Sahnemesser *m* / creamometer ‖ ⌐**reifer** *m* / cream fermenting tank ‖ ⌐**schenkel** *m* (Tischl) / rimmer m s. auch Rahmenschenkel ‖ ⌐**- und Trockenmaschine** *f* (Tuch) / stenter (GB) o. tenter (US) driver

Rail-Jet *m* (Bahn) / rail-jet

Rainout *m* (Nukl) / rainout

Rakel *f*, Walzenreiniger *m* (Textil) / colour ductor ‖ ⌐ (Tiefdruck) / doctor blade ‖ ⌐ (Siebdruck) / squeegee ‖ ⌐ (Buch, Zeugdr) / doctor o. wiping blade o. knife ‖ ⌐**-Appretiermaschine** *f* / doctor blade finishing machine ‖ ⌐**einstellung** *f* / doctor blade setting ‖ ⌐**foulard** *m* (Textil) / padding mangle with ductor blade ‖ ⌐**messerschleifmaschine** *f* / doctor blade grinder **rakeln** / doctor *vt*, apply by doctor

Rakel·streichverfahren *n* (Pap) / blade coating ‖ **stehendes** ⌐**streichverfahren** (Pap) / spread coating ‖ ⌐**streifen** *m* / ductor streak ‖ ⌐**tiefdruck** *m*, Kupfertiefdruck *m* (Buch) / /(photo)/[photo] ‖ ⌐**tiefdruckpresse** *f* / copperplate printing press

Rakete *f* / rocket ‖ ⌐**n** *f pl* / rocketry ‖ ⌐ *f* **mit festem Brennstoff** / dry-fuelled rocket, solid-fuel rocket ‖ ⌐ **mit Schubregelung** / variable thrust rocket

Raketen·abschußbasis *f* / rocket launching site ‖ ⌐**abwehrgeschoß** *n* / antimissile missile ‖ ⌐**abwehrsystem** *n* / missile defense system ‖ ⌐**antrieb** *m*, -triebwerk *n* / rocket engine, rocket drive o. propulsion [unit] ‖ **mit** ⌐**antrieb** / rocket driven o. propulsed ‖ ⌐**apparat** *m*, Rettungsrakete *f* (Schiff) / rocket o. mortar apparatus ‖ ⌐**astronomie** *f* / rocket astronomy ‖ ⌐**brennkammer** *f* / rocket combustion chamber ‖ ⌐**bündel** *n* / rocket cluster ‖ ⌐**flugzeug** *n* / rocket assisted airplane ‖ ⌐**geschoß** *n* / rocket projectile ‖ ⌐**gürtel** *m* (Raumfahrt) / rocket belt ‖ ⌐**hauptstufe** *f*, 1. Stufe *f* / primary rocket stage ‖ ⌐**körper** *m* (Feststoffrakete) / engine o. jet o. motor body (rocket), rocket structure ‖ ⌐**[montage]turm** *m* / assembly tower ‖ ⌐**motor** *m* / rocket motor ‖ ⌐**ortung** *f* / localization of rockets ‖ ⌐**satz** *m*, Treibsatz *m* / propelling charge, propellant [charge] ‖ ⌐**signal** *n* / rocket signal ‖ ⌐**sonde** *f* / sounding rocket, rocket probe ‖ ⌐**sonde** *f* (ballongetragen) / rockoon ‖ ⌐**spezialist** *m* / rocket man, rocketeer ‖ ⌐**spitze** *f* / nose cone, shroud, fairing ‖ ⌐**spule** *f* (Spinn) / rocket bobbin o. package, superpackage ‖ ⌐**spule** *f* **auf Anfangskegel** (Spinn) / rocket package on initial coil ‖ ⌐**start** *m* / launching, blast-off, take-off ‖ ⌐**start** *m* (Luftf) / rocket-assisted take-off, jet-assisted take-off, RATO (GB), JATO (US) ‖ ⌐**startplatz** *m* / rocketdrome (US) ‖ ⌐**starttisch** *m* / launching pad for rockets ‖ ⌐**stationierung** *f* / stationing of rockets ‖ ⌐**stufe** *f* / rocket stage ‖ **erste o. untere** ⌐**stufe** s. Raketenhauptstufe ‖ ⌐**stuhl** *m* / manned maneuvering unit, MMU ‖ ⌐**technik** *f* / rocket ‖ ⌐**treibstoff** *m* / rocket propellant ‖ ⌐**triebwerk** *n* s. Raketenantrieb ‖ **Leitung und Energieversorgung der** ⌐**versuche** / astrionics (US) ‖ ⌐**waffe** *f* / rocket missile ‖ ⌐**waffen** *f pl* (Mil) / reactive arms *pl* ‖ ⌐**zündeinrichtung** *f* / rocket igniter ‖ ⌐**zusatzantrieb** *m* / rocket booster

RAL-Farben *f pl* (RAL = Ausschuß für Lieferbedingungen u. Gütesicherung beim Deutschen Normenausschuß) / RAL-colours *pl*

Ralldübel *m* (jute-umwickelt) / rawlplug

RAM *m* (Mil) / reentry antimissile, RAM ‖ ⌐ *m*, Direktzugriffsspeicher *m* / RAM, random access memory

RAM (ein Schiff-Flugkörpersystem) / rolling airframe missile, RAM

815

RAM, dynamisches ⌐, DRAM *m* / dynamic RAM, DRAM .

Raman·-aktiv / Raman-active ‖ ⌐**linie** *f* / Raman line ‖ ⌐**-Spektroskopie** *f* / Raman spectroscopy ‖ ⌐**spektrum** *n* / Raman spectrum ‖ ⌐**-Streuung** *f* / Raman scattering ‖ ⌐**-Verschiebung** *f,* Raman-Shift *f* / Raman shift

Ramark *n* (Radar) / ramark

Ramie·[faser] *f* (von Bochmeria nivea) / ramie fibre, cambric grass fiber, China grass ‖ ⌐**gewebe** *n* / Chinese linen

Ramm·anlage *f* (Bergb) / ramming equipment ‖ ⌐**arbeit** *f* / piling ‖ ⌐**aufsatz** *m* / pile block o. extension, dolly ‖ ⌐**bär**, -block, -klotz *m* (Bau) / monkey, tup, beetle head, ram [block], rammer ‖ ⌐**brunnen** *m* (Hydr) / Abyssinian well, driven well ‖ ⌐**bug** *m* (Schiff) / ram bow, tumble-home bow

Ramme, Handramme *f* (Straßb) / beetle, mall, maul ‖ ⌐, Pfahlramme *f* / pile driver ram, pile-driving machine ‖ **[schwere]** ⌐ (Straßb) / ram, rammer

Rammelsbergit *m* (Min) / rammelsbergite

rammen (Bau) / pile-drive ‖ ⌐**-Antrieb** *m,* -Antriebsmaschine *f* / monkey engine ‖ ⌐**fahrbahn** *f* in Beton o. Stahl / running rails *pl* (pile driver) ‖ ⌐**fahrbahn** *f* in Fachwerk / running rail substructure on sheet pilings

Rammer *m* (Gieß) / rammer

Ramm·hammer *m,* Pfahlramme *f* / pile hammer ‖ ⌐**haube** *f* / pile helmet (GB), cushion head (US) ‖ ⌐**haupt** *n* (Öl) / driving head of a casing ‖ ⌐**keil** *m* (Bergb) / buster ‖ ⌐**klotz**, Bock *m* / battering ram ‖ ⌐**konstruktion** *f* (am Ende von Reisezugwagen) (Bahn) / antitelescoping device ‖ ⌐**-Meißel** *m,* Bohrmeißel *m* / trepan ‖ ⌐**pfahl** *m* / ram pile ‖ ⌐**pfahl**, gerammter Pfahl / driven foundation pile ‖ ⌐**ponton** *m* / pile driving barge ‖ ⌐**tiefe** *f* / depth of ramming, driven length

Rampe *f,* Böschung *f* / acclivity ‖ ⌐, Auffahrt *f* / approach incline o. ramp ‖ ⌐ (Theater) / apron ‖ ⌐, Galerie *f* (Gasbrenner) / burner o. float rail, gas float ‖ ⌐, linear ansteigende Wellenfront (Elektronik) / ramp ‖ ⌐, Verladeplattform *f* / loading platform o. quai ‖ ⌐ **für Bohrrohre** (Öl) / pipe rack

Rampen·beleuchtung *f* (Theater) / floats *pl*, foot o. ground lights *pl* ‖ ⌐**förmige Reaktivitätserhöhung** / ramp insertion of reactivity ‖ ⌐**koks** *m* / run-of-wharf coke ‖ ⌐**plattform** *f* (Raumf) / base plate

Ram-Rocket *n* (Raumf) / ram rocket

Ramsauer-Effekt *m* (Phys) / Ramsauer effect

Ramsayfett, Vakuumfett *n* / vacuum grease

Ramsbottom-Test *m* (Öl) / Ramsbottom coking test

Ramsch *m*, -ware *f* / junk o. job goods *pl*, job lot (US), trash goods

Ramsdenokular *n* / Ramsden eyepiece

RAM-Speicher *m* (= random access) / RAM memory

Rand *m* / border, edge, brink, verge, margin ‖ ⌐, Bord *m* / brim, rim ‖ ⌐, Umrandung *f* / edge, border ‖ ⌐, Grenze *f* / margin, boundary ‖ ⌐, Saum *m* / skirt ‖ ⌐, Bund *m*, Ansatz *m* / collar ‖ ⌐, Kragen *m* / collar, yoke ‖ ⌐, Band *n* (Textil) / cover, selvedge ‖ ⌐ (Buch, Schreibm) / margin ‖ ⌐ **des Abgrunds** / brink of a precipice ‖ ⌐ **einer Höhlung o. Spule** / brim, edge of a cavity o. bobbin ‖ ⌐ **einer Höhlung o. Spule** / edge of a cavity o. bobbin ‖ ⌐ **eines Glases** / rim ‖ ⌐ **eines Himmelskörpers** / limb ‖ ⌐ **mit Rollneigung** (Pap) / curled edge ‖ **am (o. auf dem)** ⌐ [befindlich], Rand... / marginal ‖ **den** ⌐ **einstellen** (Schreibm) / set the margin ‖ **einen** ⌐ **vorsehen** / margin *v* ‖ **mit** ⌐ (Brille) / rimmed ‖ **mit einem** ⌐ (o. Ausguß) / lipped ‖ **umgebogener** ⌐, Begrenzungsscheibe *f* / flange ‖ ⌐**abfall** *m* (Buch) / offcut ‖ ⌐**abstand** *m* / distance from edge, edge spacing ‖ ⌐**abstand** *m* **in Kraftrichtung** (Niet) / edge distance longitudinal ‖ ⌐**abstand** *m* **senkrecht zur Kraftrichtung**, [in Kraftrichtung] (Stahlbau) / edge distance lateral, [longitudinal] ‖ ⌐**anschlag**, -begrenzer

---

m, -steller *m* (Schreibm) / margin o. marginal stop ‖ ⌐**anschlag** *m*, -leiste *f* / shoulder ‖ ⌐**aufbruch** *m,* -aufhellung *f,* -helligkeit *f* (TV) / edge flare ‖ ⌐**auslöser** *m* (Schreibm) / margin release ‖ ⌐**balken** *m* (Beton) / edge beam ‖ ⌐**bedingung** *f,* -wert *m* / marginal o. boundary condition o. value ‖ ⌐**bedingung** *f,* Begrenzung *f* / side constraint ‖ ⌐**bedingung** *f,* Verträglichkeitsbedingung *f* / condition of compatibility ‖ ⌐**bedingung** *f,* Grenz-, Zusatzbedingung *f* / marginal condition, boundary condition ‖ ⌐**bedingungen** *f pl* **im Unendlichen** / boundary conditions at infinity ‖ ⌐**befeuerung** *f* (Luftf) / boundary lighting ‖ ⌐**begrenzung** *f* (Pap) / deckle ‖ ⌐**bemerkung** *f* / marginal note ‖ ⌐**beschnitt** *m* (Pap) / deckle trim ‖ ⌐**beschriftung** *f* (DV) / end printing ‖ ⌐**blase** *f* (Gieß) / peripheral o. subcutaneous blow hole ‖ ⌐**bogen** *m* (Luftf) / wing tip edge ‖ ⌐**brett** *n* (Palette) / lead board ‖ ⌐**dämpfung** *f* (Akust) / edge damping ‖ ⌐**effekt** *m* (Instr) / edge fringing ‖ ⌐**einsteller** *m* (Schreibm) / linelock ‖ ⌐**einzug** *m* (Tiefzieh) / flange run-off

Rändelbacke *f* (Münzw) / knurling jaw

Rand·elektron *n* / boundary electron ‖ ⌐**element-Methode** *f*, BEM (Mech) / boundary element method, BEM

Rändel·kegel *m* (Wischer) / knurled tapered shaft end ‖ ⌐**klemmhülse** *f* / knurled stop ring ‖ ⌐**knopf** *m*, -rad *n* / knurled knob o. button ‖ ⌐**maschine** *f* (Wzm) / wheeling machine, knurling machine ‖ ⌐**mutter** *f* / knurled o. milled nut ‖ **hohe o. flache** ⌐**mutter** / knurled nut with tall [o. flat] head

rändeln / knurl axially ‖ ∿ (Münze) / reed *v,* provide with reeding

Rändel·rad *n*, -werkzeug *n* / knurling wheel o. tool, knurl ‖ ⌐**schraube** *f* / knurled [thumb] screw

Rändelung *f* / [axial] knurl, straight knurling ‖ ⌐ (Münzw) / reeding

Randentkohlung *f* (Hütt) / skin o. surface decarburization

Ränderemail *n* / beading enamel

Ränderiermaschine *f* (Leder) / stitch-wheeling machine

rändern, einfassen / border, edge ‖ ∿ (Email) / rim (GB), bead, edge

Ränderstuhl *m* (Wirkm) / rib-top frame

Rand·feuer *n*, -befeuerung *f* (Luftf) / boundary light ‖ ⌐**feuer** *n pl* **der Start- und Landebahn** / runway border lights *pl* ‖ ⌐**fläche** *f* (Krist) / lateral face ‖ ⌐**form** *f* (Schleifscheibe) / wheel face ‖ ⌐**fransen** *f pl* (TV) / edge flare ‖ ⌐**gebiet** *n* (allg) / skirt ‖ ⌐**gebiet** *n*, -zone *f* / marginal area ‖ ∿**gelocht** / margin-perforated ‖ ⌐**härten** *n* (Hütt) / hardening of the carburized surface ‖ ⌐**integral** *n* (Math) / contour integral ‖ ⌐**integral eines Vektors** (Math) / circulation ‖ ⌐**kennzeichen** *n* (Luftf) / boundary marker [beacon] ‖ ⌐**kerbenkarte** *f* (LoKa) / scored card, edge-notched o. -punched card ‖ ⌐**kluft** *f* (Geol) / boundary fault ‖ ⌐**leder** *n* (Gerb) / rand ‖ ⌐**leiste** *f,* -anschlag *m* / shoulder ‖ ⌐**leiste** *f* (Förderband) / skirt [board] ‖ ⌐**leiste** *f* (Tischl) / banding ‖ ⌐**lochkarte** *f* / edge punched o. edge slotted card, border o. margin punched card, verge perforated card (GB) ‖ ⌐**lochung** *f* / marginal perforation ‖ ⌐**lochung** *f* (Film) / perforation ‖ ∿**los**, ohne Rand (Buch, Phot) / bleed [design], marginless ‖ ∿**los** (Brille) / rimless ‖ ⌐**löser** *m* (Schreibm) / margin release ‖ ⌐**masche** *f* / selvedge loop ‖ ⌐**moräne** *f* (Geol) / margin moraine ‖ ∿**nahes Photon** (Phys) / near-edge photon (photon whose energy is near the band-gap energy)

Random·[-Access]-Programmieren *n* / random access programming ‖ ⌐**[-Access]-Speicher** *m* (zufallsverteilter Zugriff schwankt wenig um den Mittelwert) (DV) / random access memory o. storage, RAM

randomisieren (DV) / randomize

Randoxidation *f* / edge oxidation

randrieren, rändeln / mill, knurl

Rand·schärfe f (TV) / edge definition, definition on border, border contrast ‖ ⌐**schärfe** f (Opt) / marginal sharpness ‖ ⌐**schärfenkorrektur** f (Opt) / astigmatism control ‖ ⌐**schaufel** f / rimmed shovel ‖ ⌐**schicht** f, Grenzschicht f / boundary layer ‖ ⌐**schicht** f, Walzhaut f (Walzw) / skin ‖ ⌐**schicht-Transistor** m / SBT, surface barrier transistor ‖ ⌐**schiene** f / lining rail ‖ ⌐**schlitzmaschine** f / edge slitting machine ‖ ⌐**spannung** f (Mech) / edge stress, extreme fiber stress ‖ ⌐**spule** f (Spinn) / flange o. straight bobbin ‖ ⌐**stabilität** f / marginal stability ‖ ⌐**stahl** m, unberuhigter Stahl m / effervescent steel, rimming o. rising steel, unkilled steel ‖ ⌐**stein** m (Straßb) / edge o. cheek stone, curbstone (US), kerbstone (GB) ‖ ⌐**stein** m (Straßb) / kerbstone (GB), curbstone (US) ‖ ⌐**stein-Verletzung** f (Reifen) / kerbing damage, scuffing o. curbing damage (US) ‖ ⌐**steller**, Anschlagrandsteller m (Schreibm) / margin o. marginal stop ‖ ⌐**stellmittel** n, -steuerorgan n (Regeln) / edge control element, peripheral control element ‖ ⌐**störung** f / edge disturbance ‖ ⌐**streifen** m (Straßb) / marginal strip, verge ‖ ⌐**streifen** m (Autobahn) / marginal strip ‖ ⌐**streifenfertiger** m (Straßb) / marginal concrete strip finisher ‖ ⌐**system** n / binary edge, bounding system (US) ‖ ⌐**träger** m (Stahlbau) / edge girder o. beam ‖ ⌐**träger** m, Geländerträger m (Brückb) / handrail bracket ‖ ⌐**versteifung** f / strengthened border ‖ ⌐**versteller** m (Buch) / edge controller ‖ ⌐**verteilung** f / marginal distribution ‖ ⌐**verwerfung** f (Geol) / boundary fault ‖ ⌐**verzierung** f, Buchdruckerleiste f (Buch) / vignette, marginal decoration, border, printer's flower ‖ ⌐**voll** / brimfull ‖ ⌐**wasser** n (Ölbohrung) / edge water ‖ ⌐**wellen** f pl (Walzw, Fehler) / wavy edges pl ‖ ⌐**wellig** / wavy-edge ‖ ⌐**wert** m / boundary value ‖ ⌐**wertproblem** n / boundary value problem ‖ ⌐**wertprüfung** f (DV) / marginal check[ing] o. testing, high-low bias test ‖ ⌐**wertschaltung** f (Elektronik) / clamp[ing] circuit, clamping ‖ ⌐**winkel** m (Rheologie) / wetting angle ‖ ⌐**wirbel** m (Phys) / boundary vortex ‖ ⌐**wirkung** f / marginal effect ‖ ⌐**zone** f / shell, rim [zone] ‖ ⌐**zone** f (Urbanisation) / suburb ‖ ⌐**zone** f (mit schwachem Empfang) (Elektronik) / fringe area ‖ ⌐**zonenverkehr** m / suburban traffic ‖ ⌐**zündung** f (Mil) / rim priming

Raney-Katalysator m / Raney catalyst ‖ ⌐**nickel** n / Raney nickel

Rang m (allg, Math) / rank ‖ ⌐, Klasse f / grade

Rangfolge f (ALGOL) / rule of precedence ‖ ⌐, Priorität f / priority, precedence ‖ ⌐**verfahren** f (F.Org) / job ranking method

Ranggröße f / statistic order

Rangier·arbeiter m / shunter ‖ ⌐**bahnhof** m (Bahn) / shunt o. switch o. classification yard, marshalling yard (US) ‖ ⌐**bahnhof** m, Verschiebebahnhof (Bahn) / shunting yard (GB) ‖ ⌐**bahnhof** m mit Ablaufbetrieb (Bahn) / gravity marshalling yard ‖ ⌐**berg** m (Bahn) / hump, incline ‖ ⌐**bremsventil**, Führerbremsventil n der Zusatzbremse / shunting brake cock ‖ ⌐**draht** m (Fernm) / jumper wire **rangieren** vt (Bahn) / shunt, switch (US) ‖ ⌐ jumper v ‖ ⌐ vi, zu einer bestimmten Klasse o. Qualität gehören / grade ‖ ⌐ n durch Umsetzen (Bahn) / shunting on level tracks ‖ ⌐ über den Ablaufberg (Bahn) / hump o. gravity shunting

Rangierer m (Bahn) / waggon (GB) o. freight car (US) shunter, gangman ‖ ⌐ (Bergb) / truck setter ‖ ⌐, Weichensteller m (Bergb) / shunter

Rangier·fahrstraße, Verschiebestraße f (Bahn) / shunting route ‖ ⌐**feld**, Verbindungsfeld n (Fernm) / patch bay ‖ ⌐**funk** m (Bahn) / radio in marshalling yards ‖ ⌐**gerät** n für Sattelanhänger / dolly ‖ ⌐**gleis** n (Bahn) / shunting o. arranging track o. siding, switching track o. siding, sorting line, classification yard line (US) ‖ ⌐**gleise** n pl (Bahn) / set of sorting sidings ‖ ⌐**halttafel**, -grenztafel f (Bahn) / limit of shunt sign[al] ‖ ⌐**heber** m (Kfz) / movable car lifter, trolley jack, garage jack (US) ‖

⌐**kabel** n (Fernm) / plug cord ‖ ⌐**katze** f (Bergb) / shunting trolley ‖ ⌐**leiter** m (Bahn) / foreman shunter ‖ ⌐**lok[omotive]** f / switching engine o. locomotive, switcher (US) ‖ ⌐**-Motorlokomotive**, Kleinlok, Köf f (Bahn) / locomotor ‖ ⌐**schlepper** m / shunting tractor ‖ ⌐**signal** n (Bahn) / shunting signal ‖ ⌐**spill** n (Bahn) / car puller (US) ‖ ⌐**stellwerk** n am Ablaufberg (Bahn) / hump cabin o. tower (US) ‖ ⌐**winde** f / shunting winch ‖ ⌐**zettel** m (Bahn) / cut card o. list ‖ ⌐**zettel** m, Ablaufzettel m (Bahn) / cut list

Rang·korrelation f / rank correlation ‖ ⌐**ordnung** f (DV) / hierarchy ‖ ⌐**ordnung** f (Mat Prüf) / ranking ‖ ⌐**schema** n (DV) / priority scheme ‖ ⌐**-Technik** f (Matrizenrechng) / rank technique ‖ ⌐**verschiebung** f / row shift ‖ ⌐**zahl** f (Qual.Kontr) / rank

rank, leicht kenternd (Schiff) / crank, sick, tender[-sided]

Ranke f, Rebe f (Bot) / tendril

Rankine·-Diagramm n (Dampfm) / Rankine diagram ‖ ⌐**-Skala** f, ablolute Temperaturskala in Fahrenheit / Rankine scale

Rankinit m (Min) / rankinite

ranzig, rank, rancid ‖ stark ~ riechend / graveolent

Ranzigkeit f / rankness, rancidness

Raoults Gesetz n (Chem) / Raoult's law

RAPCON, Radar-Anflugkontrolle f / RAPCON, radar approach control

Raphia f, Nadel-, Bambuspalme f / raffia, raphia ‖ ⌐**bast** m / raffia [bast] ‖ ⌐**gewebe** n / raffia fiber fabric

Rapid·azolfarbstoff, -echtfarbstoff m / rapidazol dyestuff, rapid fast dye ‖ ⌐**-Eis-Verfahren** n / rapid ice freezing process ‖ ⌐**-Iron…**, bügelarm (Textil) / rapid-iron…

Rapidogenfarbstoff m (Textil) / rapidogen dye

Rapport m (Textil) / repeating, register round of pattern ‖ ⌐ mit 12 Kett- und 36 Schußfäden (Textil) / 12 warp, 36 filling ‖ **den ⌐ einhalten**, in das Muster hineinpassen (Textil) / register ‖ **den ⌐ einhaltend** (Textil) / in good register ‖ ⌐**höhe** f, Schußrapport m / repeat of weft threads

rapportieren (Textil) / repeat

Rapport·rad n (Textil) / repeat wheel ‖ ⌐**stift**, Treffstift m (Färb) / gauge o. guide pin, pitch pin ‖ ⌐**streifen** m (Färb) / row of repeats ‖ ⌐**verschnitt** m / matching waste

Rapputz, Rauhputz m (Bau) / roughcast [plastering], rough plaster, roughing, first coating, pebbledash

Raps m, Kolza m, Brassica napus oleifera / rape, brassica napus oleifera ‖ ⌐**glanzkäfer** m, Meligethes aeneus / blossom [rape] beetle, shiny colza weevil ‖ ⌐**öl** n, Rüböl n / rape[seed] oil

Rarheit, Seltenheit f / rarity

RAS (Zuverlässigkeit, Verfügbarkeit, Wartbarkeit) (DV) / RAS (reliability, availability, serviceability)

rasant (Flugbahn) / grazing, flat ‖ ⌐**flammkerze** f (Kfz) / rapid flame spark plug ‖ ⌐**glühstiftkerze** f (Kfz) / sheathed-element rapid glow plug

Rasanz f (Mil) / flatness

Rasb-Verfahren n (räumliches Abroll-Streck-Biegen) / three-dimensional roll-stretch-bending

rasch, lebhaft / brisk ‖ ~**e Beschleunigung** (Kfz) / quick get-away ‖ ~**er Schlag** (Schm) / dead o. quick blow ‖ ~ **wirkend** / fast acting ‖ ~**bindend**, schnell abbindend (Bau) / quick-setting

Raschel·maschine f (Web) / double rib loom, Raschel machine ‖ ⌐**ware** f / double rib goods pl, Raschel articles pl

Raschig-Ring m (Chem) / Raschig ring

raschwüchsig, schnellwüchsig / rapid growing

RAS-Einrichtungen f pl / RAS features pl (= reliability, availability, serviceability) ‖ ⌐ / RAS features pl

rasen lassen, rasen [mit] / race

Rasen m / lawn ‖ ⌐, -platz m / lawn, green ‖ ⌐ **walzen** / roll a lawn ‖ ⌐**bekleidung** f / sod work o. revetment, turf lining ‖ ⌐**eisenerz** n, Sumpf-, Wiesenerz n / bog [iron] ore, lake iron ore, morass ore, marsh ore ‖ ⌐**erz**

n / brown hematite ‖ **⁓gebleicht** (Pap) / grass-bleached ‖
⁀hängebank *f* (Bergb) / pithead, -bank, -top, banking
level ‖ **⁀hängebank** *f* (Bergb) / banking level ‖
⁀kehrmaschine *f* / lawn sweeper ‖ **⁀mäher** *m*,
-mähmaschine *f* / lawn o. grass mower o. mowing
machine ‖ **⁀mäher** *m* **mit Fahrersitz** / lawn mower
with driver seat ‖ **⁀mäher-Traktor** *m* / land tractor ‖
⁀pflug, Sodenpflug *m* / paring o. sward o. turf cutter o.
plough ‖ **⁀sohle** *f* (Bergb) / surface level ‖ **⁀sprenger** *m*
/ lawn sprinkler

Rasier·apparat *m* / razor ‖ **⁀klinge** *f* / razor blade ‖
⁀klingenschar *f* (Pflug) / razor-blade share ‖ **⁀messer** *n*
/ straight razor

Raspador *m* (Sisal) / fiber extracting machine

Raspel *f* / grater, rasp

raspeln / rasp

Raspelspäne *m pl* / raspings *pl*

Raspit *m* (Min) / raspite

Rassel[glocke] *f* / buzzer, vibrating bell

rasseln, klirren / clash, clatter ‖ **⁀**, Knattern *n* (Elektronik) /
rattle

Rasselwecker *m* (Fernm) / trembler, trembling bell

Rast *f* (Hochofen) / belly of a blast furnace, bosh[es pl]
‖ **⁀**, Raste *f* (Masch) / catch, holding o. stop notch ‖ **⁀**,
Ruhe *f* (Masch) / dwell ‖ **⁀**, Anschlag *m* (Masch) / locking
piece ‖ **⁀ und Gestell** (Hochofen) / boshes and hearth *pl*
‖ **⁀blasform** *f* (Hütt) / bosh tuyere o. tuyre ‖ **⁀bolzen** *m*
/ indexing bolt, stop bolt ‖ **⁀-Crimp-Kontakt** *m* /
crimp-poke-home contact ‖ **⁀deckel** *m* / snap-on cap ‖
⁀druckknopf *m* / locking pushbutton

rasten, einrasten / catch, latch, lock ‖ **⁀** *n*, Einrasten *n*,
Rastung *f* / catching, locking, latching ‖ **⁀abstand** *m* /
distance between serrations

rastend, einrastend / locking ‖ **⁓e Taste** / push-to-lock
key (US)

Rastenscheibe *f*, Schaltrad *n* / notched disk o. plate

Raster *m* (Opt) / grid, screen ‖ **⁀** *n* (TV, Elektronik) / screen
‖ **⁀** (gedr.Schaltg) / basic grid ‖ **⁀** *m*, Leuchten-Raster *m*
/ louver (illumination), spill shield ‖ **⁀** (Buch) / screen,
raster ‖ **⁀** *n*, Halbbild *n* (TV) / field ‖ **⁀** (Display) / grid
‖ **⁀ bei Zeilensprung** / interlacing, interlaced scanning
‖ **bewegliches ⁀**, Potter-Bucky-Blende *f* (Röntgen) /
moving grid ‖ **40er bis 48er ⁀** (Buch) / medium screen
(100-120 lines/in) ‖ **feiner ⁀** (70-160 Linien/cm) / very
fine screen ‖ **grober ⁀** (bis 33 L/cm) (Buch) / coarse
screen ‖ **⁀abtasten** (Fernsehen) / raster scanning ‖
⁀ätzung *f* (Buch) / autotype ‖ **⁀bild** *n* / screen image ‖
⁀blende *f* (Buch) / screen aperture ‖ **⁀decke** *f*
(Beleuchtung) / louvered ceiling, louverall ceiling ‖
⁀drucker *m* (DV) / matrix o. mosaic printer, wire
printer ‖ **⁀elektronenmikroskop** *m* / scanning electron
microscope ‖ **⁀elektronenmikroskop** *n* **für**
Oberflächen / surface electron microscope, SEM ‖
⁀feinheit, Bildauflösung *f* (TV) / screen definition ‖
⁀fläche *f* / scanning pattern ‖ **⁀kippgenerator** *m* (TV) /
field o. framing oscillator ‖ **⁀klischee** *n* / halftone block
‖ **⁀linie** *f* / screen line ‖ **⁀linien** *f pl* **je Zoll** (Buch) /
lines to the inch *pl* ‖ **⁀maß** *n*, Baurichtmaß *n* (Bau) /
modular dimension ‖ **⁀maß** *n* (TV) / size of picture
element ‖ **⁀maß** *n* **2.50 mm** (Elektronik) / grid 2.50 mm
‖ **⁀mikroskopie** *f* / scanning microscopy ‖ **⁀netz** *n*
(Straßb) / grid layout ‖ **⁀öffnung** *f* (Opt) / grid efficiency
‖ **⁀öffnung** *f* (TV) / scanning diaphragm ‖ **⁀öffnung** *f*
(Buch) / screen aperture ‖ **⁀optik** *f* / grid optics *pl* ‖
⁀punkt *m* (TV) / picture element o. point, scanning
element ‖ **⁀punkt** *m* (Buch) / [halftone] dot, half-tone
dot ‖ **Verbindung zweier ⁀punkte** / absolute vectors ‖
⁀-Scan-Technologie *f* / graticule scanning technology ‖
⁀-Scan-Verfahren *n*, Zeilen-Abtast-Verfahren *n* (DV) /
raster scan method ‖ **⁀schritt** *m* (Opt) / grid pitch ‖
⁀system *n* (allg, gedr. Schaltg) / grid system ‖ **⁀tiefdruck**
m / halftone photogravure ‖ **⁀tiefe** *f* / screen depth ‖
⁀-Tunnel-Mikroskop *n*, RTM / scanning tunnel
microscope, STM ‖ **⁀verbrennung** *f* (TV) / raster burn

‖ **⁀verformungs-Entzerrung** *f* (TV) / frame tilt ‖
⁀vorlage *f*, -kopie *f* (Buch) / halftone copy ‖
⁀wechselfrequenz *f* (TV) / frame repetition rate ‖
⁀wechselverfahren *n* (Farbe, TV) / field o. frame
sequential system (US) ‖ **⁀winklung** *f* (Buch) / screen
angle ‖ **⁀zähler**, Belegungszähler *m* (Fernm) / peg count
meter ‖ **⁀zähler** *m* (Buch) / screen counter ‖ **⁀zählung**
[von Gesprächen] *f* (Fernm) / peg count ‖ **⁀zeichnung** *f*
/ screen design

Rast·feder *f* / catch o. detent o. stop spring ‖ **⁀form** *f*
(Hütt) / bosh tuyere o. tuyre ‖ **⁀getriebe** *n* (Kinematik) /
stop-motion linkage, dwell linkage ‖ **⁀hebel** *m* / notch
lever ‖ **⁀höhe** *f* (Hochofen) / height of boshes o. of belly
‖ **⁀kerbe** *f* / index notch ‖ **⁀linie** *f* (Dauerversuch) / line
of rest ‖ **⁀loch** *n* / snap-in hole ‖ **⁀mälzerei** *f* / rest
malting ‖ **⁀polbahn** *f* (Mech) / fixed centrode o. polode
‖ **⁀scheibe**, Arretierungsscheibe *f* / star wheel, locking
disk ‖ **⁀stätte** *f* (Autobahn) / rest house ‖ **⁀stecker** *m*
(Pneum) / clip-fastened connector ‖ **⁀stelle** *f*, -platz *m* /
lay-by (GB) ‖ **⁀[stell]ung** *f* / lock-in position ‖ **⁀stift** *m*
/ plunger pin ‖ **⁀verriegelung** *f* / snap-in locking ‖
⁀vorrichtung *f* / snap-in locking device ‖ **⁀winkel** *m*
(Hütt) / bosh angle ‖ **⁀zunge** *f* / snap-in pin

Ratemeter *n* (Strahlung) / ratemeter

Rater-Ratee-Problem *n* (Niveauproblem Prüfender zu
Prüfling) / rater-ratee-problem

Ratiné *m* (Web) / ratiné, ratine, rat[t]een *n* ‖ **⁀**,
Knotenflausch *m*, Perlflausch *m* / rat[t]een *n*

ratinieren (Textil) / ratine, frieze

Ratiniermaschine *f* (Textil) / freezing machine

Ratiodetektor *m*, Verhältnisgleichrichter *m* (Elektronik) /
ratio detector

rational (Math) / rational ‖ **⁓e Abbildung** / conformal
representation ‖ **⁓e Einheiten** *f pl* (Elektr) / rationalized
units *pl* ‖ **⁓e ganze homogene Funktion** (Math) /
quantic ‖ **⁓e ganzzahlige Funktion** (Math) / rational
integral function ‖ **⁓e Kurve** (Math) / unicursal curve ‖
⁓e Mannigfaltigkeit (Math) / rational variety ‖ **⁓e**
Zahlen *f pl* / rational numbers *pl*

Rationalisierung *f* / rationalization

Rationalisierungsfachmann *m* / efficiency engineer

Rationalitäts·bereich *m* (Math) / field, domain [of
rationality], corpus ‖ **⁀gesetz** *n* (Krist) / law of rational
indices

rational[zahlig] (Math) / rational

rationell·es Schwarz (Textil) / rational black

Ratio·spannung *f* (Elektronik) / ratio voltage ‖ **⁀transistor**
m / ratio transistor

RATOG, Raketenstartgerät *n* (Luftf) / rocket-assisted take-
off gear, RATOG (GB)

Ratsche *f*, Bohrknarre *f* / ratchet o. lever brace o. drill,
rack-drill ‖ **⁀** (Steckschlüssel) / ratchet spanner ‖ **⁀**
(Schraubendreher) / ratchet screw driver

Ratschen *n*, Schaltgeräusch *n* / grating ‖ **⁀bremse** *f* (Kfz) /
ratchet brake

Ratten·falle *f* (eine Fadenbremse) (Textil) / rat trap ‖ **⁀gift**
n, Arsenik *n* / rat poison ‖ **⁀loch** *n* (für Vierkantwelle)
(Drehbohren) / rat hole ‖ **⁀vertilgung** *f* / deratization
(US) ‖ **⁀zahn** *m* (Strumpf) / garterrun-stop, picot edge ‖
⁀zahn arbeiten (Strumpf) / form the picot edge ‖
⁀zahnbarre *f*, -zahnrechen *m* (Strumpf) / lock-stitch bar
‖ **⁀zahndecknadel** *f* (Strumpf) / lock-stitch point ‖
⁀zahnkante *f* (Strumpf) / picot edge, scalloped welt
edge, saw-tooth-like fabric edge

Rätter *m*, Getreidesieb *n* / corn sieve o. screen o. sifter
‖ **⁀** (Bergb) / coarse sieve ‖ **⁀kleinkohle** *f* / riddling
smalls *pl*

Rattermarke, -narbe *f* (Drehen) / chatter mark

rattern, zittern (allg, Wzm) / chatter ‖ **⁓**, schnarren / niril,
vibrate ‖ **⁓**, klappern / rattle ‖ **⁀** *n* (Drahtzieh) / jerky
drawing ‖ **⁓**, Poltern *n* / rumble ‖ **⁀** (Geräusch) /
rattling, clattering ‖ **⁀** (Wzm) / chattering ‖ **⁀ der**
Lokomotivachsen / stick-slip of wheel sets, torque
pulsation of wheel sets

rättern, sieben (Bergb) / riddle, screen, sieve, sift
ratternd (Drahtzieh) / jerkily ‖ ⁓, polternd / rumbling
Rätterwäsche, Kippwäsche f (Bergb) / swing sieve
Ratterwellen, -marken f pl (Bahn) / corrugation, shatter marks pl
Raubbau m (Bergb) / careless working, robbing of a mine, overexploitation ‖ ⁓ **treiben** (Landw) / exhaust the soil ‖ ⁓ **treiben** (Bergb) / rob, overexploit
rauben (Bergb) / draw timbers o. props, remove the timbering, clear
Rauber m (Bergb) / waster
Räubermilbe f / predator mite
Raub·schicht f (Bergb) / prop drawing shift ‖ ⁓**schlegel**, -hammer m (Bergb) / deputy's mall ‖ ⁓**vorrichtung** f (Bergb) / timber withdrawing device ‖ ⁓**winde** f (Bergb) / recovery winch
Rauch, Qualm m / smoke ‖ ⁓, Nebel m / vapour, vapor (US), reek ‖ **brauner** ⁓, Eisenoxidrauch m (Hütt) / brown smoke ‖ ⁓**abzug** m, Luftloch n / air[ing] hole o. pipe, smoke funnel, ventilator, flue ‖ ⁓**abzug** m, -ableitung f / vent, gas o. smoke outlet ‖ ⁓**abzugskuppel** f / fume extraction cupola ‖ ⁓**arm** (Verbrennung) / low fuming ‖ ⁓**arme Bronze** (Lötmaterial) / low fuming bronze ‖ ⁓**belästigung** f / smoke nuisance ‖ ⁓**brandmeldeanlage** f / smoke signalizer, smoke indicator ‖ ⁓**darre** f / open fire o. direct (fire) drying kiln ‖ ⁓**dichte** f (Brandschutz) / optical density of smoke
rauchen vi / smoke vi
rauchend (Chem) / fuming ‖ ⁓**e Salpetersäure** (87-92%) / fuming nitric acid ‖ ⁓**e Schwefelsäure**, Oleum n / fuming sulfuric acid, oleum
Rauchentwicklung f / smoke development
Raucherabteil n (Bahn) / smoking compartment
Räucher·apparat m (Schädl. Vertilgung) / fumigating apparatus ‖ ⁓**beize** f / smoke mordant ‖ ⁓**mittel** n / fumigant
räuchern, desinfizieren, gasen / fumigate ‖ ⁓, rauchtrocknen (Fleisch) / smoke[-dry], [smoke-]cure ‖ ⁓ (Gummi) / smoke ‖ **Fisch** ⁓ / cure fish
Räucherschrank m, -kammer f / fumigator
Rauch·erzeuger m / smoke producer o. generator ‖ ⁓**fahne** f / smoke plume, chimney plume ‖ ⁓**fang**, -abzug m / chimney ‖ ⁓**[fang]mantel** m (Bau) / air case o. casing ‖ ⁓**farbig**, braunschwarz / fuliginous ‖ ⁓**fell** n (Gummi) / smoked sheet ‖ ⁓**frei**, rauchlos / smokeless
Rauchgas, Abgas n von Kesseln o. Feuerungen / flue gas, smoke o. chimney gas ‖ ⁓**analysator** m, -gasprüfer m, Dasymeter n / flue gas analyzer, dasymeter ‖ ⁓**entschwefelung** f / flue gas desulfurization ‖ ⁓**entschwefelungsanlage** f, REA / flue gas desulfurizing plant ‖ ⁓**gips** m / gypsum from flue gas desulfurization ‖ ⁓**reiniger** m / flue gas dust collector ‖ ⁓**schieber** m / flue gas register ‖ ⁓**verbrennung** f / fume incineration, combustion of waste gases ‖ ⁓**-Verbrennungsofen** m / fume incinerator ‖ ⁓**vorwärmer**, Ekonomiser / flue-gas o. smoke-gas preheater, economizer ‖ ⁓**zusammensetzung** f / composition o. constitution of flue gases
Rauch·glas n / gray o. tinted glass ‖ ⁓**glas** n, angeräuchertes Glas / smoked glass ‖ ⁓**helm** m / smoke helmet
rauchig, rauchfarbig / smoky, fuliginous
Rauch·kammer f (Bahn) / smoke box o. chest ‖ ⁓**kammerlösche** f / cinders pl ‖ ⁓**kanal**, Zug m / chimney flue ‖ ⁓**kanal** m **zum Fuchs** (Bau) / gathering ‖ ⁓**klappe** f / butterfly damper ‖ ⁓**los** / smokeless ‖ ⁓**markierung** f (Schiff) / flame float ‖ ⁓**meldeanlage** f / smoke alarm installation ‖ ⁓**melder** m / smoke alarm ‖ ⁓**punkt** m, Rußzahl f (Öl) / smoke point ‖ ⁓**quarz** m / smoky quartz ‖ ⁓**rohr**, Heizrohr n (Rohre kleiner Durchmessers) (Kessel) / fire o. heating tube, smoke tube o. pipe ‖ ⁓**rohrkessel** m / fire tube o. smoke tube boiler ‖ ⁓**rohrwand** f (Kessel) / tube wall o. sheet o. plate ‖ ⁓**schieber** m / damper, register ‖ ⁓**schiff** n (Hütt)

/ converter aisle ‖ ⁓**schirm** m (Lok) / smoke screen ‖ ⁓**schleier**, Nebelschleier m / smoke screen, screening smoke ‖ ⁓**schutztür** f / smoke control door ‖ ⁓**schwach** (Mil) / smokeless ‖ ⁓**schwaches Pulver** / nitro powder ‖ ⁓**schwaden** m / trail of smoke ‖ ⁓**signal** n, -zeichen n / smoke marker ‖ ⁓**spirale** f / smoke coil ‖ ⁓**spur** f (Mil) / tracer streak ‖ ⁓**spurgeschoß** n / tracer shell o. bullet (tracing with smoke) ‖ ⁓**unterdrücker** m (Plast) / smoke suppressor ‖ ⁓**verbrennung**, -verzehrung f / smoke burning o. consumption ‖ ⁓**verdünnung** f / smoke dilution ‖ ⁓**vergiftung** f / smoke poisoning ‖ ⁓**verzehrend** / smoke consuming o. curing, fumivorous ‖ ⁓**verzehrer**, -vertilger m / smoke consumer ‖ ⁓**waren** f pl (Pelze) / pelts pl, peltry ‖ ⁓**wolke** f, -fahne f / volume of smoke ‖ ⁓**zug**, -kanal m (Ofen) / flue
raufen, Flachs ⁓ / pull flax
Rauf·haspel m f (Landw) / pick-up reel ‖ ⁓**wolle** f / fellmongered o. pelt o. plucked wool (GB), skin o. limy wool ‖ ⁓**wolle** f **von verendeten Tieren** / dead o. fallen wool
rauh / coarse, rough, raw ‖ ⁓ (Betrieb) / hard ‖ ⁓, grob / uneven, coarse, ragged ‖ ⁓ (Oberfläche) / rough ‖ ⁓ (Klima) / inclement ‖ ⁓**e Anode** / etched anode ‖ ⁓ **anzufassen** / rough to the touch ‖ ⁓**er Barchent** (Textil) / top, swansdown ‖ ⁓**er Betrieb** / heavy duty, severe conditions pl ‖ ⁓**e Gießfläche** / rough surface ‖ ⁓ **im Griff** / coarse feel o. handle ‖ ⁓**e Oberfläche** / checked surface ‖ ⁓ **putzen** (Bau) / rough-plaster ‖ ⁓**e Stelle** (Gußfehler) / roughness ‖ ⁓**es Tuch** / raised fabric ‖ ⁓**artikel** m, -ware f (Textil) / raised fabric o. style ‖ ⁓**bank** f, Langhobel m (600 mm lang) / wood fore plane ‖ ⁓**bürste** f (Tuchschermasch) / raising brush
Rauheit, Unebenheit f / roughness ‖ ⁓, Rauhtiefe f (Masch) / surface roughness
Rauheits·grad m (Zeichn) / roughness grade ‖ ⁓**wert** m, -meßgröße f / roughness value
rauhen, anrauhen, ratinieren / roughen ‖ ⁓ (Stoff) / raise the nap, teaze o. teazle o. teazel cloth map ‖ ⁓, pelzen (Textil) / shag ‖ ⁓ n (Maurer) / roughing ‖ ⁓ **mit dem, [gegen den] Strich** / raise with, [against] the nap o. hair
Rauhes am Tuch / pile
Rauh·faser... (Tapete) / wood-chip... ‖ ⁓**fasertapete** f / ingrain wall covering, wood-chip wall paper ‖ ⁓**flächenstanze** f (Stanz) / roughened planishing tool ‖ ⁓**flocken** f pl (Textil) / raising waste ‖ ⁓**futter** (Landw) / roughage, forage ‖ ⁓**gußasphalt** m (Straßb) / hot rolled asphalt [with precoated chippings] ‖ ⁓**hacken** n o.
Rauhen der Mauerfläche (Bau) / roughing
Rauhigkeit f, Rauheit f / coarseness, roughness ‖ ⁓, Gestaltabweichung 3. bis 5. Ordnung / surface roughness
Rauh·leder n / suede o. suède leather ‖ ⁓**leder** n, Huntingcalf n / hunting calf ‖ ⁓**maschine** f (Tuch) / napping mill, raising gig o. machine, gig [mill o. machine] ‖ ⁓**[maschinen]abfall** m (Textil) / nappers pl ‖ ⁓**nadelfilztuch** n, NR-Filztuch n (= needle-reinforced) / needle-reinforced woven felt ‖ ⁓**öl** n (Textil) / raising oil ‖ ⁓**picken**, besporen (Holz) (Bau) / prick up, roughen ‖ ⁓**putz**, Rapputz m (Bau) / roughcast [plastering], rough plaster, roughing, first coating, pebbledash ‖ ⁓**reif** m, Rauheis n / rime, hoarfrost, white frost ‖ ⁓**reifbelag** m / frost coating ‖ ⁓**reifstörung** f (Fernm) / hoarfrost line failure o. fault ‖ ⁓**schleifen** (Glas) / rough-grind ‖ ⁓**tiefe** f (Oberfläche) / peak-to-valley height, surface roughness ‖ ⁓**wacke**, Rauchwacke f (Geol) / rauhwacke ‖ ⁓**walze** f / roughing roller ‖ ⁓**ware** f (Textil) / raised goods pl ‖ ⁓**ware** f, -artikel m (Textil) / raised fabric o. style ‖ ⁓**zylinder** m (Textil) / brushing cylinder, raising o. teazeling roller
Raum m / space ‖ ⁓, Zimmer n / room, apartment ‖ ⁓, große Räume m pl (Bau) / large room ‖ ⁓, Abteil n (Luftf, Schiff) / nacelle ‖ ⁓, Platz m / space, room n (Schiff) / [freight] hold ‖ ⁓..., Umgebungs... / ambient ‖ ⁓..., räumlich / cubical, three-dimensional ‖ ⁓... (Maß)

/ solid ‖ ⁓ **lassen** (o. ausfüllen), spationieren (Buch) / interspace ‖ ⁓ **zwischen Schraubengängen** / space between turns of a screw ‖ **bewohnter** ⁓ (Bau) / residence ‖ **innerer** ⁓ **eines Gebäudes** / clear inside work ‖ **kleiner enger** ⁓ / crib ‖ **umschlossener** ⁓ / close ‖ **völlig ausgefüllter** ⁓ (Phys) / plenum ‖ ~**abschließend** / space-enclosing ‖ ⁓**abstand** m (Antenne) / spacing of antennae ‖ ⁓**abstand der Züge** m, Zugfolge f (Bahn) / distance spacing

Räumahle f / broach[ing tool] ‖ **vierkantige** ⁓ / square broach

Raum·akustik f / acoustics pl ‖ ⁓**anzug** m (Raumf) / space suit ‖ ~**aufgelöste Messung** / space resolved measurement ‖ ⁓**ausdehnungszahl** f, räumlicher Ausdehnungskoeffizient m / coefficient of cubical [thermal] expansion ‖ ⁓**ausmesser** m / employee for computation of quantities o. for taking-off ‖ ⁓**ausmittelung** f, Kubatur f / cubature, cubage, cubing ‖ ⁓**ausnutzung** f / economy of space ‖ ⁓**ausnutzung** f, -ersparnis f / economy o. saving in space ‖ ⁓**balken** m (Nav) / hold beam, strong beam ‖ ⁓**bedarf** m, -beanspruchung f / space required o. requirement, spatial requirement, bulkiness ‖ ⁓**bedarf** m (Container) / displacement ‖ **kleiner** ⁓**bedarf** / compact over-all dimensions ‖ ⁓**beleuchtung** f, -helligkeit f (TV) / ambient light ‖ ⁓**beleuchtung** f (Bau) / room lighting o. illumination ‖ ⁓**beschallung** f / acoustic irradiation ‖ ⁓**beständigkeit** f / constancy of volume, volume stability ‖ ⁓**bild** n, räumliches o. stereoskopisches Bild / stereograph, -gram, stereoscopic image, three-dimensional image ‖ ⁓**bild** n, räumliches Schaubild / space diagram ‖ ⁓**bildentfernungsmesser** m, Stereotelemeter n / stereoscopic range-finder o. telemeter ‖ ⁓**bildmessung** f, Stereophotogrammetrie f / stereophotogrammetry ‖ ⁓**bildmikroskop** n / solid image microscope ‖ ⁓**bildwesen** n / stereoscopic o. 3D photography

Räumboot n (Schiff) / snag boat

Raum·deck n (Schiff) / orlop deck ‖ ⁓**diagonale** f (Math) / body diagonal ‖ ⁓**dichte** f / density by volume, bulk density ‖ ⁓**diversity** f (Fernm) / space diversity ‖ ⁓**effekt**, 3 D-Effekt m (Akust) / spatial effect ‖ ⁓**einheit** f (Phys) / unit of volume

Räumeisen n, viereckiges Locheisen (Schm) / puncher chisel ‖ ⁓ (Hütt) / tapping bar o. rake o.rod

Raumelement n (Phys) / space element

räumen, ausräumen / empty, clear ‖ ~, erschöpfen / deplete ‖ ~, evakuieren / evacuate ‖ ~ (Wzm) / broach ‖ ~, Öffnung verschaffen, frei machen / unchoke a pipe, clear, unstop ‖ ⁓ (Wzm) / broaching ‖ **die Straße** ~ / clear the road ‖ **erstes** ⁓ **eines Geländes** (Bau) / pioneering

Räumer, Raumlöffel m (Bergb) / raker ‖ ⁓ m (hinter dem Diamantbohrer) (Bergb) / reamer shell ‖ ⁓, Löffelräumer m (Bergb) / raker ‖ ⁓ **beim Tiefbohren** / reamer shell ‖ ⁓ **des Kohlenhobels** / clearing plough, deflector plough ‖ ⁓**arm des Sinterkühlers** (Hütt) / removing plow for cooled sinter ‖ ⁓**brücke** f (Abwasser) / rotating scraper bridge

Raum·erfüllung f, -erfüllungsgrad m / density ratio, relative density ‖ ⁓**erfüllung** f (Sintern) / volume ratio ‖ ⁓**erfüllung** f (Schrottspäne) / chip density ‖ ⁓**erfüllungsgrad [des Sinterkörpers]** m / sintered density ratio ‖ ⁓**ersparnis**, -einsparung f / economy o. saving in space ‖ **der** ⁓**ersparnis wegen** / as to gain room o. space, to save room o. space ‖ ⁓**fachwerk**, -tragwerk n / three-dimensional framework, spatial trussed structure ‖ ⁓**fähre** f / space shuttle ‖ ⁓**fahrer** m / spaceman ‖ ⁓**fahrer-Bergungsschiff** n (Schiff) / space event support ship ‖ ⁓**fahrhammer** m / spammer, space hammer

Raumfahrt f / space operations pl, space travel ‖ ⁓... / aerospatial ‖ **die einzelne** ⁓ / space travel ‖ **für** ⁓ **geeignet** / space compatible ‖ **praktische** ⁓ /

operational space travel ‖ ⁓**aktivitäten** f pl / aerospace ‖ ⁓**anpassung** f / space conditioning ‖ ⁓**antrieb** m / space propulsion ‖ ⁓**anzug** m / space suit ‖ ⁓**ausrüstung** f / spaceware ‖ **den** ⁓**bedingungen anpassen** / adapt to space conditions ‖ ⁓**-Biologie** f / space biology ‖ ⁓**bodenorganisation** f / aerospace ground equipment, AGE ‖ ⁓**elektronik** f / astrionics pl ‖ ⁓**industrie** f / aerospace [industry] ‖ ⁓**ingenieur** m / space engineer ‖ ⁓**meteorologie** f / space meteorology ‖ ⁓**mutternschlüssel** m / nab (= nut and bolt) ‖ ⁓**navigation**, -schiffnavigation f / space navigation ‖ ⁓**-Notfrequenz** f / space distress frequency ‖ ⁓**programm** n / space application program, space program[me] ‖ ⁓**reaktor** m / spacecraft reactor, space power reactor ‖ ⁓**-Startgelände** n / cosmodrome ‖ ⁓**system** n / space system ‖ ⁓**technik** f / aerospace engineering ‖ ⁓**unternehmen** n / space mission ‖ ⁓**werkzeug** n / zert, zero reaction tool ‖ ⁓**zange** f **mit Schlüssel** (Raumf) / plench, pliers and wrench ‖ ⁓**-Zeitalter** n / space age ‖ ⁓**zwecke** m pl, -anwendung f / space applications pl, space use

Raumfahrzeug, -schiff n (z. B. einer Mondrakete) / service module ‖ ⁓**e verbinden** (Raumf) / mate, dock ‖ **innerhalb des** ⁓**s** / intravehicular ‖ ⁓**-Rettung** f (Raumf) / aerospace retrieval

Raum·faktor m (Kabel) / space factor ‖ ~**fest**, gegengedreht (Antenne) / de-spun ‖ ~**fest machen**, stabilisieren (Antenne) / de-spin ‖ ⁓**feuchtigkeit** f / ambient air humidity ‖ ⁓**flug** m / space flight ‖ ⁓**flugbahn** f / interplanetary trajectory ‖ ⁓**flugkörper** m, RFK / space missile ‖ ⁓**flugkörperstart** m / space shot ‖ ⁓**formfaktor** m (Krist) / three-dimensional shape factor ‖ ⁓**forschung** f / space exploration ‖ ⁓**forschungssatellit** m / space research satellite ‖ ⁓**frequenzfilter** n (Laser) / space frequency filter ‖ ⁓**füllung** f, -faktor m (Kabel) / space factor ‖ ⁓**funkstelle** f / space station ‖ ⁓**geeignetheit** f / space qualification ‖ ⁓**gehalt** m / cubic contents o. capacity

Räumgerät n (Schiff) / sweeper, sweep[ing gear] ‖ ⁓ (Bau) / clearing dozer

Raum·geräusch n (Fernm) / room noise ‖ ⁓**geschwindigkeit** f (Astr, Chem. Reaktion) / space velocity ‖ ⁓**gestalter** m / interior decorator o. designer ‖ ⁓**gestaltung** f / architectural styling ‖ ⁓**getriebe** n (Mech) / spatial mechanism ‖ ⁓**gewicht** n / specific gravity, Sp.Gr., sp.gr., s.g., relative density, volume weight, weight of unit volume ‖ ⁓**gitter** n, Bravaisgitter n (Krist) / space lattice ‖ ⁓**gitter** n (Navigation) / space grid ‖ ⁓**gitter-Parameter** m (Krist) / lattice parameter ‖ ⁓**gleiter** m / orbital glider, space plane ‖ ⁓**gleiter-Wiedereintrittsfahrzeug** n / boost-glide reentry vehicle, BGRV ‖ ⁓**gruppe** f (Krist) / space group ‖ ⁓**heizer** m / independent heater ‖ ⁓**heizung** f / space heating ‖ ⁓**helligkeit** f (Akustik) / acoustic brilliance ‖ ⁓**helligkeit** f, -beleuchtung f (TV) / ambient light ‖ ⁓**höhe** f (low-studded = niedrig) (Bau) / stud (US) ‖ ⁓**index** m **der Helligkeit** / room index ‖ ⁓**inhalt** m, Volumen n / volume, cubature, capacity, content, cubage, cubic[al] contents ‖ ⁓**inhalt** m (Gasflasche) / water capacity ‖ **den** ⁓**inhalt ausmessen** / cube v ‖ ⁓**integral** n, räumliches Integral / volume integral ‖ ⁓**ionisation** f (Phys) / volume ionization ‖ ⁓**isomerie** f / stereoisomerism ‖ ⁓**kabine** f, Bedienungseinheit f (Raumf) / command module, CM ‖ ⁓**kapsel** f / [craft] cabin, space capsule ‖ ⁓**kinematik** f / spatial kinematics pl ‖ ⁓**klima** n / room air conditions pl, atmospheric environment ‖ ⁓**klimagerät** n / room conditioner ‖ ⁓**koordinate** f / space coordinate ‖ ~**krank** / space-sick ‖ ⁓**krankheit** f / space sickness ‖ ⁓**krümmung** f / curvature of space ‖ ⁓**kühlanlage** f / room cooling equipment ‖ ⁓**kühlung** f / space cooling ‖ ⁓**kunst** f / interior decorating o. decoration ‖ ⁓**kurve** f / three-dimensional curve ‖ ⁓**labor** n / space

lab[oratory] ‖ ⌐**ladung** *f* (Elektronik) / space o. volume charge
Raumladungs·dichte *f* (Elektr) / density of volume charge ‖ ⌐**dichte-Modulation** *f* (Elektronik) / charge density modulation ‖ ⌐**gebiet** *n* (Elektronik) / space charge-limited current region ‖ ⌐**gesetz** *n* (Phys) / three-halves power law, Langmuir's law ‖ ~**gesteuert** / space-charge controlled ‖ ⌐**gitter** *n* / space charge grid ‖ ⌐**grenzschicht** *f* (Halbl) / barrier layer ‖ ⌐**kapazität** *f* / space charge capacity ‖ ⌐**konstante**, Perveanz *f* (der äquivalenten Diode)(Child-Langmuir-Gleichung) (Elektronik) / perveance ‖ ⌐**kraft** *f* (Elektronik) / space charge force ‖ ⌐**randschicht** *f* (Halbl) / depletion layer of barrier ‖ ⌐**röhre**, -pentode *f* (Elektronik) / beam pentode, space charge pentode ‖ ⌐**steuerung** *f* / space charge control ‖ ⌐**strom** *m* (Röhre) / space-charge-limited current ‖ ⌐**welle** *f* / space charge wave ‖ ⌐**wolke** *f* / charge cloud ‖ ⌐**[zerstreuungs]gitter** *n* (Elektronik) / filament screening grid, space charge grid, control grid ‖ ⌐**zone** *f* / space charge region ‖ ⌐**zustand** *m* / state of space charge
Raumleiter *f* (Schiff) / pillar ladder
räumlich, kubisch / cubical ‖ ~, plastisch (Opt) / plastic ‖ ~, körperlich (Geom) / solid ‖ ~, Raum... / spatial, spacial, [of] space... ‖ ~, stereoskopisch (Opt) / in relief, stereoscopic ‖ ~, dreidimensional, 3-D... , plastisch (Opt, Akustik) / three-dimensional, tridimensional, 3-D... ‖ ~, Raum... / spatial, steric ‖ ~e **Akustik** / acoustic perspective ‖ ~e **Anordnung** / spatial arrangement ‖ ~e **Ausdehnung**, Dimension *f* / spatial dimension o. extent ‖ ~e **Ausdehnung**, Expansion *f* / cubical o. volume expansion ‖ ~es **Ausmaß**, Weite *f*, Umfang *m* / spaciousness ‖ ~ **begrenzen** / limit o. terminate [with regard to space] ‖ ~ **begrenzt**, regional / regional ‖ ~e **Begrenzung** / limitation in space ‖ ~e **Behinderung** / geometric o. steric interference ‖ ~e **Beleuchtungsstärke** (= 1/4 der Raumbeleuchtungsstärke) / scalar illumination ‖ ~e **Bewegung** / three-dimensional mouvement ‖ ~e **Bild** s. Raumbild ‖ ~e **Dichte** / space density ‖ ~e **Elastizität** / elasticity of bulk ‖ ~er **Elastizitätskoeffizient** / bulk modulus of elasticity ‖ ~es **Fachwerk** (o. Tragwerk), Raumfachwerk *n* / three-dimensional framework, space framework (US), framework in space ‖ ~ **gedämpft** (Schwingung) / damped, dying out ‖ ~es **Gelenk** (o. Getriebe) / spatial mechanism ‖ ~e **Geometrie** / geometry of three dimensions o. of space ‖ ~es **Hören** (Akust) / spatial effect, auditory perspective, stereophony ‖ ~es **Integral** / volume integral ‖ ~e **Kinematik** / spatial kinematics ‖ ~ **kohärent** / coherent in space ‖ ~e **Kohärenz** / coherence in space, space o. spatial coherence ‖ ~es **Koordinatenkreuz** / three-dimensional [system of] axes ‖ ~es **n-Eck** / n-gon [in space] ‖ ~e **Orientierung** (Luftf) / spatial orientation ‖ ~e **Orientierung** / spatial orientation ‖ ~e **Pfette** (Bau) / braced box purlin ‖ ~e **Polarkoordinate**, Kugelkoordinate *f* / spherical polar coordinate ‖ ~e **rechtwinklige Koordinaten** *f pl* / solid system of axes ‖ ~es **Sehen** / plastic sight, seeing in relief ‖ ~es **Strahlungsdiagramm** (Antenne) / solid pattern ‖ ~es **Tragwerk** / space frame structure ‖ ~e **Überwachung** (Luftf) / area monitoring ‖ ~ **und zeitlich** / spatial and temporal ‖ ~e **Verteilung** / geometric distribution ‖ ~er **Wärmeausdehnungskoeffizient** / coefficient of cubical [thermal] expansion ‖ ~er **Winkel**, Raumwinkel *m* / solid angle, cubangle
Räumlichkeit *f*, Unterkunft *f* / accommodation ‖ ⌐ **eines Hauses** / parts of a building *pl* ‖ ⌐ **eines Hauses**, innere bauliche Einrichtung *f* (Bau) / conveniences *pl*
Raum·licht *n* / existing light ‖ ⌐**lichtautomatik** *f* / automatic room light adaptation ‖ ⌐**lufttechnik** *f* / ventilation and air conditioning ‖ ⌐**mangel**, Platzmangel *m* / lack of space
Räummaschine *f* (Wzm) / broaching machine

Raum·maß, Körpermaß *n* / cubic o. solid measure, measure of capacity ‖ ⌐**maß** *n* (Bau) / cubic measure
Raummaß *n* **von 8 Gallonen** / eight gallons (= 36.36 l) ‖ ⌐ **von 0,25 pint** / measure of capacity of 1/4 pint (= 0,284 L)
Raum·meter *m* (Holz) / stacked cubic meter, stere, cubic meter of piled wood ‖ ⌐**mikrophon** *n* / polydirectional microphone ‖ ⌐**modell** *n* (Chem) / space model ‖ ⌐**modul** *m* (Mech) / bulk modulus ‖ ⌐**müll** *m* (Raumf) / garbage [in space] ‖ ⌐**multiplex** *n* (Fernm) / space multiplex
Räumnadel *f*, -werkzeug *n* (Wzm) / broaching tool, broach, cutter bar ‖ ⌐, Luftspieß *m* (Gieß) / wire riddle, venting wire o. rod ‖ **auf Zug arbeitende** ⌐, Ziehnadel *f* / pull broach ‖ **drückend arbeitende** ⌐ (Wzm) / push broach ‖ **mit der** ⌐ **ziehen** (Wzm) / broach *v* ‖ ⌐**ziehmaschine** *f* / pull-type broaching machine
Raum·objekt *n* / object in space ‖ ⌐**ordnung** *f* / regional policy o. development, area planning ‖ ⌐**ordnung** *f* **und Landschaftspflege** / landscape conservation and area planning ‖ ~**orientiert** / space oriented ‖ ⌐**parallaxe** *f* (Luftf) / space parallax ‖ ⌐**pendler** *m* / space shuttle, shuttle
Räum·pflug *m* / scuffler, plow shifter ‖ ⌐**pflug** *m* (Bgb) / scavenging plow
Raum·physik-Forschung *f* / interplanetary physics research ‖ ⌐**pistole** *f* / space pistol ‖ ⌐**plan** *m* / floor space plan ‖ ⌐**planung** *f*, städtebauliche Planung / town planning, urbanism
Räum·platte *f* (Mähm, Landw) / cutter bar cleaning plate ‖ ⌐**prahm** *m*, Räumboot *n* (für Gesteine) (Schiff) / snag boat
Raum·prozent *n* / percent by volume ‖ ⌐**quantelung** *f* / spatial quantization ‖ ⌐**richtung** *f* / direction in space ‖ ⌐**schiff** *n* (z.B. Gemini-Titan, Wostok usw.) / space ship ‖ ⌐**schiffahrt**, Raumfahrt *f* / space flight, cosmonautics, astronautics, sg. ‖ ⌐**schiff-Montagegebäude** *n* (Raumf) / vehicle assembly building
Räumschild *m* (Bau) / rake blade ‖ **schwerer** ⌐ (Bau) / rock rake
Raum·schlepper (für interplanetare Mission, unbemannt), Raumtransporter *m* / space tug ‖ **bemannter** ⌐**schlepper für erdnahe Entfernungen**, Space Shuttle *n* / space shuttle ‖ ⌐**schmarotzer**, -parasit *m* (Bot) / space parasite
Räumschnitt *m* (Wzm) / broaching cut
Raum·sektor *m* / space segment ‖ ⌐**sicherungszentrale** *f* / burglar alarm installation ‖ ⌐**sonde** *f* (Raumf) / space probe ‖ ~**sparend** (Bauweise) / compact ‖ ~**sparende Kapsel** (Keram) / economy sagger ‖ ⌐**spaziergang** *m* / space step-out ‖ ⌐**statik** *f* (Magn.Bd) / bulk-erase noise, tape noise ‖ ⌐**station** *f* / space platform o. station ‖ ⌐**stütze** *f* (Schiff) / hold pillar o. stanchion
Räumte *f* (in m³/t), Staufaktor, -koeffizient *m* (Schiff) / stowage factor
Raum·teiler *m* (Bau) / partition ‖ ⌐**teiler** *m* (eine niedrige Wand) / divider, low wall ‖ ⌐**temperatur** *f* / ambient o. room temperature ‖ **bei** ⌐**temperatur vulkanisierend**, RTV / room-temperature vulcanizing, RTV ‖ **bei** ⌐**temperaturen verbinden** (Halbl) / cool-solder ‖ ⌐**temperatur-Vulkanisation** *f*, RTV (Elastomere) / room temperature vulcanization, RTV ‖ ⌐**thermostat** *m* / room thermostat ‖ ⌐**tiefe** *f* (Bau) / room depth (from window to opposite wall) ‖ ⌐**ton...**, stereophonisch / stereophonic, -sonic ‖ ⌐**tonne** *f* (= 40 cbft) / measured ton, shipping ton ‖ ⌐**tragwerk**, -fachwerk *n* / three-dimensional framework, spatial trussed structure ‖ ⌐**transporter** *m*, unbemannter Raumschlepper / space tug ‖ ⌐**transport-System** *n*, -ausrüstung *f* / space transportation system ‖ ⌐**überwachung** *f* (Bau) / room supervision ‖ ⌐**überwachung** *f* (Luftf) / area monitoring ‖ ⌐-**Überwachungssystem** *n* (Raumf) / space detection and tracking system, SPADATS

Räumung f (Nukl) / clean-out
Raum·unterteilung f / partitioning ‖ ˻vektor m / space vector ‖ ˻verhältnis n / volume relation, proportion by volume ‖ ˻verminderung f, Volumenminderung f / decrease in volume ‖ ˻verwindung f (Phys) / space warp ‖ ˻vielfach n, Raummultiplex n / space division multiplex ‖ ˻-Volumen-Geschwindigkeit f (Chem) / volume-space velocity ‖ visuelle ˻wahrnehmung / visual space perception
Räum·walze f (Spanplatten) / level controlling roll ‖ ˻wälzfräser m / staggered tooth hob
raum·wärts gerichtetes Horn (Antenne) / sky horn ‖ ˻welle f (Elektronik) / space wave ‖ ˻welle f (Elektronik) / space o. reflected wave ‖ ˻welle f (von der Ionosphäre reflektierte Welle) (Elektronik) / sky wave, ionospheric o. indirect wave ‖ ˻welleneffekt m (Elektronik) / skip effect ‖ ˻wellen-Empfangsbereich m (Elektronik) / secondary service area ‖ ˻wellenfehler m (Ortung) / ionospheric path error ‖ ˻werkstatt f / orbital workshop
Räumwerkzeug n / clearing tool
Räumwerkzeug n (Presse) / shaving die ‖ ˻, -nadel f (Wzm) / broaching tool, broach, cutter bar ‖ durch ˻e abzuräumende Schicht / stock removal by broaching ‖ ˻-Einsatz m / broach inset
Raum·winkel m, räumlicher Winkel / solid angle, dihedral angle ‖ ˷winkelbezogen (Nukl) / angular ‖ ˷winkelbezogene Teilchenflußdichte (Nukl) / angular particle flux density ‖ ˻winkelmaß n, sr / steradian o. spheridian measure ‖ ˻wirkung f (Akustik) / depth localization, stereophonic effect ‖ ˻wirkungsgrad m (Nutzlichtstrom: Lichtstrom) / utilance, room utilization factor
Räum·zahn m der Säge, Räumer m / raker of a saw ‖ ˻zahn-Wälzfräser m / single-position hob
Raum·-Zeit… / space-time… ‖ ˻-Zeit-Ausbeute f (Chem) / space-time yield, production output ‖ ˻-Zeit-Kontinuum n (Phys) / space-time continuum ‖ ˻-Zeit-Krümmung f / space-time curvature ‖ ˻-Zeit-Mannigfaltigkeit f, Minkowski-Welt f, Ereignisraum m / space-time, event space, Minkovski[an] universe o. world ‖ ˻-Zeit-Singularität f (Phys) / singularity ‖ ˻-Zeit-Temperaturfeld n / space-time temperature field ‖ ˷zentriert (Krist) / body centered
Räum-Zusatz, Muledozer m (Straßb) / muledozer
Raupe f (Zoo) / caterpillar ‖ ˻ (Bagger) / crawler type undercarriage ‖ ˻, Schweißdurchgang m / run o. pass of welding ‖ ˻, aufgetragenes Material (Schweiß) / bead
Raupen·… (Kfz) / tracked, tracklaying, crawler-mounted ‖ ˻abzug m (Kabel) / caterpillar pull-off, caterpullar ‖ ˻anhänger m / crawler mounted trailer ‖ ˻antrieb m / crawler drive ‖ ˻antriebsrad n, -rad n / crawler wheel ‖ ˻bagger m / crawler[-mounted] excavator ‖ ˻band n, -kette f (Kfz) / creeper band o. chain ‖ ˻bildung f (Plast) / fold-back ‖ ˻bildung f (Schweiß) / bead formation ‖ ˻blech n (Hütt) / checker[ed] plate ‖ ˻blech n / channeled plate ‖ ˻fahrwerk n, -unterwagen m / tracklaying truck o. gear ‖ ˻fahrzeug n / crawler [truck] ‖ ˻fuß m (Nähm) / flat stitch embroidering foot ‖ ˻garn n / chenille [yarn] ‖ ˻glied n, -platte f, -schuh m / track link o. pad, endless chain link ‖ ˻glied n, -platte f, -schuh m / track pad ‖ ˻kette f (Traktor) / crawler ‖ ˻kette f, -band n (Kfz) / creeper band o. chain ‖ ˻[ketten]antrieb m / chain o. crawler drive, track drive ‖ ˻[ketten]fahrgestell n (Bagger) / crawler chassis ‖ ˻[ketten]fahrzeug n / tracklaying craft o. vehicle ‖ ˻ketten-Löffelbagger m / crawler shovel ‖ ˻kran m, -kettenkran m / tracklaying crane, crawler [tracked] crane ‖ ˻kran m / crawler [tracked] crane ‖ ˻lader m / traxcavator ‖ ˻leim m / insect lime ‖ ˻platte f s. Raupenglied ‖ ˻rad n, -antriebsrad n / crawler wheel ‖ ˻schlepper m / tracklaying o. track-type tractor, crawler o. creeper tractor ‖ ˻schlepper m / Caterpillar,

tracklaying tractor ‖ ˻[schlepper]fahrer m / cat skinner (coll) ‖ ˻schwenklader m / crawler-type swing-loader o. -shovel ‖ ˻unterwagen m, -fahrwerk n / tracklaying truck o. gear ‖ ˻wagen m / track truck
Rausch·… (Elektronik) / noisy, noise… ‖ ˻abstand m (in dB) / signal-to-hum ratio o. to-noise ratio, speech-to-noise ratio, S/N ratio ‖ ˻abstand m (in dB) **zum Batteriestrom** (Elektronik) / signal-to-battery supply circuit noise ratio ‖ ˻abstimmung f / noise tuning ‖ ˻anpassung f / noise matching ‖ ˻anteil m (TV) / photoelectric noise level ‖ ˷äquivalente Eingangsgröße / equivalent noise at input ‖ ˷äquivalente Strahlung / equivalent noise irradiation ‖ ˷arm (Elektronik) / of low noise, low noise [level]… ‖ ˻[ausgangs]leistung f (Antenne) / noise output power ‖ ˻bandbreite f / noise bandwidth ‖ ˻begrenzer m / noise limiter ‖ ˻bewertungsfilter m n (TV) / random noise weighting network ‖ ˻bezugstemperatur f / noise reference temperature ‖ ˻diode f / noise diode ‖ ˻druck m / noise pressure
rauschen, brausen (Feuer) / roar vi ‖ ˻ n (allg) / noise ‖ ˻ (Fernm) / background noise ‖ ˻ (Elektronik) / noise, signal noise, random vibration ‖ ˻ (z.B. Leuchtröhre) / rustle ‖ **1/f** ˻ (Röhre) / 1/f noise
Rausch·faktor m, -maß in dB n (Elektronik) / noise factor o. figure, NF ‖ ˷frei (Elektronik) / noisefree, noiseless ‖ ˻freiheit f / freedom from noise, noiselessness ‖ ˷gelb, Arsentrisulfid n / arsenic trisulfide, arsenic [sulfide] yellow, orpiment, auripigment ‖ ˻generator m / noise [signal] generator ‖ ˻gift n, -mittel n / intoxicant, intoxicating drug ‖ ˻gold n / Dutch gold o. metal, tinsel ‖ ˻grenze f (Elektronik) / upper noise limit ‖ ˻kennwert m / characteristic noise parameter ‖ ˻kennwerte m pl (Elektronik) / characteristic noise parameters pl ‖ ˻klirrmeßplatz m / white noise measuring set ‖ ˻leistung f (Elektronik) / noise output o. power ‖ ˻leistung f (Fernm) / psophometric power ‖ **spezifische** ˻leistung, kT / noise power per 1 Hz bandwith, kT ‖ ˻leistung f eines Widerstandes über die gesamte Bandbreite (Elektronik) / kTb, total resistance noise power ‖ ˻maß n (Transistor) / logarithm of the noise figure ‖ ˻maß n in dB, -faktor m (Elektronik) / noise factor o. figure, NF (measured in dB) ‖ ˻messungs… / psophometric ‖ ˻pegel, -spiegel m (Elektronik) / noise level ‖ ˻pegelregelung f (TV) / tilt and bend adjustments pl ‖ ˻silber n / Dutch silver ‖ ˻spannung f / noise voltage o. potential ‖ ˻spektrum n / noise spectrum, noise power spectrum ‖ ˻sperre f (Elektronik) / muting, squelch ‖ ˻störung f / random noise ‖ ˻strom m / noise current ‖ ˻temperatur f / noise temperature ‖ ˻thermometer n / thermal noise thermometer ‖ ˻-Unempfindlichkeit f / noise immunity ‖ ˻unterdrücker m [während der Stationssuche) / muting device ‖ ˻unterdrückung f / noise cancellation, squelch, muting ‖ ˻verbesserungsfaktor m (Elektronik) / noise improvement factor, NIF ‖ ˻vierpol m / noise twoport ‖ ˻zahl f / noise factor o. figure, NF
Rausreißstecker m (Raumf) / snatch plug
Raute f, Rhombus m / lozenge ‖ ˻ (Bot) / rue, Ruta graveolens L.
Rauten·feld n (Straßb) / chessboard pavement, lozenge pavement ‖ ˷förmig / lozenged, rhombic, diamond o. rhomb shaped, rhomboidal ‖ ˷förmig gemustertes Leinen o. Baumwollgewebe / diaper ‖ ˻kaliber n (Walzw) / diamond pass ‖ ˻matte f, Rhombenmatte f (Fiberglas) / diamond mat ‖ ˻öl n, Oleum rutae / rue[wort] oil ‖ ˻profil n (Reifen, Kfz) / diamond tread ‖ ˻spat, Dolomit m / rhomb-spar, dolomite ‖ ˻spulung f (Textil) / rhomboidal winding, diamond winding ‖ ˻verband m (Bau, Straßb) / diamond bond
Rauter, Plattenfräsapparat m (Buch) / routing [and trimming] machine, router

Ravigneaux-Planetensatz *m* (Kfz) / Ravigneaux-type planetary gear
Rax-Betrieb *m* (IBM) / remote access computing system
Raydist-Ortsbestimmung *f* / Raydist position finding
Rayé *m* (Web) / rayé fabric
Raygrass *n* / ray-grass
Rayleigh·grenze $f(\lambda/_4)$ (Opt) / Rayleigh limit ‖ ⁴-**Jeanssches Strahlungsgesetz** *n* (Radiation) / Rayleigh-Jeans law ‖ ⁴**sches Refraktometer** *n* / Rayleigh refractometer ‖ ⁴**[sche] Streustrahlung** (o. Streuung) *f* / Rayleigh scattering ‖ ⁴-**Scheibe** *f* (Akustik) / Rayleigh disk ‖ ⁴-**Schwund** *m* / Rayleigh fading ‖ ⁴-**Streulicht** *n* / Rayleigh scattering
razemisch, Razemat… (Chem) / r-, racemic
Rbf = Rangierbahnhof
RBW = relative biologische Wirksamkeit
RC--Baustein *m*, -**Element** *n* / RC-module ‖ ⁴-**Glied** *n* (Elektronik) / RC module, RC-network o. section ‖ ⁴-**Kopplung** *f* (Elektronik) / resistance-capacitance coupling
RCL-Baustein *m*, -**Element** *n* / RCL module
RCTL *f* (Elektronik) / RCTL, resistor-capacitor-transistor logic
RDLIN-Informationskarte *f* (DV) / RDLIN card
Re (Hydr) = Reynoldszahl ‖ ⁴ (Magnetwerkstoffe) = Seltene Erden (von rare earth)
REA = Rauchgasentschwefelungsanlage
Read-Diode *f* (eine Lawinenlaufzeitdiode) / Read diode
Reagens, Reagenz *n*, **Reagentie** *f* (pl: Reagenzien) (Chem) / reagent ‖ **als** ⁴ **[geeignet]** (Chem) / reagent grade ‖ ⁴**flasche** *f* / reagent bottle ‖ ⁴**glas**, Reagenzglas, -röhrchen *n* (Chem) / test glass o. tube ‖ ⁴**glasgestell** *n*, -glasständer *m* / test tube rack o. stand
Reagenzien·raum *m* (Labor) / reagent room
Reagenz·papier *n* / test paper ‖ ⁴**papier**, Lackmuspapier *n* / litmus paper
reagieren [auf] / behave, react ‖ ~ **[mit]** (Chem) / react [on] ‖ ⁴ / taking up of reactions ‖ ~ **lassen** / react *vt*
reagierend [auf] / responsive [to], reactive ‖ ~ / reacting *adj* ‖ **unter Lichteinwirkung** ~ (Chem) / light-reactive
Reagiervermögen *n* / capability of reacting, reactivity
REA-Gips *m* / gypsum from flue gas desulfurization
Reaktand *m* / reactant
Reaktanz *f*, **Blindwiderstand** *m* / [inductive and capacitive] reactance ‖ ⁴**diode** *f*, **Varactor** *m* (Halbl) / varactor, variable reactor ‖ ⁴**relais** *n* / reactance relay, impedance o. distance relay ‖ ⁴**röhre**, Hubröhre *f* (Elektronik) / reactance tube, tube reactor ‖ ⁴**spule**, Strombegrenzungsdrossel *f* / current limiting reactor ‖ ⁴**theorem** *n* / [Forster's] reactance theorem ‖ ⁴**transformator** *m* / reactance transformer
Reaktimeter *n*, **Reaktivitätsmesser** *m* / reactivity meter
Reaktion *f* (allg, Chem) / reaction ‖ ⁴, **Ansprechen** *n* / response, reaction ‖ ⁴ **auf eine Diskontinuität** / step response ‖ ⁴ **auf Feuer** / reaction to fire ‖ ⁴ **unter o. durch Erhitzung** (Chem) / pyrogenic reaction ‖ **durch** ⁴ **[mit]** / by reacting [with] ‖ **eine** ⁴ **eingehen** / react ‖ **mit einander in** ⁴ **gebracht werden** / be reacted together
Reaktions·ablauf *m* / reaction process ‖ ⁴**antrieb** *m*, Rückstoßantrieb *m* / propulsion by recoil o. reaction o. repulse o. jet ‖ ⁴**ausbeute** *f* (Nukl) / reaction yield ‖ ⁴**bereitschaft** *f* / reactiveness ‖ ⁴**beschleuniger** *m* (Chem) / inductor ‖ ⁴**bremse** *f* (Chem) / retarder ‖ ⁴**bremse** *f*, Staustoff *m* (Nukl) / retarder, moderator ‖ ⁴**durchschreibepapier** *n* / reaction copying paper ‖ ⁴**energie** *f* / chemical energy ‖ ⁴**energie** *f*, Kernzerfallsenergie *f*, Q-Wert *m* (Nukl) / Q-value, reaction energy ‖ ⁴**erzeugnis** *n* (Chem) / reaction product ‖ ~**fähig** / [re]active ‖ ⁴**fähigkeit** *f*, -**vermögen** *n* / capability of reacting, reactivity ‖ ⁴**freudigkeit**, -**fähigkeit** *f* (von Säuren o. Basen) (Chem) / avidity ‖ ~**gebundenes Siliziumnitrid**, RSBN / reaction bounded silicon nitride ‖ ⁴**gefäß** *n* (Chem) / reactor, reaction

vessel ‖ ⁴**gemisch** *n* / reaction mixture ‖ ⁴**geschwindigkeit** *f* / reaction rate o. velocity ‖ ⁴**haftgrund** *m* / reaction o. wash primer, self-etching primer (GB) ‖ ⁴**haftstelle**, Haftstelle *f* (Elektronik) / deathnium centre o. trap ‖ ⁴**harz** *n* / reaction resin, thermosetting resin ‖ ⁴**harzformstoffe** *m pl* / reaction resin moulding materials ‖ ~**hemmend** / reaction inhibiting ‖ ⁴**hemmung** *f*, negative Katalyse (Chem) / reaction inhibition, negative catalysis ‖ ⁴**hubschrauber**, Düsenhubschrauber *m* / rotor-tip jet helicopter, tip-drive helicopter ‖ ⁴**isochore** *f* (Chem) / van't Hoff's o. reaction isochore ‖ ⁴**isotherme** *f* (Chem) / reaction isotherm ‖ ⁴**kammer** *f* (Luftf) / reaction chamber ‖ ⁴**kette** *f* (Chem) / reaction chain ‖ ⁴**kinetik** *f* / reaction kinetics, kinetic theory of reactions ‖ ~**kinetisch** / of kinetic reaction ‖ ⁴**kleber** *m* / mixed adhesive ‖ ⁴**kolben** *m* (Chem) / reaction flask ‖ ⁴**konstante** *f* / reaction constant ‖ ⁴**kraft** *f* / power of recoil o. repulsion o. reaction, reaction power ‖ ⁴**kraft** *f*, Auflagerdruck *m* / bearing pressure o. stress ‖ ⁴**kraft** *f*, [spezifische] innere Spannung o. Beanspruchung / [unit] stress, restoring force per unit area ‖ ⁴**kunststoff** *m* (2-Komponentenkunststoff) / reaction plastic, two-component plastic ‖ ~**lenkend** / guiding the reaction ‖ ~**los**, indifferent (Chem) / indifferent ‖ ⁴**masse** *f* / reaction mass ‖ ⁴**mittel** *n* / reactant ‖ ⁴**motor** *m* (Elektr) / synchronous reaction motor ‖ ⁴**ordnung** *f* / order of reactions ‖ ⁴**partner** *m*, -teilnehmer *m* / reacting agent, [co]reactant ‖ ⁴**primer** *m* / reaction o. wash primer, self-etching primer (US) ‖ ⁴**prinzip** *n* / Newton's law of reaction ‖ ⁴**produkt**, -erzeugnis *n* (Chem) / reaction product, resultant ‖ ⁴**querschnitt** *m* (Nukl) / reaction cross section ‖ ⁴**rad**, Segnersches Wasserrad *n* / Barker's wheel o. mill, reaction wheel, wheel of recoil ‖ ⁴**rand** *m*, -rinde *f* (Geol) / reaction rim o. border ‖ ⁴**raum** *m* / reaction space ‖ ⁴**rohr** *n* / reaction pipe ‖ ⁴**schwungrad** *n* / reaction wheel ‖ ⁴**sintern** *n* / reaction sintering ‖ ⁴**spritzguß** *m* / reaction-injection moulding, RIM ‖ ⁴**spritzguß-Verfahren** *n*, RSG *m* (Plast) / reaction-injection mo[u]lding system, RIM ‖ ⁴**steuerung** *f* / reaction control ‖ ⁴**stufe** *f* / reaction stage o. step ‖ ~**träge** (Chem) / less active ‖ ⁴**träge** / low-activity…, sluggish in reaction, inert ‖ ⁴**turbine** *f* (Hydr, Dampf) / reaction turbine ‖ ⁴**turm** *m* (Chem) / reaction tower o. chamber ‖ ⁴**vermögen** *n* / capability of reacting, reactivity ‖ ⁴**verzögerer** *m* (Chem) / retarder ‖ ⁴**wärme** *f* / heat of reaction ‖ ⁴**zeit**, Latenzzeit *f* (Psychol) / reaction o. response time o. period ‖ ⁴**zeit** *f* (Chem, Phys) / reaction period ‖ **einfache** ⁴**zeit** / reduced reaction time
reaktiv / reactive ‖ ⁴**farbstoff** *m* / reactive dyestuff
reaktivieren, wieder aktivieren / reactivate
Reaktivierung, Wiederbelebung *f* (Chem) / reactivation ‖ ⁴ *f* / reactivation
Reaktivierungsmittel *n* / reviver
Reaktivität *f* / reactivity, capability of reacting
Reaktivitäts·äquivalent *n* (Nukl) / reactivity worth ‖ ⁴**äquivalent** *n* des Steuerstabs / control rod worth ‖ ⁴**bilanz** *f* / reactivity balance ‖ ⁴**eisen** *n* (Trafo) / reactive iron ‖ ⁴**erhöhung** *f* (Nukl) / insertion of reactivity ‖ ⁴**koeffizient** *m* (Nukl) / danger o. reactivity coefficient ‖ ⁴**messer** *m* / reactivity meter ‖ ⁴**rate** *f* (Nukl) / reactivity rate ‖ ⁴**sprung** *m* (Atom) / reactivity excursion ‖ ⁴**stab** *m* (Nukl) / booster rod ‖ ⁴**störfall**, -unfall *m* (Nukl) / reactivity initiated accident ‖ ⁴**wert** *m* eines Steuerstabes (Nukl) / control rod worth o. efficiency, reactivity worth
Reaktor *m* (Chem) / reactor ‖ ⁴, **Kernreaktor** *m* / [nuclear] reactor ‖ ⁴ **für Nahrungsmittelbestrahlung** / food irradiation reactor, F.I.R. ‖ ⁴ **mit Absorptionssteuerung** / absorption control reactor ‖ ⁴ **mit aufgelockerter Spaltzone** / diluted core reactor ‖ ⁴ **mit Brennstoffumlauf** / circulating fuel reactor ‖ ⁴ **mit**

dispergiertem Brennstoff / slurry o. suspension reactor ‖ ⁺ mit fluidisiertem Brennstoff, Wirbelschichtreaktor *m* / fluidized reactor ‖ ⁺ mit Flüssigmetall-Brennstoff / liquid-metal-fueled reactor, LMFR ‖ ⁺ mit gebündelten Cores / coupled-core reactor ‖ ⁺ mit geschlossenem Gaskreislauf / gas cycle reactor ‖ ⁺ mit geteiltem Kühlmittelfluß / split-flow reactor, dual-cycle reactor ‖ ⁺ mit karbidischem, [keramischem] Brennstoff / carbide-, [ceramic-]fueled reactor ‖ ⁺ mit Konfigurationssteuerung / configuration control reactor ‖ ⁺ mit Konvektionskühlung / natural convection reactor ‖ ⁺ mit laminar fluidisiertem Brennstoff / paste reactor ‖ ⁺ mit NaK-Kühlung / NaK-cooled reactor ‖ ⁺ mit Naturumlauf / natural circulation reactor ‖ ⁺ mit niedrigem Elektronenfluß / low flux reactor ‖ ⁺ mit organischem Moderator / organic material moderated reactor ‖ ⁺ mit oxidischem Brennstoff / oxide fueled reactor ‖ ⁺ mit Spektralsteuerung / spectral shift reactor ‖ ⁺ mit turbulent fluidisiertem Brennstoff / fluidized bed reactor ‖ ⁺ mit Vergiftungssteuerung / fluid poison control reactor, FPCR ‖ linearer ⁺ (Regelung) / linear reactor ‖ ⁺baulinie *f*, -baureihe *f*, -familie *f* / reactor system o. string ‖ ⁺baustahl *m* / constructional steel for reactors ‖ ⁺becken *n* (Nukl) / reactor well, refuelling cavity ‖ ⁺behälter *m*, -druckgefäß *n* / reactor vessel ‖ ⁺betrieb *m* / reactor control ‖ ⁺core *n* / reactor core ‖ ⁺druckgefäß *n*, -druckbehälter *m* / reactor pressure vessel ‖ ⁺exkursion, Leistungsexkursion *f* / power excursion of a reactor, reactor excursion ‖ [physikalisches] ⁺experiment (Nukl) / reactor experiment ‖ ⁺fahrer *m* (Nukl) / reactor operator ‖ ⁺flugtest *m* (Raumf) / RIFT, reactor in-flight test ‖ ⁺gift *n* / nuclear poison ‖ ⁺gitter *n* (Nukl) / reactor lattice ‖ ⁺kampagne *f* / refueling interval o. cycle, reactor run ‖ ⁺kern *m* (Nukl) / reactor core ‖ ⁺kerneinbauten *f pl* / core support stand ‖ ⁺kreislauf *m* / reactor circuit ‖ ⁺kühlmittel *n* / reactor coolant ‖ ⁺kuppel *f* (Nukl) / reactor sphere o. dome ‖ ⁺leistung *f* / reactor output ‖ ⁺leistungs-Begrenzer *m* / reactor power limit control ‖ ⁺loop *m* / reactor loop ‖ ⁺lösung *f* (Chem) / homogeneous reactor liquid ‖ ⁺mantel *m*, -hülle *f* (Nukl) / reactor shell ‖ ⁺modell *n* / mock-up reactor, reactor simulator ‖ ⁺müll *m* (Nukl) / reactor waste ‖ ⁺oszillator *m* (Nukl) / reactor oscillator ‖ ⁺-Periode *f* (Nukl) / reactor time constant, reactor period ‖ ⁺physik *f* / reactor physics *sg* ‖ ⁺rauschen *n* (Nukl) / reactor noise ‖ ⁺regelung *f* / reactor control ‖ ⁺schiff *n* / nuclear powered ship ‖ ⁺schutz *m* / safety assembly o. system, safety circuit ‖ ⁺schutzsicherung *f* / reactor safety fuse ‖ ⁺sicherheitsbehälter, -raum *m*, -hülle *f*, -gebäude *n* / reactor [dry] containment, reactor containment shell ‖ ⁺sicherheitskommission *f*, RSK / Reactor Safety Commission ‖ ⁺stab *m* / reactor pin o. rod ‖ ⁺steuerung *f* (Nukl) / reactor control ‖ ⁺steuer-u. -regelsystem *n* / reactor control system ‖ ⁺technologie *f*, -technik *f* / reactor technology ‖ ⁺unfall *m* / reactor accident ‖ ⁺versuchskreislauf *m*, -loop *m* / reactor loop ‖ ⁺wasserreinigung *f*, RWR / reactor water clean-up ‖ ⁺werkstoff *m* / reactor construction material ‖ ⁺-Zeitkonstante *f* (Nukl) / reactor time constant, reactor period ‖ ⁺zelle *f* / reactor cell

real (allg, Chem) / real ‖ ~er Bestand (Nukl) / physical inventory ‖ ~es Gas / real gas ‖ ~er Innenwiderstand / resistive output impedance ‖ ~e Seide, Realseide *f* / thrown silk (US), net silk (GB), top-quality o. A-1 silk
Realgar *m*, Rauschrot, Rotglas *m* (Min) / realgar
realisieren, verwirklichen *vt* / realize
realisiert (LoKa, Fehler) / conscious
Real-kristall *m* / real crystal ‖ ⁺löhne *m pl* / real wages *pl* ‖ ⁺teil *m* (Math) / real component ‖ ⁺teil *m* (FORTRAN) / real part ‖ ⁺-Time Basic / real time Basic ‖ ⁺-Time-Betrieb *m* (DV) / real-time mode o. processing

o. working ‖ ⁺-Time-Rechnung *f* / real-time computation ‖ ⁺-Time-System *n* (DV) / real-time system ‖ ⁺wert *m* (DV) / true form ‖ ⁺zeit *f* / real time ‖ ⁺zeit… s. Real-Time…
Réaumurskala *f* (veraltet) / Réaumur scale
Rebe, Ranke *f* / tendril
Rebekka- Eureka-System *n* (Radar) / Rebecca-Eureka system
Reben·, echter ⁺mehltau / powdery mildew of grape ‖ ⁺peronospora *f*, falscher Rebenmehltau / downy mildew of grape ‖ ⁺säge *f*, gekrümmte Astsäge mit Heft / pruning saw ‖ ⁺schädlinge *m pl*, Rebschädlinge *m pl* / vine pests *pl*
Reblaus, Blattlaus *f*, Phylloxera vastatrix, Viteus vitifolii / vine fretter o. louse ‖ ~befallen / vine fretter infested ‖ ⁺krankheit *f* / vine disease
Rebschädlinge *m pl* / vine pests *pl*
Receiver *m* (Radio ohne Lautsprecher) / receiving set o. unit, receiver
rechen, harken (Landw) / rake *v* ‖ ⁺, Harke *f* (Landw) / rake ‖ ⁺, Raffeinrichtung *f* an Mähmaschinen (Landw) / reel reaping device
Rechen *m* (Wasserbau) / rake
Rechen *m* (Jacquardmasch) / grid ‖ ⁺ als Auffänger / catcher, rack ‖ ⁺ des Schlagwerks (Uhr) / rack ‖ durch ⁺ gereinigt (Abwasser) / screened
Rechen·…, rechnerisch / computational ‖ ⁺anlage *f* (DIN) s. Rechner ‖ ⁺automat *m* / automatic calculator ‖ ⁺bauwerk *n* (Abwasser) / screening plant ‖ ⁺befehl *m*, -anweisung *f* (DV) / arithmetic instruction, arithmetic compute statement ‖ ~betont (COBOL) / computational ‖ ⁺block *m* (DV) / functional block ‖ ⁺brett *n*, Abakus *m* / abacus ‖ ⁺dezimalpunkt *m* (DV) / assumed decimal point ‖ ⁺dezimalpunkt-Klausel *f* / point clause (COBOL) ‖ ⁺eindicker *m* / rake thickener ‖ ⁺einheit (DV) s. Rechenwerk ‖ ⁺fähigkeit *f*, -kapazität *f* / calculating capacity ‖ ⁺fehler *m* / computational error, miscalculation ‖ ⁺förderer *m*, -transporteur *m* / rake conveyor ‖ ⁺genauigkeit *f* / accuracy of calculation ‖ ⁺geschwindigkeit *f* (DV) / arithmetic speed, computing speed ‖ ⁺größe *f* (Math) / operand ‖ ⁺gut *n* (Hydr) / screenings *pl*, rakings *pl* ‖ ⁺gutzerkleinerer *m* (Hydr) / screen shredder o. disintegrator ‖ ⁺haus *n*, -anlage *f* (Hydr) / screening chamber ‖ ⁺hilfsmittel *n* (z.. Rechenschieber) / intelligence amplifier ‖ ~intensiv (DV) / computer-bound ‖ ⁺klassierer *m* (Bergb) / rake classifier, drag classifier ‖ ⁺kontrolleinheit *f* (DV) / arithmetic sequence unit ‖ ⁺kopf *m*, Preisrechner *m* (Tanksäule) / computer head, countmetering head ‖ ⁺kühlbett *n* (Hütt) / rake type cooling bank ‖ ⁺locher, -stanzer *m* (LoKa) / calculating o. computing punch, calculator ‖ ⁺maschine *f*, -gerät *n* / computing machine ‖ ⁺maschine *f*, Dreispeziesmaschine *f* / calculating machine, calculator ‖ ⁺operation *f* / arithmetical operation ‖ mittlere o. gemittelte ⁺operation / average calculating operation ‖ ⁺operationen *f pl* je Sekunde / flops *pl*, floating point operations/s *pl* ‖ ⁺probe *f* (DV) / mathematical check, arithmetic check ‖ ⁺programm *n* (DV) / computing program[me] o. routine ‖ ⁺-Programm- und Steuerwerk *n* (DV) / processing unit, PU ‖ ⁺reiniger *m* (Wassb) / bar screen, screen cleaner o. rake ‖ ⁺schema *n* / diagram of a computer ‖ ⁺schieber, -stab *m* / calculating o. slide rule, slipstick (US) ‖ ⁺system, Datenverarbeitungssystem *n* / data processing system ‖ ⁺tabelle *f* (DV) / ready reckoner ‖ ⁺tafel *f*, Nomogramm *n* / nomogram, nomograph ‖ ⁺tafel *f*, Multiplikationstafel *f* / multiplication table ‖ ⁺teil (DV) s. Rechenwerk ‖ ⁺- und Leitwerk *n* (DV) / arithmetic and logical unit ‖ ⁺verfahren *n* / calculating method ‖ ⁺verstärker *m* (Analogrechner) / operational amplifier, op amp ‖ ⁺vordruck *m* / calculating sheet ‖ ⁺vorschrift *f* / rule for computing ‖ ⁺vorzeichen, Vorzeichen *n* (DV) / operational sign ‖ ⁺vorzeichenklausel *f* (COBOL) / sign clause ‖ ⁺werk *n*

(DV) / arithmetic unit o. element ‖ ⌐werk n, Zählwerk n / [calculating] counter ‖ **[zentrales]** ⌐werk, Rechenteil m, -einheit n (DV) / arithmetic unit ‖ ⌐wert m **der Festigkeit** / characteristic strength ‖ ⌐zentrum n / electronic data processing center, EDPC, computing center, CC

Recherche f, Untersuchung f / research ‖ ⌐ (Patent) / search ‖ ⌐antrag m (Patent) / search application

rechnen / calculate, reckon ‖ ~, berechnen / compute, calculate, cipher ‖ ~, kalkulieren / calculate, reckon ‖ ⌐ n, [Be]rechnung f / computation ‖ ⌐ **mit bedeutsamen o. signifikanten Ziffern** / significant digit arithmetic ‖ ⌐ **mit doppelter Stellenzahl** / double-length o. double-precision arithmetic ‖ ⌐ **mit Personalrechner** / personal computing

Rechner m, Datenverarbeitungsanlage f (DIN) / computer ‖ ⌐ **der dritten Generation** / operator oriented machine ‖ ⌐ **für automatischen Satz** (Buch) / typesetting computer ‖ ⌐ **für Breite/Länge** / lat/long computer ‖ ⌐ **für lesbare Unterlagen** / visible detector, visible record computer, VRC ‖ ⌐ **mit Kartendarstellung** / pictorial computer ‖ ⌐ **mit zwei Zentraleinheiten** / bi-processor ‖ ⌐ m pl **verschiedener Hersteller** / multiple supplier system ‖ **auf** ⌐ **umstellen** / computer[ize] ‖ **von angelernten Kräften einsetzbarer** ⌐ / open shop computer ‖ ⌐**abhängig** / on-line ‖ ⌐**anlage** f / computing machinery ‖ ⌐**anlage mit festem Programmier- usw. Team** / closed shop ‖ ⌐**ausgabe** f **auf Mikrofilm** / computer output on microfilm, COM ‖ ⌐**ausgangsdaten** pl, -grunddaten pl (Öl) / computer abbreviation data base ‖ ⌐**band** n / computer tape ‖ ~**bediente Tankstelle** / computer-run gas station ‖ ⌐**befehl** m / computer instruction ‖ ⌐**benutzung** f, -einsatz m / computation, use of computers ‖ ⌐**betrieb** m / computer operation ‖ ⌐**betrieb** m **mit Fernzugriff** / remote autotransaction ‖ ⌐**code** m / computer code ‖ ⌐**-Datenstation** f, Terminal n / host-to device ‖ ~**flexibel** (Datei) / computer-flexible ‖ ~**gesteuert** / computer controlled, cybernated computerized ‖ ~**gesteuerte Vermittlung** (DV) / switching system ‖ ~**gesteuerter Fernschreibbetrieb** / computerized telex operation

rechnergestützt / computer aided, -assisted, computerized ‖ ⌐**er Entwurf** / design automation, computer aided design ‖ ⌐**er Entwurf von gedruckten Schaltungen** / computer aided printed circuit design ‖ ~**e Fabrikation o. Fertigung**, CAM / computer aided manufacturing, CAM ‖ ~**e Fertigungsvorbereitung** / computer-aided process planning, CAPP ‖ ~**e Industrie** / computer-aided industry ‖ ~**es Konstruieren**, CAD / computer-aided design, CAD ‖ ~**e Konstruktion und Fertigung**, CAD/CAM n / CAD/CAM ‖ ~**es Management** / CIM, computerized integrated management ‖ ~**e Planung**, CAP / computer assisted planning, CAP ‖ ~**e Prozeßsteuerung** / computerized process control, CPC ‖ ~**e Prüfung** / computer assisted testing, CAT ‖ ~**e Qualitätskontrolle**, CAQ / computer assisted quality control, CAQ ‖ ~**e Softwareerstellung**, CASE / computer aided software engineering, CASE ‖ ~**e Steuerung**, CAMAC n / /r-a/r a, CAMAC ‖ ~**e Technik**, CAE n / CAE, computer aided engineering ‖ ~**e Unternehmensführung**, rechnergestütztes Management / computerized integrated management, CIM ‖ ~**er Unterricht** / computer-aided instruction o. teaching

Rechner··Informatik f / computer informatics ‖ ~**integriert** / computer integrated, computerized ‖ ~**integriertes Büro** / computer integrated office ‖ ~**integriertes Transportwesen** / computer integrated transports pl, CIT ‖ ~**integrierte numerische Steuerung**, CNC / computerized numerical control, CNC ‖ ~**intelligente Steuerstation** / host-to-intelligent controller

rechnerisch, auf rechnerischem Wege / calculated ‖ ~, mathematisch / mathematical ‖ ~, theoretisch / rated, theoretical ‖ ~**e Auswertung** (o. Lösung) / solution by calculation ‖ ~**e Auswertung** (Verm) / numerical plotting [von] / way of calculating [with] ‖ ~**e Geschwindigkeit** / calculated speed o. velocity

rechner·kompatibel / computer-compatible ‖ ⌐**leistung** f / throughput of a computer ‖ ⌐**-Linguistik** f / computational linguistics ‖ ⌐**operationen** f pl / computer operations pl ‖ ⌐**periode**, Maschinenperiode f, -zyklus m (DV) / machine cycle ‖ ⌐**-Peripherie-Hersteller** m / peripheral computer manufacturer, PCM ‖ ⌐**schaltung** f, Zusammenbau und Inbetriebnahme / set-up ‖ ⌐**simulation** f / computerized simulation ‖ ~**unabhängig** / off-line ‖ ~**-verarbeitbar** / computer-processable ‖ ⌐**verbund** m / computer network ‖ ⌐**verbundsystem** n, Rechnernetz n / master-slave system ‖ ⌐**wirkzeit** f (DV) / available time

Rechnung f, Faktur[a] f / invoice, bill ‖ ⌐, Berechnung f / computation, account, reckoning ‖ ⌐, Kalkulation f (F.Org) / calculation ‖ **eine** ⌐ **erstellen** (o. verschicken) / bill v, invoice ‖ **in** ⌐ **stellen** / charge v ‖ **in** ⌐ **ziehen** / take into account, allow [for]

Rechnungs·abwicklung f, -ausschreibung f / invoicing, billing ‖ ⌐**arten** n pl / arithmetical operations pl ‖ **die 4** ⌐**arten** / the 4 x rules o. operations ‖ **die höheren** ⌐**arten** / advanced operations pl ‖ ⌐**gewicht** n (Luftf) / design weight ‖ ⌐**prüfer** m / auditor ‖ ⌐**prüfung** f / audit ‖ ⌐**stellung** f **stets zu dem gleichen Monatsdatum** / cycle billing ‖ ⌐**wesen** n / accountancy, accounting (US)

recht (Seite) / right-hand ‖ ~**e Buchseite** (mit ungerader Zahl) (Buch) / recto, odd o. uneven page ‖ ~**e Masche** (Wirkm) / face stitch ‖ ~**er Meißelschieber** (Senkrechtdrehmaschine) / right-hand railhead ‖ ~**e [Richtungs-]Fahrbahn** (o. Fahrspur) (Straßb) / right lane ‖ ~**e Seite** / right [side] ‖ ~**e Seite** (Gleichung) / second member ‖ ~**e Seite**, Vorderseite f (Web) / good o. right side, [cloth] face ‖ ~**e Seite**, Rechts... (Straßb) / far side (lefthand driving), near side (righthand driving) ‖ ~**er Seitendrehmeißel** (Wzm) / right-hand tool ‖ ~**er Winkel** / right angle ‖ **einen** ~**en Winkel bilden** / square

Rechteck n (Math) / rectangle, oblong ‖ ⌐**-Einfachspannung** f (Fernm) / neutral square-wave voltage ‖ ⌐**ferrit** m / rectangular loop ferrite ‖ ⌐**ferrit mit Löchern**, Transfluxer m (Elektronik) / transfluxer, -xor ‖ ⌐**form geben** (Wellen) / make rectangular ‖ ⌐**-Hohlleiter** m / rectangular waveguide

rechteckig (Fläche) / rectangular, oblong ‖ ~ **behauen** (o. sägen), die Schwarten absägen (Stämme) / slab ‖ ~**es Beschneiden** (Pap) / squaring ‖ ~ **beschnitten** (o. bearbeitet) / squared ‖ ~**e Flachspule** / rectangular flat coil ‖ ~**e Hystereseschleife** / rectangular o. right-angled hysteresis loop ‖ ~ **machen** (o. zurichten o. behauen o. bearbeiten) (allg) / square [up] ‖ ~**er Träger** (Stahlbau) / box girder

Rechteckigkeit f / rectangularity, squareness

Rechteckigkeits·verhältnis n / squareness ratio

Rechteck·impuls m (Elektronik) / rectangular pulse, square pulse ‖ ⌐**-Impulsformer** m (Radar) / pulse forming line ‖ ⌐**impulsgenerator** m / square wave [form] pulse generator ‖ ⌐**-Knüppel** m (Walzw) / rectangular billet ‖ ⌐**modulationsgrad** m / square wave response, square amplitude response ‖ ⌐**-Rasterlinse** f (Wellenleiter) / slatted lens, egg-box lens ‖ ⌐**ring** m (Kolbenring, Kfz) / plain compression ring ‖ ⌐**röhre** f, -schirm m (TV) / flat square tube, FST ‖ ⌐**schwingung** f (Kath.Str.) / square wave ‖ ⌐**-Senkkasten** m (Hydr) / square caisson ‖ ⌐**signal** n / square wave signal ‖ ⌐**spannung** f / square wave voltage ‖ ⌐**stange** f / rectangular bar ‖ ⌐**stein** m (Hütt) / straight brick ‖ ⌐**-Stoßimpuls** m / rectangular shock pulse ‖ ⌐**tisch** m (Schleifm.) / square table ‖

⤙**wehr** m / rectangular thin plate weir ‖ ⤙**welle** f (Elektronik) / rectangular o. square wave
Rechter, rechter Winkel / right angle
rechtfallende Verwerfung (Geol) / normal fault, rift
rechts / right [hand] ‖ ~ (Tür, Geländer nach DIN 107) / DIN-right-handed ‖ ~ **einschlagen** / lock to the right ‖ ~ **stricken** / plain-knit ‖ ~ **überholen** / pass righthand ‖ [**scharf**] ~ **fahren** (Kfz) / keep right! ‖ **nach** ~ **ablenkend** (Opt) / dextrogyre ‖ ⤙**abbiegen** n / right turning ‖ ⤙**abbieger** m / right-turning vehicle ‖ ⤙**abbiegerspur** f / right turn filter ‖ ⤙**achse** f (Math) / righthand abscissa axis ‖ ⤙**anspruch** m / claim ‖ ⤙**antrieb** m (Luftf) / right-hand drive ‖ ⤙**ausführung** f / right-hand execution ‖ ⤙**bewegung** f / right-hand motion ‖ ~**bündig** (Buch) / right-aligned, right-justified ‖ ⤙**drall** m, Schlagrichtung rechts o. "Z" (Kabel) / right-hand[ed] twist ‖ ~**drehen**, im Uhrzeigersinn umspringen (Meteorol) / veer ‖ ~**drehend** (Chem) / dextrogyrated, -rotatory ‖ ~**drehendes Hilfsgerät** (Luftf) / right-hand o. clockwise drive ‖ ~**drehende Kampfersäure** / dextro-camphoric acid ‖ ~**drehend polarisiert** / right-handed polarized ‖ ~**drehender Propeller** (vom Heck aus gesehen) / right-handed propeller (as viewed from behind the aircraft) ‖ ~**drehender Zucker** / dextrorotatory sugar ‖ ⤙**drehung** f (Chem) / dextrogyration ‖ ⤙**drehung**, Drehung im Uhrzeigersinn f, "mul" (= mit Uhrzeiger laufend) / right-hand o. clockwise rotation ‖ ⤙**drehung** f, -draht m, Z-Drehung f (Zwirn) / right-hand twine, Z-twist, open-band (GB) ‖ ⤙**gang** m (Gewinde) / right-hand[ed] thread ‖ ⤙**gang** m, -lauf m / right-hand rotation ‖ ~**gängig** (bei Seil: Z, bei Litze: z) / right-hand, plain-laid, right-laid ‖ ~**gängig** (Gewinde) / right-hand[ed] ‖ ~**gängiges Gleichschlagseil** (Kurzzeichen zZ) / right-hand long-lay cable ‖ ~**gängiges Kreuzschlagseil** (Kurzzeichen sZ) / right-hand cross lay cable ‖ ~**gedrehtes Garn** (Textil) / right-hand twine, open-band twist thread ‖ ⤙**gewinde** n / right-hand[ed] thread ‖ ⤙**gewinde** n / right-hand thread ‖ ~**gewunden** (Mech) / right-handed ‖ ⤙**gratköper** m (Textil) / left-to-right twill, twill left to right ‖ ~**händig**, für die rechte Hand / right-handed
rechtsinnig fallend (Bergb) / hade with the dip, normal
Rechts·komparativität f (Math) / right-handed comparativity f, Kurve f rechts (Straßb) / right-hand turn ‖ ⤙**kurve** f / right turn ‖ ⤙**lauf** m / right-handed rotation ‖ ~**laufend** (Phys, Welle) / dextropropagating ‖ ~**laufend**, -läufig, "mul" / right-handed rotating ‖ ~**läufig**, "mul" / clockwise, right-handed ‖ ~**läufig**, "mul" (mit dem Uhrlauf) (DIN) / right-handed, ckw ‖ ⤙**lenkung** f (Kfz) / right-hand drive ‖ ⤙**-Links-Bindung** f (Wirkm) / right/left construction ‖ ⤙**-Links-Naht** f / French seam ‖ ⤙**-Linksware** f, RL-Ware f (Wirkm) / plain jersey, plain knit goods pl, single-face fabric ‖ ⤙**masche** f / plain stitch ‖ ⤙**motor** m, -maschine f (auf die Abtriebsseite gesehen rechtslaufend) / right-handed engine (facing the driving side) ‖ ⤙**-Rechts-Bindung** f (Wirkm) / right/right construction ‖ ⤙**-Rechts-Flachstrickmaschine** f (Textil) / V[-type] flat frame, two-bed straight knitting machine, right/right straight knitting machine ‖ ⤙**-Rechts-Gestrick** n / one-by-one rib knitted fabric ‖ ⤙**-Rechts-Rand** m (Wirkm) / rib top ‖ ⤙**-Rechtsware** f, RR-ware f / double face fabric, rib fabric ‖ ⤙**schlag** m, Z-Schlag m / right-hand o. Z-strand ‖ ⤙**schlag** m, Schlagrichtung f rechts o. Z / Z-lay ‖ ⤙**schlag** m, Schlagrichtung f rechts o. Z / right-hand lay, Z-lay ‖ ⤙**schlag** m, Schlagrichtung f rechts o. Z / right-hand lay, Z-lay ‖ ⤙**schloß** n (in der Türansicht beim Ziehen rechts sitzend) / DIN-right-handed lock ‖ ~**schneidend** (Fräser) / right-hand cut[ting] ‖ ⤙**schraube** f / right helix ‖ ⤙**schützen** m (Web) / right-eye shuttle ‖ ⤙**schweißung** f / rightward o. backward (US) welding ‖ **erweiterte** ⤙**schweißung** / rightward welding with

normalizing ‖ ~**seitige Komponenten** f pl, Teilprodukte in n pl ganzen Einheiten (DV) / right-hand components pl ‖ ⤙**spirale** f / right-handed helix ‖ ~**stehend** (Ziffern) / trailing ‖ ~**steigende Verzahnung** / right-hand teeth ‖ ⤙**steuer** n (Kfz) / right-hand drive ‖ ⤙**steuerung** f (Kfz) / right-hand drive ‖ ⤙**verkehr** m (Straßb) / right-hand drive ‖ ⤙**verschiebung** f (DV) / right shift ‖ ⤙**vorfahrt** f / right-hand right of way ‖ **einfache** ⤙**weiche** (Bahn) / right-hand turnout, points for righthand turnout ‖ ⤙**weiche** f im Innenbogen / right-hand turnout on similar flexive curve ‖ ⤙**weinsäure** f / dextrotartaric acid, dextroacid
rechtsweisend·e Peilung / true bearing
Rechtsziegel m (Dach) / right-hand side tile
rechtsweisend (Schiff) / straight true ‖ ~**er Kurs** (Schiff) / Co. T., true course
Rechtwinkelgleiter m (Opt) / parallel motion device
rechtwinklig, -eckig, im rechten Winkel stehend / square, rectangular ‖ ~, winkelrecht, im rechten Winkel / right-angled, orthogonal ‖ ~ **ansetzen** / fix at right angles ‖ ~**es Dreieck** / rectangular o. right triangle ‖ ~**es Handstück** n / right-angle handpiece ‖ ~**es Hysteresisschleife** (Elektronik) / square loop ‖ ~**es Knie[rohr]** / right angle bend, square elbow o. bend ‖ ~**e Koordinaten** f pl / rectangular o. Cartesian coordinates pl ‖ ~**e Koordinaten** / Cartesian rectangular coordinates pl ‖ ~**e Mauerecke** (Bau) / square quoin ‖ ~ **polarisiert** / polarized at right angle ‖ ~**es Prisma** / rectangular prism, prismatic square, cuboid ‖ ~ **schneiden** / cut square, square [off] ‖ ~**er Stirnstoß** (Schweiß) / edge weld ‖ ~**er Stoßimpuls** (Mech) / rectangular shock pulse ‖ ~**e Verbindung** (Holz) / edge joint
rechtzeitig unterbrochen / arrested
Rechwender m (Landw) / turn-over rake
Reck·alterung f / strain ag[e]ing o. age hardening ‖ ~**alterungsbeständig** / non-strain-ageing ‖ ⤙**beanspruchung**, -spannung f / stretching stress ‖ ⤙**belastung** f / stress due to stretching o. straining ‖ ~**biegen** / stretch bend ‖ ⤙**drücken** n, Recken n, Drückwalzen n / flow-turn, roller-spinning
recken, strecken / stretch, distend, draw-out, strain ‖ ~, verlängern / lengthen, elongate ‖ ~, ausschmieden / extend, beat out, forge out, stretch out ‖ ~, orientieren (Textil) / orient[ate] ‖ ~ (Baumwollspinn) / wring ‖ ⤙, Reckschmieden n / drawing out ‖ ⤙ **des Drahtes** (Fernm) / stretching the wire ‖ ⤙ **von Flachstäben** (Hütt) / straightening by stretching ‖ **den Draht** ~ (Fernm) / stretch the wire ‖ **Draht stark** ~ / kill wire
reck·formen, [st]reckziehen / stretch-form ‖ ⤙**formmaschine** f / stretch former ‖ ⤙**grad** m (Schm) / drawing-out ratio ‖ ⤙**modul** m / modulus of stretch ‖ ⤙**schlag** m (Schm) / drawing-out blow, forging-out blow ‖ ~**schmieden** / hammer-forge vt ‖ ⤙**schmieden** n / hammer-forging, stretch-forming ‖ ⤙**spannung**, -beanspruchung f / stretching stress ‖ ⤙**spannung** f (Schm) / cold[-hammering] stress ‖ ⤙**station** f (Plast) / stretching section ‖ ⤙**stauchen** n / gathering by die stretching ‖ ⤙**walze**, Schmiedewalze f (Schm) / forging o. reducer roll ‖ ⤙**walzen** n, Schmiedewalzen n / forge rolling ‖ ⤙**walzen** n / elongation o. stretch rolling ‖ ⤙**walzwerk** n / stretch rollers pl
Recoma-Magnet m (eine SaCo-Legierung) / Recoma magnet
recombinant, neukombiniert (Plasmid) / recombinant
Recompilation f / recompiling
Recorder m (Elektronik) / recorder ‖ ⤙**sender** m / recorder sender
Record-Playback-Verfahren n (NC) / record-playback method
Recovery-Effekt m (Transistor) / recovery effect
Rectenna f (Aufnehmer bei Energie-Übertragung durch Strahlung) / rectenna, rectifying antenna

Rectisolverfahren *n* (zur Entschwefelung) (Öl) / rectisol process
Recycle-Gas *n* / recycle gas
Recycling *n* / recycling
redaktionelle Nachbearbeitung (DV) / postediting
Redaktionsschluß *m* / copy deadline o. date
Reddingit *m* (Min) / reddingite
redigieren, aufbereiten (DV) / edit ‖ ~, revidieren (DV) / redact
Red Oil *n*, Rotöl *n* (Ölraffinerie) / red oil
Redondaphosphat *n* (Min) / Redonda phosphate
Redox·... (Chem) / redox, oxidation-reduction... ‖
  ⁔**analyse**, Oxidimetrie *f* / oxidimetry ‖
  ⁔**-Gleichgewicht** *n* / oxidation-reduction equilibrium ‖
  ⁔**kette** *f* (Chem) / oxidation-reduction cell, reduction-oxidation cell, redox cell ‖ ⁔**potential** *n* / oxidation-reduction o. redox potential
Red Primer *m* (Lackierung) / red primer
Redrying *n*, Maschinenfermentation *f* (Tabak) / redrying
Reduktase *f* (Chem) / reductase
Reduktion, Reduzierung *f* (Math) / depression of an equation, reduction ‖ ⁔, [teilweise] Entziehung des Sauerstoffes *f* (Chem) / reduction, deoxidation
Reduktions·ätze *f* (Textil) / reduction discharge ‖ ⁔**bleiche** *f* (Textil) / reduction bleaching ‖ ~**fähig** / capable of reduction ‖ ⁔**faktor** *m* (Beleuchtung) / reduction factor ‖ ⁔**faktor** *m* **einer Plasmafrequenz** (Elektronik) / reduction factor of a plasma frequency ‖ ⁔**faktor** *m* **für die Anschlußleistung** (Elektr) / reduction factor ‖ ⁔**flamme** *f* / carburizing o. carbonizing o. reducing o. reduction flame ‖ ⁔**futter** *n* (Wzm) / reduction cone ‖ ⁔**getriebe** *n* / reducing gear, speed reducer, step-down gear ‖ ⁔**katalysator** *m* / reduction catalyst ‖ ⁔**kohle** *f* (Stahl) / reducing carbon ‖ ⁔**lasche** *f* (Bahn) / cranked fishplate (GB) o. jointbar (US) ‖ ⁔**mittel** *n* (Chem) / reducing agent, reductive ‖ ⁔**muffe** *f* / reducing socket o. sleeve o. pipe-joint ‖ ⁔**ofen** *m* (Pulv.Met) / reduction furnace ‖ ⁔**-Oxidationskette**, Redoxkette *f* / reduction-oxidation cell ‖ ⁔**pulver** *n* (Pulv.Met) / reduced metal powder ‖ ⁔**stück** *n* / reducer, reducing fitting o. adapter ‖ ⁔**tachymeter** *n* (Verm) / self-reducing tacheometer ‖ ⁔**turbine** *f* / reducing turbine ‖ ~**verhindernd** (Tensid) / reduction inhibitor ... ‖ ⁔**vermögen** *n*, -kraft *f* / reducing power ‖ ⁔**zahl**, Schaftausbauchungszahl *f* (Forstw) / form factor o. figure o. number ‖ ⁔**ziffer** *f* (Hochofen) / reduction figure ‖ ⁔**zirkel** *m* / proportional divider o. compasses *pl* ‖ ⁔**zone** *f* / reduction zone
reduktiv / reductive ‖ ~**e Extraktion** / reductive extraction
Reduktor *m* (Chem, Elektr) / reductor
redundant (Math, DV) / redundant, abundant ‖ ~**e Reserveanlage** (Raumf) / cold standby
Redundanz *f* (DV) / redundancy, -ance ‖ ⁔**prüfung** *f* (DV) / redundancy check ‖ ⁔**-Reduktion** *f* (TV) / redundancy reduction
Reduplikation *f* / reduplication
Redux-Klebverbindung *f* (Luftf) / Redux bonding
Reduxverfahren *n* (Klebetechnik) / Redux process
reduzibel (Math) / reducible
reduzierbar (Chem, DV) / reducible ‖ **nicht** ~ (Chem) / irreducible
Reduzierbarkeit *f* / reducibility
Reduziereinsatz *m*, -futter *n* (Wzm) / reducing socket o. sleeve ‖ ⁔ (konisch) / taper sleeve o. bush ‖ ⁔ (Bohrm) / drill socket
reduzieren, verringern / reduce, decrease ‖ ~, kürzen / dock, cut off, clip ‖ ~, einziehen (Masch) / reduce, raise in ‖ ~, anreichern (Bergb) / beneficiate ‖ ~, frischen (Hütt) / decarburize, decarburate, fine ‖ ~ **durch Hämmern** (Draht) / rotary hammer-swage ‖ **den Druck** ~, **vom Druck entlasten** / decrease the pressure ‖ **die Geschwindigkeit** ~ / ease down ‖ **Spannungen** ~ / reduce tensions

reduzierend / reducing ‖ ~ **bleichen**, schwefeln (Textil) / stove *v*, sulfur *v* ‖ ~**e Eigenschaft** / reducing property ‖ ~**e Flamme** / carburizing o. carbonizing o. reducing o. reduction flame ‖ ~**es Gas** / reducing o. reduction gas ‖ ~**es Rösten** (Hütt) / reducing o. reduction roast[ing] ‖ ~**er Zucker** / reducing sugar o. (esp.:) saccharide
Reduzier·exzenter *m*, -kurve *f* / slowing-down cam ‖ ⁔**fähigkeit** *f* / reducing power ‖ ⁔**fassung** *f*, -sockel *m* (Elektr) / diminishing socket ‖ ⁔**futter** *n*, -einsatz *m* / reducing socket o. sleeve ‖ ⁔**gerüst** *n* (Walzw) / reducing roll stand ‖ ⁔**gesenk** *n*, -matrize *f* (Schm) / reducing die ‖ ⁔**getriebe** *n* / step-down gear ‖ ⁔**hülse** *f* / reducing bush ‖ ⁔**maschine** *f* / swaging o. reducing machine ‖ ⁔**muffe** *f* / reducing socket o. sleeve o. pipe-joint, reducing coupling ‖ ⁔**nippel** *m* / reducing nipple ‖ ⁔**ofen** *m* / reduction furnace ‖ ⁔**ring** *m*, -buchse *f* / bushing ‖ ⁔**schieber** *m*, -ventil *n* / reducing valve ‖ ⁔**sockel** *m*, -fassung *f* (Elektr) / diminishing socket ‖ ⁔**stecker** *m* (Elektr) / snap-in reducer ‖ ⁔**stich**, -zug *m* (Walzw) / reducing pass ‖ ⁔**stück** *n* / reducer, reducing fitting o. adapter ‖ ⁔**stück** *n* (Werkz) / converter for sockets ‖ ⁔**stück für Rohre** / bushing
reduziert, abgemagert / stripped down ‖ ~**er Befehlssatz für kürzeste Zeiten**, RISC / reduced instruction shortest cycle, RISC ‖ ~**e Frequenz** (Mech) / frequency parameter ‖ ~**e Gleichung** (Math) / reduced equation ‖ ~**e Masse** / normalized mass (weight-to-air density ratio) ‖ ~**es Modell** / reduced model ‖ ~**e Neutronenbreite** / reduced neutron width ‖ ~**er Schriftvorrat** / reduced type font
reduzierte Prüfung / reduced inspection
Reduzierung, Reduktion *f* / reduction ‖ ⁔, Verringerung *f* / decrease, decrement ‖ ⁔ (von Meßwerten) / adjustment, reduction
Reduzier·ventil *n* / reducing valve ‖ ⁔**walzwerk** *n* / sinking o. reducing mill ‖ ⁔**zug**, -stich *m* (Walzw) / reducing pass
Redwood·holz *n*, amerikanisches Rotholz (Holz der Sequoia sempervirens) / redwood ‖ ⁔**sekunden** *f pl* (Ölprüfung) / Redwood seconds *pl* ‖ ⁔**-Viskosimeter** *n* / Redwood viscometer
Reede *f* (Schiff) / roads *pl*, roadstead ‖ **auf** ⁔ **liegen** / lie in the roads
Reederei *f* (Tätigkeit) / fitting-out a vessel ‖ ⁔ (Schiffeignerin) / shipowner's o. shipping firm ‖ ⁔ (Gewerbe) / shipping trade
Reedkontakt, Herkonkontakt *m*, -relais *n* / [dry-]reed contact o. relay o. switch
Reeler *m*, Glättwalzwerk *n* (Walzw) / reeler, reeling mill
reell (Math, Opt, FORTRAN) / real ‖ ~, Wirk... (Elektr) / real ‖ ~**es Bild** (Opt) / real image ‖ ~**e Kathode** / actual cathode ‖ ~**e Konstante** / real constant ‖ ~**e Zahl** / real number
reentrabel *adj* (DV) / reenterable
Reep *n* / rope
Reet *n*, Ried *n* (Bau) / reed, reeds-thatch, cane
Reextraktion *f*, Rückwaschprozeß *m* (Nukl) / backwash[ing]
REFA = Verband für Arbeitsstudien e. V.
Refabrikation *f* (Nukl) / refabrication
Refa-Ingenieur *m*, Arbeitsstudienmann *m* / time and motion study man
Referat *n* / paper, review
Referenz·anzeigewert *m* / reference indicated value ‖ ⁔**bedingung** *f* / reference condition ‖ ⁔**bündel** *n* (Licht) / reference bundle ‖ ⁔**diode** *f* / reference diode, voltage reference diode ‖ ⁔**flugzeug**, Bemessungsflugzeug *n* (Flughafenplanung) / reference aircraft ‖ ⁔**-Größenwert** *m* (Impulse) / reference magnitude ‖ ⁔**marke** *f* / reference o. bench mark ‖ ⁔**meßverfahren** *n* (Halbl) / reference measuring method ‖ ⁔**normal** *n* (Nukl) / reference standard source ‖ ⁔**punkt** *m* (NC) / reference o. home position ‖ ⁔**röhre** *f* / voltage reference tube ‖ ⁔**strahl** *m*, Vergleichsstrahl *m* (Laser) / reference beam

REF-Faser f / roll embossed fiber, REF
Refiner m (Pap) / refiner, (formerly:) perfecting engine
‖ ⌁ / refiner [mill] ‖ ⌁ / refiner [mill] ‖ ⌁**-Holzstoff** m / refiner mechanical pulp ‖ ⌁**mahlung** f (Pap) / refining
Reflektierbarkeit f / reflectibility
reflektieren, spiegeln / reflect
reflektierend, zurückstrahlend / reflecting, -tive, reflex, reverberating, -tive, reverberatory ‖ ~ (Verkehrsschild) / reflecting, reflective ‖ ~**e Bandmarke** (Magn.Bd) / reflective foil o. strip ‖ ~**e Dipolebene** / reflecting curtain ‖ ~**e Farbe** (Verkehrsschild) / reflectorizing coat ‖ ~ **machen** (Verkehrsschild) ‖ ~**e Marke** (Magn.Bd) / reflective marker o. spot ‖ ~**e Optiken** / reflective optics pl ‖ ~**e Schallwand** (Akust) / reflex baffle ‖ ~**e Treffplatte** (Röntgen) / reflection target ‖ ~**e Untergrundfarbe** (OCR) / reflective back ground ink
reflektiert (Phys) / reflected, thrown back ‖ ~, zurückgeworfen / reflected, reverberatory ‖ ~**er Binärcode** / reflected binary code ‖ ~**er Lichtstrahl** (Opt) / reflected ray ‖ ~**e Strahlung** / skyshine ‖ ~**er Strom** (Fernm) / return current ‖ ~**e Verstärkung** (Fernm) / reflected gain ‖ ~**e Welle** / backwave ‖ ~ **werden** / reverberate ‖ ~**-binär** (Math) / reflected-binary
Reflekto·gramm, Leuchtschirmbild n (Ultraschall) / oscilloscope pattern ‖ ⌁**graphie** f, Playertypie f (Buch) / player-type ‖ ⌁**meter** n (Opt) / reflectometer
Reflektor m (allg) / reflector ‖ ⌁, Reflexionselektrode f (Elektronik) / reflector (GB), repeller (US) ‖ ⌁, Spiegelantenne f / reflector [antenna] ‖ ⌁ (Nukl) / reflector block ‖ ⌁, Spiegelteleskop n / reflecting telescope, reflector [telescope] ‖ **ohne** ⌁, reflektorlos (Reaktor) / bare ‖ ⌁**ersparnis** f, -gewinn m (Nukl) / reflector saving ‖ ⌁**gehäuse** n (Laser) / reflector case ‖ ⌁**kompaß** m / reflector compass ‖ ⌁**lampe** f, Strahlerlampe f / reflector lamp ‖ ⌁**marke** f (Magn.Bd) / reflective spot o. marker ‖ ⌁**pedal** n (Fahrrad) / reflectorizing pedal ‖ ⌁**steuerung** f (Nukl) / reflector control ‖ ⌁**strahler** m (Antenne) / emission reflector
Reflex m, Widerschein m / reflex ‖ ⌁, Überstrahlung f (TV, Phot) / bloom[ing] ‖ ⌁**auge** n (Pneum) / fluidic proximity sensor ‖ ⌁**einrichtung** f (Phot) / reflex focussing and composing device, reflex housing ‖ ⌁**empfänger** m (Elektronik) / reflex [receiver], regenerative reflex receiver ‖ ~**frei** / reflexfree, free from [internal] reflexes ‖ ~**frei** (Linse) / coated, lumenized ‖ **Linsen** ~**frei machen** / lumenize o. coat lenses
Reflexion, Rückstrahlung f / reflection, reflex[ion], reverberation ‖ **regelmäßige o. gerichtete** ⌁ / regular o. specular reflection
Reflexions·… / reflecting, reflective, reflex, reverberatory, reverberating ‖ ⌁**bild** n (Radar) / reflected echo-return picture ‖ ⌁**dämpfung** f (Fernm) / reflection attenuation o. loss ‖ ⌁**dichte** f / reflection density ‖ ⌁**-Diffusor** m (Pap) / reflecting diffuser ‖ ⌁**ebene** f / plane of reflection ‖ ⌁**einheit** f (Gerät) / reflection device ‖ ⌁**faktor** m (Fernm, Hohlleiter) / reflection coefficient o. factor ‖ ⌁**faktor** m (Satellit) / reflection coefficient ‖ ⌁**faktor** m (Pap) / reflectance factor ‖ ⌁**faktor** m (Fernm) / return current coefficient (GB) (of the balancing network) ‖ ⌁**farbe** f / reflex o. reflecting colour ‖ ~**fleck** m (Phot) / flare ‖ ~**frei** / free from reflections ‖ ~**frei**, schalltot, echofrei / anechoic ‖ ⌁**galvanometer** n, Spiegelgalvanometer m / reflecting o. reflective o. mirror galvanometer ‖ ⌁**gewinn** m (Antenne) / reflection gain ‖ ⌁**gitter** n / reflection grating ‖ ⌁**goniometer** n (Krist) / reflection goniometer ‖ ⌁**grad** m / degree of reflection ‖ **totaler** ⌁**grad** m / radiant reflectance, total reflection ‖ ⌁**koeffizient** m (Neutronen) / reflection coefficient o. factor ‖ ⌁**koeffizient [bei Nachhall]** m / reverberation reflection coefficient ‖ ⌁**mikroskopie** f / reflection electron microscopy ‖ ⌁**prisma** n / reflecting prism ‖ ⌁**raum** m / reflector

space ‖ ⌁**-Schalldämpfer** m / baffle silencer ‖ ⌁**schicht** f (Elektronik) / reflection o. reflecting layer ‖ ⌁**schirm** m / reflector, (film:) sun reflector ‖ ⌁**seismik** f / seismic reflections pl ‖ ⌁**strahlungsheizung** f / reflective radiant conditioning o. heating ‖ ⌁**strahlungskeule** f / reflection lobe ‖ ⌁**verlust** m / loss by reflection, reflection loss ‖ ⌁**vermögen** n, -grad m (Opt) / reflectance, reflection factor ‖ ⌁**vermögen** n, -kraft f / reflectivity ‖ ⌁**vermögen** n, -grad m (Opt) / reflection factor ‖ ⌁**-Verzerrung** f (Radio) / multipath distortion ‖ ⌁**welle** f / reflected wave ‖ ⌁**winkel** m (Phys) / angle of reflection
Reflexivität f (Math) / reflexivity
Reflex·kamera f / reflex camera ‖ ⌁**klystron** n / reflex klystron ‖ ⌁**kontrolliertes System** (Verstärker) / reflex monitor system ‖ ⌁**kopie** f (Buch) / reflex copy ‖ ⌁**kopierverfahren** n / reflex copying process, player-type ‖ ⌁**minderungsschicht** f (Opt) / blooming coat ‖ ⌁**schaltung** f (Elektronik) / reflex circuit, dual amplification circuit ‖ ⌁**spiegel** m / reflecting mirror ‖ ⌁**stoff** m / retro-reflecting material ‖ ⌁**taster** m (Elektronik) / reflex sensor ‖ ⌁**verstärkung** f (Elektronik) / dual amplification
Reflow-Löten n / reflow soldering
reformatieren (DV) / reformat ‖ ⌁ (DV) / reformatting
Reformatierprogramm n / reformatter
Reformer m (Brennstoffzelle) / reformer
Reformieranlage f (Öl) / reforming plant
Reformieren n (Umsetzung in CO u. H$_2$) (Öl) / reforming
Reformierungs-Einsatzprodukt n (Öl) / reforming stock
Reforming-Erzeugnis n / reformate
Refraktion, Strahlenbrechung f / refraction
Refraktions·bestandteil m / refractivity component ‖ ⌁**seismik** f (Bergb) / seismic refractions pl
Refraktometer n, Brechzahlmesser m (Phys) / refractometer
refraktometrische Analyse / analysis by refraction
Refraktor m (Linsenteleskop) / refracting telescope, refractor
Regal n, Stellage f / stand, shelf ‖ **mit** ⌁**en ausstatten** / fit with shelves, shelve vt ‖ ⌁**förderzeug** n, Regalbediengerät n / storage and retrieval unit for high-bay warehouse ‖ ⌁**modul** m (Lager) / rack module ‖ ⌁**platte** f, -brett n / shelf ‖ ⌁**reihe** f / rack bay
Regatta m (blauweißes Baumwollgewebe) (Textil) / regatta
Regel, Norm f / rule, norm ‖ ⌁**…** (Regeln) / controlling adj ‖ **gegen die** ⌁**n verstoßend** / aberrant ‖ ⌁**abweichung** f (LoKa, Regeln) / deviation ‖ ⌁**abweichung** f, übliche Toleranz (Maße) / standard tolerance ‖ ⌁**abweichung** f, Standardabweichung f / repetitive error ‖ ⌁**abweichungssignal** n (Regeln) / actuating signal (US) ‖ ⌁**anlasser** m / starting rheostat, regulating starter ‖ ⌁**antrieb** m / variable speed drive ‖ ⌁**apparat** m s. Regelgerät
regelatinieren, wieder erstarren / regelate
Regelation f, Zusammenfrieren n von Taueis / regel[ation]
Regel·ausführung, -bauart f / conventional o. normal o. standard design o. execution ‖ ⌁**automatik** f / automatic character of regulation
regelbar / controllable ‖ ~**e Drehzahl** / adjustable o. varying speed ‖ ~**e Drehzahl**, wechselnde Drehzahl / varying speed ‖ ~**e Düse** / adjustable area nozzle ‖ ~**e Kopplung** (Elektr) / variable coupling ‖ ~**es magnetisches Umfeld** / controlled magnetic environment ‖ ~**er Spanner** / adjustable tension device ‖ ~**e veränderliche Geschwindigkeit** / adjustable variable speed ‖ **mit** ~**em Widerstand** (Elektr) / rheostatic
Regel·bauart f (Bahn) / normal type ‖ **in** ⌁**bauart** (Bahn) / normal-type… ‖ ⌁**befehl** m (Regeln) / action signal, adjustment ‖ ⌁**bereich** m / range of adjustment, range of control ‖ ⌁**bereich** m 1 : 5 / speed range 5 : 1 (!) ‖ ⌁**bereichweite** f / tracking range ‖ ⌁**bremse** f /

regulating brake ‖ ⌐-Container *m* / standard container ‖ ⌐detri *f*, Dreisatz *m* / rule of three o. of proportion ‖ ⌐diode *f* / control diode ‖ ⌐drehgestell *n* (Bahn) / standard bogie ‖ ⌐drossel *f* / regulating choke coil ‖ ⌐düse *f* (Erdgas) / storm choke ‖ ⌐einrichtung *f*, Regler *m* / controller, control unit, control system (GB), controlling means (US) ‖ ⌐element *n*, -vorrichtung *f*, Bedienelement *n* / operator's control ‖ ⌐exponentialröhre *f* / regulator (a glow tube) ‖ ⌐fläche, durch eine Gerade erzeugte Fläche (Math) / ruled surface ‖ ⌐genauigkeit *f* / control accuracy ‖ ⌐gerät *n* / control[ling] apparatus o. equipment o. implement o. instrument o. mechanism o. device, automatic controller [with closed loop] ‖ ⌐geräte *n pl* / controlling equipment, automatic control devices *pl* ‖ ⌐getriebe, -gestänge *n* / control[ling] gear o. mechanism ‖ ⌐getriebe, Drehzahlwandler *m* / variable speed gear ‖ ⌐gewinde *n* / coarse-pitch thread ‖ ⌐glied *n* (Regeln) / control element ‖ ⌐glied *n* (Fernm) / variable attenuator, fader ‖ ⌐größe *f* / controlled condition o. quantity o. variable, output quantity, regulating variable ‖ ⌐größe *f*, Normalgröße *f* / standard size ‖ ⌐güte *f*, Standardqualität *f* / standard quality ‖ ⌐güte *f* der Regelung / control performance ‖ ⌐hebel *m* (Einspr.pumpe, Kfz) / fulcrum lever ‖ ⌐hysterese *f* / control hysteresis

regelieren (Eis), wieder zusammenfrieren / regelate
Regel·jahr *n* (Wasserwirtsch) / normal year ‖ ⌐kennlinie *f* / control characteristic ‖ ⌐klappe *f* (Kfz) / Venturi butterfly valve ‖ ⌐klappe *f* (Ballenbrecher) / regulating door ‖ ⌐kompaß *m*, Normalkompaß *m* / standard compass ‖ ⌐-Kondensator *m* / variable capacitor ‖ ⌐kraftwerk *n* / regulating power station ‖ ⌐kreis *m* / control loop ‖ ⌐kreis *m* (Elektr) / control circuit, regulator circuit ‖ ⌐kreis *m* / servoloop ‖ ⌐kreis *m* [mit geschlossenem Wirkungskreis] (Regeln, NC) / closed loop, automatic control system closed loop (GB) ‖ offener ⌐kreis (Regeln) / open-loop ‖ ⌐kurve *f* (Dampfm) / curve for adjusting the slide-valves ‖ ⌐länge *f* (Walzw) / standard length ‖ ⌐last *f* (Mech) / standard loading

regellos, zufällig / fortuitous, accidental ‖ ⌐, stochastisch (Math) / random, stochastic ‖ ⌐e Orientierung / random orientation ‖ ⌐e Verteilung / random distribution
Regellosigkeit, Unordnung *f* (Phys) / disorder
regelmäßig, gleichmäßig / regular, orderly ‖ ⌐ angeflogen (Luftf) / with scheduled service ‖ ⌐es Muster / geometrical pattern ‖ ⌐e o. platonische Körper *m pl* (Math) / regular convex solids *pl* ‖ ⌐e Probenahme / regular sampling ‖ ⌐e Prüfung / routing ‖ ⌐es Vieleck (Math) / regular polygon ‖ ⌐ wiederkehrend, periodisch / periodic, periodical
Regelmäßigkeit, Gleichmäßigkeit *f* / regularity
Regelmotor *m* (Elektr) / variable speed motor ‖ ⌐, Stellmotor *m* / servomotor (GB), motor operator (US) ‖ ⌐ (Phot) / wild motor
regeln (bei geschlossenem Wirkungskreis einwirken) / control ‖ ⌐, beherrschen / govern ‖ ⌐, regulieren / regulate, adjust ‖ ⌐, regul[aris]ieren, ordnen / regulate, bring order [to] ‖ ⌐ *n*, Regelungstechnik *f* (Ggs: Steuern) / automatic control
regelnd, Regel... / regulating ‖ ⌐e Größe (Regeln) / actuating quantity ‖ ⌐er Kraftheber / load- and depth-control power lift
Regel·nutzlast *f* (Bahn) / regulation carrying capacity ‖ ⌐organ *n* s. Regelgerät ‖ ⌐orientiertes Management / knowledge management ‖ ⌐pentode *f* / variable-mu pentode ‖ ⌐pilot *m n* (Fernm) / control pilot, regulating pilot ‖ ⌐pumpe *f* / variable capacity pump ‖ ⌐recht, richtig / normal, regular, usual ‖ ⌐röhre *f* (Elektronik) / variable mutual conductance tube, variable-mu o. remote-cut-off tube (US), extended o. long-tail o. supercontrol tube (US) ‖ ⌐röhre *f*, Spannungsstabilisator *m* / regulator (a glowtube) ‖

⌐schalter *m* (Akku) / regulating switch ‖ ⌐schalter, Umschalter *m* (Bahn, Elektr) / switchgroup ‖ ⌐schar *f*, Regulus *m* (Math) / regulus ‖ ⌐scheibengetriebe *n* / variable-speed belt drive ‖ ⌐scheibenschlitten *m* (Schleifm) / regulating wheel slide ‖ ⌐schleife, Meßschleife *f* (Regeln) / loop ‖ ⌐schleife *f* / regulation loop ‖ ⌐schleifringläufermotor *m* / slip regulation induction motor ‖ ⌐schwingungen *f pl*, um den Nennwert pendelnde Regelung (Regeln) / hunting ‖ ⌐spannungssynchronisierung *f* (TV) / phase synchronization ‖ ⌐spur *f*, Normalspur *f* (1435 mm = 4ft 8 1/2 in.) / standard gauge (4 ft. 8 1/2 in. = 1435 mm) ‖ ⌐spurbahn *f* / standard ga[u]ge railway o. railroad o. line ‖ ⌐stab *m* (Nukl) / [power] control rod ‖ ⌐stab *m* [zur Feinregelung] (Nukl) / fine control rod, regulating rod ‖ ⌐stange *f* der Einspritzpumpe / control rod of injection pump ‖ ⌐strecke *f* / controlled member (GB) o. system (US), control system of a process (US) ‖ ⌐strecke *f* (Spinn) / autoleveller ‖ ⌐stufe *f* / regulating step ‖ ⌐system *n* / controlled member (GB) o. system (US), control system ‖ ⌐system *n* für Umgebungsbedingungen (einschl Abfall) (Raumf) / environmental control system, ECS ‖ ⌐system *n* in der Schweißtechnik / closed-loop control of welding ‖ ⌐technik *f* / control technique, automatic control ‖ ⌐techniker *m* / control engineer ‖ ⌐trafo, -transformator *m* / voltage variable-ratio transformer, voltage regulating transformer, variable-ratio o. -voltage transformer ‖ ⌐trafo, -transformator *m* / variable-voltage transformer ‖ ⌐trafo *m*, Anzapftrafo *m* / tapped transformer ‖ ⌐umrichter *m* (Elektr) / regulating frequency changer ‖ ⌐- und Steuersystem *n* / automatic control system ‖ ⌐unempfindlichkeit *f* (Regeln) / dead band o. zone
Regelung *f*, Regulierung *f* / adjustment, regulation ‖ ⌐ (Regelungstechnik) / automatic control ‖ ⌐ (Masch) / control, adjustment ‖ ⌐, Regeln *n*, Regeltechnik *f* / automatic control theory ‖ ⌐ (Gerät) / control system (GB), controlling means (US) ‖ ⌐ am Ursprungsort (Masch) / local control ‖ ⌐ auf einen günstigsten Betriebspunkt / optimizing control ‖ ⌐ der Bilddrehung (Radar) / picture rotation control ‖ ⌐ der Durchschweißung / feedback penetration control ‖ ⌐ der Zeilenzahl (TV) / pitch control ‖ ⌐ durch Anordnungsänderung (Nukl) / configuration control ‖ ⌐ mit chemischem Trimmer (Nukl) / chemical shim control ‖ ⌐ mit geschlossenem Ein- u. Ausgang / closed-loop control ‖ ⌐ mit mehreren Methoden (Regeln) / multiple action ‖ ⌐ mit Verzögerungsgliedern (Regeln) / retarded control ‖ ⌐ sorgfältige o. genaue ⌐ / meticulous adjustment
Regelungs·art *f* / control system ‖ ⌐automatik *f* / automatic control ‖ ⌐einrichtung *f* / control system ‖ ⌐system *n* / servo-system, -mechanism ‖ ⌐technik *f* / [automatic] control technique o. engineering ‖ ⌐- und Steuertechnik *f* / automatic control engineering ‖ ⌐vorgang *m* / control operation
Regel·ventil *n* (Regeln) / control valve ‖ ⌐ventil *n* (eine Düse) (Pipeline) / flow nipple ‖ ⌐verstärker *m* (Elektronik) / automatic volume control o. gain control amplifier, variable o. controlled-gain amplifier ‖ ⌐verstärker *m* (Regeln) / servo amplifier ‖ ⌐verstärkermaschine *f* (Elektr) / control exciter ‖ ⌐verzerrung *f* (Fernm) / characteristic distortion ‖ ⌐vorgang *m* (Regeln) / control process o. operation ‖ ⌐vorrichtung *f* / controller, control unit, control system (GB), controlling means (US) ‖ ⌐weg *m* (die normale Strecke) (Fernm) / normal route, first o. prefix o. primary route ‖ ⌐wehr *n* / level control weir ‖ ⌐wendel *f* / control helix ‖ ⌐widerstand, Rheostat *m* (Elektr) / adjustable o. regulating o. variable resistance, rheostat *m* ‖ ⌐widrig / contrary to rule, irregular ‖ ⌐widrig, abnorm / abnormal ‖ ⌐zeit *f* (Regeln) /

recovery time ‖ ⁀zelle f (Akku) / regulating o. regulator o. end cell ‖ ⁀zustand m / controlled condition
Regen m (Meteorol, TV) / rain ‖ ⁀..., regnerisch / rainy, wet ‖ ⁀bö f / squall, flaw ‖ ⁀bogen m / iris, rainbow ‖ ⁀bogenfarben f pl / rainbow colours o. tints pl ‖ ⁀bogenfarbenspiel n / iridescence, irisation ‖ ⁀bogengenerator m (TV) / rainbow generator ‖ ⁀bogenlaser m / rainbow laser ‖ ⁀bogenquarz m (Min) / iris ‖ ⁀bogentestbild n (TV) / rainbow test pattern ‖ ⁀dach n / canvas blind ‖ ~dicht, -fest / rain-proof ‖ ⁀echo, Niederschlagsecho n (Radar) / precipitation echo, rain clutter ‖ ⁀entlastungskanal m / rainwater discharge canal ‖ ⁀entstörung f (Radar) / rain clutter suppression
Regenerat n (Gummi) / reclaim[ed rubber], devulcanized waste rubber, recuperated o. regenerated waste [rubber]
Regeneration f (DV) / regeneration
Regenerationsgerät n **mit Sauerstoff** (ein Atemschutzgerät) / self-contained closed circuit oxygen breathing apparatus
Regenerativ·feuerung f / regenerative firing o. heating ‖ ⁀-**Flammofen** m / regenerative reverberatory furnace ‖ ⁀**gasofen** m / regenerative gas furnace ‖ ~**gekühlt**, brennstoffgekühlt / fuel-cooled, regeneratively cooled ‖ ⁀**kammer** f / regenerative chamber ‖ ⁀**kühlung** f (Raumf) / regenerative o. recuperative cooling ‖ ⁀-**Lufterhitzer** m / regenerative airheater ‖ ⁀**prozeß** m (Altmaterial) / reclaiming process ‖ ⁀**speicher** m (DV) / regenerative store ‖ ⁀**verfahren** n (Wärme) / regenerative system
Regeneratmischung f (Gummi) / reclaim compound
Regenerator m / regenerator
Regenerat·walzwerk n / reclaim mill ‖ ⁀**zellulose** f / regenerated cellulose
Regenerier·autoklav m (für Entvulkanisation) (Gummi) / digester ‖ ⁀**einsatz** m, (früher:) -aufwand m -bedarf m (Ionenaust.) / regenerant level
regenerieren, auffrischen / regenerate ‖ ~, wiedereinschreiben (DV) / regenerate, re-write ‖ ⁀ n (Gummi) / reclaiming ‖ **Impulse** ~ (Elektronik) / reshape pulses ‖ **sich** ~ / regenerate
regenerierend / regenerative, regenerating
Regenerierstrahl m (Kath.Str) / holding beam
regeneriert / regenerated ‖ ~**es** (o. **aufbereitetes**) **Altöl** / reclaimed oil ‖ ~**e Waschlösung** (Öl) / lean solution
Regenerierung f / regeneration ‖ ⁀ **des Enthärters** (Geschirrspülm.) / regeneration of softener ‖ ⁀ **mit Lauge** / alkali reclaiming process
Regenerierungs·mittel n / regenerant ‖ ⁀**öl** n (Gummi) / reclaiming oil
Regen·erosions-Standzeit f (Raumf) / resistance to erosion by rain ‖ ⁀**fallrohr** n / downpipe, -comer ‖ ~**geschützt** (Leuchte) / rainproof ‖ ⁀**intensitätsmesser** m / rainfall recorder ‖ ⁀**kanone** f / rain gun ‖ ⁀**kapazität** f (Boden) / available water in the root zone ‖ ⁀**klärbecken**, -wasserbecken n, Ansammlungsbehälter, -tank m / storm water tank o. reservoir ‖ ⁀**messer** m, Pluviometer n / rain ga[u]ge, pluviometer, hyetometer, udometer ‖ ⁀**reihe** f (Abwasser) / collection of rainfall data ‖ ⁀**[erosions]riefe** f im Kalkgebirge / grike ‖ ⁀**rinne** f (Kfz) / drip mo[u]lding, roof rail ‖ ⁀**rinne**, Dachrinne f (Bau) / gutter ‖ ⁀**rinne** f **am Fensterrahmen** / canal of a window frame ‖ ⁀**rinnenantenne** f / gutter antenna ‖ ⁀**schatten** m (Meteorol) / rain shadow ‖ ⁀**schirmstäbchen** n (lang) / umbrella bar o. strip ‖ ⁀**schreiber**, Pluviograph m / pluviograph ‖ ⁀**schutz** m (Elektr) / rain shield[ing] ‖ ⁀**schutzkappe** f **des Mikrophons** / microphone blanket ‖ ⁀**schutzkappe** f **für Zündverteiler** (Kfz) / rubber cap for the distributor terminal ‖ ⁀**schutzscheibe** f / rain cover plate ‖ ~**sicher** / rainproof, raintight ‖ ⁀**siebboden** m / spray type perforated plate ‖ ⁀**störungen** f pl, Trübung f (Radar) / rain clutter ‖ ⁀**störungs-Abstand** m / rain scatter distance ‖ ⁀**traufe**

f (Luftf) / drip flap ‖ ⁀**wasser** n / atmospheric o. rain water ‖ ⁀**wasser** n, Oberflächenwasser n (Abwasser) / storm sewage o. water ‖ ⁀**wasserabfluß** m (Straßb) / storm flow ‖ ⁀**wasserbecken** n, Ansammlungsbehälter, -tank m / storm water tank o. reservoir ‖ ⁀**wasserkanal** m / storm sewer ‖ ⁀**wasserrohr**, Fallrohr n (Install) / conductor, leader ‖ **unterirdischer** ⁀**wasserspeicher** / cistern (US) ‖ ⁀**wasserspeicherwerk** n / rainwater [store] reservoir ‖ ⁀**wolke**, Nimbostratuswolke f / nimb[ostrat]us ‖ ⁀**zeit** f / rainy season ‖ ⁀**zone** f, -gürtel m / rainy zone
Regge-Rekursionen f pl (Atom, Nukl) / Regge recurrences pl
Regie, einen Bau in eigener ⁀ **ausführen** / erect the work in economy ‖ **in eigener** ⁀ (Bau) / in economy ‖ ⁀**[arbeit]** f (Bau) / building in day-work ‖ ⁀**arbeiten** f pl (Bauw) / cost-plus work ‖ ⁀**pult** n (TV) / control console o. desk o. panel, master control desk o. board, director's consoles (US) pl ‖ ⁀**raum** m (TV) / central control room, control cubicle ‖ ⁀**tisch** m (Elektronik, Sender) / console ‖ ⁀**wagen** m (TV) / mobile control room
Region f (z.B. im Speicher) / region (e.g. of the store) ‖ ⁀ **geringer Dichte** (Raumf) / slot region
regional, gebietsweise / regional ‖ ~**e automatische Wählvermittlung** (Fernm) / RACE, regional automatic circuit exchange ‖ ~**es Bestätigungssystem** / regional certification system ‖ ~**es Gefälle** / differences pl in regional level ‖ ⁀-**Bebauungsplanung** f / regional planning ‖ ⁀**fernsehen** n / regional o. local (US) television ‖ ⁀**metamorphose** f (Geol) / regional metamorphism ‖ ⁀**sender** m / district transmitter ‖ ⁀**sendung** f / area broadcast
Regionenklasse f (DV) / region class
Register n, Aufstellung f / record, index ‖ ⁀ (Fernm) / director (US) ‖ ⁀, Speicherzelle f für ein Wort (DV) / register ‖ ⁀ (genaues Zusammenpassen) (Buch) / register ‖ ⁀, Rauchschieber m / damper[plate], register ‖ ⁀ **der Orgel** / a particular stop ‖ ⁀ **doppelter Wortlänge** / double [length] register ‖ ⁀ **halten**, registerhaltig sein (Buch) / register v, be in register ‖ ⁀ **nach signifikanten Titel-Worten geordnet**, KWIC-Index m (DV) / KWIC index, key-word-in-context index ‖ ⁀ **n-facher Wortlänge** (DV) / n-tuple register ‖ ⁀**differenz** f (Buch) / register difference
Registerhafen m (Schiff) / port of registry
registerhaltig, im Register zugerichtet (Buch) / in good register ‖ ~**e Arbeit** (Buch) / dot-for-dot work ‖ **nicht** ~ / out-of-register
Register·haltung f (Buch) / registry ‖ ⁀**länge** f (in Bits) (DV) / register length ‖ ⁀**leinen** n (ein Schreibleinen) / writing linen cloth ‖ ⁀**marke** f (Buch) / register mark ‖ ⁀**punkte** m pl (Buch) / corner ticks pl ‖ ⁀**regelung** f (Buch) / register control ‖ ⁀**spur** f (DV) / recirculating loop ‖ ⁀**stapel** m, Stack m (DV) / stack ‖ ⁀**sucher** m, -wähler m (Fernm) / register finder, sender selector ‖ ⁀**system** n (Fernm) / register [controlled] system ‖ ⁀**tonne** f (100 cbft = 2,8316 m³), RT, Reg.T. / register ton ‖ ⁀**tonnen** f pl / tons registered, T.R. pl ‖ ⁀**tonnengehalt** m (Schiff) / registered o. net tonnage ‖ ⁀**vergaser** m / governor carburettor ‖ ⁀**verwaltung** f (DV) / pointer ‖ ⁀**wahl** f **beim Strowgersystem** (Fernm) / director system ‖ ⁀**wähler** m, -sucher m (Fernm) / register finder, sender selector ‖ ⁀**walze** f (Pap) / table roll
Registratur f / depository ‖ ⁀**schrank** m / file cabinet
Registrier·apparat m, -vorrichtung f / recording attachment o. device o. implement o. instrument o. mechanism, [chart] recorder ‖ ⁀**art** f (Instr) / kind of marking ‖ ⁀**ballon** m (Meteorol) / balloon sonde, pilot o. sounding balloon ‖ ⁀**einrichtung** f / logger
registrieren (Instr) / record ‖ ~ (NC) / define
registrierend (Instr) / recording ‖ ~**es Manometer** / recording manometer ‖ ~**er** o. **selbstschreibender**

Pegel / recording water ga[u]ge ‖ ~es **Thermometer**, Thermograph *m* / thermograph ‖ ~es u. **integrierendes Spektralphotometer** o. **Spektrophotometer** / recording spectrophotometer ‖ ~er **Wasserzähler** / water quantity recorder o. recording apparatus, recording water meter
Registrier·instrument *n*, -gerät *n*, automatisch registrierendes Instrument / [automatic o. self-]recording instrument, recorder, graphic instrument, grapher ‖ ⁴**kamera** *f* / recording camera ‖ ⁴**kasse**, Registerkasse *f* / cash register ‖ ⁴**kassenterminal** *n* / cash terminal ‖ ⁴**papier** *n*, Diagrammpapier *n* / recorder paper, scale paper ‖ ⁴**pegel** *m* / recording level ‖ ⁴**spektralphotometer** (Zeiss), Hardy *n* (General Electric) / recording spectrophotometer ‖ ⁴**streifen** *m*, -band *n* / strip chart, recording strip ‖ ⁴**streifen** *m*, Indexstreifen *m* / index strip
registriert·e berichtigte Eigengeschwindigkeit / registered calibrated airspeed ‖ ~e **Fluggeschwindigkeit gegen Luft** / registered airspeed ‖ ~er **Pitotdruck** (Luftf) / registered pitot pressure ‖ ~er **statischer Druck** (Luftf) / registered static pressure
Registrier·-Tachometer *n* / recording tachometer ‖ ⁴**trommel** *f* / recording drum o. cylinder
Registrierung *f* / recording ‖ ⁴, Eintragung *f* / registration
reglementiertes Gebiet (Atom, Nukl) / regulated work area
Regler *m*, Regeleinrichtung *f* / controller (closed loop), control unit, control system (GB), controlling means (US) ‖ ⁴ (Einspritzpumpe) / injection timing device ‖ ⁴, Füllungsregler *m* (Lok) / regulator ‖ ⁴, Spannungsregler *m* (Kfz) / voltage regulator ‖ ⁴ mit **Meßwertgeber** / transmitter-controller ‖ ⁴ **ohne Integralsättigung** / antireset windup *n* ‖ **schaltender** ⁴ / switching controller ‖ **voll aufgedrehter** ⁴ / fully advanced control ‖ ⁴**anker** *m* (Kfz) / voltage regulator blade o. arm ‖ ⁴**charakteristik** *f* / characteristic of a control system (GB) o. of controlling means (US) ‖ ⁴**gehäuse** *n* / governor housing o. casing ‖ ⁴**gewicht** *n* / governor balance weight ‖ ⁴**hebel** *m* (Kfz) / speed lever ‖ ⁴**kegel** *m* / governor cone ‖ ⁴**muffe** *f* (Kfz) / governor collar ‖ ⁴**schalter** *m*, Schalterteil *n* des Spannungsreglers (Kfz) / regulator cut-out, cutout relay ‖ ⁴**ventil** *n* / governor valve ‖ ⁴**verstellung** *f* / loss of adjustment
Reglette *f*, Durchschuß *m*, -schießlinie *f* (Buch) / lead, reglet, slug, space rule o. line
Regleusezange *f* (Uhr) / watchmakers' plier
Regnault-Hygrometer *n* / condensation-type hygrometer
Regner *m*, Bewässerungsapparat *m* / sprinkler, sprinkling apparatus ‖ ⁴ (Landw) / rain gun ‖ ⁴**anlage** *f* mit **Ringleitung** (Landw) / circular irrigation plant
Regolith *m*, Lockerboden *m* (Geol) / regolith
Regression *f* (allg, Math, Geol) / regression
Regressions·analyse *f* (Regeln) / regression analysis ‖ ⁴**ebene** *f* / regression plane surface ‖ ⁴**koeffizient** *m* (Statistik) / regression coefficient ‖ ⁴**kurve** *f* / regression curve
regressiv, rückschreitend / regressive
Reg.T. (Schiff) = Registertonne
regula falsi *f* (Math) / trial-and-error
regulär, gewöhnlich / regular, conventional, usual ‖ ~, kubisch (Krist) / isometric ‖ ~e **Funkstelle** (Luftf) / regular station ‖ ~e **Funktion** (Math) / regular function ‖ ~es **System**, kubisches System, (früher:) Tesseralsystem *n* (Krist) / isometric system ‖ ~e **Ware**, abgepaßte Maschenware, vollgeminderte Ware / fully fashioned fabric o. knit ware ‖ ⁴**-Matrix** *f* (Phono) / regular matrix ‖ ⁴**rand** *m* (Textil) / rib end ‖ ⁴**wert** *m*, Realwert *m* (Math) / true form
Regulator *m* (Pendeluhr, Web) / regulator ‖ ⁴ (Unruh und Gangkorrektur) / escapement regulator ‖ ⁴ s. Regler

⁴**feder** *f* (Nähm) / tension check spring ‖ ⁴**vergaser** *m* / governor carburettor
Regulier·..., Stell... / adjusting, adjustment... ‖ ⁴... s. auch Regel... ‖ ⁴**apparat** *m*, -einrichtung *f* / regulator
regulierbar, einstellbar / adjustable ‖ ~, regelbar / regulable
Regulier·bremse *f* (Bahn) / through brake ‖ ⁴**dämme** *m pl* **und Schleusen zum Bewässern** / call banks and inlets *pl* ‖ ⁴**einrichtung** *f* (Uhr) / index assembly (GB), regulator assembly (US)
regulieren, regeln / regulate, adjust ‖ ~ (z.B. Antenne) / modulate
Regulier·hebel *m* (Bahn) / standard lever ‖ ⁴**maschine** *f* (Uhr) / vibrator ‖ ⁴**motor** *m* (Elektr) / variable o. adjustable (US) speed motor ‖ ⁴**scheibchen** *n* (Uhr) / timing washer ‖ ⁴**schraube** *f*, Dosierschraube *f* / metering screw ‖ ⁴**schraube**, Einstellschraube *f* / adjusting screw ‖ ⁴**schraube** *f* des **Pendels** (Uhr) / rating nut ‖ ⁴**schwimmer** *m*, Schwimmerregler *m* / float regulator ‖ ⁴**strecke** *f* (Spinn, Baumwoll) / autoleveller [draw frame], autoleveller gill box, autodrafter, draft regulator, evereven drafting
reguliert / regulated ‖ ~er **Dienst** (Fernm) / regulated service ‖ ~es **Gebiet** (Nukl) / regulated work area
Regulierung *f* / control ‖ ⁴ **eines Ventils** / adjustment of a valve
Regulierungs·arbeiten *f pl* (Hydr) / training works *pl*
Regulier·ventil *n* / control valve ‖ ⁴**vorrichtung** *f* / regulating device
Regulus *m*, Regelschar *f* (Math) / regulus
reh·braun (RAL 8007) / fawn brown ‖ ~**farbig**, fahlrot / fawn ‖ ⁴**leder** *n* / doeskin
Rehydration *f* / rehydration
Reib·ahle *f* (Wzm) / reamer ‖ ⁴**ahle** *f* **für Sacklöcher**, Grundreibahle *f* / bottoming reamer, rose chucking reamer ‖ ⁴**ahle mit geraden Zähnen** / straight fluted reamer ‖ ⁴**ankerbolzen** *m* / friction grip bolt ‖ ⁴**antrieb** *m*, Reibungsantrieb *m* / friction drive ‖ ⁴**band** *n*, Nitschelhose *f* (Textil) / rubber [leather] ‖ ⁴**beiwert** *m* / coefficient of friction ‖ ⁴**beiwert** *m* **bei gleitender Reibung** / coefficient of sliding friction ‖ ⁴**beiwert** *m* **der Fahrbahn** / skid number ‖ ⁴**beiwert** *m* **der Ruhe** / coefficient of static friction o. of striction ‖ ⁴**belag** *m* / friction lining ‖ ⁴**bolzenschweißen** *n* / friction stud welding
Reibe *f*, Reibeisen *n* / rasp, (kitchen appl:) grater, potato rasp ‖ ⁴**brett** *n*, -scheibe *f* (Maurer) / float ‖ **mit dem** ⁴**brett glätten** / float *v* ‖ ⁴**festigkeit** *f* (Textil) / resistance to rubbing
Reibeigenschaften *f pl* / frictional properties *pl*
reiben / rub ‖ ~, sich unter Reibung bewegen / slide with friction ‖ ~, Reibung erzeugen / produce friction ‖ ~, scheuern / chafe ‖ ~, nitscheln (Textil) / rub ‖ ~, aus-, auf-, nach-, durchreiben (Masch) / ream ‖ **aneinander** ~ (Uhr) / produce friction ‖ **Farben** ~ / grind colours ‖ **sich** ~ / rub against
reibend, schleifend (Wirkung) / abradant ‖ ~e **Bewegung**, Reiben *n* / rub[bing]
Reibe·prüfung *f*, Wischtest *m* (Nukl) / smear o. wipe test ‖ ⁴**putz** *m* / floating and set ‖ ⁴**stein** *m* (Bau) / float stone
Reib·feder *f* / friction spring ‖ ⁴**festigkeit**, -echtheit *f* / rubbing fastness ‖ ⁴**festigkeitsprüfung** *f* / rubbing test ‖ ⁴**fläche** *f* (Schloß) / striking surface ‖ ⁴**holz** *n*, Scheuerleiste *f*, -band *n* / rubbing bands o. piece o. strake o. strip *pl* ‖ ⁴**kegel** *m*, Friktionskegel *m* / friction cone ‖ ⁴**kegelkupplung** *f* / friction cone clutch ‖ ⁴**kegelübertragung** *f* / friction cone transmission ‖ ⁴**löten** *n* / tinning, friction soldering ‖ ⁴**martensit** *m* / martensite produced by friction ‖ ⁴**maschine** *f* / refining machine, refiner rotary grater ‖ ⁴**maschine** *f* / rotary grater ‖ ⁴**oxidation**, -korrosion *f* / frictional o. fretting corrosion, interfacial o. rubbing corrosion, frictional oxidation ‖ ⁴**paarung** *f* / friction pairing ‖ ⁴**rad** *n* / frictional wheel ‖ ⁴**radantrieb** *m* / wheel and

disk drive ‖ ⁴[rad]getriebe n, Reibungsgetriebe n /
friction gear ‖ ⁴radverfahren n (Mat Prüf) / abrasive
disk method ‖ ⁴ring m / friction ring ‖ ⁴rolle, -walze f
(Masch) / friction roller ‖ ⁴säge f (für Metall) / fuse o.
fusing disk, fusion cutter ‖ ⁴schale f, Mörser m (Chem)
/ mortar ‖ ⁴scheibe f / friction disk ‖ ⁴scheibe f (Bau) /
float ‖ ⁴scheibenantrieb m, -radantrieb m / friction
disk drive ‖ ⁴schiene f / friction rail ‖ unter ⁴schluß
aufgepreßt / friction-tight ‖ ~schlüssig / frictionally
engaged ‖ ⁴schweißen n, -schweißung f / friction
weld[ing] ‖ ⁴spindelpresse f / friction screw press ‖
⁴spuren f pl im Film / cinch marks pl ‖ ⁴stein,
Farbläufer m (Buch) / stage, ink block ‖ ⁴stelle f,
Schabstelle f / friction mark, rub[-mark] ‖
⁴trieb-Spindelziehpresse f / friction-screw driven
spindle draw-press
Reibung f / friction ‖ ⁴ der Bewegung, Gleitreibung f /
sliding friction ‖ ⁴ der Ruhe, Haftreibung f / stiction,
static friction ‖ innere ⁴ einer Antriebsmaschine /
engine friction ‖ rollende o. wälzende ⁴ / rolling o.
wheel friction ‖ trockene ⁴ / boundary friction
Reibungs·antrieb m (Bahn) / adhesion traction ‖ ⁴arbeit f
/ work consumed by friction ‖ ⁴aufwind m / dynamic
ascending o. up (US) current ‖ ⁴bahn f,
Adhäsionseisenbahn f (Bahn) / adhesion railway ‖
⁴band n / friction band ‖ ⁴beiwert m s. Reibbeiwert ‖
⁴breccie, -brekzie f / fault breccia ‖ ⁴bremse f /
friction brake ‖ ⁴dämpfer m (gegen
Drehschwingungen) (Mot) / frictional damper ‖
⁴dynamometer n, -zaum m / friction dynamometer ‖
⁴elektrizität f / frictional o. tribo-electricity ‖ ⁴energie
f / frictional work ‖ ⁴fläche f (allg) / contact surface ‖
⁴fläche f / friction o. rubbing surface ‖ ~frei, -los /
frictionless ‖ ⁴gesperre n / friction skidding o. stopping
device ‖ ⁴gewicht n / adhesive weight ‖ ⁴grenze f /
limiting friction ‖ ⁴grenze f (Bahn) / maximum adhesion
‖ ⁴grenze f beim Rutschen / kinetic friction ‖
⁴hammer m (Schm) / friction hammer ‖ ⁴höchstwert
m, höchster Reibwert / limiting friction ‖ ⁴höhe f,
-druckverlust m / pressure loss due to friction ‖
⁴koeffizient m s. Reibbeiwert ‖ ⁴konglomerat n (Geol) /
crush conglomerate ‖ ⁴kontakt m (Fernm, Elektronik) /
glide o. slide contact, slider ‖ ⁴kraft f / frictional force
‖ ⁴kupplung f / friction clutch, slipping o. sliding
clutch ‖ ⁴-kW n / friction kilowatt ‖ ⁴lokomotive f /
adhesion locomotive ‖ ~los / smooth, frictionless,
antifriction ‖ ~lose Lagerung / integral bearing ‖
⁴lumineszenz f / triboluminescence ‖ ⁴minderer m /
antifriction device ‖ ~mindernd / anti-attrition ‖
⁴moment n / moment of friction ‖ ⁴mühle f / attrition
mill ‖ ⁴oxidation f s. Reiboxidation ‖ ⁴physik f /
tribophysics ‖ ⁴punkt m / center of friction ‖
~pyrophor (Legierung) / frictional pyrophoric ‖
⁴schweißen n (Masch) / friction welding ‖ ⁴schweißen
n, Rotationsschweißen n (Plast) / spin welding, rotary
friction welding ‖ ⁴stempel m (DIN 21561) / friction
post o. pile [for pit tubbing] ‖ ⁴stoßdämpfer m (Kfz) /
snubber ‖ ⁴turbulenz f / frictional turbulence ‖
⁴verhalten n / frictional behaviour ‖ ⁴verlust m /
friction[al] loss ‖ ⁴verluste m pl (Stromerzeuger) /
friction and windage losses pl ‖ ⁴waage f / friction
balance ‖ ⁴wärme f / heat due to friction, frictional
heat ‖ ⁴wendegetriebe n / friction reversing gear ‖
⁴wert m s. Reibbeiwert ‖ ⁴widerstand m / friction[al]
drag o. resistance ‖ ⁴winde f / friction winch o.
windlass ‖ ⁴winkel m / angle of friction o. of resistance
‖ ⁴winkel, Böschungswinkel m / [natural] angle of
incline, angle of repose o. of slope ‖ ⁴zahl f s.
Reibbeiwert ‖ ⁴zone f (Geol) / shear zone
Reib·verschleiß m / wear by abrasion ‖ ⁴verschleiß m
(Kesselrohr) / fretting ‖ ~verschweißt / friction welded ‖
⁴versilberung f, kalte Versilberung / cold plating,
plating by rubbing o. friction ‖ ⁴walze f (Buch) /
distributor, distributing roller ‖ ⁴werkstoff m (Pulv.Met)

/ friction material ‖ ⁴wert m s. Reibbeiwert ‖ ⁴zylinder
m (Buch) / distributing roller, distributing cylinder
reich, reichlich / ample, rich ‖ ~ [an] / high [in]... ‖ ‖ ~,
mächtig, ergiebig (Bergb) / abundant, rich, productive ‖
~, fett (Boden) / fertile, mellow ‖ ~, üppig,
verschwenderisch (Vegetation) / luxuriant ‖ ~ an
Ressourcen / resource-rich ‖ ~es Erz / rich ore ‖ ~es
[Gas]gemisch / overrich [gas] mixture ‖ ~er Stein
(Hütt) / high-grade matte ‖ [zu] ~e Schlacke (Hütt) / foul
slag
reichen, langen [nach] / reach [for] ‖ ~ [bis], bedecken
(z.B. Wandverkleidung) / extend ‖ ⁴ n, Griff m / reach
Reichert-Meißl-Zahl f, **R.M.Z.** (Chem) / Reichert-Meissl
number
Reich·gas n / rich gas ‖ ⁴höhe f (eines Löffelbaggers) /
cutting height of a shovel
reichlich / ample ‖ ~, groß / large ‖ ~ bemessen /
conservative, amply dimensioned
Reichnähe, in ⁴, -weite / within [easy] reach
Reich·schaum m / dross of the Parkes process ‖ ⁴tiefe f
eines Baggers / digging depth of a dredger
Reichweite f, Alter n (Luftf) / range ‖ ⁴, Tragweite f / range,
reach ‖ ⁴, erfaßtes Gebiet / coverage ‖ ⁴ (Geschoß) /
radius of action ‖ ⁴ (Teilchenstrahlung) / range ‖ ⁴,
Drehkreis m (Kran) / radius of a crane ‖ ⁴ (Fernm) /
working range o. distance ‖ ⁴ bei Windstille (Luftf) /
still-air range ‖ ⁴ des Arms / arm's length ‖ ⁴ des
Baggers / dredging width, reach of a grab o. drag ‖ ⁴
einer Rakete / range of a rocket ‖ ⁴ eines
Löffelbaggers / digging radius of a shovel ‖ ⁴ eines
Senders (Elektronik) / effective radius of a sender ‖
ganze ⁴ / out and home again ‖ in ⁴ / within reach ‖
⁴-Energie-Beziehung f (Nukl) / range-energy relation
Reichweitenanzeiger m (Fernm) / communications zone
indicator, COZI
reif, [voll]entwickelt / mature ‖ ~ (Frucht) / mellow, ripe
Reif m (Meteorol) / hair-frost
Reife f, Alter n / age, maturity ‖ ⁴, Reifung f / maturity,
ripeness ‖ ⁴, Auflösung f (Brau) / mellowness, friability,
disaggregation ‖ ⁴ (Chemiefaser) / ripening ‖ ⁴behälter
m (Textil) / ripening container ‖ ⁴grad m (Gieß) / degree
of normality ‖ ⁴lager n, Konditionierlager n /
conditioning storage
reifen, mehlig werden (Malz) / mellow ‖ ⁴, Altern n /
maturing ‖ ~ (Landw) / ripen, mature ‖ ~ lassen /
season, mature ‖ ~ lassen, konditionieren / make up,
package vt
Reifen m, Reif, Ring m / band, ring, collar, hoop ‖ ⁴ (Kfz)
/ tire (US), tyre (GB) ‖ ⁴, Decke f (Kfz, Fahrrad) / tire
casing o. cover, tire (US), tyre (GB) ‖ ⁴, Rand m
(Masch) / yoke, collar ‖ ⁴, Faßband n / barrel hoop ‖ ⁴
für Erdbewegungsmaschinen / earthmover tire ‖ ⁴ für
Flurförderzeuge / industrial tire ‖ ⁴ für Forstzwecke /
logging tire ‖ ⁴ für landwirtschaftliche Maschinen /
implement tire ‖ ⁴ für Nutzfahrzeuge / commercial
vehicle tire ‖ ⁴ konventioneller Bauart (Kfz) / cross-
ply tire ‖ ⁴ mit Gewebeeinlage / canvas tire ‖ ⁴ mit
leitender Oberfläche (Luftf) / earthing tire ‖ ⁴ mit
Radialstruktur / radial-ply tire ‖ ⁴ mit verstärker
Einlage / extra ply tire ‖ einen ⁴ bilden / hoop v ‖
wellenförmige ⁴abnutzung (Kfz) / cupping of tires ‖
⁴abnutzungsanzeiger m / tread wear indicator, TWI ‖
⁴abziehpresse f (Bahn) / tire-removing press ‖
⁴aufziehpresse f (Faß) / hoop driving press ‖
⁴aufziehpresse f (Kfz) / tire-mounting press ‖
⁴aufziehpresse f (Bahn) / tire press ‖
⁴auswuchtmaschine f (Kfz) / tire balancing machine ‖
⁴bremse f / tire brake ‖ ⁴-Drehständer m (Gummiind) /
tire spinner ‖ ⁴druck m (Kfz) / tire pressure ‖ zu hoher
⁴druck / overinflation ‖ ⁴druckprüfer m / pressure o.
tire gauge ‖ ⁴drucktabelle f / inflation table ‖
⁴einspannstelle f (Kfz) / clamping spot of a tire ‖
⁴festigkeit f in Ply-rating-Zahl / ply rating, PR ‖
⁴fülldruck m / inflation pressure ‖ ⁴füllflasche f (Kfz)

/ tire inflating bottle, tire inflator ‖ ⁴füllhahn *m* (Kfz) /
tyre inflating cock ‖ ⁴füllventil *n* / tire-inflating valve ‖
⁴gewebe *n* (Textil) / tire fabric ‖ ⁴gewebe *n* in
Leinwandbindung / plain woven fabric for tires ‖
⁴haftung *f* / tire adherence ‖ ⁴hebel *m* (Gummifabrik) /
bead breaker ‖ ⁴heber *m*, -montierhebel *m* / tire lever
o. tool o. iron (US) ‖ ⁴heizpresse *f* / tire curing press ‖
⁴hersteller *m* / tiremaker ‖ ⁴hülle *f* / tire cover ‖
⁴konfektioniermaschine *f* / tire-building machine,
casemaking machine ‖ ⁴konfektionierung *f* (Kfz) / case
making ‖ ⁴kontur *f* / tread contour ‖ ⁴kord *m*,
-gewebe *n* / cord fabric for tires ‖ ⁴korddraht *m* / tire
cord wire ‖ ⁴kordwebanlage *f* / tire fabric weaving
machine ‖ ⁴kraftschluß *m* / tire adhesion when braking.
‖ ⁴laufffläche *f* / tire tread ‖ ⁴mischung *f* (Gummi) / tire
stock ‖ ⁴muster *n* / tread design o. pattern o. profile ‖
⁴panne *f* (Kfz) / blow-out, tire trouble ‖ ⁴panne *f*,
Durchschlag *m* (Kfz) / puncture ‖ ⁴panne haben / have
a puncture ‖ ⁴panzer *m* (Kfz) / steel tire chain ‖ ⁴profil
n (Kfz) / tire engraving o. sculpture ‖ ⁴prüfer,
Luftdruckprüfer *m* (DIN) / pressure o. tire gauge ‖
⁴pumpe *f* (Kfz) / tire pump o. inflator ‖ ⁴quietschen *n* /
squeal of tires ‖ ⁴ramme *f* (Kfz) / tire driver ‖
⁴rollradius *m* / loaded tire radius ‖ ⁴-Seitenwand,
Schulter *f* / side wall of tires ‖ ⁴sitz *m* (in der Felge)
(Kfz) / tire seat ‖ ⁴spreizer *m* (Kfz) / tire spreader,
expanding tire chuck ‖ ⁴spur *f* / skid mark ‖ ⁴tabelle *f*
/ tire chart ‖ ⁴tragfähigkeit *f* / load capacity or rating ‖
⁴tragfähigkeit *f* / load rating ‖ ⁴unterbau *m* / carcass
of tire ‖ ⁴wächter *m*, -hüter *m* (Kfz) / tire alarm ‖
⁴wächter *m* / air pressure o. deflation o. puncture
alarm, low pressure warning device ‖ ⁴wulst *m* *f* (Kfz) /
tire bead
Reife·prozeß *m* (Textil) / ripening process
Reif·setzer *m* (Faß) / cooper's driver ‖ ⁴zange *f* (Faßherst) /
dog, hoop-cramp
Reihe *f* / row, line, range ‖ ⁴, Anzahl *f* / succession, run
‖ ⁴ (Chem) / series ‖ ⁴, Schicht, Lage *f* / layer, course
‖ ⁴ (aus Einzellagen) / tier ‖ ⁴, Zeile / row ‖ ⁴, Flucht
f / range, row ‖ ⁴ (Math, Nukl) / series ‖ ⁴,
Fertigungsreihe *f* (F.Org) / series, batch ‖ ⁴, Kolonne *f*,
Spalte *f* (Buch) / column ‖ ⁴, volle Lochkombination
(Lochstreifen, -karte) / array ‖ [arithmetische,
geometrische usw] ⁴ (Math) / progression ‖ der ⁴ nach
/ successive ‖ eine ⁴ bilden / range *v* ‖ in
⁴ angeordnet / seriate ‖ in ⁴ geschaltete
Drehkondensatoren (Elektronik) / series-gap capacitor ‖
in ⁴ schalten (Elektr) / connect in series ‖ in ⁴n
aufstellen o. anordnen / range *v* ‖ in ⁴n säen (Landw) /
check
Reihenadel *f* (Textil) / bodkin, broach
Reihen·angel (Fischgerät), Treibangel *f* / long line ‖
⁴anlage *f* (Fernm) / series communication system,
(when from Siemens:) key telephone system ‖
⁴anordnung *f* / bank, row ‖ ⁴arbeit *f* (Landw) /
cultivation in row crops ‖ ⁴bild *n* / serial photograph ‖
⁴bild, Mosaik *n* / mosaic ‖ ⁴bildkamera (Luftf) /
automatic camera (US) ‖ ⁴bildkammer *f* (Verm) / series
topographic camera for panoramic photography,
mapping camera ‖ ⁴bohrmaschine (aus mehreren
Säulenbohrmaschinen bestehend) mit
Handhebelvorschub / sensitive gang drill [press] ‖
⁴brenner *m*, Brennerröhre *f* (Gas) / line burner, pipe
burner ‖ ⁴düngerstreuer *m* / fertilizer [placement] drill
‖ ⁴entwicklung *f* (Math) / expansion in[to a] series,
series expansion ‖ ⁴erzeugnis *n* / serial product ‖
⁴fertigung *f* / series fabrication o. production,
duplicate fabrication o. production ‖ in ⁴[fertigung]
herstellen / produce by series ‖ ⁴flugzeug *n* /
production o. stock (US) airplane ‖ ⁴folge *f* / order,
turn, [consecutive] sequence ‖ ⁴folge *f* (Stellung in der
Serie) / seriation ‖ in steigender o. fallender ⁴folge
anordnen / arrange in ascending o. descending order ‖
durch Mischen in ⁴folge bringen / sequence by

merging *vt* ‖ in die richtige ⁴folge bringen / compose,
compound ‖ ⁴folge *f* der Abflugmaßnahmen (Raumf) /
heading frame ‖ ⁴folgeverschluß *m* (Bahn) / sequential
interlocking ‖ ⁴-Grenztaster *m* (Wzm) / multi-limit
switch ‖ ⁴haus *n* / terrace house (GB), row house (US)
‖ ⁴haus *n* (als Stadtwohnung) / town house (US) ‖
⁴hausanlage *f* / terrace, row of houses ‖
⁴hebelschalter *m* / series lever switch ‖ ⁴herstellung,
-fabrikation, -fertigung *f* / series o. duplicate production
o. fabrication ‖ ⁴impedanz *f* / series impedance ‖
⁴induktivität *f* / series inductance ‖ ⁴klemme *f* (Elektr)
/ series terminal, terminal block ‖ ⁴klemme *f* (Elektr) /
terminal block ‖ ⁴lochmaschine *f* / rectilinear punching
machine ‖ ˜mäßig / series …, in series ‖ ˜mäßig,
Serien… / appearing in series ‖ ⁴meßkammer *f* (Verm)
/ aerial survey camera ‖ ⁴motor *m* / engine with
cylinders in line, straight-type engine ‖ ⁴nummer *f*,
Seriennummer *f* / serial number ‖ ⁴- o. Serien-
Schaltung *f* von Zweitoren, Zweitor *n* in
Kreuzschaltung (Elektr) / ladder network ‖ ⁴-Parallel…
(Elektr) / series-parallel ‖ ⁴parallelschaltung *f* (Elektr) /
series-parallel connection ‖ ⁴-Parallelschaltung *f* mit
Unterbrechung (Elektr) / open-circuit transition ‖
⁴pflaster *n* / coursed pavement, pavement in rows ‖
⁴-Positionsschalter *m* (Elektr) / multiposition switch ‖
⁴punktschweißung *f* / straight-line spot welding ‖
⁴resonanz *f* (Elektronik) / series resonance ‖
⁴-Resonanzanhebung *f* (Elektronik) / series peaking ‖
⁴-Resonanzfrequenz *f* / series resonance frequency ‖
⁴rufanzeiger *m* (Fernm) / multiple call indicator ‖
⁴sämaschine *f* (Landw) / drill [plough], seed drill ‖
⁴schalter *m* / triple-movement o. multi-circuit o.
electrolier (US) switch, grouping switch ‖ ⁴schaltung
f, -schluß *m* (Elektr, Masch) / serial o. series connection
o. mounting ‖ ⁴schlußkommutatormotor,
-schlußkollektormotor *m* / series wound commutator
motor ‖ ⁴schlußkurzschlußmotor *m* / compensated
repulsion motor ‖ ⁴schlußmaschine *f* / series wound
dynamo ‖ ⁴schlußmotor *m* (Elektr) / series-
characteristic o. inverse-speed motor ‖
⁴schlußverhalten *n* (Elektr, Mot) / inverse speed
characteristic, series characteristic ‖ ⁴speisung *f* (Röhre)
/ series feed ‖ ⁴[stand]motor *m* / stationary o. static
engine with cylinders in line, straight[-type] engine, in-
line engine ‖ ⁴stempel *m* *pl* (Bergb) / breaker props *pl* ‖
⁴transformator *m* / series transformer ‖ ⁴versuche *m*
pl / serial investigations ‖ ⁴wagen *m* (Kfz) / standard
design o. standard type car, production o. stock car ‖
⁴waschanlage *f* / washing benches for workmen *pl*,
washing trough
reihenweise, serial / serial, [in] series ‖ ˜ Anordnung /
seriation ‖ ˜ Ein-Ausgabe (DV) / stream input/output ‖
˜ Übertragung (DV) / stream transmission
Reihen·widerstand *m* / series resistor ‖ ⁴zahl *f* (Cottonm)
/ number of courses ‖ ⁴zähler *m* (Cottonm) / course
counter
Reihkamm, Scheidekamm *m* (Web) / raddle
Reihung *f* (DV) / string
Reimer-Tiemann-Synthese, -Reaktion *f* (Chem) / Reimer-
Tiemann-reaction
rein, unvermischt / unalloyed, pure ‖ ˜, ohne Zusatz /
all… ‖ ˜, sauber / clean ‖ ˜, klar (Ton) / clear[-toned] ‖
˜, elementar / elemental ‖ ˜, hell (Firnis) / limpid, lucid
‖ ˜, unverdünnt / neat ‖ ˜, netto / net ‖ ˜,
unverfälscht / pure ‖ ˜, gereinigt / purified ‖ ˜,
unvermischt (Stoff) / straight, sheer ‖ ˜, direkt (Methode)
/ straightaway ‖ ˜, ausschließlich *adv* / all…, only ‖
˜er Alkohol / pure o. absolute o. undiluted alcohol ‖
˜e Arbeitszeit / actual working time ‖ ˜e
Basisdarstellung / pure binary notation o. numeration ‖
˜es Baumwollgewebe / all-cotton fabric ‖ ˜ binär /
straight binary ‖ ˜ dargestellt (Chem) / isolated ‖ ˜es
Düsenflugzeug / straight jet ‖ ˜ elektrisches Stellwerk
/ relay interlocking system ‖ ˜e Flözmächtigkeit

(Bergb) / useful seam thickness ‖ ~e **Forschung,** Grundlagenforschung f / fundamental o. pure research [work] ‖ ~e **Gesamtheit** (Math) / pure population ‖ ~ **imaginäre Zahl** (Math) / pure imaginary number ‖ ~er **Kammzug** (Textil) / clear top ‖ ~er **Klang** / clear ring ‖ ~er **Kohlenstoffstahl** / straight carbon steel ‖ ~ **kontinuierlich** (Walzw) / straight continuous ‖ ~e **Masse** / pure mass, deadweight, lumped mass ‖ ~e **Massenbeschleunigung** / straight acceleration of masses ‖ ~e **Mathematik** / abstract o. pure mathematics ‖ ~ **numerisch** / all-numerical ‖ ~e **Seide** / genuine silk ‖ ~e **Stimmung** (Musik) / natural o. just scale, just temperament ‖ ~er **Stücklohn** (F.Org) / straight piece rate ‖ ~er **Ton,** Reinton m / pure o. simple tone ‖ ~e **Wissenschaften** f pl / pure sciences pl ‖ ~er **Zeitlohn** (F.Org) / straight time pay

Reinaluminium n / high-grade aluminium

Reinartzschaltung f (Elektronik) / Reinartz circuit

Rein·berge m pl (Aufber) / pure shale ‖ ⁺**blau**, Chinablau n / soluble blue, water blue ‖ ⁺**darstellung** f / preparation in a pure condition o. state ‖ ⁺**dichte** f (Pulv.Met) / theoretical o. true density ‖ ⁺**eisen** n / technical pure iron ‖ ⁺**element** n / pure element ‖ ⁺**ertrag** m / net proceeds pl ‖ ⁺**flachs**, Hechelflachs m / hackled flax, scutched o. swingled flax

R-Eingang m (Elektronik) / reset entry

Rein·gas n / clean gas ‖ ⁺**gewicht**, Nettogewicht n / net weight ‖ ⁺**gewinn** m / net profit ‖ ⁺**hadernpapier** n / pure rag paper ‖ ⁺**haltung** f (Umwelt) / pollution abatement ‖ ⁺**hanf** m / scutched hemp ‖ ⁺**hefe** f / pure yeast

Reinheit f, Sauberkeit f / cleanness, purity ‖ ⁺, Freiheit f von Weiß (TGL-System) (Farben) / purity ‖ ⁺, Reinheits-, Dichtezahl f der Zuckerrüben (in Frankreich) / cleanness of beet-roots ‖ **auf hohe** ⁺ **bringen** / clean to a high degree

Reinheits·bedingungen f pl, Reinraumbedingungen f pl / clean conditions pl ‖ ⁺**grad** m / percentage purity ‖ ⁺**grad** m (Raumf) / particle cleanliness ‖ ⁺**zone** f (Nukl) / clean conditions area

reinigen, frei machen / open, clear ‖ ~, säubern, putzen / purify ‖ ~ (Getreide) / winnow ‖ ~, sortieren (Faserstoff) / screen ‖ ~, putzen / clean ‖ ~ **die Düse** ~ (Kfz) / clear the nozzle ‖ **Flüssigkeiten** ~ / clarify ‖ **Flüssigkeiten** ~ (Chem) / purify ‖ **Gummi** ~ / purify the caoutchouc ‖ **scharf** ~, abkratzen / scour vt, clean, scrape vt ‖ **Siebe** ~ / unblind screens ‖ **Straßen** ~ / scavenge streets ‖ **Wasser** ~ / purify water ‖ **Wasser mechanisch** ~ / brighten water

Reiniger m, Reinigungsmittel n / purifier, cleaner ‖ ⁺ (Chem) / gas purifier ‖ ⁺**zelle** f, Nachschäumerzelle f / cleaner cell, recleaner cell

Reinigung f / cleaning ‖ ⁺, Klärung f / purification, clarification ‖ ⁺, Klärung f (durch Absitzen o. Abgießen) / decantation ‖ ⁺ (Spinn) / stripping of the machine ‖ ⁺ **des Abwasserrohrs**, Spülung f / cleansing ‖ ⁺ **des Abwassers** (Abwasser) / sewage clarification o. purification ‖ ⁺ **mit Schwerflüssigkeit** (Aufber) / dense-medium process ‖ ⁺ **mittels Waschmitteln** / detersion ‖ ⁺ **[und Färberei]** (Färberei) / dry-cleaning shop ‖ ⁺ **von Staubfiltern, Sieben usw.** / cleaning of filters o. screens ‖ ⁺ **zwischen den Schweißgängen** / interpass cleaning

Reinigungs·anlage f (Umwelt) / pollution abatement facility ‖ ⁺**anschluß** m / washout connection ‖ ⁺**apparat** m / cleaning apparatus ‖ ⁺**apparat** m (Chem) / purifying apparatus ‖ ⁺**apparat** m (durch Spülen) / scourer, cleansing apparatus ‖ ⁺**beginn** m **der Brennstoffaufbereitung** / head end of fuel processing ‖ ⁺**behälter**, Klärbehälter m (Wasserversorgung) / filtering basin o. tank ‖ ⁺**boden** m (Tank) / false bottom ‖ ⁺**bürste** f, Molch m (Pipeline) / scraper, go-devil, pig ‖ ⁺**bürste** f **für Siebe** / sieve cleaning brush ‖ ⁺**effekt** [durch Zusätze] m / scavenger effect ‖ ⁺**fällung** f

(Strahlenschutz) / scavenging ‖ ⁺**feld** n, Ziehfeld n (Atom, Nukl) / clearing field ‖ ⁺**flüssigkeit** f, -flotte f (Färb) / cleansing liquor ‖ ⁺**gleise** n pl (Bahn) / train washing tracks ‖ ⁺**hahn** m / purging cock ‖ ⁺**kasten** m (Bau) / catch pit o. basin ‖ ⁺**kathode** f (Galv) / dummy cathode ‖ ⁺**loch** n / manhole ‖ ⁺**maschine** f (Hütt) / boshing machine ‖ ⁺**maschine** f **für Getreide** / scourer ‖ ⁺**masse** f (Gas) / purifying mass ‖ ⁺**mittel** n / cleaning material ‖ ⁺**mittel** n, Spülmittel n / scouring material ‖ ⁺**mittel** n (Chem) / purifying agent ‖ ⁺**mittel**, Verbesserungsmittel n (Chem) / reclaimer ‖ **[chemische]** ⁺**mittel** / detergent ‖ ⁺**mittel für Farben** / sugar soap ‖ ⁺**öffnung** f / cleansing hole o. eye ‖ ⁺**öffnung** f (Abwasser) / rodding eye, cleaning o. access eye ‖ ⁺**paste** f (Schreibm) / type cleaner ‖ ⁺**schacht** m (Kanalisation) / access gully ‖ ⁺**schraube** f / threaded mud plug ‖ ⁺**stöpsel** m / mud plug ‖ **dritte** ⁺**stufe von Abwasser** / tertiary treatment of sewage ‖ ⁺**substanz** f **für Wolle** / scour for wool ‖ ⁺**tür** f (Ofen) / cleaning door, soot door ‖ ⁺**- und Entfettungsmittel** n / cleaning and degreasing compound ‖ ⁺**verstärker** m / dry-cleaning detergent ‖ ⁺**walze** f (Karde) / stripper roller ‖ ⁺**zentrifuge** f / centrifugal cleaner ‖ ⁺**zusatz** m **zur Schmelze** (Hütt) / scavenger

reinitialisieren, neu einleiten / reinitialize, reinitiate

Rein·kohle f / clean coal, cleans pl ‖ ⁺**krempel**, -kratze, -karde f / finishing card, finisher ‖ ⁺**kultur** f, -zucht f, bakteriologische Reinkultur / pure culture ‖ ⁺**kupfer** (99,75 %) / best selected copper ‖ ⁺**leinen** n / pure linen ‖ ⁺**öl** n (Raffinerie) / oil (after treatment) ‖ ~**orange** (RAL 2004) / pure orange ‖ ⁺**raum** m (Elektronik) / clean room ‖ ⁺**raum-Bedingungen** f pl / clean-room conditions pl ‖ ⁺**raumtechnik** f / clean-room technology ‖ ⁺**saftgefäß** n (Zuck) / clear juice tank ‖ ⁺**schrift** f / fair copy ‖ ⁺**seide** f / all o. pure silk

reinst / super-clean, highest grade ‖ ⁺**aluminium** n / highest grade aluminium ‖ ⁺**eisen** n / high-purity iron ‖ ⁺**kohle** f (unter 0,5 % Asche) / super-clean coal (under 0,5 % of ash)

Rein·toluol n / pure toluol ‖ ⁺**ton-Verfahren** n (Phono) / noiseless recording ‖ ⁺**volumen** n / true volume ‖ ⁺**wasser** n / pure water ‖ ~**weiß** (RAL 9010) / pure white ‖ ⁺**wollen** / all-wool[len]… ‖ ⁺**zinn** n / block tin ‖ ⁺**zucht** f, -kultur f, bakteriologische Reinkultur / pure culture

Reis m **auf dem Halm** / paddy [rice] ‖ **geschälter** ⁺ / polished rice

Reise f / journey ‖ ⁺ (Ofen) / campaign ‖ ⁺, Fahrt f / voyage ‖ ⁺**bügeleisen** n / travelling iron ‖ ⁺**bus** m / bus, overland bus ‖ ⁺**fluggipfelhöhe** f / cruise ceiling ‖ ⁺**flughöhe** f (Luftf) / cruising altitude o. level ‖ ⁺**flugregelung** f / cruise control ‖ ⁺**geschwindigkeit** f (Luftf, Schiff) / cruising speed ‖ ⁺**geschwindigkeit** f (Durchschnittsgeschwindigkeit einschließlich Aufenthalt) (Bahn) / schedule speed ‖ **mit** ⁺**geschwindigkeit fliegen** (Luftf) / cruise ‖ ⁺**meßlatte** f / folding measuring rod

reisen / travel v ‖ ⁺ n **mit Wohnwagen** / caravaning

Reis-Enthülsungsmaschine f / rice hulling machine, paddy mill

Reise·omnibus m, -bus m (Kfz) / long-distance coach ‖ ⁺**publikum** n / travelling public ‖ ⁺**schlitten** m / travelling sledge ‖ ⁺**schreibmaschine** f / portable typewriter ‖ ⁺**verkehr** m / tourist traffic ‖ ⁺**zeit** f **eines Blocks** (Hütt) / track time ‖ ⁺**zeit** f **eines Reaktorkerns** / refueling interval o. cycle, reactor run

Reisezug m (Bahn) / passenger train ‖ ⁺**lokomotive** f / local train engine (US), passenger train engine

Reisezugwagen m / railroad car, railway carriage, passenger car[riage] (GB) o. coach (US) ‖ ⁺ **für den Fernverkehr** / main-line coach ‖ ⁺ **mit Einzelachsen** (Bahn) / non-bogie coach ‖ ⁺ **mit gleisbogenabhängiger o. kurvenabhängiger Wagenkastensteuerung,** Reisezugwagen m mit neigbarem Wagenkasten / coach with tilting body, body-tilt coach ‖ ⌐ mit **Mittelgang und Großraumabteilen** (Bahn) / day coach (US), center corridor o. central gangway carriage (GB) ‖ ⌐ **mit Seitentüren** (Bahn) / non-corridor car[riage] ‖ ⌐ **mit Speiseabteil** / buffet car o. coach ‖ ⌐**-Bestand** m / coaching stock, passenger equipment o. stock ‖ ⌐**-Kilometer** m / coach-kilometre

Reisfeld n / paddy field

Reisig n / brushwood ‖ ⌐, **Gestrüpp** n / trash ‖ ⌐**bündel** n, Faschine f (Hydr) / fascine, faggot, fagot

Reis·korn n (Landw, Keram, Astr) / rice grain ‖ ⌐**mehl** n / rice flour ‖ ⌐**öl** n / rice oil ‖ ⌐**papier** n / rice o. pith paper ‖ ⌐**protein** n / rice gluten

Reiß·bahn f (Ballon) / ripping o. stripping panel ‖ ⌐**bandpackung** f / tear strip package ‖ ⌐**barkeit**, **-fähigkeit** f (Straßb) / rippability ‖ ⌐**baumwolle** f / reprocessed cotton ‖ ⌐**boden** m (Zimm) / marking-off board ‖ ⌐**brett** n, Zeichenbrett n / drawing board ‖ ⌐**dehnung** f / elongation at tear

reißen, aufreißen / crack, splinter ‖ ~, stoßen / jerk ‖ ~, sich spalten / split ‖ ~, durch-, zerreißen / tear ‖ ~, ab-, losreißen / tear off ‖ ~, zerren, ziehen / tug, wrench, drag ‖ ~ vt (Lumpen) / tear, pull ‖ ~ vi, sich trennen / sever, part ‖ ~ (beim Kühlen) (Keram) / dunt ‖ ⌐ n, Rißbildung f / cracking, fissuring, splitting ‖ ⌐, Zerreißen n / tearing ‖ ⌐ (Spinn) / tearing of rags ‖ ⌐ **des Fadens** / snapping of the thread ‖ ⌐ **des Holzes** / cracking ‖ **mit einem Ruck** ~, schnell reißen / yank ‖ **von der Hitze** ~ (Keram) / crack

reißend (Fluß) / rushing ‖ ~e **Strömung** / supercritical flow

Reißer m (Streichgarn) / teaser and breaker ‖ ⌐, Schlagschere f für Endlosformulare / burster, decollator ‖ ⌐ **für Spinnstoffaufbereitung** / teaser for fiber preparing

Reiß·feder f / drawing o. ruling pen ‖ ⌐**feder** f **mit Kreuzscharnier** (Zeichn) / swivel nib pen ‖ ⌐**feder** f **schwedische Form** (Zeichn) / border pen ‖ ⌐**federeinsatz** m (Zirkel) / pen point for drawing instruments ‖ ⌐**feder-Teilzirkel** m / spring-bow pen ‖ ⌐**festigkeit** f / resistance to tearing o. breaking ‖ ⌐**festigkeit** f (Raumf) / tenacity ‖ ⌐**festigkeit** f (Plast) / ultimate tensile strength ‖ ⌐**festigkeit** f (Beton) / crack resistance ‖ ⌐**kappe** f (Fallschirm) / tear-off cap ‖ ⌐**kegelbildung** f (Draht) / cupping ‖ **mit** ⌐**kegeln** (Draht) / cuppy ‖ ⌐**kilometer** m (veraltet), Rkm m (Textil) / breaking length in kilometres ‖ ⌐**korn** n (Leder) / artificial grain ‖ ⌐**kraft** f (Gewebe) / tear strength ‖ ⌐**kraft** f (Bagger) / tear-out o. break-out o. biting force, bail pull ‖ ⌐**kraft** f (Pap) / tensile strength ‖ ⌐**kraft** f (Tauwerk) / breaking load ‖ ⌐**krempel**, **-karde** f (Textil) / breaker [card], breaking o. scribbler card ‖ ⌐**krempel**, Vorkrempel f (Wolle) / scribbler, first breaker ‖ ⌐**lack** m / crackle[d] lacquer o. varnish ‖ ⌐**länge** f (Textil) / breaking length ‖ ⌐**last** f / maximum o. ultimate tensile strength ‖ ⌐**latte** f, Spalt-, Waldlatte f / cleaved lath ‖ ⌐**leine** f (Luftf) / release cord o. line, rip cord ‖ ⌐**leinenschalter** m (Elektr) / pull cord switch ‖ ⌐**linien erzeugen** / roulette vt ‖ ⌐**linienperforation** f / roulette ‖ ⌐**maschine** f (Textil) / tearing machine ‖ ⌐**maß** n (Stahlkonstr) / distance from outside of angle to rivet center, edge distance, back-gauge ‖ ⌐**maß** n, Parallelreißer m / marking o. surface gauge ‖ ⌐**messer**, Haarmesser n (Web) / shearing knife, plough ‖ ⌐**nadel** f, -spitze f / scribing iron ‖ ⌐**nagel** m, -stift m, -zwecke f / drawing pin, thumb-tack (US) ‖ ⌐**öl** n (zum Lumpenreißen) (Textil) / dust binding oil ‖ ⌐**pflug**, Straßenaufreißer m (Straßb) / scarifier, ripper ‖ ⌐**platte** f, Anreißplatte f / surface plate, marking[-off] table o. plate ‖ ⌐**scheibe** f, Berstscheibe f / bursting o. rupture disk ‖ ⌐**schere** f (eine Notschere) (Hütt) / auxiliary shears pl ‖ ⌐**schiene** f (Zeichn) / tee-square, T-square ‖ ⌐**schnur**, -leine f / rip[ping] cord ‖ ⌐**span** m (Wzm) / tearing chip ‖ ⌐**span** m (Holz) / disintegrated particle ‖

⌐**spinnband** n / top [sliver] ‖ ⌐**spinnkabel** n (Textil) / filament tow ‖ ⌐**spinnstoff** m / reprocessed material ‖ ⌐**spinnstoff** m / ravelling, recuperated yarn ‖ ⌐**spinnverfahren** n (Textil) / stretch break process

Reis·stärke f / rice starch ‖ ⌐**stengelbohrer** m, Chilo suppressalis / Asiatic rice borer, purple-lined rice borer

Reiß·trommel f (Spinn) / willowing drum ‖ ⌐**verschluß** m / zip o. slide fastener, zipper ‖ ⌐**verschluß** m **an Dosen** / zip top (US) ‖ ⌐**verschlußförderer** m / zipper [closing] conveyor ‖ ⌐**verschlußfuß** m (Nähm) / zipper foot ‖ ⌐**walze**, Brechwalze f (Spinn) / spiked o. toothed roller ‖ ⌐**winkel**, -schenkel m (Straßenpflug) / shank angle ‖ ⌐**wolf** m (Textil) / opener, opening machine, devil[ling machine], willow, willey ‖ ⌐**wolfarbeiter** m, -arbeiterin f (Textil) / deviller, willower ‖ ⌐**wolle** f, Lumpenwolle f / reclaimed o. recovered o. regenerated wool, shoddy ‖ ⌐**wolle** f **aus getragenen Stoffen** / reused wool ‖ ⌐**wolle aus Neuware** f / reprocessed wool (US) ‖ ⌐**wolle** f **aus verfilztem Material** / mungo ‖ ⌐**zange** f (Textil) / detaching nippers pl ‖ ⌐**zeug** n / case of mathematical o. drawing instruments (US), mathematical o. drawing set o. box ‖ ⌐**zirkel** m / marking compasses pl ‖ ⌐**zwecke** f / drawing pin, thumbtack

reiten, **auf dem Strich** ~ (Kfz, coll) / straddle the continuous line ‖ **die Wellen** ~ (Schiff) / surge

reitend, rittlings / astraddle, astride ‖ ~ (Österreich) (Schwelle) / dancing

Reiter m (Kabelkran) / carrier ‖ ⌐ (Kartei) / file signal ‖ ⌐, Schieber m (Schreibm) / slide ‖ ⌐ (Waage) / rider ‖ ⌐ (Webgeschirr) / heald rod hook, glider ‖ ⌐, Schieber m (Schreibm, Waage) / slide ‖ ⌐ (Schaltuhr) / shiftable stop

Reiteration f (Verm) / reiteration

Reiter·klaue f (Bau) / bridle joint ‖ ⌐**lehre** f / striding gauge ‖ ⌐**libelle** f (Verm) / striding level, wye o. y level ‖ ~**loser Kabelkran** / travelift, carrierless cablecrane ‖ ⌐**stellwerk** n / bridge signal box ‖ ⌐**walze**, Beschwerwalze f (Buch) / rider o. riding roller

Reit·sitzstellung f / sitting astride o. astraddle, straddling position ‖ ⌐**stock** m (Dreh) / tailstock, -block ‖ ⌐**stock** m (Schleifm) / footstock, tailstock ‖ ⌐**stock** m **mit verstellbarem Oberteil** (Wzm) / extension type tailstock ‖ ⌐**stockeinheit** f / tailstock unit ‖ ⌐**stockoberteil** n / tailstock barrel ‖ ⌐**stockpinole** f / tailstock [center] sleeve, tail spindle ‖ ⌐**stockspitze** f / tailstock center ‖ **umlaufende** ⌐**stockspitze** / live center ‖ ⌐**stockunterteil** n, -stockuntersatz m / tailstock base ‖ ⌐**weg** m (Straßb) / bridle path o. way

reizen / irritate, affect

Reiz·gas n / tear gas ‖ ⌐**gift** n / irritant poison ‖ ⌐**identifikation**, -benennung f (Kybernetik) / absolute judgement ‖ ⌐**mittel** n / irritant ‖ ⌐**mittel**, Stimulans n / stimulant ‖ ⌐**schwelle** f / threshold of sensation o. of stimulation, stimulus threshold

Reizung, Erregung f / stimulation

Reizwahrnehmung f / stimulus perception

Reklamation [an] f, Beanstandung f [an] / claim, complaint

Reklame, Werbung f / advertisement, ad[vt], advertizing, publicity ‖ ⌐, Reklametext m / plug (coll) ‖ ⌐**beleuchtung** f / advertisement illumination ‖ ⌐**buchstabe** m / advertisement type ‖ ⌐**streifen** m (Buch) / blurb

reklamieren, Ansprüche erheben / claim v

Rekognoszierung, Erkundung f (Geol) / reconnaissance

Rekombination f (Nukl, Halbl, Chem) / recombination ‖ ⌐ **mit Dissoziation** / dissociative recombination

Rekombinations·diode f / sublaser ‖ ⌐**faktor** m (Zahl der Rekombinationen je Zeit- und Raumeinheit, bezogen auf das Produkt der pn-Dichten) (Halbl) / recombination rate ‖ ⌐**geschwindigkeit** f / recombination velocity ‖ ⌐**zeit** f (Halbl) / recombination rate

Rekombinatorstopfen m / vent plug with catalyser

rekompatibel, rückwärts kompatibel / reversibly compatible
Rekompatibilität *f* / recompatibility, reverse compatibility
rekomplementieren (DV) / recomplement
Rekonditionierung *f* (Ausstattung mit anderen o. besser verkäuflichen Eigenschaften) / reconditioning
rekonstruieren, wiederherstellen / restore, renew ‖ ～ [aus] / reconstruct [from]
Rekonstruktion, Wiederherstellung *f* / reconstruction
Rekonstruktionsprotokoll *n* (Rechn) / recovery report
Rekonstruktor *m* (Laser) / reconstructor
Rekord *m*, Bestleistung *f* / record
Rekorder *m* / recording attachment o. device o. implement o. instrument o. mechanism ‖ ⌁ / recorder
Rekordversuch *m* / attempt to establish a record
Rekristallisation *f* / recrystallization
rekristallisations·geglüht / recristallization-annealed ‖ ⌁**glühen** *n* / subcritical o. process annealing, recrystallization annealing ‖ ⌁**schicht** *f* (Halbl) / fused junction ‖ ⌁**temperatur** *f* / recrystallization temperature
Rekristallisatorverfahren *n* / recrystallizer process
Rektaszension *f* (Astr) / right ascension, R.A.
Rektaszensionskreis *m* / circle of right ascension
Rektifikation *f*, Geradelegung *f* (Hydr) / diversion, training of a river ‖ ⌁ (Destillation mit möglichst scharfer Trennung), Rektifizierung *f* / fractionation, rectification ‖ ⌁ **einer Kurve** (Längenermittlung) / rectification of a curve
Rektifikations·apparat, Rektifizierapparat *m* (Chem) / rectifying apparatus, rectifier ‖ ⌁**kolonne** *f* / stripping column o. tower
Rektifizier·apparat *m* (Nukl) / rectifier ‖ ⌁**boden** *m*, Austauschboden *m* (Chem) / exchange o. bubble plate, plate
rektifizieren (destillieren mit scharfer Trennung) (Chem) / fractionate, rectify ‖ ～ (Brennerei) / rectify brandy ‖ **eine Kurve** ～, die Länge ermitteln (Math) / rectify a curve ‖ **Instrumente** ～ / adjust instruments
Rektifizierkolonne *f*, -säule *f* (Chem) / stripping column o. tower, rectifying column
rektifizierter Alkohol / rectified alcohol
Rekuperativ·feuerung *f* / recuperative furnace ‖ ⌁**kühlung** *f* (Raumf) / regenerative o. recuperative cooling
Rekuperator, Wärmeaustauscher *m* / recuperator ‖ ⌁**rohr** *n* / recuperator block o. tube
rekurrent (Math) / recurrent
Rekursion *f* (Math) / recurrence, recursion
Rekursions·formel *f* (Math, DV) / recurrence formula ‖ ⌁**-Relation** *f* (Nukl) / recursion relation
rekursiv (Math) / recursive ‖ ～**e definierte Folge** / recursively defined sequence ‖ ～**e Funktion** *f* / recursive function ‖ ～**es Unterprogramm** (DV) / recursive routine
Rekursivität *f* / recursiveness
Relais *n* (Elektr) / relay ‖ ⌁ **für gedruckte Schaltungen** / relay for printed circuit board ‖ ⌁ **mit Eigendruckkontakten** / permissive make relay ‖ ⌁**anker** *m* / cutout blade o. arm, relay armature, keeper ‖ ⌁**anrufsucher** *m* (Fernm) / relay line finder ‖ ⌁**beben** *n* (Geol) / relay earthquake ‖ ⌁**becher** *m* / relay can ‖ ⌁**becher**, Schwingquarzbecher *m* (Elektronik) / crystal can ‖ ⌁**feder** *f* / relay o. contact spring ‖ ⌁**fernsehen** *n*, Ballempfang *m* / relay television ‖ ⌁**gestell** *n*, -schrank *m* / relay bay o. box o. frame o. rack ‖ ⌁**gruppe** *f* / relay o. contactor set ‖ ⌁**kasten** *m* / relay box ‖ ⌁**klappe** *f* / relay shutter ‖ ⌁**kontakt** *m* / relay point ‖ ⌁**koppelfeld** *n* (Fernm) / relay switching network ‖ ⌁**leiterplatte** *f* / relay p.c. board ‖ ⌁**magnet** *m* / relay magnet ‖ ⌁**matrixschalter** *m* (Fernm) / relay matrix switch ‖ ⌁**motor** *m* / relay bobbin and armature ‖ ⌁**pyramide** *f* / relay tree ‖ ⌁**-Radar** *m n* / relay radar ‖

⌁**röhre** *f* / thermionic relay ‖ ⌁**rufsystem** *n* / relay automatic system (GB) ‖ ⌁**rufübertragung** *f* (Fernm) / relay repeater for ringing currents ‖ ⌁**-Rundfunk** *m* / chain broadcasting, rebroadcasting ‖ ⌁**satellit** *m* (Fernm) / repeater satellite ‖ ⌁**satellit** *m* **für Datenübertragung** / data relay satellite ‖ ⌁**schalter** *m* / relay-actuated switch ‖ ⌁**schaltung** *f* / relay connection ‖ ⌁**schiene** *f* / relay rail ‖ ⌁**schrank** *m*, -gestell *n* / relay bay o. box o. frame o. rack ‖ ⌁**sender** *m* (Elektronik) / relay transmitter, relay [broadcasting] station, radio relay station, rebroadcasting o. repeat[er] station, reradiating sender, retransmitter ‖ **aktiver** ⌁**sender** / active repeater station ‖ **durch** ⌁**stationen übertragen** (Elektronik) / rebroadcast ‖ ⌁**stelle** *f* (Fernm) / land-based satellite station ‖ ⌁**stellwerk** *n*, Stellwerk mit elektrischen Verschlüssen (Bahn) / free-lever signal box, relay interlocking system ‖ ⌁**steuerung** *f* / relay control ‖ ⌁**system** *n* (Fernm) / relay combination o. set ‖ ⌁**system** *m* (Regeln) / relay control system ‖ ⌁**system** *m* **mit Prädiktion** (Regeln) / predictive control system ‖ ⌁**übertragung** *f* (TV) / ball reception ‖ ⌁**unterbrecher** *m* (Elektr) / relay interruptor ‖ ⌁**werkstoffe** *m pl* / relay materials *pl* ‖ ⌁**wicklung** *f* / relay winding ‖ ⌁**zahlengeber** *m* (Fernm) / relay sender
Relation *f*, Beziehung *f* / relation, relationship
relational (DV) / relational ‖ ～**e Datenbank**, RDB / relational data base, RDB ‖ ～**es Datenbank-Managementsystem**, RDMS / relational data base management system, RDBMS
Relationentheorie *f* / relation theory
relativ, verhältnismäßig / comparative, relative ‖ ～ / relevant, relative ‖ ～**er Abbrand** (Nukl) / burn-up fraction ‖ ～**e Adresse** (DV) / relative address, floating o. symbolic address ‖ ～**e Atommasse** / relative atomic mass ‖ ～**er Ausdruck** (DV) / relocatable expression ‖ ～**e Befehlsfolge** (DV) / relative coding ‖ ～**e Bewegung** (Radar) / apparent motion ‖ ～**e Bezugsdämpfung** (Fernm) / relative equivalent ‖ ～**e biologische Wirksamkeit**, RBW (Nukl) / relative biological activity o. effectiveness, RBE ‖ ～**e Dichte** / relative density ‖ ～**e Dielektrizitätskonstante** (Elektr) / relative permittivity ‖ ～**er Einfluß** (Nukl) / relative importance ‖ ～**e Einschaltdauer**, ED, Auslastungsgrad *m* / duty cycle [factor] ‖ ～**e Einschaltdauer** (Schw) / duty cycle [factor], arcing time factor ‖ ～**e Festigkeit des Stoßes** (Schweiß) / joint efficiency ‖ ～**e Feuchtigkeit** / fraction of saturation, relative humidity ‖ ～**e Giergeschwindigkeit** / normalized rate of yaw ‖ ～**e Häufigkeit** (Statistik) / frequency ratio ‖ ～**e Höhe** / height above ground ‖ ～**er komplexer Widerstand**, relative Impedanz (Wellenleiter) / normalized wave impedance ‖ ～**e konstant** / constant-percentage... ‖ ～**es Konversionsverhältnis** (DV) / relative conversion ratio ‖ ～**er Leitwert** (Wellenleiter) / normalized admittance, reduced admittance ‖ ～**e Luftfeuchtigkeit** / relative humidity of air ‖ ～**e Maßangaben** (NC) / incremental dimension words *pl* ‖ ～**e Öffnung** (Radar, Opt) / aperture ratio ‖ ～**er Pegel** (Fernm) / relative level ‖ ～**er Pegel Null** (Fernm) / zero power level ‖ ～**e Plateauneigung** (Nukl) / relative plateau slope ‖ ～**es Programmieren** (DV) / relative programming ‖ ～**e Rollgeschwindigkeit** / normalized rate of roll ‖ ～**e Sintertemperatur** / relative sintering temperature ‖ ～**e spektrale Strahlungsverteilung** (TV) / spectral energy distribution ‖ ～**e Stampfgeschwindigkeit** (Luftf) / normalized rate of pitch ‖ ～**e Trägheitskonstante** (Elektr) / inertia constant ‖ ～**er Vektor** (DV) / relative vector ‖ ～**e Verschiebung zw. Beton u. Stahl** / relative displacement between concrete and steel ‖ ～**e Viskosität** / viscosity ratio ‖ ～**e Viskosität Lösung/Lösungsmittel** / solution/solvent viscosity ratio ‖ ～**e Viskositätserhöhung**, (früher:) spezifische Viskosität / specific viscosity ‖ ～**er Wicklungsschritt** / relative winding pitch ‖ ～**e Winkelgeschwindigkeit** /

normalized angular velocity ‖ ~**er Wirkungsgrad** (Mot) / relative efficiency ‖ ~**er Zeitgeber** (DV) / relative time clock ‖ ~ **zueinander bewegt** / moving in relation to each other

Relativbewegung *f* / relative motion

Relativ·-Empfindlichkeit *f* / relative response ‖ ~**geschwindigkeit** *f* / relative velocity o. speed ‖ ~**geschwindigkeit** *f* **Kopf-Band** / head-to-tape speed ‖ ~**geschwindigkeitsmesser** *m* / relative speed indicator

relativierbar (DV) / relocatable

Relativierungskarte *f* (DV) / relocation dictionary card, RDL-card

relativistisch, Relativitäts... / relativistic ‖ ~**e Mechanik** / relativistic mechanics ‖ ~**e Partikel** (Raumf) / relativistic particle

Relativität *f* / relativity ‖ ~ **im Raum** / spatial relativity

Relativitäts·erscheinung *f* / relativity effect ‖ ~**gesetz** *n* / law of relativity ‖ ~**theorie** *f* / [general] theory of relativity ‖ **allgemeine** ~**theorie** / relativity, general theory of relativity

Relativ·-Lader *m* (DV) / relocatable program loader ‖ ~**-Meßverfahren** *n* (NC) / incremental measuring method ‖ ~**pol** *m* (Mech) / relative center of rotation [of two moving links] ‖ ~**wind** *m* / thermal wind

Relaxation *f* (Phys) / relaxation ‖ ~ (Hütt) / stress-relieving annealing

Relaxations·länge *f* (Nukl) / relaxation length ‖ ~**riß** *m* / relaxation crack ‖ ~**verfahren** *n* (Math, Turbo) / relaxational treatment, relaxation method ‖ ~**versuch** *m* (Plast) / relaxation test ‖ ~**zeit**, Abklingzeit *f* / relaxation time

Releasepapier *n* (für Haftkleber) / release paper

Relief *n* / relievo, relief ‖ ~**ätzung** *f* (Buch) / relief etching ‖ ~**druck** *m* (Buch) / relief printing, embossing ‖ ~**druck** *m* (Textil) / printing by relief-engraved roller ‖ ~**druck** *m* **für Blinde** / embossed printing ‖ ~**druckmaschine** *f*, Hochdruckmaschine *f* (Textil) / printing roller [produced] by relief engraving ‖ ~**florware** *f* / sculptured pile fabric ‖ ~**gelatinebild** *n* (Phot) / relief process picture ‖ ~**gewebe** *n* / tissue in relief ‖ ~**gravierung**, Hochätzung *f* / relief- o. relievo-engraving ‖ ~**karte** *f* / relief map ‖ ~**prägung** *f*, -druck *m* (Buch) / relief embossing o. printing ‖ ~**tapete** *f* / relief paper hanging ‖ ~**umkehr** *f* (Geol) / inversion of relief ‖ ~**-Walzendruckmaschine** *f* (Textil) / surface printing machine

Reling *f* (Schiff) / breastwork, rail[ing] ‖ ~, Schanzkleidreling *f* (Schiff) / main rail with bulwark ‖ **mit** ~ **versehen** / rail *v*

Relings·stütze *f* / railing stanchion

Reling·stahl *m* / bulwark rail section steel ‖ ~**stahl** *m* / hot-rolled section for shipbuilding ‖ ~**stütze** *f* (Schiff) / railing stanchion

Reluktanz *f*, magnetischer Widerstand (Elektr) / reluctance ‖ ~**generator** *m* (Elektr) / induction-type synchronous generator, reluctance generator ‖ ~**motor** *m* (Elektr) / reluctance motor ‖ ~**-Schrittmotor** *m* / variable reluctance stepping motor

Rem *n* (Sonderbezeichnung von Rad bei der Angabe von Äquivalentdosen; 1 rem = 1 Rad = 10^{-2} J/kg)**(veraltet)**, 100 rem = 1 Sv (Nukl) / rem

REM = Rasterelektronenmikroskop

remanent, zurückbleibend (Phys) / remanent, residual ‖ ~**e elektrische Polarisation** / residual electric polarization ‖ ~**e magnetische Induktion** / residual magnetic flux density ‖ ~**e magnetische Polarisation** / residual magnetic polarization ‖ ~**e Magnetisierung** / residual magnetism o. magnetization

Remanenz *f* (Phys) / remanence, retentivity, residual magnetism ‖ ~ (eines ganzen Kreises), remanente Induktion / residual induction ‖ ~**spannung** *f* (Phys) / residual voltage ‖ ~**vernichtung** *f* / remanence o. retentivity suppression

REM-Aufnahme *f* (= Raster-Elektronenmikroskop) / scanning electron microscope photo

Remendur *n* (CoFeVa-Legierung, ein Magnetwerkstoff) / Remendur

remineralisieren / remineralize

Remission *f* / diffuse reflection ‖ ~ (Spektr) / spectral reflection

Remissions·grad *m* (Opt) / luminosity coefficient ‖ ~**grad** *m* (Spektr) / luminance factor, directional o. diffuse reactance ‖ ~**kurve** *f*, Rückstrahlungskurve *f* / reflectance curve ‖ ~**messung** *f* (Opt) / measurement of the luminance factor ‖ ~**photometer** *n* / reflectance photometer ‖ ~**wert** *m* (Färb) / reflectance value

Remittanz, Kurzschluß-Übertragungsadmittanz *f* rückwärts / short circuit reverse transfer admittance

Remittenden *pl* (Buch, Zeitung) / overissues *pl*, returns *pl*

Remontoiruhr *f*, Uhr *f* mit Aufzug an der Krone / stemwinder, stemwinding watch

Remorqueur *m* (Österreich), Flußschlepper *m* / river tug

Remote-Betrieb *m* / remote operation

Removal-Querschnitt *m* (Nukl) / removal cross section

REMPI, resonante Mehrphotonen-Ionisation / REMPI, resonant multiphoton ionization

Rendement *n*, Zuckerausbeute *f* / yield of sugar o. of sucrose, rendement

Rendezvous *m* (Zusammenführung [und Kopplung] von Raumfahrzeugen) (Raumf) / rendezvous ‖ ~ (ein Sprachkonstrukt) / rendezvous ‖ **ein** ~ **durchführen** / rendevouse (US), perform a rendevouz ‖ ~**-Aufgabe** *f* (Raumf) / rendezvous mission ‖ ~**-Manöver** *n* **auf einer Erdumlaufbahn** (Raumf) / earth orbit rendezvous, EOR ‖ ~**-Probesatellit** *m* / rendezvous evaluation pod ‖ ~**-Problem** *n* (Regeln) / rendezvous problem ‖ ~**-Radar** *m* (Satellit) / rendezvous-radar

Rendite *f*, Rentabilität / rate of return, profitability

Rendzina *m f*, Humuscarbonalboden *m* / rendzina

Renélegierung *f* / René alloy

Renkverschluß *m* (Masch) / bayonet catch o. joint o. socket o. fixing ‖ ~ (Kfz, Tank) / bayonet type cap

Renn·arbeit *f* (Hütt) / smelting by the direct process ‖ ~**bahn** *f* (allg, Nukl) / racetrack, race-track ‖ ~**bahn** *f* (Kfz) / racing course ‖ ~**boot** *n* / racing boat, racer

Rennen *n* (Reduktion von Hämatit mit Holzkohle) (Hütt) / catalan process

Renn·fahrzeug, -boot *n*, -wagen *m* / racer ‖ ~**herd**, -ofen *m* (Hütt) / bloomery hearth ‖ ~**herd**, -ofen *m* (Hütt) / Renn furnace

Rennin *n* / rennin, chymosin

Renn·ofenschlacke *f* / bloomery slag ‖ ~**stahl** *m* / direct process steel ‖ ~**wagen** *m*, -auto *n* (Kfz) / racing car

renovieren / renovate

Rentabilität, Ergiebigkeit *f* / productivity

Rentabilitätsberechnung *f*, Wirtschaftlichkeitsberechnung / economics calculation

Rentabilitätsgrenze *f* / break-even point ‖ **die** ~ **erreichen** / break even

Reorganisation *f* / reorganization

Reparateur *m* (Kfz) / garageman (US)

Reparatur *f* / fix *n*, repair ‖ ~ **in der Fabrikniederlassung** / depot repair ‖ ~**en** *f pl* **nach Aufwand** / per-call service ‖ ~**anleitung** *f*, -hinweise *m pl* / repair instructions o. directions *pl* ‖ ~**arbeiten** *f pl* / repair [work] ‖ ~**bedürftig** / in need of repair ‖ ~**bedürftig** / in need of repairs ‖ ~**erwartungszeit** *f* (DV) / awaiting repair time ‖ ~**gleis** *n* / track for vehicles in repair ‖ ~**grube** *f*, Arbeitsgrube *f* (Kfz) / [repair-]pit, inspection o. engine pit ‖ ~**haken** *m* (Bau) / roof hook ‖ ~**handbuch** *n* / workshop manual ‖ ~**hauer** *m* (Bergb) / repairer, top ripper, repair o. waste man ‖ ~**kasten** *m* / repair[ing] box o. kit ‖ ~**manschette** *f* (Kfz) / tire gaiter ‖ ~**mischung** *f* / mix for repair ‖ ~**satz** *m* / kit, repair kit ‖ ~**schlosser** *m* / repairman ‖ ~**schweißung** *f* / repair welding ‖ ~**verzögerungszeit** *f* (DV) / repair delay time ‖ ~**wagen** *m*, Abschleppwagen

837

m / wrecking car (US), towing ambulance (US), salvage
o. breakdown lorry (GB), service car || ~**werkstatt** *f,*
Instandsetzungswerkstatt *f* / repair shop || ~**werkstatt** *f*
(Kfz) / motorcar repairshop, service station, garage (US)
|| ~**werkzeug** *n* / repair tools *pl,* repair kit || **isoliertes**
~**werkzeug** (Elektronik) / spudger (US) || ~**zeit** *f* (DV) /
downtime
reparierbar, nicht mehr ~ / out of repair
reparieren / repair, make a repair
repassieren, [nach]schaben (Stanz) / shave || ~ (Wirkm) /
inspect and mend, perch || ~ (Seide) / boil off a second
time
Repassiernadel *f* (Strumpf) / Stelos point
Repeater *m* (Koppelglied im Netzwerk) (DV) / repeater
Repellent *n* / repellent
Repertoire *n* (z.B. eines Codes) / repertoire
Repetenz *f,* Wellenzahl *f* / wave number
Repetier·barkeit *f* / repeatability || ~**belichtung** *f* (Repro) /
multiple exposure || ~**genauigkeit** *f* / repeat accuracy ||
~**gut** *n* (Aufber) / recirculated middlings *pl* || ~**kamera** *f*
/ step-and-repeat camera || ~**kopiermaschine** *f* / step-
and-repeat machine, repeater || ~**kopiermaschine** *f* **für**
Wafer / wafer stepper || ~**maschine** *f* (Jacquard) /
repeating machine || ~**steuerung** *f* (NC) / playback
control || ~**uhr** *f* (Uhr) / repeater || ~**verfahren** *n* (NC) /
record playback method
Repetition *f* (Verm) / repetition
Repetitions·kopieren *n* / stop-motion o. time-lapse
cinematography, frame-by-frame exposure || ~**theodolit**
m / repetition o. repeating theodolite
Replicase *f* (wandelt DNA in RNA) / replicase, RNA
polymerase
Replica-Technik *f* (Mat.Prüf) / replica technique
Report *m,* Ausgabe *f* in Listenform (DV) / report, list
Reportage *f,* Direktübertragung *f* (Radio) / live coverage,
spot recording || ~**verstärker** *m* / remote amplifier ||
~**wagen** *m* / mobile recording unit, newscar
Reportprogrammgenerator *m* / report program
generator, RPG, list generator
Reppe-Chemie *f* / Reppe chemistry
Repräsentant *m* (Statistik) / representative
Repräsentations... / de luxe…, luxury…
repräsentativ, typisch / representative || ~**probe** *f*
(Qual.Prüf) / representative sample || ~**statistik** *f* (DV) /
sampling
Reprise *f,* zulässige Feuchtigkeit (Spinn) / standard
moisture regain
Repro·... s. Reproduktions... || ~**andruck** *m* (Buch) /
repro[duction] proof, repro || ~**aufnahme** *f* (Phot, Buch)
/ repro o. process photo
Reproduktion, Wiedergabe *f* / reproduction
Reproduktions·apparat *m* (Phot) / camera for copying
work, process camera, reproduction camera || ~**kamera**
f (IC) / reproduction camera || ~**kassette** *f* / reproduction
dark slide || ~**verfahren** *n,* -technik *f* / reproducing
method o. process o. technology
reproduzierbar / reproducible, reproduceable ||
~ (Meßwerte) / consistent || ~**keit,** Wiederholbarkeit *f* /
reproducibility || ~**keit** *f* (Meßwerte) / consistency
reproduzieren / reproduce || ~, kopieren / duplicate
reproduzierend / reproducing
repro·fähig / reproducible || ~**film** *m* / process film ||
~**gerecht** / meeting reprography requirements ||
~**graphie** *f* (umfaßt Lichtpausen, techn. Photographie,
Kleinoffset) / reproduction graphics, reprographics ||
~**technik** *f* / reprotechnics
Reptil[ien]leder *n* / reptile leather
repulpen (Pap) / repulp
Repulsion *f* / repulsion
Repulsions·-Induktionsmotor *m* / repulsion induction
motor || ~**kraft** *f,* Rückstoßkraft *f* / repulsive power
Repulsionsmotor *m,* Wechselstromkommutatormotor mit
Bürstenverstellung (Elektr) / repulsion motor, A.C.
commutator motor with brush displacement || ~ **mit**

zwei **Bürstenpaaren,** Derimotor *m* / Déri motor ||
kompensierter ~, Winter-Eichberg-Latourmotor *m,*
Reihenschlußkurzschlußmotor *m* (Elektr) / Latour motor
Repulsivkraft *f,* Strahlungsdruck *m* / radiation pressure
Reroller *m* (Walzwerk ohne Stahlwerk) / reroller
Research·methode *f* (Klopffestigkeit) / F₁-method, research
method || ~**oktanzahl** *f,* R.O.Z. (nach
Research-F₁-Methode) / research octane number,
R.O.N.
Reserpin *n* (Chem) / reserpine
Reserve *f,* Überschuß *m* / reserve || ~, Reservepaste *f*
(Textildruck) / reserve, resist [paste], resisting agent ||
~..., Ersatz... / stand-by…, spare || ~..., Aushilfs... /
back-up… || ~ **im Klirrverhalten** / intermodulation
margin || ~**[absperr]hahn** *m* (Kfz) / reserve valve ||
~**anker** *m* / spare anchor || ~**batterie** *f* / stand-by
batterie || ~**brennstoffbehälter** *m,* -brennstofftank *m* /
auxiliary tank || ~**druck** *m* (Textil) / reserve o. resist
style || ~**effekt** *m* (Textil) / resist effect || ~**einrichtung** *f*
(Spulmaschine) / bunch builder || ~**fäden** *m pl* (Web) /
extra ends *pl,* spare threads *pl* || ~**kanister** *m* / jerrycan
|| ~**lettern** *f pl* / spare types *pl* || ~**lokomotive** *f* /
emergency locomotive || ~**maschine** *f* / auxiliary o.
stand-by machine || ~**pumpe** *f* / backing pump || ~**rad** *n*
/ spare wheel, stepney [wheel] (GB) || ~**radhalter** *m*
(Kfz) / wheel carrier || ~**rechner** *m* / stand-by computer
|| ~**reifen** *m* (Kfz) / spare tire || ~**-Schärgatter** *n* (Web) /
reserve creel || ~**sitz** *m* (im Wageninnern) / spare seat ||
~**sitz** *m* (offen) / dick[e]y o. rumble seat || ~**sitz [im**
Gang] (Omnibus) / aisle seat || ~**tank** *m,* -kanister *m* /
spare can || ~**tank** *m* / jerrican (20 liters), spare can ||
~**teil** *n* / spare part || ~**verdrängung** *f,*
-schwimmfähigkeit *f,* Auftriebsüberschuß *m* (Schiff) /
reserve buoyancy o. lift || ~**vorräte** *m pl* / stockpile ||
~**weiß** *n* (Textil) / resist white
reservieren / reserve || ~, aufbewahren, aufsparen /
reserve *vt,* set aside || ~ (Zeugdr) / make use of reserving
o. resisting agent, resist-dye || **einen Platz** ~ / reserve
o. book a seat
reservierter Platz / reserved space o. seat
Reservierung *f* / reservation
Reservoir, Sammelbecken *n* / basin, reservoir
resident (im Arbeitsspeicher) (DV) / resident
Residenz *f* (DV) / residence || ~ **unerwünschter**
Bestandteile (Chem) / residence of undesired elements
Residual·erz *n* / residual ore || ~**gebirge** *n* (Geol) / residual
deposits o. hills *pl*
Residuensatz *m* (Laplace) (Math) / residue theorem
Residuewirkung von Insektiziden *f* / persistence of
insecticides
Residuum *n* (Math) / residue, residuum || ~, Rückstand *m*
(Chem) / residual matter, residuum
Resinat *n,* Harzseife *f* / rosinate, resinate, resin ester o.
soap
Resinoid *n* (Duroplastharz) / resinoid
Resinol *n,* Harzalkohol *m* / resinol, resin alcohol
Resinosäure *f,* Harzsäure *f* / rosin acid, resin[ic] acid
Resinose *f,* Harzfluß *m* (Bot) / resin flux, resinosis
Resist *m,* Schutzlack *m* / resist
Resistanz *f,* Wirkwiderstand *m* (Elektr) / resistance
resistent (Biol, Med) / resistant
Resistenz·glas *n* / resistant glass || ~**grenze** *f* / parting
limit
resist[iert] gefärbt / resist dyed
resistiert gefärbtes Garn (Textil) / resist-dyed yarn
resistiv / resistive
Resisto-Jet-Antrieb *m* (Raumf) / resisto-jet [thrustor]
Resistschicht, untere ~ / bottom resist
Resit, C-Harz *n* (Plast) / resite
Resitol, B-Harz *n* (Plast) / resitol
Resol, A-Harz *n* (Plast) / resol
Resolvente *f* (Math) / resolvant equation, resolvent
Resolver, Funktionsdrehmelder *m* (Regeln) / synchro
resolver || ~ *m* (NC) / resolver

resonant, resonierend, in Resonanz befindlich / resonant
Resonanz f (Phys, Chem) / resonance ‖ ~, Mesomerie f
(Nukl) / mesomerism ‖ ~..., widerhallend / resonant ‖ in
~ / tuned to natural frequency, in tune ‖ in ~ treten (o.
kommen o. bringen) / resonate ‖ ~absorption f (Nukl) /
resonance absorption ‖ ~anpassung f / resonance
matching ‖ ~anzeige f / resonance indication ‖
~aufladung f (Mot) / tuned intake pressure charging ‖
~bereich m, -lage f / resonant range ‖ ~boden, -kasten
m / sound[ing] board ‖ ~breite f (Nukl) / resonance
width ‖ ~brücke f (Elektr) / resonance bridge ‖
~detektor m (Nukl) / resonance detector ‖
~-Drosselstoß m (Bahn) / resonated impedance bond ‖
~effekt m (TV) / resonance effect ‖ ~einfang m,
-absorption f (Nukl) / resonance capture ‖ ~energie f,
Austauschenergie f / interchange o. resonance energy ‖
~energiebereich m (Nukl) / resonance region ‖
~-Entweich-Wahrscheinlichkeit f (Nukl) / resonance
escape probability ‖ ~fenster n (Wellenleiter) / resonant
window ‖ ~-Freischwingsieb n / free-oscillating
resonance screen ‖ ~[frequenz] f / natural frequency o.
oscillation, frequency of resonance ‖ ~gebend /
resonant ‖ ~[gitter]transistor m / resonance gate
transistor, RGT ‖ ~-Grundfrequenz f / first resonating
frequency ‖ ~güte f / sharpness of resonance ‖
~hohlraum m (Elektronik) / resonator cavity ‖ ~hybrid
n / resonance hybrid ‖ ~induktor m / resonance
induction coil ‖ ~integral n (Nukl) / resonance integral ‖
~kammer, -zelle f (Nukl) / resonance cell ‖ ~kraft f /
interchange o. resonance force ‖ ~kreis m (Elektronik) /
oscillatory o. oscillation o. oscillating circuit ‖ ~kreis
m, Lambda-Viertelkreis m (Elektronik) / resonant circuit,
tank [circuit] ‖ ~kurve f, -verlauf m / resonance curve
‖ ~kurve f (Quarzkristall) / crevasse curve ‖ ~leitung f
(Elektronik) / resonant line ‖ ~linie f (Spektrum) /
resonance line ‖ ~nebenschluß m (Elektr) / resonant
shunt ‖ ~neutronen n pl (Nukl) / resonance neutrons pl
‖ ~niveau n (Nukl) / resonance level ‖ ~parameter m
(Nukl) / resonance parameter ‖ ~pendel n (Phys) /
resonance pendulum ‖ ~pfahlramme f / resonant pile
driver ‖ ~pumpe f / resonant pump ‖ ~raum m des
Lasers, Q-Switch m / Q-switch ‖ ~reflektor m (Laser) /
resonant reflector ‖ ~relais n, abgestimmtes Relais /
tuned relay ‖ ~[ring]schalter m (Wellenleiter) / ring
switch ‖ ~-Schallwandler m / resonance transducer ‖
~schalter m / ring grip switch ‖ ~schärfe f / sharpness
of resonance ‖ ~schnelle-Transformator, -Stempel,
-Stab m (Ultraschall) / resonant velocity transformer stub
‖ ~schwingsieb n / oscillating resonance screen ‖
~schwingung f / sympathetic vibration ‖ ~sieb n /
resonance screen ‖ ~spannung f (Elektr) / resonance
potential o. voltage ‖ ~spule, Abstimmspule f / tuning
coil o. inductance ‖ ~strahlung f (Nukl) / resonance
radiation ‖ ~streuung f / resonance scattering ‖
~übergang m / resonance transition ‖ ~überhöhung f
(Regeln) / resonance ratio o. sharpness ‖ ~überhöhung
f, -verstärkung (Elektr) / resonance step-up ‖
~verstärker m / resonance o. tuned amplifier ‖
~verstärker m / resonance amplifier ‖ ~versuch m (für
das kompl. Flugzeug) (Luftf) / resonance test ‖ ~wand f
/ baffle ‖ ~wellenmesser m / absorption wavemeter,
resonance wavemeter ‖ ~-Wellentypfilter n (Hohlleiter)
/ resonant mode filter ‖ ~widerstand m (Elektr) /
dynamic resistance, resonant impedance ‖ ~zelle,
-kammer f (Nukl) / resonance cell ‖ ~zustand n /
resonance state
Resonator m / resonator ‖ ~ (Klystron) / cavity ‖ durch
Stempel belasteter ~ / re-entrant cavity resonator ‖
~anordnung f (Akustik) / resonance absorber ‖
~frequenz f / resonator frequency ‖ ~quarz,
Filterquarz m / resonator o. filter crystal ‖ ~spiegel m
(Laser) / cavity mirror
Resonon n, Fermi-Resonanz f / resonon n, Fermi
resonance

resorbieren, [wieder] aufsaugen / resorb
Resorcin, m-Dihydroxybenzol n / resorcin, -cinol ‖
~atsprengkapsel f / resorcinate detonator ‖ ~blau,
Lakmoid n / resorcinol blue, lac[k]moïd ‖ ~braun n /
resorcin brown ‖ ~-Formolharz n / resorcinol formol
resin ‖ ~gelb n (Färb) / resorcinol yellow, tropaeoline
O, chrysoine ‖ ~harz n / resorcinol formaldehyde resin
‖ ~leim m / resorcin glue ‖ ~ol-Phenol-Kleber m /
resorcinol-phenolic adhesive ‖ ~phthalein, Fluoreszein
n / fluorescein, fluorescine
Resorption, Aufsaugung f / resorption ‖ ~,
Wiedereinschmelzung f (Geol) / resorption
Respiration f / respiration
Respirationsapparat, Respirator m / breathing apparatus,
respirator
Ressort n / sphere of responsibility, area, province,
department, field (US)
Ressourcen f pl (= Reserven plus vermutete Vorräte) (Öl)
/ ressources pl ‖ ~einsatz m / resource management
Rest m, Überschuß m / rest, remainder ‖ ~, Rückstand m
/ residue, remnant, remain ‖ ~ (Math) / residual
quantity, remainder ‖ ~, innerstes Ende eines
Tuchstücks, Salleiste f (Tuch) / fag end ‖ ~...,
Abfall... / residuary, residual ‖ ~ einer Division,
modulo (Math) / modulo ‖ ~affinität, Partialvalenz f
(Chem) / residual affinity, partial valency ‖ ~aktivität,
-radioaktivität f (Nukl) / residual activity
Restart m (DV) / [program] restart
Restauftrieb m (Schiff) / reserve buoyancy
restaurieren, Daten ~ (DV) / rewrite data
Rest·bier n (Brau) / ullages pl ‖ ~block m (Hütt) / butt ingot
‖ ~brühe f (Gerb) / waste liquor ‖ ~brumm m / residual
ripple o. hum ‖ ~dampfdruck m (Vakuum) / residual
vapour pressure ‖ ~dämpfung f, Betriebsdämpfung f
(Fernm) / overall [transmission] loss, net loss (US) ‖
~dämpfung f (Radar) / overall saturation, net
transmission equivalent (US) ‖ ~dämpfung f am
Pfeifpunkt / singing point equivalent ‖ ~dehnung f,
bleibende Dehnung (Textil) / permanent elongation ‖
~fach n (Sortierer) / reject pocket ‖ ~faden m (Textil) /
remaining thread ‖ ~fehler m / residual error ‖
~fehlerquote f / residual error rate ‖ ~fettgehalt m /
residual grease content ‖ ~feuchtigkeit, -feuchte f /
residual moisture ‖ ~flugstrecke f (Luftf) / remaining
distance ‖ ~gas n / tail gas ‖ ~gas n, Gasrückstand m /
residual gas ‖ ~gas n (Plasma) / bound-gas o. baground gas ‖
~geschwindigkeit, Endgeschwindigkeit f / residual
velocity o. speed, terminal velocity ‖ ~glied n einer
unendlichen Reihe (Math) / remainder of an infinite
series ‖ ~härte f (Härterei) / residual hardness ‖
~induktivität f / saturation inductance
Restitutionszyklus m / recovery cycle
Rest·kern m / residual nucleus ‖ ~klassen f pl (Math) /
residual classes pl ‖ ~kohle f (Hütt) / carbonized residue
‖ ~koks m / residual coke o. char ‖ ~ladung f /
residual charge ‖ ~längen f pl (Hütt) / shorts pl
restlich, verbleibend / residual ‖ ~, übrig / residuary ‖ ~,
Rest... / vestigial, -iary ‖ ~, nicht zum Paar gehörig /
odd
Rest·lichtaufnahme f, -photographie f / low-light-level
image pick-up, available light photography, ALP ‖
~licht-Fernsehkamera f / low-level TV camera ‖
~lichtkamera f / low-light-level camera ‖
~lichttechnik, Nachtsichttechnik f / low-light-level
technology ‖ ~lignin n / residual lignin ‖ ~los / perfect,
complete ‖ ~lose Vergasung (Bergb) / complete
gasification ‖ ~luft f, Luftrückstand m / residual air ‖
~lumineszenz f / post-luminescence ‖
~magnetisierung f / residual magnetism o.
magnetization ‖ ~magnetismus m / residual magnetism
‖ ~melasse f (Zuck) / black strap molasses pl, final
molasses pl ‖ ~menge f (Math) / residue set ‖ ~menge f
(Nukl) / heel ‖ ~müll m (Müllverbrenn) / tailings pl ‖ ~öl
n / residual oil ‖ ~öl n (Straßb) / flux oil ‖ ~ölablaß m

(Trafo) / oil o. oilpan drain plug ‖ **~ölgewinnung** f (Ölfeld) / oil recovery, reservoir technology ‖ **~ölgewinnung** f **durch Wärme** / thermal oil recovery ‖ **~pfeiler** m (Bergb) / residual o. stope pillar ‖ **~porosität** f / residual porosity ‖ **~prüfung** f (DV) / residue check, modulo-n-check ‖ **~querkapazität** f (Tunneldiode) / case capacitance ‖ **~radioaktivität**, -aktivität f (Nukl) / residual activity ‖ **~rolle** f (Pap) / residual reel ‖ **~rückstrom** m (Elektronik) / residual reverse current ‖ **~säure** f (Chem) / acid carry-over ‖ **~schmelze** f (Hütt) / remaining melt ‖ **~seitenband** n (TV) / vestigial sideband ‖ **~seitenband-Demodulator** m / vestigial sideband demodulator ‖ **~seitenbandfilter** m n / vestigial sideband filter ‖ **~seitenbandfilter** n **mit halber Dämpfung** / half-vestigial sideband filter ‖ **~seitenband-Übertragung** f / asymmetric o. vestigial sideband transmission ‖ **~spannung** f (Mech) / residual stress ‖ **~stoffe** m pl / recyclings pl ‖ **~störspannung** f (Fernm) / residual [interference] voltage ‖ **~strom** m (Halbl) / cutoff current ‖ **~strom** m **in Schutzeinrichtungen**, (jetzt:) Differenzstrom m (Elektr) / residual current ‖ **~stromgrenzwert** m / leakage current limits pl ‖ **~stromstoß** m (Fernm) / partial impulse ‖ **~tiefe** f **des Profils** / remaining thread depth, remaining nonskid (US) ‖ **~-Unwucht** f / final o. residual unbalance ‖ **~valenz** f / residual valency ‖ **~waage** f / residue weigher ‖ **~wasser** n (Chem) / undetermined water ‖ **~welligkeit** f (Elektr) / residual ripple, remaining ripple ‖ **~widerstand** m (Halbl) / collector saturation resistance

Resultante f (eines Systems von Gleichungen) (Math) / resultant, eliminant ‖ **~** (Mech) / resultant [force], net force

Resultat, Ergebnis n / result, outcome ‖ **~speicher** m (DV) / result memory, sigma memory ‖ **~werk**, Produktwerk n (Rechner) / product register

resultieren [aus] / originate [from], result v

resultierend / resultant ‖ **~e Schnittgeschwindigkeit** / resultant cutting speed ‖ **~e Schnittrichtung** / resultant cutting direction

Resultierende f (Mech) / resultant [force], net force

Resümee, Résumé n / summary, digest

Resuspension f / resuspension

Retarc m, Aufwerfung f (Nukl) / retarc, rubble mound

...-Retard (pharm) / long acting **Retardation** f, Zurückbleiben n / retard ‖ **~**, Verzögerung f (Phys) / retardation

Retarder m (Kfz) / retarder

retardieren vi, nacheilen / retard v ‖ **~** vt, verlangsamen / slow up vt

retardierter Ausgang (Elektr) / postponement

Reten n (Teerbestandteil) (Chem) / retene

Retentat n (Dialyse) / residue of dialysis

Retention f, Zurückhalten n / retention

Retentions·becken n / retention lagoon ‖ **~faktor** m (Nukl) / initial body retention ‖ **~säule** f (Chem) / retention column

Reticle n (vergrößernde Maske) (Halbl) / reticle

Retina-Chip m / retinal chip

Retinit m, Retinasphalt m / retinite, retinasphalt[um]

Retorte f (Chem) / retort

Retorten·graphit m / gas o. retort graphite ‖ **~kohle** f (Gaskohle) / retort coal ‖ **ein Block ~kohle** / charcoal block ‖ **~koks** m / retort carbon, gas carbon ‖ **~kontaktverfahren** n / retort contact process ‖ **~kopfstein** m (Keram) / collar of the retort ‖ **~ofen** m (Gaserzeugg) / retort oven ‖ **~reihe** f (Hütt) / bank of retorts

Retraktion f (Gummi) / retraction

Retrieval n (DV) / retrieval, information retrieval ‖ **~-Zentrum** n / information retrieval center, IRC

Retrofokustyp m (Opt) / retrofocus system

---

retrograd, rückschreitend, nach rückwärts gerichtet / retrograde, backward, retrogressive ‖ **~e Erosion** / headward erosion ‖ **~es Sieden** / retrograde boiling

Retro·gradation f (Landw) / retrogradation, set-back ‖ **~gradation** f, rückläufige Bewegung (Astr) / retrogradation ‖ **~reflektierend** / retroreflecting ‖ **~-Reflektor** m (Raumf) / retroreflector

retten / save vt ‖ **~**, wieder brauchbar machen / salvage

Rettungs·apparat, Schwimmapparat m / life preserver o. protector o. saving apparatus ‖ **~boje** f / life- o. safety-buoy ‖ **~boot** n / life-boat, long boat ‖ **~boot**, Beiboot n / whale boat, whaler ‖ **~bootstation** f (Radio) / lifeboat transceiver ‖ **~fallschirm** m / emergency parachute ‖ **~floß** n / life raft ‖ **aufblasbares ~floß** / inflatable life raft ‖ **~gerät** n, -einrichtung f, -apparat m / rescue o. saving apparatus ‖ **~gerüst** n (Raumf) / launch-escape system, LES ‖ **~gürtel**, -ring, Schwimmgürtel m / life-belt o. preserver o. protector ‖ **~hubschrauber** m / rescue transport helicopter, RTH ‖ **~insel** f (Schiff) [inflatable] liferaft ‖ **~insel-Radio** n (Schiff) / survival radio ‖ **~kabine** f (Seilb) / emergency car ‖ **~kapsel** f (Raumf) / rescue capsule ‖ **~leine** f / life line ‖ **~leiter**, Feuerleiter f (Bau) / escape ladder ‖ **~leiter**, Feuer[wehr]leiter f (Kfz) / fire ladder ‖ **~luke** f, Notausstieg m (Raumf) / escape hatch ‖ **~rakete** f, Raketenapparat m (Schiff) / rocket apparatus, life rocket ‖ **~schere** f (Kfz) / rescue scissors pl ‖ **~spreizer** m (Kfz) / spreader ‖ **~turm** m (Raumf) / emergency escape tower ‖ **~wagen** m, Hilfswagen m / emergency car, wrecking car (US) ‖ **~wesen** n (Schiff, Bergb) / life-saving service ‖ **~weste** f / life jacket

Return·anlage f (Galv) / return plant ‖ **~-to-zero-Verfahren**, RZ-Verfahren n (Magn.Bd) / return-to-zero o. dipole recording

Retusche f, Retuschieren n / retouch[ing]

Retuscheur m (Buch) / retoucher

retuschieren / retouch v

Retuschier·mittel n, -farbe f / retouch[ing] ink o. medium ‖ **~rot** n / coccin ‖ **~- und Montagetisch** m (Buch) / retouching and stripping desk

Reuleauxdiagramm n / Reuleaux valve diagram

Reuse f / fish-trap, bow-net

Reusenantenne f / pyramid o. prism antenna, pyramidal horn

Reuter m (Landw) / hay drying frame

Reventing n (Zurücksaugen von Luft) (Nukl) / reventing

Revers m, Rückseite f (Münzw) / verso, reverse of a coin, pile

reverse Osmose / reverse osmosis

Reverse f (Tonaufzeichn) / reverse

reversibel, reversierbar / reversible, reversing ‖ **reversibles Element** (Elektr) / reversible cell ‖ **reversibles o. lyophiles Kolloid** / reversible colloid ‖ **reversible Reaktion** (Chem) / balanced o. reversible reaction ‖ **reversibler Wandler** (Fernm) / reversible transducer ‖ **reversibles Gel** / reversible gel

Reversible m (Web) / reversible, double-face fabric

Reversier·... (Walzw) / reversing ‖ **~antrieb** m (Hydr) / reversing drive

reversierbar·e Bewegung / shuttle type movement ‖ **~er Gurtförderer** / shuttle belt conveyor

Reversier-Blockwalzwerk n (Walzw) / reversing blooming mill

reversieren (Walzw) / reverse

Reversier·kontroller m, -walze f / reversing drum controller ‖ **~motor** m, Umkehrmotor m / reversing o. reversible motor ‖ **~walzen** f / reverse rolling ‖ **~walzwerk** n / reversing [rolling] mill

revidieren / revise ‖ **~**, redigieren (DV) / redact

Revier n (Bergb) / mining district ‖ **~** (Forstw) / ranger's district, forest range ‖ **~amt** n (Bergb) / district board ‖ **~lotse** m / river pilot

Revision f (Masch) / inspection

Revisions·bogen *m* (Buch) / revise, final proof, clean proof ‖ ⊰schacht, Kontrollschacht *m* (Abwasser) / inspection chamber ‖ ⊰verschluß *m* (Hydr) / emergency gate
Revolution *f* (Geol) / revolution
Revolver *m* (allg) / revolver ‖ ⊰ (Mikrosk) / nose piece ‖ ⊰arbeit *f* (Dreh) / turret work ‖ ⊰automat *m* / turret automatic ‖ ⊰automat *m* **für Schrauben** / full automatic turret screw machine ‖ ⊰blende *f* (Phot) / turret lenses *pl*, revolving o. rotary diaphragm ‖ ⊰bohrautomat *m* (Wzm) / automatic turret head drilling machine ‖ ⊰dreher *m* / turret lathe operator ‖ ⊰drehmaschine *f* / turret lathe ‖ ⊰[dreh]maschine für Schrauben *f* / turret screw machine ‖ ⊰griff *m* / pistol grip
Revolverkopf *m* (Wzm) / turret [head], turret tool-post ‖ ⊰ der Senkrechtdrehmaschine / railhead turret
Revolver[kopf] *m* für Bohrmaschinen (Wzm) / multi-spindle turret drill unit
Revolverkopf·achse *f*, -zapfen *m* / turret spindle [axis], turret stud ‖ ⊰bohrmaschine *f* / turret head drilling machine ‖ ⊰drehlänge *f* / turret feed length ‖ ⊰festklemmung *f* (Wzm) / turret clamp ‖ ⊰-Lochzange *f* / revolving punch pliers *pl* ‖ ⊰schaltung *f* / turret indexing mechanism
Revolver·[kopf]schlitten *m* / turret carriage o. saddle o. slide ‖ ⊰lade *f* (Web) / circular o. revolving box ‖ ⊰okular *n* (Opt) / turret eyepiece ‖ ⊰presse *f*, Drehtischpresse *f* / revolving[-table] press, dial-feed press, turntable press ‖ ⊰querbalkensupport *m* (Wzm, Karusselldrehmaschine) / crossbeam turret head ‖ ⊰schieber *m* (Wzm) / turret slide ‖ ⊰schlitten *m* der Senkrechtdrehmaschine (Wzm) / ram (US), turret rail head ‖ ⊰stanze *f* / turret [punch] press ‖ ⊰strichplatte *f* (Opt) / turret hairline screen, revolving dial templet ‖ ⊰strichplatte *f* / revolving dial templet ‖ ⊰teller *m*, -tisch *m* / dial plate of a press ‖ ⊰tisch *m* (Presse) / dial plate of a press ‖ ⊰trommel *f* / cylinder of the revolver ‖ ⊰-Überspringerwebmaschine *f* / loom with circular skip battery ‖ ⊰webmaschine *f*, -wechselwebstuhl *m* / loom with circular battery, circular box loom ‖ ⊰zuführung *f* (Stanz) / dial feed
Rework *n*, Nachbehandlung *f* von Fehlchargen (Nukl) / rework
Rexforming *n*, katalytisches Reformieren (Öl) / rexforming, thermofor catalytic cracking (TCC) o. reforming (TCR)
Reynolds[sche] Zahl *f*, Re / Reynolds' number
Reyon *m n*, Kunstseide *f* (auf Viskosebasis) (Textil) / rayon ‖ ⊰garn *n* / rayon yarn ‖ ⊰tüll *m* (Textil) / rayon net o. tulle
Rezept *n* (allg) / recipe ‖ ⊰ (Färb) / formula ‖ ⊰, Verschreibung *f* (Pharm) / prescription ‖ ⊰berechnung *f* (Färb) / dye formulation
Rezeptier·system *n* (Färb) / colour-matching system
Rezeptmauerwerk *n* / masonry according to recipe
Rezeptor *m* (Roboter) / receptor
rezeptpflichtige Pharmaka, ethische Produkte *n pl* / ethical drugs *pl*
Rezeptur *f* (Chem) / recipe
Rezipient, Glaskolben *m* (Chem) / recipient, receiver
reziprok, umgekehrt / reciprocal ‖ ⌐ abhängig verzögerte Auslösung / inverse time-lag circuit breaking ‖ ⌐e Dichte, spezifisches Volumen / specific volume ‖ ⌐es Gitter (Krist) / reciprocal lattice ‖ ⌐er Kräfteplan (Mech) / reciprocal force o. Bow's force polygon ‖ ⌐e Proportionen *f pl* / equivalent o. reciprocal proportions *pl* ‖ ⌐e Schubbelastung / thrust/weight ratio ‖ ⌐er Wirkungsquerschnitt (Nukl) / reciprocal cross section ‖ ⌐e Zahl / reciprocal number
Reziprokwert *m*, reziproker Wert / reciprocal [value] ‖ ⊰ der Ablenkempfindlichkeit, Ablenkungsfaktor *m* (Kath.Str) / deflection factor ‖ ⊰ der Dielektrizitätskonstanten / elasticity ‖ ⊰ der Dispersionskraft (Opt) / constringence ‖ ⊰ der

Elektrodenkonduktanz / electrode resistance ‖ ⊰ der Induktivität / reciprocal inductance ‖ ⊰ der Reluktanz / permeance ‖ ⊰ der spezif. elektrischen Leitfähigkeit / electrical resistivity ‖ ⊰ des Isolierwertes (Elektr) / leakage conductance, leakance
Reziprozität *f*, umgekehrtes Verhältnis / reciprocity, reciprocation
Reziprozitätsgesetz *n* (Phys) / reciprocity theorem
Rezirkulation *f* (Luftf) / recirculation
Rezyklierung *f* / recycling
rezyklisieren, rezyklieren / recycle *v*
Rezyklus-Verfahren *n* (Chem) / controlled cycling process
RF = Radiofrequenz
RFA = Röntgen-Fluoreszenz-Analyse
RFF (Elektronik) = Richtfunkfeuer
RFK (Raumf) = Raumflugkörper
R-Formatelement *n* (DV) / remote format item
RFP-Verfahren *n* (= Rapid-Faß-Pulververfahren) (Gerb) / RFP-process
Rf-Wert *m* (Rückhaltwert) (Chem) / Rf-value (= retention factor)
Rg (Masch) = Rotguß
RGB-Modul *m* / RGB module
R-Gespräch *n* (Fernm) / collect call, reversed charge call, transfer charge call (GB)
R-Glied *n*, Widerstand *m* (Elektronik) / resistor, leak [resistor]
RG-Messung *f* (Astr) / r.y. determination
RG-Standardstern *m* / standard velocity star
Rhabarbergelb, Rhein *n* / rhubarb yellow
Rham·nazin *n*, Quercetin-7,3'-dimethylether *m* (Färb) / rhamnazin ‖ ⊰netin *n* (Chem) / rhamnetin ‖ ⊰nose *f* / rhamnose
Rhea *f*, Ramie *f* / ramie, China grass ‖ ⊰faser *f* (Textil) / ramie fibre, cambric grass fiber
Rheniforming *n* (mit Rhenium als Katalysator) (Öl) / rheniforming
Rhenium *n*, Re / rhenium ‖ ⊰trioxid, Rheniumsäureanhydrid *n* / rhenium trioxide, rhenic acid anhydride
Rheocast-Verfahren *n* (Hütt) / rheocast process
Rheo·chor *n* / rheochor ‖ ⌐elektrisch / rheoelectrical ‖ ⊰graph *m* / rheograph ‖ ⊰logie, Fließkunde *f* / rheology ‖ ⌐logisch / rheological ‖ ⊰meter *n* / rheometer ‖ ⊰morphose *f* (Geol) / rheomorphism ‖ ⌐pektisch (Fett) / rheopectic ‖ ⊰pexie *f* (Chem) / rheopexy, antitixotropy ‖ ⊰rinne *f*, -laveur *m* (Bergb) / trough washer ‖ ⊰stat, Regelwiderstand *m* (Elektr) / rheostat, variable resistor ‖ ⊰taxis *f*, -tropismus *m* / rheotaxis, -tropism ‖ ⊰tron *n* (Nukl) / rheotron, betatron ‖ ⊰wäsche *f* (Bergb) / rheolaveur washery
Rhizosphärenforschung *f* / rhizosphere research
Rho 28 *n* (Nukl) / rho 28
Rhodamin *n* (Färb) / rhodamine
Rhodan·... / thiocyanic ‖ ⊰ammonium *n* / ammonium thiocyanide o. sulfocyanide ‖ ⊰eisen, -eisenrot *n* / iron thiocyanate ‖ ⊰id, Thiocyanat *n* / rhodanide, thiocyanate ‖ ⊰kalium *n* / potassium thiocyanate ‖ ⊰wasserstoffsäure, Thiocyansäure *f* / sulphocyanic o. thiocyanic acid ‖ ⊰zahl *f*, RhZ / thiocyanogen value
Rho·deose, d-Fucose *f* / rhodeose ‖ ⊰dinal, Citronellal *n*, Citronellaldehyd *m* (Chem) / rhodinal, citronellal
rhodinieren / rhodanize
Rhodinol, D-, DL-Citronellol *n* / rhodinol
Rhodit *m* (Min) / rhodite
Rhodium *n*, Rh (Chem) / rhodium ‖ ⊰..., rhodiumhaltig / rhodic ‖ ⊰(III)-chlorid *n* / rhodium [tri]chloride ‖ ⊰plattierung *f*, Rhodinieren *n* / rhodanizing
Rhodochrosit, Diallogit *m* (Min) / diallogite, rhodochrosite
Rhodonea *f*, Rosenkurve *f* (Geom) / rhodonea, rose
Rhodonit *m* (Manganmineral) (Min) / rhodonite
Rhodophyzeen *pl*, Rotalgen *f pl* / red algae
Rhodopsin *n*, Sehpurpur *m* / rhodopsin

Rhomben·dodekaeder n (Krist) / rhombic dodecahedron, granatohedron ‖ ~förmige Bleiverglasung / fret-work ‖ ~förmig gemusterte Leinwand / diamond linen, diaper linen ‖ ~muster n, Rautenmuster n, Diamantmuster n / diamond pattern, diaper o. rhombic design
rhombisch, rhombenförmig / rhombic, rhomboidal, diamond o. rhomb shaped ‖ ~er Eisenkies, Markasit m / prismatic iron pyrites, marcasite ‖ ~es Gitter / orthorhombic lattice, rhombic lattice ‖ ~es Kristallsystem (Krist) / [ortho]rhombic system ‖ ~er Schwefel, α-Schwefel / rhombic sulphur
Rhomboeder n / rhombohedron (pl: -hedrons, -hedra)
rhomboedrisch / rhombohedral ‖ ~es Eisenerz / rhombohedral iron ore
Rhomboid n, Parallelogramm n (Math) / rhomboid, parallelogram
rhomboidisch / rhomboidal
Rhombus m (pl: Rhomben), Raute f (Math) / rhombus (US) (pl: rhombusses, rhombi), diamond, lozenge ‖ ~-Antenne f / rhombic antenna ‖ ~förmig / lozenged ‖ ~zeichen n, Suppenstern m (IBM, coll) (DV) / lozenge
Rhomeson, ϱ-Meson n / rho-meson
Rho-Theta-Verfahren n (Nav) / rho-theta [navigational system]
Rhumbatron n (Resonator) (Elektronik) / rhumbatron
rH-Wert m (Chem) / rH-value, reduction intensity
Rhyakolith, Sanidin m (Min) / rhyacolite, sanidine
Rhyolith, Liparit m (Geol) / rhyolite, liparite ‖ kugeliger ~ (Geol) / pyromeride
rhythmisch (allg, Elektronik, Geol) / rhythmic ‖ ~es Schlagen, Pulsieren n / pulsation
Rhythmus m / rhytm ‖ in 24-stündigem ~ / circadian
RhZ = Rhodanzahl
Ria f (Küstenform) / ria
Ribo·flavin n / riboflavin ‖ ~nucleinsäure f / ribonucleic acid
Ribose f (eine Pentose) (Chem) / ribose
Ribosom n (Chem) / ribosome
Ribosomen-RNS f, r-RNS f / ribosomal RNA
Ricci-Kalkül m, absoluter Differential-Kalkül / Ricci calculus
Richardson-Effekt m, Glühemission f / Richardson effect, thermionic emission
Richt·..., gerichtet (Elektronik) / directed ‖ ~..., empfohlen / recommended ‖ ~achse f (Elektron) / sight axis ‖ ~amboß m / straightening anvil ‖ ~anlage f (Walzw) / straightening plant ‖ ~antenne f / [uni]directional antenna, array antenna ‖ ~antenne f mit übereinander angeordneten Strahlern / tier[ed] o. stacked array ‖ ~apparat, Strecker m (Walzw) / straightener ‖ ~apparat m (Masch) / straightening device ‖ rotierender ~apparat (Maschendrahtherst) / spinner ‖ ~aufsatz m, -fernrohr n (Mil) / panoramic sight ‖ ~bake, Bake f (Schiff) / landmark ‖ ~bank f / dressing bench, straightening bench ‖ ~baum m (Zimm) / pulley-beam ‖ ~charakteristik f / directional polar response, directional characteristic ‖ ~charakteristik f (Mikrophon) / pick-up characteristic o. pattern ‖ ~charakteristik f, -diagramm n (Lautsprecher) / space pattern ‖ mit ~charakteristik, Richt... (Elektronik) / [uni]directional ‖ ohne ~charakteristik (Elektronik) / nondirectional, nondirective ‖ ~dämpfung f (Wellenleiter) / directivity ‖ ~diagramm n (Antenne) / directional diagram o. [response] pattern ‖ ~dipol m (Funk) / directional fishbone antenna ‖ ~effekt m (Gummi) / grain ‖ ~einheit f (Luftf) / straightening element ‖ ~empfang m / directional o. beam reception ‖ ~empfänger m / directional receiver
richten, geraderichten (Masch) / dress, straighten, put straight, flatten ‖ ~, lenken, wenden / steer ‖ ~, planieren (Metall) / planish ‖ ~ (in eine gerade Linie bringen) / align, aline ‖ ~, justieren / adjust, set ‖ ~, einstellen / collimate ‖ ~ [auf] / direct, turn ‖ ~ (Mil) /

lay, aim ‖ ~, zeigen / point, aim ‖ ~, zentrieren / true ‖ ~, stellen (Uhr) / regulate ‖ ~ n / dressing, flattening, levelling, trueing ‖ ~ auf der Walzenrichtmaschine / roller levelling ‖ ~ des Galvanos (Buch) / slabbing ‖ ~ des Gleises (Bahn) / lining of the track ‖ ~ unter gleichzeitigem Recken, spannen / stretcher-level ‖ ~ von Hand / hand setting ‖ ein Haus ~ (Zimm) / set the roof of a house ‖ Feinblech ~ / stretch form ‖ im Gesenk ~ (Schm) / restrike, set, tap ‖ in die Höhe ~, hoch-, aufrichten / lift up, raise up ‖ sich ~ [nach] / go [by], work [according to]
Richter-Skala, nach oben offene ~ (Erdbeben) / open ended Richter scale
Richt·fähigkeit f / directivity ‖ ~faktor m (Gleichrichtung) / rectification factor ‖ ~faktor m (Elektronik) / directivity ‖ ~fehler m (Walzw) / straightening fault ‖ ~fehler m / pointing error ‖ ~feld n (Elektr) / controlling field ‖ ~fernrohr n / telescope sight, sighting telescope ‖ ~fest n (Bau) / builder's treat, topping-out, roof-wetting ‖ ~feuer n (für Fahrwassermitte) / leading light (lights in line) for fairway ‖ ~fläche f (Wzm) / locating face ‖ ~funk m / radio link system, point-to-point radio system ‖ ~[funk]bake f, -funkfeuer m / directive radio beacon ‖ ~funk-Empfang, Ball-Empfang m / radio relay reception ‖ ~funkgerät n / radio link equipment ‖ ~funkstrecke f / directional radio link ‖ ~funkstrecke f zwischen Studio und Sendestelle / directional radio link between studio and sender ‖ ~funksystem n / radio link system, terrestrial radio relay system ‖ ~funktion f (DIN) (Elektronik) / directive gain ‖ ~funkverbindung f / radio relay ‖ ~funk-Zubringerlinie f (TV) / radio link ‖ ~gerät n (Mil) / aiming device ‖ ~geschwindigkeit / recommended speed, posted advisory speed ‖ ~größe f / directional quantity ‖ ~halle f (Bahn) / erecting shop ‖ ~hammer m / flattening hammer
richtig, genau / just ‖ ~, regelrecht / normal ‖ ~, korrekt / precise ‖ ~ (Math) / right, correct ‖ ~, zutreffend / true ‖ ~, gültig, zulässig / valid ‖ ~ belichtet (Phot) / dense ‖ ~ bemessen, abgepaßt / measured ‖ ~ gekörntes Aggregat / well-graded aggregates ‖ ~ sein, stimmen / check ‖ ~es Verhältnis / right proportion ‖ ~er Zustand (DV) / true state ‖ auf die ~e Wellenlänge (o. Frequenz) einstellen, abstimmen / syntonize ‖ es ist ~ (Fernm) / that is correct ‖ in das ~e Verhältnis bringen, ab-, anpassen / proportionate v
Richtigkeit f / exactness, exactitude ‖ ~ eines Meßinstruments / accuracy of the mean of a measuring instrument
richtig·phasig (Elektronik) / inphase ‖ ~stellen, berichtigen / adjust, correct
Richt·impuls m (Regeln) / initializing pulse ‖ ~kennlinie f s. Richtcharakteristik ‖ ~koppler m (Radar) / directional coupler, monimatch ‖ ~koppler m (Satellit) / hybrid [coupler] ‖ ~korn n (Mil) / front sight ‖ ~kosten pl (F.Org) / predetermined standard rates ‖ ~kraft f, Ablenkkraft f / deflecting force o. torque ‖ ~kraft f, -vermögen n (Elektr, Masch) / directing o. directive force o. power ‖ ~kraft f für Fahrzeuge (Bahn) / guiding strength ‖ ~kraftstörung f / disturbance of the directional force ‖ ~kreisel m (Luftf) / directional gyro ‖ ~latte f, -scheit n (mit rechteckigem Querschnitt) (Bau) / browning rod ‖ ~latte f (mit zugeschärfter Längskante), -scheit n / featheredge ‖ ~lautsprecher m, gerichteter Lautsprecher / directional loudspeaker ‖ ~leistungswirkungsgrad m (Halbl) / rectification efficiency, detector power efficiency ‖ ~leiter m / crystal diode, Xtal diode ‖ ~leiterkabel n, Glasfaserkabel n / optical cable ‖ ~linie f (DIN) / recommendation ‖ ~linie f, Direktive f / directive, instruction ‖ ~linie f des Diopterlineals (Verm) / guide line ‖ ~magnet m (Instr) / control[ling] magnet, directing magnet ‖ ~maschine f / flattener, straightening machine ‖ ~maschine f für Bleche,

Planierer *m* (Walzw) / levelling machine ‖ ~**maschine** *f*
für Feinbleche / stretcher-leveller ‖ ~**maß** *n* (Walzw,
Gieß) / ruler, standard ‖ ~**maß** *n* (Bau) / theoretical size ‖
~**mikrophon** *n* / directional microphone ‖ ~**moment** *n*,
Rückstellmoment *n* / righting moment ‖ ~**moment**,
Einstellmoment *n* / controlling couple o. torque ‖
~**phasenschieber** *m* (Wellenleiter) / directional phase
changer o. shifter ‖ ~**platte** *f* (Masch) / surface plate,
flattener, dressing o. straightening plate ‖ ~**preis** *m* /
standard price ‖ ~**presse** *f* / straightening press, gag
press ‖ ~**punkt**, Festpunkt *m* (Verm) / mark, sign,
station ‖ ~**punkt**, Bezugspunkt *m* (Verm) / point of
reference ‖ **die** ~**punkte setzen** / stake out stations ‖
~**reihe** *f* / standard series ‖ ~**reihenbetrachtung** *f*
(Mikrosk) / standard-series method ‖ ~**reihenbild** *n* /
serial test photo ‖ ~**rolle** *f* (Hütt) / mangle roll ‖
~**schacht** *m*, schräger Schacht (Bergb) / underlay [shaft],
underlayer ‖ ~**schacht** *m*, Seigerschacht *m* (Bergb) /
perpendicular pit o. shaft ‖ ~**schärfe** *f* (Elektronik) /
sharpness of directivity ‖ ~**scheit** *n* (Maurer) /
straightedge [striker] ‖ ~**scheit** *n* **mit Wasserwaage**
(Bau) / level, ruler ‖ ~**scheit** *n* **zum Ausfugen** (Bau) /
jointing rule ‖ ~**seil** *n* (Fahrdraht, Bahn) / cross-span
adjuster o. counterbalance ‖ ~**sender** *m* / directional
transmitter ‖ ~**sendung** *f* (Elektronik) / beam
transmission o. system ‖ ~**spannung** *f* / rectified
voltage ‖ ~**spant** *n* (Schiff) / chief frame ‖ ~**stange** *f*,
-kreuz *n* (Verm) / directional pole o. cross o. flag o.
sign, boning rod ‖ ~**stange**, Gerüststange *f* (Bau) /
scaffold[ing] pole ‖ ~**stollen** *m* / driftway of a tunnel,
heading, pilot drift ‖ ~**strahl** *m* (Elektronik) / radiated o.
radio beam ‖ ~**strahl…** (Elektronik) / beam… ‖
~**strahl-Antennennetz** *n*, Richtstrahler *m pl* / beam
array ‖ ~**strahlempfänger** *m* / directional receiver ‖
~**strahlen** *m pl*, gerichtete Strahlen / directive waves *pl*
‖ ~**strahler** *m* / beam antenna, directional antenna o.
transmitter ‖ ~**strahler** *m* (Beleuchtung) / directional
lighting fitting ‖ **mit** ~**strahlern aussenden** / beam *v* ‖
~**strahlung** *f* / directional transmission ‖ ~**strecke** *f*
(Bergb) / main entry (US) o. road (GB), drift[way] ‖
~**strom** *m* (Halbl) / continuous average forward current
‖ ~**strom** *m* (Elektr) / rectified current ‖ ~**teiler**,
Richtungsisolator *m* (Elektronik) / isolator ‖ ~**test** *m*
(DIN 50432) (Halbl) / rectification test ‖ ~**- und
Biegepresse** *f* / straightening and bending press ‖ ~**-
und Istlinien** *f pl* (Röntgen) / estimated and actual curves
pl

Richtung *f*, Sinn *m* / direction, sense ‖ ~, Trend *m* / trend
‖ ~, Trift *f* / drift ‖ ~ **Aufgang-Untergang** (Raumf) /
dawn-to-dusk direction ‖ ~ **der Ankerkette [zur
Kiellinie]** / trend of the anchor chain ‖ ~ **der
Kreiselachse** (Kompaß) / axial direction ‖ ~ **des
erdmagnetischen Feldes** / line of total magnetic force
of the earth ‖ ~ **des Ganges** (Bergb) / bearing of the lode
‖ ~ **des Kettfadens** (Textil) / way ‖ ~ **Erde**,
Abwärtsrichtung *f* (Raumf) / down-direction ‖ ~ **gebend**
(o. weisend) / directive ‖ ~ **quer zur Faser** / cross-
direction ‖ ~ **zur Sonne** / sun line, sun vector ‖ **der**
~ **folgend**, schwenkbar / castering ‖ **in** ~ **Erde** /
inbound ‖ **in** ~ **Hauptstadt** / up ‖ **in einer** ~ **[fließend
o. laufend o. wirkend]** / unidirectional ‖ **in**
entgegengesetzter (o. umgekehrter) ~ / in opposite
direction ‖ **in gleicher** ~ **wirkend** (Mech) / conspiring,
cooperating ‖ **in vielen o. allen** ~**en** / polydirectional ‖
nach beiden ~**en**, doppelseitig / in either direction
richtungs·abhängig, Richt[ungs]… / directional ‖
~**abhängige Arbeitsweise** (Relais) / directional
operation ‖ ~**ader** *f* (Kabel) / direction core ‖
~**änderung**, Wendung *f* / turn ‖ ~**[änderungs]winkel**
m (Verm) / deflection angle ‖ ~**antenne** *f* s. Richtantenne ‖
~**anzeiger** *m* / direction sign ‖ ~**betrieb** *m* (Fernm) /
directional operation ‖ ~**betrieb** *m* (Rohrpost) / one-way
operation ‖ ~**betrieb** *m* (DV) / simplex transmission ‖
~**betriebene Leitung** (Fernm) / straightforward circuit ‖

~**effekt** *m* (Opt) / Stiles-Crawford effect ‖ ~**empfang** *m*
/ directed o. directive reception ‖ ~**empfänger** *m* /
directional receiver ‖ ~**empfindlich** / direction-
sensitive ‖ ~**fahrbahn** *f* (Straßb) / carriageway, lane
(GB) ‖ **mit einer** ~**fahrbahn**, einbahnig (Straßb) /
single-lane ‖ **mit getrennten** ~**fahrbahnen** / multilane
divided (US), with separate lanes ‖ ~**fehler** *m* (Kompaß)
/ directional error ‖ ~**feste Antenne** / despun antenna ‖
~**feuer** *n* (Schiff) / guiding beacon ‖ ~**filter** *n* (Fernm) /
directional filter ‖ ~**fokussierung** *f* / direction[al]
focussing ‖ ~**gabel** *f*, Zirkulator *m* (Mikrowellen) /
waveguide circulator ‖ ~**gleis** *n* (Bahn) / sorting siding ‖
~**gruppe** *f* (Bahn, Rangierbahnhof) / set of departure
sidings ‖ ~**hörer** *m* / synchronized sound locator ‖
~**information** *f* (Stereo) / directional o. stereo
information ‖ ~**instabilität** *f* (Luftf) / directional o.
weathercock instability ‖ ~**kennzeichen** *n*, -ziffer, -zahl
f (Fernm) / coded digit ‖ ~**koeffizient** *m* (Math) / slope ‖
~**komponenten** *f pl* / direction components o. numbers
o. ratios *pl* ‖ ~**konstante** *f* (Ölprüfung) / slope ‖
~**koppler** *m* (Wellenleiter) / directional coupler ‖
~**kosinus** *m* (Nukl) / direction cosine ‖ ~**kriterium** *n*
(DV) / routing criterion ‖ ~**maß** *n* (Radio) / directional
gain, directivity index ‖ ~**pfeil** *m* (Bahn) / direction sign
‖ ~**quantelung** *f* (Phys) / directional quantization ‖
~**schalter** *m* (Elektr) / direction commutator ‖ ~**schild** *n*,
-weiser *m* / direction sign ‖ ~**schrift** *f* (Elektronik) /
nonreturn to zero with change, NRZC ‖ ~**signal** *n*,
-anzeiger *m* (Bahn) / diverging junction signal o.
splitting signal ‖ ~**stabil** / directionally stable ‖
~**stabilität** *f*, Seitenstabilität *f* (Raumf) / directional
stability ‖ ~**tafel** *f* (Bahnsteig), Laufschild *n* (Bahn) /
destination board o. panel o. sign (on the platform) ‖
~**-Taktschrift** *f* (DIN) (Magn.Bd) / phase modulation o.
encoding ‖ ~**teiler** *m* (Straßb) / traffic separator ‖
~**toleranzen** *f pl* / tolerances *pl* of orientation ‖
~**umkehr** *f* / inversion of the direction ‖ ~**unabhängige
Leitfähigkeit** (Elektr) / symmetric[al] conductivity ‖
~**verkehr** *m* (Fernm) / unidirectional traffic, one-way
traffic ‖ ~**verkehr** *m* (Kfz) / one-way traffic ‖
~**verschluß** *m* (Bahn) / directional interlocking ‖
~**verteilung** *f* **der Flußdichte** (Nukl) / differential
particle flux density ‖ ~**voranzeige** *f* (Bahn) / route
indication ‖ ~**wähler** *m* (Wzm) / direction switch ‖
~**wahlstufe** *f* (Fernm) / group selection station ‖
~**wechsel** *m*, -änderung *f* / change of direction ‖
~**weiche** *f* (Fernm) / direction[al] filter ‖ ~**weisender
Pfeil** (NC) / directional information arrow ‖ ~**winkel** *m*
pl / direction angles *pl*
Richt·vektor *m* / referential vector ‖ ~**vermögen** *n* (Elektr,
Masch) / directing o. directive force o. power ‖
~**verstärker** *m* (Elektronik) / rectifying amplifier ‖
~**verstärkungsfaktor** *m*, Antennengewinn *m* / directive
gain, directivity ‖ ~**vorrichtung**, Schwindvorrichtung *f*
(Plast) / shrinkage block o. jig ‖ ~**waage** *f*,
Wasserwaage *f* / [mason's] level ‖ ~**walze** *f* / dressing
roller o. cylinder ‖ ~**walzwerk** *n* / straightening rollers
pl ‖ ~**werkzeug** *n* / dressing tool ‖ ~**wert** *m*,
Näherungswert *m* / approximate value ‖ ~**wert** *m*
(empfohlen) / standard value ‖ ~**werte** *m pl* (F.Org) /
standard time data, synthetic data ‖ ~**widerstand** *m*
(Elektronik; Bauteil) / diode load resistor ‖ ~**wirkung** *f* /
directive efficiency, directivity ‖ **mit** ~**wirkung** /
directional, directive ‖ ~**wirkungsfrei** (Elektronik) /
nondirectional, nondirective ‖ ~**wirkungsgrad** *m*
(Elektr) / rectification efficiency ‖ ~**wirkungsgrad**,
-leistungswirkungsgrad *m* (Halbl) / detector power
efficiency ‖ ~**zahl**, -ziffer, Vergleichszahl *f* / index ‖
~**zange** *f* (für Mechaniker) / adjusting pliers *pl*,
straightening pliers *pl*
Ricin *n* (Chem) / ricin
Ricinen·fettsäure *f* / dehydrated castor acid ‖ ~**öl** *n* /
dehydrated castor oil
Ricinolsäure *f* / ricinoleic acid

Rickettsien *pl* / rickettsias, -siae pl.
Riebeckit *m* (Min) / riebeckite
riechen [nach] / smell [of]
Riech·papier *n* (sensorische Prüfung) / smelling paper || ⌐**stoff** *m*, Parfüm *n* / odor[ifer]ous matter, perfume, scent || ~**stoffbildend** / odoriferous, yielding an odour
Ried *n*, Riet *n* (Bau) / reed
Riedelanlasser *m* (Luftf) / internal-combustion starter
Riefe, Hohlkehle, Nute *f* (Masch) / furrow || ⌐, Schramme *f* / mark, stria (pl: striae) || ⌐**n** *f pl* (Brennschneiden) / drag lines *pl* || ⌐**nbildung** *f* **durch Verschleiß** / scoring
riefeln, riffeln / flute, chamfer, groove
Riefelung *f*, Riffelung *f* / channel[ing], flute, fluting, corrugation || ⌐ **einer Säule** / chamfret
riefen / corrugate, channel, flute || ⌐**bildung**, Streifenbildung *f* (Masch) / striation || ⌐**feile** *f* / hand checkering file || ⌐**verschleiß** *m* / groove wear, scoring
Riegel, Bolzen *m* / bar, locking bar, bolt || ⌐ (z.B. für Schranktüren) / cabinet bolt (e.g. for cabinet doors) || ⌐, Verschluß *m* (Kfz, Bahn) / lock, interlocking device || ⌐, Riegel-Querholz *n* / crossbar, rail, putlog, transom || ⌐ (Nähm) / bar tacks *pl* || ⌐ **der Bodenklappe des Löffelbaggers** / dipper trip || ⌐ **des Rahmens** / beam of a frame || ⌐ **Seife** / bar of soap, cake || **stehender, französischer** ⌐ (Schloss) / dead bolt || ⌐**balken** *m* / nab, locking o. staple o. striking plate, strike plate || ⌐**blech**, Schließblech *n* (Schloss) / staple plate || ⌐**bolzen** -zapfen *m* (Container) / twistlock || ⌐**bolzen** *m*, Verbindungsbolzen *m* (Zimm) / tie bolt || ⌐**falle** *f* / latch catch || ⌐**finger**, Fixierfinger *m* / catch finger || ⌐**hebel** *m* (Bahn) / switch lever || ⌐**hemmung** *f* (Uhr) / chronometer o. detent escapement || ⌐**holz** *n* / timber of middle length || ⌐**kasten** *m* (Raschelm) / shogging box || ⌐**kugel** *f* (Kfz) / interlock ball || ⌐**maschen** *f pl* (Textil) / coiled loops *pl* || ⌐**nut** *f* / locking notch || ⌐**schloß** *n*, Schubriegelschloß *n* / dead o. bolt lock || ⌐**stopfen** *m* (Kfz) / interlock plug || ⌐**tor** *n* (Hydr) / crossbeam gate || ⌐**wand** *f*, Fachwand *f* / timber framework o. framing, framework wall || ⌐**wand** *f* (ausgemauert) / brick nogging partition || ⌐**wand** *f* (vierteilig) / quartered partition, Q.P. || ⌐**zapfen**, -bolzen *m* (Container) / twistlock
Rieggerkreis *m* (Elektronik) / Armstrong discriminator
Riekediagramm, Generatordiagramm *n* (Magnetron) / Rieke diagram
Riemann·sche Fläche *f* / Riemann surface || ⌐**sche Geometrie** *f* (Math) / Riemannian geometry || ⌐**sche Variante** *f* / Riemannian variant
Riemannit *m*, Allophan *m* / allophane
Riemchen *n* (Ziegel) s. Riemenstück || ⌐, Bändchen, Leistchen *n* (Bau) / list, listel, fillet || ⌐ (Spinn) / leather tape, apron || ⌐, von Hand behauener Schlußstein (Bau) / closer || ⌐**florteiler** *m* (Spinn) / tape condenser o. divider || ⌐**spannrolle** *f* (Spinn) / apron tension roller
Riemen *m*, Ruder *n* (Schiff) / oar || ⌐, Leder-, Trag-, Binderiemen *m* / strap || ⌐, Treibriemen *m* [driving] belt || ⌐, schmales Dielenbrett (Tischl) / match boarding o. lining || ⌐ **schränken** / cross belts v, wrench in alternate directions || ⌐**antrieb**, -[scheibenan]trieb *m* / belt drive || **mit** ⌐**antrieb** / belt driven || ⌐**aufleger** *m* / belt mounter o. setter || ⌐**ausrücker** *m* / disengaging bar o. fork, belt shifter || ⌐**fallhammer** *m* / friction lifted strap type drop stamp, belt-lift o. strap-lift drop hammer || ⌐**führung** *f* / belt fork o. guide || ⌐**fußboden** *m* / strip flooring || ⌐**gabel** *f*, -führer *m* / belt o. strap fork o. guide[r] o. striker || ⌐**klammer** *f*, -kralle *f* / belt lacing, claw belt fastener || ⌐**kupplung** *f* / belt coupling || ⌐**niet** *m n* / straight belt rivet || ⌐**scheibe** *f* / pulley || ⌐**scheibe** *f* (Nähm) / strap disk || ⌐**scheibenschwungrad** *n* / flywheel type belt pulley || ⌐**schleifmaschine** *f* / strap sanding machine || ⌐**schloß** *n*, -verbinder *m* / belt joint o. coupling o. fastener || ⌐**schlupf** *m*, -rutschen *n*, (infolge ungenügender Reibung) / belt slip || **[unvermeidlicher]** ⌐**schlupf**, Dehnschlupf *m* / belt

creep || ⌐**schneidemaschine** *f*, -schneider *m* / strap cutting knife || ⌐**schutz** *m* / belt guard || ⌐**seite** *f* (des Motors) (Elektr) / pulley end || ⌐**spanner** *m* / belt stretcher o. tightener, take-up, T.U. || ⌐**spannrolle** *f* / belt tensioning roller o. pulley, expanding roller o. pulley, idler || ⌐**spannung** *f* / belt tension || ⌐**stück**, Riemchen, Längsquartier *n* (Maurer) / queen closer, quarter brick, soap || ⌐**trumm** *n* / side o. end of a belt || ⌐**übertragung** *f* (Masch) / belt transmission || ⌐**umsteuerung** *f* / belt reverse || ⌐**verschiebung** *f* / belt shifting || ⌐**vorgelege** *n* / belt drive gear, belt driven countershaft || ⌐**vorgelege** *n*, Transmission *f* / transmission [line], shafting || ⌐**wendegetriebe** *n* / reversing belt drive || ⌐**wickler** *m* (Hütt) / belt wrapper || ⌐**wippe** *f* / belt rocker || ⌐**zug** *m* / pull of the belt
RIE-Prozeß *m* (IS) / reactive ion etching, RIE
Ries *n* **Papier** / ream of paper (= 20 quires, o. 480 sheets, printer's ream = 516 sheets)
Riese *m*, Riesenstern *m* / giant star || ⌐ *f*, Seilriese *f*, Schwerkraftbahn *f* / gravity cable[way], rope incline
Riesel·anlage *f* / dripping o. trickling installation || ~**fähig** (Chem) / pourable || ⌐**fähigkeit** *f* (Pulver) / pourability || ⌐**fähigkeit** *f* **von körnigen Kunststoffen** / flotation of granular plastics || ⌐**felder** *n pl* (Abwasser) / sewage farm o. fields *pl* || ⌐**[feldreinig]ung** *f*, Rieselung *f* / broad irrigation || ⌐**film** *m* (Chem) / falling o. trickling film || ⌐**film-Destillationsturm** *m* (Chem) / wetted wall tower || ⌐**film-Verdampfer** *m* / falling film evaporator || ⌐**kolonne** *f*, -turm *m* (Chem) / wash[ing] column o. tower, shower deck baffled tower || ⌐**kondensator** *m* / surface spray condenser || ⌐**kühler**, -kühlapparat *m* / surface irrigation cooler, dripping o. shower cooler || ⌐**matte** *f* (Abwasser) / biological o. percolating o. trickling filter, bacteria o. contact bed, dripper || ⌐**matte** *f* (Garnherstellung) / wire netting dripper
rieseln (Pulver) / flow ~, tröpfeln / trickle, drip
Riesel·rost *m*, -einbau *m* (Kühlturm) / splash type internal fill || ⌐**turm**, Naßreiniger *m* (Gas) / scrubber, gas washer || ⌐**turm**, -kolonne *f* (Chem) / wash[ing] column o. tower, shower deck baffled tower || ⌐**-Waschturm** *m* (Chem) / packed tower-washer || ⌐**wasser** *n* / trickling water || ⌐**zeit** *f* (Sintern) / friable time
Riesen·eukalyptus, Pfefferminzbaum *m* / eucalyptus amygdalina || ⌐**impuls** *m* (Elektronik) / giant impulse || ⌐**impulslaser** *m* / giant impulse laser || ⌐**kolloidion** *n* / giant colloidal ion || ⌐**luftreifen** *m* / giant air tire || ⌐**-Mammutbaum** *m*, Sequoia gigantea *f* / giant redwood || ⌐**molekül** *n* / giant molecule || ⌐**molekül**, Hochpolymer *n* / high polymer || ⌐**tanker** *m* / very large o. ultra-large crude carrier, VLCC (200-300 thsd tons), ULCC (above 300 thsd tons)
Riesgewicht *n* (GB = 500 o. 480 Blatt, USA = 1000 Blatt des Grundformats) (Pap) / basis weight, substance
Riet *n* (Bau) / reed, reeds-thatch, cane || ⌐, Rietblatt *n* (Web) / reed, comb || ⌐**-Bindedraht** *m* / reed binding wire || ⌐**breite** *f*, Rietstab-Abstand *m*, Rietöffnung *f* (Web) / reed space || ⌐**einzieher** *m* (Web) / reeder || ⌐**einzug** *m* (Web) / reeding || ⌐**machen**, Blattbinden *n* (Web) / reed binding o. making || ⌐**messer** *n* (Web) / dent o. sley hook || ⌐**stab** *m* (Web) / dent of a reed || ⌐**stäbe** *m pl* **je Zoll** / Radcliffe reed counts *pl*
Riff *n* / ledge, reef || ~**bildend** / reef building, hekmatypic
Riffel *f*, Schmitz *m* (Bergb) / layer of shale o. stone || ⌐, Riffelkamm *m* / ripple comb || ⌐ (Walzw, Fehler) / groove || ⌐ (im Sand) / rill mark || ⌐**walze** *f*, -walze *f* (Web) / fluted roller || ⌐**bildung** *f* (Zahnrad) / rippling || ⌐**bildung** *f* (Bahn) / rail corrugation || ⌐**blech** *n* / channeled o. checker plate (diamond pattern) || ⌐**block** *m* (Walzw) / corrugated o. fluted ingot || ⌐**draht** *m* / checkered wire || ⌐**faktor** *m* (Elektr) / peak-to-average ripple factor || ⌐**feile** *m* / riffling file || ⌐**glas** *n* / ribbed glass || ⌐**kalander** *m* (Textil) / riffle o. Schreiner calender || ⌐**kamm** *m*, Riffel *f* (Flachs) / ripple, flax

comb ‖ ≺**membranlautsprecher** m / pleated diaphragm loudspeaker ‖ ≺**muster** n (Textil) / network design

riffeln, riefen (Masch) / furrow ‖ ~, mit dem Riffelkamm abkämmen / ripple vt

Riffel·pappe f / fluted board ‖ ≺**passage** f (Mühle) / fluted grind ‖ ≺**probenteiler** m (Aufber) / riffle ‖ ≺**schiene** f (Bahn) / corrugated rail, roaring rail ‖ ≺**stahl** m / steel for fluting tools, riffler tool steel

Riffelung f, Riffeln n / ribbing, fluting ‖ ≺ (Textil) / engraving

Riffel·walze f / corrugated roll, fluted o. serrated roller ‖ ≺**walze** f (Asphalt) / branding iron, indenter, crimper ‖ ≺**zylinder** m (Textil) / fluted o. bottom o. drawing roller (drawing frame)

Riffkalkstein m / recifal o. reef limestone

Riftbrett n / comb-grained plank

Righeit f / resistance to elastic deformations

Rigolen n (auf 3 Stich Tiefe) / trenching

Rigolpflug m (für Dränung) / draining o. drainage plough ‖ ≺, Grabenpflug m / digging o. trench[ing] plough

Rillbarkeit f (Pap) / creasing ability

Rille f / groove, flute, channel ‖ ≺, Schlitz m / slot, groove ‖ ≺ (Schallplatte) / groove in a record ‖ ≺**n**, Schrammen f pl (Krist) / striae pl, striation ‖ ≺ (Mond) / rille ‖ ≺ beim Kaltwalzen (Walzw, Fehler) / gouge ‖ ≺ der 78 Upm-Platte (Phono) / coarse groove ‖ ≺ im Profil (Reifen, Kfz) / groove ‖ ≺ mit Halbkreisquerschnitt / semicircular groove ‖ ≺ zum Einbringen von Vergußmörtel (Bau) / groutnick ‖ rundlaufende ≺ an zylindrischen Körpern (Schm) / fullering

rillen / groove v, flute, channel ‖ ~ (mit parallelen Furchen) / corrugate ‖ ≺**bildung**, Riefenbildung f, Fressen n / scoring, seizing ‖ ≺**bohrer** m (Bodenprobe) / grooved soil sampler ‖ ≺**buchse** f (Masch) / grooved o. fluted bushing ‖ ≺**draht** m (Bahn) / profile[d] o. figured wire, figure-eight wire, grooved-contact wire ‖ ≺**erosion** f / small-groove erosion ‖ ≺**fahrdraht** m / profiled wire, figure-eight wire, grooved contact wire ‖ ≺**fehler** m (Phono) / tracking error ‖ ≺**flansch** m / grooved flange ‖ ≺**führung** f (Phono) / tracking ‖ ≺**gewerbe** n der Zange / serration of gripping face ‖ ≺**glas** n / ribbed glass ‖ ≺**herd** m (Bergb) / riffled table ‖ ≺**herd-Durchstoßofen** m (Schm) / continuous furnace with grid hearth ‖ ≺**hobel** m, Rinnenhobel m / grooving plane, fluting plane ‖ ≺**isolator** m (Elektr) / grooved o. corrugated insulator ‖ ≺**kugellager** n / deep groove ball bearing ‖ ≺**läufer** m (Kollergang) / grooved muller ‖ ≺**pappe** f / board with solid flutes ‖ ≺**profil** n (Reifen) / rib tread ‖ ≺**profil** n (Seilrolle) / groove profile ‖ ≺**profil-Reifen** m (Kfz) / ribbed tire ‖ ≺**rad** n / groove wheel ‖ ≺**samt** m (Textil) / rib velvet ‖ ≺**scheibe** f / pulley ‖ ≺**schiene** f, Straßenbahnschiene f / grooved [girder] rail, tramway o. streetcar (US) rail ‖ ≺**schutzstreifen** m (Phono) / groove guard ‖ ≺**walze** f / fluted roller ‖ ≺**weite** in der Kreuzung, Spurrille f (Bahn) / switch opening ‖ ≺**zieher** m (Landw) / moulder, furrow opener

Rillfähigkeitsprüfer m (Pap) / crease resistance tester, grooving tester

Rillwalze f / scoring roller

Rilsan n (Kunststoff) / Rilsan, Nylon 11

Rimlockröhre, Ganzglasröhre f (Elektronik) / rimlock tube

RIM-Technik f, Reaktionsspritzgußverfahren n, RSG (Plast) / RIM technology, reaction-injection moulding

Rindbox n (Gerb) / side leather, box o. willow sides pl

Rinde, Kruste f / crust ‖ ≺, Haut f / peel ‖ ≺, Borke f (Bot) / [outer] bark, rind, cortex ‖ **sekundäre** ≺ / inner bark o. phloem, secondary cortex

Rinden-einschluß m (Holz) / bark pocket, inbark ‖ ≺**extrakt** m / bark extract ‖ ≺**flecken** f pl (Pap) / bark specks pl ‖ ≺**gerbung** f / bark tanning ‖ ≺**schäler** m / [motor] bark remover ‖ ≺**schälmaschine** f / bark peeling o. [un]barking machine, barker

Rindertalg m / beef dripping o. suet

Rinds·haut f / neat's hide ‖ ≺**leder** n / neat's leather, cowhide leather

Ring m, Reif, Reifen m (Masch) / ring, collar, hoop, band ‖ ≺, Öse f, Öhr n / ring, loop, link ‖ ≺, Einfassung f / border, ring collar ‖ ≺ (Fräsm) / spacer collar ‖ ≺, Hülse f / collet ‖ ≺ (Draht) / coil o. bundle of wire ‖ ≺ (Chem) / cycle, cyclic formation, ring [compound], closed chain ‖ ≺, (bes): Altstadtring m (Straßb) / loop, orbital (GB) ‖ ≺ (ungeordnete Lagen) (Walzw) / reel ‖ ≺, Zwinge f / ferrule ‖ ≺ einer Kette, Glied n / chain link ‖ ≺ eines Wellpappkartons / tube of a corrugated box ‖ ≺ mit kreisförmigem Querschnitt / annular ring, toroid ‖ mit ≺ versehen, geringelt / annulated ‖ ≺**achse** f (Lager) / ring axis ‖ ≺**alkohol** m / cyclic alcohol ‖ ≺**analyse**, Waterman-Ringanalyse f (Öl) / ring analysis, structural group analysis ‖ ≺**anker** m (Elektr) / ring [wound] armature ‖ ≺**anschnitt** m, -einguß (Gieß) / ring gate o. runner ‖ ≺**antenne**, -dipolantenne f / circular antenna, loop frame o. antenna ‖ ≺**armierung** m, Frettage f / ring-shaped reinforcement ‖ ≺**aufdornversuch** m an Rohren / ring expanding test ‖ ≺**ausbau** m (Bergb, Gang) / cribwork, ring support, circular arch support ‖ ≺**-Axiallager** n / ring thrust bearing ‖ ≺**bad** n (Galv) / ring bath ‖ ≺**bahn** f (Bahn) / belt line (US), circle o. circular railway ‖ ≺**bandkern** m (Elektr) / toroidal tape core, toroidal magnetic strip wound core ‖ ≺**bandkern** m mit nicht geschlossenem Ring / C-core toroid ‖ ≺**bank** f (Spinn) / ring rail ‖ ≺**beschlag** m, Zwinge f / ferrule, collar, ferrel ‖ ~**bildend** (Chem) / ring-forming ‖ ≺**bildung** f (Chem) / ring formation, cyclization ‖ ≺**bildung** f (Draht) / ringing ‖ ≺**blech** n (Düse) / primary zone casing ‖ ≺**blendenfilter** n (Wellenleiter) / diaphragm ring [mode] filter ‖ ≺**boden** m (Chem) / annular bottom ‖ ≺**bolzen** m / lifting eye bolt ‖ ≺**borgen** m (DV) / circular borrow, end-around borrow ‖ ≺**boulevard** m (Paris) / ring road (of Paris) ‖ ≺**brause** f / annular shower ‖ ≺**brenner**, Kronenbrenner m / annular o. ring burner ‖ ≺**brennkammer** f (Turboreaktor) / annular combustion chamber ‖ ≺**buch** n / ring binder, ring book, binder case ‖ ≺**buckel** m (Schweiß) / annular projection ‖ ≺**core** n, ringförmige Spaltzone (Nukl) / annular core, ring core ‖ ≺**deich** m (Hydr) / annular dike, encircling dam ‖ ≺**dipolantenne** f / circular antenna ‖ ≺**draht** m, Rollendraht m / coil o. bundle wire ‖ ≺**drossel** f (Elektr) / choking coil annular type ‖ ≺**drucklager** n / collar thrust bearing ‖ ≺**durchziehofen** m / roller hearth furnace for coils ‖ ≺**düse** f (Schweiß) / concentric nozzle ‖ ≺**düse** f (Plast) / tubular die ‖ ≺**einguß**, Ringanschnitt m (Gieß) / ring gate o. runner ‖ ≺**einlage** f (für Seilrolle) / ring lining ‖ ≺**eisenbahn** f / circle o. circular railway, belt line (US)

Ringel·apparat m (Textil) / striping attachment, yarn striping device

Ring·elektrode f / annular electrode ‖ ≺**[elektro]magnet** m / annular [electro]magnet

ringel·frei, ringless (Strumpf) / ringless ‖ ≺**frei-Vorrichtung** f (Textil) / ringless attachment, alternating three carrier attachment ‖ ≺**muster** n, Ringelung f / horizontal stripe pattern

ringeln (sich), sich spiralförmig drehen / curl ‖ ~ (sich), sich schlingen / wind v

Ringel·pietz m (Luftf) / ground looping (while taxying) ‖ ≺**spinner** m (Landw) / lackey moth ‖ ≺**walze** f (Landw) / Cambridge roller (English style), ring roller, soil pulverizer

Ring·entladung f, elektrodenlose Entladung / electrodeless discharge ‖ ≺**fallschirm** m / annular parachute, parachute skirt ‖ ≺**faltversuch** m (für Rohre) / flattening test on tubes ‖ ≺**färbung** f, Mantelfärbung f / ring dyeing ‖ ≺**fassung** f (Elektr) / annular socket ‖ ≺**fäule** f (Holz) / blown o. double sap ‖ ≺**feder** f / annular spring ‖ ≺**federpuffer** m (Bahn) / buffer with spring collar ‖ **halbrunde** ≺**feile** / half-round ring file ‖

~**fläche** f / ring area ‖ ~**fläche** f, Wulst m, Torus m / ring surface, torus ‖ ~**fleckigkeit** f, Marmor dilucidum (Tabak) / ring spot o. mottle ‖ ~**flügel** m (Luftf) / annular wing, ring foil ‖ ~**flügelflugzeug** n, Coleopter m / coleopter [plane]

ringförmig / annular, ring-shaped ‖ ~, [kreis]ringförmig, torisch / toroidal ‖ ~, Ring…, zyklisch (Chem) / cyclic, ring… ‖ ~**er Anguß** / ring gate ‖ ~**e Blende**, Deckring m (Instr) / annular bezel ‖ ~**e Dachkapazität** (Antenne) / ring load ‖ ~**e Fehlstelle** (Schweiß) / fish eye (US) ‖ ~**er Gasbrenner** (Brenner) / gas ring ‖ ~**e Kohlenwasserstoffe** m pl (Chem) / closed-chain hydrocarbons pl, cyclic hydrocarbons pl ‖ ~**er Körper**, Toroid n / toroid ‖ ~**e Umgehungsstraße** (Straßb) / orbital road ‖ **in sich geschlossene** ~**e Schraubenfeder** / garter spring

Ring·führung f / ring guide ‖ ~**garn** n / ring spun yarn ‖ ~**gebiet** n, -zone f (Nukl) / annular region o. zone ‖ ~**gewicht** n (Hütt) / weight of coil ‖ ~**gewölbe** f / annular o. circular barrel vault ‖ ~**glied** n (Chem) / cyclic member ‖ ~**halsdüse** f / plug nozzle ‖ ~**heft** n, -hefter m s. Ringbuch ‖ ~**heizkörper** m, -heizkammer f (Zuck) / ribbon pan ‖ ~**intrusion** f, -gang m (Geol) / ring dyke ‖ ~**isolator** m / ring insulator ‖ ~**kabel** n (Regeln) / party line ‖ ~**kammer** f / toroidal chamber ‖ ~**kammer-Vakuumzentrifuge** f / double bowl vacuum centrifuge ‖ ~**kanal** m / ring channel ‖ ~**keilkupplung** f (Seilb) / ring wedge coupling ‖ ~**kern** m (DV) / single-aperture core, toroidal core ‖ ~**kernspeicher** m / magnetic core memory ‖ ~**kette** f / ring-ended sling ‖ ~**kettentautomerie** f (Chem) / ring-chain tautomerism ‖ ~**klappe** f / annular valve o. flap ‖ ~**klappenventil**, Hörbigerventil n / annular valve system Hörbiger ‖ ~**klebemaschine** f (für Reifen) / tire pocket building machine ‖ ~**kluft** f (Holz) / annular cleft o. shake ‖ ~**kluppe** f, Schneideisen n / screw plate o. stock, ring end stock ‖ ~**kolbenmaschine**, -zylindermaschine f (Dampfm) / annular piston engine ‖ ~**kolbenschieber** m / annular piston valve ‖ ~**kolbenzähler** m / cylindrical piston water meter ‖ ~**-Konfiguration** f (Fernwirk) / multipoint-ring configuration ‖ ~**kontakt** m / annular contact ‖ ~**kopf** m (Magn.Ton) / ring core head ‖ ~**korn** n (Gewehr) / ring sight ‖ ~**körner** m (Wzm) / center ring punch ‖ ~**kugellager** n / ring ball bearing ‖ ~**kühler** m (nach National Advisory Committee for Aeronautics) / NACA o. ring cowling ‖ ~**läufer** m (Spinn) / ring traveller, urchin (US) ‖ ~**läuferfett** n (Textil) / traveller grease ‖ ~**lehre** f / ring o. female ga[u]ge, shell o. shot ga[u]ge ‖ ~**leitung** f / closed circular pipeline ‖ ~**leitung** f (Elektr) / ring circuit o. main, loop ‖ ~**leitung** f **für Wind** (Hütt) / bustle pipe ‖ ~**leitungsnetz** n / closed circuit network

ringless, ringelfrei (Strumpf) / ringless ‖ ~**-Vorrichtung** f s. Ringelfrei-Vorrichtung

Ring·linse f / echelon lens, concentric Fresnel lens ‖ ~**lochkupplung** f / ring-eye coupling ‖ ~**magnet** m / toric magnet ‖ ~**magnet** m / ring magnet, toric magnet ‖ ~**-Maulschlüssel** m / combination wrench o. spanner ‖ ~**messer** n, -körner m (Wzm) / center ring punch ‖ ~**modulator** m (Elektronik) / rectifier o. ring modulator ‖ ~**-Modus-Filter** / ring[-mode] filter ‖ ~**mühle** f / roller crusher with smooth rolls ‖ ~**mutter** f / ring nut, lifting-eye nut ‖ ~**nabe** f (Motor) (Elektr) / armature sleeve ‖ ~**nebel** m (Astr) / annular nebula ‖ ~**netz** n (Elektr) / ring main system ‖ ~**netz** n (DV) / ringed network ‖ ~**nut** f (für Sprengringe) / snap ring groove ‖ ~**ofen** m / ring kiln, annular furnace o. kiln ‖ ~**öler** m / oil[ing] o. lubrication ring ‖ ~**oszillator** m (Elektronik) / ring oscillator ‖ ~**-Paßeinsatz** m (Sicherung) / push-in gauge ring ‖ ~**porig** (Holz) / ring-porous ‖ ~**potentiometer** m / rotation potentiometer ‖ ~**prägen** / ring-coin v ‖ ~**raster** m (Leuchte) / spill ring, ring louver (US) ‖ ~**raum** m (Reaktor) / annulus ‖ ~**rippe** f (Masch) / gill ‖ **mit** ~**rippen** / gilled ‖ ~**riß** m (Holz) / annular shake,

circular split ‖ ~**röhre** (Betatron) / doughnut, donut, toroid ‖ ~**rohrleitung** f / closed ring pipeline ‖ ~**-Sammelleitung** f / ring header ‖ ~**satz** m (Fräsm.) / set of spacers ‖ ~**schäle** f, Mondring m (Holz) / halo ‖ ~**schäliges Holz** / wood with circular splits inside ‖ ~**schaltung** f, Polygonschaltung f (Elektr) / polygonal circuit ‖ ~**scheibe** f, ringförmige Schleifscheibe (Wzm) / ring wheel ‖ ~**schieben** n, -schiften n (DV) / ring shift, end-around shift, logical shift ‖ ~**schieber** m / annular slide valve, obturating ring ‖ ~**schieber** m, Hülsenschieber m / sleeve valve ‖ ~**schieber** m, Verschlußring m / obturating ring ‖ ~**schieberegister** n (DV) / cyclic shift register, circulating register ‖ ~**schiene**, -bank f (Textil) / ring rail ‖ ~**-Schlagschlüssel** m / striking face box spanner, box o. ring type slugging wrench (US), sledge type ring spanner ‖ ~**schloß** n / dial o. ring lock ‖ ~**schluß** m (Chem) / ring closure ‖ ~**schlüssel** m / [double hex] ring spanner (GB) o. ring wrench (US) ‖ ~**schmierlager** n / oil ring bearing, ring-lubricating o. -oiling bearing, bearing with annular lubrication ‖ ~**schmierung** f / ring lubrication ‖ ~**schneide** f / annular cutting edge ‖ ~**schneide** f, RS (Schraube, DIN 78) / cup point ‖ ~**schneider** m / circular slitting saw ‖ ~**schraube** f (DIN 580), Transportöse f / lifting screw, ring bolt, eye bolt o. screw ‖ ~**schraube** f **mit Bund u. Rille** / eye bolt with collar and undercut ‖ ~**schraube** f **mit Holzgewinde** (als Haken) / wood screw ring, round screw hook ‖ ~**segment**, Tübbingsegment n (Bergb) / tubbing segment ‖ **gußeiserne** ~**segmente** n pl (Bergb) / metal tubbing ‖ ~**seitenelektrode** f (Zündkerze) / ring twin side electrode ‖ ~**sicherung** f / ring type retainer ‖ ~**silikat** n / cyclosilicate ‖ ~**skala** f / dial scale, ring dial ‖ ~**spalt** m / annular gap o. passage ‖ ~**spalt** m (Vakuum) / nozzle clearance area ‖ ~**spaltzähler** m / cylindrical piston water meter ‖ ~**spannung** f (Mech) / edge stress, extreme fiber stress ‖ ~**-Sphärometer**, Sphärometer n / spherometer ‖ ~**spindel** f (Textil) / ring spindle, ring and runner, ring and traveller ‖ ~**spindel** f **mit Aufsatz, [mit Hülsenkupplung]** / ring spindle with plug, [with tube coupling] ‖ ~**spindelhülse** f / tube for ring spinning and ring doubling spindles ‖ ~**spinngarn**, Drosselgarn n / ring spun yarn ‖ ~**spinnkops** m / ring spinning and twisting cop ‖ ~**spinnmaschine**, Drossel f (Textil) / ring [spinning] frame, ring spinner, throstle [frame] ‖ ~**spule** f / toroid [coil] ‖ ~**spurlager** n / collar step bearing ‖ ~**stauchversuch** m (Mech) / ring upsetting test, ring crush test ‖ ~**steg** m **[zwischen den Ringen]** (Kolben) / piston land, ring land ‖ ~**stein** m (Instr) / hole o. ring jewel ‖ ~**stelltransformator** m / adapted ring transformer, toroidal repeating coil ‖ ~**-Sticking**, Steckenbleiben n der Kolbenringe (Mot) / ring sticking ‖ ~**strahlfernkanone** f (Elektronenopt) / ring beam distant gun ‖ ~**strahlkanone** f (El. Optik) / ring beam gun ‖ ~**strahlnahkanone** f (Elektronenopt) / ring beam close gun ‖ ~**straße** f (Straßb) / orbital road, loop ‖ ~**strom** m / ring current ‖ ~**struktur** f (Chem) / ring structure ‖ ~**stutzen** m (DIN 7641) / ring type nipple, banjo [pipe] union ‖ ~**system** n (Chem) / cyclic o. ring compound ‖ ~**system** n (Elektr) / ring main system ‖ ~**teller** m / annular tray ‖ ~**tonnenlager** n / annular barrel bearing ‖ ~**übertrager** m (Elektronik) / ring transformer, toroidal repeating coil ‖ ~**- und Kugelmethode** f / ring-and-ball method ‖ ~**ventil** n / annular valve ‖ ~**verbindung** f (Masch) / thimble joint ‖ ~**verbindung** f (Chem) / cyclic o. ring compound ‖ ~**verbindungen bilden** (Chem) / aromatize ‖ ~**verschluß** m (Getränkedose) / ring o. pop top ‖ ~**verschweißung** f (Röhren) / ring seal ‖ ~**verspannung** f, Zugstangenverspannung f mit Mittelring / ring strainers pl ‖ ~**versuch** m (mehrerer Labors) / co-operative test, inter-laboratory test ‖ ~**verteilung** f (Elektr) / ring main system ‖ ~**verzweigung** f (Wellenleiter) / ring circuit o. main ‖ ~**waage** f (Phys) /

ring balance ‖ **⁻waagedruckmesser** *m* / ring balance pressure gauge ‖ **⁻wade** *f*, Ringwadennetz *n* (Schiff) / purse seine ‖ **⁻wadenfischerei** *f* (Schiff) / seining ‖ **⁻waden-Fischereifahrzeug** *n* (für Thunfischfang) / tuna purse seiner ‖ **⁻walzenmühle** *f* / ring-roll[er] crusher o. mill ‖ **⁻walzenmühle**, Maxeconmühle *f* (Bergb) / Kent mill ‖ **⁻-Wellentyp-Filter** *n* (Wellenleiter) / ring[-mode] filter ‖ **⁻wellung** *f* (Kabel) / corrugation ‖ **⁻wicklung** *f* (Magn.Kern) / toroidal o. ring winding ‖ **⁻wicklung**, Grammewicklung *f* (Elektr) / ring o. Gramme winding ‖ **⁻wulst** *m f*, Torus *m* (allg) / torus, annular ring ‖ **⁻zacke** *f*, -wulst *m f* (Stanz) / knife-edged ring ‖ **⁻zähler** *m* (DV) / ring counter ‖ **⁻zange** *f* / round [nose] pliers *pl* ‖ **⁻zange** *f*, Circlipzange *f* / circlip pliers *pl* ‖ **⁻zugversuch** *m* **an Rohren** / ring tensile test ‖ **⁻zwirnkops** *m* / ring spinning and twisting cop ‖ **⁻zwirnmaschine** *f* (Textil) / ring doubling [and twisting] frame, ring twister [frame] ‖ **⁻-Zwirnmaschine**, Cap-Zwirnmaschine *f* (Textil) / down twister, cap yarn twisting frame

Rinmanngrün *n* / Rinmann's green, cobalt green

Rinne *f* / groove, flute, chamfer, channel ‖ **⁻**, Kanal *m* / conduit, channel, duct ‖ **⁻**, Ablaufrinne *f* (Öl) / launder ‖ **⁻**, Dachrinne *f* (Bau) / trough gutter ‖ **⁻**, Regenrinne am Fensterrahmen (Bau) / canal of a window frame ‖ **⁻**, Guß-, Ablaufrinne *f* (Gieß) / casting gutter ‖ **⁻**, Schurre *f* (Bunker) / channel type chute ‖ **⁻n ziehen**, furchen / gutter *vt*

rinnen, strömen / flow, stream, run ‖ **⁻**, triefen / gutter *vi* ‖ **⁻**, rieseln / trickle, drip ‖ **⁻abschluß** *m* (Hydr) / branch stopping ‖ **⁻eisen** *n* (Bau) / brace of a gutter, bracket, trough shaped section ‖ **⁻erosion** *f* (Geol) / gully erosion ‖ **⁻feuer** *n* (Luftf) / channel light (hydroplane) ‖ **⁻förderband** *n*, -förderer *m* / scraper o. scraping conveyor o. chain o. belt o. band, trough o. tray conveyor o. scraper ‖ **⁻hobel** *m* / round sole plane ‖ **⁻instabilität** *f* (Nukl) / flute instability ‖ **⁻-Konzentrator** *m* (Sonnenenergie) / parabolic trough-conveyor o. concentrator, PTC ‖ **⁻pflug** *m*, Abzugspflug *m* (Landw) / drainage o. trench plough ‖ **⁻profil** *n* (Walzw) / trough section ‖ **⁻schiene** *f* (Straßenbahn) / grooved rail ‖ **⁻sortierung** *f* (Aufber) / trough washer cleaning ‖ **⁻wäsche**, Stromrinne *f* (Bergw) / trough washer

Rinn·kessel *m* **des Fallrohres** / rainwater o. hopper head ‖ **⁻kessel** *m* **des Fallrohrs** (Dachrinne) / spout of the gutter ‖ **⁻leiste** *f* (Bau) / drip stone, larmier ‖ **⁻stein** *m*, Gosse *f* (Straß) / [water] gutter, side gutter, kennel (US) ‖ **⁻stein** *m*, Bordstein *m* / gutter stone, curb[stone] (US), kerbstone (GB)

Riometer *n* (Astr, Elektronik) / riometer

Ripidolith, Prochlorit *m* (Min) / prochlorite, ripidolite

Ripio *m*, ausgelaugte Salpetererde / spent earth of saltpeter

Ripolin, mit ⁻ streichen / paint with Ripolin

Rippe *f* (allg, Textil) / rib ‖ **⁻**, Verstärkungsrippe *f* (Masch) / web, rib, ledge ‖ **⁻**, Kühlrippe *f* (längs verlaufend) / cooling fin o. rib ‖ **⁻** (ringförmig), Kühlring *m* / cooling gill ‖ **⁻**, Schore *f* (Gieß) / rib ‖ **⁻**, Grat[bogen] *m* (Bau) / groin ‖ **⁻**, Schnur *f* (Buch) / cord[ing] ‖ **⁻ eines Gewebes** (Textil) / wale, rib

Rippel *f* (Geol) / ripple mark

rippen (Bb) / rib *vt*, form ribs o. raised bands, cord [up] ‖ **⁻**, mit längslaufenden Rippen versehen / corrugate, fin ‖ **⁻balken** *n* / ribbed beam ‖ **⁻band** *n* (ein Keilriemen) / ribbed belt ‖ **⁻betonstahl** *m* / ribbed bars *pl* ‖ **⁻blech** *n* (Hütt) / ribbed [pattern] floor plate ‖ **⁻decke** *f* (Bau) / ribbed ceiling o. floor ‖ **⁻freies Gewölbe** (SM-Ofen) / plain roof ‖ **⁻gefäß** *n* (Akku) / accumulator case with guide channels ‖ **⁻gewölbe** *n* / ribbed roof ‖ **⁻heizkörper** *m* / ribbed radiator ‖ **⁻hourdis** *m* / ribbed Hourdis stone ‖ **⁻keilriemen** *m* / ribbed V-belt ‖ **⁻kühler** *m* (Luftf) / secondary-surface cooler ‖ **⁻kühler** *m* **mit Kreisrippen** / gilled radiator o. cooler ‖ **⁻kühler**

m **mit Längsrippen** / ribbed o. finned radiator o. cooler ‖ **⁻prägen** *n* (innerhalb eines Teils) (Stanz) / beading ‖ **⁻rohr** *n* **mit Kreisrippen** / gilled pipe ‖ **⁻rohr** *n* **mit Längsrippen** / ribbed tube o. pipe ‖ **⁻samt** *m* / rib velvet ‖ **⁻scheibenrad** *n* (Bahn) / ribbed disk-wheel ‖ **⁻schraube** *f* (DIN 25195) / countersunk bolt with double nip ‖ **⁻stahl** *m* (mit Quer- o. Schräggrippe) / ribbed concrete steel ‖ **⁻steg** *m* / web of a rib o. gill ‖ **⁻stich** *m* (Wirkm) / rib stitch ‖ **⁻stich** *m* (Karde) / rib set ‖ **⁻-TOR-Stahl** *m* (Bau) / ribbed reinforcing steel, ribbed rebars *pl* ‖ **⁻unterlagsplatte** *f* (Bahn) / ribbed sole plate (GB) o. tie plate (US) ‖ **⁻werk** *n* (Schiff) / framing ‖ **⁻wirkungsgrad** *m* (Sonnenkollektor) / fin efficiency

Ripper *m* (Bergb) / ripper

Ripp·scheibe *f* (der Wirkmaschine) / dial of a knitting machine ‖ **⁻strom** *m* / rip current

Rippungs·draht *m* (Pap) / laid wire

Rippware *f*, gerippter Stoff (Textil) / rib fabric

Rips *m* (Textil) / rep[p], reps ‖ **⁻bindung** *f* (Textil) / rib weave, rep weave ‖ **⁻samt**, Manchester *m* (Textil) / corduroy ‖ **⁻schuß** *m* (Textil) / rib pick

Risalit *m* (Bau) / projection

RISC-Computer *m* / reduced instruction set computer, RISC

Riser *m* (Kracken) / riser, rising mains *pl*

Risiko *n* / chance, risk ‖ **⁻ erster**, **[zweiter] Art** (Losgröße) / type I, [II] risk (size of the test), risk of first, [second] kind ‖ **⁻ sofortigen Ausfalls** / hazard rate ‖ **⁻analyse** *f* / risk management

Riß, Sprung *m* / cleft, breach, fissure, fracture, tear[ing], rent, chap, chink ‖ **⁻** *m*, Mauerspalt *m* / crevice, chink, gape, cranny ‖ **⁻**, Zerreißen *n* / tear, rent, rip ‖ **⁻**, Erd-, Holzriß, Spalt *m* / shake ‖ **⁻** (Plast) / crack, crazing ‖ **⁻**, Trennschicht *f* (Geol) / parting ‖ **⁻**, Entwurf *m* / plot, drawing, drg, design ‖ **⁻**, Aufriß *m* / front view ‖ **⁻**, Ansicht *f* / view, projection ‖ **⁻ im Anstrich** / check, crack ‖ **⁻ in Längsrichtung**, Spalt *m* (Holz) / shake and check ‖ **[feiner] ⁻ [im Gefüge]** / stress crack, skrinkage crack ‖ **⁻oberflächlicher ⁻**, Kühlriß *m* (Keram) / cooling crack ‖ **Risse entlang den Markstrahlen**, Innenrisse *m pl* (Holz) / honeycombing ‖ **scharfkantiger ⁻** (Walzw) / pit ‖ **⁻abstand** *m* (Bauw) / crack spacing ‖ **⁻anfälligkeit** *f* / susceptibility to fissuring o. cracking ‖ **⁻auffangen** *n* / crack arresting ‖ **⁻auffangtemperatur** *f* (Mat Prüf) / crack arrest temperature, CAT ‖ **⁻aufweitung** *f* / crack opening ‖ **⁻ausbreitung** *f*, -fortschritt *m*, -wachstum *n* (Mech) / crack propagation, crack growth ‖ **⁻band** *n* / crack pattern ‖ **⁻bildung** *f*, Reißen *n* / cracking, fissuring ‖ **⁻energie** *f* (Mat Prüf) / crack elastic energy ‖ **⁻fortschritt** *m* **bei Wechselbeanspruchung** (Mat Prüf) / cyclic rate of crack growth ‖ **⁻haltetemperatur**, DBT-Temperatur *f* (Reaktor) / ductile-brittle transition temperature, TBTT

rissig, voller Risse, gerissen / chinky ‖ **⁻** (Holz, Boden) / shaky, chappy ‖ **⁻**, kernrissig (Holz) / quaggy, having heart shakes ‖ **⁻**, gerissen (Mauern) / cracked, crannied ‖ **⁻**, craqueliert (Keram) / crackled ‖ **⁻**, geplatzt / flawed, cracked ‖ **⁻** (Hütt, Block) / broken ‖ **⁻, mit Überwalzungen** (Hütt) / seamy ‖ **⁻e Kante** / checked o. cracked edge ‖ **⁻ machen beim Schleifen** / crack *vt* when grinding ‖ **⁻er Wasserheizschlauch** (Reifenherst.) / cracked bag ‖ **⁻ werden**, Risse bekommen / chap *vi*, check, craze ‖ **⁻ werden** (Stahl) / crack *vi*, splinter, fissure

Rissigkeit *f* **des Holzes** / shakiness

Rissigwerden *n* (Reifen) / weather checking (tire)

Riß·korrosion *f* / crevice corrosion ‖ **⁻maschine** *f* (Schuhfabrik) / sole channelling machine ‖ **⁻öffner** *m* (Schuhfabrik) / channel opener ‖ **⁻öffnung[sverschiebung]** *f*, COD (Mat Prüf) / crack opening displacement, COD ‖ **⁻platte** *f* (Verm) / surveyor's board o. table ‖ **⁻probe** *f* (Schweiß) / cracking test ‖ **⁻prüfgerät** *n*, Rißsucher *m* (Hütt) / flaw

o. crack detector ‖ **⁓spitzenaufweitung** f (Mat.Prüf) / crack opening stretch ‖ **⁓weite** f (Bauw) / crack width ‖ **⁓zähigkeit** f (Mat Prüf) / fracture toughness
Ristenmaschine f (Textil) / filling machine
Rittersches Momentenverfahren (Mech) / Ritter's method of dissection
Rittingersches Gesetz (Zerkleinern) / Rittinger's law
rittlings, reitend / astraddle, astride
Ritz, Spalt m / cleft, crack, gap, crevice ‖ **⁓** m, Schramme f / scratch, scar, scrape n ‖ **⁓** s. auch Riß ‖ **⁓dehnungsmesser** m / scratch gauge
Ritze f, Öffnung f / opening, gap ‖ **⁓**, Vertiefung f / slot, groove
Ritzel n, kleines Zahnrad (Masch) / pinion [gear] ‖ **⁓antrieb** m (Masch) / pinion drive ‖ **⁓welle** f / pinion shaft
ritzen, einschneiden / nick, notch ‖ **⁓**, ein-, anritzen, schrammen / scratch ‖ **⁓**, eine Linie einritzen / scribe (US)
Ritz·härte f / abrasive o. scratch hardness ‖ **⁓härte** f, Sklerometerhärte f / sclerometric hardness ‖ **⁓härtemesser** m, -prüfer m, Sklerometer n / sclerometer ‖ **⁓härteprüfung** f / surface scratch test ‖ **⁓messer** n (Furnierschälm.) / spur ‖ **⁓nadel** f, Zugnadel f (Samt) / round velvet needle, velvet pile wire ‖ **⁓sägeblatt** n (Holz) / slitting saw blade ‖ **⁓versuch** m (Härteprüf) / sclerometer test ‖ **⁓versuch** m (Bau, Masch) / scratch test
RIV-Verband m / International Wagon Union R.I.V.
Rizinolschwefelsäure f / ricinolsulfuric acid
Rizinusöl n / castor oil ‖ **⁓säure** f / ricinoleic acid ‖ **⁓seife** f (Textil) / ricinoleic acid soap
Rizinussamen m / castor bean
Rkm (Textil) = Reißkilometer
RKV (Math) = Runge-Kutter-Verfahren
RKW = Rationalisierungs-Kuratorium der Deutschen Wirtschaft
RLC-Meßbrücke f (Elektronik) / R-L-C-measuring bridge
RLD-Karte f (DV) / RLD card (= relocation dictionary)
RL-Ware f, Rechts-Linksware f / plain jersey fabric, plain knit goods pl
RMOS m / RMOS, refractory metal oxide semiconductor
R.M.Z. (Chem) = Reichert-Meißl-Zahl
RNS (Chem) = Ribonukleinsäure
Roadster, offener o. Sportzweisitzer (Kfz) / roadster
Robervalwaage f / counter scale type Roberval
Robinson-Adcock-Peiler m, umlaufender Leitstrahlpeiler / Robinson-Adcock direction finder
Robinson-Projektion f (Landkarte) / Robinson projection
Roboter m / robot ‖ **⁓...** / robot..., robotic ‖ **⁓** ansetzen / robotize ‖ **⁓** mit Erkennungssystem / feeling and seeing robot ‖ **⁓-Einführung** f / robotization ‖ **⁓fabrik** f / manless factory ‖ **⁓spezialist** m / robotist ‖ **⁓technik** f / robot technology ‖ **⁓technik** f, Robotik f, Robotereinsatz m / robotics, robotism ‖ **⁓-Wirkglied** n / effector
Rob-Roy-System n (Buch) / Rob-Roy system
Roburit m (Sprengstoff) / roburite
robust, rugged, robust
Robusta-Kaffee m, Coffea canephora / robusta coffée
Robustheit f / ruggedness, robustness
Rochegrenze f / Roche limit
Rochellesalz, Seignettesalz n (Natrium-Kalium-Tartrat) / Rochelle salt
Rockoonsystem n, kombiniertes Ballon-Raketen-System (Meteorol) / rockoon system
Rockwell·härte f (mit Kugel: = HRB, mit Spitze: = HRC) / Rockwell hardness, HR [HRB = ball, HRC = cone] ‖ **⁓härteprüfung** f / Rockwell hardness test
Rocky-Point-Effekt m (Spratzen) (Senderöhre) / Rocky Point effect, flash arc
Rode·axt f / grub-ax[e] ‖ **⁓hacke** f mit 2 Spitzen / two-pointed pick ax[e], double pick ‖ **⁓hacke** f mit Blatt / flat pick ‖ **⁓maschine** f / stump grubber o. puller ‖ **⁓maschine** f, -pflug m für Kartoffeln / potato digger

roden / stub v ‖ **⁓** n (Kartoffeln) / [potato] digging ‖ **⁓** (Forstw) / grubbing, uprooting, stubbing ‖ **Stümpfe ⁓** (Landw) / snag
Rodentizid n / rodenticide
Rodepflug m (Landw) / reclamation plow, buster
Rodinalentwickler m (Phot) / Rodinal
Roebelstab m (Elektr) / transposed conductor
Rogalloflügel, Paragleiter m (Raumf) / flex-wing, parawing
Rogenstein m, oolithischer Kalkstein / olitic limestone, oölite
Rogersit m (Min) / rogersite
Roggen m, Korn n (Bot) / rye, secale ‖ **⁓mehl** n / rye flour ‖ **⁓mühle** f / rye mill ‖ **⁓stärke** f / rye starch ‖ **⁓stengelbrand** m / rye o. stripe smut
Rogovski-Gürtel m, -spulen f pl (Meßwesen) / Rogovski belt o. loop o. coils pl
roh, grob / coarse ‖ **⁓**, unverarbeitet / raw, crude ‖ **⁓** (Öl, Metall) / crude ‖ **⁓**, unraffiniert (Kupfer) / unrefined ‖ **⁓** (Kohle) / raw, uncleaned ‖ **⁓**, unabgeschliffen (Spanplatte) / as pressed ‖ **⁓** (Wolle) / natural, raw ‖ **⁓ o. grob bearbeitet** / roughly machined, rough-machined ‖ **⁓ behauen**, Bossen... (Bau) / rusticated ‖ **⁓e Bohrung** / rough boring ‖ **⁓e Bruchsteinmauern** f pl / uncoursed rubble stone masonry ‖ **⁓es Fell** / raw skin o. kip ‖ **⁓e Frischschlacke**, Rohschlacke f / slag of raw melting, raw o. poor fining-slag ‖ **⁓ gegossen** (Gieß) / roughcast adj ‖ **⁓ geschmiedet** / as forged ‖ **⁓e Halbrundschraube mit Nase** / round head nib bolt ‖ **⁓e Haut** (Gerb) / pelt ‖ **⁓e Scheibe** (Masch) / blank o. plain washer, non-machined o. raw washer ‖ **⁓e Schraube** / pressed screw ‖ **⁓e Skizze** / rough sketch ‖ **⁓e Ware** (Textil) / grey cloth ‖ **⁓abwasser** n / crude waste water ‖ **⁓band** n (Elektronik) / blank tape ‖ **⁓bau** m (Bauart) (Bau) / bare brick work ‖ **⁓bau** m (Gebäude) (Bau) / shell, carcass, carcase ‖ **⁓baumaß** n (Bau) / dimension in unfinished state ‖ **⁓baumwolle** f / cotton wool (US), natural o. raw cotton, loose cotton stock ‖ **⁓bearbeiten** (Wzm) / rough down ‖ **⁓bearbeitung** f (Masch) / rough machining ‖ **⁓-Benzin**, Destillations-Benzin n / straight-run gasoline ‖ **⁓benzol** n / crude benzene o. benzol[e] ‖ **⁓bilanz** f / gross balance ‖ **⁓blei** n, Werkblei n / pig o. raw lead ‖ **⁓block** m (Hütt) / [rough rolled] ingot ‖ **⁓block** m (über 36 Qu.Zoll) / bloom ‖ **⁓bogen** m (Pap) / untrimmed sheet, mill cut sheet ‖ **in ⁓bogen** (Buch) / in sheets ‖ **⁓bramme** f, Brammenblock m / slab ingot ‖ **⁓braunkohle** f / crude o. raw lignite ‖ **⁓breite** f (Textil) / width in grey, greige width ‖ **⁓dachpappe** f, -filzpappe f (Pap) / roofing felt base ‖ **⁓decke** f (Bau) / bare floor o. ceiling ‖ **⁓diamant** m / rough diamond, dob ‖ **⁓dichte** f / apparent density, bulk[ing] density ‖ **⁓dichte** f (Boden) / raw unit weight ‖ **⁓dipol** m / sleeve dipole
Roheisen n, Masseleisen n / pig iron ‖ **⁓ für basischen SM-Betrieb** / basic pig iron ‖ **⁓ für Temperguß** / annealing pig iron ‖ **⁓ zusetzen** (Hütt) / pig[-back] ‖ **⁓ flüssiges ⁓** / hot metal ‖ **graues o. gewöhnliches ⁓** / gray pig-iron ‖ **⁓abstichrinne** f (Hütt) / iron runner ‖ **⁓erzeugung** f / iron making ‖ **⁓-Erz-Verfahren** n (Hütt) / pig iron-ore process ‖ **⁓gießmaschine** f / pig casting machine ‖ **⁓granalien** f pl / granular pig ‖ **⁓massel**, Massel f (Hütt) / pig ‖ **⁓mischer** m / pig iron mixer, hot-metal mixer ‖ **⁓mischwagen** m (Hütt) / mixer type hot metal car ‖ **⁓pfanne** f (Hütt) / hot-metal ladle, transfer ladle ‖ **⁓pfanne** f (auf Transportwagen), -behälter m (Hütt) / jumbo ‖ **⁓schlacke** f / dross of pig-iron ‖ **⁓-Schrott-Verfahren** n (Hütt) / pig-and-scrap process ‖ **⁓transportwagen** m / pig iron ladle car ‖ **⁓übergabewagen** m / hot metal transfer car ‖ **⁓verfahren** n (Hütt) / pig process ‖ **⁓-Zunderpulver** n (Sintern) / RZ-powder
Roh·energie f / primary energy ‖ **⁓entwurf** m, rohe Skizze / rough drawing ‖ **⁓erdöl** n / petroleum crude ‖ **⁓ertrag** m / gross yield ‖ **⁓erz**, Fördererz n / crude o.

raw ore ‖ ~erz n (ungeröstet) / unroasted ore ‖ [natürliche] ~erzeugnisse n pl / raw produce ‖ ~fabrikat n, -erzeugnis n / raw product ‖ ~faser f / crude fiber ‖ ~feinkohle f / raw smalls pl ‖ ~feinstkohle f / uncleaned fines pl ‖ ~fett n / crude fat ‖ ~film m, Kinerohfilm m / cinematographic raw film, raw film o. stock, unexposed film ‖ ~filzpappe f, -dachpappe f (Pap) / roofing felt base ‖ ~förderkohle f / rough o. unscreened coal, pit coal, run-of-mine coal (GB), through [and through] coal ‖ ~förderung f (Bergb) / raised and weighed tonnage ‖ ~format n / untrimmed size ‖ ~friese f (Parkett) / raw parquet block ‖ ~frischen n (Hütt) / first fining ‖ ~frischperiode f (Hütt) / boil of iron, boiling stage ‖ ~frucht f (Brau) / unmalted o. raw grain ‖ ~gang m (Hochofen) / cold working ‖ ~gares Kupfer / first refined copper ‖ ~gas n / crude gas ‖ ~gasabzug m (Hütt) / crude gas offtake ‖ ~gasleitung f (Erdgas) / field main ‖ ~gewebe n (Textil) / grey goods pl ‖ ~gewicht n, Bruttogewicht n / gross weight ‖ ~gewinn m / gross profits pl ‖ ~glas n / raw glass ‖ ~glimmer m / block o. natural mica ‖ ~grießkohle f / rough pea coal (from 0 to 35 mm) ‖ ~grobkohle f / raw coal abt 80-6 mm ‖ ~gummi m / green rubber ‖ ~guß m, -gußstück n / casting as cast, unfinished castings pl ‖ ~gutzuführung f (Setzmaschine) / headbox ‖ ~haufwerk n / crude o. raw ore ‖ ~haut f / green o. raw hide ‖ ~-,Hilfs- und Betriebsstoffe m pl / raw materials and supplies pl ‖ ~humus m / raw humus, mor, mar, duff ‖ ~kantig (Opt) / uncut finished ‖ ~karosse f (Kfz) / shell ‖ ~karossen... (Kfz) / in white ‖ ~kautschuk m / crude o. raw rubber ‖ ~kautschuk m mit gutem Nerv / strong rubber ‖ ~kautschukballen m / crude rubber bale ‖ ~kohle f / rough o. unscreened coal, raw coal, run of mine o. of mill [coal] (GB), unwashed coal (sized or not) ‖ ~kohlenturm m / raw coal bunker ‖ ~koks m / run-of-oven coke ‖ ~kupfer n / coarse o. crude o. black copper ‖ ~laufstreifen m (Kfz, Reifen) / unvulcanized tread ‖ ~laufstreifen m (zur Runderneuerung von Reifen) / camelback (tires) ‖ ~lech n, Kupferrohstein m / metal regulus of copper, copper metal o. matt[e] ‖ ~lech n (Silber) / silver matt ‖ ~leinen n / unbleached linen [cloth]

Rohling m (Keram) / moulded blank, clot ‖ ~ [zum Vorpressen] (Extrudieren) / slug ‖ ~ (Pulv.Met) / blank ‖ ~, Stanzplatine f / blank n ‖ ~, Ausgangsform f (Schm) / slug ‖ ~ bestimmter Größe (Schallplatten) / biscuit for records

Roh·maß n / base size ‖ ~masse f (Zement) / raw mixture ‖ ~material n (Wzm) / feedstock ‖ ~material n, Rohstoff m / raw material ‖ ~mehl n (Zement) / raw meal ‖ ~merzerisation f (Textil) / mercerization in grey ‖ ~mittelkohle f / unwashed coal abt 30-6 mm ‖ ~modell n (Raumf) / boiler plate (coll) ‖ ~naphtha f / crude naphtha ‖ ~netz n (Netzplan) / skeleton network

Rohöl n / crude [oil], feedstock (for refinery) ‖ ~emulsion f / crude oil emulsion ‖ ~entwässerung f / crude dehydration ‖ ~erhitzer m / crude oil heater ‖ ~motor m / crude oil motor o. engine ‖ ~untersuchung f / crude assay o. evaluation ‖ ~verarbeitung f (Öl) / crude processing

Roh·papier n / base o. body paper ‖ ~papierbogen m / base sheet ‖ ~papiertambour m (Pap) / base sheet reel spool ‖ ~pappenasbest m / millboard stock asbestos ‖ ~paraffin n, Paraffingatsch m (Öl) / slack wax, paraffin sludge ‖ ~phenol n / crude phenol ‖ ~phosphat n / rock phosphate ‖ ~produkt n / raw o. crude product ‖ ~produkte n pl, Altmaterial n / salvaged o. old material ‖ ~putz m (Bau) / coarse plaster

Rohr n, Röhre f / pipe, tube ‖ ~ (zum Dachdecken) / reed, [reeds-]thatch, cane ‖ ~..., Hohl... / tubular ‖ ~ als Gangschaltgestänge (konzentrisch zur Steuersäule) (Kfz) / gearshift tube ‖ ~ mit Klebnaht (Plast) / cemented tube ‖ ~ mit offener Naht o. offenem Schlitz / open joint o. open seam tube ‖ ~ zwischen Kessel u.

Boiler (Heizung) / flow pipe (warm water heating) ‖ drehbares ~ / articulated tube ‖ kurzes ~, Ring m (Masch) / thimble ‖ mit ~ decken (Bau) / reed v, cover with reed ‖ ostindisches ~, Rotang m / cane, Calamus rotang ‖ ~-Abschneid- f, Anfas- und Entgratmaschine / pipe cutting-off, bevelling and trimming lathe ‖ ~abschneider m / pipe cutter ‖ ~abstechmaschine f / tube cutting-off lathe o. slicing lathe ‖ ~abziehmaschine f (Strangpresse) / take-up machine ‖ ~abzweigstück n / pipe branch, branch-T ‖ ~achse f / tubular axle

Rohradarbild n / raw radar image

Rohr·anlage f / pipage ‖ ~ansatz m / pipe socket ‖ ~ansatz m, Kesselstein m (Chem) / incrustation, [calcareous] fur, boiler scale, deposit ‖ ~anschluß m / pipe joint o. connection ‖ für ~anschluß / pipe-ventilated ‖ rechtwinkliger ~anschluß / square elbow o. bend ‖ ~armaturen f pl / valves and fittings pl ‖ ~artiger Sockel (Elektr) / tubular lamp cap ‖ ~aufhänger m (Leuchte) / suspension eye for conduits ‖ ~aufweitepresse f / tube expanding press, tube broaching press ‖ ~aufweiter m / expander for pipes ‖ ~aufweitezange f / lead pipe expanding pliers pl ‖ ~ausbrennung, -abnutzung f (Mil) / barrel erosion ‖ ~ausgleichstück n / tube compensating piece ‖ ~auskratzer m / tube scraper ‖ ~bahn f / tubular track ‖ ~bahn-Gleithaken m (Lebensmittel) / tubular track sliding hook ‖ ~bahn-Rollhaken m / tubular track rolling hook ‖ ~bandagierung f / pipe casing o. wrapping ‖ ~bearbeitungsmaschine f / pipe machining and working machine ‖ ~belüfter m / anti-vacuum device, pipe air-release valve ‖ ~biegemaschine f, -presse f / pipe-bending machine o. press ‖ ~biegewerkzeug n / conduit o. tube bender, hickey (US) ‖ ~biegezange f / pipe bending pliers ‖ ~blitzableiter m / expulsion type ligthning arrester ‖ ~block m (Walzw) / tube ingot ‖ ~boden m / tube bottom ‖ ~boden m (Chem) / tubesheet ‖ ~bogen m / pipe bend, tube bend ‖ ~bogen m (90⁰), -krümmer m / quadrant pipe ‖ ~bogenpropellerpumpe f / elbow propeller pump ‖ ~bohrer m (Bodenprobe) / semi-tubular soil sampler ‖ ~bombe f / pipe bomb ‖ ~brenner m, Längsbrenner m (Gas) / bar o. pipe burner ‖ ~bruch m / pipe break o. fracture o. burst ‖ ~bruchventil, Selbstschlußventil n / pipe-break valve, isolating [stop] valve ‖ ~brücke f / pipe bridge ‖ ~brücke f (für Rohre) / pipe [line] bridge ‖ ~brücke f, Röhrenbrücke / tubular bridge ‖ ~brunnen m, Bohrbrunnen m / tube well, drilled o. bore well ‖ ~bündel n / bank of tubes, nest of boiler tubes, bundle of pipes ‖ ~bündel n (Zuck) / cane bundle ‖ ~bündelabstand m / bundle pitch ‖ ~bündelhalter m (Bergb) / pipe o. casing clamp ‖ ~bündel-Wärmeaustauscher m (o. -übertrager) / [fixed head] tubular heat exchanger ‖ ~bürste f / brush for sweeping pipes, duct cleaner

Röhrchen·feder f (Zeichn) / stencil pen ‖ ~maschine f (Teppiche) / tube loom for carpets ‖ ~platte f (Akku) / tubular plate

Rohr·dach n, Dach n in Rohrkonstruktion / tubular roof structure ‖ ~dach n, Stroh-, Schilfdach / thatch[ed] roof ‖ ~dichtung f / pipe seal ‖ ~doppelnippel m / taper nipple ‖ ~draht m (Elektr) / insulated metal sheathed wire, conduit wire ‖ ~drän n / subsoil o. pipe drain ‖ ~dränung f / drainage with pipes ‖ ~-Dreh- und Gewindeschneidmaschine f / pipe turning and threading lathe ‖ ~durchführung f / pipe feedthrough ‖ ~durchlaß m (Straßb) / pipe culvert ‖ ~durchlaufofen m / continuous furnace for tubes

Röhre f (Elektronik) / tube, valve (GB, obsolete) ‖ ~ in Mikromodul- o. Subminiatur-Bauweise / TIMM ‖ ~ in Modulplatten-Bauweise / wafer tube ‖ ~ mit dünnem Fenster (Elektronik) / thin-window tube ‖ ~ mit ebener Bildfläche (Kath.Str) / flat-ended o. -faced tube

‖ ~ **mit veränderlichem Durchgriff**, Regelröhre f / variable mu tube (GB), remote cut-off tube (US)
Rohreinbaupumpe, Inline-Pumpe f / inline pump
Röhren·…, mit vielen Röhren (Masch) / multitubular ‖ **mit ~** [bestückt], Röhren… (Elektronik) / thermionic ‖ **~abschirmung** f / radio-shielding of the tube ‖ **~bestückt**, Röhren… (TV) / tubed ‖ **~blech** n (Hütt) / tube plate ‖ **~blitz** m / electronic flashlamp o. tube, flashtube ‖ **~bohrmaschine** f / pipe-boring machine ‖ **~brücke**, Tunnelbrücke f / tubular bridge ‖ **~brummen** n (Elektronik) / tube hum ‖ **~bündel** n s. Rohrbündel ‖ **~charakteristik**, -kennlinie f (Elektronik) / anode [current] characteristic, dynamic o. tube characteristic, load line
Rohrende n plan (Glas) / straight faced end
Röhren·empfänger m / tube receiver ‖ **~erhitzer** m (Öl) / tubular boiler ‖ **~fassung** f (Elektronik) / tube holder o. socket ‖ **~feder** f, Rohrfeder f / tube spring ‖ **~förmig**, -artig, Röhren… / tubular ‖ **~förmiger Vorwärmer** / tube preheater ‖ **~frequenzmesser** m / electronic frequency meter ‖ **~fuß** m (Elektronik) / stem of a tube ‖ **~generator**, -sender m / vacuum tube oscillator, VO ‖ **~glättwalzwerk** n / rolling mill for smoothing tubes ‖ **~gleichrichter** m / vacuum [tube] rectifier, electronic o. thermionic o. tube rectifier ‖ **~-Halbzeug** n, -Rundstahl m (Hütt) / tube rounds pl ‖ **~halter** m, -halterung f (Elektronik) / tube holder o. socket ‖ **~halter** m, -ständer m (Röntgen) / X-ray tube stand ‖ **~haube** f **mit Hochspannungsgenerator**, Tankapparat m (Röntgen) / tube head ‖ **~heizkörper** m (Zuck) / calandria ‖ **~innenwiderstand** m, differentieller Widerstand der Anode / differential anode resistance, incremental resistance of the anode ‖ **~-Isolierschicht** f (Oszillograph) / cathode interface ‖ **~kapazität** f / internal tube capacity, inter-electrode capacitance ‖ **~kappe** f (Elektronik) / shield of the tube ‖ **~kennlinie** f, Anodenstromcharakteristik f (Elektronik) / anode [current] characteristic, dynamic o. tube characteristic, load line ‖ **~kessel** m, Siederohrkessel m / water-tube boiler, tubular boiler ‖ **~kesselverdampfer** m (Kälte) / shell and tube evaporator ‖ **~klingeln** n (Elektronik) / tube ring ‖ **~kochen** n (Elektronik) / tube hiss o. noise ‖ **~kolben** m (Elektronik) / tube bulb ‖ **~kondensator** m / multitubular surface condenser ‖ **~kopplung** f (Elektronik) / intertube coupling ‖ **~-Lamellen-Konstruktion** f (Kühler) / fin and tube assembly ‖ **~lampe**, Soffittenlampe f / double-ended tubular lamp, linolite [lamp] ‖ **~libelle** f / level tube (US), tubular [air o. spirit] level ‖ **~licht** n / [neon o. fluorescent] tube light ‖ **~lötdraht** m / flux cored tin solder, cored filler wire ‖ **~luftvorwärmer** m / tubular air heater ‖ **~nomenklatur**, -bezeichnung f (Elektronik) / tube nomenclature ‖ **~ofen** m (Chem) / tube furnace ‖ **~ofen** m (Hütt) / boxfoot pipe furnace ‖ **~ofen** m (Öl) / pipe still ‖ **~oszillator** m / thermionic o. tube generator o. oscillator ‖ **~parameter** m / tube parameter ‖ **~prüfgerät** n / tube tester ‖ **~quetschfuß** m / pinch base of tubes ‖ **~rauschen** n (Elektronik) / tube hiss o. noise, white noise, flat random noise ‖ **~retorte** f (Chem) / tubulated retort ‖ **~rost** m / tubular grate ‖ **~sättigung** [bedingt durch Heizdrahtemission] f (Elektronik) / emission limitation o. saturation, filament limitation o. saturation ‖ **~schutzgehäuse** n (Röntgen) / X-ray tube casing ‖ **~schwebungsempfänger** m / beat-frequency o. heterodyne tube receiver ‖ **~sender** m (Elektronik) / tube sender o. transmitter ‖ **~sicherung** f (Elektr) / tubular o. tube fuse, enclosed fuse ‖ **~sockel** m (Elektronik) / tube cap o. base, tubular lamp cap ‖ **~sockel B7G** (Elektronik) / button base ‖ **~sockel m mit 14 Stiften**, Diheptalsockel m (Elektronik) / diheptal base ‖ **~spaltofen** m, RSO (Öl) / steam reformer ‖ **~stabilisator** m (Elektronik) / voltage regulator tube, reference tube, v.r. tube ‖ **~ständer** m (Röntgen) / X-ray tube stand ‖ **~streifen** m, Rohrschiene f (Walzw) / tube

skelp o. strip ‖ **~streifen-Walzwerk** n (Hütt) / skelp mill ‖ **~stufe** f (Elektronik) / tube stage ‖ **~summer** m (Elektronik) / tube generator o. oscillator ‖ **~system** n, Leitungsanlage f / conduits pl
Rohr·entfaserer m (Zuck) / cane disintegrator o. shredder ‖ **~entgratmaschine** f / tube trimming machine
Röhren·tour f (Bergb) / pipes pl, pipe column ‖ **~träger** m, -stütze f, -stativ n (Elektronik) / tube support o. stand ‖ **~trockner** m / tubular drier ‖ **~vakuumapparat** m (Zuck) / calandria pan ‖ **~verschluß** m (Röntgen) / tube shutter ‖ **~verstärker** m / tube o. thermionic amplifier o. magnifier (GB) ‖ **~voltmeter** m / thermionic voltmeter, [vacuum] tube voltmeter (US), VTVM ‖ **~voltmeter** n **mit Anlaufstrom-Kompensation** (Elektronik) / balanced tube voltmeter ‖ **~wärmeaustauscher** m (Chem) / shell-and-tube exchanger ‖ **~wechselstromwiderstand** m (Elektronik) / anode [A.C.-] resistance ‖ **~wicklung** f (Elektr) / concentric winding
Rohr·erder m (Blitzableiter) / earth rod o. spike ‖ **~-Extruder** m, -Extrudiermaschine f / pipe extruder ‖ **~fahrt** f (Öl) / string of casing ‖ **~fahrt** f (Bergb) / pipe dog, casing dog o. spear ‖ **~fänger** m (Öl) / bell socket, casing bowl ‖ **~feder** f / Bourdon tube, spiral element, tube spring ‖ **~federdruckmesser** m, Rohrfedermanometer n / spring-tube manometer, tube spring manometer (US) ‖ **~flansch** m / pipe flange ‖ **~formerei** f / pipe moulding ‖ **~förmige Schurre** / tubular chute ‖ **~förmige Achse** (Kfz) / tubular axle ‖ **~förmige Verbindung** / tubular junction ‖ **~formstück**, Fitting n / pipe fitting ‖ **~formstücke** n pl / specials [for pipes] pl ‖ **~gang** m / pipe duct ‖ **~gebläse** n / tube axial fan ‖ **~geflecht** n / cane plaiting ‖ **~gehäusepumpe** f / tubular type pump ‖ **~gelenk** n / tube joint ‖ **~gelenkkupplung** f / union adapter ‖ **~gerüst** n / tubular scaffold[ing] ‖ **~gewebe** n (Bau) / reed tissue ‖ **~gewinde** n / pipe thread ‖ **~gewinde** n (England) / British Standard gas o. pipe thread, B.S.P.thread ‖ **~gewindeschneidmaschine** f / pipe threading machine ‖ **~graben**, -verlegungsgraben m / chase, [drain-]pipe trench ‖ **~greifer** m (Öl) / tube grab ‖ **~greifer** m (Kran) / pipe tongs ‖ **~haken**, Schnellhaken m (Bau) / pipe hook ‖ **~hänger** m / suspension eye for conduits ‖ **~harfe** f / chorded [cooling] tubes pl ‖ **~heizkammer** f / tubular steam drum ‖ **~heizkörper** m / tubular heating element, tubular radiator ‖ **~hülse** f / tube jointing sleeve ‖ **~-Isoliermatte** f (Install) / quilt ‖ **~kabel** n / pipe-type cable ‖ **~kanal** m (Bau) / pipe canal o. duct ‖ **~kanal** m **in der Mauer** (Bau) / chase for pipes ‖ **~-Kerbzugprobe** f / notched pipe tensile test ‖ **~kessel** m (Trafo) / tube tank ‖ **~kluppe** f / pipe stock and die ‖ **~knie** n / pipe elbow ‖ **~knoten** m (Zuck) / cane node ‖ **~knüppel** m (Hütt) / tube billet ‖ **~kokille** f (Hütt) / tubular mould ‖ **~kondensator** m / tubular capacitor ‖ **keramischer ~kondensator mit radialen Leitungen** (Elektronik) / dogbone (US, coll) ‖ **~konstruktion** f / tubular construction ‖ **~kontistraße** f (Walzw) / continuous pipe o. tube rolling mill ‖ **~kopf** m (Öl) / casing head ‖ **~kopfbenzin** n (Leichtbenzin aus Erdölgasen) / casing head gasoline, natural gasoline (US) ‖ **~kopfgas** n / casing head gas ‖ **~krebs** m (Öl) / casing spear ‖ **~kreis** m (Elektronik) / coaxial resonant circuit ‖ **~kreuz[stück]** n / pipe cross ‖ **~kröpfungsstück** n (Elektr) / saddle bend of a conduit ‖ [scharfer] **~krümmer**, -bogen m, -knie n / elbow ‖ **~krümmer** m, -bogen m (90°) / quadrant pipe ‖ **135° ~krümmer** m / half-normal bend ‖ **~kühler** m / tubular o. tube cooler, cooling coil ‖ **~kühlmargarine** f / chill-rolled margarine ‖ **~küvette** f (Opt) / tubular cell ‖ **~lager** n, Rack n (Öl) / pipe way, pipe rack ‖ **~lasche** f / tube jointing sleeve ‖ **~legekran**, -verleger m / pipe layer ‖ **~leger**, Installateur m / pipe fitter, pipelayer, plumber ‖ **~leger** (für Dampfleitungen) / steam fitter ‖

~leger m (Pipeline) / laying cat ‖ ~leger m mit Seitenarm / pipe layer, side-boom tractor ‖ ~leger-Plattform f (Öl) / pipe layer platform ‖ ~legerwerkzeug n / pipe tools pl ‖ ~lehre f, -maß n / pipe gauge ‖ ~leitung f / tube, conduit ‖ ~leitung f, Röhrenleitung f, Rohrstrang m / conduit [of pipes], duct ‖ ~leitung f, Pipeline f / pipeline ‖ ~leitung f (Kabel) / pipeline ‖ ~leitung f (Ggs.: Schlauch) / rigid line ‖ ~leitung f, Hauptleitung f / main, pipeline ‖ ~leitungen f pl, Verrohrung f / pipework ‖ ~leitungsabschnitt m (Wellenleiter) / rigid line section ‖ ~leitungsarmaturen f pl / accoutrements pl, accouterments pl ‖ ~leitungsbrücke f / pipeline bridge ‖ ~leitungsentwässerung f / pipe drainage ‖ ~leitungsplan m / tubing o. piping plan o. drawing o. hook-up (US) ‖ ~leitungstransport m / transport through pipeline ‖ ~luppe f (Walzw) / rough-pierced tube blank, tube blank ‖ ~mast m / tubular pole o. mast ‖ ~mast m, -gittermast m / tubular lattice tower ‖ ~material n / tubing ‖ ~-Melkanlage f (Landw) / pipeline milking plant ‖ ~mischer m / [in-]line blender ‖ ~mittenabstand m / tube pitch ‖ ~muffe f / connecting sleeve, pipe bell ‖ ~mühle f (für Feinmahlen) / tube mill ‖ ~nachlaßwinde f (Öl) / casing pulleys pl ‖ ~nagel m (Bau) / reed tack ‖ ~naht f / tube seam ‖ ~netz n / network of pipes, pipe system, piping, tubing ‖ ~netz n, Verteilernetz n / distributing pipes pl ‖ ~niet m / tubular rivet ‖ ~niet m mit massivem Kopf / semitubular rivet, solid rivet-drilled shank ‖ ~nippel m / barrel nipple ‖ ~ofen m, Röhrenofen m / tube furnace ‖ ~pfahl m / tubular pile, hollow pile ‖ ~plan m, Rohrverlegungsplan m / piping drawing o. plan, piping hook-up (US) ‖ ~post f / pneumatic post o. dispatch, pneumatic tube conveyor ‖ ~postanlage f (Nukl) / rabbit system ‖ ~postbrief m / tubular letter ‖ ~postkanal m (Reaktor) / rabbit hole ‖ ~postkapsel, Förderbüchse f / pneumatic traveller, pneumatic dispatch container, conveying capsule o. case (US), unit load container ‖ ~postkapsel f (Nukl) / rabbit, shuttle ‖ ~postkarte f / pneumatic post card ‖ ~presse f, -extruder m / pipe extruder ‖ ~querträger m (Kfz) / tubular cross member ‖ ~radiator m / tube radiator ‖ ~rahmen m / tubular o. pipe frame ‖ ~reibung f / friction in pipes, resistance of pipes ‖ ~reinigen n mittels Stangen / rodding ‖ ~reiniger m, -reinigungsmittel n / pipe cleaner o. cleaning agent ‖ ~reiniger m (Pipeline) / go-devil, pig ‖ ~reinigungsgerät n, (spez:) Reinigungswelle f / rodding tool for pipes ‖ ~resonanz f / pipe resonance ‖ ~riegel m (Windverband) (Bau) / tubular cross bar ‖ ~ring m / tube ferrule ‖ ~rohling m / tube round o. square ‖ ~rohzucker m / raw cane sugar ‖ ~sattel m / pipe hanger ‖ ~schacht m (Bau) / inlet and outlet pipe pit o. well ‖ ~schäftung f / sleeve joint ‖ ~[schäftungs]hülse f, Rohrlasche f / tube-jointing sleeve ‖ ~schelle, -klemme f / pipe clamp o. clip o. bracket, wall clamp [for pipes], holderbat, collar band ‖ einlaschige, [zweilaschige] ~schelle / single-, [double-]ended pipe clip ‖ ~schere f / pipe shears pl ‖ ~schieber m (Mot) / pipe valve, sleeve valve ‖ ~schlange f / tube o. pipe coil, coiled o. serpentine pipe ‖ ~-Schleudergießmaschine f (Hütt) / pipe spinning machine ‖ ~schlitz m / pipe chasc ‖ ~schlitzantenne f, Schlitzrohrantenne f / slotted cylinder antenna ‖ ~schlitzhammer m / pipe slitting hammer ‖ ~schloß n, Dornschloß n / pipe-keyed o. pin lock, bay lock ‖ ~schloß, Dornschloß n / bay lock ‖ ~schlosser m, -leger m / pipe fitter, pipelayer, plumber ‖ ~schlüssel m (für Sechskantschrauben) / pipe spanner ‖ ~schneider m / pipe cutter ‖ ~schneider m (Öl) / casing cutter ‖ ~schraubstock m / pipe vice o. vise ‖ ~schraubverbindung f / threaded tube connection ‖ ~schuß m, Leitungsstück n / a length of pipe ‖ ~schweißanlage f / tube welding plant ‖

~schweiß-Walzwerk n (Hütt) / pipe welding mill ‖ ~schwingmühle f (Keram) / vibrating ball mill ‖ ~seite f / shoulder of a pipe line ‖ ~sicherung f (Elektr) / tubular o. tube-shaped fuse ‖ ~sickerdrän m / subsoil o. pipe drain ‖ ~spitzmaschine f / tube sharpening machine ‖ ~steckschlüssel m / tubular hexagon box spanner o. box wrench ‖ ~stempel m (Bergb) / tubular prop ‖ ~stopfenzug m (Walzw) / tube drawing with a plug ‖ ~stoßbank f (Hütt) / tube push o. piercing bench ‖ ~stoßmuffe f (Walzw) / tube-push sleeve ‖ ~-Stoßpropeller m (Schiff) / underwater pulse-jet engine ‖ ~stoßverfahren n (Hütt) / tube pushing o. piercing ‖ ~strang m / pipeline conduit, piping, tubing, run of piping o. tubing ‖ ~strangguß m / continous casting of pipes ‖ ~[strang]presse f / tube extruding o. extrusion press ‖ ~streckwalzverfahren n / tube breaking-down rolling practice (GB), tube tension reducing process (US) ‖ ~stumpfschweißanlage f / tube butt welding plant ‖ ~stütze f, Krücke f / bracket, support for pipes ‖ ~stutzen m / pipe socket, socket piece, connecting branch o. sleeve ‖ ~stutzen (Ofen) / flue socket ‖ ~stutzen m für Abzweigung / branch-T ‖ ~teiler m (Wellenleiter) / cut-off attenuator ‖ ~tonarm m (Phono) / tubular tone arm ‖ ~träger m (Rohre als Träger) / tubular girder ‖ ~trenner m / pipe disconnector ‖ ~trenner m (Öl) / pipe pusher ‖ ~trum m (im Schacht) (Bergb) / pipe compartment, pipe way [compartment] ‖ ~tülle f / conduit bushing ‖ ~tunnel m (Schiff) / pipe tunnel o. duct ‖ ~turbine f (Hydr) / tubular o. tube o. bulb turbine, Kaplan [water] turbine ‖ ~turbinensatz m (Elektr) / bulb turbine generator set ‖ ~übergangsmutter f / spud ‖ ~übergangsstück n / street fitting ‖ ~unterbrecher m / pipe interruptor ‖ ~unterbrecher m, -belüfter m / anti-vacuum device ‖ ~verbindung f / tube o. pipe joint o. connection ‖ nachgiebige ~verbindung / extensible pipe joint ‖ ~verbindung f mit Überwurfmutter / pipe union ‖ ~verdampfer m / tube evaporator ‖ ~verdampfer m, Pipestill n (Öl) / pipe still ‖ ~verleger m, -legekran m / pipe layer ‖ ~[ver]legung f / bedding o. laying of tubes o. pipes ‖ ~verlegungsgraben, -graben m / chase, [drain-]pipe trench ‖ ~verlegungsplan m / piping plan o. drawing o. hook-up (US) ‖ ~verschluß m, -verschraubung f / tube o. pipe [closing o. closer o. end] plug ‖ ~-Verschlußschraube f / threaded tube end plug ‖ ~verschraubung f / screwed pipe o. tube joint o. connection ‖ ~verschraubung f (lötlos) / compression fitting ‖ ~verschraubung f (durch Bolzen) / bolted joint ‖ ~verschraubung f mit Schneidring / taper bush type pipe union ‖ ~verschraubungen f pl / pipe fittings pl ‖ ~verseilmaschine f (Kabel) / tubular stranding o. laying machine ‖ ~verstopfung f / pipe choking o. stoppage ‖ ~verteiler m / pipe manifold ‖ ~verteiler m am Stoffauslauf (Pap) / manifold distributor, manifold type flow spreader ‖ ~verzweigung f (verzweigter Rohranschluß) / manifold ‖ ~verzweigung f / pipe switches pl ‖ ~vorwärmer m / tubular o. tube preheater ‖ ~walze f, -aufweitwalze f / tube expander, flanging roller ‖ ~walzwerk n, Röhrenwalzwerk n / tube o. pipe [rolling] mill ‖ ~wand f, Rauchrohrkesselwand m / tube wall o. sheet o. plate ‖ ~waren f pl / furniture made of cane ‖ ~weite f / diameter of pipes ‖ ~wendel f / coiled tubing ‖ ~werkzeuge n pl / pipe wrenches pl ‖ ~wickelmaschine f / strip winding machine for tubes ‖ ~wickelmasse f / pipe wrapping compound ‖ ~wuchtförderer m / tubular vibro conveyor ‖ ~zange f / gas wrench, pipe o. cylinder wrench, pipe tongs pl ‖ ~zange f, -zieher (Bergb) / pipe-catch ‖ ~zangenkette f / wrench chain ‖ ~ziehbank f / tube drawing o. sinking bench ‖ ~ziehen n / drawing of pipes ‖ ~ziehen n über Stopfen o. Dorn, Einziehen n / tube sinking Rohrzucker m / cane sugar ‖ brauner ~ / demerara ‖ ~alkohol, -spiritus m / cane spirit ‖ ~fabrik f / cane

851

sugar mill ‖ ⁓**saft** *m*, -dicksaft *m* / sugar cane juice o. liquor

Roh·saft *m* (Zuck) / raw juice ‖ ⁓**saftpumpe** *f* / raw juice pump ‖ ⁓**salpeter** *m* / /tre/ter ‖ ⁓**schellack** *m* / stick lack ‖ ⁓**schiene**, Platine *f* (Hütt) / mill bar ‖ ⁓**schiene** *f* (Walzw) / mill bar, muck bar ‖ ⁓**schlacke** *f*, rohe Frischschlacke (Hütt) / poor fining-slag, raw fining-slag, tap cinder ‖ ⁓**schlacken** *f pl* (Gieß) / mat-scoria ‖ ⁓**schlamm** *m* (Zement) / raw slurry ‖ ⁓**schleifen** *n* (Spiegel) / ruffing ‖ ⁓**schlüssel** *m* (Schloß) / key blank ‖ ⁓**seide** *f* / raw silk, unboiled o. unscoured silk ‖ ⁓**seidenfaden** *m* / floss ‖ ⁓**spiritus** *m* / crude o. raw spirit ‖ ⁓**stahl** *m* / crude steel ‖ ⁓**stahlblock** *m* / steel ingot ‖ ⁓**stahlerzeugung** *f* / ingot tons *pl* ‖ ⁓**stahlgewicht** *n*, RSG *n* / crude steel unit o. weight, CSU, CSW ‖ ⁓**stärke** *f* / crude starch ‖ ⁓**stein** *m* (Metall) / raw o. lowgrade matte, first matte ‖ ⁓**stoff** *m*, -material *n* / raw material ‖ ⁓**stoff** *m*, Ausgangsmaterial *n* / starting material ‖ ⁓**stoff** *m* (Öl) / crude oil, feedstock ‖ ⁓**stoffbedarf** *m* / raw material requirements *pl* ‖ ⁓**stoffbewirtschaftung** *f* / controlled materials plan, CMP ‖ ⁓**stoffindustrie** *f* (der natürlichen Rohstoffe) / extractive industry ‖ ⁓**stoffintensiv** / commodity intensive ‖ ⁓**stoffkonservierung** *f* / resource conservation ‖ ⁓**stofflage** *f* / raw material situation ‖ ⁓**strecke** *f* (Textil) / preparer gill box ‖ ⁓**strecker** *m* (Wollspinn) / preparer gill box minder ‖ ⁓**stückkohle** *f* / uncleaned coal (> 80 mm) ‖ ⁓**styrol** *n* / crude styrene ‖ ⁓**teer** *m* / crude tar ‖ ⁓**teil** *n* / unmachined part ‖ ⁓**vaseline**, Naturvaseline *f* / petrolatum stock (US) ‖ ⁓**verputzt** (Gieß) / rough-cleaned ‖ ⁓**video** *n* / raw video ‖ ⁓**ware** *f*, Stuhltuch *n* (Web) / grey cloth ‖ **als** ⁓**ware** / in the gray ‖ ⁓**warenbreite** *f* (Textil) / width in the grey ‖ ⁓**waschkohle** *f* / raw feed coal ‖ ⁓**wasser** *n* / untreated water, raw water ‖ ⁓**weinstein** *m* (in Weinfässern) / argol ‖ ⁓**werk** *n* (Uhr) / ébauche, movement blank ‖ ⁓**wolle** *f* / raw wool ‖ ⁓**wollwaschmaschine** *f* / wool-washing machine ‖ ⁓**ziegel** *m*, ungebrannter Ziegel / unburnt tile ‖ ⁓**zink** *n* / crude o. raw o. rough zinc ‖ ⁓**zinn** *n* / furnace tin (of the pyrometallurgic process), crude tin (of the hydrometallurgic process) ‖ ⁓**zucker** *m* / coarse o. crude o. raw sugar ‖ ⁓**zucker 1** *m*, Rohzucker-Erstprodukt *n* / first-product raw sugar, fist o. high jet [raw sugar] ‖ ⁓**zucker 2** *m*, Rohzucker-Nachprodukt *n* / second class raw sugar, intermediate raw sugar ‖ ⁓**zucker aus Ablaufsirup** *m* / bastards *pl* ‖ ⁓**zuckerfabrik** *f* / sugar mill ‖ ⁓**zuckerfüllmasse** *f* / factory molasses ‖ ⁓**zuckernachprodukt** *n* / second raw sugar ‖ ⁓**zustand** *m* / state of rawness o. crudeness, rawness, crudeness ‖ ⁓**zustand** *n* (Keram) / green, green state

Rölen-Reaktion, Oxo-Synthese, Hydroformylierung *f* (Chem) / Roelen reaction

Roll *m* (Kunstflug) / roll ‖ **[makadamisiertes o. befestigtes]** ⁓**feld** (Luftf) / maneuvering area ‖ ⁓**achse** *f* (Kfz) / roll axle

Rolladen, ausschwenkbarer ⁓ / swing-out roller shutter ‖ ⁓**aussteller** *m* / roller shutter frame ‖ ⁓**gurt** *m* / strap for blinds ‖ ⁓**leiste** *f* / slat for blind

Rollage *f* (Luftf) / bank[ing] ‖ ⁓ (Bau) s. Rollschicht

Rollagen·marke *f* (Luftf) / bank pointer ‖ ⁓**skala** *f* (Luftf) / bank index

Roll·apparat *m*, Aufroller *m* (Pap) / reel-up, reel winder ‖ ⁓**ausgleich** *m* / roll control ‖ ⁓**bahn** *f* (Bahn) / runway ‖ ⁓**bahn** *f* (Luftf) / taxiway ‖ ⁓**bahn** *f*, Abrollbahn *f*, Rolloberfläche *f* / rolling surface ‖ ⁓**bahn** *f* s. auch Rollenbahn ‖ ⁓**bahn** *f* **für Personen** / moving carpet o. pavement, travolator ‖ **befestigte** ⁓**bahn vor den Gebäuden** (Luftf) / tarmac apron, manœuvring area ‖ ⁓**bahnbefeuerung** *f* / taxiway lighting ‖ ⁓**bahnbelastungswert** *m* (Luftf, Flugplatz) / load classification number, LCN ‖ ⁓**bahndavit** *m* (Schiff) / rolling [gravity] davit ‖ ⁓**ballfahrgestell** *n* (Luftf) / football landing gear ‖ ⁓**bandmaß** *n* (10 o. 20 o. 30 o. 5 m lang) / tape measure, tapeline (US), builder's tape ‖ **selbstaufwickelndes** ⁓**bandmaß** / spring-return rule, spring tape measure

rollbar·es Ladegestell / bogie truck

Roll·bewegung *f* (Schiff) / rolling [motion] ‖ **plötzliche** ⁓**bewegung** (Luftf) / wing dropping ‖ ⁓**biegen** *n* (Stanz) / edge coiling o. rolling ‖ ⁓**bock** *m* (Bahn) / wagon carrier truck ‖ ⁓**bock** *m* (für schwere Lasten), Roller *m* / dolly ‖ ⁓**boden** *m* (Düngerstreumaschine, Landw) / endless floor ‖ ⁓**boden** *m* (Schürfkübel) / retractable floor ‖ ⁓**-Bond-Verfahren** *n* (Kältetechn) / roll-bonding process ‖ ⁓**brett** *n*, Skateboard *n* / skateboard ‖ ⁓**brücke** *f* / traversing bridge

Röllchen *n* **für Möbel** / caster, swivelling roller ‖ ⁓**taster** *m* / roller feeler

Roll·dämpfer *m* (Luftf) / roll damper ‖ ⁓**drücken** *n*, Abstreckdrücken *n* / flow turning ‖ ⁓**düse** *f* (Rakete) / roll jet

Rolle *f* (Magn.Bd) / tape reel ‖ ⁓ (geordnete Lagen) (Walzw, Seil) / coil ‖ ⁓, Funktion *f* / role, rôle ‖ ⁓, Mangel *f* / calender, flatwork ironer, mangle ‖ ⁓, Röllchen *n* / roll, roller ‖ ⁓ (Flaschenzug) / pulley, block ‖ ⁓, Zylinder *m* / cylinder, roll[er] ‖ ⁓, Hebestein *m* (Uhr) / impulse pin ‖ ⁓, Steigort *n* (Bergb) / rise, riser, raise ‖ ⁓, Rolloch *n* (Bergb) / chute, mill o. box o. chute o. bing hole ‖ ⁓, Drahtbund / coil o. ring of wire ‖ ⁓, Aufgerolltes *n* / roll, reel ‖ ⁓ (volle Drehung) (Luftf) / roll ‖ ⁓ **mit Zufallsgewicht** (Hütt) / catchweight coil ‖ ⁓ **Papier** (ohne Hülse) / roll of paper ‖ ⁓ **Papier** (mit Hülse) / reel of paper ‖ **auf** ⁓ **gewickelt** / wound up on tube

Rollebene *f* (Felge) / center line

Rolleiter *f* / sliding ladder ‖ ⁓, fahrbare Leiter (Bahn) / ladder trolley o. truck

Rolle-Karte-Kopiergerät *n* / roll-to-card printer

rollen *vt vi* / roll *vt vi* ‖ ⁓, die Stange drehen (Schm) / roll ‖ ⁓, mangeln / mangle, calender ‖ ⁓ (Glas) / roll, marver ‖ ⁓ (Luftf, Schiff) / roll *vi* ‖ ⁓, überholen *vi* (Schiff) / lurch *vi* ‖ ⁓, Wälzen *n* / revolving, rolling, volution ‖ ⁓ *n* (Stanz) / edge coiling o. rolling ‖ ⁓ (Drehen um Längsachse) (Luftf) / rolling, wing-over (US) ‖ ⁓, Überholen *n* (Schiff) / lurch ‖ ⁓, Schwanken *n* (Bahn) / rocking o. tail motion ‖ ⁓, Rollbeschichten *n* / roll coating ‖ **schwer** ⁓ **und stampfen** (Schiff) / roll and pitch heavily ‖ **zum Start** ⁓ (Luftf) / roll o. taxi to the starting line ‖ ⁓**achslager** *n* (Bahn) / roller bearing axle box ‖ ⁓**antrieb** *m* / roller drive ‖ ⁓**bahn** *f*, -förderer *m* / [gravity] roller conveyor o. path o. way ‖ **angetriebene** ⁓**bahn** / live roller conveyor ‖ ⁓**bahn** *f* **mit Reibantrieb** / friction-driven live roller conveyor ‖ ⁓**bahnspirale** *f* / gravity roller spiral, spiral roller conveyor ‖ ⁓**bandschere** *f* / circular o. rota[to]ry strip shears *pl* ‖ ⁓**batterie** *f* (Seilb) / roller battery ‖ ⁓**beschichtung**, (jetzt:) Spulenbeschichtung *f* (Galv) / coil coating ‖ ⁓**biegemaschine** *f* / [roller type] sheet bending machine ‖ ⁓**bock** *m*, -stütze *f* / roller bracket o. block ‖ ⁓**bock** *m* (für Rohre) (Schweiß) / dolly ‖ ⁓**bohrer** *m*, -bohrkopf *m* / [cross] roller bit ‖ ⁓**brechstange** *f* / roller crow bar ‖ ⁓**breite** *f* (Pap) / width of reel

rollend, sich wälzend / rolling ‖ ⁓**er Abzug** (Textil) / unrolling ‖ ⁓**er Anschlag** (Schreibm) / two-key rollover ‖ ⁓**es Material** (Bahn) / rolling stock, railway vehicles *pl* ‖ ⁓**e Reibung** / rolling o. wheel friction ‖ ⁓**er Titel** (Film) / rolling title

Rollen·draht *m* / bundle o. coil wire ‖ ⁓**[dreh]stern** *m* (Buch) / reel star ‖ ⁓**druck** *m* (Buch) / web printing ‖ ⁓**druckmaschine** *f* / web-fed printing press ‖ ⁓**druckwerk** *n* (Buch.m) / rotary wheel printing mechanism, wheel printer ‖ ⁓**egreniermaschine** *f* (Spinn) / roller gin ‖ ⁓**elektrode** *f* (Schweiß) / electrode wheel, contact roller ‖ ⁓**förderer** *m* / gravity roller table ‖ ⁓**förmig**, radförmig (Geom) / trochoid ‖ ⁓**formulare** *n pl* / roll stock ‖ ⁓**führung** *f* / guide rollers *pl* ‖ ⌐**gabel** *f* / fork ‖ ⌐**gegenhalter** *m*, -gegenführung, -lünette *f* (Wzm) / roller back rest o. steady rest ‖ ⌐**gehäuse** *n*, Klobengehäuse *n* (Flaschenzug) / gridaw ‖ ⌐**gerüst** *n* / gantry, gauntry, gantree ‖ ⌐**gesperre** *n* / roller clutch ‖ ⌐**glattstrich** *m* (Pap) / smoothing roll coating ‖ ⌐**hebel** *m* / roller lever ‖ ⌐**herddurchlaufofen** *m* / continuous roller-hearth annealing furnace ‖ ⌐**herdofen** *m* / roller hearth (o. conveyer) furnace ‖ ⌐**hülse** *f* (Buch) / reel core ‖ ⌐**karde** *f*, -krempel *f* / roller o. clearer card, card with workers ‖ ⌐**karte** *f* (Web) / roller card ‖ ⌐**kern** *m* (Lochstreifen) / core ‖ ⌐**kette** *f* / roller chain ‖ ⌐**kette** *f* **mit verlängerten Bolzen** / roller chain with extended pins ‖ ⌐**kettenförderer** *m* / roller-flight conveyor ‖ ⌐**klassiersieb** *n* / roller classifying screen ‖ ⌐**kontakt** *m* / roller type contact ‖ ⌐**kontakt** *m*, Rollenstromabnehmer *m* (Elektr) / trolley contact ‖ ⌐**kontaktstange** *f* (Elektr) / trolley arm o. pole ‖ ⌐**kopf** *m* (Schweiß) / electrode wheel head ‖ ⌐**käfig** *m* des Rollenlagers / roller cage ‖ ⌐**kranz** *m* / roller [crown] ring, roller flange ‖ ⌐**kranzlagerung** *f* / roller ring bearing ‖ ⌐**kühlbett** *n* (Hütt) / roller cooling bed o. bank ‖ ⌐**lager** *n* / roller bearing ‖ ⌐**lager** *n* (Brücke) / rocker o. roller bearing, rolling contact bearing ‖ ⌐**lageraußenring** *m*, [innenring] / external, [internal] race of a roller bearing ‖ ⌐**lagerung** *f* / roller seating ‖ ⌐**laufwerk** *n* (Masch) / roller gear ‖ ⌐**lin[i]iermaschine** *f* (Buch) / disk ruling machine ‖ ∼**loser Stößel** (Mot) / mushroom follower ‖ ⌐**mantel** *m* (z.B. Rollenbahn) / roller tube (e.g. roller conveyor) ‖ ⌐**meißel** *m* (Bergb) / roller bit ‖ ⌐**mitnehmer** *m* (Kette) / flight pusher ‖ ⌐**nahtschweißen** *n* / roll seam welding ‖ ⌐**nahtschweißen** *n* (Widerstandsschweißung) / seam weld ‖ ⌐**nahtschweißung** *f* (Plast) / stitch welding ‖ ⌐**nahtwiderstandsschweißung** *f* / resistance [roller] seam welding ‖ ⌐**nietmaschine** *f* / rivet spinning machine ‖ ⌐**offsetmaschine** *f* / rotary offset o. web offset machine o. press ‖ ⌐**papier** *n* / endless o. continuous paper, reel o. web paper ‖ ⌐**papier**, Maschinenpapier *n* / machine [made] paper ‖ ⌐**[papier]halter** *m* (DV) / paper holder ‖ ⌐**prüfstand** *m* (Kfz) / roller type dynamometer, roller type test stand ‖ ⌐**pumpe** *f* (Landw) / roller pump ‖ ⌐**rachenlehre** *f* / roller type gap o. snap gauge ‖ ⌐**richtmaschine** *f* / roller [type] straightening machine, roller leveller ‖ ⌐**richtmaschine** *f*, Walzenrichtmaschine *f* / roller straightening machine ‖ ⌐**rost** *m* (Aufber) / roller bar grizzly ‖ ⌐**rost** *m* (Zuck) / roller table screen ‖ ⌐**rotationsmaschine** *f* (Buch) / web-fed [printing] machine o. press, [web-fed] rotary [press] ‖ ⌐**schalter** *m* / roller switch ‖ ⌐**schälversuch** *m* (Kleber) / floating roller peel test ‖ ⌐**schere** *f* (Schere mit umlaufenden Messern) / circular o. rota[to]ry shears *pl* ‖ ⌐**schneide- und Aufrollmaschine** *f* (Pap) / slitter-winder ‖ ⌐**schneidemaschine** *f*, -schneider *m* / reel o. score cutter, [coil o. reel] slitting machine, slitter ‖ ⌐**schneidemaschine** *f* **für Kanten** (Hütt) / edge trimming cutter and wind-up roll ‖ ⌐**schneidemaschine** *f* **für Papier** / paper reel slitting machine ‖ ⌐**schneidemaschine** *f* **mit Aufwicklung** (Pap) / reel-cutting and winding-up machine, slitter-winder ‖ ⌐**schrittschweißmaschine** *f* / roller spot welder ‖ ⌐**schrittverfahren** *n* **beim Schweißen** / step-by-step seam welding ‖ ⌐**schütz** *n* (Hydr) / roller gate ‖ ⌐**spriegel** *m* (Kfz) / roller bow ‖ ⌐**stern** *m* (Masch) / star wheel tipped with rollers ‖ ⌐**stern** *m* (Buch) / reel star ‖ ⌐**stößel** *m* / roller tappet ‖ ⌐**stromabnehmer** *m* (Bahn) / contact roller, trolley contact ‖ ⌐**stromabnehmerkopf**, -korb *m* / trolley head o. fork o. harp (US) ‖ ⌐**stromabnehmerstange** *f* / trolley pole ‖ ⌐**stromabnehmersystem** *n* / trolley system ‖ ⌐**stütze** *f*, -bock *m* / roller bracket o. block ‖ ⌐**tiefdruck** *m* (Buch) / web-fed gravure printing ‖ ⌐**[trag]arm** *m* (Bagger) / jack boom ‖ ⌐**träger** *m* (Masch) / pulley carrier ‖

⌐**träger** *m* (Buch) / reelstand ‖ ⌐**umlaufführung** *f* / linear guidance system with recirculating, linear roller bearings ‖ ⌐**ware** *f* **von Schleifbändern** / rolls *pl* of coated abrasives ‖ ⌐**wechsler** *m* (Buch) / reel changer ‖ ⌐**wickelmaschine** *f* (Pap) / reel winding machine ‖ ⌐**zählwerk** *n* / roller type counter ‖ ⌐**zahnlenkung** *f* (Kfz) / roller tooth steering ‖ ⌐**zellenpumpe** *f* (Kfz) / roller cell pump ‖ ⌐**zug** *m* (ein Flaschenzug) / pulley lifting tackle

Roller *m* (Web) / lapper, cloth roller ‖ ⌐ (ein Motorrad) (Kfz) / [motor] scooter ‖ ⌐ (Transport) / dolly ‖ ⌐ (ein Untersatz) / roller base ‖ ⌐**abgriff** *m* (ein Reibantrieb) / roller pickup

Rollerde *f* (Bergb) / loose arenaceous earth
Roller·fahrer *m* / scooter driver ‖ ⌐**krempel** *f* (Spinn) / worker and stripper card, roller [and clearer] card
Roll·faß *n*, Scheuerfaß *n* / rattle o. rumbling o. tumbling barrel ‖ ⌐**feder** *f*, Sprungfeder mit Schlangenhals / scroll spring ‖ ⌐**feld** *n*, unbefestigtes Flugfeld / landing ground o. terrain ‖ **[makadamisiertes o. befestigtes]** ⌐**feld** (Luftf) / tarmacadam, manoeuvring area, maneuvering area (US) ‖ ⌐**feld-Ringbahn** *f* (Luftf) / perimeter track ‖ ⌐**feldüberwachungsradar[anlage]** *f* / airfield surface movement radar, ASM ‖ ⌐**film** *m* (Phot) / roll film ‖ ⌐**fuhrdienst** *m* (Bahn) / drayage (US), collection and delivery service ‖ ⌐**führung** *f* / telescopic drawer slide with twin rollers and drawer front support ‖ ⌐**gabelschlüssel** *m* / adjustable o. adjusting spanner o. wrench, monkey wrench ‖ ⌐**gang**, Walzwalksrollgang *m* / roller table, roller gear bed, table roller ‖ **angetriebener** ⌐**gang** (Walzw) / live roller bed o. train o. table ‖ **nicht angetriebener** ⌐**gang** / idle roller table ‖ **verfahrbarer** ⌐**gang** / travelling roller table ‖ ⌐**gang hinter der Walze** *m* (Walzw) / back mill table ‖ ⌐**gang** *m* **vor der Walze** / front mill table ‖ ⌐**gangsmotor** *m* (Elektr) / roller table motor ‖ ⌐**gangsrahmen** *m* (Hütt) / roller rack ‖ ⌐**gerste** *f* (Schweiz) (Bau) / round gravel ‖ ⌐**gerüst** *n* (Bau) / travelling scaffolding ‖ ⌐**geschwindigkeit** *f* (Luftf, Schiff) / rate of roll ‖ ⌐**gesenk** *n* (Schm) / roller, fuller ‖ ⌐∼ *m*, Glätt- u. Friktionskalander (Textil) / swissing calender ‖ ⌐**gleitführung** *f* / plain bar type roller slide ‖ ⌐**hacke** *f* (Landw) / rolling cultivator, rolling tine hoe ‖ ⌐**halt**, -halteort *m* (Luftf) / taxi-holding position ‖ ⌐**handtuch** *n* / roller towel

rollieren, scheuern, [t]rommeln / tumble *vi vt*, drum *vi vt*, rumble, roller-burnish *v*
Rollierstuhl *m* (Uhr) / jacot tool
rollig, röllig, geröllig (Gestein) / rolling down, loose ‖ ∼, [ge]röllig (Bergb) / loose ‖ ∼, nichtbindig (Straßb) / friable ‖ **n-**∼ (Seilzug) / with n sheaves
Rollin *n* (DV) / rollin
Rolling Ball *m*, Rollkugel *f* (Radar) / rolling ball
Rollin·-Rollout *n* (DV) / rollin-rollout
Roll·instabilität *f* (Luftf) / lateral o. rolling instability ‖ ⌐**kalander** *m* (Textil) / rolling calender, swissing calender ‖ ⌐**kardenrauhmaschine** *f* (Web) / teasel raising machine, roller teaseling machine ‖ ⌐**kasten** *m*, Rolloch *n* (Ggb) / bing o. box hole, chute hole, mill hole ‖ ⌐**keilschütze** *f* (Hydr) / wedge roller gate ‖ ⌐**kettenverschluß** *m* (Schleuse) / caterpillar gate ‖ ⌐**kiesel** *m* **von 4 bis 12'' Durchmesser** (Bau) / cobble ‖ ⌐**klappbrücke** *f* / rolling lift bridge ‖ ⌐**klüse** *f* / roller hawse ‖ ⌐**knick** *m* (Walzw) / coil break ‖ ⌐**kolbenverdichter** *m* / rotating piston compressor ‖ ⌐**kondensator** *m* / moulded tubular capacitor ‖ ⌐**kontaktzahnrad** *n* / rolling contact gear ‖ ⌐**körper** *m* **des Wälzlagers**, Rolle *f* / roller of the roller bearing ‖ ⌐**kran** *m* / mobile crane, movable crane ‖ ⌐**kreis** *m* (Verzahnung) / pitch circle ‖ ⌐**kreis** *m* **einer Seilscheibenrille** / pitch circumference of a pulley groove ‖ ⌐**kreisdurchmesser** *m* (Zahnrad) / pitch diameter, P.D., p.d. ‖ ⌐**kugel** *f* (DV) / track ball, rolling ball ‖ ⌐**kugel** *f*, Rolling Ball *m* (Radar) / rolling

Roll

ball ‖ ~kugelsteuerung f / rolling ball control ‖ ~kurve f (Math) / roulette ‖ ~maß n s. Rollbandmaß ‖ ~material n (Bahn) / rolling stock ‖ ~mattenfilter n / roll type filter, Roll-O-Matic filter ‖ ~mischer m / roller type mixer ‖ ~modus m (auf dem Bildschirm) / roll mode, scrolling mode ‖ ~moment n (Luftf, Schiff) / rolling moment ‖ ~neigung f (Pap) / curl, cup behaviour ‖ ~neigung f, einseitiges Werfen (Pap) / cockling

Rollo, Rouleau n (Bau) / window shade o. blind
Rolloberfläche, Lauffläche f von Rädern / tread of wheels
Rolloch n (Bergb) / mill o. box o. chute o. bing hole ‖ ~förderung f (Bergb) / chute-hole extraction
Rollofen m (Hütt) / roll-over type [heating] furnace
Roll-on-Roll-off, Ro-Ro (Schiff) / roll-on-roll-off
Rollout n (DV) / rollout ‖ ~-Rollin n (DV) / rollout-rollin
Roll·periode f (Schiff) / rolling period ‖ ~pflug m (Landw) / roll-over plow ‖ ~radius m (Reifen) / running radius ‖ ~rakel f (Färb) / revolving doctor, roll doctor o. coater ‖ ~rakel f (Serigraphie) / roll squeegee ‖ ~rand m einer Blechdose / welt of a can ‖ ~referenzkreisel m / roll reference gyro ‖ ~regelkreis m (Luftf) / roll control circuit ‖ ~reibung f / rolling o. wheel friction ‖ ~reifenfaß n / rolling hoop drum ‖ ~saumfuß m (Nähm) / roll hemmer, double fold hemmer foot ‖ ~schacht m, Sturzschacht m (Bergb) / chute, slide, rolling-shaft ‖ ~scheinwerfer m (Luftf) / taxi light ‖ ~schemel m (Bahn) / wagon carrier truck ‖ ~schicht f, Rollage f (Bau) / brick course laid on edge, brick-on-edge course, upright course, rowlock ‖ ~schnalle f / roller buckle ‖ ~schrank m / shutter cabinet ‖ ~schranke f (Bahn) / crossing gate [on wheels], rolling gate ‖ ~schuhbahn f / skate park ‖ ~schütze f / roller gate o. sluice ‖ ~schütze f mit fester Achse (z.B. in Rance) / fixed-axle gate ‖ ~schwingung f (Luftf, Schiff) / roll oscillation ‖ in ~schwingung befindlich (Luftf, Schiff) / oscillating in roll ‖ ~sichter m / rolling screen ‖ ~sicken n (Stanz) / beading, necking-in ‖ ~sickenfaß n / rolling channel drum ‖ ~spitze f, umlaufende Reitstockspitze / running tail center ‖ ~splitt! (Straßb) / loose chippings pl ‖ ~stanzen (Stanz) / bead, curl, edge-coil o. -roll ‖ ~steig m / moving pavement (GB), moving sidewalk (US) ‖ ~stein m (Geol) / boulder stone ‖ ~stempel m (Stanz) / beading o. curling die ‖ ~strecke f (Luftf) / ground roll, run ‖ ~stuhl m (Pap) / reel-up gear ‖ ~stuhltestgerät n (für Bodenbeläge) (DIN 54324) / roller chair testing device ‖ ~tainer m / rolltainer ‖ ~teppich m, -bahn f / moving carpet o. pavement ‖ ~tisch m (Walzw) / roller gear table ‖ ~trägheit f / roll inertia ‖ ~trailer m (Container) / roll trailer o. flat ‖ ~transformatorschweißen n / rotary transformer resistance welding ‖ ~treppe f / escalator, moving staircase o. stairway, travelling stairs pl ‖ ~treppen-Geländergurt m / escalator banister rail ‖ ~trommel f s. Rommelfaß ‖ ~tür f, Schiebetür f / sliding door ‖ ~umfang m, Abwälzumfang m / rolling circumference ‖ ~verhinderungssystem n / roll control system ‖ ~verschleiß m / rolling wear ‖ ~vorhang m / rolling window curtain, window blind o. shade ‖ ~vorrichtung f, Aufrollvorrichtung f / rolling-up attachment, rewinder ‖ ~wagen m, Unterwagen m / underwagon ‖ ~wagen m / rolling truck ‖ ~wagen m (Seilb) / flat truck, bogie ‖ ~wagen m, -schemel m für Normalspur [,für Schmalspur] (Bahn) / wagon carrier truck for standard, [narrow] ‖ ~wagen / dray ‖ ~werkzeug n, -stempel m (Stanz) / beading o. curling die, edge rolling die, false wiring tool ‖ ~widerstand m (Kfz, Luftf) / rolling resistance o. drag ‖ ~winkel m (Luftf) / roll angle ‖ ~wulst m f (Kfz) / rolling hump ‖ ~zentrum n (Kfz) / roll center

romanisch (Bau) / Roman ‖ ~er Stil, Rundbogenstil m / Romanesque style o. architecture ‖ ~er voller Bogen, Zirkelbogen m / perfect arch
Romanzement, Patentzement m / Roman o. Parker's cement

Romeït m (Min) / romeïte, romeine
römische Zahl / Roman numeral
Rommelfaß n / tumbling barrel o. drum o. tub, rattle o. rumbling barrel, rumbler
rommeln, putzen (Masch) / tumble
ROM-Speicher m (DV) / read-only memory, ROM
Ronde f / round plate ‖ ~ (Stanz) / [round] blank, circular blank, circle, round
Roneoverfahren, im ~ abziehen / roneo vt
Rongalit-Ätze f (Textil) / Rongalite discharge
röntenologisch, Röntgen... / radiographic, X-ray...
röntgen v / radiograph v, take an X-ray, röntgenize ‖ ~ (veraltet), R (1 R = 2,58 · 10⁻⁴ C/kg) (Einheitsdosis der Ionenstrahlung) / röntgen, R, r ‖ ~... / X-ray..., radio[logical] ‖ ~analyse f / X-ray analysis ‖ ~apparat m, -gerät n / X-ray apparatus ‖ ~astronomie f / X-ray astronomy ‖ ~aufnahme, -photographie f, -bild n / radiogram, radiograph, catho[do]graph, X-ray photography, skiagraph, -gram, roentgenograph, -gram ‖ ~aufnahme f, Schichtaufnahme f / tomography ‖ ~beugungsdiagramm n / X-ray diffraction diagram ‖ ~bild n / X-ray image ‖ ~bildschirm m / fluoroscope, fluoroscopic screen ‖ ~bild-Verstärkerfolie f / X-ray image amplifier ‖ ~bild-Verstärkerröhre f / X-ray amplifier tube ‖ ~blitz m / X-ray flash ‖ ~dermatitis f / radio dermatitis ‖ ~diagnostik f / radio diagnostics pl ‖ ~diagramm n, -beugungsdiagramm n / X-ray diffraction pattern, X-ray diagram ‖ ~dichte f (Pulv.Met) / density as determined by X-rays ‖ ~dosimesser m / X-ray dosimeter ‖ ~durchleuchtung f / radioscopy ‖ ~emissionsanalyse f / X-ray emission analysis ‖ ~feinstruktur-Untersuchung f / X-ray microstructure investigation ‖ ~film m / X-ray film, roentgen film ‖ ~-Fluoreszenz-Analyse f / X-ray fluorescent analysis ‖ ~goniometer n / X-ray goniometer ‖ ~grenze f (Vakuum) / X-ray limit ‖ ~grobstruktur-Untersuchung f / X-ray macrostructure investigation ‖ ~interferenz f / X-ray interference ‖ ~karte f / X-ray mount ‖ ~kassette f / X-ray cartridge ‖ ~kinematographie f / cineradiography ‖ ~kristallografisch / X-ray-crystallographic ‖ ~kristallographie f / X-ray crystallography ‖ ~laser m / X-ray o. röntgen laser ‖ ~lithographie f / X-ray lithography ‖ ~-Materialprüfung f / radio materiology ‖ ~metallographie f / radiometallography, metal radiography ‖ ~meter m n je Stunde / Röntgen hour meter, r.h.m. ‖ ~ographie f, Durchleuchtung f / röntgenography, radioscopy, -graphy
Röntgenologie, -lehre f / radiology
Röntgen·physik f / physics of X-rays ‖ ~prüfeinrichtung f / X-ray testing apparatus ‖ ~prüfung f mittels Fernsehen / X-ray television ‖ ~rasterbild n / X-ray scan picture ‖ ~röhre f / X- o. röntgen ray tube ‖ ~-Schirmbildgerät n / photo roentgen unit ‖ ~schutzglas n / X-ray protective glass ‖ ~spektrograph m / X-ray spectrograph o. diffractometer ‖ ~spektrometer n / X-ray spectrometer ‖ ~spektroskopie f / X-ray spectroscopy ‖ ~spektrum n / X-ray spectrum ‖ ~stern m / X-ray star o. source ‖ ~strahlen m pl / X- o. röntgen rays pl ‖ ~strahlen m pl aus der charakteristischen Eigenstrahlung der Atome / characteristic X-rays o. X-radiation pl ‖ mit ~strahlen durchleuchten / radiograph, röntgenize ‖ ~[strahl]prüfung f / X-ray examination ‖ ~-Strahlung, X-Strahlung f / X-radiation ‖ ~strukturanalyse f / X-ray structure analysis ‖ ~technik f in der Industrie / radiotechnology ‖ ~therapie f / radiotherapy ‖ ~transformator m / X-ray transformer ‖ ~verfärbung f (Krist) / colouring by X-rays
Roots·-Gebläse, Kapsel-Gebläse n / Roots [positive] blower ‖ ~pumpe, Wälzkolbenpumpe f / Roots [blower] pump, Roots vacuum booster, Roots rotary positive booster

Röring m (Schiff, Anker) / anchor ring, anchor shackle, club ring
Ro-Ro·... / roll-on/roll-off ‖ ⁀-**Einrichtung** f / roll-on/ roll off equipment ‖ ⁀-**Frachter** m (Schiff) / roll-on/roll-off vessel, drive-on/drive-off ship ‖ ⁀-**Verkehr** m / roll-on/roll-off traffic, ro-ro traffic
rosa Schleier m, Rotsehen n (Raumf) / red out ‖ ⁀**ätze** f (Färb) / pink discharge ‖ ⁀**färbung** f / pink colouration
Rosanilin n / ros[e]aniline, aniline red (US)
Rosa·-Rauschen n / pink noise ‖ ~[rot] / pink
Rosasit, Cuprozinkit m (Min) / rosasite
Rosa-Zufallsschwingungen f pl / pink random vibration
rösch (Hütt) / slightly crushed ‖ ~ (Pap) / fast-draining ‖ ~**er Stoff** (Pap) / free stock
Rösche f (Bergb) / trench (for water o. air)
röschen (Bergb) / cut a trench ‖ ⁀**bau** m (Bgb) / working by trenches
Roscoelith m (Min) / roscoelite, vanadium mica
Rose f (Kompaß) / compass card o. dial o. face o. rose
rosé (RAL 3017) / rose
Rosein n, Anilinrot n / ros[e]aniline, aniline red (US)
Rose-Metall n / fusible Rose metal
Rosen·blüten, Flores Rosae f pl / rose, red o. French o. Dutch o. Provence rose ‖ ⁀**essenz** f, -öl n / attar o. essence of roses, rose oil ‖ ⁀**holz** n / rosewood ‖ **ostindisches** ⁀**holz** / Bombay blackwood, Indian rosewood ‖ ⁀**holzöl**, Bois-de-rose-Öl n / rosewood oil ‖ ⁀**holzöl** (Handelsbez), Linaloeöl n / linaloe oil ‖ ⁀**kurve** f (Geom) / rhodonea, rose ‖ ⁀**öl** n s. Rosenessenz ‖ ⁀**quarz** n / rose-quartz
Rosetiegel m (Chem) / Rose crucible
Rosette f, Rundschild n (Schloss) / rose, rosette ‖ ⁀ (Ankerplatte) (Masch) / round anchor plate ‖ ⁀ (Bau) / rose[tte], rose-window
Rosieren n (Färb) / pink shading
Rosindulin n (Färb) / rosinduline
Rosinenkopal m / mean copal
Roskopf·ankerrad n (Uhr) / pin lever escape wheel ‖ ⁀**gang** m (Uhr) / pin-lever escapement
Rosmarinöl, Oleum rosmarini n / rosemary oil
Rosolsäure f / rosolic acid
Rossby-Zahl f, Ro / Rossby number, Ro
Rössel n, Rößchen n (Cottonm.) / slurcock
Roß·haar n / horsehair ‖ **gekräuseltes** ⁀**haar**, Krollhaar n / curled hair ‖ **glattes** ⁀**haar** / smooth horsehair ‖ ⁀**haargewebe** n / horsehair tissue o. stuff o. web
Rossi·-Alpha-Methode f / Rossi-alpha method ‖ ⁀-**Schaltung**, -**Stufe** f (Röntgen) / Rossi counter
Rossit m (Min) / rossite
Roßkastanie, gemeine ⁀, Aesculus hippocastanum / horse chestnut
Rost m, Feuerrost m / grate ‖ ⁀ (Eisen, Bot) / rust ‖ ⁀, Lattenrost m / floor grid ‖ ⁀ **aus rotierenden Rundstäben**, Aufbereitungssieb n (Hütt) / revolving-bar screen ‖ ⁀ **des Lumpenklopfers** / grid of a rag beater ‖ **liegender** ⁀, Balkenrost m (Bau, Wassb) / grating [of timbers], grillage ‖ **liegender gestreckter** ⁀ (Bau) / beam grillage ‖ **mit einem** ⁀ **versehen** / grate v ‖ ⁀**angriff** m (Stahl) / corrosive attack o. action ‖ ⁀**ansatz** m / beginning of rust formation, slight rust deposit
Röstarbeit f (Hütt) / roasting process
rost·artig, -**förmig**, in Rostform / grate shaped ‖ ⁀**austragsmühle** f (Bergb) / grate mill ‖ ⁀**[balken]träger**, -**rahmen** m, -**lager** n (Feuerung) / bar frame, grate bearing ‖ ⁀**belag** m (Sintern) / bedding layer ‖ ⁀**belastung** f (Feuerung) / grate load ‖ ⁀**beschicker** m / underfeed stoker ‖ ⁀**beständig**, -**fest**, -**frei**, -**sicher** / stainless, nonrusting, rustless, -proof, rust-resisting, -resistant, antirust ‖ ⁀**beständigkeit**, -**sicherheit** f / rust-resisting quality o. property ‖ ⁀**beständigkeit** f / rustlessness
Röstbett n (Hütt) / area for roasting, roasting area o. bed
Rostbildung f, Verrosten n / rust formation
Röstblende f (Hütt) / roasted blende

Rost·boden m / slatted floor ‖ ⁀**bohle** f **eines Rostes** / grating plank
rosten, rostig werden, verrosten / rust vi, get rusty ‖ ⁀ n, Rostansatz m / rusting
rösten (allg) / roast vt ‖ ~ (Hütt) / calcine, roast, burn ‖ ~, dörren / torrefy ‖ ~, rotten (Flachs) / water, ret, steep ‖ ~ (Kokons) / dry cocoons v ‖ ⁀ (Hütt) / calcination, calcining, roasting, burning ‖ ⁀, Dörren n / torrefaction
Rost·entfernung f, Beizen n / rust removing, pickling ‖ ⁀**entfernungsmittel** n / rust removing agent
Rösterz n (Hütt) / calcine, calcined ore
Rost·farbe f / rust colour ‖ ⁀**farben**, -**braun** / rubiginous, rubiginose ‖ ⁀**feuerung** f / grate firing ‖ ⁀**fläche** f (Masch) / grate area o. surface ‖ ⁀**fleck** m / iron mould o. stain ‖ ~**förmig**, in Rostform / grate shaped ‖ ~**frei**, rostbeständig / stainless ‖ ~**frei**, von Rost befreit, entrostet / rust-free, derusted, freed from rust ‖ ~**freies Blech für Bauten** / architectural stainless steel sheet ‖ ~**freier Chromstahl** / stainless chromium steel ‖ ~**freier Federstahl** / spring stainless steel ‖ ~**freier Stahl** / stainless steel ‖ ~**freies Terneblech** / terne-coated stainless steel ‖ ⁀**frei-Rutsche** f / stainless-steel gravity chute ‖ ⁀**fußboden** m, Lattenrost m / floor grid, lath floor
Röstgas n / gas from roasting, roaster gas
Rostgründung f / foundation on a grating
Röst·gummi, Leiocom n / leiocom ‖ ⁀**gut** n / material to be roasted ‖ ⁀**herd** m / hearth roaster ‖ ⁀**horde** f (Malz) / torrefying kiln floor
rostig, verrostet / rusty ‖ ~ **anlaufen** / oxidize
Rostigkeit f / rustiness
Röstkaffee m / roasted coffee
Rost·kitt, Eisenoxidhydratkitt m / iron-rust cement, iron putty ‖ ⁀**kollergang** m / edge runner wet mill
Röst·konverter m (Hütt) / pot roaster ‖ ⁀**körner** n pl (Hütt) / [ore] roasting thorns pl
Rostkrankheiten f pl / rust diseases pl
Röstkratze f (Hütt) / cradle
rostlösendes Öl / penetrating oil
Röstmaschine f (Kaffee) / roaster
Rostnarbe f (Stahl) / corrosion pit ‖ **mit** ⁀**n** / pitted by corrosion
Röstofen m, Brennofen m (Hütt) / roasting o. calcining o. stack kiln
Rost·pendel n (Uhr) / gridiron o. compensating pendulum, compensated o. compensation pendulum ‖ ⁀**pfahl** m / foundation pile, bearing pile o. supporting pile of a grating ‖ ⁀**pilze** m pl, Uredineen pl (Landw) / Uredinales pl
Röst·posten m, -**gut** n, Rost m (Hütt) / roasted ore, roasting charge ‖ ⁀**probe** f (Chem) / calcining o. calcination assay o. test ‖ ⁀**reaktionsprozeß** m (Hütt) / roast-reaction process ‖ ⁀**reduktion** f (Hütt) / reduction o. reducing roasting ‖ ⁀**rückstand** m / residue from roasting ‖ ⁀**scherben** m, Glühschale f (Probier) / roasting dish
Rostschicht f (dicke) / coating of rust ‖ ⁀ (dünne) / rust film
Röstschicht f (Rohlech) (Hütt) / smelting of raw matte
Rostschieber m (Zuck) / grate sluice
Röst·schlacke f (Hütt) / scoria of raw matt ‖ ⁀**schmelzen** n / roasting [and] smelting
Rostschutz m / protection against rust, rust protection o. prevention o. proofing ‖ ⁀**...** / antirust ‖ ⁀**anstrich** m / antirust coating ‖ ⁀**bandage** f / rust preventing wrapping
rostschützend (Pap) / non-rust
Rostschutz·farbe f / antirust[ing] o. rustproofing paint o. enamel (US) ‖ ⁀**grundierfarbe** f / antirust[ing] primer ‖ ⁀**mittel** n / rust preventing agent o. medium o. means, rust inhibitor o. preventive, preservative for iron work ‖ ⁀**öl** n / slushing oil ‖ ⁀**papier**, Nadelpapier n / needle wrapping paper

855

Rost·schwelle f (Bau) / sill of a grated foundation ‖ **˄sicherheit,** -festigkeit, -freiheit f (Stahl) / rustlessness
Röstsintern n (Hütt) / roast-sintering
Rostspalte f, -spalt m / interstice of the grate
Röstspat m / roasted spathic carbonate o. iron ore
Rost·spuren f pl **an Blech** / rusty spots on sheet steel ‖ **˄stab** m (Kessel) / fire bar, grate bar o. rod, bar of a fire grate ‖ **˄stab** m (Sieb) (Bergb) / grizzly bar ‖ **˄stabstahl** m / grate bars pl
Röststaub m / dust of roasted ore
Rostträger m **der Feuerung** / fire-bar bearer
Rösttrommel f / roasting drum
Rostumwandler m / rust converter
Röstung f s. Rösten
Rostvorlage f (Hütt) / dead plate
Röstwagen m (Hütt) / pallet
rot (Differentialoperator) (Math) / curl
rot , RD (Fernm, Farbe) / red, RD ‖ **˄** n, rote Farbe / red ‖ **˄ I. Ordnung** (Phys) / red first order ‖ **gegen ˄fahren** / jump the lights, run red lights
rot·e Beize, Beize f (Gerb) / ooze ‖ **˷es Blutlaugensalz** / red prussiate of potash, potassium ferricyanide ‖ **˷er Bolus,** Poliment (Galv) / red bole o. chalk, reddle ‖ **˷es Ebenholz** / red ebony ‖ **˷er Fettstift** / red crayon ‖ **˷er Indigo** / persio ‖ **˷er japanischer Lack** / red [Japanese] lac o. lake, gum lac o. lake ‖ **˷er Lehm** (Tiefsee) / red clay ‖ **˷er Ocker** / red ochre ‖ **˷e Öle,** Red Oils n pl / red oils pl ‖ **˷er Phosphor** / red phosphorus ‖ **˷es Quecksilberoxid** / red precipitate ‖ **˷e Riesen** m pl (Astr) / red giants pl ‖ **˷e Spinnmilbe** / red spider mite ‖ **˷ werden,** sich röten / become red
Rota-Durchflußmesser m / rotameter
Rot·algen f pl, Rhodophyzeen pl / red algae ‖ **˄algenschwemme** f / red tide
Rotamesser m / rotameter
Rotangrohr n, Rotang m / cane, calamus rotang
Rot·anteil m **der Lichtempfindlichkeit** (Phot) / red contribution ‖ **˷armes Filter** / red-abstracting filter
Rotary·bohren n (Bergb) / rotary drilling o. boring ‖ **˄bohrgerät** n / rotary drilling implement ‖ **˄-Hebewerk** n (Öl) / draw works pl ‖ **˄-Kette** f / rotary chain, [heavy-duty] cranked link transmission chain ‖ **˄wähler** m (Fernm) / rotary selector
rotatatorisch (Wz) / rotatory
Rotation f, rotierende Bewegung (um die eigene Achse) / rotation, rotational o. rota[to]ry motion o. movement ‖ **˄,** Rotor m, rot v (Math) / rotation of a vector, rot v, curl ‖ **˄ des Elektrons,** Eigenrotation f / spinning, spin ‖ **˄ des Raumschiffes** (zum Temperaturausgleich) (Raumf) / passive thermal control, PTC ‖ **schnelle ˄** / spinning
Rotations·... (Math) / generated by rotation o. revolution, rotational, of revolution ‖ **˄...,** mit Rollenzuführung (Buch) / rotary, web-fed o. reel-fed ‖ **˄abtastkamera** f (Raumf) / spin scan camera ‖ **˄achse** f / rotational axis ‖ **˄anschriftenmaschine** f / rotary addresser ‖ **˄autoklav** m, Drehautoklav m / rotary autoclave ‖ **˄bewegung** f / motion of rotation, gyratory movement ‖ **˄druck** m / rotary machine printing, web-fed printing ‖ **˄[druck]maschine,** Rotationspresse f / rotary o. web-fed [printing] machine o. press ‖ **˄druckpapier** n / web printing paper ‖ **˄ellipsoid** n / ellipsoid of revolution ‖ **˄-EMK** f / dynamic electromotive force ‖ **˄energie** f / rotational energy ‖ **˄entropie** f / rotational entropy ‖ **˄filmdruck** m / rotary screen printing ‖ **˄filmdruckmaschine** f / rotary screen printing machine ‖ **˄filmen** n (Repro) / rotary filming ‖ **˄filter** n / rotating filter ‖ **˄fläche** f (Math) / surface of revolution ‖ **˄fläche** f, Umdrehungsfläche f / surface of revolution ‖ **˄formen,** -schmelzen n (Plast) / rotational moulding, rotomolding (US), rotoforming (GB) ‖ **˄gebläse** n / positive displacement blower, eccentric vane blower ‖ **˄-Hauptachse** f / principal axis of revolution ‖ **˄hyperboloid** n / hyperboloid of revolution ‖ **˄integral**

n (Math) / circuital integral ‖ **˄kegel** m / cone of revolution ‖ **˄knotenfänger** m (Pap) / rotary sliver screen ‖ **˄kolben** m / rotary piston ‖ **˄kolbengebläse** n, -kolbenverdichter m / rotary displacement compressor, RDC, rotary piston compressor ‖ **˄kolbenmaschine** f, RKM (nicht Drehkolben) / rotary piston machine, ROPIMA ‖ **˄kolbenmotor** m / RC engine, rotary piston engine ‖ **˄kompressor** m, Umlaufverdichter m / rotary compressor ‖ **˄körper** m (Geom) / solid of o. generated by rotation o. revolution, rotational solid, body of revolution ‖ **˄kühler** m / rotary cooler ‖ **˄maschine** f, -presse f (Buch) / rotary [machine o. press] ‖ **˄motor,** Umlaufmotor m / revolving cylinder engine ‖ **˄offsetmaschine** f / rotary offset press ‖ **˄parabol-Antenne** f / parabolic reflector antenna ‖ **˄paraboloid** n / paraboloid of revolution ‖ **˄photographie** f / bromide [printing] process ‖ **˄polarisation** f / rotatory polarization ‖ **˄pumpe** f / rotary o. drum pump ‖ **˄pumpe** f, Kreiselpumpe f / rotary pump ‖ **˄quant** n, Roton n / roton, rotational quantum ‖ **˄quantenzahl** f (Nukl) / rotational o. second[ary] quantum number ‖ **˄rektifikator** m (Chem) / rotary fin distillation column ‖ **˄schale** f (Bau) / shell of revolution ‖ **˄schere** f / circular o. rota[to]ry shears pl ‖ **˄schweißen** n / spin welding, rotary friction welding ‖ **˄[schwingungs]spektrum** n / rotational spectra pl ‖ **˄sintern** n (Plast) / centrifugal moulding ‖ **˄spektrum** n / rotational spectrum ‖ **˄strömung** f / swirling flow ‖ **˷symmetrisch** / rotationally symmetrical ‖ **˷symmetrisch,** dynamisch ausgewuchtet / dynamically balanced ‖ **˄therapie** f (Röntgen) / rotation therapy ‖ **˄tiefdruck** m / heliorotogravure ‖ **˄tiefdruckwerk** n / rotogravure printing unit ‖ **˄tisch** m (IC) / spinning table ‖ **˄transformation** f (Plasma) / rotational transformation ‖ **˄transformator,** Induktionsregler m / phase transformer ‖ **˄verdampfer** m / rotary evaporator ‖ **˄verschiebung** f (Plasma) / rotational transform ‖ **˄viskosimeter** n / rotating viscometer
Rotator m (Phys) / rotator
Rot·ätze f (Textil) / red discharge ‖ **˄beimischer** m (TV) / red adder ‖ **˄beize** f (Färb) / red liquor o. mordant ‖ **˄bleierz** n, Krokoit m (Min) / crocoite, crocoisite ‖ **˄blindheit** f / protanopia ‖ **˷braun** / sorrel, reddish brown, russet, rufous ‖ **˷braun gefleckter Marmor** / red marble with brown patches, griotte marble ‖ **˷brauner Sandstein** / brownstone (US) ‖ **˄bruch** m (Eisen) / red shortness ‖ **˷brüchig** / red short o. sear ‖ **˄buche** f, Gemeine Buche / red beech, copper beech (US), Fagus sylvatica ‖ **˄druck** m / ribbon-shift red ‖ **˄druckhebel** m, -drucktaste f (Schreibm) / red ribbon key
Rote Liste f (harm) / pharmacopeia
Rot·eisenocker m (Min) / red ochre, ruddle ‖ **˄eisenstein** m / hematite, haematite, anhydroferrite ‖ **˄eisenstein** m, roter Hämatit / red oxide of iron, bloodstone, oligiste
Rötel, Rotstein m, rote Kreide, armenische Erde (Min) / red ochre, reddle, raddle, ruddle
Rotempfindlichkeit f / red sensitivity
Rotenon n, Derriswurzelextrakt m / rotenone
Rot·erde f / latosol, oxisol (US), ferralitic soil, terra rossa ‖ **˄faules Holz** / red-rotting wood ‖ **˄fäule** f (Holz) / red ring rot, redheart rot, foxy butt ‖ **˄fichte** f / American red fir ‖ **˄fleckigkeit** f (Holz) / foxiness ‖ **˄fleckigkeit** f, Eisenflecke m pl (Keram) / peculiar mottling ‖ **˷freies Filter,** Rotfreifilter m n / filter free from red, red-free filter ‖ **˷freies Licht** / light free from red ‖ **˷gelb** / reddish yellow ‖ **˷gelb,** fuchsrot / reddish brown ‖ **˷gerben,** lohgar machen / steep in tan ‖ **˷gießerei** f / red copper foundry ‖ **˷glühend,** rotwarm / red hot, at red heat ‖ **˷glühend machen** / bring up to red heat ‖ **˄[glüh]hitze,** Rotglut, -wärme f (850 - 1250 K) / red

heat, redness (Engl. 530 - 980 °C) ‖ ⌐[glüh]hitze f,
Rotglut f (925 K) / red heat ‖ dunkle ⌐[glüh]hitze (825
- 900 K) / blood-red heat ‖ dunkelste ⌐glühhitze (775 -
825 K) / dark red heat ‖ ~golden / golden red ‖
⌐grünblindheit f / daltonism ‖ helles ⌐güldigerz,
Proustit m (Min) / light red silver ore, proustite ‖
dunkles ⌐güldigerz, Pyrargyrit m (Min) / pyrargyrite,
dark red silver ore ‖ ⌐guß m, Gußzinnbronze f (88 %
Cu, 8 % Sn, 4 % Zn) / gunmetal, red bronze ‖
⌐gußschale f / gunmetal brass, bronze brass ‖ ⌐holz n /
redwood ‖ afrikanisches ⌐holz, Baphia nitida (Färb) /
barwood
rotieren, umlaufen / move in a circle, revolve, rotate, turn
‖ ~, sich um sich selbst drehen / turn round, revolve
rotierend, drehend (um seine Achse) / revolving, rotary,
rotating, rotational, rotatory, gyral ‖ ~, mit-, umlaufend
(Spindel, Wzm) / live ‖ ~e Abreißströmung (Turbo) /
rotating stall ‖ ~er Bohrkopf (Öl) / drag bit ‖ ~es
Dentalinstrument / dental rotary instrument ‖ ~e
Fadenführung (Textil) / revolving thread guide ‖ ~er
Frequenzumformer / rotary frequency converter,
frequency changer set ‖ ~e o. umlaufende
Funkenstrecke / rotary spark gap, rotary discharger ‖
~er Katalysatorrechen (Öl) / rotary catalyst rake ‖ ~e
Kolonne (Öl) / rotating strip column ‖ ~er Löschkopf
m (Magn.Bd) / flying erase head, FE head ‖ ~es
Mähwerk (Landw) / rotary o. flail mower ‖ ~er
Montageturm / rotating service structure ‖ ~er Ofen
(Prüflabor) / rotating oven ‖ ~er Phasenschieber /
synchronous capacitor o. phase advancer o. [phase]
modifier, rotary phase shifter o. changer ‖ ~er
Spinntopf (Textil) / rotary spinning pot ‖ ~e
Tablettenmaschine / rotary pelleting machine ‖ ~er
Teil / rotor ‖ ~es Thermometer / rotating thermometer
‖ ~er Transformator, Induktionsregler m / phase
transformer ‖ ~er Umformer / rotary o. rotatory
converter (GB), motor generator [set] ‖ ~er Umformer
für Gleichstrom / rotary transformer
Rotkiefer, amerikanische ⌐ / red o. common o. Scotch
pine, Pinus resinosa
Rot·kreide f, Polierrot n / English o. Paris red, jeweller's
[trip] red ‖ ⌐kreide f s. auch Rötel ‖ ⌐kreuzwagen m
(Kfz) / red cross ambulance car ‖ ⌐kupfererz n, Cuprit
m / red copper ore, cuprite
rötlich / reddish
rötlich[braun] / bay, rufous
Rot·licht n (Straßb) / red light ‖ ⌐licht n (Phot) / ruby light
‖ ⌐licht n (Instr) / red o. warning light ‖ ⌐liegendes n
(Geol) / new red conglomerate, rotliegendes ‖ ~lila
(RAL 4001) / red lilac ‖ ⌐messing n, Tombak m / red
brass o. metal (Cu 85 %, Zn 15 %) ‖ ⌐nickel n,
-nickelkies m (Min) / nickeline, nickelite, niccolite
Rotobaler m, Rundballenpresse f (Landw) / rotobaler
Rotoformverfahren n (Plast) / rotoforming
Rotofoto-Setzmaschine f (Buch) / Rotofoto machine (GB)
Roton n (Phys) / roton
Rotor m, Anker m (Elektr) / rotor, armature ‖ ⌐
(Hubschrauber) / rotor ‖ ⌐ des Windkraftwerkes / rotor
blades pl ‖ ⌐ eines Zählers (Instr) / rotating element of a
meter, moving element of a meter, rotor of a meter ‖
koaxialer, gegenläufiger, starrer ⌐ (Hubschrauber) /
controllable twist rotor
Rot-Orange, helles ⌐ / nacarat
Rotor·blatt n (Luftf) / rotor blade ‖ ⌐fläche f (Luftf) / disk
area ‖ ⌐flügel m (Luftf) / rotor wing ‖ ⌐flugzeug n,
Drehflügler m / rotor [air]craft, gyroplane, rotary-wing
aircraft ‖ ⌐gelenk n (Luftf) / rotor hinge ‖ ~gespeist
(Elektr) / inverted ‖ ⌐-Klatschen n, -Slap m
(Hubschrauber) / rotor slap ‖ ⌐kontakt m (Elektr) / rotor
contact ‖ ⌐kopf m (gesamte Rotorbaugruppe ohne
Blätter) (Luftf) / rotor head ‖ ⌐körper m (Elektr) / rotor
body ‖ ⌐krümler m (Landw) / rotory cultivator ‖ ⌐nabe
f (Luftf) / rotor hub ‖ ⌐ofen m (Hütt) / rotating furnace ‖
⌐paket n (Kondensator) / moving plates pl ‖ ⌐platte f /

moving plate of a capacitor ‖ ⌐pumpe f mit
innenverzahntem Rotor / generated rotor pump,
gerotor pump, internal gear pump ‖ ⌐spinnen n (ein
Offen-End-Spinnen) (Textil) / rotor spinning ‖
⌐spitzendüse f (Luftf) / rotor tip jet ‖
⌐spitzen-Strahlantrieb m (Luftf) / pressure jet ‖ ⌐stern
m (Elektr) / spider of a rotor ‖ ⌐streuer m (Straßb) /
rotary disk type gritter, spinner [spreader] ‖ ⌐teller m
(Buch) / turntable
Rot·pause f (Zeichn) / red print ‖ ⌐phase f (Verkehr) / red
phase ‖ ~rauchende Salpetersäure / inhibited red
fuming nitric acid, IRFNA ‖ ⌐reserve f (Textil) / red
resist ‖ ⌐sandstein m / lower new-red sandstone ‖
⌐schlamm m (Bayer-Verf) / red mud ‖ ⌐sehen n,
Schleier m (Raumf) / red out ‖ ⌐spießglanz m (Min) /
kermesite ‖ ⌐stich m (Färb) / red cast ‖ ⌐stift m / red
pencil ‖ ⌐strahlsystem n (TV) / red electron gun ‖
⌐streifigkeit f / red stripiness ‖ ⌐tanne f, Picea abies,
Picea excelsa Link / European o. Norway o. common
spruce
Rotte f, Arbeitsrotte f / gang ‖ ⌐grube f (für Flachs) /
retting tank o. pit o. pond o. pool
Rotten n, Rotte f (Flachs) / retting, rotting ‖ ⌐ (Pap) /
rotting ‖ Flachs ~ / ret o. rot flax ‖ ⌐arbeiter m (Bahn) /
platelayer ‖ ⌐führer m / gang foreman
rot-überempfindlich (TV) / red-conscious
Rotunde f (Bau) / rotunda
Rot·verschiebung f (Astr) / red shift, redshift ‖ ~violett
(RAL 4002) / red violet ‖ ⌐zinkerz n, Zinkit m / red
zinc ore, zincite, spartalite, sterlingite
Rouleau, Rollo n / window shade o. blind ‖ ⌐, Rollo n
(aus Markisenstoff) / window shade o. blind [(esp.:)
spring actuated] ‖ ⌐druck m (Textil) / roller printing ‖
⌐-Druckmaschine f (Textil) / roller printing o. cylinder
printing machine
Rouletteküpe f (Textil) / continuous dyeing machine
Round-Hump-Felge f / round hump, RH
Rousseau-Diagramm n (Beleucht) / Rousseau diagram
Route f / route
Routen·aufnahme f, Reisewegaufnahme f (Verm) /
itinerary survey ‖ ⌐tafel f (Schweiz) (Bahn) / destination
board o. panel o. sign
Routine f / routine ‖ ⌐... / routine ... ‖ ⌐...,
organisatorisch (DV) / nonproductive, red-tape... ‖
⌐arbeit f / routine work ‖ ⌐betrieb m / routine
operation ‖ ⌐heimfahrt f (Schiff) / rotation return ‖
⌐lauf m, organisatorische Operation (DV) / red-tape
operation ‖ ~mäßig, laufend / routinely ‖
⌐wiederholung f (Fernm) / routine repetition ‖ ⌐wort n
(COBOL) / routine word
Routing n, Leitweg m / routing
Roving n, Glasseidenstrang m (Plast) / roving
Rowlandgitter n (Opt) / concave o. Rowland grating
Royalty f / royalty
R.O.Z. f, Research-Oktanzahl (nach
Research-F_1-Methode) / R.O.N., research octane
number (gasoline)
Rozellsäure f / roccellic acid, α-dodecyl-β-methylsuccinic
acid
RPV n, ferngelenktes Fahrzeug, unbemanntes
Kampfflugzeug / RPV, remotely piloted vehicle
RRIM, glasfaserverstärktes RIM / glassfiber reinforced
RIM (= reaction injection moulding)
R-Ring m, Rechteckring m (Mot) / R-ring, plain
compression ring, rectangular piston ring ‖ ⌐
(Dichtung) / ring seal o. joint
RR-Lyrae-Veränderliche m pl (Astr) / RR Lyrae variables
pl
RRS (Fernm) = Rufrelaissatz
RRSB-Netz n (Korngrößen) / RRSB-grid
RS (Fernm) s. Rufschalter
rs (Fernm) = rosa
R-Säure f (Färb) / R-acid

857

RSA-Verfahren n (Querschlüsselung) / RSA encoding (by Rivest, Shamir, Adleman)
RSB = Restseitenband
R-Schirm m (Radar) / R-screen o. -scope
RS-Format n (= register, storage) (DV) / RS-format (register, storage)
RSG = Rohstahlgewicht
RSK = Reaktorsicherheitskommission
RS-Kippstufe f, Flip-Flop n mit RS-Tastung / set-reset flip-flop, RS-flipflop
RSQ = Reaktorsicherheitsquotient
R-Stück, Muffenübergangsstück n / standard socket and spigot taper
RSV n (Kfz) / research safety vessel, RSV (contradist.: ESV)
RT (Fernm) s. Ruftaste || ⌐ (Phys) = Raumtemperatur || ⌐ (Schiff) = Registertonne (100 cbft = 2,8316 m³)
rt (Fernm) = rot
R-Teiler m, ohmscher Spannungsteiler / resistive voltage divider
RTL-Logik f / resistor-transistor logic, RTL
RTOL-Flugzeug n / RTOL-plane (= reduced take-off and landing)
RTT-Station f (Raumf) / RTT station (RTT = real time telemetry)
RTV-Silicon n (bei Raumtemperatur vulkanisierend) / RTV silicone for sealants (vulcanizing at room temperatures)
Rubberbandtechnik f (DV) / rubberbanding
Rubberduck m (Textil) / rubberduck
Rübe, Knolle f (Bot) / root tuber || ⌐, Wasser-, Weiß-, Saatrübe f, Turnip n (Landw) / turnip || **Runkel-**⌐ f, Zuckerrübe f / beetroot (GB), beet (US) || **weiße** ⌐, Futterrübe f / fodder beet
Rüben·ablage f, Feldablage f (Zuck) / beet clamp, field storage || ⌐**abnahme** f / factory reception of beets || ⌐**alkohol** m / beet root alcohol || ⌐**annahmestelle** f / beet reception ⌐**blattablage** f / beet-top saving || schwarze ⌐**blattlaus** / black aphid, aphis fabae || ⌐**blattsammellader** m / beet-top pickup loader || ⌐**blattschwader** m / beet-top windrower || ⌐**blattwanze** f / beet leaf bug || ⌐**blattwäsche** f / beet-leaf washer || ⌐**blattwespe** f / turnip sawfly || ⌐**blattzerkleinerer** m / beet-leaf chopper || ⌐**brei** m / beet [root] pulp || ⌐**breimaschine** f (Zuck) / root pulper || ⌐**bröckler**, -schneider m (Landw) / root chopper o. cutter || ⌐**derbrüßler** m / beet root weevil || ⌐**drill- u. Reihendüngegerät** n (Landw) / drill with fertilizer attachment || ⌐**ernte** f / beet and root harvesting || ⌐**erntemaschine** f / beet lifter || ⌐**ertrag** m / sugar beet yield || ⌐**erzeuger** m / beet grower || ⌐**feld** n / beet field || ⌐**fliege** f / beet fly, pegomyia hyposcyami || ⌐**fliege**, Runkelfliege f / Pegomyia betae, mangold fly, beet leaf miner || maschinelle ⌐**hacke** / beet hoeing set || ⌐**hals** m (Zuck) / hypocotyl || ⌐**hebemaschine** f, -heber m / beet puller || ⌐**[hub]rad** n / beet wheel || ⌐**kopf** m, Epicotyl n (Zuck) / beet top, epicotyl || ⌐**köpfer** m / beet root topping machine, beet topper || ⌐**köpfer** m, -köpfmaschine f / beet root topping machine, beet topper || ⌐**köpfer** m **für Wasserrüben** / turnip topping machine || ⌐**köpf-Häcksler** m / beet-topper and chopper || ⌐**köpfsammler** m / beet-top harvester || ⌐**köpfschippe** f / topping shovel || ⌐**kralle** f (Landw, Wz) / beet drag || ⌐**kraut** n, -blätter n pl / beet leaves pl, trash || ⌐**krautfänger** m (Landw) / beet leaf catcher || ⌐**krehl** m (Landw, Wz) / beet hoe || ⌐**lager** n (Zuck) / beet bin || ⌐**lagerplatz** m / beet slab || ⌐**lichter** m / beet thinner || ⌐**muser** m / root crusher o. pulper || ⌐**probenehmen** m / beet sampling || ⌐**probewascher** m, Prozentwäsche f (Zuck) / tare washer || ⌐**pumpe** f / beet pump || ⌐**quirlwäscher** m / beet washer with revolving agitating arm || ⌐**reiniger für Rübenschwad** m / beater for beet-windrows || ⌐**-Rodelader** m / loading beet lifter || ⌐**rodepflug** m / beet plow || ⌐**roder** m,
-**erntemaschine** f / beet lifter || ⌐**roder mit Schwadschieber**, Längsschwadroder m / beet lifter and windrower || ⌐**rohzucker** m / raw beet sugar || ⌐**rost** m (Krankheit) / beet rust, uromyces betae || ⌐**rostpilze** m pl / beet rust fungi, uredinales pl || ⌐**saft** m / beet juice || ⌐**saftfabrik** f / beet juice factory || ⌐**samen** m / beet seed || ⌐**sammellader**, -sammler m / beet pick-up loader || ⌐**schnecke** f / beet screw conveyor || ⌐**schnitzel** n m / beet chip || ausgelaugte ⌐**schnitzel** / beet pulp || frische ⌐**schnitzel** / beet slices pl, cossettes pl || ⌐**schnitzelmaschine** f / beet root shredding o. slicing machine || ⌐**schwanz** m / beet tail || ⌐**schwänze und -köpfe** m pl / tailings of sugar beets pl || ⌐**schwanzfänger** m / beet tail catcher || ⌐**schwemme** f (Zuck) / hydraulic carrier, beet washery o. flume || ⌐**sirup** m / beet syrup || ⌐**sorte** f / beet variety || ⌐**sprit** m / beet o. beet root (US) spirit || ⌐**station**, -annahme f (Zuck) / beet reception || ⌐**stecher** m / beet pricker o. sampler || ⌐**verarbeitung** f (Mengenmaß) / daily beet slicing [capacity], beet [slicing] capacity || ⌐**vereinzelungsmaschine** f / beet singling machine || ⌐**verladereiniger** m / beet cleaner-loader || ⌐**verladestelle** f / beet dump || ⌐**vollerntemaschine** f, -vollernter m (Landw) / automatic topper-lifter-harvester, complete beet harvester || ⌐**vorratsroder** m / collecting beet lifter, beet lifter and windrower || ⌐**wäsche** f (Station) / beet washing station || ⌐**waschwasser** n / slurry from beet washer || ⌐**weißling** m / cabbage worm, pieris rapae L. || ⌐**wurzelkörper** m (Zuck) / body of the beet root || ⌐**ziehen** n / beet pulling o. lifting || ⌐**zucker** m / beet o. beet root (US) sugar || ⌐**zuckerfabrik** f / beet sugar factory || ⌐**zuckerindustrie** f / beet sugar industry
Ruberoidfilzisolierpappe f / ruberoid insulating felt
Rubidium n, Rb (Chem) / rubidium, Rb
Rubin m (Min) / ruby || ⌐, Stein m (Uhr) / jewel, [watch] stone, ruby || ⌐**einsatz** m / jewel insert || ⌐**glas** n / rub [coloured] glass || ⌐**glas**, Überfangglas n / double ruby glass || ⌐**glimmer**, Lepidokrokit m (Min) / lepidocrocite || ⌐**laser** m / ruby laser || ~**rot** (RAL 3003) / ruby red || ⌐**rot** n (Farbe) / ruby
Rüböl, Rübsenöl n / rape[seed] oil
Rub-out-Test m (Farbe) / rub-out test
Rubrik f, [rotgedruckter] Titel[kopf] (Buch) / heading || ⌐, Spalte f / column || ⌐ (Math) / box
Rübsamen m, Rübsen m / turnip || ⌐, Rübensamen m / beet seed || ⌐**öl** n, Rübsenöl n / rapeseed oil
Ruchadloform f (Pflug) / ruchadlo digger body
Ruck, Stoß m / bump, jerk, jolt || ⌐ m, Stoß m (Luftf) / jerk
Rück·ansicht f / back view o. sight, rear view || ⌐**anströmung** f (Hubschraube) / reversed flow || ⌐**arbeitsbremsung** f (Bahn) / regenerative braking || ⌐**arbeitsverfahren** n (Elektr.Masch) / mechanical back-to-back test || ⌐**arbeitsverfahren** n **parallel am Netz** (Elektr) / electrical back-to-back test
ruckartig, stoßweise / by jerks and jolts, jerkily, by fits and starts
Rück·ätzen n (gedr.Schaltg) / etch back || ⌐**auslösung** f (Fernm) / back release
rückbar·er Bandförderer / movable belt conveyor
Rück·bau m (zum Schacht hin) (Bergb) / retreating working, retreat, working home[wards] || ⌐**befeuchtung** f (Pap) / remoistening || ⌐**beförderungsrolle** f / pull-off roll || ⌐**belüftung** f / re-aeration
Ruckbewegung f, Ruck m, Rucken n / jerk
Rück·bewegung f, rückende Bewegung / displacing o. shifting [motion] || ⌐**biegung** f / reverse bending || ~**bilden** (Chem) / form again o. back || ⌐**bildung** f, Regeneration f / regeneration || ⌐**bildung** f (Stärke) / setback || ⌐**bildung** f (DV) / restitution || ⌐**blende** f, -blendung f (Film) / flashback || ⌐**blickspiegel** m (Kfz) / rear [vision] mirror, rearview mirror || ⌐**blickspiegel**

m, Umkehrspiegel m / reverse mirror || **abblendbarer ~blickspiegel** (Kfz) / day-night mirror || **äußerer ~blickspiegel** / exterior rearview mirror || **~blickspiegel-Verstellung** f / exterior rearview mirror adjustment || **~blockmelder** m, Spiegelfeld n (Bahn) / release indicator || **~blockungssperre** f, End[block]sperre f / block control effected mechanically || **~buchung** f / negative booking operation || **~dampf**, Fabrikdampf m (Zuck) / exhaust steam || **~dämpfung** f, Vor-Rück-Verhältnis n (Antenne) / front-to-back ratio, front-to-rear ratio || **~dehnung** f / elastic relaxation || **~diffusion** f (Chem) / back diffusion || **~drehen** n (des Windes) / backing || **~drehmoment** n, Reaktionsmoment n / restoring moment o. torque || **~drehsicherungs...** / reverse-lock || **~drehung** f / reversed rotation || **~drehung** f (Kabelherst) / backtwist || **~druck** m / back pressure || **~drückstift** m (Plast, Ausdrückplatte) / return pin || **~elektron** n / back electron

Ruckeln n (Mot) / bucking

rücken / push along || ~ (Gleise) / move (rails) || **~ der Gichten** (Hütt) / irregular descent o. sinking of the charge

Rücken m / back || **~** (Buch) / back, spine || **~**, Bergrücken m / mountain ridge o. crest || **~** (des Keils) / back (of the wedge) || **~ der Säge** (Säge) / backing of a saw || **~ der Straße** (Straßb) / sloping pavement || **~ der Zange** / back of the tongs || **~ des Flachkeils** / head of a parallel key || **~ des Flözes** (Bergb) / dike, throw || **~ des Zangenkopfes** / flank of the head of a plier || **~ eines Hochs** (Meteorol) / ridge || **den ~ stärken**, hinterlegen / back v || **~**, **der die Aussicht nimmt** (Bau) / military crest || **mit ~ versehen** (Buch) / back v ||

~-an-Rücken-Antenne f / back-to-back antenna || **~belastung** f, -last f (Luftf) / inverted load, load on the inverted aeroplane || **~berieselung** f **mit Drainentwässerung** (Abwasser) / intermittent filtration || **~beschichtung** f (Teppich) / back coating

ruckend, stoßend / jerking || **~es** (o. **Ruck-)Gleiten**, Stick-Slip (Masch) / stick-slip

Rücken·durchmesser m (Bohrer) / body (GB) o. clearance (US) diameter || **~fallschirm** m / back-type parachute || **~feld**, -schild n (Buch) / title panel || **~flug** m (Luftf) / inverted flight, upside-down flight || **~getragenes Triebwerk** (Raumf) / backpack propulsion unit || **~haut** f (Gerb) / hide of backs || **~kante** f **des Bohrers** / heel of a twist drill || **~kegel** m (Getriebe) / back cone || **~lehne** f / back of a seat || **mit ~lehne versehen** / rail v || **~rundemaschine** f (Buch) / back rounding machine || **~säge** f / back [pad] saw || **~schärfe** f / back-edge || **~schaufel** f (Pumpe) / vane on the back of the impeller || **~schicht** f (Pap) / back liner, backs ply || **~schicht** f (Karton) / lower ply || **~schild** n (Buchbind) / title panel || **~schlächtig** (Wasserrad) / backshot || **~signatur**, Flattermarke f (Buch) / collating mark, black mark, niggerhead || **~spannung** f (Öl, Druck) / kickback || **~spritzgerät** n (Landw) / knapsack sprayer

Rück·entladung f (Elektr) / back discharge || **~entladung** f (Funk) / back discharge || **~entlüftung** f (Bremse) / back release || **~entzerrung** f (TV) / de-emphasis

Rücken·wind m / following o. rear-on o. tail wind, downwind || **mit ~wind fliegen** / fly with the wind in the tail, fly down-wind || **~windanteil** m / downwind leg || **~windlandung** f (Luftf) / downwind landing, Chinese landing (coll) || **~wolle** f, Oberwolle f / back o. spine wool

Rücker m (Bergb) / kickback cylinder || **~** (Uhr) / index [regulator] || **~stift** m (Uhr) / regulator pin, curb pin || **~trieb** m (Uhr) / index pinion || **~zeiger** m (Uhr) / regulator pointer

Rück·extraktion f (Brennstoffaufbereitung) (Nukl) / stripping (US), backwash (GB) || **~extraktionspumpe** f / backwash pump || **~fahren** n (NC) / reverse travel || **~fahrkarte** f / return ticket || **~fahrscheinwerfer** m (Kfz) / back[ing][-up] lamp o. light, reversing lamp (IEC

50) || **~fahrsperre** f (Kfz) / recoil blocking device, reverse gear lock || **~fahrt** f (Ggs.: Hinfahrt) / return, return passage, coming back || **~fallhemmung** f (Uhr) / recoil [anchor o. lever] escapement || **~fallweiche** f (Bahn) / trailable point || **~fallzeit** f (Relais) / release time || **~federung** f / resilience, resiliency, spring-back, backspring[ing] || **~federung** f **bei Schlag** / impact resilience, bounce || **~federungsenergie** f (Mech) / recovered energy || **~fenster** n (Kfz) / backlight || **~flanke** f (Impuls) / trailing edge, back flank || **~flanke** f (Zahnrad) / non-working flank || **~flankenverschiebung** f (Impuls) / end distortion || **~fluß** m, -lauf m, -strömen n / backflow, reflux [action] || **~fluß** m (Chem) / recycling || **~flußdämpfung** f, Echodämpfung f, jetzt: Reflexionsdämpfung f (Fernm) / reflection o. return loss || **~flußdämpfung** f (bezogen auf Fernleitung) (Fernm) / regularity (GB) o. structural (US) return loss || **~fluß-Entpropaner** m / reflux depropanizer || **~flußkoeffizient** m, -flußfaktor m (Fernm) / impedance irregularity factor || **~flußkühler** m (Destill) / reflux o. return condenser || **~flußspannung** f (Fernm) / return voltage || **~flußventil** n **mit Klappe** / swing check valve || **~flußverhältnis** n (Rektifizierung) / recycle ratio || **~flußverhinderer** m (DIN) s. Rückschlagventil || **~förderband** n (Bergb) / reclaiming belt || **~förderleitung** f, Spülölleitung f (Mot) / scavenge oil pipe || **~fördern** (Bergb) / bring back || **~förderpumpe** f / recirculating pump, return pump || **~förderung** f (Bergb) / bringing back || **~formvermögen** n, Wiederaufrichtungsvermögen n / deformation value || **~fracht** f / return freight || **~frageeinrichtung** f (Fernm) / call-back device || **~fragehäufigkeit** f (Fernm) / repetition rate || **~frage/Makeln** (Fernm) / enquiry call || **~fragesystem**, ARQ-System n (Fernschreiber) / automatic requestion system, ARQ system || **~fragetaste** f (Fernm) / request key

ruckfrei / without jerk o. shock o. jolt

Rück·freiwinkel m (Wzm) / tool back clearance o. rake, back wedge angle || **~front** f, -fläche f (Impuls) / back flank || **~führbares System** (Raumf) / recovery system || **~führdifferenz** f (Regeln) / return difference || **~führdrehmoment** n / righting torque || **~führdrehmoment** n / restoring moment o. torque, righting moment || **~führen** n, -führung f / recycling || **Gase ~führen** / draw-in gas || **Walzgut ~führen** / pass back rolling stock || **~führender Ankergang** (Uhr) / recoil [anchor o. lever] escapement || **unmittelbare ~führgröße** / primary feedback variable || **~[führ]gut** n / recycling material || **~führkanal** m (Klimaanlage) / return conduit || **~führmoment** n / restoring moment o. torque, offsetting moment || **~führöl** n / cycle oil o. stock || **~führpumpe** f / recirculating pump || **~führpumpe**, Rückförderpumpe f / return pump || **~führung** f, automatische Regelungstechnik (Regeln) / feedback || **~führung** f / recirculation || **~führung** f (NC) / feedback || **~führung** f [auf] / reduction [to] || **geschwindigkeitsabhängige o. prozeßabhängige ~führung** (Regeln) / derivative feedback || **~führung** f **des Fadens** (Spinn) / retracting the yarn || **~führung** f **von verschiedenen Regelstreckenpunkten** (Regeln) / divided monitoring feedback || **~führ[ungs]band** n / return belt || **~führungsfaktor** m, Rückwirkungsfaktor m / feedback factor || **~führungskette** f (Regeln) / feedback chain || **~führungskraft** f (Schw) / electrode restoring power || **~führungskreis** m (Regeln) / feedback control loop || **~führungssignal** n (Regeln) / feedback signal || **~führverhältnis** n / primary feedback ratio || **~gabe** f **an die Zentrale** (Fernm) / refer-back facilities || **~gabeanweisung** f (COBOL) / return statement || **~gabe-Eintragung** f (DV) / return clause || **~gabepflichtiger Behälter** / returnable container || **~gang** m, -hub m (Masch) / return stroke || **~gängig machen** / cancel, undo || **~gängigmachen** n (Raumf) / backout of countdown || **~gangszeit**, -laufzeit f (Relais) /

reset[ting] time ‖ ~gebaute Strecke (Bahn) / dismantled track ‖ ~geführter Brennstoff (Nukl) / thermal recycle fuel ‖ ~gekohlt, -geholt (Hütt) / carbon restored, recarburized ‖ ~gekoppelt, Rückkopplungs... (Elektronik) / regenerative ‖ ~gekoppelter Detektor / regenerative detector ‖ ~gekoppeltes Schieberegister (DV) / feedback shift register ‖ ~gekoppelter Verstärker / feedback amplifier ‖ ~geldgeber m / coin dispenser ‖ ~gewinnen / recover, salvage, recuperate ‖ ~gewinnen (Gummi) / reclaim ‖ ~gewinnen n, -gewinnung f / recovering, recovery, recuperation ‖ ~gewinnfaktor m / recovery factor ‖ ~gewinnung f von brauchbaren Stoffen / reclamation ‖ ~gewinnungs... / recuperative ‖ ~gewinnungsbremse f (Bahn) / regenerative brake o. control ‖ ~gitterstrom m (Elektronik) / reverse grid current ‖ ~grifftest m, Rückfalltest m (DV) / regression test ‖ ~gut n (Bergb, Hütt) / returns pl ‖ ~gutband n / return-fines conveyor ‖ ~halteautomat m (Kfz) / restraint automatic ‖ ~haltebecken n (Hydr) / storage basin o. reservoir ‖ ~haltebett n, Verzögerungsstrecke f / delay bed, delay loop ‖ ~halteflansch m / backing-up flange, retaining flange ‖ ~haltegefäß n (Nukl) / retainer, retention basin ‖ ~haltekette, -verstrebung, -verspannung f / backstay ‖ ~halteseil n, Halteseil n / guy o. stay rope ‖ ~halteseil n (gegen Verdrehung) (Greifer) / tagline ‖ ~haltetechnologie f (Atom, Nukl) / removal technology ‖ ~haltevermögen n / retaining power ‖ ~haltewehr n / retaining weir o. dam ‖ ~haltewehr n (für Regulierung), Stauwehr n / retaining dam ‖ ~haltezeit f / retention time ‖ ~haltstoff m (Nukl) / holdback [agent] ‖ ~haltung f (Bremse) / pressure retention ‖ ~heizung f (Kath.Str) / backheating ‖ ~heizung f (Elektronik) / backheating ‖ ~heulen n, Mikrofonie f (Radio) / howlback, acoustic feedback ‖ ~holdrehmoment n / restoring moment o. torque ‖ ~holfeder f / recuperating o. recuperator o. restoring spring ‖ ~holvorrichtung f / return motion [device] ‖ ~hörbezugsdämpfung f (Fernm) / reference equivalent of sidetone, side tone reference equivalent ‖ ~hördämpfung f (Fernm) / anti-side-tone device ‖ mit ~hördämpfung (Fernm) / anti-side-tone..., antinoise... ‖ ~hören n, Eigenecho n (Fernm) / sidetone ‖ ~hören n für Raumgeräusche (Fernm) / room noise sidetone ‖ ~hören n für Sprache (Fernm) / speech sidetone ‖ ~hub m (Masch) / return stroke ‖ ~hubgeschwindigkeit f (Presse) / opening o. return speed

Rückkehr f (allg) / return o. reverse movement o. motion o. travel ‖ ~, Rücksprung m (DV) / return ‖ ~ (in den alten Zustand) / recovery, recuperation ‖ ~, Umkehr f in die Gegenrichtung / turning back ‖ ~, RZ-Verfahren n (Elektronik) / RZ, return to zero ‖ ~ zum Bezugspunkt / return-to-reference ‖ ~ zum Hauptprogramm (DV) / return control transfer ‖ ~ zur Grundmagnetisierung (Elektronik) / return to bias, RB, rtb ‖ ~adresse f (DV) / return address ‖ ~code m (DV) / return code

rückkehrend (Raumf) / re-entry...

Rückkehr·flugbahn f (Raumf) / free-return trajectory ‖ ~koeffizient m (Mech) / collision coefficient, restitution coefficient ‖ ~kreis m (Mech) / return o. cuspidal circle ‖ ~pol m (Mech) / return pole o. center, cuspidal pole ‖ ~punkt m (Verm) / cusp, cuspidal point, spinode ‖ ~punkt m einer Kurve (Math) / acnode

Rück·keilwinkel m (Wzm) s. Rückfreiwinkel ‖ ~kippen n / rack-back ‖ ~klopfen / feed back ‖ ~kohlmittel n (Hütt) / recarburizing agent ‖ ~kohlung f (Hütt) / recarburization, carbon restoration ‖ ~kontrolle f (Fernm) / reversible control ‖ ~koppeln (Elektronik) / couple o. feed back, regenerate ‖ ~koppelnd, -gekoppelt (Elektronik) / retroactive ‖ ~koppelsystem n / feedback system ‖ ~kopplung f (Elektronik) / back-coupling, [positive] feedback, regeneration, retroaction, reaction ‖ akustische o. mechanische ~kopplung (Radio) / howlback, acoustic feedback ‖ ~kopplung

über ein C-Glied f (Elektronik) / capacity o. capacitance reaction

Rückkopplungs·-Drehkondensator m / reaction condenser ‖ ~empfänger m (Elektronik) / regenerative receiver ‖ ~erscheinung f / retroaction effect ‖ ~faktor m / feedback factor ‖ ~generator m / feedback oscillator ‖ ~grad m / feedback ratio ‖ beginnendes ~heulen (Elektronik) / fringe howl ‖ ~kreis m / regenerative o. reaction circuit, feedback circuit ‖ ~neigung f / feedback o. regeneration tendency ‖ ~röhre f / retroactive tube o. valve, retroactor ‖ ~schaltung f / regenerative o. reaction coupling ‖ ~schleife f / feedback loop ‖ ~schleifenverstärkung f (Fernm) / loop gain ‖ ~sperre f (Elektronik) / antireaction circuit, feedback o. reaction suppressor ‖ ~spule f / retroactive o. reaction coil ‖ ~spule f im Anodenkreis (Elektronik) / tickler [coil] ‖ ~strahlung f (Elektronik) / reradiation ‖ ~theorie f (Regeln) / feedback theory ‖ ~verstärker m (Elektronik) / regenerator, regenerative amplifier ‖ ~verstärkung f (Elektronik) / regenerative amplification ‖ ~verzerrung f / regenerative o. retroactive distortion

Rück·kühlanlage f / recooling plant ‖ ~ladebagger m (Bergb) / reclaimer ‖ ~ladebagger m [mit Schaufelrad] / bucket wheel reclaimer ‖ ~ladeeinrichtung f (Bahn) / reclaiming appliance ‖ ~ladeleistung f / stockpile removing capacity ‖ ~laden (Transport) / reclaim ‖ ~lage f, Rücksprung m (Bau) / recess of a front ‖ ~lage f (Wassb) / water reserves pl

Rücklauf m / back[ward] o. return o. reverse motion o. movement o. travel, reversing stroke o. travel ‖ ~, Rohrrücklauf m / barrel recoil ‖ ~ (Diktiergerät) / backspace control ‖ ~, Durchlauf in umgekehrter Richtung / return pass ‖ ~ (Flüssigkeit) / runback ‖ ~ (Heizung) / return ‖ ~ (Schiff) / going astern ‖ ~ (Fernm) / homing of the selector ‖ ~ (Magn.Bd) / rewind ‖ ~, Rücksprung m des Abtaststrahls (TV) / flyback ‖ ~ der Wählscheibe (Fernm) / return of the dial ‖ ~achse f (Kfz) / reverse idler shaft ‖ ~aluminium n / circulating aluminium ‖ ~aluminium n / recycling aluminium ‖ ~austastung f (TV) / flyback blanking ‖ ~behälter m, -reservoir n / low-level service reservoir ‖ ~belebtschlamm m (Abwasser) / return activated sludge ‖ ~bremse f (Mil) / recoil brake, [recoil] buffer ‖ ~brenner m (Luftf) / spill burner ‖ ~buchse f (Kfz) / reverse idler gear bushing ‖ ~doppelrad n (Kfz) / reverse double pinion ‖ ~elektronen f pl (Kath.Str) / return electrons pl ‖ ~frequenz f / recurrence frequency ‖ ~gut n / recycled material ‖ ~hemmung f (Zählw.) / return stop

rückläufig / retrograde, receding ‖ ~e scheinbare Bewegung (Astr) / regression of nodes ‖ ~ sein / retrograde

Rücklauf·impuls m (TV) / flyback [im]pulse ‖ ~kondensator, -kühler m (Destill) / reflux condenser, analyzer ‖ ~kühler m, Rückflußkühler m / reflux o. return condenser ‖ ~leitung f (Heizung) / return pipe ‖ ~methode f (TV) / flyback utilization ‖ ~öl n / return oil ‖ ~rad n (Kfz) / reverse idler gear ‖ ~rolle f (Walzw) / returning roll ‖ ~schaltung f (TV) / return circuit ‖ ~schlamm m / return[ed] sludge ‖ ~schrott m (Hütt) / circulating o. revert scrap, home o. mill o. plant o. works scrap, arising interplant scrap ‖ ~sicherung f, -sperre f (Masch) / back-run safety device o. mechanism, return stop ‖ ~spule f (Magn.Bd) / rewind spool ‖ ~spur f (TV) / return trace ‖ ~strich m (TV) / retrace line ‖ ~taste f (Schreibm) / backspace key ‖ ~unterdrückungsimpuls m (TV) / blanking o. blackout (US) pulse ‖ ~verhältnis n / reflux ratio ‖ ~weg m (Kontakt) / release travel

Rück·lauge f (Pap) / release liquor ‖ ~lehne f / back of a seat ‖ ~leistungsauslösung f (Elektr) / directional o. discriminating circuit-breaking o. circuit-control, reverse-power circuit-breaking o. -control ‖

~leistungsrelais *n* / directional relay, discriminating relay, reverse current o. reverse power relay ‖ ~leitung *f* / return circuit ‖ ~leitung *f* (Masch) / recirculating o. return piping o. line ‖ ~leitung *f* (Elektr) / return wire o. conductor ‖ ~leitungskabel *n* / return cable ‖ ~licht *n* des Signals (Bahn) / back light of the signal ‖ ~magnetisierungszeit *f* (DV) / reset period of a core ‖ ~meldeanlage *f* / revertive communication installation ‖ ~meldefeld *n* (Fernm) / reverting signal panel ‖ ~meldegetriebe *n* / repeat-back gear ‖ ~melder *m*, Wiederholer *m* (Bahn) / repeater ‖ ~melder *m* (Regeln) / response synchro ‖ ~melderuf *m* (Fernm) / reverted call ‖ ~meldesignal *n* / repeat-back signal, revertive signal, check-back signal ‖ ~meldetaste *f* / acknowledge key ‖ ~meldevorrichtung *f* (Bahn) / repeater mechanism ‖ ~meldezeichen *n* (Fernm) / backsighting ‖ ~meldung *f* / remote indication, reply ‖ ~meldung *f* (Fernm) / revertive communication ‖ ~meldung *f*, Quittung *f* / acknowledg[e]ment ‖ ~meldung *f* (Nachricht) / acknowledgement, acknowledge message ‖ **[positive]** ~meldung (Info) / acknowledge ‖ **negative** ~meldung / negative acknowledge ‖ **unmittelbare** ~meldung des Lernresultats (Lehrmasch) / feedback ‖ ~mischteiler *m* (Elektronik) / regenerative [frequency] divider ‖ ~mischung *f* / reconversion ‖ ~mischung *f* (Elektronik) / inverse mixing
Rücknahme *f* (z.B. Zahnkopf, -fuß) / relief (of tooth) ‖ ~preis *m* (z.B. für Altwagen), Trade-in *n* / trade-in allowance ‖ ~taste *f* (Bahn, Stellwerk) / cancelling key of the interlocking block ‖ ~verfahren *n* (Chem) / recirculation process, recycling process ‖ ~wasser *n* / recirculation o. recycling water
Rück·nivellement *n* / return levelling ‖ ~oxidation *f* (Färb) / reoxidation ‖ ~pfeilung *f* (Luftf) / positive . sweepback ‖ ~phosphorung *f* (Hütt) / rephosphorization ‖ ~prall *m* / bounce, bound, rebound, repercussion, recoil ‖ ~prallelastizität *f* (Plast) / rebound resilience ‖ ~prallhärte *f* / rebound hardness ‖ ~prallhärteprüfung *f* / resilience test [of hardness] ‖ ~prallhöhe *f* (Härteprüfung) / rebound ‖ ~prallprüfer *m* / resilience tester ‖ ~pro *f* (Film) / back projection ‖ ~pro *m* (Film) / back projector ‖ ~projektion *f* (Repro) / rear projection ‖ ~proschirm *m* / translucent screen, back projection screen ‖ ~pumpbecken *n* / pump fed basin ‖ ~reaktion *f* (Chem) / back reaction ‖ ~ruf *m* (Schiff) / recall ‖ ~ruf *m* (Fernm) / ringing back ‖ ~ruf *m* (Fernm) / calling back, ring back ‖ ~ruf *m* eines Erzeugnisses / recall of a product ‖ ~ruf-Aktion *f* (Kfz) / recall action ‖ ~ruftaste *f* (Fernm) / ring-back key, enquiry key ‖ ~rufzeichen *n* / call-back o. recall signal ‖ ~rüstung *f*, Nachrüstung *f* (Kfz) / backfitting ‖ ~saugpumpe *f* / recirculating pump, return pump ‖ ~saugung *f* / back absorption ‖ ~schalten (Elektr) / switch back ‖ ~schaltung *f* (Information) / shift-in ‖ ~schaltungszeichen *n* / shift-in character, SI ‖ ~scheibe *f* (Kfz) / rear window ‖ ~schicht *f*, Anti-Halo-Belag *m* (Phot) / backing
Rückschlag *m* / return kick o. shock o. stroke, back kick o. stroke, blowback ‖ ~ (Flamme) / backfire, -flash ‖ ~ der Anlaßkurbel / return kick of the starting crank ‖ ~einrichtung *f* (Jacquard) / reversing motion ‖ ~frei, -sicher / blow-back proof ‖ ~freier Hammer / recoilless hammer, plastic tip hammer ‖ ~-Funkensperre *f* / isolating spark gap ‖ ~klappe *f* (Abwasser) / flap trap ‖ ~ventil *n*, -klappe *f* / return o. reflux o. check valve, back [pressure] valve, nonreturn valve ‖ ~ventil *n*, Klappenventil *n* / flap o. clack valve, clapper ‖ ~ventil *n* (Bahn) / holding valve ‖ **senkrecht arbeitendes** ~ventil / lift-type check valve ‖ ~ventil *n* gegen Vakuum / vacuum breaker ‖ ~ventil *n* mit Feder / spring-loaded check valve ‖ ~ventil *n* mit Klappe / tilt check valve, swing-type check valve
Rück·schnellfeder *f* / recoil spring, spring-return mechanism ‖ ~schreibung *f* der Information /

regeneration of information ‖ ~schreitend / retrograde, retrogressive, backward ‖ ~schreitende Umlaufbahn (Raumf) / retrograde orbit ‖ ~schrumpfungsmessung *f* (Plast) / back-shrinking measurement ‖ ~schub *m* (Fernschr) / unshift ‖ ~schubrost *m* (Kessel) / reciprocating grate ‖ ~schwefeln / resulphurize ‖ ~schwingen *n* (Impuls) / forward swing
Rückseite *f* / back, rear[side] ‖ ~ (Textil) / wrong side, back, reverse side ‖ ~ (Münzw) / reverse, tail of a coin ‖ ~ (Astr) / backside ‖ ~, dunkle Seite (Astr) / dark side ‖ ~, Hintenliegendes *n* / back, rear [side] ‖ ~ (Buch) / reverse, back page ‖ ~ von Sperrholz / back of plywood ‖ **die** ~ **bedrucken** (Buch) / back, perfect [up]
Rückseiten·appretur *f* / back finish ‖ ~bearbeitung *f* (Druckstock) (Buch) / back-planing of the printing block ‖ ~befestigung *f* (Instr) / back-of-board mounting ‖ ~druck *m* (Kartographie) / backup ‖ ~lack *m* (Blech) / backing coat ‖ ~verdrahtung *f* / back panel wiring
rückseitig / on the backside ‖ ~, auf der Rückseite / in the rear ‖ ~e Anschluß (Elektr) / rear connection ‖ ~e Bearbeitung (Wzm) / rear operation ‖ ~er Formdruckwiderstand (Luftf) / base drag ‖ ~er Kurssektor (Luftf) / back course sector ‖ ~ verstärkt (Tuch) / backed
Rück·setzanweisung *f* (DV) / backspace statement ‖ ~setzen (Tonkopf, Band) / backspace *tr* ‖ ~setzen (Flipflop) / reset ‖ ~setzen *n*, (spez.:) Schreibwerk-Rückführung *f* / backspacing ‖ ~setzen um einen Block (Magn.Bd) / rewind one gap ‖ ~setzmechanismus *m* (Elektr) / return mechanism ‖ **ohne** ~**sicht ob Erde oder Fels** (Baggern) / unclassified ‖ ~sitz *m* (Kfz) / backseat ‖ ~sitz *m*, Notsitz *m* [im Roadster] (Kfz) / rumble seat in a roadster ‖ ~sog *m* (Plast) / backlash ‖ ~spanwinkel *m* (Wzm) / tool back rake o. clearance, tool back wedge angle ‖ ~speisekabel *n* (Elektr) / negative feeder ‖ ~speisekabel *n*, Schienenspeisekabel *n* (Bahn) / negative feeder cable ‖ ~speisepumpe *f* / recirculation pump, return pump ‖ ~spiegel *m* (Kfz) s. Rückblickspiegel ‖ ~sprechen *n* / talk back ‖ ~springen (Tonkopf) / backspace ‖ ~springen (DV) / return *vi* ‖ ~springen lassen / return *vt*
Rücksprung *m*, Rückprall *m* / rebound ‖ ~, Rücklauf *m* des Abtaststrahls (TV) / flyback, retrace, kickback (US) ‖ ~ (Gebäudeteil) / set-off, setoff (US), offset ‖ ~ (Programm) / return ‖ ~ (an Flanschen) / recess on flanges ‖ ~ der Palette / wing of pallet ‖ ~adresse *f* (DV) / return address ‖ ~anweisung *f* (FORTRAN) / return statement ‖ ~flansch *m* / shoulder flange ‖ ~härte *f* / rebound hardness ‖ ~palette *f* (Transport) / wing pallet, pallet with projecting floor, stevedore-type pallet ‖ ~spur *f* des Abtaststrahls (TV) / return trace, return line flyback ‖ ~stelle *f* (DV) / re-entry point ‖ ~zeit *f* zwischen den Zeilen (o. Bildern) (TV) / flyback period of the line [o. frame] frequency
rück·spulen (Magn.Bd) / rewind ‖ ~spulen *n* (Phot) / rewind ‖ ~spül-Filter *m* (Abwasser) / reversible flow filter ‖ ~spulknopf *m* / back winding knob ‖ ~spulsteuerung *f* / rewind control ‖ ~spülung *f* (Abwasser) / backwashing, stripping (US) ‖ ~spülung *f* (Ionenaustauscher) / regeneration ‖ ~spülwasser *n* / backwash water
Rückstand *m* (Aufträge, Arbeiten usw.) / backlog ‖ ~ (Chem) / remainder, residue, residual matter, sediment ‖ ~, Unverbranntes *n* / non-burned residue ‖ ~, Abgänge *m pl* (Aufber) / reject, oversize product ‖ ~, Rückstände *m pl* (Erz) / tailings *pl* ‖ ~, Caput mortuum *n* (Chem) / phlegm ‖ ~, Melasse *f* (Zuck) / run-off, molasses *sg* ‖ ~ der Uranerz-Verarbeitung / mill tails o. milling wastes of uranium ‖ ~dicker *m* (Zuck) / viscous molasses *pl* ‖ **Rückstände** *m pl*, hochsiedender Rückstand *m* (Öl) / bottoms *pl*, high-boiling residue ‖ **Rückstände** (Nukl) / spent fuel for reprocessing ‖ **Rückstände aufschließen** (Chem) / fuse residues

861

Rückstands·analyse f / residue analysis ‖ **⌐öl** n, Masut m (Öl) / resid[ues pl.] pl, residual oil, mazout, masut ‖ **⌐untersuchung** f (Insektizid) / residue test ‖ **⌐wert** m (Insektizid) / permitted value of residues ‖ **⌐zündung** f, Rumbling n (Rumpeln bei hoher Verdichtung) (Kfz) / rumble o. rumbling of the motor ‖ **⌐zylinderöle** n pl / bright stock

Rück·stau m / back draught o. draft (US) ‖ **⌐stau** m (Hydr) / damming [up], backpressure ‖ **⌐stau** m (Turbine) / reflux, backpressure ‖ **⌐stau** m (Walzw) / backward slip ‖ **⌐stau** m (Verkehr) / back-up, pile-up, jam ‖ **⌐staudamm** m (DIN) / retired embankment ‖ **⌐stauverschluß** m (Abwasser) / antiflooding valve ‖ **⌐stelldrehmoment** n / restoring moment o. torque ‖ **⌐stelldruck** m / restoring pressure ‖ **⌐stelleinrichtung** f / readjusting device ‖ **⌐stelleitung** f (o. -wicklung) (DV) / reset line o. winding ‖ **stellelastizität** f (Gummi) / resilience ‖ **auf Null ⌐stellen** / reset to zero ‖ **das Relais ⌐stellen** / reset a relay ‖ **⌐stellfeder** f / pull-back o. readjusting spring ‖ **⌐stellkonstante** f (Meßwesen) / restoration constant, control constant ‖ **⌐stellkraft** f / restoring force ‖ **⌐stellkraft** f (Phono) / needle drag ‖ **⌐stellmagnet** m (Fernm) / release magnet ‖ **⌐stellmoment** n / righting moment ‖ **⌐stellschalter** m, halbautomatischer Lenkstockschalter (Kfz) / self-cancelling steering column switch, cancelling switch ‖ **⌐stellsperre** f / back-locking ‖ **⌐stellstange**, -ziehstange f (Bremse, Bahn) / release rod ‖ **⌐stellstapel** m (DV) / push-down stack ‖ **⌐stelltaste** f (GB) (Zähler) / reset button ‖ **⌐stelltemperatur** f (thermoelektr.Kontakt) / restoring temperature ‖ **⌐stellung** f (Wzm) / return movement o. motion o. travel ‖ **⌐stellung** f (in die Ausgangslage) / reset ‖ **⌐stellung** f (bei der Probenahme) (Qual Prüf) / replacement ‖ **⌐stellung** f (Pneum) / reset[ting] ‖ **⌐stellung** f (Bilanz) / transfer to reserve [fund] ‖ **⌐stellung**, Reduzierung f / reduction, setback ‖ **⌐stellung** f der Fallklappe (Fernm) / replacement of a drop ‖ **⌐stellvermögen** n (z.B. Pasten) / recovery (pastes) ‖ **⌐stellvorgang** m (Datenterminal) / recovery procedure ‖ **⌐stellvorrichtung** f (Regeln) / recoil device ‖ **⌐steuern** n (Fernm) / revertive control ‖ **⌐steuerröhre** f (TV) / apple tube ‖ **⌐stich** m (Walzw) / return pass ‖ **⌐stichgeheftet** (Buch) / saddle stitched ‖ **⌐stichheftung** f (Buch) / saddle stitching

Rückstoß m (Mil) / recoil, blow-back, kick ‖ **⌐** (Rakete) / reaction, repulse ‖ **⌐** (infolge Frühzündung) (Mot) / back kick ‖ **⌐**, Repuls m / repulsion ‖ **⌐** der Trägerrakete / launcher impact ‖ **⌐antrieb** m, Reaktionsantrieb m / propulsion by recoil o. reaction. repulse o. jet, reaction propulsion ‖ **⌐atom** n (Nukl) / recoil atom o. nucleus ‖ **⌐chemie** f, Chemie f heißer Atome / hot atom chemistry, recoil chemistry ‖ **⌐düse** f (Rakete) / reaction control jet ‖ **⌐elektron** n / recoil electron

rückstoßen / recoil

rückstoß·frei / recoilless ‖ **~freie Resonanzabsorption** / Mössbauer absorption ‖ **~kern** m (Nukl) / recoil nucleus ‖ **~kraft** f / power of recoil o. repulsion o. repelling o. reaction, repulsion o. repelling power ‖ **~lader** m / recoil-operated gun, blowback (US) ‖ **~pistole** f (Raumf) / rocket pistol ‖ **~-Protonenspektrometer** n / recoil proton spectrometer ‖ **~rakete** f (Raumf) / reaction-control rocket ‖ **~-Spaltenergie** f (Nukl) / fission recoil energy ‖ **~teilchen** n (Nukl) / recoil particle ‖ **~verstärker** m / recoil intensifier, muzzle attachment

Rück·strahlantenne f / backfire antenna ‖ **~strahlen**, reflektieren / reflect v ‖ **~strahlend** / retroreflective ‖ **~strahlender Nagel** (Straßb) / reflecting road stud ‖ **~strahler** m (Kfz) / rear [red reflex] reflector ‖ **~strahlfläche** f / reflecting surface ‖ **strahlfläche** f (Radar) / echo area ‖ **strahlinformation** f (Seitensicht-Radar) / phase history ‖ **~strahlpeiler** m, Entfernungsmesser m (Radar) / echo range finder ‖ **~strahlung** f (Röntgen) / back reflection ‖ **~strahlung**, Reflexion f / reflection, reflex[ion], reverberation ‖

durch **~strahlung übermitteln** / backscatter a signal ‖ **~strahlungskurve** f, Remissionskurve f (Opt) / reflectance curve ‖ **~strahlungsmesser** m (ein Dickenmesser) / backscatter gauge ‖ **~strahlungsvermögen** n / reflectance ‖ **~strahl-Vidikon** n / return-beam vidicon ‖ **~strahlwert** m (Licht) / coefficient of reflex luminous intensity ‖ **~streichkamm** m (Spinn) / evener comb ‖ **~streichvorrichtung** f (Spinn) / back stripping device ‖ **~streifwalze** f (Spinn) / stripper comb o. roll, even roll[er] ‖ **~streudiagramm** n / backscatter diagram o. pattern ‖ **~streudicke** f (Nukl) / backscatter thickness ‖ **~streustrahlung** f / backscattered radiation ‖ **~streuung**, -strahlung f / backscatter ‖ **~strom** m / reflux ‖ **~strom** m (Elektr) / reverse current, return o. back current ‖ **~stromauslöser** m / directional o. discriminating circuit breaker o. cutout ‖ **~stromauslösung** f, -stromschutz m (Elektr) / directional o. discriminating circuit-breaking o. circuit-control, discriminating protective system, reverse current circuit-breaking ‖ **~stromausschalter** m, selbsttätiger Ausschalter (Kfz) / directional current o. reverse-current circuit-breaker o. cut-out ‖ **~strömen** n, -lauf, -strom m, -strömung f / backflow, reflux [action] ‖ **~stromgewinnung** f (Bahn) / regenerative braking ‖ **~strömklappe** f / backflow check valve ‖ **~stromrelais** n, -sicherung f / directional o. discriminating relay, reverse current o. reverse power relay ‖ **~stromschalter** m (Akku) / battery cut-out ‖ **~strömsperre** f (Hydr) / nonreturn valve ‖ **~stromspitze** f / peak reverse recovery current ‖ **~strömung** f (Hydr) / surging, backflow ‖ **[spezifische] ~strömung** f (Vakuum) / backstreaming ‖ **~strömwasser** n / backward flowing water ‖ **~taste** f (Schreibm) / backspace [key], backspacer, return key ‖ **~titration** f / back titration ‖ **~transformierte** f (Laplace) / inverse transform ‖ **~trieb** m, -trift f (Hydr, Luftf) / drag ‖ **~triebrakete** f / retroactive rocket ‖ **~tritt** m von einem Vertrag / rescission ‖ **~trittbremse** f (Kfz) pedal[ling] brake ‖ **~übertrag** m (Math) / carry back ‖ **~übertragung** f (Funk) / tellback ‖ **~übertragung** f der Eins (Math) / elusive one ‖ **~umlagerung** f (Chem) / inverse rearrangement o. transposition ‖ **~[um]wandlung** f / reconversion ‖ **~verfolgbarkeit** f / traceability ‖ **~vergasung** f / regasification ‖ **~vergrößerung** f / microfilm print ‖ **~vermischung** f, -vermischen n (Öl) / backmixing ‖ **~vermischung** f in Längsrichtung (Chem) / longitudinal back-mixing ‖ **~verteilung** f der Sekundärelektronen / redistribution of secondary electrons ‖ **~verwandlung** f (Chem) / reverse transformation ‖ ohne **~verweisungen** (DV) / asyndetic ‖ **~vorschub** m (Walzw) / discontinuous feed

Rückwand f / back wall ‖ **~** (des LKW) (Kfz) / rear panel o. backboard (of the lorry) ‖ **~** (SM-Ofen) / back wall, end o. gable wall ‖ **~** (Masch) / back, rear[side], back wall ‖ **~** eines Gehäuses / back panel ‖ **~** eines Kastens / back wall ‖ **~** von Waschbecken / skirting of a wash basin ‖ herunterklappbare **~** (Lkw) (Kfz) / drop backboard o. tailboard ‖ **~echo**, Slap Back n / slap-back

Rückwandern an die Oberfläche (Insektizid) / blooming

Rückwand·fenster n (Kfz) / rear window ‖ **~karton** m / base board, body board ‖ **~rahmen** m (Kfz) / rear panel frame ‖ **~tür** f, dritte o. fünfte Tür (Kfz) / rear door ‖ **~verdrahtung** f (Elektronik) / back-panel wiring ‖ **~verdrahtungsplatte** f / [wiring] backplane

rückwärtig, Rück... / back[ward] ‖ **~e Klappwand** (Kipper) / tailboard, tailgate ‖ **~er Leitstrahl** / back beam ‖ **~e Neigung** / backward tilt ‖ **~e Stromstoßgabe** (Fernm) / reversed o. revertive impulsing

rückwärts, nach hinten / aback ‖ **~** (Zählen) / down [counting] ‖ **~...** / backward ‖ **~...**, rückwärts (Schiff) / astern ‖ **~ einschneiden** (Verm) / resect, intersect backward ‖ **~ fahren** / reverse ‖ **~ leitend** (Halbl) /

reverse conducting ‖ ~ **lesen** (DV) / read backwards ‖
~ **setzen** (Kfz) / back up ‖ ~ **sperrend** (Halbl) / reverse
blocking ‖ ~ **zählen** / count down ‖ ↵**-Abstand** *m* /
back space ‖ ↵**auslösung** *f* (Fernm) / called party release
‖ ↵**bewegung** *f* / backing-off o. back motion o.
movement ‖ ↵**bewegung** *f*, rückschreitende Bewegung /
retrograde motion ‖ ↵**bewegung** *f* s. auch Rücklauf ‖
↵**bewegung** *f* **zum Ausgangspunkt** / return movement
o. motion o. ‖ ↵**drucken** *n* / reverse typing ‖
↵**durchlaßwiderstand** *m* (Halbl) / reverse conducting
resistance ‖ ↵**einschlagen, -einschneiden** *n*, **-einziehung**
f (Verm) / back observation, backsight[ing], resection ‖
↵**-Erdumlaufecho** *n* (Radar) / backward round-the-
world echo, backward round trip echo ‖ ↵**fließpressen**
n, Gegenfließpressen *n* / indirect o. inverted extrusion ‖
↵**fließpressen** *n* / backward extrusion, indirect o.
reverse extrusion ‖ ↵**gang** *m* (Kfz) / reverse [gear o.
motion] ‖ ↵**gang, -lauf** *m* **der Schraube** (Schiff) / running
astern ‖ ↵**gang** *m* (Wzm) / reverse travel o. motion ‖
↵**gang einschalten** / put into reverse ‖ ↵**ganganschlag**
m (Kfz) / reverse gear stop ‖ ~**gekrümmt** (Schaufel) /
bent backwards ‖ ~**gelegene Schiene** (Bahn) / rail in rear
‖ ↵**-Gleichspannung** *f* (Halbl) / continuous reverse
voltage ‖ ↵**hub** *m* / back stroke, return o. reversing
stroke o. travel ‖ ↵**-Kaltfließpressen** *n* / reverse cold
extrusion ‖ ↵**kennlinie** *f* (Halbl) / reverse current-
voltage o. voltage-current characteristic ‖ ↵**kipper** *m* /
rear dump body ‖ ↵**lesen** *n* (DV) / reverse reading ‖
↵**lesen u. Speichern** *n* (DV) / read-backward character
assembly and storage ‖ ↵**-Napffließpressen**, -Napfen *n*
/ backward can extrusion ‖ ↵**pedal** *n* / reverse pedal ‖
↵**projektionsverfahren** *n* (Film) / back projection ‖
↵**regelspannung** *f* (Elektronik) / back bias voltage ‖
↵**regelung** *f* (Elektronik) / back bias ‖ ↵**regler** *m* / back
bias regulator ‖ **in** ↵**richtung** (Halbl) / in reverse
direction, reverse ‖ ↵**richtung** *f* **bei PN-Übergang**
(Halbl) / reverse direction ‖ **in** ↵**richtung betrieben**
(Elektronik) / reverse biassed ‖
↵**-Scheitelsperrspannung** *f* (Halbl) / peak working
reverse voltage ‖ ↵**-Scheitelsperrspannung** *f* (Halbl) /
crest working reverse voltage ‖
↵**schnitt** *m* (Verm) s. Rückwärtseinschlagen ‖ ↵**schritt** *m*
(Elektr) / backward pitch ‖ ↵**schritt** *m* (DV) / backspace,
BS ‖ ↵**schrittzeichen** *n* (DV) / backspace character, BS
character ‖ ↵**schweißen** *n* / righthand o. rightward o.
backhand o. backward welding ‖ ↵**spannung** *f* (Halbl) /
inverse o. reverse voltage, back voltage ‖
↵**sperrspannung** *f* / reverse blocking voltage ‖
↵**sperrzustand** *m* (Halbl) / reverse blocking state ‖
↵**steilheit** *f* (Röhre) / short-circuit reverse transfer
admittance ‖ ↵**steuerspannung** *f* (Halbl) / reverse gate
voltage ‖ ↵**steuerung** *f* (DV) / backward supervision ‖
↵**stich** *m* / reverse stitch ‖ ↵**streuung** *f* / backward
scatter[ing] ‖ ↵**strom** *m* (Halbl) / reverse current ‖
↵**turbine** *f* (Schiff) / astern turbine ‖ ↵**überstrahlung** *f* /
back spill ‖ ↵**übertrag** *m* (DV) / end-around carry ‖
↵**verkettung** *f* (DV) / backward chaining ‖
↵**verlustleistung** *f* (Halbl) / non-conducting state power
loss ‖ ↵**weg** *m* (Regeln) / backward path o. channel ‖
↵**welle** *f* (Elektronik) / backward wave ‖
↵**wellen-Magnetfeldröhre** *f*, **-wellenröhre vom M-Typ**
(Elektronik) / M-type carcinotron, M-type backward
wave tube ‖ ↵**wellenoszillator** *m*, RWO / backward
wave oscillator, bwo ‖ ↵**wellenoszillator** *m* **vom O-
Typ** / O-type backward-travelling wave oscillator tube ‖
↵**wellenröhre** *f* (Elektronik) / carcinotron, backward
wave tube, BWT ‖ ↵**zählen** *n* **zum Start** / countdown ‖
↵**zähler** *m* / count-down counter ‖ ↵**zeichen** *n* (Fernm) /
backward signal ‖ ↵**zielen** *n* (Verm) s.
Rückwärtseinschlagen
Rück·wäsche *f* (Petroleum) / back wash ‖ ↵**wasser**,
Stauwasser *n* (Hydr) / tailwater, backwater ‖ ↵**weg** *m*
(NC) / retreat

ruckweise, stoßweise / by fits [and starts], by jerks and
jolts ‖ ~**s Ausschalten** / jerky knock-off o.
disconnection ‖ ~ **Bewegung bei Verdampfung im
Siedewasserreaktor** / chugging ‖ ~ **[sich] bewegen** /
jerk
Rückweisungs·fach *n* (DV) / reject pocket o. stacker ‖
↵**rate** *f* (DV) / reject rate
Rück·werter *m* (DV) / decoder ‖ ↵**winderegler** *m* (Web) /
backing-off control o. regulator o. retarding motion o.
chain-tightening motion ‖ ↵**winderegler** *m* (Spinn) /
tightening motion ‖ ~**wirken**, gegeneinander wirken /
react ‖ ~**wirkend** / retroactive ‖ ↵**wirkung** *f*, Reaktion
f (Phys, Mech) / reaction ‖ ↵**wirkung aus dem Leitwerk**
/ feedback from the flight controls ‖ ↵**wirkungen** *f pl*
auf gewisse Bereiche, Feedback *n* (allg) / feedback ‖
↵**wirkungsadmittanz** *f* (Elektronik) / reverse transfer
admittance ‖ ~**wirkungsfrei** / reactionless ‖
↵**wirkungsfreiheit** *f* (allg) / absence of interaction o. of
feedback ‖ ↵**wirkungskraft** *f* / power of recoil o.
repulsion o. repelling o. reaction, reaction power ‖
↵**wirkungsleitwert** *m*, Anodenrückwirkung *f*
(Elektronik) / feedback admittance o. susceptance ‖
↵**wirkungswiderstand** *m* **von Kopplungsnetzwerken** /
coupled impedance ‖ ↵**ziehstange, -stellstange** *f*
(Bremse, Bahn) / release rod ‖ ↵**zipfelecho** *n* (Radar) /
back echo ‖ ↵**zug** *m* (Wzm) / return traverse ‖ ↵**zug** *m*
von Hand / hand return ‖ ↵**zugfeder** *f* / pull-back
spring, retracting o. return spring ‖ ↵**zugfeder**,
Rückstellfeder *f* / adjustment o. readjusting spring ‖
↵**zughebel** *m* / return motion lever ‖ ↵**zugkaliber** *n*
(Walzw) / pull-back pass ‖ ↵**zugkolben** *m* (Plast) / pull-
back ram ‖ ↵**zugkurve** *f* (Wzm) / withdrawal cam,
return cam ‖ ↵**zugmarke** *f* (Dreh) / score [from
withdrawing the tool] ‖ ↵**zugseil** *n* / pull-back rope,
hauling back rope ‖ ↵**zugstreiber** *m pl* (Strangguß) / pull-
back pinch rolls ‖ ↵**zugzylinder** *m* (Presse) (Plast) /
pull-back [cylinder] ‖ ↵**zündung** *f* (Kfz) / backfire,
backflash ‖ ↵**zündung** *f* (Gleichrichter) / flashback,
arc[ing] back ‖ ↵**zündung** *f* (Röhre) / restrike ‖
↵**zylinder** *m* (Bergb) / pushing ram
Ruder *n*, Steuerfläche *f* (Luftf) / control surface,
motivator, aileron (GB) ‖ ↵, Steuerruder *n* (Schiff) /
rudder ‖ ↵, Riemen *m* (Schiff) / oar ‖ ↵**anlage** *f* (Schiff) /
helm ‖ ↵**ausschlag** *m* / motivator deflection ‖ ↵**blatt** *n*
(Schiff) / rudder blade o. plate ‖ ↵**bock** *m*, **-joch** *n* /
rudder post bracket ‖ ↵**boot** *n* / row boat o. pulling boat
‖ ↵**druckanzeiger** *m*, Steuerdruckanzeiger *m* (Luftf) /
control force indicator ‖ ↵**düse** *f* (Schiff) / steering
nozzle ‖ ↵**fläche** *f* (Schiff) / rudder surface ‖ ↵**gänger** *m*
(Schiff) / steersman ‖ ↵**haus** *n* (Schiff) / pilot o. wheel
house ‖ ↵**kette**, Steuerkette *f* / tiller chain ‖ ↵**kopf** *m*
(Schiff) / rudder head ‖ ↵**lage** *f*, **-stellung** *f* / rudder
position o. angle ‖ ↵**lagenanzeiger** *m*, RUZ *m* / rudder
angle indicator ‖ ↵**maschine, -anlage** *f* (Schiff) / steering
gear ‖ **fernbetätigte** ↵**maschine** (Schiff) / remote control
o. teleconstrolled steering gear ‖ ↵**maschine** *f* **auf
Ruderquadrant** / steering engine on tiller ‖ ↵**moment**
n (Luftf) / hinge moment ‖ ↵**momenten-Beiwert** *m*
(Luftf) / hinge-moment coefficient ‖ ↵**pinne** *f* (Schiff) /
tiller ‖ ↵**pinne** *f* (Ruderboot) / pintle ‖ ↵**propeller** *m*
(Schiff) / thruster, rudder propeller ‖ ↵**schaft**, -steven *m*
/ rudder post o. spindle ‖ ↵**spiere** *f*, -rippe *f* (Luftf) /
control surface rib ‖ ↵**stellungsanzeiger** *m* (Luftf) /
control position recorder ‖ ↵**zeiger** *m* (Schiff) / helm
indicator
Ruf·adresse *f* (DV) / call address ‖ ↵**anlage** *f*,
Lautsprecheranlage *f* / public address o. P.A. system ‖
↵**anlage**, Suchanlage *f* / staff location plant o. locator
installation ‖ ↵**anlage** *f*, Werkssignalanlage *f* / staff
locator ‖ ↵**anlage** *f* (über größere Entfernungen)
(Elektronik) / paging installation, pager ‖
↵**[anschalt]relais** *n* / ringing relay ‖ ↵**anweisung** *f*
(DV) / call statement ‖ ↵**anzeige** *f*, -anzeiger *m* (Fernm) /
call[ing] indicator ‖ ↵**befehl** *m* (DV) / call[ing]

Ruf

instruction ‖ ⁓daten *plt* / call data ‖ ⁓datenband *n* / journal tape ‖ ⁓datenblock *m* (DV) / journal block ‖ ⁓-Druckknopf *m* (Aufzug) / landing call push
rufen / call *v*
rufend·e Station (DV) / calling station
Ruf·induktor *m* / ringing inductor ‖ ⁓lampe, Anruflampe *f* / line lamp ‖ ⁓leitung *f* / ringing line ‖ ⁓leitungsschalter *m* (Fernm) / ringing lead selector ‖ ⁓maschine *f* (Fernm) / signalling unit, control unit ‖ ⁓nummer *f*, Teilnehmernummer *f* (Fernm) / call number, subscriber's [telephone] number ‖ ⁓nummerngeber *m* / automatic dialling unit ‖ **mechanischer** ⁓nummerngeber / mechanical dialer ‖ ⁓nummerngeber *m* **mit Karten** / card-dialer type telephone set ‖ ⁓nummersperre *f* **bei Landesfernwahl** (Fernm) / route barring ‖ ⁓prüfung *f* (Fernm) / signalling test ‖ ⁓relaissatz *m*, RRS (Fernm) / signalling relay unit ‖ ⁓säule *f* (Straßb) / telephone post ‖ ⁓schalter *m*, RS (Fernm) / calling key ‖ ⁓sperrkondensator *m* (Fernm) / block capacitor for signal[l]ing purposes ‖ ⁓stöpsel *m* (Fernm) / calling o. ringing plug ‖ ⁓strom *m* / ringing current ‖ ⁓strom *m* (auf Sprechfrequenz) / voice frequency signalling current ‖ ⁓stromanzeiger *m* / ringing current indicator ‖ ⁓stromerzeuger, Rufstromgenerator, -geber *m*, -maschine *f* / ringing generator o. machine ‖ ⁓stromfrequenz *f* / signalling o. ringing frequency ‖ ⁓stromübertrager *m* / ringing repeater ‖ ⁓tableau *n* / annunciator board ‖ ⁓taste *f*, RT / calling key, starting o. ringing key ‖ ⁓umleitung *f* / call forwarding ‖ ⁓- **und Signalmaschine** *f*, RSM (Fernm) / ringing and signalling machine ‖ ⁓- **und Sprechtaste** *f* / speaking and ringing key ‖ ⁓verzug *m* / post-dialling delay ‖ ⁓weite *f* / reach of call, of signalling ‖ ⁓welle *f* / calling wave ‖ ⁓zeichen *n* (Fernm) / ringing tone, R.T., ring [tone], free line signal ‖ ⁓zeichen *n* **im Funkverkehr** / code name, identifying call letter, call signal ‖ ⁓zustand *m* (Fernm) / ringing condition
Ruhe *f*, Schweigen *n* / silence *n* ‖ ⁓, Stillstand *m* (Masch) / rest, stop, interruption ‖ ⁓, Ruhepause *f*, Rast *f* / rest ‖ ⁓ (Eingriffstiefe in der Ankerhemmung) (Uhr) / lock[ing] (penetration in a lever escapment) ‖ **in** ⁓ (Masch) / at rest ‖ ⁓anschlag, -kontakt *m*, -schiene *f* (Fernm) / spacing stop ‖ ⁓becken *n* (Abwasser) / absolute-rest precipitation tank ‖ ⁓bereich *m* (Relais) / region of non-operation ‖ ⁓dämpfung *f* (Fernm) / closed circuit attenuation ‖ ⁓energie *f* (Nukl) / self-energy ‖ ⁓enthalpie *f* (Phys) / total enthalpy ‖ ⁓fläche, Hebungsfläche *f* (Uhr) / impulse plane, locking face o. plane ‖ ⁓geräuschspannung *f* (Magn.Bd) / weighted background noise ‖ ⁓kontakt *m* / normally closed contact, home contact ‖ ⁓kontakt *m*, geschlossener Kontakt (Relais) / break contact ‖ ⁓lage, Gleichgewichtslage *f* / position of rest, neutral o. steady position, position of equilibrium ‖ ⁓lage *f*, -stellung *f* (Instr) / rest position ‖ ⁓masse *f* (Phys) / rest mass
ruhen, aufsitzen / rest ‖ ⁓, freitragen (Bau) / rest *vi* ‖ ⁓ [lassen] / rest *vt*
ruhend (Belastung) / permanent, dead (load) ‖ ⁓, untätig / dormant *adj*, not being used ‖ ⁓, statisch / static, statical ‖ ⁓er Anker (Elektr) / stationary armature ‖ ⁓es Atom / static atom ‖ ⁓es Bad (Galv) / still bath ‖ ⁓e Belastung / permanent load, dead o. static load ‖ ⁓e Belastung (Seil) / static load (on a rope) ‖ ⁓er Kern (Atom) / nucleus at rest, stationary nucleus, static nucleus ‖ ⁓e Last, Eigengewicht *n* / own o. dead weight ‖ ⁓er Phasenschieber / static phase shifter ‖ ⁓es Relais / static relay ‖ ⁓er Schienenstoß / supported rail joint ‖ ⁓e Steuerung / static control ‖ ⁓er Verkehr / parking vehicles
Ruhe·passung, Übergangspassung *f* (Masch) / medium o. transition fit ‖ ⁓pause *f* (Betrieb) / break, rest, non-working time ‖ ⁓potential *n* / equilibrium rest potential ‖ ⁓punkt *m* (Mech) / [bearance] fulcrum ‖ ⁓punkt,

-zustand *m*, statischer Arbeitspunkt (Elektronik) / quiescent [operating] point ‖ ⁓punkt *m*, Stützpunkt *m* / point of support ‖ ⁓reibung *f* / static friction, striction ‖ ⁓sitz *m*, Festsitz *m* (Masch) / driving fit, force fit ‖ ⁓spannung *f* (Akku) / off-load voltage, open-circuit voltage ‖ ⁓spannung *f* (Akku, Elektronik) / off-load voltage ‖ ⁓stellung *f*, -lage *f* (Instr) / home position ‖ ⁓stellung *f*, Aus-Stellung *f* / idle position, off-position, inoperative position ‖ ⁓stellung, Ausgangsstellung *f* / initial o. original o. starting position ‖ ⁓stellung *f* (Elektr) / neutral o. open position ‖ ⁓stellung *f*, Aus-Stellung *f* / inoperative position ‖ **in** ⁓stellung **bringen** (Masch) / home *vt* ‖ ⁓strom *m* (Elektronik) / zero signal current, quiescent current ‖ ⁓strom *m* (Ggs: Impuls) / static current (ctr.dist. impulse) ‖ ⁓strom *m* **im Ruhstromkreis** / closed circuit current, rest o. static current ‖ ⁓stromauslöser *m* (Elektr) / /itbr/it br, neutral circuit breaker (US) ‖ ⁓strombatterie *f* (Elektr) / closed circuit battery ‖ ⁓strombetrieb *m*, -schaltung *f* / closed circuit system o. working ‖ ⁓[strom]kontakt *m* (Elektr) / break o. rest contact (GB), normally closed contact, NC contact (US), spacing contact ‖ ⁓stromkreis *m* (Relais) / closed circuit ‖ ⁓stromschaltung *f* (Relais) / circuit opening connection ‖ ⁓wert, Leerlaufwert *m* (Elektronik) / quiescent value ‖ ⁓winkel *m*, Böschungswinkel *m* / angle of repose, natural angle of incline ‖ ⁓zeit *f* / rest period ‖ ⁓zeit *f* (für Personal) (Luftf) / restoring period ‖ ⁓zeit *f* (DV) / unattended time ‖ ⁓zeit *f*, Pause *f* (F.Org) / rest period, off-duty period ‖ ⁓zeit **haben** (Fahrer, Kfz) / enjoy a rest time ‖ ⁓zustand *m* / quiescent condition ‖ **im** ⁓zustand / non-operated, non-operative
ruhig, unbewegt / calm, quiescent ‖ ⁓, geräuschlos / noiseless, quiet ‖ ⁓, dezent (Farbe) / quiet ‖ ⁓, gleichmäßig (Gang) / steady, smooth, soft ‖ ⁓, spannungsfrei (Pap) / placid ‖ ⁓, still / dead ‖ ⁓ **arbeitend** (Plasma) / stationary ‖ ⁓er Kurzstart und Landung, QSTOL / quiet short start and landing, QSTOL ‖ ⁓e Periode (Astr) / quiet time ‖ ⁓es Sonnenjahr / quiet sun year ‖ ⁓ stehen, einspielen (Waage) / equipoise, balance out ‖ ⁓e Strömung / subcritical flow ‖ ⁓ werden / steady *vi*
Ruhmasse *f* / rest mass
Ruhmkorffinduktor *m* / Ruhmkorff coil [apparatus]
Ruh·ofen, Kammerofen *m* / semimuffle furnace, oven-type furnace ‖ ⁓penetration *f* (Fett) / unworked penetration
Rühr·apparat *m*, Rührer *m* s. Rührwerk u. Rührmaschine ‖ ⁓arm *m* / agitating arm, stirring arm ‖ ⁓arm, Krählarm *m* (Röstofen) / rabble arm ‖ ⁓behälter, -mischer *m* / impeller type mixer ‖ ⁓bütte *f* (Pap) / mixing chest
Ruhreibung *f* / static friction, striction
Rühreisen *n*, -stab *m*, -stange *f* (Bau, Hütt) / poker, stirrer ‖ ⁓ (Glas) / poker, fretting iron
rühren, bewegen / agitate, move, stir, paddle ‖ ⁓ (Flüssig) / beat, churn ‖ ⁓ (Gieß) / stir *vt* ‖ ⁓ / churning ‖ ⁓, Schlämmen *n* (Bergb) / tossing, kieving ‖ ⁓ **und Zerkleinern** / high-shear agitation ‖ **sich** ⁓ / move *vi*
Rührer *m* / mixer-settler
Rühr·flügel *m* / agitator blade ‖ ⁓gefäß *n* / stirrer vessel o. tank, agitated vessel ‖ ⁓haken *m* (Bau) / mortar beater ‖ ⁓holz *n* (Chem) / wooden stirrer o. paddle ‖ ⁓kreuz *n* / tourniquet ‖ ⁓maschine *f*, -werk *n* / stirring machine ‖ ⁓maschine *f*, -gerät *n*, Rührer *m* / stirring apparatus ‖ ⁓mischer *m* / paddle mixer ‖ ⁓propeller *m* / mixing propeller ‖ ⁓schnecke *f* / spiral stirrer ‖ ⁓werk *n*, -maschine *f*, -apparat *m* / agitating machine, agitator, stirrer, stirring apparatus o. device, stirring machine ‖ ⁓werk *n* (pneumatisch), -apparat *m*, Rührer *m* / bubbler ‖ ⁓werk *n*, Quirl *m* (Gieß, Keram) / blunger ‖ ⁓werk *n* **für Sand** (Gieß) / stirrer ‖ ⁓werk *n* **für Schmelze** (Gieß) / rabble ‖ ⁓werklaterne *f* / agitator gear stool ‖ ⁓werksflotation *f* / froth flotation with

864

mechanical entrainment of air || ~werksmaische f (Zuck) / crystallizer with stirring device || ~werksmischer m / agitating mixer || ~werksschaufel f / agitator

Ruin, Verfall m / ruin

Ruine f, altes Gemäuer / ruins pl

ruinieren, zerstören / ruin v

Rumbling n, Rumble n, Rückstandszündung f (Rumpeln bei hoher Verdichtung) (Kfz) / rumble o. rumbling of the motor

Rum·destillerie f / rum distillery || ~ether m, -essenz f / rum ether o. essence

Rumpel f (Tuch) / fuller (US), fulling machine o. mill (US), milling machine (GB) || ~geräusch n (Geräusche aus der Mechanik über die Nadel übertragen) (Phono) / rumble

rumpeln / bump v, rumble v

Rumpf m, Trichter m / bin, hopper, cone || ~ (Luftf) / fuselage || ~ (Schiff) / hull || ~, Körper m (Pflug) / plough body || ~ der Filterpresse / sump of the filter press || ~ des Hochofens / blast furnace without appendices || ~ mit tragender Außenhaut (Luftf) / body with stress-carrying skin, body with stressed outer skin || ~anschluß m / wing attachment to fuselage || ~bauch m, -unterseite f (Luftf) / bottom of fuselage || ~bekleidung f (Luftf) / fuselage lining || ~bewegung f (F.Org) / trunk movement || ~bodenkonstruktion f (Luftf) / over floor structure || ~-[Delta]flügelkörper m (Raumf) / winged body || ~einschnürung f im Flügelbereich (Luftf) / coke bottle shape || ~fläche, -ebene, Peneplain f (Geol) / peneplain || ~gerippe n (Luftf) / fuselage framework || ~kasten m (Straßb) / bin unloader || ~kühler m (Luftf) / fuselage radiator || tiefliegende ~nase (Luftf) / droop nose o. snoop || ~rücken m, -oberseite f (Luftf) / upper side of fuselage, back o. top of fuselage || ~scholle f (Geol) / truncated fault rock || ~schollen-Landschaft f / skeleton shrinkage area || ~spant n / fuselage frame || ~teil m eines Programms / core of a program || ~verteilung f (Statistik) / truncated distribution || ~werk n (Luftf) / fuselage || ~widerstand m (Luftf) / structural resistance

Runaway·bahn f / runaway trajectory || ~-Elektron n / runaway electron

rund / round || ~, kreisförmig / circular || ~..., allseitig (Radio) / polydirectional || ~es Fenster (Bau) / roundel || ~e Klammer (Buch, Math) / round bracket, parenthesis (pl: parentheses) || ~e Klammer auf / left parenthesis || ~e Klammer zu / right parenthesis || ~er Knorren (Holz) / round knot || ~er Längenwert / round number length || ~er Nietkopf / round head of rivet || ~er Querschnitt / round cross-section || ~e Scheibe / roundlet || ~es Schleifblatt / abrasive disk || ~e Schlitzmutter / slotted round nut || ~es Schneideisen, geschlossen / solid circular screwing die || ~e Spinnkanne (Spinn) / cylindrical sliver can || ~e Spitze (Wz) / rounded corner || ~e Treppe [mit Zwischenpodesten] / geometrical stairs pl || ~ um die Uhr [stattfindend] / round-the-clock || [genau] ~ laufen / run true || ~amboß m / scythe anvil || ~auge n für Spannschlösser / stud eye head fitting || ~ballenpresse f (Landw) / round baler || ~batterie f (Zuck) / circular diffusion battery || ~bau m, Rotunde f (Bau) / rotunda || ~becherrelais n / round can relay || ~becken n (Abwasser) / circular [settling] tank || ~befehl m (Fernwirken) / broadcast command o. telecontrol || ~bewegung f / circular movement o. motion || ~biegemaschine f / rounding machine || ~biegemaschine f für Blech / sheet metal bending rolls pl || ~biegen / bend o. roll round || ~blech n (Platine) (Stanz) / circular lamination || ~blickaufsatz m, -fernrohr n (Mil) / panoramic sight || ~blickfernrohr n / panoramic telescope || ~blickradar m (Luftf) / panoramic radar, surveillance radar || ~bogen m / semicircular arch, full-center arch || ~bogen m

(Stahlausbau) (Bergb) / circular steel support || ~bogenfenster n / semicircular [arched] window || ~bogen-Frässtift m / arch-round nose burr || ~brecher m / rotary crusher, gyratory [crusher] || ~brenner m, Ringbrenner m / annular burner || ~buckel m (Geol) / hump || ~buckel m (Schweiß) / annular o. circular projection || ~bündelverlegung f (Elektr) / round bundle wiring o. installation || ~bürstmaschine f (Textil) / round-brushing machine || verschließbarer ~dämpfer (Textil) / cottage steamer || ~deck n (Schiff) / turtle back o. deck, whale deck || ~dichtring m / O-ring-type sealing ring, O-ring seal o. joint || ~docht m / circular wick || ~draht m / round wire

Runde f, Rundgang m, Begehung f / round || die ~ machen (Wächter) / traverse his beat || ~angabe f (COBOL) / rounded option

Rund·eindicker m (Chem) / circular thickener || ~-Einstechschleifen n / cylindrical plunge-cut grinding || ~eisen n / round [steel] bars pl || ~eisenschere f, Bolzenschere f / bolt cutter

runden, ab-, aufrunden (Math) / round off, round down o. up || ~, rund machen / round, make round, round off o. out || ~ (Stanz) / roll, bend || ~ n (Math) / rounding-off

rund·erhaben / convex || ~erker m (Bau) / bow window || ~erneuern (Kfz) / re-tire, recover, rebuild, recondition || [nur die Lauffläche] ~erneuern / retread || [an Seiten u. Lauffläche] ~erneuerter Reifen / remould [tire] || ~erneuerung f (Kfz) / full cap, [re]treading || ~erneuerung f von Wulst zu Wulst (Reifen) / full retreading || ~erneuerungspresse f (Reifen) / covering press

Rundes n / round

Rund·fahrtwagen m, -fahrtbus m (Kfz) / sightseeing car o. bus || ~feile f / round file || kleine ~feile / rat-tail file || ~fenster n / circular window, bull's eye, oculus || kleines ~fenster (Bau) / œil de bœuf, roundel || ~ferse f (Strumpf) / round heel || ~feuer n (Kommutator) / flashing over, ring fire || ~feuerlöscheinrichtung f (Elektr) / flash suppressor || ~feuerschutz m am Kommutator / ring fire screen, flashing-over screen || ~filz m / tubular o. endless felt || ~formmaschine f (Pap) / mould machine || ~frage f / allround inquiry || ~fräsmaschine f / circular milling machine

Rundfunk (als Einrichtung), Hörfunk m / broadcasting service (US), wireless operation (GB) || ~ m, Hörfunk m / radio broadcasting || ~, -sendung, -übertragung f, (DIN:) Rundsendung f / wireless (GB), radio, broadcast[ing] (US) || ~... / wireless (GB), radio..., broadcast || ~apparate-Sicherung f / radio fuse || ~aufnahmeraum m, -senderaum m, Studio n / studio || ~band n / broadcast band || ~-Breitbandkanal m (Raumf) / broadcast program channel || ~empfang m / radio (US) o. wireless (GB) reception || ~empfänger m, -gerät n / wireless (GB) o. broadcast o. radio (US) receiver o. set, radio (US) || ~empfänger m mit Druckknopfeinstellung / push-button radio || ~entstört / radioshielded, -screened || ~gehäuse n, Empfängergehäuse n / radio cabinet || ~hörer m / broadcast band listener, BCL || ~industrie f / wireless (GB) o. broadcast o. radio (US) industry || ~mechaniker m / radio mechanic || ~nachrichten f pl / broadcast news || ~paar n (Kabel) / broadcast pair || ~-Relaisstation f (für drahtgebundene Weiterleitung) / radio-exchange, rediffusion o. relay station || ~schnur f / radio o. wireless cord || ~sender m, -sendestelle, -station f / wireless (GB) o. broadcast[ing] o. radio (US) station o. transmitter || ~senderaum m, Studio n / studio || ~sendung f, -übertragung f / program broadcast || ~signal n / broadcast signal || ~sprecher m, Ansager m / narrator, announcer || ~störfreie Leuchtstofflampe / noiseless lamp || ~störung f / radio interference || ~technik f, Radiotechnik f / wireless (GB) o. broadcast o. radio (US) engineering, radiotechnology || ~teil m (des Rekorders) / radio facility ‖ ⁓teilnehmer m / wireless (GB) o. broadcast (US) o. radio (US) listener ‖ ⁓-Übertragungsleitung f / program circuit o. line ‖ ⁓welle f / broadcast[ing] wave ‖ ⁓werbung f / radio advertising ‖ ⁓wesen n / wireless (GB), radio (US) ‖ ⁓zwischensender m, Nebensender m / wireless (GB) o. broadcast o. radio (US) relay transmitter

Rund·gang m, Werksbesichtigung f / round ‖ ⁓gehäuse n (Transistor) / TO-style can ‖ ⁓gesenk n (Schm) / rounding tool ‖ ⁓gesenkoberteil n (Schm) / top swage ‖ ⁓gesenkunterteil n / bottom swage ‖ ⁓gestrickt / circular knitted ‖ ⁓gestrickwendemaschine f / inside-out turning machine for knitted fabrics ‖ ⁓gewebt (Papierfilz) / endless woven ‖ ⁓gewinde n / round thread, knuckle thread ‖ ⁓gewinde n für Atemschutzgeräte / standard thread for breathing equipment ‖ ⁓glas n, Hohlglas n / round glass ‖ ⁓gliederkette f / round link chain ‖ ⁓greifer m (Nähm) / central bobbin o. C.B. shuttle ‖ ⁓gummidichtung f / O-ring seal ‖ ⁓hämmern (Freiform) / swage ‖ ⁓hämmern n (Sintern) / compacting by swaging ‖ ⁓haus n, -schuppen m (Bahn) / roundhouse ‖ ⁓heit f / roundness, rotundity ‖ ⁓herd m (Aufber) / rotating table ‖ ⁓herumlaufen / go round, round vi ‖ ⁓hobel m / compass o. concave plane ‖ ⁓höcker m (Geol) / hump ‖ ⁓hohlleiter m / circular wave guide ‖ ⁓höhlung f / concavity, concave[ness] ‖ ⁓holz n, Ganzholz n / round wood o. timber o. stock (US), cordwood (US), uncleft wood ‖ ⁓holz über 6" mittl. Stärke / spar ‖ ⁓holz n von 2 1/2" bis 6" mittl. Stärke / scaffold[ing] pole ‖ ⁓holzgreifer m / log loader ‖ ⁓holzstange f unter 2 1/2" mittl. Stärke / ricker ‖ ⁓horizont m (Theater) / cyclorama ‖ ⁓kaliber n (Walzw) / round pass ‖ ⁓kämmer m (Textil) / continuous-action comber, round o. circular comber ‖ ⁓kantig / round cornered, round-edged, with round edge ‖ ⁓kantiger U-Stahl / normal channel, normal U-section ‖ ⁓kausche f, Ringkausche f / annular thimble ‖ ⁓kegel-Frässtift m / conical round nosed burr ‖ ⁓keil m / round key ‖ ⁓kerbe f / U-notch ‖ ⁓kerbprobe f / test piece with U-notch ‖ ⁓kettelmaschine f (Textil) / circular linking machine ‖ ⁓ketten-Wirkmaschine f (für Milaneseware) / maratti knitting loom ‖ ⁓kipper m / allround [tipping] dump car ‖ ⁓knäuel m n (Garn) / round ball ‖ ⁓kneten n (Walzw) / rotary kneading o. swaging ‖ ⁓knüppel m (Walzw) / round billet o. bloom ‖ ⁓kolben m (Chem) / round[-bottomed] flask ‖ ⁓kontakt m / annular contact ‖ ⁓kopf m (Masch) / round head, button head (US) ‖ ⁓kopfig (Nagel, Schraube) / round-headed ‖ ⁓kopfnagel m / round-headed stud ‖ ⁓kopfnagel m, Tapeziernagel m / upholstery nail ‖ hoher ⁓kopfnagel / round-headed nail (for shoe soles) ‖ ⁓kopfschraube f / round screw, button head screw (US) ‖ ⁓kopfschraube mit Längsschlitz / stove bolt (US) ‖ ⁓kopf[stau]mauer f, Pfeilerkopfsperre f / mushroom head buttress dam ‖ ⁓kopfstift m (Art Nagel) / round-headed wire nail ‖ ⁓-Kulierwirkmaschine f / circular weft knitting machine [with spring beard needles] ‖ ⁓-Längsschleifen n / cylindrical longitudinal grinding ‖ ⁓läppen n / cylindrical lapping ‖ ⁓lauf m, -laufen n / concentricity, running true, true o. concentric running ‖ ⁓lauf, g-Beschleunigungsprüfer m / whirling arm ‖ ⁓lauf n (RDV) / cyclic running (of a program) ‖ ⁓laufabweichung f, Radialschlag m / radial run-out ‖ ⁓laufbrückenkran m / polar bridge crane ‖ ⁓laufen / run true ‖ ⁓laufen n, Rotieren n / rotation ‖ ⁓läufer-Tablettenmaschine f / rotary pelleting machine ‖ ⁓lauffehler m, -laufabweichung f (DIN), Radialschlag m / eccentricity, radial deviation ‖ ⁓lauf-Frässmaschine f / rotary milling machine ‖ ⁓laufgenauigkeit f / truth [of running] ‖ ⁓laufschlag m / eccentricity ‖ ⁓lauftoleranz f / concentricity tolerance ‖ ⁓lesetisch m / circular picking table

rundlich (Sinterpulver) / spheroidal, gobular

Rundlingspaar n (Mech) / resolute o. turning pair

Rund·litze f / round strand ‖ ⁓litzenseil n / round strand rope ‖ ⁓lochkarte f / round-edge punched card, round-cornered card ‖ ⁓lochperforation f / round hole perforation ‖ ⁓lochsieb n / round-hole screen ‖ ⁓maschine f (Blech) / rounding machine, rounder ‖ ⁓material n, -stahl m / round stock, round bars pl, rounds pl ‖ ⁓material n (Masch) / round bars pl ‖ ⁓messer n / revolving blade ‖ ⁓mischer m / circular mixer ‖ ⁓mutter f, Ringmutter f / round nut ‖ ⁓näher m (Textil) / edge stitcher ‖ ⁓naht f / circumferential seam, round seam ‖ ⁓naht, Umfangsschweißung f (Röhre) / girth weld, circumferential weld, orbital weld ‖ ⁓nahtschweißen n / circular seam welding ‖ ⁓ofen m / circular furnace ‖ ⁓ofen m (Feuerfest) / beehive kiln ‖ ⁓passung f / cylindrical fit ‖ ⁓passungslehre f (Masch) / cylindrical limit gauge ‖ ⁓pfeiler m / round shafted pillar ‖ ⁓pflügen n (Landw) / round-and-round ploughing ‖ ⁓-Plan-Schleifen n / cylindrical tangential grinding ‖ ⁓platte f (Klischee) / curved stereo ‖ ⁓presser, -schläger m (für Rückenrunden) (Buch) / warper, rounder ‖ ⁓profile n (Walzw) / rounds pl ‖ ⁓profil-Instrument n / edgewise instrument ‖ ⁓querschnitt n / circular cross-section ‖ ⁓rändermaschine f (Wirkm) / rib circular knitting machine ‖ ⁓raspel f / cylindrical rasp ‖ ⁓raster m / round screen ‖ ⁓-Räumwerkzeug n / round broach ‖ ⁓regner m / rotary o. rotating sprinkler o. sprayer ‖ ⁓relais n / telephone relay ‖ ⁓riemen m / round belt ‖ ⁓rohrform f (Wellenleiter) / circular tube type ‖ ⁓ruf m, Senden n an mehrere Terminals / broadcasting ‖ ⁓schablonen-Druckmaschine f / rotary screen printing machine ‖ ⁓schaft m (Wz) / parallel o. straight shank ‖ ⁓schälfurnier n / rotary cut veneer ‖ ⁓schalttisch m / [rotary] indexing table ‖ ⁓schere f, Rollen-, Kreisschere f / circular o. rota[to]ry shears pl ‖ ⁓schieber m / round-body valve, piston [slide] o. tubular [slide] valve ‖ ⁓schiff n (Nähm) / bobbin case ‖ ⁓schiften / cyclic-shift ‖ ⁓schild n, Rosette f (Schloss) / rose ‖ ⁓schlagen, aushämmern (Hohlgefäße) / widen by hammering, beat out ‖ ⁓schleife f (Straßb) / loop ‖ ⁓schleifen / grind cylindrically ‖ ⁓schleifer m / cylindrical grinder ‖ ⁓schleifmaschine f (Wzm) / plain o. circular o. cylindrical grinding machine ‖ ⁓schliff m, -schleifen n (Wzm) / circular o. cylindrical grinding ‖ ⁓schlupf m / rotary slippage ‖ ⁓schlüssel m, Hohlschlüssel m / pipe key ‖ ⁓schneidemaschine f / circle o. circular cutter ‖ ⁓schneidemaschine f mit Kronsäge / drum saw ‖ ⁓schneidemesser (Buch) / skip slitter ‖ ⁓schnitt m / circular cut ‖ ⁓schnur, Kordel f / round cord ‖ ⁓schnurdichtung f / toroidal sealing ring ‖ ⁓schotter m (Bahn) / round ballast ‖ ⁓schreiben n / circular [letter] ‖ ⁓schreibnachricht f (Fernm) / multi[ple]-address message ‖ ⁓schreibsystem n (DV) / broadcast system of circuit switching ‖ ⁓schrift f (Buch) / round hand, ronde (US) ‖ ⁓schulter-Reifen m (Kfz) / round shoulder tyre ‖ ⁓schuppen m, -haus n (Bahn) / roundhouse ‖ ⁓schwenktisch m (Wzm) / circular swivel table ‖ ⁓sech n (Landw) / rolling o. disk colter ‖ ⁓seil n (Bergb) / round rope ‖ ⁓setzmaschine f (Aufber) / circular jig ‖ ⁓sichtantenne f / panorama antenna ‖ ⁓sichtanzeiger m, PPI-Sichtgerät n (Radar) / plan position indicator, PPI ‖ ⁓sichter m (Mühle) / bolter ‖ ⁓sicht-Plastikkuppel f des Schleppers (Landw) / clear-view o. clear-vision weather cab ‖ ⁓sichtradar m n / surveillance radar ‖ ⁓sicht-Sekundärradar m n / secondary surveillance radar, SSR ‖ ⁓sieb n / cylindrical sieve ‖ ⁓sieb n (Pap) / forming vat ‖ trogloses ⁓sieb (Pap) / dry vat ‖ ⁓siebentwässerungsmaschine f (Pap) / cylinder wet machine ‖ ⁓siebformer m (Pap) / cylinder mould former, vat former ‖ ⁓siebmaschine f (Pap) / board machine, cylinder [mould] machine, vat machine (GB) ‖ ⁓siebpartie f (Pap) / cylinder part, vat section (GB) ‖

866

ᵡsiebzylinder *m* / cylinder mould ‖ ᵡskala *f* / circular scale o. dial, cirscale ‖ ᵡsortierer *m* / rotary screen ‖ ᵡspruch *m* / broadcast message ‖ ᵡspruch *m* (Schweiz) s. Rundfunk ‖ ᵡspule *f* (Spinn) / round pirn ‖ ᵡstab *m*, -stange *f* / round rod o. pole ‖ ᵡstab *m* (Plast) / round rod ‖ ᵡstabfräsmaschine *f* (Holz) / rounding machine ‖ ᵡstabfräs- und Furchmaschine *f* (Holzbearb) / rod milling and fluting machine ‖ ᵡstabhobel *m* / beading plane, round o. spout plane ‖ ᵡstabschleifmaschine *f* (Holz) / round stock centerless sanding machine ‖ ᵡstahl *m* / rod stock o. steel, round [bar] steel, rounds ‖ ᵡstahlbewehrung *f* (Bau) / rod reinforcement ‖ ᵡstahlkeil *m* (Masch) / false key ‖ ᵡstahlkette *f* / round steel chain ‖ ᵡstahlmeißel, -drehmeißel *m* (Dreh) / round [nose] tool ‖ ᵡstahlschere *f* / shears for round steel bars ‖ ᵡstahlwebelitze *f* mit eingesetztem Auge / twin wire heald with inset mail ‖ ᵡstapelanleger *m* (Buch) / rotary feeder ‖ ᵡstecker, -steckverbinder *m* (Elektr) / concentric plug-and-socket, circular connector ‖ ᵡstecker *m* mit Rastzunge / snap-in pin ‖ ᵡsteckhülse *f* mit Rastzunge / snap-in receptacle ‖ ᵡsteueranlage *f* (mittels verschlüsselter Schaltbefehle über das Stromversorgungsnetz) (Elektr) / centralized multistation o. multiservice control system, centralized ripple control system ‖ ᵡsteuerempfänger *m* (Elektr, Zähler) / ripple control receiver ‖ ᵡsteuerverfahren *n* mit Tonfrequenz / audiofrequency remote-control method ‖ ᵡstrahl *m* / circular section jet ‖ ᵡstrahl... (Radar) / omnidirectional, -directive, -bearing ‖ ᵡstrahlantenne *f*, Rundstrahler *m* / omnidirectional o. omni-antenna, equiradial o. nondirectional antenna, uniform diffuser ‖ ᵡstrahlantenne *f*, Rundstrahler *m* / omni-antenna ‖ ᵡstrahlbake *f* (Radar) / omnidirectional beacon ‖ ᵡstrahlendes Funkfeuer / omnidirectional range, omnirange, ODR ‖ ᵡstrang-Gießanlage *f* / round caster ‖ ᵡstrickmaschine *f* / circular knitting machine, tubular hosing machine, circular loom ‖ ᵡstrickrippmaschine *f* (Textil) / circular rib knitting machine ‖ ᵡstrickstuhl *m*, Rund[kulier]stuhl *m*, -maschine *f* / tubular hosing machine ‖ ᵡstrickstuhl *m* / circular frame o. loom ‖ ᵡstrickware *f* (Textil) / circular fabric o. knit [good], tubular knitted goods *pl* ‖ ᵡstropp, Stropp *m* (Kran) / sling ‖ ᵡsuchgerät *n* / omnidirectional RF station ‖ ᵡsuchradar *m n* / surveillance radar element, ground-surveillance radar, panorama radar ‖ ᵡsupport *m* (Stoßmaschine) / circular [compound] table ‖ ᵡsupport *m* (Dreh) / round block rest ‖ ᵡtakttransfermaschine *f* / revolving transfer machine ‖ ᵡteiltisch *m* / circular dividing table ‖ ᵡtisch *m* (Wzm) / turntable, circular table ‖ ᵡtisch *m* (Fräsmaschine) / circular milling attachment, rotary attachment ‖ schaltender ᵡtisch (Wzm) / circular indexing table ‖ ᵡtischantrieb *m* (Fräsm) / rotary attachment feed gear ‖ ᵡtischschaltmaschine *f* (Wzm) / rotary indexing machine

rundum schwenkbar / fully rotating ‖ ᵡgatter *n* (des Heuwagens) / farm trailer extension, forage extension sides *pl* ‖ ᵡkennleuchte *f* (Kfz) / warning beacon, flashing alarm lamp ‖ ᵡsichtbrücke *f* / allround-view bridge ‖ ~verschieben (Bildschirm) / rotate

Rund- und Verteilgesenk *n* / roller, edger

Rundung *f* / curve, curvature ‖ ᵡ, Rundheit *f* / round ‖ ᵡ, Runden *n* / rounding ‖ ᵡ des Wertes 0,5 (nach oben o. unten) / half-cent adjustment (bookk m), half correction o. adjust (comp) ‖ mit ᵡen angesetzt (Bau, Decke) / coved

Rundungs·fehler *m* (DV) / rounding error ‖ ᵡhalbmesser *m* / radius of curvature ‖ ᵡradius *m* des Schraubenendes / radius of rounded end ‖ ᵡradius *m* eines Ringes / ring chamfer dimension

Rund·walzdraht *m* / wire rod ‖ ~walzen / roll to a circle, roll-bend ‖ ᵡware *f* (Textil) / circular fabric o. knit [good] ‖ ᵡwaschanlage *f* (F.Org) / wash fountain ‖

ᵡwaschmaschine *f* (Textil) / circular washer ‖ ~weben / weave on a circular loom *v* ‖ ᵡwebstuhl *m* / circular loom ‖ ᵡwert *m* (Math) / round value, rounded number ‖ ᵡwirkmaschine *f* s. Rundstrickmaschine ‖ ᵡzahnkette *f* / chipper chain ‖ ᵡzange *f* / round [nose] pliers *pl* ‖ ᵡzange *f* (Schm) / round nosed blacksmith's tongs

Rundzelle R1, Lady-Zelle, 12 x 30 mm *f* (Elektr) / round cell R1 DIN 40861 ‖ ᵡ R3, halbe Mignonzelle, 14 x 25 mm (Elektr) / round cell R3 DIN 40862 ‖ ᵡ R03, Microzelle, 10,5 x 44,5 mm *f* (Elektr) / round cell R03 DIN 40860 ‖ ᵡ R6, Mignonzelle, 14 x 50 mm *f* (Elektr) / round cell R6 DIN 40863 ‖ ᵡ R9, Knopfzelle, 15,5 x 6,1 mm *f* (Elektr) / round cell R9 DIN 40864 ‖ ᵡ R14, Baby-Zelle, ca. 25 x 50 mm *f* (Elektr) / round cell R14 DIN 40865 ‖ ᵡ R20, Mono-Zelle, 33 x 60 mm *f* (Elektr) / round cell R20 DIN 40866, mono-cell

Runenstruktur, Schriftstruktur *f* (Geol) / graphic texture

Runge *f* (Bahn, Kfz) / stake, stanchion, standard, upright ‖ ᵡ, Bockstütze *f* (Stahlbau) / stud stave ‖ ᵡ der Palette / post of a pallet ‖ ᵡ-Kutter-Verfahren *n*, RKV (Math) / Runge-Kutter method

Rungen·halter *m* (Bahn) / stake o. stanchion socket o. strap ‖ ᵡpalette *f* / stacking pallet (US), post pallet ‖ ᵡverbindung *f* (Palette) / rail ‖ ᵡwagen, R-Wagen *m* (Bahn) / flat [car] (US), platform wagon o. lorry (GB), stanchion wagon

Runkel·fliege *f* / mangold fly, beet leaf miner, Pegomyia betae *f* ‖ ᵡrübe, Futterrübe *f* / fodder beet, beet root (US) ‖ ᵡrübe *f*, Futterrübe *f* / fodder beet

R12-Unlösliches *n* / R12-insoluble *n*

Runse, Wasserfurche *f* (Geol) / gully, gulley (GB)

Runzel *f* / fold ‖ ᵡ, Falte *f* (Textil) / cockle ‖ ᵡbildung *f*, Schrumpeln *n* (Lack) / curtaining, crawling, wrinkling ‖ ᵡbildung *f* (Uran) / [surface] wrinkling

runzelig, runzlig, faltig / puckered

Runzel·korn *n*, -kornbildung *f* (Phot) / distorted grain effect, reticulation of the emulsion ‖ ᵡlack *m* / wrinkle o. ripple finish o. paint

runzeln / corrugate ‖ ~ (Fehler im Email o. Farbe), sich kräuseln / crinkle ‖ sich ~ / cockle, shrink, wrinkle ‖ sich ~, runzlig werden / shrink, shrivel

rupfen *vi* (Kupplung) / grab ‖ ᵡ *n* (Pap) / picking ‖ ᵡ der Kupplung (Kfz) / grabbing of the clutch

Rupfen *m* (Textil) / bagging o. sack cloth, sacking

rupfend, fressend (Verschleiß) / plucking

Rupffestigkeit *f* (Pap) / pulling o. pick-resistance, surface bonding strength

Rusaöl *n* / Turkish geranium oil

Rüsche *f* / ruche

Ruselite *n* (Metall-Leg.) / Ruselite

Ruß, Ofen-, Kaminruß *m* / soot ‖ ᵡ, Lampenruß *m* / lamp black ‖ ᵡ, Carbon Black *n* / carbon black ‖ ᵡabkratzvorrichtung *f* / soot scraper ‖ ᵡabscheider *m* / soot catcher o. arrester ‖ ~artig, rußig / sooty, fuliginous ‖ ᵡbraun *n* s. Rußschwarz ‖ ᵡeinbläser *m* / soot reinjector

Rüssel *m* des Düsenstocks (Hütt) / blowpipe

Russel-Trübung *f*, -Effekt *m* (Phot) / Russel effect

Rußemission *f* (Luftf) / smoke emission

rußend (Flamme) / smoking *adj*

Ruß·fänger *m* / soot catcher o. arrester ‖ ᵡfleck *m*, -flocke *f* (Verunreinigung) / smut ‖ ~geschwärzt / blackened with soot

rußig / sooty, fuliginous ‖ ~, rußfarbig / soot-coloured

Ruß·kammer *f* / soot-chamber ‖ ᵡkohle *f* / soot coal, earthy pit-coal ‖ weiche ᵡkohle (GB) / dant ‖ ᵡpunkt *m* (Öl) / smoke point ‖ ᵡsammelkasten *m* / soot pit ‖ ᵡschwarz *n* / lampblack, vegetable black, smoke o. soot o. chimney black ‖ ᵡzahl *f* (Ölbrenner) / smoke spot number

Rüst·anker *m* (Schiff) / waist anchor, sheet anchor, spare anchor ‖ ᵡbaum *m* / scaffolding standard, trestle pole, gin pole (US) ‖ ᵡeisen *n* (Schiff) / chain plate

rüsten, ein Gerüst aufstellen / raise a scaffolding, scaffold, stage
Rüster f, Ulme f, Ulmus / elm
Rüstgewicht n (Luftf) / construction weight, structural o. tare weight
Rustika f, roh behauenes Quaderwerk, Bossenwerk n (Bau) / rockwork, rustication, rustic [work], bossage
rustikal (Bau) / rustic ‖ ~ **bearbeiten** / rusticate
Rustika·quader m / rusticated dressed ashlar ‖ ⁓**ziegel** m pl / rustics pl, tapestry o. texture bricks pl
Rüst·klammer f, Gerüstklammer f / dog, cramp [iron] ‖ ⁓**kran** m / assembly o. assembling o. erection crane ‖ ⁓**loch** n (Bau) / putlog hole o. recess, scaffolding hole ‖ ⁓**- u. Gerätewagen** m (F'wehr) / vehicle for tools and gears
Rüstung f / armament
Rüstungs·gut n / military hardware ‖ ⁓**industrie** f / war material industry ‖ ⁓**werk** n / armament factory, war plant
Rüstwagen m (Stanz) / die wagon o. truck
Rüstzeit (für Aufrüsten), Einrichtezeit f (Wzm) / set-up time ‖ ~ f, Abrüstzeit f / take-down time ‖ ~ **bei Arbeitsbeginn** (F.Org) / start-up time ‖ ~ **bei Arbeitsende** / shut-down time ‖ **gesamte** ~ (für Auf- u. Abrüsten) (Wzm) / set-up and shut-down time
Rute f, Gerte f / rod, verge ‖ ~ **für Teppichfertigung** / pile wire
Ruten·automat m (Web) / pile wire mechanism ‖ ⁓**führung** f (Web) / wire guide ‖ ⁓**greifermaschine** f (Web) / pile gripper weaving machine ‖ ⁓**plüsch** m / wire plush ‖ ⁓**stärke** f (Web) / wire gauge ‖ ⁓**teppich** m / wire carpet
Ruthenium n, Ru (Chem) / ruthenium ‖ ⁓**rot** n / ruthenium red
Rutherford n (veraltet), rd (1 rd = 10^6 Zerfallsakte je s = $2,7 \times 10^{-5}$ Curie) / rutherford [unit], rd
Rutherfordin m (Min) / rutherfordine
Rutherfordit m (Min) / rutherfordine, -fordite
Rutherfordium n (Oz = 104) (im Ostblock: Kurtschatovium) (Nukl) / rutherfordium (US)
Rutherford-Rückstreuung f / Rutherford backscathering
Ruthsspeicheranlage f / Ruths steam storage plant, Ruths accumulator
Rutil m (Min) / rutile
Rutin n / vegetable yellow
Rutsche, Gleitbahn f / slide, shoot, [gravity] chute ‖ ~, Schurre f / tip chute ‖ ~ f (Packerei) / parcels o. goods chute ‖ ~, Riese f (Holz) / wooden descent, timber slide o. shoot ‖ **rinnenförmige** ~ / channel type chute
rutschen, gleiten / glide, slide, slip ‖ ~, durchdrehen / spin ‖ ~, schleudern (Kfz) / float, skid, side-slip ‖ ~, Gleiten o / sliding, slide, slippage, slipping, gliding ‖ ~, Schleudern o / skid, side slip ‖ ~ n **der Gichten** (Hütt) / irregular descent o. sinking of the charge ‖ ~ **der Kupplung** (Kfz) / slipping of clutch ‖ ~ **des Reifens auf der Felge** / slippage of tire on rim ‖ **zum** ~ **auf allen vier Rädern bringen** (Kfz) / put into a four-wheel drift ‖ ⁓**bau** m (Bergb) / conveyor long wall working ‖ ⁓**schaufel** f (Bergb) / trough shovel ‖ ⁓**stoß** m (Bergb) / chute member ‖ ⁓**stoßhobel** m (Bergb) / chute percussion drill ‖ ⁓**strang** m / line of troughs ‖ ⁓**verschluß** m / grizzly o. grizzlie of a chute ‖ ⁓**zuführung** f (Wzm) / gravity chute feed system
Rutscher, Schwingschleifer m / vibrating grinder, rubber, holystone ‖ ⁓**[stein]** m (Poliererei) / rubbing block o. brick o. stone
rutschfest (Kfz) / nonskid, -skidding, antiskid, skid defied (US) ‖ ~**er** (o. **-sicherer**) **Fußboden** / non-slip floor ‖ ~**er Belag** / nonskid coating ‖ ⁓**appretur** f / antigliss finish
Rutsch·fläche f / sliding surface ‖ ⁓**fläche**, Verwerfungsspalte f (Geol) / fault plane ‖ ⁓**gefahr** f / skid risk ‖ ⁓**gefahr [bei Nässe]!** (Straßb) / Slippery Carriageway! (GB), Slippery when wet! (US) ‖

⁓**grenze** f, -punkt m (Kfz) / skid point ‖ ~**hemmend** / slide blocking ‖ ~**hemmend** (Keram) / slip resistant
rutschig, geröllig (Geol) / shifting, loose ‖ ~ (Geol) / shifting, loose ‖ ~**er** (o. **lockerer**) **Boden** / loose earth o. soil
Rutschigkeits·prüfer m, Skiddometer n (Straßb) / skiddometer
Rutsch·kupplung f / slip[ping] o. sliding clutch, friction o. safety clutch ‖ ⁓**moment** n / slipping moment ‖ ⁓**nabe** f / sliding hub ‖ ⁓**punkt** m, -grenze f (Kfz) / skid point ‖ ⁓**schere**, Wechselschere f, -stück n (Bergb) / fish-joint of bore-rods ‖ ⁓**sicherung** f / antiskid o. antislipping device ‖ ⁓**spalten**, Schichtungsklüfte f pl (Bergb) / fissures in strata pl ‖ ⁓**spiegel** m (Geol) / slickenside ‖ ⁓**spur** f (Kfz) / skid mark ‖ ⁓**stelle** f (Hütt, Oberfl.Fehler) / spreader mark, tree ‖ ⁓**streifen** m pl (Geol) / harness
Rutschung f (Geol) / slump[ing], rotational slip[ping]
Rutschwinkel m (Kfz, Reifen) / slip o. attitude angle
Rüttel·-Abhebe-Formmaschine f (Gieß) / jolt lift moulding machine ‖ ⁓**aufgeber** m / vibrating feeder ‖ ⁓**beton** m / vibrated concrete ‖ ⁓**bewegung** f / shaking motion o. movement ‖ ⁓**bohle** f (Bau) / vibrating beam ‖ ⁓**dichte** f, Klopfdichte f (Sintern) / compacted apparent density, vibration density, tap density ‖ ⁓**fest** / shakeproof ‖ ⁓**förderer** m / shaker conveyor ‖ ⁓**formen** n / jolt moulding ‖ ⁓**formmaschine** f (Gieß) / jolt- o. jar-ram[ming] machine, jarring machine ‖ **nichtstoßfreie** ⁓**formmaschine** / non-damped jolt forming ‖ ⁓**gerät** n, Rüttler m / vibrating apparatus ‖ ⁓**-[Hochdruck-]Preßformmaschine** f (Gieß) / jolt [high-pressure] squeeze moulding machine ‖ ⁓**klassierer** m / vibrating classifier ‖ ⁓**kolben** m / jolt piston ‖ ⁓**maschine** f / jolter
rütteln vt / jolt, jar, shake ‖ ~ (Gieß) / rap in ‖ ~, in Schwingungen versetzen o / oscillate, vibrate ‖ ~, einrütteln, Papier gerade rütteln / jog ‖ ~, schütteln vt vi / vibrate, jerk ‖ ~**[d verdichten]** / jar, vibrate ‖ ~ vi, stoßen / jolt, shake, buffet ‖ ~ n, Stoß m / vibration, jerk ‖ ~, Schütteln n (Luftf) / buffeting ‖ ~, Holpern n / jolt ‖ ~, leichtes Wackeln / jiggling ‖ ~, Schlängeln n (Bahn) / rocking o. tail motion ‖ ~ **von Hand** (Aufber) / hand shaking
Rüttel·platte f (Straßb) / vibratory plate ‖ ⁓**-Preß-Abhebe-Formmaschine** f (Gieß) / jolt squeeze pinlift moulding machine ‖ ⁓**preßformmaschine** f / air jolter ‖ ⁓**-Preß-Wendeformmaschine** f (Gieß) / jolt squeeze turnover machine ‖ ⁓**probe**, Fallprobe f (Koks) / shatter test ‖ ⁓**scheider** m / rocking screen ‖ ⁓**schreiber** m / vibration recorder ‖ ⁓**schuh** m (Bunker) / hopper shoe o. vibrator, reciprocating feeder ‖ ⁓**sicherheit** f / immunity to vibration ‖ ⁓**sieb** n / riddler, riddle sifter ‖ ⁓**sieb** n, Schwingsieb n / vibrating screen ‖ ⁓**sieb** n **mit Rücklaufrinne** / riddle sifter with return chute ‖ ⁓**stampfer** m (Straßb) / vibro-tamper, vibratory compacter ‖ ⁓**tisch** m / jolting o. vibrating table ‖ ⁓**tisch** m (Gieß, Bergb) / shaking o. reciprocation screen o. sieve o. table, riddle, griddle ‖ ⁓**verdichter** m / vibrating compacter ‖ ⁓**verdichtung** f / vibratory compaction, vipacking ‖ ⁓**-Vibrations-Preßformmaschine** f (Gieß) / jolting vibratory squeeze moulding machine ‖ ⁓**volumen** n / settled volume, tap volume ‖ ⁓**-Wendeformmaschine** f (Gieß) / jolt turnover moulding machine
Rüttler m, Rüttelvorrichtung f, -apparat m (Bau, Masch) / vibrator
RUZ (Schiff) = Ruderlagenanzeiger
RVM = Röhrenvoltmeter
R-Wagen, Niederbordwagen m (Bahn) / gondola car (US)
R-Wert m (Nukl) / R-value
RWO-Zähler m (DV) / right-wrong omits o. RWO-counter
RWR = Reaktorwasserreinigung
R,X-Ebene f (Math) / R-x-plane

RX-Format n (Registerspeicher indiziert) (DV) / RX format

Rydbergkonstante f (veraltet), R (Atomspektren) (1 R = 109737,309 cm^{-1}) / Rydberg constant, R

Ryder·-Getriebeversuch m / Ryder gear machine test ‖ **˄-Versuch** m (Turb. Kraftstoff) / Ryder test

RZ / return to zero

R-Zentrum n (Nukl) / R-center

RZ-Pulver n, Roheisenzunderpulver (Sintern) / RZ-powder

RZ-Verfahren, Return-to-zero-Verfahren n (Magn.Bd) / return-to-zero o. dipole recording, RZ

S

S (Textil) = Drehungsrichtung links

S (Seil) = Schlagrichtung des Seiles links

s (Seil) = Schlagrichtung der Litze links

S, Siemens n (Phys) / siemens

SAA, Systemanwendungs-Architektur f (DV) / SAA, system application architecture

Saal m, Halle f / hall

Saale-Glas feuerfest (DDR) / thermal glass

Saal·geräusch n (Fernm) / room noise ‖ **˄verdunkelungsapparat** m / hall dimmer

Saat f, Aussaat f / seeding, sowing ‖ **˄**, Same[n] m, Saatgut n / seed ‖ **˄beizer** m, Saatgutbeizmaschine f (Landw) / seed dresser ‖ **˄-Beizmittel** n (Landw) / seed dressing [powder] ‖ **˄bestellung** f / sowing the seed ‖ **˄bett** n (Landw) / seedbed ‖ **˄bettkombinationen** f pl / seedbed combination implements pl ‖ **˄bettkrümler** m / seedbed tiller ‖ **˄egge** f / medium o. seed harrow ‖ **˄element** n, Spickelement n (Nukl) / spike, seed ‖ **˄element-Mantelreaktor** m / seed blanket reactor ‖ **˄elementreaktor** m (Nukl) / seed core reactor ‖ **˄feld** n, -acker m / grain field (US) ‖ **˄feld** n / cornfield, grainfield (US) ‖ **˄gutbereiter** m / seed cleaner and grader ‖ **˄gutreiber** m (Klee) / clover huller ‖ **˄gutsortierer** m / seed sorter, seed grader ‖ **˄gutzelle** f für Kartoffeln / seed potato plot ‖ **˄hanf** m / female hemp ‖ **˄kartoffeln** f pl / seed pl potatoes ‖ **˄lack** m / seed lac ‖ **˄pflug** m, Rillpflug m / furrow sowing plough ‖ **˄rille** f, Furche f (Landw) / drill ‖ **˄schnellkäfer** m, Agriotes lineatus / click beetle, elater ‖ **˄striegel** m / weeder ‖ **˄versuch** m / seeding test ‖ **˄zeit** f / sowing season o. time, seed time ‖ **˄zucht** f, Pflanzenzucht f / seed growing o. cultivation

Sabatier-Effekt m (Phot) / Sabatier effect

Säbel m (Walzw) / strip sabre ‖ **˄bewegung** f, Säbeln n (Walzw) / camber ‖ **˄förmigkeit** f (Magn.Bd) / longitudinal curvature ‖ **˄kolben** m (Chem) / sickle flask

Sabin (Einheit der Schallschluckung) / sabin, acoustic absorption unit, open window unit

Sabinesche Widerhallformel f / Sabine reverberation formula

SABMIS n (Mil) / SABMIS (= seaborne antiballistic missile intercept system)

Saccharase, (früher:) Invertase f / saccharase

Saccharat n / sucrate, saccharate

Saccharid n / saccharide

Sacchari·meter n (Polarimeter) / saccharimeter ‖ **˄metrie** f / saccharimetry

Saccharin, Benzoësäuresulfimid n / saccharin[e] ‖ **˄ solubile** n, lösliches Saccharin, Süßstoff m / saccharin[e] soluble

Saccharo·meter n (Senkwaage) (Chem) / saccharometer ‖ **˄myces** pl / saccharomyces pl

Saccharose f, Rüben-, Rohrzucker m / saccharose, sucrose ‖ **˄bildung** f / saccharose formation

Sach·bearbeiter m (F.Org) / professional worker ‖ **˷bezogen** (Information) / non-personal, non-sensitive ‖ **˄gebiet**, Gebiet n / domain, sphere ‖ **˷gemäß**, sachdienlich / relevant, pertinent, appropriate ‖ **˄gruppenverzeichnis** n / subject group index ‖ **˄kenntnis** f, -kunde f, -verständnis n / special knowledge o. experience, subject knowledge, expert opinion, expertise ‖ **˄konto** n / general account ‖ **˷kundig** / competent

sachlich·e Verteilzeit / lost time operational ‖ **˷er Verteilzuschlag** (F.Org) / contingency allowance

Sach·merkmal n / subject characteristic ‖ **˄merkmal-Leiste** f (Norm) / line of subject characteristics ‖ **˄merkmalleisten** f pl (Normen) / tabular layout of characteristics ‖ **˄nummer** f / subject number ‖ **˄recherche** f / subject-matter search ‖ **˄register** n / list of terms [arranged in alphabetical order] ‖ **˷verständig**, fachmännisch / expert ‖ **˄verständigengutachten** n / expertise, expert opinion ‖ **˄verständiger** m, -kundiger m / expert ‖ **˄verständnis** n, -kunde f / special knowledge o. experience, subject knowledge, expert opinion, expertise ‖ **˄verzeichnis** n / subject index ‖ **˷widrig** (Behandlung) / inappropriate (treatment)

Sack m / sack, bag ‖ **˄**, Beutel m / bag ‖ **˄** (= 168 lbs) (Wolle) / pocket ‖ **˄abfüllautomat** m / automatic sack filling device ‖ **˄aufzug** m / sack hoist o. lift ‖ **˄ausstäuber** m, -[aus]klopfer m / sack beating o. dusting machine o. duster ‖ **˄bohrer** m (Wzm) / pocket drill

sacken vi, nachgeben / give way ‖ **˷**, einsacken / subside, settle, sink, sag ‖ **˷**, Setzen n / consolidation of soil, settling, setting ‖ **˄** n (Hütt) / contraction ‖ **˷ lassen** / let come down, ease down

Sack·filter m n / bag o. sack filter ‖ **˄förderanlage** f, -förderer m / sack transporting o. conveying plant o. conveyor, bag transporting plant ‖ **˄füllwaage** f / sacking weigher ‖ **˄gasse**, -straße f / blind alley, cul-de-sac, dead end, impasse ‖ **˄heber** m / bag lifter ‖ **˄kanal** m (Hydr) / dead-end canal ‖ **˄karre** f / sack truck o. trolley ‖ **˄klammer** f / pincer clamp ‖ **˄lader** m / sack loader ‖ **˄leinwand** f (Jute) / coconut sacking ‖ **˄leinwand** f (Baumwolle) / bagging o. sack cloth, bag sheeting, pack[ing] cloth o. canvas o. duck ‖ **˄leinwand** f, Sackzwillich m / trellis, sack drill ‖ **˄loch** n (Masch) / blind o. pocket hole ‖ **˄lochgewindebohrer** m / bottoming tap ‖ **˄maß** n (Bau) / amount of settling, consolidation ‖ **˄stapler** m / staple conveyor for bags ‖ **˄stich** m (Schiff) / figure-of-eight knot, overhand knot ‖ **˄strecke** f (Bergb) / dead end

Sackung, Senkung f / subsidence, subsidency, subsiding, set[tling], settlement ‖ **˄**, Senkung f (Bau) / weighing down

Sack·waage f / sack weigher ‖ **˄zange** f (Kran) / sack tongs pl ‖ **˄zunähmaschine** f / filled-bag closing machine

SAE = Society of Automotive Engineers (USA)

säen / sow, seed ‖ **˷** (in Reihen) / drill ‖ **˄** n / sowing, seeding

SAE·-PS n / S.A.E.-HP (US) ‖ **˄-Sichtfeld-Begrenzungslinie** f / S.A.E. eye range contour ‖ **˄-Viskosität** f / SAE viscosity ‖ **˄-Zahl** f (Öl) / S.A.E.-number

Safe m n, Stahlkammer f / [armoured] strong room, safe ‖ **˄-Lift-Prinzip** n (Luftf) / safe lift principle

Safety-Ledge-Felge f (Kfz) / safety ledge felloe

Saffian, Maroquin m / morocco [leather] ‖ **nachgemachter ˄** / moroquine leather

Safflorit m (Min) / safflorite

Saflor *m* / safflower ‖ ⌐öl *n*, -öl-Fettsäure *f* / safflower oil [fatty acid] ‖ ⌐rot *n* / carthamine, carthaminic o. carthamic (US) acid
Safran *m* / saffron ‖ ~farbig, -farben / saffron-colo[u]red, -hued, saffron[y] ‖ ~gelb (RAL 1017) / saffron-yellow
Safranin *n* (Färb) / safranine
Safranpflanzung *f* / saffron plantation
Saft *m* (Obst, Fleisch) / juice ‖ ⌐ (Bot) / sap ‖ den ⌐ entziehen (Holz) / sap *v*, remove the sap ‖ im ⌐ stehendes Holz / live wood ‖ ⌐ablaßrinne *f* / juice discharging gutter ‖ ⌐absetzung *f* / juice decantation ‖ ⌐absiebung *f* (Zuck) / juice straining ‖ ⌐abzug *m* (Zuck) / draught in diffusion, juice draw-off ‖ ⌐blau *n* / sap blue ‖ ⌐braun *n* (Pap) / soluble Vandyke brown ‖ ⌐brüden *pl* (Zuck) / juice vapours *pl* ‖ ⌐einzug *m* / juice draw-in ‖ ⌐fabrik, Raperie *f* (Zuck) / râperie ‖ ⌐fänger, -abscheider *m* (Zuck) / catch-all, save-all, cyclone o. entrainment o. juice catcher ‖ ⌐fluß *m* / juice flow ‖ ~frisch, grün (Holz) / green, fresh, verdant, alive ‖ ⌐gewinnung *f* (Zuck) / juice extraction ‖ ⌐grün *n* / sap-green ‖ ⌐hahn *m* (Zuck) / exit juice valve
saftig, saftreich / succulent, juicy, sappy
Saftigkeit *f*, Saftgehalt *m* / quality of being juicy
Saft·kanal *m*, -rinne *f* (Zuck) / juice o. feed channel ‖ ⌐presse *f*, Entsafter *m* / juicer, juice separator ‖ ⌐pumpe *f*, -heber *m* (Zuck) / juice pump, montejus ‖ ⌐quotient *m* (Zuck) / Java ratio ‖ ⌐reinigung *f* / juice cleaning o. clarification ‖ ⌐säure *f* (Zuck) / acidity of the juice ‖ ⌐schema *n* (Zuck) / diagrammatic flow sheet ‖ ⌐schlamm *m* (Zuck) / juice slurry ‖ ⌐schüssel *f* / juice collecting tray ‖ ⌐seite *f* (Zuck) / juice side ‖ ⌐standsglas *n* / juice level indicator ‖ ⌐ventil *n* (Zuck) / juice valve ‖ ⌐verdrängungsverfahren *n* (Holz) / sap displacement method of impregnation
Säge *f* / saw ‖ stehende o. auf Zug arbeitende ⌐ / saw cutting backwards ‖ ⌐angel *f*, -arm *m*, -horn *n* / blade holder ‖ ~artig zahnen / serrate *v* ‖ ⌐blatt *n* / saw blade o. web ‖ ⌐blatt *n* (Kreissäge) / disk of a circular saw ‖ ⌐blatt *n* mit breiten Zahnlücken / skip-tooth saw blade ‖ ⌐blattschärfmaschine *f* / saw blade sharpening machine ‖ ⌐block, Bohlenstamm *m* / plank log o. timber ‖ ⌐ *f*, Bohr- u. Profilmaschine (Holz) / cutting, dowel-hole boring, and shaping machine ‖ ⌐bügel, -bogen *m* / saw bow ‖ ⌐dach *n* / double-ridged roof, saw tooth roof ‖ ⌐-Egreniermaschine *f* (Textil) / saw gin ‖ ⌐fehler *m* (Holz) / sawing defect ‖ ⌐feile *f* / saw file ‖ Spezial-⌐feile für weitstehende Sägezahnung / special saw file for gap teeth ‖ ~förmig, -artig / serrate *adj* ‖ ~förmig gezahnt / dentate-serrate ‖ ⌐furnier *n* / sawn o. sawed veneer ‖ ⌐furnier *n* / sawn veneer ‖ ⌐gatter *n* / reciprocating o. gang o. gate o. frame[d] saw, saw frame o. gate o. sash, deal frame ‖ ⌐holz *n* / saw timber ‖ ⌐kante *f* / arris of sawn timber ‖ ⌐kette *f* / chain of a chain saw ‖ ⌐kranz *m* des Kernbohrers (Bergb) / calyx ‖ ⌐maschine *f* / sawing machine, saw mill ‖ ⌐maß *n* (Holz) / green-sawn size
sägen, schneiden, zersägen / cut, saw ‖ ⌐ / sawing, cutting wood ‖ Langholz in Stücke ~ / buck timber ‖ ⌐gewinde *n* (DIN) s. Sägezahngewinde ‖ ⌐schärfmaschine *f* / saw-resharpening machine ‖ ⌐schränkzange *f* / saw set pliers *pl*
Säge·rundholz *n* / saw log[s] *pl* ‖ ⌐schärfscheibe *f* / saw gumming wheel ‖ ⌐schliff *m* (Messer) / serration, scallop ‖ ⌐schlitten, Vorschubwagen *m* / traveller, saw carrige ‖ ⌐schlitz, -schnitt *m*, Kerbe *f* / saw notch o. kerf ‖ durch ⌐schnitt / by saw ‖ ⌐späne *m pl*, -mehl *n* / sawdust ‖ ⌐- und Feilmaschine *f* (Wzm) / sawing and filing machine ‖ ⌐werk *n* / sawmill, lumber-mill, siding (US) o. timber mill ‖ ⌐wespe *f*, Hoplocampa / sawfly
Sägezahn *m* / saw tooth ‖ ⌐blitzableiter *m* / saw-toothed arrester ‖ ⌐drahtbeschlag *m* (Karde) / saw-tooth wire filetting, garnett clothing ‖ ⌐[ein]schnitt *m* / serration ‖

~förmig, Sägezahn… / saw-tooth…, serrated ‖ ~förmige Kippablenkung, Sperrzeitbasis *f* (TV) / ratchet time base ‖ ~förmige Abnutzung (Reifen) / heel-to-toe wear ‖ ~förmiger Stoßimpuls / sawtooth shock pulse ‖ ⌐generator *m* (Elektronik) / saw-tooth o. relaxation o. sweep generator o. oscillator, miller ‖ ⌐generator *m* (Analogrechner) / ramp generator ‖ ⌐generator *m* (Kath.Str., TV) / linear time base ‖ ⌐gewinde *n* / buttress thread, breech block thread ‖ ⌐schliff *m* (Messer) / serration, scallop ‖ ⌐schwingung *f*, -welle[nform] *f* / sweep wave form, sawtooth wave [form] ‖ ⌐spannung *f* / linear time base ‖ ⌐spannung *f* (Elektr) / ramp voltage, sawtooth voltage ‖ ⌐spannung *f* (Elektron) / sawtooth voltage ‖ ⌐strom *m* / sawtooth current ‖ ⌐-Vorreißer *m* (Spinn) / sawtooth licker-in ‖ ⌐zylinder *m* (Spinn) / sawtooth roller o. cylinder
sagittal, pfeilrecht / sagittal, sagital (US) ‖ ~er o. felgenrechter Strahl (Opt) / sagittal ray ‖ ⌐schnitt *m*, Symmetrieschnitt *m* / sagittal section
Sago *m*, Palmenmehl *n* / sago
Saha-Gleichung *f* (Nukl) / Saha-Langmuir equation
Sahne *f*, Rahm *m* (Milch) / cream ‖ ⌐messer *m* / creamometer
Saint Venant (Mech) s. St. Venant
saison·bereinigt / seasonally corrected ‖ ⌐schwankung *f* / seasonal fluctuation o. variation
Saite *f* / string, chord ‖ ⌐ (Uhr) / string
Saiten·draht *m* / music[al] wire ‖ ⌐galvanometer nach Einthoven o. / Einthoven o. string galvanometer ‖ ⌐instrument *n* / string instrument
säkular·e Änderung (Geol) / secular change ‖ ~e Beschleunigung (Astr) / secular acceleration ‖ ⌐parallaxe *f* (Astr) / secular parallax
Salat *m* (coll) / rip-up, pile-up (coll)
Salband *n* (Fläche zum Nebengestein), Saum *m* (Bergb) / face o. wall of a bed o. lode ‖ ⌐, Verwerfungsletten *m* (Geol) / gouge ‖ ⌐, -leiste *f*, Selbende *n* (Web) / list[ing], selvedge, selvage
Salbeiöl *n* / salvia oil
salbenartig-konsistent / pasty
Salden·ausgleich *m* / payment of [the] balance ‖ ⌐karte *f* (LoKa) / balance card ‖ ⌐kontrolle *f* (DV) / balance control
saldieren, Plus und Minus über Null hinwegrechnen / balance *v* ‖ ⌐ *n* (Buch.m) / [credit] balance, positive and negative operation
Saldier·werk *n* (Buch.m) / crossfooter, balance counter ‖ ⌐zähler *m*, saldierender Zähler / balance counter, adding o. accumulating counter
Saldo *m*, Saldierung *f* (Buch.m) / balance ‖ ⌐, Ausgleich *m* / balance ‖ ⌐vortrag *m* (Buch.m) / [old] balance pickup, balance forward
Salicin / salicin[e]
Salicyl·… / salicylic ‖ ⌐aldehyd *m* / salicylaldehyde, salicylic aldehyde ‖ ⌐anilid *n* / salicylanilide ‖ ⌐at *n* / salicylate ‖ ⌐gelb, Alizaringelb GG *n* (Färb) / salicyl yellow ‖ ~ieren / salicylate ‖ ⌐säure, o-Hydroxybenzoësäure *f* / salicylic acid, 2-hydroxybenzene-carboxylic acid ‖ ⌐säureethylester *m* / ethyl salicylate, salicylic ether ‖ ⌐säuremethylester *m* / methyl salicylate
Saligenin *n*, Salizylalkohol *m* / saligenin[e], saligenol, salicyl alcohol
Saline *f*, Salzwerk *n* / salt works o. refinery, saltern, saline ‖ ⌐, Salzsee *m* / salt marsh, saline
Salinität *f* (Geol) / salinity
Salinometer *n* / salinometer, halometer, brine gauge o. poise
Salleiste *f* (Web) s. Salband
Salmiak *m*, Salmiaksalz *n* / sal ammoniac, salmiac ‖ ⌐asche *f* (Verzinkung) / flux ashes *pl* ‖ ⌐element, Braunstein-, Leclanchéelement *n* (Elektr) / sal-ammoniac cell, Leclanché cell ‖ ⌐geist *m* / ammonia solution o.

water, ammonium hydroxide, aqueous o. liquid ammonia ‖ ~**stein**, Lötstein *m* / soldering stone
Salmonellen *pl* / salmonella bacilli *pl*
Salmonellose *f* / salmonellose (pl: -oses)
Salol *n*, Phenylsalizylat *n* / salol, phenyl salicylate
Salonwagen *m* (jetzt: Sonderwagen Typ Sümz) (Bahn) / club car, drawing-room car (US), parlor o. pullman car (US), saloon carriage (GB)
Salpeter *m* / nitre, niter (US) ‖ ~ (im engeren Sinne), Kaliumsalpeter *m*, [Natrium]salpeter *m* / nitrate of potassium, nitrate [of sodium] ‖ ~... / nitry ‖ ~**bakterien** *f pl* / nitrifying bacteria, Nitrobacteriaceae *pl* ‖ ~**bedeckt** / saltpeter-covered ‖ ~**bildung**, -entstehung, -erzeugung *f* / nitrification ‖ ~**dünger** *m* / nitrate fertilizer ‖ ~**erde** *f* / nitrous soil ‖ ~**fraß** *m* (Bau) / exudation, efflorescence ‖ ~**grube** *f*, -lager *n* / nitre bed o. vein ‖ ~**haltig**, salpetrig / containing saltpeter ‖ ~**lauge** *f* / saltpeter lye o. lees *pl* ‖ ~**papier** *n* / saltpeter paper ‖ ~**säure** *f* / nitric acid, azotic acid (US) ‖ verdünnte ~**säure** / dilute nitric o. azotic (US) acid ‖ ~**säureanhydrid** *n*, wasserfreie Salpetersäure / nitric anhydride, nitrogen(V) oxide ‖ ~**säurezellstoff** *m* / nitric acid cellulose
salpetrig / nitrous ‖ ~e Säure / nitrous acid ‖ ~**säureanhydrid**, Stickstofftrioxid *n* / nitrous anhydride, nitrogen trioxide
Salse *f*, Schlammvulkan *m* (Geol) / mud volcano, salse
Salvation *f* (Öl) / salvatation
Salz *n* / salt ‖ ~, Kochsalz *n* / common salt ‖ ~, Steinsalz *n* / rock o. mineral salt ‖ ~ (Pharm) / sal ‖ ~ **erzeugen o. auslaugen** / produce salt ‖ **basisches** ~ / basic salt, subsalt ‖ **mit** ~ **tränken** / salify ‖ **neutrales o. normales** ~ / neutral salt ‖ **saures** ~ / acid salt ‖ ~**ablagerung** *f*, -schicht *f* / saline o. salt deposit ‖ ~**abwasser** *n* / waste brine ‖ ~**agens** *n*, -zuschlag *m* (Nukl) / salting-out agent ‖ ~**artig** / saline, salty ‖ ~**bad** *n* / salt bath ‖ ~**badhärtung** *f* (Hütt) / liquid heat treatment, salt bath hardening ‖ ~**badofen** *m* / salt-bath furnace ‖ ~**badpatentieren** *n* (Draht) / salt bath patenting ‖ ~**badtiegel** *m* / salt bath pot ‖ ~**bad-Tiegelofen** *m* / salt bath pot furnace ‖ ~**bergwerk** *n*, -grube *f* / salt mine o. pit, rock-salt mine ‖ ~**bildend** / saliferous ‖ ~**bildner** *m*, Halogen *n* / halogen ‖ ~**bildung** *f* / salt formation o. liberation, salification, salifying ‖ ~**blumen** *f pl* / salt-efflorescence ‖ ~**boden** *m* / saline soil ‖ **auf** ~**böden gedeihend** / salsuginous ‖ ~**brei** *m* / salt grained sludge ‖ ~**brot** *n*, -kuchen *m* (Salzgewinnung) / salt cake ‖ ~**dom** *m* (Geol) / salt dome
salzen / salt *v*, salify
Salz·entziehung *f*, Entsalzung *f* / desali[ni]zation ‖ ~**erzeugend** (Industrie) / salt producing ‖ ~**fluß** *m* (Gieß) / salt-flux ‖ ~**form** *f*, chemische Zustandsform (Ionenaust.) / ionic form ‖ ~**garten** *m* / salt lake o. pond ‖ ~**gehalt** *m* / salt content, -s *pl* ‖ ~**gehalt** *m* (Ionenaustauscher) / dissolved solid content ‖ ~**gehaltmesser** *m* s. Salinometer ‖ ~**gehaltsmessung**, Halometrie *f* / halometry ‖ ~**gekühlt** / sodium-cooled ‖ ~**gesteine** *n pl* / salt rocks *pl* ‖ ~**gewinnung** *f* / salt production o. manufacture ‖ ~**gewinnung** *f* **durch Verdampfen** / saltern ‖ ~**gewinnungsstelle** . *f* / crystallization of salt ‖ ~**glasiert**, mit Salzglasur / salt-glazed ‖ ~**glasur** *f* (Keram) / salt glaze ‖ ~**haltig** / saliferous, saliniferous, saline ‖ ~**haltigkeit**, Salzigkeit *f* / salinity ‖ ~**haut** *f* / coat of salt crystals ‖ ~**horst** *m* (Bergb) / dome-shaped body of salt, salt dome
salzig, salzartig / saline, salty ‖ ~ (durch Seewasser) / sea salt-impregnated ‖ ~, solehaltig / briny ‖ ~**bitter** / salso-amarous
Salz·industrie *f* / salt industry ‖ ~**kohle** *f* (Aufber) / fouling coal ‖ ~**kohle** *f* / saliniferous lignite ‖ ~**konserve** *f* / salted preserves *pl* ‖ ~**kraut** *n*, Queller *m*, Salicornia herbacea / salt wort, salsola ‖ ~**kupfererz** *n* / atacamite ‖ ~**lagerstätte** *f* / body of salt, salt o. saline deposit ‖

~**lake** *f* / pickle, brine ‖ ~**lösung** *f* / saline solution ‖ ~**marsch** *f* / salt marsh, salting, saline ‖ ~**mutter** *f* / mother-of-salt ‖ ~**mutterlauge** *f* / motherlye, bittern ‖ ~**pyramide** *f* / salt pyramid ‖ ~**quelle** *f* / salt o. brine spring ‖ ~**säure**, Chlorwasserstoffsäure *f* / hydrochloric acid, (formerly:) muriatic acid ‖ ~**säure** *f* **mit Inhibitoren** (Ölbohrung) / inhibited hydrochloric acid ‖ **mit** ~**säure verbunden o. gesättigt** / combined with o.saturated with hydrochloric acid ‖ ~**säureaufschluß** *m* (Öl) / disintegration by hydrochloric acid ‖ ~**säuregas** *n* / chloric acid gas, hydrogen chloride ‖ ~**schicht** *f*, -ablagerung *f* / saline o. salt deposit ‖ ~**schmelzengekühlt** / molten salt cooled ‖ ~**schmelzenreaktor** *m* / molten-salt [cooled] reactor ‖ ~**schmelzen-Verbrennung** *f* / molten salt combustion ‖ ~**see** *m* / saline o. salt lake ‖ ~**[siede]pfanne** *f* / salt pan ‖ ~**siederei** *f*, -sieden *n* / salt making ‖ ~**siederei** *f*, -werk *n* / saltern, salt works o. refinery ‖ ~**sole**, -lauge *f* / brine ‖ ~**soleäraometer** *n* / salinometer, halometer, brine gauge o. poise ‖ ~**[speicher]kratzer** *m* / scraping conveyor for salt sheds, salt scraper ‖ ~**sprühnebel** *m* / salt spray [fog] ‖ ~**sprühnebelprüfung** *f* / salt spray [fog] testing ‖ ~**stock**, -horst *m* (Geol) / salt dome ‖ ~**streuwagen** *m* / salt spreader o. distributor ‖ ~**teich**, -garten *m* / salt lake o. pond, brine pond ‖ ~**ton** *m*, Hallerde *f* (Geol) / saliferous o. salt clay ‖ ~**waage** *f*, Salz[gehalts]messer *m* / brine o. salt gauge o. poise, halometer, salinometer ‖ ~**wasser** *n* / salt water ‖ **im** ~**wasser lebend** / halobio[n]tic ‖ ~**-Wasser-Haushalt** *m* / salt and water balance ‖ ~**wasser-Kollektorbecken** *n*, Solar-Pond *m* / solar pond ‖ ~**wasserumwandlung** *f* / saline water conversion ‖ ~**zuschlag** *m*, -agens *n* (Nukl) / salting-out agent
Samarium *n*, Sm (Chem) / samarium, Sm, Sa ‖ ~**-Kobalt-Magnet** *m* / samarium-cobalt magnet, SaCo-magnet ‖ ~**mulde** *f* (Nukl) / samarium valley ‖ ~**-Vergiftung** *f* / samarium poisoning
Samarskit *m* (Min) / samarskite
Sämaschine *f* / sowing machine
Samba *m* (Holz) / obeche (from Ivory Coast)
Same *m*, Samenkorn *n* / seed ‖ ~**n bilden** / go to seed ‖ ~**n tragen** / seed *v*
Samen·kapsel *f* / seed capsule, seedcase ‖ ~**kapsel** *f* (Baumwolle) / boll ‖ ~**knäuel** *n* (Zuck) / seed cluster ‖ ~**korn** *n* (Bot) / grain, caryopsis ‖ ~**reiniger** *m* / winnowing machine, winnower ‖ ~**reinigung** *f* (Landw) / seed cleaning
Sämereien *f pl*, Saatgut *n* / seeds *pl*
sämigwerden / spin *vi*, become threaden
sämisch·gerben / chamois[-dress], shammy-dress ‖ ~**gerberei** *f*, -gerben *n* / chamoising ‖ ~**leder** *n*, Waschleder *n* / chamois o. chammy o. shamoy o. shammy [leather]
Sammel·... / collecting ‖ ~..., gemeinsam / collective, aggregated ‖ ~..., sammelnd / collecting *adj* ‖ ~**-Abgasleitung** *f* / common o. multiple o. shared flue, common vent (US) ‖ ~**abzug** *m* s. Sammelrauchabzug ‖ ~**adreßgruppe** *f* / collective address group ‖ ~**anmeldung** *f* (Fernm) / batch booking ‖ ~**anschluß** *m* (Fernm) / collective line ‖ ~**anschluß** *m*, -nummer *f* (Fernm) / collective number ‖ ~**assemblierung** *f* (DV) / batch assembly of several programs ‖ ~**aufnahme** *f* (Mikrofilm) / multiple image ‖ ~**becken** *n* / skimmer basin ‖ ~**becken** *n* (Hydr) / storage basin o. reservoir ‖ ~**becken** *n*, Einzugsgebiet *n* (Hydr) / collecting area ‖ ~**behälter** *m*, -becken *n* / collecting o. box o. sump o. receiver o. tank o. vessel etc, sump ‖ ~**behälter**, Lagerbehälter *m* / storage tank ‖ ~**brunnen** *m* (Wasserversorg) / wet well, sump ‖ ~**bunker** *m*, Bunkertasche *f* / collecting bin ‖ ~**destillat** *n* / bulk distillate ‖ ~**dienstleitung** *f* (Fernm) / split order wire circuit ‖ ~**elektrode** *f* / collector electrode ‖ ~**ernte** *f* / harvesting with complete harvesters ‖ ~**fehler** *m* / composite error ‖ ~**flotation** *f* (Bergb) / collective

flotation, bulk flotation ‖ ⌐fuchs m / main flue ‖ ⌐gang m (LoKa) / non-list[ing] cycle, group printing ‖ ⌐ganggeschwindigkeit f (LoKa) / accumulating speed, tab speed ‖ ⌐gefäß n / receiver, receptacle ‖ ⌐gespräch n (Fernm) / conference call ‖ ⌐gesprächseinrichtung f (Fernm) / multiphone device, conference calling equipment ‖ ⌐getriebe n / gear assembly o. set ‖ ⌐glas n (Chem) / specimen tube ‖ ⌐gleis n für Rangieren / advance classification track ‖ ⌐graben m für Sickerwasser, Zuggraben m / carriage ‖ ⌐grube f (Abwasser) / function chamber ‖ ⌐gut n, -ladung f / groupage freight, consignment by lorry load (GB) o. by carload o. C.L. (US) ‖ ⌐gut-Container m / port-to-port container ‖ ⌐güterzug m (Bahn) / pick-up goods train, way freight train (US) ‖ ⌐gutverkehr m (Bahn) / groupage traffic ‖ ⌐gutwagen, -kurswagen m (Bahn) / groupage wagon ‖ ⌐hefter m, -drahthefter m (Buch) / gather-stitcher ‖ ⌐heizung f, Zentralheizung f / central heating ‖ ⌐herd m (Gieß) / collecting hearth ‖ ⌐hubwagen m, Kommissionierhubwagen m / order picking truck ‖ ⌐kammer f (Wasserversorgg) / water chamber ‖ ⌐kammer f des Warmluftbereiters / plenum chamber of the air heater ‖ ⌐kanal m (Hydr) / main drain o. sewer ‖ ⌐kanal m, Fuchs m (Rauch) / smoke flue ‖ ⌐kanalisation f / arterial drainage ‖ ⌐karte f (LoKa) / packed card ‖ ⌐kasten m (Web) / collecting vat, chute, receiver, receptacle ‖ ⌐kasten m (Zuck) / collecting tank ‖ ⌐kondensator m (Elektr) / central condensor o. capacitor ‖ ⌐kontakt m (Fernm) / master number contact, hunting contacts pl ‖ ⌐konto n / collective account ‖ ⌐köpfer m (Landw) / topper-lifter ‖ ⌐kreuz n (Walzw) / collecting turnstile ‖ ⌐kristallisation f / recrystallization with grain growth ‖ ⌐lader m (Landw) / pick-up loader ‖ ⌐ladung f s. Sammelgut ‖ ⌐leitung f (Hütt) / collecting main ‖ ⌐leitung f (Elektr) / power line o. supply, mains pl (US), distributing wire o. main ‖ ⌐leitungswähler m (Fernm) / rotary hunting connector ‖ ⌐linse f / convergent o. convex lens, focus[s]ing o. positive lens
sammeln, ansammeln / assemble ‖ ~, ver-, ansammeln / collect ‖ ~ [sich] / congregate vt vi ‖ ~des Schreiben (Prozeßrechn) / gathered write
Sammel·nummer f, -anschluß m (Fernm) / collective number ‖ ⌐öse f, -ring m / junction ring, concentration ring (US) ‖ ⌐platz m (Fernm) / concentration position ‖ ⌐probe f / collective sample, bulk o. gross sample ‖ ⌐produktion f (Buch) / collect-run production ‖ ⌐-Rauchabzug m, -Schornstein m (Bau) / shunt ‖ ⌐ring m, -öse f / junction ring, concentration ring (US) ‖ ⌐rinne f (Hütt) / collecting launder ‖ ⌐rinne, -röhre f (Bau) / branch o. collecting pipe ‖ ⌐roder m (Rüben) (Landw) / beet lifter and collector ‖ ⌐roder, Kartoffel-Vollernter m / potato harvester ‖ ⌐rohr n, Endkammer f (Kessel) / header of a boiler ‖ ⌐rollgang m (Walzw) / collecting roller table, aligning table ‖ ⌐ruf m (Lehranlage) / all-call ‖ ⌐rufzeichen n (Fernm) / collective call sign ‖ ⌐rumpf m, Kohlensilo m (Bergb) / bunker ‖ ⌐rutsche f / collecting chute ‖ ⌐schalter m (Fernm) / concentration switch ‖ ⌐schaltung f, Konferenzschaltung f (Fernm) / conference connection ‖ ⌐schaltung, Multiplexschaltung f (Fernm) / multiplex connection ‖ ⌐schiene f (Elektr) / [omni]bus bar, distributing [bus]bar, bus duct o. mod o. wire ‖ ⌐schiene f für Kraftstrom (Elektr) / power bus bar
Sammelschienen·gang m (Elektr) / busbar gallery ‖ ⌐kasten m (Elektr) / busbar box ‖ ⌐kraftwerk n / range-type (GB) o. common-header (US) power station ‖ ⌐kupplungsschalter m (Elektr) / bus-coupler switch ‖ ⌐leiter m (Elektr) / busbar, bus conductor ‖ ⌐steckvorrichtung f / bus-duct plug-in unit ‖ ⌐trennschalter m (Elektr) / busbar sectionalizing switch, bus section switch
Sammel·schmierung f, Zentralschmierung f / centralized lubrication system ‖ ⌐schnecke f / collecting spiral

conveyor ‖ ⌐-Schornstein m, -Rauchabzug m (Bau) / shunt ‖ ⌐schrott m / collected scrap ‖ ⌐spiegel m / concave mirror ‖ ⌐spiegel, Reflektor m (Opt) / concentrating reflector ‖ ⌐station f, Datenkonzentrator m / pooling station, pooler ‖ ⌐steuerung f (Aufzug) / elevator control [gear] ‖ ⌐stück n / collective breeching ‖ ⌐waggon m / pool car ‖ ⌐wirkungsgrad m (Heliotechnik) / collection efficiency ‖ ⌐zylinder m (Buch) / collecting cylinder
Sammler m / collector ‖ ⌐, Verteiler[kopf] m (Gieß) / header ‖ ⌐, -batterie f, Akku[mulator] m / accumulator ‖ ⌐, Öler m (Aufber) / collecting agent ‖ ⌐ vor dem Vorfluter (Hydr) / collecting drain ‖ ⌐-Verteiler m (Prozeßrechn) / I/O multiplier
Sammlung f / collection
SAMOS-Technologie f (= silicon and metal oxide semiconductor) / SAMOS-technology
Sampler, Prober m (Regeln) / sampler
Sampling n, Signal-Abtast-Schaltung f (Elektronik) / sampling ‖ ⌐-Einschub m (Kath.Str) / sampling plug-in unit ‖ ⌐-Oszilloskop n / sampling oscilloscope ‖ ⌐-Tor n (Regeln) / sampling gate
Samt m / velvet, velours ‖ ⌐... / velvety ‖ ⌐ gezogener (o. ungerissener o. ungeschnittener) ⌐ / uncut velvet ‖ ⌐appretur f (Textil) / velvet finish ‖ ~artig (Textil) / piled, velvety, velveted ‖ ⌐kalbleder n / suede ‖ ⌐kette f / velvet pile warp ‖ ⌐messer n, -haken m / velvet knife, trevet[te], trivet ‖ ⌐nadel f (Textil) / pile wire ‖ ⌐papier n (wollbeflocktes Papier) / velour paper, velvet paper ‖ ⌐scherer m (Web) / velvet shaver o. raiser ‖ ⌐schneidemaschine f / velvet cutting machine ‖ ⌐schwarz n / velvet black, deep black ‖ ⌐stoffe m pl / velveting ‖ ⌐tapete, Flocktapete f / flock paper ‖ ⌐teppich m / terry carpet ‖ ⌐weberei f (Textil) / pile-weaving ‖ ⌐webstuhl m, Plüschwebmaschine f / plush loom, velvet loom
SAN f (Menge der starken Säure, in 1 g Substanz gemessen, als mg KOH) / strong acid number ‖ ⌐ = Styrol-Acrylnitril-Copolymerisat
Sand m (0,02-2 mm Durchm.) (Geol) / sand ‖ ⌐ verdichten (Gieß) / ram ‖ feinster ⌐ / finest sand ‖ im ⌐e gedeihend (o. vorkommend) (Bot, Zool) / arenaceous, arenicolous ‖ in ⌐ gießen / sand-cast ‖ mit ⌐ bestreuen, besanden, Sand streuen / sand v ‖ mit ⌐ bestreuen (Dachpappe) / mineralize roofing felt ‖ ⌐ablagerung f / sand deposit ‖ ⌐ablaß m (Hydr) / sand evacuating sluice ‖ ⌐abscheider m (Zuck) / sand catcher ‖ ⌐abschwächer m (Wellenleiter) / sand load, waveguide high power load ‖ ⌐absetzbecken n (Abwasser) / grit chamber
Sandarak m (Harz) / sandarac
Sand·asphalt m (Straßb) / sand asphalt ‖ ⌐aufbereitungsanlage f (Gieß) / sand plant ‖ ⌐ausdehnungsfehler m (Gieß) / sand expansion defect ‖ ⌐bad n (Chem) / laboratory sand-bath o. -heat ‖ ⌐bagger m / sand-dredge[r] ‖ ⌐bahn f (Kfz) / dirt-track ‖ ⌐bank f / sand bank, sandbar ‖ ⌐bank, Untiefe f / shoal, shallowness, shallows pl, flat ‖ ⌐baum m (Web) / sand roll ‖ ⌐befeuchtung f / sand tempering o. wetting ‖ ⌐bett n, -schicht f (Filter) / layer of sand ‖ ⌐bettung f, -schicht f (Straßb) / bed of sand, sand bedding o. coffering ‖ ⌐bettung f (Pipeline) / equalizing bed ‖ ⌐bettung f (Bahn) / sand ballast ‖ ⌐blätter n pl (Tabak) / shrub leaves pl ‖ ⌐boden m (Geol) / sandy ground o. soil ‖ ⌐decke f (Straßb) / blinding ‖ ⌐einlage f zum Abdichten des Planums (Straßb) / blanketing layer ‖ ⌐einschluß m / sand inclusion
Sandelholz n / sandalwood
sandeln vt / sand, smooth o. polish with sandpaper ‖ ~ vi, Sand verlieren (Putz) / lose sand
Sandelöl n / East Indian sandalwood oil
sanden, Sand streuen / sand v ‖ ~ s. auch sandstrahlen
Sander m, Vibrationsschleifer m / vibrating grinder

Sand·fang m (Abwasser) / sand catcher, grit chamber ‖ ⌐**fang** m (Pap) / sand collector o. trap ‖ ⌐**fänger** m, ·-fang m (Pap) / riffler ‖ ⌐**fangpumpe** f / grit-channel pump ‖ ⌐**farbig** / sand-colo[u]red ‖ ⌐**filter** n (Wasserversorgg) / sand filter of a fountain ‖ ⌐**flöz** n, -schicht f (Bergb) / sand stratum, layer of sand ‖ ⌐**form**, Masseform f (Gieß) / [green] sand mo[u]ld ‖ ⌐**formerei** f (Gieß) / sand mo[u]lding ‖ ⌐**formerei**, -formerwerkstätte f / sand mo[u]lding shop o. bay ‖ ⌐**gattierung** f (Gieß) / sand mixing ‖ ~**gekapselt** (Elektr) / powder-filled ‖ ~**gelb** (RAL 1002) / sand yellow ‖ ⌐**gewinnung** f / sand quarrying ‖ ⌐**gewinnungsanlage** f / sand working plant ‖ ⌐**grube** f, Kiesgrube f / sand pit ‖ ⌐**guß** m (Tätigkeit) / casting in sand ‖ ⌐**guß** m (Erzeugnis), -gußteil n (Gieß) / sand casting ‖ ⌐**gußlegierung** f / sand casting alloy

sandig, sandhaltig, Sand… / arenaceous, sandy, containing sand ‖ ~**er Boden**, Sandboden m / sandy ground o. soil ‖ ~**er Schieferton** / shale of coal measures

Sand·kämmer m (Gieß) / sand royer o. riddle ‖ ⌐**kapselung** f (Elektr) / powder filling ‖ ⌐**kasten**, Formkasten m (Gieß) / moulding box, flask ‖ ⌐**kasten** m (Bahn) / sand box ‖ ⌐**klumpen** m / lump ‖ ⌐**kohle** f / hard coal ‖ ⌐**korb**, Pumpenkorb m / pump kettle o. sieve o. strainer ‖ ⌐**korn** n / grit, granule ‖ ⌐**kreiselpumpe** f / sand sucker ‖ ⌐**krepp** m (Web) / sand crepe ‖ ⌐**kruste** f (Gieß) / sand skin ‖ ⌐**kultur** f (Landw) / sand culture ‖ ⌐**lehm** m, Flottlehm m, Flottsand m / sandy loess ‖ ⌐**mergel** m / sandy marl, clay grit

Sandmeyerreaktion f (Chem) / Sandmeyer's reaction

Sand·mischer m, -mischmaschine f / sand mixer o. mixing machine, muller ‖ ⌐**mühle** f / sand grinder o. mill ‖ ⌐**papier** n / sandpaper ‖ ⌐**papierkonus** m, konische Leinenscheibe (Galv) / sander cone ‖ ⌐**papier[schleif]maschine** f / sander, sanding machine ‖ ⌐**pflanze** f, Psammophyt m (Bot) / sand binder ‖ ⌐**pumpe** f (Bergb) / sludger, sand pump ‖ ⌐**putzerei** f (Gieß) / sand blasting shop

Sandr, Sander m (Geol) / outwash [fan]

Sand·räumer m, Modderprahm m (Hydr) / dredging boat, drag o. mud boat ‖ ⌐**rieselverfahren** n (Glas) / sand trickling method ‖ ⌐**rutsch**, Geröllrutsch m / sand [and stone] avalanche ‖ ⌐**sack** m / sandbag ‖ ⌐**sackbekleidung** f / sandbag revetment ‖ ⌐**schale** f (Gieß) / sand crust ‖ ⌐**schicht** f (Filter) / sand stratum ‖ ⌐**schicht** f (als Untergrund), Sandbett n / sand bed (under pavement), sand coffering, subcrust ‖ ⌐**schicht** f, -flöz n (Bergb) / sand stratum, layer of sand ‖ ⌐**schiefer** m / sandy shale ‖ ⌐**schleuder[formmaschine]** f, Sandslinger m (Gieß) / sandslinger ‖ ⌐**schleudermaschine** f (Gieß) / sand aerator and disintegrator, sand cutter (US) ‖ ⌐**schliff** m (Geol) / sand cutting o. scratch ‖ ⌐**schüttung**, -bettung f / sand bedding o. coffering ‖ ⌐**siebmaschine** f / sand sifting o. screening machine ‖ ⌐**spritzpistole** f / blowgun ‖ ⌐**stampfer** m / sand muller ‖ ⌐**stein** m / sandstone, arenaceous rocks pl ‖ ⌐**flözleerer** ~**stein** (Bergb) / gritstone ‖ harter ⌐**stein** / carbonated o. carboniferous sandstone ‖ ⌐**steinmauerwerk** n, -steinarbeit f / grit walling, sandstone walling ‖ ⌐**stelle** f (Gieß, Fehler) / sand mark, scab ‖ ⌐**strahldüse** f (für Entsanden) (Gieß) / sand blast nozzle ‖ ~**strahlen** / [sand]blast ‖ ⌐**strahlen** n, -strahlreinigung f / [sand]blasting, blast cleaning, grit blasting ‖ ⌐**strahler** m (Person) / shot blaster ‖ ⌐**strahlgebläse** n / sand blaster ‖ ⌐**strahlgebläsearbeit** f / sand blasting work ‖ ⌐**strahlkammer**, Blaskammer f / sand blast chamber ‖ ⌐**strahlkastengebläse** n / sand blast box apparatus ‖ ⌐**streuen** n (Straßb) / sanding ‖ ⌐**streuer** m / sand distributor ‖ ⌐**streuer** m, -streuvorrichtung f (Bahn) / sander, sanding gear ‖ ⌐**streuhahn** m, -hebel m (Bahn) / sand distributor lever ‖ ⌐**streurohr** n (Bahn) / sanding

pipe ‖ ⌐**sturmprüfung** f / sandstorm test ‖ ⌐**uhr** f / egg timer, hour glass ‖ ⌐**uhrform** f / hour-glass shape ‖ ⌐**umhüllung** f / sand bonding ‖ ⌐**walze** f (Raschelm, Textil) / sand roll ‖ ⌐**waschanlage** f / grit washer

Sandwich·…, übereinandergeschichtet / sandwiched ‖ ⌐**-Anordnung** f (Nukl) / sandwiching ‖ ⌐**bauweise** f, Verbund[platten]bauweise f / sandwich construction o. structure ‖ ⌐**bauweise mit Wabenkern**, Verbundplattenbauweise f / honeycomb sandwich construction ‖ ⌐**-Bestrahlung** f / sandwich irradiation ‖ **mehrlagige** ⌐**konstruktion aus Metallgeflecht** (Raumf) / mesh sandwich ‖ ⌐**platte**, Verbundplatte f, Sandwichboard n / composite o. sandwich panel o. board, sandwich ‖ ⌐**pressen** n (Plast) / sandwich moulding ‖ ⌐**verbindung** f (Chem) / sandwich compound ‖ ⌐**walze** f (Buch) / sandwich roller

Sand·widerstand m, -abschwächer m (Wellenleiter) / sand load, waveguide high power load ‖ ⌐**-Zementgemisch** n **zum Torkretieren** / gunite

Sanforisieren, Krumpfreimachen n (Web) / sanforizing process

sanft, weich, milde / smooth adj, soft ‖ ~**er Abhang** / easy gradient o. slope ‖ ~ **landen** / soft-land

Sanidin, Rhyakolith m (Min) / sanidine, rhyacolite

sanieren (Bau) / redevelop

Sanierung f (Bau) / reconstruction, sanitation

Sanierungsgebiet n (Bau) / urban renewal area

sanitär, gesundheitlich / sanitary, health… ‖ ~**e Einrichtungen** f pl / sanitation ‖ ~**es Steinzeug** (o. Steingut) (Keram) / sanitary ware ‖ ~**e Technik**, Sanitärtechnik f / sanitary engineering ‖ ~**armaturen** f pl / sanitary tapware, sanitary appliances pl ‖ ⌐**farbe** f / sanitary paint ‖ ⌐**guß** m / castings pl for sanitary appliances ‖ ⌐**guß** m / sanitary cast iron ware ‖ ⌐**installationen** f pl / sanitary installations pl, plumbing ‖ ⌐**porzellan** n / sanitary china ‖ ⌐**technik** f (öffentlich) / public health engineering ‖ ⌐**zelle** f (Bau) / sanitary cell

Sanitäts·raum m / first-aid post, ambulance station ‖ ⌐**wagen**, Sanka m (Mil) / ambulance car ‖ ⌐**wesen** n / sanitation, care of health

Sanitized-Ausrüstung f (Textil) / sanitized finish

San-José-Schildlaus f / Aspidiotus perniciosus, San José scale

sank·es Holz / wood which sinks o. founders ‖ ~**er Körper**, Körper schwerer als Wasser (Schiff) / body heavier than water

Sankeydiagramm, Energieflußbild n / Sankey diagram, energy flow diagram ‖ ⌐, Wärmeflußbild n / Sankey diagram, heat balance diagram, heat flow chart

Sansevieriahanf m / bowstring o. sansevieria hemp o. fibre

Sansibarkopal, Gänsekopal m / copal from Zanzibar

Santalol n (Chem) / santalol

Santonin n / santonin

Saphir m (Min) / sapphire ‖ ~**blau** (RAL 5003) / sapphire[-blue] ‖ ⌐**einsatz** m / jewel insert ‖ ⌐**glas** n (Armbanduhr) / sapphire crystal

Saphirin m (Min) / sapphirin[e]

Saphirnadel f (Phono) / sapphire needle

Sapine f (Forstw) / lumber pick, lifting hook

Sapogenin n (Chem) / sapogenin

Saponin n (Chem) / saponin[e]

Saponit m (Min) / saponite

Sappanholz n (Färb) / sap[p]anwood

S-Apparat m (Gas) / S-shaped gas cooler

Sappel m, Sappine, Sappie f s. Sapine

Sapro·bien n / saprobes pl ‖ ~**gen**, fäulniserregend / saprogenous ‖ ~**pel**, im Schlamm lebend / sapropelic ‖ ⌐**pel** n, Faulschlamm m / sapropel, faulschlamm ‖ ⌐**pelit** m, Sapropelkohle f (Min) / sapropelite ‖ ⌐**phagen** pl / saprophagous organisms pl ‖ ~**phil**, -biotisch, -phytisch / saprophilous, saprobiotic, -phytic ‖ ⌐**phyten**, -bionten pl / saprobes pl, saprophytes pl ‖ ⌐**plankton** n / saproplankton ‖ ~**zoisch** / saprozoic

Sarah-Notpeilsender m (= search and radar and homing) (Radar) / sarah (search and radar and homing)
Saran-n (Plast) / Saran
Sarcina, Sarzina, Sarzine pl (Bakt) / sarcina pl
Sarcoptesräude f (Landw) / sarcoptic mange
Sardinenöl n / sardine oil
SAR-Hubschrauber m / search-and-rescue helicopter, SAR helicopter
Sarkosin, [Mono]methylglycin n / sarcosin[e], monomethyl-glycine
SAR⁻-Leitstelle f (Luftf) / rescue coordination center, SAR center || ⁴-Rettungsausrüstung f / SAR equipment (= search and rescue)
Sassafrasöl n / sassafras oil
Sassolin m (Min) / sassolite
SAS-Speicher m, Schnellabschaltspeicher m (Nukl) / scram accumulator o. tank
Satellit m, Trabant m (Astr) / satellite, secondary || ⁴ (Raumf) / satellite || als Librationspunkt / libration point satellite || ⁴ als Relaisstation / repeater satellite || ⁴ auf äquatorialer Umlaufbahn / equatorial orbiting satellite || ⁴ auf geneigter Bahn / inclined orbit satellite || ⁴ auf niedriger polarer Umlaufbahn / low altitude polar orbiting satellite || ⁴ auf polarer Umlaufbahn / polar orbiter || ⁴ eines Satelliten (Raumf) / subsat || ⁴ für angewandte Technik / application technology satellite, ATS || ⁴ für Direktempfang / satellite for direct reception || ⁴ für Regelung des Übersee-Luftverkehrs / transoceanic air-traffic control satellite || ⁴ mit geringer Sendeleistung / low capacity satellite || ⁴ mit Richtungsstange / long-boom satellite || ⁴ zur Überwachung des Luftverkehrs / air traffic satellite || durch ⁴en erfaßtes Gebiet / satellite coverage || im ⁴en (Raumf) / vehicle-borne
Satelliten·aufnahme f (Phot) / satellite photography || ⁴-Außenhaut f / satellite surface || in ⁴bahn bringen / insert in a satellite orbit || ⁴-Bahnverfolgung f / satellite tracking || ⁴-Bahnverfolgung f nach den von ihm ausgesandten Signalen (Raumf) / minitrack || ⁴drift f / satellite drift || ⁴druckmaschine f (DV) / satellite printing machine || ⁴durchgang m / satellite pass || ⁴-Erdstation f (TV) / satellite ground station || ⁴-Erdverbindung f / satellite-earth link || ⁴fernsehen n, Stratovision f (TV) / stratovision, satellite television || [unmittelbares] ⁴fernsehen / satellite-to-receiver telecasting || ⁴fernsehsendung f / satellite telecast || ⁴funk m / satellite communications pl || ⁴-Fußpunkt m (Raumf) / subsatellite point || ⁴gerät n (DV) / satellite, secondary || Daten zu den ⁴geräten übertragen (DV) / upload v || ⁴identifizierung f / satellite identification o. ID || ⁴meteorologie f, -wetterdienst m / satellite meteorology || ⁴montagehalle f / building (for assembly of satellites) || ⁴navigation f / satellite navigation || ⁴rechner m (DV) / satellite computer || ⁴-Relaisfunkstelle f / satellite relay station || ⁴-Richtfunkverbindung f / satellite radio relay link || ⁴rundfunk m / satellite broadcasting || ⁴-Schlußprüfung f (Raumf) / vehicle checkout || ⁴schwingung f / satellite libration || ⁴-Sonnenkraftwerk n / satellite solar power station, SSPS || ⁴spur f (Raumf) / subpoint track || ⁴stadt f / satellite city || ⁴start m / space launch || ⁴start m zum Mond / moonsho[o]t || ⁴starteinrichtung f / satellite launcher || ⁴station f (allg) / satellite station || ⁴stellung f / satellite position || ⁴teil m (der dem Satelliten nach Lostrennung folgt) / afterbody || ⁴träger m / satellite vehicle || ⁴trägerrakete f / satellite launching vehicle, SLV, orbiter vehicle, DV || ⁴übertragung f / satellite transmission || ⁴übertragungskanal m / satellite channel || ⁴wohnstadt f / satellite town
Satin m, Baumwollsatin m / sateen || ⁴, Seidenatlas m / satin

Satinage f (Pap) / glazing || ⁴falte f (Pap) / calender cut || ⁴-Hochkalander m (Pap) / supercalender || ⁴kalander m (Pap) / glazing calender
Satinbindung f (Schußatlas) (Textil) / sateen weave
Satinett, Halbatlas m / satinet[te]
Satinholz n / satin wood
Satinierblech n (Spanplatten) / satin caul
satinieren (Leichtmetall) / burnish || ⁴ (Pap) / calender v, satin, glaze, gloss || ⁴ (Glühlampe) / satin-frost v || ⁴ (Pap) / bowl glazing
Satinier·falte f (Pap, Fehler) / calender cut || ⁴maschine f (Pap) / calender, glazing machine
satiniert (Textil) / with sateen finish || ⁴es Papier / [super]calendered paper, glazed o. satin[ed] o. satiny paper, velvet-finished paper
Satinierung f (Phot) / burnish
Satinierwalzwerk n (Pap) / pressing rollers pl, pressing calender, rolling machine
Satinweiß n (Farbe) / satin white || ⁴, Glanzweiß n (Pap) / gloss-white
satt, gesättigt / saturated, satiated || ⁴ (Farbe) / rich, deep || ⁴ (Kurzschluß) / bolted || ⁴e Anlage / faying, close fit, contact || ⁴ anliegend / faying, close o. snugly fitting || ⁴ aufliegend / well set || ⁴dampf m (Wasserdampf) / saturated o. wet steam || ⁴dampfgekühlter Reaktor (Nukl) / saturated steam cooled reactor || ⁴dampfmaschine f / saturated steam engine || ⁴dampfturbine f / wet steam turbine
Sattel m (allg, Fahrrad) / saddle || ⁴, Lagerbock m / bracket, lug || ⁴, Einsattelung f (Geogr) / defile || ⁴, Antiklinale f (Geol) / anticline || ⁴ (Keram, Ofen) / saddle || ⁴ (Meteorol) / col || ⁴ der Scheibenbremse (Kfz) / caliper of the disk brake || ⁴ für den Schmiededorn / saddle (forge) || ⁴auflager m (Kfz) / fifth wheel || ⁴auflager-Vorwärtsbewegung f / fifth wheel lead || ⁴auflieger m, -anhänger m (Kfz) / semitrailer || ⁴auflieger m flach / flat semitrailer || ⁴auflieger m für französischen Huckepackverkehr / piggyback traffic semitrailer (France) || ⁴auflieger m mit Plane / tilt type semitrailer || ⁴auflieger m offen / open semitrailer || ⁴befestigung f, Spannbandbefestigung f (Kfz) / cradle o. barrel (US) mounting || ⁴biegen n (Stanz) / uing || ⁴boden, Eselsrücken m (Bahn) / saddle bottom of self-discharging cars || ⁴dach n / gable o. ridge roof, double pitch roof || ⁴druck m (Kfz) / fifth-wheel load || ⁴förmig / saddle shaped, saddle-back... || ⁴förmige Isolatorstütze / saddle bracket || ⁴füllkörper m pl (Chem) / saddle packing || ⁴holz, Trumholz n (Hydr, Zimm) / bolster, corbel piece, wooden corbel || ⁴isolator m (Elektronik) / shell insulator || ⁴kraftfahrzeug n, Zugmaschine f / semitrailer motor vehicle o. towing vehicle, fifth-wheel tractor || ⁴kraftfahrzeug n, Sattelzug m / articulated road train || ⁴kupplung f (Kfz) / fifth wheel || ⁴last f (Kfz) / vertical load on tractor || ⁴linie, Neigungslinie f (Geol) / anticlinal axis o. line || ⁴moment n (Wechselstrommotor) / pull-up torque
satteln / saddle vt || auf Bögen ⁴ (Bau) / stilt on arches
Sattel·oberlicht n / double-inclined sky-light || unsymmetrisches ⁴oberlicht / double-pitch skylight || ⁴punkt m (Math) / saddle point || ⁴punkt m (Geol) / node || ⁴revolver m, -revolverdrehmaschine f (DIN) / capstan lathe (US), ram-type turret lathe (GB) || ⁴rohr n (Gas) / bridge pipe || ⁴rohr n (Fahrrad) / seat tube || ⁴rost m (Masch) / double-inclined grate || ⁴schlepper m, -schleppzug m (Kfz) / articulated six-wheeler, semitrailer truck || ⁴schlepper m, Sattelschlepperzugmaschine f, Aufsattler m / truck tractor, semitrailer truck [tractor] (US), articulated lorry (GB) || ⁴schlepper m ohne Auflieger / bobtail || ⁴schlepper-Radstand m, -Achsstand m / semitrailer wheel base || ⁴spule f (Kath.Str.) / saddle coil || ⁴stütze f (Fahrrad) / seat pillar || ⁴stutzen m (Rohr) / welding saddle || ⁴trichterwagen m / hopper wagon o. car (US)

with arched floor o. with side outlets ‖ ↲verschiebung f (Schm) / saddle displacement ‖ ↲vormaß n (Sattelachlepper) / fifth-wheel lead ‖ ↲wagen, Selbstentleerer m mit Sattelboden (Bahn) / gable bottomed car, saddle bottomed car ‖ ↲zapfen m / king pin of truck tractor ‖ ↲zug m (Kfz) / double o. articulated train ‖ ↲zugmaschine f s. Sattelkraftfahrzeug

sattgetränkt / fully impregnated

Sattheit, Tiefe f (Farben) / fullness

sättigbar / saturable ‖ ~er **Absorber** (Laser) / saturable absorber

sättigen, saturieren / saturate ‖ **mit Kohlensäure** ~ / saturate with carbonic acid ‖ **sich** ~ [mit] / get saturated [with]

Sättiger m (LD-Gasreinigung) (Hütt) / saturator

Sättigung f (Chem) / saturation ‖ ↲ **mit Kohlensäure** (Chem) / carbonatation ‖ ↲ **mit Kohlensäure** (Masch, Zuck) / carbonation ‖ ↲ **mit Kohlensäure** (Wasser) / aeration, carbonation

Sättigungscharakteristik, mit ↲ (Induktivität) / saturable

Sättigungs·dampfdruck m / saturation vapour pressure ‖ ↲defizit n / saturation deficit

Sättigungsdrossel (Elektr) / SR, saturable reactor

Sättigungs·druck m (Phys) / saturated vapour pressure ‖ ↲ebene, Sickerebene f (Grundwasser) / plane of saturation ‖ ↲faktor m (Elektr) / saturation factor ‖ ↲gebiet n / saturation region ‖ ↲grad m / degree of saturation ‖ ↲grenze f (Elektr) / saturation limit ‖ ↲induktivität f / saturation inductance ‖ ↲isotherme f, Binodal-, Grenzkurve f / binodal curve ‖ ↲knie n / saturation bend ‖ ↲konzentration f / saturation concentration ‖ ↲kurve f / saturation curve ‖ ↲magnetisierung f / saturation magnetization ‖ ↲punkt, -moment m / saturation point ‖ **unter dem** ↲punkt arbeitend (Elektr) / working on the straight part of the curve, undersaturated ‖ ↲sieden n / saturated boiling ‖ ↲spannung f / saturation voltage ‖ ↲strom, Grenzstrom m / saturation current ‖ ↲stufe f, Buntheitsgrad m, Chroma m (Farben) / saturation [scale] ‖ ↲verstärkung f / saturated o. saturation gain ‖ ↲wandler m (Elektr) / saturation transformer ‖ ↲wasserdampf-Partialdruck m / water saturation vapour partial pressure ‖ ↲wert m (Nahrung) / saturation value ‖ ↲zustand m / state of saturation ‖ ↲zustand m **einer Röhre bedingt durch Raumladung** / space charge limitation

Sattler m / saddler ‖ ↲waren f pl / saddlery

Saturateur m (veraltet), Carbonateur m (Zuck) / saturation tank, saturator ‖ ↲ **für Kohlensäure** (Zuck) / carbonation pan o. tank, carbonator ‖ ↲ **für Schwefeldioxid** / sulphitation tank, sulphitator, sulphirator

Saturation f (veraltet), Carbonatation f (Zuck) / carbonation

Saturationskernmagnetometer n, Förstersonde f / fluxgate magnetometer, saturable core magnetometer

saturieren, sättigen / saturate ‖ ~ (veraltet), kalken (Zuck) / delime, carbonate

Saturnismus m, Bleivergiftung f / lead poisoning, plumbism, saturnism

Satz m, Lehr-, Grundsatz m / principle, law, theoreme ‖ ↲, abgeteilte Menge / batch, lot ‖ ↲, Aggregat n, Gruppe f (Masch) / aggregate, agg ‖ ↲ (zusammengehöriger Dinge) / set, assembly ‖ ↲, Nachbau-, Einbausatz m / kit ‖ ↲, Tarif, Betrag m / proportion, rate ‖ ↲, Rückstand m / sediment, residue ‖ ↲, Bierhefe f (Brau) / yeast ‖ ↲, Schriftsatz m (Buch) / type matter ‖ ↲, Sprung m / jump, leap, bound ‖ ↲, Schicht f (Pap, Buch) / batch, pile ‖ ↲, Brand m (Keram) / baking, batch, burning ‖ ↲, Schicht f (Ziegel) / course u. layer (of bricks) ‖ ↲ (DV) / sentence, record ‖ ↲ (Anzahl Worte einschl. Synchronisierwort) (DV) / frame ‖ ↲ **Einzelformulare** (DV) / unit set ‖ ↲ **falscher Länge** (DV) / wrong length record ‖ ↲ **fester Länge** (DV) /

fixed-length record ‖ ↲ **ineinander greifender Dinge** (Masch) / nest ‖ ↲ **Koordinaten** / set of coordinates ‖ ↲ **variabler Länge** (DV) / variable length record ‖ ↲ **von der Erhaltung der Energie**, [der Masse] / conservation law, principle of conservation of energy o. mass ‖ ↲ **Werkzeuge** / set of tools ‖ ↲ **zum Ablegen** (Buch) / bad matter ‖ ↲ **zusammengehöriger Werkzeuge etc** (Masch) / gang ‖ **das ganze Manuskript ist zum** ↲ **gegeben** (Buch) / all-in ‖ **Sätze mit gleicher Adresse,** Synonyme n pl (DV) / synonyms pl ‖ **zusammengefallener** ↲, Eierkuchen m (Buch) / pie, pied type ‖ ↲adresse f (DV) / record address ‖ ↲anordnung f (Buchdruck) / typographic[al] arrangement ‖ ↲anzahl f (DV) / record count ‖ ↲anzeige f (NC) / block number read-out ‖ ↲aufbau m (Lochstreifen) / block format ‖ ↲aufbau m, -struktur f (DV) / record layout ‖ ↲block m (DV) / record block ‖ ↲code m (DV) / record code, RC

Sätzel m, Versuchshafen m (Glas) / jockey o. monkey pot

Satz·ende n (DV) / end of block ‖ ↲folge-Betriebsart f (autom. Arbeitsablauf bis Programmende) (NC) / automatic mode of operation ‖ ↲format m (Buch) / size of matter ‖ ↲fräser m (Wzm) / gang cutter ‖ ↲gestaltung f (Buchdruck) / typographical design, layout ‖ ↲gewindebohrer m pl (bestehend aus Nr. 1 bis 3) / serial hand taps pl, serial screwing taps pl ‖ ↲gruppe f (DV) / grouped records pl ‖ ↲herstellung f (Buchdruck) / typographic composition, typography, typesetting, composition ‖ ↲kennung f, -identifikation f (DV) / record identifier ‖ ↲kennzeichen n (DV) / record identification code ‖ ↲längenklausel f (DV) / record contains clause ‖ ↲marke f (DV) / record mark ‖ ↲nummer f (DV) / block number, sequence number ‖ ↲nummeranzeige f / record number display ‖ ↲nummernsuche f (NC) / search for block number[s] ‖ ↲objektiv n, Objektivsatz m / convertible lens ‖ ↲prüfung f (DV) / record check ‖ ↲rad n, Wechselrad n (Wzm) / change [gear] wheel, change gear ‖ ↲schiff n (Buch) / galley ‖ ↲schließrahmen m (Buch) / locking-up frame ‖ ↲schreibweise f (DV) / block format ‖ ↲spiegel m (Buch) / type area, printing area ‖ ↲spiegelmesser m (OCR) / document gauge ‖ ↲struktur f, -format n (DV) / record format o. layout ‖ ~technischer Befehl (DV) / typographic instruction, typesetting instruction ‖ ↲trockner m (Landw) / batch drier ‖ ↲überlauf m (DV) / record overflow ‖ ↲unterdrückung f (DV) / optional block skip ‖ ~verarbeitend / record-treating ‖ ↲verständlichkeit f (Fernm) / phrase intelligibility ‖ ↲verständlichkeit f unter vereinfachten Bedingungen (Fernm) / immediate appreciation percentage ‖ ↲vorlage f (für den Druck) (Buch) / copy ‖ ~weise, intermittierend / intermittent ‖ ~weise [arbeitend] (Hütt) / in-and-out…, by batches ‖ ~weiser Einzug (Web) / space pass ‖ ~weise Übertragung (DV) / record transmission block by block ‖ ↲werkzeuge n pl / serial tools pl, tools pl of a tool set ‖ ↲zeichen n / punctuation symbol ‖ ↲zwischenraum m (DV) / [inter]record gap

Sau f (Hütt) / sow, salamander

sauber (allg) / clean ‖ ~, gut ausgeführt / clean cut ‖ ~, deutlich (Schrift) / fair ‖ ~, ordentlich / neat, nice ‖ ~, nicht verschmutzt o. verseucht / unpolluted ‖ ~ (Nukl) / clean ‖ ~, kalt-kritisch (Reaktor) / cold-critical ‖ ~ (Kopie) / fair ‖ ~e **Abgase** n pl / excellent fumes pl ‖ ~ **abgerieben** (Beton) / floated ‖ ~ **ausgeprägt** / neatly coined o. stamped ‖ ~e **Bombe** / clean bomb ‖ ~ **fabrizieren** / produce without pollution ‖ ~es **Gußstück** / neat casting ‖ ~er **Raum** (gegen Umwelteinflüsse geschützt), Clean Room m (DV) / clean room ‖ ~er **Schnitt** (Wzm) / clean cut, sheer cut ‖ **sich** ~ **markieren** / leave a distinct mark, stand out clearly

Sauberkeit, Reinheit f / cleanliness, cleanness, neatness

Sauberkeits·blech n / slick sheet ‖ ↲grad m / cleanliness value ‖ ↲[zwischen]schicht f (Straß) / granular subbase

säubern / clean *v* ‖ ~, abwaschen / cleanse ‖ ~, aufräumen / clear, put in order ‖ ~, reinigen (Karden) / clean cards ‖ ~ (Web) / nop *vt*

Sauconit *m* (Min) / sauconite

sauer (allg, Milch, Bier) / sour ‖ ~, mit hohem Anteil von Schwefelverbindungen (Öl, Gas) / sour ‖ ~, scharf / tart ‖ ~, gesäuert (Chem) / acid ‖ ~, geronnen (Milch) / curdled ‖ ~, Säure… / acid ‖ ~ färbend / acidophilic ‖ ~ gemacht / acidified ‖ ~ machen (o. werden) / sour *v*, make o. become sour o. acid ‖ ~ reagierend / with an acid reaction, acid [to] ‖ ~ werden / turn sour ‖ leicht ~, säuerlich / acescent ‖ saure Gesteine *n pl* / acidic rocks *pl* (Kemp), acidites *pl* (v. Cotte), persilicic rocks (Clarke) *pl* ‖ saure Gesteine / persilicic rocks *pl* (Clarke), acidites *pl* (Cotte) ‖ saurer Regen / acid rain o. fallout ‖ saurer Regen / acid rain o. fallout ‖ saurer Stahl / acid steel ‖ saures Fluo[ro]boratbad / acid fluoborate bath ‖ saures Futter (Hütt) / acid lining ‖ saures Glanzzinnbad / bright-tin acid bath ‖ saures Sulfatbad / acid sulphate bath ‖ ~bad *n* (Chem, Web) / sours o, souring

säuerbar, säuerungsfähig / acidifiable

Sauer·brunnen, Säuerling *m* / acidulous mineral water ‖ ~brunnen *m*, -quelle *f* / mineral spring ‖ ~fäule *f* des Weins (verursacht von Botrytis cinerea) / gray mould of vine, botrytis disease ‖ ~futter *n* (Landw) / succulence, succulency ‖ ~gas *n* / acid gas ‖ ~kleesalz *n* / salt of sorrel, sal acetosella

Säuerkufe *f* (Textil) / beck for acidifying

säuerlich / acescent, acidulous, slightly sour, sourish, tartish ‖ ~, schwach sauer / subacid ‖ ~ machen / acidulate

Säuerliches *n*, Säuerlichkeit *f* / acescency

Sauermachen *n* / acidification

säuern / acidify, acidulate

Sauer·öl *n* (Erdöl) / sour oil ‖ ~öl *n* (vom Kracken) (Erdöl) / acid oil

Saueröl *n* (nach Säureraffination) / acid treated oil

Sauerschnitzel *n pl* (Landw) / wet pulp silage

Sauerstoff *m* / oxygen, O ‖ ~ entziehen / deoxydize ‖ ~ in gasförmigem Zustand / gox, gaseous oxygen ‖ ohne ~ / unoxygenated ‖ ~abbau *m* (Hütt) / oxygen removal, deoxidation ‖ ~angereichert / oxygen-enriched, oxygenated ‖ ~ärmere Säure / lower-oxygen acid ‖ ~atemgerät *n*, -rettungsgerät *n* / oxygen breathing (US) o. inhaling (GB) apparatus, oxygen respirator (US) ‖ ~-Aufblas-Konverter *m* (Hütt) / basic top-blowing furnace, BOF ‖ ~aufblas-Stahl *m*, -stahl *m*, -blasstahl *m* / oxygen steel, basic oxygen steel ‖ ~[auf]blas-Stahlwerk *n* (Hütt) / oxygen converter steel plant ‖ ~aufblasverfahren *n* (Hütt) / oxygen top blowing, oxygen [lance] process ‖ ~aufnahme *f* von Erz (Hütt) / acid drift ‖ ~aufnehmer *m* (Speisewasser) / oxygen scavenger ‖ ~bedarf *m* / oxygen demand ‖ mit großem ~bedarf / polyoxybiontic ‖ ~besprühter Stahl / spray steel ‖ ~-Blasverfahren, LD-Verfahren *n* (LD = Linz-Donawitz) (Hütt) / L.D.-process ‖ ~bleiche *f* / oxidation bleach ‖ ~-Bleichmittel *n* / oxygen bleaching agent ‖ ~entwicklung *f* / evolution of oxygen ‖ ~entzug *m* / removal of oxygen, deoxydation ‖ ~-Fernleitung *f* / oxygen pipeline ‖ ~flasche *f*, -druckgasflasche *f*, -bombe *f* / oxygen cylinder o. bottle o. flask ‖ ~frei / oxygen-free ‖ ~frei gemacht (Kupfer) / deoxidized ‖ ~freies Leitfähigkeitskupfer / oxygen-free high-conductivity copper, O.F.H.C. ‖ ~gebläse *n*, Knallgasgebläse *n* / oxyhydrogen gas blowpipe ‖ ~gefrischter Stahl (Hütt) / oxygen refined steel ‖ ~gerät *n* s. Sauerstoffatemgerät ‖ ~grenzwert *m*, -minimalwert *m* / limit oxygen index, LOI ‖ ~haltig / oxygenous, oxygenic ‖ ~haltig, oxidiert / oxidized ‖ stark ~haltig, mit Sauerstoffüberschuß / oxygen-enriched, over-oxidized ‖ ~haltige organische Verbindung / oxygenate *n* ‖ ~hobler *m* (Hütt) / deseaming blowpipe ‖ ~-Kaltbleiche *f* (Textil) / oxygen cold bleaching ‖ ~kennwert *m*, -index *m* / oxygen index ‖ ~kern *m* (Schw) / inner core of oxygen ‖ ~kernlanze *f* (Hütt) / oxygen core lance ‖ ~kerze *f* (ein Gasgenerator) / chlorate candle ‖ ~konzentration *f* / oxygen concentration ‖ ~lanze *f* (Hütt) / oxygen lance ‖ ~-Lichtbogenschneidgerät *n* / oxygen arc cutting device ‖ ~mangel *m* / lack of oxygen, oxygen deficiency ‖ ~maske *f* / breathing mask, small oxygen mask ‖ ~maske, -Vollmaske *f* / oxygen mask ‖ ~-Meßsonde *f* / oxygen probe o. sensor ‖ ~pulverlanze *f* (Hütt) / oxygen powder lance ‖ ~rettungsgerät *n*, -atemgerät *n* / oxygen breathing (US) o. inhaling (GB) apparatus, oxygen respirator (US) ‖ ~säure *f* / oxo-acid ‖ ~schneidvorrichtung *f* / oxygen arc cutting device ‖ ~-Sparregler *m* (Luftf) / economizer ‖ ~stahl *m* / oxygen steel, basic oxygen steel ‖ ~tank *m* (Raumf) / oxidizer tank ‖ ~träger *m* (Rakete) / oxidant, oxidizer, oxidizing agent ‖ ~träger *m* (Chem) / oxygen carrier ‖ ~verbindung *f*, Oxid *n* (Chem) / oxygen compound, oxide ‖ ~verbrauch *m* / oxygen demand o. consumption ‖ ~-Wasserstoff-Mikroschweißgerät *n* / water welder ‖ ~zehrung *f* / oxygen depletion

Sauerteig *m* / leaven, sauerteig

Säuerung *f* / acidification

säuerungsfähig / acidifiable

Sauer·wasser *n* (Öl) / sour water ‖ ~werden, einen Stich bekommen o. haben / turn sour ‖ ~wurm (2. Generation), Heuwurm *m* (1. Generation) / grape berry moth (US), vine moth

Säuerzentrifuge *f*, Tauchzentrifuge *f* (Textil) / drying machine o. centrifuge

sauerziehend (Färb) / acid dyeing, exhausting in an acid medium

Saug·… (Elektr) / negative booster… ‖ ~ablaß *m*, -drain *m* / suction drain ‖ ~abnahme *f* (Pap.m) / suction o. vacuum pick-up o. transfer ‖ ~abnahmepresse *f* (Pap) / vacuum pick-up press ‖ ~anleger *m* (Offset) / suction feeder ‖ ~anode, Voranode *f* (Kath.Str.) / first accelerator ‖ ~apparat *m* (Chem) / aspirator ‖ ~apparat, Sauger, Exhaustor *m* / suction apparatus, extractor, exhauster ‖ ~arm *m* / sucker arm ‖ ~bagger *m* / pump o. suction dredge[r], aspirating o. hydraulic dredge[r] ‖ ~bagger *m* mit Eimerleiter / compound dredger ‖ ~bagger *m* mit Messerkopf / suction-cutter dredger ‖ ~beton *m* / vacuum concrete ‖ ~-Blas-Maschine *f* / vacuum and blow machine ‖ ~brenner *m* (Schw) / injector-type blowpipe ‖ ~drain *m* / suction drain ‖ ~drossel *f* (Elektr) / interphase reactor o. transformer, absorption inductor, balance o. drainage coil ‖ ~druck *m* / suction pressure ‖ ~-Druckpumpe *f* s. Saug- und Druckpumpe ‖ ~druckschreiber *m* / suction pressure recorder ‖ ~-Druck-Tankfahrzeug *n* / tank truck with suction and pressure equipments ‖ ~düse *f* / suction nozzle, Venturi meter o. nozzle ‖ ~dynamo *m* (Elektr) / negative o. suction o. sucking booster

saugen, an-, auf-, einsaugen / suck [up] ‖ ~ (z.B staubsaugen) / vacuum *v* ‖ ~, An-, Einsaugen *n*, An-, Einsaugung *f* / sucking, suction ‖ ~, Nachsacken *n* (Gieß) / sinking

saugend, Sauge… / sucking, suction… ‖ ~e Bewetterung (Bergb) / exhaust ventilation ‖ ~er Injektor / sucking injector ‖ ~er (o. saugend wirkender) Ventilator / sucking fan, fan acting by suction

Saugentlüftung *f* (Tunnel) / forced ventilation

Sauger *m* (Bau, Schornsteinaufsatz) / deflector ‖ ~ (Wasserarmatur) / nipple ‖ ~ (Gasarmatur) / union nipple ‖ ~, Saugkasten *m* (Pap) / suction box ‖ ~ (Wasserarmatur) / nipple ‖ ~, Saugkopf *m*, Saugkorb *m* (Pumpe) / suction basket, strainer

saug·fähig, Saug… (Pap) / absorbent, bibulous ‖ ~fähigkeit *f* (Pap) / absorbency ‖ ~fahrzeug *n* / suction vehicle ‖ ~festigkeit *f* / resistance to suction, suction strength ‖ ~filter *n* (Elektronik) / notching filter ‖ ~filter *m n* (Masch) / suction o. vacuum filter ‖ ~**filterpresse** *f* / suction filter press ‖ ~**filtration** *f* / vacuum filtration ‖ ~**flasche** *f* (Chem) / aspirator, filter flask ‖ ~**form** *f* (Pappe) / pulp mould ‖ ~**form** *f* (Vorformung von Kunstharz) / felting screen ‖ ~**gas** *n*, Generatorgas *n* / generator o. power o. producer o. suction gas, Dowson gas ‖ ~**gasmaschine** *f*, -gasmotor *m* / generator gas o. power gas o. suction gas engine ‖ ~**gautsche** *f* (Pap) / couch, suction couch ‖ ~**gebläse** *n*, -lüfter, -apparat *m* / aspirator, exhauster, extract fan, extractor, air suction ventilator ‖ ~**gebläse** *n* (Kessel) / exhaust[ing] fan ‖ ~**geschwindigkeit** *f*, -vermögen *n* (Vakuum) / pumping o. suction speed, displacement ‖ ~**gitter** *n* (Röhre) / space charge grid ‖ ~**glas** *n* / suction bottle ‖ ~**greifer** *m* (Roboter) / vacuum gripper ‖ ~**heber** *m*, -glas *n*, Pipette *f* / pipette *n* ‖ ~**höhe** *f* (allg) / suction height o. head ‖ ~**höhe** *f*, -zug *m* (Schornstein) / head of a chimney ‖ ~**höhe** *f*, suction / capillary rise of water ‖ ~**höhenmeßgerät** *n* (Chem) / absorption tester ‖ ~**höhentest** *m* (Pap) / mounting test ‖ ~**hub** *m* / intake stroke ‖ ~**hutze** *f*, Lüftungsaufsatz *m*, -haube *f* (Bau, Schornstein) / extract ventilator, ventilator cowl ‖ ~**hutze** *f* (Bergb) / suction hood ‖ ~**kanal** *m* (Bergb) / fan drift ‖ ~**kanal** *m*, -leitung *f* (Mot) / intake o. induction port ‖ ~**kasten** *m* (Pap) / suction box ‖ ~**kessel** *m* / suction tank ‖ ~**kopf**, Sauger, Deflektor *m* (Bau, Schornsteinaufsatz) / deflector ‖ ~**kopf**, -korb *m* (Pumpe) / strainer, suction basket ‖ ~**kraft** *f* des Bodens, -vermögen *n* / suction pressure ‖ ~**kreis** *m* (Elektr) / suction circuit, spark absorber, absorption circuit ‖ ~**kreis** *m*, Serienresonanzkreis *m* (Elektronik) / series tuned wave trap, acceptor circuit ‖ ~**krümmer** *m* (Kfz) / manifold passage ‖ ~**krümmer** *m* (Kreiselpumpe) / suction bend ‖ ~**kupplung** *f* (F'wehr) / suction coupling ‖ ~**leistung** *f* (Staubsauger) / cleaning power ‖ ~**leitung** *f* / suction pipe[line] o. main o. line ‖ ~**leitung** *f*, -kanal *m* / suction channel

Saugling *m* (Plast) / [moulded] phenolic pulp product ‖ ~**-Vorformung** *f* (Plast) / slurry preforming

Saug·löcher *n pl* (Pumpe) / snifting holes ‖ ~**löcher** *n pl* der Abteufpumpe (Bergb) / snore-holes *pl* ‖ ~**luft** *f* / suction air ‖ ~**luft…**, Unterdruck… / vacuum… ‖ ~**luftanlage** *f* / suction air plant ‖ ~**luftbehälter** *m* / vacuum tank ‖ ~**luftbremse** (DIN), Vakuumbremse *f* (Bahn) / atmospheric o. vacuum brake ‖ ~**lüfter** *m* / extractor fan ‖ ~**luftförderer** *m* / suction o. vacuum conveyor ‖ ~**luftkühlung** *f* / forced-draught cooling ‖ ~**luftpumpe** *f* / suction pump, vacuum pump ‖ ~**luftschaltung** *f* (Kfz) / vacuum-power change o. shift ‖ ~**luftschaltzylinder** *m* (Kfz) / vacuum shift cylinder ‖ ~**luft-Trockner** *m* (Textil) / suction air drier ‖ ~**luftverstellung** *f*, -luftzündverstellung *f* (Kfz) / vacuum advance ‖ ~**luftzuführung** *f* / vacuum feed ‖ ~**massel** *f*, verlorener Kopf (Gieß) / shrink[ing] head, sink[ing] head o. bob ‖ ~**motor** *m* / aspirating engine, naturally aspired engine ‖ ~**napf** *m*, Gummisauger *m* / sucker, suction cup ‖ ~**öffnung** *f*, Ansaugöffnung *f* / aspirating hole o. mouth o. port ‖ ~**ölung** *f* / suction lubrication ‖ ~**papier** *n* / absorbent paper ‖ ~**postpapier** *n* / [stencil] duplicator paper ‖ ~**pumpe** *f* / suction o. sucking pump, drawing o. lift[ing] pump ‖ ~**[pumpen]kolben** *m* (Masch) / valve piston ‖ ~**raum** *m* (Pumpe) / inlet chamber ‖ ~**rohr** *n* / suction pipe ‖ ~**rohr** *n* (Wasserturb) / draft o. draught tube ‖ ~**rohr** *n*, Fußröhre *f* (Pumpe) / tail o. foot pipe ‖ ~**rohr** *n* (Mot) / suction o. inlet pipe ‖ ~**rohr** *n*, Saugkrümmer *m* (Kfz) / manifold passage ‖ ~**schiefer** *m* / adhesive slate ‖ ~**schlauch** *m* / [flexible] suction tube ‖ ~**seite** *f* (Mot) / inlet o. induction side ‖ ~**seite** *f* des Flügels (Luftf) / suction o. top side o. surface of wing ‖ ~**seite** *f* des Propellers / suction face, top camber ‖ ~**spannung** *f* (Photozelle) / driving potential ‖ ~**spannung** *f*, Wasserspannung *f*, Wasserbindung *f* (Boden) / soil moisture tension ‖ ~**spitze** *f* (Elektr) / suction o.

collecting point o. spike ‖ ~**strahlpumpe** *f* / sucking jet pump ‖ ~**strahlpumpe** *f*, Ejektor *m* / ejector ‖ ~**stück**, Schnarchrohr *n* (Pumpe) / snore-piece ‖ ~**stutzen** *m*, Ansaugstutzen *m* (Mot) / air intake ‖ ~**transformator** *m* (Elektr) / negative boosting transformer, suction transformer ‖ ~**trichter**, Trichterlunker *m* (Hütt) / pipe ‖ ~**trockner** *m* / suction drier ‖ ~**- und Druckpumpe** *f*, doppelt wirkende Pumpe / lifting and forcing pump, combined suction and force pump, lift and force pump, sucking and forcing pump, double-acting pump ‖ ~**ventil** *n*, Fußventil *n* (Pumpe) / foot o. upstroke valve ‖ ~**ventilator** *m*, Exhauster *m* / [air] exhauster ‖ ~**ventilator** *m*, -gebläse *n* (Bergb) / suction o. upcast fan ‖ ~**vermögen** *n* (Pumpe) / pumping capacity, displacement capacity ‖ ~**vermögen** *n*, -geschwindigkeit *f* (Vakuum) / pumping o. suction speed, displacement ‖ ~**vermögen** *n*, -kraft *f* des Bodens / suction pressure ‖ ~**volumen** *n* (Vakuum) / volumetric displacement, displaced o. swept volume ‖ ~**walze** *f* (Pap) / suction roll ‖ ~**wasserspiegel** *m* / suction water level ‖ ~**watte** *f* / absorbent cotton ‖ ~**widerstand** *m* / suction resistance ‖ ~**windkessel** *m* / suction-air o. vacuum tank o. vessel o. chamber ‖ ~**wirkung**, -fähigkeit *f* / suction ‖ ~**würmer** *m pl*, Trematoden *f pl* / trematodes *pl*, flukes *p* ‖ ~**zellenfilter** *m n* / suction cell filter ‖ ~**zellentrommelfilter** *m n* / drum filter ‖ ~**zentrifuge** *f* (Textil) / suction hydro-extractor ‖ ~**zonenprüfer** *m* (Pap) / absorption zone tester ‖ ~**zug** *m* / induced o. suction draught ‖ ~**zug** *m* / suction draught ‖ ~**zug** *m* (Schornstein) / upward draft o. pull ‖ ~**zug** *m*, -höhe *f* (Schornstein) / head of a chimney ‖ ~**zugfeuerung** *f* / induced draught furnace ‖ ~**zuggebläse** *n* / induced draught ventilator ‖ ~**zugröstverfahren** *n*, -zugsinterung *f* (Hütt) / downdraft o. blast roasting

Säulchen *n* (IC) / small column

Säule *f* / column ‖ ~, Stütze *f* / pillar, support ‖ ~ (Bau) / column, pillar ‖ ~, Luft- o. Wassersäule *f* (Phys) / column (of water, air, etc.) ‖ ~ (Kfz) / pillar ‖ ~ **mit Kastenfuß** / box column ‖ ~ **von geschichteten Dingen** (z.B. Tellerfedern) / stack (e.g. of cup springs) ‖ **mit** ~**n**, von Säulen getragen / column[at]ed ‖ **waagerechte** ~ **für Bohrmaschinen** (Bergb) / stretcher

säulen·artig, zylindrisch (Geol) / columnar ‖ ~**basalt** *m* / columnar basalt ‖ ~**bau** *m* / columnar architecture, columniation ‖ ~**-Bohrhammer** *m* (Bergb) / stoper ‖ ~**bohrmaschine** *f* (Bgb) / pillar drilling machine ‖ ~**bohrmaschine** *f* (Wzm) / upright o. pillar drill[ing machine] ‖ ~**bohrmaschine** *f* mit Handvorschub (Wzm) / drill press (US) ‖ ~**bündel** *n* / compound pillar o. pier, clustered column ‖ ~**bündel-Bauweise** *f* (Bau) / bundled tube o. modular tube design ‖ ~**chromatographie** *f* / column chromatography ‖ ~**diagramm**, -schaubild *n* / bar chart o. graph ‖ ~**drehkran** *m* / slewing pillar crane, wall slewing crane ‖ ~**fichte** *f* / Norway spruce, columnar crown spruce ‖ ~**flotation** *f* (Bergb) / column flotation ‖ ~**förmig**, Säulen… / columnar ‖ ~**führung** *f* (Presse) / pillar guide ‖ ~**führungsgestell** s. Säulengestell ‖ ~**führungsplatte** *f* / top tool holder ‖ ~**führungsschnitt** *m* / [pillar] die set ‖ ~**fuß** *m*, -sockel *m*, Plinthe *f* / plinth ‖ ~**fuß** *m*, Sockel *m* / footing of a column ‖ ~**gang** *m*, -halle *f* / colonnade ‖ ~**gestell** *n* / frame ‖ ~**gestell** *n* (DIN für: Säulenführungsgestell) (Stanz) / die set, subpress, post jig ‖ ~**gestell** *n* **mit hintenstehenden Führungssäulen** / rear press tool set ‖ ~**gestell** *n* **mit Kugelführung** / ball bearing die set ‖ ~**gestell** *n* **mit übereck stehenden Führungssäulen** / diagonal post press tool set ‖ ~**halle** *f* / columned hall ‖ ~**halle** *f*, -vorhalle *f* / peristyle ‖ ~**hals** *m* (Bau) / column neck ‖ ~**ionisation** *f* / columnar ionization ‖ ~**konsollager** *n* / post bracket o. bearing ‖ ~**kopf** *m* / capital of column ‖ ~**kopf** *m* (Chem) / top of a column ‖ ~**nähmaschine** *f* / post-bed sewing machine ‖ ~**ordnung** *f* / order ‖ ~**pfette** *f* / queen post purlin ‖

⌐presse f (Wzm) / column press, strain rod press ‖
⌐roboter m / column type robot ‖ ⌐schaft m / body o.
shank o. shaft o. trunk of a column ‖ ⌐schaltung f
(Gaschromatographie) / flow switching procedure ‖
zusammengesetztes ⌐-Schaubild / component bar
chart o. graph ‖ ⌐schrämmaschine f (Bergb) / column
type coal cutter ‖ ⌐ständer m (Wzm) / pillar, support,
upright ‖ ⌐stativ n (Röntgen) / pillar stand ‖ ⌐stellung f /
columniation ‖ ⌐stich m, Rippenstich m / rib set ‖
⌐transformator m / column type transformer ‖
⌐trommel f, Trommelstein m (Bau) / pillar section,
tambour, drum of a column ‖ untere ⌐trommel / lower
section of column barrel ‖ ⌐vorbau, Porticus m (Bau) /
portico ‖ ⌐wand f / column wall
Saum m, Kante f / verge, edge, brink, margin ‖ ⌐,
[Gieß]naht f / bur[r] ‖ ⌐ (Schn) / hem[-line], tuck ‖ ⌐,
Verbindungsstelle f / commissure ‖ ⌐, Salband n (Bergb)
/ wall of a lode ‖ ⌐, Rand m (Web) / trim, border, hem ‖
⌐bohle f (Bau) / trench timber
säumen (Nähm) / hem v, welt, seam ‖ ⌐ n eines
Fischnetzes / seaming, lacing
Saum·falter m (Nähm) / folder ‖ ⌐fuß m (Nähm) / hemmer
foot, folder ‖ ⌐gatter n / square saw ‖ ⌐latte f,
Aufschiebling m (Bau) / eaves lath, chantlate, furring,
firring
Säumlineal n (Nähm) / hemmer guide
Saum·schere f für Blech / plate trimming shears ‖
⌐schwelle f (Bau) / transom ‖ ⌐streifen m (Blech) /
cutoff edge
Säure f / acid ‖ ⌐, Schärfe f / acidity, acidness, tartness,
sour ‖ ⌐ binden (Chem, Galv) / neutralize ‖ ⌐ mit einer
Doppelbindung / monoethenoid acid ‖ ⌐abzug m / acid
exhauster o. hood ‖ ⌐akzeptor m / acid acceptor ‖
⌐amid n / acid amide, amic acid (US) ‖ ⌐anhydrid n /
acid anhydride ‖ ⌐armatur f / acid fitting ‖
⌐-Aufschlußbombe f / acid digestion bomb ‖
⌐auslaugung f (Nukl) / acid leach ‖ ⌐austausch m /
acid exchange ‖ ⌐avivage f (Textil) / brightening with
acid ‖ ⌐azid n / acid azide ‖ ⌐bad n, -flotte f / acid bath
‖ ⌐ballon m / acid carboy ‖ ⌐-Base-Theorie f (Chem) /
Brönstedt-Lowry theory ‖ ⌐bau n / acidproof
installation ‖ transportabler ⌐behälter / acid cistern ‖
⌐behandlung f (Uranerz) / acid cure ‖ ⌐beize f, -beizen
n (Walzw) / flash pickling ‖ ⌐beständig, -fest / stable
towards acids, acidproof, -resisting ‖ ⌐beständig, -fest,
-echt / acidproof ‖ ⌐beständig, -echt (Färb) / fast to
acids, acid-fast o. -resisting ‖ ⌐beständiger Anstrich /
acidproof coat[ing], anti-acid coat ‖ ⌐bestimmung f /
acid determination, acidimetry ‖ ⌐bildend / acid-
forming ‖ ⌐bildner m / acid former, acidifier ‖
⌐bildung f / acidification ‖ ⌐chlorid n / acid chloride ‖
⌐dampf m / acid fume o. vapor ‖ ⌐dämpfer m / acid
steam apparatus ‖ ⌐dicht (Akku) / non spillable ‖ ⌐echt (Färb)
s. säurebeständig ‖ ⌐einpressen n (Öl) / deep well
acidizing ‖ ⌐fähig, säuerungsfähig / acidifiable ‖
⌐farbstoff m / acid dye[stuff] ‖ ⌐fest, -beständig /
acid-fast, acidproof, acid-resisting ‖ ⌐feste
Auskleidung / acidproof lining ‖ ⌐fester Lack /
acidproof enamel ‖ ⌐fester Stahl / acidproof steel ‖
⌐festes Steingut / chemical stoneware ‖ ⌐firnis m
(Textil) / acid dope ‖ ⌐flasche f, -ballon m / acid carboy
‖ ⌐flotte f (Färb) / acid bath o. liquor ‖ ⌐frei / acid-free,
free from acid, non-acid ‖ ⌐frei (Schmierfett) / noncorrosive ‖ ⌐funktion f (Chem) / acid function ‖
⌐gehalt m / acid content ‖ ⌐gehalt, -grad m, -wirkung
f, -verhalten n / [degree of] acidity ‖ ⌐gelb n / acid
yellow ‖ ⌐gelb D, Neugelb n / trop[a]eolin[e] 00 ‖
⌐grad m (1/10 n Lauge je 1 g Fett im cm^3) / acid value,
effective acid ‖ ⌐grün, Lichtgrün n / acid green ‖
⌐halogenid n / acid hal[ogen]ide ‖ ⌐haltig, -reich /
acidic ‖ ⌐härtend (Plast) / acid hardening ‖ ⌐harz n,
-goudron m, -teer m (Öl) / acid sludge ‖ ⌐hydrazid n /
acid hydrazide ‖ ⌐hydrolyse f, Acidolyse f / acid
hydrolysis, acidolysis ‖ ⌐kapazität f / acid capacity ‖

⌐kitt m / acid-resisting cement ‖ ⌐kochecht / fast to
boiling acid ‖ ⌐konzentration f / acid concentration ‖
⌐löslich / acid-soluble ‖ ⌐mattiert (Glas) / obscured ‖
⌐messer m (Chem) / acetometer ‖ ⌐messer m /
acidimeter ‖ ⌐messer m (Akku) / battery tester,
acidimeter, hydrometer ‖ ⌐messung f / acidimetry
Säuren·-Basen-Gleichgewicht n / acid-base equilibrium
Säure·polieren n (Glas) / acid o. chemical polishing ‖
⌐probe f, -test m (Chem) / acid test ‖ ⌐radikal n, -rest
m / acid radical, acyl o. negative group ‖ ⌐regenerat n
(Gummi) / acid regenerated rubber ‖ ⌐reich, -haltig /
acidic ‖ chemische ⌐rückgewinnung / acid
regeneration ‖ ⌐schieber m / acid sluice valve ‖
⌐schleuder, -zentrifuge f / acid hydroextractor ‖
⌐schockfärben n / acid shock dyeing ‖ ⌐schutz m /
acid protection ‖ ⌐schutzanzug m / acidproof clothing
‖ ⌐[schutz]fett n (Akku) / acidproof grease ‖
⌐schutzüberzug m (Akku) / anti-acid o. antispray film ‖
⌐schwarz 4BN n / naphthalene black AB ‖ ⌐spaltung f
/ acid cleavage ‖ ⌐spindel f (Akku) / batterie lester ‖
⌐spinnverfahren n / acid spinning process ‖ ⌐spülung
f (Öl) / deep well acidizing ‖ ⌐teer, -goudron m, -harz n
(Öl) / acid sludge ‖ ⌐test m, -probe f (Chem) / acid test ‖
⌐[transport]wagen m (Bahn) / acid car ‖ ⌐turm m /
acid tower ‖ ⌐überschuß m / excess of acid
Säure- und Bleicherde-Behandlung f / acid and earth
treatment
Säure·ventil n / acidproof valve ‖ ⌐verhalten n / degree
of acidity ‖ ⌐versuch m (Mat Prüf) / acid resistance test
‖ ⌐wecker m (Milch) / starter ‖ ⌐wert n / neutralization
value in mg KOH per 100 ml ‖ ⌐widrig / antacid ‖
⌐zahl, Neutralisationszahl f, Nz s. auch Säuregrad u.
Säurewert / acid number ‖ ⌐zahl f von Mineralölen /
mineral acidity of a lubricant
Sauschwanz m (Spinn) / wire thread guide, pig-tail guide,
feeder
sausen, dahinschießen / bolt ‖ ⌐, schwirren / whiz[z]
Saussurit m (Min) / saussurite
Saussuritisierung, Saussuritbildung f (Geol) /
saussuritisation
Saxoni, -ny m (Textil) / saxony
Saybolt·-Colorimeter n / Saybolt chromometer o.
colorimeter ‖ ⌐-Farbe, -Farbzahl f (Öl) / Saybolt color
‖ ⌐[-Universal]-Sekunde, S.U.S. (Viskosität) / Saybolt
Universal second, SUS, SSU ‖ ⌐-Viskosität f (Öl) /
Saybolt viscosity (US)
Sayettegarn n / carded worsted yarn, semiworsted yarn,
stocking yarn
SB = Styrol-Butadien-Copolymere ‖ ⌐ = Siedebeginn
S-Bahn f (Bahn) / city o. urban railway, light railroad (US)
SBA-Landefunkfeuersystem n (Luftf) / standard beam
approach o. S.B.A.-system
S-Band f (1500-5200 MHz) (Radar) / S-band ‖ ⌐ n, 3000
MHz-Bereich m (Funk) / S-band (3000 MHz range)
SBAO (Schiff) / Schiffsbesetzungs- und Ausbildungsordnung
SBC m (DV) / single-board computer, SBC
SB-Interface n, Serialschnittstelle f SBI / serial base
interface
SBK = Styrol-Butadien-Kautschuk ‖ ⌐ = Schnellbrüter-
Kernkraftwerksgesellschaft
SB-Laden m / self-service shop
SBN f (Menge der starken Base, in 1 g Substanz
gemessen, als mg KOH) / strong base number, SBN
S-Bogen m (Rohr) / goose-neck
SBR = Styrol-Butadien-Kautschuk ‖ ⌐, schneller Brüter / fast
breeder, FBR
SBS m (Elektronik) / SBS, silicon bilateral switch
SBT = Schiffbautechnik
SB-Tankstelle f / self-service station
Scaglia pl (Geol) / scaglia pl
Scaling n, Skalierung f (Phys) / scaling
Scallopingfehler m (TV) / scalloping
Scanaufnahme f / scan photograph

Scandium n, Sc (Chem) / scandium, Sc ‖ ~oxid n (Chem) /
scandia ‖ ~tritid n / scandium tritide
scannen, abtasten (Raumf) / scan ‖ ~, Abtasten n /
scanning
Scanner m / scanner
Scanningtisch m (Mikrosk) / scanning stage
Scannogramm m (Raumf) / scannogram
Scannoskop (Raumf) / scannoscope
Scan-Test m, Scanning-Prüfung f (Pap) / scan test
Scart-Anschluß m / Euro-connection, scart connection,
peritelevision connection
Scart-Buchse f (Video) / scart socket
Scatter--Echo n / scatter echo ‖ ~-Richtfunkenstrecke f /
scatter [radio-relay] link ‖ ~-Technik, Streustrahlungs-
Technik f / scatter technique
Scavenger m, Adsorberharz n (Ionenaust.) / adsorption
resin
Scavenging n, Radikalfang m (Nukl) / scavenging,
elimination of trace amounts
SC-Behälter m (Schiff) / shipper-owned container
Schäbe f (Flachs, Pap) / shive
Schabe·hobel m / scraping o. scraper plane
Schab·eisen n, Schaber m / scraper, scraping knife ‖
~eisen n (Gerb) / paring knife
Schabe·kelle f (Bau) / notched trowel, raker ‖ ~messer n
(Gerb) / fleshing knife o. tool, scraper
schaben , abschaben / scrape ‖ ~, nachschneiden (DIN)
(Stanz) / shave, trim ‖ ~ (Lager) / bed in the shaft ‖ sich
~ (o. reiben) / scrape, rub ‖ ~, Kratzen n / scraping ‖
~ (Zahnrad) / shaving
Schäben f pl (Holzreste in Papier) / shives pl
schabend·e Bewegung, Reiben n / rub[bing]
Schabe·nut f (Schraube) / tapping point ‖ ~polierstahl m /
scraping burnisher
Schaber m, Ductor m (Buch) / ductor ‖ ~ mit ebener
Fläche / plain scraper ‖ ~markierung f (Pap) / ductor
marks o. ridges pl ‖ ~streifen m pl (Pap) / ductor blade
streaks pl
Schabe·späne m pl / scrapings pl ‖ ~werkzeug n, Schaber
m / shaver
Schablone f (aus Blech o. Holz) / template, templet ‖ ~,
Kopier-, Leitlineal n (Wzm) / master o. guide plate,
former, template ‖ ~, Schriftschablone f (Büro, Zeichn) /
stencil ‖ ~, Formbrett n (Gieß) / frame o. flask board,
moulding o. modelling board, template ‖ ~, Urmodell n
(Gieß) / master plate ‖ ~, Führungsbogen m (Masch) /
slide sweep ‖ ~ (Web) / stencil plate ‖ ~,
Malerschablone f / pattern, stencil ‖ ~ (zum Zeichnen
der Ballen), Buchstabenmodel m / letter model ‖ ~
(IBM) (DV) / control word ‖ ~ (Maurer) / reverse ‖ ~
(Phot) / vignette, overlay ‖ ~ (Siebdruck) / screen stencil,
film screen ‖ ~ für die Schienenerhöhung (Bahn) / ruler
for the superelevation of rails ‖ eine ~ anfertigen /
make a stencil o. template
Schablonen·beschriftung f, Schablonierung f / stenciling
‖ ~drehmaschine f / copying o. contour lathe,
reproducing lathe ‖ ~drehmaschine f mit
Hintermesser / back knife gauge lathe ‖ ~druck,
Filmdruck m (Textil) / screen printing ‖ ~formerei f
(Gieß) / template moulding ‖ ~fräsmaschine f / profile
milling machine, profiler ‖ ~geformt (Gieß) / struck ‖
~haft, -mäßig / mechanical, after a certain pattern ‖
~halter m (Wzm) / template holder ‖
~-Kegelradhobelmaschine f / forming bevel gear
shaper ‖ ~lack m / screen varnish ‖ ~malerei f /
stenciling, stencil paint ‖ [grobe] ~malerei /
stencil[l]ing slapdash ‖ ~papier n / pattern paper
primed with oil, stencil paper ‖ ~-Umdrucker m /
stencil duplicator ‖ ~wicklung f (Elektr) / form-wound
coil (US), preformed o. former winding
Schablonier·brett n (Gieß) / sweep ‖ ~masse f (Gieß) /
strickle moulding mixture
Schablonierung, Schablonenbeschriftung f / stenciled
paint

Schablonier·verfahren n (Keram) / working by the templet
Schab·maschine f (Wzm) / scraping machine ‖ ~messer n,
-klinge f / scraping knife, scraper
Schabotte f / anvil bed o. stock o. stand ‖ ~-Einsatz m
(Schm) / bolster of an anvil, anvil cap, sow block
Schab·rad n (Getriebe) / shaving cutter ‖ ~schleifen n
(Zahnrad) / scrape-grinding
Schabsel n, Ab-, Geschabsel n / scaping
Schachbrett n / chequerboard ‖ ~artig, im
Schachbrettmuster / [white and black] checkered,
tesselated ‖ ~muster n (Bodenbelag) / diaper work ‖
~muster-Signal n (TV) / checker-board signal ‖
~verzierung f (Bau) / checker work style, diamond
moulding ‖ ~verzierung f, Würfelfries m (Bau) /
diamond moulding
Schachmuster-Testbild n (TV) / chequerboard test pattern
Schacht m (Bau, Bergb) / shaft, pit ‖ ~, Kernschacht m,
Gestell n (Hütt) / shaft of the blast furnace, stack ‖ ~,
Lüftungsschacht m / air shaft o. well ‖ ~ (Buch.m) /
frontfeeder pocket ‖ ~, Einsteigschacht m (Schiff) /
manhole ‖ ~, Kohlenbergwerk n / coal mine ‖ ~ für
Luft u. Licht / air o. light shaft o. well ‖ ~ im
Abteufen (Bergb) / pit during sinking operation ‖
unteres Ende des ~s (Aufzug) / elevator o. lift shaft o.
well ‖ ~abdeckplatte f / cover slab ‖ ~abdeckung f
(Schiff) / manhole top ‖ klappbare ~abdeckung / fall
table ‖ ~abdeckung f mit Lüftungsschlitzen (Bau) /
ventilating grate o. grille o. cover ‖ ~[ab]teufung f /
shaft digging o. sinking ‖ ~anlage f (Bergb) / pit ‖
~anzug m (Bergb) / waterproof suit ‖ ~arbeit f (Bergb) /
pit work ‖ ~arbeiter m pl (Bergb) / pitmen ‖ ~ausbau m
(Bergb) / shaft lining o. walling ‖ ~ausfütterung f,
-futter n, Kernschacht m (Hochofen) / inwall, stack lining
‖ ~ausmauerung f (Bau, Bergb) / shaft lining, stone
tubbing ‖ ~betrieb, Tiefbau m (Bergb) / drift mining,
underground working ‖ ~bohlen f pl (Bergb) / bank bars
pl ‖ ~brunnen m / dug well ‖ ~bühne f (Bergb) / stage
of a shaft, landing ‖ ~deckel m (Bau, Straßb) / manhole
cover ‖ ~deckel m (Bergb) / trap door of the mouth of a
pit ‖ ~einbauten m pl / pit lining
Schachtel f / box, case ‖ ~n f pl / pasteboard articles o.
boxes pl ‖ ~ausbau m (Bergb) / staggered timbering ‖
~bauweise f (Spulenkörper) / interlocking construction ‖
~boden / carton bottom ‖ ~konstruktion f
(Spritzform) / built-up construction
schachteln, [ineinander-]~ / nest v
Schachtelseitenwand f / carton side wall
Schachtelung f, Nest n (DV) / nest ‖ ~ (Masch) / overlap,
overlapping
Schacht·falle, Aufsetzvorrichtung f (Bergb) / kep, fang ‖
~fördergefäß, Skip n / skep, skip ‖ ~fördergestell n,
-förderschale f, Förderkorb m / drawing o. hoisting
cage ‖ ~fördermittel n / hoisting gear ‖ ~förderung f
(Bergb) / hoisting, drawing ‖ ~führung f (Bergb) / cage
guides ‖ ~-Füllort m (Bergb) / pit bottom ‖ ~gebäude n
/ pitheads pl, hoist house ‖ ~gefäß n zum Abteufen
(Bergb) / bucket, kibble (GB) ‖ ~gevierte n pl (Bergb) /
squaring set ‖ ~halle f, Schuppen m / shaft house o.
sheds pl ‖ ~hals m (Senkschacht) (Bergb) / taper shaft
ring ‖ ~hängebank f, Anschlagpunkt m (Bergb) /
landing [place o. dock] ‖ ~haus n, -halle, -kaue f
(Bergb) / shaft house o. sheds pl, pit building, hoist
house ‖ ~kabelkasten m (Elektr) / manhole junction box
‖ ~klappe f, Verschluß m (Bergb) / safety platform, fall
table ‖ ~kopf m, -oberstes n / pit-brow ‖ ~kranz m
(Bergb) / collar of the shaft, shaft set[ing] ‖ ~lot n
(Bergb) / shaft plumb ‖ ~mauerwerk n (Hochofen) / stack
brick work, inwall ‖ ~mundloch n / pithead mouth ‖
~oberstes n, -kopf m (Bergb) / pit-brow ‖ ~ofen m /
shaft furnace o. kiln, vertical kiln ‖ ~ofen m (Zement,
Kalk) / shaft kiln ‖ ~öffnung f, Hängebank f (Bergb) /
pithead, -bank, -top, pit mouth, collar ‖ ~panzerung f
(Hochofen) / stack casing ‖ ~pfeiler m, Bergfeste f
(Bergb) / shaft pillar ‖ ~pumpe f (Sickerschacht, Bau) / pit

879

o. shaft pump ‖ ⌐**raum** *m* (des Hochofens) / body of the blast furnace ‖ ⌐**reparaturarbeiten** *f pl* / shaft repair work ‖ ⌐**ring** *m* (Bergb) / ring of tubbings ‖ **unterster** ⌐**ring** (Bergb) / [cutting o. drum-] crib, curb ‖ ⌐**rohr** *n* **bei Senkkastengründung** / air cylinder, shaft cylinder ‖ ⌐**rolle** *f* (Bergb) / intermediate hopper at the landing ‖ ⌐**scheibe** *f* (Bergb) / cross-section of the pit ‖ ⌐**scheider** *m* (Bergb) / brattice, partition in a shaft ‖ ⌐**schleuse** *f* (Hydr) / chamber lock for a great difference of level ‖ ⌐**schleuse** *f* (eine Luftschleuse) / shaft airlock ‖ ⌐**seil,** Förderseil *n* (Bergb) / hoisting o. winding o. pit o. haulage cable o. rope ‖ ⌐**[sicherheits]pfeiler** *m,* Bergfeste *f* (Bergb) / shaft pillar ‖ ⌐**sohle** *f,* -tiefstes *n* (Bergb) / shaft bottom ‖ ⌐**speicher,** Zellenspeicher *m* (Landw) / elevator (US), silo ‖ ⌐**speicherzelle** *f* / compartment of a silo ‖ ⌐**stoß** *m* (Bergb) / short side of a shaft ‖ ⌐**stuhl** *m* (Bergb) / shaft bottom frame ‖ ⌐**sumpf** *m* (Bergb) / sink, sump, pump sump, bottom ‖ ⌐**teufe** *f* / depth of a shaft ‖ ⌐**tor** *n* (Bergb) / pit gate ‖ ⌐**trockner** *m* / tunnel tube drier, tower drier ‖ ⌐**trum** *m* (gesonderter Teil des Förderschachtes), Schachtabteilung *f* (Bergb) / compartment o. division o. partition of a shaft made by a brattice, trunk ‖ ⌐**trum** *m n* (gesonderter Teil des Förderschachtes), Schachtabteilung *f,* Trum *m n* (Bergb) / trunk ‖ ⌐**tür** *f* (Bergb) / pit gate ‖ ⌐**tür** *f* (Aufzug) / landing entrance ‖ ⌐**turbine** *f* (Hydr) / open-flume turbine ‖ ⌐**umtrieb** *m* (Bergb) / pit bottom circuit ‖ ⌐**verschluß** *m* (Bergb) / safety fence o. stop ‖ ⌐**verzug** *m* / shaft sheathing o. lagging ‖ ⌐**winkel** *m* (Hütt) / angle of the blast furnace stack ‖ ⌐**zimmerung** *f* (Bergb) / timbering, lining, cladding ‖ ⌐**zugang** *m* (Bergb) / shaft adit

Schadbild *n* / aspect of the damage

Schaden *m* / damage ‖ ⌐, Mangel *m* / defect ‖ ⌐, Defekt *m* / failure ‖ ⌐ (Nukl) / detriment ‖ ⌐**blitz** *m* / damaging o. destructive o. injuring lightning ‖ ⌐**ersatz** *m* / damage compensation, damages *pl,* indemnification ‖ ⌐**ersatz** *m* [für] / paying of damages, recovering of damages ‖ ⌐**ersatzanspruch** *m* / claim for damage[s] or indemnification, compensation claim ‖ ⌐**feuer** *n* / fire causing a loss of property

Schadens·ausmaß *n,* -umfang *m* / extent of damages ‖ ⌐**erwartung** *f* / expectation of the harm ‖ ⌐**fall** *m* (Versicherung) / case of damage ‖ ⌐**fallbedingt** (Nukl) / accidental ‖ ⌐**früherkennung** *f* / early detection of failures ‖ ⌐**linie** *f* (Mat Prüf) / damage curve ‖ ⌐**protokoll** *n* / damage report ‖ ⌐**rate** *f* / damage rate ‖ ⌐**verhütung** *f* / loss prevention ‖ ⌐**verlust** *m* / loss by damage

Schaden·toleranz *f* / damage tolerance

Schadgasquelle *f* / pollution gas source

schadhaft, defekt / faulty, defective, damaged ‖ ~, offengelegt (Bau) / undermined

Schadhaftigkeit *f* / damaged state

Schädiger *m* / tendering substance

Schädigung *f* (Verminderung der Eigenschaften während eines Versuchs) / deterioration (during testing) ‖ ⌐ **durch Elektronenstrahl** / damage caused by electron beam

Schadinsekten *n pl* / insect pests *pl*

schädlich, schädigend / harmful, injurious, noxious ‖ ~, giftig / noxious ‖ ~, gesundheitsschädlich / deleterious ‖ ~, tödlich / destructive ‖ ~**er Raum** / cylinder clearance, dead o. noxious space ‖ ~**er Raum** (Pumpe) / dead o. waste space

Schädlichkeit *f* / nocuousness

Schädlinge, Parasiten *m pl* (Landw) / vermin[s], pests *pl*

Schädlings·bekämpfung *f* (Landw) / blight and bindweed eradication ‖ ⌐**bekämpfung** *f* (allg) / control of parasites, destruction of insect pests, disinfestation ‖ ⌐**bekämpfung** *f* (durch Flugzeuge) / crop dusting ‖ ⌐**bekämpfung** *f,* Unkraut- o. Ungeziefervernichtung *f* / control of parasites ‖ ⌐**bekämpfung** *f* **durch Spritzen** /

spraying of insecticides, of larvicides ‖ ⌐**fauna** *f* / noxious animals *pl* ‖ ⌐-**Vertilgungsmittel** *n* / pesticide

schadlos, unbeschädigt / uninjured

Schadstoff *m* / noxious matter, harmful substance, contaminant ‖ ⌐ (Umwelt) / polluta, contaminant ‖ ⌐**aerosole** *n pl* / aerosol wastes *pl* ‖ ⌐**belästigung** *f* / nuisance by polluants ‖ ⌐**belastung** *f* / pollution burden ‖ ⌐**emission** *f,* -ausstoß *m* (Luft) / pollutant emission ‖ ⌐**gehalt** *m* / contents of pollutas o. of harmful substances ‖ ⌐-**Konzentration** *f* / pollutant concentration

Schadwagen *m* / defective wagon (GB), bad-order car (US)

Schafbremse *f* (Schädling) / sheep botfly o. nose-fly

Schäfchenwolken *f pl,* Zirrokumuli *pl* / mackerel sky, cirro-cumulus clouds *pl*

Schafdung, mit ⌐ **düngen** (Landw) / fold

schaffen, werken / work *vi* ‖ ⌐ *n* / working, labour

Schaffner *m* (Bus, Straßenbahn) / collector ‖ ⌐ (GB), Zugführer (GB), Bahnwärter (US) (Bahn) / guard ‖ ⌐ (Schlafwagen) / porter (US), sleeping-car attendant ‖ ~**los** (Bus, Straßenbahn) / driver-only…, one-man…

Schaffplatte *f* (Hütt) / fore-plate, sill of a Martin furnace

Schaf·fußwalze *f* (Straßb) / sheepsfoot o. tamping roller ‖ ⌐**garbenöl** *n* / milfoil oil ‖ ⌐**leder** *n* / sheep skin ‖ ⌐**leder** *n* (für Bucheinbände) / roan (GB), rutland (US) ‖ **ungefärbtes** ⌐**leder** (Gerb) / basil ‖ ⌐**schere** *f* / sheep clippers o. shears *pl,* wool shears *pl* ‖ ⌐**schere** *f* / wool shears *pl* ‖ ⌐**schere** *f* **für Klunkerwolle** / clagging shears *pl* ‖ ⌐**schur** *f* / sheep shearing, cropping of sheep ‖ ⌐**schweiß** *m* / suint

Schaft *m* (allg) / staff (e.g.: flagstaff) ‖ ⌐ (Schraube) / shank ‖ ⌐ (Anker, Masch) / shank ‖ ⌐, Typenkörper *m* (Buch) / shank ‖ ⌐, Kolben *m* (Gewehr) / shaft, gun-stock, stock ‖ ⌐ (Schuh) / [shoe] upper, shaft ‖ ⌐, Stab *m* (Web) / heald shaft (US) o. frame (GB) ‖ ⌐ **der Nähmaschinennadel** / shank of the sewing machine needle ‖ ⌐ **des Hohlniets** / solid rivet drilled shank ‖ ⌐ **des Räumwerkzeugs** / pull end of the broach ‖ ⌐**ansatz** *m* (Hammerschraube) / shouldered T-head ‖ ⌐**ausbauchungszahl,** Reduktionszahl *f* (Forstw) / form factor o. figure o. number ‖ ⌐**einsteller** *m* (Web) / shaft levelling device ‖ ⌐**einzug,** Fadeneinzug *m* (Web) / pass, drawing-in ‖ ⌐**einzug** *m,* -passierung *f* (Web) / drawing in, heddling

schäften, ansetzen / butt joints, butt-joint *vt*

Schaft·ende, GAZ-Stück *n* (Rohr) / spigot end ‖ ⌐**fräser** *m,* Walzenstirnfräser *m* / end mill[ing] cutter, shell end mill ‖ ⌐**fräser** *m* **für T-Nuten** / T-slot cutter ‖ ⌐**halter** *m* (Räumwz) / puller ‖ ⌐**halter** *m* (Pressentisch) / stem clamp ‖ ⌐**karte** *f* (Textil) / dobby card ‖ ⌐**länge** *f* (Schraube) / shank length ‖ ⌐**maschine** *f,* Dobby *m* (Textil) / dobby, dobbie, heald loom

Schäftmaschine *f* **für Sägebänder** / lap grinding machine for band saw blades

Schaft·material *n* (Gerb) / shoe uppers *pl* ‖ ⌐**rahmen** *m* (Web) / metal heald frame ‖ ⌐-**Schneidrad** *n* (Verzahnung) / shank type vertical gear generator ‖ ⌐**schraube** *f* (DIN 427), Stellschraube *f* / set screw ‖ ⌐**schraube mit Schlitz und Kegelkuppe** / slotted headless screw with chamfered end ‖ ⌐**stab** *m* (Web) / shaft rod o. stave, heald stave ‖ ⌐**stuhl** *m,* -webstuhl *m* / dobby loom ‖ ⌐**teilung** *f* (Web) / pitch of the harness

Schäftung, Schäftverbindung *f* (Zimm) / scarf joining, tapered overlap

Schäftverleimung *f* (Tischl) / finger-jointing

Schaftwerk *n* (Web) / harness

Schafwolle *f* / sheep['s] wool

Schake *f,* Kettenglied *n* / chain link

Schäkel *m* (Schiff) / clevis, shackle ‖ **Anbringen eines** ⌐**s** / capping of a rope ‖ ⌐**anschlag** *m* (Bau) / shackle stop ‖ ⌐**bolzen** *m* (mit Schraubverschluß) / clevis o. shackle bolt ‖ ⌐**bolzen** *m* (mit Splint) / shackle pin ‖ ⌐**ende** *n* / shackle ear ‖ ⌐**isolator** *m* / shackle insulator

schäkeln (Schiff) / shackle
Schakenkette *f* / open link chain
schal, abgestanden / stale ‖ ~ (Web) / faded, shop-soiled, shop-worn, stale
Schäl·anlage *f* / descaling plant ‖ ⌃anschnitt *m* (Gewinde) / spiral face inclination ‖ ⌃anschnitt *m* der Reibahle / progressive cut of a reamer ‖ ⌃anschnitt-Gewindebohrer *m* / curling o. progressive tap ‖ ⌃axt *f* / paring axe ‖ ⌃bohrer *m* (Bergb) / boring bit ‖ ⌃bohrer *m*, Forstnerbohrer *m* (Wzm) / center bit
Schal·brett, -holz *n*, -bohle *f* (Bau) / lagging ‖ ⌃brett, Brett *n* von 25 mm Stärke (Tischl) / two-cut ‖ ⌃brett *n* (fehlerhaftes Brett) / slab ‖ ⌃brett *n* (Lehrgerüst) / boarding, bridging, bolster ‖ ⌃brett *n*, -bohle *f* für Baugruben (Bau) / lining board, [close] poling board o. plank
Schälchen *n* (Chem) / disk, cup
Schaldecke *f*, Brettdecke *f* (Bau) / boarded ceiling
Schäldüse *f* (Isotopentrennung) / separation nozzle
Schale *f*, Muschelschale *f* / shell, scallop shell, cockle shell ‖ ⌃ (Bot) / peel (of fruit), rind (of melon), skin (of onion) ‖ ⌃ (Ei) / egg shell ‖ ⌃ (Hülsenfrüchte) / shell of a nut o. egg ‖ ⌃, Fruchtfleisch *n* (Kaffee) / pod ‖ ⌃ (Chem) / tray, basin, (esp.:) beaker [glass] ‖ ⌃ (Bau) / shell ‖ ⌃, Kokille *f* (Gieß) / chill ‖ ⌃ (Phot) / tank, tray ‖ ⌃, Waagschale *f* / weighing scale o. basin ‖ ⌃, Napf *m* / bowl, basin, cup ‖ ⌃, Schüssel *f* / dish ‖ ⌃, Kapsel *f* / capsule ‖ ⌃ (Strangguß) / casting shell ‖ ⌃, schalenartiger Einsatz (Chem) / tray, basin ‖ ⌃, Mantel *m* (krumme Fläche) (Math) / nappe ‖ ⌃, Schwarte *f* (Holz) / flaw-piece, flitch[-wood] ‖ ⌃, viertelzölliges Brett (Bau) / quarter stuff ‖ ⌃, Walzsplitter auf dem Blech (O'flächenfehler) / sliver, spill ‖ ⌃, Überlappung *f* (Walzw, Schm, O'flächenfehler) / scale, scab, sliver, spill ‖ ⌃ (Messer) / haft of a knife ‖ ⌃ (Unix), Shell *f* (DV) / shell (Unix) ‖ ⌃ ohne Rand / flat bowl ‖ ⌃ von Orange o. Zitrone / peel of orange o. lemon ‖ ⌃n *f pl* von Schornsteinen / layers of chimneys ‖ flache ⌃ (Bau) / shallow shell ‖ in ⌃ gegossen, schalenhart / chilled
schalen (Bau) vt, plank, line, place the sheeting
schälen, enthülsen / shell, shuck, husk
schalen, mit dünnen Brettern ~ / shutter with thin boards
schälen (Bergb) / plough off ‖ ~ (z.B. Obst) / peel ‖ ~ (Gewinde) / peel thread ‖ ~, abschälen / pare, strip ‖ ~ (Dreh, Hütt) / preturn, roughturn ‖ ~ *n* (Zahnräder) / skiving gears ‖ ⌃ / peeling, taking-off the crust ‖ ⌃ der Kaffeebohnen / dehusking ‖ Holz ~ / bark wood, decorticate wood ‖ sich ~, den Glühspan verlieren (Stahl) / shell whilst hardening
Schalen·armatur *f* für Schläuche / clamp o. segment fitting ‖ ⌃bauweise *f* (Bau) / monocoque construction, stressed-skin construction ‖ in ⌃bauweise (Bahn, Luftf) / skin-stressed ‖ ⌃blende *f* (Min) / botryoid[al] blende
schälende Gewinnung (Bergb) / ploughing
Schalen·dach *n* / shell type roof ‖ ⌃eisen *n*, Masselgrabeneisen *n* (Hütt) / sow, sow-iron ‖ ⌃elektrode *f* / dished electrode ‖ ⌃-Elektronenstrahlschmelzen *n* / skull-electron-beam melting ‖ ⌃entwicklung *f* (Phot) / dish development ‖ ⌃fassung *f* für Schläuche / segment socket ‖ ⌃form *f* (Keram) / shell mould o. mold ‖ ⌃förmig, flach / saucer-type ‖ ⌃führung *f* (Walzw) / cup guide ‖ ⌃guß *m* (Verfahren und Erzeugnis) / chill[ed] casting ‖ ⌃guß *m* (Erzeugnis) / chilled work, cast iron chilled piece ‖ ⌃guß (Vorgang), -gießen *n* / chilling ‖ ~hart (Gieß) / chilled ‖ ⌃hartguß *m* / clear chill casting ‖ ⌃holz-Zimmerung *f* (Bergb) / cover binding ‖ ⌃korn *n* (Nukl) / coated fuel particle ‖ ⌃kreuz *n* (ein Windmesser) (Meteorol) / cup anemometer, cross arms (US) *pl* ‖ ⌃kupplung *f* (Masch) / clamp o. shaft o. split coupling ‖ ⌃lager *n* / split o. divided bearing ‖ ⌃-Lichtbogenschmelzen *n* / skull arc melting ‖ ⌃modell *n* (Phys, Atomkern) / independent particle model of the nucleus ‖ ⌃modell *n* der Atome von Goeppert-

Mayer usw. (Nukl) / shell model ‖ ⌃muffe *f* zur Verbindung der Zugstange (Bahn) / drawbar spiral [coupling] sleeve ‖ ⌃rumpf *m* (Luftf) / monocoque fuselage, shell body ‖ ⌃schmelzen *n* / skull melting ‖ ⌃sitz *m*, integral geformter Sitz (Kfz) / integral-moulded seat, bucket seat ‖ ⌃[stau]mauer *f* / shell-type dam ‖ ⌃streifen *m pl* (Walzw, Fehler) / rokes *pl* ‖ ⌃theorie *f* (Bau) / theory of thin shells
Schäl·folie *f* (Plast) / sliced sheet o. film ‖ ⌃folie *f* / sliced sheet
Schalfuge *f* / mould joint
Schäl·furnier *n* / rotary-cut veneer ‖ ⌃gang *m* (Mühle) / husking mill
Schal·gerüst *n* (Bau) / falsework ‖ ⌃holz *n* (Schachtausbau) (Bergb) / wall plate ‖ ⌃holz *n* (Bergb) / split bar
Schäl·holz *n*, entrindetes Holz / barked o. peeled wood ‖ ⌃holz *n* für Furniere / wood for peeling ‖ ⌃holzaufwickler *m* / veneer reeling and unreeling machine
schalig, muschelig / conchoidal ‖ ~ (Krist) / shelly ‖ ~ (Hütt) / shelly, scabby
Schälkopf *m* / peeling head
Schall *m* / unpitched sound ‖ ⌃... / sonic ‖ ⌃ zweiter Art (Phys) / second sound ‖ seitlich vorbeigehender ⌃ / flanking sound ‖ ⌃abgangsempfänger *m* (Elektronik) / initial sound receiver, impulse receiver ‖ ~absorbierend / sound absorbent ‖ ~absorbierende Wand (Film) / tormentor ‖ ⌃absorption *f* / sound absorption ‖ ⌃absorptionsgrad, (früher): Schallschluckgrad *m* / acoustic absorption o. sound absorption factor o. coefficient ‖ ⌃abstrahlung *f* / sound radiation o. projection ‖ ⌃achse *f* (Ultraschall) / sound beam axis
Schalladen *m* (Bau) / louver o. luffer board
Schall·analysator *m* / sound analyser, [sound] spectrograph analyzer ‖ ⌃analyse, Schallspektrographie *f* / sound analysis o. spectrography
Schal·latte *f*, Schal-, Schwartenbrett eines Lehrgerüstes / boarding o. bridging of a falsework ‖ ⌃lattenverlegung *f* (für Gips) (Bau) / counterlathing
Schall·aufnehmer *m* / acoustic pick-up ‖ ⌃aufzeichnung *f* (Schallplatte) / sound recording ‖ ⌃ausbreitung *f*, -fortpflanzung *f* / sound propagation ‖ ⌃ausbreitungsgeschwindigkeit *f* / sound velocity ‖ ⌃ausschlag *m* / sound particle deflection ‖ ⌃becher, -trichter *m* / acoustic funnel, amplifying horn ‖ ⌃bild *n* / ultrasonic pattern ‖ ~blockierte Düse / sonic nozzle ‖ ⌃boden *m*, Resonanzboden *m* / sound[ing] board ‖ ⌃boje *f* / sounding buoy ‖ ⌃brechung *f* / refraction of sound ‖ ⌃brechungslehre *f* / diacoustics *pl* ‖ ⌃brett *n* / louver board ‖ ⌃chemie *f* / phonochemistry ‖ ~dämmend, -dämpfend / sound absorbing o. deadening ‖ ⌃dämmung *f*, Schallschutz *m* / sound insulation o. proofing, acoustic insulation, acoustical absorptive treatment, quieting noise control o. abatement ‖ ⌃dämpfen *n* / deadening ‖ ~dämpfend, tot (Akustik) / dead ‖ ⌃dämpfend, Entdröhn... (Bahn, Kfz) / sound absorbing o. deadening ‖ ~dämpfende Bauweise / acoustic construction ‖ ~dämpfender Belag, Entdröhnbelag *m* / sound absorbing paint ‖ ~dämpfende Bepflanzung / vegetative mufflers *pl* ‖ ~dämpfende Stoffe (z.B. auf Filmbühnen) *m pl* / baffle ‖ ⌃dämpfer *m* / sound absorber ‖ ⌃dämpfer *m* (Fernm, Musik) / sound damper ‖ ⌃dämpfer *m*, Auspufftopf *m* (Kfz) / exhaust silencer (GB) o. muffler (US) ‖ ⌃dämpfer *m* (Schreibm) / rubber buffer ‖ ⌃dämpfer *m* in der Schubdüse (Luftf) / jet silencer ‖ ⌃dämpferplatte *f* / panel absorber ‖ ⌃dämpfertrichter *m* / muffler trumpet ‖ ⌃dämpfung *f* / silencing ‖ ⌃dämpfung, Dissipation *f* / sound dissipation ‖ ⌃dämpfungseffekt *m* / soundproofness ‖ ~dicht, -sicher / soundproof ‖ ~dichte Kabine / sound booth ‖ ~dicht machen / deafen ‖ ⌃dichte *f* / sound density ‖

⌐dispersion *f* / sound dispersion ‖ **⌐dissipationsgrad** *m* / sound dissipation factor ‖ **⌐dose** *f* (Phono) / mechanical pick-up, sound box ‖ **⌐druck** *m* / acoustic o. sound o. excess pressure ‖ **⌐druck als Funktion der Leistung** / transmitting power response ‖ **auf ⌐druck ansprechend** (Akustik) / pressure actuated ‖ **⌐[druck]messer** *m*, Phon[o]meter *n* / phon[o]meter ‖ **⌐druckpegel** *m* / sound [intensity o. pressure] level, SPL ‖ **⌐durchlaßgrad**, -transmissionsgrad *m* / acoustic transmissivity ‖ **⌐durchlässigkeitszahl** *f* / acoustic transmissivity index

Schallehre *f*, Akustik *f* / acoustics *sg*
Schalleistung *f* / acoustic capacity o. power, audibility ‖ **⌐ der Sprache** / speech power
Schalleistungsdichte *f* s. Schallintensität
Schall·empfang *m*, -aufnahme *f* / sound pick-up ‖ **⌐empfänger**, -aufnehmer *m* / sound pick-up
schallen, dröhnen / boom *v* ‖ **~**, tönen / sound *v* ‖ **~**, tönen, widerhallen / resound *v*
Schall·energie *f* / sound energy ‖ **⌐energiedichte** *f* (DIN) / sound energy density, energy density of sound ‖ **⌐fänger** *m* (Fernm) / trumpet ‖ **⌐feld** *n* (Ultraschall) / sound field ‖ **⌐fluß** *m*, Volumenschnelle *f* / sound energy flux, volume velocity ‖ **⌐fortpflanzung** *f* / conveyance of sound ‖ **⌐fülle** *f* / sonority ‖ **⌐geber** *m* / source of sound ‖ **⌐geber** *m*, Leitstück *n* (Ultraschall) / transducer, modulator ‖ **⌐gerät** *n* / acoustic implement ‖ **⌐geschwindigkeit** *f* / speed of sound ‖ **⌐geschwindigkeit** *f* (Luftf) / sound velocity, sonic speed, acoustic velocity ‖ **⌐geschwindigkeits-Thermometer** *n* / acoustic thermometer ‖ **~hart**, hallend / reverberant, reverberative ‖ **~hart (o. hallig) machen** (Akustik) / liven ‖ **~harter Raum** (o. Hall- o. Echoraum) (Akustik) / live room, reverberation o. echo chamber ‖ **⌐härte** *f* / acoustical inertia o. stiffness (US) ‖ **⌐höhenmessung** *f*, Echometrie *f* / air sounding, echometry ‖ **⌐impedanz** *f* / acoustical impedance ‖ **⌐intensität**, -stärke J *f* / intensity of sound, sound intensity o. volume, sound energy per square unit, acoustic power ‖ **⌐isolation** *f* s. Schalldämmung ‖ **⌐isolation** *f* (durch Auffüllen des Fehlbodens) (Bau) / pugging, deadening, dead sounding, deafening ‖ **⌐isolationsmaß** *n* / sound insulation factor ‖ **~isolieren** / soundproof *v* ‖ **⌐kammer** *f* (Fernm) / screen ‖ **⌐kanone** (zur Imitation des Überschallknalls bei Versuchen) (Engl, Luftf) / snifter ‖ **⌐-Kennimpedanz** *f* (Akustik) / characteristic acoustic impedance ‖ **⌐mauer**, -wand *f* / sonic o. sound barrier ‖ **⌐membran**, Membran *f* (am Fernsprecher) (Fernm) / vibrating diaphragm ‖ **⌐messung** *f*, -meßverfahren *n*, -peilung *f* / sound ranging [method] ‖ **~nahe**, transsonisch (975-1450 km/h) / transonic, transsonic ‖ **~naher Geschwindigkeitsbereich** (Luftf) / transonic speed range
Schalloch *n* (Bau) / louver o. louvre (GB) window ‖ **⌐** (Geige) / sound hole
Schallöffnung *f* (Fernm) / hearing tube
Schallot *n* (Öl) / sonic log
Schall·pegel *m* (in Phon) / sound level o. volume ‖ **⌐pegelmesser** *m*, Phonmeter *n* / sound level meter, phon[o]meter, volume unit o. VU-meter ‖ **⌐peilung**, -ortung *f* / sound location ‖ **⌐platte** *f* / phonographic o. disk o. gramophone record ‖ **⌐platte** *f* nach dem Variable-Grade-Verfahren o. mit gedrängter Rillenschrift / variable-grade record
Schallplatten·-Abspielgerät *n* / disk record reproducing equipment ‖ **⌐abtastung** *f* (Phono) / tracing ‖ **⌐archiv** *n* / record library ‖ **⌐aufnahme** *f* / disk recording ‖ **⌐industrie** *f* / musical plate recording industry ‖ **⌐übertragung** *f* (Elektronik) / recorded music ‖ **⌐wachs** *n* (Phono) / metal o. metallic soap
Schall·pumpe *f* (Öl) / sonic pump ‖ **⌐quant**, Phonon *n* (Phys) / phonon ‖ **⌐quelle** *f* / source of sound ‖ **⌐reflexion** *f* / resounding, sound reflection ‖

⌐reflexion *f*, Widerhall *m* / sound reverberation o. repercussion ‖ **⌐reflexionsfaktor** *m* / sound reflection factor o. coefficient ‖ **⌐reflexionsgrad** *m* / sound reflection ratio ‖ **⌐rille** *f* (Phono) / groove of the record ‖ **⌐schatten** *m* / acoustical shadow ‖ **~schluckend**, -absorbierend, Schallschluck… / absorptive to sound, sound absorbing o. absorbent o. deadening, acoustic[ally] absorbing ‖ **~schluckender Boden** (Bau) / dead floor ‖ **⌐schluckgrad**, -koeffizient *m* s. Schallabsorptionsgrad ‖ **⌐schluckplatte**, Akustikplatte *f* / acoustic panel o. board o. tile ‖ **⌐schluckschirm** *m* (Film) / gobo, baffle ‖ **⌐schluckstoff** *m* / sound-absorbing material ‖ **⌐schluckung** *f* / sound absorption ‖ **⌐schluckwand** *f* / absorbing wall ‖ **⌐schnelle** *f* / sound particle velocity ‖ **⌐schutz** *m*, Schalldämmung *f* / sound insulation o. proofing, noise control ‖ **⌐schutzhaube** *f* (für Filmkamera) / blimp ‖ **⌐schutzschild** *m* / sound protection shield ‖ **⌐[schutz]wand** *f* (Luftf, Flughafen) / detuner ‖ **⌐schutzzelle** *f* (Film) / camera booth ‖ **⌐schwächung** *f* / acoustic attenuation ‖ **⌐schwächungsverfahren** *n* (Ultraschall) / decay technique ‖ **⌐schwingung** *f* / acoustic oscillation o. transmission, sound vibration ‖ **⌐sichtgerät** *n*, Ultraschall-Bildwandler *m* / ultrasonic image converter ‖ **⌐signal** *n* / acoustic o. audible o. aural signal, sound signal ‖ **⌐sonde** *f* / sound probe ‖ **⌐speicherung** *f* / sound recording, audio record ‖ **⌐spektrograph** *m* / sound spectrograph ‖ **⌐spektrographie**, Schallanalyse *f* / sound analysis o. spectrography ‖ **⌐stärkemessung** *f* / sound intensity measuring ‖ **⌐stärkenmesser** *m*, Phonmeter *n* / phonmeter ‖ **⌐strahler** *m* (Elektronik) / acoustic radiator ‖ **⌐strahlungsdruck** *m* / sound radiation pressure ‖ **⌐technik** *f* / sonics ‖ **~tot**, echofrei, reflexionsfrei / anechoic, acoustically dead, insonorous ‖ **~toter Raum** / anechoic o. dead room, free-field room ‖ **~tote Wand** (Akustik) / dead wall ‖ **⌐transmissionsgrad** *m* / sound transmission ratio, acoustic transmissivity ‖ **⌐trichter** *m* (Akust) / horn, trumpet, bell mouth ‖ **⌐trichter** *m*, Mundstück *n* (Telefon) / mouth piece ‖ **⌐trichter** *m*, Mundstück *n* (Fernm) / mouth piece ‖ **~trichterartig** / bell mouthed ‖ **⌐übertragung** *f* / sound transmission ‖ **störende ⌐übertragung** / annoying [excessive] noise ‖ **⌐- und Wärmedämmung** *f* / sound and heat insulation ‖ **⌐verhältnisse** *n pl*, Akustik *f* (Bau) / acoustics *pl* ‖ **⌐verzug** *m* / acoustic delay ‖ **⌐verzug-Ausschaltung** *f* / acoustic correction ‖ **⌐[vibrations]bohren** *n* / sonic drilling ‖ **⌐wächter** *m* / sound alerter ‖ **⌐wand** *f* (allg, Lautspr) / [acoustic] baffle ‖ **⌐[wechsel]druck** *m* / sound o. excess pressure ‖ **⌐wellenimpuls** *m* / sound wave impulse ‖ **⌐weg** *m* / path length of sound waves ‖ **⌐wellenimpuls** *m* / sound wave impulse ‖ **⌐wellenwiderstand** *m* / characteristic acoustic impedance ‖ **⌐widerstandslog** *n* / acoustic impedance log ‖ **⌐zeile**, Strahlergruppe *f* (Akust) / horizontal row of radiators
Schälmaschine *f* / peeler, peeling machine
Schälmaschine *f*, Schälzug *m* (Kupferwalzw) / peeling machine ‖ **⌐ für Reis** / rice huller o. husker ‖ **⌐ zum Enthülsen** / hulling machine, huller
Schalmeiglocke *f* (Fernm) / sheep gong
Schälmesser *n* (grob) / paring knife ‖ **⌐** (fein) / peeling knife ‖ **⌐** (Bergb) / scraper knife ‖ **⌐**, -eisen *n* (Forstw) / spud ‖ **⌐** (Hütt) / peeling tool ‖ **⌐**, -eisen *n* (Forstw) / bark scraper, spud
Schälmühlenindustrie *f* / hulling industr
Schalöl *n* (Bau) / forming oil
Schäl·pflug *m* (Landw) / paring cutter o. plough, skim plow ‖ **~pflügen** / skim ‖ **⌐-Restrolle** *f* (Holz) / peeler core ‖ **⌐riß** *m* (Furnier) / cutting o. knife check, lathe check ‖ **⌐rissigkeit** *f* des Holzes, Ring-, Kernschäle *f* / cup shake ‖ **⌐schleifen** *n* / rough grinding ‖ **⌐schnitt** *m* (Wzm) / progressive cut ‖ **⌐schrapper** *m* (Bergb) / scraper box ‖ **⌐span** *m* (Holz) / peeler shaving ‖ **⌐span** *m* (Wzm) / curled chip

Schalt·achse f / switch shaft ‖ ~**ader**, -strippe f (Fernm, DV) / jumper [cable] ‖ ~**adernetz** n (Fernm) / plant with distribution boxes ‖ ~**algebra** f (DV) / analysis of switching circuits, switching algebra o. logic, boolean algebra o. notation, logic algebra ‖ ~**anlage** f / switchboard plant ‖ ~**anlage in Einschubtechnik**, Wagenanlage f / draw-out unit ‖ ~**anlasser** m (Bahn) / [camshaft- o. drum] controller, controller drum o. cylinder ‖ ~**anordnung** f (Elektr) / connection method ‖ ~**anordnung** f **in Einheiten** / packaged assembly circuit ‖ ~**anweisung** f (COBOL) / alter clause ‖ ~**apparat** m (Textil) / building motion ‖ ~**arm** m (Fernm) / contact arm ‖ ~**arm** m (Elektr) / switch operating lever ‖ ~**arm** m, Schalterzweig m / switch arm ‖ ~**armsatz** m (Fernm, Motordrehwähler) / set of contact arms, wiper set ‖ ~**automat** m (Elektr) / [circuit] breaker ‖ ~**automatik** f (Kfz) / automatic gear change ‖ ~**band** n (DV) / contact tape ‖ ~**bar** (Kupplung) / engaging and disengaging ‖ ~**bar** (Fernm) / switchable ‖ ~**befehl** m, -anweisung f (DV, Progr) / alter statement ‖ ~**betriebsdruck** m (Druckluft) / operating pressure of the pneumatic switch ‖ ~**bewegung** f, -vorgang m (Elektr) / switching operation ‖ ~**bewegung** f (Wzm) / indexing ‖ ~**bild** n, Schalt[ungs]schema n, Schaltplan m / wiring o. connection diagram o. scheme, diagram of connections ‖ ~**bock** m (Kfz) / gearshift lug ‖ ~**bolzen** m / indexing bolt o. pin ‖ ~**brett** n (NC) / problem-board, program board ‖ ~**brett** n (Elektronik) / patch o. plug board, jack panel ‖ ~**buchse** f (Elektr) / switch jack ‖ ~**buchse** f (Räumwz) / outer sleeve ‖ ~**bühne** f, -podest n / switchboard gallery ‖ ~**diagramm** n (LoKa) / plugging chart ‖ ~**diode** f / switching diode ‖ ~**draht** m (Fernm) / jumper wire, hook-up wire, equipment wire ‖ ~**drahtverbindung** f (Oberleitung) / cross connection ‖ ~**drossel** f (Elektr) / preventive choke coil ‖ ~**druck** m (Druckluft) / cutting-off pressure, switching pressure ‖ ~**einheit** f, -gerät n (Elektr) / switchgear ‖ ~**einrichtung** f (Wzm) / indexing mechanism ‖ ~**element** n (Elektr) / circuit element, control element o. member ‖ ~**element** n (o. logisches Element) (NC, DV) / logic[al] element

schalten (Elektr) / switch, connect ‖ ~, verdrahten / wire ‖ ~, umschalten, weiterschalten (Revolverkopf) / index ‖ ~ (Zeilen o. Leerstellen) (Drucker) / space ‖ ~, Schaltbewegung f / switching operation ‖ ~ (Pneum) / relay operation ‖ ~ **und Trennen** / switching and isolation ‖ **[das Getriebe o. den Gang]** ~ (Kfz) / shift gears ‖ **Getriebe** ~ (Masch) / engage o. change gears, control gears

schaltend, unter Last ~ / switching under load
Schaltende n **einer Wicklung** / leading-out wire of a winding
Schalter m, Ein-, Aus-, Umschalter m (Elektr) / switch ‖ ~, Trennschalter m (Elektr) / circuit breaker ‖ ~ (Bau) / counter ‖ ~ (Elektronik) / actuator ‖ ~ (Mikroelektronik) / latch ‖ ~ **des Lichtmaschinenreglers** (Kfz) / regulator cutout ‖ ~ **einer Zweigleitung** (Elektr) / branch switch ‖ ~ **mit Einfachunterbrechung** / single break switch ‖ ~ **mit verschließbarer Überkappe** / locked cover switch, lock[ing] o. asylum o. secret switch ‖ ~**abdeckplatte** f / flush o. switch plate ‖ ~**anker** m (Kfz-Regler) / cutout blade o. arm ‖ ~**beamter** m / counter agent ‖ ~**beamter** m (Bahn) / ticket clerk (G) o. agent (US) ‖ ~**bereich** m (Bank) / teller area ‖ ~**betriebsdruck** m (Pneum) / operating pressure of the [pneumatic] ‖ ~**diode** f (Elektronik) / servo diode ‖ ~**druckmaschine** f, -drucker m (Bahn) / ticket-printing and issu[e]ing machine ‖ ~**ebene** f (Elektr) / pie of a multiple-deck switch, wafer of a multiple-deck switch ‖ ~**fabrikant** m / switch maker, switcher (US) ‖ ~**fenster** n (Bau) / wicket, second ‖ ~**gehäuse** n, -deckel m, -kappe f / switch cover ‖ ~**halle** f (Bahn) / departure o. passenger hall ‖ ~**kassenmaschine** f, -[quittungs]maschine f / bank teller machine, [teller]

window machine ‖ ~**kasten** m, -gehäuse n / switch box o. case ‖ ~**klemme**, -anschlußklemme f / switch terminal ‖ ~**knopf** m / switch button ‖ ~**leiste** f (DV) / switch panel ‖ ~**-Nennbetriebsdruck** m (Pneum) / nominal operating pressure of the switch ‖ ~**öl** n (Elektr) / switchgear oil ‖ ~**-Schaltung** f (Elektronik) / switch connection ‖ ~**segment** n / switch segment ‖ ~**sockel** m / switch base ‖ ~**stellung** f / switch position ‖ ~**stop** m (DV) / break point ‖ ~**stromkreis** m / switch circuit ‖ ~**terminal** n, -maschine f, -datenendstation f (DV) / teller terminal ‖ ~**topf** m (Elektr) / switch vessel ‖ ~**werk** n (Bahn) / switch-type interlocking frame
Schältest m (Laminat) / peeling test ‖ ~ (Schw) / peel test
Schalt·fassung f / switch [lamp]holder o. socket ‖ ~**fehler** m (Elektr) / wrong connection, wiring fault o. error ‖ ~**feld** n (Elektr) / switchboard section ‖ ~**feld** n (LoKa) / patchboard, pin-, plugboard, patch bay o. panel ‖ ~**feld** n, -tafel f (DV) / control panel o. bench ‖ ~**feld** n **der Freiluftstation** (Elektr) / switchboard section of outdoor station ‖ ~**folge** f / switching sequence ‖ ~**folgesteuerung** f (Mikrosk) / electronic shutter control ‖ ~**frequenz** f (TV) / sampling frequency ‖ ~**führung** f, -kulisse f (Kfz) / gear-shifting gate ‖ ~**funktion** f (DV) / logic o. switching function ‖ ~**gabel** f (Kfz) / gearshift fork, shift-fork, selector fork ‖ ~**gabel** f (Wzm) / engaging fork ‖ ~**gabel** f **der Differentialsperre** (Kfz) / toggle fork (differential lock) ‖ ~**gabel** f **des Klauengetriebes** / selector fork for direct drive dog clutch ‖ ~**genauigkeit** f (Wzm) / indexing precision ‖ ~**gerät** n (Elektr) / switchgear ‖ ~**gerät** n (Masch) / coupling device ‖ ~**gerät** n (Wzm) / control gear ‖ ~**gerät** n (Fernm) / switcher ‖ ~**geräte** n pl (Elektr) / switchgear and control gear ‖ ~**geräte-Gestell** n (Elektr) / skeleton-type o. frame-type switchboard ‖ ~**geräusch** n (Fernm) / key click o. chirp ‖ ~**geräusch** n (Kfz) / grating o. creak of the gear ‖ **frei von** ~**geräuschen** (Fernm) / clickless ‖ ~**geschwindigkeit** f / circuit speed ‖ ~**gestänge** n / [gear] shift linkage ‖ ~**gestänge** n (Elektr) / switch rods pl ‖ ~**getriebe** n (Mech) / ratchet mechanism ‖ ~**getriebe** n (Masch) / range o. shift transmission, change speed gear ‖ ~**getriebe** n (Kfz) / gear box ‖ ~**getriebe** n (Wzm) / indexing drive ‖ ~**getriebe**, -gestänge n / control[ling] gear o. mechanism ‖ ~**getriebe** n, Fortschaltgetriebe n / range speed gear ‖ ~**griff** m (Motorrad) / gear shift handle grip ‖ ~**gruppe** f (Trafo) / connection symbol ‖ ~**gruppenziffer** f (Trafo) / numerical index of the vector group ‖ ~**häufigkeit** f / number of switching actuations ‖ ~**häufigkeit** f (als Maß) (Elektr) / duty classification ‖ ~**häufigkeit** f (Kfz) / shift frequency ‖ **hohe** ~**häufigkeit** (elektrischer Schalter) / continuous operation ‖ ~**haus** n / distribution hall o. station ‖ ~**hebel** m / change o. control lever ‖ ~**hebel** m (Kfz) / [gear]shift lever ‖ ~**hebel**, Ein-, Aus-, Umschalthebel m (Elektr) / switch lever ‖ ~**hebel** m (Wzm, Langdrehen) / trip lever ‖ ~**hebelwelle** f (Kfz) / control lever o. gearshift lever fulcrum pin ‖ ~**hysterese** f / switching hysteresis ‖ ~**informationen** f pl (DV) / switching commands pl ‖ ~**instrument**, Kontaktinstrument n / contacting instrument ‖ ~**jahr** n / leap year, intercalary o. bissectile year ‖ ~**kabel** n / switchboard cable ‖ ~**karte** f, gedruckte Schaltung / circuit board o. card (US), printed circuit, small card ‖ ~**kasten** m (Elektr) / switch box o. case ‖ ~**kasten** m (Kfz) / main driving switch ‖ ~**kasten** m **für Kabel** / cross-bonding box ‖ ~**klaue** f (Kfz) / shifting claw ‖ ~**klinke**, Sperrklinke f (Masch) / pawl, click, catch, ratchet, jumper ‖ ~**knack** m, -knacken n (Fernm) / key click o. chirp ‖ ~**knackfilter** n / key-click o. keying filter ‖ ~**knopf** m, -hebelgriff m (Kfz) / gearshift knob ‖ ~**knopf** m, Druckknopf m / push button, push ‖ ~**konsole** f, -pult n / control console o. desk. o. panel, desk switchboard, operating o. switch desk ‖ ~**kontakt** m / switching contact ‖ ~**kreis** m / switching circuit ‖ ~**kreisanalysator** m / circuit

analyzer ‖ ~**kreisfunktion** f (Elektronik) / active element group, AEG ‖ ~**kreislogik** f / circuit logic ‖ ~**kreistechnik** f / circuit technique ‖ ~**kulisse** f (Kfz) / gear shifting gate ‖ ~**kupplung** f / clutch ‖ ~**kurbel** f / switching handle ‖ ~**leistung** f (Elektr) / breaking o. rupturing capacity ‖ ~**leistung** f (Elektr) / rupturing capacity ‖ ~**litze** f / stranded hook-up wire, flexible equipment wire ‖ ~**matrix** f / switching matrix ‖ ~**matrize** f (DV) / array ‖ ~**mechaniker** m / circuit installer ‖ ~**messer** n (Elektr) / switch blade ‖ ~**mittel** n (Fernm) / switching equipment ‖ ~**modul** m / circuit module ‖ ~**netz** n (DV) / combinational circuit (o. logic system) ‖ ~**nocken** m, -nase f (Wzm) / trip cam ‖ ~**nocken** m (Elektr) / control cam ‖ ~**nut** f (Phot) / notch of cassette ‖ ~**pilot** n (Fernm) / switching pilot ‖ ~**plan** m / wiring o. connection diagram o. scheme, circuit diagram, diagram of connections ‖ ~**platte** f, -karte f / circuit board o. card (US), printed circuit ‖ ~**platte**, -tafel f (DV) / jack panel ‖ ~**podest** n, -bühne f / switchboard gallery ‖ ~**posten** m, -stelle f, Verteil[er]werk n (Bahn) / distributing substation, switching station ‖ ~**posten** m, -stelle f (Fernm) / switching station o. point, distributing office ‖ ~**posten** m (Schweiz), Trennstelle f (Fahrleitg) / tie station (US), sectioning point ‖ ~**programm** n (DV) / switching program ‖ ~**pult** n, -konsole f / control console o. desk o. panel, desk switchboard, operating o. switch desk, operating panel ‖ ~**pultwärter** m / controller ‖ ~**punkt** m (Transistor) / forward break-over point ‖ ~**punkt** m (Getriebe) / shift point ‖ ~**rad** n, -getriebe n / control o. change gear ‖ ~**rad** n, Rastenscheibe f / notched disk o. plate ‖ ~**rad** n (Masch) / ratchet wheel, ratchet ‖ ~**rad**, Federsperrad n / spring ratchet wheel ‖ ~**rad** n (Wzm) / indexing gear o. wheel ‖ ~**rad** n (Schreibm) / escapement wheel ‖ ~**rad** n (Elektr) / switch wheel ‖ ~**rad** n (Fernm) / stepping wheel ‖ ~**rad** n, Wendungswechsel m (Spinn) / winding ratchet wheel, rack[ing] wheel ‖ ~**raum** f (Elektr) / switch room ‖ ~**reiter** m (Heizregler) / time switch relay contact ‖ ~**relais** n / all-or-nothing relay ‖ ~**ring** m (Fernm) / jumper ring ‖ ~**röhre** f (Elektronik) / switching tube ‖ ~**rolle** f, Filmtransportrolle f (Filmapparat) / sprocket [wheel], intermittent sprocket

Schältrommel f (Landw) / peeling drum

Schalt·säule f / switchgear column o. pillar, switch column, pillar type switchgear ‖ ~**säule** f zwischen Netzabschnitten, Kabelschrank m (Elektr) / distribution pillar ‖ ~**säule** f zwischen Speisekabel und Bahnanschluß (Bahn) / post head, terminal pillar ‖ ~**scheibe** f (Revolverkopf) (Wzm) / index ring o. plate ‖ ~**schema** n, -bild n s. Schaltungsschema ‖ ~**schieber** m (fernbetätigt), -ventil n (Pneum) / pilot o. relay valve ‖ ~**schiene** f (Kfz) / selector shaft and fork ‖ ~**schloß** n (Schreibm) / escapement ‖ ~**schloß** n (Elektr) / switch latch ‖ ~**schloßeinheit** f (Schreibm) / escapement unit ‖ ~**schlüssel** m (Kfz) / switch key ‖ ~**schrank** m / switch cupboard o. cabinet, control box o. cubicle ‖ ~**schrank** m, Verteilerschrank m / cutout o. service cabinet ‖ ~**schritt** m zwischen zwei benachbarten Stellungen (Elektr) / make-and-break cycle ‖ ~**schütz**, Schütz n (Elektr) / contactor ‖ ~**schütz** n für Druckluftgeräte / solenoid valve ‖ ~**schwelle** f (Nukl, Kerntechnik) / switching threshold ‖ ~**schwingkreisabtaster** m / timing disk sensor ‖ ~**signal** n (Elektr) / switch signal ‖ ~**spanne** f (Pneum) / operating range ‖ ~**spannung** f (Halbl) / turn-on voltage ‖ ~**spiel** n des Reglers, Hysterese f / hysteresis of the voltage regulator ‖ ~**stange** f (Elektr) / switch rod ‖ ~**stange** f (Kfz) / sliding selector shaft ‖ ~**stangenbetätigt** / actuated by switch-rod ‖ ~**station** f (Elektr) / distribution substation, switching station ‖ ~**stelle** f s. Schaltposten ‖ ~**stellung** f (Wzm) / indexing position ‖ ~**stellung** (am Kontroller), Kontaktstellung f (Elektr) / notch of a controller, position of a controller ‖ ~**stellung** f "gedrückt" (Elektr) / depressed position ‖ ~**stern** m, Sternrad n / star wheel ‖

~**stift** m / actuating bolt, operating pin ‖ ~**stift** m (Langdrehen) / trip dog ‖ ~**stoßspannung** f / switching impulse ‖ ~**strahl** m (Elektronik, Röhre) / gate beam ‖ ~**strecke** f / break ‖ ~**strom-Spitzenwert** m (Elektr) / peak switching current ‖ ~**stromstoß** m / switching surge ‖ ~**stück** n (Schalter, Elektr) / contact maker o. piece, stud ‖ ~**stufe** f (der Steuerwalze) / controller notch ‖ ~**stufe** f, Fahrstufe f (Bahn) / regulating o. running notch o. step ‖ ~**system** n (Regeln) / switching system

Schalttafel f (Elektr) / switchboard, panel [board], electrical control panel ‖ ~, Stecktafel f, -brett n (DV) / patch board o. panel, plugboard ‖ ~ **in einer Warte** (Elektr) / switchboard gallery panel, operator panel ‖ ~**aufbau** m (Ggs: Einbau) (Instr) / panel mounting ‖ **für** ~**aufbau** (Elektr) / surface type, panel-mount ‖ ~**bühne** f, Schaltpodest n / switchboard floor ‖ ~**einbau** m (Elektr) / flush mounting ‖ **für** ~**einbau** (Elektr) / flush-type ‖ ~**feld** n / switchboard panel ‖ ~**instrument** n / switchboard instrument ‖ ~**-Meßinstrument** n (Elektr) / panel meter ‖ ~**montage** f, Schalttafelan-, -auf-, -einbau m / switchboard mounting ‖ ~**wärter** m (Elektr) / switchboard attendant o. operator

Schalt·tag m / intercalary day, intercalated day ‖ ~**technik** f / circuitry ‖ ~**teller** m, -tisch m (Wzm) / indexing plate, index[ing] table ‖ ~**tellermaschine** f (Wzm) / indexing table type machine ‖ ~**transiente** f, Einschwingvorgang m / switching transient ‖ ~**transistor** m / switching transistor ‖ ~**turm** m (Kfz) / gearshift dome ‖ ~**überspannung** f (Elektr) / [line] switching surge ‖ ~**uhr** f (Elektr) / automatic switch, switch clock, clock relay ‖ ~**uhr**, Kontaktuhr f / contact making clock, CMC ‖ ~**uhr** f (Phot) / time control ‖ ~**uhr** f für Herde / range timer ‖ ~**- und Steuergeräte** n pl / switch gear and control gear ‖ ~**unempfindlichkeit** f (Regeln) / hysteresis

Schaltung f (Elektr) / circuit ‖ ~, Verdrahtung f (Elektr) / mounting, wiring ‖ ~, Schaltelement n (NC) / circuit element, control element o. member ‖ ~ **des Getriebes** (Kfz) / gear shifting ‖ ~ **des Revolverkopfes** / indexing of the turret head ‖ ~ **des Vorschubes** (Wzm) / feed motion o. engagement o. control, tripping ‖ ~ **zum Steilermachen von Impulsen** / sharpener (for pulses) ‖ **falsche** ~, Fehlschaltung f, Fehlverbindung f / faulty o. wrong connection o. switching, switching error ‖ **gemischte** ~ (Elektr) / parallel-series connection ‖ **mit automatischer** ~ (Kfz) / clutchless

Schaltungs·algebra f (DV) / circuit algebra ‖ ~**art** f, -weise f / connection method ‖ ~**aufbau** m für Entwicklung (Elektronik) / breadboard ‖ ~**aufbau** m für Vorserie (Elektronik) / brassboard ‖ ~**aufwand** m (Elektronik) / design effort, circuit complexity ‖ ~**darstellung** f mit Elektronenstrahlen / microdefinition ‖ ~**element** n (Elektronik) / circuit element ‖ ~**fachmann** m / circuit engineer ‖ ~**platte**, -karte f (bestückt o. unbestückt) (Elektronik) / [printed] card ‖ ~**schema** n / wiring o. connection diagram o. scheme, diagram of connections ‖ ~**winkel** m (Elektronik) / circuit angle

Schalt·variable f (DV) / logic[al] o. switching variable ‖ ~**ventil** n / on-off valve ‖ ~**ventil** n, -schieber m (fernbetätigt) (Pneum) / pilot o. relay valve ‖ ~**verbindung**, Schaltung f (Elektr) / connection ‖ ~**verhältnis** n (Heizregler) / heater-on ratio ‖ ~**verhältnis** n (Thermostat) / duty cycle ‖ ~**verlustleistung** f (Halbl) / switching losses pl ‖ ~**vermögen** n, -leistung f / breaking o. rupturing capacity ‖ ~**verzögerung** f / switching delay ‖ ~**vorrichtung** f (Wzm) / indexing attachment ‖ ~**vorrichtung** f (Elektr) / switchgear ‖ ~**vorrichtung** f für Dieselmaschinen / flywheel turning device ‖ ~**wagenanlage** f (Elektr) / draw-out switchgear ‖ ~**walze** f, Steuerwalze f / contactor-controller, camshaft o. drum controller ‖ **die eigentliche** ~**walze** / controller

drum ‖ ⌐**walzenanlasser** m / drum controller ‖
⌐**walzenfinger** m / controller finger ‖
⌐**walzenumkehranlasser** m, Umkehrsteuerwalze f /
reversing drum control[ler] ‖ ⌐**wart** m / switchboard
attendant o. operator ‖ ⌐**warte** f (Kraftwerk) / control
room, switchboard gallery ‖ ⌐**welle** f (Kfz) / selector
shaft ‖ ⌐**werk** n / ratchet gear o. mechanism ‖ ⌐**werk**
n, Vorschubmechanismus m / feed[ing] mechanism ‖
⌐**werk** n (Fernm) / switching device ‖ ⌐**werk** n (IBM),
Folgeschaltung f, (DIN) (Elektronik) / sequential circuit ‖
elektromagnetisches ⌐**werk** (Uhr) / magnetic
escapement ‖ ⌐**werkzeughalter** m / indexing tool
holder ‖ ⌐**zahl** f, -häufigkeit f / number of operations o.
cycles ‖ ⌐**zeichen** n (Elektr) / [graphical] symbol for
contact units and switching devices ‖ ⌐**zeichen** n pl **für**
Schaltungsunterlagen / installation architectural and
topographical diagrams pl ‖ ⌐**zeit** f (Wzm) / indexing
time ‖ ⌐**zeit** f (allg, Masch) / switching time ‖ ⌐**zeit** f
(Regeln) / response time ‖ ⌐**zelle** f (Akku) / regulating o. regulator cell,
o. cell ‖ ⌐**zelle** f (Akku) / regulating o. regulator cell,
end cell ‖ ⌐**zentrale** f (Elektr) / distributing center
Schalung f, Verschalung f (Zimm) / boarding, encasing,
covering boards pl, timbering ‖ ⌐ f (Hydr) /
walling timber ‖ ⌐ f **aus dünnen Brettern** / shuttering
with thin boards ‖ ⌐ **des Lehrgerüsts** (Bau) / lagging of
the center
Schalungs·arbeit f (Bau) / formwork, shuttering ‖
[dünnes] ⌐**brett** / two-cut, thin board ‖ ⌐**haut** f (Beton)
/ formwork shell ‖ ⌐**material** n / shuttering material ‖
⌐**öl** n (Bau) / forming oil ‖ ⌐**plan** m (Bau) / layout of
forms ‖ ⌐**platte** f (Bau) / shuttering panel ‖ ⌐**schiene** f /
shuttering rail ‖ ⌐**setzer** m, Einschaler m / formwork
setter
Schalwand f / boarded panel
Schäl·werkzeug n / rough-turning tool ‖ ⌐**werkzeug** n **für**
Kabel / jacket remover ‖ ⌐**zentrifuge** f / trailing blade
centrifuge ‖ ⌐**zustellung** f (Wzm) / rough feed
Schamfilkissen n, Tau[werk]fender m (Schiff) /
pudd[en]ing
Schamotte f / chamotte, dead-burned fireclay [grog with
plastic fire-clay as binder]
Schamottebruch, zerkleinerter ⌐ / grog
Schamotte·erzeugnis n / fireclay refractory ‖
⌐**-Erzeugnis** n (22 - 38 % Al$_2$O$_3$) / fireclay refractory ‖
⌐**mehl** n (Hütt) / pulverized grog ‖ ⌐**mörtel** m /
fireproof cement ‖ ⌐**stein** m (Schw) / chamotte slab ‖
⌐**stein** m, -ziegel m (Hütt) / fireclay brick ‖ ⌐**stein** m
(Ortonkegel > 33) / superduty fireclay refractory (US)
‖ ⌐**stein mit Ortonkegel > 19** / low-duty fireclay brick
(US) ‖ ⌐**stein mit Ortonkegel > 29** / intermediate-
duty o. medium-duty fireclay brick (US) ‖ ⌐**tiegel** m /
fireclay crucible ‖ **fetter** ⌐**ton** / plastic fireclay
schamottisierter Ton, Schamotte f / dead clay
Schamwand f (Bau) / intermediate panel [between urinals]
Schanzensprung m (Staumauer) / ski jump, spillway
Schanzkleid n (Schiff) / breastwork, bulwark ‖ ⌐**reling** f
(Schiff) / roughtree railing ‖ ⌐**stütze** f / bulwark stay o.
stanchion
Schappegarn n (Seidenh) / schappe silk yarn, waste silk
yarn
Schappelholz n (Bau) / crosspiece of scaffold
Schappenbohrer m, Schappe f (Bergb) / auger [bit], gouge
o. casing bit
Schappeseide, Florettseide f / schappe o. waste silk
Schar, Ansammlung f / assemblage ‖ ⌐ f (Opt) / share ‖ ⌐
(Math, Mech) / sheaf, system, family ‖ ⌐, Kurvenschar f
/ family of curves ‖ ⌐ (Planierraupe) / blade
Schärband n (Web) / warp section
Scharbaum m (Landw) / ground wrist of a plough
Schär·baumgestell n (Textil) / beam creel ‖ ⌐**blatt** n (Web)
/ reed ‖ ⌐**breite** f (Web) / width of warp sheet, warp
width
Schar·deich m / dyke directly along the waterway ‖
⌐**drehkranz** m (Straßenhobel) / blade swivel ring

schären (Web) / warp v ‖ **abschnittsweises** ⌐ (Textil) /
section warping
Schärer, Kettenanschärer m (Web) / warper
Schärerin f / female warper
scharf, schneidend / sharp, keen, sharp-edged ‖ ~, streng
(Prüfung) / severe, tight ‖ ~ (Gewinde) / triangular, V-
shaped ‖ ~, spitz[ig] / acute ‖ ~ (Kante) / sharp [edged],
sharp cornered, angular ‖ ~, deutlich (Opt) / clean, well
o. sharply defined, clear, distinct, high-definition,
sharp, net ‖ ~ (Brille, Zwirnung) / extra strong ‖ ~,
genau / exact, strict ‖ ~, beißend / biting, burning,
penetrative ‖ ~ (Geruch, Geschmack) / pungent ‖ ~
(Gewürz) / hot ‖ ~, herb / acerb ‖ ~, sauer, herb / tart,
sour, acrid ‖ ~, sauer / tart ‖ ~, durchdringend (Geruch)
/ tangy ‖ ~, durchdringend (Ton) / piercing, shrill ‖
~ **abgegrenzt** / determinate ‖ ~ **abgeschnittene**
Hysterese / sheared hysteresis ‖ ~**e Abgrenzung der**
Fronten (Chromatographie) / sharpening of the fronts ‖
~ **abkühlen** / chill v ‖ ~ **abstimmen** (Radio) / tune up ‖
~ **begrenzt** / clean-cut, clear-cut ‖ ~**e Begrenztheit** /
definition ‖ ~**es Bild** (Phot) / sharp[ly defined] o. clear
picture ‖ ~**e Bremsung** / jamming the brakes ‖
~ **eingestellt** / in focus ‖ ~ **einschlagen** / lock hard over
‖ ~ **einstellen**, Strahlen vereinigen / focus v, bring into
focus ‖ ~ **gebündelt** (Strahlen) / sharply focussed ‖
~ **geladen** (Mil) / live ‖ ~**e Kante** / feather edge ‖ ~**e**
Kante, Schneide f (Wz) / bezel ‖ ~**e Kontrolle** / tight
inspection ‖ ~**e Krümmung** (einer Kurve) / knee of
curve ‖ ~**e Krümmung** (o. Kurve) (Straßb) / sharp bend
o. turn, dangerous bend ‖ ~**e Patrone** (Mil) / live o.
service cartridge ‖ ~**e Phase** (Hütt) / wild phase ‖ ~**e**
Rundung (Bau) / quick sweep, Q.S. ‖ ~ **satinieren** (Pap)
/ high-glaze ‖ ~**er Schiffsbug** (Schiff) / fine o. lean o.
sharp bow ‖ ~**e Schneide** (Messer) / fine o. keen o. sharp
edge ‖ ~**e Serie** (Spektrum) / sharp series ‖ ~**er**
Testschnitt (Chromatogr) / narrow cut ‖ ~**e**
Trennungslinie / clear-cut line ‖ ~**e Überwachung** /
severe supervision ‖ ~**es V-Gewinde** / sharp V-thread
(US) ‖ ⌐**abstimmung** f (Elektronik) / sharp tuning ‖
~**begrenztes Bandfilter** / sharp cut-off band pass filter
‖ ⌐**draht** m (Spinn) / hard twist
Schärfe, Säure f / acidity, acidness, tartness, sour ‖ ⌐ f
(z.B. Seh-, Hör-) / acuteness ‖ ⌐ (Opt) / penetration,
focus, sharpness ‖ ⌐, Schärfheit f (Wzm) / sharpness
scharfeckig, -kantig / sharp-cornered
Schärfegrad m **des Versuchs** / intensity of test
Scharfeinstellung f / [fine] focus[s]ing
schärfen / edge v, sharpen v ‖ ~, schleifen (Wz) / grind ‖ ~,
wetzen / whet v, set an edge ‖ ~, spitzen / sharpen, set
an edge ‖ ~ (Leder) / scarf ‖ ~ (Walzen) / rag ‖ ~ (Lauge) /
strengthen ‖ ⌐ n **der Schleifsteine** (Holzschliff) / burring
‖ **das Bad** ~ / prime the bath ‖ ⌐**bereich** m (Phot) / zone
of sharp focus o. of sharpness ‖ ⌐**skala** f (Phot) / light
intensity scale ‖ ⌐**tiefe** f, Tiefenschärfe f (Opt) / depth of
field o. of sharpness
Schärferegulierung f, -einstellung f (Phot) / focus
adjustment
Schärffeile f / saw and mill file ‖ ⌐ (schwertförmig) /
feather-edge saw file ‖ ⌐ (messerförmig) / knife saw
file ‖ ⌐n f pl (Sammelbez.) / saw and mill files pl
Scharf·feuer n, Scharffeuerbrand, Glattbrand m (Keram) /
quick o. sharp fire ‖ ⌐**feuerfarbe** f (Porzellan) / fireproof
colour ‖ ~**gängig** (Gewinde) / triangular, V-shaped ‖
~**gebaut** (Schiff) / clipper-built ‖ ~**gelaufen** (Bahn,
Spurkranz) / sharp ‖ ~**getrocknet** / fast-dried ‖
~**getrocknet und zusammengeschrumpft** / high-dried
scharfkantig / sharp-edged ‖ ~ (Feile) / square-edged ‖ ~
(Bau) / arris ‖ ~ (Walzw) / squared-edge, square-edged,
-angled ‖ ~ (Blende) / sharp lipped, sharp-edged ‖ ~**er**
Ablaufgraben / arris gutter ‖ ~**er Bruch** / sharp
[angular] fracture ‖ ~ **gesägtes Holz** / square-edged
sawn timber ‖ ~ **machen** / edge ‖ ~ **machen** (Zimm) /
cut square ‖ ~**er Winkelstahl** (Walzw) / acute angles pl ‖
~ **zuschneiden** / cut true and square

Scharf·kerbe f, -kerb m / V-shaped notch ‖ ~**körnig** / angular-grained ‖ ~**machen** (Geschoß) / activate, arm, fuse ‖ ~**machen** n (Einbruchsicherung) / sensitizing

Schärfmaschine f / sharpening machine

Scharf·schaltung f (Stromkreis) / arming a circuit ‖ ~**schießen** / shoot with balls o. bullets ‖ ~**schneidend** / keen-edge … ‖ ~**wink[e]lig**, -eckig, -kantig / acute-angled, -angular ‖ ~**zeichnung** f / definition, sharpness

Schargang m (Bergb) / branch vein joining the master lode

Schär·garn n / warp yarn o. thread ‖ ~**gatter** n (Textil) / creel ‖ ~**geschwindigkeit** f, Zettelgeschwindigkeit f / warping speed ‖ ~**haspel** m f / warping spool o. reel ‖ ~**konus** m (Web) / warping cone

Scharkreuz, Gangkreuz n (Bergb) / intersection of lodes

Scharlach m, -farbe f / scarlet [colour] ‖ ~**lack** m / scarlet lake

Schär·maschine f, Schweifmaschine f / sectional warp[ing] machine ‖ ~**maschine** f mit **Schärbaum** (Textil) / beam warper o. warping machine ‖ ~**muster** n / warp pattern

Scharnier n, Drehgelenk n / hinge ‖ ~ (Schloss) / turning joint ‖ ~ (Mech) / revolute o. turning pair, hinge, rotation element ‖ **mit** ~**en versehen** / hinge v ‖ ~**auge** n / gudgeon ‖ ~**band** n (Schloß) / joint hinge o. frame, strap hinge, band-and-hook hinge, hinge o. turning joint ‖ ~**bandförderer** m / slat-band chain conveyor ‖ ~**bandkette** f / flat-top chain ‖ ~**beweglich** / hinged ‖ ~**deckel** m / hinged cover o. lid ‖ ~**feile** f / joint file ‖ ~**klappe** f / hinged flap ‖ ~**klemme** f / hinge clip ‖ ~**öse** f / hinge lobe ‖ ~**presse** f (Plast) / tilting head press ‖ ~**profil** n (Hütt) / hinge plate steel bar, hinge strip o. section ‖ ~**stange** f, Gelenkstange f / joint rod ‖ ~**stift** m / joint o. hinge pin o. wire, hinge lug o. pintle ‖ ~**stiftdrücker** m (Uhr) / joint pusher ‖ ~**teile** n pl (Uhr) / knuckles pl ‖ ~**ventil** n / clapper, flap o. clack o. leaf valve ‖ ~**winkel** m / hinged angle clip ‖ ~**zirkel** m (Zeichn) / hinge o. joint compasses pl

Scharpflug m (Landw) / share plow, mouldboard plough

Schär·rahmen m (Web) / warping frame ‖ ~**rapport** m / repeat of warp

Scharre f, Kratzeisen n / scraper, scraping knife

Scharriereisen n (Wz) / broad [rigging] chisel, bush o. charring chisel

scharrieren (Bau) / chare o. chisel ashlars o. concrete, bushhammer

Scharrierhammer m / bush hammer

scharriert (Bau, Haustein) / nidged, nigged

Scharrierung, [diagonale] ~ (Steinmetz) / droving, boasted work

Scharte f (Werkz) / gap, jag, nick[ing], notch

schartig, zackig / ragged, serrated ‖ ~ (Werkz) / notchy

Schärtrommel f (Web) / warping drum o. cylinder, swift

Scharung f **von Gängen** (Bergb) / junction of lodes

Scharwenzelrolle f (für Möbel) / swivelling roller, castor, caster (US)

Schatten m, Schattierung f, Schattenwirkung f / shade ‖ ~ / shadow ‖ ~, Schattenbild n (Radar) / silhouette ‖ **im** ~ (Meteorol) / in the shade ‖ ~**atlas** m (Web) / ombrays pl, ombré ‖ ~**aufnahme** f (Opt, Laser) / shadowgraph ‖ ~**bild[meß]verfahren** n / silhouette procedure ‖ ~**deck** n / shade deck ‖ ~**diode** f (Solargenerator) / shadow diode ‖ ~**druck** m (DV) / shadow printing ‖ ~**flecke** m pl (TV) / soot and whitewash ‖ ~**gebiet** n (Radar) / blind o. shadow o. risk area o. region o. sector ‖ ~**generator** m (TV) / shading generator ‖ ~**gitter** n (Elektron) / shadow grid ‖ ~**hang** m, -seite f (Bau) / shady side ‖ ~**kegel** m / shadow cone ‖ ~**kompensation** f (TV) / shadow compensation ‖ ~**länge** f / length of shadow ‖ ~**linie** f, -streifen m, -riß m (Hütt) / ghost line ‖ ~**los** / shadowless ‖ ~**los** (Lampe) / shadowless, sinumbra ‖ ~**lose Lampe** / shadowless lamp, sinumbra lamp ‖ ~**maske** f (TV) / planar mask, shadow mask ‖ ~**maskenröhre** f (TV) / shadow mask tube ‖ ~**methode** f (Mikrosk) / shadow technique ‖

~**mikroskop** n / shadow microscope ‖ ~**nut** f (Tischl) / broad root with chamfer ‖ ~**nutbrett** n / chamfer and broad-root board ‖ ~**pflanze** f, schattenliebende Pflanze, Unterpflanze f / shade plant ‖ ~**photometer** n / shadow o. Rumford's photometer ‖ ~**register** n (DV) / shadow register ‖ ~**schwärzung** f (TV) / black crushing ‖ ~**sektor** m, blinder Sektor (Radar) / blind region o. sector ‖ ~**spender** m (Bot) / umbrageous plant o tree ‖ ~**stift** m (Kompaß) / shadow pin ‖ ~**streifen** m, Seigerungslinie f (Hütt) / ghost [line], segregation line o. streamer ‖ ~**streifenstoffe** m pl (Web) / shadow stripes pl ‖ ~**streuung** f (Phys) / shadow scattering ‖ ~**verfahren** n / shadow[graphic] method ‖ ~**wand** f (Glasofen) / shadow wall ‖ ~**wasserzeichen** n (Pap) / shaded watermark ‖ ~**wirkung** f, Verdunkelung f / shade ‖ ~**wirkung** n (Elektronik) / moving effect

schattieren, abstufen (Färb) / grade, graduate, variegate, tint

schattierende Bindung (Textil) / shadow weave

schattiert·e Darstellung (CAD) / shading ‖ ~ **gefärbt** / shaded

Schattierung f, Reliefbildung f im Papier (Drucker) / embossment ‖ ~, Mischfarbe f / tint, tinge, tonality ‖ ~, [leichter] Farbton (Färb) / tinge, tint ‖ ~, Schattenmarkierung f (Pap) / shadow marking

Schattierungs·effekt m (Textil) / shading ‖ ~**verfahren** n (Tonfilm) / method of variable density

Schatullenschloß n (Schloss) / [cash] box lock

schätzen, beurteilen / guess ‖ ~ (Wert) / appraise ‖ ~ (z.B Abmessungen) / gauge vt ‖ ~, veranschlagen, überschlagen / estimate ‖ ~, abschätzen / rate, value, compute, assess ‖ **den Leistungsgrad** ~ (F.Org) / rate

Schätz·fehler m / incorrect rating ‖ ~**fehlerkorrektur** f (Lagerhaltung, DV) / forecast error correction ‖ ~**funktion** f (Math, Statistik) / estimator ‖ ~**mikroskop** n / measuring o. reading microscope o. telescope

Schätzung, ungefähre ~ / raw guess, rough estimation

schätzungs·weise / by estimation

Schätz·verfahren n (Meßtechnik) / estimation method ‖ ~**wert** m / assessed value ‖ ~**zeit** f, geschätzte Zeit / estimated time

Schauben f pl (Dach) / straw sheaves ‖ ~**lage** f (Dachd) / layer of straw sheaves

Schaubild n, Diagramm n / diagram, graph[ical representation] ‖ ~, Arbeitsschaubild n etc / operational chart

Schauer m (Meteorol) / shower, flurry (US) ‖ ~ (Nukl, Astr) / shower ‖ **einzelne** ~ m pl / occasional showers o. precipitation

Schauermann m / longshoreman (US), lumper

Schaufel f, Schippe f / shovel, scoop ‖ ~, Radschaufel f (Masch) / blade ‖ ~ (Dampfturbine) / blade ‖ ~ (Rührwerk) / beater, agitator, paddle ‖ ~ **des Peltonrades** / bowl of the Pelton wheel ‖ **eine** ~ **voll** / throw, shovel-full ‖ ~**arm** m (Schaufellader) / handle of a dipper shovel ‖ ~**-Aufgabevorrichtung** f / pan feeder ‖ ~**becherwerk** n / scraping bucket conveyor ‖ ~**blatt** n / pan of a shovel ‖ ~**fläche** f, listrische Fläche (Geol) / listric plane ‖ ~**flügler** m, Radflügelflugzeug n / paddle plane, cyclogyro ‖ ~**frei** (Diffusor) / vaneless ‖ ~**fuß** m (Turbine) / footing of blades ‖ ~**gitter** n (Turbo) / blade row ‖ ~**greifer** m (Radschlepper) / spade lug ‖ ~**havarie** f, -salat m (Turbine) / blade breakdown o. failure ‖ ~**höhlung** f / concave side of a blade ‖ ~**inhalt** m (Bagger) / shovel contents, bucket contents ‖ ~**kranz** m (Turbine) / blade ring ‖ ~**lader**, -dozer m (Bau) / shovel dozer, dozer o. face shovel, tractor o. power loader o. shovel ‖ ~**mischer** m (Pulv Met) / wing o. paddle mixer

schaufeln / shovel v, scoop ‖ ~ n / shovelling

Schaufelrad n / bucket wheel ‖ ~ (Buch) / spider wheel, fly ‖ ~ **für Turbinen** / turbine blade wheel ‖ ~**aufnehmer** m, -rücklader m / bucket wheel reclaimer ‖ ~**bagger** m / bucket wheel excavator o. (Australia): dredger, revolving cutter head excavator, rotary bucket excavator ‖ ↳bagger m auf Kettenfahrwerken, [Schienen] / crawler-, [rail-]mounted bucket wheel [excavator] ‖ ↳bagger mit Eimerkette / bucket loader ‖ ↳-Färbemaschine, Paddle-Färbemaschine f (Textil) / paddle dyeing machine ‖ ↳gebläse n / [paddle] blade fan ‖ ↳grabenbagger m / rotary-scoop ditcher, wheel-type trenching machine, wheel ditcher ‖ ↳lader m / bucket wheel loader ‖ ↳räumer m, Schaufelradlader m für Rückladung / bucket wheel reclaiming gantry ‖ ↳regner m (Landw) / Pelton wheel sprinkler, turbine sprinkler

Schaufel·rotor m (Luftf) / paddle-wheel rotor ‖ ↳salat m, -havarie f (Turbine) / blade breakdown o. failure ‖ ↳schwingungen f pl / blade vibrations pl ‖ ↳spalt, Spalt m am Schaufelende / tip clearance ‖ ↳stiel m / shovel stem ‖ ↳teilung f (Turbine) / blade pitch

Schaufelung f, Schaufeln f pl (Turbine) / blading

Schaufel·verfahren n der Bettung (Bahn) / measured shovel packing ‖ ↳versteifungsband n (Turbine) / shroud[ing] ‖ ↳verstellung f (Masch) / blade adjustment ‖ ↳voll f / shovel[-full] ‖ ↳wurfmaschine f / shovelling machine

Schaufenster n, Auslage f / show window, shop-window ‖ ↳bau m, Ladenbau m / smithery ‖ ↳beleuchtung f / show window illumination ‖ ↳dekorateur m / dresser ‖ ↳dekoration f / window dressing ‖ ↳glas n / polished plate for show windows ‖ ↳puppe f / dummy, mannequin, manikin ‖ ↳verkleidung f / metal frame for show windows

Schau·glas n (Masch) / inspection glass, sight o. viewing glass ‖ ↳karton m / display box ‖ ↳kasten m, Auslage f / show case o. cage o. box, display case

Schaukel f, Wippe f / swing, see-saw ‖ ↳becherwerk n / chain-and-bucket conveyor, pendulum bucket o. swing bucket conveyor, suspended swing tray conveyor o. ↳breithalter m (Textil) / oscillating stretcher o. expander ‖ ↳förderer m / suspended swing tray conveyor, jigging o. jigger conveyor ‖ ↳klappbrücke f / rolling lift bridge

schaukeln vt, bewegen / sway, swing ‖ ~ vi, wackeln / wobble, waddle ‖ ~, wippen / seesaw, teeter, waver ‖ ~, schwanken / shake, rock ‖ ~, taumeln / reel ‖ ~, geschüttelt werden / toss, rock ‖ ↳ n, Schaukelbewegung f / rocking [motion], ping pong ‖ ↳, Wippen n / teeter ‖ ↳, Wackeln n / wobble ‖ ↳ des Bildes (TV) / hunting

schaukelnd·e Bewegung f / seesaw motion

Schaukel·ofen m / rocking[-type] furnace, tilting furnace ‖ ↳rinne f (Hütt) / swinging launder ‖ ↳verteiler m / rocking distributor ‖ ↳verteiler m, -rinne f (Gieß) / swinging spout

Schau·klappe f / peephole flap ‖ ↳linienschreiber, -zeichner m / graphic recorder ‖ ↳loch n / peephole, sight o. spy hole, witness hole (US) ‖ ↳loch, Fenster n (Masch) / window ‖ ↳loch n (Ofen) / glory-hole ‖ ↳loch in der Feuertür / peephole ‖ ↳lochdeckel m (Kfz) / inspection hole cover

Schaum m (allg, Zuck) / foam, froth, scum, spume ‖ ↳, Trieb m (Brau) / head ‖ ↳ (Feuerlöscher) / foam, froth ‖ ↳, Seifenschaum m / lather, suds pl ‖ ↳, Abgeschöpftes n / skimming ‖ ↳, Gischt m f / spume ‖ ↳, Schlacke f (Gieß) / sullage, scum ‖ ↳ sich mit ↳ bedecken / froth vi ‖ ↳abheben n (Hütt) / froth skimming ‖ ↳abstreifer m (Flotation) / float skimmer

Schaumaschine f (Textil) / inspection machine, cloth looking machine

schäumbar (Plast) / expandable

Schaum·beständigkeit f (Brau) / head retention ‖ ↳beton m / porous o. gas concrete ‖ ↳bildner m / foamer, foaming agent, frother, frothing reagent ‖ ↳bildung f / foam formation, foaming ‖ ↳bildungsvermögen n / frothing quality ‖ ↳brecher m (Bergb) / foam breaker ‖ ↳dämpfungsmittel n / antifoam o. antifroth additive ‖

↳dämpfungsöl n / antifroth oil ‖ ↳druck m (Zuck) / froth pressure

schäumen, aufschäumen vt (Plast) / foam, expand ‖ ~ vi / froth vi, foam ‖ ~ (während des Abfüllens) (Brau) / fob vi, foam ‖ ↳ n / foaming n ‖ ~, gären (Gärung) / effervesce ‖ ~ (Seife) / lather vi ‖ ↳ (Gärung) / effervescence ‖ stürmisch ~ (Brau) / fret ‖ zum ↳ bringen / froth vt

schäumend, aufbrausend / effervescent, effervescing ‖ ~, schaumig / foaming, frothy ‖ wenig ~ (Reinigungsmittel) / low foaming

Schaumentwässerung f / foam drainage

Schäumer m (Bergb) / frother, frothing reagent

Schaum·erzeuger m (F'wehr) / foam tank o. generator ‖ ↳erzeuger m (Plast) / surfactant for pore size control ‖ ↳[feuer]löscher m / foam extinguisher ‖ ↳flotation f (Bergb) / froth flotation ‖ ↳gegenmittel n / antifoam o. antifroth additive ‖ ↳gegenmittel n, Demulgator m / defoaming agent ‖ ↳gestrichen (Pap) / bubble-coated ‖ ↳glas n / [multi]cellular o. foam[ed] glass ‖ ↳glasdach n / flat roof with foam glas insulation ‖ ↳gummi m / expanded o. sponge rubber, cellular o. foam rubber ‖ ↳gummi aus Latex n m / latex foam [rubber] ‖ ↳gummidichtung f / sponge rubber o. expanded rubber gasket ‖ ↳gummimatratze f / foam rubber mattress

schaumig, schaumbedeckt, Schaum… / foamy, frothy, sudsy ‖ ~ (Struktur) / foamy, sudsy

Schaum·inhibitor m, -dämpfungsmittel n / foam inhibitor ‖ ↳kanone f (F'wehr) / foam gun ‖ ↳kleber m / foaming adhesive ‖ ↳kronen f pl, -wellen / white caps pl ‖ ↳kunstleder n / expanded leather cloth ‖ ↳kunststoff m / plastic foam ‖ ↳löffel m, -kelle f / skimmer, skimming ladle, scummer ‖ ↳löffel, Bohrlöffel m (Bergb) / sludger, spoon of an auger, bailer ‖ ↳löschfahrzeug n / foam tender ‖ ↳löschgerät n / foam extinguisher ‖ ↳löschverfahren n / fire fighting by foam ‖ ↳mattentrocknen n (Lebensmittel) / foam-spray drying ‖ ↳mattentrockner m (Lebensmittel) / foam mat drier ‖ ↳mittel n / foaming agent ‖ ↳mittel n (F'wehr) / foam compound ‖ ↳mörtel m / foam mortar ‖ ↳neigung f / foaming property o. tendency ‖ ↳platte f (Plast) / foam sheet ‖ ↳platte f (Pap) / froth board

Schäumprüfung f (Bitumen) / foaming test

Schaum·rad n (Bergb) / foaming wheel ‖ ↳rinne f (Zuck) / scum gutter ‖ ↳schichtstoffpressen n / sandwich moulding ‖ ↳schlacke f / foamed slag ‖ ↳schlacken-Stein m (Hütt) / foamed slag brick ‖ ↳[schwimm]aufbereitung f (Bergb) / froth flotation, air bubble flotation, foam flotation ‖ ↳silika f (Kältetechnik) / cellular silica ‖ ↳stabilisator m (Hütt) / froth stabilizing agent ‖ ↳stabilisator m / foam stabilizer ‖ ↳stabilität f / foam persistence ‖ ↳stelle f (Gieß) / scum defect, gas holes pl

Schaumstoff m (allg) / cellular o. foamed material ‖ ↳ auf Kautschukbasis, Schaumgummi m / cellular o. expanded o. foam o. sponge rubber ‖ ↳e m pl auf Kunststoffbasis / cellular materials o. plastics, foamy o. foamed o. expanded plastics pl ‖ ↳ m mit Aussparungen / cored cellular material ‖ ↳ mit nichtporösen Zellen / aerated o. expanded (US) plastic ‖ harter ↳ / hard cellular material ‖ ↳-Laminieren n (Textil) / laminating with foam, foam backing ‖ ↳modell n (Gieß) / foamed plastic pattern ‖ ↳-Plattenware f / conventional slab foam ‖ ↳-Schichtbauteil m / expanded laminate ‖ ↳-Schichtstoff m / foam laminate ‖ ↳-Wärmedämmung f / cellular plastic heat insulation

Schaum·strömung f / frothing flow ‖ ↳teppich m (Luftf) / foam carpet ‖ ↳trocknung f, -trocknen n / foam mat drying

Schäumungseigenschaften f pl / foaming characteristics

Schaummuster n, Attrappe f / experimental model, mock-up (US)

Schaum·verbesserer m (Walken) (Textil) / lather booster ‖ ↳verdünnung f / foam dilution ‖ ↳verfestiger m (Plast)

/ solidifying o. gelling agent, gellant ‖
⌇verhütungsmittel *n* / foam inhibitor, antifoam o.
antifroth additive
Schäumvermögen *n* (Tensid) / foaming power, sudsing
performance
Schaum·zahl *f* / lather index o. value ‖
⌇zusammenbruch *m* / lather breakage o. collapse
Schau·öffnung *f* s. Schauloch ‖ ⌇**packung** *f* / counter
display, display pack, dummy ‖ ⌇**seite** *f* (Textil) / cloth
face, right side ‖ ⌇**tafel** *f* / visual aid ‖ ⌇**tisch** *m* (Textil)
/ inspection table ‖ ⌇**tropf...**, mit sichtbarem
Tropfenfall / sight-feed... (e.g. lubricator) ‖ ⌇**tropföler**
m / sight feed lubricator ‖ ⌇**versuch** *m* / demonstration
experiment ‖ ⌇**zeichen** *n* (Fernm) / drop signal, falling
disk
Scheck *m* (Bankwesen) / cheque (GB), check (US) ‖
⌇**abrechnungsmaschine** *f* / bank proof machine ‖
⌇**-Auflistmaschine** *f* (DV) / transit lister ‖ ⌇**drucker** *m*
/ check (US) o. cheque (GB) printer ‖ ⌇**heft** *n* /
checkbook
scheckig (Färb, Fehler) / checkered, spotty ‖ ⌇**es Garn** /
party-coloured thread, spotted yarn
scheck·lose Gesellschaft (USA) / checkless society ‖
⌇**papier** *n* / check paper, bill [head] paper ‖
⌇**sicherungsmaschine** *f* (Magnetschrift) / pinpoint figure
printing machine ‖ ⌇**sicherungsziffern** *f pl* (Buch.m) /
pinpoint figures
Scheddach *n* / shed roof
Scheduler *m* (DV) / scheduler
Scheeles Grün *n* / Scheele's o. mineral green (copper
arsenite)
Scheelit *m* (Min) / scheelite
Scheibchen *n* (aus Einkristall geschnitten) (Halbl) / wafer,
slice ‖ ⌇**kettenstruktur** *f* (Magn. Blasenspeicher) /
continguous disk (magn. bubble memory)
Scheibe *f* / disk, disc ‖ ⌇, Platte *f* (Bau) / plate ‖ ⌇ (DIN),
Unterlagsscheibe *f* (Masch) / washer ‖ ⌇ [von
bandförmigem Wickelgut] / disk [of tape] ‖ ⌇ (Glas) /
pane ‖ ⌇, Blatt *n* (Flachglas) / piece, sheet ‖ ⌇,
Blechscheibe *f* zum Ziehen / blank ‖ ⌇, Antriebsscheibe
f / pulley, sheave ‖ ⌇, Schleifscheibe *f* / grinding wheel
‖ ⌇, Platte *f* (Gieß, Keram) / cake, crust, slab ‖ ⌇,
Zifferblatt *n* (Verm) / compass card o. dial o. face ‖ ⌇
(Prozessorelement für 2 oder 4 Bits) (DV) / slice ‖ ⌇**n**
ausschneiden / trepan ‖ ⌇ der Feldspule (Plasma) /
pancake ‖ ⌇ des Kompasses / card of the compass ‖ ⌇
des Scheibenrades, Radscheibe *f* / disk wheel center
‖ ⌇ für U- u. I-Träger / taper washer ‖ ⌇ mit
Skaleneinteilung / dial ‖ ⌇ mit Verzahnung (Bgb) /
toothed disk for monorail ‖ ⌇**n mit Vierkantloch** /
washer with square hole ‖ ⌇**n** [ab]**schneiden** / slice *v*,
skive, pare
Scheiben·abnehmer *m* (Stufenpresse) / blank take-off
attachment ‖ ⌇**abzieher** *m* (Masch) / withdrawing screw
‖ ⌇**abzug** *m* (Kabel) / pull-off capstan ‖ ⌇**anker** *m*
(Elektr) / disk armature ‖ ⌇**ankergenerator** *m* (Elektr) /
disk generator ‖ ⌇**ankermotor** *m* (Elektr) / disk motor ‖
⌇**antenne** *f* / disk-type antenna ‖ ⌇**ausschneider** *m* /
trepanning machine ‖ ⌇**auswuchtvorrichtung** *f* / wheel
balancing equipment ‖ ⌇**bau**, Etagenbau *m* (Bergb) /
sublevel stoping ‖ ⌇**blitzableiter** *m* / disk lightning
arrester ‖ ⌇**bremse** *f* / disk brake, puck type brake ‖
⌇**bruch** *m* (Wzm) / wheel breakage ‖ ⌇**bruchbau** *m*
(Bergb) / sublevel caving ‖ ⌇**diagramm** *n* / clockface
diagram ‖ ⌇**dichte** *f* (Sintern) / apparent density ‖ ⌇**egge**
f (Landw) / [bumper] disk harrow ‖ **nach außen**
treibende ⌇**egge** / out-throw disk harrow ‖ ⌇**egge** *f* **für**
Obstfarmen (Landw) / orchard disk harrow ‖ ⌇**egge** *f* **in**
Tandemform / tandem disk harrow ‖ ⌇**elektrode** *f* /
disk electrode ‖ ⌇**fassung** *f*, Deckelring *m* (Scheinwerfer)
/ front rim ‖ ⌇**feder** *f*, Spannscheibe *f* / curved washer ‖
⌇**feder** *f* (ein Keil, DIN 6888) / Woodruff key ‖ ⌇**filter**
m n / rotary disk filter ‖ ⌇**filter** *m n* (Pap) / disk save-all
‖ ~**förmig** / discoid ‖ ~**förmiger Anguß** / disk gate ‖

~**förmiges Brennelement** (Nukl) / fuel washer ‖
~**förmige Quelle** (Nukl) / disk shaped source ‖
~**förmiger Angußverteiler** / disk runner ‖ ⌇**fräser** *m* /
side[-and-face] milling cutter, disk milling cutter ‖
⌇**-Frässtift** *m* / wheel bur ‖ ⌇**funkenstrecke** *f* / disk
discharger, disk gap transmitter ‖ ⌇**funkenstrecke** *f* **mit**
Zähnen / studded disk discharger ‖ ⌇**futter** *n* (Wzm) /
disk chuck ‖ ⌇**gasbehälter** *m* / piston-o. disk-type
gasholder, waterless o. dry gasholder ‖ ⌇**gelenk** *n*,
Gelenkscheibe *f* (Kfz) / flexible [Thermoid-Hardy] disk
‖ ⌇**grenzschicht** *f* / boundary layer on rotating disks ‖
⌇**häufler** *m* / disk hiller (US) o. ridger (GB) ‖ ⌇**heber**
m (Kfz) / window lift[er] o. opener ‖ ⌇**hobelmaschine** *f*
(Spanplatten) / disk shaver ‖ ⌇**holländer** *m* (Pap) /
centrifugal rag engine ‖ ⌇**hülle** *f* (DV) / floppy disk
jacket ‖ ⌇**hülse** *f* (Spinn) / double flanged bobbin ‖
⌇**-Kehrpflug** *m* / reversible disk plow ‖ ⌇**kolben** *m* /
disk o. ring piston ‖ ⌇**kondensator** *m* / disk capacitor ‖
⌇**konusantenne** *f* / discone antenna (v.h.f.) ‖ ⌇**kranz**
m (Riemenscheibe) / pulley rim o. face ‖ ⌇**kupplung** *f*
(fest) / flange coupling, face plate coupling ‖
⌇**kupplung** *f* (ausrückbar) / disk o. plate clutch ‖
⌇**kupplung** *f* **für Lenkungen** (Kfz) / flexible disk
coupling for steering gears ‖ ⌇**kurve** *f* (Dreh) / disk o.
plate cam ‖ ⌇**läufer** *m* (Elektr) / disk armature, pancake
(US) ‖ ⌇**lochwalzwerk** *m* (Hütt) / disk piercer ‖
⌇**lochwalzwerk System Stiefel** (Walzw) / Stiefel type
disk piercer ‖ ⌇**magazin** *f* (Stufenpresse) / blank charger
‖ ⌇**mähwerk** *n* (Landw) / rotary grass cutter ‖ ⌇**mauer** *f*
(Bergb) / side wall ‖ ⌇**meißel** *m* (Öl) / disk bit ‖ ⌇**messer**
n / roller blade ‖ ⌇**mühle** *f* / disk mill o. pulverizer ‖
⌇**nocke** *f*, **drehend** / rotating disk cam ‖ ⌇**nocke** *f*,
geradlinig / rectilinearly moving disk cam ‖ ⌇**pflug** *m* /
disk plow ‖ ⌇**poliermaschine** *f* / polishing machine
with polishing disk ‖ ⌇**prozesse** *m pl* (Chem) / slice-
processing ‖ ⌇**rad** *n* (Bahn, Kfz) / [center] web disk
wheel, disk o. plate o. solid wheel ‖ ⌇**rauhmaschine** *f*
(Tuch) / disk-gig ‖ ⌇**registriergerät** *n* / radial recorder ‖
⌇**reibahle** *f* / disk reamer, boreamer ‖ ⌇**rille** *f*, Seilrille
f / pulley groove ‖ ⌇**röhre** *f* (Elektronik) / lighthouse
tube, sealed disk tube, disk seal tube, coplanar grid tube
‖ ⌇**rollenbahn** *f* / screen roller conveyor ‖ ⌇**rost** *m* /
rotating disk grate ‖ ⌇**-Schälpflug** *m* (Landw) / disk tiller, poly-
disk plow ‖ ⌇**schalter** *m* / wafer switch ‖
⌇**schleifmaschine** *f* (Holzbearb) / disk sander (US),
grinding wheels *pl* ‖ ⌇**schloß** *n* / plate puzzle lock,
round lock ‖ ⌇**schneider** *m* (Tischl) / borer with circular
bit, annular bit, hollow o. wimble auger ‖ ⌇**schneidrad**
n (für Verzahnung) / disk-type gear generator ‖
⌇**schrämmaschine** *f* / disk cutting machine ‖
⌇**schwenkpflug** *m* / reversible disk plow ‖
⌇**schwungrad** *n*, [Riemen- oder
Seil-]Scheibenschwungrad *f* / flywheel type belt pulley
‖ ⌇**sech** *n* (Landw) / rolling o. disk colter (US), disk
coulter (GB) ‖ ⌇**signal** *n* (Bahn) / disk signal ‖ ⌇**signal** *n*
in Fahrtstellung / clear aspect o. position of the disk
signal ‖ ⌇**spule** *f* (Elektronik) / flat o. disk coil, pancake
coil ‖ ⌇**spule** *f* (Spinn) / flanged spool o. bobbin ‖
zylindrische ⌇**spule** (Spinn) / double-flanged package ‖
⌇**tauchkörper** *m* / biological disk, biodisk ‖ ⌇**thyristor**
m (Halbl) / power pack, pp, mega-pack ‖ ⌇**trimmer** *m*
(Elektronik) / disk type trimmer ‖ ⌇**triode** *f* (Elektronik) /
disk seal triode [valve] ‖ ⌇**tube** *f* (Kabel) / tube for coax
cables with plastic centering disks ‖ ⌇**ventil** *n* / disk
valve ‖ ⌇**verdampfer** *m* / tray evaporator ‖ ⌇**verschluß**
m, -blende *f* (Phot) / disk shutter ‖ ⌇**verschlüsseler** *m*,
Kodierscheibe *f* (Elektronik) / shaft position encoder ‖
⌇**viskosimeter** *n* / vibrating-disk o. vibration-type
viscometer ‖ ⌇**walzenstrecke**, Sonnenstrecke *f* (Textil) /
ring-guide [circular] drawing frame, disk-plate circular
drawing frame ‖ ⌇**walzenstrecke** *f* (Spinn) / disk plate
circular drawing frame ‖ ⌇**walzwerk** *n* / disk mill ‖
⌇**wascher** *m* (Kfz) / windscreen (GB) o. windshield

(US) washer, screen washer ‖ ⁔**wasserzähler** *m* / disk water meter, by-meter ‖ ⁔**wicklung** *f* (Elektr) / disk o. sandwich winding, pile-wound coil ‖ ⁔**widerstand** *m* (für die Fensterheizung) (Bahn) / antisplash resistance ‖ ⁔**wischer** *m* (Kfz) / windscreen (GB) o. windshield (US) wiper, screen wiper ‖ ⁔**wischer** *m* (Atemgerät) / lens wiper ‖ ⁔**wischer** *m* **mit Intervallbetrieb** / intermittent windshield wiper ‖ ⁔**wischer** *m* **mit Parkstellung** / windscreen wiper with return to parking position ‖ ⁔**wischergummi** *m* (Kfz) / windshield profile rubber ‖ ⁔**wischer/wascher** *m* (Kfz) / windscreen wiper/washer ‖ ⁔**zelle** *f* (Thyristor) / disc cell, presspack cell ‖ ⁔**zellengehäuse** *n* (Thyristor) / presspack package o. case (US) o. housing (GB) ‖ ⁔**ziehbank** *f* / disk-type drawing frame

scheidbar (Chem) / decompoundable ‖ ~, trennbar / divisible

Scheide *f*, Futteral *n* / scabbard, sheath ‖ ⁔, Trennwand *f* / partition wall ‖ ⁔**anlage** *f* (Bergb) / separating plant ‖ ⁔**anstalt** *f* (Hütt) / parting works ‖ ⁔**arbeit** *f*, Klaubarbeit *f*, Scheidung *f*, Scheiden *n* (Bergb) / sorting ores by hand ‖ ⁔**behälter** *m* / decantation tank ‖ ⁔**beil** *n* (Aufber) / dressing hammer ‖ ⁔**bürette** *f* / separating burette ‖ ⁔**erz** *n*, Klauberz *n* / picked ore ‖ ⁔**fähigkeit** *f* (Pap) / separating capacity ‖ ⁔**flüssigkeit**, Trennflüssigkeit *f* / separating o. parting liquid ‖ ⁔**glas** *n* (Chem) / separatory, refining glass ‖ ⁔**gold** *n* / parting gold ‖ ⁔**kalk** *m* (Zuck) / defecation lime ‖ ⁔**kamm**, Reihkamm *m* (Web) / dividing comb ‖ ⁔**mittel** *n* / separating agent

scheiden, trennen / part, separate ‖ ~, teilen / divide ‖ ~, mit Brettern trennen (Bergb) / brattice ‖ ~, laugen (Bergb) / buck *v*, spall ‖ ~ (Zuck) / lime the juice ‖ ~ (Edelmetall) / part ‖ ⁔, Laugen *n* (Bergb) / bucking, spalling ‖ **Erze** ~ **o. klauben** / sort ores ‖ **sich** ~ / separate, part

Scheidepfanne, Kalkscheidepfanne *f* (Zuck) / defecator, defecation o. defecating pan o. tank, clarification pan, clarifier, [de]liming tank

Scheider *m* (Chem, Akku) / separator ‖ ⁔ (Bergb) / ore picker, hand picker

Scheiderz *n* / bucked o. bucking ore, rich ore

Scheide·saft *m* (Zuck) / defecated o. limed juice ‖ ⁔**saturation** *f* (veraltet), Kalkungscarbonatation *f* (Zuck) / defecocarbonation ‖ ⁔**schacht** *m* (Bergb) / parting shaft ‖ ⁔**schlamm**, Klärschlamm *m* (Zuck) / defecation slime ‖ **gepreßter** ⁔**schlamm** (Zuck) / press cake ‖ ⁔**schlammtrockner** *m* (Zuck) / defecation slime drier ‖ ⁔**trichter** *m* (Chem) / [spherical] separating funnel ‖ ⁔**trommel** *f* (Aufber) / separating drum ‖ ⁔**vorrichtung** *f* (Chem) / trap ‖ ⁔**wand**, -mauer *f* (Bau) / partition o. party wall ‖ ⁔**wand** *f* (Wellenleiter) / septum ‖ ⁔**wand** *f* (SM-Ofen) / bridge wall ‖ **abschließende** ⁔**wand** / stop ‖ **poröse** ⁔**wand** / porous diaphragme o. barrier ‖ ⁔**wasser** *n* (40 - 60%ige Salpetersäure) / [guilder's] aqua fortis, concentrated nitric acid

Scheidung *f* (veraltet), Kalkung *f* (Zuck) / [de]liming, defecation ‖ ⁔ (Erze) / spalling, bucking

Schein *m*, Glanz *m* / shine ‖ ⁔ (Opt) / brightness ‖ ⁔, Schimmer *m* / glint ‖ ⁔... / false, mock, sham, counterfeit ‖ ⁔..., nachgeahmt (Bau) / dummy, feigned, mock ‖ ⁔..., Unsinn... (Math) / illusory, illusive ‖ ⁔..., belanglos (DV) / dummy ‖ ⁔**adresse** *f* (DV) / dummy address ‖ ⁔**anordnung** *f* (Nukl) / dummy assembly ‖ ⁔**anweisung** *f* (DV) / dummy statement ‖ ⁔**anzeige** *f* (Instr) / spurious reading ‖ ⁔**argument** *n*, Formalparameter *m* (DV) / dummy argument

scheinbar, Schein... / apparent ‖ ~, visuell (Opt) / apparent, visual ‖ ~, virtuell (Opt) / apparent, virtual ‖ ~**er Anstellwinkel** (Luftf) / geometrical angle of attack ‖ ~**es Bild** (Opt) / virtual image ‖ ~**e Helligkeit** (Astr) / apparent stellar brightness o. magnitude ‖ ~**e Höhe** (Astr) / apparent altitude ‖ ~**e Höhe** (Ionosphäre, Radio) / virtual height of reflection ‖ ~**er Horizont**, Seehorizont *m* / apparent horizon, visual o. visible o. sensible

horizon ‖ ~**e Kerntemperatur** (Nukl) / nuclear apparent temperature ‖ ~**er Körpergehalt** (Plast) / false body ‖ ~**es logarithmisches Dämpfungsdekrement** / equivalent logarithmic decrement ‖ ~**er o. natürlicher o. sichtbarer Horizont**, Meeres- o. Sichthorizont *m*, Kimm *f* / terrestrial horizon ‖ ~**e Ortszeit** / local apparent time, L.A.T. ‖ ~**es Porenvolumen** / apparent volume of pores ‖ ~**e Trägheit** (Mech) / virtual inertia ‖ ~**e Viskosität** / eddy viscosity ‖ ~**er Widerstand** / virtual resistance

Schein·befehl *m* (DV) / dummy instruction ‖ ⁔**binder** *m*, Kopfstück *n* (Maurer) / headstone, header ‖ ⁔**binderschicht** *f* (Maurer) / upright course, course of headers, course brick-on-end o. upright, brick-on-end course ‖ ⁔**dichte** *f* (feuerfest) / apparent density ‖ ⁔**dreherbindung** *f* (Textil) / mock leno weave ‖ ⁔**drehergewebe** *n* (Textil) / imitation gauze, mock leno ‖ ⁔**echo**, Täuschecho *f* (Elektronik, Radar) / fraudulent echo ‖ ⁔**ecke** *f*, Fensterrahmenwinkel *m* / sash angle

scheinen, leuchten / irradiate ‖ ~, glänzen / lighten, shine

scheinend / luminous

Scheinergrade *m pl* (Film) / degrees Scheiner *pl*

Schein·fenster *n* (Stereo) / stereo window ‖ ⁔**fuge** *f* (Straßb) / dummy joint ‖ ⁔**köper** *m* (Textil) / false twill ‖ ⁔**korrelation** *f* (Math) / illusory o. nonsense correlation ‖ ⁔**leistung** *f* (Elektr) / apparent power o. output ‖ ⁔**leistungszähler** *m*, -verbrauchszähler *m* / kilovolt-amperehour meter ‖ ⁔**leistungszeiger** *m* (ein Vektor) (Elektr) / power vector ‖ ⁔**leitwert**, scheinbarer Leitwert *m* (Elektr) / admittance ‖ ⁔**periodizität** *f* / spurious periodicity ‖ ⁔**strom** *m* (Elektr) / apparent current ‖ ⁔**tätigkeit** *f* (PERT) / dummy activity ‖ ⁔**variable** *f* (DV) / dummy variable

Scheinwerfer *m* / searchlight [projector], spotlight, [concentrating] reflector ‖ ⁔ (Kfz) / headlamp, -light ‖ **1000 W-**⁔ (Film) / ashcan (coll) ‖ ⁔**-Abdeckeinrichtung** *f* (Kfz) / headlamp, -light concealment device ‖ ⁔**-Einbausatz** *m* (Kfz) / light unit ‖ ⁔**-Einstellgerät** *n* (Kfz) / headlamp, -light setter ‖ ⁔**gehäuse** *n* / headlamp, -light casing ‖ ⁔**lampe** *f* / searchlight o. reflector lamp ‖ ⁔**licht** *n*, Flutlicht *n* / floodlight ‖ **im** ⁔**licht**, von Scheinwerfern beleuchtet / floodlit ‖ ⁔**richten**, -leiten *n* (Radar) / searchlight control ‖ ⁔**stütze** *f* (Kfz) / headlamp, -light bracket o. support

Scheinwiderstand *m*, Wechselstromwiderstand *m* / impedance ‖ ⁔ **eines blockierten mechanischen Systems** (Akustik) / damped impedance ‖ **äußerer** ⁔ **im Anodenkreis** / anode load impedance

Scheinwiderstands·anpassung *f* / impedance matching ‖ ⁔**meßbrücke** *f* / impedance measuring bridge ‖ ⁔**messer**, Impedanzmesser *m* (Wellenleiter) / impedometer

Scheitel *m*, Gipfel *m* / crown, apex ‖ ⁔, Schlußstein *m* (Bau) / key, apex ‖ ⁔ **des Kegels** / vertex of the cone ‖ ⁔ **eines Winkels** (Verm) / angle point ‖ ⁔**brechwertmesser** *m* (Verm) / vertex refractometer, lensometer ‖ ⁔**faktor** *m* (Elektr) / crest o. peak factor ‖ ⁔**gelenk** *n* / crown hinge ‖ ⁔**höhe** *f*, -punkt *m* / angular point ‖ ⁔**höhe** *f* (Hydr) / summit [level] ‖ ⁔**höhe** *f* (Bogen) / crown height ‖ ⁔**kanal** *m* / summit canal ‖ ⁔**linie** *f* / apex line ‖ ⁔**loch** *n* (Fallschirm) / vent ‖ ⁔**lochabdeckung** *f* (Fallschirm) / vent cap ‖ ⁔**lochrand** *m* (Fallschirm) / vent hem ‖ ⁔**pegel** *m* (TV) / peak level ‖ ⁔**platte** *f* (Antenne) / vertex plate ‖ ⁔**punkt**, Zenit *m* (allg) / zenith, vertex ‖ ⁔**punkt** *m* (Math) / vertex ‖ ⁔**punkt** *m* (Kurve) / summit of a curve ‖ ⁔**punkt** *m* (des Gewölbes) / crown of a vault ‖ ⁔**punkt** *m* **einer Kurve** / summit of a curve ‖ ~**recht**, ⁔, aufrecht / straight, upright ‖ ⁔**rohr** *n* (Fahrrad) / top tube ‖ ⁔**sonde** *f* (Öl) / crest[al] well ‖ ⁔**spannung** *f* / peak voltage ‖ ⁔**sperrspannung** *f* **rückwärts** / crest-working reverse voltage ‖ ⁔**sperrspannung** *f* **vorwärts** (in Schaltrichtung) (Halbl) / peak-working off-state voltage ‖ ⁔**stauchwiderstand** *m* / flat crush resistance ‖ ⁔**stein**

m (Gewölbe) / center key ‖ **⁓strecke** *f* (Hydr) / summit-level section o. reach ‖ **⁓tangente** *f* (Math) / vertex tangent ‖ **⁓wasserhaltung** *f* (Hydr) / summit-level pond ‖ **⁓wert**, -betrag *m* / peak o. maximum o. crest value ‖ **⁓wert**, -punkt *m* einer Kurve / maximum of a curve ‖ **⁓wert** *m* (bei Wechselgrößen) / amplitude ‖ **⁓wert** *m* **der Häufigkeitsfunktion** / mode of the frequency function ‖ **⁓wert** *m* **des Kathodenstroms** / peak cathode current ‖ **⁓wertbegrenzung** *f*, Spitzenbegrenzung *f* / crest o. peak limiting o. clipping ‖ **⁓wertmesser** *m* / peak value meter ‖ **⁓winkel** *m* / vertical and opposite angle ‖ **⁓winkel**, Kronenwinkel *m* (Reifen, Kfz) / crown angle ‖ **~winkelig**, azimutal / azimuthal

scheitern, mißlingen / fail, founder
Scheit·holz *n* / billet wood ‖ **~recht** (Bau) / horizontal and straight
Schelf *m n*, Kontinentalsockel *m* (Geol, Hydr) / [continental] shelf ‖ **⁓...**, küstennahe / offshore..., shelf... ‖ **⁓-[Bohr]plattform** *f* / offshore platform ‖ **⁓öl** *n* / shelf oil, offshore oil
Schellack *m* / lacca, shellac[k] ‖ **⁓bindung** *f* (Schleifscheibe) / shellac[k] bond, elastic bond
schellacken, mit Schellack überziehen / shellac[k] *v*
Schellack·firnis *m* / shellac[k] varnish ‖ **⁓perlgarn**, -knotengarn *n* / shellac[k] bead yarn ‖ **⁓perlgarn** *n* / shellac bead yarn ‖ **⁓politur** *f* / French o. furniture polish ‖ **mit einem weiteren, letzten ⁓überzug versehen** / body in o. up
Schelle *f*, Glocke *f* / bell ‖ **⁓** (Befestigung) / strap, clip ‖ **⁓**, Schelleneinband *m*, Schlauchbinder *m* / hose clamp, band clamp fitting ‖ **⁓ in Blockform** / bloc clamp
Schelleisen *n* / snap [head] die, riveting die o. header o. set, set (US)
schellen, Nietköpfe machen / snap rivets
Schellen·anschluß *m* (Elektronik) / lug terminal ‖ **⁓anschluß** *m* (Widerstand) / external collar ‖ **⁓klemme** *f* / clamp-type terminal
Schell·hammer *m* (Niet) / snap o. set hammer, snapping tool ‖ **⁓harz**, weißes Fichtenharz *n* / galipot ‖ **⁓kopfnietung** *f* / snap-head o. snapped riveting
Schema *n* / scheme, diagrammatic view o. section ‖ **⁓**, Bild *n* / figure, schema ‖ **⁓**, Vorbild *n* / model, pattern, schema ‖ **⁓ des mechanischen Teils** (Zeichn) / mechanical diagram ‖ **⁓schaltbild** *n* / block diagram
schematisch / diagrammatic, schematic, skeleton... ‖ **~e Darstellung**, schematischer Schnitt / diagrammatic view o. section
Schemazeichnung *f* / key plan
Schemel *m*, niedriger Sessel / stool, tabo[u]ret ‖ **⁓ des Drehgestells** (Bahn) / swivelling bolster ‖ **⁓wagen** *m*, -schlitten *m* (Säge) / carriage of a saw ‖ **⁓wagen** *m* (Bahn) / swivelling bolster car o. truck ‖ **⁓wagen** *m*, Rollbock *m* (Bahn) / wagon carrier truck
Schenkel *m* (Winkel) / side, leg ‖ **⁓** (U-Rohr) / limb ‖ **⁓** (gleichschenkl. Dreieck) (Math) / lateral side (isosceles triangle) ‖ **⁓**, Joch *n* (Bergb, Schachtausbau) / crib ‖ **⁓**, Stiel *m* (Bau) / post ‖ **⁓** (Elektromagnet) / branch ‖ **⁓ des Elektromagneten** / limb of an electromagnet ‖ **⁓ des Montagedreibeins** / pry pole of the [triangle] gin ‖ **⁓ des Poljochs** / limb of double yoke ‖ **⁓ des Winkeleisens** / leg o. flange of angle steel ‖ **⁓ eines Bogens oder Gewölbes** / flank, haunch ‖ **unterer ⁓** (Fenster) / breast rail ‖ **⁓abstand** *m* (Niet) / distance from center of rivet to inside of angle ‖ **⁓-Bürstenhalter** *m* (Elektr) / leg-type brushholder ‖ **⁓dicke** *f* (Walzeisen) / flange size o. thickness ‖ **⁓feder** *f* / leg spring ‖ **⁓feder** *f* (räumlich gewundene Biegefeder) (Instr) / spiral spring, torsion spring ‖ **⁓feder-Wickelmaschine** *f* / torsion spring coiling machine ‖ **⁓pol** *m*, ausgeprägter Pol (Elektr) / salient pole ‖ **⁓rohr** *n*, -röhre *f* / bent pipe o. tube ‖ **[scharfwinklig gebogenes] ⁓rohr**, -röhre *f* / elbow tube o. pipe, V-tube o. pipe ‖ **⁓weite** *f*, Öffnung

des Zirkels *f* / opening of the compass ‖ **⁓-Weiterreißversuch** *m* (Kunstleder) / leg tear growth test ‖ **⁓wolle** *f* / breech[ing], britch
scherbar sein (Geol) / shear *vi*
Scherbeanspruchung *f* / shear[ing] stress
Scherben *m* (Keram) / body ‖ **⁓** *f pl* (Glas) / refuse glass ‖ **⁓** *m*, Topfscherben *m*, -scherbe *f* / fragment ‖ **⁓eis** *n* (Kältetechn) / flake ice, flakice
Scherbius·-Phasenschieber, Kaskaden-Phasenschieber *m* (Elektr) / Scherbius advancer
Scher·blatt *n*, -klinge *f* / shear[ing] blade ‖ **⁓blatt** *n* (Web) / reed, comb ‖ **⁓block** *m* (Schiff) / warping block ‖ **⁓bolzen**, -stift *m* (Masch) / shearing pin o. bolt ‖ **⁓brett** *n* (Fischerei) / otter board ‖ **⁓bruch** *m* / shear fracture ‖ **gekreuzte ⁓drähte** *m pl*, -seile *n pl* (Mech) / shear wires *pl* ‖ **⁓druck** (Wzm) / blade load
Schere *f* / scissors *pl*, a pair of scissors ‖ **⁓** (Wzm) / shearing machine, shears *pl* ‖ **⁓** (als Unterstützung) / scissor type flat stay ‖ **⁓** (für Kopien) (Phot) / shear ‖ **⁓**, Haarschneidemaschine *f* / clippers *pl*, clipping machine ‖ **⁓**, Stelleisen *n* (Dreh) / adjustment plate, quadrant ‖ **⁓**, Bohr-, Rutschschere *f* (Öl) / jars *pl* ‖ **⁓ einer Ramme**, Auslösungsschere *f* / tongs of a pile-engine *pl* ‖ **⁓ für Blech o. Band** / sheet-o. band-shearing machine
Scherebene, -fläche, -zone *f* (Wzm) / shear plane o. zone
scheren / clip, shear ‖ **~** (Textil) / cut, shear, crop (GB) ‖ **~**, gieren *vi* (Schiff, Luftf) / sheer, lurch ‖ **~** *n* (Web) / cropping, shearing ‖ **~**, Schur *f* (Landw) / clip[ping] ‖ **~**, Abhacken (Schm) / cropping ‖ **~**, Schub *m* (Mech) / shearing action ‖ **~** (Furnier) / trimming ‖ **~ und Auslaugen** (Nukl) / chop and leach, chop-leach ‖ **~arm** *m* / handle of scissors ‖ **~arm** *m*, -spreize *f* / lazy tongs *pl*, lazy tongs ‖ **~aussparung** *f* (Webschützen) / cutter recess ‖ **~blatt** *n*, Beck *n* / scissor blade, blade of shears ‖ **~fernrohr** *n* / shear jointed telescope ‖ **~förmiger Karabinerhaken** / scissors snap ‖ **~gitter** *f* / slidable lattice grate, worm o. snail fence ‖ **~griff** *m* / scissor handle ‖ **~haken** *m* / detaching hook ‖ **~halter** *m*, Schere *f* (Fernm) / skeleton support ‖ **~hebelantrieb** *m* / crossbar control mechanism ‖ **~heber** *m* (Kfz) / scissor-type jack ‖ **~kamm** *m* (Zettelmasch) / zig-zag comb o. wraith ‖ **~kipper** *m* / high dumper ‖ **~manipulator** *m* / pantograph manipulator ‖ **~messer** *n*, Beck *n* / shear blade (of shears), scissor blade ‖ **~rollenbahn** *f* / accordion roller conveyor ‖ **~rollgang** *m* (Walzw) / shear table ‖ **~spreize** *f*, Gelenkspreize *f* / lazy tongs *pl*
Schere[nstrebe] *f* (Fräsm) / arm brace
Scheren·stromabnehmer *m* (Bahn) / pantograph [type current collector] ‖ **⁓trenner** *m* (Elektr) / pantograph switch
Scherentzähung *f* (Viskosität) / shear thinning
Scherenwinkel *m* (Wzm) / angle of shear blades
Scherer *m* (Tuch) / cloth shearer, cropper
Scher·feld *n*, verschertes Feld (Phys) / shear field ‖ **⁓festigkeit** *f*, Schubfestigkeit *f* / transverse o. transversal strength o. resistance, shear[ing] strength o. resistance ‖ **⁓fläche** *f* (Geol) / shear plane ‖ **⁓fläche** *f*, -querschnitt *m* (Mech) / shearing section o. area ‖ **⁓fuge** *f* / shear joint ‖ **⁓gang** *m* (Schiff) / sheer strake ‖ **⁓gefälle**, Geschwindigkeits-Gefälle *n* (Rheologie) / shear rate, shear gradient
Schering-Meßbrücke *f* / Schering bridge
Scher·kluft *f* (Geol) / shear joint ‖ **⁓kraft** *f*, Schub *m* (Mech) / transverse action o. force o. load, shearing force o. load ‖ **⁓kraft**, -energie *f* (Wzm) / shear force ‖ **⁓ling** *m* / cropping ‖ **⁓lippe** *f* (Mat.Prüf) / shear lip
Scherlsche Einschienenbahn *f* / gyro-car
Scher·maschine *f* (Textil) / shearing machine, cropping machine ‖ **⁓messer- und Scherzylinderschleifmaschine** *f* (Textil) / grinding machine for shearing-blades and shearing-cylinders ‖ **⁓modul** *m* / rigidity modulus, modulus of transverse elasticity o. of elasticity in shear ‖ **⁓modul** *m*, Schub-, Gleitmodul *m* / shear modulus ‖ **⁓querschnitt** *m*,

-fläche f (Mech) / shearing section o. area ‖ ~scheiben-Viskosimeter n / shearing disk viscometer ‖ ~schneiden n (Stanz) / cropping, shearing ‖ ~schnitt m / shearing cut ‖ ~schnitt m (Zange) / shear edge ‖ ~-Schweißverbindung f (Plast) / shear weld ‖ ~span m (Wzm) / shearing chip, continuous chip ‖ ~spannung, -beanspruchung f / transverse o. shearing strain ‖ [spezifische] ~spannung / ultimate shearing strain ‖ ~spant n (Schiff) / chief frame ‖ ~spritzkopf m / shear extruder head ‖ ~stabilität f (Öl) / shear stability ‖ ~stift, -bolzen m (Masch) / shearing pin o. bolt ‖ ~stock m (Schiff) / hatch beam ‖ ~strömung f (Phys) / shear flow ‖ ~umformung f, -umformen n / forming under shearing conditions ‖ ~- und Schneidemaschine f / shearing and cropping-machine

Scherung f, Schub m / shear[ing action] ‖ ~ (Geol) / shear area

Scherungs·deformation f (Mech) / shearing strain ‖ ~elastizität f / elasticity across grain o. of shearing, transverse elasticity ‖ ~maß n, -modul m s. Schermodul ‖ ~schwingungen f pl (Krist) / shear vibrations pl ‖ ~welle f, Scherwelle f, Schubwelle f, S-Welle f (Phys) / shear wave

Scher·versuch m / shear test ‖ ~viskosität f / shear viscosity ‖ ~wellen f pl, Scherungswellen (Phys) / shear o. S waves pl ‖ ~werkzeug n / shearing tool ‖ ~werkzeug n (über ganze Breite, abfallos) (Stanz) / cutting die, shearing die ‖ ~widerstand m / cohesive resistance ‖ ~wind m / thermal wind ‖ ~wind m, Windscherung f / windshear ‖ ~winkel m (Wzm) / shear angle ‖ ~winkel m (Schiff) / yaw angle ‖ ~wolle f (Textil) / shearing wool o. flock, cloth shearing ‖ ~zapfen m (offene Zapfen- und Schlitzverbindung) (Zimm) / forked mortise and tenon joint ‖ ~zone, -fläche f (Geol) / shear plane o. zone ‖ ~zugversuch m / shear tension test ‖ ~zylinder m (Textil) / cutting cylinder

Scheuer·bewegung f, Kreisschiebung f (Mech) / circular translation ‖ ~bock, -pfahl für Leitungsmasten m (Elektr) / chafe rod ‖ ~faß n s. Scheuertrommel ‖ ~leiste f (Bau) / mop-board, skirting[-board], baseboard ‖ ~leiste f (Schiff) / sheer rail, rubbing strake, fairleader batten ‖ ~leisten[strahlungs]heizung f / skirting heating

scheuern, wundreiben / gall ‖ ~, blankputzen / scour ‖ ~, schrubben / scrub ‖ ~, trommeln (Masch) / tumble ‖ ~ vi / chafe, scuff ‖ ~ n, Abschleifen / abrasion ‖ ~ (Reifen) / chafing ‖ mit Sand ~ / scour with sand

scheuernd, abschleifend / abrasive

Scheuer·prüfer m / abrasion tester ‖ ~pulver, -mittel n / cleaning powder, scouring powder ‖ ~stelle f (Web) / chafe mark ‖ ~trommel f, Rommelfaß n / tumbling barrel o. drum o. tub, rattle o. rumbling barrel, rumbler, polishing o. scouring drum o. barrel ‖ ~tuch n / scouring cloth, swab

Scheune f / barn, shed

Schevillieren n (Seide) / wringing and lustring

Schicht f, Oberschicht und Unterschicht f (Landw) / soil and subsoil ‖ ~ (Geol) / layer, ledge, horizon, bed ‖ ~, Lagerung f, Lager m (Bergb, Geol) / measure, stratum, seam, bed ‖ ~, Auflage f / couch, coat[ing] ‖ ~, Lage f (Bau) / row, layer, course of bricks ‖ ~, Satz m (Keram) / baking, batch, burning ‖ ~, Satz m (Pap, Buch) / batch, pile ‖ ~ (Halbl) / barrier ‖ ~ (Belegschaft) / shift, workmen pl ‖ ~, Arbeitsschicht f / working shift ‖ ~, Ruhepause f / rest, pause, break ‖ ~ (Gummi) / ply ‖ ~, Faserschicht f (Pap) / furnish layer ‖ ~, Lage (z.B. im Sperrholz) / ply [of plywood] ‖ ~ (von Schichtkarton) / ply of paper o. board ‖ ~ 5 (OSI) / session layer ‖ ~... (F.Org) / shift working ‖ ~ auf Schicht (Kontaktkopie) / emulsion to emulsion ‖ ~ machen / stop working, knock off work (coll) ‖ ~ unter der Oberfläche / subsurface ‖ ~ von 0 bis 8 Uhr (F.Org) / graveyard o. dying shift ‖ ~ von 16 bis 24 Uhr (F.Org) / swing shift ‖ aufgedampfte ~ / vacuum coated film, vapour-deposited layer ‖ dünne ~ / layer, thickness ‖ dünne ~,

Blättchen, Plättchen n / lamina ‖ dünne ~, Film m / film, coat[ing] ‖ dünne ~ (Geol) / folium ‖ mit einer ~ bedeckt / coated ‖ nächste ~, Unterlage f / next layer, underlayer ‖ ~anker m, lamellierter Anker (Elektr) / laminated armature ‖ ~arbeit f / working in shifts, shift work ‖ ~arbeit f (regelmäßige Steinschicht) (Steinmetz) / block-in-course masonry, coursed work ‖ ~arbeiter m, Schichtgänger m / shift worker ‖ ~band n (Magn.Bd) / magnetic powder coated tape ‖ ~bett n (Chem) / stratified bed ‖ ~bildaufnahme f (Röntgen) / tomography, body-section radiography, laminography, planigraphy ‖ ~bildung f (Geol) s. Schichtenbildung ‖ ~bildung, Zonenbildung f (Min, Hütt) / zoning ‖ ~dicke f / thickness of a film o. layer o. ply ‖ ~drehwiderstand m / non-wire-wound potentiometer ‖ ~ebene f (Geol) / plane of bedding

schichten, schichtweise legen o. fügen / laminate, dispose in layers ‖ ~, auf-, aufeinanderschichten / stack ‖ ~, in Schichten arbeiten / work in shifts ‖ ~ n der Lagen / lay-up ‖ zu Blechpaketen ~ (Elektr) / stack laminations ‖ ~ablösung f (Gummi) / ply looseness o. separation ‖ ~bildung f (Geol) / stratification o. ~bildung f (Feuerfest) / lamination ‖ ~bildung, geologische Formation / geologic[al] formation ‖ ~filtration f (Zuck) / layer filtration ‖ ~fuge f (Geol) / line of stratification ‖ ~gitter n (Spektrum) / layer lattice ‖ ~kunde f, Formationskunde f, Stratigraphie f / stratigraphy ‖ ~kundlich, stratigrafisch / stratigraphical ‖ ~mantel m (Kabel) / composite-layer sheath ‖ ~pappe f (Pap) / pasteboard ‖ ~riß m, Lagenriß m, -trennung f / lamination crack, ply looseness o. separation ‖ ~silikat n / phyllosilicate ‖ ~verzeichnis n (Bau) / list of soil courses

schichtenweise / in plies o. layers ‖ ~, geschichtet / stratified ‖ ~, flöz-, lagenweise (Bergb) / in layers ‖ ~ anordnen / tier o. ~anordnen o. aufeinanderbringen (Sandwichbauart) / sandwich ‖ ~ Probenahme / stratified sampling ‖ ~ übereinandergelagert / lying stratified

Schicht·farbe f, Höhenschichtenfarbe f / hypsometric tint, layer tint ‖ ~festigkeitsprüfung f (Pap) / adhesive test ‖ ~festwiderstand m / fixed film resistor, fixed non-wire-wound resistor ‖ ~fläche f (Geol) / cleats pl, cleat plane, main cleavage plane, stratification plane ‖ ~folge f (Geol) / series of strata ‖ ~folie f / laminating sheet ‖ ~fuge f (Bergb) / cleaving grain ‖ ~fuge, -kluft f (Geol) / stratification crevasse ‖ ~gefüge, Blättchen-, Streifengefüge n / lamellar structure ‖ ~gesellschaft f (Unterholz im Wald) (Bot) / stratum society ‖ ~gestein n (Geol) / stratified rock, o s pl, aqueous o. sedimentary rocks pl ‖ ~glas n / compound glass ‖ ~glas n [aus Fensterglas] / laminated glass pane ‖ ~glas n aus Spiegelglas / laminated plate glass ‖ ~haftung f (Gummi) / ply adhesion ‖ ~holz, Lagenholz n / [compregnated] laminated wood, compreg ‖ ~holzplatte f / laminated wood panel ‖ ~holzträger m / glued laminated girder, glulam girder (US)

schichtig (Bergb) / in rows

Schicht·kathode f / coated filament cathode ‖ ~kluft, -fuge f (Geol) / stratification crevasse ‖ ~kondensator m / film capacitor ‖ ~körper m (Sandwich) / stratified compact, sandwich ‖ ~körper m (Masch) / composite ‖ ~ladung f (Elektr) / layer charge ‖ ~ladungsmotor m (Kfz) / stratified charge engine, proco engine ‖ ~leistung f / output per shift ‖ ~leiter m (Person) / shift leader, shift supervisor ‖ ~linie f, Höhen[schicht]linie f / contour [line] ‖ ~linie f (Röntgenspektroskopie) / atomic layer line ‖ ~linienabstand m / equidistance, contour interval ‖ ~linienplan m / contour [line] map o. plan ‖ ~lohn m / pay per shift ‖ ~papier n / stratified paper, pasted paper ‖ ~platte f (Phono) / laminated record ‖ ~polrad n, Blechkettenläufer m (Elektr) / segmental rim rotor ‖ ~preßkörper m (Sintern) / laminated o. layered compact ‖ ~[preß]stoff m (Plast) / moulded laminate[d material], laminated plastic ‖ ~preßstoff-Formstück n

Schicht

/ moulded laminated shape ‖ ~preßstoffplatte f / laminated sheet ‖ dünne ~preßstoffplatte / laminated film ‖ ~preßstoff-Profil n (gewickelt u. formgepreßt) / rolled and moulded laminated section ‖ ~preßstoff-Profil n (gepreßt) / moulded laminated section ‖ ~preßstoffrohr n (bearbeitet) / [machined] laminated tube ‖ ~preßstoffstange f / laminated moulded rod ‖ ~preßstoff-Wickelrohr n / moulded laminated tube ‖ ~preßteil n (Plast) / laminated plastic article ‖ ~schaltung f (Halbl) / film o. hybrid IC ‖ ~schnitt m (Chem) / sectioning, serial sectioning ‖ ~seite f (Film) / sensitized o. emulsion face o. side ‖ ~[sicherheits]glas, Mehrschichten[sicherheits]glas n / laminated glass ‖ ~sintern n / sintering in layers o. zones ‖ ~-Sinterwerkstoff m / sintered material in layers ‖ ~spaltung f, Aufblätterung f / delamination ‖ ~stoff m (Plast) / laminate[d plastic], plastic-laminated sheet material ‖ [Gewebe]~stoff m / bonded fabric, laminated fabric ‖ ~stoff herstellen, laminieren (Plast) / laminate ‖ ~[stoff]-Folie f / sheet for lamination ‖ ~stoffstab m / laminated moulded rod ‖ ~stoff-Wandplatte f / laminated panel ‖ ~träger m (Phot) / base, film base, emulsion carrier ‖ ~träger m (Tonband) / tape base

Schichtung f, lagenweise Anordnung / arrangement in layers ‖ ~ (Geol) / bedding, stratification ‖ ~ (Fehler, Pulv.Met) / lamination ‖ feine ~ (Geol) / lamination

Schichtungs·klüfte, Rutschspalten f pl (Bergb) / fissures in strata

Schicht·verband m (Plast) / interlaminar bonding ‖ ~verbandwerkstoff m (Sintern) / stratified composite ‖ ~wasser n / stratum water ‖ ~wechsel m / shift change-over ‖ ~wechselfolge f (F.Org) / shift change-over rotation ‖ ~wicklung f (Elektr) / uniform layer winding, turn-to-turn winding ‖ ~widerstand m / film resistor ‖ ~widerstand m (Kohle) / carbon layer resistor ‖ ~widerstand m (Metall) (Elektronik) / metal film resistor ‖ ~widerstand m (Halbl) / sheet resistivity ‖ ~widerstand m der Kathode / cathode coating impedance ‖ ~wolke f, Stratus m / stratus ‖ ~zeit f / time of a shift ‖ ~zulage f / shift differential

Schiebe···, Schub··· / slide···, sliding ‖ ~achse f / sliding axle ‖ ~anker m (Elektr) / displacement type of armature ‖ ~anker m (Kfz) / Rushmore type armature ‖ ~ausleger m / sliding o. telescope o. roller jib ‖ ~befehl m (DV) / shift instruction ‖ ~bild n, Abziehbild n / transfer [picture], decal[comenia] ‖ ~bild n für Warnzeichen / signal decal ‖ ~bildprozeß m (Keram) / transfer process ‖ ~binder m (Landw) / header-binder ‖ ~boden m / sliding bottom ‖ ~brücke f / rolling o. traversing bridge ‖ ~bühne f (Bahn) / traverser, travelling o. sliding platform, transfer car, traverse table, car transfer table (US) ‖ ~bühne f (Buch) / moving reel platform ‖ versenkte ~bühne (Bahn) / pit type traverser ‖ ~bühnengrube f (Bahn) / traverser pit o. trench ‖ ~dach n (Kfz) / sliding o. sunshine roof ‖ ~dach n (Schiffsluke) / sliding cover ‖ ~dachwagen m (Bahn) / sliding roof wagon ‖ ~deckel m / slide plate o. cover ‖ ~deckel m (Nähm) / slide plate ‖ ~durchführung f (Rohr) / linear motion leadthrough ‖ ~elevator, Ausheber m (Wolle) / lifter, lifting fork ‖ ~fahrt f (Kfz) / coasting down, overrunning ‖ ~fahrt f (Bahn, Lok) / assisting run of an engine ‖ ~-Falltür f / sliding and folding door ‖ ~fenster n / sash [window] ‖ [senkrechtes] ~fenster mit Gewichtsausgleich (Bau) / hanging sash, balance[d] sash ‖ ~fensterrolle f (für das Gegengewicht) (Bau) / axle pulley (sash window) ‖ ~fest··· (Textil) / antislip···, non-slip··· ‖ ~festausrüstung f / nonslip finish ‖ ~flug m, Slippen n (Luftf) / sideslip[ping] ‖ ~fluganzeiger m (Luftf) / sideslip display o. indicator ‖ ~flügel m (Fenster) (seitliche Bewegung) / sliding sash (horizontally) ‖ senkrechter ~flügel / window sash (vertically) ‖ ~gabel f (für Heu am Traktor) / hay sweep, buckrake ‖

~gabelstapler m / reach fork lift ‖ ~geschwindigkeit, Abtriftgeschwindigkeit f (Luftf) / lateral velocity ‖ ~hülse f (Kfz) / sliding sleeve ‖ ~karren m, -karre f / [wheel] barrow ‖ ~keil m (Getriebe) / spline ‖ ~knoten m (einer Schlaufe) / slip o. running knot, runner ‖ ~kontakt m (Fernm, Elektronik) / slide contact, slider ‖ ~kraftmesser m (Luftf) / side-force meter ‖ ~kupplung f / sliding coupling ‖ ~kurve f (Luftf) / skid turn ‖ ~landung f (Luftf) / crosswind landing ‖ ~leiter f (F'wehr) / travelling ladder ‖ ~leiter f (ausziehbar) / extension ladder ‖ ~lineal n, -maßstab m / sliding rule ‖ ~litzen f pl (Web) / sliding healds pl ‖ ~lok[omotive] f (Bahn) / banking o. pusher locomotive o. engine, helper (US) ‖ ~marke f (Buch) / push lay[mark] ‖ ~maßstab m, -lineal n / sliding rule ‖ ~maststapler m / reach mast truck

schieben vt vi, stoßen / push, shove, thrust ‖ ~ (Fahrrad) / wheel ‖ ~, schiften (DV) / shift ‖ ~ vi (Gewebe) / slip ‖ ~ n, Fahrt f mit Schubmaschine (Bahn) / banking ‖ ~, Fahren n im Leerlauf (Kfz) / coasting

schiebend / pushing ‖ ~ (Sprengstoff) / slow, heaving, propellant adj ‖ ~e Wirkung (Sprengstoff) / propellant force

Schiebe·nocken m / sliding cam ‖ ~paar n (Mech) / sliding o. prismatic pair ‖ ~passung f / push fit

Schieber m, Bolzen m, Riegel m / bar, bolt ‖ ~, Läufer m (allg) / slide [index] ‖ ~, Schiebe-, Stellring m (Masch) / traveller, slide, coupler ‖ ~ (Mech) / translating part ‖ ~, Läufer m / slider ‖ ~ (Pumpe) / vane, blade ‖ ~, Gleitstück n / slider ‖ ~, Absperrschieber m (allg) / slide o. sliding valve, gate [valve], slide gate ‖ ~, Steuerschieber m (Dampfm) / slide valve ‖ ~ (Bohrm) / sliding plug, sledge ‖ ~, Reiter m (Schreibm) / slide ‖ ~ am Schornstein, Register n / damper, register ‖ ~ des Rechenschiebers / slide[r] of slide rule ‖ ~ im Preßwerkzeug (Sintern) / mould slide ‖ ~ mit Außenspindel / rising stem valve o. spindle valve ‖ ~ mit innenliegender Spindel / non-rising-spindle valve ‖ senkrecht öffnender ~ / lift valve

Schiebe·rad, Schlittenrad n (Säge) / spring ratchet wheel, cogwork ‖ ~rad n (Kfzgetriebe) / sliding gear wheel ‖ ~rädergetriebe n (Wzm) / automobile type gear mechanism, sliding gear drive o. gear transmission ‖ ~rahmen m (senkr.Schiebefenster) / casement of a sash window, English casement, sash frame, fast sash

Schieber·backe f (Plast) / slide follower ‖ ~bahn f (Dampfm) / slide way ‖ ~betätigung f (Turbine) / gating of turbine ‖ ~boden m, Bodenschieber m / bottom slide, sliding bottom ‖ ~-Diagramm n (Dampfm) / Zeuner's valve diagram ‖ ~[dichtungs]segment n des D-Schiebers / racking block ‖ ~druckregler m / regulating feed valve

Schiebe·register n (DV) / shift register ‖ ~registercodierung f / shift register encoding, SRE ‖ ~registergenerator m / shift register generator, SRG ‖ ~-Regler m / slider control

Schieber·ellipse f (Dampfm) / valve ellipse ‖ ~fläche f am Zylinder, -spiegel m (Dampfm) / cylinder face, backplate of a cylinder ‖ ~form f (Plast) / slide mould ‖ ~gebläse n / slide valve blowing engine ‖ ~gehäuse n (Ventil) / valve housing ‖ ~hebel m (Dampfm) / eccentric rod-gear ‖ ~hub m, -weg m / course o. stroke o. travel of the slide valve

Schiebering m / sliding ring

Schieber·klappe f, Register n (Schornstein) / sliding damper ‖ ~motor m, Motor m mit Schiebersteuerung / sleeve valve engine ‖ ~nadel f (Wirkm) / compound needle ‖ ~schacht m / gate shaft ‖ ~schleuse f, Schützenschleuse f / gate sluice ‖ ~schubstange f (Dampfm, Bahn) / radius bar o. rod ‖ ~spiegel m (Hydr) / main face of the slide valve ‖ ~spiegel m (Dampfm) / sliding face of the slide valve ‖ ~spindel f (Wassb) / valve stem ‖ ~stange f (Dampfm) / slide rod o. shaft ‖ ~steuerung f / slide valve gear ‖ ~tastatur f / slide set

892

keyboard ‖ ˄turm *m* (Talsperre) / valve tower, sluice column ‖ ˄überdeckung *f* (Dampfm) / lap, overlap ‖ ˄ventil *n* / sliding valve ‖ ˄verschluß *m* (Bahn, Weiche) / shaft locking ‖ ˄voreilung *f* (Dampfm) / lead of slide valve ‖ ˄weg, -hub *m* / course o. stroke o. travel of the slide valve ‖ ˄werkzeug *n* (Stanz) / slide tool ‖ ˄werkzeug *n* (Werkzeug mit Schiebern) (Plast) / bar mould ‖ ˄werkzeug *n* (verschiebbares Werkzeug) (Plast) / slide mould ‖ ˄zange *f* / sliding tongs *pl*
Schiebe·schalter *m* (Elektr) / sliding o. slide switch ‖ ˄schranke *f* (Bahn) / sliding barrier o. gate ‖ ˄sitz *m* (Masch) / close sliding fit ‖ ˄sitz *m*, verschiebbarer Sitz (Kfz) / sliding seat ‖ ˄spule *f* (Elektr) / slide coil ‖ ˄tisch *m* / sliding table ‖ ˄tor *n*, -tür *f* / sliding gate o. door ‖ ˄tor *n* einer Schleuse / sliding caisson o. gate, sash gate ‖ ˄vorrichtung *f* / pushing device ‖ ˄wand *f* / sliding panel ‖ ˄wandwagen *m* (Bahn) / waggon with sliding slabs ‖ ˄welle *f* (Wzm, Kfz) / sliding shaft, spline o. splined shaft ‖ ˄widerstand, -rheostat *m* (Elektr) / slide o. sliding [wire] resistor, rheostat ‖ ˄widerstand, Schubwiderstand *m* (Mech) / resistance to sliding friction o. to slide, pushing o. slide resistance ‖ ˄widerstand *m* (Elektr) / slide resistor ‖ ˄widerstand *m* von Geweben / sliding resistance of woven fabrics ‖ ˄wind *m* / following o. rear-on o. tail wind ‖ ˄winkel *m* (Luftf) / angle of yaw ‖ ˄winkelmesser *m* (Luftf) / sideslip meter ‖ ˄winkelsteuerung *f* (Luftf) / fuselage yaw pointing
Schieb·karren *m* / push cart ‖ ˄lehre *f*, Schublehre *f* / sliding caliper, slide gauge ‖ ˄lehre *f* mit offenem 1/20 mm Nonius / open 1/20 mm vernier calipers
Schiebung *f*, Scherungsdeformation *f* (Mech) / shearing strain ‖ ˄ (Kinematik) / translational motion
Schiebungs·bruch *m* / gliding fracture, sliding fracture ‖ ˄elastizität *f* / elasticity across grain, of shearing, transverse elasticity
Schiebzange *f* (Uhr) / vise clam
Schieds·…, vom Schiedsrichter abhängig / arbitrary, arbitrational, arbitration… ‖ ˄analyse *f* / arbitrary o. arbitrational analysis ‖ ˄labor *n* (Nukl) / umpire lab[oratory] ‖ ˄mischung *f* (Beton) / arbitrary mix ‖ ˄muster *n* / arbitration sample ‖ ˄spruch *m* / arbitration, arbitrament ‖ durch ˄spruch entscheiden (o. schlichten o. festsetzen) / arbitrate ‖ ˄untersuchung *f* / arbitration ‖ ˄verfahren *n* / arbitration method
schief, schräg (Brücke, Kurve) / skew, slanting ‖ ˄, schräg (allg, Math) / oblique ‖ ˄, windschief (Masch) / skew-whiff ‖ ˄, nicht gerade / out of the straight, off straight ‖ ˄, abgeschrägt / bevelled ‖ ˄, gekippt / canted ‖ ˄ [liegend], geneigt / inclined, sloping, slant, oblique ‖ ˄, nicht senkrecht / out-of-perpendicular o. -plumb o. -true ‖ ˄, nach einer Seite hängend / lopsided ‖ ˄ (Kegel usw) (Geom) / oblique ‖ ˄ (Dreieck) (Geom) / oblique, scalene ‖ ˄ *adv*, quer, in die Quere *adv* / sideways, obliquely, transversely ‖ ˄ abgeschnittener Zylinder / truncated cylinder, frustum o. ungula of a cylinder (US) ‖ ˄e Ebene / incline, inclined o. oblique plane ‖ ˄e Ebene, Bremsberg *m* (Bergb) / self-acting incline, jig brow, jinney road, running jig ‖ ˄ führen (Bau) / place oblique o. side-ways ‖ ˄es Gewölbe / skew vault ‖ ˄er Kegel / oblique cone ‖ ˄e Linie (o. Fläche o. Richtung) / bias ‖ ˄e Platte (Bau) / skew slab ‖ ˄ stehen, sich neigen, schräg hängen / lean, incline ‖ ˄er Turm (Phys) / leaning tower ‖ ˄e Verteilung (Statistik) / skew distribution ‖ ˄er Winkel / oblique angle
Schiefe *f*, Abschrägung *f* / bevel[ling], chamfer ‖ ˄, Schiefstellung *f*, -stehen *n* / inclination ‖ ˄ (Astr) / obliquity ‖ ˄ (allg) / skew ‖ ˄ (Statistik) / skewness ‖ ˄, Schräge *f* (Faksimile) / skew
Schiefendfläche *f* (Krist) / basal pinacoid
Schiefer *m* (Geol) / slate, schist, shale ‖ ˄ (Holz) / splinter ‖ mit ˄ decken (Dach) o. verkleiden (Wand) (Bau) / slate *v* ‖ ˄ähnlich, -artig / slatelike, slaty ‖ ˄bank *f* /

slate bed ‖ ˄boden *m* / schistous soil ‖ ˄brecher *m* (Arbeiter) / slate quarrier ‖ ˄bruch *m* (Sintern) / cleavage crack ‖ ˄bruch *m*, -bergwerk *n*, -grube *f* / slate quarry o. pit ‖ ˄bruch *m* (Pulv.Met) / slip crack ‖ ˄bruch *m*, Spaltungsbruch *m* (Metall) / fibrous o. flaky fracture, fishscale o. slaty fracture ‖ ˄dach *f*, -bedachung, -deckung *f* / slating, slate[d] roof ‖ ˄dachplatte *f* / rag ‖ ˄decker *m* / slater
Schieferdecker-Beil *n*, Spitzhacke *f* (Bau) / sax, slate axe
Schieferdeckerhammer *m* (Bau) / gurlet
Schiefer·gefüge, Holzfasergefüge *n* (Hütt) / fibrous structure ‖ ˄gestein *n*, Schieferton *m* / shale, slate clay, mud rock, schist ‖ ˄gestein *n* (Petrographie) / shale ‖ ˅grau (RAL 7015) / slate gray
schieferig, schieferhaltig, Schiefer… / schistous, schistose ‖ ˅, schieferähnlich, -artig / slatelike ‖ ˅, schuppig (Bergb) / scale-like, scaly ‖ ˄er Sandstein (Geol) / faikes, fakes
Schiefer·kohle *f* / schistous coal ‖ ˄kohle, Blätterkohle *f* / slate coal o. clay ‖ ˄kohle *f*, Splitterkohle *f* / splint coal ‖ ˄mehl *n*, gemahlener Schiefer / ground slate ‖ ˄mehl *n* (Plast) / slate flour ‖ ˄mergel *m* / marl slate o. shale
schiefern, sich ˅ / splinter *vi*
Schiefer·nagel *m* / slater's nail, slate peg, clout nail ‖ ˄öl *n* / shale oil ‖ ˄ölgewinnung *f*, Schieferdestillation *f* / shale distillation ‖ ˄ölwerk *n* / shale oil factory ‖ ˄platte *f* / slab o. tablet of slate ‖ ˄platte, -tafel *f* (Bau, Straßb) / flag, flagstone ‖ ˄schwarz *n* / mineral black ‖ ˄splitt *m* (Bau) / slate cladding ‖ ˄talk, Talkschiefer *m* / talcose o. talc slate o. schist ‖ ˄teer *m* / shale tar ‖ ˄ton *m* / argillaceous o. clay schist o. slate, argillite ‖ dünnschiefriger ˄ton / clift ‖ ˅tonartig / shaly ‖ plastische ˄tonerde / bind-shale
Schieferung *f*, Schiefrigkeit *f* (Planargefüge in metamorphem Gestein) (Geol) / foliated structure, foliation ‖ ˄ (Sintern) / lamination ‖ ˄ (verschiedene tektonische Prozesse) (Geol) / cleavage ‖ ˄ durch Metamorphose (Geol) / schistosity ‖ falsche o. schräge ˄ (Geol) / oblique lamination
Schiefer·verkleidung *f* für Hauswände / slate hanging ‖ ˄weiß *n* (Farbe) / carbonate of lead
Schiefes, Verschobenes *n* / askew, skew *n*
schief·flächig (Krist) / with skew facets ‖ ˅getriebener Pfahl / raking pile ‖ ˄lastbetrieb *m* (Elektr) / out-of-balance regime ‖ ˄lastmelderelais *n* / out-of-balance relay ‖ ˄lauf *m* (Riemen) / off-track running ‖ ˄laufen *n* / moving in a slanting direction ‖ ˄laufen *n* von Formularen (Schreibm) / skewing of forms ‖ ˄stellung *f*, Schrägstellung *f*, Schiefstehen *n* / inclination, slant ‖ ˅symmetrisch (Math) / skew-symmetric ‖ ˄werden *n*, Verlieren *n* der Form (Keram) / warping
schiefwink[e]lig (Math) / oblique-angled ‖ ˄ abschneiden (o. anschleifen) (Wz) / basil ‖ ˅e Brücke / askew o. skew bridge ‖ ˅es Dreieck (Math) / scalene [triangle] ‖ ˅e Durchdringung (Math) / skew penetration ‖ ˅e Fläche (Bau) / splay ‖ ˅es Koordinatenkreuz / oblique coordinates *pl* ‖ ˄ Überblattung (Zimm) / skew scarfing ‖ ˅anisotrop (Bau) / skew-anisotropic
Schielen *n*, Winkelfehler *m* (Antenne) / squint
Schielwinkel *m* (Ultraschall) / squint angle
Schiemannsgarn *n*, Kabelgarn *n* (Schiff) / spun yarn
Schiene *f*, Eisenbahnschiene *f* / rail ‖ ˄ (Elektr, Hütt) / bar ‖ ˄, Lasche *f* (Zimm) / fishplate ‖ ˄ (Hauptübertragungsleitung) (Elektr) / main transmission line ‖ ˄, Sammelschiene *f* (Elektr) / bus bar ‖ ˄ (Elektronik) / bar ‖ ˄ (Web) / lease rod ‖ ˄n *f pl*, Gleise *n pl* (Bahn) / metals *pl*, rails *pl* ‖ ˄ der Reißschiene *f* / blade of the T-square ‖ ˄n legen (Bahn) / track *v* (US), lay rails ‖ ˄ mit Aussparung, ausgeklinkte Backenschiene (Bahn) / eroded rail ‖ ˄ mit gewölbtem Kopf / rail with convex top ‖ auf ˄n / track mounted ‖ die ˄n *f pl* (allg) / trackage ‖ flache ˄, Plattschiene *f* / plate rail

schienen, flicken / clout ‖ **~anker** m s. Schienenklemme ‖ **~auszugsvorrichtung** f, -ausziehstoß m (Bahn) / expansion device for continuously welded rails, expansion o. feathered joint ‖ **~bahn** f (Bergb) / rail line, tram way o. road ‖ **~bettung** f (Bahn) / bedding of the track ‖ hand- o. **hydraulisch betriebene ~biegevorrichtung** / jim-crow, rail bender ‖ **~bohrmaschine** f / rail drilling machine o. drill ‖ **~bremse** f / rail o. track brake ‖ **elektromagnetische ~bremse** (Bahn) / slipper brake ‖ **~bremsmagnet** m (Bahn) / rail brake magnet ‖ **~bruch** m / rail break o. failure ‖ **~bund** m (Webeblatt) / rail binding ‖ **~bus** m / railbus, rail car, rail motor coach ‖ **~durchführung** f (Elektr) / bar lead-in ‖ **~fahrkante**, -innenseite f (Bahn) / gauge side of the rail ‖ **~fahrzeug** n (Bahn) / rail car o. vehicle ‖ **~fertigstraße** f (Walzw) / rail finishing mill ‖ **~fuß** m / rail foot o. flange o. base, lower flange of rail, patten ‖ **~gebunden** / railborne, rail mounted ‖ **~geführter Stapler** / rail mounted stacker ‖ **~gleicher Straßen- o. Wegübergang** (Bahn) / grade crossing, level crossing ‖ **~gleicher Zugang** (zum Bahnsteig) (Bahn) / foot-crossing ‖ **~gleis**, -geleise n (Bahn) / track, set of tracks ‖ **~hakenplatte**, Krempenplatte f (Bahn) / hooked sole plate o. tie plate (US) ‖ **~hängebahn** f (Masch) / overhead o. elevated railway o. tram[way], suspended o. suspension railway, monorail conveyor ‖ **~hängebahn** f **mit Zugseilbetrieb** / rope driven monorail ‖ **~hebe…** / rail-lifting ‖ **~heber** m, -hebewinde f / rail jack ‖ **~heber** m, Gleisheber m / track lifter ‖ **~herzstück** n (Bahn) / built-up frog ‖ **~hobel** m, -schleifapparat m / track grinder ‖ **~innenseite** f / gauge side of the rail ‖ **~joch** n / portable track o. line section, frame, yoke ‖ **~kante**, -laufkante f (Bahn) / running edge ‖ **~klammer** f, -nagel m / rail spike ‖ **~klemme** f, -anker m (Bahn) / [rail] anchor o. clamp, rail anchoring device, anticreeper ‖ **~knick** m (Bahn) / kink of the rail ‖ **~kontakt** m (Bahn) / rail contact, pedal ‖ **~kontakt** m **für Zugeinwirkung** (Bahn) / electromechanical treadle ‖ **~kopf** m (Bahn) / rail head ‖ **~kopfausrundung** f / rail shoulder ‖ **~krampe** f / rail o. dog o. track spike ‖ **~kran** m, Kran m auf Schienenfahrzeug / track-bound crane, rail crane ‖ **~kranz** m / circular rail o. track (US) ‖ **~lager** n (Breitfußschienen) (Bahn) / seat of a rail ‖ **~lasche** f (Bahn) / fishplate, fish- o. splice-bar o. -piece, rail joint plate, shin ‖ **~lauffläche** f (Bahn) / tread, upper face of rail ‖ **~laufkatze** f / trolley running on rails ‖ **~legemaschine** f (Bahn) / tracklaying machine ‖ **~legen** n (Bahn) / tracklaying, metalling ‖ **~legen** n, Gleisbau m (Bahn) / track construction ‖ **~leger** m / rail-layer ‖ **~los** / trackless ‖ **~lücke** f, Stoßfuge f / rail gap ‖ **~meßwagen** m / track recording car ‖ **~nagel** m, Hakennagel m / dog[-headed] spike, track o. rail spike, rail dog ‖ **~nagel-Ausziehgerät** n, -nagelwinde f (Bahn) / spike extractor o. puller ‖ **~nagelhammer** m (Bahn) / spike driver (US) o. hammer (GB) ‖ **~nagelzange** f (Bahn) / spike tongs pl ‖ **~neigung** f (Bahn) / rail cant ‖ **~netz** n / network of railways, web of railway lines, system of railroads (US) ‖ **~oberkante** f (Bahn) / surface o. top of rail ‖ **~[omni]bus** m (Bahn) / rail car, railbus, rail motor coach ‖ **~profil** n, -form f, -querschnitt m / rail section ‖ **~querverbinder** m (Bahn) / intertrack bond, cross bond ‖ **~räumer** m (Bahn) / track clearer, rail guard, sweeper (GB), fender (US), pilot (US), cow-catcher (US) ‖ **~reibung** f (Bahn) / rolling friction ‖ **~richten** n / track lining ‖ **~richtgerät** n (Bahn) / gauge setting device ‖ **~richtmaschine**, -presse f / rail straightener o. press ‖ **~richtplatte** f / rail dressing plate ‖ **~riffelung** f / rail corrugation ‖ **~rücker** m (Bahn) / rail lifter o. pinch-bar o. tongs pl ‖ **~rückleitung** f (Elektr) / rail o. track return ‖ **~rute**, Litzenträger m (Web) / rod for supporting the tapestry ‖ **~schleifen** n (Bahn) / grinding of rails ‖ **~schleifmaschine** f / track grinder ‖ **~schleifzug** m

(Bahn) / rail grinding train ‖ **~schraube** f, Schwellenschraube f (Bahn) / rail o. coach screw ‖ **~speisekabel** n (Bahn) / negative feeder ‖ **~stahl** m / rail steel ‖ **~steg** m / stem of a rail ‖ **~stoß** m / rail joint ‖ **ruhender o. aufliegender ~stoß** / supported rail joint ‖ **schwebender ~stoß** / bridge joint ‖ **~stoß zwischen Einzelschwellen** (Bahn) / spaced sleeper joint ‖ **~stöße** m pl **in gleicher Höhe** (Bahn) / opposite rail joints pl ‖ **~stoß-Futterblech** n / shim of the rail joint ‖ **~stoßprüfer** m (Bahn) / rail joint testing device ‖ **~stoßschleifmaschine** f / rail joint grinder ‖ **~strang** m / stretch of rails, trackage, line, rail track ‖ **~straße** f (Walzw) / rail [mill] train ‖ **~stromabnehmer** m / current collector for conductor rail ‖ **~stromwandler** m (Elektr) / bus-type transformer ‖ **~stücke** n pl (Bahn) / cut-up rails pl ‖ **~stuhl** m (Doppelkopfschienen) (Bahn) / seat of a rail, rail chair (GB) ‖ **~tankwagen** m / rail tank car ‖ **~träger** m, Sammel-Schienenträger m (Elektr) / busbar carrier ‖ **~träger** m (Textil) / shaft hook ‖ **~tragezange** f (Bahn) / rail lifter o. pinch-bar o. tongs pl, barrow tongs for rails pl ‖ **~transportwagen** m (Bahn) / rail wagon ‖ **~triebfahrzeuge** n pl / railway locomotives and motor cars ‖ **~übergang** m (Seilb) / bent-station with rails ‖ **~überhöhung** f (der äußeren Schiene) / elevation of the outer rail, cant o. superelevation of rails ‖ **~unterlagsplatte** f / rail bearing plate, sole plate ‖ **~verankerung** f s. Schienenklemme ‖ **~verbinder** m (Elektr) / rail o. track-rail o. traction bond ‖ **~verbinder** m **an Kreuzungen u. Weichen** (Bahn) / continuity bond ‖ **~verbinder** m **aus leitendem Kunststoff** / plastic rail bond ‖ **~verbindung** f, Stoßverbindung f (mechanisch) / rail connection ‖ **~verbindung** f (elektrisch) / rail bond ‖ **~verkehr** m / railway (GB) o. railroad (US) traffic ‖ **~verschleiß** m, -abnutzung f / wear of rails ‖ **~verteiler** m (Elektr) / busbar trunking system, busway ‖ **~walze** f (Pap) / cylinder of the rag engine, rag engine cylinder ‖ **~walzwerk** n / rail rolling mill ‖ **~wandler** m (Elektr) / bar-type [current or series] transformer ‖ **~wechselmaschine** f / rail exchanging machine ‖ **~weg** m (Bergb) / rail line ‖ **~weg** m / railway track ‖ **~winkel** m (Bahn) / rail square ‖ **~zange** f / track pinch bar ‖ **~zwischenraum** m, Gleisabstand m / distance between running lines, track spacing (US)

Schiene-Straße… / rail-road… ‖ **~-Straße-Fahrzeug** n / rail-road vehicle ‖ **~-Straße-Sattelauflieger** m (Bahn) / rail-road semitrailer ‖ **~-Straße-Verkehr** m / combined rail-and-road transport ‖ **~-Wasser-Weg** m, gebrochener Weg / combined rail-water traffic

Schierlingstanne f / hemlock spruce, tsuga

Schieß-…, Sprengmittel… (Bergb) / blasting material… ‖ **~…**, Zünd… (Bergb) / firing, igniting ‖ **~arbeit** f / blasting [work] ‖ **~baumwolle** f / guncotton, pyroxylin[e], explosive o. exploding cotton ‖ **~bedarf** m (Bergb) / blasting implements pl ‖ **~bolzen** m / projectile of a bolt setting gun ‖ **~bunker** m (Bergb) / shot firing bunker ‖ **~elementeberechner** m / firing data computer

schießen, sprengen (Bergb) / blast ‖ **~**, feuern / shoot, fire ‖ **~** n (allg) / shooting ‖ **~** (Bergb) / blast, charge ‖ **~**, Schießarbeit f (Bergb) / blasting [work] ‖ **~**, Abtun n von Schüssen (Bergb) / shooting, firing ‖ **~** (Wasser) / fast o. rapid o. shooting flow, super-critical flow ‖ **~ lassen** (Kette, Seil) / slip, let out, pay out ‖ **[eine Szene] ~** (coll) / shoot

Schieß-gezähe n (Bergb) / blasting o. shooting tools pl ‖ **~hauer** m, -meister m (Bergb) / blaster, shot-firer, shooter, chargeman ‖ **~kabel** n (Bergb) / shot firing wire, leading wire ‖ **~kanal** m, -tunnel m (Mil) / firing tunnel ‖ **~kopf** m (Kernformmasch) / shooting head ‖ **~lehre** f / theory of projectiles, gunnery ‖ **~lehre** f, -kunde f, Ballistik f / ballistics ‖ **~leitung** f (Bergb) / firing cable ‖ **~loch** n, Bohrloch n (Bergb) / blast o. shot hole ‖ **~löcher** n pl **stopfen** (Bergb) / stem blast holes v ‖

~maschine f (Bergb) / blasting machine ‖ ~ofen m / sealed-tube furnace, Carius oven ‖ ~pfropfen m (Bergb) / tamping-plug ‖ ~pulver n / powder for blasting and shooting, gun powder ‖ ~stand, -platz m / rifle range ‖ ~steiger m (Erzbergbau) / fireman ‖ ~stoff m / slow explosive

Schiff n / ship, boat, craft, vessel ‖ ~, Schützen m (Web) / [fly-]shuttle ‖ ~ (groß, seegehend) / boat, ship ‖ ~ **einer Fabrikhalle** / aisle ‖ ~ **für große Fahrt** / foreign going vessel ‖ ~ **mit schweren Bewegungen** / laboursome vessel ‖ ~ **über 450 ft Länge** / large ship ‖ ~**abbrecher** m, -ausschlachter m / ship breaker

Schiffahrt f, Navigation f / navigation ‖ ~ **auf gestautem Wasser** / still- o. slack-water navigation ‖ ~**sicherungsanlage** f, Hafenradar m / port surveillance radar

Schiffahrts·kanal m, -[s]rinne f / navigation canal o. channel ‖ ~**kunde**, Nautik f / navigation, nautics pl ‖ ~**linie** f, -strecke f / run of vessels ‖ ~**öffnung** f (Brücke) / fairway o. shipping arch ‖ ~**rinne** f / shipping channel o. passage ‖ ~**route** f, Track m / ocean lane ‖ ~**schule** f / naval college

Schiffahrtstraße f, -kanal m / navigable water way, shipway, shipping route

Schiffartsunternehmen n / shipping service

schiffbar, befahrbar / navigable ‖ ~**er Halbkreis** (Nav) / navigable semicircle ‖ ~ **machen** (Fluß) / render navigable, canalize

Schiff·bau m, -bautechnik f / naval architecture o. construction, shipbuilding ‖ ~**bau** m, Werftindustrie f / shipbuilding industry ‖ ~**bauer**, -baumeister m / shipbuilder, shipwright, naval architect ‖ ~**bauhelling**, Helling f / slipway, slip ‖ ~**bauingenieur** m / shipbuilding engineer ‖ ~**bau-Konstruktionsbüro**, -Ingenieurbüro n / naval architects pl ‖ ~**baustahl** m / shipbuilding steel ‖ ~**bautechnisch** / shipbuilding ‖ ~**bauwulstprofil** n / shipbuilding bulb angle ‖ ~**bruch** m / shipwreck

Schiffchen n (Chem) / boat ‖ ~ (Nähm) / shuttle ‖ ~ (Hütt) / sagger ‖ ~, Weberschiff n / shuttle ‖ ~ **des Teppichstuhls** / shuttle of the carpet loom ‖ ~**bahn** f (Nähm) / shuttle race ‖ ~**stickerei** f / embroidering on a shuttle loom ‖ ~**stickmaschine** f (Textil) / Swiss o. shuttle machine ‖ ~**treiber** m (Nähm) / shuttle driver

schiffen, steuern / navigate

Schiffer·knoten m / crown o. square knot, thief knot (US) ‖ **doppelter** ~**knoten** / reef knot

Schiffs·..., See... / marine ‖ ~**...**, nautisch / nautical ‖ ~**...**, Marine... / naval ‖ ~**anlegeplatz** m / landing place o. stage ‖ ~**anlegeplatz** m zwischen Piers / slip, berth ‖ ~**anstrich** m, -bodenfarbe f / ship's bottom paint ‖ ~**antrieb** m / ship's propulsion ‖ **wasserdichte** ~**armatur** / watertight side scuttle fitting ‖ ~**aufbauten** m pl / upper works pl, superstructures pl ‖ ~**aufzug** m, Hellingswinde f / ship's elevator, hauling winch for ships ‖ ~**ausrüster** m, -ausstatter m / ship chandler ‖ ~**ausrüstung** f, -takelung f / rig[ing] ‖ ~**ausschlachter**, -verschrotter m / ship breaker ‖ ~**[außen]haut** f / skin of a vessel ‖ ~**[bau]werft** f / shipyard, dockyard ‖ ~**beladeanlage** f / ship loading o. lading plant ‖ ~**beladeplatz** m / loading berth o. wharf o. place ‖ ~**belader** m (Unternehmer) / stevedore ‖ ~**belader** m mit eingebauten Stetigförderern / shiploader ‖ ~**bergung** f, -hebung f / salvaging ‖ ~**besatzung** f / ship's crew ‖ ~**bewegung** f / movement of a ship ‖ ~**bleche** n pl / shipbuilding plates pl ‖ ~**boden** m / bulge ‖ ~**bodenfarbe** f, -anstrich m / ship's bottom paint ‖ ~**bodenparkett** n, Langriemenparkett n / strip flooring ‖ ~**[bohr]wurm**, Bohrwurm m / teredo navalis, shipworm, marine borer (US) ‖ ~**breite** f (an der breitesten Stelle) / beam ‖ ~**brücke** f, Pontonbrücke f / movable o. boat o. floating o. pontoon bridge ‖ ~**bug** m / ship's bow

Schiffsch·e Base f / Schiff's base ‖ ~**es Reagens** / Schiff's reagent

Schiff-Schiff... (Flugkörper) / inter-ship...

Schiffs·chronometer m n / box o. marine chronometer, ship's clock ‖ ~**[dampf]kessel** m / marine boiler ‖ ~**dieselmaschine** f / marine diesel engine ‖ ~**entladeanlage** f / ship unloading o. discharging plant ‖ ~**entlader** m / ship unloader ‖ **rundes** ~**fenster** / side scuttle ‖ ~**form** f, Schiffslinienriß m / run of a vessel, lines pl ‖ ~**fracht** f / freight (the price), freightage (US) ‖ ~**führung** f, Führung f eines Schiffes / conduct of a ship ‖ ~**führung**, Navigation f / navigation, nautics pl ‖ ~**funk[verkehr]** m / marine radio ‖ ~**gasturbine** f / marine gas turbine ‖ ~**gestützt** (Flugkörper) / sea-launched, shiplaunched ‖ ~**gestützte Boden-Luft-Lenkwaffe** / ship-to-air guided weapon ‖ ~**größe** f / size of a ship ‖ ~**hauptmaschine** f / main engine of a ship ‖ ~**haut**, -außenwand f / ship's skin, outside plating ‖ ~**hebebühne** f / ship lifting platform ‖ ~**hebewerk** n / ship['s] lift o. hoist ‖ ~**hilfsmaschine** f / auxiliary engine, hull auxiliary ‖ ~**hobel**, Rundhobel m / rounder, circular o. compass plane ‖ ~**ingenieur** m / marine engineer ‖ ~**kabel** n / ship wiring cable ‖ ~**kiel**, Kiel m / keel ‖ ~**klassifikation** f / classification of ships ‖ ~**kompaß** m / marine o. nautical compass ‖ ~**körper** m, -rumpf m / hull ‖ ~**körper** m über der Wasserlinie, totes Werk / dead works ‖ ~**körper** m unter der Wasserlinie, lebendiges Werk / underwater part, live works ‖ ~**kran** m / deck crane ‖ ~**kreisel** m / gyroscopic o. gyrostatic stabilizer ‖ ~**kühlanlage** f / marine refrigeration plant ‖ ~**lader** m (Container) / portainer ‖ ~**ladung** f / shipload, cargo ‖ ~**laterne** f, Positionslicht n / ship's lantern, navigation light ‖ ~**linienriß** m / construction[al] drawing ‖ ~**linienriß** m, Schiffsform f / lines pl o. run of a vessel ‖ ~**liste** f, -register n / code list of ships ‖ ~**log** n / ship's log, nautical log ‖ ~**löschanlage** f / ship unloading o. discharging plant ‖ ~**mannschaft** f / ship's crew ‖ ~**maschine** f / marine engine ‖ ~**maschinenbau** m / marine engineering ‖ ~**maschineningenieur** m / marine engineer ‖ ~**maschinenöl** n / marine engine oil ‖ ~**maschinist** m / ship's engineer ‖ ~**modell** n / ship's model ‖ ~**ort** m, Position f / place o. position of a ship ‖ **den** ~**ort berechnen** / make the reckoning ‖ **den** ~**ort bezeichnen** / prick the chart ‖ ~**papiere** n pl (allg) / ship's papers pl ‖ ~**plan** m / draft o. plan of a ship ‖ ~**poller** m / bollard (am Kai), bitt (an Deck) ‖ ~**profil** n (Walzw) / shipbuilding section ‖ ~**propeller** m s. Schiffsschraube ‖ ~**radar** n / naval radar ‖ ~**raum** m, Laderaum m / [freight o. ship's] hold ‖ ~**raum**, Frachtraum m (auch gesamter Schiffsraum einer Flotte) / tonnage ‖ ~**register** n / register [book] ‖ ~**register** n, -liste f / code list of ships ‖ ~**ruder** n, Steuer[ruder] n (Schiff) / rudder ‖ ~**rumpf** m, -körper m / hull ‖ ~**schraube** f / marine screw propeller o. propelling screw, screw, propeller ‖ ~**spant** n / frame of a ship ‖ ~**tagebuch** n / logbook ‖ ~**takelung** f, -ausrüstung f / rig[ging] ‖ ~**taufe** f / christening of a vessel ‖ ~**telegraf** m / ship's telegraph ‖ ~**transport** m / water carriage ‖ ~**turbine** f / marine turbine ‖ ~**uhr** f / ship's timepiece ‖ ~**verkehr** m / waterborne traffic ‖ ~**verlader** m / shipper ‖ ~**vermessung** f / ship survey ‖ ~**vibrationen** f pl / hull vibrations pl ‖ ~**voraus-orientiert** (Radar) / ship's head-up oriented ‖ ~**wache** f / watch ‖ ~**wagen**, Pontonwagen m / pontoon wagon o. carriage ‖ ~**wand** f / skin of a vessel, ship's side ‖ ~**wand** f oberhalb der Wasserlinie / dead work ‖ ~**wand** f oberhalb des Oberdecks / bulwarks pl ‖ ~**wellenumdrehungsanzeiger**, SUZ m / shaft revolutions indicator ‖ ~**wendegetriebe** n / marine reversing gear ‖ ~**werft** f / yard, dockyard ‖ ~**werg** n, Kalfaterwerg n / ca[u]lking tow ‖ ~**winde** f, Deckwinde f / [deck] winch ‖ ~**[wipp]kran** m / deck crane ‖

~wurm m / ship worm, teredo navalis, marine borer (US) ‖ ~zimmermann m / ship carpenter, shipwright
Schifftrub m (Brau) / cooler sludge
Schift m, Verschiebung f (DV) / shift ‖ ~befehl m (DV) / shift instruction
schiften, verschieben (DV) / shift v ‖ ~, abbinden (Zimm) / assemble the rafters
Schifter, Wechsel m (Zimm) / assembling piece of rafters ‖ ~, Quersparren m (Zimm) / wood lintel
Schift·register n (DV) / shift register ‖ ~sparren m (Zimm) / hip ‖ ~sparren, Walmsparren m (Zimm) / jack o. dwarf rafter
Schikane f (Masch) / baffle [plate] ‖ ~, Hindernis n / chicane, obstacle ‖ ~n f pl (Hydr) / baffles pl
Schild[1] m (Planierraupe) / blade o. bowl of a dozer ‖ ~, Schutzschild m / buckler, shield ‖ ~, Blende f / screen, blind
Schild[2] n, Aushängeschild n, Zeichen n / sign[board] ‖ ~, Verkehrsschild n / traffic sign, road sign ‖ ~ (z.B. hinter einem Radioknopf) / escutcheon ‖ **[Warnungs]**~ / warning board, danger sign ‖ kleines ~, Etikett n / [stick-on] label
Schild·ausbau m (Bergb) / shield-type support ‖ ~bauweise f, -vortrieb m (Tunnel) / shield driving method ‖ ~bogen m (Bau) / wall arch
Schildchen, Etikett n / ticket, slip
Schilder·blau, Kastenblau n (Textildruck) / pencil blue ‖ ~email n / sign enamel ‖ ~haken m / hook for train course sign
Schild·kühler m (Nukl) / shield cooling heat exchanger ‖ ~lager n (Elektr) / plug-in type bearing ‖ ~laus f (Schädling) / scale, coccid ‖ **australische** ~laus / cottony cushion scale ‖ ~mauer f (Bau) / face wall ‖ ~räumer m (Abwasser) / sludge scraper ‖ ~tank m (Nukl) / shield tank ‖ ~zapfen, Stirnzapfen m / trunnion ‖ ~zapfenflansch m / trunnion flange ‖ ~zapfenlagerung f / trunnion mounting
Schilfer m pl (Hütt) / stringers pl
schilf·grün (RAL 6013) / reed green ‖ ~rohr n / common reed, ditch reed ‖ ~rohr n, Binse f / rush, cane
Schiller·fels m (Geol) / lime soda feldspar ‖ ~glanz m (Textil) / changeable o. iridescent o. fickle lustre, nacre[ous] effect
schillern / exhibit a play of colours, iridesce ‖ ~ n, Irisieren n (Spinn) / iridescence, irisation ‖ ~ (Geol) / schillerization ‖ ~, Chatoyieren n (Min) / chatoyancy
schillernd (Textil) / changeable, fickle [coloured], shot coloured, glacé ‖ ~, chatoyierend / chatoyant ‖ **bunt** ~ / opalescent ‖ **[in Regenbogenfarben]** ~ / iridescent, irisate[d], irised ‖ **mit** ~**er Glasur** (Keram) / flambé
Schiller·samt m / shot velvet ‖ ~seide / shot silk ‖ ~spat m, Bastit m / bastite, schillerspar ‖ ~taft m, Taft changeant / changeable o. shot taffeta
Schimmel, Kahm m / mildew, mo[u]ld, white film ‖ ~bogen m (Fehler, Buch) / blank sheet ‖ ~festausrüstung f (Textil) / mildewproofing, mo[u]ld resistant finish
schimmelig / mo[u]ldy, mildewed, mildewy
Schimmeligkeit, Modrigkeit f / mouldiness
schimmeln / mildew, mould, turn mo[u]ldy, decay
Schimmelpilz m, -pilzbildung f / mould fungus
Schimmer m, Schimmern n / glimmer n, glim ‖ ~, Schein m / glint ‖ ~flecken m pl (Email) / iridescent stain
schimmern, mattes Licht verbreiten / blink ‖ ~ (Textil) / having lustrous look
Schindel f (Bau) / shingle, clap-board (US) ‖ ~n f pl, Schindeldeckung f (Bau) / shingling ‖ ~dach n / shingle roof, shingling
schindeln (Bau) / shingle, clap-board (US)
Schinieren n, Flammierung f / dyeing the warp threads after a pattern, variegated colouring
Schirm, Mützenschirm m / peak, visor ‖ ~, Schutz-, Wandschirm m / screen, blind ‖ ~ m, Projektions-, Abfangschirm usw. m (Phys) / screen ‖ ~, Regenschirm

m / umbrella ‖ ~, Sonnenschirm m / parasol ‖ ~ (DV) / video screen ‖ ~, Abschirmung f (Elektronik) / sheath of a shielded line ‖ ~anguß m (Plast) / fan gate, cone gate ‖ ~antenne f, Schirmnetzantenne f / umbrella antenna ‖ ~bild n (DV, Radar) / display ‖ ~bild n (TV) / reproduced picture [on the screen] ‖ ~bildgerät n (Radar) / radar scope o. screen ‖ ~bildpanorama n (Radar) / panoramic ‖ ~bildröhre f / display tube ‖ ~bildseite f, Bildschirmseite f (DV) / screen page ‖ ~bildverfahren n, Fluorographie f (Nukl) / photofluorography ‖ ~blech n / shroud ‖ ~dach n, [weit] überhängendes Wetterdach (z.B. für Laderampen) / station-roof ‖ ~einbrennen n (Nachlassen der Helligkeit) (Kath.Str.) / screen burning ‖ ~elektrode f (Elektronik) / shield grid o. S.G. electrode
schirmen, abschirmen / screen
Schirm·faktor m (Elektronik) / screen factor ‖ ~generator m (Elektr) / umbrella-type alternator ‖ ~gitter n (Elektronik) / control o. screen grid ‖ ~gittergleichstrom m (Elektronik) / d.c. screen current ‖ ~gitter-Modulation f (Elektronik) / screen modulation ‖ ~gitterröhre f / screened grid tube ‖ ~gitterspannung f / screen[-grid] voltage ‖ ~gitter-Spannungsteiler m / current bleeder ‖ ~gitterverlustleistung f / screen dissipation ‖ ~helligkeit f / screen brightness ‖ ~isolator m / petticoat insulator, umbrella type insulator ‖ ~kiefer f / Pinus pinea L. ‖ ~maske f (DV) / screen format ‖ ~platte f (Glasfaseroptik) / face plate ‖ ~raster n (DV) / screen pattern ‖ ~stab m, -rippe f / rib of an umbrella ‖ ~strebe f / stretcher of an umbrella ‖ ~tetrode, Vierpolschirmröhre f / four-electrode screen grid tube ‖ ~träger m (Kath Strahlröhre) / face plate
Schirmung f, Abschirmung f / shielding, screening ‖ ~ **aus Kupferdraht** (Kabel) / copper braid shielding
Schirm·wand f (Ofen) / screening wall ‖ ~wirkung, Abschirmung f (Elektronik) / screening o. shielding effect
Schirting, Shirting m (Textil) / shirting
Schistosomiasis f / bilharziasis, schistosomiasis
Schlacht·hof m, -haus n / slaughter house, abattoir ‖ ~maske f, Buterole f (Fleisch) / bouterole ‖ ~wolle f / skin wool
Schlacke f (Hütt) / cinder, dross, slag, ashes pl ‖ ~, Schaum m (Gieß) / sullage ‖ ~, Absonderungen f pl / recrement, dross, scoria ‖ ~ **erzeugen** / slag v, produce slag ‖ ~n f pl **infolge schlechten Auskreuzens** (Schweiß) / fault from bad chipping ‖ ~n f pl **infolge schlechten Pendelns** (Schweiß) / weaving faults pl ‖ ~ f **von Brennstoffen** (Kessel) / clinker ‖ **scharfe** ~ / aggressive slag ‖ **weiße** ~ (Hütt) / carbide slag ‖ ~**-Mitlaufen** n / slag carry-over
schlacken, backen vi / clinker ‖ ~abscheider m (Hütt) / dirt catcher, slag separator ‖ ~**[ab]stich** m, [-abstich]loch n / slag o. cinder hole o. notch o. tap ‖ ~abstichwagen, Schlackenfänger m (Hütt) / tap-wagon ‖ ~angriff m (Hütt) / erosion by slags, slag action ‖ ~ansatz m (Hütt) / clinker coating ‖ ~artig, schlackig, Schlacken... / slaggy, scoriaceous ‖ ~-Asphaltbeton m / clinker asphalt ‖ ~aufbereitung f / slag reduction ‖ ~auffrischreaktion f / lime boil ‖ ~auge n / slag o. cinder hole o. notch o. tap ‖ ~beton m / slag concrete ‖ ~bett n / slag blanket ‖ ~bildner m / flux for making slag ‖ ~bildung f / formation of slag ‖ ~blech n (Hütt) / dam plate
schlackend (Kohle) / slagging adj ‖ **stark** ~**e Kohle** / clinkering coal
Schlacken·damm m (Hütt) / slag dam ‖ ~decke f (Hütt) / slag blanket ‖ ~einschluß m / slag inclusion, incasement, slag trap ‖ ~fang m, -fuchs m (Hütt) / slag skimmer ‖ ~fang m (Schw) / slag trap ‖ ~fang m, Siebkern m, -platte f (Hütt) / skim gate, dross filter ‖ ~faser f, Schlackenwolle f / slag o. cinder wool o. hair ‖ ~fleck m (Walzw) / slag patch ‖ ~form f (Hochofen) / monkey, slag notch ‖ ~frei / free of slag ‖ ~frei, -rein (Kohle) / non clinkering ‖ ~frischreaktion f (Hütt) / lime

boil ‖ **⁀führung** f (Hütt) / slagging practice, slag control ‖ **saure ⁀führung** (Hütt) / acid slagging practice ‖ **⁀granulierung**, -körnung f (Hütt) / slag granulation ‖ **⁀grube** f, -fall m / slag o. cinder pit ‖ **⁀halde**, -kippe f (Hütt) / slag o. cinder dump o. tip ‖ **~haltig** / retaining slag ‖ **⁀hammer** m (Schweiß) / pick hammer, chipping hammer ‖ **⁀herd** m (Gieß) / by-hearth ‖ **⁀kammer** f, -raum m (Hütt, SM Ofen) / slag chamber, slag pocket ‖ **⁀kammerabdeckung** f (Hütt, SM Ofen) / slag top paving ‖ **⁀kammeröffnung** f (Hütt) / slag wicket ‖ **⁀kammersohle** f / slag bottom paving ‖ **⁀kammerwand** f (Hütt, SM Ofen) / slag false wall ‖ **⁀kipppfanne** f (Hütt) / dump cinder car, slag dumping car ‖ **⁀kranz** m (Gieß) / sullage head o. bridge ‖ **⁀kranzbildung** f (Gieß) / bridging in a cupola furnace ‖ **⁀kreisel** m, Drehmassel f (Gieß) / spinner- o. whirl-gate ‖ **⁀[kübel]wagen** m (Hütt) / slag bucket waggon ‖ **⁀kuchen** m / slag cake ‖ **⁀linie** f, -spiegel m / slag line ‖ **⁀loch** n, -öffnung f / slag o. cinder hole o. notch o. tap, monkey ‖ **⁀loch-Kühlring** m, -kühler m / monkey cooler ‖ **⁀löffel** m, Krammstock m, Krätzer m (Gieß) / skimmer ‖ **⁀mischung** (Nukl) / melt salt-ash mixture ‖ **⁀mühle** f / slag grinding plant ‖ **⁀ofen** m / slag furnace ‖ **⁀pfanne** f (Hütt) / moulding cinder pot, slag ladle, slag pot ‖ **⁀pfannenwagen** m / slag ladle car ‖ **⁀platte** f / slag [concrete] block ‖ **~reich**, schlackig (Eisen) / drossy, slaggy, wet ‖ **~reiches Roheisen** / cinder pig ‖ **~rein**, -frei (Kohle) / non clinkering ‖ **⁀reinheit** f / slag purity ‖ **⁀rinne** f, -lauf m / slag channel, slag runner o. spout, slag launder ‖ **⁀sand** m / fine slag, slag sand ‖ **⁀sand** m, granulierte Hochofenschlacke / granulated blast furnace slag ‖ **⁀schale** f, -muffel, Test m / scorifying vessel, scorifier ‖ **⁀schaufel** f, -zieher, -räumer m / slag iron ‖ **⁀schotter** m / coarse crushed slag ‖ **⁀spiegel** m, -linie f, -stand m / slag line ‖ **⁀splitt** m / slag gravel (7-30 mm) ‖ **⁀stein** m / slag brick ‖ **⁀stelle** f (Hütt) / slaggy patch ‖ **stichloch** n s. Schlacken[ab]stich ‖ **⁀tiegelverfahren** n (Hütt) / slag pill test ‖ **⁀trübe** f / slag clouds ‖ **⁀überlauf** m (Hütt) / skimmer, slag overflow ‖ **⁀wagen** m (Hütt) / slag [ladle and] car ‖ **⁀wolle** f / slag o. cinder wool o. hair, mineral wool o. cotton ‖ **⁀zacken** m, -blech n (Hütt) / front plate, floss hole plate ‖ **⁀zahl** f, Basizitätsgrad m (Hütt) / slag ratio ‖ **⁀zeile** f (Schw, Fehler) / slag line ‖ **⁀zelle** f (Hütt) / slag roke ‖ **⁀zement** m / slag cement ‖ **⁀zement** m mit bis 65 % Hochofenschlacke / Portland blast-furnace cement ‖ **⁀ziehen** n / removal of cinders ‖ **⁀zieher**, Aschenzieher, -räumer m / poker ‖ **⁀zinn** n / tin extracted from slag, prillion

schlackig (Eisen) / drossy

Schlaf·decke f (DIN EN 14) / blanket ‖ **⁀deich** m (Hydr) / retired dike

schlaff / flaccid, flabby, slack, loose ‖ **~**, lappig (Textil) / limp ‖ **~e Bewehrung** (Bau) / conventional o. non-prestressed o. untensioned o. mild-steel reinforcement ‖ **~e Diagonale** (Stahlbau) / loose diagonal ‖ **~er Draht in einem Seil** / slack wire in a rope ‖ **~er Faden** (Web, Fehler) / slack end ‖ **~ machen** / unbend ‖ **~ o. locker werden** / slacken

Schlaffheit f, Weichheit f / flaccidity, flaccidness ‖ **~** / flaccidity, looseness

Schlaff·seilschalter m / slack rope switch ‖ **⁀seite** f (Seil) / slack-side ‖ **⁀stelle** f (Tonband) / slack ‖ **~werden**, seine Spannung verlieren / slacken

Schlaf·kabine f / cab with bunk ‖ **⁀koje** f / berth n, bunk

Schläfrigkeitsgefühl n / drowsiness

Schlaf·stelle f im Fahrerhaus (Kfz) / bunk ‖ **⁀wagen** m (Bahn) / sleeper, sleeping car[riage]

Schlafwagen·abteil n (Bahn) / compartment of a sleeping car ‖ **⁀bett** n (Bahn) / sleeping o. sleeper (US) berth

Schlag m, Stoß m / knock, impact, shock, percussion, beat ‖ **~**, Hieb m / blow, stroke ‖ **⁀** (Mat Prüf) / impact, shock ‖ **~**, Aufschlag m / dash, impact ‖ **~**, Treffer m / hit ‖ **~**, Außermittigkeit f (Fehler) / beat (defect),

eccentricity ‖ **⁀** (des Rades) (Bahn) / kick on the joint ‖ **~**, Schlagart f (Seil) / turn, lay ‖ **~**, Schlaglänge f (Seil) / length of lay o. twist ‖ **~**, Schraubendrehung f (Schiff) / turn of the ship's propeller ‖ **~**, Schuß m (Web) / shot, shoot, pick, picking [motion], throw of the shuttle ‖ **~**, Schützenwurf m (Web) / throw of the shuttle ‖ **~**, Einschlag m, Schlagen n (Forstw) / felling, cutting ‖ **~**, Lichtung f (Forstw) / cut, felling ‖ **⁀ der Unruhe, des Pendels** (Uhr) / beat of the clock ‖ **⁀ des Schlagwerks** (Uhr) / stroke ‖ **⁀ des Webstuhls** / batten o. lath of a loom ‖ **elektrischer tödlicher ⁀** / electrocution ‖ **leichter ⁀** / tap, gentle blow ‖ **[mechanischer] ⁀** o. **Stoß** m / [mechanical] shock ‖ **⁀arbeit** f / work resulting from a blow o. impact o. percussion ‖ **aufgenommene ⁀arbeit** f / energy absorbed in fracturing ‖ **⁀arm** m / beater bar o. arm ‖ **⁀arm** m (Spinn) / beater o. picking arm o. stick, picker ‖ **⁀art** f (Seil) / type of lay ‖ **~artig** / abruptly ‖ **~artig** / all of a sudden ‖ **~artiges Anhalten** / jerking stop (US) ‖ **⁀auslösungshebel** m (Uhr) / all-or-nothing piece

schlagbar (Holz) / mature

Schlag·bewegung f (Hubschrauber) / flapping ‖ **⁀biegefestigkeit** f, -biegewiderstand m / impact strength o. resistance ‖ **⁀biegeversuch** m / impact bending test, transverse impact test, shock bending o. shock deflection test ‖ **⁀blech** n (Wirkm) / fall plate ‖ **⁀blech** n (Web) / batten plate, striking plate ‖ **⁀bohren** n (allg) / impact drilling ‖ **⁀bohren**, Stoßbohren n (Bergb) / percussive boring, percussion boring o. drilling ‖ **⁀bohrer** m, Stoßbohrer m (Bergb) / percussion borer o. drill ‖ **⁀bohrkopf** m (Bergb) / tapered bit for percussive drilling ‖ **⁀bohrkrone** f (Bergb) / percussion drill bit ‖ **⁀bohrmaschine** f (Bergb) / percussion drill, hammer drill ‖ **⁀bohrmaschine** f (Wzm) / impact drilling machine ‖ **⁀bohrstange** f (Bergb) / drill rod for percussive rock drilling ‖ **⁀bohrvorsatz** m (Bohrm) / impact drilling attachment ‖ **⁀bolzen**, -stift m (Mil, Gewehr) / striking pin ‖ **⁀bolzenfeder** f (Mil) / firing o. main spring ‖ **⁀bolzenmutter** f (Mil) / cocking piece ‖ **⁀brecher** m / percussion breaker o. crusher ‖ **⁀brecher**, Prallspalter m (Bergb) / impact crusher ‖ **⁀brunnen** m / driven well, Abyssynian well ‖ **⁀buchstaben** m pl / steel stamping letters pl ‖ **⁀-Drehversuch** m / impact-torsion test, torsion-impact test ‖ **⁀druck**, Arbeitsdruck m (Schm) / weight of blow ‖ **⁀[druck]beanspruchung** f / dynamic compression stress ‖ **⁀druckwirkung** f / percussive effect ‖ **⁀eisen** n (Steinmetz) / broad chisel

Schlägel m (Bergb) / hammer, mallet, bully ‖ **⁀ und Eisen** (Bergb) / hammer and chisel, mallet and gad (o. iron) ‖ **schwerer ⁀** (Bergb) / sledge hammer, mallet

schlägeln / mall

schlagen, einschlagen (z.B. Nägel) / drive home o. in (e.g. nails) ‖ **~** (Baumwolle) / batter ‖ **~**, treffen / strike, hit ‖ **~**, fällen (Wald) / cut, fell, hew ‖ **~** (Seil) / lay ‖ **~** vi, klopfen / pulsate ‖ **~** (Räder) / be out of true, not turn true ‖ **~** (Uhr) / strike ‖ **⁀** n (Textil) / beating, knocking, breaking ‖ **~**, Klopfen n (z.B. Rohrleitung) / hammering [effect] ‖ **~ an der Schienen-Innenkante** (Bahn) / gauge concussion ‖ **⁀ der Lenkung** (Kfz) / steering wobble ‖ **⁀ der Räder** / unsteadiness of wheels ‖ **⁀ von Ventilen** / hammering of valves ‖ **eine Brücke ~** / construct a bridge ‖ **einen Kreis ~** / describe o. draw a circle ‖ **Funken ~** / strike sparks ‖ **in Papier ~**, einpacken, einwickeln / wrap [up] ‖ **Öl ~** / crush out oil ‖ **Teile aus der Form ~** (Gieß) / rap, tap ‖ **zu Schnee (o. Schaum) ~** / whisk (GB), whip (US)

schlagend / beating, knocking ‖ **~**, klopfend / pulsatory ‖ **~es Bohren** / percussive boring ‖ **~es Wetter**, Schlagwetter n / firedamp, black o. choke damp, mine damp o. gas

Schläger m, Flügel m der Schlagmaschine / beater, scutcher ‖ **⁀detacheur** m (Textil) / beater detacher ‖

897

~mühle f / rigid-hammer crusher o. pulverizer o. mill ‖ ~öffner m (Textil) / beater o. Crighton opener
Schlagexzenter m (Web) / picking tappet
Schlage·zeichen n (Uhr) / tick of the warning wheel
Schlag·feder f (Mil, Gewehr) / striker spring, main spring ‖ **besonders ~fest** / highly shock-resistant ‖ ~**festigkeit** f / resistance to shock o. impact, impact strength ‖ ~**fläche** f / impact o. striking surface ‖ ~**fließpressen** n / impact extrusion ‖ ~**flügel** m, -arm m / beater bar o. arm, scutcher ‖ ~**flügel** m (Luftf) / beating o. flapping wing ‖ ~**flügelflugzeug** n, Schwingenflugzeug n, Ornithopter m (Luftf) / ornithopter, wing-flapping machine ‖ ~**fräsen** n / fly-cutting o. -milling ‖ ~**fräser** m / fly cutter ‖ ~**frei**, stoßfrei / without jerks ‖ ~**frei**, rund laufend / true, running true ‖ ~**gelenk** n (Hubschrauber) / flapping hinge ‖ ~**gelenk-Anschlag** m (Luftf) / droop stop ‖ ~**glocke** f **ohne Klöppel** / clock bell [with hammer] ‖ ~**hammer** m, Druckluftmeißel m / paving breaker ‖ ~**hammer für Zahlen** m / numbering hammer ‖ ~**härte** f / dynamic hardness ‖ ~**härteprüfung** f / dynamic hardness test, impact hardness test ‖ ~**haube** f, Rammaufsatz m / helmet ‖ ~**hebel** m, Bohrschwengel m (Ölbohr) / rocking lever ‖ ~**hobel** m (Bergb) / activated coal plow ‖ ~**instrument** n / percussion instrument ‖ ~**kappe** f (Web) / lug strap ‖ ~**kolben** m (Bohrhammer) / percussion piston, ram of the air hammer ‖ ~**kraft** f (allg) / vigor ‖ ~**kraft** f (Masch) / power of impact ‖ ~**kreuz** n (Masch) / beating cross ‖ ~**kreuzmühle** f / hammer bar mill, hammer pulverizer, fixed hammer mill, cross beater o. cross hammer mill, blade disintegrator ‖ ~**krone** f **des Preßlufthammers** / serrated piston edge ‖ ~**länge** f (Seil) / length of lay o. twist ‖ ~**länge** f **zu Durchmesser**, Schlaglängenfaktor m (Seil) / lay ratio ‖ ~**leiste** f (Masch) / beating arm ‖ ~**leiste** f (Textil) / beater blade o. lag ‖ ~**licht** n / strong light ‖ ~**loch** n (Straßb) / pothole, pitch-hole (US), chuck hole (US) ‖ ~**löcherstraße** f, schlechte Straße / washboard road (US), rough o. rugged road ‖ ~**lochstrecke** f, Pfützenstrecke f, Auswaschungen f pl (Straßb, Australien) / spoon drain ‖ ~**lot** n / brazing solder o. spelter, spelters pl ‖ ~**mahlung** f (Pap) / vibratory ball milling ‖ ~**maschine** f (Textil) / beating o. batting machine, breaker scutcher, beater ‖ ~**maschine** f (Jacquard) / stamping machine ‖ **erste ~maschine** (Textil) / blowing o. scutching machine, blower ‖ ~**maschine** f **für Latex** / latex beater ‖ ~**maschinenwickel**, Wattewickel m (Textil) / scutcher lap ‖ ~**-Maulschlüssel** m / open-jaw slugging wrench, striking-face open-end spanner ‖ ~**meißel** m / crushing bit ‖ ~**messer** n, -zahn m (Wzm) / fly cutter ‖ ~**mischer** m (Gummi) / spiral ribbon mixer ‖ ~**moment** n / moment of shock o. strike o. of the impetus ‖ ~**mühle** f / impact pulverizer, beater mill, impact grinding mill ‖ ~**mühle** f (Tuch) / beating mill ‖ ~**mühle** f, Schlägermühle f / rigid-hammer crusher o. pulverizer o. mill ‖ ~**nase** f (Textil) / beater blade ‖ ~**nasenscheibe** f (Textil) / circular beater plate ‖ ~**nieten** n, -nietung f (Wzm) / percussion riveting ‖ ~**nietmaschine** f / impact heading machine, percussion riveting machine ‖ ~**panzer** m (Hütt) / throat armour ‖ ~**patrone** f (Textil) / peg plan, pattern for punching cards ‖ ~**patrone** f (Bergb) / primer o. priming cartridge ‖ ~**presse** f (Schm) / blow forging press ‖ ~**presse** f (für Matern) (Buch) / matrix-striking press, mo[u]lding press ‖ ~**presse** f, Spindelschlagpresse f / blow forging press ‖ ~**presse** f (Keram) / tamping machine ‖ ~**pressen** / impact-mo[u]ld ‖ ~**probe** f (Mech) / impact o. shock test ‖ ~**probe**, Wurfprobe f (Masch) / fall test ‖ ~**probestab** m / impact test specimen ‖ ~**rapport** m (Web) / picking repeat ‖ ~**regen** m / driving rain ‖ ~**regendichtheit** f / watertightness under heavy rain ‖ ~**richtung** f **der Litzen** / direction of lay of strand ‖ ~**richtung** f **des Seils** / direction of lay of rope ‖ ~**richtung links** o. "**S**" (Seil) / lefthand twist ‖ ~**richtung** f **rechts** o. "**Z**", Rechsdrall m / right-hand[ed] twist ‖ ~**riemen** m (Textil)

/ picker strap o. band ‖ ~**riemenleder** n / picker leather ‖ ~**ring**, Kranz m (Glocke) / rim of a bell ‖ ~**-Ringschlüssel** m / striking face box spanner, box o. ring type slugging wrench ‖ ~**rinne**, Peitschrinne f (Walzw) / guiding channel ‖ ~**rolle** f (Juteweb) / picking bowl ‖ ~**schatten**, Schatten m / [heavy o. hard o. cast] shadow ‖ ~**schere**, Tafelschere f / guillotine shears, parallel o. gate shears pl ‖ ~**schere** f **für Leporelloformulare** / burster for endless forms ‖ ~**schiene** f (Textil) / beater blade ‖ ~**schlüssel** m, -schraubenschlüssel m / striking-face wrench ‖ ~**schmiedemaschine** f / impacter [type forging hammer] ‖ ~**schmieden** / impact-forge ‖ ~**schraube** f / [hammer-]drive screw ‖ ~**schraubendreher** m, -schrauber m / impact screw driver ‖ ~**schweißen** n / percussion welding ‖ ~**schwelle** f (Hydr) / pointing sill ‖ ~**seite**, Krängung f, Überliegen n (Schiff) / list, lop-side ‖ **mit ~seite** (Schiff) / lopsided ‖ ~**seite bekommen** (Schiff) / list v, heel ‖ ~**seite haben** (Schiff) / list v, be lopsided ‖ ~**sinterung** f / impact sintering ‖ ~**sperre**, Sperrfeder f (Uhr) / sourdine, damper, mute ‖ ~**spindel** f (Juteweb) / picking spindle ‖ ~**spröde** / impact-brittle ‖ ~**stampfer** m (Bau) / percussive rammer ‖ ~**stärke**, -kraft f (Schm) / power of the blow ‖ ~**stempel** m / marking punch ‖ ~**stiftmühle** f, Dismembrator m / pin disintegrator, pin beater mill ‖ ~**stock** m (Textil) / picker o. picking stick ‖ ~**stockführung** f (Textil) / picking stick motion ‖ ~**strangpressen**, -fließpressen n (Alu) / impact extrusion ‖ ~**stück** n (Gewehr) / firing pin piece ‖ ~**trommel** f (Spinn) / porcupine roller o. cylinder ‖ ~**uhr** f / striking clock ‖ ~**verband** m, Rautenverband m (Straßb) / diamond bond ‖ ~**versuch** m / impact test, falling weight test ‖ ~**vorrichtung** f (Web) / pick[ing] motion ‖ ~**wasser**, Bilgenwasser n (Schiff) / bilge water ‖ ~**weite**, Funkenlänge f (Elektr) / sparking distance ‖ ~**weite** f (Isolation) / clearance ‖ ~**wellen** f pl in Feinblech / shatter marks pl ‖ ~**werk** n, Skullcracker m (Eisenkugel für Abbrucharbeiten) (Bau) / skullcracker ‖ ~**werk** n (Uhr) / striking train o. work ‖ ~**werk** n **der Ramme** / rammer ‖ ~**werkabstellhebel** m (Uhr) / strike silent lever ‖ ~**werkzeug** n / striking tool ‖ ~**werkzeug** n (Stanz) / swage, top and bottom tool ‖ ~**wetter** n / firedamp, black o. choke damp, mine damp o. gas
Schlagwetter·ansammlung f / bag of fire damp ‖ ~**anzeiger** m (Bergb) / safety lamp, fire-damp indicator ‖ ~**ausbruch** m / fire damp outburst ‖ ~**explosion** f (Bergb) / mine explosion ‖ ~**frei** / free from mine damp, non-fiery, non-gassy ‖ ~**freie Grube** (Bergb) / naked-light mine ‖ ~**führend** (Bergb) / having explosive atmosphere, firedamp… ‖ ~**gefahr** f / danger of fire-damp ‖ ~**gefährdet** (Bergb) / fiery, firedamp… ‖ ~**geschützt**, -sicher, -gekapselt (Elektr) / explosion- o. flame-proof ‖ ~**geschützte Mutter** / triangular-socket nut ‖ ~**geschützter Schalter** / flameproof switch ‖ ~**geschützte Schraube** / three-square bolt ‖ ~**grube** f (Bergb) / foul o. fiery pit, fiery o. gassy mine ‖ ~**kapselung** f / explosion-proof case ‖ ~**meßgerät** n / mine gas tester ‖ ~**schutz** m (Elektr) / explosion proofness o. protection, flame-proofness ‖ ~**schutz** m / explosion protection device, flame-proofing device
Schlag·widerstand m / impact resistance ‖ ~**winkel** m (Seil) / angle of twist ‖ ~**wirkung** f (Presse) / percussion effect ‖ ~**wirkung** f, Stoßwirkung f / impact effect ‖ ~**wirkung** f, Hämmern n / battering, beating ‖ ~**wort** n (Register) / keyword ‖ ~**zäh** / impact resistant o. resisting ‖ ~**zäh modifiziert** (Plast) / impact-resistant modified ‖ ~**zäh modifiziertes PVC** / PVC-HI ‖ ~**zähigkeit** f / impact strength o. resistance ‖ ~**zahl** f (Uhr) / number of vibrations ‖ ~**zahl** f (Schlagbohrer) / number of impacts ‖ ~**zahl** f **nach dem Izod-Prüfverfahren** / Izod figure o. value ‖ ~**zahn** m, -messer n (Wzm) / fly cutter ‖ ~**zahn-Stirnfräser** m / fly-milling cutter ‖ ~**zeile**, Überschrift f (Buch) / headline ‖ ~**zerreiß-Versuch** m, -zugversuch m /

tensile shock o. impact test, tension impact test ‖
~zerspanung f (Holz) / hogging, shredding ‖ ~ziffern f
pl / steel stamping numerals pl ‖ ~zünder m,
Perkussionszünder m / percussion cap o. igniter
Schlamm m (allg) / mud, mire ‖ ~, Modder m (Geol) / ooze
‖ ~, Schlick m / silt, mud ‖ ~ (Hütt) / slurry, sludge ‖ ~,
Kesselschlamm m / boiler deposit o. salt ‖ ~ (Zement) /
laitance ‖ ~ aus der Aufbereitung (⟨ 1/400'' Durchm) /
slimes pl, tail[ing]s pl ‖ ~ aus der Erzaufbereitung /
tails pl, ooze ‖ ~ räumen / dredge v ‖ dicker ~ / mire ‖
~ablagerung f, Verschlammung f / accumulation of
mud ‖ ~ablagerung f im Motor (Kfz) / sediment,
sludge ‖ ~ablagerung f in Flüssen (Hydr) / mud and silt
deposition, sullage ‖ ~ablaßvorrichtung f, -hahn m /
mud valve ‖ ~abscheider m / mud separator ‖
~absitzbecken n / slurry pond ‖ ~absüßer m (Zuck) /
scum mixer ‖ ~absüßung f (Zuck) / scum washing
Schlämm·analyse f / analysis by elutriation o. by
decantation ‖ ~analyse f im aufsteigenden
Wasserstrom (Bergb) / elutriation analysis ‖ ~anlage f
(Kessel) / blow-by plant ‖ ~apparat m zur
Gleichfälligkeitsanalyse (Bergb) / elutriator
Schlamm·ausblaseventil n (Kessel) / blow-down valve ‖
~ausfalltrichter m (Zuck) / mud o. scum hopper o.
funnel ‖ ~[aus]faulung, -zersetzung f / sludge digestion
‖ ~austragung f / sludge extraction, de-sludging,
desludging ‖ ~bagger m / mud dredger ‖ ~becken n,
-behälter m / mud tank ‖ ~belebung f / activation of
sludge, bioaeration ‖ ~belebungsverfahren n,
Belebtschlammverfahren n / activated sludge process ‖
~boden m / muddy ground ‖ ~bohrer m (Öl) / mud
auger ‖ ~breccie f / fanglomerate ‖ ~brühe f / mud
sediment ‖ ~brühe f s. Schlammsuppe ‖ ~büchse f (Bergb)
/ mud bailer o. socket ‖ ~decke f (Abwasserfilter) /
zoogloeal layer, schlammdecke ‖ ~druckkessel m /
sludge pressure container
Schlämme, Kalktünche, -weiße f (Bau) / milk-of-lime
Schlamm·eindicker m / mud thickener, sludge densifier
o. thickener ‖ ~eis n (Meteorol) / slush
schlämmen / elutriate, decant, wash ‖ ~, spülen / flush,
scour ‖ ~ (Hütt, Chem) / [out]wash ‖ ~ (Hütt) / elutriate,
levigate, wash ‖ ~ (Zement) / elutriate ‖ ~ / elutriation ‖
~, Rühren n (Aufber) / tossing, kieving ‖ ~
(Trennvorgang) / levigation ‖ ~ auf festem Herd
(Aufber) / buddling ‖ ~ im Gasstrom / elutriation by gas
stream ‖ ~ im Graben (Aufber) / tying ‖ Kreide ~ /
purify chalk
Schlamm·entwässerung f / sludge draining ‖ ~fang,
-fänger, -kasten m (Abwasser) / silt chamber o. box o.
trap ‖ ~faulraum m / sludge digestion chamber ‖
~faulung f / sludge digestion ‖ ~förderer m / mud
conveyor ‖ ~förderung f (Bergb) / mud clearing ‖
~gewinnung f / recovery of tailings
Schlämmglas n / settler, decanter
Schlamm·graben m (Bergb) / tye ‖ ~grube f, -sumpf m,
-teich m / slime pit, sludge pit, clearing basin o. cistern,
mud pond ‖ ~grube f (Öl) / mud tank, slush pit (US) ‖
~haltig (Saft, Zuck) / muddy
schlammig / oozy, slimy, sludgy ‖ ~, schmutzig / muddy,
miry ‖ ~, faulig / feculent ‖ ~, dickflüssig / turbid ‖
dick ~ / miry
Schlämmkaolin n / washed china clay [rock]
Schlamm·kohle f / coal sludge o. slime o. washings pl,
mud coal ‖ ~kontaktverfahren n,
Schwebefilterverfahren n (Abwasser) / upflow sludge
blanket process
Schlämmkreide f / prepared chalk, Spanish white,
whit[en]ing
Schlamm·kuchen m / sludge cake ‖ ~kuchen m (Zuck) /
press cake ‖ ~loch, Mannloch n (Dampfm) / manhole,
mud hole ‖ ~löffel m s. Schlammbüchse
Schlämm-Maschine f / elutriating o. decanting machine

Schlamm·-Mischanlage f (Zement) / slurry blending silo ‖
~prozeß m (Bleistiftherstellung) / sedimentation process ‖
~pumpe f / mud o. sludge pump
Schlämmputz, Weißanstrich m (Bau) / limewash, L.W.
Schlamm·räumer m / de-sludger ‖ ~reinigen / clear from
mud ‖ ~rinne f / sludge trough
Schlämmrückstand m (Bergb, Keram) / wash residue
Schlamm·sack m / mud catch pit ‖ ~saft m (Zuck) /
carbonation juice, dirty o. turbid juice ‖
~saftrücknahme f / carbonation juice return ‖
~sammler m (Kessel) / mud drum ‖ ~sauger m (Bagger)
/ sludge extractor ‖ ~saugwagen m / eductor-basin
cleaner, gully emptier ‖ ~scheider, -trieur m / slime
separator
Schlämmschlich m / washed ore slime
Schlamm·schöpfer m, -löffel m / mud bailer ‖
~schrapper m / sludge scraper ‖ ~schüttelsieb n (Öl) /
[oil sludge] vibrating screen, shale shaker (US) ‖ ~sieb
n / slurry screen ‖ ~strom m (Geol) / mud stream ‖
~suppe f, -brühe f, eingedickter Schlamm / mud (in
liquid form) ‖ ~teich m, -sumpf m / clearing basin o.
cistern o. pool o. reservoir o. sump, sludge lagoon ‖
~teich m (Zuck) / lime pond (for waste-lime slurry) ‖
~teich m (Zuck) / mud pond (for the slurry of flume
water)
Schlämmtrichter m / elutriating o. washing funnel
Schlamm·trocknung f (Zuck) / sludge drying ‖ ~trübe f /
sludge water ‖ ~tuff m (Geol) / lahar o. mudflow deposit
Schlämmung f, Schlämmen n / elutriation, washing
Schlamm·-Ventil n / mud valve ‖ ~verbrenner,
-verbrennungsofen m / sludge incinerator
Schlämmverfahren n / washing process ‖ ~,
Naßverfahren m (Hütt) / wet method
Schlamm·vorratsbehälter m (Zement) / slurry storage tank
‖ ~vulkan m, Salse f (Geol) / mud volcano, salse ‖
~wasser m / muddy water ‖ ~wasser m (Abwasser) /
sludge liquor ‖ ~wasser m (Aufber) / dirty water
Schlange f, Schlangenrohr n / serpentine pipe o. tube ‖ ~
(coll), Autokolonne f (Kfz) / motorcade (coll) ‖
~ fahren / string v (coll) ‖ ~fahren n (Kfz) / bumper-to-
bumper traffic
Schlängeln, Rütteln n (Bahn) / rocking o. tail motion ‖ sich
~ (Straßb) / zigzag, wind vi
schlängelnd / snaky ‖ ~ (Hydr) / sinuous, winding ‖ ~,
mäandernd (Hydr) / meandering ‖ [sich] ~, Schlangen...
(Hydr) / serpentine
Schlängelung f (Hydr) / meandering
Schlangen·bohrer m (Zimm) / extension lip, auger [bit],
screw o. twist auger o. bit ‖ ~gift n / venom ‖ ~holz n,
Brosimum aubletii / leopardwood, snakewood ‖
~krümmung f / sinuosity ‖ ~kühler m / coil o. spiral
condenser o. radiator o. refrigerator, coiled cooling
pipe ‖ ~linie f, -kurve f / serpentine ‖ ~linie f (Buch) /
wave rule ‖ ~marken f pl / snake marks pl ‖ ~rohr n /
serpentine pipe, winding pipe o. tube ‖ ~rohr m,
Spiralrohr n / spiral pipe o. tube ‖ ~siphon m / double
siphon ‖ ~ventil n (Kfz, Schlauch) / coil valve
schlank, dünn / slim ‖ ~ / slender ‖ ~ (Webschützen) /
straight m ‖ ~er Kegel / slight taper ‖ ~ konisch / acutely
conical
Schlankheit, Schärfe f (Form) / fineness ‖ ~ f,
Schlankheitsgrad m (Knicken) (Mech) / slenderness ratio
Schlankheits·grad m (Schiff) / coefficient of fineness ‖
~grad m (Luftf) / fineness ratio ‖ ~grad m (Bau) / ratio
of slenderness, slenderness ratio ‖ ~grad m (Kalibrieren)
/ slenderness [ratio] ‖ ~verhältnis n, Konizität f / taper
ratio ‖ ~verhältnis n (Mech) / aspect ratio
schlapp s. schlaff
Schlauch m, (spez:) Schlauch m ohne Einlage / flexible
tube, tubing (US) ‖ ~ (F'wehr) / fire hose ‖ ~,
Wasserschlauch m (Kfz) / hose ‖ ~, Luftschlauch m (Kfz) /
inner o. air tube ‖ ~ mit Drahtgeflechteinlage / rubber-
covered hose with layer of braided wires ‖ ~ mit
Gummieinlage (Textil) / rubber-lined canvas hose ‖ ~

Schlauch

mit Textileinlage / textile-reinforced rubber-covered hose ‖ ⁴anschluß m (F'wehr) / hose connection ‖ ⁴armatur f / hose fitting ‖ ~artige Gaseinschlüsse m pl (Schw) / pipes pl ‖ ⁴band n / hose strap ‖ ⁴bandförderer m / closed belt conveyor ‖ ⁴behälter m (für Wassertransport von Öl usw.) / dracone ‖ ⁴beutelmaschine f / bag forming, filling, and sealing machine ‖ ⁴bildung f, Schleierbildung f (Spinn) / ballooning ‖ ⁴binder m, -einband m / hose band clip o. clamp, band clamp fitting ‖ ⁴binder m mit Schneckenantrieb / hose clamp with worm wheel drive, worm drive hose clip ‖ ⁴binder m mit Spannbackenanzug / hose and holder clamp ‖ ⁴boot n / inflatable o. pneumatic boat ‖ ⁴boot n (Luftf) / aircraft dinghy ‖ ⁴brücke f (F'wehr) / bridge for fire hoses ‖ ⁴brücke f (am Boden) / fire hose protection ramp ‖ ⁴bürste f / hose brush ‖ ⁴dicke f / gauge of the tire tube ‖ ⁴docht m / tubular wick ‖ ⁴einband m, -binder m / hose band clip o. clamp, band clamp fitting schlauchen (Brau) / hose v ‖ ~ (Spinn) / wind on hollow cop Schlauch·extruder m, -strangpresse f / profile extruding machine ‖ ⁴filter n / bag filter ‖ ⁴finger m (Roboter) / elastic finger ‖ ⁴floß n / pneumatic float ‖ ⁴folie f / tubular film ‖ ⁴folien-Extrusion f / film blowing, extrusion of tubular film, tubular extrusion blowing of film ‖ ~förmiges Band (Textil) / tubular banding ‖ ~förmiger Kohlelichtbogen / tubular carbon arc ‖ ~förmiger Pinch (Plasma) / hard-core pinch, tubular pinch ‖ ⁴gerät n, Atmungsgerät n / fresh air respirator ‖ ⁴gewebe n / tubular woven fabrics ‖ ⁴hahn m (Gas) / tube o. hose tap for flexible tube ‖ ⁴haspel m f / hose reel ‖ ⁴haspel f mit Hohlwelle (für Wasser) / live reel ‖ ⁴klemme f / hose o. tube clip o. clamp ‖ ⁴kops, -cop, -kötzer m (Spinn) / hollow o. tubular cop ‖ ⁴kopsspinnmaschine f / tubular cop spinning frame ‖ ⁴kopsspulmaschine f (Spinn) / winding machine for tubular cops ‖ ⁴kopswickler / tubular cop winder ‖ ⁴kraftwagen m / hose tender ‖ ⁴kupplung f / hose coupling o. union ‖ ⁴leitung f / hose pipe o. assembly ‖ ⁴leitung f (Elektr) / sheathed flexible cable ‖ ⁴los (Reifen) / tubeless ‖ ~loser Reifen (Kfz) / tubeless tire ‖ ⁴maschine, Spritzmaschine f für Schläuche und Rohre (Plast) / tube extruding machine ‖ ⁴maschine f (Wirkm) / tubular fabric machine ‖ ⁴mundstück n / nozzle of a hose, water bib ‖ ⁴mündung f (Geogr) / estuary ‖ ⁴nippel m / hose stem ‖ doppelter ⁴nippel (für Verbindung zweier Schläuche) / union stem ‖ ⁴pressen n (Sintern) / hydrostatic o. isostatic compacting ‖ ⁴pumpe f / hose pump ‖ ⁴quetschpumpe f, -radpumpe f / constricted tube o. squeezed tube pump, stricture pump, peristaltic pump o. impeller ‖ ⁴reifen m (Ggs: schlauchloser Reifen) / tube tire ‖ ⁴[rettungs]boot n (Luftf) / dinghy [boat] ‖ ⁴schelle f s. Schlauchbinder ‖ ⁴schloßmaschine f (Wirkm) / tubular locking machine ‖ ⁴seele f, Innenschicht f / inner tube ‖ ⁴spritzkopf m (Plast) / extrusion head for tubular film ‖ ⁴strangpresse f, -extruder m / tube extruding machine ‖ ⁴tülle f / hose nozzle ‖ ⁴ventil n mit Staubkappe (Kfz) / inner tube valve with dust cap ‖ ⁴ventilbrücke f (Kfz) / inner tube valve fitting, valve pad o. patch ‖ ⁴ventilstutzen m / automobile tire valve stem ‖ ⁴verbinder m für Isolierschläuche / connector for insulating plastic tubes ‖ ⁴verbindungsstück n, -verbindung f, -verbinder m / union joint for hoses, hose coupling o. union ‖ ⁴verschraubung f / threaded hose coupling ‖ ⁴wagen m / hose truck o. cart ‖ ⁴wagen m (F'wehr) / hose tender ‖ ⁴ware f (Wirkm) / tubular fabric, knit tubing ‖ ⁴wehr n / inflatable weir
Schlauder f, Maueranker m (Bau) / [wall] anchor, tie bolt
Schlaufe, Lederschlaufe usw f / loop
Schlaufen·fadenführer m (Textil) / loop thread-guide ‖ ⁴garn n / looped yarn ‖ ⁴gurt m / rigging o. suspension band ‖ ⁴kette f / Gaston chain ‖ ⁴reaktor m (Chem) / loop-type bubble column

schlecht / bad ‖ ~, ungünstig / ill ‖ ~, wenig ergiebig / lean ‖ ~ (Wetter) / foul, nasty ‖ ~, ausgefahren (Straßb) / rough-going ‖ ~ [ab]lesbar / hard-to-read ‖ ~er Akkord (F.Org) / tight job o. rate ‖ ~e Anpassung (o. Einstellung) / maladjustment ‖ ~e Arbeit (Masch) / trash ‖ ~ arbeiten, versagen / malfunction ‖ ~ ausrichtbar / hard-to-adjust ‖ ~ ausrichten / misalign, mismatch ‖ ~e Beleuchtung, schlechtes Licht / poor light ‖ ~e Durchschweißung / incomplete roof penetration ‖ ~e Geometrie (Nukl) / poor geometry ‖ ~er Geruch, schlechte o. muffige Luft / reek ‖ ~ geschlossener Deckel / cocked lid ‖ ~e Isolation / poor insulation ‖ ~ laufen (Masch) / run badly ‖ ~ leiten / be a poor conductor ‖ ~ leiten (Management) / mismanage ‖ ~er Leiter (Elektr) / poor conductor ‖ ~e Stelle / defect ‖ ~e Straße / rough o. rugged road ‖ ~e Verbindung (Elektr) / poor connection ‖ ~e Verständigung (Fernm) / transmission trouble ‖ ~ werden / deteriorate, degenerate ‖ ~ werden, verderben / spoil vi ‖ ~ werden, sich verschlechtern / perish ‖ ~e Wetter (Bergb) / vitiated air ‖ ~ zentrieren (o. ausrichten) / misalign ‖ ~ zugänglich / hard-to-get-to, hard-to-get-at ‖ in ~em Zustand (Boden) (Landw) / out-of-heart
Schlechten f pl (Bergb) / cleat planes, slipplanes, slips pl ‖ 45⁰ zu den ⁴ (Bergb) / half-and-half
schlecht·farbig / discoloured ‖ ⁴grenze f, Qualitätsniveau n des Konsumenten / lot tolerance percent defective, LTPD ‖ ~laufendes Schiff / heavy o. slow sailor ‖ ⁴läufer m (Bahn) / bad runner ‖ ~leitend / with poor conductivity ‖ ⁴quittung f (DV) / negative acknowledgment ‖ ⁴seite f einer Lehre, Ausschußseite f / scrap side of a gauge ‖ ⁴wetter n / foul weather
Schlegel m (Wz) / beetle ‖ ⁴-Feldhäcksler m / flail type forage harvester ‖ ⁴form f (Flasche) / mallet form of bottles
Schleichdrehzahl f (Elektr) / crawling speed
schleichen, kriechen / crawl ‖ ~ (coll) (Kfz) / crawl vi ‖ ⁴ n eines Motors (Elektr) / creeping (of motor)
schleichend·er Übertrag (Bürom) / crawl carry ‖ ~e Zahlen (Ggs.: springend) f pl (Zähler) / floating figures pl
Schleich·gang m (Wzm) / creep speed ‖ ⁴gangschleifen n / crawling feed grinding ‖ ⁴strom m (Bergb) / creeping air current ‖ ⁴weg m (coll) / rat run (coll) ‖ ⁴werbung f / incidental advertising, plug (coll)
Schleier m (Web) / veil[ing] ‖ ⁴ (Phot, TV, Farbe) / haze, veil[ing], fog, light fogging ‖ ⁴, Trübung f (Plast) / haze ‖ ⁴ (Spinn) / balloon ‖ ⁴ (Chem) / cloudiness ‖ ⁴ (TV) / set-up (US), fog ‖ ⁴ bilden (Phot) / fog v ‖ ⁴bildung f (Farbe) / bloom[ing], veil formation, blushing ‖ ⁴bildung f, Ballonbildung f (Spinn) / ballooning ‖ ⁴brecher m (Textil) / antiballooning device ‖ ⁴kühlung f (Rakete) / film cooling ‖ ⁴kühlung f, Nebelkühlung f (Nukl) / fog cooling ‖ ⁴schwärzung f (Phot) / fog density ‖ ⁴stoff, Voile m (Textil) / voile
Schleif·..., Schmirgel... / abrasive ‖ ⁴abfall m / swarf ‖ ⁴abrieb m / abrasive grit ‖ ⁴anstalt f / grinding mill o. plant ‖ ⁴antenne f, Schleppantenne f / trailing antenna ‖ ⁴apparat m, -vorrichtung, -einrichtung f / grinding device o. apparatus o. attachment ‖ ⁴arbeit f / grinding work ‖ ⁴arbeitsgang m / grinding operation ‖ ⁴arm m (Fernm) / wiper arm ‖ ⁴auflage f / grinding rest ‖ ⁴auftrag m (Pap) / kiss coating ‖ ⁴automat m / automatic grinding machine ‖ ⁴automat m (Holz) / automatic sander ‖ ⁴bahn f / slideway ‖ ⁴band n / abrasive belt o. band, sanding o. grinder o. grinding belt ‖ ⁴band-Rohpapier n / sandpaper base
Schleifbarkeit, -fähigkeit f / grindability
Schleif·bild n / grinding pattern ‖ ⁴blatt n / abrasive disk ‖ ⁴blech n, -platte f / wearing plate ‖ ⁴bock m (Wzm) / wheel stand, floor stand grinder (US) ‖ ⁴bogen m (Kabel) / duct edge shield ‖ ⁴brand m / overheating when grinding ‖ ⁴brett n (Spinn) / emery board ‖ ⁴bügel m / bow contact ‖ ⁴bürste f, Glanzbürste f

900

(Galv) / polishing brush ‖ **⁓bürste** f (Elektr) / brush ‖
⁓bürste, -feder f, -arm m (Fernm) / wiper ‖ **⁓dorn** m /
grinding arbour ‖ **⁓dorn** m **zum Läppen** / lapping plug
‖ **⁓drahtbrücke** f (Elektr) / slide wire bridge,
Wheatstone o. meter bridge ‖ **⁓drahtpotentiometer** n,
-drahtkompensator m / sliding contact o. slide wire
potentiometer ‖ **⁓druck** m (Textildruck) / tip printing ‖
⁓durchmesser m / diameter to be ground
Schleife f (allg, Straßb, Elektr) / loop ‖ **⁓** (Straßb) / turning
‖ **⁓** (Fluß) / bend of a river, oxbow (US) ‖ **⁓** (Mech) /
slide, crosshead guide, loop ‖ **⁓**, Band n (Textil) / tie
‖ **⁓**, Zyklus m (DIN) (DV) / loop ‖ **⁓**, Keule f (Antenne) /
lobe ‖ **⁓**, Schleifbahn f / slide, slideway ‖ **⁓**, Schlitten
m / dray, sled, sledge ‖ **⁓**, Schleppe f (Landw) / float ‖
⁓n bilden o. machen o. legen / loop v ‖ **⁓ ohne
Ausgang** (Regeln) / closed loop ‖ **eine ⁓ durchlaufen**
(DV) / go into a loop, loop vi ‖ **eine ⁓ durchlaufen** (DV)
/ loop vi ‖ **feste (o. nicht zuziehbare) ⁓** / bend, loop,
eye, lug ‖ **zur ⁓ geschaltet**, geschleift (Elektr) / looped
Schleifeinrichtung f, -vorrichtung f, -apparat m / grinding
device o. apparatus o. attachment
schleifen vt, schleppen / drag, trail, slide v ‖ **⁓**, zerren /
lug ‖ **⁓**, abtragen (Bau) / demolish ‖ **⁓**, abziehen / whet,
set an edge ‖ **⁓**, schmirgeln, glätten, polieren / polish
vt, grind, sleeken ‖ **⁓**, schmirgeln (Galv) / grind ‖ **⁓**
(Edelsteine) / cut vt ‖ **⁓** (Steinmetz) / cut ‖ **⁓**, schärfen /
grind, whet ‖ **⁓**, schief führen (Bau) / place oblique o.
side-ways, put out of true ‖ **⁓**, zur Schleife schalten
(Fernm) / loop [a line] ‖ **⁓**, kurzschließen (Fernm) / short-
circuit, short-out ‖ **⁓**, reiben / rub, abrade ‖ **⁓** n, Schliff
m / grinding ‖ **⁓**, Schärfen n / sharpening ‖ **⁓**,
Schleifenbildung f (Elektr, Funk) / looping ‖ **⁓**, Schärfen
n / sharpening ‖ **⁓** (Galv) / polishing (US), grinding
(GB) ‖ **⁓ der Kupplung** (Kfz) / slipping of the clutch
‖ **⁓ gebremster Räder** / sliding of braked wheels ‖ **⁓
mit gleichzeitigem Messen** (Wzm) / size-controlled
grinding ‖ **⁓ mit Rohhautscheibe** / polishing with the
raw-hide wheel ‖ **⁓ mit Topfscheibe** / cup-wheel
grinding ‖ **⁓ von Hand** / off-hand grinding ‖ **auf dem
Boden ⁓** vi / trail vi ‖ **auf Dicke ⁓** (Holz) / thickness-
grind ‖ **Fußboden ⁓** / surface floors ‖ **Glas ⁓** / polish
glass ‖ **Holz ⁓** (Pap) / defibrate, pulp, grind ‖ **[mit
Sandpapier] ⁓**, absanden (Holz) / sand ‖ **⁓antenne** f /
loop o. frame antenna ‖ **⁓anweisung** f (FORTRAN) /
DO-statement, perform statement ‖ **⁓bereich** m
(FORTRAN) / range of a DO statement ‖ **⁓berührung** f
(Fernm) / looping ‖ **⁓bildung** f (Walzw) / looping ‖
⁓bildung f (DV) / looping
schleifend, schleppend / dragging ‖ **⁓**, reibend
(Wirkung) / abradant ‖ **⁓er Schnitt**, Schleifschnitt m
(Math) / glancing intersection ‖ **sich ⁓ schneiden** (Math)
/ form a glancing intersection
Schleifen·dämpfung f (Fernm) / loop attenuation ‖
⁓dämpfungsmesser m (Fernm) / loop decremeter ‖
⁓durchlauf-Anzahl f (DV) / cycle criterion ‖ **⁓fänger**
m (Nähm) / loop catcher ‖ **⁓förmiger Glühfaden**
(Kohlefaden) / looped filament ‖ **⁓galvanometer** n /
loop galvanometer ‖ **⁓garn** n / loop yarn ‖ **⁓heber**,
Schlingenheber m (Walzw) / loop lifter ‖ **⁓impedanz** f /
loop impedance ‖ **⁓-Impulswahl** f (Fernm) / loop
dialling ‖ **⁓index**, Iterationsindex m (DV) / cycle o.
iteration index ‖ **⁓koppler** m (Wellenleiter) / loop coupler
‖ **⁓kreuzung** f (Elektr) / single-circuit transposition ‖
⁓kreuzung f, Platzwechsel m (Fernm) / twisting of
wires, phantom transposition ‖ **⁓kühler** m / cooling
loops pl ‖ **⁓leitung**, Doppelleitung f (Fernm) / looped
circuit ‖ **⁓leitungsbetrieb** m (Fernm) / two- o. double-
wire working ‖ **⁓linie** [die wieder in die Hauptlinie
zurückführt] f (Bahn) / loop line
schleifenlos·e Programmierung / straight line
programming
Schleifen·oszillograph m / [Duddel] oscillograph,
galvanometer oscillograph, moving coil oscillograph,
test-loop o. two-wire oscillograph ‖ **⁓probe** f (DV) /

echo check[ing] ‖ **⁓probe** f **von Draht** (Hütt) / snarl test
‖ **⁓-Protuberanz** f / loop-like prominence ‖
⁓schaltung f / loop connection ‖ **⁓schaubild** n / loop
diagram ‖ **⁓seite** f (Textil) / leg o. side of the loop ‖
⁓speicher m (DV) / tank ‖ **⁓spülung** f (Mot) / loop
scavenging ‖ **⁓strom** m / loop current ‖ **⁓testmodus** m
(DV) / loop test mode ‖ **⁓trockner** m (Textil) / loop drier
‖ **⁓-Übertragungsfunktion** f / loop transfer function ‖
⁓verbund m (PL/1) / iterative group ‖ **⁓verhinderer** m
(Spinn) / snarl preventer ‖ **⁓wicklung** f (Elektr) / lap
winding, multiple-circuit winding ‖ **eingängige [,zwei-,
mehrgängige] ⁓wicklung** / simplex, [duplex,
multiplex] lap winding ‖ **⁓-Widerstand**,
Doppelleitungs-Widerstand m (Fernm) / loop resistance
‖ **⁓-Widerständsprüfer** m (Elektr) / loop resistance
tester ‖ **⁓zähler** m (DV) / cycle counter ‖
⁓zähler-Nullung f (DV) / cycle reset ‖ **⁓-Zugversuch**
m (Draht) / looping test ‖ **⁓zwirn** m / snarl yarn, loop
yarn
Schleifer m, Metallschleifer m (Beruf) / grinder, emery-
wheel man ‖ **⁓**, Handschleifer m (Wzm) / grinding
pencil ‖ **⁓**, Holzschleifer m (Pap) / wood grinder ‖ **⁓**
(Glas) / glass grinder o. cutter
Schleiferei f / grinding shop o. department ‖ **⁓grobstoff**
m (Pap) / ground wood reject
Schleifer·stein m (Pap) / grinder [stone] ‖ **⁓trog** m (Pap) /
grinder pit ‖ **⁓welle** f (Pap) / grinder shaft
Schleif·fähigkeit, -wirkung f / abrasive property ‖ **⁓feder**
f (Elektr) / brush spring, wiper ‖ **⁓fläche** f (Min) / facet ‖
⁓fläche f (Bahn, Fahrdraht) / sliding o. wearing surface ‖
⁓glas n / cutting glass ‖ **⁓glocke** f / cup o. face wheel ‖
⁓grund m, magerer Grund (Anstrich) / yellow earth size
‖ **⁓härte** f (Email) / abrasive temper ‖ **⁓härte** f (gegen
Abnutzung) / abrasive o. scratch hardness ‖ **⁓hülse** f /
abrasive sleeve ‖ **⁓kernmarke** f, Streifkernmarke f
(Gieß) / tail print ‖ **⁓kohle** f (Elektr) / carbon brush ‖
⁓kontakt m / sliding o. wiper contact, plot, slide ‖
⁓kontakt, Kontakt durch Blankscheuern m (Elektr) /
rubbing contact ‖ **⁓kontakt** m (Elektr, Bahn) / sliding
contact, slide, plot ‖ **⁓kontaktschweißen** n / resistance
welding with rubbing contacts ‖ **⁓kopf**,
Supportschleifer m / grinding attachment for lathes ‖
⁓kopf m (Wzm) / grinding spindle ‖ **⁓korn** n / abrasive
grain o. grit ‖ **⁓korn**, loses (Wzm) / grinding spindle ‖ **⁓korn** n / abrasive
grain o. grit ‖ **⁓loses ⁓korn** n / pulverulent abrasive ‖
⁓körper m (allg) / abrasive wheel ‖ **⁓körper** m **aus
gebundenem Schleifmittel** / bonded abrasive product ‖
[zentrisches] ⁓kurbelgetriebe / trammel wheel ‖
⁓lack n / flatting o. rubbing enamel o. varnish, dull-
finish lacquer ‖ **⁓lackausführung** f / egg-shell finish ‖
⁓länge f (der Maschine) / grinding length ‖ **⁓leinen** n /
abrasive cloth ‖ **⁓leitung** f (Kran) / contact line ‖
⁓leitungskanal m / contact line duct ‖ **⁓marke** f /
grinding mark o. trace ‖ **⁓maschine** f (Wzm) / grinder,
grinding machine ‖ **⁓maschine** f, Holzschleifer m (Pap)
/ grinder ‖ **⁓maschine** f **für Holz**, Sandpapiermaschine
f / sanding machine ‖ **⁓maschine** f **mit biegsamer
Welle** / flexible shaft grinding ‖ **⁓maschine** f **mit
oszillierendem Werkzeug** (Holz) / sanding machine
with oscillating action, vibrating grinder ‖ **⁓material** n,
-mittel n, -korn n / abrasive n, abradant n ‖ **gebundenes
⁓material** / bonded abrasive ‖ **⁓mitnehmer** m /
grinding carrier ‖ **⁓[mittel]industrie** f / abrasive
industry ‖ **⁓narbe** f / grinding mark o. trace, ghost line
‖ **⁓papier**, Schmirgelpapier n / abrasive o. emery paper
‖ **⁓papier und -leinen** (Sammelbegriff) n / coated
abrasives pl ‖ **⁓paste** f / abrasive paste ‖ **⁓platte** f /
rubbing plate ‖ **⁓polieren** n / polish-grinding ‖ **⁓pulver**
n / grinding powder ‖ **⁓pulver** n **zum Polieren** /
polishing powder ‖ **⁓putzen** n, Abschleifen n (Gieß) /
snagging, grinding ‖ **⁓riefe**, Bearbeitungsspur f (Wzm) /
ghost line, chatter mark ‖ **⁓ring** m (Elektr) / slip ring,
collector ring ‖ **⁓ring** m (Wzm) / ring wheel ‖ **⁓ring** m
(Kupplung) / slip ring ‖ **⁓ringanker** m, -ringläufer m /
slip ring rotor, wound rotor ‖ **⁓ringdichtung** f (Masch) /

mechanical seal ‖ **⌐ringhalter** *m* (Kupplung) / slip ring holder ‖ **⌐ringkontakt** *m* / slip ring contact ‖ **⌐ringläuferanlasser** *m* **mit Ständerschalter** (Elektr) / stator-rotor-starter ‖ **⌐ringläufer-Induktionsmotor** *m* / slip ring induction motor ‖ **⌐ring[läufer]motor** *m* / slip ring [rotor] motor ‖ **⌐ringläufermotor** *m* **mit festaufliegenden Bürsten** / variable speed induction motor ‖ **⁓ringseitig** / slip ring side… ‖ **⌐riß** *m* / grinding crack o. check ‖ **⌐sand** *m* / grinding sand ‖ **⌐schale** *f* [für Hohlgläser] (Opt) / sphere, bruiser ‖ **⌐scheibe** *f* (Wzm) / grinding wheel, wheel ‖ **mit Schmirgelpapier beklebte ⌐scheibe** / abrasive disc (GB) o. disk (US) ‖ **⌐scheibe** *f* **aus gebundenem Schleifmittel** / bonded abrasive grinding wheel **Schleifscheiben--Abdrehapparat** *m* / wheel dresser ‖ **⌐aufnahme** *f* / grinding wheel adaptor ‖ **⌐-Auswuchtgerät** *n* / wheel balancing arrangement ‖ **⌐ersatz** *m* / set of grinding wheels ‖ **⌐hülse** *f* / wheel quill ‖ **⌐-Profiliereinrichtung** *f* (Wzm) / wheel forming attachment ‖ **⌐-Reinigungsrolle** *f* (Pap) / bush roll ‖ **⌐spindel** *f* / [grinding] wheel spindle ‖ **⌐-Spindelstock** *m* / grinding spindle head **Schleif·schlamm, Schmant** *m* (Wzm) / wheel swarf, dust, grits and grinds *pl* ‖ **⌐schlitten** *m* / grinding saddle ‖ **⌐schnecke** *f* (Wzm) / grinding worm ‖ **⌐schneiden** *n* / abrasive cutting ‖ **⌐schuh** *m* (Elektr) / skate ‖ **⌐schuh** *m* (Wzm) / sanding pad ‖ **⌐segment** *n* / abrasive segment ‖ **⌐sohle** *f* (Landw) / slip heel ‖ **⌐sohlen-Bodendruck** *m* (Landw) / slip heel soil pressure ‖ **⌐spindel** *f* / grinding spindle ‖ **⌐spindelschlitten** *m*, -spindelkopf *m* / grinding spindle head saddle ‖ **⌐spindelstock** *m* / grinding spindle head, wheel head ‖ **⌐spindelstock** *m* / wheel head ‖ **⌐spitze** *f* / abrasive point ‖ **⌐spur**, Abnutzungsspur *f* (auf der Filmseite) (Film) / stress mark ‖ **⌐stab** *m* / hand finishing stick ‖ **⌐staub** *m* / wheel swarf ‖ **⌐staub** *m* (Holz) / sanding dust ‖ **⌐stein** *m*, Abzieh-, Wetzstein *m* / rubber, grindstone, whetstone, rubstone ‖ **⌐stein** *m*, Ölstein *m* / oilslip ‖ **⌐stein** *m* (Pap) / pulp stone ‖ **⌐stift** *m* / abrasive pencil, [mounted] point grinding ‖ **⌐stück** *n* (am Stromabnehmer) / pantograph slipper, pantograph wearing strip ‖ **⌐stück** *n* **an der Stromschiene** / collector shoe o. slipper on the contact rail ‖ **⌐support** *m* (Wzm) / wheel carriage ‖ **⌐tasse**, Topfscheibe *f* (Wzm) / cup o. face wheel ‖ **⌐taster** *m* (am Rübenköpfer) (Landw) / sleeve feeler ‖ **⌐taster** *m* (Textil) / slide tracer ‖ **⌐technik** *f* / abrasive engineering practice ‖ **⌐topf** *m*, Schleiftasse *f* / cup wheel, face wheel ‖ **⌐trimmen** *n* (z.B. Widerstand) / abrasive trimming ‖ **⌐trommel**, -walze *f* (Spinn) / grinder, emery o. grinding roller ‖ **⌐tuch** *n* (Spinn) / emery canvas, saddle grinder ‖ **⌐- und Poliermittelindustrie** *f* / abrasive industry ‖ **⌐- und Poliertrommeln** *f pl* / grinding and polishing drums *pl* ‖ **⌐- und Poliervorrichtung** *f* / grinding and buffing attachment **Schleifung** *f*, schiefe Neigung (Maurer) / inclination, bending **Schleif·walze** *f* / grinding drum o. cylinder o. roll ‖ **⌐walze** *f* (Holz) / drum sander ‖ **⌐walze** *f* (Textil) / abrasive grinder, grinding roller ‖ **⌐weg** *m* / grinding feed traverse ‖ **⌐werkzeug** *n* / grinding tool ‖ **⌐wirkung**, Abnutzung *f* durch Reibung / abrasion ‖ **⌐wirkung**, -fähigkeit *f* / abrasive property ‖ **ohne ⌐wirkung** / non-abrasive ‖ **⌐zug** *m* (Bahn) / grinding train ‖ **⌐zugabe** *f* / grinding allowance ‖ **⌐zylinder** *m* / grinding cylinder **Schleim** *m* / slime ‖ **⌐** (Seide) / mucoidin ‖ **⌐** (Physiol.) / mucus ‖ **⌐**, Mucilago *m* (pl: Mucilagines) (Pharm) / mucilage ‖ **⁓[art]ig** / slimy ‖ **⌐bakterien** *m pl* / myxobacteria *pl* ‖ **⌐gärung** *f* / slime o. ropy o. viscous fermentation ‖ **⌐harz**, Gummiharz *n* / gum resin **schleimig**, schleimartig / mucilaginous **Schleim·pilze** *m pl*, Myxomyceten *pl* / slime fungi *pl*, slime moulds, myxmycetes *pl*, mycetozoa *pl* ‖ **⌐säure**,

Muzinsäure *f* / mucic acid ‖ **⌐zellstoff** *m*, -zellulose *f* / mucocellulose **Schleiß·auflage** *f* / anti-wear blinding ‖ **⌐blech** *n*, -platte *f* / wearing plate **Schleißen** *n* / abrading action **Schleiß·hanf** *m* / stripped hemp ‖ **⌐ring** *m* / wear ring **Schlempe** *f*, Zementschlamm *m* / laitance ‖ **⌐** (Brau) / malt residuum ‖ **⌐**, Spülicht *n* (Branntwein) / distiller's wash ‖ **⌐** (Zuck) / slop ‖ **⌐kohle** *f* (Zuck) / charred slop **Schlengel** *m* (Schwimmkörper) / landing pontoon for tidal waters **Schlenke** *f* (Hydr) / dead channel, bog hollow **Schlenkelautsprecher** *m* / Schlenke loudspeaker **Schlenker·bindung** *f* (Chem) / dangling bond ‖ **⁓bohren** (Bergb) / drill from below ‖ **⌐schuß** *m* / shot from below **Schlepp, im ⌐** (Schiff) / in tow ‖ **⌐achse** *f* / non-driven rear axle, trailing axle ‖ **⌐anker** *m*, Treibanker *m* / drag, drag anchor ‖ **⌐antenne** *f* / trailing o. reel antenna ‖ **⌐bahn** *f* / tramming ‖ **⌐blech** *n* (Brücke) / sliding plate ‖ **⌐boot** *n* / tug barge ‖ **⌐dach** *n*, Pultdach *n* / pent roof, penthouse roof, shed roof (US) ‖ **⌐dampfdestillation** *f* / distillation by steam entraining (GB) **Schleppe** *f* / trail ‖ **⌐**, Schleife *f* (Landw) / float **Schleppeinrichtung** *f* (Schiff) / towing o. tugging gear **schleppen**, ziehen / haul, drag, tow *v* ‖ **⁓** (Bergb) / put coal ‖ **⌐** *n* / towing, hauling, haulage ‖ **⁓** (Netz) / drag ‖ **⁓** (Schiff) / tow, tug **schleppend**, schleifend / dragging ‖ **⁓er Kontakt** (Fernm) / make-before-break contact **Schlepper** *m*, Traktor *m* / tractor ‖ **⌐** (Schiff) / tug, tugboat, towing boat ‖ **⌐**, Wagenstößer *m* (Bergb) / putter, kibbler ‖ **⌐** (Walzw) / drag over *n*, skid transfer ‖ **⌐**, (spez:) Querschlepper *m* (Hütt) / skid, tractor ‖ **⌐antrieb**, -zug, -betrieb *m* / tractor haulage ‖ **⌐destillation** *f* / hetero-azeotrope distillation ‖ **⌐egge** *f* (Landw) / tractor harrow ‖ **⌐förderung** *f* (Bergb) / tramming ‖ **⌐hafen** *m* / tugboat basin ‖ **⌐haspel** *m f* (Bergb) / mobile haulage gear, main and tail haulage gear ‖ **⌐mähwerk** *n* (Landw) / tractor mower ‖ **⌐mulde der Krempel** *f* (Textil) / dirt pan of a card ‖ **⌐pflug** *m* / tractor-drawn plow, trailer o. tractor plow, pull type plow ‖ **⌐-Planierraupe** *f* (Straßb) / tractor bulldozer ‖ **⌐pumpe** *f* (Landw) / power-take-off (o. p.t.o.) driven pump ‖ **⌐spurlockerer** *m* (Landw) / trace lifter, wheel mark eliminator ‖ **⌐triebwerk** *n* / tractor transmission, power-take-off drive ‖ **⌐verdeck** *n* (Traktor) / cab ‖ **⌐zugvorrichtung** *f* (Landw) / drawbar hitch **Schlepp·feder** *f* (Uhr) / brake spring, slip[ping] spring ‖ **⌐fehler** *m* (NC) / contouring error, contour variation ‖ **⌐flug** *m* (Luftf) / towed flight, aerotow ‖ **⌐flugzeug** *n* / glider tug, tow-plane ‖ **⌐gas** *n* (Chromatogr.) / carrier gas ‖ **⌐haken** *m* (Schiff) / towing hook ‖ **⌐haken** *m* (Drahtzieh) / dog ‖ **⌐kabel**, Stromzuführungskabel *n*, Schleppleitung *f* (Kran) / trailing cable ‖ **⌐kahn** *m* / towed boat, barge ‖ **⌐kanal** *m*, -rinne *f* (Schiff) / model tank, towing tank ‖ **⌐kanal-Versuch** *m* (Schiff) / tank test ‖ **⌐karren** *m* **für den Gepäckdienst** (Bahn) / truck for handling luggage o. parcels ‖ **⌐kasten** *m* (Bergb) / skid ‖ **⌐kette** *f* (Kettenförderer) (Bergb) / drag chain ‖ **⌐kette** *f* / drag [chain] conveyor ‖ **⌐kettenförderer** *m* **für Wagen am Boden** / overhead monorail chain conveyor towing floor trucks ‖ **⌐kontakt** *m* / continuity contact ‖ **⌐kopfbagger** *m* **mit Ausleger** / boom dredger ‖ **⌐kopfsauger** *m* (Hydr) / trailing suction pipe ‖ **⌐kraft** *f* (Hydr) / sweeping force ‖ **⌐kraft** *f* (Schlepper) / towing power ‖ **⌐kreisel** *m* / drag gyro ‖ **⌐kreisförderer** *m* **Power and Free** / overhead twin-rail chain conveyor power and free ‖ **⌐kurbel** *f* / draw crank ‖ **⌐kurbelmechanismus** *m* / drawcrank mechanism ‖ **⌐kurve**, Traktrix *f* / tractrix ‖ **⌐laterne** *f*, -licht *n* (Schiff) / towing light ‖ **⌐laufbahn** *f* (Power and Free) / chain track ‖ **⌐leine** *f* / tow line, tow ‖ **⌐lift** *m* / T-bar [lift] ‖ **nicht ortsgebundener ⌐lift** / portable T-bar lift ‖ **⌐löten** *n* / drag soldering ‖ **⌐mittel** *n* (Chem) /

entrainer ‖ ⌐netz n / draw net, drag[-net], trawl [net] ‖
⌐netzfischerei f / trawling ‖ ⌐netzfischereifahrzeug n,
Trawler m / trawler ‖ ⌐rad n / sliding wheel ‖ ⌐rechen
m (von Hand) (Landw) / drag rake ‖ ⌐rolle f / idling roll
‖ ⌐rollen-Nahtschweißmaschine f / touch-type roller
seam welding machine ‖ ⌐sack m (Luftf) / drag-sack,
sleeve target ‖ ⌐schalter m / continuity switch ‖
⌐schaufel f, Kratzer m / dragging o. scraper bucket,
steel scoop bucket ‖ ⌐schaufel-Bagger m / dragline
excavator ‖ ⌐schiff n, Schlepper m / towboat,
tug[boat], towing boat ‖ ⌐schiffahrt f / towing,
towage, tugging ‖ ⌐schiffzug m / towed convoy ‖
⌐schleifen n / drag finishing ‖ ⌐seil n (Freiballon) /
trail rope, guide line ‖ ⌐sieb n (Zuck) / drag carrier juice
strainer ‖ ⌐stange f (Kfz) / tow bar, tow rod ‖ ⌐stange
für Flugzeuge f (Luftf) / draw tongue ‖ ⌐tau n, -seil n /
drag rope ‖ ⌐tau n, -trosse f (Schiff) / tow[ing] rope o.
hawser ‖ ins ⌐tau nehmen / take in tow ‖ ⌐tender m
(Bahn) / trailing tender ‖ ⌐tendermaschine f,
-lok[omotive] f / tender engine o. locomotive ‖
⌐thermoelement n / trailing thermoelement ‖
⌐verband m / towing train ‖ ⌐versuch m (Schiff) /
towing test ‖ ⌐versuchskanal m / towing tank, model
tank ‖ ⌐wagen m / tow car ‖ ⌐walze f (Walzw) / drag
roll ‖ ⌐walze f (Straßb) / dummy roll ‖ ⌐weiche f (Bahn)
/ stub switch ‖ ⌐winde f (Schiff) / towing winch ‖
⌐zange f (Drahtz) / wire tongs pl ‖ ⌐zangenziehbank f
(Drahtz) / draw-bench, drawing bench ‖ ⌐zeiger m /
maximum indicator o. pointer, M.D. indicator, trailing
pointer ‖ ⌐zug m (Schiff) / chain of towed boats
Schleuder f, Zentrifuge f / centrifugal [machine],
centrifuge ‖ ⌐, Wäscheschleuder f / spin drier ‖ ⌐,
Katapult m n (Luftf) / catapult ‖ ⌐ für Milch,
Milchzentrifuge f / centrifugal o. cream separator ‖ ⌐
für Photoätzung (gedr.Schaltg) / spinner for
photoetching ‖ ⌐apparat m (für Plattenbeschichtung)
(Buch) / [plate] whirler, plate coating machine ‖
rotierender ⌐apparat / whirler ‖ ⌐apparat m für
Bandstahl / hoop-steel tumbling device ‖ ⌐arbeit f,
schlechte Arbeit / slap-dash, sloppy work ‖
⌐badschmierung f / splash lubrication ‖ ⌐band n,
Schleuderbandförderer m / bulk throwing machine,
thrower belt conveyor ‖ ~bar (Textil) / extractable, can
be spun dry ‖ ⌐beton m / concrete moulded by
centrifugal action ‖ ⌐betonmast m / concrete pole made
by centrifugal process ‖ ⌐dach m (Luftf) / jettison hood ‖
⌐drehzahl f (Elektr) / overspeed ‖ ⌐[-Dünger]streuer
m / fertilizer broadcaster ‖ ⌐-Düngestreuer m für
Kalk (Landw) / lime broadcaster ‖ ⌐egge f (Landw) /
sling harrow ‖ ⌐gang m (Waschm) / spin gear ‖
⌐gebläse n, Zentrifugalgebläse n / centrifugal airpump
o. blower ‖ ⌐gießmaschine f (Gieß) / spinning machine
‖ ⌐grube f / pit for overspeed testing ‖ ⌐guß m
(Methode) (Gieß) / centrifugal casting, spin casting ‖
⌐guß m (Erzeugnis), -gußteil n (Gieß) / spun type
casting ‖ ⌐gußbeschichten n von Lagern /
centrifugally lining with white metal ‖
⌐guß-Blockkokille f / centrifugal ingot mould ‖
⌐gußkokille f / centrifugal casting mould ‖ ⌐gußrohr n
/ centrifugally cast pipe, spun [iron] pipe ‖ ⌐gut n,
zentrifugierte o. [aus]geschleuderte Masse / solid
material [obtained by centrifugal process] ‖ ⌐kanone f
(Luftf) / ejection gun ‖ ⌐knotenfänger m (Pap) / rotating
centrifugal cutter ‖ ⌐korb m, -trommel f / centrifugal
[drum o. basket], drum o. basket of a centrifuge ‖
⌐korb m (Waschmasch.) / spin[ner] basket ‖ ⌐kraft f,
Zentrifugalkraft f / centrifugal force ‖ ⌐kuchen m
(Aufber) / centrifuge product ‖ ⌐kugelstrahlen n (Gieß) /
abrasive airless blasting ‖ ⌐lader m / thrower belt
charging machine ‖ ⌐lader m (Mot) / centrifugal
supercharger ‖ ⌐luftfilter m n (Kfz) / centrifugal air
cleaner ‖ ⌐maschine f (Hütt) / slinger ‖ ⌐mast m /
centrifugally cast armoured concrete pylon ‖ ⌐mühle f /
centrifugal mill, disintegrator

schleudern vt, werfen / fling, throw, cast, hurl, toss, pitch
‖ ~, zentrifugieren / hydro-extract, whiz[z], centrifuge
‖ ~, klären (Zuck) / cure ‖ ~, katapultieren (Luftf) /
catapult ‖ ~ vi (rotierende Teile) / swing ‖ ~,
durchdrehen (Räder) / spin vi, slip, skid ‖ ~ (Kfz) / skid,
float, side-slip, swerve, slew, veer ‖ ⌐ n, Werfen n /
throw, cast, hurl, pitching ‖ ⌐ (von Wäsche) / spinning
‖ ⌐, Galoppieren n der Räder (Bahn) / slipping o.
skidding of driving wheels ‖ ⌐, Zentrifugieren n /
centrifuging, hydro-extraction ‖ ⌐ in der Kurve (Kfz) /
spin-out
Schleuder·prüfung f (Elektr) / overspeed test ‖ ⌐pulver n
(Sintern) / atomized powder ‖ ⌐rad n (Gieß) / spinner o.
whirl gate ‖ ⌐radmischer m / fan blower mixer ‖
⌐radstrahlen n / airless blast cleaning ‖ ⌐roder m /
potato spinner ‖ ⌐schmierung f / centrifugal lubrication
‖ ⌐schutz m, Gleitschutz m (Bahn) / anti-spin
protection, skid device ‖ ⌐schutzeinrichtung f (gegen
Stick-Slip) (Bahn) / anti-stick-slip device, antitorque
pulsation device ‖ ⌐sitz m (Luftf) / ejection capsule o.
seat, catapult o. jettison seat ‖ ⌐sitzkanone,
Absprengkanone f (Luftf) / ejection gun ‖
⌐spinnmaschine f / pot spinning frame ‖ ⌐start m,
Katapultstart m (Luftf) / catapult start ‖ ⌐stern m
(Landw, Kartoffelerntem) / separating head ‖ ⌐strahlen n /
centrifugal blas-cleaning o. blasting ‖
⌐strahl-Gußputzmaschine f / centrifugal jet cleaning
machine ‖ ⌐thermometer n / slinging o. whirling
thermometer ‖ ⌐trockner m / centrifugal
hydroextractor o. drier o. drying machine ‖ ⌐trockner
m für Wäsche / spin drier ‖ ⌐trommel f, -korb m /
centrifugal [drum o. basket], drum o. basket of a
centrifuge ‖ ⌐verfahren n für Kunststoffe / rotational
mo[u]lding of plastics ‖ ⌐versatzmaschine f (Bergb) /
centrifugal o. mechanical packing o. stowing machine ‖
⌐versuch m / overspeed test ‖ ⌐vorrichtung f (Luftf) /
catapult launching gear ‖ ⌐walze f (Spanplatten) / flinger
roll ‖ ⌐wasser n / centrifugation water ‖ ⌐zuführung f
für Kessel / pellet feeding
Schleuse f (Hydr) / lock, sluice ‖ ⌐ (Reaktor) / transfer canal
o. tube ‖ ⌐, Gully m / sewer ‖ ⌐ für Materialzufuhr
(Wzm) / material lock ‖ ⌐ mit Schurre / seal with sleeve
schleusen, durchschleusen / pass through a lock, lock vt ‖
⌐anlage f, Schiffsschleuse f (Schiff) / lockage ‖ ⌐bau m
/ construction of sluices o. locks ‖ ⌐becken n / flooding
chamber ‖ ⌐boden m / bed o. bottom o. floor of a lock
‖ ⌐boden m (gewölbt) / invert of the sluice ‖ ⌐drempel
m, -schwelle f / mitre o. lock o. clap sill, shutting sill ‖
⌐durchführung f, -durchbruch m (Nukl) / hatch
penetration ‖ ⌐empfänger m (der Rohrpost) / lock
receiver of the letter shoot ‖ ⌐entleerung f / emptying
of a lock ‖ ⌐fallhöhe f / lift of the lock, lockage ‖
⌐-Füll- und Entleervorrichtung f / draw gate ‖ ⌐gas n
/ sewerage gas ‖ ⌐gebläse, Garbengebläse n (Landw) /
pneumatic sheaf conveyor ‖ ⌐geld n, -gebühr f / lock-
charges pl, lockage ‖ ⌐grube f / lock pit ‖ ⌐hafen m,
-becken n / wet dock ‖ ⌐haltung f / reach ‖ ⌐haupt n,
Vorschleuse f / sluice head o. bay o. crown ‖ ⌐haus n /
lock keeper's building ‖ ⌐kammer f / chamber of a
lock o. sluice, coffer ‖ ⌐kanal m / lock channel o. canal
‖ ⌐kapazität f / maximum tonnage capacity ‖ ⌐klappe,
-schütze f / shutter, flood gate, paddle valve ‖ ~loser
Kanal / level canal, ditch canal ‖ ⌐meister m / lock o.
sluice keeper o. master ‖ ⌐schacht m (Bau) / drain o.
gully shaft ‖ ⌐spannung f (Diode) / threshold voltage ‖
⌐spannung f in Durchlaßrichtung (Diode) / on-state
threshold voltage ‖ ⌐spannung U_s, Schwellenspannung
U_s f (Diode) / threshold voltage ‖ ⌐tor n / flood gate,
lock gate ‖ ⌐tor n, Torflügel m / leaf of a lock gate ‖
unteres ⌐tor, Niedertor n (Hydr) / tailgate ‖ oberes
⌐tor, Obertor n / head gate, upper flood gate, water
gate ‖ ⌐treppe f / chain o. flight of locks ‖
⌐umlaufverschluß m (Hydr) / lock by-pass gate ‖
⌐verschluß m (Pneum Fördern) / seal ‖ ⌐wand f / lock

side wall ‖ ~wärter *m* / lock o. sluice keeper o. master ‖ ~wasser *n*, Wasserbedarf *m* einer Schleuse / water in a lock, lockage water, lockful of water ‖ ~wasserfläche *f* / lock-bay ‖ ~wehr *n*, -überfall *m* / lock weir, sluice o. regulating weir

Schleusung *f*, Schiffsschleusung *f* / sluicing, locking of ships

Schleuswagen *m* (Nukl) / fuel transfer carriage

Schlich *m*, Anreicherungsprodukt *n* (Hütt) / concentrate, -trates *pl*, slick ‖ ~, Schlamm *m* (Bergb) / schlich, slime, mud ‖ ~arbeit *f*, -schmelzen *n* / smelting of slimes

schlicht, glatt / plain, smooth ‖ ~ (Masch) / fine ‖ ~, uni[farben] (Web) / plain, of plain colour ‖ ~e Webart / tabby weave ‖ ~abstreifer *m* (Straßb) / final finishing screed ‖ ~arbeit *f*(Wzm) / finish-machining ‖ ~baum *m* (Textil) / sizing beam ‖ ~bürste *f*(Bau) / glue brush ‖ ~bürste *f*(Textil) / dressing brush ‖ ~[dreh]en / finish-turn, smooth ‖ ~drehmeißel *m* / finishing tool

Schlichte *f*, Gipsputz *m* (Bau) / skim o. white coat ‖ ~ (Gieß) / black wash, blackening, founder's black ‖ ~ (Druckguß) / die lubricant o. lube, release agent ‖ ~ (Textil) / size, slashing product ‖ ~aufnahme *f*(Textil) / size take-up o. pick-up ‖ ~auftrag *m* (Web) / size application

schlichtecht (Textil) / fast to sizing

Schlichte·flotte *f* / sizing liquor ‖ ~frei (Textil) / desized, free of size ‖ ~hilfsmittel *n* / sizing assistant ‖ ~maschine *f*(Textil) / sizing machine, slasher-sizer ‖ ~mischer *m* / size mixer

schlichten, eben machen / plane ‖ ~, glätten (Wzm) / smooth, dress, trim ‖ ~ (Web) / size ‖ ~, schwärzen (Gieß) / black[en] ‖ ~ (Web) / size, slash, dress ‖ ~, Narbenfehler ausschlichten (Gerb) / perch, pare ‖ ~ *n*, (auch:) Schlichte *f* / sizing, slashing, dressing

Schlichterei *f* / sizing room o. department

Schlicht·feile *f* / bastard file ‖ ~fräser *m* / finishing cutter o. mill ‖ ~hammer *m* (DIN 5106) / square flatter, broad-set hammer, smoothing o. straightening hammer ‖ ~hammer *m* (Schm) / planishing hammer ‖ ~hammer *m* (Kotflügelwerkzeug) / bumping hammer ‖ ~hobel *m* / wood smooth plane ‖ ~hobelmeißel *m* / finishing tool ‖ ~hobeln, schlichten (Holz) / smooth-plane ‖ ~leim *m* / lime water for sizing, size ‖ ~maschine *f*(Textil) / sizing o. slashing o. dressing machine, tape frame (G) ‖ ~maschine *f* für Wäsche / starching machine ‖ ~mittel, -präparat *n*, Schlichte *f*(Web) / sizing agent o. material o. preparation ‖ ~oberfläche *f*(Wzm) / smoothed surface ‖ ~öl *n* (Textil) / sizing oil ‖ ~oval *n* (Walzw) / leading oval ‖ ~passung *f*(Masch) / plain fit, snug fit ‖ ~schleifen / smooth-polish ‖ ~schmieden *n* / smooth forging ‖ ~span *m* (Wzm) / finishing cut ‖ ~spindel *f* / finishing spindle ‖ ~stelle *f*, Übermaß an Schlichte *n* (Fehler, Web) / hard size ‖ ~stich, Polierstich *m* (Walzw) / final pass

Schlichtungs·ausschuß *m* / arbitration commission o. board

Schlicht·vorschub *m* / fine feed ‖ ~walze *f*(Textil) / dressing cylinder, sizing roller ‖ ~walze *f*(Landw) / flat roller ‖ ~zahn *m* (Räumw) / finishing tooth ‖ ~zeichen *n* (Zeichn) / smooth finish symbol ‖ ~zugabe *f*(Wzm) / smooth finish allowance

Schlick *m*, Mud *m* / sea ooze, mud ‖ ~, Schlicksand *m* / silt ‖ ~, Schlammablagerung in Gewässern (Hydr) / slush, sludge, warp ‖ ~ in Ufernähe / coastal marsh sediments *pl* ‖ ~ablagerung, Beschlickung *f*(Hydr) / deposit, wash ‖ ~deich, -fänger *m* (Hydr) / mud dam o. dike

Schlicker *m* (Keram, Email) / slip ‖ ~ (Sintern) / slurry, slip ‖ ~, geschlämmte Tonmasse für Verzierungen / cream of clay, barbotine ‖ ~, Abstrich *m* (Hütt) / dross ‖ ~arbeit *f*(Keram) / slip making ‖ ~arbeit *f*, Abheben *n* (Hütt) / drossing ‖ hauchdünn aufgetragener ~auftrag (Email) / dust coat ‖ ~einstellung *f*(Email) / slip

adjustment ‖ ~guß *m* (Pulv.Met) / slip casting ‖ ~konsistenzprüfung *f*(Email) / slump test

Schlick·grund *m* / sea ooze bottom ‖ ~öl *n* / slick oil

Schliere *f*(Geol, Phys) / Schliere (pl.: Schlieren), stria (pl: striae) ‖ ~ (Glas) / streak, ream ‖ ~ (Schaumstoff) / cellular striation ‖ ~ (Gußfehler) / runmarks *pl*, flowmarks ‖ ~n, Unsauberkeiten *f pl* / smears *pl* ‖ ~n *f pl* an der Oberfläche (Plast) / surface waviness ‖ ~n *f pl* in durchsichtigem Material (Plast) / internal waviness

Schlieren·... / schlieric ‖ ~apparat *m* / striae measuring apparatus, schlieren set-up ‖ ~aufnahme *f*, -photographie *f* / schlieren photograph ‖ ~blende *f* (Laser) / schlieren diaphragm o. edge ‖ ~blende *f* (Töppler-Methode) / knife edge in the Toeppler method ‖ ~frei (Glas) / free from reams ‖ ~gerät *n*, -optik *f* / striae measuring apparatus, schlieren set-up ‖ ~-Interferometer *n* / schlieren interferometer ‖ ~linse *f* / gas lens ‖ ~methode *f*, -verfahren *n* / schlieren method

Schließ·band *n*, Überwurf *m* (Schloß) / hasp ‖ ~band *n*, Überwurf *m*, -fall *m* (Koffer) / closing hasp o. clasp ‖ ~bewegung *f*(Wzm) / closing travel ‖ ~blech *n* (Schl) / nab, striking plate ‖ ~blech *n* (Kfz, Bahn) / edge plate of door ‖ ~bolzen *m* einer Raupenkette / master pin ‖ ~dauer *f* der Kontakte (Kfz) / dwell of contacts ‖ ~druck, Preßdruck *m* (Form) / mould pressure ‖ ~druck *m* (Sicherheitsventil) / blow-down pressure, reseat pressure ‖ ~druck *m* (Presse) / locking pressure, mould clamping force

Schließe *f*, Schließbeschlag *m* (Schloss) / closure, fastenings *pl*

schließen, ein-, ab-, ver-, zuschließen / close, lock, shut ‖ ~ (Stromkreis) / close, switch-on ‖ die Form ~ (Gieß) / close the mould ‖ die Form ~ (Buch) / quoin up ‖ die Kette (o. den Einschlag) ~ (Textil) / bring warp and weft close together ‖ doppelt ~ (Schl) / double-lock ‖ einen Kreis ~ / form a circle ‖ mit voller Zeile ~ (Buch) / end even ‖ sich ~ / close *vi*

schließende Falle (Schloss) / sliding catch-bolt, spring bolt

Schließer *m* (eine Vorrichtung) / closer ‖ ~, Arbeitskontakt *m* (Relais) / make contact ‖ ~, Hilfskontakt *m* / normally open auxiliary contact ‖ ~ mit Brückenkontakt (Relais) / double make ‖ ~-vor-Öffner-Kontakt *m* / make-before-break contact ‖ ~-Wechsler *m* (Relais) / make-make-[before] break contact

Schließ·fach *n* / locker (US), safe ‖ ~fach für Gepäckstücke / automatic luggage locker ‖ ~geschwindigkeit *f* (Ventil) / stroke speed ‖ ~geviert *n* (Buch) / m-quadrat, em-quad, mutton ‖ ~grat *m*, Formgrat *m* / mould parting line, mould[ing] seam, flash line (US) ‖ ~griff *m* (Niet) / closing handle ‖ ~impuls *m* / closing impulse ‖ ~kappe *f* (Fensterverschluß) / latch catch ‖ ~keil *m* / key collar ‖ ~keil *m*, Keiltreiber *m* (Buch) / shooting stick, quoin, shooter ‖ ~kontakt *m* (Relais) s. Schließer ‖ ~kopf *m* (Niet) / closing head, snap-o. set-head ‖ Anschellen des ~kopfs *m* / closing-up ‖ ~kopfgesenk *n* (Nietmasch) / snap [head] die, riveting die o. header o. set, set (US) ‖ ~kraft *f* (Plast) / locking pressure, mould clamping force ‖ ~kraft *f* (Greifer) / closing pressure [of jaws] ‖ ~lage *f* der Matrize (Schm) / lock-position of the die ‖ ~mechanik *f* / closing spring ‖ ~ofen *m* / sealed retort furnace ‖ ~rahmen *m* (Buch) / chase ‖ ~ring *m* / interlocking o. retaining ring ‖ ~ring *m* (Plast) / locking ring ‖ ~ring *m* am Radreifen (Bahn) / retaining ring of a wheel tyre ‖ ~ring *m* für Nieten (Raumf) / steel collar for riveting ‖ ~ring *m* mit Bund (Luftf) / flanged collar ‖ ~seite *f* (Tür) / lock side of a door ‖ ~spatien *f pl* (Buch) / quoin spaces *pl* ‖ ~stege *m pl* (Buch) / furniture ‖ ~stellung *f*, „Zu" (Hahn) / off position ‖ ~stellung *f*, Einschaltstellung *f* (Elektr) / on-position ‖ ~trommel *f* (Kran) / holding o. closing drum

Schließungs·funke *m* (Elektr) / closing spark ‖ ~impuls *m* / closing impulse ‖ ~induktionsstrom *m* (Elektr) /

induced current on closing ‖ ~lichtbogen m / arc on closure o. on closing circuit o. before contact ‖ ~relais n / make relay ‖ ~strom m (Elektr) / make-induced current, making current, current at make

Schließ·verzögerung f (Plast, Fernm) / inching ‖ ~vorrichtung, Abdichtung f (Mil) / obturator

Schließwinkel m (Zündung) / dwell [angle], cam angle ‖ ~-Drehzahl-Tester m (Kfz) / dwell tach tester ‖ ~-Kennfeld n / dwell mapping ‖ ~-Meßgerät n / dwell meter ‖ ~-Steuerung f / dwell control

Schließ·zeit f (Plast) / clamping time ‖ ~zeit f (Relais) / make time ‖ ~zeug n (Buch) / locking-up device pl ‖ ~zylinder m / closing thrustor o. cylinder

Schliff m, Schleifen n / grinding ‖ ~, Schlifffläche f [für Schliffbilder] / ground section of a specimen ‖ ~ (metallografisch) / (metallographic) section, microsection ‖ ~, Holzschliff m / mechanical (o. ground) wood pulp ‖ ~ (Geol) / glacial polish o. striation, ice sour ‖ ~ der Oberfläche / smoothness ‖ letzter ~ / finishing touches pl ‖ ~ansatz m (Glas) / ground-in neck ‖ ~bild n / micrograph, photomicrograph, polished section ‖ ~bildanalysator m (Hütt) / image analyzer ‖ ~bild-Untersuchung f / micrograph test ‖ ~-Entwässerungsmaschine f (Pap) / pulp drier ‖ ~fläche f / polished surface ‖ ~fläche f (Min) / facet ‖ ~fläche f (Geol) / slickenside ‖ ~kolben m (Chem) / flask with standard taper-ground joint ‖ ~stopfen m, eingeschliffener Stopfen o. Stöpsel / ground-in stopper, taper-ground stopper ‖ ~stück n, Schliff m / polished specimen ‖ ~verbindung f (Glas) / ground-in connection ‖ ~zone f / ground zone

Schlingbandbremse f / wrap-around brake band

Schlinge f (Seil) / loop ‖ ~, Tragriemen m / sling ‖ ~, Kinke f (Seil) / kink ‖ ~ (Web, Fehler) / snarl ‖ ~, Schleife f (Spinn) / loop, noose ‖ ~, Schlupp f (Kran) / sling ‖ ~[nbildung] f / formation of loops ‖ ~n bilden o. machen o. legen / loop v ‖ feste (o. nicht zuziehbare) ~ / bend, loop ‖ gebundene ~ / knot, bow ‖ zuziehbare ~ / noose, slip-knot, running knot

Schlingen·bildner m (Nähm) / looper ‖ ~bildung f (Walzw) / looping ‖ ~-Endlosgarn n / loop yarn ‖ ~faden m, Polfaden m / loop pile, terry ‖ ~fänger m (Werkm) / snarl catcher ‖ ~fänger m (Web) / rotary shuttle ‖ ~fänger m (Nähm) / hook of the shuttle ‖ ~garnzwirnmaschine f (Textil) / loop yarn twister ‖ ~gewebe n, -waren f pl, -flor m, -stoff m (Textil) / looped fabric, terry cloth ‖ ~grube f (Walzw) / looping pit ‖ ~heber, Schleifenheber m (Walzw) / loop lifter ‖ ~hub m (Nähm) / needle rise ‖ ~kanal m, Tieflauf m (Walzw) / looping floor, sloping loop channel, looper ‖ ~kette f, Frottier-, Polkette f (Web) / snarl warp, loop o. terry warp ‖ ~probe f (Draht) / snarl test ‖ ~regler m (Walzw) / looper ‖ ~turm m (Bandwalzw) / looping tower ‖ ~werfer, Wimmler m (Walzw) / vibrator ‖ ~zugversuch m (Garn) / loop tensile test ‖ ~zwirn m / loop [ply] yarn

Schlinger·bewegung f, Schlingern n (Schiff) / roll, rolling [motion] ‖ ~blech n, -platte f (Schiff) / wash plate ‖ ~dämpfung (durch Widerstandskanäle), Flume-Stabilisierung f (Schiff) / flume stabilization system ‖ ~flossen f pl / antirolling fins pl ‖ ~kiel m (Schiff) / auxiliary o. bilge o. bulge keel, drift keel

schlingern (Schiff) / roll v ‖ ~ (Schiff) / rolling ‖ ~, Sinuslauf m (Bahn) / hunting, side motion

schlingernd (Schiff) / rolling

Schlinger·tank m (Schiff) / antirolling tank ‖ ~verband m (Brücke) / stringer bracing ‖ ~verband m (Schiff) / anti-rolling bracing

Schling·faden m / catch thread ‖ ~faden m, Dreherfaden m (Wirkm) / turning thread, crossing end ‖ ~federkupplung f / wrap spring clutch ‖ ~pflanze f / vine, climbing plant

Schlipp, Slipp n, Ablaufbahn f (Schiff) / runway (US), slip[-way]

Schlippesches Salz (Phot) / Schlippe's salt

Schlipp·haken m (Schiff) / tumbler ‖ ~stopper m (Schiff) / chain slip stopper

Schlitten m, Schleife f / dray, sled, sledge ‖ ~ (Horiz.Fräsm) / ram ‖ ~, Führungsschlitten m (Schachtbau) / rider for winding kibbles ‖ ~ (Masch) / cradle, slide ‖ ~, Gleitklotz m (Dampfm, Masch) / slide block ‖ ~, Hauptschlitten m (Dreh) / saddle, carriage ‖ ~ (Langdrehen) / carriage of an automatic lathe ‖ ~ (coll) (billiges Auto o. Flugzeug) / flivver (coll), jalopy (coll) ‖ ~ der Räummaschine (Wzm) / drawhead support, slide head ‖ kleiner ~ (Forstwesen) / slipe ‖ ~balken m (der Helling) (Schiff) / sliding baulk, bilgeways pl ‖ ~bezugspunkt m (NC) / slide datum point ‖ ~-Einheit f (Wzm) / slide o. feed unit ‖ ~feststeller m (Wzm) / carriage o. saddle clamp ‖ ~hub m / carriage travel ‖ ~kufe f / sledge runner ‖ ~kufengestell n (Luftf) / sled landing gear ‖ ~mikrotom n / traversing microtome ‖ ~rad, Schieberad n (Säge) / spring ratchet wheel, cogwork ‖ ~revolver m, Bettschlittenrevolverdrehmaschine f (DIN) / saddle type turret lathe (US), combination [turret] lathe (GB) ‖ ~revolver m (Mikrosk) / sliding objective changer ‖ ~säge f (Hütt) / sliding frame [hot] saw ‖ ~ständer m (Stapellauf) (Schiff) / poppet, driver, spur ‖ ~ständer m (Wzm) / integral way column ‖ ~ständer-Einheit f (Wzm) / vertical saddle column [unit] ‖ ~verschiebung f, -vorschub m (Wzm) / carriage travel

Schlitz m, Rille f / slot, groove ‖ ~, Kerb m (Bergb) / cut, cutting, kirve, kirving, kerf, kerving ‖ ~, Kanal m (Masch) / groove, channel ‖ ~, Spalt m / aperture, slit ‖ ~, Falz m / nick, notch ‖ ~, [Geld-, Brief- usw]Einwurf m / slot ‖ ~, Koppelschlitz m (Wellenleiter) / window ‖ ~ der Motorhaube (Kfz) / hood louver ‖ ~ der Schlitzblende / slit of the diaphragm ‖ ~ der Schlitzzapfung (Tischl) / open o. slot mortise ‖ ~ im Zylinder (Mot) / port ‖ ~ in Schleifscheiben / slot of grinding wheel ‖ mit ~, Schlitz... (Schraube) / slotted ‖ senkrechter ~ o. Kerb (Bergb) / vertical cut o. kerf o. slot ‖ ~abdeckung f / slit o. slot cover ‖ ~anode f / split anode ‖ ~anordnung f (Mot) / porting, port layout ‖ ~antenne f (Luftf) / slot antenna ‖ ~blende f / slit diaphragm o. stop ‖ ~boden m (Chem) / slotted tray ‖ ~bolzen m / slot bolt ‖ ~brenner m / fishtail o. wing o. slit burner ‖ ~bunker m / slot-bottom bin ‖ ~dränung f, Fräsrillendränung f (Landw) / spall drainage, French o. blind drain ‖ ~-Eimer m (Bagger) / slat bucket

schlitzen, aufschlitzen / slit vt, slot ‖ ~, kerben (Bergb) / cut, kerve, kirve, notch ‖ ~, Schlitzlochen n (Stanz) / slotting, oblong perforation

Schlitz·fadenreiniger m (Web) / slit thread cleaner ‖ ~feile, flache / slot file ‖ ~fenster n (Bau) / eyelet, gap window ‖ ~flügel m (Luftf) / slotted wing o. aerofoil ‖ ~flügel m mit verstellbaren Schlitzen (Luftf) / slotted wing with adjustable o. variable slots ‖ ~form f (Plast) / slot die ‖ ~förmige Wirbeldüse (Luftf) / spoiler ‖ ~fräser m / slitting o. slot cutter ‖ ~fräser m, Keilnutfräser m / keyway cutter, keyseat cutter ‖ ~fräser m für Woodruffkeile o. Scheibenfedern / cutter for Woodruff key seats ‖ ~führung f / slit o. slot guidance o. guiding device ‖ ~gesteuerter Motor / piston port o. piston valve engine ‖ ~-Glockenboden m (Chem) / slotted bubble-cap tray ‖ ~kabel n / leakage cable ‖ ~kanal m für Stromabnehmer (Elektr) / slotted conduit ‖ ~kopfschraube f / slotted head screw ‖ ~loch n / slotted hole ‖ ~los (Hobeleisen) / uncut ‖ ~loses Spektroskop / slitless spectroscope, objective prism ‖ ~mantel m (Kolben) / split skirt ‖ ~maschine f (Pap) / slitting machine, slitter ‖ ~maschine f, Langlochmaschine f (Holz) / slot mortising machine ‖ ~maschine f, Rollenschneidemaschine f (Pap) / slitter ‖ ~messer n / slitting knife ‖ ~mundstück n / slit orifice ‖ ~mutter f (DIN 546) / slotted round nut, slotted lock ring ‖ ~mutterndreher m (DIN 3115 Bl 1) / slotted

905

screwdriver ‖ ~mutterndreher *m* mit flachem Schaft (DIN 3115 Bl 2) / face spanner for slotted lock rings ‖ ~naht *f* / slot weld ‖ ~nahtschweiße *f* / slot weld ‖ ~platte *f* (für Befestigung) (Pneum) / mounting grid ‖ ~pressen *n* / slit die extrusion ‖ ~pressen *n* (Plast) / slot die extrusion, slit die extrusion, flat-sheet extrusion ‖ ~probe *f* / channel sample ‖ ~rohr *n* / open seam tube ‖ ~säge *f* / slash saw ‖ doppelte ~säge / parallel saw ‖ ~schraube *f* / slotted screw ‖ ~schraube *f* mit Flachkopf / slotted pan head screw ‖ ~schraube *f* mit Linsenkopf / slotted raised countersunk head screw ‖ ~schraube mit Metallgewinde (Rundkopf o. versenkt) / stove bolt (US) ‖ ~schraube *f* mit Senkkopf / slotted countersunk head screw ‖ ~schraube *f* mit Zylinderkopf / slotted cheese head screw ‖ ~schweißung *f* / slot weld ‖ ~sohle *f* (Hütt, Kammerofen) / holey boy ‖ ~spülung *f* (Mot) / port-controlled scavenging ‖ ~stopfen *m* / slotted screwed sealing plug ‖ ~strahler *m*, -strahlantenne *f* / slot antenna ‖ ~tiefe *f* / depth of slot ‖ ~trommel *f* (Spinn) / groove drum ‖ ~verbindung, -zapfung *f* (Tischl) / slit-and-tongue-joint ‖ ~verlust, Nutverlust *m* (Elektr) / slot leakage ‖ ~verschluß *m* (Phot) / focal plane shutter, slotted shutter, roller blind shutter ‖ senkrechter ~verschluß (Phot) / focal square shutter ‖ ~wand *n* (Bau) / subterraneous curtain ‖ ~zapfen *m* (Zimm) / tenon [for mortice] *n* ‖ ~zapfung *f* (Bauart) (Tischl) / tenon- and -slot mortise ‖ ~zapfung *f* (Ergebnis) (Tischl) / flush joint ‖ ~zapfung *f* [beiderseitig auf Gehrung] (Tischl) / splayed mitre joint

Schlömilch-Zelle *f*, elektrolytischer Detektor / electrolytic detector

Schloß *n*, Verschlußvorrichtung *f* / lock ‖ ~ (Gewehr) / gun lock, breech bolt o. lock ‖ ~ (Web) / frog ‖ ~, Vorhängeschloß *n* / padlock ‖ ~ (Drehbank) / clutch ‖ ~ (Buchbind, Juwelier) / clasp ‖ ~ für Ketten / connecting chain link ‖ angeschlagenes ~, Kastenschloß *n* / box lock, case[d] o. outside o. rim lock ‖ von zwei Seiten zu öffnendes ~ / double shutting lock, double handed lock ‖ zweimal schließendes, zweitouriges ~ / double turn lock ‖ ~beschlag *m* / lock furniture ‖ ~blech *n* / main plate ‖ ~blech *n* (Kastenschloß) / box case (case lock)

Schlosser *m*, Bauschlosser *m* / locksmith ‖ ~, Maschinenschlosser *m* / metalworker, fitter ‖ ~arbeit *f* / locksmith's work ‖ ~arbeiten *f pl* / locksmith work, locksmithery

Schlosserei, Schlosserwerkstatt *f* / locksmith's shop ‖ ~, Schlosserwerkstatt *f* (F.Org) / fitter's shop

Schlosser·hammer *m* / engineer's o. fitter's o. machinist's hammer ‖ [deutscher] ~hammer / locksmith's hammer ‖ [amerikanischer] ~hammer mit Kugelfinne / ball-pane hammer ‖ ~meißel *m* / engineer's chisel

Schloß·feder *f* / volute spring, flat spiral spring ‖ ~kanal *m* (Wirkm) / needle race, knitting channel, cam groove ‖ ~kasten *m* (Schl) / case o. plate o. socket of a lock ‖ ~kasten *m* (Wirkm) / cam box o. plate ‖ ~mutter *f*, Drehbankschloß *m* / clasp nut, lead-screw nut ‖ ~platte *f*, Türraste *f* (Kfz) / door striker ‖ ~platte *f*, -kasten *m* (Dreh) / saddle apron ‖ ~riegel *m* / lock rail o. bolt ‖ ~scheibe *f* (Uhr) / locking plate ‖ ~schraube *f* (DIN 603) / carriage o. coach bolt, mushroom head bolt (square necked) ‖ ~- u. Schlüssel-Theorie *f* (Enzyme) / lock-and-key theory ‖ ~winkel *m* (Wirkm) / cam angle ‖ ~zylinder *m* / cylinder of a lock

Schlot *m* (Geol) / pipe ‖ ~, Schornstein *m* / chimney ‖ ~gang, Stielgang *m* (Geol) / neck

Schlotte *f*, Kalk-, Wasserschlotte *f* (Bergb) / hollow *n*, cavity

schlottern, wackeln / shake, dangle, be o. hang loose

Schlotterventil, Schnüffelventil *n* (Dampfm) / snifting valve, puppet clack

Schlot- und Pfeilerbildung *f* (Aufber) / piping and piling

Schlucht *f* (Geogr) / gorge, ravine, chasm

schlucken, Luft ~ / squid

Schluck·fähigkeit *f*, -vermögen *n* (Turbine) / absorption capacity ‖ ~form *f*, Squid *m n* (Fallschirm) / squid ‖ ~grad *m* (Opt) / absorptance, absorption coefficient o. factor o. ratio ‖ ~grad [bei Nachhall] *m* (Phys) / reverberation absorption factor o. coefficient

schludrig / haywire (US)

Schluff, Grobton *m* / coarse clay ‖ ~schiefer *m*, Siltschiefer *m* / silt slate

Schlundloch *n*, Ponor *m* (Geol) / sinkhole, swallow hole

Schlupf *m* / slippage, slip[ping] ‖ ~ (Ionenaust.) / ion leakage ‖ ~, Slip *m* (Luftf, Schiff) / slip of the propeller ‖ ~ (Platte, Band) / drift ‖ ~ bei rollender Reibung / false skid, wheel slip, creep ‖ ~ des Ereignisses (PERT) / slack ‖ ~ haben, durchschlupfen / slip *vi* ‖ ~ haben (Räder) / slip *vi*, skid *vi*, spin *vi*

schlüpfen (Insekten) / emerge ‖ ~, durchrutschen (an einem Spill) / surge ‖ ~ *n* (Insekten) / hatching

Schlupf·energie *f* (Elektr) / slip energy ‖ ~kette *f* / disappearing chain

Schlüpfkontrolle *f* (Schädlinge) / emergence check

Schlupf·kupplung *f*, Induktionskupplung *f* (Elektr) / induction coupling ‖ ~kurve *f* (Elektr) / slip curve ‖ ~messer *m* (Elektr) / slip meter ‖ ~messung *f* (Elektr) / slip measurement ‖ ~motor *m* (Elektr) / cumulatively compound motor ‖ ~regler *m* (Elektr) / slip regulator

schlüpfrig, glatt / slippery

Schlüpfrigkeit *f* / greasiness, slipperiness ‖ ~, Oiliness of (Öl) / lubricity o. oiliness of oil

Schlupfsteller *m* (Elektr) / slip regulator

Schlupfungskoeffizient *m* (Induktionsmotor, Elektr) / circle coefficient

Schlupf·weite *f* (Ablauf) / clear opening ‖ ~widerstand *m* (Elektr) / slipping resistance

Schlupp, Schlinge *f* (Kran) / sling

Schluß *m*, Ende *n* / close, end ‖ ~, Abschluß *m* / conclusion, close ‖ ~, Folgerung *f* / end, conclusion ‖ ~, Ver-, Abschluß *m* / shutting, closing, locking ‖ ~, Schließen (Elektr) / closing ‖ ~, Überdeckung *f* (Fenster) / head of a window ‖ ~, Kurzschluß *m* (Elektr) / short circuit, short ‖ ~ (Web) / body, strength ‖ ~ machen (Elektr) / shortcircuit *vi* ‖ ~behandlung *f* / final treatment ‖ ~bremse *f* (Bahn) / end brake ‖ ~bremskennzeichenleuchte *f* / combined tail and brake and license-plate lamp ‖ ~bremsleuchte *f* (Kfz) / combined tail and brake lamp ‖ ~buchstabenpaar *n* (Fernm) / clearing signal code combination

Schlüssel *m* (Schloß, Uhr) / key ‖ ~, Schraubenschlüssel *m* / spanner (GB), wrench (GB, US) ‖ ~, Code *m* / code ‖ ~... (Fernm) / crypto... ‖ ~ für Kükenhähne / cock wrench ‖ ~ für Schnappschloß / latch [key] ‖ ~adresse *f* (DV) / key address ‖ [anerkannte] ~-Arbeit (F.Org) / key job ‖ ~bart *m* (Schloß) / key bit, web of a key ‖ ~befehl *m* (DV) / key instruction ‖ ~betätigung *f* (Masch) / control by individual keys ‖ ~betätigung *f* (Schl) / actuating of a key ‖ ~bund *m* / bunch of keys ‖ ~dorn *m* / key pin ‖ ~entwirrungs-Schaltung *f* (Radar) / degarbling circuit ‖ ~ergebnis *n* / key result ‖ ~feile *f* / key o. warding file ‖ ~feld *n* (DV) / key field ‖ ~fertig (Bau) / all ready for occupation, turnkey... (US) ‖ ~fertiges Projekt / turnkey project ‖ ~fertigstellung *f* (Bau) / final finish ‖ ~freigabe[einrichtung] *f* (Bahn) / key transmitter ‖ ~führung *f* (Schraube) / pilot for the wrench key, key guide ‖ ~griff *m*, -raute *f* / key bow ‖ ~industrie *f* / key industry ‖ ~kappe *f*, Glockenkappe *f* (Stahlflasche) / cap of a gas cylinder ‖ ~klausel *f* (COBOL) / code clause ‖ ~kraft *m* / key man ‖ ~kräfte *f pl*, Spezialisten *m pl* / key personnel ‖ ~loch *n* / keyhole ‖ ~lochdeckel *m*, -lochschild *n*, -schild *n* / [e]scutcheon, key drop, key plate ‖ ~lochkerbe *f* / keyhole notch ‖ ~lochschild aufliegend / surface mounted escutcheon ‖ ~meßstelle *f* (Reaktor) / key measuring point ‖ ~raute *f*, -griff *m* / key bow ‖

~rohling m (Schloß) / key blank ‖ ~rohr n, -schaft m / key pipe o. barrel o. shank ‖ ~rohr n im Schloß, Tülle f / nozzle of a key ‖ ~satz m / set of keys ‖ ~schalter m (Elektr) / key-operated switch, loose-key o. detachable-key switch ‖ ~schildbüchse f / escutcheon inset ‖ ~schraube f, Sechskant-Holzschraubef. / hexagon head cap wood screw ‖ ~sockel m (Lampe) / key tap cap ‖ ~sockel m (Elektronik) / loctal base ‖ ~stellung f / position of the key ‖ ~system n (DV) / crypto[graphic] system ‖ ~-Umdrehung f / turn of key ‖ ~unternehmen n / key enterprise ‖ ~verschluß m (Bahn) / key interlocking (safety device) ‖ ~verwirrung f (Radar) / garbling ‖ ~weite f (Schraubenschlüssel) / opening of the spanner, size o. span of the jaw ‖ ~weite f (Schraube) / wrench size across flats, width across [flats], nut across flats ‖ ~weite f des Dreikants / inscribed circle diameter of a three-square ‖ mit [un]gleichen ~weiten (Maulschlüssel) / double open end … ‖ ~wort n, Codewort n / code word ‖ ~wort n (DV) / keyword, password ‖ ~wort n in, [außerhalb] Kontext / keyword in, [out of] context

Schluß·ergebnis n / breakdown, net result ‖ ~fehler m im Polygonzug (Verm) / error of closure, closing error ‖ ~flansch m / end flange ‖ ~folgerung f / argumentation, conclusion ‖ ~folgerung f (DV) / statistical inference function ‖ ~folgerungssystem n (Wzm) / inference machine ‖ ~glied n der Zerfallsreihe, stabiler Kern (Nukl) / end product of the radioactive series ‖ ~gruppe f (Pap) / end section ‖ ~härten n / final quenching

schlüssig / conclusive

Schluß·kaliber n (Walzw) / final pass ‖ ~kennzeichenleuchte f / license plate o. number plate and tail lamp ‖ ~klappe f (Fernm) / supervisory indicator ‖ ~kühler m / final cooler ‖ ~lampe f (Fernm) / clearing o. supervisory lamp ‖ ~laterne, Oberwagenlaterne f (Bahn) / tail lamp, taillight ‖ ~leiste f, Vignette f (Buch) / tail piece ‖ ~leuchte f (Kfz) / rear light o. lamp, tail lamp, taillight ‖ ~linie f (Mech) / closing line ‖ ~rand m (Schreibm) / right margin setter ‖ ~ring, Steinkranz m (Bau) / open cusp ‖ ~rückstrahlleuchte f (Kfz) / rear reflecting and tail lamp ‖ ~scheibe f (Uhr) / locking plate ‖ ~scheibenschlagwerk n (Uhr) / locking plate striking mechanism ‖ ~signal n (Fernm) / release signal ‖ ~stein m (Gewölbe) / [center] key, keystone, arch brick o. stone, apex ‖ ~stein m (Keram.Ofen) / key [brick], crown o. cupola brick, bullhead ‖ ~stein m, Deckstein m (Bau) / crown o. top o. cap stone ‖ hängender o. vorspringender ~stein / pendant key [stone] ‖ ~steinverzerrung f, Trapezfehler m (Kath.Str) / trapezium (GB) o. trapezoidal (US) distortion, keystone distortion ‖ ~taste f (Fernm) / end of message key ‖ ~titel m (Film) / end title ‖ ~trommel f (Förderband) / tail pulley ‖ ~verzinkt / finally galvanized ‖ ~vignette f (Buch) / tail piece ‖ ~wickel m (Textil) / finisher lap ‖ ~windung f (Anker) (Elektr) / armature end turn ‖ ~windung f (Elektr) / end turn ‖ ~zeichen, -signal n (Fernm) / clear-back o. clearing signal, on-hook signal, supervisory signal, S.V.S. ‖ ~zeichen an Amt und Nebenstelle (Fernm) / through-clearing ‖ ~zeichen geben (vom Terminal aus) / sign off ‖ ~zeichen n in Rückwärtsrichtung / clear-back signal ‖ ~zeichenbatterie f (Fernm) / common signalling battery ‖ ~[zeichenfall]klappe f (Fernm) / clearing drop shutter, ring-off drop ‖ ~zeichengabe f (Fernm) / clearing ‖ selbsttätige ~zeichengebung (Fernm) / central battery signalling, C.B.S. ‖ ~[zeichen]relais n (Fernm) / clearing relay ‖ ~zeichenschaltung f (Fernm) / supervisory circuit ‖ ~zeitpunkt, Nulltermin m (PERT) / final date ‖ ~ziegel m (Dach) / ridge tail tile ‖ ~ziegel m, Kremp-, Krampziegel m / flap tile

schmal, verengt / small, narrow[ed], contracted in area ‖ ~ (Buchstabe) / condensed ‖ ~, eng, knapp / close,

narrow, tight ‖ ~ auffahren (Bergb) / draft narrow v ‖ ~es Band (⟨ 300 kHz) n (Elektronik) / narrow band ‖ ~er Impuls (Elektronik) / narrow pulse ‖ ~er I-Träger / normal beam ‖ ~e Längsfläche (Ziegl) / side face of a brick ‖ ~es Strahlenbündel, schmaler Strahl / narrow beam ‖ ~es Stück, Streifen m / strip ‖ ~es Zahnrad / narrow faced gearwheel ‖ ~bahn f (Pap) / long grain ‖ ~band n (Walzw) / narrow strip ‖ ~band n (Spinn) / narrow band o. ribbon ‖ ~bandfilter n / narrow band filter ‖ ~band-FM f (Elektronik) / narrow band frequency modulation, NBFM ‖ ~bandig (Elektronik) / narrow-band ‖ ~bandrauschen [mit festen Frequenzbereichen] n, -bandstörung f / narrow band random vibration, [predetermined] ‖ ~bandrolle f (Hütt) / mill coil ‖ ~bandstörung f / narrow band random vibration ‖ ~blattluftschraube f / narrow blade airscrew ‖ ~bündel n (Antenne) / pencil beam ‖ ~bündel-Antenne f / pencil beam antenna ‖ ~film m (8 bis 17,5 mm) (Elektronik) / narrow film-stock, narrow[-gauge] film ‖ ~filmkamera f / narrow film [movie] camera, amateur movie camera ‖ ~gewebe n (Textil) / narrow fabric ‖ ~keilriemen m / wedge belt, narrow V-belt ‖ ~keilriemenscheibe f / small vee-belt pulley, wedge belt pulley ‖ ~laufend (Buch) / condensed ‖ ~liegend (unter 105 cm) (Textil) / narrow ‖ ~mauliger Feilkloben / square-nose hand vice ‖ ~schließstege m pl (Buch) / narrow furniture ‖ ~schrift f / condensed letters, condensed type ‖ ~seite f / narrow cant o. edge o. side, small face ‖ ~seite f (Brett) / edge, quoin ‖ ~seite f der Feile / small face of the file ‖ ~seite f des Ziegels / edge of a brick ‖ ~seite f eines Hauses / end wall of a house ‖ ~spur f (⟨ 1435 mm) / narrow gauge ‖ ~spurbahn f / narrow gauge o. light railway ‖ ~spurtraktor m (Landw) / narrow track tractor ‖ ~tastenwerk n (Fernm) / condensed keyboard

Schmalte f (Glas) / blue glass, smalt

Schmalweberei f / narrow weaving, smallware weaving

Schmälze f, Schmälzmasse f (Spinn) / lubricant, batching o. spinning oil, greasing agent

schmälzen (Jute) / batch ‖ ~ (Wolle) / oil, lubricate, grease, soften

Schmalzöl n / oleo oil

Schmälz·öle n pl (Textil) / textile auxiliary oils pl, wool oils pl ‖ ~wolf m / oiling devil o. willow

Schmant m, Schleifstaub m, -schlamm m / grits and grinds pl, wheel swarf ‖ ~, Grubenschmant m (Bergb) / slime, middum tails pl ‖ ~löffel m (Bergb) / sand pump

schmarotzend / parasitic, -ical

Schmarotzer m, Parasit m (Biol) / parasite ‖ ~ 2. o. 3. Grades / superparasite, hyperparasite ‖ ~pflanze f (Bot) / entophyte

schmauchen (Keram) / smoke ‖ ~ n (Keram) / water smoking

Schmauchfeuer n, Schmauchen n (Keram) / prefire, choked o. smoking fire

Schmelz m, Schmelzglasur f / glaze ‖ ~…, schmelzend / melting ‖ ~anlage f (Hütt) / smelting plant ‖ ~apparat m / fusing apparatus ‖ ~arbeit f (Gieß) / working of the melt ‖ ~arbeit f (Email) / enamelling, enamelled work ‖ ~arbeiter, Schmelzer m (Hütt) / melter ‖ ~asphalt m / cast asphalt ‖ ~bad n (Hütt) / melt, melting bath, molten bath

schmelzbar / meltable ‖ ~e Schlacke / fusible slag

Schmelzbarkeit f / fusibility

Schmelz·basalt m / [fusion-]cast basalt ‖ ~bereich m / melting range ‖ ~beschichtung f / melt film coating ‖ ~betrieb m (Hütt) / metal shop ‖ ~bett n (Kessel) / molten ashes pl ‖ ~bohren n (Bergb) / fusion drilling ‖ ~dauer f / time of melting ‖ ~dauer f / melting period, time o. duration of melting ‖ ~diagramm n / melting point diagram ‖ ~draht m (Elektr) / fusible wire ‖ ~drahtsicherung f (Elektr) / wire fuse ‖ ~druckkurve f / melting point pressure curve

Schmelze f (geschmolzene Masse) / melting, melted o. molten mass ‖ ~ (Schmelzvorgang) (Hütt) / cast ‖ ~

Schmelze

(Chem) / liquefied material ‖ ⌐, Beschickung, Charge *f* (Hütt) / melting charge ‖ ⌐ (Konverter) / blow ‖ ⌐, Hitze *f* (Hütt) / melt, heat ‖ ⌐, Schmelzerei *f* / melting house, smelting house, smeltery ‖ ⌐, Glassatz *m* / glass composition ‖ ⌐. metal, frit ‖ ⌐, flüssige Glasmasse (Glas) / metal, found, melting

Schmelz·einsatz *m*, -stöpsel / fusible cut-out ‖ ⌐einsatz, -streifen *m* (Elektr) / [fuse] link ‖ ⌐einsatz, -stöpsel *m* (Elektr) / fusible o. safety plug o. cartridge, plug cut-out (US) ‖ ⌐einsatz *m* **der Schmelzsicherung** / fusible o. safety plug o. cartridge, plug cut-out (US) ‖ ⌐elektrolyse *f* / electrolysis in the dry way ‖ ⌐email *n* / vitreous enamel

schmelzen, flüssig machen / liquefy ‖ ~, flüssig werden / liquefy, become liquid ‖ ~, zum Schmelzen bringen / melt *vt*, fuse, smelt ‖ ~ *vi*, flüssig werden, in Fluß geraten / melt *vi*, fuse *vi* ‖ ⌐ *n* (Hütt) / melting, smelting, fusing ‖ ⌐, Abschmelzen *n* / fusion, colliquation ‖ ⌐ **im Lichtbogen** (Pulver-Keram) / arc spraying ‖ ⌐ **mit heißem, [kaltem] Einsatz** (Hütt) / hot-, [cold-]metal process ‖ **zum** ⌐ **(o. Fließen) bringen**, verflüssigen / liquefy ‖ ⌐analyse *f* (Hütt) / ladle analysis ‖ ⌐blöckchen *n* (Hütt) / cast ingot

schmelzend, flüssig werdend / liquescent
Schmelzenfolgezeiten *f pl* (Hütt) / tap-to-tap times *pl*
Schmelzer *m* / founder, foundryman
Schmelzerei, Schmelze *f* / melting house
Schmelze·überhitzung *f* (Gieß) / superheating of the melt
Schmelz·farbe *f* (Keram) / muffle colour, enamel colo[u]r, vitrifiable pigment ‖ ⌐feuerung *f* (Kessel) / slag tap furnace ‖ ⌐fluß *m* / fused mass ‖ ⌐fluß *m*, Magma *n* (Geol) / flow of rock ‖ ~flüssig (Hütt) / fused, fusible, molten ‖ ⌐flüssige Elektrolyse, Schmelzflußelektrolyse *f* / electrolysis in the dry way ‖ ⌐flußmetallurgie, Pyrometallurgie *f* / pyrometallurgy ‖ ⌐formen *n*, -gießen *n* (Feuerfest) / fusion casting ‖ ⌐führung *f* (Hütt) / conducting the melting operation, conduct of heat ‖ ~geformtes Erzeugnis (Keram) / molten cast refractory, electrocast refractory, fusion cast refractory ‖ ~geformter Stein (Hütt) / fused block ‖ ⌐geschweißt / fusion welded ‖ ⌐gleichgewicht *n* (Keram) / melting o. fusion equilibrium ‖ ⌐gut *n* (Schweiß) / deposit ‖ ⌐gut *n* (Gieß) / molten metal, metal to be molten ‖ ⌐hafen, Glashafen *m* / glass [melting] pot, melting pot ‖ **kleiner** ⌐hafen (Glas) / skittle pot ‖ ⌐halle *f* / casting o. foundry bay ‖ ⌐herd *m* / smelting hearth ‖ ⌐index *m* (Plast) / melt-flow index ‖ ⌐kalandern *n* / melt calendering ‖ ⌐kammerauskleidung *f* / melting chamber casing ‖ ⌐[kammer]kessel *m* / slag tap fired boiler ‖ ⌐kegel *m*, Segerkegel *m*, SK *m* / Seger o. fusion cone ‖ ⌐kelle *f*, Schmelzlöffel *m* / ladle ‖ ⌐kessel *m* (Hütt) / melting pot ‖ ⌐klebefasergewebe *n* / melded [fabric] ‖ ⌐klebstoff *m*, -kitt *m* / hot-melt-type adhesive ‖ ⌐korund *m* / fused corundum ‖ ⌐kristallisieren *n* / melt crystallization ‖ ⌐kugel *f* (Hütt) / burnt-out particle ‖ ⌐kühlung *f* / cooling by melting metal ‖ ⌐kupfer *n* / dross of copper ‖ ⌐kurve, -linie *f* / melting point curve, fusion curve o. line, line of fusion ‖ ⌐legierung *f* / fusible alloy o. metal ‖ ⌐magnesit, Sintermagnesit *m* / fused o. sintered magnesite ‖ ⌐mittel *n*, Fluß *m* / flux ‖ ⌐ofen *m* (Gieß) / melting o. smelting furnace, melter ‖ ⌐perle *f*, -tropfen *m* / blowpipe bead ‖ ⌐perle *f* (Email) / enamel pearl ‖ ⌐perle *f* (Glas) / shot, slug ‖ ⌐pfanne *f*, -tiegel *m* (Chem, Gieß) / melting pot, smelter, [smelting o. melting] crucible ‖ ⌐pfropfen, Sicherheitsbolzen *m* (Kessel) / fusible plug, safety plug ‖ ⌐preßschweißen *n* / combined fusion and pressure welding ‖ ⌐probe *f* / fusion test, melting test ‖ ⌐probe *f* / melting test ‖ **die** ⌐probe machen / assay by melting
Schmelzprozeß *m* / fusion
Schmelz·punkt *m* / melting point, M.P., fusing o. smelting point, softening point ‖ ⌐punkt, Gefrierpunkt *m* / melting point, freezing point ‖ **mit maximalem** ⌐punkt (Chem) / dystetic ‖ ⌐punkt *m* **des Eises** /

melting point of ice ‖ ⌐punkt *m* **von Metall** / melting point of metal ‖ ⌐punktprüfung *f* (Asphalt) / melting-point o. softening-point test ‖ ⌐punktschweißverbindung *f* / spot joint by fusion welding ‖ ⌐punktserniedrigung *f* / lowering of the melting point ‖ ⌐punktserniedrigung *f* (Gefrierpunkt) / freezing point depression ‖ ⌐raum *m* (Hütt) / hearth of a melting furnace ‖ ⌐rinne *f* (des Induktionsofens) / crucible of the induction furnace ‖ ⌐säge *f* / fuse o. fusing disk, fusion cutter, friction saw ‖ ⌐säge *f*, Reibsäge *f* / fusion disk o. cutter ‖ ⌐schneiden *n* / fusion cutting ‖ ⌐schweißen *n* / fusion welding ‖ ⌐schweißer *m*, Gasschmelzschweißer *m*, (Schweiz, Österreich:) Autogenschweißer *m* / gas welder ‖ ⌐schweißplattierung *f* / fusion-welded plating ‖ ⌐schweißung *f* / fusion welding ‖ ⌐sicherung *f* (Elektr) / [safety] fuse, fusible [cut-out] ‖ ⌐sicherung, Bleisicherung *f* / lead fuse o. cut-out ‖ ⌐sicherung *f* **mit Kennplättchen** (Elektr) / indicating fuse ‖ ⌐sintern *n* (Pulv.Met) / liquid phase sintering ‖ ⌐spinnen *n* (NE-Metall) / melt-spinning, fusion spinning, splat quenching ‖ ⌐spinnen *n* (Plast) / melt extrusion o. spinning ‖ ⌐spinnen *n* **von Formgedächtnislegierung** / fusion-spinning of shape memory alloy ‖ ⌐spinnkopf *m* (Spinnfaser) / melt spinning head ‖ ⌐stein, Dipyr *m* (Min) / dipyre ‖ ⌐stöpsel, -pfropfen *m* / melting plug o. cartridge ‖ ⌐stöpsel (Elektr) / fuse o. fusible plug o. cartridge ‖ ⌐streichverfahren *n* (Pap) / hot-melt coating ‖ ⌐streifen *m*, Sicherungsstreifen *m* (Elektr) / fuse link o. strip ‖ ⌐sumpf *m* (Gieß) / heel ‖ ⌐tauchen *n* / hot dipping ‖ ⌐tauchverfahren *n* (Galv) / hot dip galvanizing ‖ ⌐teller-Extruder *m* (Plast) / melt extruder ‖ ⌐tiegel *m*, -pfanne *f* (Chem, Gieß) / melting pot, smelter, [smelting o. melting] crucible ‖ ⌐tiegeldeckel *m* (Hütt) / tile ‖ ⌐tiegelofen *m* (Hütt) / coffin ‖ ⌐topf *m* (Kunststoffspritzmasch) / fusion pot ‖ ⌐trichterkessel *m* / boiler with melting hopper
Schmelzung *f*, Schmelzen *n* / melt[ing], smelting, fusion, colliquation
Schmelzungs·entropie *f* / entropy of fusion
Schmelz·verhalten *n* **der Asche** / ash fusibility ‖ ⌐verlaufkarte *f* (Hütt) / heat record card ‖ ⌐verlust, Abgang *m* (Hütt) / smelting-waste ‖ ⌐verlust *m* (Legierungen) / melting loss ‖ ⌐viskosimeter *n* / fusion viscometer ‖ ⌐vorgang, -prozeß *m* / fusion, melting, smelting ‖ ⌐wanne *f* (Glasofen) / melting end ‖ ⌐wärme *f* (Phys) / heat of fusion, fusion heat, [effective] latent heat of fusion ‖ ⌐wasser *n* / melt water ‖ ⌐wasserrinne *f* (Geol) / spillway, rill ‖ ⌐werk *n* **mit kaltem Einsatz** (Hütt) / cold metal work o. shop ‖ ⌐zeit *f* (Sicherung) / fusing time ‖ ⌐zement *m* / aluminous cement ‖ ⌐zentrifuge *f* / centrifugal furnace ‖ ⌐zone *f* (Hütt) / zone of fusion, melting section o. zone ‖ ⌐zuschläge *m pl* / furnace additions *pl*
Schmerz·grenze, -schwelle *f* (Akust) / threshold of feeling o. pain, feeling threshold ‖ ~stillend / sedative
Schmetterlings·antenne *f*, Drehkreuzantenne *f* / turnstile antenna ‖ ⌐brenner *m* (Gas) / batwing burner ‖ ⌐kreis *m* (Wellenleiter) / butterfly circuit
Schmidt·brille *f*, Brillenschieber *m* (Hütt) / goggle valve ‖ ⌐kamera *f* / Schmidt camera ‖ ⌐-Linien *f pl* (Nukl) / Schmidt lines o. limits *pl* ‖ ⌐optik *f* (Opt) / Schmidt [optical] system ‖ ⌐rohr, Verpuffungs[strahl]rohr *n* / dyna-jet, Argus-Schmidt type pulse jet, propulsive duct, pulse o. pulsating jet engine ‖ ⌐sche Zahl (Phys) / Schmidt number
Schmied *m* / blacksmith
schmiedbar, hämmerbar / forgeable, malleable ‖ ~ (im Gesenk) / swageable ‖ ~er Eisenguß / annealed cast iron
Schmiedbarkeit *f* / malleableness, malleability
Schmiede *f* / smithery, smithy, smith's shop, forge ‖ ⌐arbeit *f*, -handwerk *n* / smithery ‖ ⌐arbeit *f* (Erzeugnis) / forged work ‖ ⌐arbeit *f* / blacksmith's

work ‖ **⌐block** *m* (Walzw) / bloom (more than 36 squ.in.), forging grade ingot ‖ **⌐eisen** *n* / forging grade steel, wrought iron ‖ **⌐eisern** (Kunstarbeit) / wrought-iron… ‖ **⌐eisernes Gasrohr** / gas barrel (GB) ‖ **⌐esse** *f* / smith's hearth ‖ **⌐fertigerzeugnis** *n* / finished forging ‖ **⌐feuer** *n* / forge fire ‖ **⌐flecken** *m* / forge o. hammer mark ‖ **⌐gesenk** *n* / forging die ‖ **⌐grat** *m* / flash, seam ‖ **⌐halbzeug** *n* (Sammelbegriff) / semi-finished products for forging *pl*, semis *pl* for forging ‖ **⌐hammer** *m* (Handhammer) / blacksmith's o. forging hammer, hand sledge ‖ **⌐hammer** *m* (Maschine) / forging hammer ‖ **⌐hitze** *f* / forging heat ‖ **⌐kohle** *f* / forge o. smithy o. smith's coal ‖ **⌐legierung** *f* / forge alloy ‖ **⌐manipulator** *m* / forging manipulator ‖ **⌐maschine** *f* / forging machine ‖ **⌐meißel** *m*, Schroteisen *n* / cold cutter ‖ **⌐messing** *n* / hot working brass

schmieden / forge *v* ‖ **⌐** / forging ‖ **⌐ im Gesenk mit Gratspalt o. in geschlossenem Gesenk** / closed die forging ‖ **auf dem Amboß ⌐** / anvil *v* ‖ **auf dem Hornamboß ⌐** / forge on the two-beaked anvil ‖ **im Gesenk ⌐** (Schm) / drop-forge ‖ **vom Stück ⌐** / forge from a billet o. slug o. piece ‖ **von der Stange ⌐** / forge from a bar

Schmiede·nagel *m* / forged nail, forged spike ‖ **⌐nußkohle II** *f* / smithy doubles *pl* ‖ **⌐nußkohle IV** *f* / smithy peas *pl* ‖ **⌐ofen** *m* / forging furnace, hammer furnace ‖ **⌐presse** *f* / forging press ‖ **⌐probe** *f*, -versuch *m* / forge o. forging test ‖ **⌐probe** *f*, -probestück *n* / forging test specimen ‖ **⌐riß** *m* / forging crack o. burst ‖ **⌐rohling** *m* / forging blank ‖ **⌐rohstahl** *m* / crude forging steel ‖ **⌐sattel** *m* (Schm) / saddle ‖ **⌐schlacke** *f* / forge cinder, clinker ‖ **⌐schweißung** *f* / forge welding ‖ **⌐sinter** *m*, Zunder *m* / forge o. forging scales *pl*, hammer scales *pl* ‖ **⌐stahl** *m* / forge[d] o. wrought steel ‖ **⌐stück** *n*, -teil *m* *n* / forged piece, forging ‖ **⌐technik** *f* / forging practice ‖ **⌐walze**, Reckwalze *f* (Schm) / forging o. reducer roll ‖ **⌐wärme** *f* / flame heat ‖ **⌐zange** *f* / blacksmith's o. forge tongs *pl* ‖ **feststellbare ⌐zange** / scissor type adjustable forks *pl* ‖ **flache ⌐zange** / flat bit tongs *pl*

Schmiege *f* (Zimm) / sliding square, bevel ‖ **⌐**, Gehrmaß *n* (Tischl) / mitre rule ‖ **einfache ⌐** / angle bevel ‖ **⌐maschine** *f* (Wzm, Schiff) / bevelling machine ‖ **⌐maschine** *f* **für Wulststahl** (Schiff) / bulb steel bevelling machine

schmiegen, gehren (Zimm) / bevel ‖ **⌐** / bevel *vt*

Schmiege·schablone *f* (Masch) / spotting rack ‖ **⌐teller** *m*, -rolle *f* / bevelling wheel

schmiegsames Gerät (Elektr) / flexible appliance

Schmiegsamkeit *f* / flexibility, ductility, plasticity

Schmiegtangente *f* (Math) / asymptote

Schmiegung *f* (Math) / osculation

Schmiegungs·… (Math) / osculating ‖ **⌐ebene** *f* (Math) / osculating plane ‖ **⌐ebene** *f* (Wzm) / bevelling plane ‖ **⌐kugel** *f* (Math) / osculating sphere ‖ **⌐kurve** *f* (Math) / osculating curve

Schmier·anweisung *f* (Wzm) / lubrication chart o. diagram o. plan ‖ **⌐apparat** *m*, -vorrichtung *f*, Öler *m* / lubricator ‖ **⌐apparat** *m*, Abschmiergerät *n* / lubricating equipment ‖ **⌐blank**, fettblank (Draht) / grease-drawn, grey-bright drawn ‖ **⌐brand** *m* (Landw) / bunt, stinking smut of wheat, tilletia tritici ‖ **⌐büchse** *f*, -gefäß *n* (Masch) / grease box o. cup, greaser, lubricator ‖ **⌐büchse** *f*, Öler *m* / oil cup o. box ‖ **⌐dichte** *f* (Nukl) / smear density ‖ **⌐docht** *m* / lubricating wick

Schmiere *f*, Schmierfett *n* (Masch) / grease ‖ **⌐**, Schmutz *m* / slush ‖ **⌐** (Chem) / gunk (coll) ‖ **aufgefangene ⌐**, alte Schmiere mit Metallspänen / gome, coom (GB)

Schmiereigenschaften *f pl* / lubricating properties *pl*

schmieren *vt* / grease *v* ‖ **⌐**, ölen (Masch) / lubricate, lubrify, oil ‖ **⌐**, verschwärzen (Buch) / slur ‖ **⌐**, aufstreichen / brush *vt*, spread (e.g. colour) ‖ **⌐**, ölen

(Masch) / lubrify ‖ **⌐** *vi*, schmutzen, Flecke machen / smear, smudge ‖ **⌐** (Werkz) / stick, gum, clog

Schmierer *m* (Bahn) / greaser

Schmier·fähigkeit *f* / lubricity (of grease), oiliness (of oil) ‖ **⌐fähigkeitsmesser** *m* / lubricity meter ‖ **⌐fett** *n* / lubricating grease ‖ **⌐fettgehalt** *m* / lubricant content ‖ **⌐film** *m* / grease o. lubricating o. oil film ‖ **⌐filz** *m* / lubricating o. bearing felt, grease o. greasing felt ‖ **⌐fleck**, Farbfleck *m* / daub ‖ **⌐flüssigkeit** *f*, Bohrwasser *n* / drilling oil ‖ **⌐gefäß** *n* s. Schmierbüchse ‖ **⌐hahn** *m* / lubrication o. lubricator cock o. tap, lubrifier, grease cock ‖ **⌐hahn**, Ölhahn *m* / oil cock

schmierig, fettig / greasy ‖ **⌐**, ölig / oleaginous, unctuous ‖ **⌐**, klebrig / smeary ‖ **⌐e** (o. **schlüpfrige**) **Straße** / greasy road ‖ **⌐er Stoff** (Pap) / wet stuff

Schmier·kamera *f* (Nukl) / smear camera, rotating mirror camera ‖ **⌐kanne** *f*, Ölkanne *f* / oil can ‖ **⌐kissen** *n* (Bahn) / oil pad ‖ **⌐kreis** *m* / lubrication circuit ‖ **⌐lager** *n*, Ringschmierlager *n* / grease bearing ‖ **⌐lager-Armaturen** *f pl* / grease cup fittings *pl* ‖ **⌐loch** *n* / lubricating o. lubrication hole ‖ **⌐mittel** *n* (Masch) / grease, lubricating stuff, lubricant ‖ **⌐nippel** *m* / lubricating o. lubricator nipple ‖ **⌐nippel** *m* **für Schmierpressen** / zerk fitting ‖ **⌐nut** *f* / oil groove ‖ **⌐öl** *n* / lubricating oil, lube [oil] (US) ‖ **⌐öl**, Motorenöl *n* / motor oil, lubricating oil ‖ **⌐öl D** *n* / dark luboil ‖ **⌐öl** *n* **Z** / lubricating oil group Z ‖ **⌐ölablaßhahn** *m* / oilpan drain cock, oilpan tap ‖ **⌐öldestillat** *n* / lubricating oil o. lube distillate ‖ **dunkle ⌐öle** *n pl* / black oils *pl* ‖ **⌐ölrückstand** *m* (Öl) / gum ‖ **⌐ölverdünnung** *f* (Kfz) / crankcase dilution ‖ **⌐patrone** *f* / grease cartridge ‖ **⌐plan** *m*, -tabelle *f* / lubrication chart o. diagram o. plan, oil chart ‖ **⌐platte** *f* (DV) / scratch disk ‖ **⌐plombe** *f* (Löten) / wiped solder joint ‖ **⌐plombe** *f* (Kabelendverschluß) / wiping gland ‖ **⌐presse** *f* / grease gun, pressure o. squirt gun, grease injector ‖ **⌐pumpe** *f*, Ölverteiler *m* / lubricating feed mechanism ‖ **⌐ring**, Ölring *m* / oiling ring, oil o. lubrication ring ‖ **⌐rohr**, Ölrohr *n* / oil pipe o. tube ‖ **⌐rückstände** *m pl* / lubrication residues *pl* ‖ **⌐schraube** *f* (Bahn) / oil hole screw ‖ **⌐seife** *f* / soft o. potassium soap ‖ **⌐seifen-Teststrecke** *f* (Kfz) / skidpan ‖ **⌐spritze** *f* / lubricating o. oil gun o. syringe ‖ **⌐stelle** *f* / greasing o. lubricating point ‖ **⌐stelle**, Ölstelle *f* / oiling point ‖ **⌐stoffe** *m pl* / lubricants *pl* ‖ **⌐tabelle** *f*, -plan *m* s. Schmierplan ‖ **⌐tasche** *f* (in Lagern) / bore relief, lubrication bore relief

Schmierung *f*, Schmieren *n* / greasing, lubrication ‖ **⌐ mit Gas[film]** / gaseous lubrication

Schmierungs·kunde *f* / tribology

Schmier·vorrichtung *f* / lubricating arrangement ‖ **⌐walkfaß** *n* (Gerb) / stuffing drum

Schminkweiß, Perlweiß *n* (Wismutsubnitrat) / pearl (GB) o. paint (US) white (bismuth subnitrate)

Schmirgel *m*, körniger Korund / emery *n* ‖ **⌐**, Schleifmaterial *n* / abrasive [powder] ‖ **⌐…**, Schleif… / abrasive ‖ **⌐band** *n* / emery belt ‖ **⌐block** *m* / emery brick ‖ **⌐brühe** *f*, -brei *m* / abrasive slurry ‖ **⌐feile** *f* / abrasive file ‖ **⌐leinwand** *f*, -leinen *n* / abrasive o. emery cloth ‖ **⌐maschine** *f* (Web) / energy sueding machine

schmirgeln / emery *v*, grind with emery ‖ **⌐**, glätten / polish *v*, grind ‖ **⌐**, schleifen (Holz) / sand *vt* ‖ **⌐** *n* / grinding with emery

Schmirgel·papier *n* / abrasive o. emery paper ‖ **⌐papier u. -leinen** (Sammelbegriff) / coated abrasives *pl* ‖ **⌐pulver** *n* / emery dust o. flour o. powder ‖ **⌐pulver aufbringen** / dust with emery powder ‖ **⌐pulver-Emulsion** *f* (IC) / slurry ‖ **⌐sand** *m* / abrasive sand ‖ **⌐scheibe** *f* / emery wheel o. disk (US), abrasive wheel o. disk (US) ‖ **⌐staub** *m* / flour o. powder of emery ‖ **⌐staub** *m* **aus Edelsteinschleifereien** / flour of emery from diamond cutting ‖ **⌐wirkung** *f* / abrasion

Schmitt-Trigger[-Multivibrator]

Schmitt-Trigger[-Multivibrator] *m* (Elektronik) / cathode-coupled binary, Schmitt-trigger, Schmitt (US)
Schmitz *m* / slur ‖ ⌐ (Streifen im Flöz), Schmitze *f* (Bergb) / layer of shale o. stone, veinstuff ‖ ⌐ (Buch) / maculature, maculation, macule, mackled paper
Schmitze *f*, Schmitz *m* (Tuch) / furrow, stripe, unevenness
schmitzen, verwischen (Buch) / mackle *v* ‖ ⌐, Schmitzblatt *n* (Buch) / slurring
Schmitz·leiste *f* (Buch) / bed bearer ‖ ⌐ring, Zylinderlaufring *m* (Buch) / bearer ring, cylinder bearer
Schmolz *m* (Keram) / overburns *pl*
Schmoren *n*, Zischen *n* (Mikrophon) / microphone hiss ‖ ⌐ (Kabel) / scorching
Schmuck, Zierat *m* / ornament, decoration ‖ ⌐..., Zier... / decorative ‖ ⌐dose *f* aus Weißblech / decorative tin can
schmücken o. besetzen [mit] / trim *vt*
Schmutz *m* / filth, dirt ‖ ⌐, Abfall *m* / garbage, spoil, detritus ‖ ⌐, Abfall *m* bei der Verarbeitung (Pap) / trash ‖ ⌐ (in Wäsche) / dirt ‖ ⌐, Abfälle *m pl*, Kehricht *m* / dirt, sweepings *pl* ‖ ⌐abgabe *f* (Dreschmaschine) / waste deposit ‖ ⌐ablagerung *f* im Motor (Kfz) / sediment, sludge ‖ ⌐abscheider *m* im Filter (Kfz) / sediment bowl in the filter ‖ ⌐abscheidung *f* / dirt separation ‖ ⌐abstreifer *m* / dirt scraper ‖ ⌐abstreifer *m* für Schuhe / shoe scraper ‖ ~abweisend, -abstoßend / dirt-repelling, antisoiling ‖ ~abweisende Eigenschaft / resistance to soiling ‖ ⌐abweisung *f* / stain release ‖ ⌐anteil *m* (Zuck) / percent tare ‖ ⌐anteil *m*, -quote *f* (Zuck) / dirt level ‖ ⌐band *m* / spillage belt ‖ ⌐blech *n*, -fänger *m* / dirt trap ‖ ⌐bogen *m* (Buch) / waste sheet ‖ ⌐buchstabe, Spieß *m* (Buch) / pick, black ‖ ⌐bürste *f* / scrub[bing] brush ‖ ~empfindlich / easily soiled
schmutzen *vt*, Flecke machen, schmieren / smear
Schmutz·entfernung *f* / dirt removal ‖ ⌐faden *m* (Web, Fehler) / soiled end o. pick
Schmutzfänger *m* (allg) / dirt pan
Schmutz·fänger *m* (Straßenablauf) / dirt pan o. bucket ‖ ⌐fänger *m* (in Kabelschächten) (Elektr) / catch pan ‖ ⌐fänger *m* (Gummilappen an Kotflügeln) (Kfz) / mud flap (GB), fender flap (US) ‖ ⌐fangläufer *m* / dirt-absorbing carpet ‖ ⌐[fleck] *m* / smudge, smear ‖ ⌐fleck *m*, Fettfleck *m* / stain ‖ ⌐fleckenzahl *f* (Pap) / dirt count ‖ ⌐flocke *f* / smut ‖ ⌐gehalt *m* / impurities *pl* ‖ ⌐gewichtswaage *f* (Textil) / scale for percentage of foreign matter ‖ ⌐hahn *m*, Ablaßhahn *m* für Schmutzwasser / mud cock o. drain
schmutzig, beschmutzt / dirty, foul, filthy, grimy ‖ ~, schlammig / muddy, miry ‖ ~, trüb / mudd, turpid ‖ ~ (Nukl) / dirty, radiological ‖ ~ (Arbeit) / soiling, dirty ‖ ~, staubig (Wolle) / dusty ‖ ~er Druck (o. Fehldruck) (Buch) / misprint, foul impression ‖ ~ machen / dirty *vt* ‖ ~ werden, [ver]schmutzen / soil *vi*, dirty, foul, smut ‖ ~rot / lurid
Schmutz·kammer *f* (Rohrschleuder) / elutriation chamber ‖ ⌐lauge *f* (Textil) / scouring liquor ‖ ⌐öl *n* / contaminated oil ‖ ⌐öltank *m* (Schiff) / dirty oil tank ‖ ⌐quote *f*, -anteil *m* (Zuck) / dirt level ‖ ⌐schleuse *f* (Altpapierverarb) / trash discharge ‖ ⌐seite *f*, Blankseite *f*, erste Seite (Buch) / blank page ‖ ⌐spritzer *m* / splash, squelch ‖ ⌐stelle *f* (Web, Fehler) / spot ‖ ⌐stoff *m*, Verschmutzungsstoff *m* / pollutant (GB), polutant (US) ‖ ⌐[stoff] *m* (Umwelt, Wasser) / contaminant ‖ ⌐teilchen *n* / soil particle ‖ ⌐titel *m* (Buch) / outer title page, half o. bastard title ‖ ⌐träger *m* (Waschmittel) / antiredeposition agent, soil carrier ‖ ~- und fleckenabweisend / soil and stain repellent ‖ ⌐walze *f* (Spinn) / dirt roller ‖ ⌐wasser *n* / muddy water ‖ ⌐wasser, Abwasser *n* / sewage [water], sewerage ‖ ⌐wasser *n*, -brühe *f* / slop, slops *pl*, sloppy water ‖ ⌐wasserauslauf *m* / discharge of sloppy water ‖ ⌐wasserkläranlage *f* / plant for sewage purification ‖ ⌐wasserpumpe *f* / dirty-water pump ‖ ⌐wiederaufziehvermögen *n*, Waschvergrauung *f*

(Textil) / soil redeposition ‖ ⌐wolle *f* / greasy wool, wool in the yolk ‖ besonders fettige ⌐wolle / extra greasy wool ‖ ⌐wolle *f* von den Hinterbeinen / crutchings wool ‖ ⌐zucker *m* / moist sugar ‖ ⌐zulage *f* (F.Org) / clothing spoilage, dirt money (GB), dirt work allowance
Schnabel, Spitze *f* / neb, nib, tip ‖ ⌐, Ausguß *m* / nozzle ‖ ⌐ *m* der Schieblehre / jaw of the vernier calliper ‖ ⌐ des Krans, Auslegerspitze *f* (Tätigkeit) / point of the jib ‖ ⌐ eines Gefäßes / nose o. muzzle of a vessel ‖ ⌐ mit Messerspitzen (Schieblehre) / jaw with knife-edge points ‖ ⌐ ohne Spitzen (Schieblehre) / simple jaw ‖ ⌐becken *n* (Bau) / flat back urinal ‖ ⌐kipper *m* / scoop tipper ‖ ⌐pfanne *f* (Hütt) / spouted ladle ‖ ⌐rundkipper *m* / scoop dump car ‖ ⌐zange *f* / long-nose pliers
Schnalle *f* / buckle ‖ ⌐, Spange *f* / clasp ‖ ⌐, Falte (Pap) / cockle
Schnallen·dorn, Stachel *m* / catch o. thorn o. tongue of a buckle ‖ ⌐isolator *m* / buckle insulator ‖ ⌐kette *f* / buckle chain ‖ ⌐riemen *m* / buckle strap ‖ ⌐zange *f* / sliding tongs *pl*
Schnapp·... / snap... ‖ ⌐befestigung *f* / snap-on mounting ‖ ⌐befestigung *f* / snap action ‖ ⌐bodenverschluß *m* / crash lock bottom ‖ ⌐bremse *f* / snatch brake ‖ ⌐deckel, -verschluß *m* / snap-on cap, snap cover
schnappen, schnell greifen / snap, snatch ‖ ~ (Feder) / unbend itself, spring off, snap ‖ ~ lassen (z. B. Schnur) / snap
Schnapper *m*, Klinke, Falle *f* (Schloß) / spring-loaded catch ‖ ⌐ (Blechwalzw) / catcher ‖ ⌐, Abschnappkupplung *f* (Kfz) / impulse coupling o. starter
Schnapp·feder *f* / catch spring, kickover spring ‖ ⌐federimpulsgeber *m* / spring contact pulse generator ‖ ⌐halter *m* / snap-in fastener ‖ ⌐öler *m* / lubricator with telescopic cover ‖ ⌐schalter *m* (Elektr) / quick [make-and-]break switch o. cut-out, snap[-action] switch, spring controlled switch (US), sensitive switch ‖ ⌐schloß *n* (z.B. für Kofferdeckel) / [back-]spring lock, catch o. snap lock ‖ ⌐schuß *m* (coll) (Phot) / shot, snapshot, snap ‖ ⌐stift, Haltestift *m* / locking pin ‖ ⌐verbindung *f* / snap connection ‖ ⌐verschluß *m* / snap ‖ ⌐verschluß *m* (Schloß) / spring-loaded latch
schnarchen (Pumpe) / snort
Schnarch·rohr, Saugstück *n* (Pumpe) / snore-piece ‖ ⌐ventil, Schnarrventil *n* (Dampfm) / puppet o. snifting valve
Schnarre *f* / rattle
schnarren, rattern / niril, vibrate
Schnarrer, Schnarrsummer *m* / buzzer
Schnarrprüfung *f* (Dieseleinspr.pumpe) / vibration control
Schnauze *f* (Topf) / beak, spout ‖ ⌐, Ausguß / lip ‖ ⌐, Mundstück *n* / snout ‖ ⌐ eines Gefäßes / nose o. nozzle of a vessel
Schnecke *f* (Zool) / snail ‖ ⌐, Schneckenlinie (Math) / helix ‖ ⌐, Schraube ohne Ende *f* / worm, endless screw ‖ ⌐ (des Schneckenförderers) / flight, screw, worm ‖ ⌐ (Uhr) / fusee ‖ ⌐, Rolle *f* (Bau) / volute ‖ ⌐ zum Herausführen des inneren Wickelguts / guide tube
Schnecken·abwälzfräser *m* / worm hob ‖ ⌐abzieher *m*, -aufgeber *m* / screw feeder ‖ ⌐antrieb *m* (Masch) / worm drive o. gear[ing] ‖ ⌐antrieb *m* (Opt) / worm pinion ‖ ⌐aufgeber *m* / screw feed conveyor ‖ ⌐auge *n* (Bau) / center of a volute ‖ ⌐austragvorrichtung *f* / screw type extractor ‖ ⌐bohrer *m* (DIN 6464) / gimlet bit, wimble ‖ ⌐-Expansionstrockner *m* (Gummi) / expeller-expander drier ‖ ⌐extruder *m* / screw-type extrusion o. extruding machine ‖ ⌐feder *f*, Kegel-, Wickelfeder *f* / conical o. volute spring ‖ ⌐förderer *m*, screw o. spiral o. worm conveyor ‖ ⌐förderer *m*, Zuführschnecke *f* / feed screw ‖ ⌐förderer *m*, Hubschnecke *f* / lifting screw ‖ ⌐fräser *m* / milling cutter for worms ‖ ⌐fräsmaschine *f* / worm milling machine ‖ ⌐gang *m*, -windung *f* / spiral, volution ‖

910

⌁gebläse n / propeller fan ‖ ⌁gehäuse n, -kasten m / worm casing o. box ‖ ⌁getriebe n / worm gear pair ‖ ⌁gewinde-Schelle f (Schlauch) / worm drive hose clip ‖ ⌁gewölbe n / spiral vault ‖ ~hausförmig / cochleate ‖ ⌁hauslinie, Kochleoide f / cochleoid ‖ ⌁klassierer m / screw-type classifier ‖ ⌁kranz m / worm wheel rim ‖ ⌁länge f (Schneckengetriebe) / worm facewidth ‖ ⌁lenkung f (Kfz) / worm-and-sector steering [gear], worm[-and-]wheel steering [gear] ‖ ⌁linie f, Muschellinie f, Konchoïde f / conchoidal curve ‖ ⌁presse f (Plast) / worm extruder ‖ ⌁pumpe f / spiral pump ‖ ⌁rad n (des Schneckengetriebes) / worm wheel o. gear ‖ ⌁rad[ab]wälzfräser m / worm wheel hob ‖ ⌁rad[ab]wälzfräsmaschine f / worm wheel generating o. hobbing machine ‖ ⌁räderfräsmaschine f / worm wheel cutting machine ‖ ⌁radgetriebe n, -radsatz m (Masch) / worm gear pair ‖ ⌁radsegment n / worm segment ‖ ⌁radvorgelege n / worm gear transmission ‖ ⌁rohrförderer m / screw-tube conveyor, spiral-tube conveyor ‖ ⌁rollenlenkung f (Kfz) / cam and roller steering gear ‖ ⌁schleifen n / grinding by grinding worm ‖ ⌁schub m (Plast) / screw injection ‖ ⌁senkrechtförderer m / vertical screw conveyor ‖ ⌁spritz[guß]maschine f (Plast) / screw injection moulding machine ‖ ⌁steg m (Plast) / land of the screw ‖ ⌁steigung f / worm pitch ‖ ⌁strang m / screw feeder ‖ ⌁strangpresse f / screw-type extrusion o. extruding machine ‖ ⌁trieb m s. Schneckenantrieb ‖ ⌁trieur m / spiral separator ‖ ⌁- und Gewindeschleifmaschine f / worm and thread grinding machine ‖ ⌁windung f, -gang m / spiral, volution ‖ ⌁zahn m / thread of a worm gear

Schnee m / snow ‖ ⌁ (TV) / black-and-white snow ‖ ⌁bericht m / snow report ‖ ⌁besen m / egg-beater (GB) ‖ ⌁[fang]gitter n (Dach) / snow fence o. board o. guard, gutter board ‖ ⌁fräse f / rotary snow plow ‖ ⌁frei machen / free from snow ‖ orografische ⌁grenze / perpetual snow line ‖ ⌁kette f (Kfz) / nonskid o. snow chain, skid chain ‖ ⌁kufe f (Luftf) / landing o. snow o. undercarriage skid ‖ ⌁kufenfahrwerk n (Luftf) / ski type landing gear ‖ ⌁kufen-Federbein n (Luftf) / pedestal ‖ ⌁last f / snow load o. pressure ‖ ⌁maschine f / snowmaker ‖ ⌁matsch m / slush, slosh ‖ ⌁pflug, -räumer m / snow plow ‖ ⌁räumen n / snow removal ‖ ⌁räumgerät n / snow remover ‖ ⌁-Raupenfahrzeug n / snow tractor ‖ ⌁regen m / sleet, rain and snow ‖ ⌁sack m (Bau) / snow trap ‖ ⌁schlamm m (Meteorol) / slush ‖ ⌁schleuder[maschine] f / rotary snow plough, snow blower ‖ ⌁schutzanlage f, Schneezaun m (Bahn) / snow fence o. shed ‖ ⌁schutzgitter n (Bau) / snow fence o. guard ‖ ⌁sporn m, -kufe f (Luftf) / tailski[d], -spar ‖ ⌁verwehung, -wehe f / snow drift, bank of drifted snow ‖ ⌁weiß n (Chem) / zinc white ‖ ~weiß / snow white ‖ ⌁zaun m (Bahn, Straßb) / snow fence o. shelter

Schneid·anker m (Seekabel) / cutting grapnel ‖ ⌁anlage f / cutting installation ‖ ⌁apparat, -brenner m / flame cutter ‖ ⌁arbeit f (allg) / cutting ‖ ⌁arbeit f (Wzm) / cutting energy o. force ‖ ⌁arbeit f, Schneiden n (Stanz) / cutting o. shearing [work], blanking ‖ ⌁arbeit f (Film) / cutting, editing ‖ ⌁backe f, -eisen n (Gewinde) / screw o. screwing die ‖ ⌁backe f (Zange) / jaw with knife-edged joints ‖ ⌁backe f für Rohrgewinde / pipe die ‖ ⌁balken m für Mittelschnitt, [Normalschnitt, Tiefschnitt] (Landw) / medium, [standard, narrow] pitch cutter bar ‖ ⌁bohrer m für Rohrgewinde / pipe tap ‖ ⌁brennen n / autogenous o. torch-cutting, flame cutting ‖ ⌁brenner m / flame cutter o. cutting torch ‖ ⌁brust f (Wzm) / breast of a cutting tooth ‖ ⌁brust f des Gewindebohrers o. Fräsers (Wzm) / rake ‖ ⌁brust f eines Zahns (Wzm) / breast o. face of a cutting tooth ‖ ⌁buchse f (Stanz, Wzm) / piercing die bush ‖ ⌁druck m (Wzm) / cutting o. tool pressure o. thrust ‖ ⌁düse f (Schweiß) / cutting tip o. nozzle

Schneide f, scharfe Kante (Wz) / bezel ‖ ⌁, Messer n (Wzm) / cutter, cutting edge ‖ ⌁, Messerschneide f / knife-edge ‖ ⌁ des Beitels / cutting edge of chisel ‖ ⌁ des Hobeleisens / bezel of the plane knife ‖ ⌁ des Zentrumsbohrers / router of the centre bit ‖ ⌁ mit Abschrägung außen (Zange) / cutting edge with external bevel ‖ ⌁ ohne Abschrägung außen (Zange) / cutting edge without external bevel, flush cutting edge ‖ mit ⌁, scharf / edged, sharp ‖ scharfe ⌁ / keen edge ‖ stumpfe ⌁ / dull edge

Schneid·eisen n, Gewinde[schneid]backe f / [bolt] die, die nut, die stock, die ‖ ⌁eisen n, Ringkluppe f / ring end screw plate o. stock, threading die o. plate ‖ rundes ⌁eisen (Wzm) / circular screwing die ‖ ⌁eisen, geschlitzt / slotted adjustable die ‖ ⌁eisen-Gewindebohrer m / die tap ‖ ⌁eisenhalter m, -kluppe f / die holder o. stock ‖ ⌁eisenkapsel f / die collet

Schneide·keramik f / ceramic cutting material ‖ ⌁keramik f / ceramic cutting material ‖ ⌁marken f pl / cutting marks o. lines pl ‖ ⌁maschine f, Cutter m / cutter ‖ ⌁maschine f (Holz) / plankways cleaving machine ‖ ⌁maschine f (Buch) / cutter ‖ ⌁maschine f (Zuck) / slicer ‖ ⌁maschine f (für Abschneiden) / shearing machine ‖ ⌁maschine f für Brot u. Aufschnitt / food slicer ‖ ⌁maschine f für Einbringen in Silos (Landw) / ensilage cutter ‖ ⌁messer n / knife, blade ‖ ⌁messer, Hackmesser n / chopping blade o. knife ‖ ⌁messer n (Bb) / cutting instrument o. knife ‖ ⌁messer n, Beschneidemesser n (Schriftg) / trimming knife o. blade

schneiden / cut v ‖ ~, sägen / cut v, saw ‖ ~, mähen / mow, reap ‖ ~, ab-, be-, durchschneiden / cut [up] ‖ ~ (Masch, Wzm) / cut vt ‖ ~ (Fehler beim Fahren) (Kfz) / cut in ‖ ~, schrämen (Bergb) / kirve, kerve ‖ ⌁ (allg, Film) / cutting ‖ ⌁ (Pap) / guillotining ‖ ⌁, Schnittbetrieb m (Film) / editing ‖ ⌁ (beim Überholen) (Kfz) / cutting-in ‖ ⌁ auf Länge / cutting to length ‖ ⌁ mit Schneidschablone, Gummischneiden n (Stanz) / rubber pad blanking ‖ ⌁ von Lumpen (Pap) / chopping of rags ‖ eine Kurve ~ / cut a corner close ‖ in zwei Teile ~ (Math) / bisect ‖ Kraftlinien ~ / cut lines of force ‖ mit der Schere ~ / scissor v ‖ Schraubenmuttern ~ / run a tap through nuts, tap nuts ‖ sich ~ o. kreuzen (Geom, Linien) / intersect, cross ‖ ⌁ansatz m (Wzm) / built-up edge ‖ ⌁aufhängung f / knife-edge suspension ‖ ⌁ausbröcklung f / breakdown of the cutting edge ‖ ⌁ausbruch m / cutting edge chipping ‖ ⌁ausführung f (Wz) / cutting edge configuration ‖ ⌁[bezugs]punkt m (Wzm) / reference point of the cutting edge

schneidend / cutting ‖ ~ (Math) / intersecting, cutting, secant ‖ ~, stechend / piercing ‖ ~ (Ton) / sharp, piercing ‖ ~e Gewinnung (Bergb) / drum shearing

Schneiden·dicke f (Zange) / width of edge ‖ ⌁ecke f (Wz) / corner, nose ‖ ⌁eingriff m / cutting action ‖ ~förmig / knife-shaped ‖ ⌁höhe f (Zange) / external bevel ‖ ⌁lager n / knife-edge bearing o. lager-Relais n / knife-edge relay ‖ ⌁lagerung f (Waage) / steel prism ‖ ⌁meißelbohrer m / blade bit ‖ ⌁temperatur f (Wzm) / cutting edge temperature ‖ ⌁winkel m (Wz) / edge angle

Schneidepresse f / blanking o. cutting press

Schneider m, Affenschaukel f (coll) (Glas) / bird cage o. swing

Schneideritze f (Glas) / scratch

Schneider·kreide f / tailor's chalk, French chalk for tailors ‖ ⌁leinen n, Steifleinen n / interlining canvas, tailor's canvas o. linen

Schneiderodieren n / erosive cutting

Schneider·ofen m (Elektr) / Schneider furnace

Schneiderollen f pl / Schlitzrollen f pl / slitters pl

Schneider·schere f / tailor's shears pl

Schneid·fähigkeit f / cutting ability o. efficiency o. quality ‖ ⌁flamme f / cutting flame o. torch ‖ ⌁flüssigkeit f (Wzm) / cutting coolant o. lubricant o.

compound o. solution ‖ ⁓**gebläse** *n* (Landw) / chopper blower ‖ ⁓**granulator** *m* / cutting mill ‖ ⁓**haltigkeit** *f* / wearing resistance of an edge, edge-holding property ‖ ⁓**härte** *f* **eines Werkzeugs** / cutting hardness of a tool ‖ ⁓**impuls** *m* (Videoband) / edit pulse ‖ ⁓**kante** *f* / edge of a tool o. knife, knife o. cutting edge ‖ ⁓**kante** *f* (Peltonschaufel) / splitter edge ‖ ⁓**kantenfläche** *f* / tool cutting edge plane ‖ ⁓**[kanten]rücken** *m* (Werkz) / land, heel ‖ ⁓**kantenrundung** *f* (Wz) / rounded cutting edge radius ‖ ⁓**keil** *m* (Wz) / wedge ‖ ⁓**keramik** *f* (Dreh) / ceramic insert ‖ ⁓**klemmtechnik** *f* / IDC method of termination ‖ ⁓**klemmverbindung** *f*, -klemmkontakt *m* (Elektr) / insulation displacement connection, insulation displacement contact ‖ ⁓**kluppe** *f* / screw stock, stock and dies *pl* ‖ ⁓**kopf** *m* (Gewinde) / cutter head o. block, cutting die head, die chuck ‖ ⁓**ladung** *f* (Bergb) / wedge type charge ‖ ⁓**legierung** *f* / cutting alloy ‖ ⁓**lineal** *n* / cutting rule ‖ ⁓**linienprojektor** *m* (Schw) / cutting line projector ‖ ⁓**lippe** *f* (Bohrer) / cutting edge ‖ ⁓**lippenfase** *f* (Werkz) / land, heel ‖ ⁓**maschine** *f*, Längsschneider *m* (Pap) / slitter, slitting machine ‖ ⁓**maschine** *f* (Zuck) / slicer ‖ ⁓**maschine** *f* **für Folien** (Plast) / slicing machine ‖ ⁓**maß**, Maß *n* nach dem Beschneiden / trim size ‖ ⁓**messer** *n* / cutting knife ‖ ⁓**metall** *n* (Drehmasch) / cutting tool metal ‖ ⁓**mittel** *n* / cutting means ‖ ⁓**mutter** *f* (Gewinde) / solid square bolt die ‖ ⁓**nadel** *f* / flat needle ‖ ⁓**nadel** *f* (Phono) / [sapphire] recording stylus, cutting stylus ‖ ⁓**öl** *n* / cutting oil ‖ ⁓**plättchen** *n*, -platte *f* aus Hartmetall / carbide tip ‖ ⁓**plättchen** *n* **aus Schnellarbeitsstahl** / rapid machining steel tip, high-speed steel tip ‖ ⁓**platte** *f* (Schm) / clipping bed ‖ ⁓**platte** *f*, **zu schneidende Platte** (Grammophon) / raw record ‖ ⁓**platte** *f*, Matrize *f* (Stanz) / blanking die ‖ ⁓**rad** *n* (Verzahnung) / pinion-type cutter ‖ ⁓**rad** *n* (Pap) / slitting wheel ‖ ⁓**riefe** *f* (Plast) / sheeter line ‖ ⁓**ring** *m* (Stanz) / die ring ‖ ⁓**ring** *m* (Rohrverbind) / olive, cutting ring ‖ ⁓**rolle** *f* (Buch) / slitting wheel ‖ ⁓**rollen-Markierungen** *f pl* (Pap) / slitter marks *pl* ‖ ⁓**säge**, Walzensäge *f* (Walzw) / cutting cylinder ‖ ⁓**saum** *m* (Blech) / cutoff edge ‖ ⁓**schablone** *f* (Stanz) / rubber pad blanking tool ‖ ⁓**schar** *f* (Landw) / cutter bar ‖ ⁓**scheibe** *f* (Schleifm) / parting wheel ‖ ⁓**scheibe** *f* (zum Schneiden) / knifing disk ‖ ⁓**scheibe** *f* (Zuck) / knife block ‖ ⁓**schere** *f* / cutting shears ‖ ⁓**schraube** *f* (DIN), selbstschneidende Gewindeschraube / tap[ping] screw, self-tapping screw, thread-cutting screw ‖ ⁓**schraube** *f* **mit Sechskantkopf** / thread cutting hexagon head cap screw ‖ ⁓**schuh** *m* (Bergb) / cutter o. leader for sinking shafts, cutting sleeve ‖ ⁓**spalt** *m* (Stanz) / blade o. die clearance ‖ ⁓**span** *m* (Holz) / sliced particle ‖ ⁓**spitze** *f* / cutting point ‖ ⁓**spitze** *f* (Holzbearb) / lance ‖ ⁓**spitze** *f* (Nähm.Nadel) / leather point ‖ ⁓**stahl** *m* / cutter, cutting tooth ‖ ⁓**stahl** *m* **für Ausdreharbeiten** / boring cutter ‖ ⁓**stahl** *m* **für Gewindearbeiten** / threading cutter ‖ ⁓**stempel** *m* (Schm) / clipping punch ‖ ⁓**stichel** *m*, -stift *m* (Phono) / cutting o. recording stylus ‖ ⁓**stoff** *m* (Wzm) / cutting material ‖ ⁓**- und Wickelmaschine** *f* (Buch) / slitting and re-winding machine ‖ ⁓**verstärker** *m* (Phono) / recording amplifier ‖ ⁓**vorrichtung** *f* / cutting appliance o. implement o. device o. mechanism ‖ ⁓**[walz]werk** *n* / slitting rollers *pl* ‖ ⁓**waren** *f pl* / cutlery ‖ ⁓**warenhersteller** *m* / cutler ‖ ⁓**werksfinger** *m* (Mähdrescher) / sickle guard o. finger ‖ ⁓**werkzeug** *n* / cutting o. edge tool ‖ **gezahntes o. geschlitztes** ⁓**werkzeug** (Wzm) / gashed cutter ‖ ⁓**winkel** *m* (Schere) / angle of shear blades ‖ ⁓**zahn** *m* / cutter, cutting tooth ‖ ⁓**zange** *f* / cutting pliers o. pincers *pl* ‖ ⁓**zirkel** *m* / cutting compasses *pl* ‖ ⁓**zylinder** *m* (Buch) / cutting cylinder

Schneise *f* (Forstw) / lane, riding cut ‖ ⁓ (Luftf) / equisignal corridor

schnell / quick, fast, high-speed, -velocity, rapid ‖ ⁓, lebhaft / brisk ‖ ⁓, verzögerungsfrei, -los / instantaneous, rapid ‖ ⁓, durchgehend (Bahn) / fast ‖ ⁓,

hochempfindlich (Phot) / high-speed… ‖ ⁓ **ansprechend** / fast operate… ‖ ⁓ **anspringend** (Kfz) / starting easily ‖ ⁓ **anziehend** (Farbe) / sharp ‖ ⁓ **aufflammender Brand** / flash fire ‖ ⁓**e Bewegung zwischen 2 Punkten** (NC) / coarse motion between two points ‖ ⁓ **bindender Zement** / quick-taking cement ‖ ⁓ **brennend** (Plast) / fast burning, FB ‖ ⁓**e Datenübertragung** / high-speed data transmission ‖ ⁓**e Diode** / fast-recovery diode ‖ ⁓**es Einsatzgitter**, SEG (Nukl) / fast substition lattice, fast insertion lattice ‖ ⁓**es Elektron** / fast electron ‖ ⁓ **fahren** / drive fast *v*, move at high o. top speed, speed *vi* ‖ ⁓**e Fourier-Transformation** / fast Fourier transform, FFT ‖ ⁓**e Fouriertransformierte** (Fernm) / fast Fourier transform, FFT ‖ ⁓**e Leitung** (Breitband- o. Koaxialleitung) *f* (Fernm) / high-speed line ‖ ⁓ **luftgekühlt** / rapid air cooled ‖ ⁓**es Neutron** / fast neutron (energy ≧ 0.1 MeV) ‖ ⁓**e Periodenabschaltung von Reaktoren** / fast reactor period protection ‖ ⁓**es Proton** / high-speed proton, fast proton ‖ ⁓**er Reaktor** / fast [neutron] reactor ‖ ⁓**ere Reihe der Drehzahlen** (NC) / upper speed range ‖ ⁓ **rotierend** (o. drehend) / spinning ‖ ⁓ **schaltend** / fast switching *adj* ‖ ⁓**es Teilchen** (Phys) / high-speed particle ‖ ⁓**er Überblick** (Masch) / quick-look ‖ ⁓**er Vor- und Rücklauf mit Ton** (Cassette) / cue and review ‖ ⁓**er werden**, auf Touren kommen (Mot) / pick up ‖ ⁓**er Zugriff** / rapid access ‖ **mit** ⁓**em Rückgang** / quick-return ‖ **zu** ⁓ **fahren** (Fahrzeug) o. **laufen** (Motor) / overspeed *vi* ‖ ⁓**abbinden** (Zement) / flash set ‖ ⁓**[ab]bindend** (Bau) / quick setting, quick-taking, rapid-hardening ‖ ⁓**ablaß** *m* (Nukl) / dump ‖ ⁓**ablaßventil** *n* (Luftf) / jettison valve ‖ ⁓**ablaufend** (Flüssigkeit) / quick running ‖ ⁓**ablaufpipette** *f* (Chem) / swift delivery pipette ‖ ⁓**abrollbahn** *f* (Luftf) / high-speed taxiway ‖ ⁓**abschalttaster** *m* / emergency shutdown o. stop button, scram button ‖ ⁓**abschaltung** *f* (Reaktor) / reactor trip, scram, emergency shut-down ‖ ⁓**abstimmer** *m* (Elektronik) / instantuner ‖ ⁓**abtastmotor** *m* (Radar) / slewing motor ‖ ⁓**abtastung** *f* (Radar) / fast search

Schnelladung *f* (Akku) / boost charge, quick o. rapid charge

Schnell·alterung *f* / quick ageing ‖ ⁓**alterungsversuch** *m* / accelerated ageing test ‖ ⁓**amt**, Nahverkehrsamt *n* / toll exchange (GB) ‖ ⁓**amtsleitung** (Fernm) / toll line o. circuit (GB) ‖ ⁓**analyse** *f* / rapid analysis ‖ ⁓**anheizend** (Kath.Str.) / quick-on ‖ ⁓**ansprechend**, mit kleiner Eigenzeit (Elektr, Elektronik) / fast response… ‖ ⁓**anstellung** *f* (Wzm) / rapid feed ‖ ⁓**anzeigendes Tauchthermoelement** (Hütt) / quick-immersion thermocouple ‖ ⁓**[arbeits]stahl** *m* / high-speed steel, rapid machining steel

Schnellastwagen, Kleinlaster *m* (Kfz) / light lorry (GB) o. truck (US)

Schnellätzverfahren *n*, Einstufenätzung *f*, -verfahren *n* (Buch) / quick etch, powderless o. one-bite etching

Schnellauf *m*, schnelle Bewegung / quick motion ‖ ⁓ / high speed ‖ ⁓ (Magn.Bd) / fast mode ‖ ⁓**drehmaschine** *f* / rapid production lathe

schnellaufend / high-speed… ‖ ⁓**er Motor** / high-speed motor o. engine

Schnelläufer *m* (über 100 km/s) (Astr) / high-velocity star ‖ ⁓ (Buch) / high-speed press ‖ ⁓**indikator** *m* / micro-indicator, high-speed indicator ‖ ⁓**kettenstuhl** *m* (Textil) / tricot warp knitting machine ‖ ⁓**maschine** *f* / high-speed engine ‖ ⁓**maschine** *f* (Web) / high-speed frame

Schnellauf·-Extruder *m* / ultrahigh-speed extruder ‖ ⁓**-Webautomat** *m* / high-speed automatic loom ‖ ⁓**-Webstuhl** *m* / high-speed loom

Schnell·aufzug *m* (Phot) / lever wind ‖ ⁓**auslösemagnet** *m* (Elektr) / tripping magnet o. mechanism ‖ ⁓**auslöser** *m* (Elektr) / high-speed circuit breaker ‖ ⁓**auslöserelais** *n* (Elektr) / trip relay ‖ ⁓**auslösung** *f* / rapid o. quick release ‖ ⁓**-Ausschalter** *m* (Elektr) / ballistic o. quick-

action circuit-breaker ‖ **⁓auswertung** f von
Informationen (Raumf) / browse facilities ‖
⁓automatenstahl m / free-cutting steel ‖ **⁓bahn** f
(Bahn) / high-speed railway, express line ‖
⁓bauschraube f für Gipskarton / dry wall screw ‖
⁓befestigung f / quick-fixing device ‖ **⁓beize** f / flash
pickling ‖ **⁓beize** f (Drahtzieh) / strong acid bath ‖
⁓bereichswechsel m (Elektronik) / quick wave changing
‖ **⁓bestimmung** f (Chem) / quick o. rapid analysis ‖
⁓bewitterung f / accelerated weathering ‖ **⁓bleiche** f /
quick bleach, rapid bleaching ‖ **⁓blinkrelais** n / quick
flasher ‖ **⁓bohreinrichtung** f (Wzm) / high-speed
drilling attachment, drill speeder (US) ‖ **⁓boot** n, SB /
speedboat ‖ **⁓boot** n, SB (Mil) / fast patrol boat, E-boat,
enemy boat (GB) ‖ **⁓bremse** f / quick acting brake,
rapid brake ‖ **⁓bremsstellung** f (Bahn) / emergency
application position, rapid-acting brake position ‖
⁓bremsung f / rapid stop ‖ **⁓brutreaktor** m, schneller
Brüter / fast breeding reactor o. breeder, FBR ‖
⁓dämpfer m (Textil) / flash-ageing steamer, high-speed
steamer (GB), quick-acting ager (US) ‖ **⁓dredge** f
(Unterwasserabbau) / high-speed dredge ‖
⁓drehmaschine f, Drehstuhl m / hand lathe ‖
⁓drehmaschine f / [high-]speed lathe ‖ **⁓drehmeißel**
m / high-speed cutting tool ‖ **⁓drehstahl**, -arbeitsstahl
m (Hütt) / high-speed steel, rapid machining steel ‖
⁓druck m (Drucker) / draft printing ‖ **⁓drucker** m (DV)
/ high-speed printer ‖ **⁓druckleistung** f (Drucker) / draft
output
Schnelle f (Phys) / velocity ‖ ⁓, Geschwindigkeit f /
velocity, speed ‖ ⁓ (Schall) / sound particle velocity ‖
mit gleichbleibender ⁓ (Akustik) / constant velocity…
Schnelle-Empfänger, Druckgradienten-Empfänger m
(Elektronik) / pressure gradient microphone
Schnelleinsetzkran m / fast erecting crane
schnellen, hoch~ / bounce up (e.g. a ball)
Schnell·entlade-Grubenwagen m / quick-drop hopper car
‖ **⁓entlüftungsventil** n (Hydr) / quick-action ventilating
valve ‖ **⁓entregung** f (Elektr) / quick de-energizing
Schneller, Treiber m (Web) / picker, [loom] driver ‖ ⁓,
Baumwollstrang m / hank, lea
Schnellerregung f (Walzenzugmotor) / field forcing device
Schnellesen n / speed reading
Schnell·essigbereiter m / acetifier ‖ **⁓essigherstellung** f /
quick vinegar process ‖ **⁓fahren,** Rasen n (Kfz) /
speeding ‖ **⁓filter** m n / quick-run filter, rapid filter ‖
⁓filterung f / accelerated o. rapid filtration ‖
⁓fixierbad n (Phot) / high-speed fixing bath ‖
⁓frequenzwerkzeug n (z.B. 200 o. 360 Hz) (Elektr) /
high cycle tool ‖ **⁓gang** m, Eilgang m (Wzm) / fast o.
quick o. rapid motion o. traverse o. movement ‖ **⁓gang**
m (Kfz) / overdrive ‖ **⁓gärung** f / brisk o. quick o.
violent fermentation ‖ **⁓gefrierfach** n / fast-freeze
section ‖ **⁓gerbung** f / accelerated tanning ‖
⁓gesenkschmiedehammer m / quick-blow drop
forging hammer ‖ **⁓güterzug** m / fast goods train ‖
⁓haken, Rohrhaken m (Bau) / pipe hook ‖ **⁓halt** m /
quick stop ‖ ~**härtend** (Plast) / quick-curing ‖ **⁓heber** m
/ high-speed lifter ‖ **⁓hefter** m / document cover,
[rapid] letter file ‖ **⁓heuer** m (Landw) / chain type side
rake and swath turner ‖ **⁓hobler** m,
Waagerechtstoßmaschine f / shaper (US), shaping
machine ‖ **⁓hören** n / speed hearing ‖ **[Gerät für]**
⁓-Hören (Elektronik) / harmonic compressor ‖
⁓horizontier n / rapid o. quick levelling instrument,
quick-setting o. autoset level ‖ **⁓hubvorrichtung** f
(Wzm) / quick-elevating motion ‖ **⁓hubwerk** n (Kran) /
high-speed hoisting gear
Schnelligkeit f / rapidity, rapidness, fastness ‖ ⁓,
Geschwindigkeit f / speed, velocity ‖ ⁓, Promptheit f /
readiness
Schnell·käfer m, Agriotes lineatus (Schädling) / click
beetle, elater ‖ **⁓kappsäge** f / high-speed cross-cut saw
‖ **⁓klemme** f / quick-set clamp ‖ **⁓kocher** m / rapid

boiler o. boiling device ‖ **⁓kochung** f (Pap) / quick cook
‖ **⁓-Kontakt-Kopiergerät** n / rapid contact printer ‖
⁓kopiermaschine f / rapid printer ‖ **⁓kraft,** Spannkraft
f / elasticity, elastic force, springiness ‖
⁓kreuzspulmaschine f / high-speed winder ‖
⁓kühlerprozeß m für plastische Fette / texturation,
texturization (plastic fats) ‖ **⁓kühlmaische** f (Zuck) /
rapid cooling crystallizer ‖ **⁓kühlung** f / rapid cooling ‖
⁓kühlung f der in Filmdicke gegossenen Schmelze
(Hütt) / substrate technique ‖ **⁓kupplung** f (Rohr) /
quick-fitting pipe union, in-line quick coupling ‖
⁓kupplung f (Vorgang) / rapid action coupling ‖
⁓kupplung f für Schläuche / rapid action hose
coupling ‖ **⁓kupplungsrohr** n / express coupling pipe ‖
⁓nachführung f (Kreisel) / slewing ‖ **⁓nagler** m für
Klammern / tacker for staples ‖ **⁓nivellier** n / quick
levelling instrument, rapid levelling instrument
Schnellocher m (LoKa) / high-speed punch[er]
Schnellot n / quick solder
Schnell·-Papiervorschub m (DV) / slew feed ‖ **⁓photo** n,
Momentaufnahme f / instantaneous photo[graph] ‖
⁓presse, Buchdruckschnellpresse f (Buch) / high-speed
printing machine [for letterpress work] ‖ **⁓prüfung** f,
-versuch m / accelerated o. rapid test ‖ ~**reagierend** /
quick-action…, quick-o.super-response … ‖ **⁓regler** m
(allg) / high-speed regulator ‖ **⁓regler** m (Elektr) /
automatic voltage regulator ‖ **⁓relais** n (Fernm) /
[noble-metal contact] high-speed relay ‖ **⁓restaurant** n
/ fast food ‖ **⁓rösten** n / flash o. suspension roasting,
blast roasting ‖ **⁓rücklauf** m (Wzm) / quick return
traverse ‖ **⁓rücklauf** m (Magn.Bd) / fast rewind ‖
⁓saftwärmer m (Zuck) / multiflow juice heater ‖
⁓schalter m / high-speed circuit breaker ‖
⁓schaltrelais n / fast acting relay ‖ **⁓schaltwerk** n (TV)
/ fast pulldown recorder ‖ **⁓schärapparat** m / high-
speed warping machine ‖ **⁓schlagbohren** n (Bergb) /
rapid percussion drilling ‖ **⁓schluß** m (Nukl) /
emergency shut-down, scram, trip ‖ **⁓schlußhahn** m /
quick acting stop cock ‖ **⁓schlußmutter** f / speed nut ‖
⁓schlußventil n (allg) / quick-acting gate valve ‖
⁓schlußventil n (Hydr) / quick-action stop valve ‖
⁓schnittdrehmaschine, -laufdrehmaschine f (Wzm) /
speed lathe, superspeed lathe, rapid production lathe ‖
⁓schnittmeißel m / high-speed cutting tool ‖
⁓schraubzwinge f (Tischl) / screw clamp, cramping
frame ‖ **⁓schraubzwinge** f (100-400 mm),
Schnellschraubknecht m (500-2000 mm) (Tischl) /
cramping frame ‖ **⁓schrift** f, -druck m / draft printing ‖
⁓schützen (Web) / flying shuttle ‖ **⁓schwarz** n (Textil)
/ rapid black ‖ **⁓schwenkung** f (Film) / whip pan ‖
⁓sichtlochkarte f / horizontal visible filing tape card ‖
⁓spaltfaktor m (Nukl) / fast fission factor ‖ **⁓spaltung** f
(Nukl) / fast fission ‖ **⁓spannfutter** n (Dreh) / quick-
action o. quick-catch chuck ‖ **⁓spannschraubstock** m /
quick acting screw vise ‖ **⁓spannung** f (Wzm) / quick
gripping ‖ **⁓speicher** m (DV) / zero access o. fast access
o. quick access storage, fast o. rapid o. high-speed
memory o. store, instantaneous store ‖ **⁓speicher** m,
Notizblock m (DV) / scratchpad [memory] ‖ ~**ster**
Sturzflug / terminal nose dive ‖ **⁓stahl** m, Schnelldreh-
, -arbeitsstahl m / high-speed steel, rapid machining
steel ‖ **⁓stahlbohrer** m / high-speed drill ‖ **⁓stanzen** n
(LoKa) / gang punching ‖ **⁓steckanschluß** m (Pneum) /
instant [plug-in] connector ‖ **⁓steckband** n / quick
adjustment belt conveyor
schnellst·möglich / A.S.A.P., as soon as possible
Schnell·stopp m (Magn.Bd) / instantaneous o. fast
o. temporary stop ‖ **⁓straße** f / expressway (US),
motorway (GB), speedway ‖ **städtische ⁓straße** / city
expressway, express highway ‖ **⁓strecke** f (Textil) /
high-speed draw frame ‖ **⁓tempern** n / short cycle
annealing ‖ **⁓test** m (Öl) / quick test ‖ ~**thermischer**
Reaktor / fast thermal reactor ‖ **⁓-Tiefgefrieren** n /
sharp freezing ‖ **⁓-Trennkupplung** f (Öl) / quick

disconnect ‖ ~**trennsatz** *m* (Formulare) / multipart form set o. form stationary, multiply form set o. form stationary ‖ ~**trennstecker** *m* (Elektr) / quick-disconnecting plug ‖ ~**triebwagen** *m* / fast motorcoach o. railcar, high-speed rail-coach ‖ ~**triebzug** *m* (Bahn) / high-speed turbotrain ‖ ~**trockenfarbe** *f* (Buch) / quick-set o. quick-drying ink ‖ ~**trocknend** / fast- o. quick-drying ‖ ~**trockner** *m* / flash drier ‖ ~**übertrag** *m* (DV) / high-speed carry, standing-on-nines carry ‖ ~**-Umkehrgetriebe** *n* (Bahn) / quick return-gearing ‖ ~**umschalter** *m* (Elektr) / quick throw-over switch ‖ ~**unterbrecher** *m* (Elektr) / quick make-and-break ‖ ~**verbindung** *f* / rapid connection ‖ ~**verbindung** *f* (Förderer) / locator ‖ ~**verbindung** *f* **für Rohre** / quick release coupling for pipes ‖ ~**verdampfer** *m* / high-speed steam generator ‖ ~**verdampfer**, Entspannungsverdampfer *m* / flash evaporator ‖ ~**verdampfer** *m* (Chem) / high-speed evaporator ‖ ~**verdampfer** *m* (Zuck) / rapid-flow evaporator ‖ ~**verdampfung** *f*, Entspannungsverdampfung *f* (Öl) / flash vaporization ‖ ~**verfahren** *n* / rapid method ‖ ~**verfestigen** *n* (Kleber) / rapid setting of adhesive ‖ ~**verkehr** *m* / express o. rapid traffic ‖ ~**verkehr** *m* (Fernm) / no-delay service o. working, toll service (GB) ‖ ~**verkehr** *m* **innerhalb eines Hauptamtsbezirks** (Fernm) / toll traffic (GB) ‖ ~**verkehrsstraße** *f* s. Schnellstraße ‖ ~**verkehrsstrecke** *f* (Bahn) / high-speed traffic line ‖ ~**verschluß** *m* / quick acting closure ‖ ~**verschluß** *m* (z.B. Gurte), Schnappverschluß *m* / snap buckle ‖ ~**verseilmaschine** *f* / high-speed strander ‖ ~**verstellung** *f* / quick adjustment ‖ ~**verstellung** *f* (Wzm) / quick traverse ‖ ~**verstellzirkel** *m* / quick setting bow ‖ ~**versuch** *m*, -prüfung *f* / accelerated o. rapid test ‖ ~**vorlauf** *m* (Magn.Bd) / fast wind ‖ ~**vorlauf** *m* (Diktiergerät) / fast forward control ‖ ~**vorschub** *m*, -bewegung, -einstellung *f* (Wzm) / coarse motion o. feed, rapid feed ‖ ~**vorschub** *m* **von Hand** (Wzm) / hand motion o. feed ‖ ~**waage** *f* / beam scale ‖ ~**waage** *f* (Federwaage) / scales² *pl*, pair of scales ‖ ~**walze**, Fixwalze *f* (Textil) / fly, fancy roll[er], card fancy ‖ ~**wechselbohrfutter** *n* (Wzm) / quick change drill chuck ‖ ~**wechseleinrichtung** *f* (Wzm) / quick change attachment ‖ ~**wegschlagend** (Buch, Farbe) / fast set ... ‖ ~**wendegetriebe** *n* / fast reversing drive ‖ ~**wirkendes Steuerventil** (Bahn) / quick-acting triple valve o. distributor valve ‖ ~**zeitzünder** *m* (Bergb) / short-delay detonator ‖ ~**zug**, D-Zug *m*, (Schweiz:) Expreßzug *m* (Bahn) / express train ‖ ~**zuglokomotive**, -zugmaschine *f* / express locomotive o. engine ‖ ~**zugriffspeicher** *m* s. Schnellspeicher ‖ ~**zugriffspur** *f* (Plattenspeicher) / rapid-access loop o. track ‖ ~**zugwagen** *m* (Bahn) / main-line coach ‖ ~**zünder** *m* / instantaneous fuse o. detonator

Schnepper, Krebs *m* (Ramme) / monkey, slip hook
Schnippeleinrichtung *f* (Verdrahtung) / trimming unit
Schnippmaschine, Hanfreißmaschine *f* / hemp snipping machine o. snipper
Schnipsel *m n*, Stanzabfall *m* (LoKa) / chip
schnipsen, schnellen / flip *v*
Schnitt *m* (Gesenkschm) / clipping ‖ ~, Form *f* (Schn) / fashion, style, cut ‖ ~ (Wzm) / cut ‖ ~, Schnittstärke *f* (Wzm) / depth of cut ‖ ~, Durchschnitt *m* (Zeichn) / profile, section ‖ ~, Schram *m* (Bergb) / kerf, kirve, kirving, undercut ‖ ~, Kluft *f* (Bergb) / crevasse ‖ ~, Zuschnitt *m* (Stanz) / blank ‖ ~, Schnittwerkzeug *n* (Stanz) / blanking o. punching die, cutting tool ‖ ~ (Phono) / editing ‖ ~, Durchschnitt *m*, Mittelwert *m* / average o. mean value ‖ ~, Tonmischung *f* (TV, Film) / dubbing ‖ ~, Cut *m* (Film) / cut ‖ ~ (Getreide) / reaping ‖ ~ (Buch) / edge ‖ ~ ... (Hütt, Kante) / sheared ‖ ~ **im Reifen** / cut, gash ‖ ~ **mit dem Messer** / cut with the knife ‖ ~ **quer zur Faser**, Querschnitt *m* / perpendicular-to-the-grain cut, cut[ting] across the grain ‖ ~ **zweier Ebenen o. Geraden** (Math) / intersection ‖

zusammengesetzter ~ (Stanz) / built-up blanking die ‖ **zweiter** ~ (Landw) / aftermath, second crop ‖ ~**abfall** *m* (Buchbinder) / offcut ‖ ~**ansicht** *f* / sectional view ‖ ~**bandkern** *m* (Trafo) / C-core, strip-wound cut core ‖ ~**bandkern** *m* (DV) / tape core ‖ ~**bewegung** *f* (Wzm) / primary o. cutting motion ‖ ~**bild** *n* (Zeichn) / sectional drawing ‖ ~**bildentfernungsmesser** *m* / split-field telemeter, split-image range finder ‖ ~**breite** *f* / width of cut ‖ ~**breite** *f*, [Sägen]schnitt *m* (Säge) / saw cut, deep saw mark ‖ ~**brenner** *m* (Gas) / batwing o. fishtail o. slit burner ‖ ~**druck** *m* / cutting o. tool pressure o. thrust ‖ ~**ebene** *f* (Math) / cutting plane ‖ ~**ebene** *f* **im Linienriß** / buttock plane
Schnitte·macher, -bauer *m* (Stanz) / die man o. maker
Schnitt·faser *f* / chopped fiber, staple fiber ‖ ~**fläche** *f* (Math) / plane of section ‖ ~**fläche** *f* (Stanzwz) / sheared edge ‖ ~**fläche** *f* (durch Schnitt erzeugte schmale Fläche) / cut edge ‖ ~**folge** (Stanz) / rate of ram strokes ‖ ~**frequenz** *f* / cut-off frequency, gain-crossover frequency ‖ ~**geschwindigkeit** *f* (Wzm) / cutting speed ‖ ~**grat** *m* (Stanz) / bur[r], fin, wire edge ‖ ~**größen** *f pl* (Wzm) / cutting conditions *pl* ‖ ~**güte** *f* / quality of cut ‖ ~**haltig** (Wzm) / edge-holding ‖ ~**haltigkeit** *f* / edge retention ‖ ~**höhe** *f* (Bagger) / digging height ‖ ~**holz** *n* / sawn timber ‖ ~**holzabfall** *m* / logging waste ‖ ~**holzherstellung** *f* / conversion of timber ‖ ~**holzstamm** *m* / commercial bole
schnittig, stromlinienförmig / streamline[d], streamline-shaped ‖ ~ (Schiff) / rakish ‖ ~**es Garn** (Web, Fehler) / irregular yarn
Schnitt·kante *f* / edge of cut ‖ ~**kante** *f* (Holz) / edge o. arris of sawn timber ‖ ~**kasten** *m* (Wzmacherei) / bottom tool ‖ ~**kopie** *f* (Film) / first answer print, cutting copy, work print ‖ ~**kraft**, Zerspanungskraft *f* (Wzm) / cutting force o. power o. reaction ‖ ~**kraftkomponente** *f* / cutting force component ‖ ~**kreis** *m* / cutting circle ‖ ~**länge** *f* / length of a cut ‖ ~**länge** *f* (Schlauch) / cut length (of a hose) ‖ ~**leiste** *f* (Web) / center selvedge ‖ ~**leistung** *f*, Zerspanungsleistung *f* / cutting performance ‖ **zulässige o. vorhandene** ~**leistung** / cutting capacity, cutting power ‖ **vorgeschriebene o. zu erreichende** ~**leistung** (Wzm) / cutting duty ‖ ~**linie** *f* (Math) / intersection line, curve of intersection ‖ **Transversale** *f* (Math) / traverse ‖ ~**linie**, Abschneidlinie *f* (eines gezogenen Teils) (Plast) / trim line ‖ ~**linie** *f* (Buch, Masch) / cutting line o. mark ‖ ~**luft** *f* (Stanz) / die clearance ‖ ~**matrize** *f* (Stanz) / blanking o. punching die ‖ ~**meister**, Cutter *m* (Film) / cutter ‖ ~**menge** *f*, Durchschnitt *m* (Math) / intersection, meet ‖ ~**menge** *f*, Teilbündel *n* / cut-set ‖ ~**muster** *n* (Nähm) / pattern ‖ ~**perspektive** *f* / cutaway drawing o. view ‖ ~**platte** *f* (Schm) / clipping bed ‖ ~**platte**, Matrize *f* (Stanz) / die-plate, die proper ‖ ~**presse** *f* / cutting press ‖ ~**punkt** *m*, -stelle *f* (Geom) / intersecting point, [point of] intersection ‖ ~**punkt** *m* (Math) / fix ‖ ~**punkt** *m* **der Höhen eines Dreiecks** / orthocenter ‖ ~**punkt** *m* **der Seitenhalbierenden o. Schwerlinien** (Dreieck) / center of gravity of a triangle, centroid, median point ‖ ~**punkt** *m* **der Stabachsen**, Knotenpunkt *m* (Stahlbau) / pin of a framework ‖ ~**punkt** *m* **der Winkelhalbierenden** (Geom) / intersection point of median lines ‖ ~**register** *n* (Buch) / crop mark ‖ ~**richtung** *f* (Wzm) / cutting direction, direction of primary motion ‖ ~**ring** *m* / die ring ‖ ~**schlagdämpfung** *f* (Stanz) / dampening of the cutting shock ‖ ~**simulator** *f* (TV) / rehearse *n* ‖ ~**spalt** *m* (Stanz) / die clearance ‖ ~**stelle** *f*, -punkt *m* / intersecting point, [point of] intersection ‖ ~**stelle** *f* (DV) / interface ‖ **die** ~**stelle bilden** (DV) / interface *vi* ‖ ~**stelle** *f* **von Mikroprozessor-Betriebssystemen**, MOSI / microprocessor operating systems interface, MOSI
Schnittstellen·-Anpassung *f* / interface adaption ‖ ~**leitung** *f* (DV) / interface circuit ‖ ~**-Platine** *f* /

interface card o. module ‖ ⌐-**Steuerung** f / interface
control ‖ ⌐-**Umsetzer** m / interface converter
Schnitt·stempel m (Stanz) / blanking punch ‖ ⌐**stempel** m
(Schm) / clipping punch ‖ ⌐-**Tarif** m / sectional tariff,
split rate ‖ ⌐**teil** n (Stanz) / blank ‖ ⌐**tiefe** f (Wzm) / depth
of cut ‖ ⌐- **und Stanzwerkzeug** n / punching and
blanking tool ‖ ⌐**velours** m / cut velvet ‖ ⌐**verfahren** n
(Mech) / method of dissection o. of taking sections ‖
⌐**vergolder** m (Buch) / edge gilder ‖ ⌐**verluste** m pl
(Säge) / cutting waste ‖ ⌐**vorgang** m / cutting ‖
⌐**vorschub** m (Wzm) / feed per revolution o. per stroke
‖ ⌐**ware**, Meterware f (Textil) / piece goods pl, yard
ware ‖ ⌐**ware** f (Holz) / sawn timber ‖ ⌐**weg** m **je
Umdrehung** (Bohrer) / tool travel during one revolution
‖ ~**weise**, in Scheiben / in slices ‖ ⌐**weite** f eines
Kondensors (Opt) / focal intercept of a condenser ‖
⌐**werkzeug** n (Stanz) / blanking o. punching die ‖
⌐**widerstand** m (Wzm) / cutting o. shearing resistance ‖
⌐**winkel** m / angle of intersection, intersection angle,
crossing angle ‖ ⌐**winkel** m (Wzm) / cutting angle ‖
⌐**zeichnung** f / sectional drawing, section [of] ‖ ⌐-**Zug**
m (Stanz) / combination drawing and cutting tool
Schnitzarbeit f, -werk n / carved wood, carving
Schnitzel m n, Abfall m / chip, paring, snip[ping], shred,
clip[ping], bit ‖ ⌐ (Papierstanzung) / chad ‖ ⌐ n m (Zuck) /
slice, cossette ‖ **ausgelaugte** ⌐ pl / beet pulp ‖
⌐**bagger**, -elevator m (für ausgelaugte Schnitzel) (Zuck)
/ pulp elevator ‖ ⌐**förderer** m (frische Schnitzel) /
cossette conveyor ‖ ⌐**kanal** m, -schwemme f (Zuck) /
pulp flume ‖ ⌐**kasten** m (LoKa) / chip box ‖ ⌐**maschine**
f (Zuck) / slicing machine, slicer ‖ ⌐**masse** f (Kunstharz) /
moulded macerate[d plastic], diced plastic (US),
macerate ‖ ⌐**masseherstellung** f (Plast) / macerate
mo[u]lding ‖ ⌐**masseteil** n / moulded macerated article
‖ ⌐**messer** n (Zuck) / beet o. sliver knife ‖
⌐**messerkasten** m (Zuck) / knife block [for beet knives]
schnitzeln / chip vt ‖ ~ (Zuck) / slice v, skive, pare
Schnitzel·presse f / shavings press ‖ ⌐**presse** f (Zuck) /
pulp press ‖ ⌐**reinigung** f (Pap) / chip refining ‖
⌐**sumpf** m, Baggergrube f (Zuck) / pulp silo ‖
⌐**trocknung** f (Zuck) / pulp drying
schnitzen / carve, cut
Schnitzler m (Küche) / shredder
Schnitzmesser n / carving tool
Schnorchel m (Taucher) / snorkel, schnorkel, snort
Schnörkelbuchstaben m pl (geschlungene Versalien)
(Buch) / swash letters pl
Schnüffelventil, Schlotterventil n (Dampfm) / snifting
valve, puppet clack ‖ ⌐ n, Luftablaßventil n (Pumpe) /
blow valve
Schnur, Leine f / string, cord, twine ‖ ⌐ f, Bindeschnur f /
lacing cord ‖ ⌐, Leitungsschnur f (Elektr) / flexible cord
(US), flex (GB) ‖ ⌐, Rippe f (Buch) / cord[ing], page
cord ‖ ⌐ **am Vermittlungsplatz** (Fernm) / cord pair ‖ ⌐
zum Abschnüren (Bau) / marking line ‖ **nach der** ⌐ /
by the line ‖ ⌐**annäher** m (Nähm) / cord carrier ‖
⌐**bindung** f (Landw) / twine tying
Schnür·boden m (Theater) / loft of a stage, stage loft ‖
⌐**boden** m (Schiff) / lofting department, drawing loft
[floor], mould loft floor ‖ **optisches**
⌐**bodenanreißgerät** (Schiff) / tracing projector ‖
⌐**effekt**, Pincheffekt m (Elektr, Nukl) / pinch effect
schnüren, mit Schnur festbinden, ver-, festschnüren / tie
with strings ‖ ~, zusammenschnüren / strap, lace
together ‖ ~, abschnüren / constrict, contract ‖ ~,
abschnüren (Bau) / mark out with a line ‖ ⌐, Binden n /
tying ‖ **miteinander** ~ vi (Bergb) / abut vi
schnur·gerade / in a straight line ‖ ⌐**gerüst** n,
Schnürbretter n pl, -bock m (Bau) / batter boards pl,
profile [boards] ‖ ⌐**halter** m (Mähbinder) / twine holder ‖
⌐**lauf** m / endless string drive ‖ ⌐**lauf** m, -rille f / pulley
groove

schnurlos·er Klappenschrank (Fernm) / cordless
switchboard ‖ ~**es Mikrophon** / radio microphone ‖
~**es Telefon** / radio telephone
Schnurlot, Bleilot n (Bau, Schiff) / plumb line
Schnür·maschine f / cording machine ‖ ⌐**nadel** f (Textil) /
bodkin, broach
Schnur·packung, -dichtung f (Masch) / cord packing ‖
⌐**pendel** n (Elektr) / cord lamp o. pendant,
counterweight fitting
Schnurrewade f (Schiff) / purse seine
Schnur·rolle f (Fernm) / cord rigger ‖ ⌐**schalter** m (in
einer Anschlußschnur) (Elektr) / cord switch ‖ ⌐**scheibe**, -rolle f
/ rigger, leather rope pulley, groove o. strap pulley o.
wheel ‖ ⌐**schutzspirale** f (Elektr) / cord armouring ‖
⌐**spanner** m / cord tender ‖ ⌐**[steck]dose** f (Elektr) /
pendant socket outlet ‖ ⌐**stecker** m (Elektr) / cord
connector [plug] ‖ ⌐**trieb** m / strap o. string gear
Schnürung f, Einrichten n des Webstuhls (Textil) / tie-up,
tying [up]
Schnur·verbindung f (Fernm) / cord circuit ‖ ⌐**verstärker**
m (Fernm) / cord circuit repeater
Schnürwade f, Beutelnetz n (Fischerei) / purse seine
Schober m, Miete f (Landw) / stack, rick
Schock m / shock
schocken / shock v
Schock·festigkeit f (Elektronik) / resistance to thermal
shocks ‖ ⌐**gefrierung** f (mit flüssigem Stickstoff) /
cryotransfer ‖ ~**geprüft** / shock-tested ‖ ⌐**schweißen** n
/ shock welding ‖ ⌐**welle** f (Umformen) / shock wave ‖
⌐**wirkung** f (Elektrozaun) / tent effect
Schoepit n (ein Uranmineral) / schoepite
Schokoladen·braun n / cocoa ‖ ⌐**kuvertüre** f / chocolate
covering ‖ ⌐**tafel** f / block o. bar of chocolate ‖ **mit**
⌐**überzug** / chocolate coated
Scholle f (Landw) / clod, furrow slice ‖ ⌐ **der Erdrinde**
(Geol) / massif ‖ **hangende**, **[liegende]** ⌐ (Geol,
Verwerfung) / downcast o. -throw [upcast o. -throw] side
Schollen·brecher m (Landw) / clod breaker ‖ ⌐**wender**,
Stoppelpflug m (Landw) / stubble plough
Schonbezug m (Kfz) / seat cover
Schön·druckbogen m (Buch) / recto sheet, first form sheet
‖ ⌐**druckform** f, erste Seite des zu druckenden Bogens
(Buch) / prime, first forme ‖ ⌐**druckseite** f, Vorderseite
f (Buch) / odd page, obverse ‖ ⌐**druckwerk** n / first
forme printing mechanism
Schöne f, Klärmittel n (Brau) / fining [agent], finings pl
schonen (Mot) / treat with care, go easy on (coll)
schönen / improve, brighten ‖ ~ (Chem) / refine, clear ‖ ~,
klären (Brau) / fine ‖ ~, türkischrot färben / dye turkey-
red, rose
schonend (Behandlung) / careful, gentle ‖ ~**es Waschen** /
gentle wash ‖ ~**es Weiterkochen** / stewing
Schongang m (Waschmaschine) / slow gear, mild o. gentle
[wash] cycle ‖ ~ (Kfz) / overdrive [ratio] ‖ ⌐**getriebe** n
(Kfz) / overdrive gear, overspeed drive
Schönheits·fehler m / blemish
Schön·schrift f (Drucker) / letter quality printing, LQ
printing ‖ ⌐**seite** f, rechte Seite (Web) / right o. upper
side, face of fabric
Schonstück n **der Mitnehmerstange** (Ölbohren) / kelly
stub
Schön- und Widerdruck m (Buch) / sheet work ‖
⌐**maschine** f (Buch) / perfecting press, perfector
Schonung f (Forstw) / young forest plantation
Schönungs·mittel n / fining o. clearing agent
Schönwetterturbulenz f / clear-air turbulence
Schonzeit f (Elektronik) / hold-off interval
Schoopieren, Flammspritzen n / schoopage, schooping
Schöpf·becherwerk n / unloading bucket elevator ‖
⌐**bohrer** m (Bergb) / auger [bit] ‖ ⌐**buhne** f (Hydr) / dam
drawing water
schopfen (Walzw) / top, crop, cut off ‖ ~, kappen (Bäume) /
top, crop

schöpfen, [ab-, aus]schöpfen / ladle [out], scoop ‖
~ (Wasser aus dem Boot) / scoop vt
Schopfende n / crop end
Schöpfer m (Wzm) / hopper feeder ‖ ~ (für Schlagwerk)
(Uhr) / tumbler, gathering pallet
schöpferisch, erfinderisch / creative
Schöpf·gurtförderer m / belt-type elevator ‖ ~kelle f,
-löffel m / ladle, scoop ‖ ~löffel m (Glas) / scoop,
basting ladle ‖ ~löffel m (Jauche) / scoop ‖ ~löffel m
(Bergb) / sand pump ‖ ~probe f (Hütt) / say-ladle sample,
ladle o. scoop sample ‖ ~rad, Heberad n / Persian
wheel, bucket o. scoop wheel ‖ ~rand m (Pap) / deckle
edge ‖ ~raum m (Verdrängerpumpe) / suction o. pump o.
compression o. expansion chamber ‖ ~schaufelrad n /
scoop wheel elevator o. feeder
Schopfschere f (Walzw) / cropping o. end shears pl
Schöpftrog m eines Becherwerkes / bottom trough o. box
Schöpfverlust m (Hütt) / crop loss
Schöpf·werk, Becherwerk n / bucket elevator ‖ ~werk n,
Paternosterwerk n (Hydr) / water engine o. scoop, water
drawing machine ‖ ~werk n (Küste) / coastal pumping
station ‖ ~winde f, Schmanttrommel f (Seilschlagbohrer) /
sand reel
Schore f (Gieß) / moulding box bar
Schorf m (Kohlenstoffansatz) (Hütt) / scurf
Schörl m (Geol) / schorl rock ‖ ~schiefer m / schistous
horn blende
Schornstein m (Bahn, Schiff) / funnel, smokestack,
chimney (GB) ‖ eine Reihe von
nebeneinanderliegenden ~en / body of chimneys ‖
toter ~ (aus Symmetriegründen aufgesetzt) (GB) /
cipher funnel ‖ ~aufsatz m / chimney ‖ ~aufsatz m (aus Eisen- o.
Steinzeugrohr) / chimney pot ‖ [hoher] ~aufsatz (Bau) /
tallboy ‖ durchbrochener ~aufsatz / open-worked
chimney top ‖ ~brand m / chimney on fire ‖ ~fuchs m
(Bau) / breeching ‖ ~haube f (aus Drahtnetz), -kappe f /
bonnet, chimney cowl ‖ ~kasten m (für mehrere
Schornsteine) / chimney stack ‖ ~kasten m, -mündung f
(Dachdurchführung) / chimney outlet ‖ ~kopf m,
-körper m / chimney cope o. coping o. head o. neck o.
shaft ‖ ~mantel m (Bau) / air case o. casing (of
chimney), chimney mantle ‖ ~rohr n / tunnel of a
chimney ‖ ~röhre f (Fabrikschornstein) / chimney shaft
‖ ~ruß m / chimney soot ‖ ~schieber m (Bau) / register,
damper ‖ ~- und Abluftanlage f eines Wohnhauses
(Bau) / shunt [of chimney] ‖ ~verband m (Bau) /
chimney bond ‖ ~wange f / jamb of flue ‖ ~ziegel m
(für runde Schornsteine) / chimney brick ‖ ~zug m /
draught o. draft of chimney ‖ ~zunge f / partition of a
chimney, midfeather
schossen (Landw) / bolt, run to seed
schosserwiderstandsfähig (Landw) / bolting resistant
Schößling, Sproß m, Reis n (Bot) / shoot
Schoß·rinne, Verwahrung f (Dach) / flashing ‖ ~rübe f,
Schosser m (Landw) / bolter, seed runner
Schote f / husk, shell, pod
Schott n (Schiff) / bulkhead ‖ ~durchführung f / bulkhead
pipe fitting
Schotten m, Schottenkaro n (Textil) / tartan [plaid] cloth
Schotten-Baumannsche Reaktion f (Chem) / Schotten-
Baumann reaction
Schotten·deck n / bulkhead deck ‖ ~tür f,
Schottverschluß m (Schiff) / bulkhead door
Schotter m (Geol) / brash ‖ ~ / broken stones o. rock pl
‖ ~, Geröll n (Geol) / rubble ‖ ~ (Bahn) / ballast,
metalling (GB) ‖ ~, Steinschlag m (Straßb) / stoning,
ballast o. crushed stone, metal (GB) ‖ ~ von 2 bis 64
mm (0,08'' bis 2,5'') mit ≦ 15% Abrieb / gravel ‖
~abfall m (Bahn) / ballast screenings pl ‖ ~becherwerk
n / ballast elevator ‖ ~belag m / ballast layer, ballasting
‖ ~belag aus Kleinschotter zwischen den Schwellen
(Bahn) / boxing ‖ ~bett n (Bahn) / bed of road metal (GB)
o. of broken stones ‖ erstes ~bett (Bahn) / bottom ballast

‖ zweites ~bett (Bahn) / top ballast ‖ ~decke f,
wassergebundene Straßendecke / macadam o. telford
pavement ‖ ~grube f, -steinbruch m / ballast pit o.
quarry ‖ ~industrie f / industry of broken stones ‖
~kippwagen m / side-dump ballast car (US), side-
tipping ballast wagon (GB) ‖ ~krone f (Bahn) / crown o.
top of the ballast ‖ ~krone f (Schweiz), Bettung f vor
Kopf (Bahn) / ballast shoulder ‖ ~los / ballastless
schottern, beschottern (Bahn) / ballast v, lay ballast ‖ ~,
mit Kies o. Steinen auffüllen (Straßb) / metal v (GB),
coat with broken stones ‖ ~, roh pflastern (Straßb) / pitch
v
Schotter·oberbau m (Bahn) / ballasted track ‖
~-Selbstentladewagen m (Bahn) / ballast hopper car,
hopper ballast wagon ‖ ~-Tränkungsanlage f /
tarmacadam plant ‖ ~- und
Bettungsreinigungsmaschine f (Bahn) / ballast scarifier
and screening machine
Schotterung f, Schotterbelag m (Straßb) / coating with
ballast, metalling (GB) ‖ ~ (Bahn) / ballasting
Schotter·verteiler m (Bahn) / machine for reballasting the
track ‖ ~verteiler m (Straßb) / ballast distributor ‖
~wagen m / ballast car o. wagon o. truck ‖ ~werk n,
-anlage f (Straßb) / stone breaking works pl, ballast
works, road metal plant o. works (GB) pl ‖ ~zug m /
ballast train
Schottky·-Barriere f, -Tor n / Schottky barrier gate ‖
~-Diode f / Schottky diode ‖ ~effekt m, Schroteffekt m
/ shot noise o. effect, popcorn effect (US) ‖ ~sche
Fehlordnung f / Schottky defect
Schott·platte f / bulkhead plate ‖ ~spant n (Schiff) /
bulkhead rib ‖ ~stutzen m / bulkhead lead-in ‖
~verschraubung f / bulkhead stuffing box
Schraffe f (Landkarte) / hatch
schraffieren / hatch vt, hachure vt ‖ kreuzweise ~ /
crosshatch vt
Schraffiergerät n / hatch liner
schraffierte Linie / shaded line
Schraffierung, Schraffur f (Zeichn) / section lines pl,
section lining, hatching
Schraffur, Schraffe f (Buch) / seriph, ceriph ‖ ~linie f /
hatch
schräg, diagonal / diagonal adj, bias ‖ ~ (in einem Winkel
befindlich) / angular ‖ ~, abgeschrägt / bevelled ‖ ~,
gekippt / canted ‖ ~, geneigt, schief [liegend] / raking,
inclined, sloped, oblique, slant ‖ ~, verdreht / skew ‖
~ adv, schief [liegend], quer durch, übereck /
crookedly, at a slant angle, slantwise ‖ ~, diagonal
verlegt (Bau) / arris-wise ‖ ~ abdrehen (Dreh) / bevel-off
‖ ~ abfallen (Gelände) / slope vi ‖ ~ abfallend /
inclined, sloping ‖ ~ abgeschnitten (Geom) / truncated ‖
~ abgesetztes Mauerende / racked-back wall end ‖
~ abschneiden, zuschärfen / bevel vt, chamfer ‖ ~er
Abzweig (Abwasser) / Y-shaped fitting ‖ ~e Analogie,
Diagonalbeziehung f (Chem) / diagonal relationship ‖
~ [an]schleifen o. [ab]schneiden (Wz) / basil v ‖
~ auftreffender Schlag / glancing blow ‖ ~e
Bahnkreuzung / diamond crossing ‖ ~e Beleuchtung /
oblique o. side lighting ‖ [einfaches] ~es Blatt (Zimm) /
skew scarf ‖ ~e Bohrung / inclined bore ‖ ~e Bohrung
/ inclined bore ‖ ~e Bohrung (diagonal) / diagonal bore
‖ ~er Böschungsflügel (Brücke) / splayed retaining wall
‖ ~e Brücke / skew bridge ‖ ~ einfallend / inclined,
sloping, to the dip ‖ ~ einschlagen (Nägel) / toe v,
toenail ‖ ~e Fensterbank / sloping window sill ‖ ~es
Flöz (Bergb) / underlay, -lie ‖ ~ gefugt / scarfed ‖
~ gelagert / in inclined arrangement ‖ ~es Hakenblatt
(Zimm) / oblique scarf [joint] ‖ ~ hängen, schief stehen,
sich neigen (Bau) / lean, incline ‖ ~ hindurch- o.
verlaufend / transversal, transverse ‖ ~ im Raum
(Richtung) / skew ‖ ~e Kante / cant ‖ ~ lagern (o. legen)
/ arrange slantingly ‖ ~ legen / cant v ‖ ~e Linie (o.
Fläche o. Richtung) / bias ‖ ~e Markierung (DV) /
slanted mark ‖ ~e Normschrift / standard lettering,

sloping style, sloping style ‖ ⁓e Öffnung / skew port ‖ ⁓er Schacht (Bergb) / underlay [shaft], underlayer ‖ ⁓ sein (o. stehen o. liegen) / slant *vi*, slope ‖ ⁓e Speisung (Raumf) / offset feeds *pl* ‖ ⁓ stellen, neigen / tilt *vi* ‖ ⁓er Stoß / oblique butt joint ‖ ⁓e Stütze / raking shore, raker ‖ ⁓e U-Scheibe für Träger / taper washer ‖ ⁓e Verbindung / bevel joint ‖ ⁓ verlaufende Faser (Sperrholz) / angle grain ‖ ⁓er Welleneinfall (Radio) / oblique incidence ‖ ⁓e Zahnung (Zange) / inclined serration ‖ ⁺anordnung *f*, -lage *f* / inclined o. oblique o. slanting o. sloping arrangement o. position ‖ ⁺anschluß *m* (Stahlbau) / oblique joint ‖ ⁺ansicht *f*, -bild *n* / oblique view, diagonal view ‖ ⁺aufnahme *f* (Film) / angle shot o. view ‖ ⁺aufzeichnung *f* (Video) / helical scan[ning] ‖ ⁺aufzug *m* / inclined haulage [on the ground] ‖ ⁺aufzug *m* (bes. für Hochöfen) / inclined [furnace] lift o. hoist ‖ ⁺bahn *f* / incline ‖ ⁺band *n* (Textil) / bias-cut ribbon ‖ ⁺bau *m* (Bergb) / stepped longwall working at angle system, rill stoping ‖ ⁺bedampfung *f* / oblique sputtering ‖ ⁺bettdrehmaschine *f* / inclined-bed turning lathe ‖ ⁺bild *n* (Luftf) / forward oblique picture ‖ ⁺bodenentlader *m* (Bahn) / one side discharging wagon ‖ gerichtetes ⁺bohren (Bergb) / offset drilling ‖ Vorrichtung zum gerichteten ⁺bohren (Bergb) / offset drilling device ‖ ⁺dach *n* / pitched roof
Schräge *f*, Abschrägung *f* / bevel[ling] ‖ ⁺, schräge Richtung *f* / bias ‖ ⁺, Schrägstellung *f* / inclination, pitch, obliquity, slant ‖ ⁺, Schiefe *f* / skew ‖ ⁺, Neigung *f*, geneigte Fläche / slope ‖ ⁺, Böschung *f* / talus ‖ ⁺, Diagonale *f* (Stahlbau) / diagonal [member], oblique rod ‖ ⁺ des Achsschenkelbolzens / lateral inclination of the swivelling axis of the axle pin, set ‖ auf Zug beanspruchte ⁺ (Stahlbau) / oblique suspension rod
Schräg·effekt *m* / skew interaction ‖ ⁓einfallend / obliquely incident ‖ ⁺eingriff *m* (Getriebe) / angular meshing ‖ ⁺eingriff *m* innen (Kegelrad) / heel contact ‖ ⁺eingriff *m* nach außen (Kegelrad) / toe contact ‖ ⁺einstechschleifen *n* / angular infeed grinding
Schrage-Motor *m* (Elektr) / Schrage motor
schrägen, nach innen erweitern (Bau) / splay [off]
Schräg·entfernung *f* (Verm) / slant range ‖ ⁺entfernung *f* (Nukl.Waffen) / slant distance ‖ ⁺entfernungs-Meßgerät *n* (Raumf) / slant range measuring instrument ‖ ⁺faser *f* (Furnier) / angle grain ‖ ⁺flügler *m* (Luftf) / skewed-wing aircraft ‖ ⁺förderer *m* (auf- o. abwärts) / slope conveyor ‖ ⁺fuge *f* (Sperrholz) / scarf joint ‖ ⁓gerammter Pfahl / batter pile ‖ ⁺gestellt / cocked ‖ ⁺gewölbe *n* (SM-Ofen) / ramp ‖ ⁺gewölbe *n* / ramp ‖ ⁺heck *n* (Kfz) / fastback ‖ ⁺heck *n* mit 3. o. 5. Tür / hatchback ‖ ⁺heck *n* mit flachem Stoßfänger / notchback ‖ ⁺kabelbrücke *f* s. Schrägseilbrücke ‖ ⁺kammerofen *m* / inclined chamber coking oven ‖ ⁺kante, -fläche *f* (Zimm) / sloping ‖ ⁺keilwelle *f* / spiral spline shaft ‖ ⁺klärer *m* (Aufber, Bergb) / baffle plate thickener ‖ ⁺konenbunker *m* (Aufber) / inclined dewatering bunker with several compartments ‖ ⁺koordinaten *f pl* (Math) / oblique axes *pl* ‖ ⁺kugellager *n* / angular [contact] ball bearing ‖ ⁺kugelmühle *f* / inclined ball mill ‖ ⁺kurslinie *f* / slant course line ‖ ⁺lage *f* / oblique position ‖ ⁺lage *f*, -anordnung *f* / inclined o. oblique o. slanting o. sloping arrangement o. position ‖ ⁺lage, -stellung *f* / tilt ‖ ⁺lage *f* (Fehler) / displacement ‖ ⁺lage, Neigung *f* / declination ‖ ⁺lage *f* (Luftf) / bank[ing] ‖ in ⁺lage bringen (in der Kurve) / bank *v* ‖ ⁺lage *f* der Schwellen / skew of sleepers ‖ ⁺lauf *m* (Riemen) / off-track running ‖ dynamischer ⁺lauf / dynamic skew ‖ ⁺lauf *m* des Bandes (Magn.Bd) / tape skew ‖ den ⁺lauf kompensieren, Schräglauffolgen eliminieren (Band) / de-skew ‖ ⁺laufen *n* / moving in a slanting direction ‖ ⁺laufend, loxodromisch (Nav) / loxodromic, rhumbline… ‖ ⁺lauffehler *m* (Video) /

skew error ‖ ⁺laufwinkel *m* (Kfz) / king pin inclination ‖ ⁺lenkervorderachse *f* (Kfz) / tilted-shaft front axle ‖ ⁺lichtbeleuchtung *f* / oblique illumination ‖ ⁺luftbild *n* / oblique aerial photograph ‖ ⁺magnetisierung *f* / oblique magnetization ‖ ⁺maulzange *f* / battery pliers *pl* ‖ ⁺neigung *f* (Straßb) / transversal slope ‖ ⁺parken *n* / angle o. diagonal parking ‖ ⁺perspektive *f* (mit 45⁰ geneigter Projektionsrichtung) / cavalier projection ‖ ⁺presse *f*, neigbare Presse / inclinable [press] ‖ ⁺projektion *f* (Fehler, Film) / keystone effect ‖ ⁺rad *n* (im Getriebe) (DIN) (Kfz) / helical gear ‖ ⁺radgetriebe, Schraubenradgetriebe *n* / spiral o. helical gear[ing] ‖ ⁺rahmen *m* (Mot, Prüfstand) / inclined o. oblique frame ‖ ⁺rampe *f* / sloping ramp ‖ ⁺rechen *m* (Hydr) / inclined screen ‖ ⁺rillen *f pl* / roping marks *pl* ‖ ⁺rippe *f* / oblique rib ‖ ⁺rippen *f pl* (Textil) / diagonal cords *pl* ‖ ⁺rips *m* (Web) / diagonal rep ‖ ⁺rohrkessel *m* / inclined tube boiler ‖ ⁺rolle *f* (Reifenherstellg) / roller for tire building ‖ ⁺rollenlager *n* / angular roller bearing ‖ ⁺rollenrichtmaschine *f* (Hütt) / cross-roll straightening machine, reeling mill ‖ ⁺rollgang *m* (Hütt) / skew roller table ‖ ⁺rost *m* (Gas) / sloping grate ‖ ⁺scheibe, Taumelscheibe *f* (statt Kurbeltrieb) / swash plate ‖ ⁺schleuse *f* (Nukl) / inclined fuel transfer tube ‖ ⁺schlitz *m* / skewed slot ‖ ⁺schneide *f* (Zange) / angle[d] cutter ‖ ⁺schneiden *n* (Pap) / angle cutting ‖ ⁺schnitt *m* / angular o. bevel cut, bias cut ‖ ⁺schnitt *m*, Diagonalschnitt *m* / diagonal cut ‖ ⁺schnittbauart *f* (Fallschirm) / bias construction ‖ ⁺schrift *f* (Zeichn) / inclined o. slant letters *pl* ‖ ⁺schrift *f* (Buch) / italic, italics *pl* ‖ ⁺schriftverfahren, Helicalscan-Verfahren *n* (TV) / helical scan recording ‖ ⁺schulterfelge *f* / advanced rim, stepped rim ‖ ⁺schuß *m* (Web, Fehler) / bias filling o. weft ‖ ⁺seil *n* (Brücke) / stay cable ‖ ⁺seil… / cable-stayed ‖ ⁺seilbrücke *f* / guyed o. cable-stayed bridge, bridle chord bridge ‖ ⁺sicht *f* (Luftf) / slant visual range ‖ ⁺sichtradar *m n* / side look radar ‖ ⁺sieb *n* / gravity screen ‖ ⁺sieb *n* (Pap) / oblique wire [cloth] ‖ ⁺sitzventil *n* / slanted seat valve, Y-valve, oblique pattern globe valve ‖ ⁺spritzkopf *m* / oblique extruding head, angle head ‖ ⁺spuraufzeichnung *f* / hecical scan ‖ ⁺spurverfahren *n* (Videoband) / helical scan recording system ‖ ⁺spur-Videorecorder *m* / helical video tape recorder ‖ ⁓stehend (z.B. Kühlrohre) / cated ‖ ⁺stein *m* (Bau) / bevelled brick ‖ ⁺stellbar / inclinable, tiltable, tilting ‖ ⁺stellbare Frässpindel / tilting milling spindle ‖ ⁓stellen, neigen / incline *vt*, slant ‖ ⁺stellung, Schräge *f* / inclination, pitch ‖ ⁺stiel *m*, -strebe *f* (Luftf) / inclined o. sloping strut ‖ ⁺stift *m* (Druckguß) / mould release trigger ‖ ⁺stirnrad *n* (Kfz) / helical gear ‖ ⁺stirnradgetriebe *n* / parallel helical gear pair ‖ ⁺stoß *m* (Bergb) / undertipped face ‖ ⁺strahler *m* / angle lighting fitting ‖ ⁺strahlverschleiß *m* / wear by oblique blast ‖ ⁺strich *m* (Buch) / oblique stroke, fraction o. shilling (GB) stroke ‖ ⁺strich *m* (Symbol, DV) / slash, slant, solidus ‖ ⁺strich *m* nach links, inverser Schrägstrich (Druck) / reverse diagonal ‖ ⁺strich *m* nach unten rechts (DV) / backlash ‖ ⁺strich-elf-Tastatur *f* (Beispiel einer Typenbezeichnung) / dash number eleven keyboard ‖ ⁺strichmarkierung *f* (DV) / slanted mark ‖ ⁺stütze *f* / raker pile ‖ ⁺stütze *f* im Graben / cross arm brace ‖ ⁺teilung *f* zwischen benachbarten Nietreihen (Stahlbau) / back pitch (of rivets) ‖ ⁺trommelmischer *m* / tilted drum mixer ‖ ⁺tubus *m* (Mikrosk) / inclined tube ‖ ⁺turbine *f*, Slant *m* / slant turbine (US) ‖ ⁺- und Waagerecht-Höhenförderer *m* (Landw) / elevator and cross conveyor
Schrägung *f* (Teil) / oblique part
Schrägungs·faktor *m* des Wicklungsschritts (Elektr) / skew factor ‖ ⁺winkel *m* (Schrägstirnrad) / helix angle
Schräg·verband *m* (Stahlbau) / diagonal bracing o. trussing ‖ ⁓verzahntes Rad / helical gear wheel ‖ ⁺verzahnung *f* / spiral o. helical gearing ‖

⟋verzahnungsgetriebe, Schraubgetriebe n (DIN) /
spiral o. helical gear[ing] ‖ ⟋verziehung f (Rahmen) /
racking ‖ ⟋verzug m / skewed weft ‖ ⟋verzugrichter
m (Textil) / skewed weft adjuster ‖ ⟋walze f (Walzw) /
skew o. slant roll ‖ ~walzen, friemeln (Hütt) / crossroll
‖ ⟋wälzfräsen n / oblique hobbing ‖ ⟋walzwerk n /
crossrolling mill, skew rolling o. slant rolling mill,
rotary forge mill ‖ ~-Walzwerk n, Lochwalzwerk n /
piercing mill, piercer ‖ ⟋zahn-Kegelrad n / helical
bevel gear ‖ ⟋zahnmotor m / helical wheel type air
motor ‖ ⟋zylinderrad n / helical gear
Schram m (Bergb) / kirve, kerf, kirving, [under]cut
Schräm·arm m, -ausleger m / cutter bar of the coal
cutting machine ‖ ⟋eisen n / holing pick
schrämen, schramhauen (Bergb) / cut o. hew o. hole
trenches, carve, cut, kirve, kerve ‖ ⟋, Schrämarbeit f,
Schrämhieb m (Bergb) / kirving, kerving, carving
Schrämhaue f (Bergb) / holing pick
schramhauen, [unter]schrämen (Bergb) / hole trenches
Schrämhauer m (Bergb) / kirver
Schram·klein n, -mittel n, -packen m / cross-cut smalls
pl, gummings pl ‖ ⟋kohle f / coal from cross-cutting
Schräm·kopf m (Bergb) / cutting head ‖ ⟋ladekette f
(Bergb) / loading cutter chain ‖ ⟋lader m (Bergb) /
shearer loader, cutter loader, coal cutter and loader,
continuous miner (USA) ‖ ⟋maschine f (Bergb) / coal
cutting machine o. cutter ‖ ⟋maschine f mit
Senkrechtarbeit (Bau, Bergb) / downhill coal cutter
Schrammbord n (Schiff) / guard rail
Schramme f, Riefe f / mark, stria ‖ ⟋, Kratzer m /
scratch, scar, scrape ‖ ⟋ (Phono) / disk scratch, surface
noise ‖ ⟋ (Film) / shadow scratch, scar ‖ ⟋ (Geol) /
schlieren pl (small masses o. streaks) ‖ ⟋n, Rillen f pl
(Krist) / striae pl, striation
Schräm-Meißel m (Bergb) / pick
schrammen, verkratzen, [an]kratzen / graze, scratch ‖ ~,
anritzen / slit slightly
Schräm·radmaschine f (Bergb) / disk cutting machine ‖
⟋stange f (Bergb) / cutter bar
Schramstoß m / cut face
Schrämstreb m / longwall face
Schrank m (allg) / cupboard, cabinet, box ‖ ⟋, Gehäuse n
(Elektronik) / case, cabinet ‖ ⟋, Sprung m (Web) / lease ‖
[Schalt]~ / switch cupboard o. cabinet, control board o.
cubicle ‖ ⟋aufhänger m / cabinet suspension bracket ‖
⟋aufsatz m / top on a cupboard ‖ ⟋brett n, Fachbrett n
/ shelf
Schranke, Barriere f (allg, Bahn) / barrier, gate ‖ ⟋ f,
Grenze f (Mech) / bound, limit ‖ in ⟋n halten / bound v
Schränkeisen n (Säge) / [plier] saw set o. wrest, upset
schränken (Stanz) / set ‖ ⟋ (Walzw) / croning ‖ ⟋, Setzen
der Schränkschicht (Ziegl, Hütt) / skintling ‖ die Zähne
~ (Säge) / set the teeth
Schranken·verfahren n (F.Org) / bound method ‖
⟋verfahren n (Mech) / upper-bound method, load
bounding method ‖ ⟋wärter m (Bahn) / gate keeper o.
man, [level] crossing keeper o. watchman (US)
Schrank·fach, Fach n (Tischl) / compartment, shelf, case ‖
⟋gestell n (Elektronik) / cabinet-type rack ‖ ⟋herbeiruf
m (Fernm) / operator recall
Schränklehre f (Säge) / tooth set regulator
Schrankrohrlager n / hanging rail support
Schrankschicht f (Ofenbesatz) (Keram) / dog's teeth
course
Schrankschloß (aufgeschraubt) / cupboard lock
Schränk-, Stauch- und Druckegalisiermaschine für
Sägen / saw setting and swaging and dressing machine
Schranktrockner m / drying chamber o. closet o.
cupboard o. oven, compartment o. cabinet drier
Schränkung f / crossing, wrenching in alternate directions
‖ ⟋ (der Flügel) (Luftf) / décalage (of wings) ‖ ⟋ (Säge) /
set of saw teeth ‖ ⟋ (Mech) / offset
Schränkungs·winkel m (Säge) / fleam
Schränkverband m, Verschränkung f (Bau) / lacing bond

Schrank·verbinder m / cabinet connector ‖ ⟋wand f /
cupboard unit (for installation along a wall)
Schränk·weite f der Sägezähne / width of set of teeth ‖
⟋zange f für Sägezähne / saw set pliers pl
Schrapnell n / shot shell
Schrapper, Kabelkranschaufler m / dragline excavator
‖ ⟋ m, Scraper m / scraper, dragline ‖ ⟋, Kratzbagger
m / dragline with two travelling towers o. hitches ‖
⟋haspel f m, -winde f (schweres Gerät) (Bergb) / slusher
hoist ‖ ⟋lader m (Bergb) / scraper loader
Schrappvorrichtung f für Bandeisen / scraping device
Schraub·... s. auch Schrauben... ‖ ⟋achse f, Wälzachse f /
instantaneous axis ‖ ⟋anschlag m / screw stop ‖
⟋anschluß m / threaded terminal end
schraubbar, an-, aufschraubbar / srew ..., provided with
[screw]thread
Schraub·boden m (Uhr) / back cover, screwed ‖ ⟋bolzen
m / stud ‖ ⟋deckel m, -kappe f (allg) / screw cap ‖
⟋deckelglas n / screw cap jar ‖ ⟋dose f, Anschlußdose
f mit Schraubgewinde (Elektr) / screw plug box ‖
⟋-Drahtverbinder m / wire nut connector ‖ ⟋dübel m /
screwed insert
Schraube f / screw ‖ ⟋n f pl, [Schrauben]bolzen m pl
(allg) / screws and bolts pl, bolting ‖ ⟋ f (Schiff, Luftf) /
propeller, marine screw o. airscrew ‖ ⟋ , deren
Gewindeaußendurchmesser gleich dem
Bolzendurchmesser ist / full size body screw, cut
thread screw (US) ‖ ⟋n an-, nachziehen / screw down
o. up, tighten ‖ ⟋n f pl für den Zusammenbau /
assembly screws and bolts ‖ ⟋n lösen (o. losmachen) /
unscrew ‖ ⟋ mit Ansatz (z.B. DIN 923) / half dog point
screw ‖ ⟋ mit blankem Kopf / bolt with bright o.
machined head ‖ ⟋ f mit Bund / shoulder screw ‖ ⟋ mit
Dehnschaft / waisted screw ‖ ⟋n mit dem Hammer
einschlagen / hammer screws into wood ‖ ⟋ mit
Flachgewinde / flat thread bolt o. spindle ‖ ⟋ mit
geriffeltem Ansatz / North bolt ‖ ⟋ mit gestauchtem
Kopf / bolt with upset head ‖ ⟋ mit [Halb]rundkopf /
button head screw ‖ ⟋ mit kleinerem Bolzen- als
Gewinde-Durchmesser (gewalzt o. geschnitten) /
rolled thread screw, undersize body screw ‖ ⟋ mit Kopf
in Bedienungsform / cap screw ‖ ⟋n f pl mit Kopf in
Halteform / wrench [head] bolt ‖ ⟋ f mit Mutter /
[screw] bolt ‖ ⟋ mit Rundgewinde / knuckle thread
bolt ‖ ⟋ mit scharfgängigem Gewinde / [tri]angular
thread screw ‖ ⟋ mit unverlierbaren Unterlegteilen /
screw assembly ‖ ⟋ mit Zylinderkopf u. Flachschaft,
Federschraube f / spring screw (DIN 4626) ‖ ⟋ ohne
Ende / perpetual screw, worm ‖ ⟋n u. Muttern f pl
(allg) / fasteners pl ‖ ⟋[n] überdrehen / overturn o.
overwind threads, strip threads ‖ ⟋ f zum
Zusammenziehen von Steckerhälften (Elektr) / jack
screw ‖ gedrehte ⟋ / turned screw ‖ geschlagene,
maschinengeschmiedete ⟋n, Muttern
u. ähnliche Gewinde- u. Formteile / fasteners and
similar parts
Schraub[einsatz]sicherung, -[stöpsel]sicherung f / screw
plug fuse
schrauben / screw v
Schrauben·... s. auch Schraub... ‖ ⟋ansatz m, -ende n /
point of the screw ‖ ⟋ausdreher m / screw extractor ‖
⟋automat m (Wzm) / automatic screw [cutting]
machine, screwing machine (GB) ‖ ⟋band n / volute
spring, flat helical spring ‖ ⟋befestigung f / screwing,
screwed connection o. joint ‖ ⟋bewegung, Schraubung
f (DIN) / screw motion o. movement ‖ ⟋blatt n (Schiff) /
screw blade ‖ ⟋bolzen m / screw bolt ‖ ⟋bolzen m mit
abgesetztem Schaft (DIN 2510) (Masch) / necked-down
bolt, reduced-shank bolt ‖ ⟋bolzen m mit Dehnschaft /
double end stud with reduced shank ‖ ⟋brunnen m
(Schiff) / propeller well, screw aperture ‖ ⟋draht, -stahl
m / bolt stock ‖ ⟋draht (gewundener Gold- o.
Silberdraht für Stickerei) / purl

Schraubendreher, (DIN für:) Schraubenzieher *m* / screw driver ‖ ˄ **für Innensechskantschrauben** / hex driver ‖ ˄ **für Innenvierkantschrauben** / Tee-handled square wrench ‖ ˄ **für Kreuzschlitzschrauben** / screwdriver for recessed head screws ‖ ˄ **für Schlitzschrauben** / slotted screwdriver ‖ ˄ **mit Einstecksatz** / multiblade screwdriver ‖ ˄ **mit Vierkantklinge,** [vollisolierter Klinge, runder Klinge] / screwdriver with square shank, [insulated blade, round shank] ‖ **kurzer** ˄ / screwdriver with ball handle ‖ ˄**einsatz** *m* / screw driver bit, bit for screws ‖ ˄**einsatz** *m* **für Kreuzschlitzschrauben** / screwdriver bit for recessed head screws ‖ ˄**einsatz** *m* **mit Außensechskant für Innensechskant** / hexagon shank bit for hexagon socket screws ‖ ˄**einsatz** *m* **mit Außensechskant für Innensechskant** / hexagon shank bit for slotted head screws ‖ ˄**einsatz** *m* **mit Drillschraubendreherschaft** / hexagon shank screwdriver bit for slotted head screws ‖ ˄**einsatz** *m* **mit Innenvierkant** / square drive screwdriver ‖ ˄**schneide** *f* / screw driver point

Schrauben·drehung *f*, Schlag *m* (Schiff) / turn of the ship's propeller ‖ ˄**ende** *n* / tip of a screw ‖ ˄**fabrik** *f* / bolt and screw manufacture ‖ ˄**feder** *f* (zylindrisch) / coil o. helical spring (not: spiral spring) ‖ **kleine** ˄**feder** / worm spring ‖ ˄**federkupplung** *f* / coil clutch ‖ ˄**feder-Wickelautomat** *m* / spring coiling machine ‖ ˄**fläche** *f* / screw surface, helicoid ‖ ˄**förderer** *m* / feed screw ‖ ~**förmig**, -artig / helical, screw-like, -shaped ‖ ~**förmig** (Fläche) / helicoid, -idal ‖ **sich** ~**förmig winden** / coil *vi* ‖ ~**förmiger Pinch** (Plasma) / screw pinch ‖ ˄**förmiges** *n* / screw ‖ ˄**gang** *m* (Masch, Math) / flight, convolution ‖ ˄**gang** *m*, Gewindegang *m* / thread, turn ‖ ˄**gangzähler**, -radzähler *m* (Wasser) / sail wheel type water meter ‖ ˄**gebläse** *n* (Masch) / helical blower, propeller o. screw fan o. ventilator ‖ ˄**getriebe** *n* / helical gear ‖ ˄**gewinde** *n* / screw thread ‖ ˄**gewinde herstellen**, gewinden / thread *v* ‖ ˄**hals** *m* / neck of a bolt ‖ ˄**kappe** *f* s. Schraubkappe ‖ ˄**keil** *m* (Kfz) / helical spline ‖ ˄**kopf** *m* / bolt head, screw head ‖ ˄**kopf** *m* **in Bedienform** (DIN) (Masch) / screw cap ‖ ˄**kopf** *m* **in Halteform** / unslotted head ‖ ˄**kopf** *m* **mit Innensechskant** / internal wrenching head (GB), socket head (US) ‖ ˄**kopf-Anstauchmaschine** *f* / bolt head forging machine ‖ ˄**kopffeile** *f* / screw head file ‖ ˄**kopfschlitzfräser** *m* / screw head slotting cutter ‖ ˄**kopfschlitzmaschine** *f* / screw head slotter ‖ ˄**kranz** *m* (z.B. an Flanschen) / screw crown ‖ ˄**kreis** *m* (Luftf, Schiff) / propeller disk ‖ ˄**krümler** *m* (Landw) / helical tiller ‖ ˄**kupplung** *f* (Bahn) / screw coupling ‖ ˄**kurve**, Kochleoide *f* / cochleoid ‖ ˄**lehre** *f* / screw ga[u]ge ‖ ˄**leistung** *f* (Schiff) / propeller o. screw performance ‖ ˄**lenkung** *f* (Kfz) / screw-and-nut o. worm-and-nut steering [gear] ‖ ˄**linie**, Wendel *f* (Math) / helix, helical line ‖ **flache** ˄**linie** / heliocoid[al] line, spiral line ‖ ~**los** / screwless ‖ ~**lose Klemme** (Elektr) / screwless terminal ‖ ˄**matrix** *f* (Getriebe) / screw matrix ‖ ˄**mischer** *m* / mixer with propeller, screw mixer ‖ ˄**motor** *m* / screw type motor ‖ ˄**mutter** *f* / [screw] nut ‖ ˄**nabe** *f* (Luftf) / airscrew boss o. hub ‖ ˄**nut** *f* / helical groove ‖ ˄**pflug** *m* (Landw) / helical digger ‖ ˄**presse** *f* / screw o. fly press ‖ ˄**propeller** *m* (Schiff) / screw propeller, screw, propeller ‖ ˄**pumpe** *f* / propeller pump, screw type pump ‖ ˄**rad** *n* / helical gear wheel ‖ ˄**rad** *n* (Kreiselpumpe) / impeller wheel ‖ ˄**rad-Abwälzfräser** *m* / spiral gear hob ‖ ˄**radgetriebe**, Schrägradgetriebe *n* / spiral o. helical gear[ing] ‖ ˄**radpumpe** *f* / mixed-flow pump ‖ ˄**radverdichter** *m* / rotary positive displacement compressor ‖ ˄**radwasserzähler** *m* / worm wheel o. sail wheel type water meter ‖ ˄**rührer** *m*, -quirl *m* / typhoon mixer, propeller type mixer ‖ ˄**schaft** *m* / barrel of a bolt ‖ ˄**schaufler** *m* / screw pump (large type) ‖ ˄**schaufler** *m*, -pumpe *f* / large type screw pump ‖ ˄**schlittenwinde** *f* / push-and-pull jack ‖ ˄**schlitz** *m* / slot of the screw ‖ ˄**schlüssel** *m* / spanner

(GB), wrench (US, GB) ‖ ˄**schneiden** *n*, Gewindeschneiden *n* / screw cutting, screwing ‖ ˄**schub** *m* (Schiff, Luftf) / propeller o. screw thrust ‖ ˄**sicherung** *f* / screw retention, screw locking [device] ‖ ˄**sicherung** *f* (abgewinkeltes Blech), Muttersicherung *f* / screw o. nut locking device ‖ ˄**sinn** *m*, Helizität *f* / sense of helix ‖ ˄**spindel** *f* / screw rod o. spindle, male screw ‖ ˄**spindelpumpe** *f* / screw pump (small type) ‖ ˄**spurverfahren** *n* (Videoband) / screw curve recording system, helical recording ‖ ˄**stahl** *m* / screw steel, steel for screws ‖ ˄**stahl** *m* / steel for screws ‖ ˄**steigung** *f* (Luftf, Masch) / pitch ‖ ˄**stellkeil** *m* / screw actuated driving wedge, screw key ‖ ˄**steven** *m* (Schiff) / propeller o. screw frame o. post ‖ ˄**strahl**, -wind *m* (Luftf) / propeller race, prop blast ‖ ˄**strahl**, Nachstrom *m* (Luftf) / slipstream ‖ ˄**strecke** *f* (Spinn) / screw gill drawing frame ‖ ˄**strudel** *m* / wash of a ship ‖ ˄**tunnel** *m* (Schiff) / propeller o. screw tunnel ‖ ˄**überstand** *m* / bolt end available for application of nut ‖ ˄**[um]steuerung** *f* / screw reversing gear ‖ ˄**- und Mutternschlüssel** *m* s. Schraubenschlüssel ‖ ˄**verbindung** *f* (mit Durchsteckschrauben) / bolt[ed] connection ‖ ˄**verdichter** *m* / screw-type compressor, worm compressor ‖ ˄**versetzung** *f* (Krist) / helicoidal dislocation ‖ ˄**verzahnung** *f* / helical gearing ‖ ˄**wasserzähler** *m* / sail wheel o. worm wheel water meter ‖ ˄**welle** *f* (Schiff) / propeller o. screw-shaft, propelling screw-shaft, tail shaft ‖ ˄**[wellen]bock** *m* (Schiff) / tail shaft bracket ‖ ˄**wellentunnel** *m* / propeller shaft tunnel ‖ ˄**-Werkstoff** *m* / screw stock ‖ ˄**wind**, -strahl *m* (Luftf) / propeller race, prop blast ‖ ˄**winde** *f* / lifting screw o. jack, screw [lifting] jack ‖ ˄**windung** *f*, -gang *m* / thread, turn ‖ ˄**zieher** (Österreich, Schweiz), (DIN:) Schraubendreher *m* / screw driver ‖ ˄**zirkel** *m* / screw compasses *pl* ‖ ˄**zug** *m* (Schiff, Luftf) / propeller thrust

Schraub·fassung *f* (Elektr) / Edison lampholder o. socket ‖ ˄**fassung** *f* **für Schläuche** / screwed socket for hoses ‖ ˄**flasche** *f* / screw cap bottle ‖ ˄**getriebe** (DIN), Schrägverzahnungsgetriebe *n* / spiral o. helical gear[ing] ‖ ˄**glas** *n* / screw cap jar ‖ ˄**hahn** *m* / cock with screwed shank ‖ ˄**haken** *m*, Hakenbolzen *m* / screw hook ‖ ˄**haken** *m* **für Holz** / straight screw hook ‖ ˄**kappe** *f* **für Sicherungen** / fuse carrier ‖ ˄**klemme** *f* (Bahn) / screw rail clip o. anchor ‖ ˄**klemme** *f* (Elektr) / terminal screw ‖ ˄**kloben** *m* / screw clamp ‖ ˄**kontakt** *m* / screwed contact ‖ ˄**kupplung** *f* / screw coupling ‖ ˄**maschine** *f* **für Schwellenschrauben** (Bahn) / coach-screwing machine, sleeper screw driver ‖ ˄**muffe** *f*, -muffenverbindung *f* (Rohr) / screw socket ‖ ˄**muffenverbindung** *f* (DIN 28501) / screwed-gland o. -sleeve joint ‖ ˄**nagel** *m* / screw nail ‖ ˄**niet** *m* / blind rivet with thread locking, threaded blind rivet ‖ ˄**-Paßeinsatz** *m* (Sicherung) / screw-in gauge ring ‖ ˄**patrone** *f* / screw type o. screwed cartridge ‖ ˄**pfahl** *m* (Pfahl mit Schraubenschuh) / screw pile ‖ ˄**quetschhahn** *m* / screw pinchcock ‖ ˄**rad** *n* (DIN) / spiral-toothed gear wheel ‖ ˄**radpaar** *n*, Hypoidradpaar *n* / gear pair with non-parallel non-intersecting axes, hypoid gear pair ‖ ˄**rahmen** *m* (Buch) / screw chase ‖ ˄**-Räumwerkzeug** *n* / helical broach ‖ ˄**ring** *m* / threaded ring ‖ ˄**ring** *m* (Masch) / slide [index] ‖ ˄**-Schlauchbinder** *m* / screw clip ‖ ˄**sicherung** *f* (DIN) / screw retention, screw locking [device] ‖ ˄**[sicherungs]stöpsel** *m* (Elektr) / fuse screw plug, screw plug fuse ‖ ˄**sockel** *m*, Edisonsockel *m* (Elektr) / Edison screw cap o. base ‖ **kleiner** ˄**sockel** (1/2'') (Elektr) / small Edison screw cap ‖ ˄**steckdose** *f* (für Lampenfassungen) / lampholder adapter ‖ ˄**steckdose u. -stecker**, Schraubverbinder *m* (Elektronik) / screw-type locking connector ‖ ˄**stecker** *m* / plug adapter ‖ ˄**stempel** *m* (Bergb) / screw-jack prop ‖ ˄**stock** *m* (Masch) / vise (US), vice ‖ ˄**stockbacke** *f* / vise chop o. cheek o. jaw ‖ ˄**stockspindel** *f* / vise spindle ‖ ˄**stollen**

919

m / screw spike o. stud (US) ‖ **~stöpsel** *m,* -stopfen *m* / screw[ed] plug ‖ **~[stöpsel]sicherung,** -[einsatz]sicherung *f* / screw plug fuse ‖ **~stutzen** *m* / screw socket ‖ **~stutzen** *m* (Kfz) / screw neck ‖ **~triebanlasser** *m,* -starter *m,* Bendix-Anlasser *m,* A-Anlasser *m* (der Fa. Bosch) (Kfz) / Bendix-type starter, inertia gear drive starter

Schraubung (DIN), Schraubenbewegung *f* / screw motion

Schraub·verbindung *f* (mittels Schrauben) / screw[ed] connection o. joint o. union, screwing ‖ **~verbindung** *f* (für Rohre) / screwed pipe o. tube joint o. connection ‖ **~verbindung,** Verschraubung *f* / threaded joint ‖ **~verriegelung** *f* (Stecker) / screw-type locking ‖ **~verschluß** *m* / screw[ed] plug ‖ **~verschluß** *m,* -stopfen *m* / screwed plug ‖ **~verschluß** *m* (Kraftstofftank) / screw-type cap ‖ **~werkzeuge** *n pl* / screwdrivers and spanners *pl* ‖ **~zwinge** *f* / screw clamp, glue o. G clamp o. press ‖ **~zwinge** *f,* -kloben *m,* Leimzwinge *f* / C- o. screw clamp ‖ **[leichte] ~zwinge** / thumbscrew

schrecken, abschrecken (Hütt) / chill *v,* quench

Schreck·schale, -platte, -schicht *f* (Hütt, Gieß) / chill, chilling layer ‖ **~schicht** *f* (Gieß) / chilled zone ‖ **~sekunde** *f* (Kfz) / driver perception-reaction time, reaction time, moment of alarm

Schredderanlage *f* / shredder of derelict cars

schreddern (Hütt) / shred

Schrei *m* (Zinn) / cry, crackling ‖ **~** (Seide) / scroop

Schreib·... / graphic, -ical ‖ **~abteil** *n* (Bahn) / typewriting compartment ‖ **~anweisung** *f* (DV) / write statement ‖ **~arbeit,** Büroarbeit *f* / paper work ‖ **~arbeiten** *f pl* / clerical work ‖ **~art** *f* (Magn.Bd) / recording mode ‖ **~befehl** *m* (DV) / write instruction ‖ **~block** *m* / memo pad ‖ **~breite** *f* / typing o. printing width, print span ‖ **~breite** *f* (Instr) / chart scale length ‖ **~datum** *n* (DV) / creation date, date written ‖ **~dichte** *f* / recording density ‖ **~empfang** *m* / recorder reception

schreiben (allg) / write ‖ **~** (Instr) / record ‖ **~** *n,* Schrift *f* / writing ‖ **~** (Appreturfehler) / marking on scratching ‖ **mit der Maschine ~** / typewrite

schreibend, Schreib... / writing ‖ **~es Oberflächenmeßgerät** / profile recording instrument ‖ **~er Regler,** Schreiber *m* / recorder controller

Schreiber *m,* schreibendes Gerät (Instr) / recorder ‖ **~,** Diagrammschreiber *m* / chart recorder ‖ **~,** Schreibspitze *f* / stylus, recorder jewel

Schreib·fleck *m* (Kath.Str) / flying spot ‖ **~freigabe** *f* (DV) / write enable, WE ‖ **~gerät,** -instrument *n* / recording attachment o. device o. implement o. instrument o. mechanism, recorder ‖ **~gerät** *n,* Logger *m* (DV) / logger ‖ **~geschwindigkeit** *f* / typing speed ‖ **~gestört** (DV) / write-disturbed ‖ **~impuls** *m* (DV) / write o. writing pulse ‖ **~kopf** *m* (Magn.Bd) / record[ing] head, write head, print element ‖ **~kraft** *f* / typist ‖ **~leinen** *n* / writing linen cloth ‖ **~Leseeinheit** *f* / writer/read unit ‖ **~Lesekopf** *m* (DV) / combined head, combined write-read head ‖ **~Lesespeicher** *m* (DV) / RWM, read-write memory ‖ **~Lese-Zykluszeit** *f* / write/read cycle time ‖ **~locher** *m* (LoKa) / printing punch ‖ **~magnet** *m* (Fernm) / recording magnet ‖ **~marke,** Cursor *m* (DV) / cursor

Schreibmaschine *f* / typewriter ‖ **~ mit breitem Wagen** / wide-carriage typewriter ‖ **~ mit sichtbarer Schrift** / visible typewriter ‖ **~ mit veränderlichem Zeichenabstand** / typewriter with variable letter spacing ‖ **~ mit verdeckter Schrift** / non-visible o. blind typewriter ‖ **~ ohne Ausgabe- o. Sendetastatur** (DV) / non-transmitting typewriter ‖ **in der Größe einer ~** / typewriter-sized ‖ **mit der ~ schreiben** / type[write]

Schreibmaschinen·druck *m,* -schrift *f* (Buch) / type-written printing, type script (US) ‖ **~[farb]band** *n* / typewriter ribbon ‖ **~papier** *n* / typewriting paper ‖ **~[radier]gummi** *m* / typewriter eraser ‖ **~satz** *m* (Buch) / typewriter composition ‖ **~schrift** *f* / typescript,

---

typewriting ‖ **~tisch** *m* / typewriter desk ‖ **~walze** *f* / typewriter platen

Schreib·materialien *pl,* Büromaterial *n* / stationery ‖ **~nachimpuls** *m* (DV) / postwrite disturb pulse ‖ **~papier** *n* / writing paper ‖ **~pegel** *m* / recordinglevel ‖ **~projektor** *m* (Phot) / overhead projector ‖ **~prüfung** *f* (DV) / [write] verify, write check, read-after-write check ‖ **~prüfungsbefehl** *m* / verify command ‖ **~ring** *m,* -sicherungsring *m* (Magn.Bd) / write-enable o. permit ring, file protection ring ‖ **~ring** *m,* -sicherungsring *m* (Magn.Bd) / file protection ring ‖ **~satz** *m* (Büro) / form set ‖ **~schrift** *f* (Buch) / hand[writing] ‖ **~schrift** *f,* Kursivschrift *f* / italic [letters o. writing] ‖ **~schriften** *f pl* (Buch) / scripts *pl* ‖ **~schutz** *m* (DV) / write protection ‖ **~schützen** *vi* (DV) / write protect *vi* ‖ **~sperre** *f* / print inhibition, write lockout, recording stop ‖ **~sperre-Index** *m* (DV) / read-only flag ‖ **~sperren-Fehler** *m* (DV) / write lockout error ‖ **~spirale** *f* des Empfängers (Faksimile) / scroll, helix ‖ **~spitze** *f* (Instr) / jewel stylus ‖ **~station** *f* (DV) / hard copy terminal ‖ **~stelle** *f* / print[ing] position ‖ **~steuerung-Ausgang** *m* (LoKa) / print selection common exit ‖ **~steuerung-Eingang** *m* (LoKa) / print selection entry ‖ **~stift** *m* / recording stylus ‖ **~strahl** *m* (Tintenschreiber) / ink jet ‖ **~strahlerzeuger** *m* (Röhre) / writing gun ‖ **~telegraphie** *f* / signal recording telegraphy ‖ **~tisch** *m* / desk, bureau, secretary, escritoire ‖ **~tisch** *m,* -pult *n* / writing desk (with a top section for books) ‖ **~tisch** *m* mit Rollverschluß / roll-top desk ‖ **~tischgroß** / desk sized ‖ **~tischtest** *m* (DV) / desk check, dry run ‖ **~trommel** *f* / recording drum o. cylinder ‖ **~unterdrückung** *f,* Nicht-Schreiben *n,* NS (DV) / print suppress, non-print ‖ **~unterdrückungscode** *m* (DV) / non-print code ‖ **~verfahren** *n* (Magn.Bd) / recording mode ‖ **~verfahren** *n* ohne Rückkehr zum Bezugspunkt (DV) / nonreturn to reference recording ‖ **~verstärker** *m* (DV) / digit driver ‖ **~walze** *f* (Schreibm) / platen, roller ‖ **~waren** *f pl* / writing materials *pl,* stationary ‖ **~weise** *f* (Math, DV) / notation ‖ **~weise** *f,* Schreibung *f* / spelling of a word ‖ **~werk** *n* / recording mechanism ‖ **zentrales ~zimmer,** (früher:) Schreibsaal *m* / typing center o. unit, (formerly:) typing pool

schreiend, grell (Farbe) / glaring, loud

Schreiner (süddeutsch), Tischler *m* / joiner

Schreinerappretur *f* (Textil) / Schreiner finish ‖ **mit ~ versehen,** geschreinert (Textil) / schreinered

Schreinerdrehbank *f* / double center lathe

Schreinerei *f,* Schreinerwerkstatt *f* / joiner's workshop

Schreinergrade *m pl* / Weston Schreiner film speed

Schreiner·hammer *m* / claw o. joiner's hammer ‖ **~-Kalander** *m* (Textil) / Schreiner calender ‖ **~klüpfel** *m* / carpenters' mallet ‖ **~meister** *m* / master joiner

Schreinern *n* (Textil) / schreinering

schreitend (Ausbau) (Bergb) / advancing, progressing ‖ **~** (Bagger) / walking ‖ **~er Ausbau** (Bergb) / self-advancing support, powered walking support

Schreit·schürfbagger *m* / walking dragline o. scraper [dredger] ‖ **~werk** *n* (Bagger) / walking legs *pl*

Schrenz *n* (Pap) / screenings *pl* ‖ **~papier** *n* / bogus paper ‖ **~pappe** *f,* -karton *n* / low quality gray board, screenings board

Schrift *f,* Type *f* (Buch) / types *pl,* sorts *pl,* characters *pl* ‖ **~** (Drucker) / font ‖ **~...** / graphic, -ical ‖ **~...,** Runen... (Geol) / runic, graphic ‖ **~ ablegen** (Buch) / spread type matter, distribute ‖ **~ SC** (Strichcode) (DV) / font SC ‖ **~art** *f* (Buch) / letters *pl,* lettering style, type fo[u]nt, sort ‖ **~bild** *n* (allg, DV) / print image ‖ **~bild,** Buchstabenbild *n* (Buch) / type face, face, matrix ‖ **~bild,** Insert *n* (TV) / caption ‖ **~blatt** *n* (Taxameter) / face plate ‖ **~darstellung** *f* / presentation of characters ‖ **~einblender** *m* (TV) / downstream keyer ‖ **~einblendung** *f* (TV) / caption insertion o. superposition

Schriftensatz *m* / type array

Schrift·erz *n*, -tellur *n* (Min) / sylvanite ‖ ⮱**familie**, -garnitur *f* (Buch) / family of type, type family, fo[u]nt ‖ ⮱**feld** *n* (Zeichn) / title block o. box o. strip ‖ ⮱**fernübertrager** *m* / teletype, teleprinter ‖ ⮱**flasche** *f* (Chem) / lettered reagent bottle ‖ ⮱**gießer** *m* / letter o. type founder o. caster ‖ ⮱**gießerei** *f* / type foundry ‖ ⮱**gießmaschine** *f* / type founding o. casting machine ‖ ⮱**grad** *m* (in Punkten) / size of type (in points) ‖ ⮱**grad** *m* **5 1/2 p.** (Buch) / agate (US), ruby (GB) ‖ ⮱**gradunterschied** *m* (Buch) / remove ‖ ⮱**granit** *m* (Geol) / graphic granite, runite ‖ ⮱**guß** *m* / type casting ‖ ⮱**gut** *n* / records *pl* ‖ ⮱**gutbehälter** *m pl* / files and folders *pl* ‖ ⮱**gutvernichter** *m* / paper shredder ‖ ~**hoch** / type-high ‖ ⮱**höhe** *f* (Deutschland 66 2/3 p. = 23,567 mm, USA = 0,9186'') (Buch) / height of letters, type height, height-to-paper ‖ ⮱**höhe** *f*, Zeichenhöhe *f* (Display) / font size, character height ‖ auf ⮱**höhe** (Buch) / type-high ‖ ⮱**höhenmesser** *m* (Buch) / type[-high] ga[u]ge ‖ ⮱**kasten**, Setzkasten *m* (Buch) / [letter] case, type case ‖ ⮱**kastenunterteil** *m* / lower case ‖ ⮱**kegel** *m* (Buch) / body, shank, stem, depth of the letter ‖ ⮱**kennung** *f* (Magn.Bd) / identification burst ‖ ⮱**legierung** *f* / type alloy ‖ ⮱**lesen** *n* (DV) / character reading o. sensing o. scanning
schriftlich·es Dokument (DV) / hard copy ‖ ~**e Form**, Schriftform *f* / written form ‖ ~**er Nachweis** / certificate
Schrift·linie *f* (Buch) / body line ‖ ⮱**material** *n* / type matter ‖ ⮱**matrize** *f* / matrix ‖ ⮱**metall**, Letternmetall *n* / printer's o. type o. letter metal ‖ ⮱**qualität** *f* / text precision ‖ ⮱**satz** *m* (allg) / write-up, written statement ‖ ⮱**satz**, Satz *m* (Buch) / type matter ‖ ⮱**satzgröße** *f* / type area ‖ ⮱**schablone** *f* (Zeichn) / writing pattern ‖ ⮱**schutzmaschine** *f* / bank proof machine ‖ ⮱**setzen**, Setzen *n* (Buch) / composition, composing ‖ ⮱**setzer**, Setzer *m* / typesetter ‖ ⮱**stand** *m* / type alignment ‖ ⮱**stärke** *f* / type size ‖ ⮱**stempel** *m* / letter stamp ‖ ⮱**stift** *m* (Plast, Form) / marking pin ‖ ⮱**struktur**, Runenstruktur *f* (Geol) / graphic texture ‖ ⮱**stück** *n*, Liste *f* / bill, list ‖ ⮱**stücke** *n pl*, Dokumente *n pl* / documents *pl*, records *pl* ‖ ⮱**tellur** *m* / sylvanite
Schrifttum *n* / literature
Schrifttums·karte *f* / bibliographical card
Schrift·type *f*, -zeichen *n* / letter, character ‖ alle ⮱**typen einer Schriftgattung** (Buch) / font, fount ‖ ⮱**zeichen** *n*, Graphikzeichen *n* (DV) / graphic character ‖ ⮱**zeichenablenkspulen** *f pl* (Display) / character yoke ‖ ⮱**zeichengenerator** *m* / character generator
schrill, grell / shrill ‖ ~, durchdringend (Geräusch) / screaming ‖ ~, durchdringend (Ton) / acute, piercing, sharp ‖ ~, schneidend (Akustik) / strident, creaking, grating ‖ ~**er Ton** / high-pitched sound ‖ ~ **tönen** / shriek, screech, scream
schrinken (Textil) / moisten, sponge, shrink-resist *v*
Schrinkverfahren *n* (Textil) / shrinkproof finish
Schritt *m* (allg, DV) / step ‖ ⮱ (z.B. nur ein Schritt bis zu …) (allg) / remove, space, interval ‖ ⮱ (als Maß) / pace ‖ ⮱, Maßnahme *f* / move ‖ ⮱, Inkrement *n* (Math, Phys) / increment ‖ ⮱ (Fernm) / element, unit ‖ ⮱ (Signal, DV) / signal element ‖ ⮱**e/Sekunde** *m pl* / advances o. steps per second *pl* ‖ ⮱ **fahren!** / go slow! ‖ **im** ⮱, sehr langsam / dead slow ‖ ⮱**antwort** *f*, Übergangsfunktion *f* (Regeln) / indicial response ‖ ⮱**fehlerquote** *f* (Fernm) / unit element error rate ‖ ⮱**-für-Schritt-Prüfen**, Signalverfolgen *n* (Elektronik) / signal tracing ‖ ⮱**geschwindigkeit** *f* (Telegraph) / telegraph speed, transmission speed ‖ ⮱**geschwindigkeit** *f* (DV) / modulation rate ‖ ⮱**getriebe** *n* (Kinematik) / step-by-step motion linkage ‖ ⮱**gruppe** *f* (Fernschreiber) / code combination o. group ‖ ~**haltend**, mitlaufend (LoKa) / on-line ‖ ~**haltend** (DV) / real-time… ‖ ~**haltendes System** (DV) / real-time system ‖ ~**haltender Verbindungsaufbau** (Fernm) / step-by-step operation ‖ ~**haltendes Wählsystem** (Fernm) / selector switches

keeping pace with dialling *pl*, dialling-switching coincidence system ‖ ⮱**kamera** *f* / planetary camera, flatbed camera ‖ ⮱**kamera** *f* / flatbed camera ‖ ⮱**kopiermaschine** *f* (Phot) / intermittent o. step printer ‖ ⮱**länge** *f* (Fernm) / significant o. unit interval ‖ ⮱**macherofen** *m* / walking beam type furnace, rocker bar furnace ‖ ⮱**-Magnetbandgerät** *n* / incremental tape recorder ‖ ⮱**periode** *f* (Fernm) / dot cycle ‖ ⮱**puls** *m* (DV) / clock pulse ‖ ⮱**regler** *m*, -regelung *f* (Regeln) / sampled-data system ‖ ⮱**schalter** *m* / step-by-step switch, stepper o. stepping switch ‖ ⮱**[schalt]motor** *m* / step[per] o. stepping motor, pulse motor ‖ ⮱**schaltrad** *n* / step-by-step wheel ‖ ⮱**schaltrelais** *n* / step[ping] relay ‖ ⮱**schaltung** *f* (Film) / intermittent film feed o. motion ‖ ⮱**[schalt]wähler** *m* (Fernm) / step-by-step selector ‖ ⮱**schaltwerk** *n*, -system *n* / intermittent motion, step-by-step system ‖ ⮱**spannung** *f* / pace voltage ‖ ⮱**-Takt** *m* (DV) / signal element timing ‖ ~**weise** / step-by-step, by steps o. inches, stepwise, S x S ‖ ~**weise**, nach und nach / gradually ‖ ~**weise**, fortschreitend / progressive ‖ **nicht** ~**weise** / continuous ‖ ~**weise durchführen** / phase *v* ‖ ~**weise einführen** / phase-in ‖ ~**weise Fräserverschiebung** / incremental hob shift ‖ ~**weise verringern** / decrement *vt* ‖ ~**weiser Vorschub** (Wzm) / jump feed o. control, intermittent feed o. control ‖ ⮱**weite** *f* (Plotter) / step size ‖ ⮱**weite des Gitters** (Brennelemente) / lattice pitch [spacing] ‖ ⮱**weitenparameter** *m* (DV) / incrementation parameter ‖ ⮱**zähler** *m* (allg) / pedometer, odograph ‖ ⮱**zähler** *m* (DV) / step counter
Schrödingersche Schwingungsgleichung *f* / Schrödinger [oscillation] equation
schroff, plötzlich, unvermittelt / sudden ‖ ~, steil, jäh, abschüssig / arduous, steep, precipitous ‖ ~**er Temperaturwechsel** (Mat Prüf) / thermal shock
Schrot *m n* (Mühle) / bruised grain, coarse meal ‖ ⮱ (Brau) / crushed malt, grist ‖ ⮱, Jagdschrot *n* / small shot ‖ ⮱ **und Korn** *n* (Münzw) / weight and fineness ‖ ⮱**bohren** *n* (Öl) / shot drilling ‖ ⮱**effekt** *m*, Schottkyeffekt *m*, Schrotrauschen *n* / shot noise o. effect, popcorn effect (US), Schottky noise ‖ **ungeschwächter** ⮱**effekt** / full shot noise
schroten (Mehl, Malz) / bruise, rough-grind ‖ ~ (Schm) / chip, chisel ‖ ~ (Transport) / parbuckle *v* ‖ **Weizen** ~ / shred wheat
Schrot·fäustel *m* / stone sledge ‖ ⮱**hammer** *m* (Schm) / chop hammer ‖ ⮱**hammer**, Stielschrot *m* (Steinmetz) / spalling hammer ‖ ⮱**kleie** *f* / coarse bran o. pollard ‖ ⮱**kugel** *f*, -korn *n* / shot pellet ‖ ⮱**lauf** *n* (Gewehr) / shotgun barrel ‖ ⮱**leine** *f*, -tau *n* / rope for parbuckle ‖ ⮱**leiter** *f* / parbuckle ‖ ⮱**[leiter]wagen** *m* / dray
Schrötling *m* (Münzw) / blank
Schrot·mehl *n* / meal ‖ ⮱**meißel** *m* / blacksmith's o. cold chisel ‖ ⮱**messing** *n* / latten clippings *pl* ‖ ⮱**mühle** *f* (Mehl) / break roller mill, bruising mill, rough grinding mill ‖ ⮱**mühle** *f* (Brau) / malt mill ‖ ⮱**mühle** *f* **für Futter** (Landw) / feed grinder ‖ ⮱**patrone** *f* / cartouche, shotgun cartridge ‖ ⮱**schußkrankheit** *f*, Clasterosporium carpophilum (Landw) / shot hole disease ‖ ⮱**silber** *n* / grains of silver ashes *pl* ‖ ⮱**strom** *m* (Elektronik) / shot current ‖ **ungeschwächter** ⮱**strom** (TV) / full shot current ‖ ⮱**stuhl** *m* (Mühl) / bruising mill
Schrott *m* / scrap ‖ ⮱, Alteisen *n* / scrap iron ‖ ⮱, Metallabfall *m* / scrap metal, metal scrap ‖ ⮱ (Pulv Met) / swarf ‖ ⮱, Ausschuß *m* / waste, refuse ‖ **schwerer** ⮱ / heavy scrap ‖ ⮱**annahme** *f*, -sammlung *f* / salvaging of scrap
Schrottau *n* / parbuckle
Schrott·aufbereitung *f* / scrap preparation [plant] ‖ ⮱**aufkohlung** *f* / scrap carburization ‖ ⮱**aufkommen** *n* / scrap arising ‖ ⮱**auto**, -fahrzeug *n* / car wreck ‖ ⮱**bündelmaschine** *f* / scrap bundling machine ‖ ⮱**hacker** *m*, Schrottzerhacker / scrap chopper ‖ ⮱**handel** *m* / scraps [wholesale] trade ‖ ⮱**haufen** *m* /

921

scrap pile ‖ ⸲kohlung f / scrap carburization ‖ ⸲kugel f, Fallgewicht n (Hütt) / cracker ball ‖ ⸲[lager]kran m, -platzkran m / scrap yard crane ‖ ⸲magnetkran m / scrap charging magnet crane ‖ ⸲mulde f (Hütt) / scrap charging box ‖ ⸲muldenkran m (Hütt) / scrap charging box handling crane ‖ ⸲paket n / briquet[te] of scrap ‖ ⸲paketierpresse f / scrap baling o. bundling o. piling machine ‖ ⸲platz m, -lager n / scrap yard ‖ ⸲presse f für Karosserien / scrap baling press for motorcar bodies ‖ ~reif / to be discarded ‖ ⸲-Roheisen-Verfahren n (Hütt) / pig-and-scrap process ‖ ⸲schere f / scrap cutter o. shears pl ‖ ⸲scher- und -paketierpresse f / scrap shearing and baling press ‖ ⸲-Schlagwerkskran m / scrap drop crane ‖ ⸲verhüttung f / scrap smelting ‖ ⸲verwertung f (Hütt) / reclamation of scrap ‖ ⸲-Vorwärmer, Preheater m / scrap preheater ‖ ⸲wert m / residual o. recovery value ‖ ⸲wickler m / scrap coiler ‖ ⸲zerhacker m / scrap chopper ‖ ⸲zerkleinerung f / scrap crushing ‖ ⸲zufuhr f / introduction of scrap ‖ ⸲zusatz m (Gieß) / admixture of scrap

Schrotung f (Mech) / instantaneous helical motion

Schrotzimmerung f (Bergb) / cribbing

Schrubbelmaschine f (Wolle) / scribbler [card]

Schrubbeln, Schlumpen n (Wolle) / scribbling

schrubben / scrub, scour ‖ ~ (Schiff) / swab vt, scrub

Schrubber m, Schrubbürste f / hog, scrubber, scrubbing brush ‖ ⸲ (Schiff) / swab

Schrühbrand m (Keram) / biscuit baking o. firing

schrühen, vorglühen (Porzellan) / bake, heat slowly

schrumpeln (Lack, Fehler) / curtain v, crawl v unregelmäßig ~ (Lack) / alligator v, crocodile

Schrumpf m (Textil) / shrinkage ‖ ⸲band -ring m / shrunk-on o. shrink ring o. collar o. hoop ‖ ~echt, -frei, -fest (Textil) / resistant to shrinking o. shrinkage, shrinkproof

schrumpfen / contract vi, shrink ‖ ~, zusammenfallen (z.B. Hülle) / collapse (e.g. envelope), fall in folds ‖ ⸲, Schrumpfung f / shrinkage, contraction ‖ ⸲ (beim Aushärten) (Plast) / curing shrinkage ‖ ⸲ beim Härten (Hütt) / hardening shrinkage

schrumpf·fest / resistant to shrinking o. shrinkage ‖ ⸲folie f (Plast) / shrink film, heat shrinking foil ‖ ⸲folien-Verpackmaschine f / tight-packing machine ‖ ⸲folien[ver]packung f / tight pack, shrink wrapping ‖ ⸲fuge f (Bau) / contraction joint ‖ ⸲lack m / wrinkle o. ripple finish o. paint ‖ ⸲leder n / shrink o. shrunk o. wrinkled leather ‖ ⸲maß n (Gieß) / [measure o. amount of] shrinkage, contraction ‖ ⸲maß n, -zugabe f beim Aufschrumpfen / shrinkage allowance ‖ ⸲muffe f (Elektr) / shrink-on sleeve ‖ ⸲packung f / shrink packaging o. wrapping ‖ ⸲prüfer m (Textil) / shrink tester ‖ ⸲ring m, -band n / shrunk-on o. shrink ring o. collar o. hoop ‖ ⸲riß m (Masch) / shrinkage o. contraction crack, check [crack] ‖ ⸲riß m (Holz) / season o. sun o. shrinkage crack ‖ ⸲rohr n, -ring m (Kanone) / shrunk-fit section, hoop ‖ ⸲schlauch m / heat-shrinkable sleeve, shrinkdown plastic tubing ‖ ⸲sitz m / shrink o. shrinkage fit ‖ ⸲sitz m, aufgeschrumpfter Sitz / shrunk-on fit ‖ ⸲spannung f (Hütt) / contraction strain ‖ ⸲stück n, -vorrichtung f (Plast) / cooling jig o. fixture, shrinkage block o. fixture

Schrumpfung f, Setzen n (Bau) / [amount of] settling ‖ ⸲ (Plast) / contraction cavity ‖ ⸲, eingefallene Stelle (Plast) / crater, pit

schrumpf·verpacken / shrink wrap v ‖ ⸲verpackung f / shrink wrapping, tight pack ‖ ⸲wasser n (Keram) / shrinkage water ‖ ⸲wickel m (Textil) / collapsible package

Schrupp·arbeit f / roughing-down work ‖ ⸲drehmaschine f / rough-turning lathe, roughing lathe ‖ ⸲drehmeißel m (Wzm) / roughing turning tool

schruppen (Wzm) / rough down, rough-work, -machine ‖ ~ (Dreh) / roughturn, turn roughly ‖ ⸲ n (Masch) / roughing ‖ Holz ~ (o. abhobeln) / plane off timber

Schrupp·feile f / rough[ing] file ‖ ⸲fräser m (Wzm) / roughing mill o. cutter ‖ ⸲hobel, Langhobel m von 16'' Länge / jack plane ‖ ~hobeln, schruppen / rough-plane, plane roughly ‖ ⸲meißel m (Wzm) / roughing tool ‖ ⸲schliff m (Wzm) / rough grinding ‖ ⸲stahlhalter m, -stichelhaus n (Wzm) / roughing tool box ‖ ⸲vorschub m / rough feed ‖ ⸲zahn m (Räumwz) / roughing tooth

Schub, Stoß m / push, thrust ‖ ⸲, Scheren n (Mech) / shear[ing action] ‖ ⸲, Scherkraft f (Mech) / shearing o. transverse force o. load ‖ ⸲ (Bau, Bergb) / horizontal thrust ‖ ⸲, Posten m / batch, lot ‖ ⸲ (Raumf) / thrust ‖ ⸲ (unter Normalbedingungen) (Luftf) / [propeller o. jet] thrust ‖ ⸲ in Meereshöhe / sea level thrust ‖ ⸲abbau m (Raumf) / stretch of thrust ‖ ⸲abfall m (Rakete) / thrust decay ‖ ⸲abschalter m / thrust terminator ‖ ⸲abschaltung f (Kfz) / fuel cut-off in the overrun ‖ ⸲abschaltung f (Raumf) / deceleration fuel cutoff ‖ ⸲achse f / thrust axis ‖ ⸲anker m (Kfz) / sliding armature ‖ ⸲ankeranlasser, -starter m, B-Anlasser m (der Fa. Bosch) / sliding-armature starting motor, axial-type starting motor ‖ ⸲antrieb m an Armaturen / linear actuator attachment ‖ ⸲aufgabe[vorrichtung] f / push feeder ‖ ⸲beanspruchung f / shear[ing] stress ‖ ⸲beanspruchung, -spannung f / shearing o. transverse strain o. stress ‖ ⸲belastung f (axial) / axial load ‖ ⸲belastung f (Luftf) / thrust loading ‖ ⸲bewegung f (Mech) / translatory motion ‖ ⸲bewehrung f (Bau) / bent-up bars pl ‖ ⸲boot n (Schiff) / compartment boat, push boat ‖ ⸲bruch m, Gleitbruch m / gliding fracture, sliding fracture, shear fracture ‖ ⸲bugsierer m (Schiff) / pusher vessel o. towboat, barge-propelling tug ‖ ⸲decke, Überschiebungsdecke f (Geol) / nappe ‖ ⸲deflektor m (Luftf) / thrust deflector ‖ ⸲dübel m, Verbundanker m (Stahlbau) / shear connector ‖ ⸲düse f (Luftf) / propelling nozzle ‖ ⸲düsenkegel m / thrust cone ‖ ⸲düsenpilz m (Rakete) / thrust nozzle feed pipe assembly ‖ ⸲elastizität f / elasticity across grain o. of shearing o. of rigidity, transverse elasticity ‖ ⸲ende n (Raumf) / thrust decay

Schuber m, Schutzkarton m (Buch) / slipcase, slipcover

Schub·erhöhung f (Luftf) / thrust augmentation ‖ ⸲fach / drawer ‖ ⸲fahrzeug n (Bau) / pusher, pushloader ‖ ⸲-Falschrichtung f, Schubversatz m (Rakete) / thrust misalinement ‖ ⸲festigkeit f, Scherfestigkeit f / shear[ing] strength o. resistance, transverse o. transversal strength o. resistance ‖ ⸲fließgrenze f / yield point in shear ‖ ⸲fließspannung f / yield stress in shear ‖ ⸲formänderung f / shearing strain ‖ ⸲gabel f (Flurförderer) / retractable fork ‖ ⸲gabelstapler m / reach fork truck ‖ ⸲gabel- u. -rahmenstapler m pl / reach trucks pl ‖ ⸲gelenk n (Mech) / rectilinear sliding pair, prismatic joint, P ‖ ⸲gerät n / pusher ‖ ⸲gerüst n (Raumf) / thrust frame ‖ ⸲getriebe n, Schieberädergetriebe n / sliding gear drive o. gear transmission ‖ ⸲gewicht n, spezifischer Schub / thrust-to-weight ratio ‖ ⸲-Gewicht-Verhältnis m (Luftf) / weight per pound o. kilogram thrust, thrust-weight ratio ‖ ⸲kabel n (Luftf) / thrust wire ‖ ⸲karren m, -karre f / [wheel] barrow, push cart ‖ ⸲karren m, [Hand]kippkarren m / tipping barrow ‖ ⸲kastengriff m / drawer pull ‖ ⸲kastenschalung f / push-in framework ‖ ⸲koeffizient m, -größe f (Mech) / reciprocal of shear modulus ‖ ⸲komponente f / component of the thrust ‖ ⸲kraft f (Mech) / shearing o. transverse force o. load ‖ ⸲kraft f, Schub m (Luftf) / [propeller o. jet] thrust ‖ ⸲kraftfläche f (Mech) / shearing force plane ‖ ⸲kraftmeßstand m (Raumf) / load cell ‖ ⸲kugel f (Kfz) / torque ball, thrust ball ‖ ⸲kugelgelenk n (Kfz) / thrust ball and socket ‖ ⸲kurbel f / thrust crank ‖ ⸲kurbelgetriebe n / slider-crank mechanism ‖ ⸲lade f, -fach n, -kasten m, Zug m / drawer, chest of drawers ‖

~lade f (Aufber) / box car, drawer ‖ ~lade f des CD-Spielers / disk tray ‖ ~ladensystem n (Schweiß) / water-to-carbide generator ‖ ~lader m / crawler type scraper ‖ ~lehre f / sliding caliper, slide gauge ‖ ~leichter m (Schiff) / push boat o. tug, pusher barge ‖ ~leistung f / pushing o. thrust power ‖ ~-Lift-Verhältnis n der Strahlklappe (Luftf) / jet coefficient ‖ ~mähmaschine f (Landw) / push reaper o. harvester ‖ ~maschine, -lokomotive f / banking o. pusher locomotive o. engine, helper (US) ‖ ~maß n, Schub-, Gleitmodul m / modulus of transverse elasticity, of elasticity in shear, of rigidity, rigidity o. shear modulus ‖ ~mast m, -rahmen m (Flurförderer) / retractable mast ‖ ~mast-Gabelstapler m / fork-lift reach truck, reach fork lift truck ‖ ~mittelpunkt m / shear center ‖ ~modul m (Mech) s. Schubmaß ‖ ~modulierung f (Rakete) / thrust modulation ‖ ~programm n (Rakete) / thrust program ‖ ~rahmen m (Laderaupe, Bulldozer) / C-push frame ‖ ~rakete f (Luftf) / take-off rocket ‖ ~raupe f (Straßb) / push loader ‖ ~reduzierung f (Raumf) / deboost ‖ ~riegel m (Fenster) / sash bolt ‖ ~riegel m, [Vor]schiebriegel m (Schloß) / slide o. sliding bolt, push bolt ‖ ~riegelschloß n (federlos) / dead o. bolt lock ‖ ~rohr n (fälschlich für: Gelenkwellenrohr) (Kfz) / cardan shaft housing ‖ ~rohr n, Schmidtrohr n / propulsive duct ‖ ~schalter m / push o. press switch ‖ ~schiff n, -bugsierer m, -selbstfahrer m / push tug o. towboat, barge-propelling tug, pushing motor barge ‖ ~schiffahrt f / pushed tow system ‖ ~schiffahrt… (Schiff) / push… ‖ ~schild m (Straßb) / push blade ‖ ~schnecke f (Plast) / screw plunger, reciprocating screw ‖ ~schraube f, Druckschraube f (Luftf) / pusher-type airscrew ‖ ~schraubtriebanlasser m, -starter m, Bosch-E-Anlasser m (Kfz) / pre-engaged-drive starting motor ‖ ~schwinge f (Kinematik) / inverted slider crank with slider fixed ‖ ~schwingungsart f (Elektronik) / shear mode of vibration ‖ ~-Selbstfahrer m (Schiff) / pushing motorbarge ‖ ~sicherung f, -verankerung f (durch eine Nase) (Masch) / joggle ‖ ~sicherung f (Bau) / shearing protection ‖ ~spannung, -beanspruchung f / shearing o. transverse strain o. stress ‖ ~spannung, -beanspruchung f, Scherspannung f / transverse strain o. stress ‖ [spezifische] ~spannung / ultimate shearing strain ‖ ~spannungsgeschwindigkeit f (Mech) / friction velocity ‖ ~stabstrecke f (Textil) / push bar draw frame ‖ ~stange f (Dampfm) / connecting rod, con-rod, side o. slide rod o. shaft ‖ ~stange f der Lenkung (Kfz) / steering lever drop arm ‖ ~stangenantrieb m (Motorrad) / side rod drive ‖ ~stangen-Entmistungseinrichtung f (Landw) / dung channel cleaner, sliding bar manure removal ‖ [kolbenseitiger] ~stangenkopf (Mot) / connecting rod small end ‖ pleuelseitiger ~stangenkopf / connecting rod big end ‖ ~stufe f (Rakete) / booster stage o. rocket ‖ ~taste f / push key ‖ ~traktor m (Drucker) / push tractor ‖ ~transformator m (Elektr) / sliding transformer ‖ ~trennschalter m / sliding switch, sliding type isolator ‖ ~trennschalter m / sliding type isolator ‖ ~triebanlasser m, -triebstarter m, Bosch-C-Anlasser m (Kfz) / sliding-gear starting motor, coaxial-type starting motor ‖ ~triebanlasser m, -starter m, Bosch-C-Anlasser m (Kfz) / coaxial type starting motor ‖ ~umformen n (DIN 8587) (Wzm) / forming under shearing conditions ‖ ~umlenker m, -umkehrer m (Luftf) / thrust reverser ‖ ~umlenkung f, -umkehr f (Luftf) / thrust deflection o. reversal
Schub- und, mit ~ Zugmotor (Luftf) / push-pull …
Schub·vektorregelung, -vektorsteuerung f (Rakete) / thrust-vector control, nozzle swivelling ‖ ~vektorregelung, -vektorsteuerung f (Rakete) / nozzle swivelling ‖ ~verarbeitung f (DV) / batch processing ‖ ~verband m, -einheit f (Schiff) / pushing unit, push tow, compartment boat train, pusher train ‖ ~verband m, -einheit f (Schiff) / push tow ‖

~verband m, -einheit f (Schiff) / compartment boat train ‖ ~verband m, -einheit f (Schiff) / pusher train ‖ ~verband m / tow, push tow ‖ ~verbinder m (Bau) / shear connector ‖ ~verformung f (Mech) / shear deformation ‖ ~-Versatz m, Schub-Falschrichtung f (Rakete) / thrust misalignment ‖ ~verzögerung f (Mech) / shear lag ‖ ~vorrichtung f / pushing o. shifting device ‖ ~wagen m / push car ‖ ~wagenspeiser m (Keram) / reciprocating [plate] feeder, mule feeder ‖ ~weise / in batches ‖ ~weises Verarbeiten (DV) / batch mode o. processing ‖ ~welle f / distortional o. rotational wave, shear o. transverse wave ‖ ~wellengeschwindigkeit f (Ultraschall) / shear wave velocity ‖ ~widerstand, Schiebewiderstand m (Mech) / resistance to sliding friction o. to slide, pushing o. slide resistance ‖ ~wirkung f (Mech) / thrust ‖ ~zahl f (cm² kg⁻¹) (Mech) / reciprocal value of the coefficient of rigidity
Schuchardtit m, Chrysopraserde f (Min) / schuchardtite, chrysoprase earth
Schuh m, eiserner Beschlag (Masch) / shoe ‖ ~ (Bekleidung) / shoe ‖ ~, Ablenkschuh m (Seilb) / deflection saddle ‖ ~, Stützenschuh m (Seilb) / saddle ‖ ~ am Mühlrumpf / spout ‖ ~ mit Stahlkappe / hardtoe shoe ‖ ~doppelmaschine f / lock-stitch machine ‖ ~futterstoff m / wigan, shoe lining ‖ ~industrie f / footwear o. shoe industry ‖ ~kappe f / toe cap, tip of the shoe ‖ ~krem m, -creme f / shoe polish ‖ ~pappe f / shoe board ‖ ~schwärze f / shoemaker's ink, blacking ‖ ~sohle f / shoe sole ‖ ~steife f, Absatzstück n / stiffener ‖ ~stift m, -tack m / sparable, shoe bill ‖ ~waren f pl / footwear
Schuilingit m (Min) / schuilingite n, shuilingite n
Schuko·material n, Stecker und Dosen mit Schutzkontakt pl (Elektr) / earthed plugs and sockets pl ‖ ~stecker, Schutzkontaktstecker m (Elektr) / shock-proof plug
Schulbus m / school bus
schulen, trainieren / train v
Schuler·-Abstimmung f (Trägh.Nav) / Schuler tuning ‖ ~röhre f (mit Hohlkathode) (Elektronik) / Schuler tube
Schul·fernsehen n, Schul- und Studienfernsehen n / educational o. school television, ETV ‖ ~flugzeug n / trainer, training o. school plane ‖ ~flugzeug, Ab-initio-Flugzeug n / ab-initio o. basic o. primary trainer ‖ ~funk m / educational radio transmission ‖ ~gleiter m (Luftf) / primary glider
Schülpe f (Gieß) / scab
Schülpen n (Gieß) / scabbing
Schul·reißzeug n / school drawing instruments pl ‖ ~schiff n / training ship ‖ ~steuerung f (Luftf) / training control
Schulter f (allg, Masch) / shoulder ‖ ~, Absatz m, Ansatz m (Masch) / shoulder, collar ‖ ~ (des Achsschenkels), Bund m (Masch) / shoulder (of the journal), collar ‖ ~abstand m, Einbaumaß n (Kegelrad) / locating distance ‖ ~bohrung n (Pulv.Met) / counter bored hole, shouldered bore ‖ ~decker m (Luftf) / high-wing plane ‖ ~fläche f, Anlagefläche f (Kegelrad) / locating face ‖ ~freiheit f (Kfz) / shoulder room ‖ ~gelenk n (Roboter) / shoulder pivot ‖ ~höhe f / shoulder level ‖ in ~höhe / shoulder-high ‖ ~klopfen (DV) / shoulder-tap vi ‖ ~kugellager n / separable ball bearing ‖ ~lager n / shoulder bearing ‖ ~mauer f / retaining o. breast wall ‖ ~meißel m (Wzm) / shouldered thread chaser ‖ ~nadel f (Zeichn) / needle with shoulder point ‖ ~riemen m / shoulder strap ‖ ~walzwerk n / Assel mill
Schulung f / training, education, schooling
Schulungskurs, Lehrgang m / training course
Schumann·gebiet n (Spektrum, ca. 1200 Å) / Schumann region ‖ ~platte f, gelatinfreie Platte (Phot) / Schumann o. gelatin-free plate
Schund, Ausschuß m (Masch) / trash ‖ ~ m, schlechte Arbeit / work done in a hurry and slovenly
Schungit m (Min) / schungite

Schuppe, Flocke f / flake, scale, scab ‖ ⁓n und Schalen f pl (Stahl) / scabbiness
schuppen (sich), abblättern / scale vi
Schuppen m / shed, barn
Schuppen... (Pap) / chadless
Schuppen·anleger m (Buch) / stream feeder ‖ ⁓becher m (Becherwerk) / continuous-type bucket ‖ ⁓bildung f (Gummi) / alligatoring ‖ ⁓falzziegel m / scale gutter tile ‖ ⁓förderer m (Hütt, Keram) / slat conveyor ‖ ⁓förmig [übereinanderliegend] / imbricated ‖ ⁓förmiges Blech / scale, flake ‖ ⁓glätte (Bleimonoxid), Bleiglätte f / lead monoxide, lead(II) oxide, litharge ‖ ⁓graphit m / flake graphite, graphite in flocks o. flakes, A-type graphite ‖ ⁓maschine f (Chem) / scaling machine ‖ ⁓paraffin n (Öl) / scale wax, paraffin[e] scales pl ‖ ⁓portal n / shed door ‖ ⁓span m (Spanplatten) / fine flake ‖ ⁓stanzung f (Pap) / chadless cutting ‖ ⁓transporteur m / metal-slat conveyor ‖ ⁓werk n, Dachziegelverband m / imbricated work ‖ ⁓ziegel m (Dach) / scale tile
schuppig / scaly ‖ ⁓, schuppenförmig / scaled, scaly, squamous, squamose, squamate ‖ ⁓, schieferig (Bergb) / splintery, scaly, scale-like ‖ ⁓, schalig (Hütt) / scabby ‖ ⁓ (Pulv.Met) / flaky
Schur f, Scheren n / shearing ‖ ⁓ (Landw) / clip[ping], sheep shearing
Schüreisen n / fire rake, poker
schüren, stoche[r]n / stoke
Schurf m (Bergb) / trial pit
Schürf·... / prospecting ‖ ⁓arbeit f, Schürfen n / prospecting work ‖ ⁓befugnis, Konzession f (Bergb) / grant, concession, prospecting rights pl ‖ ⁓bohrer m (Bergb) / annular bit ‖ ⁓bohrloch n / exploring bore-hole ‖ ⁓bohrmaschine f / prospecting drilling machine ‖ ⁓bohrung f / prospective drilling
Schurfehler m, schlecht geschorene Stelle (Tuch) / uneven shearing
schürfen, prospektieren (Bergb) / prospect, explore, search, dig ‖ ⁓, nach Erzen graben (Bergb) / costean v ‖ ⁓ n, Schürfbetrieb m (Bergb) / prospecting o. searching operations pl, exploration, search ‖ ⁓ (Prospektieren mit flachen Gräben) / costeaning ‖ ⁓, Prospektieren n / exploration, prospecting ‖ ⁓, Schürfbetrieb m (Bergb) / searching operations pl
Schürfer, Prospektor m / prospector
Schürf·feld n / digging location ‖ zugewiesenes ⁓feld (Bergb) / location (US) ‖ ⁓gangschubmaschine f (Bau) / pusher, push loader ‖ leichtes ⁓gerät (Bau) / calfdozer ‖ ⁓graben m (Bergb) / prospecting trench, surface cut ‖ ⁓grat, Streifhaufen m (Straßb) / windrow ‖ ⁓grube f (Bergb) / test pit ‖ ⁓kübel, Kratzer m / steel scoop bucket, excavating bucket ‖ ⁓kübel mit Heckmotor (Straßb) / motor scraper ‖ ⁓kübelbagger m / cable crane scraper, dragline excavator, small-type cable dredger o. excavator ‖ ⁓kübelraupe f s. Schürfraupe ‖ ⁓[kübel]wagen, -bagger m (Straßb) / scraper ‖ ⁓lader m / elevating grader o. loader ‖ ⁓probe f, Schurf m (Bergb) / prospect ‖ ⁓raupe, -einrichtung f, -gleiskettengerät n, -pflug m / bulldozer, dozer [tractor], earth mover ‖ ⁓recht n / right of mining, prospecting license ‖ ⁓schacht m / exploring o. trial shaft o. pit
Schürfung, Schürfstelle f / digging o. prospecting place
Schürf·wagen m (Bergb) / motor scraper ‖ ⁓zug m / dozer train
...schurig (Wolle) / stapled **Schürloch** n / poke hole
Schürmanndecke, Gewölbeträgerdecke f / Schuermann's ceiling
Schurre f, Rutsche f / [conveyor] chute o. shoot, chinaman (Australia)
Schurrenverschluß m, Schüttklappe f / chute trap door, bin o. escape gate
Schürvorrichtung f, mechanischer Stoker / mechanical stoker

Schurwolle f / new o. shear o. shorn wool, clip o. virgin wool ‖ ⁓ fertig zum Spinnen / clip wool ready for spinning
Schürze f (allg, Schürfbagger) / apron ‖ ⁓ (Luftkissenfahrzeug) / skirt ‖ ⁓ (Staumauer) / apron
Schürzenstoff m (Textil) / apron cloth
Schuß m, Abschuß m, Schießen n / shot ‖ ⁓, Knall m / report, crack ‖ ⁓, Aufnahme f (Phot) / [snap]shot ‖ ⁓, Schießen n (Bergb) / blast, charge ‖ ⁓ (Kessel) / boiler shell ring ‖ ⁓, Rohrschuß m / length of pipe ‖ ⁓, Spritzvorgang m, Spritzung f / injection operation o. shot, shot ‖ ⁓, Schlag m (einzelner Schuß) (Web) / shot, shoot, pick ‖ ⁓, Schußlänge f (Web) / length of weft, length of filling, pick ‖ ⁓, Durchschuß, Einschuß m (Fädengruppe) (Web) / weft (GB, US), woof (US), filling (US), abb (GB), pick-and-shot ‖ ⁓ (im Gewebe) (Fehler) / passée (in woven goods) ‖ ⁓ m pl je Zoll (Textil) / picks pl per inch, ppi ‖ ⁓ spulen / weft-wind v ‖ ⁓atlas m (Seide) / weft satin (GB), filling satin (US) ‖ ⁓atlas m (Baumwolle) / filling sateen ‖ ⁓band n (Web, Fehler) / weft bar ‖ ⁓banden f pl, Banden f pl (Web) / bar marks pl, barré effect, barré ‖ ⁓bandigkeit f (Web) / weft bars pl, rawkiness ‖ ⁓beobachtung f (Mil) / spotting ‖ ⁓bereich m (Bergb) / blasting range ‖ ⁓boden m (Web) / protecting apron o. sill ‖ ⁓bolzen m (Schlachthaus) / bolt of the captive-bolt pistol ‖ ⁓bruch m (Web) / break of the filling (US) o. of the weft (GB) ‖ ⁓dichte f (Textil) / pickage ‖ ⁓drehung f (Zwirnen) / left[hand] twist ‖ ⁓effekt m (Textil) / filling (US) o. weft (GB) effect ‖ ⁓einschlag m (Web, Fehler) / lashing-in ‖ ⁓eintrag m durch Düsen / weft insertion by nozzles ‖ ⁓eintragautomat m (Web) / automatic picking motion ‖ ⁓eintragen n, -eintrag m / weft insertion
Schüssel, Schale f / dish, platter (US) ‖ ⁓ f (Masch) / bowl ‖ ⁓klassierer m (Bergb) / bowl classifier ‖ ⁓zinn n / pewter
Schußfaden m / weft yarn o. thread, filling (US), woof yarn o. thread (US) ‖ ⁓, Länge f zwischen den Webkanten / one-pick length of weft o. of filling ‖ ⁓, einzelner [Ein]schuß (Web) / pick, shot, shoot ‖ ⁓ ausziehen / pull out the pick ‖ ⁓führer m / weft thread guide ‖ ⁓loses Band / weftless tape ‖ ⁓richter m / weft straightener ‖ ⁓-Richtgerät n für Schräge / weft skew straightener ‖ ⁓-Richtgerät n für Verzug / weft bow straightener ‖ ⁓wächter-Einrichtung f / weft stop motion ‖ ⁓zahl f / number of filling threads
Schuß·fehler m (Web) / mispick ‖ ⁓fest, -sicher / shot-proof, bulletproof ‖ ⁓florgewebe n / weft pile fabric ‖ ⁓florteppich m / filling pile carpet ‖ ⁓flottung f (Textil) / filling float (US), weft float (GB) ‖ ⁓folge f (Mil) / rate of fire ‖ ⁓folge f, -muster n (Textil) / filling (US) o. weft (GB) pattern ‖ ⁓fühler m / weft feeler ‖ ⁓garn n (Spinn) / filling o. weft o. woof yarn ‖ ⁓garnspule f / weft bobbin, pirn, quill (US) ‖ ⁓garnspule f, Garn-, Schußspule f, Kannette f, Kanette f, Canette f, Hülse f / pirn ‖ ⁓gerinne n (Hydr) / straight channel ‖ ⁓gewicht n (Plast) / shot ‖ ⁓hülse f, -kassette f (Web) / filling (US) o. weft (GB) pirn ‖ ⁓hülse f für Webautomaten / weft pirn for automatic loom ‖ ⁓kammgarn n / worsted weft ‖ ⁓köper m / filling (US) o. weft (GB) twill ‖ ⁓kötzer m (Textil) / pirn, weft cop ‖ ⁓ladung f (Bergb) / charge ‖ ⁓länge f (Web) / length of weft, length of filling, pick ‖ ⁓leistung f (Plast) / shot capacity ‖ ⁓linie, Fluglinie f / trajectory ‖ ⁓loch n, Schießloch n (Bergb) / blast o. shot hole ‖ ⁓loses Kordgewebe (Reifen) / web cord ‖ ⁓muster n, -folge f (Textil) / filling (US) o. weft (GB) pattern ‖ ⁓musterung f / filling (US) o. weft (GB) pattern ‖ ⁓rapport m (Textil) / pick repeat ‖ in ⁓richtung / weftwise ‖ ⁓ring m (Web) / filling (US) o. weft (GB) noose ‖ ⁓ringspinner m / ring[spinning] frame for pin cops ‖ ⁓rinne f (Hydr) / spillway chute ‖ ⁓rips m (Web) / filling rep (US), weft rib fabric (GB) ‖ ⁓samt m, Velvetin m / velveteen ‖ ⁓samt m, Schußflorgewebe n / filling pick fabric o. pile fabric,

weft velvet ‖ **[unechter]** ⤙**samt**, Velvet *m n* / velvet with weft face ‖ ⤙**schwaden** *m pl* / blasting fumes *pl* ‖ ⤙**schweißung** *f* / shot weld[ing] ‖ ⤙**seide**, Trame *f* / weft silk, tram ‖ ⤙**selbstspinner** *m* / weft mule ‖ ⤙**spulautomat** *m* / automatic pirn o. weft winder, automatic quiller (US), autocopser ‖ ⤙**spule** *f* (Web) / spool of the shuttle, weft (GB) o. filling (US) bobbin, pirn ‖ ⤙**spulen** *n* / pirn winding, weft winding ‖ ⤙**spulenbehälter** *m* / pirn box ‖ ⤙**spulenbrett** *n* / pirn board ‖ ⤙**spulerin** *f* / weft winder ‖ ⤙**spul-Magazin** *n* / pirn magazine ‖ ⤙**spulmaschine** *f* / pirn winding o. weft winding machine, pirn cop winder ‖ ⤙**streifen** *m* (Web, Fehler) / weft bar ‖ ⤙**verzug** *m* (Web) / filling distortion ‖ ⤙**wächter** *m* (Web) / weft (GB) o. filling (US) stop motion ‖ ⤙**wächtergabel** *f* / weft fork ‖ ⤙**wächtergitter** *n* / weft grid ‖ ⤙**waffe** *f*, Feuerwaffe *f* / fire arm ‖ ⤙**wechsel** *m* (Textil) / filling (US) o. weft (GB) change ‖ ⤙**weite** *f* (Mil) / range of a gun ‖ ⤙**zahl** *f* (Plast) / moulding cycle ‖ ⤙**zahl** *f* (Druckguß) / rate of shots ‖ ⤙**zahl** *f* (Web) / sett o. density o. gauge of cloth ‖ ⤙**zähler** *m* (Textil) / linen tester, pick o. shoot counter o. glass

Schusterpech *n* / common black pitch
Schute *f*, Leichter *m* / barge, lighter
Schuten·sauger *m*, pneumatische Schutenleervorrichtung / suction dredger for emptying barges, barge suction dredger ‖ ⤙**träger** *m*, LASH-Schiff *n* / barge o. kangaroo carrier, LASH ship (= lighter aboard ship)
Schutt *m*, Trümmer *pl* (Geol) / debris *pl*, detrital, coarse chert o. fragments ‖ ⤙ (Bau) / rumble, [chips and] rubbish ‖ ⤙, Trümmerschutt *m* / wreck, debris
Schütt…, Kipp… / dumping
Schutt, mit ⤙ **bedeckt** / rubbly ‖ ⤙**abladeplatz** *m* / dumping ground o. yard, waste [dump], trash dump (US), tip
Schütt·bereich *m* / dumping radius ‖ ⤙**beton** *m* / heaped concrete ‖ ⤙**boden** *m* (Bau) / made ground ‖ ⤙**damm** *m* / earth bank o. wall o. dam, embankment ‖ ⤙**dichte** *f* / settled apparent density, bulk density ‖ ⤙**dichte** *f* (Plast) / powder density
Schütte *f*, Rutsche *f* / chute, shoot
Schüttel·apparat *m*, -vorrichtung *f* / shaking apparatus o. device, shaker ‖ ⤙**apparat** *m* **zur Herstellung von Kristalleis** / agitator for manufacturing transparent ice ‖ ⤙**aufgabe** *f* (Mühl) / self-acting feed apparatus o. feeder, shaking feeder ‖ ⤙**aufgeber** *m* (allg) / reciprocating feeder ‖ ⤙**belastung** *f* (Luftf) / buffeting ‖ ⤙**bewegung** *f* / vibrating motion ‖ ⤙**bewegung** *f*, Schütteln *n* (Fahrzeug, Bahn) / shaking ‖ ⤙**eis** *n* / agitated transparent ice ‖ ～**fest** / shakeproof ‖ ～**fest**, nicht vibrierend / vibration-proof, non-vibrating ‖ ⤙**förderer** *m* / vibrating conveyor ‖ ⤙**förderer** *m* (Aufber) / vanner ‖ ⤙**herd** *m* (Aufber) / oscillating table ‖ ⤙**kasten**, Stauchkasten *m* (Aufber) / kieve, keeve ‖ ⤙**kocher** *m* (Pap) / rocking digester ‖ ⤙**maschine** *f* (Chem) / mechanical shaker
schütteln, rütteln *vt vi* / vibrate, shake, agitate ‖ ～ *vi*, stoßen (Luftf) / buffet *vi* ‖ ～ (zu viel Spiel haben) / backlash *vi* ‖ ⤙ *n*, Rütteln *n* / shake, jolt ‖ **Flüssigkeiten** ～, rütteln / shake liquids ‖ **Flüssigkeiten** ～ **und mischen** / stir o. beat o. shake o. agitate liquids ‖ **[leicht]** ～ / joggle ‖ **Lochkarten** ～ / joggle cards
schütteln!, vor Gebrauch ～ / stir before use!
Schüttel·pfanne *f* (Hütt) / shaking pan ‖ ⤙**pfannenmischer** *m* (Hütt) / oscillating ladle mixer ‖ ⤙**rinne** *f*, -rutsche *f* / rocking conveyor o. channel o. runner o. spout o. trough, shaking conveyor o. channel o. trough, oscillating o. grasshopper conveyor ‖ ⤙**rost** *m* / oscillating grate, shaking grate ‖ ⤙**schreiber**, -rekorder *m* / vibracorder ‖ ⤙**sieb** *n*, -rätter *m* (Bergb) / shaking o. reciprocating screen o. sieve o. table, riddle, griddle, jigger o. jigging screen ‖ ⤙**sieb** *n* (Zuck) / grasshopper strainer ‖ ⤙**tisch** *m* / vibrator table ‖ ⤙**tisch**

m, -vorrichtung *f* (Mat.Prüf) / rocking installation ‖ ⤙**tisch** *m* (Bergb) / distributing jigger ‖ ⤙**trichter** *m* / shaking funnel ‖ ⤙**vorrichtung** *f*, -apparat *m* / shaking apparatus o. device, shaker ‖ ⤙**wagen** *m* (Buch.m) / shuttle carriage
schütten / throw, pour ‖ ～ (Email) / tong-dip
Schütter *m* (Straßb) / overloader ‖ **makroseismisches** ⤙**gebiet**, Epizentralgebiet *n* (Geol) / epicenter region
Schuttern *n* **im Stollenbau** (Bergb) / ridding of spoil
Schutterwagen *m* (Bergb) / skip
Schütt·feuerung *f* / self-feeding furnace with hopper above grate ‖ ⤙**feuerung** *f* (Keram) / scattering firing
Schuttfließen *n*, -strom *m* (Geol) / debris flow
Schütt·gelb *n* (gelbe Lackfarbe) / Dutch pink ‖ ⤙**gewicht** *n* / apparent o. piled density o. weight ‖ ⤙**gewicht** *n* (Plast) / powder density
Schuttgrube *f* / rubble pit
Schütt·gut *n* / bulk material ‖ **als** ⤙**gut lagern** / bulk *v* ‖ ⤙**gut-Container** *m* / [dry-]bulk container ‖ ⤙**güter** *n pl*, Massengüter *n pl* / bulk goods *pl* ‖ ⤙**guthafen** *m* / bulk goods harbour ‖ ⤙**gutwagen** *m* / bulk freight wagon
Schutt·halde *f* (Geol) / scree, -s *pl*, talus ‖ ⤙**halde** *f*, -berg *m* (Bau) / spoil bank, rubbish dump
Schütthöhe *f* / dumping height
Schutt·kegel *m* (Geol) / debris cone, talus cone ‖ ⤙**kegel** *m* (Vulkan) / cone of ejected masses
Schütt·klappe *f*, Schurrenverschluß *m* / chute trap door ‖ ⤙**koeffizient** *m* (Hydr) / discharge o. discharging coefficient
Schutt·kübel *m* / rubbish box ‖ ⤙**lawine** *f*, Mure *f* (Geol) / sand [and stone] avalanche
Schüttler *m* / rocker, shaker
Schütt·rinne *f* / delivery chute ‖ ⤙**schicht** *f* (Chem) / packed bed ‖ ⤙**sintern** *n*, Sintern *n* **von losem Pulver** / loose powder sintering, pressureless sintering ‖ ⤙**stelle** *f* (Förderer) / discharging station ‖ ⤙**trichter** *m* / discharge o. discharging hopper ‖ ⤙**- und Rütteldichte** *f* (Pulver) / settled and compacted apparent density
Schüttung *f* (Straßb) / bottoming ‖ ⤙ (Bergb) / piling up ‖ ⤙ (Brau) / grist ‖ ⤙ *f*, Volumenzunahme *f* **zwischen gewachsenem u. gebrochenem Zustand** (Bergb) / swell ‖ ⤙ **einer Quelle** / yield of a source ‖ **in loser** ⤙ / in bulk
Schütt·volumen, Volumen *n* **je Gewichteinheit** / volume/ lbs ‖ ⤙**volumen** *n* / apparent volume, bulk volume ‖ ⤙**volumen** (Plast) / bulk factor ‖ ⤙**wagen** *m* (Straßb) / automotive spreader
Schuttwandern *n* (Geol) / talus creep
Schütt·weite *f* / dumping radius ‖ ⤙**winkel** *m* / angle of repose, repose angle
Schutz *m* / protection ‖ ⤙, Erhaltung *f* / conservation ‖ ⤙, Schutzvorrichtung *f* / protection device, protector ‖ ⤙, Panzer *m* / armour (GB), armor (US) ‖ ⤙, Abschirmung *f* (Bergb) / driving shield ‖ ⤙ **gegen herabfallende Gegenstände** / falling-object protection, FOB ‖ ⤙ **gegen gefährliche Körperströme** *m pl* / protection against electric shock ‖ ⤙ **gegen unberechtigten Zugriff** (DV) / access protection ‖ ⤙ **der Privatsphäre** (DV) / privacy protection ‖ ⤙ *m* **von Daten** (gegen Auslegung als Befehle) (DV) / execute protect
Schütz *n*, Schaltschütz *n* (Elektr) / contactor ‖ ⤙, Schütze *f* (Hydr) / sliding panel o. valve o. lock-gate, sluice, flood gate, hatch, wicket of a weir
Schutz·abdeckung *f* **für rotierende Teile** (Elektr) / protection cap, fender ‖ ⤙**abstand** *m* (Elektronik) / protection ratio ‖ ⤙**abstand** *m* (Bahn) / [regulation] safety distance ‖ ⤙**abstand** *m* (Kompaß) / safe distance ‖ ⤙**anstrich** *m* / protecting o. protective coating of paint ‖ ⤙**anstrich** *m*, Antifäulnisfarbe *f* / antifouling [composition o. paint] ‖ **mit** ⤙**anstrich versehen** / protect o. seal by paint ‖ ⤙**anzug** *m*, -kleidung *f* / protection o. protective suit o. clothes *pl* ‖ ⤙**armatur** *m* (Freileitung) / arc horn ‖ ⤙**art** *f* (Elektr) / system of protection, protective system, enclosure ‖ ⤙**art** *f* (z.B.

IP44) (Elektr) / system of protection ‖ ~art f für Maschinen / degree of protection ‖ ~atmosphäre f / controlled o. protective atmosphere ‖ ~auskleidung f (Rakete) / liner of the rocket ‖ ~balg m / protective bellow ‖ ~band, Sicherheitsband n (zwischen beiderseits zugeteilten Kanälen) (Elektronik) / guard band ‖ ~behälter m, Sicherheitshülle f (Nukl) / containment shell ‖ ~[beiz]druck m (Textil) / reserve o. resist style ‖ ~beizdruck m, Reservedruck m / resistet-paste printing ‖ ~beize f (Färb) / reserve, resist [paste] ‖ ~belag m / protective cover ‖ ~bereich m (allg) / range of protection ‖ ~bereich, -abstand m, -zone f (um feuergefährliche Objekte) / fire break [around an object] ‖ ~beschlag m / protective armour ‖ ~bezug m / protective cover, (esp.:) slip cover (for furniture) ‖ ~blech n, -platte f / guard plate ‖ ~blech n (Fahrrad) / splashboard, splasher ‖ ~bleiglas n (Nukl) / protective lead glass ‖ ~bogen m, äußere Lage (Pap) / cording quire ‖ ~brett n / guard board ‖ ~brille f / eye protectors o. preservers pl ‖ ~brille f (mit Seitenschutz) / safety glasses o. goggles pl ‖ ~brücke f (Seilb) / guard bridge, protection bridge ‖ ~bügel m / hoop guard ‖ ~bügel m (Schornstein) / hoop of ladder ‖ ~bügel m (Elektr) / guard bow ‖ ~bühne f (Bergb) / platform, shield ‖ ~dach n, Wetterdach n / penthouse, shed ‖ ~dach n (Schlepper) / overhead guard ‖ ~dach n (für Wagen o. Züge) (Bahn) / car shed ‖ ~damm m / safety embankment ‖ ~damm, Deich m (mit dichtem Kern) (Hydr) / levee ‖ ~deck n (Schiff) / awning o. shelter deck ‖ ~decke f (Hütt) / covering blanket ‖ ~deckel m / protecting cover ‖ ~decker m (Schiff) / shelterdeck ship, shelterdecker ‖ ~decker m mit wahlweiser Einrichtung / open/closed shelterdeck ship ‖ ~deich m, (spez:) Uferdamm m / levee, embankment ‖ ~diode f / protective diode ‖ ~draht, Fangdraht m / protection wire, guard wire ‖ ~-Dränung f / intercepting o. curtain drain ‖ ~drossel f (Elektr) / protective reactor, choke coil ‖ ~drossel f gegen Wanderwellen (Elektr) / line choking coil, screening protector ‖ ~einrichtungen f pl (Elektr) / protective gear

schützen , sichern / secure, safeguard ‖ ~ [vor] / protect o. defend [from], guard [against] ‖ ~ [vor], abdecken [gegen] / shade o. shelter o. screen [from dust, light, etc] ‖ vor Nässe zu ~ ! / keep dry!, keep in dry place! ‖ vor Wärme [zu] ~ / keep in cool place!

Schutzen m (Web) / [fly-]shuttle
Schützen·anlaßsteuerung f / contactor [switching] starter o. startor (GB) ‖ ~antrieb m (Web) / projectile, shuttle drive ‖ ~auge n (Web) / shuttle eye ‖ ~bahn f (Web) / race [board], lay race, race plate, shuttle race o. path ‖ ~boden m (Web) / shuttle bottom

schützend, erhaltend, Schutz… / preservative ‖ ~, Schutz… / protective

Schützen·deckel m (Web) / shuttle cover ‖ ~fach n (Web) / shed for the shuttle ‖ ~fänger m (Web) / shuttle catcher o. guard ‖ ~flug m / flight of the shuttle ‖ ~gruppe f (Elektr) / contactor set ‖ ~hinterwand f (Web) / shuttle rear face ‖ ~kasten m (Web) / shuttle box ‖ ~los (Textil) / shuttleless ‖ ~schlag m (Textil) / pick (passage of the shuttle), shot o. throw of shuttle ‖ ~schlag m (Web, Fehler) / smash ‖ ~spindel f (Web) / shuttle cock o. peg o. spindle ‖ ~spitze f / tip of shuttle ‖ ~steuerung f (Elektr) / contactor control ‖ ~automatisches ~tor (Hydr) / self-acting shutter, automatic shutter ‖ ~treiber m (Web) / shuttle driver ‖ ~-Umlenkstift m / weft guide pin ‖ ~vorderwand f (Web) / front wall of shuttle ‖ ~webstuhl m / loom with shuttles, pick-and-pick loom ‖ ~wechsel m (Web) / shuttle change ‖ ~wechselsteuerung f (Web) / shuttle change control ‖ ~wehr n / sliding-panel weir, sluice o. lock o. draw-door weir ‖ ~wurf, Schlag m (Web) / shuttle stroke o. throw

Schutz·erdung, -erde f / protective o. protection earth[ing] o. ground ‖ ~farbenanstrich m gegen Sicht

/ camouflage painting ‖ ~film m, -haut f / coating o. protective film ‖ ~filter m n / protective filter ‖ ~filter m n (Turboreaktor) / strainer
Schützflügel m (Hydr) / mole-pier
Schutz·folie f (Repro) / lamination sheet ‖ ~-Führungsrohr, Führungsrohr n (Öl) / conductor of a bore hole ‖ ~funkenstrecke f / protective [spark] gap, relief gap ‖ ~gas n, Inertgas n (Schweiß) / inert gas ‖ ~gas n (Reaktor) / blanket o. cover gas ‖ ~gas n (Ofen) / protective furnace gas ‖ ~gas n (Sintern) / protective gas ‖ ~gas n beim Gießen / gas shrouding ‖ ~gasatmosphäre f / protective [furnace] atmosphere, controlled atmosphere, protective furnace gas ‖ ~gasbereitung f (Ofen) / gas conditioning ‖ ~gasflammen n, -gasglühen n / annealing with protective gas ‖ ~gas[hart]löten / sweat ‖ ~gaskontakt m / [dry-]reed contact o. relay o. switch ‖ ~gasmantel m (Schweiß) / gas envelope o. shielding ‖ ~gasofen m / protective atmosphere furnace ‖ ~gaspolster n, -gaspuffer m (Nukl) / gas blanket ‖ ~gasschweißung f / shielded [inert gas metal] arc welding, inert gas shielded arc welding [technique o. process] ‖ ~geländer n / guard rail ‖ ~geräte n pl / protecting apparatus pl ‖ ~geräte n pl (Elektr) / protective gear ‖ ~gerüst n (Bau) / rigger, guard scaffolding ‖ ~gitter n / protective grating ‖ ~gitter n (zw. Ladung u. Fahrer) (Flurförderer) / load back rest (to protect the driver) ‖ ~gitter n (Funk) / control grid, screen grid ‖ ~gitter n (Endpentode) (Elektronik) / auxiliary grid ‖ ~glas n / protecting glass o. lens, glass guard ‖ ~hafen m / harbour (GB), harbor (US) ‖ ~handschuh m / safety glove ‖ ~haube f / protecting o. protective o. protection cap o. bonnet o. hood, guard cap o. bonnet o. hood, safety hood ‖ ~haube f für Rollen / pulley guard ‖ ~helm m / safety helmet, hard hat ‖ ~helm m für Rollerfahrer / scooterist's helmet ‖ ~helmoberteil n / upper part of a protective helmet ‖ ~horn n / insulator arcing horn ‖ ~hülle f / protective covering o. sheathing ‖ ~hülle f, Schutzüberzug m (gespritzt, für Transport) / cobwebbing ‖ ~hülle f des Kabels / cable serving o. sheathing ‖ ~hülle für Federn f (Kfz) / grease bag o. boot ‖ ~hülle für Kabel, Durchführungstülle f / wire protecting sleeve ‖ ~isoliert (Elektr) / shockproof, all- o. double insulated, Home-Office… (GB) ‖ ~isolierung f / protective insulation ‖ ~kabine f (Flurförderer) / cab enclosure ‖ ~kammer f, Handschuhkasten m (Nukl) / glove box ‖ ~kanal m (Fernm) / protection channel ‖ ~kappe f / covering o. protecting cap ‖ ~kappe f (Phot) / lens cap o. cover o. guard ‖ ~kasten m (Masch) / casing, protection box ‖ ~kegel (Blitzableiter), -kreis m, -zone des Blitzableiters f / area of protection ‖ ~kennlinie f (Relais) / selectivity characteristic of a relay ‖ ~kleidung f / protection o. protective suit o. clothes pl, safety clothing ‖ ~-Kleinspannung f / protective low voltage ‖ ~kolloid n (Chem) / protective colloid ‖ ~kolloid n in einem lyophoben Sol, Inhibitionsphase f / inhibitory phase ‖ ~kontakt m / earthing contact ‖ ~kontaktschalter m / grounded (US) o. earthed o. Home-Office (GB) switch ‖ ~kontaktsteckdose f / shockproof socket, Home Office socket (GB) ‖ ~kontaktsteckdose f / Home Office socket (GB) ‖ ~kontaktstecker, Schukostecker m (Elektr) / shockproof plug, Home Office plug (GB) ‖ ~korb n / protecting cage ‖ ~korb m für Lampen / basket protector ‖ ~lack m / protecting lacquer ‖ ~lack m, Resist n / resist paste ‖ abreißbarer ~lack / package lacquer o. varnish ‖ ~lack m gegen Gleitfunkenbildung / antiflash varnish ‖ ~lack m gegen Schwamm- und Pilzbefall / fungicidal varnish ‖ ~leiste f (Elektr) / guard strip ‖ ~leiste f (Kfz) / lining strip ‖ ~leiter n, PE / protective conductor, PE, equipment grounding conductor (US) ‖ ~leiter m, SL m / ground[ed] (US) o. earth[ed] (GB) conductor o. lead o. wire ‖ ~mannschette f (Nukl) / booting ‖ ~manschette f (Ventil) / boot ‖ ~mantel m

protecting o. protective covering o. case o. jacket ‖
⁴mantel m (Reaktor) / biological shield ‖ ⁴mantel m
(Sicherheitslampe) (Bergb) / bonnet ‖ ⁴marke f /
trademark ‖ ⁴maske, Gesichtsmaske f / protecting
mask, face guard o. shield o. mask ‖ ⁴masse, -beize f
(Textildruck) / reserve, resist [paste], resisting agent ‖
⁴maßnahmen f pl / protective arrangements o.
measures pl, safety control ‖ ⁴maßnahmen f pl,
-handlung f (Nukl) / protection action ‖ ⁴maßnahmen f
pl (Mil) / counter-counter-measures pl ‖ ⁴mauer f
(Brüstung) / retaining o. breast wall, parapet wall ‖
⁴mittel n, Präservativ n / preservative ‖ ⁴muffe für
Kabel f / protected underground coupling ‖ ⁴muffe
gegen Abrieb f / chafing sleeve ‖ ⁴netz n (Hochsp.Ltg) /
catch net ‖ ⁴netz n, -korb m, -vorrichtung f / guard net,
fender ‖ ⁴öl n / preservative oil ‖ ⁴ort (Bergb) / blast
shelter ‖ ⁴panzer m (Nukl) / lead shielding ‖ ⁴papier n
(für Haftetiketten) / release paper (for self-adhesive
labels) ‖ ⁴papp m s. Schutzmasse ‖ ⁴pfeiler m (Bergb) /
protective pillar ‖ ⁴platte f, -blech n / guard plate ‖
⁴platte f der Feuertür / screen plate o. backplate of a
fire door ‖ ⁴raum, Bunker m (Luftf) / air-raid shelter o.
refuge ‖ ⁴reagens, -reagenz n (Flotation) / conserving
agent ‖ ⁴relais n (Elektr) / protective relay ‖ ⁴relais
gegen Spannung / voltage relay ‖ ⁴rille f (Schallplatte) /
concentric groove, modulated ‖ ⁴ring m,
Sprühschutzwulst m f (Elektr) / arcing o. guard ring ‖
⁴ring m gegen Hochspannungsaufladung / arcing o.
garding shield ‖ ⁴ringkondensator m (Elektronik) /
guard ring capacitor ‖ ⁴rohr n / protecting tube, sheath
tube ‖ ⁴rohr n (Thermometer) / well of a thermometer
‖ ⁴rohr n an einem Bohrungsknick (Öl) / wash pipe ‖
⁴rohrkontakt m / [dry-]reed contact o. relay o. switch
‖ ⁴rohrkontaktkoppler m (Fernm) / reed contact
coupler ‖ ⁴schalter m (Elektr) / protective o. safety
switch ‖ ⁴schalter m, Schalter m mit
Berührungsschutz / protected switch ‖ ⁴schaltung f
(Elektr) / protective circuit ‖ ⁴schaltung, -art f (Elektr) /
protective system ‖ ⁴scheibe f (TV) / safety screen ‖
⁴schicht f / protective layer ‖ ⁴schicht f, Isolierschicht
f / insulating layer o. film o. course ‖ ⁴schicht f (Bau) /
wear-resisting layer ‖ ⁴schicht f (Phot) / anti-abrasion
layer ‖ natürliche ⁴schicht bei Blei usw. gegen
Korrosion / self-protection ‖ ⁴schiene f (Bahn) /
counterrail, check o. safety o. side rail, guard-rail ‖
⁴schienenzunge f (Bahn) / guard rail tiebar ‖ ⁴schiff
n, [seitliches] Schutzschiff für Schubschiffzüge /
warrior barge ‖ ⁴schild m / buckler, shield ‖ ⁴schild m
(Hochsp.Isolator) / arcing o. garding shield ‖ ⁴schild bei
Sprengungen (z.B. vorgelagertes Haufwerk) (Bergb) /
buffer ‖ mit ⁴schirm (Elektr) / guarded ‖ ⁴schlauch m
(Plast) / insulating plastic tube ‖ ⁴schleuse f (Hydr) /
protecting sluice ‖ ⁴seite f, Leerseite f (Buch) / blank
page ‖ ⁴sicherung f (Nukl) / safety fuse ‖ ⁴spirale f /
protective spiral ‖ ⁴spule f (Elektr) / safety coil ‖ ⁴stern
m (Buch.m) / protective asterisk ‖ ⁴sterndruck m
(Buch.m) / check protection print, asterisk print ‖ ⁴stoff
m, Antikörper m / antibody [substance] ‖ ⁴strecke f
(Fernm) / fully protected section ‖ ⁴strecke f (Fahrleitung)
/ insulated section ‖ ⁴strecke f (Bahn) / safe distance ‖
⁴streckensignal n (Bahn) / dead section warning signal
‖ ⁴streifen m, -gürtel m (aus Bäumen) (Landw) / shelter
belt ‖ ⁴streifen m (Straße) / central reserve ‖ ⁴streifen
m (für Fußgänger) (Straßb) / refuge ‖ ⁴streifen m [mit
Gras] zwischen Feldern / buffer o. spreader strip ‖
⁴stromkreis m (Fernm) / guard circuit ‖ ⁴stulpe f,
Armschützer m (Strahlen) / protective cuff ‖ ⁴stumpf m
(Bahn) / trap o. refuge siding ‖ ⁴system n (Elektr) /
system of protection, protection system, kind of
enclosure
Schütztafel f / shutter
Schutz·transformator m, -trafo m / safety transformer ‖
⁴trenner m / fuse disconnector ‖ ⁴tülle f,
Durchführungstülle f (Kabel) / cable bushing, cable

protecting sleeve ‖ ⁴überzug m, Schutzhülle f
(gespritzt, für Transport) / cobwebbing, skinpack ‖
⁴überzug m (Galv) / protective coating ‖ ⁴umschlag m
(Buch) / dust cover o. jacket, book jacket ‖ ⁴vakuum n /
guard vacuum ‖ ⁴verdeck n / protecting hood o. top,
safe coverings pl ‖ ⁴verkleidung f / protective cap o.
bonnet o. covering o. sheathing ‖ ⁴vermerk m /
protection mark ‖ ⁴verstärker m / trap amplifier ‖
⁴vorhang, Kettenvorhang m / chain screen ‖
⁴vorrichtung f / protecting apparatus o. device, guard
‖ ⁴vorrichtung f, Sicherheitsvorrichtung f / safety
apparatus o. appliance o. device o. contrivance o.
precaution ‖ ⁴vorrichtung, Umwehrung f / protection
device, protector ‖ ⁴vorrichtung, -abdeckung f /
shielding ‖ ⁴vorrichtung f zur Unfallverhütung /
accident preventer o. preventing device ‖ ⁴wagen m
(Bahn) / shock absorbing wagon, guard o. match o.
runner wagon ‖ ⁴wall m (Öl) / protective earth dam ‖
⁴wand f / protective wall ‖ ⁴wand f eines
Brückenpfeilers / defence of a pier ‖ ⁴wand f gegen
Überschläge (Elektr) / flash barrier ‖ ⁴wand f um einen
Baum (Bau) / well of a tree ‖ ⁴wand f (z.B. einer
Leuchte) / protecting trough ‖ ⁴wehr n / protecting
weir ‖ ⁴weiche f (Bahn) / derailing switch o. points pl,
trap points pl ‖ ⁴wert m (Nukl) / protection [fallout]
factor, PF ‖ ⁴wert m (Galv) / protective value ‖
⁴widerstand, Vorwiderstand m (Elektr) / protective
resistor ‖ ⁴wirkung f, -effekt m / protective capacity o.
effect ‖ ⁴zahl, Goldzahl f (Kolloid) / gold number ‖
⁴ziffer f (DV) / guard digit ‖ ⁴zone f (um
feuergefährliche Objekte), -abstand m / fire break
[around an object] ‖ ⁴zone f (des Blitzableiters), -kreis
m / area of protection
Schwabbel·bock m / buffer (US), buffing machine (US),
rag wheel stand ‖ ⁴maschine f (Holz) / polishing
machine ‖ ⁴maschine f (Masch) / buffing machine
schwabbeln (Galv) / buff, bob, mop, ash ‖ ⁴ n / buffing,
mopping (GB)
Schwabbel·paste f / buffing paste ‖ ⁴[scheibe] f (Galv) /
rag o. ray o. buff o. polishing wheel, polishing mop o.
pad, glazer, bob, dolly, mop, buff (US)
schwach / thin, faint ‖ ~, nicht widerstandsfähig / weak ‖
~, verdünnt (Lösung) / weakened, dilute ‖ ~, leicht
(Geruch) / faint ‖ ~ (der Gehalt) / scant ‖ ~ (Opt) / low-
power… ‖ ~, kraftlos / faint, feeble ‖ ~, geringfügig /
faint, slight, light, poor ‖ ~, klein, wenig / little ‖ ~,
dünn / tenuous ‖ ~, dünn (Linien) / faint, feeble ‖ ~,
dünn (Blech) / thin ‖ ~, dünn (Flüssigkeit) / weak ‖ ~,
dünn (Brau) / small ‖ ~, trübe (Licht) / dull ‖ ~ (Elektr) /
weak ‖ ~ (z.B. Heizstellung) / low position ‖ ~,
unzulänglich adv / scantily ‖ ~ - stark (Brenner) / low -
high ‖ ~ aktiv (Nukl) / low level active ‖ ~er Amtston
(Fernm) / low-level tone ‖ ~ basisch / weak base… ‖
~ beheizt, Spar… (Elektronik) / dull-emitting ‖ ~e Brise
(Windstärke 3) / gentle breeze ‖ ~ flüchtig / low
volatile ‖ ~ gebrannt / soft fired ‖ ~ gedämpft /
weakly damped ‖ ~ gedreht (Spinn) / loosely twisted ‖
~ geleimt (Pap) / soft sized, SS ‖ ~ geschränkt (Säge) /
half-rip ‖ ~ geworden / tendered ‖ ~er Impuls / blob ‖
~ ionisiert / weakly ionized, slightly ionized ‖ ~e
Konvergenz (Math) / weak convergence ‖ ~e Kopplung
(Nukl) / weak coupling, normal coupling ‖ ~e Kraft
(Nukl) / weak interaction ‖ ~ löslich / weakly soluble ‖
~es Lösungsmittel / slow solvent ‖ ~es Magnetfeld /
low-intensity magnetic field ‖ ~e Wechselwirkungen f
pl (Atom) / weak interactions pl ‖ ~e Wolle / tender
wool ‖ ~basisch / weakly basic, weak-base… ‖
⁴beregnung f (Landw) / low precipitation [rate] (1/4
"/h) ‖ ⁴brand m / underfiring ‖ ⁴brandstein m (Hütt) /
soft brick
Schwäche f (Licht, Ton) / tenuity, faintness
Schwacheinstellung f (Bremse) / select-low
schwächen, brüchig machen / tender vt, weaken ‖ ~,
dämpfen (Fernm, Elektronik) / attenuate

schwächer werden, nachlassen *vi* / abate *vi* ‖ ~ **werden**, sich verjüngen / taper *vi*, batter ‖ ~**machen** / weaken ‖ ~**werden**, Einziehen *n* (Bau) / diminution, tapering, retreat

Schwach·gas, Armgas *n* / poor o. lean gas ‖ ~**gas**, Hochofengas *n* / blast furnace gas ‖ ~**ladung** *f* / weak charging rate ‖ ~**last** *f* / light load ‖ ~**lastprüfung** *f* / light load test ‖ ~**lastzeit** *f* (Verkehr) / slack period ‖ ~**lastzeit** *f* (Fernm) / light traffic period ‖ ~**legiert**, niedriglegiert / low alloy... ‖ ~**motorig**, Niederleistungs... / low-powered ‖ ~**säuerlich**, -sauer / weak-acid..., weakly acid ‖ ~**stelle** *f* / weak[est] point ‖ ~**stellenprüfung** *f* / examination of weakest points

Schwachstrom *m* (Elektr) / weak current ‖ ~**kabel** *n* / weak current cable ‖ ~**kabel** *n*, Fernmeldekabel *n* / communication cable ‖ ~**relais** *n* / low-level relay ‖ ~**technik** *f* / light current engineering, weak-current engineering ‖ ~**technik** *f*, Nachrichten-, Fernmeldetechnik *f* / communication engineering, communications *pl*, signal engineering (US)

Schwächung *f*, Abschwächung *f* (allg, Opt) / weakening ‖ ~ (Chem, Fernm, Elektronik) / attenuation ‖ ~, Schädigung *f* (Textil) / tendering ‖ ~ **der Triebkraft** (z.B. durch Bakterien) (Bot) / attenuation

Schwächungs·faktor *m* (Rauschen) / noise reduction factor ‖ **[materieller]** ~**faktor** (Nukl) / attenuation factor ‖ ~**glied** *n* (Elektronik) / attenuator [pad] ‖ ~**koeffizient**, -exponent *m* (Chem) / extinction coefficient ‖ ~**widerstand** *m* (Elektr) / field breaking resistance, field discharge resistance ‖ ~**widerstand** *m* (Fernm) / potentiometer of a telephone repeater

schwach·versilbern / presilver ‖ ~**versilberung** *f* / silver strike o. flash, pre-silver plating ‖ ~**wandig**, dünnwandig / thin-walled

Schwad *m* (Landw) s. Schwaden ‖ ~**blech** *n* **der Mähmaschine** / swath board ‖ ~**drusch** *m* / swath harvesting

Schwaden *m*, Schwade *f*, Schwad *m* (Landw) / swath, windrow (US) ‖ ~, Dampf *m* / steam of boiling water ‖ ~, Stickwetter *n* (Bergb) / black o. choke o. after damp ‖ ~, Dampf *m*, (pl:) Wrasen, Brüden *pl* / water vapours *pl* ‖ ~ **[im Moment des Schneidens]** (Landw) / windrow

Schwad[en]blech *n* **der Mähmaschine** / swath board of the harvester

Schwaden·kondensator *m* / vent condensor ‖ ~**zeiger**, Wetterzeiger *m* (Bergb) / gas alarm

Schwad·leger, -former *m* (Landw) / windrower ‖ ~**lüfter**, -verleger *m* (Landw) / swath aerator o. lifter ‖ ~**mäher** *m* / swath forming mower ‖ ~**räumer** *m* (Landw) / swath o. grass board ‖ ~**rechen** *m* (Mähmaschine) / side delivery rake, swath rake ‖ ~**stock** *m* (Landw) / swath o. grass stick

schwalben, mit Schwalbenschwanz-Überblattung verbinden (Tischl) / scarf with a dovetail ‖ ~**nest** *n* (ein Wasserabauf) (Schiff) / sponson, side scupper

Schwalbenschwanz *m*, Zinke *f* (Tischl) / dovetail ‖ ~ (Zimm) / dovetail, swallowtail ‖ **verdeckter** ~ / secret o. mitre dovetail, dovetail mitre ‖ ~**einschnitt** *m* / dovetail mortise ‖ ~**förmig** / dovetailed ‖ ~**förmiger Zapfen** / dovetailed tenon ‖ ~**keil** *m* (Masch) / dovetail key ‖ ~**überblattung** *f*, -blatt *n* (Tischl) / dovetail halving ‖ ~**verbindung** *f*, -zinkung *f* (Tischl) / dovetailing, dovetail joint ‖ ~**zwilling** *m* (Krist) / swallowtail twin crystal, orthopinacoid

Schwalgloch *n* (Hydr) / swallow hole

Schwall *m*, Guß Wasser *m* / gush of water ‖ ~**-Löten** *n*, Schwallöten *n* / flow solder method, wave soldering ‖ ~**raum** *m*, Wasserschloß / surge chamber o. tank ‖ ~**strömung** *f* (Öl) / slug flow ‖ ~**wand** *f* (Kesselwagen) / wash plate ‖ ~**wassergeschützt** (Elektr) / flash-tight, hose-proof, splashproof ‖ ~**wasserschutz** *m* (gegen Abspritzen mit Schlauch) (Elektr) / hose-proof protection ‖ ~**welle** *f* (Hydr) / surge wave

Schwamm *m* / sponge ‖ ~, Pilz *m* / fungus ‖ ~, Hausschwamm, Holzschwamm *m*, trockene Fäulnis / wood fungus, boletus destructor ‖ ~**artige Erstarrung** (Gieß) / spongy solidification ‖ ~**eisen** *n* / spongy iron, iron sponge ‖ ~**elektrode** *f* / sponge electrode

schwämmen, verschwammen (Keram) / sponge off

Schwammgummi *n m* / sponge o. cellular rubber, rubber sponge

schwammig, pilzig, Pilz... / fungoid, fungous ‖ ~, locker / porous, porose, poriferous ‖ ~, schwammförmig / spongy ‖ ~ (Holz) / conky, spongy ‖ ~, aufsaugend (Pap) / absorbent *adj*, bibulous, blotting ‖ ~**er Aluminiumguß** / spongy cast aluminium ‖ ~**es Fett**, Schwammfett *n* / sponge grease ‖ ~**er Kopf** (Hütt) / rising top ‖ ~**e Masse** / sponge-like mass

Schwamm·kunststoff *m* / sponge plastic ‖ ~**pulver** *n* (Sintern) / sponge powder

Schwanenhals·förderer *m* / gooseneck conveyor ‖ ~**förmig** / gooseneck o. swan-neck-shaped ‖ ~**lüfter** *m* (nach unten zurückgebogenes Abluftrohr) (Schiff) / swan-neck ventilator ‖ ~**mikrophon** *n* / swan-neck microphone

schwängern, tränken (Chem) / soak *vt*, saturate

schwanken / oscillate, vibrate ‖ ~, schaukeln, wanken / roll *v*, rock ‖ ~, fluktuieren / fluctuate ‖ ~, hinfallen, taumeln / pitch ‖ ~, taumeln / stagger, lurch, wobble ‖ ~, sich hin u. her bewegen / sway ‖ ~, Schwankung *f*, schwankende Bewegung / oscillation, vibration, undulation, undulating motion ‖ ~, Taumeln *n* / wobble, stagger ‖ ~, Schaukeln *n* / rocking [motion] ‖ ~, Rollen *n* (Bahn) / rocking o. tail motion ‖ ~, langsames Einschwingen / libration ‖ ~, Unbeständigkeit *f* / variableness ‖ ~, [Bedarfs]schwankungen *f pl* / variability ‖ **innerhalb weiter Grenzen** ~ / vary within wide limits ‖ **um den gleichen Wert** ~ / vary about the same value

schwankend, taumelnd / unsteady, swaying ‖ ~, variabel / variable ‖ ~, kippend / tumble-down ‖ ~, transient (Werte, Phys) / transient ‖ ~**e Wasserführung** / variable flow

Schwankhalle *f* (Brau) / cask-rinsing department

Schwankung *f*, Fluktuation *f* / fluctuation ‖ ~, statistische Streuung (Nukl) / straggling ‖ ~, Schwingung *f* / swinging ‖ ~, Veränderung *f* / variation ‖ ~, Libration *f* (Astr) / libration ‖ ~, Betrag *m* **der Schwankung** / peak-to-valley value

Schwankungs·..., Variations... / variational ‖ ~**bereich** *m* / variation, fluctuation ‖ ~**freier Strom** / precision current ‖ ~**welligkeit** *f* / peak ripple (o. distortion) factor

Schwanz *m* / tail ‖ **als Ganzes beweglicher** ~ (Luftf) / slab tail ‖ ~**abschneider** *m* (Zuck) / tailings separator ‖ ~**ende** *n* / tail end ‖ ~**fläche** *f* (Luftf) / tail [control] surface ‖ ~**flosse** *f* (Luftf) / vertical o. tail fin ‖ ~**gesteuertes Flugzeug** / tail-controlled plane (US) ‖ ~**hammer** *m* / tilt hammer ‖ ~**lastig** (Luftf) / tail-heavy, -down ‖ ~**lastige Trimmung** / up trim ‖ ~**los** (Luftf) / tailless ‖ ~**ruder** *n* (Luftf) / tail control surface ‖ ~**schwimmer** *m* (Flugboot) / tail float ‖ ~**sporn** *m*, -kufe *f* (Luftf) / tailski[d], -spar ‖ ~**strom** *m* (Elektronik) / tail current ‖ ~**stück** *n* (Leder) / tail piece ‖ ~**trimmer** *m* (Luftf) / tail trimming gear ‖ ~**welle** *f* (Luftf) / trail wave ‖ ~**wolle** *f* (Textil) / tail locks, britch, breech (GB)

Schwappen *n* (von Flüssigkeit in einem Behälter) / hunting (of liquid in a reservoir) ‖ ~ (Schwingungen flüssiger Treibstoffe mit freier Oberfläche) (Luftf) / sloshing

Schwapp·schutz *m* (Akku) / baffle ‖ ~**schutz** *m* (Tank) / slosh baffle

Schwarm *m*, ungeordnete Menge (auch Insekten) / swarm *n* ‖ ~**bildung** *f* (Moleküle) / [molecular] swarm o. cluster

schwärmen (Insekten) / swarm *vi*

Schwärmer *m* (Feuerwerk) / [fire] cracker, serpent

Schwarmwasser *n* / water of hydration
Schwarte *f*, Schwartenbrett *n* / slab ‖ ⁺ (Speck) / pork-rind ‖ ⁺ (Bergb) / facing board ‖ ⁺ (Gieß) / crust, slab ‖ ⁺ (Keram) / flat piece, cake
Schwarten·absägen *n* (Holz) / slabbing ‖ ⁺**schälmaschine** *f* (Holz) / slab decorticator
Schwartzschild-Richtantenne *f* (Radar) / Schwartzschild antenna
schwarz / black ‖ ⁺ *n*, Schwärze *f* / black ‖ ~**er Absorberstab** (Nukl) / black absorber rod ‖ ~**er Diamant** / black diamond, carbon[ado] ‖ ~**es Ebenholz** / black ebony ‖ ~**er Fleck** / blackening, black spot ‖ ~**er Fleck** (Kaffee) / speck ‖ ~**er Halo** / black halo ‖ ⁺ **hinter Weiß** (TV, Fehler) / black after white ‖ ~**e Kaltschweißstelle** / lack of fusion due to metal deposited on a layer of oxide ‖ ~**er Körper** (Phys) / black body, full radiator ‖ ~**es Loch** (Astr) / black hole, collapsor ‖ ~ **machen** o. **werden** / black *v*, blacken ‖ ~**er Porphyr** / black porphyry, melaphyre ‖ ~**es Pünktchen** (Stärke) / speck ‖ ~**es Ränderemail** / black-edging enamel ‖ ~**es Roheisen** / kishy pig-iron ‖ ~**er Sand** (Gießerei) / black sand ‖ ~**er Strahler** / full radiator ‖ ~**e Strahlung** / black body radiation ‖ ~**e Temperatur**, Schwarzkörpertemperatur *f* / black body temperature, brightness o. luminance temperature ‖ ~**er Temperguß** / black heart castings *pl* ‖ ~**e Zelle** / black cell ‖ ⁺**abhebung** *f* (TV) / lift (GB), set-up (US) ‖ ⁺**anteil** (Farben) / black content ‖ ⁺**arbeit** *f* (F. Org) / scab work, moonlighting (US) ‖ ⁺**aussteuerung** *f*, Schwarz *n* (TV) / black level ‖ ⁺**automatik** *f* (TV) / black balance ‖ ⁺**beinigkeit** *f* (Kartoffeln) / black-leg of potatoes ‖ ⁺**beinigkeit** *f* (Getreide) / take-all of cereal ‖ ⁺**beinigkeit** *f* **des Kohls** / dry rot and cancer of swede and turnip ‖ ⁺**beize** *f*, Eisenbeize *f* / black mordant, iron liquor o. mordant ‖ ⁺**beizen** *n* (Hütt) / black pickling ‖ ⁺**blätterigkeit** *f*, amerikanische Blattkrankheit (Kaffee) / eye spot, leaf spot ‖ ~**blau** (RAL 5004) / black blue ‖ ⁺**blech** *n* (Ggs.: Weißblech) / blackplate (GB), tin-free steel (US) ‖ ⁺**blech** *f* **in Weißblechgröße** / tin mill black plate ‖ ⁺**blechdose** *f* / black tin o. can ‖ ⁺**blechtafel** *f* / black plate o. sheet ‖ ⁺**bleierz** *n* (ein Cerussit) (Min) / black lead ore o. spar, cerussite ‖ ⁺**blendengenerator** *m* (TV) / black burst generator ‖ ~**braun** / dark brown ‖ ⁺**brennen** *n* (Stahl) / black annealing ‖ ⁺**bruch** *m* / black shortness ‖ ⁺**decke** *f* (Straßb) / black top, asphalt o. bitumen pavement, bituminous layer o. pavement ‖ ⁺**deckenfertiger** *m* (Straßb) / bituminous finisher, applicator ‖ ⁺**decken-Mischanlage** *f* / bituminous mixing plant ‖ ⁺**deckenstraße** *f* / bituminized road ‖ ⁺**dehnung** *f* (TV) / black stretch
Schwärze *f* / black, blackening ‖ ⁺ (Buch) / printer's o. printing black, ink ‖ ⁺ (Gieß) / facing, blackwash ‖ ⁺**grad** *m* / emittance, degree of blackness
schwärzen, schwarz machen / black[en] ‖ ~ (Buch) / ink *v* ‖ ⁺ *n* (Gieß, Tätigkeit) / blackening ‖ **das Modell** ~ / stamp black o. print black the pattern ‖ **die Form** ~ (Gieß) / black[en] the mould ‖ **mit Graphit** ~ / black-lead *v*
Schwärzer-als-schwarz *n* (TV) / blacker-than-black zone
Schwarz·erde *f* / haploboroll, black earth ‖ ⁺**erle** *f*, Roterle / black o. European (US) alder, Alnus glutinosa ‖ ⁺**färben** *n*, Schwärzen *n* (Galv) / blackening, black finishing ‖ ⁺**fäule** *f* (Landw) / black rot ‖ ⁺**fernseher** *m* (TV) / pirate viewer ‖ ⁺**fichte** *f* / black spruce, picea mariana, eastern o. Canadian spruce ‖ ⁺**glas** *n* / Wood's glass ‖ ⁺**glaslampe** *f* / Wood's lamp, black light lamp ‖ ~**glühen** (Draht) / black- o. blue-anneal ‖ ~**grau** / dark grey ‖ ~**grün** (RAL 6012) / black green ‖ ⁺**guß** *m* / all-black malleable iron ‖ ⁺**gut-Mischanlage** *f* / · bituminous mixing plant ‖ ~**hören** (Radio) / tap ‖ ⁺**hörer** *m* / radio pirate, pirate listener ‖ ⁺**kiefer** *f*, -föhre *f*, Pinus nigra / black pine ‖ ⁺**kompression** *f*, Überschwinger *m* (coll) (TV) / black compression, white

after black ‖ ⁺**körpertemperatur** *f* s. schwarze Temperatur ‖ ⁺**krümmung** *f* (TV) / black non-linearity ‖ ⁺**kugelthermometer** *n* / radiation thermometer ‖ ⁺**kultur** *f* (Landw) / cultivation of bogs, muck farming ‖ ⁺**kupfer** *n* (98,5 - 99,5 % Cu), Rohkupfer *n* / coarse o. crude o. black copper ‖ ⁺**lack** *m* / black varnish ‖ ⁺**lauge** *f* (Pap) / black liquor
schwärzlich / blackish, black, dark
Schwarz·licht *n* / black light ‖ ⁺**lichtlampe** *f* / Wood's lamp, black-light lamp ‖ ⁺**-Maximum** *n*, -spitze *f* (TV) / peak black, black peak ‖ ⁺**mehl**, Roggenmehl *n* / rye flour ‖ ⁺**öl** *n* (Bindemittel) / black oil ‖ ⁺**öl** *n* (Textil) / black rape oil ‖ ~**oliv** (RAL 6015) / black olive ‖ ⁺**pappelholz** *n* / black poplar wood ‖ ⁺**pech** *n* / black pitch ‖ ⁺**pegel**, -wert *m* (TV) / picture black, black level ‖ ⁺**pegelfrequenz** *f* / black level frequency ‖ **[einfache]** ⁺**pegelhaltung** *f* (TV) / black level clamp[ing] o. control ‖ ⁺**pulver** *n* (Bergb) / black [blasting] powder ‖ ~**rändern**, black-edge *v* ‖ ~**rot** (RAL 3007) / black red ‖ ⁺**sättigung** *f* (TV) / black saturation
Schwarzsche Ungleichung *f* (Math) / Schwarz's inequality
Schwarzschild-Radius *m* / Schwarzschild radius
Schwarz·schmelz *m*, Niello *n* / niello ‖ ⁺**schreibung** *f* (Schreibm) / ribbon-shift black ‖ ⁺**schulter** *f* (TV) / [front-and/or back] porch ‖ ⁺**schulterklemmung** *f* (TV) / clamping on front/back-porch ‖ ⁺**sender** *m* (Elektronik) / illicit o. pirate transmitter ‖ ⁺**signal** *n* (TV) / dark spot signal ‖ ⁺**spitze** *f*, -Maximum *n* (TV) / peak black, black peak ‖ ⁺**start** *m* (Gasturbine) / self-contained start ‖ ⁺**steuerdiode** *f* (TV) / d.c. clamp diode ‖ ⁺**steuerung** *f* (TV) / d.c. restoration (GB) o. reinsertion (US) ‖ ⁺**steuerung** *f* (Einrichtung) / d.c. restorer ‖ ⁺**strahlung** *f* / black radiation ‖ ⁺**tastung** *f* (TV) / blanking ‖ ⁺**-Testsignal** *n* (TV) / nominal black signal ‖ ⁺**treppe** *f*, -schulter *f* (TV) / front and/or back porch ‖ **hintere** ⁺**treppe**, -schulter *f* (TV) / back porch ‖ **vordere** ⁺**treppe** (TV) / front porch
Schwärzung *f*, Schwärzen *n* / blackening ‖ ⁺ (Opt) / optical density ‖ ⁺, Farbvertiefung *f* (Pap) / blackening
Schwärzungs·band *n* (Filmlabor) / printing tape ‖ ⁺**feld** *n* (Phot, Repro) / blackening field o. frame, recording area ‖ ⁺**grad** *m*, -dichte *f* (Phot) / density ‖ ⁺**kurve** *f* (Phot) / characteristic o. density curve, C log E curve, H and D curve (Hurter, Driffield) ‖ ⁺**maximum** *n* (Röntgen) / maximum density ‖ ⁺**messer** *m*, Densitometer *n* (Phot) / densitometer ‖ ⁺**messung** *f* / densitometry ‖ ⁺**photometer** *n* / photographic plate photometer ‖ ⁺**stufe** *f* (Opt) / density step o. value ‖ ⁺**umfang** *m* (Opt) / density range o. scale o. latitude ‖ ⁺**wert**, Dichtewert *m* (Phot) / density value
Schwarz·vernickelung *f* / black nickel plating ‖ ⁺**vorläufer** *m* (TV) / leading black ‖ ⁺**wasser** *n* (Aufber) / dirty water
schwarzweiß (Buch) / black-and-white, b. & w. ‖ ~**e Würfelmusterung** (Web) / shepherd's check ‖ ⁺**aussage** *f* (Phys) / all-or-nothing response ‖ ⁺**bild** *n* (TV) / black-and-white image ‖ ⁺**-Bildröhre** *f* / black-and-white television tube ‖ ⁺**-Empfänger** o. -**Fernseher** *m* (TV) / monochrome receiver, mono set (coll) ‖ ⁺**fernsehen** *n* / black-and-white o. monochrome television ‖ ⁺**film** *m* / black-and-white film
Schwarz-Weiß-Gruppe *f*, Farbgruppe *f* / black-and-white-group, colour group
Schwarzweiß·-Negativmaterial *n* / black-and-white negative material ‖ ⁺**norm** *f* (TV) / black-and-white television standard ‖ ⁺**raster** *m* / chequerboard pattern ‖ ⁺**sprung** *m* / black-to-white step o. transition ‖ ⁺**-Steuerung**, Flicker-Steuerung *f* (Fernlenk) / flicker control ‖ ⁺**streifen** *m pl*, periodische Störungen *f pl* (TV) / pattern noise ‖ ⁺**übertragung** *f* (TV) / monochrome transmission ‖ ⁺**verfahren** *n* / method of variable area

Schwarz·werden n (Glühlampe) / blackening ‖ ˣwert m
(TV) / black level ‖ ˣ[wert]abhebung f (TV) / pedestal ‖
ˣwert-Automatik f (TV) / automatic black-level control
‖ ˣwert-Bezugspegel, -Vergleichspegel m (TV) /
reference black level ‖ ˣwertempfang m (Faksimile) /
black [signal] recording ‖ ˣwerthaltung f (TV) / black
level clamp[ing] o. control, d.c. restoration (GB) o.
reinsertion (US) ‖ ˣwertimpuls m (Radar) / pedestal
impulse ‖ ˣwertstauchung f / black crushing ‖
ˣwertübertragung f (TV) / black transmission ‖
ˣziehen n (TV) / blacking out, fading [down] to black
Schweb, Schwebstoff m / suspended matter, (in Luft:)
airborne particulates pl
Schwebe f (Chem) / suspense ‖ in der ˣ sein, schweben /
poise vi ‖ in vollkommener ˣ (Chem) / in full teeter ‖
ˣachse f (Kfz) / floating axle ‖ ˣbahn f (auf Schienen) /
suspension railway o. tramway ‖ ˣbahn, Drahtseilbahn
f / ropeway, aerial tramway ‖ ˣballon m / constant-
level balloon ‖ ˣbett n (Chem) / fluidized bed ‖
ˣbettfilter m n / floating bed filter ‖ ˣbühne f (Bau) /
suspended platform ‖ ˣbühne f der Fähre / platform of
the suspension ferry ‖ ˣbus m (eine Seilbahn), Aerobus
m / aerobus (ropeway) ‖ ˣdüsentrockner m /
suspension jet drier ‖ ˣfähre f / suspended platform
[ferry] ‖ ˣfahrzeug n / hovercraft ‖ ˣfilterverfahren
n, Schlammkontaktverfahren n (Abwasser) / upflow
sludge blanket process ‖ ˣflug m / hovering, hover
flight (VTOL) ‖ ˣgaswärmeaustauscher m (Zement) /
suspension type heat exchanger ‖ ˣgerüst n,
Hängegerüst n / flying o. hanging o. suspended scaffold
‖ ˣgestell n / hovering rig (VTOL) ‖ ˣgut m (Aufber) /
suspended matter ‖ ˣkörper m, -feststoffteilchen n /
suspended solid particle ‖ ˣkrackanlage f / cat cracker
‖ ˣlufttrockner m / lay-on-air drier ‖ ˣmantelmatrize
f (Plast) / floating die ‖ ˣmethode f (Chem) / suspension
method ‖ ˣmittel n (Farbe) / antisettling agent ‖ ˣmotor
m (Bahn) / free floating motor
schweben / hover ‖ ~, hängen / be suspended, hang ‖ in
großer Höhe ~ / soar ‖ [schwereloses] ˣ (Phys, Bahn) /
levitation
schwebend, hängend / suspended, hanging ‖ ~ (Luftf) /
soaring ‖ ~ (im Wasser, in der Luft) / floating ‖ ~ (in
der Luft) / airborne ‖ ~ (Bergb) / overhand, driven on
the rise ‖ ~er Ausbau (Bergb) / support parallel to the
face ‖ ~e Flamme (Brenner) / lifted flame ‖ ~er
Grundwasserspiegel / perched water table ‖ ~ halten /
suspend ‖ ~e Matrize, Schwebemantelmatrize f (Sintern)
/ floating die ‖ ~e Spannung (Elektr) / floating potential
o. voltage ‖ ~er Stoß (Bahn) / suspended joint ‖ ~er
Streb (Bergb) / rise face ‖ ~e Strecke, Schwebende f
(Bergb) / heading upwards, rising gallery o. drift o.
headway, gallery driven towards the rise ‖ ~e
Unterbrechung (DV) / pending interruption ‖ mit ~er
Matrize pressen / press with floating die
Schwebe·rahmen m / suspended frame ‖ ˣreflektor m
(Radar) / kite ‖ ˣrösten n / flash o. suspension roasting ‖
ˣsandglühofen m / fluid bed furnace ‖ ˣschlamm m,
Trübeteilchen n pl (Bergb) / float slime ‖ ˣschmelzen,
Flash-Smelting n (Hütt) / flash smelting, levitation
melting ‖ ˣspannung f (Halbl) / floating voltage ‖
ˣstoffe, Schwebstoffe m pl (in Wasser) / matter in
suspension, suspended matter ‖ ~stoffhaltige Luft,
Aerosol n (Meteorol) / aerosol ‖ ˣteilchen n / floating
particle ‖ ˣtrockner m / float o. suspension drier ‖
ˣunruh f (Uhr) / floating balance ‖ ˣzonenverfahren n
(Halbl) / floating zone technique ‖ ˣzonenverfahren n
(Chem) / floating zone refining ‖ ˣzustand m,
Gleichgewicht n / poise
Schweb·spannung, Leerlaufgleichspannung f (Halbl) /
floating voltage ‖ ˣstaub m, Schwebestaub m /
airborne particles o. particulates pl ‖
ˣstaubausscheidung, -staubemission f / airborne
particulate emission ‖ ˣstoff m / suspended matter ‖

ˣstoffilter m n / high efficiency submicron particulate
airfilter
Schwebung f (Elektronik, Akustik) / beats pl, beat[ing],
interference ‖ ˣ (Frequenzschwankung bis 6 Hz) /
whine, wow (frequency fluctuation up to 6 Hz) ‖ ˣen f
pl von Resonanzspektrometern / wiggles pl
Schwebungs·dauer f / beat period ‖ ˣempfänger m /
beat-frequency o. heterodyne receiver ‖ ˣfrequenz f
(Elektronik) / beat frequency ‖ ˣnull n / zero-beat
frequency ‖ ˣschaltung f, Heterodynschaltung f /
heterodyne coupling ‖ ˣsummer m (Elektronik) / beat-
frequency o. beating oscillator, B.F.O., heterodyne
[oscillator], local oscillator ‖ ˣton m / beat note o.
tone, difference tone
Schweden·reuter, Drahtreuter m (Trockengerüst für
Gras) / fence rack ‖ ˣstahl m / Swedish steel ‖ ˣzange
f, Schwede, Stillsonschlüssel m / pipe wrench, Swedish
pattern, Stillson wrench
Schwedischgrün n / copper arsenite
Schwefel m, S / sulphur, sulfur (US), brimstone ‖ ˣ... /
sulpho..., sulfo... (US) ‖ β-ˣ / monoclinic o. β-sulphur
‖ den ˣ entziehen / desulphurize ‖ ∜-ˣ, kolloidaler
Schwefel / colloidal sulphur ‖ plastischer o.
kolloidaler o. μ-ˣ / plastic sulphur ‖ ˣabdruck m /
sulphur print ‖ ˣabspaltung f durch Reduktion /
desulphurization ‖ ˣarm (Hütt) / low-sulphur... ‖
~artig / sulphur[e]ous, sulfur[eous] (US) ‖
ˣausblühung f, -ausschlag m / sulphur blooming ‖
ˣbad n (Phot) / sulphide toning ‖ ˣbakterien,
Thiobakterien f pl / sulphur bacteria pl ‖ ˣbase f /
sulpho base ‖ ˣbestimmung f / sulphur determination ‖
ˣbildung f / sulphur formation ‖ ˣbleiche f (Färb) /
stoving, sulphur bleach ‖ ˣbleich-Geräte n pl /
equipment for bleaching by gas, stoving equipment ‖
ˣblumen f pl, -blüte f / flowers pl of sulphur, sublimed
sulphur ‖ ˣcalcium n / calcium [poly]sulphide ‖ mit
ˣ[-dämpfen] behandeln / treat with sulphur vapour ‖
ˣdichlorid / sulphur dichloride ‖ ˣdioxid,
Schwefligsäureanhydrid n / sulphur dioxide, sulphurous
anhydride o. oxide ‖ ˣdioxid-Behandlung f /
sulphidizing / desulphurize ‖ ~echt (Färb) / fast to sulphurous acid o. to
stoving ‖ ~eisen n / ferrous sulphide ‖ ˣeisen n s. auch
Schwefelkies ‖ ˣelend n (Fehler, Hütt) / sulphur set ‖
~erzeugend / thiogenic ‖ ˣether n / [ethyl] o.
sulphuric ether ‖ ~farbig (Bot) / sulphur[e]ous,
sulfur[eous] (US) ‖ ˣfarbstoff m, Sulfidfarbe f (Färb) /
sulphide dyestuff ‖ ~frei (Kohle) / sweet ‖ ~freies
Rohöl / sweet crude ‖ ˣgehalt m / sulphur content ‖
ˣgehaltsbestimmung f / determination of sulphur
content ‖ ~gelb (RAL 1016) / sulphur yellow ‖ ˣgrube
f / sulphur pit o. mine ‖ ~haltig / sulphur[e]ous,
sulfur[e]ous (US) ‖ ~haltiges Benzin / sour gasoline ‖
~haltige Erze, Pyrite n pl / sulphide ores pl,
pyritiferous ores pl ‖ ~haltiges Rohöl / sour crude ‖
ˣharnstoff m / thiocarbamide, thiourea ‖
ˣhexafluorid, SF₆ / sulphur hexafluoride ‖
ˣhexafluorid n s. auch SF₆... ‖ ˣinhaltsstoff m (Benzol) /
sulphurous matter ‖ ˣkadmium n, Kadmiumsulfid n /
cadmium sulphide, orange cadmium (US) ‖ ˣkalium,
Kaliumsulfid n / potassium sulphide ‖ ˣkalk m,
-kalkbrühe f / sulphur-lime [solution], lime-sulphur ‖
ˣkammer f / stoving chamber, sulphur stove ‖
ˣkammer-Bleichen n (Web) / stoving, stove bleaching ‖
ˣ-Kautschuk-Mischung f / rubber sulphur stock ‖
ˣkies, Pyrit m (Min) / pyrite[s], iron o. cubic pyrite[s],
mundic ‖ ˣkies führende Kohle / brazil ‖
ˣkiesabbrand m / residue of pyrites ‖ ˣkohlensäure,
Thiokohlensäure f / sulpho-carbonic acid ‖
ˣkohlenstoff m / carbon bisulphide o. disulphide,
bisulphide of carbon ‖ ˣkuchen m / sulphur cake ‖
ˣleber f / potash sulfurated (US) ‖ ˣmilch f /
precipitated sulphur ‖ ˣmolybdän n, Molybdänglanz m
(Min)·molybdenite ‖ ˣmonochlorid n, Chlorschwefel
m / sulphur chloride

schwefeln, einschwefeln / sulphurate, sulphurize (GB), sulfurate, sulfurize (US) ‖ ~, mit Schwefel ausräuchern / fumigate with sulphur ‖ ~, reduzierend bleichen (Textil) / stove v ‖ ~, Schwefelung f / sulphuring, sulphurization ‖ ~, Schwefelung f (Chem) / sulphuration ‖ ~, Schwefelkammerbleiche f (Textil) / stoving, stove bleaching ‖ ~ der Triebe (Weinbau) / stumming of wine ‖ ~ der Wurzeln (Weinbau) / treating the roots of vines with injected carbon disulphide
Schwefel·nickel n / hair pyrites ‖ ~oxid n / sulphur oxide ‖ ~(VI)-oxid n / sulphur(VI) oxide ‖ ~pocken f pl (Fehler, Hütt) / sulphur pockmarks pl, sulphide scale efflorescence ‖ ~reserve f / sulphur resist ‖ ~sauer, Schwefel… / sulphuric ‖ ~saures Bad, Schwefelsäureflotte f (Färb) / sulphuric acid bath ‖ ~saure Tonerde / aluminium sulphate
Schwefelsäure f / sulphuric acid, [brown] oil of vitriol (US), BoV (US) ‖ 96%ige-~ / distilled oil of vitriol, D.O.V. (US) ‖ ~anhydrid, Schwefeltrioxid n / sulphuric anhydride, sulphur trioxide ‖ ~dämpfe m pl / fumes of sulphuric acid pl ‖ ~hydrat n / hydrated sulphuric acid ‖ ~kammer f / sulphuric acid chamber ‖ ~-Kontaktprozeß m / Badischer process ‖ ~-Natriumbichromat-Beizverfahren n / pickling process for aluminium ‖ ~raffination f, -süßung f (Öl) / acid treatment o. sweetening ‖ ~test m (Benzol) / sulphuric acid wash test ‖ ~wäsche (Benzol) / sulphuric acid washing
Schwefelschmelzofen m (Sizilien) / sulphur melting furnace (Sicily)
Schwefel·schwarz n / sulphur black ‖ ~stange f, Schwefel m in Stangen / roll brimstone o. sulphur, stone-brimstone ‖ ~trioxid n, Schwefelsäureanhydrid n / sulphur trioxide, sulphur anhydride
Schwefelwasserstoff m / sulphuretted hydrogen, hydrogen sulphide, hydrosulphide ‖ ~gruppe f / hydrogen sulphide group ‖ ~haltige Wetter n pl (Bergb) / stink damp ‖ ~messer m / sulphohydrometer ‖ ~rest m / hydrogen sulphide residue ‖ ~säure f, Hydrothionsäure f / hydrosulfuric acid, hydrogen sulfide ‖ ~verbindungen f pl / sulphur hydrides pl ‖ ~vergiftung f / hydrogen sulphide poisoning ‖ ~wasser n / solution of hydrogen sulphide
Schwefel·zement m, -kitt m / sulphur cement ‖ ~zink n / white vitriol
schweflig, schwefelhaltig / sulphur[e]ous, sulfur[eous] (US) ‖ ~e Säure / sulphurous acid ‖ ~säureanhydrid, Schwefeldioxid n / sulphurous anhydride o. oxide, sulphur dioxide ‖ ~säureanhydrid n / sulphurous anhydride o. oxide
Schweif m / tail ‖ ~, Schleppe f / trail
schweifen, ausbogen / sweep, cut curvely, cut into a bend, curve
Schweif·säge f / chair o. turning saw ‖ kleine ~säge / clockmaker's turning saw ‖ ~sägemaschine f / fret saw[ing] o. jig saw[ing] machine
Schweifung, Ausschweifen n (Tischl) / rounding, sweeping, curve ‖ ~, Ausbauchung f (Rohr) / swelling
Schweige·kegel, Nullkegel m (Radar) / cone of silence ‖ ~zone f (Radio) / skip area o. zone, dead o. silent zone
Schweine·fett n, [Schweine]schmalz n / lard ‖ ~futter n (Landw) / wash
Schweinfurter Grün n / Paris o. Schweinfurt o. Vienna o. emerald o. parrot green, copper acetoarsenite
Schweins·borste, Schweineborste f / hog's bristle ‖ ~leder n / pigskin [leather], hogskin
Schweiß m, Transpiration f / sweat n, perspiration ‖ ~ (Gieß) / sweat ‖ ~ (Wolle) / suint
Schweiß·… / welding ‖ ~aggregat n, -satz m (Elektr) / welding set ‖ ~apparat m, -gerät n / welding outfit ‖ ~arbeit f, Schweißen n / welding ‖ ~argon n / welding grade mixture ‖ ~automat m / automatic welder o. welding machine ‖ ~badgröße f / weld pool size ‖ ~bahn f (Bau) / sheeting for fusion welding ‖ ~bahn f

für Dächer / bituminous waterproof sheeting for roofs ‖ ~balken m (Plast) / welder terminal
schweißbar / weldable, welding ‖ ~er Stahlguß / mild cast steel, welding cast steel
Schweißbarkeit f, -fähigkeit f / weldability
Schweiß·bart m / excess material at root of seam ‖ ~bartbildung f (Schw) / icicling ‖ ~beständigkeit f (Färb) / perspiration resistance ‖ ~brenner m, -apparat m / welding o. gas torch, welding blowpipe (GB) ‖ ~draht m / bare o. uncoated wire ‖ ~draht m, -elektrode f / welding o. filler rod o. wire, electrode wire, metal electrode
Schweiße f / weld, welding, weldment joint
schweiß·echt (Färb) / fast to perspiration ‖ ~echtheit f (Färb) / dye fastness to perspiration ‖ ~eisen n / wrought iron ‖ ~elektrode f, -stab m / welding electrode, consumable electrode
Schweißen n / weld, welding ‖ ~, ver-, auf-, an-, zusammenschweißen / weld v ‖ ~ mit Acetylen / acetylene welding ‖ ~ mit Asbestmantel-Elektroden / Quasi-arc welding ‖ ~ mit Hochfrequenz / high-frequency welding ‖ ~ mit Hochfrequenz, [Mittelfrequenz] (konduktiv o. induktiv) / high-frequency conduction welding ‖ ~ mit Netzfrequenz / welding with mains frequency ‖ ~ mit Phasenanschnitt / phase lag welding ‖ ~ nach links / left-hand welding ‖ ~ nach rechts / right-hand welding ‖ ~ von Behältern, Dichtungsschweißen n / ca[u]lk welding ‖ ~ von Konstruktionen, Festigkeitsschweißen n / strength o. strong welding ‖ ~ von Kunststoff / sealing, welding ‖ im Feuer ~ / forge-weld
Schweißer m / welder, welding operator ‖ ~brille f / welder's goggles f
Schweißerei, Schweißerwerkstatt f / welding shop
Schweißer·hammer m, Schweißhammer m / chipping o. welder's hammer, pick hammer ‖ mit dem ~hammer abklopfen / peen the seam ‖ ~helm m / welder's helmet, head screen
Schweißerlaubnis f (Erdölraffinerie) / safety certificate, fire permit
Schweißer·prüfung f / examination of welders, welding qualification ‖ ~schild m, -schirm m / face shield, welder's hand shield o. screen ‖ ~schürze f / welding apron
Schweiß·fähigkeit f, -barkeit f / weldability ‖ ~fase f / welding bevel ‖ ~fehler m / defect o. flaw in welding ‖ ~fest / perspiration-proof ‖ ~filz m (Wolle) ⏌ greasy felt ‖ ~flamme f / welding flame ‖ ~flansch m mit Ansatz / slip-on boss flange for welding ‖ ~flecken m (Email, Fehler) / sweat spot ‖ ~fuge f / welding groove ‖ ~generator m / welding generator ‖ ~gleichrichter m / rectifier welding set ‖ ~graben m (Hydr) / infiltration ditch ‖ ~grat m / welding bur[r] ‖ ~gripzange f / vise-grip welding clamp ‖ ~gut / welding deposit, weld metal bead ‖ aufgetragenes ~gut / built-up material ‖ ~gutprobe f, Probe f aus dem Schweißgut (Mat Prüf) / all-weld-metal test specimen ‖ ~härten / weld-harden ‖ ~herd, Ausgleichsherd m (Hütt) / soaking hearth o. chamber ‖ ~hitze f, -glühe, -wärme f / sparkling heat, welding heat ‖ ~hitze, Entzunderungswärme f / wash heat ‖ ~kantenbesäumschere f / bevel edge cutting shears pl ‖ ~kantenschnitt m / bevel cut ‖ ~kern m / weld nugget ‖ ~kolben m, -pistole f / welding handle o. gun ‖ ~konstruktion f / weldment ‖ ~kontroller m / welding controller ‖ ~kopf m / welding head ‖ ~körper m / welded body ‖ ~korrosion f / corrosion due to welding ‖ ~kraftprüfung f von Schmierstoffen (DIN 51350) / testing of the welding load of fluid lubricants ‖ ~lage f / weld position ‖ ~lage f (Metallauftrag) / welding layer o. pass ‖ ~leder n (Hut) / hat leather ‖ ~lichtbogen m (Elektr) / welding arc ‖ ~linse f / welding spot, weld point ‖ ~löten n / braze welding ‖ ~manipulator m / welding manipulator ‖ ~markierung f (Plast) / finite line ‖ ~maschine f /

welding machine ‖ ⁓**muffe** f / welding sleeve ‖ ⁓**mundstück** n / tip, nozzle ‖ ⁓**mutter** f / weld nut ‖ ⁓**naht** f / weld [seam], welding, weldment joint ‖ **leichte** ⁓**naht** / light o. concave weld ‖ **die** ⁓**naht hämmern** / peen the seam ‖ ⁓**nahtabtastgerät** n (Ultraschall) / weld scanner ‖ ⁓**nahtgrund** m / toe of weld ‖ ⁓**nahtprüfer** m / weld seam tester ‖ ⁓**nahtprüfung** f / weld seam testing ‖ ⁓**nahtrissigkeit** f / weld seam fissuring ‖ ⁓**nahtvorbereitung** f (Schweiß) / edge preparation ‖ ⁓**nahtzerfall** m / weld decay ‖ ⁓**ofen** m (Hütt) / welding furnace ‖ ⁓ **paste** f / paste solder, solder paste ‖ ⁓**perle** f / welding bead ‖ ⁓**pistole** f, -kolben m / welding handle o. gun ‖ ⁓**plattieren** n / weld-cladding ‖ ⁓**probe** f, -versuch m / welding test ‖ ⁓**probe** f, -probestück n / welding test specimen ‖ ⁓**pulver** n (UP-Schweißen) / conduction o. conducting flux, welding powder o. flux ‖ ⁓**punkt** m / welding spot, weld point ‖ ⁓**querschnitt** m / weld size ‖ ⁓**rad** n, -rolle f / welding wheel ‖ ⁓**raupe** f / welding bead, run, pass ‖ ⁓**rinne** f (Bau) / condensation channel o. sink ‖ ⁓**riß** m / welding crack o. fissure ‖ ⁓**rißempfindlichkeit** f / susceptibility to weld cracking ‖ ⁓**rissigkeit** f / weld cracking ‖ ⁓**roboter** m / welding robot ‖ ⁓**satz** m / welding set ‖ ⁓**schlacke** f / welding cinder ‖ ⁓**schlauch** m / flexible hose for welding purposes ‖ ⁓**schraube** f / weld screw ‖ ⁓**spannung** f (Elektr) / welding [arc] voltage ‖ ⁓**spannung** f (Mech) / welding stress ‖ ⁓**spiel** n / welding cycle ‖ ⁓**spratzer** m / weld chip ‖ ⁓**stab** m / welding o. filler rod o. wire ‖ ⁓**stahl** m / wrought iron o. steel ‖ ⁓**stelle** f / weld, welding, weldment joint ‖ ⁓**stelle** f (im Spritzguß) / weld mark ‖ ⁓**stoß** m / welding joint ‖ ⁓**strecke** f (Walzw) / welding plant ‖ ⁓**strom** m / welding current ‖ ⁓**stromregler** m, Schweißdrossel f / welding choke o. regulator, stabilizing inductance ‖ ⁓**stutzen** m (DIN 7637) / welded hexagon nipple ‖ ⁓**technik** f / welding engineering ‖ ⁓**technisch** / welding ‖ ⁓**tisch** m / welding bench ‖ ⁓**transformator**, -umspanner m / welding transformer ‖ ⁓**umformer** m, -maschine f / welding motor-generator, three-phase to single-phase rotary welding converter ‖ ⁓- **und Schneidbrenner** m / welding and cutting torch

Schweißung f / weld, welding, weldment joint ‖ ⁓, Anschweißstelle f / weld seam ‖ ⁓ **aufwärts** (o. mit Aufwärtsführung) / upward welding

schweiß[ungs]hindernd / stop-weld

Schweiß·unterlage f / backing strip ‖ ⁓**verbindung** f / weld joint ‖ ⁓**verbund** m / welded assembly ‖ ⁓**verfahren** n / welding process ‖ ⁓**versuch** m / welding test ‖ ⁓**vorrichtung** f (Vorrichtung beim Schweißen) / welding jig ‖ ⁓**vorrichtung** f, Einrichtung f zum Schweißen / welding equipment ‖ ⁓**vorrichtung** f, Wendegestell n / turnover fixture o. jig ‖ ⁓**wachs** n (Wolle) / yolk wax ‖ ⁓**walzwerk** n / welding mill ‖ ⁓**wandler** m (Elektr) / welding transformer (with three-phase input and single-phase double-frequency output) ‖ ⁓**warm machen**, schweißglühend machen / carry to incandescent heat ‖ ⁓**wasser** n (Wolle) / suint water ‖ ⁓**wasser** n (Bau) / condensation water ‖ ⁓**wasser** n (Spinn) / suds pl ‖ ⁓**widerstand** m (Schweiß) / arc adjuster, welding resistor, series regulating resistor ‖ ⁓**wolle** f / greasy wool, wool in the yolk o. grease o. suint ‖ ⁓**zange** f (Schweiß) / electrode holder, welding tongs pl ‖ ⁓**zubehör** n / welding supplies pl ‖ ⁓**zusatzwerkstoff** m (Schweiß) / filler metal o. material, welding filler

Schweizer Hemmung f (Uhr) / Swiss lever escapement

Schweizerdegen m (Buch) / compositor-pressman, twicer (coll)

Schweizerisch·e Feinheit f (Spinn) / Swiss count of yarn ‖ ⁓**e Normenvereinigung** / Swiss Standards Committee ‖ ⁓**e Normenvereinigung**, SNV / SNV, Swiss Association for Standardizing

Schweizers Reagens, Kupferoxidammoniak n / Schweitzer's reagent, cuproammonia

Schwel·anlage f, Tieftemperaturkoksanlage f / low-temperature carbonization plant ‖ ⁓**brand** m (Bergb) / smoldering fire ‖ ⁓**brandgeruch** m / smell of burning o. scorching ‖ ⁓**[braun]kohle** f / coal for distillation

schwelen vt, trocken destillieren / carbonize at low temperatures ‖ ⁓ (Teer) / distil tar at low temperature ‖ ⁓ vi, glimmen, glosen / smo[u]lder

Schwel·gas n / low temperature carbonization gas ‖ ⁓**kammer** f (Teer) / distillation chamber

Schwelken, Trocknen n (Brau) / withering

Schwelk·malz n, abgeschwelktes Malz (Brau) / air-dried o. air-dry malt, withered malt

Schwel·kohle f / brown coal for low temperature process ‖ ⁓**kohle** f (Steinkohle) / coal for low-temperature carbonization ‖ ⁓**koks** m / low temperature carbonization coke, semi-coke

Schwell·beanspruchung f / pulsating stress ‖ ⁓**bereich** m (Mech) / range of pulsating stresses

Schwelle f, Barriere f (Geol) / barrier ‖ ⁓, Grundmauer f (Bau) / continuous pedestal ‖ ⁓, Grundschwelle f (Zimm) / dormant, ground sill, [ground] sleeper ‖ ⁓, Türschwelle f (Bau) / sill, doorsill, threshold [of a door] ‖ ⁓, Unterzug m (Bau) / joist ‖ ⁓, Querrinne f (Straßb) / cross-drain, bump, (also:) open culvert ‖ ⁓, Damm m (Hütt) / dam ‖ ⁓, Querschwelle f (Bahn) / railroad tie, railway sleeper ‖ ⁓, Längs-, Langschwelle f (Bahn) / longitudinal beam o. tie, capping piece ‖ ⁓ (Physiol) / threshold ‖ ⁓ **am Einstieg** (Kfz) / door sill scuff plate ‖ ⁓ **eines Rostes** / grating beam o. sill ‖ ⁓ **eines Rostes**, Grundschwelle f / main brace of a pile grating ‖ ⁓ **zur Begrenzung der Geschwindigkeit**, Aufpflasterung f / speed control hump, "speed bump", "sleeping policeman"

Schwellen n (Fusionsreaktor) / void swelling ‖ ⁓ vi, anschwellen / swell v ‖ **zum** ⁓ **bringen** / swell v, distend ‖ ⁓**bedingung** f (Phys) / threshold condition ‖ ⁓**befeuerung** f (Luftf) / threshold lighting ‖ ⁓**binden** n (Bahn) / hooping of sleepers

schwellend·e Beanspruchung / dynamic load, pulsating stress

Schwellen·dübel, -pflock m (Bahn) / tree nail, trenail, trunnel ‖ ⁓**einschnitt** m, Kappung f (Bahn) / notch of a sleeper ‖ ⁓**energie** f (Nukl) / threshold energy ‖ ⁓**fach** n (Bahn) / space between sleepers ‖ ⁓**feld** n (Bahn) / distance between [adjacent] sleepers ‖ ⁓**feuer** n (Luftf) / threshold light ‖ ⁓**gerade** f (Elektronik) / threshold line ‖ ⁓**glied** n (Analogrechner) / threshold element ‖ ⁓**kennzeichnung** f (Luftf) / runway threshold marking ‖ ⁓**kopf** m (Bahn) / end of sleeper ‖ ⁓**kreis** m, -tor n / threshold element o. gate ‖ ⁓**legemaschine** f / sleeper laying machine ‖ ⁓**operation** f / threshold operation ‖ ⁓**röhre** f (Radar, TV) / threshold tube, clipper tube (US) ‖ ⁓**rost** m (Bau) / ground sill, grating foundation ‖ ⁓**schaltung** f / threshold circuit ‖ ⁓**schraube** f (Bahn) / coach o. rail screw ‖ ⁓**schrauben-Ausreißgerät** n (Bahn) / spike extractor o. puller ‖ ⁓**schrauben-Eindrehmaschine** f (Bahn) / sleeper screwdriver, spike driver (US) ‖ ⁓**schraubenschlüssel** m (Bahn) / box spanner ‖ ⁓**spannung** U_s, Schleusenspannung U_s f (Diode) / threshold voltage ‖ ⁓**stopfer** m (Bahn) / packer, tamper ‖ ⁓**stopfmaschine** f / track o. tie (US) o. sleeper (GB) tamping o. packing machine ‖ ⁓**strom** m (Laser) / threshold current ‖ ⁓**träger** m (Brücke) / sleeper carrying girder ‖ ⁓**wechselmaschine** f / sleeper exchanging machine ‖ ⁓**wert** m (Phys) / liminal o. threshold value ‖ ⁓**wert** m, Wahrnehmungsschwelle f (Phys) / JND, just noticeable difference, MPCD, minimum perceptible difference ‖ ⁓**wertdetektor** m (Nukl) / threshold detector ‖ ⁓**wertdosis** f (Nukl) / threshold dose ‖ ⁓**wertfunktion** f (Math) / threshold function ‖ ⁓**wertglied** n / threshold

element ‖ ⤶wertreaktion f (Nukl) / threshold reaction ‖ ⤶zahl f je km / sleeper spacing
Schwell·farbe f (Leder) / plumping liquor ‖ ⤶festigkeit f (Mat.Prüf) / fatigue strength under pulsating o. under fluctuating stresses ‖ ⤶koeffizient m (Hütt) / swelling ratio (as of pellets) ‖ ⤶kraft f (Leder) / plumping power ‖ ⤶rost m (Bau) / frame grate, frame upon piles for the support of a building
Schwellung f / swell ‖ ⤶, Aufgehmaß n / growth, expansion, spring factor ‖ ⤶ (Nukl) / swelling of fuel
Schwell·vermögen n (Gestein) / swelling characteristics pl ‖ ⤶wert m (z.B. der Farbart) / threshold value, liminal value ‖ ⤶wert m / limit count ‖ ⤶wert-Funktion f (Regeln) / threshold function ‖ ⤶wertgeber m (Opt) / threshold control ‖ ⤶wertlogik f (DV) / threshold logic ‖ ⤶wertpunkt m (Halbl) / threshold point ‖ ⤶wert-Überschreitung f / exceeding of the threshold value ‖ ⤶zeit f (Pneum) / pressure build-up time
Schwel·ofen m / low temperature carbonization furnace ‖ ⤶schacht m / low temperature carbonization vessel ‖ ⤶stadium n / smouldering stage ‖ ⤶teer m / [low temperature] carbonization tar, low temperature tar
Schwelung f (Kohle) / low temperature [coal] carbonization
Schwelwasser n / wastewater from low temperature carbonization plant
Schwemm·abbau m (Bergb) / hydraulic working ‖ ⤶bagger m / flushing dredger ‖ ⤶delta n (Geol) / fan delta
Schwemme f, Rübenwäsche f / beet washing station, beet washery
schwemmen (Zuck) / flume v
Schwemm·filterung f / sewage purification by filtration ‖ ⤶kanal m (Hydr) / sluice ‖ ⤶kanal m, -rinne f (Zuck) / hydraulic carrier, flume ‖ ⤶kanalisation [nach dem Mischsystem] f (Abwasser) / combined system ‖ ⤶kanalisation f nach dem Trennverfahren (Abwasser) / separate system ‖ ⤶kegel m (Geol) / alluvial cone, alluvial fan ‖ ⤶land n (Geol) / alluvial soil o. deposits pl ‖ ⤶land n, Flußaue f (Geogr) / bottom land ‖ ⤶land n, neugewonnenes Land (Bau) / reclaimed soil o. ground ‖ ⤶land n, Alluvionen f pl, Landbildung f durch Anschwemmung / alluvial soil o. deposits pl ‖ ⤶leitung f / flushing main ‖ ⤶-Mist m / liquid manure ‖ ⤶rinne f, -förderer m (Zuck) / flume ‖ ⤶rinne f (Bergb) / launder ‖ ⤶sand m / river sand, (also:) gravel ‖ ⤶stein, Bimsbetonstein m / Rhenish o. floating brick, pumice breeze block ‖ ⤶sumpf m (Aufber) / settling pit ‖ ⤶sumpfkohle f / dewatered fines ‖ ⤶wasser, Schlammwasser n / flume water
Schwengel m, Wippe f / swipe ‖ ⤶, Klöppel m (Glocke) / clapper, swipe ‖ ⤶ (Ölbohrung) / walking beam
Schwenk·absetzer m (Tagebau) / slewing overburden spreader ‖ ⤶achse f, -bolzen m / swivel pin ‖ ⤶achse, Drehachse f / swivelling axis ‖ ⤶-Antenne f / swivel antenna ‖ ⤶antrieb m (Armatur) / part-turn valve actuator ‖ ⤶arm m / swinging arm, swivel arm ‖ ⤶arm m (für Telefon) / telephone swivel arm ‖ ⤶arm m / swivel arm ‖ ⤶armbefestigung f (Kfz) / bracket mounting (US), swivel arm mounting (GB) ‖ ⤶armkran m / swivelling crane ‖ ⤶aufreißer m (Straßb) / pivoted beam ripper ‖ ⤶bagger m / slewing dredger ‖ ⤶bandförderer m / slewing conveyor
schwenkbar / slewable, swivelling, slewing, sluing, swinging ‖ ~ (um einen Zapfen) / hinged, tilting ‖ ~, drehbar [eingesetzt] / pivoted ‖ ~, der Richtung folgend (Röllchen) / castering ‖ ~er Anschlag / swing stop ‖ ~er Aufwickler (Färb) / pivoted batcher ‖ ~er Auslegerkran / swivelling jib crane ‖ ~er Begrenzer (Dreh) / swinging stop ‖ ~e Düse (Rakete) / swivelling nozzle ‖ ~e Düse (Raumf) / gimbal nozzle ‖ ~e Entladeklappe (Bahn) / hinged unloading trap ‖ ~e Frässpindel / swivelling milling spindle ‖ ~es Mikroskop / hinged body microscope ‖ ~es Objektivbrett (Phot) / swing front ‖ ~e Rückwand

(Phot) / swing back ‖ ~er Schleifspindelkopf / swivelling grinding spindle head ‖ ~e Schraube, Schwenkschraube f (Luftf) / hinged airscrew ‖ ~er Umschlagtisch (Wzm) / universal table ‖ ~e Verbindungsplatte f / pivoting junction table ‖ ~er Werkstück-Spindelkopf / swivelling workpiece spindle head ‖ um beliebige waagerechte Achse ~es Fenster / window pivoting around a horizontal axis
Schwenkbarkeit f / slewability, slewing capacity
Schwenk·bereich m (Wzm) / swivelling range, slewing range ‖ ⤶bereich m (TV) / transverse freedom ‖ ⤶betrieb m (Bagger) / radial working ‖ ⤶bewegung f / swinging o. swivelling movement, swivel, swing ‖ ⤶bewegung f (Kran) / rotating o. revolving motion, sluing (US) o. slewing (GB) motion o. movement ‖ ⤶bewegung f (Rotorflügel) / hunting ‖ ⤶bewegung f des Schultergelenks (Roboter) / shoulder swivel ‖ ⤶biegemaschine f (früher: Abkantmaschine) (Wzm) / folding machine, folding o. bending press ‖ ⤶bohrmaschine f / radial drill[ing o. boring machine] ‖ ⤶bolzen m / swivel pin ‖ ⤶brecher m / swivel arm crusher ‖ ⤶brennerprüfverfahren n (Plast) / swivel burner testing ‖ ⤶bühne f, drehbare Plattform / swinging platform ‖ ⤶deckel m (Ofen) / swing roof
schwenken vt, herumdrehen / turn, slue (US) slew (GB) ‖ ~, richten [auf] / aim [at], direct a gun ‖ ~, schwingen / sway, swing ‖ ~, hin- und herbewegen / wave ‖ ~, schaukeln / rock ‖ ~, spülen / rinse v ‖ ~ [um] vi / swivel vi, swing round, pivot, rotate ‖ ~ vt, richten [auf] / point [at] ‖ ~ vi, sich drehen / swing into position (e.g. bridge) ‖ ⤶ n / swivelling n ‖ ⤶ der Charakteristik (Radar) / steering of a directional antenna ‖ ⤶ des Handgelenks (Roboter) / wrist yaw ‖ ⤶ einer Düse (Raumf) / swivelling of a nozzle ‖ ⤶ von Brennstoffkassetten / tilting of fuel assemblies, fuel tipping ‖ [die Kamera] ~, nachführen (TV, Film) / pan ‖ sich ~ [um…], sich auf der Stelle drehen, sich drehen [um…] / wheel [about] vi
Schwenk·flügelflugzeug n / variable-geometry o. variable-swap o. swing-wing aircraft ‖ ⤶gabelstapler m / articulated fork truck ‖ ⤶gelenk n (Hubschrauber) / drag-link, drag- o. lag-hinge ‖ ⤶geschwindigkeit f / slew rate ‖ ⤶getriebe n (Kran) / slewing gear ‖ ⤶hahn m / swivel tap ‖ ⤶hebel m / pivoted lever, swivelling o. turning lever ‖ ⤶kettenförderer m / swivel chain conveyor ‖ ⤶kopf m (Phot) / pan[ning] head ‖ ⤶kopf m (Fluidtechn) / rod and plain eye ‖ ⤶kopfschäler m (Holz) / swinghead peeler ‖ ⤶korrektur f / angular adjustment ‖ ⤶kran, Ladebaum m (Bahn) / davit ‖ ⤶kran m, Drehkran m / slewing crane, swinging crane ‖ ⤶kristall m (Röntgenanalyse) / oscillating crystal ‖ ⤶[lade]baum m / swinging derrick ‖ ⤶lager n / drag bearing ‖ ⤶motor m (Hydr, Vakuum) / oscillating motor ‖ ⤶motor m (Drucker) / swivel motor ‖ ⤶pflug m / reversible plough ‖ ⤶platte f (Wzm) / swivel, hinged plate ‖ ⤶prisma n / swivelling V-block ‖ ⤶rad n / tumbler gear ‖ ⤶radius m / pivoting o. swivel radius ‖ ⤶radius m (Kfz) / swivelling radius ‖ ⤶rinne f (Hütt) / swivel launder ‖ ⤶rohr n, drehbares Rohr / articulated tube, swing pipe ‖ ⤶rohr n, Gelenkrohr n / articulated tube ‖ ⤶rohr, Spülrohr n / scouring pipe, washing o. flushing pipe ‖ ⤶rohr n (Brau) / sparge arms pl ‖ ⤶rohr-Regner m / swivel sprinkler ‖ ⤶rolle f (Möbel) / castor, caster (US) ‖ ⤶rührwerk n / pendulum type oscillator ‖ ⤶sattel-Scheibenbremse f / hinged-caliper disk brake ‖ ⤶schaufellader m / angledozer ‖ ⤶scheibe f (DIN 6371) / captive C-washer ‖ ⤶schiebetür f (Bahn) / swinging-sliding door ‖ ⤶schild m (Schürfkübelbagger) / A-blade, angledozer blade ‖ ⤶spindel f (Dreh) / swivelling spindle ‖ ⤶standard m (Opt) / internal swing-in standard ‖ ⤶stapler m / forward loader and side carrier ‖ ⤶stop m (Buch.m) / selecto-stop ‖ ⤶sucher m (Filmkamera) / swivelling viewfinder ‖ ⤶taste f / non-latching key ‖ ⤶tisch m (Wzm) / swing-out o. swing

table ‖ **⌐tisch**, Drehtisch m (Wzm) / turntable, swivel
table ‖ **⌐- u. ausziehbarer Halter** / swing concertina
arm ‖ **⌐- und Neigekopf** m (Phot) / pan-and tilt-head
Schwenkung f / horizontal swing ‖ **⌐**, Schwenken n /
turning, swinging round ‖ **⌐ der Kamera** (Luftbild) /
panning, camera pan
Schwenk·verschraubung f (DIN 71430) / swivelling
screw-fitting ‖ **⌐vorrichtung** f / rotating o. revolving
mechanism, sluing (US) o. (Schwb) mechanism ‖
⌐werk n / swing gear (US) ‖ **⌐werkzeughalter** m /
indexing tool post ‖ **⌐wickler** m (Textil) / swivel winder
‖ **⌐winkel** m / pivoting angle
schwer (allg, Nukl) / heavy ‖ **⌐** (Gewicht) (Mech, Phys) /
weighty, ponderous ‖ **⌐** (Boden) / heavy, rich ‖ **⌐** (Fehler)
/ serious ‖ **⌐**, dicht (Chem) / dense ‖ **⌐** (Wzm) / heavy-
duty... ‖ **⌐**, solid, massiv / massive, solid ‖ **⌐** (Tuch) /
full, thick ‖ **⌐**, schwierig / hard, difficult ‖ **⌐er als Luft**
/ heavier-than-air ‖ **⌐ arbeiten** / labour, labor (US) ‖
⌐ bearbeitbar (Stein) / difficult to work ‖ **⌐ bespult**
(Fernm) / heavy-loaded ‖ **⌐e Bestandteile** m pl
(Abwasser) / heavy matter ‖ **⌐er Bohrhammer** (Bergb) /
drifter, drifter machine ‖ **⌐ brennbar** / hardly
combustible ‖ **⌐e Drehmaschine** / heavy lathe ‖ **⌐es**
Elektron / heavy electron ‖ **⌐ entflammbar** / hardly
inflammable ‖ **⌐ erfaßbar** (o. bestimmbar) / elusive ‖
⌐ flüchtiger oder schwer siedender Brennstoff /
highly viscous fuel ‖ **⌐e Form** (Buch) / heavy forme ‖
⌐er Formstahl / heavy section [steel] ‖ **⌐es Heizöl** /
heavy gas oil ‖ **⌐eres Isotop** / heavier isotope, higher.
isotope ‖ **⌐ löslich** / hardly soluble ‖ **⌐er machen**,
beschweren / charge, burden, load, weight ‖
⌐ reduzierbar (Hütt) / difficult to reduce ‖
⌐ schmelzbar / difficultly meltable o. fusible,
refractory ‖ **⌐es Schmiedestück** / heavy forging ‖ **⌐er**
Schweißertisch für Schneidarbeiten / heavy type
welding bench ‖ **⌐er Sturm** (Windstärke 10) / whole
gale ‖ **⌐es Teilchen** / heavy particle ‖ **⌐ verständlich** /
difficult to understand ‖ **⌐es Wasser**, Schwerwasser n
(Phys) / heavy water, deuterium oxide ‖ **⌐er**
Wasserstoff, Deuterium n, D, ²H / heavy hydrogen,
deuterium ‖ **⌐e Wasserstoffmasse** / deuterium mass,
m_D ‖ **⌐ werden** / become heavy ‖ **⌐ zugänglich** / hard-
to-get-to, hard-to-get-at, difficultly accessible ‖ **50 kg ⌐**
/ weighing 50 kilos ‖ **⌐achse**, -linie f / axis through the
center of gravity ‖ **⌐arbeit** f / heavy labour ‖ **⌐arbeiter**
m / heavy worker ‖ **⌐atom** n / heavy atom ‖ **in**
⌐bauweise (Gasturb) / heavy-duty type ‖ **⌐benzin** n /
heavy naphtha, heavy benzine o. petrol (GB) ‖ **⌐benzol**
n (Siedelage 100-200 ⁰C) / homologues of benzene pl ‖
⌐beton n / heavy [-aggregate o. -weight] o. high-
density concrete, dense aggregate concrete block ‖
⌐beton m, Strahlenschutzbeton m (Nukl) / loaded
concrete ‖ **⌐beweglich** / tight ‖ **⌐chemikalien** f pl /·
heavy chemicals pl ‖ **⌐drehmaschine** f / heavy-duty
lathe
Schwere f, Gewicht n / gravity, ponderosity ‖ **⌐**, Schwerkraft f /
force of gravity ‖ **⌐...** / gravitational ‖ **⌐abscheider** m
(Öl) / settler ‖ **⌐anomalie** f / gravity anomaly, free-air
anomaly ‖ **⌐beschleunigung** f / gravitational
acceleration ‖ **⌐feld** n, Gravitationsfeld n / gravitational
field, gravity field ‖ **im ⌐feld** / under gravity ‖
⌐feldgebundene Übergangsbahn, Umschwenkbahn f /
swing-around trajectory ‖ **⌐feldkurve** f (Raumf) /
gravity turn ‖ **⌐gefühl** n / sensation of weight ‖ **⌐linie** f
des Gutes (Bergb) / pitch line of dump ‖ **⌐los** / agravic ‖
⌐los, im Schwebezustand / levitated ‖ **⌐los**, gegen die
Schwerkraft wirkend / anti-g ‖ **⌐loser Raum** / zero
gravity o. zero-g space ‖ **⌐lose Rückflugphase** (Raumf)
/ zero-gravity inflight ‖ **⌐losigkeit** f / weightlessness,
zero-g, zero-gravity ‖ **⌐messung** f (Phys) / measure of
gravity
Schwererz n / heavy ore
Schwere·wellen f pl (Phys) / gravity o. gravitational waves
pl

·**Schwer·fahrzeug** n / heavy lorry (GB) o. truck (US) ‖
⌐fällig, plump / clumsy ‖ **⌐flintglas** n / heavy flint-
glass ‖ **⌐flüchtig** / not easily volatilized ‖ **⌐flüchtiger**
Brennstoff / least volatile fuel (US) ‖ **⌐flüssig**,
dickflüssig, viskos / viscous ‖ **⌐flüssigkeit** f (Aufber) /
heavy liquid o. medium ‖ **von ⌐flüssigkeit befreien** /
demediumize ‖ **⌐flüssigkeits-Abtropfsieb** n / medium
draining screen, depulping screen ‖
⌐flüssigkeits-Rückgewinnungssieb n / medium
recovery screen ‖ **⌐flüssigkeitssinkscheider** m /
gravimetric flotation plant ‖
⌐flüssigkeits-Sinkscheidung, Sinkscheidung f (Bergb) /
gravimetric flotation, heavy-liquid flotation, heavy-
media o. dense-media o. sink-float process ‖ **⌐gängig**
(Masch) / tight, stiff, sluggish ‖ **⌐gängigkeit** f / stiffness,
sluggishness, restriction, binding ‖ **⌐gasturbine** f
(Schiff) / heavy duty [marine] gas turbine ‖
⌐getreidefraktion f / fraction of heavy grain ‖
⌐gewebeartikel f pl / tarpaulins pl ‖ **⌐gewichtsmauer** f
(Hydr) / gravity dam ‖ **⌐gewichtssperre** f mit Überfall /
gravity dam with overfall (o. overflow) ‖
⌐gewichtsventil n / deadweight o. dead load [safety]
valve ‖ **⌐gut** n (Schiff) / heavy lift, heavy cargo ‖ **⌐gut** n
(Aufber) / high-ash component ‖ **⌐gutbaum** m (Schiff) /
heavy cargo derrick, jumbo ‖ **⌐gut-Container** m /
semi-container, half-height container ‖
⌐gutfördergerät n / heavy goods handling gear ‖
⌐gutfrachtschiff n, -gutfrachter m / heavy-lift
cargoboat ‖ **⌐gutkurve** f, A_2c-Kurve f (Bergb) / effective
cumulative sink curve ‖ **⌐holzkiefer** f, Goldkiefer f /
British Columbia pine, Pinus ponderosa
Schwerhörigen·brille f / hearing aid glasses pl ‖ **⌐gerät**
n, Hörgerät n / hearing aid
Schwer·industrie f / heavy industry ‖ **⌐industrien** f pl /
heavy industries, heavies pl ‖ **⌐ionen** n pl / heavy ions
pl ‖ **⌐ionen-Beschleuniger** m / heavy ion accelerator ‖
⌐ionenfusion f / heavy ion [beam] fusion ‖
⌐ionen-Linearbeschleuniger m / heavy ion linear
accelerator, hilac ‖ **⌐ionenphysik** f / heavy ion physics
pl ‖ **⌐kochen** n (Zuck) / hard o. slow boiling
Schwerkraft f, Erdanziehungskraft f / gravitational force,
[force of] gravity, gravitation ‖ **⌐...** / gravity... ‖ **gegen**
die ⌐ wirkend / antigravity, anti-g ‖ **⌐antrieb** m /
gravity drive ‖ **⌐aufbereitung** f (Bergb) / gravity
separation o. concentration o. dressing ‖ **⌐bahn** f (Seilb)
/ gravity cable o. cableway ‖ **⌐bremssystem** n (Kfz) /
gravity breaking system ‖ **⌐davit** m (Schiff) / rolling
davit ‖ **⌐-Entleerung** f / unloading by gravity ‖
⌐gegenstromsichter m / gravitation counterflow sizer ‖
⌐gradient m / gravity gradient ‖
⌐gradienten-Ausleger m (Raumf) / gravity gradient
boom ‖ **⌐gradienten-Stabilisierung** f (Raumf) / gravity
gradient stabilization ‖ **⌐hemmung** f (für Turmuhren)
(Uhr) / gravity escapement ‖ **⌐lichtbogenschweißen** n /
gravity arc welding ‖ **⌐sichtung** f / gravity separaton ‖
⌐speiser m / gravity o. riser head ‖ **⌐system** n / gravity
system ‖ **⌐umlauf** m (Wasser) / thermosiphon circulation
system ‖ **⌐unterstützung** f (Raumf) / gravity assist ‖
⌐zuführung f (Wzm) / gravity feed ‖ **⌐zuführung** f
(Kfz) / syphon feed (fuel) (US)
Schwer·kronglas n / dense barium crown ‖ **⌐lastbahn** f /
heavy-duty ropeway ‖ **⌐lastfahrzeuge** n pl / heavy road
vehicles pl ‖ **⌐last-Handkarren** m / hand-truck for
heavy loads ‖ **⌐lasthubschrauber** m, fliegender Kran /
heavy-lift helicopter ‖ **⌐lastkran** m / heavy lift crane ‖
⌐lastkran m, Titankran m, Molenkran m / block crane
for building piers ‖ **⌐lastrolle** f / heavy [load] roller ‖
⌐lastschleppe f / roller sledge, sally-port sledge ‖
⌐lastwagen m / heavy truck (US) o. lorry (GB), heavy
goods vehicle, HGV ‖ **⌐lastwagen** m (über 7 1/2 to) /
locomotive (GB) ‖ **⌐linie** f / centroidal axis ‖ **⌐löslich** /
of low solubility, sparingly o. hardly o. slightly soluble,
antisoluble ‖ **⌐maschinen** f pl (Wzm) / heavy machinery
‖ **⌐maschinenbau** m / construction of heavy machinery

|| ~metall n / heavy metal || ~metallabgabe f (Glasur) / delivery of heavy metals || ~metall-Atomabbrand m, FIMA-Wert m (Nukl) / FIMA-value (fissions per initial metal atom) || ~metallegierung f / heavy-metal o. tungsten alloy || ~metallguß m / heavy metal castings || ~metallsalz n / salt of heavy metals || ~mineral n (Geol) / heavy crop || ~öl n (aus Erdöl o. Teer, Fraktion zw. 230 u. 270 °C) / heavy oil || ~ölmotor m / heavy fuel engine || ~ölvergasung f (Gaswerk) / gasification of heavy fuel oil

Schwerpunkt m / center of gravity o. of mass o. of inertia, gravity center, cg || auf den ~ bezogen, Schwerpunkts... / barycentric, centrobaric || mit tiefem ~ / underslung || ~-Aufhängung f / center-of-gravity mounting || ~-Bezugspunkt m (Luftf) / cg datum point

Schwerpunkts... / centroidal

Schwerpunktsatz m (Phys) / center-of-gravity principle

Schwerpunkts·grenze f (Luftf) / cg limit || ~moment, Unbalanzmoment n / out-of-balance moment || ~system n (Nukl) / center-of-mass system, CMS || ~verlagerung f / eccentricity of center of gravity || ~waage f, statische Auswuchtmaschine / gravitational balancing machine || ~wellenlänge f (Opt) / effective wavelength

schwer·radioaktiv, heiß (Nukl) / hot || ~schaum m (F'wehr) / low expansion foam || ~schmelzend / difficultly meltable o. fusible, refractory || ~schrott m / heavy scrap || ~schwarz n (Färb) / weighted black || ~siedend / high-boiling, heavy-volatile, non-volatile || ~siedender Brennstoff / least volatile fuel (US) || ~spannstift (DIN 1481) / rollpin [spring], heavy pattern spring dowel sleeve, heavy type dowel pin || ~spat, Baryt m, Bariumsulfat n (Min) / heavy spar, barite, barytes || ~stange f, Meißelschaft m (Öl) / drill-stem o. collar || ~stangen-Führung f / stabilizer

Schwerst·arbeit f / extra heavy work || ~beton m / barium concrete

Schwer·stein, Tungstein m (Min) / scheelite || ~stoff m (Aufber) / medium solids pl, heavy medium || ~stoff-Fracht f (Hydr) / sediment discharge o. transportation, traction load || ~stoff-Setzbett n / heavy medium bed

Schwert n, Diagonale f an einem Gerüst / strut of a scaffolding, bracing || ~ (Schiff) / leeboard || ~förmig, -artig / swordlike, swordshaped || ~messerwalzwerk n (Hütt) / differential speed disk cutter

Schwer·transportwagen m (Bahn) / wagon for the carriage of heavy goods || ~trübe, Trübe f (Aufber) / heavy liquid, dense medium || ~trübe-Wiedergewinnung f / dense medium recovery, medium solids recovery || ~trübezyklon m / heavy media cyclone

Schwert·säge f / stone saw || ~trommelwäsche f (Textil) / paddle mill type revolving scrubber

Schwerwasser n, schweres Wasser / heavy water || ~-Destillationskolonne f / heavy water distillation column || ~gitter n / heavy water lattice || ~moderierter gasgekühlter Leistungsreaktor / heavy-water-moderated gas-cooled power reactor || ~reaktor m, SWR / heavy water o. deuterium reactor, HWR

schwer·wiegend (Qual Pr, Fehler) / major defective || ~wiegend (DV, Fehler) / unrecoverable, non transient

Schwesterschiff n / sister ship

Schwibbogen m (Bau) / arch of a cylindrical vault

schwierig, schwer / difficult || ~ herstellbar (o. geformt) / intricate

Schwierigkeit f / difficulty, trouble, roadblock (coll) || ~en beseitigen, verringern / reduce difficulties || ~en haben, versagen / strike trouble || ~en o. Ärger verursachen / trouble vt, make trouble || ~en überbrücken / bridge difficulties || auf ~en stoßen / meet with difficulties, come up against difficulties, hit a snag || versteckte ~, "Haken" m / snag, "bug"

Schwierigkeitsgrad m / severity

Schwimm·abdeckung f (Öltank) / floating cover || ~achse f (Hydr) / axis of floating || ~apparat, Rettungsapparat m / life preserver o. protector o. saving apparatus || ~aufbereitung f, Flotation f / [concentration by] flotation || ~aufbereitung f durch Öl / oil flotation || ~aufbereitungsverfahren n, Flotation f / flotation [concentration o. process] || ~ausstattung f / floating equipment || ~bad, -becken n / swimming pool || ~bad n (Reaktor) / pool || ~bad n, Freibad, Swimming Pool [im Freien] m / open air [swimming] pool || ~badreaktor m / swimming pool reactor, pool[-type] o. aquarium reactor || ~bagger m / floating o. floater dredge[r], dredging boat, dredge[r] || ~bagger m für Zinngewinnung / tin dredge || ~berge m pl (Aufber) / sink-float tailings pl || ~brücke f / floating bridge, floater || ~container m (LASH) / lighter aboard ship || ~dachtank m (Öl) / floating-roof tank, tank with floating top || ~decke f (Abwasser) / surface scum || ~decke f, schwimmende Platte (Flachdach) / floating ceiling || ~dock n / floating [dry] dock, wet dock

schwimmen / swim || ~, treiben / float vi || ~ (von Metallpulver in Lacken) / leafing || zum ~ bringen / float vt

schwimmend, beweglich eingehängt / floating || ~er Abstichverschluß / floating taphole plug || ~e Befestigung (Stecker) / float mounting || ~e Bohrinsel, Halbtaucher m / semi-submersible floating platform || ~er Estrich (Bau) / flooring substitute, floating floor [screed] || ~es Gebirge / quick sand, (better): running sand || ~es Gebirge, Fließ n / shifting rock || ~er Getreideheber / floating grain elevator || ~e Gründung, Flachgründung f / raft foundation o. footing || ~er Kolben / floating piston || ~er Kolbenbolzen (Mot) / floating gudgeon pin o. wrist pin || ~e Lagerung / floating mounting || ~er Magnetkopf / floating head, flying head || ~er Mitnehmer (Wzm) / self-aligning driver || ~e Rohrplatte (Wärmeaustauscher) / floating head || ~e Umschlagsanlage / offshore floating terminal || ~e Ventilspindel / floating valve stem

Schwimmer m (allg, Luftf) / float || ~ im Spülkasten / cistern float || ~flugzeug n / float o. pontoon seaplane || ~gehäuse n, -kammer f (Vergaser) / carburettor float chamber o. float bowl (US) || ~gestell n (Luftf) / float chassis o. strut || ~hahn m / ball o. float cock || ~hebewerk n / float actuated ship lift || ~kondenstopf m / bucket type steam trap, [ball] float steam trap, closed steam trap || ~kugel f / float, ball || ~nadel f (Vergaser) / float spindle o. needle o. valve, inlet valve needle || ~nadelventil n (Vergaser) / carburettor needle valve || ~pegel m (Hydr) / float gauge || Ampèresche ~regel f (Elektr) / Ampere's rule, Amperian float law || ~regler m / float regulator || ~reguliert / float-controlled || ~reguliert gespeist / float-feed... || ~schalter m (Elektr) / float [type] switch || ~schleuse f / float type sluice || ~stand m / float ga[u]ge || ~ventil n / ball o. float valve || ~vergaser m / constant level carburetor, float type carburetor || ~wagen m (Luftf) / beaching gear || ~zeiger m am Manometer (Dampfm) / float stick

schwimm·fähig / buoyant || ~fähig machen (Flotation) / activate || ~fähigkeit f, Auftrieb m (Phys) / floatability || ~fett n / unweighted grease || ~gerste f (Brau) / tailings pl, skimmings pl || ~gürtel m, Rettungsgürtel m / life-belt o. preserver o. protector || ~gut n / floats pl || ~gut-Kurve, A_1-Kurve f (Flotation) / cumulative float curve || ~haut n beim Spritzgießen / flash || ~kasten m, Senkkasten m (Hydr) / float case || ~kompaß m / floating gyro, fluid o. liquid compass, floating card compass || ~kopf m (Wärmeaustauscher) / floating head || ~körper m / floating o. swimming body || ~körper m (Luftf) / float || ~kraft, -fähigkeit f / buoyancy [lift], buoyant power || ~kraft f, Tragvermögen n [schwimmender Körper] / supernatation || ~kran m /

floating o. floater crane ‖ ~kranponton *m* / floating crane ponton ‖ ~kreisel *m* / floated o. floating gyro ‖ ~leuchtzeichen *n* / navigation flame float ‖ ~löffelbagger *m* / dipper dredge ‖ ~plattform *f* / floating platform o. island ‖ ~ponton *m* / ship caisson ‖ ~rauchzeichen *n* / navigation smoke float ‖ ~sack *m* / flotation bag ‖ ~sand *m*, Triebsand *m* / quick sand, (better): running sand ‖ ~sattel *m* (Scheibenbremse) / floating caliper ‖ ~schlamm *m* (Abwasser) / scum ‖ ~schleppnetz *n* (Schiff) / pelagic net ‖ ~seife *f* / floating soap ‖ ~-Sinkverfahren *n* (Aufber) / heavy-liquid flotation, heavy-media o. dense-media o. sink-float process ‖ ~stein *m* (Geol) / float stone ‖ ~stein *m*, -ziegel *m* / floating brick ‖ ~stoff *m*, -stoffe *m pl* / floating matter ‖ ~stopfen *m* (Hütt) / floating stopper ‖ ~system *n* (Kreiselkompaß) / float system ‖ ~tor *n* (Dock) / floating [coffer]dam o. caisson o. gate ‖ ~- und Sinkanalyse, Wichteanalyse *f* / float and sink analysis ‖ ~- und Sinkversuch *m* / float and sink test ‖ ~verfahren *n*, Flotation *f* / flotation [concentration o. process] ‖ ~wagen *m* (Kfz) / amphibian vehicle ‖ ~werk *n* (Luftf) / floating gear ‖ ~weste *f* / life jacket o. vest ‖ ~weste *f* (luftgefüllt) / air jacket o. vest ‖ ~weste, Korkweste *f* / cork jacket o. vest

Schwinde *f* (Hydr) / swallow hole [in a river]

schwinden, kleiner werden / contract *vi*, shrink ‖ ~, abnehmen / dwindle *vi* ‖ ~, schrumpfen / shrink *vi* ‖ ~, abnehmen, geringer werden / decrease *vi*, diminish ‖ ~ (Elektronik) / fade *vi* ‖ ~ *n*, Schwindung *f* / contraction, shrinking ‖ ~, Schwunderscheinung *f* (Funk) / fade *n*, fading

Schwind·fuge *f* / shrinkage gap ‖ ~maß *n* / amount o. measure of shrinkage o. contraction, moulding shrinkage ‖ ~maße *n pl* / shrinkage dimensions *pl* ‖ ~maßstab *m* (Guß) / contraction rule, pattern maker's rule ‖ ~maßzeichnung *f* / shrinkage drawing ‖ ~riß *m* / crack due to shrinkage ‖ ~riß *m* (Holz) / check

Schwindungs·aufmaß *n* / contraction allowance ‖ ~[haar]riß *m* / check [crack] ‖ ~hohlraum, Lunker *m* (Hütt) / shrink hole, contraction o. shrinkage cavity o. cavitation ‖ ~kennwert *m* / characteristic shrinkage value ‖ ~krümmung *f* (Gieß) / shrinkage bend ‖ ~spalt *m* / contraction gap ‖ ~wärme *f* / shrinkage heat

Schwindvorrichtung *f* (Plast) / shrinkage block o. jig

Schwing·achse *f* / axis of oscillation ‖ ~achse *f* (veraltet) (Kfz) / independent axle, swing axle ‖ ~anlage *f* (Buch) / swing feeder ‖ ~anschlag *m* / swing stop ‖ ~arm *m* (Mech) / seesaw, rocker bar ‖ ~audion, Autoheterodyn *n* (Elektronik) / self-heterodyne, endo-, autodyne, autoheterodyne ‖ ~balken *m* (Ölbohrung) / walking beam ‖ ~balkenherd *m* (Hütt) / walking beam type bottom of a furnace ‖ ~baum *m* (Web) / rocking o. swinging beam o. tree, whip roll (GB) ‖ ~baum *m*, Streichriegel *m* (Spinn) / oscillating back rest ‖ ~baum *m* (Schiff) / boat o. riding o. swinging boom ‖ ~beanspruchung durch Vibration (ISO/R 194-1961) / vibrating stress, waved stress ‖ ~becherrotor *m* (Opt) / swing-tube rotor ‖ ~bereich *m* (Elektronik) / mode ‖ ~bereichänderung *f* (Magnetron) / moding ‖ ~blende *f* (Opt) / chopper ‖ ~bruch *m* / vibration fatigue failure ‖ ~diode *f* / diode oscillator ‖ ~drossel *f* (Elektronik) / swinging choke ‖ ~durchmesser *m* (Dreh) / [gap] swing, swing diameter

Schwinge *f*, Kulisse *f* (Wzm, Bahn) / link ‖ ~ (Masch) / oscillating crank ‖ ~, Wippe *f* / rocker ‖ ~, Arm *m* (Web) / sword ‖ ~ (Mech) / oscillating crank o. follower, rocker ‖ ~ im Nortongetriebe (Dreh) / tumbler lever

schwingen *vt*, schwenken / sway *vt*, swing ‖ ~, poken (Flachs) / scutch, batten, beat, swingle ‖ ~ *vi*, oszillieren (Elektronik, Phys) / vibrate *vi*, oscillate ‖ ~, pulsieren / pulsate ‖ ~ lassen / arrange to oscillate ‖ ~ [machen] *vi vt* / pulse

Schwingenbrecher *m* / single toggle crusher

schwingend / swinging ‖ ~, pulsierend / pulsatory, characterized by pulsation ‖ ~, pendelnd / pendulous,

penduline ‖ ~, sich hin- und herbewegend / rocking ‖ ~, vibrierend / vibratory, vibrating, vibrant ‖ ~e Bewegung / oscillating motion o. movement ‖ in ~e Bewegung versetzen / vibrate *vt* ‖ ~e Doppelkurbel (Wzm) / swinging-block linkage ‖ ~e Entladung / surging discharge ‖ ~es Gebilde (Nukl) / vibrating structure ‖ ~e Geradschubkurbel (Kinematik) / inverted slider crank with slider-fixed ‖ ~ hängen / swing *vi* ‖ ~e Kurbelschleife (Mech) / inverted slider crank [with coupler as frame] ‖ ~e Massen *f pl* (Kfz) / vibrating masses *pl* ‖ ~er Meißelhalter (Dreh) / floating toolpost ‖ ~e Nadelstange (Nähm) / vibrating needle bar ‖ ~e Sperre (Plast) / swinging gate ‖ ~er Verschluß, Pendelverschluß *m* (Bahn) / oscillating lock, pendulum lock ‖ ~e Warenabzug (Web) / intertwining floating take-up ‖ ~e Welle, Schwingwelle *f* (Masch) / rock shaft

Schwingen·flugzeug *n*, Schlagflügelflugzeug *n* / wing-flapping machine, ornithopter ‖ ~lager, Kulissenlager *n*, -träger *m* / link bracket ‖ ~pendel *n*, Wiegenpendel *n* (Drehgestell) / swinging link, suspension rod ‖ ~stein *m*, Nuten-, Kulissenstein *m* / sliding [crank] block ‖ ~steuerung, Kulissensteuerung *f* (Dampfm) / link motion

Schwingentladung *f* (Elektronik) / oscillatory discharge

Schwinger, Schwingkreis *m* (Akustik, Elektronik) / oscillator ‖ ~, Wandler *m* (Ultraschall) / transducer, modulator ‖ ~ *m*, Oszillator *m* (Funk) / oscillator, generator ‖ ~, Kristall *m* (Ultraschall) / crystal ‖ ~ aus Nickellamellen (Ultraschall) / laminated nickel stack transducer ‖ [auf Eigenfrequenz schwingender] ~ / resonator ‖ ~dämpfungskörper *m* / crystal backing ‖ ~wirkungsgrad *m* (Ultraschall) / crystal activity

Schwing·feuergerät *n* / dyna-jet, pulsating jet engine ‖ ~flachs *m* / scutched o. swingled flax ‖ ~flügel *m* (um waagerechte Mittelachse) (Fenster) / pivoting wing o. leaf ‖ ~flügelfenster *n* / pivoting window ‖ ~förderer *m* / oscillating conveyor ‖ ~frequenz *f* / oscillation frequency ‖ ~greifer *m* (Buch) / swing[ing] gripper ‖ ~grenzfrequenz *f* / maximum frequency of oscillations ‖ ~gummielement *n* / antivibration pad ‖ ~güte *f*, Laufruhefaktor *m* (Masch) / vibrational Q ‖ ~halbmesser *m* (Radialbohrm) / radius of arm of the radial drill ‖ ~hanf *m* / scutched hemp ‖ ~hebel, einarmiger Hebel *m* (Oszillation) / oscillating lever o. arm ‖ ~hebel *m* (Mot) / rocker o. rocking arm o. lever, rocker ‖ ~hebel *m* (Drehpunkt am Ende) (Mot) / valve lifter ‖ ~hebelachse *f* / rocker shaft ‖ ~hebelantrieb *m* (für Schüttelrinnen) / grasshopper mechanism ‖ ~hebelbock *m* (Mot) / rocker arm bracket ‖ ~hebel-Regner *m* (Landw) / swing-arm sprinkler ‖ ~herd *m* (Aufber) / vibrating table ‖ ~kompressor *m*, -verdichter *m* / oscillating compressor ‖ ~kondensator *m* (Elektronik) / oscillating o. vibrating capacitor ‖ ~kontaktgleichrichter *m* / vibrating reed rectifier ‖ ~[kraft]mühle *f* / vibrating mill ‖ ~kreis *m* (Elektronik) / oscillatory o. oscillation o. oscillating circuit, oscillator ‖ ~kreis, Resonanzkreis *m* (Elektronik) / resonant circuit, tank [circuit] ‖ ~kreis *m* (Radio) / tuned amplifier circuit, resonant circuit ‖ wenig gedämpfter ~kreis (Elektronik) / ringing circuit ‖ ~kreis *m* aus konzentrierten Schaltelementen / lumped circuit ‖ ~kreis mit hohem Q (o. von hoher Qualität) *m* / high-Q tuned circuit ‖ ~kreisspule *f* / self-inductive coil ‖ ~kristallmethode *f* (Röntgenspektrosk) / oscillating crystal method ‖ ~kugelmühle *f* / vibrating ball mill ‖ ~läppen *n* / ultrasonic machining ‖ ~leistung *f* (Elektr) / fluctuating power ‖ ~linie *f* (Elektronik) / A.C. value characteristic ‖ ~masse *f*, Schwungrad *n* (aut. Uhr) / rotor, oscillating weight ‖ ~messer *m* / swinging blade ‖ ~metall *n*, Gummimetallverbindung *f* / rubber-metal connection ‖ ~metall-Lagerung *f* / rubber-bonded-to-metal mounting ‖ ~mühle *f* / vibration grinding mill ‖ ~neigung *f* (allg) / inherent instability, tendency to oscillate ‖ ~neigung *f*, Verstärkerschwingen *n* / parasitic o. spurious oscillation ‖ ~pflug *m* / swing

plow ‖ ⌐**prüfmaschine** f / fatigue-testing machine ‖ ⌐**prüfung** f, Schüttelprüfung f / vibration test ‖ ⌐**quarz** m (Elektronik) / crystal ‖ ⌐**quarz** m (als Baugruppe) / crystal unit ‖ ⌐**quarz**, Piezoquarz, Quarzoszillator m / piezoelectric quartz o. resonator, oscillator crystal o. quartz, quartz resonator ‖ ⌐**quarzbecher** m (Elektronik) / crystal can ‖ ⌐**quarzschaltung** f / crystal circuit ‖ ⌐**quarz-Thermometer** n / quartz thermometer ‖ ⌐**rahmenschleifmaschine** f / swing frame grinder ‖ ⌐**rechen** m (Walzw) / shuffle bar ‖ ⌐**rinne** f / vibrating conveyor ‖ ⌐**rohr**, Schwenkrohr n / swing pipe ‖ ⌐**röhre**, Generatorröhre f (Elektronik) / oscillator tube ‖ ⌐**rost** m / oscillating bar grate ‖ ⌐**rührwerk** n / oscillating agitator ‖ ⌐**scheibenviskosimeter** n / vibrating-disk o. vibration-type viscometer ‖ ⌐**schere**, Pendelschere f / pendulum shears pl ‖ ⌐**schieber** m (Bunker) / swinging gate ‖ ⌐**schiff** n (Näh) / open-boat-shaped shuttle, vibrating shuttle ‖ ⌐**schleifen**, kurzhubhonen (Wzm) / superfinish v, superhone ‖ ⌐**schleifer** m (Wzm) / orbital sander ‖ ⌐**schleifer** m, Rutscher m (coll) / vibrating grinder [attachment], pad sander (US) ‖ ⌐**schleifgerät** n (Wzm) / superfinish device ‖ ⌐**schmiedemaschine** f / swing forge machine ‖ ⌐**schmieden** n / swing forging ‖ ⌐**schnitt** m / shaving with reciprocating punch ‖ ⌐**-Setzmaschine** f (Aufber) / pulsator o. pulsating jig ‖ ⌐**sieb** n / shaking screen, vibrating o. vibration o. oscillating screen ‖ ⌐**siebroder** m (Landw) / shaker digger ‖ ⌐**siebschleuder** f / vibrating screen centrifugal machine ‖ ⌐**spannung** f / oscillator voltage ‖ ⌐**spule** f (Elektronik) / oscillation coil ‖ ⌐**spule** f, Tauchspule f (Elektr) / moving coil ‖ ⌐**spul-Spannungsregler** m (Elektr) / moving coil regulator ‖ ⌐**stärke** f / vibration severity ‖ ⌐**system** n / oscillating o. vibrating system ‖ ⌐**system** n / vibrating system ‖ ⌐**tor** n (nach oben öffnend) / tip-up door ‖ ⌐**trog** m (Goldwäsche) / cradle, rocker ‖ ⌐**trommel** f (Gieß) / foundry vibrating drum ‖ ⌐**tür** f / swinging door ‖ ⌐**- und Brechmaschine** f (Textil) / scutching and breaking machine
Schwingung, Oszillation f / oscillation ‖ ⌐, Pulsierung f / pulsation ‖ ⌐, Schwingen n / swing ‖ ⌐, Vibration f / vibration ‖ ⌐, Pendelbewegung f (Uhr) / vibration, oscillation ‖ ⌐ **durch Koppeln des Brennkammerdruckes mit dem Einspritzsystem** (Gasturb) / chugging ‖ **durch** ⌐**en angeregt** / vibrationally excited ‖ **gedämpfte** ⌐ **[an der Nyquistflanke]** (Elektronik) / ring[ing] ‖ **in** ⌐**en versetzen** / oscillate vt, vibrate
Schwingungs-… / vibrational, vibrative, vibrating, vibratory ‖ ⌐**abbild** n (Impulse) / waveform ‖ ⌐**absorber** m / vibration isolator ‖ ⌐**amplitude** f / oscillation amplitude ‖ ⌐**analyse** f / vibration analysis ‖ ⌐**anfachung** f, Anschwingen n / stimulation of vibrations ‖ ⌐**art** f, -typ m (Mech, Krist) / mode ‖ ⌐**aufnehmer** m / vibration pickup ‖ **den** ⌐**ausschlag vermindern** (Uhr) / bank v ‖ ⌐**bauch** m / antinode, -nodal point, internode, loop, bulge ‖ ⌐**bauch** m (Elektr) / maximum amplitude ‖ ⌐**bauchklemme** f (Ultraschall) / clamped node ‖ ⌐**beanspruchung** f / stresses due to vibrations o. oscillations, vibratory stresses pl ‖ ⌐**beanspruchung** f, dynamische Beanspruchung / dynamic stress ‖ ⌐**belastung** f / vibration environment ‖ ⌐**bogen** m, -weite f / arc o. amplitude of oscillation o. vibration ‖ ⌐**dämpfend** (Fundament) / vibration reducing ‖ ⌐**dämpfer** m / vibration damper ‖ ⌐**dämpfer** m / dashpot, oscillation damp[en]er o. damper, vibration absorber ‖ ⌐**dämpfer** m **für Kurbelwellen** / oscillation damper for crankshafts ‖ ⌐**dauer** f / period o. time of vibration o. of oscillation ‖ ⌐**ebene** f, Polarisationsebene f (Laser) / plane of polarization ‖ ⌐**eigenschaften** f pl / vibrational properties pl ‖ ⌐**energie** f, Vibrationsenergie f / vibration energy ‖ ⌐**energie** f, Wellenenergie f / wave energy ‖ ⌐**ermüdung** f / vibratory fatigue ‖ ⌐**erregend** / exciting

vibrations ‖ ⌐**erregung** f, -impuls m / oscillatory pulse ‖ ⌐**erregung** f **durch ungeeignete Dampfzuführung** (Turbine) / steam excitation of vibrations ‖ ⌐**erscheinungen** f pl / oscillating quantities ‖ ⌐**erzeuger**, -erreger, Vibrator m / oscillation o. vibration generator o. exciter, vibrator ‖ ⌐**fähig** / oscillatory ‖ ⌐**fest** (Bau) / vibrationless, free from vibrations ‖ ⌐**festigkeit** f (Dauerfestigkeit) / fatigue strength under vibratory o. oscillation stresses, limiting range of stress, endurance limit, vibration fatigue limit, dynamic strength ‖ ⌐**form** f (Quarz) / mode of motion ‖ ⌐**frei** / free from vibrations, vibration-free, vibrationless, antivibration… ‖ ⌐**frequenz** f / oscillation frequency, rate of oscillations ‖ ⌐**gehalt** m **einer Mischspannung** / pulsation factor ‖ ⌐**gleichung** f / vibration equation ‖ ⌐**hammer**, Ticker m (Elektronik) / ticker ‖ ⌐**impuls** m / oscillatory impulse ‖ ⌐**knoten[punkt]** m / oscillation o. vibration node o. nodal point ‖ ⌐**konstante** f / oscillation constant ‖ ⌐**kontroller** m / oscillation analyser ‖ ⌐**kurzschluß** m (elektr. Leitungen) / swinging cross ‖ ⌐**meßgerät** n / vibration meter ‖ ⌐**mittelpunkt** m / center of oscillation ‖ ⌐**moment** n / oscillating couple ‖ ⌐**prüfer** m / oscillation analyser ‖ ⌐**quantenzahl** f / vibrational quantum number ‖ ⌐**reibverschleiß** m, Reibkorrosion f / frictional o. rubbing o. fretting corrosion, interface corrosion ‖ ⌐**spektrum** n / vibrational spectrum ‖ ⌐**stärke**, -heftigkeit f / vibration severity ‖ ⌐**teller** m (Kfz, Horn) / tone disk ‖ ⌐**term** m / vibrational term ‖ ⌐**tilger** m (Bau) / oscillation damper ‖ ⌐**trudeln** n / oscillatory spin ‖ ⌐**typ** m, -art f (Mech, Krist) / mode ‖ ⌐**versuch** m, Dauerbiegeversuch m / fatigue test by repeated bending, bending stress fatigue test, vibration fatigue test ‖ ⌐**-Wechselbeanspruchung** f / cyclic stress ‖ ⌐**weite**, -amplitude f / amplitude o. arc of oscillation o. of vibration, oscillation amplitude ‖ ⌐**weiten-Verhältnis** n (Elektronik) / d.c. ripple factor
Schwingungswelle f / undulation
Schwingungs·winkel, Gangwinkel m (Uhr) / escaping arc ‖ ⌐**zahl** f / [vibration o. oscillation] frequency ‖ ⌐**zahl**, Wechselzahl f (Elektr) / frequency, number of cycles ‖ ⌐**zustand** m / condition of vibration
Schwing·verdichter m (Straß) / compacting beam ‖ ⌐**verdichter** m, -kompressor m / oscillating compressor ‖ ⌐**walze**, Pendelwalze f (Buch) / jockey o. dancing roller ‖ ⌐**weite** f (Meßwesen) / overshoot ‖ ⌐**weite**, -amplitude f (Sieb) / throw of a vibrating screen ‖ ⌐**zapfen** m **für die Nebentreibstange** (Mot) / wrist pin for the articulated connecting rod
schwitzen (Mauer, Asphalt) / sweat vi ‖ ⌐, anlaufen / show condensation ‖ ⌐ n, Transpirieren n / sweating, perspiration, transpiration ‖ ⌐ (Sintern) / sweating, exudation ‖ ⌐, Ausschwitzen n von Impregnations-Teeröl / sweating (of the creosote)
schwitz·fest (Textil) / perspiration-proof ‖ ⌐**kühlung** f / sweat o. transpiration cooling ‖ ⌐**röste** f (Flachs) / steam retting o. ⌐**wasser** n (Bau) / condensation water, perspiration [water] ‖ ⌐**wasserklima** n (Mat.Prüf) / damp heat atmosphere ‖ ⌐**wasserkorrosion** f / corrosion due to condensation ‖ ⌐**wasserrinne** f (Bau) / condensation channel o. sink ‖ ⌐**wasser-Wechselklima** [nach Kesternich] n (Prüfen) / damp heat alternating atmosphere ‖ ⌐**wolle** f / fellmongered o. plucked wool, sweated wool
Schwöde·brei m (Gerb) / lime cream o. paint o. paste ‖ ⌐**brei** m (Gerb) / lime paint o. paste
schwöden, äschern (Gerb) / lime v
Schwödewolle f / lime[d] wool pl
schwoien (Schiff) / swing
schwül / sultry
Schwüle f / sultry heat
Schwund m, Schrumpfen n / contraction, shrinking ‖ ⌐, Verschwinden n / dwindling, decline ‖ ⌐, Sickerverlust m / leakage ‖ ⌐, Schwinden n (Elektronik) / fade, fading

‖ ⌁, Leerraum *m* (Lagertank) / ullage ‖ ⌁ s. auch
Schwinden u. Schrumpfen ‖ ⌁**ausgleich** *m* (Funk) / gain
control, GC ‖ ⌁**maß** *n* (Elektronik) / fading rate ‖
~**mindernd**, -kompensierend (Elektronik) / antifading,
fade reducing ‖ ~**mindernde Antenne** / diversity
antenna ‖ ⌁**zone** *f* (Radio) / fading area
Schwung *m*, Schwingen *n* / swing ‖ ⌁ (Glocke) / swinging
of the bell ‖ ⌁, Bogen *m* / sweep ‖ ⌁, Energie *f* / drive,
pressure, motor force ‖ ⌁... s. auch Schwing... ‖
⌁**gewicht** *n* des Reglers / pendulum, ball of a governor
‖ ⌁**hebel** *m* (Schraubenpresse) / bar, cross-arm, fly lever ‖
⌁**kanal** *m* (Hydr) / oscillating flume ‖ ⌁**kraft** *f*,
Zentrifugalkraft *f* / centrifugal force ‖ ⌁**kraft** *f*,
Schwung *m* / momentum ‖ ⌁**kraftanlasser** *m* (Kfz) /
inertia o. momentum starter ‖ ⌁**kranz**, -ring *m* /
flywheel rim ‖ ⌁**kreisel** *m* (Elektronik) / spin wheel ‖
⌁**kugel** *f* / ball of the fly press ‖ **lichtanlasser** *m*,
fremdgelagerter Startergenerator / crankshaft-mounted
starter-generator unit ‖ ⌁**magnetzünder** *m* (Kfz) /
flywheel magneto ‖ ⌁**maschine** *f*, Zentrifugalmaschine
f / centrifugal whirler ‖ ⌁**masse** *f* / centrifugal o.
flywheel mass, gyrating mass ‖ ⌁**masse** *f*,
Ausgleichsmasse *f* (Mot) / balance weight ‖
⌁**massen-Bremsprüfstand** *m* / inertia dynamometer ‖
⌁**moment** *n* (in kgm^2) (Umrechnung: 1 lb-ft^2 = 0,1685
kpm^2, 1 kgm^2 = 3418 lb in^2 = 5,933 lb-ft^2), GD^2
(veraltet) / flywheel effect, (abbreviation:) WR^2
(usually in lb-ft^2)
Schwungrad *n* / flywheel ‖ ⌁, Schwingmasse *f* (aut. Uhr) /
rotor, oscillating weight ‖ ⌁ mit Anlaßzahnkranz /
toothed rim (o. ring) flywheel, toothed flywheel ‖ ⌁ mit
Flüssigkeitskupplung (Kfz) / fluid flywheel ‖ schweres
⌁ / heavy flywheel ‖ ⌁**anlasser** *m* (Kfz) / flywheel
starter ‖ ⌁**drehkranz** *m* (Mot) / barring gear ‖
⌁**drehmotor** *m* / barring motor ‖ ⌁**effekt** *m* (Elektronik)
/ flywheel effect ‖ ⌁**flansch** *m* (Mot) / flywheel flange ‖
⌁**gehäuse** *n* (Mot) / flywheel casing ‖ ⌁**generator** *m*
(Elektr) / flywheel [type] alternator o. generator ‖
⌁**-Lichtanlaßzünder** *m* (Kfz) / flywheel starter-
generator ignition unit ‖ ~**los** / without flywheel ‖
⌁**markierung**, Totpunkt[s]marke *f* (Kfz) / timing mark
‖ ⌁**reibschweißen** *n* / inertia welding ‖
⌁**reibschweißen** *n* / flywheel welding, inertia welding ‖
⌁**schaltung** *f* (Elektronik) / flywheel circuit o. connection
‖ ⌁**[schwingungs]kreis** *m* (Elektronik) / flywheel circuit
‖ ⌁**seite** *f* (Mot) / flywheel end ‖ ⌁**spindelpresse** *f* /
friction screw press ‖ ⌁**synchronisierung** *f* (TV) /
flywheel synchronization ‖ ⌁**umformer** *m* / flywheel
type motor-generator, Ilgner-type motor-generator set
Schwungscheibe *f* / disk flywheel
Scintigramm *n* / scintican
Scintigraphie *f* (Phys) / scintigraphy, scintiscanning
Scintillations·chemikalien *n pl* / chemicals *pl* for
scintillation counting ‖ ⌁**spektrometer** *n* / scintillation
spectrometer ‖ ⌁**-Strahlungsmesser** *m* **für**
Prospektionszwecke / scintillator prospecting radiation
meter ‖ ⌁**zähler** *m* (Nukl) / scintillometer, scintillation
counter
Scintillator *m* (ein Phosphor) / scintillator
scintillieren, funkeln / scintillate
Scintillometer *n*, Spinthariskop *n* / scintillometer,
spinthariscope
Scintilloskop *n* / scintilloscope
Scoop·-Kondensator *m* / Scoop condenser ‖ ⌁**tram** *n*
(Haufwerk-Lade- u. -Fördergerät) (Bergb) / scooptram ‖
⌁**-Zirkulation** *f* / Scoop circulation
Scopolamin *n*, Hyoscin *n* / scopolamine
Scorchzeit *f* nach Mooney (Gummi) / mooney scorch
Scotchlite *n* (Rückstrahler) / Scotchlite
Scotch-Tape *n* (ein Klebstreifen) / Scotch tape
Scotofor (Schwärzungsstoff mit durch Bestrahlung
verringerbarer Durchlässigkeit), -phor *n* / scotofor,
-phor
Scottschaltung *f* (für Trafos) (Elektr) / Scott connection

SC-Papier *n* / self-contained paper, Sc paper
Scram *m*, Notabschaltung *f* (Reaktor) / scram
Scramble-Descramble *n* / ciphony, scramble-descramble
Scrambler, Verwürfler *m* (Fernm) / scrambler ‖ **digitaler**
⌁ / digital data scrambler ‖ ⌁**-Descrambler** *m* **für**
Faksimile / cifox, facsimile scrambling and
reassembling device
Scramjet *m*, Überschallverbrennungs-Staustrahltriebwerk
n / scramjet, supersonic combustion ramjet
Scratch·filter *m n* (Phono) / scratch filter ‖ ⌁**-Pad** *n* (DV) /
scratch pad
Screaming, Kreischen *n* (Raketen, Luftf) / screaming
Screen *n* (angenommenes Hindernis) (Luftf) / screen
Scrim *n*, Glasgarngelege *n* / scrim
Scrubber *m*, Gaswascher *m* (Chem) / scrubber, gas washer
SCV, software-kompatible Zulieferanten / software
compatible vendors *pl*, SCV
SDC-Felge *f* (= semi drop center) (Kfz) / semi-drop center
type rim
SDI, Raketenabwehr *f* im Weltraum, strategische
Verteidigungsinitiative / SDI, strategic defense initiative
S-Draht *m* (Textil, Wollgarn) / crossband, warp twist,
lefthand twine
SE = seltene Erden
Sealed-Beam-Scheinwerfer *m* / sealed beam headlight
Seale-Seil *n* / Seale-type steel wire rope
Seam *n* (Partie von 54,431 kg) (Glas) / seam
Seaskimmer *m*, tiefstfliegender Seezielflugkörper *m* / sea
skimmer
Sebacinsäure, Sebacylsäure *f* / sebacic acid
Sebum *n*, Talg *m* / sebum
Secam-System *n* (= séquentiel à mémoire) (TV,
Frankreich) / Secam system
Secans hyperbolicus *m* (Math) / hyperbolic secans, sech
SECANT-System *n* (Flugsicherung) / SECANT system
(Separation Control of Aircraft by Nonsynchronous
Technique)
Sech *n*, Pflugmesser *n*, Kolter *n* (Landw) / coulter (GB),
colter (US) ‖ ⌁**klinge** *f* / coulter point ‖ ⌁**pflug** *m*,
Vorschälerpflug *m* / coulter plough
sechs·atomig / hexatomic ‖ ⌁**-Bit Byte** *n* (DV) / sextet ‖
⌁**eck** *n* / hexagon ‖ ⌁**eckhaspel** *m* (Spinn) / six-armed
reel ‖ ~**eckig**, hexagonal / hexagonal ‖ ⌁**eckige Fliese** /
hexagon tile ‖ ⌁**eckmaschendraht** *m* / hexagon[al]
wire mesh o. netting, poultry netting (US) ‖
⌁**eckschaltung** *f* (Elektr) / hexagon connection ‖
⌁**eckspannung** *f* (Elektr) / mesh voltage ‖
⌁**elektrodenröhre** *f* (Elektronik) / hexode
Sechserring *m* (Chem) / six-membered ring
sechsfach / six-fold, sextuple ‖ ⌁**-Meißelhalter** *m* (Dreh) /
six-way tool block ‖ ⌁**revolverkopf** *m* / six-faced turret
head, six-tool turret tool post ‖ ⌁**revolverkopf** *m* / six-
tool turret tool post ‖ ⌁**schalter** *m* (Fernm) / six-way
switch ‖ ⌁**schreiber** *m* / six-point o. six-variable
recorder ‖ ⌁**telegrafie** *f* / sextuplex telegraphy
Sechs·flach *n* / hexaedron ‖ ~**flächig**, hexaedrisch,
kubisch / cubic, cubical, hexaedral, hexahedral ‖
~**gliedriges Kurbelgetriebe** / six-link mechanism
Sechskant *m* / hexagon ‖ ⌁**-Bundmutter** *f* / washer faced
hexagon nut ‖ ⌁**-Einsatz** *m* (Werkz) / six point socket ‖
⌁**-Hutmutter** *f* / hexagon cap nut (DIN 917) ‖
⌁**-Hutmutter** *f* **hohe Form** / hexagon domed cap nut
(DIN 1587) ‖ ⌁**kopf** *m* / hexagon head ‖
⌁**-Kronenmutter** *f* / hexagon slotted nut o. castle nut ‖
⌁**mutter** *f* / hexagon nut ‖ ⌁**mutter** *f* / hex-nut,
hexagon nut ‖ ⌁**mutter** *f* **mit Bund** / hexagon nut with
collar ‖ ⌁**mutter** *f* **mit Flansch mit Klemmteil** /
prevailing torque type hexagon flange nut ‖ ⌁**mutter** *f*
mit Klemmteil / prevailing torque type hexagon nut ‖
⌁**mutter** *f* **niedrige Form** / hexagon thin nut (DIN 439)
‖ ⌁**-Paßschraube** *f* / hexagon head [body-]fit bolt o.
screw ‖ ⌁**profil** *n* (Walzw) / hexagon profile ‖
⌁**-Räumwerkzeug** *n* / hexagon broach ‖ ⌁**schlüssel** *m* /
[fixed] spanner (GB), [machinist's] wrench ‖

⤙schneideisen n / hexagon die nut ‖ **⤙schraube** f (DIN 931) / hexagon head cap screw ‖ **⤙schraube** f, **-bolzen** m / hexagon bolt ‖ **⤙schraube** f **mit Gewinde bis Kopf** / hexagon head screw ‖ **⤙schraube** f **mit Kopf** / hexagon head bolt ‖ **⤙stahl** m / hexagonal bar o. stock, hexagons pl ‖ **⤙stange** f / hexagon bar ‖ **⤙-Steckschlüssel** m **mit Drehstift** / T-handle socket spanner ‖ **⤙stiftschlüssel** m / hexagon socket head wrench, hexagon key, hex head wrench, socket head wrench

Sechs·komponentenwaage f / six component balance ‖ **⤙phasen…** (Elektr) / hexaphase, six-phase … ‖ **⤙phasennetz** n (Elektr) / six-phase system ‖ **⤙phasenschaltung** f / six-phase connection ‖ **⤙plattenstapel** m (DV) / six-disk pack, six-high disk pack ‖ **⤙pol** m (Fernm) / six terminal network ‖ **⤙polige Klinke** (Fernm) / six-way jack ‖ **⤙polröhre** f, Sechselektrodenröhre f, Hexode f / hexode ‖ **⤙rad-angetriebenes Fahrzeug** (Kfz) / six by six, 6 x 6 ‖ **⤙radantrieb** m (Kfz) / six-wheel drive ‖ **⤙radbremse** f / six-wheel brake ‖ **⤙radwagen**, Dreiachser m (Kfz) / six-wheel truck, six wheeler ‖ **⤙ring** m (Chem) / six-membered ring ‖ **⤙ring…** / hexagonal, hexacyclic ‖ **⤙seitige Doppelpyramide** / dodecahedron ‖ **⤙spindelautomat** m / six spindle automatic machine ‖ **⤙teilig** / sextuple ‖ **⤙- und Vierkantschrauben** f pl / wrench [head] bolts pl, spanner bolts pl ‖ **⤙wertig** (Chem) / hexavalent, sexivalent ‖ **⤙zylindermotor** m / six cylinder motor o. engine

Sechzehnerleitung f (Fernm) / quadruple phantom circuit
SEC-Röhre f (Nachtfernsehen) / SEC-tube (= secondary electron conduction)
SECT-Verfahren n (zum Beheizen von Förderleitungen) / skin electric tracing, SECT
Sedezformatbuch n / sixteenmo, sextodecimo, 16mo, 16⁰
sedezimal, hexadezimal (Math) / sedecimal, hexadecimal ‖ **⤙system** n (Math) / hexadecimal number system
Sediment, Präzipitat n (Chem) / deposit, sediment ‖ **⤙e zwischen 0,1 und 0,05 mm Korngröße** (Geol) / fine-grained clastics pl, cryptoclastic sediments pl
sedimentär, klastisch, katogen (Geol) / sedimentary, clastic
Sedimentation f, Sedimentablagerung, Sedimentierung f / sedimentation, deposition
Sedimentations·analyse f / sedimentation analysis ‖ **⤙potential** n / sedimentation potential
Sedimentgestein n, Sedimentit m / aqueous o. sedimentary rocks pl
sedimentieren, ablagern, absetzen / deposit vt, sediment
Sedimentier·glas, -gefäß n / settler ‖ **⤙glas** n **nach Imhoff** / Imhoff sedimentation cone
Sedimentschlamm m / detritus ooze
SED-Technik f / sedimentary electro-codeposition, SED technique
See¹ m (als Landschaft) / seascape ‖ **⤙**, Binnensee m (Geogr) / lake ‖ **⤙n** m pl (Geogr) / lacustrine waters pl
See² f, Meer n / sea ‖ **⤙**, einzelner Wellenberg / sea, wave
See⤙… / maritime, mar. ‖ **⤙…**, nautisch / nautical ‖ **⤙alge** f / sea weed ‖ **⤙amt** n / Court of Admirality ‖ **⤙anker**, Treibanker m / driving anchor ‖ **⤙-Asphalt** m / lake asphalt ‖ **⤙ausdauer** f (Mil) / endurance [time] ‖ **⤙beben** n / seaquake
Seebeck·-Effekt m, thermoelektrischer Effekt / thermoelectric o. Seebeck-effect ‖ **⤙-Leerlaufspannung** f (Halbl) / Seebeck voltage
Seedeich m / sea dike o. wall
Seeding n, Körnerbildung f (Farbe) / seeding
See⤙-Erdung f **von Kabeln** / sea-earth o. return-earth of cables ‖ **⤙-Erz** n, Limonit m / limonite, lake iron ore ‖ **⤙fahrt-Funkfeuer** n / maritime radio beacon station ‖ **⤙flugwesen** n / seaplane technology ‖ **⤙flugzeug** n / seaplane ‖ **⤙funk** m / marine radio ‖ **⤙funk[dienst]** m / radio-service with ship stations ‖ **⤙funksatellit** m / maritime satellite ‖ **⤙gang** m / motion of the sea,

seaway, rough sea, sea disturbance ‖ **⤙gangecho** n, Seegang m (Radar) / sea return ‖ **⤙gangschwundeffekt** m (Radar) / roller fading ‖ **⤙gangsreflex** m, Wellenreflex m (Radar) / sea clutter ‖ **⤙gangstörung** f (Radar) / wave clutter
Seegerring m / Seeger circlip ring
See·gras n / sea weed ‖ **⤙graszupfmaschine** f / seaweed carding machine ‖ **⤙grün** / celadon, sea-green ‖ **⤙hafen** m / seaport, port ‖ **⤙handbuch** n / pilot book
seeing-begrenztes System n (Opt) / seeing-limited system
See·kabel n, Unterseekabel n / ocean cable, submarine cable ‖ **⤙kabelverstärker** m (Fernm) / submerged repeater ‖ **⤙kabelwinde** f / paying-out and picking-up gear for cables ‖ **⤙kanal** m / ship canal ‖ **⤙karte** f, hydrografische o. nautische Karte / marine o. nautical chart o. map, [sea] chart ‖ **⤙kasten** m (Schiff) / sea [valve] chest ‖ **⤙kennung** f (Schiff) / intelligence of soundings ‖ **⤙klima** n / maritime climate ‖ **⤙kompaß** m / sea compass ‖ **⤙kreide** f / limnic chalk
Seele f (Mil) / bore ‖ **⤙** (Seil) / core ‖ **⤙**, Kern m (Masch) / core, heart ‖ **⤙ des Kabels** (Elektr) / core assembly
Seelen·achse f (Mil) / axis of the bore ‖ **⤙elektrode** f, -schweißdraht m (Schweiß) / cored electrode, flux core type electrode, core welding wire ‖ **⤙faden** m (Textil) / core o. foundation thread ‖ **⤙garn**, Core-spun-Garn n (Textil) / core-spun yarn ‖ **⤙lotdraht** m / flux cored solder ‖ **⤙rohr**, Kernrohr m (Mil) / liner of a gun, A-tube ‖ **⤙verseilmaschine** f (Elektr) / core-stranding machine ‖ **⤙wand** f (Mil) / bore surface ‖ **⤙wicklung** f (Kabel) / core binding
See·luftkorrosion f / corrosion by sea air ‖ **⤙mäßig verpackt** / packed for ocean shipment, packed seaworthy o. for export (US) ‖ **⤙mäßig verpackt (in Kisten)** / boxed for foreign shipment o. for export (US) ‖ **⤙meile** f (GB: = 6000 ft = 1,8282 km, Admiralty measured mile = 6080 ft = 1,853181 km, international mile = 1,852 km, US = 6080,27 ft = 1,85329 km) / nautical mile, n.m., n.mi, NM ‖ **⤙meile** f **je Stunde**, Knoten m (international = 1852 m/h, Engl. = 1853,181 m/h) (Schiff) / knot, kn ‖ **mit 15 ⤙meilen** / at a [steady] 15 knots ‖ **⤙mergel** m / limnic marl ‖ **⤙navigationsfunkdienst** m / maritime navigational radio service ‖ **⤙not** f / distress on sea ‖ **⤙notdienst** m / maritime distress service ‖ **⤙notfrequenz** f / distress frequency ‖ **⤙nothubschrauber** m, SAR / search and rescue helicopter, SAR ‖ **⤙nothubschrauber** m, Rettungshubschrauber m, RTH / RTH, rescue transport helicopter ‖ **⤙notkreuzer** m / rescue cruiser ‖ **⤙notleitung** f / rescue coordination centre, RCC ‖ **⤙notmeldedienst** m (Luftf, Schiff) / distress service ‖ **⤙notschiff** n (Luftf) / crash boat ‖ **⤙notsignal** n (Schiffsfunkspruch) / MAYDAY [signal] ("m'aidez") ‖ **⤙notwelle** f / naval distress wave ‖ **⤙rückhalt** m, -retention f (Hydr) / retention ‖ **⤙salz** n / bay o. marine salt ‖ **⤙sand** m / beach sand ‖ **⤙sand-Verfahren** n (Kaffeeprüfung) / beach-sand method ‖ **⤙schaden** m, Havarie f / damage at sea, average ‖ **⤙schiff** n / seagoing vessel ‖ **⤙schiffahrt** f / navigation ‖ **⤙schlag** m / blow o. wash of the sea ‖ **⤙schlag** m (Aufsetzen des Schiffsbuges im Wellental) (Schiff) / slamming ‖ **⤙schlagblende** f (Schiff) / deadlight ‖ **⤙schlepper** m / sea-going tug, ocean-going tug ‖ **⤙schleuse** f / sea lock ‖ **⤙schubboot** n / integrated tug barge, ITB ‖ **⤙straßenordnung** f / regulations pl for preventing collisions at sea, rules pl at sea ‖ **⤙tang** m / kelp ‖ **⤙tonne** f, Boje f, Tonne f / buoy n ‖ **⤙tüchtig**, Hochsee… / seagoing, seaworthy ‖ **⤙tüchtig und stark** / stanch, staunch ‖ **⤙tüchtigkeit** f / sea state capability ‖ **⤙tüchtigkeitsprüfung** f (Luftf) / sea state capability test ‖ **⤙ventil**, Flutventil n (Schiff) / flooding valve o. cock, sea cock ‖ **⤙ventil** n / scuttle (at bottom) ‖ **⤙verkehrsordnung** f / rules at sea pl ‖ **⤙verladung** f, Transport m / sea transport ‖ **⤙warte** f / naval observatory ‖ **⤙wärts** (Schiff) / off ‖ **⤙wasser** n,

Meerwasser *n* / seawater, saltwater ‖
~wasserbeständig / saltwater-proof ‖ ⌐wasserchemie *f*
/ thalassa chemistry ‖ ⌐wasserechtheit *f* (Färb) /
fastness to saltwater ‖ ⌐wasserelement *n* / sea cell ‖
~wasserfestes Sondermessing (59 bis 62 % Cu, 0,5-
1,5% Sn, Rest Zn) / Tobin bronze, naval brass, N.Br.,
Admiralty brass ‖ ⌐weg *m* / sea-route, seaway ‖ ⌐weg
[nach] / passage by sea [to] ‖ auf dem ⌐wege / seaborne, by sea ‖ ⌐wesen, Marinewesen *n* / naval matters
pl ‖ ⌐wetterdienst *m* / maritime meteorological service
‖ ⌐wind *m* (Meteorol) / sea breeze ‖ ⌐zeichen *n* /
navigation guide, sea mark ‖ ⌐zeichen *n*, Farb-
Markierung *f* (Luftf) / sea marker ‖ ⌐zielflugkörper *m* /
antishipping missile ‖ ⌐ziel-Täuschreflektor *m* (Radar)
/ gull
SEF = Sekundäremissionfaktor
S-Effekt *m* (Elektronik) / S-effect, surface charge effect
SEG = Synthese-Erdgas
Segel *n* (Schiff) / sail ‖ ~fliegen (Luftf) / glide, soar ‖ ⌐flug
m / motorless flight ‖ in ⌐flugstellung bringen (Luftf) /
feather the propeller blades ‖ ⌐flugwesen, -fliegen *n*,
-fliegerei *f*, -flug *m* / gliding, motorless flying ‖
⌐flugzeug *n* / sailplane, glider ‖ statisches ⌐flugzeug,
Hangwindsegler *m*, Hangsegelflugzeug *n* / hovering
glider, static sailplane (US) ‖ dynamisches ⌐flugzeug /
dynamic glider ‖ ⌐flugzeugschlepp *m* / glider-towing ‖
⌐karte *f*, Kurskarte *f* (Schiff) / course map
Segelklasse, Rennklasse *f* (Schiff) / rating
Segelkurve, Kettenlinie *f* / funicular o. catenarian curve,
catenary
segeln, gleiten (Luftf) / plane
Segel·schiff *n* mit Hilfsmotor / motor sailor, auxiliary
powered vessel ‖ ~steif (Schiff) / stiff ‖ ⌐stellung *f*
(Propeller) / feathered o. feathering pitch ‖ ⌐tuch *n*,
-leinen *n* / heavy canvas, sailcloth, duckcoth, awning ‖
⌐tuchüberzug *m* / canvas cover o. bag o. sleeve ‖
⌐tuchverdeck *n* (Kfz) / canvas hood
Segerkegel *m*, SK *m*, Brennkegel *m* / Seger o. fusion
cone, melting cone
Segment, Kreisabschnitt *m* (Math) / segment ‖ ⌐,
Abschnitt *m* (DV) / segment ‖ ⌐ eines Kommutators
(Elektr) / commutator segment ‖ sich in ⌐e teilen /
segment *vi*, split up in segments ‖ ⌐antenne *f* / cheese
o. pillbox antenna ‖ ⌐antrieb *m* (Raumf) / segmented
motor
segmentär, aus Segmenten gebildet / segmental,
segmentary
Segmentarmatur *f* (Schlauch) / clamp o. segment fitting
Segmentation *f* (Biol) / merogenesis
Segment·aufruf *m* (DV) / overlay request ‖
⌐-Axialgleitlager *n* / pivoted pad thrust bearing ‖
⌐blech *n*, zusammengesetztes Ankerblech (Elektr) /
segmental core disk ‖ ⌐bogendach, Lamellendach *n* /
segmental arch roof ‖ ⌐drehlager *n* (Wehr) / trunnion
bearing o. rest ‖ ⌐drucklager *n*, -axiallager *n* / pivoted-
pad o. tilting-pad thrust bearing ‖ ⌐fassung *f* (Schlauch) /
segment socket ‖ ⌐halter *m* (Masch) / segment carrier ‖
⌐horn *n* (Elektronik) / segmental horn
segmentieren (COBOL) / segment
segmentiert·e Aufzeichnung (TV) / segmented recording
‖ ~er Satz / spanned record
Segmentierung *f*, Aufteilen *n* (COBOL) / segmentation ‖ ⌐
(DV) / segmentation, segmenting, sectioning
Segment·kennzeichnung *f* (DV) / segment identifier ‖
⌐kopf *m* (DV) / load descriptor ‖ ⌐krispelmaschine,
Krispel-, Gräniermaschine *f* / leather boarding o.
crippling o. working machine ‖ ⌐lager *n* / pad bearing ‖
⌐modell *n* (Gieß) / segment pattern ‖ ⌐rand *m* (DV) /
stroke edge ‖ ⌐sägeblatt *n* / segmental saw blade ‖
⌐schaltung *f*, Durchzugsschaltung *f* (Kfz) / progressive
system of gear shifting ‖ ⌐scheibe *f* (Galv) / segmental
o. sectional wheel ‖ ⌐tor *n* (Hydr) / radial lock gate ‖
⌐träger *m* (Stahlbau) / segmental bowstring girder ‖
⌐-Verschlußkorb *m* (Hütt) / orange-peel type charging

basket ‖ ⌐vorkommen *n* (DV) / segment occurrence ‖
⌐wehr *n*, -schütz *n*, Sektorwehr *n* (Hydr) / radial gate,
sector regulator o. weir, Tainter gate ‖ ⌐welle,
Lenkwelle *f* (Kfz) / steering worm sector shaft ‖ ⌐zahl *f*
pro Pol / pole pitch
Segnac-Effekt *m* / Segnac effect
Segnersches Wasserrad, Reaktionsrad *n* / Barker's wheel
o. mill, reaction wheel, wheel of recoil
Segregation *f* / segregation
Seh·... / optic ‖ ⌐achse *f*, optische Achse (Opt) / optical o.
visual axis, axis of vision
sehen, blicken / look ‖ ~, wahrnehmen / see ‖ ~, ansehen,
betrachten / view *vt* ‖ ⌐ *n* / view ‖ ⌐, Sehvermögen *n* /
vision, seeing ‖ ⌐, Gesichtssinn *m* / sight ‖ im
Fernsehen ~ (TV) / teleview
Seh·fehler *m* / defect of vision ‖ ⌐feld, Gesichtsfeld *n*
(Opt) / scope of view, visual field ‖ ⌐feld *n* (Film) /
shooting range ‖ ⌐feldblende *f* (Opt) / field stop ‖
⌐feldzahl *f* / field-of-view number ‖ ⌐funk *m* /
television ‖ ⌐hilfe *f*, -hilfsmittel *n* / aid to vision ‖
⌐kraft *f*, -vermögen *n* / eye-sight, visual faculty ‖
⌐kreis *m*, Horizont *m* / circle of the horizon ‖
⌐leistung *f* / visual performance ‖ ⌐linie, Sichtlinie *f* /
line of sight, LOS ‖ ⌐loch, Lichtloch *n*, Lünette *f* (Bau) /
lunette ‖ ⌐loch, Visierloch *n* / sight hole, pinhole for
sighting
Sehne *f*, Walzfaser *f* (Hütt) / fiber (US), fibre, filament
‖ ⌐, Kreissehne *f* (Math) / chord, subtense
Sehnen·... (Math) / chordal ‖ ⌐kraft *f* (Luftf) / force along
the chord ‖ ⌐länge *f* / chord length ‖ ⌐vieleck *n*,
einbeschriebenes Vieleck / polygon inscribed in a circle
‖ ⌐wicklung *f* (Elektr) / chord[ed] winding, fractional
pitch winding
Sehnerv *m* / optic nerve
sehnig, zäh / stringy ‖ ~ (Hütt) / fibrous
Sehnungsfaktor *m* (Wicklung) (Elektr) / pitch factor
Sehpurpur *m*, Rhodopsin *n* / rhodopsin, visual purple
sehr, äußerst / strongly, extremely, very
Seh·reiz *m* / optical stimulus ‖ ⌐ritze *f* (Quadrant) / sight ‖
⌐rohr *n*, Periskop *n* / periscope ‖ ⌐schärfe *f*, Visus *m* /
power of vision, visual acuity ‖ ⌐schlitz *m* / eye-slit,
observation slit ‖ ⌐schlitz *m* (Bau) / look-out slot ‖
⌐spalte *f*, Diopter *n* (Opt) / slot and window sights, sight
vane, direct vision view finder, diopter ‖ ⌐strahl *m* /
visual ray ‖ ⌐strahl *m*, Gesichtslinie *f* (Fernrohr) / visual
line ‖ ⌐strahl *m*, -linie *f* / line of sight, LOS ‖
⌐vermögen *n*, -kraft *f* / visual power, strength of vision
‖ ⌐violett *n* (Opt) / iodopsin, visual violet ‖ ⌐weite *f*,
Sichtweite *f* / visual distance o. range, range o. reach of
vision o. of sight, visibility, field of vision ‖ außer
⌐weite, außer Sicht[weite] / out-of-sight ‖ ⌐winkel *m* /
optical o. visual angle, angle of sight ‖ ⌐zeichen *n*,
Testobjekt *n*, Optotype *f* / optotype, optical test object ‖
⌐zelle *f* (Biol) / photoreceptor cell
Seiche *f* (Hydr) / seiche
seicht, flach / shallow ‖ ~, vados (Geol) / vadose ‖ ~es
Wasser (allg) / low water
Seide *f* / silk ‖ ⌐ erschweren / load silk, weight silk ‖
echte ⌐ / real o. cultivated o. natural o. mulberry silk ‖
reine ⌐ / pure silk ‖ rohe o. ungekochte ⌐, Rohseide *f*
/ unboiled o. unscoured silk ‖ ⌐doppler *m* / silk
doubling machine ‖ ⌐fasern *f pl* / ravelled silk
seiden, von Seide / silken ‖ ⌐abfälle *m pl*, Flockseide *f* /
waste o. floss silk ‖ ~artig, seidig / silky, sericeous ‖
~artig-weiche Substanz (allg) / floss silk ‖ ⌐asbest *m* /
silky asbestos ‖ ⌐atlas *m*, Satin *m* / satin ‖
⌐bandriemen *m* (Wzm) / silkband belt ‖ ⌐bandweberei
f / weaving of silk ribbon ‖ ⌐bart *m* / silk tuft ‖ ⌐bast
m, -leim *m* / silk gum, sericin ‖ ⌐batist *m* / silk batiste
‖ ⌐bau *m*, -zucht *f* / sericulture, cultivation of silk, silk
husbandry o. culture ‖ ~besponnen, -umsponnen / silk-
covered, sc ‖ ⌐ei *n*, -same *m* / silk seed o. grain ‖
⌐ernte *f* / yield of cocoons ‖ ⌐erschwerung *f* / silk
weighting ‖ ⌐faden *m*, -garn *n* / silk thread ‖ ⌐faden

m, -faser f / silk fiber ‖ ⌐farbband n / silk ribbon ‖
⌐-Finish n, Schreiner-Finish n / silk finish ‖
⌐finish-Kalander m (Textil) / Schreiner calender, silk-
finishing calender ‖ ⌐flor m / silk gauze ‖ ⌐garn n /
silk yarn ‖ ⌐gaze f, -stramin m / canvas, tiffany ‖
⌐gaze f (Siebdruck) / silk gauze bolter, bolting [cloth of]
silk ‖ ⌐gewebe n / silk fabric ‖ ⌐glanz m (Lack) / egg-
shell finish ‖ ⌐glanz m (allg) / silk gloss o. luster ‖
⌐glanz-Ausführung f / satin finish ‖ ~glänzend /
sheeny ‖ ⌐glanzkalander m (Pap) / glazing calender ‖
⌐glanzkalander m (Textil) / silk lustring calender ‖
⌐grün n / chrome green, chromic oxide, chromium
sesquioxide ‖ ⌐haspel m f / silk reel, swift ‖ ⌐industrie
f / silk industry ‖ ⌐kokon m / ball bottom of the silk
worm, cod of a silkworm, cocoon ‖ ⌐krachgriff m,
-griff m / silk scroop ‖ ⌐krepp m / silk scroop ‖
⌐leim m, Serizin n / sericin, silk gum ‖ ~mattglänzend
bearbeiten / satin-finish vt ‖ ⌐moiré m / watered silk ‖
⌐musselin m / silk muslin ‖ ⌐noppen f pl (Textil) / silk
nops ‖ ⌐nummer f, -titer m / silk titer ‖ ⌐papier n /
tissue paper, [wrapping] tissue, French folio ‖ ⌐papier
n, (als Schreibpapier:) Florpost f / wrapping tissue ‖
⌐papier n für Spinnzwecke / textile tissue ‖ ⌐plüsch
m / silk plush ‖ ⌐raupe f, -wurm m / silkworm,
bombyx ‖ samtartiger ⌐rips / silk reps ‖ ⌐samt m /
silk velvet ‖ ⌐schablone f (Färb) / screen stencil ‖
⌐schirm m / silk screen ‖ ⌐schnur f / silk lace ‖
⌐schnur f (Fernm) / silk cord ‖ ⌐schrei m, Knirschen n
(Seide) / scroop ‖ ⌐shoddy n / fancy silk, silk shoddy ‖
⌐spinnerei f / silk spinning ‖ ⌐spinnerei, -fabrik f /
silk mill o. manufactory ‖ ⌐stoffe m pl / silks pl, silk
cloth o. material ‖ ⌐umspinnung f / silk covering ‖
~umsponnen / SC, silk covered ‖ ⌐waren f pl /
mercery ‖ ⌐weberei f / silk weaving ‖ ~weich,
-ähnlich / flossy ‖ ⌐werg n / silk noil ‖ ⌐zucht f s.
Seidenbau ‖ ⌐zucht f (Gebäude) / rearing house, silkworm
house ‖ ⌐züchter m / silk breeder ‖ ⌐zwirn m / silk
twist o. twine ‖ ⌐zwirnmaschine f (Textil) / machine for
twisting silk, silk throwing o. twining mill
seidig / silky, silk-luster... ‖ ~er Bruch / silky fracture
Seife f / soap ‖ ⌐, Seifenerz n, Wascherz n (Hütt) / placer
‖ ⌐ in Handstücken / soap in cakes ‖ ⌐ in Riegeln,
Riegelseife f / soap in bars
seifen, einseifen / soap vt, wash with soap ‖ ⌐ n (Textil) /
soaping ‖ ⌐bau m (Bergb) / placer mining, alluvial ore
mining ‖ ⌐bildung, Verseifung f / saponification ‖
⌐blase f / soap bubble ‖ ⌐blasentest m, Neckaltest m /
soap bubble test ‖ ⌐echtheit f (Textil) / fastness to soap ‖
⌐erz n, Wascherz n / alluvial ore [deposit] o. placers pl
‖ ⌐fabrik, -siederei f / soap works ‖ ⌐flocken f pl /
soap flakes pl ‖ ~freies Schmierfett / non-soap grease ‖
⌐gebirge n (Bergb) / alluvial rocks pl ‖ ⌐gold n / alluvial
o. placer gold ‖ ⌐graupe f / granulated stream tin ‖
~haltige Kühlflüssigkeit (Wzm) / suds ‖ ⌐knoten m
(Drahtz) / caking, soap ball ‖ ⌐lauge f, -brühe f / suds
sing ‖ ⌐lösung f / soap solution ‖ ⌐pulver n / soap
powder ‖ ⌐schaum, Schaum m / lather ‖ mit ⌐schaum
bedecken / lather v ‖ ⌐späne m pl / soap chips pl ‖
⌐spender m / soap dispenser ‖ ⌐stein m, Saponit m /
saponite ‖ ⌐stein m, Ätznatron n / sodium hydroxide ‖
⌐walke f (Textil) / soap milling ‖ ⌐wasser n / soap
water ‖ ⌐wurzel f / soaproot ‖ ⌐zinn n / alluvial tin
ore, stream tin
seiger (Bergb) / perpendicular, vertical, normal ‖ ⌐blei n /
liquation lead ‖ ⌐förderer m (Bergb) / perpendicular
conveyor ‖ ⌐herd m / liquation hearth ‖ ⌐höhe f (Bergb)
/ perpendicular distance between two points ‖ ⌐linie f
(Bergb) / perpendicular [line]
seigern vt, herausschmelzen (Hütt) / liquate ‖ ~ vi (Bergb) /
determine by the plumb line ‖ ~, auskristallisieren (Hütt,
Gieß) / segregate ‖ ⌐ u. Raffinieren m (Blei) / softening,
improving
Seiger·ofen m / liquator furnace ‖ ⌐pfanne f (Hütt) /
liquation o. refining pan ‖

perpendicular elevation, [vertical] section ‖
⌐rückstand m (Hütt) / liquate ‖ ⌐schacht m (Bergb) /
perpendicular pit o. shaft ‖ ⌐schlacke, -krätze f /
liquation slag, bulldog ‖ ⌐teufe f (Bergb) / perpendicular
deepness o. depth
Seigerung f, Seigerarbeit f, -vorgang, -prozeß m, Seigern
n / liquation, liquating, separation by liquation ‖ ⌐,
Entmischung f (Hütt, Fehler) / segregation ‖ ⌐ in den
Blockecken / ingot corner segregation
seigerungs·arm (Hütt) / with little segregation ‖
⌐ausgleich m (Hütt) / breakdown of segregations ‖
⌐linie f, Schattenstreifen m (Hütt) / ghost [line],
segregation line o. streamer ‖ ⌐stufe f (Nukl,
Wiederaufarbtg) / partition stage ‖ ⌐zone f / segregated o.
segregation zone
Seigerwand f (Hütt) / wall of the liquation hearth
Seignette·-Elektrizität, Ferro-Elektrizität f / ferroelectricity ‖ ⌐salz n / Seignette o. Rochelle salt, sodium
potassium tartrate
seihen, filtern / strain v
Seihetuch n / cloth strainer, cheese cloth
Seihtrichter m / straining funnel
Seil n, Tau n / cable, rope ‖ ⌐ (Elektr) / conductor, rope
‖ ⌐, Hanfseil n / rope, hemp rope ‖ ⌐... s. auch
Drahtseil... ‖ ⌐ aus Würgelitzen (Kabel) / compound
bunch ‖ ⌐ für Steinsägen / stone-cutting strand ‖ ⌐e
[an]spannen / tighten ‖ drallarmes ⌐ / rope with low
torsional stresses, preformed o. non-rotating rope ‖
⌐abbindung f / serving of a rope ‖ [größter]
⌐ablenkungswinkel (Kabeltrommel) / fleet angle ‖
⌐anker m für Ausbau (Bergb) / cable bolt ‖ ⌐ausgleich
m / rope compensation ‖ ⌐ausgleichsrolle f / rope
compensation pulley ‖ ⌐bagger m / cable dredger
Seilbahn f, Luftseilbahn f / aerial ropeway o. cableway o.
railway ‖ ⌐, Standseilbahn f / cable car ‖ ⌐antrieb m /
ropeway drive ‖ ⌐gehänge n / hanger ‖ ⌐kuppler m /
coupler, coupling apparatus ‖ ⌐kuppler m mit
obenliegendem Zugseil, Obersatzapparat m (Seilb) /
overtype coupler ‖ ⌐kuppler m mit untenliegendem
Zugseil, Unterseilapparat m / undertype coupler ‖
⌐laufwerk m / carriage of a ropeway ‖ ⌐stütze f /
support ‖ ⌐unterwagen m / trolley ‖ ⌐wagen m / car,
carrier, ropeway carriage ‖ ⌐wagenkasten m / ropeway
bucket ‖ ⌐[zwischen]stütze f / intermediate support o.
tower
Seil·beanspruchung f (Freileitung) / conductor load ‖
⌐betrieb, Seil[an]trieb m / rope drive, cable
transmission ‖ ⌐betrieb, -antrieb, -zug m / rope
traction ‖ ⌐bohren n (Bergb) / [percussive] rope boring,
cable drilling o. boring ‖ ⌐bremse f / rope brake ‖
⌐bruch m / severing, rope breakage ‖ ⌐bruchlast f /
breaking load of a rope ‖ ⌐buchse f / socketing ‖
⌐dehnung, -reckung f / elongation o. extension of a
rope ‖ ⌐draht m / rope wire, stranding wire ‖
⌐durchhang m / sag of a cable ‖ ⌐ebene f (Bergb) /
inclined plane with rope [traction] ‖ ⌐eck, -polygon n,
-zug m (Mech) / equilibrium o. funicular o. link polygon
‖ ⌐einband m / capping of a rope ‖ ⌐einband m (Bergb)
/ rope clamp at the cage ‖ ⌐ende n, Teil eines Seils /
end of rope ‖ aufgedrehtes ⌐ende / fag-end of a rope
Seiler m / rope maker, roper
Seilerei f / rope factory ‖ ⌐ / rope making o. manufacture
‖ ⌐maschine f / cord and rope making machine
Seilerwaren f pl / cordage, ropes and cords pl
Seil·fähre f / rope ferry, cable ferry ‖ ⌐fahrt f,
Mannschaftsfahrung f (Bergb) / descending by the rope,
man-ride, winding of persons ‖ ⌐fahrt... (Bergb) / man-
riding ‖ ⌐fahrtbühne f / man riding platform ‖
⌐fahrtstrieb m (Bergb) / journey ‖ ⌐fänger m / rope
grab ‖ ⌐federbüchse f / spring type rope clamp o.
cramp ‖ ⌐flaschenzug m / cable hoist ‖
⌐flechtmaschine f / rope braiding o. plaiting machine ‖
⌐förderanlage f / cableway, blondin (GB) ‖
⌐förderband n / cable belt conveyor

941

Seilförderung f (Bergb) / rope haulage o. extraction ‖ ⁓ **mit endlosem o. geschlossenem Seil** / endless haulage **Seil·führung** f / rope guide ‖ ⁓**führung** f (des Korbes) (Bergb) / rope guidance ‖ ⁓**führungsrolle** f / cable guide roll ‖ ⁓**geschirr**, -lashing n (Container) / rope lashing ‖ ⁓**greifer** m / rope grab ‖ ⁓**hängebrücke** f / cable [suspension] bridge ‖ ⁓**hängedach** n / cable suspension o. suspended (US) roof ‖ ⁓**haspel** m f / rope reel ‖ ⁓**kausche** f / grommet o. grommet thimble, rope eye ‖ ⁓**klemme**, -klammer f (Seilb) / rope clamp o. cramp ‖ ⁓**kloben** m / rope block ‖ ⁓**kran** m **zum Holzabtransport** / skyline crane for lumber ‖ ⁓**kreisförderer** m / cable conveyor ‖ ⁓**kupplung** f, -hülse, -muffe f / wire rope socket ‖ ⁓**kupplung** f, Zwischenkupplung f (Seilb) / wire rope coupling ‖ ⁓**kurve** f, -linie f / funicular o. catenarian curve, catenary ‖ ⁓**kürzer** m / fall arrester for safety equipment ‖ ⁓**lage** f (auf der Trommel) / rope ‖ ⁓**lage** f (Windung) / turn ‖ ⁓**lage** f, -anordnung f (Bergb) / location of ropes ‖ ⁓**lashing**, -geschirr n (Container) / rope lashing ‖ ⁓**laufkatze** f (Kabelkran) / cable crane trolley, rope trolley ‖ ⁓**leuchte** f (Straßb) / span-wire [suspended] lantern ‖ ⁓**liniengewölbe** n / catenary arch ‖ ⁓**litzenspinnmaschine** f, Litzenschlagmaschine f / wire stranding machine ‖ ⁓**luke** f (Schiff) / rope hatch ‖ ⁓**muffe** f, -hülse f / cable o. rope socket ‖ ⁓**ornament** n (Bau) / cable ‖ ⁓**öse** f, Hundsfott m (Schiff) / becket ‖ ⁓**polygon** n (Mech) / equilibrium o. link polygon ‖ ⁓**prüfmaschine** f / wire rope testing machine ‖ ⁓**prüfung** f / inspection of ropes ‖ ⁓**rangierwinde** f (Bahn) / capstan ‖ ⁓**reibung** f / rope friction ‖ ⁓**reiter** m (Kabelkran) / carrier ‖ ⁓**rettungsgerät** n / escape rope ‖ ⁓**riese** f / gravity cable o. cableway, rope incline ‖ ⁓**rille** f (auf der Scheibe) / groove of a sheave ‖ ⁓**rolle** f / rope pulley o. roller ‖ ⁓**rolle** f, Wickel m / coil of rope ‖ ⁓**rolle** f **am Baggerlöffel** / padlock sheave ‖ ⁓**rolle** f **des Flaschenzugs** / lifting o. pulley block, block and pulley, block and tackle ‖ ⁓**rollenzug** m / pulley block ‖ ⁓**rutsch** m / slip of the rope ‖ ⁓**schaden** m / rope damage o. defect ‖ ⁓**schäkel** m / rope shackle ‖ ⁓**scheibe** f / rope sheave ‖ ⁓**scheibe** f (Bergb, Förderm) / headwheel, pulley ‖ ⁓**scheibenbühne** f (Bergb) / head frame platform ‖ ⁓**scheibengerüst** n (Bergb) / headframe, headgear, lift frame, poppet head (GB) ‖ ⁓**scheibenkegel** m / cone of the headwheel ‖ ⁓**scheibenschwungrad** n / flywheel type belt pulley ‖ ⁓**schelle** f (Seilb) / rope clamp o. cramp ‖ ⁓**schlag** m / spin, turn of a rope ‖ ⁓**schlag**, Schlagrichtung, -länge f / lay ‖ ⁓**[schlag]bohren** n (Bergb) / percussive rope boring, cable drilling o. boring ‖ ⁓**schlagbohrer** m (Bergb) / churn o. cable drill, spudding drill ‖ ⁓**schlagen** n / rope laying ‖ ⁓**schlagmaschine** f / rope laying machine ‖ ⁓**schlagrichtung** f / direction of lay of rope ‖ ⁓**schlepper** m / rope drag ‖ ⁓**schlinge** f, Heiß-Stropp m (Schiff) / hoisting sling ‖ ⁓**schloß** n / rope sockets pl (hook and eye coupling for ropes) ‖ ⁓**schmiere** f / cable grease ‖ ⁓**schmierung** f / application of a rope grease ‖ ⁓**schnellschlagbohrgerät** n / quick-blow percussive rope boring outfit ‖ ⁓**schrämgerät** n (Bergb) / drag type coal cutter ‖ ⁓**schrapper** m / dragscraper ‖ ⁓**schuh** m (Seilb) / cable shoe ‖ ⁓**schuh** m (Luftf) / stud-end ‖ ⁓**schuh** m **mit Kugelkopf** (Luftf) / ball end ‖ ⁓**schutz** m / wire rope terminal ‖ ⁓**schwebebahn** f, Drahtseilbahn f / aerial cableway, ropeway ‖ ⁓**spanner** m (Elektr, Bahn) / rope winder ‖ ⁓**speichertrommel** f (Schiff) / rope storage reel ‖ ⁓**spleiße**, -spleißung f / rope splice ‖ ⁓**start**, Zugstart m (Segelflugzeug) / launch by towing, rope start (US) ‖ ⁓**steigungswinkel** m, Flechtwinkel m / angle of twist ‖ ⁓**steuerung** f (Aufzug) / hand rope operation ‖ ⁓**strang** m / rope line ‖ ⁓**tragrolle** f (Aufzug) / top pulley ‖ ⁓**trenner** m (auf Seiltrommeln) / cable divider (on cable drums) ‖ ⁓**trieb** m / rope drive ‖ ⁓**trieb** m (für Skalen usw) / cord drive ‖ ⁓**trift**, -führung f (Bergb) / rope guidance ‖ ⁓**trommel** f / rope

o. cable drum o. barrel o. reel ‖ ⁓**trommel** f (Bergb) / winding drum o. barrel ‖ ⁓**doppelkegelige** ⁓**trommel** / double-conical rope drum ‖ ⁓**trommel aus Stahlblech** / steel barrel ‖ ⁓**trommel** f **des Derrickkrans** / derrick barrel ‖ **offene** ⁓**trommel mit Kreuzversteifungen** / open drum with cross pieces ‖ ⁓**trum** m, Hängeschacht m (Bergb) / rope shaft ‖ ⁓**trumm** n (Flaschenzug) / parts of line pl ‖ ⁓**trumm** n, -ende n / side o. end of a rope ‖ ⁓**übergang** m (Seilb) / bent-support ‖ ⁓**überspannt** (Balken) / cable-stressed ‖ ⁓**ummantelung** f / covering of rope ‖ ⁓**verbinder**, Hülsenverbinder m (Elektr) / jointing sleeve ‖ ⁓**verbindung** f / joining of ropes ‖ ⁓**verspannte Balkenbrücke**, Schrägseilbrücke f / guyed o. cable-stayed bridge, bridle chord bridge ‖ ⁓**verspannung** f / cable bracing ‖ ⁓**winde** f / handling winch ‖ ⁓**winde** f, einfache Hebewinde / rope o. cable winch, hoisting winch ‖ **motorisch betriebene** ⁓**winde** / motor-driven cable winch ‖ ⁓**zug** m, Bowdenzug m / Bowden control, sheathed cable ‖ ⁓**zug** m, -spannung f / tension of the cable ‖ ⁓**zug** n, Seilpolygon n (Mech) / equilibrium polygon, link polygon ‖ ⁓**zug** m, Seilsteuerung f / cable pull o. control ‖ ⁓**zug** m, Betätigungsseil n / tackle line ‖ ⁓**zugbremse** f / cable brake ‖ ⁓**zugführerstandskatze** f / rope-operated man trolley ‖ ⁓**zugkatze** f / rope-drawn trolley o. crab ‖ ⁓**zugrücken** n (Forstw) / slacklining ‖ ⁓**zustand** m / condition of rope ‖ ⁓**zwischengeschirr** n / intermediate coupling

seimig / thready, stringy, ropy ‖ ⁓ **werden** / thread vi, become threaden

Seiner m (Ringwadenfischerei) (Schiff) / seiner [boat]

S-Eingang m (Elektronik) / set entry

Seinszeichen n, Partikularisator m (Math) / existential quantifier

seismisch / seismic ‖ ⁓**e Bodenforschung** / seismic prospection

Seismo·graph m / seismograph ‖ ⁓**logie**, Seismik f / seismology ‖ ⁓**meter** n / seismometer

Seite f (allg) / side ‖ ⁓ (Math) / member, arm (US) ‖ ⁓, scharfe Kante (Zimm) / coin, quoin ‖ ⁓ (Buch) / page ‖ ⁓ **des Dreiecks** / side of a triangle ‖ ⁓ **einer Gleichung** (Math) / member of an equation ‖ ⁓ **einer Grammophonplatte** / side of a disk ‖ ⁓ **einer Nute** / cheek of a groove ‖ ⁓ **eines Körpers** / side, face, side face ‖ **auf beiden** ⁓**n** / b.s., both sides ‖ **auf der falschen** ⁓ (Aussteigen) / on the wrong side ‖ **auf die** ⁓ **fahren** / pull over ‖ **auf (o. von) der** ⁓ / aside ‖ **die** ⁓**n bauen** / side v

Seiten·..., seitlich / collateral, lateral, side... ‖ ⁓**...** (Radar) / azimuth... ‖ ⁓**-Abdeckblech** n (Kfz) / side-panel ‖ ⁓**ablagerung**, -deponie, Aufstürzung f / side piling, spoil bank, dump ‖ ⁓**abrutschanzeiger** m (Luftf) / side slip indicator ‖ ⁓**abstand** m / lateral distance, side clearance ‖ ⁓**abstand** m, -staffelung f (Luftf) / lateral separation ‖ ⁓**abweichung**, Querabweichung f / lateral deviation o. deflection ‖ ⁓**abweichung**, Derivation f (Mil) / deviation, drift, deflection ‖ ⁓**abzug** m (Buch) / page proof ‖ ⁓**adressierung** f, Paging n (Programm-Umbruch in Seiten zu je 1024 Wörtern) (DV, Programmierung) / paging ‖ ⁓**amt**, Unteramt n (Fernm) / dependent exchange o. office ‖ ⁓**-Anbaumähwerk** n (Landw) / mid-mounted mower ‖ ⁓**anker-Relais** n (Fernm) / side armature relay ‖ ⁓**anschnitt** m (Plast) / edge gate ‖ ⁓**ansicht** f (Bau) / side face o. frontage, flank front ‖ ⁓**ansicht** f (Zeichn) / side view, end view ‖ ⁓**ansicht-Radarbild** n / side-looking radar image ‖ ⁓**arm** m (Masch, Hydr) / side arm ‖ ⁓**ast** m (Holz) / face knot ‖ ⁓**auffrischung** f (DV) / page refresh ‖ ⁓**aufprall** m (Kfz) / side-on o. broadside collision ‖ ⁓**bahn**, -linie f (Bahn) / branch line o. railway ‖ ⁓**bahnsteig** m (Bahn) / side platform ‖ ⁓**balken** m (Pistenbefeuerung, Luftf) / wingbar ‖ ⁓**band** n (Elektronik, TV) / sideband ‖ **unteres** ⁓**band** (TV) / lower sideband, LSB ‖ ⁓**bandbetrieb** m / sideband working o.

transmission o. system ‖ ~bandrauschen n / sideband noise ‖ ~band-Spitzenleistung f (Elektronik) / peak sideband power, PSP ‖ ~bandstörung f (Fernm, TV) / [monkey-]chatter, sideband interference o. splash ‖ ~[band]welle f (TV) / side wave ‖ ~[band]wellenfrequenz f (TV) / side frequency ‖ ~bank des SM-Ofens f / bridge bank ‖ ~beamtraktor m (Öl) / side beam tractor ‖ ~begrenzung f (DV) / page limit ‖ ~beplattung f (Nav) / side shell plating ‖ ~bestimmungsantenne f (Orten) / sense antenna ‖ ~bestimmungsschalter m (Antenne) / sense antenna switch ‖ ~bett n (Wzm) / lateral extension of the bed ‖ ~beweglichkeit f (Bahn) / lateral traverse ‖ ~bezeichnung f (Web) / definition of side ‖ ~blickradar m n / side look [airborne] radar ‖ ~blockprofil n (Kfz, Reifen) / lateral block profile ‖ ~brett n / sideboard ‖ ~brett n an der Ladefläche (Kfz) / rave ‖ ~bund m (Leitgs.draht) / side binding ‖ ~davit f (Schiff) / quarter davit ‖ ~drehmeißel m / side turning tool ‖ ~druck, -schub m / lateral pressure o. thrust ‖ ~drucker m (DV) / page printer, page-at-a-time printer ‖ ~einheit f (Wzm) / wing base [unit] ‖ ~entlader, -entladewagen, -entleerer m (Bahn, Bergb) / side discharger ‖ ~entleerer m (nach beiden Seiten kippend) (Bahn) / either side self-discharger o. discharging wagon ‖ ~entleerer m (nach einer Seite kippend) (Bahn) / one-side self-discharger o. -discharging wagon ‖ ~entnahme f, seitliche Entleerung / emptying from the side ‖ ~entnahme f, seitliche Abtragung (Straßb) / side cutting, side delivery ‖ ~faltbeutel m / satchel bag ‖ ~falte f eines Beutels / gusset of a satchel bag ‖ ~falzhobel m / side rabbet plane o. rebate plane ‖ ~feintrieb m (Verm) / antagonistic spring control ‖ ~fenster n / side-window ‖ drehbares ~fenster (Kfz) / swivel o. vent[ilation] window, knock-out window ‖ ~fläche f / side, face, side face, exterior o. lateral face ‖ ~fläche f des Beitels / bevel of the chisel ‖ ~flosse f (Luftf) / fin (US), vertical stabilizer ‖ ~flossenholm m (Luftf) / fin post ‖ ~flügel, Nebenflügel m / lateral wing, side-wing ‖ ~format n (DV) / page o. vertical format, page layout ‖ ~fräser m / side milling cutter ‖ ~freiheit f (Flurförderer) / toe ‖ ~freiwinkel m (Wzm) / tool side clearance, side rake ‖ ~frequenz f / sideband component frequency ‖ ~führung[skraft] f (Reifen, Kfz) / cornering force, lateral guiding force, lateral traction ‖ ~führungskraft f, -stabilität f (Kfz) / lateral stability, cornering force ‖ ~fuß m (Buch) / bottom of a page ‖ ~fuß m (DV) / page footing report group ‖ ~gang m, -ader f (Bergb) / side lode ‖ ~gang m, Nebenstollen m (Bergb) / lateral n, by-lane ‖ ~gang m (Bau) / lateral alley o. passage ‖ ~gangwagen m / side-corridor coach, side gangway carriage ‖ ~gebäude n, -flügel m / annex[ed building] ‖ ~geheftet (Buch) / wire stabbed ‖ ~geschwindigkeit f / lateral component of velocity ‖ ~gewölbe n (feuerfest) / side arch, arch (US) ‖ ~giebel m / side gable ‖ ~gleich / equal-sided ‖ ~gleicher Stoff (Web) / reversible cloth, double-faced cloth ‖ ~gleis n (Bahn) / side track o. rails pl ‖ ~graben, Straßengraben (Straßb) / side ditch o. culvert ‖ ~grenze f (Teletex) / page boundary ‖ ~halbierende f (Geom) / median [line] ‖ ~halter, Spurhalter m (Bahn) / pressure registration arm ‖ ~halter m des Fahrdrahtes (Bahn) / steady brace o. arm ‖ ~halter m für Zugbeanspruchung (Bahn) / tractive registration arm ‖ ~höhe f (Pyramide) (Math) / slant height ‖ ~höhe f (Schiff) / depth ‖ ~höhe f über Oberkante Kiel (Schiff) / moulded depth ‖ ~kanal m / branch o. lateral o. side canal o. channel, by-pass channel ‖ ~kanalpumpe f / periphery pump, side channel pump ‖ ~kanalpumpe f, Regenerativpumpe f / regenerative pump ‖ ~kante f / lateral edge ‖ ~kapillare f (Laborgerät) / lateral capillary ‖ ~keilwinkel m / tool orthogonal wedge angle ‖ ~kette f (Chem) / side chain ‖ ~ketten-Substitution f (Chem) /

side [chain] substitution ‖ vertikale ~keule (Luftf) / elevation side lobe ‖ ~keulenantenne f / side looking antenna ‖ ~kiel m (Schiff) / auxiliary o. bilge o. bulge keel, drift keel ‖ ~kipper m (Bahn, Kfz) / side dumper o. dump car, side tipper o. tip car ‖ ~kipper-Aufbau m (Kfz) / side dump body ‖ ~kipplader m (Straßb) / side tipping loader ‖ ~klammerzwickmaschine, Littlewaymaschine f (Schuh) / staple side lasting o. pincer side staple lasting o. littleway lasting machine ‖ ~klappe f (Bahn) / side wall flap ‖ ~klappe des Selbstentladers (Bahn) / side door ‖ ~klüse f (Schiff) / closed fairlead ‖ ~klüse f (eingebaut) (Schiff) / mooring pipe ‖ ~klüse n (im Schanzkleid) / bulwark mooring hawse ‖ ~komponente f der Geschwindigkeit, Seitengeschwindigkeit f / lateral component of velocity ‖ ~kontakt m (Elektr, Lampe) / shell contact ‖ ~kopf m (DV) / page heading report group ‖ ~kraft f / side force ‖ ~kraft f, -komponente f / lateral component ‖ ~kraft f (Luftf) / transverse force, sideforce ‖ ~kran m (Pipeline) / side boom [crane] ‖ ~lader m / side loader ‖ ~lastigkeit f (Luftf, Schiff) / lateral trim ‖ ~laterne f (Schiff) / side lantern ‖ ~layout n (DV) / page layout ‖ ~lehne f, Armlehne f / armrest ‖ ~lehne f, Kopfbacke f (Bahn) / head rest ‖ ~leitwerk n (Luftf) / rudder unit ‖ ~leitwerks-Achsenkreuz n (Luftf) / fin axis system ‖ ~leitwerkshöhe f (Luftf) / fin height ‖ ~leser m (DV) / page reader ‖ ~leserpapier n / paper for optical page readers ‖ ~leuchte f, Kotflügelleuchte f (Kfz) / fender (US) o. mudguard (GB) o. side lamp ‖ ~licht n (Schiff, Luftf) / side light ‖ ~linie, -bahn f (Bahn) / branch line o. railway ‖ ~locher m (Stanz) / side piercing tool ‖ ~meißel m (Dreh) / side cutting tool ‖ ~neigung, Krängung f (Schiff) / heel[ing] ‖ ~nummer f (Buch) / page number ‖ ~nummerung f, -numerierung (Buch) / pagination ‖ ~oberlicht n (Bau) / abat-jour ‖ ~oberlicht n, hohes Seitenlicht (Bau) / high side light, half skylight ‖ ~öffnung f (Brücke) / side span o. arch ‖ ~peilung f, Peilwinkel m (Radar) / relative bearing ‖ ~perforation f (DV) / margin strip perforation ‖ ~pforte f (Schiff) / side port o. gate o. door ‖ ~produkt n (Destill) / side cut ‖ ~produktenentnahme f (Chem) / side-stream draw-off ‖ ~puffer m (Bahn) / side buffer ‖ ~rahmen m (DV) / page frame ‖ ~rahmen m (Container) / side frame ‖ ~rampe f / side-loading platform ‖ ~register n (DV) / side register, lateral register ‖ ~reihenbefeuerung f (Luftf) / lateral line lighting ‖ ~richtig (Buch) / right reading ‖ ~richtungsanzeiger m (Luftf) / right-left bearing indicator ‖ ~ring m (Kfz) / side ring ‖ ~ring-Felge f (Kfz) / side locking rim felloe ‖ ~riß m (Zeich) / side elevation o. view ‖ ~riß m / side elevation ‖ ~riß m (Holz) / face shake and check ‖ ~riß m (Schiff) / sheer draught o. plan, buttock line ‖ ~ruder n (Luftf) / [vertical] rudder ‖ ~ruder n mit Ausgleichfläche (Luftf) / compensated rudder ‖ ~ruderausgleich m (Luftf) / rudder balance ‖ ~ruderausschlag m (Luftf) / rudder angle ‖ ~ruderfußhebel m (Luftf) / rudder bar o. pedals pl ‖ ~ruderholm m (Luftf) / rudder post ‖ ~ruder-Trimmklappe f (Luftf) / rudder trim tab ‖ ~ruderzelle f (Luftf) / rudder bay ‖ ~schieber m / lateral slide ‖ ~schieber m, -schubgerät n (Flurförderer) / side loader o. shift ‖ ~schiff n (Bau) / low o. side aisle ‖ ~schlag m / wobble of flywheel ‖ ~schläger m (Drucker) / joggling plate ‖ ~schlitten, Werkzeugträger m am [Seiten]ständer (Wzm) / side-head ‖ ~schneider m (Werkz) / diagonal cutting nipper, side cutting o. oblique cutting pliers pl, diagonal-nosed cutting pliers (US) pl, side nippers pl ‖ ~schneider m (Teil der Kombizange) / side cutter ‖ ~schneider m am Folgeschnitt (Stanz) / notching punch, locating o. pilot punch ‖ ~schneider m am Stanzwerkzeug / trimming punch, punch for border cutting ‖ ~schnitt m (Destill) s. Seitenprodukt ‖ ~schrift f (Phono) / radial o. lateral recording ‖ ~schub m / side thrust ‖ ~schub m (Bau) / horizontal thrust ‖ ~schutz m

(Brille) / lateral protection ‖ ~schutzleiste f / side guard
strip ‖ ~schwimmer m (Luftf) / wing tip float ‖
~sichtradar m n / side looking [airborne] radar, SLAR
‖ ~spanwinkel m (Wz) / tool side rake, radial rake ‖
~speicher m (DV) / auxiliary page storage ‖ ~speiser m
(Gieß) / heel o. bob riser, shrink bob ‖ ~spiegel m (Kfz) /
lateral rear mirror ‖ ~spiel n (Masch) / lateral play o. air
‖ ~spiel n im Lager (Masch) / float ‖ ~spiel n im Lager
haben (Masch) / float vi ‖ ~stabilität f (Luftf) /
directional stability ‖ ~stabilität f, -führungskraft f
(Kfz) / lateral stability, cornering force ‖ ~staffelung f,
-abstand m (Luftf) / lateral separation o. offset ‖
~staffelung f (Räumwz) / lateral stepping ‖ ~stapler m /
side loading fork lift truck ‖ ~steg m (Brille) / pad, stick-
on pad ‖ ~steifigkeit f / lateral rigidity ‖ ~steifigkeit f
(Reifen) / lateral stability ‖ ~straße f, -weg m (Land) /
(Landstraße) by-road, (Stadt) bystreet ‖ ~straße f
(Stadt) / bystreet ‖ ~streifen m (Straßb) / berm, verge
(GB) ‖ ~strom m / side stream ‖ ~strom, Seitenschnitt
m (Destill) / side cut o. stream ‖ ~stromabnehmer m
(Elektr) / side-running current collector ‖ ~stück,
Gegenstück n / companion, counterpart, pendant,
double ‖ ~support m (Wzm) / tool arm ‖ ~support m
(Senkrecht-Bohr- und Drehwerk) / side head ‖ kurzes ~tal
(Geol) / spur valley ‖ ~teil, -stück n / side part o. piece ‖
~teil, -stück n, -wange, -wand f / cheek ‖ ~trawler m
(Schiff) / side trawler ‖ ~trogfilter n / side-feed filter ‖
~tür f, -tor n / side- o. by-door ‖ ~turm, Stripper m
(Öl) / stripper, stripping column ‖ ~überlauf m (DV) /
page overflow ‖ ~überschrift f (DV) / page heading,
PH ‖ ~umbruch m (Buch) / page imposition o. make-up
‖ ~umkehr f (TV) / side inversion ‖ ~verhältnis n
(Math) / height-width ratio ‖ ~verhältnis n (Repro) /
aspect ratio ‖ ~verkehrt / laterally transposed o.
reversed, side-inverted ‖ ~verkehrt, rechts nach links /
reversed right-to-left ‖ ~verkehrt, spiegelbildlich (Phot)
/ laterally reversed, mirror-inverted ‖ ~verkehrt (Buch)
/ reverse reading, laterally reversed ‖ ~verkehrtes
Bild, Kehrbild n / reversed image, lateral inversion ‖
~verkehrt pausen / take a reversed tracing ‖
~verschieblichkeit, Kurvenbeweglichkeit f (Bahn) /
transverse movement of axles ‖ ~verschiebung f,
-verstellung f / lateral traverse ‖ ~versteifung f
(Stahlbau) / laterals pl, lateral reinforcing structure ‖
~verstellung f / lateral adjustment ‖ ~verstellung f
(Phot) / crossfront ‖ ~verwahrung f der Dachgaube /
cheek of dormer ‖ ~wagen m, Beiwagen m (Kfz) /
sidecar, side carriage ‖ ~wand f (allg) / side wall,
sidewall ‖ ~wand f, (auch:) Leiter f des Leiterwagens /
side panel ‖ ~wand f (Durchlaß) / headwall ‖ ~wand,
Wand[ung] f (Gefäß) / side, wall ‖ ~wand f (Kfz) / side-
panel ‖ herunterklappbare ~wand (Bahn) / drop side ‖
~wand f des SM-Ofens / brank ‖ ~wandgummi m
(Reifen) / sidewall rubber ‖ ~wandneigung f (Container) /
side slope ‖ ~wandrahmen m (Kfz) / side panel frame ‖
~wasserabzug m / side culvert ‖ ~wasserabzug,
Straßengraben m / road drain o. ditch ‖
~wechselanforderung f / page fault ‖ ~wechselbar,
auswechselbar (DV) / pageable ‖ ~wechselspeicher m
(DV) / paging device ‖ ~wechselverfahren n / paging,
page turning ‖ ~weg m (für Streckenbegehung) (Bahn) /
four-foot way, side path, cess side ‖ ~weg m,
Nebenstraße f / by-road, side road ‖ ~weiser Druck
(DV) / side by side printing ‖ ~weise einlagern (DV) /
page-in ‖ nicht ~weise organisiert (DV) / unpaged ‖
~welle f s. Seitenbandwelle ‖ ~wind m (Luftf) / cross-wind
‖ ~winkel m (Mil) / azimuth angle ‖ ~winkelabtastung
f / azimuth sweep ‖ ~zahl f (Buch) / folio, page number
‖ ~zahlen festlegen / paginate ‖ ~zipfel m, -keule f
(Antenne) / side lobe ‖ ~zuführung f (Textil) / lateral feed
gear ‖ ~zug m (Plast) / mould slide ‖ ~zug m (Mech,
Phys) / lateral pull o. traction, side pull ‖ ~zweig, -teil
m, -stück n / lateral n

seitlich, Seiten… / side…, lateral ‖ ~, an der Seite /
collateral ‖ ~ (Bewegungsrichtung) / traversing ‖ ~,
verschoben / offset, out-of-line, off-center ‖ ~e
Abtragung (Straßb) / side cutting ‖ ~ anfahren o.
kollidieren (Kfz) / side-crash ‖ ~ angesetzter Booster
(Raumf) / strap-on booster ‖ ~es Aufschütten des
Aushubs (Bau) / sidecasting ‖ ~es Ausknicken (Rahmen)
/ sway buckling ‖ ~ ausrichten / align laterally ‖ ~es
Ausweichen des Erdkörpers (Bahn) / side-slip of the
embankment ‖ ~es Blasen (Hütt) / lateral blow ‖ ~e
Blickfeldbegrenzung (Kfz) / tangential cutoff ‖ ~e
Brennstoffeinspritzung / side fuel injection ‖ ~e
Entladung / lateral discharge ‖ ~ entnehmend / side
delivery… ‖ ~er Kolbendruck (Kfz) / side thrust of
piston ‖ mit ~em Lichtaustritt / with light shield cap ‖
~e obere Kennzeichnungsleuchte für Fahrzeuge über
80'' Breite (USA) (Kfz) / side-marker lamp ‖ ~er
Schallschirm (Mikrophon) / gobo ‖ ~ stehend (Ventile) /
vertical side ‖ ~er Stromabnehmerbügel (Elektr) / side bow
‖ ~es Verschieben / side shifting ‖ ~ versetzt
arbeitend (Bagger) / offset ‖ ~ versetzte Meßstation
(Raumf) / offset ground station ‖ ~e Windschutzscheibe
(Kfz) / side wing ‖ ~er Zug, Seitenzug m / lateral o.
side pull ‖ ~e Zugrichtungseinstellung eines Pfluges /
off-side hitch adjustment of a plough ‖ ~e
Zusammendrängung (Anamorphot) (Phot) /
anamorphose coefficient ‖ ~e Zusammenschnürung
(Strömung) / side contraction ‖ ~er Zusammenstoß /
side-on collision ‖ mit ~em Lichtaustritt (ABC) / with
light shield cap ‖ mit ~en Federabstützungen (ABC) /
laterally sprung ‖ ~-parallel / parallel, collateral

seitwärts, von o. nach der Seite / sideways ‖ ~, von der
Seite, schief / slantwise, aslant ‖ ~ drehen / traverse,
rotate ‖ ~ kippen vi / cock vi ‖ ~ schüttend / side
delivery… ‖ ~ schüttender Heurechen / side delivery
rake ‖ ~drehung, Schwenkung f / traverse [motion],
slewing motion ‖ ~radar m n, SLAR m (Verm) / side
looking airborne radar, SLAR ‖ ~schleudern n (Kfz) /
broad sliding ‖ ~ziehen n (Kfz) / lateral o. side pull

Sekante f, Sekans m (Math) / secant

Sekanten-Kegelprojektion f / conical secant projection

Sekret n / secretion

Sektion f / section ‖ in ~en teilen / divide into sections,
section v

sektional, Sektions… / sectional ‖ ~wasserrohrkessel m,
Teilkammerwasserrohrkessel m / sectional [chamber]
water tube boiler

Sektionsschwimmdock, [verschraubtes] ~, Sektionsdock
n (Schiff) / [bolted] sectional dock

Sektor, Kreisausschnitt m (Math) / sector ‖ in ~en teilen /
sector vt ‖ ~abtastung f (Radar) / sector scan[ning] ‖
~adresse f (DV) / sector address

Sektoraldraht m (Spinn) / sector wire

Sektor--Anzahl-Überlagerung f (DV) / sector count
overlay ‖ ~artiges Maschinenteil, Bogenstück n
(Masch) / sector ‖ ~darstellung f (Radar) / sector display

Sektoren·austastung f (Radar) / zone blanking ‖ ~blende f
(Film) / rotary disk shutter ‖ ~blende f (Repro) / sectorial
aperture ‖ ~scheibe f (Synchronisierungs-Lichtschranke) /
sector disk ‖ ~skala f (Filmgerät) / sector scale ‖
~verschluß m (Phot) / segment shutter

Sektor·feld n / sector field ‖ ~förmiges
Schalttafelinstrument / sector-pattern instrument ‖
~horn n (Antenne) / sectoral horn

sektorieren (DV) / sector v

Sektorierung f (DV) / sectoring, sectorizing

Sektor·leiter m (Elektr) / sector conductor ‖ ~motor m
(Elektr) / sector motor ‖ ~schütz n (Hydr) / sector gate ‖
~wehr n / sector regulator o. weir ‖ ~zählung f (DV) /
sector count ‖ ~zeiger m (des Deccagerätes) (Radar) /
sector pointer, bisector

Sekunda·garn n (Textil) / second quality yarn ‖
~-Kraftpapier n / secunda kraft paper

sekundär, abgeleitet / derivative ‖ ~, untergeordnet / secondary *adj* ‖ ~, induziert (Elektr) / secondary, induced ‖ ~ (z.B. Alkohol) (Chem) / secondary ‖ ~es **Amin** (Chem) / secondary amine ‖ ~e **Anreicherung**, Zementation *f* (Geol) / secondary enrichment ‖ ~e **Aufschließung durch Gas-, Luft-** o. **Dampfeinpressen** (Öl) / repressuring ‖ ~e **Gaseinspritzung** (Raumf) / secondary gas injection ‖ ~ **geregelt** (Elektr) / secondary regulated ‖ ~e **Ionisation** / secondary ionization ‖ ~er **Kompensationsfehler**, Dentsche Anomalie *f* (Uhr) / middle temperature error, Dent's anomaly ‖ ~e **Korpuskularstrahlung** (Atom, Nukl) / associated corpusculer emission ‖ ~es **Kriechen** (Mech) / second stage creep ‖ ~er **Nitrokörper** (Chem) / secondary nitro compound ‖ ~er **radioaktiver Niederschlag** (Atom, Nukl) / dry deposit ‖ ~e **Restölgewinnung**, Sekundärgewinnung, -förderung *f* (Öl) / secondary [oil] recovery ‖ ~er **Träger**, Kanalträger *m* (Elektronik) / channel carrier ‖ ~es **Xylem** / secondary wood o. xylem ‖ ⌐**aluminium** *n* / secondary aluminium pig ‖ ⌐**anforderung** *f* (DV) / secondary request ‖ ⌐**aufprall** *m* (Kfz) / secondary collision ‖ ⌐**ausdruck** *m* (Math) / secondary ‖ ⌐**auslöser** *m* (Elektr) / indirect overcurrent release ‖ ⌐**dateigruppe** (DV) / secondary data set group ‖ ⌐**datenerfassung** *f* (DV) / secondary data entry ‖ ⌐**druck** *m* (Druckregler) / secondary pressure ‖ ⌐**durchbruch** *m* (Halbl) / secondary breakdown ‖ ⌐**echo** *n* (Radar) / second-trace echo ‖ ⌐**elektron** *n* / secondary electron, SE ‖ ⌐**elektronen-Emission** *f* / secondary electron emission ‖ ⌐**elektronenvervielfacher**, SEV *m* (TV) / secondary-emission multiplier, electron multiplier ‖ ⌐**elektronenvervielfacher** *m*, SEV, Photoelektronenvervielfacher *m* / photo[electric] o. photoelectron multiplier ‖ ⌐**element** *n* / secondary cell ‖ ⌐**emission** *f* / secondary emission, SE ‖ ⌐**emissionsausbeute** *f* / secondary emission rate ‖ ⌐**emissionsfaktor** *m* / coefficient of secondary emission ‖ ⌐**emissionskoeffizient** *m* / coefficient of secondary emission ‖ ⌐**farbe** *f* (Färb) / secondary shade ‖ ⌐**förderung**, -gewinnung *f*, sekundäre Restölgewinnung (Öl) / secondary [oil] recovery ‖ ⌐**gestein** *n*, Sedimentgestein *n* / sedimentary rocks *pl* ‖ ⌐**gruppe** *f*, Übergruppe *f* (Fernm) / supergroup ‖ ⌐**härtung** *f* (Hütt) / secondary hardening, structural hardening, hardening by precipitation ‖ ⌐**ionen-Massenspektroskopie** *f*, SIMS / secondary-ion mass spectroscopy, SIMS ‖ ⌐**kammer** *f* (Bremse) / non-pressure service chamber ‖ ⌐**konstante**, Fortpflanzungskonstante *f* (Fernm) / secondary constant ‖ ⌐**kreis** *m* (Elektr) / secondary [circuit] ‖ ⌐**kühlkreis** *m* (Nukl) / secondary coolant circuit ‖ ⌐**kühlmittel** *n* (Nukl) / secondary coolant ‖ ⌐**luft** *f*, Zusatzluft *f* / secondary air ‖ ⌐**lufteinblasung** *f* (Kfz) / air injection ‖ ⌐**luftlöcher** *n pl* (Gasturb) / secondary holes *pl* ‖ ⌐**luftsaugsystem** *n*, SLS-System *n* (Kfz) / air induction system, pulsair injection reaction system ‖ ⌐**lunker** *m* (Hütt) / secondary pipe ‖ ⌐**metallurgie** *f* / secondary metallurgy ‖ ⌐**neutralteilchen-Massenspektrometrie** *f*, SNMS / secondary neutral particle mass spectrometry ‖ ⌐**-Radar** *m* / secondary radar ‖ ⌐**reaktor** *m* (Nukl) / secondary reactor, enriched pile ‖ ⌐**rekristallisation** *f* / secondary recrystallization ‖ ⌐**relais** *n* / secondary relay ‖ ⌐**schutz** *n* / secondary protection ‖ ⌐**seite** *f* (Elektr) / secondary *n* ‖ ⌐**spannung** *f*, induzierte Spannung / induced o. secondary voltage ‖ ⌐**spannung** *f* (Mech) / secondary stress ‖ ⌐**speicher** *m* (DV) / secondary storage, second-level storage ‖ ⌐**spektrum** *n* / secondary spectrum ‖ ⌐**spule** *f* / secondary coil ‖ ⌐**strahlen** *m pl*, -strahlung *f* / secondary radiation ‖ ⌐**strahlenblende** *f* (Radar) / antidiffusion screen ‖ ⌐**strahler** *m* (Elektronik) / secondary radiator ‖ ⌐**strahler** *m* (Antenne) / passive radiator, parasitic antenna ‖ ⌐**strahlung** *f* / secondary radiation ‖

⌐**streuung** *f* (Elektr) / secondary leakage ‖ ⌐**strom** *m* (Elektr) / induced o. secondary current ‖ ⌐**strömung** *f* / secondary flow ‖ ⌐**teilchen** *n* / secondary particle ‖ ⌐**teilchen** *n* / polycrystalline particle ‖ ⌐**teilchen-Gleichgewicht** *n* (Nukl) / charged-particle o. electronic equilibrium, CPE ‖ ⌐**träger** *m*, -trägerwelle *f* (TV) / secondary carrier wave ‖ ⌐**uhr** *f* / secondary o. receiving clock ‖ ⌐**ummantelung** *f* (opt.Faser) / fiber jacket, secondary coating ‖ ⌐**verlust** *m* (Turbine) / secondary loss ‖ ⌐**welle** *f* / secondary wave ‖ ⌐**wicklung** *f* (Elektr) / secondary [winding] ‖ ⌐**widerstand** *m* (Elektr) / secondary resistance ‖ ⌐**wirkung** *f*, -effekt *m* / secondary effect
Sekunde *f* / second, sec., s ‖ ⌐ (Zahl am Bogenanfang) (Buch) / asterisk o. starred signature
Sekunden·rad *n* (Uhr) / fourth wheel ‖ ⌐**radtrieb** *n* / fourth[-wheel] pinion ‖ ⌐**tachymeter** *n* (Verm) / second reading tacheometer ‖ ⌐**zähler** *m* / seconds counter ‖ ⌐**zeiger** *m* (Uhr) / second[s] hand ‖ ⌐**zeigerzapfen** *m* / seconds-hand pivot ‖ eingesetztes ⌐**zifferblatt** (Uhr) / sunk seconds *pl*
seladongrün / celadon, sea-green
Seladonit *m* (Min) / green earth
SELAM = solar-elektrischer Antriebsmodul
Selbst·..., automatisch / automatic ‖ ⌐..., [betriebs]eigen / own, in-house... (US) ‖ ~ **zerstören** (sich) (Raumf) / self-destruct *v* ‖ **sich** ~ **unterhaltend** / self-sustained ‖ **von** ~ **anlaufen** / be self-starting ‖ ~**abdichtend** / self-sealing ‖ ~**abgleich** *m* (Elektronik) / automatic balancing ‖ ~**abgleichend** / self-balancing ‖ ~**abschirmend** / self-shielding ‖ ⌐**abschirmfaktor** *m* (Nukl) / self-shielding factor ‖ ⌐**abschirmung** *f* (Nukl) / self-shielding ‖ ~**absorbierend** (Nukl) / self-absorbing ‖ ⌐**absorption** *f* (Nukl) / self-absorption ‖ ⌐**absteller** *m* (hono) / automatic shutoff ‖ ⌐**absteller** *m* (Textil) / automatic stop motion ‖ ⌐**abstellung**, -auslösung *f* / stop[ping] motion ‖ ⌐**abstich** *m* (Hütt) / siphon tap ‖ ~**abstimmend**, -optimierend (Regeln) / self-optimizing ‖ ~**adjungiert** (Math) / self-adjoint ‖ ⌐**alterung** *f* / natural ageing
selbständig / independent ‖ ~ (Beruf) / self-employing *adj* ‖ ~, autonom / autonomic[al], -nomous ‖ ~, in sich widerspruchsfrei / self-consistent ‖ ~ (Entladg, Reaktion) / self-maintained, self-consistent ‖ ~e **Aufbereitungsanlage** (Bergb) / customs concentration plant ‖ ~er **Beruf** / self-employing o. -employment ‖ ~er **Betrieb** (DV) / local mode ‖ ~er **Instandsetzungsbetrieb** / commercial repairshop ‖ ~es **Unternehmen** / enterprise of independent ownership
Selbst·anlasser *m* / automatic starter o. starter (GB) o. starting device, self-starter ‖ ⌐**anlauf** *m* / self-starting ‖ ~**anlaufend**, -angehend / self-starting, starting automatically ‖ ~**anlaufender Synchronmotor** / autosynchronous motor ‖ ~**anpassend**, -abstimmend, -einstellend (Regeln) / self-adaptive ‖ ~**anpassender Rechner** / self-adapting computer ‖ ⌐**anpaßprogramm** *n* / self-adapting program ‖ ~**ansaugend** (Pumpe) / regenerative, self-priming ‖ ~**ansaugend**, nicht aufgeladen (Mot) / naturally aspirated ‖ ⌐**anschluß** *m* (Fernm) / automatic telephone ‖ ~**anschluß...** s. auch Selbstwähl... ‖ ⌐**antrieb** *m* / self-propelling o. mit ⌐**antrieb** / self-propelling ‖ ⌐**aufheizkathode** *f* / ionic-heated cathode ‖ ⌐**aufleger** *m* (Spinn) / automatic feeder ‖ ~**aufnehmende Heubündelpresse** / combine baler ‖ ~**aufnehmende Kehrmaschine** / suction sweeper ‖ ~**aufrechterhaltender Prozeß** / bootstrapping ‖ ~**aufrichtend** (Kran) / autoerecting, self-erecting ‖ ~**aufrollend** (Gurt) / self-winding ‖ ~**aufrollende Kabeltrommel** / spring-actuated cable roller ‖ ~**aufschaukelung** *f* / self-excitation, -oscillation ‖ ~**aufziehend** (Uhr) / self-winding *adj* ‖ ~**aufziehende Uhr** (Elektr) / self-winder ‖ ⌐**aufzug** *m* (Uhr) / self-winding ‖ ⌐**aufzug** *m* (Phot) / autowinder ‖ ~**ausfahrbar** (Baukran) / self-erecting ‖ ⌐**ausgleich** *m*

der Massen / self-balancing ‖ ⁺auslöser *m* / automatic tripping device ‖ ⁺auslöser *m*, -lösung *f* (Phot) / automatic release o. releasing, autotimer, self-timer, delay device ‖ ⁺auslösung *f*, -trennung *f* / automatic disconnection o. tripping ‖ ⁺auslösungs-Aufnahme *f* (Phot) / auto-exposure ‖ ~ausrichtend, -einstellend / self-aligning ‖ ⁺ausrichtung *f* der Köpfe / auto-tracking of heads ‖ ~ausschaltend / self-disengaging ‖ ⁺ausschalter *m* (Elektr) / automatic [circuit] breaker ‖ ⁺ausschalter, Überstromautomat *m* / overload o. overcurrent circuit breaker o. cutout o. switch ‖ ⁺ausschalter *m* (Masch) / automatic tripping device o. release ‖ ~backend (Elektrode) / self-baking ‖ ⁺bauprofil *n* für Regale / slotted section ‖ ⁺bedienung *f* / self-service ‖ ~begrenzend (DV, OSI) / self-delimiting ‖ ⁺berührungspunkt *m* (Math) / double cusp, tacnode, point of osculation ‖ ~betätigt, ohne Hilfsenergie / self-operated ‖ sich ~bewegend / automatic ‖ ~bezogene Adresse / self-relative address ‖ ⁺block *m* (Bahn) / automatic block [apparatus], automatic train control, automatic signalling ‖ ⁺block *m* mit Lichtsignalen / automatic colour-light block ‖ ~blockierend / self-clamping ‖ ~codieren / autoencode ‖ ⁺codiergerät *n* / autocoder ‖ ⁺codierung *f* (DV) / automatic coding, autocoding, autoencoding ‖ ~definierend / (allg:) self-explanatory, (EDV:) self-defining ‖ ~deutendes Symbol, Literal *n* (DV, Programm) / literal ‖ ⁺diagnose *f* (DV) / self-diagnosis ‖ ~dichtend / self-sealing ‖ ~dockendes Schwimmdock / self-docking dock, rennie dock ‖ ~durchschreibendes Papier / self-contained paper, non-carbon paper ‖ ~egalisierend (Färb) / readily levelling ‖ ~einfädelnd (Textil) / self-threading ‖ ~einfädelnd (Film) / self-lacing ‖ ⁺einleger *m* (Dreschm) / self-feeder ‖ ~einrückende Kupplung (Masch) / self-actuating clutch ‖ sich ~einschaltende Einrichtung (DV) / bootstrap ‖ ~einspielend (Waage) / automatically equipoising, self-indicating ‖ ~einstellend / self-adjusting ‖ ~einstellend, -ausrichtend / self-aligning ‖ ~einstellende Blende (Phot) / automatic diaphragm, autoiris ‖ ~einstellendes Lager / self-aligning [ball] bearing ‖ ~einstellende Regelung / adaptive system ‖ ~emulgierend / self-emulsifying ‖ ⁺energie *f* (Nukl) / self energy ‖ ~entfaltend (Raumf) / self-extending ‖ ~entflammbar / self-igniting, -inflammable, spontaneously inflammable ‖ ⁺entflammung *f* (ISO) (Mot) / spontaneous ignition ‖ ⁺entlader *m* / tilting cart, tipping cart, tipper, dumping truck o. waggon ‖ ⁺entlader, -entladewagen *m* (Bahn) / self-discharger, automatic discharger ‖ ⁺entlader *m* (Bergb) / automatic tipper ‖ ⁺entladung *f* (Akku) / spontaneous discharge, self-discharge, running-down ‖ ⁺entladung *f* / local action, self-discharge ‖ ~entleerend, -entladend / self-dumping ‖ ⁺entleerer *m* mit Sattelboden (Bahn) / saddle bottomed car ‖ ~entmagnetisierungsfeld *n* / self-demagnetization field ‖ ⁺[ent]zündung *f* / self-ignition, spontaneous ignition ‖ ⁺[ent]zündung *f* (Kohle) / spontaneous combustion ‖ ⁺entzündungstemperatur *f* / auto-ignition temperature, autogenous o. spantaneous ignition temperature, spontaneous ignition temperature, S.I.T. ‖ ~erlöschend / self-extinguishing ‖ ~erregende Röhre (Elektronik) / self-oscillation tube ‖ ~erregt (Elektronik) / self-starting ‖ ~erregte Schwingung / self-starting oscillation ‖ ⁺erregung *f* (Elektr) / auto-excitation, differential o. self-excitation ‖ mit ⁺erregung / self-exciting ‖ ~erregungsmechanismus *m* (Schwingung) / self-starting mechanism ‖ ⁺erwärmung *f* / spontaneous heating ‖ ⁺erwärmungs... / autothermal ‖ ⁺fahr... (Kfz) / self-drive..., drive-yourself... ‖ ~fahrend / automobile, -motive, locomotive ‖ ~fahrend (Rasenmäher) / automotive ‖ ~fahrender Mäh-Selbstlader (Landw) / self-propelled cutter-loader ‖ ⁺fahrer *m*, Motorgüterschiff *m* (Schiff) / self-propelled

vessel, motor barge ‖ ⁺fahrer *m* (Aufzug) / self-service operator, lift operated by the passengers ‖ ⁺fahrer *m*, Fahrzeug *n* mit Eigenantrieb / self-propelling vehicle, automotive vehicle ‖ ⁺farbe *f* / self-colour ‖ ~färbender Stempel / self-inking stamp ‖ ⁺farbstoff *m* (Färb) / self shade ‖ ⁺finanzierung *f* / self-financing ‖ ~führend / self-locating ‖ ⁺führung *f* (Elektronik) / self-commutation ‖ ⁺fütterer *m* (Landw) / automatic dry feeder ‖ ⁺gang *m*, Kraftverstellung *f* (Wzm) / power traverse ‖ ⁺gang *m*, automatische Zuführung / self-feed ‖ ~gängige Entladung (Elektronen) / multipacting ‖ ⁺gangplanzug *m* (Wzm) / power crossfeed o. cross traverse ‖ ~gefertigt, -gemacht / self-made ‖ ~geführter Stromrichter / self-commutated converter ‖ ~gehend (Hütt) / self-fluxing ‖ ⁺gehendes Erz / self-fluxing ore ‖ ~gemacht, im eigenen Betrieb gemacht / shop-made ‖ ~gewindend (Schraube) / self-cutting ‖ ~glättend (Antifoulingfarbe) / self-polishing ‖ ⁺glättung *f* (Textil) / self-smoothing ‖ ⁺greifer *m* (Kran) / automatic grab ‖ ~haftend (Klebband) / pressure sensitive ‖ ~haftendes Kreppband (z.B. Tesakrepp) / masking tape ‖ [in vorgestanzter Form übertragbare] ~haftende Schicht / transform, transfer preform ‖ ⁺haft-Etikett, Haft-Etikett *n* / pressure sensitive adhesive label ‖ ⁺haltekontakt *m* (Relais) / locking contact ‖ ~haltend (Relais) / sealing, locking, trigger... ‖ ~haltend (Taste) / holding, [self-]locking ‖ ~haltendes Relais, Sperr-Relais / locking relay ‖ ~haltender Schalter (Elektr, Elektronik) / latch ‖ ⁺haltung *f* (Relais) / lock, catch ‖ ~härtend / self-hardening ‖ ~härtend (Elastomer) / self-curing ‖ ~härtend (Zement) / self-setting ‖ ~heilend (Kondensator) / self-sealing ‖ ~heilender MP-Kondensator / Mansbridge capacitor ‖ ⁺heilung *f* (Galv) / self-healing ‖ ⁺heizung *f* / self-heating ‖ ~hemmend / self-locking vollkommen ~hemmende Lenkung (Kfz) / irreversible steering ‖ ~hemmendes Steuerwerk (Luftf) / irreversible control system ‖ ⁺hemmung, -sperrung *f* / automatic [inter]lock, selflocking device ‖ ⁺herstellung *f*, Do-it-yourself *n* / do-it-yourself [preparation] ‖ ~horizontierend (Verm) / self-levelling ‖ ⁺induktion *f* (Elektr) / self-induction ‖ ⁺induktionskoeffizient *m*, -induktivität *f*, L / coefficient of self-induction, self-inductance ‖ ⁺induktionspotential *n* / standard inductance ‖ ⁺induktionsspule *f* / self-inducting o. -induction coil ‖ ⁺induktionsspule *f* mit Eisenkern / iron core inductor o. induction coil ‖ ⁺induktionsspule *f* mit Luftkern / air-core induction coil ‖ ~induziert / self-induced ‖ ⁺ionisierung *f* / auto-ionization ‖ ~justierend / self-adjusting ‖ ~justierend, -einstellend (Verm) / autoset, self-adjusting ‖ ⁺kipper *m* (Bahn) / self-tipping car o. wagon ‖ ⁺klärung *f* (Abwasser) / natural purification ‖ ⁺klebeband *n*, -klebestreifen *m* / scotch tape, pressure sensitive adhesive tape ‖ ~klebend / self-adhesive, pressure-sensitive ‖ ~klebend (dauernd) / self-sealing ‖ ~klebende Abreißfolie / self-sticking peel-off wrapper ‖ ~klebendes Isolierband / pressure-sensitive adhesive tape ‖ ~klebend sein / tack dry v ‖ ~kleber, Haftklebestoff *m* / pressure sensitive mass ‖ ~klemmend / self-locking ‖ ~klemmend (Seil) / self-clamping ‖ ~klemmender Anschluß / self-clamping terminal ‖ ⁺kontrolle *f* (DV) / automatic check[ing], built-in check ‖ ⁺kontrolle *f* (F.Org) / inspection by the operator [himself], operator control ‖ ~konvergierend (TV) / self-converging ‖ ~korrigierend / self-correcting ‖ ~korrigierender Code (DV) / error-correcting code ‖ ⁺kosten *pl* / selfcost, prime o. first cost ‖ ⁺kosten *pl*, Selbstkostenpreis *m* / cost price ‖ ⁺kostenrechnung *f* / prime cost calculation ‖ ⁺kühlung *f* / natural cooling ‖ ⁺ladegerät *n* (Elektr) / automatic battery charger ‖ ⁺ladegewehr *n* / semiautomatic rifle o. weapon ‖ ~ladend (DV) / self-loading ‖ ⁺ladepistole *f* / automatic [pistol] ‖ ⁺lenkrakete *f* (Mil) / fully-active homing missile ‖ ~**lernend** (DV) / self-learning ‖ ~**leuchtend**, leuchtend / luminous ‖ ~**leuchtend**, phosphoreszierend / phosphorescent, noctilucent ‖ ~**leuchtend**, lumineszierend / luminescent ‖ ⌐**leuchter** m, Primärlichtquelle f / primary light source ‖ ⌐**löschen** n **von Kalk** / air-slaking of quicklime, spontaneous slaking ‖ ~**löschend** (allg) / self-quenching, self-extinguishing ‖ ~**löschend** (Speicher, DV) / volatile ‖ ⌐**löschung** f, Energieabhängigkeit f (DV) / volatility ‖ ⌐**lüftung** f / self-ventilation ‖ ⌐**magnetisierungseffekt** m, Bandflußdämpfung f (Magnetton) / self-magnetization [effect] ‖ ~**meldend** / self-signalling ‖ ⌐**montage** f / self-assembly ‖ ~**multiplizierend** (Nukl) / self-multiplying ‖ ~**nachführende Antenne** / autotrack antenna ‖ ~**nachstellend** / floating caliper… ‖ ⌐**neutralisation** f (Elektron) / self-neutralization ‖ ~**öffnend** / opening automatically, self-opening ‖ ~**öffnender Sicherheitsgurt** (Luftf) / self-opening seat belt ‖ ⌐**öler** m / mechanical lubricator, oil feeder ‖ ~**optimierend**, -abstimmend (Regeln) / self-optimizing ‖ ~**organisierend** / self-organizing ‖ ~**organisierender Rechner** / self-organizing computer ‖ ⌐**organisierprogramm** n / self-organizing program ‖ ⌐**oxidierung** f, Autoxidation f / self-oxidation ‖ ⌐**parken** n, unbewachtes Parken (Kfz) / customer parking, driver parking ‖ ~**passivierende Metalle** n pl / passive metals pl ‖ ⌐**positionierung** f (bei der Offshore-Bohrung) / dynamic positioning ‖ ~**programmierbarer Halbleiter-Lesespeicher**, PROM m / programmable ROM, PROM ‖ ⌐**programmierung** f (DV) / automatic programming ‖ ~**prüfender Code** (DV) / error-detecting code, self-checking code ‖ ~**prüfende Nummernanzeige** / self-checking number feature ‖ ~**prüfendes Zeichen** (DV) / redundant character ‖ ⌐**prüfung** f (F.Org) / operator control ‖ ~**regelnd**, -regulierend / self-regulating, regulating automatically ‖ ~**regelnd** (Verstärker) / automatic volume control…, AVC…, automatic gain control…, AGC… ‖ ~**regelnde Bremse** / self-regulating brake ‖ ~**regelnder Ölbrenner** / self proportioning oil burner ‖ ~**regelnder Reaktor** / self-regulating reactor ‖ ~**regelnder Brenner** / self-regulating burner ‖ ~**regelnder Vorwiderstand** / ballast resistance ‖ ⌐**regelung** f (Elektr) / self-regulation ‖ ⌐**regelung** f (Nukl) / self-regulation ‖ ⌐**regelung** f, Nachlauf m (DV) / hunting ‖ ⌐**regelungsschutz** m (Trafo) / self-balance protection ‖ ~**registrierend** / self-recording, -registering ‖ ⌐**regler** m (Elektr) / automatic voltage regulator ‖ ⌐**regler** m / automatic regulator ‖ ~**reinigend** (allg) / self-cleaning adj ‖ ~**reinigender Austauscher** (Kälte) / reversing exchanger ‖ ~**reinigender Kontakt** (Fernm, Elektronik) / self-wiping contact, slider, wiper ‖ ⌐**reinigung** f (allg) / self-cleaning ‖ ⌐**reinigung** f (Hydr) / self-purification ‖ ⌐**reinigungsvermögen** n / self-cleaning properties pl ‖ ⌐**reparaturwerkstatt** f (Kfz) / do-it-yourself garage ‖ ⌐**rücklauf** m (Magn.Bd) / autoreverse ‖ ~**rücksetzend** (DV) / self-resetting ‖ ~**sättigend** (Elektr) / self-saturating ‖ ⌐**schalter** m s. Selbstunterbrecher ‖ ~**schließend** / automatically closing, self-closing ‖ ~**schließend** (durch Schwerkraft) / gravity-closing ‖ ~**schließend** (durch Feder) / spring-actuated o. -hinged ‖ ~**schließend** (Kugellager) / self-locking ‖ ~**schließender Schutzschalter** (Elektr) / auto-reclose circuit breaker ‖ ⌐**schlußstromkreis** m / stick circuit ‖ ~**schlußventil**, Rohrbruchventil n / pipe-break valve ‖ ~**schmelzig** (Hütt) / self-fluxing ‖ ~**schmierend** / self-lubricating, self-greasing ‖ ⌐**schmierung** f / autolubrication ‖ ~**schneidend** (Gewinde) / self-cutting ‖ ~**schneidende Gewindeschraube**, Schneidschraube f (DIN) / tapping screw ‖ ~**schneidende Mutter** / die-nut ‖ ~**schreibend** / self-recording, -registering ‖ ⌐**schrumpfung** f (Mil, Geschütz) / autofrettage, self-hooping ‖ ~**schwingend** (Elektronik) / self-heterodyning

‖ ~**schwingend** (Kath.Str.) / free running ‖ ~**schwingend**, freistehend, -tragend (Mast) / unbraced ‖ ~**schwingende Zeitablenkung** / free running time base ‖ ~**sichernd** / self-locking ‖ ~**sichernd** (Mutter) / prevailing torque type, self-locking ‖ ~**spannend** (Mil) / self-cocking ‖ ~**speisend** / self-feeding ‖ ⌐**sperrdifferential** n (Kfz) / limited-slip differential, self-locking differential, traction adding differential ‖ ~**sperrend** / self-locking ‖ ~**sperrend** (Ausgl.Getr, Kfz) / spin-resistant ‖ ⌐**spinner** m, Selfaktor m (Textil) / self-acting mule, selfactor mule ‖ ⌐**spinnervorspinnmule** f, Vorspinnselfaktor m / self-acting stretcher ‖ ~**spülend** (Abwasser) / self-cleansing ‖ ~**stabilisierend** (Elektronik) / automatically stabilized ‖ ⌐**stabilisierungsgerät** n (Luftf) / automatic stabilizer, automatic stabilizing equipment, ASE ‖ ~**startend** (Programm) / self-triggering ‖ ⌐**starter** m s. Selbstanlasser ‖ ⌐**steuergerät** n (Schiff) / automatic helmsman, autopilot ‖ ⌐**steuergerät** n (Luftf) / autopilot, gyro-pilot, automatic o. mechanical pilot ‖ ⌐**steuergerät** n (Raumf) / autopilot ‖ ⌐**steuerkompaß** m / automatic steering compass ‖ ~**steuernd**, unabhängig / spontaneous, autonomic ‖ ⌐**steuersystem** n / autopilot system ‖ ⌐**steuerung** f / automatic control ‖ ⌐**steuerventil** n / automatic control valve ‖ ⌐**stoß** m, -kollision f (Nukl) / self-collision ‖ ~**strahlende Dipolebene** (Antenne) / radiating curtain ‖ ⌐**streuung** f (Nukl) / self-scattering ‖ ~**symmetrierend** / self-balancing ‖ ~**synchronisierend** (Elektr) / self-sync[hronizing] ‖ ~**synchronisierender Motor für Fernanzeige** (Elektr) / selsyn motor ‖ ⌐**synchronisiervorrichtung** f (Elektr) / autosyn ‖ ~**taktend** / self-timing adj ‖ ⌐**taktung** f / self-timing ‖ ~**tätig**, automatisch / automatic, self-acting **selbsttätig** (Wzm) / power… ‖ ~ (DV) / self-instructed ‖ ~e **Anflugaufschaltung** (Luftf) / automatic approach coupling ‖ ~es **Angehen** / self-starting ‖ ~er **Anlasser** / self-starter ‖ ~es **Anlaufen** / self-starting ‖ ~e **Aufziehleine** (Fallschirm) / static line ‖ ~e **Befehlsauflösung** (Bahn) / automatic route release ‖ ~es **Druckregulierventil** / self-actuated pressure regulating valve ‖ ~es **Einlaßventil** / automatic inlet valve ‖ ~er **Entfernungsmesser** / automatic range finder ‖ ~e **Feinzustellung** (Wzm) / automatic fine feed ‖ ~er **Feuermelder** / automatic fire alarm ‖ ~e **Feuerung** / automatic furnace ‖ ~e **Kabelklemme** / self-locking cable clamp ‖ ~e **Kupplung** (Kfz) / automatic clutch ‖ ~e **Kupplung** (Bahn) / automatic coupling ‖ ~e **Kupplung für Anhänger** (Kfz) / automatic trailer coupling ‖ ~e **Planzug** (Wzm) / transverse power traverse ‖ ~er **Ruf** (Fernm) / machine ringing ‖ ~e **Rufwiederholung** (Fernm) / interrupted ringing ‖ mit ~er **Scharfeinstellung** (Phot) / autofocus ‖ ~es **Schlußzeichen** (Fernm) / automatic clearing ‖ ~e **Schützenauswechselung** (Textil) / automatic shuttle changing ‖ ~es **Seenot-Alarmgerät** / auto-alarm ‖ ~e **Servobremse** / self-servo brake ‖ ~er **Speiseapparat** / self-acting feed apparatus o. feeder, feeding regulator ‖ ~e **Teilezuführung** (Wzm) / power loader ‖ ~er **Unterstromausschalter** (Elektr) / automatic minimum o. underload circuit breaker ‖ ~e **unverzögerte Schwundsteuerung** (Radar) / instantaneous automatic gain control ‖ ~e **Verbrauchssperre** (Elektr) / self-acting time clock, automatic consumption limiter ‖ ~e **Weißgipfelbegrenzung** (TV) / automatic peak limiting ‖ ~e **Wiedereinregelung** / inherent regulation, self-recovering ‖ ~e **Zielführung** (Radar) / automatic following ‖ ~e **Zuführung** / automatic feed, autofeed, power feed ‖ ~e **Zugsteuerung** (Bahn) / automatic train operation, A.T.O.

Selbst·test m (DV) / self-test, automatic check ‖ ⌐**tönen** n (Verstärker) / howling ‖ ~**tonend** (Phot) / self-toning ‖ ~**tragend** / self-supporting **selbsttragend·er Anhänger** / full trailer ‖ ~er **Aufbau** (z.B. Außenwand) (Bau) / self-contained construction ‖

~es Bauelement / structural supporting member ‖ ~e Bauweise mit örtlichen Versteifungen (Luftf) / semimonocoque construction ‖ ~es Kabel / self-supporting cable ‖ ~e Karosserie (Kfz) / integral body and frame o. body-frame ‖ ~e Konstruktion o. Schalenbauweise / stressed-skin construction, monocoque construction ‖ ~er Rumpf (o. Schalenrumpf) (Luftf) / monocoque fuselage ‖ ~e Schale / stressed skin ‖ ~er Stahlmast (Elektr) / pylon, tower ‖ ~e Zwischenwand (Bau) / trussed partition
Selbst·tränke f (Landw) / automatic drinking bowl ‖ ~trennung f, -auslösung f / automatic disconnection o. tripping ‖ ~trimmer m (Schiff) / self-trimming bulk freighter ‖ ~überlagerungsgerät n (Elektronik) / auto[hetero]dyne receiver ‖ ~überwachend / self-regulating ‖ ~umkehr f (Spektrum) / self-reversal ‖ ~umrüstend (Wzm) / self-retooling ‖ ~unterbrecher, -schalter m (Elektr) / automatic interrupter, automatic [safety] switch, self-acting switch o. circuit breaker o. interrupter ‖ ~unterbrechung f (Elektr) / automatic opening o. interruption ‖ [sich] ~unterhaltend / self-sustaining ‖ ~unterstützend (Bremse) / self-servo... ‖ ~verbrauch m / own consumption ‖ ~verbrennung f / spontaneous combustion ‖ ~verdampfung f / spontaneous evaporation ‖ ~verdichtung f / self-compacting ‖ ~vergiftung f / autointoxication ‖ ~verkäufer m, Automat m / coin o. slot machine, automat (US) ‖ ~verlöschend (Plast) / self-extinguishing, SE ‖ ~vermehrend (Nukl) / self-multiplying ‖ ~vernetzend (Chem, Web) / bathotonic ‖ ~verriegelung f (durch Bewegung über den größten Abstand hinweg) / locking over center ‖ ~verschieblich (Programm) / self-relocating ‖ ~verschweißend / self-fusing o. -amalgamating ‖ ~versorgung f (Landw) / subsidence agriculture ‖ ~verstärkend / self-energizing ‖ ~versteller m (Kfz) / automatic[ally timed] spark advancer ‖ ~verstellung f (Kfz, Zündung) / automatic [spark] advance, automatic control ‖ ~verzehrende Elektrode, Consutrode f (Abschmelzelektrode, Hütt) / consumable electrode, consutrode ‖ ~vulkanisation f / self-vulcanization ‖ ~vulkanisierend (Reparaturgummi) / self-sealing ‖ ~wahl f, -anschlußsystem n, -technik f (Fernm) / dial switching o. system, dial-up service (US) ‖ ~wahl f (Tätigkeit) (Fernm) / dialling
Selbstwähl·amt n (Fernm) / automatic o. auto-exchange ‖ ~apparat m (Fernm) / dial-in handset ‖ ~bereich m, -netz n / dial exchange area, dial-up network ‖ ~bereich m, -netz n / dial-up network ‖ ~betrieb m (Fernm) / full automatic working, automatic o. mechanical telephone service, automatic dialling, self-connecting working ‖ ~einrichtung f (Fernm) / automatic commutator ‖ ~ferndienst m (Fernm) / through-dialling, toll-line dialing (US), trunk dialling (GB), interurban automatic telephone system ‖ ~ferndienst m, Durchwahl f (Fernm) / direct dialling-in, DDI (GB), direct inward dialling (US), in-dialling ‖ ~ferndienst m nach dem Ausland / International subscriber dialling, ISD, international direct dialling, IDD ‖ ~Ortsamt n / local automatic [circuit] exchange, LACE ‖ ~system n (Fernm) / automatic telephone switching o. system, machine switching system ‖ ~Tastentelefon n / key-operated automatic telephone
Selbst·wechselwirkung f (Nukl) / self-interaction ‖ ~zentrierend / self- o. auto-centering, self-locating ‖ ~zentrierendes Dreibackenfutter / universal chuck ‖ ~zentrierendes Spannfutter (Wzm) / scroll chuck ‖ ~zerlegungs-Entfernung f (Flugkörper) / destruct range ‖ ~zersetzung f / spontaneous decomposition ‖ ~zersetzend (Plast) / self-decomposing, self-destruct adj ‖ ~zerstörungsbefehl m (Raumf) / command-destruct ‖ ~zug, natürlicher Luftstrom o. -zug m / natural draft o. draught o. ventilation ‖ ~zündung f / spontaneous ignition o. ~zündung f (Mot) / auto-ignition ‖ ~zusammenschluß-System n (DV) / roll-your-own

948

system ‖ ~zustellung f (Wzm) / automatic traverse o. feed
Selcal-System n (Flugfunk) / Selcal system
Select-Abfrage f (ob Terminal empfangsbereit) (DV) / select message
Selected Area f, Kapteynsches Eichfeld n (Astr) / selected area
Selektierleser m (Lochstreifen) / selective reader
Selektion f (Biol) / selection ‖ ~, Trennwirkung f (Elektronik) / selection ‖ ~ von Signalen (bei Trägerfrequenz) (Fernm) / discrimination
selektiv / selective ‖ ~e Absorption (Opt) / selective o. specific absorption ‖ ~e Absorption (Biol) / selective absorption ‖ ~er Ausdruck (DV) / snapshot printout ‖ ~es Brechen (Aufber) / selective crushing ‖ ~es Chopperradiometer / selective chopper radiometer, SCR ‖ ~er Empfänger / selective receiver ‖ ~e Kühlung (Hütt) / selective freezing ‖ ~e o. fraktionierte Extraktion / selective extraction ‖ ~e Oberfläche (Wärme) / selective surface ‖ ~es Protokollprogramm (DV) / snapshot program ‖ ~e Schwimmaufbereitung (Aufber) / selective flotation ‖ ~er Synchronstreifen / select tape ‖ ~er Verstärker / resonance amplifier ‖ ~e Zerkleinerung (Aufber) / selective grinding ‖ mit ~ruf (Fernm, DV) / selective ‖ ~antwort f (Fernm) / selective response
selektive·er Vervielfältiger / system duplicator
Selektivfilter n (Radar) / fixed target rejection filter, F.T.R.
Selektivität f (Elektronik) / selectivity, clearness of modulation o. tuning, tuning precision ‖ ~ des Empfängers / selectance
Selektiv·katalysator m (Kfz) / single-bed threeway catalytic converter ‖ ~ruf m (Fernm) / selective calling, selective station call ‖ ~schutz m (Elektr) / selective protection ‖ ~schütz, -schutzrelais n / discriminating relay o. contactor ‖ ~schutz m mit einzeln abgeschirmten Leitungen (Elektr) / sheathed pilot system ‖ ~schwund m (Elektronik) / selective fading ‖ ~störung f (Radar) / selective interference ‖ ~strahlung f / selective emission o. radiation
Selektor m, Auswahlvorrichtung f / selector ‖ ~erregung X f (LoKa) / X-pickup ‖ ~erregung Z (= Ziffern) f (LoKa) / D-pickup (= digits) ‖ ~kanal m / selector channel
Selen n, Se / selenium, Se ‖ ~... / selenic ‖ ~at n, Seleniat n / selenate ‖ ~base f / selenibasis ‖ ~blei n / selenic lead ‖ ~diode f / selenium diode ‖ ~-Diodentablette f (Elektronik) / selenium pellet ‖ ~filter m (Phot) / selenium glass ‖ ~gleichrichter m / selenium rectifier ‖ ~haltig / seleniferous ‖ ~id n / selenide
selenig·e Säure / selenious acid ‖ ~säureanhydrid n / selenious anhydride
Selen·it m, [farbloser kristalliner] Gips (Min) / selenite ‖ ~it n (Salz der selenigen Säure) / selenite ‖ ~kupfer n / cuprous selenide ‖ ~-Metallverbindung f / selenide ‖ ~nitrid n / nitrogen selenide ‖ ~ographie, Mondbeschreibung f / selenography ‖ ~säure f / selenic acid ‖ ~schlamm m / selenium mud o. slime, seleniferous deposit ‖ ~silber n / silver selenide ‖ ~sperrschicht-[Photo]zelle / selenium [barrier] cell ‖ ~wasserstoff m / hydrogen selenide ‖ ~zelle f / selenium cell
Selfaktor m (Textil) / mule[spinning machine], selfactor [mule] ‖ ~kettgarn n / mule warp thread ‖ ~kops m, -kötzer m / mule cop ‖ ~wagen m / mule carriage
Self-Contained-Bauweise f (Deckswinden, Schiff) / self-contained execution
Selfoc·-Faser f (Lichtleitfaser) / Selfoc fibre ‖ ~-Linse f / self-focussing o. selfoc lens
Selleriefliege f / celery fly, Philophylla heraclei
Sellers·gewinde n / U.S.S. o. Sellers [screw] thread ‖ ~kupplung f / double cone coupling
Selsyn n (Mil, Regeln) / selsyn, self-synchronizing system

selten, rar / rare ‖ ~e Erden f pl / noble earths pl, rare
earths (oxides of rare earth elements) pl ‖ ~e
Erdmetalle, Seltenerdmetalle n pl / rare-earth elements
‖ mit ~en Erdmetallen dotiert (Hütt) / rare-earth
treated
seltsam, sonderbar / odd, strange ‖ ↱keit, Strangeness f
(Nukl) / strangeness
SEM, Speichereingabemeldung f (DV) / memory input
notice ‖ ↱ (= stochastisch-ergodische Meßtechnik) /
stochastic-ergodic measuring technique
Semantem n (DV) / semanteme
Semantik, Wortbedeutungslehre f / semantics ‖ ↱fehler m
(DV) / semantic error
semantisch (DV) / semantic[al] ‖ ~er Gehalt (DV) /
meaning ‖ ~e Lücke / semantic gap
Semaphor m, Armsignal n / semaphore
Sematem n (Fernm) / signal train ‖ ↱bildung f (Fernm) /
signal train formation
Semator m (Fernm) / semator
semi·additiv (Galv) / semi-additive ‖ ↱-Additivverfahren
n (IC) / semi-additive process ‖ ↱carbazid n /
semicarbazide ‖ ↱carbazon n / semicarbazone ‖
↱containerschiff n (Schiff) / semicontainer ship ‖
~convergent (Math) / semiconvergent ‖ ~cyclisch,
-zyklisch (Chem) / semicyclic ‖ ↱diesel m,
Halbdieselmaschine f / semidiesel engine ‖ ↱duktor m
(Elektronik) / semiductor ‖ ~graphisch (Plotter) /
semigraphical ‖ ↱-Hämatit m / semihematite ‖
~homogen (Reaktor) / semihomogenous ‖ ~homogener
Reaktor (Nukl) / SHR, semihomogenous fuel reactor ‖
~-invariant (Math) / seminvariant ‖ ~-isolierend (Halbl)
/ semiconducting ‖ ↱kolon n (Buch) / semicolon ‖
↱-Kunden-IC m / semicustom IC
Seminar n, Arbeitstagung f / workshop (US), seminar,
classroom corrosion (US coll) ‖ ↱, Arbeitstagung f,
Workshop m (ein Seminar) / seminar, workshop,
classroom corrosion (US coll)
Semiotik f (Lehre der Zeichen) / semiotics
semipermeabel, halbdurchlässig / semipermeable ‖
semipermeable Membran (Chem) / [porous] diaphragm
semiplastisches Verfahren, steifplatisches Verfahren /
stiff-plastic o. semi-plastic making
semipolar (Chem) / semipolar ‖ ~e Bindung / dative
covalency ‖ ~e Doppelbindung (Chem) / semipolar
double bond
Semi·-Quick-Look m (Übertragung der Meßergebnisse
nach Zwischenspeicherung, während der Satellit nicht
im Sichtfeld war) (Raumf) / semi-quick look ‖
~sphäroidisch / semispheroid ‖ ↱takonit m (Min) /
semitaconite ‖ ~transparent (Spiegel) / semitransparent
‖ ↱verter m, statischer Frequenzumrichter mit
Gleichstromzwischenkreis (Elektr) / semiverter,
semiductor and inverter ‖ ~zyklisch, -cyclisch (Chem) /
semicyclic
Senarmontit m (Min) / senarmontite
Sende·... (Elektronik) / emitting ‖ ↱abruf m (DIN), Polling
n (DV) / polling ‖ ↱anlage f, Sender m (Elektronik) /
transmitting station ‖ ↱antenne f / sending o.
transmitting antenna ‖ ↱apparat m s. Sender ‖ ↱art,
Betriebsart f (Funksender) / type o. class of
transmission ‖ ↱-Ausfallzeit f (Radio) / off-the-air time
‖ ↱band n (TV, Elektronik) / channel ‖ ↱band n,
Frequenzband n (Sender) / transmission channel ‖
↱befehl m (Aufzug) / send command ‖ ↱bereich m /
transmitting range ‖ ↱betrieb m (Regeln) / transmit
mode ‖ ↱-Bezugsäquivalent n, -Bezugsdämpfung f
(Fernm) / SRE, sending reference equivalent ‖
↱bezugsverzerrung f / outgoing start-stop distortion ‖
↱buchse f (LoKa) / output hub ‖ ↱daten pl / transmittal
data pl ‖ ↱dauer f (Radio, TV) / airtime, on-air time ‖
↱diagramm n / transmission diagram ‖ ↱diplexer m
(Fernm) / transmit diplexer ‖ ↱-Empfänger m, Sender-
Empfänger m / transceiver-receiver ‖ ↱-Empfangs... /
transmit-receive, transmitting-receiving, TR... ‖

↱-Empfangsantenne f / duplexer ‖ ↱-Empfangsgerät
n, SSR (Radar) / interrogator-responder, I-R ‖
↱-Empfangsschalter m / transmit-receive switch, TR
switch ‖ ↱-Empfangsschalter m (Antenne) / antenna
change-over switch ‖ ↱-Empfang-Weiche f, Duplexer
m (Antenne) / antenna switching unit, duplexer ‖
↱fenster n / transmit window ‖ ↱fleck-Nullstellspur f
(Radar) / main bang ‖ ↱folge f / radio program[me] ‖
↱-Freigabezeichen n (Fernm) / proceed-to-send signal ‖
↱frequenz f (Radio) / transmitter frequency ‖
↱frequenz f von 460 bis 470 MHz (USA) / citizen's
radio band ‖ ↱frequenzen f pl von 54 bis 88 MHz (TV)
/ low band ‖ ↱gebiet n (Radio) / coverage ‖ ↱impuls m /
emitter pulse ‖ ↱impuls m (Radar) / transmit pulse ‖
↱impuls m (Ultraschall) / original [im]pulse ‖
↱impulsanzeige f / initial pulse indication, transmitter
pulse indication ‖ ↱kanal m (Elektronik) / send channel ‖
↱keule f (Antenne) / radiation lobe ‖ ↱kopie f (TV) /
broadcasting print, release print ‖ ↱kreis m,
Senderkreis m (Funk) / transmitting circuit ‖ ↱leistung f,
-stärke f, Ausgangsleistung f / transmitting power ‖
↱leiter m (Radio) / production director o. manager ‖
↱leitung f / outgoing line ‖ ↱mikrophon n /
transmitting microphone
senden, schicken / send, dispatch ‖ ~ (Elektronik) /
broadcast, transmit, radio ‖ ~ vi (TV, Rundfunk) / be on
the air, take the air, air ‖ ↱ n (Fernm) / TX (transmit) ‖ ↱
der Modulationssignale (Fernm) / dispatching ‖ durch
Hohlleiter ~ / pipe v ‖ ein Programm ~ (TV, Rundfunk)
/ air a program (US) ‖ im Fernsehen ~ (o. übertragen
o. bringen) (TV) / televise, telecast ‖
Modulationssignale ~ / dispatch modulation signals
Sendepause f (Elektronik) / station break ‖ ↱ machen, nicht
senden / be off the air
Sender m, Sendeapparat m (Elektronik) / transmitting
apparatus, transmitter, sender ‖ ↱ s. auch Sendestelle ‖
↱ bekommen / receive o. pick-up stations ‖
↱ einstellen (TV) / dial, tune in [to] ‖ ↱ für drahtloses
Fernsprechen / broadcast transmitter, radio-telephony
transmitter ‖ ↱abstand m / frequency interval o.
spacing between transmitters ‖ ↱anflug m (Luftf) / radio
homing
Senderaum m (Elektronik) / broadcasting studio
Sender·bereich m / transmitter range ‖ ↱einstellung f /
station finding ‖ ↱-Empfänger, Sende-Empfänger m /
transceiver, transreceiver ‖ ↱kette f, -netz, -system n
(Elektronik) / chain of radio stations ‖ ↱-Kontrollgerät n
(Radar) / transmitted-power monitor ‖ ↱leistung f /
transmitting power
Senderöhre f / transmitting tube
Sender·-Reichweite f (Elektronik) / radius of the service
area ‖ ↱seite f, Geberseite f (Fernm) / sending end ‖
↱sperröhre f / ATR-tube, anti-transmit-receive tube ‖
↱sperrschalter m (Radar) / anti-transmit-receive cell,
anti-TR-cell ‖ ↱system n (Elektronik) / chain system ‖
↱-Warteschaltung f (Fernm) / transmitter queueing
device
Sende·stärke f / power of a transmitting station ‖ ↱station
f (Terminal) (DV) / transmitting terminal ‖ ↱station f
(Zentrale) (DV) / master station ‖ ↱station f (Fernm) /
sending station ‖ ↱stelle f, Sender m (Elektronik, TV) /
wireless (GB) o. broadcast[ing] o. radio (US) station ‖
↱stoppsignal n / stop-send signal ‖ ↱system n /
chain system ‖ ↱turm m (Elektronik, TV) / tower ‖
↱umsetzer m / transmit translator ‖ ↱verbot n für
Ortungs- u. Leitdienste / electronic silence ‖
↱-Videomagnetband n (TV) / master copy ‖ ↱welle f /
broadcast[ing] wave, transmitted o. transmitting wave ‖
↱-Wellenmesser m / wavemeter for broadcast waves ‖
↱zeit f / [on-]air time, airtime ‖ ↱zentrale f (Radio) /
dispatching center ‖ ↱zuordner m (TV) / transmitter
allotter
Sendung f, Lieferung f / parcel, shipment, consignment
‖ ↱ (Elektronik) / transmission, broadcast (US), airing

‖ **⌐ im Freien** (TV, Elektronik) / meno (not emanating from main office)
Sendzimir-Planetenwalzwerk n / [Sendzimir] planetary rolling mill
Senf·gas n / mustard gas ‖ **⌐öl** n / mustard oil ‖ **braunes ⌐öl** / Indian mustard seed oil
sengen, an-, versengen / singe v ‖ **⌐**, gasieren (Web) / singe v, gas, sear, genappe vt
Sengmaschine f (Tuch) / gassing machine, singeing equipment ‖ **⌐** (Spinn) / singeing machine
senkbar / lowerable, to be lowered
Senk·bewegung f / lowering movement ‖
  ⌐blechschraube f / tapping screw with countersunk head ‖ **⌐blei**, Lot n / lead, plumb [bob] ‖ **⌐blei** n (Schiff) / sounding lead o. plummet ‖ **⌐bremsschaltung** f / countertorque lowering (US) ‖ **⌐brunnen** m (Dränung) / drain o. dead o. absorbing well, negative well ‖
  ⌐brunnen m, Schachtbrunnen m (Bau) / sunk cylinder o. well, foundation cylinder ‖ **⌐brunnen** m (aus Stahl) / cylinder caisson ‖ **⌐brunnengründung** f / sunk well foundation ‖ **⌐bühne** f / lowering stage o. platform
Senke f, Bodensenke f, Senkung f (Geol) / sink, depression, hollow ‖ **⌐** (Phys) / sink ‖ **⌐**, Kathode f (MOS-FET) / source ‖ **⌐** (DV) / sink
senken, absenken / let down, lower ‖ **⌐** (Schacht, Brunnen) / delve, dig downwards ‖ **⌐** (mit Spitzensenker), ansenken / countersink ‖ **⌐** (mit Stirnsenker), ansenken / counterbore, spot-face ‖ **⌐** n, Herablassen n / lowering, falling ‖ **⌐** (Kran) / lowering, letting down ‖ **⌐** (Wasserspiegel) / lowering, draw-down ‖ **⌐** (Glasbearbeitung) / sagging, dropping ‖ **⌐ mit Spiralsenker** / countersinking (or -boring) with spiral flute counterbore (or bore-drill) ‖ **den Grundwasserspiegel ⌐** / depress o. lower the ground water level ‖ **die Sohle ⌐** (Bergb) / dint vt ‖ **sich ⌐** (Geogr) / dip vi ‖ **sich ⌐**, sich biegen (Bau) / bow vi, sag vi ‖ **sich ⌐**, nachgeben / sink vi, subside ‖ **[sich] ⌐**, sich neigen / decline
Senker m, Spiralsenker m (Wzm) / core drill ‖ **⌐**, Spitzsenker m / countersink ‖ **⌐**, Stirnsenker m / counterbore ‖ **⌐**, Zapfen-, Anschneidsenker m / spot facer o. facing cutter ‖ **⌐** m pl / countersinks and counterbores pl
Senk·erodieren n / cavity sinking by EDM ‖
  ⌐erodiermaschine f / cavity sinking EDM-machine ‖ **⌐faschine** f, -walze f / mattress ‖ **⌐geschwindigkeit** f / lowering speed ‖ **⌐grube** f (für Grundwasser) (Bau) / draining well, drainage pit ‖ **⌐grube** f, Abzugsgrube f (Bahn, Straßb) / tank draining trap ‖ **⌐grube** f, sink, sewer, cesspool, cesspit, sump ‖ **⌐holzschraube** f **mit Längsschlitz**, [mit Kreuzschlitz] / flat head wood screw, slotted, [cross recessed] ‖ **⌐holzschraube** f **mit Schlitz** / slotted countersunk head o. flat head wood screw ‖ **⌐kasten** m (Bau) / caisson ‖ **⌐kasten** m (beim Abteufen) (Bergb) / drain curb ‖ **oben offener ⌐kasten** / open o. stranded caisson ‖ **beweglicher ⌐kasten** / portable caisson ‖ **ortsfester ⌐kasten** / fixed caisson ‖ **[betongefüllte] ⌐kästen** m pl (Hydr) / cribwork ‖ **flacher ⌐kasten zum Heben von Schiffen** (Schiff) / saucer ‖ **⌐kastenausmauerung** f, -ausfütterung f / caisson brick lining ‖ **⌐kerbnagel** m (DIN 1477) / grooved drive stud, countersunk flat head ‖ **⌐kopf** m (Schraube) / countersunk head, flat head ‖ **⌐kopfnagel** m / brad ‖ **⌐kopfschraube** f / countersunk head screw o. bolt, flat head bolt ‖ **⌐körper** m (Bergb) / drop shaft, open caisson ‖ **⌐kraftschaltung** f (Kran) / motor-assisted lowering ‖ **⌐kübel** m (Hütt) / drop-bottom tub o. bucket ‖ **⌐lage** f, Faschinenwurst f (Hydr) / water fascine ‖ **⌐loch** n (Hütt) / sink hole ‖ **⌐lochdränung** f / sinkhole drainage ‖ **⌐matte** f, -stück n (Hydr) / screen mat, mattress ‖ **⌐nadel**, Sonde f / probe, sound ‖
  ⌐nagelschraube f / countersunk screw nail o. nail screw ‖ **⌐niet** m n / countersunk [head] rivet ‖
  ⌐nietung f / flush riveting ‖ **polieren** n / sink-

polishing ‖ **⌐pumpe** f, -satz m (Bergb) / pump for sinking shafts, sinking pump o. set
senkrecht / vertical ‖ **⌐** (Geom) / perpendicular, vertical, normal ‖ **⌐** [zu] / normal [to], square [to] ‖ **⌐e Ablenkung** (TV) / vertical sweep ‖ **⌐ abstürzend** (Ufer) / dropping sheer ‖ **⌐ aufeinander** / rectangular ‖ **⌐ [auf]stehen** (o. aufsitzen) (Bau) / be perpendicular ‖ **⌐e Aufzeichnung** (Repro) / vertical recording o. mode, cine mode, orientation A ‖ **⌐e Bewegung des Rades** (Kfz) / vertical travel of the wheel ‖ **⌐er Derrick-Mast** / king tower ‖ **⌐er Durchlauf-Koksofen** / continuous vertical retort setting ‖ **⌐ gerillt** (Werkstein) / tooled ‖ **⌐er Gichtaufzug** (Hütt) / vertical hoist ‖ **⌐e Kettenfahrleitung** (Bahn) / vertical overhead contact line ‖ **⌐e Komponente** / vertical component ‖ **⌐e Lageabweichung**, -schwankung, Tanzeffekt m (TV) / vertical hunting, bouncing (US) ‖ **⌐ nach oben, (unten)** / vertical up, (down) ‖ **⌐e Richtung** (o. Stellung o. Haltung) / perpendicularity ‖ **⌐er Riß** (Bergb) / shake ‖ **⌐er Schiebeflügel mit Gewichtsausgleich** (Bau) / hung o. hanging sash ‖ **⌐es Schiebeflügelfenster mit nur einem beweglichen Flügel** / single-hung sash o. window ‖ **⌐er Schlitz o. Kerb** (Bergb) / vertical slot o. kerf ‖ **⌐er Schnitt** (Zeichn) / vertical section, normal section ‖ **⌐e Schweißung** / weld from the top down, from the bottom up, vertical weld ‖ **⌐e Schwenkung der Kamera** (Film) / vertical panning ‖ **⌐er Startschacht** (Flugkörper) / vertical launch tube ‖ **⌐ stehend** [auf] / endwise ‖ **⌐ stoßen** (Wzm) / slot vertically ‖ **⌐er Strahlantrieb**, Hubtriebwerk n (VTOL) / vertical jet ‖ **⌐er Trichtereinlauf** (Hütt) / ingress gate ‖ **⌐er Trockenofen** / tower drier ‖ **⌐er Verband** (Stahlbau) / vertical bracing ‖ **⌐ verstellbar** / vertically adustable ‖ **⌐ verstellbarer Support** (Wzm) / rise and fall rest ‖ **⌐e Welle** (Masch) / upright shaft ‖ **⌐er Zeichenversatz** (Drucker) / vertical misalignement ‖ **⌐es Zeilenabtasten** (TV) / vertical scanning ‖ **⌐ zu den Schichten** (Bergb) / flatwise ‖ **⌐e Zugstange** (Stahlbau) / suspension rod ‖ **⌐e Zugstange im Hängewerk** / king rod ‖ **⌐ zur Tangente** / perpendicular to a surface o. curve ‖ **nicht ⌐ auf der Basis stehen**, aus dem Lote weichen / carry false, batter vi ‖ **⌐auflösung** f (TV) / vertical definition ‖ **⌐-Außenräummaschine** f / vertical surface-broaching machine ‖ **⌐bewegung** f, Höhenverstellung f / vertical movement ‖ **⌐bild** n (Luftf) / near vertical photograph ‖ **⌐echtes ⌐bild** (Luftf) / true-vertical [picture] ‖ **⌐ geteiltes ⌐bild** (Luftf) / split-vertical [picture] ‖ **⌐-Blockgatter** n / vertical frame sawing machine ‖ **⌐bohrer** m (Arbeiter) / vertical boring mill operator ‖ **⌐bohrmaschine** f / upright drilling machine ‖ **⌐-Bohr-[und Dreh]werk** n, Karusseldrehmaschine f (DIN) / vertical boring and turning mill
Senkrechte f / perpendicular, vertical ‖ **⌐**, Normale f (Math) / normal [line] ‖ **⌐**, senkrechte Linie / vertical [line], plumb line ‖ **⌐ des Ortes** / local vertical ‖ **aus der ⌐n** / overhanging ‖ **eine ⌐ fällen** (o. ziehen o. errichten), ein Lot fällen / draw o. drop o. erect o. let fall a perpendicular
Senkrecht--Einschallung f / normal sound incidence ‖ **⌐-Einstellung** f (TV) / vertical centering control, vertical hold ‖ **⌐flug** m / vertical flight ‖ **⌐förderer** m / elevator ‖ **⌐fräsmaschine** f / vertical milling machine ‖ **⌐führung** f **nach oben** (Rohrstrang) / overbend n ‖ **⌐gatter** n / vertical frame sawing machine ‖ **⌐honmaschine** f / vertical honing machine ‖ **⌐-Innenräummaschine** f / vertical internal broaching machine ‖ **⌐-Rücklauf** m (TV) / vertical retrace ‖ **⌐-Säulenbohrmaschine** f / pillar type drilling machine ‖ **⌐schleifmaschine** f / vertical spindle grinder ‖ **⌐schwenkung** f (Phot) / tilt of the camera ‖ **⌐-Ständerbohrmaschine** f / column type drilling machine ‖ **⌐start** m (Luftf) / vertical take-off, VTO ‖ **⌐starter** m (Luftf) / VTOL-plane ‖ **⌐stoßmaschine** f / slotting machine, slotter ‖ **⌐stoßmaschine** f,

-hobelmaschine f / vertical planing machine ‖ ⁑**strahler** m (Antenne) / vertical radiator ‖ ⁑**-Stranggußanlage** f / vertical cont. cast. installation ‖ ⁑**verlegung** f (Leitung) / running pipes vertically ‖ ⁑**-Verschiebungsregelung** f (TV) / vertical centering control

Senk·schacht m (Bergb) / drop shaft, shaft with sunk-in tubbing, sunk shaft ‖ ⁑**schacht** m (Abteufen) (Bergb) / drop shaft sunk by cutting sleeve ‖ ⁑**schacht** m (Wasserhaltung) (Bergb) / drop shaft for draining ‖ ⁑**schneidenring** m, -schuh m (Schachtabteufen) / cutting o. drum curb, drum crib ‖ ⁑**schneidschraube** f / flat head[ed] o. countersunk tapping screw ‖ ⁑**schraube** f / flat head[ed] o. countersunk screw o. bolt ‖ ⁑**schraube** f (Bolzen) / countersunk flat bolt ‖ **für** ⁑**schrauben** / countersunk ‖ ⁑**schraube** f **mit Längsschlitz** / stove bolt (US) ‖ **rohe** ⁑**schraube mit Nase** (DIN 604), Pflugschraube f / countersunk nip head bolt, plough bolt ‖ ⁑**schraube** f **mit Nase, [mit Vierkantansatz]** / countersunk flat nib bolt, [flat square bolt] ‖ ⁑**schraube** f **mit Schlitz für Stahlkonstruktionen** / countersunk head screw with forged slot ‖ **rohe** ⁑**schraube mit Vierkantansatz,** Wagenbauschraube f / square neck countersunk head bolt, countersunk head bolt with square neck ‖ ⁑**sinn** m, **-richtung** f (Kran) / downward o. lowering direction ‖ ⁑**spindel** f / hydrometer ‖ **erste, zweite** ⁑**stellung** / lowering notch o. point (US), first o. second etc. ‖ ⁑**stellung** f **des Kontrollers** / lowering position of the controller ‖ ⁑**stoffablagerung** f / silt of precipitates ‖ ⁑**stückbau** m (Hydr) / wattle construction o. mattress

Senkung f, **Senken** n / lowering ‖ ⁑, Setzung f / sinking, settling ‖ ⁑, Vertiefung f / indentation, hollow, depression ‖ ⁑, Neigung f / decline ‖ ⁑ (Geol) / sagging ‖ ⁑, Sackung f (Boden) / subsidence, subsidency, subsiding, set[tling], settlement ‖ ⁑, Sackung f (durch Eigengewicht) (Bau) / weighing down, sinking by its own weight ‖ ⁑ **der Herstellkosten** / lowering of production cost, producing economics pl ‖ ⁑ **für Senkschrauben** / countersinking ‖ ⁑ **für Zylinderschraube** / counterbore ‖ **geprägte** ⁑ (am Lochrand) (Stanz) / counterpunch

Senkungs·maß n (Bau) / amount of settling

Senk·vorrichtung f / lowering device ‖ ⁑**waage,** Spindel f / hydrometer, areometer ‖ ⁑**waage** f **für Alkohol-Wasser-Gemische nach Sikes** / Sikes hydrometer ‖ ⁑**weg** m (Kran) / lowering course ‖ ⁑**winkel** m (Schraube) / countersinking angle

Sense f (Landw) / scythe

Sensen·baum m / scythe shaft o. handle ‖ ⁑**säge** f / pistol-grip cross-cut saw

Sensibilisation f, **Sensibilisierung** f / sensitization, sensitizing, sensibilization

Sensibilisator m (allg, Chem, Phot) / sensitizer, sensibilization agent

sensibilisieren, lichtempfindlich machen (Phot) / sensitize, sensibilize

sensibilisierte Fluoreszenz / impact fluorescence

Sensibilisierungsbad n / sensitizing bath

Sensibilität f, leichte Bewegung (Phys) / sensitiveness, sensitivity, sensibility

Sensibilitätssteigerung, Hypersensibilisierung f (Phot) / hypersensitization

Sensistor m (Heißleiter) / sensistor

sensitiv, sensibel / sensitive ‖ ⁑**grün** n / sensitive green

sensitivieren / sensitize

Sensitivierung f / sensitivation

Sensitivität, Empfindlichkeit "S" f (Phot) / sensitivity

Sensitometer n (Phot) / sensitometer ‖ ⁑**teststreifen** m / sensitometric test strip, sensitogram

Sensitometrie f (Phot) / sensitometry

sensitometrisch·e Kurve / characteristic curve ‖ ~**e Lichtart** / sensitometric illuminant

Sensor m (Meßtechnik) / sensor, detector ‖ ⁑ (Raumf) / sensor ‖ ~**basierend** / sensor-based ‖ ⁑**einheit** f (Regeln) / sensor unit ‖ ~**geführt** (Roboter) / sensor guided

Sensorik f / sensory analysis o. mechanism, sensor technology o. engineering

sensorisch (Prüfen) / organoleptic, sensory, tongue... ‖ ~**e Prüfung** / sensory test ‖ ~**es Prüfverfahren,** Sensorik f / sensory testing method

SEN-Zeit f (Öl) / steam emulsion number, SEN

separabel / separable

separat / separate ‖ ~**e o. externe o. Netz-Stromversorgung** (Elektronik) / external power supply ‖ ⁑**abdruck** m, Nachdruck m (Buch) / offprint, separate

Separation f, Aufbereitung f (Bergb) / separation, screening o. dressing o. separating plant

Separations·menge f / separation quantity ‖ ⁑**trommel** f / separating drum ‖ ⁑**werk** n, Trennbuhne f (Hydr) / separating dam

Separator m, Trennschleuder f / centrifugal separator ‖ ⁑, Trenner m (Chem, TV) / separator ‖ ⁑, Trennsymbol, -zeichen n (DV) / separator ‖ ⁑, Fadentrenner m (Textil) / separator ‖ ⁑, Scheider m (Akku) / [plate] separator

separieren, scheiden / separate ‖ ~, sichten (Bergb) / sift

Sepia[tusche] f / sepia

Sepiolith, Meerschaum m (Min) / sepiolite, meerschaum

Septarien f pl (Geol) / septaria, septarian nodules, septata concretions pl

Septarsockel m (Elektronik) / septar base

Septe, Scheide-, Trennwand f, Septum n (Bot, Zool) / septum

septiert, durch Scheidewand getrennt / septate

Septillion f, 10^{42} / septillion (GB), tredecillion (US))

septisch, unrein (Med) / dirty

Septum n (Wellenleiter) / septum

Sequential·system n (TV) / sequential system ‖ ⁑**test** m (Radar) / sequential method [in radar detection]

sequentiell, Serien... (DV) / sequential ‖ ~**e Adressierung** (mit aufeinanderfolgenden aufsteigenden Adressen) (Regeln) / sequential addressing ‖ ~**er Betrieb** (Fernm) / one-at-a-time mode ‖ ~**e Datei** / sequential o. linear file ‖ ~ **indiziert** (DV) / indexed sequential ‖ ~**er Job** (DV) / stacked job, sequential job ‖ ~**e [Job-]Bearbeitung** (DV) / stacked job processing, sequential job scheduling ‖ **einfache, [erweiterte]** ~**e Job-Bearbeitung** (DV) / basic, [advanced] stacked job processing ‖ ~ **mit Sprungablauf** / arbitrary sequence... ‖ ~ **ordnen** / sequence v ‖ ~**e Schaltung** (Elektronik) / sequential circuit ‖ ~**er Zugriff** (DV) / sequential access ‖ ⁑**rechner** m / sequential o. consecutive computer ‖ ⁑**rechner** m **mit Konsekutivablauf** / consecutive-sequence computer ‖ ⁑**rechner** m **mit Sprungablauf** / arbitrary-sequence computer ‖ ⁑**speicher** m / sequential store

Sequenz f, Folge f / sequence

Sequestriermittel n, Komplex[salz]bildner m (Färb) / sequestering agent

Sequestrierung f (Tensid) / sequestration

Sequestriervermögen n / sequestering power

Sequoia f / sequoia (comprising the two species big tree and redwood)

Serbersche Theorie (Nukl) / Serber's theory

Serge, Sersche, Sarsche f (Web) / serge ‖ ⁑**bindung** f / serge weave

serial, reihenweise / serial, [in] series ‖ ~**es System** / serial system ‖ ⁑**drucker** m (DV) / serial printer ‖ ⁑**schnittstelle** f, SBI (DV) / SB-interface, SBI ‖ ⁑**-Systembus** m, SSB (DV) / serial system bus, SSB

Sericin n, Seidenleim m / sericin, silk gum

Sericit, weißer Kaliglimmer (Min) / sericite

Serie, Reihe[nfolge] f / series ‖ **in** ⁑, hintereinander (Elektr) / serial, [in] series ‖ **in** ⁑ **angeordnet** / placed in series ‖ **in** ⁑ **schalten,** hintereinanderschalten / connect in series

seriell (Math, DV) / serial ‖ ~es **Addieren** / serial addition ‖ ~es **Addierwerk** / one-digit o. two-input adder, half-adder ‖ ~er **Analogspeicher** / serial analog memory, SAM ‖ ~e **digitale Schnittstelle**, SDS / serial digital interface, SDI ‖ ~e **Organisation** (DV) / consecutive o. sequential organization ‖ ~er **Rechner** / serial computer ‖ ~e **Übertragung**, Serienübertragung f (DV) / serial transfer ‖ ~e **Verarbeitung** (DV) / serial processing ‖ ~ **wiederbenutzbar, -verwendbar** / serially reusable ‖ ⁺-**Parallel-Seriellspeicher** m (DV) / series-parallel-series memory

Serien·anlauf m (F.Org) / kick-off (US), start of a series ‖ ⁺**ausführung** f / series fabrication type ‖ ⁺**bau** m / series construction ‖ ⁺**betrieb** m (DV) / sequential o. serial o. series operation ‖ ⁺**charakteristik** f (Elektr) / inverse-speed o. series characteristic ‖ ⁺**feld**, Hauptfeld n (Elektr) / series field ‖ ⁺**flugzeug** n / production o. stock (US) airplane ‖ ⁺**funkenstrecke** f / multiple[quenched] spark gap ‖ ⁺**gießerei** f / repetition foundry ‖ ⁺**grenze** f / series limit ‖ ⁺**hebelschalter** m (Luftf) / series lever switch ‖ ⁺**herstellung, -fabrikation, -fertigung** f / series o. duplicate production o. fabrication ‖ ⁺**[induktions]spule** f (Elektronik) / series inductance coil ‖ ⁺**induktivität** f / series inductance ‖ ⁺**kondensator** m (Elektronik) / series capacitor ‖ ⁺**kopie** f (Film) / release print ‖ ⁺-**Leiterplatte** f (gedr.Schaltg) / production board ‖ ⁺**maschine** f (Elektr) / series connected machine ‖ ⁺**maschinen** f pl / production o. line machines pl ‖ ~**mäßig** / series …, in series ‖ ~**mäßig**, Standard… / standard ‖ ~**mäßig**, vom Band / from the assembly line ‖ ~**mäßige Hebezeuge** n pl / series hoisting tackles pl ‖ ⁺**modulation** f / series modulation ‖ ⁺**motor** m (Kfz, Luftf) / series [production] engine ‖ ⁺**nummer** f / serial number

Serien-Parallel·… (Elektr) / series-parallel, mixed grouping ‖ ⁺-**Betrieb** m (DV) / series-parallel operation ‖ ⁺-**Fahrschalter** m (Bahn) / series-parallel controller ‖ ⁺**schalter** m (Elektr) / series-parallel connector o. switch ‖ ⁺**schaltung** f (Bahn) / coupling switch of traction motors ‖ ⁺**schaltungsbrücke** f / series-parallel connector bar ‖ ⁺-**Umsetzer** m (DV) / serial-parallel converter ‖ ⁺**wicklung** f / multiplex wave winding

Serien·rechenwerk n (DV) / serial arithmetic unit ‖ ⁺**rechner** m / serial computer ‖ ⁺-**Resonanzanhebung** f (Elektronik) / series peaking ‖ ⁺-**Resonanzfrequenz** f / series resonance frequency ‖ ⁺**resonanzkreis** m (Elektronik) / acceptor circuit ‖ ⁺**schalter** m (DIN) (Elektr) / series switch ‖ ⁺**schalter für Beleuchtung** / triple-movement o. multi-circuit o. electrolier (US) switch ‖ ⁺**schaltung** f (Elektr, Masch) / serial o. series connection o. mounting ‖ ⁺-**Serien-Betrieb** m (DV) / series-series operation ‖ ⁺**speicher** m (DV) / serial store ‖ ⁺**störspannung** f (Instr) / series-mode parasitic voltage ‖ ⁺**stromkreis** m (Instr) / voltage circuit in series ‖ ⁺**teil** m n / serial product ‖ **Nicht-**⁺**teil** m n / nonserial part ‖ ⁺**trimmer** m / trimming capacitor, pad trimmer, padder ‖ ⁺**übergabe** f (Info) / serial transmission ‖ ⁺**verarbeitung** f (DV) / serial processing ‖ ⁺**versuch** m / series investigation ‖ ⁺**wagen** m (Kfz) / standard design o. standard type car, production o. stock car ‖ ~**weise** / in series ‖ ~**weise**, in Mengen / in quantities ‖ ~**weise geformt** / batch moulded ‖ **[Bereitstellung der]** ⁺**werkzeuge und -vorrichtungen** (Kfz) / production tooling ‖ ⁺**widerstand** m (Elektr) / intermediate o. additional resistance ‖ ⁺**widerstand** m (Schwingquarz) / series resistor ‖ **effektiver** ⁺**widerstand** / crystal impedance

Serife f am Fuß des Buchstabens (Buch) / ceriph, serif, seriph ‖ ⁺ **am Kopf des Buchstabens** / serif (at top of letter)

serifen·betont (Buch) / serif design …, slab-serif ‖ ~**betonte Linear-Antiqua** / slab serifs pl ‖ ~**los** / sanserif ‖ ~**lose Linear-Antiqua**, Grotesk f (Buch) /

lineal linear antiqua pl, sanserif (GB), slab serifs, (formerly:) Egyptian

Serigraphie f, Siebdruck m / silk screen process o. printing, screen process printing, serigraphy

Serin n (Chem) / serine

Serpentin m (Min) / serpentine ‖ ⁺**beton** m / serpentine concrete

Serpentine f (Straßb) / serpentine, winding road ‖ **in** ⁺**n** (Straßb) / serpentine adj

Serpentinenspeicher m (DV, CCD) / serpentine memory

Serpentinit, Serpentinschiefer m, -gestein n (Geol) / serpentine

Serrurier-Struktur f / Serrurier structure

Serum n (Latex) / serum of latex

Server m (DV) / server

Service, Kundendienst m, (DIN:) Bedienung f / after-sales service o. servicing ‖ ⁺ **130** (Fernm) / universal access number ‖ ⁺ **erbringen** / provide service ‖ ⁺-**Antriebssystem** n (Raumf) / service propulsion system, SPS ‖ ⁺-**Büro** n (DV) / service bureau ‖ ⁺**freundlichkeit** f / ease of servicing ‖ ⁺-**Indikator** m, Kennzeichnung f des Anrufers (Fernm) / service indicator ‖ ⁺-**Straße** f parallel zum Freeway / frontage road (US) ‖ ⁺**tank** m, Betriebsbehälter vor dem Motor (Schiff) / service tank ‖ ⁺-**Techniker** m / service man

Serviettenpapier n / napkin tissue

Servo·…, Hilfs… / servo ⁺**antrieb** m (Luftf) / booster [control] ‖ ⁺**betätigung** f / servo control ‖ ⁺**bremse** f / power brake, [vacuum] servo o. booster brake ‖ ⁺**faktor** m (Kfz) / brake shoe factor ‖ ⁺**gerät** n, -einrichtung f, -mechanismus m / servo mechanism, servo ‖ ⁺-**Integrierer** m (DV) / incremental o. servo integrator, saturating integrator ‖ ⁺-**Koordinatenwandler** m / servo resolver ‖ ⁺-**Koordinatenwandler** m / servoresolver ‖ ⁺**lenkgerät** n, Lenkhilfe f / steering booster ‖ ⁺**lenkung** f (Kfz) / power[-assisted] steering ‖ ⁺**manipulator** m / servomanipulator ‖ ⁺**mechanismus** m, Folgeregelsystem n / servomechanism, follow-up system ‖ ⁺**motor** m / actuator, servodrive, servo[motor] ‖ ⁺**motor**, Stell-, Hilfsmotor m (Regeln) / motor operator (US), servomotor, servo ‖ ~**motorisch betätigter Fahrschalter** (Bahn) / motor-driven switchgroup ‖ ⁺**pumpe** f / power-steering pump ‖ ⁺**ruder** m (Luftf) / servo tab ‖ ⁺**schaltventil** n (Pneum) / servo control valve ‖ ⁺**stabilisierung** f / servo stabilization ‖ ⁺**stellwerk** n (NC) / servo positioner ‖ ⁺**stempel** m (Bergb) / servo prop ‖ ⁺**steuerung**, Folgeregelung f (Regeln) / servo control ‖ ⁺-**System** n / servo system ‖ ⁺**ventil** n / servo valve ‖ ⁺**ventil** n (Bremse) / pilot o. relay valve ‖ **mit** ⁺**wirkung**, Servo… / servo assisted

Sesam m / til, sesame ‖ **orientalischer (o. indischer)** ⁺, Kuntschut, Vanglo m / sesame, Sesamum indicum ‖ ⁺**in** n / sesamin ‖ ⁺**öl** n / sesame o. gingilli o. teel o. til oil, benne oil

Sesqui·oxid n / sesquioxide ‖ ⁺**terpene** n pl / sesquiterpenes pl

Sessel·form f (Chem, Molekülaufbau) / chair form ‖ ⁺**lift** m / chair lift

Session f (ein Zustand im Teletexverkehr) / session

Sessionsschicht f (Fernm) / session layer

Seston n (Biol, Wasser) / seston

Set m (Buch) / set, width of widest character in a fount ‖ ⁺ m n, Platzdeckchen n / place mat, table mat

SET (franzö. Norm) (Standard d'Echange et de Transfer) / SET (French standard)

SETE, Überschall-Wegwerfturbine / SETE (= supersonic expendable turbine engine)

Set·instruktion, Setzinstruktion f (DV) / set instruction ‖ ⁺-**Symbol** n (DV) / set symbol ‖ ⁺-**Trommel** f, Ausschlußtrommel f (Buch) / justifying scale

Setz·abteilung f (Aufber) / washbox cell ‖ ⁺**arbeit** f (Bergb) / hutch work, jigging ‖ ⁺**arbeit** f im Gasstrom (Aufber)

/ classification by gas ‖ ⁑**bett** n (Bergb) / jig bed, filtering bed o. layer ‖ ⁑**bettrahmen** m (Bergb) / ragging frame ‖ ⁑**block** m (Textil, Karde) / building block ‖ ⁑**bolzen** m / powder actuated fastener ‖ ⁑**bottich** m (Brau) / hot wort receiver ‖ ⁑**-Eingangssignal** n (Pneum) / input signal X ‖ ⁑**eisen** n (Schm) s.
setzen (allg, DV) / set ‖ ⁓, stellen / place ‖ ⁓, hin-, fest-, aufsetzen / seat ‖ ⁓, waschen (Aufber) / jig ‖ ⁓, ein Manuskript absetzen (Buch) / compose, set type ‖ ⁑, Sacken n / consolidation of soil, settling ‖ ⁑, Sackmaß n (Bau) / consolidation, amount of settling ‖ ⁑, Setzarbeit f (Bergb) / jigging ‖ ⁑, Satzherstellung f (Buch) / composition, typographic composition, typography, typesetting ‖ ⁑ **von Federn** / setting of springs ‖ **einen Zähler** ⁓ / set a counter ‖ **Fundamente** ⁓ / bed foundations ‖ **mit dem Winkelhaken** ⁓ (Buch) / compose with composing stick ‖ **sich** ⁓, sich abscheiden (Chem) / precipitate, be deposited ‖ **sich** ⁓ (Bau) / set vi, give way, sink, subside, weigh down ‖ **sich [erwartungsgemäß]** ⁓ (o. senken) (Bau) / take the set
Setzer, Schriftsetzer m / typesetter, setter, compositor
Setzerei f, Setzsaal m / composing room
Setz·fehler m / printer's error, misprint ‖ ⁑**gesenk** n (Schm) / stake ‖ ⁑**graupen** f pl (Bergb) / washed and screened ore, jigged ore ‖ ⁑**hammer** m (Schm) / flatter, flattener, flattening hammer ‖ **gerader** ⁑**hammer** / square set hammer ‖ **runder** ⁑**hammer**, halbrunder Setzstempel / round beater ‖ ⁑**hammeroberteil**, -stempel m (Schm) / set hammer ‖ ⁑**hammer-Unterteil** n (Schm) / bottom anvil tool for set hammers ‖ ⁑**impuls** m (DV) / set pulse ‖ ⁑**kasten**, -maschine f (Bergb) / jig, pan, settling tank ‖ ⁑**kasten**, Schriftkasten m (Buch) / letter case ‖ ⁑**kasten** m **für Großbuchstaben** / upper case, UC ‖ ⁑**kasten** m **für Kleinbuchstaben** (Buch) / lower case, LC ‖ ⁑**kastenabschnitt** m (Aufber) / washbox compartment ‖ **Fach des** ⁑**kastens** (Buch) / lower o. upper case of the letter case ‖ ⁑**kastenzulaufkante** f (Aufber) / washbox feed sill ‖ ⁑**keil** m / key collar ‖ ⁑**kopf**, Nietkopf m / swage-head, die- o. snap- o. set-head ‖ ⁑**kübel** m (Hütt) / drop bottom tub o. bucket ‖ ⁑**latte** f, Richtscheit n (Verm) / level, ruler ‖ ⁑**libelle** f (Verm) / striding level ‖ ⁑**linie** f (Buch) / composing o. setting rule ‖ ⁑**maschine** f (Buch) / composing machine ‖ ⁑**maschine**, Buchstabensetzmaschine f (Buch) / typesetting machine, [type]setter ‖ ⁑**maschine** f, -sieb n (Bergb) / washer, jigging sieve o. machine, sieve jigger, brake sieve ‖ ⁑**maschine** f (TV) / caption generator ‖ ⁑**maschine** f (Spinn) / wire setting o. wiring machine ‖ ⁑**maschine** f **mit bewegtem Sieb** (Aufber) / movable sieve type washbox ‖ ⁑**maschinenhub** m / stroke of the jigger ‖ ⁑**maschinenkasten** m / washer box ‖ ⁑**maschinenschieber** m / washbox slide valve ‖ ⁑**maschinensortierung** f / jig washing ‖ ⁑**maschinenzeile** f (Buch) / [machine] slug ‖ ⁑**maß** n (Beton) / slump ‖ ⁑**meißel** m (zum Stemmen) / setter, ca[u]lking chisel o. tool ‖ ⁑**platte** f (Keram) / printer's bit ‖ ⁑**regal** n (Buch) / composing frame, rack ‖ ⁑**rost** m (Bergb) / jig plate ‖ ⁑**-Rücksetz-Abhängigkeit** f (Elektronik) / set/reset dependency ‖ ⁑**schiff** n (Buch) / [composing] galley ‖ ⁑**schlag** m (Schm) / hard blow ‖ ⁑**schwelle** f (Prozeßrechn) / setting threshold ‖ ⁑**sieb** n (Bergb) / jigger, jig screen [plate] ‖ ⁑**-Sprunganweisung** f (DV) / assigned GO-TO statement ‖ ⁑**stock** m, Lünette f (feststehend) (Dreh) / fixed stay o. steady ‖ **mitgehender** ⁑**stock** / follow rest ‖ ⁑**stockbett** n / steady bed ‖ ⁑**stock-Ständer** m / steady column ‖ ⁑**stufe der Treppe**, Futterstufe f (Bau) / riser, raiser ‖ ⁑**tank** m (Schiff) / [oil] settling tank ‖ ⁑**tisch** m (Buch) / composing table ‖ ⁑**- und Ablegemaschine** f (Buch) / machine for composing and distributing type ‖ ⁑**- und Gießmaschine für Einzelbuchstaben**, Monotypemaschine f (Buch) /

Monotype [machine] ‖ ⁑**- und Gießmaschine für Zeilen**, Linotypemaschine f / Linotype [machine]
Setzung f / subsidence, subsidency, subsiding, set[tling], settlement ‖ ⁑ (durch Eigengewicht) (Bau) / weighing down ‖ ⁑ s. Senkung u. Setzen
Setzungs·erscheinung f / settling phenomenon ‖ ⁑**messer**, -indikator m / settlement reference marker ‖ ⁑**messer** m (für Schüttgut) / settlement reference marker for bulk goods
Setz·versuch m (Bergb) / jigging test ‖ ⁑**waage** f / bubble o. air level ‖ ⁑**wäsche** f / washing of ores in tubs o. in sieves, tub washing ‖ ⁑**weger** m, Kammplatte f (Schiff) / spirketing
SEV (Elektronik) = Sekundärelektronenvervielfacher ‖ ⁑ (Elektr) = Schweizerischer Elektrotechnischer Verein
sexagesimal / sexagesimal
Sextant m / sextant
Sextett n (Chem) / sextet
Sextil n (Statistik) / sextile
Sextillion f, 10^{36} / sextillion (GB), undecillion (US)
sezernieren, sekretieren / secrete
SF₆ n, Schwefelhexafluorid n / SF_6, sulfur hexafluoride
Sferics pl (DDR-Schreibweise für Spherics) (Elektronik) / [atmo]spherics pl
SFERT n / SFERT (European Master Telephone Transmission Reference System)
SFK, synthesefaserverstärkter Kunststoff / man-made fibre reinforced plastics pl
S-förmig / S-shaped ‖ ⁑**e Linie** / ogee
SF₆·-Rohrleiter m (Elektr) / SF_6-insulated metal-clad tubular bus ‖ ⁑**-Technik** f (Chem) / sulphur hexafluoride o. SF_6-technique
S-Gemisch, -Signal n (TV) / composite synchro signal
S-Gerät n, Sonar m n (Nav) / sonar (sound navigation and ranging), asdic, A.S.D.I.C. (Allied Submarine Devices Investigation Committee)
SGHWR = Schwerwasserreaktor (steam generating heavy water reactor)
Sgraffitoarbeit f (Bau) / scratch work, [s]graffito
S-Grat Köper m (Textil) / lefthand twill
S-Haken m / ess, S-shaped hook
Shakertrommel, Lumpen-Entstaubungstrommel f (Textil) / dust o. rag shaker
Shampooniergerät n (Kfz) / shampooner
Shantungseide f / shantung
Shapingmaschine f / shaper (US), shaping machine
Shawverfahren n (Hütt) / Shaw-process
Shear-Leg m (Mech) / shear leg
Shed n **eines Sheddaches** / shed of a shed roof ‖ ⁑**dach** n / shed roof, double-ridged roof, saw tooth roof ‖ ⁑**-Hallenbau** m / shed building o. construction ‖ ⁑**-Träger** m / girder of a shed roof
Sheet, Fell n (Gummi) / rolled o. rough sheet, crude crepe sheet (US) ‖ ⁑ n minderer Güte (Gummi) / off grade sheet
Shefferfunktion f, NAND-Funktion o. Verknüpfung f / NON-conjunction, NOT-BOTH-operation
Shell f, Schale f (DV) / shell ‖ ⁑**-Maskengießverfahren** n (Gieß) / shell casting process ‖ ⁑**-Vierkugelapparat** m (Schmieröl) / Shell four-ball tester
Shelter m (ein Container) / shelter ‖ ⁑**deck** n (Schiff) / awning o. shelter deck ‖ ⁑**decker** m (Schiff) / shelter decker
sherardisieren (Hütt) / sherardize
Sherwood-Zahl f (Rheologie) / Sherwood number
Shetland n (Web) / shetland
Shibata-Nadel f (Phono) / Shibata stylus
Shift-in n (DV) / SI, shift in
Shift-out n (DV) / SO, shift out
Shiftregister n, Schiebespeicher m / shift register
Shippington f (USA) / shipping ton (= 1,1326 m³)
Ship[s]tainer, Bordlader m (Schiff) / ship[s]tainer
Shirting m (Web) / shirting
Shmoo, Schmoo m (Halbl) / shmoo, schmoo

Shoddy

Shoddy *n*, Shoddy- und Mungowolle *f* (Textil) / artificial long-stapled wool, shoddy wool, softs *pl* ‖ ~seide *f*, Seidenshoddy *n* / fancy silk, silk shoddy ‖ ~spinnerei *f* / shoddy spinning ‖ ~tuch *n* / shoddy
Shop-Primer *m*, Werkstattgrundierung *f* / shop primer
Shoranradar *m n* / shoran (short range navigation)
Shorehärte *f* / Shore hardness
Shortton *f* (Masseeinheit) / short ton (GB, US) (= 2000 lbs = 907.185 kg)
Shotwelding *n* / shot weld[ing]
Show-Business *n* / show business
Showerdeck *n* (Raffinierboden) / shower deck
shredden (Pap) / shred
Shredder *m* (Pap) / shredder ‖ ~-Anlage *f* (für Autowracks) / shredder (for cars)
shreddern (Metall) / shred (metal)
Shrink-Cooling-Verfahren *n* (Blei) / shrink-cooling process
SH-Schreiber, Siemens-Hell-Schreiber *m* (Fernm) / Siemens-Hell printer
Shunt, Nebenschlußstromkreis *m* (Elektr) / shunt [circuit]
shunten, in Nebenschluß legen / shunt *v*
Shutter *m* (Steckdosenschutz) / shutter
SHZ = Sulfathüttenzement
SI = Système International ‖ ~ = Silikon ‖ ~ (Kfz) = severity index
SIA = Schweizerischer Ingenieur- u. Architekten-Verein
Sial *n* (Zone der Erdkruste) (Geol) / sial
Sichdecken *n* von Löchern / register of holes
Sich-Einschalten *n* (Fernm) / intrusion in a call
Sich-Einspielen plastischer Strukturen (Bau) / shakedown of plastic structures
Sichel *f* (Mähmaschine) / sickle ‖ ~düne *f*, Barchan *m* (Geol) / barkhan ‖ ~flügel *m* (Luftf) / crescent wing ‖ ~förmig / sickle shaped, lunate[d], lunulate ‖ ~mäher *m* / lawn mower with rotating blades, rotary mower
sicher, zuverlässig / safe, secure, sure ‖ ~ [vor] / safe [from, against] ‖ ~, zuverlässig / sure, reliable ‖ ~, mäßig (Geschwindigkeit) / safe ‖ ~es Erz / positive ore ‖ ~e Flugdauer / prudent limit of endurance, PLE ‖ ~e Geschwindigkeit (Luftf) / safety speed ‖ ~e Handhabung / safe handling ‖ ~e Last (Luftf) / limit load ‖ ~e Lebensdauer / safe life ‖ ~e Reisegeschwindigkeit (Luftf) / cruising threshold ‖ ~e Reserve (Naturschätze) / proved reserve
Sicherheit *f*, Gewißheit *f* / certainity ‖ ~ [vor, gegen] (Gefahrlosigkeit) / safety [from] ‖ ~ (Schutz) [gegen, vor] / security [from, against] ‖ ~ gegen Zug (Seil) / safety to traction ‖ ~ im Fernmeldeverkehr / communications security ‖ ~ im Straßenverkehr / traffic safety ‖ ~ zuerst! / safety first! ‖ mit dreifacher ~ / with threefold safety
Sicherheits·…, Vorsichts… / safety… ‖ ~absperrorgan *n* / safety shut-off device ‖ ~abstand *m*, -faktor *m* / safety margin, margin of safety ‖ ~abstand *m*, -lücke *f* / safe gap ‖ ~abstand *m* (NC) / clearance distance ‖ ~abstand *m* (Kfz) / safe headway o. distance ‖ ~abstand *m* am Schornstein (Bau) / safe distance to chimney ‖ ~abstand *m* der Verstärkung gegen Selbsterregung / gain margin ‖ ~anschlag *m* (Masch) / safety stop ‖ ~ausrückung *f* (Stanz) / safety stop ‖ im Flugzeug eingebaute ~ausrüstung / in-flight safety system ‖ ~ausschalter *m* / cut-out, automatic off-switch ‖ ~band, Schutzband *n* (zwischen beiderseits zugeteilten Kanälen) (Elektronik) / guard band ‖ ~beauftragter *m* / safety officer ‖ ~behälter *m* (Nukl) / containment [shell] ‖ ~behälter *m* (Brutreaktor) / saftety tank ‖ ~behälter *m* für Transport (Reaktor) / spent fuel rack, transport box ‖ ~bereich *m* / safety area ‖ ~bindung *f* (Ski) / release binding ‖ ~bolzen, Schmelzpfropfen *m* (Kessel) / fusible plug ‖ ~bremse *f*, Notbremse *f* / emergency o. safety brake ‖ ~bügel *m* / safety loop o. hook o. gripper ‖ ~bügel *m* der Notleiter / safety bow of the fire ladder ‖ ~code *m* / redundant

code ‖ ~deich *m*, Schlafdeich *m* / retired embankment ‖ ~doppel *n* (DV) / duplicate record ‖ ~ebene *f* (NC) / clearance plane ‖ ~einrichtung *f*, -vorrichtung *f* / safety contrivance o. device ‖ ~element *n* (Nukl) / safety member ‖ ~-Endausschalter *m* / main limit switch ‖ ~endschalter *m*, zweiter Endschalter / final o. ultimate limit switch ‖ ~erdung *f* (Elektr) / safety earth[ing] ‖ ~faden *m* (Geldschein) / safeguarding thread ‖ ~fadenführer *m* (Wirkm) / safety carrier, safety yarn guide ‖ ~fadenführer *m* (Wirkm) / safety yarn guide ‖ ~fahrschaltung, Sifa *f* (Bahn) / dead man's handle ‖ ~faktor *m* / factor of safety, safety margin, safety factor ‖ ~faktor *m* gegen Kanalüberhitzung (Nukl) / hot channel factor ‖ ~faktor *m* gegen Rate-Überschreitung (Atom, Nukl) / burn-out ratio ‖ ~fangnetz *n* (Luftf) / safety barrier ‖ ~felge, Humpfelge *f* (Kfz) / hump felloe o. rim ‖ ~film, Acetatfilm *m* / acetate film, non-flam film ‖ ~fläche *f* (NC) / clearance surface ‖ ~fühlschiene *f* (Bahn) / safety [control] bar ‖ ~funkenstrecke *f* / safety spark gap, coordinating o. protective gap, relief gap ‖ ~geschirr *n* / safety harness ‖ ~glas *n* / safety glass, spinterproof glass ‖ ~glas *n* (Einscheibenglas) / toughened o. tempered safety glass ‖ ~glas *n* (Verbundglas) / compound glass ‖ ~glas *f* mit Drahteinlage / armour-plate ‖ ~grad *m* / degree of safety, safety degree ‖ ~grenzschalter *m* / final limit switch ‖ ~gurt *m* (Luftf) / safety o. seat belt ‖ ~gurt *m*, Haltegurt *m* (Kfz) / safety belt, shoulder belt o. harness ‖ ~gurt *m* mit Aufrollautomatik / rerolling safety belt ‖ ~haken *m* / safety hook, lock-on hook ‖ ~-Höchstfahrt *f* (Luftf) / maximum safe airspeed ‖ ~höhe *f* (Luftf) / safety height ‖ ~hülle *f*, Containment *n* (Reaktor) / containment [shell], reactor containment ‖ ~kennzeichnung *f* / safety marking ‖ ~kette *f* (allg) / safety chain ‖ ~kette *f* (Bahn) / chain couplings *pl*, check o. drag o. side chain ‖ ~kette (Luftf) / break-away chain ‖ ~kette am Seilkorb (Bergb) / bridle chain ‖ ~-Kinefilm *m* / non-flam o. safety film ‖ ~klinke *f* / safety pawl, keeper ‖ ~kontakt *m* / safety contact ‖ ~kupplung *f* / safety clutch o. coupling ‖ ~kupplung *f* (Bahn) / safety coupling ‖ ~lampe, Kopflampe *f* (Bergb) / miner's o. mining lamp, davy, Davy's o. safety lamp ‖ ~leine *f* (Raumf) / safety tether ‖ ~leiter *f* / safety ladder ‖ ~leitkegel *m* (Straßb) / roadmarker cone ‖ ~linie *f* (Geldschein) / security line ‖ ~luftfahrzeugführer *m* / safety pilot ‖ ~luftventil *n* (für Kessel) / reverse valve for boilers, atmospheric o. air valve ‖ ~maßnahme *f* / safety measure o. precaution ‖ ~nadel *f* / safety pin ‖ ~-Originalkopie *f* / protection master ‖ ~papier *n* / antifalsification paper ‖ ~papierdruck *m* / security printing ‖ ~pfeiler *m*, Wehrstoß *m* (Bergb) / barrier [pillar], safety pillar ‖ ~pfeiler *m*, Bergfeste *f* (Bergb, Schacht) / [pit] pillar ‖ ~reißleine *f* (Luftf) / rip link ‖ ~riegel *m* (Schloß) / safety o. night latch o. bolt ‖ ~rohr *n* (Chem, Labor) / loop trap funnel tube ‖ ~rolle *f* der Ankerhemmung (Uhr) / safety roller ‖ ~rutschkupplung *f* / safety friction clutch ‖ ~schieber *m*, Preventer *m* (Öl) / preventer, blow-out protector ‖ ~schleuse *f* (Hydr) / protecting sluice ‖ ~schloß *n*, -verschluß *m* / safety lock ‖ ~schloß *n* mit Bartstufen, Chubbschloß *n* / safety lock type "Chubb" ‖ ~schlüssel *m* / patent key ‖ ~schmelzbolzen *m* (Raumf) / safety bolt ‖ ~schuh *m*, -stiefel *m* / safety boot, hard-toed boot ‖ ~schulter *f* (Felge) / bead retaining contour ‖ ~schwelle *f*, -stufe *f* / stage of security ‖ ~seil *n* / safety cable ‖ ~spanne *f* / safety allowance o. margin ‖ ~sperre *f* (während des Ablaufs von Schaltvorgängen) / backlocking ‖ ~sperrklinke *f* / keeper, safety pawl ‖ ~sprengstoff *m* (Bergb) / permitted (GB) o. permissive (US) explosive, safety explosive ‖ ~stab *m* (Nukl) / scram o. safety o. shut-down rod ‖ ~steiger, Wettersteiger *m* (Bergb) / examiner ‖ ~stift *m*, -messer *n* (Uhr) / guard pin, safety finger o. pin, dart ‖ ~stopfen *m* (Kessel) / safety plug ‖ ~streichholz, -zündholz *n* /

safety match ‖ **⁓stromkreis** m / remotely controlled safety circuit ‖ **⁓studie** f / safety analysis ‖ **[durchknickende] ⁓stütze** / elbow brace ‖ **⁓technik** f (Theorie) / security technology ‖ **⁓technik** f (Praxis) / safety engineering ‖ **⁓technisch** / concerning safety regulations ‖ **⁓technische Anforderungen** f pl / safety specifications o. requirements pl ‖ **⁓[transport]verpackung** f (Nukl) / birdcage ‖ **⁓trieb** n (Uhr) / safety pinion ‖ **⁓ventil** n / safety o. escape o. emergency valve ‖ **⁓ventil, Überlaufventil** n / by-pass valve o. trap, overflow o. relief valve ‖ **⁓ventilbelastung** f, **-ventilgewicht** n / safety valve weight o. load o. tumbler ‖ **⁓verkehr** m / safety communication ‖ **⁓verriegelung** f / safety locking [bolt] ‖ **⁓verschluß** m, **-schloß** n / safety lock ‖ **⁓vorlage, Vorlage** f (Schweiß) / water seal ‖ **⁓vorlaufleitung** f (Heizung) / expansion flow pipe ‖ **⁓vorrichtung** f / safety apparatus o. appliance o. device o. contrivance o. precaution ‖ **⁓vorschriften** f pl / safety regulations o. rules o. specifications o. instructions pl ‖ **⁓-Wettertür** f (Bergb) / dam door ‖ **⁓winkel** m (Elektr) / margin of commutation ‖ **⁓zahl, -ziffer** f / factor of safety ‖ **⁓zone** f (Raumf) / blast area ‖ **⁓zünder** m (Bergb) / safety detonator o. fuse ‖ **⁓zündschnur** f / safety fuse o. match ‖ **⁓zuschlag** m / increased factor of safety

sichern [gegen] / guard [against], safeguard ‖ ⁓, schützen / secure, protect, safety v ‖ ⁓, kontrollieren / check ‖ ⁓, festhalten / secure, lock ‖ ⁓ (Handwaffe) / put on safety ‖ ⁓ (Geschütz) / lock the breech ‖ ⁓ (Elektr) / install fuses ‖ ⁓ (Bergb) / secure ‖ **eine Sprechverbindung** ⁓ (Fernm) / guard a speaking pair **Sicher·probe** f **des Erzes** (Bergb) / van ‖ **⁓stellung** f (z.B. von Nachschub) / assurance ‖ **⁓stellungsbereich** m (DV) / safe area

Sicherung f (allg) / safety device o. contrivance ‖ ⁓ (Schraube) / nut retention ‖ ⁓ (Elektr) / [safety] fuse, [fusible] cut-out ‖ ⁓, Konsolidierung f / consolidation ‖ ⁓ (Mil) / slide o. sliding bolt, safety [bolt] ‖ ⁓ (Bergb) / holding up the roof ‖ ⁓ **des Arbeitsplatzes** / ensuring employment ‖ ⁓ **einer Verbindung** / securing a connection ‖ **die ⁓en auslösen** / blow the fuses ‖ **unter Öl arbeitende** ⁓ / immersed liquid-quenched o. oil-quenched fuse

Sicherungs·anlage f (Bahn) / safeguarding plant ‖ **⁓archiv** n (DV) / security file ‖ **⁓automat** m (Elektr) / overload o. over-current release o. cut-out, safety cutout ‖ **thermischer ⁓automat** (Elektr) / thermal cut-out ‖ **⁓blättchen** n (Elektr) / fuse strip, strip fuse ‖ **⁓blech** n (Masch) / locking plate, safety plate ‖ **⁓blech** n (mit Lappen) (rund) / tab washer ‖ **⁓blech** n **mit 2 Lappen** (rechteckig) / safety plate with 2 flaps ‖ **⁓blech** n **mit Außennase, [mit Innennase]** / safety plate tongued outside, [inside] ‖ **⁓blech** n **mit langem Lappen** / tab washer with long tab ‖ **⁓bügel** (DIN), **-ring** m (Kfz) / circlip [securing ring] ‖ **⁓dose** f, **-kasten** m (Elektr, Kfz) / fuse box ‖ **⁓draht** m **für Plomben** / locking wire ‖ **⁓drahtstift** m (Fallschirm) / static pin ‖ **⁓druckknopf** m (Elektr) / reset button of the cut-out ‖ **⁓einsatz** m, Schmelzstöpsel m / fuse link ‖ **⁓faden** n (Fallschirm) / safety thread ‖ **⁓feder** f / stop spring ‖ **⁓-Gegenmutter** f s. Sicherungsmutter ‖ **⁓halter, -träger, -körper, -griff** m / fuse carrier o. holder ‖ **⁓halter** m, **-griff** m (Elektr) / fuse carrier o. holder ‖ **⁓halter** m **mit Schraubverschluß** / screw plug o. cartridge f ‖ **⁓kasten** m (Elektr) / cutout box, fuse box ‖ **⁓kasten** m, gußgekapselter Sicherungskasten / iron-clad cutout box ‖ **⁓keil** m **eines Bolzens, einer Feder** / retainer lock ‖ **⁓klappe** f **des Kranhakens** / safety catch of the crane hook ‖ **⁓klemme** f / fuse terminal ‖ **⁓kontrollrelais, Kontrollrelais für die Sicherungen** n / fuse supervisory relay ‖ **⁓leuchte** f (Kfz) / amber flash lamp ‖ **⁓loch** n (Sechskantmutter) / pin hole ‖ **⁓maßnahmen** f pl / safeguards pl ‖ **⁓mutter** f, Gegenmutter f / counternut, lock o. check o. jam o. pinch nut ‖ **⁓mutter** f (federnd)

/ spring-action locknut ‖ **⁓napf** m / safety cup for screws ‖ **⁓nennstrom** m (Elektr) / fuse rating ‖ **⁓paßeinsatz** m / gauge ring for fuses ‖ **⁓patrone** f / fuse cartridge ‖ **⁓posten** m (an Baustellen) (Bahn) / flagman, look-out man ‖ **⁓programmierung** f (DV) / fuse programming ‖ **⁓radar** m n / surveillance radar ‖ **⁓raste** f / safety catch ‖ **⁓ring** m (DIN), Benzingsicherung f / circlip [securing ring] ‖ **⁓ring** m (Masch) / locking ring, snap o. retaining ring with lugs ‖ **⁓ring** m, Dichtungsring m / sealing ring ‖ **⁓ring** m, Seegerring m für Wellen / circlip for shafts ‖ **⁓ring** m **für Bohrungen** / circlip for bores ‖ **⁓ring-Zange** f / circlip pliers pl ‖ **⁓scheibe** f / lock washer, locking o. retaining washer ‖ **⁓scheibe** f (gegen seitliches Verschieben) / thrust washer ‖ **⁓scheibe** f **für Wellen** / circlip [securing ring] ‖ **⁓scheibe** f **mit Innenlappen** / internal tab washer ‖ **⁓[schmelz]streifen** m (Elektr) / fuse link o. strip ‖ **⁓schraube** f / safety o. seal screw ‖ **⁓schraube, Halteschraube** f / locking o. securing screw ‖ **⁓schraubkappe** f (Elektr) / fuse carrier ‖ **⁓sockel** m (Elektr) / fuse base o. block o. socket ‖ **⁓stab** m (Nukl) / emergency rod, scram rod ‖ **⁓stecker** m (Elektr) / two-pin fuse ‖ **⁓stift** m / locking pin ‖ **⁓stift** m, Schwerspannstift m / heavy type dowel pin ‖ **⁓tafel** f (Elektr) / fuse board o. panel ‖ **⁓- und Verbindungsschicht** f, Schicht 2 f (OSI) / data link layer ‖ **⁓unterlage** f **für On-Line-Übertragungen** (DV) / back-up ‖ **⁓vorrichtung, Festhaltevorrichtung** f / securing device o. contrivance

Sicht f, Blick m (Opt) / sight, vision ‖ ⁓ s. auch Sichtweite ‖ **⁓..., Sortier...** / sizing ‖ **aus amerikanischer ⁓** / as seen from USA ‖ **beste ⁓** / beste Sichtigkeit der Luft, Sichtigkeit 9 / excellent visibility ‖ **gegen ⁓ schützen** / camouflage ‖ **⁓abdeckung** f / screen n, mask ‖ **⁓analyse** f (Bergb) / pneumatic size analysis ‖ **⁓anflug** m (Luftf) / visual [contact] approach ‖ **⁓anflug-Neigungszeiger** m / VASI, visual approach slope indicator ‖ **⁓anflugpiste** f / non-instrument runway ‖ **⁓anlage** f, Sortieranlage f / sorting o. picking plant, separating plant ‖ **⁓anzeige** f / visible indication ‖ **⁓anzeige** f, **-anzeigegerät** n (DV, Radar) / display, display device o. unit

sichtbar / visible ‖ ⁓, wahrnehmbar / visual ‖ **⁓[lich]**, sichtlich / apparent, visible, perceptive to vision ‖ **⁓es Erz** (für Berechnung von Erzreserven) / ore in sight ‖ **⁓e Fuge** (Bau) / face joint ‖ **⁓e Fuge** (Sperrholz) / core gap ‖ **⁓es Gebiet** (Opt) / visible region ‖ **⁓ gemachte Sprache** / visible speech ‖ **⁓er Horizont** / apparent horizon ‖ **⁓ machen** / show, visualize ‖ **⁓e Schrift** (Schreibm) / visible writing ‖ **⁓es Signal** / visible signal ‖ **⁓es Spektrum** (Phys) / visible o. optical o. luminous spectrum ‖ **⁓er Strahl** (Kath.Str) / unblanked beam ‖ **⁓ werden** / appear ‖ **mit bloßem Auge nicht ⁓** / invisible to the naked eye

Sichtbarkeit f / visibility
Sichtbarkeits·stellung f / visibility position
sichtbar-kristallinisch, phanerocristallin / phanerocrystalline
sichtbarmachen / visualize
Sichtbarmachung f, Anzeige f (DV) / display
Sicht·begrenzung f / optical limitation ‖ **⁓behinderung** f / obstacle to visibility, interference with visibility ‖ **⁓bereich** m / visual range ‖ **⁓beton** m / fair-faced concrete, exposed concrete ‖ **⁓bild** n (Radar) / perspective representation
sichten, separieren (Bergb) / sift, screen ‖ ⁓, sortieren / sort, assort, size ‖ ⁓, erkunden / spot ‖ ⁓ (Schiff) / sight v ‖ **pneumatisch ⁓** (Bergb) / separate pneumatically
Sichter m / sifter, separator ‖ **⁓ für Labor** / laboratory sifter ‖ **⁓mühle** f (Bergb) / air separation ball mill
Sichte·tisch m / picking table ‖ **⁓trommel** f (Bergb) / sizing drum
Sicht·feld n (Phot) / lens coverage ‖ **⁓fenster** n (DV) / window ‖ **⁓fenster** n **aus Achat** / agate window ‖

⌐**fenstertechnik** f (DV) / multiwindowing ‖ ⌐**fläche** f / visible surface ‖ ⌐**flug** m (Luftf) / visual flight ‖ ⌐**flug-Regeln**, VFR-Regeln f pl (Luftf) / visual flight rules, VFR pl ‖ ⌐**funkpeiler** m / visual radio range o. direction finder ‖ ⌐**gerät** n (Radar) / plan-position indicator, PPI ‖ ⌐**gerät** n (DV) / display [device o. unit] ‖ ⌐**gerätausgabe** f, Soft-Copy f (DV) / soft copy ‖ ~**gesteuert** (Flugkörper) / optically tracked
sichtig, klar (Meteorol) / clear, visible
Sicht[igkeit der Luft] f (Meteorol) / visibility
Sicht·kartei, Flachkartei f / visual o. visible file ‖ ⌐**linie**, Sehlinie f / line of sight, LOS ‖ ⌐**linien-Hohlleiterstrecke** f (Fernm) / line-of-sight microwave link ‖ ⌐**lochkarte** f / visual punch card, peek-a-boo card ‖ ⌐**maschine** f (Textil) / picking machine ‖ ⌐**mauerwerk** n / fair-faced brickwork ‖ ⌐**messer** m / visual range meter ‖ ⌐**öler** m / sight feed lubricator ‖ ⌐**peiler** m / IDF, indicating direction finder ‖ ⌐**peilgerät** n mit **Kathodenstrahlröhre** / cathode ray direction finder ‖ ⌐**prüfung** f, -probe f / visual inspection o. examination ‖ ⌐**prüfung**, Kontrolle durch Aufeinanderlegen von Karten f (LoKa) / peek-a-boo, sight check, visual check ‖ ⌐**scheibe** f (Mot) / inspection glass ‖ ⌐**scheibe** f **für Augenschutz** / eye-protecting lens ‖ ⌐**signal** n / visible signal ‖ ⌐**speicherröhre** f (TV) / viewing storage tube ‖ ⌐**tabelle** f (Hütt) / table of screens ‖ ⌐**tiefe** f (Hydr) / visibility depth ‖ ⌐**trübung** f / clouding o. impairment of vision
Sichtung, Klassifikation f / classification ‖ ⌐, Sortierung f / sizing, sorting ‖ ⌐ (Bgb) / air classification, dedusting
Sicht·verbindung f / visual contact o. communication ‖ ⌐**verkleidung** f / appearance cover ‖ ⌐**weite**, Sicht f / visual distance o. range, range o. reach of vision o. of sight, visibility, field of vision, optical range, sight[ing] distance ‖ ⌐**weite 0/0** (Luftf) / visual range of 0/0 ‖ ⌐**weitemesser** m / visual range meter ‖ ⌐**weitemesser** m **für Flugplätze** / runway visual range meter ‖ ⌐**weitenmesser** (für große Entfernungen), Skopograph m (Luftf) / scopograph ‖ ⌐**weitenmesser** (für kurze Entfernungen), Videograph m (Luftf) / videograph ‖ ⌐**wetterbedingungen** f pl / visual meteorological conditions, VMC pl ‖ ⌐**winkel** m / viewing angle
Sicilienne f (Textil) / sicilian
Sicke f (Masch) / bead ‖ **Verbindung durch** ⌐**n**, Versicken n / lock beading, canaluring
sicken / bead vt, crimp vt ‖ ~, bördeln (Blech) / crease v, flange, welt ‖ ⌐**eisen** n, -form f / creasing die ‖ ⌐**faß** n / channel drum ‖ ⌐**maschine** f (Stanz) / beading o. crimping machine, beader ‖ ⌐**walze** f / beading roller ‖ ⌐**zug** m (ein Werkzeug) / creasing tool
Sicker·anlage f / sump hole ‖ ⌐**beton** m / filtering concrete ‖ ⌐**bohrung** f / drain hole ‖ ⌐**brunnen** m (Hydr) / dry well ‖ ⌐**dole** f, -wasserrohr n (unterird.) / catch water drain ‖ ⌐**ebene**, Sättigungsebene f (Grundwasser) / plane of saturation ‖ ⌐**graben** m, -kanal m / rubble drain ‖ ⌐**grube** f (Abwasser) / absorbing well ‖ ⌐**grube** f (für Entwässerung) (Bau) / draining well, drainage pit ‖ ⌐**linie** f (Hydr) / seepage line ‖ ⌐**loch** n, -grube f, -schacht m (unausgemauerte Versitzgrube) (Abwasser) / soakage pit, soakaway [pit], soaker ‖ ⌐**loch** n **in einer Mauer** / weephole
sickern (Feuchtigkeit) / soak v, seep ooze ‖ ~, lecken (Gefäß) / leak v ‖ ⌐ **unter Mitnahme von Schmutzstoffen** / leaching
sickernd, tröpfelnd / oozing, trickling, dropping
Sicker·packung f (Bau) / drainage pit ‖ ⌐**rohr**, Entwässerungsrohr n (Straßb, Bahn) / drop pipe, drain pipe ‖ ⌐**saft** m (Silieren, Landw) / percolating juice ‖ ⌐**schacht** m, Versickerungsschacht m (Bau) / soakaway, rummel (GB) ‖ ⌐**schacht** m, -grube f / well drain ‖ ⌐**schacht** (durch undurchlässige Schicht) / negative well, dead o. absorbing well ‖ ⌐**schicht** f (Bau) / rubble drain bed ‖ ⌐**schlitz** m (Straßb) / rubble drain, drystone drain ‖ ⌐**steindränung** f, -steindrain m / rubble drain,

French drain ‖ ⌐**stollen** m (Bergb) / infiltration gallery ‖ ⌐**strahlung** f (Nukl) / direct o. primary radiation ‖ ⌐**strömung** f, Grundwasserstrom-Sickerung f / passage of seepage flow, flow through seepage passages ‖ ⌐**verlust**, Schwund m / leakage ‖ ⌐**verlust** m (Hydr) / loss by leakage ‖ **Größe des** ⌐**verlustes** / leak[age] rate ‖ ⌐**wasser** n / leakage water ‖ ⌐**wasser** n (tropfend) / percolating water ‖ ⌐**wasser** n (in engen Hohlräumen sinkend) (Hydr) / gravitational water ‖ ⌐**wasserableitung** f / evacuation of infiltration water ‖ ⌐**wasser-Verschmutzer** m / leachate
Sicrozem n (braungraue Erde) / sicrozem
SiC-Whisker m (Verstärkerfaser) / SiC o. Sic-whisker
Siderin-Gelb n / siderin yellow, ferric chromate
siderisch / sidereal ‖ ~**es Jahr** / sidereal year (= 365,25636 d) ‖ ~**er Monat** (= 27,32166 d) / sidereal month
Siderit (von Heidinger), Spateisenstein m (Min) / siderite, chalybite, spathic iron ore ‖ ⌐ m (von Pinkerton) (Min) / hornblende ‖ ⌐ (von Daubrée), Eisenmeteorit m / siderite (a meteorite)
Sidero·graphie f, Stahlstichdruck m (Buch) / siderography ‖ ⌐**lith** m (Min) / siderolite ‖ ⌐**sis** f (der Lunge) (Med) / siderosis ‖ ⌐**stat** m (Astr) / siderostat
Sieb n, Durchwurf m / sieve, sifter, strainer ‖ ⌐ (Bergb) / screen ‖ ⌐ (Pap) / wire ‖ ⌐ (Landw) / riddle ‖ ⌐, Filter m (Elektronik) / filter ‖ **[feines]** ⌐ / sieve n ‖ **[elektrisch] beheiztes** ⌐ / electrically heated screen ‖ **feines** ⌐, Filtertuch n (Chem) / lawn ‖ **grobes** ⌐ (Pap) / screen ‖ **grobes** ⌐ (Bergb) / coarse sieve ‖ **...-mesh-**⌐ / .-mesh screen ‖ ⌐**analyse** f (Chem) / sieve o. screen analysis ‖ ⌐**anlage** f (Kohlenaufber) / sifting plant ‖ ⌐**ascheanalyse** f / ash analysis by sizes ‖ ⌐**austrag** m (der Abfall) / sieving residue o. retainings pl ‖ ⌐**austrag** m (die Ausbeute) / efficiency o. yield of sizing ‖ ⌐**band-Trockenmaschine** f (Textil) / brattice drier ‖ ⌐**bandwaschmaschine** f (Textil) / travelling screen washing machine ‖ ⌐**belag** m / screen lining o. bottom ‖ ⌐**boden** m (Chem) / sieve plate o. tray o. diaphragm o. bottom ‖ ⌐**deck** n / sieve plane ‖ ⌐**drossel** f (Elektronik) / filter choke ‖ ⌐**druck** m, Serigraphie f (Verfahren) / silk screen [process] printing, serigraphy ‖ ⌐**druck** m (Erzeugnis) / serigraph ‖ ⌐**druckeinrichtung** f / screener, screening installation ‖ ~**drucken** / screen (US), screen-print ‖ ⌐**drucker** m / screen printer ‖ ⌐**druckfarbe** f / screen printing ink ‖ ⌐**druck-Lötpaste** f / screen printing solder paste ‖ ⌐**druckschablone** f / stencil for screen printing ‖ ⌐**durchfall** m, Siebfeines n, Unterkorn n / undersize, undersize particles ‖ ⌐**durchfall** m, Staubkohle f (Bergb) / duff, breeze ‖ ⌐**durchgang** m / minus mesh o. size, screen underflow, through fraction, sub-sieve powder ‖ ⌐**durchgangs-Fläche** f / sieving area ‖ ⌐**durchgangskurve** f / minus mesh o. minus size curve, undersize curve ‖ ⌐**durchgangskurve** f (Aufber) / cumulative undersize curve ‖ ⌐**einguß** m (Gieß) / strainer gate ‖ ⌐**einsatz** m / mesh bottom
sieben, ab-, durchsieben / screen, sieve, sift ‖ ~, ab-, durchsieben, durch Sieben klassieren / sieve, size, sift ‖ ~, rättern (Bergb) / riddle v ‖ ~ (Mehl) / bolt ‖ ⌐ n, Trennen n, Klassieren n (Aufber) / grading, screening
Sieben-Bit Byte n (DV) / septet
Sieben·eck n, -flach n / heptagon ‖ ~**eckig** / heptagonal, sevenangled
Siebener·alphabet n / seven-unit code
sieben·fach / sevenfold ‖ ⌐**gelenkgetriebe** n (Mech) / seven-joint linkage ‖ ~**polige Anhänger-Steckvorrichtung** (Kfz) / seven-pole connector ‖ ⌐**ring** m, siebengliedriger Ring (Chem) / seven-membered ring ‖ ⌐**ringverbindung** f / heptacyclic compound ‖ ~**sitzige Limousine** / seven passenger sedan ‖ ~**stelliger Logarithmus** / seven-place logarithm ‖ ⌐**tagescheiben** f pl, Siebentagebündel n (Tachograph) / eight-day chart bundle

Siebentschlammung f (Aufber) / deslurring by screens **siebenwertig** / heptavalent, septavalent **Sieberei**, Trennung f (Bergb) / separation, screening o. dressing o. separating plant ‖ ~**feinkohle** f (Bergb) / duff **Sieber-Zahl** f (für Bleichbarkeit) (Pap) / Sieber number **Sieb·faktor** m (Elektronik) / reciprocal of reduction factor ‖ ~**feines** n / fines pl, undersize particles ‖ ~**feinheit** f / fineneness of mesh ‖ ~**filter** m n / filtering screen, sieving filter ‖ ~**filter** n (Kfz) / gauze filter ‖ ~**fläche** f / [discharge] area of the screen, screen surface ‖ ~**folge**, -skala f (Bergb) / sieve scale ‖ ~**fraktion** f (Pulv.Met) / sieve fraction ‖ ~**führung** f (Pap) / wire guide ‖ ~**geflecht**, -gewebe n / screen o. sieve netting, strainer texture ‖ ~**gerüst** n / screen frame ‖ ~**gewebe** n, feines Drahtgewebe, Drahtgaze f / wire gauze ‖ ~**glied** n (Elektronik) / filter section ‖ ~**kern** m (Gieß) / dross filter, strainer core ‖ ~**kette** f (Elektronik) / filter chain ‖ ~**kettenroder** m / elevator potato digger ‖ ~**klassierung** f (Bergb) / sieve classification ‖ ~**kohle** f / sifted coal ‖ ~**kollergang** m / open base grinding mill, edge runner dry mill ‖ ~**kondensator** m (Elektronik) / filter capacitor, smoothing capacitor ‖ ~**konus** m / perforated cone ‖ ~**korb** m (Pumpe, Bau) / strainer basket ‖ ~**korb** m (Zentrif) / perforated basket ‖ ~**körnung** f / particle size classification ‖ ~**kreis** m (Elektronik) / filter[ing] [circuit], screening circuit ‖ ~**kugelmühle** f (Keram) / Ferraris mill, screen ball mill ‖ ~**laufregler** m (Pap) / automatic wire guide roll ‖ ~**leistung** f, -ausbringen n / sieving rate ‖ ~**leistung** f, -leistungsfähigkeit f / screening capacity ‖ ~**linie** f, -kurve f (Beton) / particle-size distribution curve, grading curve ‖ ~**lose Schleudertrommel** f / nonperforated basket ‖ ~**mantel** m (Zentrif) / basket ‖ ~**markierung** f (Pap) / [chain] marks pl, wire marks ‖ ~**maschine** f (Bergb) / washer, screening machine ‖ ~**-Nummer** f / mesh number ‖ ~**packung** f (Extruder) / screen pack ‖ ~**partie** f (Pap) / wire section ‖ ~**platte** f / mesh bottom plate ‖ ~**presse** f / screen head extruder ‖ ~**radroder** m (Landw) / potato elevator on wheels ‖ ~**rahmen** m / sieve frame ‖ ~**reihe**, -skala f (Sieb) / mesh scale ‖ ~**rohr** n (Öl) / slotted casing, slotted liner ‖ ~**rost** m / sieve grate ‖ ~**rost** m (Aufber) / grizzly ‖ ~**rückstand**, -überlauf m / coarse of a screen, screening refuse o. rejects pl, retainings pl, oversize [products], plus mesh ‖ ~**rückstand**, -überlauf m (Bergb) / overs pl, shorts pl, on-fraction screenings ‖ ~**rückstand** m (bei satzweiser Siebung) / screen overflow ‖ ~**rückstandskurve** f (Aufber) / cumulative size distribution curve ‖ ~**satz** m / sieve set ‖ ~**sauger** m (Pap) / suction box ‖ ~**[schaltung]** (Elektr) / filter network ‖ ~**seite** f (Pap) / wire side ‖ ~**serie** f / regular set of sieves ‖ ~**setzmaschine** f, Jigger m (Bergb) / jigger ‖ ~**sprung** m (Bergb) / transition from round to square holes ‖ ~**stab** m / bar, sieve bar ‖ ~**staub** m / sub-sieve powder ‖ ~**sturztrommel** f (Bergb) / Bradford drum ‖ ~**teilung** f / pitch center ‖ ~**test** m (Aufber) / sieve test ‖ ~**torpedo** m (Plast) / polyliner ‖ ~**trennung** f / sieve classification ‖ ~**trichter** m / straining funnel ‖ ~**trommel** f / sieve o. screening drum ‖ ~**trommel** f (Aufber) / trommel [screen], rotary o. revolving screen ‖ ~**trommeltrockner** m (Textil) / perforated cylinder drier ‖ ~**trommelzentrifuge** f / basket centrifuge ‖ ~**tuch** n (für Flüssigkeiten) / straining cloth, tammy coth ‖ ~**tuch** n (Draht) / wire cloth o. fabric o. netting, woven wire cloth ‖ ~**übergang** m (bei kontinuierlicher Siebung) (Bergb) / screen overflow ‖ ~**- und Sichtverlust** m / screening and sifting loss **Siebung** f, Sieben n / screening, sifting, sieving ‖ ~, Sieben n (Elektronik) / filtering **Sieb·verfahren** n **der Halbbild-Trennung** (Stereo) / subtractive method of image separation ‖ ~**walze** f (Pap) / dandy [roller] ‖ ~**wäsche** f / washing of ores in tubs o. in sieves, tub washing, sifting, riddling ‖ ~**waschmaschine** f (Textil) / washing machine with wire

screen conveyor ‖ ~**weberei** f (Pap) / wire manufactory ‖ ~**weite**, -größe f (Sieb) / mesh ‖ **[ganze]** ~**weite** / aperture [size], opening ‖ ~**weite** f **des Spaltsiebes** / bar spacing of the bar screen ‖ ~**-Wirkungsgrad** m / efficiency of screening ‖ ~**wuchtrinne** f / vibro screen ‖ ~**zentrifuge**, -schleuder f / screen type centrifugal machine ‖ ~**zentrifuge** f **mit konischer Trommel** / conical basket centrifuge ‖ ~**zeug** n (Mehl) / bolting hutch, bolter ‖ ~**zulauf**, -einguß m (Gieß) / strainer gate ‖ ~**zylinder** m / perforated cylinder
Siede·abstand, -grenzwert m (Nukl) / minimum ratio between DNB heat flux and local heat flux, minimum DNBR, critical heat flux ratio ‖ ~**analyse** f / fractional analysis, distillation test ‖ ~**anteil** m / fraction distillable ‖ ~**apparat** m / boiling point apparatus ‖ ~**barometer**, Hypsometer n / hypsometer ‖ ~**beginn** m (Verdampfung) / incipient o. surface boiling ‖ ~**beginn** m, Anfangspunkt m / initial boiling point, I.B.P. ‖ ~**bereich** m / boiling range ‖ ~**diagramm** n / boiling point diagram o. curve ‖ ~**ende** n, -endpunkt m / final boiling point, F.B.P. ‖ ~**ende** n, -schluß m / end of boiling ‖ ~**fläche** f (Phys) / plane of the boiling point diagram ‖ ~**gefäß** n / distilling o. distillation flask ‖ ~**grenzen** f pl / boiling range ‖ ~**grenzenbenzin** n / special boiling point gasoline, SBP, SP spirit o. gasoline (US) ‖ ~**grenzwert**, -abstand m (Nukl) / minimum ratio between DNB heat flux and local heat flux, minimum DNBR, critical heat flux ratio ‖ ~**hitze** f / boiling heat ‖ ~**kapillare** f (Chem) / air leak tube ‖ ~**kennziffer** f (Öl) / average boiling point ‖ ~**kessel** m (Zuck) / copper, boiler ‖ ~**kessel** m (Salz) / scratch pan ‖ ~**krisis** f (Nukl) / departure from nuclear boiling, DNB ‖ ~**kühlung** f / evaporation o. evaporative cooling ‖ ~**kühlung** f (Hütt) / hot cooling ‖ ~**linie** f / curve of the boiling point diagram, boiling point curve o. diagram ‖ ~**lücke** f (schärferer Schnitt der Groß- als der DIN-Destillation) (Destill) / gap ‖ ~**maximum** n (Phys) / maximum vapour pressure ‖ ~**minimum** n (Phys) / minimum vapour pressure
sieden, kochen vi / boil, seethe, bubble ‖ ~ vt, kochen vt / boil vt ‖ ~, weißsieden (Silber) / blanch o. whiten silver ‖ ~, kochen vi, brodeln / boil vi ‖ ~, Sprudeln n / ebullition ‖ ~, Aufwallen n (Chem) / ebullition, bubbling up ‖ **zum** ~ **bringen** / make boil
Siedenachweis m / boiling detection
siedend / boiling ‖ **hoch** ~**er Anteil** / heavy fraction ‖ **niedrig** ~**er Anteil** / low boiling portion
Siede·pfanne f (Zuck) / evaporating boiler o. vessel ‖ ~**punkt** m, Kp m / boil, boiling point, b.p. ‖ ~**punkt** m **des Schwefels** / sulphur point ‖ ~**[punkt]diagramm** n, -kurve f / boiling point diagram o. curve, liquid-vapour equilibrium diagram ‖ ~**punktserhöhung** f / elevation o. raising of the boiling point, b.p. elevation ‖ ~**[punkts]methode** f / boiling point method ‖ ~**reaktor** m / boiling reactor
Sieder·hals m / boiler-to-evaporator connecting pipes
Siede·rohr, Destillierrohr n / distilling tube ‖ ~**rohr** n, Rauch-, Heizrohr n (Kessel) / fire o. heating o. smoke tube ‖ ~**salz** n, Küchensalz n / boiled salt ‖ ~**schwanz** m (Analyse) / heavy ends o. tails pl ‖ ~**stein** m (Chem) / boiling stone o. chip, broken pot o. tile ‖ ~**temperatur** f / temperature of ebullition ‖ ~**thermometer** n, Thermobarometer n / thermobarometer ‖ ~**überhitzerelement** n (Nukl) / boiling/superheat fuel assembly ‖ ~**verlauf** m, Destillationsverlauf m / distillation range ‖ ~**verlust** m (Öl) / boiling losses pl ‖ ~**verzug** m (Phys) / retardation of boiling o. ebullition, delay in boiling, defervescence ‖ ~**verzug** m / defervescence ‖ ~**wasserreaktor** m / boiling light water moderated and cooled reactor, water-boiler reactor, boiling water reactor, BWR
Siedlung, Niederlassung f / location ‖ ~ f, Ortschaft f / aggregation, built-up area ‖ ~ (Bau, Tätigkeit) / parcelling-out (action) ‖ ~ (Bau) / settlement system ‖

geschlossene ⌃ / built-up area, urban district ‖ **größere** ⌃ / urban settlement ‖ **ländliche** ⌃ / rural settlement
Siedlungs·genossenschaft f (Bau) / cooperative society ‖ ⌃**haus** n / development house, estate house (GB) ‖ ⌃**hof** m, Selbstversorger m (Landw) / subsistence farm ‖ ⌃**raum** m, -gebiet n / settlement area o. region ‖ ⌃**wasserwirtschaft** f / domestic water suuplies pl ‖ ⌃**wesen** n, -angelegenheiten f pl / questions concerning a settlement pl
Siegbahn-Einheit, -X-Einheit f / siegbahn, X-unit, XU
Siegel n, Stempel m / seal
siegeln, versiegeln / seal v
SI-Einheiten f pl / SI units pl
Siel m n, Deichschleuse f (Hydr) / dike lock o. drain, tide gate ‖ ⌃, Dole f (Hydr) / drain, sewer ‖ ⌃**schacht** m, Gully n (Bau, Straßb) / manhole, gully
Siemens (Einheit des elektr. Leitwerts), S n / siemens, S, reciprocal ohm, Mho ‖ ⌃**-Dynamometer** n / Siemens dynamometer ‖ ⌃**-Halske-Verfahren** n (Erze) / Siemens-Halske process ‖ ⌃**-Hell-Schreiber**, SH-Schreiber m (Fernm) / Siemens-Hell printer, Hell printer ‖ ⌃**-Martinofen** m / open-hearth o. O.H. o. Siemens-Martin furnace ‖ ⌃**-Martin-Roheisen** n / open-hearth o. O.H. o. Siemens-Martin pig iron ‖ ⌃ **saurer** ⌃**-Martinstahl** / acid open hearth steel ‖ ⌃**-Martin-Verfahren** n / open-hearth o. O.H. o. Siemens-Martin process o. practice, Martin process ‖ ⌃**-Martinwerk** n, -Martinbetrieb m / open-hearth o. O.H. o. Siemens-Martin plant, Martin plant ‖ ⌃**-Niederschachtofen** m / electric low-shaft furnace ‖ ⌃**stern** m, Testfigur f (Buch) / star target
Sienaerde f, gebrannte Siena / burnt sienna, sienna [earth]
Sievert n, Sv (1 Sv = 100 rem) (Nukl) / sievert, Sv
Sifa, Sicherheitsfahrschaltung f (Bahn) / dead man's handle
SI-Format n (DV) / SI-format (= shift-in)
Sigel n (Buch) / logogram
Siggeis n, Eisbrei m / frazilice ‖ ⌃ (in Flüssen), Grundeis n / anchor ice
Sigma·hyperon, -teilchen n, Σ / sigma particle ‖ ⌃**meson** n, -stern, σ-Stern m / sigma meson (produced by a pion) ‖ ⌃**phase** f (Hütt) / sigma phase ‖ ⌃**schweißung** f / sigma welding, shielded [inert gas metal] arc welding ‖ ⌃**tron** n (Nukl) / sigmatron ‖ ⌃**verstärker** m (Nukl) / sigma amplifier
Sigmet-Meldung f (Meteorol) / SIGMET information
Signal n, Zeichen n (allg, Fernm, Elektronik) / signal ‖ ⌃ (von Glocken) (Elektr) / ring[ing] (of a bell) ‖ ⌃, Richtpunkt m (Verm) / mark, sign, station ‖ ⌃, Ankündigungsschild n (Bahn) / marker ‖ ⌃, Mastsignal n (Bahn) / high signal ‖ ⌃, Pfeifensignal n (Bahn, Schiff) / whistle ‖ ⌃**e** n pl (Regeln) / signals and quantities transferred pl ‖ ⌃ **geben** (ein Heulton) (Bahn) / whistle v ‖ ⌃ n mit Kennlicht (Bahn) / position light signal ‖ das ⌃ auf Fahrt stellen (Bahn) / pull off o. clear the signal ‖ das ⌃ auf Halt stellen (Bahn) / place the signal at "stop" o. at "danger" ‖ ⌃**abfallzeit** f (Fernm) / decay time ‖ ⌃**abhängige Weiche** (Bahn) / interlocked points pl ‖ ⌃**abstand** m (Bahn) / signal headway ‖ ⌃**-Abtast-Schaltung** f, Sampling n (Elektronik) / sampling ‖ ⌃**amplitudenfehler** m, Landing n (TV) / landing ‖ ⌃**angepaßtes Filter** / matched filter ‖ ⌃**anlage** f (allg) / signalling equipment ‖ ⌃**antrieb** m (Bahn) / control of signals ‖ ⌃**antrieb**, -[antriebs]motor m (Bahn) / signal machine, signal operating gear ‖ ⌃**anzeige** f, Tageslichtsignal m (Bahn) / signal indication ‖ ⌃**anzeige** f eines Tageslichtsignals (Bahn) / aspect ‖ ⌃**arm** m (Bahn) / semaphore arm ‖ ⌃**aufbereitung** f / signal regeneration o. processing o. shaping ‖ ⌃**ausfall**, Aussetzfehler m, Drop-out n (Magn.Bd) / drop-out ‖ ⌃**auswahl** f / selection of signals ‖ ⌃**auswertung** f (Radar) / gating ‖ ⌃**band** m (Vorausexemplar) (Buch) / advance copy ‖ ⌃**begrenzer** m (Elektronik) / volume limiter ‖ ⌃**bild** n, -begriff m, -stellung f (Bahn) / signal indication ‖ ⌃**brücke** f (Bahn) / gantry, gauntry, gantree,

signal bridge ‖ ⌃**buch** n (Nav) / signal book ‖ ⌃**diode** f / signal diode ‖ ⌃**drahtzug** m (Bahn) / signal wire ‖ ⌃**/Echo-Verhältnis** n / signal-to-listener echo ratio ‖ ⌃**eingabeglied** n (Regeln) / sensor ‖ ⌃**einspeisung** f / signal input o. injection ‖ ⌃**elektrode**, Signalplatte f (TV, Ikonoskop) / signal plate o. electrode ‖ ⌃**empfänger** m / signal receiver ‖ ⌃**fahne**, -flagge f / signal flag ‖ ⌃**feld** n, -platz m (Luftf) / signal area ‖ ⌃**feuer** n (Schiff) / warning light ‖ ⌃**flußbild**, -flußdiagramm n, -flußdarstellung f (Regeln) / signal flow diagram o. graph ‖ ⌃**formendes Glied** (Fernm) / signal shaping network ‖ ⌃**formung** f (Fernm) / signal conditioning ‖ ⌃**freigabe** f (TV) / signal lift ‖ ⌃**frequenzwandler** m (Elektronik) / conversion mixer o. transducer, frequency converter o. changer, converter (US) ‖ ⌃**gebender Drehmomentenschlüssel** / torque setting wrench ‖ ⌃**geber** m / signal transmitter ‖ ⌃**gebung**, Zeichengebung f / signalling, signaling (US) ‖ ⌃**gemisch** n (TV) / composite [picture] signal, video o. vision (GB) signal ‖ ⌃**glocke** f / call bell, signal bell ‖ ⌃**gruppe** f (Radar) / group of coded signals ‖ ⌃**halt-Überprüfung** f (Bahn) / "on" signal proving ‖ ⌃**hebel** m (Stellwerk, Bahn) / signal lever ‖ ⌃**horn** n / bugle ‖ ⌃**horn** n (Bahn) / sounding horn ‖ ⌃**hornbetätigung** f (Kfz) / horn button ‖ ⌃**hub** m / signal deviation ‖ ⌃**hupe** f / signal[ling] horn
signalisieren, Signal geben / indicate, signalize ‖ ⌃ n, Signalisierung f / signalling, signaling (US)
Signal·kabel n / signal[l]ing cable ‖ ⌃**kompression** f / signal compression ‖ ⌃**kontaktschiene** f (Bahn) / bar parallel to a rail ‖ ⌃**lampe** f, -leuchte f / pilot lamp o. indicator o. signal [lamp], signal lamp ‖ ⌃**lampe** f für Zählwecke / tally lamp ‖ ⌃**laterne** f / signal lamp ‖ ⌃**laterne** f (Schiff) / Morse light ‖ ⌃**laterne** f mit beweglicher Blende (Bahn) / movable-roundel light unit ‖ ⌃**leitung** f / signal line ‖ ⌃**leitung** f (Fernm) / signalling line (E + M wires) ‖ ⌃**licht** n (Bahn) / light aspect, signal light ‖ ⌃**mast** m (Bahn) / signal post o. mast ‖ ⌃**meldelämpchen** n, Lichtwiederholer m (Bahn) / light repeater ‖ ⌃**mischgerät** n (TV) / signal mixer ‖ ⌃**mischung** f (TV) / signal mixing ‖ ⌃**optik** f / optical system for signals ‖ ⌃**ordnung**, -buch n (Bahn) / signal code o. regulations pl ‖ ⌃**parameter** m (Elektronik) / signal parameter ‖ ⌃**pegel** m / signal level ‖ ⌃**pfad** m, -weg m / signal path ‖ ⌃**pfeife** f (Dampfm) / alarm whistle ‖ ⌃**pistole**, Leuchtpistole f / Very light pistol, flare pistol ‖ ⌃**platte**, Signalelektrode f (TV, Ikonoskop) / signal plate o. electrode ‖ ⌃**prozessor** m, Analogprozessor m / signal o. analog processor ‖ ⌃**rahmen** m für Selbstwählerbetrieb (Fernm) / signalling frame o. shelf ‖ ⌃**rakete** f / signal[l]ing rocket, signal sky rocket ‖ ⌃**-Rauschverhältnis** n (Funk) / signal-to-noise ratio ‖ ⌃**rechner** m / signal computer ‖ ⌃**relais** n / transmitting relay ‖ ⌃**rücklicht** n (Rücklicht des Lichtsignals) (Bahn) / signal back light ‖ ⌃**rückmelder** m (Bahn) / signal repeater ‖ ⌃**schalter** m (Bahn) / signal circuit controller ‖ ⌃**scheibe** f (Fernm) / annunciator o. calling drop o. disk o. indicator, drop shutter, indicator drop ‖ ⌃**scheibe** f (Bahn) / signal disk ‖ ⌃**sender** m (Fernm) / signal sender ‖ ⌃**speicherröhre** f / signal converter storage tube ‖ ⌃**spule** f (für Selbstwählbetrieb) (Fernm) / dialling tone coil ‖ ⌃**stärke-Meßgerät** m (Elektronik) / S-meter ‖ ⌃**stellung** f, -begriff m (Bahn) / signal indication ‖ ⌃**stellwerk** n (Bahn) / signal box, signal tower (US) ‖ ⌃**steuereinheit** f (Verkehr) / traffic signal controller ‖ ⌃**steuerung** f / control of signals ‖ ⌃**strom** m (Fernm) / marking current ‖ ⌃**stromkontakt** m (Fernm) / mark[ing] contact ‖ ⌃**system** n / signalling system ‖ ⌃**system** n mit Fahrweganzeige (Bahn) / route signalling system ‖ ⌃**technik** f / signalling technique ‖ ⌃**transformation** f (DV) / signal transformation o. shaping ‖ ⌃**übergangsstelle** f / signal interface ‖ ⌃**übermittlung** f (Regeln) / signal transmission ‖ ⌃**übertragung** f auf die

Lokomotive (Bahn) / train control ‖ ⌐überwachung f (Bahn) / signal indicator ‖ ⌐umformer m (Regeln) / translating device, transducer ‖ ⌐umformung f / signal transformation ‖ ⌐umsetzer m, Modem n (DV, Fernm) / subset, modem ‖ ⌐umwandler m (Regeln) / pick-off ‖ ⌐unterhaltungsbeamter m (Bahn) / signalman (US), signal maintainer ‖ ⌐verfolgen, Schritt-für-Schritt-Prüfen n (Elektronik) / signal tracing ‖ ⌐verfolger m (Elektronik) / ondoscope ‖ ⌐verknüpfung f (Regeln) / combination of signals ‖ ⌐verschiebungsverfahren n (TV) / offset signal method ‖ ⌐verschluß m (Bahn) / interlocking with the block system ‖ ⌐verteilungskasten m (Radar) / signal mixer unit ‖ ⌐wahl f (Antiblockiersystem) / selection of sensor signals ‖ ⌐wärter, Betriebswart St m (Bahn) / towerman (US) ‖ ⌐wegenetz n / signal network ‖ ⌐weiche f / signal splitter ‖ ⌐wesen n (Bahn) / signalling, signaling (US) ‖ ⌐wiederholungssperre f (Bahn) / one-pull signal lock ‖ ⌐zustand m Eins (Telegraphie) / mark ‖ ⌐zustand m Null (Telegraphie) / space
Signatur f, Bogenzeichen n (Buch) / signature [mark] ‖ ⌐analyse f (DV) / signature analysis ‖ ⌐[rinne] f, Unterschnitt m (Buch) / kerf, nick, notch
Signier·apparat m / marking apparatus ‖ ⌐farbe, -tinte f / marking ink
signiert (Buch) / autographed
signifikant, kennzeichnend / significant
Signifikanz f / significance ‖ ⌐niveau n (Statistik) / level of significance (statistics) ‖ ⌐zahl, Irrtumswahrscheinlichkeit f / level of significance, error significance
Signumelement n (Math) / signum function, sgn, sg
SI-Grundeinheit f / basic SI unit
Sikkativ n / drying agent, siccative, drier, drying oil ‖ ⌐, Trockenmittel n (Chem) / desiccant
Silage f, Ensilage f, Gärfutterbereitung f / ensilage ‖ ⌐, Gärfutter n (Landw) / silage fodder ‖ ⌐fräse f (Landw) / silage unloader ‖ ⌐-Schneidgebläse n (Landw) / green crop chopper blower
Silan n, Siliziumwasserstoff m / hydrosilicon ‖ ⌐diol n, [-triol] / silanediol, [-triol] ‖ ⌐ol n (Chem) / silanol ‖ ⌐on n / silanone
Silben·schreibmaschine f / syllable typewriter ‖ ⌐schrift f / syllabary ‖ ⌐trennung f / hyphenation ‖ ⌐umkehrung f / syllable inversion ‖ ⌐verständlichkeit f (Fernm) / syllable articulation ‖ ⌐verständlichkeit, Logatomverständlichkeit f (Fernm) / logatom articulation
Silber n, Ag / silver, Ag ‖ ⌐ in Barren, Barren-, Stangensilber n / silver in bars o. ingots, bar o. ingot silver ‖ unechtes ⌐ / argentine, imitation silver ‖ ⌐amalgam n / silver amalgam ‖ ⌐artig, -ähnlich / silvery, argenteous, argentine ‖ ⌐auflage f / silver plating ‖ ⌐azid, Knallsilber n / silver azide o. fulminate ‖ ⌐bad n (Phot) / silver bath ‖ ⌐barren m / silver bar o. ingot ‖ ⌐beize f, -beizbad n, Quickbeize f (Galv) / quick o. blue dip ‖ ⌐belegung f, -belag m / silver coating o. foil[ing] ‖ ⌐belag m / silver lining o. mounting o. trimming ‖ ⌐besponnen, -umsponnen / silver spun ‖ ⌐bestecke n pl / flat silver ‖ ⌐blech n / silver foil o. plate ‖ ⌐blei n, Werkblei n / argentiferous lead ‖ ⌐blende f (Opt) / silvered reflector ‖ ⌐blick n (Hütt) / shine o. coruscation of silver, brightening o. glance o. lightning of silver ‖ ⌐blick m / silver shine ‖ ⌐bromid, Bromsilber n / silver bromide ‖ ⌐bronze f (Legierung) / white o. silver bronze ‖ ⌐bronze f, Silber-Metallpigment n / silver bronze powder ‖ ⌐chlorid n / silver chloride, chloride of silver, lunar cornea (US) ‖ ⌐coulometer m n (Phys) / silver voltameter ‖ ⌐cyanid n / silver cyanide ‖ ⌐draht m / silver wire ‖ ⌐draht m zum Umspinnen / fine silver wire ‖ ⌐erz n / silver ore ‖ ⌐fahlerz n / argentiferous grey copper ore ‖ ⌐farbe f / silver colour, argentine ‖ ⌐farben, Silber... / silver..., argent ‖ ⌐folie f, Blattsilber n / silver leaf ‖ ⌐führend, -haltig / silver bearing ‖ ⌐fulminat,

Knallsilber n / silver fulminate ‖ ⌐gehalt m / silver content ‖ ⌐glanz m / silvery luster, silveriness ‖ ⌐glanz m, Argentit m (Min) / silver glance, argentite ‖ ⌐glanzkassette f (Geschirrspül) / silverware basket, cutlery basket ‖ ⌐glätte f / litharge of silver, yellow litharge ‖ ⌐grau / silver-grey ‖ ⌐halogene n pl (Min) / cerargyrites pl ‖ ⌐halogenid n / silver halide ‖ ⌐haltig, -führend / argentiferous, argental, containing silver ‖ ⌐haltiger Bleiglanz / silver lead ore, argentiferous galena ‖ ⌐hornerz n, Cerargyrit m (Min) / cerargyrite, chlorargyrite ‖ ⌐hütte f / silver works pl ‖ ⌐hydroxid n / silver hydroxide ‖ ⌐iodid n / iodic silver, iodide of silver ‖ ⌐iodidverbindung f / iodoargentate ‖ ⌐-Kadmium-Akkumulator m / silver-cadmium accumulator ‖ ⌐korn, Probierkorn n / silver grain, regulus of silver ‖ ⌐lahn m / flattened silver wire ‖ ⌐legierung f / silver alloy ‖ ⌐lot n / silver filler for brazing ‖ ⌐mine, -grube f / silver mine ‖ ⌐münze f / silver coin
silbern, Silber... / silvery, argenteous, argentine ‖ ⌐, silbergefertigt, aus Silber / silver..., of silver
Silber·nitrat n / silver nitrate ‖ ⌐oxid n (allg) / silver oxide ‖ ⌐(I)-oxid n / silver (I) oxide ‖ ⌐papier n / silver paper ‖ ⌐pappel f / white poplar ‖ ⌐plattiert / silver plated ‖ ⌐plattierung f / silver plating ‖ ⌐punkt m (960,5 °C) / silver point ‖ ⌐raffination f / refining of silver ‖ ⌐sand m (Gieß) / dune o. beach sand ‖ ⌐scheideanstalt, -raffinerie f / silver [re]finery ‖ ⌐scheidung f, -raffinieren n / silver refining, separation of silver ‖ ⌐schlaglot n / silver filler for brazing ‖ ⌐schmied m / silver smith ‖ ⌐schutzlot n / silver protective solder ‖ ⌐seidenpapier n / anti-tarnish paper ‖ ⌐spat m (Min) / cerargyrite ‖ ⌐spiegel m / silvered mirror ‖ ⌐spritzverfahren n (zwecks Galvanisieren von Plasten) (Galv) / silver spray technique ‖ ⌐stahl, Präzisionsrundstahl m / silver steel (GB), drill rod, Stub's steel, bright drawn carbon steel ‖ ⌐streifenprüfung f (Öl) / silver strip test ‖ ⌐streifensicherung f / silver strip fuse ‖ ⌐sulfid, Schwefelsilber n / silver sulphide ‖ ⌐tanne f, Abies grandis (Linde), Abies excelsior (Franco) / silver fir, grand fir ‖ ⌐tiegel m / silver crucible ‖ ⌐umsponnene Saite / silvered string ‖ ⌐verbindung f / silver compound ‖ ⌐voltameter n / silver voltameter ‖ ⌐waren f pl / silverware o. goods pl ‖ ⌐weißes Roheisen (Hütt) / silvery pig ‖ ⌐zeichnung f (Holz) / silver grain, flake ‖ ⌐-Zink-Akkumulator m / silver-zinc accumulator, André-Venner accumulator
silbrig / silvery
Silentbloc m / Silentbloc type rubber-metal connection ‖ ⌐ / shock mount, silentbloc
Silicochromat n / silicochromate
silieren, einsäuern (Landw) / ensilage v, ensile ‖ ⌐, Einsäuern n (Landw) / ensilage, ensiling, silage making
Silierschneider m (Landw) / ensilage cutter

Silika·... s. SiO_2... ‖ ⌐erzeugnis n (< 0,7% Flußmittelgehalt) / super-duty silica refractory (US) ‖ ⌐-Erzeugnis n / silica refractory ‖ ⌐erzeugnisse n pl / silica goods pl, silicon goods pl ‖ ⌐gel n / silica gel ‖ ⌐gel-Luftentfeuchter m (Trafo) / silica gel breather ‖ ⌐gelpatrone f, -geleinsatz m / silica gel unit ‖ ⌐reich, sauer (Geol) / acidic ‖ ⌐stein m / silica brick ‖ ⌐stein m aus Flint (Hütt) / flint brick
Silikat, Silicat n / silicate ‖ ⌐bindung f (Schleifsch) / silicate bond ‖ ⌐farbe, Wasserglasfarbe f / silicate colour ‖ ⌐gestein n (Geol) / silicate rocks pl ‖ ⌐modul m (Keram) / silica modulus ‖ ⌐schmelzlösung f (Hütt) / melted silicate solution ‖ ⌐zement m (Dental) / silicate cement
Silika·waren f pl / silicon o. silica goods pl ‖ ⌐wolle f / silica wool
Siliko·ethan, Disilan n / silicoethane, disil[ic]ane ‖ ⌐fluorid, Fluor[o]silikat, Fluat, lösliches Kieselflußsäuresalz n / silicofluoride ‖ ⌐methan,

959

[Mono]silan *n* / silicomethane, [mono]silane, silicontetrahydride

Silikon (= Siliziumketon), Silicon *n*, Silikone *f* (Organosiloxan) (Plast) / silicone, polysiloxane ‖ **⁎-Ausrüstung** *f* (Textil) / silicone finish ‖ **⁎elastomer** *n* / silicon[e] elastomer ‖ **⁎elastomer-Polymer** *n* / silicone elastomer polymer ‖ **⁎fett** *n* / silicone grease ‖ **⁎flüssigkeit** *f* / silicone oil o. fluid ‖ **⁎-Gate-Technik** *f* (Halbl) / silicone-gate technique ‖ **⁎glasseide** *f* / siliconized fiber glass ‖ **⁎gummi** *m*, -kautschuk *m* / silicone rubber ‖ **⁎harz** *n* / silicone resin

silikonisieren / siliconize

silikonisiert (Pap) / silicone-treated

Silikon·isolation *f* / silicone insulation ‖ **⁎kunststoff** *m* / silicone plastic

Siliko-Phosphat-Zement *m* / silico-phosphate cement

Silikose, Gesteinsstaubkrankheit *f* / silicosis

Silitwiderstand *m* (Elektr) / silit resistor

Silizide *n pl*, Silizium-[Metall-]Verbindungen *f pl* / silicides *pl*

Silizid-Feuerfesterzeugnis *n* / silicide refractory

silizieren / silicate, siliconize

Silizium, Silicium, n., Si (Chem) / silicon, silicium, Si ‖ **⁎ äuf Isolator**, SOI (Halbl) / silicon on insulator, SOI ‖ **⁎abbau** *m* (Hütt) / desiliconizing ‖ **⁎blech** *n* / silicon sheet ‖ **⁎bronze** *f* / silicon bronze ‖ **⁎-Chip** *m* / silicon chip ‖ **⁎chlorid** *n* / silicon [tetra]chloride ‖ **⁎diode** *f* / silicon diode ‖ **⁎[di]oxid** *n* / silica, silicon dioxide, siliceous anhydride ‖ **⁎eisen** *n* (Chem) / silicon iron ‖ **⁎fluorid** *n* / silicon fluoride ‖ **⁎fluorwasserstoff** *m*, -fluorwasserstoffsäure *f* / hydrofluosilicic o. hydrosilicofluoric acid ‖ **⁎gel** *n* / silicon gel ‖ **⁎gesteuerter Gleichrichter**, silicon controlled rectifier, SCR, scr ‖ **⁎gleichrichter** *m* (Elektronik) / silicon rectifier, SCR, scr ‖ **⁎grenzschicht** *f* / silicon barrier layer ‖ **⁎-Halbleiter** *m* / silicon semiconductor ‖ **⁎haltig** / siliceous, silicic, silicious, siliciferous, containing silicium ‖ **⁎karbid** *n*, -kohlenstoff *m* / carbon silicide, silicon carbide ‖ **⁎karbid-Erzeugnis** *n* (feuerfest) / silicon carbide refractory ‖ **⁎karbidstein** *m* / silicon carbide brick ‖ **⁎-Leistungs-Thyratron** *n* / silicon power thyratron ‖ **⁎manganstahl** *m* / silico-manganese steel ‖ **⁎[metall]verbindung** *f* / silicide ‖ **⁎nitrid** *n* / silicon nitride ‖ **⁎reich** / high in silicon ‖ **⁎scheibe** *f* (Halbl) / silicon dice ‖ **⁎-Sonnenenergiezelle** *f* / silicon solar cell ‖ **⁎stahl** *m* / silicon steel ‖ **⁎tetrafluorid** *n* / silicon tetrafluoride ‖ **⁎verbindung** *f* / silicon compound, silicide ‖ **⁎-Vidikon** *n*, Photokathoden-Aufnahmeröhre *f* (Fernm, TV) / silicon-target camera tube ‖ **⁎wasserstoff** *m*, Silan *n* / silicane, silane, silicon hydride, silicomethane, hydrosilicon

Silkret *m* (Quarzit) / silcrete

Sillimanit *m* (Min) / sillimanite, fibrolite, bucholzite ‖ **⁎erzeugnis** *n* / sillimanite refractory ‖ **⁎stein** *n* / sillimanite brick

Silo *m n* / silo, bin ‖ **Einlagerung im ⁎** / ensilage, preserving in silo ‖ **im ⁎ aufbewahren** / ensilage *v*, silo ‖ **⁎anlage** *f* / silo works ‖ **⁎auflieger** *m* (Kfz) / bulk trailer ‖ **⁎entleerer** *m* / silo unloader, desiling equipment ‖ **⁎futter** *n* (Landw) / succulence, -ency ‖ **⁎gärung** *f* (Landw) / silage fermentation ‖ **⁎häcksler** *m* (Landw) / silo filler ‖ **⁎lastzug** *m* (Kfz) / bulk food transporter ‖ **⁎verschluß** *m* / hopper gate o. chute o. trap-door ‖ **⁎wagen**, Behälterwagen *m* / silo wagon

Siloxan *n* / siloxane

Silozelle *f*, Schachtspeicherzelle *f* / compartment of a silo

Silsbeestrom *m* (Kryotechn) / Silsbee current

Silt *m* (ein Sedimentgestein), Feinstsand zwischen 0.002 u. 0,1 mm (Bergb, Hydr) / silt, silty fine sand ‖ **⁎...** / silty ‖ **⁎stein** *m* / siltstone

Silumin *n* (DIN 1713) / Silumin, Wilmil (GB)

Silur *n*, Silurische o. Silurformation (Geol) / Silurian o. Siluric system

Silurisch, Silur... / silurian

Silverdisk-Pyrheliometer *n* (Phys) / silver disk pyrheliometer

Sima *n* (Zone der Erdkruste) (Geol) / sima

Similikalander *m* (Textil) / calender for simili mercerizing

Similisieren *n* (Textil) / simili mercerizing

Similistein *m* / artificial gem

Similographie *f* (Faksimile) / similography

Simmerring *m*, Wellendichtring *m* / shaft seal, radial packing ring, rotary shaft [lip] seal

Simplex·... / simplex ‖ **⁎**, halbduplex (abgelehnt) (Fernm) / simplex, half duplex (deprecated) ‖ **⁎betrieb** *m* / simplex operation ‖ **⁎bremse** *f* (Kfz) / simplex brake ‖ **⁎brenner** *m* (Gasturb) / simplex burner

Simplexe *pl* (Math) / simplexes *pl*

Simplex·haken *m* / simplex hook ‖ **⁎kanal** *m* (jeweils nur in einer Richtung) (Fernm) / simplex channel ‖ **⁎menge** *f* / simplex quantity ‖ **⁎methode** *f* (Repro) / simplex [method] ‖ **⁎papier** *n* / simplex paper, single-ply paper ‖ **⁎pfahl** *m*, im Boden geformter Betonpfahl (Bau) / cast-in-situ pile, moulded-in-place o. simplex pile ‖ **⁎telegrafie** *f* / simplex telegraphy ‖ **⁎verkehr** *m*, wechselseitiger Richtungsverkehr (Fernm) / simplex traffic

Simpson-Planetensatz *m* (Kfz) / Simpson-type planetary gear system

Simpsonsche Regel (Math, Verm) / Simpson's rule

SIMS, Sekundärionen-Massenspektroskopie *f* / secondary ion mass spectroscopy

Sims *m n* (Bau) / moulding ‖ **⁎ einer Tür** / door moulding ‖ **⁎abdeckung** *f*, -verwahrung *f* / cornice coping o. flashing ‖ **⁎brett**, Fensterbrett *n* / window board ‖ **⁎hobel** *m* (Tischl) / cornice o. moulding plane ‖ **⁎werk**, vorspringendes Band, Gesims *n* (Bau) / ledge, ledgement

Simulation *f* (Software) (DV) / simulation

Simulationssprache *f* / simulation language

Simulator (DIN), Nachbildner *m*, Analogmodell *n* / simulator ‖ **⁎programm**, Simulationsprogramm *n* (DV) / simulator, simulator o. simulating program

Simulierer *m* (DV) / computer simulator

Simulierung, Nachahmung *f* / simulation

simultan, Simultan... / simultaneous ‖ **⁎e Gleichung** (Math) / simultaneous equation ‖ **⁎-Antenne** *f* (Antenne) / duplexer ‖ **⁎arbeit** *f* (DV) / simultaneity ‖ **⁎betrieb** *m* (Fernm) / simultaneous working ‖ **⁎betrieb** *m* (DV) / simultaneous mode, concurrent working ‖ **⁎[dolmetsch]anlage** *f* / simultaneous interpretation facility, translator

Simultaneität, Gleichzeitigkeit *f* / simultaneousness, simultaneity

Simultan·empfänger *m* / translator o. transistor baton ‖ **⁎farbfernsehen** *n* / simultaneous colour television ‖ **⁎leitung** *f* (Fernm) / bunch circuit ‖ **⁎rechner**, Parallelrechner *m* / simultaneous o. parallel computer ‖ **⁎schaltung** *f* (Fernm) / composite circuit, simultaneous telegraphy and telephony ‖ **⁎schaltungsbildung** *f* (Fernm) / compositing ‖ **⁎sendung** *f*, -übertragung *f* (TV, Elektronik) / simulcast, simultaneous broadcasting, S.B. ‖ **⁎telegrafie** *f* (Fernm) / earth return phantom circuit ‖ **⁎-Thermoanalysengerät** *n*, STA *n* / apparatus for simultaneous thermal analysis ‖ **⁎übertragung** *f* (Vortrag) / simultaneous interpretation ‖ **⁎verarbeitung** *f* (DV) / simultaneous mode of working ‖ **⁎wahl** *f* (Fernm) / simplex dialling ‖ **⁎zündung** *f* (Raumf) / simultaneous firing

Sinclair-Baker-Kellog-Reformerprozeß *m* / SBK catalytic reforming

Singen *n* **von Zahnrädern** / hum[ming] of toothed wheels

Single·-Chip Computer *m* / single-chip computer ‖ **⁎-Garn** *n*, Einfachgarn *n* / single yarn ‖ **⁎-Point-Einspritzanlage** *f* / single-point injection equipment ‖ **⁎-tie** *n* (Textil) / single tie

Singlett *n* (Chem) / singlet ‖ **⁎bindung** *f* (Chem) / singlet linkage

singulär·e Lösung, singuläres Integral (Math) / singular solution || ~er Punkt, singuläre Stelle, Singularität f (Math) / singular point, singularity
Singularitäten·methode f, Integralgleichungsmethode f / method of singularities, integral equation method || ~verfahren n (Turbo) / singularity flow
Singulett n (Nukl, Spektrum) / singlet || ~niveau m / singlet level
Singulosilikat n, Monosilikat n / monosilicate, singulosilicate, unisilicate
Sinigrin n (Chem) / sinigrin
sinken (Druck, Spannung usw) / decrease, fall || ~, niedriger werden / descend, sink, fall, subside || ~, untergehen (Schiff) / founder, sink || ~, Ein-, Zusammensinken, -fallen n / subsidence, subsidency, subsiding, set[tling], settlement || ~ des Luftdrucks / fall of the atmospheric pressure || ~ des Wasserspiegels / falling o. receding o. sinking of the water level
Sink·flug m (Luftf) / descent || ~geschwindigkeit f (Luftf) / vertical [downward] component of velocity, rate o. speed of vertical descent || ~geschwindigkeit f, Absitzgeschwindigkeit f / settling speed, decantation rate || ~geschwindigkeit f des Wasserspiegels / drawdown, rate of fall || ~geschwindigkeitssignal n (Luftf) / descent signal || ~gut n (Kohleaufber) / sinks pl ||
~gut-Kurve, A₂-Kurve f / cumulative sink curve || ~kasten, Gully m (Straßb) / gully hole, sink water trap, slop sink || ~kasten m (Kanalisation) / catch pit o. basin || ~kastenaufsatz m / sop, sink grating, cover for sink || ~kraft f / depression, descending force, negative lift || ~mittel n (Flotation) / depressant || ~scheider m (Aufber) / dense-medium washer, heavy-medium separator, float-and-sink apparatus || ~scheidung f, Schwerflüssigkeitsscheidung f / dense-medium washing, gravimetric flotation || ~stoff m / suspended matter || abgelagerter ~stoff / sediments pl, silty precipitates pl || ~stoffbeseitigung f (Abwasser) / removal of sediments || ~- und Schwebestoffe m pl / suspended and settleable solids pl || ~verfahren, Anflug-Sinkverfahren (Luftf) / landing procedure || ~wasser n (in weiten Hohlräumen sinkend) / gravitational water
Sinn m, Richtung f / direction || ~, Sinnesfunktion f, -vermögen n / sense || ~ für richtige Verhältnisse / sense of proportion || im weiten ~e / wide-sense...
Sinnbild, Symbol n / symbol
sinnbildlich, symbolisch (DV) / symbolic
Sinnenprobe f (Chem) / organoleptic o. tongue test
Sinnes·organ n / sense organ
sinn·gemäß, analog / analogous || ~losigkeit f (Math) / meaninglessness, senselessness, nonsensicalness || ~reich (Einrichtung) / gimmicky || ~reiche Einrichtung / gimmick || ~verständlichkeit f (Fernm) / intelligibility || ~voll (Markierung) / meaningful || ~widrige Korrelation / illusory o. nonsense correlation
Sinter m, Kalktuff m (Geol) / tufa, tufaceous limestone || ~ (Hütt) / iron sinter, scale || ~aktivität, -freudigkeit f (Pulv.Met) / sintering activity || ~aluminium n / sintered aluminum || ~anlage f (Hütt) / blast roasting plant o. sintering plant || ~anode f (Kondensator) / porous anode || ~atmosphäre f / sintering atmosphere || ~band n (Hütt) / sintering belt o. strand, blast roasting belt || ~boden m (Martinofen) / fritted hearth bottom || ~bronze f / sintered bronze || ~-Cu Pb n, Sinter-Bleibronze f / sintered lead[ed] bronze || ~-Cu Sn n, Sinterbronze f / sintered bronze || ~-Cu Zn n, Sintermessing n / sintered brass || ~dauer f / sintering time || ~dichte f / sintered density || ~dolomit m / dead-burned dolomite || ~eisen n / sintered iron || ~elektrode f / self-baking electrode || ~erzeugnis n (Hütt) / sintered part o. product || ~-Extrusion f (Plast) / ram extrusion || ~fangkorb m (Hütt) / scale-catching box || ~ferrit m / sintered ferrite || ~folienplatte f (Akku) / sintered foil plate || ~fördernd / sinter-activating || ~formteil n / sintered

compact || ~freudigkeit, -aktivität f (Pulv.Met) / sintering activity || ~gemisch krümeln / granulate sinter mix || ~genauteil n / precision sintered part || ~glas n / sintered glass || ~grad m / sintering degree || ~grube f, -brunnen m (Hütt) / scale pit || ~haut f (Pulv.Met) / sinterskin || ~hemmend / sinter-inhibiting || ~-HIP-Technik f / sintering HIP technology || ~hitze f / sintering heat || ~kalk m, Kalkstuff m / sinter lime || ~karbid, -hartmetall n / cemented carbide, (better): sintered [hard] carbide o. metal carbide || ~kasten m / sintering box || ~kohle f / cherry o. sintering coal || ~kontaktwerkstoff m / sintered contact material || ~körper, -formteil n, Sinterling m (Pulv.Met) / sintered compact || ~korund m / fused corundum || ~kühlturm m (Gieß) / sinter cooling tower || ~kupfer n / sintered copper || ~lager n / porous bearing || ~magnesit m, Schmelzmagnesit m / sintered magnesite, dead-burned magnesite || ~magnet m / sintered powder magnet || ~messing m, Sinter-Cu Zn n / sintered brass || ~metall n / sintered metal || ~metallfilter n / sintered metal filter || ~metall-Legierung f / sintered alloy || ~[metall]teile n pl / powdered metal parts, sintered parts pl
sintern vt [vi] / sinter, bake || ~ (Erzaufbereitung) (Hütt) / roast and sinter || ~ (Keram) / vitrify || ~, stückigmachen (Hütt) / sinter vt || ~ n (Tätigkeit) (Hütt, Chem) / sintering [operation] || ~ im Füllzustand / pressureless sintering || ~ mit flüssiger Phase (Pulv.Met) / liquid phase sintering
sinternd·e Sandkohle / sintering sand coal
Sinter·ofen m / sintering furnace || ~pfanne f / sintering pan o. pallet || ~probe f / sintered sample || ~pulver n / sintering powder || ~punkt m / sinter point || ~rost, Verblaserost m (Hütt) / sintering grate || ~röstung f (Hütt) / sinter roasting || ~schmieden n / sinter forging || ~schmiedeteil n / sintered forging || ~skelett n / sintered skeleton || ~spritzen n (Plast) / combined whirl sintering and flame-spraying || ~spritzgerät n für Kunststoffe / apparatus for combined whirl sintering and flame spraying || ~stahl m / sintered steel || ~stein m / sinter brick || ~technik f, Pulvermetallurgie f / powder metallurgy || ~teil, -erzeugnis n / sintered product || ~temperatur f (Keram) / densification temperature || ~tränktechnik f / sintering and infiltration technique
Sinterung f, Sintern n / sintering || ~, Sintern n (Glas) / vitrification || ~ des Ofenfutters / vitrification || ~ [un]gepreßter Pulver / sintering of pressed, [loose] powders
Sinterungs·bremse f (Pulv.Met) / delaying agent || ~fördernd / promoting sintering || ~fördernde Atmosphäre f / promoting sintering atmosphere
Sinter·verfahren m, -technik f / sinter process, sintering technique || ~verzug m, Verwerfung f / distortion due to sintering || ~walzenbrecher m / sinter feed roll crusher || ~wasser n (Bergb) / incrusting water || ~wasser n (Hütt) / scale-forming water || ~wasseraufbereitungsanlage f (Hütt) / treatment plant for scale-forming water || ~werkstoff m / sintered material || ~zeit f, -dauer f / sintering time || ~zone f (Keram) / clinkering zone, burning zone || ~zustand m / sintering condition
Sinus m (Math) / sine || ~ ..., sinusverwandt, -förmig / sinusoidal || ~ φ / active-power factor || ~ versus (Math) / versine, versed sine, sagitta || halber ~ versus / havers[ine] || Abbesche ~bedingung (Opt) / sine condition || ~feld n / sinusoidal field || ~förmig, -verwandt, Sinus... / sinusoidal || nicht ~förmig (Welle) / distorted || ~förmige Bewegung / harmonic motion || ~förmig wechseln (Elektr) / alternate || ~förmige Stromversorgung (Schw) / full sine system || ~funktion f / harmonic function, sine function || ~galvanometer n, -bussole f / sine galvanometer || ~generator m (Elektronik) / sine wave generator || ~halbwelle f / half

sine wave ‖ ⁓kompensator m, -potentiometer n (Elektronik) / sine potentiometer ‖ ⁓-Kosinus E-Matrix-Verriegelungsschleife f / sine-cosine E-matrix phase lock loop ‖ ⁓kurve, -linie f / sinusoid, harmonic curve, curve of sines ‖ ⁓leistung f / sinusoidal power, sine wave power ‖ ⁓lineal n / sine bar ‖ ⁓-φ-Messer m (Elektr) / active-power meter ‖ ⁓satz m (Math) / law of sines, sine law ‖ ⁓schwingung f / sinusoidal oscillation ‖ ⁓spannung f / sinusoidal [alternation] voltage ‖ ⁓spirale f (Math) / sinusoidal spiral ‖ ⁓strom m / sinusoidal current ‖ ⁓test m (Wz) / sine test ‖ ⁓tisch m (Wzm) / sine bar clamping table ‖ ⁓-Ton m / pure tone ‖ ⁓welle f / sine wave

SiO₂-reich (feuerfest) / semisilica… ‖ ⁓er Kalkstein / cherty limestone, siliceous limestone ‖ ⁓es Schamotteerzeugnis / semi-silica refractory (> 72 % SiO₂) (US), semi-silicons refractory (< 93 % SiO₂, < 10 % Al₂O₃ + TiO₂) (GB)

Siphon m (Hütt) / skimmer ‖ ⁓, Geruchsverschluß m / running o. siphon trap, drain o. air trap ‖ mit ⁓ versehen (Bau) / trapped ‖ mit Hilfe eines ⁓s entleeren / siphon v, empty o. drain by a siphon ‖ ⁓-Modulauslaß m (Hydr) / siphon modul outlet ‖ ⁓pfanne f (Gieß) / teapot ladle ‖ ⁓überlauf m (Hydr) / siphon spillway ‖ ⁓verschluß m (Bau) / siphon trap of the sink

Sirene f (Bahn, Schiff) / hooter ‖ ⁓ (Akustik) / siren ‖ ⁓ (Schiff) / hooter, diaphone

Sirup m, Zuckerdicksaft m / sirup, syrup ‖ dick eingekochter ⁓ / boiled-in syrup ‖ weißer ⁓ (Zuck) / clear syrup ‖ ⁓ablaufrinne f / molasses gutter ‖ ⁓abscheider m (Zuck) / Hodek safety vessel ‖ ⁓decke f (Zuck) / sirup washing ‖ ⁓decke f, Deckkläre f / covering liquor

sirupös / syrupy

Siruptrennung f (Zuck) / separation of molasses

Sisal m, Aloefaser f / aloe hemp o. fibre, sisal [hemp], henequen

SI-System, Système International d'Unités n / International System, SI

Sitosterin n (Chem) / sitosterol

SITPC n / SITPC, Satellite International Television Program Center

Situationsplan m, Übersichtsplan m (Bau) / general plan of site o. location, layout, plat

Sitz m, Stuhl m / seat ‖ ⁓, Bank f / settle, seat ‖ ⁓, Aufnahme f (Masch) / receiver, seat, receptacle ‖ ⁓, Sohle f (Bau) / base, sole ‖ ⁓, Herd m / center ‖ ⁓, Passung f (Masch) / fit ‖ ⁓… (Flurförderer) / seat …, driver controlled, rider-seated ‖ ⁓ des Rades auf der Welle / seat of the wheel on the axis ‖ ⁓ des Sprengrings (Radreifen) / gutter groove ‖ ⁓ eines Balkens / beam o. joist bearing ‖ ⁓ im Gang (Omnibus) / aisle seat ‖ ⁓ mit runder Rückenlehne (Kfz, Luftf) / bucket seat ‖ einen Stuhl mit ⁓ versehen / seat a chair ‖ ⁓abort m / seat-type WC ‖ ⁓arbeitsplatz m / seated work position ‖ ⁓art f (Passung) / kind of fit ‖ ⁓bad n / hip bath, sitz bath ‖ ⁓badewanne f / hip-bath ‖ ⁓balken m (Bergb) / manriding cabin ‖ ⁓bezug m (Kfz) / seat cover

sitzen / sit vi ‖ ⁓ [auf] / dominate, control, rule ‖ ⁓, festsitzen / be seated

sitzend, im Sitzen / sitting, from a sitting position, while sitting down ‖ ⁓ [auf] / seated [on], situated, located

Sitz·fläche f (allg) / seat, seating ‖ ⁓fläche f, Paßfläche f / fitting surface ‖ ⁓fläche, Befestigungsfläche f (Masch) / seat, seating ‖ ⁓fläche f (Lagerung) / bearing surface ‖ ⁓fräser m für Wasserhahn / valve seat burr ‖ ⁓-Gabelstapler m / driver controlled fork truck ‖ ⁓gestell n, -rahmen m (Kfz) / seat frame ‖ ⁓gruppe f / seating unit ‖ ⁓-Höhenverstellung f / height adjust of seats ‖ ⁓hubwagen m / rider-seated pallet truck, rider-sit-on pallet truck ‖ ⁓indexpunkt m (Traktor) / seat index point ‖ ⁓karre f (Landw) / sulky, seat bogie ‖

⁓[kissen]fallschirm m / seat pack parachute ‖ ⁓ladefaktor m (Luftf) / passenger load factor ‖ ⁓pflug m / plough with seat ‖ ⁓platz m (Platz zum Sitzen) / seat ‖ ⁓plätze bieten (o. haben) / seat v ‖ ⁓polster n (Kfz) / seat upholstery ‖ ⁓raum m, -zahl f / seating capacity ‖ ⁓rohr n, Sattelstützrohr n (Fahrrad) / seat tube ‖ ⁓-Rückenlehne f (Kfz) / squab (GB), back of seat ‖ ⁓stapler m / driver seated stacker ‖ ⁓streik m / sit-down strike, stay-in strike (GB)

Sitzung f (DV) / session

Sitzungs·bericht m, -protokoll n / proceedings pl, transaction o. minutes of a reading ‖ den ⁓bericht anfertigen / draw up the minutes of a reading

Sitz·ventil n / seat valve ‖ ⁓verstellung f (Abstand u. Neigung) (Kfz) / seat adjuster ‖ ⁓waschbecken n, Bidet n / bidet ‖ bodenstehendes ⁓waschbecken / pedestal bidet ‖ ⁓zahl f, -raum m / seating capacity

Size f (Size 20/0 = 12,73 mm, 2/0 = 27,94 mm, 0 = 29,63 mm) (Uhr, = 0,8466 mm = 1/30 inch) / size

Sizepresse f, Leimpresse f (Pap) / size press

SK = Segerkegel ‖ ⁓ = scharfkantig

Skala f / scale, graduation ‖ ⁓, [Lohn- usw.]-Tabelle f / reckoner, ready-reckoner ‖ ⁓ (Instr) / dial ‖ ⁓, Stufenleiter f / scale ‖ ⁓ mit gradlinig bewegtem Zeiger (Elektronik) / slide rule dial ‖ ⁓lineal n / graduated rule

skalar, Skalar… (Math) / scalar adj ‖ ⁓, Tensor m nullter Stufe / scalar ‖ ⁓er Ausdruck / scalar expression ‖ ⁓e Flußdichte / scalar flux density ‖ ⁓e Größe, Skalargröße f / scalar quantity ‖ ⁓es Linienintegral / scalar line integral ‖ ⁓es magnetisches Potential / scalar magnetic potential ‖ ⁓e Multiplikation / scalar o. vector multiplication ‖ ⁓es Potential / scalar o. vector potential ‖ ⁓e Variable / scalar variable ‖ ⁓er Vektor / scalar vector ‖ ⁓funktion f / scalar function ‖ ⁓kopplung f / scalar coupling ‖ ⁓operator m (Math) / scalar operator ‖ ⁓produkt, inneres Produkt (Math) / inner o. scalar o. dot product, direct product ‖ ⁓rechner m / scalar computer

Skalen·…, mit Skaleneinteilung o. -ablesung / graduated, indicating, [direct-]reading, registering ‖ ⁓ablesung f / scale reading ‖ ⁓antrieb m (Elektronik) / dial drive ‖ ⁓beleuchtung f / dial illumination ‖ ⁓bereich m / scale range o. span ‖ ⁓bogen m, Gradbogen m / graduated arc ‖ ⁓einstellung f / scale setting ‖ ⁓endwert m (Instr) / full scale, f.s., end scale value ‖ ⁓faktor, -exponent m (DV) / scale o. scaling factor, exponent part ‖ ⁓intervall n, Teilstrichabstand m / scale interval o. division ‖ ⁓lampe f / scale lamp ‖ ⁓marke f / scale mark ‖ ⁓mitte f / mid-scale, center scale ‖ ⁓nullpunkt m / zero scale mark

Skalenoeder n (Krist) / scalenoeder, scalenohedron

Skalen·rad n (Radio) / drive drum ‖ ⁓reiter m (Radio) / station marker ‖ ⁓ring m / graduated collar ‖ ⁓scheibe f / graduated dial o. disk, indicating dial ‖ ⁓schnur f (Radio) / pulley cord, drive cord ‖ ⁓schraube f (DIN 58450) / scale screw ‖ ⁓stelle f (COBOL) / scaling position ‖ ⁓strich m, -teilstrich m / scale graduation mark ‖ ⁓striche m pl je mA (Elektr) / instrumental sensitivity of a milliammeter ‖ ⁓teilmaschine f / dividing engine ‖ durch Messung ermittelter ⁓teilstrich (Instr) / fiducial point ‖ ⁓teilung f / graduation of the scale, dial graduation ‖ ⁓teilungswert m, SKW / value of a scale division ‖ ⁓zeiger m (Radio) / tuning pointer

skalieren (DV) / scale v

Skalierfaktor m (FORTRAN) (DV) / scale factor

Skalierung f, Normierung f / scaling

Skalierungsstudie f (Nukl) / scaling study

Skamp m (Schiff, Elektronik) / Skamp (station keeping and mobile platform)

Skaphander, Druckanzug m / scaphander

Skapolith, Wernerit m (Min) / scapolite, wernerite

skarifizieren (Opt) / scarify

Skarnerz n / skarn

Skateboard n / skateboard
Skating n (Schallplattenspieler) / skating of the arm
Skatol n (Chem) / scatole, skatol[e]
SKE, Steinkohleneinheit f / coal equivalent
Skelett n (allg, Textil) / skeleton ‖ ⁀, Gerippe n (Stahlbau) / frame, carcass ‖ ⁀... / skeletal ‖ starres ⁀ (Bau) / rigid carcass ‖ ⁀bau m / skeleton structure ‖ ⁀bauweise f, Stahlgerippebau m / skeleton construction ‖ ⁀gatter n (Spinn) / skeletonized reel ‖ ⁀-Gesteinsschaufel f (Bau) / skeleton rock bucket
Skelettierung, Verdünnung f (Zeichenerkennung) / thinning
Skelett·kanne f (Spinn) / skeleton can ‖ ⁀kristall m (Geol) / skeleton crystal ‖ ⁀linie f (Tragflügel) / median line ‖ ⁀modell n / skeleton pattern ‖ ⁀trommel f (Textil) / skeleton cylinder ‖ ⁀trommeltrockner m / skeleton cylinder drier
Skew-Alterung f (Magn.Schicht) / skew-ageing
Skia·meter n (Röntgen) / skiameter ‖ ⁀skop, Handrefraktometer n (augenärztl. Instrument) / skiascope ‖ ⁀tron n, Dunkelschriftröhre f (TV) / skiatron
Skibildung f (Walzwerk) / turn-up o. -down of rolling stock
Skiddometer n, Rutschigkeitsprüfer m (Straßb) / skiddometer
Skid-Number f (Straßb) / skid number
Skilift m, Schlepplift m / ski lift
Skimmen n (Textil) / gumming
Skimmer m, Ölaufsauger m / skimmer
Skin·bildung f (Walzw) / skin formation ‖ ⁀blech n, Hautblech n / skinplate ‖ ⁀-Effekt m, Stromverdrängung f / current displacement, Kelvin o. skin effect ‖ ⁀effektarmer Leiter / Milliken conductor ‖ ⁀-Effekt-Widerstand m / r.f. resistance ‖ ⁀-Packung f / skinpack, blister pack ‖ ⁀-pass m / very light cold-rolling pass, skin-pass, temper pass ‖ ⁀zeit f (Nukl) / skin time
Skip m, Schachtfördergefäß n (Bergb) / skep, skip ‖ ⁀, Übersprung m (DV) / skip ‖ ⁀-Begichtung f (Bergb) / skip charging ‖ ⁀förderung f, Gefäßförderung f (Bergb) / skip extraction o. hoisting o. winding system
Skisprungüberfall m über die Krafthausdecke / ski-jump spillway
Skizze f / sketch ‖ ⁀, Entwurfszeichnung f / draft ‖ ⁀, Plan m / drawing, drg., design ‖ ⁀, Außenlinie f (Bau) / outline, delineation
Skizzenblech n / sketch plate
skizzieren / design v, sketch ‖ ~, entwerfen / draft v, draw, trace, delineate, line ‖ ~, umreißen / outline
sklavische Nachahmung / slavish imitation
Sklerometer n, Ritzhärtemesser, -prüfer m / sclerometer
Sklerometer·härte f / sclerometer hardness
Sklero·protein n / scleroprotein n, albuminoid n ‖ ⁀skop n, Fallhärteprüfer m / [Shore] scleroscope, hardness drop tester
Sklerotiniakrankheit f (Landw) / stalk break, root rot (carrots)
SK-Magnetometer m, SK-Sonde f (SK = Saturationskern) / flux gate magnetometer
Skooper, Ladebagger m / scoop charger, scooper
Skooter m / scooter
Skopograph, Sichtweitenmesser m (für große Entfernungen) (Luftf) / scopograph
Skot n, Dunkelleuchtdichte-Einheit f, sk / skot
Skrubber, Ammoniakwäscher m / wascher-scrubber, gaswasher
Skt-Venant s. St. Venant
Skullcracker m, Schlagwerk n, (Eisenkugel für Abbrucharbeiten) (Bau) / skullcracker
S-Kurve f (Straßb) / double bend, hair pin bend ‖ ⁀ (Geom) / reverse o. S-curve, ogee curve
Skutterudit, Tesseralkies m (Min) / skutterudite, smaltine
Skykompaß m (Nav) / sky compass

Skylab n (früher AAP = Apollo Application Program) (Raumf) / skylab ‖ ⁀-Inbetriebnahme f / skylab activation
Skylight, Oberlicht n (Schiff) / skylight ‖ ⁀-Filter n (Phot) / skylight filter, graded light filter
Skyline f (Stadt) / skyline
Sk-Zahl f (Ölprüfung, DIN 51553) / volume increase of concentrated sulphuric acid, Sk value
SL (Elektr) = Schutzleiter ‖ ⁀, Spezialfelge f / SL, special ledge
Slab m (Gummi) / slab ‖ ⁀ n, Gruppe f von 12 Bits / slab
Slalomverstärker m (Elektronik) / rippled wall amplifier
Slap Back, Rückwandecho n / slap-back
Slat-Boden m (Chem) / slat tray
Slave m (Wagen eines Zugverbandes) (Bahn, Info) / slave ‖ ⁀-Baugruppe f / slave stack ‖ ⁀-Einheit f (DV) / slave unit
SLB (Luftf) = Start- und Landebahn
SLBM-Flugkörper m / submarine launched ballistic missile, SLBM
Slew- und Trim-Eingang m (DV) / slew and trim input
Slim-Hole-Bohrtechnik f (Öl) / slim-hole drilling
Slinger m, Füllgerät n (Gieß) / slinger
Slingshot-Effekt m (Hinausschießen über die Mond- in eine Sonnenumlaufbahn) (Raumf) / slingshot effect
Slip m, Aufschleppe f (Schiff) / slip ‖ ⁀, Schlupf m (Luftf, Schiff) / slip of the propeller ‖ ⁀ n (Garnmaß = 1645,905 m) (Textil) / slip
Slipemaster-Wolle f / slipemaster wool
Slip·-Form-Paver m (Straßb) / slip form paver ‖ ⁀haken m (Schiff) / slip o. pelican hook
Slippen n, Schiebeflug m (Luftf) / sideslipping
Slip-Stick-Effekt m / slip-stick effect
Slope-Shift-Tasten n (Modulation) / slope-shift keying
Slopöl n, Slops n pl / slop oil, slops pl
SL/RN-Verfahren n (zur direkten Stahlerzeugung) (Hütt) / SL/RN-process (Stelco-Lurgi/Republic-National Lead)
SLS-Ventil n, Pulsairventil n (Kfz) / aspirator valve
SLT, Technik der integrierten Schaltkreise / SLT (= solid logic technology)
SLT-Karte f / SLT card
Sludge, Schlamm m (Öl) / sludge, dirty oil ‖ ⁀test m (Transform.Öl) / sludge formation test
Slug n (= Masse, von 1 lb um 1 ft/s² beschleunigt) / slug (= 32,174 lb = 14,59 kg), gee-pound
Slumptest m, Kegelprüfverfahren n (Beton) / slump test
SLV = Schweißtechnische Lehr- u. Versuchsanstalt
Smalte f (Glas) / smalt, blue glass, pulverized cobalt glass
Smaltin, Smaltit, Speiskobalt, Skutterudit m (Min) / smaltine, skutterudite
smaragdgrün, -farbig / emerald green
smarter Sensor (Regeln) / smart sensor
SMC n, Harzmatte f (Plast) / sheet moulding compound, SMC
SMC-Formmasse f (Plast) / sheet moulding component plastics, SMC plastics
SMD, oberflächenbefestigtes Bauteil / surface mounted device, SMD
SMD-Technik f (Elektron) / SMD technology (= surface mounted device)
Smekal-Ramaneffekt m / Raman effect
smektisch (Krist, Chem) / smectic
Smektit m (Geol) / bentonite
Smithsches Leitungsdiagramm, Generatordiagramm n (Elektronik) / Smith chart
Smithsonit m (Min) / [electric (US)] calamine
SM-Ofen m / open-hearth o. O.H. o. Siemens-Martin furnace
Smog m / smog, smoke and fog ‖ ⁀warnung f / smog warning
Smoked sheets pl (Gummi) / smoked sheets pl
SMP, oberflächenbefestigte Teile / surface mounted particles

SM·-Roheisen n / open-hearth o. O.H. o. Siemens-Martin pig iron ‖ **˅-Stahl** m / open-hearth steel, O.H.S., Siemens-Martin steel
SMT / surface mounted technology
SMTI-Gerät n (Luftf) / selective moving target indicator, SMTI
SNA, Systemnetz-Architektur f / SNA, systems network architecture
Snaking n (Gierschwingung) (Luftf) / snaking
Snap m (Raumf) / Snap (system for nuclear auxiliary power)
Snap-Back-Formieren n, Aufschrumpfen n im Vakuum (Rad) / vacuum snap-back thermoforming
Snap-Back-Verfahren n **zur Herstellung von Gegenkrümmungen** (Plast) / vacuum snap-back forming
SnBz = Zinnbronze
S/N-Diagramm n, Wöhlerkurve f / stress/number curve
Snelliussches Brechungsgesetz n / Snell's law
s-Niveau n (Spektrum) / s-level
S-Nockenbremse f (Kfz) / S-cam brake
Snoek-Effekt m / Snoek-effect
Snooper m (Horchgerät) (Elektronik) / snoop[er]
SNR (Nukl) = Schneller Natrium-Reaktor
Snurrewade f (Netzart) (Schiff) / purse o. Danish seine
SNV = Schweizerische Normenvereinigung
SO (Bahn) = Schienenoberkante
SoBz = Sonderbronze
Sockel m / base, pedestal ‖ **˅**, Untersatz m (Bau) / socle ‖ **˅** (Hochofen) / understructure ‖ **˅** (Bau) / patten ‖ **˅** (Tischl) / plinth ‖ **˅** (Lampe) (Elektr) / base, cap ‖ **˅** (Relais, Transistor) / header ‖ **˅ Ba 16** / small bayonet cap, S.B.C. ‖ **auf ˅** / pedestal mounted ‖ **˅bauweise** f (Roboter) / pedestal design ‖ **˅blech** n (Elektr) / base sheet ‖ **˅gesims** n, -sims m, -gliederung f / base moulding ‖ **˅impuls** m / pedestal pulse ‖ **˅kitt** m (Elektr) / lamp capping cement ‖ **˅leiste** f / mop-board, skirting[-board], baseboard (GB) ‖ **˅leistenkanal** m (Elektr) / skirting-board duct ‖ **˅los** (Glühlampe) / capless, bodyless ‖ **˅lose Röhre**, Quetschfußröhre f / wire-in tube ‖ **˅mauer** f / plinth wall
sockeln (Elektr) / mount the base o. cap, [fit the] base
Sockel·platte f (Bau) / base flagstone, base plate ‖ **˅stift** m (Elektronik) / base pin o. prong, contact o. connection pin ‖ **˅täfelung** f, Lambris m (aus Holz, Marmor, Fliesen usw) / wainscot, wainscoted socle ‖ **˅verstellschraube** f / levelling screw
Sockenmaschine f (Wirkm) / half-hose machine
Soda f, Natriumkarbonat n / soda [salt], sodium carbonate, sal soda, washing soda, soda ash (GB) ‖ **˅auszug** m / soda extraction ‖ **˅fabrik** f / soda factory ‖ **˅haltig**, Soda… / containing soda ‖ **˅haltiger Salzsee** / soda lake ‖ **˅kochecht** / fast to boiling soda ‖ **˅kraut** n / salt wort, salsola kali ‖ **˅küpe** f (Färb) / potash o. soda vat
Sodalith m (Min) / sodalite
Sodalösung f / soda solution
Sodamin n / sodium amide
Sodar m n / sodar, sound radar (sound fixing and ranging)
Soda·rückgewinnung f (Pap) / soda recovery ‖ **˅rückstände** m pl (Leblanc) / tank waste ‖ **˅-Salpeter-Nitritschmelze** f / white flux ‖ **˅[schmelz]ofen** m (Chem) / soda furnace ‖ **˅seife** f / soda soap ‖ **˅wasser** n / acidulated o. soda water
Soden m, Plagge f / sod, turf ‖ **˅pflug**, Rasenpflug m / sward o. turf cutter o. plough, paring cutter
Söderbergelektrode f / Soderberg electrode
Sodwasser n (Schiff) / bilge water
sofern nicht anders festgelegt / U.O.S., unless otherwise specified
Soffitten·fassung f / socket for festoon (o. linolite) lamp ‖ **˅lampe**, Röhrenlampe f / double-ended tubular lamp, festoon bulb o. lamp, linolite [lamp]
SO-Format n (DV) / SO-format (= shift-out)

Sofort·auslösung f / instantaneous release ‖ **˅befehlskarte** f (DV) / execute card ‖ **˅bild-Kamera** f / instantaneous developing camera, instant camera ‖ **˅bild-Photographie** f / instant photography ‖ **˅-Durchschlagsfestigkeit** f (Elektr) / instantaneous breakdown strength
sofortig·e Prüfpunktschreibung (DV) / immediate checkpoint writing
Sofort·kontakt m / instantaneous contact ‖ **˅platz** m (Fernm) / demand position ‖ **˅ruf** m (Fernm) / immediate ringing ‖ **˅start** m **auf Befehl** (Raumf) / alert launching ‖ **˅verarbeitung** f (IBM) (DV) / real-time mode o. processing o. working ‖ **˅verarbeitungssystem** n (IBM) (DV) / real-time system ‖ **˅verkehr** m (Fernm) / demand o. no-delay service o. working ‖ **˅vorschub** m (DV) / immediate skip ‖ **˅zugriff** m (DV) / immediate access
Softclip n / soft clip
Soft Copy (DV) / soft copy
Softendschalter m (DV) / softend switch
Softener m, Weichmacher m / softener
Softenings pl (Textil) / softenings pl
Soft Failure (DV) / soft failure
Soft-Key m (CNC) / soft key
Soft·scheibe f (Phot) / soft focus filter ‖ **˅scope** n (DV) / softscope ‖ **˅sektoriert** (Speicher) / soft sectorized ‖ **˅streamer** m (Textil) / softstreamer ‖ **˅vorsatz** m, Weichzeichnerlinse f / soft focus lens, softening o. spectacle lens, monocle
Software f (DV) / software ‖ **˅-betrieben** / software implimented ‖ **˅-Diebstahl** m / software piracy ‖ **˅entwurf** m / software design ‖ **˅firma** f, -unternehmen n / software house ‖ **˅-kompatibel** / software compatible ‖ **˅-Technik** f / software engineering ‖ **˅-Urheber** m, -Verfasser m / software writer
Sog m, Totwasser n (Strömung) / eddy o. dead water, eddying ‖ **˅**, Strudel m (Schiff) / wake, suction ‖ **˅** (Aufber) / eddying ‖ **˅** (Luftf) / suction, pull ‖ **˅**, Heckwiderstand m (Luftf) / base drag ‖ **˅ und Schub** (Schiff) / wake and thrust ‖ **˅ von Brechern** (Hydr) / undertow (US), underwater
Sohl·bank, Fensterbank f (Bau) / window sill o. ledge ‖ **˅bau** m (Bergb) / sill floor ‖ **˅befestigung** f (Hydr) / bed pitching, side beaching ‖ **˅breite** f (Kanal) / base width of canal, bottom width ‖ **˅breite** f (Damm) / base width of dike ‖ **˅druck** m (Bau) / contact pressure
Sohle f / sole, base, bottom, lower part ‖ **˅** (Schuh) / sole ‖ **˅**, Abbausohle f (Bergb) / streak, worked stratum, horizon ‖ **˅**, Streckensohle f, Liegendes n (Bergb) / floor ‖ **˅**, Unterfläche f (Bau) / plain base ‖ **˅**, Unterlage f, Schwelle f (Bau) / sill, sole, base ‖ **˅** (nach unten gewölbt) (Stollen, Kanalrohr) / invert ‖ **˅** (Kanal) / canal bottom ‖ **˅** (Ofen) / bed, hearth ‖ **˅** (Tal) / valley bottom ‖ **˅**, Schleifsohle f (Pflug) / slip heel ‖ **˅ des Setzstockständers** (Dreh) / steady column base ‖ **˅ eines Flözes** (Bergb) / bottom, bottoms pl ‖ **durchgehende ˅** (Schuh) / long sole
Sohlen·abstand m (Bergb) / distance between levels ‖ **˅auftrieb** m (Bergb, Tunnel) / creep, heaving of floor ‖ **˅auftrieb** m (Bergb, Tunnel) / heaving of floor ‖ **˅bauwerk** n, -befestigung f (Hydr) / river bottom protection structure ‖ **˅dichtung** f (Schleuse) / sealing of the bottom ‖ **˅druck**, -auftrieb m (Bergb, Tunnel) / creep in a tunnel ‖ **˅holz** n, -stempel m (Bergb) / sole piece ‖ **˅neigungswinkel** m (Hütt) / angle of hearth slope ‖ **˅querschlag** m (Bergb) / bottom cross-cut ‖ **˅schuß** m (Bergb) / blasting from the bottom ‖ **˅schwelle** f (Hydr) / sill beam ‖ **˅senklader** m (Straßb) / level sinking loader ‖ **˅stein** m (Hütt) / oven-sole block ‖ **˅strecke** f (Bergb) / driftway, gallery, main gangway, working level ‖ **˅verstärkung** f (Strumpf) / sole splicing ‖ **˅wasserdruck** m / uplift pressure

söhlig, waagerecht (Bergb) / horizontal ‖ ~e Abbaustrecke (Bergb) / entry (US) ‖ ~e Schichtung (Bergb) / horizontal bedding ‖ ~e Strecke (Bergb) / horizontal road ‖ ~bohrung f (Bergb) / drifter, drift bore hole
Sohl·kanal m (Hütt) / sole flue ‖ ~leder n / crop hide o. butt ‖ ~leder n, Bodenleder n, Vacheleder n / vache sole leather, sole leather ‖ ~loch n (Bergb, Sprengung) / toe-hole, foothole, snakehole ‖ ~platte f (Masch) / bearing o. sole plate ‖ ~platte f, Plattenfundament n / raft foundation o. footing ‖ ~platte f, Lagerplatte f, Sohlschale f (Masch) / bearing o. sole plate ‖ ~schale, -platte f / ground slab ‖ ~schuß m / bottom shot ‖ ~strecke f, Abbaustrecke, parallel der Grundstrecke / lift, level ‖ ~stück n, Fußpfette f (Bau) / sablier
SOI, Silizium n auf Isolator (Halbl) / silicon on insulator, SOI
Soil·erosion f / soil erosion ‖ ~-Release-Ausrüstung f (Textil) / soil release finish
SO-I-Natriumdampflampe f / SO-I-sodium vapour lamp
SOI-Technik f / silicon-on-insulator technique, SOI technique
Soja·bohne f / soy[a] o. soja bean ‖ ~milch f / soymilk ‖ ~öl n / soybean oil. soya bean oil
Sol n, kolloidale Lösung (Chem) / sol, colloidal solution
Solanin n / solanine
Solaninbase, Solanumbase f (Chem) / solanine base
Solar·... / solar ‖ ~es Protonenereignis / solar flare ‖ ~architektur f / solar architecture ‖ ~brennstoff m / solar fuel ‖ ~destillator m / solar still ‖ ~elektrisch / solar-electric ‖ ~elektrischer Antriebsmodul, SELAM / solar-electric propulsion module ‖ ~elektrische Oberstufe (Raumf) / solar-electric propulsion stage, SEPS ‖ ~gepumpt (Laser) / sun-pumped
Solari·meter n / solarimeter ‖ ~sation f, Umkehrerscheinung der Platte (Phot) / solarization, reverse phenomenon, reversal process
solarisations·fähig (Phot) / reversible, solarizable
Solar·konstante f (= 1,94 cal cm^{-2} min^{-1}) / solar constant ‖ ~konverter m / solar converter ‖ ~öl n / solar oil ‖ ~[zellen]panel n, Solarbatterie f / solar [cell] panel ‖ ~physik f / solar physics pl ‖ ~-Pond m, Salzwasser-Kollektorbecken n / solar pond ‖ ~stearin n (Chem) / solarstearin ‖ ~technik f / solar engineering ‖ ~wind m / solar wind ‖ ~zelle f / solar cell ‖ ~zellenkette f / string of solar cell submodules ‖ ~zellenlaken n / array blanket ‖ ~zellen-Packungsdichte f / solar cell packing factor ‖ ~zellenpaddel n, -zellenausleger m / solar cell paddle ‖ ~zellen-Tragarm m / solar cell longeron ‖ ~zellenträger m (Raumf) / solar array
Solbildung f (Chem) / solation
Sole, Salzsole f / brine ‖ ~, Salzlösung f, -wasser n / pickle, brine ‖ ~, Salzquelle f / salt o. brine spring ‖ ~graben m, Sol[e]kanal m, -rinne f / brine conduit ‖ ~haltig / briny
Soleil m (Web) / soleil
Solenoid n (Phys) / solenoid ‖ ~bremse f / solenoid brake ‖ in ~form / solenoidal
Sole·pumpe f / brine pump ‖ ~schacht m / brine [extracting] shaft ‖ ~waage f / brine areometer ‖
Solex·meßgerät n / Solex pneumatic micrometer ‖ ~vergaser m / Solex carburetor
Solfatare f (Geol) / solfatara
Sol·-Gel-Verfahren n / sol-gel process ‖ nach dem ~-Gel-Verfahren hergestellt / gel-derived
solide, schwer / massive, solid ‖ ~, kräftig / strong, solid ‖ ~, fest (Mauer) / staunch
Solidensieren n (Kondensation eines Dampfes zu einem Feststoff) / ablimation
solidgelb (Textil) / fast yellow
Solidgrün, Malachitgrün n / solid green O, malachite green ‖ ~ JJO, Brillantgrün n (Färb) / solid green
Solidizer m (Trockner) / solidizer
Solidus·fläche f / solidus area ‖ ~linie f / solidus [line]

Solifluktion f, Erd-, Bodenfließen n (Geol) / solifluction, -fluxion
Soligen n (Harzseife) (Chem) / soligen
Solion n (elektrochemisches Steuerelement) (Elektr) / solion
solitäre Welle, Einzelwelle f (Phys) / solitary wave
Solkautschuk m / sol rubber
Soll n (F.Org) / target ‖ ~ (Buchh) / debit [side] ‖ ~..., planmäßig / scheduled ‖ ~adresse f (DV) / reference address ‖ ~bruch ... / break-off... ‖ ~bruchdorn m im Blindniet / break mandrel ‖ ~bruchglied n / breaking piece ‖ ~-Bruchstelle f / predetermined breaking point, rated break point ‖ ~daten pl / scheduled data pl ‖ ~-Erfassungsbereich m / rated coverage ‖ ~fahrplan m (Bahn) / theoretical graph ‖ ~form f / nominal shape ‖ ~frequenz f / nominal frequency ‖ ~-Geschwindigkeit f / theoretical speed ‖ ~größe f / desired size o. quantity ‖ ~-Ist-Vergleich m / variance comparison ‖ ~korn, Normalkorn n (Bergb) / correctly sized product ‖ ~kosten pl (F.Org) / standard cost ‖ ~kurs m (Luftf, Schiff) / desired course ‖ ~-Leistung f / declared capacity ‖ ~-Leistung f (Produktion) / nominal o. rated (US) output, scheduled o. standard production ‖ ~-Leistung f in der Vorgabezeit (F.Org) / standard performance ‖ ~maß n, Nennmaß n / nominal o. rated size ‖ ~maß n (Holz) / finished size ‖ ~maß n (Passung) / specified size ‖ ~maß n (Bau) / basic size ‖ ~position f (NC) / desired position ‖ ~reichweite f / specified maximum range ‖ ~-Saldo m / credit balance ‖ ~spannung f (Elektr) / desired o. nominal voltage ‖ ~stellungs-Beibehaltung f (Satellit) / station-keeping
Sollwert m (der Regelgröße) (Regeln) / control o. set point (of controlled variable), set value, desired o. index value of controlled variable (GB), reference input o. variable (US) ‖ ~ (NC) / setting o. desired value, command value (US) ‖ ~, Aufgabenwert m / setting value, command value, setpoint ‖ ~, Badkonstante f (Galv) / desired value of content ‖ ~, theoretischer Wert / theoretical value ‖ ~ (Relais) / must value ‖ ~ der Regelgröße (Endwert) / final controlled condition ‖ ~-Abweichung f (Regeln) / deviation, error ‖ ~aufnehmer m (Regeln) / nominal value transmitter ‖ ~einsteller m, -geber m / set-point adjuster ‖ ~einstellung f (Regeln) / set-point adjustment ‖ ~einstellung-Führungsgröße f (Regeln) / control signal ‖ ~integrator m / set-point integrator
Soll[wert]-Ist[wert]-Differenz f (Regeln) / variance
Sollwert·-Stellbefehl m (Fernsteuern) / set-point command ‖ ~zähler m (NC) / command value counter ‖
einstellbarer ~zeiger m (Instr) / set pointer
Sollzustand m / planned o. projected status
Solnhofener Schiefer, Lithographie-Schiefer m / Solnhofen stone, lithographic stone
Solo·chromschwarz n (Chem) / solochrome black ‖ ~maschine f (Motorrad) / solo
Sol·quelle f, Salzquelle f / salt spring ‖ ~salz n / spring o. brine salt
Solubilisieren n (Chem) / solubilizing, solubilization
Soluble Blue n (Färb) / water blue, soluble blue
Solutierprozeß, Solutizerprozeß m (Öl) / solutizer process o. treatment
Solutiser m, Lösungsmittel n / solutizing agent
Solvat n (Schmieröl) / solvate
Solva[ta]tion f (Chem) / solvation
solvatisieren / solvate vt
solvatisiert (Kolloid) / solvated
Solvatochromie f (Chem) / solvatochromy
Solvay·soda f / ammonia-soda ‖ ~verfahren n (zur Sodagewinnung) / [Solvay's] ammonia-soda process
Solvent, Lösungs-, Lösemittel n (Chem) / solvent, resolvent ‖ ~-Extraktion f, Ausschütteln n / solvent extraction ‖ ~karbon-Farbband n / solvent carbon ribbon ‖ ~naphtha f n, Testbenzin n / solvent naphtha ‖ ~raffinat, Lösungsmittelraffinat n (Schmieröl) / solvate ‖

⤴**raffination**, Lösungsmittelraffination *f* / solvent refining
Solvo·lyse, Lyolysis *f* (Chem) / lyolysis, solvolysis ‖ ⤴**system** *n* / solvo system
Somatographie *f* (F.Org) / somatography
Somatometer *n* / somatometer
Sommer·deich *m* (Hydr) / overflow dam, summerdike ‖ ⤴**eiche** *f*, Stieleiche *f* / common oak, Quercus robur o. pedunculata
Sommerfeld·sches Atommodell / Sommerfeld atom ‖ ⤴**sche Konstante**, Feinstruktur-Konstante *f* / fine structure constant
Sommer·freibord-Tiefgang *m* (Schiff) / summer draught ‖ ⤴**gerste** *f* / spring barley ‖ ⤴**getreide** *n* (Landw) / spring o. summer cereals *pl* ‖ ⤴**holz** *n* (Bot) / summer wood
sommern (Ziegl) / season in summer
Sommer·öl *n* (Kfz) / summer oil ‖ ⤴**tiefladelinie** *f* (Schiff) / summer load waterline ‖ ⤴**wolle** *f* (Textil) / autumn wool
Sonant *m* (Elektronik) / sounder
Sonar *m* *n*, S-Gerät *n* (Nav) / sonar (sound navigation and ranging), asdic, A.S.D.I.C. (Allied Submarine Devices Investigation Committee) ‖ ⤴**impuls** *m* / ping
Sonde, Senknadel *f* / sound, probe ‖ ⤴ *f*, Fühler *m* / sonde, probe ‖ ⤴ (Elektr) / [coupling] probe ‖ ⤴ (Ultraschall) / ultrasonic detector ‖ ⤴, Lambdasonde *f* (Kfz) / [oxygen] sensor
Sonden·bohrer *m* (Bau) / post-hole digger ‖ ⤴**fänger** *m* (Bergb) / sound catch ‖ ⤴**kennlinie** *f* (Röhre) / probe characteristic ‖ ⤴**keramik** *f* (Kfz) / ceramic probe body ‖ ⤴**laser** *m* / sounding laser ‖ ⤴**öffnung** *f* (Reaktor) / probe inlet ‖ ⤴**röhre** *f* (TV) / dissector [tube] ‖ ⤴**spannung** *f* / probe voltage ‖ ⤴**spule**, Suchspule *f* / pick-up coil ‖ ⤴**störung** *f* (Reaktor) / probe induced interference
Sonder·..., Extra... / extra ‖ ⤴..., besonderer / particular, special ‖ ⤴..., Neben... / separate ‖ ⤴**[ab]druck**, Abdruck *m* / off-print ‖ ⤴**antrieb**, getrennter Antrieb / separate drive ‖ ⤴**aufbau** *m* (Kfz) / special body ‖ ⤴**ausführung** *f* / special design o. type ‖ ⤴**ausrüstung**, -ausstattung *f* (Kfz, Wzm) / option, extras *pl* ‖ ⤴**ausstattung** *f*, Extras *n pl* / extras *pl*
sonderbar, seltsam / odd, strange
Sonder·bauart *f* / special execution, something made to specification ‖ ⤴**baustahl** *m* / special structural steel ‖ ⤴**belüftung** *f*, -bewetterung *f* / sectional air supply ‖ ⤴**berechnung** *f* / extra charge ‖ ⤴**bewetterung** *f* (Bergb) / auxiliary ventilation ‖ ⤴**breite** *f* (DV) / customized width ‖ ⤴**bronze** *f* / special bronze ‖ ⤴**bronze** *f* seewasserfest / navy bronze ‖ ⤴**buchstabe** *m* / special letter ‖ ⤴**druck** *m* (Buch) / separate [re]print, reprint, separate, special print, offprint ‖ ⤴**einrichtung** *f* / special feature ‖ ⤴**erzeugnisse** *n pl* (Hütt) / specials *pl* ‖ ⤴**fahrzeug** *n* / special-purpose vehicle ‖ ⤴**fall** *m* / particular case, special case ‖ ⤴**fertigungsmittel** *n* / special workshop facility ‖ ⤴**gewinde** *n* / special thread ‖ ⤴**gewinde UNS** (US) *n* / Unified National Special [Screw Thread], UNS ‖ ⤴**-Gewindereihe** *f* / selected thread series ‖ ⤴**guß** *m* / special cast iron ‖ ⤴**maschine** *f* / special purpose machine ‖ ⤴**maschine** *f* **der spanlosen Formung** / machine using special forming processes ‖ seewasserfestes ⤴**messing** / naval brass
Sondermessing Cu Zn 40 Al 2 / high-strength brass ‖ ⤴ **ME 95** / percussion cap brass (US)
sondern, sichten / assort, size
Sonder·name *m* (DV) / special name ‖ ⤴**nummer** *f* / special number, special issue ‖ ⤴**öl** *n* / special oil ‖ ⤴**prüfverfahren** *n* / special test method ‖ ⤴**roheisen** *n* / special grade pig [iron] ‖ ⤴**schicht** *f* / extra shift ‖ ⤴**schutzart** *f* (Elektr) / special protection ‖ ⤴**speicher** *m* (DV) / zone of a computer ‖ ⤴**stahl** *m* / special steel ‖ ⤴**stein** *m* (Hütt) / special brick ‖ ⤴**tastatur** *f* (DV) / programmed function keyboard ‖ ⤴**tiefziehblech** *n* / extra deep drawing sheet [steel] ‖ ⤴**typen** *f pl* (Buch) /

odd sorts *pl*, peculiars *pl* ‖ ⤴**untersuchung** *f* / special examination ‖ ⤴**-VFR-Flug** *m* / special VFR-flight (= visual flight rules) ‖ ⤴**wagen** *m* (Bahn) / special car ‖ ⤴**wagen** *m* (Typ Sümz), (früher:) Salonwagen (Bahn) / de luxe coach ‖ ⤴**wunsch** *m* / extra, variation ‖ **[auf]** ⤴**wunsch** / optional ‖ ⤴**zeichen** *n* (DV) / special character, additional character ‖ ⤴**zubehör** *n* / extras *pl* ‖ ⤴**zug** *m* (Bahn) / special *n* ‖ ⤴**zweckbohrmaschine** *f* / single-purpose drilling machine ‖ ⤴**[zweck]maschine** *f*, Einzweckmaschine *f* (Wzm) / single-purpose machine
Sondiereisen *n*, -nadel *f* (Bergb) / pricker, trial boring tool, sound
sondieren, untersuchen / sound, explore
Sondierung *f* **der Ionosphäre** / topside sounding ‖ ⤴ **der Ionosphäre vom Boden aus,[von einem Satelliten aus]** (Raumf) / sounding bottomside,[topside]
Sone *n* (phonometr. Einheit) / sone
Sonne *f* / sun ‖ **der** ⤴ **aussetzen** / sun *v*, expose to the sun
Sonnen·... / solar ‖ ⤴**ausbleichung** *f* (Fehler, Textil) / localized sun bleaching ‖ ⤴**-Ausbruch** *m* / solar outburst ‖ ⤴**balkon** *m* (Bau) / antesolarium ‖ ⤴**batterie** *f* / solar battery ‖ **mit** ⤴**batterien betrieben** / solar powered ‖ ⤴**beständig**, -fest (Textil) / sunfast, sunproof ‖ ⤴**bestrahlung**, -einstrahlung, Insolation *f* / insolation ‖ ⤴**bleichung** *f*, -bleichen *n* / sun bleaching ‖ ⤴**blende** *f* / viewing hood ‖ **äußere** ⤴**blende**, äußere ⤴ (Kfz) / visor [over windshield], [sun] vizor ‖ ⤴**blende** *f* (Phot) / lens shade o. hood, sunshield, sunshade ‖ ⤴**blumenöl** *n* / sunflower oil ‖ ⤴**blumensame** *m*, -blumenkern *m* / sunflower seed ‖ ⤴**breithalter** *m* (Textil) / solar ring temple o. ring stretcher ‖ ⤴**brille** *f*, Lichtschutzbrille *f* / sun glasses, light protecting goggles *pl* ‖ ⤴**chemie** *f* / heliochemistry ‖ ⤴**-Coudé-Refraktor** *m* / solar Coudé refractor ‖ ⤴**dach** *n* (Bau) / canopy top, canvas blind ‖ ⤴**deck** *n* / sun deck ‖ ⤴**einstrahlung** *f* **auf die Erde**, Insolation *f* (Phys) / insolation ‖ ⤴**einstrahlungs-Verringerung** *f* / insolation decrease ‖ ⤴**elektrisch** / solar-electric ‖ ⤴**-Energie**, -Kraft *f* / solar power ‖ ⤴**energie** *f* / solar energy, solar power ‖ ⤴**energie-Anlage** *f* / solar installation ‖ ⤴**energieausnutzung** *f* / utilization of solar power ‖ ⤴**energie-Satellit** *m* / solar power satellite, SPS ‖ ⤴**energie-Telefon** *n* / sunlight telephone ‖ ⤴**energie-Umwandlung** *f* **durch den Sperrschichtphotoeffekt** / photovoltaic solar energy conversion ‖ ⤴**fackel** *f*, solares Protonenereignis / solar flare ‖ ⤴**farm** *f* / solar farm ‖ ⤴**ferne** *f* / aphelion ‖ ⤴**finsternis** *f* / solar eclipse ‖ ⤴**fleck** *m* (Astr) / macula ‖ ⤴**flecken** *m pl* / solar flocculi o. spots, sun spots *pl* ‖ ⤴**geblendet** / sun blind *adj* ‖ ⤴**granulation** *f* (Astr) / granulation of the sun ‖ ⤴**hang** *m*, -seite *f* (Bau) / sunny side, side exposed to the sun ‖ ⤴**höhe** *f* / solar altitude ‖ ⤴**impuls** *m* / sun pulse ‖ ⤴**kollektor** *m* (Raumf) / solar collector ‖ ⤴**konzentrator** *m* (Raumf) / solar concentrator ‖ ⤴**kraftmaschine** *f* / solar generator ‖ ⤴**kraftwerk** *n* / solar power station o. plant, heliostation ‖ ⤴**licht** *n* / sunlight ‖ ⤴**-Magnetron** *n* / rising-sun magnetron ‖ ⤴**magnetsturm** *m* / sun storm ‖ ⤴**motor** *m* / solar [powered] engine ‖ ⤴**nähe** *f*, Perihel *n* / perihelion ‖ **durch** ⤴**nähe verfinstert** (Astr) / combust ‖ ⤴**naher Raum** / solar space ‖ **[umlaufendes]** ⤴**observatorium** / orbiting solar observatory, OSO ‖ ⤴**observatorium-Satellit** *m* / solar observatory satellite ‖ ⤴**ofen** *m* / solar furnace ‖ ⤴**parallaxe** *f* / solar parallax ‖ ⤴**partikel** *n pl* / solar particles *pl* ‖ ⤴**peilung** *f* / bearing by the sun ‖ ⤴**proton** *n* / solar proton ‖ ⤴**protuberanz** *f* / solar prominence o. protuberance ‖ ⤴**rad** *n*, Planetenträger *m* (Masch) / sun wheel ‖ ⤴**rand** *m* / solar limb ‖ ⤴**rauschen** *n* (Elektronik) / solar [radio] noise ‖ ⤴**reflex auf dem Wasser** *m pl* / glitter ‖ ⤴**richtungsfühler** *m* / solar gating sensor ‖ ⤴**riß** *m* (Bauholz) / natural o. sun crack ‖ ⤴**scheibe** *f* / solar disk ‖ ⤴**scheinautograph** *m* / solarigraph ‖ ⤴**schirm**, -schutz *m*, -blende *f* (Opt) / sunshade ‖ ⤴**schmelzofen** *m*

/ solar furnace for melting processes ‖ ~schutzanstrich m / shading paint ‖ ~schutzdach n (Straßb) / curing tent ‖ ~schutzfilter m n / dark filter ‖ ~schutzglas n (Opt) / dark glass ‖ ~schutzschirm m / sunshade ‖ ~schutzvorhang m für Oberlichter (Bau) / sunshade for fanlights ‖ ~schutzwand f vor Gebäuden / sunbreaker ‖ ~segel n (Schiff) / awning, tilt ‖ ~segel n (Raumf) / bifold solar array, solar sail ‖ ~seite f / sunny side, side exposed to the sun ‖ ~sensor m / sun sensor o. seeker, solar sensor ‖ ~sensorpuls m (Raumf) / sun sensor pulse ‖ ~simulator m / sun simulator, SUSI ‖ ~spektrum n / solar spectrum ‖ ~spule f (Spinn) / narrow wound [short traverse] cheese, flat conical cheese ‖ ~stand m / solar altitude ‖ ~stein m (Geol) / sunstone (oligoclase o. orthoclase) ‖ ~strahler m (Elektr) / soleil lamp ‖ ~strahlung f / solar radiation ‖ ~strecke f (für Kammgarn) (Textil) / circular gill box ‖ ~strecke, Scheibenwalzenstrecke f (für Jute) / ring-guide drawing, circular drawing frame for jute ‖ ~synchron / sun-synchronized ‖ ~system n / solar system ‖ von außerhalb des ~systems / extrasolar ‖ ~tag m (Astr) / solar day ‖ ~teleskop n / solar telescope ‖ ~-Thermionikelement n / solar-thermionic cell ‖ ~tubus m (Phot) / lens hood, sunshade ‖ ~turm m / solar telescope [on] tower ‖ ~turm m (Teleskop) / solar tower ‖ ~typ-Magnetron, Sonnenstrahl-Magnetron n / rising sun-type magnetron ‖ ~uhr f / sun dial ‖ ~uhrzeiger m / gnomon, style, needle, cock ‖ ~-Umlaufbahn f / solar orbit ‖ ~verfolger m, -anpeiler m / suntracker ‖ ~wärme f / solar heat ‖ durch ~wärme betrieben / solar ‖ ~wärme-Ausnutzung f zum Heizen / solar heating ‖ ~wärme-Einfang m / collection of solar heat ‖ ~wärme-Kollektor m / solar collector ‖ ~wärme-Konzentrationsspiegel m / solar heat concentration mirror ‖ ~wärme-Konzentrator m / concentrating mirror, solar concentrator ‖ ~wärme-Kraftwerk m / solar heat power station ‖ ~wärts / sunward ‖ ~wende f, Solstitium n / solstice ‖ ~wendespiegel, Heliotrop m (Verm) / heliotrope [reflector] ‖ ~wind m / solar wind ‖ ~wind-Strömungswiderstand m / drag due to solar wind ‖ ~zeit f / solar time ‖ ~zelle f / solar cell ‖ ~zellen-Fläche f (Raumf) / solar panel ‖ ~zimmer n (Bau) / sun parlor (US), solarium

sonnig / sunny
Sono·boje f / sonobuoy, radio-sonic buoy ‖ ~lumineszenz f (Ultraschall) / sono-luminescence
sonstige Nutzzeit (DV) / incidentals time
Sorbat n, sorbiertes Gas / sorbate
sorbieren / absorb
Sorbinose f / sorbose
Sorbinsäure f / sorbic acid
Sorbit m (Hexit) (Chem) / Sorbit, D-sorbitol, glucitol ‖ ~, Temperit m (Hütt) / sorbite
Sorbose f (Chem) / sorbose, sorbin[e]
Sorelzement m / Sorel's cement, magnesia cement, magnesium oxychloride cement
Soret-Effekt m (Chem) / Soret effect, thermal diffusion (in solutions)
Sorgfalt f (F.Org) / care
sorgfältig / careful, painstaking ‖ ~, eifrig / arduous ‖ ~ [aus]gearbeitet / elaborate, perfected ‖ sehr ~ / meticulous ‖ zu ~ arbeiten / work meticulously
Sorgho m, Sorgo m / sorgo, sweet sorghum ‖ ~stärke f / sorghum gluten o. starch
Sorghum n, Sorgho m / sorghum
Sorosilikat n, Gruppensilikat n (Geol) / sorosilicate
Sorption f / sorption ‖ ~ (Pap) / moisture region
Sorptions·falle f / sorption trap ‖ ~mittel n, Sorbens n / sorbent ‖ ~pumpe f / sorption pump
Sorte f, Klasse f / class, order ‖ ~, Art f / description, kind, type, sort, species ‖ ~, Marke f / quality, brand ‖

~, Größenklasse f / size ‖ ~, Varietät f / type, variety, kind
Sorten·anfall m (allg) / production of different commercial grades ‖ ~anfall m (Bergb) / yield of grades ‖ ~einteilung f / classification, sorting, grading ‖ ~problem n / grades problem ‖ ~schlüssel m / grades index
Sortier·..., Sicht... / sizing ‖ ~abfall m / sorting waste ‖ ~-Ablagefach n (Drucker) / sorting stacker ‖ ~anlage f / sorting plant, sizing o. grading plant ‖ ~anlage, Sichtanlage f / picking plant ‖ ~anlage f (Bergb) / separating plant ‖ ~arbeit f (nach dem Wert) / sort work ‖ ~begriff m (DV) / sort key, sort kriterion ‖ ~datei f (DV) / sort file
sortieren / assort, sort, classify, grade ‖ ~, zusammentragen / collate, compile ‖ ~, aussuchen / pick, gather ‖ ~, klauben (Kohle) / pick ‖ ~ (Erz) / rag (US), frame ‖ ~, reinigen (Faserstoff) / clean ‖ ~ (z.B. Schecks) / sort vt (e.g. checks) ‖ ~, dem Wert nach aussondern / sort, apportion ‖ ~ n (DV) / sort[ing] ‖ der Größe nach ~ / classify, grade, size ‖ nach Feinheit ~ / sort according to fineness ‖ nach Qualität (o. Stapel) ~ (Wolle) / staple ‖ Schrott ~ / segregate scrap
Sortierer m, Sortiermaschine f / grader, sorter, sorting machine ‖ ~, Zuordner m (DV) / sequencer
Sortier·folge f (DV) / marshalling sequence, collating sequence ‖ ~folgeklausel (COBOL) / sequenced clause ‖ ~gerät n / sorting apparatus ‖ ~lauf m (DV) / sort pass ‖ ~leser m (LoKa) / sorter-reader, reader-sorter ‖ ~maschine f / grading o. sorting machine ‖ ~maschine f (Bergb, Masch) / sizing machine ‖ ~maschine f (LoKa) / sorting machine, sorter ‖ ~merkmal n / sort key o. criterion ‖ ~-Misch-Programm n / sort/merge program[me] ‖ ~nadel f (LoKa) / sorting needle ‖ ~plansifter m / plansifter ‖ ~programm n, Sortprogramm n / sorting program[me] ‖ ~[programm]anweisung f (COBOL) / sort statement ‖ ~sieb n / assorting sieve
sortiert·e Förderkohle (Bergb) / sorted smalls pl
Sortier·tisch m (Obst) / tray for fruit sorting ‖ ~trommel f (Kohle, Steine) / classifying drum, sizing drum ‖ ~trommel f für Hackspäne (Pap) / chip screen ‖ ~- u. Umgurtvorrichtung (für Bestückung von gedr. Schaltungen) f / sequencer [for printed circuits] ‖ ~- u. Verleseanlage f / sorter and grader
Sortierung f, Sichtung f / sizing, sorting ‖ ~ (DV) / sort[ing] ‖ ~ (Aufber) / cleaning ‖ ~ nach Gruppen (DV) / area research ‖ ~ nach Klassen / classification ‖ ~ von Baumwolle nach Stapellänge (Textil) / stapling
Sortier·waage f / weight grading machine ‖ ~waage, Garnwaage f (Textil) / quadrant ‖ ~weife f (Spinn) / wrapping reel o. wheel ‖ ~zylinder m / sorting drum ‖ ~zylinder m (Mühle) / divider, scalping reel
SOS (Silizium auf Saphir) (Halbl) / SOS (silicon on sapphire)
soßieren, beizen (Tabak) / sauce
SOS·-Technologie f (Halbl) / SOS technology ‖ ~-Zeichen n (Schiff) / SOS-signal
Soupleseide f / souple silk, suples pl
souplieren, geschmeidigmachen (Seide) / souple v, half-boil, make pliable ‖ ~ n (Seide) / partial boiling, assouplissage
Source f, Source-Elektrode, -Zone f, -Anschluß m / source [terminal o. electrode o. region] ‖ ~-Code m, Quellcode m / source code ‖ ~-Schaltung f (Halbl) / common source ‖ ~-Strom m (Halbl) / source current
Soutachefuß m (Näh) / binder, binding attachment
Souterrain n (Bau) / basement ‖ ~vorplatz m (Bau) / basement area
Sova·fining n (Öl) / Sovafining ‖ ~forming n (Öl) / Sovaforming
Soxhlet·[apparat] m (Chem) / Soxhlet apparatus ‖ ~-Extraktor m (Chem) / Soxhlet extractor

Soya·bohne f / soy[a] o. soja bean ‖ ≺**öl** n / soybean o. soya bean oil
SOZ = Straßenoktanzahl
sozial·e Fürsorge / social welfare ‖ ~**er Wohnungsbau** / social housing scheme, council houses (GB) pl ‖ ≺**ertrag** m, **-produkt** n / social net return ‖ ≺**leistungen** f pl (F.Org) / fringe benefits pl ‖ ≺**wohnung** f / public-assistance dwelling (GB), publicly financed dwelling (US)
Sozius·[fahrer] m / pillion-rider ‖ ≺**sitz, -sattel** m (Kfz) / pillion [seat]
SP, Sp (Phys) = Siedepunkt ‖ ≺ (DV, Drucker) / SP, stack printer
Space Shuttle n, wiederverwendbares Pendelfahrzeug / [reusable] space shuttle ‖ ≺**-Shuttle-Hauptantrieb** m / space shuttle main engine, SSME ‖ ≺**-Tug** m (Raumf) / space tug
Spachtel (pl: Spachteln), **Spatel** m f, **Spachtelmesser** n / spattle, spatula, stopping knife ‖ ≺**auftrag** m (Anstrich) / flat coat ‖ ≺**boden**, PVC-Fußboden m / PVC flooring ‖ ≺**kelle** f / square-pointed trowel, flat trowel ‖ ≺**lack** m / flatting varnish ‖ ≺**masse** f (DIN 55945), Spachtel m / knifing filler, filler, stopper
spachteln (Tischl) / smooth, level out
Spacistor m (Elektronik) / spacistor
SPADE-System n (Vielfachzugriff im Frequenzmultiplex mit bedarfsweiser Kanalzuteilung) (Fernm) / SPADE-system (Single channel per carrier PCM multiple Access Demand assignment Equipment)
Spake f (Schiff) / capstan bar
Spalier-Latte, Latte, Leiste f / lath
Spallation, Kernzertrümmerung f (Nukl) / spallation
Spallations-Neutronenquelle f / spallation neutron source
Spalling n (Ofen) / spalling
Spalt m, Riß, Sprung m / split, rift, crack, rent, fissure ‖ ≺ (Opt) / slit ‖ ≺, Luftspalt m (Elektr) / air gap ‖ ≺ (Elektroerosion) / gap ‖ ≺, Riß m in Längsrichtung (Holz) / shake and check ‖ ≺ (Bergb, Geol) / cleavage, fissure, crevice ‖ ≺, Schlitz m / aperture, gap, opening, slit, slot ‖ ≺, Ritz, Bruch m / crack, cleft, chap, chink, breach, rent, split, fissure ‖ ≺ (Tonkopf) / head gap ‖ ≺... (Chem) / cracked ‖ ≺**antenne** f / slot antenna ‖ ≺**arbeit** f (Leder) / splitting cuts ‖ ≺**ausbeute** f (Nukl) / fission yield ‖ ≺**axt** f / wood cleaver's axe, wedge axe ‖ ≺**band** n (Hütt) / slit strip ‖ ≺**bandcoil** n (Walzw) / slit coil
spaltbar / cleavable, divisible ‖ ≺ ~ (Nukl) / fissionable ‖ ~ **durch langsame Neutronen** / fissile ‖ ~**er Kern** / fissile nucleus ‖ ~**er Rückstand** (Nukl) / fertile residue ‖ ~**es Sedimentärgestein** (Geol) / flag, flagstone ‖ ~**e Stoffe** m pl / fissionable materials pl
Spaltbarkeit, Spaltfähigkeit, -neigung f / cleavage property, divisibility ‖ ≺ f (Atom) / fissility (GB), fissionability (US) ‖ ≺ (Laminat) / peelability
Spaltbarkeitsrichtung, [die besser spaltende] ≺ (Geol) / rift ‖ **[die schlechter spaltende]** ≺ (Geol) / grain
Spalt·beleuchtungslampe f (Film) / exciter lamp ‖ ≺**benzin** n / cracked gasoline (US) o. petrol (GB) ‖ ≺**bild** n / slit image ‖ ≺**bildphotographie** f / slit-image photography ‖ ≺**bildung** f / cracking, fissuring ‖ ≺**blende** f (Opt) / aperture slot o. slit, slit diaphragm o. stop ‖ ≺**breite** f (Opt) / width of slit ‖ ≺**breite** f (Magn.Bd) / gap length [in direction of recording] ‖ ≺**brüchigkeit** f (Min) / cleavage brittleness ‖ ≺**bruchstücke** n pl (Nukl) / fission fragments pl ‖ ≺**dämpfung** f (Magn.Bd) / gap loss ‖ ≺**destillation** f / cracking ‖ ≺**dichte** f (Nukl) / fission density ‖ ≺**dichtung** f (Turbine) / diaphragm gland
Spalte f, Öffnung f / split, opening, rent, fissure ‖ ≺ (Buch, DV) / column ‖ ≺, volle Lochkombination (Lochstreifen) / array ‖ ≺ **für letzte Nachrichten** (Buch) / stop press, fudge ‖ **tiefe** ≺, Kluft f (Geol) / crevasse, crevice
Spalt·effekt m (Tontechnik) / gap effect ‖ ≺**einrichtung** f, Spalter m / splitter

spalten, ab-, aufspalten / cleave v, slit, split, rift ‖ ~, zersprengen / crack v, fissure ‖ ~, kracken (Chem) / crack v ‖ ~ (Natursteine) / cope v ‖ ≺ n (Glimmer) / rifting of mica, splitting of mica ‖ ≺ **in Buchform** (Glimmer) / book-form splitting ‖ ≺ **in losen Blättern** (Glimmer) / loose-pack splitting ‖ **eine Bindung** ~ (Chem) / break a linkage ‖ **in Blätter** ~ / laminate ‖ **in zwei Teile** ~ / divide in two parts ‖ **Leder** ~ / skive leather ‖ **mit Keilen** ~ / wedge apart ‖ **nach der Schichtung** ~ / split vt along the cleavage plane ‖ **sich** ~, platzen / rift vi ‖ **sich** ~ (o. zersetzen) (allg, Chem) / split up ‖ **sich** ~ / split vi, cleave ‖ **sich in dünne Schichten** ~ (o. auflösen) / laminate ‖ **sich leicht** ~ / cleave easily ‖ ≺**ausbruch** m (Geol) / fissure eruption ‖ ≺**bildung**, Abbruchstelle f (Bergb, Geol) / fracture ‖ ~**binär** (DV) / column binary ‖ ≺**bitkarte** f / column binary card ‖ ≺**boden** m (Landw) / slatted floor ‖ ≺**einteilung** f (LoKa) / card format ‖ ≺**einteilung** f (DV) / split column selector ‖ ≺**linie** f, Scheidestrich m (Buch) / column rule ‖ **vollständige** ≺**lochung** (LoKa) / lace punching ‖ ≺**satz** m (Buch) / column matter ‖ ≺**steller**, Tabulator m (Schreibm) / tabulator, tab ‖ ≺**teiler** m / column split ‖ ~**weise** / in columns ‖ ~**weise Codierung** (LoKa) / Chinese o. column binary o. coding
Spalter m / cleaver
Spalt·ereignis n, Spaltakt m (Nukl) / fission event ‖ ≺**erwartung** f (Nukl) / fission expectation ‖ ≺**erwartung, asymptotische** / iterated fission expectation ‖ ≺**fähigkeit, -neigung,** Spaltbarkeit f / splitting property ‖ ≺**faktor** m, thermische Spaltneutronenausbeute / thermal fission neutron yield, thermal fission factor ‖ ≺**faktor** m (Elektronik) / gap factor ‖ ≺**feld** n (Elektr) / split field ‖ ≺**festigkeit** f (Plast) / interlaminar strength ‖ ≺**festigkeit** f (Pappe) / plybond strength ‖ ≺**festigkeit** f (Holz) / cleaving resistance ‖ ≺**film** m / split film ‖ ≺**filter** m (Mot) / edge o. disk filter ‖ ≺**fläche** f (Krist) / cleavage face o. plane ‖ ≺**flächenzeichnung** f (Krist) / cleavage face marking ‖ ≺**fliese** f / split tile ‖ ≺**flügel** m (Luftf) / slotted wing o. aerofoil ‖ ≺**fragmente** n pl (Nukl) / fission fragments pl ‖ ≺**gas** n (Chem) / cracked gas ‖ ≺**gas** n (Nukl) / fission gas ‖ ≺**gas** n **vom Reformieren** / gas from steam/naphtha reforming, reformed gas ‖ ≺**gasplenum** n, -gassammelraum, -gasspeicherraum m (Nukl) / fission-gas plenum o. space ‖ ≺**gift** n (Nukl) / fission poison ‖ ≺**glimmer** m / laminated mica, rigid mica ‖ ≺**hammer**, Ziegelhammer m / brick axe, bricklayer's hammer ‖ ≺**hammer** m (Bergb) / spalling hammer, spaller ‖ ≺**holz** n / split o. lath wood ‖ ≺**intensität** f (Chem) / cracking severity ‖ ≺**kavitation** f / crevice cavitation ‖ ≺**keil** m / splitting wedge, wood cleaver ‖ ≺**klappe** f (Luftf) / slotted flap ‖ ≺**klinge** f / splitting blade ‖ ≺**korrosion** f / crevice corrosion ‖ ≺**lagenstreuung** f (Magn.Bd) / gap scatter ‖ ≺**lampe** f, -lampengerät n (Opt) / slit lamp ‖ ≺**länge** f (Magn.Bd) / gap width [perpendicular to direction of recording] ‖ ≺**leder** n / split leather ‖ ≺**leitwert** m (Elektronik) / gap admittance ‖ ≺**lötverbindung** f / close joint, capillary brazing joint ‖ ≺**-Magnetron** n / slot type magnetron ‖ ≺**maschine** f (Leder) / skiving o. splitting machine ‖ ≺**maschine** f (Holz) / chopping machine ‖ ≺**material** n, -stoff m (Nukl) / fission o. fissile o. core material ‖ ≺**neigung,** Spaltfähigkeit f / cleavage property, divisibility ‖ ≺**neutron** n / fission neutron ‖ ≺**neutronen** f pl / fission neutrons pl ‖ ≺**niet** m, -niete f / bifurcated o. split rivet ‖ ≺**niet** m **mit kurzem Spalt** / notched rivet ‖ ≺**ölfilter** m / disk filter ‖ ≺**optik** f (Mikroskop) / light optics o. valve ‖ ≺**plättchen** n / scone brick, split ‖ ≺**platte** f (DIN) (Bau) / split tile ‖ ≺**polmotor** m (Elektr) / shade-pole o. split-pole motor ‖ ≺**polumformer** m / split-pole converter ‖ ≺**produkt** n (Chem) / cleavage product ‖ ≺**produkt** n (Nukl) / fission product ‖ ≺**produkt-Spurverfolgung** f (Nukl) / fission products track detection ‖ ≺**querruder** n (Luftf) / slotted aileron ‖

~querschnitt m (Nukl) / fission cross-section ‖ ~raum m (Nukl) / reactor core ‖ ~raumverriegelung f (Nukl) / source interlock ‖ ~rhomboederfläche f / rhombohedric cleavage plane ‖ ~ring m / split ring ‖ ~rohr n (Elektr) / can of a motor ‖ ~rohr n des Spektroskops / slit tube of a spectroscope, collimator ‖ ~rohrmotor m / canned motor ‖ ~rohrmotorpumpe f / canned motor pump ‖ ~ruß m / cracked carbon black ‖ ~säge (früher Brett-, Dielen-, Längensäge), Blattspaltsäge f / rip[ping] saw, cleaving saw ‖ ~schnur f (LoKa) / split wire ‖ ~schweißen n (IC) / gap welding ‖ ~sieb n / slotted hole screen, needle slot screen ‖ ~sieb n, -rost m, Stangensieb n / bar screen o. sieve, wedge wire deck o. sieve ‖ ~spektrum n (Nukl) / fission spectrum ‖ ~stoff m, -material n / atomic o. nuclear fuel ‖ ~stoff, Brutstoff m (Nukl) / fertile material ‖ ~stoff-Abbrand m, FIFA-Wert m / FIFA value (fissions par initial fissile atom) ‖ ~stoffanordnung f (Reaktor) / fuel assembly o. configuration ‖ ~stoffaufarbeitung f (Nukl) / fuel reconditioning o. reprocessing o. regeneration ‖ ~stoffeinsatz m, Spaltstoffinventar n / fuel inventory ‖ ~stoffelement, Brennelement n (Nukl) / fuel element ‖ ~stoffgitter n (Nukl) / lattice ‖ ~stoffhülse f, -stab m (Nukl) / cartridge ‖ ~stoffklotz m (Nukl) / fuel slug ‖ ~stoffkreislauf, -stoffzyklus m (Nukl) / fuel [breeding] cycle ‖ ~stoffstab m (Nukl) / fuel rod ‖ ~stoffzone f (Nukl) / fuel bearing section ‖ ~stück n (Schm) / cropped piece ‖ ~stück n (allg) / split piece ‖ ~tiefe f (Tonkopf) / depth of gap tips

Spaltung f, Spalten n / scission, division, separation, fission ‖ ~, Spalt m / rent, fissure ‖ ~, Spalten n / cleaving ‖ ~ (Phys, Biol) / fission ‖ ~ (Chem) / separation, decomposition, (oil:) cracking ‖ ~ (z.B. Schiefer) / splitting ‖ ~en je Anfangs-Metallatom f pl / fissions per initial metal atom, FIMA ‖ ~en f pl je spaltbarem Ausgangsatom / fissions per initial fissile atom pl, FIFA ‖ ~ f mit thermischen Neutronen / thermal neutron fission ‖ ~ von Erdgas / reforming of natural gas ‖ ~ von Fettstoffen / dissociation of fatty matters ‖ ~ von Kristallen / cleavage of crystals

Spaltungs·einfang m / fission capture ‖ ~energie f / fission energy ‖ ~-Energieschwelle f / threshold energy of fission ‖ ~fläche, -ebene f (Krist) / cleavage face o. plane ‖ ~-Ionisationskammer f / fission [ionization] chamber ‖ ~isomer n (Nukl) / fission isomer ‖ ~kette f / fission [decay] chain ‖ ~neutron n / fission neutron ‖ ~produkt n / fission product ‖ ~reaktion f / scission reaction ‖ ~rückstand m / fission residue ‖ ~störzone f (Nukl) / fission spike ‖ ~weglänge f (Nukl) / fission mean free path ‖ ~zone f (Geol) / rift zone

Spalt·verfahren n (Chem) / cracking ‖ ~vergaser m (Kfz) / cracking carburet[t]or ‖ ~verlust m (allg) / gap leakage ‖ ~verlust n (Elektr) / gap leakage, tip clearance loss ‖ ~versuch m, -probe f / cleavage test ‖ ~vorstecker m für Zwischenräume (Bergb) / split peg ‖ ~weite f, Spalt m / gap width ‖ ~weite f (Elektr) / gap width o. opening ‖ ~widerstand m (Pap) / ply bond resistance ‖ ~zone f (Nukl) / reactor core, active lattice o. zone o. area ‖ ~zugversuch m (Bergb) / disk test, Brasilian test ‖ ~zugversuch m (Bergb) / Brasilian test ‖ ~zünder, Funkenzünder m (Bergb) / high-tension fuse o. detonator

Span, Splitter m / sliver, splinter, chip ‖ ~, Drehspan m / chip, turning [chip] ‖ ~, Spanstärke f (Dreh) / cutting ‖ ~abfluß m, Späneabfluß m (Wzm) / chip flow o. clearance, chip escape ‖ ~abhebend, -gebend (Wzm) / cutting, metal removing ‖ ~abhebend (o. maschinell) bearbeiten / machine v, machine down ‖ ~abhebende Metallbearbeitung / metal cutting ‖ ~abhebend verformen / detach cuttings ‖ ~abhebendes Werkzeug / [metal-]cutting tool ‖ ~abhebung, -abnahme f (Wzm) / chip removal, cut ‖ ~[ablauf]geschwindigkeit f (Wzm) / chip velocity ‖ ~abmessungen f pl, -größen f pl / chip dimensions pl ‖ ~bar (Metall) / free-machining, rapid-

machining ‖ ~brecher m / chip breaker ‖ ~brechernut f (Wzm) / chip breaking flute, chip breaker groove ‖ ~breitenstauchung f (Wzm) / chip width ratio ‖ ~bröckelung f / chip crumbling ‖ ~dicke f (Wzm) / depth of cut ‖ ~dickenstauchung f (Wzm) / chip thickness ratio

Spandrille f (Bau) / spandrel

Span·druck m (Wzm) / chip pressure ‖ ~durchgang m (Hobel) / plane hole o. mouth

Späne m pl (Wzm) / swarf, chips pl, shavings pl ‖ ~abfuhr f (Wzm) / removal of chips ‖ ~absauggebläse n / shavings exhaustor ‖ ~auswurf m (Holzbearb) / chip ejector ‖ ~blasrohr n / shavings exhauster ‖ ~brecher m / swarf mill ‖ ~fall, -durchlaß m (Wzm) / chip clearance o. space ‖ ~fang m, -schale f (Wzm) / chip pan o. tray

spanen, abspanen / remove metal, machine-down ‖ ~ n (DIN 8589) (Wzm) / machining ‖ ~ mit geometrisch bestimmten Schneiden / machining with geometrically defined cutting edges

spanend, spangebend, spanabhebend (Wzm) / metal-cutting adj ‖ ~es Werkzeug / [metal-] cutting tool ‖ ~e Werkzeugmaschine / cutting machine tool

Spänepresse f / chip press

Spaner m, [Zer]spanmaschine f / chipping machine

Späne·sichter m / sifter for particle board production ‖ ~zentrifuge f (Wzm) / centrifugal chip separator ‖ ~zerkleinerer m (Wzm) / chip breaker

Span·fang m / chip pan o. tray ‖ ~fläche f (Wzm) / face ‖ ~fläche f (Dreh) / face, first face, land of the face ‖ ~fläche f (Beitel) / face ‖ ~flächenprofil n / face profile ‖ ~führung f, -lenker m / chip deflector

Spange, Schnalle f / clasp ‖ ~, Schließhaken m / cramp, hook ‖ ~ (Straßb) / link, junction ‖ ~ (eine Umgehung) (Straßb) / bypass, link

span·gebend s. spanabhebend ‖ ~glänzen (Galv) / rough-polish

Spangolit m / spangolite

Span·größen, -abmessungen f pl / chip dimensions pl ‖ ~hobelmaschine, Spanschneidmaschine f, Furnier[schneid]maschine f / veneer-cutting machine, veneering machine, clipper

Spanish Stripes pl (Web) / Spanish stripes pl

Span·kammer f (Wzm) / chip space ‖ ~kammer f (Räumwz) / tooth space ‖ ~knäuel n (Wzm) / snarl chip ‖ ~komma n, Kommaspan m (Wzm) / comma-shaped chip ‖ ~korb m / chip basket ‖ ~kuchen m (Spanplatten) / particle mat ‖ ~längenstauchung f / chip length ratio ‖ ~leistung f (Wzm) / chip production ‖ ~zulässige o. vorhandene ~leistung / cutting capacity ‖ ~loch, Maul n (Hobel) / plane hole o. mouth ‖ ~loch n (Schneideisen) / clearance hole ‖ ~locke f (Wzm, Dreh) / helical chip ‖ ~los / non-cutting ‖ ~los formen / form, work [up] (metal) without cutting ‖ ~lose Formgebung o. Verformung / forming, non-cutting shaping

Spann·backe f / clamping jaw, grip[ping jaw] ‖ ~backe f (Schlauchschelle) / fastening lug [clamp] ‖ ~backe f (Zugversuch) / clamp ‖ ~balken m (Zimm) / main beam of a truss-frame ‖ ~balkendach n / collar roof with strut ‖ ~band n / tightening strap, strap retainer ‖ ~bandaufhängung f, -bandlagerung f (Instr) / strained suspension, taut-band suspension ‖ ~bandbefestigung f (Lichtm, Kfz) / cradle o. barrel (US) mounting ‖ ~bandschraube f / draw[-in] spindle ‖ ~bar / tensible ‖ ~bereich m (Wzm) / chucking capacity ‖ ~bereich m (Schraubstock) / clamping range ‖ ~beton m / prestressed concrete ‖ ~betonbehälter m (Reaktor) / prestressed concrete vessel ‖ ~betondraht m / prestressing wire ‖ ~beton-Druckgefäß n (Nukl) / prestressed concrete pressure vessel ‖ ~beton[druckgefäß]reaktor m / prestressed concrete reactor ‖ ~beton-Schrägkabelbrücke f / prestressed-concrete inclined cable bridge ‖ ~betonstahl m / steel for prestressed concrete, prestressing wire ‖

⤷betonstraßenbau m / prestressed concrete road construction ‖ ⤷bettanlage f (Beton) / prestressing bed o. table ‖ ⤷bettvorspannung f (Bau) / pretensioning ‖ ⤷bewehrung f, -stahl m (Bau) / prestressing steel ‖ ⤷bock m / stretching o. tensioning trestle o. block ‖ ⤷bohle f / strutting board ‖ ⤷bolzen m (Bau) / pulling bolt ‖ ⤷breite f (Web) / stentering width ‖ ⤷brücke f / gripping yoke ‖ ⤷büchse f, -patrone f (Dreh) / spring collet ‖ ⤷bügel m, -zwinge f / clamp clip ‖ ⤷bügel m (Spinn) / tension bracket ‖ ⤷bügelvorrichtung f / taut tape attachment ‖ ⤷dorn m / tensioning spindle ‖ ⤷draht m / tension[ing] wire ‖ ⤷draht, Abspanndraht m / anchoring wire, guy wire, bracing cable o. wire ‖ ⤷draht, Aufhängedraht m (Oberleitung) / span wire, bridle of a contact wire ‖ ⤷durchmesser m der Spannpatrone / collet capacity
Spanne f, Bereich m / range ‖ ⤷, [Spann]weite f / spread ‖ ⤷, Abstand m / divergence, difference ‖ ⤷ der Hand / span (abt. 9 in.) ‖ ⤷ zwischen Null u. Maximum, Bereich m / spread
Spann·einrichtung f s. Spannvorrichtung ‖ ⤷eisen n / clamp ‖ gekröpftes ⤷eisen (Wz) / goose-neck clamp
spannen (Seil, Feder) / stretch, tense vt ‖ ~ (Web) / stenter vt (GB), tenter (US) ‖ ~, anziehen, unter Zugspannung setzen / tension vt ‖ ~ (Phot, Gewehr) / cock ‖ ~ (Gerb) / strain, stretch ‖ ~, richten unter gleichzeitigem Recken / stretcher-level ‖ ⤷ auf dem Spannrahmen / stentering (GB), tentering (US) ‖ Dampf ~ / raise the steam pressure ‖ die Feder ~ / bend the spring ‖ in das Futter ~ (Dreh) / grip v, clamp, load ‖ ⤷mitte f (Qual.kontr) / mid-range
Spanner m (Masch) / tension jack ‖ ⤷, Gegenwinder m (Spinn) / counterfaller ‖ ⤷, Falter m (Zool) / moth ‖ ⤷gatter n (Textil) / tension frame
Spann·faden, Einflechtfaden m (Textil) / tension thread ‖ ⤷faden m (Web, Fehler) / tight end o. pick ‖ ⤷feder f (allg) / tension spring ‖ ⤷feld n, Abstand der Hochspannungsmaste (Elektr) / span ‖ ⤷feld n (Web) / tentering limit (US), stentering limit (GB) ‖ ⤷finger m (Wzm) / toe dog ‖ ⤷fläche f (Schleifscheibe) / inside recess ‖ [Ein- o. Auf]⤷fläche f (Wzm) / clamping surface ‖ ⤷-Flaschenzug m / power pull (US) ‖ ⤷futter n (Wzm) / [clamping] chuck ‖ ⤷futter m für Werkbankarbeiten / jaw chuck for bench work, die chuck ‖ ⤷gewicht n / stretching weight ‖ ⤷gewicht n (Seilb) / balance weight, counterweight ‖ ⤷gewichtsschacht m (Seilb) / balance weight pit, counterweight pit ‖ ⤷gitterröhre f (TV) / frame grid tube ‖ ⤷glied n (Beton) / prestressing element ‖ ⤷haken m, Kluppe f (Textil) / clip, tenter hook (US), stenter hook (GB) ‖ ⤷hals m der Handbohrmaschine / collar of the hand-drill ‖ ⤷hammer m (Kupferschm) / broad-set hammer, coppersmith's hammer ‖ ⤷hammer m (Werkz, zweibahnig) / dresser ‖ ⤷hammer, Schlichthammer m / stretching hammer, blank flattener ‖ ⤷hammer m (Klempner) / flattening hammer ‖ ⤷hebel m / tension lever ‖ ⤷hebel m (Gewehr) / cocking lever ‖ ⤷hebel m (Wzm) / chuck o. clamping o. gripping lever ‖ ⤷holz n (Säge) / jamb ‖ ⤷holz n, -stock m (Tuch) / stenter (GB), tenter (US) ‖ ⤷hülse f / [taper] clamping sleeve, split taper sleeve ‖ ⤷hülse f (Lager) / withdrawal sleeve, adapter sleeve ‖ ⤷isolator m / stretching insulator ‖ ⤷kanal m (Beton) / prestressing cut ‖ ⤷keil m / checking wedge ‖ ⤷keil m (zum Einspannen) / clamping o. gripping wedge ‖ ⤷kette f / tension chain ‖ ⤷kette f (Bahn, Kfz) / anti-spreader chain ‖ ⤷kette f (Web) / tentering (US) o. stentering (GB) chain ‖ ⤷kloben m (Dreh) / face plate jaw ‖ ⤷kluppe f (Textil) / tenter (US) o. stenter (GB) clip ‖ ⤷kluppe f, -kopf m / clamping chuck ‖ ⤷kopf m / grip head o. holder ‖ ⤷kopf m (Förderband) / combined return and tensioning station ‖ ⤷kopf m (Spannbeton) / pulling head ‖ ⤷kopf der Spannzange (Wzm) / closer ‖ ⤷kraft f / tension force ‖ ⤷kraft, Schnellkraft f / elasticity, elastic force, resilience, resiliency ‖ ⤷kraft, Expansivkraft f /

expansive power o. force, expansiveness ‖ ⤷kraft f (Faser) / restraining power ‖ ⤷kraft f der Spannpatrone (Wzm) / collet capacity ‖ ⤷kraft f des Dampfes / expansibility of steam ‖ ⤷kraft f einer Spannvorrichtung / gripping power, chucking power ‖ ⤷kreuz, Fadenkreuz, Kreuz n (Web) / lease ‖ ⤷lack m / stiffening varnish o. dope ‖ ⤷länge f (Wzm) / gripping o. chucking length ‖ ⤷leichtbeton m / prestressed lightweight concrete ‖ ⤷leiste f (Web) / tensioning bar ‖ ⤷maschine f (Web) / stenter (GB), tenter[ing machine] ‖ ⤷maschine f, Richtmaschine f / straightening machine ‖ ⤷mutter f / adjusting o. tension[ing] nut ‖ ⤷mutter f mit Rechts- u. Linksgewinde, Spannschloßmutter f / turnbuckle sleeve o. valve (US) ‖ ⤷-Nute, Spannute f (Wzm) / chucking groove, fixing o. T-slot ‖ ⤷packung f (Gummi) / stretchwrap ‖ ⤷patrone f, -zangeneinsatz m (Wzm) / collet ‖ auf Druck wirkende ⤷patrone (Wzm) / push-out collet ‖ ⤷patronenbacke f / collet claw ‖ ⤷plan m (NC) / clamping plan ‖ ⤷platte f, Aufspannplatte f / clamping o. fixing plate, plate chuck ‖ ⤷platte f (Druckguß) / backplate, backing plate ‖ ⤷platte f mit Schlitzen / sliding frame o. floorplate ‖ ⤷presse f (Beton) / prestressing jack ‖ ⤷rahmen, -bügel m (Säge) / frame of a saw ‖ ⤷rahmen m (Tuch) / tenter, stretcher, tenter[ing] (US) o. stenter[ing] (GB) frame ‖ ⤷rahmen m (Buchb) / vise (US), vice ‖ ⤷rahmentrockner m / tenter (US) o. stenter (GB) drier ‖ ⤷riegel m, -balken m (Bau) / straining beam o. collar o. tie, span o. spar piece, verge couple ‖ ⤷riegel m eines mehrsäuligen Hängewerks (Zimm) / tie beam of queen post truss, collar, brace ‖ ⤷ring m (allg) / straining ring ‖ ⤷ring m an Zangen / coupling o. sliding o. tongs ring, coupler of pliers ‖ ⤷ring m für Ringverspannung (Stahlbau) / straining o. tension ring ‖ ⤷ring m mit Hebelverschluß / clamping ring with lever ‖ ⤷ringverschluß m (Verpackung) / clamping ring, manacle ring ‖ ⤷rohr n der Spannzange (Dreh) / (ziehend:) draw-in tube, (drückend:) push-out tube ‖ ⤷rolle f / tension o. stretching roller o. pulley, idler pulley, tightener ‖ ⤷rolle f (Förderband) / take-up pulley ‖ ⤷rolle f, -scheibe f / tightening roller ‖ ⤷rolle f, Leitrad n (Traktor) / idler ‖ ⤷rolle f (Film) / drag roller ‖ durch Eigengewicht wirkende ⤷rolle / gravity idler ‖ ⤷rolle f des Ringspinners / jockey pulley of a ring spinner ‖ ⤷rolle f für Riementriebe, Riemenspannrolle f / belt tensioning roller o. pulley, expanding roller o. pulley ‖ ⤷rollensatz m / tension bridle ‖ ⤷säge (DIN), Rahmensäge f / frame o. span saw ‖ ⤷sattel m (Buch) / stretcher ‖ ⤷säule f (Bergb) / jack column ‖ ⤷scheibe f (DIN 6796) / conical spring washer, curved o. strain washer ‖ ⤷scheibe f (Uhr) / friction washer ‖ ⤷scheibe f, Planscheibe f (Drehbank) / surface plate, face plate o. chuck, flanged chuck (GB) ‖ ⤷schiene, Stellschiene f (Elektr) / slide o. sliding rail ‖ ⤷schiene f mit Schraubenbewegung / screw rail ‖ ⤷schlitz m / clamping slot ‖ ⤷schloß n / turnbuckle, tension jack ‖ ⤷schloßmutter, -hülse f / turnbuckle sleeve o. barrel (US), barrel nut (US) ‖ ⤷schloßverbindung f / turnbuckle joint ‖ ⤷schlüssel m (Drehbankfutter) / chuck key ‖ ⤷schraube f / draw spindle, straining screw ‖ ⤷schraube f (Luftf) / eye end ‖ ⤷schraube f des Untergesenks (Schm) / poppet pin of the lower die ‖ ⤷schraube f mit Gabel (Luftf) / fork end ‖ ⤷schuß m (Textil, Fehler) / tight weft ‖ ⤷seil n (Seilb) / tensioning rope ‖ ⤷stab m (Textil) / temple, stretcher, tenter hook ‖ ⤷stahl m / prestressing steel ‖ ⤷stange f / tie rod, tension rod ‖ ⤷stange f (Gewehr) / cocking rod ‖ ⤷stange f, -glied n, -stück n / spanner ‖ ⤷station f (Seilb) / tension station o. terminal ‖ ⤷stein m (Kran) / sliding take-up block ‖ ⤷stelle f (Web, Fehler) / hitch back ‖ ⤷stift m (hohl, geschlitzt) / spring dowel sleeve, spring-type slotted straight pin ‖ ⤷stift, Paßstift m / dowel pin ‖ ⤷stück, -glied n, -stange f / spanner ‖ ⤷tisch m (Wzm) / clamping table ‖ ⤷trockenmaschine f

/ tentering and drying machine (US), stentering frame (GB) ‖ ◺**turm** *m* / tensioning tower ‖ ◺**turm** *m*, Abspannturm *m* / rigid support o. tower
Spannung *f* (Elektr) / electric potential o. pressure o. tension, voltage ‖ ◺, Tension *f* (Gas) / tension of gas ‖ ◺, spezifische Belastung (Mech) / stress, tension ‖ ◺, Ziehen *n* (Phys, Mech) / tensible force ‖ ◺, Spannweite *f*, Öffnung *f* / span ‖ ◺ **am projizierten Höckerpunkt** (Tunneldiode) / projected peak point voltage ‖ ◺ **gegen Neutralleiter** (Sternschaltung) / star o. Y-voltage ‖ ◺ **gegen Nulleiter** (Elektr) / phase voltage, voltage to neutral ‖ ◺ **in Fluß- o. Durchlaßrichtung** (Elektronik) / forward voltage ‖ ◺ **in Sperrichtung** (Funk) / off-state voltage ‖ ◺ **in Volt**, Potential *n* (Elektr) / voltage ‖ ◺ **infolge von Zentrifugal- o. Fliehkräften** / centrifugal tension ‖ ◺ **zwischen Phasen**, Leiterspannung *f* / combined voltage (a.c.) ‖ **[innere]** ◺ (Mech) / stress *n* ‖ **durch Übermaß erzielte** ◺ (Masch, Preßsitz) / crush ‖ **für zwei** ◺**en** / dual voltage … ‖ **[spezifische] innere** ◺ (o. Beanspruchung), Reaktionskraft *f* / [unit] stress, restoring force per unit area ‖ **unter** ◺, spannungführend (Elektr) / alive, live, live-line…, current-carrying ‖ **unter** ◺ **setzen** (Elektr) / make alive ‖ **[zu] hohe** ◺ (Elektr) / excessive voltage

Spannungs·… (Elektr) / potential, voltage ‖ ◺**abfall** *m* / potential o. voltage drop, fall of potential o. voltage ‖ ◺**abfall** *m*, -gefälle *n* (Elektr) / potential difference, P.D., pd, line drop ‖ ◺**abfall** *m* (o. -gefälle in der Leitung) (Elektr) / line drop ‖ ◺**abfall** *m* **bei Belastung** / regulation down ‖ ◺**abfall** *m* **bei [Selbst]entladung** (Akku) / time fall ‖ ◺**abfall** *m* **in einem Verbraucher** / voltage across a consumer ‖ ◺**abfall** *m* **infolge Übergangswiderstand** / contact drop ‖ ◺**abfall-Temperaturkoeffizient** *m* (Elektr) / temperature coefficient of voltage drop ‖ ◺**abfrage** *f* (Regeln, DV) / level sense ‖ ◺**abgriff** *m* / voltage tap ‖ ⧟**abhängig** (Widerstand) / non-linear ‖ ◺**abhängigkeits-Koeffizient** *m* / voltage coefficient ‖ ◺**absinken** *n* (Elektr) / voltage drop, brownout (US) ‖ ◺**achse** *f* / axis of stress ‖ ◺**änderung** *f* / voltage regulation ‖ ◺**änderung** *f* **bei gleichbleibender Drehzahl** (Generator) / inherent regulation ‖ ◺**anhäufung** *f*, -konzentration *f* / stress concentration ‖ ◺**anstieg** *m* / increase of tension o. voltage ‖ ◺**anstieg** *m* **bei Entlastung** / regulation up ‖ ◺**anstieg** *m* **durch Blindwiderstand** / reactance rise ‖ ◺**anzeiger** *m* (Elektr) / charge o. potential indicator ‖ ◺**armglühen** *n* (Hütt) / stress relief heat treatment, stress-free annealing ‖ ◺**ausfall** *m* (Elektr) / voltage loss ‖ ◺**ausfallrelais** *n* / no-voltage release relay ‖ ◺**ausgleich** *m* (Elektr) / voltage equalizing ‖ ⧟**ausgleichend** / equalizing ‖ ◺**ausgleicher** *m* (Masch) / tension regulator o. regulating spring ‖ ◺**ausgleichschaltung** *f* (TV) / compensating o. equalizing circuit ‖ ◺**ausgleichverbindung** *f* (Elektr) / equipotential connection, equalizer o. equalizing o. balancing bar o. ring ‖ ◺**auslöser** *m* / overvoltage release ‖ ◺**ausschlag** *m* (Dauerversuch) / alternating stress amplitude, variable stress component ‖ ◺**bauch** *m* (Elektr) / potential loop, antinode ‖ ◺**begrenzer** *m* / stress limiter ‖ ◺**begrenzungsdiode** *f* / catching diode ‖ ◺**begrenzungshebel** *m* (Lochstreifen) / tape tension arm ‖ ◺**bereich** *m* (Mech) / tension range ‖ ◺**-Dehnungs-Beziehungen** *f pl* / stress-strain relations ‖ ◺**-Dehnungsbeziehungen** *f pl* **im plastischen Bereich** / plastic stress-strain relations ‖ ◺**-Dehnungsdiagramm** *n*, -Dehnungslinie *f* / stress-strain diagram o. curve ‖ ◺**diagramm** *n* / stress diagram ‖ ◺**differenz** *f* / voltage o. potential difference ‖ ◺**doppelbrechung** *f* / strain double refraction o. birefringence ‖ ◺**doppler** *m* (Elektr) / voltage doubler ‖ ◺**durchbruch** *m* (Halbl) / avalanche break-through ‖ ◺**durchschlag** *m* (Elektr) / voltage puncture ‖ **mechanische** ◺**einheit**, Nm⁻² / unit of stress, Nm⁻² ‖ ⧟**einleitendes Neutron** / useful neutron ‖ ◺**ellipse** *f* (Mech) / stress ellipse ‖ ◺**empfindlichkeit** *f*

(Masch) / stress susceptibility ‖ ⧟**erhöhend**, Aufwärts… (Elektr) / step-up, [positive] booster… ‖ ⧟**erhöhender Transformator** / transformer booster ‖ ◺**erhöher**, Druckdynamo *m* (Elektr) / positive booster ‖ ◺**erhöher** *m* (Mech) / stress raiser ‖ ◺**erhöher und -erniedriger** *m* / positive and negative booster ‖ ◺**erhöhung** *f* / increase of tension o. voltage ‖ ◺**ermittelung** *f* / stress detection ‖ ⧟**erniedrigend**, Abwärts… (Elektr) / step-down, negative-booster… ‖ ⧟**erniedrigender Transformator** / step-down transformer ‖ ◺**erniedriger** *m*, Saugdynamo *m* (Elektr) / suction o. sucking o. negative booster ‖ ◺**-Erregerstrom-Kennlinie** *f* **bei konstantem Blindstrom** (Elektr) / zero power factor characteristic ‖ ⧟**erzeugendes Gewebe** (Zool) / electric tissue ‖ ⧟**fest** / voltage-stable ‖ ◺**festigkeit** *f* (Mech) / withstand strength ‖ **[elektrische]** ◺**festigkeit** / electric strength ‖ ⧟**frei** (Mech) / without stresses, stressfree ‖ ⧟**frei** (Pap) / placid ‖ ⧟**frei geglüht** / stress-relieved ‖ ⧟**frei glühen** / anneal for relieving stresses, normalize, stress-free anneal ‖ ⧟**freier nichtisolierter [Strecken]abschnitt** (Bahn) / neutral track section ‖ ⧟**freier Porenanteil** (Boden) / non-capillary porosity ‖ ◺**freiglühen** *n* (Eisen) / stress relief annealing ‖ ◺**freiglühen** *n* (Alu) / stress-free annealing ‖ ◺**-Frequenz-Umsetzer** *m* / tension-frequency o. voltage-to-frequency converter ‖ ◺**fühler** *m* (Elektr) / voltage probe ‖ ◺**fühler** *m* (Spinn) / tension feeler ‖ ⧟**führend** (Elektr) / hot (coll), alive, live ‖ ◺**funktion** *f* (Mech) / stress function ‖ ◺**gefälle** *n* (entlang einem Leiter) / potential difference, P.D., pd, line drop ‖ ◺**-Gegenkopplung** *f* (Elektr) / voltage feedback ‖ ⧟**geregelter Schwinger** / VCO, voltage controlled oscillator ‖ ⧟**gespeiste Antenne** / voltage fed antenna ‖ ⧟**gesteuert** (Elektronik) / voltage-controlled ‖ ◺**-Gleitbahn** *f* (Geol) / strain-slip cleavage ‖ ⧟**gradient** *m* (Potentialgefälle je Längeneinheit) / potential o. voltage gradient, electromotive intensity ‖ ◺**herabsetzung** *f* (Elektr) / voltage step-down ‖ ◺**höhe** *m*, -wert *m* (Elektr) / voltage [level] ‖ ◺**intensitätsfaktor** *m*, K_{IC}-Faktor *m* / critical stress intensity factor ‖ ◺**knoten** *m* / node point of tensions ‖ ◺**koeffizient** *m* (Gas) / temperature-pressure coefficient ‖ ◺**konstanthalter**, -konstanter *m* (Elektronik) / voltage stabilizer, automatic voltage regulator, AVR ‖ ◺**konzentration** *f* (Mech) / stress concentration ‖ ◺**kopf** *m* (Nähm) / tension block, complete tension ‖ ◺**korrosion** *f* / stress corrosion ‖ ◺**korrosionsprüfung** *f* / stress corrosion test ‖ ◺**korrosionsriß** *m* / stress corrosion crack[ing] ‖ ◺**kreis**, Meßkreis *m* (Elektr) / voltage o. pressure circuit, shunt circuit ‖ ◺**kurve** *f* / voltage curve ‖ ⧟**los**, schlaff / slack, flabby ‖ ⧟**los**, -frei (Elektr) / dead, idle ‖ ⧟**los** (Seil) / loose, slack ‖ ⧟**los** (Mech) / without strain o. stresses, free from stresses ‖ ⧟**loses Krumpfen** (Textil) / relaxation shrinkage ‖ ◺**lösehebel** *m* / tension release lever ‖ ◺**-Magnetisierungsstrom-Kennlinie** *f* / saturation characteristic ‖ ◺**messer** *m*, Voltmeter *n* (Elektr) / voltmeter ‖ ⧟**nachweis** *m* (Mech) / stress detection ‖ ◺**normal** *n* / calibrated power source ‖ ◺**-Nullinie** *f* (Mech) / neutral axis ‖ ⧟**optik** *f* / photoelastic study of stresses, photoelasticity, -elasticimetry ‖ ⧟**optisch** / photoelastic ‖ ⧟**optischer Koeffizient** (Glas) / stress-optical coefficient ‖ ⧟**optische Untersuchung** / photoelastic examination ‖ ◺**pegel** *m* (Elektr) / voltage level ‖ ◺**pegelabstand** *m* / voltage level difference ‖ ◺**pfad** *m* (Elektr) / voltage path ‖ ◺**prüfer** *m*, Polarisationsgerät *n* (Mech) / strain viewer, polariscope ‖ ◺**prüfer** *m* (Elektr) / voltage tester, neon tester ‖ ◺**prüfer-Schraubendreher** *m* / voltage tester screwdriver ‖ ◺**prüfgerät** *n* (Mech) / stress testing device ‖ ◺**prüflack** *m* / stress coating ‖ ◺**quelle** *f* (Elektr) / supply point o. terminals ‖ ◺**querschnitt** *m* (Gewinde) / stressed cross section ‖ ◺**referenzdiode** *f* (Elektronik) / voltage reference diode ‖ ⧟**regelnde Lichtmaschine** (Kfz) / vibrating-voltage o. voltagecontrol generator ‖ **⊾regelröhre** f, Stabilisator m / variable mutual conductance tube, multi-mu o. variable mu tube (GB) ‖ **⊾reg[e]lung** f (Kfz) / constant voltage control, vibrating voltage-generator control ‖ **⊾regler** m (Masch) / tension regulator o. regulating spring ‖ **⊾regler** m (Elektr) / voltage regulator ‖ **⊾regler** m (Spinn) / tension control o. device ‖ **⊾regler mit geneigter Kennlinie** (Kfz) / voltage regulator with drooping characteristic curve ‖ **⊾regler mit konstanter Kennlinie** (Kfz) / voltage regulator with constant characteristic curve ‖ **⊾regler** m **mit Schalterspule u. kombinierter Strom-Spannungs-Reglerspule** (Kfz) / two-element generator regulator ‖ **⊾regler** m **mit Strombegrenzung**, Knickregler m (Kfz) / voltage regulator with steep droop characteristic curve ‖ **[elektromotorische] ⊾reihe** (Elektr) / electrochemical o. contact o. displacement series, electromotive chain o. series ‖ **⊾relais** n / voltage relay ‖ **⊾relais** n, Schutzrelais n / voltage relay, protective relay ‖ **⊾relaxation** f (Mech) / ageing relaxation ‖ **⊾relaxation** f (Plast) / stress relaxation ‖ **⊾resonanz** f (Elektr) / series o. voltage resonance ‖ **nur eine ⊾richtung** / single polarity ‖ **nur für eine ⊾richtung** / unipolar ‖ **⊾richtverhältnis** n (Halbl) / detector voltage efficiency ‖ **⊾riß** m (allg) / stress o. tension crack ‖ **⊾riß** m (Plast) / environmental stress cracking ‖ **⊾riß** m (im Block) (Hütt) / clink ‖ **⊾riß** m, Falte f (Hütt) / cold shut ‖ **⊾riß** m (im Stahl), Flockenriß m (Hütt) / flake crack, shatter crack ‖ **⊾riß** m (Gieß) / cold crack ‖ **⊾rißanfälligkeit** f (Plast) / stress cracking susceptibility ‖ **⊾rißkorrosion** f (Mech) / stress corrosion cracking ‖ **⊾rißmesser** m / stress crack meter ‖ **⊾rückgangsauslöser** m (Elektr) / undervoltage o. low-voltage release, undervoltage circuit breaker ‖ **⊾rückgangsauslösung** f mit Einschaltsperre / undervoltage no-close release ‖ **⊾-Rückgewinnung** f / voltage regeneration ‖ **⊾rückkopplung** f (Elektronik) / voltage feedback ‖ **⊾scheibe** f (Glas) / strain disk ‖ **⊾scheibe** f (Nähm) / tension disk ‖ **⊾schreiber** m / recording voltmeter ‖ **⊾schwankung** f / voltage fluctuation ‖ **⊾sicherung** f, -begrenzer m (Elektr) / voltage-limiting device ‖ **⊾sollwertgeber** m / voltage set-point adjuster ‖ **⊾speisung**, Fußpunktspeisung f (Antenne) / end feed ‖ **⊾spitze** f (Elektr) / spike, glitch (coll) ‖ **⊾sprung** m (Elektronik) / bounce ‖ **⊾spule** f / potential o. voltage coil ‖ **⊾stabilisator** m (Elektr) / voltage stabilizer ‖ **⊾stabilisatordiode** f / voltage regulator diode ‖ **~stabilisiert** (Elektronik) / voltage stabilized ‖ **⊾-Stabilisierungs-Batterie** f (Elektr) / floating battery ‖ **⊾steilheit** f (Halbl) / voltage rate of rise ‖ **⊾steilheit** f **in Schaltrichtung** (Elektronik) / rise of off-state voltage ‖ **⊾stoß** m (Elektr) / surge ‖ **⊾stoß** m, Stoßspannung f / transient ‖ **⊾teiler** m (Elektr) / potential o. voltage divider o. distributor, volt [ratio]-box ‖ **⊾teiler**, Mittelpunktstransformator m (Elektr) / a.c. o. static balancer ‖ **⊾teiler** m (Widerstandskette) (Elektronik) / bleeder [chain] ‖ **⊾teilermaschine**, Dreileitermaschine f / three-wire generator ‖ **⊾teilertransformator** m / potential regulator ‖ **⊾tensor** m (Mech) / stress tensor ‖ **⊾theorie** f (Chem) / strain o. tension theory ‖ **⊾trajektorie** f (Mech) / trajectory of stresses, stress lines pl ‖ **⊾-Übertragungspegel** m / voltage transmission level ‖ **⊾umschalter** m (Elektr) / voltage selector switch o. change-over switch ‖ **⊾- und Durchgangsprüfer** m / voltage and continuity checker ‖ **⊾unterbrechung** f / voltage cutoff ‖ **⊾unterschied** m, -differenz f, Potentialdifferenz f (Elektr) / difference of potential, potential difference, P.D. ‖ **⊾unterschied** m (entlang einem Leiter) / potential o. voltage drop, line drop ‖ **⊾unterschied** m **zwischen zwei Leitern**, Potentialdifferenz f / voltage between lines o. phases, of the system, potential difference, PD ‖ **⊾verbindung** f (Mech) / taper keys torque transmission ‖ **⊾verdopplerschaltung** f nach Greinacher /

Greinacher doubling circuit ‖ **⊾verdopplung** f (Elektr) / voltage doubling ‖ **⊾-Verformungskurve** f / stress-strain curve ‖ **⊾verhältnis** n (Mech) / stress ratio ‖ **⊾verlauf** m (Mech) / diffusion of stress ‖ **⊾verlauf** m (Elektr) / voltage curve ‖ **⊾verlust** m (Elektr) / loss of potential o. voltage ‖ **⊾verlustprüfung** f (Elektr) / drop test ‖ **⊾verminderungsfaktor** m (Mech) / stress reduction factor ‖ **⊾versorgung** f / power supply ‖ **⊾versorgung** f **für Potentiometer** (Elektronik) / potentiometer reference ‖ **⊾verstärker** m / voltage amplifier ‖ **⊾verstärkung** f (Elektr) / voltage amplification ‖ **⊾verstärkungs-Faktor** m / voltage amplification ratio, voltage gain ratio ‖ **⊾verteilung** f (Mech) / distribution of stresses ‖ **⊾verteilung** f (Elektr) / potential distribution ‖ **⊾vervielfacher** m (Elektr) / voltage multiplier ‖ **⊾waage** f (Elektr) / absolute electrometer ‖ **⊾wächter** m (Elektr) / over- and under[voltage] relay ‖ **⊾wächter** m, -fühler m (Web) / thread tension regulator o. equalizer ‖ **⊾wähler** m / voltage selector ‖ **⊾wandler** m, Meßwandler m (Elektr) / voltage o. potential transformer ‖ **⊾wechsler-Taste** f (Fernm) / increment key ‖ **[stehende o. wandernde] ⊾welle** (Elektr) / maintained wave ‖ **⊾wert** m, -höhe f (Elektr) / voltage [level] ‖ **⊾wert** m **bei vorgegebener Dehnung** (Gummi) / tensile stress at a given elongation ‖ **⊾-Wirkungsgrad** m (Akku) / voltage efficiency ‖ **⊾zählpfeil** m (Halbl) / voltage arrow ‖ **⊾-Zeit-Durchschlagkurve** f (Kabel, Elektr) / asymptotic breakdown voltage curve ‖ **⊾-Zeit-Durchschlagkurve [bei Kurzzeitbelastung]** f (Kabel) / voltage [short-]time-to-breakdown curve, V.T.B. curve ‖ **~zeitflächengesteuert** (Transduktor) / controlled by voltage-time surface ‖ **⊾-Zeit-Kurve** f (Mech) / tension-time curve o. graph ‖ **⊾zone** f (Bergb) / stress zone ‖ **⊾zunahme** f / increase of tension o. voltage ‖ **⊾zunahme** f **bei Ladung** (Akku) / time rise ‖ **⊾zustand** m / state of stresses

Spann·unterlage f (Wz) / stepped setting-up block, setup block

Spannut[e] f (Wz) / flute, groove for chips

Spannute f, Spann-Nute f / chucking groove ‖ **⊾ des Spiralbohrers** / flute of a drill ‖ **mit ⊾ versehen** (Bohrer) / fluted

Spann·verschluß m, Kniehebelverschluß m / toggle-type fastener, bent-lever closure ‖ **⊾vorrichtung** f (Wzm) / clamping o. chucking device o. fixture, gripping device ‖ **⊾vorrichtung** f, Befestigungsvorrichtung f / fastening device o. arrangement o. fixture ‖ **⊾vorrichtung** f (an der Maschine befestigt) (Wzm) / work [holding o. gripping o. chucking] fixture ‖ **⊾vorrichtung**, Streckvorrichtung f (Masch) / stretcher, stretching device o. arrangement o. fixture ‖ **⊾vorrichtung** f (Seilb) / tensioning device o. appliance ‖ **⊾vorrichtung** f **mit Futter** / chucking fixture ‖ **⊾wagen** m (Sägewerk) / clamping carriage ‖ **⊾walze** f (Kalander) / tension roller ‖ **⊾walze**, Tänzerwalze f (Buch) / looping o. jockey roller ‖ **⊾weg** m (Spannbeton) / steel elongation ‖ **⊾weite** f / [free] span, bearing [distance], width ‖ **⊾weite** f (Luftf) / wing span ‖ **⊾weite** f, lichte Weite (Bau) / bearing, span ‖ **⊾weite** f **der Öffnung** (Brücke) / span of the bay ‖ **⊾weite** f **des Spannfutters** / chuck opening ‖ **⊾weiten- und Tiefenrichtung** f (Aerodynamik) / spanwise and chordwise direction ‖ **⊾weitenbelastung** f (Luftf) / span loading ‖ **⊾werk** n (Bahn, Drahtleitung) / wire strainer ‖ **⊾werk** n (Mech) / spring device for energy storage and release ‖ **⊾werk** n **einer Drahtleitung** / turnbuckle of a wire transmission ‖ **⊾werkgestell** n (für Signalanlagen) (Bahn) / compensator frame o. stand ‖ **⊾[werk]zeug**, Ein-, Aufspannwerkzeug n / clamping o. fastening o. gripping tool o. implement ‖ **⊾zange** f (Wzm) / collet chuck, spring [collet] chuck, split chuck ‖ **auf Zug wirkende ⊾zange** (Wzm) / pull-in collet, draw-in collet ‖ **auf Druck wirkende ⊾zange** / push-out collet chuck ‖ **⊾zange** f **mit Exzenterspannung** / eccentric lever collet chuck ‖ **die ~zange spannen** / lock the collet chuck ‖ **~zangenausrüstung,** -zangeneinrichtung *f* (Wzm) / collet [chucking] attachment ‖ **~zangenfutter** *n* / draw-in collet chuck ‖ **~zangenhülse** *f* / collet bush ‖ **~zangenkopf** *m* / collet chuck closer ‖ **~zeit** *f* (Wzm) / setting-up time ‖ **~zeug,** -werkzeug *n* / chucking tool o. implement ‖ **~zeuge** *n pl* (Wzm) / clamping devices o. implements o. tools *pl* ‖ **~zwinge** *f*, -bügel *m* / clamp clip

Span·platte *f* (Holz) / chip o. particle board, flake board ‖ **~platte** *f* (Wzm) / chip collector o. tray ‖ **~plattenpresse** *f* / particle board press ‖ **~presse** *f* (Web) / cloth-finishing press ‖ **~presse** *f* / chip press ‖ **~presse für Holz** *f*, Verleimpresse *f* / press for wood chips ‖ **~querschnitt** *m*, -stärke *f* (Wzm) / cut, chip section ‖ **~raumvolumen** *n* (Wzm) / volume of swarf, enveloping volume of chips ‖ **~schachtel** *f* / chip box, splint box ‖ **~schachtel** *f* / splint box ‖ **~schneidemaschine** *f* (Holz) / flaking machine ‖ **~schütteinrichtung** *f* (Holz) / particle spreader ‖ **~stauchung** *f* / upsetting of chips, chip compression

Spant (Schiff: das, Luftf: der) (Schiff, Luftf) / frame, rib ‖ **~** *m*, Versteifungsring *m* (Bahn) / strengthening ring ‖ **in ~en stehend** (Schiff) / in frames

Spanten·plan *m* (eine Anreißplatte) (Schiff) / scri[e]ve board ‖ **~riß** *m* (Schiff) / body plan ‖ **~schmiegemaschine** *f* (Schiff) / machine for squaring frames ‖ **~werk,** Gerippe *n* (Schiff) / framing

Spantiefe *f* (Wzm) / rate of cut

Spant·niet *m* / frame rivet

Spantransportband *n* / chip conveyor

Spantwinkel[stahl] *m* / frame angle [steel]

Spanungs·breite *f* (Räumwz) / width of cut ‖ **~breite** *f* (Wzm) / undeformed chip width ‖ **~dicke** *f* (Räumwz) / rise per tooth ‖ **~geometrie** *f* / metal cutting geometry

Span·winkel *m* / effective cutting angle ‖ **~winkel** *m* γ (Wzm) / tool orthogonal rake o. plane

Spar... / low consumption... ‖ **~bad,** Vorspülbad *n* (Galv) / drag-out rinse o. swill ‖ **~becken** *n* (Hydr) / side pond ‖ **~beize** *f* / pickling inhibitor, restrainer ‖ **~beton** *m* / lean mixed concrete ‖ **~betrieb** *m* / economical operating range ‖ **~brenner** *m*, -flamme *f* / gas pilot burner ‖ **~buch** *n*, -kassenbuch *n* (DV) / savings bank deposit book, passbook (US) ‖ **~buchdruck** *m* (DV) / savings book printing ‖ **~deck** *n* (Schiff) / spardeck ‖ **~diode** *f* (Elektronik) / servo diode ‖ **~diode** *f* (TV) / efficiency o. booster diode ‖ **~düse** *f* (Kfz) / economy jet, economizer jet ‖ **~einstellung** *f* / economic control

sparen, schonen / spare *vt*, save ‖ **~** n, Spar... / economizing, saving ‖ **Raum o. Platz ~** / spare room ‖ **Zeit ~** (o. gewinnen) / save time

Spar·flamme *f* / retention flame ‖ **~ganggetriebe** *n* (Kfz) / cruising gear

Spargel·dammpflug *m* / asparagus ridging plow

Spar·hälfte *f*, falsches Formteil (Gieß) / oddside [board], pattern match ‖ **~herd** *m*, -feuerung *f* / economical stove ‖ **~kalk** *m*, Gipskalk *m* / boiled plaster of Paris ‖ **~kammer** *f* (Hydr) / side pond ‖ **~kapsel** *f* (Keram) / space-saving sagger, economy sagger ‖ **~kathode** *f* / dull-emitter cathode ‖ **~maßnahme** *f* / economy [measure] ‖ **~rad** *n* (Textil) / (Wirkm): bluff link, (Jacquard): bluff wheel

Sparren *m*, Dachsparren *m* (Bau) / rafter ‖ **~,** Spiere *f* (Schiff) / spar ‖ **~dach** *n* / rafter roof ‖ **~dach** *n* (Flachdach) / flat roof with rafters ‖ **einfaches ~dach** / couple roof ‖ **~dach** *n* **mit Spanngliedern zwischen den Pfetten-Füßen** / couple-close roof ‖ **~feld** *n* (Dach) / square ‖ **~halter** *m* (Stahlbau) / rafter cleat o. clench o. clinch ‖ **~kopf** *m* (Zimm) / rafter end ‖ **~kopf** *m* (eine Steinkonsole) (Bau) / modillion ‖ **~lage** *f*, Dachgleiche *f*, Dachbalkenlage *f* / roof plane ‖ **wirkliche ~länge** *f*, line length of a rafter ‖ **~länge** *f* **in der Horizontalen gemessen** (Bau) / run of a rafter ‖ **~nagel** *m* / rafter nail

‖ **~wechsel** *m* (Bau) / assembling piece of rafters ‖ **~werk,** Gespärre *n* (Bau) / rafters *pl*

sparsam, wirtschaftlich / economical ‖ **~,** mäßig / sparing ‖ **~** (Person) / thrifty, provident ‖ **~e Ausführung** *f* / economy in execution ‖ **~er Umgang mit Rohstoffen** / judicious o. sensible utilization of raw materials ‖ **~ umgehen** [mit], schonen / spare

Sparsamkeit, Wirtschaftlichkeit *f* / economy

Spar·schaltung *f* (Elektronik) / saver circuit ‖ **~stahl,** niedrig legierter Stahl *m* / national emergency steel, NE steel

Spartalith *m* (Min) / spartalite, zincite

Spartein *n*, Lupinidin *n* (Chem) / sparteine, lupinidine

Spartgras *n*, Alfa *n*, Stipa tenacissima / esparto, alfa [grass], alfalfa

Spar·transduktor *m* (Elektr, Elektronik) / autotransductor ‖ **~transformator** *m*, -umspanner *m* (Elektr) / autotransformer, one-coil transformer ‖ **~ventil** *n* / differential o. economizer valve ‖ **~verbrauch** *m* / economical consumption ‖ **~wässerungsgerät** *n* (Halbl) / anti-polluting rinse unit ‖ **~widerstand** *m* (Elektr) / economy resistance ‖ **~zinklegierung** *f* / economic zinc alloy

SPAS *m* (Satellit) / shuttle pallet satellite, SPAS

Spat *m* (Math) / parallelepiped ‖ **~** (Min) / spar

spät / late ‖ **~erer Ausbau** (DV) / field extension ‖ **~est erlaubt** (PERT) / latest ‖ **~es Lesen** (DV) / late read

Spateisenstein, Siderit *m* / spathic iron ore, chalybite (of Haidinger), pharmacosiderite (of Bergmann), hornblende (of Pinkerton) ‖ **toniger ~** / argillaceous iron ore, clay [band] iron ore

Spatel *m f*, Spachtel *m f*, Spachtelmesser *n* / spattle, spatula

Spaten *m* / spade ‖ **~ mit gebogenem Tritt** / round-treaded spade ‖ **~ mit vorgebogenem Tritt** / front treaded spade ‖ **schmaler langer ~** / narrow spade ‖ **~hammer** *m* / pneumatic spade ‖ **~maschine** *f* (Landw) / rotary spading machine ‖ **~rollegge** *f* (Landw) / rotary [spade] harrow ‖ **~scheibe** *f* (Landw, Egge) / cutaway disk, notched disk ‖ **~stich** *m* / cut with the spade ‖ **~stiel** *m* / spade handle ‖ **~tiefe** *f* (beim Graben) (Landw) / spit

spat[halt]ig, Spat... / spathic, spathose, sparry

Spätholz *n* / late o. autumn wood

Spatien ausheben (Buch) / make solid, unlead ‖ **~ einfügen,** spatiieren, spationieren (Buch) / space *v*, lead ‖ **~keil** *m* (Buch) / justification wedge

Spationieren *n* / letter spacing

Spatiopyrit *m* (Min) / safflorite

Spatium *n* (pl: Spatien), Ausschlußstück *n* (Buch) / lead, space ‖ **mittleres ~** (Buch) / middle sized space

Spät·zug *m*, Lumpensammler *m* (coll.) / last night train ‖ **~zünder** *m*, -zündung *f* (Bergb) / retarded priming ‖ **~zündung** *f* (Kfz) / sparking retard, retarded ignition ‖ **~zündung** *f*, Nachentflammung *f* (Mot) / post-ignition

Spaziergang, Ausflug *m* (Raumf) / excursion

Speck·feile *f* / dead file ‖ **~glanz** *m* / grease luster

speckig·er Glanz, Speckglanz *m* (Anstrich) / flashing

Speck·öl *n* / lard oil ‖ **~stein** *m* (eine Art Steatit) / soapstone, potstone, rock soap, lardstone, lardite ‖ **~steinbrenner** *m* / steatite burner

spedieren, schicken / forward

Spediteur *m*, Frachtführer *m* / carrying agent, carrier, mover (US)

Speditionsbetrieb, Fuhrunternehmer *m* / motor carrier, forwarding agent

Speerkies *m* (Min) / spear pyrites *pl*, marcasite

Speibecken *n* / spittoon, cuspidor (US)

Speiche, Radspeiche *f* / spoke, radius of a wheel ‖ **mit ~n versehen** *vt* / let in spokes

Speichen·anker *m* (Elektr) / spider type armature ‖ **~hobel** *m* / spoke shave ‖ **~nippel** *m n* / spoke nipple ‖ **~rad** *n* / open o. spoke[d] wheel ‖ **~stern** *m*, Radstern *m* / wheel spider o. center, star of spokes ‖ **~träger** *m* (Rad) / spoke flange

Speicher m, Dachboden m (Bau) / attic, loft, garret ‖ ⌐,
Reservoir n / storage basin, reservoir ‖ ⌐, Lagerhaus n /
store, warehouse, magazine ‖ ⌐, Silo m (Landw) / silo
‖ ⌐ (Analogrechner) / track-and-hold amplifier ‖ ⌐,
Register n (Fernm) / register ‖ ⌐, Zisterne f (Nukl) /
reservoir ‖ ⌐ s. auch Speicherbecken ‖ ⌐ **einer Steuerung**
/ controller memory ‖ ⌐ **für 1 Bit** (DV) / trigger ‖
⌐ **löschen** (Pneum) / close-off supply pressure ‖ ⌐ **mit
mittlerer Zugriffszeit** / medium access storage ‖ ⌐ **mit
schnellem Zugriff** (DV) / high-speed storage, rapid
access o. fast access o. zero access memory ‖ ⌐ **mit
Steinfüllung, Steinspeicher** m (Sonnenenergie) / rock-bed
storage, rock pile ‖ ⌐ **mit Wortstruktur** (DV) / word
organized o. structured storage ‖ ⌐ **setzen** (Pneum) / set
ON vt ‖ ⌐ **zuordnen** (o. verteilen) (DV) / allocate ‖ **den
inneren** ⌐ **auffüllen** (DV) / load ‖ **gemeinsamer** ⌐ **für
Daten u. Program** (DV) / memory bank ‖ **in den**
⌐ **bringen** / store v ‖ ⌐**abbild** n (DV) / core image ‖
⌐**abzug** m, -ausdruck m (DV) / [core] memory o. [core]
storage dump o. print-out ‖ ⌐**abzug** m **der Änderungen**
/ change dump ‖ ⌐**abzug** m **nach Ablauf des
Programmauszugs** / postmortem dump ‖
⌐**abzugprogramm** n (DV) / dump routine ‖
⌐**abzugschlüssel** m (COBOL) / memory dump key ‖
⌐**adreßregister** n (DV) / memory address register,
MAR ‖ ⌐**ausdrucken** n / dump operation ‖
⌐**ausnutzung** f (DV) / storage efficiency o. utilization ‖
⌐**austausch** m (zwischen Haupt- u. Plattenspeicher),
Memory Swapping n (DV) / memory swapping ‖
⌐**auszug** m / selective dump, memory dump ‖ ⌐**auszug**
m **der Änderungen** / change dump ‖ ⌐**band** n (Rechner)
/ storage tape ‖ ⌐**batterie** f (Elektr) / storage battery ‖
⌐**becken, Speisebecken** n (Hydr) / storing basin o.
reservoir o. tank ‖ ⌐**befehl** m (DV) / storage-to-storage
operation, ss ‖ ⌐**bereich** n / storage area o. section ‖
⌐**bett** n (Öl) / reservoir bed ‖ ⌐**binärzelle** f (DV) / binary
cell ‖ ⌐**block** m, -paket n / memory stack, storage block
‖ ⌐**blockanweisung** f (FORTRAN) / common block
instruction, common statement ‖ ⌐**bremsung** f (Elektr) /
energy storage braking ‖ ⌐**chip** n / memory chip ‖
⌐**damm** m / storage dam ‖ ⌐**druck** m (Druckluft) /
receiver pressure ‖ ⌐**druckanlage** f (Druckluft) /
receiver-type compressed-air system ‖ ⌐-**Drucken** n
(DV) / storage print-out ‖ ⌐**ebene** f (allg) / storage level ‖
⌐**ebene** f **des Kernspeichers** (DV) / digit plane ‖
⌐-**Ein/Ausgabekanal** m (DV) / storage access channel ‖
⌐**eingabemeldung** f, SEM (DV) / memory input notice
‖ ⌐**element** n (DV) / storage element ‖ ⌐**element** n,
-zelle f (Elektr) / storage cell ‖ ⌐**energie** f, gespeicherte
Energie / stored energy ‖ **völlige** ⌐**entleerung** (DV) /
memory dump ‖ ⌐-**Erweiterung** f (DV) / expansion
feature o. unit ‖ ⌐**fähiger Analogrechner** / dynamic
storage analog computer, DYSTAL ‖ ⌐**fahrzeug** n
(Bahn) / storage battery vehicle ‖ ⌐**feder** f (Bremse) / pre-
loaded spring ‖ ⌐**folgekodierung** f (DV) / specific
coding ‖ ⌐**format** n (DV, Kernspeicher) / core image
format ‖ ⌐**füllen** n (DV) / memory fill ‖ ⌐**gasanlage** f
(Kfz) / motor fuel gas storage ‖ ⌐**gestein** n (Öl, Wasser) /
reservoir rocks pl ‖ ⌐**gesteuert** / stored program
controlled, SPC ‖ ⌐**getriebe** n, Spannwerk n / spring
device for energy storing and release ‖ ⌐**getriebe** n,
Sprungwerk n / over-center device ‖ ⌐**glied** n (Pneum) /
memory ‖ ⌐**größe**, -kapazität f, -umfang m (DV) /
memory o. storage capacity o. size ‖ ⌐**heizgerät** f /
thermal storage radiator o. heater, storage room heater
‖ ⌐**heizung** f / thermal storage heating ‖ ⌐**heizung** f **mit
Nachtstrom** / night storage heating ‖ ⌐**horizont** m (Gas)
/ storage horizon ‖ ⌐**inhalt** m (DV) / storage fill,
memory contents ‖ ⌐**inhalt** m (Hydr) / capacity of a
storage basin ‖ ⌐**kapazität** f (DV) / storage capacity ‖
⌐**kapazität** f (Lager) / storing capacity ‖ ⌐**kern** m (DV) /
storage core ‖ ⌐-**Kohle-Wasserheizer** m / coal fired
water heater with storage boiler ‖ ⌐**kraftwerk** n /
storage power station ‖ ⌐**kreis** m / memory circuit ‖

⌐**lokomotive** f (Bahn) / storage battery locomotive ‖
~**los** (DV) / memoryless, storageless ‖ ⌐**matrix** f (DV) /
memory matrix o. array, matrix memory o. stor[ag]e ‖
⌐**medium** n (Laser) / storage medium
speichern, ansammeln / accumulate, store ‖ ~ (DV) /
memorize, store ‖ ~, auf Lager legen o. halten / stock
v, store up ‖ ~ (Fernm) / pile up ‖ ~ (DV) / storing,
bringing into memory ‖ **auf Magnetband o. -platte** /
encoding ‖ ⌐ **und für Übertragung Serialisieren**
(Raumf) / stretched mode ‖ ⌐ **unter Maske** (DV) / store
under mask
speichernd (allg) / accumulating ‖ ~**es Potentiometer** /
retransmitting potentiometer ‖ ~**e Tastatur** (Elektronik) /
storage keyboard
Speicher·ofen m / thermal storage heating stove ‖ ⌐**ofen**
m (für Nachtstrom) / night storage heating stove ‖
⌐**organisation** f (DV) / memory organization ‖
⌐**organisation** f (DV) / storage map ‖ ⌐**oszilloskop** n /
storage oscilloscope ‖ ⌐**paket** n, -block m / memory
stack, storage block ‖ ⌐**platte** f (TV) / storage target ‖
⌐**platte** f (Kühleinr) / eutectic plate ‖ ⌐**platz** m (DV) /
storage location ‖ ⌐**platzfreigabe** f / storage
deallocation ‖ ⌐**platzzuteilung**, -zuweisung f (DV) /
storage allocation o. assignment ‖ ⌐**polder** m (Hydr) /
storage polder ‖ ~**programmierter Rechner** / stored
program computer ‖ ~**programmierte Steuerung**,
SPS / SPC, stored program control ‖ ~**programmiertes
System**, SPS / stored program system, SPS ‖
⌐**protokoll** n (DV) / storage snapshot ‖ ⌐**prüfung** f (DV)
/ storage scan ‖ ⌐**pumpe** f / pump-turbine ‖
⌐**pumpwerk** n (Elektr) / relift pumping plant ‖ ⌐**raum**
m (Hydr) / storage volume ‖ ⌐**reaktor** m / recycle
reactor ‖ ⌐**register** n (DV) / memory register, MR,
storage register ‖ ⌐**register** n / storage register ‖
⌐**relais** n / memory relay ‖ ~**resident** (DV) / memory
resident ‖ ⌐**ring** m (Nukl) / storage ring ‖ ⌐**ringe** m pl
mit sich kreuzenden Protonenstrahlen (Nukl) /
intersecting storage rings pl ‖ ⌐**röhre** f (Elektronik) /
storage o. memory tube ‖ ⌐**röhre** f **mit
Langzeitspeicherung** / infinite persistance screen ‖
⌐-**Schaltdiode** f / charge-storage diode, snap-off o.
step-recovery diode, boff diode ‖ ⌐**schaltdiode** f,
-varaktor m (Elektronik) / storage varactor, varactor
frequency multiplier diode ‖ ⌐**schaltglied** n (Pneum) /
memory function relay ‖ ⌐**schaltventil** n (Pneum) /
memory relay operation ‖ ⌐**schicht** f (Gas) / storage
horizon ‖ ⌐**schirm** m (TV) / persistent screen ‖
⌐**schleuse** f / storage sluice ‖ ⌐**schutz** m, -schreibsperre
f (DV) / storage protection ‖ ⌐**sichtgerät** n,
Zeicheneinrichtung f (Radar) / plotter ‖ ⌐**sortierung** f /
in-core sort ‖ ⌐**stelle** f, -platz m (IBM) (DV) / storage
location, storage position ‖ ⌐**steuereinheit** f (DV) /
storage control ‖ ⌐**stoff** m (Wärme) / PCM, phase
change material ‖ ⌐**stoffe** m pl, Reservestoffe m pl /
reserve substance o. material ‖ ⌐**takt** m (DV) / storage
cycle ‖ ⌐**tank** m, Lagertank m / storage tank,
accumulator tank ‖ ⌐**tank**, Tank m (DV) / ultrasonic
storage cell, ultrasonic delay line ‖ ⌐**teilchen** n (Wärme)
/ heater pebble ‖ ⌐**treppe** f / attic o. garret stairs pl ‖
⌐**triebwagen** m / battery railcar ‖ ⌐**trommel für
Solarzellenträger** f (Raumf) / storage drum for solar
panel ‖ ⌐**überlappung** f / storage overlapping ‖
⌐**überlauf** m (DV) / storage overflow ‖ ⌐- **und
Zugriffssystem** n (DV) / retrieval system
Speicherung f / accumulation, storage ‖ ⌐, Einlagerung f
/ storage, storing ‖ ⌐ (DV) / storage ‖ ⌐ s. auch Speichern
‖ ⌐ **eines kompletten Programms [auf einem einzigen
Träger]** (DV) / transcription
Speicherungs·dichte f (DV) / storage density ‖
⌐**einrichtung** f / storage mechanism o. system ‖
⌐**mischer** m / retention mixer ‖ ⌐**zeitraum** m (DV) /
storage period
Speicher·varaktor m / storage varactor ‖ ⌐**verhalten** n
(Elektronik) / storage characteristics pl ‖

~**vermittelungstechnik** f (Fernm) / message switching system ‖ ~**vermittlung**, Nachrichtenweiche, -vermittlungsstelle f (Fernm) / message switching center ‖ ~**vermittlung** f (DV) / store-and-forward mode ‖ ~**vermittlungsnetz** n (Fernm) / message o. packet switching network ‖ ~**vermögen** n (Hydr) / storage capacity ‖ ~**verschachtelung** f / memory interleaving ‖ ~**verteilung** f (DV) / allocation ‖ ~**verwaltung** f / memory management ‖ ~**verwaltung** f für virtuelle Adreßzuteilung, MMU / memory management unit, MMU, memory management ‖ ~**-Vorrang** m (DV) / high-speed direct access storage priority ‖ ~**wärme** f / stored heat ‖ ~**werk** n (Add.m) / storage mechanism, accumulator (US) ‖ ~**werk** n, Speicherkraftwerk n / storage power station ‖ ~**werkshebel** m (Buch.m) / crossfooter reverse lever ‖ ~**werkskapazität**, Rechenfähigkeit f (Buch.m) / register length ‖ ~**winde** f / warehouse hoist o. winch ‖ ~**wort** n (DV) / storage word ‖ ~**wort-Bündigkeitsklausel** f (COBOL) / synchronized clause ‖ ~**zeit** f (DV) / retention time ‖ ~**zeit** f (TV) / persistence ‖ ~**zelle** f (DV) / memory location o. cell o. bucket o. unit ‖ ~**zelle** f für ein Wort, Register n (DV) / register ‖ ~**zone** f (Roboter) / parts storage area ‖ ~**zone** f für Daten / storage zone of data ‖ ~**zugriff** m (DV) / storage (US) o. store (GB) access ‖ ~**zugriffskontrolle** f / memory access control ‖ ~**zuordnung** f (DV) / storage assignment ‖ ~**-zu-Speicherverkehr** m / store and forward mode ‖ ~**zykluszeit** f / memory cycle time, main frame speed
Speigatt n (Schiff) / scupper
Speiröhre f (Dachrinne) / gurgoyle
Speise f, Nahrung f / aliment [for man] ‖ ~, Speis m (Bau) / stuff, mortar ‖ ~ (Hütt) / speiss, speise ‖ ~ (Glas) / solder ‖ ~... / alimentary ‖ ~**apparat** m (Masch) / feeder, feeding apparatus ‖ ~**band** n / transition belt ‖ ~**becken** n / feeding basin o. reservoir o. tank ‖ ~**becken**, Speicherbecken n / storing basin o. reservoir o. tank ‖ ~**brücke** f (Fernm) / feeding bridge ‖ ~**drossel**, Abzweigreaktanzspule f (Elektr) / feeder reactor ‖ ~**eis** n / ice cream ‖ ~**eisbereiter** m / freezer ‖ ~**fett** n / nutrient fat ‖ ~**flotte** f (Färb) / replenishing liquor ‖ ~**graben** m (Hydr) / catch [feeder o. drain], intake ‖ ~**hahn** m, Füllhahn m / feed [pipe] cock ‖ ~**kabel** n (Elektr) / main cable o. feeder, feeder, feeder mains pl ‖ ~**kabel** n (Rakete) / umbilical cord ‖ ~**kabel** n (Bahn) / feeder cable ‖ ~**kammer** f (Bau) / pantry ‖ ~**kanal**, Zubringer m (Hydr) / feeder ditch ‖ ~**kartoffeln** f pl / ware potatoes pl ‖ ~**kasten** m, Stromzuführungskasten m (Elektr) / current supply box ‖ ~**kessel** m (Dampfm) / feed boiler ‖ ~**kopf** m (Gieß) / feeder o. sink head ‖ ~**leitung** f (Elektr) / feeder, incoming feeder, supply line ‖ ~**leitung**, Verstärkungsleitung f (Bahn) / line feeder ‖ ~**leitung** f eines Dreileitersystems (Elektr) / neutral wire ‖ ~**mengeneinstelltank** m (Nukl) / feed adjustment tank ‖ ~**mulde** f (Spinn) / feeding trough
speisen, Material zuführen / feed v, furnish ‖ ~, laden (Elektr) / load v, feed, power, supply the current [for] ‖ ~**aufzug** m / service lift, food [service] lift (GB), dumb waiter (US) ‖ ~**automat** m / slot machine for selling food ‖ ~**durchgabe** f, -klappe f / service o. serving hatch, pushthrough ‖ ~**wärmer** m / food warmer
Speise·öl n / salad oil ‖ ~**pumpe** f / feed pump ‖ ~**pumpe** mit Dampfantrieb / feed engine ‖ ~**punkt** m (Elektr) / feeding o. distributing point ‖ ~**punkt** m, Eingangspunkt m (Elektr) / origin of an installation, service entrance (US)
Speiser m, Speisungs-, Speisegraben m (Hydr) / feeder ‖ ~, verlorener Kopf (Gieß) / feeder, feeder o. sink head ‖ ~ (Elektronik) / feeder
Speiseregler m (Textil) / feed regulator
Speiser·einsatz m (Gieß) / feeder sleeve
Speise·rinne f / feeding chute ‖ ~**rinne** f / feeder channel ‖ ~**rinne** f (Gieß) / sprue canal

Speiser·kopf m, -mundstück n (Glasofen) / feeder nose o. spout ‖ ~**massel** f (Gieß) / shrink bob
Speiserohr n (Dampfm) / alimentary pipe, feed[ing] pipe
Speiser·rohr n, Drehzylinder m (Glasofen) / feeder sleeve o. tube ‖ ~**schüssel** f, -becken n (Glas) / nose, feeder spout o. nose ‖ ~**seite**, Eintragseite f (Karde) / feed side ‖ ~**technik** f (Gieß) / risering
Speiserufer m (Dampfm, Bahn) / feed warning device
Speiserverlängerung f, Aufbauspeiser m (Gieß) / feeder o. pouring o. rising bush
Speise·saal m, Eßzimmer n / dining room ‖ ~**sammelschiene** f (Elektr) / feeder bus bar ‖ ~**schiene**, Stromzuführungsschiene f / feeder bar ‖ ~**schnecke** f / feeding worm [conveyor] ‖ ~**seite** f (Elektr) / generator end ‖ ~**spannung** f / supply voltage, terminal pressure ‖ ~**stelle** f, -quelle f / feeding point, source ‖ ~**stromkreis** m (Elektr) / feed circuit ‖ ~**system** n, Zuführsystem / feed system ‖ ~**transformator**, -trafo m / distribution o. substation o. supply transformer ‖ ~**trichter** m (ein Bunker) / feed o. feeding hopper ‖ ~**tuch** n (endloses Zuführtuch) (Textil) / feed[ing] lattice o. apron o. table ‖ ~**ventil** n / feed valve ‖ ~**wagen** m (Bahn) / dining car, diner (US), restaurant car ‖ ~**wagen** m mit Aussichtsdom (Bahn) / dome diner ‖ ~**walze** f (Textil) / furnishing roller, feed roller ‖ ~**walze** f (Masch) / feeding cylinder ‖ ~**walzenreiniger** m (Textil) / feed-roller clearer ‖ ~**wasser** n / feed-water ‖ ~**wasseraufbereitung** f / feed-water treatment ‖ ~**wasserbehälter** m (Dampfm) / feed water tank ‖ ~**wasserenthärtung** f / feed-water softening ‖ ~**wasserentlüfter**, -wasserentgaser m / feed-water de-aerator ‖ ~**wasserpumpe** f / feed-water pump ‖ ~**wasserreinigung** f / feed-water purification ‖ ~**wasservorwärmer** m / feed[-water] heater ‖ ~**wasservorwärmer** m, Abgasvorwärmer m / economizer ‖ ~**wasserzusätze** m pl / boiler composition
Speiskobalt, Smaltin m / smaltine, smaltite, pyrites pl of cobalt, gray cobalt
Speisung f, Zuführung f (Hydr) / conveyance, delivery, feeding ‖ ~ (Elektr) / [power] supply ‖ ~ im falschen Zeitpunkt / sneak feed ‖ ~ nach Gewicht / weight feeding
Speitüte f (Luftf) / sanitary paper bag (US)
spektral / spectral ‖ ~e **Auflösung** (Opt) / dispersion ‖ ~e **Auflösung des Tons im Ohr** / spectral resolution ‖ ~e **Codierung** / spectre-coding ‖ ~er **Durchlaßgrad** / spectral transmittance ‖ ~e **Durchlässigkeit** (Phot) / spectral transmission ‖ ~e **Emissionsrate** f (Nukl) / spectral emission frequency ‖ ~e **Empfindlichkeit** (Photozelle) / colour response, spectral sensitivity o. response ‖ ~er **Farbanteil** (Opt, TV) / excitation purity ‖ ~e **Farbdichte** / colorimetric purity ‖ ~e **Härtung** / spectral hardening ‖ ~er **Hellempfindlichkeitsgrad** / relative luminous efficiency ‖ ~e **Hellempfindlichkeitskurve** / spectral sensitivity curve ‖ ~e **Leistungsdichte**, Spektraldichte f (Nukl) / power spectral density ‖ ~e **Luminanz** / spectral radiance ‖ ~e **Neuverteilungsfunktion** (Fernm) / spectral redistribution function, SRF ‖ ~e **Reflexion** / spectral reflectance ‖ ~e **Verteilungscharakteristik** (Leuchtschirm) / spectral [response] characteristic ‖ ~e **Verteilungskurve** (Phys) / spectral distribution curve ‖ ~er **Winkelquerschnitt**, spektraler raumwinkelbezogener Wirkungsquerschnitt (Nukl) / spectro-angular cross section ‖ ~er **Wirkungsquerschnitt** (Nukl) / spectral cross section ‖ ~**analyse** f / spectral o. spectroscopic o. spectrum analysis ‖ ~**analytisch** / spectrometric, -scopic ‖ ~**apparat** m / spectroscopic apparatus ‖ ~**bereich** m / region of the spectrum, spectral region ‖ ~ **außerhalb des bereichs** / non-spectral ‖ ~**chemie** f / spectrochemistry ‖ ~**dichte** f der Leistung / mean[-squared] spectral density ‖ ~**dispersion** f (Heliotechnik) / spectral splitting ‖ ~**drift** f (Nukl) /

spectral shift ‖ ⌐**farbe** f / spectral o. spectrum colour ‖
⌐**farben** f pl (Opt) / spectrum ‖ ⌐**farbenzug** m
(Farblehre) / spectrum locus ‖ ⌐**fluorometer** n /
spectrofluorometer ‖ ⌐**klassen**, -typen f pl (Astr) /
spectral types pl ‖ ⌐**kurve** f [höchster Reinheit o.
Sättigung] (TV) / spectrum locus ‖ ⌐**lampe** f / spectral
lamp ‖ ⌐**linie** f / spectral line, line spectrum ‖
⌐**linienserie** f / spectral series ‖ ⌐**photometer** n /
spectrophotometer ‖ ⌐**photometrie** f /
spectrophotometry ‖ ~**photometrisch** /
spectrophotometric ‖ ⌐**polarimeter** n /
spectropolarimeter ‖ ⌐**pyrometer** n / spectral
pyrometer ‖ ⌐**rauschzahl** f / spot noise factor o. figure
‖ ⌐**regelung** f / spectral shift control ‖ ~**rein**,
rauscharm (Elektronik) / of low noise, low-noise level…
‖ ⌐**serie**, -**reihe** f / spectral series ‖ ⌐**steuerung** f (Nukl)
/ spectral shift control ‖ ⌐**tafel** f / spectrum chart ‖
⌐**typen**, -klassen f pl (Astr) / spectral types pl ‖
⌐**verfahren** n (Farbmessung) / spectrophotometric
method ‖ ⌐**verkämmung** f (TV) / frequency interlacing
‖ ⌐**verschiebung** f / spectral shift ‖ ⌐**wert**, Farbwert
der Spektralreize m / tristimulus value of the spectrum ‖
⌐**wertkurve** f / colour mixture curve, distribution
function ‖ ⌐**zerlegung** f, -**analyse** f / spectral analysis,
spectroscopic analysis, spectrum analysis
Spektro·bolometer n, Sternstrahlungs-Meßgerät n /
spectrobolometer ‖ ~**chemisch** / spectrochemical ‖
⌐**gramm** n / spectrogram ‖ ⌐**graph** m / spectrograph ‖
⌐**heliogramm** n / spectroheliogram ‖ ⌐**heliograph** m
(Phot) / spectroheliograph ‖ ⌐**helioskop** n (Astr) /
spectrohelioscope ‖ ⌐**komparator** m /
spectrocomparator ‖ ⌐**meter** n / spectrometer ‖
180⁰-⌐**meter** n / semicircular focussing spectrometer ‖
⌐**metrie** f / spectrometry ‖ ~**metrisch** / spectrometric
Spektrophon n, photoakustisches Spektrometer /
photoacoustic spectrometer, spectrophone
Spektro·photometer n / spectrophotometer ‖ ⌐**skop** n /
spectroscope ‖ ⌐**skopie** f / spectroscopy ‖
⌐**skopieplatte** f / spectroscopic[al] plate ‖ ~**skopisch** /
spectroscopic, -ical ‖ ~**skopischer Doppelstern** (Astr) /
spectroscopic binary ‖ ~**skopisch rein** /
spectroscopically pure, specpure ‖ ⌐**stratoskop** n /
spectrostratoscope
Spektrum n (pl: Spektren) (Phys, Math) / spectrum *(pl:
spectra, spectrums)* (pl.: spectra, spectrums) ‖
⌐**-Analysator** m / spectrum analyzer ‖ ⌐**härtung** f
(Nukl) / spectral hardening of neutrons
Spektrumsglättung f (Fernm) / spectral rolloff
Spelz m, Dinkel m / spelt, spelt, Triticum spelta
Spelze f, Getreidehülse f / husk, glume of grains
Spelzenbestimmung f (Brau) / glume determination
Spender m, Ausgabegerät n / dispenser
Spengler, Flaschner m (Süddeutschl) / plumber, tinner ‖
⌐**arbeiten** f pl / plumbing works
Spermazet n, Walrat m / spermaceti
Spermöl, Walratöl n / spermaceti oil, sperm[whale] oil
Sperrad n, Sperr-Rad n / curb o. locking o. stopping
wheel ‖ ⌐ (Uhr) / ratchet wheel, ratchet ‖ ⌐**kloben** m,
-radbrücke f (Uhr) / ratchet bridge
Sperraste f / stop notch
Sperr·band n / rejection band ‖ ⌐**bauwerk** n / river
damming by stakes and fascines ‖ ⌐**becken** n (Hydr) /
storage basin o. reservoir, catchment basin ‖ ⌐**befehl** m
(DV) / inhibit instruction ‖ ⌐**bereich** m (Elektronik, Filter)
/ stop band, filter attenuation band ‖ ⌐**bereich** m (Nukl)
/ exclusion area ‖ ⌐**bereich** m (Halbl) / blocking-state
region ‖ ⌐**beton** n / waterproofing concrete ‖
⌐**betondach** n / flat roof with waterproofing concrete ‖
⌐**bit** n (DV) / inhibit bit ‖ ⌐**bolzen** m / barring bolt,
locking pin ‖ ⌐**bolzen** m, Schaltzapfen m (Revolverkopf)
/ indexing bolt o. pin ‖ ⌐**brücke** f (Gießpfannen-Ausguß) /
weir ‖ ⌐**buhne** f (Hydr) / cross-dam ‖ ⌐**charakteristik** f
(Halbl) / back characteristic ‖ ⌐**damm** m, -**mauer** f
(Hydr) / retaining barrage o. dam, reservoir

embankment, barrage [wall], dam ‖ **fester** ⌐**damm**
(Hydr) / barrage fixe ‖ ⌐**damm** m des
Gezeitenkraftwerks / retaining barrage o. dam of the
tidal power station ‖ ⌐**damm** m **mit Schützen** / barrage
mobile ‖ ⌐**dampf** m / locking vapour ‖ ⌐**differential**,
Sperrausgleichgetriebe n (DIN) / locking differential ‖
⌐**druck** m (Buch) / spaced type
Sperre f, Sperrvorrichtung f / stop-work, interlock means
‖ ⌐, Behinderung f / obstruction, hindrance ‖ ⌐ (Straße)
/ road block ‖ ⌐, Stopstelle f (Hängebahn) / stop station
‖ ⌐ (Hydr) s. Sperrdamm ‖ ⌐, Sperrstift m, -organ n,
-klinke, -vorrichtung f / catch ‖ ⌐, Sperr-Anschlagstift
m / detent pin ‖ ⌐ (Elektronik) / muting ‖ ⌐ (TV) /
rejection ‖ ⌐ (DV) / interlock ‖ ⌐, Hemmung f,
Sperrstift m (Uhr) / stop, click ‖ ⌐ **für wilde
Schwingungen** (Fernm) / parasitic stopper
Sperreingang m (DV) / inhibiting input
Sperrelais n (o. sebsthaltendes Relais) / locking relay ‖ ⌐
(Geräusche) / muting relay
sperren, blockieren, verriegeln / block[ade] v, block up,
[inter]lock, bolt ‖ ~, zu-, ab-, versperren / lock v,
block, stop ‖ ~, gesperrt setzen (Buch) / space v ‖ ~ vi,
klemmen vi, blockieren, festsitzen / stick vi, become
wedged, be o. get stuck ‖ ~ (mit dickeren Spatien)
(Buch) / lead v ‖ ~, austreiben (Buch) / white out ‖ ~,
stauen (Hydr) / retain, dam up ‖ ~, die Flugerlaubnis
entziehen (Luftf) / ground ‖ ~ (DV) / inhibit ‖ ~ (Konto) /
block the accounts ‖ ~, klemmen vi / bind, jam, stick,
be stuck ‖ ~ n (Buch) / spacing ‖ **eine Datei** ~ / lock a
file v ‖ **eine Straße** ~ / close a road ‖ **eine Strecke** ~
(Bahn) / close a line ‖ **einen Anschluß** ~ (Fernm) /
suspend ‖ **für den Verkehr** ~ / close to traffic ‖
⌐**kraftwerk** n / barrage power station
Sperr·feder f / retaining o. drag spring ‖ ⌐**feder**,
Schlagsperre f (Uhr) / mute, sourdine, damper ‖ ⌐**filter**
n, -**kreis** m (Elektronik) / stop o. rejection filter, rejector
[circuit] ‖ ⌐**filter** n **für die 2. Harmonische** / octave
analyzer ‖ ⌐**filterflansch** m (Wellenleiter) / choke flange
‖ ⌐**filterschieber** m (Opt) / barrier filter slider ‖
⌐**flüssigkeit** f / confining o. sealing liquid ‖ ⌐**frist** f
(DV) / retention period, security period ‖ ⌐**gas** n (Nukl) /
seal gas ‖ ⌐**getriebe** n / ratchet o. locking mechanism ‖
⌐**gewebe** n (Textil) / diagonally laminated fabric ‖
⌐**gitter** n (Speicherröhre) / barrier grid ‖ ⌐**gitterröhre** f /
barrier grid tube ‖ ⌐**glied** n (Elektronik) / unilateral
impedance ‖ ⌐**griff** m, Knarre f für
Schraubenschlüssel) / ratchet lever ‖ ⌐**gut** n / bulky
goods ‖ ⌐**haken**, -**kegel** m (Uhr) / ratchet ‖ ⌐**haken** m
(Schm) / stake ‖ ⌐**haken** m **für Klapptüren** (Schiff) /
click for trapdoors ‖ ⌐**hebel** m / catch lever
Sperrholz n / plywood ‖ ⌐, Sprosse f (Zimm) / pin, peg
‖ ⌐ **mit Blindholz** / wood core plywood ‖ **parallel
verleimtes** ⌐ / laminated wood ‖ ⌐**beplankung**, -**haut** f
/ plywood covering ‖ ~**eigentümlicher Fehler** / defect
inherent in plywood ‖ ⌐**herstellung** f / plywood
production ‖ ⌐**leim** m / plywood glue, plywood
adhesive ‖ ⌐**platte** f / plywood panel ‖ ⌐**presse** f /
plywood press ‖ ⌐**-Verbundplatte** f / core-plywood
Sperrrichtung f (Elektronik) / non-conducting o. high-
resistance direction
Sperriegel m / safety bolt o. catch ‖ ⌐ (Getriebe) / plunger
block
sperrig / bulky, awkward shaped ‖ ~**es Stück** (Walzw) /
gagger
Sperr·impuls m (DV) / disable pulse, disabling signal ‖
⌐**kantring** m / detent edged ring ‖ ⌐**kegel** m (Jacquard) /
catch, check cone ‖ ⌐**kegel** m, Radhemmung f (Uhr) /
nut, pallet ‖ ⌐**kennlinie** f (Thyristor) / off-state
characteristic ‖ ⌐**kennwert** m (Halbl) / blocking state o.
off-state [voltage-current] characteristic, characteristic
reverse value (obsolete) ‖ ⌐**kette** f, -**filter** n (Elektronik) /
suppression o. wave filter ‖ ⌐**kette** f / barring chain ‖
⌐**klinke** f / detent pawl ‖ ⌐**klinkeneinrichtung** f /
click-and-pawl o. click-and-dog arrangement ‖

~klinkenrad n, Sperrad n / ratchet wheel || ~klotz m, Gleissperre f (Bahn) / movable scotch block || ~kondensator m (Elektronik) / band eliminating capacitor, block[ing] capacitor || ~kontakt m / latch contact || ~kreis m, Wellenfalle f (Elektronik) / block o. trap circuit, wave trap || ~kreis m, -filter n (Elektronik) / stop o. rejection filter, rejector [circuit] || ~leiste f, Querholz n (Zimm) / ledger || ~leitung f (Fernm) / busy wire || ~leitwert m (Elektronik) / back conductance || ~-Löseventil n (Bremse) / spring-brake cylinder inhibiting valve || ~magnet m / blocking o. closing magnet || ~matte f / isolating mat || ~mauer, Talsperre f / dam, barrage fixe || ~mauer f der Talsperre / barrage dam || ~modus m, Inhibitbetriebsart f (DV) / inhibit mode || ~mörtel m / waterproof mortar || ~muffe f (Kabel) / stop joint || ~müll m / bulky refuse
Sperröhre f / TR- and ATR-tube
Sperr·patent n / defensive patent || ~periode f (DV) / file retention period || ~platte f im Getriebe (Kfz) / check plate || ~polarität f (Fernm) / stop polarity, polarity Z || ~rad n s. Sperrad || ~-Sättigungsstrom m (Elektronik) / off-state saturation current || ~satz m (Buch) / spaced letters pl || ~schalter m (Bahn) / combined electric lock and circuit controller || ~schaltung f (Kath.Str.) / hold-off circuit || ~schaltung f (DV) / inhibiting circuit, locking circuit || ~schaltung f (Zählrohr) / paralysis circuit (counting tube)
Sperrschicht f (Halbl) / barrier o. blocking o. depletion layer, resistive layer || ~, Dipolschicht f (Halbl) / dipole layer || ~ (Bau) / waterproofing layer || ~ (Hydr) / sealing layer || ~ (Photozelle) / barrier layer, resistive layer || ~ (Photozelle) / resistive layer || ~berührungsspannung, Durchgreifspannung f (Halbl) / penetration voltage, punch-through o. reach-through voltage || ~dicke f (Halbl) / junction width || ~-Feldeffekttransistor m / depletion layer FET || ~gleichrichter m / blocking-layer rectifier, [electronic] contact rectifier || ~kapazität f (Halbl) / depletion layer capacitance || ~papier n / barrier paper, barrier coated paper || ~photoeffekt m / photovoltaic effect || ~photozelle f, Photoelement n / photovoltaic cell, photobarrier cell, sandwich photocell || ~temperatur f (Halbl) / junction temperature || ~transistor m / depletion layer transistor || ~wirkung f (Schmierung) / blocking effect || ~zelle f, Gleichrichterelement n (Elektronik) / rectifier cell o. element
Sperr·schieber m / stopper || ~schieber m (Pumpe) / rotary piston || ~schieberpumpe f (Vakuum) / rotary piston pump, rotating plunger pump ||
~schieber-Vakuumpumpe f / rotary plunger vacuum pump || ~schleuse f, Schutzschleuse f (Hydr) / protecting sluice || ~schrift f / spaced type || ~schrifteinrichtung f (Schreibm) / word expander || ~schrift-Taste f (Schreibm) / expand key || ~schritt m, -stromschritt m / stop pulse || ~schritteinrichtung f (Fernschreiber) / stop element o. pulse || ~schuh m (Bahn) / drag shoe, skid-pan || ~schwinger m (Elektronik) / [self-]blocking oscillator, B.O. || ~schwinger m / blocking tube oscillator, bto || ~segment n (Bremse) / locking segment || ~signal n (allg) / blocking signal || ~signal n (DV) / inhibiting o. disabling signal || ~spannung f (Gleichr) / off-state voltage || ~spannung f (Bildschirm) / sticking voltage, blocking voltage || ~spindel f [des Gaszählers] / burning-off shaft, action spindle || ~stift m / locking pin || ~stoff m (Bau) / waterproofing material || ~stopfen m für Kabel (Fernm) / blockstop || ~strom m (Halbl) / off-state current || ~strom m in Rückwärtsrichtung / reverse locking current || ~strom m in Vorwärtsrichtung / off-state forward current || ~strom-Verstärker m (DV) / inhibit driver || ~system, Blocksystem n (Bahn) / space system || ~taste f, Taste mit Rastung (Fernm) / locking key || ~topfantenne f / folded-top antenna || ~topf-Koaxialantenne f / sleeve-

dipole antenna || ~trägheit f (Halbl) / recovery effect || ~tür f, Sperrholztür f / plywood door
Sperrung f / block, blocking, stopping, stopper, obstruction, check action || ~, Hemmung f / locking, blocking, latching, catching || ~, Gesperre n / locking gear o. mechanism, stop work || ~ (Radar) / paralysis (US) || ~, Sperren n (Buch) / spacing || ~ von Selbstwähl-Ferngesprächen (Fernm) / trunk barring
Sperr·ventil n (allg) / stop valve, shut-off o. check valve || ~ventil n (als Rückschlagventil) / non-return valve || ~ventil n (Bremse) / lock o. shuttle valve || ~verlustleistung f (Halbl) / off-state power loss, reverse power dissipation || ~verzögerung f (Empfänger) / splitting time || ~verzögerungsladung f, -verzugsladung f (Halbl) / recovered charge || ~verzögerungsstrom m (Halbl) / reverse recovery current || ~verzögerungsstromspitze f / peak reverse recovery current || ~verzögerungszeit f (Halbl) / reverse recovery time || ~vorrichtung f, -organ n / blocking o. locking device o. means, stop gear o. work || ~vorrichtung f mit Sperrklinken / click-and-pawl o. click-and-dog arrangement || ~-Vorspannung f (Elektronik) / reverse bias || ~wandler m (Elektronik) / blocking oscillator o. B.O.-type converter || ~wasser n (Masch) / seal[ing] water || ~werk n (Hydr) / barrage || ~widerstand m (Halbl) / off-state o. blocking resistance || ~wirkung f (Elektronik) / valve effect o. action, unilateral conductivity || ~wirkung f (Pap) / barrier effect
Sperrylith m (Platinmineral) (Min) / sperrylite
Sperr·zahn m / ratchet of a ratchet wheel || ~zahnrad mit Sperrklinke n / ratchet and pawl || ~zahnschraube f / self-locking screw with serrated bearing surface, free-spinning || ~zapfen (am Schaltmechanismus), -bolzen m / indexing bolt o. pin || ~zeichen n (Fernm) / locking signal, test-busy signal || ~zeit f (Gleichrichter) / idle period, off-period || ~zeit f (Fernm, DV) / time out || ~zeit f (TV) / ratchet time || ~zeit f (Zählrohr) / paralysis time || ~zeitbasis, sägezahnförmige Kippablenkung f (TV) / ratchet time base || ~zeitbasis f (TV) / ratchet time base || ~zustand m (Halbl) / off-state || ~zustandsbedingungen f pl (Elektronik) / off-period conditions pl
Spesen pl / expenses pl || ~vergütung f / reimbursement of expenses
Spessartin m (Min) / spessartine, -tite, manganese garnet
Spessartit m (Geol) / spessartite
Spezial·..., Sonder... / specially made o. designed o. built || ~..., für besondere Zwecke / special purpose... || ~..., Einzweck... (Masch) / single-purpose... || ~ausführung f, Sonderausführung f / special type || ~benzine n pl / special grades of petroleum spirit || ~container m / special purpose container || ~gebiet n, -fach / special subject, speciality || ~hieb m (Feile) / special cut || ~index m (COBOL) / index || ~indizierung f (COBOL) / indexing
spezialisieren, [sich] ~ [auf] / specialize [upon]
Spezialisierung f / specialization
Spezialist, Fachmann m / specialist, expert, authority || ~, Facharbeiter m / specialist (workman), trained o. skilled workman || ~en m pl, Schlüsselkräfte f pl / key personnel || ~ für numerische Lösungen / specialist for numeric solutions
Spezialität, Besonderheit f / speciality
Spezial·-Ledge-Felge f (Kfz) / special ledge rim || ~maschine f, Sondermaschine f / special machine tool || ~rechner m / special purpose computer, dedicated computer || ~verankerungsmutter f / special foundation nut || ~wissen n / special knowledge o. experience
speziell, besonderer / proper, particular || ~ angefertigt o. gebaut / purpose-made, P.M. || ~e Eigenschaften f pl / functional characteristics pl || ~ gebaut / custom-built || ~e Relativität / restricted relativity || ~e

Relativitätstheorie / restricted o. special theory of relativity ‖ ~er Wert einer Variablen (Math) / variant, variate

Spezies f, Rechnungsart f / fundamental rule o. operation ‖ ⁓ (Biol) / species, kind

Spezifikation f / specification ‖ ⁓en f pl / specifics pl, specs pl (US) ‖ den ⁓en nicht entsprechend / off specifications

Spezifikations·anweisung f (DV) / specification statement ‖ ⁓symbol n (DV) / specifier

Spezifikum n, spezifisches Mittel / specific

spezifisch, eigentümlich, kennzeichnend / specific ‖ ~, Einheits… / specific, unit… ‖ ~er Abbrand (Nukl) / specific burn-up ‖ ~e Adresse (DV) / absolute o. actual address, specific o. effective address ‖ ~e Aktivität (Nukl) / specific activity ‖ ~e Ausstrahlung an einem Punkt einer Fläche (Licht) / radiant excitance at a point of a surface ‖ ~e Austragsleistung (Sieb) / discharge per unit of surface and unit of time ‖ ~e Belastung (Ionenaustauscher) / specific flow rate, flow rate per volume ‖ ~er Bereich (Plotter) / qualified area ‖ ~er Bremsverlust (Elektronen) / specific energy loss of electrons ‖ ~e Brennstoffbelastung (Nukl) / specific fuelling o. fuel feed ‖ ~e Brennstoffleistung (Nukl) / specific power ‖ ~er Brennstoffverbrauch m / specific fuel consumption ‖ ~es Brennstoffvermögen (Nukl) / fuel rating ‖ ~er Brennwert, (früher:) oberer Heizwert / gross o. upper caloric value ‖ ~e Brucharbeit (o. Zerreißarbeit) / unit rupture work ‖ ~e Codierung (DV) / absolute o. specific coding o. address ‖ ~e Dehnung / specific elongation, elongation per unit length, ultimate elongation ‖ ~e dielektrische Festigkeit / specific dielectric strength ‖ ~e Drehung (Polarisation) / specific rotation, rotatory power ‖ ~e Drehzahl / specific speed ‖ ~e Durchlässigkeit (Opt) / transmittivity, transmissivity ‖ ~e Einfärbung / specific stain ‖ ~e elektrische Leitfähigkeit / electrical conductivity ‖ ~er [elektrischer] Volumen-Widerstand o. Durchgangswiderstand (Elektr) / volume resistivity ‖ ~er [elektrischer] Widerstand, Leitungswiderstand m (Elektr) / resistivity, specific resistance ‖ ~er Fahrwiderstand (Bahn) / specific train resistance ‖ ~e Festigkeit / specific strength, strength per unit, ultimate [tensile] strength ‖ ~er Flächendruck / specific pressure, pressure per surface o. area unit ‖ ~e Förderarbeit (von Pumpen) / pump delivery ‖ ~e Formänderung (Schm) / degree of deformation, unit strain ‖ ~e Formänderungsarbeit / specific strain energy, strain energy per square inch o. unit area ‖ ~e Gammastrahlenkonstante (Nukl) / specific gamma-ray constant o. gamma.ray emission ‖ ~e Gebläseleistung in cbft/Watt (Lüfter) / service value ‖ ~e Gefrierpunktserniedrigung / specific depression ‖ ~es Gewicht, (jetzt:) volumenbezogene Masse, Dichte f / specific gravity, Sp.Gr., sp.gr., s.g., relative density, unit o. volume weight, weight of unit volume ‖ ~er Heizwert, (früher:) unterer Heizwert / net o. lower caloric unit ‖ ~er Impuls (Luftf) / specific impulse, I_{sp} ‖ ~e innere Spannung (o. Beanspruchung), Reaktionskraft f / restoring force per unit area, unit stress ‖ ~e Ionisation, Ionisierungsstärke f / linear o. specific ionization ‖ ~er Kollektorwiderstand (Halbl) / collector resistivity ‖ ~er Kraftstoffverbrauch (10 miles/gal: USA = 23,5 l/100 km, Engl = 28,2 l/100 km) (Kfz) / gas mileage ‖ ~e Ladung (Nukl) / specific charge, charge-mass ratio ‖ ~e Ladung des Elektrons / electron-charge mass ratio, electron specific charge ‖ ~e Leistung (z.B. kW/kg), Leistungskonstante f / specific output o. power ‖ ~e Leistung o. Brennstoffleistung (Nukl) / specific power ‖ ~es Leistungsgewicht / power[-to]-weight ratio ‖ ~er Leistungsverbrauch (in Wh/ton-km) (Bahn) / specific energy consumption ‖ ~e Leitfähigkeit / conductivity ‖ ~e Lichtausstrahlung / luminous emittance, luminous

flux density (GB) ‖ ~e Lichtausstrahlung an einem Punkt einer Fläche / luminous excitance at a point of a surface ‖ ~es Lichtbrechungsvermögen / refractivity ‖ ~e Mo[leku]larrefraktion (Chem) / specific refraction ‖ ~er Oberflächenwiderstand / surface resistivity ‖ ~e organische Belastung, S.O.B. (Ionenaustauscher) / specific organic load, S.O.L. ‖ ~e Reaktion (Chem) / specific reaction ‖ ~e Schallimpedanz / specific sound impedance ‖ ~e Spannung (Mech) / specific tension, tension reduced to unit area ‖ ~er Strömungswiderstand / flow resistivity ‖ ~er Treibstoffverbrauch (Raumf) / structural ratio ‖ ~er Verbrauch / specific consumption ‖ ~es Volumen, reziproke Dichte / specific volume ‖ ~es Volumen (Pap) / bulk ‖ ~er Vortrieb (bezogen auf verbrauchte Treibstoffmenge) / volume impulse (of propellant) ‖ ~e Wärme / specific heat, sp.ht. ‖ ~e Wärmekapazität / specific heat capacity ‖ ~e Wasseraufstiegsgeschwindigkeit (Holz) / specific conductivity of wood ‖ ~er Wasserstand eines Flusses / specific level of a river ‖ ~er Wert, innerer Wert / intrinsic value

Spezifität f / specificity

spezifizieren / specify, spec (US) (preterit: spec'ed) ‖ ~, detaillieren / itemize

Spezimen, Muster n / specimen, sample

Sphalerit m, Zinkblende f (Min) / sphalerite, zinc blende, black-jack

Sphäre f, Bereich m / sweep, sphere, domain ‖ ⁓, Kugel f (Math) / sphere, globe

sphärisch, kugelig / spherical ‖ ~e Aberration / spherical aberration ‖ ~er Achromatismus / spherical achromatism ‖ ~e Antenne / isotropic antenna, unipole (US) ‖ ~e Astronomie / positional astronomy, astrometry, uranometry ‖ ~es Dreieck / spherical o. circular triangle ‖ ~e Evolvente / spherical involute ‖ ~er Exzess (Math) / spherical excess ‖ ~e Gestalt / sphericity ‖ ~er Kolben, Kugelkolben m (Ölhydraulik) / ball piston ‖ ~er Koordinatenwandler / spherical o. ball resolver ‖ ~es Kugelgetriebe / spherical four-bar linkage ‖ ~e tonnenförmige Aberration / spherical barrel distortion ‖ ~e Trigonometrie / spherical trigonometry

Sphäro·guß m, Kugelgraphitguß m / nodular o. ductile o. spheroidal (GB) o. spherulitic (US) graphite iron ‖ ⁓id n / spheroid ‖ ~idisch / spheroidal, globoid ‖ ⁓kolloid n / spherocolloid ‖ ⁓lith m (Geol) / spherulite ‖ ~lithisch (Geol) / spherulitic ‖ ~lithisch (Gieß) / nodular, nodulized, spheroidal ‖ ~lithisches Gußeisen, Sphäroguß m / nodular o. nodulized [graphite] cast iron, spheroidal graphite cast iron ‖ ⁓meter n / spherometer ‖ ⁓siderit m (Min) / chalybite ‖ toniger ⁓siderit / clay iron ore

Sphen m (Titanitform) (Min) / sphene

Sphenoid n (Krist) / sphenoid

Spherics, Atmospherics pl (Elektronik) / statics, atmospherics pl, strays pl

Spheroidverzahnung f / spheroidal gear

Spickelement, Saatelement n (Nukl) / spike, seed

spicken, schmälzen (Wolle) / oil v ‖ ~, [eng] besetzen / stud ‖ ⁓ n (Nukl) / seeding, spiking

Spicköle n pl (Textil) / textile auxiliary oils pl

Spiculum n, Flammenzunge f (Sonne) / spicule

Spiegel m / looking glass, mirror ‖ ⁓, Flüssigkeitsspiegel m / liquid level ‖ ⁓ (Schiff) / flat of the stern, upper stern ‖ ⁓, Spiegelsignal n (Radio) / image [signal] ‖ ⁓ (Tischl) / panel of a door ‖ ⁓, Innengrat m (Schm) / wad ‖ ⁓ (Web) / surface of fabrics ‖ ⁓ (Roßleder) / crup leather, cordovan ‖ ⁓ (ungegerbtes Roßleder) / shell ‖ ⁓ (SM-Ofen) / surface of metal in a mould ‖ ⁓ der Sonnenblende (Kfz) / courtesy mirror ‖ ⁓ des Holzes / face side, end section o. grain, silver grain, splash ‖ ⁓ des Magnetkopfs / head mirror ‖ ⁓ des Vorsatzes (Buch) / end paper ‖ ⁓ mit zusätzlicher

Rückseitenverspiegelung / second surface mirror ‖
feststehender ~ des Sextanten, kleiner Spiegel (Schiff) /
horizon glass ‖ großer ~ (Sextant) / index mirror ‖
halbdurchlässiger ~ / semi-silvered o. semi-reflecting
mirror ‖ ~ablesung f / mirror reading ‖ ~antenne,
Reflektor m / reflector [antenna] ‖ ~apparat m,
-instrument n / reflecting o. mirror instrument ‖ ~band
n (Elektronik) / image band ‖ ~belag m, -belegung f
(Material) / mirror foil o. coating ‖ ~bild n / mirror[ed]
o. reflected image ‖ ~bild-Antenne f / image antenna ‖
~bild-Fräseinrichtung f / mirror image milling
attachment ‖ ~bildlich, seitenverkehrt / mirror-
inverted, laterally reversed ‖ ~bildlich / mirror-
inverted, laterally reversed ‖ ~teilchen n, enantiomorph
(Krist) / enantiomorphic, -morphous ‖ ~bildschalter m
(NC) / mirror image switch ‖ ~bildverfahren n (Elektr) /
method of electrical images ‖ ~bogenlampe f (Projektor)
/ mirror arc lamp ‖ ~drehfeuer n / revolving mirror
light ‖ ~drehturm m (Luftf) / rotating reflector antenna
‖ ~eisen n / spiegel[eisen], spiegel iron, specular pig
iron ‖ ~feinmeßgerät n von Martens / Martens mirror
and scale extensometer ‖ ~feld n, Rückblockmelder m
(Bahn) / release indicator ‖ ~fernrohr n / reflector
[telescope] ‖ ~frei / non-glare ‖ ~frequenz, -welle f
(Elektronik) / image frequency ‖
~frequenzabstimmung, Zweipunktabstimmung f
(Elektronik) / double-spot tuning ‖ ~frequenzgang m /
image [frequency] response ‖ ~frequenzstörung f
(Elektronik) / image interference ‖ ~frequenz-Verhalten
n (DV) / image response ‖
~frequenz-Verwerfungsgrad m, -frequenz-Sicherheit,
-Unterdrückung f / image [frequency] rejection o.
suppression ‖ [unerwünschte] ~frequenzwiedergabe
(Superhet) / image response ‖ ~galvanometer n /
reflective o. reflective o. mirror galvanometer ‖
~glanz... / mirror-bright ‖ ~glanz m / mirror finish ‖
~glas n / mirror glass o. plate, [polished o. patent] plate
glass ‖ ~glas n (für Verglasung) / polished plate for
[show-]windows ‖ [beiderseits geschliffenes u.
poliertes] ~glas (Glas) / twin plate ‖ planparalleles
~glas / plane-parallel polished plate glass ‖
~glasherstellung f / mirror glass works ‖ gebogene
~glasscheibe / curved mirror glass ‖ ~glatt / smooth as
a mirror, dead-smooth ‖ ~gleichheit f (Phys) / mirror
symmetry, parity ‖ ~heck... (Schiff) / square sterned ‖
~heck n (Schiff) / square tuck ‖ hohes schmales ~heck
(Schiff) / pink stern ‖ ~herstellung f / mirror-glass o.
-plate production ‖ ~holz n / rift sawn o. radial sawn
timber, mirror wood ‖ ~kerne m pl (Isobare) (Phys) /
mirror nuclei[des] ‖ ~kompaß m / reflecting o. mirror
compass ‖ ~kreuz n, Winkelspiegel m (Verm) / optical
square ‖ ~krümmung f (Opt, Teleskop) / figure ‖
~leuchte f / reflector lamp ‖ ~linie f (Glasofen) / float
line, glass level ‖ ~linsenobjektiv n / mirror-lens
objective ‖ ~manganeisen n / manganese spiegel iron ‖
~maschinenanordnung f (Nukl) / magnetic mirror
configuration ‖ ~meßgerät n / optical lever ‖
~mikroskop n / reflecting microscope
spiegeln vi, widerspiegeln / mirror v, reflect ‖ ~,
glänzen / be [highly] polished ‖ ~ n, Reflektieren n /
mirroring, reflecting
spiegelnd, spiegel[art]ig / specular, reflective, mirror-like
‖ ~e Oberfläche / catoptric element ‖ ~e Reflexion /
specular reflexion ‖ ~ verchromt / mirror-finish o.
-bright chromium plated ‖ ~e Wasserfläche / smooth
surface of a sheet of water
Spiegel·nivelliergerät n / reflecting level ‖ ~nuklide,
Wignernuklide n pl (Nukl) / Wigner nuclides pl ‖ ~optik
f / mirror optics ‖ ~pol m (Mech) / image pole ‖
~politur f (Galv) / ultrafinish, glacial polish ‖ ~prisma
n / reflecting prism ‖ ~-Rasterelektronenmikroskop n
/ scanning mirror electron microscope ‖ ~reaktor m
(Nukl) / mirror reactor ‖ ~reflektor m / viewing mirror
‖ ~reflexblende f / reflex mirror shutter ‖

~reflexkamera f (Phot) / reflex camera ‖ ~roheisen n /
spiegel iron ‖ ~samt m / mirror o. panne velvet ‖
~schauloch n (Hütt) / gas port hole o. peep hole, gas-
end peep hole ‖ ~scheibe f / plate glas pane ‖
~scheinleitwert m / image admittance ‖ ~scheinwerfer
m / reflector spotlight ‖ ~schleifen n (Glas) / second
grinding ‖ ~schnitt m (Holz) / rift o. radial cut o. sawing
‖ ~schraube f (TV) / mirror screw ‖ ~schrift f / mirror
writing ‖ ~schweißen n, Stumpfschweißen n mit
Heizspiegeln (Plast) / butt-welding o. -sealing with heat
reflectors ‖ ~sextant m / reflecting circle, Hadley's
sextant ‖ ~skala f / mirror[ed] scale ‖ ~stein,
Mannlochstein m (Hütt, Kupolofen, Cowper) / dome plug ‖
~teilchen n / mirroring particle ‖ ~teleskop n,
Reflektor m / reflecting telescope, reflector [telescope]
‖ ~teleskop für streifenden Einfall n / grazing
incidence telescope
Spiegelung f, regelmäßige o. gerichtete Reflexion /
regular o. specular reflection ‖ ~ in einer Geraden
(Math) / reflection in a line ‖ durch ~ auf den Kopf
stellen / turn upside down o. revert by specular
reflection
Spiegelungs·achse f, Affinitätsachse f / axis of affinity,
axis of reflection
Spiegel·wand f / mirrored wall ‖ ~wand f (SM-Ofen) /
bulkhead [of uptake] end wall ‖ ~[wellen]selektion f /
image [frequency] rejection o. suppression
Spieker m (Schiff) / spike, plank nail, brad
Spiel n, Arbeitsspiel n / trip, cycle ‖ ~, hin- u.
hergehendes Arbeitsspiel / reciprocating movement ‖ ~,
Zahnspiel n / backlash ‖ ~ (Bergb) / lift of the winding
engine ‖ ~, Spielraum m (Masch) / positive allowance,
clearance, free motion, looseness, floating, play ‖ ~,
Totgang m / lost motion ‖ ~, Zahnspiel n / tooth
clearance, backlash ‖ ~ einer Maschine / working of an
engine ‖ ~ einer Mutter / slack of a nut ‖ ~ einer
Welle in Achsrichtung / axial play of shaft ‖ ~ haben
(Masch) / have too much play ‖ ~ im Getriebe / internal
slackness ‖ ~ im Lager / bearing slackness o. play o.
clearance ‖ ~ zwischen Brennstoffstäben / fuel rod-to-
rod clearance ‖ zulässiges ~ / permissible variation ‖
~art, Abart f / variation, variety ‖ ~ausgleich m
(Masch) / compensation for play ‖ ~automat m /
gambling machine ‖ ~beseitigung, -verringerung f
(Zahnräder) / backlash elimination o. compensation ‖
~dauer f / cycle time
spielen, sich schnell bewegen / play v ‖ ~, -fördergurt m
(Reflexe) / shine v, steel cord conveyor belt ‖ ~ [nach]
(Färb) / incline [towards], be tinged [with]
spielend, [leicht] ~ / playing freely
Spielerei, mit technischen ~en ausstatten / gadget v ‖
technische ~ / gadget[ry], gag (US)
Spiel·film m / full length motion picture, feature [film] ‖
~frei / free from backlash o. float o. play ‖ ~freiheit f /
zero backlash ‖ ~kreisel, Kreisel m / pegtop ‖
~passung, Laufpassung f / loose fit, clearance fit (US)
‖ ~raum, Breite f / latitude, range, margin ‖ ~raum
m (für Belichtung usw.) (Phot) / margin ‖ mit zu viel
~raum (Passung) / loose, slack ‖ ~raum m zwischen
Schiffsboden und Schleusenboden / freeboard (as
between ship's bottom and lock bottom) ‖ ~sachen f pl,
-waren f pl, -zeug n / toys pl ‖ ~sitz m (Masch) / snug fit
‖ ~theorie f (Math) / theory of games ‖ ~uhr f / musical
clock ‖ ~würfel, Würfel m / die (pl.: dice) ‖ ~zahl f /
number of operations o. cycles ‖ ~zahl, Umlaufzahl f
(DV) / cycle criterion ‖ ~[zahl]anzeiger, Schleifenindex
m (DV) / cycle index ‖ ~zähler m / cycle counter ‖
~zeugbastelsystem n (Elektronik) / tinker-toy system ‖
~zeugeisenbahn f, Modelleisenbahn f / model railroad
‖ ~zeugmotor m / toy motor
Spiere f, Sparren m (Schiff) / spar, perch
Spierentonne f, -boje f / mast o. pillar o. spar buoy ‖ ~
(einlaufend backbordseitig) / red nun buoy

Spieß

Spieß *m* (Gieß) / pointed bar ‖ ⌐, Schmutzbuchstabe *m* (Buch) / pick, black
Spießen *n* (Fehler, Buch) / rising, working-up (of spaces)
Spieß·gang *m* [von Wagen] (Bahn) / sideways running ‖ ⌐glanz *m*, gediegenes Antimon / native antimony ‖ ⌐glanzerz *n* / antimony bloom, valentinite ‖ ⌐glanzleber *f* / potassium antimony sulfurated (US) ‖ ⌐kant *m*, Raute *f* (Geom) / lozange; diamond ‖ ⌐kantkaliber *n* (Walzw) / diamond pass
Spike·..., mit Spikes / studded (US) ‖ ⌐ *m* (Kfz) / spike (GB), stud (US) ‖ ⌐ (Laser) / spike
spiken *vi* (Laser) / spike *v*
Spike-Reifen *m* (Kfz) / spike tyre (GB), stud tire (US)
Spiköl, Lavendelöl *n* / spike oil, spikenard
Spilit *m* (Geol) / spilite ‖ ~-artig / spilitic
Spill *n* (senkrecht) (Masch, Bahn) / [whim] capstan, cat head ‖ ⌐, Ankerspill *n* (waagerechte Achse) (Schiff) / windlass ‖ mit dem ⌐ arbeiten (Schiff) / turn the capstan ‖ ⌐haspel *m f* / capstan winch ‖ ⌐kopf *m* / capstan head ‖ ⌐kopf *m* (Schiff) / windlass drum ‖ ⌐kopf *m* / drum head ‖ ⌐kopf *m* / warping end o. drum o. head, drum head ‖ ⌐maschine *f* (Schiff) / capstan engine ‖ ⌐-over, Nebenerzeugnis *n* / spill-over ‖ ⌐spake *f* (Schiff) / capstan bar ‖ ⌐trommel *f* / capstan drum ‖ ⌐vorrichtung *f* (Bahn) / towing gear, car puller (US) ‖ ⌐winde *f* / gypsy spool o. winch
Spin *m* (Phys) / spin, intrinsic angular momentum ‖ ⌐ eins, zwei usw. / spin one o. two etc ‖ ⌐-Bahn-Kopplung *f* (Nukl) / spin-orbit coupling ‖ ⌐beginn *m* (Raumf) / spin-up *n* ‖ ⌐-Bremssystem *n* (Raumf) / despin system
Spind *m n* / press, wardrobe, locker (US)
Spindel *f* (Spinn, Wzm) / spindle ‖ ⌐ (Uhr) / staff ‖ ⌐, Senkwaage *f* / hydrometer, areometer ‖ ⌐ im Weberschiffchen / soul of the shuttle ‖ ⌐ mit Dorn (Spinn) / spindle with a mandrel ‖ hohle ⌐ der Wendeltreppe (Bau) / well hole ‖ massive ⌐ der Wendeltreppe, massive Spindel der Wendeltreppe / solid newel ‖ ⌐anstellung *f* (Walzw) / spindle adjustment ‖ ⌐antrieb *m* (Spinn) / spindle drive ‖ ⌐antriebscheibe *f* (Spinn) / spindle driving plate ‖ ⌐bank *f* (Spinn) / spindle rail, spindle bearing plate ‖ ⌐bohrer (DIN), Kanonenbohrer *m* / tube bit ‖ ⌐bremse *f* / screw o. spindle brake ‖ ⌐buchse *f* (Spinn) / spindle step ‖ ⌐drehbank *f* / mandrel o. spindle lathe ‖ ⌐drehung *f*, -drehzahl *f* (NC) / spindle revs *pl* ‖ ⌐drehzahl *f* (Spinn) / spindle speed ‖ ⌐ende *n* (Wzm) / spindle nose ‖ ⌐endschalter *m* / travelling nut limit switch, rotating limit switch ‖ ⌐flügel *m* (Textil) / spindle flyer ‖ ~förmig / spindle-shaped ‖ ⌐führung *f* für Ventile / valve stem guide ‖ ⌐garn, Handgarn *n* / hand-spun yarn ‖ ⌐halslager *n* (Spinn) / spindle collar ‖ ⌐hemmung *f*, -gang *m* (Uhr) / crown o. fusee o. verge escapement ‖ ⌐-Hydrolenkung *f* (Kfz) / column power steering gear ‖ ⌐kasten *m*, -stock *m* (Dreh) / headstock, fast head, gear case, wheel box ‖ ⌐kasten *m* (Spinn) / spindle box ‖ mit einfachem ⌐kasten (Dreh) / gearless head, plain-head... ‖ ⌐kasten *m* mit doppeltem Getriebe (o. Vorgelege) / double geared headstock ‖ ⌐kastenfuß *m* / head end leg ‖ ⌐kern *m*, Kernspindel *f* (Gieß) / spindle core ‖ ⌐kopf *m* (Wzm) / spindle nose, tool shank ‖ ⌐kopf *m* (Spinn) / spindle head ‖ ⌐kopf *m* (Web) / head of tongue ‖ ⌐kopf *m* mit Flansch (Wzm) / spindle nose with faceplate ‖ ⌐krone *f*, Aufsteckkopf *m* (Spinn) / spindle cap ‖ ⌐lagerung *f* (Wzm) / spindle bearing arrangement ‖ ~lose Rollenlagerung (Buch) / spindleless reel stand ‖ ⌐mäher *m* (Gras) / spiral-bladed lawn mower, reel mower
spindeln (Chem, Zuck) / test with a hydrometer ‖ [ein Bad] ~ (Färb) / twaddle *v*
Spindel·öle *n pl* / [loom and] spindle oils *pl* ‖ ⌐presse *f* / screw o. fly press ‖ ⌐rahmen *m*, -gestell *n* (Spinn) / spindle cradle o. frame ‖ ⌐schiene *f* (Spinn) / spindle rail ‖ ⌐schlagpresse *f* / percussion press ‖ ⌐schlitten *m* (Wzm) / spindle slide rest ‖ ⌐schützen *m* (Web) / spindle

shuttle ‖ ⌐stahl *m* / spindle steel ‖ ⌐stock *m* (Fräsm) / spindle head o. carrier ‖ ⌐stock *m*, Spindelkasten *m* (Dreh) / headstock ‖ ⌐stock *m* (Bohrm) / drill head ‖ ⌐stock *m* mit Rädervorgelege / geared headstock ‖ ⌐stock *m* [zum Planschleifen] (Schleifm) / wheel head of the face grinder ‖ ⌐[stock]kasten *m* / headstock housing o. casing ‖ ⌐stockspitze *f* (Dreh) / headstock center ‖ ⌐stop *m* (NC) / spindle stop ‖ ⌐teilung *f* (Spinn) / spindle gauge ‖ ⌐teller *m* (Spinn) / skewer plate ‖ ⌐treppe *f* / newelled staircase ‖ ⌐treppe *f*, Wendeltreppe mit vollem Auge / solid newel stair, corkscrew staircase ‖ ⌐treppe *f* mit hohler Spindel / cockle stairs winding about a hollow newel *pl*, hollow newel stair ‖ ⌐trommel *f* (Wzm) / spindle drum ‖ ⌐trommel *f* (Spinn) / tin roller ‖ ⌐trommelschaltvorrichtung *f* (Wzm) / spindle drum indexing mechanism ‖ ⌐[um]drehung *f* / revolution of mandrel o. spindle ‖ ⌐- und Spulschienen *f pl* (Textil) / spindle-and bobbin rails *pl* ‖ ⌐verstellung, -regulierung *f* / spindle regulation ‖ ⌐vorgelege *n* (Dreh) / geared headstock ‖ ⌐vorschub *m* / advance of the spindle ‖ ⌐waage *f* / areometer, hydrometer ‖ ⌐waage *f* (Spinn) / spindle [bevel] ga[u]ge ‖ ⌐wagen *m* (Selfaktor) (Textil) / carriage of a mule frame ‖ ⌐wert *m* / aerometer reading ‖ ⌐wirbel, -wirtel *m* (Spinn) / spindle whorl o. wharve
Spin·düse *f* (Raumf) / spin-up jet ‖ ⌐-Echo *n* (Phys) / spin-echo ‖ ⌐-Echo-Verfahren *n* (Phys) / method of free nuclear induction, spin echo method o. technique
Spinell *m* (Min) / spinel
Spin·-entartet / spin-degenerate ‖ ⌐-Flip-Raman-Laser *m* / spin-flip-Raman-laser ‖ ⌐geschwindigkeit *f* / spin rate ‖ ⌐glas *n* / spin glass ‖ ⌐magnetisch / spin-magnetic
Spinn·abgangsstrecke *f* (Textil) / waste drawing frame ‖ ⌐bad *n* / spinning bath ‖ mäßigwarmes ⌐bad (Textil) / split rinse ‖ ⌐band *n* / sliver ‖ ⌐bandreißmaschine *f*, Konverter *m* (Textil) / tow-to-top converter ‖ ⌐bandverfahren *n* / tow-to-top system ‖ ~bar, Spinn... / fit for spinning, spinnable ‖ ⌐draht *m* / braiding wire ‖ ⌐drehung *f* / single yarn twist ‖ ⌐drüse *f* (Biol) / spinning gland ‖ ⌐düse *f* (Kunstseide) / spinneret, spinning nozzle
Spinne *f* (Zool) / spider ‖ ⌐ (Lautsprecher) / spider of the loudspeaker
spinnen (spin *v* ‖ ~ (coll) (DV) / go haywire (coll) ‖ ⌐ *n*, Spinnerei *f* (Textil) / spinning ‖ ⌐ ohne Fadenballon / collapsed balloon spinning
Spinner *m* (Textil) / [male] spinner ‖ ⌐bock *m* (Pap. Spinnmasch) / lapping head
Spinnerei *f*, Spinnen *n* / spinning ‖ ⌐ (Fabrik) / spinning mill ‖ ⌐abfall *m* / spinning waste ‖ ⌐flug *m* / spinning room fly ‖ ⌐maschine *f* / spinning frame o. machine ‖ ⌐nadel *f* / pin for spinning processes
Spinnerin *f* (Textil) / [female] spinner
Spinn·faden *m* (Chem) / filament ‖ ~fähig, spinnbar / capable of being spun, fit for spinning, spinnable ‖ ⌐faktor *m* / spinning factor ‖ ⌐färben *n* / spin dyeing ‖ ⌐färbung *f* (Textil) / dope dyeing ‖ ⌐faser *f* / fiber for spinning, spinnable o. textile fiber ‖ ⌐faser *f*, Stapelfaser *f* / staple fiber ‖ ⌐fasergarn *n* / spun yarn ‖ ⌐flug *m* / spinning fly ‖ ⌐flügel *m* / spinning flyer ‖ ⌐flüssigkeit *f* / spinning dope ‖ ⌐granulat *m* (Plast) / chips *pl* ‖ ⌐gut *n* / spinning material o. matter
"Spinning"-Reserve *f*, ständig mitlaufende Reserve (Elektr) / spinning reserve
Spinn·kanne *f* / spinning can o. pot ‖ ⌐kanne *f* (Kammzug) / sliver can ‖ ⌐kötzer *m* / spinning cop, bobbin ‖ ⌐krempel *f* / finisher card ‖ ⌐kuchen *m* / spinning cake ‖ ⌐linie, Klothoide *f* / clothoid ‖ ⌐lösung *f* / spinning solution o. dope ‖ ⌐maschine *f* / spinning frame o. machine, spinner ‖ ~[masse]gefärbt (Textil) / spun-dyed ‖ ⌐mattierung *f* / delustering in spinning ‖ ⌐milbe *f*, Tetranychus telarius / two-spotted spider mite, "red spider" ‖ ⌐papier *n* / spinning paper ‖

~pumpe f (Textil) / viscose pump ‖ ~rechwender m (Landw) / rotary haymaker ‖ ~regler m / spinning regulator ‖ ~ring m / spinning ring ‖ ~ringläufer m / spinning traveller ‖ ~-Roving n / spun roving ‖ ~saal m / spinning room ‖ ~spulautomat m / automatic bobbin winder ‖ ~stoff m / web, tissue, weft, woven textile fabrics pl ‖ ~stoff m, -gut n, Fasergut n / textile material ‖ ~stoffartig / fibrous, filamentous, thready ‖ ~texturiert (Textil) / spun-textured ‖ ~topf m / spinning can o. pot ‖ ~- und Zwirnhülse f (Textil) / tube for spinning and doubling ‖ ~- und Zwirn-Schlichtemaschine f / slashing machine for spinning and twisting ‖ ~vliesmatte f / spunbonded web ‖ ~webenartig / cobweblike, arachnoid ‖ ~zentrifuge f / spinning centrifuge ‖ ~zusatz m / spin finish ‖ ~zylinderschleif- und -aufziehmaschine f (Textil) / drafting roller grinding and covering machine

spinodal (Legierung) / spinodal

Spinoperator m (Phys) / spin operator

Spinor, Spinvektor m (Phys) / spinor ‖ ~feld n (Nukl) / spinor field

Spin·ortskorrelation f / interaction of spins ‖ ~quantenzahl f / spin quantum number ‖ ~rakete f / spin rocket ‖ ~richtung f / spin orientation ‖ ~-Spin-Wechselwirkung f / spin-spin interaction ‖ ~stabilisiert (Raumf) / spin-stabilized ‖ ~thariskop n (Nukl) / spinthariscope ‖ ~umkehr f / spin flip, spin-over flip ‖ ~verzögerung f (Raumf) / spin-down n ‖ ~welle f (Phys) / spin wave ‖ ~-Wellen-Kopplung f / spin wave coupling

Spion m (coll), Dickenlehre f / feeler [gauge], thickness gauge ‖ ~, Seiten- o. Rückspiegel m / window mirror ‖ ~ (Tür), Guckloch n / spy-hole

Spiral·..., Schrägzahn... (Getriebe) / spiral ‖ ~abtastung f (TV) / circular o. spiral scanning ‖ ~antenne f / helical[-beam] antenna ‖ ~band-Schweißung f / spiral strip welding ‖ angeflachte aperiodische ~bewegung (Luftf) / spiral divergence ‖ ~bewehrung f (Bau) / spiral reinforcement ‖ ~bindung f (Buch) / spiral binding ‖ ~bohrer m / twist drill ‖ kurzer ~bohrer / jobber twist drill ‖ extra kurzer ~bohrer / twist drill, stub series ‖ ~bohrer m mit Gewindebohrer kombiniert / tapping drill ‖ ~bohrer-Schleifmaschine f / twist drill grinding machine ‖ ~brechmaschine f (Web) / scroll breaker ‖ ~chronograph m / spiral chronograph ‖ ~dichtung f / spiral-wound gasket ‖ ~diffusor m (Kreiselpumpe) / volute ‖ ~draht m / spiral wire ‖ ~drahtseele f (Kabel) / spiraling steel wire core ‖ ~drahtseil n / spiral rope

Spirale f, Spirallinie f (Geom) / spiral [line] ‖ ~, Zwischenspirale f (Phono) / spiral ‖ ~, Feder f (Uhr) / hairspring ‖ ~ der Glühkerze (Mot) / glowing filament ‖ ~n fliegen / spiral down ‖ ~ zum Bündeln von Leitungen / bunching spiral ‖ mit ~ (z.B. Schlauch) / protected by wire wrapping (as a hose)

Spiralen·zirkel m / volute compass

Spiral·faserstruktur f / helical fiber structure ‖ ~feder f / flat coil o. flat spiral spring ‖ ~feder f (Uhr) / balance spring, hairspring ‖ ~feder oberhalb der Unruh (Uhr) / sprung over o. above ‖ ~feder unterhalb der Unruh (Uhr) / sprung under ‖ ~federrolle f (Uhr) / collet for watches ‖ ~förmig / spiral ‖ ~förmig, schraubenförmig / helicoid[al] ‖ ~förmig drehen, ringeln / curl ‖ ~förmig gewunden / spirally rolled ‖ ~förmiger Metallfaden (Textil) / pirl thread ‖ ~förmige Riefe / rifle ‖ ~förmig steigend gewickelt (Draht) / spiral cast ‖ ~förmig verlaufen (o. sich bewegen) / spiral v ‖ ~fräseinrichtung f / helical milling attachment ‖ ~fräser m / helical milling cutter ‖ ~garn n (Spinn) / spiral yarn ‖ ~gehäuse n / spiral housing o. casing ‖ ~gehäusepumpe f / spiral casing pump ‖ ~genutet / helically fluted ‖ ~genuteter Gewindebohrer / spiral fluted tap ‖ ~gewickelt (z.B. Rohr) / spirally wound ‖ ~heftung f (Buch) / spiral binding ‖ ~hülse f (Pap) / spiral tube

spiralig, sich ~ **einrollen** (Garn) / twist, kink vi, curl vi up ‖ sich ~ windend / gyratory

Spiralität f, Chiralität f (Nukl) / chirality

Spiral·kabel n / helix cable ‖ ~kanalkollektor m (Sonnenwärme) / spiral collector, sea shell collector ‖ ~kegelrad n / spiral bevel gear ‖ ~klassierer m (Bergb) / spiral [type] classifier ‖ ~klötzchen n (Uhr) / stud ‖ ~kneter m / spiral mixer ‖ ~kratzer m / spiral scraper ‖ ~krümler m (Landw) / rotary spiral cage tiller ‖ ~kufe f (Textil) / spiral dye back o. beck (US) ‖ ~linie f, Spirale f / spiral [line] ‖ ~litze f / spiral strand ‖ ~nebel m / spiral nebula ‖ ~nut f / helical groove ‖ ~nutlager n / spiral- o. helical-groove bearing ‖ ~nutung f (Fräser) / spiral cut ‖ ~pumpe f / spiral pump ‖ ~rad n / spiral-toothed gear wheel ‖ ~-Reiß- und Klopfwolf m (Spinn) / spiral beating willow ‖ ~rillenlager n / spiral flute bearing ‖ ~rippen-Rohr n / spiral-gill pipe ‖ ~rohr, Schlangenrohr n / serpentine o. winding pipe o. tube, pipe coil ‖ ~rolle f (Uhr) / collet [for watches] ‖ ~rückenzyklotron n / spiral ridge cyclotron ‖ ~scheider m (Bergb) / spiral[-type] classifier ‖ ~schlauch m / spiral hose ‖ ~seil n / spiral rope ‖ ~senken n / spiral counter sink ‖ ~senker m, Senker m (Wzm) / core drill, spiral countersink ‖ ~senker, Dreischneider m / three-lip spiral countersink, three-lipped core drill ‖ ~senker m, Aufbohrer m / boring tool ‖ ~span m (Wzm) / spiral chip ‖ ~spannstift (DIN 7343) / spiral pin ‖ ~spurverfahren n (Videoband) / spiral track recording system ‖ ~steigung f / helical pitch ‖ ~strecke, Pressionsstrecke f (Textil) / spiral drawing frame, pressure drawing frame ‖ ~-Sturzflug m (Luftf) / spinning dive ‖ ~trimmer m / cone capacitor ‖ ~tuner m (Elektronik) / continuous o. spiral tuner ‖ ~turbine f / spirally shaped water turbine ‖ ~verlust m / volute mixing loss ‖ ~verzahnt / helical gear... ‖ ~verzahnung f (Fräser) / helical tooth pattern ‖ ~wattenmaschine f (Textil) / helicoidal spreader ‖ ~windsichter, Wirbelsichter m / fluidized separator ‖ eine ~windung (in der Ebene), eine Schraubenwindung (im Raum) / spiral n ‖ ~wolken f pl / vortex

Spirit-Umdrucker m / spirit duplicator

Spirituosen f pl / alcoholic liquors pl, spirits (GB), spirituous o. hard (US) liquors

Spiritus, Sprit, Weingeist m / spirit of wine ‖ ~beize f / spirit mordant o. stain ‖ ~blau n / gentian[a] blue ‖ ~brennerei f / distillery [of alcohol] ‖ ~glühlicht n / incandescent spirit light ‖ ~kocher, -brenner m / alcohol burner, alcohol cooking stove, etna ‖ ~lack, -firnis m / spirit lacquer o. varnish, alcohol diluted lacquer ‖ ~lampe f / spirit lamp ‖ ~waage f / spirit gauge

Spirletofen m (Elektr) / Spirlet furnace

Spirometer n / spirometer

SPI-Test m (Ermittlung der exothermen Wärmeentwicklung eines Reaktionsgemisches) / S.P.I. test

spitz, mit Spitzen / peaked ‖ ~, spitzig, spitzzulaufend / pointed, acute ‖ ~ (Winkel) / sharp, acute ‖ ~, winkelförmig, eckig / angular ‖ ~, dornenartig / spiky ‖ ~ (Schraube) / cone-point... ‖ ~ befahren (Weiche) / run over the facing point of..., pass the point facing... ‖ ~ konisch / acutely conical ‖ ~e Landzunge (Geol) / spit ‖ ~er Nietkopf / conical head o. point ‖ ~ zulaufen / taper v ‖ ~ zulaufend, zugespitzt / tapered, tapering ‖ ~ zulaufend (Perspektive) / centering in one point ‖ ~amboß m / [double-]beak anvil ‖ ~befahrene Weiche (Bahn) / facing points pl ‖ ~bogen m (Bau) / ogive ‖ niedriger ~bogen (Bau) / drop arch ‖ [überhöhter] ~bogen (Bau) / lancet arch ‖ ~bogenfenster n / Gothic window ‖ ~bogenförmig / ogival ‖ ~bogen-Frässtift m / arch-pointed nose burr ‖ ~bogenkaliber n (Hütt) / Gothic groove o₂ pass ‖ ~bogenkuppel f (Bau) / pointed dome ‖ ~bogenprofil n (Hütt) / Gothic section ‖ ~bohrer m / flat o. spade drill ‖ ~boje f / conical buoy

spitz

|| ⌐boje, -tonne f (einlaufend steuerbordseitig) / black
nun buoy || ⌐dübel m (Tischl) / dowel pin
Spitze f / point || ⌐, Ende n (eines langen Gegenstandes) /
tip || ⌐, Turmspitze f / pinnacle || ⌐ (Zange) / point || ⌐
(Dreh) / turning center || ⌐, Sp (Schraubenende, DIN
78) / coned point || ⌐ (Math) / apex, vertex || ⌐ (der
Schreibfeder, des Brecheisens usw) / nib || ⌐,
Scheitelwert m / peak, crest || ⌐, Gipfel, Höhepunkt m
(allg) / pinnacle || ⌐, Gipfel[punkt] einer Kurve /
spinode, cusp || ⌐, Kappe f (Schuh) / toe || ⌐,
Spitzengewebe n (Textil) / lace || ⌐ (Keram) / spur || ⌐ s.
auch Spitzenleistung || ⌐ der Ankerfluke / anchor bill, bill
of the anchor fluke || ⌐ der Nadel / pinpoint || ⌐ der
Reißfeder / point of the ruling pen || ⌐ des Berges /
apex of mountain || ⌐ des Dreiecks / vertex of triangle ||
⌐ des Schneidstahls (Wzm) / nose || ⌐ des
Zentrumbohrers / pin of the centre bit || ⌐ eines Zuges
/ front of a train || ⌐ für Ausbau (Bergb) / lagging pole ||
⌐ zu Null (Elektronik) / p-z, peak to zero || die
⌐ abbrechen o. abkneifen / nip v || genähte ⌐ (Textil) /
points pl, tape lace || mit der ⌐ voran / point first || mit
einer ⌐ versehen, die Spitze beschlagen / tip v || zu ⌐n
umbilden (Impulse) / peak
Spitzeisen n (Bergb, Steinmetz) / diamond-pointed punch || ⌐
(Bergb) / hand punch
spitzen, an-, zuspitzen / point v, sharpen
Spitzen·... / top... || ⌐abstand m, -entfernung f (Wzm) /
center distance || ⌐anzeiger m / peak indicator ||
⌐arbeit f (Dreh) / work between centers ||
⌐aufhängung, -lagerung f (Masch) / pivot suspension ||
⌐ausgleich m (Elektr) / peak shave || ⌐ausleger m (Kran)
/ jib head member || ⌐bedarf m / limiting of peak
demand || ⌐begrenzer m (Elektronik) / peak limiter o.
clipper || ⌐begrenzung f (Fernm) / inrush limiting ||
⌐belastung, -last f / peak load || ⌐bildung f (Kontakt) /
tip formation on contacts || ⌐breite f (Flachzange) /
thickness of point || ⌐dämpfung f (Elektronik) / peak
attenuation || ~deckend / peak-shaving || ⌐deckung f
(Elektr) / peak current supply, peak shave o. shaving ||
⌐diode f / point diode || ⌐dreher m / center lathe
operator || ⌐drehmaschine f / center lathe ||
⌐durchmesser m (Masch) / major diameter of thread
(US) || ⌐effekt m, -wirkung f (Elektr) / point effect o.
action || ⌐einsatz m (Zirkel) / divider point || ⌐elektrode
f / point electrode || ⌐entfernung f, -abstand m (Wzm) /
center distance || ⌐entladung f (Elektr) / point discharge
|| ⌐faktor m (Elektr) / crest o. peak factor || ~förmig,
spitzig / pointed || ⌐fraktion f (Chem) / overhead
[product], tops pl || ⌐funkenstrecke f (Elektr) / point
gap || ⌐geschwindigkeit f (Kfz) / maximum o. top
speed, upper limit of speed || ⌐gewebe n (Textil) / lace
fabric || ⌐gleichrichter m (Elektr) / point rectifier ||
⌐grund, -besatz m, Einsatzspitzen f pl (Web) / lace
ground || ⌐hartwinden n (Spinn) / tight winding of cop
noses || ⌐haube f (Raumf) / nose shroud || ⌐helligkeit f
(TV) / high-light brightness || ⌐höhe f (Dreh) / height of
centers, swing (US), pitch, diameter turned || ⌐höhe f
(Flachzange) / width of point || ⌐klöppelmaschine f /
braiding lace machine || ⌐kontakt, Punktkontakt m
(Transistor) / point contact || ⌐kraftwerk n / peak load
power station || ⌐lagerung f (Masch) / toe bearing ||
⌐last, Belastungsspitze f / load peak || ⌐last f / peak
load || ⌐lastpunkt m (Reaktor) / hot spot || ⌐leistung f /
maximum [temporary] output, peak power || ⌐leistung
f, hervorragende Leistung / outstanding o. peak
achievement || ⌐leistung f (bei voller Modulation)
(Elektronik) / peak envelope power, PEP || ⌐leistung f
(Fertigung) / maximum output || ⌐leistung f, Rekord m /
record || ⌐geplante ⌐leistung / peak design capacity ||
[verfügbare] ⌐leistung / peak capacity || ⌐leistung f
eines Impulses / peak pulse power || ⌐leistungstechnik
f / advanced technology || ⌐lieferleistung f (Kraftw) /
peak power || ⌐lohn m / peak o. maximum wage ||
⌐lohn m (Tarif) / wage ceiling

spitzenlos / tipless || ~ (Wzm) / centerless || ~e
Drehmaschine / centerless lathe || ~es
Einstechschleifen / centerless infeed grinding || ~e
Schleifmaschine / centerless grinding machine,
"centerless"
Spitzen·los·Rundschleifmaschine f / centerless
cylindrical grinding machine || ⌐maschine f (Textil) /
lace machine || ⌐modell, -gerät n / top-of-the-range
model || ⌐nadel f (Wirkm) / bearded needle, spring
[beard] needle, hook-type needle || ⌐pfahl m / point
bearing pile || ⌐rädchen n, Spornrädchen n / rowel ||
⌐rückwärtsspannung f (Halbl) / crest reverse voltage,
peak inverse voltage || ⌐schiene f der Weiche (o.
Kreuzung) (Bahn) / point rail || ⌐seide f / blonde silk ||
⌐signalisierung f (Fernm) / signalling of peak load
traffic || ⌐spannung f (Elektr) / peak voltage ||
⌐spannung f eines Senders (bei voller Modulation)
(Elektronik) / peak envelope voltage, PEV || ⌐spannung
f in Vorwärtsrichtung / crest working forward voltage
|| ⌐spannungsmesser m / crest o. peak voltmeter ||
⌐sperrspannung f vorwärts, [rückwärts] (Halbl) /
peak offstate, [peak reverse] voltage || ⌐sperrstrom m
(Halbl) / peak off-state current || ⌐spiel n
(Schraubengewinde) / crest clearance || ⌐steuerstrom m
(Halbl) / peak gate current || ⌐strom m (Elektr) / peak
current || ⌐stuhl m (Textil) / lace machine || ⌐stunde f
(Elektr) / peak hour || ⌐teilzirkel m / spring-bow divider
|| ⌐transistor m / point transistor || ⌐unterdrückung f /
peak clipping || ⌐verkehr m / peak traffic, rush hour
traffic || ⌐verkleidung f (Rakete) / nose cone fairing ||
⌐weiß, Weiß-Maximum n (TV) / white peak || ⌐weite f,
-abstand m (Dreh) / distance between centers, center
distance || ⌐wert m, -betrag m / peak o. maximum o.
crest value || ⌐wert m der Spannung / spike, glitch
(coll) || ⌐wert m der Sprechleistung (Fernm) / peak
value of speech power || ⌐wertanzeiger m (Fernm) /
peak value indicator || ⌐wertbildung f / peaking ||
⌐winkel m (Math) / apex o. apical angle, vertex o.
vertical angle || ⌐winkel m (Dreh) / nose angle ||
⌐winkel m (Bohrer) / point angle || ⌐wirbel m (Luftf) /
tip vortex (US) || ⌐wirkung f, -effekt m (Elektr) / point
effect o. action || ⌐zähler m (Nukl) / point counter tube ||
⌐zähler m (Elektr) / demand meter || ⌐zeiten f pl
(Verkehr) / peak traffic hours pl, (rail:) peak period ||
⌐zirkel m (Dreh), dividers pl || ⌐zirkel [mit
Mitteltrieb] m / spring-bow center-wheel compass ||
⌐zündung f (Schw) / tip ignition || ⌐zwickmaschine f
(Schuh) / forepart o. toe lasting machine, (flexibel:) toe
forming o. moulding machine || ⌐zwirn m / lace thread
Spitze-Platte-Gleichrichter m (Elektr) / point-plate-
rectifier
Spitzer-Leitfähigkeit f / Spitzer conductivity
Spitze·-Spitze (Elektronik) / point-to-point ||
⌐-Spitze-Bildsignal n / peak-to-peak picture signal ||
⌐-Spitze-Wert m (TV, Elektronik) / peak-to-peak value,
pp.-value
Spitz·feile f / taper file || ⌐gang m, -mühle f (Mühle) /
hulling mill || ⌐gewinde n / angular [screw] thread,
triangular thread, V-cut o. Vee- o. V-thread (US) ||
⌐glas n / tapering glass || ⌐hacke f, Pickel m
(beiderseits spitz) (Bau) / [navvy] pick || ⌐hammer m
(Bergb) / headed pick axe || ⌐hammer m (zum
Ausbeulen) (Kfz) / picking hammer || ⌐hammer m
(Maurer) / scabbling pick, pick ax[e] || ⌐hammer,
Latthammer m (Zimm) / scabbling pick, carpenter's
hammer || ⌐hammer m, Schrämhammer m (Bergb) /
headed pickax || mit dem ⌐hammer bearbeiten
(Steinmetz) / scabble v || ⌐hauer m (Bergb) / tubber man /
⌐hede f (Textil) / tow of head ends || ⌐hochferse f /
pointed heel
spitzig, spitz[laufend] / sharp pointed
Spitz·kasten m (Bergb) / conically shaped tank, pointed
box o. trunk, sloughing-off box, V-box, spitzkasten
(GB) || ⌐kegel m / pointed cone || ⌐kegel m, Ogive f /

982

ogive ‖ ⌐**kegel-Frässtift** *m* / conical pointed nose burr, pointed cone burr ‖ ⌐**kehre** *f* (Bahn) / switch-back, back shunt, setting back ‖ ⌐**kehre**, Wendeplatte *f* (Straßb) / turning ‖ **in ⌐kehren fahren** (Bahn) / switch back ‖ ⌐**keil**, Fimmel *m* (Bergb) / gad ‖ ⌐**keil** (Hütt) / neck brick ‖ ⌐**kelle** *f* (Bau) / brick trowel ‖ ⌐**kerbe** *f* / V-notch ‖ ⌐**kerbprobe** *f* / test piece with V-notch ‖ ⌐**kolben** *m* (Löten) / pointed soldering stick ‖ ⌐**kolben** *m* (Chem) / pear shape flask ‖ ⌐**-Köper** *m* (Textil) / pointed o. zigzag twill ‖ ⌐**kopf** *m* (Niet) / pointed rivet head ‖ ⌐**kratze** *f* / triangular shaped hand hoe ‖ ⌐**kühler** *m* (Kfz) / pointed radiator, V-shaped o. V-front radiator ‖ ⌐**lutte** *f*, Stromapparat *m* (Bergb) / spitzlutte, hydraulic classifier ‖ ⌐**meißel** *m* (Bergb) / round tool ‖ ⌐**meißel** *m* (Bau) / pointed [brick] chisel ‖ ⌐**meißel** *m* (Zimm) / pointed mortise chisel ‖ ⌐**meißel** *m* (Dreh) / pointed tool ‖ ⌐**meißel**, Einzelgewindestahl *m* / single-point threading tool o. thread chaser ‖ ⌐**nadel** *f* (Zeichn) / needle with simple point ‖ ~**oval** / pointed oval ‖ ⌐**pfahl** *m* (Bau) / pointed pile ‖ ⌐**rapport** *m* (Web) / repeat in a diamond design ‖ ⌐**senken** *n*, kegelige Senkung (z.B. für Schraubenköpfe) / chamfering, countersinking ‖ ⌐**senker** *m*, Entgrater *m* / countersink[er], deburrer ‖ ⌐**senker** *m* **zum Kantenbrechen von Rohren** / burring o. center reamer ‖ ⌐**stampfer** *m* (Hütt) / pegging rammer ‖ ⌐**stichel** *m* / contour graver ‖ ⌐**stöckel** *m* (Schm) / filing block ‖ ⌐**tisch** *m* (Web) / pointed bed o. table, cloth rest ‖ ⌐**tonne** *f*, -boje *f* / conical buoy, nun buoy ‖ ⌐**turm** *m* (Bau) / cupola ‖ ⌐**tüte** *f* (Pap) / cornet bag ‖ ~**wink[e]lig**, scharfeckig, -kantig / sharp-cornered ‖ ~**wink[e]lig** (Dreieck) / acute ‖ ~**winklige Mauerecke** (Bau) / squint quoin, S.Q. ‖ ~**winklige Muffe** (Kabel) / tangential joint ‖ ~**winkliges Dreieck** / acute triangle ‖ ⌐**zange** *f* / pointed pliers *pl* ‖ ⌐**zinken** *m* (Pflug) / chisel ‖ ⌐**zulaufen** *n*, Konizität *f* / taper ‖ ⌐**zyklon** *m* (Bergb) / conical hydrocyclone

Spleiß *m* / splice *n* ‖ ⌐**bändchen** *n* (Textil) / fibrillated split fiber ‖ ⌐**dorn** *m* / splicing drift o. pin o. needle

spleißen, an-, ver-, zusammenspleißen (Seile) / splice *v* ‖ ⌐ *n*, (auch:) Spleißstelle:f., Klebstelle *f* (Pap) / splicing

Spleiß·muffengehäuse *n* (Kabel) / splice case ‖ ⌐**stelle**, Spleiße, Spleißung *f* (Seil) / splice, splicing

Spleißung, kurze ⌐ / short splice

Spließdach *n* (Bau) / split tiled roof

Spline *n* (eine Kurve) / spline ‖ ⌐**funktionen** *f pl* (Mech) / splines *pl*

Splint *m* (Masch) / split-pin, cotter o. linch pin, forelock, key of a bolt ‖ ⌐, Splintholz *n* / sapwood, alburnum ‖ **doppelter, falscher** ⌐, Ringfäule *f* / blea, false sap ‖ ⌐**bolzen** *m* / cotter bolt

splinten, versplinten / fix with a split pin, cotter *vt*

Splint·fäule *f* (Holz) / sap rot ‖ **dunkler** ⌐**fleck** (Holz) / dark sapstain ‖ **starker** ⌐**fleck** (Holz) / deep sapstain ‖ ⌐**fleck m durch Pilzbefall** (Holz) / fungal sapstain ‖ ⌐**käfer** *m* (Schädling) / bark beetle ‖ ⌐**loch** *n* (Masch) / pinhole ‖ ⌐**lochabstand** *m* / distance between split pin hole and extreme end of shank ‖ ⌐**rissig** (Holz) / colty ‖ ⌐**treiber** *m* (DIN 6450) / pin punch ‖ ⌐**verschlußglied** *n* (Rollenkette) / split pin fastener connecting link ‖ ⌐**zapfen** *m*, Spz (Schraube DIN 78) / point with split-pin hole ‖ ⌐**zieher** *m* / cotter pin o. split-pin extractor o. pliers *pl*

Split *m* (Magn.Bd) / split[ting] ‖ ⌐**folien-Streifengarn** *n* / split tape yarn ‖ ⌐**level-Wohnung** *f* (Bau) / split level dwelling

Splitt, Kleinschlag *m* (Straßb) / stone chips *pl*, chip[ping]s *pl*, grit ‖ ⌐ **ausbreiten**, absplitten / grit *v* ‖ ⌐**asphalt** *m* / mastic asphalt ‖ ⌐**asphaltdecke** *f* (Straßb) / bituminous carpeting ‖ ⌐**bewurf** *m* (Straßb) / grit layer ‖ ⌐**decke** *f* (Straßb) / blinding

splitten (Straßb) / blind, cover with stone chips, spread a grit layer ‖ ~ (DV) / split ‖ ⌐ *n* (DV) / split

Splitter, Span *m* / splinter, sliver, shiver, chip ‖ ⌐ *m pl*, Bruchstücke *n pl* / flinders *pl*, fragments *pl* ‖ ⌐ *m* (Fraktionierung) / splitter ‖ ⌐ **in der Haut** / splinter ‖ ⌐ **von Knochen** / splinter of bone ‖ ⌐ **von Stein** / stone chip o. spall o. gallet ‖ ⌐**bruch** *m* (Min) / spall fracture ‖ ⌐**eis** *n* (Kälte) / flake ice ‖ ⌐**fänger** *m* / splinter catch[er] ‖ ~**frei** (Glas) / non shattering, non splintering ‖ ~**freies Glas** / splinterproof o. shatterproof glass

splitterig (Bergb) / full of splinters ‖ ~, splitternd (Holz) / splintery, splinted, shelly, liable to chip

Splitterkohle *f* / schistous o. slaty coal, split coal

splittern *vt vi*, absplittern *vt vi* / crack *v*, splinter, shiver

Splitter·suchgerät *n* (für Metall in Holz) / metal detector ‖ ~**weise abhauen** (Forstw) / splinter *v* ‖ ⌐**wirkung** *f* / fragmentation effect

Splitt·hammer *m* (Maurer) / pick hammer, dentate o. serrated pick axe ‖ ⌐**lage** *f*, Sandlage *f* / layer of grit ‖ ~**reicher Asphaltbeton** / stone-filled asphaltic concrete

splittrig (Sinterpulver) / angular ‖ ~ (Pulver) / fragmented ‖ ~ (Bruch) / splintery ‖ ~ (Min) / splintery

Splittstreuer *m* (Straßb) / grit spreader

SPM-Boje *f* (Anlegestelle für einen einzelnen Tanker) / SPM, single-point mooring

Spodium *n* (Chem) / spodium, bone black o. charcoal ‖ ⌐, Aktivkohle *f* / activated animal charcoal

Spodumen *m* (Min) / spodumen[e], triphane, kunzite

Spoiler *m*, Störklappe *f* (Luftf, Kfz) / spoiler ‖ ⌐ **vorn,** [hinten] (Kfz) / front, [rear] spoiler

Spongiose *f* (Gieß, Fehler) / spongiosis, graphite corrosion, graphitization

Spongit *m* / songite

spontan, unwillkürlich / spontaneous ‖ ~ **spalten** *vi* / undergo spontaneous fission ‖ ~**e Spaltung** (Nukl) / spontaneous fission

SPOOL·-Ausgabe *f* (DV) / spool-out ‖ ⌐**-Eingabe** *f* (DV) / spool-in

Spooler *m* (Textverarbeitung) / spooler

SPOOL-Programm *n* (Arbeiten der Ein-Ausgabe gleichzeitig mit einem rechenintensiven Programm) (DV) / SPOOL, spontaneous peripheral operations on-line

sporadische E-Schicht, E$_s$-Schicht / sporadic E-layer

Spore *f* / spore ‖ ⌐ *n* **bilden** / sporulate

sporen·bildend (Bot) / sporulated, spore forming ‖ ~**bildend** / spore forming

Sporn *m* (Luftf) / skid, tailskid ‖ ⌐, Rammsporn *m* (Schiff) / ram ‖ ⌐, Herdmauer *f* (eines Staudamms) / spur ‖ ⌐**federung** *f* (Luftf) / tailski[d] springing ‖ ⌐**rad** *n* (Luftf) / tail wheel ‖ ⌐**rädchen** *n* / rowel ‖ ⌐**radfahrgestell** *n* (Luftf) / tail undercarriage, tail wheel landing gear ‖ ⌐**wagen** *m* (Luftf) / towing dolly

Sport·artikel *m*, -gerät *n* / sporting good ‖ ⌐**boden** *m* / floor for sporting activities ‖ ⌐**coupé** *n* (mit Tiernamen, z.B. Mustang) / sporty two-door hardtop (pony car) (US) ‖ ⌐**flugzeug** *n* / sporting plane ‖ ⌐**halle** *f* / sport hall ‖ ⌐**lenker** *m* (Fahrrad) / dropped handlebar ‖ ⌐**maschine** *f*, Chopper *m* (Motorrad) / sports type motocycle, chopper ‖ ⌐**wagen** *m*, -modell *n* (Kfz) / sporting car, sportscar, sportster ‖ ⌐**zentrum** *n* / sport center ‖ **offener** ⌐**zweisitzer** (Kfz) / runabout

Spot *m*, Durchsage *f* (TV) / spot, commercial ‖ ⌐**-Beleuchtung** *f* / spot lighting ‖ ⌐**light** *n*, Strahlerleuchte *f* / spotlight ‖ ⌐**markt** *m* (Öl) / spot market ‖ ⌐**messer** *m* (Phot) / spot photometer

Spotted *m* **Gum** (Holz) / eucalyptus citriodora, spotted gum

Spotter *m* (Mann, der einwinkt) (Luftf) / spotter

Spotvergoldung *f* / spot gilding

Sprach·amplitude *f* / speech amplitude ‖ ⌐**analysator** *m* / speech analyzer ‖ ⌐**anweisung** *f* (DV) / language statement ‖ ⌐**audiometer** *n* / logatom audiometer ‖ ⌐**aufnahme** *f* / voice o. speech recording ‖ ⌐**ausgabe** *f* (DV) · audio-response unit ‖ ⌐**band** *n* / speech tape ‖ ⌐**beschneidung** *f* (Fernm) / speech clipping ‖

~betätigung f (Diktiergerät) / voice operating control ‖ ~bit n / speech bit ‖ ~dehner m / speech stretcher ‖ ~-Dynamikregler m, Sprach-Kompander m / voice compander

Sprache f / speech ‖ ~, Sprachausgabe f / speech output, speech

Spracheingabe f / speech input

Sprachen·bank f / linguistic data bank, LDB (GB) ‖ ~name m (DV) / language name

Sprach·erkennung f / speech recognition ‖ ~erkennung f / voice recognition ‖ ~frequenz f (ca. 16 bis 20000 Hz, Hauptgebiet 300-3500 Hz, in USA 100-2000 Hz) (Fernm) / voice frequency, VF, v-f, speech frequency, telephonic frequency ‖ ~frequenzband n / speech band ‖ ~generator m / speech synthesizer ‖ ~gesteuert, -betätigt / voice-operated, speech-operated ‖ ~gesteuerter Verstärkungsregler, Vogad m / vogad ‖ ~gütemessung f / speech quality measurement ‖ ~inverter m / speech inverter ‖ ~kommunikation f / speech communication ‖ ~kompression f / speech compression ‖ ~labor n / language laboratory ‖ ~-Laut m (Fernm) / speech-sound ‖ ~lehranlage f, -labor n (Elektronik) / language laboratory ‖ ~modulieren / modulate on voice ‖ ~moduliert / speech modulated ‖ ~multiplex n (Fernm) / voice multiplexing ‖ ~neutral / language independent ‖ ~pegel m / speech level ‖ ~rohr n, Sprechrohr n / speaking tube o. trumpet, voice pipe ‖ ~schale f (DV) / language binding ‖ ~schutz m / voice protection ‖ ~schutzfaktor m (Fernm) / guard circuit coefficient ‖ ~schwingung f / speaking oscillation ‖ ~signal n, -zeichen n / voice signal ‖ ~sperre f (Fernm) / audio suppression device, guard circuit ‖ ~stoß m (Fernm) / tallspurt ‖ ~synthese f / speech synthesis ‖ ~synthesizer m / voice synthesizer ‖ ~ton m / voice tone ‖ ~treue f / speech fidelity ‖ ~trichter m (Fernm) / mouth piece socket ‖ ~übersetzer m (DV) / language translator o. processor ‖ ~übertragung f (Fernm) / speech o. voice transmission, speaking ‖ ~-Übertragungsleitung f (Fernm) / speech channel ‖ ~umhüllende f / speech envelope ‖ ~- und Daten-Übermittlung f / voice and data communication ‖ ~- u. Zeichenerkennung f (DV) / speech and pattern recognition ‖ ~verbesserung f (Fernm) / speech processing ‖ ~verschleierung f / speech deception ‖ ~verschlüsseler m (Fernm) / [speech] inverter ‖ ~verschlüsselung f (Fernm) / ciphony ‖ ~verschlüsselungssystem n (Fernm) / privacy system ‖ ~verständlichkeit f / speech intelligibility ‖ ~verwürfeler m / speech scrambler ‖ ~wähler m (Simultananlage) / language selector ‖ ~zerhackung f / speech chopping

spratzen (Flamme) / sputter, crackle vi ‖ ~, Auswüchse bekommen (Hütt) / scatter, grow ‖ ~, spucken (Chem) / spit, spurt, spatter

Spratzer m / sputter, splash

spratzig (Pulver) / irregular, spattered

Spratzprobe f (Hütt) / crackle test

Spray m n, Zerstäubungsmittel n / dispersion medium, spray ‖ ~[apparat] m (Kosmetik) / spray ‖ ~-Coat-Technik f / spray-coat method ‖ ~dose f (Aerosol) / sprayer, atomizer

sprayen, sprühen (Kosmetik) / spray v

spray·getrocknet / spray-dried ‖ ~trockner m / [jet] spray drier

Spreader m, Container-Anschlaggeschirr n (Cont.Brücke) / spreader ‖ ~ (Ausbreiter) (Straßb) / spreader ‖ ~feuerung f (Kessel) / spreader firing

Spread-Spectrum-Verkehr m (Fernm) / spread spectrum communication, SSC

Sprech·ader f / speech wire ‖ ~anlage f / intercom [exchange], communicator ‖ ~apparat m (Fernm) / talking set ‖ ~band n, Tonband n / sound tape ‖ ~dauer f in s für eine Gebühreneinheit (Fernm) / charge period

sprechend, der ~e Teilnehmer / speaker

sprecher·abhängig (Sprachanweisung) / speaker dependent ‖ ~unabhängig (Sprachanweisung) / speaker independent

Sprech·frequenz f s. Sprachfrequenz ‖ ~funk m / radiophony, radiotelephony, radio ‖ ~funkgerät n / radio[tele]phone ‖ tragbares ~funkgerät / walkie-talkie ‖ ~funkgerät im öffentlichen beweglichen Landfunk o. im ÖbL (amtlich), Autotelefon n / motorcar telephone ‖ ~funkhörer, -teilnehmer m (Elektronik) / listener[-in] ‖ ~funknetz n / radio telephony network ‖ ~funkverkehr m / radiotelephone traffic ‖ ~funkverkehr m / voice radio communication ‖ ~-Hörkopf m / recording-reproducing head, rec.-rep. head ‖ ~kanal m (Fernm) / voice channel, speaking channel ‖ ~kapsel f des Handapparates / transmitter capsule ‖ ~kopf m (Diktiergerät) / recording head, write head ‖ ~kreis m (Fernm) / telephone o. speaking o. talking circuit ‖ ~kreis, der gesamte Stromkreis (Fernm) / mesh ‖ ~kreisadresse f / circuit identification code ‖ ~leistung f (Funk) / speech power ‖ ~leitung f (Bahn) / talking wire ‖ ~pause f (Fernm) / non-speech interval, quiet period ‖ ~probe f (Fernm) / voice test ‖ ~sekunde f (Fernm) / call second ‖ ~stelle f (Fernm) / station ‖ ~stellendichte f (Fernm) / station penetration ‖ ~strom m / speaking o. talking current, telephone current ‖ ~strom m (Magn.Bd) / recording current ‖ ~strom, Mikrophonstrom m (Mikrophon) / microphone o. voice (US) current ‖ ~taste f (Fernm) / speaking key ‖ ~trichter m (Fernm) / mouth piece socket ‖ ~umschalter m (Fernm) / combined listening and speaking key ‖ ~verbindung f / voice communication ‖ ~verbindung f über Satelliten / satellite speech circuit ‖ ~verkehr m, Telefonie f / telephony ‖ wechselseitiger ~verkehr / intercom[munication] ‖ ~verständigung f (Fernm) / articulation, intelligibility ‖ ~weg m (Fernm) / speech channel ‖ ~weite f (Fernm) / speaking o. talking range, reach of talk ‖ ~zelle f, Telefonzelle f (Fernm) / telephone o. call booth o. box o. kiosk

Spreit-Dipol m, V-Dipol m / V-dipole

Spreiten n (Fett) / spreading

Spreitung, Ausbreitung f / spreading, dissemination ‖ ~, Ausbreitung f / dissemination, spreading out

Spreitungsprozeß m (Viskose) / spreading

Spreiz·dorn m / expansion mandrel ‖ ~dorn, spreizbarer Drehdorn m / expanding arbor ‖ ~dübel m / straddling dowel ‖ ~dübel m für Verankerung (Bau) / expansion anchor, wedge anchor

Spreize f, Spreizholz n / stay, shore, prop, brace ‖ ~, Stütze f / stretcher, sustainer ‖ ~, Strebe f, Windverstrebung f (Bau) / traverse bracing ‖ ~ eines Stativs / stay of a tripod ‖ ~ für Baugruben / trench brace

spreizen / spread v, straddle ‖ ~, weiten / expand, widen ‖ ~kopf m / strutting head

Spreizer, Abstandshalter m / spreader

Spreiz·feder f (Uhr) / hour wheel spring ‖ ~feder f (Werkz) / bracing spring ‖ ~haspel m f (Hütt) / expanding coil ‖ ~hülsenanker m (Bau) / expansion bolt ‖ ~kamera f / tongs vest-pocket camera ‖ ~kasten m, Abschlagkasten m, -rahmen m (Gieß) / snap flask, pop-off flask ‖ ~kern m (Wzm) / expanding mandrel ‖ ~klappe f (Luftf) / split flap, slot flap ‖ ~kohlenhobel m / scissor-frame coal plow ‖ ~niet m / body-bound rivet ‖ ~platte f (Plast) / stretcher plate ‖ ~räumwerkzeug n / expansion cutter bar ‖ ~reibahle f / solid expansion [chucking] reamer ‖ ~ring m / expanding o. spreader ring ‖ ~ringkupplung f / expanding band clutch, radially expanding clutch ‖ ~schraube f / adjusting screw ‖ ~schrift f, Breitschrift f / expanded print ‖ ~stütze f / raking forked column

Spreizung f der Vorderräder (Kfz) / inclination of the steering knuckle pivot ‖ ~ von Übersetzungen / spread of gear ratios

Spreiz·verfahren n der Halbbild-Trennung (Stereo) / additive method of image separation ‖ ⌐vorrichtung f (Plast) / stretcher bar (GB), expander (US) ‖ ⌐vorrichtung f, Breithalter m für Folien (Plast) / expander for foils (US) ‖ ⌐zylinder m / expanding cylinder

Spreng·abrieb m (Bergb) / muck ‖ ⌐apparat, Sprinkler m / sparger ‖ ⌐arbeit f, Sprengen n (Bergb) / shooting and blasting, blasting ‖ ⌐bedarf m (Bergb) / explosive, explosives pl ‖ ⌐bolzen m (Raumf) / explosive bolt, separation bolt ‖ ⌐bolzenschweißen n / explosive stud welding ‖ ⌐düse f / sprinkler

Sprengelpumpe f (Vakuum) / Sprengel pump

sprengen, schießen (Bergb) / blast v ‖ ⌐, [durch Sprengmittel] explodieren lassen / shoot v, blast ‖ ⌐ (mit Gewalt), aufsprengen / burst vt ‖ ⌐, durch Sprengmittel erbrechen / explode vt, blow up ‖ ⌐, überhöhen (Bau) / stilt vt, render stilted ‖ ⌐ (Glas) / cut off ‖ ⌐ vt (Rasen) / hose v, sprinkle, spray, water ‖ ⌐, spalten / fissure ‖ ⌐ durch Erhitzung (Bergb) / blast by heating ‖ das Glas vom Rohre ⌐ / cut off the glass tube ‖ in die Luft ⌐ / explode, detonate ‖ mit Dynamit ⌐ / dynamite

Spreng·feder f, Sprengring m / snap ring ‖ ⌐flüssigkeit f / explosive liquid ‖ ⌐folie f / bursting disk ‖ ⌐gefechtskopf m / high-explosive warhead ‖ ⌐gelatine, -gallerte f / blasting o. explosive o. nitro gelatin[e], solidified nitroglycerol, S.N.G. ‖ ⌐gelatine f, Plastiksprengstoff m / gum dynamite ‖ ⌐granate f / high-explosive shell ‖ ⌐granate f / high-explosive shell ‖ ⌐kammer f / blasting chamber ‖ ⌐kapsel f / blasting o. detonating o. percussion cap, primer, priming cap, initiator ‖ ⌐kapsel f (Feuerwerk) / cartouche ‖ ⌐kapsel f (Bergb) / exploder, detonator ‖ zwei halbrunde ⌐keile m pl (Bergb) / plug and feathers ‖ ⌐kraft, Brisanz f / explosive force o. power o. strength, brisance ‖ ⌐ladung f, -satz m / blasting o. bursting o. demolition charge, charge of explosives, burster ‖ ⌐lanze f (Hütt) / jet tapper ‖ ⌐loch n (Bergb) / blast o. bore o. shot hole ‖ ⌐lochabdeckung f (Bergb) / blanket ‖ ⌐lochbohren n / blasthole drilling ‖ ⌐luftanlage f (Anlage für flüssige Luft zum Sprengen) / blast air o. liquid air plant ‖ ⌐meister m (Steinbruch) / blaster ‖ ⌐mittel n pl / blasting agents o. materials pl ‖ ⌐mittel n durch Gießen aktiviert / cast explosive ‖ ⌐niet m / explosive[-type] rivet ‖ ⌐öl n / blasting oil, trinitroglycerin[e], -glycerol (US) ‖ ⌐patrone f (Bergb) / torpedo ‖ ⌐pfahl m (Bau) / explosive pile ‖ ⌐plattieren n, Explosionsplattieren n / explosive cladding o. plating ‖ ⌐pulver n (Bergb) / black o. blasting powder, explosive o. bursting powder ‖ ⌐pumpe f (Bergb) / hydraulic bursting jack ‖ ⌐ring m (Masch) / snap ring, spring ring, retaining o. retainer ring ‖ ⌐ring m (Glas) / cracking ring ‖ ⌐ring m für Reifen (Bahn) / tire clasp o. clip o. spring-ring ‖ ⌐ring-Einwalzmaschine f / spring ring closing machine ‖ ⌐rohr n, -schlauch m / water hose, nozzle ‖ ⌐rohrregner m (Landw) / oscillating sprinkler ‖ ⌐satz m, Sprengladung f / blasting charge, bursting charge, demolition charge ‖ ⌐schlamm m (Gesteinssprengstoff) / slurry ‖ ⌐schuß m (Bergb) / blast, charge ‖ ⌐schwaden m / blast damp o. fumes pl ‖ ⌐schweißen n / blast welding, explosive bonding ‖ ⌐seismik f / seismic exploration method

Sprengstoff m, -mittel n / explosive agent o. substance, explosive ‖ ⌐ des Sprengeltyps (Bergb) / safety o. Sprengel explosive ‖ geringer Brisanz / mild explosive ‖ brisanter ⌐ / high-explosive, H.E. ‖ für Kohlengruben zugelassener ⌐ (Bergb) / permitted (GB) o. permissive (US) explosive, wetter explosive ‖ gefrierfester ⌐ / low-freeze explosive ‖ gelatinöser ⌐ s. Springgelatine ‖ kräftiger ⌐ / powerful explosive ‖ schiebender ⌐ / heaving explosive ‖ schwacher ⌐ / low explosive ‖ schwer gefrierbarer ⌐ / low freeze explosive ‖ ⌐lager n / explosives storing and handling

area ‖ ⌐lager n, -stoffmagazin n (Bergb) / explosives magazine

Spreng·strebe f (Sprengwerk) / strut, straining beam ‖ ⌐träger m / king post brace ‖ ⌐trichter m / mine crater ‖ mit Giftgas gefüllter nicht erkennbarer ⌐trichterhohlraum (Mil) / camouflet ‖ ⌐- und Kehrmaschine f / mechanical street sweeper

Sprengung f / explosion, exploding, blowing-up ‖ ⌐, Überhöhung f (Bau) / stilting ‖ ⌐ einer Feder / camber of a spring ‖ ⌐ von unten (Bergb) / underblasting ‖ zu weit gegangene ⌐ (Bergb) / overbreak

Spreng·wagen m / sprinkler, street flusher truck (US) ‖ ⌐werk n (Holzbau) / strut frame o. bracing ‖ doppeltes ⌐werk / double strut frame [with straining piece] ‖ ⌐werkbalken m / strut framed beam ‖ ⌐werkbrücke f / strut frame bridge ‖ ⌐werkdach n / trussed roof ‖ ⌐werkstrebe f / truss rod ‖ ⌐wirkung f / bursting o. explosive effect o. action o. strength ‖ [vernichtende] ⌐wirkung / detonation ‖ ⌐wolke f / burst cloud ‖ ⌐zünder m / detonator

sprenkeln, flecken / speck v ‖ ⌐, tüpfeln / speckle v, mottle, dabble, fleck ‖ ⌐, marmorieren (Pap) / marble

Sprenkelung, Fleckigkeit f / mottle

Spreu f (Landw) / chaff ‖ ⌐sichter m (Landw) / chaffer

Spriegel m (Kfz) / hoop o. bow for trucks ‖ ⌐, Dachspiegel m (Bahn) / roof arch

Sprieß m, Grabensteife f (Bau) / strut, brace

Spring·Bildwand f / self-erecting screen ‖ ⌐blende f (Phot) / automatic diaphragm ‖ ⌐duo-Walzwerk, Vorsturz-Walzwerk n (Hütt) / jump roughing mill ‖ ⌐einrichtung f (LoKa) / punch column skip, skipping device

springen / jump, leap, bound, spring ‖ ⌐ (allg, Elektronik) / skip v ‖ ⌐, hüpfen / make a dart ‖ ⌐, tanzen / hunt ‖ ⌐ (DV) / branch v ‖ ⌐, zerspringen / crack v, break, burst, split ‖ ⌐, platzen / chap, check ‖ ⌐ (Phono) / mistrack v ‖ ⌐ n des Stromabnehmers (Bahn) / de-wiring of the pantograph ‖ ⌐ von Rädern (Kfz) / hop ‖ bei der Landung ⌐ (Luftf) / bounce, balloon off the ground

springend, mit ⌐en Zahlen (Zähler) / jumping-figure…

Springer m, sprudelnde Ölquelle / spouter, gusher ‖ ⌐ (F.Org) / swing-man

Spring·feder f (Uhrdeckel) / hunter o. fly spring ‖ ⌐flut f, -tide f (Hydr) / spring tide ‖ ⌐frequenzmagnetron n / frequency-agile magnetron ‖ ⌐magnet m (LoKa) / skip magnet ‖ ⌐quelle f / geysir ‖ ⌐schaltung f (Wzm) / intermittent o. jump feed o. control ‖ ⌐schloß n / two-bolt lock ‖ ⌐schreiber m / start-stop teleprinter ‖ ⌐schuß, Überspringer m (Web, Fehler) / skipped o. missed filling threads ‖ ⌐steuerung f (DV) / skip control ‖ stift m, -stab m (Klopffestigkeitsprüfung) / bouncing pin ‖ ⌐stift-Detonationsprüfer m (Kraftstoff) / bouncing-pin detonation meter ‖ ⌐tide f, Sprengzeitflut f / spring tide ‖ ⌐wagen m (Buch.m) / list-add carriage, motor returned carriage, tabulating carriage ‖ ⌐walzwerk n (Walzw) / jump mill ‖ ⌐zeit f (Gezeiten) / quadrature ‖ ⌐zeitebbe f / neap [tide]

Sprinkler m / sprinkler ‖ ⌐ mit Trockensteigleitung, [Naßsteigleitung] / dry-pipe, [wet-pipe] sprinkler ‖ ⌐anlage f / sprinkler system ‖ ⌐düse f / sprinkler head

Sprit m / spirit ‖ ⌐ (coll), Benzin n / petrol (GB), gas (US), spirit (coll) ‖ ⌐brennerei f / liquor distillation ‖ ⌐drucken n, Zinnbeizendruck m (Textil) / spirit printing ‖ ⌐lack m / alcohol diluted lacquer

Spritz·anlage f / spraying equipment ‖ ⌐anlage f, Einspritzanlage f / injection equipment ‖ ⌐apparat m / spraying device ‖ ⌐appretur f (Textil) / spray finish ‖ ~bar, spritzfähig (Feuerfest) / gunning ‖ ⌐barkeit f (Gummi) / extrudability ‖ ⌐barmacher m (Plast) / extrusion aid ‖ ⌐belag m (Pflanzenschutz) / spray· deposit ‖ ⌐beton f / air-placed concrete, shotcrete, jetcrete ‖ ⌐bewurf, Rohputz m (Bau) / coarse plaster ‖ ⌐bitumen n / spray bitumen ‖ ⌐blasen n (Plast) / injection-blow moulding ‖ ⌐blech n (Ölschmierung) /

Spritz

oil splasher o. striker o. thrower ‖ **⌐blech** *n* (Ölschmierung), Spritzscheibe *f* / oil thrower ‖ **⌐blech** *n* (Masch) / splashboard ‖ **⌐brühe** *f* (Landw) / spray *n* ‖ **⌐dorn** *m* / core of an extruder ‖ **⌐druck** *m* (Plast) / injection pressure ‖ **⌐druck** *m* (Textil) / spray printing ‖ **⌐druck** *m* **auf das Formteil** / moulding pressure ‖ **⌐düse** *f* / spray[ing] nozzle ‖ **⌐düse** *f* (Plast) / injection moulding nozzle ‖ **geheizte ⌐düse** (Plast) / jet molding nozzle

Spritze *f* / syringe ‖ **⌐** / irrigator ‖ **⌐**, Injection *f* / injection, shot (coll) ‖ **⌐**, Kraftspritze *f* / fire engine

Spritzemulsion *f* (zum Bestäuben von Druckbogen) (Buch) / anti-set-off spray emulsion

spritzen, ab-, be-, anspritzen / spray *v*, syringe, squirt, splash ‖ **~**, farbspritzen / spray-coat, spray-paint ‖ **~**, spritzgießen / injection-mould *v*, inject ‖ **~** *vi* (Schmutz) / splash *vi*, gush out o. up ‖ **~** (F'wehr) / throw water ‖ **~**, auftragen (eine Auflage) / spray-coat ‖ **~**, sprühen (Tropfen o. Teilchen) / sprinkle, spatter, sputter ‖ **⌐** *n* / springing [up] ‖ **⌐**, Sprengen *n* / sprinkling ‖ **⌐**, Spritzlackieren *n* / spray-painting ‖ **⌐**, Spritzer *m* / squirt, spurt ‖ **⌐**, Spritzguß *m* (Plast) / injection moulding ‖ **⌐** (steigendes Gießen) / fountain effect ‖ **⌐** (Bau) / gunning *n* ‖ **⌐ des Wasserhahns** / squirting of the tap ‖ **⌐ von Zink aus dem Bad** / spattering of zinc

Spritzentfettung *f* (Galv) / spray cleaning

Spritzer *m* (Flüssigkeit) / dash, splash ‖ **⌐**, Fleck *m* / splash, speckle ‖ **⌐bildung** *f* (Schweiß) / spatter formation

Spritz·erzeugnis *n* (Plast) / shot ‖ **⌐fehler** *m* (Plast) / flaw ‖ **⌐flasche** *f* (Chem) / wash[ing] bottle ‖ **⌐form** *f* (Plast) / injection mo[u]ld o. die ‖ **⌐form** *f* **mit geheizter Düse** (Plast) / jet mo[u]ld ‖ **⌐form** *f* **mit getrennter Spritzkammer** / separate-pot mould ‖ **⌐gerät**, Anstreichgerät *n* (Bau) / spray diffuser for wall painting, spray gun ‖ **⌐gießmaschine** *f* / injection moulding machine ‖ **⌐gießverfahren** *n*, -preßverfahren *n* / injection moulding of duroplastic material, transfer moulding ‖ **⌐guß** *m*, Spritzen *n* (Plast) / injection moulding ‖ **⌐gußform** *f* / injection mould *n* ‖ **⌐gußmaschine** *f* (Plast) / injection moulding machine ‖ **⌐gußmaschine** *f* **für Duroplaste** / jet mo[u]lding machine [for thermosetting plastics] ‖ **⌐gußmaschine** *f* **für Kunststoffe** / injection moulding machine ‖ **⌐[guß]masse** *f* / injection moulding compound o. composition ‖ **⌐[guß]teil** *n* (Plast) / injection moulded part ‖ **⌐gußwerkzeug** *n* / injection mo[u]ld o. die, injection moulding die ‖ **⌐hahn** *m* / squirt cock ‖ **⌐kabine** *f* / spray booth ‖ **⌐kabine** *f*, -raum *m* / pulverizing o. spraying chamber ‖ **⌐kanne** *f*, Ölkännchen *n* / squirt gun, oil feeder ‖ **⌐kanone** *f* (Feuerfest) / fettling gun ‖ **⌐klappe** *f* (Kfz) / mud o. dirt guard ‖ **⌐kolben** *m* (Plast) / pot plunger, injection ram ‖ **⌐kranz** *m* (Brau) / sparger ‖ **⌐kühlen** (Hütt) / splash cooling ‖ **⌐lackieren** *n* (Plast) / spray-up *n*, spray-painting ‖ **⌐lackierer** *m* / spray painter ‖ **⌐lackierung** *f*, -lackierverfahren *n* / paint spraying technique, spray painting ‖ **elektrostatische ⌐lackierung** / electrostatic spray painting ‖ **⌐löten** *n* / spray soldering ‖ **⌐maschine** *f* / spraying machine ‖ **⌐maschine** *f* **für Gummi** / rubber mo[u]lding machine ‖ **⌐maschine für Schläuche und Rohre**, Schlauchmaschine *f* (Plast) / tube extruding machine ‖ **⌐masse** *f* / injection moulding compound o. composition ‖ **⌐masse** *f* **feuerfest** / refractory gunning material ‖ **⌐mittel** *n*, Spray *m* (Landw) / [insecticide] spray ‖ **⌐mundstück** *n* (Extruder) / extrusion die ‖ **⌐ölung** *f* / centrifugal o. splash lubrication ‖ **⌐pistole** *f* / spray[ing] gun ‖ **⌐pistolen-Schwenkvorrichtung** *f* / gun traverse assembly ‖ **⌐plakette** *f* (Anguß mit Spritzgußteilen) (Plast) / spray, biscuit ‖ **⌐presse** *f*, -preßmaschine *f* / transfer moulding press ‖ **⌐pressen** *n* (Plast) / transfer moulding ‖ **⌐preßwerkzeug** *n* (Materialbewegung entgegen der Stempelbewegung) / transfer mould for

upstroke press ‖ **⌐pulver** *n* / wettable powder ‖ **⌐putz** *m* (Bau) / sprayed rendering ‖ **⌐quellung** *f* (Plast) / swelling after extrusion ‖ **⌐retusche** *f* (Phot) / spray-brush retouching ‖ **⌐ring** *m*, Ölspritzring *m* / oil splash ring ‖ **⌐schaum** *m* / spray-foam ‖ **⌐scheibe** *f* (Ölschmierung) / oil splasher o. striker o. thrower ‖ **⌐schmierung** *f* / centrifugal o. splash lubrication ‖ **⌐schutz** *m* (Wzm) / splash guard ‖ **⌐sieb** *n* / spraying sieve ‖ **⌐spachtel** *m* / spray primer ‖ **⌐teil** *m* (Plast) / moulded article o. part ‖ **⌐turm** *m*, Sprühkondensationsturm *m* (Chem) / prilling tower ‖ **⌐überzug** *m* / spray coating

Spritzung *f*, Spritzvorgang, Schuß *m* (Plast) / injection operation o. shot ‖ **⌐**, Spritzvorgang *m* (Farbe) / spraying

Spritz·verfahren *n* / gun spraying ‖ **⌐vergaser** *m* / Pitot tube carburetor ‖ **⌐versteller** *m* (Mot) / injection timing gear o. timing mechanism ‖ **⌐verstellergehäuse** *n* (Kfz) / injection control o. timing housing ‖ **⌐verstellermuffe** *f* (Kfz) / injection control o. timing collar ‖ **⌐verzinkung** *f* / metal spraying of zinc ‖ **⌐wand** *f* (Kfz) / splashboard ‖ **⌐wasser** *n* / splash[ed] water ‖ **~wassergeschützt** (Leuchte) / proof against water jets ‖ **~wassergeschützt** (Motor) / splash-proof ‖ **⌐wasserschutz** *m* (Elektr) / splash[proof] o. weatherproof protection ‖ **⌐werkzeug** *n* / injection moulding die ‖ **⌐zone** *f* (Schiff) / splash zone ‖ **⌐zylinder** *m* (Druckguß) / injection cylinder

Sprödbruch *m* / brittle fracture ‖ **⌐unempfindlichkeit** *f* / insensibility to brittle fracture

spröde / brittle ‖ **~** (Hütt) / not ductile ‖ **~**, glashart / glasshard ‖ **~**, kurz (Metall) / stubborn, brittle ‖ **~** (Haut) / chapped ‖ **~ werden** / embrittle

spröd·faserig (Holz) / brittle ‖ **⌐glaserz** *n* (Min) / brittle silver ore, stephanite ‖ **⌐glimmer** *m* / brittle mica

Sprödigkeit *f* / brittleness ‖ **⌐** (Hütt) / shortness, brittleness

Sprosse *f*, Stab *m* / stave ‖ **⌐** (Leiter) / rundle, rung, rime, round, ladder step ‖ **⌐** (Magn.Bd) / row, frame ‖ **stehende (o. aufrechte) ⌐** (Fenster) / stay bar ‖ **waagerechte ⌐** (Fenster) / transom

Sprossen·balken, -baum *m* / peg o. rack ladder ‖ **⌐belag** *m*, Lattenrost *m* / lath floor ‖ **⌐eisen** *n*, Steigsprosse *f* / steel rung ‖ **⌐eisen** *n* (Fenster) / transom iron ‖ **⌐fenster** *n* / transom window ‖ **⌐förderer** *m* / crossbar conveyor ‖ **⌐leiter** *f*, -anlegeleiter *f* / rung ladder ‖ **⌐radmaschine** *f* / pin wheel type calculating machine ‖ **⌐reihe** *f* (Lochstreifen) / tape row ‖ **⌐rolle** *f* (Textil) / birdcage bobbin ‖ **⌐schrift** *f* (Film) / variable density recording o. track ‖ **⌐stehleiter** *f* / painter's steps *pl* ‖ **⌐teilung** *f* (Magn.Bd) / row pitch ‖ **⌐tisch** *m* (Gieß) / lattice table ‖ **⌐wand** *f* (Bau) / grid wall

Sproßpilz *m* / budding o. gemmiparous fungus (especially yeast fungus, saccharomyces, blastomycetes)

Spruch-Ende *n* (Fernm) / ending

Sprudel·badgerät *n* / whirling bath appliance ‖ **⌐bett** *n* (Chem) / solids-air jet ‖ **⌐bett** *n* (Hütt) / spouted bed

sprudeln, aufwallen (Wasser) / boil briskly, bubble ‖ **~**, perlen (z.B. mit Luft) / form bubbles, effervesce ‖ **~**, spritzen / spout *v* ‖ **⌐**, Sieden *n* / ebullition, effervescence ‖ **zum ⌐ bringen** (z.B. mit Luft) (Flüssigkeit) / aerate

sprudelnd, kochend / ebullient, effervescent, effervescing, briskly boiling (US) ‖ **~e Ölquelle** (Öl) / gusher, spouter

Sprudelstein *m* (Min) / pisolite

Sprüh--Anfeuchter *m* (Pap) / spray damper ‖ **⌐apparat** *m* / atomizer, spray damper ‖ **⌐arm** *m* (Geschirrspül) / spray arm ‖ **⌐ätzen** *n* / sputter etching ‖ **⌐belüfter** *m* (Abwasser) / spray aerator ‖ **⌐boden** *m* (Chem) / shower plate o. grid ‖ **⌐düse** *f* / spray[ing] nozzle, spray diffuser ‖ **⌐düse** *f* (F'wehr) / spray nozzle ‖ **⌐düsenbrenner** *m* / jet spray burner ‖ **⌐elektrode** *f* / emission electrode

sprühen, stäuben / spray v ‖ ~, spritzen (Elektr) / sputter, spatter ‖ **Aerosol** ~ / aerosolize ‖ **Funken** ~ / throw out sparks

Sprüh·entladung f / spray discharge, corona ‖
⌐**entwicklung** f (Repro) / spray development ‖
⌐**entwicklungsmaschine** f (Film) / spray processor ‖
⌐**flutanlage** f (F'wehr) / deluge system ‖ ~**getrocknet** / spray-dried ‖ ⌐**härten** n (Hütt) / spray hardening ‖
⌐**kalzinierung** f / spray calcination ‖ ⌐**kautschuk** m / sprayed rubber ‖ ⌐**kegel** m / atomizing cone ‖
⌐**kolonne** f (Chem) / spray column ‖
⌐**kondensationsturm**, Prill-Turm m (Chem) / prilling tower ‖ ⌐**kristallisation**, -kondensation f (Chem) / prilling ‖ ⌐**kühler** (SO$_2$-Reinigung), -wäscher m (Pap) / spray type cooler ‖ ⌐**kühlung** f / spray cooling, shower cooling ‖ ⌐**kupfer** n (Metallurgie) / copper rain ‖
⌐**lichtbogen** m (Schweiß) / spray arc ‖
⌐**lichtbogenschweißen** n / spray arc welding ‖ ⌐**mittel** n zur Insektenvernichtung / insecticide spray ‖
⌐**nebel**, -regen m / spray, drizzle ‖ ⌐**nebelprüfung** f / fog test ‖ ⌐**nebler** m (Landw) / low-volume mist blower ‖ ⌐**öl** n / spray oil ‖ ⌐**pistole** f (Landw) / atomizer pistol lance ‖ ⌐**reagenzien** n pl (Chem) / spray reagents pl ‖
⌐**regen** m / sprinkle, drizzle ‖ **leichter** ⌐**regen** / sprinkle ‖ **als** ⌐**regen niedergehen** / sprinkle vi ‖
⌐**reiniger** m (Anlage) / spray cleaner ‖ ⌐**rösten** n / spray roasting ‖ ⌐**schaum** m, Spritzschaum m / spray-foam ‖
⌐**schutz** m, -schirm m (Elektr) / corona shield ‖
⌐**schutzisolator** m / antispraying insulator ‖
⌐**schutzwulst** m f, Schutzring m (Elektr) / guard ring ‖
⌐**tisch** m / spraying table ‖ ⌐**trockner** m / [jet] spray drier ‖ ⌐**trocknung** f / spray drying ‖ ⌐**verfahren** n, Aerosoltechnik f / aerosol mist (o. fog) technology ‖
⌐**wäscher** m (Chem) / spray tower ‖ ⌐**wäscher**, -kühler m (SO$_2$-Reinigung) (Pap) / spray type cooler ‖
⌐**wasserprüfung** f / water spray test ‖ ⌐**zerstäuber** m (Kosmetik) / spray

Sprung, Satz m / jump, leap, bound ‖ ⌐, [Brenn]riß m (Feuerfest) / flaw ‖ ⌐ (Spannung, Elektronik) / bounce ‖ ⌐ (DV) / jump, [control] transfer ‖ ⌐, Springen n (Tabulation) / skip, skipping [motion] ‖ ⌐, Bruch m (Geol, Bergb) / shifting, fault, slide ‖ ⌐, Sprunghöhe, Verwerfung f (Geol) / throw of a fault, downthrow, upthrow ‖ ⌐, Riß / crack, cleft, chap, chink, breach, fissure, crevice ‖ ⌐ (Glas) / crack ‖ ⌐ [nach] (ALGOL) / go [to] ‖ ⌐ (Radiowellen) / hop, skip ‖ ⌐ (Schiff) / sheer ‖
⌐ (Zahnräder) / spread ‖ ⌐ (Schrägstirnrad) / overlap length ‖ ⌐, Fach n (Web) / shed, cross frame ‖ ⌐ (LoKa) / skip ‖ ⌐ (Programmierung) / by-pass ‖ ⌐ **der Elektronen von einer Bahn in die andere** (Atom, Phys) / jump of the electrons from one orbit into another ‖ ⌐ **einer Kurve** (Math) / discontinuity of a curve ‖ ⌐ **in der Mauer** / gap of a wall ‖ ⌐ **infolge Fehlererkennung** / error trap ‖ **mit** ⌐ (Schiff) / sheered ‖ **mit viel** ⌐ (Schiff) / round sheered ‖ **ohne** ⌐ (Schiff) / straight-sheered ‖ ⌐**adresse** f (DV) / transfer address ‖ ⌐**anweisung** f (FORTRAN) (DV) / go-to statement ‖ ~**artig ansteigen** (Spannung) / surge v ‖ ⌐**ausfall** m (Elektr) / sudden failure ‖ ⌐**baum** m (Schiff) / swing derrick ‖ ⌐**befehl** m (DV) / branch instruction, jump instruction o. order, [control] transfer instruction ‖ ⌐**dämpfer** m (Luftf) / hop damper ‖
⌐**deckel** m / spring lid ‖ ⌐**deckel** m (Uhr) / hunter (a pocket watch with cover) ‖ ⌐**effekt** m **bei Kurzwellenausbreitung** / skip effect ‖ ⌐**entfernung** f (Elektronik) / skip distance ‖ ⌐**feder** f / elastic o. steel spring ‖ ⌐**feder** f **mit Schlangenhals**, Rollfeder f / scroll spring ‖ ⌐**folgemodus** m / audit mode ‖
~**förmige Reaktion** (Nukl) / step reactivity ‖ ⌐**funktion** f (DV) / branch function, jump function ‖ ⌐**funktion** f (Math) / step function response (GB), saltus function ‖
⌐**funktion** f, Heaviside-Funktion f / Heaviside function ‖ ⌐**größe** f (einer Funktion) (Math) / saltus, step value, discontinuity value

sprunghaft (Math) / discrete, discontinuous ‖ ~, regellos / erratic, non-sequential ‖ ~**er Schnitt** (Film) / jump cut ‖ ~**er Vollausfall** (DV) / catastrophical failure

Sprunghaftigkeit f / discontinuity, dis. ‖ ⌐ **der Anzeige** / erratic indication

Sprung·höhe f (Web) / depth of the shed ‖ ⌐**höhe** f (Geol) / upthrow, down throw ‖ ⌐**höhe** f **von oben gemessen** (Geol) / drop of fault ‖ ⌐**kennlinie** f (TV) / transient response, unit function response, surge characteristic (US) ‖ ⌐**kluft** f (Geol) / paraclase ‖ ⌐**kontakt** m / snap contact ‖ ⌐**punkt** m, -temperatur f (Supraleiter) / transition temperature ‖ ⌐**rettungsgerät** n (F'wehr) / jumping rescue equipment ‖ ⌐**rohr**, S-Rohr, S-Stück n / ess pipe o. tube, S pipe, offset ‖ ⌐**rohr** n (Abflußrohr) / offset ‖ ⌐**rücken** m (Buch) / hollow o. loose o. open o. spring back ‖ ⌐**schalter** m (Elektr) / snap switch ‖
⌐**schaltung** f (Wzm) / intermittent o. jump feed o. control, skip feed ‖ ⌐**schaltung** f (Elektr) / quick break ‖
⌐**schanze** f (Hydr) / ski jump, flip bucket ‖ ⌐**spannung** f (Gasentl.Röhre) / initial inverse voltage ‖ ⌐**staffelung** f (Räumwz) / skip stepping, jump offset ‖ ⌐**stelle** f (Wellenleiter) / irregularity ‖ ⌐**temperatur** f (Supraleitg) / transition temperature ‖ ⌐**tischschaltung** f / intermittent table feed ‖ ⌐**tuch** n (F'wehr) / jumping sheet (GB), salvage sheet, safety blanket ‖ ⌐**überdeckung** f (Zahnrad) / overlap ratio ‖ ⌐**überdeckungswinkel** m (Zahnrad) / overlap angle ‖ ⌐**verzerrung** f / transient distortion ‖ ⌐**vorschub** m (Wzm) / jump feed o. control, intermittent feed ‖ ~**weiser Einzug** (Jacquard) / skip draw o. draft ‖ ~**weiser Einzug der Kettfäden** (Web) / skip pass ‖ ~**weiser Papiervorschub** (DV) / slewing of forms ‖ ~**weise verzweigte Struktur** / skip branching device ‖ ~**weiser Wiedereinflug** (Raumf) / skip maneuver ‖ ⌐**welle** f (Elektr) / surge ‖ ⌐**welle** f, Sturzwelle f, Bore f / bore ‖ ⌐**werk** n (Masch) / over-center device ‖ ⌐**wert** m (Regeln) / level change value ‖
⌐**ziel** n (DV) / transfer target ‖ ⌐**ziffernzählwerk** n / jumping figures counter

SPS = speicherprogrammierte Steuerung

SPS-Speicher m (DV) / series-parallel-series memory (charge coupled devices)

spucken, sprudeln (Dampfm) / prime ‖ ~, spratzen (Chem) / spit, spurt ‖ ~ (Mot) / splutter, spit

Spuckstoff m (Pap) / rejects pl, trash

SPU-Einheit f (Raumf) / SPU, standard propulsion unit

Spül·abort m / flush toilet, wash-down closet ‖ ⌐**anlage** f (Bergb) / hydraulic stowing installation ‖ ⌐**apparat**, Spüler m / scourer, flush apparatus, scouring o. rinsing apparatus, rinser

Spul·apparat m (Nähm) / bobbin winder ‖ ⌐**arbeit** f / bobbin work ‖ ⌐-**Axminster** m (Teppich) / spool axminster carpet

Spül·bad n (Galv) / swill ‖ ⌐**bad** n (Textil) / rinsing bath ‖
⌐**bagger** m / flushing o. reclamation dredger ‖ ⌐**becken** n (Klosett) / flush basin ‖ **[einfaches o. doppeltes]**
⌐**becken des Spültisches** (Bau) / [single o. double] sink

Spulbetrieb m (DV) / spooling task

Spül·bohren n (Öl) / flush boring, jetting drilling, hydraulic rotary drilling, wash drilling ‖ ⌐**bohrer** m (Bergb) / scavenging o. water drill, jetting drill ‖
⌐**bohrer** m (Bergb) / jetting drill ‖ ⌐**dampf** m / scavenging steam ‖ ⌐**druck** m (Mot) / scavenging pressure

Spule f, Wicklung f (Elektr) / coil ‖ ⌐, Garnspule f (Textil) / spool, pirn, bobbin ‖ ⌐, Drahtrolle f (Hütt) / spool, bobbin, wire coil ‖ ⌐ (Magn.Bd) / tape reel o. spool ‖
⌐ **mit verschiebbarem Kern** (Elektr) / coil and plunger ‖ ⌐ **Nr 127** (Röntgen) / film reel size 127 ‖ ⌐ **[voll]** Garn / wound package reel ‖ ⌐ **für Unterfaden** (Nähm) / bobbin ‖ **mit** ⌐**n versehen**, bespulen (Textil) / load the loom, creel bobbins ‖ **zylindrische** ⌐ **aus nur einem Leitungsdraht** / helix, cylindrical one-wire coil ‖ **in der** ⌐ **gefärbt** / cop-dyed

Spüle f, Spültisch m (Bau) / sink [unit]

Spul

Spul·einheit f, Spulkopf m, Wickelkopf m (Spinn) / winding head ‖ **~einrichtung** f (Nähm) / bobbin winder **spulen** , aufspulen / coil [round o. up] ‖ ~ , haspeln / spool ‖ ~ , haspeln (Garn) / reel, wind ‖ **Schuß** ~ / quill v, weft-wind ‖ ~ (Sammelbegriff) n (Textil) / spooling and winding ‖ ~ **auf konischen Hülsen** (Spinn) / coning n

spülen, ab-, auswaschen, wässern / rinse, wash ‖ ~, mit Wasser überschütten / swill vt, drench vt ‖ ~, schlämmen / flush, scour ‖ ~ (Mot) / scavenge ‖ ~, entfetten (Färb) / remove the superfluous oil ‖ ~ / backflush ‖ ~ **durch Abgasschwingungen** (Mot) / exhaust pulse scavenging ‖ ~ **durch Gebläse** (Mot) / scavenging by blower ‖ ~ **[mit Gas]** (Chem) / sweeping **Spulen·abschnitt** m (Fernm) / pupinization section ‖ **~abstand** m (Fernm, Pupinisierung) / coil o. load spacing ‖ **~abstand** m (Spinn) / gauge between cans ‖ **~abstand** m (Walzw) / bobbin stripper ‖ **~antenne** f / loop antenna ‖ **~antrieb** m (Lautsprecher) / coil drive ‖ **~antriebswagen** m (Spinn) / bobbin drive car ‖ **~anzapfung** f (Elektr) / coil tap ‖ **~aufbau** m / cop building ‖ **~aufstecken** n (Web) / loading of the loom, creeling of bobbins ‖ **~aufstecker** m (Web) / bobbin feeder ‖ **~bank** f / copping o. shaper rail ‖ **~behälter** m (Web) / pirn box ‖ **~beschichtung** f (Galv) / coil coating ‖ **~brett** n (Textil) / bobbin board ‖ **~dichte** f (Garn) / package density ‖ **~dose** f (Film) / reel container ‖ **~druckmaschine** f / bobbin-printing machine ‖ **~durchmesser** m (Textil) / bobbin o. package diameter ‖ **~durchmesser-Anzeiger** m (Spinn) / bobbin diameter indicator ‖ **~ende** n (DV) / end of reel o. tape ‖ **~endemarke** f (für Spulenwechsel) (Film) / change-over cue ‖ **~endemarke** f (DV) / end-of-reel marker ‖ **~etikett** n (Magn.Bd) / volume label ‖ **~färbung** f (Textil) / pack[age] dyeing ‖ **~feld** n (Fernm) / pupinization o. loading section ‖ **~feld** n (Web) / bobbin bay o. frame ‖ **~feld-Ergänzung** f (Fernm) / loading section complement ‖ **~flansch** m (Textil) / spool head o. flange ‖ **~fluß** m / flux linking of a coil ‖ **~fuß** m (Textil) / base of a bobbin ‖ **~gabel** f, -trägerarm m (Textil) / bobbin carrier frame, bobbin holder ‖ **~galvanometer** n / moving coil galvanometer ‖ **~gatter**, -gestell n (Textil) / bobbin creel, warp creel, spool rack ‖ **~gatterstift** m (Spinn) / creel peg ‖ **~gehäuse** n (Nähm) / bobbin case ‖ **~gewicht** n / reelage, weight of bobbin ‖ **~güte** f / coil Q, merit of a coil ‖ **~halter** m (Elektr) / coil frame o. base ‖ **~halter** (DIN), Spulenträger m (Spinn, Kreuzspulen) / bobbin o. spool carrier o. holder ‖ **~halter** m, Hülsenaufnehmer m (Schußspulen) / pirn butt o. holder ‖ **~halter** m (Schärmaschine) / package holding device ‖ **~hülse** f (Web) / bobbin case o. tube, package tube ‖ **~kapsel** f (Nähm) / bobbin case ‖ **~kapselklappe** f, Kapselklappe f (Nähm) / bobbin retainer, bobbin latch ‖ **~kasten** m (Elektr) / coil box ‖ **~kasten**, Pupinspulenkasten m (Fernm) / loading coil case o. pot ‖ **~kasten** m, -körper, -träger m für Feldspulen (Elektr) / field spool box ‖ **~kern** m (Elektronik) / coil core o. slug ‖ **~kern** m (Elektr) / inductor core ‖ **~kette**, -leitung f (Fernm) / low-pass filter ‖ **~klemme** f (Webschützen) / jaw, pirn clamp ‖ **~klemme** f (Webschützen) / pirn clamp ‖ **~kopf** m (der einzelnen Spule) (Elektr) / coil end ‖ **~kopf** m, Wicklungskopf m (Elektr) / [armature] end windings o. end connections o. end turns pl, overhang ‖ **~kopf** m (Textil) / pirn head, bobbin butt ‖ **~körper**, -kern m (Elektr) / coil form[er] o. bobbin o. shell, spool ‖ **~körperantrieb** m (Spinn) / drive of packages ‖ **~nachfüllen** n (Web) / shuttling ‖ **~nachsatz** m (DV) / end-of-tape o. end-of-volume [trailer] label, ending tape label ‖ **~plan** m (Fernm) / loading scheme ‖ **~potentiometer** n / inductive potentiometer, ipot ‖ **~punkt** m (Fernm) / loading point ‖ **~rahmen** m, -gatter n, -register n (Textil) / creel ‖ **~rand** m, -scheibe f (Textil) / spool flange ‖ **~raum** m (Web) / cutout of shuttle ‖ **~satz** m (Elektr) / coil set o. assembly, coil

pack ‖ **~satz** m (Fernm) / loading unit ‖ **~seiten-Zwischenlage** f (Elektr) / coil side separator ‖ **~stift** m (Spinn) / creel spindle o. peg ‖ **~strecke** f (Web) / draw[ing] frame with bobbins ‖ **~telefon** n (Fernm) / moving coil receiver ‖ **~tisch**, -wagen m (Textil) / bobbin rail ‖ **~tisch** m (Stetigspinner) (Textil) / creel table ‖ **~topf** m (Elektronik) / screened coil ‖ **~träger** m (Kabelherst) / pay-off stand, cradle ‖ **~träger**, Spulenhalter m (DIN) (Spinn) / bobbin o. spool carrier o. holder ‖ **~trommel** f (Elektr) / coil turret ‖ **~vorsatz** m (DV) / beginning reel label o. tape label ‖ **~vorwiderstand** m (Instr) / swamping resistor ‖ **~wagen** m (Textil) / balling carriage, bobbin rail ‖ **~walze** f (Web) / bobbin cylinder ‖ **~wäsche** f (Textil) / package-washing ‖ **~wechsel** m (DV) / reel swapping ‖ **~wechsel** m (Web) / change of bobbins o. pirns ‖ **~wechselautomat** m (Textil) / cop changing loom ‖ **~weite** f in Nutteilungen (Elektr) / coil pitch ‖ räumliche **~weite** (Elektr) / coil span ‖ **~wickelmaschine** f / coil winder ‖ **~wicklung**, Drahtspule f (Elektr) / wire-wound coil ‖ **~widerstand** m / inductive resistance ‖ **~windung** f / turn of a coil ‖ **~zuführung** f (Textil) / bobbin loader **Spuler** m, Spulerin f (Arbeiter) / bobbin operator ‖ ~ (Nähm) / bobbin winder **Spulerei**, Wickelei f (Spinn) / winding room o. department **Spül·fahrzeug** n / flusher ‖ **~flotte** f (Färb) / rinsing water ‖ **~flüssigkeit** f (Öl) / drilling fluid ‖ **~gas** n (Hütt) / circulation gas ‖ **~gas** m (Mot) / flush (US) o. scavenging gas ‖ **~gas** n (Nukl) / sweep gas ‖ **~gebläse** n / scavenging blower ‖ **~grad** m (Mot) / scavenging ratio ‖ **~gut** n (Bergb) / material for hydraulic packing ‖ **~gut** n (Färb) / rinsing stock, goods to be rinsed pl ‖ **~hub** m (Mot) / scavenging stroke **Spülicht**, Küchenabwasser n / swill **Spül·kanal** n (Hydr) / sluice ‖ **~kante** f (Glasofen) / flux line ‖ **~kasten** m (WC) / flushing o. rinsing box, toilet o. water tank, waste preventer ‖ **~aufgesetzter ~kasten** / close-coupled cistern ‖ **~kasten-Klosett** n (Bau) / hopper type WC ‖ **~kippanlage** f (Bergb) / discharge rinsing plant ‖ **~kippe** f (Bergb) / flushing dump ‖ **~kippleitung** f (Bergb) / discharge rinsing pipe ‖ **~klappe** f (Kanalisation) / flushing flap ‖ **~klosett** n / flush toilet, wash-down closet ‖ **~kopf** m (Bergb) / flushing head ‖ **~kopf** m, -wirbel m (Öl) / [rotary] swivel ‖ **~küche** f (Bau) / scullery ‖ **~leitung** f (Mot) / scavenging conduit o. duct ‖ **~leitung** f (Bau) / flushing pipe ‖ **~luft** f (Mot) / scavenging air ‖ **~[luft]kasten** m (Diesel) / air box (US) o. chest (GB) ‖ **~[luft]schlitz** m (Mot) / scavenging [air] port **Spulmaschine** f (Spinn) / spooling frame, spooler **Spülmaschine** f (Textil) / rinsing machine **Spul·maschine** f, Kettenspulmaschine f (Spinn) / bobbin frame o. winder ‖ **~maschine** f, Schußspulmaschine f (Web) / pirn o. weft winder o. winding machine **Spül·maschine** f, Geschirrspüler m / dish washer ‖ **~maschine** f für Flaschen / bottle rinsing o. cleansing o. washing machine **Spulmaschinenspindel** f / spindle of the winding machine **Spül·mittel** n / flushing agent ‖ **~mittel** n (Ölbohrung) / oil well fluid, scavenger ‖ **~motor** m (Masch) / scavenger ‖ **~öl** n / flushing oil o. filling, scavenge oil **Spulöl** n (Spinn) / coning oil, winding oil **Spül·ölleitung** f / scavenge oil pipe ‖ **~ölschmierung** f / flood lubrication ‖ **~programm** n (Geschirrspüler, Waschm.) / washing program[me] ‖ **~pumpe** f (Mot) / scavenging pump ‖ **~pumpe** f (Bergb) / rinsing pump ‖ **~pumpe** f (Ölbohrung) / drilling fluid pump **Spulrahmen** m (Textil) / bobbin creel **Spül·rinne** f (Hydr) / rinsing channel ‖ **~rohr**, Schwenkrohr n / scouring pipe ‖ **~schieber** m, -klappe f / scouring [slide] valve ‖ **~schlamm** m (Drehbohren) / mud, drilling fluid, slush ‖ **~schlamm-Pumpe** f (Rot. Bohren) / slush pump, mud pump ‖ **~schleuse**,

Einflußschleuse f / inlet sluice, scouring sluice ‖ ⌃schlitz m (Mot) / scavenging port ‖ ⌃stange f (Öl) / kelly, grief stem
Spulstelle f (Textil) / pirn o. winding head
Spül·stoß m (Waschm.) / dewrinkle cycle ‖ ⌃tisch m (Bau) / sink, scullery o. rinsing table ‖ ⌃tischeinsatz m / sink basin ‖ ⌃tropfkörper m (Abwasser) / high-rate trickling filter ‖ ⌃trübe f (Öl) / mud ‖ ⌃umlauf m (Hydr) / scavenging culvert
Spülung f / rinsing, washing, flushing ‖ ⌃, Auswaschen n / scouring, scour ‖ ⌃, Spülverfahren n (Mot) / scavenging ‖ ⌃ (Ölbohrung) / oil well fluid ‖ ⌃, Spülvorrichtung f (Klosett) / flushing installation
Spülungs·fachmann m (Ölbohrung) / mud engineer
Spül·ventil n / valve tap o. syphon, flush valve ‖ ⌃versatz m (Bergb) / hydraulic o. water stowing o. packing, pumped tailings fill ‖ ⌃versatzleitung f / hydraulic stowing pipe ‖ ⌃wasser n (WC) / flushing o. rinsing water, washwater ‖ ⌃wasser n (für Reinigung) / scouring water ‖ ⌃wasser n (Bohren, Bergb) / flushing water ‖ ⌃wasser n, Transportwasser n (Aufber) / flushing water ‖ ⌃wasser n, Spülicht n, Abwasser n / slop, slops pl, sloppy water, rinsings pl, dish water [rinsings] ‖ ⌃wasser n (Öl) / flush water ‖ ⌃wasser, Abwasser n / sullage, sewage ‖ ⌃wasserbehälter m (bes. für automatisches Spülen) / flushing tank ‖ ⌃wasser[bohr]kopf m (Bergb) / water flush drill head ‖ ⌃wassermenge f / flush ‖ ⌃wirbel m, -kopf m (Öl) / [rotary] swivel
spunbonded Vlies, Spinnvlies n (Plast) / spunbonded fabric
Spund m (Faß) / bung, plug ‖ ⌃ (Hütt, Gieß) / shutter ‖ ⌃ (Schiff) / hawse block o. plug ‖ ⌃behälter (ein Container) / tight-head drum, steel drum with tight head ‖ ⌃bohle f / sheet pile, grooved and tongued pile, pug pile ‖ 7/8" ⌃brett n (Bau) / sheeting
spunden, mit Nut u. Spund verbinden (Tischl) / plough and tongue together, tongue [and groove], feather ‖ Bretter ~ und federn / double-groove and -slip planks
Spund·hefe f, Hut m (Brau) / top barm ‖ ⌃hobel m (Tischl) / plough and tongue plane, tongue plane, slit deal plane ‖ ⌃loch n / bunghole, bung ‖ ⌃maschine f (Zimm) / grooving and tongueing machine ‖ ⌃pfahl m / sheet[ing] pile ‖ ⌃[pfahl]wand f (Hydr) / pile planking, paling, sheet piling
Spundung f, Nut und Feder f (Tischl) / groove and tongue, tongue-and-groove joint
Spundwand, Larssenwand f / [Larssen's] sheet piling ‖ runde ⌃ / circular sheet pile cell ‖ ⌃bauwerk n / sheet pile retaining wall, pile dike (US) ‖ ⌃bohle f / sheet pile, grooved and tongued pile ‖ ⌃kasten m / sheet pile casing ‖ ⌃klammer f / clamp for sheet piling ‖ ⌃ramme f / sheet pile driver ‖ ⌃schürze f / enclosure of [sheet] piles ‖ ⌃stahl m, -wandprofil m / steel sheet pile, piling steel ‖ ⌃zelle f / sheet pile cell
Spundzapfen m (Faß) / bung, plug
Spur f, Rad-, Wagenspur f / track, trace, trail ‖ ⌃, Eindruck m / print ‖ ⌃, Spurweite f (Bahn) / gauge, track ‖ ⌃ (Math, Chem) / trace ‖ ⌃ (Radar) / sweep, trace ‖ ⌃ (Magn.Bd) / channel, track ‖ ⌃en f pl / trace amounts pl ‖ ⌃ f auf dem Negativ / strip, stripe, streak ‖ ⌃ einer Matrix (Math) / spur of a matrix ‖ ⌃en f pl je Zoll / tracks per inch pl, tpi ‖ ⌃ mit veränderlicher Breite u. Dichte (Phono) / squeeze track ‖ ⌃ f vorn [,hinten] (Kfz) / front [,rear] track ‖ eine ⌃ einteilen (Magn.Bd) / format a track ‖ einer ⌃ folgen o. nachgehen / track v, trace ‖ hinterlassene ⌃, Rest m / vestige, trace ‖ ⌃abnutzung f (Straßb) / tracking ‖ ⌃abstand m (des einzelnen Loches) (Lochstreifen) / track positioning ‖ seitlicher ⌃abstand, Spurteilung f (DIN) (Mag.Bd) / track pitch ‖ ⌃adresse f (DV) / track adress, home adress ‖ ⌃arbeit f (Hütt) / concentration, concentrating, preparation ‖ ⌃aufbau m (Mil) / track generation ‖ ⌃differenzwinkel, Ackermanneffekt m (Kfz) / relative steering angle ‖ ⌃einstellmutter f (Kfz) / track adjusting nut ‖

⌃einstellung f (Tonband) / tracking ‖ ⌃element n (Bereich eines Bits) (DV) / spot, track element
spuren, das Geleise halten / follow the rut o. the track, keep in the track, track ‖ ⌃, Spurschreiben n (DV) / inking ‖ ⌃ (Hubschrauber) / tracking of the blades
spüren / sense v, detect
Spuren·analyse f (Chem) / trace analysis ‖ ⌃autoradiographie f (Nukl) / track counting radiography ‖ ⌃chemie f / microchemistry, trace chemistry ‖ ⌃element n (Chem) / trace element, micronutrient ‖ ⌃elementedünger m / micronutritient fertilizer ‖ ~förmige Verschmutzung f / trace contaminat ‖ ⌃gruppe f (Magn.Bd) / band ‖ ~haft, -weise / vestigial, -iary ‖ ⌃kammer f (Nukl) / track chamber ‖ ⌃metall n (Hütt) / trace metal ‖ ⌃nachweis m / determination of trace amounts ‖ ⌃prüfer m (Gas) / gas trace detector ‖ ~weise, in Spuren / in traces
Spur·erweiterung f (Bahn) / amplification o. widening of the gauge ‖ ⌃erweiterung f (Betrag) (Bahn) / excess width of track gauge ‖ ⌃erweiterung f in Kurven (Bahn) / gauge-clearance in curves ‖ ⌃fahren n (Straßb) / tracking ‖ ⌃fehler m (Luftf, Prop) / out-of-track, tracking error ‖ automatische ⌃folgeregelung, DTF (TV) / dynamic track following ‖ ⌃führung f, Spuren, Spurhalten n / tracking
Spürgas n / tracer gas
spur·gebunden / railborne, guided ‖ ~gebundenes Luftkissenfahrzeug / tracked air-cushion vehicle, TACV ‖ ⌃gerade f (Math) / trace of a plane
Spürgerät n (allg) / detector
Spur·gruppe f (Magn.Bd) / band ‖ ⌃haltedraht m (Fahrleitung) / brace of the contact line ‖ ⌃halter m, Seitenhalter m (Bahn) / pressure registration arm ‖ ⌃halter m, Ankerarm m (Bahn, Fahrleitung) / anchor arm ‖ ⌃halter m, -stange f (Bahn, Schienen) / guard rail tie bar ‖ ⌃haltigkeit f / tracking o. steering stability ‖ ⌃haltung f, Spurtreue f (Kfz) / tracking o. steering stability ‖ ⌃index m (DV) / track index ‖ ⌃kennblock m (DV) / track description record ‖ ⌃kontroll-Informationsbereich m (DV) / descriptive region ‖ ⌃kranz m (Bahn) / wheel flange ‖ ⌃kranzabstand m / wheel gauge between rubbing faces of wheel flanges ‖ ⌃kranzanlauf m / striking of the flange against the rail head ‖ ~kranzloses Rad (Bahn) / flangeless wheel ‖ ⌃kranzreibung f (Bahn) / friction o. rubbing of flanges ‖ ⌃[kranz]rille f (im Gleis) / flange groove o. way ‖ kleinster ⌃kreisdurchmesser (Kfz) / minimum turning track diameter ‖ ⌃lage f, -lageneinstellung f (Magn.Bd) / track placement o. position, tracking ‖ ⌃lager n / footstep bearing, step bearing o. block ‖ ⌃latte f (Bergb) / gliding beam, guide [rail o. rod] ‖ ⌃latte f (Aufzug) / guide rail o. rod ‖ ⌃lehre f (Bahn) / track alignment gauge, rail gauge template ‖ ⌃leser m / trace reader ‖ ⌃lockerer m (Landw) / track loosener, wheel mark eliminator ‖ ⌃meßgerät m (Bahn) / distance o. spacing gauge o. rule[r] ‖ ⌃ofen m / gutter furnace ‖ ⌃plan-Drucktastenstellwerk n (Bahn) / push-button and track-diagram signal box ‖ ⌃plättchen n (zum Ausrichten) / adjusting clip ‖ ⌃platte f (Masch) / breast plate ‖ ⌃punkt m (Math) / piercing point trace ‖ ⌃punkt, Subsatellitenpunkt m (Raumf) / subsatellite point ‖ ⌃räumer für Traktoren m (Landw) / crop divider, track clearer ‖ ⌃rille, Rillenweite f in der Kreuzung (Bahn) / switch opening ‖ ⌃ring m (Lager) / oil ring, lubricating ring ‖ ⌃rinne, -rille f / rail groove
Spurrit m (Min) / spurrite
Spur·rolle f (Bergb) / guide roll ‖ ⌃scheibe f (Lager) / thrust collar ‖ ⌃schreiben n, Spuren (DV) / inking ‖ ⌃stange f (Kfz) / steering tie rod (US) o. track rod (GB), tie (US) o. track (GB) rod, spindle connecting rod (US), connecting tie rod (US), cross-tube ‖ ⌃stange f, -halter m (Bahn) / guard rail tie bar ‖ ⌃stangenhebel m (Kfz) / steering knuckle arm (US), track rod lever (GB) ‖

⌐**stangenkopf** *m* (Kfz) / tie rod end o. yoke (US), track rod end (GB) ‖ ⌐**stein** *m* (eisenfreier Kupferstein) / white metal ‖ ⌐**steuerung** *f* (Mag.Bd) / tracking control ‖ ⌐**teilung** *f* (DIN), seitlicher Spurabstand (Mag.Bd) / track pitch ‖ ⌐**teilung** *f* (Mittellinienabstand der Spuren) (Lochstreifen) / track spacing ‖ ⌐**überschreitung** *f* (Plattenspeicher) / track overrun ‖ ⌐**umschaltung** *f* (Magn.Bd) / track switching ‖ ⌐**verbindung** *f,* Satzüberlauf *m* (Plattenspeicher) / record overflow ‖ ⌐**verbindungseinrichtung** *f* (DV) / record overflow feature ‖ ⌐**verengerung**, -zusammenziehung *f* (Bahn) / gauge tightening o. narrowing ‖ ⌐**verfolgung** *f* / tracking ‖ ⌐**verfolgungsdiagramm** *n* / track display plot ‖ ⌐**verstellung** *f* (Landw) / track width adjustment ‖ ⌐**verteilung** *f* (Phono) / track pitch ‖ ⌐**verzerrung** *f* (Plattensp.) / tracing distortion ‖ ⌐**wagen** *m,* Lore *f* (Bahn) / [platelayer's] trolley ‖ ⌐**wahl** *f* (Magn.Bd) / channel selection ‖ ⌐**wechsel** *m* (Kfz) / toe change (SAE) ‖ ⌐**wechselbahnhof** *m* / change-of-gauge station ‖ ⌐**wechselradsatz** *m* / wheelset of adjustable gauge ‖ ⌐**wechselsatz** *m* (Plattenspeicher) / non-home record ‖ ⌐**wechselspeicher** *m* (DV) / continuation store ‖ ⌐**weite** *f,* Spur *f* (Bahn) / gauge, gage (US), rail ga[u]ge ‖ ⌐**weite** *f* (Kfz, Luftf) / track [gauge], tread, wheel gauge ‖ ⌐**weite** *f* **00** / 00 gauge ‖ ⌐**weite** *f* **in Achs[schenkel]höhe** (Kfz) / toe ‖ ⌐**weitenverringerung** *f* (Kfz) / tuck-under ‖ ⌐**wiederherstellung** *f* (DV) / track recovery ‖ ⌐**winkel** *m* (Kfz) / trail angle ‖ ⌐**zapfen** *m* (Masch) / pivot (o. lower gudgeon) of an upright shaft, vertical journal ‖ ⌐**zapfen** *m,* Halszapfen *m,* stehender Zapfen (Masch) / upper gudgeon of a vertical shaft ‖ ⌐**zustandskontrolle** *f* (Magn.Bd) / track check

Sputter-Ätzen *n* (für IC) / sputter-etching of IC's
Sputtern *n,* Zerstäuben *n* (Nukl) / sputtering
SQK = statistische Qualitätskontrolle
SQ-[Matrix-]Verfahren *n* (Phono) / SQ-matrix system (= stereo quadraphonic)
Squalen *n* (Chem) / squalene
Squelch *m,* Geräuschsperre *f* (Elektronik) / squelch [circuit]
Squid *m n,* Schluckform *f* (Fallschirm) / squid
SR = Sicherheitstechnische Richtlinien
SRAAM = short range air-air missile
SRAM-Chip *m* (= statisches RAM) (DV) / SRAM chip (= static random access memory)
SR-Benzin, Top-Benzin *n* / straight-run gasoline
SRG-Methode *f* (= Sommers-Ruhrgas) / SRG-method (of converting gas burners)
SRIM, Struktur-Reaktionsspritzguß *m* / SRIM, structured reaction injection moulding
S-Ring, Ölschlitzring *m* (Mot) / S-ring, slotted oil control ring
SRK, Spannungsrißkorrosion *f* / stress corrosion cracking
SRK-Riß *m* / stress corrosion crack
SRL, strukturierte Robotersprache / SRL, structured robot language
S-Rohr, S-Stück, Sprungrohr *n* / ess pipe o. tube, S pipe, offset ‖ ⌐, Schwanenhals *m* / swan-neck
SS (DV) = Schnittstelle
S-Säure *f* (Färb) / S-acid
SSB, Serialer Systembus (DV) / SSB, serial system bus
SS-Format *n* (DV) / SS-format (storage-storage)
SSI *f,* geringe Integration (Halbl) / small-scale integration, SSI
S-Signal, -Gemisch *n* (TV) / composite synchro signal
SSME, Hauptantrieb *m* des Space Shuttle / SSME (= space shuttle main engine)
SS-Qualität, von ⌐, naturhart (Stahl) / self-hardening
SS-Stahl *m* / self-hardening steel
S[S]VO = Strahlenschutzverordnung
S.-S.-Wert, Wert Spitze-Spitze (TV, Elektronik) / peak-to-peak value, pp.-value
staatlich·er Angestellter / government worker, Federal Government worker (US) ‖ ~**e Bauten** *pl* / public works *pl*

Staats·bahn *f* / state railroad, national railway ‖ ⌐**straße** *f* / highway, highroad ‖ ⌐**straße** (in DDR), Fernverkehrsstraße *f* / state road
Stab *m,* Stange *f* / rod, bar ‖ ⌐, Stecken *m* / staff (pl: staffs, staves), stick ‖ ⌐, Sprosse *f* / stave ‖ ⌐, Glied *n* (Stahlbau) / bar, member ‖ ⌐ (Zerreißversuch) / specimen, test piece ‖ ⌐ (Plast) / rod ‖ ⌐... s. auch Stabstahl ‖ ⌐ **des Rechenschiebers** / beam of side rule ‖ ⌐ **des Thermometers** / stem ‖ ⌐ **einer Jalousie** / slat of a shutter ‖ **dünner** ⌐ / rod, flexible o. slender stick ‖ ⌐**abschnitt** *m* (Walzw) / length of rounds ‖ ⌐**achse** *f* (Stahlbau) / axis of a member ‖ ⌐**anker,** -läufer *m* (Elektr) / bar [wound] armature, [squirrel-]cage armature o. rotor ‖ ⌐**anschluß** *m* (Stahlbau) / bar joint o. connection ‖ ⌐**antenne** *f* / bar o. rod o. flagpole antenna, vertical whip ‖ ⌐**ausdehnungsthermometer** *n* / solid expansion thermometer ‖ ⌐**auswurf** *m,* -ausstoß *m* (Nukl) / control rod ejection ‖ ⌐**band** *n* (Fördertechn) / bar conveyor ‖ ⌐**bank** *f* (Reaktor) / control rod bank ‖ ⌐**batterie** *f* / torch battery (GB), flashlight o. penlite battery (US), cylindrical battery
Stäbchen *n* / little rod ‖ ⌐ **u. Zäpfchen** (im Auge) *n pl* / rods and cones *pl* ‖ ⌐**bakterie** *f* / [rod-shaped] bacillus (pl.: bacilli) ‖ ~**förmig** / rod shaped ‖ ⌐**gleitung** *f* (Krist) / translation gliding ‖ ⌐**platte** *f* (Tischl) / laminboard
Stab·dosimeterwert *m* / dose determined by pen dosimeter ‖ ⌐**-Dosismesser** *m* / pen dosimeter ‖ ⌐**drucker** *m* (DV) / bar printer ‖ ⌐**elektrode** *f* (Schw) / stick electrode ‖ ⌐**element** *n* (Reaktor) / rod ‖ ⌐**element** *n* **in schmaler Form** (Elektr) / penlight cell
stäben, profilieren (Holz) / mould, flute
Stab·erder *m* (Elektr) / earthing rod ‖ ⌐**fall** *m* (Nukl) / rod drop ‖ **[Dreh]**~**federung** *f* / torsion bar suspension ‖ ~**förmig,** in Stäben o. Stabform / in bars, bar-shaped, rod-shaped ‖ ~**förmiges Thermoelement** / thermocouple needle ‖ ⌐**fußboden** *m,* Bandparkett *n* / inlaid strip floor ‖ ⌐**gitter** *n* / bar grate ‖ ⌐**hobel** *m* / nosing plane, round plane ‖ ⌐**hobel** *m,* Rund[stab]hobel *m* / beading plane ‖ ⌐**hygrometer** *n* / sword hygrometer
stabil, standfest / solid, stable, steady ‖ ~, beständig (Chem) / stable, permanent ‖ ~ **durch elektrische Ladung** / electrocratic ‖ ~**es Gleichgewicht** / stable equilibrium ‖ ~**es Indikatorisotop** / stable tracer ‖ ~**e [Kreis]bahn** (Teilchen) / equilibrium orbit ‖ ~**er Zustand** / stable state ‖ ~**er Zustand** (Elektr) / steady state ‖ ⌐**folie** *f,* Polyesterfilm *m,* Mylar o / mylar film ‖ ⌐**glühen** *n* (Hütt) / stabilizing [anneal], stabilization annealing
Stabilisationsröhre *f* (Elektronik) / ballast tube
Stabilisator *m* (allg) / stabilizer ‖ ⌐, Stabilisierungsmittel *n* (Chem) / stabilizing agent, stabilizer ‖ ⌐ (Kfz) / antiroll bar, stabilizing bar, stabilizer ‖ ⌐, Inhibitor *m* (Öl) / gum inhibitor ‖ ⌐**diode** *f* / voltage regulator diode ‖ ⌐**röhre** *f* / stabilizer tube
stabilisieren / stabilize, make stable ‖ ~, phlegmatisieren / stabilize explosives ‖ ~, raumfest machen (Raumf) / de-spin ‖ ⌐ *n,* Stabilisierung *f* / stabilization
stabilisierend·e Rückführung (Elektronik) / stabilizing feedback
Stabilisierkreis *m* / stabilizing circuit
stabilisiert·er Latex / stabilized latex ‖ ~**es Netzteil** / stabilized power pack ‖ ~**e Plattform** (Raumf) / stabilized o. stable platform ‖ ~**e Spannungsquelle** (Elektronik) / regulated power supply ‖ ~**er Steuersender** (Elektronik) / SMO, stabilized master oscillator
Stabilisierung *f,* Stabilisation *f* / stabilization ‖ ⌐ **durch Regelung, [durch Steuerung]** (Stromversorgg) / closed, [open] loop stabilization ‖ ⌐ **einer Bindung** (Chem) / tightening of a compound, stabilization ‖ ⌐ **u. Lageänderung durch kleine Triebwerke** (Raumf) / RCS, reaction control system
Stabilisierungs·anlage *f* (Öl) / stabilizing plant o. unit ‖ ⌐**drossel** *f* (Elektr) / stabilizing choke ‖ ⌐**fallschirm** *m* /

stabilizing parachute ‖ ⌐**fläche**, -flosse *f* / stabilizer, balancing o. stabilizing fin o. surface ‖ ⌐**flossen-Verstellung** *f* / stabilizing trimming gear ‖ ⌐**glühen** *n* (Stahl) / stabilization [annealing] of steel ‖ ⌐**glühen** *n* (Leichtmetall) / stabilizing ‖ ⌐**kern** *m* (Bau) / central core of strength ‖ ⌐**mittel** *n*, Stabilisator *m* / stabilizing agent, stabilizer ‖ ⌐**schwungrad** *n* (Raumf) / momentum wheel ‖ ⌐**teich** *m* (Abwasser) / wash stabilization pond, raw lagoon ‖ ⌐**triebwerk** *n* (Raumf) / stabilizing thruster ‖ ⌐**wicklung** *f* / stabilizing winding ‖ ⌐**widerstand** *m* / ballast resistance

Stabilität, Festigkeit *f* / stability, solidity, fixity ‖ ⌐ *f* **der Erregeranordnung** (Elektr) / excitation-system stability ‖ ⌐ **eines Servosystems** o. **Regelkreises** / servo stability ‖ ⌐ **nach Einknicken erreicht** / buckled self equilibrium

Stabilitäts·arm, -hebel *m* (Luftf) / stability [lever] arm ‖ ⌐**bedingung** *f* / stability condition ‖ ⌐**-Derivativ[um]** *n* (Luftf) / stability derivative ‖ ⌐**faktor** *m* (Radio) / stability factor ‖ ⌐**grenze** *f* / stability limit o. bound ‖ ⌐**kriterium** *n* / stability criterion ‖ ⌐**problem** *n* / stability problem ‖ ⌐**zahl** *f*, SZ (Öl) / stability index

Stabilovoltröhre *f* (Elektronik) / stabilovolt [tube] /

Stab·isolator *m* / rod o. stick insulator ‖ ⌐**kardenrauhmaschine** *f* (Textil) / rod teaseling machine ‖ ⌐**kraft**, -spannung *f* (Stahlbau) / bar tension o. stress ‖ ⌐**lampe** *f* / electric torch (GB), flashlight (US) ‖ ⌐**leistung** *f* (Nukl) / rod power ‖ **lineare** ⌐**leistung**, Stableistungsdichte *f* (Nukl) / linear power density ‖ ⌐**magnet** *m* / bar magnet ‖ ⌐**mittellage** *f* (Sperrholz) / block core ‖ ⌐**mittellinie** *f*, -achse *f* / axis of a member ‖ ⌐**mühle** *f* (zum Zerkleinern) / rod mill (size reduction) ‖ ⌐**parkett** *n* / strip flooring ‖ ⌐**platte** *f* (Tischlerplatte) / laminated board, blockboard ‖ ⌐**profil** *n* (Holz) / profiled rod o. pole ‖ ⌐**rechen** *m* (Hydr) / bar screen ‖ ⌐**rohrmühle** *f* (Bergb) / rod tube mill ‖ ⌐**rost** *m* / bar grate, grizzly ‖ ⌐**rost** *m* (Textil) / dust bars *pl* ‖ ⌐**rost** *m* (Bau) / steel decking ‖ ⌐**rost** *m*, Stangenrost *m* (Aufber) / bar screen ‖ ⌐**spannung**, -kraft *f* (Stahlbau) / bar tension o. stress ‖ ⌐**stahl** *m* / hot rolled bar, merchant bar, (Sammelbegriff:) [steel] bars, [steel] rods *pl*, bar stock ‖ ⌐**stahl** *m*, Stangenmaterial *n* / bar stock ‖ ⌐**stahl in Ringen** / coiled bar ‖ ⌐**[stahl]schere** *f* (Wzm) / bar cutting machine o. cutter, bar shearing machine ‖ ⌐**stahlstraße** *f* (Walzw) / merchant bar train, train for rods o. bars o. rounds ‖ ⌐**[stahl]walzwerk** *n* / [merchant] bar [rolling] mill, small (o. light) section rolling mill, bar rolling mill ‖ ⌐**[stahl]walzwerk** *n* / bar rolling mill ‖ ⌐**strahler** *m* (Antenne) / polyrod antenna ‖ ⌐**thermometer** *n* / rod thermometer ‖ ⌐**thermometer** *n* **mit Graduation auf dem Stab** / thermometer graduated on the stem, stem thermometer ‖ ⌐**tuch** *n*, Lattentuch *n* (Textil) / lattice apron ‖ ⌐**vertauschung** *f* (Mech) / exchange of members ‖ ⌐**walze** *f* (eine Ackerwalze) / cage drum roller ‖ ⌐**wälzegge** *f* (Landw) / cage roller ‖ ⌐**wandler** *m* (Elektr) / bar-type current o. series transformer ‖ ⌐**weite** *f* **des Spaltsiebes** / opening ‖ ⌐**weitergabe** *f* (DV) / baton passing ‖ ⌐**werk** *n* (Mech) / girder with rigid and movable bearings ‖ ⌐**wicklung** *f* (Elektr) / bar winding

Stachel *m* / spine (zool), thorn (bot) ‖ ⌐, Dorn *m* / spike, thorn ‖ ⌐, Schnallendorn *m* / tongue of a buckle ‖ ⌐ **an Zäunen**, Eisenspitze *f* / spike of a fence ‖ ⌐ **des Stacheldrahtes** / barb o. point of barbed wire ‖ ⌐**bandeinrichtung**, -rad-, -walzeneinrichtung *f* (DV) / pin feed attachment, pin platen device ‖ ⌐**bandvorschub** *m* / sprocket drive, pin feed ‖ **mit** ⌐**bandvorschub** (DV) / sprocket-fed ‖ ⌐**dichte** *f* (Ballenöffner) / spike density ‖ ⌐**draht** *m* / barbed wire, barbwire ‖ **zweispitziger** ⌐**draht** / barbed wire with two points o. barbs ‖ ⌐**drahtzaun** *m* / barbed wire fence

stachelig, stachelförmig, dornig / spinate, spiniform, spinose, spinous

Stachel·radaufsatz *m* (DV) / above platen pin feed device ‖ ⌐**radtransport** *m* **für Formulare** / pin feed system ‖ ⌐**-Traktor** *m*, Stiftraupe *f* (Drucker) / pin feed tractor

Stachelwalze *f* (Baumwollsp) / carding roller, urchin, squirrel ‖ ⌐, Zuführ-, Speisewalze *f* (Spinn) / spiked feed roller ‖ ⌐, Reißwalze *f* (Spinn) / toothed o. spiked pulling roller ‖ ⌐ / pinfeed platen ‖ ⌐ (Drucker) / pin feed drum o. platen ‖ ⌐ (als Ganzes), -band *n* (DV) / pin feed platen

Stachel·walzenantrieb *m* (DV) / sprocket feed ‖ ⌐**walzenbrecher** *m* / toothed roll crusher ‖ ⌐**walzenmaschine** *f* (Add.m.) / barrel type calculating machine ‖ ⌐**walzwerk** *n* (Hütt) / kibbler rolls *pl*

Stachyose *f* (Chem) / stachyose

Stack *m*, Kellerspeicher *m* (DV) / stack, pushdown storage, cellar

Stackpointer *SP*, SP *m* (DV) / stack pointer, SP

Stadium *n*, Stand *m* / state, stage ‖ ⌐ (F.Org) / stage

Stadt *f* **mit nur Kabelfernsehen** (TV) / wired city ‖ ⌐**autobahn** *f*, -schnellstraße *f* / city expressway ‖ ⌐**bahn** *f* / metropolitan railway o. line, city o. urban railway o. railroad ‖ ⌐**bauplanung** *f*, -bebauungsplan *m* / city o. town [improvement] planning ‖ ⌐**druckregler** *m* (Gas) / station governor o. regulator

Städte·bau *m* / city o. town construction ‖ ⌐**bauer** *m* / urbanist, city planner

städtebaulich / urbanistic ‖ ~**e Neugestaltung** / urban redevelopment ‖ **Bebauung nach** ~**en Grundsätzen** / planning of areas to be urbanized, urbanization

Stadt·entsorgung *f*, Städtereinigung *f* / public cleansing, refuse removal, city sanitation ‖ ⌐**entsorgung**, Kanalisation *f* / municipal sewage removal o. disposal

Städte·sanierung *f* / slum clearance ‖ ⌐**schnellverkehr** *m* / high-speed intercity traffic

Stadt·fahrt *f* (Kfz) / urban drive ‖ ⌐**gas** / city o. town gas ‖ ⌐**gas aus Erdöl** / town gas from oil ‖ ⌐**gebiet** *n* / municipal o. city o. town area, town zone (US) ‖ ⌐**gespräch** *n* (Fernm) / local call ‖ ⌐**gespräch** *n*, Ortsgespräch *n* (Fernm) / unit-fee call (GB), local call

städtisch / city..., town..., municipal, urban ‖ ~**e Abwässer** *n pl* / urban sewage ‖ ~**e Abwässer** *n pl* / municipal wastewater, municipal effluents *pl* ‖ ~**er Angestellter**, städtische Angestellte *f* / local government employee o. worker ‖ ~**es Bad** / city-built swimming pool ‖ ~**e Berufsfeuerwehr** / fire department ‖ ~**e Betriebe** / municipal works o. services ‖ ~**en Charakter verleihen** / urbanize ‖ ~**e Gasanstalt**, städtisches Gaswerk / town gas works ‖ ~**er Innenraum** / area of the urban center ‖ ~**es Wasserwerk** / public o. city water works ‖ ~**e Werke**, Stadtwerke *n pl* / municipal [electric, gas and water] works *pl*, public service enterprises, municipal services *pl*

Stadt·kern *m* / central city, city core ‖ ⌐**kern** *m* / core of a city o. town ‖ ⌐**kupee** *n* (Kfz) / brougham, town coupé (US) ‖ ⌐**licht** *n* (Kfz) / city light ‖ ⌐**omnibus** *m* / city bus, urban motorbus ‖ ⌐**-Omnibusbahnhof** *m* (für Flughafenverkehr), Stadt-Terminal *m* / city terminal ‖ ⌐**plan** *m* / city map ‖ ⌐**planung** *f* / town o. city planning, urbanism ‖ ⌐**rohrpost** *f* / city-wide pneumatic tube systems *pl* ‖ ⌐**umland** *n* / city neighbourhood ‖ ⌐**verschönerung** *f* / improvement of local amenities, city o. town improvement ‖ ⌐**viertel** *n* / district ‖ ⌐**zentrum** *n*, Innenstadt *f* / centre of town (GB), downtown (US) ‖ ⌐**zyklus** *m* (Verbrauch) / city cycle

Staedelerkühler *m* (Chem) / Staedeler condenser

Staffel *f* (allg) / graded scale ‖ ⌐, gestaffelte Stellung *f* / staggering ‖ ⌐ (Walzw) / group of stands ‖ ⌐ (Mil) / echelon ‖ ⌐ (Südd., Stufenweg) / corded way ‖ ⌐**betrieb** *m*, Staffelung *f* (Fernm) / staggered o. echelon working ‖ ⌐**bruch** *m*, Treppenverwerfung *f* (Geol) / step fault ‖ ⌐**form** *f* / staggered form ‖ ⌐**läufer** *m* (Elektr) /

staggered slot rotor ‖ ⌐loch n (Schablone) / pile hole ‖
⌐methode f (DV) / compound calculation of interests
staffeln (Fernm) / grade, stagger ‖ ⌐ n (Bahn, Stöße) /
staggering ‖ ⌐ **der Arbeitszeit** / staggering of working
hours
Staffel·summe f (LoKa) / progressive total ‖ ⌐**tarif** m /
differential tariff, step rate ‖ ⌐**tarif-Münzautomat** m
(Elektr) / step-rate prepayment meter
Staffelung f, **Staffel**... / echelon ‖ ⌐, Abstufung f /
grading, graduation, staggering ‖ ⌐, Seiten- o. Längen-
o. Höhenstaffelung (Luftf) / separation ‖ ⌐ (Verm) /
stepping ‖ ⌐ (Räumwz) / stepping ‖ ⌐ **der Tragflächen** /
stagger (multiplane) ‖ **zeitliche** ⌐ / staggering
Staffelungs·plan m (Fernm) / grading diagram
Staffel·walze f / stepped roll, staggered roll ‖ ⌐**walze** f
(Rechenm) / stepped cylinder, Leibniz wheel ‖ ⌐**walze** f
für Flachstahl (Walzw) / squabbing roll, staggered roll ‖
⌐**zone** f (Geol) / shear zone
Stag n (Schiff) / stay
stagnieren, stocken / become o. remain stagnant, stagnate
stagnierend, stillstehend / stagnant
Stagoskopie f, Tropfenschau f (Chem) / stagoscopy
Stahl m / steel ‖ ⌐, Abzichstahl m / tool sharpening steel
‖ ⌐, Drehmeißel m / tool ‖ ⌐..., bewehrt (Beton) /
armoured ‖ ⌐ **mit 0,005 % C** / zero-carbon steel ‖ ⌐
mit mehr als 0,3% C / hard steel ‖ ⌐ **mit**
eingewalztem Muster / pattern rolled steel ‖ ⌐ **mit**
geringer Hysterese / low hysteresis steel ‖ **aus**
Erzpulver erstellter ⌐ (Hütt) / cyclosteel ‖ **in**
⌐ **verwandeln** / steelify ‖ **mit** ⌐ **belegen** / steel v ‖
saurer ⌐ / acid steel ‖ **unvollständig desoxidierter** ⌐
(Hütt) / open steel ‖ ⌐**akku[mulator]** m / alcaline o. Ni-
Fe accumulator o. battery ‖ ⌐-**Alu[minium]-Seil** n /
steel cored aluminium conductor o. cable ‖
⌐**armierung** f (Bau) / steel reinforcement ‖ ~**artig**,
-ähnlich / steel-like, steely ‖ ⌐**artigkeit**, -härte f /
steeliness ‖ ⌐**ausbau** m (Bergb) / steel lining o. support ‖
⌐**ausbau** m (Schacht) / casing of a shaft, steel tubbing ‖
⌐**ausbaubogen** m **in Hufeisenform** (Bergb) / horseshoe
girder ‖ ⌐**ausbau-Rundbogen** m (Bergb) / circular steel
support ‖ ⌐**balg-Kompensator** m (Gasleitung) / steel
expansion joint ‖ ⌐**band** n / steel band o. strip o. hoop ‖
⌐ **band** n **für Waagen** / steel strip for scales ‖
⌐**bandage** f, -reifen m / steel tyre o. tire (US) ‖
~**bandagiert** / steel-hooped ‖ ⌐**bandaufnahme** f /
magnetic steel tape recording ‖ ⌐**bandbewehrung** f
(Kabel) / metal-armouring, hoop-steel armouring ‖
⌐**bandförderer** m, -förderband n / metal band
conveyor, steel belt conveyor ‖ ⌐**bandkupplung** f /
steel band coupling ‖ ⌐**bandleichtbau** m / light gauge
cold-formed steel design ‖ ⌐**band-Magnettongerät** n /
Stille machine ‖ ⌐**bandmaß** n (Verm) / band chain, steel
tape measure ‖ ⌐**bandsäge** f / metal band saw ‖ ⌐**bau** m
(pl.: -bauten) (Gebäude) / steel construction o. structure,
structural steel work ‖ ⌐**bau** m (Technik) / structural
steel engineering ‖ ⌐**baufirma** f / structural steel
works, steel fabricator ‖ ⌐**bauhalle** f / steel structure o.
steel-framed hall ‖ ⌐**baumonteur** m / ironworker ‖
⌐**bauteile** n pl (Bau) / structural steel elements pl ‖
⌐**bauwerkstatt** f / structural steel o. structural
engineering workshop ‖ ⌐**beratungsstelle** f / advisory
center for steel applications
Stahlbeton m / armoured concrete, reinforced concrete,
ferroconcrete, R/C ‖ ⌐**balken** m, -träger m / reinforced
concrete beam ‖ ⌐**bau** m, -konstruktion f / reinforced
concrete structure o. construction ‖ ⌐-**Förderturm** m
(Bergb) / ferroconcrete headgear ‖ ⌐**kern** m (Hydr) / core
of reinforced concrete ‖ ⌐**mast** m / reinforced concrete
pole ‖ ⌐**pfahl** m / reinforced concrete pile ‖ ⌐**platte** f /
reinforced concrete slab ‖ ⌐**rippendecke** f / reinforced
concrete slab and girder floor ‖ ⌐**schale** f / reinforced
concrete shell ‖ ⌐**skelett** n / reinforced concrete
framework ‖ ⌐**spundwand** f / reinforced concrete sheet

piling ‖ ⌐**sturz** m / concrete lintel ‖ **[senkrechte]**
⌐**stützwand** (Bau) / stalk ‖ ⌐**träger** m / reinforced beam
stahl·bewehrt, armiert (Bau) / reinforced ‖ ⌐**bildung**,
Verwandlung in Stahl f / acieration ‖ ⌐**blau** n / mineral
blue (ferric ferrocyanide) ‖ ~**blau** (RAL 5011) / steel
blue
Stahlblech, dickes ⌐, Grobblech n / steel plate ‖ **dünnes**
⌐, Feinblech n / steel sheet, sheet steel ‖ ⌐**emails** n pl /
vitreous and porcelain enamels for sheet steel pl ‖
⌐**gehäuse** n / sheet steel case ‖ ⌐**mantel** m,
-ummantelung f / sheet steel jacket o. envelope o.
casing ‖ ⌐**mantel** m (aus Grobblech) / steel plate jacket
o. envelope ‖ ⌐**panzer** m / sheet steel armo[u]r, steel
sheet armo[u]r ‖ ⌐**platte** f / sheet steel plate ‖ ⌐**rahmen**
m (Kfz) / sheet steel frame ‖ ⌐-**Scheibenrad** n (Kfz) /
sheet steel disk wheel ‖ ⌐**tafel** f / sheet steel plate, steel
sheet ‖ ⌐-**Werkstattwagen** m (für Werkzeuge) / all-
steel roll cabinet
Stahl·blockwalzwerk n (Hütt) / steel ingot rolling mill ‖
⌐**boden** m (Uhr) / steel back ‖ ⌐**bogen** m (Bergb) / steel
arch ‖ ⌐**bogenausbau** m (Bergb) / steel ring support ‖
⌐**bolzenkette** f (DIN 654) / pintle chain ‖ ⌐**bombe** f /
steel cylinder ‖ ⌐**brücke** f / steel bridge ‖ ⌐**draht** m /
steel wire, S.W ‖ ⌐**draht** m **für Nähnadeln** / needle
wire ‖ ~**drahtbewehrtes Kabel** / steel-wire armoured
cable ‖ ⌐**drahtkehrwalze** f / steel wire sweeping roller
‖ ⌐**drahtkorn** n / steel grit from wire ‖ ⌐**drahtlitze** f
(Textil) / steel wire heddle o. heald (GB) ‖ ⌐**[draht]seil**
n / steel wire rope ‖ ⌐**druckgefäßreaktor** m /
steel-[pressure] vessel reactor ‖ ⌐**einlage** f (Bau) / steel
reinforcement, armouring ‖ ⌐**einziehband** n / steel
fish[ing] tape o. pull-in tape ‖ ⌐**eisen** n (Hütt) / pig iron
for steelmaking process, steel iron o. pig ‖
⌐-**Eisen-Prüfblatt** n / steel test specification ‖
⌐**entgasung** f / steel degassing
stählern, von Stahl / steel, made of steel, steely, steel... ‖
~**er Leitungsmast** (Elektr) / pylon
Stahl·erzeugung, -fabrikation f / steel making,
manufacture of steel ‖ ⌐**fach** n, Safe m / safe ‖
⌐**fachwerk** n / steel structural o. structure work, steel
trelliswork ‖ ⌐**fachwerkwand** f / steel trelliswork
partition o. latticework partition ‖ ~**farben**, -farbig /
steel colo[u]red ‖ ⌐**faserbeton** m / steel fiber concrete ‖
⌐**faß** n / steel cask ‖ ⌐**feder** f / steel spring ‖
⌐**federung** f (Kfz) / steel springing ‖ ⌐**fenster** n / steel
window ‖ ⌐**fittings** n pl / steel [pipe] fittings pl ‖
⌐**fittings** n pl **zum Einschweißen** / butt welding steel
fittings pl ‖ ⌐**flachstraße** f (Straßb) / steel plate auxiliary
road ‖ ⌐**flasche** f / steel cylinder ‖ ⌐**folie** f / steel foil ‖
⌐**förderband** n / steel belt o. band ‖ ⌐-**Förderturm** m
(Bergb) / steel framed headgear ‖ ⌐**form** f (Gieß) /
metallic mould ‖ ⌐**[form]guß** m (Tätigkeit) / casting steel
‖ ⌐**[form]guß** m (Erzeugnis) / steel casting ‖
⌐**formmasse** f / moulding mixture for steel castings ‖
⌐**frischherd** m / steel finery [forge hearth] ‖ **in**
⌐**gehäuse** / steel-clad ‖ ⌐**gelenkkette** f / steel sprocket
chain, steel side bar bushed chain, engineering chain,
steel link chain ‖ ~**gepanzert**, mit Stahl bedeckt o.
bekleidet / steel plated o. coated, steel-clad ‖
⌐**gerippebau** m / framed steel structure, skeleton
construction ‖ ~**gestrahlt** / shot-blasted o. shot-peened
with steel ‖ ⌐**gießerei** f / steel casting foundry ‖
⌐**gießpfanne** f / steel casting ladle ‖ ⌐**gießwagen** m /
steel pouring ladle car ‖ ⌐**gliederband** n / steel plate
apron conveyor ‖ ~**grau** / steel grey ‖ ⌐**gürtelreifen** m
/ steel breaker tire ‖ ⌐**guß** m, -formguß m (Tätigkeit) /
steel casting ‖ ⌐**guß** m, -gußstück n / steel casting ‖
⌐**guß** m (als Gattung) / cast steel ‖ ⌐**gußform** f / mould
for casting steel ‖ ⌐**gußherzstück** n (Bahn) / cast steel
frog, steel cast frog ‖ ⌐**gußlegierung** f / alloyed cast
steel ‖ ⌐**guß-Scheibenrad** n (Kfz) / cast-steel disk wheel
‖ ⌐**gußstück** n / steel casting, cast steel blank o. part ‖
⌐**halter** m (Wzm) / tool holder o. block o. post (GB) ‖
⌐**hammerschlag** m / chips of steel pl ‖ ⌐**härte**,

-artigkeit f / steeliness || ~härtung f / hardening of steel || ~hochbau m (Bauwerk) / steel framed [super]structure, steel skeleton construction o. superstructure || ~hochbau m (Technik) / steel structural engineering || ~hochstraße f (Straßb) / elevated steel road || ~hüttenwerk n / steel mill o. works, steel making plant, melting shop || ~industrie f / steel industry || ~kabel n / steel cable || ~kammer f, Safe m n / [armoured] strong room, safe || ~kanister m / steel can || ~kappe f (Abbau, Bergb) / roof bar, steel bar || ~kappe f (Bergb) / steel bar || ~karde f (Spinn) / wire card || ~kern... / steel cored, SC || ~kies, -sand m, -korn n / steel grit o. pellets o. shot || ~kiesstrahlen n / steel grid blasting || ~klasse f, Stahlsorte f / steel grade || ~kohlen / convert iron into steel by carbonization || ~kohlen n / carbonization || ~konstruktion f, -fachwerk n / constructional o. structural steel work || ~konstruktion f (Gebäude) / steel construction o. structure || ~-Kordgewebe n (Kfz) / steel cord fabric || ~kordkarkasse f (Kfz) / steel cord casing || ~kordreifen m / steel cord tire || ~krone f (Bergb) / indented drilling head || ~kugel f / steel ball || ~kupfer n, Staku (Elektr) / copper-covered o.-clad steel, copper steel || ~-Kupfer-Leiter m, Staku-Leiter m / copper covered steel conductor || ~leichtbau m / light-gauge steel construction || ~leitplanke f (Straßb) / metal beam barrier || ~lineal n / metal rule || ~mantel m, -umhüllung f / steel jacket o. casing o. shell || ~mantelwalze f (Straßb) / smooth-wheeled roller || ~maßstab m / graduated metal rule || ~mast m, Hochspannungsmast m (Elektr) / steel mast o. tower, pylon || ~mast m (Schiff) / steel mast || ~mast in Teilen / steel sectional mast || ~meßband n / steel [measuring] tape o. band || ~möbel n pl / steel furniture || ~montageband n / steel band assembly conveyor || [rundköpfiger] ~nagel / steel hook || ~ofen, Zementierofen m / carburizing furnace || ~panzer m / steel casing o. case || ~panzer[isolier]rohr n (Elektr) / steel armo[u]red conduit, rigid conduit (US), metal conduit, screwed steel conduit || ~panzerrohr-Gewinde n / steel conduit thread || ~plattenband n / steel plate conveyor || ~plattenheizkörper m / steel plate radiator || ~plattiert (Walzw) / steel plated || ~plattierung f / steel plating || ~preßklemme f (Seil) / steel ferrule || ~profil n / steel profile o. shape || ~rammpfahl m / sheet[ing] pile || ~regal n / steel shelf || ~reifen m, -bandage f / steel tyre o. tire (US) || ~roheisen n / open-hearth pig iron, non-phosphorous pig iron || ~rohr n / steel tube o. pipe || ~rohrbau m / tubular steel construction || ~röhre f (Elektronik) / all-metal tube || ~rohr-Einschweißkappe f / steel tube butt welding cap || ~rohrgerüst n / tubular scaffold[ing] || ~rohrmast m / tubular steel pole || ~rohrmöbel n pl / steel tube furniture, tubular furniture || ~rohrstütze f (Bau) / tubular beam column, fabricated tubular beam column || ~rolladen m / metal roller blind || ~rot, Goldrot n (Galv) / steel glossing rouge || ~saite f / steel string, music[al] wire || ~saitenbeton m / prestressed concrete with thin wire armouring, Hoyer prestressed concrete || ~sand m / steel grit o. pellets o. shot || ~sanden n, -sandblasen n / steel-shot abrading, shot peening, cloud burst treatment || ~-Schachtring m (Bergb) / steel ring || ~scheibe f zum Diamantenschleifen / skive || ~scheibenmühle f (Landw) / plate mill || ~schiebedach n (Kfz) / steel sliding roof || ~schiene f / steel rail || ~schlauch m / flexible steel tube || ~schmelzofen m / steel melting furnace || ~schornstein m / steel smokestack || ~schrank m (ein Garderobenschrank) / steel locker || ~schrott m / steel scrap, steel scraps pl || ~schweißer m / welder for welding steel || ~schwelle f (Bahn) / steel sleeper o. tie (US) || ~seele f (Schleuderguß) / steel core || ~seil n / steel cable || dünnes ~seil / metallic o. steel cord, wire cord (US) || ~seilgurt m / steel cord belt ||

~seilreifen m / straight-sided tire (US), studded tyre (GB) || ~seilreifenfelge, Geradseitfelge f / straight-side rim || ~skelett, -gerippe n / steel frame o. framing || ~skelettbau m (Bauwerk) / steel framed [super]structure, steel skeleton construction o. superstructure || ~sorte f / steel quality, steel grading || ~späne m pl / steel chips pl || ~spiegel m (Hütt) / liquid-steel level || ~spritzer m (Hütt) / splash || ~spundwand f / steel sheet piling || ~stab m, -stange f / steel rod || ~stege m pl (Buch) / steel furniture || ~steindecke f (Bau) / ribbed floor with hollow stone fillers || ~stempel m (Bergb) / steel prop o. shore || ~stich m / steel engraving || ~stichimitation f / thermography || ~strahlanlage f / steel blast installation || ~streifenkolben m (Mot) / autothermic piston || ~träger m / steel girder || ~transportband n / steel belt o. band, steel belt conveyer || ~überbau m / steel superstructure || ~- und Metallschleifer m, Galvaniseur m / electroplater, galvanizer || ~unterlage f (Plattierung) / steel backing || ~verarbeitende Industrie / steel processing industry, steel users pl || ~verbrauch m / steel consumption in tons || ~verbundquerschnitt m / composite steel cross-section || ~verkleidung f / steel casing o. case || ~walzwerk n / steel rolling mill || ~waren f pl / steel goods pl, hardware || ~wasserbau m / hydraulic steelwork o. steel structure || ~wellmantel m (Kabel) / corrugated steel sheath || ~werk n / steel mill o. works, melting shop (US), steel making plant || ~werker m / steel mill engineer, steel maker o. worker || ~werksfrischerz n / steel refining ore || ~werkshalle f / bay of steelworks || ~werksschlacke f / scoria, (pl.:) scoriae, slag || ~werksteer m / tar for steel making || ~werksverschleißmaterial n / casting pit refractory || ~werkzeuge n pl / steel tools pl || ~winkel m / machinist's square || ~wolle f, -späne m pl / steel wool o. shavings || ~wollefilter m n (Magnetscheidg) / matrix || ~zellenverbundbau m (Reaktor) / cellular composite structure || ~zementierung f / cementation, carburation

staken (Schiff) / pole v, punt

Staket n, Lattenzaun m / pale o. paling o. lattice fencing o. fence

Stakwand f (Bau) / clay wall

Stalag·mit m (nach oben wachsender Tropfstein), Bodenzapfen m (Geol) / stalagmite || ~mometer n / stalagmometer || ~mometrie, Oberflächenspannungsanalyse f / stalagmometry

Stalaktit m (herabhängender Tropfstein), Deckenzapfen m (Geol) / stalactite

Stalaktit m (Löten) / icicle

Stall m / stable, cowshed, cowhouse, byre (GB), barn (US) || ~bucht, -box f (Landw) / stall of a stable || ~dung m, [-]mist m / farmyard o. stable manure, litter, muck || ~dungstreuer m / farmyard manure spreader || ~einrichtung f, -geräte n pl (Landw) / housing equipment, barn o. stable equipment || ~fütterung f (Landw) / stable o. indoor o. barn (US) feeding || ~haltung f (Landw) / indoor stock keeping || ~klinker, Kanalziegel m / Flemish clinker o. brick

Stalo m, Lokaloszillator m (Radar) / local oscillator

Stalo-Coho-Prinzip n / stalo-coho principle

Stalpeth-Mantel m (Stahl-Al-PE-Schichtenmantel) (Kabel) / Stalpeth sheath

Stalum m, Alu-ummantelter Stahl / aluminium clad steel

Stalu-Seil n, Stahlaluminium-Seil n / steel-cored aluminium cable

Stamm, Baum m / tree || ~ m (Zool, Bakteriol) / phylum, subkingdom, branch || ~, Baumstamm m, Stock m / stem, stock o. trunk of a tree || ~abschnitt m / main slip of a ticket || ~abschnitt m des Schecks / voucher of a check || ~band m (DV) / master tape || ~baum m (Aufber) / flow sheet || ~belegschaft f / permanent labour || ~bruch m (Math) / unit fraction || ~datei f (DV) / master file || ~element n (Nukl) / starting element || unteres ~ende (Baum) / butt [end] of a trunk || oberes ~ende,

Wipfelende n, Zopf m / top end of a trunk ‖
⌐-Erde-Fernschreiben n / half phantom telegraphy ‖
⌐farbe f (Textil) / stock dye ‖ ⌐funktion f (Math) /
antiderivative ‖ ⌐gesenk n, -platte f (Spritzwerkzeug) /
fixed plate ‖ ⌐gleichung, -funktion f (Fernm) /
Heaviside function ‖ ⌐gleis n (Bahn) / main-line o. track
‖ ⌐gruppe f (Bahn) / main section of a multiple-section
train ‖ ⌐haus n, -firma f / parent company o. firm o.
establishment ‖ ⌐holz n (allg) / trunk o. long o. stem
wood ‖ ⌐holz n (nicht entrindet) (allg) / long wood ‖
⌐holz, Holz n auf dem Stamme / standing timber o.
wood, stock o. trunk wood o. timber, unhewn timber ‖
⌐karte f (LoKa) / master card ‖ ⌐kreis m, -leitung f
(Ggs.: Phantom) (Fernm) / physical circuit o. line, side
circuit ‖ ⌐küpe f (Textil) / stock vat, parent vat ‖
⌐-Küpenfarbstoff m (Textil) / parent vat dye ‖ ⌐leitung
f / main pipeline, main ‖ ⌐leitung, Hauptleitung f
(Elektr) / electric main, trunk [line] ‖ ⌐leitung f (Ggs.:
Phantom), -kreis m (Fernm) / physical circuit o. line,
side circuit ‖ ⌐leitungs-Übertrager m (Fernm) / side
circuit repeat coil ‖ ⌐linie f, Hauptlinie f (Fernm) / main
line, trunk line ‖ ⌐lösung f (Chem) / parent solution ‖
⌐patent n / parent patent ‖ ⌐platte f (Plast) / fixed plate
‖ ⌐sender m einer Sendegruppe / communication
control radio station ‖ ⌐spule f, -pupinspule f (Fernm) /
side circuit loading coil ‖ ⌐substanz f / mother
substance ‖ ⌐umfang m am obersten nutzbaren Ende
(Forstw) / top girth ‖ ⌐wender m mit Gelenkhaken
(Forstw) / cant hook o. dog ‖ ⌐würze f (Brau) / original
wort ‖ ⌐würzegehalt m / original gravity ‖ ⌐zange f
(Forstw) / log grab ‖ ⌐zelle f (Akku) / stock cell ‖ ⌐zug m
(Bahn) / regular train
Stampfanzeiger m, [Kreiselschlinger- und] ⌐ /
gyroscopic roll and pitch recorder
Stampf·appretur f (Textil) / beetled finish ‖ ⌐asphalt m /
compressed asphalt ‖ ⌐auskleidung f (Hütt) / rammed
lining ‖ ⌐bau m, Pisébau m / beaten cobwork ‖ ⌐beton
m / compressed concrete ‖ ⌐bewegung f (Schiff) /
pitching ‖ ⌐bohle f (Bau) / tamping plank ‖ ⌐dichte f /
apparent density after tamping, tamped density ‖
⌐dolomit m (Hütt) / rammed dolomite ‖ ⌐düse f / pitch
jet
stampfen vt, feststampfen / ram [down], stamp, tamp ‖ ⌐
(Futter, Hütt) / tamp vt, ram, bank ‖ ⌐, zerkleinern /
pound vt vi ‖ ⌐ (Landw) / stamp vt ‖ ⌐ vi (Luftf, Schiff,
Bahn) / pitch, nose (US) ‖ ⌐ n, Stampfbewegung f (Bahn,
Schiff) / pitch[ing], nosing (US) ‖ **Erze** ⌐ / stamp o.
pound o. crush ores
Stampfer m / stamp hammer, stamper ‖ ⌐, [Erd]rammer
m / rammer ‖ ⌐ (Chem) / stamp, pestle, stamper ‖
kleiner ⌐ / tamper
Stampf·fuß m (Straßb) / rammer butt ‖ ⌐herd m / rammed
bottom o. hearth ‖ ⌐kalander m (Textil) / beetle o.
chasing calender, beetle[r] ‖ ⌐lehmpackung f (Straßb) /
rammed clay bed ‖ ⌐maschine f / stamping machine ‖
⌐maschine f (Koksofen) / ramming machine ‖
⌐maschine f (Appretur) / pounding machine ‖
⌐maschine f für Schießbaumwolle / gun pulping
machine ‖ ⌐masse f (Hütt) / monolithic lining material,
tamping clay ‖ ⌐moment n (Luftf) / pitching moment ‖
⌐periode f (Schiff) / pitching period ‖ ⌐platte f (Bergb) /
crushing plate ‖ ⌐schicht f (Bau) / rammed layer ‖
⌐schwingung f (Schiff) / heaving ‖ ⌐verdichten n /
tamping ‖ ⌐waschmaschine f (Textil) / posser washing
machine ‖ ⌐werk n / pounding o. crushing o.
stamp[ing] mill
Stand m, Lage f / state, condition, situation ‖ ⌐, Stadium
n / state, stage ‖ ⌐, Zustand m, Lage f / situation, state,
condition ‖ ⌐, Bedienungsstand m / operator's stand,
control station ‖ ⌐, Stehen n / upright position ‖ ⌐,
Standort m / standing place ‖ ⌐ (des Zeigers,
Thermometers usw), Anzeige f / reading ‖ ⌐ (Verkauf,
Ausstellung) / booth, stall, stand (US) ‖ ⌐ (Wasser) /
water level ‖ ⌐ der Küpe (Färb) / condition of vat ‖ ⌐

der Technik / background art, state of the art, prior art
‖ **auf den neuesten** ⌐ **bringen** (DV) / update v ‖ **aus
dem** ⌐ / from a standing start ‖ **bisheriger** ⌐ (Patent) /
former state ‖ **nach dem** ⌐**e** [vom] / as of date [of], as
of stage [of]
Stand-alone... (DV) / stand-alone...
Standard m / standard ‖ ⌐**...** / standard adj ‖
⌐abweichung f / root mean square deviation, standard
deviation ‖ ⌐abweichung f, Streuung f / repetitive error
‖ ⌐angabe f für Bedienerführung (bei Fehlen
spezieller Angaben) / default prompt message ‖
⌐atmosphäre f (DIN) / standard atmosphere ‖
⌐attribut n (DV) / default attribute ‖ ⌐aufbereitung f
(DV) / basic edit ‖ ⌐ausführung f / conventional design
o. execution ‖ ⌐ausstattung, -ausrüstung f / regular
equipment ‖ ⌐ballen m (Textil) / standard pressed bale ‖
⌐baumwollgewebe n / test cotton fabric ‖ ⌐benzin n /
normal-grade petrol o. gasoline, regular-grade gasoline
‖ ⌐breite f einer Bahn (Textil) / standard breadth ‖
⌐einrichtung, Normalausstattung f / standard o. routine
equipment o. feature o. option ‖ ⌐-Einschub m (19
Zoll) (Elektronik) / standard drawer o. slide ‖ ⌐farbtiefe
f, ST (Farbe) / standard depth of shade ‖ ⌐fehler m /
standard error ‖ ⌐fehlerprozedur f (DV) / standard
error procedure ‖ ⌐fuß m (Kubikmaß für Holz) /
standard foot (= 120 boards of 12'' x 11'' x 1 1/2'' =
1980 board feet = 165 cbft = 4.672 m³) ‖ ⌐gewebe n /
test fabric ‖ ⌐güte f, -qualität f / standard quality
standardisieren / standardize, reduce to a standard
[quality]
standardisierte Zufallsvariable (Math) / normal variate
Standardisierung f / standardization, normalization
Standard·kabel n (Fernm) / standard cable ‖
⌐-Kalomelelektrode f (Chem) / standard calomel
electrode ‖ ⌐kennsatz m (COBOL) / standard label ‖
⌐-Kostenrechnung f / standard costing ‖ ⌐kurve f
Zeit-Temperatur (Feuerbekämpfg) / standard curve time-
temperature ‖ ⌐-Längenmaß n / line standard ‖
⌐-Leistungsgrad m (F.Org) / standard rating ‖
⌐-Leitfähigkeit f nach IEC / IACS conductivity (=
International Annealed Copper Standard)
Standard-Leitstrahl-Anflug m (Luftf) / S.B.A., standard
beam approach
Standard·lösung f (Chem) / standard o. normal solution ‖
⌐-Manganinwiderstand m nach Thomas / Thomas
resistor ‖ ⌐modul m (Zahnrad) / standard module ‖
⌐-Prüfkonsistenz f / standard testing consistency ‖
⌐qualität f, -güte f / standard quality ‖
⌐-Raschelmaschine f / standard raschel machine ‖
⌐-Rauschfaktor m, -Rauschzahl f / standard noise
figure ‖ ⌐reaktor m (Nukl) / standard reactor ‖
⌐reflektor m / standard reflector (GB) ‖
⌐schreibmaschine f / standard typewriter ‖
⌐-Software f / standard software ‖ ⌐sprache f (DV) /
common language ‖ ⌐-Spreader m (Container) / standard
spreader ‖ ⌐-Strömungsmesser m (Hydr) / standard
current meter ‖ ⌐-Tonaufnahme-Schlüssel m /
standard recording code, SRC ‖
⌐-Wasserstoffelektrode f / standard hydrogen
electrode ‖ ⌐-Wasserverdrängung f (Schiff) / standard
displacement ‖ ⌐werk n (ein Buch) / standard work (a
book) ‖ ⌐zeit f (allg) / standard time
Standarte f (Phot) / lens carrier o. standard
Stand·bahn f (Gieß) / floor mounted conveyor ‖
⌐barometer n / stationary barometer ‖ ⌐batterie f
(Sanitär) / mixing tap for mounting on horizontal surfaces
‖ ⌐beutel m / flat- o. butt-ended bag ‖ ⌐beutel m / butt-
ended bag ‖ ⌐bild n (Phot) / still [picture], freezing
frame ‖ ⌐bogen m (Buch) / register sheet ‖ ⌐bremse f
(Kfz) / parking brake ‖ ⌐-by-Schaltung f (TV) / stand-by
circuit ‖ ⌐drehwerk n (Pflug) / swivel mechanism ‖
⌐ebene f / datum plane ‖ ⌐entwicklung f (Phot) / stand
o. tank development

Ständer m, Stütze f (Bau, Masch, Schiff) / stanchion, standard, stay, post ‖ ~, Pfosten m, Stütze f / post, stay, prop ‖ ~ (Motorrad) / motorcycle stand ‖ ~, Kastenständer m (Wzm) / column ‖ ~, Säulenständer m (Wzm) / pillar ‖ ~, Wandstiel m, -säule f (Bau) / post in a square framed work ‖ ~, Dachstuhlsäule f / main joist ‖ ~, Fußgestell n / basis, base, pedestal, stand ‖ ~ (Walzw) / mill o. roll housing o. standard, bearer ‖ ~, Kransäule f / crane pillar o. post ‖ ~ (Mühle) / mill headstock ‖ ~, Fuß m (Wzm) / stand, post ‖ ~, Stator m (Elektr) / stator ‖ **durchlaufender (o. durchgehender)** ~ (Wzm) / column adjusted outward ‖ **eingefahrener** ~ (Wzm) / column adjusted inward ‖ ~**anlasser** m (Elektr) / stator starter ‖ ~**bauart** f (Wzm) / floor type ‖ ~**blech** n (Elektr) / stator lamination o. plate ‖ ~**bohrmaschine** f (Wzm) / pillar o. upright drill[ing machine] ‖ ~**bohrmaschine** f (mit Handvorschub) / drill press (US) ‖ ~**bohrmaschine** f mit Kastenständer / box column o. rectangular column drilling machine ‖ ~**durchgang** m (Presse) / throat gap ‖ ~**-Einheit** f (Wzm) / vertical column unit ‖ ~**eisen** n (Elektr) / stator iron ‖ ~**fachwerk** n (Stahlbau) / vertical truss ‖ ~**fräsmaschine** f / [knee and] column type milling machine ‖ ~**gehäuse** n (Elektr) / stator frame ‖ ~**gerüst** n (Walzw) / stand ‖ ~**gespeist** (Elektr, Motor) / double-fed ‖ ~**gespeister** Repulsionsmotor (Elektr) / doubly-fed repulsion motor ‖ ~**gleitfläche** f (Wzm) / column ways pl ‖ ~**holm** m (Walzw) / mill housing post ‖ ~**lampe** f / standard lamp ‖ ~**loses** Fachwerk (Stahlbau) / fink o. Belgian o. French truss ‖ ~**manipulator** m, Roboter m in Ständerausführung / column type robot ‖ ~**mikrometer** n / bench micrometer ‖ ~**mikrophon** n / stand microphone ‖ ~**rolle** f (Walzw) / breast roller ‖ ~**schaltung** f / stator connection ‖ ~**schleifmaschine** f / column type grinder ‖ ~**schlitten** m (Fräsm) / column base ‖ ~**schwabbelmaschine** f / pedestal buffer ‖ ~**speisung** f (Elektr) / stator feed ‖ ~**strom** m (Elektr) / stator current ‖ ~**support** m (Wzm) / side head ‖ ~**telefon** n / pedestal telephone ‖ **3- o. 5-** ~**walzwerk** / 3 o. 5 stand [rolling] mill ‖ ~**wand** f, einfache Bohlenwand (Bau) / single-plank wall ‖ ~**wicklung** f, Statorwicklung f / stator winding ‖ ~**wicklung** f, -wicklungszweig m (Elektr) / stator coil

Stand·fähigkeit, -festigkeit, Stabilität f / solidity, stability ‖ ~**fernrohr** n / stationary telescope ‖ ~**fest**, ortsfest / stationary, fixed ‖ ~**fest**, unbeweglich / steady, stable, firm ‖ ~**festigkeit** f, Stabilität f / stability ‖ ~**festigkeit** f (gegen Fließen) / creep stability ‖ ~**festigkeit**, Belastbarkeit f (Mech) / stability under load ‖ ~**festigkeit** f des Sandes (Gieß) / sand bond ‖ ~**fläche** f / floor space ‖ ~**gefäß** n, -flasche f (Chem) / show o. storage flask o. vessel, jar ‖ ~**gerät** n (TV) / footed cabinet ‖ ~**geräusch** n von Straßenfahrzeugen / noise emitted by stationary road vehicles ‖ ~**gestell**, Gestell n (Meßinstr) / rack, shelf ‖ ~**getriebe** n / stationary transmission ‖ ~**glas** n (Chem) / glass cylinder o. jar ‖ ~**glasversuch** m (Abwasser) / quiescent column test ‖ ~**glied** n (Mech) / fixed link, frame ‖ ~**größe** f des Werkzeugs / tool life parameter ‖ ~**guß** m (Gieß) / vertical o. gravity casting ‖ ~**hahn** m (Hydrant) / water cock o. tap o. plug ‖ ~**hahnmutterschlüssel** m / basin wrench ‖ ~**hahnmutterzange** f / water cock nut pliers pl ‖ ~**halten** / endure, resist, bear ‖ ~**heizung** f (Kfz) / auxiliary heating ‖ ~**hochbahn**, Hochbahn f (Bahn) / high-level railway

ständig, beständig, stetig / constant, continuous, permanent ‖ ~, unterbrochen / continuous, continued, non-intermittent ‖ ~, täglich / daily ‖ ~**e** Bereitschaft (Fernm) / continuous attention ‖ ~**er Fehler** / persistent error ‖ ~ **mitlaufende Reserve**, "Spinning"-Reserve f (Elektr) / spinning reserve ‖ ~**e Wiederholung** / continuance

Stand·kondensator m / stand-off o. vertical capacitor ‖ ~**kondensator** m (in Röhrenform) / tubular capacitor ‖

~**lampe** f, -leuchte f / standard lamp ‖ ~**lauf** m (Luftf) / static test ‖ ~**leitung** f (DV) / leased line ‖ ~**leitung** f, (amtlich:) Hauptanschluß m für Direktruf, HfD (Fernm) / fixed o. exclusive connection ‖ ~**leuchten** f pl / stand lights pl ‖ ~**licht** n (Kfz) / parking light ‖ ~**lichtlampe** f (Kfz) / sidemarker lamp (US), sidelamp (GB) ‖ ~**linie** f, Grundlinie f (Verm) / datum line, base[-line] ‖ ~**linie**, Visierlinie f (Verm) / line of bearing taken o. of direction o. of sight ‖ ~**linie** f (Nautik) / position line ‖ ~**liniendreieck** n (Nav) / cocked head ‖ ~**menge** f (Wz) / tool life quantity ‖ ~**mixer** m (Haushalt) / blender ‖ ~**motor** m, ortsfester Motor / stationary o. static engine ‖ ~**motor** m, aufrechtstehender Motor / upright engine ‖ ~**nennschub** m (Luftf) / basic dry rating ‖ ~**öl** n / stand oil

Standort m (Nautik) / position ‖ ~, -punkt, -platz m / stand, station, location, place ‖ ~ (Bot) / habitat ‖ ~ **des Beobachters** / location of the observer ‖ ~ **eines Werkes** / location of a plant ‖ ~ **nach Funkpeilung** (Luftf, Schiff) / radio fix ‖ ~ **über Grund** (Luftf) / ground position ‖ **den** ~ **bestimmen** (Schiff) / fix the position by radio ‖ ~**bestimmung** f (Elektronik) / determination of bearing ‖ ~**bestimmung** f, Besteck n (Schiff) / fix (US) ‖ ~**bestimmung** f (Luftf) / ground plot ‖ ~**gefertigt** / assembled at the place of destination ‖ ~**-Identifizierung** f / I/P, identification of position ‖ ~**-Identifizierungssignal** n / positional signal ‖ ~**kriterium** n / siting criterion ‖ ~**meldung** f (Schiff) / position report ‖ ~**probleme** n pl / siting problems pl ‖ ~**vorteil** m / locational advantage ‖ ~**wahl**, -festlegung, -bestimmung f / siting, fixing of the location, localization

Stand·punktkorrektur f (Verm) / station correction ‖ ~**rohr** n / upright stand pipe

Standrohr n (Regenrinne) / cast iron gutter pipe ‖ ~ (Pap) / standpipe ‖ ~ (Hütt) / bleeder ‖ ~ f (Öl) / standpipe, riser ‖ ~ n, Hydrant m, (amtlich:) Feuerlöschwasserständer m (F'wehr) / water tower, pipe riser, pillar tap, stand pipe, hydrant, upright branch pipe ‖ ~**-Wasserzähler** m / stand post meter

Stand·schub m (unter Normalbedingungen) (Luftf) / static jet thrust ‖ ~**schub** m (Propellermasch) / static thrust ‖ ~**seilbahn** f / ground funicular (ISO), funicular railway, cable car (US) ‖ ~**sicherheit** f, -festigkeit f, Stabilität f / stability, steadiness ‖ ~**spur** f (Autobahn) / [hard] shoulder (GB), breakdown lane (US), lay-by ‖ ~**uhr** f / hall o. French clock, (6 ft:) grandfather clock, (5 ft:) grandmother clock, (3 1/2 ft:) granddaughter clock ‖ ~**-Urinal** n / slab urinal ‖ ~**ventil** n (Sanitär) / pillar tap ‖ ~**verbindung** f, Streckenverbindung f (Fernm) / point-to-point communication o. circuit, point-to-point transmission ‖ ~**vermögen** n (z.B. von Pasten) / non-sag properties pl (e.g. pastes) ‖ ~**vermögen** n von Dichtungen (Bergb) / no-sag properties pl ‖ ~**versuch** m (bei normalen o. erhöhten Temperaturen) / creep test ‖ ~**versuch** m, Prüfstandversuch m / bench test, rig test ‖ ~**visier**, Rückwärtseinschneiden m (Verm) / back observation, backsighting ‖ ~**visier** n (Mil) / leaf rear sight ‖ ~**wasser** n (Bergb) / subterranean water accumulation ‖ ~**wechsel** m (Mech) / kinematic inversion ‖ ~**weg** m / tool life travel ‖ ~**zeit** f (Wz) / endurance, tool o. edge life, service[able] life ‖ ~**zeit** f, Topfzeit f (Plast) / moulding time ‖ ~**zeit** f (Kfz) / time laidup o. parked ‖ ~**zeit** f, Verweilzeit f (Ofen) / time of exposure ‖ ~**zeit-Weg-Versuch** m (Wzm) / tool-life/tool-path test ‖ ~**zylinder** m, -glas n (Chem) / glass cylinder o. jar

Stange f, Stab m / rod, bar ‖ ~, Stangenform f (Plast) / rod ‖ ~ (elektr. Leitungen) / line pole ‖ ~ (Landw) / stick, prop ‖ ~ (Holz, Eisen, Kosmetik, Genußmittel) / bar, stick ‖ ~, Baum m (Bau) / beam ‖ ~**n** f pl (Textil) / cylinder stands pl ‖ ~**n einziehen** (Wzm) / load the automatic ‖ ~ f **für** Treppenläufer / stair [carpet] clip o. rod ‖ ~**n kuppeln** (Fernm) / brace poles ‖ ~ **mit Stellgewinde** (Bergb) / rifle bar ‖ ⌐ **Schwefel** / cane of sulphur ‖ ⌐ **und Schnecke** (Mech) / rack and worm ‖ **[kleine metallische]** ⌐ / rod, metallic rod

Stangen·..., stengelig (Min) / columnar ‖ ⌐**abschnitt** *m*, Blöckchen *n* (Schm) / slug ‖ ⌐**anfas- und Anspitzmaschine** *f* (Wzm) / rod chamfering and pointing machine ‖ ⌐**anker**, Zuganker *m*, -band *n* / tie rod, tension o. truss rod ‖ ⌐**anschlag** *m* (Wzm) / bar stop ‖ ⌐**anschlag** *m* (Masch) / rod stop ‖ ⌐**antrieb** *m* (Bahn) / side rod drive, link drive ‖ ⌐**arbeit** *f* (Wzm) / bar work ‖ ⌐**automat** *m* (Wzm) / automatic bar machine, bar automatic ‖ ⌐**bild**, Leitungsmastenbild *n*, -plan *m* (Elektr) / pole diagram ‖ ⌐**blitzableiter** *m* / stem lightning rod ‖ ⌐**blitzableiter** *m* (für Telegrafenstangen) / lightning arrester for poles ‖ ⌐**bohrer** *m* (Zimm) / auger [bit] ‖ ⌐**bohrer** *m* (Bergb) / bar drill ‖ größter ⌐**durchlaß** (Wzm) / bar capacity ‖ **[unteres]** ⌐**ende** (Fernm) / pole butt ‖ ⌐**fallhammer**, -reibhammer *m* / board [drop] hammer, gravity drop hammer ‖ ⌐**flucht** *f* (Verm) / line of poles ‖ ⌐**förmig**, in Stangen[form] / in bars, bar-shaped ‖ ⌐**führung** *f* / rod guidance ‖ ⌐**gerüst** *n* mit Netzriegeln / scaffolding of poles and putlogs ‖ ⌐**greifer** *m* (Kran) / grip ‖ ⌐**greifer-Webmaschine** *f* / rigid rapier loom ‖ ⌐**griff** *m* / handlebar ‖ ⌐**holz** *n* / poles *pl* ‖ **zweirädriger** ⌐**karren** (Fernm) / dinkey, dinky ‖ ⌐**kohle** *f*, -anthrazit *m* / columnar coal o. anthracite ‖ ⌐**kupfer** *n*, Barrenkupfer *n* / bar o. rod copper ‖ ⌐**kupplung** *f* / bar o. rod coupling ‖ ⌐**lager** *n* (Fernm) / pole store ‖ ⌐**lager** *n* (Selfaktor) / slide ‖ ⌐**leitung** *f* (Fernm) / pole route ‖ ⌐**linie** *f*, -leitung *f* (Fernm) / pole line, line on poles ‖ ⌐**lot** *n* / bar solder ‖ ⌐**magazin** *n*, -zuführung *f* (Wzm) / bar stock carrier ‖ ⌐**material** *n* (Masch) / bars *pl*, [bar] stock ‖ ⌐**material** *n* (Dreh) / [feed] stock, bars *pl* ‖ ⌐**presse** *f*, Strangpresse *f* / metal bar extrusion o. extruding press ‖ ⌐**puffer** *m* (Bahn) / buffer with rod, rod buffer ‖ ⌐**register** *n*, Stützpunktnachweis *m* (Fernm) / list of the telegraph poles ‖ ⌐**riegel** *m* (ohne Drehbewegung) / bascule[-bolt] (US), espagnolette [bolt] (GB) ‖ ⌐**rost** *m* (Aufber) / grizzly ‖ ⌐**salpeter** *m* / nitre in bars ‖ ⌐**satz** *m*, Treib- u. Kuppelstangen *f pl* (Bahn) / rodding ‖ ⌐**schälerei** *f* / bar turning shop, bar peeling shop ‖ ⌐**schalter** *m* (Elektr) / rod-operated switch ‖ ⌐**scharnier** *n*, Klavierband *n* / piano hinge ‖ ⌐**schieber** *m* (Wzm) / bar feeder ‖ ⌐**-Schlangenbohrer** *m* (DIN 6449) / hand auger bit ‖ ⌐**schloß** *n* mit Keilen / gib and cotter ‖ ⌐**schneckenbohrer** *m* / single twist [hand] auger, gimlet bit ‖ ⌐**schneider** *m* / rod cutter ‖ ⌐**schörl** *m* (Min) / scapiform schorl ‖ ⌐**schrämmaschine** *f* (Bergb) / bar cutting machine o. cutter ‖ ⌐**schwefel** *m* / cane o. roll sulphur ‖ ⌐**sieb** *n* / bar screen o. sieve ‖ ⌐**spat** *m* (Min) / barrel spar ‖ ⌐**stahl** *m* / bars *pl*, bar steel o. stock ‖ ⌐**steuerung** *f* / push and pull control ‖ ⌐**stromabnehmer** *m* (Elektr) / rod collector ‖ ⌐**verbindung** *f* / bar o. rod connection ‖ **gabelförmige** ⌐**verbindung** / fork head ‖ ⌐**vorschub** *m* (Dreh) / feeding of stock, bar feed ‖ ⌐**vorschub** *m* (mittels Stangen) (Wzm) / rod feed ‖ ⌐**wähleramt** *n* (Fernm) / panel office ‖ ⌐**wechsler** *m*, automatische Stangenzuführvorrichtung *f* (Wzm) / automatic magazine bar feed ‖ ⌐**widerlager** *n* (Rohrwalzw) / bar steadier ‖ ⌐**ziehen** *n* / rod drawing ‖ ⌐**zimmerung** *f* (Bergb) / bar timbering ‖ ⌐**zinn** *n* / bar tin ‖ ⌐**zirkel** *m* / beam trammel (US) o. compasses ‖ ⌐**zuführung** *f* (Wzm) / bar stock feed ‖ ⌐**zuführung** *f*, -magazin *n* (Wzm) / bar stock carrier

Stannan *n*, Zinnwasserstoff *m* / stannane, tin hydride

Stannat *n* / stannate

Stanni..., Zinn(IV)-... / stannic, tin(IV)-...

Stannin *m* (Min) / stannite, bell metal ore

Stanniol *n* (Zinnfolie *f* / tin foil o. foiling, foil tin ‖ ⌐**belag** *m* / tin foil coating ‖ ⌐**kapsel** *f* / wine bottle closure of tinned lead

Stannit *n* (Chem) / stannite ‖ ⌐ *m* (Min) / stannite

Stanno..., Zinn(II)-... / stannous, tin(II)-...

Stanton-Zahl *f*, St (Phys) / Stanton number

Stanz·abfall *m* (LoKa) / chip, chad ‖ ⌐**abfälle** *m pl* (Stanz) / punchings *pl*, scissels, scissils *pl* ‖ ⌐**artikel** *m* (Stanz) / stamping ‖ ⌐**automat** *m* / automatic punching machine, mechanical feed punching machine, feed press ‖ ⌐**automat** *m* (für Locharbeiten) / automatic punching machine for holes ‖ ⌐**barkeit**, -fähigkeit *f* / punching quality ‖ ⌐**blech** *n* / punching sheet [steel] ‖ ⌐**block** *m* (Schweiz) / die set, subpress ‖ ⌐**bördeln**, Gesenkbördeln *n* (Stanz) / flanging, cupping ‖ ⌐**butzen** *m*, -putzen *m* (Stanz) / cutting, punching, piece punched out

Stanze, Presse *f* / pressroom machine, blanking press ‖ ⌐ *f*, Lochstanze *f* / hole punching machine o. press ‖ ⌐, Prägemaschine *f* / stamping machine o. press ‖ ⌐ (Textil) / awl cutting drill

Stanzeinrichtung *f* / punching device

stanzen, lochen / stamp *v*, punch ‖ ⌐, ausstanzen / punch *vt*, blank ‖ ⌐, prägen / stamp *v*, coin ‖ ⌐ (LoKa) / punch ‖ ⌐ *n*, Stanzarbeit *f* / pressing, pressroom work ‖ ⌐ **einer fortlaufenden Nummer** (LoKa) / serial number punching ‖ ⌐ **mit durchsetzten Hauptkarten** (LoKa) / master card gang punching ‖ ⌐ **und biegen** / press, fabricate (US)

Stanzer *m* (LoKa) / punching unit ‖ ⌐ (Arbeiter) / stamper, press operator, pressman

Stanzerei *f* / fabrication shop (US), pressroom (GB) ‖ ⌐ (Schuh) / sole cutting o. sole leather room, bottom stock department, pressroom

Stanz[erei]maschine *f* (Stanz) / cutting press ‖ ⌐**technik** *f* / pressing [technique]

Stanzereiwerkzeug *n* / press tool, blanking o. punching o. stamping tool o. die

Stanzerin *f*, Stanzarbeiterin *f* / female press operator

Stanz·fläche *f* (die Wand der Ausstanzung) / wall of the stamped hole ‖ ⌐**geschwindigkeit** *f* / punching rate ‖ ⌐**gitter** *n* / pressed screen ‖ ⌐**grat** *m* / burr from punching ‖ ⌐**karton** *m* / pattern board, friction board ‖ ⌐**karton** *m* (für Schablonen) / friction board for stencils ‖ ⌐**kopf** *m* / punching head ‖ ⌐**lack** *m* / stamping varnish ‖ ⌐**loch** *n* / punched hole ‖ ⌐**magnet** *m* / punching magnet ‖ ⌐**maschine** *f* (Schuh) / clicking press ‖ ⌐**maschine**, Lochstanze *f* / punch, punching machine ‖ ⌐**maschine** *f* **für Zuschnitte** (Textil) / clickers *pl* ‖ ⌐**matrize**, Lochermatrize *f* (LoKa) / punch die ‖ ⌐**messer**, Lochmesser *n* / punching tool ‖ ⌐**-Oberseite** *f* (Sieb) / punch side ‖ ⌐**presse** *f* (Stanz) / blanking o. cutting press ‖ ⌐**presse**, Prägepresse *f* / stamping machine o. press ‖ ⌐**prüfung** *f* (LoKa) / punching check ‖ ⌐**putzen** *m*, -butzen *m* (Stanz) / cutting, punching, piece punched out ‖ ⌐**qualität** *f* (Blech) / punching o. stamping quality ‖ ⌐**rippe** *f*, Sicke *f* / bead ‖ ⌐**schnitzel** *n m* (Pap) / chad, chip ‖ ⌐**sicken** (Stanz) / belcher, bulge ‖ ⌐**speicher** *m* (LoKa) / punch storage ‖ ⌐**station** *f* (LoKa) / punching station ‖ ⌐**steg** *m* (zwischen Stanzteilen) / scrap bridge ‖ ⌐**stempel** *m* (Stanz) / punch, blanking o. stamping punch ‖ ⌐**stempel** *m* (LoKa) / punch knife ‖ ⌐**technik** *f* / pressing technique ‖ ⌐**teile** *n pl*, Stanzereiteile *n pl* / stampings *pl* ‖ ⌐**- und Preßwerk** *n* / fabricated sheet works (US) ‖ ⌐**- und Schermaschine** *f* / blanking and cutting press ‖ ⌐**- und Scherwerkzeug** *n* / punching and cutting tool ‖ ⌐**werkzeug** *n* (zum Ausstanzen) / blanking o. punching die, cutting tool ‖ ⌐**werkzeug** *n*, Lochwerkzeug *n* / piercing tool ‖ ⌐**werkzeug** *n* **mit waagerechten Schiebern** / slide type side punching tool

Stapel *m*, Haufen *m* / stack, pile, heap ‖ ⌐ (Nukl) / stack ‖ ⌐ (DV) / batch ‖ ⌐, Blind-, Zwischenschacht *m* (Bergb) / blind pit o. shaft, jack-head pit, winze, winze staple [pit] ‖ ⌐, Faser, Fiber *f* (Qualitätsbegriff) (Textil) / staple ‖ ⌐ (Plattenspeicher) / pack ‖ ⌐**...** (DV) / batch-type... ‖ ⌐**...** (Palette) / post..., stacking ‖ **auf** ⌐ **schneiden** / staple *v* ‖ **durch** ⌐ **stützen** (Schiff) /

cradle v ‖ **vom ⌐ laufen**, aufschwimmen / be launched
‖ **vom ⌐ laufen lassen**, ablaufen lassen (Schiff) / set
afloat, launch ‖ **zusammengebundener ⌐** (Blech) /
bound bundle ‖ **⌐ablage** f (Buch) / pile delivery ‖
⌐abnahme f (Stanz) / picking blanks from the stack ‖
⌐anleger m (Buch) / pile feeder ‖ **⌐artikel** m pl / staple
o. standard goods pl ‖ **⌐aufschieber** m (Bergb) / coal
pusher in a staple pit ‖ **~bar**, -fähig / stackable,
stacking ‖ **⌐behälter** m (LoKa) / stacker pocket ‖
⌐behälter m (Förderwesen) / stacking box ‖ **⌐betrieb** m
(DV) / batch[-bulk] processing ‖ **⌐betrieb** m **mit
zeitlichem Vorrang** (DV) / quick batch ‖ **⌐block** m,
-klotz m / bilge o. bulge o. keel block, stock ‖ **⌐brücke**
f / stacking platform ‖ **⌐diagramm** n (Textil) / staple
diagram ‖ **⌐drahtgefüge** n, NS-Gefüge n / non-sag
structure ‖ **⌐ebene** f (Hochlager) / stacking level ‖
⌐effekt m (summierte Unebenheiten) / stacking effect ‖
⌐einrichtung f / stacker ‖ **⌐faser** f / staple fibre,
viscose staple ‖ **⌐faserband** n (Spinn) / staple sliver ‖
⌐fehler m (Krist) / stacking fault ‖
⌐fehlerausscheidung f (Hütt) / stacking fault
precipitation ‖ **⌐fehlermethode** f (Halbl) / stacking fault
method ‖ **⌐fernverarbeitung** f (DV) / remote batch
entry o. computing o. processing, remote stacked
processing ‖ **⌐förderer**, Sackstapler m / staple
conveyor, [rack] stacker ‖ **⌐gitterbehälter** m,
Gitterbox[palette] f / box pallet ‖ **⌐glasseide** f / chopped
glass strands pl ‖ **⌐guß** m / stack moulding ‖ **⌐haspel** f
m (Bergb) / whim for blind shafts ‖ **⌐höhe** f / stacking
height, height of pile ‖ **⌐holz** n / store timber o. lumber
‖ **⌐job** m (DV) / batch job ‖ **⌐karre** f / stacking barrow
‖ **⌐karren** m, [Gabel]stapler m / lifting truck, lift-truck
‖ **⌐kasten** m / stacking box ‖ **⌐kasten m für
Bierflaschen** / stacking box for beer bottles, crate ‖
⌐klötze m pl (Schiff) / stocks pl ‖ **⌐konstruktion** f
(Zimm) / cribwork ‖ **⌐kran** m / stacker crane ‖ **⌐last** f
(Container) / superimposed load ‖ **zulässige ⌐last**
(Container) / stacking limitation ‖ **⌐lauf** m (Schiff) /
launch, launching ‖ **⌐lauffett** n (Schiff) / launching
grease ‖ **⌐lauf-Gleitbahnen** f pl (Schiff) / ways pl ‖
⌐[lauf]keil m (Schiff) / launching pawl o. trigger ‖
⌐laufschlitten, Ablaufschlitten m (Schiff) / launching
cradle o. slide, sliding ways pl

stapeln, aufschichten / heap [up], pile, staple, stack ‖ ~,
aufsetzen (z.B. Ziegel) / pack closely ‖ ~, ansammeln /
accumulate ‖ ⌐ n, Stapelung f / stacking n ‖ ⌐ / piling,
stacking ‖ **⌐ des Brenngutes**, Aufschichten n (Email) /
decking

Stapel·napf m (an Behältern usw.) / stacking cup ‖
⌐palette f / stacking pallet ‖ **⌐platte** f / pallet, stillage ‖
⌐plattenförderer m / pallet type conveyor ‖ **⌐platz** m /
storage yard ‖ **⌐prüfung** f (Baumwolle) / stapling test ‖
⌐register n (DV) / stack ‖ **⌐rost** m (Walzw) / piler grate
‖ **⌐sortierapparat** m (Textil) / staple analyzer ‖
⌐speicher, Kellerspeicher m (DV) / push-down store,
stack, cellar ‖ **⌐stütze** f (Schiff) / shore ‖ **⌐tasche** f
(Walzw) / piler bin ‖ **⌐tisch** m (Buch) / pile table

Stapelung f von Anforderungen (DV) / request batching

Stapel·verarbeitung f (DV) / batch processing ‖
⌐verarbeitung f, -betrieb m / batch[-bulk] processing ‖
⌐verarbeitungs-Terminal n / batch terminal ‖
⌐vorrichtung f / piling device ‖ **⌐vorrichtung** f
(Container) / stacking device ‖ **⌐zellwolle** f / staple
rayon, rayon staple fiber ‖ **⌐zuführung** f (von Belegen)
(DV) / continuous feeding ‖ **⌐zugmaschine**, Strecke f
(Textil) / reel for long wool ‖ **⌐-Zwischensumme** f (DV)
/ batch total

Stapler m, Hochhubwagen m / high-lift truck ‖ **⌐**,
Stapelvorrichtung f / piler, stacker ‖ **⌐ auf
Raupenketten** / crawler mounted stacker ‖ **⌐ für
Hochregale** / stacker

STAR = Satellit für Telekommunikation, Anwendung und
Raumforschung

---

stark, kraftvoll / powerful, strong ‖ ~, heftig / violent ‖
~, massiv, solid / strong, solid ‖ ~, groß (Hitze) / severe
‖ ~, fest / firm, strong, fast ‖ ~, dick / big ‖ ~, plump /
gross ‖ ~, gehaltreich / intensive, strong ‖ ~, laut
(Geräusch) / loud ‖ ~ (Ggs: schwach) (Brenner) / high (ctr
dist: low) ‖ ~, mit starker Vergrößerung (Opt) / high-
power…, -powered ‖ **~ beansprucht** / strained ‖
~ belastete Strecke (Bahn) / heavy traffic route ‖ **~e
Belastung** / heavy load ‖ **~er Elektrolyt** / strong
electrolyte ‖ **~e Erschütterung o. Schwingung** /
intensive vibration ‖ **~ fächernd** (Prisma) / highly
dispersive ‖ **~es Fernglas** / high-power field glass ‖
~ gebündelter Richtstrahler (Elektronik) / highly
directional antenna ‖ **~ gekrümmte Kurve** / short-
radius o. sharp curve ‖ **~er Geruch des
Lösungsmittels** / high solvent odo[u]r ‖ **~ gezwirntes
Garn** / hard twisted mungo yarn ‖ **~er Glanz** / high
sheen ‖ **~e Kraft** (Atom) / nuclear force ‖ **~er Krepp**
(Pap) / heavy crepe ‖ **~es Mikroskop** / high-power
microscope ‖ **~ oxidierende Säure** / high oxidizing acid
‖ **~e Säure** / strong acid ‖ **~e Strömung** (Hydr) / strong
current ‖ **~er Verkehr** / heavy traffic ‖ **~ verschmutzt**
/ badly soiled ‖ **~e Wand** (Rohr) / heavy wall ‖ **~er
Wind** (Stärke 6) (Luftf) / strong breeze ‖ **~er Windstoß**
/ blast ‖ **~ wirkend** (Entwickler) / energetic ‖ **~e
Zwirnung** / hard twist ‖ **stärkste Vergrößerung** /
highest magnification ‖ **⌐ammoniakwasser** n /
concentrated ammonia water, strong ammoniacal liquor
o. gas liquor ‖ **~basisch** / strongly basic, strong-base ‖
⌐beregnung f (20-50 mm/h) (Landw) / heavy
precipitation ‖ **⌐bier** n / strong beer, high-alcohol-
content beer ‖ **⌐brenner** m / high-capacity burner

Stärke, [mechanische] Kraft f (Mech) / power, strength ‖
⌐, Ausdauer f / stamina, staying power ‖ ⌐ f, Dicke f /
size, thickness ‖ ⌐ (in senkrechter Richtung) /
thickness, size, length, height ‖ ⌐ (Garn) / count ‖ ⌐
(Pap) / body ‖ ⌐, Dauerhaftigkeit f (Wollfasern) / nerve ‖
⌐, Amylum n / starch, amylum ‖ ⌐, Wäschestärke f /
starch ‖ **⌐ der Form** (Gieß) / casing ‖ **⌐ der
Schweißnaht** / weld thickness ‖ **⌐ des Netzgarns** / size
of netting yarn ‖ **⌐ einer Säure** / acidic strength,
strength of an acid ‖ **⌐ einer Strahlungsquelle** / source
strength, source intensity ‖ **⌐ einer Welle** (Masch) / shaft
diameter ‖ **anionische, [kationische] ⌐** / anionic,
[cationic] starch ‖ **mit halber ⌐** (z.B. Lampe) / half-
dimmed ‖ **von ⌐ lebend** (Bakterien) / saccharolytic ‖
⌐abbau m / starch decomposition, starch degradation ‖
~artig, -ähnlich / farinaceous ‖ **⌐blau**, Neublau n /
starch blue ‖ **⌐einheit** f (Chem) / starch unit ‖ **⌐ester** m /
starch ester ‖ **⌐fabrik** f, (auch:) -industrie f / starch mill
o. industry ‖ **⌐fermentation**, -fermentierung f /
amylofermentation

Starkeffekt m (Phys) / Stark effect

Stärke·gel n / starch gel ‖ **⌐glanz** m (Baumwolle) /
starching clay ‖ **⌐grad** m, Intensität f / degree of
strength, intensity ‖ **⌐gummi** n / starch gum, dextrin ‖
~haltig, stärkemehlbildend, -artig / amylaceous,
amloid, starchy ‖ **~haltig** (Lebensmittel) / amylaceous ‖
~haltige Pflanze / starch plant ‖ **⌐hydrolysat** n / starch
hydrolysate ‖ **⌐industrie** f, -fabrik f / starch industry o.
mill

Starkeinstellung f (Bremse) / select-high

Stärke·kalander m / starch mangle ‖ **⌐kalander** m (Textil)
/ starch mangle ‖ **⌐kartoffel** f / farina potato ‖
⌐kleister m / starch paste, slipping ‖ **⌐korn**, -körnchen
n / starch granule ‖ **⌐lösung** f (Textil) / starch solution ‖
⌐maschine f, -kalander m (Textil) / stiffness machine o.
calender, starch[ing] machine ‖ **⌐maschine** f **für Kette**
(Web) / sizing machine, slasher-sizer ‖ **⌐mehl** n / starch
flour, potato flour, amylum ‖ **⌐milch** f / starch milk,
thin starch paste

stärken, verstärken / strengthen ‖ ~, festigen / consolidate
‖ ~, steifen / starch ‖ **die Kette ~** (Web) / size the warp
‖ **mit klarer Stärke ~** / clear-starch

Stärke·nitrat *n*, Nitrostärke *f* / starch nitrate, nitrostarch ‖ **˜phosphat** *n* / starch phosphate ‖ **˜pulver** *n* / powdered starch ‖ **˜sirup** *m* / starch syrop ‖ **˜sulfat** *n* / starch sulphate ‖ **˜trog** *m* (Appretur) / sizing vat o. trough ‖ **˜verdickung** *f* (Textil) / starch thickening ‖ **˜wert** *m* / starch equivalent ‖ **˜zellulose** *f* / amylose ‖ **˜zucker** *m*, Dextrose *f* / glucose, glycose, dextrose, grape sugar, starch sugar

Stark·feldscheidung *f* (Hütt) / high-intensity [magnetic] separation ‖ **˜gas** *n* / strong o. rich gas ‖ **˜gas** *n* (aus Kohle) / straight coal gas ‖ **˜gaskanal** *m* (Gasheiz) / gun flue, gas gun ‖ **˜ladung** *f* (Akku) / boost charge, quick o. rapid charge ‖ **˜licht** *n*, Jupiterlampe *f* (Film) / sun arc ‖ **˜motorig** / high-power…, -powered

Starkoppler *m* (Optoelektronik) / [active] star coupler

Stark·pappe *f* / solid fibreboard ‖ **˜sauer** / strongly acid, strong-acid ‖ **˜saurer Kationenaustauscher** / strongly acid cation exchanger ‖ **˜schwach** / high-low, hi-lo (US) ‖ **˜-Schwach-Regelsystem** *n* / high-low action control system ‖ **˜-Schwach-Regelung** *f* / high-low working

Starkstrom *m* (über 42 V) / high-voltage o. -tension o. -potential current ‖ **˜**, Netzstrom *m* / mains current ‖ **˜**, Strom hoher Stromstärke / strong current, heavy o. intense o. power current ‖ **˜anlage** *f* / power installation o. plant ‖ **˜anlage** *f* 380 V / 380 V power installation ‖ **˜beleuchtung** *f* (Bergb) / mains lighting ‖ **˜entladung** *f* (Akku) / high-rate discharge, heavy discharge ‖ **˜geräusch** *n* (Fernm) / power induction [noise] (GB), induced noise ‖ **˜glocke** *f* / mains o. power bell ‖ **˜-Halbleitergeräte** *n pl* / semiconductor power devices *pl* ‖ **˜industrie** *f* / electrical power industry ‖ **˜kabel** *n* / power [current] cable ‖ **˜-Kleinrelais** *n* / mains switching miniature relay ‖ **˜kreis** *m* (Elektr) / power circuit ‖ **˜leitung** *f*, -freileitung *f* / power circuit, power line (US), mains (GB), high tension line ‖ **˜netz** *n*, elektrisches Verteilungsnetz / electrical distribution mains *pl* ‖ **˜relais** *n* / power relay ‖ **˜technik** *f* (Elektr) / power [current] engineering, electrical engineering ‖ **˜-Trennfilter** *n* (Fernm) / power separation filter, PSF

Stark·tonhorn *m* (Kfz) / supertone horn ‖ **˜tonsummer** *m* / loud note buzzer, strong sound o. strong sound buzzer (US)

Stärkung, Verstärkung *f* / strengthening, reinforcement

Stark·verzinkung *f* / heavy galvanizing ‖ **˜wandig** / thick-walled

starr (allg, chem Bindung) / rigid ‖ **˜**, unbeweglich / fixe, rigid ‖ **˜** (Fett) / solid, consistant ‖ **˜**, unelastisch / inflexible, rigid, stiff ‖ **˜**, bestimmt / positive ‖ **˜er** Achsstand (Bahn) / rigid wheel-base ‖ **˜e** Automatisierung / hard automation ‖ **˜e** Fahrdrahtaufhängung (Bahn) / rigid mounting o. fastening o. suspension ‖ **˜ fortlaufend** (DV) / consecutive, sequential ‖ **˜ fortlaufende Verarbeitung** (DV) / sequential processing ‖ **˜ kuppeln** (Bahn) / couple rigidly ‖ **˜er Rahmen** (Bau) / rigid frame ‖ **˜e** Rückführung (Regeln) / proportional o. rigid feedback ‖ **˜e Verweisung auf Normen** / reference to standards by exact identification ‖ **˜er Zinken** (Landw) / stiff tooth ‖ **˜achse** *f* (Kfz) / rigid axle ‖ **˜fett** *n*, Staufferfett *n* / Stauffer o. consistent o. solid grease, cup grease ‖ **˜flügler** *m* / rigid- o. fixed-wing aircraft ‖ **˜fräsmaschine** *f* / rigid milling machine

Starrheit *f* / rigidity, rigidness

Starr·körperverschiebung *f* (Mech) / rigid body displacement ‖ **˜leinen** *n* (Web) / buckram ‖ **˜luftschiff** *n* / rigid airship ‖ **˜-plastisch** (Werkstoff) / plastic-rigid ‖ **˜-Schalenbauweise** *f* (Bahn) / rigid-shell construction ‖ **˜schaum** *m* / cured foam ‖ **˜tisch** *m* (Wzm) / rigid table ‖ **˜verbunden** / rigidly mounted ‖ **˜verstellbar** (Stempel, Bergb) / rigid-extensible ‖ **˜zinkengrubber** *m* (Landw) / rigid tine cultivator

Start *m* / start ‖ **˜**, Abschuß *m* (Rakete) / launch, launching ‖ **˜** (Satellit) / lift-off ‖ **˜ eines Reaktors** / start-up of a reactor ‖ **˜ für einen Wartungsflug** (Satellitennetz) / maintenance launch ‖ **˜ in Bandmitte** (Video) / mid-tape start-up ‖ **˜ mehrerer Satelliten durch eine einzige Rakete** / tandem launch ‖ **˜ mit Anrollen** / rolling take-off ‖ **˜ mit Zielablage** (Flugkörper) / off-axis launch ‖ **˜ vom Flugzeug Unterprogramm** / begin subroutine ‖ **˜ vom Flugzeug** (Flugkörper) / airborne firing ‖ **˜abbruch** *m* / launch abort ‖ **˜ablauf** *m* (Flugkörper) / launching sequence, firing sequence ‖ **˜ablaufsteuergerät** *n* (Flugkörper) / launch sequencer ‖ **˜anlage** *f*, -komplex *m* (Rakete) / launching complex ‖ **˜anreicherung** *f* (Kfz) / cold-start enrichment ‖ **˜-Aufladedruck** *m* (Luftf) / T.O.B., take-off boost ‖ **˜azimutzwinkel** *m* / launch azimuth ‖ **˜bahn** *f* (Luftf) / take-off runway ‖ **˜bahn-Endfeuer** *n* (Luftf) / runway-end light ‖ **˜bahn-Leuchtfeuer** *n* (Luftf) / airfield runway beacon ‖ **˜band** *n*, -streifen *m* (Film) / start o. head leader ‖ **˜bedingung** *f* (Regeln) / cycle starting conditions *pl* ‖ **˜behälter** *m* (Flugkörper) / launcher container ‖ **˜bereich** *m* (Luftf) / take-off area ‖ **˜bereich** *m* (Raumf) / launching range ‖ **˜bereit** (Programm) / ready-to-run ‖ **˜bereitschaft** *f* / readiness for start ‖ **˜bit** *n* (DV) / start element ‖ **˜dauer** *f* (Luftf) / time to take off ‖ **˜deck** *n* (Schiff) / launching deck ‖ **˜einleitung** *f*, ITL (Raumf) / intent-to-launch ‖ **˜einrichtung** *f* / starting device

starten (Rakete) / launch *v* ‖ **˜** *vt*, anlaufen lassen, in Bewegung setzen / start *vt*, actuate, set going ‖ **˜**, abfliegen (Luftf) / take off *vi*, start ‖ **˜** *vi*, an-, abfahren / start working o. running o. driving *vi* ‖ **das Betriebssystem von der Festplatte aus ˜** / boot *v* ‖ **mit dem Katapult ˜** (Luftf) / catapult *vt*

Starter *m* (Elektronik, Zündelektrode) / starter ‖ **˜**, Anlasser *m* (Kfz) / starting motor ‖ **˜batterie** *f* (Kfz) / starter battery

Startereignis *n* **der Tätigkeit** (PERT) / start o. initial event, beginning point o. node

Starter-Elektrode *f* (Röhre) / starting electrode ‖ **˜fassung** *f* (Leuchte) / starterholder ‖ **˜getriebe** *n* / starter drive ‖ **˜kabel** *n* (Kfz) / starter cable ‖ **˜klappe** *f* (Kfz) / choke ‖ **die ˜klappe ziehen** / pull the choke ‖ **die ˜klappe zu lange ziehen** (Kfz) / choke the engine

Starterlaubnis, -freigabe *f* (Luftf) / clearance

Starter·lösung *f* (Repro) / starting solution ‖ **˜- u.** Blockschlüssel *m* (Kfz) / starter and manifold wrench ‖ **˜zahnkranz** *m* (Kfz) / flywheel ring gear ‖ **˜zug** *m* (Kfz) / choke pull

Start-Fenster *n* (Raumf) / launch window, firing window ‖ **˜fläche** *f* (Luftf) / take-off surface ‖ **˜freigabe-Einrichtung** *f* (Raumf) / launcher release gear ‖ **˜gerät** *n* (Flugkörper) / launcher ‖ **˜sichere Geschwindigkeit** (Luftf) / take-off safety speed ‖ **˜geschwindigkeit** *f* **nach dem Abheben** (Luftf) / take-off speed ‖ **˜geschwindigkeit** *f* **vor dem Abheben** (Luftf) / rotation speed (prior to lift-off) ‖ **˜gestell** *n* / rail rocket launcher ‖ **˜gestell** *n* (Raumf) / launching rack ‖ **˜gewicht** *n* (Luftf) / take-off weight ‖ **˜grenztemperatur** *f* / starting limit temperature ‖ **˜hilfe** *f* (Kfz) / starting aid ‖ **˜hilfekabel** *n* / battery jumper cable ‖ **˜hilfsanlagen** *f pl* (Kfz) / starting auxiliaries *pl* ‖ **˜hilfsrakete** *f* (Raumf) / launch[er] rocket o. vehicle, take-off rocket ‖ **˜impuls**, Steuerimpuls *m* / pilot [im]pulse ‖ **˜karte** *f* (DV) / transfer o. transition o. header card ‖ **˜katalysator** *m* (Kfz) / primary catalytic converter ‖ **˜katapult** *m* *n* (Luftf) / launching catapult ‖ **˜klar**, flugklar / ready for take-off, ready to start ‖ **˜klar** (Flugkörper) / ready-to-launch ‖ **˜knopf** *m* (DV) / activate button ‖ **˜komplex** *m* (Raumf) / launching facilities *pl* ‖ **˜kreis** *m* (Regeln) / starting circuit ‖ **˜kriterium** *n* / start criterion ‖ **˜länge** *f* (Luftf) / starting run ‖ **˜leistung** *f* (Luftf) / take-off power ‖ **˜-Leitsystem** *n* (Luftf) / take-off monitor ‖ **˜masse** *f* (Raumf) / pad weight ‖ **˜mindestdrehzahl** *f* /

minimum starting speed ‖ ~moment, Nullzeitpunkt m (Count-down) / zero-time ‖ ~-Nennleistung f (Luftf) / take-off power rating ‖ ~-Nennleistungsverhältnis n / take-off power ratio ‖ ~phase f (Raumf) / launching phase ‖ ~phase f (Plasma) / start-up ‖ ~plattform f (waagerecht) (Rakete) / pad, launcher ‖ ~programm n (DV) / start program ‖ ~punkt m (Luftf) / take-off point ‖ ~rakete, -stufe, Trägerrakete f (Raumf) / launch o. launcher rocket o. vehicle ‖ ~rampe f, -plattform, Abschußrampe f (Raumf) / launch o. launching pad o. platform o. base, rocket launcher ‖ ~rampe f ohne Führungen (Raketen) / zero-length launcher ‖ ~reagens n (Chem) / trigger ‖ ~reaktion f (Chem) / inducing o. initiating o. start reaction ‖ ~routine f in das Ladeprogramm (DV) / bootstrap routine ‖ ~routinespeicher m (DV) / bootstrap memory ‖ ~schiene f (Raumf) / launcher rail ‖ ~schleuder f (Luftf) / starting catapult ‖ ~schub m (Luftf, Rakete) / take-off thrust ‖ ~-Schubleistung f (Luftf) / take-off thrust rating ‖ ~stellung f (Flugkörper) / launch site

Start-Stopp-·Betrieb m / start-stop operation ‖ ~-Einrichtung f (DV) / start-stop base ‖ ~-Lücke f, Satzzwischenraum m (DV) / interrecord gap, record gap ‖ ~-Schreiber m, -Einrichtung f (Fernm) / start-stop-apparatus ‖ ~-Verzerrungsgrad m / degree of start-stop distortion ‖ ~-Zeichen n / start-stop character

Start·strecke f (Luftf) / take-off run ‖ ~stufe, Trägerrakete f (Raumf) / launch o. launcher rocket o. vehicle ‖ ~tisch m (Raumf) / launching pad ‖ ~triebwerk n (Fernlenkgeschoß) / booster, boost motor ‖ ~turm m (Raumf) / launching tower ‖ ~- u. Endadreßliste (der E/A-Warteschlange) f (DV) / queue start and end list ‖ ~- und Endadreßliste f (DV) / start- and end address directory ‖ ~- und Endband n (Film) / leader and trailer ‖ ~- und Landebahn, SLB, Piste f (Luftf) / runway, flight strip ‖ ~- und Landebahn-Mittellinienfeuer n pl (Luftf) / runway center line lights pl ‖ ~- und Landebahn-Sichtzeichen n (Luftf) / runway visual marker ‖ ~- und Landebereich m (Luftf) / landing area ‖ [unbefestigter] ~-und Landestreifen (Luftf) / air strip ‖ ~ventil n (Kfz) / cold starting injector o. valve ‖ ~-Vorheizung f (Lampe) / preheating ‖ ~vorrichtung f / starting device ‖ ~vorrichtung f (Luftf) / launching device ‖ ~vorspann m (Film) / start leader, head leader ‖ ~weg m (Magn.Bd) / start distance ‖ ~wiederholsperre f (Kfz) / starter safeguard lock ‖ ~zählung f (Raumf) / sequence of events ‖ ~zählung f, Coutdown m n / countdown ‖ ~zeichen n für Nullschreibung (DV) / significance-start character ‖ ~zeit f (Reaktor) / start[ing]-up time ‖ ~zeitplan m (Raumf) / launching timetable ‖ ~zusatzrakete f / kick rocket

Stassano-Ofen m (Elektr) / Stassano furnace

Staßfurtit m (Min) / stassfurtite

Statement n (PL-Sprache, DV) / statement ‖ ~marke f (DV) / statement label

Statik f, Gleichgewichtslehre f / statics ‖ ~, statische Aufladung / stationary charge of electricity ‖ ~, statische Berechnung / static calculation ‖ ~ der Baukonstruktionen / structural calculation ‖ ~ der festen Körper / statics of rigid bodies ‖ ~-Entlader m (Elektr) / destaticizer ‖ ~-Entlader m (Luftf) / static wick discharger

Statiker m / [structural] engineer engaged in statical calculations

Station f, Bahnhof m / station ‖ ~, Stelle f / station ‖ ~ (Klinik) / ward ‖ auf ~ / on station ‖ bewegliche o. fahrbare ~ (Fernm) / mobile telephone station ‖ nicht auf ~ / off station

stationär, bleibend / stationary, fixed ‖ ~ (Prozeß) / steady-state… ‖ ~e Gasturbine / industrial gas turbine ‖ ~e Informationsquelle / stationary information source o. message source ‖ ~e Kapazität / concentrated capacitance ‖ ~es Potential (Korrosion) / stationary

potential ‖ ~er Punkt (Astr) / stationary point ‖ ~er Satellit / stationary satellite ‖ ~er Sperrstrom (Halbl) / resistive reverse current ‖ ~e Strömung / steady flow ‖ ~e Umlaufbahn (Satellit) / stationary orbit ‖ ~e Welle / standing wave ‖ ~er Zustand (Math) / stationary state ‖ ~er Zustand (Schwingungen) / stationary process

stationieren, aufstellen / station v

Stationierungszeichen n (statt Kilometersteinen) (Verm, Straßb) / station mark

Stationröhre f (TV) / station tube

Stations·abruf m (DV) / station cycle polling ‖ ~aufforderung f (DV) / query, inquiry ‖ ~aufforderungs-Zeichen n (DV) / inquiry character ‖ ~barometer n (Meteorol) / station barometer ‖ ~bestimmung, Einzeladressierung f (Datenfernverarb) / station identification ‖ ~buchstabe m (Elektronik) / call letter ‖ ~index m, -kennziffer f / station index ‖ ~kennzeichen n (Elektronik) / station identification code signal ‖ ~kontrolle f (DV) / station control ‖ ~name m (aus 3 o. 4 Buchstaben) (Elektronik) / call letters pl ‖ ~pfahl m (Verm) / main station peg, datum peg ‖ ~prüfer m (Elektronik) / reception test set ‖ ~stellung f des Empfängers (Fernm) / receiver in circuit ‖ ~taste f / station finder pushbutton, station selector pushbutton ‖ ~verzeichnis n (Radio) / log ‖ ~vorwahl f / pre-tuning of stations ‖ ~wähler m / transmitting station selector ‖ ~wecker m (Fernm) / station ringer, bell set ‖ ~zeichen, Pausenzeichen n (Elektronik) / signature tune

statisch, ruhend / static, statical ‖ ~ (Elektr) / static ‖ ~er Arbeitspunkt, Ruhepunkt, -zustand m (Elektronik) / quiescent [operating] point ‖ ~e [Auf]ladung / charge accumulation, electrostatic charging ‖ ~e Aufladung, Reibungselektrizität f / frictional electricity ‖ ~er Auftrieb / static lift ‖ ~es Auswuchten / single-plane balancing ‖ ~e Auswuchtmaschine / single-plane (o. gravitational) balancing machine ‖ ~e Beanspruchung / static stress ‖ ~ berechnen / determine statically ‖ ~e Berechnung / static calculation ‖ ~ bestimmbar / statically definable o. determinable ‖ ~ bestimmt / statically defined o. determinate o. determined ‖ ~ bestimmter Rahmen (Stahlbau) / perfect frame ‖ ~e Bruchsicherheit / ultimate factor of safety ‖ ~e Distanzkurvenanordnung (Verm) / stationary distance curves pl ‖ ~es Drehmoment (Mot) / locked rotor torque ‖ ~er Druck (Luftf) / static pressure ‖ ~es Druckmeßrohr (Luftf) / static[-pressure] tube ‖ ~e Elektrizität (Elektr) / static [electricity] pl ‖ ~e Festigkeit / static strength ‖ ~er Gesamtfehler / mean square error ‖ ~e Hochfrequenz-Leistungsquelle / static high frequency power source ‖ ~e Höhe (Luftf) / static ceiling ‖ ~e Kennlinie (Elektr) / static characteristic ‖ ~e Konvergenz (TV) / static convergence ‖ ~es Luftloch (Luftf) / static vent ‖ ~er [Massen]ausgleich (Luftf) / static balance ‖ ~er Mindestgesamtfehler / minimal mean square error, MMSE ‖ ~ mitwirkend / statically active ‖ ~es Moment / statical moment ‖ ~er Niveaumesser (Nukl) / static level meter ‖ ~e Prüfung / static test, loading test ‖ ~es Querfeld (Elektronik) / static transverse field ‖ ~es RAM, SRAM n (DV) / SRAM, static random access memory ‖ ~e Redundanz / static fault tolerance ‖ ~er Reifenhalbmesser / loaded tire radius ‖ ~er Rollradius (Kfz) / static rolling radius ‖ ~er Schräglauf des Bandes (Magn.Bd) / static skew ‖ ~er Schub / static thrust ‖ ~e Sinkkraft / static descending o. sinking force, defect of buoyancy ‖ ~er Speicherauszug / static dump ‖ ~e Stabilität (Luftf) / static stability ‖ ~er Test mit Balancier / whiffle tree static test ‖ ~e Tragzahl / static load rating ‖ ~ überbestimmt / [statically] overdetermined o. overdefined, overrigid, redundant ‖ ~er Umrichter (Elektr) / static inverter ‖ ~ unbestimmbar / statically indeterminable o. indetermined ‖ zweifach ~ unbestimmt / with two statically indetermined members ‖ ~e Unbestimmtheit

999

o. Überbestimmtheit / static redundancy ‖ ~ **unstabil**, labil (Bau) / deficient, unstable ‖ ~**er Unterbrecher** / switch gate ‖ ~**es Vakuumsystem** / static o. sealed vacuum system ‖ ~**e Vermehrung** (Nukl) / static multiplication ‖ ~**er Wechselrichter** (Elektr) / static inverter ‖ ~**er Zug**, Standzug m / static pull ‖ ~**er Zustand**, untätiger Zustand (Fernm) / total entropy

Statistik, Zahlenaufstellung f, (zugleich:) statistische Wissenschaft / statistics pl

statistisch / statistic[al] ‖ ~**e Angabe** / statistical figure ‖ ~**er Anteilsbereich** / statistical tolerance interval ‖ ~ **auszählen** / sort ‖ ~**er Fehler**, Zufallsfehler m / random o. statistic error ‖ ~**e Gesamtheit o. Masse** / statistical universe o. population ‖ ~**es Gewicht** / statistical weight ‖ ~**es Gewicht** (Nukl) / statistical factor ‖ ~**es Gleichgewicht** / statistic[al] equilibrium ‖ ~**e Größen** f pl / statistical parameters pl ‖ ~**e Mechanik** / statistical mechanics pl ‖ ~**e Meßzahl** / statistic n ‖ ~**es Modell** (Nukl) / statistical model ‖ ~**er Multiplexer** / statistic multiplexer, stat mux ‖ ~**e Probenahme** / statistical sampling ‖ ~**e Qualitätskontrolle** / statistical quality control ‖ ~**es Rauschen**, weißes Rauschen (Elektronik) / statistic[al] noise, random noise ‖ ~**er Rückschluß** / statistical inference ‖ ~**e Speicherkarte** / tabulating card ‖ ~**e Streuung** / straggling ‖ ~**er Test** / statistical test, significance test ‖ ~**e Toleranzgrenzen** f pl / statistical tolerance limits pl ‖ ~**e Tolerierung** (DIN 7186) / specification of tolerances according to statistic aspects ‖ ~**e Verteilung** / random orientation

Stativ n / stand, support ‖ ~ (dreibeinig) / tripod ‖ **zusammenschiebbares** ~ / telescoping tripod ‖ ~**anschluß** m (Phot) / tripod connection o. bush ‖ ~**apparat** m (Phot) / stand camera ‖ ~**arm** m (Repro) / camera support ‖ ~**bildwand** f (Phot) / wind-on screen with tripod ‖ ~**klemme** f (chem.Labor) / burette pincers ‖ ~**kopf** m / tripod head o. top ‖ ~**muffe** f / bosshead ‖ ~**platte** f (Phot) / stand base ‖ ~**platte** f (chem. Labor) / stand base ‖ ~**säule** f (des Mikroskops) / limb o. pillar of a microscope ‖ ~**säule** f (Mikroskop) / pillar of a stand ‖ ~**scheinwerfer** m (Film) / spot light ‖ ~**schraube** f / tripod knuckle screw

Stator m, Ständer m (Elektr) / stator ‖ ~ (Zähler) / stator ‖ ~**loser Phasenkompensator** / expedor phase advancer ‖ ~ **platte** f (Kondensator) / fixed plate

Statoskop n (Luftf) / statoscope

Statuenmarmor, feinkörniger ~ / marble for statuaries

Status, Zustand m (DV) / status ‖ ~ **nascendi** m (Chem) / nascency ‖ **im** ~ **nascendi**, naszierend / nascent ‖ ~**register** n (DV) / status register ‖ ~**-Veränderungsbit** n / status modifier bit ‖ ~**wort** n (DV) / status word

Stau m (Verkehr) / back-up, pile-up, traffic congestion o. jam (US) ‖ ~, Wasserstau m / banking-up of the water level ‖ ~, Speicherung f / storing of water ‖ ~, gestauter Wasserspiegel / banked-up water level, banking ‖ **totaler** ~ (Verkehr) / gridlock (US) ‖ ~**anlage** f, Stauwerk n (Hydr) / barrage, dam plant

Staub m / dust ‖ ~ **in der Luft** / airborne dust ‖ ~**ablagerung** f / dust deposit ‖ ~**absauger** m (Holz) / sawdust collector ‖ ~**[absaug]kanal** m / canal for dust collection by ventilation ‖ ~**absaugung** f / dust collection by exhaust ventilation ‖ ~**absaugung[sanlage]** f / dust extraction set ‖ ~**abscheider** m / dust separator o. collector o. catcher, dust arrester, deduster ‖ ~**abscheider**, Zyklon m / cyclone [dust collector] ‖ ~**abscheidung** f / dust recovery ‖ ~**anfall** m / ratio of dust ‖ ~**anfeuchter** m (Gieß) / dust sprinkler ‖ ~**ansammlung f durch die Erde** / terrestrial accretion of interplanetary dust ‖ ~**anteil** m / dust content ‖ ~**aufwirbelung** f / raising of dust ‖ ~**auswurf** m / dust emission ‖ ~**bedeckt** / dust-covered, pulverulent, powdery ‖ ~**bedeckt**, staubig, verstaubt / powdery, dust-covered ‖ ~**behälterwagen** m (Bahn) / silo-wagon for the conveyance of traffic in powder form ‖ ~**bekämpfung** f / dust mitigation, dust

prevention measures pl ‖ ~**belästigung** f / annoyance caused by dust, dust nuisance ‖ ~**beseitigung** f / dust control ‖ ~**beutel** m (Gieß) / dust bag ‖ **elektrisches** ~**bild** / electric dust pattern ‖ ~**bildung** f, Flaumbildung f (Pap) / fluffing ‖ ~**bindemittel** n / dust bonding agent, antidust compound ‖ ~**bindeöl** n / dust [alleying] oil, dust binder oil ‖ ~**brille** f / goggles pl, eye protectors o. preservers pl ‖ ~**bunker** m (Kessel) / pulverized coal hopper ‖ ~**bürste** f (Phono) / dustbug

Stäubchen n (winzigkleines Teilchen) / atom, mote, jot

Staub·deckel m (Uhr) / dome [of a watch] ‖ ~**detektor** m (Nukl) / dust detector ‖ ~**dichtes Gehäuse** / dust-tight casing ‖ ~**dicht [geschlossen]** / dust-tight, dustproof ‖ ~**dichtmachen** n / dustproofing ‖ ~**dichtung** f / dustproof packing, dust seal

Stau·becken n (Hydr) / catchment o. storage basin o. reservoir ‖ ~**[becken]anlage** f / barrage o. dam plant ‖ ~**[becken]anlage** f (Elektr) / power basin ‖ ~**[becken]anlage** f, Wehranlage f / weir plant

Stäubegerät n, Stäuber m (Landw) / duster

stauben vi / give-off dust ‖ ~ n (Pap, Fehler) / powdering, dusting ‖ ~ **des Papiers beim Druck** (Buch) / fluffing

stäuben, bestauben / dust v ‖ ~ vi, sprühen / spray

Staub·entwicklung f / formation of dust ‖ ~**erzeugend** / dust evolving

Stäubeschwefel m (Landw) / sulphur dust

Staub·explosion f / dust explosion ‖ ~**fang**, -fänger m / dust separator o. collector o. catcher ‖ ~**farbe** f, fein gepulverte Farbe / powdered colo[u]r o. dye ‖ ~**farbe**, Einstäubfarbe f / powdering ink ‖ ~**fein** / fine as dust ‖ ~**feuerung** f / coal dust firing ‖ ~**fließbett** n (Hütt) / powder-operated fluid[ized] bed ‖ ~**flocken** f pl, Flaum m (Pap) / fluff ‖ ~**förmig** / dustlike, powdery, dusty ‖ ~**frei** / dustless, dustfree ‖ ~**freier Raum** / dustproof room, white room ‖ ~**gehaltsmesser** m (Bergb) / konometer, konimeter ‖ ~**gehaltsprüfer** m (Umwelt) / impacter, -tor ‖ ~**gekühlter Reaktor** / dust-cooled reactor ‖ ~**geschützt** / protected from dust, dustproof ‖ ~**grau** (RAL 7037) / dusty gray ‖ ~**güter** n pl / traffic in powder form, dry bulk freight ‖ ~**güter** n pl / dry bulk freight ‖ ~**haltig**, -beladen, Staub... / dust laden ‖ ~**haube** f s. Staubkammer ‖ ~**hefe** f (Brau) / non-flocculating yeast

staubig, verstaubt / dusty ‖ ~ **aussehend**, mit Staub bedeckt / pulverulent, dusty ‖ ~**e Wolle** / dusty wool

Staubigkeit f / pulverulence

Staub·kalk m, luftgelöschter o. abgestandener o. verwitterter Kalk (Bau) / lime powder o. dust ‖ ~**kalk** m, gemahlenes Kalziumhydroxid / powdered lime ‖ ~**kammer**, -haube f / dust separator o. collector o. catcher ‖ ~**kappe** f (Kfz, Ventil) / dust cap ‖ ~**kappe** f (Lager) / bearing cap ‖ ~**kohle** f, Steinkohlengrus m / dust coal, fine coal, duff (GB) ‖ ~**kohle f für Feuerung** / pulverized o. powdered coal, coal dust ‖ ~**kohlenkippe** f (Bergb) / slack heap ‖ ~**korn** n / grain o. particle of dust ‖ ~**lawine** f / drift o. dry avalanche

Staublech n, -scheibe, -platte f / baffle plate

Staub·lunge f / pneumo[no]koniosis ‖ ~**mehl** n / meal o. mill dust ‖ ~**mehl** m, Mühlenstaub m / meal dust, mill dust ‖ ~**niederschlag** m, Rauchniederschlag m / bag-house dust, smoke, fume ‖ ~**niederschlag m in der Luft** / dustfall ‖ ~**niederschlagung** f / dust precipitation o. settling ‖ ~**niederschlagung f an Wänden** / erwärmten Wänden) / dust trail on walls ‖ ~**öl** n, staubbindendes Öl / dust [alleying] oil, dust binder oil ‖ ~**pinsel** m / dusting brush ‖ ~**rückhaltevermögen** n (Filter) / dust holding capacity ‖ ~**sack**, Filtersack m / dust bag ‖ ~**sammler** m / dust collector ‖ ~**sauger** m (Haushalt) / vacuum cleaner ‖ ~**sauger** m, Bodenstaubsauger m / cylinder vacuum cleaner ‖ ~**sauger m in Stielform**, Handstaubsauger m / upright vacuum cleaner ‖ ~**schicht** f / dust coat o. layer ‖ ~**schutz** m / dust guard o. shield o. screen ‖ ~**schutz** m (Elektr) / dust-proof protection ‖ ~**schutzhelm** m / dust protection helmet ‖ ⌐schutz-Manschette f, -Balg m / dust boot ‖ ⌐schutzschild m / dust guard o. shield o. screen ‖ ⌐sieb n mit Trommel / composition sieve ‖ ⌐sturm m / dust storm ‖ ⌐technik f / dust technology ‖ ~trocken (Farbe) / dust-dry ‖ ~verhindernd / dust preventing ‖ ⌐wirbel m / swirl, whirl ‖ ⌐zähler m / dust counter ‖ Aitkenscher ⌐zähler / Aitken's dust counter ‖ ⌐zucker m, Puderzucker m / sugar powder, confectioner's sugar (US) ‖ gegen ⌐zündung geschützt (Elektr) / dust-ignition proof

Stauch·alterung f, Reckalterung f / strain ag[e]ing o. age hardening ‖ ⌐-Dehn-Former m (Wzm) / upsetting and lengthening former ‖ ⌐draht m (Hütt) / heading wire ‖ ⌐druck m / pressure required for upsetting ‖ ⌐druck m (beim Nieten) / rivet forming pressure ‖ ⌐druckprüfung f (Verpackung) / stacking test

stauchen, auf-, anstauchen / upset, jolt, jump-up, upend ‖ ~, ausbreiten / flatten and mushroom over ‖ ~ (Stanz) / swage ‖ ~, stauchformen / form by upsetting ‖ ~ (Garn) / shove ‖ ⌐ n (Glas) / thickening ‖ Niete ~ / clench o. close o. upset rivets

Stauchentfestigung f, -enthärtung f / strain softening, work softening

Staucher m / upsetting device

Stauch·falzmaschine f (Buch) / buckle folding machine, pocket folder ‖ ⌐festigkeit f (beim Walken) (Textil) / resistance to crushing ‖ ⌐gerüst n (Walzw) / edger ‖ ⌐härtung f / strain-hardening ‖ ⌐kaliber n, -stich m (Walzw) / edging pass ‖ ⌐kaliber n (Schm) / upsetting die ‖ ⌐kanal m (Walken) / well ‖ ⌐kasten, Schüttelkasten m (Aufber) / kieve, keeve ‖ ⌐krumpfung f (Textil) / compressive shrinkage ‖ ⌐maschine, -presse f / bulldozer, upsetting o. jolting press o. machine ‖ ⌐matrize f (Stanz) / upsetting die ‖ ⌐schmieden n / upset forging ‖ ⌐[setz]maschine f / movable-sieve jig, kieve, keeve ‖ ⌐sieb n / jigging screen ‖ ⌐siebsetzmaschine f / movable sieve jig ‖ ⌐siebstromsetzmaschine f / sectional jigging machine ‖ ⌐stempel m, Stößelgesenk n (Schm) / header die ‖ ⌐stich m (Walzw) / edging o. upset pass ‖ ⌐stich für Schienen m / dummy pass ‖ ⌐stumpfschweißen n / upset [butt] welding ‖ ⌐- und Messerfalzmaschine f (Bb) / combined knife and pocket folder

Stauchung f / upsetting ‖ ⌐, Druckverformung f / compression set, upsetting deformation

stauch·verschränken, joggeln / joggle ‖ ⌐verschränkmaschine f, Jogglemaschine f / joggling machine, plate joggler ‖ ⌐versuch m (Hütt) / slug test, bulging test, upsetting test ‖ ⌐weg m / upsetting course ‖ ⌐werkzeug n (Stanz) / swage ‖ ⌐zange f (Schm) / large tongs pl ‖ ⌐zylinder m (Ballistik) / copper o. crusher cylinder

Stau·damm m (Hydr) / retaining barrage o. dam, reservoir embankment, barrage [wall], dam ‖ ⌐damm m, -mauer f / buttress dam, impounding dam

Staude f / shrubby tree, shrub ‖ kleine ⌐ / herbaceous plant

Staudinger·-Einheit, Grundeinheit f (Plast) / structural unit ‖ ⌐zahl, -größe f (in Gramm je Milliliter) / limiting viscosity number

Staudruck m (Aerodyn) / dynamic o. impact pressure, (formerly:) kinetic o. velocity head ‖ ⌐ (Hydr) / banking-up pressure ‖ ⌐, dynamischer Druck / ram pressure ‖ ⌐durchflußmesser m / Pitot tube flowmeter ‖ ⌐fahrtschreiber m (Luftf) / pressure [head] speed recorder, Pitot static air speed recorder (US) ‖ ⌐luft f (Luftf) / ram air ‖ ⌐lufteinlaß m (Luftf) / ram[ming] intake ‖ ⌐messer m (Luftf) / dynamic airspeed indicator, Pitot head ‖ ⌐schalter m (Pneum) / booster relay ‖ ⌐turbine f (Luftf) / ram-air turbine

Staudüse f (Luftf) / Pitot tube, pitot-static tube

Stauen n (Hydr) / damming up, catchment ‖ ~, aufstauen / dam [up], retain ‖ ~, Wasser anstauen (Hydr) / bank up, dam up, stem the water ‖ ~, laden (Schiff) / stevedore ‖

sich ~ (Verkehr) / be jammed, pile up ‖ sich ~ / choke v, get choked

Stauer m / stevedore

Staufaktor m, -koeffizient, Räumte f (in m³/t) (Schiff) / stowage factor

Stauffer·buchse f / Stauffer grease cup o. box, Stauffer lubricator, compression lubricator ‖ ⌐fett n / Stauffer o. consistent o. friction grease, cup grease

Stau·flügelflugzeug n / channelwing aircraft ‖ ⌐förderer m / accumulating conveyor ‖ ~frei (Lufteinlaß, Luftf) / non-ramming ‖ ⌐gebiet n / area affected by dammed water ‖ ⌐höhe f / height of damming ‖ ⌐holz, Füllholz n (Schiff) / dunnage bar ‖ ⌐klappe f (Stauwehr) / wicket of a weir ‖ ⌐kraft f / dynamic power ‖ ⌐kraftwerk n / barrage power station ‖ ⌐latten f pl am Stoffeinlauf, Seitenbegrenzungslatten f pl am Papiermaschinensieb / deckle boards pl ‖ ⌐linie, -kurve f (Hydr) / curve of raised water surface, banking[-up] curve ‖ ⌐linie f, -kurve f / curve of raised water surface ‖ ⌐luftturbine f / ram-air turbine ‖ ⌐mauer f (Hydr) / masonry dam ‖ ⌐menge f (Hydr) / catchment ‖ ⌐nässe f (Boden) / waterlogging ‖ ⌐platte, -scheibe f, -blech n / baffle plate ‖ ⌐punkt m (Luftf) / stagnation point ‖ ⌐rand m, Drosselscheibe f (Hydr) / sharp-edged orifice ‖ ⌐raum m (Hydr) / retaining capacity ‖ ⌐raum m (Schiff) / freight hold, ship's hold ‖ ⌐rille f für Material (Presse) / retaining groove ‖ ⌐ring m (Extruder) / retaining ring ‖ ⌐rohr n / pressure tube ‖ ⌐rohr n (Windmessung) / Prandtl's Pitot tube, pitostatic tube, pitot head

Staurolith m (Min) / staurolite

Stau·rollenförderer m / accumulating roller conveyor ‖ ⌐schalter m (DV) / jam switch ‖ ⌐scheibe f (K-Betronic) / sensor plate ‖ ⌐scheibe f / diaphragm plate, baffle plate ‖ ⌐scheibe f (Messen) / measuring aperture o. orifice, static plate, diaphragm plate, sharp edge orifice ‖ ⌐scheibenförderer m (Bergb) / retarding disk conveyor, disk retarding conveyor ‖ ⌐schleuse f / retaining sluice ‖ ⌐schütz n / sluice gate ‖ ⌐schwelle, Grundschwelle f (Hydr) / low overfall, submerged dike ‖ ⌐see m / artificial o. storage lake ‖ ⌐spiegel m / raised water level ‖ ⌐stoff m, Reaktionsbremse f (Nukl) / retarder ‖ ⌐strahlflugzeug n / ram jet airplane ‖ ⌐strahlrakete f / air augmented rocket, ducted rocket, ram rocket ‖ ⌐strahl-Triebwerk m, Lorin-Triebwerk n (Luftf) / ram jet engine, aerothermodynamic duct ‖ ⌐stufe f (Hydr) / barrage weir with lock

Stauung f, Verstauen n (Schiff) / stowage ‖ ⌐ (Fernm, Verkehr) / blocking, jam ‖ ⌐, Anhäufung f (Verkehr) / congestion, pile-up ‖ ⌐ (Hydr) / damming [up], retaining ‖ ⌐, Gegenströmung f (Hydr) / swell, eddy

Stauungs·metamorphose, Dynamometamorphose f (Geol) / dynamic metamorphism, dynamo-thermal morphism

Stau·vermögen n (Schiff) / stowage capacity ‖ ⌐vermögen n (Hydr) / catchment o. retaining capacity ‖ ⌐vorrichtung f (der Papiermaschine) / slice of the paper machine ‖ ⌐wand f / skinplate ‖ ⌐warngerät n (Verkehr) / queue warning sign ‖ ⌐wasser n, aufgestautes Wasser / banking, banked-up o. dammed-up water, catchment water, forebag (US) ‖ ⌐wasser, Rückwasser n (Hydr) / tailwater, back o. slack water ‖ ⌐wasserdruck m / banked-up water pressure ‖ ⌐wassermenge f / number of ships in a lock, lockage ‖ ⌐wehr n / retaining weir o. dam ‖ ⌐werk n (Hydr) / barrage ‖ ⌐widerstand m (Luftf) / ram drag ‖ ⌐ziel n (Hydr) / top water level, maximum storage level

Stay-down-Zeit, Haltezeit f (des Hochvakuums) / stay-down-time

Steam·-Crack-Verfahren n / steam cracking ‖ ⌐lard, Dampfschmalz n / steamlard ‖ ⌐lift m, Dampfeinpressen n (Öl) / steam lift ‖ ⌐-Reforminganlage f (Erdgas) / steam reforming plant

Stearat n / stearate

Stearin n / stearin ‖ ⌐kerze f / composite candle ‖ ⌐säure f / stearic acid ‖ ⌐werk n, -fabrik f / stearin factory

Stearolsäure f / octadecanoic acid, stearolic acid
Stearopten, Menthol n / menthol
Steatit m / steatite
Stech·beitel m DIN 5139 / firmer chisel [with tang] ‖ ⌃**drehmeißel** (DIN), Abstechstahl m (Wzm) / narrow square-nose cutting tool, turning-off o. parting[-off] o. cutting[-off] tool, cutoff tool
stechen, durchstechen / prick vt ‖ ~, gravieren (Stech) / engrave ‖ ~, durchziehen (Stanz) / lance, plunge, burr ‖ ⌃ n (F.Org) / punching by the time clock, clocking in o. on o. out o. off ‖ ⌃ der Form (Hütt) / inclination of the tuyere ‖ (mit einer Nadel) ~ / prick ‖ **in der Stechuhr** ~ / punch [cards] by the time clock, clock in o. out, clock on o. off ‖ **Torf** ~ / cut o. dig peat
stechend (Geruch) / sharp [and choking], pungent
Stecher m (Web) / warp protector, knock-off dagger
Stech·heber m / plunging siphon, thief ‖ ⌃**kamm** m **der Raschelmaschine** (Web) / trace comb ‖ ⌃**karre** f, -karren m / sack barrow o. trolley ‖ **karre hier nicht ansetzen!** / do not put sack trolley here! ‖ ⌃**karte** f (F.Org) / clock card ‖ ⌃**knopf** m (Schreibm) / platen variable button ‖ ⌃**rasen** m / sod ‖ ⌃**schaufel** f / digging shovel ‖ ⌃**uhr** f / time clock o. detector, attendance clock ‖ ⌃**werkzeug** n (Stanz) / burring o. lancing o. plunging tool ‖ ⌃**zirkel** m / divider, dividers pl ‖ ⌃**zirkel mit Mitteltrieb** m / center-screw bow-point o. -spacer
Steck·..., Einsteck... (Elektr) / plug-in... ‖ ⌃**achse** f (Kfz) / full floating axle ‖ ⌃**anschluß** m / plug-type connection, plug-in termination, outlet ‖ ⌃**armatur** f (Schlauch) / socketless fitting
steckbar (Elektr) / pluggable, plug-in... ‖ ~ (IC, Platte) / plug-in type ‖ ~ (am Steckbrett) / pegboardable ‖ ~e **Lampe** / jack lamp
Steck·baugruppe f / plug-in module ‖ ⌃**blende** f (Phot) / push plug ‖ ⌃**blende** f (Rohr) / orifice plate for insertion between flanges, stop plug ‖ ⌃**block** m (Elektr) / sub-unit ‖ ⌃**bohrbuchse** f, -buchse f / renewable drill bush, headed drill bush, slip-type jig bush ‖ ⌃**bolzen** m (DIN 80403) / socket pin ‖ ⌃**brett** n (DV) / prepatch board ‖ ⌃**brett** n (NC) / problem-board ‖ ⌃**buchse** f (Elektr) / tip jack ‖ **[einpolige]** ⌃**buchse** / tip jack ‖ ⌃**buchsenleiste** f (Elektronik) / female multipoint connector ‖ ⌃**dose** f (Elektr) / socket, convenience outlet o. receptacle (US), plug receptacle (US), power o. wall outlet, outlet box ‖ **normale** ⌃**dose** / house current wall outlet ‖ ⌃**dose** f **für Handlampe** (Kfz) / handlamp socket ‖ ⌃**dose** f **für mehrere Stecker** / multiple socket ‖ ⌃**dose** f **mit Schutzkontakt, wasserdicht** / watertight socket-outlet with earthing contact ‖ ⌃**einheit** f, -brett n (DV) / plug o. pin board ‖ ⌃**einheit**, Einschub m (Elektronik) / plug-in package o. unit ‖ ⌃**einsatz** m, -patrone f (Masch) / plug cartridge
Steckel·walzwerk n (Hütt) / Steckel mill ‖ ⌃**-Ziehwalzwerk** n / coiler tension rolling mill
stecken vi, festsitzen / get stuck, seize vi ‖ ~ vt (Elektr) / plug vt ‖ ~, durch Stecken anbringen / put, place, insert ‖ ~, an-, aufstecken / stick, pin up ‖ ~, durch Steckschnüre verbinden (Fernm, Elektronik) / patch v ‖ ⌃ n (Steckverbindung herstellen) / plugging ‖ **in eine Öffnung** ~ / insert ‖ **Platten** ~ (Elektronik) / plug-in v ‖ ~**bleiben**, festsitzen / seize, get o. be stuck, stick, bind, gripe ‖ ~**bleiben**, festfahren / stall, get stuck ‖ ~**bleiben** (Kfz) / get bogged, get stuck ‖ ⌃**bleiben** n **der Kolbenringe**, Ring Sticking n (Mot) / ring sticking ‖ ~**gebliebener Block** (Hütt) / [mould] sticker
Stecker m (Elektronik) / connector, plug [attachment o. contact] plug ‖ ⌃ **für militärische Zwecke** (Mil) / MS connector (US) ‖ ⌃ **mit Schirmerde** (Fernm) / phonoplug ‖ **den** ⌃ **ausziehen** / pull the plug ‖ ⌃**belegung** f (Elektr) / pin assignment ‖ ⌃**gehäuse** n (Elektronik) / connector shell ‖ ⌃**hülse** f (in der Steckdose) / pin bushing ‖ ⌃**hülse** f, -buchse f (Elektr) / female connector, plug socket ‖ **federnde** ⌃**hülse** / split pin bushing ‖ ~**kompatibel**

(DV) / plug-compatible, PC, plug-to-plug compatible ‖ **Hersteller von** ~**kompatiblen Rechnern** / plug compatible manufacturer, PCM ‖ ⌃**leitung** f (DV) / patch cord ‖ ⌃**schalter** m / plug switch ‖ ⌃**schnur** f (Elektr) / cord and plug, plug cord ‖ ⌃**stift** m / plug pin ‖ ⌃- **und Buchsen-Verbindung** f / JC, jack connection ‖ ~**verträglich**, -kompatibel (DV) / plug-compatible, PC
Steck·fassung f / plug-in socket ‖ ⌃**fassung** f (DV) / plug-socket holder ‖ ⌃**fuß** m (Turbine) / blade foot ‖ ⌃**fuß** m (Phot) / accessory shoe ‖ ⌃**griff** m (für Schraubendreher-Einsätze) / hand adapter for hexagon insert bits ‖ ⌃**griff** m (DIN 3122), Drehstift m (Wz) / spanner handle, tommy bar, siding Tee-bar ‖ ⌃**griff** m **mit Außenvierkant**, Drehstift m mit Außenvierkant / male square spin-type handle ‖ ⌃**hülse** f **für Flachstecker** / receptacle for tabs ‖ ⌃**hülse** f **für seitlichen Leiteranschluß** / flag receptacle ‖ ⌃**karte** f (DV, Elektronik) / insert card ‖ ⌃**kerbstift** m (DIN 1474) / half length reserve taper grooved dowel pin ‖ ⌃**klemme** f / plug-in terminal ‖ ⌃**kontakt** m / plug contact, contact plug ‖ ⌃**kontakt** m (in einer Wandung) (Elektr) / wall plug ‖ ⌃**kontaktleiste** f (Elektronik) / multiple contact strip, multipoint o. multipole connector ‖ ⌃**kraft** f (Stecker) / mating force, coupling force, insertion force ‖ ⌃**lager** n / closed bearing ‖ ⌃**leiter** f (F'wehr) / scaling ladder ‖ ⌃**mast** m / dismountable mast ‖ ⌃**matrix** f / plug-in matrix ‖ ⌃**nadel** f / pin ‖ ⌃**patrone** f, -einsatz m (Masch) / plug cartridge ‖ ⌃**patronensicherung** f / plug fuse ‖ ⌃**plan** m (Elektron) / plugboard chart, plugging chart ‖ ⌃**platte** f (Elektronik) / [printed] card ‖ ⌃**pult**, Bedienungspult n (DV) / patch panel ‖ ⌃**relais** n / plug-in relay ‖ ⌃**rohr** n (Elektr) / plain conduit o. coupler ‖ ⌃**rübe**, Kohlrübe f / Swede [turnip] ‖ ⌃**scheibe** f (z.B. für Ölleitungen) (Masch) / blank, blind ‖ **doppelte** ⌃**scheibe** (in Achterform) (Rohrleitung) / figure-eight blank ‖ ⌃**schlüssel** m / box o. socket spanner (GB) o. wrench (US) ‖ ⌃**schlüssel** m (Tischl) / box spanner ‖ **gebogener** ⌃**schlüssel** / offset hexagon box spanner ‖ ⌃**schlüssel** m **aus Rohr** / tubular socket wrench ‖ ⌃**schlüssel** m **aus Rohr mit Griff** / tubular tee-handled socket wrench ‖ ⌃**schlüssel** m **massiv mit Griff** / tee-handled socket wrench ‖ ⌃**schlüssel** m **mit Griff** / hexagon socket spinner wrench ‖ ⌃**schlüsseleinsatz** m / socket for wrenches ‖ ⌃**schlüsseleinsatz** m **mit Drillschraubendreherschaft für Sechskantschrauben** / socket shank for use with spiral ratchet screwdriver ‖ ⌃**schlüssel-Einsatz** m **mit Innensechskant** / hexagon insert socket driver ‖ ⌃**schlüsseleinsatz** m **mit Innenvierkant für Sechskantschrauben** / square drive socket wrench ‖ ⌃**schlüsseleinsatz** m **[mit Kugelgelenk] für maschinenbetätigte Schraubwerkzeuge** / cardan type socket for machine driven wrenches ‖ ⌃**schlüsselschrank** m (Fernm) / multishape key-plug switchboard ‖ ⌃**schnur** f (DV) / patch cord ‖ ⌃**schuh** m (Phot) / accessory shoe ‖ ⌃**schuß** m (Bergb) / top shot ‖ ⌃**spule** f (Elektronik) / plug-in coil ‖ ⌃**stelle** f (DV) / socket ‖ ⌃**stift**, Führungsstift m (Gieß) / guide pin ‖ ⌃**tafel** f, -brett n, Schalttafel f (DV) / patch board o. panel, plugboard ‖ ⌃**tafelprogrammierung** f / pin board programming ‖ ⌃**verbinder** m (Elektr) / pin-and-socket connector ‖ ⌃**verbinder** m / connector, patch plug (US) ‖ **vielpoliger** ⌃**verbinder** / multiple connector ‖ **fest angebrachter** ⌃**verbinder** / fixed connector ‖ ⌃**verbinder** m **für die Einschubtechnik** / rack connector ‖ **rechteckiger** ⌃**verbinder für gedruckte Schaltungen** / rectangular edge socket connector for printed boards, two-part modular connector ‖ ⌃**verbinder** m **für kräftefreies Stecken** / zero-force connector ‖ ⌃**verbinder** m **für Mutter-Tochter-Leiterplatte** / mother-daughter board connector ‖ ⌃**verbinder** m **zum Schalten u. Prüfen für gedruckte Schaltungen** / link and test connector for printed boards ‖ ⌃**verbindersatz** m / connector mated

set, connector pair (deprecated) ‖ ⌐**verbindung** f (Elektronik) / plug-type connector, plug-[and socket] connection, plug-in connection ‖ ⌐**verbindung** f (U-förmig) (Elektr) / patch cord, jumper cable ‖ ⌐**verbindung** f, Schaltader f / jumper ‖ ⌐**verbindung[sschnur]** f (DV) / patch cord, jumper cable ‖ ⌐**verbindung[sschnur]** f für Programme / program patch cord ‖ ⌐**vorgang** m (Verbinder) / insertion-withdrawal operation ‖ ⌐**zapfen** m (Opt) / center spigot ‖ ⌐**zwirnhülse** f (Textil) / drawing twister bobbin ‖ ⌐**zwirnkops** m, -zwirnspule f (Spinn) / cross-wound redrawing and draw-twisting package ‖ ⌐**zyklus** m / insertion/withdrawal cycle

Steenstrupin m (Thoriummineral) / steenstrupine, -pite

Stefan-Boltzmannsches Gesetz (Phys) / Stefan-Boltzmann law, Stefan's law, fourth-power law

Steffen-Brühverfahren n (Zuck) / Steffen scalding process

Steg m (Profileisen, Spiralfeder, Schiene, Hohlziegel usw) / web ‖ ⌐ (U-Profil) / web of a channel ‖ ⌐ (Mus.Instr) / bridge, chevalet of the violin ‖ ⌐ (Mech.) / fixed link, frame ‖ ⌐ (Schneideisen) / land ‖ ⌐, rechteckiger Grat (Plast) / fin ‖ ⌐, Pfad m (Straßb) / path ‖ ⌐ (Brückb) / footbridge ‖ ⌐, Laufplanke f (Schiff) / gangboard, -plank ‖ ⌐ (Brille) / bridge ‖ ⌐ (Akku) / cell connector ‖ ⌐ (in der Form) (Plast) / gate ‖ ⌐, Grat m (Phono) / land ‖ ⌐ (Wellenleiter) / ridge ‖ ⌐ (Säge) / traverse of a saw ‖ ⌐ (Trennscheibe) / tooth ‖ ⌐, Setzsteg m, -linie f (Buch) / stick, reglet ‖ ⌐e m pl (Buch) / spacing material ‖ ⌐ m an Schleusen, Brücke f / gangway on a lock ‖ ⌐ der Form (Gummi) / land ‖ ⌐ der Kannelierung (Bau) / ridge between the flutes ‖ ⌐ des Raupenkettengliedes / grouser ‖ ⌐ zwischen Löchern (Stanz) / web between holes, remaining metal ‖ ⌐**abstand** m, Spaltbreite f (Schw) / root gap (GB) o. opening (US) ‖ ⌐**ausbiegung** f (Stahlbau) / web curvature ‖ ⌐-**Außermittigkeit** f (Stahlbau) / symmetry defect of webs ‖ ⌐**blech** n (Stahlbau) / web plate ‖ ⌐**blechfeld** n (Stahlbau) / web panel ‖ ⌐**blechstoß** m (Stahlbau) / web butt joint ‖ ⌐**breite** f am Spiralbohrer / width of land ‖ ⌐**diele[nplatte]** f / ribbed flooring slab ‖ ⌐**ebene** f (Stahlbau) / plane of web ‖ ⌐**flanke** f (unabgeschrägter Teil der Schweißkante) / root face ‖ ⌐**glied** n, Kettenglied mit Steg / stud link ‖ ⌐**halterkopf** m (Plast) / spider head ‖ ⌐**höhe** f (Höhe des unabgeschrägten Teils) (Schw) / width o. thickness of root face ‖ ⌐**hohlleiter** m / ridge waveguide ‖ ⌐**isolation** f (Elektr) / segment insulation ‖ ⌐**kasten** m (Buch) / furniture case ‖ ⌐**kette** f / studded chain ‖ ⌐**kettenförderer** m / raker-type chain conveyor ‖ ⌐**kettenfördererbrücke** f (Bergb) / bridge for raker-type chain conveyor ‖ ⌐**lasche** f (Kfz) / bracket clip ‖ ⌐**leitung**, Bandleitung f, -leiter m (Hohlleiter) / ribbon conductor ‖ ⌐**leitung** f (Elektr) / flat webbed house wire ‖ ⌐**lochung** f / web punching ‖ ⌐**magnetron**, Fahnenmagnetron n / vane [anode] magnetron ‖ ⌐**matrize** f / spider die ‖ ⌐**platte** f (Plast) / grouser plate o. shoe ‖ ⌐**rippe** f / solid rib ‖ ⌐**rohr** n (Plast) / helically wound pipe, pipe with helical reinforcing web ‖ ⌐**verbinder** m (Kastenträger) / diaphragm plate ‖ ⌐**verbunden** (Stahlbau) / back-to-back ‖ ⌐**wälzegge** f (Landw) / cage roller

Steh·achse f (Theodolit) / vertical axis ‖ ⌐**bild** n (Phot) / still [picture], freezing frame ‖ ⌐**bildprojektion** f, -wurf m / lantern slide projection ‖ ⌐**bildwerfer** m / lantern slide projector, still projector ‖ ⌐**blech** n, Stegblech n (Stahlbau) / web plate ‖ ⌐**blechaussteifung** f / web plate stiffener ‖ ⌐**blechstoß** m / web plate attachment o. joint ‖ ⌐**bolzen** m / stud bolt ‖ ⌐**bolzen** m (Feuerbüchse, Bahn) / stay rod o. bolt, firebox stay ‖ ⌐**bolzen** m mit abgesetztem Schaft / double end stud with reduced shank ‖ ⌐**bolzenschraube** f / stay bolt screw

stehen / stand vi ‖ ⌐, stehenbleiben, stocken / stand, stop, come to a stop ‖ ⌐ (Sand) (Gieß) / hold well ‖ ⌐ (Schichten) (Bergb) / be inclined at more than 45° ‖ ⌐

(Holz, Tischl) / keep well ‖ ⌐ [auf], anzeigen (Instr) / read ‖ ⌐ (Grubenbau) (Bergb) / be worked a certain depth ‖ ⌐ n, Stillstand m / stand, stop ‖ ⌐, Stand m / upright position ‖ **zum** ⌐ **bringen** (Bewegung) / lock, block [up]

stehenbleiben, absterben (Mot) / die

stehend, aufrecht / standing, upright, vertical ‖ ⌐, stationär (Wellen) / stationary, standing ‖ ⌐ (Mot) / vertical ‖ ⌐, haltbar (Färb) / lasting ‖ ⌐, stagnierend / stagnant ‖ ⌐e **Appretur** (Textil) / lasting finish ‖ ⌐e **Falzverbindung** (Blech) / standing seam joint, elbow seam (US) ‖ ⌐es **Färbebad** / standing bath ‖ ⌐er **Fensterflügel** / dead sash ‖ ⌐e **Figur** (Kath.Str) / stationary figure o. image o. pattern ‖ ⌐es **Gewässer** / body of water ‖ ⌐es **Gut o. Tauwerk** (Schiff) / standing rigging o. gear, dead ropes pl ‖ ⌐es **Holz**, Holz n auf dem Stamm / wood on the stem ‖ [senkrecht] ⌐er **Motor** (Elektr) / vertical spindle motor ‖ ⌐e **Naht** (Schweiß) / vertical weld ‖ ⌐e **Part der Takelage** (Schiff) / standing part of rigging ‖ ⌐er **Pfahl** / point bearing pile ‖ ⌐e **Platine** (Web) / fixed wire ‖ ⌐er **Riegel** (Schloss) / steady bolt ‖ ⌐e **Schwingung** / stationary o. steady oscillation o. vibration ‖ ⌐e **Strömung** / steady flow ‖ ⌐es **Ventil** (Mot) / valve-on-the-side, side-by-side valve, side valve ‖ ⌐es **Wasser**, Totarm m (Hydr) / dead water, stagnant water ‖ ⌐e **Welle** (Phys) / stationary o. standing wave ‖ ⌐e **Welle** (Masch) / upright o. vertical shaft

stehen·lassen / abandon, leave standing o. untouched ‖ ⌐lassen (Chem) / allow to stand

Steh·falz m (Dach) / standing seam, elbow seam (US) ‖ ⌐**festigkeit** f, -vermögen n / staying power ‖ ⌐**film** m (für Unterricht) / film strip ‖ ⌐**kessel**, Feuerbüchsmantel m (Bahn) / outer firebox, outer wall of the firebox ‖ ⌐**kolben** m (Chem) / flat-bottomed flask ‖ ⌐**kolben** m, Erlenmeyerflasche f (Chem) / conical flask, Erlenmeyer flask ‖ ⌐**kondensator** m / stand-off capacitor ‖ ⌐**lager**, Bocklager m (Masch) / pedestal bearing, pillow o. plummer block ‖ ⌐**lagergehäuse** n für Wälzlager / plummer block for rolling bearings ‖ ⌐**lampe** f / floor standard [lamp], floor o. stand lamp ‖ **nach oben strahlende** ⌐**lampe** / torchier[e] ‖ ⌐**leiter** f / double ladder ‖ ⌐**leiter** f / double ladder ‖ ⌐**platine** f (Textil) / sinker jack ‖ ⌐**platinenfeder** f (Textil) / upright sinker spring ‖ ⌐**platinenring** m (Textil) / verge ring ‖ ⌐**platz** m (Bahn) / standing room ‖ ⌐**platzbegrenzung** f / standee line o. bar ‖ ⌐**platz[inhaber]** m (Bahn) / standee (US) ‖ ⌐**rakelstreichverfahren** n (Pap) / spread coating ‖ ⌐**satz** m (Buch) / live matter, standing matter ‖ ⌐**sieb** n, Durchwurf m / riddle ‖ ⌐**spannung** f (Elektr, Isolation) / withstand voltage ‖ ⌐**stoßspannung** f / withstand impulse o. surge voltage ‖ ⌐**tank** m / vertical tank ‖ ⌐**vermögen** n, -festigkeit f / staying power ‖ ⌐**wechselspannung** f (Elektr) / power frequency withstand voltage ‖ ⌐**welle** f / standing wave, stationary wave ‖ ⌐**wellen-Verhältnis** n, Welligkeitsfaktor m (Antenne) / voltage standing wave ratio, VSWR ‖ ⌐**zeit** f (Plast) / moulding time ‖ ⌐**zeit**, Verweilzeit f (Chem) / retention time ‖ ⌐**zeit** f (Durchschlagsprüfung) / breakdown withstand time

steif, pastig / consistent, pasty ‖ ⌐, unbiegsam, stabil / firm, rigid, stiff ‖ ⌐, segelsteif (Schiff) / stiff ‖ ⌐er **Anschluß** (Stahlbau) / rigid joint ‖ ⌐er **Beton** (Konsistenz k 1) / stiff concrete ‖ ⌐ **werden** (Chem) / fix vi ‖ ⌐er **Wind** (Stärke 7) / moderate gale ‖ ⌐**appretur** f / stiff[ening] finish ‖ ⌐**bewehrung** f (Bau) / rigid reinforcement

Steife, Strebe f (Zimm) / brace ‖ ⌐, Stempel m (Maurer, Zimm) / prop, stay, strut, shore ‖ ⌐, Aussteifung f (Stahlbau) / stiffener ‖ ⌐, Steifigkeit f / stiffness

steifen (allg) / stiffen ‖ ⌐, leimen / size ‖ ⌐, stärken / starch v ‖ ⌐, mit Steifleinwand aussteifen (Textil) / buckram v

Steif·gaze f (Textil) / wigan, stiffening ‖ ⌐**gaze** f, Tarlatan m (Textil) / tarlatan, tarlatan

Steifigkeit, Steifheit, Steife f / stiffness, rigidity, rigidness

Steifigkeits

Steifigkeits·kriterium n (Luftf) / stiffness criterion ‖ ⁴matrix f / stiffness matrix ‖ ⁴messer m (Mat Prüf) / compliance gauge
Steif·leinen n, -leinwand f (Textil) / buckram, interlining canvas ‖ ~plastisch, -bildsam (Keram) / stiff-plastic ‖ ~plastisches o. semiplastisches Verfahren (Keram) / stiff-plastic o. semi-plastic making ‖ ⁴rahmen m (Bahn) / rigid underframe ‖ ⁴rahmen m (Stahlbau) / rigid frame ‖ ⁴säge f / bucking saw ‖ ~-stabil / stiffly stable ‖ ⁴werden, Festwerden n / gelation
Steig·bö f / vertical gust ‖ ⁴dockenwickler m (Textil) / ascending batch winder, rising roll batcher
Steige f (Verpackung) / crate, fruit crate, tray
Steigeisen n pl (Fernm) / pole climbers, grapplers pl ‖ ⁴ n am Schornstein / stirrup of a chimney, hand o. step iron ‖ ⁴gang m (Bau) / manhole steps pl
steigen / rise vi ‖ ~, ansteigen / mount, rise, ascend ‖ ~, klettern / scale, climb, go up ‖ ~ (Barom., Wasser, Temp) / rise, get up ‖ ⁴ n, Anstieg m / rise ‖ ⁴ (Schm) / upward displacement, swell ‖ ⁴, Auf-, Anstieg m, -steigen n / way-up ‖ ⁴, Steigflug m (Luftf) / climb, climbing flight, climbout
steigend, aufsteigend / mounting, climbing ‖ ~ (Gewässer) / rising ‖ ~ (Stahl) / cast uphill, bottom poured, uphill cast adj ‖ ~ (Flut) / flowing ‖ ~e Belastung / increasing load ‖ ~er Bogen (o. einhüftiger Bogen) (Bau) / rising arch ‖ ~e Funktion (Math) / increasing function ‖ ~ gießen (Hütt) / pour from the bottom, bottom-cast, cast uphill o. up-end, uphill-cast ‖ ~er Guß / bottom casting o. teeming, uphill casting, rising casting, uprunning ‖ ~e Potenz (Math) / ascending power ‖ ~e Reihe (Math) / ascending progression ‖ ~ vergossen, unberuhigt (Hütt) / unkilled ‖ ~, [fallend] (Numerierung) / ascending, [descending]
Steigendes n (Bergb) / ascent
Steiger m, Steigtrichter m (Gieß) / riser, flow o. rising gate, out-gate ‖ ⁴, Pfeife f (Gieß) / air o. vent hole, gas vent ‖ ⁴ (Bergb) / foreman of miners, sub- o. under-foreman (GB), shift- o. district boss (US) ‖ ⁴bemessung f (Gieß) / gating
steigern, erhöhen / raise v, increase, heighten, elevate ‖ ~, vergrößern / enhance ‖ ~, intensivieren / intensify ‖ ~ (z.B. Drehzahl) / up (US), increase the r.p.m. ‖ die Geschwindigkeit ~ / increase the speed
steigernd, sich ~ / cumulative
Steigerung f / raise, increase, heightening ‖ ⁴ der Reaktionsfähigkeit (Chem) / activation ‖ allmähliche ⁴ / gradual raise o. increase
Steigerwald-Elektronenstrahl-Schweißkanone f / Steigerwald gun
Steig·fähigkeit f (Kfz) / hill climbing ability ‖ ⁴filz m (Pap) / reverse press felt ‖ ⁴flug m / climbing flight, climbout ‖ ⁴fluggradient m / air path inclination angle o. climb angle, climb gradient ‖ ⁴förderer m / ascending conveyor ‖ ⁴geschwindigkeit f (Luftf) / climbing speed, rate o. speed of climb ‖ ⁴höhe f / lift, lifting height ‖ ⁴höhe f (Hygroskopie) / capillary rise of water ‖ ⁴höhe f (Stahl) / rising height ‖ ⁴höhe f eines Geschosses / vertical range of a projectile, altitude range ‖ ⁴kasten m (Textil) / drop box ‖ ⁴lattentuch n (Textil) / upright lattice, elevator lattice ‖ ⁴laufkatze f (Kran) / climbing trolley ‖ ⁴leiter f / vertical ladder ‖ ⁴leitung f (Pumpe) / lifting tube, ascending pipe of a pump ‖ ⁴leitung f (Elektr, Wasser, Dampf) / riser, rising mains pl ‖ ⁴leitung f, Steigrohrleitung f / ascending o. rising pipeline ‖ ⁴leitung f (Elektr) / riser ‖ ⁴leitung [„naß"] (F'wehr) / rising fire main [under pressure] ‖ ⁴leitung f (Öl) / riser, standpipe ‖ ⁴leitung f vom Gaszähler zur Wohnung / riser (between gas meter and consumer) ‖ ⁴nadellattentuch n (Textil) / upright spiked lattice ‖ ⁴ort n (Bergb) / uphill place ‖ ⁴rad, Hemmungsrad n (Uhr) / escapement wheel ‖ ⁴raum m (Brau) / unfilled space (above a liquid)

Steigrohr n / ascending o. rising pipe ‖ ⁴ (Pumpe) / lifting tube, ascending pipe ‖ ⁴ (Gasreinigg) / offtake, main ‖ ⁴, Fallrohr n (Bau) / ascending pipe ‖ ⁴ (Gieß) / feed tube ‖ ⁴ (Erdgasgewinnung) / flow string ‖ ⁴ (Gaskondensation) / ascension o. offtake pipe ‖ ⁴ (Gasverteilung) / [house] riser pipe ‖ ⁴, -leitung f (Erdgas) / flow string ‖ ⁴, Zentralrohr n (Vakuumbehälter) / downtake of a vacuum tank, central well ‖ ⁴kopf m (Öl) / christmastree, Xmas tree ‖ ⁴leitung f / ascending o. rising pipeline ‖ ⁴wärmeaustauscher m / vertical tube type heat exchanger ‖ ⁴wasserschloß n, Differentialwasserschloß n / differential surge tank
Steig·sprosse f, Sprosseneisen n / steel rung ‖ ⁴stromvergaser m (Kfz) / updraft[t] carburetor ‖ ⁴trichter m (Gieß) / riser, flow gate ‖ ⁴typzyklon m / riser-type cyclone ‖ ⁴- und Sinkgeschwindigkeitsmesser m (Luftf) / climb[ing speed] indicator
Steigung f / upgrade, ascending gradient o. slope ‖ ⁴, Neigung f / incline, ascent, gradient ‖ ⁴ (Bahn) / gradient, grade, up-grade ‖ ⁴, Ganghöhe f (eines ein- o. mehrgängigen Gewindes) / lead ‖ ⁴, Schlagart, -länge f (Seil) / lay ‖ ⁴, Stufenhöhe f (Bau) / height o. mounting o. rise of steps ‖ ⁴ (senkrechter Teil von Treppenstufen), Setzstufe f / raiser [of stairs] ‖ ⁴ (IC) / slope ‖ ⁴ einer Kurve / slope of a curve ‖ ⁴ in % (Bahn) / ratio of grade in % ‖ ⁴ in Axialrichtung (Schraube) / axial pitch ‖ mit zahlreichen ⁴en (Straß) / with many gradients ‖ steile ⁴ / acclivity ‖ zunehmende ⁴ (Schraube) / expanding pitch
Steigungs·änderung f (z.B. Seil) / variation in pitch ‖ ⁴einstellung f (Hubschrauber) / pitch setting ‖ ⁴fehler m (Schraube) / pitch error ‖ ⁴höhe f (Schraubengetriebe) / lead ‖ ⁴kurve f (Masch) / pitch cam ‖ ⁴messer, -anzeiger m / inclination meter o. indicator, clinometer ‖ ⁴prüfer m (Gewinde) / thread lead tester ‖ ⁴richtung f (Schnecke) / direction of thread ‖ ⁴steuerung f (Hubschrauber) / pitch control ‖ nichtperiodische, [periodische] ⁴steuerung / collective, [cyclic] pitch control ‖ ⁴tafel f (Bahn) / gradient o. grade (US) post ‖ ⁴umkehr f (Propeller, Luftf) / pitch reversing ‖ ⁴verhältnis n, Tritthöhe f (Treppe) / ratio of rise and tread ‖ ⁴winkel m / angle of inclination o. of slope ‖ ⁴winkel m, Flechtwinkel m (Drahtseil) / angle of twist ‖ ⁴winkel m (Bohrer) / flight of an auger ‖ ⁴winkel m (Schraubenlinie) / helix angle ‖ ⁴winkel m (Propeller) / pitch angle ‖ ⁴winkel m (Schraubengetriebe) / lead angle ‖ ⁴zahl f (Textil) / counter (in satin weave)
Steig·vermögen in % n (Kfz) / gradability ‖ ⁴wickler m (Textil) / surface batcher ‖ ⁴wind m / ascending current of air ‖ ⁴winkel m (Luftf) / air path climb angle ‖ ⁴winkel m (Rakete) / ascent angle ‖ ⁴winkel m gegenüber Erde (Luftf) / flight path climb angle ‖ ⁴zeit, Anklingzeit f (Lumineszenz) / rise o. build-up time
steil / steep ‖ ~ (Lagerung) (Bergb) / steep[-dipping] ‖ ~ (Kegel) / steep [angle] (cone) ‖ ~, abschüssig / precipitous ‖ ~ (Elektronik, Röhre) / high-transconductance…, high-mu, hi-mu (US) ‖ ~e Böschung / declivity, escarpment ‖ ~es Flöz (Bergb) / edge seam ‖ ~ gelagerte Kohle / edge coal ‖ ~e Steigung / steep ascent o. gradient ‖ Impulsflanken ~er machen / sharpen pulses ‖ ⁴abbruch m, -abfall m (Geol) / escarpment ‖ ⁴abfall einer Kurve / dropping branch of a curve ‖ ⁴aufzug m (Hütt) / vertical elevator ‖ ⁴aushebung f (des Pfluges) (Landw) / steep-lifting ‖ ⁴bahn f (Ballistik) / high-angle trajectory ‖ ⁴bild n, -aufnahme f (Photogrammetrie) / low oblique [photograph] ‖ ⁴bodenzentrifuge f / steep cone centrifugal ‖ ⁴dach n / high pitched roof, steep roof ‖ ~fallend (Kurve) / steep ‖ ~flankiger Bandbegrenzer (Fernm) / band-pass hard limiter, BPHL ‖ ⁴flug m / vertical flight ‖ im ⁴flug niedergehen (Luftf) / nose down ‖ ⁴förderband n / steep belt conveyor ‖

1004

~förderer m / bag conveyor ‖ ~gängig (Gewinde) / of coarse pitch ‖ ~hang m / precipice, precipitous incline **Steilheit** f (Halbl) / rate of rise ‖ ~ / steepness ‖ ~ (Phot) / gamma, contrast, hardness ‖ ~ **der Röhre** (Elektronik) / mutual o. slope conductance, transconductance, slope (coll), goodness (coll) ‖ ~ **des Impulsanstieges** / pulse rate-of-rise
Steilheits·kennlinie f (Röhre) / transfer characteristic (US) **Steil·kegel** m (Werkz) / quick-release taper, steep taper ‖ ~**kegel** m **für Gewindeanzug** (Wz) / taper 7/24 ‖ ~**kegelschaft** m / 7/24 taper shank ‖ ~**köperbindung** f / whipcord weave ‖ ~**rohrkessel** m / vertical tube boiler ‖ ~**rohr-Vorwärmer** m / vertical tube economizer ‖ ~**schrämmaschine** f / edge coal cutter ‖ ~**schulterfelge** f / 15⁰ tapered rim ‖ ~**sichtokular**, -prisma n / diagonal eyepiece ‖ ~**sieb** n (Pap) / uphill wire ‖ ~**-Start- und Landesystem** n (Luftf) / STOL, short take-off and landing system ‖ ~**strecke** f (Bahn) / steep route ‖ ~**trudeln** n (Luftf) / normal spin ‖ ~**ufer** n / steep bank, bluff ‖ **erodiertes** ~**ufer** / cliff ‖ ~**uferstraße** f / cliff road ‖ ~**welle** f / sharp-edged wave, surge
Stein m / stone ‖ ~, Fels[en] m / rock ‖ ~, Kern m (Früchte) / kernel ‖ ~, Kulissenstein m (Wzm) / sliding block ‖ ~, Lech m (Hütt) / matte ‖ ~, Rubin m (Uhr) / [watch] stone, jewel, ruby ‖ **~e brechen** (o. gewinnen) / quarry stones ‖ **~ einer Kugelmühle** / pebble ‖ **~ mit großem Loch** (Instr) / large jewel hole ‖ **~ mittlerer Größe** (Geol) / cobble ‖ **~e sprengen** (o. spalten) / cleave stones ‖ **~e u. Erden** pl / nonmetallic minerals pl ‖ **einen ~ stark** / one brick [thick] ‖ **einen halben ~ stark** / half-brick thick, 4 inch thick ‖ **künstlicher** ~ / block ‖ **mit zwei** ~**en** (Uhr) / jewelled in two holes ‖ ~**abscheider** m (Zuck) / rock catcher ‖ ~**auslöser** m, -sicherung f (Landw) / stump-jump device ‖ ~**bank** f (Bergb) / stone bed ‖ ~**bau** m / stone structure ‖ ~**bekleidung**, -verkleidung f / stone revetment ‖ ~**bettung** f (aus losen Steinen) (Hydr) / pierre perdue, pierelle, rip-rap, stone o. rubble bedding o. packing o. filling ‖ ~**bohrer** m (Bergb) / borer, jumper, stone drill ‖ ~**bohrer** m, -bohrmaschine f / rock drill o. drilling machine ‖ ~**bohrer**, Stoßbohrer m (Bergb) / terrier ‖ ~**bohrer** m, Meißelbohrer m / borer, jumper, stone drill ‖ ~**böschung** f / stone batter ‖ ~**brand** m (Landw) / bunt, stinking smut of wheat, tilletia tritici ‖ ~**brecher** m (Arbeiter) / knapper ‖ ~**brecher** m, Brecher m / stone crusher o. breaker, rock crusher ‖ ~**brecher** m (Bergb) / rock crusher ‖ ~**brocken** m pl (Bau) / stone chips pl, chippings pl ‖ ~**bruch** m / quarry, pit ‖ ~**brucharbeit** f, -betrieb m / quarrying ‖ ~**brucharbeiter**, Steinbrecher m / quarry man, quarrier ‖ ~**bruchaufbau** (mit schrägen Seitenwänden) (Kfz) / quarry body ‖ ~**bruchbetrieb** m / operation of a quarry ‖ ~**bruchsohle** f / quarry floor ‖ ~**bruchsplitter** m pl / quarry spoil o. chips pl ‖ ~**bruchwerkzeug** n / quarrying tool ‖ ~**brücke** f / stone bridge
Steinbühler Gelb n, Bariumchromat n / barium chromate o. yellow, gelbin
Steinchen n (Glas, kristalliner Einschluß) / stone **Stein·damm** m / stone dike ‖ **geschütteter** ~**damm** / rockfill dam ‖ **gepackter** ~**damm** / dry masonry wall ‖ ~**decke** f, obere Steinschicht, erste Bank von oben (Steinbruch) / roof ‖ ~**drainage** f, -drain m / spall o. rubble drain, French o. blind drain ‖ ~**druck** m, Lithographie f / lithograph ‖ ~**drucker**, Lithograph m / lithographer ‖ ~**druckerei** f, lithografische Anstalt f / lithographic printing office ‖ ~**eiche** f, Traubeneiche f, Wintereiche f / durmast o. sessile oak, Quercus petraea o. sessiliflora
steinern, Stein... / [from] stone
Steinersche Kurve f, dreispitzige Hypozykloide / [Steiner's] tricusp
Stein·fall m (Straßb) / falling rocks ‖ ~**fänger** m (Zuck) / rock catcher ‖ ~**fertigungsmaschine** f (Beton) / block[-making] machine ‖ ~**filz** m / pegamoid felt ‖

~**fliese** f / ceramic tile, flag ‖ ~**frucht** f / stone fruit, drupe ‖ ~**frucht** f / drupe ‖ ~**früchtigkeit** f (Birnen) / stony pit, lithiasis of pears ‖ ~**fugenschnitt** m, Behauen der Steine n / hewing of stones ‖ ~**führung**, Kulisse f (Wzm) / slot[ted] link o. lever ‖ ~**fülldamm** m (Hydr) / rockfill dam ‖ ~**füllung** f zwischen Mauerschalen (Bau) / moellon ‖ ~**fußboden** m, -decke f / stone floor ‖ ~**futter** n (Uhr) / jewelled bushing ‖ ~**gabel** f / ashlar fork ‖ **Mauerstärke gesetztes** ~**gewände** / jambstones standing in the thickness of the wall pl ‖ ~**grau** (RAL 7030) / stone gray ‖ ~**greifer** m, -zange f / nippers, stone tongs pl ‖ ~**grün** n / pigment made from glauconite o. from celadonite ‖ ~**grundlage** f (Straßb) / bed, hard core, metal foundation (US)
Steingut, -geschirr n (porös) (Keram) / crockery, soft pottery [ware], earthenware ‖ **feines** ~ / granite ware, stone china ‖ **feines, weißes porzellanartig glasiertes** ~ / white stone ware o. flint ware, dry bodies pl ‖ **gelbes** ~ / Queen's ware ‖ **glasiertes** ~ / delftware, delf[t] ‖ **hartes** ~ / semiporcelain ‖ ~**fabrik** f / earthenware works o. factory ‖ ~**isolator** m / earthenware insulator ‖ ~**röhre**, Tonröhre f / earthenware duct o. pipe, baked clay pipe ‖ ~**ton** m / whiteware clay
Stein·hammer m / knapping hammer, knapper ‖ ~**hauerkrönel** m / universal bush hammer ‖ ~**holz** n (Bauw) / xylolite, stone-wood ‖ ~**holzfußboden** m / stone-wood floor, magnesite flooring, xylolite floor
Steinieform f (Flaschen) / Steinie type o. shape
steinig / stony ‖ ~, steinhart / petrous
Stein·imitation f (Gipsarbeit) (Bau) / stuc ‖ ~**kasten** m (Hydr) / cribwork ‖ ~**keil** m / stone wedge ‖ ~**kitt** m / stone putty ‖ ~**klammer** f / cramp iron ‖ ~**klammer** f, Steinklemmgabel f (Flurförderer) / brick attachment ‖ ~**klaue** f (Steinmetz) / cramp iron, crampo[o]n, devil's claw ‖ ~**klemmgabel** f, -klammer f / clamping brick fork
Steinkohle f / glance o. hard coal ‖ **magere** ~ / close-burning coal ‖ **mittlere** ~ / cobcoal, cobbling
Steinkohlen·asche f / coal ash ‖ ~**aufbereitung** f / coal dressing [process o. plant] ‖ ~**-Bergarbeiter** m / coal miner ‖ ~**-Bergarbeiterschaft** f / coal miners on the payroll pl, also: coal mining ‖ ~**bergwerk** n / coal mine, colliery ‖ ~**einheit** f, SKE (= 29,3076 Megajoule) / coal equivalent, tonne of coal equivalent ‖ ~**feuerung** f / coal heating ‖ ~**flöz** n, -ader f, -schicht f / coal bed, coal measure ‖ ~**formation** f (Geol) / Carboniferous o. Carbonic o. coal formation o. series ‖ ~**gas** n / coal gas ‖ ~**grube**, -zeche f, -bergwerk n, -schacht m / colliery ‖ ~**grus** m, Staubkohle f / dust coal ‖ ~**hauer** m / coal getter ‖ ~**klein** n, Feinkohle f, (Durchfall bei 1/8'' Maschenweite) / culm ‖ ~**kraftwerk** n / coal fired power station ‖ ~**lager**, -flöz n (Geol) / coal bed ‖ ~**lager** n (Handel) / coal stockyard ‖ ~**pech** n / coal pitch ‖ ~**teer** m / coaltar, gas tar ‖ ~**teerfarbe** f, -teerfarbstoff m / coaltar dye ‖ ~**teer-Fettöle** n pl / lubricants from coal tar pl ‖ ~**teeröl** n / coaltar oil, mineral tar oil ‖ ~**teersäure** f, Rosolsäure f / coaltar acid, rosolic acid
Stein·kunde f, Mineralogie f / mineralogy ‖ ~**lager** n (Instr) / jewel hole ‖ ~**lawine** f / rock slide o. avalanche o. fall ‖ ~**leistung** f (Drahtz) / die tonnage ‖ ~**mehl** n (Kalzium-Karbonat), Bergmehl n (Min) / rock meal ‖ ~**mehl** n (Bergb) / stone dust ‖ ~**meißel** m / chisel for work in stone, stone o. brick chisel ‖ ~**meteorit**, Mesosiderit m / stony meteorite, mesosiderite ‖ ~**metz** m / stone mason o. cutter o. dresser ‖ ~**metzarbeit** f / stonework, stone-masonry
Steinmetz·koeffizient, Hysteresekoeffizient m (Elektr) / Steinmetz o. hysteresis coefficient
Stein·mörtel m (Bau) / badigeon ‖ ~**nuß**, Elfenbeinnuß f / corozo o. ivory nut ‖ ~**obst** n / stone fruits, drupes pl ‖ ~**öl** n / mineral oil, paraffin[e] oil (GB), kerosine (US),

crude petroleum (US) ‖ ~öl, Brenn-, Leuchtöl *n* / lamp oil ‖ ~packung *f*, trockene Futtermauer / dry wall, stone packing ‖ ~packung *f* (Deich) / stone filling o. packing ‖ ~packung *f* für Trockenmauer (Bau) / dry stone pitching ‖ ~pappe *f* (Pap) / carton pierre ‖ ~pappe, Dachpappe *f* / statuary pasteboard ‖ ~pflaster *n* (Straßb) / block pavement ‖ grobes ~pflaster (Straßb) / pitching ‖ ~platte, -tafel *f* / plate of stone, broad stone, slab, flag ‖ schwache ~platte (Straßb) / paving stone, pavior ‖ ~plattenbelag *m* / pavement of paving tiles ‖ ~presse *f* (Bau, Hütt) / block machine ‖ ~putz *m* (Edelputz mit Kieseln gemischt) (Bau) / pebble dash ‖ ununterbrochene ~reihe (Bau) / continuous bed of stones ‖ ~röhrchen *n* (Instr) / stone tube ‖ ~säge *f* / stone saw ‖ ~sägeblatt *n* / stone saw blade ‖ ~salz *n* / common salt, rock o. mineral salt ‖ ~salzgitter *n* (Krist) / sodium chloride lattice ‖ ~schicht *f* (Bau) / stone bed o. course ‖ ~schicht *f* (Bergb) / stone bed ‖ dünne ~schicht (Geol) / girdles *pl* ‖ ~schlag, Schotter *m* (Straßb) / stoning, metalling (GB) ‖ ~schlag *m* s. Steinfall ‖ ~schlaghammer *m* (Werkz) / stone hammer o. sledge, spalling hammer ‖ ~schlag-Schotterbett *n* (Bahn) / underlayer of ballast ‖ ~schlagschutzschicht *f* (Kfz) / protective layer against stones ‖ ~schnitt *m*, -fugenschnitt *m* (Bau) / hewing of stones ‖ ~schraube, Klauenschraube *f* (Bau) / rag bolt, jag o. stone bolt ‖ ~schraube *f* (für Wände) / wall bolt o. screw ‖ ~schrift *f* (Buch) / Antique Roman ‖ ~schutt *m* / stone rubbish ‖ ~schüttdamm *f* (Hydr) / rockfill dam ‖ ~schüttung *f*, Packwerk *n* / stone filling o. packing ‖ ~schüttung *f*, -bettung *f* (Hydr) / pierre perdue, pierelle, rip-rap, stone o. rubble packing ‖ ~schüttung, -packlage *f* (Maurer) / enrockment ‖ ~schutzgitter, -schlaggitter *n* (Kfz) / stone guard ‖ ~setzer *m*, Pflasterer *m* (Straßb) / pavior, paver ‖ ~setzhammer *m*, Pflasterhammer *m* / paver's dressing hammer, paving hammer ‖ ~sicherung *f*, -auslöser *m* (Landw) / stump-jump device ‖ ~spalthammer *m* / brick ax[e], bricklayer's hammer ‖ ~splitter *m* / stone chip, spall, gallet ‖ ~stopfen *m* (Chem) / stone stopper ‖ ~strahlbrenner, Strahler *m* / surface combustion burner ‖ ~strahlofen *m* (Hütt) / multi-jet bricked burner furnace ‖ ~ton *m* (Keram, Farbe) / stone colour ‖ ~transport-Aufbau *m* (Kfz) / rock body ‖ ~verband *m* / walling bond of building stones, stone bond ‖ ~verklammerung *f* (Bau) / joggle jointing ‖ ~verkleidung, -bekleidung *f* / stone revetment ‖ ~vorlage, Packlage *f* (Straßb) / [hand pitched] stone subbase, subbase of stone pitching ‖ ~wand *f* (Bergb) / stone wall ‖ ~wolf *m*, Keilklaue *f* (Steinmetz) / lewis *pl*, stone lifting tongs ‖ ~wolle *f* / rock wool ‖ ~zange *f* / stone tongs, nippers *pl* ‖ ~zange *f*, Steinklemmgabel *f* (Bau) / brick fork ‖ ~zeug *m* (verglaster Scherben) / stoneware, vitrified clay ‖ ~zeugablauf *m* / S.W.D., stoneware drain ‖ ~zeugfliese *f* / stoneware tile ‖ ~zeugformstück *n* / vitrified clay fitting ‖ ~zeugisolator *m* (Elektr) / stone insulator ‖ ~zeug-Kanalisationsröhre *f* / sewer tile ‖ ~zeugrohr *n* / stoneware pipe, vitrified clay pipe ‖ ~zeugsohlschale *f* / vitrified clay base ‖ ~zeugwanne *f* / stoneware tank

Stell..., Regulier... / adjusting, adjustment...
Stellage *f*, Gestell *n* / stillage
Stellantrieb *m* (Regeln) / actuating drive, actuator
Stellarator *m* (Plasma) / stellarator
Stellarinterferometer *n* / stellar interferometer
Stellarit *m* (ein Asphalt) / stellarite
Stellarwind *m* / stellar wind
stellbar, ein-, verstellbar / sliding, moving, adjustable ‖ ~e konstante [,variable] Drehzahl / adjustable constant [,variable] speed
Stell·bereich *m* (Regeln) / correcting range, regulating range o. limits *pl*, operating range of the final control element ‖ ~blech *n* / adjusting plate ‖ ~breite *f* (Dimension) / requirement in width

Stelle *f*, Platz *m*, Ort *m* / place, location, spot ‖ ~, Station *f* / station ‖ ~ (Math) / digit, figure ‖ ~, Stellenwert *m* (Math) / place ‖ ~, [Stellen]ziffer *f* (Math) / [place] digit ‖ ~ (im Text) / passage in a book ‖ ~, Posten *m* / job, position of employment ‖ ~ hinter dem Komma, Dezimale *f* / decimal [place], place after the decimal point ‖ ~n *f pl* hinter dem Komma (DV) / fractional part of a number ‖ ~ *f* in einem Wort / place in a word ‖ ~ in einer Ziffer / place in a cipher ‖ an die ~ setzen [von] / substitute, replace [by] ‖ auf 1 ~ nach dem Komma / accurate to the decimal place ‖ bis zur dritten ~ hinter dem Komma berechnet / carried to three decimal places ‖ magnetisierte ~ auf Magnetband / magnetized spot ‖ matte ~ (Kunststoffteil) / dull spot
Stellehre *f* (Textil) / setting gauge, card gauge
Stell·eisen *n*, Schere *f* (Dreh) / quadrant, adjustment plate ‖ ~eisen *n* an der Karde (Textil) / card bracket
Stelleiste *f* (Masch) / gib
stellen, setzen / place, set ‖ ~, ein-, anstellen (Masch) / position ‖ ~, regeln / adjust, regulate ‖ ~, richten (Uhr) / regulate ‖ ~ *n* (Elektronik) / control ‖ ~ durch elektronischen Widerstand (Elektronik) / power resistor control ‖ den Schlicker ~ (Keram) / set up the slip ‖ die Weichen ~ (Bahn) / set o. work the points o. switches ‖ eine Aufgabe ~ / set a task ‖ ~abbruch *m* (DV) / digit cut-off ‖ ~anzeige *f* (Add.m.) / digit indication ‖ ~anzeiger *m* (DV) / digit index o. indicator ‖ ~auswahl *f* (DV) / question length, digit selection ‖ ~bewertet, gewichtet (Code) / weighted ‖ ~bit *n* (Magn.Bd) / sprocket bit ‖ ~gerecht (DV) / with after-point alignment ‖ ~gerechte Anordnung (DV) / after-point-alignment ‖ ~impuls *m* (DV) / position o. P-pulse, digit pulse ‖ ~maschine *f* (Ggs.: Wortmaschine) / variable length computer ‖ ~schreibimpuls *m* (DV) / enable pulse ‖ ~schreibweise *f* (DV) / positional representation o. notation ‖ ~setzen *n* und Runden (Progr) / shift and round decimal ‖ ~sperrimpuls *m* (DV) / inhibit pulse ‖ ~spur *f* (Magn.Bd) / sprocket channel o. track ‖ ~[takt]zeit *f* (DV) / digit period o. time ‖ ~verschiebung *f* (Math) / digit shift ‖ ~verschiebung *f* (DV) / arithmetic shift ‖ ~vertauschungsfehler *m* (DV) / transposition error ‖ ~weise / in parts o. places ‖ ~weise Abnutzung (Reifen) / bald spot ‖ ~weise adressierbar / addressable by position ‖ ~wert *m* (Math) / place [value], local value, weight ‖ ~wertebene *f* (DV) / digit plane ‖ ~wertschreibung *f* (DIN) (DV) / radix notation, base notation ‖ ~wertsystem, Positionssystem *n* (Zahlensystem) / denominational number system ‖ ~wertsystem *n*, Positionssystem / positional system ‖ ~[wert]verschiebung *f* / arithmetic shift ‖ ~[wert]ziffer *f* / [place] digit ‖ ~zahl *f* (Math) / number of digits o. figures ‖ mit geringer ~zahl (DV) / short precision ‖ doppelte ~zahl (DV) / double precision ‖ ~zeichen *n* (DV) / digit select character ‖ ~zeit *f* (DV) / digit period o. time
Steller *m* (Elektr) / regulator, chopper ‖ ~, Stellantrieb *m*, -glied *n* (Regeln) / actuator, actuating drive, final control element ‖ ~, Deckelhalter *m* (Tischl) / lid stay
Stellerit *m* (Min) / stellerite
Stell·faktor, Verstärkungsfaktor *m* (Regeln) / gain, amplification ‖ ~farbstoff *m* (Färb) / shading dye ‖ ~feder *f* / adjustment spring ‖ ~finger *m* (Großuhr) / stopfinger ‖ ~fläche *f* (Bau) / area required for furniture ‖ ~fläche *f* / floor space required ‖ ~geschwindigkeit *f* (Regeln) / regulating speed, floating rate o. speed ‖ ~gewicht *n* (Bahn) / counterweight, balance weight ‖ ~glied *n*, -antrieb *m* (Regeln) / actuator, final control element ‖ ~glied *n* (Elektronik) / servo component ‖ ~grad *m* / regulation ratio ‖ ~größe *f* (Regeln) / controller output, correcting variable, manipulated variable (US), regulated quantity o. condition ‖ ~haken *m* / adjusting clasp ‖ ~hebel *m* / adjusting lever, change o. working lever ‖ ~hebelfeder *f* in Brückenform (Uhr)

/ check spring, setting lever spring (US) || ~hülse f (Werkz) / adjustable adapter
...stellig (ganze Zahl) / ...-digit, ... figures number
Stelling, Gangway f (Schiff) / gangway
Stellit n (ein Schneidmetall) / stellite || mit ~ bestücken / stellite v || ~-Bestückung f / stellite tipping
Stell·keil, Gegenkeil m, -feder f (Masch) / tightening key, driving wedge, gib || ~klappe f / throttle valve, regulating flap || ~knopf m (Uhr) / adjusting knob || ~kraft f / actuating o. regulating power || ~kraft f, -moment n / controlling torque || ~kreuz n (Uhr) / Maltese cross || ~kupplung f / Föttinger coupling with variable-pitch guide vanes || ~-Lehre f (Textil) / card gauge, setting gauge || ~-Leiste f (Masch) / gib || ~magnet m / operating magnet || ~mechanismus m, -werk n (Regeln) / controlling unit || ~mittel, Aufstellungsmittel n (Email) / floating agents pl, set-up agent || ~moment n, -kraft f / controlling torque || ~motor, Servomotor m (Regeln) / motor operator (US), servomotor (GB) || ~mutter f / adjusting o. checking nut, rifle nut || ~mutter f des eisernen Hobels / blade adjusting screw || ~öl [für Viskositätsänderung] n / flux oil || ~organ n / control unit || ~ort m (Regeln) / regulating point || ~platz m (Kfz) / parking space || ~ring m (Masch) / set collar, slide [index] || ~rose f (Kompaß) / adjustable compass card || ~säge f / chair saw || ~schalter m (Ggs: Tastschalter) / switch (contr dist:) pushbutton || ~schalter m (Elektronik) / electronic power controller || ~schiene, Spannschiene f (Elektr) / slide o. sliding rail || ~schmiege f (Zimm) / bevel protractor || ~schraube, Einstellschraube f / adjusting screw, set o. regulating screw || ~schraube f, Klemmschraube f, Verblockungsschraube f / check screw, locking screw || ~schraube f, Nach-, Ver-, Einstellschraube f / setscrew, regulating screw || ~schraube f, Klemmschraube f / attachment o. binding screw, check o. locking screw || ~schraube f mit Kegelkuppe / flat point set-screw || ~spindel f / adjusting spindle || ~stab m (Nukl) / control o. absorber rod || ~stift m, Justierstift m / adjusting pin || ~stift m, -stück n (Buch.m) / pin of the pin carriage || ~stiftwagen, -stückwagen m (Buch.m) / pin carriage || ~tafel f (Spurplanstellwerk, Bahn) / control panel || ~tank m (Brau) / pitching tub o. vessel, starting tank || ~teil n (Sammelbegriff) / operating element || ~teile n pl / operator's controls pl || ~tisch m (Spurplanstellwerk, Bahn) / control desk || ~transformator m / regulating transformer
Stellung f, Haltung f / attitude || ~, Beschäftigung f / employment, occupation, position, post (coll), job (coll) || ~, Lage f / position || ~ (Uhr) / index adjuster, regulator adjuster (US) || ~ [am Kontroller] (Elektr) / point, notch, position || ~ eines Sterns / place o. position of a star || ~ "Ganz-ein" / full-on position || ~ im Beruf / position, job || ~ nehmen, beurteilen / review
Stellungs·... / positional || ~anzeige f / position indication || ~anzeiger m, Drehfahnenrelais n (Elektr) / vane relay || ~anzeiger m (allg) / position indicator || ~ferngeber m / selsyn transmitter || ~fühlen n / attitude sensing || ~geber, -melder m (Regeln) / position encoder, [remote] position indicator || ~geber m (für Veränderungen) / displacement transducer || ~isomer (Chem) / place-isomeric || ~isomerie f (Chem) / place isomerism || ~licht n (Luftf) / aircraft navigation light || ~-Lichtsignal n / position light signal || ~rückkopplung f (Regeln) / position feedback || ~rückmelder m (Regeln) / position response synchro
Stell·ventil n (Regeln) / control valve || ~ventil n für Prozeßregelung / industrial process control valve || ~vorrichtung f, Reguliervorrichtung f / regulating device || ~vorrichtung f (für Weichen o. Signale) (Bahn) / control gear o. mechanism || ~wandler m / Föttinger speed transformer with variable-pitch guide

vanes || ~weg m (Regeln) / regulating distance || ~welle f, Aufzugswelle f (Kleinuhr) / setting stem, winding stem
Stellwerk n, -mechanismus m (Regeln) / controlling unit, positioner || ~ (für Weichen) (Bahn) / interlocking cabin, signal box o. cabin, tower (US) || ~ mit Fahrstraßenhebeln (Bahn) / route-lever signal box || ~ mit freibeweglichen Ein- u. Ausfahrhebeln (Bahn) / entrance-exit free lever signal box || [Signal]~ / signal box o. tower (Am)
Stellwerks·anlage f (Weichen) (Bahn) / interlocking installation o. plant || ~einrichtung f (Bahn) / locking frame
Stell·widerstand m (Elektr) / variable resistor || ~winkel m (Wz) / sliding square, bevel || ~winkel m (Zeichn) / folding square || ~zeiger m (Instr) / reference pointer || ~zeit f (Regeln) / floating time || ~zeug n (Regeln) / actuator || ~zeuge, Stative n pl / supports pl
Stelze f (Bau) / elevated pile, stilt
Stelzen·fundament n, -unterbau, -rost m (Bau) / elevated pile foundation grill o. pile grating || ~schlepper m (Landw) / high-clearace tractor || ~straße f, gestelzte Straße / stilted road, causeway (US)
Stelz·pflug m, -radpflug m / wheel[ed] plough with one wheel || ~radschlepper m (Landw) / straddle tractor
Stelzung f (Bau) / stilting
STEM-Abtragungsmethode f / shaped tube electrolytic machining, STEM
Stemmaschine f, Stemmapparat m / mortising machine, mortiser
Stemm·balken m (Schleuse) / mitre post || ~eisen n (Zimm) / mortise chisel
Stemmeißel m, Stemmsetze f (Schm) / ca[u]lking tool
stemmen, einstemmen (Zimm) / mortise, mortice || ~, verstemmen / caulk, calk
Stemmer m, Verstemmer m / caulker, calker
Stemm·hammer m, Meißelhammer m zum Stemmen / ca[u]lking hammer || ~kante f (Schweiß) / ca[u]lking edge || ~kloben m (Streckenbau) / supporting block (track works) || ~loch n (Tischl) / mortice, mortise || ~lochwand (Zimm) / butment [cheek] || ~-Maschine f, Fräse f (Zimm) / mortising machine, mortiser || ~naht f (Nieten) / ca[u]lked joint || ~naht, Dichtnaht f (Schweiß) / composite o. caulking o. seal weld || ~stück, eingestemmtes Stück n / ca[u]lking piece || ~tor n (Schleuse) / check o. mitre gate
Stemmuffe f (Rohre) / spigot-and-socket joint (GB), lead joint socket
Stemmuffen-Verbindung f / bell-and-spigot joint, lead joint
Stemm-Zapfenloch n / mortise, mortice
Stempel m (Gegenstand und Abdruck) / seal, stamp || ~, Prägestempel m (Werkz) / die (pl.: dies) || ~, Patrize f (Plast) / male mo[u]ld || ~ (Stanz) / upper die o. swage, male die || ~ (Heißsiegeln) / pallet || ~, Pressenstößel m / plunger of a press || ~, Druckpumpenkolben m / forcer, piston || ~, Plunger m (Keram) / plunger, needle || ~, First[en]stempel m (Bergb) / prop, stemple, stay, strut, shore || ~, Firstenstempel m (aus Holz) (Bergb) / prop || ~, Bolzen m (Bergb) / gusset || ~ für Absicherung (Autokran) / jack || ~ für Eindruckversuch (Asphalt) / indenter || ~ für Komprimierbarkeitsversuche / determination tool for powder pressing || ~ mit Spannschloß (Bau) / sheeting jack || ~ zum Abstützen der Tunneldecke / spile, forepole || eingebrannter ~ / burned-in stamp, brand || ~aufnahmeplatte f, -halteplatte f (Stanz) / punch plate, die plate || ~druck m (Buchbind) / stamp printing || ~druck m / ram force || ~druckversuch m (Glas) / punch method of testing || ~durchdrücken n (Versuch an Textilien) / plunger puncture || ~farbe f / endorsing ink || ~frei (Bergb) / prop-free || ~führungsplatte f (Stanz) / guide plate || ~gespann n, -schlag m (Bergb) / row of props || ~guß m, Druckguß m / die casting || ~hammer m (Masch) / marking hammer || ~hobler m / punch shaper o.

shaping machine ‖ ~holz n (Bergb) / prop timber ‖ ~kappe f (Bergb) / tymp ‖ ~karte f (F.Org) / clock o. time card, attendance card ‖ ~kissen n / ink[ing] o. stamping pad o. cushion ‖ ~kopf m (Stanz) / punch head ‖ ~kopf m für Walzblöcke / die head o. marking head for billets ‖ ~maschine f / postage meter machine, [postal] franker o. franking machine

stempeln, bestimmte Markierung anbringen / mark v, stamp ‖ ~, Papier abstempeln / stamp v, put on a stamp ‖ ~ (F.Org) / clock in [o. out] ‖ Datum ~ / date vt, perforate tickets ‖ Gold ~ / hallmark vt, assay gold

Stempel·plättchen n (DIN 1932) (Eichung) / plug for lead stamps ‖ ~platte f (Stanz) / force plate ‖ ~platte f (Plast) / die plate ‖ ~rauber m, -zieher m (Bergb) / prop drawer ‖ ~raubvorrichtung f (Bergb) / timber withdrawal device ‖ ~richtpresse f (Bergb) / gag press (US) ‖ ~schlag m, -gespann n (Bergb) / row of props ‖ ~schneider m (Münzw) / die sinker, engraver, medallist ‖ ~setzer m (Bergb) / prop o. timber setter, timberman, deputy (Northumberland) ‖ ~setzer m hinter dem Schrämlader (Bergb) / back-end man ‖ ~uhr f (F.Org) / time o. attendance clock

Stempelung f / mark, stamp

STEM-Verfahren n (Wzm) / STEM (shaped tube electrolytic machining)

Stengel·älchen n, Ditylenchus dipsaci / stem o. bulb eelworm ‖ ~ansatzmaschine f (Glühlampe) / tubulating machine ‖ ~faser f (Textil) / bast fiber, stalk fiber ‖ ~gefüge n (Krist) / columnar structure ‖ ~glas n / stemware glass

stengelig, stenglig (Min) / fingery, spiky, columnar

Stengel·knicker m (Landw) / forage crimper ‖ ~korn n (Nukl) / columnar grain ‖ ~kristall m / columnar crystal ‖ ~kristalle m pl / fringe crystals pl ‖ ~quetscher m (Landw) / forage crusher

Stenisation f (Verfestigung von Kunstseidenfäden) / stenozation

Stenographiermaschine f / shorthand typewriter, stenotype

steno·päisch (Opt) / stenopaic ‖ ~top / stenotopic ‖ ~typie f / stenotypy

Stentorphon n (Druckluftlautsprecher) / stentorphone

Stephanit m, Sprödglaserz n (Min) / stephanite, brittle silver ore

Steppdecke f / quilt, quilt, puff (US)

Steppe f / steppe ‖ ~, Ödland n / heath

steppen, durchnähen / quilt v, stitch ‖ ~ n / quilting, stitching

Steppen…, versteppt / steppe…

Stepper n (IS) / stepper

Stepperei f (Schuh) / stitching o. closing room o. department

Stepp·maschine f (Schuh) / stitching machine ‖ ~maschine f für Steppdecken (Textil) / quilting machine ‖ ~naht f / quilting o. closing seam ‖ ~nahtschweißmaschine f / stitch seam welding machine ‖ ~nahtwiderstandsschweißung f / resistance stitch seam welding ‖ ~stich m (Nähm) / lock stitch, backstitch ‖ ~stichnähmaschine f / lockstitch machine

Step-Scan-MTI n (= moving target indicator) (Radar) / step-scan-MTI

Ster, Raummeter m (Holz) / stere, stacked cubic meter

Sterad[iant] m (Raumwinkeleinheit), sr / steradian, sr

Steran n / sterane

"Sterben" n (Halbl) / burn-out

Sterblichkeit, Mortalität f / mortality

Sterblingswolle f / dead wool, fallen wool, mortling (GB)

Sterculiagummi, Karayagummi n / crystal gum (US)

Stereo n (Buch) / cast, stereo[type] ‖ ~…, 3D… (Opt) / plastic ‖ ~akustik f / stereophony, auditory perspective ‖ ~akustisch / stereophonic, -sonic ‖ ~anlage f (Phono) / stereo equipment ‖ ~apparat m, -kamera f / stereo[scopic] camera, binocular camera ‖ ~aufnahme f, -bild n / stereo [photo]graph ‖ ~aufnahme f (Röntgen) / stereoradiography ‖ ~aufzeichnung f (Phono) / stereo recording ‖ ~autograph m / stereo-autograph ‖ ~band n / stereotape ‖ ~betrachter m (Phot) / stereo viewer ‖ ~[bild] n / stereograph, -gram, stereoscopic image, three-dimensional image ‖ ~box f / stereo speaker ‖ ~chemie f / stereochemistry ‖ ~chemisch / stereochemical ‖ ~chemische Forderungen f pl (Chem) / space theory ‖ ~chemische Spezifität / stereospecificity ‖ ~effekt m (Opt) / stereoscopic effect ‖ ~fähig (Phono) / stereo-capable ‖ ~film m / stereoscopic film ‖ ~gießerei f, -guß m / stereo[type] founding o. casting, stereotyping ‖ ~grafisch / stereographic ‖ ~grafische Projektion (Geogr) / stereographic projection ‖ ~graphie f, perspektivische Darstellung (Zeichn) / stereography ‖ ~isomer n (Chem) / stereoisomer ‖ ~isomerie f / stereoisomerism ‖ ~kamera f (Phot) / stereo camera ‖ ~kartografische Auswertungsmaschine, Stereokartiergerät n, -meßgerät n / stereo plotting machine, stereoplotter ‖ ~-Kassetten-Deck n (El.Akust) / stereo cassette deck ‖ ~kautschuk m / stereocaoutchouc ‖ ~komparator m (Opt) / stereocomparator ‖ ~logie f / stereology ‖ ~logisch / stereological ‖ ~magnetband n / stereotape ‖ ~mater f (Buch) / stereo flong ‖ ~meßkammer f (Verm) / stereometric camera ‖ ~metall n (Pb-Sb-Sn-Legierung) (Buch) / stereo metal ‖ ~meter m / stereometer ‖ ~metrie f, Geometrie der räumlichen Gebilde / stereometry, geometry of solids, solid geometry ‖ ~metrisch / stereometric ‖ ~mikrometer n (Verm) / parallax bar, stereomicrometer ‖ ~mikrophon n / stereomicrophone, stereophonic microphone ‖ ~mikroskop n / stereomicroscope ‖ ~phonie f, plastisches Hören / stereophony, plastic hearing ‖ ~phonisch / stereophonic, -sonic ‖ ~photogrammetrie f / stereophotogrammetry ‖ ~photographie f / stereo photography, stereoscopic o. 3D photography ‖ ~planigraph m / stereoplanigraph ‖ ~platte f (Ton) / stereo record ‖ ~platte f (Buch) / stereo[type] ‖ ~plattenmaschine f (Buch) / autoplate ‖ ~radiographie f, -radiogramm n / stereoradiogram, -graph ‖ ~selektivität, -spezifität (Chem) / stereoselectivity, -specificity ‖ ~skop n / stereoscope ‖ ~[skop]bild n / stereograph, -gram, stereoscopic image, three-dimensional image ‖ ~skopisch, räumlich (Opt) / in relief, stereoscopic ‖ ~skopisches Fernsehen, Stereofernsehen n / three-dimensional television ‖ ~skopische Sehschärfe (Opt) / stereo acuity ‖ ~spezifisch (Chem) / stereospecific ‖ ~spezifische Polymerisation / stereospecific polymerization ‖ ~telemeter n / stereoscopic range-finder o. telemeter ‖ ~ton m / stereosound ‖ ~tonfilm m / stereo sound film ‖ ~tonkamera f / stereosound camera ‖ ~top m n (Verm) / stereotop ‖ ~typ / stereotyped ‖ ~typdruck m (Buch) / stereo[type] printing, stereotyping, stereotypography ‖ ~typeur und Galvanoplastiker m / stereotyper ‖ ~typgießerei f / stereo[type] founding o. casting, stereotyping, block making ‖ ~typie f (Buch) / stereo[type] ‖ ~typiepappe f / stereoflong ‖ ~typieplatte f / stereo plate ‖ ~typieren, in Stereotyp drucken / stereotype v ‖ ~typplatte f (Buch) / stereo[type] ‖ ~umsetzer m (Radio) / stereo relay transmitter ‖ ~umsetzer m für Breitwand (Film) / panoramic attenuator ‖ ~wiedergabe f / stereo reproduction

steril, aseptisch / aseptic ‖ ~, unfruchtbar / barren, sterile

Sterilisation f, Sterilisierung f / sterilization

Sterilisationspapier n / aseptic paper

Sterilisator m (Zuck) / sterilizing apparatus o. tray

sterilisieren / sterilize, degerminate ‖ ~, pasteurisieren (Lebensmittel) / process v, pasteurize

Sterilisier·gerät n, Sterilisator m / sterilizer, sterilizing apparatus o. tray ‖ ~mittel n / sterilant

steril[isiert], keimfrei / free[d] from germs, sterilized

sterilisiert·e Pflanze / prepared plant

Sterilisier·trommel *f* / sterilizing drum
Sterilraumtechnik *f* / sterile room technology
Sterin *n* (Chem) / sterine
sterisch (Chem) / steric ‖ ~e Hinderung (Chem) / steric hindrance
Sterlingit *m* (Min) / sterlingite, zincite, spartalite
Sterling·prozeß *m* (Zink) / Sterling process ‖ ~silber *n* (925 fein) / sterling silver
Stern *m* / star ‖ ~ (Buch) / asterisk ‖ ~ mit Hüllen (Astr) / shell star ‖ ~ vom späten Typ / late type star ‖ im ~ schalten (Elektr) / connect in star o. Y ‖ ~abtaster *m* / star scanner ‖ ~anisöl *n* / star anise oil, Indian anise oil ‖ ~anisöl *n* / Indian anise oil ‖ ~anker *m* / star-connected armature ‖ ~anpeilgerät *n*, -folgegerät *n* (Raumf) / star tracker ‖ ~assoziation *f* / stellar association ‖ ~atmosphäre *f* / stellar atmosphere ‖ ~beben *n* / star quake ‖ ~beschreibung *f*, Sternkartenherstellung *f* / astrographics *pl* ‖ ~bestimmung *f* (Raumf) / astrofixing ‖ ~bildung *f* (Fehler, Keram) / starring ‖ ~brenner *m* / star burner
Sternchen *n* (Buch) / asterisk ‖ Gruppe von 3 ~ (Buch) / asterism
Stern·dämpfer *m* (Textil) / star ager o. steamer, star frame ager (GB) ‖ ~-Dreieck-Anlauf *m* / star-delta starting ‖ ~dreieckschalter *m* / star-delta o. Y-delta o. wye-delta starting switch ‖ ~dreieckschaltung *f* (Elektr) / Y-delta o. y-delta o. star-delta o. wye-delta connection ‖ ~-Dreieck-Umwandlung *f* (Elektr) / star-delta transformation ‖ ~druck *m* (Buch.m) / check protection print ‖ ~durchgang *m* (Astr) / star transit
sternen (Masch) / fix by a star-shaped impression ‖ ~ *n* (Regulus) / starring
Stern·faltenbildung *f* (Sperrholz) / star formation ‖ ~faltung *f* (Schrotpatrone) / star crimp ‖ ~färbemaschine *f* / star dyeing machine ‖ ~färberei *f* (Textil) / star dyeing ‖ ~feldabtaster *m* / star mapper ‖ ~ferne *f* (Apsiden) / apastron ‖ ~folgegerät *n*, -anpeilgerät *n* (Raumf) / star tracker ‖ ~form *f* / star configuration ‖ ~förmig, -artig, Stern… / star-shaped, stellate ‖ ~förmig anordnen / arrange radially ‖ ~förmiger Körper / spider ‖ ~förmige Feder / spider spring ‖ ~gebiet *n* (Math) / star-shaped domain
Stern-Gerlach-Versuch *m* (Nukl) / Stern-Gerlach experiment
Stern·getriebe *n* (unechtes Umlauf- o. Planetengetriebe) / star gear ‖ ~gewölbe *n* / lierne o. stellar vault ‖ ~griff *m* (DIN 6336) (Wzm) / machine knob, star grip ‖ ~guß *m* (Gieß) / silicon-calcium inoculated cast iron ‖ ~haufen *m* / star cluster ‖ ~haufen-Veränderliche *pl* / cluster variables ‖ ~helligkeit, -größe *f* / star magnitude, stellar magnitude ‖ ~holz (Sperrholz) / star plywood ‖ ~kabel *n* (Elektr) / spiral-eight cable ‖ ~karte *f* / star map ‖ ~keilwelle *f* / multi-spline shaft ‖ ~kette *f* (Radar) / star chain for direction finding ‖ ~-Konfiguration *f* (Fernwirk) / multipoint-star configuration ‖ ~konstellation *f* / star pattern ‖ ~koppler *m* (Optoelektronik) / [active] star coupler ‖ ~kopplernetz *n* / active star architecture ‖ ~krümelwalze *f*, -krümler *m* / rotary harrow with steel stars ‖ ~krümelwalze *f* mit Gußsternen (Landw) / clod crusher ‖ ~kunde *f*, Astronomie *f* / astronomy ‖ ~kurve, Ast[e]roide *f* (Math) / tetracuspid, astroid ‖ ~motor *m* / radial [type] engine ‖ ~nähe *f* (Apsiden) / periastron ‖ ~netz *n* (Fernm) / star network ‖ ~netz *n* (DV) / star-type network ‖ ~photographie *f*, Astrophotographie *f* / astrophotography ‖ ~punkt, Neutralpunkt *m* (Elektr) / star point, neutral [point], zero conductor o. wire ‖ im ~punkt geerdetes Netz / earthed-neutral system ‖ ~punkterdspannung *f* / neutral point earth voltage ‖ ~punktklemme *f* (Elektr) / neutral terminal ‖ ~punktleiter *m* (Drehstrom) / neutral o. mid-point conductor o. wire, neutral ‖ ~punktseitiges Wicklungsende (Elektr) / neutral winding end ‖ ~rad *n* / star [shaped] wheel ‖

~radgetriebe *n* / star wheel gear, Geneva motion o. movement ‖ ~rad-Heumaschine *f*, -rad-Rechwender *m* (Landw) / finger-wheel hay maker, finger-wheel o. star-wheel rake ‖ ~ringelwalze *f* (Landw) / Continental Cambridge roller (GB), cultipacker (US) ‖ ~riß *m*, Strahlenriß *m* (Holz) / star shake o. check ‖ ~schaltung, Y-Schaltung *f* (Elektr) / Y o. star connection, Y o. star connected threephase system ‖ ~schauzeichen *n* (Fernm) / star indicator ‖ ~schlacke *f* (Hütt) / antimony flux ‖ ~schnuppe *f* / meteor ‖ ~schnuppen-Erzeuger *m* / meteoroid ‖ ~schnuppenschwarm, Meteorschwarm *m* / meteoric shower ‖ ~sensor *m* (Raumf) / astral sensor, star sensor ‖ ~spannung, Phasenspannung *f* (Elektr) / star voltage, Y-voltage, phase voltage, voltage to neutral ‖ unsymmetrische ~spannungen *f pl* (Elektr) / neutral inversion ‖ ~spektrum *n* (Astr) / stellar spectrum ‖ ~strom *m* (Astr) / moving cluster ‖ ~sucher *m*, -nachlaufgerät *n* (eletronisch) / star sensor ‖ ~sucher *m*, -nachlaufgerät *n* (optisch) / star tracker ‖ ~system *n* / stellar system ‖ ~systeme *n pl*, Galaxien *f pl* (Astr) / galaxies *pl* ‖ ~verbindung *f* (Elektr) / end winding ‖ ~verseilung *f* (Kabel) / star quad twisting, spiral quad formation ‖ ~viererkabel *n* (Elektr) / star quad cable, spiral-four quad ‖ ~warte *f*, Observatorium *n* / observatory, astronomical station ‖ ~wickler *m* (Pap) / revolving reel ‖ ~wicklung *f* (Elektr) / star winding ‖ ~zeiger *m* (Decca Radar) / vernier ‖ ~zeit *f* / sidereal time
Steroid *n* (Chem) / steroid
Sterol *n* (Plast) / sterol
Sterrometall, Eichmetall *n* (60 % Cu, 38 % Zn, 2 % Fe) / sterro metal
Sterz *m*, Sterze *f* (Landw) / handle of a plow, plow tail
Stethoskop *n*, Hörrohr *n* / stethoscope
stetig, ständig / constant, continuous ‖ ~, unveränderlich / stable, steady ‖ ~ (Fortschritt) / steady ‖ ~ (Funktion) (Math) / continuous ‖ ~, analog / analogue ‖ ~ (Regler) / with progressive action, with continuous action ‖ ~e Regelung o. Steuerung / continuous control ‖ ~e Signalübertragung (linienförmig) (Bahn) / continuous signalling ‖ ~e Teilung (Math) / division in extreme and mean ratio, golden section ‖ ~er Verlauf, Stetigkeit *f* / continuous run, continuity ‖ ~ verteilter Entstörwiderstand / distributed resistance ‖ ~e Zufallsvariable (Statistik) / continuous variate ‖ ~antrieb *m* (Hydr) / steady impulse ‖ ~bahnsteuerung *f* (NC) / continuous-path control ‖ ~bahnsteuerung *f*, Bahnsteuerung *f* (NC) / contouring control system
stetigen, lagefest machen / stabilize, make stable
Stetig·förderer *m* / continuous mechanical handling equipment, continuous transporter ‖ ~förderer *m* für Schüttgut, [für Stückgut] / continuous handling equipment for bulk material, [for unit loads] ‖ ~förderung *f* / continuous system o. operation
Stetigkeit *f* (allg, Math) / continuity ‖ ~, Dauer[haftigkeit] *f* / permanency, permanence
Stetigkeits·bedingung *f* / condition for continuity
Stetig·kocher *m* (Pap) / continuous digester ‖ ~rechner *m* / analog computer ‖ ~schleifer *m* (Pap) / continuous grinder o. pulper
Steuer, Steuerruder, -rad, Ruder *n* (Schiff) / rudder ‖ ~ *n*, Steuerpinne *f* (Schiff) / rudder tiller ‖ ~anlage *f* / controlling installation ‖ ~anlage *f*, Ruderanlage *f* (Schiff) / helm ‖ ~anschluß *m* (Thyristor) / gate terminal ‖ ~antenne *f* / command antenna ‖ ~antrieb *m* / control drive ‖ ~antrieb *m* (Raupenschlepper) / accessory drive ‖ ~anweisung *f* (DV) / control record ‖ ~anweisung *f* (Fortran) / control statement ‖ ~anweisung *f* für den Übersetzer (DV, Progr) / processor control statement ‖ ~apparat *m* (LoKa) / selector ‖ ~apparat *m* (Schiff) / steering gear ‖ ~ausbeute *f* (Elektronik, Röhre) / control ratio ‖ ~band *n*, Steuerstreifen *m* (DV) / control tape

steuerbar, lenkbar / steerable, controllable ‖ ~**e Rechenfolge** (DV) / selective sequence ‖ **gut** ~ (Schiff) / easily steerable
Steuerbarkeit, Lenkwilligkeit *f* / steerability ‖ **leichte** ~ / steerage
Steuer·batterie *f* (hydr. Presse) / control battery ‖ ~**befehl** *m* (DV) / control command ‖ ~**[befehls]speicher** *m*, -register *n* (DV) / program register ‖ ~**behälter** *m* (Bahn, Bremse) / control cylinder ‖ ~**bereich** *m*, Regelbereich *m* / range of control ‖ ~**blatt** *n* (Schiff) / rudder blade ‖ ~**blende** *f* (Elektronik) / double-ended grid ‖ ~**block** *m* (DV) / control block ‖ ~**bord** *n*, -bordseite *f* (Schiff) / starboard ‖ ~**bord-Positionslaterne** *f* / starboard light ‖ ~**bremse** *f* (Traktor) / steering brake ‖ ~**brücke** *f* (Buch.m) / control board ‖ ~**bühne** *f* / control pulpit ‖ ~**bühne** *f* (Bergb) / control platform ‖ ~**bühne** *f* (Hütt) / operating pulpit, control platform o. pulpit ‖ ~**bürste** *f* / control brush ‖ ~**bus** *m* / control bus ‖ ~**byte** *n* (DV) / control byte ‖ ~**daten** *pl* / control data ‖ ~**deichsel** *f* des Flurförderers / tiller ‖ ~**differentialgeber** *m* (Regeln) / control differential transmitter, CDX, synchro [control] differential transmitter ‖ ~**draht** *m*, -leitung *f* (Bahn) / monitoring wire, pilot wire ‖ ~**draht** *m* **am Leuchtstoffschirm** (TV) / grid wire ‖ ~**drahtregler** *m* (Fernm) / pilot wire regulator ‖ ~**drehmelder** *m* (Elektr) / control synchro ‖ ~**druck** *m* (Luftf) / actuating pressure ‖ ~**druckanzeiger** *m* (Luftf) / control force indicator ‖ ~**druckgefühl** *n* (Luftf) / control feel ‖ ~**drucksimulator** *m* (Luftf) / artificial feel system ‖ ~**düse** *f* (Raumf) / control jet ‖ ~**dynamo** *m*, -maschine *f* (Leonardschaltung) / variable-voltage generator ‖ ~**einheit** *f*, -kapsel *f* (Raumf) / command module, C.M. ‖ **zentrale** ~**einheit** / master control module ‖ ~**einheit** *f* **für Plotter** (DV) / plotter control, graphic control unit ‖ ~**einrichtung** *f* s. Steuergerät und Steuerapparat ‖ ~**elektrode** *f* (Elektr) / control electrode ‖ ~**elektrode** *f*, Emitter *m* (Transistor) / emitter, emittor ‖ ~**elektrode**, Wehnelt-Elektrode *f*, -Zylinder *m* (Kath.Str) / modulator o. modulating electrode, Wehnelt cylinder ‖ ~**elektrode** *f*, Zündelektrode *f* (Funk) / initiating electrode ‖ ~**elektrode** *f* (MOS-FET) (Elektronik) / gate of MOS-FET ‖ ~**element** *n* (Nukl) / control member ‖ ~**empfänger** *m* (Regeln) / synchro [control] receiver o. repeater o. transformer, control transformer ‖ ~**erder** *m* (Elektr) / auxiliary ground bus ‖ ~**exzenter** *m* / camshaft eccentric ‖ ~**[fahr]schalter** *m* (Bahn) / manual controller, manual-controlled switchgroup ‖ ~**fallschirm** *m* (Raumf) / drogue ‖ ~**fläche** *f* (Luftf) / control surface ‖ ~**flugzeug** *n* (Fernlenkung) / director aircraft ‖ ~**fluß** *m* (DV) / control sequence flow ‖ ~**formel** *f* (Kfz) / rating formula ‖ ~**frei** (Kfz) / tax-exempt, taxfree ‖ ~**frequenz** *f* / driving frequency ‖ ~**frequenz** *f* (Fernm) / pilot frequency ‖ ~**funke[n]** *m* / timed o. timing spark ‖ ~**funktion** *f*, Kontrollfunktion *f* / control function o. operation (US) ‖ ~**geber** *m* (Elektronik) / control transmitter ‖ ~**geber** *m* (Regeln) / synchro [control] transmitter, synchro generator ‖ ~**gehäuse** *n* (Ventile) (Kfz) / valve gear casing, timing case ‖ ~**gehäuse** *n*, Lenkgehäuse *n* (Kfz) / steering box ‖ ~**gehäusedeckel** *m* (Kfz) / valve gear cover, timing case cover, engine front cover ‖ ~**generator** *m* / pilot frequency generator ‖ ~**gerät** *n*, -organ *n*, -einrichtung *f* / control[ling] apparatus o. equipment o. implement o. instrument o. mechanism o. device, control [unit], controller ‖ ~**gerät** *n*, Kontroller *m* (Elektr) / master controller, manual-controlled switchgroup ‖ ~**gerät** *n* (Elektronik) / combined tuner-amplifier unit ‖ ~**gerät** *n* s. auch Steuerapparat ‖ ~**gerät** *n* **eines Antiblockiersystems** / controller of an anti-lock system ‖ ~**gestänge** *n* (Mot) / valve gear ‖ ~**getriebe**, -gestänge *n* / control[ling] gear o. mechanism ‖ ~**gitter** *n* (Elektronik) / control grid ‖ ~**gitter-Einsatzspannung** *f* (Elektronik) / grid-base voltage, grid cut-off voltage ‖ ~**gitterphotozelle** *f* / three-electrode photocell ‖ ~**glied** *n* (Regeln) / control

element o. member ‖ ~**größe** *f* / actuating variable (of automatic control system) ‖ ~**hebel**, -griff *m* / control lever, operating handle o. lever ‖ ~**hebel** *m* (Pflug) / tiller lever ‖ ~**hebel** *m* (Wzm) / reversing lever, reversing gear handle ‖ ~**horn** *n*, -griff *m*, -knüppel *m* (Luftf) / control column o. stick, joystick (coll), wheel ‖ ~**impuls** *m* / biassing o. control pulse ‖ ~**impuls**, Startimpuls *m* / pilot [im]pulse ‖ ~**impuls**, Triggerimpuls *m* (Elektronik) / trigger [im]pulse ‖ ~**impuls** *m* **für Taktgabe** / timing pulse ‖ ~**impulsgenerator** *m* (Radar) / trigger circuit ‖ ~**kabel** *n* (DV) / memory-in bus, memory-out bus ‖ ~**kabel** *n* (Aufzug) / trailing cable ‖ ~**kabel** *n* (Elektr) / control cable ‖ ~**kanal**, Fernwirkkanal *m* (Raumf) / command channel ‖ ~**kanal** *m* (Fernm, Funk) / pilot channel ‖ ~**kantensteigung** *f* (Einspritzpumpe) / lead of control edge o. of helix ‖ ~**kapsel** *f*, -einheit *f* (Raumf) / command module, C.M. ‖ ~**karte** *f* (LoKa) / pilot card, control o. parameter card ‖ ~**kennlinie** *f* (Regeln) / control characteristic ‖ ~**kennlinie** *f* (Elektronik) / transfer characteristic ‖ ~**kette** *f* (Regeln) / control system (GB), controlling means (US), [open] control circuit, open-loop-control ‖ ~**kette**, Ruderkette *f* (Schiff) / tiller chain ‖ ~**kette** *f* (Mot) / timing chain ‖ ~**kette** *f* (Regeln) / open loop control ‖ ~**knagge** *f* / control stopper, control catch ‖ ~**knüppel** *m*, Joystick *m* (DV, Plotter) / joystick ‖ ~**knüppel fixiert** / stick fixed ‖ ~**knüppel frei** / stick free ‖ ~**kolben** *m* (K-Jetronic) / control plunger ‖ ~**kolben** *m* / piston valve ‖ ~**kompaß** *m* / steering compass ‖ ~**kontroller** *m* (Bahn, Schweiz) / control switchgroup ‖ ~**kopf** *m* (Videoband) / control head ‖ ~**kopfrohr** *n* (Fahrrad) / head tube, fork column ‖ ~**kraft** *f* (Luftf) / stick force ‖ **künstliche o. simulierte** ~**kräfte** (Luftf) / artificial feel ‖ ~**kreis** *m* (Elektr) / control circuit ‖ ~**kristall** *m* (Elektronik) / master vibrator ‖ ~**kupplung** *f* (Traktor) / steering clutch ‖ ~**kurs** *m* (Luftf, Schiff) / heading ‖ **mit nur einem** ~**kurs** (Luftf) / single-heading ‖ ~**kursanzeiger** *m* / heading marker ‖ ~**kursbezugswert** *m* (Luftf) / heading reference signal ‖ ~**kursvorwahl** *f* / preselected heading control ‖ ~**kurve** *f* (Wzm) / radial cam ‖ ~**lagenanzeiger** *m* (Luftf) / control position indicator ‖ ~**lastig** (Luftf) / control-heavy ‖ ~**lastig** (Schiff) / down by the stern ‖ ~**leistung** *f*, Steuer-PS *n pl* (Kfz) / tax horsepowers *pl*, taxable HP *pl*, rating horse power ‖ ~**leistung** *f* (Elektr) / driving power ‖ ~**leistung** *f*, Steuer-PS *n pl* (Kfz) / rating horse power ‖ ~**leitung** *f* (Bahn) / control line, pump line ‖ ~**leitung** *f* (Elektr) / trip line ‖ ~**leitung** *f* (Hydr) / control conduit
steuerlich absetzbar / deductible for taxation
Steuer·loch *n* (LoKa) / function hole, control hole ‖ ~**loch** *n* (Schablone) / guide hole ‖ ~**lochband** *n* (DV) / feed control tape, printer carriage tape ‖ ~**lochkarte** *f* / control o. parameter card ‖ ~**lochung** *f* (LoKa) / control punch ‖ ~**luft** *f* (Regeln) / control air ‖ ~**magnet** *m* (Oberleitung) / control magnet ‖ ~**marke**, Banderole *f* / revenue stamp ‖ ~**marke** *f* (DV) / timing mark ‖ ~**marke** *f* (Kfz) / car licence seal ‖ ~**markenprüfung** *f* / timing mark check ‖ ~**mechanismus** *m* / steering gear ‖ ~**mechanismus**, Umkehrmechanismus *m*, Umsteuerung *f* (Dampfm) / link motion, reversing gear ‖ ~**modus** *m* (DV) / control mode ‖ ~**motor** *m* / pilot motor ‖ ~**motor** *m* (Leonardschaltung) / driving shunt motor
steuern, führen / direct, manage ‖ ~, fahren (allg) / steer, pilot ‖ ~ (Kfz) / drive ‖ ~, schiffen [nach] / navigate, head [for] ‖ ~, lenken (Luftf, Schiff) / steer ‖ ~, bedienen (Masch) / work, control, actuate ‖ ~ (bei offenem Wirkungskreis einwirken) / control ‖ ~ *n* **nach Voraussage** (Luftf) / predictive control ‖ **die Produktion** ~ / direct the production
Steuer·netz *n* (Elektr) / pilot network ‖ ~**nocken** *m*, -kurve *f* / peripheral o. radial cam ‖ ~**organ** *n* s. Steuergerät ‖ ~**organe** *n pl* (Luftf) / flying controls *pl* ‖ ~**oszillator** *n*

(Elektronik) / L.C.-drive (L = inductivity, C = capacity) ‖ ⌁oszillator *m* (Radio) / master oscillator ‖ ⌁pferde *n pl*, Steuer-PS *n pl* (Kfz) / tax[able] horsepower, taxable HP *pl* ‖ ~pflichtig / taxable ‖ ⌁programm *n* (DV) / executive [routine], control program[me] ‖ ⌁programm-Verwalter *m* / scheduler ‖ ⌁pult *n* / control board ‖ ⌁pult *n* (DV) / console, [operator] control panel ‖ ⌁quarz *m* / oscillator crystal o. quartz, control crystal, master vibrator, frequency stabilizing crystal ‖ ⌁quittungsrelais *n* (Regeln) / acknowledging relay ‖ ⌁quittungsschalter *m* (Elektr) / control discrepancy switch ‖ ⌁rad *n* (Schiff) / steering wheel ‖ ⌁rakete *f* (Raumf) / rocket thruster, secondary rocket, vernier engine ‖ ⌁raum *m*, Einkoppelstrecke *f* (Elektronik) / buncher space ‖ ⌁relais *n* (Elektr) / trip relay ‖ ⌁relais *n* (Regeln) / control relay ‖ ⌁relais, Kontrollrelais *n* / pilot relay ‖ ⌁rohr *n* (Fahrrad) / head o. steering tube, fork column ‖ ⌁röhre *f*, Vorröhre *f* (Funk) / control tube, modulator o. modulating tube ‖ ⌁rotor *m* (Luftf) / control rotor ‖ ⌁[ruder] *n* (Schiff) / rudder ‖ ⌁ruder-Regelkreis *m* (Luftf) / rudder servoloop ‖ ⌁satz *m* für Stromrichter / control equipment for static power converters ‖ ⌁satz *m* für Wechselrichter / firing unit ‖ ⌁säule *f* (Luftf) / control column ‖ ⌁säule *f* (Kfz) / steering column ‖ ⌁schalter *m* (Elektr) / [cam type] control switch, master switch ‖ ⌁schalter, Fahrschalter *m* (Bahn) / control switchgroup, manual-controlled switchgroup, master controller ‖ ⌁schalter *m* (Fernm) / sequence switch cam ‖ indirekt angetriebener ⌁schalter (Bahn) / pilot controller ‖ ⌁scheibe, Nockenscheibe *f* / plate cam, disk cam ‖ ⌁schieber *m*, Steuerung *f* (Dampfm) / distributing regulator ‖ ⌁schieber *m*, -ventil *n* (Hydr) / spool valve ‖ ⌁schieber *m* (Turbine) / pilot valve, relay valve ‖ ⌁schlitz *m* (K Jetronic) / metering port ‖ ⌁schlitz, Kolbenschlitz *m* (Mot) / piston port ‖ ⌁schrank *m* (Wzm) / control box ‖ ⌁schraube *f* (Dampfm, Bahn) / reverse o. reversing screw ‖ ⌁schütz *n* / [control circuit] contactor ‖ ⌁seil *n* (Aufzug) / control cable ‖ ⌁sender *m* (Elektronik) / control transmitter, pilot oscillator, drive unit, exciter ‖ ⌁signal *n* / control signal ‖ ⌁signal *n* für automatischen Flug / flight path command signal ‖ ⌁spannung *f* / driving voltage ‖ ⌁spannung *f* (Halbl) / gate voltage ‖ ⌁spannung *f* (Regeln) / control voltage ‖ ⌁speicher *m* (DV) / control storage, COS ‖ ⌁sprache *f* / job control language, JCL ‖ ⌁spur *f* (Videoband) / control track ‖ ⌁spur *f* für Taktgabe (DV) / clock [marker] track ‖ ⌁stab *m* (Nukl) / control o. absorber rod ‖ ⌁stabansatz *m* (Atom, Nukl) / control rod follower ‖ ⌁stabantrieb *m* (Nukl) / control rod drive ‖ ⌁stabantriebsraum *m* (Nukl) / control rod handling room ‖ ⌁stabwirksamkeit *f* (Nukl) / control rod worth o. efficiency, reactivity worth ‖ ⌁stand *m*, Schaltbühne *f* / control o. operating stand ‖ ⌁stand *m* (Elektr) / control room, switchboard gallery ‖ ⌁stange *f* / control rod ‖ ⌁strecke *f* (Regeln) / controlled system ‖ ⌁streifen *m* (DV) / control tape ‖ ⌁strich *m* (Kompaß) / lubber line ‖ ⌁strichfehler *m* (Kompaß) / lubber error

Steuerstrom *m* (Elektr) / control[ling] current ‖ ⌁ (Regeln) / pilot current, signal current (US) ‖ ⌁ (Halbl) / gate current ‖ ⌁ für Relais / trip current ‖ ⌁-Batterie *f* / tripping battery ‖ ⌁impuls *m* / biassing pulse ‖ ⌁kreis *m* (Elektr) / control circuit ‖ ⌁kreis, Pilotkreis *m* (Regeln) / pilot circuit, signal circuit (US) ‖ ⌁kupplung *f* (Bahn) / control circuit coupler ‖ ⌁stoß *m* / directing pulse ‖ ⌁taste *f* (Elektronik) / enabling key

Steuer·stufe *f* (Elektronik) / master oscillator ‖ ⌁symbol *n* (DV) / control code ‖ ⌁system *n* (Ggs: Regelsystem) / open loop control system ‖ ⌁tisch *m*, -tafel *f* / control table ‖ ⌁tor *n* (Halbl) / steering gate ‖ ⌁transformator *m* (DV) / control transformer ‖ ⌁triebwerk *n* (Raumf) / vernier engine ‖ ⌁umrichter *m* (Bahn) / control set ‖ ⌁umrichter *m*, Hüllkurvenumrichter *m* / cycloconverter ‖ ⌁- und Kontrolleinrichtung *f* (Elektr,

Bahn) / sequence starting and control device ‖ ⌁- und Überwachungsleitungen *f pl* / control circuitry

Steuerung *f* / control system (GB), controlling means (US) ‖ ⌁, Lenkung *f* (Kfz) / steering ‖ ⌁, Ventilsteuerung *f* (Mot) / timing gear ‖ ⌁ (DV) / control ‖ ⌁ (bei offenem Wirkungskreis) (Ggs: Regelung) / [automatic] control (with open loop) ‖ ⌁ (Elektr) / motion ‖ ⌁ (Dampflok) (Bahn) / reversing gear ‖ ⌁ durch Absorption (Nukl) / absorption control ‖ ⌁ durch Brennstoff (Nukl) / fuel control ‖ ⌁ durch flüssiges Neutronengift (Nukl) / fluid poison control ‖ ⌁ durch Rückstoßdüsen (Nukl) / reaction control ‖ ⌁ für Datensuchen o. -kanal (DV) / scan feature ‖ ⌁ mit vollem Vorrang (DV) / advanced priority scheduler ‖ ⌁ über Funk / radio command ‖ ⌁ vorwärts, [rückwärts] (Datenübertragg) / supervision forward, [backward]

Steuerungs·ablauf *m* / control sequence ‖ ⌁art *f* (Regeln) / control system ‖ drahtlose ⌁automatik / radio telecontrol ‖ ⌁befehl *m*, -anweisung *f* (DV) / procedure branching statement ‖ ⌁dämpfer *m* (Motorrad) / steering damper

Steuerungsdiagramm *n* / timing diagram ‖ ⌁ (Dampfm) / distribution diagram

Steuerungs·ebene *f* / control level ‖ ⌁einrichtung *f* (Regeln) / control system ‖ ⌁größe *f* (Regeln) / control quantity ‖ ⌁hierarchie *f* / hierarchical control ladder ‖ ⌁konsole *f* (DV) / master terminal ‖ ⌁marke *f* (DV) / timing mark ‖ ⌁programm *n* / executive program[me], control program[me] ‖ ⌁technik *f* / control technique ‖ ⌁toleranz *f* (Regeln) / command resolution ‖ ⌁umkehr *f* (Luftf) / reversal of control ‖ ⌁vorgang *m* / control operation ‖ ⌁zacke *f* (Oszillogr) / control pip

Steuer·ventil *n* (Regeln) / control valve ‖ ⌁ventilschieber *m* / distributing slide valve ‖ ⌁verlustleistung *f* (Halbl) / gate power dissipation ‖ ⌁verstärker *m* (Elektronik) / drive amplifier ‖ ⌁verteiler *m* (Regeln) / control distributor ‖ ⌁vorrichtung *f* s. Steuergerät ‖ ⌁wagen *m* (Bahn) / driving cab vehicle, driving o. control trailer, multiple-unit control car, A-unit ‖ ⌁wähler *m* / control switch ‖ ⌁walze (Schützensteuerung), Schaltwalze *f* / contactor-controller ‖ ⌁walze *f*, Walzenanlasser *m* (Bahn, Kran) / [camshaft o. drum] controller, controller drum o. cylinder ‖ ⌁walze *f*, [Umkehr-]Walzenanlasser *m* / reversing camshaft o. drum controller ‖ ⌁warte *f* (Kraftwerk) / control room ‖ ⌁welle *f* (Kfz) / camshaft, side shaft ‖ ⌁welle *f* (für Richtungswechsel) / reversing shaft ‖ ⌁welle *f*, Nockenwelle *f* / half-speed o. half-time shaft ‖ ⌁welle *f* (Fernm) / reference pilot, pilot wave ‖ ⌁werk *n* (Luftf) / air controls *pl*, flight control system ‖ ⌁werk *n* (DV) / control unit o. circuits *pl*, switching center ‖ ⌁werkbefehlsspeicher *m* (DV) / control o. instruction register ‖ ⌁wicklung *f* (Magnetverst.) / control turns o. windings *pl* (GB), signal windings (US) ‖ ⌁wicklung *f* (Kernspeicher) / drive wire o. winding ‖ ⌁winkel *m* (Thyristor) / trigger delay angle ‖ ⌁zeichen *n* (DV) / control character ‖ ⌁zeichen *n* für Übermittlung (Elektronik) / TC, transmission control ‖ ⌁zeichenfolge *f* (Datenübertragg) / supervisory sequence ‖ ⌁zeile *f*, zweite Zeile (Fernm) / pilot o. second line ‖ ⌁zentrale *f* (eines bemannten Satelliten) (Raumf) / control center ‖ ⌁zylinder *n* (Kathodenstr.Röhre) / cathode screen, Wehnelt cylinder, modulating electrode ‖ ⌁zylinder *m* (Bremsanlage) / master cylinder

Steven *m*, Hintersteven *m* (Schiff) / stern post, tail post ‖ ⌁, Vordersteven *m* (Schiff) / stem ‖ ⌁anlauf, Unterlauf *m* (Schiff) / fore-foot, gripe ‖ ⌁log *n* (Schiff) / hydrodynamic o. stem log ‖ ⌁log *n* (Schiff) / stem log ‖ ⌁rohr *n* (Schiff) / tubular stern, tubular tail post, stern tube ‖ ⌁rohröl *n* / stern tube luboil ‖ ⌁rohrstopfbuchse *f* / stern tube gland, stern tube stuffing box ‖ ⌁sohle *f* (Schiff) / sole piece

STG = Schiffbautechnische Gesellschaft

Stg, StG = Stahlguß

Stiazähler *m* (Elektr) / mercury coulometer

Stibin

Stibin *n*, Antimonwasserstoff *m* / stibine
Stibitzcode *m* (DV) / three-excess-code, excess-three code
Stibnit *m*, Antimonglanz *m* (Min) / antimonite
Stich *m*, Einstich *m* / prick *n* ǁ ⌐, Stechen *n* / piercing *n*
ǁ ⌐, Nadelstich *m* / stitch ǁ ⌐, Durchgang *m* (Walzw) /
pass ǁ ⌐, Kupferstich *m* / copper engraving ǁ ⌐ (Schm,
Fehler) / shut ǁ ⌐, Farbstich *m* (DIN) / colour cast ǁ ⌐,
Knoten *m* (Schiff) / hitch, knot ǁ ⌐ (Web) / pitch ǁ ⌐,
Walzenkaliber *n* (Hütt) / roll pass o. groove ǁ ⌐, Anflug
m (Färb) / tinge, tint ǁ ⌐ (Höhe einer Treppenstufe) (Bau)
/ rise o. mounting of a step, riser ǁ ⌐, Pfeilhöhe *f* /
rising of a vault ǁ ⌐ (Bau) s. auch Stichhöhe ǁ ein ⌐ ins
Braune (Färb) / a tinge of brown ǁ einen ⌐ bekommen
o. haben, umschlagen (Milch) / turn sour ǁ ⌐abnahme *f*
(Walzw) / reduction o. draught per pass ǁ ⌐anker *m*,
Schlauder *f* (Bau) / wall anchor, tie bolt ǁ ⌐anstellung *f*
/ reduction of roll passes ǁ ⌐ausreißwiderstand *m* (Filz)
/ stitch [point] tearout resistance o. strength ǁ [einseitig
angeschliffene] ⌐axt / mortise axe ǁ ⌐bahn *f* (Bahn) /
spur ǁ ⌐balken *m* (Zimm) / trimmer, trimmed o.
trimming joist, tie beam, tail beam o. piece o. joist ǁ
⌐balkenträger *m* / common joists *pl* ǁ ~bördeln,
taggern (Stanz) / tagger
Stichel *m* (Kupferstecher) / chisel, graving tool ǁ ⌐,
Drehmeißel, -stahl *m* (Dreh) / tool ǁ ⌐ (Phono) / cutting
o. recording stylus ǁ ⌐haar *n* (Textil) / dog hair, kemp ǁ
~haarig (Textil) / waded, with doghair, kempy ǁ ⌐haus
n, -halter *m* (Wzm) / tool holder o. block o. post (GB)
stich·fest (Schlamm) / compact ǁ ⌐flamme *f* / darting o. jet
flame, shooting flame ǁ ⌐flamme *f*, Zündflamme *f* /
pilot light o. flame ǁ ⌐flamme *f* (Schweiß) / darting
flame ǁ ⌐flamme *f* mit fein ausgezogener Spitze /
narrow flame ǁ ⌐folge *f* (Walzw) / pass sequence ǁ
⌐herd *m*, Abstechherd *m* (Gieß) / pit, sump ǁ ⌐höhe,
Wölbhöhe *f* / rising of a vault, pitch, camber ǁ ⌐kabel *n*
(Elektr) / branch o. service cable ǁ ⌐kanal *m*,
Seitenkanal *m* (Hydr) / branch o. junction o. loading
canal, side-cut ǁ ⌐kompaß *m* / common compass ǁ
⌐längenstellhebel *m* (Nähm) / stitch length regulating
lever ǁ ⌐leitung *f*, Blindschwanz *m* (Antenne) / stub ǁ
⌐leitung *f*, Abzweigkabel *n* / stub cable ǁ
⌐leitungsantenne *f* / stub antenna ǁ ⌐leitungsträger *m*
(Wellenleiter) / stub support ǁ ⌐loch, Ofenloch *n*,
Stichöffnung *f* (Hütt) / tap hole, mouth of a furnace,
notch ǁ ⌐lochlehm *m* (Hütt) / tap hole clay ǁ
⌐lochpfropf *m* (Hütt) / clay plug, tap hole plug ǁ
⌐lochschweißen *n* / plug weld ǁ ⌐lochstopfmaschine *f*
(Hütt) / blast furnace gun, clay o. mud o. notch gun, tap
hole gun, tap hole pugging machine ǁ ⌐lochstopfstange
f (Hütt) / tap bar ǁ ⌐maß *n* / gauge for bore holes ǁ
⌐ofen *m* / tap furnace ǁ ⌐pfropf, Lehmpfropf *m* (Hütt) /
tap hole pug ǁ ⌐platte *f* (Nähm) / needle plate, throat
plate ǁ ⌐probe *f* / sample taken at random, off-hand
sample ǁ ⌐probe *f* (Erz) / aliquot part ǁ ⌐probe *f* (Chem)
/ random sampling ǁ ⌐probe [an Ort und Stelle] *f* / spot
check ǁ ⌐proben machen / sample each batch, random-
test ǁ ⌐probe *f* von mehreren Stellen genommen /
bulk sample
Stichproben·anteil *m* / sampling fraction ǁ ⌐behälter *m* /
sample container ǁ ⌐entnahme *f* / random sampling ǁ
⌐erhebung *f* (Statistik) / sampling ǁ ⌐fehler *m* /
sampling error ǁ ⌐kenngröße *f* (Qual.Pr) / statistic ǁ
⌐kontrolle *f* (beim Lieferanten) / work sampling ǁ
⌐kontrolle *f* (beim Empfänger) / acceptance sampling ǁ
⌐nehmen *n* / random sampling ǁ ⌐plan *m* / sampling
plan ǁ ⌐prüfung, -kontrolle *f* / sampling inspection ǁ
⌐prüfung *f*, -untersuchung *f* (Vorgang) / sampling test ǁ
⌐prüfung *f* mit Überspringen von Losen / skip lot
sampling ǁ ⌐punkt *m* / sample point ǁ ⌐rahmen *m* /
sampling frame ǁ ⌐theorie *f* / theory of random
sampling ǁ ⌐umfang *m* / sampling size ǁ ⌐verfahren *n*
/ sampling
Stich·säge *f* / compass saw [with open handle], pad o.
keyhole saw, piercing saw, sabre saw ǁ feine ⌐säge /

sash saw ǁ ⌐säge auf Stoß / lock saw ǁ ⌐seite *f* (des
Ofens) (Gieß) / ventside (furnace) ǁ ⌐steller *m* (Nähm) /
stitch-length mechanism o. length control, stitch
regulative mechanism o. regulating lever ǁ ⌐stellhebel
m (Nähm) / stitch-regulating lever ǁ ⌐tabelle *f* (Walzw) /
pass sequence ǁ ⌐tag *m* / critical date ǁ ⌐tag *m*,
Fälligkeitstag *m* / due-date, critical date ǁ ⌐torf *m* /
peat sods *pl* ǁ ⌐wähler *m* (Nähm) / stitch-type selector ǁ
⌐wort *n* (Buch) / catchword ǁ ⌐wörter maschinell
suchen (DV) / auto-abstract *v* ǁ ⌐zeit *f* (Walzw) /
manipulation time
sticken / embroider
Stickerei *f* / embroidery
Stick[erei]maschine *f* / embroidering o. embroidery
machine
Stick·fuß *m* (Nähm) / embroidering foot ǁ ⌐garn *n* /
embroidering yarn ǁ ⌐gas *n* (Bergb) / asphyxiating gas
stickig (Luftf) / stifling, suffocating ǁ ~, schlecht (Luft) /
stale
Stick·nadel *f* / embroidery o. lace o. tapestry needle ǁ
⌐oxid *n*, NO$_x$ / nitrogen oxide, oxide of nitrogen, NO$_x$ ǁ
⌐oxydul *n*, Lachgas *n* / dinitrogen monoxide ǁ
⌐rahmen *m* (Nähm) / hoop, tambour ǁ ⌐seide,
Plattseide *f* / slack-silk
Stick-Slip, ruckendes o. Ruck-Gleiten (Masch) / stick-slip
Stickstoff *m*, N / nitrogen, N ǁ ⌐... (2-wertig) / nitrous ǁ
⌐... (3- o. 5-wertig) / nitric ǁ ⌐Äquivalentdruck *m* /
equivalent nitrogen pressure ǁ ⌐bakterien *f pl* /
nitrobacteria *pl* ǁ ⌐bakterium *n* / nitrosobacterium,
nitrous o. nitrite bacterium ǁ ⌐bestimmung *f* / nitrogen
estimation ǁ ⌐brücke *f* / nitrogen bridge ǁ ⌐dioxid *n*,
NO$_2$ / nitrogen dioxide, NO$_2$ ǁ ⌐dünger *m* /
nitrogen[ous] fertilizer o. manure ǁ ⌐düngerfabrik *f* /
ammonium sulphate plant ǁ ~entziehend / denitriding ǁ
⌐-Fabrik *f* / nitrogen fixation works ǁ ~frei / nitrogen-
free, non-nitrogenous ǁ ⌐füllung *f* / nitrogen filling ǁ
~gefüllt (Kabel) / nitrogen filled ǁ ⌐gehalt *m* / nitrogen
content ǁ ~gekühlt (Reaktor) / nitrogen cooled ǁ
⌐gewinnung *f* aus Luft / fixation of atmospheric
nitrogen, nitrogen fixation ǁ ⌐gewinnung *f* nach dem
Kalkstickstoffverfahren / cyanamide process ǁ
⌐gewinnung *f* nach dem Ammoniak- (o. Haber-
Bosch-) Verfahren / Haber [-Bosch] process ǁ ~haltig,
Stickstoff... / azotized, nitrogenous ǁ ~haltig (bei
Verbindungen) / nitrogenated ǁ ~haltige organische
Substanz / protid[e] ǁ ⌐kabel *n* / nitrogen filled cable ǁ
⌐-Kohlenstoff-Kreislauf *m* / carbon cycle, Bethe cycle
ǁ ⌐kreislauf *m* / nitrogen cycle ǁ ⌐laser *m*,
Gaspulslaser *m* / nitrigen laser ǁ ~legiert (Hütt) /
nitrogen alloyed *v* ǁ ⌐leitung *f* / nitrogen pipeline ǁ
⌐mehrer *m pl*, -sammler *m pl* / nitrogen *pl* fixing
bacteria ǁ ⌐monoxid *n*, NO / nitrogen monoxide, nitric
oxide, NO ǁ ⌐oxid *n* / nitrogen oxide ǁ ⌐oxid *n*,
Stickoxydul *n*, Lachgas *n* / dinitrogen monoxide,
laughing gas ǁ ⌐(V)-Oxid *n*, Stickstoffpentoxid *n* /
nitrogen(V) oxide, N$_2$O$_5$ ǁ ⌐(IV)-oxid *n*, -dioxid *n* /
nitrogen(IV) oxide o. tetroxide, N$_2$O$_4$ ǁ ⌐pentoxid,
Salpetersäureanhydrid *n* / nitrogen pentoxide, nitric
anhydride ǁ ⌐peroxid *n* / nitrogen peroxide ǁ ~reich /
highly nitrogenous ǁ ⌐säuren *f pl* / nitric acids *pl* ǁ
⌐trichlorid / nitrogen trichloride ǁ ⌐trioxid,
Salpetrigsäureanhydrid *n* / nitrous anhydride, nitrogen
trioxide ǁ ⌐wasserstoffsäure *f*, Azoimid *n* / hydrazoic
acid, azoimide, nitrogen trihydride
Stick·wetter *n pl* (Bergb) / black o. choke o. after-damp ǁ
⌐wetterprüfer *m* (Bergb) / antimephitic respirator
stieben, umherfliegen / fly about [like dust], be scattered
Stiefel *m* / boot ǁ ⌐, Haube *f* (Glas) / potette, boot, hood ǁ
⌐schaft *m* (Schuh) / closed uppers *pl*, leg of a boot ǁ
⌐schaft *m* (Hütt, Fehler) / bootleg, boxhat ǁ ⌐walzwerk
n (Walzw) / Stiefel type disk piercer ǁ ⌐wanne *f* (Glas) /
boot tank
Stiel, Griff *m* / butt, handle, stock ǁ ⌐, Heft *n* (Werkz) /
helve ǁ ⌐ (z.B. Besen) / stick ǁ ⌐ *m* (Luftf) / strut ǁ ⌐,

Pflanzenstiel m / stem, stalk || ~, Pfosten m (Bau, Masch, Schiff) / stanchion, standard, stay, post || ~, Ständer m (Bau) / stud, standard, prop, [side] post, pillar, support || ~ (für Messer an Pflügen) / leg of plough knives || ~ (eines Trichters) (Chem) / stem of a funnel || ~ **der Weintraube** / stalk of the grape || ~ **eines Modells** / sting of a model || ~**antenne** f (Wellenleiter) / polyrod antenna || ~**durchschlag** m (Schm) / helved punch o. drift || ~**eiche** f, Sommereiche f / European o. English oak, pedunculate oak, English brown oak (US)
stielen, Stiele ansetzen / helve vt, handle, put handles
Stiel·faser f (Textil) / stalk fiber || ~**fäule** f des Weins (verursacht von Botrytis cinerea) / gray mould of vine, botrytis disease || ~**[feil]kloben** m / tail vice with handle || ~**gang,** Schlotgang m (Geol) / neck || ~**hammer,** -schrot m (Schm) / chop hammer || ~**hammer** (ein Maschinenhammer) / helve hammer (a power hammer) || ~**loch,** Helmloch n / ear o. eye of the hammer || ~**-Löffelbagger** m (Bau) / push shovel || ~**pfanne** f (Hütt) / hand shank || ~**pfanne** f (Küche) / frying pan [with long handle] || ~**schrot,** Schrothammer m (Schm) / spalling hammer || ~**staubsauger** m, Handstaubsauger m / upright vacuum cleaner || ~**- und Kerntrenner** m, Kerntrenner m / stalk separator
Stift m / pin, peg || ~, Drahtstift m / brad || ~, Blei-, Farbstift m / (Plast) / pin || ~ (Plast) / pin || ~, Vorsteckstift m / key-bolt || 14-~ **Dual-in-Line Gehäuse** (Halbl) / 14-pin dual-in-line package, 14-pin dip package || ~**bolzen** m, -schraube f / stud bolt || ~**draht** m (Glaser) / pin wire
Stiften·abhebung f (Gieß) / pinlifting || ~**anker** m (Uhr) / pin pallet fork, pin lever fork || ~**[anker]hemmung** f / pin pallet escapement || ~**[anker]hemmung Typ Roskopf** f / pin pallet escapement Roskopf type || ~**dreschmaschine** f (Landw) / peg drum thresher, pin thresher || ~**feile** f / pillar file || ~**korbschleuder** f (Gieß) / spike disintegrator
Stifte·steckbrett n, Stöpselfeld n / pinboard
Stift·gatter n (Textil) / pin type creel || ~**kabelschuh** m / pin-type cable socket || ~**korbmühle** f / squirrel cage mill || ~**lagerung** f / pin support o. suspension || ~**loch** n (Masch) / pinhole || ~**lochbohrer** m / taper pin hole drill || ~**loser Kontakt-Sockel** (Elektronik) / side-contact base || ~**mühle** f / pinned disk mill || ~**nietung** f / pin riveting || ~**-Platte-Gleichrichter** m (Elektr) / point-plate-rectifier || ~**plotter** m / pen plotter || ~**rohrmühle** f / pin tube mill || ~**schlitten,** Stopschlitten m (Buch.m) / pin carriage || ~**schlitz** m / gudgeon slot || ~**schraube** f / gudgeon, stud [bolt], locking screw || ~**schraube** f, Schraubenbolzen m, (auch:) Stehbolzen m / double-end stud || ~**schraube** f für T-Nutenstein / T-nut bolt || ~**schraube** f mit Dehnschaft / waisted stud (DIN 2510) || ~**schraube** f mit Linsenkuppe / oval-point set-screw || ~**schreiber** m / stylus recording instrument || ~**sockel** m (Elektr) / pin base || ~**-Stecker** m (Elektronik) / pin plug || ~**wandler** m (Wellenleiter) / probe transformer || ~**zylinder** m / pin tumbler cylinder
Stigmaria-Boden m / stigmarion bed soil
Stigmasterin n / stigmasterol
stigmatisch (Opt) / [ana]stigmatic
Stigmator m (Opt) / stigmator
Stil m, Bauart, Stilart f / style, architecture, construction, structure
Stilb n (Einheit der Leuchtdichte = 1 cd/cm²), sb (veraltet) (Opt) / stilb
Stilben n / stilbene, trans-α,β-diphenylethylene || ~ / trans-α,β-diphenylethylene || ~**farbstoff** m / stilbene dye || ~**gruppe** f / dibenzyl o. stilbene group
Stilbit m, Desmin m (Min) / stilbite, desmine
Stilelemente n pl / styling pl elements
Stiles-Crawford-Effekt m, Richtungseffekt m (Opt) / Stiles-Crawford effect
Stilist, Designer m / styling man

still, bewegungslos / calm, stagnant, quiescent, motionless || ~, geräuschlos / quiet, still, silent || ~, tot (Wasser) / still || ~, nicht schäumend o. moussierend (Getränk) / still || ~**e Abstimmung** (Elektronik) / silent tuning || ~**e Entladung** (Elektr) / corona, (formerly:) silent discharge || ~**e Zone** (Radio) / skip area o. zone, dead o. silent zone || ~**abstimmungseinrichtung** f / muting device
stillegen s. stillsetzen
Stillegung f (F.Org) / shutdown (US), closure || ~ (Masch) / hibernation || ~, Außerbetriebsetzung f / decommissioning, final shutdown || ~ **nach Störfall** (Nukl) / post-accident decommissioning
Stillegungs·abfall m (Nukl) / decommissioning wastes pl || ~**stufe** f 1 (Nukl) / stage 1 decommissioning
stillgelegtes Salzbergwerk / disused salt mine
stillhalten, festhalten / lock, block [up]
stilliegen, stillstehen / lie still
still·setzen, stillegen / cut out, shut down, lay up, stop || ~**setzung** f zur Wartung / maintenance shutdown || ~**setzungsvorrichtung** f / stop, stopping device
Stillsonschlüssel, Schwede m, Schwedenzange f / pipe wrench (Swedish pattern), Stillson wrench
Stillstand m / standstill || ~, Stopp m / stop, stoppage, dead stop || ~ (Raumf) / stationary point || ~ (Bahn) / immobilization, stabling || ~, Ausfall m (DV) / outage, failure || ~ **von Maschinen** (wegen Defekt) / machine down-time || **kurzer regelmäßiger** ~ / dwell || **zum** ~ **bringen** / stop v
Stillstands·leistungsfaktor m / stop period power factor || ~**melder** m / trouble indicator || ~**periode** f (Filmproj) / stationary period || ~**titration** f / dead stop titration || ~**zeit** f / stop o. rest period || ~**zeit** f (DV) / downtime
stillstehen, stilliegen / be out of action
stillstehend, außer Betrieb (Masch) / idle, out of operation || ~, stagnierend / stagnant || ~, stationär / stationary, fixed || ~**e Luft** / still air
Stillwasser n (Schiff) / slack water
Stilpno·melan m (Min) / stilpnomelane || ~**siderit** m (Min) / stilpnosiderite
Stilwandel m / change of style
Stimmabdruck mittels Stimmenspektrographs m / voice print
stimmen vt / tune, pitch || ~ n, Einstimmen n / tuning || ~ vi, richtig sein / check || ~, aufgehen (Math) / add up || **höher** vt, **[tiefer]** ~ / tune up, [down], raise, [lower] the pitch || ~**spektrograph** m / voice spectrum analyzer, voice spectrograph
Stimmgabel f / tuning fork || ~**frequenz** f / fork frequency || ~**frequenzhaltung,** -frequenzsteuerung f (Elektronik) / tuning fork control || ~**frequenzprüfer** m / tuning fork [frequency] control multivibrator || ~**normal** n / tuning fork standard || ~**oszillator** m / maintained tuning fork, [tuning] fork oscillator || ~**prinzip** n (Uhr) / sonor principle || ~**schwebung** f (Phys) / fork beat || ~**ton-Modulation** f / fork-tone modulation
stimm·hafter Laut / voiced sound || ~**loser Laut** / unvoiced sound || ~**pfeife** f / tuning hammer o. lever || ~**ton,** Kammerton m (USA: 432, ISA: 440 Schwingungen je sek) / concert pitch
Stimulans, Reizmittel n / stimulant
Stimulation f (Pflanzenzucht) / stimulation || ~ (Vakuum) / excitation || ~**s...** (Vakuum) / excited
stimulieren / stimulate, animate
stimulierend, anreizend / stimulant
stimuliert (Emission) / stimulated || ~**e o. erzwungene Emission** (Laser) / stimulated emission
Stimulus m, Reiz m / stimulus
Stinkbrand m (Landw) / bunt, tilletia tritici, stinking smut of wheat
stinken / stink vi
Stink·fluß[spat] m / bituminous fluorite, fetid fluorspar || ~**kalk,** -schiefer, -stein m (Geol) / stinkstone, swinestone, bituminous limestone || ~**kohle** f / fetid coal

|| ~mergel m / fetid marl, bituminous marl || ~schiefer m / fetid shale
Stippen pl, Stippigkeit f (Textil, Fehler) / pinholes pl || ~bildung f (Hütt) / stippling || ~bildung f (Beschichtung) / pinholing
Stippigkeit f (Fruchtkrankheit) / bitter pit || ~, Stippen f pl (Färb) / skitteriness
Stirling·kessel, Dreitrommelsteilrohrkessel m / Stirling boiler || ~maschine f (Mot) / Stirling [cycle] engine
Stirn f, Vorderfläche f / front || ~..., stirnseitig / frontal || ~ eines Durchlasses, Haupt n / end o. head of a culvert || ~abschreckversuch m (Hütt) / end quench test, Jominy test || ~ansicht f / front view || ~band n (Bergb) / frontal conveyor || ~blatt n für Papierrollen / header for paper reels || ~brenner m (Hütt) / end burner || ~bügel m eines Plattformwagens / end frame of a flat car || ~eingriffswinkel m (Stirnrad) / real pressure angle || ~eingriffswinkel m (Kegelrad) / transverse pressure angle || ~elektrode f (Zündkerze) / front electrode
Stirnen n (Wzm) / spot facing
Stirn·fläche f, Haupt n (Stein) / fore-part, face of a stone || ~flächen fräsen / spot-face v || ~fluß m / face ring flux, end face flux || ~fräsen n / front milling || ~fräser m / face mill[ing cutter], face cutter || ~kante, Lastkante f (des Luftschraubenblattes) / leading edge of the airscrew [blade], entering edge || ~kehlnaht f (Schweiß) / fillet in normal shear || ~kipper m (Bahn) / end dump wagon o. car, end tip wagon o. tipper || ~kipper m, Frontkipper m (Kfz) / front dump [truck] o. dumper || ~kollektor m, Scheibenkommutator m (Elektr) / disk o. radial commutator || ~kühler m / front radiator || ~kurbel f / outside o. overhung crank || ~lager n / end journal bearing || ~lastverteilungsfaktor m (Zahnrad) / transverse load distribution factor || ~leiste f (Kiste) / end batten || ~leiste, Nasenleiste f (Luftf) / leading edge stringer strip || ~leuchte f (Bergb) / headlamp, -light || ~lochschlüssel m (Werkz) / face spanner || ~lochschlüssel m einstellbar / adjustable pin type face wrench || ~lochschlüssel m fest / pin type face wrench || ~mauer f / face wall || ~modul m (Stirnrad) / real module || ~modul m (Schrägverzahnung) / transverse module || ~naht f / edge weld || ~planradpaar n / contrate gear pair || ~profil n (Zahnrad) / transverse profile, back cone tooth profile || ~profilwinkel m (Getriebe) / transverse pressure angle at a point || ~rad n (Masch) / spur[-toothed] wheel, cylinder gear || ~rad n (Kfz) / spur pinion || ~rad-Ausgleichgetriebe n / straight differential || ~rädergetriebe, -radgetriebe, -rädervorgelege n / spur gear || ~räderwechselgetriebe n / change spur gear || ~radgetriebemotor m / spur wheel back-geared motor || ~radpaar n / cylindrical gear pair || ~radschneckengetriebe n / contrate worm gear [mechanism] || ~riß m (Holz) / end shake and check || ~schneidenfreiwinkel m (Einschneidenwerkz) / front clearance angle || ~schneider m (Werkz) / transverse end cutting plier || im ~schnitt (Schrägstirnrad) / transverse || ~[seite], Front f / face, front || ~seite, Außenseite f (Mauer) / surface of a wall || ~seite f (Schleifscheibe) / grinding face || ~seitenabbrand m (Raumf) / end burning || ~seitig / on the face || ~seitige räumliche Steuerkurve / end cam || ~senken n / spot o. end facing || ~senker m / end-mill reamer || ~senker (mit Morsekegel für Lehrenbohrwerke) / counterbore || ~stoß m (Schweiß) / flanged edge joint, front joint || ~streuung f (Elektr, Masch) / end leakage || ~teilung f (Stirnrad) / real pitch, normal pitch || ~teilung f (Schrägrad) / transverse pitch || ~trieb m, Geradstirn-Ritzel n / spur pinion || ~verbindung f (Elektr, Maschine) / end winding || Hirthsche ~verzahnung f / serration
Stirnwand f (Bahn) / end of a car, end wall || ~, -mauer f (Bau) / front o. face wall || ~ (Kfz) / scuttle, dash cowl, dashboard || ~ (Güterwagen) / end wall of a car || ~

(Container) / end wall || ~, Kopfwand f (Hütt) / end wall || ~ (Ofen) / gable || ~ (aufklappbar) (Container) / end door || umlegbare o. abklappbare o. aushebbare ~ (Bahn) / drop end || ~oberrahmen m (Bahn) / end rail o. sill || ~säule f (Bahn) / end post o. pillar || ~strebe f (Bahn) / end-body brace o. diagonal || ~tür f (Bahn) / end door
Stirn·widerstand m / drag, head resistance (coll) || ~zahn m (Fräser) / radial tooth || ~zahndicke f (Zahnrad) / transverse spacewidth || ~zapfen, Schildzapfen m / trunnion || ~zugversuch m (Kleber) / traction-adhesive strength test
Stirrholz n (Chem) / wooden stirrer o. paddle
stochastisch, zufällig (DV) / stochastic, random || ~e Kurvenermittlung (Analogrechner) / curve fitting || ~es Verfahren / stochastic o. random process
Stoch[er]eisen n / poker
stochern, das Feuer anschüren / poke v || ~ (Beton) / rodding
Stöchio·metrie f (Chem) / stoichiometry || ~metrisch (Chem) / stoichiometric
Stock m, Baumstamm m / stem, stock o. trunk of a tree || ~, Stecken m / stick || ~, Wurzelstock m / rootstock || ~, Rohrstock m / cane, reed || ~, Stockwerk n (Bau) / stor[e]y || ~, Kloben m / log || ~ (Geol) / mass, massif, stock || erster ~ (Bau) / second floor (US), first floor (GB) || im zweiten ~ gelegen / on third floor (US), three-pair (GB) || kleiner ~ / small stick || ~älchen n / stem o. bulb eelworm || ~anker m (Schiff) / common anchor || ~eisen n (Steinmetz) / serrated pick, pitching tool, drag, drove
Stöckel m (Amboß) / anvil inset stake
stocken, aufhören / stop vi, cease, come to a stop, end || ~, langsamer werden / decelerate vi || ~ (Verkehr) / stop vi || ~, kröneln (Steinmetz) / kernel vt || ~, schimmeln, modern / turn mo[u]ldy o. fusty o. musty, mo[u]ld || ~ n, plötzliches Anhalten (Masch) / deadlock, full stop || ~ (Öl) / solidification
Stock·ende f (Baum) / butt end || ~fäule f / rotting of the trunk || ~fleck m / spot of mildew o. mould, damp-stain || ~flecken m (Pap) / fox mark, mo[u]ld stain || ~fleckig, moderfleckig (Pap) / foxy, foxed, spotty o. stained by damp o. mould || ~fleckig werden (o. machen) (Pap) / fox v || ~getriebe n, Laterne f (Masch) / lantern || ~hammer (Bau) / granulating o. granulated hammer, bush hammer
Stockholmer Wellenplan m (Elektronik) / Stockholm plan
Stockholz n / stock o. stump wood
stockig, brandig, angestockt (Holz, Getreide) / fusty, rotten, beginning to decay
Stock·lack m / sticklac || ~leiter f / peg ladder || ~methode f im Schiffbau / spiling || ~punkt m (Öl) / solidification o. setting point || ~punkt m (Paraffin) / sticking point o. limit || ~punkt m (Mineralöl) / pour-point || ~punkterniedriger m (Mineralöl) / pour-point depressor || ~schere f, Bankschere f / bench shears pl || ~schiene f (Weiche) / rigid o. stock rail || ~thermometer n / straight enclosed-scale thermometer
Stockung f / interruption, stoppage || ~, Stauung f (Fernm, Verkehr) / jam, blocking || ~ (Hydr) / obstruction
Stockwerk n, Stock m, Geschoß n (Bau) / storey (GB), story (US), floor || ~ (Förderkorb) / deck || ~, Erzstock m (Geol) / stockwork || ~bau n (Bergb) / working of large masses in stages o. by the mass, shrinkage stope, stockwork (US) || ~rahmen m (Stahlbau) / multistory frame, multistage frame || ~rost m, Etagenrost m / [multi]stage grate || ~schalter m (Aufzug) / landing switch, floor switch
Stockwerks·grundriß m (Bau) / floor plan || ~höhe f (Bau) / height between floors || ~leitung f / floor distributer || ~podest n / stairs head, landing || ~wohnung f (Bau) / flat
Stockwerk·zwirnmaschine f / uptwister, multiple twisting machine, twisting machine with several tiers

Stock·zahn, M-Zahn m (Säge) / M-tooth ‖ ⌐zähne m pl (Säge) / clustered teeth, interrupted hook teeth, M-teeth ‖ ⌐zange f, Schmiedezange f / blacksmith's tongs ‖ ⌐zwinge f / stick ferrule
Stoddardsolvent n (Öl) / Stoddard solvent (US)
Stoff m, Materie f (Phys) / substance ‖ ⌐ (Chem) / medium ‖ ⌐, Grundstoff m / matter, stuff, raw material ‖ ⌐, Material n / stuff, material ‖ ⌐ (gewebt, gewirkt, aus Fasern o. Haaren jeder Art, aus Filz) (Textil) / cloth ‖ ⌐, Zeug n (Textil) / fabric ‖ ⌐, Wollstoff m (Web) / stuff ‖ ⌐ (Pap) / stuff, pulp, stock ‖ ⌐, Inhalt m / subject matter ‖ ⌐e bedrucken (Textil) / impress, imprint ‖ ⌐ normaler Elastizität / elastic medium ‖ mit ⌐ umwickeln (o. einwickeln o. beziehen) / clothe ‖ ⌐-Abflußnute f (Plast) / spew groove o. relief ‖ ⌐anhäufung f (Gieß) / material accumulation ‖ ⌐aufbereitung f (Pap) / stock preparation ‖ ⌐auflauf[kasten] m (Pap) / headbox, breastbox ‖ ⌐auflöser m (Pap) / shredder ‖ ⌐auflösung f im Hydrapulper (Pap) / hydrapulping ‖ ⌐aufroller m (Web) / cloth roll-up ‖ ⌐ausbreiter m / cloth expander ‖ ⌐austausch m (Nukl) / mass transfer ‖ ⌐bahn f / web o. length of fabric ‖ ⌐ballen m / fabric roll o. bolt ‖ ⌐batzen m, Klumpen m (Pap) / lump, cluster ‖ ⌐bespannung f / fabric covering ‖ ⌐bilanz f / materials balance ‖ ⌐bindungen f pl (Web) / weaves pl, textures pl ‖ ⌐brei m (Pap) / stock slurry ‖ ⌐breithalter m (Textil) / fabric expander [roll], cloth spreader ‖ ⌐bütte f, -kufe f (Pap) / pulp vat ‖ ⌐dichte f (Plast) / apparent density ‖ ⌐dichte f (in Prozent) (Pap) / consistency ‖ ⌐dichte f (Web) / compactness o. density of fabric ‖ ⌐dichteregler m (Pap) / consistency regulator ‖ ⌐druck m (Textil) / cloth o. fabric o. textile printing ‖ ⌐druck m, Blockdruck m (Textil) / block printing, printing from plates ‖ ⌐[drücker]fuß (gelenkig), Nähfuß m (Nähm) / hinged press[ure] foot ‖ ⌐drückerfuß m (fest) (Nähm) / pressure foot ‖ ⌐drückerstange m (Nähm) / pressure bar ‖ ⌐druckmuster n (Textil) / printed fabric pattern ‖ ⌐durchgangszahl f (bezogen auf einen von zwei Stoffen) (Chem) / overall coefficient ‖ ⌐durchlässigkeit f (Pap) / freeness ‖ ⌐einsatz m (Textil) / inset ‖ ⌐einteilung f / classification of matter ‖ ⌐eintrag m (Pap) / furnish ‖ ⌐-Fänger m, Stoffänger m (Pap) / pulp catcher o. saver, save-all, catch-all ‖ ⌐-Fänger-Ausbeute f / save-all recovery ‖ ⌐fluß m / flow of material ‖ ⌐flußbild, Fließschema n / flow sheet ‖ ⌐geleimt (Pap) / stock-sized ‖ ⌐gesetz n / mass law ‖ ⌐handel m / drapery (GB)
Stoffilter m n / fabric o. cloth filter
Stoff·kasten m (Pap) / stuff chest ‖ ⌐kasten m, Maschinenbütte f (Pap) / machine chest ‖ ⌐kette f (Chem) / material chain ‖ ⌐konstante f / material constant ‖ ⌐kunde f / materials science ‖ ⌐lagen f pl / cloth spread ‖ ⌐länge f / piece o. length of fabric ‖ ⌐legemaschine f / cloth folder ‖ ⌐lich, materiell / material ‖ ⌐los, immateriell / immaterial ‖ ⌐löser, Zerfaserer m (Pap) / pulper ‖ ⌐mangel m [im Block] (Hütt) / underfilling ‖ ⌐mengenanteil m X (früher: Molprozent) / amount of substance ‖ ⌐mengendurchfluß m, molarer Durchfluß / molar flow rate ‖ [Kegel]⌐mühle f, Jordanmühle f (Pap) / Jordan machine o. refiner ‖ ⌐mühle f, Holländer m (Pap) / beater, beating o. hollander engine ‖ ⌐mühle f für Hadern, Bleich-Holländer m (Pap) / rag engine ‖ ⌐norm f / material standard ‖ ⌐nummer f (Norm) / material number ‖ ⌐paar n (Reibung) / combination of materials ‖ ⌐portion f (DIN 32629) / portion of substance ‖ ⌐pumpe f (Pap) / pulp pump ‖ ⌐rahmen m (des Filters) / filter frame o. disk ‖ ⌐rauher m / raiser ‖ ⌐rest m (Textil) / remnant, fent, end of fabric ‖ ⌐schauer m (Textil) / percher ‖ ⌐schieber m, Transporteur m (Nähm) / feeder [with saw teeth], feed [dog] ‖ ⌐schieber m (Pap) / knife gate valve ‖ ⌐schutz m (Patent) / chemical product protection ‖ ⌐streifen (o. Farbstreifen) (Webfehler) / list (defect) ‖ ⌐suspension

f, -brei m / pulp slurry ‖ ⌐teilchen n / particle of matter ‖ ⌐trennung f, -übergang m (Chem) / mass transfer ‖ ⌐übergangszahl f / mass-transfer coefficient ‖ ⌐überschuß m / excess of material ‖ ⌐überschuß [im Block] / overfiling ‖ ⌐übertragung f von Tropfen / solute transfer ‖ ⌐verbindung f (Patent) / composition of matter (US) ‖ ⌐verteiler m (Pap) / approach flow system ‖ ⌐wärme f, spezifische Wärme (Phys) / specific heat, sp. ht. ‖ ⌐wechsel m / metabolism ‖ ⌐wechselprodukt n / metabolic product, metabolite, product of metabolism, of assimilation ‖ ⌐wert m / physical characteristic ‖ ⌐zentrale f (Pap) / proportioning system ‖ ⌐zusammensetzung f (Pap) / composition of paper
Stoker m, automatische Rostbeschickungsanlage / underfeed stoker
Stokes n, St (Einheit d.kinem.Viskos) / stokes ‖ ⌐sche [Fluoreszenz-]Regel f (Phys) / Stokes' rule ‖ ⌐scher Integralsatz / Stokes' theorem ‖ ⌐sches Reibungsgesetz, Stokessche Formel / Stokes' law
Stol·flugplatz m / stolport ‖ ⌐flugzeug, Kurzstartflugzeug n / short take-off and landing plane, STOL plane
stollen (Leder) / stake (leather)
stollen (Hufe) / stud, cleat
Stollen m (Bergb) / day drift, gallery dip road, foot rill (GB), tunnel (US) ‖ ⌐, Stollensohle f (Bergb) / gallery o. working level ‖ ⌐, Spannute f (Gewindebohrer) / flute of the tap ‖ ⌐ (Reifen, Schuh) / cleat, stud, lug ‖ ⌐ (Reifen) / tread bar o. lug, cleat ‖ ⌐, Greifer m (auf dem Kettenglied) (Traktor) / grouser [bar] ‖ ⌐ des Abwälzfräsers / hob tooth ‖ aufsteigender (o. streichender) ⌐ (Bergb) / headway ‖ ⌐arbeit f, -trieb m (Bergb) / gallery driving o. work ‖ ⌐ausbau m / drift timbering ‖ ⌐bagger m (Bergb) / tunnel dredger ‖ ⌐bau m (Methode) / mining by galleries, tunnelling (US) ‖ ⌐bau, -trieb m, -arbeit f (Bergb) / gallery driving o. work ‖ ⌐durchschlag m / holing through of the tunnel ‖ ⌐durchschlag m mit Richtstollen / meeting of the advance heading ‖ ⌐ende n (Bergb) / head of a gallery ‖ ⌐firste f (Bergb) / head of an adit ‖ ⌐gestänge n (Bergb) / rails in the gallery pl ‖ ⌐holz, Grubenholz n / mine props pl ‖ ⌐mund m, -mundloch n (Bergb) / adit entrance o. mouth, gallery mouth, portal (US) ‖ ⌐ort n (Bergb) / end of a gallery ‖ ⌐profil n (Kfz, Reifen) / cleat profile, lug tread ‖ ⌐reifen m / cleated tire ‖ ⌐schacht m (Bergb) / adit o. aperture of a gallery ‖ ⌐sohle f (Bergb) / adit o. tunnel level ‖ ⌐strecke f (Bergb) / drift driven from a shaft ‖ ⌐zimmerung f (Bergb) / timber of a gallery
stollig (Reifen) / studded
Stoll·maschine f (Gerb) / staking machine ‖ ⌐pfahl m (Leder) / stake ‖ ⌐zinn, Ballenzinn n / rolled tin
Stolzit m (Min) / stolzite
Stop m s. auch Stopp ‖ ⌐ (Buch.m) / stop ‖ ~ ! (Verkehrszeichen) / stop ! ‖ ⌐bit n (DV) / stop bit
Stopf·arm m, Freiarm m (Nähm) / free arm ‖ ⌐bit n (DV) / stuffing bit ‖ ⌐büchsdampf m / gland steam ‖ ⌐büchse f / packing o. stuffing box
Stopfbüchse f (Ölbohrg) / stuffing box ‖ ⌐ (für Wellen, Kolbenstangen usw) / gland ‖ ⌐ (für Leitungseinführung) (Elektr) / conduit gland ‖ ⌐ für Dampfrohre / gland and stuffing box for steam pipes ‖ beweglicher und fester Teil der ⌐ / gland and collar bush
Stopfbüchsen·deckel m, -brille, -muffe f / packing o. stuffing box lid o. gland ‖ ⌐deckel m (Dampfm) / rod collar gland ‖ ⌐flansch m / gland flange ‖ ⌐kabeleinführung f (Elektr) / cable stuffing box ‖ ⌐muffen-Verbindung f (DIN 28502) / bolted-gland joint
Stopfbuchsenmutter f / gland nut
Stopfbüchsen·oberteil m (Ventil) / gland of stuffing box ‖ ⌐packung f, -einsatz m / packing of the stuffing box ‖ ⌐schott n (Schiff) / stern tube bulkhead ‖ ⌐schraube f /

Stopfbüchsen

gland o. packing bolt ‖ ~zieher m (Masch) / packing worm
stopfbuchslos / glandless
Stopfdichte f (Plast) / apparent density
stopfen, absperren / halt v, stop, close ‖ ~, voll-, ausstopfen / stuff v, pad, fill up ‖ ~ (Schn) / darn v ‖ ~ n (Bgb) / stuffing, filling ‖ ~ der Schwellen (Bahn) / packing o. tamping of sleepers ‖ ein Leck ~ / stop a leak ‖ ein Loch ~ / fill a hole ‖ Polster ~ / stuff vt, pad, upholster ‖ [Schwellen] ~ (Bahn) / pack, tamp, pun (GB)
Stopfen m / stopper [end] ‖ ~ (Ofen) / stopper end ‖ ~ (Bad) / plug ‖ ~, Stöpsel m / stopple, stopper, plug ‖ ~, GAZ-P-Stück n (Rohr) / plug ‖ ~ (Hütt) / bot[t], botter, clay plug ‖ ~ der Kernschießmaschine / plug of the horizontal core shooter ‖ ~läufer m (Hütt) / running stopper ‖ ~pfanne f (Hütt) / bottom-pour ladle, bottom-tap ladle, stopper ladle ‖ ~regelung f (Hütt) / stopper control ‖ ~stange f (Hütt) / stopper o. tapping o. botter rod ‖ ~stangenrohr n (Hütt) / stopper rod brick, sleeve brick, rod cover ‖ ~verschluß m (Gieß) / stopper rod ‖ ~walzwerk n, -walzstraße f / automatic o. plug mill
Stopf·fuß m (Nähm) / darning foot ‖ ~garn n / darning yarn ‖ ~hacke f, -spitzhacke f (Bahn) / beater o. packing o. tamping pick ‖ ~maschine f (Hütt) / plugging machine ‖ ~maschine f (Bahn) / tamping machine ‖ ~material für Schießlöcher (Bergb) / stemming [material] ‖ ~nadel f / darning needle ‖ ~nivelliermaschine f (Bahn) / tamping and levelling machine ‖ automatische ~-Nivelliermaschine / automatic tamping-levelling machine ‖ ~platte f (Nähm) / cover plate for darning ‖ ~stange f (Bahn) / packing rod ‖ ~- und Stickfuß m (Nähm) / darning and embroidery foot ‖ ~versatz m / tamping ‖ ~werg n / oakum
Stopp m, Stillstand m / stop, stoppage ‖ ~ Belegzufuhr (DV) / disengage instruction ‖ ~anweisung f (DV) / stop statement ‖ ~anzeige f (DV) / no-go flag ‖ ~bad n (Phot) / stop bath ‖ ~bahn f (Flugplatz) / stopway ‖ ~bahnfeuer n (Luftf) / stopway light ‖ ~befehl m (DV) / stop instruction ‖ [bedingter] ~befehl (DV) / break point instruction ‖ ~bit n / stop bit
Stoppe f, Knoten m, Batzen m (Pap) / fiber knot
Stoppel·endenglätter m (Landw) / butt adjuster ‖ ~grubber m (Landw) / stubble cleaner o. cultivator ‖ ~pflug, Schollenwender m (Landw) / stubble plough ‖ ~rechen m (Landw) / stubble rake ‖ ~rübe f, Wasserrübe f (Landw) / turnip ‖ ~rübenernter m / turnip harvester o. puller ‖ ~saat f (Landw) / stubble drilling ‖ ~schälen n, -stürzen n / stubble plowing
stoppen, haltmachen / stop vi, come to a stop ‖ ~ vt, anhalten vt / stop vt, arrest, check, halt ‖ ~ (Gärung) / stop fermentation v ‖ ~, die Zeit nehmen / take the time ‖ ~ (Programm) / stop dead vi ‖ ~, Einfangen n (Halbl) / trapping ‖ ~ n (Gärung) / stopping ‖ die Ankerketten ~ / clinch the anchor chain
Stopper m, Kettenstopper m (Schiff) / cable stopper ‖ ~ (für Ablaufschlitten) (Schiff) / stopper, block ‖ ~ (Anstrich) / stopper, stopping
Stopp·lack m (gedr.Schaltg) / solder resist ‖ ~moden-Schnittstelle f (Fernm) / stop mode interface ‖ ~signal n / halt signal ‖ ~stelle f (Hängebahn) / stop station ‖ ~straße f / stop street ‖ ~strecke f (Schiff) / stopway ‖ ~trick n (Film) / freeze-effect ‖ ~uhr f / stop-watch, timer ‖ ~uhr mit 1/10 000-Stundenteilung f (F.Org) / decimal hour stop watch ‖ ~uhr mit Haupt- und Schleppzeiger / split-seconds chronograph ‖ ~uhr mit 1/100-Minuten-Teilung f (F.Org) / decimal minute stop watch ‖ ~vorrichtung f / stopping device ‖ ~weg m (Magn.Bd) / stop distance ‖ ~zustand m / stopped state
Stopschlitten, Stiftschlitten m (Buch.m) / pin carriage
Stöpsel m, Stopfen m / stopple, stopper ‖ ~, Stecker m (Elektr) / plug ‖ ~ (aus Holz o. Metall) / plug, peg ‖ ~...

(Fernm) / plug-in... ‖ ~ ohne Anschlußschnur (Fernm) / peg ‖ ~ausschalter, -umschalter m (Elektr) / jack o. plug cut-out o. switch ‖ ~feld n (Fernm) / cross-connection field, jumper field ‖ ~flasche f (Chem) / stoppered bottle ‖ ~kondensator m / plug capacitor ‖ ~kontakt m / plug contact ‖ ~meßbrücke f / plug type measuring bridge
stöpseln (Fernm) / plug vi
Stöpsel·rheostat m / plug rheostat ‖ ~schalter m / plug switch ‖ ~schnur f (Fernm) / plug cord, jumper [cable] ‖ ~sicherung f / plug fuse ‖ ~umschalter, -ausschalter m (Elektr) / plug o. plug cut-out o. switch ‖ ~umschalter m mit Kontaktfeder (Fernm) / spring jack cut-out ‖ ~widerstand, -rheostat m (Elektr) / resistance box, plug rheostat
Stopzylinderpresse f (Buch) / stop cylinder press
Stör·ablaufanalyse f / incident sequence analysis ‖ ~ablaufdiagramm n / event tree ‖ ~abstand m (in dB) (Elektronik) / signal-to-background ratio, signal-to-noise ratio, snr ‖ ~abstand m (Fernm) / noise o. signal/noise o. speech/noise ratio ‖ ~abweichung f (Netzteil) / output effect ‖ ~amplitudenmodulation f / incidental amplitude modulation ‖ ~analysator m / incidentals analyzer ‖ ~anfällig (Elektronik) / interference-prone ‖ ~anfälligkeit f (Masch) / susceptance to trouble o. failure, fault liability ‖ ~anfälligkeit f (Elektronik) / interference liability ‖ ~anteil m (Elektronik) / spurious component ‖ ~-Antwort-Rückführung f (Regeln) / disturbance-response feedback ‖ ~austastschaltung f / interference blanker ‖ ~austastung f / interference blanking, noise gating
Storax m / storax, levant storax ‖ ~öl n / storax oil, liquid storax
Stör·begrenzer m, -filter m n / noise limiter o. killer, NL ‖ ~begrenzung f (TV) / noise limitation ‖ ~beseitigung f (Radar) / detector balanced bias ‖ ~bild n, (früher:) Rest-, Geisterbild n / ghost image, residual image ‖ ~block m (Magn.Bd) / noise block
Storchschnabel, Pantograph m (Zeichn) / pantograph, micrograph
Stör·echo n / parasitic echo, spurious echo ‖ ~einfluß m / parasitic induction ‖ ~einrichtung f gegen Bildwirkung (Textil) / pattern breaking mechanisme, ribbon breaker ‖ ~empfang m (Elektronik) / noisy reception ‖ ~empfindlichkeit f / interference susceptibility
stören / trouble, perturb v, durcheinanderbringen / confuse, upset ‖ ~, in Unordnung bringen / put out of order ‖ ~, störend eingreifen / interfere [with...] ‖ ~, (Elektr, Elektronik, Fernm) / disturb, interfere, jam ‖ ~, überlagern (Elektronik) / blanket
störend·e Rückwirkung im Netz / disturbance in the supply system ‖ ~es Seitenband / spurious sideband ‖ ~e Strahlung / interfering radiation ‖ gegenseitiges ~es Berühren / fouling
Störer m, Störquelle f / source of radio noise
Stör·fall m / abnormal occurence, accident ‖ ~fall-Ablauf-Analyse f / incident/sequence analysis ‖ ~fallbedingt / accidental ‖ ~fallzustand m / emergency conditions pl ‖ ~feld n / noise field ‖ ~feld n durch Streuungen / stray field ‖ ~feldabstand m / field-to-noise ratio ‖ ~festigkeit f (Elektronik) / resistance to jamming ‖ ~filter m n, -begrenzer m / noise limiter o. killer, NL ‖ ~flecke m pl (Radar) / clutter ‖ ~frei (Elektronik) / interference-free, clear of strays, free from jamming o. interferences ‖ ~frei (Antenne) / antiparasitic, anti-interference, antistatic ‖ ~freiheit f (Elektronik) / noiselessness ‖ ~frequenzmodulation f / residual frequency modulation ‖ ~gebiet n (Radar) / interference o. nuisance area, mush area (US) ‖ ~geräusch n, Störung f (Fernm) / disturbance ‖ ~geräusche n pl, Störungen f pl (Elektronik) / radio interference, mush (US) ‖ ~geräusche n pl (Akustik) / blur ‖ allgemeine ~geräusche n pl, Störungen f pl /

1016

noises pl, interference, background noise || **alle
ᵗgeräusche** (im Empfänger) / set noise || **bei der
Aufnahme übernommene ᵗgeräusche** / fuzz || **durch
ᵗgeräusche überdeckt** (Fernm) / clouded ||
ᵗgeräuschgenerator m (Elektronik) / IU, interference
unit || **ᵗgewicht** n (Akust) / psophometric weighting
factor || **ᵗgröße** f (Regeln) / disturbance || **ᵗgröße** f
(Fernm) / influence quantity || **ᵗgröße** f (DV) /
disturbance variable || **ᵗgrößenaufschaltung** f (Regeln) /
disturbance [variable] feedforward, disturbance variable
compensation || **ᵗimpuls** m (Elektronik) / interfering
impulse, noise pulse, glitch (coll) ||
ᵗimpulsbeseitigung f (DV) / deglitching (coll) ||
ᵗinverter m (TV) / interference inverter || **ᵗklappe** f,
Spoiler m (Luftf) / spoiler || **ᵗlicht** n / flare, stray light ||
ᵗlichtblende f / stray light shield || **ᵗlückentechnik** f
(Mil) / look-through || **ᵗmasse** f / parasitic mass ||
ᵗmeldung f (DV) / fault message
Störmer-Einheit f / Störmer unit
Stör·meßplatz m (Fernm) / radio interference test assembly
|| **ᵗmoden-Schwingung** f / spurious-mode oscillation ||
ᵗmodulation f / spurious modulation || **ᵗmomente** n pl
aus der Weltraumumgebung (Raumf) / environmental
torques pl || **ᵗmuster** n (TV) / interference pattern
Stornierhebel, Fehlerabstellhebel m (Buch.m) / error-and-
repeat lever, correction lever, reverse entry key o. lever
Stör·pegel m (Akustik) / loudness level || **ᵗpegel**, -spiegel
m (Elektronik) / interference o. noise level || **ᵗpegel** m im
Schwarz (TV) / noisy blacks pl || **ᵗpegel** m im
Sprachfrequenzbereich (600-1200, 1600-2400, 2400-
4800 Hz) (Fernm) / speech interference level, SIL ||
ᵗquelle f / source of interference || **ᵗreflex** m (Radar) /
stray reflection || **ᵗresonanzen** f pl (Quarz) / unwanted
responses pl || **ᵗringe** m pl (Radar) / ring arounds pl ||
ᵗsatellit m / interference satellite || **ᵗschall** m
(Elektronik) / noise || **ᵗschicht** f (Radio) / blanketing layer
|| **ᵗschutz** m (Elektronik) / interference protection, noise
suppression || **ᵗschutz**, Entstörer m / radioshielding
unit, noise suppressor || **ᵗschutz...** / antiparasitic,
-interference || **ᵗschutzdrossel** f / suppressor choke ||
ᵗschutzfilter n (Elektronik) / interference filter o.
eliminator o. trap, noise filter || **ᵗschutzschaltung** f /
interference rejection circuit || **ᵗschutzstecker** m (Kfz) /
radioshielding plug || **ᵗschwingung** f / parasitic o.
spurious oscillation || **ᵗschwingungen** f pl **am Ausgang**
(Elektronik) / spurious output || **ᵗsender** m, -gerät n (Mil)
/ jammer, [radio] jamming transmitter || **ᵗsicherheit** f /
immunity to interfering || **ᵗsignal** n / interfering o.
disturbing signal, unwanted signal || **ᵗsignal**, Drop-in n
(Magn.Bd) / drop-in || **ᵗsignal** n (Masch, Elektr) / trouble
signal || **vom Rechner akzeptiertes ᵗsignal** (z.B. aus
der Übertragungsleitung) (DV, Fernm) / hit || **ᵗsignale** n
pl (Radar) / hash || **ᵗsimulator** m / interference
simulator || **ᵗspannung** f / interference o. noise voltage
o. potential || **ᵗspannungsabstand** m / signal-to-noise
voltage ratio || **ᵗspannungs-Unterdrückung** f
(Elektronik) / noise voltage rejection ||
ᵗspannungs-Verhalten n / signal-to-noise
characteristic || **ᵗsperre** f (TV) / interference trap ||
ᵗspitze f (Elektronik) / interference peak || **ᵗspitze** f (auf
Impulsen) / pulse spike || **ᵗstelle** f, Lockerungsstelle f
(Krist) / center of disturbance, loose place || **ᵗstelle** f
(Halbl) / impurity, imperfection || **ᵗstelle**, Fangstelle f
(Halbl) / deathnium centre o. trap || **ᵗstelle** f (Wellenleiter)
/ irregularity || **ᵗstelle** f (Atom) / lattice imperfection o.
dislocation o. defect || **ᵗstelle** f (Nukl) / impurity ||
ᵗstellenhalbleiter m / extrinsic semiconductor ||
ᵗstellenleitung f (Halbl) / extrinsic conduction,
conduction by extrinsic carriers || **ᵗstellensucher** m /
anomaly finder || **ᵗstellenübergang** m (Halbl) / junction
|| **ᵗstrahlung** f / perturbing radiation || **ᵗstreifen** m
(TV) / interference pattern o. stripe || **ᵗstrom** m /
parasitic current || **ᵗstrom-Unanfälligkeit** f (DV) /
computational stability || **ᵗsuchaufgabe** f / trouble-

location problem || **ᵗübergangsfunktion** f **der
Regelstrecke** (Regeln) / recovery curve ||
ᵗunempfindlichkeit f (Elektronik) / interference
immunity
Störung f, Hindernis n (allg) / obstruction, obstacle || ᵗ,
Verwerfung f des Flözes (Bergb) / accident of a seam
|| ᵗ, Rundfunkstörung f / disturbance, interference || ᵗ,
Linien-, Leitungsstörung f (Elektr, Fernm) / line trouble,
fault || ᵗ, Versagen n / glitch, malfunction || ᵗ (Elektr,
Masch) / disorder, disturbance, trouble, malfunction || ᵗ,
Unterbrechung f / interruption || ᵗ, Fehler m / fault || ᵗ,
Belästigung f / annoyance || ᵗ, Panne f / breakdown,
breaking-down, mishap, trouble, failure, accident || ᵗ,
Beunruhigung f / perturbation || ᵗ, unerwünschte
Störanzeige (Radar) / clutter || ᵗen f pl (Fernm) / parasitic
noise || ᵗ f aus dem gleichen Kanal / co-channel
interference || ᵗen f pl aus dem System selbst (DV) /
logic[al] noise || ᵗ f der Arbeit (F.Org) / interruption
(e.g. by faults of personnel) || ᵗ des Flözes (Bergb) /
accident of a seam || ᵗen f pl durch (o. zwischen)
Nachbarwellensendern / interstation interference || ᵗ f
durch nichtsynchrone Antworten (Radar) / fruits pl || ᵗ
durch Starkstromanlagen (Fernm, Elektronik) / power
circuit interference || ᵗ **nach dem Schreibvorgang**
(Magn.Bd) / post-write disturb || ᵗen f pl **von den
Rädern** (o. Bremsen) (Kfz) / wheel static || ᵗ f **von
einem anderen Sender**, "Wellensalat" m (Elektronik) /
jamming || **eine** ᵗ **eingrenzen** / locate a fault || **eine**
ᵗ **suchen** / trace a fault || **geplante** ᵗ, H.F. Störung f
(Mil) / jamming || **infolge technischer** ᵗen / due to
technical trouble o. faults
Störungs·... / disturbing || **ᵗanzeiger** m (DV) /
malfunction indicator || ~**bedingte Brachzeit** (F.Org) /
machine down time || **ᵗbeseitigung** f (Radar) / fault
clearance, trouble-shooting || **ᵗdauer** f / downtime ||
ᵗdienst m (Fernm) / fault clearing service, line fault
service || **ᵗeinkreisung** f / fault tracking-down
procedure || ~**fest** (Elektronik) / immune from
interference || ~**frei** / troublefree || ~**frei** (Elektronik) /
clear of strays, free from jamming o. interferences ||
~**freier Kanal** (Fernm) / clear channel || **ᵗfreiheit** f
(Masch) / freedom from troubles || **ᵗgeräusch** n (Fernm) /
noise || **ᵗmelder** m (Elektr) / fault indicator ||
ᵗ[melde]stelle f (Fernm) / monitor position, trouble
department || **ᵗmethode** f (Akust) / perturbation method
|| **ᵗquelle** f / source of disturbance o. interruption ||
ᵗrauschen n / interference noise || **ᵗsignal** n (Fernm) /
trouble tone || **ᵗsuche**, Fehlersuche f / fault finding ||
ᵗsucher m (Fernm) / faultsman, troubleman, trouble-
shooter || **ᵗtheorie** f (Math) / perturbation theory
calculation || **ᵗtheorie** f (Nukl) / perturbation theory ||
ᵗtrupp m / fault finding gang, trouble shooters pl ||
ᵗüberwachung f / malfunction detection || **ᵗzeichen** n
(TV) / unwanted signal || **ᵗzone** f (Geol) / fault zone
Stör·unterdrücker m (Antenne) / mush killer (coll) ||
ᵗuntergrund m (Ultraschall) / grass || **ᵗverhältnis** n /
disturb ratio || **ᵗwelle** f (Elektronik) / interference wave ||
ᵗwelle f (Nukl) / distorted wave || **ᵗwertaufzeichnung** f
(Hütt) / offnormal record || **ᵗzählungen** f pl (Nukl) /
multiple tube counts pl || **ᵗzeichen** n pl (Radar) / clutter ||
ᵗzielansteuerung f (Flugkörper) / home-on-jam || **ᵗzone**
f (Nukl) / spike || **ᵗzone** f (Elektronik) / interference zone
Stoß m, Aufprall m / concussion || ᵗ, Schlag m / impact,
impact shock || ᵗ, Ruck m / jerk, jolt, bump || ᵗ, Wucht
f / momentum || ᵗ, Schub m / push, stroke, thrust || ᵗ,
Rütteln n / vibration, jerk, jog || ᵗ (vorübergehende
Temperatur- o. Spannungsspitze) / transient || ᵗ,
Luftstoß m / air blast || ᵗ, -öffnung f (Kolbenring) / piston
ring joint || ᵗ (die Angriffsfäche) (Bergb) / bench,
working face, stope face || ᵗ (die seitliche Begrenzung)
(Bergb) / [side]wall || ᵗ, Haufen m / pile, heap || ᵗ
(Zuckerbildung) / seeding || ᵗ (Nukl) / collision || ᵗ **auf
Gehrung** (Zimm) / diagonal joint || ᵗ **erster Ordnung** /
collision of the first kind || ᵗ **Papiere** (o. Briefe usw) /

Stoß

file, bundle ‖ auf ~ arbeitend, Stoß... (Wzm) / push-type ‖ auf ~ gewickelt / wound in abutting relationship ‖ auf den ~ gestellt (Sägezähne) / cutting one way ‖ gerader (o. stumpfer) ~ / butt-joint, flush joint, flushing ‖ gerader ~ mit Deckplatte (Holz) / butt joint with cover plate ‖ leichter ~ bei Stufenabtrennung (Raumf) / nudging ‖ Stöße, Zerrungen pl (Bahn) / slack action of the wagons, surging of vehicles ‖ Stöße aufnehmen o. [ab]dämpfen / absorb shocks ‖ ~absorption f (Gummi) / dynamic cushioning performance ‖ ~anlassen n (Stahl) / shock o. flash tempering ‖ ~anregung f (Phys) / collision[al] excitation ‖ ~-Ansprechspektrum n / shock response spectrum ‖ ~appretur f (Textil) / friction finish o. glazing ‖ ~arbeit f (Phys) / impact work ‖ ~arbeit f (Wzm) / shaping work ‖ ~artig / shocklike ‖ ~artig, intermittierend / periodic, intermittent ‖ ~artig, heftig / impetuous ‖ ~artig, plötzlich o. momentan wirkend / impulsive ‖ ~aufgabevorrichtung f / impact o. percussion feeder ‖ ~aufheizung f (Plasma) / shock heating ‖ ~aufnehmer m / shock isolator ‖ ~ausbildung f (Stahlbau) / joint formation ‖ ~ausführung f (Rohre) / butt joint ‖ ~ausgleicher m / shock compensator o. equalizer ‖ ~axt f, Stichaxt f (Zimm) / mortise axe ‖ ~bank f (Walzw) / push bench ‖ ~bank-Luppe f (Hütt) / push bench bloom ‖ ~bankverfahren n (Hütt) / rotary forge process ‖ ~bau m (Bergb) / working by stopes, shortwall working ‖ ~bau m (Bergb) / shortwall working ‖ flacher ~bau, Strebbau m (Bergb) / longwall face working ‖ steiler ~bau, Firstenbau m (Bergb) / overhand stoping ‖ ~behaftet, -bestimmt (Plasma) / collisional ‖ ~beiwert m (Mech) / coefficient of restitution ‖ ~belastung f / impact o. shock load ‖ ~bett-Ionenaustauscher m / pulsed-bed ion exchanger ‖ ~bewegung f / shock motion ‖ ~blech n (Stahlbau) / splice plate ‖ ~blech n, Prallblech n / baffle plate ‖ ~bohren (Bergb) / bore by percussion o. with the jumper ‖ ~bohren, Schlagbohren n (Bergb) / percussive boring, percussion boring o. drilling, bore with the jumper o. by percussion ‖ ~bohrer, Schlagbohrer m / percussion borer o. drill, jumper, churn drill ‖ ~bohrer, Steinbohrer m (Bergb) / terrier ‖ ~bohrmaschine f / piston drill ‖ ~bremse f / dashing vessel, dashpot ‖ ~brenner m (Ofen) / impact burner ‖ ~dämpfer m / shock absorber ‖ [hydraulischer] ~dämpfer / dashpot, dashing vessel ‖ ~dämpferbock m (Kfz) / shock absorber bracket ‖ ~dämpferfeder f / concussion spring ‖ ~dämpfung f (Wellenleiter) / transition loss ‖ ~dauer f (Atom) / duration of collision ‖ ~dichte f (Atom) / collision density ‖ ~durchschlag m (Elektr) / impulse breakdown ‖ Stöße m pl, Rucke m pl / bumps pl ‖ Stoß·einrichtung f (Bahn) / buffing gear ‖ ~eisen n, Ausfleischmesser n (Gerb) / paring knife ‖ Stößel m (Wzm) / ram of a shaping machine, slide of a press ‖ ~, Ventilstößel m / tappet ‖ ~, Mörserkeule f / pestle ‖ ~ (Ramme) / ram[mer] ‖ ~, Plunger m / needle, plunger ‖ ~ (Jacquard, Textil) / needle ‖ ~ansatz m (Presse) / slide lug ‖ Stoßelastizität f / impact resilience ‖ stößel·betätigt / tappet-actuated ‖ ~betätigungshebel m (Ventil) / tappet actuating lever ‖ ~einstellschraube f mit Gegenmutter (Mot) / tappet adjusting screw with lock unit ‖ ~führung f (Schnellhobler) / ram guide o. gib ‖ ~führung f (Mot) / tappet guide ‖ ~gesenk n, Stauchstempel m (Schm) / header die ‖ ~hub m (Schnellhobler) / ram stroke, slide stroke ‖ ~niedergang m (Presse) / downstroke ‖ ~regulierschraube f / slide adjusting screw ‖ ~rolle f / tappet roller ‖ ~schlitten m (Schnellhobler) / ram saddle ‖ ~spiel n (Ventil) / valve tappet clearance ‖ ~stange f (Mot) / tappet push rod ‖ ~stangenverkleidung f (Mot) / push rod cover ‖ ~verstellschraube f (Presse) / press slide adjusting screw ‖ ~verstellung f (Presse) / ram adjustment ‖ ~vorlauf m (Presse) / forward stroke of ram

stoßempfindlich / susceptible to shocks ‖ stoßen (an) / abut (against) ‖ ~ (Stahlbau) / splice ‖ ~ vt vi, schieben / push v ‖ ~, ab-, ausstoßen / thrust, shove ‖ ~, reißen / jerk ‖ ~ vi, holpern / jolt, buffet ‖ ~, rütteln / jolt, shake ‖ ~, rütteln vi (Luftf) / buffet ‖ ~, klopfen / knock ‖ ~ [auf] / meet [with], find ‖ ~ vt, aneinanderfügen / butt together vt, joint ‖ ~, zerreiben (Chem) / pound vt ‖ ~ und leimen (Sperrholz) / joint and glue ‖ heftig ~ / shock ‖ stumpf ~ / butt-joint, butt joints ‖ waagerecht ~, hobeln / shape on the shaping machine

stoßend, ruckend / jerking, knocking ‖ ~ (Bohren) / percussive ‖ Stoß·energie f / impact strength ‖ ~entladung f / impulse discharge ‖ ~entladungsprüfung f (Akku) / high-rate discharging test ‖ Stoßer m (Wzm, Person) / slotting machine operator, slotter ‖ Stößer m, Stempel, Stampfer m / stamp hammer, stamper ‖ Stoß·erregung f (Elektronik) / shock o. pulse o. impact excitation ‖ ~faktor m (Mech) / impact coefficient o. number, shock coefficient o. number ‖ ~fänger m (DIN) (Kfz) / [safety] bumper (US), fender (GB) ‖ vorderer, [hinterer] ~fänger (Kfz) / front, [rear] bumper (US) o. fender (GB) ‖ ~fängerhorn n, -fängerkreuz n (Kfz) / overrider ‖ ~fest, -sicher / shock-proof, rough-service... ‖ ~feste Lampe / rough-service lamp ‖ ~festigkeit f / shock resistance ‖ ~festigkeit f (Schweiß) / joint efficiency ‖ ~firste f (Bergb) / limit of the face o. forehead ‖ ~fläche f, Stirnfläche f / abutting surface ‖ ~fläche f, dem Stoß ausgesetzte Fläche / impact surface ‖ ~fläche, Aufschlagfläche f (Schm) / cushion face ‖ ~fluoreszenz f / impact fluorescence ‖ ~frei, gleichmäßig, ruhig / smooth, vibrationless ‖ ~frei, gleitend / without jerk o. shock o. jolt ‖ ~frei, sanft / zero impact ... ‖ ~freier Anlauf / starting without jerk ‖ ~freies Einkuppeln / transient-free engagement ‖ ~frei laufen / run without jerk o. jolt, run smoothly ‖ ~front f (der Explosion) / pressure front of an explosion ‖ ~fuge f (Maurer) / cross joint ‖ ~fuge f, Zwischenraum m / gap at the joint ‖ ~fuge f, offene gestoßene Fuge / open butt joint ‖ ~funktion f / pulse function, impulse function ‖ ~galvanometer n / ballistic galvanometer ‖ ~generator m (Elektr) / surge o. lightning generator ‖ ~heber m, hydraulischer Widder / hydraulic o. water ram ‖ ~herd m, Rüttelherd m (Hütt) / percussion frame o. table, bump o. sweep table, table for buddling ‖ ~impuls m / shock pulse ‖ ~induziert (Nukl) / collisionnally induced ‖ ~ionisation f / ionization by collision o. impact, collision o. impact ionization ‖ ~kante, Kante, Einfassung f / lining, bordering ‖ ~kante f (Nähm) / hem ‖ ~klemme f (Fahrdraht, Bahn) / splice fitting o. clamp ‖ ~klinke f / driving pawl ‖ ~koeffizient m (Mech) / coefficient of restitution ‖ ~koeffizient m, -beiwert m (Stahlbau) / impact coefficient ‖ ~kraft f, Vorstoßkraft f / drive, impact force ‖ ~kreis m (Elektr) / pulse circuit ‖ ~kurzschluß m (Elektr) / sudden short circuit ‖ ~kurzschlußstrom m / maximum asymmetric short-circuit current ‖ ~kurzschlußversuch m (Elektr) / sudden short-circuit test ‖ ~lade f (Tischl) / shooting board o. block ‖ ~läppen n / ultrasonic machining ‖ ~lasche f (Stahlbau) / butt strap ‖ ~last / instantaneous load ‖ ~lücke, Dehnungsfuge f (Bahn) / expansion gap o. joint ‖ ~lückenmesser m (Bahn) / measuring triangle (for gaps) ‖ ~magnetisierung f / flash magnetization ‖ ~maschine f (Leder) / glassing jack (US), cleaning machine ‖ ~maschine f (Wzm) / slotting machine, slotter ‖ ~meißel m (Wzm) / slotting tool ‖ ~meißel (der Stoßmaschine), -stahl m (Wzm) / shaping o. shaper tool ‖ ~messer n (für Verzahnungen) (Wzm) / pinion type cutter ‖ ~messer n, Samtmesser n (Textil) / trevet, trevette, trivet ‖ ~messermaschine f (Textil) / straight knife cloth cutter ‖ ~meßgerät n / shock meter, impact recorder ‖ ~mittelpunkt m / center of impact o.

1018

percussion ‖ ~naht f, -saum m (Schweiß) / butt seam,
butt weld ‖ ~ofen m (Hütt) / pusher type heating
furnace, [end] pusher furnace ‖ ~oszillator m / self-
quenching oscillator, squegging oscillator, squegg ‖
~parameter m (Nukl) / impact parameter ‖ ~presse f
(Schmierung) / rush-type hand gun (for grease) ‖
~probe f (Hütt) / drop test ‖ ~prüfer m / shock tester ‖
~prüfspannung f / bumping test tension ‖ ~prüfung f,
Schocken n (Mat.Prüf) / bumping test ‖ ~puffer m /
shock damper ‖ ~querschnitt m (Nukl) / collision cross
section ‖ ~radius m / collision radius ‖ ~rate f /
collision rate ‖ ~ratendichte f (Nukl) / collision rate
density ‖ ~räummaschine f / push-type broaching
machine ‖ ~reaktanz f (Elektr) / transient reactance ‖
~regulierung f (Bahn) / joint setting ‖ ~reiniger m /
baffle type separator ‖ ~rohr n, Stoßwellenrohr n /
shock tube ‖ ~schaufellader m / percussion shovel
loader ‖ ~schweißung f / butt welding ‖ ~schwelle f
(Bahn) / joint sleeper o. tie (US), connecting tie (US) ‖
~sicher (Uhr) / shock-resistant, shockproof ‖
~sicherung f (Uhr) / shock absorber ‖ ~sieb n /
percussion screen o. sieve ‖ ~spannung f (Elektr) /
transient o. surge voltage, impulse voltage ‖
~spannung f (Halbl) / surge off-state voltage ‖
~spannungsfestigkeit f / surge capacity, surge voltage
strength ‖ ~spannungsgenerator m (Elektr) / surge o.
lightning generator ‖ ~spannungsprüfung f,
-spannungs-Vergleichsprüfung f (Elektr) / surge-
compression test ‖ ~sperr-Verustleistung f (Halbl) /
surge non-repetitive reverse-power dissipation ‖
~spitzenspannung f, -spitzensperrspannung f (Halbl) /
non-repetitive peak off-state voltage, peak transient off-
state voltage ‖ ~stahl, -meißel m (Wzm) / shaping o.
shaper tool ‖ ~stahl m für Keilnuten (Wzm) / keyway
broaching tool ‖ ~stange f s. Stoßfänger ‖ ~stange f,
-fänger m (DIN) (Kfz) / bumper (US), fender (GB) ‖
~stange f, Anschlagstange f (Wzm) / stop rod ‖ ~stelle f
/ location of the joint ‖ ~stelle f (Mech) / center of
impact o. percussion, point of impact ‖ ~stelle f,
Stoßmittelpunkt m / center of impact o. of percussion,
point of impact ‖ ~stelle f (Wellenleiter) / irregularity ‖
~stellendämpfung f (Fernm) / discontinuity attenuation
‖ ~stellenverstärkung f (Fernm) / discontinuity gain ‖
~strahlung f (Phys) / impact radiation ‖ ~strebe f [des
Landegestells] (Luftf) / shock strut ‖ ~strom m (Triac) /
surge [non-repetitive] on-state current ‖ ~strom m
(Halbl) / surge non-repetitive current ‖ ~strom m (Elektr)
/ surge current ‖ ~strom m (Batterieprüfung) / overload
current ‖ ~strom m, pulsierender Strom / impulse
current ‖ ~strom m in Durchlaßrichtung / surge non
repetitive forward current ‖ ~strom m in Sperrrichtung
/ surge non-repetitive reverse current ‖
~stromerzeuger m / capacitor impulse generator ‖
~strom-Grenzwert m (Halbl) / maximum rated surge
on-state o. forward current ‖ ~tränkung f (Bergb) /
water injection into the working face ‖
~überschlagsspannung f / impulse flashover voltage ‖
~unempfindlich / not susceptible to shocks ‖
~verbindung, -fuge f / butt joint ‖ ~verbindung f
(Schienen) / rail connection ‖ ~verformung f (Zahnrad) /
peening ‖ ~verkehr m, Spitzenverkehr m / peak load
traffic ‖ ~verschleiß m / wear by shocks ‖ ~versuch m
(Plast) / multiaxial impact behaviour test ‖ ~vorrichtung
f, Puffer m / buffer gear ‖ ~vorrichtung f (Wzm) /
slotting attachment ‖ ~vorrichtung f (Ofen) / pusher,
pushing device ‖ ~wahrscheinlichkeit f (Nukl) /
collision probability
stoßweise, schubweise / in batches ‖ ~, ruckartig / by
jerks and jolts, jerkily, by fits [and starts] ‖ ~,
pulsierend / pulsating ‖ ~ ablassen / discharge in
batches ‖ ~ arbeitend (Plasma) / by pulses ‖
~ **Beanspruchung**, Stoßbeanspruchung f / strain
produced by shocks o. jolts o. jerks ‖ ~ **fließen** (Öl) /

flow by heads, slug, fluctuate ‖ ~ **sprudeln** / gush out ‖
~ wirkender Strom / pulsatory current
Stoß·welle f / shock wave ‖ ~welle f im stoßfreien
Plasma, stoßfreie Stoßwelle / collisionless shock wave
‖ ~wellenbereich m / shock region ‖ ~wellenerhitzung
f (Nukl) / shock heating ‖ ~wellen-Formung f (Sintern) /
hydrospark, explosion forming ‖ ~wellenkanal m
(Phys) / shock tunnel ‖ ~wellenmetamorphose f (Geol) /
shock metamorphism ‖ ~wellenrohr n (Gasdynamik) /
shock tube ‖ ~widder m / suction ram, hydraulic o.
water ram ‖ ~winkel m (Mech) / angle of impact ‖
~winkel, Anschlußwinkel m (Stahlbau) / splicing angle ‖
~wirkung f / impact effect ‖ ~zahl f (Nukl) / collision
number, number of collisions ‖ ~zahl,
-wahrscheinlichkeit f (Gas) / collision rate o. probability
‖ ~zeit f / peak time, rush hour ‖ ~ziffer, -zahl f (Mech)
/ impact o. shock coefficient o. number, coefficient of
restitution
stottern (Mot) / sputter, gallop (US)
Stoutbier n, Stout m (Brau) / stout
Stovain n, Amylocain n (Chem) / stovaine
Straddlepacker m (Öl) / straddle packer
straff / taut ‖ ~ **anspannen** (o. anziehen) / strain, draw o.
stretch tight ‖ ~e Hülle / taut envelope ‖ ~ **werden** /
tense vi
straffen, ein Seil ~ o. **spannen** / tighten a rope
Straffer, Deckbogen m (Buch) / [top] draw sheet, top o.
tympan sheet
Straffheit f / tightness, tension
Straf·funktion f (Regeln) / penalty function ‖ ~mandat n
(Kfz) / [policeman's] report, ticket (US)
Straggling n (Phys) / straggling
Strahl m (Math) / ray, unlimited line, radial n ‖ ~ (Flüssigk)
/ stream, jet, squirt ‖ ~, Lichtstrahl m / light ray o.
beam ‖ ~, Halbgerade f (Geom) / half-line, ray ‖ ~ (TV,
Laser) / beam ‖ ~ dünner ~ / thin jet o. stream ‖ durch
~en hervorgerufen, aktinisch / actinic ‖
~-Ablenkeinheit (Laser) / scanner ‖ ~ablenker m (für
Richtungsänderung) (Raumf) / jet avertor, jetevator ‖
~ablenker m (Wasserturb.) / jet deflector ‖ ~ablenker m
(Rakete) / rocket efflux deflector ‖ ~ablenkung f (TV) /
beam deflection ‖ ~ablenkung f (Luftf) / jet deflection ‖
~ablenkung f (Laser) / beam scanning ‖ ~achse f
(Einspritzung) / injection jet axis ‖ ~antrieb m (Luftf) / jet
o. reaction propulsion ‖ mit ~antrieb / jet propelled ‖
~antriebsflugzeug n, Düsenflugzeug n / jet [airplane] ‖
~apparat m / jet apparatus ‖ ~asbest m / plumose
asbestos ‖ ~auffangkammer f (Elektronik) / catcher ‖
~auftreffpunkt m / irradiated point, beam impact point
‖ ~auftrieb m / jet lift ‖ ~austastung f beim
Rücksprung (TV) / beam suppression o. blanking
during flyback ‖ ~austrittsfenster n (Röntgen) / X-ray
gate ‖ ~ausweitung f / beam expansion ‖ ~bohren n
(Bau) / jetting ‖ ~breite f (Radar) / beam opening o.
width ‖ ~bremse f (Luftf) / thrust spoiler ‖ ~brenner m
(Gas) / jet burner ‖ ~brenner m (Heizung) / jet burner ‖
~dämpfer m (Textil) / jet steamer ‖ ~dichte f (Opt) /
radial intensity per unit area, radiance, -ancy ‖ ~dichte
f / radiance, -ancy ‖ ~dichteverteilung f, (jetzt:)
Strahlungsfunktion f / [relative] spectral energy
distribution ‖ ~direktor m (Laser) / beam director ‖
~drahtkorn n / steel wire shot ‖ ~düse f (allg) / jet
nozzle, discharge nozzle ‖ ~düse f (Luftf) / jet nozzle ‖
~düsenbohren n (Bergb) / jet piercing ‖ ~effekt m
(Hohlladung, Mil) / Munroe effect ‖ ~einschnürung f
(Fluid) / vena contracta ‖ ~einstellung, -führung f (TV)
/ beam positioning
strahlen / emit rays, radiate, ray ‖ ~, sandstrahlen /
sandblast v, abrasive-blast ‖ ~, ausstrahlen, sich
strahlenförmig ausbreiten / send out rays, emit rays ‖ ~,
leuchten / beam, radiate, be radiant ‖ ~, blenden / glare
‖ ~, glänzen / shine ‖ ~ n, Strahlbehandlung f (Masch) /
abrasive blasting process ‖ ~ (Phys) / beaming, radiation
‖ ~..., radiologisch / radiological ‖ ~ mit Sand /

sandblasting ‖ ⌐ mit [Stahl]kies / grit-blasting ‖
⌐aussendung f, Ausstrahlung f / emission of rays ‖
⌐bahn f, -gang m, -weg m / path of a ray ‖
⌐behandlung f s. Strahlentherapie ‖ ⌐belastung f /
radiation exposure ‖ für Personen zugelassener
⌐bereich (Nukl) / occupied area o. space ‖ ⌐biologie f /
radiobiology ‖ ⌐blende f (Min) / fibrous blende ‖
~brechend / refracting, refractive, refringent ‖
⌐brechung, Refraktion f / refraction ‖
⌐brechungskunde f (Opt) / dioptrics ‖ ⌐bündel n / ray
beam, beam o. bundle o. pencil of rays ‖ ⌐bündel n,
Lichtbündel n / luminous aigrette o. beam o. pencil ‖
⌐bündel n, -quelle f / beam cluster ‖ ⌐bündelung,
-konzentration f (TV) / beam concentration o.
convergence o. forming, beam focussing ‖ ⌐büschel n
(Elektr) / electrical brush aigrette ‖ ⌐büschel n (Math) /
pencil o. sheaf of lines ‖ ⌐büschel n (Licht) / luminous
aigrette o. beam o. pencil ‖ ⌐chemie f / radiation
chemistry ‖ ~chemische Wärmespaltung (Öl) /
radiation thermal cracking
strahlend / bright, radiant ‖ ~, leuchtend, glänzend /
lustrous, bright, shining, luminous ‖ ~e Oberfläche /
radiating surface ‖ ~e Wärme / radiant o. radiating heat
Strahlen·dermatitis f / radio dermatitis ‖ ⌐dosis f /
radiation dose ‖ ~durchlässig (besonders für
Röntgenstr) / radiolucent, radioparent ‖
⌐durchlässigkeit f / transmission of radiation,
transmittance ‖ ⌐emission f / radiation, emission of
rays ‖ ⌐falle f / ray trap ‖ ⌐falle f / radiation trap ‖
⌐feld n / radiation field ‖ ⌐festigkeit f / radioresistance
‖ ⌐festigkeits-Verbesserer m / antirad compound ‖
⌐filter m n (Radar) / antidiffusion screen ‖ ⌐förmig
(Opt) / radial ‖ ~förmig, strahlig / radiate[d], rayed ‖
sich ~förmig ausbreiten / radiate, ray ‖ ⌐gang m (Opt)
/ path o. trace of the rays, beam path ‖ ⌐gefährdeter
Bereich / radiation danger zone ‖ ⌐gefährdung f /
radiation hazard ‖ ~geschützt, -sicher / radiation-
protected, safe ‖ ⌐gewölbe n, Fächergewölbe n (Bau) /
fan-[tracery] vaulting, fan vault ‖ ⌐gleise n pl
(Drehscheibe) / radiating tracks ‖ ⌐härtemesser m
(Röntgen) / radio-sclerometer ‖ ⌐hygiene f / radiation
hygiene ‖ ⌐kegel m, -bündel n / ray beam ‖
⌐krankheit f (Nukl) / radiation sickness ‖ ⌐meßgerät,
Aktinometer n / actinometer ‖ ⌐messung f /
actinometry ‖ ⌐netz n (Elektr) / independent o. radial
feeder electric power distribution system, radial
network ‖ ⌐optik f (Ggs.: Wellenoptik) / geometrical
optics ‖ ⌐physik f / radiation physics pl ‖
[physikalisch-chemischer] ⌐schaden / radiation
damage ‖ biologischer ⌐schaden / biological radiation
damage o. injury ‖ ⌐schädigung f / radiation damage o. injury ‖
⌐schädigung f der Haut / actinodermatitis ‖ ⌐schleuse
f / radiation trap ‖ ⌐schliff m / arc-grinding ‖ ⌐schutz
m / radiation protection, health physics ‖ ⌐schutz,
-schirm m (Nukl) / protective screen ‖ ⌐schutz m (für
Personen) / health physics ‖ ⌐schutz m (für Material) /
protection against radiation, radiation protection o.
shielding ‖ ⌐schutzbeauftragter m / health physicist,
radiological safety officer ‖ ⌐schutzglas n (Opt) /
antisolar glass ‖ ⌐schutzkasten, Handschuhkasten m
(Nukl) / glove box ‖ ⌐schutzphysik f / health physics ‖
⌐schutzplakette f, Filmdosimeter n, Filmplakette f
(Atom, Nukl) / film badge ‖ ⌐schutzraum m / fall-out
shelter ‖ ⌐schutzröhre f / autoprotective tube ‖
⌐schutztür f / radiation protection valve ‖
⌐schutz-Überwachung f / protection survey [against
radiation] ‖ ⌐schutzzelle f (Nukl) / hot cave o. cell,
radiation protective cell ‖ ~sicher / radiation-proof ‖
⌐spülmaschine f (Textil) / injection rinsing machine ‖
⌐stein m / radiolite ‖ ⌐teiler m (Laser) / beam splitter ‖
⌐teilung, Strahlzerlegung f (Opt) / beam splitting ‖
⌐teilungssystem n (Opt) / beam-splitting system o.
⌐therapie f / radiation therapy, actinotherapy ‖
⌐therapie f (Röntgen) / radiotherapy ‖ ⌐tierchen n,

Radiolarium n / radiolarian ‖ ⌐transformator m /
betatron
Strahlentrinder m (Pap) / jet barker
Strahlen·trockner m / radiation drier ‖ ⌐überwachung f
/ radiological survey ‖ ~undurchlässig / radio-opaque,
radiopaque ‖ ⌐vereinigung f (Opt) / corradiation ‖
~vernetzt (Chem) / crosslinked by irradiation ‖
⌐vernetzung f / irradiation crosslinking ‖ ⌐weg m,
-gang m, -bahn f / ray path ‖ ⌐zähler m,
Verseuchungsmeßgerät n / contamination meter ‖
⌐zerfall m / ray disintegration ‖ ⌐zersetzung f,
Radiolyse f / radiation decomposition, radiolysis
Strahler m (allg, Akustik, Antenne) / radiator ‖ ⌐ (Nukl) /
radiation emitter ‖ ⌐, Wärmestrahler m / radiator ‖ ⌐,
Leuchte, Lampe f / projector ‖ ⌐, Steinstrahlbrenner m
/ surface combustion burner ‖ α-, β-, usw. ⌐ / α-, β-,
etc emitter ‖ aktiver ⌐ (Antenne) / active antenna ‖
⌐ebene f (Antenne) / bay of an antenna, layer, tier ‖
⌐fläche f / radiating face ‖ ⌐gruppe, Schallzeile f
(Akust) / horizontal row of radiators ‖ ⌐gruppe f,
Mehrfachantenne f (Antenne) / multiple antenna, antenna
array ‖ ⌐horn n / feed horn ‖ ⌐lampe f / reflector lamp
‖ ⌐öffnung f (Antenne) / aperture ‖ ⌐schlange f / radiant
coil ‖ ⌐system n (Antenne) / antenna array
Strahl·flugzeug n / jet [propelled air] plane, jet ‖
⌐führung, -einstellung f (TV) / beam positioning ‖
⌐führung f (Elektronik) / beam control ‖
⌐-Geschäftsflugzeug n / business o. corporate jet ‖
⌐geschwindigkeit f / jet speed ‖ ⌐geschwindigkeit f
(Elektronik) / beam velocity ‖ ~getragen (VTOL) /
jetborne, in jet-lift condition ‖ ⌐hämmern n,
Strahlverfestigen n / shot peening ‖ ⌐helm m / blasting
helmet ‖ ⌐honverfahren n, Honen mit Druckstrahl
(Wzm) / liquid honing, vapour blasting
strahlig (allg) / radiate[d] ‖ ~ (Krist) / radiated-crystalline ‖
~es Gefüge (Min) / radiating structure ‖ ~er Quarz
(Min) / needle-stone, rutilated quartz
Strahl·kanal m (Nukl) / beam hole ‖ ⌐kies m, strahliger
Markasit (meist Pyrit) (Min) / radiated marcasite ‖
⌐klappe f (Luftf) / jet flap ‖ ⌐konzentration f,
Fokussierung f (TV) / focus[s]ing of beam ‖ ⌐kopf m
(El. Mikroskop) / electron source ‖ ⌐läppen n / liquid o.
jet lapping, vapour lapping ‖ ⌐mischer m / jet agitator
o. mixer ‖ ⌐mittel n (Wzm) / abrasive ‖ ⌐mittel n (Gieß)
/ blasting shot ‖ ⌐mühle f / jet pulverizer, jet mil,
micronizer ‖ ⌐mühle f (mit Flüssigkeit) / fluid energy
mill ‖ ⌐pumpe f, Injektor m (Dampfm) / jet pump ‖
⌐pumpe, Treibmittelpumpe f (Vakuum) / fluid
entrainment pump ‖ ⌐putzen n mit Stahlsand / grit o.
shot blasting o. cleaning ‖ ⌐querschnitt m, -breite f /
beam width, beam opening ‖ engster ⌐querschnitt
hinter einer Blende (Hydr) / vena contracta ‖ ⌐radiator
m, -heizkörper m / radiator (for radiating heat) ‖
⌐regler m (Regner) / jet regulator ‖ ⌐richtungsfehler m
(Raumf) / jet misalignement ‖ ⌐rohr n (Luftf) / jet pipe o.
tube ‖ ⌐rohr n (Masch) / nozzle pipe of a hose, jet ‖
⌐rohr n (F'wehr) / spout, jet pipe ‖ ⌐rohr n (Reaktor) /
beam hole ‖ ⌐röhre f (Elektronik) / beam tube o. valve ‖
⌐rohrheizung f / radiant tube heating ‖ ⌐rücklauf m
(TV) / beam flyback ‖ ⌐ruder n (Raumf) / gas rudder ‖
⌐ruder n (Schiff) / thruster ‖ ⌐sand m, Stahlkies m /
steel grit ‖ ⌐schärfe f (TV) / beam focus ‖ ⌐schärfung f
(Radar) / beam sharpening ‖ ⌐schütz n, -schieber m
(Hydr) / jetflow gate ‖ ⌐schweißen n / beam welding ‖
⌐schwenkung f (Radar) / beam sweep, scanning ‖
⌐sender m (TV) / directional relay transmitter ‖
⌐spannung f (Elektronik) / beam voltage ‖ ⌐spoiler m
(Einspritzpumpe) / jet spoiler ‖ ⌐stärke f / radiance,
radiant intensity ‖ ⌐stein m, Stralit m (Min) / radiated
schorl ‖ ⌐steuerelektrode f / ray control electrode ‖
⌐steuergerät n (Rakete) / jetevator ‖
⌐steuerung[seinrichtung] f (Laser) / beam steerer ‖
⌐strom m (auf dem Leuchtschirm wirksamer
Elektronenstrom) (TV) / beam current ‖ ⌐strom m,

Jet[stream] *m* (Luftf, Meteorol) / jet [stream] ‖ **gesamter** ⊸**strom** (Kath.Str) / gun current ‖ ⊸**system** *n*, Elektronenkanone, -schleuder *f* (Kath.Str) / gun ‖ ⊸**teiler** *m*, Teilerplatte *f* (Laser) / beam splitter ‖ ⊸**teilung** *f* (Laser) / beam splitting ‖ ⊸**theorie** *f* (Luftf) / airscrew o. slipstream theory ‖ ⊸**triebwerk** *n* (Luftf) / jet o. reaction engine, thermojet ‖ ⊸**turbine** *f*, Peltonturbine *f* / Pelton turbine ‖ ⊸**turbine** *f* (Luftf) / jet turbine [engine] ‖ ⊸**umkehroptik** *f* (TV) / beam reversing lens ‖ ⊸**umlenker** *m* (Raumf) / jetevator ‖ ⊸**umlenkung** *f* (Laser) (Laser) / beam switching

Strahlung *f* / radiation ‖ ⊸, Ausstrahlung *f* (Vorgang) / emission of rays ‖ ⊸ **des schwarzen Körpers** / cavity radiation, black-body radiation ‖ ⊸ **im fernen Infrarot** / far infrared radiation, FIR ‖ ⊸ **in Frequenzen außerhalb der gewünschten (o. zugelassenen) Frequenz** / spurious radiation ‖ ⊸ **mit hohem Energieniveau** / high-level radiation ‖ α- o. β o. γ-⊸ / α- o. β o. γ-radiation ‖ **sekundäre** ⊸ (Nukl) / associated emission ‖ **umgekehrt gerichtete (o. umgekehrte)** γ-⊸ / backscattered γ-radiation

Strahlungs·absorption *f* / radiation absorption ‖ ⊸**äquivalent** *n* **des Dunkelstroms** (Photodiode) / equivalent anode dark-current input ‖ ⊸**arbeit** *f* / radiant o. radiating o. radiative o. radiation work o. energy ‖ ⊸**ausbeute** *f*, G-Wert *m* / radiation chemical yield, G-value ‖ ⊸**beiwert** *m* / radiation coefficient ‖ ⊸**bewertung** *f* / radiation evaluation ‖ ⊸**bilanz** *f* / radiation balance ‖ ⊸**breite** *f* / radiation width ‖ ⊸**brenner** *m* / radiant burner ‖ ⊸**bund** *m* (Kabel) / field controlling wire binding ‖ ⊸**bündler** *m* (Sonnenwärme) / concentrating mirror, solar concentrator ‖ ⊸**charakteristik** *f*, -diagramm *n* (Antenne) / radiation pattern ‖ ⊸**detektor** *m* / radiation detector o. indicator ‖ ⊸**diagramm** *n* / radiated field pattern ‖ ⊸**dichte** *f* / irradiance, surface density of the radiant flux ‖ ⊸**dichte** *f* (Reaktor) / power per unit area ‖ ⊸**dosis** *f* / radiation dos[ag]e ‖ ⊸**druck** *m*, Repulsivkraft *f* / radiation pressure ‖ ⊸**druck-Rakete** *f* / radiation rocket ‖ ⊸**druck-Wattmeter** *n* / vane wattmeter ‖ ⊸**durchgang** *m* / transmission of radiation ‖ ⊸**durchlässig** / radioparent ‖ ⊸**effekt** *m* / radiation effect ‖ ⊸**einfang** *m* (Nukl) / radiative capture ‖ ⊸**einheit** *f* / radiation unit ‖ ⊸**element** *n*, -glied *n* (Antenne) / radiating element ‖ ⊸**empfänger** *m* / radiation-responsive o. -sensitive pick-up, radiation receiver ‖ ⊸**empfindlich** / radiosensitive ‖ ⊸**empfindlich** (Phot) / photosensitive ‖ ⊸**empfindliches Organ** (Nukl) / critical organ ‖ ⊸**energie**, -intensität *f* / radiant o. radiated o. radiation energy o. intensity ‖ ⊸**erregt**, -gekoppelt (Antenne) / radiation-coupled, parasitically excited ‖ ⊸**exponierte Person** / individual engaged in radiation work ‖ ⊸**feld** *n* / radiation field ‖ ⊸**fest**, -gehärtet / radiation hardened ‖ ⊸**festigkeit** *f* / radiation resistance o. stability, radioresistance ‖ ⊸**fläche** *f* (Antenne) / absorption area, effective area o. surface ‖ ⊸**fluß** *m* / radiant o. radiation flux ‖ ⊸**flußdichte** *f* / radiation flux density, radiation intensity ‖ ⊸**frei** / radiation-free ‖ ⊸**funktion** *f*, (früher:) relative spektrale Strahldichteverteilung / [relative] spectral energy distribution ‖ ⊸**gefährdeter Bereich** / radiation danger zone ‖ ⊸**gefährdung** *f* / radiation hazard ‖ ⊸**gehärtetes Polymer** / radiation-cured polymer ‖ ⊸**gekoppelt**, mittelbar [gespeist] (Antenne) / indirectly fed, parasitically excited, passive (US) ‖ ⊸**gekoppelte Antenne** / parasitical[ly excited] antenna, indirectly fed antenna, passive antenna (US) ‖ ⊸**gesetz** *n* / radiation law ‖ ⊸**gewinn** *m* (Elektronik) / directivity ‖ ⊸**gleichgewicht** *n* (Astr) / radiative equilibrium ‖ ⊸**glied** *n* (Antenne) / radiating element ‖ ⊸**gürtel** *m* / radiation belt, van Allen belt ‖ ⊸**haushalt** *m* / radiation budget ‖ ⊸**heizkörper** *m* / radiant element ‖ ⊸**heizofen** *m* / radiant stove ‖ ⊸**heizung**, Flächenheizung *f* / radiant heating system, radiant panel heating, direct heating [by radiation] ‖ ⊸**heizung** *f*,

-heizkörper *m* / radiant panels *pl* ‖ ⊸**hitzemesser** *m*, Strahlungs- o. optisches Pyrometer *n* / radiation pyrometer ‖ ⊸**höhe** *f* (Antenne) / radiation height ‖ ⊸**höhe** *f*, äquivalente Höhe (Antenne) / equivalent height ‖ ⊸**impedanz** *f* (Akustik) / radiation impedance ‖ ⊸**intensität**, -stärke *f* / intensity of radiation, radiant intensity ‖ ⊸**ionisation** *f* / radiation ionization ‖ ⊸**kammer** *f* / irradiation chamber ‖ ⊸**kegel** *m* (Feuerung) / radiation cone ‖ ⊸**kessel** *m* / radiant type boiler, radiation boiler ‖ ⊸**keule** *f* (Antenne) / beam, lobe ‖ ⊸**kontrolle** *f* (Radioaktivität) / radiation monitoring ‖ ⊸**kontrollgeräte** *n pl* / radiation hardware ‖ ⊸**kühlung** *f* / radiant cooling ‖ ⊸**länge** *f* / radiation length ‖ ⊸**laser** *m* / radiation laser ‖ ⊸**leistung** *f* (einer Strahlungsquelle) / radiation capacity ‖ ⊸**leistung** *f* (Antenne) / radiation o. antenna efficiency ‖ ⊸**leistung** *f* (Radio) / radiated power ‖ ⊸**los** / without radiation ‖ ⊸**menge** *f*, -arbeit *f* / radiated quantity ‖ ⊸**meßgerät** *n* (Nukl) / contamination meter, radiation meter ‖ ⊸**meßgerät für Bohrloch** / radiometric bore-hole logging assembly, radio log ‖ ⊸**meßkanal** *m* / radiation channel ‖ ⊸**meßstift** *m* / pocket exposure meter, pocket dosemeter ‖ ⊸**monitor** *m* / radiation monitor ‖ ⊸**nachweisgerät** *n* / radiation detector o. indicator ‖ ⊸**ofen** *m* (Gas) / radiation furnace o. stove ‖ ⊸**ofen** *m* **mit Reflektor** / radiant reflector stove ‖ ⊸**physik** *f* / radiation physics *pl* ‖ ⊸**physik** *f* **im optischen Bereich** / optical-radiation physics *pl* ‖ ⊸**physikalisch** / radiometric ‖ ⊸**polymerisation** *f* / radiation induced polymerization ‖ ⊸**punkt** *m* / point of radiation ‖ ⊸**pyrometer** *n* / optical o. radiation pyrometer, disappearing-filament pyrometer ‖ ⊸**quelle** *f* / radiation source ‖ ⊸**reflektiv** / rereflective ‖ ⊸**resistenz** *f* / radioresistance ‖ ⊸**rohrofen** *m* / radiant tube furnace ‖ ⊸**schleuse** *f*, Abschirmungslabyrinth *n* / radiation maze ‖ ⊸**schützend** / radioprotective ‖ ⊸**schutzwert** *m* / protective [fallout] factor, PF, fall-out protection factor ‖ ⊸**sengmaschine** *f* (Web) / contact singeing machine ‖ ⊸**spektrum** *n* / radiation spectrum ‖ ⊸**technische Größe** / radiometric quantity ‖ ⊸**teilerwürfel** *m* (Opt) / beam-splitting prism ‖ ⊸**temperatur** *f* / effective o. radiation temperature ‖ ⊸**thermometer** *n* / radiation thermometer ‖ ⊸**thermometrie** *f* / radiation thermometry ‖ ⊸**trocknung** *f* / infrared drying process ‖ ⊸**übergang** *m* / radiative transition ‖ ⊸**überhitzer** *m* / radiant superheater ‖ ⊸**übertragung** *f* **der Wärme** / radiative heat transfer ‖ ⊸**undurchlässig** / radiopaque ‖ ⊸**unempfindlich** / antiradiation ‖ ⊸**verbrennung** *f* / radiation burn ‖ ⊸**vergleichender Sensor** / radiation balance sensor ‖ ⊸**verlust** *m* / radiation loss ‖ ⊸**vermögen** *n* (Akustik) / radiation index ‖ ⊸**verträglich**, -sicher (Elektronik) / radiation-tolerant ‖ ⊸**wandler** *m* (Opt) / radiation converter ‖ ⊸**wärme** *f* / radiant heat ‖ ⊸**widerstand** *m* (Antenne) / radiation resistance ‖ ⊸**winkel** *m* (Antenne) / beam angle ‖ ⊸**wirkungsgrad** *m* (Antenne) / antenna efficiency ‖ ⊸**zahl** *f* (Thermodynamik) / unit conductance ‖ ⊸**zählrohr** *n* / radiation counter tube ‖ ⊸**zone** *f* (Wärme) / radiation section

Strahl·unterdrückung *f* (TV) / beam gate ‖ ⊸**vektor** *m* / Poynting vector ‖ ⊸**verbreiterung** *f* / beam broadening ‖ ⊸**verdichtung** *f* (Elektronik) / beam concentration ratio ‖ ⊸**verfestigen** *n*, Strahlhämmern *n* / shot peening ‖ ⊸**verschleiß** *m* / wear by blast jet ‖ ⊸**-Verschleißprüfung** *f* / blasting wear test[ing], abrasive jet wear testing ‖ ⊸**verschlucker** *m* / beam trap ‖ ⊸**versetzung** *f* (Bildaufnahmeröhre) / beam bending ‖ ⊸**wandofen** *m* / radiation wall furnace ‖ ⊸**wassergeschützt** (Elektr) / hoseproof ‖ ⊸**wassergeschützte Leuchte** / jet-proof lighting fitting ‖ ⊸**wasserschutz** *m* (Elektr) / hoseproofness ‖ ⊸**widerstand** *m* (Elektronik) / d.c. electron beam resistance ‖ ⊸**wobbeln** *n* (Kath.Str) / spot wobble ‖ ⊸**zentrierung** *f* (TV) / beam alignment, centering control ‖ ⊸**zeolith** *m* (Min) / desmine ‖ ⊸**zerkleinerung**

Strahl

f / jet crushing ‖ **ᵗzerlegung** *f* (Opt) / beam splitting ‖
ᵗzittern *n* (Radar) / beam jitter
Strähnbreithalter *m* **und Lüstrierer** (Spinn) / stretcher
and polisher for hanks
Strähne *f* (Textil) / skein, hank, sleave ‖ **abgebundene (o.**
abgefitzte) ᵗ / skeined hank
strähnen (Textil) / skein *v*, wind into skeins
Strähne·zerteilen *n* (Seide) / dividing into skeins
Strähngebinde *n* (Textil) / bundled hanks *pl*
Straight-Run·..., Destillations... (Öl) / straight-run...,
SR... ‖ **ᵗ-Benzin** *n*, SR-, Top-Benzin *n* / straight-run
gasoline fraction, SR gasoline ‖ **ᵗ-Destillation** *f* (Öl) /
straight-run distillation
Strainer *m*, Refiner *m* (Gummi) / strainer, refiner ‖ ᵗ,
Refiner *m* / strainer ‖ ᵗ / [stock] strainer
straken, Sprungkurven ~ (Schiff) / sheer *v*
Straklatte *f* (Luftf) / batten
Stramin *n* (Web) / canvas, linen canvas ‖ ᵗ**papier** *n* /
canvas paper
stramm, schwer drehbar o. beweglich (Masch) / tight
Strammheit *f* (Gummi) / stiffness
stranden / strand *vi*
Strand·kies *m* / beach cobbles *pl* ‖ ᵗ**linie** *f* / shore line ‖
ᵗ**steine** *m pl* (über 100 mm Größe) / boulders *pl*
Strang *m* (Elektr) / lane, branch ‖ ᵗ (Strangguß) / billet ‖ ᵗ,
Tour *f* (Öl) / string ‖ ᵗ (Spinn) / skein, hank ‖ ᵗ (Web) /
rope ‖ **[ganzer]** ᵗ (Rohrleitg) / train of pipes ‖
[paralleler] ᵗ (Rohrleitg) / leg ‖ ᵗ**abquetschmaschine** *f*
(Textil) / rope mangle o. squeezer ‖ ᵗ**ausbreiter** *m*
(Web) / expander, scutcher, rope opener ‖
ᵗ**einlegeapparat** *m* (Web) / rope piling device
strängen (Spinn) / skein *v*
Strangeness, Seltsamkeit *f* (Nukl) / strangeness
Strang·falte *f* (Textil) / rope crease ‖ ᵗ**falzziegel** *m* / long-
stringed gutter tile ‖ ᵗ**färbemaschine** *f* / hank dyeing
machine ‖ ᵗ**färben** *n* **unter Druck** (Textil) / pressure
hank dyeing ‖ ᵗ**färberei** *f* (Textil) / rope dyeing ‖
ᵗ**förderwalze** *f*, Abziehwalze *f* (Strangguß) / withdrawal
roll ‖ ᵗ**führung** *f* (Textil) / rope guider ‖ ᵗ**führungsöse**
f (Textil) / pot-eye for guiding ‖ ᵗ**führungsrechen** *m*
(Färb) / pegrail ‖ ᵗ**fuß** *m* (Strangguß) / bottom of the
casting ‖ ᵗ**garn** *n* / hank yarn ‖ ᵗ**garndruckmaschine**
f / hank yarn printing machine ‖ ᵗ**garnmerzerisierung**
f / hank mercerizing ‖ ᵗ**garnwaschmaschine** *f* /
machine for washing hanks ‖ ~**gefärbt** / dyed in the
hank ‖ ~**gegossen** / continuously cast ‖ ~**gepreßt** /
extruded ‖ ~**gepreßtes Band** (Plast) / [extruded] ribbon
‖ ~**gepreßtes Hohlprofil** / hollow extruded section ‖
~**gepreßte Platte** / extruded plate ‖ ~**gepreßtes Rohr**,
extrudiertes Rohr / extruded tube ‖ ~**gepreßte**
Spanplatte / extruded particle board ‖
ᵗ**geschwindigkeit** *f* (Fließpressen) / extrusion velocity ‖
ᵗ**gieß-Abräumanlage** *f* / discharge device for
continuous casting ‖ ᵗ**gießen** *n*, -guß *m* (Hütt) /
continuous casting, c.c. ‖ ᵗ**gießen** *n* **zwischen**
Bändern / [continuous] belt casting ‖ ᵗ**granulat** *n*
(Plast) / granules *pl* ‖ ᵗ**gußanlage** *f* **in**
Kreisbogenbauart / circular arc type plant, S-type
continuous casting machine ‖ ᵗ**guß-Ovalbogenanlage** *f*
/ oval bow-tye continuous casting machine ‖
ᵗ**gußschale** *f* / casting shell ‖ ᵗ**gußverfahren** *n* **der**
American Refining Co. / Asarco process ‖
ᵗ**haspelmaschine** *f* (Textil) / hank-reeling machine ‖
ᵗ**hochumformungsanlage** *f* / high-reduction mill for
continuous casting ‖ ᵗ**-Imprägniermaschine** *f* (Textil) /
machine for impregnating in rope form, rope-padding
mangle ‖ ᵗ**klemme** *f* (Elektr) / phase terminal ‖ ᵗ**öffner**
m (Web) / opener for fabrics in rope form ‖ ᵗ**öffner** *m* /
machine for opening fabrics from rope form, scutcher,
rope opener ‖ ᵗ**preß-Bolzen**, -Rohling *m* / extrusion
billet ‖ ᵗ**presse**, -rohrpresse *f* / extruder, extruding
machine o. press ‖ ᵗ**presse** *f* (Feuerfest-Industrie) / auger
machine ‖ ᵗ**presse** *f* (Ziegl) / plodder, pugstream
machine, trace press ‖ ~**pressen** / extrude ‖ ᵗ**pressen**,

-preßverfahren *n* / extrusion mo[u]lding [method] ‖
gemeinsames ᵗ**pressen mehrerer Metallarten** / coextrusion ‖ ᵗ**pressen** *n* **über gekühlte Rollen** (Plast) /
chill roll extrusion ‖ ᵗ**pressen** *n* **von Metall** / metal
extruding ‖ ᵗ**preßfolie** *f* / extruded sheet[ing] ‖
ᵗ**preßform** *f*, -matrize *f* / extrusion die ‖ ᵗ**preßkopf** *m*
/ extruding head ‖ ᵗ**preßmischung** *f* / extrusion
compound ‖ ᵗ**preßplatte** *f* (Holz) / extruded-particle
board ‖ ᵗ**preßprofil** *n* / extruded section o. profile o.
shape ‖ ᵗ**preßprofil** *n* **aus Alu** / aluminium extruded
section ‖ ᵗ**preßrohling** *m* / extrusion billet, slug ‖
ᵗ**preßwerkzeug** *n* / extrusion die ‖ ᵗ**preßziegel** *m* /
wire-cut brick ‖ ᵗ**schlichten** *n* (Textil) / hank sizing ‖
ᵗ**spannung** *f* (Elektr) / phase voltage, voltage to neutral
‖ ᵗ**verweileinrichtung** *f*, Muldenwarenspeicher *m*
(Web) / machine for storage and reaction in rope form, J-
box ‖ ᵗ**walze** *f* (Hütt) / strand roll ‖ ᵗ**wäsche** *f* (Textil) /
washing in rope-form ‖ ᵗ**waschmaschine** *f* / rope
washer, rope scouring machine, rinsing machine for
goods in rope form
strapazieren, grob o. rauh behandeln (Masch) / strain,
rough-handle ‖ ~, ermüden / exhaust, wear out
strapazierfähig (Textil) / long-wearing, hard-wearing
Strapazierfähigkeit *f* (Textil) / long wearing properties *pl*,
wear resistance
Strap-Down·-System *n* (Raumf) / strapdown system ‖
ᵗ**-Trägheitslenkung** *f* (Raumf) / strapdown inertial
guidance
Straß, Glas-Similistein *m* (Glas) / paste, strass
Straße *f* (Stadt) / street ‖ ᵗ, Land-, Fahrstraße *f* / road ‖
ᵗ, Weg *m* / way, road ‖ ᵗ (Fertigungs- usw.) /
production line ‖ ᵗ (Walzw) / train ‖ ᵗ **auf**
Dammschüttung / causeway ‖ ᵗ **erster Ordnung** /
highway, highroad ‖ ᵗ **für Marktanlieferer** / access o.
feeder road, farm-to-market road ‖ ᵗ **im Auftrag** /
embanked road, road on embankment ‖ ᵗ **im**
Einschnitt / road in cutting, sunken road ‖ ᵗ **mit**
getrennten Fahrbahnen, (spez.:) autobahnähnliche
Bundesstraße / dual carriageway, divided highway (US)
‖ ᵗ **mit Steinschüttung** / metalled road ‖ ᵗ **mit**
Unterbau / laid road ‖ ᵗ**n reinigen** / scavenge o. sweep
o. cleanse o. clean o. dust streets ‖ **auf die** ᵗ **gehen**
(Fenster) / face the street ‖ **eigentliche** ᵗ, Fahrdamm *m* /
road, carriageway (GB), (esp:) lane ‖ **eine** ᵗ **bauen** (o.
anlegen) / make a road
Straßen·ablauf *m* / road gully ‖ ᵗ**anlage** *f* / line of a road
‖ ᵗ**anlieger** *m* / wayside owner, frontager ‖ ᵗ**arbeiten**
f pl / road works *pl* ‖ ᵗ**arbeiter** *m* (Straßb) / roadman,
roadsman ‖ ᵗ**aufbruch** *m* (Winterschaden) / break-up of
road surface ‖ ᵗ**aufbruch** *m* (wegen Versagen des
Bindemittels) (Straßb) / fretting, ravelling ‖ ᵗ**aufreißen**
n / scarifying ‖ ᵗ**aufreißmaschine**, -egge *f*, -pflug *m* /
road scarifier o. plough, rooter plow (US) ‖
ᵗ**aufschüttung** *f* / road embankment ‖ ᵗ**aufseher** *m* /
surveyor of highways
Straßenbahn *f* / street line (US), tramway (GB) ‖ ᵗ **auf**
eigenem Bahnkörper / light railway ‖ ᵗ **mit**
Luftleitung / trolley line streetcar (US) o. tramway
(GB) ‖ ᵗ**depot** *n* / streetcar terminus (US), tramway
depot (GB)
Straßenbahner *m* / tramway employee
Straßenbahn·führer *m*, -fahrer *m* / crankman, streetcar
motorman (US) ‖ ᵗ**-Gelenkzug** *m* / articulated tramcar
unit o. streetcar unit (US) ‖ ᵗ**haltestelle** *f* / tramway
stop ‖ ᵗ**linie** *f* / trolley line (US) ‖ ᵗ**mast** *m* / tramway
pole ‖ ᵗ**motor** *m* / tramway [traction] motor ‖
ᵗ**schaffner** *m* / conductor ‖ ᵗ**schiene**, Rillenschiene *f* /
grooved [girder] rail, tramway o. streetcar (US) rail ‖
ᵗ**triebwagen** *m*, Motorwagen *m* / tramcar (GB),
streetcar (US), trolley car (US) ‖ ᵗ**wagen** *m* / streetcar
(US), tramway car (GB) ‖ ᵗ**weiche** *f* / streetcar (US) o.
tramway (GB) switch
Straßen·bau *m* / highway engineerring, street o. road
building o. construction ‖ ᵗ**bauamt** *n* / road

construction office ‖ ~**bauarbeiten** *f pl* (Landstraße) /
road works *pl* ‖ [**städtische**] ~**bauarbeiten** / street
construction works *pl* ‖ ~**bau-Bitumen** *n* / road
bitumen ‖ ~**bauer**, -bauingenieur *m* / highway maker o.
engineer o. builder, road engineer o. maker ‖
~**baumaschine** *f* / road [making] machine ‖
~**baumaterial** *n* / road construction material ‖
~**baunorm** *f* / standard of road engineering ‖
~**bautechnik** *f* / road engineering ‖ ~**befestigung** *f* /
consolidation of roads ‖ ~**belag** *m* / road topping ‖
~**beleuchtung** *f* / street lighting, roadway lighting ‖
~**benutzer** *m* / road user ‖ ~**beschilderung** *f* / road
marking ‖ selbstfahrende ~**betoniermaschine**, Paver
m (Straßb) / paver ‖ ~**bezeichnungsschild** *n* / road
identification sign ‖ ~**biegung** *f*, Kurve *f* (Straßb) / bend,
curvature, turn of a road ‖ ~**brücke** *f* / road bridge ‖
~**damm** *m* / roadway, embankment ‖ ~**damm** *m*,
Straße *f* im Auftrag / roadway, embankment ‖ ~**decke**
f, -belag *m* / roadway covering o. paving, road[way]
surface o. carpet ‖ **gedichtete** ~**decke** / padded-down
pavement ‖ **schwere** ~**decke**, Schwarzdecke *f* /
bituminous layer, black top ‖ ~**durchbruch** *m* /
opening of a street ‖ ~**einlauf**, -kanal *m* / drain, sewer ‖
~**einschnitt** *m* (Straßb) / cutting ‖ ~**fahrzeug** *n* / road
vehicle
Straßen, für ~**fahrzeuge** / on-road...
Straßen·fahrzeugwaage *f* / road vehicle weighing
equipment o. machine ‖ ~**fertiger** *m* / road finishing
machine o. finisher ‖ ~**festiger** *m* (Beton) / vibrofinisher
‖ ~**fläche** *f*, Höhe *f* der Erdoberfläche / street level ‖
~**front**, Fassade *f* / front side o. face, frontage, façade,
front, face ‖ ~**gabelung** *f* / road junction, bifurcation ‖
~**gängigkeit** *f* (Baumaschine) / roadholding characteristics
pl ‖ ~**gasrohr** *n* / main gaspipe ‖ ~**gebühr** *f* / pike
(US), toll ‖ ~**gebunden**, Straßen... / road bound (US) ‖
~**glätte** *f* / skidding conditions *pl* ‖ ~**graben**,
Seitenwasserabzug *m* / road drain o. ditch, water table
o. gutter ‖ ~**hobel**, Grader *m* / road grader, motor
grader ‖ ~**instandsetzung** *f* / road repair work ‖
~**kanal**, -einlauf *m* / drain, sewer ‖ ~**kappe** *f* (DIN
3580) / valve box, surface box ‖ ~**kappe** *f* (Gas) / gas
pipeline valve box ‖ ~**karte** *f* / road map ‖ ~**kehricht** *m*
/ road sweepings *pl* ‖ ~**kehrmaschine** *f* / street
cleansing machine, street cleaner o. sweeper o.
scavenger ‖ [**selbstaufnehmende**] ~**kehrmaschine** /
suction sweeper ‖ ~**kehr- und Sprengmaschine** /
street sprinkler and cleaner ‖ ~**kontakt** *m* (Kfz) / road
feel ‖ ~**kreuzung** *f* / intersection (US), crossing, cross-
roads *pl* ‖ ~**lage** *f*, Fahreigenschaften *f pl* / roadability ‖
eine gute ~**lage haben** / hold the road ‖ ~**laterne** *f*,
-leuchte *f* / street lighting lantern, streetlight (US) ‖
~**leitungen** *f pl* / mains *pl* ‖ ~**markierung** *f* / road
marking ‖ ~**meister** *m* / surveyor of highways ‖ ~**mitte**
f / middle of the road, MOR ‖ ~**nagel** *m* / stud ‖
~**nahverkehr** *m* (Straßb) / short-haul road service ‖
~**netz** *n* / system of [high]ways, road system ‖ ~**niveau**
n / uniformly level surface ‖ ~**oberbau** *m*, -befestigung
f / road crust o. carpet ‖ ~**oberbauarbeit**,
Straßenbefestigung *f* / road crust [work] ‖ ~**oberfläche**
f / road surface, street surface ‖
~**oberflächenmeßgerät** *n* (Straßb) / corrugmeter,
profilometer, roughness tester ‖ ~**oktanzahl** *f* (Kfz) /
road octane number ‖ ~**pech** *n* / road tar ‖ ~**pflaster** *n*,
Pflasterung *f* / pavement, paving ‖ ~**pflug** *m*, -egge *f* /
road scarifier o. plough, rooter plow (US) ‖ ~**planierer**
m (Straßb) / blade o. road grader ‖ ~**rand** *m*, -seite *f* /
roadside ‖ ~**rand** *m* **für**
Fußgänger / pedestrians sidepath ‖ **dem** ~**rand näher** /
near side (nearer the verge) ‖ ~**randmarkierung** *f* /
roadside marker ‖ ~**reifen** *m* / road-type tire ‖
~**reinigung** *f* / street clean[s]ing o. scaveng[er]ing o.
sweeping ‖ ~**reinigungsmaschine** *f* / street cleansing
machine, street cleaner ‖ ~**reparaturpflug** *m* (Straßb) /
patrol grader ‖ **innerer** ~**ring** / loop ‖ ~**roller** *m* (Bahn)

/ wagon carrying trailer ‖ ~**sammler** *m* (Straßb) / street
gully o. inlet ‖ ~**schild** *n* / street sign ‖ ~**schotter** *m* /
road metal ‖ ~**seite**, -front *f* (Bau) / street[ward] front ‖
~**siedlung** *f* (entlang einer Straße) / ribbon development
o. settlement ‖ ~**sperrung** *f* / road closed for traffic ‖
~**tankwagen** *m*, -tankfahrzeug *n* / road tank car, RTC,
tank truck (US) o. lorry (GB), road tanker ‖ ~**teer** *m*,
(jetzt:) Straßenpech *n* / road tar ‖ **teer-Ausflußgerät**
n, -Konsistometer *n* (Mat.Prüf) / standard tar viscometer
‖ ~**teermaschine** *f* / road tarring machine ‖ ~**teppich** *m*
aus Schwarzdeckenmischung / black top, asphalt
pavement ‖ ~**test** *m*, -Tauglichkeitsprüfung *f* / road test
‖ ~**träger** *m* (Brückb) / bridge beam ‖ ~**transport** *m* /
road transport (GB) ‖ ~**transportgewerbe** *n* / motor
freight industry, trucking industry (US), road haulage
industry ‖ ~**transport-Unternehmer**, -verkehrs-
Unternehmer *m* (Kfz) / road haulier (GB) o. hauler
(US), motor carrier, trucker (US) ‖ ~**tunnel** *m* /
vehicular tunnel ‖ ~**überführung** *f* (Bahn) / overbridge,
overpass (US), fly-over (GB), overhead crossing (road
over railway) ‖ ~**unterbau** *m* / road foundation ‖
~**unterführung** *f* / underbridge, underpass, undergrade
crossing (US) (road under railway) ‖ ~**-Untergrund** *m*
/ subsoil of a road o. street ‖ ~**verbreiterer** *m* / road
widener ‖ ~**verbreiterung** *f* / widening of a street ‖
~**verhalten** *n* (Benzin) / road performance ‖ ~**verkehr** *m*
/ highway traffic ‖ **innerstädtischer** ~**verkehr** / street
traffic ‖ **lebhafter** ~**verkehr** / busy traffic ‖
~**verkehrsordnung**, StVO *f* / Motor Vehicle [Traffic]
Regulations, Highway Code ‖ ~**verkehrsregeln** *f pl* /
rules of the road *pl* ‖ ~**verkehrsseite** *f* (Kfz) / off-side ‖
~**verkehrssystem** *n*, -linie *f* (Straßenbahn o.
Omnibus) / street railway (US) ‖
~**-Verkehrs-Zulassungs-Ordnung** *f*, StVZO / Federal
Motor Vehicle Safety Standards (US), motor vehicle
construction and use regulation, C. U.R. (GB) ‖
~**verlegung** *f* / bypass, [temporary] detour ‖ ~**waage** *f* /
road vehicle weighing machine ‖ ~**wachtwagen** *m* (Kfz)
/ patrol wagon o. car, trouble car ‖ ~**walze** *f* / road o.
street roller, motor roller ‖ ~**waschmaschine** *f* / street
washing machine ‖ ~**welle** *f* (zur
Geschwindigkeitsbegrenzung), Aufpflasterung *f* / ramp,
sleeping policeman ‖ ~**zugmaschine** *f* (Kfz) / road
tractor, draw-bar tractor, trailer towing vehicle ‖
~**zustand** *m* / road condition ‖ ~**zustandsbericht** *m*
(Radio) / informations on road conditions, road news *pl*
Straße-Schiene... / road-rail...
Stratifikation *f*, Aufschichtung (Geol) / stratification
strati·grafisch, schichtenkundlich / stratigraphical ‖
~**graphie** *f*, Schichtenkunde *f* (Geol) / stratigraphy
Strato·auflöser *m* (Mühle) / strato-fractor o. -detacher ‖
~**kumulus** *m*, Haufenschichtwolke *f* / strato-cumulus ‖
~**pause** *f* (50-55 km Höhe) / stratopause ‖ ~**sphäre** *f*
(10-50 km Höhe) / stratosphere ‖ ~**sphärendetonation**
f / stratospheric explosion ‖ ~**sphärenflugzeug** *n* /
stratocruiser, -liner ‖ ~**vision** *f*, Satellitenfernsehen *n*
(TV) / stratovision
Stratus *m*, Schichtwolke *f* / stratus
Strauchwerk *n* / brush, shrubs *pl*, shrubbery
Strazza *f*, Haspelabfall *m* (Seide, Textil) / reeling waste,
broken silk
Strazzen, Hadern *pl* / rags *pl*
Stream-Digitalisieren *n* / stream digitizing
Streamer *m* (Öl) / streamer ‖ ~ (ein
Magnetband-Kassettenlaufwerk) (DV) / streamer,
streaming cartridge tape drive, streaming tape drive ‖
~**[funken]kammer** *f* (Phys) / streamer chamber
Streb *m* (Bergb) / longwall [face] ‖ ~**ausbau** *m* (Bergb) /
face support ‖ ~**[aus]bau** *m*, -abbau *m* (Bergb) /
longwall face [working], longwall ‖ **schreitender**
~**ausbau**, Strebvorbau *m* (Bergb) / longwall advancing ‖
~**band** *n*, -förderband *n* / roadway belt conveyor, face
conveyor ‖ ~**bogen**, Strebepfeiler *m* / arc-boutant,

counterfort o. -pilaster, arch[ed] o. flying buttress ‖
~bruchbau m (Bergb) / longwall caving
Strebe, Steife, Spreize f (Bau) / stanchion, brace, shore ‖ ~
f, Rahmenträger m (Bahn) / frame stretcher ‖ ~ (Luftf) /
strut ‖ **[auf Zug arbeitende]** ~ / drag strut ‖ ~**kraft** f,
Zentripetalkraft f / centripetal force
streben, an-, hinstreben / tend [to], lead [to], aspire [to o.
after] ‖ ~ n, Anstreben n / appetence, -tency ‖
~**diagonalen** f pl / diagonal members pl ‖ ~**fachträger**
m (Stahlbau) / Warren girder ‖ ~**fachwerk** n (Stahlbau) /
strut frame o. bracing, pink truss ‖ ~**fördergerüst** n /
strut frame headgear ‖ ~**schuh** m (Luftf) / strut socket o.
fitting
Strebe·pfeiler m (Bau) / spur, buttress ‖ **kleiner** ~**pfeiler**
(Bergb) / spurring ‖ ~**pfosten** m, Stiel m / stanchion,
stay
Streb·flügel m, noch anstehender Strebstoß (Bergb) / breast
o. side of work ‖ ~**förderer** m / longwall conveyor,
face conveyor, underground chain conveyor ‖ ~**front** f
(Bergb) / face ‖ ~**leistung** f / face output [per man shift]
‖ ~**panzerband** n / armoured face conveyor ‖
~**rückbau** m (zum Schacht hin) / longwall retreating ‖
~**schrämmaschine** f / longwall coal-cutting machine o.
coal-cutter ‖ ~**stempel** m (Bergb) / rib, sprag, gib ‖
~**steuerstand** m / coal face control post ‖ ~**stoß** m
(Bergb) / wall-face ‖ **[noch anstehender]** ~**stoß** s.
Strebflügel ‖ ~**strecke** f / gate road, haulage road
Streck·band n (Textil) / drawing frame sliver, draw sliver
‖ ~**bandlunte** f (Textil) / condensed sliver
streckbar, dehnbar / extendible, [ex]tensible, [ex]tensile,
tractile ‖ ~, plastisch verformbar / malleable, ductile
Streckbarkeit, Dehnbarkeit / tractility, [ex]tensibility
‖ ~ (Spinn) / drawing ability ‖ Hämmerbarkeit f /
malleableness, malleability, ductility
Streck·bereich m (Mech) / sphere up to yield point ‖ ~**bett**
n (Walzw) / cooling bed ‖ ~**biegerichten** n / stretcher-
and-roller levelling ‖ ~**blasformen** n (Plast) / stretch
blow forming ‖ ~**-Blasziehen** n / stretch-blowmoulding
‖ ~**bremse** f (Kfz) / anti-jack-knife brake, underrun
brake
Strecke f, Weg m / way, route, trip ‖ ~ (Math) / distance,
section o. segment of a line ‖ ~, Eisenbahnlinie f /
railway line ‖ ~, Streckenstück n (Bahn) / length ‖ ~
(Textil) / draw[ing] frame ‖ ~, Stapelzugmaschine f
(Textil) / reel for long wool ‖ ~ besetzt (Bahn) / train on
line ‖ ~ frei (Bahn) / line clear ‖ ~ in km / distance
covered in km, kilometre run pl ‖ **[begrenzte]** ~ (Math)
/ finite length o. [straight] line ‖ eine ~ auffahren
(Bergb) / drift a road ‖ eine ~ zurücklegen (o. laufen o.
fahren) / run ‖ freie ~ im Versatz (Bergb) / gob road o.
heading
Streckeisen n, Schlichteisen n (Gerb) / breaking iron
strecken, recken / stretch, distend, draw-out, lengthen,
extend ‖ ~ (Chem) / dilute, dil ‖ ~ (Schm) / beat out ‖ ~,
ausziehen (Textil) / draw, draft ‖ ~, breiten (Walzw) /
flatten ‖ **[Arbeit]** ~ / stretch out ‖ **sich** ~ / spread,
expand, dilate ‖ **zu stark** ~ / overstrain, overstretch ‖
zum erstenmal ~ (Walzw) / bloom, cog [down], rough
[down] ‖ ~**abschnitt** m, Teilstrecke f / track section,
route section ‖ ~**abschnitt** m (ohne Zw.landung) (Luftf)
/ route segment ‖ ~**arbeiter** m / navvy (GB),
surfaceman, platelayer ‖ ~**arbeiter** m pl (Bahn) / section
gang (US) ‖ ~**auffahren** n (Bergb) / drifting ‖
~**aufseher**, Bahnwärter m (Bahn) / ganger, lineman,
surfaceman, trackman, trackwalker (US) ‖ ~**ausbau** m
(Bergb) / headway timbering ‖ ~**stählerner** ~**ausbau** /
steel arching ‖ ~**ausbauprofile** n pl (Bergb) / mine
support sections pl ‖ ~**ausrüstung** f (Bahn) / line
equipment ‖ ~**band** n (Spinn) / drawing frame sliver ‖
~**band** n (Bergb) / roadway belt conveyor ‖ ~**begehung**
f (Bahn) / inspection of the line ‖ ~**belastung**, -leistung f
(Bahn) / traffic density o. turnover ‖ ~**besetzungsplan**
(Bahn) / track occupation diagram ‖ ~**betrieb**,
Untertagebau m (Bergb) / drift mining, underground

working ‖ ~**block** m (Bahn) / section block, block
instrument ‖ ~**block** m mit Zugeinwirkung (Bahn) /
lock and block ‖ ~**bogen** m (Bergb) / centering o. gallery
arch ‖ ~**dämpfung** f (Elektronik) / path attenuation o.
loss ‖ ~**durchgang** m, -passage f (Textil) / passage of
drawing ‖ ~**element** n (Math) / linear element ‖ ~**ende** n
(Bergb) / head-end ‖ ~**ende**, Teilstück n (Bergb) / gallery
section ‖ ~**endschalter** m (Bergb) / dead end switch ‖
~**fahrdienstleiter** m (Bahn) / dispatcher (US), traffic
controller ‖ ~**feld** n (Bergb) / frame ‖ ~**fernmeldekabel**
n / railway telecommunication cable ‖ ~**fernsprecher** m
(Fernm) / portable telephone set for faultsmen ‖
~**fernsprechleitung** f (Bahn) / local line ‖ ~**firste** f
(Bergb) / gallery roof ‖ ~**flugplatz** m / regular
aerodrome ‖ ~**[förder]band** m (Bergb) / drift conveyor,
roadway belt conveyor ‖ ~**förderung**, Förderung f
unter Tage (Bergb) / underground hauling o. haulage o.
conveyance, haulage on driftways ‖ ~**förderung** (Bergb)
/ haulage on driftways ‖ ~**funkfeuer** n (Luftf) / range
beacon ‖ ~**gefälle** n (Bahn) / down-gradient ‖ ~**gestell** n
(Bergb) / metal frame ‖ ~**gleis** n (Bahn) / through track ‖
~**haspel** m f (Bergb) / driftway winch ‖ ~**isolator** m
(Elektr) / section insulator ‖ ~**kanne** f (Spinn) / drawing
can ‖ ~**kennung** f (Luftf) / air route marking, airway
marking ‖ ~**länge** f / trackage ‖ ~**last** f (Mech) / knife-
edge o. line load ‖ ~**leistung**, -belastung f (Bahn) /
traffic density o. turnover ‖ **monatliche** ~**leistung**
(Bahn) / monthly run ‖ ~**leitstrahl** m (Luftf) / route
avigation beam ‖ ~**lokomotive** f (für Hauptstrecken)
(Bahn) / road locomotive (US), main-line locomotive ‖
~**lokomotive** f (für Hauptstrecken) (Bahn) / main-line
locomotive ‖ ~**meßtheodolit** m / tacheometer theodolite
‖ **[vollständige]** ~**messung** / end-to-end measurement ‖
~**navigation** f / distance navigation ‖ ~**netz** n (Bergb) /
roadway system ‖ ~**netzlänge** f (Luftf) / certified route
miles operated ‖ ~**neutral** (DV) / distance-neutral ‖
~**ort** n (Bergb) / way head, head end ‖ ~**passage** f,
-durchgang m (Textil) / passage of drawing ‖ ~**personal**
n (Bahn) / permanent-way staff ‖ ~**pfeiler** m (Bergb) /
pillar ‖ ~**positionierung** f (NC) / straight-cut
positioning, linear positioning ‖ ~**profil** n / line profile
‖ ~**querschnitt** m (Bergb) / road cross-section ‖
~**raubgerät** n (Bergb) / hydraulic arch withdrawing
device ‖ ~**räumer** m (Bergb) / way cleaner ‖
~**-Richtungswechsel** m (Bergb) / clump ‖ ~**ring** m
(Bergb) / gallery ring ‖ ~**schacht** m, blinder Schacht
(Bergb) / winze (o. wince) staple [pit] ‖ ~**schalter** m,
-unterbrecher m (Elektr, Bahn) / section switch ‖
~**schalter** m mit Hornableitern / horn-break switch ‖
~**schaltkasten** m / section[alizing] switch box ‖ ~**schild**
n, Richtungstafel f (Bahn) / direction board ‖ ~**schutz** m
(Relais) / pilot protection ‖ ~**signal** n (Bahn) / signal on
open line ‖ ~**sohle** f (Bergb) / gallery level ‖
~**-Spannvorrichtung** f (Seilb) / double tensioning
station ‖ ~**stelltafel** f (Bahn) / centralized control panel ‖
~**stellwerk** n (Bahn) / centralized control box o. control
point ‖ ~**stellwerkanlage** f / centralized traffic control,
C.T.C., consolidated control (US) ‖ ~**steuerung** f (NC)
/ straight cut [control system] (US), linear path control
‖ ~**steuerung** f (Regeln) / line-motion control system ‖
~**stoß**, Ortstoß m (Bergb) / gallery end o. face, roadside
‖ ~**stück** n, Strecke f (Bahn) / length, section ‖ ~**teilung**
f (Geom) / division of o. dividing a given length o. a
distance ‖ ~**trenner**, -isolator m / section insulator ‖
~**trennung** f (Bahn, Elektr) / sectioning of the contact
line, sectioning of tracks ‖ ~**trennung** f (Lufttrennung)
(Bahn) / air gap [overlap span], overlap span, section gap
‖ ~**überholungsgleis** n (Bahn) / passing siding o. track ‖
~**- und Pfeilerabbau** m (Bergb, Kohle) / pillar-and-post
work, pillar-and-stall-work, pillar-and-chamber work ‖
~**- und Pfeilerabbau in [geschlossenen
Bau]abteilungen** (Bergb) / board-and-stall working,
room-and-pillar work ‖ ~**verbindung**, Standverbindung
f (Fernm) / point-to-point communication ‖

~verbindung f (DV) / point-to-point connection ‖
~vortrieb m (Bergb) / roadway drivage ‖
~vortriebmaschine f (Bergb) / tunnelling machine ‖
~vortriebsleistung f (Bergb) / drifting performance ‖
~wärter m (Bahn) / surfaceman, patrol o. line
man ‖ ~wärter m (Spinn) / drawing frame tenter ‖
~zimmerung f (Bergb) / timbering, tubbing, lining ‖
~zugschalter m (Bergb) / pull switch for haulage roads
Strecker m, Binder m (Bau) / outbond brick, binder,
header ‖ ~, Richtapparat m (Walzw) / straightener ‖ ~
(Feuerfest) / whelp ‖ ~ (Textil) / drawer, tenter ‖
~schicht, -lage f (Bau) / stretching course ‖ ~verband
m (Bau) / header o. heading bond
Streck·festigkeit f (Mech) / yield strength ‖ ~folie f /
stretch film ‖ ~formen n (Plast) / drape forming ‖
~formen, -ziehen, Reckziehen n (Blech) / stretch-
forming ‖ ~gerüst n (Walzw) / blooming stand ‖
~gesenk, Rollgesenk n (Schm) / fuller, swager ‖ ~gitter
n (DIN 791) / expanded metal, rib mesh, Exmet (GB) ‖
~grad m (Walzw) / stretching rate ‖ ~grenze,
Dehnungsgrenze f / apparent yielding point, apparent
limit of elasticity ‖ untere ~grenze / lower yield point ‖
obere ~grenze / upper yield point, upper limit of
elasticity ‖ konventionelle o. technische ~grenze,
0,2 % Dehngrenze f / conventional limit of elasticity,
tensile yield strength, yield strength (US), Y.S. ‖
~grenzenverhältnis n / ratio yield point / tensile
strength ‖ ~gurtwinkel m (Stahlbau) / horizontal boom
angle ‖ ~härtung f / strain-hardening ‖ ~kaliber n
(Walzw) / drawing pass, breaking-down pass ‖ ~kopf m
(Spinn) / drawing head ‖ ~kühlen (Gummi) / rack v ‖
~leisten m (Schuh) / expandable last ‖ ~maschine f
(Leder) / breaking machine ‖ ~maschine f (Spinn) / tenter
o. stenter frame ‖ ~maschine f, Spannwerk n /
stretching hammer ‖ ~maschine f (Blech) / stretcher
leveller ‖ ~maschine f auf zwei Bänder (Textil) /
circular open drawing ‖ ~metall n / expanded metal, rib
mesh, Exmet (GB) ‖ ~metall n mit rhombischen
Öffnungen / diamond mesh ‖ ~metalleinlage f (Straßb)
/ mattress, mesh ‖ ~metallunterlage f (für Gipsarbeit)
(Bau) / metal lathing ‖ ~mittel n, Füller m (Farbe, Plast) /
extender, filler ‖ ~mittel n, Verdünner m / diluent,
thinner ‖ ~ofen m (Glas) / flatting furnace o. kiln ‖
~ortstein, Ortstein m (Dach) / margin tile, corner tile ‖
~planieren / spin, stretch-planish ‖ ~platte f (Glas) /
flattening table ‖ ~reduzier-Walzwerk n / stretch-
reducing mill ‖ ~richten n / patent flattening, stretcher
levelling ‖ ~säge, (jetzt:) Zugsäge f / trim saw ‖ ~säge
f (für Querschneiden) / framed crosscut saw ‖ ~säge f
für Längssägen / saw for parallel sawing, for squaring
‖ ~säge f für Rundholzquerschnitt / saw for logs ‖
~schicht f (Bau) / stretching course ‖ ~schmieden n
(Schm) / cogging back ‖ ~schrägwalzwerk n (Hütt) /
rotary piercing and stretching mill, rotary stretch rolling
mill ‖ ~spannung f / yield stress ‖ ~spinnen n (Textil) /
spinning whilst stretching, stretch spinning ‖ ~stein m
(Bau) / bonder ‖ ~stein m (Glas) / flattening table ‖
~stich, Vorstich m (Walzw) / roughing pass
Streckung f, Ausdehnung f, -dehnen n / extension ‖ ~ der
Kette (Web) / tension of the warp
Streck[ungs]mittel n (Chem) / diluent, diluting agent
Streckungs·verhältnis, Schlankheitsverhältnis n / aspect
ratio
Streck·verfahren n (mit Vorstreckung) (Plast) / air-slip
process ‖ ~verpackung f (Plast) / stretch pack ‖
~vorrichtung, Spannvorrichtung f (Masch) / stretcher ‖
~walze f, Ausziehwalze f (Textil) / delivering o. drawing
roller ‖ ~walze f, Vorwalze f (Walzw) / roughing roll ‖
~walze f (Walzw) / cogging-down roll, breaking-down
roll ‖ ~walzen, vorwalzen / break down ‖ ~walzen n
(Walzw) / breaking-down, stretch-rolling,
roughing[-down] ‖ ~weite f (Textil) / reach, ratch
(distance between feed rollers and drawing rollers) ‖
~werk n (Textil) / drawing o. drafting equipment o.

rollers pl ‖ ~werk n (Plast) / orientating unit ‖ ~werk n
(Spinn) / drafting arrangement o. equipment o. rollers pl
‖ ~werkzeug n / swager, fuller ‖ ~ziehen / stretch-
form, stretcher-level ‖ ~ziehmaschine f (Plast) /
stretcher-leveller ‖ ~zwirnen n (Textil) / draw twisting ‖
~zwirnkops m (Spinn) / cop-wound draw twisting
package ‖ ~zwirnmaschine f (Textil) / draw twister ‖
~zylinder m, Unterzylinder m (Textil) / fluted o. bottom
o. drawing roller (drawing frame)
strehlen (Gewinde) / chase thread
Strehler m / thread chaser ‖ ~backe f / die stock chaser
Streich·... (Pap) / coating ‖ ~anlage f (Pap) / coating
machine, converter ‖ ~barkeit, -fähigkeit f (Farbe) /
brushability ‖ ~baum m (Web) / back rest o. rail, back
bearer ‖ ~blech m (Landw, Pflug) / mould board, plough
board o. breast ‖ ~blech n, Abstreicher m (Bandförderer)
/ scraper ‖ ~blech n, Riegelblech n (Schl) / staple plate ‖
~blech n, Schließhaken m (Schl) / keeper of lock ‖
~brett n (Schablone) (Gieß) / flask o. moulding board ‖
~bürste f (Web) / size brush ‖ ~dalbe f (Schiff) / fender
pile ‖ ~eisen n (Glas) / wetting-off iron, cracking-off
iron
streichen vt, anstreichen / paint v ‖ ~, reiben / rub gently,
stroke ‖ ~ (Pap) / coat v ‖ ~, annullieren / scrub v,
cancel ‖ ~, ausradieren / delete, erase, cancel ‖ ~,
kardieren (Textil) / card ‖ ~ vi (Geol) / bear ‖ ~,
einfallen (Bergb, Geol) / dip ‖ ~ [von... nach...] (Geol) /
run from... to... ‖ ~ n (Geol) / course, direction, run,
strike ‖ ~ (Pap) / surface application ‖ ~,
Rückgängigmachen n / cancelling ‖ ~ außerhalb der
Maschine (Pap) / conversion coating ‖ ~ des Ganges,
Streichrichtung f (Bergb) / bearing of the vein o. lode,
direction, drift, striking ‖ ~ im Steinberg-Streicher
(Pap) / curtain coating ‖ einen Zug ~ / cancel a train ‖
frisch gestrichen! / Wet paint! ‖ von einer Liste ~ /
erase, strike, cross off ‖ Ziegel ~ / mould bricks
streichend (Geol) / longitudinal ‖ ~er Ausbau (Bergb) /
support at right angles to the face ‖ ~e Baulänge (Bergb)
/ life of face ‖ ~er Streb (Bergb) / strike face ‖ ~e
Strecke (Bergb) / dip heading, downcast diagonal road
o. gate
Streich·farbenwanne f (Pap) / coater o. coating pan o.
trough ‖ ~fertig (Farbe) / prepared for use, p.f.u., ready
for use, ready-mixed ‖ ~feuer n (Hütt) / fire of a
reverberatory furnace ‖ ~garn n, Streichwolle f (Wolle)
/ carded [wool] yarn, woollen yarn ‖ ~garn n,
-baumwollgarn n / condenser yarn ‖
~garngewebe-Veredlung f / finishing of carded wool
yarn fabrics ‖ ~garnkratze f / wool[en] card ‖
~garn-Krempelsatz m (Textil) / set of worsted cards ‖
~garnspinnerei f / woollen spinning ‖
~garnwagenspinner m / woollen spinning mule ‖
~garnwolferei f / woollen opening ‖ ~garnwolle f
(Rohmaterial) / wool for carded spinning ‖ ~harz n /
wiping resin ‖ ~holz n / match ‖ ~holzschachtel f /
match box ‖ ~kamm m mit Vorrichtung (Textil) / wool
card with accelerated motion ‖ ~lack m / painting
varnish, brushing paint o. varnish (US) ‖ ~linie f (Geol)
/ line of strike ‖ ~linien f pl von Flußufern / boundary
of an improved river channel ‖ ~maschine f (Baumwolle)
/ card[ing] engine o. machine, carder ‖ ~maschine f
(Plast) / spreader, spreading machine ‖ ~maschine f für
Wolle / woollen spinning frame ‖ ~maschine f mit
Abquetschwalze (Pap) / squeeze roll coater ‖ ~maß n
(Stahlbau) / distance from outside of angle to rivet center,
back pitch ‖ ~maß n (Holz) / scratch gauge, marking o.
shifting gauge ‖ ~schneidendes ~maß / cutting gauge ‖
~masse f (allg) / coating slip, slurry ‖ ~masse f (Pap) /
coating colour o. slip ‖ ~messer n / spreading knife,
knife bar ‖ ~messer n, Rakel f / doctor knife ‖ ~pfahl
m (Hydr) / fender pile o. post ‖ ~richtung f (Bergb) /
striking of the vein ‖ ~rohpapier n / coating base paper
‖ ~schar f n (Landw) / skimming share ‖ ~stange f
(Gerüst) / ledger ‖ ~stein m, Probierstein m /

1025

touchstone, lydite, Lydian stone ‖ ~trommel f,
Abnehmer m (Textil) / doffing cylinder
Streichung f / cancellation ‖ ~, Kürzung f (Math) /
reducing
Streichungs·meldung f / cancellation message ‖ ~zeichen
n (Buch) / dele[atur]
Streich·wanne f (Pap) / coating trough ‖ ~wehr n (parallel
zur Fließrichtung) / side weir ‖ ~winkel m (Bergb) /
angle formed by the direction and meridian line ‖
~wolle f / carded o. clothing o. short wool ‖
~wollkrempel f / woollen carder
Streifband n, Buchbinde f (Buch) / band, blurb
streifen, leicht berühren / graze ‖ ~, mit Streifen
versehen / streak, stripe
Streifen m / stripe ‖ ~ (Pap) / strip, tape ‖ ~, schmales
Stück / strip ‖ ~, schmales Band / tape ‖ ~ m pl,
Streifenmaterial n (Stanz) / strip stock, strip fed stock ‖
~, Lappen m / tab ‖ ~, Licht-, Farbstreifen m / streak,
stripe ‖ ~, Preßfehler m pl (Plast) / segregation ‖ ~ m
(Decca) / lane ‖ ~, Striemen m (Glas) / streak ‖ ~ (Fehler,
Web) / streak ‖ ~ für spätere Verbreiterung / margin
along a road ‖ ~ im Papier / line in the paper, stripe ‖
[biegsamer] ~ (aus Holz o. Metall) / spline ‖ in
schmale ~ [zer]schneiden (o. zerreißen) / shred v ‖
[langer schmaler] ~ / trail ‖ ~abfall m (Kork) / strip
corkwaste ‖ ~abschwächer, Tauchteiler m (Wellenleiter)
/ flap o. vane attenuator ‖ ~abstand m (Interferenz) /
interfringe distance ‖ ~abtaster m / strip scanner ‖
~abtastung f (TV) / rectilinear scan[ning] ‖ ~abtastung
f, partielle Bildaufnahme (TV) / zone television ‖
~ansaugevorrichtung f (Wzm) / pneumatic suction strip
feed attachment ‖ ~aufnahme f (Luftbildverm) / aerial
strip survey ‖ ~ausgleichung f (Verm) / strip adjustment
‖ ~bild n (Stanz) / metal blank development ‖ ~bild n,
einzelnes Filmbild / picture frame ‖ ~bildung,
Riefenbildung f (Masch) / striation ‖ ~bildung f
(Videoband) / banding ‖ ~bildung f durch schlecht
justierten Kopf (Videoband) / head banding ‖ ~bildung f
in Folien (Plast) / pine tree
streifend / grazing, glancing ‖ ~er Einfall / glancing
incidence, grazing incidence ‖ ~er Schlag / glancing
blow
Streifen-·-Display n (DV) / strip display ‖ ~doppler m /
tape reproducer ‖ ~druckend (DV) / tape printing adj,
listing adj ‖ ~drucker m / tape printer ‖ ~entladung f
(Elektr) / stratified o. striate[d] discharge ‖ ~förmiges
Ätzmuster, Striation f (Halbl, Fehler) / striation ‖ ~frei
(Färb) / non-barry ‖ ~fundament n (Bau) / continuous
footing, ground table ‖ ~gefüge, Schicht-,
Blättchengefüge n / lamellar structure ‖
~geometrie-Laser m / stripe-geometry heterostructure
laser ‖ ~gesteuert (DV) / tape-controlled ‖ ~halter m,
Abstreifer m (Tiefziehen) / stripper ‖ ~hobelmesser n /
strip plane knife ‖ ~kassette f / strip can ‖ ~kennung f
(Schiff) / lane identification ‖ ~kohle f / banded
bituminous coal ‖ ~krankheit f,
Helmintosporiumkrankheit f (Landw) / stripe disease,
leaf stripe ‖ ~kühler, Lamellenkühler m (Kfz, Luftf) /
sheet metal radiator, finned o. gilled radiator ‖ ~leiter
m (Wellenleiter) / microstrip (US), flat coaxial
transmission line, strip transmission line (GB) ‖
~leiterabschluß m (Mikrowellen) / pig tail pill ‖ ~leitung
f / stripline ‖ ~leser m / tape reader ‖ ~leser m (für
einzelne Streifen) (DV) / strip reader ‖ ~locher m / tape
punch[ing machine], paper tape punch ‖
~-Magnetband-Umsetzer m / paper tape-to-mag tape
converter ‖ ~mittellage f (Holz) / laminated core ‖
~muster n (TV) / striate[d] pattern ‖ ~muster n (Web) /
stripe pattern, striping ‖ ~nachlauf m (Lochstreifen) /
trailer ‖ ~platte f (Sperrholz) / batten-board ‖ ~pulver
n / lamellar powder ‖ ~richtung f (Interferenz) / fringe
orientation ‖ ~rolle f (Buch.m) / journal roll ‖ ~schere f,
-schneider m (Wzm) / strip cutting machine, strip shear,
-s pl ‖ ~schere f mit mehreren Messern / multiblade

shears pl ‖ ~schreiber m / strip chart recorder ‖
~sicherung f / strip fuse ‖
~verschiebungs-Interferogramm n / smear
interferogram ‖ ~vorspann m (Lochstreifen) / leader ‖
~wagen m (Kfz) / patrol car ‖ ~walzwerk n / strip
[rolling] mill, broad strip mill ‖ ~wellenleiter m s.
Streifenleiter ‖ ~zeiger m (Decca Radar) / vernier
Streifhaufen, Schürfgrat m (Straßb) / windrow
streifig / striped, streaked ‖ ~, ungleich gefärbt / cloudy,
striped, barry, streaky ‖ ~ machen, streifen vt / stripe
vt, streak ‖ ~er Perlit / lamellar perlite ‖ ~e Ziegel m
pl (Fehler) / brindled bricks pl
Streifigkeit f (Pap) / streaked formation ‖ ~ (Textil, Fehler) /
warp streakiness, warp streaks pl, reed o. section marks
pl, streakiness, barreness
Streif·kernmarke f, Ziehmarke f (Gieß) / tail print ‖
~licht n / glancing o. rim light
Streik m (F.Org) / strike ‖ wilder ~ / unauthorized o.
wildcat (US) strike ‖ ~brecher m (F.Org) / scab, black-
leg (coll)
streiken (F.Org) / strike v
Streikender m (F.Org) / striker
Streikposten m / piquet
STR-Einheit f (= synchronous transmitter-receiver)
(Bürom) / S.T.R. unit
streng, genau / exacting, strict ‖ ~, schwergängig (Masch)
/ hard ‖ ~e Prüfung / severe o. rigid o. exacting control
‖ ~ stationär (Schwingungen) / strongly self-stationary ‖
~flüssig (Gieß) / sluggish ‖ ~flüssig, schwer schmelzbar
(Hütt) / refractory
Streß m, Druck bei der Dislokationsmetamorphose (Geol) /
stress ‖ ~ am Arbeitsplatz / job stress ‖ ~minerale n pl
(Geol) / stress minerals pl
Stretch m (Wirkw) / stretch ‖ ~-out n, Verlängerung f der
Betriebszeit (Nukl) / stretch-out ‖ ~-Strumpf m / stretch
hose o. stocking ‖ ~ware f, -gewebe n pl (Textil) /
stretch fabrics o. goods pl
Streu-…, Ableitung f / leakage ‖ ~… (Akust) / non-
specular, scatter… ‖ ~akt m (Nukl) / event causing a
diffusion ‖ ~amplitude f (Quanten) / scattering
amplitude ‖ ~ausbreitung f / scatter propagation ‖
~ausbreitungsübertragung f (Radio) / forward scatter
propagation ‖ ~baumwolle f / linters pl ‖ ~bereich m /
scatter ‖ ~bereich m, Vergleichs- o.
Wiederholstreubereich (DIN 51849) m /
reproducibility, repeatability ‖ ~bereich m (NC) / range
of dispersion ‖ ~bereich m (Statistik) / margin of error ‖
~breite f (Statistik) / spread ‖ ~breite f (Radio) / scatter
band ‖ ~breite f (NC, Versuch usw) / variation, dispersion
‖ ~breite f der Toleranzen (Messen) / range ‖ ~dienst
m (Straßb) / spreading service ‖ ~düse f (für Pulver) /
spray nozzle for powder ‖ ~echo n / scatter echo ‖
~effekt m, Streuung f (Nukl, Elektronik) / scattering
streuen vt / strew, scatter ‖ ~, be-, verstreuen / sprinkle ‖
~ (Chemikalien) / dust ‖ ~ (Dünger) / spread ‖ ~ vi /
scatter vi, disperse ‖ ~, sich verbreiten / diffuse vi ‖ ~
(Elektr) / leak ‖ ~, vagabundieren (Elektr) / stray ‖ ~
(Schüsse) / diverge v, disperse ‖ ~ n (Ergebnisse) /
spreading, scattering
streuend, zerstreuend / dispersive
Streuer m / scatterer
Streu·fähigkeit, -kraft f, -vermögen n (Galv) / throwing
power ‖ ~faktor, -koeffizient m, -zahl f / leakage
coefficient o. factor, dispersion coefficient ‖ ~feld n
(Elektr) / leakage o. stray field ‖ ~feld n (Versuche) /
scatter field ‖ ~feuerung f (Keram) / scattering firing ‖
~flugzeug n / airplane for dusting purposes ‖ ~fluß m
(Magnet) / leakage o. stray o. fringing flux ‖ ~fluß m
(Elektr) / leakage o. lost flux ‖ ~flußinduktion f / stray
induction ‖ ~fortpflanzung, -ausbreitung, -übertragung
f / scatter propagation o. radiation ‖ ~frequenz f /
scattering frequency ‖ ~glas n / scattering screen ‖
~grenze f (Math, Phys) / scattering limit ‖ ~grenze f
(Qual.Prüf) / limit of variation ‖ ~gut n, -mittel n pl

(Straßb) / abrasives *pl*, grit ‖ **↳guttrockner** *m* / dispersion drier ‖ **↳induktivität** *f* / leakage inductance ‖ **↳-Integralkern** *m* (Nukl) / scattering kernel ‖ **↳kammer** *f* (Nukl) / scattering chamber ‖ **↳kapazität** *f* (Elektronik) / stray capacitance ‖ **↳kegel** *m* / dispersion o. scattering cone ‖ **↳kern** *m* (Nukl) / scattering kernel ‖ **↳klosett** *n* / earth closet, soil tub ‖ **↳koeffizient** *m* (Elektr) / dispersion coefficient ‖ **↳kopplung** *f* (Elektronik) / leakage o. stray coupling ‖ **↳kreis** *m* (Opt) / circle of confusion, coma ‖ **↳kupfer** *n* (Metallurgie) / copper rain ‖ **↳licht** *n*, Lichtstreuung *f* / light scatter, diffused o. stray o. scattered light ‖ **~lichtfrei** (Objektiv) / flare-free ‖ **↳lichtmelder** *m* (Feuerschutz) / scattered light o. defection light detector ‖ **↳lichtphotometer** *n* / dispersion photometer ‖ **↳lichtschirm** *m* / diffusing screen ‖ **↳lichtschreiber** *m* (Luftf) / diffuse light recorder ‖ **↳linie** *f* (Magnetismus) / leakage o. stray line ‖ **↳linie** *f* (Ultraschall) / line of scatter ‖ **↳linse** *f*, Zerstreuungslinse *f* / divergent o. dispersing lens ‖ **↳makadamdecke** *f* (Straßb) / penetration macadam surfacing ‖ **↳matrix** *f* (Fernm) / scattering matrix ‖ **↳mittel** *n pl*, -gut *n* (Straßb) / abrasives *pl*, grit ‖ **↳neutron** *n* / stray neutron ‖ **↳pulver** *n* / powder for strewing o. dusting purposes ‖ **↳querschnitt** *m* (Nukl) / [classical] scattering cross-section, Thomson cross-section ‖ **↳reaktanz** *f* (Elektr) / leakage reactance ‖ **↳salz** *n* (Straßb) / de-icing salt ‖ **↳sand** *m* (Gieß) / parting sand ‖ **↳scheibe** *f* (Scheinwerfer) / lens of the headlight ‖ **↳schirm** *m* (Film) / diffusing screen ‖ **↳siedlung** *f* / open settlement ‖ **↳sintern** *n* / scatter sintering ‖ **↳spannung** *f* (Elektr) / stray voltage ‖ **↳strahlen** *m pl*, -strahlung *f* (Phys) / scattered rays *pl* ‖ **↳strahlenraster** *m* (Röntgen) / scattered-ray grid, antiscatter grid ‖ **↳strahlung** *f* / leakage radiation ‖ **↳strahlungsmesser** *m* / scatterometer ‖ **↳strahlungs-Technik**, Scatter-Technik *f* / scatter technique ‖ **↳strom** *m*, vagabundierender Strom / stray o. vagrant current ‖ **↳stromableitung** *f* (Korrosion) / electric drainage ‖ **↳teller** *m* (Aufber) / distributing plate ‖ **↳trafo** *m* / stray field transformer

Streuung *f* (Opt, TV, Funk) / dispersion, scattering ‖ ↳, Streubreite *f*, Straggling *n* (Daten) / straggling ‖ ↳, Unsicherheit *f* (DV) / prevarication ‖ ↳ (Schüsse) / dispersion o. divergence of balls ‖ ↳ (Phys) / stray dispersion, dispersion ‖ ↳, Streuverlust *m* (Elektr) / stray[ing], leakage ‖ ↳, Scattering *n* (Nukl) / scattering, scatter ‖ ↳, Scattering *n* (Nukl) / scatter ‖ ↳, Belegung *f* von Schmirgelpapier / coating with abrasives ‖ **↳ der Ergebnisse** / spreading o. scattering of results ‖ **↳ der Kraftlinien** (Elektr) / fringing [of the lines of force], magnetic leakage ‖ **↳ der Signallaufzeit** / transit time spread ‖ **↳ einer Peilung** (Elektronik) / spread of a bearing ‖ **↳ von Scheinwerfern** / beam spread ‖ **↳ von Versuchswerten** / dispersion of test results, variation ‖ mit hoher ↳ (Lautsprecher) / high-scattering ‖ statistische ↳, Schwankung *f* / straggling

Streuungs·amplitude *f* (Nukl) / scattering amplitude ‖ **↳bild** *n*, -diagramm *n* / dot o. scatter diagram ‖ **↳gesetz** *n* (Atom, Nukl) / scattering law ‖ **↳grad** *m* **der Zeiten** (F.Org) / rate of uncertainty in time observations ‖ **↳kurve**, Dispersionskurve *f* (Opt, Geol) / dispersion curve ‖ **↳wolke** *f* (Nukl) / scattering cloud ‖ **↳zerlegung** *f* / scatter o. variance analysis ‖ **↳zerlegung** *f* / scatter analysis

Streu·verlust, Kriechverlust *m* (Elektr) / leakage ‖ **↳verluste haben**, streuen (Elektr) / leak ‖ **↳vermögen** *n* (Galv) / throwing power ‖ **↳vorrichtung** *f* / spreading device ‖ **↳walze** *f*, Verteilwalze *f* / distributing roll[er], spreader roll ‖ **↳weglängen** *f pl* (Nukl) / diffusion free path ‖ **↳wert** *m* (Messung) / erratic value, runaway ‖ **↳winkel** *m* (Opt) / angle of dispersion ‖ **↳winkel** *m* (Nukl) / scattering angle ‖ **↳zahl** *f*, Streufaktor *m* / leakage coefficient o. factor, dispersion coefficient ‖

↳zentrum *n* (Nukl) / scattering center ‖ **↳zucker** *m* / caster sugar

Striation *f*, streifenförmiges Ätzmuster (Halbl, Fehler) / striation

Strich *m*, Linie *f* / stroke, line ‖ ↳, Querstrich *m* / dash ‖ ↳, Markierung *f* / mark[er] ‖, ↳, Morsestrich *m* (Fernm) / dash ‖ ↳ (Stoff) / grain of fabric ‖ ↳, Schrägstrich *m* (Buch) / oblique o. fraction stroke ‖ ↳, Bindestrich *m* (Buch) / score ‖ ↳ (hochgesetzt, z.B. a') / prime mark (e.g. a prime), dash ‖ ↳ (Prüfung von Mineralien) / streak ‖ ↳ **als Überstreichung** (z.B. ā) (Buch, DV) / vinculum, bar ‖ ↳ **am Kompaß** (11⁰15') (Nav) / point ‖ ↳ **mit der Bürste** / course of a brush ‖ **auf dem** ↳ **fahren** (Kfz) / occupy the road center ‖ **einen** ↳ **mit dem Lineal ziehen** / rule a line ‖ **gegen den** ↳ (Textil) / against the nap o. fur o. hair, against the pile ‖ **mit dem** ↳ / with the hair ‖ **n [zwei]** ↳, n'' / n [double] prime ‖ **↳appretur** *f*, -ausrüstung *f* (Textil) / raised brushed finish, nap finish ‖ **~artige Verzerrung von Punkten** (Oszillograph) / slash ‖ **↳ätzung** *f* (Buch) / line block ‖ **bunte ↳ätzung** (Buch) / line-colour ‖ **↳code** *m* / bar code, universal unit code (US) ‖ **↳codeleser** *m* / bar code reader ‖ **↳codeschrift** *f* / font SC, bar font ‖ **↳druck** *m* (Buch.m) / stroke printing ‖ **↳effekt** *m* (Textil) / nap effect ‖ **↳[ein]teilung** *f* / graduation

stricheln (Linie) / draw a broken line

Strichelung *f* / short dashes *pl*

Strich·endmaß *n* / hairline ga[u]ge ‖ **↳farbe** *f* (Min) / streak colour ‖ **↳fokus** *m* (Opt) / line focus ‖ **↳gitter** *n* / ruled grating ‖ **mit ↳index** (z.B. A') (Math) / primed ‖ **↳klischee** *n* / line block ‖ **↳kopie** *f* (Buch) / line copy ‖ **↳linie** *f* / dashed line, broken line ‖ **↳liste** *f* / tally ‖ **↳marke** *f* / locating mark ‖ **↳marke** *f*, Teilstrich *m* / division mark ‖ **↳markierungsleser** *m* (DV) / [optical] bar-code reader ‖ **↳maßstab** *m* (Normalmaß) / line standard ‖ **↳maßstab** *m* (Wz) / line rule ‖ **↳negativ** *n* / line negative ‖ **↳nummer** *f* (aus Zeichnungs- und Positionsnummer zusammengesetzt) / dash number ‖ **↳perforierung** *f* / slot perforation ‖ **↳platte** *f* (Opt) / cross-lines *pl*, reticule, reticle ‖ **↳platteneinschub** *m* (Opt) / reticle carrier ‖ **↳probe** *f* (Gold) / touch, assay by the touch needle ‖ **↳punkt** *m*, Semikolon *m* (Buch) / semicolon ‖ **~punktieren** / mark in dot-and-dash pattern, dash-dot, chain-dot (GB) ‖ **~punktiert** / dash-dot *adj*, chain-dot (GB) ‖ **~punktierte Linie** / segmented o. chain line, dot-and-dash line ‖ **↳punktsystem** *n* (Fernm) / dot-and-dash system ‖ **↳-Raster-Ätzung** *f* (Buch) / line-halftone combination, combination plate ‖ **↳rasterbild** *n* (TV) / bar test pattern ‖ **↳skale** *f*, Sks / line scale ‖ **↳stärke**, Linienstärke *f* / line width o. thickness ‖ **↳teilung** *f* / line graduation ‖ **↳vorlage** *f* (Buch) / line original, line document ‖ **↳waren** *f pl*, mit Strich versehene Ware (Textil) / faced o. napped goods *pl* ‖ **↳zeichnung** *f* / line o. outline drawing ‖ **↳ziehgerät** *n* / ruling device, ruler

Strick *m*, starke Schnur / cord, line ‖ **↳eisen** *n* (f. Rohre) / yarning chisel, plumber's rammer

stricken, wirken / knit

Strickerei *f* / knitting

Strick·garn *n* / knitting yarn, fingering [yarn], stocking yarn ‖ **↳heber** *m* (Textil) / knit cam ‖ **↳industrie** *f* / knitwear industry ‖ **↳leiter** *f* / corded o. rope ladder ‖ **~maschine**, Wirkmaschine *f* / knitting machine ‖ **↳nadel** *f* / knitting needle ‖ **↳schloß** *n* (Textil) / cam assembly ‖ **↳stellung** *f*, Einschlußstellung *f* (Wirkm) / clearing position, knitting position ‖ **↳waren** *f pl* / knitwear, knitted o. jersey goods ‖ **↳warenherstellung** *f* / hosiery o. tricot manufacture ‖ **↳wolle** *f* / knitting wool

Striemen *m* (Glas) / streak ‖ ↳, Streifen *m*, Schliere *f* (Spiegel) / streak

Striktion *f* (Phys) / striction

Striktions·antrieb *m* (Raumf) / pinch-collapse propulsion ‖ **↳spule** *f* / stricture coil

String *m* / string ‖ **~bildung** *f* / string generation
Stringer, Stützbalken *m* (Schiff) / stringer
String·länge *f* (DV) / string length ‖ **~operator** *m* / string operator ‖ **~verarbeitung** *f* / string handling ‖ **~verkettung** *f* / string concatenation
Strioskop *n* / schlieren device
Strip, Filmstreifen *m* (Phot) / strip ‖ **~dampf** *m* / strip steam ‖ **~film**, Abziehfilm *m* (Buch) / stripfilm, stripping film ‖ **~line** *f*, Streifenleitung *f* (Elektronik) / microstrip (US), flat coaxial transmission line, strip transmission line (GB) ‖ **~line-Dämpfungsglied** *n* / stripline attenuator ‖ **~linetechnik** *f* (IS) / stripline technics
strippen (Öl) / strip *v* ‖ ~, vom Atomrumpf abtrennen / strip the atom ‖ **~** *n* (Öl) / stripping ‖ **~**, Abtrennung vom Atomrumpf / stripping the atom
Stripper *m*, Seitenturm *m* (Öl) / stripper, stripping column ‖ **~** (Buch) / stripper ‖ **~[kran]**, Zangenkran *m* (Hütt) / stripper o. stripping crane ‖ **~-Laufkran** *m* / stripper travelling crane ‖ **~pumpe** *f* (Öl) / stripper pump ‖ **~stempel** *m*, -stößel *m* (Hütt) / stripper ram ‖ **~zange** *f* / stripping tongs
Stripping *n* (Chem) / stripping ‖ ~, Abstreifreaktion *f* (Nukl) / stripping ‖ **~film** *m* (Phot) / stripping film
Strips *pl* (Baumwollabfall) / strips *pl*, card strips *pl*
Strobe *m* (Kath.Str) / strobe, linearity control ‖ **~generator** *m* (Elektronik) / strobing [pulse] generator ‖ **~[impuls]** *m* (Elektronik) / strobe [pulse]
stroben / strobe *vt* ‖ **~** *n* (Elektronik) / strobing
Stroboskop *n* / stroboscope, timing light (US)
Stroboskop·blende, Umlaufblende *f* (Phot) / rotary o. rotating o. revolving shutter ‖ **~-Effekt** *m* / stroboscopic effect
stroboskopisch / stroboscopic
Stroboskopscheibe *f* / stroboscope disk
Stroh *n* / straw ‖ **~ zum Abdecken** (Landw) / mulch ‖ **mit ~ abdecken** / cover with straw ‖ **~abdeckung** *f* des Bodens / mulch ‖ **~aufschließung** *f* (Pap) / alcaline treatment of straw ‖ **~ballen** *m* / straw bale ‖ **~brecher**, -schläger *m* (Dreschmasch) / straw bruiser ‖ **~dach** *n*, Rohrdach *n* / thatch[ed] roof ‖ **~elevator**, -heber *m* / stacker ‖ **~fänger** *m* (Zuck) / trash o. weed catcher ‖ **~faser** *f* (Juteersatz) / straw fiber ‖ **~flachs** *m*, Flachsstroh *n* / flax straw ‖ **~gelb** / straw-coloured ‖ **~halm** *m* / a straw ‖ **~hülse**, -verpackung *f* / straw husk o. wrapper ‖ **~kartonersatz** *m* (Strohstoff u. Altpapier) / British board ‖ **~lehm** *m* / cob ‖ **~papier** *n* / straw paper ‖ **~pappe** *f* / cardboard from straw ‖ **~presse** *f* (Landw) / straw press o. baler ‖ **~schneidegebläse** *n* (Landw) / straw cutter and blower ‖ **~schneidemaschine** *f* (Landw) / straw cutter, chaff cutting machine o. cutter ‖ **~schüttler** *m* / straw rocker ‖ **~seil** *n* / braided straw rope ‖ **~stoffpappe** *f* / semi-chemical strawboard ‖ **~[zell]stoff** *m* (Pap) / straw pulp o. stuff ‖ **~[zellstoff]pappe** *f* (Pap) / strawboard, -s *pl* ‖ **~zellulose** *f* / straw cellulose
Strom *m*, Strömung *f* / current, stream ‖ ~, Wasserlauf *m* / waterway, [large] river ‖ **~** (Elektr) / [electric] current ‖ **~ aus Kernenergie** / nuclear electricity ‖ **~ bei festgebremsten Läufer** / locked-rotor current ‖ **~ bei offenem Stromkreis** / open current ‖ **~ entnehmen** / draw current ‖ **~ in Durchlaßrichtung**, Durchlaßstrom *m* (Elektronik) / on-state current ‖ **~ in einem geschlossenen Stromkreis** / circulating current ‖ **~ liefern**, in Betrieb sein (Kraftwerk) / generate current, be in o. at power ‖ **~ liefern** / supply current ‖ **~ verbrauchen** (o. ab- o. aufnehmen o. konsumieren) / consume current ‖ **~ von Luft, Gemisch usw im Vergaser** / air o. gas stream ‖ **Ströme aus einer symmetrischen Leitung** / push-push currents *pl* ‖ **~abgabe** *f* / current delivery ‖ **~abhängig** (Elektr) / current-dependent ‖ **~ableitschirm** *m* (Galv) / robber ‖

~ableitung *f*, -abzweigung *f* (Elektr) / derivation ‖ **~abnahme[stelle]** *f* / current supply [point]
Stromabnehmer *m* (Elektr) / collector [brush] ‖ **~** (Bahn) / current collector ‖ **~**, Bezieher *m* / power o. current consumer ‖ **~bock** *m* / trolley base o. support ‖ **~bügel** *m*, Kontaktbügel *m* / sliding o. contact bow ‖ **~fänger** *m* (Bahn) / pole retriever ‖ **~horn**, Auflaufhorn *n* (Bahn) / horn of the pantograph ‖ **~kopf** *m* / trolley head o. fork o. harp (US) ‖ **~rolle** *f* (Bahn) / contact roller, trolley [wheel] ‖ **~schere** *f*, -gestell *n* (Bahn) / pantograph frame ‖ **~schlitten**, Stromschienenschlitten *m* (Bahn) / third rail current collector, contact skate ‖ **~schuh** *m* / shoe of current collector ‖ **~signal** *n* / pantograph operating signal ‖ **~stange** *f*, Kontaktstange *f* (Bahn) / contact rod ‖ **~wippe** *f* (Bahn) / horned slipper holder (pantograph)
Strom·abschaltung *f* / failure o. interruption o. breaking-off of circuit, outage ‖ **~abwärtiger Flußlauf** / lower water course ‖ **~abwärts**, unterstromig / downstream ‖ **~abweiser** *m* (Hydr) / current fender ‖ **~abzweigung** *f* / branching-off of current ‖ **~achse** *f* (Hydr) / axis of streaming ‖ **~anker** *m*, Wurfanker *m* / stream anchor ‖ **~anlegezange** *f* (Elektr) / hook-on meter ‖ **~anschluß** *m*, -anschlußstelle *f*, -klemmen *f pl* / supply point o. terminals ‖ **~apparat** *m* (Bergb) / classifier, cone current washer, spitzlutte ‖ **~art** *f* / kind of current ‖ **~aufnahme** *f* / current consumption ‖ **~aufnahme**, -entnahme *f* / drawing of current ‖ **~aufwärtiger Flußlauf** / upper water course ‖ **~aufwärts**, oberstromig / upstream ‖ **~ausbeute** *f* / current efficiency ‖ **~ausfall** *m* / power failure o. outage, loss of power ‖ **~ausgleich** *m* / current compensation ‖ **~auslöser** *m* / overload o. overcurrent circuit breaker ‖ **~ausschaltungs-Diodenlogik** *f* / CSDL, current switching diode logic ‖ **~bahn** *f*, -pfad *m* (Elektr) / path of the current o. circuit, flow path of current ‖ **~bahn**, -rinne *f* (Hydr) / river channel o. current o. main body ‖ **~bahn** *f* [der Teilchen] (Hydr) / path line, streak line ‖ **~biegsames ~band** / copper strand o. braid ‖ **~bauch** *m* (stehende Welle) / current antinode ‖ **~bedarf** *m* (Elektr) / current demand o. requirement ‖ **~begrenzend** / current limiting ‖ **~begrenzende Hochspannungs-Sicherung** / current limiting fuse ‖ **~begrenzer** *m* / current limiter ‖ **~begrenzerlampe** *f* / current limiting lamp ‖ **~begrenzungsdrossel**, Reaktanzspule *f* / current limiting reactor ‖ **~begrenzungsventil** *n* (Pneum) / flow control valve ‖ **~belag** *m*, spezifische Stromdichte / specific current density ‖ **~belastbarkeit** *f* (Kabel) / maximum admissible current, electric loading, current carrying capacity, power rating ‖ **~belastung** *f* / current load ‖ **~[be]lieferung** *f* (Elektr) / power supply ‖ **~betriebsart** *f* / current mode ‖ **~bremse**, Widerstandsbremse *f* (Elektr, Bahn) / regenerative o. rheostatic control o. brake ‖ **~dichte** *f* (Elektr) / current density, C.D. ‖ **~dichte...** (Nukl) / surface density... ‖ **~dichtemodulation** *f* / current density modulation ‖ **~durchflossen**, -führend / current-carrying o. -bearing, live, energized ‖ **~durchgang** *m*, Stromdurchfluß *m* / current passage ‖ **~durchgang** *m* (Fehler) / current discharge ‖ **~einsatzspannung** *f*, -einsatzpunkt *m* (Röhre) / initial velocity current starting point ‖ **~eintrittszone** *f* (Streustrom) / negative area ‖ **~element** *n* (Nukl) / selfpowered [neutron] detector ‖ **~element** *n* (Elektr) / current element
strömen, rinnen / flow, stream ‖ ~ (Gas) / flow ‖ ~ (Elektr) / flow ‖ ~, Fließen *n* / flow, flowing, flux, streaming
strömend·er Regen, Platzregen *m* / pouring rain ‖ **frei ~** (Bergb) / live ‖ **in gleicher Richtung ~**, Gleichstrom... / uniflow, co-current flow...
Strom·entnahme *f* / current consumption, power demand, current drain ‖ **~ersparnis** *f* / saving of current o. power ‖ **~erzeuger** *m*, Generator *m* / [electric power] generator ‖ **~erzeuger** *m* **auf Kohle- o. Erdölbasis** / fossile-fired unit ‖ **~erzeuger** *m* **für Wechselstrom** /

alternator ‖ ⁓erzeugersatz m (Elektr) / generating set ‖ ~erzeugtes Magnetfeld / current produced magnetic field ‖ ⁓erzeugung f / current generation o. production, [electric] power generation ‖ ⁓erzeugung für Industrie und Netz gleichzeitig / industrial commercial cogeneration [system] ‖ ⁓erzeugungsreaktor m / electric-power reactor
Stromeyerit m (Min) / stromeyerite
Strom·faden m (Luftf) / filament of flow ‖ ⁓faden m (Hydr) / thread of stream ‖ ⁓fahne f (Akku) / plate lug ‖ ⁓festigkeit f (Kabel) / current-carrying capacity ‖ ⁓fluß m / current conduction ‖ ⁓flußwinkel m (Halbl) / current conduction angle ‖ ⁓flußwinkel m (Röhre) / electrode-current averaging time ‖ ⁓flußzeit f (Elektr) / conducting interval ‖ ⁓flußzeit (Gleichrichter) / conducting period ‖ ⁓flußzeit f (Habl) / current pulse duration ‖ ⁓förderer m / continuous conveyor o. transporter ‖ ⁓fühler m (Elektr) / current sensor ‖ ~führend, -durchflossen / current-carrying o. -bearing, live, energized ‖ ~führender Leiter (Elektr) / live wire ‖ ~führendes Metallteil / live-metal part ‖ ⁓führungsdauer f (Elektr) / current carrying time ‖ ⁓gebiet n / water system ‖ ⁓gegenkopplung f / negative current feedback ‖ ⁓geschwindigkeit f / drift of the current ‖ ⁓geschwindigkeitsmesser, Strömungsmesser m (Hydr) / current meter, hydrometric vane, Woltmann's sail wheel ‖ ~gespeist / current-fed ‖ ⁓impuls m (Elektr) / current [im]pulse, impulsive current ‖ ~klassieren (Bergb) / classify ‖ ⁓klassierer m (Bergb) / hydrosizer ‖ ⁓klassierung f (im Wasser) / stream sizing, hydrosizing ‖ ⁓klassierung f (in Luft) / pneumatic sizing ‖ ⁓klemme f (Fahrdraht, Bahn) / feeder clamp ‖ ⁓klemme f (Freiltg) / parallel groove clamp ‖ ⁓knoten m (stehende Welle) / current node ‖ ⁓koinzidenz-Auswahl f (Elektronik) / coincident-current selection ‖ ⁓korrektion f, Flußregulierung f (Hydr) / river training [work] pl ‖ ⁓kreis m / electric circuit ‖ ⁓kreis, -weg m (Elektr) / circuit[ry] ‖ ⁓kreis m, Verdrahtung f (Elektr) / wiring system ‖ ~kreis, Sprechkreis m (Fernm) / mesh ‖ **in sich geschlossener** ⁓kreis (Elektr) / closed circuit ‖ ⁓kreis m mit kleinster **(o. "trockener") Belastung** / dry circuit, low level circuit ‖ **den** ⁓kreis öffnen o. unterbrechen / break o. open the circuit, break contact ‖ **den** ⁓kreis schließen / close the circuit, make contact ‖ **den** ⁓kreis **unterbrechen** (o. öffnen o. abschalten) / break [a] contact o. a circuit ‖ ⁓kreisregelung f (Ofen) / closed-loop energy control ‖ ⁓kreisunterbrecher m / section[alizing] switch ‖ ⁓lauf, -strich m, -achse f (Hydr) / axis of streaming ‖ ⁓lauf m (Elektr) / path o. flow of the current ‖ ⁓laufplan m (Elektr) / flow diagram, flow sheet ‖ ⁓laufplan m (Verdrahtung) / wiring o. connection diagram o. scheme, circuit diagram ‖ ⁓laufplan m (DV) / sequential diagram ‖ ⁓laufplan-Erstellung f auf dem Bildschirm (DV) / design capture ‖ ~leitend / electrically conductive, electroconductive ‖ ~leitender Graphitstift (LoKa) / conductive pencil, electrographic pen ‖ ⁓leiter m / current conductor ‖ ⁓leitung f / current conduction ‖ ⁓leitung f in Gas / gas conduction ‖ ⁓lieferung f / current delivery, electric power supply
Stromlinie f / streamline
Stromlinien·aufbau m, -karosserie f (Kfz) / streamline[d] body ‖ ⁓bild, Strömungsbild, -gebilde n / flow configuration (GB) o. pattern (US) ‖ ⁓form f / streamline[d] form, streamlines pl ‖ ⁓form geben / streamline v ‖ ~förmig / streamline[d], streamline-shaped ‖ ~förmig machen (Luftf, Schiff) / fair, streamline ‖ ~förmiger Querschnitt, Stromlinien-Querschnitt m / streamline[d] section ‖ ~förmige **Verkleidung**, Stromlinienverkleidung f / streamline fairing o. filleting, streamlining ‖ ⁓krümmung f / streamline curvature ‖ ⁓querschnitt m, Querschnitt m mit geringstem Luftwiderstand / streamline[d] cross

section ‖ ⁓ruder n / hydrofoil rudder ‖ ⁓theorie f / aerofoil o. streamline theory
stromlos / currentless, dead, idle ‖ ~ (Leuchte) / self-contained ‖ ~ (Galv) / electroless, currentless ‖ ~es Hauchvergolden / currentless o. electroless gold plating ‖ ~e Herstellung von Überzügen / immersion plating ‖ ~er Metallauftrag / currentless metallization ‖ ~er Niederschlag (Galv) / autocatalytic o. electroless plating ‖ ~e Vergoldung / currentless o. electroless gold plating ‖ ~e Zeit (Elektronik) / idle interval
Strom·losigkeit f (Elektr) / absence of current ‖ ⁓mangel m (Elektr) / power shortage ‖ ⁓messer m / current meter ‖ ⁓[meß]zange f / clamp-on probe, tong-test instrument ‖ ⁓meteor m / stream meteor, shower meteor ‖ ⁓mitte f / midstream ‖ ⁓mittelwert m (Elektr) / average current ‖ ⁓modulation f (Magnetron) / density modulation ‖ ⁓netz n / electric network, mains supply ‖ ⁓netz mit **Eigenerzeugung** (Elektr) / active network ‖ ⁓pegel m (Elektr) / current intensity level ‖ ⁓pendelung f (Elektr) / current pulsation ‖ ⁓pfad m (Elektr) / path of the current o. circuit ‖ ⁓pfeiler m (Brücke) / bed o. river pier ‖ ⁓quadrant m, hydrometrisches Pendel / hydrometrical pendulum ‖ ⁓quelle f (Elektr) / source of current o. electricity o. of electric power ‖ ⁓rauschen n / current noise ‖ ⁓rechnung f / electricity bill ‖ ⁓regelung, Dreibürstenregelung f (Kfz) / third-brush control ‖ ⁓regler m / current regulator ‖ ⁓regulierung f (Elektr) / current regulation ‖ ⁓relais n / current relay ‖ ⁓resonanz, Parallelresonanz f / shunt o. parallel resonance ‖ ~richten n, Umrichten n (Elektron) / power conversion ‖ ⁓richter m / [static] power converter ‖ ⁓richter m für Bahnfahrzeuge / power converter for electric rolling stock ‖ ⁓richter n netzseitig / current source inverter ‖ ~richtergeregelt (mit Thyristoren) / thyristor-controlled ‖ ~richtergespeist / static-converter fed ‖ ⁓richterkaskade f (Elektr) / static Kraemer system ‖ ⁓richterlokomotive f / thyristor-controlled locomotive ‖ ⁓richtermotor m / brushless motor, BL-motor ‖ ⁓richtersatz m / power converter assembly ‖ ⁓richterschaltung f / converter connection ‖ ⁓richtgrad m / conversion factor ‖ ⁓richtung f (Elektr) / current direction ‖ ⁓richtung f, -umrichtung f / current conversion ‖ ⁓richtungsanzeiger m / polarity [direction] indicator ‖ ⁓rinne f (Hydr) / channel [stream] ‖ ⁓rinne, Rinnenwäsche f (Bergb) / trough washer ‖ ⁓rückgewinnung f / current regeneration ‖ ⁓rückgewinnungsschalter m (Bahn) / regeneration switchgroup ‖ ⁓rückkopplung f (Elektronik) / current feedback ‖ ⁓rückleitung f / return line ‖ ⁓rückleitungsschiene, vierte Schiene f (Bahn) / fourth rail ‖ ⁓schicht f (Ziegel) (Mauer) / course of diagonal o. raking bricks ‖ ⁓schicht f (Nukl) / current sheath ‖ ⁓schiene f (Elektr) / conductor rail ‖ ⁓schiene f, Sammelschiene f (Elektr) / busbar, bus duct o. rod, feed-through ‖ ⁓schiene f, dritte Schiene (Bahn) / conductor o. contact o. live o. third rail ‖ ⁓schiene f mit seitlicher **Schleiffläche** (Bahn) / side-contact rail ‖ ⁓schiene f mit **Stromabnahme oben,** [unten] (Bahn) / top-contact, [under-contact] rail ‖ ⁓schienenanker m / conductor-rail anchor ‖ ⁓schienenisolator m / conductor-rail o. third-rail insulator ‖ ⁓schienensystem n (Bahn) / conductor rail system ‖ ⁓schienenverbinder m / conductor-rail bond ‖ ⁓schnelle f (Hydr) / shoot, river fall, rapid ‖ ⁓schnittstelle f / current interface ‖ ⁓schreiber m / current recorder ‖ ⁓schritt m (Fernm) / signal element o. component ‖ ⁓schritt m (DV) / current pulse ‖ ⁓schwankung f (Elektr) / fluctuation of current ‖ ⁓seil n / current transmission rope ‖ ⁓setzmaschine f / flow jig, stream jet washer ‖ ⁓sichter m (Bergb) / gravity air separator ‖ ⁓sichtermühle f (Bergb) / mechanically sifting coal dust mill ‖ ⁓spannung f / current potential o. voltage ‖ ⁓-Spannungskennlinie f (Halbl) / voltage-current characteristic ‖ ~sparend, -sparsam / low-current drain … ‖ ⁓sperre f (Elektr) /

power cut-off ‖ ~spitze f (Elektr) / peak load ‖ ~spule f
(Regler) / current coil ‖ ~stabilisiert (Elektronik) /
current-stabilized ‖ ~stabilisierungsdiode f / currector,
current regulator diode ‖ ~stärke f (Elektr) / intensity o.
strength of current ‖ ~steilheit f (Halbl) / current rate of
rise ‖ ~steine m pl (Geol) / boulders pl ‖ ~steuerung f
(Halbl) / current source driving ‖ ~störer m (Rührwerk) /
baffle of the agitator ‖ ~stoß m (Elektr) / rush of current,
line transient, surge ‖ ~stoß m (Fernm) / impulsive
current, current impulse o. rush ‖ ~stoßgabe f /
impulsing ‖ ~stoßkontakt m (Wählscheibe, Fernm) /
impulse contact ‖ ~stoßrelais n, -stoßschalter m /
latching relay, [time] pulse relay ‖ ~stoßsender m /
pulse transmitter ‖ ~stoß-Spitzenmesser m (Elektr) /
surge crest ammeter ‖ ~stoßübertrager m (Fernm) /
pulse repeater ‖ ~strecke f (Hydr) / pond of a river ‖
~strich m (Hydr) / axis of streaming ‖ ~strich m (Kanal)
/ channel line ‖ ~teiler m (Trafo) / transition coil ‖
~teiler m (Gleichr) / current dividing coil ‖ ~tor n,
Thyratronröhre f / hot-cathode gas-filled tube, thyratron
‖ ~tor n, Thyristor m (Halbl) / thyristor ‖ ~treibend,
-erzeugend (DV) / current sourcing ‖ ~trichter m
(Apparatebau) / flow tunnel ‖ ~übergang m (zwischen 2
Leitern) / current conduction, conductive connection ‖
~übernahme, -übergabe f (Elektr) / current transfer ‖
~übernahmeschalter m / current mode switch ‖
~übersetzung, -verstärkung f (Halbl) / current transfer ‖
~übertragungsfaktor m (Akustik) / response to current
‖ ~umkehrung f (Elektr) / current reversal ‖
~umschaltung f / current change-over ‖ ~unfall m,
Elektrotrauma n / electrical accident
Strömung f / flow, flowing, flux, current ‖ ~ (Hydr) /
flow[ing], flux, current ‖ ~ im Überschallbereich /
supersonic flow ‖ ~ im Unterschallbereich / subsonic
flow ‖ ~ in offenem Gerinne / flow in open channel
Strömungs·ablösung f / burble, burbling ‖ ~abriß m
(Luftf) / stall ‖ ~analyse f / flow analysis ‖ ~bild,
-gebilde, Stromlinienbild n / flow configuration (GB) o.
pattern (US) ‖ ~blockade f (Nukl) / flow blockage ‖
~bremse f (Kfz) / hydrodynamic brake, retarder ‖
~diagramm n / flow diagram ‖ ~doppelbrechung f /
streaming birefringence ‖ ~druck m (Phys) / streaming
pressure ‖ ~erscheinungen f pl / flow phenomena pl ‖
~feld n (Regeln) / flow field ‖ ~gebilde, -bild,
Stromlinienbild n / flow configuration (GB) o. pattern
(US) ‖ ~geschwindigkeit f / velocity of flow, flow rate
‖ ~getriebe n, -wandler m / Föttinger speed
transformer, fluid transmission, hydrodynamic [power]
transmission ‖ hydraulisches ~getriebe, Dynaflow-
Getriebe n (Wzm) / dynaflow drive ‖ ~kupplung f /
Föttinger coupling o. transmitter, hydraulic clutch ‖
~lehre f, Mechanik f der flüssigen und gasförmigen
Körper, Strömungsmechanik f / fluid mechanics pl ‖
~leitwert m / conductance ‖ ~maschine f (Kompressor) /
dynamical type compressor ‖ ~maschine f,
Turbomaschine f / turbo-engine o. -machine ‖
~mechanisch / fluidic ‖ ~mechanischer Verstärker /
PFA amplifier, pure fluid amplifier ‖ ~-Meßdüse f,
Normdüse f / flow nozzle ‖ ~messer m,
Stromgeschwindigkeitsmesser m (Hydr) / current meter,
flow meter, hydrometric vane, Woltmann's sail wheel ‖
Stromungsmesser m für viskose Flüssigkeiten /
rheometer
Strömungs·mittellinie f / flow center line ‖ ~potential n
(Chem) / streaming potential ‖ ~querschnitt m / cross
section of stream o. of flow, wetted section ‖ ~regler m
/ equalizer of flow ‖ ~richtung f (Hydr) / set, direction
of flow ‖ ~ring m (Pumpe) / suction o. volute insert ‖
~schalter m (Elektr) / flow switch ‖ ~sichten n (Aufber) /
elutriation ‖ ~sichten n (Sintern) / levigation ‖ ~technik
f / fluid technics ‖ ~technisch / fluidic ‖ ~umschlag m
/ change from laminar to turbulent flow ‖ ~ungünstig /
flow-impeding ‖ ~verhältnisse n pl / flow conditions pl
‖ ~vorgänge m pl / flow configurations (GB) o.

patterns (US) ‖ ~wandler m (Masch) / hydrodynamic
[power] transmission, fluid torque converter ‖
~widerstand m (Gas) / impedance, flow resistance ‖
äußerer ~widerstand (eines Schallabsorptionsstoffes) /
specific sound impedance
Strom·unterbrecher m (Elektr) / current breaker, circuit
cut-out switch ‖ ~unterbrechung f / failure o.
interruption o. breaking-off of circuit ‖ mit
~unterbrechung / open transition… (GB), open
circuit… (US) ‖ ohne ~unterbrechung / closed-
transition… (GB), closed-circuit… (US) ‖ ~- u.
Wasserversorgung / light and power plant operation
and water supply ‖ ~ventil n (früher Mengenventil)
(Hydr) / flow control valve ‖ ~verbrauch m (Elektr) /
current consumption ‖ ~verbrauch m in Ampere /
running amps pl ‖ ~verbraucher m (Elektr) / current o.
power consumer, user of electric power ‖
~verbrauchszähler m (Elektr) / supply meter ‖
~[verbrauchs]zähler, integrierender o. Integralzähler
m (Elektr) / integrating current meter ‖ ~verdrängung f,
Skin-Effekt m / current displacement, Kelvin o. skin
effect ‖ ~verdrängungsmotor m,
Wirbelstromläufermotor m / eddy current motor ‖
~verlauf, -weg m (Elektr) / path o. flow of the current o.
circuit ‖ ~verlauf m (z.B. in einem Meßinstrument) /
current circuit ‖ ~verlust m / electric loss, loss of
current ‖ ~verlust durch Ableitung an den
Stützpunkten (Elektr) / loss of current by derivation ‖
~verlust m durch Wärme / Joule's heat loss ‖
~versetzung f (Schiff) / drift due to currents ‖
~versorgung f / current supply o. feed, electric power
supply ‖ ~versorgung f, -versorgungsteil m n,
Netzgerät n / mains supply circuit, power pack o.
supply o. unit ‖ öffentliche ~versorgung / Utility (US)
‖ ~versorgung f von der Decke (Fabrikbau) / overhead
current supply ‖ ~versorgungsanlage f / power
generating plant ‖ ~versorgungsgeräusch m (Fernm) /
battery supply circuit noise (US) ‖
~versorgungsleitung f (Elektr) / supply mains pl ‖
~versorgungsnetz n / electricity supply system ‖
~versorgungteil n, Netzteil n / power pack, mains
supply circuit ‖ ~versorgungteil n aus Batterien
(Elektronik) / battery supply circuit ‖ ~verstärkung f /
current amplification ‖ ~verstärkung f (Transistor) /
transistor current gain ‖ ~verstärkungsfaktor m
(Transistor) / short-circuit forward current transfer ratio ‖
~verstärkungsfaktor m in Basisschaltung (Halbl) /
current amplification factor for base grounded ‖
~verstärkungsfaktor m in Emitterschaltung (Halbl) /
current amplification factor for emitter grounded ‖
~verstimmung f / pushing of frequency ‖
~verstimmungsmaß n (Elektronik) / pushing figure ‖
~verteilung f (Elektr) / current distribution ‖
~verteilung f (Elektronik) / current partition ‖
~verteilung f [der Reihe nach] (DV) / power
sequencing ‖ ~verteilungs-Leitungsnetz n /
distribution network o. system o. grid ‖
~verteilungsrauschen n (Elektronik) / partition noise ‖
~verteilungssteuerung f (Elektronik) / partition current
control ‖ ~verzweigung, -abzweigung f / branching-off
of current ‖ ~vorwiderstand m (Instr) / compensating
series resistance ‖ ~waage f (Elektr) / electric balance,
ampere o. current balance o. weigher, Kelvin [ampere]
balance o. weigher ‖ ~waage f mit Meßbereich 1-100
A / deca-ampere balance ‖ ~wächter m (Elektr) /
overload o. overcurrent relay, automatic current
controller, automatic control switch ‖ ~wächter m,
Schütz n / contactor ‖ ~wächtersteuerung f (Elektr) /
automatic contactor control ‖ ~wandler m (für
Instrumente) / current transformer ‖ ~wandler m mit
Hilfswicklung / compensated current transformer ‖
~wärme f / heating effect of current, Joule effect ‖
~wärmeverlust m / Joule's heat loss ‖ ~wäsche f
(Bergb) / stream washing ‖ ~wechsel m (Elektr) /

alternation of current, current alternation ‖ ⌐weg, -verlauf m / current path, flow of the circuit ‖ ⌐wender, Umschalter m / commutator, reversing switch, circuit changing switch o. changer ‖ ⌐wendermotor m / commutator motor ‖ ⌐wenderschritt m / commutator pitch ‖ ⌐wendersteg m / commutator segment ‖ ⌐wendung f / commutation ‖ ⌐wippe f (Elektr) / rocking commutator ‖ ⌐zähler m / current meter ‖ ⌐zeiger m (Elektr) / current indicator ‖ ⌐zeiglampe f (DIN) / current indicator lamp ‖ ~ziehend, -verbrauchend (DV) / current sinking o. consuming ‖ ⌐zinn m / stream tin ‖ ⌐zufuhr f, -zuführung f / current supply o. feed ‖ ⌐zuführung, -zu[führungs]leitung f, -zuführungskabel n / electric mains, lead-in, power lead ‖ ⌐zuführung f durch dritte Schiene (Bahn) / third rail system ‖ ⌐zuführungskabel n (Elektr) / main cable o. feeder, feeding cable ‖ ⌐zuführungskabel, Schleppkabel n (Kran) / trailing cable ‖ ⌐zuführungsleitung f, -zuführungskabel n / main feed line ‖ ⌐zuführungsschiene, Speiseschiene f / feeder bar ‖ ⌐zuleitung f s. Stromzuführung ‖ ⌐zunahme f / increase of current ‖ ⌐zweig, Ankerzweig m (Elektr) / path of the armature circuit

Strontian m, Strontiumoxid n / strontia ‖ ⌐it m (Min) / strontianite

Strontium n, Sr (Chem) / strontium, Sr ‖ ⌐... / strontium... ‖ ⌐alter n / strontium age ‖ ⌐chromat, -gelb n / strontium chromate o. yellow ‖ ⌐chromatpigment n / strontium chromate pigment ‖ ⌐-Einheit f (Nukl) / strontium (GB) o. sunshine (US) unit ‖ ⌐kontrolle f / strontium control ‖ ⌐nitrat n / strontium nitrate ‖ ⌐oxid n / oxide of strontium, strontia ‖ ⌐sulfat, -weiß n / strontium sulphate

Strophoide f, Fußpunktkurve f der Parabel / strophoid

Stropp m, Rundstropp m (Kran) / sling ‖ ⌐, Schlinge f (Schiff) / strop ‖ ⌐ mit 2 Ösen / plain sling with 2 hard eyes ‖ ⌐ mit mehreren Trummen / sling with several legs

Strosse f (Tagebau) / bank, bench, step ‖ ⌐, Abbaufront f (Tagebau) / face ‖ ⌐, Planum n (Bergb) / track level ‖ ⌐, Firstenstufe f, -stoß m (Untertage) / underhand stope

Strossen·band n (Tagebau) / face conveyor ‖ ⌐bau m (Tagebau) / working in benches, benching, stepped face ‖ ⌐hubförderer m (Bergb) / bench lift belt conveyor

Strubzahnschiene f (Bahn) / strub rack

Strudel m (Hydr) / vortex, eddy, whirlpool ‖ ⌐, Sog m (Schiff) / wake, suction ‖ ⌐bewegung f (Luftf) / clear air turbulence, CAT

strudeln vi / churn

Strudeltopf m (Geol) / pothole, kettle basin o. hole

Strudeltopf m in Flüssen / pothole in a river

Struktogramm n (DV) / structogram, structured chart

Struktur f (allg, Pap, Geol) / texture ‖ ⌐, Anordnung f / structure ‖ ⌐, Bruchaussehen n (Hütt) / structure, grain, grit texture ‖ ⌐, Zusammensetzung f / contexture, composition, texture ‖ ⌐..., strukturell / constitutional, structural ‖ innere ⌐ des Atomkerns / nuclear structure ‖ ⌐analyse f, Bestimmung der Kristallstruktur (Krist) / structure analysis ‖ ⌐ausdruck m (DV) / structure expression ‖ ~bedingte Leitfähigkeit / anisotropic conductivity ‖ ⌐breitenmeßgerät n / line width measuring equipment

strukturell, Struktur... / textural, structural ‖ ~ ähnlich / structurally similar ‖ ~e Dämpfung (Luftf) / structural damping ‖ ~e Härtung / structural hardening

Struktur·erkennung f (DV) / pattern recognition ‖ ⌐faktor f (Raumf) / structural index ‖ ⌐farbe f, physikalische Farbe / structural colour, physical colour ‖ ⌐fehler m (Krist) / lattice defect ‖ ⌐festiger m (Chem) / texturing agent ‖ ⌐formel f (Chem) / structural o. constitutional o. graphic o. rational formula

strukturieren / structure v

Struktur·körper m (Laser) / structural body ‖ ~los, amorph / textureless, unorganized, amorphous, amorphic ‖ ⌐modell n / structural model ‖ ⌐plan m, Bebauungsplan m / plan for house building, local plan ‖ ⌐programm n (DV) / structured program ‖ ⌐schaum m (Plast) / structural foam ‖ ⌐speicher m (DV) / permanent memory ‖ ⌐typen f pl (Krist) / structural types pl ‖ ⌐variante f DDD (Roboter) / revolute configuration ‖ ⌐variante SSS f (Roboter) / Cartesian configuration ‖ ~viskos / intrinsically viscous ‖ ⌐viskosität f (Anstrich) / intrinsic viscosity ‖ ⌐wandel m, -wandlung f (Hütt) / constitutional change ‖ ⌐werkstoff m (Luftf) / material for airplane structure ‖ ⌐zerstörer m, Gegenmesser n (Keram, Extrud) / spider

Strumpf m / hose, stocking ‖ ⌐form f, Bein n / leg of the stocking ‖ ⌐form f / stocking former o. stretcher, finishing o. stocking board ‖ ⌐formmaschine f / hosiery-forming machine, [pre]setting machine ‖ ⌐garn n / hosiery yarn, fingering [yarn] ‖ ⌐hose f / panty, pantee hose, tight ‖ ⌐industrie f / hosiery industry ‖ ⌐sohle f / foot of stocking ‖ ⌐- u. Trikotwaren / hosiery, knit[ted] fabrics pl ‖ ⌐[wirk]maschine f / stocking loom o. machine

Strunk m (Isolator) / insulator shank

Strupfe f, Zugknoten m (Textil) / slip-knot

struppig, grob (Wolle) / rugged

Strusen pl (Textil) / floss

Struvit m (Min) / guanite

Strychnin n / strychnine ‖ ⌐base f / strychnine base

StSi = Siliziumstahl

Stubben m, Stumpen m, Baumstumpf m mit Wurzel / butt

Stuck m / [plaster] stucco, cement of plaster ‖ mit Leinöl und Kalk angemachter ⌐ / gauge[d] stuff, putty and plaster

Stück n (Seife) / bar of soap ‖ ⌐, Produktion f / production ‖ ⌐ (allg, Web) / piece, pce. ‖ ⌐ (als Bruchteil) / piece (as part of a whole), bit ‖ ⌐ (als Ganzes) / piece n (as a whole), pce. ‖ ⌐, Bruchstück n / piece, fragment ‖ ⌐ (Web) / cut, piece, length of cloth ‖ ⌐ (Zuck) / lump ‖ ⌐ Butter m / block of butter ‖ ⌐ in voller Warenbreite (Textil) / wide-open piece ‖ ⌐ je [Arbeits]stunde n pl, Stundenleistung f / man-hour output ‖ aus einem ⌐ [mit] / integral [with] ‖ aus einem ⌐ / consisting of a single piece, one-piece..., single-piece... ‖ aus einem ⌐ bestehen [mit] / consist of a single piece ‖ aus einem ⌐ gefertigt / one-piece..., single-piece... ‖ aus einem ⌐ geschmiedet, [gedreht] / forged, [turned] in one piece [with] ‖ in einem ⌐ / all in one piece ‖ ⌐analyse f / product analysis

Stuckarbeit, Stukkatur f / stucco work o. decoration

Stückarbeit f, Akkordarbeit f (F.Org) / task work

Stuckarbeiter, Stukkateur m, Gipsarbeiter m / worker in stucco, plasterer, stuccoer

Stückarbeiter m, Arbeiter m nach dem Stück / task worker

stuckatieren / coat with stucco, stucco

Stück·ausklauber m, -ausleser m (Bergb) / nut picker ‖ ⌐auszeichnung f / retail drawing ‖ ⌐berge m pl (Bergb) / lumps pl

Stückchen n / bit, chip

Stuck·decke f / stucco ceiling, floated ceiling ‖ ⌐decke, Gipsputzdecke f / lathed and plastered ceiling

Stücke·anfall m (Bergb) / clod yield, lump yield ‖ ⌐anfall m (in Nußgröße) (Bergb) / nut yield

stückeln, in Stücke teilen / cut [in]to pieces, divide up ‖ ~, anstückeln / piece together ‖ ~, in Stücke teilen, in Stücken abtrennen / divide up

Stück·erz n / lump ore ‖ ⌐färberei f / piece dyeing ‖ ⌐gehalt m / yield of lumps ‖ ⌐gewicht n / weight of single pieces, individual o. single weight

Stuckgips m (Bau) / plaster [of Paris][for facing], sculptor's plaster

Stückgut n (allg) / unit load ‖ ⌐ (Bahn) / part-load traffic, less-than-carload freight (US), L.C.L. (US), smalls ‖

~container m (für Trockenladung) / dry van container || ~container m / general purpose o. general cargo container || ~frachtschiff n / general-cargo vessel, breakbulk ship || ~kurswagen m (Bahn) / groupage wagon, regular part-load wagon, station wagon || ~ladekran m (Schiff) / general cargo crane || ~sammelsendung f (Bahn) / combination transport o. shipment [of collective goods] || ~scheider m, -abscheider m / scalping screen, scalper || ~schuppen m (Hafen) / general cargo shed || ~sendung f / L.C.L. load, less-car-load load, part-load consignment

stückig, in Stückform / in lumps o. pellets, lump…, lumpy || ~ (Kohle) / lumpy || ~keit f / lumpiness || ~machen, pelletisieren / pelletize || ~machen n, Sintern n (Hütt) / agglomeration, sintering

Stück·karte f (LoKa) / individual job card || ~kohle f / best o. lump coal, clod coal, large coal || ~kosten pl / piece cost || ~länge f (Textil) / cloth bolt, piece length || ~leistung f (Wzm) / capacity in pieces per hour || ~liste f (Masch) / list of parts, piece list, bill of materials (US) || Umwandlung einer Montage- in eine Dispositions-~liste (DV) / abstracting || ~liste f für Holz (Bau) / list of timber, cutting list || ~listenauflösung f (DV) / bill explosion || ~listenformular n / dimensions paper || ~listennummer f / reference number, parts list number || ~lohn, -satz m (F.Org) / piece[-per-hour] rate, piece wage, wage per piece || ~lohnarbeiter m / task worker

Stuck-Marmor m, Scaliogla f / stucco marble, artificial marble made from hard alabaster

Stückmerzerisierung f (Textil) / piece mercerizing

Stuckmörtel m, Gipsmörtel m / badigeon

Stück·nummer-Anzeige f (Phono) / music number indicator || ~preis m / price per piece || ~produktion f / one-off production || ~prüfung f / routine check test || ~reiche Förderkohle / lumpy run-of-mine coal || ~schlacke f / lump slag || ~vermessung, Parzellen-, Parzellarvermessung f / survey of lots || ~ware f (Textil) / piece goods pl

stückweise, einzeln / in pieces, piece by piece, by the piece, piecemeal, -wise || ~s Schalten / piecewise switching

Stück·werk n, schlechte Arbeit / patchwork, patch-up, patchery || ~wolle f / skin-digested wool || ~zahl f / piece number || große ~zahlen / large scale manufacture || ~zählvorrichtung f / piece o. cut counter || ~zeichen n (Web) / cut mark || ~zeichenapparat m / marking motion, cut marker || ~zeichnung f, Einzelteilzeichnung f / component o. unit (US) drawing || ~zeit f (Wzm) / machining rate o. time || ~zeit f (F.Org) / piece rate o. time || ~zeit, Hauptzeit f (F.Org) / production time || ~zeit f einschl. Auf- und Abspannen (Wzm) / floor-to-floor time || ~zeitermittlung f / piece rate setting || ~zucker m / cube o. lump sugar

Student·-Test m (Statistik) / T- o. Student test || ~-Verteilung f, T-Verteilung f (Statistik) / T- o. Student o. student's distribution

Studie, Entwurfzeichnung f / sketch

Studiengruppe f, Entwicklergruppe f / development group

Studio n, Rundfunkaufnahmeraum, -senderaum m / studio || ~leuchte f / studio light || ~sendung f (TV, Funk) / studio broadcast

stufbar (Bremse) / gradual, stepped

Stufe f, Stufentritt m / stair, step || ~, Grad m / step, degree, stage, grade || ~ (Funk, Rakete) / stage || ~, Abschnitt m / state, stage || ~, Absatz m (Masch) / step, shoulder || ~, Stufenbank f (Bergb) / lift of an excavation, graduated bank || ~, Probe f (Bergb) / specimen, pattern of ore || ~, Passage f (Spinnen) / passage, head || ~, Ordnung f (DV) / level || ~ der Bearbeitung / stage of machining || ~ des Anzapftrafos / tapping point || ~ einer Formation

(Geol) / stage || ~ einer Funktion / discontinuity value, step size, saltus || ~ einer geraden Treppe / flier, flyer || ~ eines Vorgangs / stage || ~ im Schwimmerboden (Luftf) / step in the under-surface of a float || ~ mit allseits abgerundeten Ecken (Bau) / bottle-nosed step || ~ zum Verlassen des Erdschwerefeldes / earth escape stage || auf gleicher ~ (o. Höhe) [mit] / level [with] || gewendelte ~, Wendelstufe f / diminishing o. wheeling step, winder || in ~n [von] / in steps o. increments [of] || letzte ~, Niederdruckstufe f (Turbine) / exhaust stage || offene (o. durchbrochene) ~ (Bau) / columnated window stair

stufen, abstufen / graduate || ~ (Bergb) / work in benches || ~…, treppenförmig (Außenform) / stepped || ~akkord m (F.Org) / step-bonus || ~anker m (Elektr) / double-wound o. -winding armature || ~anlegeleiter f / simple stepladder || ~anschlag m (Masch) / stepped check || ~anschnitte m pl (Gieß) / side step gating || ~ausbeute f (elektron. Verstärk) / stage efficiency || ~bank f (Bergb) / graduated bank || ~bau m, Strossenbau m (Tagebau) / working in benches, benching || ~-Belastungsversuch m / stage stress test || ~belichtung f (Phot) / step test || ~bereich m / stage limit || ~bezeichner m (DV) / level indicator || ~blende f / diaphragm with several grades || ~boot n / hydroplane || ~bremsung f / gradual braking || ~dämpfer m (Fernm) / step attenuator || ~diagramm n / graduation diagram || ~drehprobe f, -drehversuch m (Mat Prüf) / stepped torsion test || ~drehschalter m / rotary wafer switch, rotary multistep switch || ~drehstift m (für Schraubwz) (DIN 900) / sliding Tee-bar with reduced diameters || ~druck m (Siebdruck) / continutone (US), posterization || ~effekt m / step effect || ~einteilung f, -folge f / staggering, gradation || ~entstaubungsgrad m (Aufber) / partition ratio (GB), distribution number (US) || ~erz n / high-grade ore || ~faktor m (Motorstarter) / grading coefficient || ~fallschirm m (Luftf) / compound o. lobe parachute || ~faser f, Stufenprofilfaser f, -indexfaser f (Opt) / step index fiber || ~folge, -leiter f / progression (US), gradation, scale || ~förmig, -weise / step-by-step, by degrees || ~förmige Aufsatzleuchte / mushroom column-top lantern with stepped-cone diffuser || ~förmige Reaktivitätserhöhung (Nukl) / step insertion of reactivity || ~form-Plotter / incremental plotter || ~fundament n / stepped foundation || ~funktion f (Math) / step function || ~futter n (Dreh) / step chuck || ~gesetz n, -regel f / law of stages || ~getriebe n / multi-step reduction gear, range transmission || ~gitter, Echelon n (Opt) / echelon grating || ~härten n / interrupted o. step hardening o. quenching, delayed martensitic hardening, marquenching, martempering || ~heck n (Kfz) / notchback || ~höhe f (Bau) / height of step, mounting o. rise[r] of a step || ~kaskade f (Chem) / square cascade || ~keil m / stepped photometric absorption wedge, step wedge || ~kolben m / differential o. step piston || ~köper m (Web) / elongated o. stepped twill || ~kurve f / stepped curve || ~leiter f / ladder, steps pl || ~leiter f, -folge f, Abstufung f / gradation || ~linse f, Ringlinse f / [concentric] Fresnel lens, echelon lens || ~linse f / Gürtellinse f / Fresnel o. drum lens || ~linsen-Kleinscheinwerfer m / inky-dinky || ~linsen-Scheinwerfer m / Fresnel lens spotlight || ~los, kontinuierlich regelbar / continuous[ly adjustable], continuous o. infinitely variable, steady || ~loses Getriebe / infinitely variable change-speed gear || ~los regelbar (Leistg.) / infinitely variable (capacity) || ~lose Regelung / continuous control || ~los verstellbar / progressively adjustable || ~meißel m (Bergb) / ear o. step bit || ~meßmarke f (Radar) / step strobe marker || ~nummer f (DV) / rank, level number || ~pratzen f pl / stepped claws pl || ~presse f / multiple die press, transfer (US) o. progressive (GB) press || ~pressen-Werkzeug n / progressive (GB) o. transfer (US) press tool || ~prinzip n (Raketen) / step principle ||

ᵗprofilfaser f, Stufenfaser f (Opt) / step index fiber ‖
ᵗrad n / wheel in steps, step wheel ‖ ᵗradgetriebe n /
step wheel gear [pair] ‖ ᵗrakete f / step rocket ‖
ᵗreaktion f (Chem) / successive reaction ‖ ᵗregel f,
-gesetz n / law of stages ‖ ᵗreihe, Ordnung f /
sequence, order ‖ ᵗreiniger m (Spinn) / superior o. ultra
cleaner ‖ ᵗreinigung f, stufenweise Reinigung / stage
treatment ‖ [erste] ᵗrolle (Block-Walzw) / breast roller ‖
ᵗrost m / step o. stepped o. graduated grate, multistage
grate ‖ ᵗschalter m, -schaltgerät n / graduator ‖
ᵗschalter m (Elektr) / multiple contact switch, step
switch ‖ ᵗschalter m (Bahn, Elektr) / on-load tap changer
‖ ᵗschalthebel m (Wzm) / range selector lever ‖
ᵗschaltung f, Kaskadenschaltung f (Elektr) / cascade
connection, concatenated connection ‖ ᵗschaltung f
(Trafo) / tap change ‖ ᵗschaltung f, stufenweises
Schalten (Elektr) / multiple contact switching ‖
ᵗschaltwerk n (Bahn) / tap changer ‖ ᵗschaubild n
(Math) / histogram ‖ ᵗscheibe f (Masch) / step o. cone
pulley, stepped speed pulley, speed pulley o. cone ‖
ᵗ[scheiben]antrieb m / cone pulley drive ‖ ᵗschlüssel
m (Werkz) / radiator spud wrench ‖ ᵗschneidmaschine f
/ progressive cutting machine ‖ ᵗschott n (Schiff) /
recessed bulkhead ‖ ᵗschütz n (Elektr) / tapping
contactor ‖ ᵗsieb n / step screen ‖ ᵗspannblock m
(Wzm) / stepped packing block ‖ ᵗspannfutter n (Dreh) /
step [jaw] chuck ‖ ᵗspannung f (Dynode) / stage voltage
‖ ᵗsprung m (z.B. Durchmesser, Drehzahlen) /
progressive ratio ‖ ᵗsprung m, Drehzahlunterschied m
/ progressive ratio of speed ‖ ᵗspule f, abgestufte Spule
(Elektr) / stepped[-resistance] coil ‖ ᵗstehleiter f / stepladder ‖ ᵗtarif m / differential tariff ‖ ᵗtitration f /
step titration ‖ ᵗtrainieren n zur Verbesserung der
Dauerfestigkeit / coaxing ‖ ᵗtransformator m /
tapped o. step transformer ‖ ᵗtrennretrorakete f /
stage separation retro rocket ‖ ᵗtrennung f (Raumf) /
staging, separation of stages ‖ ᵗumschaltung f (Trafo) /
tap-changing ‖ ᵗ-Verbindungsglied n, -Trennglied n
(Raumf) / stage disconnect ‖ ᵗversetzung f / edge
dislocation ‖ ᵗverstärkung f (Röhre) / stage gain ‖
ᵗversuche m pl / stepped tests pl (by progressive
loading) ‖ ᵗvervielfachung f (Dynode) / stage gain ‖
ᵗ-Vielfachschalter m (Elektronik) / multi-contact gang
switch ‖ ᵗvorwahl f / step preselection ‖
ᵗvorwärmung f / interrupted heating ‖ ᵗwalze f /
stepped roll
stufenweise / step-by-step, by steps, stepwise, by degrees,
at stages ‖ ~ adj, abgestuft (Bahn, Bremsen) / gradual ‖
~s Abbohren (Bergb) / benching drilling ‖ ~ absetzen /
stop off vt ‖ ~ Aufschließung (Bergb) / crushing and
rewashing ‖ ~ Bahnverfolgung (Raumf) / step tracking
‖ ~ beenden / phase down o. out ‖ ~s Bremsen /
gradual application of brake ‖ ~ Destillation /
fractionation ‖ ~ durchführen / phase ‖ ~ Einengung
der Umlaufbahn / stepping down of orbit ‖
~ einführen / phase-in ‖ ~ Flotation / multistage
flotation with crushing ‖ ~ fortschreitend / gradual ‖
~ Geschwindigkeitsänderung / gradual speed variation
‖ ~ Prüfung / step-by-step test, SST ‖ ~s Rösten (Hütt)
/ batch roasting ‖ ~s Schalten (Elektr) / notching ‖
~ sortiert / graded ‖ ~r Übergang / gradual transition
‖ ~s Verfahren (Polyurethan) / prepolymer process ‖ ~r
Verschleiß / shelving ‖ ~ wegnehmen / phase-out ‖ ~s
Zerkleinern / graded crushing
Stufen·widerstand m (Elektr) / stepped rheostat ‖ ᵗwinkel
m (Math) / corresponding angle ‖ ᵗzahl f / number of
steps ‖ ᵗziehen n (Krist) / rate growth
Stufferz n (direkt verkäufliches Erz) / pure ore, first-class
ore, stuff-ore
Stufung f / grading
Stuhl m, Hocker m / stool ‖ ᵗ, Sitz m / seat ‖ ᵗ, Webstuhl
m (Textil) / loom ‖ ᵗarbeit f (Glas) / chair work ‖ ᵗflug
m (Textil) / loom fly ‖ ᵗlehne f / chair back ‖ ᵗplatte f,
Sattel m (Bahn, Doppelkopfschiene) / bed o. chair plate,

saddle ‖ ᵗrahmen m (Dach) / trussed purlin ‖ ᵗrohr n /
chair cane ‖ ᵗrolle f / chair castor ‖ ᵗrollenversuch m
(Teppich) / castor chair test ‖ ᵗsäule f (Zimm) / main
joist, truss post ‖ ᵗsäule f, Hängesäule f im
zweisäuligen Hängewerk (Zimm) / queen post ‖
ᵗschiene f (Bahn) / bullhead[ed] rail, chair rail ‖
ᵗschienengleis n / chaired track ‖ ᵗsitz m / seat of a
chair, bottom ‖ mit ᵗsitz versehen / bottom a chair ‖
ᵗtuch n (Web) / loom-state fabric, gray cloth ‖ ᵗware f
/ run-of-the-loom fabric ‖ ᵗzettel, Hebeplan der
Kettfäden m (Web) / lifting o. pegging plan, tie-up
Stukkateur m, Stuckateur m / plasterer, stuccoer, worker
in stucco
stukkatieren, stuckatieren / coat with stucco, stucco
Stukkatur, Stuckarbeit f / stucco work o. decoration
Stulpblech n (Schloss) / cuff plate, lock plate
Stülp·decke f, gestülpte Holzdecke / clincher built ceiling
‖ ᵗdeckel m / hooded lid, slip lid ‖ ᵗdeckeldose f / can
with slip lid, slip-lid can ‖ ᵗdeckelschachtel f (mit
tiefem Deckel) / telescope box ‖ ᵗdeckelschachtel f
mit Zungenverschluß / self-locking case and lid
Stulpdichtung, Ledermanschette f / hat-leather packing
Stulpe f, Stulp m, Stulpmanschette f (Pumpe) / sleeve
[packing]
stülpen, stülpziehen (Stanz) / reverse draw ‖ ~, umstülpen
(Seitenmarke bleibt, Vordermarke wechselt) (Buch) /
work and tumble
Stülp·schalung f (Bau) / weather boarding ‖
ᵗschalungsbrett (einseitig zugeschärft), Deckbrett n
(Bau) / weather board ‖ ᵗschalungsbrett n mit Feder u.
Nut (Bau) / clap-board ‖ ᵗwand f, überlappte
Bretterwand (Zimm) / lap-jointed sheeting ‖ ᵗzug m /
reverse drawing ‖ ᵗzugwerkzeug n / reverse drawing
tool
stumm (allg, Film) / mute ‖ ᵗabstimmregler m /
interstation noise muting control ‖ ᵗabstimmung f
(Radio) / interstation muting, interstage noise
suppression ‖ ᵗaufnahme f (Tonfilm) / mute shot
Stummel m / stub, stump, end ‖ ᵗ, Stützflosse f (Luftf) /
side fin ‖ ᵗblock, Blockrest m (Hütt) / butt ingot, ingot
butt
Stumm·film m / silent [motion] pictures o. movies pl (US)
‖ ᵗkopie f / mute print ‖ ᵗ-Positiv n (Film) / silent
positive
Stumpen m, Stubben, Stock, Baumstumpf m (Holz) /
stump, stub ‖ ᵗausreißer m / stump-plucking
apparatus, uprooting machine
Stümperei f / botch[ing], bungling, patchwork, patch-up,
patchery
stümperhaft / botchy
stümpern / bungle, botch
stumpf (Klinge) / dull, blunt, edgeless ‖ ~ (beiderseits ohne
Einzug) (Buch) / flush ‖ ~, abgestumpft (Math) / obtuse ‖
~ (Farbe) / dull, dead, lustreless
Stumpf m (Baum) / stumb, stub ‖ ᵗ, Kegelstumpf m /
truncated cone, conic o. conoid[al] frustum, frustum o.
ungula of a cone (US)
stumpf ausgehen lassen (Buch) / end o. make even ‖
~ befahren (Weiche) / trail the point, pass the point
trailing ‖ ~ gestoßen (o. angefügt) / butt-jointed, jump
jointed, butted ‖ ~e Kante / blunt edge ‖ ~e Kante
(Zimm) / jumper joint ‖ ~er Körper / bluff body ‖
~ machen (o. werden) (Wz) / blunt v, dull ‖ ~er Stoß
zwischen Brettern (Zimm) / heading joint ‖ ~ stoßen /
butt joints, butt-joint, abut ‖ ~es Weiß / dull white ‖
~ werden (Farbe) / sadden down ‖ ~er Winkel / obtuse
angle ‖ ~er Weißl (Abschrägung) / standing bevelling
‖ ~er Zeilenanfang (Buch) / full-out, flush head ‖ ~fein
(Buch) / medium-face ‖ ᵗfuge (Sperrholz) / end joint ‖
~geschweißt / butt-welded ‖ ᵗgewinde n / stub thread
‖ ᵗgleis n (Bahn) / dead end [line] ‖ ~kantig / blunt
edged ‖ ᵗnahtschweißung f, -schweißung f / butt
[seam] welding ‖ ᵗ-Schmelzschweißung f / fusion butt-
welded joints ‖ ᵗschweißen (Rohre) / butt-weld v ‖

1033

~schweißen n von Drähten / electric butt welding joining of wires ‖ ~schweißmaschine f / butt-welding machine ‖ ~stoß m, stumpfer Stoß / butt joint n, jump joint ‖ ~stoß m (Bahn) / end joint of rails ‖ gehobelter ~stoß / planed butt joint ‖ ~verzahnung f (Masch) / stub-tooth gear[ing], addendum corrected gear[ing] ‖ ~wink[e]lig / obtuse-angled ‖ ~wink[e]lige Mauerecke (Bau) / obtuse quoin, birdsmouth quoin ‖ ~zahn m / stub tooth

Stunde f, h / hour, h

Stunden·..., stündlich / horary, horal ‖ ~achse f (Phys) / polar axis ‖ 24-~-Anzeige f / military hour indication ‖ ~betrieb m, stündlicher Verkehr (Bahn) / hourly service ‖ 24-~-Betrieb m / continuous shift work ‖ ~durchschnitt m / average rate per hour ‖ ~geschwindigkeit f / speed per hour ‖ ~kilometer m / kilometer per hour ‖ ~kreis m (Astr) / horary o. hour circle, right ascension circle, circle of rectascension ‖ ~kreis m (Kompaß) / compass circle ‖ ~kreis m, Deklinationskreis m / declination circle ‖ ~leistung f, stündliche Leistung (Masch) / hourly capacity, output per hour ‖ ~leistung f, Stück je [Arbeits]stunde n pl / man-hour output ‖ ~-Leistung f (Elcktr, Mot) / one-hour rating ‖ ~lohn m / hourly o. time wage ‖ ~lohnsatz m / timework rate ‖ ~lohnsatz m (Ggs.: Akkord) (F.Org) / day o. daily rate ‖ ~plan m / timetable ‖ ~rad n (Uhr) / hour o. pattern wheel ‖ ~rechen m (Uhr) / hour rack ‖ ~satz m / rate per hour, hourly rate ‖ ~schlagrad n / hour ratchet ‖ ~schlagsperre f (Uhr) / repeater-silent slide ‖ ~schlagwerk n (Uhr) / striking train o. work for hours ‖ ~speicher m / one-hour storage ‖ ~strom m / one-hour current ‖ ~verdienst m / hourly earnings pl ‖ ~winkel m (Astr) / hour angle ‖ ~zähler m / hour counter ‖ 24-~-Zählung f / military hour ‖ ~zeiger m (Uhr) / hour hand

stündlich / horary, hourly, at any hour ‖ ~, alle Stunden / hourly

Stupp f, Quecksilberruß m / mercurial soot, stupp ‖ ~fett n / stupp fat

Sturm m (Windstärke 9) / strong gale ‖ schwerer ~ (Windst. 10) / whole gale ‖ ~ball m / storm signal ‖ ~bö f / squall ‖ ~deck n (Schiff) / hurricane o. flying deck ‖ ~deich m / retired embankment ‖ ~flut f / high storm water ‖ ~getriebene[r] Gischt / spoondrift ‖ ~haken, Fensterhaken m / window stay

stürmisch (Chem, Reaktion) / vigorous ‖ ~e Gärung / boiling o. fiery fermentation ‖ ~er Wind (Windst. 8) / fresh gale

Sturm·latte f (Bau) / cross lath ‖ ~sicherheit, Windfestigkeit f / wind resisting strength ‖ ~warnung f / gale warning ‖ ~wolke f / storm cloud ‖ ~zentrum n, -auge n / eye of a storm, central calm

Sturz m / plunge, fall ‖ ~ (Bau) / lintel, head ‖ ~ (Blechpaket) (Walzw) / pack, run-over ‖ ~ (Kfz) / king pin angle o. inclination

Stürz..., Kipp... / dumping, tipping

Sturz·acker m / new-ploughed field ‖ ~bach m / mountain torrent ‖ ~bahn f, Absturzbahn f / elevated dumping o. discharging track ‖ ~bett n, -boden m (Wehr) / foot of fall ‖ ~bewehrung f (Bau) / reinforcement of the girder lintel ‖ ~bügel m (Motorrad) / roll bar ‖ ~bühne, Hängebank f (Bergb) / heapstead ‖ ~bühne f, Kippbühne f (Bergb) / tilting o. tipping stage o. platform

stürzen, kippen / tip vt, dump vt ‖ ~, brachpflügen (Landw) / break up the ground ‖ ~, [auf Halde] kippen / dump v, heap [deads], tip ‖ ~ vi / fall v, topple ‖ ~ n der Bilder (Opt) / somersaulting o. tumbling of images ‖ ~ der Linien (Phot) / convergence of the verticals ‖ ~ des Möllers (Hütt) / slipping of the burden ‖ nicht ~ ! / keep upright!

stürzender Satz (Buch) / off-its-feet

Sturzen·glühen n (Walzw) / pack annealing ‖ ~wärmeofen m (Hütt) / pack heating furnace, sheet [heating] furnace

Sturz·festigkeit f (Bergb) / resistance to shatter test ‖ ~festigkeit f (Kohle, Versuch) / shatter strength ‖ ~festigkeitsindex m / shatter index ‖ ~festigkeitsprüfung f (Kohle) / shatter test ‖ ~flug m (Luftf) / nose dive, dive, diving ‖ ~flugklappe, -flugbremse f / dive [recovery] flap, compressibility dive o. nose dive flap, dive brake ‖ ~guß m (Gieß) / slush casting [process] ‖ ~helm m, Fliegerhelm m / crash o. flying helmet ‖ ~helm m für Rollerfahrer / hard hat, helmet ‖ ~karren m, Kippwagen m / dumping cart ‖ ~kocher m (Pap) / tilting digester, plunging boiler ‖ ~rinne f / tip chute ‖ ~rolle f (Förderband) / tilted idler ‖ ~rolle f (Bergb) / ore pass, chute ‖ ~rost m (Hütt) / tippling grate ‖ ~schacht, Rollschacht m (Bergb) / slide, rolling-shaft ‖ ~see f / breaker, heavy sea ‖ ~träger m (Stahlbau) / lintel beam ‖ ~-Unterseite f / soffit of transom ‖ ~versatz m (Bergb) / dump stowing ‖ ~welle f, Springwelle f, Bore f / bore ‖ ~winkelanzeiger m (Luftf) / dive angle indicator

Stütz·balken m (Bau) / backshore, brace ‖ ~balken, Hauptbalken n (Bau) / principal ‖ waagerechter ~balken (z.B. zwischen 2 Häusern) (Bau) / flying shore, flier, flyer ‖ ~bein n für Behälter / steady leg ‖ ~bock m / trestle ‖ ~bogen m (Bau) / discharging o. safety arch ‖ ~bügel m, -konsole f / supporting yoke ‖ ~draht m / jackstay

Stütze f, Ständer m (Bau, Masch, Schiff) / stanchion, standard, stay, post, prop ‖ ~, Träger m (Masch, Seilb) / standard, support, rest ‖ ~, Ständer m, Pfosten m (Hütt) / jamb ‖ ~, Stützpfeiler m / bearer, supporting pillar ‖ ~ (Seilb) / tower, support ‖ ~, Bock m / bench, horse ‖ ~, Säule f / pillar, support ‖ ~, Pfeiler m (Ofen) / prop ‖ ~, Strebe f (Maurer, Zimm) / prop, stay, strut ‖ ~, Spreize f / stretcher, sustainer ‖ ~, Tragarm m (Masch) / lug, bracket ‖ ~ (Wellenleiter) / dielectric support ‖ ~, Deckstütze f (Schiff) / pillar ‖ ~ für Ausbau (Bergb) / lagging pole ‖ ~ für Glasmacherpfeife, Tripus m / pig ‖ ~n für Textilmaschinen f pl (Textil) / sam[p]sons pl ‖ auf zwei ~n (Mech) / freely supported

Stützeinrichtung f für Sattelschlepper, Stützfuß m / landing gear for semi-trailers, dolly for semi-trailers

stutzen (allg, Felle) / lop v ‖ ~, kappen, ab-, verkürzen / crop v, trim, poll ‖ ~ (Seil) / trim vt, square up the end ‖ ~, beschneiden / pare ‖ ~ n einer Kette (Math) / truncation of a chain

Stutzen, Anschluß-, Rohrstutzen m / connection piece ‖ ~ m, Muffe f / muff ‖ ~ (Chem) / nozzle for chemical equipment

stützen / support v, sustain, uphold, bear ‖ ~, abfangen / bear up ‖ ~ [auf] / base [upon] ‖ ~ [auf], lehnen / lean ‖ ~ gegen Umfallen / stay vt

Stützenabsenkung, [planmässige] ~ / lowering of supports

Stützenabstand m, -weite f / spacing of supports

Stutzenbereich m des Druckgefäßes (Nukl) / nozzle zone

stützend, Stütz... / supporting

Stützendruck m (Bau) / reaction at the abutment, of the support

Stutzen·flasche f (Chem) / aspirator bottle ‖ ~flasche f, Tubusflasche f (Labor) / laboratory bottle with outlet at bottom

Stützen·galgen m (Seilb) / bracket of support ‖ ~isolator m (Elektr) / pedestal type o. pin [type] insulator ‖ ~los / trussless ‖ ~moment n / moment about the points of support ‖ ~profil n (Walzw) / original section ‖ ~schuh m (Seilb) / saddle ‖ ~senkung f (nicht vorgesehen) / subsiding of supports o settlement of supports ‖ ~stoß m (Stahlbau) / column o. stanchion splice ‖ ~transformator, -stromwandler m / spreader type current transformer ‖ ~verstärkung f / reinforced strutting

Stutzenweite f (Pumpe) / nominal bore

Stützer *m*, Stützisolator *m* / post[-type] insulator, pin insulator ‖ **⁻ für Freiluftanlagen** (Elektr) / outdoor post insulator

Stütz·**fläche** *f*, Auflagefläche *f* / supporting surface, area of support ‖ **⁻flosse** *f*, Seitenflosse *f* (Luftf) / fin (US), vertical stabilizer ‖ **⁻fuß** *m* (Kfz) / sustainer ‖ **⁻fuß** *m* (Kran) / outrigger, screw jack ‖ **⁻fuß** *m* (Reaktor) / support foot ‖ **⁻fuß** *m* **in der Mitte** [seitlich] (Motorrad) / central, [side] stand ‖ **⁻gerüst** *n* / supporting frame [work] o. structure ‖ **⁻gestell** *n* **mit Rädern** (Sattelauflieger) / auxiliary wheel gear ‖ **⁻gewebe** *n* (Textil) / backing fabric ‖ **⁻gewölbe** *n* (Bau) / sprung roof ‖ **⁻gitter** *n* (Akku) / support mesh ‖ **⁻gurt** *m* **für Hüllen** (Luftf) / trajectory band ‖ **⁻isolator** *m* / pin o. post insulator, support insulator ‖ **⁻isolator** *m* **der Fahrleitung** (Bahn) / cap-and-rod insulator ‖ **⁻kegel** *m* [für Raketenspulen] (Web) / initial cone ‖ **⁻kettenaufzug** *m* / sustained chain elevator ‖ **⁻knagge** *f* (Bahn) / bearing stud ‖ **⁻konstruktion** *f* / supporting structure ‖ **⁻kraft** *f* / supporting force ‖ **⁻krümmer** *m* (ein Rohrstück) / branch pipe holder ‖ **⁻legierung** *f* **für Elektroformen** / backing alloy for electroforms ‖ **⁻linie** *f*, Drucklinie *f* (Mech) / axis line o. center line of pressure o. of thrust, line of resultant pressure, pressure line ‖ **⁻masse** *f* (Raketenantrieb) / stabilizing medium, thrust source ‖ **⁻mauer** *f* / retaining o. breast wall, shouldering wall ‖ **⁻mauer** *f* (Brücke) / bearing wall ‖ **⁻mauer** *f* **der Böschung** / revetment wall ‖ **⁻mauerbau** *m* / construction of retaining walls ‖ **⁻motor** *m*, Servomotor *m* / auxiliary o. servo motor ‖ **⁻motorsteuerung** *f* (Luftf) / power-assisted control ‖ **⁻pfahl** *m* (für Baugrubenwände) (Bau) / guide pile ‖ **⁻pfeiler**, Pfeiler *m* / pillar, support ‖ **⁻pfeiler**, Strebpfeiler *m* / buttress ‖ **⁻platte** *f* (Hochofen) / buck plate, bolster plate ‖ **⁻punkt**, Ruhepunkt *m* / point of support, supporting point ‖ **⁻punkt** *m*, Drehpunkt *m* / center of motion, [bearance] fulcrum ‖ **⁻punkt** *m* (DV) / restart point ‖ **⁻punktnachweis** *m*, Stangenregister *n* (Fernm) / list of the telegraph poles ‖ **⁻punktprogramm** *n* (DV) / postmortem-program ‖ **⁻rad** *n* (für Caravan) / support wheel (caravan) ‖ **⁻rad** *n* **für Einachser** (Landw) / drawbar jack castor wheel for trailers ‖ **⁻rahmen** *m* / gallows frame ‖ **⁻relais** *n*, Verriegelungsrelais *n* / interlock relay ‖ **⁻relais** *n pl* (Fernm) / latching relays *pl* ‖ **⁻ring** *m*, Back-up-Ring *m* / back-up ring ‖ **⁻ring** *m*, Tragring *n* / bearing ring ‖ **⁻ring** *m* (Förderband) / disk for return idler ‖ **⁻rippe** *f* (Mot) / reinforcing o. stiffening rib ‖ **⁻rolle**, -walze *f* / supporting roll[er] ‖ **⁻rolle** *f* (Raupenkette) / track-supporting roller, return roller ‖ **⁻säule** *f* / supporting pole ‖ **⁻scheibe** *f* (DIN 988) / supporting ring [for retaining washers] ‖ **⁻schleifen** *n* (Wzm) / support grinding ‖ **⁻steg** *m* (für den Lüftungskanal) (Elektr, Maschine) / duct spacer ‖ **⁻stein** *m* (Ofen) / seating block ‖ **⁻strumpf** *m* / support hose ‖ schräger **⁻träger** / inclined backing girder

Stutzuhr *f* / table clock

Stütz·**walze** *f* (allg) / doubling roll ‖ **⁻walze** *f* (Walzw) / back[ing]-up roll[er] ‖ **⁻wand** *f* (an einer Wasserfront) (Bau) / bulkhead ‖ **⁻weite** *f*, Öffnung *f* / bearing [distance], span ‖ freie **⁻weite** / clear span ‖ **⁻werk**, -gerüst *n* / propping, staying, strutting ‖ **⁻werk** *n* (waagerecht für Gräben) / shoring ‖ **⁻winkel** *m*, Abstützwinkel *m* / support angle, angle [bracket] ‖ **⁻winkel** *m* (Kfz) / angle bracket ‖ **⁻zapfen** *m* (Masch) / vertical journal ‖ **⁻zylinder** *m* / doubling roll

St. **Venantscher Körper** *m* / St. Venant body, StV-body (a rigid-plastic body)

St. **Venantsches** (Hirschfeld) o. **Saint-Venantsches** (Parkus) o. **Saint-Venant** (Flügge, Prager) **Torsionsproblem** (Mech) / Saint-Venant torsion, St.Venant torsion problem

StVO = Straßenverkehrs-Ordnung

StVZO = Straßenverkehrs-Zulassungsordnung

St.**W.** = Statistisches Warenverzeichnis

StW (Brau) = Stammwürzegehalt ‖ **⁻** (Chem, Landw) = Stärkewert

Stw (Bahn) = Stellwerk

Styling *n* / styling

Styroflexkabel *n* / styroflex cable

Styrol *n* / styrene, styrol[ene], cinnamol, cinnamene, phenylethene ‖ **⁻-Acrylnitril-Copolymerisat** *n*, SAN / styrene-acrylonitrile copolymer, SAN copolymer ‖ **⁻-alpha-Methylstyrol** *n* / styrene-alpha-methylstyrene, SMS ‖ **⁻-Butadien** *n*, SB *n* / styrene-butadiene, SB ‖ **⁻-Butadien-Kautschuk** *m*, SBR / styrene-butadiene rubber, SBR ‖ **⁻-Butadien-Plaste** *m pl* / styrene-butadiene plastics *pl*, SB plastics *pl* ‖ **⁻harze** *n pl* / styrene resins, styrol resins *pl* ‖ **⁻kautschuk** *m* / styrene rubber

sub·**additiv** (Math) / subadditive ‖ **~atomar** / subatomic

subatomar·**es Teilchen** / subatomie particle

Sub·**audiofrequenz** *f* / subaudio frequency ‖ **~cadmisch** (z.B. Neutron) / subcadmium... ‖ **⁻cadmium-Neutron** *n* / subcadmium neutron ‖ **⁻determinante** *f* (Math) / minor determinant ‖ **⁻duktion** *f*, Verschluckung *f* (Geol) / subduction

Suberin *n* (Bot) / suberin ‖ **⁻säure** *f* / suberic acid

Sub·**gravitation** *f* / subgravity ‖ **⁻halogenidverfahren** *n* (Alu) / subhalide process ‖ **~harmonisch** (Math) / subharmonic ‖ **⁻harmonische** *f*, Unterharmonische *f*, Unterton / subharmonic *n*

subjektiv / subjective ‖ **~e Lautstärke** / equivalent loudness level ‖ **~e Stärke des Geräusches** / subjective loudness of noise

Sub·**kontraktor** *m* / subcontractor ‖ **⁻lemma** *n* (DV) / sublemma ‖ **⁻lichtmikroskopie** *f* / subphotonic microscopy

Sublimat *n*, Quecksilber(II)-chlorid *n* / [corrosive] sublimate, mercury chloride, chloride of mercury ‖ **⁻**, Rauchniederschlag *m* / sublimate, fume

Sublimation *f*, Sublimieren *n* / sublimation

Sublimations·**düse** *f* (Raumf) / sublimation jet ‖ **⁻pumpe** *f* (Vakuum) / sublimation pump ‖ **⁻wärme** *f* / sublimation heat

Sublimatverstärker *m* (Phot) / mercury intensifier

sublimierbar / sublimable

sublimierecht / resistant to sublimation

sublimieren, durch Sublimation gewinnen (Chem) / sublimate *v*, sublime

sublimierend (Chem) / subliming ‖ **~er Treibstoff** (Rakete) / subliming solid propellant

Sublimierofen *m* / sublimation o. subliming furnace

sublimiert / sublimed

sub·**marin**, unter Wasser / submarine ‖ **⁻mikron** *n* (50-2000 Å) / submicron ‖ **⁻mikron-Technologie** *f* / submicron technology ‖ **~mikroskopisch** / submicroscopic ‖ **⁻mikrostruktur** *f* / submicrostructure ‖ **⁻miniatur...** / subminiature... ‖ **⁻miniaturisierung** *f* (Elektronik) / subminiaturization ‖ **⁻miniaturröhre** *f* (Elektronik) / bantam tube ‖ **⁻mission** *f* / tender, bid ‖ **⁻modul** *n* / submodule ‖ **⁻modulator** *m* / submodulator ‖ **⁻normale** *f* (Math) / subnormal ‖ **⁻nukleon** *n* (hypothetisch) / subnucleon ‖ **~optimal** (Regeln) / suboptimal ‖ **~orbital** (Raumf) / suborbital ‖ **⁻ordinierung** *f*, Unterordnung *f* / subordination ‖ **~oxid** *n* / suboxide ‖ **⁻routine** *f* (DV) / subroutine, -program ‖ **⁻routinen-Unterprogramm** *n* (DV) / subroutine subprogram ‖ **⁻satellitenpunkt**, Spurpunkt *m* (Raumf) / subsatellite point ‖ **⁻solarpunkt** *m* / subsolar point, SS ‖ **⁻solarregion** *f* / subsolar part ‖ **~sonisch**, unter Mach 1 / subsonic ‖ **⁻standardkraftstoff** *m* (Kfz) / reference fuel

substantiv, Direkt... (Färb) / substantive ‖ **~er Baumwollfarbstoff** / direct dyestuff, direct cotton colour

Substanz, Masse *f* / substance, matter, stuff, material ‖ **⁻**, Stoff *m* (Chem) / body ‖ **⁻blockpolymerisation** *f* /

solventless bulk polymerization ‖ **⁓polymer** *n* / mass
polymer ‖ **⁓polymerisation** *f* / mass polymerization,
bulk polymerization, solventless polymerization ‖
⁓pulverpolymerisation *f* / solventless powder
polymerization ‖ **⁓verlust** *m* / loss of material o. matter
Substate *m*, Teilzustand *m* (Nukl) / substate
Substatus *m* (DV) / substatus
Substituent *m* (Chem) / substituent
substituieren (Chem) / substitute *v*, replace [by] ‖ ⁓ (DV) /
extract
substituiertes Fremdatom / substitutes atom
Substitution [für, gegen] *f* (Chem) / substitution [for] ‖ **⁓**
(DV) / substitute character
Substitutions·befehl *m* / substitution instruction ‖
⁓isomerie *f* / substitutional isomerism ‖ **⁓leitung** *f*
(Phys) / substitution conduction ‖ **⁓methode** *f* /
substitution method ‖ **⁓modus** *m* (DV) / substitute mode
‖ **⁓produkt** *n* / substitute, substitution product
Substrat *n* (Chem) / substrate ‖ **⁓**, Chip-Carrier *m* (IC) /
dice, chip ‖ **⁓**, Grundlage *f* / substratum, substrate ‖
⁓anschluß *m* (MOS-FET) / bulk ‖ **⁓strom** *m* (FET) /
substrate current ‖ **⁓zerteiler** *m* (IC) / dicer
sub·synchron / subsynchronous ‖ **⁓synchronsatellit** *m* /
sub-synchronous satellite ‖ **⁓system** *n* / subsystem ‖
⁓tangente *f* / subtangent ‖ **⁓task** *n* (DV) / subtask ‖
⁓thermisch (z.B. Neutron) / subthermal ‖ **⁓trahend** *m*
/ subtrahend ‖ **⁓trahieren**, abziehen / subtract ‖
⁓trahierglied *n* (DV) / [digital o. full] subtracter
Subtraktion, Differenzbildung *f* / subtraction
Subtraktions·anweisung *f* (DV) / subtract statement ‖
⁓farbe *f* / subtractive colour
subtraktiv (Math, TV, Opt) / subtractive ‖ **⁓e Grundfarbe** /
subtractive primary colour ‖ **⁓e Modulation** /
downward modulation ‖ **⁓filter** *m n* (Phot) / subtractor ‖
⁓verfahren *n* (IC) / subtractive process
subtransient (Elektr) / subtransient ‖ **⁓er**
Kurzschlußwechselstrom, Anfangs-
Kurzschlußwechselstrom *m* / initial symmetrical short
circuit current ‖ **⁓e** (o. subtransitorische) **Längs-EMK**
/ direct-axis subtransient e.m.f. ‖ **⁓e Quer-EMK** /
quadrature-axis subtransient e.m.f.
Sub·tropen *pl* / subtropics *pl* ‖ **⁓tropisch** / subtropic[al],
semitropical ‖ **⁓zeile** *f* (= 6 Mikrozeilen) (DV) / subline
(= 6 microlines)
Succinimid *n* / succinimide
Succinit, Bernstein *m* (Min) / succinite, amber
Succinsäure *f* / succinic acid
Succinyl... (Chem) / succinyl...
Such·..., zielanstrebend (Flugkörper) / homing ‖ **⁓adresse** *f*
(DV) / seek address ‖ **⁓anker** *m*, Dregganker *m*,
Draggen *m* (Schiff) / drag ‖ **⁓anlage**, Rufanlage *f* / staff
location plant o. locator installation ‖ **⁓aräometer** *n* /
range finder hydrometer ‖ **⁓baum** *m* (DV) / access tree ‖
⁓bereich *m* **des Zielsuchkopfes** (Flugkörper) / pattern ‖
⁓bewegung *f* (Regeln) / hunting oscillation ‖ **⁓code** *m* /
search code
Suche *f* (DV) / search ‖ **⁓ in der Entfernung** / range
search ‖ **⁓ nach Lebensspuren** (Raumf) / life search
suchen, aufsuchen (allg, Bergb) / search *v* ‖ **⁓**, finden /
locate, localize ‖ **⁓** (Math) / find ‖ **⁓** *n* (allg, DV) / search
‖ **⁓**, [Auf]finden / location, localization ‖ **⁓ in**
geketteter o. verknüpfter Liste / chaining search
Sucher *m*, (nicht: Suchscheinwerfer) (Kfz) / adjustable
spot light ‖ **⁓** (Phot) / [view] finder ‖ **⁓** (Fernm, TV) /
hunting selector, finder ‖ **⁓** (Opt, TV) / view finder ‖ **⁓**
(Stanz) / pilot ‖ **⁓ unbewegter Konten**, Kontensucher *m*
(DV) / detector of inactive accounts ‖ **⁓fernamt** *n* /
long-distance office operating with finders ‖ **⁓schirm** *m*
/ viewfinder screen
Such·feld *n* (DV) / search field ‖ **⁓fernrohr** *n* / finder of a
telescope ‖ **⁓filter** *n* (Elektronik) / matched filter ‖
⁓funktion *f* / search function ‖ **⁓gerät** *n* (allg) / detector
‖ **⁓gerät**, Ortungs-, Peilgerät *n* (Luftf, Schiff) / locating
equipment o. device ‖ **⁓impuls**, Startimpuls *m* (Radar) /

main bang ‖ **⁓karte** *f* (DV) / search card ‖ **⁓kegel** *m*,
-stift *m* / pilot pin ‖ **⁓kopf** *m* / homing head, seeker
head ‖ **⁓lampe** *f*, Lampensucher *m* (Elektr) / lamp
detector ‖ **⁓lauf** *m* (NC) / search for particular data ‖
⁓lauf *m* (Radio) / station finding ‖ **⁓lauf** *m* (DV) / search
run ‖ **⁓laufautomatik** *f* (Elektronik) / automatic station
finder ‖ **⁓marke** *f* (Film) / counting mark ‖
⁓markierung *f*, Blip *m* (DV) / document mark, blip ‖
⁓maske *f* (DV) / search control word ‖ **⁓netz** *n*
(Stadtplan) / grid ‖ **⁓objektiv** *n* / scanning objective ‖
⁓operation *f*, Suchen *n* (DV) / seek operation ‖
⁓programm *n* (Flugkörper) / search pattern ‖ **⁓radar** *m*
n / search radar ‖ **⁓schalter** *m* (Fernm) / finder switch,
[line] finder ‖ **⁓scheinwerfer**, (jetzt:) Sucher *m* /
adustable spot light ‖ **⁓schleife** *f* (DV) / seek cycle ‖
⁓schlüssel *m* / search key ‖ **⁓spindel** *f* (Chem) /
exploring spindle ‖ **⁓spule**, Sondenspule *f* (Elektr) /
exploring coil, pick-up coil, probe coil ‖ **⁓steuerwort** *n*
(DV) / search control word ‖ **⁓stift** *m* (Stanz) / pilot
[pin], pummel ‖ **⁓ton** *m* (Akustik) / sinusoidal tone ‖ **⁓-**
und Rettungsdienst *m*, SAR / search and rescue
service, SAR ‖ **⁓vorgang** *m* / search process ‖ **⁓wahl** *f*
(Fernm) / hunting ‖ **⁓wähler**, Sucher *m* (Fernm, TV) /
hunting selector ‖ **⁓zeit** *f* (Magn.Bd) / search time ‖
⁓zeit *f* **für Datenzugriff** (DV) / seek [access] time
Sucrose *f*, Saccharose *f* / saccharose, sucrose
Sud *m* (Brau) / brew[ing], gyle ‖ **⁓**, Beizmittel *n* (Färb) /
mordant ‖ **⁓** (Zuck) / strike ‖ **⁓**, Abkochung *f* (Chem) /
decoction
südafrikanischer Asbest / Cape [blue] asbestos
Sudan III (G) *n* (Färb) / Sudan III(G), oil red o. scarlet ‖
⁓farbstoffe *m pl* / oil soluble dyes *pl* ‖ **⁓rot** *n* / oil red
o. scarlet
Südfrüchte *f pl* / tropical and subtropical fruits *pl*
Sudhaus *n* (Brau) / brewing room o. house
südlich, südländisch (Geogr) / meridional ‖ **⁓es Polarlicht**,
Südlicht *n* / Aurora Australis ‖ **⁓e Poldistanz** (Astr) /
south polar distance, S.P.D.
Südmagnetismus *m* / south magnetism
Sudpfanne *f* / copper processor
Süd·pol *m* (Geogr) / south pole ‖ **⁓pol** *m* **der Magnetnadel**
/ south-[seeking]-pole, S-pole ‖ **⁓pol** *m* **des Magnets** /
magnetic south ‖ **⁓rand** *m* (Meteorol) / lateral sky South
Sud·salz *n* / common salt from boiled-down brine, boiled
salt ‖ **⁓vergoldung** *f* / currentless o. electroless gold
plating ‖ **⁓vernickelung** *f* / nickel dip o. flashing
Suedingmaschine *f*, Velours-Ausrüstungsmaschine *f* /
[energy-]sueding machine
Suffix *n* / suffix ‖ **⁓-Schreibweise** *f* (DV) / suffix notation
Suhl-Effekt *m* (umgekehrter Hall-Effekt) / Suhl effect
sukzessiv / successive
Sulf... s. auch Schwefel...
Sulfamat·bad *n* (Galv) / sulphamate bath ‖ **⁓elektrolyt** *m* /
sulphamate electrolyte
Sulf·amid *n* / sulfamide ‖ **⁓aminsäure** *f*, -amidsäure *f* /
sulphamic acid ‖ **⁓anilamid** *n*, Sulfonamid *n* /
sulphonamido ‖ **⁓anilsäure** *f* / sulphanilic acid, p-
aminobenzene-sulphonic acid, anilinesulphonic acid
Sulfat *n* / sulphate, sulfate (US) ‖ **⁓ablauge** *f* / sulphate
waste liquor, kraft waste liquor ‖ **⁓asche** *f* (Öl) /
sulphate ash ‖ **⁓ascheprüfung** *f* (Öl) / sulphate residue
test
Sulfatation, Sulfatierung *f*, Sulfatieren *n* / sulphation,
sulphating
Sulfat·ausscheidung *f*, -befall *m* (Email, Fehler) / sulphur
scum ‖ **⁓fest** / sulphate resisting ‖ **⁓hüttenzement**,
Gipsschlackenzement *m* / sulfate slag cement
sulfatieren / sulphate *v*, sulphatize, sulphate o. sulfatize
(US)
sulfatierend / sulphating ‖ **⁓es Rösten** / sulphating
roasting
Sulfatierung *f* (Akku) / sulphation, sulphating
sulfatisieren / sulphate, sulphatize
Sulfatisier·ofen *m* / sulphating roasting furnace

Sulfat·stoff, -zellstoff, Kraftzellstoff m / sulphate pulp, kraft pulp ‖ ⌁**verfahren** n, -aufschluß m, -kochung f (Pap) / sulphate pulping o. digestion
Sulf·hydrat n / sulfhydrate ‖ ⌁**hydryl** n / sulfhydryl
Sulfid n / sulphide, sulfide (US), sulphuret, sulfuret (US) ‖ ⌁**farbe** f, Schwefelfarbstoff m (Färb) / sulphide dyestuff
Sulfidieren n / sulphidizing
sulfidisch (Chem) / sulphured ‖ ~e **Erze** n pl / pyritiferous ores
Sulfidität f (prozentuales Verhältnis von Natriumsulfid zu den wirksamen Alkalien (Europa) **o. zur gesamttitrierbaren Menge** (USA) (daher in USA 5 % niedriger)) (Pap) / sulphidity
Sulfid·-Leuchtstoff m / luminous sulphide
sulfinisieren (Art Zementation) / sulphinize ‖ ⌁ n / sulphinizing
Sulfinsäuren f pl / sulphinic acids pl
Sulf-Inuzieren n (Masch) / sulfinuz processing
sulfinuziert / treat by sulfinuz process
Sulfit n / sulphite, sulfite (US) ‖ ⌁**ablauge** f (Pap) / sulphite liquor
Sulfitation f, Sulfitierung f (Zuck) / sulphitation (GB), sulfitation (US)
Sulfitieren n (Oberfl.behandl.) / sulphitizing
Sulfit·kochung f, -aufschluß m, -verfahren n (Pap) / sulphite pulping o. digestion ‖ ⌁**lauge** f / sulphite lye ‖ ⌁**turm** m (Pap) / sulphite tower ‖ ⌁**verfahren** n, -aufschluß m, -kochung f (Pap) / sulphite pulping o. digestion ‖ ⌁**zellstoff** m, -zellulose f / sulphite wood pulp, sulphite cellulose ‖ ⌁-**Zellstoff-Packpapier** n, ZP-Papier n / sulphite cellulose wrapping paper ‖ ⌁**zellstoffpapier** n / sulphite cellulose paper
Sulfo·base f, -basis f / sulphonic base ‖ ⌁**chlorid** n / thiochloride ‖ ⌁**chlorierung** f (Paraffin) / sulphochlorination ‖ ⌁**cyanat** n, Thiozyanat n / thiocyanate ‖ ⌁**cyaneisen** n / iron thiocyanate ‖ ⌁**cyansäure** f, Rhodanwasserstoffsäure f / sulphocyamic o. thiocyanic acid ‖ ⌁**gruppe** f / sulphonic group ‖ ⌁**harnstoff** m / thiocarbamide, thiourea
Sulfon n / sulphone, sulfone (US) ‖ ⌁**amid** n / sulphonamide ‖ ⌁**amidharz** n / sulphonamide resin
sulfonieren, sulfurieren / sulphonate, sulfonate (US), sulphurize, sulfurize (US)
sulfoniertes Öl / sulphurized oil
Sulfonierung, Sulfurierung f / sulphonation
Sulfonierungs·zahl f (Öl) / sulphonation number
Sulfo·nitrieren n / sulphonitriding ‖ ⌁**niumverbindung** f / sulphonium compound
Sulfonyl·radikal n, Sulfurylradikal n / sulphonyl o. sulphuryl radical
Sulfo·salizylsäure f / sulphosalicylic acid ‖ ⌁**säure**, (veraltet:) Sulfonsäure f / sulphonic acid ‖ **unlösliche** ⌁**säure** / green acid ‖ ⌁**säureaustauscher** m / strongly acid cation exchanger ‖ ⌁**seife** f / sulphonic o. black soap
Sulf·oxid n / sulphoxide ‖ ⌁**oxylsäure** f, H_2SO_2 / sulphoxylic acidd
sulfurieren vi / undergo sulphonation ‖ ~ vt, sulfonieren / sulphonate, sulfonate (US), sulphurize, sulfurize (US)
Sulfurierung, Sulfonierung f / sulphonation
sulfurisieren / sulphurize
Sulfurylchlorid n / sulphuryl chloride, sulphur dichloride dioxide
Süll n, Süllrand m (Schiff) / coaming ‖ ⌁**höhe** f / height of coaming ‖ ⌁**platte** f / coaming plate
Sulphonamid n / sulfa drug
Sulvanit m (Kupfer-Vanadiumkies) (Min) / sulvanite
Sulze f, Salzlauge f / salt solution
Sulzeis n, Eisbrei m / frazil ice
Sumach m (Bot) / sumac

Summand m (zu dem addiert wird), Augend m / augend ‖ ⌁ (der addiert wird), Addend m / addend, summand ‖ ⌁ (DV) / summand
summarische Wirkungs- und Stoffkenngrößen f pl (Abwasser) / general measures of effects and substances
Summation f, Addierung f (DV) / adding, summation
Summations·operator m, Summationssymbol n (DV) / adding operator ‖ ⌁**probe** f / summation check ‖ ⌁**ton** m (Phys) / summation tone
Summator m / summing integrator, averager
Summe f (Math) / sum, total ‖ ⌁ **bis Unendlich** (o. der unendlichen Reihe) / sum of an infinite series, sum to infinity ‖ ⌁ **der Abweichungen** / deviance, -ancy ‖ ⌁ **der Fehlerquadrate** / error sum of squares ‖ ⌁ **der Quadrate**, Quadratsumme f / sum of squares
summen / hum v, buzz ‖ ⌁ n, Summlaut m (Fernm) / hum[ming]
Summen·bildung f / summation ‖ ⌁**diagramm** n (Antenne) / sum pattern ‖ ⌁**erfassung** f (Fernm) / bulk registration ‖ ⌁**fehler** m / added-up errors pl ‖ ⌁**fehler** m (Lochstreifen) / accumulated feed hole spacing deviation ‖ ⌁-**Fernzählgerät** n / summation telemeter ‖ ⌁-**Fernzählung** f (Elektr) / summation telemetering ‖ ⌁**formel** f, Bruttoformel f (Chem) / total formula ‖ ⌁**gang** m (LoKa) / total cycle ‖ ⌁**getriebe** n / pick-off gear ‖ ⌁**häufigkeit** f (Statistik) / cumulative frequency ‖ ⌁**karte** f (LoKa) / summary card, result card ‖ ⌁**klausel** f (COBOL) / sum clause ‖ ⌁**koinzidenz** f / sum peak, summing coincidence ‖ ⌁**kontrolle**, -probe f (DV) / summation check ‖ ⌁**kurve** f (Statistik) / ogive, cumulative [frequency] curve, cumulating o. summation curve ‖ ⌁**kurve** f, Häufigkeitsverteilungskurve f (Aufber) / cumulative curve ‖ ⌁**kurve** f **bei Normalverteilung** (Statistik) / S-curve ‖ ~**leistungsgeregelt** / summation regulated ‖ ⌁**locher** m (LoKa) / summary punch ‖ ⌁**peak** m (Nukl) / sum peak ‖ ⌁**prüfziffer** f / sum check digit ‖ ⌁**regel** f / rule of sums ‖ ⌁**regelung** f / integrating control ‖ ⌁**schaltung** f (Regeln) / compound circuit ‖ ⌁**schreibung** f (Buch.m) / total printing ‖ ⌁**spektrum** / sum spectrum ‖ ⌁**stanzen** n (LoKa) / accumulated total punching ‖ ⌁**stanzer** m (LoKa) / gang summary punch ‖ ⌁**taste** f / summing-up key ‖ ⌁**übertrag** m, -übertragung f / total transfer ‖ ⌁**verteilung** f, -häufigkeitsverteilung f / cumulative frequency distribution ‖ ⌁**wahrscheinlichkeit** f, kumulative Wahrscheinlichkeit / cumulative probability ‖ ⌁**wert** m / cumulative value ‖ ⌁**zähler** m / adding counter ‖ ⌁**zählertafel** f (Elektr) / summation panel ‖ ⌁**zeichen** n, Σ / summation sign, Σ ‖ ⌁**zeile** f (DV) / total line
Summer m / buzzer [vibrator], signal buzzer ‖ ⌁, Oszillator m (Akustik, Elektronik) / oscillator ‖ ⌁**erregung** f / buzzer excitation o. drive ‖ ⌁**zeichen** n, -ton m / buzzer signal o. tone
summierbar / summable
summieren / add [up], cast up, sum ‖ **grafisch o. zeichnerisch** ~ / sum up graphically ‖ **sich** ~ / accumulate ‖ **sich** ~ **oder anhäufen** / add up vi, accumulate
summierend, Summier... / summing, summation ... ‖ ~, integrierend / integrating ‖ ~**er Frequenzzähler** f / integrating frequency meter ‖ ~**es Instrument** / summation instrument
Summierer m (Analogrechner) / analog adder, summer
Summier·integrator m / summing integrator ‖ ⌁**stufe** f (TV) / mixing stage
Summierung f / summation, adding up, cast ‖ ⌁, Kumulierung f / cumulation ‖ ⌁ (DV) / accumulation ‖ ⌁ **von Toleranzen** / build-up of tolerances, stack-up of tolerances
Summierungs·regelung f (Regeln) / compound control, convergent control system
Summier·verstärker m / summing amplifier

Summ·ton *m*, Piepton *m* / beep ‖ **⤴ton** *m*, -zeichen *n* (Fernm) / buzzer tone
Sumpf *m*, Morast *m* / swamp, marsh, bog, quag[mire] ‖ **⤴**, Absetzbecken *n* / settling basin ‖ **⤴**, Ölwanne *f* (Mot) / oilpan ‖ **⤴**, Pumpensumpf *m* (Bergb) / pump sump o. well ‖ **⤴**, Untertage-Wasserspeicher *m* (Bergb) / water lodge ‖ **⤴** (Hütt) / sump, bottom of furnace ‖ **⤴**, Eingußtümpel *m* (Gieß) / flood basin, liquid pool ‖ **⤴** (Strangguß) / crater, liquid phase ‖ **⤴ oberhalb der Pumpe** (Bergb) / basket for carrying coal
sumpfen, mauken (Keram) / age *v*
sümpfen, Grubenbaue gewältigen, die Wasser lösen (Bergb) / fork a mine ‖ ~, trockenlegen (Bergb) / unwater, drain ‖ **⤴** *n* (Bergb) / draining of mines, drainage ‖ **⤴**, Aufwältigung *f* (Bergb) / reopening
Sumpf·erz *n*, Sumpfeisenerz *n* / bog [iron] ore, swamp iron ore, morass ore, limonite ‖ **⤴gas** *n* / methane, marsh gas ‖ **⤴gebiet** *n*, Sumpfland *n* / marshy o. swampy district ‖ **⤴haus** *n* (Keram) / sump house, soak pit
sumpfig / boggish, swampy
Sumpf·kiefer *f* (Pinus palustris Mill.) / long leaf pine, long-leaved pine ‖ **⤴land** *n* / everglade (US), swampland ‖ **⤴phasenhydrierung** *f* / liquid phase hydrogenation ‖ **⤴produkt** *n* (Chem) / bottom product, bottoms *pl*, residues *pl* ‖ **⤴pumpe** *f* (Bergb) / sump pump ‖ **⤴schmierung** *f* (Mot) / sump lubrication ‖ **⤴strecke** *f*, -ort *n* (Bergb) / drift for collecting water, water level for draining, water gate ‖ **⤴tiefe** *f* (Gieß) / pool depth
Sunk *m* (Hydr) / receding of the water level
Sunn *m* (Hanf) / sun[n] [hemp], Bombay o. Bengal hemp
Super *m* (Radio) s. Superheterodynempfänger
Super *m* (Kfz) s. Superbenzin
Super-8, für 8 u. **⤴** / for single and double eight
Super··acht-Film *m*, Film 8 S *m* / super-eight film, film 8 type S ‖ **⤴aerodynamik** *f* / super-aerodynamics *pl* ‖ **⤴auto[matik]...** / superautomatic ‖ **⤴azidität**, Übersäuerung *f* / super-acidity ‖ **⤴bananenregime** *n* (Nukl) / superbanana regime ‖ **⤴[benzin]** *n*, Superkraftstoff *m* / premium grade gasoline (US), premium (US), supergrade petrol (GB) ‖ **⤴brechung** *f* (Radar) / superrefraction ‖ **⤴charge**, Peculiarity, Charming-Quantenzahl *f* (Phys) / supercharge, peculiarity, charming quantum number ‖ **⤴chip** *m* / superchip ‖ **⤴compound** / supercompound ‖ **⤴cordspinnverfahren** *n* (Chem) / supercord spinning process ‖ **⤴-Dry Qualität** (Akku) / super dry quality
Super-8-Film *m* / super-eight film ‖ **⤴ mit Tonspur** / super-eight-film with one sound track
super·finieren, schwingschleifen / superfinish *v*, microfinish, microstone, superstone ‖ ~**flacher Bildschirm** (TV) / flat square planar screen ‖ ~**flink** (Sicherung) / super-quick-acting ‖ ~**flüssig**, -fluid (Phys) / superfluid ‖ ~**fraktionierung** *f* (Öl) / superfractionation ‖ **⤴-Giantsockel** *m* (Elektronik) / super giant base ‖ **⤴granulation** *f* (Sonne) / supergranular cell ‖ **⤴het[erodyn]empfänger** *m* (Elektronik) / beat o. beatnote o. superheterodyne receiver, supersonic heterodyne receiver, double detection receiver, superhet ‖ **⤴heterodynschaltung**, Wellentransformationsschaltung *f* / superheterodyne coupling ‖ **⤴hetoszillator** *m* / beat-frequency o. beating o. local o. superheterodyne oscillator, B.F.O., heterodyne [oscillator] ‖ **⤴holzschliff** *m* / superground wood ‖ **⤴-HPD-Öl** *n* / super HPD oil ‖ **⤴-Ikonoscop** *n* (TV) / image o. super-iconoscope, superemitron
Superior·packpapier *n* / machine-glazed o. M.G. sulphite wrapping
Super··-Jumbosockel *m* (Elektronik) / super jumbo base ‖ ~**kommutiert** (Elektronik) / supercommutated ‖ **⤴kontrastfilm** *m* (Phot) / very-high contrast film ‖ **⤴kops**, -kötzer *m* (Spinn) / supercop ‖ **⤴kraftstoff** s. Super[benzin] ‖ ~**kritisch** (Luftf) / supercritical ‖ **⤴legierung** (hochtemperaturfest) / superalloy ‖

⤴-Low-Section-Reifen, Super-Niederquerschnitts-Reifen *m* (Kfz) / super-low-section tyre ‖ **⤴-LSI** (DV) / extra large scale integration, ELSI ‖ **⤴markt-Verpackung** *f* / supermarket wrapping ‖ **⤴mikro...** / supermicro... ‖ **⤴mikrocomputer** *m* / supermicrocomputer ‖ **⤴mini** *m* (DV) / supermini ‖ **⤴minicomputer** *m*, Laptop *m* / superminicomputer, laptop-C ‖ **⤴nieren...** (Mikrophon) / supercardioid ‖ **⤴novae** *pl* (Astr) / supernovae, SN *pl* ‖ **⤴-Orthikonkamera** *f* / super- o. image-orthicon camera ‖ **⤴oxid** *n* / [su]peroxide ‖ **⤴phosphat** *n* / superphosphate ‖ **⤴plastizität** *f* (z. B. Nickel) / superplasticity ‖ **⤴polyamid** *n* / superpolyamide ‖ **⤴polymer** *n* (Chem) / superpolymer ‖ **⤴ponierung** *f*, Überlagerung *f* (TV) / superposition ‖ **⤴position** *f*, Über[einander]lagerung *f* / superposition ‖ **⤴positionsprinzip** *n*, Überlagerungssatz *m* (Math) / superposition principle ‖ **⤴programm** *n* (DV) / executive routine ‖ ~**progressiv** (Feder) / overprogressive ‖ **⤴refraktion** *f* (Funk) / superrefraction ‖ **⤴regenerativkopplung**, Pendelrückkopplung *f* (Radio) / superregenerative coupling, superreaction ‖ **⤴reifen** *m* / heavy-duty tire ‖ **⤴-Richtmikrophon** *n* / ultra-directional microphone ‖ **⤴schmiermittel** *n* / superior lubricant ‖ ~**schweres Element** / superheavy element ‖ **⤴-8-Soundfilm** *m* / super-eight sound film (with two tracks) ‖ ~**strahlend** / superradiating ‖ **⤴strahlung** *f* (Opt) / superradiance ‖ **⤴strahlungslaser** *m* / superradiant laser ‖ **⤴struktur** *f*, Überbau *m* / superstructure ‖ **⤴tanker** *m* / supertanker, ultra-large crude carrier, ULCC ‖ **⤴turnstileantenne** *f* / bat[-wing] o. superturnstile antenna ‖ **⤴twisted-Nematic-Technik** *f*, STN (Flüssigkeit) / supertwisted nematic technique ‖ **⤴typhoon** *m* (Schiff) / supertyphoon ‖ **⤴visor** *m* (COBOL) / supervisor ‖ **⤴wasser** *n*, Derjaginwasser *n* / polywater, superwater ‖ **⤴weitwinkelobjektiv** *n*, Überweitwinkelobjektiv *n* / semi-fish eye ‖ **⤴zeichen** *n* (DV) / super-sign
Supfinieren *n*, Supfinition *f* / superfinish, superhoning, microfinish, -stone
supfiniert, feinstbearbeitet / microfinished
Suppenstern *m* (IBM, coll), Rhombuszeichen *n* (DV) / lozenge
Supplement *n*, Ergänzung *f* / supplement
supplementär / supplementary, as an addition
Supplement·sehne *f* (Math) / supplemental chord ‖ **⤴winkel** *m* / supplementary angle, contiguous o. adjacent o. adjoining angle
Support *m*, Schlitten *m* (Wzm) / sliding o. slide [rest], saddle ‖ **⤴**, Kreuzschlitten *m* / compound [slide] rest ‖ **⤴** (Langdrehen) / carriage of an automatic lathe ‖ **⤴ der Bohrbank** (Wzm) / head, tool post ‖ **⤴ der Hobelmaschine** / planer slide ‖ **einfacher ⤴** (mit nur einer Bewegungsrichtung) (Dreh) / plain rest ‖ **⤴anschlag** *m* (Wzmasch) / slide hold ‖ **⤴drehmaschine** *f* / slide [rest] lathe ‖ **⤴drehteil** *m* / swivel head ‖ **⤴schleifer**, Schleifkopf *m* / grinding attachment for lathes, tool-post grinder ‖ **⤴schloß** *n* (Wzm) / lathe clutch
supra·flüssig, -fluid (Phys) / superfluid *adj* ‖ ~**flüssiges Helium**, Helium II / superfluid ‖ ~**hohe Frequenz** (3000 bis 30 000 MHz, 10 bis 1 cm) / S.H.F., super high frequency ‖ **⤴ionenleiter** *m* / super ion conductor ‖ ~**leitend** / superconductive ‖ **⤴leiter** *m* (Phys) / superconductor ‖ ~**leitfähig**, -leitend / superconductive ‖ **⤴leitfähigkeit** *f* / superconductivity ‖ **⤴leitung** *f* (Phys) / superconduction ‖ **⤴leitungskabel** *n* / superconducting cable ‖ **⤴leitungsspeicher** *m* (DV) / cryogenic memory
supral·leitende Maschine (Elektr) / machine with superconducting windings
Supra·refraktion *f* (Opt) / superrefraction ‖ **⤴schall**, Ultraschall *m* / ultrasonics ‖ **⤴strom** *m* / superconductivity current, supercurrent ‖ ~**thermische**

Strahl-Plasma-Experimente n pl / non-Maxwellian beam plasma methods pl
supremal (Regeln) / supremal
Supremum n (Kybernetik) / least upper bound
Surah, Seidenköper m (Textil) / surah
Surface-Barrier-Transistor m / surface barrier transistor, SBT
Surfer m / surfer
Surge f (Sonnenaktivität) / surge (solar activity)
surinamisches Grünherzholz, Pau n d'Arco / whalebone o. Surinam greenheart, bosswood, bethabara
surjektiv (Math) / onto adj ‖ ⤳e **Abbildung** (Math) / onto mapping
surren (Mot) / purr, whir
Surrogat n, Ersatzmittel n / substitute, surrogate
suspendieren, in Suspension halten (Chem) / suspend ‖ ⤳ (Aufber) / teeter
Suspendiervermögen n (Chem) / suspending power
Suspension f (Chem) / suspension ‖ **in** ⤳, ungelöst (Chem) / in suspense
Suspensions·farbstoff m / dispersed dye ‖ ⤳**gießen** n / suspension casting ‖ ⤳**kolloid** n / suspension colloid, suspensoid ‖ ⤳**mittel** n / suspending agent ‖ ⤳**mittel** n (Email) / floating agents pl ‖ ⤳**polymerisation** f / suspension o. pearl polymerization ‖ ⤳**reaktor** m (Nukl) / slurry reactor ‖ ⤳**röstung** f (Hütt) / flash o. suspension roasting ‖ ⤳**strom** m (Hydr) / turbidity current
Suspensoid n / suspension colloid
süß, mit geringem Anteil von Schwefelverbindungen (Öl, Gas) / sweet ‖ ⤳, schwefelfrei (Öl) / nonsour
süßen / sweeten
Süß·kraft f / sweetening power ‖ ⤳**öltank** m (Schiff) / vegetable-oil tank ‖ ⤳**[schmeckend]** / sweet ‖ ⤳**stoff** m, Saccharin solubile, lösliches Saccharin n / saccharin[e] soluble ‖ ⤳**stoff** m (allg) / sweetening agent
Süßung f (Öl) / sweetening
Süßwasser n / fresh water ‖ ⤳..., Binnensee... / lacustrine ‖ ⤳**gewinnungsanlage** f / fresh-water factory ‖ ⤳**kalk** m / fresh water limestone ‖ ⤳**plankton** n / limnoplankton ‖ ⤳**quarzit** m / bu[h]rstone
SU-Symmetrie f (von Gell-Mann) (Nukl) / SU-symmetry
Suszeptanz f, Blindleitwert m / susceptance
Suszeptibilität f / susceptibility
SUZ (Schiff) = Schiffswellenumdrehungsanzeiger
S-Verzeichnung f (TV) / S-distortion ‖ ⤳ (TV) / S-distortion
SV-Material, Stahlwerksverschleißmaterial n / casting pit refractory
SW (Masch) = Schlüsselweite
sw (Fernm) = schwarz
Swan·boy m (Textil) / molleton, mollitan, swanboy ‖ ⤳**down** m (Baumwollbarchent) (Textil) / swansdown ‖ ⤳**fassung**, Bajonettfassung f / swan socket ‖ ⤳**skin** m (feingeköperter Flanell) / swanskin ‖ ⤳**sockel** m (Elektr) / bayonet o. swan cap, B.C.
Swappingroutine f (DV) / swapping routine, swapper
Sweeprate, Wobbelgeschwindigkeit f / sweep rate
Sweetchrombeize f (Färb) / sweet o. neutral chrome mordant
Sweetlandfilter m n (Zuck) / fixed-loaf filter
Swelling n, Schwellen n (Nukl) / irradiation swelling
S-Wert m (Nukl) / S-value
SWFD (Fernm) = Selbstwählferndienst
Swimming Pool m / swimming pool ‖ ⤳ **Pool [im Freien]**, Schwimmbad n / open air [swimming] pool ‖ ⤳-**Pool-Reaktor** m / swimming pool reactor
Swing-by n (Benutzen des Schwerefelds eines Planeten A für den Anflug an Planet B) (Raumf) / swing-by
Swing-by ausnutzen / swing-by v ‖ ⤳-**Technik** f (Raumf) / swing-by technology
Swinglift m (Container) / swinglift
Swirl n, Flachpitanhäufung f (Halbl, Fehler) / swirl
SWOP n / single oil well production system, SWOP
SWR = Siedewasserreaktor

Syenit m (Geol) / syenite
Syllogismus m (Math) / syllogism
Sylvanit, Schrifttellur m, Schrifterz n (Min) / sylvanite
Sylvin m (KCl) (Min) / sylvine, sylvite
Sylvinit n (Kalidünger) / potash fertilizer o. manure, sylvinite
Symbol, Sinnbild n / symbol, conventional sign ‖ ⤳, Schaltzeichen n (Elektr) / graphical symbol for contact units and switching devices ‖ ⤳, Zeichen n / sign ‖ ⤳, Sonderzeichen n (DV) / special character ‖ ⤳, Piktogramm n / pictograph ‖ ⤳ **für Funktionssteuerung** (PERT) / transaction code ‖ **ein** ⤳ **mit neuen Adressen versehen** (DV) / revalue a symbol
symbolisch, sinnbildlich / symbolic ‖ ⤳**er Addierer** (DV) / half adder ‖ ⤳**e Adresse** (DV) / symbolic o. floating address ‖ ⤳**er Befehl**, Pseudobefehl m (DV) / pseudo instruction ‖ ⤳**e Codierung** / symbolic coding ‖ ⤳**e Darstellung**, symbolische Schreibweise / symbolic notation ‖ ⤳**es Programm** / symbolic program[me] ‖ ⤳**e Programmsprache**, Symbolsprache f / symbolic [program(me)] language ‖ ⤳**es Verfahren** (Elektr) / symbolic method
Symbol·kette f (DV) / symbol string ‖ ⤳**logik** f / mathematical logic ‖ ⤳**schrift** f, Piktographie f / picture writing ‖ ⤳**steuerwarte** f / synoptical switchboard ‖ ⤳**tabelle** f (DV) / symbol table ‖ ⤳**taste** f (Buch.m) / character key
Symmetrie, Spiegelgleichheit f / symmetry ‖ ⤳**achse** f / axis of symmetry ‖ ⤳**ebene** f / plane of symmetry, principal plane ‖ ⤳**element** n / element of symmetry ‖ ⤳**klasse** f (Krist) / symmetry class ‖ ⤳**linie** f, Winkelhalbierende f (Math) / bisecting line, bisector, bisectrix ‖ ⤳**los** / unbalanced
Symmetrier·einrichtung f (Elektr) / balancer ‖ ⤳**einrichtung** f **für Spannungen bei unsymmetrischer Belastung** (Elektr) / balancer ‖ ⤳**glied** n (Elektr) / balance[-to]-unbalance transformer, balun, bazooka ‖ ⤳**glied** n (Fernm) / balancing network ‖ ⤳**leitung** f / balancing line
Symmetrierung f (Fernm) / balancing of circuits
symmetrisch, spiegelgleich / symmetric[al] ‖ ⤳ (Fehler) / balanced (error) ‖ ⤳ (Elektr) / balanced ‖ ⤳**e Anordnung** (Film, TV) / bisymmetric o. formal layout ‖ ⤳**er Aufbau** (Sperrholz) / balanced construction ‖ ⤳**er Ausgang** (DV) / push-pull output ‖ ⤳**e Belastung der 3 Phasen** (Elektr) / balanced load ‖ ⤳**er Binärcode** / symmetric binary code ‖ ⤳**er Binärkanal** / binary symmetric channel, BSC ‖ ⤳**e Brückenschaltung** (Elektr) / balanced bridge connection ‖ ⤳**e doppelte Gleisverbindung**, Weichenkreuz n (Bahn) / scissors crossing ‖ ⤳**er Eingang** (DV) / push-pull input ‖ ⤳**e Erdung** (Elektr) / mid-point earthing ‖ ⤳**er Fehler** / balanced error ‖ ⤳**er Fehlerbereich** (DV) / range of balanced error ‖ ⤳**e Komponente im Vektordiagramm** (Elektr) / zero-phase sequence component ‖ ⤳**er Lauf** (Masch) / center guiding control, center guiding by selvedge scanning ‖ ⤳**e Leitung** (Fernm) / pair ‖ ⤳**es Netz** (bezogen auf Mittelleiter) (Elektr) / balanced network ‖ ⤳**es Netzwerk** (Fernm) / ladder network, symmetric network ‖ ⤳**e Rauschbandbreite** / double-sided noise bandwidth ‖ ⤳**e Schnellkupplung** (Rohre) / in-line quick coupling ‖ ⤳**e Störspannung** (DV) / normal mode noise voltage ‖ ⤳**er Verstärker** (Elektr) / balanced amplifier ‖ ⤳ **vertauscht** (Fehler) / wrong on the face ‖ ⤳**e Weiche** (Bahn) / split turnout ‖ ⤳**e [Zu]leitung** (Elektr) / balanced line o. lead ‖ ⤳-**zyklisch-magnetisierter Zustand** / symmetrical cyclically magnetized condition
sympathetisch / sympathetic ‖ ⤳**es Pendel** (Phys) / sympathetic pendulum ‖ ⤳**e Tinte** / invisible o. sympathetic ink
sympathomimetisch (Chem) / sympathomimetic
Symposium n / symposium

Symptom, [An]zeichen n / symptom
symptomatisch / symptomatic
Syn·aldoxim n (Chem) / synaldoxime ‖ ᒧ**apsis** f / synapsis ‖ ~**aptisch** / synaptic ‖ ᒧ**ärese** f / syneresis ‖ ~**artetisch** (Chem) / synartetic
Synchro n s. Synchrongerät ‖ ᒧ**-Kontakt** m (Phot) / synchronizing contact
synchron, gleichlaufend / synchronous ‖ ᒧ... s. auch Synchronisier... ‖ ~**e Drehzahl** / synchronous speed ‖ ~ **gehen** (o. laufen) (Elektr, Masch) / synchronize vi ‖ ~**e Impedanz** (Elektr) / synchronous impedance ‖ ~**e Längsimpedanz** / direct-axis synchronous impedance ‖ ~**er Lauf** / synchronous operation ‖ ~**e Modulation** (Elektronik) / incidental modulation ‖ ~**es Pumpen** / synchronous pumping ‖ ~**e Steuerung** / clocked control ‖ ~**es Time-Division-Multiplexing** / synchronous time-division multiplexing, STDM ‖ ~**e Übertragung** (Fernm) / synchronous transmission ‖ ~ **umlaufende** (o. synchrone) **Funkenstrecke** / synchronous spark gap ‖ ~**e Verarbeitung** (DV) / synchronous operation ‖ ~ **werden** [mit] / lock in [with] ‖ ~**er Zähler** (Regeln) / parabolic counter ‖ ᒧ**abtastung** f (TV) / synchronous scanning ‖ ᒧ**bahn** f (Satellit) / synchronous orbit ‖ ᒧ**betrieb** m (Sender) / common-wave operation, common-frequency broadcasting ‖ ᒧ**-Blindleistungsmaschine** f / synchronous condenser ‖ ᒧ**blitz** m (Phot) / synchroflash ‖ ᒧ**datenanschluß** m (DV) / synchronous communication o. data adapter ‖ ᒧ**datenanschluß** m (DV) / synchronous data adapter ‖ ᒧ**detektor** m (TV) / synchronous detector o. demodulator ‖ **für doppelte** ᒧ**drehzahl** (Elektr) / bisynchronous ‖ ᒧ**-Feder** f (Kfz) / synchronizing spring ‖ ᒧ**generator** m, -maschine f / synchronous alternator o. generator o. machine ‖ ᒧ**gerät**, Synchro n, Gleichlaufeinrichtung f / synchro (consisting of a synchro generator and a synchro motor) ‖ ᒧ**geräusch** n (Film) / dubbed effect ‖ ᒧ**geschwindigkeit**, -drehzahl f / synchronous speed ‖ ᒧ**getriebe** n (Kfz) / synchromesh gear o. transmission, constant mesh gear ‖ ᒧ**-Induktionsmotor** m / synchronized induction motor
Synchronisation f, Synchronisierung f / synchronization, synchronizing ‖ ᒧ (Film) / dubbing ‖ ᒧ **in Grundstellung** (DV) / synchronization idle
Synchronisations·-Annäherung f / tracking ‖ ᒧ**fehler** m, Zittern n (TV) / jitter ‖ ᒧ**fehler** m, Schaukeln n (TV) / horizontal jitter ‖ ᒧ**geschwindigkeit "M"** (Phot) / flash synch speed ‖ ᒧ**röhre** f / synchronizing tube ‖ ᒧ**stellen** f pl (DV) / preamble and postamble ‖ ᒧ**störung** f / disturbance of synchronism
Synchronisator m (TV) / synchronizer, Genlock device
synchronisierbar / synchro adj, adapted to synchronization
Synchronisier·bereich m, Haltebereich m (TV) / retention range, locking range ‖ ᒧ**bereich** m (Elektr) / pull-in range ‖ ᒧ**einheit** f (Info) / timing generator ‖ ᒧ**einrichtung** f, -gerät n (DV) / synchronizing device o. feature, synchronizer
synchronisieren / synchronize ‖ ~, **in Phase bringen** (Elektr) / phase v ‖ ~ (Film) / dub v ‖ ~ (Schwinger) / lock-in
synchronisierend·es Moment (Elektr) / pull-in torque
Synchronisier·impuls m (TV) / synchronizing [im]pulse ‖ ᒧ**impulsgenerator**, Taktgeber m / sync[hronizing] o. synchro generator ‖ ᒧ**impulsstauchung**, -impulskompression f / sync compression ‖ **selbsttätige** ᒧ**schaltung** (TV) / automatic locking circuit ‖ ᒧ**signal [am Zeilenende]** (TV) / super-sync ‖ ᒧ**spur** f (Magn.Bd) / clock track, control track
synchronisiert, synchron [gemacht] / synchronized ‖ ~, zeitlich abgestimmt / timed ‖ ~**er Asynchronmotor** / synchronous induction motor ‖ ~**es Getriebe** (Kfz) / synchronized shifting gear, synchromesh gear ‖ ~**er Verstärker** (Elektronik) / lock-in amplifier ‖ **durch Taktimpulse** ~ (DV) / slotted

Synchronisierung f, Synchronisation f / synchronization, synchronizing, syncing ‖ ᒧ, Zeitberechnung f / timing ‖ ᒧ (Film) / postsync[hronization], dubbing ‖ **[erzwungene]** ᒧ (Elektronik) / locking-in
Synchronisierungs·bereich m (TV) / retaining zone, retention o. hold range ‖ ᒧ**kabel** n / sync cable ‖ ᒧ**marke** f / synchronization mark ‖ ᒧ**nutzeffekt** m (TV) / useful effect of synchronization ‖ ᒧ**regelung** f / synchronizing control ‖ ᒧ**zeichen** n (TV) / synchronizing o. synchronization signal ‖ ᒧ**zeichen** n, SYN-Zeichen n (DV) / synchronous idle character, SYN
Synchronisier- zu Videosignal n / sync signal-to-video signal ratio
Synchronismus m / synchronism, synchrony ‖ ᒧ**anzeiger** m, Synchronoskop n / synchronism indicator, synchro[no]scope
Synchronizer m, Taktgeber m / synchronizer
Synchron·kegel m (Kfz) / synchronizing cone ‖ ᒧ**-Kippmoment** n (Elektr) / pull-out torque ‖ ᒧ**klappe** f (Film) / clap-board, clappers pl ‖ ᒧ**-Kleinstmotor** m / synchronous pilot motor ‖ ᒧ**körper** m (Kfz) / detent ‖ ᒧ**kugel** f (Kfz) / synchronizing ball ‖ ᒧ**-Kupplung** f (Elektr) / synchronous coupling ‖ ᒧ**laufen** / run synchronous ‖ ᒧ**maschine** f (Elektr) / synchronous machine ‖ ᒧ**modem** n (DV) / synchronous data set ‖ ᒧ**motor** m / synchronous motor ‖ ᒧ**orbit** m (Raumf) / synchronous orbit
Synchronoskop n, Phasenlampe f / synchro[no]scope, synchronizing lamp
Synchron·-Phasenschieber m / synchronous condenser ‖ ᒧ**pilot** m (Trägerfrequ.) / sync pilot ‖ ᒧ**rechner** m (DV) / synchronous computer ‖ ᒧ**riegel** m (Kfz) / synchronizing lock ‖ ᒧ**-Riementrieb** m / synchronous belt drive ‖ ᒧ**satellit** m / geostationary o. geosynchronous satellite ‖ ᒧ**schalter** m (Phot) / synchronized switch ‖ ᒧ**scheibe** f (Kfz) / synchronizing disk ‖ ᒧ**-Schiebehülse** f (Kfz) / synchronizing slide collar ‖ ᒧ**-Servomechanismus** m, -Servoantrieb m (Radar) / synchronizing servo mechanism ‖ ᒧ**signal** n, Synchron-Signalgemisch n (TV) / synchronizing signal, mixed sync signals pl ‖ ᒧ**signalregenerator** m / bit and frame synchronizer ‖ ᒧ**spur** f (Magn.Bd) / control track, clock track ‖ ᒧ**uhr** f / synchronous clock, synchronometer ‖ ᒧ**verschluß** m (Phot) / flash synchronized shutter ‖ ᒧ**wert** m / sync level
Synchro·phasotron n (Sowjetunion) / proton synchrotron, synchrophasotron ‖ ᒧ**-Transformator** m / synchro-transformer ‖ ᒧ**tron** n (Phys) / synchrotron ‖ ᒧ**tron-Strahlung** f / synchrotron radiation ‖ ᒧ**-Zyklotron** n / synchro-cyclotron, frequency-modulated cyclotron
Syndets n pl, synthetische Detergentien (o. Waschmittel) / syndets, synthetic detergents pl
Syn·diazoverbindung f (Färb) / syndiazo compound ‖ ~**diotaktisch** (Plast) / syndiotactic ‖ ᒧ**entropie** f (DV) / average transinformation content, mutual information, synentropy
synergetisch, zusammenwirkend (Chem) / synergetic
Synergist n (Chem) / synergist
synergistischer Effekt, Synergie f / synergistic effect, synergy
Syngas n, synthetisches Gas / synthesis gas, syngas
syngenetisch (Min) / syngenetic
Syngonie f (Kristall) / crystal symmetry, crystal system
synklin[al] / synclinal
Synklin[al]e, Mulde f (Geol) / syncline
synodisch (Astr) / synodical
Synonym n, sinnverwandtes Wort / synonym ‖ ᒧ**e** n pl, Sätze m pl mit gleicher Adresse (DV) / synonyms pl, duplicate addresses pl
synoptisch, umfassend / synoptic, -ical
syntaktisch (DV) / syntactical ‖ ~**er Fehler** (DV) / syntax error, syntactical error ‖ ~**er Schaumstoff** / syntactic cellular plastic, syntactic foam

Syntax *f* / syntax ‖ **⌐regel** *f* (DV) / syntax rule
Syntexie *f* (Chem) / syntexis
Synthesator *m* (DV) / speech synthesizer
Synthese *f*, Aufbau *m* / synthesis, building-up ‖ **⌐ optisch aktiver Verbindungen** (Chem) / asymmetric synthesis ‖ **⌐benzin** *n* (Kfz) / synthetic petrol (GB) o. gasoline (US) ‖ **⌐benzin** *n* (Chem) / benzene, synthesis grade ‖ **⌐faser** *f* / synthetic fiber, man-made fiber ‖ **⌐faser-Kunststoff** *m*, SFK / ‖ **⌐faserpapier** *n* / paper of synthetic fibers ‖ **⌐faserverstärkter Kunststoff**, SFK / man-made fiber reinforced plastics *pl* ‖ **⌐fluid** *n*, -öl *n* / synthetic fluid o. oil ‖ **⌐gas** *n* / synthesis gas ‖ **⌐gummi** *m* / synthetic o. artificial rubber ‖ **⌐latex** *m* / artificial latex, synthetic latex ‖ **⌐-Stapelfaser** *f* / synthetic staple fiber
Synthetics *pl* (Textil) / synthetics *pl*
Synthetik-Apertur-Radar *m n* / synthetic aperture radar
synthetisch, künstlich / synthetic, -ical ‖ **⌐e Adresse** / synthetic o. generated address ‖ **⌐es Ammoniak** / synthetic ammonia ‖ **⌐er Brennstoff** / synfuel ‖ **⌐e Detergentien (o. Waschmittel)**, Syndets *n pl* / syndets, synthetic detergents *pl* ‖ **⌐er Edelstein** / synthetic precious stone ‖ **⌐es Erdgas** / substitute natural gas, SNG, synthetic natural gas, SNG ‖ **⌐e Fasern** *f pl* / synthetic o. man-made fibers, man-mades *pl* ‖ **⌐e Fettsäure** / synthetic fatty acid ‖ **⌐e Gerbstoffe** *m pl* / syntannins ‖ **⌐ herstellen**, synthetisieren / synthesize, synthetize ‖ **⌐er Kampfer** / pinene hydrochloride, turpentine camphor ‖ **⌐er Kraftstoff** / synfuel ‖ **⌐es kristallines Mineral** / crystalline synthetic mineral ‖ **⌐es Papier** / synthetic paper, paper of synthetic fibers ‖ **⌐es Rohöl** / synthetic crude, syncrude ‖ **⌐er Sand** (Gieß) / synthetic [moulding] sand ‖ **⌐es Schmieröl** / synlub, syntholub ‖ **⌐e Sprache** (DV) / synthetic language ‖ **⌐er stromleitender nichtmetallischer Werkstoff** / synmetal ‖ **⌐es Traubenkernöl** / artificial wine oil ‖ **⌐es Video** / synthetic video ‖ **⌐e Waschmittel** / syndets *pl*, synthetic detergents *pl* ‖ **⌐es Waschmittel für empfindliche Stoffe** / light-duty syndet ‖ **⌐es Waschmittel o. Reinigungsmittel** / non-soapy detergent
Syntonisierlampe *f* / tuning lamp
Syrosem *m* / syrosem, raw soil
Sysserskit *m* (Min) / osmiridium, iridosmine, iridosmium
System *n*, Anordnung *f* / system ‖ **⌐**, Bauart *f* / system, design ‖ **⌐ einfacher Gleichungen** (Math) / plexus ‖ **⌐ erster, [zweiter] Ordnung** (Regeln) / first, [second] order system ‖ **⌐ First-in First-out**, Fifo / first-in first-out system, fifo ‖ **⌐ Last-in First-out** (Lager) / last-in first-out system ‖ **⌐ mit geregeltem Bus** (DV) / regulated bus system ‖ **⌐ mit I-Verhalten** (Regeln) / system with one integration ‖ **⌐ mit mehreren o. n Freiheitsgraden** / multi-degree-of-freedom system ‖ **⌐ mit örtlich verteilten Parametern** (Regeln) / distributed-parameter system ‖ **⌐ mit Sammelnummer** (Regeln) / rotary system ‖ **⌐ mit tragender Außenwand** / stressed-skin construction ‖ **⌐ vorbestimmter Bewegungszeiten** (F.Org) / predetermined motion time system ‖ **in ein ⌐ bringen** / classify, organize ‖ **⌐abhängiger Fehler** / systematic error, cumulative error ‖ **⌐analyse** *f* / systems analysis ‖ **⌐analytiker** *m* / system analyst ‖ **⌐anwendungs-Architektur** *f*, SAA / system application architecture, SAA
Systematik *f*, [systematische] Klassifizierung / systematy ‖ **⌐**, Ordnungslehre *f* / taxonomy
systematisch / methodic[al], systematic[al] ‖ **⌐e Begriffsauflistung** / schedule of concepts ‖ **⌐es Changieren** (Färb) / controlled build-up ‖ **⌐er Code** / weighted code ‖ **⌐er Fehler** (DV) / systematic error, bias ‖ **⌐e Fehler** *m pl* / systematic o. cumulative errors *pl* ‖ **mit ⌐em Fehler** / biassed
System·-Aufruf *m* (DV) / system call ‖ **⌐ausgabe** *f* (DV) / system output ‖ **⌐ausgabeprogramm** *n* / output writer ‖ **⌐auslegung** *f* (DV) / system design ‖ **⌐band** *n* (DV) / system band ‖ **⌐bau** *m*, Fertigbau[weise] in

Großelementen (Bau) / system-building, industrialized building ‖ **⌐bedingte Ausfallzeit** (DV) / inoperable time ‖ **⌐bibliothek** *f* (DV) / system library ‖ **⌐bus** *m* (DV) / system bus ‖ **⌐daten** *pl* (DV) / system data *pl* ‖ **⌐definition** *f* (DV) / system definition ‖ **⌐durchsatz** *m* (DV) / system throughput, processing speed ‖ **⌐dynamik** *f* / system dynamics ‖ **⌐eingabe** *f* (DV) / system input ‖ **⌐element** *n* (Betriebssystem) (DV) / resource ‖ **⌐entwicklung**, Methodik *f* (Masch) / systems engineering ‖ **⌐entzerrer** *m* / equipment equalizer ‖ **⌐fluß** *m* (DV) / system flow ‖ **⌐forschung** *f* / system *pl* studies ‖ **⌐fremd** (DV) / cross (as opposed to resident) ‖ **⌐generator** *m* (DV) / system generator, SYSGN ‖ **⌐haus** *n* (DV) / system house ‖ **⌐hierarchie** *f* (DV) / system hierarchy ‖ **⌐identifizierung** *f* (Regeln) / system identification ‖ **⌐implementiert** (DV) / system implementing ‖ **⌐implementierung** *f* (DV) / system implementation ‖ **⌐ingenieur** *m* (DV) / systems engineer ‖ **⌐interne Emulation** / in-circuit emulation
systemisch / systemic
System·linie *f*, Netzlinie *f* / system line ‖ **⌐literal** *n* (DV) / system literal ‖ **⌐log-Dateischreibung** *f* (DV) / system logging ‖ **⌐losigkeit** *f* (Math) / absence of pattern ‖ **⌐management** *n* (DV) / system management ‖ **⌐operation** *f* (DV) / systems operation ‖ **⌐optimierung** *f* (DV) / system tuning ‖ **⌐orientiert** (DV) / system-oriented ‖ **⌐planung** *f*, -entwurf *m* / systems design ‖ **⌐programm** *n* (DV) / operating system, OS ‖ **⌐programmbibliothek** *f* (DV) / system [load] library ‖ **⌐punkt** *m* (Mech) / knot, system point o. center ‖ **⌐-Rauschtemperatur** *f* / system noise temperature ‖ **⌐resident** (DV) / system resident ‖ **⌐residenz** *f* (DV) / system residence ‖ **⌐schalter** *m* (DV) / processor switch ‖ **⌐schutz** *m*, Geräteschutzsystem *n* / equipment protection system ‖ **⌐-Software** *f* / systems software ‖ **⌐stabilität** *f*, Anpassungsfähigkeit *f* (DIN 40042) / dependability ‖ **⌐-Stammband** *n* (DV) / master system tape ‖ **⌐stapel** *m* (DV) / system pack ‖ **⌐-Task** *n* (DV) / system task ‖ **⌐taste** *f* (DV) / system key ‖ **⌐technik** *f* (DV) / system engineering, systems approach ‖ **⌐techniker** *m* s. Systemingenieur ‖ **⌐theorie** *f* (Kybernetik) / systems theory ‖ **⌐unternehmen** *n* (DV) / system house ‖ **⌐verhalten** *n* (Regeln) / system performance ‖ **⌐verwaltung** *f* (DV) / system management ‖ **⌐verwaltungs-Kontrollpunkt** *m* / system services control point ‖ **⌐-Verwaltungsprogramm** *n* (DV) / system service program ‖ **⌐wirksamkeit** *f* / system effectiveness
systolisch (DV) / systolic
Syzygie *f* (Astr) / syzygy
SZ = Säurezahl
Szenenbild *n* (TV) / set[ting], decor, scenery
S-Zinken-Kultivator *m* (Landw) / spring-tine cultivator
Szintillation *f*, Scintillation *f* / scintillation
Szintillations... s. Scintillations...
S-Zustand *m* (Nukl) / S-state
SZ-Verseilung *f* / SZ stranding

T

TAB (Elektr) = Techn. Anschlußbedingungen für Starkstromanlagen ‖ **⌐** (allg) = Tech. Aufsichtsbehörde
Tab *m*, Tabulator *m* / tabulator, tab
Tabak·ballen *m* / bale of tobacco ‖ **⌐bau** *m* (Landw) / tobacco cultivation ‖ **⌐beize** *f* / tobacco sauce ‖ **⌐blasenfuß** *m*, Thrips tabaci / onion thrips ‖ **⌐docke** *f* / hand of tobacco leaves ‖ **⌐erzeugnis** *n* / tobacco product ‖ **⌐mosaikvirus** *n* / tobacco mosaic virus ‖ **⌐reißmaschine** *f* / tobacco tearer ‖ **⌐rolle** *f*, Rolltabak *m* / tobacco roll o. carrot o. twist ‖ **⌐saatöl** *n* / tobacco seed oil

tabellarisch, in Tabellenform / in tabular form, tabulated ‖ ~ **zusammenstellen** / schedule *v*

Tabelle *f*, Aufzeichnung *f* / chart ‖ ⁔, Aufstellung *f* / schedule, list ‖ ⁔, Zahlentafel *f* (Buch) / table ‖ ⁔ (DV) / look-up table ‖ ⁔ **der Elementarzeiten** (F.Org) / list of time elements ‖ ⁔ **des periodischen Systems** / periodic table

Tabellen·arbeit *f* (DV) / table lookup ‖ ⁔**argument** *n* (DV) / table argument ‖ ⁔**form** *f* / tabular form ‖ **in** ⁔**form**, Tabellen… / in tabular form ‖ ⁔**funktion** *f* (DV) / table function ‖ ⁔**generator** *m* (DV) / table generator ‖ ~**gesteuert** (DV) / table driven ‖ ⁔**kopf** *m* (DV) / box head, table head ‖ ⁔**kopf** *m* (Buch) / heading, caption ‖ ⁔**lesen** *n*, -suchen *n* / table lookup ‖ ⁔**satz** *m* (Buch) / tabular work o. matter ‖ ⁔**satz machen** / compose tabular matter ‖ ⁔**suchbefehl** *m* (DV) / table look-up instruction ‖ ⁔**suchen** *n* (DV) / table look-up ‖ ⁔**werk** *n* (DV) / table work ‖ ⁔**zeile** *f* / table row o. line ‖ ⁔**zeitwert** *m* (F.Org) / synthetic data *pl*

tabellieren (nur die Ergebnisse ausdrucken, nicht die Ausgangswerte) (DV) / tabulate

Tabellier·maschine *f* (LoKa) / electric accounting machine, EAM, tabulating machine, tabulator ‖ ⁔**papier** *n* / stockform paper

Taber-Abnutzungszahl *f* / Taber wear index number

Tableau *n*, Tablo *n* (Fernm) / indicator board

Table-look-up *m*, Tabellensuchen *n* (DV) / table-look-up

Tablett *n* / tray

Tablette *f* (Strangpresse) / billet ‖ ⁔ (Plast, Halbl) / pellet (US), tablet (GB) ‖ ⁔, Pastille *f* (Pharm) / tablet ‖ ⁔**n formen**, tablettieren (Plast) / pellet *v*, preform ‖ **gepreßte** ⁔ (Plast) / pressed billet

Tabletten·-Kautschuk *m* / pellet rubber ‖ ⁔**maschine** *f*, -presse *f* (Plast) / pelleting press o. machine (US), preforming press, tablets press (US) ‖ ⁔**maschine** *f*, -presse *f*, Tablettierautomat *m* (Pharm) / tablet-compressing machine, pill machine ‖ **stoßförmig arbeitende** ⁔**maschine** / punching pelleting machine

Tablettierwerkzeug *n* (Plast) / preforming tool

Tabo-Gradbogenschema *n* (Opt) / Tabo graduated scale

Tabulation *f*, Tabulieren *n* (Schreibm) / tab, tabulation

Tabulationszeichen *n* (DV) / tabulation character

Tabulator, Spaltensteller *m* (Schreibm) / tabulator, tab ‖ ⁔**-Adreßschreibweise** *f* (DV) / addressed tabulation block format ‖ ⁔**löschtaste [-setztaste]** *f* (Schreibm) / tabulator clear key, [set key] ‖ ⁔**löschung** *f* (Schreibm) / tabulator clear control ‖ ⁔**maschine** *f* / tabulator machine ‖ ⁔**-Reiter** *m* / tabular insert ‖ ⁔**schreibweise** *f* (DV) / tabulation [sequential] block format ‖ ⁔**-Setz-Löscheinrichtung** *f* / automatic tab set/tab clear ‖ ⁔**setztaste** *f*, Kolonnensteller *m* (Schreibm) / tabulator [set] key, tab[ulate] key ‖ ⁔**stop** *m* / tabulator stops *pl* ‖ ⁔**zeichen** *n* (DV) / tab character

Tabuliereinrichtung *f* (Schreibm) / tabulating mechanism

tabulieren (Schreibm) / tabulate

T-Abzweigung *f* (Elektr) / Tee branch

Tacansystem *n* (Radar) / Tacan system, tactical air navigation

TAC-Gehalt *m*, Gesamtgehalt *m* an inorganischem Kohlenstoff (Abwasser) / TAC content, total anorganic carbon content

Tacho *m n* (coll) (Kfz) / speedo, speedometer ‖ ⁔**dynamo** *m* / tacho-alternator ‖ ⁔**generator** *m* (Kfz) / motor-tachogenerator, tachometer generator ‖ ⁔**graph**, Fahrtschreiber *m* / tachograph, speedograph ‖ ⁔**graphenscheibe**, Diagrammscheibe *f* / speed-time chart, tachograph chart ‖ ⁔**meter** *n*, Geschwindigkeitsmesser, -anzeiger *m* / speedometer, speed indicator ‖ ⁔**meter** *n* **mit Kilometerzähler** / speedometer with odometer ‖ ⁔**[meter]welle** *f* (Kfz) / speedometer drive ‖ ⁔**meterzähler** *m*, Wegstrecken-, Kilometerzähler *m* / odometer ‖ ~**metrisches Elektrometer** / tachometric electrometer ‖

⁔**signalgeber** *m* (Videoband) / tacho generator, tacho-alternator

Tachy·graph *m* (Verm) / tachygraph ‖ ⁔**metertheodolit** *m*, Tachymeter *n* (Verm) / tacheometer, tachymeter ‖ ⁔**metrie** *f*, Tachymeterzug *m* (Verm) / tachymetry, tacheometry, tachymetric survey, stadia system ‖ ⁔**on** *n* (Nukl) / tachyon

Tack, Täck *m* (Schuh) / tack

Tacker *m* (Heftapparat) / tacker

Tafel *f*, Platte *f* / plate, slab, table ‖ ⁔, dünne Platte *f* / sheet, pane ‖ ⁔, stärkere Platte / board ‖ ⁔ (Glas) / pane[l] ‖ ⁔ (Metall) / metal plate ‖ ⁔ (Schokolade) / bar of chocolate ‖ ⁔ **der Kreisfunktionen** / trigonometric canon ‖ ⁔ **der möglichen Fahrstraßenkombinationen** (Bahn) / diagram of possible route combination ‖ ⁔**antenne** *f* (Raumf) / table antenna ‖ ⁔**blech** *n* / single rolled sheet ‖ ⁔**[blech]schere** *f* / plate shears *pl* ‖ ⁔**blechwalzwerk** *n* / single sheet rolling mill ‖ ⁔**druck**, Handdruck *m* (Textil) / hand printing, printing from plates ‖ ⁔**feld** *n* (Schalttafel) / switchboard panel ‖ **zur** ⁔**form ausbreiten** (Glas) / flatten out ‖ ~**förmig** / platelike, tabular ‖ ~**förmiger Rohstoff** (Plast) / slab of stock ‖ ⁔**geschirr** *n* / plates and dishes *pl* ‖ ⁔**glas** *n* / sheet o. window glass, broad [window] glass ‖ **poliertes** ⁔**glas**, Spiegelglas *n* / patent plate glass, mirror plate ‖ ⁔**glasfabrik** *f* / plate glass works ‖ ⁔**land** *n*, flaches Hochland (Geogr) / mesa (US)

Tafeln *n* (Nadelfilz) / plaiting down

täfeln, parkettieren (Fußboden) / inlay ‖ ~, paneelieren (Zimm) / wainscot, panel

Tafel·paraffin *n* (Öl) / fully refined wax ‖ ⁔**parkett** *n* / boarded parquet floor, parquet blocks *pl*, panel parquet ‖ ⁔**salz**, Kochsalz *n* / table salt ‖ ⁔**schere**, Schlagschere *f* / gate o. guillotine shears *pl*, squaring shears *pl* ‖ ⁔**schere** *f* / squaring shears *pl* ‖ ⁔**schere** *f* **mit ziehendem Schnitt** / plate shears with drawing cut *pl* ‖ ⁔**schiefer** *m* / roofing slate

Täfelung *f*, Paneel *n* / wainscot, panelling

Täfelungsbrett, Riemenbrett *n* / match board[ing] o. lining

Tafel·waage *f*, Tischwaage *f* / patent weighing machine, patent scale beam ‖ ⁔**waage** *f*, Straßenwaage *f* / weighing machine ‖ ⁔**ware** *f* (Plast) / sheeting ‖ ⁔**wasser** *n* / drinking water

TAF-Hypoidöl *n* (Kfz) / TAF, trans-axle fluid

Taft *m*, Taffet *m* / taffeta ‖ ⁔ **changeant**, Schillertaft *m* / shot taffeta ‖ ⁔**bindung**, *f*, einfache Gewebebindung, glatte Tuchbindung / tabby weave, taffeta weave

Tag *m* / day, d ‖ ⁔, grüner Rasen (Bergb) / surface ‖ ⁔ **der Anmeldung** (Patent) / filing date ‖ ⁔ **der Veröffentlichung** (Patent) / issue date ‖ ⁔ **des Inkrafttretens** / effective date ‖ **an den** ⁔ **legen** / develop ‖ **über** ⁔**e**, übertägig (Bergb) / above ground, in the open, on the surface ‖ **über und unter** ⁔**[e]** / below and above ground ‖ **während des** ⁔**es** / daytime ‖ **zu** ⁔**e liegen** (o. treten) / outcrop

Tagatose *f* (Chem) / tagatose

Tagdienst *m* / day-service

Tage·bau *m* (Verfahren) / mining by open cuts, strip mining, open pit mining ‖ ⁔**bau** *m* (Anlage) / open cast o. cut o. digging o. pit o. work[ing], open-pit mining, strip mine ‖ ⁔**bau** *m* (Anlage) / open cut, strip mining, diggings *pl* ‖ **im** ⁔**bau** / open ‖ ⁔**baukohle** *f* / strip coal ‖ ⁔**baulokomotive** *f* / open-cast locomotive ‖ ⁔**baustrosse** *f* (Bergb) / stripping bench ‖ ⁔**bau- u. Steinbruchtechnik** *f* / pit and quarry engineering ‖ ⁔**buch** *n* / journal, daybook ‖ ⁔**buchführung** *f* / calendar management ‖ ⁔**geld** *n* / daily allowance ‖ ⁔**kranz**, Schachtkranz *m* (Bergb) / way boards, settle board, pitmouth ‖ ⁔**lohn** *m* / daily wages *pl* ‖ **im** ⁔**lohn arbeiten** / do journey-work ‖ ⁔**lohnarbeit** *f* / work paid by the day, journey work ‖ ⁔**löhner** *m* / day-labourer

Tages·… / diurnal (US), in daytime ‖ ⁔**anlage** *f* (Bergb) / surface installation ‖ ⁔**arbeiter** *m* (Bergb) / surfaceman

‖ ~aufnahme f (Strahlung) / daily uptake o. intake ‖
~ausbeute f (Film) / dailies pl, rushes pl ‖ ~ausbringen
n, Tagesförderung f (Bergb) / daily output ‖ ~auszug m,
Kontoauszug m / [bank] statement, statement of account
‖ ~behälter m, -tank m (Schiff) / service tank ‖
~betrieb m (Bergb) / surface activities pl ‖ ~bruch m
(Bergb) / cave to the surface ‖ ~daten pl / working data
‖ ~gegenstände m pl (Bergb) / objects at the surface pl ‖
~kilometerzähler m / trip-mileage counter, trip
recorder ‖ ~lastkurve, -belastungskurve f (Elektr) /
daily load curve ‖ ~leistung f / daily output o. capacity
‖ ~leistung f, -förderung f (Bergb) / daily winning o.
output ‖ ~lenkzeit f (Kfz) / daily driving period ‖
~leuchtfarbe f / day-glow paint, daylight luminous
paint, [daylight] fluorescent paint
Tageslicht n / daylight ‖ künstliches ~ / artificial daylight
‖ ~beleuchtung f / daylighting ‖ ~entwicklungsgerät n
/ daylight developer ‖ ~faktor m (Bau) / daylight factor,
window efficiency ratio ‖ ~film m / daylight film ‖
~glühstrumpf m (Gas) / daylight mantle ‖ ~kassette f
(Phot) / daylight magazine, daylight loading cartridge ‖
~kassette f / daylight loading cartridge ‖ ~lampe f /
solar colour lamp, daylight lamp ‖ ~lampe f / daylight
lamp ‖ ~leuchtstoffröhre f / daylight fluorescent tube ‖
~schirm m (TV) / daylight screen ‖ ~spule f (Phot) /
daylight loading spool
Tages·produktion f / daily output o. production ‖
~reichweite f (Funk) / day range ‖ ~reisezug m / day-
coach train ‖ ~ruhezeit f (Kfz) / daily rest time ‖
~schacht m (Bergb) / air shaft ‖ ~schau f (TV) / daily
TV news ‖ ~schicht f / daytime task o. shift, shift ‖
~sehen n / photopic vision ‖ ~speicher m (Elektr) / daily
storage basin ‖ ~spitze f / maximum daily peak ‖
~stempel m / date stamp, dater ‖ ~tank m (Schiff) /
service tank ‖ ~umsatz m / daily turnover ‖
~verbrauchskurve f / daily consumption curve ‖
~wanne f (Glasofen) / day tank ‖ ~wasser n / surface
water
Tagewerk n, Arbeit f einer Schicht / day's work, work
done in one shift
Tag-Flammpunktsprüfer m (= Tagliabue) / Tag closed-
cup tester (US)
taggern / tagger v
täglich, ständig / daily ‖ ~, im Laufe eines Tages
beendet / diurnal ‖ ~e [rechnergestützte]
Produktionssteuerung am Bau / day-by-day
production management on building sites ‖ ~e
Aberration (Astr) / daily aberration ‖
~ [wiederkehrend], Tages... / diurnal
Tag·schicht f / day shift o. turn ‖ ~signal n (Bahn) / day
signal ‖ ~strom m / day current ‖ ~tarif m (Elektr) / day
tariff ‖ ~- und Nachtbetrieb m / day and night service
o. operation, 24 hour service ‖ ~undnachtgleiche f /
equinox
Tagungs·bericht m, Protokoll n / minute, memo
Tag·wasser m, Oberflächenwasser n / surface water ‖ ~zug
m (Bahn) / day train
Taifun m, Orkan m (Meteorol) / tyhpoon
Tailend n, Endreinigung f (Nukl) / tail-end process
Taille f des Kühlturms / throat of cooling tower
Taillen·-Draht, I-Draht m (Kabel) / I-wire ‖ ~schraube f /
bolt with reduced shaft
Tailpipe m (Öl) / tail pipe
Takamahakgummi n / balsamic resin, tacamahac
Takel n, Talje f (Schiff) / tackle
Takelage, Takelung f, Takelwerk n (Schiff) / tackle,
rigging cordage
takeln (Schiff) / rig v
Takelriß m (Schiff) / rigging plan
Takonit m (Min) / taconite
Takt, Arbeitstakt m (F.Org) / phase, cycle ‖ ~, Arbeitstakt
m (Mot) / cycle, stroke ‖ ~, Rhythmus m / rythm,
cadence ‖ ~ (Pneum) / step ‖ ~ (DV) / cycle ‖ ~ (Musik) /
measure ‖ im ~ / in time ‖ ~bandwaage f /

discontinuous belt weigher ‖ ~dauer, -zeit f (F.Org) /
cycle time ‖ ~diagramm n (NC) / timing diagram
takten v / clock v, supply with clock pulses ‖ ~,
Taktgeben n (Elektronik) / clocking
Takt·feuer n (Schiff) / rhythmic light ‖ ~freigabe f (DV) /
clock enable, CE ‖ ~frequenz f (DV) / clock frequency
o. rate, elementary frequency ‖ ~funke[n] m / timed o.
timing spark ‖ ~geber m (DV) / clock generator o.
oscillator o. register, clock unit, [internal o. master]
clock ‖ ~geberbetrieb m (DV) / fixed-cycle operation ‖
~[geber]gesteuert (DV) / clock-actuated o. controlled ‖
~gebunden (DV) / clock-pulse-controlled, under clock
control ‖ ~generator m (DV) s. Taktgeber
taktil·er Sensor (Roboter) / contact sensor
Takt·impuls m (Elektronik) / clock[ing] o. timing pulse ‖
~[im]puls m (Sichtanzeige) / strobe [pulse] ‖ ~impuls m,
-signal n, Systemtakt, Zeitimpuls m / clock signal o.
pulse ‖ ~impulsfolge f / clock pulse sequence ‖
~impulsgipfel m (DV) / slot
taktisch (allg, Mil) / tactical ‖ ~ (Plast) / tactic
Taktizität f / tacticity
Takt·kette f (Pneum) / sequencer ‖ ~loch n (Lochstreifen) /
feed hole ‖ ~marke f (DV) / timing mark ‖ ~maschine f
(Produktion) / phased machine tool ‖ ~messer m,
Metronom n / metronome
Taktoid n (Kolloidchem) / tactoid ‖ ~freies Sol, Taktosol n
/ atactosol
Takt·periode f (DV) / elementary period, clock [pulse]
period ‖ ~presse f / press for intermittent processing ‖
~scheibe f (DV) / timing disk ‖ ~schiebeverfahren n
(Brücke) / timed shifting ‖ ~signal n / timing signal ‖
~signalverstärker m / clock driver ‖
~speicherbaustein m (Pneum) / step module ‖ ~spur f
(Magn.Bd) / clock track ‖ ~spur f (Lochstreifen) / feed
track ‖ ~-Start-Stopp-System n (Fernm) / stepped start-
stop-system ‖ ~wiederherstellung f / timing recovery ‖
~zeit f (Elektronik) / clock time ‖ ~zeit f, -dauer f (Wzm)
/ cycle time ‖ ~zyklus m (DV) / basic cycle
TAL = Technische Anleitung zum Schutz gegen Lärm
Tal n (Geol) / valley ‖ ~ der Sinuskurve (Math) / trough,
minimum, valley ‖ ~abwärts, unterstromig /
downstream ‖ ~aufwärts, oberstromig / upstream
Talbe-System n (Seenotrettung) / talbe system
Tal·bremse f (Bahn) / secondary retarder ‖ ~brücke f,
Viadukt m / viaduct
Talcum n (Pharm) / talcum, talc ‖ aus ~ o. Talk,
talkhaltig, -artig / talcose, talcous ‖ ~puder m / talcum
powder (GB), French white (US)
Tal·fahrt f / running down a gradient o. grade (US),
downward run ‖ ~fahrt f, abwärtsgehendes Schiff /
downstream going boat ‖ ~flanke f (Geogr) / valley
flank o. side
Talg, Unschlitt m / tallow, suet ‖ pflanzlicher,
vegetabilischer ~ / vegetable tallow ‖ ~artig / tallowy,
greasy ‖ ~holz, Tallowwood n / tallow wood
talgig, Talg... / adipose ‖ ~, aus Talg / tallowy, made
from tallow
Talje f (Schiff) / tackle ‖ ~block m, Gienläufer m /
purchase block ‖ ~reep n (Schiff) / lanyard
Talk m (Min) / talc
Talker m (DV) / talker
Talk·erde, Bittererde f, Magnesia f / magnesia ‖
~[halt]ig, talkartig, Talk... / talcose, talcous ‖
~-Listenadresse f (DV) / talk-listen address ‖ ~schiefer
m, Schiefertalk m / talcose o. talc slate o. schist
Talkum n / French chalk
Talkumieren n / powdering with talcum
Talkumiermaschine f / soapstone machine
Tallage f / valle location
Tallharz n / tall resin
Tallöl n / tall oil, tall[e]ol, liquid rosin ‖ ~-Fettsäure f /
tall oil fatty acid
Tallymann, Ladungskontrolleur m (Schiff) / tallyman
Talmi n / gilded pinchbeck

Talmi-Integral n / Talmi integral
Tal·öffnung f (Geogr) / embouchure ‖ **~pfeilerkopf** m
(Brücke) / back o. tail starling ‖ **~punkt** m (Tunneldiode) /
valley point ‖ **~sohle** f / valley bottom ‖ **~spannung** f
(Tunneldiode) / valley point voltage ‖ **~sperre** f,
Staubecken n / barrage, catchment basin o. storage
basin o. reservoir ‖ **~sperre**, Sperrmauer f / dam,
barrage fixe ‖ **~sperrenkraftwerk** n, Sperrenkraftwerk
n / storage power station ‖ **~station** f (Seilb) / valley
station ‖ **~weg** m, -lauf m (Hydr) / axis of streaming,
river channel o. current o. main body ‖ **~wind** m (Luftf)
/ valley breeze
Tamarinden·baum m / tamarind ‖ **~mus** n / tamarind
pulp
Tambour m (Karde) / swift ‖ **~**, Tambur m (Textil) /
cylinder, drum ‖ **~** (Pap) / reel-spool ‖ **~**, Tambur m
(Spinn) / main drum ‖ **~ der Kuppel** (Bau) / drum of a
cupola ‖ **~-Anwurfvorrichtung** f (Pap) / reel-spool
starter ‖ **~mulde** f (der Karde) (Spinn) / cylinder
undercasing ‖ **~putzwalze** f (Spinn) / drum stripper
roller ‖ **~putzwalze** f (Spinn) / clearer roller for carding
engine, drum stripper roller
Tamburier·maschine f / tambour sewing machine ‖
~stich m / tambour[ed] stitch
Tamburspitze f (Textil) / tambour lace
Tamman-Temperatur f (Phys) / Tamman's temperature
Tamper m (Nukl) / tamper, retarder
Tampiko·hanf m, Ixtlefaser f / tampico hemp ‖
~[-Jalape]harz n / tampico resin
Tampon m / tampon
TAN f (Chem) / total acid number
Tandem n / tandem ‖ **in ~ anordnen** (Masch) / place o.
arrange in tandem ‖ **in ~ verbinden** (Masch) / connect in
tandem ‖ **~achse** f (Kfz) / tandem axle ‖ **~anordnung** f,
-betrieb m (Masch) / tandem arrangement o. operation ‖
~anordnung f (Elektr) / multiple arc connection ‖
~antrieb m der Hinterachsen (Kfz) / tandem drive ‖
~beschleuniger m, -generator m (Nukl) / tandem
accelerator ‖ **~betrieb** m (Fernm) / tandem working ‖
~betrieb m (Elektronik) / flip-flop operation ‖
~fahrgestell n (Luftf) / bogie landing gear ‖ **~generator**
m (Teilchenbeschl) / tandem generator ‖
~-Hubschrauber m / tandem rotor helicopter ‖
~-Propeller m, -Schiffsschraube f (Schiff) / tandem
propeller ‖ **~[rad]** n (Fahrrad) / tandem bicycle ‖
~schubladen n (Schubraupe) / tandem push loading ‖
~-Walzwerk n / tandem mill
Tandjung, Bukal n (Holzart) / bulletwood
Tang m, Seetang m (Bot) / sea-wrack
Tangens m (Math) / tangent, tg, tan, tang ‖ **~ des**
Fehlwinkels (Dielektr) / tangent of loss angle ‖ **~skala** f
(Instr) / tangent scale
Tangent-Cone-Verfahren n (Aerodynamik) / tangent-cone
method
Tangente f (Geom) / tangent [line] ‖ **~** (Straßb) / tangential
trunk road ‖ **~ mit Berührungspunkt** (Geom) / point
tangent ‖ **eine ~ ziehen** (Geom) / draw a tangent [line]
Tangenten·abstand m (Verm) / tangent distance ‖
~[berührungs]punkt m (Verm) / tangent point ‖
~bussole f (Elektr) / tangent galvanometer ‖ **~ellipse** f /
tangential ellipse ‖ **~-Kegelprojektion** f (Karte) /
Lambert projection ‖ **~-Näherungsverfahren** n (Math) /
Newtonian method of approximation ‖ **~satz** m /
theorem of the tangent ‖ **~schar** f (Math) / web of a
curve ‖ **~schnittpunkt** m / intersection point ‖
~verbindung f (Straßb) / tangent, tangential trunk road ‖
~vieleck n / polygon circumscribed about a circle
tangential, Tangential… / tangential ‖ **~ an zwei**
verschiedenen Punkten, doppeltangential / bitangent n
‖ **~beschleunigung** f / tangential acceleration ‖
~brenner m / tangential burner, tangentialer ‖ **~ebene** f
(Math) / tangent plane, plane of osculation ‖ **~feuerung**
f / tangential burner system ‖ **~fräsen** n / tangential
hobbing ‖ **~gebläse** n, -lüfter m / crossflow blower ‖

~keile m pl / tangential keys pl ‖ **~kipplager** n /
tangential rocker bearing ‖ **~kraft**, Schwungkraft f /
tangential force ‖ **~kraftdiagramm**, T-Diagramm n /
tangential force diagram ‖ **~kreis** m (Mech) / Bresse
circle, tangential acceleration circle ‖ **[innerer] ~kreis**
des Dreiecks / inscribed circle ‖ **äußerer ~kreis eines**
Dreiecks / escribed circle ‖ **~lagerung** f (Stahlbau) /
self-cent[e]ring seating ‖ **~muffe** f (Elektr) / tangential
joint ‖ **~-Plattenspieler** m / tangential record player ‖
~probe f (Hütt) / tangential test piece ‖ **~punkt** m
(Verm) / tangent point ‖
~-Schraubenschaufel-Rührwerk n / tangential spiral
agitator ‖ **~spinner** m (Pap) / tangential lapper ‖
~wasserzähler m / tangential meter
Tangent·keile m pl (Masch) / tangential keys pl ‖ **~modul**
m (Mech) / tangent module
tangieren (Math) / touch v, be tangent [to] ‖ **~**, ein Muster
aufbringen (Buch) / apply a pattern
tangierend / tangent
Tangier·fell n, -film m (Buch) / relief pattern foil, shading
medium, screen tint ‖ **~verfahren** n (Buch) / benday
process
Tänit m (Min) / taenite
Tank, Speicher m (für Flüssigkeiten) / tank, storage basin
o. reservoir, cistern ‖ **~** (Schiff) / tank ‖ **~**, Heizöltank m
/ fuel oil tank ‖ **~**, Benzinbehälter m (Kfz) / petrol o.
gasoline tank ‖ **~**, Speichertank m (DV) / ultrasonic
storage cell, ultrasonic delay line, tank ‖ **~** (Mil) /
armoured car, tank ‖ **die ~s** m pl / tankage ‖
~-Abschleppfahrzeug m (Mil) / retriever, wrecker ‖
~anlage f / tank farm ‖ **~anschluß** m (Raumf) /
refuelling adapter ‖ **~apparat** m, Röhrenhaube f mit
Hochspannungsgenerator (Röntgen) / tube head ‖
~bodenventil n (Öltank) / tank bottom valve ‖
~bodenwachs n (Öl) / tank wax ‖ **~boot** n, -leichter m
(Hafen) / tanker, tank lighter ‖ **~container** m / tank
container ‖ **~decke** f (Schiff) / tank top ‖ **~deckel** m,
Tankverschluß m / cap of a tank ‖ **verschließbarer**
deckel / locking gas cap (US) ‖ **~deckelöffner** m
(Wzm, Kfz) / tank cap opener ‖ **~einbaupumpe** f (Kfz) /
immersed pump ‖ **~einfüllstutzen** m (Kfz) / filler neck
tanken / take in fuel, tank ‖ **~**, nachtanken / [re]fuel, top
up ‖ **~** n / refuelling
Tank·entlüftung f / tank ventilation ‖ **~entlüftungsrohr**
n / fuel tank ventilator pipe ‖ **~entwässerung** f (Öl) /
tank draining ‖ **~entwicklung** f (Film) / reel and tray
processing, tank development
Tanker m, Öltanker m / petroleum o. oil tanker ‖ **~** (coll),
Tankfahrzeug n, -wagen m / road tank car, tank truck
(US) o. lorry (GB) ‖ **~ für Raffinerieprodukte** /
product carrier ‖ **~ mit über 175000 to** / very large
crude carrier, VLCC ‖ **~ über 200000 to** / oilberg (US)
‖ **~brücke** f, Katzengang m (Schiff) / fore-and-aft
bridge, catwalk ‖ **~flotte** f / tanker fleet ‖ **~flugzeug** n /
aerial tanker ‖ **~laderaum** m / tank of a tanker ‖
~unfall m / tanker accident
Tank·farm f, -lager m (Öl) / tank farm ‖ **~flugzeug** n (zum
Auftanken in der Luft) / tanker (aircraft), refuelling
aircraft, refueller ‖ **~frachtkahn** m / tank barge ‖ **eine**
~füllung (Mot) / fill-up n ‖ **~hafen** m, Ölhafen m /
tanker harbour o. port ‖ **~innenreiniger** m / inside tank
cleaning unit ‖ **~laderaum** m (Schiff) / tank capacity ‖
~lager n, Benzinlager m / petrol dump o. station (GB),
gas[oline] depot ‖ **~lager** n, -farm f (Öl) / tank farm ‖
~lager n an Rohrleitungen / pipeline tankage ‖
~leitungsnetz n (Flugplatz) / static fueling system ‖
~löschfahrzeug n (F'wehr) / pump water tender (GB),
triple combination pumper (US) ‖ **~ofen** m,
Wannenofen m / tank furnace ‖ **~peilung** f, -pegeln n /
tank dipping ‖ **~rahmen** m (Motorrad) / frame with
incorporated tank ‖ **~randplatte** f (Schiff) / tank wall
plate ‖ **~raum** m (Luftf) / fuel cell ‖ **~raum** m
(Kapazität) (Schiff) / tankage ‖ **~raum** m (Raumf) / tank
baye ‖ **~reaktor** m (Nukl) / tank reactor ‖

⤴-Rückstände *m pl* (Öl) / tank bottoms *pl*, heel ‖
⤴-Sattelanhänger *m* / tank semitrailer ‖ **⤴säule** *f* /
[roadside] petrol (GB) o. gas[oline] (US) pump ‖
⤴schiff *n* s. Tanker ‖ **⤴schlämme** *m pl* (Öl) / slops *pl* ‖
⤴schlauch *m* / fuel hose ‖ **⤴stelle** *f*, -station *f*,
Zapfstelle *f* / filling o. gas o. [roadside] gasoline station
(US), service station, filling o. petrol station (GB) ‖
⤴stelle mit Ladengeschäft / convenience store (US) ‖
⤴stellenbetreiber *m* / gas station operator ‖ üblicher
⤴stellenkraftstoff / average basin mix fuel ‖ **⤴tainer**,
Flüssigkeits-Container *m* / tanktainer ‖
⤴transportanhänger *m* (Mil) / tank transport trailer ‖
⤴transportfahrzeug *n* (Mil) / tank retriever, transporter
‖ **⤴[typ]-Reaktor** *m* / tank reactor ‖ **⤴uhr** *f*, Kraftstoff-
Vorratsanzeiger *m* (Kfz) / fuel gauge ‖ **⤴verschluß** *m*,
Tankdeckel *m* / cap of a tank ‖ **⤴wagen** *m* (Kfz) s. Tanker
‖ **⤴wagen** *m* (Luftf) / bowser, fuelling vehicle ‖ **⤴wall**
m, -umwallung *f* (Raffinerie) / fire wall, bund around a
tank ‖ **⤴wart** *m* / filling station attendant ‖ **⤴warte** *m pl*
(Kfz) / forecourt staff (US) ‖ **⤴wartraum** *m*,
Kassenraum *m* / attendant's office
Tanne *f*, Weißtanne *f*, Edeltanne *f*, Abies alba (Miller) /
silver fir ‖ **⤴**, Rottanne *f*, Fichte *f*, Picea ábies (Kersten)
o. excélsa (Link) / spruce fir, Norway spruce
Tannen·baumantenne *f* / christmastree antenna, fishbone
o. pine-tree antenna, billboard antenna array ‖
⤴baumverzweigung *f* (Schaltung) / transfer tree ‖
⤴brett *n* / fir joist o. board ‖ **~grün** (RAL 6009) / fir
green ‖ **⤴holzbohle** *f* / thick fir board, fir plank ‖
⤴nadel *f* / pine needle[-leaf] ‖ **⤴nadelöl** *n*,
Fichtennadelöl *n* / fir leaf oil ‖ **kanadisches ⤴öl** /
Canada balsam o. turpentine ‖ **⤴wald** *m*, -anpflanzung *f*
/ spruce forest
Tannert-Gleitindikator *m* / Tannert sliding indicator
tannieren (Textil) / tan, treat with tannic acid
Tannin *n*, Gallusgerbsäure *f* / tannin, [querci]tannic acid ‖
⤴... / tannic ‖ **⤴druckfarbe** *f* (Textil) / tannic dye ‖
⤴reserve *f* (Textil) / tannic resist ‖ **⤴-Solutizerprozeß** *m*
(Öl) / tannin solutizer process
Tantal *n*, Ta / tantalum ‖ **⤴(III)-...** / tantalous ‖ **⤴(V)-...** /
tantalic
Tantalat *n* (Chem) / tantalate
Tantal·-Chip-Kondensator *m* / tantalum chip capacitor ‖
⤴gleichrichter *m* / tantalum rectifier
Tantalit *m*, [Schwer]tantalerz *n* (Min) / tantalite ‖
eisenfreier ⤴ (Min) / manganotantalite
Tantal·kondensator *m*, Elektrolytkondensator *m*
(Elektronik) / tantalum capacitor [with solid electrolyte] ‖
⤴lampe *f* / tantalum lamp ‖ **⤴(-V)-oxid** *n* / tantalum (V)
oxide ‖ **⤴pentoxid** *n* / tantalum pentoxide ‖ **⤴säure** *f*,
-erde *f* / tantalic acid ‖ **⤴säureanhydrid**,
Tantalpentoxid *n* / tantalic acid anhydride ‖
⤴-Trockenkondensator *m* / dry tantalum capacitor
T-Antenne *f* / T-aerial
Tanteuxenit *m*, Dolorenzit *m* (Min) / dolorenzite
Tanzeffekt *m*, senkrechte Lageschwankung (TV) /
jumping, vertical hunting, bouncing (US)
tanzen, springen (allg, Lichtbogen) / hunt, be erratic ‖ **~**,
hüpfen / skip ‖ **⤴** *n* **der Leiterseile** (Elektr) / conductor
galloping ‖ **⤴ des Bildes** (TV) / trembling
Tänzer·rolle *f* / dancer roll ‖ **⤴walze** *f* (allg, Buch, Textil) /
compensating o. jockey roller, compensator, dancing o.
looping roller
Tape-Deck *n* (Elektronik) / open reel deck ‖ **⤴** (Elektronik) /
tape deck, open reel deck
Tapete *f*, Papiertapete *f* / paper hangings *pl*, wallpaper ‖
⤴n aufrollen / bolt wallpapers ‖ **gepreßte oder**
gaufrierte ⤴ / relief paper hanging o. wall covering
(US)
Tapeten·ablöser *m* / stripping agent for paper hangings ‖
⤴bahn *f* / single breadth of paper hangings ‖ **⤴borte** *f*,
-kante *f* / room border, moulding for paper hangings ‖
⤴druckform *f* / wallpaper block ‖ **⤴druckmaschine** *f* /
wallpaper machine ‖ **⤴fabrikant** *m* / paper stainer ‖

⤴gewebe *n* / tapestry ‖ **⤴herstellung** *f* / paper staining,
manufacture of paper hangings ‖ **⤴leiste** *f* / room
border, moulding for paper hangings ‖ **⤴muster** *n* (als
Untergrund) (Buch) / wallpaper colour ‖
⤴prägemaschine *f* / wallpaper embossing press ‖
⤴rohpapier *n* / wall raw paper, wall paper base ‖
⤴rolle *f*, -stück *n* / bolt of wallpaper
Tapezierarbeiten *f pl* (Bau) / wall covering works *pl*
tapezieren / hang papers o. the tapestry, paper
Tapezier[er] *m* / decorator (US), [paper] hanger (GB)
‖ **⤴**, Polsterer *m* / upholsterer
Tapeziernagel *m* / upholstering nail, cut nail, tin tack
Tapingmaschine *f* (Furnier) / taping machine
Tapioka *f*, brasilianisches Arrowroot / manihot starch ‖
⤴stärke *f* / manihot starch
Tapiolit *m* (Min) / tapiolite
Tapisserie *f* / tapestry
TAPPI-Normen *f pl* **für Papierprüfung** / T.A.P.P.I.
standard methods *pl* (Technical Association of Pulp and
Paper Industry, USA)
Taprogge-Rohrreinigungssystem *n* (Pipeline) / Taprogge
system of cleaning
Tara *f* / tare [weight]
Tarar, Windsichter *m* / winnowing machine, winnower
Tararöhrchen *n* (Chem) / tare tube
Tarbuttit *m* (Min) / tarbuttite
Tardon *n* (Nukl) / tardon
Target *n* (Nukl, Kath Str) / target ‖ **⤴element** *n* / target
element ‖ **⤴kapazität** *f* (TV) / target capacitance ‖
⤴kern *m* (Nukl) / target nucleus ‖ **⤴material** *n*
(Kath.-Zerstäubung) / target material ‖ **⤴station** *f* / target
station
tarieren / counterbalance, tare ‖ **~**, auf Null einstellen
(Instr) / tare
Tarierschrot *m n* / tare shot
tariert·e Feder / rate spring
Tarier·waage *f* / tare balance, pharmaceutic[al] balance ‖
⤴widerstand *m* / tare resistor
Tarif *m* / tariff[-rate] o. scale of charges ‖ **⤴** (Tabelle) /
table of rates o. of charges ‖ **⤴**, Lohntarif *m* / wage
scale ‖ **⤴**, Tarifabkommen *n* (F.Org) / union (US) o.
collective wage agreement ‖ **⤴ basierend auf Grund-**
u. Arbeitspreis, Zweikomponententarif *m* (Elektr) /
two-part o. contract-rate tariff ‖ **⤴ für geschlossene**
Züge, Grenzzugtarif *m*, Tarif *m* für Blockzüge
(Schweiz) (Bahn) / rate for complete train load, block
train rate ‖ **⤴ mit Einheitsgebühren** (Elektr) / flat-rate
tariff ‖ **⤴berechnungsart** *f* / rate fixing method ‖
⤴erhöhung *f* / increase of standard wage o. of scale
wages ‖ **⤴-Festsetzung** *f*, Tarifierung *f* / rate fixing ‖
⤴gruppe *f* / rate group ‖ **⤴lohn** *m* / class rate, union
wage (US) ‖ **⤴lohntabelle** *f* / union scale ‖ **~mäßig**,
tariflich / contractual ‖ **⤴scheibe** *f* / Taxscheibe f.
(Taxameter) / tax sign o. indicator o. dial ‖ **⤴system** *n* /
tariff[-rate] system ‖ **⤴tabelle** *f* / Union scale (esp. for
wages) ‖ **⤴-Umschaltuhr** *f* (Elektr) / clock meter ‖
⤴vertrag *m* / collective wage agreement
Tarlatan *m*, Steifgaze *f* (Textil) / tarlatan, tarletan
Tarmac *n* (Bitumengemisch, USA) / tarmac
tarnen / camouflage
Tarnscheinwerfer *m* (Mil) / masked headlight
Tartramid *n*, Weinsäurediamid *n* / tartramide
Tartrat *n* / tartrate
Tartrazin *n* (Färb) / tartrazin[e]
Tasche *f* / pocket ‖ **⤴**, Beutel *m* / pouch ‖ **⤴** (z.B. für
Feilen) / bag, kit, kitbag ‖ **⤴**, Fülltrichter *m* (Bunker) /
hopper, bin ‖ **⤴ der Schleifmaschine** (Pap) / pocket of
the grinder ‖ **⤴ des Reifens** / flipper ‖ **⤴ für Kamera u.**
Zubehör / bag for camera and accessories, holdall
Taschen·... / pocketable ‖ **⤴amperemeter** *n* / pocket
ammeter ‖ **⤴atlas** *m* (Textil) / moleskin ‖ **⤴buch** *n* /
pocket edition ‖ **[technisches] ⤴buch** / pocket book,
vade-mecum ‖ **⤴chronometer** *m n* / pocket
chronometer ‖ **⤴-Dosismesser** *m* (Nukl) / pocket

dosemeter ‖ ⁺falz *m* (Buch) / buckle fold ‖ ⁺fäule *f* (Holz) / pocket rot, white pocket ‖ ⁺mini prism binoculars *pl* ‖ ⁺format *n* / pocket size ‖ ⁺futter *n*, Pocketing *m* (Textil) / pocketing ‖ ⁺ionisations-Meßkammer *f* (Nukl) / pocket chamber ‖ ⁺kompaß *m* / portable compass ‖ ⁺lampe *f* / pocket lamp o. flashlight, electric torch (GB), flashlight (US) ‖ ⁺lampenbatterie *f* / pocket o. flashlight battery ‖ ⁺locher *m* (LoKa) / port-a-punch ‖ ⁺lupe *f* / folding lens, collapsible magnifier ‖ leuchtende ⁺lupe / illuminated folding lens ‖ ⁺messer *n* / pocket o. clasp knife, jackknife ‖ ⁺platte *f* (Akku) / pocket type plate ‖ ⁺radio *n* / portable *n*, pocket receiver ‖ ⁺rechner *m* / pocket calculator ‖ ⁺sextant *m* / pocket sextant ‖ ⁺spektroskop *n* / pocket spectroscope ‖ ⁺uhr *f* / [pocket] watch ‖ ⁺uhr *f* mit Schlagwerk / clock-watch ‖ ⁺uhrgehäuse *n* / protective container [during manufacture] ‖ ⁺uhrwerk *n* / watch movement ‖ ⁺umlaufförderer *m* / canvas sling elevator ‖ ⁺voltmeter *n* / pocket voltmeter ‖ ⁺wagen *m* (Bahn) / hopper wagon ‖ ⁺wecker *m* / pocket alarm clock

Täschner·karton *m* (Pap) / portmanteau board ‖ ⁺leder, Portefeuilleleder *n* / leather for bags

TASI- und Weiterschaltkreis *m* / TASI and through circuit

TASI-Verfahren *n* (Fernm) / TASI method (= time assignment speech interpolation)

Task *f n* (kleinste Arbeitseinheit) (DV) / task ‖ ~lokal *adj* (DV) / task local ‖ ⁺-Management *n* / task management ‖ ⁺-Steuerblock *m* (DV) / task control block, TCB ‖ ⁺-Switching Supervisor *m*, Task-Scheduler (DV) / task switching supervisor, task scheduler

Tasmanit *m* (ein Ölschiefer) / tasmanite

Tasse *f* / cup ‖ ⁺, Wassertasse *f* (Gas) / water lute

Tassen·scheibe *f*, Topfscheibe *f* (Schleifm) / cup o. face wheel ‖ ⁺ventil *n* / cup valve

Tastart *f* / keying mode

Tastatur *f*, Tasten *f pl* (Schreibm, Buch.m) / keys *pl*, keyboard, bank of keys ‖ ⁺ mit Bildschirm / keyboard display terminal ‖ ⁺ umschaltbar von alpha auf numerisch (DV) / overlay keyboard ‖ ⁺abfrage *f* (DV) / keyboard inquiry ‖ ~betrieben / keyboard operated ‖ ⁺eingabe *f* / manual keyboard entry ‖ ~gesteuert / keyboard controlled ‖ ⁺locher *m* / keypunch ‖ ~orientiert / keyboard-oriented ‖ ⁺schnittstelle *f* (DV) / keyboard interface

tast·bar (Gefahrenhinweis) / tactile (danger warning) ‖ ⁺bolzen *m*, Fühler *m* / feeler, tracer pin ‖ ⁺-Dehnungsmesser *m* / feeling elongation meter

Taste *f* (Fernm, Schreibm, Buch.m) / key ‖ ⁺ [für Eintasten] (DV) / entry key ‖ ⁺ Drucken / printing key ‖ ⁺ für Andruckrollen-Betätigung (Buch.m) / open-close key ‖ ⁺ mit Rastung, Sperrtaste *f* / locking key ‖ ⁺ ist verriegelt / the key remains locked ‖ die ⁺ springt zurück / the key returns freely ‖ eine ⁺ anschlagen / peck ‖ eine ⁺ betätigen o. drücken / [de]press a key ‖ eine ⁺ nochmals betätigen / press again a key

tasten, fühlen / touch *v* ‖ ~, morsen (Fernm) / key *v*, morse ‖ ~, abtasten / feel, touch ‖ ~, eintasten / key *v* ‖ ⁺ *n* / modulation, keying ‖ einen Sender ~ (Funk) / key a sender ‖ ⁺anschlag *m* / key stroke ‖ ⁺antriebs-Tastenfeld *n* / key-driven keyboard ‖ ⁺[an]wahl *f* (DV) / key selection ‖ ⁺bedienung *f* / touch control

tastend (Vorgehen) / tentative

Tasten·druck *m* / depression of key, key depression stroke ‖ erforderlicher ⁺druck *m* / key pressure ‖ ⁺einheit *f*, -gerät *n* (Elektronik) / key unit ‖ ⁺einstell-Tastenfeld *n* / key-set keyboard ‖ ⁺feld *n* (Add.m.) / keyboard, bank of keys ‖ aktives ⁺feld / live keyboard ‖ ⁺fernsprecher *m* / keyboard o. push-button telephone ‖ ⁺folie *f* / keyboard membrane ‖ ~gesteuert (DV) / key-driven ‖ ⁺hebel *m* (Büromasch) / key lever ‖ ⁺hub *m* (Buch.m) / lift of key ‖ ⁺knopf *m* (Schreibm) /

key button o. head ‖ ⁺locher *m* / keyboard punch ‖ ~programmiert (Maschinentyp) / keyboard-programmed ‖ ⁺reihe *f* (Add.m.) / key bank ‖ ⁺satz *m* / key set ‖ ⁺schnittgerät *n* (Oberfläche) s. Tastschnittgerät ‖ ⁺sperre *f* (Buch.m) / key [inter]lock, keyboard lock ‖ ⁺streifen *m* (Fernm) / key strip ‖ ⁺streifen *m* des Zahlengebers (Fernm) / digit key strip ‖ ⁺wahl *f* (Elektronik) / key-type station selector ‖ ⁺wahl *f* (DV) / key selection ‖ ⁺wahl *f* (Fernm) / keyboard dialling, push-button dialling, knob selector ‖ ⁺wahl *f* (Fernm) / push-button dialling ‖ ⁺wahl *f* (Funk) / push-button control ‖ ⁺wahl betreiben (Fernm) / dial [by push-button] *vt*, select ‖ ⁺weg *m*, -hub *m* / lift of key ‖ ⁺zählung *f* (Fernm) / key metering

Taster *m*, Tast[er]zirkel *m* / calipers *pl*, callipers *pl* ‖ ⁺, Außen- u. Innentaster *m* / German compass o. calipers *pl*, external and internal calipers (US) *pl* ‖ ⁺, Tast[er]-, Greifzirkel *m* / outside cal[l]ipers *pl* ‖ ⁺, Abtaststift *m* (Wzm) / tracing pin, tracer ‖ ⁺, Tastenknopf *m* / key button o. head ‖ ⁺, Tastgerät *n* (Radar) / modulator ‖ ⁺ der Kopierfräse, Fühler *m* / stylus of a profile miller ‖ ⁺ mit Stellbogen (Masch) / wing cal[l]ipers *pl* ‖ ⁺-Instrument *n* / stylus instrument ‖ ⁺kluppe *f* (Textil) / feeler clip ‖ ⁺kluppenkette *f* (Textil) / pawl clip chain ‖ ⁺sender *m* (Fernm) / key transmitter, manipulator

Tast·gefühl *n* / sense of touch, tactile o. tactual sense, [sense of] feeling ‖ ⁺hebel *m* / feeling o. touching lever ‖ ⁺knopf *m*, Taster *m* / key button o. head ‖ ⁺kontakt-Tastatur *f* / touch contact keyboard ‖ ⁺kopf *m* (Kath.Str.) / probe ‖ ⁺körperchen *n* / touch-body, -corpuscule, corpusculum tactus ‖ ⁺meßgerät *n* (Impuls) / duty cycle meter o. cyclometer ‖ ⁺organ *n*, -werkzeug *n* / organ of touch ‖ ⁺punkt *m* (o. Abnehmepunkt) bei Messungen / measuring point ‖ ⁺rad *n* (am Rübenköpfer) (Landw) / roller feeler ‖ ⁺relais *n* / relay key ‖ ⁺relais *n* (Zweistrom-Lok) / system-sensitive device ‖ ⁺rhythmus *m* (Buch.m) / key striking cycle ‖ ⁺rolle *f* / jockey roller, dancing roller ‖ ⁺schalter *m*, Kontakt-Taste *f* / touch contact ‖ ⁺schalter *m* (Ggs: Stellschalter) / push-button, (contr dist:) switch ‖ ⁺schnittgerät *n* (Oberflächen) / brush analyzer, contact stylus instrument ‖ ⁺sensor gesteuert (Roboter) / tactile controlled ‖ ⁺sinn *m* / tactile sense, sense of touch ‖ ⁺speicherverstärker *m* (Regeln) / sample and hold amplifier ‖ ⁺spitze *f* / probe tip ‖ ⁺spule *f* (Elektr) / exploring coil ‖ ⁺stift *m*, Fühler *m* / tracer pin, feeler ‖ ⁺stifthalter *m* / tracing pin holder

Tastung *f* (Fernm, Elektronik) / keying ‖ ⁺ (Impulse) / gating

Tast·verhältnis, Zeichen/Pause-Verhältnis *n* (Fernm) / mark[-to]-space ratio, pulse-width repetition rate ‖ ⁺verhältnis, Impuls-Tastverhältnis *n* (NC) / pulse-duty factor, duty factor of pulses ‖ ⁺wahl *f* / pulse button dialling ‖ ⁺wahl-Münzfernsprecher *m* / touch-calling coin phone ‖ ⁺wahl-Telefon *n* / key-operated o. push-button telephone ‖ ⁺wahl-Telefon *n* mit Lochkartenleser (Fernm) / touch-tone card dialer (US) ‖ ⁺welle, Zeichenwelle *f* (Fernm, Elektronik) / keying o. marking wave ‖ ⁺zirkel *m* / bow spacer ‖ ⁺zirkel *m* s. auch Taster ‖ ⁺-Zirpen *n* (Fernm) / keying chirps *pl*

tätig, aktiv / active, acting ‖ ~ (DV) / busy

Tätigkeit, Wirksamkeit *f* / agency ‖ ⁺ *f*, Einwirkung / operation ‖ ⁺ (allg) / activity ‖ ⁺ (z.B. Überwachungs-, Normungs- usw) / activity, function ‖ ⁺, Handeln *n* / action ‖ außer ⁺ / out of operation ‖ in ⁺ / in operation

Tätigkeits·bit *n* / activity bit ‖ ~orientiert (PERT) / activity oriented ‖ ⁺wechsel *m* / job change ‖ planmäßiger ⁺wechsel (F.Org) / job rotation ‖ ⁺zeit *f* (DV) / productive time

Tato, Tagestonnen / tons per day

tatsächlich, effektiv / effective, eff., actual ‖ ~, auf Tatsachen beruhend / founded on facts ‖ ~e Adresse (DV) / absolute o. actual o. effective o. specific address ‖ ~e Betriebsdauer / actual working time ‖ ~e Bruchlast / measured breaking load ‖ ~e Leistung

(Masch) / effective output ‖ ~er Wert, Effektivwert *m* / effective value

Tatze *f* / paw *n*

Tatzen·klemme *f* / claw-type clamp

Tatzlagermotor *m* (Bahn) / axle suspension o. nose suspension o. nose[-and-axle]-suspended motor

Tau¹ *m* / dew

Tau², Seil *n* / rope, cable ‖ ein ~ schießen lassen, nachlassen / pay out o. let out a cable, slip a cable

taub / deaf ‖ ~ (Bergb) / dead, sterile, barren ‖ ~, arm (Erz) / base, lowgrade ‖ ~er Gang (Bergb) / poor lode ‖ ~es Gestein, Berge *m pl* / dead rock o. heaps o. grounds *pl*, deads *pl*, weed ‖ ~es Gestein o. Mittel, Gangart, -masse *f* (Bergb) / gangue [material o. rock], lode stuff o. matter, mullock (Australia) ‖ ~es Haufwerk (Bergb) / debris

taubenblau (RAL 5014) / pigeon blue

Taubkohle *f* / blind coal

Tauch·anker *m* (Magnet) / solenoid plunger ‖ ~ankerspule *f* / sucking coil ‖ ~apparat *m* / steeping bath ‖ ~appretur *f* / immersion finishing, dip o. steeping finish ‖ ~bad *n* / dipping, splashing ‖ ~bad *n*, Einweichbad *n* (Textil) / steep bath ‖ im ~bad oder Tauchverfahren / immersed ‖ ~badschmierung *f* / immersion o. splash lubrication ‖ ~batterie *f* (Elektr) / bichromate o. dipping battery, immersion battery, plunge o. plunging battery ‖ ~behälter, -tank *m*, -gefäß *n* / dip tank ‖ ~beschichtung *f* / dip coating ‖ ~blasdorn *m* (Plast) / dipping mandrel ‖ ~blasverfahren *n* (Plast) / dip[ping mandrel] blow moulding process ‖ ~boot *n*, Bathyscaph *n* / bathyscaph[e] ‖ ~brenner *m*, Unterwasserbrenner *m* / underwater cutting torch, immersion gas burner ‖ ~brett *n*, -wand *f* (Abwasser) / baffle plate ‖ ~brünieren *n* / hot blueing ‖ ~buhne *f* (Hydr) / immersed groin ‖ ~einsatz *m* / cage, holder ‖ ~elektrode, getauchte [Schweiß]elektrode / dip-coated o. dipped electrode ‖ ~emaillierung *f* / cold enamelling

tauchen *vt*, ein-, untertauchen / plunge *v*, immerse, dip ‖ ~ *vi* / dive ‖ ~, Email durch Tauchen auftragen (Email) / dip and drain ‖ ~ (U-Boot) / submerge ‖ ~ *n* / diving ‖ ~, Ein-, Untertauchen *n* / plunge ‖ ~, Tauchformen *n* (Gummi) / dipping in latex ‖ ~, Nicken *n* (Bahn) / galoping ‖ ~ mit Heliumgemisch / diving with helium-oxygen mixture

tauchend·e Untertasse (Tiefseeforschung) / diving saucer

Tauchentmetallisieren *n* (Galv) /,immersion stripping

Taucher *m* / diver ‖ ~anzug *m*, Tauchanzug *m* / diving dress o. suit ‖ ~ausrüstung *f*, -gerät *n*, Tauchapparat *m* / diving apparatus o. equipment ‖ ~glocke *f* / diving bell

Taucherhitzer *m* / immersion heater

Taucher·schiff *n* / diving ship ‖ ~sohle *f* / diver's lead sole ‖ ~uhr *f* / diver's watch

Tauch·fahrt *f* / travelling underwater o. in submerged state ‖ ~fahrt *f*, getauchter Zustand (Schiff) / submerged state ‖ ~fahrzeug *n* (allg) / submersible [vessel] / ~färben *n* / dip dyeing ‖ ~färbung *f* (Pap) / tub colouring ‖ ~form *f* (Gieß) / master steel pattern ‖ ~formverfahren *n* (General Electric) (Draht) / dip forming ‖ ~fräsen *n* / plunge milling ‖ ~gefärbt (Pap) / tub-coloured ‖ ~gefäß *n*, -tank *m*, -behälter *m* / dip tank ‖ ~gelötet *n* / dip soldered ‖ ~gestrichenes Papier / dip coated paper ‖ ~getter *n* (Glühlampen) / dip getter ‖ ~glocke *f* (Gieß) / bell, plunger ‖ ~härten *n* / dip o. immersion hardening ‖ ~honen *n* / dip honing ‖ ~kammer *f* (Plast) / melt accumulator, dipping barrel ‖ ~kernmagnet *m* / plunger electromagnet ‖ ~[kern]relais *n* / dipper relay, plunger relay ‖ ~kolben *m* (Mot) / trunk piston ‖ ~kolben *m*, Plunger *m* / ram, plunger [piston] ‖ ~kolbenmotor *m* / trunk piston engine ‖ ~kolbenpumpe *f* / plunger pump ‖ ~kondensator *m* / plunger type capacitor, submerged capacitor ‖ ~lack *m* / dipping varnish o. paint ‖

~lackieren / dip[-coat], immersion-paint ‖ ~lötbad *n* / dip-soldering bath ‖ ~löten / dip-solder, -braze ‖ ~löten *n* / dip soldering, molten metal bath dip soldering ‖ ~löten *n* mit Hartlot / dip brazing ‖ ~lötung *f* (Vorgang) / dip soldering, dip brazing ‖ ~lötung *f* (Verbindung) / dip solder conncection ‖ ~magnet *m* (Elektr) / solenoid ‖ ~magnetanker *m* / solenoid plunger ‖ ~magnetrelais *n* / solenoid relay ‖ ~masse *f* / dip-coating mass ‖ ~motor *m*, Unterwassermotor *m* / submersible motor ‖ ~motorpumpe *f* / submersible motor-driven pump ‖ ~netzvermögen *n* (Tensid) / dip-wetting ability, wetting power by immersion ‖ ~patentieren *n* (Draht) / immersion patenting ‖ ~plunger *m* (Plast) / plunger piston ‖ ~polymerisation *f* (Plast) / suspension polymerization ‖ ~probe *f* (Galv) / stripping test ‖ ~prüfung *f* / immersion test, Preece test ‖ ~pumpe *f*, Unterwasserpumpe *f* / submerged o. submergible pump, wet-pit pump ‖ ~retter *m* (Schiff) / escape apparatus ‖ ~rettungsboot *n* / deep submergence rescue vessel, DSV ‖ ~rohrgießen *n* / submerged pouring ‖ ~rüttler, Innenvibrator *m* (Bau) / poker vibrator, full depth vibrator, immersion vibrator ‖ ~schleifen *n*, -schliff *m* (Wzm) / plunge-cut grinding, infeed grinding ‖ ~schwimmer *m*, -glocke *f* / bell type float ‖ ~schwinger *m* (Ultraschall) / immersible transducer ‖ ~schwingung *f*, Stampfen *n* (Schiff) / pitching, nosing (US) ‖ ~sieder *m* (Elektr) / immersion heater o. boiling device ‖ ~siedereaktor *m* / swimming pool reactor ‖ ~spule *f* (Elektr) / plunger, moving coil ‖ ~spul[en]..., Schwingspul[en]... (Lautsprecher, Mikrophon, Elektronik) / moving coil..., dynamic ‖ ~spul[en]mikrophon *n*, dynamisches Mikrophon / dynamic microphone ‖ ~stab *m* (Textil) / immersion rod ‖ ~stampfen, Porpoising *n* (Wasserflugz) / porpoising ‖ ~streichverfahren *n* (Pap) / dip coating ‖ ~teiler, Streifenabschwächer *m* (Wellenleiter) / flap attenuator ‖ ~thermoelement *n* / immersion thermocouple ‖ ~tiefe *f* des Siphons / immersion depth of the water trap ‖ ~tränken *n* (Sintern) / infiltration by dipping ‖ ~trommel *f* / immerged drum ‖ ~tropfkörper *m pl* / immersion percolating o. trickling filter ‖ ~überzug *m* / dip coat, dip coating ‖ ~überzug *m*, (spez.:) Feuerverzinken / hot dip metal coating ‖ ~-[u. Rüttel]emaillierung *f* / dipping and draining [and slushing] vitreous enamell.ing ‖ ~verfahren *n* / dipping method ‖ ~vernickelung *f* / nickel dip o. flashing ‖ ~verzinken, feuerverzinken / hot-[dip]galvanize, hot-spelter galvanize, dip-galvanize ‖ ~verzinnen *n* / dip-tinning ‖ ~wägeverfahren *n* (Mat Prüf) / dipping and weighing method ‖ ~walze *f*, -trommel *f* / dipping roller, immersed roll ‖ ~walze *f* (Buch) / dipping roller ‖ ~wand *f*, -brett *n* (Abwasser) / downflow baffle, scum board ‖ ~wand *f* (Hütt) / submerged wall ‖ ~weichlöten *n* / dip soldering ‖ ~zustand *m* (Schiff) / submerged state

tauen *vt*, auftauen *vt* / thaw *vt* ‖ ~ *vi*, schmelzen / thaw *vi* ‖ ~ (von Tau) / fall *vi*, come down ‖ ~ *n* von Gewässern / ice-out (US) ‖ ~ (Eis usw.) / thaw[ing]

Tauenpapier *n* / paper made from ropes

Taufe *f* (Zuweisung einer logischen Adresse an jeden Wagen, Zugtaufe *f* (Bahn) / christening, address assignment to each coach

Taufliege *f*, Drosophila melanogaster (Schädling) / fruit fly

taugen, tauglich oder brauchbar sein / be fit, be suited o. suitable

tauglich / qualified ‖ ~, zweckmäßig / fit [for o. to] ‖ ~ [für] / appropriate [for o. to], suitable [for] ‖ ~ [zu] / capable

Tauglichkeit *f* / capability

Taulinie *f* (Siedediagramm) / taulinie, vapourus

Taumel·band *n* zur Einstellung der Spaltrichtung des Magnetkopfes / azimuthal alinement tape ‖ ~bewegung *f* / wobbling ‖ ~bewegung *f* (Raumf) /

tumbling motion ‖ ⤙**dämpfung** f (Raumf) / deconing ‖
⤙**düse** f (Rakete) / yaw jet ‖ ⤙**fehler** m (Masch) /
drunkenness ‖ ⤙**kreisel** m / oscillating gyro ‖ ⤙**mischer**
m / asymmetric moved mixer
taumeln, schwanken / wobble, stagger, waver ‖ ~,
schaukeln / reel, sway ‖ ~ / tumble ‖ ⤙, Schwanken n /
wobble, stagger[ing], waver[ing] ‖ ⤙ n (Raumf) /
tumbling
taumelnd, unrund (Rotationskörper) / drunken ‖ ~e
Kreisbewegung / gyratory movement
Taumel·nietmaschine f / wobble riveting machine ‖
⤙**säge**, Wanknutsäge f / drunken o. wobble saw ‖
⤙**satellit** m / tumbling satellite ‖ ⤙**scheibe** (statt
Kurbeltrieb), Schrägscheibe f / swash plate, wobble
plate, nutating disk ‖ ⤙**scheibengetriebe** n (Mech) /
swashplate o. wobbbleplate mechanism ‖
⤙**scheibenmotor** m / swash-plate engine, wobble o.
swash engine ‖ ⤙**scheibenzähler** m / swash-plate meter
Tau-Meson n, Tauon n / tau meson, tauon
Tau·messer m, Drosometer n (Phys) / drosometer ‖
⤙**punkt** m / dew point ‖ ⤙**punkterniedrigung** f /
depression of the dew point ‖ ⤙**punktfühler** m / dew
point thimble ‖ ⤙**punkthygrometer** n, Taupunkt-
Spiegelhygrometer n / dew point hygrometer ‖
⤙**punktsbestimmung** f / determination of dew point ‖
⤙**punkttemperatur** f / temperature of dew point
Taurin n (Chem) / taurine
Täuschecho, Scheinecho f (Elektronik, Radar) / fraudulent
echo
täuschend, trügerisch / illusory, illusive
Tausch·motor m, Austauschmotor m / rebuilt engine ‖
⤙**palette** f / pallet pool pallet, exchange pallet
Täuschreflektor m (Mil) / decoy
Tausend n / thou, thousand, mil ‖ ~ **Kubikfuß je Tag**
(Gas) / Mcfd (M = 10³)
Tausender·amt n (Fernm) / three-figure exchange ‖ ⤙**stelle**
f / thousands place
Tausend··Hertz-Ton m, -Hertz-Signal n / reference tone,
reftone ‖ ⤙**korngewicht** n, TKG (Landw) / thousand
grain weight, TGW
Tausendstel n / thousandth ‖ **ein** ⤙ / thou, one thousands,
millesimal ‖ ⤙**masseneinheit** f, TME (Nukl) / millimass
unit, mamu
Taustelle f (Gefriertrockner) / freezer burn
tauto·chron (Math) / tautochrone adj ‖ ~**chron[e Kurve]** /
tautochrone ‖ ~**mer** / tautomeric ‖ ⤙**mer** n / tautomer ‖
⤙**merie** f (Chem) / tautomerism, dynamic isomerism ‖
⤙**merisation** f (Chem) / tautomerization ‖ ~**morph[isch]**
/ isomorphic
Tau·wasser n, Kondenswasser n / condensation water ‖
⤙**wasserschale** f (Kühlschrank) / drain pan ‖ ⤙**werk** n
(Seil) / cordage ‖ ⤙**werk** n (Schiff) / ropes pl ‖ **altes**
geteertes ⤙**werk** / old tarred cordage ‖ ⤙**[werk]fender**
m, Schamfilkissen n (Schiff) / pudd[en]ing ‖ ⤙**wetter** n /
thawing ‖ ⤙**zyklusmethode** f (Korros.Prüfg) / dew cycle
method
Tavorit m (Min) / montebrasite, tavorite
Tawaholz n / tawa, New Queensland walnut
Taxameter n, Fahrpreisanzeiger m / taximeter ‖
⤙**konstante** f / constant K for a taximeter
Taxi n, Taxe, Kraftdroschke f / taxi[cab], taxicar ‖
⤙**fahrer** m / taxi driver, cabman (GB) ‖ ⤙**fahrer** m /
cabman (GB) ‖ ⤙**-Minicomputer** m / taxi-
minicomputer ‖ ⤙**stand** m / rank of taxis
Taxonomie f (Math) / taxonomy
Taxscheibe f, Tarifscheibe f (Taxameter) / tax-sign,
-indicator, -dial
Taxusholz n, Eibenholz n / yew wood (of Taxus baccata
L.), taxus wood
Taylor·sche Formel f, Taylorscher Satz m (Math) /
Taylor's formula ‖ ⤙**sche Reihe** f (Math) / Taylor's
series
TB (Masch) = Technisches Büro
T-Band n (Zimm) / cross-garnet ‖ ⤙ (Fernm) / T-carrier

T-Blende f, transmissionsgerechte Blende (Phot) / T-
diaphragm, T-stop
TBN f (Chem) / total base number
TBO (Fernm) = Telegrafenbauordnung
TBP-Destillation f (Chem) / true-boiling-point distillation
T.B.T.O., Tributyl-Zinnoxid n / tributyl tin oxide,
T.B.T.O.
TC (Schiff) = Transcontainer
TCF, 10¹⁸ Kubikfuß (=2,8317 x 10¹⁶ m³ / trillion cubic
feet (GB), teracubic feet (US), TCF
TCP-Theorem n, Lüders-Pauli-Theorem n (Phys) / CPT
theorem (C = charge conjugation, P = parity
operation, T = time reversal)
TCU, Timing-Steuereinheit f / timing control unit, TCU
TD s. Tiefendosis
Td (Textil) = legaler Titer (in Denier)
T-Diagramm, Tangentialkraftdiagramm n / tangential
force diagram
TDMA-System n (Satellit) / time division multiplex access
system, TDMA system
T-Dose f (Elektr) / branch-T
TDRSS-System n (Satelliten) / tracking and data relay
satellite system, TDRSS
TD-Satellit m / TD-satellite
TDW, tdw (Schiff) = tons deadweight
TE (Elektr) = Teilentladung
Teach-in Programmierung f (NC) / teach-in
programming
Teach-in-Verfahren n (Roboter) / teach-in procedure
Teachware f / teachware
Teakholz n / teak[wood]
Team n, Arbeitsgruppe f, Mannschaft f / team ‖ ⤙**arbeit**,
Zusammenarbeit f / team work ‖ ⤙**programmieren** n /
team programming
TECE (Bahn) = Trans-Europ-Container-Expreß
Technetium n, Tc, (früher:) Masurium, Eka-Mangan n /
technetium, Tc (OZ = 43) ‖ ⤙ **99m**, ⁹⁹Tcᵐ / technetium
99m 99m
Technicolorverfahren n / Technicolor process
Technik f (als Wissenszweig) / technical science, technics
pl ‖ ⤙, [technische] Ausführungsart o. Methode f /
technique, technics pl ‖ ⤙, Lehre f von der Technik /
technology ‖ ⤙, die technische Bearbeitung [eines
Projekts] / engineering ‖ ⤙ **und Handwerk** /
engineering and craft industries pl
Techniker m, technische Hilfskraft / engineering aide o.
associate, technician ‖ ⤙, Mechaniker m / mechanic
Technik·filme m pl / engineering films pl ‖
⤙**folgen-Abschätzung** f / technology assessment ‖
⤙**front** / forefront of technics ‖ ⤙**-Normen** fpl /
technical specifications o. standards
technisch / technical ‖ ~ (Chem, Elektr, Gas) / commercial ‖
~, mathematisch / actuarial ‖ ~e **Abteilung** /
engineering department ‖ ~e **Änderung** / engineering
change ‖ ~e **Änderungsanweisung** / engineering
change order, ECO ‖ ~e **Angaben** / technical data pl ‖
~e **Arbeitsfähigkeit** / exergy ‖ ~er **Ausdruck** o.
Begriff / engineering term ‖ ~e **Ausführbarkeit** /
feasibility ‖ ~e **Ausrüstung** / installation, plant ‖ ~e
Benzole n pl / technical benzols pl ‖ ~er **Berater** /
engineering consultant, technical adviser ‖ ~e
Beschreibung / technical instructions pl ‖ ~es **Büro**,
Ingenieurbüro n / engineering office, technical bureau ‖
~er **Charakter** / technicality ‖ ~e **Chemie** / chemico-
technology, manufacturing o. technical chemistry ‖ ~e
Daten pl / ratings pl ‖ ~es **Dia[positiv]** / technical
transparency o. slide ‖ ⤙**e Einheit im**
Eisenbahnwesen, U.T. / T.U., Railway Technical
Unity ‖ ~e **Einrichtungen** f pl / engineering facilities pl
‖ ~ **einwandfreie Weise** / workmanlike manner ‖ ~es
Eisen / commercial iron ‖ ~es **Eisen(II)-sulfat** /
[green] copperas, ferrous sulphate ‖ ~e **Entwicklung** /
technical development ‖ ~e **Erfindung** / technical
invention ‖ ~e **Errungenschaften** / engineering

achievements pl ‖ ~e **Funkstörung** / man-made noise ‖
~e **Gase** npl / industrial gases pl ‖ ~e **Gewebe** n pl /
industrial fabrics pl ‖ ~e **Grenzen** f pl / engineering
constraints pl ‖ ~e **Gummiwaren** f pl / technical rubber
goods pl, mechanical rubber goods pl ‖ ~es **Handbuch**
/ technical manual ‖ ~es **Heptan** / technical heptane,
skellysolve ‖ ~e **Herstellung** / industrial production ‖
~e **Informationen** f pl / technical informations pl ‖ ~es
Informationssystem / engineering information system
‖ ~er **Leiter** / managing engineer ‖ ~e
Lieferanforderungen, -bedingungen f pl / technical
requirements ‖ ~e **Lieferbedingungen** f pl / technical
specifications pl ‖ ~er **Maßstab** / commercial scale ‖
~e **Mechanik** / engineering mechanics ‖ ~e
Mehrgrößen-Regelsysteme n pl / multivariable
technical control systems pl ‖ ~es **Natriumsulfat** / salt
cake (US) ‖ ~es **Nickelsulfatheptahydrat** / single
nickel salts pl ‖ ~es **Niveau** / engineering level ‖ ~er
Normenausschuß (GB) / E.S.C., Engineering
Standards Committee ‖ ⁴e **Nothilfe** / Organization for
the Maintenance of Supplies, emergency technical corps
‖ ~es **Personal** / technical staff ‖ ~e **Physik** / technical
physics ‖ ~e **Reaktionsführung** (Chem) / chemical
reaction engineering ‖ ~es **Reaktorexperiment** /
engineering development reactor ‖ ⁴e **Regeln für
Trinkwasserinstallationen** f pl, TRWI / technical
directions for drinking water installations, TRWI ‖ ~es
reines Eisen / commercially pure iron ‖ ~er **Sauerstoff**
(Hütt) / tonnage oxygen ‖ ~e **Schutzbarriere** /
engineered barrier ‖ ~e **Solvay-Soda** / Solvay soda,
soda ash (US) ‖ ~e **Spielerei, Trick** m, überflüssige
Zutat / thing, gimmick ‖ ~e **Störung** / technical failure
o. breakdown ‖ ~e **Strahlenoptik** / geometrical optics
pl ‖ ~e **Textilien** f pl / technical textiles pl ‖ ~e
Überwachung / technical surveyance ‖ ~e **Unterlage** /
engineering record ‖ ~e **Unterlagen** f pl,
Dokumentation f / engineering data pl ‖ ~e **Vergoldung**
/ engineering gold plating ‖ ~e **Vorschriften** / technical
regulations pl ‖ ~e **Zeichnung [in 3 zueinander senkr.
Schnitten]** / engineering drawing ‖ ~e **Zeichnung in
Grundriß und Aufriß** / engineering drawing showing
horizontal and upright projection ‖ ~e **Zeichnungen** f pl
(allg) / engineering drawings pl ‖ ~es **Zelluloseazetat** /
technical cellulose acetate ‖ ~e **Zwischenlandung**
(Luftf) / technical stop
Technoklima n / climate in technological applications
Technologie f, Technikanwendung f, angewandte
Technik / technics, technology ‖ ⁴**-Transfer** m /
technology transfer
technologisch / technological ‖ ~er **Abfall** (Raumf) / spin-
off ‖ ~ **bedingt** / technologically conditioned ‖ ~er
Biegeversuch (Schweiß) / technological bend test ‖ ~e
Grenzen f pl / technology limitations pl ‖ ~ **und
menschlich bedingt** / depending on technological and
human considerations ‖ ~er **Vorreiter** / technological
leader
Teclu-Brenner m (Gas) / Teclu-burner
Tee·kannenpfanne f (Gieß) / teapot ladle ‖ ⁴**pause** f / tea
break
Teer m / tar ‖ ⁴**[ab]scheider** m, -wäscher m / tar
extractor ‖ ⁴**abscheider** m nach dem Stoßprinzip /
impact type tar extractor ‖ ⁴**anstrich,** -überzug m / tar
coating o. covering ‖ ~**artig,** teerig, aus Teer, geteert /
tarry ‖ ⁴**asphalt** m / tar asphalt ‖ ⁴**band** n / tarred tape
‖ ⁴**beton** m / tar concrete ‖ ⁴**bitumen** m / tar bitumen ‖
⁴**dachbahn** f / tarred roof sheeting ‖ ⁴**[dach]pappe** f /
fluxed pitch felt ‖ ⁴**dachpappe** f mit Abstreuung /
coaltar felt ‖ ⁴**dachpappe,** beiderseits besandet (o.
nackt) / coaltar felt o. fluxed pitch felt, sanded (o.
saturated) on both sides ‖ ⁴**dampf** m / tar vapo[u]r ‖
⁴**derivat** n / derivative of tar ‖ ⁴**destillation,**
-gewinnung f / coaltar distillation ‖ ⁴**dolomit** m (Hütt) /
tar-bonded dolomite ‖ ⁴**dolomitstein** m / tar dolomite
brick

teeren, an-, beteeren, mit Teer anstreichen / tar ‖ ⁴ n /
tarring
Teer·farbe f, -farbstoff m / coaltar dye, tar dye ‖ ⁴**farbe**
f, -farbstoff m, Kohlenteerfarbe f / tar dye ‖
~**gebunden** (Hütt) / tar-bonded ‖ ~**gebunden** (Straßb) /
tarviated ‖ ~**getränkt** / tar-impregnated ‖ ~**getränktes
Dolomiterzeugnis** / semistable dolomite refractory ‖
~**haltiges** o. bituminöses Bindemittel (Straßb) /
hydrocarbon binder ‖ ⁴**[koch]kessel** m, -blase f / tar
boiler, tar heater ‖ ⁴**korrosionsschutz** m,
-schutzlösung f / Angus Smith solution ‖ ⁴**makadam** m
(Straßb) / tar[red] macadam, tarmac ‖ ⁴**öl** n / creosote ‖
⁴**papier** n / tarred brown paper, tar paper ‖
⁴**-Pappdach** n / tarred carboard roof ‖ ⁴**pappe** f /
asphalted o. roofing felt o. cardboard, tar roofing paper,
tarred board, prepared roofpaper ‖ ⁴**pappe** f (für allg.
Zwecke) / tar [card]board ‖ ⁴**pech** n / artificial
asphaltum, coaltar pitch o. asphalt[um] ‖ ⁴**präparat** n /
tar preparation ‖ ⁴**-Rückstand** m / pitch ‖ ⁴**sand** m
(Geol) / tar-sand ‖ ⁴**säure** f / [any] phenol from tar ‖
⁴**schiefer** m / bituminous o. oil shale ‖
⁴**schwelapparat** m, -destillationsapparat m / tar-
distilling apparatus ‖ ⁴**spritzen** n / spraying of tar ‖
⁴**spritzmaschine** f (Straßb) / tar spraying machine,
asphalt distributor ‖ ⁴**trockner** m / tar desiccating
device ‖ ⁴**überlauf** m / tar tower ‖ ⁴**überzug,** -anstrich
m / tar coating o. covering ‖ ⁴**überzug** m innen /
rolling
Teerung f (Straßb) / tar spraying
Teer·vorlage, Hydraulik f (Gas) / tar cleaning tube ‖
⁴**wagen** m (Eisenb) / tar tank wagon ‖ ⁴**wäscher** m / tar
extractor ‖ ⁴**wasser** n / tar water ‖ ⁴**wasser,** Gaswasser
n (Gaswerk) / ammonia water, ammoniacal gas liquor
Teesamenöl n / tea seed oil
Teflon n (Plast) / Teflon
teflonisieren, mit Teflon überziehen / teflonize
teflon·-isolierter Draht / Teflon-coated wire ‖ ⁴**pfanne** f
/ non-stick pan ‖ ⁴**-Plasmabeschleuniger** m (Raumf) /
solid Teflon [pulsed] plasma thruster
Tegel m (Geol) / tea-green marl
TEGFET m (Halbl) / TEGFET, two-dimensional electron
gas FET
Tegument n, Samenhaut f / tegmen
Teich, Weiher m / pond ‖ ⁴, Pool m / pool
Teig m / paste, dough ‖ ~**artig** / pasty, semipasty, doughy
‖ ⁴**-Knetmaschine** f, -Knetwerk n / dough kneading
machine ‖ ⁴**mischer** m, -mischmaschine f / dough
mixer o. mill ‖ ⁴**rührmaschine** f / dough stirring
machine ‖ ⁴**waren** f pl / farinaceous products pl, pasta
sg ‖ ⁴**warenindustrie** f / macaroni industry
Teil m n / part ‖ ⁴, Abschnitt m / section, division ‖ ⁴,
Werkstück n / workpiece ‖ ⁴ m, Glied n (Kinematik) /
link ‖ ⁴ (des Programms) / division (COBOL) ‖ ⁴...,
teilend / dividing ‖ ⁴..., Abschnitt... / sectional ‖ ⁴
einer zusammenhängenden Wortgruppe (DV) / sub-
block ‖ ⁴e eines zusammengesetzten Werkzeugs
(Plast) / splits pl of a mould ‖ bewegte ⁴e / moving parts
pl ‖ einen ⁴ bildend / constituent, constitutive,
component ‖ in ⁴e auflösen (o. zerlegen) (Math) / break
down ‖ zu fertigendes ⁴ (Masch) / component [part] ‖
⁴**abgeleitete** f (Math) / partial derivative ‖
~**abgeschirmt** (Elektronik) / partially screened o.
shielded ‖ ⁴**abgeschirmte Leuchte** / semi-cut-off
fitting ‖ ⁴**abschnitt** m, -strecke f, -feld n / section, sect.
‖ ⁴**abtastung** f / fractional scan ‖ ⁴**amt** n mit
Überbrückungsverkehr (Fernm) / discriminating
satellite exchange ‖ ⁴**amt** n ohne
Überbrückungsverkehr (Fernm) / full satellite
exchange ‖ ⁴**anlage** f (Chem) / plant unit, plant section ‖
⁴**ansicht** f / partial view ‖ ⁴**apparat,** -kopf m (Wzm) /
dividing attachment o. apparatus o. head, divider ‖
⁴**arbeit** f (F.Org) / suboperation ‖ ⁴**arbeitszeit** f / part-
time work ‖ ~**assoziative Abbildung** (DV, Speicher) / set
associative o. hybrid associative mapping ‖ ⁴**aufgabe** f,

Jobstep *m* (DV) / job step ‖ **⁓auflage** *f* / part edition ‖ **⁓ausdruck** *m* / substring notation ‖ **⁓ausfall** *m* / partial failure ‖ **⁓aussage** *f* / component sentence ‖ **⁓ausschnitt** *m* (Zeichn) / partial section
teilbar / divisible ‖ ⁓ (Tablette) / cleavable ‖ ⁓ **sein** (Math) / contain ‖ **[durch kleine ganze Zahlen]** ⁓ (Math) / commensurable
Teilbarkeit *f* / divisibility
Teil·baum *m* (Trikot) / section[al] beam, small beam ‖ **⁓beaufschlagung** *f* (Turbine) / partial admission ‖ **⁓begriff** *m* / partial notion ‖ **⁓belastung**, -last *f* / fractional load ‖ **⁓belüftet** (Container) / vented ‖ **⁓bereich** *m* (Math) / subdomain ‖ **⁓beschichtet** / with partial coating ‖ **⁓bestrahlung** *f* / partial exposure ‖ **⁓betrag** *m* / partial amount ‖ **⁓betragsdigital-Regelung** *f* / subrate digital control system ‖ **⁓-Betriebsleiter** *m* / shop manager ‖ **⁓betriebszeit** *f* / partial working time ‖ **⁓bewegung** *f* (Wzm) / indexing movement
Teilbild *n* / partial picture, sectional image ‖ ⁓ (TV) / partial interlaced picture frame (GB), field (US) ‖ **⁓ablenkung** *f* (TV) / field (US) o. frame (GB) deflection ‖ **⁓abtastung** *f* (TV) / field sweep (US) ‖ **⁓austastung** *f*, -unterdrückung *f* / frame blanking (GB), field blackout (US) ‖ **⁓dauer** *f* / field (US) o. frame (GB) duration ‖ **⁓entfernungsmesser** *m* / split-image range finder
Teilbilder-Aufnahme *f* (Mikrofilm) / sectional copying
Teilbild·flimmern *n* (TV) / frame flicker (GB), field rate flicker (US) ‖ **⁓frequenz** *f* (TV) / vertical frequency ‖ **⁓-Höhenregelung** *f* (TV) / vertical size control ‖ **⁓impuls** *m* / field (US) o. frame (GB) pulse ‖ **⁓kontrolle** *f* / field (US) o. frame (GB) monitoring ‖ **⁓synchronisierimpuls** *m* (TV) / field sync signal (US), field (US) o. frame (GB) [synchronizing] impulse ‖ **⁓synchronsignal** *n* / vertical sync signal ‖ **⁓unterdrückung** *f* / field sweep (US) ‖ **⁓verzerrung** *f*, -verzeichnung *f* / frame distortion (GB), tilt ‖ **⁓zahl** *f* (TV) / interlace sequence ‖ **⁓-Zeitbasis** *f* (TV) / frame (GB) o. field (US) sweep, frame time base
Teil·blockkühler *m* (Kfz) / sectional core radiator, radiator with detachable sections, block radiator ‖ **⁓breite Papierbahn** (Buch) / dinky sheet ‖ **⁓-Bremsprobe** *f* (Bahn) / partial brake trial ‖ **⁓bremsung** *f* / partial braking
Teilchen *n*, Korpuskel *f n* / particle ‖ ⁓ (allg) / particle ‖ ⁓ **je Billion** *n pl* / parts per trillion, ppt. ‖ ⁓ **je Sekunde** (Strahlung) / counts per sec *pl* ‖ **[kleinstes]** ⁓, Stäubchen *n* / mote ‖ **⁓absorption** *f* (Nukl) / particle absorption ‖ **⁓anzahldichte** *f*, volumenbezogene Teilchenanzahl / number density of molecules ‖ **⁓bahn** *f* / particle orbit ‖ **⁓beschleuniger** *m* / electronuclear o. particle accelerator ‖ **⁓dichte** *f* (Nukl) / particle number density, number density of particles ‖ **⁓durchfluß** *m* / molecule flow rate, molecular flux ‖ **⁓fluß** *m*, -fluenz *f* (Nukl) / particle fluence o. flux, fluence ‖ **⁓flußdichte** *f* (Nukl) / particle flux density ‖ **⁓furchung** *f* (Korrosion) / particle grooves *pl* ‖ **⁓größe** *f* / particle size ‖ **⁓größenanalysator** *m* (Opt) / particle size analyzer ‖ **⁓größenanalyse** *f* / particle size analysis ‖ **⁓[größen]klasse** *f* (Pulv.Met) / particle size range ‖ **⁓größenverteilung** *f* / particle size distribution ‖ **⁓klasse** *f* (Sintern) / cut, particle size range ‖ **⁓klassierung** *f* (Pulv.Met) / particle size classification ‖ **⁓physik** *f* (Nukl) / particle physics *sg* ‖ **⁓strahlen** *m pl* / corpuscular rays *pl* ‖ **⁓strahlung** *f* (Nukl) / particle radiation ‖ **⁓stromdichte** *f* (Nukl) / particle current density ‖ **⁓strömungsleitwert** *m* / molecule conductance ‖ **⁓verschiebung** *f* / particle displacement ‖ **⁓-Wechselwirkung** *f* / interaction of particles ‖ **⁓wolke** *f* (Phys) / swarm of particles ‖ **⁓zahloperator** *m* (Nukl) / particle number operator
Teil·-Containerschiff *n* / semi-containership ‖ **⁓containment** *n* (Nukl) / partial containment ‖ **⁓dosis** *f* /

partial dose ‖ **⁓druck** *m*, Partialdruck *m* / partial pressure ‖ **⁓durchlässiger Spiegel** / semisilvered o. semireflecting mirror, output mirror ‖ **⁓durchlässiger Spiegel**, halbdurchlässiger Spiegel / semireflecting mirror ‖ **⁓durchprüfung** *f* im Bocksprungprogramm (DV) / crippled leap-frog test
Teile·-Ansaugvorrichtung *f* (Wzm) / suction blank feed attachment ‖ **⁓begleitkarte**, Arbeitskarte *f* (F.Org) / operating sheet ‖ **⁓bezeichnung** *f* / parts reference ‖ **⁓brett**, Werkstück[aufnahme]brett *n* (F.Org) / tote board ‖ **⁓familie** *f* / family of parts ‖ **⁓hersteller** *m* / discrete manufacturer
Teileinheit *f* / submultiple of unit
Teile·kasten *m*, Werkstückkasten *m* (F.Org) / tote box
teil-elastohydrodynamisch / starved elastohydrodynamic
Teile·lieferant, -lieferer *m* (Kfz) / purveyor [of accessories], component supplier, [outside] vendor (US) ‖ **⁓montage** *f* / subassembly (activity)
teilen, ein-, zerteilen / divide, split up ‖ ⁓, aufteilen / partition ‖ ⁓, trennen / separate ‖ ⁓, splitten (DV) / split ‖ ⁓ *n* **der Kette** (Web) / dividing the warp ‖ **in vier gleiche Teile** ⁓ / quarter *vt* ‖ **Seide** ⁓ / separate silk ‖ **sich** ⁓ (o. gabeln) / divide, separate
Teile·norm *f* / parts standard
Teil·entladung *f* / partial discharge, PD ‖ **⁓entladungs-Einsatzprüfung** *f* / partial discharge inception test ‖ **⁓entladungskanalbildung** *f*, Treeing *n* (Isolation) / treeing ‖ **⁓entladungsprüfung** *f* / partial discharge level test, corona level test ‖ **⁓entsalzung** *f* (Ionenaust.) / dealcalization
Teile·nullpunkt *m* (NC) / zero point of measuring system ‖ **⁓nummer** *f* (Masch) / part number ‖ **⁓nummer** *f* (aus Zeichnungs- und Positionsnummer zusammengesetzt) / dash number ‖ **⁓programm** *n* (NC) / part program[me]
Teiler, Divisor *m* (Math) / divisor ‖ ⁓ *m*, Reihkamm *m* (Web) / raddle ‖ **größter gemeinsamer** ⁓, G.G.T. / G.C.D., greatest common divisor ‖ **⁓fremd** (Math) / relatively prime ‖ **⁓platte** *f*, Strahlteiler *m* (Laser) / separating plate ‖ **⁓takt** *m* (DV) / clock [pulse] rate ‖ **⁓wand** *f*, Wand *f* kleiner als Stockwerkshöhe / dwarf wall
Teile·zeichner *m* / detail man, detailer ‖ **⁓zuführung** *f* (Stanz) / feeding attachment ‖ **automatische ⁓zuführung** / vibratory bowl feeder
Teil·fahrstraßen-Auflösung *f* (Bahn) / route locking with sectional release, sectional release route locking ‖ **⁓farbenandruck** *m* (Buch) / progressive [proof], prog ‖ **⁓färbung** *f* (Textil) / space dyeing ‖ **⁓fehler** *m* / indexing error ‖ **⁓fehler** *m*, teilweiser Fehler (Instr) / partial error ‖ **⁓feld** *n*, -strecke *f*, -abschnitt *m* / section, sect. ‖ **⁓feld**, Unterfeld *n* (Assembler) / subfield ‖ **⁓flach** *n*, Hemieder *m* (Krist) / hemihedron ‖ **⁓fläche** *f* (Zahnrad) / reference surface ‖ **⁓fuge** *f* (der Matrize) (Schm) / die line, parting line ‖ **⁓führungseinrichtung** *f* (Wzm) / hopper feed o. magazine feed attachment ‖ **⁓gebiet** *n* / branch of science ‖ **⁓gebiet** *n*, Zone *f* (Transistor) / region, zone ‖ **⁓genauigkeit** *f* (Wzm) / dividing o. indexing precision ‖ **⁓gesamtheit** *f* / subpopulation ‖ **⁓geschirmt** (Elektronik) / partially screened o. shielded ‖ **⁓gestell** *n* (Fernm) / subframe ‖ **⁓gruppe** *f* (Informatik) / unit ‖ **⁓haber** *m* (DV) / time sharing customer o. user ‖ **⁓haberbetrieb**, -nehmerbetrieb *m* (Datenendstation führt die Arbeit anhand der im Zentral-Rechner gespeicherten Programme durch) / time sharing mode ‖ **⁓härten** / flash-harden ‖ **⁓härtung** *f* / selective hardening ‖ **⁓intervall** *n* / subinterval ‖ **⁓isolierter Steckerstift** / partly insulated pin ‖ **⁓kamm** *m* (Web) / dividing comb ‖ **⁓kammer** *f* (Kessel) / sectional chamber o. header ‖ **⁓kammerkessel** *m* / section[al] [header] boiler ‖ **⁓kammerwasserrohrkessel** *m* / sectional [chamber] water tube boiler ‖ **⁓kapazität** *f* (Röhre) / partial capacitance ‖ **⁓kegel** *m* (Getriebe) / reference cone ‖ **⁓kegellänge** *f* (Zahnrad) / cone distance ‖ **⁓kegelspitze** *f*

(Zahnrad) / reference cone apex ‖ ⌐kegelwinkel *m* (Kegelrad) / pitch angle ‖ ⌐kettbaum *m* (Web) / sectional beam ‖ ⌐kettbaum-Schärmaschine *f* / sectional beaming machine ‖ ⌐kette *f* (DV) / substring ‖ ⌐kompatibilität *f* (TV) / partial compatibility ‖ ⌐kopf *m*, Teilvorrichtung *f* / dividing attachment o. head o. apparatus ‖ ⌐[kopf]spindel *f* / indexing o. dividing spindle ‖ ⌐kraft, Komponente *f* / component [force] ‖ ⌐kreis *m*, Limbus *m*, Gradbogen *m* / limb, graduated circle ‖ ⌐kreis *m* (Zahnrad) / reference circle ‖ ⌐kreisabstandsfaktor *m* (Getriebe) / center distance modification coefficient ‖ ⌐kreisdurchmesser *m* (Zahnrad) / reference diameter ‖ ⌐kreisdurchmesser *m* (Lichtbogenofen) / pitch circle diameter of electrodes ‖ ⌐kreislinie *f* / reference line ‖ ⌐kreisradius *m* (Zahnrad) / geometrical radius ‖ ⌐kreisregner *m* (Landw) / sector sprinkler ‖ ⌐kreisteilung *f* (Getriebe) / transverse pitch ‖ ⌐kristallin / semi-crystalline ‖ ⌐ladung *f* (Bahn) / part-load, partial load ‖ ⌐last *f* / part-load, partial load ‖ ⌐last *f* (Mot) / underload ‖ ⌐lastnadel *f* (Vergaser) / low speed needle, part-load needle ‖ ⌐leiter *m* (Elektr) / subconductor ‖ ⌐lieferung *f* (Tätigkeit) / partial delivery ‖ ⌐lieferung *f* (Ware) / partial shipment ‖ ⌐lieferung *f* (Buch) / instalment ‖ ⌐linie, Wälzbahn *f* (Zahnstange) / pitch line ‖ ⌐linie *f* (Keilriemen) / pitch line ‖ ⌐mantelgeschoß *n* / soft-nose bullet ‖ ⌐maschine *f* (Masch) / dividing machine ‖ ⌐maschine *f* (Holz) / chipless cutting machine ‖ ⌐mechanisierung *f* / partial mechanization ‖ ⌐menge *f* (Math) / subset ‖ ⌐modular (Bau) / modulated ‖ ⌐montage *f* / partial assembly ‖ ⌐nadel, -spitze *f* (Masch) / dividing point

teilnehmen [an] / participate [in] ‖ ⌐, -haben [an] / share **Teilnehmer** *m* (Wettbewerb) / entrant ‖ ⌐, Anschlußinhaber *m* (Fernm) / party, sub[scriber] ‖ ⌐ (Gespräch) (Fernm) / partner ‖ ⌐ antwortet nicht (Fernm) / party does not answer ‖ ⌐ mit mehreren **Anschlußnummern** (Fernm) / subscriber holding several call numbers ‖ ⌐anschluß *m* (Fernm) / connection, subscriber's connection ‖ ⌐anschluß *m* (DV) / line terminating set ‖ ⌐-Anschlußkabel *n* / subscriber's cable, local cable ‖ ⌐-Anschlußleitung *f* (Fernm) / extension circuit, terminal connection ‖ ⌐-Apparat *m*, -Einrichtung, -Sprechstelle *f* / subscriber's set o. station, subset ‖ ⌐außenstelle *f* (Fernm) / outstation ‖ ⌐betrieb *m*, Fernrechnen *n* (DV) / remote computing ‖ ⌐betrieb *m*, Timesharing *n* (DV) / time sharing mode, time sharing environment ‖ ⌐betrieb *m* auf Blockebene (DV) / block level sharing ‖ ⌐betrieb *m* des Rechners / processor sharing, PS ‖ ⌐dienst *m* (Fernm) / subscriber service, party service ‖ ⌐-Einführungsleitung *f* / drop wire (from open wire line) (US), lead-in cable ‖ ⌐information *f* / subscriber's control information ‖ ⌐kabel *n* (Fernm) / subscriber's cable ‖ ⌐leitung *f* / subscriber's cable o. line ‖ ⌐leitung *f* zum Fernamt / long-distance loop, LD loop ‖ ⌐-Messung *f*, Einschaltquote *f* (TV) / audience rating ‖ ⌐nummer *f* (Fernm) / call number, subscriber's [telephone] number ‖ ⌐-Rechensystem *n* (DIN) / (zeitlich verzahnte Arbeit mehrerer Rechenprogramme) (DV) / time sharing system ‖ ⌐station *f*, -stelle *f* (DV) / subscriber's station ‖ ⌐verzeichnis, Fernsprechverzeichnis *n* / telephone directory o. book ‖ ⌐vielfachklinke *f* / subscriber's multiple jack ‖ ⌐wahl *f* (Fernm) / subscriber dialing

Teil·netz *n* (Netzplan) / sub net ‖ ⌐niveau *n* (Phys) / sublevel ‖ ⌐niveaubreite *f* (Nukl) / partial level width ‖ ⌐norm *f* / partial standard ‖ ⌐nummer, Positionsnummer *f* (Stückliste) / piece number ‖ ⌐-Parabolspiegel *m* (Antenne) / cut paraboloid reflector ‖ ⌐permanent (DV) / semipermanent ‖ ⌐plastifizierung *f* im Querschnitt (Metall) / growth of plasticity within the cross-section ‖ ⌐probe *f* / divided sample ‖ ⌐produkt *n* / subproduct ‖ ⌐programm *n* (DV) / subroutine, -program ‖ ⌐rad *n* / dividing o. dial

plate ‖ ⌐radwälzfräsmaschine *f* / index gear generator o. hobber ‖ ⌐reaktion *f* / partial reaction ‖ ⌐-Regressionskoeffizient *m* (Statistik) / partial regression coefficient ‖ ⌐satz *m* (DV) / subset ‖ ⌐schablone *f* / dividing template ‖ ⌐schären *n* (Web) / sectio[nal] warping ‖ ⌐scheibe *f* / dividing plate o. division, index dial o. disk o. plate ‖ ⌐schere *f* / parting shear, dividing shears ‖ ⌐schiene *f*, Trennschiene *f*, Kreuzschiene *f* (Web) / leasing bar o. rod ‖ ⌐schirm *m* (Nukl) / shadow shield ‖ ⌐schnitt, Ausbruch *m* (Zeichn) / partial section, broken-out section ‖ ⌐schnittmaschine *f* / selective cut heading machine, part-face heading machine ‖ ⌐schritt *m* (Elektr) / fractional o. part pitch ‖ ⌐schwingung *f* (Phys) / partial oscillation ‖ ⌐sohle *f* (Bergb) / intermediate level, sublevel ‖ ⌐sohlenbau, Abbau *m* in horizontalen Bänken (Bergb) / stope ‖ ⌐sohlenquerschlag *m* (Bergb) / sublevel o. subdrift cross-cut ‖ ⌐sohlenquerschlag *m* (Bergb) / subdrift cross-cut ‖ ⌐spannung *f* / component voltage ‖ ⌐spindel *f* / dividing arbor ‖ ⌐spiralwalze *f* zum Breitstrecken des Filzes (Pap) / partially wormed roll ‖ ⌐spitze, -nadel *f* (Masch) / dividing point ‖ ⌐spule *f* (Elektr) / coil section ‖ ⌐stab *m* (Web) / crossing o. lease rod ‖ ⌐steigung *f* (mehrgängiger Schnecken) / divided pitch ‖ ⌐strahlungs-Pyrometer *n* / partial radiation pyrometer, spectral pyrometer ‖ ⌐strähne *f*, Unterband *n* (Textil) / skein, lea ‖ ⌐strecke, Etappe *f* / leg ‖ ⌐strecke *f* (Bahn) / partial distance o. journey o. section, section, length ‖ ⌐streckennetz *n* (DV) / store-and-forward network ‖ ⌐streckensystem *n* (DV) / store-and-forward principle ‖ ⌐streik *m* / selective strike ‖ ⌐strich *m* (Buch) / bar, cross-line ‖ ⌐strich *m*, Trennlinie *f* / dividing line ‖ ⌐strich *m*, Strichmarke *f* / division mark, graduation mark ‖ ⌐strich *m* (Zifferblatt) / scale o. pitch line, dial stroke ‖ ⌐strichabstand *m*, Ta (Instr) / scale spacing, scale interval o. division ‖ ⌐mit strichen versehen / rule, graduate ‖ ⌐strom *m* / partial o. component current ‖ ⌐stromrichter *m* / section of a double converter ‖ ⌐stück *n* / section ‖ ⌐sturm *m* auf der Sonne / substorm on the sun ‖ ⌐summe *f* / subtotal ‖ ⌐system *n* / subsystem ‖ ⌐system *n* (Zement, Chem) / section ‖ ⌐test *m* (Raumf) / benchmark ‖ ⌐ton *m*, Partialton *m* (Akust) / partial (noun) ‖ ⌐übertrag *m* / partial carry [over]

Teilung *f* / dividing, division ‖ ⌐, Abtrennung *f* / partition, separation ‖ ⌐, Division *f* (Math) / division ‖ ⌐ (Gewinde, Zahnrad) / pitch ‖ ⌐ (Skala) / scale division ‖ ⌐, Spaltung *f* / splitting ‖ ⌐, Spaltung *f* (Krist, Geol) / cleavage ‖ ⌐ (zwischen 2 hintereinander liegenden Taktlöchern) (Lochstreifen) / feed hole spacing ‖ ⌐ der Zahnspitzen, Zahnteilung *f* (Säge) / spacing, space ‖ ⌐ von Nebenskalen (Instr) / minor graduation ‖ feine [grobe] ⌐ / fine, [coarse] graduation

Teilungs·ebene *f* (Gieß) / joint face (GB), mold joint (US) ‖ ⌐ebene, Berührungsebene *f* (Mech) / plane of osculation ‖ unter der ⌐ebene (Gieß) / submarine ‖ ⌐fehler *m* / dividing error ‖ ⌐fehler *m* (Kette, Zahnrad) / pitch error ‖ ⌐fehler *m* (Lochstreifen) / feed hole spacing deviation ‖ ⌐fehler *m* der Kompaßrose / graduation error ‖ ⌐gerät *n* für Probenahme / dividing apparatus for sampling, sample splitter ‖ ⌐koeffizient *m* (Nukl) / splitting ratio, cut ‖ ⌐korngröße *f* / partition size ‖ ⌐kreis *m*, Gürtellinie *f* / equator ‖ ⌐kreuz *n* / dividing cross ‖ ⌐kurve *f* nach Tromp (Aufber) / error curve ‖ ⌐linie *f* / parting line ‖ ⌐linie *f*, Preßgrat *m* an der Abguetschfläche / flash line, parting o. spew line ‖ ⌐-Spannenabweichungen *f pl* (Zahnrad) / cumulative circular pitch errors over a sector *pl* ‖ ⌐strecke *f*, schwebende Strecke (Bergb) / horizontal drift ‖ ⌐strich, Divis *m* / hyphen, division ‖ ⌐trichter *m* / dividing cone ‖ ⌐weiche *f* / points leading from single to double line ‖ ⌐wichte *f*, Trennwichte *f* / partition density ‖ ⌐winkel *m* (Zahnrad) / angular pitch ‖ ⌐zahl *f*, Dividend *m* (Math) / dividend ‖ ⌐zahl *f* nach Tromp (Aufber) /

partition factor ‖ **⌐zeichen** *n*, Divisionszeichen *n* (Buch) / division sign o. mark ‖ **⌐zeichen** *n* (3 Punkte) (Buch) / mark of suspension

Teil·vakuum *n* / partial vacuum (US) ‖ **⌐verbrennung** *f* / partial combustion ‖ **⌐verfahren** *n* (Zahnrad) / dividing method of toothing ‖ **⌐vermittlungsstelle** *f* (Fernm) / subcentre ‖ **⌐vielfachfeld** *n* (Fernm) / partial multiple ‖ **⌐vierpol** *m* (Fernm) / section of recurrent structure ‖ **⌐vorrichtung** *f* (Wzm) / dividing attachment o. apparatus o. head, divider, index center (US) o. apparatus o. engine o. head, indexing attachment

teilweise, partiell, Teil... / partial, by parts ‖ **∼r Fehler**, Teilfehler *m* (Instr) / partial error ‖ **∼r [galvanischer] Überzug** / parcel plating ‖ **∼ konstant** (Strömung) / crypto-steady ‖ **∼ löschen** (Magn.Bd) / blip *v* ‖ **∼ löschen** (o. ausladen) (Schiff) / lighten ‖ **∼s Öffnen der Vorform** (Glas) / cracking ‖ **∼ programmabhängiger Betrieb** (DV) / sort mode ‖ **∼s Rösten** (Hütt) / partial roasting ‖ **∼r Speicherabzug** (DV) / selective dump ‖ **∼ verwachsener Ast o. Knorren** / partially intergrown o. adhering knot

Teil·wicklungsanlauf *m* (Elektr) / part-winding starting ‖ **⌐wicklungsschritt** *m* (Elektr) / partial pitch ‖ **⌐winkel** *m* (Zahnrad) / angular pitch ‖ **⌐wirbel** *m* / partial vortex ‖ **⌐wort** *n* (DV) / part word ‖ **⌐zahlung** *f*, Rate *f* / instal[l]ment ‖ **⌐zeichensatz** *m* / character subset ‖ **⌐zeichnung**, Einzelteilzeichnung *f* / component drawing ‖ **⌐zeichnung** *f* (in größerem Maßstab) / detail drawing ‖ **⌐zirkel** *m* / dividers *pl* ‖ **⌐großer ⌐zirkel** / big bow pencil ‖ **⌐zirkel** *m* **mit Bogenfeder** / bow compasses *pl*, [spring] bows *pl*, spring bow divider ‖ **⌐zirkel** *m* **mit Seitenschraube** / side-screw bow-point o. bow-spacer ‖ **⌐zuführungseinrichtung** *f* (Wzm) / gravity feed attachment ‖ **⌐zusammenstellungszeichnung** *f* / unit assembly drawing ‖ **⌐zustand** *m* (Nukl) / substate ‖ **⌐zylinder** *m* (Zahnrad) / reference cylinder

Teinochemie *f* / teinochemistry

T-Eisen *n* / T-iron

Tekalmit *n* / Tecalmite

Teknetron *n* (Feldeffekttransistor) / tecnetron

Tektit *m* (Geol) / tektite

Tektonik *f* (Geol) / tectonics ‖ **⌐**, Geotektonik *f* / geotectonics ‖ **⌐**, Struktur *f* (Bau) / structure

tektonisch (Geol) / tectonic

Tektonosphäre *f* (mehrere 100 km Tiefe) / tectonosphere

Tektosilikat *n*, Gerüstsilikat *n* (Geol) / tectosilicate

TEL s. Tetraethylblei

Telamon *m* (figürlicher Gebälkträger) (Bau) / telamon

Telautograph *m* (Schrift-Übertrager) / telautograph

Telautographie *f* / telautography

Tele·ansatz *m* (Phot) / telephoto attachment ‖ **⌐aufnahme** *f* (Phot) / telephoto[graph] ‖ **⌐bildempfänger** *m* / telepicture receiver ‖ **⌐box** *f* / mail box (a postal service) ‖ **⌐brief** *m* / telemail ‖ **⌐briefpostamt** *n* / fax unit (US) ‖ **⌐chel** *n* (Plast) / telechel

Telecon *n* (eine Bildaufnahmeröhre) (TV) / telecon

Telefax *n*, Faksimile-Telegraphie, -Übertragung *f* / facsimile telegraphy

Telefon *n*, Fernsprecher *m* / telephone, phone ‖ **⌐... ...** s. auch Fernsprech... ‖ **⌐ für Sprach- u. Datenübertragung mit Modem** / Data-Phone ‖ **⌐ im Auto** / motorcar telephone ‖ **⌐ mit Lochkartenlesung** / card dialer telephone ‖ **⌐anruf** *m* / telephone call ‖ **⌐anschluß** *m*, -verbindung *f* / telephone connection o. installation ‖ **⌐antwortgeber**, -anrufbeantworter *m*, -antwortgerät *n* / telephone answering set o. answerer o. responder, answer-only set, answering device ‖ **⌐antwortgeber** *m* **mit Aufzeichnungsteil** / recording telephone answering set ‖ **⌐apparat** *m* **für Handvermittlung** / call director

Telefonat *n* s. Telefongespräch

Telefon-·Aufrollkabel *n* / rolling-up attachment for telephone cable ‖ **⌐ausgangsstation** *f* / telephone sender station ‖ **⌐automat** *m*, Münzfernsprecher *m* /

public o. prepayment telephone ‖ **öffentlicher ⌐automat** / public coin box station ‖ **⌐beamter** *m* / operator ‖ **⌐benutzer** *m* / telephone user ‖ **⌐buch** *n* / telephone directory o. book (GB) ‖ **⌐buchpapier** *n* / telephone directory paper ‖ **⌐endstation** *f* / telephone terminal ‖ **⌐gesellschaft** *f* / common [communication] carrier, media company (US) ‖ **⌐gespräch** *n*, Ferngespräch *n*, Telefonat *n* / telephone call o. connection o. conversation o. communication ‖ **⌐griff** *m* / phone handle o. throat ‖ **⌐hörer** *m*, Hörer *m* / earpiece ‖ **⌐hörer** *m* **einschl. Mikrophon** / telephone receiver, handset

Telefonie *f*, Sprechverkehr *m* / telephony ‖ **drahtlose ⌐** / wireless telephony (GB), radiotelephony (US) ‖ **⌐puffer** *m* (DV) / synchronous data set buffer

telefonieren, fernsprechen / telephone *v*, phone ‖ **∼ o. sprechen** [mit] / give a call [to]

Telefonierender *m*, sprechender Teilnehmer / telephonist

Telefonie·sender *m* (Elektronik) / radiotelephonic transmitter ‖ **⌐trägerstrom** *m* / telephone carrier current

Telefon-Informationsumsetzer *m* (z.B. Data-Phone) / data set

telefonisch, fernmündlich / by telephone, telephonic

Telefonist *m* / operator, switchboard o. PBX operator

Telefon·kabel *n*, Fernsprechkabel *n* / telephone cable ‖ **⌐kabine** *f*, Fernsprechkabine, -zelle *f* / telephone box o. booth ‖ **⌐konferenz** *f*, Fernspechkonferenz *f* / audioconference ‖ **⌐mast**, Leitungsmast *m* / telephone pole o. post o. mast ‖ **⌐membran** *f* / telephone diaphragm, tympanum ‖ **⌐mundstück** *n* / mouthpiece of the handset ‖ **⌐netz** *n* / telephone network ‖ **⌐netz** *n* **von Paris u. Umgebung** / Paris exchange area ‖ **⌐nummer** *f* / telephone number ‖ **⌐register** *n* / telephone register ‖ **⌐reihenanlage** *f* / series communication system, (when from Siemens:) key telephone system ‖ **⌐schnur** *f* / telephone flex (GB) o. cord (US) ‖ **⌐schwenkarm** *m* / telephone swivel arm ‖ **⌐signal** *n* / telephone signal ‖ **⌐spitzzange** *f* / chain nose side cutting plier ‖ **⌐störfaktor** *m* / influence factor ‖ **⌐uhr** *f* / elapsed time indicator o. clock o. meter ‖ **⌐verbindung** *f* / telephone connection ‖ **eine ⌐verbindung herstellen** / connect [with], put through [on o. to], complete a call ‖ **⌐verstärker** *m* / repeater ‖ **einstufiger ⌐verstärker** / 2.1 repeater ‖ **zwei getrennte ⌐verstärker für Duplexverkehr** / 2.2 repeater ‖ **⌐zelle** *f*, -kabine *f* / telephone o. call booth o. box o. kiosk, phone booth (US) ‖ **⌐zentrale** *f* / telephone office

telegen, fernsehphotogen / telegenic

Telegraf *m* / telegraph

Telegrafen·amt *n* / telegraph office ‖ **öffentliches ⌐amt** / public telegraph office ‖ **⌐apparat** *m* / telegraph apparatus o. instrument ‖ **⌐arbeiter**, Leitungsleger *m* (Fernm) / wireman, lineman ‖ **⌐bau** *m* / telegraph o. line construction ‖ **⌐bauabteilung** *f* / telegraph engineering department ‖ **⌐beamter**, Telegrafist *m* / telegraph operator o. clerk ‖ **⌐linie**, -leitung *f* / telegraph line ‖ **⌐stange** *f*, Leitungsmast *m* (Fernm) / line pole, telegraph pole ‖ **⌐technik** *f* / telegraph engineering, telegraphy ‖ **⌐übertrager** *m* / telegraph repeater

Telegrafie *f* / telegraphy ‖ **⌐ im Sprachband** (auf Telefonleitung) / intraband telegraphy ‖ **⌐ im Sprachband in einer Richtung** / speech plus simplex equipment, S + S ‖ **⌐ mit automatischem Sender** / automatic telegraphy ‖ **⌐ mit ungedämpften Wellen** / continuous-wave telegraphy ‖ **⌐ tönend**, A_2-Telegrafie *f* / modulated continuous wave telegraphy ‖ **⌐kreis** *m* **über Telefonkabel** / composite circuit ‖ **⌐-Modulation** *f* (Fernm) / modulation keying

telegrafieren / telegraph *v*, (inland:) wire, (overseas:) cable ‖ **∼** [an (Person), **nach** (Ort)] / send a wire [to] ‖ **drahtlos ∼** / radiotelegraph *v*

Telegrafier·frequenz f / dot o. signalling o. telegraphic frequency ‖ **⌐geräusche** n pl / telegraphic noise ‖ **⌐geschwindigkeit** f / modulation rate ‖ **⌐-Rundschreibeinrichtung** f / broadcast telegraph repeater
Telegrafie·sender m / telegraphic radio transmitter ‖ **⌐-Stromkreis** m / telegraph circuit ‖ **⌐tastung** f / modulation keying ‖ **⌐überlagerer** m / intermediate frequency generator o. oscillator ‖ **⌐-Wählvermittlungsstelle** f / telegraph dial exchange ‖ **⌐-[Zeichen]entzerrer** m / regenerative repeater
telegrafisch / telegraphic
Telegramm n / telegram, (inland:) wire, (overseas:) cable ‖ **⌐ an Autofahrer** / motor-telegram (for automobile travelling public) ‖ **telefonisch aufgegebenes ⌐** / phonogram ‖ **überseeisches ⌐**, Kabel[telegramm] n / cablegram ‖ **⌐aufnahme** f (Fernm) / phonogram section ‖ **⌐bit** n / microtelegram bit ‖ **⌐dienstsystem** n, TDS / telegram service system ‖ **⌐laufzeit** f / message transition delay ‖ **⌐schlüssel** m / telegraph code ‖ **⌐übermittlungsdienst** m **durch Fernschreiber** / printergram service ‖ **⌐wort** n / telegraph word
Telegraph... s. Telegraf...
Tele·kommunikation f / telecommunication ‖ **⌐kommunikations-Anschluß-Einheit** f, TAE f / telecommunication adapter equipment, TAE ‖ **⌐konferenz** f / teleconference ‖ **⌐kopierer** m / facsimile communication equipment, telecopier ‖ **⌐matik** f, Masseninformatik f / tele[infor]matics, tele-data-processing ‖ **⌐matik** f (= Telekommunikation + Informatik) / compunication (= computer + communication) (US), telematics (GB) ‖ **⌐matikdienste** m pl / telematics service ‖ **⌐meter**, Entfernungsmesser m / rangefinder, telemeter ‖ **⌐meter** n (Elektr) / telemeter ‖ **⌐metrie**, Entfernungsmessung f / telemetry, rangefinding ‖ **⌐metrie** f, Meßwert-Fernübertragung f / telemetry ‖ **⌐metriesystem** n / range system ‖ **⌐metrisch**, Fernübertragungs... / telemetric ‖ **⌐mikrophon** n / telemicrophone ‖ **⌐motor**, Fernsteuerungsapparat m / telemotor ‖ **⌐objektiv** n / telephoto lens, long photo lens, teleobjective, telephoto
Teleologie f (Biol) / teleology
Teleoperator m, ferngesteuerter Manipulator / teleoperator
Telephon... s. Telefon...
Teleport m (ein Telekommunikationszentrum) / teleport
Telepromoter m / telepromoter
Teleran-Navigationsverfahren n / Teleran system
Teleröntgenographie, Fernaufnahme f (Röntgen) / teleradiography
Teleskop n / telescope, scope (coll) ‖ **⌐**, astronomisches Fernrohr / astronomical o. celestial telescope ‖ **⌐antenne** f / telescopic antenna ‖ **⌐ausleger** m / telescope o. roller jib, sliding jib ‖ **⌐bagger** m / telescope shovel dredger ‖ **⌐bremszylinder** m (Kfz) / telescopic brake cylinder ‖ **⌐federung** f / telescopic shock absorber ‖ **⌐flügel** m (Luftf) / variable span wing ‖ **⌐-Fluggastbrücke** f, -brücke f / telescopic gangway, jetway ‖ **⌐gabel** f (Kraftrad) / telescopic fork ‖ **⌐gasbehälter** m / telescope o. telescopic gas holder, multilift o. multiple-lift gasholder ‖ **⌐greifer** m / telescopic weft insertion hook
teleskopierbarer Gurtförderer / telescopic belt conveyor
teleskopisch / telescopic, -ical
Teleskop·kran m / telescopic crane ‖ **⌐lader** m / telescopic loader ‖ **⌐libelle** f (Verm) / water level of the telescope ‖ **⌐luftpumpe** f / telescopic air pump ‖ **⌐mast** m / telescoping mast, extension mast ‖ **⌐mast** m (ab halber Hubhöhe ausfahrend) (Flurförderer) / free-lift mast ‖ **⌐-Plattform** f (Raumf) / telescope mount ‖ **⌐-Presse** f / telescoping hoist ‖ **⌐-Spreader** m (Container) (Container) / telescope spreader ‖ **⌐waage** f (zum Nivellieren) (Verm) / dumpy level ‖ **⌐-Wagenheber** m /

telescopic jack ‖ **⌐welle** f / telescopic shaft ‖ **⌐zylinder** m (Druckluft) / telescopic cylinder
Tele·spiel n, Videospiel n / video game, TV game ‖ **⌐tex** n / teletex, electronic mail ‖ **⌐tron-Fernsehempfangsröhre** f / teletron ‖ **⌐-Trust-System** n (ein Sicherungssystem) (DV) / teletrust system ‖ **⌐typesetter** m, Fernsetzmaschine f (Buch) / teletype setter ‖ **⌐vision** f (Schweiz) / television, T.V. ‖ **⌐vorsatz** m (Phot) / telephoto attachment
Telex·netz n / telex network ‖ **⌐system** n, Europäisches Fernschreib[wähl]system / telex o. tex system ‖ **⌐-Teletex-Umsetzer** m, TTU / conversion unit telex-teletex
telezentrisch (Zeichn) / telecentric
Telfener Zahnstange f (Bahn) / Telfener rack
Teller m / plate, dish ‖ **⌐**, Platte f / disk, disc ‖ **⌐ des Kollerganges** (Hütt) / pan bottom ‖ **⌐ableerventil** n (Pap) / disk-type emptying valve ‖ **⌐ansatz** m (Schraube) / collar of a bolt ‖ **⌐artig** (Pulver) / plate-like ‖ **⌐aufgabe** f / rotary plate feeding ‖ **⌐aufgabeapparat** m / [rotary] plate feeder ‖ **⌐besen** m / circular broom ‖ **⌐bohrer** m, Erdbohrer m / earth auger o. borer ‖ **⌐elektrode** f / disk electrode ‖ **⌐feder** f / Belleville spring washer, cup o. saucer spring, disk spring ‖ **⌐federscheibe** f / conical spring washer ‖ **⌐fräser** m / plate-shaped [milling] cutter ‖ **⌐mischer** m (Beton) / pan mixer ‖ **⌐mühle** f / disk mill o. pulverizer
tellernd (Pap) / baggy middle
Teller·ofen m / revolving hearth furnace ‖ **⌐rad** n (Hinterachse) (Kfz) / ring gear ‖ **⌐säge** f / concave saw ‖ **⌐scheibe** f, Spannscheibe f / curved washer ‖ **⌐scheibe** f (Schleifm) / dish o. disk wheel, saucer ‖ **⌐scheibe** f **zur Befestigung von Bauteilen an Gurten** (DIN 15237) / plate washer ‖ **⌐schleifpapier** n / sanding disk ‖ **⌐schneider** m (Buch) / rotary [sheet] cutter ‖ **⌐schraube** f (DIN 15237) / plate screw ‖ **⌐separator** m / disk separator ‖ **⌐sockel** m (Glühlampe) / prefocus base ‖ **⌐speiser** m / vane feeder ‖ **⌐spinnmaschine** f / plate o. disk spinning machine ‖ **⌐spule** f, Randspule f (Spinn) / flange o. straight bobbin ‖ **⌐trockner** m / disk o. plate drier ‖ **⌐tuch** n / dish-cloth ‖ **⌐uhr** f, runde Wanduhr / plate clock ‖ **⌐ventil** n / disk valve ‖ **⌐ventil**, auf- und abgehendes Ventil n (Mot) / mushroom o. poppet valve ‖ **⌐wärmer** m / plate warmer ‖ **⌐wäscher** m (Gas) / disk washer ‖ **⌐wickler** m (Hütt) / plate coiler ‖ **⌐winde** f / disk jack ‖ **⌐zentrifuge** f / disk centrifuge ‖ **⌐zuteiler** m / rotary disk feeder
Tellur n, Te (Chem) / tellurium, Te ‖ **⌐(II)-...** / tellurous ‖ **⌐(IV)-...**, Tellur(VI)-... / telluric ‖ **⌐at** n / tellurate ‖ **⌐dichlorid** n / tellurous chloride, telurium (II) chloride ‖ **⌐dioxid** n / tellurium(II) oxide ‖ **⌐goldsalz** n / telluraurat ‖ **⌐id** n / telluride ‖ **⌐ige Säure** / tellurous acid ‖ **⌐isch**, Erd... / tellurian ‖ **⌐it** m, Tellurocker m (Min) / tellurite ‖ **⌐it** n (Chem) / tellurite ‖ **⌐ometer** n (ein Entfernungsmesser) / tellurometer ‖ **⌐säure** f / telluric acid ‖ **⌐silber** n, Hessit m (Min) / telluride of silver, hessite ‖ **⌐silber** n (Chem) / silver telluride ‖ **⌐tetrachlorid** n / telluric chloride, tellurium (IV) chloride ‖ **⌐trioxid** n / tellurium(III) oxide ‖ **⌐wasserstoff** m / hydrotelluric acid ‖ **⌐wismut** n, Tetradymit m (Min) / tetradymite, telluric bismuth
Telomer n (Plast) / telomer
Telstar m (Fernsehsatellit) (TV) / Telstar
Teltex-Dienst m (Fernm) / teltex service
TEM (Wzm) = thermische Entgratmethode
TEM-Modus m (Wellenleiter) / TEM mode
TE-Modus m (Wellenleiter) / TE-mode
Tempel m (Web) / temple
Temperafarbe f / distemper
Temperatur f / temperature ‖ **⌐ am Verdunstungsthermometer** / wet-bulb temperature ‖ **⌐ bei 100% rel. Feuchte** / dew point temperature ‖ **⌐ bei**

1053

ungesättigter Luft / dry-bulb temperature ‖ ~ der Strahlung schwarzer Körper / luminance temperature, temperature of black body radiation ‖ ~ des kondensierten Quecksilbers / condensed mercury temperature ‖ ~ gemessen an der Oberfläche verdunstenden Wassers / wet point temperature ‖ ~ unter Null / subzero temperature ‖ ~ zwischen den Schweißgängen / interpass temperature ‖ auf ~ bringen (Masch) / heat up ‖ für niedrige ~en / low temperature... ‖ ~abbau m / temperature reduction ‖ ~abfall m, -abnahme f / decrease o. fall of temperature, temperature drop ‖ ~abhängig / temperature-dependent ‖ ~abhängiger Kristall (Elektronik) / AT-cut crystal ‖ ~abhängigkeit f / dependence on temperature ‖ ~angabe f / temperature indication ‖ ~angleicher m / temperature adjustment o. correction [device] ‖ ~anstieg m (Hütt) / recalescence ‖ ~anstieg m, Erwärmung f / temperature rise ‖ ~anstiegsrate f (Reaktor) / thermal response ‖ ~anzeigebereich m / temperature indication range ‖ ~anzeiger m / temperature indicator ‖ ~ausgleich m, -ausgeglichenheit f, -gleichgewicht n / temperature balance o. equalization, temperature equilibrium ‖ ~ausgleichs-Widerstand m (Instr) / swamping resistance ‖ ~bad n / thermostatic bath ‖ ~begrenzt / temperature limited ‖ ~bereich m / temperature range ‖ ~bereich m der Betriebsfähigkeit / operable temperature range ‖ ~beständigkeit f / infusibility, temperature stability ‖ ~bild n / thermogram ‖ ~differenz f / temperature difference ‖ ~diffusionsverfahren n (Nukl) / temperature cycle ‖ ~einfluß m / influence of temperature ‖ ~erhöhung, -zunahme f, -anstieg m / elevation o. rise o. raise (US) o. increase of temperature ‖ ~feld n / temperature field ‖ ~fühler m / temperature probe ‖ ~fühler m für hohe Temperaturen / pyrometric probe ‖ ~fühler m mit Schutzrohr / pyrometric rod, insertion pyrometer ‖ ~gefahrenkurve f / critical temperature curve ‖ ~gefälle n, -gradient m (Geol) / temperature drop ‖ ~geregelt / temperature-controlled ‖ ~geschwindigkeit f (Elektronik) / thermal velocity ‖ ~gleichgewicht n / thermal equilibrium ‖ ~grad m / degree of temperature ‖ ~gradient m (Meteorol) / temperature gradient, thermal gradient ‖ senkrechter ~gradient / lapse rate ‖ ~grenze f (Elektr) / thermal o. heating limit ‖ ~grenze f der Magnetisierungsfähigkeit / magnetic limits pl ‖ ~höhe f / temperature altitude ‖ ~kanal m / temperature channel ‖ ~koeffizient, Wärmebeiwert m / temperature coefficient ‖ positiver, [negativer] ~koeffizient / positive, [negative] temperature coefficient, PTC, [NTC] ‖ ~koeffizient m der Offsetspannung, TKO (Op.Amp) / temperature coefficient of the offset voltage ‖ ~koeffizient m der Reaktivität (Nukl) / reactivity temperature coefficient ‖ ~kompensiert / temperature compensated ‖ ~konstanz, -beständigkeit f / constancy of temperature ‖ ~korrektur f / temperature correction ‖ ~kurve f / temperature curve ‖ ~lack m / temperature indicating lacquer ‖ ~leitfähigkeit f, -leitzahl f / thermal diffusivity ‖ ~melder m / temperature alarm ‖ ~meßfarbstift m / thermocolor pencil, temperature indicating crayon ‖ ~meßgerät n / thermometer ‖ ~meßkegel m / standard pyrometric cone ‖ ~messung f / measurement of temperature ‖ ~messung f[mittels Thermometer] / thermometry ‖ ~messung [mittels Pyrometer] f / pyrometry ‖ ~messung f mittels der Kernquadrupol-Resonanzfrequenz / nuclear quadrupole resonance thermometry ‖ ~messung f mittels Widerstand / resistometric thermometry ‖ ~profil n (Wärmeübertragung) / temperature profile ‖ ~rauschen n / temperature noise ‖ ~regelung f / temperature control ‖ ~regelung f durch automatische Gas-Luft-Regelung / floating temperature control ‖ ~regelwiderstand m / thermorheostat ‖ ~regler m / temperature control

device ‖ ~regler, Thermostat m / thermostat, thermo regulator, heat valve ‖ ~regler m, Gärbottichkühler m (Brau) / attemperator ‖ ~regler m für Wasser (ein Sicherheitsorgan) / aquastat ‖ ~regler m mit Temperaturfühler (Regeln) / heat detector ‖ ~reglung f / temperature adjustment ‖ ~rückgang m / decrease of temperature ‖ ~rückgang m in der Höhe / temperature lapse ‖ ~schalter m (Elektr) / temperature switch ‖ ~schreiber m / temperature recorder ‖ ~schwankung f / fluctuation of temperature, variation of o. in temperature, thermal fluctuation ‖ ~sicherung f, thermische Sicherung / temperature fuse, thermal link ‖ ~skala f / temperature scale ‖ ~spannung f / temperature stress ‖ ~spannung f der thermischen Energie (Halbl) / voltage equivalent of thermal energy ‖ ~stabilität f, -standfestigkeit f / temperature stability o. resistance ‖ ~-Standzeit-Versuch m (Wz) / tool-life test at elevated temperatures ‖ ~strahler m / thermal radiator ‖ ~strahlung f / thermal radiation ‖ ~stufe f / degree of temperature ‖ ~sturz m / sudden fall of temperature ‖ ~umkehr f(Meteorol) / temperature inversion ‖ ~umkehrpunkt m (Krist) / zero coefficient temperature ‖ ~umschlag m / temperature reversal ‖ ~unabhängig / independent of temperature ‖ ~-Unterschied m (Schalter) / offset temperature ‖ ~verhalten n / thermal behaviour ‖ ~verlauf m / march of temperature ‖ ~verteilung f / temperature distribution ‖ ~waage f / thermobalance, thermo gravity balance ‖ ~wächter m / temperature controller ‖ plötzlicher ~wechsel (Mat.Prüf) / thermal shock ‖ ~wechsel m / change in temperature ‖ ~wechselbeanspruchung f (Mat Prüf) / thermal cycling, thermal shock stress ‖ ~wechselbeständiges Glas / thermal shock glass ‖ ~wechselbeständigkeit f / resistance to thermal shocks, thermal fatigue resistance ‖ ~wechselbeständigkeit f, TWB (Feuerfest) / spalling resistance ‖ ~wechselbeständigkeitsprüfung, TWB-Prüfung f / spalling test ‖ ~welligkeit f (Quarz) / temperature ripple ‖ ~-Zeit-Folge f(Mat.Prüf) / thermal cycle ‖ ~zunahme f / temperature increase

Temper·erz m (Gieß) / malleablizing ore ‖ ~guß m / malleable [cast] iron o. casting, annealed cast iron ‖ schwarzer ~guß / all-black malleable iron ‖ weißer ~guß / white[-heart] malleable cast iron ‖ ~gußstutzen m / malleable pipe coupling

temperieren, mäßigen / temper v, moderate

temperierte Stimmung o. Tonskala, gleichschwebende Temperatur (Akustik) / [equi- o. equal-]tempered scale

Temperierung f (Zuck) / temperature equalization

Temperit, Sorbit m (Hütt) / sorbite

Temper·kohle f / temper carbon ‖ ~kohleabscheidung, Graphitisation f (Hütt) / graphitization

tempern, glühfrischen (Gußeisen) / malleableise (GB), malleablize (US) ‖ ~ (Plast) / after-bake, stove ‖ ~ (Glas) / heat up, warm up, fire up ‖ ~ (Leichtmetall) / age ‖ ~ n (Gieß) / malleabilization, malleablizing ‖ bei erhöhter Temperatur ~ (Leichtmetall) / age artificially, temper-harden

Temper·ofen m (Hütt) / annealing o. tempering furnace ‖ ~roheisen n / malleable pig iron ‖ ~stahlguß m / malleable cast steel

Templet n (Bohrturmträger) / templet

Tempo n, Geschwindigkeit f / pace, tempo, [rate of] speed ‖ in schnellem ~ / at high speed ‖ ~limit n / speed limit

temporär, vorübergehend / temporary ‖ ~e Ausfallhäufigkeit / temporary failure frequency ‖ ~e Ausfallwahrscheinlichkeit / temporary failure probability ‖ ~e Härte (Wasser) / temporary hardness

Temporär-Retarder m (Färb) / temporary retarder

Temporegulierung f / timing

TEM-Welle f (Wellenleiter) / TEM mode

Tenazität f / tenacity

Tendenz f / tendency ‖ ~, Neigung f / trend

Tender, Kohlenwagen m (Bahn) / [engine] tender ‖ ∿ m, Begleitschiff n (Schiff) / tender
Tenderizer m (Lebensmittel) / tenderizer
Tenderlokomotive f / autotank engine, tank locomotive
tendieren [nach, zu] / tend [to]
Teniferbehandlung f, Weichnitrieren n / tenifer treatment, soft nitriding, Tuffride process
Tennantit m, Arsenfahlerz n / tennantite, [arsenical] fahlerz
Tennenfläche f (Sportplatz) / tamped area
Tenorit m, Kupferschwärze f (Min) / tenorite
Tensid n, grenzflächenaktiver Stoff / surface-active agent, surfactant, tenside
Tensimeter n (Dampfdruckmesser) (Chem) / tensimeter
Tension, Spannung f (Gas) / tension of gas
Tensionsthermometer n / steam pressure thermometer
Tensometer n, Dehnungsmesser m / tensometer
Tensor, Affinor m (Math) / tensor ‖ ∿ m 2. **Stufe** / tensor of second order ‖ ∿kraft f (Nukl) / tensor force
Tepera f, Vulkanasche f / tepera, volcanic ash
Tephigramm n (Meteorol) / tephigram
Tephrit m (Geol) / tephrite
Tephroit m (Min) / tephroite
Tepp, Tetraethylpyrophosphat n / tetraethyl pyrophosphate, T.E.P.[P.]
Teppich m / carpet, rug (US) ‖ ∿ aus farbigen **Effektgarnen** / jaspe carpet ‖ ∿ für den Objektbereich / commercial (US) o. contract carpet ‖ ∿ für den **Wohnbereich** f residential o. domestic carpet ‖ ∿boden m / carpeted floor ‖ ∿fabrik[ation] f / tapestry making o. works ‖ ∿fliese f / carpet tile ‖ ∿förderband n / carpet conveyor ‖ ∿garn n / carpet yarn ‖ ∿grund m (Polteppich) / backing ‖ ∿grund m, Erstrücken n / primary support fabric, primary backing, substrate ‖ ∿käfer m, Anthrenus m / anthrenus, carpet beetle ‖ ∿kehrmaschine f / carpet sweeper ‖ ∿störung f (Störung auf mehreren Frequenzbändern) (Radar) / multiband interference ‖ ∿stuhl m (Textil) / carpet loom ‖ ∿unterlage f / underlay felt, undercarpet ‖ ∿unterlagenpapier n / carpet lining paper ‖ ∿weberei f / carpet mill
Tera... (Billion), 10^{12}..., T. / tera..., T (trillion in US, billion in GB)
Terabit n (DV) / terabit
terassenförmig abstufen, terrassieren / terrace v
Terbium n, Tb (Chem) / terbium, Tb ‖ ∿erde f / terbium earth ‖ ∿oxid n / terbia, terbium oxide
Tereben n (Verdünner) / terebene, tereb[anth]ine
Terebinthe f, Terpentinpistazie f / terebinth, Pistacia terebinthus
Teredowurm m / ship worm, teredo navalis, marine borer (US)
Terephthalsäure f / terephthalic acid ‖ ∿ester m / terephthalic ester ‖ ∿salz n / terephthalate
Terindosolfarbstoff m / terindosol dye
Term, Energieterm m (Phys) / term, energy level ‖ ∿, Benennung f (DV) / term
Termin m, Frist f / term, appointed date, time limit ‖ letzter ∿ / dead line date
Terminal m (Verkehr) / terminal
Terminal n, Datenendeinrichtung f, Fernbetriebseinheit f (DV) / data processing terminal equipment, DTE terminal [station], data circuit terminating equipment ‖ ∿antwortmodus m / terminal response mode ‖ ∿drucker m / terminal printer ‖ ∿gruppe f / pool of terminals, terminal population
terminal-lokal (DV) / terminal local
Terminator m, Nachbereiter m / terminator ‖ ∿, Lichtgrenze f (Astr) / terminator ‖ ∿ (DV) / terminator
Terminer, Terminjäger m (F.Org) / dispatcher, expediter, follow-up clerk
termin·gemäß / in due time, on schedule ‖ ∿kalender m, Abreißkalender m / memo book, tickler (US)

Terminologie f / terminology ‖ ∿-Datenbank f, -Datenbasis f / terminological data base
terminologisch·e Daten pl / terminological data pl
Terminplan m / schedule
Terminus, Ausdruck m / term, expression
Termin·verfolger m / dispatcher ‖ ∿verfolgung f (F.Org) / production control ‖ ∿verschiebung f / time shifting
Termi-Point-Verfahren n (für Rückseitenverdrahtung) (DV) / termi-point system
Termite f / termite, white ant
Termiten·schäden m pl / termite attack ‖ ∿schutzschicht f (Bau) / termite shield, antproof course
Term·schema, Energieschema n (Phys) / term scheme o. diagram, energy level diagram o. scheme ‖ ∿system n (Nukl) / level system
ternär (DV) / ternary ‖ ∿, dreistoffig (Chem) / ternary ‖ ∿e **Farben** f pl (Textil) / ternary colours pl ‖ ∿e **Legierung** / ternary alloy [system] ‖ ∿e **Logik** (DV) / ternary logic ‖ ∿e **Spaltung** (Nukl) / ternary fission ‖ ∿code m / ternary code ‖ ∿code m mit Paarauswahl / pair selected ternary code
Terne·blech n, Ternblech n (Hütt) / terne [plate] ‖ ∿-Überzug m (Galv) / electroplated terne
Terpadien n / terpadien[e]
Terpen n / terpene ‖ ∿alkohol m / terpene alcohol ‖ ∿frei / terpeneless ‖ ∿gruppe f / terpene series
Terpentin m n / turpentine ‖ kanadischer ∿, Kanadabalsam m / Canada balsam o. turpentine, balsam of fir ‖ ∿alkohol m / turpentine alcohol ‖ ∿beize f / mordant based on turpentine ‖ ∿ersatz m, Mineralterpentinöl n / white spirit ‖ ∿farbe f / sharp oil paint ‖ ∿harz n / gum thus ‖ ∿harz n, Kolophonium n / colophony, colophony ‖ ∿lack, -firnis m, -farbe f / turpentine varnish ‖ ∿öl n / essence of turpentine, turpentine oil, oil turp ‖ ∿öl n (vom Balsam lebender Bäume) / gum spirits of turpentine (US) ‖ ∿spiritus m / spirit of turpentine
Terpin n (Chem) / terpin, terpinol
Terpinen n / terpinene
Terpineol n (Chem) / terpineol
Terpolymer n / terpolymer, diene rubber
Terra di Siena f / terra di Siena ‖ ∿ fusca (Geol) / terra fusca ‖ ∿ japonica, Gambir[-Catechu] m (Gerb) / gambir [catechu]
Terrain n, Gelände n / terrain, terrene ‖ ∿ (Geogr) / geographical area, terrain, terrane ‖ ∿aufnahme f / ground survey ‖ ∿beschaffenheit f, -zustand m, -verhältnisse f pl / ground conditions pl ‖ ∿skizze f / topographical sketch
Terrakotta f / terra cotta, art ceramics pl
Terrasse, Geländestufe f (Geol) / terrace
Terrassen·bebauung f / terrace shaped block of flats, terraced dwellings pl ‖ ∿bruch m (Hütt) / lamellar tearing ‖ ∿dach n, Flachdach n (unter 8 %) / flat o. platform roof, terrace ‖ ∿förmig / terraced ‖ ∿haus n / building in terrace shape ‖ ∿schnitt m (Bagger) / terracing cut ‖ ∿-Stufenbau m (für Einschnitte) (Bahn, Straßb) / notching
terrassieren, abstufen / step, graduate
Terrazzo m, Terrazzoestrich m / terrazzo, Venetian wash
Terrestrik f, terrestrische Nutzung der Photovoltaik / terrestrics
terrestrisch / terrestrial ‖ ∿es **Fernrohr** / terrestrial telescope ‖ ∿e **Lenkung** (Flugkörper) / terrestrial guidance ‖ ∿es **Richtfunksystem** / terrestrial radio relay system
Tertiär n, Tertiärformation f (Geol) / Tertiary, tertiary system ‖ ∿, Tertiär... / tertiary ‖ ∿e **Abwasserbehandlung** / tertiary treatment of sewage ‖ ∿er **Amylalkohol** / tertiary amyl alcohol ‖ ∿es **Kalziumphosphat** / tribasic calcium phosphate ‖ ∿e **Nitroverbindung** / tertiary nitro compound ‖ ∿e **Restölgewinnung**, Tertiärgewinnung f / tertiary oil recovery ‖ ∿farbe f / tertiary colo[u]r ‖ ∿gruppe f

(Trägerfrequ) / master group ‖ **~gruppenbetrieb** m / master group working ‖ **~luft** f (Brenner) / tertiary air ‖ **~luftlöcher** n pl (Luftf) / tertiary holes pl ‖ **~-Ölgewinnung** f / tertiary oil recovery ‖ **~strahlen** m pl / tertiary radiation ‖ **~träger** m (Trägerfrequenz) / basic carrier ‖ **~wicklung** f (Elektr) / tertiary winding

Terylen n (Plast) / Terylene (GB), Tergal (US)

Terz f (Mus.Instr) / third n ‖ **große ~** / major third ‖ **kleine ~** / minor third

TES (Schiff) = Turbinen-Elektroschiff

Tesidruck m / tesiprinting, transfer electrostatic image printing

Tesla n, T (= 1 Wb m^{-2} = 10^4 G = 1 kgs^{-2}A^{-1}) / Tesla, T ‖ **~-Reibungspumpe** f / Tesla friction pump ‖ **~strom** m (Elektr) / Tesla current ‖ **~-Transformator** m / high-frequency transformer, Tesla transformer

Tesseral--Harmonische f (Math) / tesseral harmonic ‖ **~kies**, Skutterudit m (Min) / skutterudite ‖ **~system** n (Krist) / isometric system

Test m (pl: Teste) / test ‖ **~**, Austesten n (DV) / check-out ‖ **~**, Schlackenschale, -muffel f / scorifying vessel, scorifier ‖ **~**, Ansiedescherben m (Dokimasie) / assay porringer ‖ **~apparat** m, Eichglocke f (Gas) / meter prover (GB) ‖ **~baugruppe** f (DV) / test board ‖ **~benzin** n, Solventnaphtha f n / solvent naphtha, white [petroleum] spirit, mineral turpentine ‖ **~bild** n (TV) / logo, test chart o. pattern ‖ **~bildgenerator** m (TV) / test pattern generator ‖ **~computer** m / test computer ‖ **~daten** pl / test data ‖ **~dialog** m / test dialog[ue]

testen / test vt, try, inspect, prove, examine ‖ **~**, ausprüfen (DV) / check out

Tester m, Prüfer m (Öl) / tester

Test·figur f (Phot) / test chart ‖ **~film** m, Probefilm m (TV) / test film ‖ **~flieger**, -pilot m / test pilot ‖ **~funktion** f / test function ‖ **~gas** n (Vakuum) / search gas ‖ **~gegenstand** m / test object ‖ **~größe** f / test statistic ‖ **~hilfe** f, Diagnostikprogramm n / diagnostic routine, checkout routine ‖ **~hilfe** f (Programm) / checkout routine ‖ **~-Isotop** n, Tracer-Isotop n, Indikator m / tracer atom, isotopic tracer ‖ **~karte** f (Repro) / resolution chart ‖ **~-Kit** n, Analysenkoffer m. (Chem) / test-kit [for analyses] ‖ **~kopie** f (Film) / rush print ‖ **~liner** [für Wellpappe] m / test liner ‖ **~lösung** f / T.S., test solution ‖ **~methode** f / test method ‖ **~muster** n (DV) / test pattern ‖ **~negativ** n / test negative ‖ **~objekt** n, Sehzeichen n / optotype, optical test object ‖ **~objekt** n für Prüfung von Mikroskopen / test object ‖ **~paket** n (DV) / debug [card] deck ‖ **~papier** n (Chem) / test paper ‖ **~programm** n (DV) / test o. check program[me] ‖ **~programm** n, Prüfprogramm n (DV) / check program[me] o. routine ‖ **~pult** n (DV) / test console ‖ **~punkt** m, Prüfpunkt m / test point ‖ **dreidimensionale ~puppe** (Kfz) / anthropomorphic dummy ‖ **~sand** m (Gieß) / standard sand ‖ **~satellit** m / test satellite ‖ **~schale** f, Probierscherben m (Chem) / assay test, assay porringer ‖ **~schalter** m (DV) / test button ‖ **~signal** n (TV) / nominal signal, test signal ‖ **~signal** n für Schwarz, [für Weiß] (TV) / artificial black, [white] signal ‖ **~streifen** m / test strip ‖ **~vektor** m (DV) / test vector ‖ **~verfahren** n mit Wasserorganismen (Abwasser) / bioassay ‖ **~vorlage** f (allg) / test pattern ‖ **~zeichen** n (Repro) / test pattern ‖ **~zeit** f / test time ‖ **~zentrum** n (DV) / test center

Tetartoeder n, Viertelsflächner m (Krist) / tetartohedron

Tetmajersche Gleichung (Mech) / Tetmajer's equation

Tetra, Tetrakol, -form / carbon tetrachloride ‖ **~borsäure** f / tetraboric acid ‖ **~calciumphosphat** n / tetracalcium phosphate ‖ **~carbinol** n / tetracarbinol ‖ **~chlor** n / tetrachloride ‖ **~chlorethan**, Acetylentetrachlorid n / tetrachloroethane ‖ **~chlorethylen** n / per- o. tetrachloroethylene ‖ **~chlorkohlenstoff** m, Tetra[chlormethan] n / carbon tetrachloride, tet (US), tetrachloromethane,

benzinoform ‖ **~chlorogoldsäure** f / acid gold trichloride

Tetrade f (Math, DV) / tetrad

Tetraden·code m / four-line binary code

tetra·deuterierte Verbindung / tetradeuterocompound ‖ **~dymit** m, Tellurwismut n (Min) / tetradymite, telluric bismuth ‖ **~eder**, Vierflach n / triangular pyramid, tetrahedron ‖ **~ederkoordinaten** f pl / tetrahedral coordinates pl ‖ **~ederwinkel** m / tetrahedral angle ‖ **~edrit** m, Antimonfahlerz n (Min) / tetra[h]edrite, fahlerz, fahlore, grey copper ore ‖ **~ethylammonium** n, TEA / tetraethylammonium, T.E.A. ‖ **~ethylblei**, TEL, Bleifluid n / tetraethyl lead, T.E.L. ‖ **~ethylenglykol** n / tetraethylene glycol ‖ **~ethylpyrophosphat**, Tepp n / tetraethyl pyrophosphate, T.E.P.[P.] ‖ **~fluordichlorethan** n, F 114 / tetrafluorodichlorethene ‖ **~fluorethylen** n / tetrafluoroethylene, TFE ‖ **~funktionell** / tetrafunctional ‖ **~funktionelle Grundeinheit** / tetrafunctional structural unit ‖ **~gonal**, viereckig, -seitig / tetragonal ‖ **~gonales System** (Krist) / tetragonal o. pyramidal o. quadratic system ‖ **~gyre** f (Krist) / tetragyre ‖ **~hydrofuran**, Diethylen-, Tetramethylenoxid n / tetrahydrofurane ‖ **~iod...** / tetraiodide ‖ **~kisazofarbstoff** m / tetrakisazo dye ‖ **~lin**, Tetrahydronaphthalin n / tetralin[e] ‖ **~löscher** n / carbon tetrachloride fire extinguisher ‖ **~mel**, Tetramethylblei n (Klopfmittel) / tramel, tetramethyl lead, TML ‖ **~methylen**, Cyclobutan n / tetramethylene, cyclobutane ‖ **~methylmethan** n / Neopentane, tetramethylmethane ‖ **~mix** n / tetramix ‖ **~morph** (Krist) / tetramorphous ‖ **~pode** m (Hydr) / tetrapod ‖ **~pod-Walker-Versuch** m (Bodenteppich) / tetrapod walker test ‖ **~silan** n / silicobutane

Tetrazin n / tetrazine

Tetrazofarbe f, -farbstoff m / tetrazo dye

Tetrazol n / tetrazole ‖ **~blau** n / tetrazole blue, ditetrazolium (US) ‖ **~purpur** m / tetrazole purple, neotetrazolium (US)

Tetrode, Vierpolröhre f (Elektronik) / tetrode, four-electrode tube, bigrid [tube]

Tetrose f (Chem) / tetrose

Tetryl, Tetranitromethylanilin, Nitroamin, Tetralit n (Detonator) / tetryl

TEU, 20-Fuß-Einheit f (Container) / TEU, twenty feet equivalent unit

Teufe f (Bergb) / deepness ‖ **~ eines Stollens** / deepness of a gallery level

Teufenanzeiger, Tiefenmesser m (Bergb) / charge level indicator

TE-Welle f (Wellenleiter) / H-mode, TE-mode

tex n, Feinheit f im Tex-System (Textil) / tex

Texin n (Plast) / texin

tex-Numerierung f, -System n (Textil) / tex system of yarn counts

Text m (in Büchern) / letterpress (the reading matter in a book), text ‖ **~** (CLDATA) (NC) / letter ‖ **~** (DV) / textual data pl ‖ **~abbildung** f / text illustration ‖ **~abhängig** (DV, PL/1) / contextual ‖ **~anfang** m (DV) / start of text, STX ‖ **~anfangszeichen** n / start-of-text character, STX ‖ **~angaben** f pl (DV) / text declarations pl ‖ **~aufbereitungssystem** n, Texteditor / text editing system o. editor (z.B. auf Papier) / text output ‖ **~automat** m / word processing equipment, WP equipment ‖ **~band** n (TV) / written band ‖ **~endezeichen** n, Nachrichtenendezeichen n / end of text character, ETX ‖ **~feld** n (DV) / description field

Textil..., Spinn..., Web... / textile

textil·e Ausrüstung / textile finishing ‖ **~es Flächengebilde** / textile fabric ‖ **~er Fußbodenbelag** / textile floor covering ‖ **~abfälle** m pl / textile waste ‖ **~band** n (Elektr) / fabric tape ‖ **~cordreifen** m / textile cord tire ‖ **~druck** m / textile printing, cloth printing ‖ **~druck** m, Modeldruck / block printing ‖

⌐druckmaschine f / textile printing machine ||
⌐einlage f / textile ply || ⌐erzeugnis n, -fabrikat, Ware
f (Textil) / fabric || ⌐faser f / textile fiber || ⌐faserstoff
m (Pap) / textile pulp || ⌐gewebe n / textile fabric
Textilglas n / textile glass, glass fibre || ⌐erzeugnisse n pl
/ textile glass products pl || ⌐fasern f pl / textile glass
fibers pl || ⌐filamentgewebe n / woven glass filament
fabric || ⌐flechtschlauch m / braided glass tube ||
⌐garn n / textile glass yarn || ⌐gelege n / glass yarn
layer || ⌐gewebe n / woven glass fabric || ⌐-Kurzfaser f
/ milled glass fiber || ⌐matte f / textile glass mat ||
⌐mischgewebe n / woven glass filament/staple fiber
fabric || ⌐-Prepreg n / textile glass prepreg || ⌐roving
m / textile glass roving || ⌐-Rovinggewebe n / woven
glass roving fabric || ⌐schlauch m / textile glass tube ||
⌐-Stapelfaser n / textile glass staple fiber
product, verranne || ⌐-Stapelfasergewebe n / woven
glass staple fiber fabric || ⌐-Vliesstoff m / surface mat ||
⌐webschlauch m / woven glass tube ||
⌐-Wirkschlauch m / knitted glass tube
Textil·händler m / mercer (GB), dealer in textiles ||
⌐hilfsmittel n / textile auxiliary || ⌐hülsenpapier n /
paper for formers of yarn packages
Textilien pl / textiles, dry o. soft goods pl, drapery
Textil·industrie f / textile industry || ⌐ingenieur m /
textile engineer || ⌐kalander m / textile calender ||
⌐maschinen f pl / textile machines (pl.) o. machinery ||
⌐maschinenlärm m / textile machine noise || ⌐öl n
(zum Spicken der Wolle) / wool oil, textile auxiliary oil,
batching oil
Textilosegarn n / textilose yarn
Textil·pflanze f, Faserpflanze f / fibrous plant ||
⌐reinigung f (früher: Chemischreinigung) / dry
cleaning || ⌐schädlinge m pl / textile pests pl ||
⌐schlichte und -schmälze f / textile size || ⌐schmälze f
/ textile lubricant || ⌐-Stapelfaser-Erzeugnis n /
verranne, textile glass staple fiber product ||
⌐technisches Institut / Institute of Textile Technology
|| ⌐verarbeitung f / textile processing || ⌐verbundstoff
m, gebondeter Stoff / bonding, bonded fabric ||
⌐veredelung f / textile finishing, processing of textiles
|| ⌐veredelungsmaschinen f pl / textile finishing
machines pl || ⌐verkauf m, -handel m / mercery ||
⌐verstärkt (Pap) / reinforced || ⌐waren f pl s. Textilien
Text·kommunikation f, Textverkehr m / text
communication || ⌐kommunikation f (Teletex) / office
correspondence || ⌐konserve f (DV) / standard text ||
⌐loses Schild / indicator plate || ⌐modus m (Fernm, DV)
/ text mode || ⌐orientierte Ablenkung (TV) / textual
scan || ⌐schreibend (DV) / alpha[nu]meric || ⌐speicher
m (DV) / alphameric memory || ⌐teil m (Buch) / body of
a book
Textur f (allg, Pap) / texture || ⌐, Schichtenzeichnung im
Gestein f (Geol) / fabric, texture || ⌐,
Vorzugsorientierung f / preferred orientation
texturieren (Zwirn) / texture vt, bulk vt
Texturiermaschine f (Textil) / texturing machine
texturiert / texturized, textured || ⌐es Garn, Bauschgarn
n / textured yarn || ⌐e Oberfläche / textured surface ||
⌐es Pflanzenprotein / textured vegetable protein, TVP
Texturierung f, Texturieren n / textur[iz]ing
Textverarbeitung f (DV) / word processing, WP || ⌐,
-editierung f (DV) / text editing || ⌐ (unter Einsatz eines
Textverarbeitungssystems) / text processing
Text·verwaltung f (DV) / text management
tex-Zahl f (Masse in g von 1000 m) (Textil) / tex number
TF = Trägerfrequenz
T-F-Emission f, gemischte Emission / thermal and field
emission, mixed emission
TFH = Trägerfrequenznachrichtenübermittlung auf
Hochspannungsleitungen
T-förmig·es Anschlußstück / connecting tee || ⌐er
Fluchtstab m / boning rod || ⌐er Stiel, T-Stiel m, T-
Strebe f / T-[type] strut (US) || ⌐es Türband (Tischl) /

T-hinge [strap] || ⌐er Windrichtungsanzeiger (Luftf) /
wind-T
TFT = Trägerfrequenztelephonie
TFU, 20-Fuß-Einheit f (Container) / TFU, twenty feet unit
TG = Taktgeber || ⌐ = Thermogravimetrie
TGL = Technische Normen, Gütevorschriften und
Lieferbedingungen (DDR)
T-Glied n, -Schaltung f (Fernm) / Y- o. T-network
T-Gußstück m (Rohr) / T-shaped iron casting
TGV-Zug m (= train grande vitesse) / TGV-train
TH (Film) = Theaterkopie
Thallium n, Tl (Chem) / thallium, Tl || ⌐(I)-..., Thallo... /
thallous || ⌐(III)-..., Thalli... / thallic
²³⁰Th-Alter n, Ionium-Alter n / ionium age, ²³⁰Th-age
Thb = Tidehub
Theater·bau m / construction of theaters || ⌐bohrer m /
stage screw || ⌐kopie f, TH (Film) / release print, TH,
positive copy for theatre use || ⌐maschine f,
Bühnenmaschine f / stage machine || ⌐technik f /
theatre technics pl
Thebain n, Paramorphin n / thebaine, paramorphine
Thein n, Koffein n / thein[e], caffeine
Theisenwäscher m (Hütt) / Theisen disintegrator
Theke f, Ladentisch m / counter || ⌐, Tresen m (z.B.
Schanktisch) / bar
thematisch / thematic
Thenardit m (Min) / thenardite
Thenardsblau n (Chem) / Thénard's blue, cobalt blue,
king's blue
Theobromin n, Dimethylxanthin n / theobromine, 3,7-
dimethylxanthine
Theodolit m (Verm) / transit [theodolite], universal
surveying instrument, (high precision:) theodolite || ⌐
ohne Vertikalkreis / railway transit || ⌐kreisel m /
theodolite gyroscope
Theorem n, Lehrsatz m / theorem, proposition || ⌐ der
übereinstimmenden Zustände / theorem of
corresponding states || ⌐rechnung f / theorem calculus
theoretisch, hypotetisch / theoretic[al], hypothetical || ~,
rechnerisch / rated, calculated || ⌐e Belastung /
theoretical load || ~er Boden (Chem) / perfect o.
theoretical plate || ~e Chemie / philosophical o.
theoretical chemistry || ~ ermittelte Zeit / synthetic
data pl || ~e Festigkeit / design value || ~es
Gewichtsausbringen / theoretical yield || ~e Leistung,
errechnete Leistung / calculated o. rated power || ~e
Leistungsaufnahme (Kompressor) / theoretical required
power || ~es Maß / basic dimension || ~e Mechanik /
speculative mechanics || ~e Physik / pure physics || ~es
· Radarbild / PPI prediction
Theorie f / theory || ⌐ des Spaltpoles / shaded-pole theory
Theralit m, Essexit m / theralite, essexite
Therblig n (Bewegungselement nach Gilbreth) (F.Org) /
therblig, [Gilbreth] basic element
thermaktin (Phys) / thermactinous
Thermal·container m / thermal container || ⌐härten n,
-härtung f (auf Martensitgefüge) / hot [temperature]
quenching, high temperature quenching, austempering,
marquenching, martempering
Thermalisieren n (Halbl) / thermalizing
Thermalisierung f, Neutronenabbremsung f (Nukl) /
thermalization
Thermalloy n (Legierung) / thermalloy
Thermal·öl n / thermal oil || ⌐quelle, warme [Heil]quelle /
Therme / thermal spring || ⌐ruß m / thermal carbon
black || ⌐wind m / thermal wind
Thermik f, thermischer Aufwind (Luftf) / thermal
[up-]current, thermal, ascending convection current ||
⌐flug m (Luftf) / thermal soaring flight || ⌐schlauch m
(Luftf) / ascending convection current
Thermion, Thermo-Elektron n / thermion
Thermionen·aussendung, -emission f / thermionic
emission || ⌐relais n / thermionic relay || ⌐röhre f
(Elektronik) / vacuum tube, thermionic [vacuum] tube ||

1057

⌐strom m (Elektronik) / thermionic o. space current ‖
⌐verstärker m / thermionic amplifier o. magnifier
(GB)
Thermionik f / thermionics ‖ ⌐element n / thermionic
converter ‖ ⌐-Reaktor m / [incore] thermionic reactor
thermionisch, Röhren... / thermionic ‖ ~e
Elektronenemission / Edison effect, thermionic
emission ‖ ~er **Generator**, Thermionikgenerator m
(aus Thermionikelementen) / thermionic generator ‖
~er **Konverter** (o. Energiewandler) / thermionic
converter ‖ ~e **Leitung** (Phys) / thermionic conduction ‖
flammengeheizter ~er **Konverter** / internal flame
heated thermionic converter
thermisch / thermal, calorific ‖ ~ abgebaut / thermally
attacked ‖ ~e **Abschirmung**, thermischer Schild (Nukl) /
thermal shield ‖ ~e **Abstimmung** (Radio) / thermal
tuning ‖ ~e **Analyse** / thermal analysis, thermoanalysis
‖ ~e **Anregung** (Nukl) / thermal excitation ‖ ~er
Anwendungsbereich / temperature range of application
‖ ~e **Attrappe** / thermal dummy ‖ ~er **Aufwind**,
Thermik f (Luftf) / thermal [up-]current, thermal,
ascending convection current ‖ ~er **Auslöser** (Elektr) /
thermal trip ‖ ~e **Beanspruchung** / thermal stress ‖ ~e
Behaglichkeit / thermal comfort ‖ ~er
Beharrungszustand / thermal equilibrium ‖
~ **beständig** / thermally stable ‖ ~er **Blinker** (Bimetall,
Hitzdraht) / thermal flasher ‖ ~es **Bohren**, in-situ-
Verbrennung f (Öl) / thermal drive, in-situ combustion ‖
~e **Brennfläche** (Röntgen) / thermal focal area ‖ ~er
Brüter / thermal breeder ‖ ~er **Dämmstoff** / heat
insulating material, thermic insulant ‖ ~e **Deformation**
/ temperature deformation ‖ ~e **Diffusion** (Vakuum) /
thermal diffusion o. transpiration ‖ ~e **Dissoziation**,
Thermolyse f / thermal dissociation o. decomposition,
thermolysis ‖ ~er **Durchbruch** (Elektronik) / thermal
breakdown ‖ ~e **Elektronenemission** / thermionic
emission ‖ ~e **Emission** / thermal emission ‖ ~e
Energie / thermal energy ‖ ~e **Entgratmethode**, TEM
(Wzm) / thermal deburring ‖ ~er **Entkommfaktor**
(Nukl) / thermal leakage factor ‖ ~e **Ersatzschaltung**
(Halbl) / thermal equivalent circuit ‖ ~e
Ersatzschaltung / equivalent thermal network ‖ ~e
Feld-Elektronenemission / thermionic field electron
emission ‖ ~e **Geschwindigkeit** (Nukl) / thermal
velocity ‖ ~ **gespritzte Schicht** / flame spray coating ‖
~es **Gleichgewicht** / thermal equilibrium ‖ ~er
Grenzstrom (Elektr) / thermal short-time current rating
(US) ‖ ~e **Instabilität**, thermischer Runaway / thermal
runaway ‖ ~er **Isolierstoff** / thermic insulant ‖ ~er
Kernbrennstoff / thermal nuclear fuel ‖ ~e
Kontraktion / thermal contraction ‖ ~e **Kontrollfarbe**
/ thermal control paint ‖ ~es **Kracken** (Öl) / thermal
cracking ‖ ~er **Kreislauf** / thermal cycle ‖ ~e
Leistungsgrenze (Elektr) / thermal limit ‖ ~e
Leitfähigkeit / thermal o. caloric conductibility ‖ ~es
Neutron / thermal o. slow neutron ‖ ~er
Nutzungsfaktor, thermische Nutzung (Nukl) / thermal
utilization factor ‖ ~es **Proton** / thermal proton ‖ ~e
Radiofrequenzstrahlung / thermal radiofrequency
radiation ‖ ~es **Rauschen** (Elektronik) / resistance o.
thermal noise ‖ ~er **Reaktor** / thermal [neutron]
reactor, (formerly:) slow reactor ‖ ~e **Reaktorleistung**
/ thermal power of a reactor ‖ ~er **Reduzierkoeffizient**
(Halbl) / thermal derating factor ‖ ~es **Relais** / thermal
relay ‖ ~er **Ruß**, inaktiver Ruß / thermal o.
thermatomic [carbon] black, non-reinforcing black ‖ ~e
Säule (Nukl) / thermal column ‖ ~e **Schädigung** /
thermal degradation o. damage ‖ ~er **Schild** / thermal
shield ‖ ~er **Schutzschalter** / thermal circuit breaker ‖
~ **schwarzer Körper** / black body for thermal neutrons
‖ ~e **Sicherung** / temperature fuse ‖ ~ **spaltbar** (Nukl) /
fissile ‖ ~er **Spaltfaktor**, Produktionsfaktor m (Nukl) /
thermal fission factor ‖ ~e **Spaltung** (Nukl) / thermal
fission ‖ ~es **Spritzen** (O'flächenbeschicht) / thermal

spraying ‖ ~e **Stabilität o. Beständigkeit** / thermal
endurance o. stability ‖ ~e **Störzone** (Nukl) / thermal
spike ‖ ~er **Teil** (Lok) / heat equipment ‖ ~e **Trennung**
von ³He und ⁴He in flüssigem Helium / heat flush ‖ ~e
Unstabilität / thermal instability ‖ ~er **Unterbrecher**
(Elektr) / thermal breaker ‖ ~e **Verstimmung** (Elektronik)
/ thermal frequency drift, thermal [de]tuning ‖ ~e
Verzögerungseinrichtung / thermal time element ‖ ~er
Wind / thermal wind ‖ ~ **wirksame Masse** / thermal
mass ‖ ~er **Wirkungsgrad** / thermal efficiency ‖ ~er
Wirkungsquerschnitt / thermal cross section ‖ ~e
Zersetzung, Pyrolyse f / decomposition by heat,
pyrolysis ‖ ~e **Zerstörung** (Halbl) / thermal catastrophe
o. runaway
Thermistor, Heißleiter m / thermistor (= thermal
resistor), high temperature conductor ‖ ⌐-**Bolometer** n
/ thermistor bolometer
Thermit n (Schweiß) / thermite ‖ ⌐**reaktion** f /
aluminothermic reaction ‖ ⌐**schweißung** f /
aluminothermic o. thermite process o. welding ‖
, ⌐**schweißung** f, -schweißstelle f / thermite welded joint
‖ ⌐**verfahren** n / thermite process, aluminothermics pl
‖ ⌐**verfahren** n / Goldschmidt aluminothermic process
Thermo·analyse f / thermal analysis, thermoanalysis ‖
~**analytisch** / thermoanalytical ‖ ⌐**aräometer** n /
thermohydrometer ‖ ⌐**ausschalter** m (Elektr) / thermal
circuit breaker ‖ ⌐**barometer** n / thermobarometer ‖
⌐**batterie** f (Elektr) / thermoelectric battery ‖ ⌐**bimetall**
n / thermostatic bimetal ‖ ⌐**block** m (bestehend aus
Heizschlange u. Luftgebläse) / unit heater ‖ ⌐**chemie** f /
thermochemistry ‖ ⌐**chemisch** / thermochemical ‖
~**chemische Diffusion** / thermochemical diffusion ‖
~**chemisches Diffusionsverfahren** / thermochemical
diffusion method ‖ ⌐**chromie** f / thermochromism ‖
~**chromisch** / thermochromic ‖ ⌐**chrose**, Warmfärbung
f (durch infrarote Strahlen) / thermochrosy, -chrosis ‖
⌐**colorstift**, -kolorstift, -chromstift m / thermocolor
pencil, temperature indicating crayon ‖ ⌐**desorption** f
(Chem) / thermodesorption ‖ ⌐**detektor** m / thermal
detector ‖ ⌐**differentialmelder** m (F'wehr) / rate-of-rise
detector ‖ ⌐**diffusion** f / thermodiffusion, thermal
diffusion ‖ ⌐**diffusionsanlage** f (Nukl) / thermal
diffusion plant ‖ ⌐**diffusionsverfahren** n (Nukl) /
thermodiffusion method ‖ ⌐**draht** m / thermoelectric
wire ‖ ⌐**druck** m / thermoprinting, heat transfer
printing ‖ ⌐**drucker** m (DV) / thermal printer,
thermoprinter ‖ ⌐**dynamik** f / thermodynamics ‖
⌐**dynamik** f **der Gase** / aerothermodynamics pl sing ‖
⌐**dynamik** f **der irreversiblen Übergänge** /
irreversible thermodynamics ‖ ⌐**dynamiker** m / heat
physicist
thermodynamisch / thermodynamic ‖ ~e **Funktion** /
thermodynamic function ‖ ~es **Gleichgewicht** / thermal
equilibrium ‖ ~e **Konzentration** / thermodynamic o.
ideal concentration ‖ ~es **Potential** (Chem) /
thermodynamic potential, Gibbs' function, G ‖ ~e
Temperatur, Kelvintemperatur f / Kelvin o.
thermodynamic temperature ‖ ~e **Wahrscheinlichkeit** /
statistic[al] weight (macroscopic state) ‖ ~er
Wirkungsgrad / thermodynamic efficiency ‖ **erster**
~**er Hauptsatz** / first law of thermodynamics
therm[odynam]isches Gleichgewicht / thermal balance o.
equilibrium
Thermo·elastizität f / thermoelasticity ‖ ⌐**elektrika** n pl
(Phys) / thermoelectric materials pl
thermoelektrisch / thermoelectric ‖ ~es **Amperemeter** /
thermocouple ammeter, thermoammeter ‖ ~er **Antrieb**
mit Lichtbogenkammer (Raumf) / arc-jet engine ‖ ~er
Antrieb mit Widerstandsheizung (Raumf) / resistance
jet thrustor system, thermal storage resistojet, resistojet
system ‖ ~er **Effekt**, Seebeck-Effekt m / thermoelectric
o. Seebeck-effect ‖ ~e **Energieerzeugung** /
thermoelectric generation ‖ ~er **Energiewandler** /
thermoelectric converter ‖ ~es **Galvanometer**,

Thermokreuz, -galvanometer n / thermogalvanometer ‖ ~e Kälteerzeugung o. Kühlung / thermoelectric cooling o. refrigeration ‖ ~es Meßinstrument / thermocouple instrument ‖ ~e Sonnenenergie-Umwandlung / solar thermal electric conversion ‖ ~e Spannungsreihe / thermoelectric series Thermo·elektrizität f / thermoelectricity ‖ ~elektromotorisch / thermoelectromotive ‖ ⁴-Elektron, Thermion n / thermion ‖ ⁴element n / thermoelectric couple o. cell, thermojunction, thermoelement, -couple, thermal converter ‖ ⁴element-Anschlußpunkt m / thermocouple point ‖ ⁴element-Schutzrohr n / thermowell ‖ ⁴emission f / thermoemission ‖ ⁴farbbandtechnik f / resistive ribbon thermal transfer (IBM) ‖ ⁴farbe f, auf Wärme ansprechende Farbe / thermocolor ‖ ⁴fernsehen n / thermal television ‖ ~fixieren, heißfixieren / thermoset v, heat-set v ‖ ⁴fixieren n (Textil) / thermofixing, -setting, heat-setting ‖ ⁴fixiermaschine f (Textil) / thermo-fixing o. -setting machine
Thermofor-Katalyt-Kracken n (Öl) / airlift thermofor catalytic cracking, TCC
Thermo·form-Maschine f (Plast) / thermoforming machine ‖ ⁴galvanometer n / thermogalvanometer ‖ ⁴gramm, Temperaturbild n / thermogram ‖ ⁴graph m, registrierendes Thermometer / thermograph ‖ ⁴graphie f (Phot) / thermograph, thermogram ‖ ⁴graphie f (Mat Prüf) / thermography, thermal imaging ‖ ⁴gravimetrie f, TG / thermal gravimetric analysis, thermogravimetry ‖ ~gravimetrisch / thermogravimetric ‖ ~gravimetrische Analyse / loss-in-weight test o. curve ‖ ~gravimetrische Kurve / thermogravimetric curve, TG curve, thermogram ‖ ~härtbar / heat-hardenable ‖ ⁴kinetik f / thermokinetics ‖ ⁴kompressions-Schweißung f (IC) / thermocompression welding ‖ ⁴kontakt m / thermal contact ‖ ⁴kopierverfahren n / thermography ‖ ⁴kraft, Thermo-E.M.K. f / thermo-e.m.f., thermal electromotive force ‖ ⁴kreuz n, thermoelektrisches o. Thermogalvanometer / thermogalvanometer ‖ ⁴kreuz n zur Messung von Gasdrücken / thermocouple vacuum gauge ‖ ~labil, wärmeunbeständig (Chem) / thermolabile ‖ ⁴lumineszenz f / thermoluminescence ‖ ⁴lyse f, thermische Dissoziation / thermolysis, thermal dissociation o. decomposition ‖ ~magnetisch / thermomagnetic ‖ ⁴manometer n / thermomanometer ‖ ~mechanisch / thermomechanical ‖ ~mechanischer Druckeffekt, Springbrunneneffekt m / thermomechanical effect, fountain effect
Thermometer n, Temperaturmesser m / thermometer, therm. ‖ ⁴ für Feuchtigkeitsmessung / wet and dry bulb thermometer ‖ ⁴ in Metallhülse / armoured thermometer ‖ ⁴faden m / thermometric column, mercury thread ‖ ⁴kapillare f / thermometer capillary tube ‖ ⁴kugel f / thermometer bulb, basin o. bulb o. cistern o. reservoir of a thermometer ‖ ⁴röhre f, -hals m / thermometer stem o. tube ‖ ⁴säule f, ⁴faden m / thermometric column ‖ ⁴schacht m / thermowell ‖ ⁴skalen f pl / thermometric scales pl ‖ ⁴stand m / thermometer reading ‖ ⁴tasche f / thermometer case ‖ ⁴teilung, -skala f / thermometer scale
thermo·metrisch, mittels Thermometer / thermometric ‖ ⁴metrograph m / self-registering thermometer
thermonuklear / thermonuclear ‖ ~e Bombe / thermonuclear bomb, hydrogen o. fusion bomb ‖ ~e Energie / thermonuclear energy ‖ ~e Reaktion / thermonuclear reaction o. fusion
Thermo·osmose f / thermo-osmosis ‖ ~oxidativ / thermoxidative ‖ ⁴paar n / thermocouple ‖ ⁴panglas n / thermopane glass ‖ ~phil (Bakterien) / thermophilic ‖ ⁴phon n (Akustik) / thermophone ‖ ⁴phototropismus m / thermophototropism ‖ ⁴plast m / thermoplast[ic] ‖ ~plastisch / thermoplastic ‖ ~plastische Aufzeichnung / thermoplastic recording, T.P.R. ‖ ~plastisches

Elastomer, TPE / thermoplastic elastomere, TPE ‖ ~plastische Kunstharze n pl / thermoplastic plastics pl ‖ ⁴plastizität, Warmbildsamkeit f (Plast) / thermoplasticity ‖ ⁴plast-Schaumguß m, TSG / thermoplastic injection moulding ‖ ⁴plast-Spritzgießmaschine f / thermoplastic injection moulding machine ‖ ⁴reaktor m (Kfz) / thermal reactor, thermactor (Ford) ‖ ⁴reaktor m (Nukl) / thermal reactor, thermal breeder ‖ ⁴reaktor m (Kfz) / thermal exhaust manifold reactor ‖ ~remanent / thermoremanent
Thermos·anhänger m / trailer with insulated body
Thermo·säule f / thermoelectric pile, thermopile, thermobattery ‖ ⁴schalter m, Bimetallschalter m / pilotherm, bimetal o. thermal switch ‖ ⁴schock m / thermal shock
Thermos·-Container m (Bahn) / heat-insulated container ‖ ⁴flasche, Isolierflasche f / Thermos flask o. bottle, vacuum o. insulating bottle ‖ ⁴flascheneinsatz m / container of the vacuum bottle
Thermo·siphon m (Phys) / thermosiphon ‖ ⁴siphonkühlung, Wärmeumlaufkühlung f (DIN) / thermosiphon cooling, natural circulation water cooling ‖ ~skop n / thermoscope ‖ ⁴solieren n, Thermosolprozeß m (Färb) / thermosol process ‖ ⁴sol-Thermofixier-Verfahren n, TT-Verfahren n (Färb) / thermosol/thermofixation dyeing ‖ ⁴sonde f (Halbl) / thermoelectric detector ‖ ⁴spannung f / thermoelectric voltage ‖ ⁴sphäre f (zwischen 80 u. 500 km Höhe) / thermosphere ‖ ~stabil, wärmebeständig / thermoresistant, thermostable ‖ ~stabilisiert (Quarz) / oven controlled ‖ ⁴stabilität f / thermostability ‖ ⁴stat m, Temperaturregler m / heat valve, thermostat, thermo regulator ‖ ⁴stat m für Schwingquarze / temperature control device for crystal units, TCD ‖ ~statgeregeltes Wärmerohr / constant-temperature heatpipe ‖ ~statisch / thermostatic ‖ ⁴stat-Luftfilter m n (Kfz) / thermal air cleaner ‖ ⁴stat-[Regel]ventil n / thermostatic valve ‖ ⁴strom m / thermoelectric current, thermocurrent ‖ ⁴test-Schmelzpulver n / thermotest melting powder ‖ ⁴transmitter m (Regeln) / thermocouple temperature transmitter ‖ ~trope Flüssigkristall-Polymere, LCP / liquid crystal polymers pl, LCP ‖ ⁴umformer m (Meßinstrument) / thermal converter ‖ ⁴vakuum n (Raumf) / thermal vacuum ‖ ⁴ventil n (Kfz) / temperature valve, thermovalve ‖ ⁴vision f, Sichtbarmachen von Wärme / thermovision ‖ ⁴waage f / thermobalance, thermogravity balance ‖ ⁴wagen m (Hütt) / wagon for red hot ingots ‖ ⁴zeitschalter m (Kfz) / thermo time switch ‖ ⁴zeitschalter m / thermo-time switch
Thesigraphie f (Nachweis der Veränderung von Lebensmitteln mittels Kupferchlorid) / thesigraphy
Theta·funktion f (Math) / theta function ‖ ⁴linie f (Mech) / line giving the linear velocity distribution of a rotating link ‖ ⁴-Pinch m (Plasma) / theta-pinch ‖ ⁴-Pinch-Anordnung f (Plasma) / theta pinch figuration ‖ ⁴-Pinch-Entladung f (Nukl) / theta-pinch discharge
THE-Welle f (Wellenleiter) / transverse electromagnetic wave
Thiamid n / thiamide
Thiamin n / thiamine
Thiaminase f / thiaminase
Thiamintriphosphat n / TTP, thiamine triphosphate
Thiazid n / thiazide
Thiazin n / thiazine ‖ ⁴farbstoff m Thionin / thionin-thiazine dye ‖ ⁴farbstoffe m pl / thiazin dyes pl
Thiazol n / thiazole ‖ ⁴farbstoffe m pl / thiazole dyestuffs pl ‖ ⁴gelb n / thiazole o. Clayton o. titan yellow
Thio·… s. auch Schwefel // … Merkaptan n / thio-alcohol, mercaptan, thiol (US) ‖ ⁴bakterien, Schwefelbakterien f pl / sulphur bacteria pl ‖ ⁴carbamid n / thiocarbamide, thiourea ‖ ⁴carbamidharz n / thiourea resin ‖ ⁴carbonat n /

Thio

thiocarbonate ‖ ⁔cyan n / thiocyanogen ‖ ⁔cyanat,
Rhodanid n / thiocyanate, rhodanide ‖ ⁔cyansäure,
Rhodanwasserstoffsäure f / thiocyanic acid,
sulphocyanic acid ‖ ⁔ether m, Alkylsulfid n / thio-ether
‖ ⁔glykolsäure, Mercaptoessigsäure f / thioglycol[l]ic
acid ‖ ⁔harnstoff m / thiocarbamide, thiourea ‖
⁔harnstoff-Formaldehydharz n / thiourea
formaldehyde resin ‖ ⁔indigorot n (Färb) / thioindigo
red ‖ ⁔kohlensäure, Schwefelkohlensäure f / sulpho-
carbonic acid ‖ ⁔kohlensäure f / sulphocarbonic acid ‖
⁔kol, Perduren n (Plast) / Thiokol (US)
Thiol, Thiofuran, -phen n / thiophen[e], thio[fur]furan,
thio[tetro]le
Thionin, Lauth's Violett n / thionin, Thionine ‖ ⁔blau n /
thionin blue
Thio·nyl n / thionyl ‖ ⁔phen, -furan, Thiol n /
thiophen[e], thio[fur]furan, thio[tetro]le ‖ ⁔phen s.
Thiol ‖ ⁔phenol n / thiophenol ‖ ⁔plast m / thioplast,
alkyl polysulphide, polyalkyl sulphide ‖ ⁔säure f / thioacid, thioacid ‖ ⁔schwefelsäure f / thiosulphuric acid ‖
⁔sulfatentferner m (Phot) / hypo- o. thiosulphate
eliminator
thixo·trop / thixotrope adj ‖ ~tropes Gel (Chem) /
thixotrope ‖ ~trope Verdickung (Farbe) / false body ‖
⁔tropie f (Chem) / thixotropy ‖ ⁔tropiermittel n /
thixotropic agent
Tholerit m (Min) / tholerite
Thomas·… (Hütt) / basic Bessemer…, basic converter…
(US), Thomas… (GB) ‖ ⁔birne f, -konverter m / basic
converter ‖ ⁔kalk m / basic lime ‖ ⁔mehl n, -phosphat
n, gemahlene Thomasschlacke (Landw) / [ground] basic
slag, phosphate fertilizer, Thomas meal ‖ ⁔roheisen n /
basic converter pig iron (US), Thomas pig iron (GB) ‖
⁔schlacke f / basic slag (US), Thomas slag (GB) ‖
⁔schlacke f / Thomas slag (GB) ‖ ⁔stahl m / basic
Bessemer o. converter (US) steel, Thomas steel (GB) ‖
⁔stahlwerk n / basic steelworks ‖ ⁔verfahren n / basic
[Bessemer o. converter (US)] process, Thomas-
Gilchrist process (GB)
Thomson·brücke, Doppelbrücke f (Elektr) / Thomson o.
double bridge ‖ ⁔it m (Min) / thomsonite ‖
⁔-Joule-Effekt m (Elektr) / Thomson effect ‖ ⁔kabel n
(Fernm) / Thomson cable ‖ ⁔kurve f (Phys) / Kelvin
arrival curve ‖ ⁔streuung f (Nukl) / Thomson scattering
‖ ⁔wärme f / Thomson heat
Thor n, Thorium n / thorium ‖ ⁔erde f, Thoriumoxid n /
thoria, thorium oxide
Thorianit m (Min) / thorianite
Thorid n (Nukl) / thoride
thorieren / thoriate
Thorintitration f / thorin titration
Thorit m (Min) / thorite
Thorium n, Thor, Th (OZ = 90) (Chem) / thorium, Th ‖
⁔brüter m (Nukl) / thorium breeder ‖
⁔-Hochtemperatur-Reaktor m / thorium high
temperature reactor, THTR ‖ ~legiert, thoriert /
thoriated ‖ ⁔oxid n, Thorerde f / thoria, thorium oxide
‖ ⁔oxid- dispersionsgehärtetes Nickel, TD-Nickel n /
TD-nickel ‖ ⁔oxid-Erzeugnis n / thoria refractory ‖
⁔-Plutonium-Kreislauf m / thorium-plutonium cycle ‖
⁔reihe f (Nukl) / thorium series ‖ ⁔-Spaltdetektor m /
thorium fission detector
Thoron n, Thoriumemanation f, Radonisotop 220 n /
thorium emanation, thoron, ThEm, Rn
Thorouraninit m (Min) / broggrite, thoruraninite
Threonin n (Chem) / threonine
Thuja f / arborvitae, Thuja occidentalis ‖ ⁔ / thuja, arbor
vitae
Thulium n, Tm (OZ = 69) / thulium, Tu, Tm ‖
⁔(III)-oxid n / thulium oxide, thulia
Thuringit m (Geol) / thuringite
Thury·-Gewinde n / Swiss o. Thury screw thread ‖
⁔regler, Trägregler m (Elektr) / Thury regulator
T-Hybride f (Wellenleiter) / hybrid T

Thylox-Verfahren n (Gasreinigung) / Thylox process
Thymian m / thyme ‖ ⁔öl n / thyme oil
Thymin n (Chem) / thymine
Thymol n, Thymiankampfer m (Chem) / thymol, thyme
camphor ‖ ⁔blau, -sulfophthalein n / thymol blue ‖
⁔phthalein n / thymolphthalein
Thyratronröhre f, Stromtor n (Elektronik) / thyratron
Thyratron-Zündwinkel m / thyratron firing angle
Thyristor m / thyristor, semiconductor controlled
rectifier, SCR, gate controlled switch, GCS ‖
⁔-Antrieb m / thyristor industrial drive ‖ ⁔diode f /
dynistor, diode thyristor ‖ ~gespeist / thyristor-fed ‖
~gesteuert / thyristor-controlled ‖ ⁔-Triode f / triode
thyristor ‖ ⁔ventil n, -umrichter m / thyristor converter
Tibet n (eine Reißwolle) / tibet, thibet ‖ ⁔garn n / Tibet
yarn ‖ ⁔wolle f, Kaschmirwolle f / Cashemere wool ‖
⁔wolle f (eine Kunstwolle) / "Tibet" wool
ticken (Uhr) / beat, click, tick
Ticker m, Schwingungshammer m (Elektronik) / ticker ‖
⁔zeichen n, Knackgeräusch n / click, cracking
Tickizid n (gegen Insekten) / tickicide
Tide·[erscheinung] f, Gezeit f / tide ‖ ⁔ablauf m / ebb
tide ‖ ⁔becken n / tidal basin o. dock ‖ ⁔hafen,
Fluthafen m / tidal harbour ‖ ⁔hochwasser n / high tide
o. water, slack water, high water full and change,
H.W.F.&C. ‖ höchstes ⁔hochwasser / spring tide ‖
⁔-Hochwasserlinie f / highwater line of tide, spring
tide mark ‖ ⁔hub m, Thb / tidal range, lift o. range o.
rise of tide ‖ ⁔marke f / tide mark
Tiden·alter n, Springverspätung f, Nippverspätung f,
Flutzeit f / flood tide ‖ ⁔anstieg m / rise of tide
Tideniedrigwasser n / low tide, neap tide
Tiden·tor n / tide gate, tide outlet o. sluice
Tide·rückgang m / recess of tides ‖ ⁔schleuse f (Hydr) /
tidal o. tide lock ‖ ⁔strom m, -strömung f / tidal current
‖ ⁔welle f / tidal wave
TI-Diagramm n / temperature-total heat diagram
tief / deep ‖ ~ (Ton) / low[-pitched] ‖ ~, hohl / hollow ‖ ~,
niedrig / low ‖ ⁔ (Meteorol) / low pressure ‖ ⁔ (Schiff) /
deep water ‖ ~er Einzelriß (Hütt) / roke ‖ ⁔ färben
(Färb) / grain, dye in dark shades ‖ ~ gekröpfter
Doppelringschlüssel / double ended double offset ring
wrench ‖ ~er Riß / deep shake and check ‖ ~e
Schachtbohrung / deep well ‖ ~ versenkt
(Warmformen) / snap-back… ‖ einen Meter ~ / one
meter deep ‖ im ~en Wasser befindlich / demersal ‖
zu ~ liegend (Bau) / laid in the ground ‖ ⁔ackern /
deep ploughing ‖ ⁔ätzen / deep-etch ‖ ⁔ätzung f / deep
etching ‖ ⁔aufreißer m (Straßb) / scarifier ‖ ⁔bagger m
/ deep dredge ‖ ~baggern / excavate by backacting o.
pull (US) shovel
Tiefbau m (Zweig des Bauwesens) / a branch of civil
engineering (comprising public works and foundation
work), civil and underground engineering ‖ ⁔,
Schachtbetrieb m (Bergb) / drift mining, underground
working ‖ ⁔arbeiten f pl, Tiefbauten m pl / civil
engineering works pl ‖ ⁔ingenieur m, Tiefbauer m /
construction[al] engineer ‖ ⁔schacht, Pumpenschacht
m (Bergb) / pump shaft o. pit ‖ ⁔schleuse f / deep level
sluice ‖ ⁔sohle f (Bergb) / main level ‖ ⁔unternehmen
n, -firma f / contractors of civil engineering works pl ‖
⁔unternehmer m / foundation contractor
Tief·behälter m / underground tank ‖ ⁔behälter m
(Heizöl) / buried tank ‖ ⁔bettfelge f (Kfz) / full drop
center rim, drop base rim, well base rim ‖
⁔bettrahmen m (Kfz) / drop base frame ‖ ~blau / deep
blue ‖ ⁔bohren n / deep drilling ‖ ⁔bohren n (Wzm) /
gun drilling ‖ ⁔bohrgerät n, -bohrwerkzeuge n pl
(Bergb) / deep well drilling outfit o. tools pl, perforating
material, sounding borers pl ‖ ⁔bohren n (Bergb) /
well drill hole ‖ ⁔bohrlochpumpe f (Öl) / oil well
pump, subsurface pump ‖ ⁔bohrlochschießen n / well
drill blasting ‖ ⁔bohrpumpe f / deep well pump ‖
⁔bohrunternehmen n (Bergb) / well sinking enterprise

‖ **~bohrzement** *m* (Öl) / deep well cement ‖ **~bordstein** *m* (Straßb) / flash kerb edge beam ‖ **~böschung** *f*, Abtrageböschung *f* / cutting o. excavation slope ‖ **~brandschweißung** *f* / deep penetration welding ‖ **~brunnen** *m* / deep well ‖ **~brunnenpumpe** *f* / deep well pump ‖ **~bunker** *m* / underground hopper, pit bin ‖ **~decker** *m* (Luftf) / monoplane with low set wings, low wing plane **Tiefdruck** *m* (Rotations-, Kupfer-, Rakeltiefdruck) / rotogravure, gravure o. intaglio printing ‖ **~** (Textil) / roller printing (with a roller produced by intaglio engraving) ‖ **~**, Tief *n* (Meteorol) / low pressure, depression ‖ **~bogenmaschine** *f* / sheet-fed gravure press ‖ **~farbe** *f* / gravure ink, gravure printing colour ‖ **~firnis** *m* (Buch) / gravure varnish ‖ **~form** *f* / rotogravure form[e] ‖ **~gebiet** *n* / low-pressure area, minimum ‖ **~gebiete** *n pl*, Minima *n pl* / weather minima ‖ **~maschine** *f* (Textil) / printing machine by intaglio engraving ‖ **~papier** *n* / [roto]gravure paper ‖ **~raster** *m* / gravure screen ‖ **~rinne** *f* (Meteorol) / trough ‖ **~rotationsmaschine** *f* / rotogravure web fed press ‖ **~verfahren** *n*, Kupfertiefdruck *m* (Buch) / gravure o. intaglio printing ‖ **~verfahren** *n* (tiefenvariabel) / variable-depth photogravure ‖ **~verfahren** *n* (flächenvariabel) (Buch) / uniform-depth photogravure [process] ‖ **~werk** *n* (Buch) / gravure printing unit ‖ **~zylinder** *m* / engraved cylinder **Tiefe** *f* / depth, deep[ness] ‖ **~**, Sattheit *f* (Farben) / fullness ‖ **~**, Tiefenausdehnung *f* / depth (e.g. of a forest) ‖ **~** (Ton) / low pitch ‖ **~n** *f pl*, tiefe Tonlagen / basses *pl*, deep tones *pl* ‖ **~n** *f pl* (Elektronik) / basses *pl*, low frequency notes ‖ **~n** *f pl* (Phot) / dark picture areas *pl* ‖ **~ des bestellten Bodens** / tilth ‖ **~ f des Fundaments**, Einbautiefe *f* (Laterne) / planting depth ‖ **~ eines Geräts** (TV) / front-to-back size **Tief-ebene** *f* / low plain ‖ **~einbrand** *m* (Schweiß) / deep [weld] penetration ‖ **~[ein]brandelektrode** *f* / deep penetration electrode ‖ **~einbrandschweißung** *f* / deep-welding process **tiefen**, treiben / chase, emboss ‖ **~** *n*, Streckformen *n* (Stanz) / stretch forming ‖ **~**, Tiefziehen *n* (Stanz) / deep drawing ‖ **~...**, Tiefsee... / abyssal ‖ **~...**, in die Tiefe gehend (z.B. Studie) / in-depth... ‖ **~abschwächung** *f* / bass attenuation ‖ **~absorber** *m* (Elektronik) / bass absorber ‖ **~anhebung**, -regelung *f* / bass accentuation o. boost[ing] o. control ‖ **~anschlag** *m* (Wzm) / bit stop o. gauge ‖ **~anzeiger** *m* (Bergb) / depth indicator **Tief-Endlagerung** *f* / deep underground disposal **Tiefen-dosis** *f* (eine Ionendosis), TD / depth dose ‖ relative **~dosis** / percentage depth dose ‖ **~einstellung** *f* (Wzm) / depth adjustment ‖ **~einstellung** *f* einer Zugvorrichtung (Landw) / vertical hitch adjustment ‖ **~filter** *m n* (Chem) / deep-bed filter ‖ **~gestein** *n*, plutonisches Gestein / deep-seated rock, abyssal o. plutonic rock ‖ **~gesteine** *n pl* / intrusion rocks *pl* ‖ **~gravierung**, -schrift *f* (Phono) / hill-and-dale recording ‖ **~information** *f* (Laser) / depth information ‖ **~konstante Mine** (Mil) / oscillating mine ‖ **~lautsprecher** *m* / low frequency speaker, bass speaker, boomer ‖ **~lehre** *f*, -maß *n* / depth ga[u]ge, penetration gauge ‖ **~linie** *f* (Kartogr) / sea-bed contour ‖ **~lockerer** *m* (Landw) / subsoiler, subsoiling attachment, trace o. underground lifter ‖ **~lot** *n*, -lotapparat *m* (Schiff) / sounding apparatus, depth finder o. gear ‖ **~lupe** *f* (Ultraschall) / expanded time base sweep, scale expansion ‖ **~maßstab**, Verjüngungsmaßstab *m* / diminishing o. reducing scale ‖ **~messer** *m* (für Wassertiefen) / bathometer ‖ **~messer**, Teufenanzeiger *m* (Bergb) / depth indicator ‖ **~messung** *f* / bathymetry ‖ **~mikrometer** *n*, -meßschraube *f* (DIN) / micrometer depth gauge ‖ **~parallaxe** *f* / parallax in depth ‖ **~pumpe** *f* (Öl) / deep well pump ‖ **~regelung**, -anhebung *f* / bass accentuation o. boost[ing] o. control ‖ **~ruder** *n* (U-Boot) / hydroplane ‖ **~schärfe**,

Bildschärfe *f* (Phot, Opt) / definition of the image ‖ **~schärfe** *f*, Schärfentiefe *f* (Phot) / depth of definition, depth of field o. of focus ‖ **~schieblehre** *f* / depth slide gauge ‖ **~schleifen** *n*, -schliff *m* (Wzm) / plunge-cut grinding, infeed grinding ‖ **~schrift** *f* (Phono) / hill-and-dale recording ‖ **~sickerungsanlage** *f* (Straßb) / underground road drain ‖ **~sperrfilter** *n*, -sperre *f* (Elektronik) / low-frequency rejection filter, bass-cut ‖ **~staffelung** *f* (Räumwz) / depth stepping, offset in depth **Tiefentladung** *f* (Akku) / total discharge **Tiefen·vergrößerung** *f*, Längsvergrößerung *f* (Ferns) / axial o. longitudinal amplification ‖ **~verkehrt**, pseudoskopisch (Opt) / pseudoscopic ‖ **~verschleiß** *m* / subsurface abrasion, deep abrasion ‖ **~verteilung** *f* (allg) / depth distribution ‖ **~vorschub** *m* (Wzm) / down feed ‖ **~wirkung** *f* / deep action ‖ **~wirkung** *f*, -streuung *f* (Biol) / depth action, translaminar effect ‖ **~wirkung** *f*, -streuung *f* (Galv) / throwing power **tiefer**, niedriger / lower *adj* ‖ **~ stimmen** / tune down ‖ **~bohren** / deepen [by drilling o. boring] ‖ **~legen** (Tunnelsohle) / dint ‖ **~legen** (Straßb) / lower ‖ **~liegend** / low-lying ‖ **~stehend** (Index) / inferior, low **Tief·fach** *n* (Textil) / bottom shed ‖ **~fachmaschine** *f* / bottom shedding dobby ‖ **~flöz** *n* / deep seam ‖ **~flug** *m* / ground-level flying, hedgehopping ‖ **~flug...** / low-flying ‖ **~flug-Marschphase** *f* (Flugkörper) / low-level cruise ‖ **~flugrakete** *f* / ground level rocket ‖ **~fußnadel** *f* (Textil) / short butt needle ‖ **~gang** *m* (Schiff) / draught, draft, drft., gauge ‖ **~gang beladen** (Schiff) / load draught ‖ **~gang** *m* über Oberkante Kiel / moulded draught ‖ einen **~gang von ... Meter haben** / draw ... meters of water ‖ **~gangsmarke** *f* (Schiff) / draught marks *pl* ‖ **~garage** *f* / underground parking ‖ **~garage** *f* / basement garage ‖ **~geätzt** (Buch) / deeply etched ‖ **~gebaut** (Schiff) / with a deep hold ‖ **~gefärbte** Nuance / deep-dyed shade ‖ **~gefrier...**, Tieffrier... / deep-freeze... ‖ **~gefrier...** s. auch Tiefkühl... ‖ **~gefrieranlage** *f* / sharp o. quick freezer ‖ **~gefrieren** *n* / sharp o. quick freezing ‖ **~gefrierkonserve** *f* / quick-frozen [meat o. vegetable etc] pack ‖ **~gefrierkost** *f* / deep-frozen food ‖ **~gefrierschrank** *m*, Tiefkühlschrank *m* / upright [deep-]freezer ‖ **~[ge]friertechnik** *f* (für Lebensmittel) / deep o. quick freezing ‖ **~gefrierverfahren**, Gefrierverfahren *n* (Bergb) / low temperature sinking process, deep freezing method ‖ **~gefroren** (Bergb) / deep-frozen ‖ **~gehend** (Schiff) / of great draught ‖ **~gekröpft** / deep-offset... ‖ **~gekröpfter Ring-Maulschlüssel** *m* / deep offset combination wrench ‖ **~gesetzt** (Zahl - z.B. 02 - o. Buchstabe) / inferior, subscripted ‖ **~gesetzt** (z.B. A eins; A_1), A eins, A_1 / sub, A sub 1, A_1 ‖ **~gezogen** (Stanz) / deep-drawn ‖ **~gezogene Teile** *n pl* (Plast) / moulded plastics ‖ **~greifendes Gutachten** / in-depth expertise ‖ **~grubbern** *n* (Landw) / deep cultivating ‖ **~grund** *m* (Anstrich) / penetrating stopper ‖ **~gründung** *f* / deep foundation ‖ **~hammer** *m* / long-head bumping hammer ‖ **~kippe** *f* / low spoil area ‖ **~kühl...** / refrigerating ‖ **~kühl...** s. auch Tiefgefrier... ‖ **~kühlanhänger** *m* / refrigerator trailer ‖ **~kühlanlage** *f* / intense cooling plant ‖ **~kühlaufbau** *m* (Kfz) / refrigerator body ‖ **~kühlen**, stark kühlen / subject to intense cooling ‖ **~kühlen** (Lebensmittel) / refrigerate, deep- o. quick-freeze ‖ **~kühlen** (Hütt) / refrigerate to subzero temperatures ‖ **~kühlfach** *n* / deep-freeze section ‖ geschlossene **~kühlmöbel** *n pl* / sealed deep-freeze equipment ‖ **~kühlraum** *m* / deep-freeze store ‖ **~kühlschrank** *m* / upright [deep-]freezer ‖ **~kühltechnik** *f* / freezing techniques *pl* ‖ **~kühltruhe** *f* / top-opening freezer, chest freezer ‖ **~kühlung** *f* (Lebensmittel) / deep-freezing, quick freezing, refrigeration ‖ **~kühlung** *f* (allg) / low o. intense cooling ‖ **~kühlung** *f* auf 180 K / superchill process ‖ **~kühlwasser** *n* / chilled water ‖ **~lade-Anhänger**, Tieflader *m* (Kfz) / flatbed [trailer], low bed o. low loading trailer, well trailer ‖ **⤙ladefahrzeug** *n* / deep loading vehicle ‖ **⤙ladelinie**, Ladewasserlinie, Lademarke *f* (Schiff) / load [water] line, L.W.L., plimsoll line, Plimsoll's mark (GB), draught marks ‖ **⤙lader**, -ladewagen *m* (Kfz) / low loader, low bed truck ‖ **⤙ladewagen** *m* (Bahn) / low-loader wagon, float, well wagon ‖ **⤙lage** *f* **eines Kurvenastes** / flatness of the graph of a frequency curve ‖ **⤙land** *n* (Geogr) / bottom land, lowland ‖ **⤙lauf**, Schlingenkanal *m* (Walzw) / looping floor, sloping loop channel ‖ **~liegender Durchlaß** (Bau) / submerged throat ‖ **~liegende Fuge** (Bau) / rustic joint ‖ **~liegender Pfahlrost** (Bau) / deep level grillage ‖ **~liegende Sichtanzeige** (Luftf) / head-down display ‖ **~liegende Wand** (feuerfest) / submerged wall ‖ **⤙lochbohrer** *m* / deep hole drill ‖ **⤙lochbohrmaschine** *f* / deep-hole boring machine ‖ **⤙lochreibahle** *f* / gun reamer ‖ **⤙lochspiralbohrer** *m* / oil hole drill, deep-hole drill ‖ **⤙lockerungsentwässerung** *f* (Landw) / trench o. French drain ‖ **⤙löffel** *m* / hoe type bucket ‖ **⤙löffelbagger** *m* / dipper shovel, ditcher, back-acter, -hoe, trench hoe ‖ **⤙löffelbagger** *m* (backhoe loader) / backhoe loader ‖ **[auf Zug arbeitender] ⤙löffelbagger** (Straßb) / pullscoop ‖ **⤙[löffel]bagger** *m* **für Gräben** / ditcher ‖ **⤙ofen** *m* (Hütt) / pit [furnace], low furnace ‖ **⤙ofen** *m* (Pulv.Met) / crucible furnace ‖ **⤙ofen** *m*, Ausgleichgrube *f* / [dead] soaking pit ‖ **[geheizter] ⤙ofen** / [live] soaking pit furnace, live pit ‖ **⤙ofenkran** *m* / soaking pit crane ‖ **⤙ofenzelle** *f* (Hütt) / hole of a soaking pit ‖ **⤙paß** *m*, -paßfilter *m* *n* (Elektronik) / low-pass filter, LP filter, high-stop filter ‖ **⤙paß...** / low-pass... ‖ **⤙pflügen** *n* / deep ploughing ‖ **⤙prägen** *n* **um gekrümmte Kanten** (Stanz) / raising ‖ **⤙pumpbohrloch** *n* (Öl) / pump well, pumper ‖ **⤙punkt** *m* (Kurve) / bottom of a curve, trough ‖ **⤙raum** *m* (Raumf) / deep space ‖ **⤙raumfahrzeug** *n* / deep space probe ‖ **⤙reißer** *m* (Straßb) / deep ripper ‖ **⤙rot**, hochrot / deep red ‖ **⤙schacht** *m* (Bergb) / pit ‖ **~schäftig** (Textil, Stuhl) / low-warp ‖ **⤙schleifen** *n*, Vollschritt-, Schleifgang-, Kriechgangschleifen *n* / deep grinding, plunge grinding ‖ **⤙schnitt** *m* (Tagebau) / cut below grade o. below track level ‖ **⤙schnittbalken** *m* (Landw) / low cut cutter bar (1 1/2") ‖ **⤙schütz** *n*, -schütze *f* (Hydr) / fixed wheel gate ‖ **~schwarz** (RAL 9005) / jet black ‖ **~schwarz**, -matt / dead black ‖ **⤙schweißung** *f* / deep penetration welding, deep welding

Tiefsee *f* / deep sea ‖ **⤙...**, Tiefen... / abyssal, bathysmal, deep-sea... ‖ **in der ⤙ lebend** / bathophilous ‖ **⤙ablagerung** *f* / deep-sea deposit ‖ **⤙bagger** *m* / deep-sea dredge[r] ‖ **⤙forschung** *f* / deep-sea research ‖ **⤙graben** *m* / deep ocean trench ‖ **⤙kabel** *n* / deep-sea cable ‖ **⤙lot** *n* / deep-sea plummet ‖ **⤙tafel** *f* / apron (ocean) ‖ **⤙wasser** *n* / bottom water

tief·siedend / low boiling ‖ **⤙silberglanz** *m* (Min) / acanthite ‖ **⤙spaltschweißen** *n* / deep gap welding ‖ **⤙spülklosett** *n* / wash-down closet, flush-down type WC ‖ **⤙spülklosettbecken** *n* / flushdown type WC pan ‖ **⤙spülung** *f* (WC) / radial washdown ‖ **~ster Teil** / bottom ‖ **~stehend** (Hobeleisen) / rank ‖ **~stehend** (Buch) / inferior ‖ **~stehende Zahlen** *f pl* (Buch) / hanging figures *pl* ‖ **~stehende Zahlen** *f pl* (Math) / inferior characters *pl* ‖ **⤙stellungskennzeichen** *n* (DV) / down arrow

Tiefstes *n* (Bergb) / bottom, bottoms *pl*

Tiefst·punkt *m*, Minimum *n* (Math) / minimum point

Tiefstrahler *m* / narrow angle lighting fitting, deep bowl reflector

Tiefst·temperatur... / cryogenic ‖ **⤙temperatur** *f* / very low temperature ‖ **⤙temperaturtechnik** *f*, -temperaturerzeugung *f*, Kryogenie *f* / cryogenics *sg pl*, cryogeny ‖ **⤙wert** *m*, Kleinstwert *m* / minimum [value]

Tief·suchen *n* (Elektronik) / elevation low mode ‖ **⤙tauchgerät** *n* **[der 2. Generation]** / [advanced] diving

system ‖ **⤙tauchrettungsfahrzeug** *n* / deep submergence rescue vessel, DSRV

Tieftemperatur·..., Kälte... / low temperature..., cryogenic ‖ **⤙beständigkeit**, Kältebeständigkeit *f* / low temperature stability ‖ **⤙brechen** *n*, -zerkleinern *n* / cryogenic crushing ‖ **~fest** / stable at low temperatures ‖ **⤙fett** *n* / low-temperature grease ‖ **⤙gas** *n* / cryogenic gas ‖ **⤙-Isolierung** *f* / low temperature insulation ‖ **⤙kautschuk** *m*, Cold Rubber *m* / cold rubber ‖ **⤙koksanlage** *f* / low temperature carbonization plant ‖ **⤙kopal** *m* (Farbe) / slack melt copal ‖ **⤙ofen** *m* / low temperature carbonization furnace ‖ **⤙physik** *f* / cryophysics *sg* ‖ **⤙technik** *f* / cryogenics *pl* ‖ **⤙teer** *m* / low temperature carbonization tar, low temperature tar ‖ **~verkokung** *f* / low temperature carbonization ‖ **⤙-Windkanal** *m* (USA) / National Transonic Facility, NTF (a cryogenic wind tunnel) ‖ **⤙zerkleinerung** *f*, kryogene Zerkleinerung / cryocomminution ‖ **⤙zerlegung** *f* / cryogenic separation

Tiefton·... (Ferns, Funk) / boomer..., woofer..., bass... ‖ **⤙lautsprecher** *m* / low frequency speaker, bass speaker, boomer, woofer ‖ **⤙regler** *m* (Elektronik) / bass control

Tiefung *f*, Tiefen *n* / chasing, embossing, swaging

Tiefungs·versuch (DIN), Napfziehversuch *m* / cupping test ‖ **⤙wert** *m* / deep-drawing index

Tief·wasser, Grundwasser *n* (Bergb) / subterranean water ‖ **⤙wasserhafen** *m* / deepwater port ‖ **⤙zahl** *f* (Math) / subscript, subindex, suffix ‖ **⤙zieharbeit** *f* / deep-drawing work ‖ **⤙ziehband** *n* / deep-drawing strip ‖ **⤙ziehbarkeit** *f* / deep-drawing property o. quality ‖ **⤙ziehbarkeit** *f* (nach Erichsen) / Erichsen index ‖ **⤙ziehblech**, Karosserieblech *n* / deep-drawing sheet steel, body sheet ‖ **⤙ziehen** *n*, Napfziehen *n* / ironing, cupping ‖ **~ziehen** / deep-draw ‖ **~ziehen**, napfziehen (Stanz) / dish ‖ **~ziehen** (Plast) / swage, swedge (US) ‖ **⤙ziehen** *n*, -zug *m* / deep-drawing ‖ **⤙ziehen** *n* **im Anschlag** (Stanz) / first-operation drawing ‖ **⤙ziehen** *n* **im Weiterschlag** (Stanz) / second-operation drawing ‖ **⤙ziehen** *n* **mit gleitendem Niederhalter** (Rad) / slip thermoforming ‖ **⤙ziehen** *n* **u. Abstreckziehen**, D+I-Verfahren *n* / draw and ironing [process], D+I process ‖ **⤙ziehen** *n* **u. Weiterziehen**, D+R-Verfahren *n* / draw and redraw process, D+R process ‖ **⤙ziehfähigkeit** *f*, -ziehbarkeit *f*. / deep-drawing quality ‖ **⤙ziehgüte** *f*, -ziehqualität *f* (Stahl) / drawing grade ‖ **⤙ziehpresse** *f* / deep drawing press ‖ **⤙ziehprobe** *f* / deep-drawing test specimen ‖ **⤙ziehqualität** *f* / deep-drawing quality ‖ **⤙ziehversuch** *m* / deep-drawing test ‖ **⤙ziehwerkzeug** *n* / deep-draw[ing] die

Tiegel *m*, Pfanne *f*, pfannenartige Vertiefung / pan ‖ **⤙**, Konverter *m* (Hütt) / converter ‖ **⤙**, Schmelztiegel *m* (Chem, Hütt) / crucible, pot ‖ **⤙**, Platte *f* (Buch) / platen ‖ **geschlossener ⤙** (Flammpunkttest) / closed cup ‖ **⤙druck** *m* (Buch) / printing by platen press ‖ **⤙druckautomat** *m* / automatic platen press ‖ **⤙[druck]presse** *f* (Buch) / platen press o. machine ‖ **kleine ⤙[druck]presse für Akzidenzdruck** (Buch) / minerva machine ‖ **⤙-Elektronenstrahlschmelzen** *n* / crucible electron-beam melting ‖ **⤙form** *f* / crucible mo[u]ld ‖ **~freies Schmelzen** (Krist) / floating zone melting ‖ **~freies Zonenziehen**, Schwebezonenverfahren *n* / floating zone method ‖ **⤙gußstahl** *m* / crucible [cast] steel ‖ **⤙koks** *m* / crucible coke ‖ **~loses Gießen** (Raumf) / containerless casting ‖ **⤙ofen** *m* / crucible furnace, crucible melting furnace, pot furnace ‖ **⤙ring** *m* (Chem) / crucible ring ‖ **⤙schere** *f*, Tragschere *f* (Gieß) / crucible lifter ‖ **⤙schlichte** *f* (Gieß) / pot o. crucible wash ‖ **⤙schmelzofen** *m* / pot melting furnace ‖ **⤙schmelzverfahren** *n* / melting in crucibles ‖ **⤙stahl** *m* (eigentlicher Gußstahl) / crucible [cast] steel ‖ **⤙stahlblock** *m* / crucible steel ingot ‖ **⤙stahldraht** *m* / crucible steel wire ‖ **⤙zange**, Bauchzange *f* (Hütt) / crucible o. lifting tongs;pl.

Tiemannit *m,* Selenquecksilber *n* / tiemannite
tier·ärztlich, tierarzneikundlich / veterinary ‖ ⌐**gift** *n* /
venom ‖ ⌐**haar** *n* / animal hair
tierisch, animalisch / animal… ‖ ⌐e **Elektrizität** / animal
electricity ‖ ⌐es **Fett** / animal fat ‖ ⌐es **Gewebe** /
animal tissue ‖ ⌐er **Magnetismus** / zoomagnetism ‖ ⌐e
Stärke, Glykogen *n* / animal starch, glycogen
Tier·kohle *f* / animal charcoal, bone black o. charcoal,
spodium ‖ ⌐**[körper]mehl** *n* / animal meal ‖ ⌐**kraft** *f,*
tierische Kraft / animal power ‖ ⌐**leim** *m* / animal glue
o. size ‖ ⌐**reich** *n* / animal kingdom o. regnum ‖
⌐**zucht** *f,* Viehzucht / cattle breeding, stock farming
(US), livestock husbandry
Tiglinsäure *f* / tiglic acid
TIG-Schweißen *n,* Wolfram-Inertgas-Schweißen *n* /
tungsten-inert gas welding, TIG welding
Tikurmehl *n* / arrowroot
Tilde *f* (Buch) / tilde ‖ ⌐ (als Satzzeichen) / swung dash
Tillandsiafaser *f* (Textil) / Spanish moss, American moss
Tillit, Blocklehm *m* (Geol) / till[ite], boulder clay
Tilt·container *m* / tilt-tainer ‖ ⌐**dozer** *m* / tiltdozer ‖
⌐**-top Container** *m* / tilt-top o. open-top container ‖
⌐**-up-Bauweise** *f,* liegende Herstellung der Wände (Bau)
/ tilt-up process ‖ ⌐**winkel** *m* / tilt angle
Time-out *n,* Zeitsperre (DV) / time-out
Timer *m* / timer
Time-Sharing *n,* Teilnehmerverkehr *m* (DV) / time
sharing, TS, remote computing ‖ ⌐**-System** *n* (DV) /
time sharing system ‖ ⌐**-Terminal** *n* (DV) / time-share
terminal
Timing *n* (DV) / timing ‖ ⌐**-Steuereinheit** *f,* TCU / timing
control unit, TCU
Timkentester *m* (Fett) / Timken tester
Tineiden *pl,* Motten *f pl* / moths *pl*
Tinkal *m,* natürlicher Borax / tincal, native o. raw borax
Tinker-Toy-System *n* (Elektronik) / tinker-toy system
Tinktur *f,* alkoholischer Auszug / tincture
Tinosolfarbstoffe *m pl* / tinosol dyes *pl*
Tin-Sol B-Verfahren *n* (Galv) / Tin Sol B process
Tinte *f* / ink
Tinten·raum *m* (im Füllhalter) / fount of a fountain pen ‖
⌐**schreiber** *m* / ink writer, inker, pen recorder ‖
⌐**spritzdrucker** *m* / ink jet printer ‖ ⌐**stift** *m* / copying-
ink pencil ‖ ⌐**strahl** *m* / ink jet ‖ ⌐**strahlplotter** *m* (DV)
/ ink jet plotter
Tintometer *n,* Farbvergleichsmesser *m* / tintometer
Tippbetrieb *m* (Fräsen) / jogging skip
tippen, leicht klopfen / tap, tip, strike gently ‖ ⌐,
maschineschreiben / type, typewrite
Tippingtank *m* (Schiff) / tipping tank
Tipp·kontakt *m* (Elektr) / touch control contact ‖ ⌐**taste** *f* /
touch control
Tip-Relais *n* (tiny and protected) (Fernm) / tip relay
Tiptank, Flügelspitzentank *m* (Luftf) / tip tank
TIR (Kfz) = Transports Internationaux Routiers
TIROS = television and infrared observation satellite
Tirossystem *n* / TOS, Tiros operational system (US)
Tisch *m* / table ‖ ⌐ (Opt) / stage ‖ ⌐, Nähplatte *f* (Nähm) /
platform ‖ fest am **Maschinenkörper angebrachter** ⌐
(Buch) / bed of a press ‖ ⌐**anschlag** *m* (Wzm) / table stop
‖ ⌐**apparat** *m,* -telefon *n* (Fernm) / desk o. table
[tele]phone, portable telephone ‖ ⌐**auszug** *m* / table
extension leaf ‖ ⌐**band** *n* (Scharnier) / flap hinge ‖
⌐**bandsäge** *f* / table band sawing machine ‖ ⌐**bauart** *f,*
Tisch… / bench-type… ‖ ⌐**beinwinkel** *m* /
strengthening plate for tripod tables ‖ ⌐**besteck** *n* /
cutlery [set] ‖ ⌐**bett** *n* (Fräsm) / cross bed ‖ ⌐**bewegung**
f (Wzm) / table travel o. traverse ‖ ⌐**blatt** *n* s. Tischplatte
‖ ⌐**bohrmaschine** *f* / bench drill, drill press (US),
garage press (US) ‖ ⌐**-Bohr- und Fräswerk** *n* / table
type boring and milling machine ‖ ⌐**drehbank** *f* / bench
lathe ‖ ⌐**dreh-Eilgang** *m* (Wzm) / table rapid rotation ‖
⌐**empfänger** *m,* -gerät *n* (TV, Funk) / table set ‖
⌐**exzenterpresse** *f* / bench[-type eccentric] press ‖

⌐**fernsprecher** *m* / portable telephone, desk o. table
phone ‖ ⌐**fläche** *f* (Wzm) / table area ‖
⌐**-Flächenschleifmaschine** *f* / table surface grinder ‖
⌐**fräsmaschine** *f,* -fräse *f* (Holz) / spindle moulding
machine ‖ ⌐**gerät** *n* (TV, Radio) / table set o. model,
desk top unit ‖ ⌐**gestell** *n* / underframe for tables ‖
⌐**gießmaschine** *f* (Gieß) / casting wheel ‖ ⌐**gleitbahn** *f,*
-führung / saddle slideway ‖ ⌐**hobelmaschine** *f* /
reciprocating table type planer ‖ ⌐**hub** *m* (Wzm) / table
travel o. traverse ‖ ⌐**kante** *f* / table edge ‖ ⌐**klappe** *f* /
table flap o. leaf ‖ ⌐**kocheinrichtung** *f,* -kochgerät *n* /
cooking table ‖ ⌐**kreissäge** *f* / circular saw bench ‖
⌐**lampe,** -leuchte *f* / table standard (GB) o. lamp (US)
Tischler *m,* (süddeutsch:) Schreiner *m* / joiner ‖ ⌐**arbeit**
f, Schreinerarbeit *f* / joinery, joiner's work ‖
⌐**bandsäge** *f* / wood cutting band saw
Tischlerei *f,* Tischlerwerkstatt *f* / joiner's [work]shop ‖ ⌐,
Tischlerhandwerk *n* / joiner's trade o. work, joinery ‖
⌐**maschine** *f* / joinery machine
Tischler·hammer *m* / claw o. joiner's hammer ‖ ⌐**leim** *m*
/ joiner's glue ‖ ⌐**platte** *f* / wood core plywood ‖
⌐**steifsäge** *f* / cabinet saw
Tisch·mikrophon *n* / desk microphone ‖ ⌐**modell** *n* / desk
type o. model ‖ ⌐**öffnung** *f* (Wzm) / bed hole ‖ ⌐**platte**
f, -blatt *n* / table board o. leaf o. top, slab, leaf o. top of
a table ‖ ⌐**plotter** *m,* Flachbettplotter *m* / flatbed plotter
‖ ⌐**pult** *n* (Elektronik) / sloping panel cabinet ‖
⌐**rauschen** *n* (Mikroskop) / stage noise ‖ ⌐**rechner** *m* /
desk calculator o. computer ‖ ⌐**rücklauf** *m* (Wzm) /
table return movement ‖ ⌐**-Rüttelformmaschine** *f*
(Gieß) / plain jolt moulding machine ‖ ⌐**schlitten** *m*
(Wzm) / table saddle ‖ ⌐**schraubstock** *m* / bench vise ‖
⌐**-Schwenkplatte** *f* / swivel table ‖
⌐**-Schwenkschraube** *f* / swivel table knob ‖
⌐**selbstgang** *m* (Wzm) / automatic table traverse, table
power traverse ‖ ⌐**stativ** *n* / table stand ‖ ⌐**steuerung** *f*
(Wzm) / control of table movements ‖ ⌐**telefon** *n* / desk
[tele]phone ‖ ⌐**teppich** *m* / tapis ‖ ⌐**umkehranschlag**
m (Wzm) / table reversing dog ‖ ⌐**ventilator** *m* / desk
fan ‖ ⌐**waage** *f* / table scales *pl* ‖ ⌐**wagen** *m*
(Flurförderer) / table trolley
Tissue *n* (Pap) / tissue
Titan *n,* Ti (Chem) / titanium, Ti ‖ ⌐**(III)-…** / titanous ‖
⌐**(IV)-…** / titanic ‖ ⌐**at** *n* / titanate ‖ ⌐**carbonitrid** *n* /
titanium carbonitride ‖ ⌐**chlorid** *n* / titanium chloride ‖
⌐**(IV)-chlorid** *n,* Titantetrachlorid *n* / titanium(IV)
chloride ‖ ⌐**deuterid** *n* / titanium deuteride ‖ ⌐**dioxid,**
-(IV)-oxid *n,* Titanweiß *n* / titanium dioxide o. (IV)
oxide, titania (GB) ‖ ⌐**dioxidpigment** *n* / titanium oxide
pigment ‖ ⌐**eisen[erz]** *n,* Ilmenit *m* (Min) / titaniferous
iron ore ‖ ⌐**gelb** *n* / titan[ium] yellow, clayton o.
thiazole yellow ‖ ⌐**haltig,** -führend (Min) / titaniferous, titanic
‖ ⌐**hornblende** *f* (Min) / aenigmatite ‖ ⌐**it** *m* (Min) /
titanite ‖ ⌐**it** *n* (Hartmetall) (Wzm) / titanite ‖
⌐**kaliumoxalat** *n* (Färb) / titanium potassium oxalate ‖
⌐**karbid** *n* / titanium carbide ‖ ⌐**ometrie** *f* (Chem) /
titanometry ‖ ⌐**sand** *m* / titanium sand ‖ ⌐**säure** *f* /
titanic acid ‖ ⌐**säure-Elektrode** *f* (Hütt) / rutile electrode
‖ ⌐**schwamm** / titanium sponge ‖ ⌐**trinitrid** *n* /
titanium trinitride ‖ ⌐**tritid** *n* / titanium tritide ‖ ⌐**weiß**
n / titan[ium] white ‖ ⌐**-Zirkonium- Molybdän-**
Legierung, TZM-Legierung *f* / TZM-alloy
Titel *m* (allg) / title, heading ‖ ⌐, Überschrift *f* (Buch) /
caption ‖ ⌐**angaben** *f pl* (Buch) / bibliographic
references *pl* ‖ ⌐**band** *n* (Film) / title strip, title negative
‖ ⌐**band** *n* (Film) / title negative ‖ ⌐**blatt** *n,* -seite *f*
(Buch) / front o. title page ‖ ⌐**bogen** *m,* Titelei *f* (Buch) /
preliminary o. front matter, prelims, oddments *pl* ‖
⌐**buchstaben** *m pl* / titling letters *pl* ‖ ⌐**feld** *n* (Zeichn) /
title space *pl* ‖ ⌐**gerät** *n* (Film) / titler, title printer ‖
⌐**kopf** *m* (Buch) / head ‖ **[rotgedruckter]** ⌐**[kopf]** (Buch)
/ rubric ‖ ⌐**schrift** *f,* Akzidenzschrift *f* / jobbing founts
pl ‖ ⌐**setzmaschine** *f* / headliner ‖ ⌐**vorspann** *m* (Film)
/ credit titles *pl* ‖ ⌐**wort** *n* / headword

Titer *m* (Chem) / normality ‖ ~, T (Gewichtsnummerierung von Garnen) (Textil) / titer (US), titre (GB) ‖ ~ **von Fetten** / setting point of fatty acids ‖ ~**lösung** *f,* Maßflüssigkeit *f* / titrimetric substance

Titration *f,* Titrierung *f,* Titrieren *n* (Chem) / volumetric analysis, volumetry, titration

Titrierapparat *m* (Chem) / volumetric o. titrating apparatus

titrieren, titern (Chem) / titrate ‖ ~ *n,* Titration, Titrierung *f* / titration, volumetric analysis

Titrier·lösung, Maßflüssigkeit *f* / titrating solution ‖ ~**methode,** -analyse *f* / analysis by titration ‖ ~**säure** *f* / titrating acid

Titrierung, Garnnummer *f* (Seide) / numbering

Titrierwaage *f* (Spinn) / titer balance

titrimetrisch, volumetrisch / volumetric, by titration ‖ ~e **Analyse** (Chem) / volumetric analysis, volumetry, titration

TK = Telekommunikation ‖ ~ = Tiefkühlkost ‖ ~ (Chem) = totale Kapazität

TKGW, Tonnen-Kohle-Gleichwert *m* / TCE, ton coal equivalent

TL (Luftf) = Turbinen-Luftstrahl-Triebwerk

T-Laufschiene *f* / T-track

T-Leitwerk *n* (Luftf) / T-shaped tail unit

TL·-Strahlumlenkungsflugzeug *n* / vectored-thrust aircraft ‖ ~**-Triebwerk** *n,* Turbinen-Luftstrahl-Triebwerk *n* / turbojet [engine]

TLÜ (Elektr) = Tieftemperatur-Leistungsübertragung

TM = Tonmodulation

TMD = Tagesmaximaldosis

TME = Tausendstelmasseneinheit

TM-Modus o. **-Typ** *m,* TM-Welle *f* (Elektronik, Mikrowellen) / TM-mode, transverse magnetic mode

TMS (Schiff) = Tankmotorschiff ‖ ~ = Turbinenmotorschiff

TMU *n* (Zeiteinheit im MTM-Verfahren) / TMU

T-Muffe *f* (Elektr) / tee-joint

T-Netz *n* (Fernm) / T-network

TNT = Trinitrotoluol

T-Nut *f* / T-slot, fixing slot, chucking groove

T-Nutenschraube *f* (DIN 787) / T-bolt, tee-bolt

T-Nutenstein *m* / T-nut

TO (Fernm) = Telegrafenordnung

Tochter·band *n* (DV) / tape copy ‖ ~**boot** *n* / daughter boat ‖ ~**gesellschaft** *f* / subsidiary company ‖ ~**kompaß** *m* / auxiliary o. slave o. repeater compass ‖ ~**maschine** *f* / remote controlled machine, slave machine ‖ ~**nuklid,** -produkt, Folgenuklid *n* (Nukl) / daughter product ‖ ~**sender,** Nebensender *m* (Decca) / daughter substance ‖ ~**station** *f* / slave station ‖ ~**substanz** *f* (Nukl) / daughter substance ‖ ~**uhr** *f* / secondary o. receiving clock

Tocopherol, β-~ / β-tocopherol, 5,8-dimethyltocol ‖ δ-~ *n* / δ-tocopherol, 7,8-dimethyltocol

TOC-Wert *m* (Abwasser) / total organic carbon value, TOC value

tödlich, giftig / deadly, highly poisonous ‖ ~, schädlich / destructive, noxious, fatal, deadly ‖ ~, letal / lethal

Tödlichkeitsprodukt *n* (Chem, Mil) / mortality product, lethal index

toe, Tonne *f* Öläquivalent (1 to Öl o. 1000 m³ Gas) / toe, ton oil equivalent

Toepler-Pumpe *f* (Vakuum) / Toepler pump

TO/FROM-Zeichen *n,* Leitweganzeiger *m* (Luftf) / TO/FROM flag

TO5-Gehäuse *n* (Transistor) / TO5 can

Toile *f* (Textil) / toile

Toilette *f* (der Raum) / water closet, bathroom

Toiletten··.., Klosett... / toilet... ‖ ~**papier** *n* / sanitary o. toilet paper ‖ ~**schlüssel** *m* (Werkz) / quick-action spanner for toilet fittings ‖ ~**seife** *f* / toilet soap

Tokamak *m* (Plasma) / tokamak ‖ ~**-Prinzip** *n* (Plasma) / tokamak principle

Token·bus *m* (DV) / token bus ‖ ~**bus-lokales Netzwerk** (DV) / token bus LAN

Token-Passing *n* (Zugriffs-Steuerung) (DV) / token passing

Toleranz *f,* zulässige Abweichung o. Ungenauigkeit (Masch) / tolerance, permissible variation, allowance ‖ ~ [in bezug auf] / tolerance [on] ‖ ~ **der Maschine** zwischen Soll und Ist (NC) / accuracy ‖ ~ **des Kolbenringspalts** / gap clearance of a piston ring ‖ ~ **für Schwindung** / allowance for contraction ‖ ~ **für Wärmedehnung** / allowance for heat expansion ‖ ~ **nur im Plus- oder Minus-Gebiet** (Masch) / unilateral tolerance ‖ **1 mm** ~ **auf 500 mm** / must be within 1 mm in 500 mm ‖ **ohne** ~**angabe** / without tolerancees ‖ ~**berechnung** *f* / calculation of tolerances ‖ ~**bereich** *m* / range of tolerance, permissible variation ‖ ~**dosis** *f* (Nukl) / tolerance dose ‖ ~**eintragung** *f* (Zeichn) / tolerancing ‖ ~**feld** *n* / tolerance zone o. extent, zone o. extent of tolerance ‖ ~**feld** *n,* Zwischenraum *m* / clearance space ‖ ~**grenzdaten** *n pl* / design maximum ratings *pl* ‖ ~**grenze** *f* / tolerance limit ‖ ~**haltigkeit** *f* / tolerance compliance ‖ ~**meßbrücke** *f* (Elektr) / limit bridge ‖ ~**prüfung** *f* (DV) / marginal check[ing] ‖ ~**system** *n* / system of tolerances ‖ ~**weite** *f* / permissible variation of dimensions ‖ ~**zuordnung** *f* / coordination of tolerances

tolerieren, Toleranzen angeben (Zeichn) / draw the tolerances into a design

toleriert·e Qualitätslage / tolerated quality level ‖ **eng** ~ / with close tolerances

Tolubalsam *m* (von Myroxylum balsamum) / tolu balsam, balsam o. resin tolu, Thomas balsam

Toluen *n* **für Nitrierzwecke** / toluene nitration grade

Toluidin, Aminotoluol *n* / toluidine ‖ ~**blau** *n* / toluidine blue

Toluol, Methylbenzol *n* / toluol, toluene, methylbenzene ‖ **rohes** ~ / toluol, commercial grade toluene ‖ ~**diisocyanat** *n,* TDI *n* / toluene di-isocyanate ‖ ~**-Unlösliches** *n* / matter insoluble in toluene

Toluylenrot, Neutralrot *n* / toluylene red

Tolylen·-Diisocyanat *n* / tolylene di-isocyanate

Tolylquecksilber *n* / tolylmercury

Tomatenwelkagens *n* / tomato wilting agent

Tombak *m* / tombac ‖ **grauer** ~ / cock metal ‖ ~**schlauch** *m,* Röhrenfeder f. / pressure capsule, sylphon bellows

Tomographie, Schichtbildaufnahme *f* (Röntgen) / tomography, lamino-, planigraphy, body-section radiography

Tomonaga-Darstellung *f* (Nukl) / interaction representation, Tomonga picture

Tomovision *f* (TV) / tomovision

Tomssches Phänomen *n* (Rheologie) / Toms' phenomenon

Ton *m* (Geol) / clay (unconsolidated clastic deposit, particle size less than 0.004 mm) ‖ ~, Töpfererde *f* / argil ‖ ~, weißer Bolus / white bole, bolus alba ‖ ~ (Färb) / tone ‖ ~, Klang *m* / tone (GB), sound (US) ‖ ~, Tonstärke *f* / tone ‖ ~..., tonal / tonal ‖ ~..., Audio... / audio... ‖ ~ **formen** / mould clay, fashion o. shape clay ‖ ~ **für Adoben** / adobe clay ‖ ~ **im Bild,** Tonstreifen *m pl* (TV) / sound on vision, S.O.V. ‖ ~ **mittlerer Plastizität** / semiflint clay ‖ ~ **[nachträglich] unterlegen** (Film) / dub ‖ ~ **schlämmen** / wash clay ‖ **feiner** ~ (Keram) / clay o. pure clay ‖ **hochfeuerfester** ~ / fire clay ‖ **kurzer** ~ / poor clay ‖ **plastischer** ~, Kapselton *m* / plastic clay ‖ **reiner** ~ (Akustik) / pure o. simple o. sinusoidal tone (GB) o. sound (US) ‖ ~**abnehmer** *m* (Phono) / pick-up, cartridge ‖ ~**abnehmeranschluß** *m* / pick-up socket ‖ ~**[abnehmer]arm** *m* / pick-up arm ‖ ~**abnehmereinsatz** *m,* -system *n* (Phono) / pick-up cartridge ‖ ~**abnehmerkabel** *n* / audio-cable ‖ ~**abnehmernadel** *f* / style, stylus ‖ ~**abtastkopf** *m* / pick-up o. playback head, scanning head

Tonalit *m* (Geol) / tonalite

Tonalität f / tonality ‖ die ˬ betreffend / tonal
Ton·analyse f / sound analysis ‖ ˬangler m (TV) /
perchman, boom operator ‖ ˬanlage f / sound
recording installation ‖ ˬanlage f für nachträgliches
Vertonen / dubbing equipment ‖ ˬapparatur f / sound
equipment ‖ ˬarm m (Phono) / pick-up arm ‖ ˬart f
(Musik) / key, tonality ‖ ˬartig, -haltig / argill[ace]ous,
clayey, clay-like ‖ ˬassistent m / sound assistant ‖
ˬaudiometrie f / pure-tone audiometry ‖ ˬaufnahme,
-aufzeichnung f / sound recording ‖ ˬaufnahme f auf
Band, Bandaufnahme f / sound taping, tape recording ‖
ˬaufnahme f auf dem Film / film recording ‖
ˬaufnahmefilm m / prestriped stock ‖
ˬaufnahmeraum m (Film) / sound recording room ‖
ˬaufnahme- und Wiedergabegerät n / sound
recording and reproducing equipment ‖
ˬaufnahmevorrichtung f / sound recorder ‖
ˬaufzeichnung f, Phonogramm n / phonogram ‖
ˬausgangsübertrager m (Ferns) / sound output
transformer ‖ ˬausscheider m (Bau) / clay separator ‖
ˬbad n (Phot) / toning bath ‖ ˬband n / sound
[recording] tape, magnetic [record] tape ‖
ˬbandaufnahme f / magnetic tape recording ‖
ˬband[frequenz]breite f (TV) / sound frequency
bandwidth ‖ ˬbandgerät n / tape recorder ‖
ˬbandkassette f / coplanar cartridge, cassette ‖
ˬbandunterricht m / taped lesson ‖ ˬbereich m /
range of sound o. tune ‖ ˬbereich m der menschlichen
Stimme / frequency range of the human voice ‖
ˬbesteg m (tonige schmierige Steinart) (Bergb) / clay
coat of veins, clay wall, weighboard ‖
ˬ-Bild-Bandgerät n / sound-image tape recorder ‖
ˬbildprojektor, -bildwerfer m / sound picture o.
talking picture projector ‖ ˬ-Bitumengemische n pl /
clay and bitumen mixtures pl ‖ ˬblende f, Entzerrer m
(Radio) / tone control ‖ ˬblende f (Film) / sound fade[r] ‖
ˬblende f (Radio) / tone control button ‖ ˬboden m
(Geol) / clay [soil], clayey ground o. land o. soil ‖
ˬboden, Kleiboden m (Geol) / loam ‖ ˬbrei m (Keram) /
clay slip ‖ ˬbrief m / sound letter ‖ ˬcharakter m /
tonality ‖ ˬdämpfer, Dämpfer m / mute ‖ ˬdigitales
Fernwirken (Raumf) / tone digital command system ‖
ˬdinasstein m (Hütt) / German brick ‖ ˬdreieck n
(Chem) / [pipe]clay triangle ‖ ˬeffekt m / sound effect ‖
ˬeisenstein m (ein Brauneisenstein) / argillaceous iron
ore, [brown] clay iron ore o. iron stone ‖ ˬeisenstein
m, Eisenspatkonkretionen f pl, Siderolith m / iron stone
clay
tonen (Phot) / tone vt, give a toning bath ‖ ˬ n (Mitdruck
anderer Stellen, Fehler) (Repro) / scum[ming], greasing
‖ ˬ (Phot) / toning ‖ ˬ (Mitdruck anderer Stellen,
Fehler) (Repro) / greasing
tönen vi, schallen / sound ‖ ˬ vt / colour, tint ‖ ˬ, leicht
färben, beizen (Holz) / tinge ‖ ˬ n des Holzes / sonority
of wood, sonorousness
tönend, klingend / sonorous ‖ ˬ, schallend / sounding
Tonendstufe f (TV) / final sound stage
Toner m, klarer organischer Farbstoff / toner
Tonerde f, Aluminiumoxid n / oxide of aluminium,
alumina ‖ schwefelsaure ˬ, Tonerdesulfat n /
aluminium sulphate, alum ‖ ˬ-Abbaustelle f / alum mine
Ton[erde]beize f, Alaunbeize f (Färb) / alum mordant o.
steep
tonerde·haltig / containing alumina, aluminous ‖
ˬhydrat, -oxidhydrat, -hydroxid n, -brei m / aluminium
hydrate o. hydroxide, hydrated alumina ‖ saures
ˬhydrat / ortho-aluminic acid ‖ kalk-Alkaliglas n /
bottle glass ‖ ˬklinker m / high alumina clinker ‖
ˬreicher Hochofenzement / montan cement ‖ ˬreicher
Ton / high-alumina fireclay ‖ ˬschamotte f (Hütt) /
clay-bond fire clay ‖ ˬschmelzzement m / high-
alumina cement ‖ ˬseife f, Aluminiumstearat o.
aluminostearate ‖ ˬsilikat n / alum[o]silicate ‖ ˬstein
m (Hütt) / clay brick

‖ ˬzement m / aluminous cement, rapid hardening
cement ‖ ˬzuschlag m, tonerdiger Fluß (Hütt) /
aluminous flux, calcareous stone, carbonate of lime
tönern, von Ton, irden / earthen, fictile
Ton·falle f (TV) / sound trap, sound rejector ‖ ˬfeder f
(Uhr) / gong ‖ ˬfilm m, Klangfilm m / sound o. talking
film, talkie[s pl, (coll) ‖ ˬfilm m mit Lichtspur
(Codewort) / (code name:) comopt ‖ ˬfilm m mit
Magnetspur (Codewort) / (code name:) commag ‖
ˬfilmprojektor m / sound film projector ‖ ˬfilmspur f
/ prestriped track ‖ ˬfilter n, akustisches Filter / tone
filter ‖ ˬfixierbad n (Phot) / toning and fixing bath ‖
ˬfixiersalz n (Phot) / tone-fixing salt ‖ ˬfraktion f
(Boden) / clay fraction ‖ ˬfrei (Keram) / nonclay ‖
ˬfrequent / audiofrequency … ‖ ˬfrequente
Verzerrung (Radio) / audio distortion
Tonfrequenz (ca. 30 bis 20000 Hz), Audiofrequenz f /
audiofrequency, A.F., a.f., a-f ‖ ˬ (ca. 16 bis 20000
Hz, Hauptgebiet 300-3500 Hz, in USA 100-2000 Hz),
Sprachfrequenz f (Fernm) / voice frequency, VF, v-f,
speech frequency ‖ ˬ oberhalb 20 kHz / superaudible
frequency ‖ ˬgenerator m (Akustik) / radiofrequency
oscillator ‖ ˬgesteuerter Schalter / electrosyntonic
switch ‖ ˬmaschine f, -prüfgenerator m /
audiofrequency generator o. oscillator ‖ ˬmessung f /
audiometry ‖ ˬrelais n (Fernm) / voice-frequency relay ‖
ˬrufumsetzer m / voice frequency signalling converter
‖ ˬrundsteuerung, Zentralsteuerung f (Elektr) /
audiofrequency remote control method ‖ ˬstrom m /
voice frequency signalling current ‖ ˬtelegrafie f /
audiofrequency o. voice frequency telegraphy, VFT ‖
ˬ-Telegrafie f mit verschachtelten Frequenzen /
interleaved tone VFT system ‖ ˬverstärker m /
audiofrequency oscillator ‖ ˬ-Vielkanal-Telegrafie f /
voice-frequency multichannel telegraphy ‖ ˬwahl f
(Fernm) / audiofrequency o. voice frequency dialling o.
signalling ‖ ˬwähler m (Fernm) / voice frequency
selector ‖ ˬ-Zeichengebung f (Fernm) / tonic train
signalling
Ton·fülle-Verstärkung f / sound installation ‖ ˬfunk m /
wireless (GB), radio, broadcast[ing] (US) ‖ ˬgalle f
(Min) / clay gall ‖ ˬgebunden (Gieß) / clay-bonded ‖
ˬgebundener Natursand / naturally clay bonded sand
‖ ˬgefäß n / earthenware vessel o. container ‖ ˬgehalt
m im Formsand nach AFS (Am. Foundrymen's
Society) / standard clay AFS ‖ ˬgemisch n / complex
sound, sound mix ‖ ˬgestein n / argillaceous rock ‖
ˬgleich, Ton in Ton (Färb) / tone-in-tone, on-tone ‖
ˬglimmerschiefer m / clayey mica schist ‖
ˬ-Graphit-Erzeugnis n / plumbago refractory ‖
ˬ-Graphit-Tiegel m (Hütt) / clay-graphite crucible ‖
ˬgrube f (Uhr) ‖ ˬgut n, Tongutwaren f pl, poröse
Tonwaren f pl / porous earthenware ‖ ˬhaltig, lehmig,
Ton… / argilliferous, argillaceous, clayey ‖ ˬhaltiger
Sandboden / clayey sand soil ‖ ˬhobel m zur
Tonzerkleinerung (Feuerfest) / clay cutter ‖ ˬhöhe f
(Phonetik) / pitch of a tone, tone pitch ‖
ˬhöhe-Empfinden n / pitch perception ‖
ˬhöhenabstimmung f (Radio) / note tuning ‖
ˬhöhenregler m (Radio) / tone control ‖
ˬhöhenschwankung f / pitch variation ‖
ˬhöhenschwankung f durch ungleichmäßigen
Bandlauf / wow and flutter ‖
ˬhöhenschwankungsmesser m (Elektronik) / sound
level variation meter, wow meter ‖ ˬhohlkörper m
(Bau) / hollow gauged brick ‖ ˬhohlplatte f,
Hourdis[stein] m (Bau) / hollow gauged brick o. slab,
Hourdis stone
tonig / clayey, argillaceous ‖ ˬes Erz / argillaceous o.
clayey ore ‖ auf ˬem Boden gedeihend / argillicolous
Tonikum n, Stärkungsmittel n / tonic
Ton·industrie f, Industrie f der Tone und Erden /
ceramics industry ‖ ˬingenieur m / audio o. recording

o. sound engineer ‖ ~-in-Ton-Färbung f / tone-in-tone dyeing
Tonka f (Bot) / tonka
Tonkabine f, -raum m / recording room
Tonka·bohne f / tonka bean ‖ ~**bohnenkampfer** m, Kumarin n / tonka bean camphor, coumarin
Ton·kalk m / argillaceous limestone, argillocalcite ‖ ~**kalkstein** m / argillaceous limestone ‖ ~**kamera**, -aufnahmegerät n (Film) / sound camera ‖ ~**kanal** m (TV) / audiofrequency channel, sound channel ‖ ~**kern** m (Gieß) / fireclay core ‖ ~**klumpen**, Kuchen m (Keram) / loaf ‖ ~**knetmaschine** f / clay mill ‖ ~**kontrolle** f / audio monitoring ‖ ~**kopf** m (Elektronik) / magnetic o. sound head ‖ ~**kopf** m (Videoband) / audio head ‖ ~**kopf** m, Lesekopf m / reading head ‖ ~**kopf** m, Schreibkopf m / recording head ‖ ~**kopfgehäuse** n, Magnetgehäuse n / can of the magnetic head ‖ ~**lage** f / pitch, register ‖ **tiefe, [mittlere, hohe] ~lage** / deep, [medium, high] pitch ‖ ~**lage** f einer Stimme, (auch:) Thema n eines Musikstückes / tessitura, (also:) theme o. subject (of a composition) ‖ ~**lager** n (Geol) / clay bed ‖ ~**lampe**, Erregerlampe f (Film) / exciter lamp ‖ ~**leiter** f (Musik) / scale ‖ ~**leitung**, Musikübertragungsleitung f (Radio) / music o. programme line ‖ ~**liebhaber** m / audiophile ‖ ~**linse** f (Film) / sound head lens ‖ ~**los** / toneless, tuneless ‖ ~**masse** f (Geol) / clay mass ‖ ~**masse** f (Keram) / compounded clay ‖ **geschlämmte ~masse** / clay slip, cream of clay ‖ ~**matrix** f / clay matrix ‖ ~**mehl** n / powdered clay ‖ ~**meister**, -ingenieur m (Elektronik) / monitor man, sound engineer ‖ ~**mergel** m / argillaceous o. clay marl, sandy marl, clay grit, marl[y] clay ‖ ~**messer** m, Volumenmesser m (Elektronik) / volume meter ‖ ~**mineral** n / clay mineral ‖ ~**mischpult** n, -tafel f (TV) / audiomixer, sound mixer ‖ ~**mischpult** n (Radio) / mixing desk o. console ‖ ~**mischung** f / tonal mixing ‖ **abgewogene ~mischung** (Akustik) / tonal blend ‖ ~**möbel** n / audio furniture ‖ ~**modulation** f / TM, tone modulation ‖ ~**moduliert** / tone modulated ‖ ~**montage** f (Film) / sound editing ‖ ~**motor** m (Bandgerät) / capstan motor, tape driving motor ‖ ~**mühle**, Ton[reinigungs]maschine f (Keram) / loam-mill, clay preparing mill
Tonnage f, Tonnengehalt m (Schiff) / tonnage
Tönnchen n, Fäßchen n / small cask ‖ ~**spule** f (Nähm) / barrel-shaped package, embroidery spool
Tonne f, Faß n / barrel, cask, vat ‖ ~, Boje f (Nav) / buoy ‖ ~, Registertonne f, RT, Reg.T = 100 cbft = 2.832 m³ / register ton ‖ ~ (= 1000 kg) / tonne, metric ton ‖ ~ **von 40 cbft = 1.13268 m³** / shipping ton ‖ **amerikanische ~** (Masse von 2000 lbs = 907,185 kg) / short ton ‖ **englische ~** (Masse von 2240 lbs o. ca. 1016 kg) / long ton ‖ **metrische ~** (Masse von 1000 kg) / metric ton ‖ **stumpfe ~** (Nav) / obtuse o. can buoy
Tonnegativ n / negative tape
Tonnen·…, halbkreisförmig (Gewölbe) / semi-circular ‖ ~**anker** m (Boje) / [mooring] sinker ‖ ~**blech** n / arched o. vaulted plate ‖ ~**bug** m (Schiff) / barrel bow ‖ ~**dach** n (Bau) / barrel o. waggon roof, arched roof ‖ **flaches ~dach** / tilt roof ‖ ~**feder** f / barrel spring ‖ ~**form** f / barrel shape ‖ ~**förmig** / barrel-shaped ‖ ~**förmige Verzeichnung**, Tonnenverzeichnung f (TV) / positive distortion (US), barrel distortion ‖ ~**gang** m, Mengenstrombild n (Aufber) / flow sheet with weight balance ‖ ~**gehalt** m, Vermessung f (Schiff) / measurement ‖ ~**gehalt** m, Tonnage f / tonnage ‖ ~**gehalt** m **unter dem Vermessungsdeck** / underdeck tonnage ‖ ~**gewölbe** n / barrel o. cylindrical o. waggon o. cradle o. tunnel vault, semicircular vault ‖ **ringförmiges ~gewölbe** / circular barrel vault, annular vault ‖ ~**kilometer** m (Luftf) / ton-kilometer, ton-km ‖ ~**-Kohle-Gleichwert** m, TKGW / ton coal equivalent, TCE ‖ ~**kreisgewölbe** n / straight-barrel vault ‖ ~**lager** n / barrel-shaped bearing ‖ ~**lager** (DIN) / Pendelrollenlager n / spherical roller bearing, swivel-

joint roller bearing ‖ ~**leger** m (Schiff) / buoy laying vessel, lighthouse tender ‖ ~**meile** f / ton-mile (short ton = 1.4600, long ton = 1.6352 ton kilometers) ‖ ~**-Öl-Gleichwert** m, TÖGW / ton oil equivalent, TOE ‖ ~**stößel** m (Kfz) / [barrel type] valve plunger ‖ ~**verzeichnung** f (Opt) / barrel distortion, positive distortion (US)
…**Tonner** m (Schiff) / …ton's ship, …tonner **Tonn·hölzer** n pl (Bergb) / crossbeam o. traverse in a hading shaft ‖ ~**lage**, Neigung f (Bergb) / hade, slope, descent, dip, inclination ‖ ~**lagerschacht** m, tonnlägiger Schacht (Bergb) / hading o. inclined o. sloping shaft ‖ ~**lagerschacht** m (ein Blindschacht) (Bergb) / underlayer (a staple pit) ‖ ~**lägig** (Bergb) / hading, sloping, inclined ‖ ~**lägiger [Förder]stollen** (Bergb) / [inclined] drift
Ton·pegel m / sound level ‖ ~**pegelmesser** m / sound level meter ‖ ~**pilz** m / tonpilz ‖ ~**platte** f (Keram) / earthenware slab ‖ ~**positiv** n / positive tape ‖ ~**projektor** m (Film) / sound projector ‖ ~**projektorlampe** f / exciter lamp ‖ ~**regler** m / sound control o. fader ‖ ~**regulierung** f (Diktiergerät) / tone control ‖ ~**relief** n (Elektronik) / sound picture ‖ ~**rille** f (Phono) / sound groove ‖ ~**rohr** n, Stein[gut]rohr n / earthenware duct ‖ ~**rohr** n (Kabel) / clay conduit ‖ ~**röhre**, Steingutröhre f (Abwasser) / earthenware pipe, [baked] clay pipe ‖ ~**röhre** f (Bau) / tile ‖ ~**rolle** f, Tonwelle f (Magnetton) / capstan [shaft] ‖ ~**rundfunk…** / radio… ‖ ~**sandstein** m / argillaceous sandstone ‖ ~**säule** f (Elektronik) / radiator column, column speaker, line-source loudspeaker, sound column, "tannoy" (Firmenname) ‖ ~**schamotte** f / fireclay chamotte, quickclay ‖ ~**schärfe**, Klarheit f / definition of sound ‖ ~**schicht** f, -lager n (Geol) / clay band o. layer, argillaceous sediment ‖ ~**schiefer**, Schieferton m / argillaceous o. clay schist o. slate, argillite, adhesive o. coal slate, clay shale ‖ ~**schlamm**, Töpferbrei m (Keram) / slip, slop, barbotine ‖ ~**schlämmanlage**, -schlämmaschine f (Zementfabrik) / clay wash mill ‖ ~**schlämmen** n / clay washing ‖ ~**schneider** m (Schnecke zw. Wellenmischer u. Vakuumkammer) (Keram) / pug sealer ‖ ~**sendend** / sound emitting ‖ ~**sender** m / sound emitter ‖ ~**signal** n / audio signal ‖ ~**skala** f, -stimmung f / musical scale ‖ ~**spalt-Spur** f (Testfilm) / buzz track ‖ ~**speise** f, -brei m / clay slurry ‖ ~**spur** f (Film) / sound track ‖ ~**spur** f (Videoband) / audio track ‖ ~**spur f 1** / music and effects track, museffex n ‖ ~**spur 2** f / separate effects track ‖ ~**spur** f **veränderlicher Dichte u. Breite** (Phono) / matted track ‖ ~**stärke** f / sound volume o. intensity, loudness ‖ ~**stein** m (Geol) / claystone ‖ ~**stimmung** f / musical scale ‖ ~**stopfen** m **für Stichlöcher** (Hütt) / bot[t], botter ‖ ~**strang** m (Ziegl) / clay column ‖ ~**streifen** m (Film) / sound track ‖ ~**stufe** f, Intervall n (Akust) / interval ‖ ~**technik** f / acoustic engineering, sound o. audio engineering ‖ ~**techniker** m (Film) / sound man o. operator o. recordist ‖ ~**teil** m (TV, Film) / audio o. sound section ‖ ~**teller** m (Chem) / porous plate ‖ ~**tiegel** m, feuerfester Tiegel / fireclay crucible ‖ ~**träger** m / sound carrier ‖ ~**träger** m, Aufnahmeplatte f, -band n (Diktierm) / transcription record ‖ ~**träger** m, -trägerwelle f / sound carrier wave, sound carrier ‖ ~**träger für Schallaufzeichnung** / sound recording medium ‖ ~**trägersperre** f (TV) / sound trap ‖ ~**treppe** f (TV) / sound carrier attenuation ‖ ~**überblendung** f / sound fade ‖ ~**übertragerkabel** n / sound transmission cable ‖ ~**überwachung** f / audio monitoring ‖ ~**umfang** m / gamut ‖ ~**-und-Bild…** / sound and picture…
Tonung f (Phot) / toning
Tönung f, Nuancierung f (Färb) / shading, tinge ‖ ~, Farbton m / tint, tinge, tonality
Ton·unterdrückung f (TV) / sound rejection, take-off ‖ **[chromatische] ~veränderung**, Modulation f (Musik) / inflection, inflexion (GB) ‖ ~**verschiebung** f (Färb)

change o. deviation of shade ‖ ⁴verstärker *m* (TV) / audio amplifier ‖ ⁴wagen *m* / sound recording car ‖ ⁴wahl *f* (Fernm) s. Tonfrequenzwahl ‖ ⁴wanne *f* (ein Lautsprecher) / line source loudspeaker ‖ ⁴welle *f* (TV) / audio wave ‖ ⁴welle *f*, -rolle *f* (Tonband) / capstan [shaft] ‖ ⁴wiedergabe *f* / sound reproduction ‖ ⁴wiedergabe *f* (Audio) / audio playback ‖ ⁴zeile *f* (Akust) / row of loudspeakers ‖ ⁴zelle *f*, -zylinder *m* (porös) (Elektr) / porous cell o. cylinder ‖ pot ‖ ⁴-Zement-Beton *m* / clay containing concrete ‖ ⁴zeug *n*, dichte Tonwaren *f pl* / impermeable earthenware ‖ ⁴ziegel *m* / clay tile ‖ ⁴-zu-Bild-Versetzung *f* / pull-up sound advance, sound-to-image stagger, frames picture to sound separation ‖ ⁴zwischenfrequenz *f* (TV) / s.i.f., sound intermediate frequency ‖ poröser ⁴zylinder (Phys) / porous pot o. cell o. cylinder

TOP (ein Betriebssystem, Ergänzung zu MAP), technical office protocol / technical office protocol
Topas *m* (Min) / topaz ‖ ⁴fluß *m* (Glas) / imitation topaz
Top·benzin, SR-Benzin *n* / top gasoline, straight-run o. SR-gasoline ‖ ⁴-Down-Testen *n* (DV) / top-down testing
Topf *m* / pot ‖ ⁴, Tiegel *m* (Hütt) / pot, crucible
Topfasenring, Gleichfasen-Ölschlitzring *m* (Mot) / ventilated oil ring with bevelled corresponding edge
Topf·bauart *f* von Kompressoren / barrel type ‖ ⁴dekatiermaschine *f* / pot decatizing machine ‖ ~eben / dead flat
Töpfer *m* / potter, turner
Töpferei *f* (Handwerk) / pottery (art), ceramic o. fictile art ‖ ⁴, Töpferwerkstatt *f* / pottery ‖ ⁴, -wesen *n* / ceramics, pottery
Töpfer·glasur *f* / potter's lead ‖ ⁴gut, -geschirr *n* / coarse pottery ‖ ⁴hammer *m* / potter's hammer ‖ ⁴schablone *f* / jigger of a potter ‖ ⁴scheibe, Drehscheibe *f* (Keram) / thrower's engine, throw[wheel], throwing lathe o. mill o. table, potter's wheel ‖ ⁴ton, Letten *m* / potter's clay o. earth o. loam, ball clay, figuline, argil ‖ ⁴waren *f pl* / ceramic goods, pottery
Topf·gießerei *f* (Gieß) / casting of iron pots ‖ ⁴glasur *f* / earthenware glaze ‖ ⁴glühen *n* (Hütt) / box annealing, close annealing ‖ ⁴glühofen *m* / pan-type annealing furnace ‖ ⁴kern *m* (Elektronik) / cup core ‖ ⁴kreis *m* (Elektronik) / resonant cavity o. chamber, [cavity] resonator, shell circuit ‖ ⁴kreisverstärker *m* (Elektronik) / cavity amplifier ‖ ⁴magnet *m* / plunger electromagnet, bell-shaped magnet, pot magnet, solenoid ‖ ⁴manschette *f* / cup leather ‖ ⁴ofen *m* (Hütt) / pot [annealing] furnace ‖ ⁴ölschalter *m* (Elektr) / oil-trough circuit breaker ‖ ⁴räumen *n* / pot broaching ‖ ⁴rösten *n* (Hütt) / updraft roasting ‖ ⁴scharnier *n* (Möbel) / cup hinge ‖ ⁴scheibe, Schleiftasse *f* (Wzm) / cup wheel, face wheel ‖ nach außen konische ⁴scheibe (Wzm) / flaring cup wheel ‖ ⁴scherbe *f*, -scherben *m* / potsherd ‖ ⁴spinnen *n* (Textil) / can o. pot spinning ‖ ⁴spinnmaschine *f* / pot spinning frame ‖ ⁴spule *f* (Elektronik) / pot-core coil ‖ ⁴strecke *f* (Textil) / can [gill] box ‖ ⁴wagen *m* (Bahn) / carboy o. jar wagon ‖ ⁴wandler *m* (Elektr) / insulator type transformer ‖ ⁴zeit *f*, Potlife *n* (Plast) / potlife, working life
Topinambur *f* / topinambour, Jerusalem artichoke
topisch·e Farbe (Färb) / topical colour
Top·lader *m* (Waschmasch) / top loading washer ‖ ⁴-Lift-Gerät *m* (Container) / top-lift implement
Topo·chemie *f* / topochemistry ‖ ~chemische Reaktion / topochemical reaction ‖ ~grafisch / topographic, -ical ‖ ~grafische Geländeaufnahme (1 : 5000 bis 1 : 20000) / topographical survey ‖ ~grafische Karte (1 : 100 bis 1 : 1000) / topographic map ‖ ~grafische Karte (1:25000), (früher:) Meßtischblatt *n* / plane survey sheet ‖ ⁴graph *m* / topographer ‖ ⁴graphie *f* (Verm, Geogr, Meteorol) / topography ‖ ⁴graphie *f* (o. Topologie) der Moleküle / molecular topology ‖ ⁴logie *f* (Math) / topology ‖ ⁴logie *f* der Netzwerke (Elektr) /

topology of networks ‖ ~logisch (Math) / topological ‖ ~taktisch (Krist) / topotactical ‖ ⁴taxie *f* / topotaxis, topotactical reaction
Topp *m n* (Schiff) / top
toppen (Öl) / top *v* ‖ ⁴ *n*, leichte Destillation (Chem) / topping
topp·lastig, kopflastig / top-heavy ‖ ⁴laterne *f*, -licht *n* (Schiff) / top light o. lantern, mast head light ‖ ⁴zeichen *n* (bezeichnet Spaltung des Fahrwassers) (Schiff) / top marker, marker buoy
Top·rückfluß *m* (Fraktionierung) / top reflux ‖ ⁴rückstand *m* (Öl) / long residue, reduced o. topped crude
TOP-Störfall *m* (Nukl) / TOP-accident, transient overpower accident
Tor *n*, schmale Durchfahrt / gate ‖ ⁴, Steuertor *n* (Halbl) / gate ‖ ⁴ (Bau) / door ‖ ⁴, Klemmenpaar *n* (Netzwerk) / terminal pair of a network ‖ ⁴ des Zirkulators (Fernm) / port of a circulator ‖ zweiteiliges ⁴, Falttor *n* / folding gate
Torbanit *m* (Art Ölschiefer) (Min) / torbanite
Torbernit *m*, Kupferuranit *m* (Min) / copper o. cupro-uranite, torbernite
Tordierstrecke *f* (Seil) / twisting section
tordiert·es Garn, Torque-Garn *n* / torque yarn
Toreinfahrt *f* / doorway
Torf *m* / peat
Torfalz *m* (Buch) / gate fold
torf·artig, vertorft, Torf… / peaty ‖ ⁴bagger *m* / peat drag ‖ ⁴dolomit *m* / botryoidal hematite ‖ ⁴dolomit[knollen] *m* (Geol) / coal ball ‖ ⁴dünger *m* / peat fertilizer ‖ ⁴erde *f*, -boden *m* / peaty soil ‖ schwarze ⁴erde (Geol) / muck ‖ ⁴gewinnung *f*, -stechen *n* / peat digging o. extraction, cutting of peat ‖ ⁴koks *m*, -kohle *f* / peat coal ‖ ⁴kraftwerk *n* / peat power station ‖ ⁴lager *n*, -schicht *f* / peat bed
Tor·flügel *m* / wing of a door o. gate ‖ ⁴flügel *m*, Schleusentor *n* / leaf of a lock gate
Torf·moor, (süddeutsch:) Moos, Ried *n* / peat moss o. bog ‖ ⁴mull *m* (Landw) / mull, peat dust ‖ ⁴mullballen *m* / bale of peat ‖ ⁴streu *f* / peat litter ‖ ⁴teer *m* / peat tar
Tor·gestellpresse *f* (Wzm) / straight-sided press, frame press ‖ ~gesteuert (Elektronik) / gated ‖ ~gesteuerter Thyristor, GCS-Thyristor *m* (Halbl) / gate controlled switch, GCS ‖ ⁴hubwagen *m*, -stapler *m* / straddle lift o. loader ‖ ⁴impedanz *f* (Elektronik) / gate [winding] impedance ‖ ⁴impuls *m* (DV) / gate pulse ‖ ⁴impuls-Multivibrator *m* / gate producing multivibrator
torisch, wulstförmig / toric ‖ ~ (Opt) / aspheric, aspherical ‖ ⁴e Wölbung (Opt) / toroidal surface
Torkran, Volltorkran *m* / gantry crane, portal o. straddle crane
torkretieren, Zement nach dem Torkretverfahren [ein- o. auf]spritzen / inject cement after the Torcret system, gunite ‖ ⁴ o. / guniting
Torkretier·maschine *f* / cement gun
Tor·lader *m* / straddle carrier o. truck ‖ ⁴nische *f* (Wassb) / gate recess
Tornister·-Funksprechgerät *n* / manpack transceiver ‖ ⁴sender *m* (TV) / portable television camera transmitter
Törnmaschine *f* (Schiff) / turning gear
Toröffnungszeit *f* (Thyristor) / gate time, gate-controlled turn-on time
Toroid *n*, ringförmiger Körper / toroid
toroidal·e Eintrittsleitschaufel (Luftf) / toroidal intake guide vane ‖ ~er Theta-Pinch (Nukl) / toroidal theta pinch
Toroide *f* (Math) / toroid
Toroidgetriebe *n* / toroidal drive
toroid[isch] / toroidal
Toroid·kammer *f*, Torus *m*, Toroid *n* (Nukl) / torus, toroid ‖ ⁴kern *m* (DV) / single-aperture core, toroidal

core ‖ ⁀-Mittelebene *f* / mid-plane of the toroid ‖
⁀spule *f* (Elektr) / toroid, torus
torpedieren / torpedo *v*
Torpedo *m* (Mil, Plast) / torpedo ‖ ⁀[ausstoß]rohr,
Lancierrohr *n* (Schiff) / [torpedo] launching tube ‖
⁀bahn *f*, Blasenbahn *f* / torpedo track o. furrow ‖
⁀kreiselgeradlaufgerät *n* / torpedo gyro[scope] ‖
⁀pfanne *f* (Hütt) / torpedo ladle, submarine ladle ‖
⁀pfannenwagen *m*, (Hütt) / torpedo ladle car ‖
⁀wagentrichter *m* (Hütt) / torpedo car mouth
Torr *n* (= 1,333 x 10² Nm⁻²) (veraltet) / torr, 1/760
atmosphere
Torricellische Leere (Phys) / Torricellian vacuum
Torschaltung *f* / gate o. gating circuit ‖ ⁀, UND-
Schaltung *f* (Elektronik) / AND-circuit o. -element o.
-operator
Torse *f* (Math) / developable [surface]
Torsen-Ausgleichgetriebe *n* / torsen differential (=
torque sense)
Torsio·graph *m*, Verdrehungsschreiber *m* / recording
torsiometer, torsiographe ‖ ⁀graph *m*,
Verdrehungsschreiber *m* / torsiograph
Torsion *f*, Verdrehung *f* / torsion ‖ ⁀, Verwindung *f*
[einer Raumkurve] (Math) / torsion ‖ ⁀, Drehung *f*
(Phys) / wrench
Torsions·... / torsional ‖ ⁀aufhängung *f* (Instr) / torsion
suspension ‖ ⁀beanspruchung *f* / torsional strain ‖
⁀elastizität *f* / elasticity of torsion ‖ ⁀faden *m* / torsion
wire ‖ ⁀feder *f*, Dreh[stab]feder *f* / torsion bar o.
spring, torque rod, twister ‖ ⁀galvanometer *n* / torsion
galvanometer ‖ ⁀knicken *n* (Mech) / torsional buckling
‖ ⁀kritische Drehzahl / critical torsional speed ‖
⁀kurve *f* (Math) / twisted curve ‖ ⁀modul, Drehmodul
m / modulus of torsion[al shear] ‖ ⁀moment *n* /
torsional moment ‖ ⁀pendel *n* (Uhr) / torsion[al]
pendulum ‖ ⁀radius *m* einer Raumkurve / radius of
torsion of a spherical curvature ‖ ⁀scherversuch *m* /
torsion shear test ‖ ⁀schwingmaschine *f*,
Drehschwingmaschine *f* / oscillating twisting machine ‖
⁀schwingung *f* / torsional oscillation o. vibration ‖
⁀schwingungsversuch *m* (DIN 53520) / torsional
vibration test ‖ ⁀stab *m* (Masch) / torque rod ‖
⁀standversuch *m* / torsional creep test ‖ ⁀steif / stiff
against torsion, torsion-proof (US) ‖ ⁀stück *n*
(Wellenleiter) / twist ‖ ⁀waage, Drehwaage *f* / torsion
balance
TOR-Stahl *m* (Bau) / TORSTAHL, TOR-steel
Tor·stapler *m* / straddle loader o. lift, van carrier ‖
⁀stütze *f* (Seilb) / gantry support
Tortenschachtelantenne *f* / cheese antenna
Torus *m*, Ringfläche *f* (allg) / torus ‖ ⁀ (Schneckengetr) /
toroid ‖ ⁀, Toroidkammer *f* (Nukl) / torus, toroid ‖
⁀schale *f* (Bau) / toroidal shell
Tor·wagen *m* / straddle carrier ‖ ⁀weg *m* / gateway ‖
überwölbter ⁀weg / archway ‖ ⁀widerstand *m*
(Elektronik) / gate [winding] resistance
Tos·becken *n* (Hydr) / whirlpool basin, stilling basin ‖
⁀kammer *f* (Hydr) / stilling chamber
tot, leblos / dead ‖ ⁀, schalldämpfend (Akustik) / dead ‖ ⁀,
unfruchtbar (Landw) / dead, sterile ‖ ⁀, verloren (Masch)
/ dead, lost ‖ ⁀ (Abwasser) / stagnant ‖ ⁀, still (Wasser) /
still ‖ ⁀er Draht / idle wire, dead wire ‖ ⁀e Drehung
(Textil) / set o. dead twist ‖ ⁀e Ecke / dead corner ‖ ⁀es
Ende (Rohrltg) / dead end ‖ ⁀er Gang (Masch) / dead
travel, lost motion, play, backlash ‖ ⁀er Gang,
Leerlauf *m* (Gewinde) / end play ‖ ⁀es Gleis (Bahn) / dead
ending, dead end [line o. track], blind o. dead track ‖
⁀e Haare (Textil) / kemp ‖ ⁀es Holz / dead wood ‖ ⁀e
Lamelle (Elektr, Kommutator) / dead segment ‖ ⁀e
Leitung (Elektr, Fernm) / dead line ‖ ⁀er Mann
(Hochofen) / dead man ‖ ⁀e Phase (Lichtbogenofen) / cold
phase ‖ ⁀er Punkt, Totpunkt *m* / dead center o. point ‖
⁀er Punkt, empfangsfreier Punkt (Akustik) / dead spot,
silent spot, nul ‖ ⁀er Punkt (Vergaser) / flat spot ‖ ⁀er

Raum / dead space, stagnant space ‖ ⁀er Raum /
stagnant space ‖ ⁀e Sekunde (ein Zeiger) (Uhr) /
independent second ‖ ⁀e Spule / dummy coil ‖ ⁀er
Weg (Masch) / idle movement ‖ ⁀es Werk, Oberschiff *n*
(Schiff) / dead o. upper works *pl*, top-hamper ‖ ⁀e
Windung (Elektr) / dead-end turn ‖ ⁀er Winkel (Bau) /
dead corner ‖ ⁀er Winkel (Kfz) / blind angle ‖ ⁀e Zone
(NC) / dead zone ‖ ⁀e Zone (Radar) / radar gap o. hole ‖
⁀e Zone (Radio) / radiopocket o. shadow o. silent zone,
skip area o. zone, dead zone, blind spot ‖ ⁀e Zone
(Analogrechner) / dead space circuit ‖ ⁀e Zone (Instr) /
dead band
total, gänzlich, vollständig, gesamt / total *adj*, entire,
whole ‖ ⁀e Absüßung (Zuck) / total washing ‖ ⁀es
Blindlandesystem (Luftf) / autoland[ing] system ‖ ⁀es
Differential / complete o. exact o. total differential ‖ ⁀e
Elektronenbindungsenergie / total electron binding
energy ‖ ⁀e Kapazität, TK (Chem) / total capacity ‖
⁀ reflektierend / fully reflective ‖ ⁀er
Wirkungsquerschnitt (Nukl) / total effective collision
cross-section, total [microscopic] cross section ‖
⁀abnahmeboden *m* (Chem) / total draw-off tray ‖
⁀ausfall *m* (Elektr) / total loss of power ‖
⁀-Energie-System *n* / total energy system ‖ ⁀reflexion
f / total [internal] reflection ‖ ⁀schaden *m* (Kfz) / total
loss, wreck, crack-up (coll) ‖ ⁀synthese *f* / total
synthesis
Tot·arm *m*, stehendes Wasser (Hydr) / dead water ‖
⁀bereich, Leerbereich *m* / dead range ‖ Kalk
⁀brennen / overburn lime, kill lime
Totempfahl-Ausgangsschaltung *f* (DV) / totem pole
fanout
töten, die Haare ⁀ (Gerb) / kill the skin
Tot·gang *m* / backlash, play, lost motion, dead travel ‖
⁀gebrannt / dead-burned o. burnt ‖ ⁀gerben (Gerb) /
case-harden ‖ ⁀gerbung *f* / case hardening ‖ ⁀gewicht
n, totes Gewicht, Totlast *f* / own o. dead weight ‖
⁀kochen / dead-boil, overboil ‖ ⁀lage *f* (Hydr) / dead-
center position ‖ ⁀last *f* / dead load ‖ ⁀liegendes,
Liegendes *n* (Bergb) / deads below the vein ‖ ⁀mahlen /
overgrind ‖ ⁀mahlen (Pap) / overbeat ‖ ⁀mahlen *n* /
overgrinding ‖ ⁀manneinrichtung *f*, -mann *m*, -knopf
m (Bahn) / dead man's handle o. button ‖ Gummi
⁀mastizieren / kill rubber, overmill o. overmasticate
rubber ‖ ⁀pochen (Erze) / pulverize ‖ ⁀pumpen (Öl) /
kill a well ‖ ⁀punkt *m* (Mot) / dead center, slack point ‖
vor unterem ⁀punkt / before bottom dead centre,
BBDC, b.b.d.c. ‖ innerer o. unterer ⁀punkt, UT /
bottom dead center, B.D.C. ‖ äußerer o. oberer
⁀punkt, OT / inner o. upper dead centre (GB) ‖
⁀[punkts]lage *f* / dead centre [position] ‖
⁀punkt[s]marke, Schwungradmarkierung *f* (Kfz) /
timing mark ‖ ⁀raum *m*, toter Raum (Mot) / clearance
volume ‖ ⁀recken, -ziehen (Draht) / kill ‖ ⁀rösten *n*
(Hütt) / dead roasting ‖ ⁀speicher *m* (DV) / read-only o.
permanent store o. memory ‖ ⁀spritzen *n* (Landw) /
haulm o. spray killing ‖ ⁀taste *f* (Schreibm) / non-tab o.
dead key ‖ Gummi ⁀walzen s. totmastizieren ‖ ⁀wasser
n, Sog *m* (Strömung) / eddy o. dead water, eddying ‖
⁀wasser *n*, Kielwasser *n* / wake ‖ ⁀wassergebiet *n* /
dead water zone ‖ ⁀wassergebiet *n* im Diffusor
(Gebläse) / wake ‖ ⁀weich (Hütt) / dead soft ‖
⁀weichglühen *n* (Hütt) / dead soft annealing ‖ ⁀zeit *f*,
Leerlaufzeit *f* / idle time ‖ ⁀zeit *f*, Verzögerungszeit *f*
(Regeln) / distance-velocity lag, transport[ation] lag o.
delay, delay time ‖ ⁀zeit *f* (sowohl Warte- wie
Brachzeit) (F.Org) / idle time ‖ ⁀zeit *f* (Instr) / insensitive
o. dead time ‖ ⁀zeit *f* (Wzm) / non-cutting time ‖
⁀zeitregelsystem *n* (Regeln) / dead-time control system,
transport[ation] delay o. lag system ‖ ⁀zone *f*, neutrale
Zone (NC) / neutral zone ‖ ⁀zone des Halbleiter-
Detektors *f* (Atom, Nukl) / dead layer of a semiconductor
detector ‖ ⁀zonenregelung *f* (Regeln) / dead zone
control

Touchpad n, Cursor-Steuerungsfeld n / touchpad, cursor control keypad
Touch-Tone-Telefon n (US) / card dialer telephone, touch-tone telephone
Tour f (Färb) / passage, run, turn || ⤴ (Wirkm) / course || ⤴, Treiben n (Bergb) / journey || ⤴ (Spinnen) / passage, head || ⤴ (2 bis 3 Rohre) (Öl) / string || ⤴en $f pl$, Umdrehungen $f pl$, Umläufe $m pl$ / revolutions pl || auf ⤴en sein / rev || volle ⤴en / full speed
Touren·lenker m (Fahrrad) / raised handlebar || ⤴wagenaufbau m / open body || ⤴zahl f, Drehzahl f / number of revolutions, r.p.m., speed || ⤴zähler m, Drehzahlmesser m / tachometer, revolution o. speed counter
Touristenklasse f (Luftf) / economy class, coach class o. service (US)
Tournaiteppich m, Veloursteppich m / Tournay carpet
Tournaivelourensteppich m / Tourney cut-pile o. velvet carpet
Tournantöl n (Textil) / tournant oil, rancid olive oil
Towgarn n / tow yarn
Townsend·-Entladung f / Townsend discharge || ⤴-Lawine f (Phys) / Townsend avalanche
Toxfügen n von Blechen (Stanz) / Tox clinching technique
Toxi·ferin [I] n / toxiferin [I] || ⤴kologie f / toxicology || ⤴kose f, -konose f, Toxonose f / toxicosis, (pl.: -ses)
Toxin n, Gift n, -stoff m / toxin
toxisch, vergiftend / poisonous, toxic || ~ (tierisches Gift) / venomous
Toxizität, Giftigkeit f / toxicity
TPA (= trans-1,5-Polypentenamer, ein Synthesekautschuk) / TPA
TPE / TPE, thermoplastic elastomere
T-Profil n aus Schichtstoff / laminated T-section
T-Profile $n pl$ (allg) / tee-sections pl, tees pl
TP-Triebwerk n, Turbinen-Propellertriebwerk n (Luftf) / turboprop engine
TQ = Tageslichtquotient
TR = Technische Richtlinien
Trabant m, Satellit m (Astr) / satellite, secondary || ⤴ (TV) / equalizing pulse || ⤴en $m pl$, Raman-Linien $f pl$ / attendant lines pl
Trabantenstation f (DV) / tributary station
Trace-Programm n (DV) / selective trace
Tracer m, Indikatoratom n / radioactive tracer, labelled o. tagged atom || ⤴technik, Leitisotopentechnik f / tracer technique || ⤴zugabe f, Spicken n (Atom, Nukl) / spiking
Trachee f, Holzgefäß n (Bot) / wood vessel
Tracht f (Kristall) / shape of the crystal face o. plane, tracht of crystal
trächtig (Ader) / metalliferous
Trachydolerit m (Geol) / trachydolerite
Trachyt·basalt m / basalt glass, tachylite, tachylyte || ⤴lava f / trachytic lava || ⤴[porphyr] m (Geol) / trachyte || ⤴struktur f / trachytic structure
Tracing[-Programm] n (IBM) (DV) / trace o. tracing program o. routine
Track m, Schiffahrtsroute f / ocean lane
TRAC-Rotor m (Hubschr) / telescoping-rotor-aircraft o. TRAC rotor
traditionell / conventional, customary, traditional
Trafo m / transfo[rmer] || ⤴blech n (Elektr) / transformer plate o. sheet || ⤴draht m / magnet wire || ⤴haus n, -kasten m / transformer box o. tower
Trag... / supporting, carrying, holding
träge Strömung / slug flow
Trag·achse f (Bahn) / carrying axle || ⤴anteil m (Getriebe) / percentage contact area
Tragant[gummi] m / gum tragacanth
Trag·arm m, Stütze f (Masch) / lug, bracket || ⤴balken, Träger m / supporting beam, girder, summer, bearer || ⤴band n, -riemen m / carrying girth o. strap || ⤴band n (Luftkabel) / cable suspender

tragbar, transportabel / movable, moveable, portable || ~er Bandförderer / portable belt conveyor || ~e Brückenwaage / portable weighing machine || ~er Fernseher / portable television receiver || ~e Fernsehkamera / walkie-lookie, creepi-peepi (US), hand-held TV-camera (GB) || ~es [Funk-]Sprechgerät / walkie-talkie
Trag·bild n (Getriebe) / contact pattern, tooth bearing || ⤴binder m (Dach) / main o. principal couple o. truss || ⤴bock m / supporting trestle || ⤴bogen m (Bau) / subarch || ⤴bolzentreppe f / stairs with load-bearing bolts || ⤴bügel m (TV, Funk) / carrying strap || ⤴draht m / suspension wire || ⤴draht m, -kabel n (Fernm) / bearer cable, messenger wire, cable suspension wire
Trage f, Tragbahre f / litter, hand barrow || ⤴ (Bier) / pack
träge / sluggish, lazy, dull || ~, neutral (Chem, Phys) / indifferent, inert, neutral || ~, untätig / passive || ~ Gärung / slow fermentation || ~ Masse (Phys) / inert mass || ~ Sicherung (Elektr) / time-lag fuse, slow[-blow o. slo-blo] fuse, delay-action fuse, surge-proof fuse || ~ Strömung n / sludge methanizing gas || ~ wirkendes Relais / marginal relay
tragecht (Färb) / fast to wearing
Trage·griff m / carrying handle
Tragelement n / supporting member o. structure
tragen, stützen / bear, support, uphold || ~, halten / carry || ~ (z.B. Kleidung) / wear || ~ vi (Schall) / carry || ⤴ n (Handschuhe, Waffen usw.) / carrying objects, wearing n
tragend (Masch) / bearing, carrying || ~ (Bau) / load-bearing, stress carrying || ~ (Mech) / stress-bearing || ~e [Außen]haut / stressed skin || ~e Bauteile (Luftf) / primary structure || ~es Element, Tragelement n / supporting member o. structure || ~e Fläche (Luftf) / supporting surface, area of support || ~e Fläche (Luftf) / bearing wing area || ~e Haut des Flügels (Luftf) / load carrying o. bearing wing covering || ~e Konstruktion / supporting structure || ~e [Mittel]wand o. [Zwischen]mauer (Bau) / bearing partition o. wall || ~er Rahmen / load carrying frame || ~e Stütze / bearing pile || ~e Wand / main wall, structural wall || ~er Wirbel / lifting o. supporting vortex || ~e Zahnflanke (Masch) / active profile || Bauweise mit ~er Außenhaut / monocoque system || sich gut ~, dauerhaft (Tuch) / wearing well
Träger m (allg, Chem) / carrier || ⤴, Tragebalken m (Bau, Stahlbau) / beam, girder || ⤴, Stütze f (Bau, Masch) / bearer, rest, sustainer || ⤴, Stütze f (Masch, Seilb) / standard, support || ⤴, Binder m (Bau) / main couple o. truss || ⤴, Auflage f (Masch) / bracket, rest, sustainer || ⤴ (Ferns, Funk) / carrier || ⤴, Halterung f / carrier, strap || ⤴ (Plast) / supporting base || ⤴, Basismaterial n (Halbl) / substrate || ⤴, Unterlagsschicht f / backing || ⤴, Farbträger m / medium || ⤴, Fassung f (Opt) / mount || ⤴ (Folie) / backing || ⤴ (für Spurenmengen) (Nukl) / carrier || ⤴ (Raumf) / vehicle, carrier || ⤴ auf zwei Stützen / beam resting on two supports || ⤴ aus ausgestanzten Normalprofilen zusammengeschweißt / castelled welded beam || ⤴ der Palette / stringer || ⤴ einer Lichtquelle / photophore || ⤴ für das Hängegerüst (Bau) / outrigger || ⤴ für Schwingsystem / carrier of oscillating masses || ⤴ gleicher Festigkeit / beam of uniform strength || ⤴ mit durchbrochenem Steg / castellated beam || ⤴ mit fester und beweglicher Auflagerung / beam resting on fixed and movable supports || ⤴ mit [nach oben] gekrümmtem Untergurt / girder with arched soffit, with arched bottom flange || ⤴ mit oben-[o. unten]liegender Fahrbahn / girder with floor on top [o. bottom] boom || ⤴ mit einem ⤴ (Kran) / single-girder... || ⤴ mit zwei ⤴n (Kran) / double-beam... || ⤴ schwacher ⤴ (Stahlbau) / girt || ⤴abstand m / carrier spacing, interjoist || ⤴amplitude f (Elektronik) / carrier amplitude || ⤴amplituden-Abweichung f, -Ausschlag m / carrier shift || ⤴analyse f (Chem) /

carrier analysis ‖ ~anschlußtechnik f (Halbl) / beam lead technology ‖ ~auffrischung, -wiederherstellung f (Elektronik) / reconditioning of the carrier ‖ ~beweglichkeit f (Halbl) / carrier mobility ‖ ~-Biege- und Richtmaschine f / beam bending and straightening machine ‖ ~brücke f / girder bridge ‖ ~bügel m (Beton) / loop for girders ‖ ~diffusion f (Halbl) / carrier diffusion ‖ ~-Einheit f (Wzm) / carrier unit ‖ ~einheit f für Mehrspindelköpfe / headstock for multispindle head ‖ ~-Einheit f mit Vorgelege (Wzm) / geared carrier unit ‖ ~flugzeug n / ship plane ‖ ~folie f (Repro) / carrier foil ‖ ~frei (Nukl) / carrier-free ‖ ~frequentes System / carrier-frequency system

Trägerfrequenz f, TF (FM) / carrier o. center o. resting frequency ‖ ~ (Funk) / carrier frequency ‖ ~ (AM-Faksimileübertr.) / picture tone ‖ ~bespulung f / carrier loading ‖ ~durchschlag m / carrier break-through ‖ ~-Fotographie f / carrier frequency photography ‖ ~generator m / carrier generator ‖ ~-Grundleitung f (Fernm) / carrier line link ‖ ~-Hilfsvoramt n / carrier frequency subcontrol station ‖ ~kanal m / carrier frequency channel ‖ ~-Nachrichtenübertragung f auf Hochspannungsleitungen, TFH-Telefonie f / power line [carrier] telephony ‖ ~rest m / carrier leak o. remainder, residual carrier ‖ ~system n, TF-System n / carrier system ‖ ~technik f / carrier frequency technology ‖ ~telefonie f / carrier wave telephony, CWT, carrier current telephony ‖ ~übertragung f / carrier frequency transmission ‖ ~unterdrückung f / carrier suppression

Träger·gas n, Schleppgas n (Chem) / carrier gas ‖ ~-Geräusch-Abstand m o. -Verhältnis / carrier-to-noise ratio ‖ ~gesteuert / carrier-operated o. -derived ‖ ~gewebe n, -material n, (spez:) Teppichgrund m / substrate ‖ ~höhe f (Stahlbau) / depth of girder ‖ ~injektion f (Halbl) / carrier injection ‖ ~kompression f (Elektronik) / carrier compression ‖ ~laufkatze f / trolley with pulley-block ‖ ~laufzeit f (Halbl) / carrier transit time ‖ ~lawine f, Elektronenlawine f / electron avalanche ‖ ~lawine f, Ionenlawine f / ion avalanche ‖ ~lebensdauer f (Halbl) / volume lifetime ‖ ~leistung f (Elektronik) / carrier power ‖ ~-Leiterplatte f (gedr.Schaltg) / mother board ‖ ~lose Folie (Plast) / unsupported sheet ‖ ~material n (für Beschichtung) (Repro) / base material, base stock ‖ ~modul m, -kapsel f (Raumf) / carrier ‖ ~null n, Nullamplitude f (Elektronik) / zero carrier ‖ ~puls m (Modulation) / pulse carrier ‖ ~rakete, Startrakete, -stufe f (Raumf) / launch o. launcher rocket o. vehicle, booster rocket o. stage, carrier rocket, rocket vehicle ‖ ~/Rauschabstandsleistung f / carrier-to-noise power ratio, CNPR ‖ ~rauschen n / carrier noise ‖ ~/Rauschverhältnis n (Fernm) / carrier-to-noise ratio ‖ ~rest m (Trägerfrequ) / residual carrier ‖ ~rost m, Kreuzwerk n (Stahlbau) / grillage, grid ‖ ~schere f / I-beam shears o. shearing machine, joist shears pl ‖ ~schiff n, Schuten-Träger n / barge o. kangaroo carrier ‖ ~schwebung f (Elektronik) / carrier beat ‖ ~schwund m (Elektronik) / carrier fading ‖ ~seite f (Film) / base side ‖ ~senkung f (Bau) / settling of the girder ‖ ~signal n / carrier signal ‖ ~spannung f / carrier voltage ‖ ~steg m / girder web o. stem ‖ ~steuerungsmodulation, HAPUG-Modulation f / floating carrier modulation ‖ ~stift m (Kompass) / center pin support ‖ ~stoß m (Stahlbau) / girder joint o. splice ‖ ~strang m (Stahlbau) / string of girders ‖ ~straße f (Walzw) / beam rolling train, joist rolling train ‖ schwere ~straße (Walzw) / heavy beam train ‖ ~strom m (Elektronik) / carrier current ‖ ~stromtechnik f, -frequenztechnik f / carrier frequency technology ‖ ~stromverstärker m / carrier repeater ‖ ~stufe f für wissenschaftliche Instrumente (Raumf) / SIM, scientific instrument module ‖ ~substanz f (Katalysator) / catalyst carrier ‖ ~substanz f

(Xerox) / carrier [substance] ‖ ~systeme n pl (Stahlbau) / girder types o. systems pl ‖ ~telefonie f mit Trägerunterdrückung in den Gesprächspausen / quiescent carrier telephony ‖ ~telefonie und -telegrafie f / carrier [wave] telephony and telegraphy ‖ ~telefonie f, tonlos (Elektronik) / keyed continuous waves pl ‖ ~unterdrückung f / carrier suppression ‖ ~unterkante f / lower surface of a beam ‖ ~verkleidung f / girder casing ‖ ~versorgung f (Elektronik) / carrier supply ‖ ~walzwerk n (Hütt) / joist rolling mill, beam rolling mill ‖ ~welle f (Elektronik) / carrier wave, C.W. ‖ ~welle f s. auch Trägerfrequenz ‖ ~wellenamplitude f / carrier amplitude ‖ ~wellenamplitude f für Maximum-Weiß, Weißpegel m (TV) / picture white, white level ‖ ~wellenfilter m n (Fernm) / carrier filter ‖ ~wellengesteuerter Geräuschunterdrücker / codan (carrier operated device anti-noise) ‖ ~wellenoszillator m / carrier wave oscillator, CWO ‖ ~wiederherstellung, -auffrischung f (Elektronik) / reconditioning of the carrier ‖ ~zuführung f (Elektronik) / local carrier

Trage·schnur f / carrying strap ‖ ~spannung f (Plast) / bearing stress ‖ ~tasche f (Plast) / shopping bag (US), carrier bag (GB)

tragfähig / capable of bearing, portative ‖ ~, gut (Bau) / stable, good bearing… ‖ ~er Boden / good bearing soil, footing ‖ ~ sein / bear

Tragfähigkeit f, -kraft f, -vermögen n / carrying capacity ‖ ~ (Fahrzeug) / load[-bearing] o. load[ing] capacity ‖ ~, Ladungsfähigkeit f (Schiff) / tonnage, lading capacity, burden ‖ ~, Nutzlast f / carrying capacity ‖ ~ (Baugrund) / soil bearing capacity ‖ ~ (Reifen) / load capacity o. rating ‖ ~, -kraft, Belastbarkeit f (Hebezeug) / lifting capacity o. power ‖ ~ (Lager) / bearing capacity o. strength ‖ ~ auf weichem Boden (Reifen) / flotation ‖ ~ der Bodenfläche / safe floor-load

Tragfähigkeits·berechnung f / calculation of the carrying capacity ‖ ~zahl f (Flugplatz) / load classification number, L.C.N.

Trag·feder f / bearing o. suspension spring ‖ ~federbolzen m / spring-suspension link pin

Tragfläche f, Auflagerfläche f (Masch) / area of support ‖ ~ (Lager) / bearing surface ‖ ~, -flügel m (Luftf) / deck, wing, plane, airfoil, aerofoil (GB) ‖ ~ des Tragflügelbootes / hydrofoil

Tragflächen·abstand m (Luftf) / gap of wings ‖ ~belastung f / wing loading ‖ ~gerippe n / wing framework ‖ ~holm m / wing spar ‖ ~kühler m / wing radiator ‖ vorderer ~rand (Luftf) / entering o. leading edge of the wing ‖ ~theorie f / lifting surface theory ‖ ~wurzel f (Luftf) / root of wing ‖ ~zelle f / wing cell[ule]

Trag·flügelboot n, -flächenboot n / hydroplane, hydrofoil [boat] ‖ ~gabel f (Gieß) / ladle shank, double handle [crutch] ‖ ~gabelpfanne f (Gieß) / hand shank ladle ‖ ~gas n / buoyant o. lifting o. supporting gas ‖ ~gerüst n / suspended frame [work] o. structure ‖ ~gerüst n (Förderband) / channels pl ‖ ~gestell n (Satellit) / load bearing structure ‖ ~griff m / carrying handle ‖ ~gurt m (allg) / neck o. shoulder strap ‖ ~gurt m (Fallschirm) / lift web

Trägheit f, Beharrungsvermögen n (Mech, Phys) / inertia ‖ ~, Trägheitskraft f / vis inertiae ‖ ~ / sluggishness ‖ ~, [mittlerer] Zeitabstand (Instr) / time lag ‖ ~, Inertanz f (Chem) / inertance, inertness

Trägheits·… (Mech) / inertial ‖ ~achse f (Phys) / axis of inertia ‖ ~achsenkreuz n / inertial system o. frame ‖ ~arm m / radius of gyration ‖ ~beanspruchung f / inertia stresses pl ‖ ~betätigung f (Bremse) / control by inertia ‖ ~einschluß m (Plasma) / inertial confinement ‖ ~ellipse f / ellipse of inertia ‖ ~ellipsoid n / inertia ellipsoid ‖ ~führung f (Raumf) / inertial guidance ‖ ~gesetz n, 1.Newtonsches Axiom / Newton's law of inertia o. of gravitation, Newton's first law

~halbmesser m, -radius m / radius of gyration ||
~konstante f (Elektr) / stored-energy constant ||
~kopplung f (Raumf) / inertia coupling || integrierender
~kreisel / integrating inertial gyro || ~lenkung f (Raumf)
/ inertial control || ~los / inertia-free, -less, without
inertia || ~-Meßsystem n (Raumf) / inertial sensing o.
integrity sensing system || ~moment n (Mech) / second
moment of area || [axiales o. äquatoriales] ~moment
[bezogen auf] (Mech) / moment of inertia [about], m. of
i. || ~moment n der hydrodynamischen Massen (Hydr)
/ virtual inertia || ~navigation, -ortung f (Luftf) / inertial
navigation || ~navigations-Leitwerk n / inertial unit ||
~navigationssystem n für Schiffe / ship's inertial
navigation system, SINS || ~plattform f (Luftf) / inertial
[navigation] platform || ~polkurve f (Kinematik) / path of
the inertia curve || ~produkt n (Flugmech) / inertia
product || ~punkt m / inertial point || ~raum m /
inertial space || ~richtgerät n / inertial guidance
instrument || ~schalter m (Elektr) / inertia switch ||
~vermögen n, Trägheit f (Phys) / power of inertia ||
~widerstand m / inertia || ~zeichen n (Sicherung) / time-
lag symbol || ~zentrum n / center of mass o. of inertia
Trag·kabel n, -draht m (Fernm) / bearer cable, messenger
wire, cable messenger || ~kette f, Haltekette f /
carrying chain || ~kettenförderer m / carrying-chain
conveyor || ~kissen n / carrying cushion || ~knagge,
-pratze f / supporting o. lifting bracket o. lug ||
~konstruktion f, Tragwerk n / supporting structure ||
~korb m (Hütt) / support for the slag ladle || ~körper
m, Hülle f (Luftf) / hull || ~kraft f / carrying force o.
power || ~kraftspritze f / portable fire engine o. motor
engine || ~kraftspritzenfahrzeug n, TSF / fire fighting
vehicle "TSF" || ~kranz m / bracket rim || ~kranz m
(Hochofen) / lintel girder, mantle [ring] (US) || ~kranz m
(Kühlturm) / conditioned room || ~kranz m (Schacht) /
wedging crib o. curb, bearing ring, crib curb ||
~kranzsäule f (Hütt) / mantle pillar || ~lager n /
supporting bearing || ~lager n von Wellenzapfen
(Masch) / journal bearing o. box o. rest || ~lagereinheit f
(Schirmgenerator) / journal bearing unit || ~last,
Auflast, Last f (Mech) / load, burden || ~last f (Mech) /
ultimate load || ~lastgrenze f (Knicken) / ultimate
collapsible load, failure load in buckling ||
~lastverfahren n (Bau, Stahlbau) / plastic design o.
theory, plasticity theory, limit design, ultimate load
method, collapse design method || ~luftbauten m pl /
air-supported structures pl || ~lufthalle f / air-inflated
structure o. tent, inflated shed || ~mast m / support ||
~mulde f im Doppelstockwagen (Bahn) / runway on
wagons for cars || ~öse, Klammer f (Elektr) / ear, staple
|| ~pfosten m / stay, [side] post || ~platte f / base o.
supporting plate || ~platte f für Straßenkappen /
ground plate for valve boxes || ~pratze, -knagge f /
supporting o. lifting bracket o. lug || ~rahmen m
(Bergb) / supporting frame || ~rahmen m, -kranz m,
Mauerfuß m (Bergb) / walling crib
Trägregler, Thuryregler m (Elektr) / Thury regulator
Trag·riemen, -gurt m, -band n / neck o. shoulder strap ||
~ring m / supporting ring || ~ring m, Fadenführer m
(Spinn) / carrier ring, feeder ring || ~ring m
(Schirmgenerator) / supporting ring of an umbrella-type
alternator || ~ring [des Läufers] m (Elektr) / retaining
ring || ~ring m [mit Schneide] (Bergb) / [cutting o.
drum-] crib, curb || ~ring m für die Spulenträger
(Spinn) / yarn rack || ~ring m für Luftkabel (Fernm) /
suspender || ~ring m mit hängender Last / suspender
ring || ~rohr n / stay pipe || ~rohr n (zwischen Düse u.
Flügel) (Luftf) / pylon || ~rohr n (Kfz) / axle tube ||
~rolle f / support roller || ~rolle f (Seilb) / carrying
roller || gerade ~rolle (Gurtband) / straight idler ||
muldenförmige ~rolle, Muldenrolle f / trough-shaped
idler, trough roller || ~rollensatz m / idler assembly ||
~schere f, Tiegelschere f (Gieß) / crucible lifter, shank ||
untere [,obere] ~schicht (Straß) / sub-base, [road

base] || ~schichtbinder n (Straß) / subbase binder ||
~schiene f (EN 50024) (Elektr) / mounting rail ||
~schlaufe f (Phot) / wrist strap || ~schlepper m (Landw) /
row-crop tractor || ~schnabel, Schwanenhals m (Bahn) /
gooseneck; supporting tip || ~schraube f, nicht
angetriebene Hubschraube / freely rotating rotor,
rotaplane rotor || ~schraubenflugzeug n / Autogiro,
windmill air-plane, rotaplane, gyro[plane] ||
~schrauberzustand m (Hubschrauber) / windmill-brake
state || ~seil n, Haupttragseil n (Fahrleitg) / bearer cable,
messenger wire || ~seil n (Seilb) / standing (GB) o.
carrying rope, track o. main rope o. cable || ~seil n für
Luftkabel (Elektr) / carrier cable || ~seilauflager n,
-schuh m (Seilb) / bearing o. saddle for main cable ||
~seilbremse f (Pers.Seilb) / carrying rope brake ||
~seilüberspannung f (Bahn) / carrier cable crossing ||
~seite f (Förderband) / carrying side || ~seite f (Textil) /
use-surface || ~spritze f / portable fire engine || ~stein
m (Bau) / bracket, perch, support, corbel || ~stein,
Kragstein m / summer, console || ~stiel m der
Gießpfanne / ladle shank || ~tasche f, -beutel m /
shopping bag o. carrier, carry-home o. carrier bag ||
~tier n / beast of burden || ~trommelroller, Poperoller
m (Pap) / Pope reel winder, Pope type reel || ~verhalten
n (Bau) / load bearing performance || ~vermögen n
(Luftf) / carrying capacity || ~vermögen n s. auch
Tragkraft u. Tragfähigkeit || ~vermögen n
[schwimmender Körper], Schwimmkraft f / buoyancy
[lift], buoyant power, power of floating, supernatation ||
~wagen m für Großbehälter (Bahn) / container wagon
|| ~walze f (Kalander) / king roll || ~wand f (Stahlbau) /
web of a suspension girder || ~weg m (Hütt) / drag
distance (during dragging) || ~weite f, Reichweite f /
range, reach || ~werk n / supporting framework ||
~werk n (Luftf) / wing unit, main plane structure || aus
Stahlblech geformtes ~werk / steel plate structure ||
~werkzelle, Flügelzelle f (Luftf) / wing unit || ~wirkung
f (Bau, Stahlbau) / structural conditions pl || ~zapfen m /
lifting lug
Trailer·-Etikett n (DV) / trailer label || ~-Schiff n /
container/trailer ship, roll-on/roll-off ship
trainieren, schulen, üben vi / train v, exercise oneself || ~
(Dauerversuch) / coaxing
trainiert / trained
Training n, Übung f / training || ~ (Supraleiter) / training
(superconductor)
Trainingsbank f für Schwerkraft-Ersatz (Labor in
Umlaufbahn) / gravity substitute workbench
Trajekt m n, Eisenbahnfähre f / railway ferry, traject
Trajektorie f (Math, Raumf) / trajectory
Trakt m (Bau) / wing
Traktion f (Kfz) / traction of a tire
Traktionstechnik f / traction technique
Traktor m, Trecker m / tractor, traction engine || ~
(Drucker) / sprocket feed
Traktoren·kraftstoff, -treibstoff m / power kerosene ||
~schmieröl n / tractor luboil
Traktor·erdschaufel, Erdschaufel f (Landw) / earth scoop
|| ~-Grader m (Straß) / tractor grader
Traktorie f (Math) / tractory
Traktor·pflug m / pull type plow, tractor plow || ~schütz
n (Hydr) / caterpillar gate
Traktrix f, Schleppkurve f / tractrix
Tram·bahn f, Straßenbahn f / tramway (GB), streetcar
(US) || ~bus m (Kfz) / cabover bus, forward drive bus,
C.O.E. bus (= cabover engine)
Trame[seide] f (Web) / tram [silk], weft silk
Trammelnetz n (Schiff) / trammel [net]
Tramp·schiff n / tramp[er] || ~schiffahrt f / tramping
Tran, Fischtran m / train oil
Träne f (Walzw, Fehler) / tear || ~, Tropfen m (Glas) / tear,
drop
Tränen·bildung f, Tropfnasenbildung f (Lack) / fat edge
formation || ~blech n (Walzw) / bulb plate, stud plate ||

~gas *n*, Reizgas *n*, Weißkreuzgas *n* / tear gas, lachrymatory gas, lachrymator, chloracetophenone, C.A.P. ‖ **~reizend** (Gas) / lachrymatory
tranig / tasting o. smelling of train oil
Tranjuchten, -leder *n* / leather dressed in train oil
Tränk·bad *n* / impregnating bath ‖ **~behälter** *m*, -trog *m*, Imprägniertrog *m* / impregnating trough o. vat o. vessel
Tränkebecken *n*, Tränke *f* (Landw) / drinking bowl
tränken, imprägnieren / saturate, soak, impregnate ‖ **~** (Färb) / steep ‖ **~** (Sintern) / infiltrate *vt* ‖ **~** (Vieh) / water *v* ‖ **mit Wasser ~** / soak ‖ **Schwellen ~** / impregnate sleepers
Tränk·hartmetall *n* / infiltration hard metal ‖ **~hartmetall** *n* / infiltration hard metal ‖ **~harz** *n* / resin varnish for impregnating, impregnating resin lac (US) ‖ **~harzmasse** *f* / impregnating resin moulding material ‖ **~kessel** *m* / impregnating boiler, impregnating pressure cylinder ‖ **~kessel** *m* **für Kreosot** (Holz) / creosoting cylinder ‖ **~lack** *m*, dickflüssiger Lack, Träufelharz *n* / impregnating varnish o. resin ‖ **~makadamdecke** *f* (Straß) / bitumen-grouted macadam surfacing ‖ **~masse** *f*, -mittel *n*, -stoff *m*, Imprägniermasse *f* / impregnating agent o. compound o. composition o. fluid o. substance o. preparation, saturant ‖ **~reiniger** *m*, -reinigungsmittel *n* / soak cleaner ‖ **~skelett** *n* (Sintern) / impreganted skeleton ‖ **~tiegel** *m* / crucible for imbibition
Tränkung *f*, Imprägnierung *f* / impregnation ‖ **~** (Sintern) / infiltration ‖ **~ mit Kohlensäure** (Wasser) / carbonization of water
Tränkungs·dauer *f* / impregnation time o. period ‖ **~wert** *m* / coefficient of impregnation
Tränkvorrichtung, fahrbare pneumatische ~ / portable pneumatic impregnating unit
Tränkwerkstoff *m* (Sintern) / infiltration material
Tranleder, -juchten *n* / leather dressed in train oil
Trans·actinid *n* / transactinide element ‖ **~admittanz** *f*, Vorwärtsscheinleitwert *m* (Elektr) / transadmittance
Transaktions·befehls-Datenschutz *m* (DV) / transaction command security ‖ **~lastausgleich** *m* (DV) / transaction load balancing ‖ **~monitor** *m* (DV) / transaction monitor ‖ **~orientiert** (DV) / transaction oriented ‖ **~-Prozeßrechner** *m* / transaction process computer ‖ **~strömung** *f*, Parallelströmung *f* / parallel flow, co-current flow ‖ **~verarbeitung** *f* / transaction processing
Trans·aminase *f* (Chem) / transaminase, aminotransferase ‖ **~aminierung** *f* (Chem) / transamination ‖ **~atlantik-Kabel** *n* (Fernm) / TAT, transatlantic cable, transatlantic telephone cable ‖ **~ceiver** *m* / transceiver ‖ **~codierung** *f* (DV) / code conversion ‖ **~container** (DIN), Großbehälter *m* / transcontainer ‖ **~curium** *n* / transcurium element, transcuride ‖ **~diode** *f* / transdiode ‖ **~ducer**, Meßgrößenumformer *m* (DIN) (Fernm, Elektronik) / transducer ‖ **~duktor**, Magnetverstärker *m* / transductor, magnetic amplifier, magamp ‖ **~-104-Element** *n*, superschweres Element / superheavy element, trans-104-element
Transfer *m* / transfer ‖ **~ von Ladungsträgern** (Elektronik) / transfer of charge carriers ‖ **~-Admittanz** *f* / transfer admittance ‖ **~ase** *f* / transferase ‖ **~befehl** *m* (DV) / transfer instruction ‖ **~druck** *m* / transfer printing ‖ **~-Druckkammer** *f* (Plast) / transfer pot ‖ **~geschwindigkeit** *f* (DV) / data transfer rate ‖ **~-Impedanz** *f* (Fernm) / mutual o. transfer impedance ‖ **~-Line,** Überweisungsleitung *f* (Öl) / transfer line ‖ **~maschine** *f* (Wzm) / transfer machine ‖ **~maschine** *f* **mit Schalt- und Festspanneinrichtung** / fixed index assembly machine
Transferometer *n* (Atom, Nukl) / transfer function meter
Transfer·presse *f* (Kunstharz) / transfer moulding press ‖ **~pressen** *n*, Preßspritzen *n* (Plast) / injection moulding of duroplastic material ‖ **~-Ribonukleinsäure** *f* / transfer ribonucleic acid, tRNA ‖ **~straße** *f* (Wzm) /

transfer line o. street ‖ **~verfahren** *n* (Buch) / transfer process ‖ **~verlust** *m* (Ultraschall) / transfer loss
trans·finit (Mengenlehre) / transfinite ‖ **~finite Menge** (Math) / transfinite set ‖ **~fluxer** *m*, Rechteckferrit *m* mit Löchern (Elektronik) / transfluxer ‖ **~fokator** *m* / zoom lens, variable focus lens ‖ **~form** *f* (Chem) / transform
Transformation *f* (Math) / transform, transformation ‖ **~,** Umspannung *f* (Elektr, Krist) / transformation
Transformations·-EMK *f* / transformer e.m.f. ‖ **~stück** *n* (Wellenleiter) / matching section o. stub ‖ **~stück** *n*, E-H-Anpassungsglied *n* (Wellenleiter) / E-H tuner ‖ **~technologie-Schnittstelle** *f*, TT-SS / transformation technology interface ‖ **~temperatur** *f*, -punkt *m* (Glas) / transformation temperature o. point, 13.4-temperature, Tg-point ‖ **~theorie** *f* (von Jordan u. Dirac) / transformation theory
Transformator *m*, Trafo *m* (Elektr) / [current] transformer ‖ **~ für Beleuchtungszwecke,** Lichttransformator *m* / lighting transformer ‖ **~ für Kraftzwecke,** Krafttransformator *m* / power transformer ‖ **~ mit 90⁰ Phasenverschiebung des Sekundärstroms /** quadrature transformer ‖ **~ mit Bandwicklung /** sheet-wound transformer ‖ **~ mit beweglicher Sekundärwicklung** / moving-coil transformer ‖ **~ mit Folienwicklung** / foil-wound transformer ‖ **~ mit Ölumlaufkühlung** / oil-cooled transformer ‖ **~anzapfung** *f* / transformer tap ‖ **~durchführung** *f* / transformer bushing insulator
Transformatoren·anlage *f*, -werk *n* / transforming o. transformer plant o. station ‖ **~blech** *n*, -stahl *m* (DIN 46400) / transformer plate o. sheet ‖ **~blech** *n*, -schnitt *m* / transformer stamping ‖ **~haus** *n* / transformer station o. kiosk ‖ **~öl** *n* / insulating o. transformer oil ‖ **~öl** *n* **mit 0,1% Schlamm bis 80⁰C zulässig** / class A oil ‖ **~öl** *n* **mit 0,8% Schlamm bis 75⁰C zulässig** / class B oil ‖ **~prüfung** *f* **im Rückarbeitsverfahren** (Elektr) / Sumpner test ‖ **~säule** *f* / transformer pillar ‖ **~schnitt** *m* / transformer stamping ‖ **~station** *f*, Unterwerk *n* / transformer station, distributing substation
Transformator·gefäß *n*, -kessel *m* / transformer tank ‖ **~gehäuse** *n*, -mantel *m* / transformer shell o. case ‖ **~gehäuse** *n*, -mantel *m* / transformer case ‖ **~isolation** *f* / barrier ‖ **~joch** *n* / transformer frame ‖ **~kern** *m* / transformer core ‖ **~kopplung** *f* / mutual o. transformer coupling ‖ **~los** (Elektronik) / transformerless ‖ **~schenkel** *m* / transformer leg ‖ **~-Verstärker** *m* (Elektronik) / transformer-coupled amplifier ‖ **~wicklung** *f* / transformer winding ‖ **~zelle** *f* / transformer cubicle o. cell
trans·formieren, umspannen (Elektr) / transform *v* ‖ **~formierte Matrix** (Math) / transform of a matrix ‖ **~formierte** (Math) / transform ‖ **~gression** *f*, übergreifende Auflagerung (Geol) / transgression, transgressive superposition, overlap
Transieder *m* / blubber boiler
transient, schwankend (Werte, Phys, Elektr) / transient ‖ **~e Längs-, [Quer]spannung** / direct, [quadrature] axis transient voltage ‖ **~er Strom** / transient current ‖ **~er Wärmewiderstand** (Halbl) / transient thermal impedance
Transienten·meßtechnik *f* / transient phenomenon measuring technique ‖ **~-Störspannung** / transient noise voltage
Transient·-Kurzschluß-Zeitkonstante *f* / transient short-circuit time constant ‖ **~-Längs** *f*, [Quer]**reaktanz** / direct-axis, [quadrature axis] transient reactance
Trans·information *f* (DV) / transinformation ‖ **~informationsbelag** *m* (DV) / transinformation rate per time ‖ **~informationsrate** *f* / transinformation rate
Transistor *m* / transistor ‖ **~ ...,** transistorisiert / transistorized ‖ **~ im integrierten Schaltkreis** / IC transistor ‖ **~ mit hoher Elektronenmobilität** / high electon mobility transistor, hem transistor ‖

˻abstandsstück n / transistor spacer ‖ ˻bauarten f pl /
transistor constructions pl ‖ ˜bestückt / transistorized,
solid-state… (US)
Transistoren·empfänger m / transistor receiver
Transistor·gehäuse n / transistor can ‖ ˻halter m /
transistor base socket
transistorisieren, mit Transistoren bestücken /
transistorize
Transistor·laufzeit f (Halbl) / transistor transit time ‖
˻parameter m / transistor parameter ‖ ˻prüfer m,
-prüfgerät n / transistor testing instrument ‖ ˻register n
(DV) / transistor register ‖ ˻schwinger m / transistor
generator ‖ ˻technologie f / transistor technology ‖
˻tetrode f / transistor tetrode, tetrode transistor ‖
˻-Transistor-Logik f / TTL, transistor transistor logic
‖ ˻triode f / triode transistor ‖ ˻-Verstärker m /
transistor amplifier ‖ ˻-Wechselrichter m / transistor
inverter ‖ ˻-Zuleitung f / transistor lead ‖
˻zündanlage f / transistorized ignition system ‖
˻zündung f (Kfz) / transistor ignition
Transistron n (TV) / transistron
Transit m / transit, transition ‖ ˻bereich m (Flughafen) /
direct transit area ‖ ˻frequenz f (Halbl) / transition
frequency ‖ ˻hafen m, Durchgangshafen m / port of
transit
Transitions·flug m (VTOL) / transition flight ‖ ˻strecke f
(VTOL) / transition distance
Transitivität f (Math) / transitivity, transitiveness,
transitive relationship
Transitleitung f / transit circuit
transitorisch (Bot) / transitory ‖ ˜e Längs-EMK / direct-
axis transient e.m.f.
Transitron n (Elektronik) / transitron ‖ ˻oszillator m,
-pentode f / transitron oscillator
Transit-Tarif m (Fernm) / transit rate
transkontinental·e Funkverbindung / cross continent
radio relay link
transkristallin / transcrystalline
Transkristallisation f / columnar crystallization
Transkritdruck m (schwarzer Rückseitendruck zum
Durchschreiben) (Buch) / carbonizing
translatieren, verschieben (Mech) / translate
Translation, Parallelverschiebung f,
Translationsbewegung f (Mech) / [parallel] translation,
movement of translation, translational motion ‖ ˻ f
(Roboter) / side travel ‖ ˻ in der Horizontalebene
(Roboter) / radial shoulder sweep
Translations·… (Phys) / translational ‖ ˻[sbewegung] f /
uniform motion of a body in a straight line ‖ ˻energie f
/ translational energy ‖ ˻fläche, -ebene f (Krist) / gliding
plane ‖ ˻gitter n, einfaches Gitter (Krist) / translation
grid, elementary grid ‖ ˻schale f (Bau) / translation shell
Translator, Übertrager m (Fernm) / repeater, translator
translierend, Translations… (Kinematik) / translational
transliterieren (DV) / transliterate
Translokation f, Verfrachtung f (Biol) / translocation
trans·lunar[isch] (Astr) / translunary ‖ ˜luzent /
translucent ‖ ˜marin, überseeisch / transmarine
Transmission f, Durchlassung f (Opt) / transmission ‖ ˻,
Wellenleitung f / transmission [line], shafting ‖ ˻,
Übersetzungsgetriebe n / transmission, gear, drive ‖ ˻
(Kfz) / drive line
Transmissions·-Elektronenmikroskop n / transmission
electron microscope ‖ ˻faktor, Lichtdurchlaßgrad m
(Opt) / transmittance, transmission factor ‖ ˻faktor m
(Verdampfung) / evaporation coefficient ‖ ˻farbe f /
transmission colour ‖ ˜gerechte Blende, T-Blende f
(Phot) / T-diaphragm ‖ ˻grad m (Phys) / transmission
ratio ‖ ˻grad m (Opt) / transmission factor,
transmittance ‖ ˻meterwert m (Fernschreiber) / light
transmittance ‖ ˻-Rasterelektronenmikroskop n /
scanning transmission electron microscope ‖ ˻riemen
m / transmission belt ‖ ˻welle f / connecting shaft, line

shaft ‖ ˻wirkungsgrad m (Elektronik) / transmission
efficiency
Transmissometer n (Meteorol) / light transmission meter ‖
˻wert m / determination of light transmission
Transmittanz, Kurzschlußadmittanz vorwärts f / short
circuit forward transfer admittance, transmittance
Transmitter, Meßwertgeber m / transmitter
Transmutation f (Nukl) / transmutation
Transomplatte f (Schiff) / transom plate
transparent, durchsichtig / transparent, pellucid,
translucent ‖ ˜, durchscheinend / diaphanous,
transparent ‖ ˜es Autodach / skylight roof ‖ ˜er
Modus (DV) / transparent mode ‖ ˻auflage f (Zeichn) /
overlay ‖ ˻[bild], Leuchtbild n / transparency,
transparent screen, diaphane ‖ ˻folie f / transparent foil
o. film
transparentieren, pergamentieren (Pap) / transparentize
Transparent·kopie f / transparency [copy] ‖ ˻lack m /
transparent lacquer, clear lacquer o. varnish ‖ ˻papier
n / transparent paper ‖ ˻pause f, Zweitoriginal n /
transparent copy ‖ ˻vorlage f / translucent original,
transparent master ‖ ˻-Zeichenpapier n / ca[u]lking
paper, tracing paper
Transparenz f, Durchsichtigkeit f / transparency, -ence,
pellucidity, translucency, -ence ‖ ˻ (Pap) / look-through
‖ ˻, Durchscheinen n / diaphanousness, transparency ‖
˻funktion f / transparency function ‖ ˻messer m (Pap) /
diaphanometer, -oscope
trans·passiv (Korrosion) / transpassive ‖ ˜passiver
Bereich (Stahl) / transpassive region
Transphosphatase f (Chem) / transphosphatase
Transpiration f, Pflanzenverdunstung f (Bot) /
transpiration of plants ‖ [thermische] ˻ von Gasen /
transpiration of gases
Transpirations·kühlung f / sweat o. transpiration cooling
transpolar… / transpolar
Transponder m, Antwort[sende]gerät n (Elektronik) /
transponder ‖ ˻antwort f / transponder reply ‖
ungewollte ˻-Auslösung (Radar) / squitter ‖ ˻bake f
(Luftf) / transponder beacon ‖ ˻mitnahme f (Radar) /
capture of the transponder
transponieren, vertauschen (Math, Fernm) / transpose ‖ ˻ n
(Math) / transposing
transponierte Matrix (Math) / transpose of a matrix
Transponierungsempfänger, (coll:) Super m /
superheterodyne receiver, supersonic heterodyne
receiver, superhet
Transport m, Beförderung f, Transportieren n /
transportation, transport, conveyance, conveying,
carrying ‖ ˻, Überführung f / transfer, conveyance ‖ ˻
(F.Org) / handling ‖ ˻… / carrying ‖ ˻ in
Rohrleitungen / transport through pipeline ‖ ˻ mit
mehreren Verkehrsmitteln / intermodal transport ‖ ˻
zu Lande o. Wasser / land o. water carriage
transportabel, tragbar / movable, moveable, portable ‖
˜, fahrbar / travelling, traversing (US), locomotive ‖
transportable Fahrzeugwaage / portable vehicle
balance ‖ transportabler Reaktor / transportable
reactor ‖ transportables Gleis / portable track o. line
Transport·anhänger, niedriger (Kfz) / dolly ‖ ˻anlage,
-einrichtung f / conveyor, transportation o. transporting
o. conveying plant o. equipment, transporter ‖ ˻arbeit
f (F.Org) / handling labour ‖ ˻arbeiter m / transport
worker ‖ ˻automatik f (Phot) / automatic feed ‖ ˻band
n, Förderband n / belt o. band (GB) conveyor,
conveying belt ‖ ˻beauftragter m (F.Org) / person
responsible for transportation ‖ ˻befehl m (DV) /
transfer instruction ‖ ˻behälter m, Container m /
container, transport box ‖ ˻behälter, -kasten m (für
Innen-Werksverkehr) (F.Org) / tote box ‖ ˻behälter m
für radioaktive Stoffe / shipping cask (US), flask (GB)
‖ ˻beton m, Fertigbeton m / ready-mix[ed] concrete ‖
˻betonmischer m / truck mixer, concrete mixer truck ‖
˻dauer f von Blöcken (Hütt) / track time

Transporter *m* (Kfz) / pick-up [body] truck, transporter ‖ ~ (Schiff) / transporter ‖ ~ (Luftf) / carrier [plane], transport plane ‖ ~ **mit Lastaufhängung zwischen den Rädern,** Sulky *n* / logcart sulky, bar wheels *pl,* timber wheels *pl*
Transporteur, Förderer *m* / conveyor, conveyer ‖ ~, Stoffschieber *m* (Nähm) / feeder, feed dog [with saw teeth] ‖ ~, Gradbogen *m,* Winkelmesser *m* (Math) / protractor
transport·fähig / ready for conveyance ‖ ~**faktor** *m* (Halbl) / transport factor ‖ ~**fehler** *m* (DV) / misfeed ‖ ~**führer** *m* (Luftf) / carrier ‖ ~**geschirr** *n* / transport equipment ‖ ~**gestell** *n* / shipping crate ‖ ~**gleichung** *f* (Nukl) / transport equation ‖ ~**gleis** *n* (Trafostation) / transport track o. rails *pl*
transportieren / convey, transport ‖ ~, Fördern *n* (F.Org) / materials handling
Transport·industrie *f,* -gewerbe *n* / transport industry, carrying trade ‖ ~**kasten** (für Innen-Werksverkehr), -behälter *m* (F.Org) / tote box ‖ ~**kette** *f* (Fördermittel) / chain conveyor ‖ ~**kette** *f* (Serie von Transportmitteln) / chain of transportation means ‖ ~**kette** *f* (als Bauteil) / conveyor chain ‖ ~**kosten** *pl* / cost of conveyance, of transportation, of carriage, shipping charges *pl* ‖ ~**kosten** *pl,* Förderkosten / handling costs ‖ ~**lattentuch** *n* (Spinn) / transport lattice ‖ ~**leistung** *f* (eines Netzes) (Elektr) / main capacity ‖ ~**leistung** *f* **eines Fördermittels** / hauling capacity ‖ ~**löcher** *n pl* (Lochstreifen) / sprocket feed, feed o. center holes *pl* ‖ ~**mittel** *n,* Fördermittel *n* / means of transport[ation] o. conveyance ‖ ~**mittel** *n* (F.Org) / handling means ‖ ~**mittel** *n* **für Schüttgüter [für Stückgüter]** / conveyor for bulk material [for unit loads] ‖ ~**mutter** *f,* Ringmutter *f* / ring nut, lifting eye nut ‖ ~**öse** *f,* Aufhängeöse *f,* -ring *m* / eyebolt, ring bolt ‖ ~**pfanne** *f* (Hütt) / bull o. transfer ladle ‖ ~**prüfung** *f* (LoKa) / feed check ‖ ~**querschnitt** *m* (Nukl) / transport cross-section ‖ ~**raumschiff** *n* / transport space ship ‖ ~**reifen,** Leicht-LKW-Reifen *m* / transport tire ‖ ~**rolle** *f* (Förderwesen) / conveyor roller ‖ ~**rolle** *f* (Film) / sprocket wheel ‖ ~**rolle** *f* (Strangguß) / pinch roll ‖ ~**rollgang** *m* (Walzw) / conveying roller table, conveyor ‖ ~**rollwagen** *m* (Roboter) / mototractor ‖ ~**schaden** *m* / shipping damage ‖ ~**schicht** *f,* Schicht *f* H (Informatik, OSI) / transport service ‖ ~**schnecke** *f,* Förderschnecke *f* / screw o. spiral conveyor ‖ ~**spur** *f* / feed o. sprocket track ‖ ~**technik** *f* / transport engineering ‖ ~**theorie** *f* (Nukl) / transport theory ‖ ~**-Totzeit** *f* (NC) / transport lag ‖ ~**unternehmen** *n,* -gesellschaft *f* / common carrier, transport operator ‖ ~**unternehmer,** Autotransport-Unternehmer *m* / motor carrier, trucker (US) ‖ ~**verschluß** *m* **für Kabel** (Elektr) / temporary endsleeve ‖ ~**wagen,** -karren *m* / truck, haulage o. transfer car ‖ ~**walze** *f,* Zuführwalze *f* (Wzm) / feed cylinder o. roller ‖ ~**weg** *m* / carrying o. conveying distance, hauling distance ‖ ~**weg** *m* (für Aushub) (Bau) / lead ‖ ~**weg** *m* (Walzw) / travel of stock ‖ ~**weglänge** *f* (Nukl) / transport mean free path ‖ ~**werk** *n* (Schreiber) / chart drive mechanism ‖ ~**wesen** *n* / transport, transportation (US) ‖ ~**wirt** *m,* zweiter Zwischenwirt (Parasit) / second intermediate host ‖ ~**zahl** *f* / transport number
Transposition, Vertauschung *f* (Math) / transposition
Transpositions·fehler *m* (DV) / transposition error ‖ ~**manöver,** Wendemanöver *n* (Raumf) / transposition maneuver o. manoeuvre
Transputer *m* (DV) / transputer (= transmitter/computer)
Trans·schall.. (975 bis 1450 km/h), transsonisch, schallnahe / transonic, transsonic ‖ ~**sonik-Laufrad** *n* (Verdichter) / transonic impeller ‖ ~**sonik-Störungen** *f pl* / transonic buffeting ‖ ~**sonik-Verdichter** *m* / transonic compressor ‖ ~**sonischer Windkanal** / transonic wind tunnel ‖ ~**sonischer Windkanal mit durchbrochenen Wänden** / ventilated wind tunnel ‖ ~**sulfatase** *f* (Chem) / transsulfatase
Transtainer, Mobil-Portalkran *m* / transtainer
Trans·uran... / transuranic, transuranium ‖ ~**urane** *n pl* / transuranic elements, transuraniums, higher chain products *pl,* super[heavy] elements *pl*
transversal, diagonal / transversal, transverse ‖ ~**es Pumpen** (Laser) / transverse pumping ‖ ~**drehung** *f* (Phot) / horizontal swing of lens panel
Transversale *f* (Math) / transversal, traverse
Transversal·-Fluß-Linearmotor *m* (Elektr) / linear motor with transverse flux ‖ ~**-Leuchtkörper** *m* (Elektr) / transversal filament lamp ‖ ~**-magnetisch** (Welle) / tranverse magnetic ‖ ~**schermaschine** *f* / crosswise shearing machine ‖ ~**welle** *f* / distortional o. rotational o. shear o. transverse wave ‖ ~**elektrische** ~**-Welle** (Wellenleiter) / transverse electric wave, TE-wave, H-wave
Transwitch *m* (ein pnpn-Schalter) / transwitch
transzendent (Math) / transcendent[al] ‖ ~**e Funktion, [Zahl]** (Math) / transcendent[al] function, [number]
Trap *n,* Haft-, Fangstelle *f* (Halbl) / trap
Trapatt-Diode *f* / trappat diode (trapped plasma avalanche triggered transit diode)
Trapez *n,* Paralleltrapez *n,* Viereck *n* mit zwei parallelen Seiten / trapezium (GB), trapezoid (US) ‖ **gleichschenkliges, [rechtwinkliges]** ~ / isosceles trapezium (GB) o. trapezoid (US) ‖ ~**blech** *n* (Hütt) / sheet with trapezoidal corrugations ‖ ~**blech** *n* **für Flachdach** / sheet with trapezoïdal corrugations for flat roofs ‖ ~**blockfeder** *f* / trapezoid block spring ‖ ~**effekt** *m* / trapezium (GB) o. trapezoid (US) effect ‖ ~**feder** *f* / trapezoid spring ‖ ~**fehler** *m,* Schlußsteinverzerrung *f* (Kath.Str) / trapezium (GB) o. trapezoidal (US) distortion, keystone distortion ‖ ~**flügel** *m* (Luftf) / tapered wing ‖ ~**förmig** / trapezoid[al] ‖ ~**gewinde** *n* (Masch) / trapezoid[al] thread ‖ ~**last** *f* (Mech) / trapezoidal load o. burden
Trapezoeder, Ikositetraeder *n* (Krist) / trapezohedron, icositetrahedron
Trapezoid *n,* unregelmäßiges Viereck / trapezium (US), trapezoid (GB) ‖ ~**förmig,** unregelmäßig viereckig / trapez[i]oid (GB), trapezoidal (GB), trapezium... (US)
Trapez·profilblech *n* / trapezoidal sheeting ‖ ~**regel** *f* (Math, Verm) / trapezoidal rule ‖ ~**ring** *m* (Dichtung) / wedge type seal[ing ring] ‖ **doppelseitiger** ~**ring** (Kolben) / keystone ring ‖ **einseitiger** ~**ring** (Kolben) / wedge type ring ‖ ~**sprengwerk** *n* / trapezium (GB) o. trapezoid (US) truss ‖ ~**stahl** *m* (Walzw) / trapezoid ‖ ~**träger** *m,* abgeschrägter Paralleltträger (Stahlbau) / parallel flanged girder with slanting end posts
Trapp *m* (Geol) / trap, trap rock ‖ ~**tuff** *m* (Geol) / basaltic tuff
Trapzentrum *n* (DV) / trapping center
Trash *m,* Ampas *m n* (Zuckerrohr) / trash, [fine] fiber bagasse
Traß *m* (Geol) / trass ‖ ~**beton** *m* / pozzolanic concrete, trass concrete
Trasse *f,* Linie *f,* Trassé *n* (Schweiz) (Verm) / line ‖ ~, Linienführung *f* (Bahn) / layout of the line
Trassen·nivellierung, Längennivellierung *f,* -nivellement *n* / level[l]ing of a profile o. along a line ‖ ~**schäler** *m* (Straßb) / angle o. angling dozer
trassieren (Straßb) / plot a road ‖ ~ *n,* Trassierung *f* (Bahn, Seilbahn) / location of the line
Trassierung *f,* Trassieren *n* (Verm) / laying out, aligning
Traß·mörtel *m* / pozzolanic mortar, trass mortar ‖ ~**papier,** graues Packpapier *n* / gray wrapping paper ‖ ~**zement** *m,* [-beton *m,* -mörtel] *m* / pozzolanic o. trass cement [,concrete, mortar] ‖ ~**zement** *m* / pozzolanic o. trass cement
Traube *f* (Bot) / cluster of fruits, bunch of grapes ‖ ~ (Fallschirm) / parachute cluster ‖ **eine** ~ **gießen** / cast a nest of moulds

Trauben·blei *n* (Min) / pyromorphite ‖ ⁻**eiche** *f*, Quercus petrea o. sessiliflora / sessile oak, durmast oak ‖ ⁻**fäule** *f* / vine mildew ‖ ~**förmig**, traubig / botryoid, botryose, botrytic ‖ ~**förmig** (Geol) / botryoid[al] ‖ ⁻**kern** *m* / grapeseed o. -stone ‖ ⁻**kernöl** *n* / grapeseed oil ‖ ⁻**mühle** *f* / grape crusher ‖ ⁻**öl**, Kognaköl *n* / grape oil ‖ ⁻**schimmel** *m* (Landw) / botrytis ‖ ⁻**wickler** *m* (Schädling) / grape berry moth ‖ ⁻**zucker** *m* / dextrose, glucose, glycose, grape sugar

Trauf·brett, Stirnbrett *n* (Zimm) / fascia board ‖ ⁻**dach** *n*, Abdach *n* (Bau) / descent of a gutter, caping

Traufe *f*, Dachtraufe *f* (Bau) / cullis (US), eaves *pl*

Träufelharz *n*, Tränklack *m* / impregnating resin o. varnish

träufeln *vt* / drip *vt*, drop *vt*

Träufel·verfahren *n* / drip process ‖ ⁻**wicklung** *f* (Elektr) / fed-in winding

Traufen·wascheinrichtung *f* (synth. Fasern) / spray washing installation ‖ ⁻**waschmaschine** *f* (Textil) / spray washing machine

Trauf·pfette *f* / eaves purlin ‖ ⁻**rinne** *f*, Dachrinne *f* / eaves gutter ‖ ⁻**schicht**, Bordschicht *f* (Dach) / margin tiles *pl* ‖ **unterste** ⁻**schicht**, Traufstreifen *m* / eaves *pl* ‖ ⁻**stein** *m*, -platte *f* / margin tile

Travelift *m* / travelift

Traverse *f*, Verbindungsriegel *m* / crosshead, tie-bar ‖ ⁻ (Stahlbau) / equalizer ‖ ⁻ (für Isolatoren) (Fernm) / cross arm, pole brace ‖ ⁻ (Plastformen) / platen ‖ ⁻ (Fräsm) / rail of the milling machine ‖ ⁻ (z.B. am Stativ) / cross arm (of a tripod) ‖ ⁻ (Hobelmaschine) / rail of the planing machine ‖ ⁻ (Senkrechtbohrwerk) / rail

Traversengleitstück *n*, gleitendes Querhaupt / traversing saddle (GB), traverse glide (US)

Traversierungsauswerteverfahren *n* (Turbo) / circumferential traversing technique

Travertin *m* (Geol) / travertine, calcareous tuff ‖ ⁻**ablagerung** *f* (in fließenden Gewässern) (Geol) / flow stone

Travis-Detektor, Gegentakt-Demodulator *m* / push-pull demodulator o. detector

Trawler *m* / trawler

Trawlnetz *n*, -grundschleppnetz *n* / trawl [net] ‖ ⁻ **für Thunfischerei** / tuna trawl net

Traxcavator, Caterpillar-Lader *m* (ein Raupenkettenbagger der Caterpillar Tractor Co.) / traxcavator

Trbst. = Treibstoff

TRD = Technische Regeln für Dampfkessel

Treating *n*, chemische Raffination / treating of petrochemicals ‖ ⁻**prozeß** *m* (Öl) / treating process

Treber *m pl* (Trauben) / rape, marc ‖ ⁻ (Brau) / remains *pl*, [spent] grains, marc of spent malt ‖ ⁻**kasten** *m* (Brau) / grains tank ‖ ⁻**presser** *m* (Brau) / grain presser

Trecker *m*, Traktor *m* (Landw) / tractor, traction engine

Tredezillion *f*, 10^{78} / tredecillionn

Treeinggas *n* (Isolation) / treeing gas

treffen, schlagen / strike, hit, beat ‖ ~ [auf] / run [against], encounter ‖ ⁻, Zusammentreffen *n* / meeting ‖ ⁻, Zusammenkunft *f* / meeting, assembly, gathering ‖ **jemanden** ~ / meet *vt* ‖ **sich** ~, zusammenkommen / join *vi*

Treffer, Schlag *m* / hit ‖ **einen** ⁻ **machen** / score a hit ‖ ⁻**bild** *n* (Mil) / target diagram, dispersion pattern ‖ ⁻**blatt** *n* (Walzw) / coupling spade ‖ ⁻**wahrscheinlichkeit** *f* (Insektizid) / probability control

Treff·genauigkeit *f* / hitting accuracy ‖ ⁻**gerade** *f* (Math) / transversal *n*, traverse ‖ ⁻**platte** *f* (Nukl) / target ‖ ⁻**plattenintensität** *f* (Akustik) / target strength ‖ ⁻**punkt**, Auftreffpunkt *m* / point of impact ‖ ⁻**punkt** *m* (Opt) / meeting point ‖ ⁻**sicherheit** *f* (Mil) / security of fire ‖ ⁻**stelle**, Verbindungsstelle *f* (Web) / place of junction, joinings *pl*, meetings *pl* ‖ ⁻**stift**, Rapportstift *m* (Färb) / gauge o. guide pin ‖ ⁻**wahrscheinlichkeit** *f*

(Mil, Nukl) / probability of collision o. of hit ‖ ⁻**weite** *f* / striking distance ‖ ⁻**winkel** *m* / angle of sight

T-Regler *m* / T-type attenuator

Trehalose *f* / trehalose

Treib·... s. auch Trieb... ‖ ⁻**achse**, Antriebsachse *f* / driving o. motive o. live axle ‖ ⁻**achswelle** *f* / driving axle pin ‖ ⁻**angel** (Fischgerät), Reihenangel *f* / long line ‖ ⁻**anker** *m* (Schiff) / drag o. floating o. sea anchor ‖ ⁻**arbeit** *f*, getriebene Arbeit / embossed work ‖ ⁻**beet** *n* (Landw) / hot o. seed bed ‖ ⁻**beize**, -farbe *f* (Gerb) / soaking ‖ ⁻**dampfpumpe** *f* (Vakuum) / booster-type diffusion pump ‖ ⁻**dauer** *f* (Bergb) / hoist cycle ‖ ⁻**druck** *m* (Koks) / swelling pressure ‖ ⁻**eis** *n* / loose o. drift ice ⁻**eisgeschiebe** *n* / rake of ice ‖ ⁻**eisscholle** *f* / ice floe o. raft, floating sheet of ice

treiben *vt* (Elektronik, Akustik, DV) / drive ‖ ~, antreiben / move, drive, impel ‖ ~, vorwärts-, antreiben / propel ‖ ~ (Blasform, Plast) / blow ‖ ~, eintreiben *vt* / lead *vt* ‖ ~, hämmern / chase *vt* ‖ ~ (Landw) / shoot out ‖ ~, fördern (Bergb) / hoist ‖ ~ (Blech) / beat out ‖ ~, bombieren / chase, emboss ‖ ~, aufblähen (Hütt) / puff out ‖ ~, kupellieren (Hütt) / extract, cupel ‖ ~ *vi* (Hütt) / circulate, be in circulation ‖ ~ / swell *vi* ‖ ~, gehen (Teig) / ferment ‖ ~, getrieben werden / drift ‖ ~ (Zement) / blow ‖ ~ *n*, magnetische Erregung von Kernen in Amperewindungen (o.AW) (DV) / drive ‖ ~ / swell ‖ ~ **der Blöcke** (Hütt) / rise of ingots ‖ **einen Stollen** ~ o. **auffahren** (Bergb) / drive a gallery ‖ **zu weit** ~ o. **eintreiben** / overdrive

treibend / driving ‖ ~, wirkend / operative ‖ ~, blähend (Kohle) / swelling ‖ ~**es Zahnrad** / driver, driving gear o. pinion

Treiber *m* (Tischl) / drift, driver ‖ ⁻ (DV) / driver [unit] ‖ ⁻ (Software) / software driver ‖ ⁻, -stufe *f* (Funk) / driver stage ‖ ⁻, Schneller *m* (Web) / picker, [loom] driver ‖ ⁻**brennstoff** *m* (Nukl) / driver fuel ‖ ⁻**impuls** *m* (Elektronik) / drive o. driving pulse ‖ ⁻**kette** *f* (Funk) / driver chain ‖ ⁻**kreis** *m* (DV) / driving circuit ‖ ⁻**leistung** *f* (Elektronik) / driving power ‖ ⁻**leitung** *f* (DV) / drive line o. wire ‖ ⁻**röhre** *f* (Elektronik) / driver tube ‖ ⁻**strom** *m* (Elektronik) / drive o. driver current ‖ ⁻**transistor** *m* / driving transistor ‖ ⁻**zone** *f* (Nukl) / driver zone

Treib·farbe, -beize *f* (Gerb) / soaking ‖ ⁻**fäustel** *m*, schwerer Schlägel (Bergb) / shore driver, sledge ‖ **kleiner** ⁻**fäustel**, Handfäustel *m* (Bergb) / small hammer ‖ ⁻**gas** *n* (allg) / propellant, propellent ‖ ⁻**gas** *n* (zum Austreiben des Brennstoffes) (Raumf) / driving gas ‖ ⁻**gas** *n* (Brennstoff) / fuel gas, motor o. power gas ‖ ⁻**hammer** *m* / combination ball/flat face finishing hammer, chasing hammer ‖ ⁻**haus** *n* / hot-house, greenhouse, forcing house, conservatory ‖ ⁻**hauseffekt** *m* (Atmosphäre) / greenhouse effect ‖ ⁻**haushitze** *f* (Landw) / hot-house heat ‖ ⁻**herd** *m* (Metall) / test ‖ ⁻**holz** *n* / driftwood, raft (coll) ‖ ⁻**keil** *m* / driving key ‖ ⁻**keil** *m*, schräger Keil / forced-in key, taper[-sunk] key, tapered driving key, wedge ‖ ⁻**keil** *m* (für Verschalungen) / adjusting wedge, lightening key ‖ ⁻**kette** *f*, Antriebskette *f* / driving chain ‖ ⁻**kette**, Kraftübertragungskette *f* / transmission chain ‖ ⁻**kraft** *f*, Triebkraft *f* / moving force o. power ‖ ⁻**kraft** *f*, Vortriebskraft *f* / propelling power o. force, propulsion ‖ ⁻**kreuzkugelmühle** *f* / ball and pusher type pulverizer ‖ ⁻**kurbel** *f* / driving crank ‖ ⁻**ladung** *f* (Mil, Rakete) / propelling charge, propellant [charge] ‖ ⁻**laufsatz** *m* (Kran) / driven axle and wheels ‖ ⁻**mittel** *n*, -pulver, -gas *n*, -stoff *m* / propellant, propellent ‖ ⁻**mittel** *n* (Chem) / sponging agent ‖ ⁻**mittel** *n* (Strahlpumpe) / pump o. working fluid ‖ ⁻**mittel** *n* (Gummi) / blowing agent ‖ ⁻**mittel** *n*, Antriebsmittel *n* / motive agent ‖ ⁻**mittel** *n* (für Schaumstoff) / expanding o. foaming agent, gas-developing agent ‖ ⁻**mittel** *n*, Hefe *f*, Ferment *n* / leaven ‖ ⁻**mittelpumpe**, Strahlpumpe *f* (Vakuum) / fluid entrainment pump ‖ ⁻**mittelvakuumpumpe** *f* / ejector

vacuum pump || ~netz n (Schiff) / drift net ||
~netzfischerei f / drift-net fishery || ~ofen m / refining
furnace || ~öltank m (Schiff) / fuel tank || ~punze f,
-punzen m / chasing chisel || ~rad n (Bahn) / driving o.
traction wheel, driver (US) || ~riemen m (Masch) /
driving o. transmission belt || ~riß m / crack due to
expansion || ~rolle f / driving pulley || ~rolle f
(Magn.Bd) / capstan || ~sand m / quick sand, floating o.
shifting sand, (better:) running sand || ~satz m (Mil,
Rakete) / propelling charge, propellant [charge] || ~satz
m (Feststoffrakete) / grain || ~satzform f, -abmessungen f
pl (Feststoffrakete) / grain geometry || ~schacht,
Förderschacht m (Bergb) / drawing o. hauling pit o.
shaft, main o. winding o. working pit o. shaft ||
~scheibe f / driving disk o. wheel || ~scheibe f,
Koepescheibe f / Koepe sheave || ~scheibenaufzug m /
friction driven hoist || ~scheibenförderhaspel m f /
Koepe winding machine with friction wheel ||
~scheibenförderung f, Koepebetrieb m / main and tail
rope winding [system] on Koepe sheave ||
~scheibenfutter n / friction pulley lining || ~schraube f
(mit grober Steigung) (Masch) / Parker screw ||
~schraube f, Blechschraube f / sheet metal screw ||
~signal n (Elektronik) / driving signal || ~stange f
(Lokomotive) / connecting rod, con-rod, driving rod
Treibstoff m (allg) / fuel || ~ (Luftf) / kerosine, aviation fuel
|| ~ (Raumf) / ergol || ~ (auf Kohlenwasserstoffbasis),
Motorkraftstoff m / motor fuel || ~ s. auch Treibmittel ||
~alkohol m / power ethanol || ~-Druckpumpe f
(Rakete) / propellant expulsion || ~-Fehlmenge f (Raumf)
(Schiff) / fuel oil booster pump || ~-Förderhilfsrakete f (Raumf) / ullage rocket
/ ullage || ~-Förderpumpe f (Schiff) / fuel feed pump || ~lager n
/ fuel depot || ~lager n (Luftf) / kero farm || ~optimal
(Regeln) / minimum fuel... || ~rückstände m pl, Ergol-
Bodensatz m / bottom crust, ergol bottom o. base ||
~schwappen n (Rakete) / slosh || ~speisung f (Raumf) /
propellant feed || ~tank m / fuel tank || ~-Überwacher
m (Raumf) / fuel man
Treib·strahl m (Luftf) / efflux, propulsion jet, propulsive
jet || ~stufe f (Elektronik) / driving stage || ~- u.
Mitlaufsätze m pl (Kran) / driven and rotating axles pl ||
~verfahren, Kupellieren n (Hütt) / cupellation,
cupelling, cup assay o. test || ~wasser n / motive water
|| ~wasserpumpe f (Saugbagger) / forcing pump
treideln (Schiff) / haul o. tow boats || ~ n / hauling, towing
Trema n (Buch) / diaeresis (pl.: -ses), dieresis
Tremolit, Grammatit m (Min) / tremolite || ~-Asbest m /
Italian asbestos
Trenchzelle f (IS) / trench cell
Trend m, Richtung f / trend || ~beeinflußt / trend-
influenced
Trenn·anforderung f (DV) / disconnect request || ~anlage
f, Scheideanlage f / separating plant || ~arbeit f (Nukl) /
separative work || ~bandsägemaschine f / band
resawing machine [self-centering and gauge cutting]
trennbar, scheidbar / divisible, separable
Trenn·bruch m, Sprödbruch m / cleavage fracture ||
~buhne f, Separationsrinne f (Hydr) / separating dam ||
~damm m in einem Kristallisationsbecken (Salz) /
separating dam in a crystallizer pond || ~dichte f
(Aufber) / separation density || ~dichtekurve f, D-Kurve
(Aufber) / effective washability curve based on specific
gravity || ~diffusion f (Halbl) / isolation diffusion ||
~diode f / isolation diode || ~düse f (Nukl) / thermal
diffusion nozzle, separation nozzle || ~düsenverfahren
n (Nukl) / nozzle process || ~ebene f (Form) / parting
plane || ~effekt m (Nukl) / separation effect || ~element
n (Nukl) / separative element
trennen / divide, separate, detach || ~ [von] / disunite
[from] || ~, durchhauen / chop || ~, unterbrechen
(Elektr, Fernm) / cut, disconnect, interrupt || ~, zerfasern
(Textil) / disaggregate || ~, abhängen / disconnect || ~,
absondern (Chem) / dissociate || ~, fraktionieren (Chem) /

cut, fractionate || ~, isolieren / isolate || ~ (z.B.
Baukörper) / separate, disconnect || ~ (DV) / extract
|| ~, Sieben n, Klassieren n (Aufber) / grading, screening
|| ~ und Schalten / isolation and switching || durch
Bretter ~ (Bergb) / brattice || eine Naht ~ / undo a seam
|| eng verbundenes ~ / sever || gepaarte Dinge ~,
vereinzeln / unmatch || Mehrfachpapier ~ / decollate ||
Öl ~ / segregate oil || ~ [von] / spin-off vi || [sich]
~ / part || sich ~ (o. spalten) / break up || sich ~,
reißen / sever || Silben ~ (Buch) / hyphenate
trennend / separative
Trenner, Trennschalter m (Elektr) / isolating link || ~ m
(Bewässerung) / diverter
Trenn·erfolg m (Aufber) / efficiency of separation ||
~faktor m (Nukl) / separation factor || ~federn f pl
(Raumf) / spring release device || ~festigkeit f,
Kohäsionsfestigkeit f / cohesion strength || ~filter n
(Elektronik) / channel filter || ~fläche f / parting plane,
interface || ~fläche, Spalte f (Geol) / fault ||
~flüssigkeit, Scheideflüssigkeit f / parting liquid ||
~folie f / separating coat o. foil || ~folie f / separating
foil || ~fuge f, -linie f / commissure || ~fuge f (Form) /
mould-parting line, mould seam || ~fuge f von
Gehäusen (o. Formen) / partition o. parting line ||
~furche f, Mittelfurche f (Landw) / dead furrow ||
~glied n / separative element || ~glied n, Trenner m
(Masch) / isolator || ~grad m T (Aufber) / partition ratio
(GB), distribution number (US) || ~grenze f (Aufber) /
cut point || ~gruppe f (Nukl) / separating unit || ~gruppe
f (Isotopentrennung) / cell || ~gut n (Aufber) / graded
product || ~güte f (Nukl) / separative efficiency ||
~isolator m / sectioning insulator, isolating o.
disconnecting link o. insulator || ~kalorimeter n (Phys) /
separating calorimeter || ~kammer f (Brennstoffprüfung) /
separating room || ~kanalisation f (Abwasser) / separate
system || ~kanalisationsanlage f / storm sewer ||
~klemme f / disconnect terminal || ~klinke f (Fernm) /
break o. cutoff jack || ~kondensator / capacitor for
electric shock hazard protection || ~korngröße f /
separation size || ~korngröße HP f,
Ausgleichskorngröße f (Aufber) / effective separating
size || ~lasche f / isolating o. disconnecting link ||
~leistung f (Nukl) / separative power || ~linie f /
separating line || ~linie f (Plast) / parting line || ~linie f
(Film) / barrier, frame line || ~maschine f / cutting-off
machine || ~maschine f (z.B. für Mehrfachpapier,
Leporello usw) (DV) / decollator || ~maschine f,
Kaltsäge f (Wzm) / cold-saw cutting-off machine ||
~maschine f mit Reibtrennscheibe / cutting-off
machine with disk || ~maschine f mit Trennstahl /
cutting-off machine with single-point tool || ~mauer f,
Innenmauer f / inside o. interior wall || ~mauer f,
Isoliermauer f / insulating wall || ~mauer f (zur
Unterteilung) / division wall || gemeinsame ~mauer /
party wall || ~membran f (Nukl) / separating membrane
|| ~messer n (Nähte) / ripping knife || ~messer n (Elektr)
/ isolating blade || ~mittel n / separating o. stripping
agent || ~mittel n (Plast) / release agent, parting agent ||
~mittel n (Gieß) / parting powder || ~mittel n o für
Formen (Druckguß) / parting compound || ~muffe f
(Elektr) / disconnecting box || ~öl n (Bau) / mould oil o.
lubricant || ~papier n / antiadhesive paper, casting o.
release paper || ~pappe f (Buch) / layer board ||
~potential n (Nukl) / separation potential || ~reihe f
(Ziegel) / separating course || ~relais n / cutoff relay ||
~relais n (ganzer Stromkreise) / uncoupling relay ||
~riemen m (Bürom.) / separator belt || ~rohr n (Nukl) /
separation tube, calandria o. shroud tube || ~säge f
(Holz) / cutting-out saw || ~säge f (Hütt) / separating saw
|| ~säge f, Reib-, Schmelzsäge f / fuse o. fusing disk,
fusion cutter, friction saw || ~sand m / parting sand ||
~säule f (Chem) / separation column || ~schalter m
(Elektr) / section switch, disconnecting o. separating
switch, isolating switch, isolator || ~schalterhäuschen

n (Elektr) / section pillar o. kiosk ‖ ~**scharf** / [highly] selective ‖ **⤆schärfe** *f* (Elektronik) / selectivity, clearness of modulation o. tuning, tuning precision ‖ **⤆schärfe**, -wirkung *f* (Chem) / separation effect ‖ **⤆schärfe** *f* **gegen Nachbarkanal** (Elektronik) / adjacent channel selectivity ‖ **⤆scheibe** *f* (vor den Hintersitzen) (Kfz) / back shield, partition window ‖ **⤆scheibe** *f* (Schleifm) / cutting-off wheel ‖ **⤆schere** *f* / separating shears *pl* ‖ **⤆schere** *f* (für Nähte) / ripping shears *pl* ‖ **⤆schicht** *f* / separation layer, parting layer ‖ **⤆schicht** *f*, Riß *m* (Geol) / parting ‖ **⤆schichtanzeiger** *m* (zw. flüssigen Phasen) / interfacial level indicator ‖ **⤆schichtpapier** *n* (Klebeetikett) / release paper, antiadhesive paper ‖ **⤆schieber** *m* / shut-off valve ‖ **⤆schleife** *f* (Elektronik) / isolating section o. loop ‖ ~**schleifen** / cut off by grinding, part by grinding ‖ **⤆schleifen** *n* / abrasive cutting ‖ **⤆schleifmaschine** *f* / abrasive cutting-off machine, parting-off grinder ‖ **⤆schleuder** *f* / centrifugal, centrifuge, centrifugal separator ‖ **⤆schleuder** *f* (Gieß) / spinner ‖ **⤆schnitt** *m* / separating cut, severance o. parting cut ‖ **⤆schnitt** *m* (Aufber) / cut-point ‖ **⤆schnitt** *m*, Grobschnitt *m* (Schweiß) / disintegrating cut, severance cut ‖ **⤆schnitt** *m* (Zimm) / timber-cut for deals ‖ **⤆schritt** *m* **bei Doppelstrom** (Fernm) / marking signal ‖ **⤆schutzschalter** *m* / safety section switch ‖ **⤆sicherung** *f* (Elektr) / switch fuse ‖ **⤆sieb** *n*, Klassiersieb *n* (Aufber) / grading screen ‖ **⤆stärke** *f* (Mikrographie) / resolution ‖ **⤆station** *f* (Belegverarb) / separator station ‖ **⤆stecker** *m* (Elektr) / disconnector socket ‖ **⤆stelle** *f* / disconnect, point of separation ‖ **⤆stelle** *f* (Fahrleitg) / tie station, sectioning point ‖ **⤆stelle** *f* (Web, Fehler) / pick-out mark (defect) ‖ **⤆stellenkasten** *m* (Blitzschutz) / test box ‖ **⤆stift** *m*, Klebstift *m* (Relais) / non-freeze pin ‖ **⤆strecke** *f* (zw. unterschiedlichen Spannungen) (Fahrleitung) / phase break, gap section ‖ **⤆strecke** *f* (spannungslos) (Bahn) / neutral section of contact line ‖ **⤆strecke** *f* (Schalter) / air gap ‖ **⤆strich** *m* (Math) / separation sign ‖ **⤆strich** *m*, Trennungszeichen *n* (Buch) / mark of division ‖ **⤆strom-Überhang** *m* / space bias ‖ **⤆stromwelle** *f* (Fernm) / spacing wave ‖ **⤆stück** *n*, Distanzstück *n* / spacer, distance block o. piece ‖ **⤆stufe** *f* (Elektronik) / buffer stage ‖ **⤆stufe** *f* (TV) / separator circuit ‖ **⤆stufe** *f* (Nukl, Brennstoff) / partition stage ‖ **⤆symbol** *n*, -zeichen *n*, Separator *m* (DV) / separating character ‖ **⤆symbol** *n*, -zeichen, Separator *m* (DV) / separator, separating character ‖ **⤆system** *n* (Kanalisation) / separate system ‖ **⤆taste** *f* (Fernm) / cut key ‖ **⤆trafo** *m* (Elektr) / isolation o. isolating transformer ‖ **⤆trommel** *f* (zusätzliche Dampftrommel) (Kessel) / separating drum ‖ **⤆trübe** *f* (Aufber) / separating medium ‖ **⤆- und Steuertransformator** *m* / isolating and control transformer

Trennung *f* / separation ‖ **⤆**, Isolierung *f* / isolation, disconnection ‖ **⤆** (TV, Elektronik) / separation, sep, SEP ‖ **⤆** (Aufber) / picking ‖ **⤆**, Sieberei *f* (Bergb) / separation, screening o. dressing o. separating plant ‖ **⤆**, Fällung, Ausscheidung *f* (Chem) / separation, precipitation ‖ **⤆** (Verkehr) / diverging ‖ **⤆ bei Auflegen des letzten Teilnehmers** (Fernm) / last-subscriber release, last-party release ‖ **⤆ durch Absitzen** (Chem) / precipitation, parting ‖ **⤆ durch Auflösung** (Chem) / resolution ‖ **⤆ durch Losewerden** / loosening ‖ **⤆ durch Stromausfall** (Fernm) / power separation ‖ **⤆ einer Verbindung durch den zuerst auflegenden Teilnehmer** (Fernm) / first party release ‖ **⤆ in 2 Klassen** (DV) / dichotomy ‖ **⤆ von der Trägerstufe** / satellite separation ‖ **mit galvanischer ⤆** (Elektr) / decoupled ‖ **ohne galvanische ⤆** (Elektr) / DC-coupled ‖ **zur ⤆ neigend** / separating

Trennungs·arbeit *f*, -energie *f* (Nukl) / separative work [content], separation energy ‖ **⤆bahnhof** *m* / branch-off station ‖ **⤆bruch** *m* (Mech) / cleavage fracture ‖ **⤆chromatographie** *f* **in der Kolonne** / partition

chromatography on a column ‖ **⤆falte** *f* (Blechdach) / standing seam joint ‖ **⤆fläche** *f* (allg) / parting plane ‖ **⤆fläche** *f*, Unstetigkeitsfläche *f* (Hydr) / discontinuity surface ‖ **⤆flächen** *f pl* (Krist) / natural joints *pl* ‖ **⤆flüssigkeit** *f* (Aufber) / separation liquid ‖ **chemischer ⤆gang** / analytical procedure, separation process ‖ **⤆grad** *m* (Aufber) / concentration efficiency ‖ **⤆kaskade** *f* (Nukl) / stripping cascade ‖ **⤆leuchten** *n* / triboluminescence ‖ **⤆weiche** *f* (Bahn) / diverging points *pl* ‖ **⤆zeichen** *n* (Buch) / mark of suspension o. division ‖ **⤆zeichen** *n* (Math) / separation sign

Trenn·ventil *n* / block valve ‖ **⤆verfahren** *n* (Chem) / separation process ‖ **⤆verfahren** *n* (Kanalisation) / separate system ‖ **⤆vermögen** *n* (Nukl) / separating power ‖ **⤆verstärker** *m* (Elektronik) / isolating o. buffer amplifier ‖ **⤆verstärker**, Antennenverstärker *m* / distributing amplifier, multi-coupler ‖ **⤆versuch** *m* (Laminate) / parting test ‖ **⤆vorrichtung** *f* **für den Raketenkopf** (Raumf) / head release unit ‖ **⤆wand** *f* (allg) / dividing wall ‖ **⤆wand** *f* (Retorte) / end block ‖ **⤆wand**, -mauer *f* (Bau) / partition o. party wall, parting wall ‖ **⤆wand** *f* (Kfz) / bulkhead ‖ **⤆wand** *f* (Elektr) / partition ‖ **⤆wand** *f* (Biol, Phot) / septum ‖ **⤆wandfenster** *n* (Kfz) / partition window ‖ **⤆werkzeug** *n* / parting-off tool ‖ **⤆wichte HP** *f*, Ausgleichswichte *f* (Aufber) / equal errors cut-point density, Wolf cut-point ‖ **⤆wichte T** *f* (Aufber) / partition density ‖ **⤆wichte-Kurve** *f* (Bergb) / effective washability curve based on gravity ‖ **⤆widerstand** *m* (Mat.Prüf) / cohesive resistance ‖ **⤆winde** *f* **für Rohre** (Öl) / joint jack ‖ **⤆wirkung** *f*, Selektion *f* / selection, selectivity ‖ **⤆wirkung** *f* (Bergb) / separation grade ‖ **⤆wirkungscharakteristik** *f* (Flotation) / Tromp error curve ‖ **⤆zahlkurve** *f* (Flotation) / partition curve, Tromp curve ‖ **⤆zeichen** *n* (Fernm) / cutoff signal, disconnect signal ‖ **⤆zeichen** *n* (DV) / data delimiter, information separator ‖ **⤆zeichen** *n* **von Formatangaben** (DV) / field separator

Treppe *f* / stair, stairs *pl*, pair o. flight of stairs ‖ **⤆**, schlechte Schur (Tuch) / uneven clipping of sheep ‖ **⤆ mit gewendelten Lauf teilen**, Treppe *f* mit Wendelstufen, [halb]gewendelte Treppe / stairs with winding quarters ‖ **aufgesattelte ⤆** / stairs set up upon the carriage, stair with treads fitted on strings, saddle stair ‖ **eingeschobene** (o. eingestemmte) **⤆**, Leitertreppe *f* / stairs mortised into strings ‖ **gebrochene ⤆** / stairs with broken center line ‖ **unterwölbte ⤆** / stairs resting on arches ‖ **zweiläufige ⤆** / dog-legged stair ‖ **zweiläufige ⤆ mit gegenüberstehenden Läufen** / stairs with two opposed branches of flights

Treppen·absatz *m*, Podest *n m* (Bau) / resting place ‖ **⤆absatz** *m* (innerhalb des Treppenlaufs), Zwischenpodest *n* (Bau) / half-pace, footpace ‖ **oberer ⤆absatz** (Bau) / head, landing [place] ‖ **⤆absatzplatte**, Podestplatte *f* / landing slab ‖ **⤆arm** *m*, -lauf *m* / flight, fliers *pl* / **⤆Abstand zwischen parallelen ⤆armen** / stair well ‖ **⤆aufzug** *m* (auf Treppenwangen gleitend) / stair glider ‖ **⤆auge**, Treppenloch *f* / stair well, well hole ‖ **⤆automat** *m* (Elektr) / automatic time switch for staircase lighting ‖ **⤆beleuchtung** *f* / staircase lighting ‖ **⤆block** *m* (Wzm) / stepped packing block ‖ **⤆breite** *f* / length of steps, width of stair ‖ **⤆durchlaß** *m*, treppenförmiger Durchlaß (Straßb) / cascade culvert ‖ **⤆effekt** *m* (TV) / step effect ‖ **⤆fenster** *f* / staircase window ‖ **⤆fenster** *n* **mit Brüstung in Treppenneigung** / batement light ‖ **⤆form** *f* (Chem) / chair form ‖ ~**förmig** / ladder shaped ‖ **⤆förmig**, Stufen... (Außenform) / stepped ‖ ~**förmige Steinanordnung** (Ofenfutter) / corbel ‖ **⤆füllung** *f* / panel of a staircase ‖ **⤆funktion** *f* (Math) / step function ‖ **⤆geländer** *n* / stair railing ‖ **⤆giebel** *m* (Bau) / corbie[-step] o. crow-step gable ‖ **⤆haus** *n*, Treppenraum *m* (DIN) / staircase, well of a staircase,

stairway ‖ **⁻hausmauer**, Wangenmauer f (Bau) /
carriage wall, staircase o. string wall ‖ **⁻höhe** f /
staircase height ‖ **⁻kante** f / nosing of stairs ‖ **⁻kopf**,
-absatz m / stair head o. top, stairs-head ‖ **⁻kurve** f,
Stufenanschlag m / stepped thrust block ‖ **⁻kurve** f
(Diagramm) / stepped curve ‖ **⁻lauf**, -arm m (Bau) /
flight, fliers pl ‖ **⁻läufer** m / runner, stair carpet,
Venetian carpet ‖ **⁻läuferstange** f / stair [carpet] clip o.
rod ‖ **⁻lauflinie** f / line of stair flight ‖ **⁻leiter** f /
stepladder ‖ **kleine ⁻leiter**, Schemel m / steps pl ‖
⁻loch, Treppenauge n / stair well ‖ **⁻loch** n (im
Fußboden) / stair opening ‖ **⁻podest** n m / resting place
‖ **⁻polygon**, Histogramm n (Statistik) / stepped polygon,
histogram ‖ **⁻raum** m (DIN) s. Treppenhaus ‖
⁻raum-Umfassung f / staircase walls and floors pl ‖
⁻rost m / step o. stepped o. graduated grate ‖
⁻rostfeuerung f / stepped grate bar furnace ‖ **⁻säule** f
(Endsäule des Geländers) / rail o. newel post ‖
⁻schalter m, Dreiwegeschalter m (Elektr) / three-way o.
-point o. -position switch, landing o. floor switch ‖
⁻schliff m / step grinding ‖ **⁻schutzleiste** f / stair
nosing ‖ **⁻signal** n (TV) / gray-scale signal, staircase
signal ‖ **⁻spannung** f (Elektr) / staircase-type voltage ‖
⁻spindel, -säule f (Bau) / newel ‖ **⁻stab**,
Geländerpfosten m, Staket n / baluster, ban[n]ister ‖
⁻steigung f / pitch of staircase ‖ **⁻stufe** f, Tritt m /
stair, step, flier ‖ **unterste ⁻stufe** / stair foot ‖
gewendelte ⁻stufe (auf einen Punkt zusammenlaufend)
/ winder, wheeling o. diminishing step ‖ **Nase der
⁻stufe** / nosing of stairs ‖ **⁻tritt** m, -stufe f (Bau) / tread
‖ **⁻tritt** m **von Kante bis Setzstufe** / tread [width] of
stair ‖ **⁻verwerfung** f, Staffelbruch m (Geol) / step fault
‖ **⁻visier** n (Mil) / graduated sight ‖ **⁻vorplatz** m /
ground floor o. first floor (US) landing ‖ **⁻wagen** m
(Standseilbahn) / carriage with stepped compartments ‖
⁻wange, -zarge f / string[-board], notch-board ‖
einzelnes Teilstück der gewendelten ⁻wange /
division of the string-board ‖ **⁻wange** f **der
aufgesattelten Treppe** / notch board ‖ **äußere ⁻wange
der Wendeltreppe** / wreathed string ‖ **⁻wechsel** m
(Bau) / apron o. pitching piece ‖ **⁻wicklung** f (Elektr) /
split throw
Tresen m, Theke f / bar, counter
Tresor m, Safe m n / [armoured] strong room, safe ‖
⁻fach n / strong box
Tresse, Litze f (Textil) / lace, braid ‖ **⁻**, Borte f / galloon
Trester pl (Trauben) / rape ‖ **⁻kuchen** m / grape-cake
Tretanlasser, Kickstarter m (Kfz) / kick starter
treten vi, schreiten / step vi ‖ **~** (Fahrrad) / pedal vi ‖ **an
die Stelle ~**, ersetzen / supplant, supersede, displace ‖
auf die Bremsen ~ / jam on ‖ **über das Ufer ~** (Hydr) /
overflow the banks
Tret·gebläse n / foot bellows o. blower ‖ **⁻kontakt**,
-schalter m (Elektr) / floor contact o. push, treading
contact ‖ **⁻kurbel** f / tread crank ‖ **⁻kurbel** f (Fahrrad) /
pedal crank ‖ **⁻kurbel[n komplett mit Pedalen und
Lager]** f pl (Fahrrad) / pedals and bottom bracket bearing
‖ **⁻[kurbel]lager** n (Fahrrad) / bottom bracket ball
bearing ‖ **⁻kurbelrad** n (Fahrrad) / chain wheel, gear
wheel ‖ **⁻rad** n, Trittrad n / treading wheel ‖ **⁻rad** n
mit Pedalen / pedal wheel ‖ **⁻radgerät** n (zur
Erprobung von Bodenbelägen) (DIN 54322) / treadle-
wheel testing device ‖ **⁻schalter** m s. Tretkontakt ‖
⁻vorrichtung f / treadle, tread arrangement ‖ **⁻wippe** f
(Walzw) / foot operated tilting table
trezeliert (Porzellan) / chapped, chinky
TRF = Technische Richtlinien für Flüssiggasanlagen
Tri s. Trichlorethylen
Triac n, Zweiweg-, Zweirichtungs-Thyristortriode f
(bidirektionaler Wechselstrom-Thyristor) / triac (triode
A.C. semiconductor switch), bi-directional triode
thyristor
Triacetat n / triacetate
Triacetatseide f / triacetate filament

Triade, Dreiergruppe f (Math) / triple[t]
triadisch / triadic
Triakis·oktaeder n (Krist) / triakisoctahedron ‖
⁻tetraeder n (Krist) / triakistetrahedron
Tri·alkylzinn n / trialkyl tin ‖ **⁻amin** n (Chem) / triamine
Triangulationsnetz n / triangulation network
triangulieren (Verm) / triangulate
Triangulierung f, Triangulation, Dreiecksaufnahme f /
triangulation, trigonometrical survey ‖ **⁻ I., II, usw
Ordnung** / primary, secondary, etc. triangulation
Triangulierungs-Photographie f / triangulation
photography
Trias, Dreizahl f (Math) / triad ‖ **⁻[formation]** f / Triassic
formation o. system, Trias
triassisch (Geol) / Triassic
Tri·ax n (Elektronik) / triax ‖ **~axial** (Stecker) / triaxial ‖
⁻axialversuch m (Boden) / triaxial test ‖ **⁻azin** n /
triazine ‖ **⁻azofarbstoffe** m pl / triazo dyes pl ‖ **⁻azol** n
/ triazole ‖ **⁻azon** n (Textil) / triazone ‖ **⁻bit** n (3 Bits) /
tribit
Tribo·chemie f / tribochemistr ‖ **⁻elektrizität** f /
frictional o. tribo-electricity ‖ **⁻korrosion** f /
tribocorrosion ‖ **⁻logie** f, Tribotechnik f / tribology ‖
~logische Beanspruchung (durch Kontakt und
Relativbewegung) / tribological stress ‖ **⁻lumineszenz** f
/ triboluminescence ‖ **⁻meter** n, Reibungsmesser m /
friction measuring instrument ‖ **⁻oxidation** f (durch
plastische Verformung von Metallen) / tribooxydation ‖
⁻physik f / tribophysics ‖ **~technisch** / tribotechnical
tribrid (System Ozon-Wasserstoff-Beryllium) (Raumf) /
tribide ‖ **⁻-Treibstoff** m, Triergol n / tribrid propellant
Tribüne f / stand, tribune, platform ‖ **⁻**, Haupttribüne f /
grandstand
Tribünen·überdachung f / stand roof, grandstand roof
Tri·butylzinn n / tributyl tin compound ‖
⁻butyl-Zinnoxid n, T.B.T.O / tributyl tin oxide,
T.B.T.O ‖ **⁻calciumphosphat** n / tribasic calcium
phosphate ‖ **~charakteristische Verteilung** (Statistik) /
tricharacteristic distribution ‖ **⁻chit** m (Mineralfaser) /
fibrous crystal ‖ **⁻chit** m (Geol) / trichite ‖ **⁻chlorethan**
n / trichloroethane ‖ **⁻chloreth[yl]en**, Trilen, Tri,
Chlorylen n / trichlor[o]ethylene, Trilene ‖
⁻chlormethan n, Chloroform n / chloroform ‖
⁻chlormonofluormethan n, F 11 n /
trichlorofluormethane ‖ **⁻chlortrinitrobenzol** n /
trichlorotrinitrobenzene ‖ **⁻chroismus** m,
Dreifarbigkeit f (Opt) / trichroism ‖ **⁻chromasie** f /
trichromatisme ‖ **~chromatisch**, Dreifarben...,
dreifarbig / trichromatic, trichromic ‖ **~chromatischer
Farbkoeffizient** / trichromatic coefficient ‖
~chromatisches System / trichromatic system ‖
⁻chromoskop n, Dreifarbenröhre f (TV) /
trichromoscope
Trichter m / funnel ‖ **⁻**, Schalltrichter m / flare, mouth
‖ **⁻** (Hochofen) / cone, hopper ‖ **⁻** (aufgeweitetes
Bleirohr) (Install) / bell, socket (GB), hub (US) ‖ **⁻**,
Rumpf m / bin, cone, hopper ‖ **⁻**, Mühlrumpf m / mill-
hopper ‖ **⁻**, Auslauf m / throat, trumpet, funnel ‖ **⁻**,
Pinge f (Bergb) / glory-hole ‖ **⁻** (Gieß) / pouring gate ‖ **⁻**,
Sprengtrichter m / mine crater ‖ **⁻antenne** f,
Hornantenne f / funnel-shaped o. -type antenna, horn
antenna o. radiator ‖ **⁻aufheizmittel** n (Gieß) / pouring
gate exothermic compound ‖ **⁻auslauf** m / hopper gate
o. chute o. trap-door ‖ **⁻bau**, Pingenbau m (Bergb) /
glory-hole mining method ‖ **⁻bildung** f (Fließpressen) /
piping defect, coring ‖ **⁻boden** m / conical bottom ‖
⁻einlauf (senkrechter Teil), Einguß m (Gieß) / downgate
‖ **⁻falz** m (Buch) / former fold, newspaper fold ‖
⁻falzwalzen f pl (Buch) / bending o. forming rollers pl ‖
~förmig / funnel-shaped o. -formed ‖ **~förmig bilden**,
Trichterform geben / funnel v ‖ **~förmige
Gaseinschlüsse** m pl (Schw) / pipes pl ‖ **⁻hals** m
(Lautsprecher) / horn mouth ‖ **⁻haube** f (Gieß) / center
riser o. runner ‖ **⁻kanne** f / cone top can ‖ **⁻kopf** m

(Gieß) / pouring basin ‖ ~kübel *m* / hopper bucket ‖
~lautsprecher *m* / horn loudspeaker ‖ ~loser
Lautsprecher / hornless loudspeaker, direct radiator
loudspeaker, open diaphragm loudspeaker ‖ ~lunker,
Saugtrichter *m* (Gieß) / pipe ‖ ~lunker bilden (Hütt) /
pipe *v* ‖ ~mühle *f* / cone mill ‖ ~mündung *f*
(Strangpresse) / hopper o. feed throat ‖ ~nase *f* (Buch) /
former nose ‖ ~öffnung *f* (Lautsprecher) / horn throat ‖
~rohr *n* (Gieß) / center riser o. runner ‖ ~rohr,
Stopfenstangenrohr *n* (Hütt) / sleeve brick ‖ ~rohr *n*
(Chem) / thistle funnel o. bulb ‖ ~rohr *n* (Keram) / guide
[tube] ‖ ~röhre *f* / funnel pipe ‖
~schlauchspulmaschine *f* (Spinn) / winding machine for
solid cops ‖ ~Schmiernippel *m* / cupped type o.
funnel-type lubricating nipple, lubricating nipple cupped
type ‖ ~spinnverfahren *n* / hopper o. funnel spinning
method ‖ ~spulmaschine *f* (Textil) / cup winding frame
o. machine ‖ ~ständer *m* / funnel stand ‖ ~stoffänger
m (Pap) / funnel save-all, Marx [conical] save-all,
settling cone ‖ ~technik *f*, -anbringen *n* (Gieß) / risering
‖ ~wagen *m* (Bahn) / self-emptying funnel wagon,
hopper wagon o. car (US)
Trick *m*, Kunstgriff *m* / artifice, trick, contrivance ‖ ~,
Kniff *m* / dodge, knack ‖ ~, technische Spielerei /
gimmick, mechanical dodge, gag ‖ ~, -aufnahme *f*
(Film) / special effects *pl*, process shot ‖ ~bild *n*,
-zeichnung *f* (Film) / animated cartoon ‖ ~film *m* / trick
film o. picture ‖ ~film, Zeichentrickfilm *m* / animated
cartoon, cartoon film ‖ ~film *m* (spez. für Werbung) /
stunt film ‖ ~kamera *f* / rostrum camera
Trickle-Prozeß *m* (Öl) / Trickle process
Trick·mischgerät *n* (TV) / special-effects mixer ‖
~schieber, Kanalschieber *m* (Dampfm) / Allan o. trick
valve ‖ ~taste *f* (für Mischung) (Tonband) / trick button
‖ ~überblendung *f* (Film) / animation superimposition ‖
~-Verstärker *m* (TV) / special effects amplifier ‖
~zeichner *m* / animator, cartoonist
Tri·duktor *m* (Frequenzverdreifacher) (Elektronik) /
triductor ‖ ~dymit *m* (Min) / tridymite
Trieb[1], Zahntrieb *m* (Masch) / pinion [gear] ‖ ~,
Triebschraube *f* (Opt, Instr) / slow-motion tangent screw
‖ ~, Lebhaftwerden *n* (Bier) / condition ‖ ~... / driving
‖ ~.. s. auch Treib...
Trieb[2] *n* (Uhr) / pinion [gear]
Trieb·achse *f* (Bahn) / driving shaft ‖ ~achse *f* (Kfz) / live
o. driving o. power shaft ‖ ~drehgestell *n* (Bahn) /
power truck (US) o. bogie [truck] (GB), motor bogie ‖
~fahrzeug *n* (Bahn) / motor o. traction vehicle, power o.
tractive unit ‖ ~fahrzeugbestand *m* (Bahn) / tractive
stock ‖ ~fahrzeugpersonal *n* (Bahn) / driving crew ‖
~feder, Gangfeder *f* / motive spring ‖ ~gestell *n*,
Zusatzmaschinenwagen *m* (Bahn) / motor truck ‖
~gestell *n* (Web) / headstock ‖ ~knopf *m* (Instr) / pinion
knob ‖ ~kopf *m* (Bahn) / driving unit of a rail motor set
‖ ~kraft *f* (allg) / motor, motive o. moving force o.
power, momentum ‖ ~kraft *f*, Stoßkraft *f* / projectile
force ‖ ~kraft *f*, Propulsionskraft *f* (Phys) / propelling
o. propulsive power o. force, propulsion ‖ ~kranz *m*
(Dreibackenfutter) / scroll ‖ ~poliereinrichtung *f* (Uhr) /
wig-wag ‖ ~rad *n*, Trieb im Getriebe *m* / driver,
driving gear o. pinion ‖ ~rad, Antriebs-, Treibrad *n* /
leader, main wheel ‖ ~radhacke *f* / motor hoe with
driving wheels ‖ ~sand *m*, Treib-, Flugsand *m* / quick
sand, (better): running sand ‖ ~schnur *f* / driving band
‖ ~schraube *f* (Masch) / driving o. propelling screw ‖
~schraube *f*, Trieb *m* (Opt) / slow-motion tangent screw
‖ ~seite *f* (Elektr, Motor) / off-side, driving side, pinion
end, rear [end] side ‖ ~stahl *m* (Uhr) / pinion wire ‖
~stange *f*, Lenker *m* (Masch) / pitman (US),
[connecting] rod ‖ ~stock, Hohltrieb *m* (Uhr) / lantern
pinion o. wheel ‖ ~stock *m* (Spinn) / headstock ‖
~stockgetriebe *n* / pin wheel gear, lantern gear, trundle
‖ ~stockkranz *m* / pin wheel gear, lantern gear, trundle
‖ ~stockrad *n* / cylindrical lantern gear ‖

~stockradpaar *n* / cylindrical lantern pinion and wheel
‖ ~wagen *m* (Bahn) / motor [rail] coach o. car, rail
coach o. car ‖ ~wagen *m* (Straßenbahn) / tramcar (GB),
streetcar (US), trolley car (US) ‖ ~wageneinheit *f* /
motor coach set, motor train unit, rail motor unit ‖
~wagenzug *m* (Bahn) / motor-coach train, rail motor set
o. unit, motor train set o. unit, railcar train, multiple-
unit train ‖ ~wasser *n* (Kraftwerk) / works water ‖
~wasserkanal (DIN), Werkkanal *m* / feeding o.
working o. supply canal, lead race channel ‖ ~welle *f*
(Luftf) / propeller shaft ‖ ~welle *f*, Antriebswelle *f* /
driving shaft
Triebwerk, Antrieb *m* / driving gear o. apparatus o.
machinery o. mechanism ‖ ~, Bewegungsmechanismus
m / gear, movement ‖ ~, Motor *m* / mover, moving
apparatus, motor, movement ‖ ~ *n*, Triebwerks-Einheit
f, (auch:) Stellsystem *n* (Raumf) / power module o. unit,
engine, thruster ‖ ~, Motor *m*, Bewegungsvorrichtung *f*
/ mover, moving apparatus ‖ ~, Getriebe *n* (Masch) /
drive, gear, wheel work ‖ ~, Antriebsmaschinenanlage
f (Luftf) / power plant o. unit ‖ ~ (Lok) / gear, movement
‖ ~ (Uhr) / motion ‖ ~ mit Innenverzahnung, inneres
Vorgelege / internal pinion with inside gearing ‖
~bremse *f* / gear o. transmission brake ‖ ~drehzahl *f*
(Luftf) / engine speed ‖ ~leergewicht *n* (Luftf) / weight
of the power plant dry
Triebwerks·abschaltfühler *m* (Raumf) / shutdown sensor
‖ ~anlage, Motorenanlage *f* / motive power unit ‖
~bündelung *f* / clustering of rocket engines ‖ ~einheit
f (Luftf, Jet) / thrust section ‖ ~lärm *m* (Luftf) / power
unit noise ‖ ~stufe *f* (Rakete) / propulsion stage ‖ ~teil
n, Teil *n* des Triebwerkes / transmission part ‖ ~teil *m*
n (als Ganzes) / motive unit ‖ ~teil *m* (Raumf) /
propulsion bay ‖ ~zelle *f* (Raumf) / motor case ‖
~zündung *f* (Raumf) / blast-off
Trieb·wirtel, Wirtelglocke *f* (Spulmaschine) / wharve,
whorl ‖ ~zahn *m* / driver, driving tooth ‖ ~zahn *m*
(Uhr) / pinion leaf ‖ ~zahnrad *n* (Zahnradbahn) / climber
Tri·eder, Dreiflach *n*, Dreiflächner *m* (Math) / trihedron ‖
~edrisch, dreiflächig, Trieder... / trihedral
triefen / drip, run
Triergol *n* (Rakete) / triergol, tribrid, lithium-fluorine-
hydrogen tripropellant system ‖ ~-Rakete *f* / tribrid
rocket
Tri·ethanolamin *n* / triethanolamine ‖ ~ethylamin *n* /
triethylamine ‖ ~ethylenglykol *n* / triethyleneglycol
Trieur, Saatgutbereiter *m* / seed grader ‖ ~,
Gesämeausleser *m* (Mühle) / trieur, grain cleaning
machine ‖ ~zelle *f* / separator indent
Trifluor·chlorethylen *n* / trifluorochloroethylene ‖
~monochlormethan *n*, F 13 /
trifluoromonochloromethane ‖ ~trichlorethan *n*, F 113
n / trifluorotrichloroethane
tri·fokal, mit drei Brennpunkten / trifocal ‖
~frequenzofen *m* (Gieß) / triple frequency furnace
Trift, Richtung *f*, Drift *f* / drift ‖ ~ *f* (Hydr) / log chute,
logway
triften (Holz) / drift *v*
Trift·raum *m* (Elektronik) / drift space ‖ ~röhre *f*,
Klystron *n* (Elektronik) / velocity modulation tube,
klystron
tri·funktionell / trifunctional, ultrafunctional ‖
~funktionelle Grundeinheit / trifunctional structural
unit
Trigatron *n* (Elektronik) / trigatron
Trigger *m* / trigger ‖ ~bare Zeitablenkeinrichtung
(Kath.Str) / triggered time base ‖ ~impuls,
Auslöseimpuls *m* (Radar, Elektronik) / trigger [pulse] ‖
~-Multiplexer *m* / trigger multiplexer
triggern, [an]~ (Funk) / trigger *vt vi*
Trigger·schaltung *f* (Elektronik) / trigger circuit o. pair ‖
bistabile ~**schaltung** (DV) / bistable trigger o.
multivibrator, flip-flop circuit ‖ ~spannung *f*,

Anstoßpegel *m* (Radar) / trigger level ‖ ~status *m* (DV) / state of trigger
Tri·gistor *m* (Elektronik) / trigistor ‖ ~glycerid *n* / triglyceride ‖ ~glykol *n* (Chem) / triglycol ‖ ~gonal (Krist) / trigonal, trigonous
Trigonometrie, Dreieckslehre *f* / trigonometry, trig (coll) ‖ ebene ~ / plane trigonometry
trigonometrisch / trigonometric, -ical
trigonometrisch·e Funktion / trigonometric[al] o. circular function, trigonometrical ratio ‖ ~e Höhenmessung / trigonometric levelling ‖ ~es Netz / trigonometrical survey o. chain o. system
Tri·gramm *n* (DV) / three-digit group ‖ ~isobutylphosphat *n*, TiBP / triisobutyl phosphate, TiBP ‖ ~klin[isch] (Krist) / triclinic, triclinate, anorthic ‖ ~kline Dispersion (Krist) / asymmetric o. triclinic dispersion
Trikoline *f* (Textil) / tricoline
Trikosan *n* (Chem) / tricosane
Trikot *m* (Gewebe) (Web) / tricot [fabric], stockinet[te] ‖ ~ *n* (Kleidungsstück) / tricot ‖ ~ *m* mit Einlegefäden / fabric with laid-in yarns
Trikotagen *f pl* / knitwear *pl*, knitted goods *pl*, jersey goods *pl* ‖ ~fabrik *f* / knitwear manufacture ‖ ~fabrikation *f* / hosiery o. tricot manufacture
Trikot·bindung *f*, T / tricot weave ‖ ~garn *n* / tricot yarn ‖ ~ine *f* (Textil) / tricotine ‖ ~kalander *m* / calender for tubular knitted fabrics
Tri·kresol *n* / tricresol ‖ ~kresylphosphat *n* / T.O.C.P., triorthocresylphosphate
Trilateration, Funkentfernungsmessung *f* / trilateration
Trilen *n*, Trichlorethylen *n* / Trilene, trichlorethylene
Trillerpfeife *f* / pea whistle, thunderer whistle, police whistle (US)
Trilliarde *f*, 10^{21} / sextillion (US))
Trillion *f*, 10^{18} / quintillion (US), one billion billions (US), trillion (GB))
Tri·maran *m* (Schiff) / trimaran ‖ ~mer (Chem) / trimeric ‖ ~mer *n* (Chem) / trimer ‖ ~metallplatte *f* (Buch) / trimetal plate ‖ ~methylamin *n* / trimethylamine ‖ ~methylen, Cyclopropan *n* / trimethylene ‖ N-~methylglycin *n*, Betain *n* / N-trimethylglycine, betaine ‖ ~methylglycocoll *n* / betaine ‖ ~methylsylil *n* / trimethylsylil ‖ ~metrisch (Zeichn) / trimetric, orthorhombic
Trimm *m* (Kfz) / mouldings *pl* ‖ ~, Trimmung *f* (Schiff, Luftf) / trim ‖ ~... (Elektronik) / adjusting, trimming ‖ ~behälter *m* / trimming tank ‖ ~element *n* (Nukl) / shim member
trimmen, stutzen / trim *v* ‖ ~ (Nukl) / shim control ‖ ~, Stauen *n* / trimming, stevedoring ‖ ~, Feinabgleich *m* (Radio) / trimming [adjustment] ‖ ~ von Widerständen / resistor trimming
Trimmer, Stauer *m* (Schiff) / stevedore ‖ ~[kondensator] *m* (Elektronik) / trimming capacitor, pad-trimmer, padder ‖ ~widerstand *m* (fest) / pre-set resistor ‖ ~widerstand *m* (regelbar) / trimming potentiometer
Trimm·kante *f* (Luftf) / trimming strip ‖ ~klappe *f* (Luftf) / tab trimmer, trim flap ‖ ~lage *f* (Schiff) / trimming ‖ ~moment *f* für 1 Zoll Tauchungs- o. Trimmänderung (Schiff) / moment to change trim one inch, inch trim moment, ITM, F.T.I., M.T.1 (in foot-tons) ‖ ~potentiometer *n* / trimming potentiometer ‖ ~potentiometer *n* / preset pot ‖ ~-Regelung *f* (Luftf) / trim, balancing ‖ ~ruder *n* (Luftf) / trimming tab, trimmer ‖ ~stab *m* (Nukl) / shim rod ‖ ~stabilität *f* / trim stability ‖ ~tank *m* (Schiff) / trimming tank ‖ ~- u. Ausgleichbunker *m* (Schiff) / trimming catch-bin ‖ ~vorrichtung *f* / trimming gear ‖ ~winkel *m* (zwischen Längsachse und Waagerechter) (Luftf) / trim angle
tri·molekular / tri-, termolecular ‖ ~morph, dreigestaltig (Krist) / trimorph[ous], trimorphic ‖ ~natriumphosphat *n* / trisodium phosphate, T.S.P. ‖ ~-n-butylzinnoxid *n*, TBTO (Insektizid) / tri-n-butyltin oxide, TBTO

T-Ring, Trapezring *m* (Mot) / T-ring, keystone ring
Tri·nitrin *n* / trinitroglycerin[e], -glycerol (US) ‖ ~nitr[o]anilin, Pikramid *n* / trinitroaniline, T.N.A. ‖ ~nitrobenzol *n* / trinitrobenzene, T.N.B. ‖ ~nitrophenol *n*, Pikrinsäure *f* / picric o. picronitric o. nitroxanthic acid, trinitrophenol ‖ ~nitrotoluol *n*, Trotyl *n*, TNT *n* / trinitrotoluol, trinitrotoluene, TNT, T.N.T., tolite (US) ‖ ~nitrouranyl *n* / trinitrouranyl ‖ ~nitroxylol *n* / trinitroxylene, T.N.X.
trinkbar / potable ‖ ~ (Wasser) / potable, drinkable ‖ ~ machen, Trinkwasserqualität geben (Wasser) / cleaning of water to make it potable
Trink·branntwein *m* / potable spirits *pl* ‖ ~brunnen *m* / water post ‖ ~wasser *n* / drinking water ‖ ~wasseranlage *f* / drinking water system ‖ ~wasserleitung *f* / supply of potable water, drinking water supply ‖ ~wasserspeicher *m*, -wasserreservoir *n* / clear-water reservoir, service o. distribution reservoir ‖ ~wasserversorgung *f* / supply of potable water, drinking water supply
Tri·nom *n* (Math) / trinomial ‖ ~nomisch, dreigliedrig (Math) / trinomial
Trioblechstraße *f* / three-high sheet train
Triode, Dreielektrodenröhre *f* (Elektronik) / triode valve, three-electrode [thermionic] valve ‖ ~-[Misch]hexode *f* / triode-hexode [frequency changer]
Trioden·generator *m* (Elektronik) / triode oscillator
Trio·fertigstraße *f* (Walzw) / three-high finishing train ‖ ~gerüst *n* (Walzw) / three-high stand
Triol *n* (Chem) / triol
Triolein *n*, normales Ölsäureglycerid / triolein
Trioreversierwalzwerk *n* / three-high reversing mill
Triorganostannyl-Amin *n* / triorganostannyl amine
Tri-Organozinn *n* / triorganotin
Triose *f* (Chem) / triose
Trio·straße *f* (Walzw) / three-high train ‖ ~vorgerüst *n*, -vorwalzwerk *n* / three-high roughing train o. stand ‖ ~walzwerk *n*, Drillingswalzwerk *n* / three-high o. trio mill o. rollers *pl*
Trioxid *n* / trioxide
Tripel[1] *m*, -erde *f* / tripoli powder, tripoli[te], diatomite, adhesive slate, terra cariosa ‖ ~ , Polierschiefer *m* / polishing slate ‖ fein pulverisierter ~ / earthy tripolite
Tripel[2] *n* (Math) / triple[t] ‖ ~, Triplett *n* (Chem, Phys) / triplet ‖ ~ (TV) / triad
Tripel·prisma *n* (Rückstrahler) / triple prism ‖ ~punkt *m* (Chem) / triple point ‖ ~salz *n* / triple salt ‖ ~spiegel *m* / triple reflector o. mirror ‖ ~wellblech *n* / triple corrugated iron
Triphenyl·methan *n* / triphenylmethane ‖ ~methanfarbstoff *m* / triphenylmethane dye ‖ ~phosphat *n* / triphenyl phosphate, T.P.P. ‖ ~tetrazoliumchlorid *n* / TTC, triphenyltetrazolium chloride
Triplett *n*, dreifache Spektrallinie / triplet ‖ ~, Cookesches o. Taylorsches Triplett (Opt) / Taylor lens, Taylor's triplet, Cooke's lens
Triplex·glas *n*, Dreischichtenglas *n* / triplex glass ‖ ~karton *m* / three-layer board ‖ ~telegrafie *f* / triplex telegraphy ‖ ~verfahren *n* (Hütt) / three furnace process
Triplit *m* (Min) / triplite
Tripol *m* (Funk) / tripole
Triptan, Trimethylbutan *n* / triptane
Tri·saccharid *n* / trisaccharide ‖ ~sauerstoff *m* / ozone ‖ ~sektion *f* (Math) / trisection ‖ ~sektrix *f* (Math) / trisectrix ‖ ~silan *n* / silicopropane
Trisoktaeder *n* (Krist) / trisoctahedron
tritanopisch, blaublind / tritanopic
Tri-Tauchlack *m* / Trilene dipping varnish
Triticin *n* (= Kleber) (Pharm) / triticine ‖ ~ ($C_{12}H_{22}O_{11}$) (Chem) / triticine
Tritid *n* (Chem) / tritide
tritiieren / tritiate

Tritium *n*, T (Chem) / tritium, T ‖ mit ∼ behandelt / tritiated ‖ ∼abtrennung *f* / removal of tritium ‖ ∼einheit *f* (Chem) / tritium unit ‖ ∼wasser *n* / tritiated water, hydrous tritium oxide
Triton *n*, t (Tritium-Atomkern) (Nukl) / triton
Tritt *m*, Trittstufe *f*, Schritt *m* / step, tread ‖ ∼ (Masch) / treadle ‖ ∼ am Fahrerhaus (Kfz) / [foot]step of driver's cab ‖ ∼ an der Tür / door step ‖ ∼ für Fußbetätigung (z.B. Fußdrehbank) / treadle ‖ ∼ vor Maschinen (Masch) / footstep ‖ aus dem ∼ fallen (Elektr) / slip out of step o. of synchronism, fall out of step, be pulled out of step ‖ im ∼ (Elektr) / in step, inphase ‖ in ∼ bleiben (Elektr) / keep o. stay in step ‖ in ∼ fallen [mit], in Tritt kommen (Elektr) / come into step [with], lock in [with] ‖ in ∼ kommen (o. sein) (Elektr) / run synchronous[ly] ‖ mit zurückgebogenem ∼ (Spaten) / backtreaded ‖ ∼blech *n* / chequer plate for footboard ‖ ∼blech *n* mit eingewalztem Muster (Walzw) / embossed sheet ‖ ∼brett *n* / footboard, step[board], running board ‖ ∼brett *n*, Laufsteg *m* / catwalk ‖ ∼brettbelag *m* (Kfz) / step pad ‖ ∼bretthalter *m* / footboard o. step bracket ‖ ∼brettlenkung *f* / foot-board steering ‖ ∼drehbank *f* / foot[-operated] lathe, pedal lathe ‖ ∼eisen *n* (Bau) / step o. foot iron ‖ ∼fest (Teppich) / non-crush ‖ ∼fläche *f*, Oberfläche *f* der Stufe, Trittbreite *f*, Auftritt *m* (Bau) / tread of the stair ‖ ∼gebläse *n* / foot bellows o. blower ‖ ∼leiter *f* / steps *pl*, pair of steps ‖ ∼leiter *f*, Treppenleiter *f* / stepladder ‖ ∼platte *f* (Kfz) / running plate ‖ ∼platten-Bremsventil *n* (Kfz) / pedal operated brake valve ‖ ∼schall *m* (Bau) / footfall sound, impact sound ‖ ∼schutzplatte *f* (an Türen) / kick-strip, -plate ‖ ∼stange *f* (Nähm) / connecting rod, con-rod, pitmans ‖ ∼stufe *f* / stair, step ‖ ∼stufe *f* (ohne Setzstufe) / skeleton step ‖ ∼umschalter *m* (Fernm) / pedal commutator ‖ ∼webstuhl *m* / treadle loom ‖ ∼welle *f* (Nähm) / treadle rod
triturieren, pulverisieren / triturate, grind, comminute thoroughly
trivalenter Code (Fernm) / three-condition code
Trivialname *m* (Chem, Bot) / trivial name
Trochoide *f* / curtate cycloid, trochoid
Trochoiden-Massenspektrometer *n* (Nukl) / trochoidal mass analyzer
Trochotron *n*, Magnetfeld[zähl]röhre *f* (Elektronik) / trochotron
trocken / dry ‖ ∼, unbewässert / unwatered ‖ ∼ (Geol) / arid, without river system ‖ ∼, dürr (Landw) / barren, dry, arid ‖ ∼, abgelagert (Holz) / well seasoned ‖ ∼, Trocken... / desiccated ‖ ∼ (o. Mörtel) verlegen (Bau) / lay down dry ‖ ∼ aufbereitet (o. klassiert) (Kohle) / dry cleaned ‖ ∼ aufbewahren ! / keep dry!, keep in dry place! ‖ ∼e Destillation / destructive distillation ‖ ∼e Druckschale (Reaktor) / dry pressure shell o. blanket ‖ ∼es Erz / hard ore ‖ ∼e Fäulnis, Hausschwamm *m* / boletus destructor ‖ ∼e Futtermauer, trockene o. kalte Mauer / dry wall, stone packing ‖ ∼er Gasbehälter / disk o. dry gasholder ‖ ∼er Gasmesser o. -zähler / pneumatic gas meter, dry gas meter ‖ ∼ gesättigter Dampf / dry steam ‖ ∼e Hitze / dry heat ‖ ∼e Reedkontakt-Einheit mit Schließer / dry reed contact make unit ‖ ∼e Reibung, Grenzreibung *f* / dry o. boundary friction ‖ ∼ schaltend (Relais) / under dry circuit conditions, dry ‖ ∼e Sicherheitsvorlage (Schweiß) / dry seal ‖ ∼es Verfahren / dry method o. treatment ‖ ∼e Vergoldung / leaf gilding ‖ ∼ verlegt, Trockenmauer... (Bau) / laid dry ‖ ∼e Zylinderbüchse (Mot) / dry liner ‖ auf dem ∼en (Schiff) / aground ‖ im ∼en Zustand / dry ‖ ∼abnutzung *f* / dry wear ‖ ∼abort *m* / pail o. dry o. earth closet ‖ ∼abziehbild *n* / pressure sensitive label o. decal, waterless decal ‖ ∼änderung *f* des Farbtons / shade change on drying ‖ ∼anlage *f*, Trockner *m* / drying plant o. installation ‖ ∼apparat *m*, -vorrichtung *f* / drying apparatus, drier, desiccator ‖ ∼apparat *m*

(Zuck) / granulator ‖ ∼appretiermittel *n* / dry sizing ‖ ∼appretur *f* (Textil) / dry finishing ‖ ∼ätzen *n* / dry etching ‖ ∼aufbereitung *f* / mechanical o. dry dressing process ‖ ∼aufbereitung *f* (Bergb) / dry cleaning ‖ ∼aufstellung *f* (Pumpe) / dry-well installation ‖ ∼ausschuß *m*, Trockenkollerstoff *m* (Pap) / dry broke ‖ ∼auszug, -extrakt *m* (Chem) / dry extract ‖ ∼bagger *m* / excavator, navvy ‖ ∼batterie *f* / dry battery ‖ ∼beet *n* (Abwasser) / drying bed ‖ ∼beize *f* (Landw) / coating, dry dressing ‖ ∼beize *f*, -beizanlage *f* / dry dressing installation ‖ ∼beizen (Landw) / coat v ‖ ∼bestäuber *m* (Buch) / dry spray[er] ‖ ∼bestäubung *f* (Schädlingsbek.) / pesticide dusting ‖ ∼bewirtschaftung *f* (Landw) / dry farming ‖ ∼binder *m* / dry binder ‖ ∼boden *m* (Textil) / drying room, hanging room ‖ ∼boden *m* (Bau) / drying loft ‖ ∼boden *m* (Keram) / hot floor ‖ ∼boden *m*, (Champagne:) Kreideboden *m* / chalk soil ‖ ∼bohrer *m* (Bergb) / claying bar ‖ ∼bruch *m* (Keram) / drying loss ‖ ∼bürstmaschine *f* (gedr.Schaltg) / dry brushing machine ‖ ∼chloren *n* (Bleich) / dry-chemicking ‖ ∼damm *n* (Ziegl) / hack, hake ‖ ∼dampf *m* / dry steam ‖ ∼dampfanteil *m* (Dampf) / dryness fraction ‖ ∼dekatieren / decatize with dry steam ‖ ∼dekatieren *n* / steam decatizing ‖ ∼dekatiermaschine *f* / dry decatizer ‖ ∼destillation *f* / dry distillation ‖ ∼dock *n* / dry dock ‖ ∼dock *n*, Reparaturdock *n* / repair[ing] dock, dry dock ‖ ∼dock *n* / dry dock ‖ ∼dunkelfeldkondensor *m* / dry spot lens, dark-field dry condenser
Trockene[1] *f* (Chem) / dryness
Trockene[2] *n* / dry, dry place ‖ auf dem ∼n (Schiff) / dry, aground
Trockene, bis zur ∼ (Chem) / to dryness ‖ zur ∼ eindampfen / evaporate to dryness
Trocken·ei *n*, Eipulver *n* / dehydrated egg ‖ ∼einrichtungen *f pl* / drying equipment ‖ ∼einwaage *f*, Einwaage *f* (Konserve) / drained weight ‖ ∼eis *n*, feste Kohlensäure / dry ice, solid carbon dioxide, carbon dioxide snow, cardice ‖ ∼elektrolyt *m* / solid electrolyte ‖ ∼element *n* (Elektr) / dry cell ‖ ∼elko, -elektrolytkondensator *m* / dry electrolytic capacitor ‖ ∼entwickler *m* (Schw) / water-to-carbide generator, dry-residue type ‖ ∼entwicklung *f* (Phot) / dry process ‖ ∼extrakt, -auszug *m* (Chem) / dry extract ‖ ∼farbe *f* / dry colour ‖ ∼farmsystem *n* (Landw) / dry farming ‖ ∼fäule *f*, Vermorschen *n* (Holz) / dry rot ‖ ∼fäule, Weißfäule *f*, Fusarium coerileum (Kartoffel) / dry rot of potatoes ‖ ∼fäule *f*, Herzfäule *f* (Rüben) / heart rot of beets ‖ schwarze ∼fäule, Schwarzfäule *f*, Black-Rot *n* des Weinstocks / black-rot ‖ ∼festigkeit *f* des Sandes / dry strength of sand ‖ ∼filterelement *n* / dry-type filter element ‖ ∼filz *m* (Pap) / drier felt ‖ ∼firnis *m* / drying o. siccative varnish ‖ ∼flasche *f* / receiver drier ‖ ∼flußbett *n* / dry river bed ‖ ∼form *f*, Masseform *f* / dry sand mould ‖ ∼frachtschiff *n* / dry freighter ‖ ∼futter *n* (Landw) / provender ‖ ∼fütterung *f* (Landw) / stall feeding ‖ ∼gasfilter *n* / dry gas filter ‖ ∼gebiet *n* / arid region o. district ‖ ∼gehalt *m* / content of solid matter o. material, dry content ‖ ∼gehalt *m* (Pap) / dry content ‖ ∼gelenk *n* (Kfz) / dry disk joint ‖ ∼gemisch *n* (Plast) / dry blend ‖ ∼gemüse *n* / dehydrated vegetables *pl* ‖ ∼gepreßt (Keram) / dust pressed ‖ ∼gestell *n* / drying frame ‖ ∼gestell *n*, Abtropfgestell *n* / draining rack ‖ ∼gewicht *n* / weight when dried o. when dry ‖ ∼gewicht *n* (betriebsbereit ohne Kraftstoff, Öl, Wasser) (Luftf) / dry weight ‖ ∼gezwirnt (Textil) / dry-doubled ‖ ∼glanz *m* (Pap) / drying gloss ‖ ∼gleichrichter *m* / dry-plate o. copperplate rectifier, metal[lic] rectifier ‖ ∼graben *m* / draining channel o. sewer ‖ ∼gründung *f* / dry foundation ‖ ∼gürtel *m*, -gebiete *n pl* / arid belt ‖ ∼guß *m* (in Trocken-Sandform) (Hütt) / dry-moulded casting ‖ ∼haus *n*, Darre *f* (Brau) / drying house o. kiln o. room ‖ ∼hefe *f* / dry yeast

Trockenheit

Trockenheit f (allg) / dryness ‖ ~, Dürre f / aridity, aridness ‖ ~ (trockener Zustand) / dry, [state of] dryness ‖ ~, Trockenperiode f / drought, drouth
Trocken·hitzeechtheit f (Textil) / fastness to dry heat ‖ ~hitzefixierechtheit f / dry heat setting stability ‖ ~hitzeplissierechtheit f (Textil) / dry heat pleating stability ‖ ~[hohl]maß n / dry measure ‖ ~horde f / drying hurdle ‖ ~kabel n / dry cable ‖ ~kalk m / dry hydrated lime ‖ ~kammer f, -schrank m / drying oven ‖ ~kartoffeln f pl / dried pl potatoes ‖ ~kasten m / drying box ‖ ~klassierung f (Bergb) / dry cleaning ‖ ~klebpresse f (Film) / patch-tape splicer ‖ ~klebrigkeit f (Gummi) / dry tack, aggressive tack ‖ ~klima n / dry climate ‖ ~klosett n / chemical o. earth closet ‖ ~kolbenkompressor m / dry-running compressor ‖ ~kollergang m / dry pan, dry edge runner mill, edge runner dry mill ‖ ~kolonne f / drying tower ‖ ~kompass m (Schiff) / dry compass ‖ ~kondensor m (Opt) / dry condenser ‖ ~kopie f / dry copy ‖ ~kreppen n (Textil) / dry creping ‖ ~kugel-Temperatur f, -thermometer-Temperatur f / dry-bulb temperature ‖ ~kupplung f (Kfz) / dry clutch ‖ ~ladung f (Schiff) / dry cargo ‖ ~läufer m (Meßinstr) / dry rotor ‖ ~läufer m (Wasserzähler) / dry running meter ‖ ~laufkompressor m / dry-running compressor, oil-free o. oilless compressor, non-lubricated piston compressor ‖ ~laufsicher (Lager) / can run dry, safe to run dry ‖ ~-[Leclanché]-Zelle f / Obach cell ‖ ~legen, entwässern (Landw) / drain v ‖ ~legen, sümpfen (Bergb) / unwater ‖ ~legen (Gelände) / reclaim, drain ‖ ~legen und entwässern / drain and dry ‖ ~legung, Drainage f / draining ‖ ~lichtechtheit f (Textil) / fastness to light in dry state ‖ ~löschen n (Koks) / dry cooling o. quenching ‖ ~löschen n (Kalk) / dry slaking ‖ ~löscher m / powder type fire extinguisher ‖ ~löschfahrzeug n (F'wehr) / dry powder tender ‖ ~-Luftwandler m (Elektr) / dry-type instrument transformer ‖ ~mahlen n (Pulv.Met) / dry milling ‖ ~mansarde f (Textil) / cottage drier ‖ ~maß n / dry measure ‖ ~masse f / dry mass ‖ ~masse f (Rakete) / dry weight ‖ ~masse [von Butter] f / solid non-fat contents pl ‖ ~mater f (Buch) / dry flong o. mat ‖ ~mauer f (Bergb) / dry wall, cog ‖ ~mauer..., trocken verlegt (Bau) / laid dry, dry (masonry) ‖ ~milch f / desiccated milk ‖ ~mittel n (allg) / drying agent, dehydrating agent, dehumidifier ‖ ~mittel n, Sikkativ n (Chem) / desiccant ‖ ~mittel, Sikkativ n / [de]siccative, desiccant, drying agent, drier ‖ ~mittel n für Verpackung / desiccant for packing ‖ ~mittelbeutel m / desiccant bag, dehydrating bag ‖ ~muser m (Mahlgerät) (Landw) / dry masher ‖ ~nährboden m / dry nutrient medium ‖ ~ofen m / drying stove o. kiln ‖ ~ofen, Formenofen m (Gieß) / sand drier, foundry stove ‖ ~ofen m (Buch) / drier, dryer ‖ ~offset[druck] m (Buch) / dry offset, letterset printing ‖ ~öl n, trocknendes Öl / drying oil ‖ ~papierisolation f / dry-paper insulation ‖ ~partie f (Pap) / dry o. reeling end, drier part o. section ‖ ~partiebespannung f (Pap) / drier clothing ‖ ~pause f (Zeichn) / dry diazo copy ‖ ~pflanze f / xerophytic plant, xerophyte ‖ ~platte f (Phot) / dry plate ‖ ~platte m (zum Trocknen) / drying plate ‖ ~polieren / dry-polish ‖ ~präparat n / dry preparation ‖ ~presse f / dry press ‖ ~presse f (Keram) / dust press ‖ ~presse f (zum Trocknen) / drying press ‖ ~pressen, im trockenen Zustand pressen / press in dry state ‖ ~pressen (Pap) / dry by pressing ‖ ~pressen n (Keram) / [semi]dry pressing ‖ ~probe f (Metall) / dry assay o. test ‖ ~prozeß m / dry method o. treatment ‖ ~pulver n / drying powder ‖ ~punkt m bei der Destillationsanalyse / dry point, d.p. ‖ ~rahmen m (Textil) / stenter[ing] frame ‖ ~rand (Pap) / tight edged ‖ ~rasen m / xeric grassland communities pl ‖ ~rasierer m / electric razor o. shaver ‖ ~reibung f / dry o. boundary friction ‖ ~reiniger m / dry cleaner ‖ ~reinigung f, chemische Reinigung (Chem) / dry

cleaning ‖ ~reinigung f (Aufber) / dry cleaning ‖ ~riß m (Geol) / mud crack ‖ ~riß (Holz) / dry shake o. crack, seasoning check ‖ ~riß m, Windkluft f, -riß m (Holz) / wind shock ‖ ~rübe f / dried sugar beet ‖ ~[rüben]schnitzel n pl / dried pulp, dried sugar beet cossettes pl ‖ ~rückstand m / dry residue ‖ ~sanden n / dry sand blasting ‖ ~scheidepfanne f / defecator for dry lime ‖ ~scheidung f (Zuck) / defecation with dry lime ‖ ~schlamm m / dry sludge ‖ ~schlamm m (Zuck) / dried defecation scum ‖ ~schleifen n (Metall) / dry grinding ‖ ~schleuder, -zentrifuge f / hydro-extractor, drying centrifuge ‖ ~schleuder, -zentrifuge f / centrifugal drier ‖ ~schleuder f für kontinuierlichen Betrieb / continuous hydro-extractor ‖ ~schliff m (Holz) / dry grinding ‖ ~schmiermittel n / dry-film lubricant ‖ ~schmierung f / dry lubrication ‖ ~schnitzel pl / dried pulp ‖ ~schnitzellager n (Zuck) / dried pulp warehouse ‖ ~schrank m / drying chamber o. closet o. cupboard o. oven, compartment drier, hot-air cabinet ‖ ~schrank m (Nukl) / dry box ‖ ~schwund m, -schwindung f / shrinkage in drying ‖ ~siebtrommel f (Pap) / skeleton drum ‖ ~silberverfahren n / dry-silver process ‖ ~spinnen n / dry spinning ‖ ~spinnmaschine f / dry [spinning] frame ‖ ~spiritus m, Hartspiritus m / meta n (US), canned fuel, white coal ‖ ~sterilisator m / drying sterilizer ‖ ~stoff m, -mittel, Sikkativ n / paint drier, siccative ‖ ~stoff m (Pap) / dry pulp ‖ ~stoffnachlieferer, Futtertrockner m (Landw) / feeder drier ‖ ~substanz f / dry substance, solid matter, dry solids pl ‖ die ~substanz bestimmen / determine the quantity of matter soluble in a solvent ‖ ~substanzgehalt m, -anteil m / dry substance contents, content of solids, solid matter o. material ‖ ~substanzgehalt m (Zuck) / content of solid matter o. material ‖ ~sumpfschmierung f (Mot) / dry sump lubrication ‖ ~system n (Opt) / dry lenses pl ‖ ~tal n (Geol) / dry valley ‖ ~technik f, trockene Technik / dry technique ‖ ~teilfeld n (Spinn) / dry dividing zone ‖ ~thermometer n / dry bulb thermometer ‖ ~transformator m / air-cooled o. air-core transformer ‖ ~transformator m für Kraftwerke / dry-type power transformer ‖ ~trommel f, -walze f, -zylinder m / drying drum o. cylinder o. roll[er], rotary drier ‖ ~trommel f (Waschm) / drying basket ‖ ~tunnel m / tunnel drier o. drying oven ‖ ~turm m / drying tower ‖ ~turm m (Chem, Labor) / absorption tower ‖ ~überschlagspannung f / dry flashover o. sparkover voltage ‖ ~- und Spannmaschine f (Web) / drying and tentering machine ‖ ~verfahren n, trockenes Verfahren / dry process ‖ ~verfahren n, -vorgang m / drying process ‖ ~vermahlung f (Bergb) / dry crushing o. grinding ‖ ~vernetztes Polyethylen, VPE / dry vulcanized polyethlene ‖ ~versatz m (Bergb) / dry stowing o. packing ‖ ~verzinkung f (im ZnCl-Bad bei 180°C) / dry galvanizing ‖ ~walkmaschine f / dry-milling machine ‖ ~walze f, -zylinder m s. Trockentrommel ‖ ~wäsche f (Bergb) / dry scrubber ‖ ~wetterabfluß m (Hydr) / dry weather flow, dry water flow ‖ ~wohnen n / be the first tenant [in a newly built house] ‖ ~zelle f, -element n (Elektr) / dry cell ‖ ~zentrifuge s. Trockenschleuder ‖ ~ziehen n (Draht) / dry drawing ‖ ~zuckerung f (Wein) / sugaring of wine

Trockne s. Trockene
trocknen [lassen] / dry vt ‖ ~ n (Textil) / drying ‖ ~ vt (Leim, Formkerne) / bake ‖ ~, austrocknen / desiccate, exsiccate ‖ ~, abschwelken (Malz) (Brau) / wither ‖ ~ vi / dry vi, become dry ‖ ~, Ab-, Aus-, Eintrocknen n / drying ‖ ~ n (Chem) / desiccation ‖ ~, Austrocknung f / desiccation, exsiccation ‖ ~, Lüften n / airing ‖ ~ des Tees in heißer Luft / firing of tea ‖ ~ durch Erwärmen / oven drying ‖ ~ unter Schrumpfungsbehinderung / restraint drying ‖ Heu ~ / cure hay ‖ im Wärmeofen ~ / stove ‖ in Lösungsmittel ~ / solvent-dry ‖ Öl ~ / desiccate oil ‖

scharf ~ / flash-dry ‖ völliges ~ der Teile (Galv) / drying-out
trocknend, austrocknend / desiccant, [de]siccative ‖ ~es Öl, Trockenöl n / drying oil ‖ schnell ~ / fast- o. quick-drying
Trockner m / drier, dryer
Trocknung f, Trockenlegung f / draining ‖ ~ mit ruhender Produktschicht (Vakuum) / static drying ‖ ~ von Teer o. Dampf / desiccation of tar o. steam
Trocknungs·anlage f / drying plant o. installation ‖ ~durchsatz m, Feuchtedurchsatz m (Vakuum) / mass flow rate of humidity ‖ ~düse f (Textil) / drying nozzle ‖ ~feld n (Textil) / drying compartment ‖ ~kammer f / drying chamber ‖ ~leistung f / rate of drying, drying rate ‖ ~maschine f, Karbonisiermaschine f (Textil) / carbonizer ‖ ~mittel n / drying agent, drier, [de]siccative, desiccant ‖ ~technik f / drying technology o. technique ‖ ~verlust m / drying loss ‖ ~verzögerungsmittel n (Farbe) / antidrier
Trog m, Bottich m / trough, vat, tub ‖ ~ (Schleifstein) / trough of the grindstone ‖ ~, Kennel m (Textil) / continuous trough ‖ ~, Karteikartentrog m / tray ‖ ~ einer Drehscheibe / turntable casing ‖ ~ für Batterien (Elektr) / container for batteries ‖ ~amalgamierung f (Bergb) / mortar o. pan amalgamation ‖ ~bandförderer m / pan conveyor ‖ ~blech n / trough sheet ‖ ~brücke f / open o. trough bridge ‖ ~brücke f / trough bridge ‖ ~endverschluß m für Kabel / trough terminal for cables ‖ ~förderband n, -förderer m, Kratzförderer m / scraper o. scraping conveyor o. chain o. belt o. band, trough conveyor o. scraper ‖ ~förderband n, -förderer m, Kastenförderband n, -förderer m / trough conveyor ‖ ~förderer m, Plattenband n / tray conveyor, apron conveyor ‖ ~förmig / trough shaped ‖ ~galvanisierung f (Galv) / still placing (US) ‖ ~kettenförderer m / en masse conveyor, troughed chain conveyor, chain trough conveyor ‖ ~klammerlasche f (Bergb) / trough-shaped fishplate ‖ ~mischer m (Beton) / pan mixer ‖ ~träger m, offener Kastenträger m (Stahlbau) / open-box girder
T-Rohr n / three-way pipe, T-pipe, T-piece, tee, T
Troilit m (Min) / troilite
Troland n (eine Einheit) (Opt) / troland
Trolitul n / Trolitul
Trolleybus m, Oberleitungs[omni]bus m, Obus / trolley bus
Troluoil n (Lösungsmittel auf Erdölbasis) / troluoil
Trombe f, Sandhose f, Windhose f / sand spout ‖ ~, Wasserhose f / waterspout ‖ ~, Tornado m / tornedo (US)
Trombe-Wand f (Sonnenenergie) / Trombe wall
Trommel f / drum ‖ ~, Seiltrommel f / rope o. cable drum o. barrel o. reel ‖ ~, Walze f / cylinder, roll[er] ‖ ~, Federhaustrommel f (Großuhr) / barrel drum ‖ ~ der Bügelmeßschraube / thimble ‖ ~ der Säule (Höhe kleiner als der Durchmesser) / column drum ‖ ~ der Zentrifuge / drum o. basket of a centrifugal machine ‖ ~ für Kabel / reel o. drum for cables ‖ ~abfall, -ausputz m, -wolle f (Textil, Baumwolle) / drum waste, cleanings pl of the drum ‖ ~anker m (Elektr) / drum[-wound o. -type] armature ‖ ~antrieb m / motorized driving pulley ‖ ~aufgeber m / rotary drum feeder ‖ ~beize f (Hütt) / drum type pickler ‖ ~bremse f / drum brake ‖ ~dämpfer m (Textil) / cylinder ager US ‖ ~dehnung f (Bremse) / drum expansion ‖ ~entfettung f (Galv) / barrel cleaning ‖ ~färbemaschine f (Textil) / rotary dyeing machine ‖ ~festigkeit f (Kohle) / drum resistance ‖ ~filter m n / drum filter, filter drum, revolving o. rotating filter ‖ ~flug m s. Trommelabfall ‖ ~galvanisieren / barrel-plate ‖ ~galvanisierung f / barrel plating ‖ ~gaszähler m / wet gas meter ‖ ~gescheuert / tumbled ‖ ~getrocknet / rotary-dried ‖ ~heuwender m (Landw) / reel tedder ‖ ~kanter m (Walzw) / drum-type manipulator ‖ ~konverter m

(Kupferhütte) / drum type converter ‖ ~kühler m / drum o. barrel (US) radiator ‖ ~lackieren / tumble, barrel ‖ ~läufer m (Elektr) / cylindrical rotor ‖ ~läufer m (Luftf, Turbo) / compressor drum ‖ ~läufer-Maschine f (Elektr) / cylindrical-rotor machine ‖ ~leitung f / trailing cable ‖ ~leitungswagen m (Bagger) / trailing cable truck ‖ ~magnetscheider, Walzenscheider m (Aufber) / drum cobber ‖ ~malzdarre f / malt drying drum kiln ‖ ~mantel m (Zentrifuge) / basket shell ‖ ~mischer m / drum o. barrel mixer ‖ ~mischer m (Beton) / tumbling mixer ‖ ~motor m, Axialzylindermotor m (Mot) / axial cylinder engine ‖ ~mühle f / rotary drum grinder, drum type mill ‖ ~mühle f (Keram) / Alsing cylinder, tumbling mill
trommeln, trommelpolieren / barrel-burnish, barrel-polish ‖ ~, in der Trommel behandeln (Galv) / drum v ‖ ~, scheuern (Masch) / tumble v ‖ ~ n / barrel processing ‖ ~ (Elektr, Elektronik) / barrel test
Trommel·ofen m / drum type furnace, rotary furnace ‖ ~öffner m (Spinn) / cylinder opener ‖ ~pfanne f (Hütt) / drum type ladle ‖ ~plotter m (DV) / drum-type plotter ‖ ~polieren n / barrel o. tumble polishing, barrel burnishing ‖ ~probe f (Bergb, Hütt) / rattler test, attrition test ‖ ~prüfung f (Sintern) / drum test ‖ ~putzwalze f (Textil) / card fancy ‖ ~rechen m (Abwasser) / drum screen ‖ ~rechwender m (Landw) / [combined] side-rake and tedder ‖ ~revolverkopf m (Wzm) / drum turret ‖ ~rost m der Karde / cylinder grid bars pl ‖ ~säule f (Säule aus Walzen niedriger als der Durchmesser) / drum column ‖ ~schaltung f (Wzm) / cylinder indexing ‖ ~schälversuch m (Sandwich) / peel test by means of a drum ‖ ~scheider m (Bergb) / trommel washer ‖ ~schneidmaschine f, -schnitzelmaschine f (Zuck) / drum slicer ‖ ~schöpfer m (Wzm) / centrifugal hopper feeder ‖ ~schreiber m / drum chart recorder ‖ ~schütze f, -wehr n (Hydr) / drum gate ‖ ~sieb n / cylindrical sieve o. screen, drum screen o. sieve ‖ ~sieb n, Staubsieb m mit Trommel / drum sieve, laboratory hair-sieve, mixing o. composition sieve ‖ ~sieb n (Aufber) / trommel [screen] ‖ ~siebbrecher m (Bergb) / Bradford drum ‖ ~sinkscheider m (Aufber) / dense medium washing drum ‖ ~sinterofen m / drum type sintering furnace ‖ ~skala f / cylinder dial ‖ ~speicher m (DV) / drum storage o. store ‖ ~spülmaschine f (Textil) / drum winder ‖ ~stoßmaschine f für Rohre / drum setting-out machine ‖ ~stuhl m (Web) / cylinder loom, barrel loom ‖ ~teilung f / drum head graduation ‖ ~trier m (Mühle) / separating cylinder ‖ ~trockner m (allg) / rotary drying kiln, drum type drier, tumbler drier ‖ ~trockner m (Textil) / cylinder drying machine ‖ ~trockner m, Granulator m (Zuck) / granulator ‖ ~turbine f / drum type turbine ‖ ~vernickelung f / barrel nickel plating ‖ ~verzinken n / barrel galvanizing ‖ ~wascher m (Aufber) / barrel washer ‖ ~waschmaschine f (Textil) / cylinder washing machine, rotary washing machine ‖ ~wehr n / drum type weir ‖ ~weiche f (Walzw) / drum[-type] switch ‖ ~wender m (Landw) / reel tedder ‖ ~wicklung f (Elektr) / drum o. barrel winding ‖ ~zellenfilter m n / drum cell filter, rotary [cellular] filter ‖ ~ziehmaschine f für Rohre / bull block for tubes ‖ ~zuführung f für Kleinteile (Wzm) / barrel hopper ‖ ~zyklus m (Galv) / tumbling cycle
Trompe f (Bau) / squinch ‖ ~, Wassertrommelgebläse n (Bergb) / tromp[e]
Trompete f (Mus.Instr) / trumpet ‖ ~, Verbindungskanal zwischen Regenerator- u. Schlackenkammer m (Hütt) / fantail
Trompeten·bogen m (SM-Ofen) (Hütt) / fantail arch ‖ ~förmig / trumpet-like ‖ ~förmige Ausbauchung (Rohr), Trompetenform f / flare (pipe) ‖ ~gewölbe n (Bau) / trumpet o. splaying arch ‖ ~gewölbe n (Abwasser) / junction chamber ‖ ~zapfen m (Uhr) / conical pivot

1083

Trona f, natürliche Soda (Min) / trona, urao, sodium sesquicarbonate

Troostit, Hartperlit m (Hütt) / troostite, bainite (US), hard pearlite ‖ ⁓**härtung** f (Hütt) / austempering

Tropäolin n (Chem) / trop[a]eolin[e] ‖ ⁓ **0** (Färb) / yellow T ‖ ⁓ **D** / trop[a]eoline D, methyl orange, helianthine ‖ ⁓ **G** / trop[a]eoline G, metanil[ine] yellow ‖ ⁓ **O** (Färb) / gold yellow, yellow T ‖ ⁓ **O o. R,** Resorcingelb n (Färb) / trop[a]eolin[e] O, resorcinol yellow, chrysoine

Tropasäure f / dl-tropic acid, α-phenylhydracrylic acid

Tropen, in den ⁓ / in the tropics ‖ ⁓**ausführung** f / tropicalized execution ‖ ⁓**fest machen,** tropikalisieren / tropicalize ‖ ⁓**isolation** f, -isolierung f (Elektr) / insulation for the tropics ‖ ⁓**klima** n / tropical climate ‖ ⁓**länder** n pl, Tropen pl / tropical countries pl ‖ ⁓**prüfung** f / tropic[al] test, hot climate test ‖ [**mit Füßen versehener**] ⁓**-Schalter** (Elektr) / feet-switch, tropical switch

tropfbar / forming drops ‖ ⁓**-flüssig** / liquid

Tropfbarkeit f / capacity of forming drops

Tropf·becher m, Auffangschale f / drip cup ‖ ⁓**brett** n / dripping board

Tröpfchen n / droplet, driblet, dribble ‖ ⁓**abscheider** m / demister ‖ ⁓**kondensation** f / dropwise condensation ‖ ⁓**modell** n (Nukl) / liquid drop model

Tropf·düse f / drop nozzle ‖ ⁓**düse** f **für Sichtzuführung** / sight-feed nozzle

tröpfeln, tropfen / drip vi, fall in drops ‖ ⁓ (o. [herab]tropfen [lassen]) / drip, drop, dribble, trickle

tröpfelnd / dropping, dribbling ‖ ⁓, sickernd / oozing

tropfen / drop vi, drip vi

Tropfen m / drop, drip ‖ ⁓ (Glas) / tear ‖ ⁓ m pl **auf fester Unterlage** (Chem) / sessile drop method

Tropfen·abscheider m, -fänger m (Chem) / mist collector o. eliminator ‖ ⁓**bildung** f **durch Schwerkraft** (Öl) / draining ‖ ⁓**fall** m / trickling, dripping, falling in drops ‖ ⁓**fall** m / falling in drops ‖ ⁓**form** f / shape of a falling drop, drop shape ‖ ⁓**förmig** / drop- o. tear-shaped, guttiform, gutate (US) ‖ ⁓**förmig,** stromlinienförmig / streamline[d] ‖ ⁓**-Frässtift** m / oval burr ‖ ⁓**größe** f / droplet size ‖ ⁓**kondensation** f (Phys) / dropwise condensation ‖ ⁓**lampe** f (DIN Form B) / round bulb lamp ‖ ⁓**modell** n (Atom) / droplet model ‖ ⁓**probe,** -reaktion f (Galv) / drop reaction o. test ‖ ⁓**probe** f (Korrosion) / spot test ‖ ⁓**schau** f (Chem) / stagoscopy ‖ ⁓**schlag** m / beating of the drops, impingement ‖ ⁓**speisung** f (Glas) / gob o. gravity feeding o. process ‖ ⁓**weise** / drop by drop ‖ ⁓**zähler** m / drop counter ‖ ⁓**zähler** m (Medizin) / medicine dropper ‖ ⁓**zähler** m (Sichtzuführung) / sight-feed nozzle

Tropf·flasche f, Tropfenzähler m (Chem) / dropping bottle ‖ ⁓**glas** n (Masch) / sight feed ‖ ⁓**glas** n, Pipette f / dropping glass ‖ ⁓**glas** n, Ölschauglas n / oil sight glass ‖ ⁓**hahn** m / dropping cock ‖ ⁓**körperanlage** f (Abwasser) / biological o. percolating o. trickling filter, bacteria o. contact bed, dripper ‖ ⁓**nase** f (Bau) / drip nose o. mould, water drip, weather groove ‖ ⁓**nase** f, Träne f (Lack) / fat edge, icicle ‖ ⁓**nasenbildung** f (Farbe) / fat edge formation ‖ **starke** ⁓**nasenbildung** (Anstrich) / icicling ‖ ⁓**neigung** f / drainability ‖ ⁓**öler** m / drip feed lubricator ‖ ⁓**öler** m **mit sichtbarem Tropfenfall** / sight feed lubricator ‖ ⁓**punkt** m / dripping o. dropping point ‖ ⁓**punkt** m (Fett) / dripping temperature ‖ ⁓**punkt** m (Schmierfett) / drop point ‖ ⁓**punkt,** Fließpunkt nach Ubbelohde m / thawpoint, Ubbelohde melting point ‖ ⁓**ring** m / drip ring ‖ ⁓**röhrchen** n (Schmierung) / drop tube ‖ ⁓**schale,** Auffangschale f / drip pan, dropping cup, dish ‖ ⁓**schale** f (Küchenherd) / drip pan, unit pan ‖ ⁓**schale** f **am Grill** / broiler pan, broil pan ‖ ⁓**schale** f **für Öl** / oil dish ‖ ⁓**schmierung** f, -ölung f / drip-feed lubrication ‖ ⁓**sieb** n, Abtropfsieb n / collander, cullender ‖ ⁓**stein** m (Geol) / dripstone ‖ **hängender** ⁓**stein,** Stalaktit m /

stalactite ‖ **stehender** ⁓**stein,** Stalagmit m / stalagmite ‖ ⁓**trichter** m (Chem, Labor) / [spherical] dropping funnel ‖ **zylindrischer** ⁓**trichter** / cylindrical dropping funnel ‖ ⁓**wasser** n / dripping o. trickling water ‖ ⁓**wasser** n **der ausgelaugten Schnitzel** (Zuck) / leaching effluent ‖ ⁓**wassergeschützt** (Elektr) / (motor:) drip-proof, (lighting:) rain-proof ‖ ⁓**zeit** f / dropping time

tropikalisiert / tropicalized

Tropin, 3-Tropanol n (Chem) / tropine ‖ ⁓**säure** f / tropinic acid

tropisch, Tropen… (allg) / tropic[al] ‖ ⁓**es Jahr** / tropical year

Tropismus m (Biol) / tropism

Tropo·pause f, obere Troposphärengrenze (8-14 km Höhe) / tropopause ‖ ⁓**-Scatter-Station,** Überhorizont-Richtfunkstation f (Elektronik) / tropo-scatter station ‖ ⁓**sphäre** f (0-10 km Höhe) / troposphere ‖ ⁓**sphärisch** / tropospheric ‖ ⁓**sphärische leitende Schicht,** Dukt m, Troposphärenkanal m (Elektronik) / duct, tropospheric radio duct ‖ ⁓**sphärische Schwingungsart** / tropospheric mode

Trosse f (Schiff) / cable ‖ ⁓, Schleppkabel n (Bagger) / drag cable [for excavators] ‖ **stärkste** ⁓ (zum Vertäuen) / hawser

Trossen·kraft f, -zug m / tow rope pull ‖ **im** ⁓**schlag geschlagen** (Seil) / hawser laid, laid hawser fashion ‖ ⁓**verspannte Bohrplattform** / tension-leg platform

Trotyl n, Trinitrotoluol n / tolite

Troutons Regel f (Chem) / Trouton's rule

Tr.P. = Transformationspunkt

TRSB-Mikrowellen-Landesystem n (= time reference beam) / TRSB microwaves landing system

TR-Sperr-Röhre f / TR-tube

Truarc-Ring m / truarc ring

Trub m (Brau) / cooler sludge

Trübbier n / sediment beer

trüb[e], verschwommen / blear[y], blurred ‖ ⁓, wolkig / cloudy, clouded ‖ ⁓, blind (Glas) / dull, opaque ‖ ⁓, schwach (Licht) / dull, dim ‖ ⁓, verschleiert / filmy, hazy ‖ ⁓, dunstig (Wetter) / murky, obscure with mist ‖ ⁓, bedeckt (Wetter) / overcast ‖ ⁓ (Metall) / tarnished, dull ‖ ⁓ (Flüssigkeit, Wolken) / turbid ‖ ⁓ (Himmel) / nebulous ‖ ⁓ **geworden** (Glas) / clouded ‖ ⁓**s schmutziges Wasser** / muddled o. muddy water, turbid water ‖ ⁓ **werden** / dim vi

Trübe f (Bergb) / pulp, ore sludge ‖ ⁓ (Schlacke) / clouding ‖ ⁓, Schwertrübe f (Aufber) / heavy liquid ‖ ⁓ (Metallhütte) / pulp (metal powder in water) ‖ ⁓**dichtemesser** m (Bergb) / pulp density meter ‖ ⁓**kreislauf** m / circulating medium

trüben, trübe machen / trouble, render turbid, cloud ‖ ⁓, glanzlos machen (Metall) / tarnish ‖ **sich** ⁓, beschlagen / mist ‖ **sich** ⁓, trübe werden (Chem) / cloud vi, become cloudy

Trübe·regeneration f (Aufber) / pulp regeneration ‖ ⁓**stammbaum** m (Aufber) / liquids flow sheet ‖ ⁓**strom** m (Bergb) / pulp stream ‖ ⁓**teilchen** n pl, Schwebeschlamm m (Bergb) / float slime ‖ ⁓**verdicker** m (Bergb) / pulp thickener ‖ ⁓**verteiler** m (Bergb) / pulp distributor

Trübglas n / opal glass, opaline

Trub·presse f (Brau) / filter press for cooler sludge ‖ ⁓**sack** m (Brau) / filter bag

Trübung f / opaqueness, dullness ‖ ⁓, Trübwerden n (Chem) / cloudiness ‖ ⁓, Schleier m (Plast) / haze ‖ ⁓, Milchigkeit f / milkiness ‖ ⁓, Trübheit f / turbidity ‖ ⁓, Regenstörungen f pl (Radar) / rain clutter ‖ ⁓ (Diamant) / cloudiness

Trübungs·analyse, Nephelometrie f (Chem) / turbidimetric o. nephelometric analysis ‖ ⁓**messer** m (Chem) / nephelometer ‖ ⁓**messer** m **für Feststoffe** / opacimeter ‖ ⁓**messer** m **für Flüssigkeiten** / turbidimeter ‖ ⁓**mittel** n (Glas) / opacifier ‖ ⁓**punkt** m, BPA (= Beginn der Paraffinausscheidung) (Paraffin) / cloud point, chill point

|| ⌐punkt m (Tensid) / cloud temperature || ⌐punkt m,
BPA (= Beginn der Paraffinausscheidung),
Flockungspunkt m, Cloudpoint m (Paraffin) / chill point
|| ⌐-Titrationszahl f / cloud point index
Trubwürze f (Brau) / first wort
Truck-to-Truck-Methode f (von Gabelstapler auf
Gabelstapler) (Schiff) / truck-to-truck method
Trudel·fallschirm m (Luftf) / antispin parachute, spin
chute (coll) || ⌐kanal m (Luftf) / vertical wind tunnel,
spin[ning] tunnel
trudeln (Luftf) / spin vi || ⌐ n (Luftf) / spin
trudelsicher, nicht trudelnd (Luftf) / nonspinnable, non-
spinning
True-Motion-Radargerät n / true motion radar
"Trüffel"-Dreier, Leuchtstoffpunkt-Dreier m (TV) /
phosphor dot trio
Trugziel n (Radar) / phantom radar target
Truhe f (allg, Kältetechnik) / chest || ⌐, Truhengehäuse n
(Radio) / cabinet
Trulay-Seil n, drallarmes Seil / Trulay rope
Trum m n (eines Schachtes) (Bergb) / trunk || ⌐ m (Geol) /
apophysis
Trumeauspiegel m / pier glass
Trumm n, Seiltrumm n / end of rope
Trümmer pl, Schutt m (Geol) / debris || ⌐, Bruchstücke n
pl / fragments, ruins pl || ⌐achat m / broken o. quartz-
agate, agate-breccia || ⌐beseitigung f / clearing of
rubble and debris || ⌐gestein n / clastic rock, brash,
fragmental deposits o. rocks pl || ⌐haufen m / heap of
ruins, wreckage, brash || ⌐schutzzylinder m (Reaktor) /
missile shielding cylinder || ⌐verwertung f / debris
utilization
Trumm·holz, Sattelholz n (Hydr, Zimm) / wooden corbel,
corbel piece, bolster || ⌐säge f / one-man cross-cut saw
Trumpfbalken m, Wechselbalken m / trimmer [joist]
trumpfen, auswechseln (Zimm) / cut off the end
Trupp, Bautrupp m / crew, gang
Truxmischer m, Liefermischer m / truck mixer
Trypaflavin n / trypaflavine, acriflavine hydrochloride
Trypan·blau n / trypane o. benzo blue, dianil blue || ⌐rot
n / trypan red
Tryptophan n (Chem) / tryptophan[e]
TS (Schiff) = Tankschiff, = Turbinenschiff
T-Schaltung f, -Glied n (Fernm) / Y- o. T-network
Tschebyscheff-Filter m n (Fernm) / Chebyshev filter
Tscherenkoff-Effekt m (Nukl) / Čerenkov effect
Tscherenkow-Strahlung f / Czerenkov radiation
T-Schiene f, Breitfußschiene f / [A.S.C.E. standard] T-
rail (US), Vignoles (GB) o. Vignol (US) rail
Tschilpen n (Radar) / chirp
T-Schlitz m, -nute f / fixing o. T-slot
T-Schraube f (Zirkel) / T-screw
TS-Diagramm n / temperature-entropy diagram
Tsetsefliege f / glossina, tsetse
TSG-Verfahren n, thermoplastisches
Schaumgußverfahren (Plast) / thermoplastic foam-
casting process
T-Spule f (Instr) / T-shaped coil
T-Stahl m / tee-sections, tees pl
T-Stoß m (Schweiß) / [square] T-joint
T-Streb m, zweiflügliger Streb (Bergb) / double unit face
o. panel
T-Stück n, -Röhre f, -Profil n, -Röhre f / T-piece, tee, T || ⌐,
Muffenstück n / all-socket tee || ⌐, -Profil n, -Röhre f /
T, tee || ⌐ **mit Außengewinde an einem**
Durchgangsende / service tee || ⌐ **mit langer**
Abzweigung (Rohr) / bullhead T o. tee
Tsunami f, Seebebenwelle f / tsunami
TSV = Technische Sicherheitsvorschriften
TT (Schiff) = Turbinentanker
TT-Färbeverfahren, Thermosol/Thermofixierverfahren n
/ TT process, thermosol/thermofixation dyeing process
TTL-Logik f / TTL, transistor transistor logic
T-Träger m (Stahlbau) / T-beam

TTS-Maschine f (Buch) / teletypesetting machine
TT-Verfahren n, Thermosol-Thermofixier-Verfahren n
(Färb) / thermosol/thermofixation process
TU = Technische Universität || ⌐ = Technische Unterlagen
Tübbing m (Bergb) / metal tubbing || ⌐ausbau m (Bergb) /
tubbing || ⌐-Einsetzgerät n (Bergb) / erector ||
⌐segment, Ringsegment n (Bergb) / tubbing segment
Tube f (als Behälter) / [collapsible] tube || ⌐ (Wellenleiter) /
tube
Tuben·farbe f / tube colour || ⌐füllmaschine f / tube
filling machine || ⌐hals m / tube nozzle || ⌐mantel m /
tube cylinder || ⌐mantelverschluß m / tube end closure
Tubus m (Opt) / body of the tube, barrel of a telescope ||
⌐auszug m / drawtube || ⌐flasche f / aspirator bottle ||
⌐-Räumen n (Wzm) / pot broaching ||
⌐-Räumwerkzeug n / tube shaped reamer
Tuch n, Stoff m / cloth, fabric || ⌐e n pl (Textil) / drapery ||
⌐e n pl (Wolle) / heavy woollen fabrics || ⌐ n, Wollstoff
m / drap || ⌐ 130 yd mal 90 in., das in zwei Teile
geschnitten wird (Web) / lump || ⌐ **mit baumwollener**
Kette, halbwollenes Tuch / cotton warp cloth || **dichtes**
(o. starkes o. schweres) ⌐ / strong o. close o. tight
cloth, stout cloth || **ein Stück** ⌐ / bolt of cloth, (also:)
bale of cloth || ⌐abfälle m pl (Web) / cuttings pl ||
⌐arten f pl / clothes pl || ⌐ausrüstung f (Textil) / cloth
finish || ⌐ballen m / bale of cloth || ⌐baum m (Web) /
front roller || ⌐bezug m / cloth lining || ⌐bindung f,
Leinwandbindung f / plain o. tabby weave, linen weave
|| ⌐echtblau n / cloth fast blue || ⌐elle f (lineare Länge
von 37 Inch) / cloth yard (= 37 in.)
Tücherdruck m (Textil) / shawl and handkerchief print
Tuch·fabrik f / cloth [manu]factory || ⌐fabrikant m /
clothier || ⌐färberei f / cloth dyeing || ⌐filter m n /
cloth filter || ⌐handel m / cloth trade, drapery (GB) ||
⌐karbonisation f / cloth carbonization o. carbonizing ||
⌐kratze f, -karde f / raising card || ⌐legmaschine f /
folding o. plaiting machine || ⌐lutte f (Bergb) / canvas
air conduit || ⌐macherei f / manufacture of cloth ||
⌐noppen n / cloth burling || ⌐rauhen n / raising ||
⌐samt, Pelzsamt m / woollen velvet, worsted long pile
|| ⌐scheibe f, Schwabbelscheibe f. (Galv) / rag o. ray o.
buff o. polishing wheel, buffing wheel, glazer, cloth
buff || ⌐schere f / cloth shears pl || ⌐schermaschine f
(Web) / cropping machine || ⌐schneidemaschine f /
cloth cutting machine || ⌐senger m / cloth singer ||
⌐streifen n / bar of cloth
tüchtig / capable
Tuch·walken n, -walke f / cloth milling (GB) o. fulling
(US) || ⌐weber m / cloth weaver || ⌐webstuhl m / cloth
weaving loom
Tucker·falzapparat m (Buch) / tip-cat folder ||
⌐falzmesser, Räderfalzmesser m (Buch) / flying tuck
Tudorbogen m (Bau) / Tudor arch, four-centered arch
Tuff m, vulkanischer Tuff (Geol) / tuff || ⌐, Kalktuff m /
tufa || ⌐artig / tufaceous
Tuffit m / consolidated tuffite
Tuff·kalk, Sinter m (Geol) / tufa, tufaceous limestone ||
⌐-Skin-Glühlampe f / tuff-skin lamp || ⌐stein,
Duckstein m (Geol) / trass (a light-coloured tuff)
Tufftriding n (Stahl) / Tufftriding
Tufted-Teppich, Nadelflor-Teppich m / tufted carpet
tuften (Teppiche) / tuft v
Tufting n (Textil) / tufting || ⌐-Maschine,
Nadelflormaschine f (Textil) / tufting machine || ⌐rohr n
(für Tuftings) / tufting tube || ⌐verfahren, Tuften n
(Teppich) / tufting process
Tug m (Raumf) / tug
Tugmaster m **für Ro-Ro-Verkehr** / tugmaster for ro-ro
traffic
Tulametall n / Tula metal
Tüll m (Web) / tulle, reyon o. silk net || ⌐ **aus Baumwolle** /
bobbinet

Tülle f / socket ‖ ~ (Elektr) / bush ‖ ~, Schnauze eines Topfes / spout, snout, nozzle ‖ ~, Schlüsselrohr n / socket o. nozzle of a key
Tüll·industrie f / tulle making industry ‖ ~maschine f / tulle machine ‖ ~maschine f für Baumwolle / bobbinet machine ‖ ~weberei f / bobbinet weaving
Tulpennaht f (Schw) / bell seam, U-groove seam
Tumble Home (Verringerung der Decksweite) n (Schiff) / tumble-home
Tümpel, Eingußsumpf m, -mulde f (Gieß) / pouring basin
Tünche, Kalk[anstrich]farbe f (Bau) / lime paint, whitewash, wash[ing], limework ‖ weiße ~ / whitewash
tünchen, weiße[l]n (Bau) / limewash o. -white, L.W., whitewash, wash ‖ ~ (Bau) / whitening, whitewash, whiting, limewash, LW
Tüncher m (Bau) / limer
Tünchschicht, Vertünchung f (Maurer) / setting skin
Tundish m, Gießwanne f (Gieß) / tundish ‖ ~-Gießen n / tundish pouring
Tunen n, Frisieren m (Mot) / tune-up, hot-up, soup-up
Tuner m (Radio, TV) / tuner, tuning variometer ‖ ~verstärker m (Video) / tuner amplifier
Tungar-Röhrengleichrichter m / Tungar rectifier
Tung-Öl n, Holzöl n / tung oil, China wood oil
Tungstat, Wolframat, Wolframsalz n / tungstate, wolframate
Tungstein, Schwerstein m, Scheelit m (Min) / scheelite
Tungstit m (Min) / tungstite, tungstic ochre
Tunnel m, Durchstich m / tunnel n ‖ ~, Unterführung f / passage underground ‖ ~ (Nukl) / canyon ‖ ~ anlegen / tunnel v, cut a tunnel ‖ ~ für Austausch der Besatzung (Raumf) / soft docking for crew transfer ‖ durch einen ~ führen (Straße) vi / lead through a tunnel ‖ waagerechter ~ (Bergb) / drift ‖ waagerechter ~ für Sprengungen (Bergb) / coyote hole (US) ‖ ~auskleidung, -einfassung f / tunnel lining ‖ ~bau m / tunnel construction, tunnelling ‖ ~bohrgerät n für Vortriebsbauweise, Maulwurf m / mole ‖ ~bohrmaschine f / heading and cutting machine for tunnels ‖ ~-Bohrwagen m (Bau) / jumbo ‖ ~brenner m (Gas) / tunnel burner ‖ ~brücke, Röhrenbrücke f / tubular bridge ‖ ~diode, Esakidiode f / tunnel o. Esaki diode ‖ ~dioden-Kennlinie f / current voltage characteristic of a tunnel diode ‖ ~durchstich m / cutting-through of a tunnel ‖ ~effekt m (Nukl) / quantum leak, tunnel effect ‖ ~erosion f / tunnel erosion ‖ ~gang, unterirdischer Gang / subway ‖ ~heck n (Schiff) / tunnel stern ‖ ~kalotte f / crown of tunnel ‖ ~klinker m / tunnel clinker ‖ ~kühlofen m (Glas) / lehr, lear, leer ‖ ~lager n (Schiff) / tunnel bearing ‖ ~mund m / portal of a tunnel, tunnel mouth
tunneln (Halbl) / tunnel vt
Tunnel·nische f / recess in a tunnel, refuge hole ‖ ~nut f (Elektr) / closed o. tunnel slot ‖ ~ofen m / tunnel furnace o. kiln ‖ ~ofenwagen m / tunnel kiln car ‖ ~ofenwagenplateau n / deck of a tunnel furnace ‖ ~rahmen m / set ‖ ~ring m / tunnel ring o. frame ‖ ~schacht m (Bergb) / tunnel shaft o. pit ‖ ~schalung f / tunnel sheeting o. framework ‖ ~schild m, Vortriebsschild m / driving shield ‖ ~sohle f / tunnel floor ‖ ~strosse f / bench of tunnel ‖ ~transistor m, -triode f / tunnel transistor o. triode ‖ ~übergang m / tunnel junction ‖ ~vorgang m, Tunnelung f (Elektronik) / tunnel action ‖ ~vortriebsmaschine f / tunnel-driving machine ‖ ~welle f (Schiff) / intermediate shaft ‖ ~zimmerung, -auskleidung f / tunnel timbering
Tupf·ballen m (Textil) / dabber, wad ‖ ~effektlack m / leather texture paint
Tüpfelanalyse f / drop o. spot analysis
Tüpfelchen n / dot
Tüpfelmaschine f (Web) / pricking machine
tüpfeln / dot-spot, dot, spot, stipple
Tüpfelprobe, -reaktion f (Galv) / drop reaction o. test

tupfen, leicht berühren / touch gently ‖ ~interferometrie f / speckle interferometry
Tür f / door ‖ ~ mit eingeschobenen Leisten, gespundete Tür / clamped door ‖ ~ mit glatten Türblättern / flush-faced door, hospital door ‖ ~ mit Türstock / doorset ‖ ~ mit Überdeckung / rebated door ‖ ~ mit Vortür, Doppeltür f / double door ‖ ~ mit Zahnstange (Hütt) / rack door ‖ ~ (o. Einlaß) in (o. neben) dem Tor (Bau) / wicket ‖ ~ zur Luftregulierung (Bergb) / sham door ‖ beweglicher Teil der ~ / openable part of a door ‖ dritte o. fünfte ~, Heckklappe f (Pkw) / tailboard (GB), tailgate (US) ‖ eingeschobene (o. ein- o. zusammengestemmte) ~ / framed and braced door, panel door ‖ fester Teil der ~ / door jamb ‖ ~abdeckstein m (Hütt) / lintel brick ‖ ~abhebeeinrichtung f (Hütt) / door removing device ‖ ~angel f, Haspe f / door hinge ‖ ~angelpfanne f (Bau) / pan, socket ‖ ~anschlag m / door stop ‖ ~anschlag m am Fußboden / floor stop
Turas, Kettenstern m (für Antrieb von Eimerketten o. Plattenbändern) (Bagger) / tumbler ‖ untere ~scheibe (Bagger) / bottom tumbler
Tür·ausmauerung f (Ofen) / door lining ‖ ~außenblech n (Kfz) / outside door panel ‖ ~außengriff m (Kfz) / outside door handle ‖ ~band n (Schloss) / hinge plate, hinge with hook ‖ ~band n für Möbel / furniture hinge ‖ ~beschlag m (Bau) / mounting, small iron-work ‖ ~betätigungszylinder m (Kfz) / door-operating cylinder
Turbidimeter m n, Trübungsmesser m / turbidimeter
Turbidimetrie f, Trübungsmessung f / turbidimetry
Turbine f (allg, auch Textil) / turbine ‖ ~ für Anzapfbetrieb, Entnahmeturbine f / bleeder o. tapped turbine, extraction type turbine ‖ ~ für Frischdampf / live steam turbine ‖ ~ mit äußerer Beaufschlagung / inward-flow turbine ‖ ~ mit axialer Strömung / axial flow turbine ‖ ~ mit Axialverdichter (Luftf) / axial engine ‖ ~ mit innerer Beaufschlagung / outward-flow turbine ‖ ~ mit mehreren Geschwindigkeitsstufen / multipressure stage turbine with single velocity stages ‖ ~ mit mehrfacher Beaufschlagung / re-entry type turbine ‖ ~ mit Verbrennungskammer / combustion chamber turbine ‖ partiell o. [voll] beaufschlagte ~ / fractional, [full] admission o. supply turbine
Turbinen·andrehmotor m / turbine driver ‖ ~beschaufelung f / turbine blades pl (GB) o. buckets (US) ‖ ~bohren, Turbobohrverfahren m (Bergb) / turbo-drilling, turbine drilling ‖ ~bohren n mit Bohrkerngewinnung / turbodrilling with carrot recuperation ‖ ~bohrer m (Bergb) / turbodrill ‖ ~deckband n (Luftf) / turbine shroud ring o. shroud band, turbine static shroud ‖ ~durchfluß m / absorption capacity of turbines ‖ ~effekt m (Luftf) / windmilling ‖ ~-Eintrittskanal m (Luftf) / turbine entry duct ‖ ~gebläse n / impeller type centrifugal fan ‖ ~gehäuse n, -mantel m, -trommel f / turbine cylinder o. casing o. housing o. shell ‖ ~gehäuse n (Wasserturb) / turbine housing ‖ ~grube f, -schacht m / turbine well o. shaft ‖ ~halle f, -haus n / turbine hall o. house ‖ ~hersteller m / turbine manufacturer ‖ ~-Kreiselgebläse n / turbofan, ducted-fan turbine engine ‖ ~läufer m / rotor disk ‖ ~laufrad n (mit Schaufeln) (Luftf) / turbine wheel ‖ ~leistung f / turbine output ‖ ~leitung, Druck[rohr]leitung f (Hydr) / forced conduit, penstock ‖ ~luftstrahl-Triebwerk n, TL-Triebwerk n / turbojet [engine] ‖ ~öl n / steam turbine oil ‖ ~propeller-Luftstrahltriebwerk, Turboprop-Triebwerk n / turbo-prop [engine] ‖ ~pumpe f / turbo-pump, pump-turbine ‖ ~rad n / turbine wheel ‖ ~radabschirmung f (Luftf) / insulation plate ‖ ~rad-Gaszähler m / turbine flowmeter for gas ‖ ~regner m (Landw) / turbine sprinkler, Pelton wheel sprinkler ‖ ~rohrleitung f / turbine pipes pl ‖ ~rotor, -läufer m, -scheibe f / turbine disk o. rotor ‖ ~rührer m / turbine agitator ‖ ~schaufel f / turbine bucket (US) o.

blade (GB) ‖ **⁀schaufel** f (Pelton) / bucket ‖
⁀schaufelprofile n pl / turbine blade sections pl ‖
⁀schiff n / turbine boat o. steamer o. ship, T.S. ‖
⁀-Staustrahl-Triebwerk n / turboramjet engine ‖
⁀stufe f / turbine stage ‖ **⁀treibstoff** m / jet fuel o.
propellant, J.P. ‖ **⁀-Triebwagen** m (Bahn) / gas turbine
railcar ‖ **⁀trockner** m (Textil) / turbo-drier ‖ **⁀trommel**
f s. Turbinengehäuse ‖ **⁀-Umleitstation** f / turbine bypass
system ‖ **⁀zug** m, -triebzug m (Bahn) / turbotrain
Tür·blatt n / door leaf ‖ **⁀block** m (Fertighaus) / door
unit ready to be installed
Turbo·anker, Glattanker m (Elektr) / smooth-core
armature o. rotor ‖ **⁀anlasser** m (Luftf) / turbo-starter ‖
⁀antrieb m (Luftf) / turbopropulsion ‖ **⁀aufladung** f
(mit Abgas) (Mot) / turbocharging ‖ **⁀bohren** f s.
Turbinenbohren n / turbodrilling ‖ **⁀bohrer** m (Bergb) /
turbodrill ‖ **⁀brenner** m / turboburner ‖
⁀compoundmotor m / turbo-compound aero engine ‖
⁀elektrisch (Antrieb, Schiff) / turboelectric ‖
⁀emulgator m (Chem) / turboemulsifier ‖
⁀fan-Flugzeug n / turbofan aircraft ‖ **⁀gebläse** n,
-exhaustor m / turbo exhauster ‖ **⁀gebläse** n,
-kompressor m / turboblower
Türbogen, Entlastungsbogen m / doorway arch
Turbo·generator m / turbo-generator, turbine-type
generator ‖ **⁀generator** m, Turbomaschinensatz m /
turbine type generator ‖ **⁀generatorsatz** m
(Gleichstrom) / d.c. turbogenerator ‖ **⁀generatorsatz**
m (Wechselstrom) / a.c. turbogenerator
Türbogenstein m, abgerundeter Keilstein / bullnose, jamb
brick
Turbo·gridboden m (Öl) / Turbogrid tray ‖
⁀hubschrauber m / turbocopter ‖ **⁀-Jet** m / turbojet
[engine] ‖ **⁀jet-Flugzeug** n / turbojet ‖ **⁀kompressor**
m, -verdichter m, -gebläse n / turbocompressor,
turboblower ‖ **⁀kompressor** m (Gasturbine) / gas
producer ‖ **⁀kraftstoff**, Flugturbinenkraftstoff m /
turbine fuel o. gasoline o. kerosene, ATF, ATG, ATK ‖
⁀kupplung f / hydraulic coupling o. transmitter, (auto:)
fluid flywheel ‖ **⁀lader** m (Luftf) / turbo-supercharger ‖
⁀läufer m / turborotor ‖ **⁀lüfter** m / turbofan ‖
⁀luftstrahltriebwerk, TL-Triebwerk n (Luftf) / turbojet
[engine] ‖ **⁀maschine** f / turbomachine, turbo-engine,
rotary engine (US) ‖ **⁀maschinen** f pl / turbomachinery
‖ **⁀maschinensatz** m (Elektr) / turbogenerator ‖
⁀mischer m / impact mixer, turbomixer ‖
⁀molekularpumpe f / turbomolecular pump ‖ **⁀motor**
m / turboshaft engine, turbo-engine ‖ **⁀plan**,
Hubstrahler m, "fliegendes Bettgestell" (Luftf) /
turboplane ‖ **⁀prop-Flugzeug** n / turboprop ‖
⁀prop-Triebwerk n, Turbopropellertriebwerk n,
Turbo-Prop n (Luftf) / turboprop [engine], propeller
turbine engine, prop-jet [engine] ‖ **⁀pumpe** f /
turbopump, non-positive displacement pump ‖ **⁀rakete**
f (Luftf) / turbo-rocket ‖ **⁀reinigungsfilter** n / turbo
purifying filter ‖ **⁀rührer** m, Schaufelrührer m /
turbomixer ‖ **⁀satz** m (Elektr) / turbo set, turbogenerator ‖ **⁀schnellmischer** m / high-speed turbo
mixer ‖ **⁀sieb** n / turboscreen ‖ **⁀triebwagen** m / gas
turbine railcar ‖ **⁀triebwerk** n (Luftf) / turbine aero
engine ‖ **⁀umformer** m (Elektr) / turbo-converter ‖
⁀umrichter m, -wechselrichter m (Elektr) / d.c.-a.c.
turboconverter ‖ **⁀vakuumpumpe** f / turbine vacuum
pump ‖ **⁀verdichter** m / turboblower o. -compressor ‖
⁀wagen m (Kfz) / turbocar ‖ **⁀wandler** m (Bahn, Kfz) /
fluid drive, hydrodynamic transmission ‖ **⁀wäsche** f
(Bergb) / turbo washer ‖ **⁀zug** m (Bahn) / turbo train
turbulent, wirbelnd / turbulent ‖ **⁀es Ablösen** (Luftf) /
turbulent separation ‖ **⁀e Grenzschicht** (Luftf) /
turbulent boundary layer ‖ **⁀ strömen** / fret v ‖ **⁀e**
Strömung / turbulent o. eddy flow
Turbulenz f / turbulence ‖ **⁀aufheizung** f (Plasma) /
turbulent heating ‖ **⁀brenner** m / turbulent burner ‖
⁀energie f, Wirbelenergie f / energy of turbulence ‖

⁀störung f (TV) / turbulence degradation ‖ **⁀verstärker**
m / turbulence intensifier
Tür·drücker m / door handle o. latch ‖ **⁀einfassung** f
(Gummi) (Kfz) / weather strip[ping] for door, door
rubber profile ‖ **⁀falz**, Anschlag m / door folding o.
rabbet ‖ **⁀feld** n, -nische f / door bay ‖ **⁀fenster** n (Kfz)
/ door window ‖ **⁀fernsprecher**, -lautsprecher m (mit
Türöffner), Türfreisprecheinrichtung f / gate telephone
‖ **⁀flügel** m, Flügelrahmen m (Bau) / leaf o. valve o.
wing of a door, door leaf ‖ **⁀flügel** m (Falttür) / fold of
a folding door ‖ **⁀flügelsitz** m / door frame reveal ‖
⁀fries m / head casing of a door ‖ **⁀führung** f / door
rail ‖ **⁀füllung** f, Fach, Feld n, (der gestemmten Tür) /
door panel ‖ **⁀futter** n, -einfassung, -zarge f, -stock m
(Bau) / door case o. jamb o. trim (US) ‖ **⁀futter** n in
einer Zwischenwand / door frame o. case ‖ **⁀gerüst** n,
-stock m (Bergb) / gallery frame ‖ **⁀gesims** n / cornice of
a door
Turgeszenz f (Bot) / turgescence
Turgit, Hydrohämatit m (Eisenerz) / turgite,
hydrohaematite
Tür·gitter n / grille ‖ **⁀gitter** n, -vorlegegitter n /
deadlight of door
Turgordruck m (Bot) / turgor pressure
Tür·griff m / door handle o. knob ‖ **⁀hebewinde** f (Ofen) /
door winch
Turing-Maschine f (Math) / Turing machine
Tür·innenblech n (Kfz) / inside door panel ‖ **⁀innengriff**
m (Kfz) / inside door handle
türkisches i (DV) / dotless i
Türkisch·rot, Alizarinrot n (Textil, Galv) / Turkey red ‖
⁀rot färben, schönen / dye turkey-red, rose ‖ **⁀rotöl** n
/ Turkey red oil, alizarin assistant
Türkisfarbstoff m / turquoise dyestuff
Tür·klemme f / spring-type door holder ‖ **⁀klinke** f,
-griff m / door handle o. latch ‖ **⁀knopf**, -olive f /
olive, door knob ‖ **⁀kontakt** m / door contact [switch],
plunger door contact ‖ **⁀kontakt** m (Bau) / gate contact
‖ **⁀kontakt** m (Kfz) / door contact [switch] ‖
⁀kontaktschalter m (Aufzug) / door o. gate switch ‖
⁀kühlrahmen m (Hütt) / door cooling frame ‖
⁀laufschiene f / sliding rail of a door ‖ **⁀lautsprecher**
m mit Türöffner / combined door interphone and
opener ‖ **⁀leibung** f / door reveal ‖ **⁀luft** f / joint
clearance of a door
Turm m / tower ‖ **⁀**, Spitzturm m, Kirchturmspitze f /
spire ‖ **⁀ des Schürfkübelbaggers** / hitch of the
dragline ‖ **⁀ des Sonnenkraftwerks** / solar tower of a
solar power plant ‖ **⁀ für Holzfällkabelkrane** / spar for
overhead skidders ‖ **⁀ mit Ausleger**, Auslegerturm m
(Kran) / jib tower ‖ **⁀ mit Ecktürmchen** (Bau) / turreted
tower ‖ **mit ⁀ o. Türmchen versehen** / turreted
Turmalin m (Min) / tourmaline, turmaline ‖ **⁀zange** f (Opt)
/ tourmaline tongs pl
Türmatte f, Abtreter m / door mat
Turm·aufsatz, kleiner (Bau) / louver, louvre ‖ **⁀bahnhof**
m / multi-level station
Türmchen n, Erkerturm m (Bau) / turret
Turm·dach, Pyramidendach n / spire roof, pyramidal
broach roof ‖ **⁀drehkran** m / tower o. turret slewing
crane, revolving o. slewing tower crane, hammer-head
crane ‖ **ausfahrbarer ⁀drehkran** (Bau) / self-erecting
building tower crane ‖ **⁀fahrwerk** n / tower travelling
gear ‖ **⁀falzziegel** m / tower gutter tile ‖ **langes**
⁀fenster / narrow window of a tower ‖ **⁀fördergerüst**
n / tower-type headgear ‖ **⁀fördermaschine** f (Bergb) /
tower-type winder, elevated winder ‖ **⁀haus** n /
dwelling tower ‖ **⁀helm** m, -spitze f / spire, steeple ‖
⁀knopf m / steeple ball ‖ **⁀kohle** f / coal drained in
towers ‖ **⁀kran** m / [mono]tower crane ‖ **⁀kran** m
(Bau) / derrick tower gantry, building tower crane ‖
⁀lauge f (Pap) / tower liquor ‖ **⁀ofen** m / tower furnace
‖ **⁀pfeiler** m (Stahlbau) / tower pier ‖ **⁀rolle** f (Öl) /
crown-block ‖ **⁀silo** m (Landw) / tower silo ‖

↳sonnenkraftwerk n / solar tower ‖ ↳spitze f (Bau) / pinnacle ‖ ↳teleskop n / domeless telescope ‖ ↳trockner m / tower drier, stack type drier ‖ ↳uhr f / turret o. tower clock, church clock ‖ ↳verfahren n (Chem) / tower process ‖ ↳wagen m (Bahn) / tower car o. wagon (US)

Turnerit m (Min) / turnerite

Tür-Notschalter m (Aufzug) / door o. gate by-pass switch

turnusmäßig / in rotation ‖ ~e Überholung (DV) / turn-around

Tür·, elektrischer ↳öffner / electric door opener ‖ ↳öffnung f / opening of a door ‖ ↳öffnung f (zu Räumen) / doorway ‖ ↳öffnung f (Fahrzeug) / door cutout ‖ ↳öffnung f in einer Mauer / door opening o. aperture ‖ ↳pfosten m / door post o. cheek, jamb [post] ‖ ↳pfosten m der Schließseite / slamming stile ‖ ↳platte f (unten am Feuer) (Hütt) / dead plate ‖ ↳rahmen m pl (der gestemmten Tür) / door framing o. frame[work] (consisting of two stiles, and top, middle, and bottom rails), panel frame ‖ ↳rahmen m, -zarge f / doorway, frame of a door ‖ ↳rahmen m mit Anschlag / butt-type door frame ‖ ↳rahmen m mit Füllungen / door frame with panels ‖ ↳rahmen m mit Kämpfer / door frame with transom ‖ ↳rahmen m mit, [ohne] Falz und Nut / door frame with, [without] rebate ‖ ↳rahmensitz m / structural reveal ‖ ↳raste, Schloßplatte f (Kfz) / door striker ‖ ↳riegel m / door latch ‖ ↳riegel m (in Bolzenform) / barrel bolt ‖ ↳riegel m (zum Offenhalten) / door stop ‖ ↳riegel m, Querholz n der Tür / transom of door ‖ oberer ↳riegel (Zimm) / head rail ‖ ↳säule f, -pfosten m (Bahn) / door stile (US) o. post o. pillar ‖ ↳schalter m / gate switch ‖ ↳scharnier n (Kfz) / door hinge ‖ ↳scharniersäule f (Kfz) / door hinge pillar ‖ ↳schließanlage f / door closer o. check ‖ ↳schließer m (Aufzug) / door o. gate closer o. operator ‖ ↳schließzylinder m (Kfz) / door lock cylinder ‖ ↳schloß n / door lock ‖ ↳schloßsäule f (Kfz) / door lock pillar ‖ ↳schnapper m / door latch bolt, spring bolt ‖ ↳schoner m / finger plate ‖ ↳schwelle, -bank f / door sill ‖ ↳schwelle f (Kfz) / sill ‖ ↳schweller m (Kfz) / sill beam, side sill, door sill ‖ ↳spalt m (zwischen Zarge u. Blatt) / clearance between door frame and door leaf ‖ ↳spion m / peephole ‖ ↳sprechanlage f / gate telephone ‖ ↳ständer m s. Türpfosten ‖ ↳stein m (Hütt) / jamb brick ‖ ↳stock m, -zarge f, -futter n (Bau) / door case o. jamb o. trim (US) ‖ ↳stock m, Geviert n (Bergb) / drift set, porch set ‖ halber ↳stock (Bergb) / half frame ‖ ↳stockausbau m, -zimmerung f (Bergb) / frame timbering, goal-post support system ‖ ↳stockhöhe f / hight of doorframe o. doorset ‖ ↳stockverkleidung f (Bau) / jamb lining ‖ ↳sturz m (Bau) / platband, [door] lintel, summer ‖ ↳stütze f für fünfte Tür (Kfz) / tailgate support bracket ‖ ↳taster m, Druckschalter m (Elektr) / push switch ‖ ↳überwurf m / bar fastening for gate ‖ ↳- und Fensterbeschlag m (Schl) / small iron work ‖ ↳- und Fenstergummi m (Kfz) / piping, weatherstrip ‖ ↳verriegelung f (Kfz) / door latch ‖ ↳verriegelung f aller Türen (Kfz) / safety locking of all doors, centrally controlled locking system ‖ ↳winde f (Koksofen) / door-lifting winch ‖ ↳ziehgriff m (Kfz) / door pull handle

Tusche f / China ink, water colour

tuschen, austuschen, mit Tusche malen / wash, render in watercolour

Tusche·schreib- u. Tuschezeichengeräte n pl / ink writing and drawing instruments pl

Tusch·farbe f / water colour (for rendering drawings) ‖ ↳feder f (Zirkel) / ink pen

tuschieren (Flächen verschönern) (Masch) / spot-grind ‖ ~, Flächen einpassen / touch up, try out by blue ink ‖ [maschinelles] ~ (Masch) / spotting

Tuschier·lineal n / straight edge ‖ ↳platte f (= Anreißplatte) / surface plate ‖ ↳presse f / die try-out press, spotting press

Tuschzeichnung f / China ink drawing, wash drawing

Tussahseide f / tussah o. tussur silk, tussore, Chinese oak silk

Tute f, Probiertiegel m (Hütt) / assay crucible

Tütenschrenz m, Tütenschrenzpapier n / grocery paper

TÜV = Technischer Überwachungsverein

TV, Textverarbeitung f / word processing, WP

TV-Decke f, teilvorgefertigte Decke / partially prefabricated ceiling

TV-Dialognetz n (TV) / advanced interactive television system

T-Ventil n (Dampfm) / spindle valve

T-Verbinder m (Elektr) / T-joint

T-Verteilung f, Student-Verteilung f (Statistik) / T- o. Student distribution

T-Verzweigung f in E-Ebene (Hohlleiter) / E-plane T-junction

TVRO-Station f (TV) / TVRO-station (US), (= television receive only station)

TW (Kfz) = Tankwagen ‖ ↳ (Fernm) = Teilnehmerwählbetrieb ‖ ↳ (Elektr) = Terawatt

Twaddle-Skala f (o. T.-Skala) (für Schwefelsäure) (Chem) / Twaddle scale, Twaddell scale, °Tw

Tweed m (Textil) / tweed

Twill m, Feinköper m (Web) / twill ‖ ↳ (Baumwolle) / Milanese [knit] fabrics pl, traverse warp fabrics pl

Twin··-Derrick-System n (Schiff) / twin derrick system ‖ ↳drive m (Walzw) / twin drive ‖ ↳glas n (Glas) / twin [ground] plate ‖ ↳glasverfahren n / twin plate process, Pilkington twin process ‖ ↳plexverfahren / twinplex ‖ ↳polieranlage f, Doppelband-Polieranlage f (Glas) / twin polisher

Twist m, Maschinengarn n / twist, twisted yarn ‖ ↳bindung f / double-weft weave

Twisted-Nematik-Technik f, TN / twisted nematic technics

Twist·lock n (Container) / twistlock ‖ ↳-Mode f (Magnetosphären-Impulse) / twist mode

Twistor m (Speicherelement) (Elektronik) / twistor

Twistwert m, Betrag m der Drehung (Spinn) / amount of twist

Twitchell-Fettspaltung f / Twitchell fat decomposition

TWV = Technisch-Wissenschaftliche Vereine

Twystron n, Hybrid-Laufzeitröhre f (Elektronik) / twystron

Tylose, Methylzellulose f / tylose, methyl cellulose

Tyndall-Effekt m (Opt) / Tyndall effect

tyndallisieren (Art sterilisieren) / tyndallize

Tyndall·kegel m (Chem) / Tyndall cone ‖ ↳ometer n (Opt) / Tyndall meter

Typ m / model, style, pattern ‖ ↳, Ausführung f / design, type ‖ ↳ I, II usw / mark I, II, etc ‖ ↳ausfärbung f (Textil) / self-shade

Type, Drucktype, Letter f (Buch) / letter, type, character

Typen f pl, Lettern f pl (Buch) / printing type ‖ ↳abstand m (DV) / character spacing ‖ ↳bahn f (Schreibm) / track of the types ‖ ↳beschränkung f, (jetzt:) Typnormung f / standardization of types ‖ ↳bezeichnung f / type o. model designation ‖ ↳druck m (Buch) / type printing ‖ ↳drucker m / type printer ‖ ↳-Druckrolle f / print wheel ‖ ↳führung f (Drucker) / print train ‖ ↳gießmaschine f (Buch) / type-casting machine ‖ ↳gleichstrom m (Elektr) / maximum permissible d.c. of a converter ‖ ↳größe f / rating ‖ ↳hammer m (Schreibm) / type printing hammer ‖ ↳hebel m (Schreibm) / type shank o. shaft, type bar ‖ aufeinanderschlagende ↳hebel m pl / striking type bars ‖ ↳hebelabziehzange f / extractor for broken type printing hammers ‖ ↳hebeldruckwerk n / type bar printer ‖ ↳hebelkorb m (Schreibm) / typebar segment, type basket ‖ ↳hebelschreibmaschine f / type bar typewriter ‖ ↳körper, Schaft m (Buch) / shank ‖ ↳liste f (DV) / type list ‖ ↳metall n, Schriftmetall n / printer's o. type o. letter metal ‖ ↳nummer f / type number ‖ ↳prüfung f (Elektr, Kfz) / homologation ‖ ↳rad n, -rolle f / print o. type wheel, daisy wheel ‖ ↳raddruckwerk n, -drucker *m* / wheel printer ‖ ⤚**radschreibmaschine** *f* / printing wheel typewriter, daisy wheel typewriter ‖ **obere** ⤚**reihe** (Schreibm) / upper case ‖ **untere** ⤚**reihe** (Schreibm) / lower case ‖ ⤚**satz** *m* / fount (GB), font (US) ‖ ⤚**scheibe** *f* / type disk, petal ‖ ⤚**scheibendrucker** *m* / petal printer ‖ ⤚**scheibendrucker** *m* (waagerecht rotierend) (DV) / daisywheel printer ‖ ⤚**schild** *n*, Typschild *n* (allg) / type plate, nameplate ‖ ⤚**schild** *n* (Motor) / rating plate ‖ ⤚**schild** *n* **am Fahrzeug** (Kfz) / vehicle identification plate, manufacturer's nameplate ‖ ⤚**spektrum** *n* / range of types ‖ ⤚**spezifisch**, -gebunden / peculiar to type ‖ ⤚**stange** *f* (Buch.m) / type bar ‖ ⤚**synthese** *f* (Mech) / type synthesis ‖ ⤚**träger** *m* / print member, type carrier ‖ ⤚**träger** *m* (DV) / print member ‖ ⤚**trägerkopf** *m* / print head

Typentwurf *m* / type design

Typen·variante *f* (Kfz) / secondary model ‖ ⤚**walze** *f* (Zeilendrucker) / [line printer] barrel, type drum

Typfärbung *f* / standard depth dyeing, SDD

Typhon *n* (Schiff) / tyfon [whistle]

typisch, repräsentativ / representative ‖ ⤚**e Form o. Gestalt** / typical form o. shape ‖ ⤚**er Geruch** / tang

typisieren, in Typen einteilen / typify *vt*

typ·normen / standardize type sizes o. types ‖ ⤚**[norm]ung** (DIN), (früher:) Typenbeschränkung, Typisierung *f* / standardization of types, type standardization

typo·grafisch / typographic, -graphical ‖ ⤚**grafischer Punkt** (= 0.376mm) (in USA: 0,352mm) / typographical point ‖ ⤚**graph** *m* (Buch) / typograph ‖ ⤚**graphie** *f* / letterpress printing, typography ‖ ⤚**graphischer Befehl** (DV) / typesetting instruction, typographic instruction ‖ ⤚**metall** *n* **für typografische Arbeiten** / type metal ‖ ⤚**meter** *n* (Buch) / typometer, type o. line gauge

typ·prüfen (Kfz) / homologize ‖ ⤚**prüfung** *f* / prototype test, type test, homologation test ‖ **vor der** ⤚**prüfung** / precertification … ‖ ⤚**schein** *m* / type certificate, certificate of homologation ‖ ⤚**schiff** *n* / type vessel ‖ **[am Lkw anzubringende]** ⤚**tafel** (Kfz) / Ministry of Transport plate (GB)

Typung *f* s. Typnormung

Typus *m* / type

Typ·vereinbarung *f* (DV) / type declaration ‖ ⤚**zeichnung** *f* / type drawing ‖ ⤚**zuordnung** *f* (FORTRAN) / type association

Tyramin *n* / tyramine

Tyro·sin *n* / tyrosine ‖ ⤚**sinase** *f* / tyrosinase

Tysonit *m* (Min) / tysonite

Tyton-Muffe *f* (DIN 28516) / Tyton joint

TZM-Legierung, Titan-Zirkonium-Molybdän-Legierung *f* / TZM-alloy

U

U-Antenne *f* / U-type antenna

UART *n* (eine Kommunikations-Schnittstelle) / UART, universal asynchronous receiver/transmitter ‖ ⤚**-Format** *n* / UART format

U-Bahn *f*, Untergrundbahn *f* / underground [railway] (GB), subway (US) ‖ ⤚ **in Röhrenbauweise** / tube (GB, e.g. in London) ‖ ⤚**-Eingang** *m* / underground entrance (GB)

Ubbelohde-Viskosimeter *n* / Úbbelohde viscometer

UBC-Schiff *n*, Massengutfrachter *m* / universal bulk carrier

übelriechend / vile o. evil smelling, malodorous ‖ ~, stinkend / fetid ‖ ~, faulig / putrid ‖ ~**es Gas** / devil gas

Übelstand *m* / drawback, inconvenience

üben, trainieren *vi* / train *v*

über, betreffend / about, concerning ‖ ~…, super… / super… ‖ ~…, doppelt (in Zusammensetzungen) / on ‖ ~ **Alles [gemessen]** / overall, over-all ‖ ~ **Tag**, übertage (Bergb) / above ground ‖ ⤚**abfrage** *f* (Fernm) / sync pilot ‖ ⤚**abfrageregelung** *f* (Radar) / automatic overload control, AOC ‖ ~**abzählbar**, nicht abzählbar (Mengenlehre) / innumerable ‖ ⤚**aktiniden** *pl* (Elemente 122-153) / superactinides *pl* ‖ ~**altert** / superannuated, overaged ‖ ~**altertes Holz**, über-, rückständiges Holz ‖ ⤚**alterung** *f* / superannuation, overag[e]ing ‖ ⤚**angebot** *n* / excessive supply ‖ ~**anstrengen** / overexert, overwork, overstrain ‖ ~**anstrengen**, -arbeiten (Masch) / strain, rough-handle ‖ ~**arbeiten**, verbessern, nachbessern / do over again, rework, work over, retouch, perfect ‖ ~**arbeiten**, -prüfen / revise ‖ ⤚**atmosphärendruck** *m* / hyperbaric pressure ‖ ⤚**bau** *m*, Hochbau *m* (Bau) / superstructure ‖ ⤚**bau** *m*, Vorsprung *m*, Auskragung *f* (Bau) / projection, bearing-out, overhang ‖ ⤚**bau** *m*, Flutöffnung, -brücke *f* / shore-span ‖ ~**bauen** / build over, erect on top [of], superstruct ‖ ~**baut** (Bergb) / influenced by overlying workings ‖ ⤚**bauung** *f* **von Bahnhöfen** / structures *pl* above station compounds ‖ ~**beanspruchen**, über[be]laden / overcharge, overload ‖ ~**beanspruchen**, -belasten / overstress, overload ‖ ⤚**beanspruchung** *f*, -belastung *f* / overstress[ing], overload, overexertion, excessive strain o. stress ‖ ~**beizen** / excessive pickling ‖ ~**belastungsversuch** *m* (Brücke) / overload test ‖ ~**belichtet** (Phot) / overexposed, burnt-up ‖ ⤚**belichtung** *f* (Phot) / overexposure ‖ ~**bemessen** / overdimension ‖ ~**benutzen** / overuse *vt* ‖ ⤚**beschleunigung** *f* (Raumf) / jerk ‖ ~**beschwert** (Textil) / dynamited ‖ ⤚**besetzung** *f* (z.B. Band) / overpopulation ‖ ~**bestimmt** (Mech) / overdetermined, overdefined, overrigid, redundant ‖ ~**bestimmt**, redundant (DV) / redundant ‖ ⤚**birne** *f* (Phot) / ruby bowl ‖ ~**blasen** (Hütt) / overblow ‖ ~**blatten**, zusammenblatten (Zimm) / scarf, halve together, notch ‖ ⤚**blattung** *f* (Zimm) / notching, common halving ‖ ⤚**blenden** *n* (Film) / crossfading, change-over, fade-in o. -out o. -over, dissolve ‖ **scharfe** ~**blendung** (Film, TV) / cut[ting] ‖ **weiche** ~**blendung** (Phot, TV) / lap dissolve ‖ ⤚**blendungsblende** *f* (Phot) / dissolving shutter ‖ ⤚**blendungsmechanismus** *m* (TV) / lap dissolve shutter ‖ ⤚**blendverstärker** *m* / fader o. mixer amplifier ‖ ⤚**blick** *m* / general survey ‖ ⤚**blick** *m* (über Gehörtes) / recap[itulation] ‖ ⤚**breite** *f*, seitlich überhängende Ladung (Kfz) / wide load ‖ ~**bremsen** (Kfz) / overbrake ‖ ~**brennen**, zu hoch brennen (Feuerfest) / overfire ‖ ~**brücken** / bridge[-over], span ‖ ~**brücken** (Elekt) / short-out, bypass ‖ **zeitlich** ~**brücken** / bridge ‖ **Schwierigkeiten** ~**brücken** / surmount, overcome, get over, master, get the better [of] ‖ ~**brücktes T-Glied** (Elekt) / bridged T-filter o. -network

Überbrückungs·klemme *f* (Elektr) / bridge connector, bridging-over terminal ‖ ⤚**kondensator** *m* / by-pass o. bridging capacitor ‖ ⤚**kontakt** *m* / short-circuiting o. shorting contact ‖ ⤚**schaltung** *f* (Fernm) / switching selector repeater ‖ ⤚**widerstand** *m* / discharge o. buffer resistance

Über·buchung *f* (Luftf) / surbooking, overbooking ‖ ⤚**chlorsäure** *f* / perchloric acid ‖ ~**dachen** / roof in o. over, span by a roof ‖ ⤚**dargebot** *n* (Hydr) / surplus water ‖ ~**dauern** / outlast ‖ ~**decken**, bedecken / cover [over], overlap ‖ ~**decken** *vt* (Geom) / superpose ‖ ~**decken**, [teilweise] übereinander fügen (Bau) / overlap ‖ ~**decken** (Geruch, Geräusch) / mask ‖ **sich** ~**decken**, -lappen / lap [over], overlap ‖ ~**deckend**, geschlossen

(Elektr, Wicklung) / lapped || ~deckte Naht (Bau) / lap joint o. seam (US) || ~deckter Saum (Nähm) / lap seam || ~deckter Teil der Dachplatte (Bau) / cover of a tile || ⁺decktnaht f / cover-stitch seam || ⁺deckung, Deckung f (Masch) / cover, overlap[ping], bite [on] || ⁺deckung f, Schluß m (der Fensterflügel) / head of a window || ⁺deckung f (Geräusch, Geruch) / masking || ⁺deckung f (bei Rollenscheren) / penetration of roller shears || ⁺deckung f (Zahnrad) / contact ratio || ⁺deckung f / bite [on] || ⁺deckung f (Video) / overlap mit regelmässiger ~deckung anordnen (z.B. Schieferplatten) / overlap in a regular pattern

Überdeckungs·bogen m (Getriebe) / overlap arc || ⁺faktor m (Zahnrad) / contact ratio factor || ⁺fuge f (Bau) / covering joint || ⁺regler m, Überlappungsregler m (Phot) / overlap regulator || ⁺-Transistor, Overlay-Transistor m / overlay transistor

über·dehnen / elongate excessively, overelongate, overstretch || ~destillieren / distil over || ~dicht (Astr) / superdense || ⁺dicke f / excessive thickness, off-gauge || ~dimensionaler Würfel (Math) / hypercube || ~dimensioniert, zu groß / overdimensioned, superdimensioned, oversized || ⁺dimensionierung f / oversizing, overdimensioning || ⁺dosis f / overdose || ~drehen (Uhr) / overwind || ~drehen (Dreh) / turn [outside] diameter || ~drehen, verdrehen / crepe vt, overtwist || ~drehen (Motor) / overspeed vt || ~drehen, hochdrehen, -treiben / rev up vi || ~drehen, zu hoch gehen / overspeed, exceed the limits || ⁺drehen n (Mot) / overspeeding || ein Gewinde ~drehen / overturn a screw, overwind, strip threads || ~drehtes Garn (Spinn, Fehler) / twit, twitty yarn || ~dreht sein vt, nicht mehr fassen (Gewinde) / be stripped || ⁺drehzahl f / overspeed || ⁺ drehzahl-Absperrventil n / velocity shut-off valve

Überdruck m (allg) / pressure burden || ⁺ (Behälter) / excess pressure, overpressure || ⁺ (Phys) / pressure above atmospheric || ⁺ (Luftverteilung) / relief || ⁺ (Gasballon) / superpressure, super pressure || ⁺ (Nebelkammer) / overcompression || ⁺, Aufdruck m, Deckdruck m (Buch, Färb) / overprint || ⁺ in psi / psi.g., pounds per square inch gauge || unter inneren ~ gesetzt / pressurized || ⁺anzug m / pressure suit

überdrucken (Buch) / surprint, overprint

Überdruck·kabine f (Luftf) / pressurized cabin || ⁺kapselung f (Elektr) / pressurizing || ⁺-Klimaanlage f / plenum system || ⁺meßgerät n / pressure gauge || ⁺pumpe f (für Kraftstoff) (Luftf) / booster pump || ⁺schalter m, -wächter m / maximum pressure governor || ⁺schleuse f / pressed air lock || ⁺[schnellschluß]ventil n / pop valve || ⁺schutz / overpressure protection || ⁺stufe f (Turbine) / reaction stage || ⁺turbine f, Reaktionsturbine f (Hydr, Dampf) / reaction turbine || mehrstufige ~turbine, Parsonsturbine f / Parsons turbine || ⁺ventil n / pressure control valve, PCV, [pressure] relief valve, safety valve || ⁺wächter m / maximum pressure governor || ⁺-Wasserturbinenpumpe f / reaction hydraulic turbine pump || ⁺[wind]kanal m / compressed-air wind tunnel, variable-density wind tunnel, excess pressure wind tunnel || geschlossener ~-Windkanal (Luftf) / pressure tunnel

Überdüngung f / overfertilization

übereck, quer durch / diagonally || ⁺ liegen / angle across || ⁺maß n (Sechskant) / width across corners of a hexagon

übereinander angeordnet, gestockt (Antenne) / stacked || ~gelegte Fugen f pl (Bau) / capped joints pl || ~gerollt, -gewickelt / convolute, coiled || ~geschichtet, Sandwich... / sandwiched || ⁺greifen f / overlapping || ⁺kopieren / double printing || ⁺lagerung, Superposition f / superposition || ⁺lagerung, Flözschichtung f (Bergb) / stratification || ~legen, -schichten / superimpose || ~liegend / superimposed,

lying upon another || ⁺schichtung f (Geol, Bergb) / superposition

Übereinklang m / accordance, conformity || in ~ bringen, abstimmen vt / phase

übereinstimmen, passen / tie in || ~ (Aufzeichnungen) / coincide [with], correspond || ~ vi / square, agree [with] || in Phase ~ / be in phase || nicht ~ / differ, vary

übereinstimmend, koinzident / coincident || ~e Zustände m pl (Chem) / corresponding states pl

Übereinstimmung f / accordance || ⁺, Verträglichkeit f (Math) / consistency || ⁺, Kompatibilität f (Math) / compatibility || ⁺ mit den technischen Spezifikationen / conformity with technical specifications || ⁺ mit einem Muster / pattern match || ⁺ oder Nicht[-Übereinstimmung] (DV) / match or non-match || in ~ [mit] / in compliance [with] || in ~ bringen / conform

Übereinstimmungs·kontrolle f (DV) / consistency check

über·elastisch (Mech) / beyond the elastic limit || ~elastische Durchbiegung / permanent set || ~elastische Spannung / strain beyond the elastic limit, permanent distortion strain || ⁺elemente n pl / higher chain products pl, transuranic elements pl || ~empfindlich / extremely o. high sensitive || ~entwickelt (Phot) / over-developed, cooked (coll) || ⁺entwicklung f / overdevelopment || ~erregt / over-excited || ⁺erregung f (Elektr) / overexcitation || ⁺erregungsversuch m (Elektr) / zero power factor test || ⁺erzeugung f / overproduction || ~eutektisch / hypereutectic || ~eutektoid / hypereutectoid

Überfahr·bogen m (Rohrpost) / transfer bend || ⁺brücke, Ladebrücke f (Bahn) / loading ramp

überfahren vt, queren / cross || ~ (allg, Endschalter, Signal) / overrun, overtravel || ~ (Fußgänger) / run o. knock down || ~, hinausschießen [über] (Wzm, Luftf) / overshoot v || ⁺ n der Zielposition, Überlauf m (NC) / overshoot || ⁺ eines Haltesignals (Bahn) / running past a stop signal || die Last ~ / straddle the load || die Station ~ (Bahn) / run past the station || ein Rotlicht ~ / go through red, run a red light

Überfahrt f (Nav) / crossing, passage

Überfall m (Schloss) / closing hasp o. clasp || ⁺, Überlauf m (Hydr) / overflowing [of a weir], overfall || freier ~ (Hydr) / free o. complete fall o. drop || gesteuerter ~ / controlled overfall

Überfallen-Verschluß m (Schl) / hasp and staple

Überfall-gewindestern m (Opt) / threaded star cap

überfällig / overdue

Überfall·kanal m, Hochwasserentlastungskanal m / spillway, by-channel, by-wash, diversion cut || ⁺krone f / weir crest || senkrechtes ~rohr / trickle drain || ⁺wasser n / overflow, nappe || ⁺wehr n / free-overfall weir

Über·faltung f (Geol) / overfold[ing] || ⁺falz m (Buch) / overlay fold || ⁺falzung f (Zimm) / shiplap || ~fangen, plattieren (Glas) / coat, double, flash, plate || ⁺fangglas n / flashed glass, cased glass || ⁺farbe f (Textil) / crocking, cross-dye || ⁺farbechtheit f / fastness to cross-dyeing || ~färben (Textil) / cross-dye, overdye, top || ~fein, -gar (Hütt) / over-refined || ~feine Phase (Nukl) / hyperfine level || ~fettet (Seife) / super-fatted (soap) || ~firnissen / revarnish || ~fliegen / fly [over o. across] || ~fließen / flow over || ⁺fließen n, Überlauf m (DV, Zahlen) / overflow || ~fließen [über] / flow over || [aus Formen] ~fließendes Material (Gieß) / flash, seam || ⁺ flur... (Leuchtfeuer) / surface... || ⁺flurhydrant m, (amtlich:) Feuerlöschwasserständer m / fire pillar, street hydrant, hydrant || ⁺flur-Schleppkettenförderer m kurvengängig / single-strand floor-mounted truck || ⁺fluß, Reichtum m / abundance || ⁺fluß, Überschuß m / surplus, overplus || ⁺fluß m, Übermaß m / surfeit || ~flüssig (Math) / redundant, abundant || ~flüssige Zutat / gadget[ry], gag (US) || ~flutbar / submersible || ~fluten / inundate, submerge, overflow, flood,

overrun, swamp ‖ ⁻flutung f / inundation, flood,
floating, overflow, deluge ‖ ⁻flutung f der Kolonne
(Chem) / flooding of a fractionating column ‖
⁻flutungsbecken n / deluge collection pond ‖
⁻flutungsebene f (Geogr) / bottom land ‖
⁻flutungsschmierung f / flood lubrication ‖
~flutungssicher / safe against flooding ‖ ~fordern,
-anstrengen / overtax ‖ ⁻form f (Gieß) / coat, mantle ‖
⁻frequenz f / overfrequency ‖ ~frischen (Hütt) /
overoxidate
überführen [in] (Chem) / convert [to] ‖ ~ [in], reduzieren
[zu] (Chem) / reduce [into] ‖ ~ (Eisen in Stahl) / convert
iron
Überführpresse f (Pap) / transfer press
Überführung f, Transport m / conveyance, conveying,
transport, transfer ‖ ⁻, -tragung f / transfer,
transference ‖ ⁻ (Chem) / transformation, conversion
‖ ⁻ (über die Eisenbahn) / overbridge, overhead
crossing, overpass ‖ ⁻en f pl (Straßb) / bridges, elevated
roads, and flyovers pl ‖ ⁻ f von Elektronen /
promotion of electrons ‖ ⁻ von Roheisen in Stahl im
Konverter / iron-into-steel conversion
Überführungs·bauwerk n / overpass, overbridge ‖
⁻draht m (Fernm) / bridle wire ‖ ⁻endverschluß m
(von Kabel auf Freileitung) / cable distribution
box (from cable to overhead line), transition cable box ‖
⁻fahrt f (Kfz) / transit ‖ ⁻flug m (Luftf) / ferry [flight] ‖
⁻kasten m (Fernm) / contact box ‖ ⁻lattentuch n (Textil)
/ lap lattice ‖ ⁻mast m (Elektr) / distributing pole,
junction pole ‖ ⁻rinne f (Gieß) / [transfer] launder ‖
⁻zahl f (Chem) / transport number, transference number
überladen, überladen (zu viel einfüllen o. laden) /
overcharge ‖ ~ (Buch) / cram ‖ ⁻ n / overcharging
Überfüllung f (Verkehr) / congestion ‖ ⁻, Gedränge n /
crowding ‖ ⁻, Gedränge n, Blockierung f / traffic block
‖ ⁻ (Preßform) / overfill n
Übergabe f (Waren) / delivery ‖ ⁻bahnhof m / interchange
point o. station ‖ ⁻band n / delivery o. feeder o.
transfer conveyor ‖ ⁻brücke f / transfer bridge ‖
⁻punkt m, Übernahmepunkt m (Roboter) / deposit
position o. point ‖ ⁻punkt m an Fernsehleitungen /
video interconnection point ‖ ⁻rollenstuhl m
(Förderband) / transfer idler support ‖ ⁻rutsche f (Bunker)
/ chute ‖ ⁻seite f (Bildschirmtext) / gateway page ‖
⁻station f (Elektr) / interconnecting station ‖ ⁻stelle f
(Bahn) / exchange point ‖ ⁻stelle f (Datenübertr.) /
interchange point ‖ ⁻stelle f (Förderband) / discharge
point ‖ ⁻stellen f pl (Tagebau) / supply terminals ‖
⁻wagen m, Bandschleifenwagen m / travelling tripper,
wing tripper (S. Africa) ‖ ⁻walzwerk n (Hütt) / pull-
over [hot] mill, pass-over mill ‖ ⁻zug m (Bahn) /
exchange train
Übergang m (allg) / change-over, passing ‖ ⁻ (Färb, Phot) /
shading off, blending ‖ ⁻, Umschlag m / transition
[process] ‖ ⁻ (von einem Zustand in den anderen) /
crossover ‖ ⁻ (Halbl) / junction ‖ ⁻, Umwandlung f
(Chem) / transition, change ‖ ⁻ Erde-Raum (Raumf) /
Earth-out ‖ ⁻ in die höhere Wagenklasse (Bahn) /
change of class ‖ ⁻ in die kreisförmige Umlaufbahn
(Raumf) / circularization ‖ ⁻ vom Steg zum Kopf der
Schiene / fillet radius between the web and head of rail
‖ ⁻ zum vollentwickelten Brand / full fire
development
Übergangs·..., Zwischen... / transitional ‖ ⁻bahn f
(Raumf) / transfer orbit ‖ ⁻bahn f in die Höhe der
geostationären Satelliten / geostationary transfer orbit
‖ ⁻bahnhof m (Bahn) / branching-off station,
intersecting station, interchange track (US) ‖ ⁻bereich
m (Halbl) / transition region ‖ ⁻bestimmungen f pl /
provisional o. temporary regulations pl ‖ ⁻betrieb m /
transient operation ‖ ⁻bogen m (Rohr) / crossover bend
‖ ⁻bogen m, Klothoide f (Straßb) / clothoid ‖ ⁻bogen m
(Bahn, Straßb) / transition o. junction curve, easement
curve ‖ [senkrechter] ~bogen (Bahn) / vertical curve,

levelling curve ‖ ⁻brücke f (zwischen Wagen) (Bahn) /
intercommunicating gangway, gangway floor plate,
through-communication between cars ‖ ⁻brücke f mit
Gummiwulst (Bahn) / intercommunication bellows
gangway ‖ ⁻dauer f (Impulse) / transition duration ‖
⁻dichtkegel m / sealing cone for transition ‖
⁻doppelnippel m (Rohre) / reducing double nipple ‖
⁻dose, Anschlußdose f (Elektr) / contact box ‖ ⁻düse f
(Vergaser) / transition jet ‖ ⁻-Einschraubstutzen m
(DIN 7631) / hexagon nipple ‖ ⁻eisen n (Hütt) / off-
grade iron ‖ ⁻element n (Chem) / transition element o.
metal ‖ ⁻ellipse f (Raumf) / transfer ellipse ‖
⁻erscheinung f / transitional phenomenon ‖ ⁻farbe f /
intermediate colour ‖ ⁻fläche am Boden (Luftf) /
transitional surface ‖ ⁻fläche im Flugbetrieb /
transition level ‖ [scharfe] ~fläche zwischen Medien /
interface ‖ ⁻formstück n / connecting duct for cables ‖
⁻frequenz f (Akustik) / transition o. turnover o. crossover frequency ‖ ⁻funktion f (Regeln) / indicial o. time
o. transient response, transfer function, step [function]
response (GB) ‖ ⁻gebiet n zwischen L- u. H-Bereich
(Elektronik) / transition range between L region and H
region ‖ ⁻gebirge n (Geol) / transition rocks pl ‖
⁻gestaltung f (Straßb) / easement of curves ‖
⁻gleichgewicht n (Nukl) / transient [radioactive]
equilibrium ‖ ⁻heizung f, Zusatzheizung f /
interseasonal heating ‖ ⁻höhe f (Luftf) / transition
altitude ‖ ⁻kalk, Grauwackenkalk m / graywacke
limestone ‖ ⁻kasten n von offenen zu
explosionsgeschützten Installationen (Elektr) / barrier
box ‖ ⁻konus m, -rohr n / forcing cone, increaser ‖
⁻kurve f / connecting curve ‖ ⁻lasche f (Bahn) /
cranked fishplate (GB) o. jointbar (US) ‖ ⁻lösung f
(allg) / temporary solution ‖ ⁻matrix f (Math) / transfer
matrix ‖ ⁻metall n / transition metal ‖ ⁻muffe f /
reducing socket o. sleeve o. pipe-joint, transition sleeve
‖ ⁻muffe f, Dreileiterendverschluß m (Elektr) /
trifurcating box ‖ ⁻muster n, Zwischenausführung f /
transitional model ‖ ⁻nippel m für Rohre / reducing
pipe nipple ‖ ⁻nuancen f pl (Färb) / transition shades pl
‖ ⁻passung, Ruhepassung f (Masch) / medium o.
transition fit ‖ ⁻periode, -zeit f / transition period ‖
⁻punkt m (Chem) / transition point ‖ ⁻punkt [o.
-bahnhof] m / exchange point [o. station] between two
railways ‖ ⁻reaktanz f / transient reactance ‖ ⁻rohr n
(Abwasser) / eccentric increaser ‖ ⁻[rohr]stück n,
konisches Rohr / taper, transition piece, increaser,
reducer ‖ ⁻schalter m (Bahn) / transition apparatus ‖
⁻schicht f (Luftf) / transition layer ‖ ⁻sehen,
Dämmerungssehen n / mesopic vision ‖ ⁻spannung f /
transient voltage ‖ ⁻stadium n / transitional stage ‖
⁻stange f (elektr. Leitung) / distributing o. junction pole ‖
⁻stecker m (zwischen unterschiedlichen Leitungen)
(Elektr) / [plug] adapter ‖ ⁻stelle f (Info) / connector ‖
⁻strahlung f / transition radiation ‖ ⁻streifen m
(Flugplatz) / shoulder ‖ ⁻strom m, Ausgleichsstrom m /
equalizing current ‖ ⁻struktur f einer Startrakete /
skirt of a rocket ‖ ⁻stück n / reducer, transition piece,
increaser, taper, reducing adapter o. fitting ‖ ⁻stufe f
(Raumf) / tran[s]stage ‖ ⁻stufe zwischen gerader
Treppe u. Wendeltreppe / dancing step ‖ ⁻system n
(Graph, Math) / transfer graph ‖ ⁻teil n mit Innen- u.
Außenvierkant (für Schraubwerkzeuge) (DIN 3123) /
attachment for square drive socket wrenches ‖
⁻temperatur f (Nukl) / ductile-to-brittle transition
temperature, DBTT ‖ ⁻tendenzen f pl / transition
conditions pl ‖ ⁻-T-Stück n / reducing T ‖ ⁻typus,
-zustand m / transition type ‖ ⁻verbindung f (Rohr) /
reducing coupling ‖ ⁻versuch m (Nukl) / transmission
experiment ‖ ⁻wahrscheinlichkeit f (Nukl) / transition
probability ‖ ⁻widerstand m (Elektr) / contact o.
transition resistance ‖ ⁻wirkungsquerschnitt m (Atom)
/ transfer cross section ‖ ⁻zeit f, -dauer f / transitional
period ‖ ⁻zeit f, Zeitabstand m zwischen Zügen / time

between trains ‖ ⁓zone f (Halbl) / junction [area o.
region] ‖ ⁓zone f, Bindezone f (Schweiß) / weld junction
‖ ⁓zustand m / transition state
über·gar (Roheisen) / black ‖ ⁓gar, -raffiniert (Metall) /
dry, over-refined ‖ ⁓gas n (Kfz) / kick-down ‖
⁓gasschalter m (Kfz) / kick-down switch ‖ ⁓geben /
deliver, turn over ‖ **dem Verkehr** ⁓geben / open to
traffic ‖ ⁓geflossene Schlacke (Hütt) / boilings pl ‖
⁓gehen vt, auslassen / omit ‖ ⁓gehen vt (DV,
Speicherorganis) / delete ‖ ⁓gehen [in] vi / change o.
verge [into] ‖ ⁓gehen [in] (Chem) / dissolve ‖ ⁓gehen
[zu etwas] / pass over o. switch over o. turn [to] ‖
ineinander ⁓gehen / blend ‖ allmählich ineinander
⁓gehen (Film) / dissolve ‖ [stufenweise ineinander]
⁓gehen / graduate o. grade [into], change gradually ‖
⁓geordnetes n, Höheres (DV) / superset ‖ ⁓geordnet
(DV) / overriding, higher ranking, higher order ‖
⁓geordnetes Netz (Elektr) / higher-voltage system ‖
⁓gerbung f / overtanning ‖ ⁓gerissenes Wasser
(Dampfm) / priming water ‖ ⁓geschlossen (Mech) / with
redundant constraints ‖ ⁓gewicht, Mehrgewicht n /
excess weight, overweight ‖ das ⁓gewicht haben /
overweigh ‖ ⁓gießen / perfuse ‖ ⁓gießen [in] (Chem) /
pour into another receptacle, pour out [into] ‖ [mit
etwas] ⁓gießen / cover by pouring ‖ ⁓gitter n (Krist) /
superlattice ‖ ⁓gittern / cover with a trellice ‖
⁓glasurfarbe f (Keram) / overglaze colour ‖ ⁓glühen /
over-anneal ‖ ⁓greifen, überlappen vi / lap over,
overlap, cover ‖ ⁓greifen (Feuer) / skip (fire) ‖
⁓greifen in der Schichten (Geol) / transgression ‖
⁓greifung f (Bau, Treppe) / lapping over ‖ ⁓griff m,
-deckung f (Tür) / lapping ‖ ⁓größe f (Abmessung) /
oversize, outsize ‖ ⁓größe f (Reifen) / oversize ‖
⁓größen-Kolben m / oversize piston ‖ ⁓gruppe,
Sekundärgruppe f (Fernm) / supergroup ‖
⁓gruppenkontrolle f (LoKa) / major control ‖
⁓gruppentrennung f (LoKa) / major control change ‖
⁓hang m, einseitige Neigung f / bias ‖ ⁓hang,
Vorsprung m (Bau) / projection, projecture, jut, bearing-
out, overhang ‖ ⁓hang m, Unerledigtes n / queue ‖
⁓hang (Luftf) / overhang ‖ ⁓hang m an Buchstaben
(Buch) / kern ‖ ⁓hang m der Leiterbreite (=
Überwuchs plus Unterätzung) (gedr.Schaltg) / overhang ‖
⁓hängen, vorkragen / stand out, project, bear out, hang
over, overhang ‖ ⁓hängen, vorkragen (Bau) / be out of
perpendicular, bear false, stand out, proect vi, jut out ‖
⁓hängen n, Vorstehen n (z.B. aus einer Fläche) /
prominence, protuberance ‖ ⁓hängen n des Stevens
(Schiff) / rake ‖ ⁓hängend / projecting, salient,
protruding ‖ ⁓hängend, vorstehend / overhanging adj ‖
⁓hängend, vorkragend / cantilever, jib… ‖ ⁓hängende
Böschung / counterslope ‖ ⁓hängender Stoß (Bahn) /
overhanging joint ‖ seitlich ⁓hängende Ladung,
Überbreite f (Kfz) / wide load ‖ hinten ⁓hängende
Ladung / load projecting behind the vehicle ‖
⁓hangwinkel m / overhang angle ‖ ⁓härten (Plast) /
overcure ‖ ⁓härtung f (Hütt) / overhardening ‖ ⁓hauen
n (Bergb) / heading upwards ‖ Walzgut ⁓heben (Walzw)
/ drag-over, pull over ‖ ⁓hebetisch m,
-hebevorrichtung f (Walzw) / relifting table, pull-over
device ‖ ⁓hebe-Walzwerk n (Walzw) / pass-over mill ‖
⁓heften n (seitliche Fadenheftung) (Buch) / overcasting,
whipping, whip stitching ‖ ⁓heizen / overheat
überhitzen / overheat ‖ ⁓ (bes. Dampf) (Dampf, Stahl) /
superheat ‖ ⁓ beim Trocknen (Lack) / overbake
Überhitzer m (Dampfm) / superheater ‖ ⁓fläche f (Dampfm)
/ superheating surface ‖ ⁓reaktor m / superheat reactor
‖ ⁓schlange f / superheater coil
überhitzt (Schmelze) / burnt ‖ ⁓er Dampf, Heißdampf m /
superheated steam ‖ ⁓es sprödes Eisen / overburnt
brittle iron ‖ ⁓e Stelle (allg) / hot spot, heat mark
Überhitzung f / overheating ‖ ⁓ der Kesselwand
(Dampfm) / overheating of boiler wall

Überhitzungs·detektor m (Reaktor) / burn-out detector ‖
⁓empfindlichkeit f (Hütt) / overheating sensitivity ‖
⁓stelle f (Plast) / heat mark ‖ ⁓wärme f / superheat ‖
⁓wärme abführen / desuperheat
überhöhen (Straßb) / bank, camber
überhöht (Math) / excessive ‖ ⁓ (Bogen) / high-pitched ‖ ⁓,
verzerrt (Verm) / distorted in different scales for lengths
and heights, with vertical exaggeration ‖ ⁓ (Straßb) /
banked, cambered ‖ ⁓ (Bau) / raised, stilted ‖ ⁓
(Stahlbau) / saddle-backed ‖ ⁓, angehoben (Elektronik) /
exalted ‖ ⁓er Bogen / stilted arch ‖ ⁓er Spitzbogen
(Bau) / lancet arch ‖ ⁓er Träger / girder with cambered
top boom
Überhöhung f (Straßb) / banking, camber, cross-fall ‖ ⁓,
Stelzung [eines Gewölbes] (Bau) / stilting
Überhöhungs·faktor m (Nukl) / advantage factor ‖
⁓rampe f (Bahn) / superelevation [connecting] ramp ‖
⁓schablone f / banking screed
überholen vt, nachbessern / touch up ‖ ⁓, auffrischen /
furbish up, refresh ‖ ⁓, wiederinstandsetzen /
recondition, overhaul ‖ ⁓, nachsehen (Masch) /
overhaul, look over ‖ ⁓, vorbeifahren / overhaul,
overtake ‖ ⁓ vi, krängen (Schiff) / heel, list, lurch ‖ ⁓ n,
Krängen n (Schiff) / lurch, heel, list ‖ ⁓, Vorbeifahren n
/ overhauling, overtaking, passing ‖ etwas ⁓, an etwas
vorbeifahren / outrun v ‖ zu ⁓des Fahrzeug (Kfz) / pace
vehicle
Überhol·hobeln m (Bergb) / ploughing at overtaking speed
‖ ⁓klauenschaltung f (Kfz) / over-ride clutch gear
change o. shift ‖ ⁓kupplung f / overrunning clutch,
overriding clutch ‖ ⁓maschine f (Schuh) /
pull[ing]-over machine
überholt, veraltet / outdated, antiquated, superannuated
Überholungs·arbeit f / overhaul work, retouch work ‖
⁓bedürftig / in need of overhaul[ing] o. of repairs ‖
⁓gleis n (Bahn) / sidetrack, turn-out track, siding
Überhol·verbot n / ban on passing, (als Hinweis:) do not
overtake!
über·hörfrequent (> 20 kHz) / ultra-audible, supersonic
‖ ⁓hörfrequenz (> 20 kHz) / supersonic frequency,
SSF ‖ troposphärische ⁓horizontausbreitung von
Wellen (Elektronik) / scatter propagation, over-the-
horizon propagation, scattered radiation ‖
⁓horizont-Richtfunkstation, Tropo-Scatter-Station f
(Elektronik) / tropo-scatter station ‖ ⁓horizont-Streuung
f / tropospheric scatter, troposcatter ‖
⁓horizont-Verbindung f / transhorizon radio relay link
‖ ⁓jahresspeicher m / storage for more than one year ‖
⁓jodsäure f / periodic acid ‖ ⁓kippen vt vi, umkippen /
tip over ‖ ⁓kippt (Geol) / inverted ‖ ⁓kippt (Stoß)
(Bergb) / overtipped ‖ ⁓kippte Faltung (Geol) / back
folding ‖ ⁓kleben [mit] / glue o. paste over [with] ‖
⁓klotzen (Färb) / slop-pad, pad [over] ‖ ⁓kochen vi /
boil over ‖ ⁓kohlung f (Hütt) / overcarbonization ‖
⁓kompensation, -regulierung f / excessive
compensation o. regulation, overcompensation ‖
⁓kompensieren / overcompensate ‖ ⁓kompoundiert /
overcompounded ‖ ⁓kompoundierung f /
overcompounding ‖ ⁓komprimiert / supercharged
Überkopf·… (Spinn) / overend… ‖ ⁓abzug m (Textil) /
unwinding over head, overend unwinding ‖ ⁓arbeit f /
overhead work ‖ ⁓kühler m (Öl) / overhead condenser ‖
⁓lader m (Straßb) / overhead shovel loader o.
shovel, back loader ‖ ⁓manipulator m / overhead
manipulator ‖ ⁓schweißen n / overhead welding ‖
⁓schweißung f / overhead weld
über·kopieren (Phot) / overprint ‖ ⁓koppeln (Fernm) /
overcouple ‖ ⁓korn n / oversize particle ‖ ⁓korn n
(Zyklon) / overflow of classifier o. screen o. sieve ‖
⁓korn n (Dekantierung) / overflow of decantation ‖
großes ⁓korn (Bergb, Aufber) / nibs pl ‖
⁓korn-Kontrollsieb n / oversize control screen, guard
o. check screen ‖ ⁓kragung f (Bau) / projection,
projecture, jut, bearing-out ‖ ⁓kragungsschicht f (Bau)
/ oversailing course ‖ ⁓kreuz / crosswise ‖ ⁓kreuz

gearbeitet (Web) / crossworked ‖ ~**kreuzt** / crossed ‖ ⌐**kreuzungspunkt** *m* (Stahlbau, Elektr) / crossover ‖ ⌐**kreuzversuch** *m* / cross matching ‖ ~**kritisch** (Dampf) / supercritical, hypercritical ‖ ~**kritisch** (Nukl) / divergent, supercritical ‖ ~**kritische Dämpfung** / overdamping ‖ ~**kritische Reaktion** (Nukl) / divergent o. supercritical reaction ‖ ~**lackieren** / overpaint ‖ ⌐**ladeband** *n* (Tagebau) / transfer belt conveyor ‖ ⌐**ladebrücke** *f* (Bahn) / loading bridge o. gangway, transfer bridge ‖ ⌐**lade-Faltenbalg** *m* / trans[s]hipping bellows ‖ ⌐**ladehöhe** *f* (Bagger) / overhead loading height ‖ ⌐**lademethode** *f* (Klopffestigkeit) / F₄-method, supercharge method ‖ ~**laden** *v*, -lasten, zu viel laden / overload, -burden, overcharge ‖ ~**laden** (Akku) / overcharge ‖ ~**laden** (in ein anderes Fahrzeug) / tran[s]ship, transfer ‖ ~**laden**, überfüllen (Buch) / cram ‖ ~**laden** *adj* (mit Schmuck) (Bau) / ornate, lush (coll) ‖ ⌐**laderumpf**, -trichter, Füllrumpf *m* / charging hopper o. bin, feeding o. loading hopper ‖ ⌐**ladeschurre**, -laderutsche *f* / transfer chute ‖ ⌐**ladung** *f* / overcharge
Überlagerer *m* (Radio) / independent heterodyne
überlagern / superimpose ‖ ~, Interferenz erzeugen (Elektronik) / heterodyne, interfere ‖ ~, stören (Sender) / blanket, interfere ‖ ~, vorrangig sein (DV) / override, overrule, overlay
überlagernd (Geol) / superjacent, overlying ‖ ~ (Bergb) / superincumbent, overlying, overhanging ‖ ~**es Definieren** (DV) / overlay defining ‖ ~**e Schichten** *f pl* (Bergb) / overburden ‖ **sich** ~ (DV) / wraparound *adj* ‖ **sich** ~, zusätzlich / additive
überlagert / superimposed ‖ ~, kombiniert / combined, superimposed ‖ ~, vorrangig (DV) / overriding, overruling ‖ ~**e Abänderung eines Programms** (DV) / overriding variations *pl* ‖ ~**e Regelung** / cascade control ‖ ~**e Wechselspannung** / ripple voltage on the d.c. side
Überlagerung *f* (Fernm, Kräfte, Schwingungen) / superposition ‖ ⌐ (Radio) / heterodyning ‖ ⌐, Interferenz *f* (Elektronik) / beats *pl*, beat[ing], interference ‖ ⌐ (Elektronik) / blanking ‖ ⌐ (DV) / overlay ‖ ⌐, Decke *f* (Geol, Bergb) / capping ‖ ⌐**en** *f pl* (Stromversorgung) / periodic and random deviations, PARD *pl*
Überlagerungs·bereich *m* (DV) / overlay area ‖ ⌐**empfang** *m* (Elektronik) / heterodyne reception ‖ ⌐**empfänger** *m* (Elektronik) / beat[note] o. superheterodyne receiver, double detection receiver, supersonic heterodyne receiver, superhet (coll) ‖ ⌐**frequenz** *f* (Elektronik) / beat frequency ‖ ⌐**-Frequenzmesser** *m* / beat-frequency o. heterodyne frequency meter ‖ ⌐**interferenz** *f* / heterodyne interference ‖ ⌐**oszillator** *m* (Radar) / local oscillator ‖ ⌐**-Pfeifen** *n* / heterodyne whistle ‖ ⌐**rauschen** *n* / superimposed noise ‖ ⌐**satz** *m*, Superpositionsprinzip *n* (Math) / superposition principle ‖ ⌐**segment** *n* (DV) / overlay segment ‖ ⌐**steilheit** *f* (Röhre) / conversion [trans]conductance ‖ ⌐**telegrafie** *f* / superaudio telegraphy ‖ ⌐**ton** *m* / difference tone ‖ ⌐**verfahren** *n* / interference method ‖ ⌐**verstärkung** *f* (Elektronik) / conversion gain
Überland·leitung *f* (Elektr) / [overhead] transmission line, land line (US) ‖ ⌐**leitung** *f* (Fernm) / overland route ‖ ⌐**netz** *n* (Elektr) / [power] transmission network o. grid o. system ‖ ⌐**omnibus** *m* / interurban bus o. coach (GB) ‖ ⌐**strecke** *f* (Luftf) / overland route ‖ ⌐**verkehr** *m* / interurban traffic ‖ ⌐**werk**, -kraftwerk *n*, -zentrale *f* / central power station, long-distance supply station
Über·länge *f* / overlength, excessive length o. footage ‖ ~**lappen** *vt* / lap over, overlap *vt* ‖ ~**lappen** (DV) / interlace, interleave ‖ ~**lappen** (sich) / overlap *vi*, lap over ‖ ~**lappen** *n* zweier Tätigkeiten (DV) / overlapping *n* ‖ ~**lappend** / overlapping *adj* ‖ ~**lappende Anordnung** (DV) / interlace pattern ‖ ⌐**lappnahtwiderstandsschweißung** *f* / resistance lap

seam welding ‖ ~**lappt**, Überlappungs... / overlapped ‖ ~**lappt** (Verbindung) / lapped over ‖ ~**lapptes Suchen** (DV) / seek overlap ‖ ⌐**lappt-Anschlag** *m* (DV) / overlapping stroke ‖ ~**lapptschweißen** / lap-weld *v* ‖ ⌐**lapptschweißung** *f* / lap-weld[ing], lap seam o. weld, splice lap ‖ ⌐**lappt-Schweißung** *f* (mit abgeschrägten Stößen) / scarf welding
Überlappung *f* (allg) / overlay *n* ‖ ⌐ / lap [joint], overlap[ping] ‖ ⌐, Fell *n* (Überlappung) / shut, lap ‖ ⌐, Schale *f* (Schm) / scale, scab ‖ ⌐ (Sperrholz, Fehler) / overlap ‖ ⌐ (Satellitenausstrahlung) / spillover ‖ **einseitig glatte** ~ (Blech) / joggle, joggled lap seam (US) ‖ **mit 50%** ~ / half-lapped, with 50 % overlap ‖ **mit fünfprozentiger** ~ / with 50% overlap
Überlappungs·anschnitt *m* / kiss gating ‖ ⌐**methode** *f* (Fehlerortsuche, Kabel) / overlap test ‖ ⌐**nietung** *f* / lap rivet[ed] joint ‖ ⌐**regler** *m* (Luftverm) / overlap regulator ‖ ⌐**stoß** *m* / lap joint ‖ ⌐**winkel** *m* (Elektronik) / angle of overlap
Über·laschung *f* / fish joint, fishing ‖ ~**lassene Mietleitung** (Fernm) / leased line, dedicated line ‖ ~**lassener Stromweg** (Fernm, DV) / tie line (GB), tie trunk (US) ‖ ⌐**last** *f* / overcharge, overload ‖ ⌐**last** *f*, zusätzliche Belastung / surcharge ‖ ⌐**last** *f* (Kran) / stalling load ‖ ⌐**last** *f*, Mehrgewicht *n* / excess load, excess weight, overweight ‖ ⌐**lastanzeiger** *m* / safe load indicator ‖ ⌐**lastauslösung** *f* (Elektr) / overload release ‖ ⌐**lastbarkeit**, Überlastungsfähigkeit *f* / overload capacity, peak load allowance (US) ‖ ⌐**lastdrehzahl** *f* / number of revolutions under overload, overload speed ‖ ~**lastet** (Masch) / overloaded ‖ ~**lastet sein** (Person) / be overstrained ‖ ~**lastfest** / overload-proof ‖ ⌐**lastschalter** *m* / overcurrent o. overload release o. cut-out, excess-current switch ‖ ⌐**last-Schnellabschaltung** *f* / overload scram, overload trip (US) ‖ ⌐**lastskala** *f* (Elektr) / overcurrent scale ‖ ⌐**[last]strom** *m* / excess current, overload current ‖ ⌐**laststrom** *m* **bei Rückzündung** (o. Kurzschluß) (Elektr) / fault electrode current
Überlastung *f*, -beanspruchung *f* / overstress[ing] ‖ ⌐ *f* **der Geräte und der Leitungen** (Fernm) / plant engaged
Überlastungs·grad *m* / derating factor ‖ ⌐**kupplung** *f* / overload clutch, safety clutch o. coupling ‖ ⌐**probe** *f* / overload test ‖ ⌐**schutz** *m* (Masch, Elektr) / overload protection ‖ ⌐**schutz**, Abscherbolzen *m* / shear[ing] pin ‖ ⌐**schutzrelais** *n* (Elektr) / overload o. overcurrent relay ‖ ⌐**stromstoß** *m* / overload surge current ‖ ⌐**zähler** *m* (Fernm) / overflow meter, congestion traffic meter
Überlastversuch *m* (Elektr) / proof test
Überlauf *m* / overflow, overrun ‖ ⌐ (Flüssigkeit) / overflowing of a liquid ‖ ⌐ (Fernm) / overflow, spill-over ‖ ⌐ (Sieben) / residues *pl*, oversize product ‖ ⌐, Überfall *m* (Hydr) / overflowing [of a weir], overfall ‖ ⌐, Abflußkanal *m* / spillway, by-channel, by-wash ‖ ⌐, Überfließen *n* (Zahlen) (DV) / size error, overflow ‖ ⌐ **des Hobelstahls** (Wzm) / idle travel ‖ ⌐ **des Wehrs** / waste weir, spillway ‖ ⌐**anzeiger** *m* (DV) / overflow indicator ‖ ⌐**band** *n* / overflow tape ‖ ⌐**becken** *n* / overfall basin ‖ ⌐**betrieb** *m* (Fernm) / overflow working ‖ ⌐**bit** *n* / overflow bit ‖ ⌐**bohrer**, Maschinengewindebohrer *m* (Wzm) / tapper tap ‖ ⌐**bohrfutter** *n* / overflow jig ‖ ⌐**brunnen** *m* / Artesian well ‖ ⌐**bunker** *m* / spill bin (US) ‖ ⌐**damm** *m* (Staubecken) / spillway dam ‖ ⌐**daten** *n pl* (DV) / excessive data ‖ ⌐**deich** *m* / overflow dike, summerdike
überlaufen, -strömen (Flüssigkeit) / overflow, spill over ‖ ~ (über die Dammkrone) (Hydr) / overtop ‖ ~ (DV) / overflow the computer's capacity ‖ ~ (Fernm) / race ‖ ~ (Buch) / run out ‖ ~, hinweglaufen [über] / overrun, run over ‖ **zum** ~ **bringen** / fill to overflowing
Überlauf·form *f*, Abquetschform *f* (Plast) / flash mould ‖ ⌐**fuß** *m* (DV) / overflow footing record group ‖ ⌐**gefäß**

n, Expansionsgefäß n / overflow o. expansion vessel ||
~kammer f (Druckguß) / overflow well || ~kanal m
(Staudamm) / diversion cut || ~kante f / overflow edge ||
~konus m / overflow cone || ~kopf m (DV) / overflow
heading record group || ~leistung f (Hydr) / spillway
capacity || ~rinne f (am Steiger) (Gieß) / flow-off
[channel] || ~rohr n, -stutzen m / overflow [pipe o.
tube], waste pipe o. tube || ~rohr n (Behälter) / jack leg ||
~rohr n (Heizanlage) / expansion pipe || ~rücken m
(Talsperre) / streamlined spillway face || ~satz m (DV) /
overflow record, non-home record || ~sequentielle
Methode (DV) / overflow sequential access method ||
~standrohr n / standpipe || ~stange f (Ringzwirnmasch.) /
deflecting rod || ~stollen m, Hochwasserstollen m /
spillway underground || ~tank m (Schiff) / spill tank ||
~ventil n, Sicherheitsventil n / by-pass o. escape o.
overflow valve o. trap, discharge o. safety valve ||
~verkehr m (Fernm) / overflow traffic || ~wasserschloß
n / overflow surge tank o. chamber ||
~wasserstandmelder m / overflow alarm || ~wehr n /
effluent o. leaping o. separating weir, waste weir ||
~wehr n (Öl) / spillover oil weir
Überlebens·ausrüstung f / survival kit, life support ||
~fähigkeit f (Raumf) / survivability || ~kurve f /
survival curve || ~wahrscheinlichkeit f (allg, Masch) /
probability of survival
Überlegenheit f, Vorteil m / advantage
Über·leimer m (Sperrholz-Fehler) / overlap || ~leiten / lead
up, pass over, conduct over || ~leitrille f (Phono) /
crossover spiral || ~leitung f / transfer, transition ||
~leitung f, Wechsel m / transition [process] || ~leitung
f auf die andere Fahrbahn (Straß) / interchange of
lanes || ~leitung f des Stromes durch Nässe von einer
Leitung zur anderen (Elektr) / weather cross ||
~leitungsamt n (Fernm) / transfer exchange ||
~leitungsgerüst n (Färb) / connection support ||
~leitungskanal m (Talsperre) / by-channel o. -wash ||
~leitungsprogramme n pl (DV) / bridgeware ||
~leitungsrohr n / delivery tube || ~leitungs-Software f
/ bridging software || ~lichtgeschwindigkeit f / trans-
light velocity, superluminal velocity ||
~lichtgeschwindigkeit f (science fiction) / hyperdrive
speed || ~liefern, zuviel liefern / deliver in excess ||
~liegegeld n / demurrage || ~liegen, krängen (Schiff) /
list, heel || ~liegezeit, Demurrage f (Schiff) / demurrage
|| ~loch n, -lochung f (LoKa) / overpunch || ~lochen vt
(Lochstreifen) / delete || ~lochen (LoKa) / overpunch vt ||
~malen, -streichen, auffrischen / paint anew o. afresh
o. out o. over, new-paint, repaint, retouch, refresh,
freshen [up] || ~mangansaures Kali / potassium
permanganate || ~mangansäure f / permanganic acid ||
~maß n / overdimension, overmeasure || ~maß n,
-fülle f / excess, excessive amount || mit [etwas] ~maß
(Masch) / full, interfering || zulässiges ~maß / upper
deviation || ~maß n eines Bauholzes / overmeasure of
structural timber || ~maß n für die Bearbeitung /
oversize for machining || ~maß haben (Masch) /
interfere || ~mäßig / excessive || ~mäßiger Nachhall
(Akust) / wool[l]iness || ~mäßig staubig / excessively
dusty || ~mauern / line with brickwork ||
~metallisierung f (gedr.Schaltg) / overplate ||
~mikroskop n / ultramicroscope || ~mitteln,
befördern / pass, transmit, convey || ~mitteln (Fernm) /
transmit || ~mittlung f, -tragung f (Fernm) / transmission
|| ~mittlung f von Daten / communication of data,
dissemination of data || ~mittlungsabschnitt m (DV) /
data link || ~moderiert (Nukl) / overmoderated ||
~modulierung f (Elektronik) / overmodulation ||
~möllern n (Hütt) / overburdening || ~möllerung f (Hütt)
/ overburdening || ~müdung f / overfatigue ||
~nächster Kanal (Elektronik, TV) / second channel ||
Übernahme f / take-over || ~ des Gewichts / taking up the
weight || ~ eines Neubaus / taking over a newly erected
house || ~ von Ladungsträgern (Elektronik) / transfer of

charge carriers || ~-Flanschanschluß m (Schiff) / filling
connection for tanks || ~kennlinie f / transfer
characteristic
über·nehmen vt / take over || ~normal / supernormal ||
~örtlicher Verkehr / intercity traffic || ~oxidation f
(Chem) / hyperoxygenation, overoxidation || ~poltes
Kupfer / overpoled copper || ~produktion f /
overproduction || ~produktionsanlage f (Nukl) / turbine
bypass system || ~produktionsdampf m (Nukl) / bypass
steam, dump steam || ~proportional /
superproportional || ~prozentig (Alkohol) / overproof ||
~prüfen / control v || ~prüfen, vergleichen,
verifizieren / check, verify || ~prüfen, überholen
(Masch) / look over || ~prüfen n, Check-out n (Raumf) /
check-out || auf gut Glück ~prüfen (DV) / browse ||
~prüfen m mit halber Rechengeschwindigkeit (DV) /
time scale check system || ~prüfung, Untersuchung f /
examination || ~prüfung f der Endstellung der
Weichenzungen (Bahn) / point detection || ~prüfung f
der Kopplungskoeffizienten u. der Zeitkonstanten
der Integratoren (Elektronik) / problem check static/
dynamic || ~pumpen / pump over || ~quadratisch,
langhubig (Mot) / oversquare || ~quer / crosswise,
crossways, diagonally || ~querung f / traverse ||
~querung, Leitungskreuzung f (Elektr) / crossing ||
~raffiniertes Kupfer / overpoled copper || ~ragen
[über] / rise [above] || ~raum m (Geom) / hyperspace ||
~regeln, -steuern / overregulate || ~regulierung,
-kompensation f / excessive compensation o. regulation,
overcompensation || ~reichweite f (Wellenfortpflanzg) /
overshoot || ~reichweite f (Radar) / trapping ||
~reichweite... (Elektronik) / over-the-horizon... || ~reif
/ overripe || ~reißen (Destill) / strip || ~resonanz f /
overresonance || ~rest m / remainder, rest || ~riese m
(Astr) / supergiant || ~rollbügel m (Kfz) / roll bar ||
~rollen vt, umdrehen vt / contort || ~rollfeuer n (Luftf) /
blister light || ~rollkäfig m (Kfz) / roll cage ||
~rollschutz m (Kfz) / roll-over protective structure,
ROPS || ~rollstrecke f (Luftf) / overrun || ~rolltest m
(Luftf) / roll-over test || ~rüben f pl (Zuck) / surplus beets
pl || ~sättigt (Chem) / supersaturated || ~sättigung f
(Chem) / supersaturation, oversaturation || den Saft
~saturieren (Zuck) / oversaturate the juice ||
~säuerung, Superazidität f / super-acidity, over-
acidification
Überschall m / supersonics, ultrasonics, sg., ultrasound ||
~... (bis Mach 5) / supersonic, ultrasonic, superaudible
|| ~flugkörper m für niedrige Höhen / SLAM,
supersonic low altitude missile || ~flugzeug n /
supersonic aircraft o. plane, supersonic, superet ||
~-Frachtflugzeug n / supersonic transport ||
~geschwindigkeit f / supersonic speed ||
~-Holographie f / ultrasonic holography || ~kanal m,
-windkanal m (Luftf) / supersonic wind tunnel || ~knall
m / [super]sonic bang o. boom || ~teil n der Düse /
supersonic portion || äußer ~verbrennung (Luftf) /
external burning in supersonic heat ||
~verbrennungs-Staustrahltriebwerk n, Scramjet m /
scramjet, supersonic combustion ramjet || ~verdichter
m / supersonic compressor || ~vorderkante f (Luftf) /
supersonic leading edge || ~wissenschaft f, (auch:)
-industrie f / supersonics pl || ~zone f einer Düse /
supersonic envelope
Über·schaltdrossel f / transition coil || ~schalten (Elektr) /
switch over || ~schaltstrom m / transition current ||
~schaltwiderstand m (Bahnmotor) / transition resistor ||
~schärfte Küpe (Färb) / sharp vat || ~scheren (Tuch) /
shear excessively vt || ~schicht f (F.Org) / overshift ||
~schichten / add a layer || ~schiebmuffe f / sleeve,
socket || ~schiebmuffe f, U-Stück (DIN 28624) / collar
|| ~schiebrohr n / sleeve tube || ~schiebung f,
Verwerfung f, Paraklase f (Geol) / upheaval, overthrust
[fault] || ~schiebungsdecke, Schubdecke f (Geol) /
nappe

Überschlag m (Elektr) / flashover, sparkover, arc-over, arcing, arking ‖ ⌐, Entladung f (Elektr) / stroke ‖ ⌐, Schätzung f / estimation, guess ‖ ⌐, Umschlag m / cover ‖ ⌐ **[am Boden machen]** (Luftf) / nose-over v ‖ ⌐ **der Sichtmaschine** (Mühle) / tail of a dressing machine
überschlagen adj, lauwarm / lukewarm
überschlagen vi (Funken) / flash o. spark over, arc over ‖ ~ (Waage) / topple over vi ‖ ~ vt, auslassen / omit, pass [over], skip ‖ ~, veranschlagen / rate, value, estimate, compute ‖ ⌐ n **von Wellen**, Brecherbildung f / overtopping of waves ‖ **sich** ~ (Kfz, Luftf) / overturn, roll over, topsize
Überschlag·festigkeit f (Elektr) / flashover resistance
überschlägige Prüfung / judgement test
Überschlags·funke m / jump spark ‖ ⌐**rechnung** f / rough estimation o. estimate ‖ ⌐**spannung** f / flashover o. sparkover voltage, arc-over o. breakdown o. sparking voltage ‖ ⌐**spannung** f **am nassen Isolator** / wet flashover voltage ‖ ⌐**spannung** f **im Dauerversuch** (Kabel, Elektr) / asymptotic breakdown voltage
über·schließen, aufbauen (Buch) / hook up ‖ ⌐**schluß-Resonanzintegral** n (Raumf) / excess resonance integral ‖ ~**schmiedeter Grat** / cold lap ‖ ~**schmolzen** / surfused ‖ ~**schnappen** / trip ‖ ~**schneiden**, sich schneiden / intersect, cut ‖ **[sich]** ~**schneiden**, überlappen / overlap ‖ ⌐**schneiden von Linien**, Kreuzen n (Bahn) / cutting across ‖ ⌐**schneidung** f **von Flächen** (Math) / intersection ‖ ⌐**schneidungsfrequenz** f / crossover frequency ‖ ⌐**schneidungsgebiet** n (Radar) / equiphase zone ‖ ~**schreiben** (Manuskript) / write over other words, write between lines ‖ ⌐**schreiben** n (z.B. eines Buchstabens) (Schreibm) / strikeover ‖ ⌐**schreiben** (Daten) / overwrite ‖ ⌐**schreibsperre** f (DV) / overprint lock ‖ ~**schreiten** (Zeit) / exceed (time) ‖ ~**schreiten**, kreuzen / traverse, cross, pass over, go across ‖ ⌐**schreiten** n **der Gleise** (Bahn) / crossing of rails ‖ ⌐**schreiten** n **der zulässigen Geschwindigkeit** / overspeeding ‖ ⌐**schreitung** f / exceeding ‖ ⌐**zulässige** ~**schreitung** (Maß) / upper deviation ‖ ⌐**schrift** f, Titel m (Buch) / caption, heading ‖ **über die Spaltenbreite gehende** ~**schrift** (Buch) / crossheading ‖ **mit** ~**schrift** (Buch) / headed ‖ ⌐**schriftzeile** f (DV) / heading line o. record ‖ ⌐**schubfeuerung** f / overfeed stoker
Überschuß, Überfluß m / surplus, overplus, excess ‖ ⌐, Reserve f / reserve ‖ ⌐ m, Mehrbetrag m / surplus, over ‖ ~, Rest m / rest, remainder ‖ ⌐, überschüssiges Garn (Web) / thread rising above the warp ‖ ⌐ **von Arbeitskräften** (F.Org) / surplus of work force ‖ ⌐**-3-Code** m (DV) / three-excess-code, excess-three code ‖ **64-**~**code** m / excess-64-code ‖ ⌐**defektelektron** n (Halbl) / excess hole, surplus hole ‖ ⌐**elektron** n / excess electron ‖ ⌐**energie** f / excess energy ‖ ⌐**gas** n / excess o. surplus gas ‖ ⌐**halbleiter** m / n-type semiconductor
überschüssig / excess, surplus ‖ ~, obenstehend (Chem) / supernatant ‖ ~**er Stab** (Stahlbau) / excess member
Überschuß·kochung f (Pap) / overhead digestion ‖ ⌐**kondensator** m (Nukl) / damp condenser ‖ ⌐**leitung** f (Halbl) / n-type conduction, electron conduction ‖ ⌐**reaktivität** f (Nukl) / excess o. built-in reactivity ‖ ⌐**strom** m (Tunneldiode) / excess current ‖ ⌐**vermehrung** f (Nukl) / excess multiplication [factor] ‖ ⌐**wärme** f (Raumf) / waste heat
über·schütten / cover [by pouring] ‖ ⌐**schüttung** f (Beton) / surcharge ‖ ⌐**schüttungshöhe** f (Beton) / surcharge ‖ ~**schweißtes Rohr** / weld-overlaid pipe ‖ ~**schwemmen** / inundate, submerge, overflow, flood, overrun, swamp ‖ ⌐**schwemmung** f / inundation, flood, floating, overflow, deluge ‖ ⌐**schwemmung** f **von Küstenstrichen** / submergence ‖ ⌐**schwemmungsgebiet** n / flood plain ‖ ~**schwer** (Blech) / extra heavy ‖ ~**schwer** (Nukl) / superheavy ‖

~**schwere o. Über-Elemente**, Transurane n pl (Chem) / super[heavy] o. transuranic elements ‖ ~**schweres Wasser**, T_2O / superheavy water ‖ ~**schwerer Wasserstoff** / tritium ‖ ⌐**schwingamplitude** f (TV) / overshoot amplitude ‖ ~**schwingen** (Uhr) / bank ‖ ⌐**schwingen** n (TV) / ringing, overshoot ‖ ⌐**schwingen** n, Hinausschießen n [über] / overshoot, overswing ‖ ⌐**schwingen** n (Instr) / ballistic effect ‖ **kurzes** ~**schwingen**, Unterschwung n (ins Negative) (TV) / preshoot (US), prepulse ‖ ⌐**schwinger** m (coll), Schwarzkompression f (TV) / white after black ‖ ⌐**schwingerfrequenz** f (TV) / ringing frequency ‖ ⌐**schwingspitze** f / kickback, spike of pulse
Übersee·kabel n (Elektr) / submarine cable ‖ ⌐**luftverkehr** m / intercontinental flight service ‖ ⌐**postpapier** n / foreign paper ‖ ⌐**schiff** n / ocean liner ‖ ⌐**verpackung** f, Exportverpackung f / boxing for foreign shipment o. for export (US)
übersehen, vernachlässigen / overlook, neglect
übersetzen vt, hinüberschaffen / pass o. carry over ‖ ~, mit Getriebe versehen (Masch) / gear v ‖ ~, übermöllern (Hütt, Gieß) / over-charge v ‖ ~, translate ‖ ~, überfärben (Textil) / top v ‖ ~ (z.B. über einen Fluß) / ferry vt ‖ ~ vi, hinüberfahren / cross vi, traverse ‖ **1 : 1** ~ / gear level ‖ **ins Langsame** ~ / gear down ‖ **ins Schnelle** ~ / gear up
Übersetzer m, Kombinator m (Fernm) / combiner ‖ ⌐ (DV) / language translator, processor ‖ ⌐**phase** f (DV) / translate o. translating phase
Übersetzfenster n (Bahn) / sliding window
übersetzt·er Guß (Gieß) / out-of-line casting ‖ ~**es Programm** (DV) / object [language] o. target program ‖ **[ins Schnelle]** ~ / geared up
Übersetzung f, Getriebe n / gear, transmission ‖ ⌐ (im Getriebe) / multiplication, speed increasing ratio ‖ ⌐ (Sprache, DV) / translation ‖ ⌐ (Fahrrad) / gear ‖ ⌐ (ins Schnelle) / gearing up ‖ ⌐, Relativgeschwindigkeit f / ratio of transmission ‖ ⌐ **im Bremsgestänge** / brake leverage ‖ ⌐ **von Zoll- o. metrisches Gewinde** (Dreh) / translation, transposition, compounding (US) ‖ **hydraulische** ~ **des Preßdruckes** / intensification o. increase of the hydraulic pressure
Übersetzungs·anweisung f (COBOL) / compiler directing statement ‖ ⌐**anweisung** f (an einen Übersetzer) (DV) / directive ‖ ⌐**faktor** m (Gleichstrom-Umrichter) / transfer factor ‖ ⌐**-Handgerät** n (Sprache) / translation baton ‖ ⌐**lauf** m (DV) / compilation run ‖ ⌐**maschine** f (Sprache) / translation machine ‖ ⌐**phase** f, Assemblerphase f / assembly o. assembling phase ‖ ⌐**phase** f, Kompilierphase f / compile o. compiling phase ‖ ⌐**programm** n (DV) / translating program ‖ ⌐**programm** n, Soap-Programm n (DV) / soap program, symbolic optimal assembly program ‖ ⌐**protokoll** n **des Assemblers** / assembler list[ing] ‖ ⌐**rad**, Wechselrad zwischen metrischem und Zollgewinde n (Dreh) / translating o. transposing gear wheel ‖ ⌐**rechner** m, -anlage f / source computer ‖ ⌐**schlüssel** m **für Klemmenbezeichnungen** / assignment code ‖ ⌐**verhältnis** n (Masch) / ratio of transmission, gear o. speed o. transmission ratio ‖ ⌐**-Verhältnis** n (Trafo) / turn[s] o. voltage o. winding ratio ‖ ⌐**verhältnis** n (Fahrrad) / transmission ratio ‖ ⌐**verhältnis** n **der Gänge** (Kfz) / ratio of speeds ‖ ⌐**verhältnis** n **ins Langsame**, [Schnelle] / speed reducing, [increasing] ratio ‖ ⌐**zahnrad** n / gear wheel ‖ ⌐**zeit** f (DV) / compile time ‖ ⌐**zeit-Statement** n (DV, PL/1) / compile-time statement
übersichbrechen (Bergb) / raise, overstope, head to the rise ‖ ⌐ (Bergb) / heading upwards
Übersicht f (Zeichn) / general plan ‖ ⌐, Gesamtanordnung f / general arrangement o. outlay ‖ ⌐, Plan m / schema (pl.: schemata), outline ‖ ⌐, Abriß m / summary, résumé ‖ ⌐, Zusammenfassung f (Buch) / digest
übersichtig, hypermetrop, weitsichtig (veraltet) / farsighted, affected with hyperopia, hyperopic,

longsighted ‖ ~, altersbedingt weitsichtig / farsighted, affected with presbyopia (of old age), presbyopic
Übersichtigkeit f, Hypermetropie f (Opt) / farsightedness, hypermetropia, hyperopia, longsightedness ‖ ~ (altersbedingt) (Opt) / presbyopia
übersichtlich / easy to survey o. watch, clear ‖ ~ **[angeordnet]** / accessible, well arranged ‖ ~e **Anordnung** / neat grouping
Übersichts·-Beobachtung f (Wollfärb) / observation method with grazing incident light ‖ ~**karte** f / general o. key o. outline map, sketch map ‖ ~**karte** f (Nav) / general course map ‖ ~**plan** m, Situationsplan m (Bau) / general plan of site o. location, plat ‖ ~**plan** m, Massenplan m (Bau) / layout plan ‖ ~**schaltbild** n / complete circuit diagram ‖ ~**schaltbild** n (für Schaltwarten) / mimetic o. mimic diagram ‖ ~**tabelle** f / synoptical table ‖ ~**zeichnung** f / general drawing
übersintert (Pulv.Met) / oversintered
überspannen, zu stark spannen / overstrain, overstretch ‖ ~ (Brücke) / traverse, cross ‖ **[eine Öffnung]** ~ / span, bridge [over], cover [over] ‖ **[im Reitsitz]** ~ / straddle
Überspannung f (Elektr) / excess-voltage, overvoltage, surge voltage ‖ ~, Konzentrationspolarisation f (Chem) / overpotential ‖ ~ **durch eine Fernleitung** (Bahn) / traverse of a power transmission line ‖ **kurzzeitige** ~ (im Netz) (Elektr) / line transient
Überspannungs·ableiter m (Antenne) / antenna fuse ‖ ~**ableiter** m, Funkenstrecke f (Elektr) / discharger ‖ ~**ableiter**, -schutz, Wellenschlucker m (Elektr) / surge absorber o. arrester o. diverter o. modifier, overvoltage suppressor o. arrester ‖ ~**-Ableiter** m (Blitz) / lightning arrester, surge diverter ‖ ~**auslöser** m / overvoltage release ‖ ~**auslösung** f / overvoltage release ‖ ~**leuchte** f (am Querseil aufgehängt) (Straßb) / cable-hung lantern ‖ ~**relais** n / maximum voltage relay ‖ ~**schutz** m / overvoltage protection ‖ ~**sicherung** f / overvoltage cutout o. fuse ‖ ~**stoß** m (Halbl) / surge voltage ‖ ~**verhältnis** n / magnification of the circuit
Über·spielen n (Recorder) / tape dubbing ‖ ~**spielen** n (auf eine Platte) / mastering, transcription ‖ ~**spielen**, Umspielen n (auf einen anderen Tonträger) / rerecording ‖ ~**spielen** n (auf Band) / rerecordeing, transfer ‖ **teilweises** ~**spielen** / partial rerecording ‖ ~**spinnmaschine** f / wire covering machine ‖ ~**sprechdämpfung** f (Fernm) / crosstalk attenuation ‖ ~**sprechen** n (Magn.Bd) / cross-talk ‖ ~**sprechen** n (Fernm) / inductive disturbance, [side-to-side] crosstalk ‖ ~**sprechen** n **mit Löschen** (Magnetton) / overspeaking ‖ ~**sprechkopplung** f (Fernm) / cross-coupling ‖ ~**springbefehl** m (DV) / skip instruction ‖ ~**springen** / jump over ‖ ~**springen**, auslassen / skip ‖ ~**springen** vi (Funken) / flash o. spark over ‖ **einen Faden** ~**springen** (Web) / miss the thread ‖ ~**springen** n **von Gängen**, Skipping n / skipping [of speeds] ‖ ~**springende Vertauschung** (z.B. 135 in 531) / inversion error ‖ ~**springer** m (Web, Fehler) / skipped o. missed filling threads ‖ ~**springerwechsel** m (Textil) / skip box motion ‖ ~**springfunktion** f (Phono) / delete programming ‖ ~**sprungtaste** f (Buch.m) / skip [motor] bar, skip[ping] key ‖ ~**stand** m, überstehendes Ende / excess o. projecting end o. length ‖ ~**stand** m (z.B. Schraube) (Masch) / projection ‖ ~**stand** m, Überkragung f (Bau) / projection ‖ ~**stand** m **der Buchdecken** (Buch) / squares pl ‖ ~**stand** m **hinten**, [vorn] (Kfz) / rear [front] overhang ‖ ~**standardbrechung** f (Radar) / superrefraction ‖ ~**stander** m (Forstw) / holdover tree ‖ ~**ständiges Holz** / timber decayed from age, overseasoned timber ‖ ~**standlänge** f (Schraube, DIN 78) / length of projection of bolt ends ‖ ~**stanzen** (LoKa) / overpunch ‖ ~**stau** m (Hydr) / overdammed backwater ‖ ~**stauen** (Hydr) / overdam ‖ ~**stauung** f,
Überschwemmung f / inundation, flooding ‖ ~**stehen**, -ragen / project [from o. above o. over], be salient, jut [out], protrude ‖ ~**stehend** (Ziegellage, als Schmuck)

(Bau) / oversailing ‖ ~**stehend**, heraus-, -vorragend / proud ‖ ~**stehender Balken** / beam with overhang ‖ ~**stehendes Dach** (unten offen) / overhanging roof ‖ ~**stehende Kernmarke** / projecting core print ‖ ~**steigen**, -schreiten / exceed, surpass, surmount, be in excess [of] ‖ ~**stellfahrt**, Leer-, Dienstfahrt f (Bahn) / travel to take up duty ‖ ~**steuern** (Elektronik) / overdrive, -amplify, -load, -modulate ‖ ~**steuern** (Mikrophon) / blast ‖ ~**steuern** (Kfz) / oversteer ‖ **weiß** ~**steuern** (TV) / burn out o. overmodulate the whites ‖ ~**steuernd** (Kfz) / oversteering, tending to oversteer ‖ ~**steuerter Ton** / overshooting sound ‖ ~**steuerung** f (Halbl) / saturation [drive] ‖ ~**steuerungsfaktor** m (Halbl) / saturation factor ‖ ~**steuerungssignal** n (Radar) / saturation signal ‖ ~**steuerungsstrom** m (Halbl) / base saturation current ‖ ~**stöchiometrisch** / leaner than stoichiometric ‖ ~**strahlenbrechung** f (Radar) / superrefraction ‖ ~**strahlendes Weiß** (TV) / bleeding white ‖ ~**strahlung** f (TV) / bloom[ing] ‖ ~**strahlung**, Irradiation f (Opt) / irradiation ‖ ~**strecken** / overstretch ‖ ~**streichen** / wash, smear ‖ ~**streichen**, abtasten / scan v ‖ ~**streichen**, -malen / repaint ‖ ~**streichen**, Farbe auftragen / coat ‖ ~**streichen** (mit Bürsten) / brush [over] ‖ ~**streifkolbenring** m / spring piston ring ‖ ~**strom** m, Überlaststrom m (Elektr) / excess current, overload current ‖ ~**strom** m (Oberbegriff zu Überlaststrom) (Elektr) / overcurrent ‖ ~**strom** m (Halbl) / overload on-state current ‖ ~**stromauslösung** f / excess-current release ‖ ~**strömen**, -laufen (Flüssigkeit) / overflow ‖ ~**strömkanal** m (Zweitaktmotor) / transfer port o. passage ‖ ~**strömleitung** f / return-flow pipe, overflow line
Überstrom·-Nullspannungsschalter m, -Nullspannungsauslösung f / overload o. overcurrent no-voltage circuit breaker o. switch o. protection o. release ‖ ~**relais** n / overload o. overcurrent relay ‖ ~**relais** n **mit Wiedereinschaltautomatik** / recycling over-current relay
Überstromrohr n, -stutzen m / overflow pipe o. tube ‖ ~, -steigrohr m / vertical overflow pipe o. tube
Überstrom·schalter, -selbstschalter m / overcurrent o. overload release o. cut-out o. circuit breaker, excess-current switch ‖ ~**sicherung** f / excess-current cut-out o. release ‖ ~**-Unterspannungsausschalter** m / overcurrent-undervoltage release
Überströmventil n / spill valve, discharge o. overflow valve
Überstrom·ziffer f (Elektr) / saturation factor
Über·struktur f (Krist) / superlattice ‖ ~**stumpf**, konkav, hohl (Winkel) / concave ‖ ~**stunde** f, -zeit f / after hour ‖ ~**stunden** f pl / overtime [work], over-work ‖ ~**stunden machen** f pl / work overtime ‖ ~**stürzen** (Bergb) / cover with deads ‖ ~**stürzen** n **von Wellen**, Brecher m pl, Brandung f / plunging breaker ‖ ~**sulfatiert** / supersulphated ‖ ~**synchron** / oversynchronous, supersynchronous ‖ ~**synchrone Bremsung** / hypersynchronous braking ‖ ~**tage-Anlagen** f pl (Bergb) / bank-head installations pl ‖ ~**tagearbeiter** m (Bergb) / surfaceman ‖ ~**tagig**, **Übertage…** / above ground, on the surface ‖ ~**telefonie** f (Frequenz) / super-telephone ‖ ~**temperatur** f (kurzzeitig) / temperature excursion ‖ ~**temperatur** f / excess temperature ‖ ~**temperatur** f, Temperaturanstieg m (Elektr) / temperature rise ‖ ~**tippen** (Schreibm) / mark-over ‖ ~**tönen** / predominate vi ‖ ~**tönen** vt, verdecken (Akust) / swamp, drown ‖ ~**tönen** n (Sender, Elektronik) / capture effect, blanketing ‖ ~**touren** n (Mot) / overspeeding
Übertrag m (Math) / carry [over] ‖ ~ **von der höchsten auf die niedrigste Stelle** (DV) / end-around carry
übertragbar (z.B. Leistung) / transferable (e.g. power), transmittable
übertragen (z.B. Daten) / move (e.g. data) ‖ ~, -mitteln / transfer v, translate, transmit, carry ‖ ~, vermitteln /

relay *vt* ‖ ~, verleihen (Eigenschaften) / confer, impart ‖ ~ (Elektr, Phys) / convey, transmit ‖ ~, senden / broadcast ‖ ~, mitführen (Elektronik, Chem) / carry ‖ ~, Übertrag machen (Math) / carry forward o. over ‖ ~, auftragen (Zeichn) / lay off ‖ ~ (Buch, Web) / transport ‖ ~ *n* (DV) / move mode ‖ ~ [auf] (z.B. Energie) *adj* / imparted [to] ‖ ~ (Bedeutung, Sinn) / transferred (meaning) ‖ ~e **Bedeutung** / definition by extension o. by denotation, extensional definition ‖ ~e **Information** / transmitted information, transinformation ‖ ~er **Träger** (Fernm, Radio) / transmitted carrier ‖ **auf das Material** ~e **Energie** (Nukl) / energy imparted to matter ‖ **durch Zwischenverstärker** ~ (Fernm) / relay *v* ‖ **ein Loch** ~ / back-drill a hole ‖ **nicht mehr** ~ (Raumf) / stop transmitting ‖ **sich** ~, sich auswirken [in, als] / translate [into] *vi* ‖ **[unverändert]** ~ (DV) / copy
Übertrager *m*, Translator *m* (Fernm) / repeater, repeating coil, translator ‖ ~ (Elektronik) / transformer ‖ ~ **in der Leitungsnachbildung** / balancing repeating coil, balance transformer ‖ ~ **mit unterteiltem Eisenkern** (Elektronik) / air gap transformer ‖ ~**paar** *n* (Fernm) / matched repeating coils
übertraglose Addition (DV) / false add
Übertrags·bit *n* / carry bit ‖ ~**vorschub** *m* (LoKa) / carry skip
Übertragung f, Fortpflanzung *f* (Phys) / propagation, transmission, conveyance ‖ ~ (Radio, TV) / transmission ‖ ~ (Elektr) / transmission, conduction ‖ ~, **Leitung** *f* (Phys) / conduction ‖ ~, Nachricht *f* / communication ‖ ~, -führung *f* / transfer, transference ‖ ~, Vermittlung *f* / relaying ‖ ~ (z.B. Abziehen von Steindrucken auf Zink) (Buch) / transfer ‖ ~ (Patent) / assignment of a patent ‖ ~ **aus dem Speicher** / copy-out ‖ ~ **durch Mondreflexion** / moon bounce transmission ‖ ~ **in beiden Richtungen**, bidirektionaler Fluß, Zweiwegfluß *m* / bidirectional flow ‖ ~ **in den Speicher** (Magnetband, Platte) / tape, [disk] dump, copy-in ‖ ~ **mit 600 Zeilen und 25 Bildern** (TV) / 600 line 25 frame transmission ‖ ~ **mit unabhängigen Seitenbändern** (Elektronik) / independent sideband transmission ‖ ~ **mit unterdrückter Trägerwelle** (Fernm) / suppressed carrier transmission ‖ ~ **mittels Gelenkwellen** / homocinetic transmission o. joint ‖ ~ **von Befehlen** / transmission of commands ‖ ~ **von Programmen** (z.B. über Kabel) (TV, Elektronik) / program transmission ‖ ~ **von u. zu Innenspeichern**, radiale Übertragung / radial transfer, input-output process ‖ ~ **zwischen mehreren Stationen** (DV) / multidrop o. multipoint transmission ‖ **abschnittweise [durch Signalwiederholung zwischenkontrollierte]** ~ (Fernm) / link-by-link transmission
Übertragungs·..., Konvektions... / convective ‖ ~**ablaufsteuerung** *f* (DV) / communication controller ‖ ~**anlage**, Lautsprecheranlage *f* / public address system, PAS ‖ ~**befehl** *m* (DV) / transfer instruction ‖ ~**befehl** *m* (COBOL) / move statement ‖ ~**dämpfung** *f* (Fernm) / transmission loss ‖ ~**eigenschaften** *f pl* **des Kardanrahmens** / gimbal gain ‖ ~**endezeichen** *n* / end of transmission character, EOT ‖ ~**faktor** *m*, Gamma *n* (Röhre) / gamma ‖ ~**fähigkeit** *f* / load transfer ability ‖ ~**faktor** *m* (Regeln) / steady state gain (GB), proportional control factor (US) ‖ ~**faktor** *m* (Elektr.) / transfer ratio ‖ ~**fehler** *m* / transcription error ‖ ~**fehler** *m* (Kompaß) / transmission error ‖ ~**fehler** *m* (Getriebe) / transmission ratio fault ‖ ~**funktion** *f* (Nukl) / transfer function ‖ ~**funktion** *f* **der Reaktorkinetik [für Rückkopplung]** / transfer function of reactor kinetics [for feedback] ‖ ~**funktion** *f* **eines geschlossenen Regelkreises** (Regeln) / return transfer function ‖ ~**geschwindigkeit** *f* (von Daten) / data rate, transmission speed ‖ ~**geschwindigkeit** *f* (Fernschr) / signalling speed o. frequency, modulation rate ‖ ~**geschwindigkeit** *f* **in Bit/s** / bit rate ‖ ~**gewinn** *m* (Elektronik) / transducer gain ‖ ~**gewinn** *m* (Fernm) /

transmission gain ‖ ~**glied** *n* (Regeln) / transfer element, transform ‖ ~**glied** *n* (Fernm) / transmission link ‖ ~**güte** *f* (Fernm) / transmission performance, merit ‖ ~**gütekennwert** *m* (Fernm) / transmission performance rating ‖ ~**güteminderung** *f* **durch Frequenzbandbeschneidung** (Fernm) / distortion transmission impairment, DTI ‖ ~**kabel** *n* / transmission cable ‖ ~**kanal** *m* (Fernm) / transmission channel ‖ ~**kanäle** *m pl* **bündeln** (o. vielfach ausnutzen), multiplexen (DV) / multiplex *v* ‖ ~**kennlinie** *f* (Digitalschaltung) / transfer characteristic ‖ ~**kennlinie** *f*, Steilheitskennlinie *f* (Röhre) / mutual characteristic ‖ ~**kennlinie** *f* (Photokathode) / light signal transfer characteristic ‖ ~**kette** *f* (TV) / television chain ‖ ~**kompaß** *m* / transmitting compass ‖ ~**konstante** *f*, -maß *n*, Fortpflanzungskonstante *f* (Fernm) / propagation constant o. factor ‖ ~**kontrolle**, -prüfung *f* (DV) / transfer check ‖ ~**kreisel** *m* / transfer gyro ‖ ~**ladung** *f* (Bergb) / cartridge fuse ‖ ~**leitung** *f* (Elektr) / transmission line ‖ ~**leitung** *f* **für hohe Geschwindigkeiten** / high-speed transmission line ‖ ~**leitung** *f* **mit mehreren Stationen** (DV) / multidrop circuit ‖ ~**leitwert** *m* (Elektr) / beam o. forward transmittance ‖ ~**leitzeichen** *n* (DV) / transmission control character ‖ ~**maschine** *f* (Buch) / transfer machine ‖ ~**maß** *n* (Vierpoltheorie) (Fernm) / transfer constant ‖ ~**maß** *n*, -konstante *f*, Fortpflanzungskonstante *f* (Fernm) / propagation constant o. factor ‖ ~**matrix** *f* (Regeln) / transition matrix, transfer[-function] matrix ‖ ~**mittel**, Arbeitsmittel *n* / working substance ‖ ~**netz** *n*, -system *n* (Fernm) / transmission system ‖ ~**papier** *n* / impression paper, duplicating paper ‖ ~**pegel** *m* (Fernm) / transmission o. power level ‖ ~**protokoll** *n* (DV) / transmission protocol ‖ ~**prozedur** *f* **der Verbindungsschicht** (IEC 57) (Fernwirktechnik) / LINK transmission procedure ‖ ~**prüfung**, -kontrole *f* (DV) / transfer check ‖ ~**relais** *n* / repeating relay ‖ ~**satz** *m* (DV) / transmittal record ‖ ~**selektor** *m* (DV) / transaction control selector ‖ ~**signal** *n* (Fernm) / program signal ‖ ~**syntax** *f* (DV, OSI) / transfer syntax ‖ ~**verfahren D2-Mac** (D2 = duobinär codiert, Mac = multiple analog component) *m* (DV) / transfer procedure D2Mac ‖ ~**vergleichssystem** *n* (Fernm) / transmission reference system ‖ ~**verhalten** *n* (Regeln) / dynamic systems behaviour ‖ ~**verlust** *m* (Elektr) / transmission loss ‖ ~**verstärkung** *f* (Fernm) / transmission gain ‖ ~**wagen** *m* (TV) / O.B. van (= outside broadcasting) ‖ ~**weg** *m* / transmission path ‖ ~**weg** *m* (Fernm) / communication chain o. circuit, channel ‖ ~**weg** *m*, Vielfachleitung *f* (DV) / highway, trunk, bus (US) ‖ ~**weg** *m* **über Satelliten** / satellite transmission path ‖ ~**welle** *f* (Masch) / transmission shaft ‖ ~**winkel** *m* (Fernm) / phase angle factor ‖ ~**winkel** *m* (Mech) / transmission angle ‖ ~**wirkungsgrad** *m* / transmission efficiency ‖ ~**zeichenfolge** *f* (DV) / information message, supervisory sequence ‖ ~**zeit** *f* (DV) / transfer time, transmission time ‖ ~**zeit** *f* **eines Datenblocks** (DV) / frame
Übertragzylinder *m* (Buch) / transfer cylinder
über·treffen, -bieten / beat, outmatch, outdo ‖ ~**treffen**, -ragen / excel ‖ ~**treffen**, -steigen / surpass, exceed ‖ **an Zahl** ~**treffen** / exceed, outnumber ‖ ~**treiben** (Bergb) / overdraw, overwind ‖ ~**treiben** (Chem) / carrying [over] by distillation ‖ ~**treibenschutz** *m* (Bergb) / overwinding protection ‖ ~**treibgas** *n* / relief gas ‖ ~**treibkühler** *m*, Abflußkühler *m* / efflux condenser ‖ ~**treten** *n*, Überschwemmung *f* / overflowing of a river ‖ ~**tritt** *m* **von unverbranntem Gemisch ins Kurbelgehäuse** (Mot) / blow-by ‖ ~**trittskonstante** *f* (Nukl) / transfer constant ‖ ~**tünchen**, anweißen / whitewash, white[n], lime-wash o. -white, LW ‖ ~**-Überriese** *m* (Astr) / super-super giant ‖ ~ **und Unterspannungsrelais** *n* / over- and under[-voltage]

relay ‖ ⁓verbrauch *m* (Elektr) / excess consumption ‖
⁓verbrauchstarif *m* / load/rate tariff ‖ ⁓verbrauchs-
und Gesamtzähler *m* (Elektr) / excess and total meter,
excess-energy meter ‖ ⁓verbrauchszähler *m* / excess
meter ‖ ⁓verbund…, Überkompound… (Elektr) /
overcompound… ‖ ⁓verbunderregung *f* (Elektr) /
overcompounding ‖ ⁓verdichtend,
überkomprimierend / supercharged ‖
⁓verdichtungsmotor *m* / supercharged compression
engine ‖ ⁓vergüten (Hütt) / overage ‖ ⁓vorratszucker
m / surplus stock sugar ‖ ⁓vulkanisieren (Kautschuk) /
overcure ‖ ⁓wachen (allg, DV) / police, monitor ‖
⁓wachen, beobachten / observe ‖ ⁓wachen,
beaufsichtigen / superintend, supervise ‖
⁓wacherprogramm *n* (DV) / trace program, tracer ‖
⁓wacherprogramm *n* mit schrittweiser Routine /
tracing routine ‖ mit Vegetation ⁓wachsen / overgrow
vt, cover with herbage *vt* ‖ ⁓wachsen (Krist) /
overgrowth ‖ ⁓wachung *f*, Kontrolle *f* / checking,
inspection, supervision ‖ ⁓wachung,
Betriebsüberwachung *f* / monitoring ‖ ausgedehnte o.
weitgehende o. strenge ⁓wachung / extended
inspection ‖ ⁓wachung *f* und Instandhaltung /
preventive maintenance
Überwachungs·anlage *f* (für den Betrieb) / operational
monitoring system, OMS ‖ ⁓bohrloch *n* / monitoring
well ‖ ⁓einrichtung *f* (Fernm) / supervisory apparatus ‖
⁓funkstelle *f* / monitoring station ‖ ⁓gerät *n* (DV) /
voter ‖ ⁓inspektor *m* (Nukl) / safeguards inspector ‖
⁓leitung *f* (Elektr) / guard circuit ‖ ⁓organ *n* /
monitoring equipment ‖ ⁓organ *n* (Nukl) / inspectorate ‖
⁓programm *n* (DV) / trace o. tracing program o.
routine, monitor o. supervisor [program] ‖ ⁓pult *n*
(Fernm) / supervisory desk, supervisor's console,
monitor console ‖ ⁓radar *m n* / surveillance radar ‖
⁓strategie *f* (DV) / monitoring strategy ‖ ⁓stromkreis
m / alarm circuit ‖ ⁓tafel *f*, Hauptschalttafel *f* (Elektr) /
control o. supervisory board ‖ ⁓tisch *m* (Fernm) /
monitor desk o. position ‖ ⁓- u. Nachrichtensystem *n*
(Radar) / surveillance system ‖ ⁓zustand *n* / supervisor
state
Über·wallung *f* (Holz) / healing over, callousing ‖
⁓wältigend, niederdrückend / overwhelming,
oppressive ‖ ⁓walzter Grat, überschmiedete Falte /
cold lap ‖ ⁓walzung *f*, Faltungsriß *m* (Walzw) / seam ‖
⁓walzung, Blockschale *f* (Fehler, Walzw) / curtaining,
double skin ‖ ⁓walzung, Bodenschale *f* (Fehler) (Hütt) /
bottom splash (defect) ‖ ⁓walzung *f* auf Feinblech /
pincher ‖ ⁓walzung *f* beim Dressieren, Walzfalte *f* /
lamination, lap ‖ mit ⁓walzungen, rissig (Hütt) / seamy
‖ ⁓wasser *n*, Überdargebot *n* / surplus water ‖
⁓wasser… (Schiff) / surface… ‖ ⁓wasserfahrt *f* (Schiff)
/ surface travelling ‖ ⁓wasserschiff *n* / surface craft ‖
⁓wasserstart *m* (Flugkörper) / surface launch ‖
⁓wasserteil *m* des Schiffes / top sides *pl* ‖ ⁓weg *m* /
overtravel ‖ ⁓weisung *f* (Bank) / remittance, transfer
Überweisungs·fernamt *n*, -vermittlung[sstelle] *f* (Fernm) /
group center, toll center (US) ‖ ⁓leitung, Transfer Line
f (Öl) / transfer line ‖ ⁓leitung *f* (Fernm) / trunk junction
circuit (GB), toll switch trunk (US) ‖ ⁓-Meldeleitung *f*
(Fernm) / recording trunk
Überweitwinkellinse *f* (Phot) / superwide-angle lens
überwendlich (Nähm) / overcast, overhand ‖ ⁓ nähen
(Nähm) / overcast *v*, oversew, whip[stitch], overedge ‖
⁓nähen *n*, Umnähen *n* / whipping ‖ ⁓-Nähmaschine *f* /
overedging machine / overedge stitching machine
Über·werfung *f* (Bahn) / fly-over ‖ ⁓wiegen / prevail
[over], overbalance, be preponderant ‖ ⁓wiegen *n* nach
der Zeichenseite (Fernm) / marking bias ‖ ⁓wiegend
(Mech) / preponderant ‖ ⁓windbar (Hindernis) /
negotiable ‖ den Potentialwall ⁓winden / tunnel
through the potential barrier ‖ die Anziehungskraft
⁓winden / overcome the gravitational field, surmount
the gravity ‖ ⁓windungs-Wahrscheinlichkeit *f* (Nukl) /

penetration probability ‖ ⁓wintern (Bau) / winter *v* ‖
⁓wischen, -fahren / pass over ‖ ⁓wölben (Bau) / over-
arch, vault ‖ ⁓wölbte Kehlnaht / reinforced weld ‖
⁓wuchs *m* (Galv) / outgrowth
Überwurf *m*, Schließband *n* (Schloß) / hasp ‖ ⁓mutter *f*
(Rohr) / union nut, spigot o. swivel nut ‖ ⁓mutter *f* für
Stecker / coupling ring ‖ ⁓schraube *f* (Rohr) / male
fitting for pipes
über·zählig / [over]abundant, redundant ‖ ⁓zählig,
extra / supernumerary *adj* ‖ ⁓zählig (bei Paaren) / odd
‖ ⁓zählige *n pl* Minoritätslöcher (Halbl) / excess
minority holes *pl* ‖ ⁓zählige o. unechte Lösung,
Oszillation *f* (Math) / spurious solution, extraneous
solution ‖ ⁓zähliger Stab (Stahlbau) / redundant member
o. bar ‖ ⁓zählige Stempel abbauen / remove surplus
pit-props ‖ ⁓zeiten *n* (Hütt) / heating during too long a
period, overtiming, excessive holding ‖ ⁓ziehen,
ausschlagen / stuff *v*, line ‖ ⁓ziehen, übersintern /
oversinter ‖ ⁓ziehen, -streichen / coat *v* ‖ ⁓ziehen
(Draht) / overdraw ‖ ⁓ziehen (Luftf) / stall *v* ‖ auf dem
Kalander ⁓ziehen / calender-coat ‖ die Kapazität
⁓ziehen / overload ‖ ⁓ziehen *n* mit Japanlack /
japanning ‖ ⁓ziehgeschwindigkeit *f* (Luftf) / stalling
speed ‖ ⁓ziehleitung *f* (Zuck) / draw-over connection ‖
⁓zirkulation *f* (Luftf) / supercirculation ‖
unkontrollierter ⁓zogener Flugzustand (Luftf) / super-
stall ‖ ⁓zogenes Pulver (Sintern) / coated powder ‖
⁓zogenes Sperrholz / overlaid plywood ‖ ⁓zogenes
Teilchen / coated particle ‖ ⁓zuckern, mit Zucker
überziehen / sugar *v*
Überzug, Auftrag *m* / coat ‖ ⁓, Schutzüberzug *m* / cover,
protective layer ‖ ⁓ *m* (Förderband) / lagging ‖ ⁓ (Bau) /
suspender beam ‖ ⁓ mit Bleizinnlegierung / terne *n*,
terneplate ‖ dünner ⁓, Tünche *f* / washing, wash ‖
nicht galvanischer ⁓ / coat[ing], bed ‖ ohne ⁓ (Galv) /
without coating ‖ ⁓masse *f*, Kuvertüre *f* (Schokolade) /
covering, coating
Überzugs·dicke *f* (Galv) / coating thickness ‖ ⁓kalander
m / calender coater ‖ ⁓lack *m* / finishing varnish ‖
⁓material *n* / coat[ing material] ‖ ⁓material *n* beim
Aufwalzen / cladding material
Über·zwirnen *n* / overtwisting ‖ ⁓zwirnung *f* (Spinn,
Fehler) / snarl
Ubichinon, Koenzym Q *n* / ubiquinone
U-Biegewerkzeug *n* (Stanz) / box die
üblich, gewöhnlich, normal / common, standard,
ordinary, regular, usual ‖ ⁓e Ausführung / familiar
type ‖ ⁓e Größe / standard size ‖ ⁓e Leistung,
Bezugsleistung *f* (F.Org) / reference performance ‖ ⁓es
Material, Normalwerkstoff *m* / standard material ‖ ⁓e
Route (Schiff) / track
U-Bogen *m* (Rohr) / U-bend
U-Bolzen *m*, Bügelschraube *f* / U-bolt
U-Boot, Unterseeboot *n* / submarine [boat], U-boat
übrig, restlich / residuary ‖ ⁓e Eigenschaften *f pl* /
remaining properties *pl*
U-Bügel *m* / stirrup bolt, strap bolt, U-bolt
Übung *f*, Gewohnheit *f* / practice, praxis ‖ ⁓, Training *n* /
training
Übungs·flug *m* / practice flight ‖ ⁓flugzeug *n* (Luftf) /
training plane ‖ ⁓flugzeug *n* (2. Stufe) / secondary
trainer ‖ ⁓ziffer, Kennziffer *f* (Fernm) / crew factor
UCPTE = Union pour la Coordination de la Production et de
Transport d'Electricité
UCS-System *n* (Farblehre) / UCS-system (= uniform
chromaticity scale)
UD = unidirektionaler Faserverbund
UDF-Triebwerk *n* (Luftf) / unducted fan engine, UDF
engine
UDK, universelle Dezimalklassifikation / universal
decimal classification, UDC
UDMH *n* (Rakete) / UDMH, unsymmetric
dimethylhydrazine
Uebler-Effekt *m* (Viskosität) / Uebler effect

UEG = untere Explosionsgrenze von Gemischen
Uehling-Effekt *m* (Phys) / Uehling effect
UER (Elektronik) = Union Européenne de Radiodiffusion (Europ. Rundfunkunion)
UF = Harnstofformaldehyd
ÜF = Überlagerungsfrequenz
Ufer *n*, Küste *f* / coast, shore ‖ ⁓ (Fluß) / river bank, riverside ‖ ⁓ (See), Strand *m* / beach ‖ ⁓…, Küsten…, litoral / littoral ‖ **über die** ⁓ **treten** / flood *vi* ‖ ⁓**abbruch** *m* / washing of a bank, bank erosion ‖ ⁓**absteifung** *f* **aus Flechtwerk** / sao (Chinese word) ‖ ⁓**bau** *m*, Eindämmung, -deichung *f* / embankment ‖ ⁓**befestigung** *f*, -bau *m*, -schutz *m*, -deckwerk *n* / protection of banks o. shore ‖ ⁓**bestand** *m* / shape of the banks ‖ ⁓**damm** *m* / levee (US), river embankment (GB) ‖ ⁓**einfassung**, Wassermauer *f* (Brücke) / water wing ‖ ⁓**gelände**, -land, Litoral *n* / littoral, beach ‖ ⁓**kran** *m*, Kaikran *m* / quay crane ‖ ⁓**linie** *f* (Hydr) / shore line ‖ ⁓**mauer** *f* (Fluß) / river wall ‖ ⁓**schutz** *m* / shore protection, bank protector o. defense ‖ ⁓**[schutz]mauer** *f* / river wall ‖ ⁓**schutzverbauung** *f*, lockere Steinlage (Hydr) / sheath ‖ ⁓**straße** *f* / embankment road
Ufertit *m* (Min) / ufertite
U-Flammenwanne *f*, U-Flammenwannenofen *m* (Keram) / horseshoe flame tank, end-fired furnace
UFO (unbekanntes fliegendes Objekt), fliegende Untertasse (coll) *f* / U.F.O., unknown o. unidentified flying object
U-förmig / U-shaped, stirrup-shaped ‖ ⁓**er Bügel** / U-shaped stirrup ‖ ⁓**e Dichtung** / U-leather o. -packing ‖ ⁓**e Doppelstütze** (Fernm) / U-cupholder, double pin o. pole ‖ ⁓**er Haken** / clevis ‖ ⁓**er Halter** / stirrup ‖ ⁓**e Isolatorenstütze** (Fernm) / U-bolt ‖ ⁓**e Resonanzleitung** (Elektronik) / U-link ‖ ⁓**er Umkehrtunnelofen** / hairpin furnace
U-förmiger Zughaken / clevis
U-Formstahl *m* / channel, U-section
ufr-Technik *f* (Bahn) / "ufr"-transport (in France)
U-Galenit *m* (Min) / uranium-galena, U-galena
U₂₃₅-Gehalt *m* (Nukl) / U_{235}-assay
ug-Kern *m* / odd-even nucleus
UHF = Ultrahochfrequenz ‖ ⁓**-Antenne** *f* / UHF antenna ‖ ⁓**-Converter** *m* (Elektronik) / UHF-converter ‖ ⁓**-Kanalwähler** *m* / UHF channel selector ‖ ⁓**-Verbindung** *f* / UHF link
UHP·-Elektrostahlofen *m* (Hütt) / UHP- o. Ultra-High-Power-furnace ‖ ⁓**-Widerstandsofen** *m* / UHP-(=ultra-high power)resistance furnace
Uhr *f*, Zeitmesser *m* / clock, timer ‖ ⁓, Kleinuhr *f* (bis 25 mm Dicke) / watch ‖ ⁓, Großuhr *f* (über 25 mm Dicke) / clock ‖ ⁓, Zählwerk *n* / meter, counter ‖ ⁓**en** *f pl* (Sammelbegriff) / timekeepers *pl*, time pieces *pl*, time keeping instruments *pl* ‖ ⁓ *f* **mit springenden Zahlen** (DV) / digital time unit ‖ ⁓ **ohne Schlagwerk** / timepiece ‖ **eine** ⁓ **richten** (o. stellen o. regulieren) / set o. time a clock
Uhren·fabrik *f* (Kleinuhren) / watch factory ‖ ⁓**gehäuse** *n* / case of a clock o. watch ‖ ⁓**industrie** *f* / watch and clock making industry ‖ ⁓**öl** *n* / horologic[al] oil, clock oil ‖ ⁓**radio** *n* / clock radio ‖ ⁓**stoßsicherung** *f* / shock absorber ‖ ⁓**takt** *m* / timer increment rate
Uhr·feder *f* / clock spring ‖ ⁓**feder** *f* (Taschenuhr) / watch spring ‖ ⁓**glas** *n* / crystal, watch-glass ‖ ⁓**macher** *m* / clockmaker, watchmaker ‖ ⁓**macher** *m*, Uhrenfabrikant *m*, -verkäufer *m* / horologist (maker of clocks o. watches) ‖ ⁓**macherei** *f*, Uhrenbau *m* / horology ‖ ⁓**macherwerkzeuge** *n pl* / clockmaker's tools ‖ ⁓**pendel** *n* / clock pendulum ‖ ⁓**schild** *n* / dial plate ‖ ⁓**spur** *f* (Magn.Bd) / clock [marker] track ‖ ⁓**werk** *n* (Großuhr) / clockwork, [clock] movement, train of a clockwork ‖ ⁓**werk**, Uhrwerksgetriebe *n* (Taschenuhr) / watch work o. movement o. train ‖ **durch** ⁓**werk angetrieben** / clockwork driven ‖ ⁓**werk** *n* **mit**

Federantrieb / spring driven clockwork ‖ ⁓**werk** *n* **mit Gewichtsantrieb** / weight-driven clockwork ‖ ⁓**werksantrieb** *m* / clockwork motion ‖ ⁓**werksantrieb** *m*, Federantrieb *m* / spring motor o. drive ‖ ⁓**werksmotor** *m*, Federmotor *m* / wheel work, [spring driven] movement ‖ ⁓**werk[zeit]zünder** *m* / clockwork [time] fuse ‖ ⁓**zeiger** *m* / clock hand ‖ ⁓**zeiger** *m* (Taschenuhr) / watch hand ‖ ⁓**zeigerfeile** *f* / dial file ‖ ⁓**zeigersinn** *m* / clockwise direction ‖ **im** ⁓**zeigersinn**, mul / clockwise ‖ **gegen den** ⁓**zeigersinn**, edul / anticlockwise ‖ **sich im** ⁓**zeigersinn drehen** / rotate clockwise ‖ ⁓**zeit** *f* / hour, time ‖ ⁓**zeitgeber** *m*, Echtzeituhr *f* (DV) / real-time clock
UHV = Ultrahochvakuum
UIC, Benutzerkennung *f* / user identification code, UIC ‖ ⁓ (Bahn) = Union Internationale des Chemins de Fer (Intern. Eisenbahnverband) ‖ ⁓ (Chem) = Union Int. de Chimie
UIE = Union Internationale d'Electrothermie (= Intern. Union for Electroheat)
Uintait, Gilsonit *m* (Asphaltart) (Min) / uintaite, gilsonite
UIT (Fernm) = Union Internationale des Télécommunications (Intern. Fernmeldeunion)
U-Kabel, nicht pupinisiertes Kabel / non-loaded cable
U-Kerbe *f* / U-notch
U-Kern *m* / U-shaped core
U-Klammer *f* / U-bracket
UKML (Elektronik) = Ultrakurz-, Kurz-, Mittel-, Langwellenbereich
UKR (Elektr) = Umkehrstromrichter
U-Krümmer *m* (Wellenleiter) / U-bend
UKW *n*, Ultrakurzwellen *f pl* (1-10m) / very high frequencies *pl*, VHF ‖ ⁓**-Drehfunkfeuer** *n*, VOR (Luftf) / VOR, very high frequency omni[directional radio beacon o.] range, ORB ‖ ⁓**-Leitstrahler** *m*, -Bake *f* / VHF marker beacon ‖ ⁓**-[voll]entstört** / ultrahigh frequency screened
UL (USA) = [Fire] Underwriter's Laboratories Inc.
ULA *n*, programmierbares Logiknetz (DV) / uncommitted logic array, ULA
UL-Bauvorschriften *f pl* (Elektr, Elektronik) / UL-specifications (USA)
Ulbrichtsches Kugelphotometer *n* / [Ulbricht] globe photometer
ULCC-Schiff *n* (Tanker von über 300 000 t) / ULCC-ship, ultra-large crude carrier
U-Leitung, unbespulte Leitung (Fernm) / unloaded cable o. line
Ulexit, Boronatrokalzit *m* (Min) / ulexite, cotton ball
Ullmanit *m* (Min) / nickel antimony glance, ullmanite
Ulme *f*, Rüster *f* / elm ‖ ⁓ (Stollenbau) / side wall of a tunnel, tunnel side wall
Ulmenverbrämung *f* (Tunnel) / facing of the side walls
ULMS-System *n* (= undersea long-range missile system) / ULMS, under-sea long-range missile system
Ulsterstoff *m* (Web) / ulster cloth
Ultra·audion *n* (Elektr) / ultra-audion ‖ ⁓**basit** *m* (Geol) / ultra-basic rocks *pl* ‖ ⁓**chromatographie** *f* (Chem) / ultrachromatography ‖ ⁓**dynempfänger** *m* / ultradyne receiver ‖ ⁓**feinschneiden** *n* / ultra-fine cutting ‖ ⁓**filter** *n* / ultrafilter ‖ ⁓**filtration** *f* / ultrafiltration ‖ ⁓**fining** *n* (Öl) / ultrafining ‖ ⁓**formingverfahren** *n* (Öl) / ultraforming process ‖ ⁓**hochdruck** *m* / ultrahigh pressure ‖ ⁓**hocherhitzt** / ultra-heat treated ‖ ⁓**hochfrequenz** *f*, Höchstfrequenz *f*, UHF, HHF (Elektronik: 300-3000 MHz) / ultrahigh frequency, UHF ‖ ⁓**-Hochspannung** *f* / ultrahigh voltage, UHV ‖ ⁓**hochvakuum** *n*, UHV / ultrahigh vacuum, vacuum below 10^{-6} torr ‖ ⁓**hoher Integrationsgrad** / ultralarge integration, ULSI ‖ ⁓**kondensor** *m* (Opt) / ultracondenser ‖ ⁓**kurze Hocherhitzung** / ultra-heat treatment ‖ ⁓**kurzwelle** *f*, UKW (1 bis 10m) (Elektronik) / ultrashort wave, very short wave, VSW, metric wave ‖ ⁓**kurzwellen-Bereich** *m* (Bereich 8), Meterband *n* (Elektronik) / very high frequency range ‖

~**kurzwellen-Drehfunkfeuer** n, VOR (Luftf) / very high frequency omni-range control ‖
~**kurzwellenempfang** m / metric wave reception ‖
~**kurzwellen-Sender**, UKW-Sender m / ultrashort wave transmitter ‖ ~**leichtflugzeug** n / ultralight [plane] ‖ ~**linear** / ultralinear ‖ ~**marin** n / lazulite blue, ultramarine ‖ gelbes ~**marin** / barium chromate, lemon chrome, baryta o. Steinbühl o. ultramarine yellow ‖ ~**maringrün** n / ultramarine green ‖ ~**marinpigment** n / ultramarine pigment ‖ ~**mikroanalyse** f / ultramicroanalysis ‖ ~**mikroskop** n / ultramicroscope ‖ ~**mikroskopisch** / ultramicroscopic, -ical ‖ ~-**Mikrowaage** f / ultramicro balance ‖ ~**mikrowellen** f pl (300-3000 GHz) (Bereich 12) / ultramicrowaves pl ‖ ~**pasteurisierung** f, Uperisation f / ultrapasteurization ‖ ~**pore**, Feinpore f / ultrapore ‖ ~**puls-Schweißen** n / ultrapulse welding ‖ ~**rot**, Infrarot n / U.R., ultrared, infrared, I.R.
Ultrarot·absorptionsschreiber, Uras m (Chem) / ultrared absorption recorder ‖ ~**analysator** m / ultrared o. infrared analyzer, U.R.- o. I.R.-analyzer ‖ ~**detektor** m / infrared detector ‖ ~**durchlässigkeit** f / diathermancy, -ance ‖ ~**kamera** f / infrared camera ‖ ~**photographie** f / infrared photography ‖ ~-**Radiometer** n / infrared radiometer
Ultraschall m / supersonics, ultrasonics, sg., ultrasound ‖ ~... (bis Mach 5) / supersonic, ultrasonic, superaudible ‖ ~-**Autofokus-Methode** f / ultrasonic autofocussing ‖ ~**bearbeitung** f / ultrasonic machining o. grinding ‖ ~-**Bilderzeugung** f / ultrasound imaging ‖ ~-**Bildwandler** m, Schallsichtgerät n / ultrasonic image converter ‖ ~**bohren** n / impact grinding, ultrasonic drilling ‖ ~**chemie** f / phonochemistry ‖ ~**detektor** m / ultrasonic detector ‖ ~**echolotung** f / ultrasonic depth finding ‖ ~**empfänger** m / ultrasonic receiver ‖ ~**entfettung** f (Galv) / ultrasonic cleaning ‖ ~**erosion** f, -bohren n / ultrasonic machining ‖ ~**erosion** f / ultrasonic erosion ‖ ~**erzeuger**, -generator m / ultrasonic generator ‖ ~**frequenz** f / ultrasonic n, ultrasonic frequency ‖ ~-**Lot** n / ultrasonic depth finder ‖ ~**maschine** f (Wzm) / ultrasonic machine ‖ ~**motor** m / ultrasonic motor ‖ ~**ortung** f / ultrasonic location ‖ ~**prüfung** f, Beschallung f / ultrasonic checking o. testing ‖ ~**reinigung** f / ultrasonic cleaning ‖ ~-**Ringnahtschweißen** n / ultrasonic annular seam welding ‖ ~**schweißen** n (Plast) / ultrasonic sealing ‖ ~-**Schweißen** n / ultrasonic welding ‖ ~-**Schweißmaschine** f / ultrasonic welding machine ‖ ~**schwinger** m, -wandler m, -strahler m / ultrasonic transmitter ‖ ~**speicher** m (DV) / ultrasonic storage cell, ultrasonic delay line ‖ ~**technik** f / ultrasonics [technology] ‖ ~-**Warmschweißen** n / ultrasonic hot welding ‖ ~**welle** f / ultrasonic wave, ultrasonic ‖ ~**wellen-Prüfgerät** n / ultrasonic material tester
ultra·schwarz (TV) / infrablack, blacker than black ‖ ~**strahlung** f, kosmische Strahlung / cosmic radiation ‖ ~**thermostat** m / ultrathermostat ‖ ~**vakuum** n s. Ultrahochvakuum
ultraviolett, UV / ultraviolet, UV ‖ ~**bestrahlung** f / [treatment by] ultraviolet radiation ‖ ~-**Flammenmelder** m / UV flame detector ‖ ~-**Inhibitor** m (Plast) / ultraviolet inhibitor ‖ ~**lampe** f / ultraviolet ray lamp, artificial sunlight [lamp] ‖ ~**licht** n / ultraviolet light ‖ ~**photographie** f / ultraviolet photography ‖ ~**photozelle** f / ultraviolet cell ‖ ~**spektroskopie** f / ultraviolet spectroscopy ‖ ~**strahlen** m pl / ultraviolett rays pl ‖ ~**strahlung** f / ultraviolet o. UV radiation
Ultra·waage f (Chem) / ultrabalance ‖ ~**weiß** (TV) / whiter than white ‖ ~**zentrifuge** f / ultracentrifuge, high-speed centrifuge ‖ ~**zentrifugieren** / ultracentrifuge v
umackern, umpflügen / plough up
U-Maische f (Zuck) / U-shaped crystallizer

Umaminierung f, Transaminierung f (Chem) / transamination
umändern, abändern, bereinigen / correct
umarbeiten, -ändern / change, transform, convert, do up ‖ ~, wiederaufarbeiten / rework ‖ ~ n (Gerb) / making it again
Umbandelungsmaschine f / taping machine
Umbau m / rebuilding, modification, change of design, remodeling ‖ ~, Modernisierung f / rebuilding, reconditioning, modernization ‖ ~ (Bau) / alteration ‖ ~ (Bergb) / clearing out ‖ ~ **auf den neuesten Stand** / retrofit ‖ ~**anleitung** f / modification instructions pl
umbauen (allg) / convert, rebuild, reconstruct, modify ‖ ~, mit Mauern umgeben / wall in o. up, surround with walls ‖ ~ (Walzw) / change rolls ‖ **[für andere Zwecke]** ~ / reconvert ‖ **mit Gebäuden** ~ / surround with buildings
umbäumen (Web) / rewind ‖ ~ n, Umhaspeln n, Umspulen n (Textil) / rewind n, winding from beam to beam
Umbau·satz m / reversion kit ‖ ~**satz** m (auf den neuesten Stand) / retrofit kit
umbauter Raum / walled-in space, buildung volume
Umbenennung f (DV) / renaming symbols pl
Umber, Umbra f / umber
umbeschrieben / circumscribed ‖ ~**er Umkreis** / circumscribed circumference ‖ ~**es Vieleck** / polygon circumscribed about a circle
umbiegen vt, turn up o. down ‖ **sich** ~ / bend vi ‖ **völlig** ~ / double back
Umbild[e]gerät n (Luftbild) / transforming apparatus
umbilden, -wandeln / transform ‖ **einen Zug** ~ (Bahn) / reclassify a train, re-form a train
Umbindungsgarn n / covered yarn
Umblenden n (TV) / crossfading
umblocken, neu blocken (DV) / reblock
umbördeln / bead v, flange, border ‖ ~, flach-, platt-, glatthämmern / flange, flatten down
Umbördelung f / bead
Umbra f, Umber m / umber ‖ ~, Kern m von Sonnenflecken / umbra ‖ ~**grau** (RAL 7022) / umbergray
Umbralglas n / umbral lens
umbrechen vt, -pflügen / plough up ‖ **die Spalten** ~ (Buch) / adjust the columns ‖ **erstmals** ~ (Landw) / turn the soil ‖ **Zeilen** ~ (Buch) / overrun v ‖ **zu Seiten** ~ (Buch) / make up into pages
Umbrecher m (Buch) / maker-up
Umbrella-Anbieter m (DV) / umbrella information provider
Umbruch m (Buch) / make-up, paging ‖ ~ (Landw) / newly broken soil ‖ ~, Umfahrungsstrecke f (Bergb) / bypass ‖ ~**festigkeit** f (Isolator) / cantilever strength ‖ ~**pflug** m (Landw) / reclamation plow, buster
umcodieren / transliterate, convert the code [of]
Umcodierer m / code converter, transcriber
umdecken / retile a roof
Umdockbleiche f / rebatching bleach
Umdockkammer f (Bleichen, Textil) / rebatching chamber
umdrehen vi, wenden / make a U-turn ‖ ~, die Richtung umkehren / turn vt ‖ ~ (Vorder- und Seitenmarke wechseln) (Buch) / work and twist, work and whirl ‖ **[sich] um sich selbst** ~ / turn round, rotate
Umdrehung f, Achsdrehung f / rotary motion o. movement, rotation ‖ ~ / revolution, rotation ‖ ~**en** f pl **je min**, min⁻¹, Drehzahl f / speed, number of revolutions per minute, rpm, r.p.m., RPM, revs/min. ‖ **eine ganze** ~ **machen** / come full circle ‖ **[ganze]** ~ (eines Rades) / turn
Umdrehungs·... (Math) / generated by rotation o. revolution ‖ ~**achse** f / axis of revolution o. of rotation, rotation[al] axis ‖ ~**bewegung** f / rotary motion o. movement, rotation ‖ ~**ellipsoid** n / ellipsoid of revolution ‖ **gestrecktes o. verlängertes** ~**ellipsoid** /

prolate ellipsoid ‖ **abgeplattetes ⌐ellipsoid** / oblate ellipsoid of revolution ‖ **⌐fläche** f, Rotationsfläche f (Math) / surface of revolution ‖ **⌐geschwindigkeit** f / rotational speed, speed of rotation ‖ **~hervorbringend** / rotatory ‖ **⌐hyperboloid** n / hyperboloid of revolution ‖ **⌐kegel** m / cone of revolution ‖ **⌐körper** m / solid of o. generated by rotation o. revolution, body of revolution, rotational solid ‖ **⌐paraboloid** n, Rotationsparaboloid n / paraboloid of revolution ‖ **⌐wartezeit** f (z.B. beim Walzendrucker) (DV) / rotational delay time ‖ **⌐zahl** f, Drehzahl f / speed, number of revolutions ‖ **[minutliche] ⌐zahl**, Umdrehungen f pl pro Minute / number of revolutions [per minute], r.p.m., rpm, RPM, revs ‖ **⌐zähler** m / revolution counter
Umdruck m / transfer printing process ‖ **⌐**, Auto[litho]graphie f (Buch) / transfer on stone ‖ **⌐gerät** n, Vervielfältigungsgerät n / manifold writer, duplicator ‖ **⌐gerät** n, Hektograph m / spirit duplicator ‖ **⌐papier** n / transfer paper ‖ **⌐papier** n, Hektographenpapier n / spirit duplicator copy paper ‖ **⌐spiegel** m, Schablone f (Büromasch) / stencil ‖ **⌐vervielfältiger** m / manifold writer
Umentwicklung f (Phot) / redevelopment
Umesterung f (Chem) / transesterification, double decomposition, ester interchange, interesterification
umfahren / double, drive round ‖ **~**, umgehen, ausweichen / drive round an obstacle ‖ **~** (Bergb) / cut a gallery round a lode
Umfahrgleis n, Umgehungsgleis n (Bahn) / loop line ‖ **⌐ des Ablaufberges** (Bahn) / hump-avoiding line, runround
Umfahrungsstrecke f (Bergb) / by-pass
umfallen, -kippen / tumble down, tip o. turn over, upset
Umfallkrankheit f (Verfaulen von Jungpflanzen) (Landw) / damping-off
umfalzen / crimp over
Umfang m, Länge f der Begrenzungslinie / perimeter ‖ **⌐**, Maß n / circumference, measurement ‖ **⌐**, Größe f / bigness, largeness ‖ **⌐**, Inhalt m, Fassungsvermögen n / capacity, content ‖ **⌐**, Bereich m / extent, range ‖ **⌐**, Ausmaß n / scope, scale ‖ **⌐**, Umkreis m, Peripherie f / periphery ‖ **⌐** (z.B. von Bäumen) / girth, girt, circumference, periphery ‖ **⌐** (Körpermaße) / girth (body measurements) ‖ **⌐ des [Stichproben]musters** / size of sample ‖ **⌐ von Bauarbeiten** / scale of building activities ‖ **an ⌐ zunehmen** / bulk up ‖ **äußerer ⌐** / circumference, periphery ‖ **den ⌐ messen** (z.B. mit einer Schnur) / girth v ‖ **von großem ⌐ sein** / bulk vi ‖ **⌐fräsen** n / contour milling, peripheral milling ‖ **⌐fräsen** n, Umgangfräsen n / peripheral milling ‖ **~reich**, massig / thick ‖ **~reich**, zahlreich / important ‖ **~reich** (Prüfung) / extensive ‖ **~reiches Programm von Erzeugnissen** / products offered in great variety
Umfangs⌐... / circumferential ‖ **⌐...**, peripherisch / peripheral, peripherical ‖ **⌐antrieb** m / surface drive
Umfangschleifen n / peripheral grinding
Umfangsdrittel, unteres ⌐ (Pipeline) / haunch
Umfangs·geschwindigkeit f / circumferential o. peripheral speed o. velocity ‖ **⌐geschwindigkeit** f in ft/min / surface feet per minute, sfpm ‖ **~gleich** (Math) / isoperimetrical ‖ **⌐kraft** f / peripheral force ‖ **⌐kraft** f an den Reifen (Kfz) / longitudinal force of tires ‖ **⌐magnetisierung** f / circular magnetization ‖ **⌐räumen** n / pot broaching ‖ **⌐-Räumwerkzeug** n / hollow broaching tool, pot-type broaching tool ‖ **⌐register** n (Buch) / circumferential register ‖ **⌐register-Einstellung** f (Buch) / circumferential register adjustment ‖ **⌐riß** m / circumferential tension crack ‖ **⌐schweißung**, Rundnaht f (Röhre) / girth weld ‖ **⌐schwingung** f pl / circumferential oscillations ‖ **⌐spannung** f (Druckgefäß) / peripheral o. hoop stress ‖ **⌐teilung** f (Zahnrad) / circumferential pitch ‖ **⌐wickeln** n (Textil) / surface drive, tangential drive ‖ **⌐wickler** m (Textil) / surface-

driven winder ‖ **⌐wicklung** f, Umwicklung f (Masch) / hoop winding ‖ **⌐winkel** m / angle at circumference
umfärben / redye
umfassen, beinhalten / comprehend, comprise ‖ **~**, erfassen / collar, preempt ‖ **~**, einschließen / compass, encircle ‖ **~**, umklammern / embrace ‖ **[topfartig] ~** / encompass
umfassend, weit / comprehending, comprehensive ‖ **~**, ausführlich / extensive
Umfassung f der Polschuhe (Elektr) / polar span
Umfassungs·mauer f, Außenmauer f (Bau) / containing o. external wall ‖ **⌐winkel** m (der Polschuhe) (Elektr) / angle of polar span, polar angle ‖ **⌐winkel** m (Schneckengetriebe) / width angle
Umfeld n / surround of a comparison field, surrounding field ‖ **~**, Ambiente f / ambiance, ambience ‖ **~ der Erde**, Erdumgebung f / Earth's environment
umflechten, umspinnen (Elektr) / braid, plait round
umflochtener Schlauch / braided hose
Umform·arbeit f (Schm) / deformation work ‖ **⌐barkeit** f, -vermögen n / plasticity ‖ **⌐bild** n (Fließpressen) / deformation pattern, displacement field
umformen (Wzm) / form ‖ **~**, wiederverformen / reshape, remodel ‖ **~** (Math) / transform ‖ **~** (Elektr, DV) / convert ‖ **~**, Formgebung f / forming, non-cutting shaping ‖ **~**, Neugestaltung f / remodelling ‖ **~ in superplastischem Zustand** / gatorizing process
umformend, spanlos (Wzm) / non-cutting
Umformenergie f (Wzm) / forming energy
Umformer m (von Signalen usw) (Regeln) / transformer ‖ **⌐ für Blindleistung** (Elektr) / rotary capacitor ‖ **⌐ in gleiche Stromart** / current transformer ‖ **⌐ mit umlaufenden Bürsten** (Elektr) / transverter ‖ **rotierender ⌐**, Motorgenerator m (Elektr) / rotary converter, motor-generator, revolving commutator, (dc to dc:) rotary transformer ‖ **⌐-Lokomotive** f / motor-generator locomotive ‖ **⌐station** f (Elektr) / converter o. converting station, substation for frequency conversion
Umform·festigkeit f / yield strength ‖ **⌐geschwindigkeit** f (Schm) / strain rate, deformation ratio ‖ **⌐grad** m / strain [caused by deformation] ‖ **⌐kraft** f (Schm) / forming force ‖ **⌐maschine** f (Schm) / metal-forming machine tool ‖ **⌐maschine** f nach Otto- o. Dieselprinzip / petro-forge forming machine ‖ **⌐technik** f / metal forming o. working ‖ **⌐temperatur** f (Plast) / forming temperature
Umformung, Umarbeitung f / conversion, transformation ‖ **⌐** (Elektr) / conversion ‖ **⌐**, Umformarbeit f, -prozeß m / forming operation ‖ **⌐** (Fließpressen) / strain, deformation
Umformungs·verlust m (Halbl) / conversion loss
Umform·-Verhältnis n (Schm) / deformation ratio ‖ **⌐verhältnis** n (Fließpressen) / extrusion ratio ‖ **⌐-Widerstand** m (Schm) / deformation stress ‖ **⌐widerstand** m (allg) / resistance to deformation
Umfriedungsmauer f / close o. enclosure wall
umführen (beim Walzen) (Walzw) / loop
Umführrolle, -scheibe f / return pulley o. sheave
Umführung f, Umgehung f / by-pass ‖ **⌐** (Vorgang) (Walzw) / bypassing ‖ **⌐** (Vorrichtung) (Walzw) / looping ‖ **⌐ um ein Hindernis** (Straßb) / loop road
Umführungs·band n / strapping ‖ **⌐kanal** m (Hydr) / return channel ‖ **⌐leitung** f / bypass line ‖ **⌐schiene** f (Seilb) / return loop rail ‖ **⌐stabstraße** f (Walzw) / guide bar rolling mill ‖ **⌐walzwerk** n / looping mill
umfüllen, abfüllen / decant ‖ **~**, umgießen / transfuse
Umgang m, Gang um ein Gebäude m / passage round a building, circumference ‖ **⌐** [mit], Handhabung f / handling, manipulation ‖ **⌐ der Wicklung** (Elektr) / convolution of the winding ‖ **gefahrloser ⌐** [mit] / safe handling
Umgangsschieber m (Hütt) / bypass valve

umgeben, einhüllen / coat ‖ ~, umschließen / surround, encompass, girdle, encircle, environ ‖ ~ / ~ / environ ‖ ~ / girdle *v*

umgebend, Umgebungs… / surrounding, ambient ‖ ~ (Ökologie) / environmental ‖ ~**e Luft** / ambient air

umgebördelter Röhrenfuß / re-entrant squash

Umgebung *f*, Umgegend *f* / adjacencies *pl*, surroundings *pl* ‖ ~, Milieu *n* / medium ‖ ~ (Ökologie) / environment ‖ ~ (Math) / neighbourhood ‖ ~ s. auch Umwelt ‖ ~, umgebender Raum, Umfeld / ambiance, ambience ‖ **engere** ~ **der Erde** / near-Earth environment ‖ **in die** ~ **gerichtet** (Lautsprecher) / periphonic

umgebungs·abhängiger temperaturgesteuerter Zeitschalter / variable thermal delay time switch ‖ ~**bedingte Ausfallzeit** (DV) / environmental loss time ‖ ~**bedingung** *f* / ambiance o. ambience condition ‖ **Abhängigkeit von den** ~**bedingungen** / subjection to environmental conditions ‖ ~**belastung** *f* (Reaktor) / environmental exposure ‖ ~**bezogen** (Halbl) / ambient-rated ‖ ~**druck** *m* / ambient pressure ‖ ~**einflüsse** *m pl* / surroundings *pl* ‖ ~**gefährdung** *f* / environmental hazard ‖ ~**geräusch** *n* / ambient noise ‖ ~**konditionieren** *n* (Elastomer) / environmental conditioning ‖ ~**remission** *f* (Pap) / background reflectance ‖ ~**temperatur** *f* / ambient temperature

umgefallener Buchstabe (Buch) / inclined letter

umgefalzt, -gebogen / reversed, doubled

umgeformt·e Regelabweichung (Regeln) / converted deviation ‖ ~**e Regelgröße** (Regeln) / converted output quantity ‖ ~**es Sperrholz** / transformed plywood

umgehen, vermeiden / by-pass, evade ‖ ~, vermeiden / evade ‖ ~, ausweichen (Installation) (Elektr) / avoid, go round, straddle (US) ‖ ~ [mit] / manipulate, handle ‖ **eine Schwierigkeit** ~ / get around a difficulty

Umgehungs·… / bypass… ‖ ~**kabel** *f* / perimeter cable ‖ ~**leitung** *f* (Öl) / bypass ‖ ~**leitung** *f* (Elektr) / bridging o. bypass feeder ‖ ~**ring** *m* (Straßb) / ring road ‖ ~**schalter** *m* / shunt switch, override switch ‖ ~**straße** *f* / detour o. by-pass road, belt line (US), circumurban [road], orbital road ‖ ~**vorrichtung** *f* / bypass device o. apparatus

umgekehrt / inverse, opposite, reverse[d], contrary ‖ ~, reziprok / reciprocal ‖ ~, Umkehr… / reversed ‖ ~, Umkehr… / contrary [to] *adj* ‖ ~**es Bild**, Negativbild *n* / negative o. reversed image ‖ ~**e Blaupause**, positive Zyanotypie (Zeichn) / Pellet's process print ‖ ~**er Bogen**, Entlastungsbogen *m* / invert[ed] o. reversed o. inflected arch, counterarch ‖ ~**e Dialyse** (von niedriger in höhere Konzentration) / active transport ‖ ~**er Hartguß** / inverse o. internal chill ‖ ~**e Magnetostriktion** (Phys) / converse magnetostriction ‖ ~**es Mikroskop**, Plankton-Mikroskop *n* / inverted o. plankton microscope ‖ ~**e Netzwerke** *n pl* (Elektronik) / inverse networks *pl* ‖ ~**e Osmose** / reverse osmosis ‖ ~**e Polarität** / reversed polarity ‖ ~ **proportional** / inversely o. reciprocally proportional ‖ ~**e Proportionen** *f pl* (Chem) / reciprocal proportions *pl* ‖ ~**e Richtung** / reversed direction ‖ ~**e Seigerung** (am Mantel) (Hütt) / inverse o. negative segregation ‖ ~**es Spülbohrverfahren** / reverse circulation drilling ‖ ~**e V-Antenne** / inverted-V antenna ‖ ~**es Verhältnis**, Reziprozität *f* / inverse o. reciprocal ratio, reciprocity, reciprocation ‖ ~**er Wert** / reciprocal [value] ‖ ~**e, dachförmige Führungsbahn** (Wzm) / inverted V-track ‖ **im** ~**en Verhältnis** / in indirect o. inverse ratio ‖ **im** ~**en Verhältnis** / in inverse ratio ‖ **sich** ~ **verhalten** [wie] / be in the inverse ratio [to] ‖ ~**-konischer Kopf** (Werkz) / inverted cone head

umgeschaltete Tastenfunktion (DV) / shifted key

umgeschlagenes Nagelende / clinch[ed nail]

umgeschmolzen / remelted

umgesetztes Rauschen (TV) / cross noise

umgestalten / remodel, recast, refashion, reconstruct ‖ ~, neugestalten / alter, reorganize, rearrange ‖ ~,

umformen / change, transform, modify ‖ **von Grund auf** ~ / recast, remake

umgestellte klammerfreie Schreibweise (DV) / postfix polish notation

umgestülpt (Plasma) / turned inside-out

umgestürzter Baum / fallen tree

umgetastet, kommutiert (Antenne) / commutated

umgewandelt, -geformt / converted

umgießen [mit] / cast-in o. integral o. round [with] ‖ ~, wieder einschmelzen (Gieß) / refuse, remelt, resmelt ‖ ~ (in ein anderes Gefäß) / transfuse

umgleisen (Bergb) / change the rails

Umgleiser *m* (Bergb) / traverser

umgraben / break up the ground, dig up ‖ ~, **den Boden lockern** / loosen

umgreifen (z.B. eine runde Scheibe) / encompass

umgreifend (Stoßfänger) (Kfz) / encompassing

umgrenzen / circumscribe

Umgrenzung *f* **des lichten Raumes** (Bahn) / load limit ga[u]ge, clearance gauge

Umgrenzungsmarker *m* (Luftf) / boundary marker

Umgriff *m* (Masch) / wrap-around

umgruppieren / rearrange, regroup

umhaspeln / rereel, rewind

umherschleudern, ein Schiff ~ / toss the ship

umhüllen / envelop, cover, sheathe ‖ ~, verkleiden / jacket ‖ ~, verhüllen / muffle ‖ ~ (Plast) / coat ‖ ~, schützen / cradle ‖ ~ (Reaktorbrennstoff) / can

Umhüllende *f* (Math) / envelope

umhüllt·er Draht / covered wire, coated o. sheathed wire ‖ ~**e Elektrode** (Schw) / fluxed electrode

Umhüllung *f* / clothing, cover[ing], sheath[ing], envelope ‖ ~, Verkleidung *f* (Masch) / jacket, shell, case ‖ ~, Einpackung *f* / cover, wrapping ‖ ~, Mantel *m* (Kabel) / coating, serving ‖ ~ **der Stäbe** (Nukl) / clad[ding], can

Umhüllungs·linie *f*, Um-, Einhüllende *f* / envelope ‖ ~**masse** *f*, Isoliermasse *f* (Kabel) / sheathing compound ‖ ~**material** *n* (Nukl) / cladding material

U/min, min[-1] / r.p.m., rpm, RPM, revss

umkanten *vt* / cant ‖ **Blech** ~ (o. umlegen) / fold back sheet metal, edge *v* ‖ **einen Balken** ~ / overturn a piece of timber

Umkehr *f* / return, reverse ‖ ~, Umkehrung *f*, Umkehren *n* / reverse *n* ‖ ~ (Drehrichtung, el. Strom) / reversal ‖ ~… (Walzw) / reversing ‖ ~ **der Anstellung** (Luftf) / reverse, pitch reversing ‖ ~**anlasser** *m* / reversing starter, starting and reversing resistor ‖ ~**antrieb** *m* / reversible drive ‖ ~**aufrollmaschine** *f* / reverse reeling machine ‖ ~**auslöser** *m* / reversible tripping device ‖ ~**auslöser** *m* **für Signaltechnik** (DIN 41566 T1) / heat coil ‖ ~**bad** (Phot) / reversing bath

umkehrbar (Chem) / reversible ‖ ~**e Hydrolyse** / reversible hydrolysis ‖ ~**e Reaktion** (Chem) / balanced o. reversible reaction ‖ ~**e Turbinenpumpe** / reversible pump-turbine ‖ ~**e Umwandlung** / inversion ‖ ~**e Umwandlung** / reversible conversion ‖ ~**er Wandler** (Schwingungen) / bilateral transducer

Umkehr·behandlung *f* / reversal processing ‖ ~**beschichter** *m* (Galv) / reverse coater ‖ ~**beschleunigung** *f* / reverse acceleration ‖ ~**betrieb** *m* (Walzw) / reversal duty ‖ ~**bild**, Negativbild *n* / reversed o. negative image ‖ ~**bogen** *m* (Rohr) / U-bend, return bend ‖ ~**emulsion** *f* / reversal emulsion

umkehren *vt* / reverse *vt* ‖ ~ *vi* / go back, come back, return, back [up], turn back, retrace one's steps ‖ **die Drehrichtung** ~ / reverse the sense of direction ‖ **ein Verhältnis** ~ (Math) / invert

umkehrend·e Bewegung / reversing motion

Umkehr·entwicklung *f* (Phot) / reversal process, silver halide process ‖ ~**erscheinung** *f*, Solarisation *f* (Phot) / solarization ‖ ~**film** *m* / reversal o. reversible [colour] film ‖ ~**flammenbeheizt** (Hütt) / U-fired ‖ ~**fluß-Verbrennungskammer** *f* (Hütt) / reversed-operation combustion chamber ‖ ~**funktion** *f* / inverse

o. inverted function || ~getriebe n / reverse o. reversing gear [box] || ~glied n (Regeln) / sign-reversing element || ~grenzpunkt m (Raumf) / point of no return, critical point || ~kopie f (TV) / reversal print || ~kupplung f / reversing clutch || ~-Lackierungsverfahren n / in-mould coating || ~linse f / image erecting lens || ~luftschraube f / reversible o. reversing airscrew || ~mechanismus, Steuer[ungs]mechanismus m, Umsteuerung f / link motion, reversing gear || ~motor m / reversible o. reversing motor || ~-Ofen m / U-type furnace || ~palette f / reversible pallet || ~papier n (Phot) / reversal paper, silver halide paper || ~pflug m / reversible plough, double-turn plough || ~prisma n / inverting o. reversing prism, image erecting prism || ~prozeß m (Phot) / reversal process || ~punkt m (Hütt) / arrest o. Ar-point || ~punkt m (Math) / stationary o. cusp[idal] point || ~punkt m (Raumf) / mirror point || ~punkt m der Druckerweichungskurve (Feuerfest) / apparent initial softening || ~rolle, -scheibe f / return pulley o. sheave || ~rolle f (Bandförderer) / tail belt drum || ~schalter m (Elektr) / reversing switch, reverser || ~schalter m / reversing switch, reverser || ~schaltung f (Vierpol) / inversion circuit || ~schaltung f (Luftf) / thrust reverser || ~schraube f, -propeller m (Schiff) / reversible screw o. propeller || ~spanne f (Meßinstr) / width of backlash || ~spannung f (Halbl) / turnover voltage || ~spiegel m / inverting o. reversion mirror || ~spülung f (Mot) / reverse scavenging, loop scavenging, backflow o. counterflow scavenging || ~station f (Fördern) / tail station || ~steuerwalze f, Schaltwalzen[umkehr]anlasser m / reversing [switch] drum, reversing drum controller || ~straße f (Walzw) / reversing train o. mill || ~straße f (Galv) / reversing installation || ~stromrichter m, UKR (Elektr) / two-way converter o. inverter || ~stück n, Verteiler m (Ofen) / header of a furnace || ~temperatur f / inversion temperature || ~trommel f (Förderer) / tail pulley

Umkehrung f (allg, Math) / reversion || ~, Umkehrbewegung f / reversing, reversal || ~, Inversion f / inversion || ~ der Drehrichtung / reversing the [sense of] direction || ~ des Steuerungsmomentes (Luftf) / control reversal

Umkehr·verfahren n (Buch) / reversal process || ~walze f, -trommel f / reversing roll || ~walzen n / reverse rolling || ~-Walzenbeschichtung f / reverse roll coating || ~walzmotor m / reversing mill motor || ~walzwerk n, Reversierwalzwerk m / reversing [rolling] mill || ~wärme f (Walzw) / reversing heat || ~zeit f (DV) / reverse time

umkippen vi, kippen / overturn, tip o. turn over, fall o. topple over || ~, -kanten / tilt, turn[-over] || ~ vt / topple over vt || ~, umschütten / overthrow, overturn, turn upside down || ~ (Kfz, Luftf) / topple over || ~ n / tip, tipping, tilt, toppling over || ~, Umkehren n (z.B. der Kräfte) / reversing of forces

Umkipp-Prüfung f (Verpackung) / rolling test

umklammern, umfassen / embrace || ~ / clip, clutch vt

umklappbar, [in Fahrtrichtung] ~e Lehne (Bahn) / reversible back

umklappen (um eine Achse) / revolve o. rotate o. turn around an axis || ~ n des Gitters (Krist) / lattice shearing

Umklappprozeß m (Ferromagnetismus) / umklapp process, U-process, fold-over process

umkleiden mit Holz o. Eisen / sheet vt

Umkleideraum m (in der Fabrik) / locker room, changing room

Umkleidung f / covering, sheathing

umklemmen (Elektr) / reconnect, change connections

Umklöppelmaschine f / braiding machine, plaiting machine

umkommen, verderben vi / perish (US), spoil vi

Umkörnen n (Hütt) / regenerative annealing

Umkreis, Umfang m / circuit, circumference, compass || ~, um[be]schriebener Kreis m / circumcircle, circumscribed circle || ~ m, Umgebung f / periphery

umkreisen / circle || ~ vt vi (Raumf) / circle vt vi

Umkreismittelpunkt m (Math) / circumcenter

umkrempeln, bördeln / border, flange

Umkristallisieren n (Hütt) / annealing below critical point, recrystallization

Umladebe·hälter m (Nukl) / transfer cask o. coffin o. flask

Umlade·gleis n (Bahn) / transfer line o. siding o. track || ~-Hochkipper m (Landw) / high-level delivery tipping trailer || ~maschine f (Nukl) / fuel handling machine

umladen (neu beladen) / reload || ~ (in ein anderes Fahrzeug) / tran[s]ship, transfer, unload and reload || ~ n von Öl / reloading the oil

Umlade·stelle f, -platz m (Bahn) / transfer station (US), tran[s]shipment yard || ~vorrichtung, -anlage f / reloading o. trans[s]shipping device o. plant || ~wagen m (Bahn) / tran[s]ship wagon

Umladung f, Ladungsumkehr f (Phys) / charge reversal || ~ (Ionenaustausch beim Ionendurchgang durch Materie) / umladung

Umladungsstreuung f (Nukl) / charge exchange scattering

umlagern (allg, Chem) / rearrange

Umlagerung f (Chem) / transposition, rearrangement

Umlauf m, Zirkulation f (allg, Chem, Biol) / circulation || ~, Umgang m, Umdrehung f (Mech) / rotation, revolution || ~, Zyklus m / cycle || ~ (F.Org) / parts in course of manufacture || ~ (Astr) / revolution || ~ (Schleuse) / filling conduit || ~, Geldumlauf m / circulation, currency || ~..., kreisend / rotatory || ~..., Recycling... / recycling || ~ mit konstanter Sonneneinstrahlung (Raumf) / orbit giving constant sunlight ratio || ~apparat m / by-pass apparatus o. device || ~aufzug, Paternoster m / paternoster [lift o. elevator], continuous lift (GB) || ~bahn f (Astr, Elektron) / orbit || ~bahn f, Drahtseilbahn mit Umlaufbetrieb / continuous ropeway || stark geneigte ~bahn (Raumf) / high-latitude orbit || hohe ~bahn (Raumf) / high orbit || sich auf einer ~bahn bewegen (Raumf) / orbit vi || in die ~bahn bringen / launch a satellite into orbit || auf seine ~bahn bringen / place in its orbit, inject, insert || ~bahn des Elektrons im Zyklotron / circular path of the electron in the cyclotron || in die ~bahn einlenken / enter into the orbit || ~bahn f mit längster Dunkelzeit / maximum dark-time orbit || die ~bahn verlassen (Raumf) / deorbit, disorbit vi || ~bahnwerkstatt f (Raumf) / orbital workshop || ~berg m (Geol) / meander core || ~bewegung f / motion of revolution o. rotation || ~biegeversuch m / rotating bending [fatigue] test || ~blende f (Phot) / rotary o. rotating o. revolving shutter, cutting blade || ~dauer f (Astr) / period of revolution || ~durchmesser (DIN), Drehdurchmesser m (Dreh) / swing || ~ebene f / plane of rotation

umlaufen vi, zirkulieren / circulate || ~, rotieren / move in a circle, revolve, rotate, turn

umlaufend, Umlauf... / rotating, revolving || ~, zirkulierend / circulatory || ~, in Karusselform / circulating, revolving || ~, kreisend / orbiting || ~, rotierend, mitlaufend (Spindel, Wzm) / live || ~ (Wind) / variable, variant || ~er Anker, Drehanker m (Elektr) / revolving o. rotating armature || ~er Bruch / circumferential rupture || ~er Dampferzeuger / rotating o. spinning boiler, rotating steam generator || ~es Elektron (Nukl) / spinning electron || ~es geophysikalisches Observatorium / orbiting geophysical observatory || ~e Kurbelschleife / inverted slider crank with crank as frame, Whitworth's quick return || ~er Leitstrahlpeiler, Robinson-Adcock-Peiler m / Robinson-Adcock direction finder || ~er Pol / travelling pole || ~e Retorte / revolving o. rotary retort || ~e Sandsiebmaschine / rotary sand sieve || ~e Schneidscheibe / rotating turning tool || ~e Spitze (Wzm) / live center || ~e Türzarge / wraparound

doorframe ‖ ~e **Wandertische** *m pl* / continuous plate
conveyors *pl* ‖ ~es **Wasser**, Umlaufwasser *n* /
circulating water ‖ ~e **Wicklung** (Motor) / distributed
winding ‖ **mit** ~en **Werkstücken** (Wzm) / work rotating
type ‖ **mit** ~en **Werkzeugen** / tool rotating type
Umlauf·ende *n* (Förderband) / tail end ‖ ~**entgasung** *f* /
RH-process, circulation degassing ‖ ~**förderer** *m* /
fixed tray conveyor ‖ ~**frequenz** *f* / rotational
frequency ‖ ~**gas** *n*, Kreislauf-, Recyclegas *n* / recycle
gas ‖ ~**gebläse** *n*, Rotationsgebläse *n* / rotary blower ‖
~**geschwindigkeit** *f* / rotational speed ‖ ~**getriebe** *n*,
Planetengetriebe *n* / planet[ary] gear system o. train,
epicyclic gear, sun [and planet] gear system o. train ‖
~**getriebezug** *m* / epicyclidal o. planetary gear train ‖
~**greifer** *m* (Nähm) / rotary shuttle ‖ ~**heizung** *f* / closed
circuit heating
Umläufigkeit *f* (Durchtreten v. Wasser durch die
seitlichen Talanschlüsse einer Stauanlage) / lateral
infiltration
Umlauf·integral *n* / contour integral ‖ ~**kabine** *f* (Seilb) /
circulating cabin ‖ ~**kessel** *m*, umlaufender
Dampferzeuger / rotating boiler, rotating steam
generator ‖ ~**kessel** *m* (mit Zwangsumlauf) / forced-
circulation boiler ‖ ~**kolbenmotor** *m* / orbital engine ‖
~**[kolben]verdichter** *m* / positive-type rotary
compressor ‖ ~**kühler** *m* (Öl) / pumparound cooler ‖
~**kühlung** *f* / refrigeration by circulation ‖ ~**leitung** *f*
(Hütt) / conducting main ‖ ~**lenkung** *f* (Kfz) / worm-and-
sector steering device ‖ ~**luft** *f* / pulsated air ‖ ~**menge**
f / total circulating capacity o. quantity ‖ ~**motor**,
Rotationsmotor *m* / revolving cylinder engine ‖
~**pumpe** *f* / circulation o. circulating pump,
recirculating pump, pumparound pump ‖ ~**pumpe** *f*
(Heizung) / circulation pump ‖ ~**quantenzahl** *f* /
secondary quantum number, orbital o. rotational
quantum number ‖ ~**rad** *n* / planet wheel ‖
~**[räder]getriebe** *n* s. Umlaufgetriebe ‖ ~**regler** *m* / by-
pass o. circulation regulator ‖ ~**relais** *n* / rotary relay ‖
~**satellit** *m* / orbiting satellite ‖
~**schlicker-Auftragsschüssel** *f* (Email) / recirculating
dip tank ‖ ~**schmierung** *f* / circulation system
lubrication, lubrication by circulation of the oil, circular
lubrication ‖ ~**schrott** *m* (Hütt) / process scrap,
recycling scrap ‖ ~**seil** *n* (Seilb) / monocable traction
rope, carrying-hauling rope ‖ ~**speicher** *m* (DV) /
recirculating [loop] memory, cyclic o. circulating store
‖ ~**spülung** *f* / circulating rinsing ‖ ~**system** *n*,
Kreislauf *m*, -system *n* (Nukl) / loop ‖ ~**trockner** *m*,
Schwebetrockner *m* (Aufber) / float o. suspension drier ‖
~**trübe** *f* / recovered dense medium ‖ ~**verdichter** *m* /
rotary compressor ‖ ~**verschluß** *m* (Phot) / rotary o.
rotating shutter, revolving shutter ‖ ~**zahl** *f*, Drehzahl *f*,
Umdrehungszahl *f* / number of revolutions per minute,
r.p.m. ‖ ~**zahl**, Spielzahl *f* (DV) / cycle criterion ‖
~**zähler**, Orbitzähler *m* (Raumf) / orbit counter ‖ ~**zeit** *f*
(Mech) / time of a revolution, duration of a revolution ‖
~**zeit** (Teil der Wartungszeit) (DV) / turn-around time ‖
~**zeit** *f* (Bahn) / turn-round time ‖ ~**zeit** *f* eines Gestirns
/ sidereal period o. revolution ‖ ~**zeit** *f* eines Satelliten
/ orbital period
Umlaut *m* / umlaut, mutated o. modified vowel
Umleer·behälter *m* (Müll) / discharge system container ‖
~**system** *n* (Müll) / lifting and tipping system
umlegbar / folding down ‖ ~es **Geländer** (Schiff) / folding
o. tiltable deckrail
Umlegeeinrichtung *f* (Jacquard) / reversing motion
umlegen, bördeln / border, flange, bead ‖ ~, anders
legen / displace, dislocate ‖ ~, falten (Blech) / bend on
the press-brake ‖ ~, niederlegen / lay down ‖ ~ (Hebel)
/ move a lever, shift o. relocate a lever ‖ ~ (z.B.
Hohlnieten) / clinch ‖ ~, wenden (Schiff) / shift the helm
‖ ~ *n* (Fernm) / call transfer ‖ **Schaltebel** ~ / throw
over ‖ **[Schienen]** ~ / relay, re-lay
Umlegung *f* (Stadt) / regroupment, regrouping

Umlegungszeichen *n* (Fernm) / transfer signal
Umleimer *m* (Tischl) / [overlapping] edge band o. foil o.
veneer, bandings *pl*
umleiten, -lenken / by-pass ‖ ~ (Verkehr) / divert ‖ ~
(Fernm) / sidetrack, reroute
Umleitung *f* (Strecke), Umleitungsstraße *f* (Straßb) /
detour, by-pass, diverted route, shoofly (US) ‖ ~
(Fernm) / deviation ‖ ~ (Staudamm) / diversion cut ‖ ~,
Ablenkung *f* (Bahn) / route deviation o. diversion,
rerouting ‖ ~ (Zustand) / deviation ‖ ~ (Fernm, Hydr) /
diversion
Umleitungs·kanal *m* (Talsperre) / by-channel o. -wash ‖
~**straße** *f* / detour o. by-pass road ‖ ~**wähler** *m* (Fernm)
/ director selector
Umleit·ventil *n* / by-pass valve ‖ ~**vermerk** *m* / diversion
indicator
Umlenk·antenne *f* / repeater antenna ‖ ~**blech** *n*,
Prallblech *n* / deflector, baffle plate ‖ ~**blech** *n*,
Leitblech *n* / guide plate ‖ ~**blech** *n* (Lufttechnik) /
turning vane ‖ ~**bogen** *m* (Rakete) / program path
umlenken *vt* / turn round, deviate
Umlenker *m* (Pumpspeicher) / diffuser
Umlenk·hebel *m* / reversing lever ‖ ~**klappe** *f* / reversing
flap ‖ ~**manöver** *f* **in Umlaufbahn** (Raumf) / turning to
orbit, pitchover ‖ ~**platte**, -scheibe *f*, -blech *n* / baffle
[plate] ‖ ~**prisma** *n* / deviating prism ‖ ~**rolle**, -scheibe
f / deflection pulley o. roller o. sheave ‖ ~**rolle** *f*
(Aufzug) / deflection sheave ‖ ~**segment** *n*
(Wärmeaustauscher) / segmental baffle, cross baffle,
transverse baffle, support plate ‖ ~**spiegel** *m* / deviation
mirror, tilted mirror ‖ ~**spiegel** *m* / tilted mirror ‖
~**spiegel** *m* (Antenne) / passive reflector ‖ ~**trommel** *f*
(Förderband) / tail pulley ‖ ~**walze** *f* (Walzw) / idle roll ‖
~**wand** *f*, Sturzbeckenfläche *f* (Hydr) / invert wall,
bucket lip wall
Umlicht *n* / ambient light
Umluft *f* / circulating air ‖ ~, umgebende Luft / ambient
air
Umlüfter *m* / circulation fan
Umluft·erhitzer *m* (Warmluftheizung) / pulsed hot-air
generator ‖ ~**heizung** *f*, Luftumlaufheizung *f* /
recirculating air heating ‖ ~**kanal** *m* (Klimaanlage) /
recirculation air conduit ‖ ~**kühlung** *f* (Kühlschrank) /
no-frost system ‖ ~**ofen** *m* / forced-air oven
ummagnetisieren / reverse the magnetic poles, reset
Ummagnetisierung *f* / magnetic reversal
Ummagnetisierungsverlust *m* (Elektr) / magnetic o.
hysteresis loss, cyclic magnetization loss
ummanteln / cover, sheathe, [en]case ‖ ~ **von Drähten** /
coating of wires ‖ **einen Kessel** ~ / case a boiler ‖ **mit
Beton** ~ / encase with concrete, set o. imbed in concrete
ummantelt·er Propeller (Schiff) / shrouded propeller ‖ ~e
Schweißelektrode / heavily covered electrode ‖
[blech] ~e **Elektrode** / sheathed electrode, wrapped
electrode
Ummantelung *f*, Mantel *m* (Masch) / shell, case, casing,
housing
ummauern, umbauen / surround with walls, wall in
umordnen / rearrange ‖ ~ **n der Brennstäbe** (Atom, Nukl)
/ shuffling
U-Motor *m* / U-type engine
umpacken / repack, new-pack
umpflanzen (Landw) / transplant
umpflastern / repave
umpflügen *vt*, -brechen / plough up
umpolen (Elektr) / change poles ‖ ~, [Strom] wenden
(Elektr) / commutate
Umpolspannung *f* (Kondensator) / reverse voltage
Umpolung, Polumkehr *f* / pole reversal ‖ ~ (Akku) / pole
reversal (due to excessive discharge)
Umpolungsgleichrichter *m* (Elektronik) / free-wheel
rectifier
umpressen, mit Gummi ~ / coat with rubber

umpreßt·er Draht / covered wire ‖ **~e Elektrode** / extruded electrode ‖ **~er Widerstand** / moulded resistor
umprogrammierbar (DV) / reprogrammable
Umprogrammierung f / reprogramming
umpumpen / pump over, transfer by pumping
Umrahmung f / framing ‖ **weite ~** (TV) / loose framing
umranden (Buch) / box-in
Umrandung f, **Rand** m / edge, border[ing]
Umrandungsfeuer n (Luftf) / boundary light
Umraum m (Raumf) / ambient space
umrechnen [auf o. in] (Werte) / convert [to] ‖ **auf eine Zufallszahl ~** (DV) / randomize
Umrechner·feld n (Fernm) / translation field ‖ **~zählwerk** n (Fernm) / director meter
Umrechnung f (Fernm) / translation ‖ **~ auf Zufallszeichen** / randomization n
Umrechnungs·faktor m (Math) / conversion factor, modulus ‖ **~faktor m für Einheiten** (Phys) / unitary ratio ‖ **~faktor m nach Potier** (Elektr) / Potier coefficient of equivalence ‖ **~plan** m / conversion plan ‖ **~tabelle**, -tafel f / conversion table ‖ **grafische ~tafel** [für Einheiten] / unit conversion chart o. scale o. table ‖ **~winkel** m (Nav) / conversion angle
Umreifung f / hooping ‖ **~**, Umreifungsband n (Verpackung) / hoop, tightening strap
Umreifungsmaschine f / hoop-casing machine
umreißen, skizzieren / outline
umrichten, -rüsten (Wzm) / reset, retool
Umrichter m, Wechselumrichter m / frequency converter ‖ **~**, Gleichumrichter m / d.c. voltage changer
Umrichtezeit f (Wzm) / reset[ting] time
Umrichtgrad m (Elektr) / conversion factor
Umriß m, Kontur f, Umrißlinie f / contour, [profile] outline ‖ **in großen Umrissen** / giving a [rough] outline ‖ **scharf begrenzter ~** / clear-cut o. distinct outline ‖ **~fräsen** (Wzm) / contour milling ‖ **~linie** f / contour, lineation ‖ **~schablone** f / contour stencil ‖ **~taster**, -fühler m (Wzm) / profile tracer
Umroll·apparat, Umroller m (Pap) / rewinder ‖ **~maschine f für Papier** / paper re-reeling o. re-rolling machine ‖ **~-Rüttelformmaschine** f (Hütt) / jar-ram rollover moulding machine ‖ **~tisch** m (Film) / rerolling table
umrühren, aufrühren / agitate, stir [up] ‖ **~** (Hütt) / rabble v
umrunden, einen Stern ~ / loop a star
umrüsten / retrofit ‖ **~**, -richten (Wzm) / reset, retool
Umrüst·satz m / conversion kit ‖ **~teil** n / conversion unit, adapter ‖ **~zeit** f (F.Org) / change-over time
umsacken / resack
umsägen / saw down
Umsalzen n (Chem) / double decomposition, ester interchange
Umsatz, Umschlag m / turnover ‖ **~** m, Umwandlung f (Chem) / conversion ‖ **~analyse**, -statistik f / sales analysis ‖ **~erfassung** f / recording of turnover ‖ **~koeffizient** m, Ausbringen n (Schrottverbrauch je to Rohstahl) (Hütt) / yield, scrap consumption per 1000 kg raw steel ‖ **~statistik** f / sales analysis
umsäumen / fringe v
umschaltbar, umsteuerbar / reversible, reversing ‖ **~** (Luft, Lader) / multi-speed ‖ **~e Hinterachse** (Kfz) / two-speed differential shift gear ‖ **~es Vorschaltgerät** (Leuchtröhre) / dual voltage choke
Umschalt·betrieb m (Akku) / change-over service ‖ **~code** m (DV) / shift code ‖ **~einheit** f (DV) / switching unit
umschalten, umkehren / reverse ‖ **~** (Getriebe) / change gears ‖ **~** (Revolverkopf) / revolve, index v ‖ **~** (Elektr) / switch over ‖ **~ n der vorderen Schwarztreppe** / front porch switching
Umschalter m (Elektr) / change-over o. throw-over switch, commutator, reversing switch, alteration switch ‖ **~**, Zweiwegeumschalter m / double-throw switch, two-

way switch ‖ **~**, Regelschalter m (Bahn, Elektr) / switchgroup ‖ **~ mit Schleifkontakt** / friction switch
Umschalt·-Feststeller m (Schreibm) / shift-key lock, shift lock-key ‖ **~filter** n / change-over filter ‖ **~frequenz** f / switching o. commutating frequency ‖ **~getriebe** n / change gear ‖ **~hahn** m (Kfz) / crossover cock ‖ **~hebel** m (Elektr) / change lever ‖ **~hebel** m (Masch) / reversing handle o. lever ‖ **~hebel** m (mit 2 Stellungen) / two-position lever ‖ **~hebel m am Hobelmaschinentisch** (Wzm) / knocker-out ‖ **~hebel m für Richtungsumkehr** (Elektr) / double-throw switch lever, change-over switch handle o. lever ‖ **~klappe** f (Luftf) / change-over damper ‖ **~klinke** f (Fernm) / transfer jack ‖ **~kontakt** m / change-over contact ‖ **~kontakt mit Unterbrechung** (Relais) / change-over contact break before make ‖ **~kontakt m ohne Unterbrechung** / make-break contact with continuity transfer, change-over contact make before break ‖ **~relais** n / change-over relay ‖ **~relais mit Unterbrechung** / change-over [break before make], break-make [relay] ‖ **~schütz** n (Elektr) / reversing contactor ‖ **~spindel** f (Wzm) / reversing arbor ‖ **~stöpsel** m (Elektr) / changing plug o. wedge ‖ **~stromverhältnis** n (Elektronik) / transient current ratio ‖ **~taste** f (Schreibm) / shift key ‖ **~taste** f (Fernm) / reversing key
Umschaltung f / change-over, changing over, commutation ‖ **~ groß-klein** (Schreibm) / case shift ‖ **~ von Drehzahlstufen** / speed changing ‖ **~ von Serien- zu Parallelschaltung** (Bahnmotor) (Bahn) / transfer o. transition of connections ‖ **einfache ~** (Elektr) / single change-over
Umschalt·ventil n / reversing valve ‖ **~walze** f (Elektr) / reversing controller ‖ **~zahl** f / number of reversals ‖ **~zeichen n für andere Schriftart** (DV) / font-change character, FC ‖ **~zeichen n für Code** (DV) / escape character, ESC ‖ **~zeichen n für Dauerumschaltung** (DV) / shift-out character, SO ‖ **~zeit** f (Fernm) / hangover ‖ **~zeit** f (Schalter) / transit time
umschaufeln (Schüttgut) / stir, agitate
umschichten / pile anew, rearrange
umschichtig, abwechselnd / in turns, alternate
Umschichtung f / rearrangement
Umschlag m, Übergang m / transition [process] ‖ **~** (Blech) / bead, crimping ‖ **~** (Hafen) / amount of goods handled ‖ **~**, Hülle f / cover, wrapping [cover] ‖ **~** (Broschur) / cover ‖ **~ mittels Greifzange im Huckepackverkehr** (Bahn) / loading and unloading by grappler ‖ **~anlage** f, -betrieb m / loading [and unloading] plant ‖ **~biegen** (Stanz) / tangent-bend ‖ **~eisen** n (Schm) / hatchet stake
umschlagen vi (Wetter) / break ‖ **~** (Chem) / change colour o. consistence etc., change suddenly [into] ‖ **~**, einen Stich bekommen o. haben / turn sour ‖ **~**, kentern (Schiff) / capsize, upset, overturn ‖ **~** (Seitenmarke wechselt, Vordermarke bleibt) (Buch) / work and turn ‖ **~** (Verm) / change face ‖ **~** vt, -legen, -biegen / turn down vt ‖ **~** (Blatt) / turn over a page ‖ **~ n des Fernrohrs** (Verm) / transit, rotation of the telescope ‖ **im Kaliber ~** vi (Walzw) / fall over, tilt o. turn over, upset ‖ **ins Gegenteil ~** / change vi to the contrary ‖ **Nägel ~** / clench o. clinch nails
Umschlag·fernrohr n (Verm) / transit telescope ‖ **~hafen** m / port of transshipping ‖ **zweiseitiger ~hebel** (Bahn) / double throw lever ‖ **hintere, [vordere] ~klappe** (Buch) / back, [front] flap ‖ **~papier** n, -karton m (Buch) / cover stock o. paper ‖ **~platte** f / reversible pattern plate ‖ **~punkt** m (Chem) / end point of reaction o. titration ‖ **~punkt m von laminarer zu turbulenter Strömung** (Luftf) / transition point ‖ **~saum** m (Nähm) / turned in seam o. hem, lap seam ‖ **~stelle** f / conveying installation for unit loads ‖ **~störung** f (Geol) / evolving fault ‖ **~verkehr** m (Bahn) / tran[s]shipment traffic ‖ **~winkel** m (Abkantm.) / bending angle ‖ **~zeit** f (Relais) /

change-over time, transit time ‖ **⁀zeit** *f* (für eine Arbeit) (DV) / turnaround time
umschließen / enclose, surround, encompass
Umschließung *f* (Nukl) / encapsulation ‖ **dichte ⁀** / tight encapsulation
umschlingen / twist, wind round, loop
Umschlingungswinkel *m*, -bogen *m*, umschlungener Winkel o. Bogen (Masch) / angle o. arc of [belt] contact o. wrap (US), belt wrap (US)
umschlossen (Nukl) / sealed ‖ **⁀er radioaktiver Strahler** (o. Stoff) (Nukl) / sealed source
Umschmelze *f* (Hütt) / remelt heat
umschmelzen, -gießen (Gieß) / recast, remelt, resmelt, refuse, new-cast ‖ **~** (Metall) / refine
Umschmelz·metall *n* / secondary metal ‖ **⁀werk** *n* / refinery ‖ **⁀zink** *n* / secondary zinc
umschnappen, -springen / snap
Umschnitt *m*, Kopie *f* (Phono) / rerecording
Umschnürseil *n* (Bau) / lashing rope
umschnürt (Beton) / helically reinforced, hooped
Umschnürung *f* / tying up
umschreiben (Math) / circumscribe ‖ **~**, kopieren (allg, DV, Magn.Bd) / transcribe ‖ **~**, nochmals schreiben / rewrite
umschrieben·er Kegel / circumcone ‖ **~er Kreis** / circumcircle, circumscribed circle
Umschrift *f* / transcription ‖ **⁀** (Münze) / marginal inscription
umschulen / retrain
Umschulung *f* / transition training, retraining ‖ **⁀**, Rehabilitierung *f* / rehabilitation
Umschulungskurs *m* / con-course, conversion course
umschütten, umfüllen / pour out into another vessel
Umschüttverfahren *n* (Entschwefelung) / relading method
umseitig / overleaf
umsetzen (an andere Stelle) / transfer, remove, shift ‖ **~**, umpflanzen / transplant ‖ **~** [in] / turn [into] ‖ **~** (Bohrer) (Bergb) / rotate the drilling bit ‖ **~**, -stecken (Räder) / change, replace ‖ **⁀** (Personal) / rotation ‖ **⁀** (Reaktor) / fuel shuffling o. shifting o. relocation ‖ **⁀ des Abraums in den Nebenbau** (Bergb) / overcasting ‖ **⁀ einer Schrämmaschine** (Bergb) / flitting ‖ **in Energie ~** / convert into energy
Umsetzer *m* (nicht: Wandler) (NC, DV) / converter ‖ **⁀** (Radio) / rebroadcasting transmitter, translator ‖ **⁀**, Transponder *m* (Elektronik) / transponder ‖ **⁀** (TV) / transposer ‖ **⁀** (Fernm) / relay station
Umsetz·maschine *f* (Reaktor) / transfer machine ‖ **⁀programm** *n* (DV) / conversion program
Umsetzung, Umstellung *f* / shift, transposition ‖ **⁀**, Umwandlung, Konvertierung *f* (DV) / conversion ‖ **⁀ f** (Chem) / transformation, reaction ‖ **⁀ von Arbeitskräften** / moving of workmen, shifting places
Umsetzungs·dauer *f* von Brems- auf Gaspedal (Kfz) / change-over time ‖ **⁀tabelle** *f* (DV) / conversion table, translation table ‖ **⁀wärme** *f* / conversion heat ‖ **⁀zahl** *f* (eines Brüters) (Nukl) / conversion ratio
Umsichgreifen *n* (Brand) / spreading (of fire)
umsonst, gratis / free of charge, gratis
Umspannanlage, -station *f*, -werk *n* / transforming o. transformer plant o. station
umspannen (Werkstück) / rechuck ‖ **~** (Schraubstock) / shift ‖ **~**, Werkzeuge wechseln (Wzm) / reset, retool ‖ **~**, transformieren (Elektr) / transform
Umspanner, Wandler *m* (DIN) (Elektr) / [voltage] transformer
Umspannung, Transformation *f* (Elektr) / transformation
Umspann·werk, Unterwerk *n* (Elektr) / substation ‖ **⁀zeit** *f* (Wzm) / loading o. rechucking time
umspeichern (DV) / ping-pong *v*, re-store ‖ **⁀** *n* (DV) / transfer of storage, re-storing
Umspielen, Überspielen *n* (auf einen anderen Tonträger) / rerecording, transfer
umspinnen / cover with web o. by spinning, spin over ‖ **⁀** (Elektr) / braiding

Umspinn- und Umwickelmaschine *f* (Kabel) / covering and taping machine
Umspinnung *f*, Umspinnen *n* / covering with thread
Umspinnungs·draht *m* (Klaviersaite) / loading wire ‖ **⁀zwirn** *m* / covering yarn
umsponnen (Saite) / covered, wrapped, gimped ‖ **~** (Draht) (Elektr) / covered, braided (wire) ‖ **~er Gummifaden** / covered rubber thread
umspringen (Wind) / go round, reverse *vi* ‖ **⁀** *n* der Frequenzen (Magnetron) / mode shift, moding ‖ **⁀** der Wellenart / mode jump o. shift ‖ **⁀ des Windes** / reversal of wind
umspritzen / extrusion-coat ‖ **⁀ von Kabeln** / cable extrusion ‖ **Einlegeteile ~** / injection-mould around inserts
Umspritzform *f* (für Kabel) / extrusion die (for cables)
umspulen / rereel, rewind ‖ **~** (DV) / shuttle ‖ **⁀** *n* auf Kopse (o. Kanetten) (Textil) / copping ‖ **⁀ auf Kopse** (Seide) / quilling
Umspultaste *f* (Bandgerät) / rewind key
Umspultrommel *f* / rewind drum
Umspurachse *f* (Bahn) / wheelset of adjustable gauge
umspuren, umsetzen (Bahn) / change-over the axle gauge
Umstapeln *n* (Paletten) / depalletizing
umsteckbarer Schraubendreher / reversible screwdriver
umstecken (Stecker) / plug into a different socket ‖ **~**, wechseln (Räder) / change *v*
Umsteck·rad *n* (Wzm) / change [gear] wheel, change gear, pick-off gear ‖ **⁀scheibe** *f*, Blindlochscheibe *f* / "figure 8" blank ‖ **⁀walzwerk** *n* (Walzw) / looping mill
Umsteige-Aufenthalt *m* (Luftf) / stopover
umsteigen (Bahn) / change trains, change-over ‖ **⁀** *n* im All für Fernflug / outer space transfer
Umstellbahnhof *m* / shunt o. switch o. classification yard
umstellbar·er Brenner / conversion burner ‖ **~er Scheibenpflug** / reversible disk plow
Umstellbrandkessel *m* / change-over boiler (for different kinds of fuel)
umstellen, -setzen / change position, transpose, rearrange ‖ **~** [auf] / adapt o. convert [to] ‖ **⁀** *n* auf Gas (Winderhitzer) / changing on gas ‖ **den Betrieb ~** / reconvert o. switch the factory to new products ‖ **den Werkzeugplan ~** / retool, modify the tooling scheme ‖ **Ziffern ~** / transpose numerals
Umsteller *m* (Trafo) / [off-circuit] tap changer
Umstell·hebel *m* / change o. shift lever ‖ **⁀hebel** *m* (Bahn) / operating lever ‖ **⁀hebel mit 2 Stellungen** / two-position lever ‖ **⁀klappe** *f* / change-over flap ‖ **⁀kupplung** *f* für 2 Gasflaschen / gas connector ‖ **⁀spindel** *f* (Walzw) / housing screw
Umstellung *f* [auf] / change-over [to], conversion [to] ‖ **⁀** (auf ISO-Profil) (Gewinde) / change-over (to ISO profile) ‖ **⁀** [auf einen früheren Zustand] / reconversion ‖ **⁀** auf Maschinen / mechanization ‖ **⁀ auf metrisches Maßsystem** / metrication (GB), going metric ‖ **volle ⁀ aller Speichermedien** (DV) / media conversion
Umstell[ungs]zeit *f* (allg) / adaptation time
Umstell[ungs]zeit *f* (Wzm) / change-over time (= set-up time + tear-down time)
Umstell[ungs]zeit *f* (Winderhitzer) / reversal time
Umstell[ungs]zeit *f* für Arbeiter / conversion period
Umstell·vorrichtung *f* Ebene-Gefälle (Bahn) / level-gradient device (brake) ‖ **⁀vorrichtung für den Lösevorgang** (Bahn, Bremse) / adjustable brake release device ‖ **⁀zeit** *f* (Hütt) / reversal time
Umsteueranschlag *m* / reversing stop
umsteuerbar, umschaltbar / reversible, reversing ‖ **~e Luftschraube** / reversible-pitch airscrew
Umsteuerbarkeit *f* / reversibility
Umsteuer·einrichtung *f* (DV) / switching equipment ‖ **⁀größe** *f* (DV) / modifier ‖ **⁀-Gruppenwähler** *m* (Fernm) / routing group selector ‖ **⁀hebel** *m* / reversing lever, reversing gear handle ‖ **⁀hebel** *m* (Wzm) / reversing lever ‖ **⁀klappe** *f* / change-over flap ‖

⤺**knagge** f, -anschlag m (Wzm) / reversing dog ‖
⤺**motor** m / reversing motor
umsteuern, umlenken / by-pass, change direction ‖ ~,
umkehren / reverse ‖ ~ (Lok) / reverse the engine
umsteuernd / reversing
Umsteuer·organ n / reversing gear ‖ ⤺**taste** f,
Rücklauftaste f / rewind key
Umsteuerung f, Steuer[ungs]-, Umkehrmechanismus m /
link motion, reversing gear ‖ ⤺, Richtungsumkehr f
(Maschine) / reversal, reversing ‖ ⤺ **für SM-Ofen** /
reversing gear
Umsteuerungs·knagge f (Elektr) / return cam ‖ ⤺**sektor,**
Führungsbogen des Steuerhebels m (Dampfm) / guide o.
section of the reversing lever ‖ ⤺**welle** f, Steuerwelle f /
reversing shaft
Umsteuer·ventil n / reverse valve ‖ ⤺**verkehr** m (DV) /
automatic alternate routing, automatic divert ‖ ⤺**verlust**
m (Walzw) / loss due to plugging ‖ ⤺**wähler** m, Wähler
zur Kennzahlausscheidung (Fernm) / discriminating
selector, discriminator, routing switch o. selector ‖
⤺**wähler** m **mit Umrechnung** (Fernm) / code selector ‖
⤺**zeit** f (Mot) / reversal time ‖ ⤺**zyklus** m (LoKa) /
intercycle, control cycle
umstoßen, umstürzen / overthrow, overturn
Umströmung f / current linkage (with a closed path)
umstülpen / turn up
umstürzen vi / become overturned, tip over, upset ‖ ⤺ n,
Umkippen n / upsetting, overturning ‖ ~ (Kfz) / overturn
‖ ⤺ f (Verpackung) / rolling test
UMTA (USA) = Urban Mass Transit Administration
(Nahverkehrsbehörde)
Umtastung f (Elektronik) / keying
umtelegrafieren (Fernm) / relay messages, retransmit
Umverteilung f / redistribution
umwalzen (Walzw) / reroll
umwälzen vt / [make] circulate ‖ ~, wenden / revolve ‖ ⤺
n, Endübertrag m (DV) / end-around carry ‖ **Luft** ~ /
circulate air ‖ **Werte durch ein Register** ~ / revolve
data
Umwalzer, Schlingenkanal m (Walzw) / looper ‖ ⤺ m (ein
Arbeiter) / looper
Umwälz·luft f / forced o. pulsated air ‖ ⤺**pumpe** f /
circulation o. circulating pump
Umwälzung f (Mech) / revolution ‖ ⤺, Umlauf m /
circulation
umwandelbar / convertible
umwandeln, verwandeln / convert ‖ ~, -schreiben (Math) /
rearrange ‖ ~, umsetzen (Akustik) / reproduce ‖ ~ [in] /
turn [into] ‖ ~ (DV, Code) / translate ‖ ~ **in der
Bainitstufe** (Hütt) / convert during bainite stage ‖ ⤺ n
und Ausführen (DV) / load-and-go ‖ **Daten** ~ **o.
umsetzen** / convert data ‖ **Eisen in Stahl** ~ / convert
iron into steel
Umwandler m **dynamischer in statische Größen** (DV) /
staticizer, -cisor ‖ ⤺ **in Digitalschreibweise** (DV) /
quantizer
Umwandlung f (Zustand) / conversion, transformation,
change ‖ ⤺ (Chem, Nukl, Hütt) / transformation ‖ ⤺,
Umsatz m (Chem) / conversion ‖ ⤺, Übergang m (Chem)
/ transmutation, transition ‖ ⤺ (Biol) / turnover ‖ ⤺
(Alchimist, Nukl) / transmutation ‖ ⤺, Konversion f
(Brüter) / conversion ‖ ⤺ **des Eisens in Stahl** / iron-into-
steel conversion ‖ ⤺ **in Dextrin** / dextrinization ‖ ⤺ **in
Rechteckwellen** (Elektronik) / squaring ‖ ⤺ **von Energie**
/ interchange of energy ‖ **nicht umkehrbare** ⤺ /
nonconvertibility ‖ **umkehrbare** ⤺ / reversible
conversion
Umwandlungs·bereich m, Haltezeit f (Hütt) / critical
range, transformation range ‖ ⤺**diagramm** n (Hütt) /
transformation diagram ‖ ⤺**elektronen** n pl (Nukl) /
transmutation electrons pl, conversion electrons pl ‖
⤺**geschwindigkeitskurve** f / reaction rate curve ‖
⤺**härtung** f (Hütt) / transformation hardening ‖
⤺**koeffizient** m (Nukl) / conversion coefficient ‖ ⤺**liste** f

(DV) / postlist ‖ ⤺**punkt,** Haltepunkt m (Hütt) / critical
point, arrest o. AR point, change point, recalescence
point ‖ ⤺**punkt** m (Chem) / transition o. transformation
point ‖ ⤺**punkt** m (Keram) / inversion point ‖ ⤺**punkt** m
unter Phasenänderung (Hütt) / transformation point,
critical point with phase change ‖ ⤺**temperatur** f,
Curie-Punkt m / magnetic transition temperature ‖
⤺**temperatur** f, kritische Temperatur (Hütt) /
transformation o. equilibrium temperature ‖
⤺**temperatur** f (Plast) / transition temperature ‖
⤺**überzug** m (Galv) / conversion coating ‖
⤺**verstärkung** f / transformation reinforcement ‖
⤺**wärme** f / latent heat of transformation
Umweg m / detour ‖ ⤺ (Bahn) / deviation, diversion,
diverted o. indirect route ‖ ⤺**echo** n (Radar) / multiple
reflection echo, mirror reflection echo ‖ ⤺**leitung,**
Phasenleitung f (Antenne) / phasing line ‖ ⤺**lenkung** f,
Leitwegbestimmung f / alternate routing
Umwehrung, Schutzvorrichtung f / protection device,
protector
Umwelt, Umgebung f / environment ‖ ⤺... /
environmental ‖ ~**bedingt,** ökologisch / ecological ‖
~**bedingte Beanspruchung** / environmental stress ‖
⤺**bedingungen** f pl, -verhältnisse n pl / environmental
conditions pl ‖ ⤺**belastung** f / environmental load o.
impact ‖ ⤺**beobachtung** f / environmental survey ‖
~**bewußt** / environment conscious, ecology-minded ‖
⤺**biologie** f / ecological biology ‖ ⤺-**Bundesamt** n
(BRD), UBA / Federal Environmental Agency ‖
⤺**einfluß-Technik** f / environmental engineering ‖
⤺**faktor** m, ökologischer Faktor / ecological factor ‖
~**feindlich** / harmful to the environment ‖ ⤺-**Forschung**
f / environmental research ‖ ~**freundlich** / not harmful
to the environment (gen), anti- o. low-pollution
(engine), conservation-minded (man) ‖ ~**freundliches
Auto** / clean car ‖ ⤺**freundlichkeit** f / environmental
acceptability ‖ ⤺**geräusch** n / room noise, ambient
noise ‖ ⤺**gesetz** n / ecolaw ‖ ~**günstig,** ecologically
beneficial ‖ ⤺**güte** f / quality of the environment ‖
⤺**hygiene** f / environment·sanitation ‖ ⤺**katastrophe,**
Ökokatastrophe f / ecocatastrophe ‖ ⤺**kontamination** f
/ environmental contamination ‖ ⤺**problem** n /
environmental problem, ecoproblem ‖ ⤺**prüfung** f /
environmental testing procedure ‖ ⤺**prüfung** f (Elektr) /
environmental testing ‖ ⤺**psychologie** f / environmental
psychology ‖ ⤺-**Qualifikation** / environmental
qualification ‖ ⤺**sanierung** f / ecological recovery ‖
⤺**schädigung** f / alteration of the environment ‖
⤺**schutz** f / environmental protection, pollution control
o. abatement ‖ ⤺**schutzbehörde** f / Environmental
Protection Agency, EPA (USA), pollution control
agency ‖ ⤺**schützer** m / environmentalist,
conservationist, ecologist ‖ ⤺**schutzgerät** n / pollution
control equipment, PCE ‖ ⤺-**Spezifikation** f / ambiance
specification ‖ ⤺**technik** f / environmental technology ‖
⤺**überwachung** f / ecological survey, environics (US) ‖
⤺**verbesserung** f / promotion of the environment ‖
⤺**verhältnisse** n pl, -bedingungen f pl / environmental
conditions pl ‖ ~**verschmutzend** / pollutive ‖
⤺**verschmutzer** m / polluter ‖ ⤺**verschmutzung** f /
environmental pollution ‖
⤺**verschmutzungswissenschaft** f / pollution science ‖
⤺-**Verunstaltung** f / disfigurement of the environment ‖
⤺**zerstörung** f / environmental disruption
umwenden, nach unten drehen / tilt, turn[-over] ‖ **den
Strom** ~ (Elektr) / invert o. change the current
umwerfen / overthrow, overturn ‖ ~, -stürzen / tumble,
upset
umwerten (Fernm) / translate
Umwerter, Zuordner m (Fernm, Elektronik) / translator
Umwertung f (Fernm) / translation
Umwickel·faden m / spiral covering ‖ ⤺**maschine** f (mit
Band) / wrapping machine ‖ ⤺**maschine** f (um Kabel zu

umwickeln) / cable serving machine ‖ **⌃maschine** *f* **für Draht** / recoiling o. rewinding machine
umwickeln (Elektr) / wrap, wind, cover ‖ ~, nochmals aufwickeln / roll up again, reroll ‖ **ein Seil mit Draht** ~ o. abbinden / serve a cable ‖ **[mit Band]** ~ / tape *v*, lap
umwickelt·er Draht / covered wire ‖ **~e Elektrode** / flyspun electrode
Umwicklung *f*, Umfangswicklung *f* (Masch) / hoop winding
umzäunen / fence [in], enclose
Umzäunung *f* / fence, fencing
Umzeichnen *n* **in eine andere Lage** (Zeichn) / panel tipping
unabgebunden (Beton) / green
unabgefedert (Kfz) / unsprung
unabgekürzt (Math) / unabridged, long-hand...
unabgeputzt (Bau) / common, raw
unabgeschirmt, nicht entstört (Elektronik) / unshielded, unscreened
unabgestimmt (Elektronik, Antenne) / untuned ‖ **~e Antenne**, aperiodische Antenne, nicht abgestimmte Antenne / aperiodic antenna
unabhängig / independent ‖ ~, autonom, in sich abgeschlossen / autonomic[al], autonomous, self-contained ‖ ~, individuell / individual, independent ‖ ~ (DV) / non-contiguous ‖ ~, unbedingt (DV) / unconditional ‖ ~, off-line (DV) / off-line ‖ **~e Einheit** / self-contained unit ‖ **~er Fehler** / independent fault ‖ **~er Stromkreis** / floating circuit ‖ **~e Veränderliche** / independent variable ‖ **~ verstellbar**, einzeln verstellbar / indepently adjustable ‖ **~ verzögert** (Elektr) / independent time-lag..., definite time-delay... ‖ **~e Vorderrad-Aufhängung** (Kfz) / I.F.S., independent front suspension ‖ **elektrisch** ~ / electrically independent
Unabhängige-Variable-Geber *m* (o. UV-Geber) (Elektronik) / timing pulse generator
Unabhängigkeitsprinzip *n* (Phys) / superposition principle
unachtsam / careless
unähnlich, verschieden / dissimilar, unlike
Unakit *m* (Min) / unakite
unangebaut (Landw) / waste *adj*, laid fallow, uncultivated
unangenehm, widerlich / unpleasant ‖ **~ riechend** / odorous, malodorous
unangepaßt (Elektr) / non matched
Unannehmlichkeit *f* / inconvenience
unansehnlich, glanzlos / dingy, shabby, of mean appearance
unär, unitär / unary, unitary
unaufbereitete Daten, Ursprungsdaten *pl* (DV) / raw data
unaufgeschlossen (Pap) / indigested
unaufhörlich, fortwährend / constant, continuous, perpetual ‖ ~, im Dauerbetrieb / continuous
un[auf]löslich, -lösbar (Math, Chem) / insoluble *adj*
unausdehnbar / inextensible
unausführbarer Befehl (DV) / inoperative instruction
unausgeglichen, außer Gleichgewicht / unbalanced
Unausgeglichenheit *f* / unbalanced state ‖ **⌃ der Momente** / couple unbalance
unausgerichtetes Grubenfeld (Bergb) / reserves *pl*
unausgesetzt / continuous
Unausgewuchtetheit *f* (Räder) / unbalanced state
unauslöschlich, -löschbar / inextinguishable, unquenchable ‖ ~, -löschbar, nicht zu entfernend (Fleck), echt (Farbe) / unquenchable ‖ **~e Tinte** / marking ink, indelible ink
unauswechselbar (untereinander) / non-interchangeable
Unbalanz *f* / unbalance, imbalance ‖ **⌃** (Reifen) / heavy spot ‖ **⌃** (Elektr) / balance error ‖ **⌃**, Unwucht *f* / flyweight, unbalanced mass ‖ **⌃kraft** *f* / out-of-balance power ‖ **⌃masse** *f* / unbalance mass ‖ **⌃moment**, Schwerpunktsmoment *n* / out-of-balance moment ‖ **⌃-Relais** *n* / off-balance relay

unbauwürdig (Bergb) / not paying
unbeabsichtigt / unintentional, unintended ‖ **~er Nebenschluß** (Elektr) / cross-leakage, by-path
unbearbeitet (Schm, Gieß) / black ‖ ~, roh / raw, crude ‖ ~, roh (Masch) / crude, rough, undressed, unwrought, unworked ‖ ~ (Wzm) / non machined ‖ **~es vorgeschmiedetes Werkstück** (Schm) / blank, unworked piece
unbeaufsichtigt / unattended
unbebaut (Gelände) / not built-up [upon] ‖ **~es Land** / waste land ‖ **[noch]** ~ (Bau) / unbuilt
unbedenklich (Lebensmittelzusatz) / generally recognized as safe, GRAS
Unbedenklichkeit *f* (Chem) / quality of being recognized as safe
Unbedenklichkeitsgrenze *f* (DV) / reliable-operation threshold
unbedeutend, geringfügig / minor ‖ ~, vernachlässigbar / negligible ‖ ~, unwichtig (Detail) / minute
unbedient / anattended
unbedingt, unabhängig (DV) / unconditional, imperative ‖ **~es Blocksystem mit Nachfahrmöglichkeit** / absolute permissive block, A.P.B. ‖ **~ divergent** (Math) / properly diverging ‖ **~es Haltsignal** (Bahn) / absolute stop light ‖ **~er Sprung**, unbedingte Verzweigung, Einschleusung *f* (DV) / unconditional jump o. transfer ‖ **~er Sprungbefehl** / unconditional go-to statement, unconditional jump instruction ‖ **~ stabil** (Fernm) / unconditionally stable
unbeeinflußbar (Zeit) (F.Org) / restricted (job)
unbeeinflußt [von], fest [gegen] / unaffected [by] ‖ **~er Strom** (Elektr) / prospective current
unbefahrbar (Straßb) / impassable
unbefestigt·er Fahrweg / cart-road, -track (GB) ‖ **~er Fußboden** (Bau) / dirt floor ‖ **~er Seitenstreifen** (Straßb) / soft shoulder ‖ **~e Straße** (Straßb) / dirt road (US), unpaved road
unbefugt, unberechtigt / unauthorized
unbegrenzt, unbeschränkt / indefinite, unlimited ‖ ~, grenzenlos / infinite, limitless, unbounded ‖ **~e Impulsreaktion** / infinite impulse response, IIR ‖ **~es Wasser** / unlimited stream
Unbegrenzte *n* / vagueness
unbehandelt, roh / non treated, untreated ‖ ~, roh / untreated
unbehauen (Stein) / undressed, uncut, unhewn, rough ‖ ~, mit natürlicher Oberfläche (Stein) / self-faced ‖ ~, roh (Holz) / unhewn, unsquared
unbeheizter Tiefofen (Hütt) / dead pit
unbehindert, frei / unimpeded, unconfined
unbekannt / unknown ‖ **~es Flugobjekt** / unidentified flying object, UFO ‖ **~er gemeinsamer Speicherblock** (DV) / blank common ‖ **neue ⌃** *f pl* / unanticipated unknowns *pl* ‖ **⌃e** *f*, unbekannte Größe (Math) / unknown [quantity]
unbeladen (Kfz) / empty, unladen ‖ **~es Schiff ohne Antriebsmaschinen** / light vessel
unbelastet, entspannt / unstressed ‖ ~ (Kfz, Elektr) / unloaded ‖ ~ (Mot) / on no-load, off-load ‖ ~ (Antenne) / unloaded ‖ ~ (Halbl) / free ‖ **~er Zustand** / no-load condition
unbelebt / lifeless
unbelegt (Glas) / uncoated
unbeleuchtet, finster / dark, unlighted
unbelichtet (Phot) / unexposed ‖ ~, Roh... (Film) / raw
unbemannt (Luftf) / unmanned, pilotless ‖ ~ (Roboter) / untended ‖ ~ (Schiff) / unmanned ‖ **~es Bearbeitungszentrum** / unmanned machining center ‖ **~er Flugkörper**, (spez:) Fernlenkflugzeug *n* / remotely piloted vehicle, RPV ‖ **~es Mondfahrzeug** / surveyor lunar roving vehicle, SLRV ‖ **~er Versuchsflug** (Raumf) / unmanned flight ‖ **~e Werkstatt** (Raumf) / dry workshop

unbenannt, absolut (Math, Zahl) / abstract, absolute ‖ ~, dimensionslos (Math) / non-dimensional ‖ ~es Datenwort (DV) / filler ‖ ~er Koeffizient / non-dimensional coefficient, indeterminate o. undefined coefficient
unbenutzbar (Tür) / inoperative, walled up
unbenutzt (Masch) / idle, out of operation ‖ ~ / unused ‖ ~, ungenützt / waste ‖ ~es Band (Magn.Bd) / raw tape ‖ ~es Ende (Wicklung) / dead end ‖ ~er Lochstreifen (mit Transportlöchern) / blank coil
unberechenbar / erratic
unberechtigt (DV) / unauthorized
unberuhigt, steigend vergossen (Hütt) / unkilled, rimming, rising, effervescent
unbesandete Dachpappe / smooth surface roofing paper
unbesäumt (Holz) / unedged-sawn
unbeschädigt, unversehrt / undamaged, unhurt
unbeschaltet (Elektronik) / blank
unbeschichtet / uncoated ‖ ~es Papier / plain paper
unbeschnitten (Buch) / uncut ‖ ~ (Pap) / untrimmed ‖ ~e Kante (Walzw) / unsheared edge
unbeschrankter Bahnübergang / ungated level crossing
unbeschränkt / unlimited ‖ ~ haltbar / of unlimited stability
unbeschrieben (Pap) / blank
unbeschriftet (Zifferblatt) / blank (dial)
unbeschwert (Textil) / unloaded, not weighted, unfilled ‖ ~ (Plast) / unpigmented
unbesetzt (Fernm) / non-attended, unattended ‖ ~, frei / vacant ‖ ~, leer / void ‖ ~ (Bahnhof) / unstaffed, unattended ‖ ~ (Fernm) / unmanned ‖ ~es Band (Transistor) / empty band ‖ ~er Platz (Fernm) / dropped position, unstaffed position
unbespult (Fernm) / non-loaded, unloaded
unbeständig, schwankend / unsteady, instable, changeable ‖ ~ (Farbe) / unstable ‖ ~ (Meteorol) / unsettled, variable ‖ ~, labil (Chem) / labile, unstable ‖ ~, inkonstant / inconstant ‖ ~, unecht (Färb) / fading, not fast
Unbeständigkeitsschicht f (Halbl) / boundary layer o. film
unbestimmt, nicht eindeutig / undetermined, indetermined, uncertain ‖ ~, vage / general ‖ ~, zweideutig / ambiguous ‖ ~ (Math) / indeterminate, indefinite ‖ ~ (Integral) (Math) / improper ‖ ~er Algorithmus / fuzzy algorithm ‖ ~es Zeichen (DV) / uncertainity
Unbestimmtheit f / indeterminacy, uncertainty ‖ ~, Zweideutigkeit f / ambiguity
Unbestimmtheitsprinzip n (Phys) / uncertainty o. indeterminancy principle
unbestückt (IS) / bare
unbetätigt / inoperative, off
unbewacht (Bahn, Kreuzung) / unmanned ‖ ~es Parken, Selbstparken n (Kfz) / customer o. driver parking, unattended parking
unbewaffnet (Auge) / naked, unaided
unbeweglich / stationary, fixed
unbewegt, ruhig / calm ‖ ~ (Konto) / inactive
unbewehrt / unreinforced
unbewehrt (Bau) / plain
unbewertet / unweighted
unbewiesen / unproved, unverified
unbewohnbar / uninhabitable
unbewohnter Dachstock / uninhabitable attic
unbewußt·e Wahrnehmung (Film) / subliminal perception, SP
unbezogen, frei, spezifisch (Math) / intrinsic
unbiegsam / unpliable ‖ ~, steif / stiff, rigid, firm ‖ ~, ungeschmeidig / inflexible
unbrauchbar, unverwendbar / unserviceable, unfit ‖ ~, unnütz, nutzlos / useless ‖ ~, zerstört / defective ‖ ~, ungeschickt / awkward ‖ ~, zerstört / destroyed
unbrechbar (Opt) / irrefrangible
unbrennbar / non-combustible

Unbundling n, Aufschlüsselung f der Kosten / unbundling
unbunt (Farblehre) / achromatic ‖ ~e Farbvalenz / achromatic colour stimulus ‖ ~einstellung f (TV) / gray-scale tracking ‖ ~gebiet n / achromatic o. Planckian locus
uncodiert / clear, uncoded
UND n (DV) / AND
Undation f (Bewegungsvorgang der Erdkruste) / epeirogenetic earth movements pl
Undecyl n (Chem) / undecyl
Undecylen n / undecylene
undefinierbar / indefinable ‖ ~, unbestimmbar / nondescript
undefiniert / indefinite, undefined ‖ mit ~en Bestandteilen (Chem) / oligidic
undekadisch / non-decimal
Undekan n (Chem) / undecane
undeutlich / faint, indistinct ‖ ~ (Fernm) / inarticulate ‖ ~, unscharf (Bild) / obscure ‖ ~ sichtbar werden / loom vi ‖ ~ werden / dim vi
Undezillion f, 10^{66} / undecillion (GB))
UND·-Funktion o. -Verknüpfung, Konjunktion f (Elektronik) / conjunction, AND-function o. operation ‖ ~-Glied n, -Schaltung f, -Gatter n / AND gate o. element
undicht, leck / leaky ‖ ~ (Bau) / unretentive ‖ ~ sein (Behälter) / lose v, leak, let escape ‖ ~e (o. lecke) Stelle, Leck n / leak, flaw
Undichtheit, Undichtigkeit f / escape, leakage ‖ ~ f, Undichtigkeit f (Vakuum) / leakiness, leakage, leaking
Undichtheitsrate f (Vakuum) / leak rate
Undichtigkeit f am Sitz (Ventil) / seat leakage
undissoziiert / undissociated
UND·-NICHT (DV) / EXCEPT, AND NOT ‖ ~-NICHT-Schaltung f (Elektronik) / inhibit gate o. circuit ‖ ~-ODER-Schaltung f / AND-to-OR network o. gate, OR-to-AND network o. gate ‖ ~-Operation f / AND operation ‖ ~-Schalter m (DV) / coincidence switch ‖ ~-Schaltung, UND-Tor n, Koinzidenzschaltung f (Elektronik) / logical AND circuit, AND-gate
Undulationstheorie, Wellentheorie f / undulatory theory, wave theory
Undulatorstrahlung (Nukl) / undulator radiation
undurchdringlich, undurchlässig / tight, impervious, impenetrable, close ‖ ~ (Nebel) / murky ‖ ~ machen, dichten / proof v
Undurchdringlichkeit f / impenetrability, impenetrableness
undurchlässig, dicht / impervious, impermeable ‖ für bestimmte Wellenlängen ~ / opaque to radiation
Undurchlässigkeit, Dichtheit f / imperviousness, impermeability ‖ ~, dichter Abschluß / impermeableness, impermeability, imperviousness, tightness to water o. air
undurchschossen (Buch) / unspaced
undurchsichtig / opaque, nontransparent ‖ ~ [gemacht] (Glas) / obscured
Undurchsichtigkeit f / opaqueness, nontransparency
UND-Verknüpfung f (DV) / AND operation
Und-Zeichen n, & (Buch) / ampersand
uneben / inequal, uneven ‖ ~, höckrig (Zuckerhut) / rough ‖ ~, wellig (Straß) / bumpy, rough ‖ ~e Fahrbahn / uneven surface
Unebenheit, Beule f / bruise, dent ‖ ~, Vertiefung f / depression ‖ ~, Rauheit f / rough ‖ ~, Ungleichheit f / unevenness, inequality ‖ ~en, Erhöhungen und Vertiefungen f pl (Geogr) / relief ‖ voll ~en, löcherig / pitted
Unebenmäßigkeit f / disproportion
unecht, abnorm / bastard... ‖ ~, nachgemacht / imitated, counterfeit, bogus, sham, spurious ‖ ~, falsch / false, sham ‖ ~ (Bruch) (Math) / improper, composed ‖ ~, Schein... (Bau) / mock, sham ‖ ~, künstlich (Min) /

scientific ‖ ~, nicht natürlich / artificial, manufactured, man-made ‖ ~, unbeständig (Färb) / non-fast, unstable, fading ‖ ~es Blattgold / Dutch gold o. metal ‖ ~e Farbe (Färb) / false colour, fading o. fugitive colour ‖ ~er Impuls (Elektronik) / afterpulse ‖ ~e Lösung (Math) / extraneous solution, spurious solution ‖ ~er Smaragd (aus gefärbtem Beryllglas) / scientific emerald ‖ ~er Sprung (Geol) / false fault ‖ ~es Wasserzeichen / simulated watermark, facsimile o. impressed watermark

unedel (Metall) / base

uneffizient / inefficient, ineffective

unegal (Färb) / lacking levelness, unlevel ‖ ~e Auffärbung der Salkanten (Fehler) (Färb) / listing (defect)

uneigentlich (Math) / improper ‖ ~er Punkt / ideal point, point at infinity

uneinheitlich, heterogen / heterogeneous ‖ ~ (Färb) / unlevel ‖ ~ (Chem) / not uniform, mixed

unelastisch / inelastic ‖ ~, starr / inflexible, rigid, unpliable ‖ ~e Streuung (Nukl) / inelastic scattering ‖ ~e Streuung thermionischer Neutronen / thermal inelastic scattering

unempfindlich [gegen] / insensitive [to], indifferent [to] ‖ ~ machen (Phot) / desensitize ‖ ~ machen gegen rauhe Behandlung / ruggedize

Unempfindlichkeit [gegen] f / indifference [to] ‖ ~ gegen Störungen (Elektronik) / interference immunity

Unempfindlichkeits·bereich m (Regeln) / dead band o. zone ‖ ~zeit f (Nukl) / dead time

unendlich [groß] / infinite ‖ ~e Dezimalzahl / repeating o. recurring decimal ‖ ~ große Dämpfung (Fernm, Filter) / infinite attenuation ‖ ~ große Größe, unendliche Menge o. Zahl / infinity, infinite quantity ‖ ~er Halbraum (Bodenmech) / semi-infinite body o. mass o. solid ‖ ~ hohes Q (o. hohe Güte) / infinite Q ‖ ~ klein / infinitely small, infinitesimal, immeasurably small ‖ ~ kleine Größe / infinitesimal o. differential quantity ‖ ~ kleines Flächenteilchen, Flächenelement n / infinitely small area o. surface [element], element of surface o. area, elemental surface, elementary area, plane element (US) ‖ ~ lange Leitung (Elektr) / infinite line ‖ ~e Menge (Math) / infinite set ‖ ~ periodisch (Math) / recurring ‖ ~er periodischer Dezimalbruch (Math) / recurring decimal fraction ‖ ~e Platte / infinite slab ‖ ~e Reihe / infinite series ‖ ~ schmal (Math) / infinitely narrow ‖ ~ verdünnt / infinitely dilute ‖ ~er Widerstand (Elektr) / infinity plug

Unendlich-Einstellung f (Phot) / infinity focussing

unentbastet (Seide) / gummed

unentbehrliche Arbeitskraft / key-man

unentflammbar, unentzündlich / non-inflammable, uninflammable ‖ ~ machen / flame-proof v

Unentflammbarkeitsgrad m / degree of non-flammability

unentgeltlich / gratuitous[ly], gratis, free of charge, for nothing ‖ ~ befördert (Bahn) / free-hauled

unentwickelt, implizit (Math) / implicit

unerfahren / inexpert (person)

unergiebig / unproductive ‖ ~, unbauwürdig (Bergb) / not paying

unerlaubt (DV) / forbidden

unerledigt (Anruf) (Fernm) / on hand

unermeßlich, unmeßbar / immeasurable

unerregt (Relais) / de-energized

unerreichbar (Fernm) / unobtainable

unerschlossen (Bau) / undeveloped

unerschöpflich / unexhaustible

unerwünscht / undesirable ‖ ~ (Begriffe) / not recommended, should be phased out ‖ ~e Ausstrahlung / spurious radiation ‖ ~e Bodenechos n pl (Radar) / ground clutter ‖ ~er Speicherinhalt (DV) / garbage, hash ‖ ~e Verschiebung eines Uraniumstabs (Nukl) / ratchetting

Unfall m mit Schmelzen der Spaltzone (Nukl) / core meltdown accident ‖ kleiner ⁴, Panne f / accident ‖

leichter ⁴ / mishap ‖ schwerer ⁴ / severe accident ‖ ~bedingt / accidental ‖ ⁴gefahr f / danger of accident ‖ ⁴meldeanlage f / accident signalling system ‖ ⁴schreiber m / crash recorder ‖ ⁴schutz m / accident protection ‖ ⁴schwerpunkt m (Verkehr) / accident black spot ‖ ⁴station f / first-aid post, ambulance station ‖ ~trächtig, -anfällig / accident-prone ‖ ⁴verhütung f / accident prevention (GB) o. control (US) ‖ ⁴verhütungsschuh m / safety boot, hard toed boot ‖ ⁴verhütungsvorrichtung f / accident preventer o. preventing device ‖ ⁴verhütungsvorschriften f pl / regulations o. rules for prevention of accidents pl ‖ ⁴wagen m, verunfallter Wagen (Schweiz) / car involved in an accident

unfertig / not ready, unfinished

unformiert / unformed

unfreiwillig, ungewollt / uncontrolled, involuntary

unfruchtbar / barren, unfertile ‖ ~, tot (Landw) / dead, sterile, infertile, unfertile, barren

ungar (Kalk) / underburned

ungeändert, unmodifiziert / unmodified

ungeätzt (Schliff) / unetched

ungebeizte Stelle (Kaltwalzen) / unpickled area

ungebleicht, roh, Roh... (Textil, Pap) / unbleached, ecru ‖ ~es Leinengarn / green yarn, brown [linen] yarn ‖ ~er Zellstoff / unbleached pulp

ungebleit, bleifrei (Kraftstoff) / non-leaded

ungeblockt (DV) / unblocked

ungebrannt (keramische Masse) / clay-state, unfired ‖ ~ (Ziegl) / raw, unbaked, unburnt ‖ ~, ungeröstet, ungeglüht (Hütt) / uncalcined ‖ ~ (Kaffee) / green, raw ‖ ~es Aluminiumoxid / raw alumina ‖ ~e Reste im Kalkofen / non-calcinated parts pl

ungebremst / brakeless

ungebunden (Chem) / free, uncombined ‖ ~, in Bögen (Buch) / in sheets ‖ ~, broschiert (Buch) / unbound, not bound ‖ ~, ungebündelt (z.B. Zuckerrohr) / unbundled ‖ ~e Arbeit (F.Org) / manual element, unrestricted job ‖ ~e Energie / free energy ‖ ~e Wärme / free heat

ungedämpft / non damped, undamped ‖ ~e Eigenfrequenz / undamped natural frequency ‖ ~e Schwingung / continuous oscillation ‖ ~e Welle / continuous wave, C.W., undamped wave ‖ ~es Zeichen / continuous wave signal

ungedreht, ungezwirnt (Spinn) / twistless, twist-free, zero twist ‖ ~e Wollabgänge m pl / untwisted wool waste

ungeeichte o. ungezeichnete [Getränke-] Flasche / reputed bottle (GB)

ungeeignet / unsuitable, unsuited, unfit, improper, inappropriate, inexpedient

ungeerdet (Elektr) / ungrounded

ungefähr, angenähert / approximate, -mative, by approximation ‖ ~ adv / roughly ‖ ~e Abmessung / approximate dimension ‖ ~e Schätzung / raw guess, rough estimation

ungefährlich, unschädlich / harmless ‖ ~ / not dangerous ‖ ~er Niederschlag (Nukl Explosion) / dry deposition

ungefalzt (Buch) / nonfolded

ungefärbt (Glas) / uncoloured, colourless ‖ ~ (Tuch) / undyed, raw

ungefedert / unsprung ‖ ~e Massen f pl / unsprung weight o. masses pl

ungeformt (Keram) / unshaped

ungefüllt, aschefrei (Pap) / ashless

ungegerbt, grün, roh (Leder) / undressed, untanned, raw, green

ungeglättet (Pap) / unfinished ‖ ~e Seite (Pap) / backside

ungeglüht / unannealed

ungegoren / unfermented

ungehärtet, weich / unhardened, soft ‖ ~ (Plast) / uncured ‖ ~es o. nichtvorgespanntes Glas / non toughened glass

ungeheizter Tiefofen (Hütt) / dead pit

ungehindert, ungehemmt / checkless

ungehobelt / unplaned
ungekämmt (Wolle) / uncarded (wool)
ungekocht (Milch) / raw || ~ (Seide) / crude (silk)
ungekoppelte Schwingungen f pl / uncoupled modes pl
ungekürzt / unabridged
ungelegen, zu ungelegener Zeit / off-time adj
ungeleimt, schlecht geleimt (Pap) / badly sized, unsized
ungelenkter Flugkörper / rocket
ungelernt, Hilfs... / unskilled || ~er Arbeiter / general
  hand o. worker, navvy (GB)
ungelocht / unpunched || ~ (LoKa) / blank, virgin
ungelöscht (Kalk) / quick, unslaked
ungelöst (Chem) / undissolved
ungemünztes Gold o. Silber / bullion
ungemustert, glatt (Textil) / plain
ungemusterte Mischgewebe n pl (Textil) / plain blended
  fabrics pl
ungenadeltes Filztuch / non-needled woven felt
ungenau / inaccurate, inexact
Ungenauigkeit f / inaccuracy || ~, Unklarheit f,
  Verschwommenheit f / indistinctness, vagueness
Ungenauigkeitswinkel m (Radar) / risk sector
ungenießbar / inedible
ungenoppt, glatt (Tuch) / napless
ungenügend, mangelhaft / deficient || ~ aufladen /
  undercharge || ~er Luftdruck (Kfz) / underinflation
ungeordnet, regellos / inordinate || ~ (Krist) / random ||
  ~ abgelegt (Roboter) / randomly distributed, jumbled ||
  ~e Deponie / indiscriminate dumping || ~er
  Flockengraphit / random flake graphite || ~e Lagen f
  pl (Walzw, Ringe) / irregular turns pl || ~e
  Netzwerkstruktur / random network structure || ~er
  Querschnitt / unsuitable section || ~e Teile (Roboter) /
  disordered parts
ungepaart (Elektron) / unpaired
ungepackt, entpackt (DV) / unpacked || ~e Dezimale /
  unpacked decimal || ~es Format (IBM) (DV) / zoned
  format
ungepanzert (Kabel) / unarmoured
ungeplant / unplanned
ungepolt / non-polarized
ungeprüft (DV) / unchecked
ungepuffert (DV) / unbuffered
ungerade (Math) / odd || ~ Funktion (Math) / odd function
  || ~ Parität (DV) / odd parity || ~r Term (Nukl) / odd
  term || ~ Zahl / odd number || ~-gerade Kerne, ug-
  Kerne m pl / odd-even nuclei || ~-ungerade Kerne m pl
  (Phys) / odd-odd nuclei
Ungeradheit f (Math) / unevenness
ungeradzahlig, ungerade (Math) / uneven, odd || ~es Bit /
  odd parity bit || ~e harmonische o. Oberschwingung
  (Phys) / odd harmonic, uneven harmonic || ~e Parität
  (DV) / odd parity || ~es Raster (TV) / odd-line interlaced
  scan
ungeregelt·er Katalysator (Kfz) / open-loop catalyst o.
  catalytic converter || ~e Röhre (Elektronik) / sharp cut-
  off tube
ungereinigt (Baumwolle) / in the seed || ~ (Chem) /
  unrefined || ~, roh, Roh... / uncleaned, unpurified
ungerichtet (Elektronik) / nondirectional, nondirective || ~
  (Antenne) / omnidirectional, -directive, equiradial || ~
  (Wellen) / spherical || ~e Ausstrahlung (Akust) / simple
  radiation || ~es Funkfeuer / nondirectional [radio]
  beacon, N.D.B. || ~e Geschwindigkeit (Nukl) / random
  velocity || ~es Mikrophon / nondirectional o. astatic
  microphone || ~er Strahler / spherical radiator
ungeröstetes Erz / unroasted ore
ungesammelte Produktion (Buch) / straight run
ungesättigt (Phys) / unsaturated || ~es
  Kohlenwasserstoffgas, Ethylen n / olefiant gas,
  ethylene, ethene || ~er Polyester / unsaturated polyester
  || ~e Verbindung (Chem) / unsaturate n || einfach ~es
  Fett / monounsaturate n || einfach (o. einmal) ~ (Chem)

/ monoethenoid, monounsaturated || mehrfach ~ /
  polyunsaturated || mehrfach ~es Fett / polyunsaturate n
Ungesättigtheit f / unsaturation
ungesäuert / not acidified || ~ (Brot) / unleavened
ungesäumt, unbeschnitten (Zimm) / dull-edged
ungeschält, unpoliert (Reis) / unpolished || ~er o. roher
  Reis, (auch:) Reis m auf dem Halm / paddy
ungeschichtete Zufallsprobe (Qual Prüf) / simple random
  sample
ungeschickt, unpraktisch / unhandy, awkward
ungeschlagen (Jacquardkarte) / unpunched
ungeschliffen / rough || ~, roh (Diamant) / raw || ~ (z.B.
  Marmor) / unpolished
ungeschmiert / non greased
ungeschnitten / uncut
ungeschottert (Straßb) / unmetalled
ungeschützt / exposed, bare || ~, offen (Elektr, Mot) / open
  || ~, unisoliert (Elektr) / bare, uninsulated, non protected
  || ~e Lage, Aussetzung f / exposure
ungeschwächt·er Schroteffekt / Schottky noise || ~er
  Schrotstrom / full shot current
ungesicherte Systemverbindung (DV) / physical
  connection
ungesiebt / unscreened || ~es n / unscreened material ||
  ~er Grubenkies / bank gravel, pit-run gravel || ~e
  Kohle / rough o. unscreened coal, run of mine o. of mill
  [coal] (GB), pit coal
ungesintert / green || ~es Teil / green compact, unsintered
  part
ungespannt·es Grundwasser / unconfined ground water ||
  ~es Trumm (o. Leertrumm) / slack o. loose side of a
  belt
ungestauter Wasserspiegel / level of unchecked water
  course
ungesteckt (Stecker) / unmated
ungesteuert, unbeherrscht, ungelenkt / uncontrolled || ~
  (Elektronik) / non-controllable || ~er
  Anforderungsbetrieb (DV) / free-running operation o.
  mode || ~es Ventil / automatic o. ungeared valve
ungestört / undisturbed || ~e Bodenprobe / undisturbed o.
  intact (US) soil sample || ~e Sonne / quiet sun || ~e
  Umlaufbahn (Raumf) / conic orbit || ~er Wasserspiegel
  / level of unchecked water course, natural water level,
  [hydro]static level
ungestrichen (Pap) / uncoated
ungesund, krank / unsound
ungeteilt / nondivided, one-piece... || ~ (Spurstange) (Kfz)
  / one-piece... || ~e Form (die ganz im Unterkasten
  liegt) (Gieß) / flat-back || ~es Ringlager / sleeve bearing
  || ~er Tragflügel (Luftf) / one-piece wing, continuous
  wing
ungetempert (Leichtmetall) / [quenched but] non aged || ~
  (Stahl) / unannealed
ungewalkt (Textil) / unfulled (US), unmilled (GB), raw
ungewaschen / unwashed || ~, fettig (Wolle) / in oil ||
  ~ färben (Wolle) / dye in the grease || ~e Feinkohle
  (Bergb) / unwashed slack || ~er Förderkies / bank-run
  gravel, pit-run gravel || ~er Kies / bank-run o. pit-run
  coarse gravel || ~e Kohle / unwashed coal (sized or not)
  || ~es Wollgarn / factory yarn
ungewässert / non soaked, non steeped || ~, nicht
  eingeweicht / non steeped, unscoured
ungewiß / uncertain, doubtful || ~, zweideutig (DV) /
  ambiguous
Ungewißheitsstufe, Alarmstufe I (Luftf) / uncertainty
  phase
ungewöhnlich, abnorm / abnormal || ~es Ende (DV) /
  abnormal end, abend || ~e Größe / odd size || ~ stark
  (Bestrahlung) / abnormal
ungewollt / unintentional, involuntary || ~e Bremsung
  (Bahn) / ill-timed braking || ~er Lichteinfall (Phot) /
  [light] fog || ~e Zerkleinerung (Aufber) / involuntary
  breakage
ungezahnt / non-toothed

Ungeziefer *n*, Insekten *n pl* (Landw) / vermin[s], noxious insects *pl* ‖ **◄bekämpfung** *f* / control of parasites ‖ **◄mittel** *n* / disinfestant, vermin killer ‖ **◄vernichtung** *f* / destruction of insect pests, vermin destruction o. extirpation ‖ **◄vernichtung** *f* (durch Flugzeuge) / crop dusting ‖ **◄vernichtung** *f* **durch Spritzen** / spraying of insecticides, of larvicides

ungezwirnt / twistless, untwisted ‖ **~es Garn** / condenser yarn

ungiftig / poisonless, non-poisonous

unglasiert (Keram) / unglazed

ungleich, verschieden / different, unlike, unequal ‖ **~** (Math) / not equal ‖ **~**, unegal (Färb) / unlevel, uneven ‖ **~**, unegal (Wollstoff) / streaky, striped, barré ‖ **~ ausfallen** / differ ‖ **~ breit** (Buch, Web) / of unequal breadth ‖ **~e Breite** (Web, Fehler) / unequal breadth ‖ **~ hoch**, uneben / out of level ‖ **~e Höhe o. Dicke haben**, hervorstehen / project [from o. above o. over], be salient, jut [out], protrude ‖ **~ Null** / non-zero ‖ **~e Phase haben** / differ in phase ‖ **~e Schußdichte** (Webfehler) / uneven filling ‖ **~e Teilung** / nonuniform pitch ‖ **~e Verdichtung** (Gieß) / uneven ramming ‖ **von ~er Höhe** / varying in height ‖ **~achsig** (Krist) / non-equiaxial ‖ **~armig** (Hebel) / dissymetrical ‖ **~[artig]** / dissimilar, disparate, unequal ‖ **~artig**, heterogen / heterogenous ‖ **~artig bei gleicher Zusammensetzung** (Chem) / isomeric ‖ **◄artigkeit** *f* / heterogeneity, -geneousness

ungleichförmig / nonuniform, irregular ‖ **~**, unterschiedlich / unequal, inequal ‖ **~ Null** / non-zero ‖ irregular ‖ **~ beschleunigt** / variably accelerated ‖ **~e Bewegung** / variable motion ‖ **~e Geschwindigkeit** / variable velocity ‖ **~ übersetzendes Getriebe** / transmission with varying velocity ratio

Ungleichförmigkeit *f* / irregularity ‖ **◄ der Drehzahl** / cyclic irregularity ‖ **◄ der Fahrbahn** / pavement irregularity ‖ **◄ des Wellenwiderstandes**, Z-Faktor *m* / impedance irregularity

Ungleichförmigkeits·grad *m* / degree of uniformity o. of [angular] [ir]regularity, coefficient of cyclic variation ‖ **◄grad** *m* (Turbinenregelung) / steady-state speed regulation, speed droop

Ungleichgewicht *n* / im-, inbalance

Ungleichheit, Verschiedenheit *f* / inequality, difference ‖ **◄ f**, Unebenheit *f* (Schriftg) / rough

Ungleichheitszeichen *n* (Math) / sign of inequality

Ungleichimpuls *m* / inequality pulse

ungleichmäßig, uneben / uneven ‖ **~e (o. bucklige) Kurve** / lobed curve ‖ **~e Strömung** / nonuniform flow ‖ **~e Verbrennung** (Aussetzen in Sekundenlänge) (Rakete) / chuffing ‖ **~er Verschleiß** (Reifen) / eccentric wear

Ungleich·mäßigkeit *f* (Pap) / wild formation ‖ **◄mäßigkeitsfaktor** *m* (Beleuchtung) / variation factor

ungleichnamig (Pole, Elektr) / antilogous, of opposite kind o. name o. sign ‖ **~**, entgegengesetzt gepolt / oppositely poled ‖ **~e Brüche** *m pl* (Math) / fractions with different denominators *pl* ‖ **~es Feld** (Elektr) / field of opposite polarity ‖ **~e Flanken** (Zahnrad) *f pl* / opposite flanks *pl* ‖ **~e Pole** *m pl* (Phys) / poles of contrary names o. of opposite signs *pl*, unlike o. opposite o. antilogous poles *pl*

ungleichschenklig (Dreieck) / not isosceles ‖ **~**, -flanschig (Winkeleisen) / unequal ‖ **~er rundkantiger Winkelstahl** / round-edge unequal angle ‖ **~er Winkelstahl** / unequal angle

ungleichseitig, mit ungleichen Seiten / with unequal sides ‖ **~** (Dreieck) / scalene ‖ **~es Dreieck** (Math) / scalene [triangle]

Ungleichung *f* (Math) / inequation, inequality

ungleich·wertig, -artig / heteronomous ‖ **~winklig** / unequal-angled

Ungras *n* / grass weed species

ungültig / invalid, void, not applicable ‖ **~**, gestrichen / canceled ‖ **~er Empfang** (DV) / invalid reception ‖ **~ machen** / invalidate ‖ **~ machen**, streichen / cancel ‖ **~ werden**, verfallen / expire, become out-of-date

Ungültigkeits·befehl *m* (DV) / ignore instruction ‖ **◄zeichen** *n*, Andreaskreuz *n* (Bahn) / St. Andrew's cross (signal not-in-use sign)

ungünstig, widrig (Wetter) / contrary ‖ **~e Geometrie** (Nukl) / unfavourable geometry ‖ **~es Verhalten** / adverse o. detrimental behaviour

unhaltig, taub (Bergb) / sterile

unhandlich / unwieldy, unmanageable ‖ **~**, unpraktisch, unzweckmäßig / unhandy, inconvenient, awkward

unheilbar, nicht wieder gutzumachen / irremediable

unhörbar / unaudible

unhygienisch / unhealthy, insanitary, unsanitary

uni, einfarbig (Textil) / single-colo[u]r..., whole colo[u]red, of uniform colour, dyed of one colour, plain, of plain colour, uni ‖ **◄beflockung** *f* (Textil) / plain all-over flocking ‖ **~charakteristische Verteilung** (Statistik) / unicharacteristic distribution ‖ **~direktional verstärkt** (Plast) / unidirectional reinforced ‖ **~direktionaler Faserverbund**, UD / unidirectional fiber fleece ‖ **◄direktionalgelege-Prepreg** *n* / preimpregnated unidirectional sheet ‖ **◄direktionalgelege-Prepreg** *n* / unidirectional sheet of carbon fibers and epoxy resin ‖ **◄farbe** *f* (Färb) / plain colour, single o. self shade ‖ **◄färberei** *f* (Textil) / plain dyeing ‖ **◄farbstoffe** *m pl* / non-distributing dyestuffs ‖ **~filar**, eindrähtig (Elektr) / unifilar ‖ **◄filaraufhängung** *f*, Einfadenaufhängung *f* / unifilar suspension

Unifining-Verfahren *n* (Öl) / unifining process

Uniformtuch *n* / army cloth

Unijunktions-Transistor *m*, Doppelbasisdiode *f* / unijunction transistor

Unikracken *n* (Öl) / unicracking

Uni·lack (Ggs.: Metalliclack) / plain lacquer (contradist: metallic lacquer) ‖ **~modular** (DV, Math) / unimodular

unimolekular / monomolecular, unimolecular, monofilm... ‖ **~e Reaktion** / monomolecular o. unimolecular reaction

Union-Purchase *f* (Schiff) / union purchase

Union-Purchase-Betrieb *m* (Schiff) / union-purchase operation

Unionspriorität *f* (Patent) / Convention priority

UNIPEDE = Union Internationale des Producteurs et Distributeurs d'Energie (= International Union of Producers and Distributors of Electric Energy)

unipolar / unipolar, single-polar[ity...] ‖ **~er Impuls** / single-polarity pulse ‖ **◄bogen** *m* (Plasma) / unipolar arc ‖ **◄maschine** *f* / unipolar dynamo, acyclic dynamo o. generator ‖ **◄transistor** *m* / unipolar [field effect] transistor

unique verboten (Nukl) / uniquely forbidden

unisoliert, blank / uninsulated, bare

Unisolverfahren *n* (Öl) / unisol process

unitär, Einheits... (Math) / unitary ‖ **~e Matrix** (Math) / unitary matrix ‖ **~es System**, Einstoffsystem *n* (Chem) / unitary symmetry o. system

Uniteppich *m* / plain weave carpet

Unit·load, Einheitsladung *f* (Schiff) / unit load ‖ **◄-Load-Carrier** *m* (Schiff) / unit load carrier

Uniton *m* (Phys) / uniton

Unitöne *m pl* (Färb) / uni shades *pl*

Unit·-Operation *f* (Chem) / unit operation ‖ **◄-Process** *m* (Chem) / unit process

Uni·-Tunneldiode *f* / backward o. AU diode, unitunnel diode ‖ **~variant**, mit einem Freiheitsgrad, mit einer Freiheit (Chem) / univariant, monovariant

Universal·..., universal... / universal, all-purpose ‖ **◄...**, Mehrband... (Elektronik) / multiband... ‖ **~ bewegliches Kettenglied o. Gelenk** / turning knuckle joint ‖ **~ gespalten** / split universal ‖ **◄abkantmaschine** *f* / universal chamfering machine ‖ **◄-Autobagger** *m* /

universal automobile dredger ‖ ⁔**bagger** *m* / multipurpose o. universal dredge ‖ ⁔-**Blech- und Profilstahlschere** *f* / universal plate and shape shears *pl* ‖ ⁔**brenner** *m* / universal burner ‖ ⁔**brenner** *m* (Gas) / all-gas burner ‖ ⁔**drehbank** *f*, -drehmaschine f. / universal lathe ‖ ⁔**[dreibacken]futter** *n* / [three-jaw geared] scroll chuck ‖ ⁔**echtheit** *f* (Färb) / allround fastness ‖ ⁔**fahrzeug** *n* / multi-purpose vehicle ‖ ⁔**fernsehen** *n* (Farben u. Schwarz) / compatible colo[u]r television ‖ ⁔**fräser** *m* (Arbeiter) / universal milling worker ‖ ⁔-**Fräs- und Bohrmaschine** *f* / universal milling, drilling, and boring machine ‖ ⁔**futter** *n* (Wzm) / combination chuck ‖ ⁔**gelenk** *n* / universal joint ‖ ⁔**gestell** *n* (Fernm) / miscellaneous apparatus rack (MAR) ‖ ⁔**gewinde** *n* / universal thread ‖ ⁔**hobelmaschine** *f* für Vor- u. Rückwärtsschnitt / universal planer ‖ ⁔**indikator** *m* (Chem) / universal indicator ‖ ⁔**instrument** *n*, -meßinstrument *n* / multimeter, volt-ohm-milliammeter, VOM ‖ ⁔**instrument** *n*, Theodolit *m* (Verm) / theodolite ‖ ⁔**kopf** *m* des Paßniets (Luftf) / protruding head of lock bolt ‖ ⁔**kopierfräsmaschine** *f* / universal copy milling machine ‖ ⁔**kupplung** *f* (mit Kreuzschlitzen u. Zwischenstück) / Oldham coupling ‖ ⁔**manipulator** *m* / universal manipulator ‖ ⁔**maschine** *f* (allgemein brauchbare Maschine) / allround machine, multi-work machine ‖ ⁔**menge** *f*, Allmenge *f* (Math) / universal set ‖ ⁔**meßgerät** *n* / multimeter, volt-ammeter ‖ ⁔**motor** *m* (Elektr) / universal o. series motor ‖ ⁔**niet** *m* (Raumf) / universal head rivet ‖ ⁔-**Nietverbindung** *f* / universal head rivet joint ‖ ⁔**prüfmaschine** *f* / universal testing machine ‖ ⁔**rechner** *m* / general-purpose computer ‖ ⁔**roboter** *m* / general-purpose industrial robot ‖ ⁔-**Rund- und Profilschleifmaschine** *f* / universal circular and profile grinding machine ‖ ⁔-**Schärf- und Schleifautomat** *m* / automatic universal sharpening and grinding machine ‖ ⁔**schild** *m* (Straßenaufreißer) / U-blade ‖ ⁔**schleifmaschine** *f* / universal grinder ‖ ⁔**[schrauben]schlüssel**, (jetzt:) Rollgabelschlüssel *m* / monkey o. screw o. coach wrench, universal spanner ‖ ⁔**schraubventil** *n* (Pneu) / screw-on universal valve ‖ ⁔-**Schwenkbiegemaschine** *f* / universal folding machine ‖ ⁔**spannpatrone** *f* (Dreh) / universal master gripping collet ‖ ⁔**spreader** *m*, -traverse *f* (Container) / telescope spreader ‖ ⁔**stahl** *m* (Walzw) / universal [mill] plate, universals *pl* ‖ ⁔**stahlwalzwerk** *n* (Walzw) / universal mill ‖ ⁔**steuerung** *f* für Hub- und Fahrwerk (Kran) / universal control ‖ ⁔**steuerwalze** *f* (Kran) / universal controller ‖ ⁔**sucher** *m* (Phot) / zoom finder ‖ ⁔**traverse** *f*, -spreader *m* (Container) / telescope spreader ‖ ⁔**typensatz** *m* (DV) / universal character set ‖ ⁔**wechselstrommotor** *m* / A.C. universal motor ‖ ⁔-**Werkstättengerät** *n* / universal workshop equipment ‖ ⁔**werkzeug** *n* / all-purpose tool ‖ ⁔-**Werkzeugfräs- und Bohrmaschine** *f* / universal milling and boring machine ‖ ⁔**werkzeugschleifmaschine**, Werkzeugschleifmaschine *f* / universal tool grinder, tool and cutter general purpose grinding machine ‖ ⁔**wickler** *m* (Walzw) / universal coiling machine

universell, allgemein [verbreitet o. üblich] / general, universal ‖ ~, Vielzweck… / general purpose ‖ ~e **Konstante** / universal constant

Univibrator *m*, monostabiler Multivibrator / one-shot o. monostable o. gated multivibrator, monovibrator, MV, monoflop (US), flip-flop (GB)

Unix *n* (Progr.Sprache AT & T Bell) / Unix

unjustiert·es Endlosband (Buch) / minimum-coded o. unjustified o. idiot tape ‖ ~**es Endlosband** (Buch) / unjustified tape

unkalandert (Pap) / egg-shell finish

unkalziniert, roh, Roh… (Hütt) / uncalcined

unklar, verschwommen / indistinct, indefinite, fuzzy ‖ ~**es Bild** (infolge Dämpfung im Videoverstärker) (TV) / smear ‖ ~ **werden**, nachdunkeln (Färb) / sadden

unklassiert / ungraded

unkontrollierte Reaktion / runaway reaction, uncontrolled reaction

unkorreliert / uncorrelated

unkorrigiert / uncorrected ‖ ~**er Parabolreflektor** / unshaped parabolic reflector

Unkosten *pl* / costs, expenses *pl* ‖ **allgemeine** ⁔ *pl* / overhead [expenses pl.] / establishment charges *pl*, loading, burden, on-costs *pl* (GB)

Unkraut *n* / [ill] weed ‖ ⁔ **beseitigen** / weed *v*, eradicate weed ‖ ⁔ **vernichten o. jäten** / clear *vt* of weeds, clean the field ‖ **landwirtschaftliches** ⁔ / arable weed ‖ ⁔**bekämpfung** *f* / weed killing o. control ‖ ⁔**bekämpfungskunde** *f* / science of herbicides ‖ ⁔**bekämpfungsmittel**, -vertilgungsmittel *n* / herbicide, weed killer ‖ ⁔**jätmaschine** *f* / weeding machine ‖ ⁔**spritze** *f* / weed sprayer ‖ ⁔**stecher** *m* / weeder ‖ ⁔**vernichtung** *f* / blight and bindweed eradication ‖ ⁔**vertilgungsgerät** *n* / weed killing machine

unkristallisierbar / uncrystallisable

unkritisch / uncritical ‖ ~**e Abmessung** (Wellenleiter) / narrow dimension

unlauterer Wettbewerb / unfair competition

unlegierbar / unalloyable

Unlegierbarkeit *f* / unalloyability

unlegiert / unalloyed ‖ ~**er Baustahl** / high-carbon structural steel ‖ ~**er Kohlenstoffstahl** / plain carbon steel ‖ ~**er Werkzeugstahl** / carbon tool steel

unlenkbar / ungovernable

unlinear / nonlinear

unlin[i]iert / plain

unlogarithmiert (Math) / natural, antilogarithmic

unlösbar (Math) / unsolvable ‖ ~, nicht ablösbar / nondetachable ‖ ~ **sein** (Math) / defy solution ‖ ~**e Verbindung** / perfect junction, bonding ‖ ~**e Verbindung** (Elektr) / [electrical] bonding

unlöschbar, dokumentenecht (Tinte) / indelible, permanent ‖ ~ (DV) / nonerasable ‖ ~ (Feuer) / inextinguishable

unlöslich, unlösbar (Chem) / insoluble ‖ ~**e Anode** / insoluble anode, inert anode ‖ ~ **in Normalbenzin** / insoluble in petroleum spirit

Unlösliches *n* (Chem) / insoluble, insol., insoluble matter ‖ **R12-**⁔ / R12-insoluble

unlötbar / nonsolderable

unmagnetisch / nonmagnetic ‖ ~ **machen** / demagnetize ‖ ~**er Werkstoff** / nonmagnetic material

unmerkbar für das Auge / imperceptible by the eye

unmeßbar, unausmeßbar / immeasurable, immensurable, unquantifiable

unmischbar, unvermischbar / unmixable, unmiscible

Unmischbarkeit *f* / unmiscibility

unmittelbar [angrenzend] / immediate ‖ ~, produktiv (F.Org) / productive, direct ‖ ~ (o. ohne Zeitverlust) **erfolgend**, augenblicklich / immediate ‖ ~**e Adresse** / immediate address, zero-level address ‖ ~ **an der Baustelle** (Bau) / at hand ‖ ~**er Antrieb** / direct drive ‖ **mit** ~**em Antrieb** (Bahn) / gearless ‖ ~**er Befehl** / immediate instruction ‖ ~**e Belastung** / direct acting load ‖ ~ **bevorstehend** / imminent, impending ‖ ~ **daranliegend** / next ‖ ~**er Erdölnachweis** (Öl) / mud logging ‖ ~**e Kupplung** (Masch) / direct coupling ‖ ~**e Leseprüfung** (Magn.Bd) / read-after-write check ‖ ~**e Verarbeitung** (DV) / demand o. immediate processing, in-line processing ‖ ~ **wirkende Belastung** / direct acting load ‖ ~**er Zugriff** (DV) / immediate access

unmodifiziert, ungeändert / unmodified ‖ ~**er Befehl** / presumptive instruction

unmoduliert (Elektronik) / unmodulated ‖ ~**e Rille** (o. Endrille) (Phono) / unmodulated groove ‖ ~**e Trägerwelle** / unmodulated carrier ‖ ~**e Welle** / pure continuous wave

unnachgiebig / inflexible, unbending

unnötigen Aufwand betreiben / waste material o. time *vt*, overdo

Unordnung, Regellosigkeit *f* (Phys) / disorder
unpaarig (DV) / unmatched ‖ ~ (Elektron) / unpaired
Unpaarigkeit *f* (DV) / odd parity
unpalettiert, nicht palettisiert / palletless, nonpalletized
unpassend / inadequate, unsuitable ‖ im ~en Augenblick, zur falschen Zeit / mistimed
unplastisch / nonplastic
unplattiert / unclad
unpolar, homöopolar (Chem) / homopolar, covalent ‖ ~e Bindung (Chem) / atomic o. covalent o. dative bond, nonpolar bond
unpolarisiert / nonpolarized ‖ ~es Relais / neutral [armature] (GB) o. nonpolarized (US) relay
unpoliert / unpolished
unpraktisch / unpractical, awkward ‖ ~, unratsam / inexpedient
unproduktiv / nonproductive ‖ ~, Hilfs…, Neben… (F.Org) / indirect ‖ ~e Arbeit (F.Org) / service job ‖ ~e Zeit / idle o. lost o. nonproductive time
unrealisierbar / unworkable
unrechte Seite (Stein) / breaking grain
unregelmäßig / irregular ‖ ~, unstetig / inconstant ‖ ~, zufällig / fortuitous, accidental ‖ ~, erratisch / erratic ‖ ~e Abtastgeschwindigkeit (Bildfunk) / judder ‖ ~ arbeiten / work erratically ‖ ~ behauener Bruchstein / random tooled ashlar ‖ ~e Faserrichtung (Holz) / irregular grain ‖ ~ geformte Dose / box of irregular shape ‖ ~e Oberfläche (Hütt) / gathering ‖ ~e Verbrennung / rough burning ‖ ~ verlegt (Ziegl) / skintled ‖ ~es Viereck / irregular quadrilateral ‖ aus ~en Steinen bestehend (Bau) / random
Unregelmäßigkeit *f* / irregularity ‖ ~ in einer Leitung / irregularity of a conduct
unreguliert (Uhr) / unregulated, unset
unrein, schmutzig / impure, tainted, unclean ‖ ~, wolkig, blasig (Glas) / flawy, having flaws ‖ ~er Alkohol / crude o. raw spirit ‖ ~er Saft (Zuck) / impure o. secondary juice
Unreinheit *f*, Verunreinigung *f* (Hütt) / impurity
unrentabel / uneconomic[al], [sub]marginal
unretuschiert (Phot) / untouched
unrichtig, fehlerhaft / inaccurate, faulty
Unruh *f* (Uhr) / balance o. pendulum wheel, balance, wheel fly ‖ ~ mit Hilfskompensation / Ditisheim o. affix balance ‖ ~anreißfeder *f* / clock starting spring ‖ ~brücke *f*, -kloben *m* (Uhr) / balance bridge ‖ ~feder *f* (Uhr) / balance o. hair spring
unruhig / restless, erratic ‖ ~, laut / unquiet ‖ ~, flackernd / unsteady, flickering ‖ ~, Kabbel… (Schiff) / lumpy ‖ ~ arbeiten (Mot) / run erratically, work unsteadily, cut out ‖ ~e Schmelze (Hütt) / wild melt ‖ ~ vergossener Stahl (Hütt) / rimmed o. rimming o. rising steel
Unruh·kloben *m*, -brücke *f* (Uhr) / balance cock ‖ ~lochstein *m* / upper balance jewel ‖ ~-Reif *m*, -Ring *m* (Uhr) / balance rim, balance wheel ‖ ~-Stopphebel *m* / balance flirt o. whip ‖ ~welle *f* (Uhr) / balance staff
unrund / out of round, noncircular ‖ ~ (Dreh) / out-of-centre, untrue ‖ ~, taumelnd (Rotationskörper) / drunken ‖ ~ *n* / out-of-roundness *n* ‖ ~ (Ovalflansch) / oval flange ‖ ~er Lauf / rough running ‖ ~ laufen / run untrue o. out of true
Unrundheit *f*, Schlag *m* (Masch) / run-out, out-of-round ‖ ~ (Walzw) / circularity error ‖ ~, Schlag *m* (Rad) / offset, eccentricity ‖ ~ (z.B. infolge Verschleiß) / ovality (e.g. by abrasion), ovalness
Unrundheits·toleranz *f* / circularity tolerance ‖ ~verhältnis *n* des Strahlungsdiagramms (Antenne) / circularity ratio
Unrundwerden *n* / ovalization
unsachgemäß (Behandlung) / inexpert (handling) ‖ ~ (Konstruktion) / inappropriate, improper ‖ ~e Handhabung / handling malpractices
unsatiniert (Pap) / unglazed

unsauber, schmutzig / impure, unclean ‖ ~, schmutzig (Buch) / muddy, blotted ‖ ~ abziehen (Buch) / blot, smut, cloud ‖ ~ abziehen (Buch) / macul[at]e (of fresh letter-press) ‖ ~er Druck (Buch) / muddy print
unschädlich / innocuous, innoxious, inoffensive ‖ ~ machen / kill, render harmless o. innocuous ‖ ~ machen, neutralisieren / neutralize
unscharf / indistinct, indefinite ‖ ~, stumpf / blunt *adj*, dull, edgeless, pointless ‖ ~, verschwommen (Phot) / blurred, hazy, fuzzy ‖ ~ (Elektronik) / flat ‖ ~ (Phys) / uncertain ‖ ~, nicht im Brennpunkt / out-of-focus ‖ ~e Abstimmung / flat o. broad tuning ‖ ~e Verstärkerregelung *f* / flat gain control
Unschärfe *f* (Opt, TV) / blur, unsharpness, lack of definition o. of focus, fuzziness ‖ ~, Unsicherheit *f* (Nukl) / uncertainty, indeterminancy ‖ ~ durch Ablenkung (Leuchtpunkt) (Kath.Str.) / deflecting defocussing ‖ ~relation *f* (Nukl) / uncertainty relation, indeterminancy relation
unschmelzbar / infusible
unschweißbar / nonwelding, nonweldable
Unsechskantigkeit *f* (Walzw, Fehler) / out-of-hexagon
unsegmentiert (DV) / nonsegmented
unselbständig (Entladg, Reaktion) / non-self-maintained ‖ ~e Stromleitung in Gas / non-self-maintained gas conduction
unsicher / uncertain ‖ ~, labil (Mech) / instable, unstable
Unsicherheit *f* (allg) / uncertainty ‖ ~, Unzuverlässigkeit *f* / uncertainty, unsafeness ‖ ~, Ungewißheit *f*, Zufall *m* / chance, uncertainty ‖ ~, Unschärfe *f* (Nukl) / uncertainty, indeterminancy ‖ ~ (Nachrichtentheorie) / negative entropy
Unsicherheitsmaß *n* (DV) / irrelevance
unsichtbar / obscure, invisible ‖ ~ (Strahl, Vektor usw.) / blanked ‖ ~e Luftwirbelung, Höhenwirbel *m*, -turbulenz *f* / clear air turbulence, CAT ‖ ~e Tinte / invisible o. sympathetic ink
unsinkbar, -[ver]senkbar / unsinkable, insubmersible, -mersive
Unsinn…, Schein… (Math) / illusory, illusive
unsinnige Daten (DV) / garbage
Unsinnskorrelation *f* (Math) / nonsense correlation
unsolide bauen, nachlässig bauen (Bau) / jerry-build
unsortiert / ungraded, unsorted ‖ ~er Ofenaussatz (Keram) / kiln run
unspaltbar (Nukl) / infrangible ‖ ~ machen, denaturieren / denaturate fission material
unspezifisch / nonspecific
unstabil, instabil, labil (allg, Chem) / unstable, instable, labile ‖ ~es Dachgebirge / heavy ground, mobile rocks *pl*
Unstabilität *f* / instability
unstarres Luftschiff / nonrigid o. pressure airship
unstationär / weakly stationary (e.g. signal)
unstetig, aussetzend / discontinuous ‖ ~ (Regeln) / discontinuous action… ‖ ~, diskret (Math) / discrete ‖ ~ arbeitende Steuerung / discontinuous-action control ‖ ~e Funktion / discontinuous function ‖ ~ regelnd / on-off-control…, with step-by-step action ‖ ~e Veränderliche / discrete variable ‖ ~e Verbrennung (Aussetzen mit 100 Hz Frequenz) (Rakete) / chugging (rocket)
Unstetigkeit *f*, Diskontinuität *f* (Phys) / discontinuity, dis. ‖ ~, Schwanken *n* / unsteadiness
Unstetigkeits·fläche, Diskontinuitätsfläche / discontinuity surface ‖ ~punkt *m*, -stelle *f* / point of discontinuity ‖ ~welle *f* / distortional wave, discontinuity wave
Unstetigmachung *f* / rendering discrete
unstrukturiert (DV) / unstructured
unsulfatierbar / unsulphatable
Unsulfatiertes *n* / unsulphated matter
unsulfonierbar / unsulphonable ‖ ~er Rückstand (Öl) / unsulphonated residue
Unsulfoniertes *n* / unsulphonated matter

Unsymmetrie f, Asymmetrie f / asymmetry, unsymmetry, nonsymmetry, dissymmetry
unsymmetrisch, asymmetrisch / asymmetric[al], dissymmetrical, unsymmetrical, non-symmetrical, nonsymmetrical || ~ [belastet] (Elektr, Fernm) / unbalanced || ~ (Fehler) / unsymmetrical || ~er **Ausgang** (Elektr) / single-ended output || ~e **Belastung** (Elektr) / unbalanced load || ~es **Dimethylhydrazin, UDMH** (Raumf) / unsymmetric dimethylhydrazine, UDMH || ~er **Stromkreis** (Elektronik) / single-end circuit
untätig, träge / passive, idle || ~ (Vulkan) / dormant || ~er **Zustand**, statischer Zustand (Fernm) / total entropy
untauglich / unsuitable, unsuited, unfit
unteilbar, Prim... (Math) / prime
unten / below, beneath, under[neath] || ~ (Wasser, Gefäß) / at the bottom || ~, in einem tieferen Stockwerk (Bau) / downstairs || ~ !, diese Seite nach unten! / this side down ! || ~ **breiter als oben** / bottle-arsed, bottle-bottom...
Untendreher m (Turmdrehkran) / tower slewing crane revolving at base
Untendrehkran m / bottom slewing crane
unten·gesteuert, stehend / by-the-side, side-by-side || ~**gesteuertes Ventil** (Mot) / valve-on-the-side, side-by-side valve || ~**laufende Stromabnehmerrolle** / underrunning trolley || ~**liegend** / low, placed underneath || ~**liegende Fahrbahn** (Brücke) / lower deck
unter / below, under || ~ **1 mm** / submillimeter adj || ~ **5 mm** / under 5 mm, less than 5 mm || ~es **Abmaß** / under-allowance || ~e **Abweichung** (Toleranz) / lower deviation || ~er **Bereich eines binären Signals** (DV) / low range of a binary signal || ~ **der Erde** [liegend], unterirdisch / underground || ~ **Druck [stehend]** / under pressure || ~er **Eckbeschlag** (Container) / bottom fitting || ~es **Ende** / heel || ~e **Entscheidungsgrenze** / lower control limit || ~e **Entspannungstemperatur** (Glas) / strain point, lower annealing point o. temperature || ~e **Erdumlaufbahn** / low earth orbit, LEO || ~e **Explosionsgrenze von Gasgemischen**, UEG / lower explosion limit of gas mixtures || ~e **Fließspannung** (Mech) / lower yield stress || ~ **Glas** / glass enclosed || ~e **Grenzfrequenz** (Photoelektr) / threshold frequency || ~e **Grenzfrequenz** / lower cut-off frequency || ~es **Grenzmaß** / minimum limit of size, lower limit || ~e **Grenzwellenlänge** / threshold wavelength || ~er **Grenzwert** (Math) / lower limit || ~es **Gurtungsblech** (Stahlbau) / bottom flange || ~er **Index** (o. Zeiger) (Math) / subscript, subindex, suffix || ~e **kritische Geschwindigkeit** (Fallschirm) / critical closing speed || ~er **Pressentisch** / bottom plate[n] || ~ **Putz** / buried, concealed || ~er **Rand der Seite** (Buch) / foot, tail || ~e **Schranke** (Mech) / lower bound || ~ **Spannung** / under tension || ~e **Speiselattentuch** (Textil) / bottom feed lattice || ~ **Strom** / current carrying o. bearing, live || ~ **Tage**, untertägig (Bergb) / below ground, underground || ~e **Toleranzgrenze** / lower tolerance limit || ~er **Totpunkt**, UT / lower dead centre, bottom dead centre, b.d.c., outer dead centre (GB) || ~e **Tragschicht** (Straßb) / foundation layer || ~e **Warngrenze** / lower warning limit || ~ **Wasser** / underwater || ~er **Wertbereich**, L-Bereich m (Halbl) / low range, L-range || ~es **Zwischenstufengefüge** / lower bainitic structure ||
~**ablauf** m (Info) / predefined process || ~**abteilung** f, Abschnitt m / subdivision, branch || ~**abteilung** f (Geol) / division || ~**ackern**, unterpflügen / plough down o. in || ~**amt** n (Fernm) / branch exchange o. office, minor exchange, dependent exchange o. office || ~**anpassung** f (Elektronik) / undermatch || glatte ~**ansicht** (Bau) / flush soffit || ~**anspruch** m (Patent) / subclaim || ~**antrieb** m / drive from below, underneath drive || ~**-aperiodische Dämpfung** (Fernm) / underdamping || ~**art** f, Subspezies f / subspecies || ~**ätzung** f (gedr.Schaltg) / undercut, submining || ~**band** n, Teilsträhne f (Textil) /

skein, lea || ~**band** n (Fördern) / return belt, lower o. bottom belt || ~**bandförderer** m / belt o. band (GB) conveyor carrying the load on the lower belt, bottom belt conveyor || ~**bandrolle** f / return idler || ~**bandstation** f / return belt station || ~**bank** f des Flözes (Bergb) / bottom layer || ~**bau** m (Bahn) / [road] bed, substructure, earthworks pl, body, bottoming || ~**bau** m, Gründung f (Bau) / foundation || ~**bau** m, Basis f (Bau) / substructure, substruction, basement || ~**bau** m, Planum n (Straße) / form || ~**bau** m / binder || ~**bau** m (Masch) / substructure || ~**bau** m (Reifen) / carcass of tire || **geschütteter** ~**bau** / dumped foundation || ~**bauen** (z.B. eine Beobachtung) / bear, support || ~**bauen**, auszimmern (Bergb) / prop || ~**bauen**, -stützen, -mauern / consolidate a construction || ~**baukrone** f (Bahn) / subgrade (US) || ~**bauverstärkung** f (Bau) / consolidation of the foundation, underpinning || ~**bau-Wechselpflug** m (Landw) / underslung alternate plow || ~**beck** n (Schere) / lower shear blade o. knife || ~**belastung**, -last f / fractional load, underload || ~**belastung**, -last f, Teilbelastung f / underload || ~**belastung**, Herabsetzung f der Betriebswerte (Elektronik) / derating || ~**belichtet** (Phot) / thin, weak, without contrast || ~**belichtet**, kontrastarm, flau, unterentwickelt, flau (Phot) / without contrast || ~**belichtung** f (Phot) / underexposure || ~**bereich** m (DV, PL/1) / cross section || ~**bestimmt** (Mech) / underdefined, -determinated || ~**beton** m (Bau) / subconcrete, concrete subbase || ~**boden**, -grund m / subsoil, substratum || ~**boden** m (Geol) / mantle rock || ~**boden** m (Bau) / floor || ~**boden** m (Kfz) / underbody || ~**boden** m (Uhr) / lower plate || ~**boden-Grund** m / subsoil, substratum || ~**bodenschutz** m (Kfz) / underseal || ~**boden-Versiegelung** f (Kfz) / undercoating || ~**bogen** m, Innenfläche f des Bogens / intrados || ~**brechbarkeitsregister** n (DV) / interrupt register
unterbrechen / stop, interrupt, discontinue, intermit || ~, trennen (Elektr, Fernm) / cut, disconnect, interrupt, break || **den Stromkreis** ~ / open the circuit || **die Gaszufuhr** ~ / interrupt the gas supply || **Stromzufuhr** ~ ! / switch off current!
unterbrechend, schubweise / batch-type...
Unterbrecher m (DV) / interrupt, -ion || ~ (Elektr) / interrupter, [contact] breaker || ~ (Kfz) / contact breaker, breaker point || **gekapselter** ~ **auf dem Kurbelwellenende** / ignition points enclosed at end of camshaft || ~**amboß** m (Kfz) / breaker anvil, fixed contact || ~**bad** n (Phot) / stop bath || ~**empfänger** m, Tickerempfänger m (Elektronik) / ticker, chopper [receiver], buzzer receiver || ~**hebel**, -hammer m (Kfz) / rocker o. rocking arm o. lever, movable o. contact arm || ~**kontakt** m (Kfz) / breaker contact o. point, make-and-break contact || ~**kontakt** m, Kontaktschraube f / breaker contact screw, make and break contact screw || ~**nocke** f, -nocken m (Kfz) / ignition cam o. lobe || ~**schalter** m **fernbetätigt** / distance switch, remote-controlled switch || ~**seitig** (Kfz) / breaker side || ~**sender** m (Elektronik) / tone wheel, chopper [sender] || ~**summer** m / rhythmic buzzer
Unterbrechung f / interruption, check, stop || ~, Pause f / break || ~, Nachlassen n, Aussetzen n / intermission, -mittence, -mittency, discontinuance || ~ (DV) / interrupt || ~, Lücke f / break, gap || ~, Sperrung f / block, obstruction, interlock || ~ (Elektr) / break, interruption, opening of circuit || ~, Zwischenruf m (Fernm) / break-in || ~ (Hängeförderer) / gap || ~ **der Funkverbindung** (Raumf) / loss of signal || ~ **der Kontinuität** / interruption of continuity || ~ **der Stromversorgung** / supply failure || ~ **des Umkehrganges** (DV) / conversion cycle interlock || ~ **im Stromkreis** (Elektr) / discontinuity, dis. || ~ **wegen Anforderung eines Gerätes** (DV) / device-request interrupt || **mit** ~**en** / interrupted || **ohne** ~ / uninterruptedly

Unterbrechungs·analyse f (DV) / interrupt analysis o. decoding ‖ **⁓anforderung** / interrupt request ‖ **⁓bad** n (Phot) / stop bath ‖ **⁓extrastrom** m / extra current of break ‖ **⁓frei** (Elektr) / uninterruptible ‖ **⁓frei** (Stromversorgg) / no-break ‖ **⁓freie Stromversorgung**, USV / uninterruptible power supply, UPS, no-break power supply ‖ **⁓freigabe** f (DV) / interrupt enable ‖ **⁓funke[n]** m (Elektr) / spark on break o. at breaking, break[ing] spark ‖ **⁓gesteuert** (ein Microcomputer-System) / interrupt-driven ‖ **⁓impuls** m / break impulse ‖ **⁓isolator** m, Trennisolator m. / sectioning insulator ‖ **⁓[licht]bogen** m (Elektr) / break[-induced] arc, interruption arc ‖ **⁓marke** f (DV) / interrupt flag ‖ **⁓relais** n / break relay ‖ **⁓routine** / interrupt [processing] routine ‖ **⁓sperre** f (DV) / interrupt inhibit ‖ **⁓stelle** f / point of break ‖ **⁓steuerungsprogramm** / interrupt handler, interrupt control routine ‖ **⁓strom** m, Öffnungsstrom m (Elektr) / break-induced current, current on break ‖ **⁓system** n (Messen) / interrupt system ‖ **⁓taste** f / break key ‖ **⁓tastung** f / open-circuit keying
Unterbrennerkoksofen m / underjet coke oven
unterbringen, versorgen, einbringen / accommodate, place, put in place ‖ ⁓, einbauen / house v ‖ ⁓, verstauen / stow away ‖ **[Lokomotiven]** ⁓ (Bahn) / stable
Unterbringung f, Versorgung f, Anordnung f / accommodation, arrangement, placing ‖ **⁓ auf engem Raum** (Elektronik) / packaging technique
Unterbringungsraum m / accomodation
unterbrochen / interrupted, discontinuate, discontinuous ‖ ⁓ (Leuchtfeuer) / flashing, intermittent, occulting ‖ **⁓es Altern** / interrupted ageing ‖ **⁓er Arbeitslauf** (DV) / intermittent cycle ‖ **⁓es Feuer**, Blinkfeuer n / flashing o. intermittent o. occulting light ‖ **⁓es Fließpressen** / incremental extrusion ‖ **⁓e gedämpfte Wellen** f pl / interrupted o. chopped continuous waves, I.C.W. pl, tonic train ‖ **⁓er Guß** / interrupted pouring ‖ **⁓e Linie** (Straß) / broken line, discontinuous line ‖ **⁓er Schnitt** (Wzm) / interrupted cut, jump cut ‖ **⁓e Schweißnaht** / intermittent weld ‖ **⁓e Wendel** (Lampe) / space winding ‖ **⁓ werden**, abreißen / intermit vi ‖ **durch Steinmassen ⁓e Ader** (Bergb) / transient lode
Unterbrochenspinner m / intermittent spinning frame
unter·bundener Strang (Textil) / lease-banded hank ‖ **⁓chlorige Säure** / hypochlorous acid ‖ **⁓dachtrocknung** f (Landw) / barn hay drying ‖ **⁓dampf** m / steam admitted from below, under-steam ‖ **⁓deck** n (Schiff) / lower deck, below-deck ‖ **⁓decksversteifung** f (Schiff) / carling ‖ **⁓determinante** f, Minor f (Math) / subdeterminant, minor [determinant] ‖ **⁓dicke** f (Hütt) / off-gauge n ‖ **⁓dimensioniert** / of too low capacity o. size o. strength ‖ **⁓dimensionierter Radius** / non-dimensional radius ‖ **⁓-Dischwefelsäure** f, Dithionsäure, $H_2S_2O_6$ f / hyposulphuric o. dithionic acid ‖ **⁓dosierung** f (Plast) / underfeeding ‖ **⁓dosis** f, zu geringe Dosis / underdose ‖ **⁓drehen** (Film) / shoot with low speed ‖ **⁓dreh-Karrenpflug** m / reversible carriage plough, turnwrest carriage plough
Unterdruck m / depression, low o. negative pressure, partial vacuum ‖ ⁓, Unteratmosphärendruck m / subatmospherie pression ‖ ⁓ (Walzw) / bottom roll pressure ‖ ⁓, Depression f / ventilating pressure ‖ ⁓... (Kfz) / vacuum ‖ **⁓behälter** m (Kfz) / vacuum tank, autovac ‖ **⁓dampfheizung** f / vapour heating system
unterdrücken / suppress, prevent, impede, curb, check ‖ ⁓, mildern / allay ‖ ⁓, dämpfen / choke ‖ ⁓, dämpfen (Fernm, Elektronik) / attenuate
Unterdruck--Entlüfterventil n / negative pressure valve
Unterdrücker m **für Harmonische** (Fernm) / harmonic suppressor
Unterdruck·förderer m / vacuum conveyor ‖ **⁓förderer** m (Kfz) / vacuum pump element ‖ **⁓gebläse** n / vacuum blower ‖ **⁓heizung** f / vacuum heating ‖ **⁓kammer** f,

-raum m, -prüfstand m (Luftf) / low-pressure chamber, altitude cabin ‖ **⁓-Kanal** m (Luftf) / vacuum tunnel ‖ **⁓leitung** f (Kfz) / vacuum conduct ‖ **⁓messer** m, Vakuummeter n (DIN) / vacuum gauge o. indicator o. meter ‖ **⁓messer** m (Dampfm) / condenser gauge ‖ **⁓messer** m (Schornstein) / draft indicator o. gauge ‖ **⁓messer** m **in mm-Wassersäule geeicht** (Masch) / water gauge ‖ **⁓presse**, Unterkolbenpresse f / upstroke press, bottom ram press ‖ **⁓prüfer** m (Kfz) / vacuum tester ‖ **⁓prüfstand** m / vacuum test chamber o. facility ‖ **⁓pumpe** f / evacuating o. vacuum pump ‖ **⁓regler** m (Einspr.pumpe) / vacuum governor, vacuum advance mechanism ‖ **⁓scheibenwischer** m (Kfz) / vacuum type windshield wiper ‖ **⁓servoeinrichtung** f (Kfz) / vacuum servo
Unter-Druck-Setzung f, Druckbeaufschlagung f / pressurization
Unterdruckspannvorrichtung f / vacuum chuck
unterdrückt·e Trägerwelle / suppressed carrier wave ‖ **mit ⁓em Nullpunkt** (Instr) / hushed ‖ **teilweise ⁓e Seitenbänder** n pl / reduced side bands pl
Unterdrucktester m / vacuum tester
Unterdrückung f, -drücken, Niederhalten n / suppression ‖ **⁓ der führenden Nullen** / zero elimination o. compression o. suppression ‖ **⁓ der Zwischenräume** (DV) / space suppression ‖ **⁓ von Wählimpulsen** (Fernm) / digit absorption
Unterdrückungs·begrenzer m / suppression rate limiter ‖ **⁓kreis** m (TV) / rejecter circuit
Unterdruck·ventil n / suction relief valve ‖ **⁓verdampfer** m / vacuum evaporator ‖ **⁓verstellung** f, -zündverstellung f (Kfz) / vacuum [spark] advance o. control ‖ **⁓wächter** m / minimum pressure governor ‖ **⁓zuführung** f / vacuum feed
Unter·dükerung f (Hydr) / sag crossing ‖ **⁓dükerung** f (eines Tals) / inverted siphon
untereinander auswechselbar / interchangeable ‖ **⁓ verbunden**, gegenseitig bezogen / syndetic ‖ **⁓ zusammenhängend** / interrelated
Unter·einheit f / subunit ‖ **⁓entwickeln** (Phot) / underdevelop ‖ **⁓entwickelt** (Phot) / thin, flat, underdeveloped ‖ **⁓entwickelt** / underdeveloped ‖ **⁓entwicklung** f / under-development ‖ **⁓erregt** (Elektr) / underexcited ‖ **⁓eutektisch** / hypoeutectique ‖ **⁓eutektoidisch** / hypoeutectoid ‖ **⁓fach**, -gelese n (Web) / lower shed ‖ **⁓faden** m (Nähm) / under-thread ‖ **⁓fadenspule** f (Nähm) / under-thread spool, bobbin ‖ **⁓fahrbare Palette** / general purpose pallet ‖ **⁓fahren** (Bergb) / undercut ‖ **⁓fahren**, -fangen n (Bau) / dead shoring, underpinning ‖ **⁓fahrhöhe** f / underclearance ‖ **⁓fahrung** f (Bergb) / undercutting ‖ **⁓familie** f, Zweig m, Zerfallsanteil m (Nukl) / branch ‖ **⁓fangen**, -fahren (Bau) / underpin, rebuild the foundation ‖ **⁓feld**, Teilfeld n (Assembler) / subfield ‖ **⁓feuerung** f / furnace heated from below, undergrate firing ‖ **⁓feuerungsbedarf** m (Koksofen) / amount of calories required for heating the coke oven ‖ **⁓fläche** f / lower surface ‖ **⁓fläche** f, Sitz m (Bau) / sole, base ‖ **⁓fläche** f, Innenfläche f (Bogen) / intrados ‖ **⁓flansch** m (Stahlbau) / bottom flange ‖ **⁓flansch-Laufkatze** f / trolley running on bottom flange ‖ **⁓flasche** f (Kran) / bottom hook block ‖ **⁓flasche** f (Flaschenzug) / lower block ‖ **⁓flottenjigger** m (Färb) / immersion jig
Unterflur·... / underfloor, flush-mounted ‖ **⁓...** (Leuchten) / blister type... ‖ **⁓...**, unterirdisch / subterranean, underground, subsurface ‖ **⁓befeuerung** f (Luftf) / blister lights pl ‖ **⁓bus** m / cabover bus ‖ **⁓container** m (Luftf) / belly container, lower deck container ‖ **⁓-Gepäckraum** m (Kfz) / underfloor hold ‖ **⁓hydrant** m / underfloor hydrant ‖ **⁓motor** m / underfloor engine ‖ **⁓-Schleppkettenförderer** m **kurvengängig** / single-strand floor-mounted truck conveyor, chain below floor ‖ **⁓signallicht** n (Luftf) / blister light ‖ **⁓station** f / underground substation ‖ **⁓-Stromabnehmer** m (Bahn) /

underground collector, plough ‖
⌐**treppenrostfeuerung** f / underfloor step grate firing ‖
⌐**waage** f / flush-mounted platform balance
Unter·flußkabel n / subfluvial cable ‖ ⌐**form** f(Plast) /
cavity of a die ‖ ⌐**form**, Matrize der Abquetschform f
(Plast) / chase ‖ ⌐**form** f, Matrize f der Abquetschform /
chase, bolster, frame ‖ ⌐**fräsmaschine** f, -fräse f(Holz)
/ shaping machine ‖ ⌐**frequenz** f / underfrequency ‖
~**führte Wetterkreuzung**, -brücke f(Bergb) / undercast
‖ ⌐**führung** f(für Fußgänger) (Straßb) / crossunder,
subway (GB) ‖ ⌐**führung** f(der Straße) (Bahn, Straßb) /
underpass, underbridge, undergrade crossing (US) ‖
⌐**führung**, Tunnel m / passage underground, tunnel
passage ‖ ⌐**füllung** f / underfilling ‖ ⌐**furnier** n / blind
veneer ‖ ⌐**furnier** n, Absperrfurnier n / cross band ‖
~**gärig** (Brau) / produced by sedimentary fermentation,
fermented from below, bottom o. low fermenting o.
fermentation… ‖ ~**gärige Hefe** / bottom yeast ‖
⌐**gärung** f / sedimentary o. bottom o. low fermentation
‖ ⌐**gedinge** n (Bau) / subcontract ‖ ⌐**gefüge** n (Hütt) /
substructure ‖ ~**gehen**, absacken, sinken (Schiff) / sink,
founder, subside ‖ ~**gehen**, verschwinden / disappear ‖
~**geordnet** / subordinate, ancillary ‖ ~**geordnet**,
abgeleitet, Neben… / minor, secondary ‖ ~**geordnet**
(Fehler) / minor ‖ ⌐**geschoß** n (Bau) / basement,
underground floor, lower story ‖ ⌐**gesenk** n, Matrize
(Schm) / bottom o. lower die o. swage ‖ ⌐**gestell** n,
Fahrgestell n / undercarriage, truck, bogie ‖ ⌐**gestell** n,
Rahmen m (Bahn) / [under]frame, chassis ‖ ⌐**gestell** n
(Wagen) / undercarriage ‖ ⌐**gestell**, Fahrgestell n (Kran)
/ bogie truck o. wagon ‖ ⌐**gestell** n, Rahmen m
(Fahrzeug) / underframe [of a carriage] ‖ ⌐**gestell** n (Hütt)
/ base ‖ ⌐**gestell** n (Nähm) / stand ‖ ⌐**gestell** n **für**
Tischempfänger / console (a floor-standing cabinet) ‖
⌐**gewebe** n (Textil) / back cloth ‖ ⌐**gewicht** n /
deficiency in weight, underweight ‖ ~**gießen mit Beton**
/ underpour ‖ ⌐**glasmalerei** f / underglaze painting ‖
⌐**glasur** f(Keram) / underglaze ‖ ~**gliederte Datei** (DV)
/ partitioned data set ‖ ~**grädig** (Branntwein) / underproof
‖ ⌐**grenze** f, unterer Grenzwert m (Math) / lower limit ‖
⌐**griff** m **am Radreifen**, Radreifenansatz m (Bahn) / tire
fastening by single flange ‖ ⌐**größe** f, -maß n /
undersize
Untergrund m (Spektroskop) / background ‖ ⌐ (Färb) /
back, ground ‖ ⌐, Vordruck m (Färb) / first print,
bottom print[ing] ‖ ⌐… / subterranean, -aneous ‖
festgefahrener ⌐ (Landw) / subsoil made hard by
repeated passages of tractors ‖ ⌐**absorption** f(Opt) /
background absorption ‖ ⌐**bahn** f / underground
[railway] (GB), subway (US) ‖ **Pariser** ⌐**bahn** /
metro[politain] ‖ ⌐**düngung** f / subsurface fertilizing,
covered fertilizing (US) ‖ ⌐**erosion** f / subsoil erosion ‖
⌐**geräusch** n / background noise ‖ ⌐**lockerer**,
Bodenmeißel m (Landw) / subsoiler, subsoiling
attachment, trace o. underground lifter ‖ ⌐**lockerung** f /
subsoiling, underground lifting ‖ ⌐**packer** m,
Bodenverdichter m (Landw) / land packer ‖ ⌐**packer** m
mit Krümelwalze (Landw) / combined land packer and
roller tiller ‖ ⌐**pflug** m (Landw) / subsoil plough,
draining scarifier ‖ ⌐**schwärzung** f(Spektr) / fog level ‖
⌐**strahlung** f (eine Störstrahlung) (Nukl) / background
radiation ‖ ⌐**verbesserung** f(Landw) / subsoil
improvement ‖ ⌐**walze** f(Landw) / land packer
Untergruppe f(DV) / subordinate group ‖ ⌐ (Masch) /
subassembly (as a unit) ‖ ⌐ (Math) / subclass, -group ‖ ⌐
(Fernm) / subgroup
Unter·gruppentrennzeichen n / record separator, RS ‖
⌐**gurt** m (Stahlbau) / bottom o. lower boom (GB) o.
chord (US) o. flange ‖ ⌐**gurtrolle** f(Förderer) / return
idler ‖ ⌐**gurtstab** m (Stahlbau) / bottom boom member ‖
⌐**haar** n (Wolle) / bottom hair, undergrowth ‖ ~**halb**
[von] / under ‖ ~**halb** (Hydr) / downstream ‖ ~**halb der**
Fluthöhe (Geol) / subtidal ‖ ~**halb der**
Normanforderung / substandard…

Unterhaltbarkeit f, Wartbarkeit f / case of maintenance
unterhalten, instandhalten / maintain ‖ ~, warten /
service v
unterhaltend, sich selbst ~ / self-sustained
Unterhaltung f, Wartung f / maintenance
Unterhaltungs·arbeiten f pl / maintenance work, upkeep
‖ ⌐**arbeiten** f pl (Öl) / work over ‖ ⌐**elektronik** f /
entertainment electronics ‖ ⌐**industrie**,
Vergnügungsindustrie f / entertainment industry ‖
⌐**kosten** pl / maintenance cost o. charges, upkeep ‖
⌐**zustand** m / maintenance condition
Unter·hängeeisen n (Bergb) / suspension iron ‖ ~**härten**
(Plast) / undercure ‖ ⌐**haupt** n **eines Durchlasses, einer**
Schleuse / tailbay, lower head ‖ ⌐**hautzellgewebe** n
(Gerb) / adipose tissue ‖ ⌐**hefe** f, Bodenhefe f (Brau) /
bottom yeast, low-fermentation yeast ‖ ⌐**hieb** m,
Grundhieb m (Feile) / first cut ‖ ⌐**hitze** f(Hütt) / bottom
heating ‖ ~**höhlen**, auswaschen / erode ‖ ~**höhlen**,
bloß-, freilegen (Bau) / lay bare, undermine, excavate ‖
~**höhlen**, bloßlegen / sap v, undermine, lay bare ‖
⌐**holz** n / undergrowth, underwood, -brush ‖ ⌐**holz** n,
Gestrüpp n / brush [wood], shrubs pl, shrubbery, copse
wood, coppice
unterirdisch / subterranean, subterraneous, underground
‖ ~, erdverlegt / buried ‖ ~**er Abzugskanal** / canal,
culvert ‖ ~**e Entwässerung** / underdrainage ‖ ~**er**
Gang, Tunnelgang m / subway ‖ ~**er Kanal** / tunnel-
canal ‖ ~**er Kanal** (Elektr) / cable duct (underground) ‖
~**e Kernexplosion** / underground nuclear detonation,
underground burst ‖ ~**e Leitung** (Fernm) / underground
line ‖ ~**e Stromzuführung** / underground current
supply ‖ ~**es Wasser** (Sammelbegriff) / underground
water, subsoil water ‖ ~**er Wasserabzug** (o.
Abzugskanal o. Abflußgraben) / underdrain
Unter·kanal m (DV) / subchannel ‖ ⌐**kante** f / lower
border o. edge ‖ ⌐**kante**, untere Fläche f(Stahlbau) /
lower flange o. surface ‖ ⌐**kasten** m (Gieß) / drag, drag
o. bottom box ‖ ⌐**kastenwendegerät** n (Gieß) / turnover
machine for bottom boxes ‖ ~**keilen** / level (o. lift) with
a wedge ‖ ~**kellert** (Bau) / with basement ‖ **nicht**
~**kellertes Haus** / non-basement house ‖ ⌐**kette** f,
Grundkette f(Web) / main o. ground warp ‖ ⌐**klasse** f
(Math) / subclass, -group ‖ ~**kleber** m (Film) / joiner o.
splicing patch ‖ ~**klotzen** / prop vt ‖ ⌐**kolben** m / lower
ram ‖ ⌐**kolbenpresse** f / upstroke press ‖
~**kompensiert** / undercompensated ‖ ~**kopieren** (Phot) /
underprint v ‖ ⌐**korn** (Sintern) / undersize powder ‖
⌐**korn** n, Sieb-Feines n, -Durchlauf m / undersize
[particles;pl.], fines pl, underflow ‖
⌐**korn-Kontrollsieb** n / undersize control screen ‖
⌐**kritikalität** f / subcriticality ‖ ~**kritisch** (Nukl) /
subcritical ‖ ~**kritische Anordnung** (Nukl) / subcritical
assembly ‖ ~**kritische Ballung** (o. Paketierung)
(Geschwind.Modulation) / underbunching ‖ ~**kritischer**
Modus / subcritical mode ‖ ~**kritischer**
Multiplikationsfaktor, Quellenverstärkung f(Nukl) /
subcritical multiplication factor ‖ ~**kritische Reaktion** /
convergent o. subcritical reaction ‖ ~**kritische**
Verstärkung (Nukl) / subcritical multiplication ‖
~**kühlen** (allg, Kfz) / overcool, undercool, supercool ‖
~**kühltes Sieden** / subcooled boiling ‖ ⌐**kühlung** f
(Hütt) / super-, undercooling ‖ ⌐**kühlungsgraphit** m
(Gieß) / undercooled graphite ‖ ⌐**kupfer** n (Schweiß) /
copper back-up bar ‖ ~**kupfern** (Galv) / pre-copperplate
‖ ⌐**lackierung** f / undercoat
Unterlage f, Grundlage f / base ‖ ⌐, -schicht f(Geol) /
substratum, subsoil ‖ ⌐, Stütze f / support ‖ ⌐,
Unterschicht f, Untergrund m (Straßb) / foundation, bed
of sand (under pavement) ‖ ⌐, Verstärkung f / backing
‖ ⌐ (aus Blech), Zwischenlage f(Masch) / spacer, shim,
liner ‖ ⌐, -gestell n (Masch) / base, bed ‖ ⌐,
Unterlegplatte f(Masch) / bearing chair o. block ‖ ⌐,
Konsole f(Bau) / console ‖ ⌐ (Anstrich) / base, substrate
‖ ⌐, Grundierung f (Anstrich) / couch ‖ ⌐,

Zwischenschicht f (Galv) / precoat, preplating ‖ ⌐ (Schw) / backing bar, detachable backing strip ‖ ⌐ (Plast) / back cloth ‖ ⌐, Druckunterlage f / pad ‖ ⌐ (zum Aufziehen) / mount, frame ‖ ⌐n f pl, Daten pl / data pl, records pl ‖ ⌐n f pl (DV) / case papers pl ‖ ⌐ f (Teppich) / backing (carpet) ‖ ⌐ **zum Schreiben** / blotting pad ‖ **nähere** ⌐n, (spez:) technische Unterlagen f pl / descriptive literature ‖ ⌐klotz m / block, bolster

Unterlagen·-Bewegung f (DV) / activity ‖ **kompletter** ⌐satz, "alle Unterlagen" (für die Fertigung) f pl (F.Org) / dossier

Unter·lager n (Bau) / lower bed ‖ ⌐lager n, unteres o. Fußlager (Instr) / footstep bearing ‖ ~lagern (Geol) / underlie ‖ ~lagerte Regelung / cascade control

Unterlagerungs·fernwahl f (Fernm) / low frequency dialling ‖ ⌐telegrafie f / infra-acoustic telegraphy, subaudio telegraphy

Unterlags·balken m / supporting beam of a floor ‖ ⌐blech n / dummy sheet

Unterlagscheibe f s. Unterlegscheibe ‖ ⌐ **g** (= grob), **[mg** (= mittelgrob, m (= mittel)]** (Schweizerische Normen) / washer g (= raw), [mg = medium raw, m = medium] (Swiss standards)

Unterlags·papier n (Bau) / waterproof paper ‖ ⌐platte f (Bahn) / bearing o. bed plate, ground plate

Unter·länge f (Strumpf) / lower leg ‖ ⌐länge f (Buch) / descender ‖ ⌐länge f, ungenügende Länge / short length, underfootage ‖ ⌐last f / underload ‖ ⌐lastung f (Elektr) / derating ‖ ⌐lastungsgrad m / derating ratio o. factor ‖ ⌐lauf m (Hydr) / underflow ‖ ⌐lauf m, Stevenanlauf m (Schiff) / fore-foot ‖ ⌐lauf m (Fluß) / lower course ‖ ⌐lauf m, Bereichsunterschreitung f (DV) / underflow ‖ ~laufen, sich einschleichen (Fehler) / creep in, slip ‖ ⌐läufer m (Textil) / back gray cloth ‖ ⌐läufigkeit f von Sperrmauern (Hydr) / underflow of barrages, underseepage ‖ ⌐leder n / sole-leather, bottom leather

Unterlege·holz, Quetschholz n (Bergb) / footboard ‖ ⌐keil m (Kfz) / wheel chock

unterlegen, darunter legen / place under[neath] ‖ ~ (Geräusch) (Film) / dub (sound effects) ‖ ~, ausfüttern (Lager) / line bearings ‖ ~ (Buch) / bring up, adjust ‖ ⌐ n des Gummituchs mit Papier (Buch) / patching up

Unterleg·klotz, Keil m (Maurer, Zimm) / stand, block, stock ‖ ⌐platte f, -keil m (Masch) / spacer, shim, liner

Unterlegscheibe f s. Unterlegscheibe ‖ ⌐, U-Scheibe f / plain washer (DIN 125 etc) ‖ ⌐ **für Wellblech** / limpet washer ‖ ⌐ **mit Fase** / chamfered plain washer (DIN 115) ‖ ⌐ **mit Vierkantloch** / plain washer with square hole ‖ ⌐ **Produktklasse A**, U-Scheibe f mittel / medium finished washer ‖ **blanke** ⌐ / bright o. machined washer ‖ **kappenförmige** ⌐ / cupped washer ‖ **rohe unbearbeitete** ⌐ / blank washer, non-machined o. raw washer

Unter·lieferant m / subcontractor, [outisde] vendor (US) ‖ ⌐lieferant m (für Teile o. Zubehör) / [component] supplier ‖ **vom** ⌐lieferanten hergestellt / second-source... ‖ **einer ständigen Feuerüberwachung** ~liegen / feature a constant fire detection system ‖ ⌐lippe f (Stoffauflauf) (Pap) / lower lip ‖ ⌐litze f (Web) / hanger ‖ ⌐lizenz f / sublicence ‖ ⌐loch n, -lochung f (LoKa) / underpunch ‖ ~löst (Malz, Brau) / undermodified ‖ ⌐maß n / dimension smaller than specified ‖ **mit** ⌐maß (Zeichn) / bare ‖ **zulässiges** ⌐maß / lower deviation (of dimensions) ‖ ~mauern, -bauen (Bau) / underpin ‖ ~mauert (Treppe) / resting on brickwork ‖ ⌐mauerung f (Treppe) / underpinning ‖ ⌐menge f, Teilmenge f (Math) / subset ‖ ⌐mengen-Adreßzeiger m (DV) / subset pointer ‖ ⌐messer n (Schere) / bottom o. lower blade ‖ ⌐messer n (Siebdruck) / bottom knife ‖ ⌐messer n des Betonstahlmattenschneiders / straight jaw of a bolt cutter ‖ ⌐messerhalter m / lower blade (o. knife) holder ‖ ~minieren, untergraben, -höhlen / undermine ‖ ~moderiert (Nukl) / undermoderated ‖

~moduliert / undermodulated ‖ ~möllern (Hütt) / underburden ‖ ⌐nahtriß m (Schw) / underbead crack ‖ ⌐nahtrissigkeit f (Schw) / lamellar tearing

Unternehmen n / business, enterprise

Unternehmens·berater m / business consultant, management consulting engineer ‖ ⌐forschung, Optimalplanung f, Operations Research n / operations o. operational research, OR ‖ ⌐führung f (F.Org) / top management ‖ ⌐führung f (Tätigkeit) / management technics pl ‖ ⌐führung f mittels Rechner / computer aided management, CAM ‖ ⌐leitung f (F.Org) / administration ‖ ⌐spiele n pl / management games pl

Unternehmer m / contractor ‖ ⌐, Arbeitgeber m / employer ‖ ⌐..., unternehmerisch / entrepreneurial ‖ ⌐ **für elektrische Anlagen** / electragist (US), electric contractor ‖ ⌐arbeiten f pl (Bau) / contractor works pl ‖ ⌐tum n, Stellung o. Bedeutung als Unternehmer / entrepreneurship

Unter·netz n (Netzplan) / fragnet ‖ ⌐normal / subnormal ‖ ⌐ölmotor m / suboil motor ‖ ⌐pegel m (Hydr) / downstream gauge ‖ ⌐pflanze, Schattenpflanze, schattenliebende Pflanze f / shade plant ‖ ⌐pflaster-Straßenbahn f / underground tramway ‖ ⌐pflaster-Stromabnehmer m (Bahn) / underground collector, plough ‖ ~pflügen, unterackern / plough down o. in ‖ ~phosphorig / hypophosphorous ‖ ⌐produktion f (gegenüber vertraglichen Abmachungen) (Bergb) / undergettings pl ‖ ⌐programm n (DV) / subroutine, -program ‖ **das** ⌐programm **einschieben** (DV) / cue v ‖ **ein** ⌐programm enthaltend (DV) / nesting ‖ ⌐programm n erster, [zweiter] Stufe / first-remove, [second-remove] subroutine ‖ ⌐programm-Aufruf m / subroutine call ‖ ~proportional / underproportional ‖ ⌐protektor m (Reifen) / tread base, subtread ‖ ⌐pulverschweißen, UP-Schweißen n / submerged [arc] welding

Unterputz m (Bau) / first coating of two coat work, rendering ‖ ⌐... (Install) / flush mounted, buried, concealed ‖ ⌐ **aufbringen**, berappen (Bau) / render ‖ ⌐dose f, -abzweigkasten m (Elektr) / flush box ‖ ⌐schalter m / built-in o. buried o. concealed switch, panel o. flush o. recessed switch ‖ ⌐steckdose f (Elektr) / flush socket ‖ ⌐verlegung f / buried o. concealed wiring

unter·quadratisch (Mot) / undersquare ‖ ⌐rasenpflug m (Landw) / subsoil plough, draining scarifier

Unterricht m, Ausbildung f / instruction, teaching

Unterrichts·fach n / discipline ‖ ⌐fernsehen n / educational television, E.T.V. ‖ ⌐maschine f / teaching machine ‖ ⌐raum m / class room, lecture room ‖ ⌐reaktor m / training reactor ‖ ⌐stufe f / pacing

Unter·riegel m (Bau) / lower transom ‖ ⌐riegel m (Fernm) / earth traverse o. brace ‖ ⌐riemchen n (Spinn) / bottom apron ‖ ⌐riemchenbrücke f (Spinn) / guide bridge ‖ ⌐riese m / subgiant ‖ ⌐rohr n (Fahrrad) / down-tube ‖ ~salpetrige Säure / hyponitrous acid ‖ ~sättigt (Phys) / undersaturated ‖ ⌐sättigung f / saturation deficit ‖ ⌐satz m, -setzer, Sockel m / base, stand, pedestal ‖ ⌐satz, Sockel m (Bau) / socle ‖ ⌐schacht m (Hochofen) / boshes and hearth, lower shaft ‖ ⌐schall... / subsonic, infrasonic ‖ ⌐schallfrequenz f / infrasonic [frequency] ‖ ⌐schallgeschwindigkeit f / subsonic speed ‖ ⌐schallvorderkante (Luftf) / subsonic leading edge ‖ ~schäumte Folie / foam-backed sheet

unterscheidbar / distinguishable ‖ ⌐keit f / differentiability, distinguishability

unterscheiden, auseinanderhalten / distinguish, differentiate ‖ **[scharf]** ~ / discriminate ‖ **sich** ~, (auch:) ..einen Unterschied machen / differentiate vi

unterscheidend, Unterscheidung... / differential ‖ ~, diskriminierend / discriminating

Unterscheidung f, Diskriminierung f / discrimination ‖ ⌐ **von Markierungen** (DV) / mark discrimination

Unterscheidungs·kraft *f* (Patent) / distinctiveness [of a trade mark] ‖ ⁺**matrix** *f* (DV) / difference matrix ‖ ⁺**merkmal** *n* / characteristic o. distinctive feature ‖ ⁺**schwelle** *f* / difference threshold o. limen, DT, DL, just noticeable difference, JND
Unter·schicht (Straßb) / lower layer o. coating o. stratum, subbase ‖ ⁺**schicht** *f* (Geol) / substratum ‖ ⁺**schicht** *f* (z.B. Unterkupferung) (Galv) / undercoating ‖ ~**schichten** (Brau) / underlet ‖ ⁺**schiebung** *f* (Geol) / underthrust
Unterschied *m*, Differenz *f* / difference ‖ ⁺, Abweichung *f* / variety ‖ **auf einen** ⁺ **einstellen** / margin ‖ **ohne** ⁺ **von Geschlecht** / equal-opportunity...
unterschiedlich [in, durch] / by variation [in], varying ‖ ~ **dicke Verzinnung auf den zwei Seiten eines Bandes** (Hütt) / differential coating
Unterschieds·empfindlichkeit *f* / contrast sensitivity ‖ ⁺**prüfung** *f* / comparison test ‖ ⁺**schwelle** *f* (Akustik) / differential threshold
Unter·schienenschweißen *n* / fire-cracker welding, arc welding with stationary covered electrode ‖ ~**schlächtig** (Hydr) / undershot ‖ ⁺**schlag** *m* (Buch) / white line ‖ ⁺**schlag** *m* (Web) / underpick ‖ ⁺**schlagwebstuhl** *m* (Textil) / underpick loom ‖ ⁺**schlagzeile** *f* (Buch) / lower white line, footstick ‖ ~**schließen** (Buch) / hook down ‖ ⁺**schlinge** *f* (Web) / underloop, lower loop ‖ ~**schneiden** / undercut ‖ ~**schneiden** (Buch) / kern *v* ‖ ⁺**schneidung** *f* / kern ‖ ⁺**schneidung**, Wassernase *f* (Bau) / drip nose o. mould, water drip, weather groove ‖ ⁺**schneidung** *f* (Stufe) / projection of tread ‖ ⁺**schneidung** *f* / undercut ‖ ⁺**schnitt** *m* (Getriebe) / cutter interference ‖ ⁺**schnitt** *m*, Hinterschneidung *f* (Masch) / re-entrant angle ‖ ⁺**schnitt** *m*, Signatur[rinne] *f* (Buch) / kern ‖ ~**schnittene Kernmarke** (Gieß) / clearance taper, pocket print ‖ ~**schrämen** (Bergb) / undercut, undermine, slot ‖ ~**schreiten**, nicht erreichen / fall short [of] ‖ ~**schreiten** / remain [under] ‖ ⁺**schreitung** *f* / undershoot, underflow ‖ **zulässige** ⁺**schreitung** (Maß) / lower deviation ‖ ⁺**schriftsmappe** *f* / signature folder ‖ ⁺**schubfeuerung** *f* / underfeed stoker ‖ ⁺**schuß** *m* (Textil) / ground o. back pick o. weft (GB) ‖ ⁺**schwelle** *f* **eines Lehrgerüsts** (Bau) / horizontal tie of a centre ‖ ~**schwellige Wahrnehmung** / subliminal perception, SP ‖ ⁺**schwung** *m*, kurzes Überschwingen (ins Negative) / preshoot (US), prepulse ‖ ⁺**schwung**, Einschwung *m* (der Rückflanke) (TV) / undershoot ‖ ⁺**see...**, unterseeisch / subsea, submarine ‖ ⁺**seeboot**, U-Boot *n* / submarine [boat], U-boat ‖ ~**seeisches Kabel**, Seekabel *n* / submarine cable ‖ ~**seeische Rohrleitung** / undersea pipeline, sealine ‖ ⁺**seeverstärker** *m* / submerged repeater ‖ ⁺**seil** *n* (Koepebetrieb) (Bergb) / balance o. tail rope ‖ ⁺**seil** *n*, Ausgleichseil *n* (Bergb) / ballast rope, counter rope ‖ ⁺**seilapparat**, -seilkuppler *m* (Seilb) / undertype coupler ‖ ⁺**seilaufhängung** *f* (Bergb) / undertype coupler ‖ ⁺**seilbetrieb** *m* / undertype coupler traction ‖ ⁺**seite** *f*, Bauch *m* / lower side o. [sur]face, underside, -surface, bottom side, second surface ‖ ⁺**seite** *f* (Web) / rear side ‖ ~**setzen** / place under[neath] ‖ ⁺**setzen** (Getriebe) / reduce ‖ ⁺**setzer** *m* (Hütt) / crucible stand ‖ ⁺**setzer 2 : 1** (Elektronik) / binary circuit ‖ ⁺**setzer 3 : 1** (DV) / ternary circuit ‖ ⁺**setzer einer Ringschaltung** (ein Zählgerät) *m* / ring scaler ‖ ~**setzt** / geared down ‖ ⁺**setzung**, Räderuntersetzung *f* / gear reduction, demultiplication, stepping o. gearing down
Untersetzungs·getriebe *n*, Reduktionsgetriebe *n* / step-down gear [unit o. system], reducing gear [unit o. system] ‖ **einstufiges** ⁺**getriebe** / single-stage reducing gear ‖ ⁺**getriebekopf**, Getriebekopf *m* / gearhead ‖ ⁺**verhältnis** *n*, Untersetzung *f* / speed reducing ratio, step-down ratio, [reduction] gear ratio, gear reduction
Unter·sicherung *f* (Elektr) / secondary fuse ‖ ⁺**sicht** *f*, -ansicht *f* / bottom view ‖ ~**sintert** (Pulv.Met) / undersintered

Unterspannung *f* (Elektr) / undervoltage ‖ ⁺ **in einem Verteilernetz** / brownout (US)
Unterspannungs·auslösung *f* / undervoltage o. low-voltage release o. trip, undervoltage circuit breaker ‖ ⁺**auslösung** *f* **mit Einschaltsperre** / undervoltage no-close release ‖ ⁺**durchführung** *f* (Elektr) / low-voltage bushing
Unterspannungsetzen *n* / making alive
Unterspannungs·relais *n* (Elektr) / low-volt relay, minimum voltage relay ‖ ⁺**schutz** *m* / undervoltage protection ‖ ⁺**seite** *f* (Trafo) / low-voltage side ‖ ⁺**wicklung** *f* / low-voltage winding
unter·spülen / hollow out [from below], wash away, erode ‖ ⁺**spülung** *f*, Auskolkung *f* / scouring, underwashing, washout
unterst·er Teil / bottom
Unter·standardbrechung, Infrabrechung *f* (Radar) / sub-refraction ‖ ~**ständig** (Anker, Elektr) / undertype ‖ ⁺**station** *f* / substation ‖ ⁺**station** *f*, gesteuerte Station (Fernwirk) / outstation, remote station ‖ ⁺**station** *f* (für Frequenzwandlung), Umformerwerk *n* / frequency transformation station ‖ ~**stellen** (Kfz) / park *vt*, shed, (esp:) garage ‖ ⁺**stempel** *m* (Presse) / bottom ram ‖ ~**stempeln** (Bergb) / underpin
Unterstes *n* (Bergb) / bottom, bottoms *pl*
unter·steuern (Kfz) / understeer ‖ ~**steuernd** (Kfz) / understeering *adj* ‖ ⁺**stoß** *m* (Bergb) / lower bank ‖ ~**streichen** / underscore, score under, underline ‖ ⁺**streichungszeichen** *n* (DV) / underscore o. break character ‖ ⁺**strom**, Minimalstrom *m* (Elektr) / minimum current ‖ ⁺**strom** *m*, zu schwacher Strom (Elektr) / undercurrent ‖ ⁺**stromauslöser** *m* (Elektr) / undercurrent trip ‖ ~**stromig**, stromabwärts / down the river, downstream ‖ ~**stromige Strecke**, Unterwasser *n* (Hydr) / tail ‖ ⁺**stromselbstschalter** *m*, Minimalautomat *m* / automatic minimum o. underload circuit breaker ‖ ⁺**strömung** *f* (Hydr) / undercurrent ‖ ⁺**strömung** *f* (Staudamm) / underseepage ‖ ⁺**strömung** *f* **im Meer** (Hydr) / underset, undertow (US) ‖ ⁺**struktur** *f* / minor structure ‖ ⁺**struktur-Körner** *n pl* (Krist) / twin grains *pl* ‖ ⁺**stück** *n*, -teil *m n* / bottom part
unterstützen, helfen / assist ‖ ~ (z.B. eine Beobachtung) / bear, support ‖ ~, abstützen / stay, support, [under-]prop, sustain ‖ ~, abfangen / bear up, underpin ‖ ~, abstreben (Bau) / shore up
unter·stützend, zusätzlich / booster... ‖ ~**stützend**, tragend / sustaining, supporting ‖ ~**stützt** / resting ‖ ~**stützt** (durch Hilfsstützen) / propped
Unterstützung *f* / support, rest ‖ ⁺, Verstärkung *f* / backing ‖ ⁺ **für den Flug in der Umlaufbahn** / orbit support
Unterstützungs·fläche *f* / support polygone ‖ ⁺**punkt** *m* / supporting point ‖ ⁺**punkt** *m* (Mech) / [bearance] fulcrum ‖ ⁺**vieleck** *n* / support polygon
untersuchen, prüfen / test, inspect, examine ‖ ~, inspizieren / verify, check ‖ ~, studieren / investigate ‖ ~, forschen / study, search ‖ ~, erforschen / explore ‖ **genau o. eingehend** ~ / scrutinize, examine critically ‖ **wissenschaftlich** ~ / search through o. into
untersuchend / exploratory
Untersuchung *f* (auf Zusammensetzung, Gewicht usw.) / assay ‖ ⁺, Überprüfung *f* / examination ‖ ⁺, Erforschung *f* / exploration ‖ ⁺, Ermittlung *f* / investigation ‖ ⁺, Forschung *f* / study, investigation, research ‖ ⁺, Prüfung *f* / test, examination, inspection ‖ ⁺, Kontrolle *f* / verification ‖ ⁺**en anstellen o. durchführen** / research *v*, conduct [exhaustive] studies ‖ ⁺ **auf Gefahrensituationen** / conflict research ‖ ⁺ **mit Grundüberholung u. Modernisierung** (Bahn, E-lok) / general overhaul ‖ **zeichnerische (o. grafische o. bildliche)** ⁺ / investigation by graphic methods
Untersuchungs·anstalt *f* / analytical laboratory ‖ ⁺**arbeit** *f* / testing work ‖ ⁺**ausschuß** *m* / committee of inquiry, investigation board ‖ ⁺**bohrung** *f* / exploratory o.

experimental boring o. drilling ‖ **⌐brunnen** m (Fernm) /
test box ‖ **⌐chemiker** m, Analytiker m / analyst,
assayer (as for ore) ‖ **⌐kammer** f, Prüfraum m
(Windkanal) / test chamber ‖ **⌐klappe** f / inspection
shutter o. trap ‖ **⌐klemme** f (Elektr) / testing clamp,
connector for testing points ‖ **⌐labor** n,
Forschungsanstalt f / research lab[oratory] ‖ **⌐schild** n
(Bahn) / inspection plate ‖ **⌐strecke** f (Bergb) / exploring
drift ‖ **⌐verfahren** n / investigation method o. process ‖
⌐verfahren n (Luftf) / inqiry
Unter·support m (Wzm) / bottom slide rest ‖ ~**synchron**
(Elektr) / subsynchronous ‖ ~**synchrone**
Stromrichterkaskade (Drehzahlregelung, Elektr) /
induction motor and static converter cascade system ‖
⌐synchron-Reluktanzmotor m (Elektr) /
subsynchronous reluctance motor ‖ **⌐systembus** m (DV)
/ subsystem bus
Untertage·... / below ground..., underground... ‖
⌐arbeiter m / underground worker ‖ **⌐betrieb** m, -bau
m / drift mining, underground working ‖
⌐-Elektrifizierung f / electrification below ground ‖
⌐lagerung f, -speicherung f (Gas, Öl) / geological
storage, storage in underground cavities ‖
⌐-Schaufellader m / bobtail shovel ‖ **⌐vergasung** f /
underground gasification ‖ **⌐versuch** m (Bergb) / field
trial, in-mine trial ‖ **⌐-Wagenförderung** f,
-Wagenumlauf m / conveyance underground ‖
⌐-Wasserspeicher, Sumpf m (Bergb) / water lodge
unter·tauchen vt / immerse, immerge, submerge, plunge
‖ ~**tauchen** vi / submerge vi ‖ **⌐teil** m n / bottom
[part], lower part, underpart ‖ **⌐teil** m n (Kurbelgehäuse) /
crankcase bottom, crankcase lower half ‖ **⌐teil** n einer
Maschine (Masch) / substructure ‖ ~**teilt** / divided ‖
~**teilt** (Antenne) / sectionalized ‖ ~**teilt** (Qual.Prüf) /
subdivided, replicate[d] ‖ **in Zonen** ~**teilt** / zoned ‖
~**teilte Funkenstrecke** / multiple spark gap ‖ ~**teilter
Stempel** (Sintern) / split punch, subdivided punch ‖
⌐teilung f, Aufgliederung f / subdivision ‖ **⌐teilung** f
(Bau) / partioning ‖ **⌐teilung** f, Klassifikation f /
classification ‖ **⌐teilung** f **durch Teilstriche** /
graduation by marks ‖ **⌐teilung** f **von Verlusten** /
separation of losses ‖ **⌐temperatur** f / insufficient
temperature ‖ **⌐temperatur** f, niedrige[re] / low[er]
temperature ‖ **⌐tischbatterie** f (Waschbecken) / basin
mixer ‖ **⌐tisch-Standbatterie** f / mixing tap with
concealed body for mounting on horizontal surfaces ‖
⌐titel m (Film) / subtitle ‖ **⌐ton** n (im Liegenden)
(Bergb) / underclay, seat earth ‖ **⌐ton** m (Akust) / lower
harmonic ‖ **⌐tor** n (Hydr) / aft gate, tail gate ‖ **⌐touren**
n / running with less than normal speed ‖ **⌐träger** m
(Modulation) / subcarrier ‖ **⌐trägerschwingung** f
(Elektronik) / subcarrier oscillation ‖ **⌐trog** m **der Filters**
(Aufber) / filter feed-through ‖ **⌐tuch** n (Textil) / back
gray ‖ ~**tunneln** / tunnel, drive a tunnel through ... ‖
⌐verbunderregung f (Elektr) / undercompounding ‖
⌐vergebung f, -vergabe f / suballocation ‖
⌐verkupferung f (Galv) / copper undercoating ‖
~**vulkanisiert** / undercured ‖ **⌐wagen** m / truck, bogie
‖ **⌐wagen** m, Chassis n / chassis ‖ **⌐wagen** m (Seilb) /
flat truck, bogie ‖ **⌐walze** f (Walzw) / bottom roll, lower
roll ‖ **⌐ware** f (Textil) / back cloth, bottom cloth ‖
~**waschen** / bare vt, score
Unterwasser n, unterstromige Strecke (Hydr) / tail,
downstream water ‖ **⌐** (Aufber) / underscreen water,
underflow ‖ **⌐**... / submarine, subaqueous, underwater
‖ **⌐**... (Elektr) / immersible ‖ **⌐**..., getaucht, versenkt /
underwater, submerged ‖ **⌐**..., im Wasser / underwater,
subaqueous ‖ **⌐**..., Untersee... / subsea, submarine ‖
⌐..., unterstromig / downstream ‖ **⌐**... (z.B. Photo) /
underwater... (e.g. shot) ‖ **⌐anstrich** m (Schiff) / coat of
antifouling paint ‖ **⌐antenne** f / underwater antenna ‖
⌐-Atemgerät n / Scuba (self-contained underwater
breathing apparatus) ‖ **⌐aufheizung** f / submerged
heating ‖ **⌐bau** m / subaqueous structures pl ‖ **⌐betrieb**

m (Bau) / principle of submerging o. of submergence ‖
⌐-Boden-Rakete f / USM, underwater-to-surface
missile ‖ **⌐bohrung** f (Öl) / underwater drilling ‖
⌐bombe f / depth charge ‖ **⌐brenner** m / submerged
combustion burner ‖ **⌐brenner** m (Schweiß) /
underwater [cutting] torch ‖ **⌐einlauf** m (Hydr) /
submerged inlet ‖ **⌐-Erzgewinnung** f / underwater
mining ‖ **⌐fahrt** f / travelling underwater o. in
submerged state ‖ **⌐fahrt** f (Zustand) / submerged state
‖ **⌐fernsehen** n / submarine o. underwater television ‖
⌐frachtschiff n / submarine cargoboat ‖ **⌐gründung** f /
foundation under water ‖ ~**härtend**, hydraulisch
(Zement) / hydraulic ‖ ~**härtende Eigenschaften** f pl /
hydraulicity ‖ **⌐-Horchgerät** n, -Schallempfänger m
(Fernm) / waterphone ‖ **⌐jigger** m (Färb) / underwater o.
immersion jig ‖ **⌐kabel** n / subfluvial cable, submarine
cable ‖ **⌐kanal** m (Hydr) / aft-bay race ‖ **⌐kraftwerk** n /
underwater power station ‖ **⌐lautsprecher** m /
underwater speaker ‖ **⌐leuchte** f / diver's lamp ‖
⌐-Luft-Rakete f / UAM, underwater-to-air missile ‖
⌐mäher m / water weed cutter ‖ **⌐ortung** f **von
Explosionen** / sound fixing and ranging equipment,
sofar ‖ **⌐-Pipeline** f / underwater pipeline, sealine ‖
⌐pumpe f / submerged o. submergible pump, wet-pit o.
deep-well pump ‖ **⌐reaktor** m / underwater reactor ‖
⌐schallanlage, -telegrafie f / submarine signalling ‖
⌐schallanlage f, S-Gerät n / sonar, A.S.D.I.C., asdic,
sound navigation and ranging ‖ **⌐schallempfänger** m,
-horchgerät n / submarine sound receiver, subaqueous
microphone, hydrophone ‖ **⌐schallgeber** m / pinger ‖
⌐schall-Geräuschempfangsanlage f / underwater noise
detection and direction finding gear ‖ **⌐schallimpuls** m
/ ping ‖ **⌐-Schallortung** f / underwater sound fixing and
ranging ‖ **⌐schallpeiler** m / underwater sound fixing
and ranging equipment ‖ **⌐schiff** n, Schiffskörper m
unter der Wasserlinie / submerged part of the vessel,
underwater hull ‖ **⌐schweißen** n / underwater welding ‖
⌐schwimmer m / sub-surface float ‖ **⌐setzen** n /
flooding ‖ **⌐signalanlage** f / underwater signalling plant
‖ **⌐spiegel** m (Hydr) / down-stream level ‖ **⌐start** m
(z.B. vom U-Boot aus) (Flugkörper) / underwater launch
‖ **⌐strahler** m / hydronic radiator ‖ **⌐stromapparat** m
(Bergb) / hydroseparator ‖ **⌐technik** f / underwater
engineering ‖ **⌐tragflügelboot** n / skimmer ‖
⌐-Trennen n / underwater cutting ‖ **⌐tunnel** m (Bahn) /
chunnel ‖ **⌐übertrager** m, -verstärker m (Fernm) /
submerged repeater ‖ **⌐-Unterwasser-Rakete** f / UUM,
underwater-to-underwater missile
unterwegs / in transit ‖ **⌐verstärker** m (Fernm) / wayside
repeater station
Unter·weisung f / instruction ‖ ~**werfen** / subject [to] v ‖
⌐werk, Umspannwerk n (Elektr) / distributing o.
transformer substation ‖ **⌐werk** n, Unterwerksbau m
(Bergb) / dip work, working under the main haulage
level ‖ **⌐wind** m / under-grate blast ‖ **⌐wind** m
kombiniert mit Saugzug (Kessel) / balanced draught ‖
⌐windfeuerung f / forced draught furnace, closed
ashpit furnace ‖ **⌐windgebläse** n / underblast fan ‖
⌐windkettenrostfeuerung f / underblast chain grate
stoker ‖ **⌐windseite**, Lee[seite] f / lee, lee[ward] side,
side sheltered from the wind ‖ **⌐wölbt** / resting on
arches ‖ ~**worfen**, neigend [zu] / liable [to] ‖ ~**worfen**,
abhängig [von] / subject [to] adj ‖ **⌐zelle** f (DV) / subcell
‖ ~**ziehen** / subject [to] v
Unterzug m / summer, bearer, binding beam o. girder o.
intertie ‖ **⌐**, Deckenbalken m / ceiling joist ‖ **⌐** (Palette) /
stringer ‖ **⌐** (Ofen) / underdraft ‖ **⌐rahmen** m (Kfz) /
underslung frame ‖ **⌐schalung** f / propping, shoring
Unter·-Zulieferant m / sub-subcontractor ‖ **⌐zwerg** m
(Astr) / subdwarf ‖ **⌐zylinder** m (Spinn) / fluted o.
bottom o. drawing roller (drawing frame)
Untiefe f / shallowness, shallows pl, flat[s]
untrennbar / inseparable

unübersichtlich·er Fehler / undefined error, non-descript error ‖ ~e Kreuzung (Straßb) / blind intersection
unüberziehbar, nicht überziehbar (Luftf) / stall-proof
ununterbrochen, ständig / continuous, continued, non-intermittent ‖ ~, andauernd / sustained, uninterrupted ‖ ~er Abstich / continuous tapping ‖ ~er Betrieb (Elektr) / continuous operation duty cycle ‖ ~e Lenkzeit (Kfz) / uninterrupted driving period ‖ ~ produzierte Menge (o. Länge), Ausstoß *m* (Masch, Textil) / run ‖ ~es Stranggießen (Hütt) / permanent continous casting
unveränderlich / invariable, stable, unvarying ‖ ~, konstant / unchangeable, constant ‖ ~e Größe (Math, Phys) / constant ‖ ~e Spannung / constant o. invariable o. steady voltage
Unveränderlichkeit, Konstanz *f* / constancy
unverändert / unaltered, unvaried ‖ ~e Neuauflage (Buch) / reprint, reimpression
unverarbeitet / unwrought, unworked
unverarbeitet, roh / raw, crude ‖ ~er Zustand (Leichtmetall) / unwrought product, refinery shape
unverbaubar / unobstructable
unverbaut (Bergb) / unworked
unverbindlich / not binding, without obligation
unverbleit (Kraftstoff) / unleaded, clear
unverbrannt / nonburned ‖ ~es *n* / nonburned residue
unverbraucht / unused
unver·brennbar, -brennlich / fireproof, incombustible, indeflagrable ‖ ~brennbar, Dauer... / inconsumable ‖ ~brennbarkeit *f* / incombustibility ‖ ~brennbarkeitsgrad *m* / degree of incombustibility ‖ ~brennliches *n* (Kohle) / incombustibles *pl*
unverbunden / unconnected ‖ ~, unkorreliert / uncorrelated ‖ ~, ohne Beziehung / unrelated
unverderblich / unzerstörbar / incorruptible
unverdünnt, unvermischt, unverfälscht / undiluted, straight ‖ ~, absolut (Chem) / absolute ‖ ~er Alkohol / plain o. unwatered alcohol
unvereinbar, disparat / disparate ‖ ~, unverträglich / incompatible, inconsistent
unverfälscht, unvermischt / genuine, unadulterated ‖ ~, rein / pure ‖ ~, unverzerrt (Ergebnis) / unbias[s]ed ‖ ~e Schätzfunktion (Statistik) / unbiased estimator
unver·formbar / nonworkable ‖ ~grünbar (Textil) / not turning green ‖ ~hüttbar / unsmeltable, unworkable
unverkäuflich·es Muster / tester not for sale
unver·kettetes Zweiphasensystem / two-phase four-wire system ‖ ~kittet / uncemented
Unverkoktes *n* im Koksofen / noncoked parts *pl*
unver·lesen (Bergb) / run-of-mine *adj* ‖ ~letzt, unbeschädigt / uninjured
unverlierbar (Scheibe) / captive ‖ ~ befestigen / captivate ‖ ~e Schraube / captive screw
unvermischbar / immiscible, unmixable
unvermischt, rein / unmixed, clean, pure, straight ‖ ~es Hochofengas / straight blast furnace gas ‖ ~es Koksofengas *n* / straight coke oven gaz
unverpackt, lose, offen / unpacked, loose ‖ ~ (von größeren Mengen) / in bulk
unver·putzt, unabgeputzt (Bau) / common, raw ‖ ~ritzt (Bergb) / untouched, unworked, virgin ‖ ~rückbar / immovable ‖ ~schalt (Bau) / without formwork ‖ ~schieber / stationary, not translatable ‖ ~schiebliches Programm (DV) / non relocatable program ‖ ~schlüsselt (DV) / absolute
unversehrt, ganz / integer ‖ ~e Lebensdauer / integrity lifetime
Unversehrtheit *f*, Unverfälschtheit *f* / integrity, soundness
unverseifbar / nonsaponifiable, nondetergent fatty matter ‖ ~es *n*, Nichtverseifbares *n* / nonsaponifiable matter ‖ ~es *n* / non-detergent fatty matter
Unverseiftes *n* / nonsaponified matter, nondetergent fatty matter
unversenkbar / unsinkable

unversenkt·e Drehscheibe / raised o. climbing o. overground o. surface turntable ‖ ~e Schiebebühne (Bahn) / surface traverser o. travelling platform, transfer table
unverspannt / braceless, unbraced ‖ ~ (Mech) / free of strain, free from internal stresses
unverständlich (Fernm) / unintelligible ‖ ~, durch Störgeräusche überdeckt (Fernm) / cloudy ‖ ~es Nebensprechen / unintelligible o. inverted crosstalk (US)
unverstellbar·er Schnabel (Schieblehre) / fixed jaw
unver·stemmt / not caulked ‖ ~stopfbar (Pumpe) / unchokable ‖ ~streckt (Spinn) / undrawn
Unverträglichkeit *f* / incompatibility
unverwandelbar, nicht konvertierbar / inconvertible
unverwechselbar / unmistakable ‖ ~, unvertauschbar (Stecker) / noninterchangeable, polarized
Unverwechselbarkeitsnut *f* (Elektr, Elektronik) / polarizing slot
unverwertbar·er Ausschuß / rubbish, refuse, rejections *pl*
unverworfen (Geol) / unfaulted
unverwüstlich / robust, unbreakable
unverzerrt (allg, Opt) / undistorted, without distortion
unverzinkt·e Fläche / ungalvanized surface ‖ ~e Stelle (Fehler) / black spot
unverzögert / undelayed, instantaneously-operating ‖ ~e automatische Verstärkungsregelung (Radar) / instantaneous automatic gain control o. volume control, IAGC, IAVC ‖ ~e Phasenhubregelung (Elektronik) / IDC, instantaneous deviation control
unverzweigte (o. gerade) Molekülkette / linear molecular chain
unvollkommen / defective ‖ ~, teilweise / partial ‖ ~ *adv*, teilweise / partly ‖ ~er Erdschluß (Elektr) / partial earth [contact o. fault], partial ground contact ‖ ~e Schmierung / thin-film o. imperfect lubrication
Unvollkommenheit *f* / deficiency ‖ ~, Verlust *m*, Fehlen *n* / loss, imperfection
unvollständig / incomplete ‖ ~, unvollkommen / partial ‖ ~e (o. unvollständig verlaufende) Reaktion (Chem) / balanced o. reversible reaction, incomplete reaction ‖ ~e Verbrennung / partial combustion
unvorbereiteter Datenträger (DV) / virgin medium
unvorhergesehen, außerplanmäßig / unscheduled, unplanned ‖ ~e Belastung, Stoßlast *f* / accidental o. shock load ‖ ~es Ende (DV) / dead end
Unvorhergesehenes *n* / contingent expenses *pl*
unvulkanisiert (Gummi) / uncured, new
unwägbar / imponderable
unwesentlich, unwichtig / unessential ‖ ~, nebensächlich / accidental, incidental
unwiderlegbar / unassailable
unwirksam / ineffective, -fectual, inefficient ‖ ~ (Chem, Phys) / inert ‖ ~ machen (DV) / disable ‖ ~ werden (Bad) / hold off
Unwirksamkeit *f*, Durchlässigkeit *f* (Dichtung) / inefficiency, penetration
unwirtschaftlich / uneconomic[al]
Unwucht *f* (unausgewuchtete Masse) / unbalanced mass, flyweight ‖ ~ (Masch) / balance error, out-of-balance ‖ ~anzeiger *m* / unbalance indicator ‖ ~erregte Förderrinne / unbalance type vibratory conveyor
unwuchtig, nicht ausgewuchtet (Räder) / unbalanced ‖ ~ machen, die Auswuchtung verderben (Räder) / unbalance *v*
Unwucht·[igkeit] *f* (Räder) / unbalanced state ‖ ~[igkeits]betrag *m* / amount of unbalance ‖ ~kraft *f* / unbalance force ‖ ~moment *n* / unbalance moment ‖ ~motor *m* / unbalance motor ‖ ~scheibe *f* (Vibrator) / unbalanced flywheel ‖ ~sieb *n* / unbalance type vibrating screen ‖ ~-Toleranz *f* / unbalance tolerance ‖ ~-Vibrator *m* / unbalanced mass vibration generator ‖ ~winkel *m* / angle of unbalance

unzählig / innumerable, numberless
Unze f / ounce, oz (1 oz = 28,3495 g)
unzeitige Bremsung (Bahn) / ill-timed braking
unzer·brechlich / unbreakable, infrangible ‖ ~brechlich / infrangible ‖ ~legbar, irreduzibel (Math) / irreducible, indecomposable ‖ ~legbär (Chem) / indecomposable ‖ ~legt (Masch) / undismantled ‖ ~legtes Netzwerk / connected network ‖ ~reißbar / untearable ‖ ~setzt / undecomposed ‖ ~störbar, unverwüstlich / indestructible, imperishable
unzugänglich / inaccessible
unzulänglich / deficient, scant[y], inadequate ‖ ~, unfähig / inefficient, incapable ‖ ~, schwach adv / scantily
Unzulänglichkeit f / deficiency, inadequacy ‖ ~, Unfähigkeit f / inefficiency, incapability ‖ ~ (einer Maschine) / deficiency of a machine, inadequacy ‖ ~ von Maßnahmen / inefficiency (e.g. of measures taken)
unzulässig, nicht mehr akzeptabel / unacceptable ‖ ~ (PL/1) / fail adj ‖ ~e Abnutzung eines Getriebes / excessive runout of a gear ‖ ~e m pl Ausfälle / failure allowance ‖ ~e Kombination / forbidden combination ‖ ~es Zeichen (DV) / illegal o. invalid character
unzureichend, unzulänglich / insufficient, deficient
unzusammengedrängtes Bild / unsqueezed image
unzusammenhängend / incoherent, loose, uncorrelated, disconnected
Unzuverlässigkeit f / unreliability
unzweckmäßig / unsuitable, unsuited, inexpedient, inappropriate
unzweideutig / unequivocal, unambigous
UO₂-Brennstoff (Nukl) / uranium dioxide fuel
U-Ofen, Umkehrofen m / U-type furnace
UOP·-Alkylierung f (Öl) / UOP alkylation ‖ ~-Faktor m (Öl) / characterization n. Watson factor ‖ ~-Süßung f (Öl) / UOP-copper sweetening
UP (Chem) = ungesättigte Polyester
U3/2-Papier für Röhrenkennlinien n (Elektronik) / power emission paper
UPC-Strichcode m / UPC code, universal product code
Updating n (DV) / updating
Uperisation f (Milch) / ultrapasteurization
UP-Harze n pl / non-plasticized resins
U-Presse f für Rohre / U-press for tubes
U-Profil n, -Querschnitt, -Formstahl, -Stahl m / channel [section o. steel], U-beam, U-shaped beam ‖ ~ aus Schichtstoff / laminated channel section ‖ ~-Chassis n / channel steel frame ‖ ~walze / (Hütt) / roll for channels
UP-Schweißen = Unterpulverschweißen
Upsilon n (ein Quark) (Nukl) / upsilon
UPU = Union Postale Universelle, Weltpostverein
UR = ultrarot ‖ ~ (Elektr) = Umrichter
Uracil n (Chem) / uracil
U-Rahmen m (Wzm) / C-frame
Uralit m (Min) / uralite
Uran n, U / uranium, U ‖ ~(IV)-..., Urano... / uranous ‖ ~(VI)-..., Urani... / uranic ‖ ~at n / uranate ‖ ~brüter m (Reaktor) / uranium breeder ‖ ~chalzit m (Min) / uranochalcite ‖ ~(IV)-chlorid n, Uranchlorid n / uranous chloride ‖ ~fluorierung / uranium fluorination ‖ ~gelb, Natriumdiuranat n / uranium oxide yellow, uranic yellow ‖ ~glas n / uranium glass ‖ ~glimmer m / uranium mica, uranglimmer ‖ ~graphitgitter n / uranium graphite lattice ‖ ~graphitreaktor m / uranium graphite reactor ‖ ~haltig, Uran... / containing uranium ‖ ~hexafluorid / uranium hexafluoride
Uraniagrün / urania green
Uranin·gelb n, Uranin n, Fluoreszein-Natrium n / uranine yellow, fluorescein sodium, soluble fluorescein ‖ ~it m, Uranopissit m (Min) / uraninite, pitchblende
Uranium·-Auslaugung f / uranium leaching
Uran·[kern]spaltung f / uranium fission ‖ ~metalle n pl / uranium metals m pl

Uranoid n / uranoid, uranide
Uran·ophan, -otil m (Min) / uranophane ‖ ~opilit, Uranocker, Zippeit m / uran-ochre, uranopilite ‖ ~(IV)-oxid, Urandioxid n / uranous oxide ‖ ~oxidkonzentrat n, U₃O₈ (Bergb) / yellow cake ‖ ~-Plutonium-Mischoxid n / mixed uranium-plutonium oxide ‖ ~reaktor m (Nukl) / uranium reactor ‖ ~reihe f (Chem) / uranides pl ‖ ~ring m (Nukl) / breeding end of tubular fuel elements ‖ ~säure f / uranic acid ‖ ~stab m (Reaktor) / uranium rod o. bar ‖ ~trennarbeit f / uranium separative work ‖ ~trioxid, Uran(VI)-oxid n / uranic oxide ‖ ~vorkommen n / uranium bearing deposit
Uranyl·acetat n / uranyl acetate ‖ ~gruppe f / uranyl... ‖ ~nitrat, Uraninitrat n / uranyl nitrate
Uran-Zirkonium-Legierung f / uranium-zirconium alloy
Urao, Trona f / urao, sodium sesquicarbonate
Uras, Ultrarotabsorptionsschreiber m (Chem) / ultrared absorption recorder
Urat n (Chem) / urate
Urbanisierung f / urbanization
Urbarmachen n, Roden n / grubbing, uprooting
Urbarmachung f (Landw) / land reclamation
Urbeleg m (Buch.m) / source document
Urbild n (Math) / pre-image, antecedent ‖ ~ (für Symbole) / original symbol
Urdoxwiderstand m (Funk) / uranous oxide ballast resistance
Urea f, Harnstoff m / urea
Urease f (Chem) / urease
Uredineen pl, Rostpilze m pl / rust fungi pl
Ureichkreis m (CCIF) (Fernm) / master telephone transmission reference system
Ureid n (Chem) / ureide
Ureingabe f (DV) / bootstrapping ‖ ~programm n (DV) / [loader] bootstrap program, bootstrap [loader]
Urena, Aramina, Kongo-Jute f / urena
Urethan n / urethan[e] ‖ ~kautschuk m / urethane caoutchouc ‖ ~kunststoff m / urethane plastics pl
Urey-Bradley-Kraftfeld / Urey-Bradley force field
Urfarbe f / primary o. elementary colour
Urfarbe f (Färb) / matrix
Urgebirge, Archäikum, Archaikum n / Archaean rocks pl
Urgestein n, Urfels m / primary o. primitive rock
UR-Glas n / infrared absorbing glass
Ur·gneis m (Geol) / primitive gneiss ‖ ~granit m (Geol) / primitive granite
Urikuriwachs n / ouricury wax
Urinalspülkasten m / urinal flushing tank
Urkalk[stein] m, körniger Kalk (Geol) / primitive lime stone
Urknall m (eine Vermutung) (Astr) / big bang
Urkunde f / document
urladen, durch Ureingabe laden / bootstrap v
Urlader m, System-Eröffnungsprogramm n / initial program loader, IPL
Urlaub m / vacation, holidays pl ‖ bezahlter ~ / paid holidays pl
Urlauberzug m / leave train
Urlaubs·lohn m (F.Org) / vacation pay
Ur·lehre f, Urnormal n / primary standard ‖ ~lösung f (Chem) / original solution ‖ ~maß, Urnormal n / primary standard, standard of measurement ‖ ~maßstab m / master scale ‖ ~materie f, Urstoff m / ylem, primitive matter ‖ ~modell n (Galvano) / master form ‖ ~modell n, Muttermodell n (Gieß) / master pattern, premaster ‖ ~muster, Original n / standard, original, prototype
U-Rohr n / U-tube ‖ ~ (Verm) / hydrostatic level ‖ ~-Viskositätsmessung f / U-tube visco[si]metry
Ur·-Oszillator m / master oscillator ‖ ~pause f / original tracing drawing ‖ ~plasma n (Nukl) / ylem, primitive matter
Ursache, die ~ sein [für] / be responsible [for]

Vakuum

URSI = Union Radio-Scientifique Internationale (= Intern. Scientific Radio Union)
Ursprung m / origin ‖ ~, Anfangspunkt m / zero point, point of origin ‖ seinen ~ haben [in] / result [from]
ursprünglich / original, primitive, primary ‖ ~e Länge / initial length ‖ ~er Ölinhalt, OOIP / oil originally in place, OOIP ‖ in der ~en Lage (Geol) / in-situ
Ursprungs·block m / source ‖ ~daten pl (DV) / source data ‖ ~daten, unaufbereitete Daten pl (DV) / raw data ‖ ~festigkeit f / fatigue limit under pulsating o. under fluctuating stresses, intrinsic fatigue resistance ‖ ~gebiet n / source region ‖ ~kartensatz m (LoKa) / source deck ‖ ~koordinaten f pl / coordinates of the origin ‖ ~länge f (Kabel) / initial length ‖ ~masse f / initial mass ‖ ~programm n (DIN) (DV) / source program ‖ ~sprache f (COBOL) / source language
Ursprungsvermittlungsstelle f (Fernm) / originating exchange
Ursprungs·verzerrung f (TV) / threshold effect ‖ ~zeugnis n / certificate of origin
Urstart m (DV) / initial start
Urstoff, Grundstoff m / primary matter
Urteer, Schwelteer m / low temperature tar, [low temperature] carbonization tar
Urtiter m (Chem) / titrimetric standard ‖ ~substanz f / standard titrimetric substance
Urwertkarte f (Qual.Kontr) / general chart
Urzeugung f / spontaneous generation
Us⁻¹, Umdrehungen f pl je sec / rps, revolutions pl per second
U.S. Geological Survey / USGS = United States Geological Survey
USA·-Farbfernsehsystem NTSC n / N.T.S.C., National Television System Committee (USA) ‖ ~-Fernmelde-Verwaltung f (Fernm) / Federal Communications Commission, FCC (US) ‖ ~-Luftfahrtbehörde f / Federal Aviation Agency, F.A.A. (US)
USART n (DV) / USART, universal synchronous/asynchronous receiver/transmitter
USASI = United States of America Standards Institute (now ANSI = American National Standards Association, o. ASA = American Standards Association), United States of America Standards Institute, (now:) ANSI = American National Standards Institute o. ASA = American Standards Association
USA-Spezifikationen f pl / Fed specs, Federal specifications pl
US-Bezeichnung f / US term
U-Scheibe f s. Unterlegscheibe
U-Schelle f (Elektr) / saddle
U-Schiene f / U-shaped rail
US·-Dispensatorium n / USD, United States Dispensatory ‖ ~-Maßsystem n / US system of measures
U.S.-Pharmakope f / USP, United States Pharmacopœia
U-Spule f / hairpin coil
US-Schweißen n, Unterschienenschweißen n / fire cracker welding
U-Stabstahl m / channel bar
U-Stahl m / channel steel o. section
Usterwert m (Textil) / Uster value for staple fibers
UST-Gewinde n / UST, Unified Screw Thread (US)
Ustilago-Arten f pl, Brandpilze m pl / brand fungi pl
U-Strab f, Unterpflaster-Straßenbahn / underground tramway
Üst-Zeichenfolge f (DV) / supervisory sequence information message
U.S.-Umweltschutzbehörde f / USETA, United States Environment Protection Agency
USV, unterbrechungsfreie Stromversorgung (DV) / no-break power supply
Utensilien n pl, Gerät n / utensils, tools, implements pl
U-Träger m / U-beam, U-girder
U-Treppe f / stairs pl in U-form

uu-Kern m, Ungerade-ungerade-Kern m / odd-odd-nucleus
U-Umrichter m (Elektr) / current-fed converter
UV, ultraviolett / ultraviolet, UV ‖ ~-Filter m n (Phot) / UV o. ultra-violet filter ‖ ~-Geber m (o. Unabhängige-Variable-Geber) (Elektronik) / timing pulse generator ‖ ~-Glas n / glass transparent to UV rays ‖ ~-Lampe f / ultraviolet lamp, sun lamp ‖ ~-Spektroskopie f / UV spectroscopy ‖ ~-Sperrfilter n / UV cut-off filter ‖ ~-Trockner m / UV dryer
UVV = Unfallverhütungsvorschrift
UW (Elektr) = Umspannwerk ‖ ~ (Hydr) = Unterwasserstand

V

VA (Elektr) = Voltampere
V-Abtastung f von Binärskalen / double scanning of binary scales
Vacheleder n / vache leather
Vachettenleder n / vachette leather
Vacu-Preßverfahren n / vacuum squeeze moulding
Vac-Vac-Verfahren n (Holzkonserv) / Vac-Vac process
vados, versickert (Geol) / vadose ‖ ~es Wasser, versickertes Oberflächenwasser / vadose water
vagabundieren, streuen (Elektr) / stray
vagabundierend (Elektr) / eddy, stray, vagrant ‖ ~er Strom / stray o. vagrant current
Vakat n (Buch) / interleave ‖ ~seite f (Buch) / blank o. white page
Vakublitz m (einmal verwendbar) / photoflash [lamp], flashbulb
Vakuole f / vacuole
Vakuum n, Luftleere f / vacuum, empty space ‖ ~ herstellen, luftleer machen / apply o. generate vacuum ‖ das ~ halten / maintain the vacuum ‖ im ~ / in vacuo, under vacuum ‖ mit ungenügendem ~ / gassy ‖ ~anlage f / vacuum system ‖ ~apparat m / vacuum apparatus ‖ ~-Begasungsanlage f / vacuum gassing equipment ‖ ~behälter m / vacuum tank o. vessel o. chamber ‖ ~beton m / vacuum concrete ‖ ~beutel m / vacuum bag ‖ ~blitzableiter m / rare gas lightning protector ‖ ~blockguß m (Hütt) / vacuum ingot casting ‖ ~bremse, Saugluftbremse f (DIN) (Bahn) / vacuum brake (US) ‖ ~dämpfer m / vacuum steamer (GB) o. ager (US) ‖ ~destillat n / vacuum distillate ‖ ~destillation f / vacuum distillation ‖ ~destillierkolonne f / vacuum tower ‖ ~dicht, -fest / vacuum-tight ‖ ~-Drehfilter n / rotary vacuum filter ‖ ~-Druckguß m / vacuum diecasting ‖ ~durchführung f / vacuum pipe ‖ ~durchlaufentgasung f (Hütt) / ladle-to-ladle stream degassing, continuous vacuum degassing ‖ ~effekte m pl (Laser) / non-linear vacuum effects pl ‖ ~entgasung f (Gieß) / vacuum degassing ‖ ~erschmolzen / cast in vacuo ‖ ~erzeugung f / vaccum generation ‖ ~exsikkator m / vacuum desiccator ‖ ~faktor m / vacuum factor ‖ ~faktor m (Röhre) / gas ratio ‖ ~fett, Ramseyfett n / vacuum grease ‖ ~filter n / drum of a cellular filter ‖ ~filtration f / vacuum filtration ‖ ~fluoreszenz-Display n / vacuum fluorescente display ‖ ~formen n (Plast) / vacuum forming ‖ ~formen n mit Luftblase, Air-Slip n Verfahren mit Luftkissen (Plast) / air-slip vacuum thermoforming ‖ ~formen n mit mechanischer Verstreckung (Rad) / plug-assist vacuum thermoforming ‖ ~formverfahren n, V-Verfahren n / vacuum moulding process ‖ ~-Fraktionierkolonne f / vacuum fractionator ‖ ~frischverfahren n (Hütt) /

1123

vacuum refining process ‖ ⭢füllung f (Zuck) / pan fill ‖
⭢fusionsmethode f (Chem) / vacuum fusion method ‖
⭢-Gasöl n / vacuum gas oil ‖ ⭢gefäß n, -kolben m /
vacuum flask ‖ ⭢-Gegenstromdestillation f / vacuum
rectification ‖ ~getränkt / vacuum-varnish impregnated
‖ ⭢gießverfahren n / vacuum casting process ‖
⭢gleichrichter m / vacuum [tube] rectifier ‖ ⭢glocke f /
vacuum bell jar ‖ ⭢glühanlage f / vacuum annealing
plant ‖ ⭢hahn m / vacuum tap ‖ ⭢haltung f /
maintaining the vacuum ‖ mit ⭢haltung (Röhre) /
pumped ‖ ⭢hebeverfahren n (Met) / D-H process,
vacuum siphon o. lift process ‖ ⭢-Heißextraktion f
(Hütt) / vacuum fusion gas analysis, vacuum hot
extraction ‖ ⭢-Heißwandofen [mit Druckentlastung]
m (Hütt) / [pressure released] hot wall furnace ‖
⭢induktionsschmelzen n / vacuum induction melting ‖
⭢-Kaltwandofen m (Met) / cold wall furnace ‖
⭢kammer m / vacuum chamber o. vessel ‖ ⭢kanal m /
vacuum column ‖ ⭢kessel m / vacuum tank o. vessel o.
chamber ‖ ⭢kissen-Hebezeug n / vacuum pad lifter ‖
⭢kitt m / vacuum cement ‖ ⭢kolben m, -gefäß n /
vacuum flask ‖ ⭢kopierrahmen m (Phot) / vacuum
printing frame o. exposure frame ‖ ⭢körper m,
Kochapparat m (Zuck) / vacuum pan, boiling apparatus ‖
⭢körper m für Zweitprodukt, zweiter Vakuumkörper
(Zuck) / strike pan ‖ ⭢korrektur f / vacuum correction ‖
⭢kratzenreiniger m (Spinn) / vacuum stripper ‖
⭢kristallisation f (Zuck) / vacuum crystallization ‖
⭢kühlung f (Landw) / vacuum cooling ‖ ⭢lampe f
(Elektr) / vacuum [filament] lamp, vacuum incandescent
lamp ‖ ⭢-Lichtbogenofen m / vacuum arc furnace ‖
⭢-Lichtgeschwindigkeit f / speed of light in vacuum ‖
⭢-Meßröhre [nach dem Ionisationsprinzip] f /
ionization gauge ‖ ⭢meter n (DIN), Unterdruckmesser
m / vacuum gauge o. indicator o. meter ‖
⭢-Nichtmetalle n pl / vacuum nonmetallics pl ‖ ⭢ofen
m / vacuum furnace ‖ ⭢öl n / vacuum oil ‖
⭢-Pfannenbehandlung f (Gieß) / vacuum ladle
treatment ‖ ⭢-Photozelle, Photoröhre f (Elektronik) /
photoelectric o. phototube ‖ ⭢pumpe f / evacuating o.
vacuum pump ‖ ⭢pumpe, Wasserstrahlpumpe f (Chem)
/ glass filter pump ‖ ⭢pumpen[schmier]öl n / vacuum
pump oil ‖ ⭢pumpenleistung f / vacuum pump capacity
‖ [reaktive] ⭢raffination, -reinigung f (Hütt) /
[reactive] vacuum purification ‖ ⭢rahmen m (Phot) /
vacuum printing frame, vacuum exposure frame ‖
⭢regler m (Melkmasch) / regulator ‖ ⭢reiniger m,
Staubsauger m / vacuum cleaner ‖ ⭢röhre f (Elektronik) /
vacuum tube ‖ ⭢rückstand m (Öl) / short residue ‖
⭢sack-Formen n (Plast) / vacuum bag moulding ‖
⭢sammelleitung f / vacuum main ‖ ⭢sandstrahlen n /
vacuum blasting ‖ ⭢-Saugplatte f / vacuum suction
plate ‖ ⭢schalter m (Elektr) / vacuum switch ‖
⭢schaumtrocknung f, -schaumtrocknen n / foam mat
drying ‖ ⭢schlauch m / pressure tubing ‖ ⭢schmelzen
n (Hütt) / vacuum melting, melting in vacuo ‖ ⭢schub m
/ vacuum thrust ‖ ⭢schweißen n / vacuum welding ‖
⭢sinterglocke f (Hütt) / vacuum sintering bell ‖
⭢sinterung f / vacuum sintering ‖ ⭢stahl m / vacuum
steel ‖ ⭢strangpresse f (Feuerfest) / vacuum auger,
deairing auger [machine] ‖ ⭢streckformen n (Rad) /
drape vacuum thermoforming ‖ ⭢tank m (Kfz) /
autovac, vacuum tank ‖ ⭢technik f / vacuum
technology ‖ ⭢thermoformen f / vacuum
thermoforming ‖ ⭢-Tiefziehen n (Plast) / vacuum
forming ‖ ⭢tränkung f (Elektr) / vacuum impregnation ‖
⭢tränkung f (Sintern) / infiltration in vacuum ‖
⭢trockner m / vacuum drier ‖ ⭢trockner,
-trockenapparat, -trockenofen m (Elektr) / vacuum oven
‖ ⭢-Ultraviolett n (Raumf) / vacuum ultraviolet ‖
⭢umlaufverfahren n (Hütt) / vacuum cycle process ‖
⭢verbesserung f (durch Getter o. Gasabsorption im
Glas) (Lampe) / clean-up, gettering ‖ ⭢verdampfer m /
vacuum evaporator ‖ ⭢verfahren n / vacuum treatment

‖ ⭢vergießanlage f (Plast) / vacuum casting apparatus ‖
⭢verpackungsmaschine f / vacuum packaging machine
‖ ⭢vorlage f / vacuum receiver ‖ ⭢zelle f (Elektronik) /
vacuum cell ‖ ⭢zusatzpumpe f (Dampfm) / vacuum
augmenter ‖ ⭢zustand m / vacuum state
Valentinit m, Antimontrioxid n (Min) / valentinite,
antimony bloom
Valenz, Wertigkeit f (Chem, Math) / valency, valence ‖
⭢band n (Halbl) / filled o. valence band ‖ ⭢betätigung f
/ valency effect ‖ ⭢elektron n / valency o. metastasic
electron, outer-shell o. peripheral electron ‖ ⭢orbital n
/ valence o. hybrid orbital ‖ ⭢richtung f (Nukl) / bond
direction, valency direction ‖ ⭢schale f / valence shell,
outermost shell ‖ ⭢schwingungen f pl (Nukl) / stretching
vibrations pl ‖ ⭢winkel m (Chem) / bond angle ‖ ⭢zahl f
/ valence o. valency number
Valeriansäure, Pentansäure f / valeric acid
Validation f, Validierung f, Gültigmachen n (DV) /
validation
Valin n (Chem) / valine
Valonea, Walone f (Gerb) / valonia
Vanad[in]at n / vanad[in]ate
Vanadinit m (Min) / vanadinite
Vanadinsäure f / vanadic acid
Vanadium, Vanadin[metall] n, V (Chem) / vanadium, V ‖
⭢(II)-... / vanadous ‖ ⭢(III)-... / vanadic ‖ ~haltig /
containing vanadium, vanadiferous ‖ ⭢(IV)-oxid,
Vanadiumdioxid n, Vanadindioxid n / vanadium dioxide
‖ ⭢(II)-oxid, Vanadiummonoxid n / vanadium
monoxide ‖ ⭢(V)-oxid, Vanadiumpentoxid n,
-säureanhydrid n / vanadium pentoxide ‖ ⭢stahl m /
vanadium steel
Vanadyl... / vanadyl...
Van-Allen-Strahlungsgürtel m / Van Allen [radiation]
belt
Van-Carrier, Torstapler m / van carrier ‖ ⭢-Container
m (Container mit ISO-Maßen) / van container (US)
Van-de-Graaff-Generator m, Bandgenerator m / Van de
Graaff generator ‖ ⭢ in Tandemanordnung (Nukl) /
swindletron
van-der-Waals·sche Bindung f / van der Waals linkage ‖
~sche Gleichung f / van der Waals equation ‖ ~sche
Kräfte f pl / van der Waals forces pl
van-Duuren-Code m (7-Schritt) (Fernm) / van Duuren
code
Vandyckbraun, -rot n / Vandyke brown, Cassel o.
mahogany brown
Vanille f / vanilla
Vanillin n, Vanillekampfer m / vanillic aldehyde, vanillin
Vanner, Planherd m / vanner
V-Anordnung f (Reifen) / diagonal lining
V-Antenne f / V-antenna
Vanthoffit m (Min) / vanthoffite
van't-Hoff·sche Isochore f (Chem) / van't Hoff's o.
reaction isochore ‖ ~sche Isotherme f (Chem) / reaction
isotherm ‖ ~sche Regel f / van't Hoff's law
Vaporimeter n / vaporimeter
Vaporuslinie f / vaporous
Vapour-Choc-Verfahren n (Öl) / vapour-choc exploration
method
Varactor m, Reaktanzdiode f (Halbl) / varactor, variable
reactor
Varactron n (Elektronik) / varactron
Varga-Suspensionsverfahren n (Öl) / Varga method
variabel, veränderlich / variable, variant ‖ variable
Adresse / variable address, indexed address ‖ variable
Blocklänge (DV) / variable record length ‖ variabler
Ladedruckregler (Luftf) / variable-datum boost control
‖ variable Mantissenlänge (Math) / variable length
mantissa ‖ variables Programm (DV) / selective
sequence ‖ variable Turbinengeometrie, VTG /
variable turbine geometry ‖ variabler Punkt (DV) /
variable point ‖ variabler Zweibereichs-Widerstand /
dual variable resistor ‖ variables Blockformat /

variable block format ‖ **variables Feld** / variable field ‖
variables Format / variable format ‖ **variables Format**
/ variable format
Variabilität *f* / variableness, variability
Variable *f* (Math, DV) / variable [quantity]
Variablen·bereich *m* (Math) / range of variables ‖
⁻prüfung *f* / variables inspection, method by variables
Variaminblau *n* / variamin blue
Variante *f* / variant, overture ‖ **⁻**, Abänderung *f* /
modification
Varianz *f* (Math) / variance ‖ **⁻ der Probenteilung** /
variance of sample division ‖ **⁻ von n Proben** /
variance of n samples ‖ **⁻reduktion** *f* (Nukl) / variance
reduction
Variation *f* (Math, Astr) / variation
Variations·.., Schwankungs... / variational ‖ **⁻angabe** *f*
(COBOL) / varying option ‖ **⁻breite** *f* / variation range ‖
⁻koeffizient *m* (Qual.Prüf) / coefficient of variation ‖
⁻prinzip *n* / variational principle ‖ **⁻rechnung** *f* (Math)
/ calculus of variations
Variator *m* (Zuck) / variable speed gear ‖ **⁻** (Appretur) /
variator
variierbar / variable
variieren, verändern / variegate ‖ **⁻**, verändern,
diversifizieren / diversify
Varioden·regler *m* (Kfz) / Variode regulator
Vario·[fokal]objektiv *n* / zoom lens, variable-focus lens,
variofocal lens ‖ **⁻koppler** *m*, -meter *n* (Elektronik) /
variocoupler ‖ **⁻koppler** *m*, -meter *n*,
Variostat-Wahlschalter / variocoupler ‖ **⁻lith** *m* (Geol) /
variolite ‖ **⁻meter** *n*, einstellbare Hochfrequenz- o. HF-
Spule (Elektronik) / variometer, variable inductance ‖
⁻meter *n* (Luftf) / variometer, vertical speed indicator,
rate-of-climb indicator ‖ **⁻meter** *n*, Tuner *m* / tuning
variometer, tuner ‖ **⁻optik** *f* / zoom lens ‖
⁻-Optik-Bildverstärkerröhre *f* / variable
magnification image intensifier tube ‖ **⁻plexsystem** *n*
(Fernm) / varioplex system ‖ **⁻stat-Wahlschalter** *m* /
variocoupler
Variscit *m* (Min) / variscite
Varistor *m* (Elektronik) / varistor
Varitron *n* (kosm.Strahlg) / varitron
Varleyschleife *f* (Fernm) / Varley loop
Varmeter *n* (Elektr) / varmeter, reactive power meter
Vasculose *f*, unreines Lignin / vasculose
Vaselin *n*, Vaseline *f* / paraffin[e] jelly, vaseline ‖ **⁻öl** *n* /
liquid paraffin[e] o. petrolatum, paraffin[e] oil, vaseline
oil
Vasenhorn *n* (Schm) / anvil for beating vessels, beak o.
beck o. bick iron, bickern
V2A-Stahl / V2A-steel (a nickelchromium steel)
Vater·platte *f* (Phono) / master disk, master negative o.
original ‖ **⁻-Sohn-Technik** *f* / father-son technique ‖
⁻teil *n* **für Sauger** (Gasarmat) / threaded tapered union
nipple ‖ **⁻-und-Sohn-Antrieb** *m* (Schiff) / master-and-
slave drive
Vaucansonsche Kette / chain ladder
V-Bahn *f* (Wzm) / vee-way, vees *pl*
V-Band *n* (Radar, 4,5 - 6 · 10^{10} Hz) / V-band
VbF = Verordnung über brennbare Flüssigkeiten ‖ **⁻** =
Verschiebebahnhof
V-Boden-Boot *n* / V-bottom boat
VCI = Verband der chemischen Industrie
VDA = Verband der Automobilindustrie
VDCh = Verein deutscher Chemiker
VDE = Verband Deutscher Elektrotechniker ‖ **⁻** =
Vorschriftenwerk Deutscher Elektrotechniker
VDEH = Verein Deutscher Eisenhüttenleute
VDE·-Kennfaden *n* / VDE tracer thread ‖ **⁻-Normen** *f*
pl / VDE standards *pl* ‖ **⁻-Vorschriften** *f pl* /
regulations of the VDE *pl*, VDE rules o. standards *pl*
VDEW = Vereinigung Deutscher Elektrizitätswerke
VDG = Verein Deutscher Gießereifachleute

VDI = Verein Deutscher Ingenieure ‖ **⁻ Richtlinien** / VDI
guide lines *pl*
V-Dipol, Spreit-Dipol *m* / V-dipole
VDI-Z = VDI-Zeitschrift
VDK = Viskositäts-Dichte-Konstante
VDMA = Verein Deutscher Maschinenbauanstalten
VDR-Widerstand, Varistor *m* / voltage-dependent
resistor, VDR, varistor, silicon carbide varistor
VDT = Verband Deutscher Techniker
VdTÜV = Vereinigung der Technischen Überwachungsvereine
VDW = Verein Deutscher Werkzeugmaschinenfabriken
V.E. = Verkehrseinheit
Vegatationsmustergebiet *n* / quatrat (US)
Vegetabilgerbung *f* / vegetable tanning
vegetabilisch / vegetable ‖ **⁻e Butter** / vegetable butter ‖
⁻es Elfenbein / vegetable ivory ‖ **⁻es Öl** / vegetable oil
‖ **⁻es Pergament** / vegetable parchment ‖ **⁻es
Schmiermittel** / vegetal lubricant ‖ **⁻es Wachs** /
vegetable wax
Vegetation, Pflanzenwelt *f* / vegetation
Vegetations·analysegebiet *n* / quodrat (US) ‖ **⁻kundlich**
/ plant ecological ‖ **⁻-Nullpunkt** *m* / vegetation zero ‖
⁻wasser *n* / fruit water, vegetation water
vegetativ / vegetative
vehement, heftig / vehement
Vehikel, Bindemittel *n* / medium ‖ **⁻**, Arzneistoffträger *m*
(Pharm) / vehicle, excipient, menstruum ‖ **⁻** (Lack) /
vehicle, pigment carrier
Veilchenöl *n* / violet oil
Veitch-Diagramm *n*, -Tafel *f* / Veitch diagram
Vektographen·bild *n* / vectograph ‖ **⁻verfahren** *n*
(Stereobild) / vectography
Vektor *m* (allg) / vector ‖ **⁻**, Tensor 1. Stufe *m* (Math) /
vector ‖ **⁻**, Fahrstrahl *m* / vector, radius vector ‖ **⁻ der
elektrischen Feldstärke** / electric field vector ‖ **⁻ der
Fluggeschwindigkeit** / aircraft velocity vector ‖
⁻addition *f* / vector addition ‖ **⁻algebra** *f* / vector
algebra ‖ **⁻analysis** *f* / vector analysis ‖ **⁻argument** *n*
(Math) / argument ‖ **⁻diagramm** *n* (Elektr) / Argand o.
vector diagram ‖ **⁻größe** *f* / vector quantity
vektoriell, Vektor... / vectorial
Vektor·koordinaten *f pl* / vectorial coordinates *pl* ‖
⁻multiplikation *f* (Math) / outer multiplication, vector
multiplication ‖ **⁻operator** *m* / vector operator ‖
⁻potential der magnetischen Flußdichte,
magnetisches Vektorpotential / magnetic vector
potential ‖ **⁻produkt** *n*, vektorielles Produkt (Math) /
vector o. cross product, outer product ‖ **⁻prozessing** *n*
(DV) / vector processing ‖ **⁻prozessor** *m* / vector
processor ‖ **⁻raum**, linearer Raum / vector o. linear
space ‖ **⁻raum der Dimension 1** / straight line ‖
⁻raum der Farben, Farbenraum *m* / colour space ‖
⁻rechner *m* / vector computer ‖ **⁻rechnung** *f* / vector
calculus ‖ **⁻röhre** *f*, -feldröhre *f* (Phys) / vector tube,
field tube ‖ **⁻-Sichtanzeige** *f* / vector display ‖ **⁻skop** *n*
(TV) / vectorscope
Veldtschoen..., Flexibel... (Schuh) / stitch[ed]-down,
flexible, Veldtschoen...
Velinpapier *n* (vegetabilisch) / vellum paper, wove paper
Vellon *n*, Billon *n* (Metall-Legierung) / billon
Velocimeter *n* / velocity pick up
Velours *m* / velour[s], raised o. pile fabric, warp velvet ‖
⁻ausrüstung, -veredelung *f* (Textil) / velvet finish ‖
⁻hebeapparat *m* (Textil) / pile o. nap lifting apparatus ‖
⁻hebemaschine *f* / machine for smoothing velours,
pile-raising machine ‖ **⁻leder** *n* / velours leather, suede
‖ **⁻papier** *n* (wollbeflocktes Papier) / velour paper ‖
⁻-Prägekalander *m*, -kalander *m* / calender for beating
velvet ‖ **⁻schneidemaschine** *f* / shearing machine for
velours
Velour[t]ieren *n*, Beflocken *n* / flock coating, flocking,
dry coating
Veloutieren *n* / velveting ‖ **⁻**, samtartig machen / raise *vt*,
nap *vt*

Veloxkessel *m* / Velox boiler
Velvet *m n*, [unechter] Schußsamt / velvet with weft face, cotton velvet
Velvetin, Velveteen *m* / velveteen
Venezianischrot *n* / Venetian red
Venn-Diagramm *n* (Math) / Venn diagram
Ventil *n* (Masch, Mot) / valve ‖ ⤙ (Luftschlauch) / valve ‖ ⤙, Schieber *m* / valve, slide valve ‖ ⤙ (Elektronik) / valve [tube] ‖ ⤙ **als Absperrorgan** / globe valve ‖ ⤙ **der nichtselbsttätigen Bremse** (Bahn) / through-brake cock ‖ ⤙ **für Erdbaumaschinen** / earthmover valve ‖ ⤙ **für schlauchlose Reifen** / tubeless valve ‖ ⤙ **gegen Vergaserknallen** (Mot) / gulp valve ‖ ⤙ **mit außen-[innen]liegender Spindel** / valve with outside, [inside] screw ‖ ⤙ **mit erhöhtem Rand** / masked valve ‖ ⤙ **mit flüssiger Kathode** (Quecksilberdampfgleichrichter) / pool rectifier ‖ ⤙**e öffnen** (Mot) / unseat valves ‖ **auf- und abgehendes** ⤙, Tellerventil *n* (Mot) / mushroom o. poppet valve ‖ ⤙**ableiter** *m* (Elektr) / nonlinear resistance arrester ‖ ⤙**anhubstange, -stoßstange** *f* / valve push rod ‖ ⤙**anschlag** *m* (bei Klappventilen) / valve guard
Ventilation *f* / ventilation ‖ ⤙, [Be-, Ent-]Lüftung *f*, Bewetterung *f* (Bergb) / ventilation, airing ‖ ⤙, Belüftung *f* / aeration, airing
Ventilations·… / ventilating ‖ ⤙**kanal** *m* **im Motor** (Elektr) / ventilating o. cooling duct ‖ ⤙**öffnung** *f* / ventilation aperture, breather ‖ ⤙**verluste** *m pl* (Elektr, Dampfturbine) / windage
Ventilator, Lüfter *m* / [ventilating] fan ‖ ⤙, Lüfter *m* (Kfz) / cooling fan ‖ ⤙**flügel** *m* / paddle ‖ ⤙**kanal** *m* (Bergb) / fan drift ‖ ⤙**kühlung** *f* (Kfz) / fan-[type air-]cooling ‖ ⤙**leistung** *f* / fan performance ‖ ⤙**motor, -antrieb** *m* / fan motor ‖ ⤙**riemen** *m* / fan belt ‖ ⤙**riemenscheibe** *f* (Kfz) / fan [driving] pulley ‖ ⤙**verkleidung** *f* / fan cowling o. shroud
Ventil·aufsatz *m* / lantern of valve ‖ ⤙**belastung** *f* / valve loading ‖ ⤙**betätigung** *f* / valve actuation o. control ‖ ⤙**betätigung** *f* / regulation of valve ‖ ⤙**-Blitzableiter** *m* / nonlinear resistor-type lightning arrester ‖ ⤙**boden** *m* (Chem) / valve tray, valve-ballast tray ‖ ⤙**bohrer** *m* (Bergb) / valve auger o. wimble ‖ ⤙**bohrung** *f* (Reifen) / core chamber of the tire valve ‖ ⤙**brücke** *f* (Reifen) / valve clamping washer ‖ ⤙**brunnen** *m* / valve well ‖ ⤙**bügel** *m* / yoke of the globe valve ‖ ⤙**deckel** *m* **mit Spindelführung** (Masch) / valve bonnet ‖ ⤙**deckelflansch** *m* / bonnet flange ‖ ⤙**diagramm** *n* (z.B. von Reuleaux o. Zeuner) / valve diagram ‖ ⤙**dränung** *f*, Stauverschlußdränung *f* / field weir drainage ‖ ⤙**dreher** *m* (Mot) / valve rotator ‖ ⤙**drossel** *f* (Elektronik) / valve reactor ‖ ⤙**durchgang** *m* / gate of a valve ‖ ⤙**durchmesser** *m*, -durchgang *m* / diameter of a valve, free passage of a valve, valve throat ‖ ⤙**einsatz** *m* (Reifen) / valve core o. inside ‖ ⤙**einschleifen** *n* / valve [seat] grinding, refacing ‖ ⤙**einschleifer** *m* (Wz) / valve refacer ‖ ⤙**einstellehre** *f* (Mot) / valve adjusting gauge ‖ ⤙**einstellung** *f* / valve timing ‖ ⤙**element** *n* (Elektron) / valve device ‖ ⤙**element** *n* (Elektronik) / valve element ‖ ⤙**entlastung** *f* / valve relief ‖ ⤙**feder** *f* (Mot) / valve spring ‖ ⤙**federkeil**, -federring *m* / valve spring seat retainer ‖ ⤙**federteller** *m* (Kfz) / valve spring retainer ‖ ⤙**federzange** *f*, -federspanner *m* / valve spring lifter ‖ ⤙**führung** *f* / valve stem guide o. bush[ing] ‖ ⤙**fuß** *m* (Reifen) / valve spud ‖ ⤙**gehäuse** *n*, -kammer *f* / valve box o. chest o. chamber ‖ ⤙**hub** *m* / valve lift
ventilieren, lüften / vent, ventilate ‖ ~ (Daten) / scatter ‖ ⤙, Lüften *n* / ventilation
ventiliert / ventilated ‖ ~**er Container** / mechanically ventilated freight container ‖ ~ **gekapselt** (Elektr) / enclosed-ventilated, semienclosed, rain- o. drip-proof (GB)
Ventil·kammer *f* / valve housing ‖ ⤙**kammerverkleidung** *f* (Mot) / valve chamber cover ‖

⤙**kanal** *m* (Mot) / valve throat ‖ ⤙**kappe** *f* (Pneu) / valve cap ‖ ⤙**kegel** *m* / valve cone o. face ‖ ⤙**kegelschleifmaschine** *f* / valve-face grinding machine ‖ ⤙**kegelstücke** *n pl* (Mot) / valve collets *pl* ‖ ⤙**keil** *m* (Mot) / valve key o. lock ‖ ⤙**keilpistole** *f* / valve key replacer ‖ ⤙**kipphebel** *m*, -schwinghebel *m* / rocker arm ‖ ⤙**kipphebel u. Stößelstangen** *pl* / rocker arms *pl* ‖ ⤙**klappe** *f* / butterfly valve, flap o. clack o. leaf valve, valve flap ‖ ⤙**klappern** *n* / clattering of valves ‖ ⤙**kolben** *m* (Masch) / valve piston ‖ ⤙**kopf** *m* / valve block ‖ ⤙**korb** *m* (allg, Kfz) / valve cage ‖ ⤙**körper** *m*, [der eigentliche] Abschlußkörper *m* / valve gate ‖ ⤙**körper** *m* (Mot) / valve body ‖ ⤙**kugel** *f* / valve ball ‖ ⤙**leistung** *f* / valve output ‖ ⤙**loch** *n* **in der Felge**, Ventilöffnung *f* / rim hole, valve aperture, valve o. rim slot ‖ ~**los** / valveless ‖ ~**loser Pulsojet** / valveless pulsejet ‖ ⤙**öffnung** *f* / valve opening ‖ ⤙**öffnungsdiagramm** *n* / valve opening diagram ‖ ⤙**plättchen** *n* (Masch) / valve reed ‖ ⤙**prellen** *n* (Mot) / valve bounce ‖ ⤙**röhre** *f* (Elektronik) / valve tube ‖ ⤙**sack** *m* (Zement) / valve paper bag, valve[d] sack ‖ ⤙**sackfüllmaschine** *f* (Zement) / valve bag packer, valve filling machine ‖ ⤙**schaft** *m* / valve stem ‖ ⤙**scharnier** *n* / valve hinge ‖ ⤙**schlauch** *m* (Reifen) / valve tubing ‖ ⤙**schleifpaste** *f* / valve grinding compound ‖ ⤙**schlüssel** *m* / double open end tapped spanner ‖ ⤙**schütz** *n* (Hydr) / flap gate ‖ ⤙**schwinghebel** *m*, -kipphebel *m* / rocker arm ‖ ⤙**sitz** *m* (am Ventil), Ventildichtungsfläche *f* (Masch) / valve face ‖ ⤙**sitz** *m* (im Zylinderkopf) (Mot) / valve seat ‖ ⤙**sitzdichtung** *f* / seat seal ‖ ⤙**sitzfräser** *m* / valve reseating tool ‖ ⤙**sitzring** *m* (Mot) / [detachable] valve seat ring, insert ‖ ⤙**sitzschleifmaschine** *f* (Kfz) / valve seat grinding machine ‖ ⤙**spiel** *n* (Mot) / tappet clearance, air gap ‖ ⤙**spindel**, -stange *f* (Mot) / valve spindle o. stem o. rod ‖ ⤙**steuerung** *f* / valve controlled distribution ‖ ⤙**steuerung**, Motorsteuerung *f* (Mot) / timing gear ‖ ⤙**-Stopfbüchse** *f* / valve gland ‖ ⤙**stopfen** *m* (Wasserarmatur) / valve plug, plug for sinks ‖ ⤙**stößel** *m* (Mot) / valve lifter o. rocker o. plunger o. tappet, cam lifter o. follower, push rod ‖ ⤙**stoßstange**, -anhubstange *f* / valve push rod ‖ ⤙**stütze** *f* (bei Klappventilen), -wächter *m* / valve guard ‖ ⤙**teller** *m* (Mot) / valve disk o. head ‖ ⤙**träger** *m* / valve support ‖ ⤙**überdeckung** *f* / valve lap ‖ ⤙**verklebung** *f* (Mot) / valve fouling o. gumming ‖ ⤙**verkleidung** *f* / valve gear casing ‖ ⤙**verlängerung** *f* (Luftschlauch, Kfz) / extension stem of a valve ‖ ⤙**verschraubung** *f* (Kfz) / valve cap ‖ ⤙**wächter** *m*, -stütze *f* (bei Klappventilen) / valve guard ‖ ⤙**wirkung** *f* (allg) / valve effect o. action
Venturi *n*, -düse *f*, Venturirohr *n* / Venturi o. venturi meter o. tube ‖ ⤙ **des Vergasers** (Kfz) / choke ‖ **gekürztes** ⤙ / truncated venturi tube ‖ ⤙**düse** *f* / venturi nozzle ‖ ⤙**kanal** *m* (Hydr) / Venturi flume ‖ ⤙**messer** *m* / venturi flow meter ‖ ⤙**wassermesser** *m* / Venturi water meter
verallgemeinert (Math) / generalized ‖ ~**e Kugelfunktion**, Wigner-Funktion *f* / generalized spherical harmonic, Wigner function
Veralten *n*, Veralterung *f* / obsolescence
veraltet / oldfashioned, outdated, antiquated, obsolete, superannuated ‖ ~**e Ausrüstung** / out-of-date equipment
Veraltung, planmäßige (o. geplante) (Masch) / planned obsolescence
Veranda *f* (Bau) / veranda[h], porch (US) ‖ **offene** ⤙, Verandatreppe *f* (Bau) / stoop, stoep
veränderbar / changeable
veränderlich / changing ‖ ~, variabel / variable, variant ‖ ~**e Adressierung** (DV) / floating addressing ‖ ~**e Geometrie** (Turbo) / variable geometry ‖ ~**e Größe** (Math, DV) / variable [quantity] ‖ ~**e Information** (DV) / volatile information ‖ ~**e Kanaladressierung** / floating channel addressing ‖ ~**e Sterne**, Veränderliche *m pl* / variable stars *pl*, variables *pl* ‖ **auf** ~ (Barometer) / on the

change || **mit ~en Drehzahlen** (Elektr) / multivarying-speed...
Veränderliche *f*, Variable *f* / variable *n*
Veränderlichkeit *f* / variableness, variability, variance
verändern / change, alter || ~, variieren / variegate || **sich** ~ [um] / change [by]
veränderte Farbe (Opt) / undertone
Veränderung *f*, Wechsel *m* / variation, change || ≈, Verändern *n* / variation, changing || ≈ **des Querschnitts** / change in the cross section || **stetige** ≈ / continuous variation
Veränderungszeit *f* / forming time
verankern (Bau) / anchor, fasten with anchors || ~, verstreben / brace || ~ (Halbl) / pin || ~ (Masten) / brace *vt*, stay, guy *vt* || ~ (Masch) / anchor *v* || ~, abspannen / stay, anchor || **mit Bolzen** ~ / fasten by anchor bolt
verankerte Stange (Fernm) / pole and stay
Verankerung *f* (Bau) / anchorage || ≈ (Kessel) / boiler brace || ≈, Verstrebung *f* / bracing || ≈ (Fahrleitung) / bracing, staying || ≈ **für Erdanker** (Bau) / deadmen (anchorage for land ties) || **doppelte** ≈ (Seilb) / anchoring station
Verankerungs·armierung *f* (Prefab) / nib fixture || ≈**bolzen** *m*, Verankerungsstange *f* / anchoring bolt o. rod o. iron, tie bolt o. rod || ≈**draht** *m* / guy, bracing wire || ≈**ende** *n* **von Eisenteilen** (Bau) / fang || ≈**gabelgelenk** *n* (Oberleitg, Bahn) / staying strap || ≈**isolator** *m* (Fahrleitung) / strain insulator || ≈**klotz** *m* (Freileitung) / anchor log, anchorage block || **hölzerner** ≈**mast** (Elektr) / anchor pole || **stählerner** ≈**mast** (Elektr) / anchor mast o. tower || ≈**pfahl** *m* (für Baugrubenwände) (Bau) / guide pile || ≈**pfeiler** *m* (Brücke) / abutment pier || ≈**seil**, Halteseil *n* / guy rope, stay [rope] || ≈**seil** *n* **senkrecht zur Zugrichtung** / bridle cable o. wire || ≈**träger** *m* (Ofenbau) / buck stave
veranlassen, bewirken / occasion *v*
veranschaulichen / pictorialize
Veranschaulichung *f* / pictorialization, representation
veranschlagen / calculate, compute, assess || ~, schätzen / estimate || ~, überschlagen / rate, value, prize
verantwortlich / responsible
Verantwortung *f* / responsibility
verarbeitbar, mit Maschinen ~ (DV) / machinable
Verarbeitbarkeit *f*, Verarbeitungseigenschaften *f pl* (Material) / working properties *pl* || ≈ (Gummi) / processability, processibility
verarbeiten / manipulate, handle, process, work [up] || ~ [zu] / manufacture [into], make up [into] || ≈ *n* **des Rohsteins in Feinstein** (Nickel) / matte refining || **[maschinell]** ~, verformen / machine *v* || **nochmals** ~ / reprocess
verarbeitend·e Industrie, herstellende Industrie / manufacturing industry || ~**e Industrie** (Ggs: Berg- u. Ackerbau) / processing industry
Verarbeiter *m* (Plast) / custom moulder
verarbeitet / fabricated, wrought || ~, produziert / manufactured || ~ (Rüben) / worked || ~ (Film) / processed || ~ (Glimmer) / processed
Verarbeitung *f*, Behandlung *f* / treatment, working || ≈ (Wzm) / machining || ≈, Auswertung *f* (DV) / processing || ≈ (Öl) / processing || ≈ (Textil) / fabrication || ≈ (Plast) / fabrication || ≈, Umgang [mit] / manipulation, handling, processing, working [up] || ≈ **des Fanges** (Schiff) / handling of fishes, fish conditioning || ≈ **großer Datenmengen** / bulk information processing || ≈ **im ungeordneten Zustand** (DV) / in-line processing || ≈ **im Vakuum** / processing in vacuum || ≈ **intern erzeugter Jobs** (DV) / internal job processing, IJP || ≈ **nach Prioritäten** / priority processing o. scheduling || ≈ **off-line** / off-line processing || ≈ **von Daten** / data processing
Verarbeitungs·betrieb *m* (Öl) / process plant || ≈**fehler** *m* / processing defect || **starre** ≈**folge** (DV) / consecutive o. sequential processing || ≈**gerät** *n* **für Wagenmarkierungen** (Bahn) / decoder || ≈**geschwindigkeit** *f* / speed of operation || ≈**hilfsmittel** *n* (Textil) / auxiliary product || ≈**kapazität** *f* (DV) / processing capacity || ≈**leistung** *f* (DV) / computing power || ≈**limit** *n* (DV) / processing limit || ≈**option** *f* (DV) / processing option || ≈**programm** *n* / processing program[me] || ≈**rechner** *m* / host computer || ≈**schicht** *f*, Schicht 7 (OSI) / application layer || ≈**schwindung** *f* (Plast) / moulding shrinkage || ≈**streuung** *f* (allg) / process spread || ≈**stufe** *f* / stage of manufacture || ≈**technologie** *f* / processing technology || ≈**überlappung** *f*, Programmüberlappung *f* / processing overlap || ≈**verlust** *m* (allg) / processing losses *pl* || ≈**verlust** *m* (Textil) / shrinkage, sinkage || ≈**verluste**, Raffinationsverluste *m pl* / refinery o. refining losses *pl* || ≈**zyklus** *m* (DV) / processing cycle
verarmen (Bad) / deplete *vi*
Verarmung, Abreicherung *f* (Nukl) / depletion
Verarmungs·betrieb *m* (Halbl) / depletion-mode operation || ≈**-Isolierschicht-Feldeffekttransistor**, Verarmungs-IG-FET *m* / depletion type field effect transistor || ≈**randschicht** *f* (Halbl) / depletion layer of barrier || ≈**schicht** *f* (Halbl) / depletion region || ≈**transistor** *m* / depletion transistor || ≈**zone** *f* / depletion layer
veraschen (Chem) / incinerate, ash, reduce to ashes
Veraschungs·ofen *m* / incineration furnace || ≈**probe** *f* (Textil) / ashing o. incineration test || ≈**schale** *f* / incineration dish
verästeln, [sich] ~ / ramify
verästelnd, sich ~ (DV) / branching, branch...
verästelte Struktur (Hütt) / feathery structure
Verästelung *f* / ramification
Veratrin *n* (Chem) / veratrine
Verätzung *f* / causticization
Verb *n* (COBOL) / verb, instruction word
Verband *m* (Mech) / brace, bracing || ≈, Mauerverband *m* (Bau) / [wall] bond || ≈, Verbindung *f* (Masch) / connection || ≈ (Math) / lattice, structure || ≈ **als Ganzes**, Gesamtverband *m* (Stahlbau) / web system || ≈ **der Straßenverkehrsdienste der Europäischen Eisenbahnen** / U.R.F., Union of European Railway-owned Road Services || ≈ **Deutscher Elektrotechniker**, VDE *m* / Association of German Electrotechnical Engineers || ≈**gießverfahren** *n*, CSP / compact strip production || ≈**kasten** *m* (Kfz) / first-aid box o. kit || ≈**mull** *m* / mull || ≈**stein** *m* / bond brick, bonder
Verbands·theorie *f* (Math) / lattice theory
Verband·stoff *m* / bandage, bandaging o. dressing material, surgical bandage || ≈**stoffmaschine** *f* / machine for surgical dressings and bandages || ≈**stück** *n* (Zimm) / framing piece || ≈**watte** *f* / sanitary cotton, surgical wool, medicated cotton wool
Ver·bauarbeiten *f pl* (Bau) / sheeting works *pl* || ~**bauen** / build badly, spoil in building || ~**bauen** (Hydr) / obstruct || **die Aussicht** ~**bauen** / obstruct the view, shut up || **Material** ~**bauen** / consume for building purposes, use up in building || ≈**bauung**, Zimmerung *f* (Bergb) / timbering, lining
Verbenaöl *n* / vervain oil
Verbesserer *m* / improver *n*
verbessern / improve || ~ (Leistung eines Motors) / tune || ~, modernisieren / upgrade *vi vt* || ~, berichtigen / correct || ~, von Ballast o. Widerständen befreien / streamline || **Boden** ~ / ameliorate
verbessernd, berichtigend / corrective
verbessert / improved, uprated, advanced || ~, vergrößert, verstärkt (Masch) / enhanced || ~**er gasgekühlter Reaktor** / advanced gas-cooled reactor, AGR || ~**e Konstruktion**, Neukonstruktion *f* / revised design o. construction || ~**es Modell** / improved model o. pattern o. design || ~ **werden** / undergo o. meet an improvement
Verbesserung *f* / improvement || ≈, Korrektur[maßnahme] *f* / correction || ≈, Berichtigung *f* / amendment || ≈ **der Verkehrsverhältnisse** / better o.

new traffic facilities *pl* ‖ ⁴ **des Wirkungsgrades** / increase of efficiency

verbesserungs·fähig / improvable, capable of being improved ‖ ⁴**mittel, Reinigungsmittel** *n* (Chem) / reclaimer ‖ ⁴**mittel** *n* **des Bodens** (Landw) / corrective ‖ ⁴**vorschlag** *m* / suggestion

verbeulen / bruise, batter ‖ **den Kotflügel** ~ / batter the mud guard (GB), bruise the fender (US)

ver·biegen, krümmen / warp, bend ‖ ~**biegen** (Fehler) / bend wrong o. wry ‖ ~**biegen** (beschädigen) / spoil by bending ‖ **sich** ~**biegen** / become bent o. warped ‖ ⁴**biegung** *f* / distortion, deformation, warping

verbilligen / cheapen *vt*, make cheaper ‖ ~ / decrease cost ‖ **[sich]** ~ / cheapen *vi*

verbindbar (Chem) / combinable

verbinden / connect, bond ‖ ~, aneinander befestigen / couple, link, join ‖ ~, einbinden (Bau) / engage ‖ ~ [mit] (Fernm) / put through [on o. to], connect [with] ‖ ~ (mit Muffe o. Hülse o. Seilkupplung usw) / socket *v* ‖ ~ (Chem) / combine *vt* ‖ ~, zusammenfügen / join, scarf *vt* ‖ ~ [mit], ein Gespräch vermitteln, durchschalten (Fernm) / connect [with] ‖ ⁴ *n*, einen Verband herstellen / binding, joining ‖ ⁴ **durch Lappen** (Metall) / staking, clinching ‖ ⁴ **von Punkten durch eine ausgleichende Kurve,** Ausstraken *n* / fairing ‖ **durch ein Band** ~ (Zimm) / tie *v* ‖ **[Enden]** ~ / splice *v* ‖ **mit dem Apparat** ~, an den Apparat anschließen / connect to an apparatus ‖ **mit Klammern** ~ / brace *v*, cramp ‖ **sich** ~ (Chem) / combine *vi*, unite

Verbinder *m* / connector ‖ ⁴, **Steckverbinder** *m* / circuit connector ‖ ⁴**presse** *f* (Gummi) / rubber-to-metal vulcanizing press

verbindlich / binding ‖ ~ (Norm) / mandatory ‖ ~**e Norm** / mandatory standard

Verbindung *f*, Anschluß *m* / connection, (GB) a.: connexion ‖ ⁴, Zwischenschaltung, Durchschaltung *f* / interconnection ‖ ⁴, Zusammenfügung *f* / joining, junction ‖ ⁴, Verknüpfung *f* / linkage ‖ ⁴, Verbindungsstück *n* / connection, connector ‖ ⁴, Zusammenhang *m* (Bau) / connection ‖ ⁴, Sitzung *f* (DV) / session [connection] ‖ ⁴, Zusammensetzung *f* (allg, Chem) / compound ‖ ⁴, Bund *m* / bond ‖ ⁴, Kombination *f* / combination ‖ ⁴, Nachrichtenverkehr *m* / communication, information exchange ‖ ⁴ (DV) / nexus, linkage ‖ ⁴ , **die mehr als eine Gebühreneinheit kostet** (Fernm) / fee-junction circuit ‖ ⁴ **aus selbständigen Molekülen** (Chem) / molecular bond o. compound ‖ ⁴ **bekommen [mit], durchkommen** (Fernm) / get through [to] ‖ ⁴ **Bodenstation-Satellit-Empfänger** / forward link ‖ ⁴ **herstellen** (Fernm) / complete ‖ ⁴ **innerhalb des Amtes** (Fernm) / trunk (GB) ‖ ⁴ **mit oder über Satelliten** (Radio) / satellite link ‖ ⁴ **trennen** (Fernm) / disrupt a communication ‖ ⁴ **über zwei Satelliten** (Raumf) / double hop ‖ ⁴ **zweier Erdstationen über mehrere Satelliten** / multisatellite link ‖ ⁴ **zwischen 2 Teilnehmern derselben Gemeinschaftsleitung** (Fernm) / reverting call ‖ ⁴ **zwischen Bezirksleitstellen,** [innerhalb des Leitbezirks] / inter-area, [intra-area] communication ‖ ⁴**en** *f pl* **zwischen den Bauteilen** (IC) / connections *pl* between components ‖ **Chrom und seine** ⁴**en** / chromium and its compounds ‖ **eine** ⁴ **trennen** (Fernm) / disconnect, interrupt, clear ‖ **feste elektrische** ⁴**en** / bonding ‖ **gerade** ⁴ **von Bleirohren** / straight brazed connection of lead pipes ‖ **III-V-**⁴ *f* (Chem) / III-V-compound ‖ **in** ⁴ **stehen,** sich in Verbindung setzen / communicate *vi* ‖ **rechtwinklige** ⁴ **o. Abzweigung von Bleirohren** / rectangular brazed connection of lead pipes

Verbindungs·abbau *m*, -auflösung (Fernm) / connection release, connection cleardown ‖ ⁴**-Adreßraum** *m*, Interconnect-Space *m* / interconnect space ‖ ⁴**aufbau** *m*, -bildung *f* (Chem) / combination ‖ ⁴**aufbau** *m* (Fernm) / trunking scheme ‖ ⁴**bahn** *f* (Bahn) / junction

line o. railway ‖ ⁴**band** *n* (Elektr) / connecting braid ‖ ⁴**beschlag** *m* / assembly fitting ‖ ⁴**blech** *n* / connecting o. splicing plate ‖ ⁴**bohrung** *f* / connecting bore ‖ ⁴**bolzen** *m* / connecting pin ‖ ⁴**brücke** *f* (Förderband) / belt conveyor gantry ‖ ⁴**brücke** *f* / connecting bridge ‖ ⁴**brücke** *f* (zwischen 2 Klemmen) (Elektr) / stud ‖ ⁴**brücke** *f* **für Bagger** / connecting bridge ‖ ⁴**bügel** *m* / union bow ‖ ⁴**dose** *f*, -kasten *m* (Elektr) / fishing box ‖ ⁴**draht** *m* / connecting wire ‖ ⁴**element** *n* (Masch) / joining element ‖ ⁴**elemente** *n pl* (allg) / fasteners *pl* ‖ ⁴**feld,** Rangierfeld *n* (Fernm) / patch bay ‖ ⁴**fläche** *f* (Schw) / welding surface, weldment area (US) ‖ ⁴**flansch** *m* (Rohre) / connecting flange ‖ ⁴**gang** *m* / connecting passage, corridor ‖ ⁴**gewicht,** Äquivalentgewicht *n* (Chem) / combining o. equivalent weight ‖ ⁴**gleis** *n*, -schienen *f pl* / junction rails *pl*, crossover road, interchange track ‖ ⁴**glied** *n*, -stück *n* / link, connector, connection piece ‖ ⁴**glied** *n*, -teil *m* (Bau) / jointing component ‖ ⁴**glied** *n* (Stahlbau) / connection element, coupling link ‖ ⁴**glied,** Koppelglied *n* / coupling link ‖ ⁴**glied** *n* (DV) / nexus, linkage element ‖ ⁴**herstellung** *f* / jointing ‖ ⁴**herstellung** *f* (Fernm) / completion of a call ‖ ⁴**herstellung zwischen Satelliten** / intersatellite link acquisition ‖ ⁴**hülse** *f* **für Rohre** / slip coupling ‖ ⁴**kabel** *n*, -leitung *f* / connecting o. connection cable ‖ ⁴**kabel** *n* (im Ortsverkehr) (Fernm) / junction cable ‖ ⁴**kabel** *n* **zwischen Triebwagen** (Bahn) / jumper ‖ ⁴**kanal** *m* (Hydr) / junction canal ‖ ⁴**kanal** *m* **im Schwimmbadreaktor** (Atom, Nukl) / transfer canal ‖ ⁴**kanal** *m* **zwischen Regenerator- u. Schlackenkammer,** Trompete *f* (Hütt) / fantail ‖ ⁴**kasten** *m*, -dose *f* (Elektr) / fishing box ‖ ⁴**klemme** *f* (Elektr) / connection o. connecting terminal, connector ‖ ⁴**klemme** *f* (Fahrdraht) (Bahn) / clamp for contact wires ‖ ⁴**klemme** *f* **für 2 Drähte** / two-wire connector ‖ **kreuzförmige** ⁴**klemme für vier Drähte,** Kreuzklemme *f* (Elektr) / four-wire connector ‖ ⁴**kurve** *f* (Bahn) / junction curve ‖ ⁴**kurve** *f*, Klothoide *f* (Straßb) / clothoid ‖ ⁴**kurve** *f* **der Oberkanten der Bodenwrangen und Tothölzer** (Schiff) / cutting-down line ‖ ⁴**lasche** *f* / butt strap, connecting strap ‖ ⁴**leitung** *f* (Elektr) / connecting o. connection line, coupler, interconnection ‖ ⁴**leitung** *f* (Rohre) / connecting conduit ‖ ⁴**leitung** *f* (Fernm) / junction circuit o. wire ‖ ⁴**leitung** *f* (Elektronik) / link circuit ‖ ⁴**leitung** *f* **zwischen Kraftwerken** (Elektr) / trunk feeder o. main ‖ ⁴**leitung** *f* **[zwischen Vermittlungsstellen]** (Fernm) / trunk circuit o. line, tie trunk ‖ ⁴**leitung** *f* **[zwischen Vermittlungsstellen]** (Fernm) / tie trunk (US) (between two private exchanges) ‖ ⁴**leitungen** *f pl* **zwischen Treppenschaltern** (Elektr) / strapping wires *pl* ‖ ⁴**leitungsbündel** *n* (Fernm) / junction group ‖ ⁴**leitungsfeld** *n* (Fernm) / junction line panel ‖ ⁴**leitungsverkehr** *m* **mit Anrufbetrieb** (Fernm) / junction traffic o. service, direct trunking, straightforward junction working ‖ ⁴**linie** *f* (Math) / connecting o. joining o. tie line ‖ ~**los** (OSI) / connectionless ‖ ⁴**masse** [zwischen Gewölbesteinen] *f* (Hütt) / packing ‖ ⁴**menge** *f* (Math) / Cartesian product, product set ‖ ⁴**mittel** *n pl* / joints and fastenings *pl*, fasteners *pl* ‖ ⁴**möglichkeit** *f*, -weg *m* / communication ‖ ⁴**muffe** *f* (DIN) / joint box, splicing o. coupling sleeve ‖ ⁴**muffe** *f* **für Rohrverschraubungen** / screwed conduit coupling sleeve ‖ ⁴**netz** *n* **zwischen Leitungen** / interline link network ‖ ~**orientiert** (OSI) / connection-mode… ‖ ⁴**pfad** *m* (DV) / link path ‖ ⁴**platte** *f*, -streifen *m* / butt plate ‖ ⁴**platz** *m* (Fernm) / B-[operator's] position ‖ ~**programmiert** (DV) / hard-wired ‖ ~**programmiertes System,** VPS / wired program system ‖ ⁴**programmierung** *f* / hard-wired programming ‖ ⁴**querschlag** *m* (Bergb) / cross measure drift ‖ ⁴**riegel** *m*, Traverse *f* / crosshead, tie-bar ‖ ⁴**riegel** *m* **am Rahmen** (Bau) / transverse brace,

transom || ~röhre f / joint pipe || ~rollgang m (Walzw) /
connecting roller rack || ~schacht, Stapel m (Bergb) /
blind pit o. shaft || ~schicht f (aus Nitriden u.
Karbonitriden) (Hütt) / white layer (of nitrides) ||
~schiene f (Bau) / connecting band || ~schiene, Lasche f
(Elektr) / link || ~schiene f (Masch) / connecting band o.
bar || ~schiene f (Akku) / cell connector || ~schlauch m
(Bahn) / heating hose || ~schleuse f (Raumf) / connecting
tunnel || ~schnur f (Fernm) / calling cord || ~schnur f
(Elektr) / connecting cord o. flex (GB) o. lead ||
~schraube f / connecting bolt, binding screw ||
~schweißen n / joint welding, full fusion welding ||
~sechskant m (Schrauber) / hexagon drive end || ~stange
f (allg) / connecting rod, con-rod || ~stange f einer
Weiche (Bahn) / stretching rod || ~stelle f / junction
point, joint, juncture, splice || ~stelle f, Stoß m / joint.
seam || ~stelle f, Stoß m (Stahlbau) / splice || ~stelle,
Treffstelle f (Web) / place of junction || ~stelle
(Fernm) / plug connector, ringing plug || ~straße f
(Straßb) / through road (GB) || ~strecke f (Bergb) /
snicket gate || ~streifen m, -platte f (Blech) / butt plate ||
~strich m (Buch) / ligature || ~stück n / joining piece,
tie || ~stück n (o. -balken) von Spundpfählen, Schloß
n / clutch of sheet piles || ~stutzen m / pipe coupling ||
~stutzen m für lötlose Rohrverschraubung mit
gebördeltem Rohr / unions pl and union reducers for
refrigeration flare type fittings || ~stutzen m für
Überwurfmuttern / connecting socket || ~technik f
(DV) / internal connection system || ~teil m n / link ||
~teil n für Steckschlüsseleinsatz mit Innenvierkant /
square drive extension hexagon insert || ~teil n mit
Innensechskant u. Innenvierkant (für
Schraubwerkzeuge) / hexagon drive extension for
hexagon insert bits || ~teil n mit Innenvierkant u.
Innensechskant, maschinenbetätigt (DIN 7427) /
square drive socket for hexagon insert bits || ~tür f /
communicating door || ~verhältnis n (Chem) /
combining proportion || ~vierkant m (für
Schraubendreher) (DIN 3122) / driving square ||
abgesetzter ~vierkant / external square drive adapter ||
~wärme f (Chem) / heat of combination || ~weg m
(Fernm) / communication path || ~welle f / dumb-bell
shaft (GB), spacer shaft (US) || ~winkel m / assembly
angle
ver·blasbar (Hütt) / blowable || ~blasen (Hütt) / blow v ||
im Konverter [oxidierend] ~blasen / bessemerize ||
~blasen n und Braten (Kupfer) / fining and flapping ||
~blaserost, Sinterrost m (Hütt) / sintering grate ||
~blaserösten n (Hütt) / updraft roasting, pot roasting ||
~blassen / fade, change, discolo[u]r || ~blassen n,
Entsättigung f (TV) / desaturation || ~blassend (Farbe) /
fading || ~blattung f, gerades, einfaches Blatt, Über-,
Aufblatten n (Zimm) / rebating || ~bleibend, restlich /
residual || ~bleibwahrscheinlichkeit f (Nukl) /
nonleakage probability || ~bleien (galvanisch o.
feuerverbleien) / coat with lead, lead || ~bleien n des
Steins (Metall) / liquation of matte with lead || ~bleit /
leaded || ~bleiung, Bleiverglasung f (Bau) / lead glazing
|| elektrolytische ~bleiung / leading, coating with lead
|| ~bleiung f im Tauchbad / lead coating ||
~blendbauweise f (Beton, Stahlbau) / veneered
construction || ~blenden, verkleiden (Bau) / face, line ||
~blendmauerwerk n / faced brickwork || ~blendstein,
Verblender m / facing brick o. stone ||
~blendungsträger m (Stahlbau) / girt || ~blocken,
blockieren / block[ade], block up, lock || ~blocken
(gegenseitig) / interlock vt || ~blockt sein / interlock vi
|| ~blockung, Blockierung f / locking || ~blockung f
(gegenseitig) / interlocking || ~blockungskondensator
m / block[ing] condenser o. capacitor ||
~blockungsschraube f / attachment screw || ~bogen /
bent, deformed || ~bogen, verzogen / twisted, warped ||
~bohren, falsch bohren / drill out of center, drill untrue
|| ~bohren, verstiften / pin [together] || ~bohrt

(Bohrloch) / crooked || ~bolzen / bolt v || ~bolzung f
(Zimm) / bolting, fastening by bolts || ~borgen /
concealed || ~borgen, verdeckt / hidden, quiet
Verbot n / prohibition, ban
verboten·es Band (Transistor) / forbidden band || ~es
Energieband / interband energy gap || ~e
Fahrtrichtung / prohibited direction || ~es Gebiet
(Nukl) / prohibited area || ~e Kombination / forbidden
combination || ~er Übergang (Nukl) / forbidden
transition || ~es Zeichen (DV) / illegal o. invalid
character
Verbotenheitsgrad m (Nukl) / degree of forbiddenness
Verbotsschild n, -zeichen n (Straßb) / prohibiting sign,
prohibitive sign
verbrannt / burnt, burned || ~ / destroyed by fire || ~er
Niederschlag (Galv) / burnt deposit
Verbrauch m / consumption
verbrauchbar, zum Verbrauch / expendable
verbrauchen / consume
Verbraucher m, Abnehmer m / consumer || ~,
Leistungsverbraucher m (Elektronik) / sink (US) || ~
(Elektr, Phys) / consumer || ~ m pl, Verbraucherschaft f /
consumers pl || ~anschlüsse m pl (Elektr) / consumer's
terminals pl || ~anschlußkabel n, -anschlußleitung f /
service main || ~elektronik f / consumer electronics ||
~freundlich / not harmful to the consumer ||
~höchstpreis m / retail ceiling price || ~impedanz f
(Elektr) / load impedance || ~leitung f / consumer's main
o. cable || ~leitung f (Wasser) / substation, extension ||
~preis m / user price || ~prüfung f / user test ||
~relevant / of consumer interest || ~seite f (Elektr) /
receiving end || ~stelle f (Elektr) / consuming point,
consumer's installation || ~stromkreis, Ausgangskreis
m (Elektr) / load circuit
verbrauchs·abhängig / based on consumption ||
~anzeiger m (Kfz) / consumption meter || ~artikel,
-gegenstände m pl, -güter n pl / commodity goods [o.
wares], [daily] commodities pl || ~gegenstand m /
article of consumption, daily commodity ||
~güterindustrie f, Konsumgüterindustrie f / consumer
goods industry || ~material n / incidentals pl ||
~material n (Raumf) / consumables || ~messer m,
-zähler m / supply meter || ~minimalisierung f /
minimization of consumption || elektrische ~mittel /
current using equipment || ~prüfung f / consumption
test || ~schwankung f / fluctuation of consumption ||
~spannung f / supply voltage || ~sperre f /
consumption limiter || ~stoffe m pl / commodities pl ||
~teile m pl / nonrepairable items pl || ~zähler m /
supply meter || ~zucker m / [unrefined o. direct]
consumption sugar
verbraucht, abgenutzt (allg, Ionenaust.) / used [up], spent ||
~, verschlissen / worn [out] || ~ (Leistung) / consumed ||
~ (Nukl, Brennstoff) / spent, irradiated, burnt-up || ~ (Luft)
/ stagnant || ~, erschöpft (Akku) / dead || ~es Bratöl /
waste kitchen oil || ~er Elektrolyt / foul electrolyte
verbreiten (Licht), leuchten / shed light || sich ~,
zerfließen / dissolve || [sich] ~ / scatter, diffuse,
dissipate
verbreitern, [sich] ~ / widen, broaden
verbreitertes Spektrum (Fernm) / spread spectrum
Verbreiterung f / widening, broadening || ~,
Vergrößerung f / enlargement, enlarging
Verbreitung f, Verbreiten n / spreading, distribution || ~
(Phys) / propagation || ~, Ausbreitung f / dissemination ||
~, Verteilung f / dispersion || ~ (einer Zeitung) /
covering of a newspaper || ~ in ein neues Gebiet (Biol) /
dispersal
Verbreitungs·gebiet n (Radio) / broadcasting o. coverage
area, service area || ~gebiet n (Biol) / biotope
Verbrennbarkeit, Brennbarkeit f / combustibility
verbrennen / burn || ~ (Wicklung) / char, scorch vt || ~
(Hütt) / overheat || ~, Verkohlen n / charring || ~,
Vererzen n (Gieß) / burning-in, metal penetration

1129

Verbrennung

Verbrennung f, Verbrennen n / combustion ‖ ≺ (Med) / burn n ‖ ≺ **mit Lichterscheinung** / ignition ‖ ≺ **zu Asche** (Chem) / incineration ‖ **die** ≺ **bewirkend** / oxydant ‖ **schnelle** ≺, Aufbrennen n (Chem) / deflagration ‖ **unregelmäßige** ≺ (Mot, Rakete) / chugging ‖ **vollkommene** ≺ (Ggs.: vollständige Verbrennung) / perfect combustion ‖ **vollständige** ≺ (Ggs.: vollkommene Verbrennung) / complete combustion
Verbrennungs·ablauf m / combustion process ‖ ≺**analyse** f / combustion analysis ‖ ≺**energie** f / combustion energy ‖ ≺**gase** n pl, Abgase n pl / combustion o. exhaust o. waste gases pl ‖ ≺**gase** n pl, Rauchgase n pl / flue gases pl ‖ ≺**geschwindigkeit** f, -gang m / rate of combustion ‖ ≺**hub** m (Mot) / ignition cycle ‖ ≺**instabilität** f / combustion instability ‖ ≺**kammer** f (Mot) / combustion chamber o. space ‖ ≺**kraftmaschine** f / combustion engine ‖ ≺**lampe** f / combustion light ‖ ≺**löffel** m (Chem) / deflagrating spoon ‖ ≺**luft** f / air for combustion, combustion air ‖ ≺**motor** m, -kraftmaschine f / I.C.-engine, internal combustion engine ‖ **mit** ≺**motor** (z.B. Stapler) / combustion-engined ‖ ≺**ofen** m (Chem) / combustion furnace, incinerator ‖ ≺**probe** f (Textil) / burning test, ignition test ‖ ≺**produkt** n / product of combustion ‖ ≺**prozeß** m / combustion process ‖ ≺**prüfer** m / aeration test burner, A.T.B. ‖ ≺**raum** m (Mot) / combustion chamber o. space ‖ ≺**raum** m **der Rakete** / reactor of a rocket ‖ ≺**raum-Volumen** n / combustion space volume ‖ ≺**regler** m / combustion regulator ‖ ≺**rohr** n / combustion tube ‖ ≺**[rohr]ofen** m / combustion tube furnace ‖ ≺**rückstand** m / residue of combustion ‖ ≺**rückstand** m, Trockenmasse f / mass of residue after ashing o. drying ‖ ≺**rückstand** m, Asche f / ash[es] pl ‖ ≺**schacht** m (Winderhitzer) / combustion chamber o. space ‖ ≺**schiffchen** n (Chem) / combustion boat ‖ ≺**technik** f / combustion engineering ‖ ≺**temperaturen** f pl / calorific intensity ‖ ≺**triebwagen** m / internal combustion engined railcar ‖ ≺**turbine** f / combustion turbine, gas turbine [engine] ‖ ≺**-Überwachungsgerät** n / combustion efficiency monitor ‖ ≺**volumen** n, Kompressions-Raum-Volumen n / combustion space o. compression space volume ‖ ≺**vorgang**, -prozeß m / process of combustion, combustion process ‖ ≺**wärme** f / combustion heat ‖ ≺**wärme** f, oberer Heizwert, spezifischer Brennwert (DIN) / gross calorific value ‖ ≺**zahl** f (Verhältnis CO zu CO$_2$ im Abgas) / combustion index
Ver·bruch m, Zubruchgehen n, [Gruben]bruch m (Bergb) / falling-in, thrust, downfall ‖ **sich** ≺**brühen** / scald vi ‖ ≺**brühung** f / scald n ‖ ~**buchen** / post, book
Verbund m (Reaktor) / bond ‖ ≺... (Elektr, Netze) / interlocking (US), interconnected ‖ ≺..., zusammengesetzt / compound, composite ‖ ≺... (Elektr) / compound[-wound], double-wound ‖ ≺ **zwischen Beton und Armierung** / adhesion between concrete and reinforcement ‖ **gegenseitiger** ≺ **durch eingegossenen Zement** / cement joggle ‖ **in** ≺ **schalten**, kompoundieren (Elektr) / compound v ‖ **mit sofortigem** ≺ (Beton) / pretensioned ‖ ≺**anker**, Schubdübel m (Stahlbau) / shear connector ‖ ≺**bau** m, -bauweise f, -konstruktion f / composite structure ‖ ≺**bauweise** f (Holz) / composite trussing ‖ ≺**bauweise**, Sandwichkonstruktion f / sandwich structure ‖ **in** ≺**bauweise**, mehrlagig / sandwich... ‖ ≺**beheizung** f (Hütt) / combination firing ‖ ≺**betonschwelle** f (Bahn, Schweiz) / concrete-block and steel tiebar ‖ ≺**betrieb** m (Elektr) / compound operation, interconnected operation ‖ ≺**betrieb** m **von Netzen** (Elektr) / interconnected operation, interlinked operation (US) ‖ ≺**doppelfenster** n / composite double window ‖ ≺**-Drehflügler** m (Luftf) / compound rotorcraft ‖ ≺**elektrode** f (Schweiß) / composite electrode
verbunden, zusammenhängend / coherent, connected ‖ ~, verknüpft / conjoined ‖ ~, gekoppelt (Masch) /

connected ‖ ~, nebeneinander / juxtaposed ‖ ~, Verbund... (Information) / joint ‖ ~ (Gewölbe) (Hütt) / bonded (roof) ‖ ~, angefügt / joint, added [to] ‖ ~**e Absitzung** (Abwasser) / compound clarification ‖ ~**e Produktion** / coupled production ‖ ~**e Programme** n pl (DV) / linked routines pl ‖ **miteinander** ~ (Elektr) / interconnected
Verbund·erregung f (Elektr) / compound excitation ‖ ≺**fahrbahn** f (Brücke) / composite carriageway steel-concrete ‖ ≺**federung** f / compound springing ‖ ≺**fenster** n (Scheiben in getrennten Rahmen), Wagnerfenster n / countersash window ‖ **[hölzernes]** ≺**fenster** / composite window with wooden frame ‖ ≺**festigkeit** f (Beton/Stahl) / bond strength ‖ ≺**folie** f / sandwich foil, compound foil ‖ ≺**glas** n, Sicherheitsglas n, Schichtglas n / multilayer glass ‖ ≺**glas** n **in Tafelglasqualität** / laminated sheet glass ‖ ≺**glas-Windschutzscheibe** f / laminated windscreen ‖ ≺**gleitlager** n / multilayer plain bearing ‖ ≺**guß** m (Gußstück) / composite o. compound casting ‖ ≺**guß** m (Tätigkeit) (Gieß) / composite casting ‖ ≺**gußwalze** f / composite cast roll ‖ ≺**herzstück** n (Bahn) / built-up crossing ‖ ≺**hubschrauber** m, Wandelflugzeug n / compound helicopter ‖ ≺**karte** f (LoKa) / dual card ‖ ≺**keilriemen** m / joined V-belt ‖ ≺**-Kettenaufhängung** f / compound catenary suspension ‖ ≺**kettenfahrleitung** f (Elektr) / compound catenary ‖ ≺**konstruktion**, -bauweise f, -bau m / composite structure ‖ ≺**kugelmühle** f / combination ball and tube mill ‖ ≺**leitung** f (Elektr) / tie line ‖ ≺**maschine** f (Dampf) / compound engine ‖ ≺**metall** n (Hütt) / ply metal, composite metal ‖ ≺**motor** m (Elektr) / compound motor ‖ ≺**mühle** f, Schwerkraftmühle f / gravity mill ‖ ≺**netz** n (Elektr) / network interlinking the generating stations, national grid (GB) ‖ ≺**netz** n (Fernm) / combined o. mixed network ‖ ≺**[panzer]platte** f (Hütt) / compound plate ‖ ≺**platte** f (Bau) / composite slab ‖ ≺**platte** f (mit Mittelschicht aus Papierwaben, außen Holz) / honeycomb panel ‖ ≺**platte**, Sandwichplatte f / laminated panel, sandwich panel ‖ ≺**platte**, Leichtbauplatte f / wall board ‖ ≺**platte** f **mit Mittellage aus Holzfaserplatten**, VHF / composite board with core of fibre, building board ‖ ≺**[platten]bauweise**, Sandwichbauweise f / sandwich construction ‖ ≺**plattenbauweise**, Sandwichbauweise mit Wabenkern f / honeycomb sandwich construction ‖ ≺**pulver** (Sintern) / composite powder ‖ ≺**-PVC-Metall** n / skinplate ‖ ≺**querschnitt** m / composite section ‖ ≺**regelung** f / coupled control ‖ ≺**rohr** n / composite tube ‖ ≺**röhre** f (Elektronik) / multiple-unit [valve o. tube] ‖ ≺**schaltung** f (Fernm) / composite circuit ‖ ≺**schaltung** f (Elektr) / compound connection ‖ ≺**-Schaumstoffteil** n / foam sandwich ‖ ≺**schichtmaschine**, Laminiermaschine f (Plast) / laminating machine, laminator ‖ ≺**schiene** f / soft-center rail ‖ ≺**schmälze** f / combined oiling ‖ ≺**schnitt** m (Stanz) / combination o. compound die ‖ ≺**schornstein** m / compound chimney ‖ ≺**[sicherheits]glas** n, VSG / laminated glass, multilayer glass ‖ ≺**-Sicherheitsglas** n (Augenschutz) / laminated eye protecting lens ‖ ≺**span** m (Plast) / combined pressboard ‖ ≺**spule** f (Elektr) / compound coil ‖ ≺**stahl** m / composite o. compound steel ‖ ≺**stahl**, Weichkernstahl m / soft-center steel ‖ ≺**stich** m (Nähm) / reinforcing stitch ‖ ≺**stütze** f / composite column ‖ ≺**teilung** f (Verzahnung) / double pitch ‖ ≺**träger** m / composite beam, bonded girder, laminate[d] beam ‖ ≺**träger**, Dachträger in Gemischtbauweise m / composite truss ‖ ≺**träger** m, Beton-Stahl-Träger m / composite steel/concrete girder ‖ ≺**träger** m, Holz-Stahl-Träger m / composite wood/steel beam ‖ ≺**triebwerk** n, Compound-, Mischtriebwerk n (Luftf) / compound engine ‖ ≺**trocknung** f (Textil) / combined drying ‖ ≺**turbotriebwerk** n (Luftf) / compound turbine

1130

engine ‖ **˂überzug** *m* / composite coating ‖ **˂walzwerk**
n (Zuck) / tandem mill, mill tandem ‖ **˂werkstoff** *m* /
composite [material] ‖ **˂wicklung** *f* (Elektr) / compound
winding ‖ **˂wicklung**, Froschbeinwicklung *f* (Elektr) /
frogleg winding ‖ **˂wirkung** *f* (Beton) / adhesion ‖
˂wirtschaft *f* (Elektr) / integrated system, overall
economy, combined utilities *pl* ‖ **˂wirtschaft** *f* (allg) /
interlinked system ‖ **˂wirtschaft** *f* (Produktion) /
integrated industrial setup
verchartern / charter [out]
verchromen / chromium-plate
Verchromung *f* / chroming, chromium plating
Verchromungsanstalt *f* / custom plater
Vercoder, Verschlüsseler *m* / digitizer, encoder
verdämmen / close by a dam ‖ **˂** *n* **von Bohrlöchern**
(Bergb) / bulling
Verdampfapparat *m* (Zuck) / evaporator [vessel]
verdampfbar / vaporable, vaporizable
verdampfen [lassen] / evaporate *vt*, vaporize, vapo[u]r,
steam ‖ **˂** *vi* / evaporate *vi*, volatilize, vaporize ‖
schnell ˂ / flash into steam
Verdampfer *m*, Verdampfapparat *m* / evaporating
apparatus, evaporator, vaporizer ‖ **˂ der**
Kältemaschine / refrigeratory ‖ **˂apparat** *m*, -körper
m (Zuck) / evaporator [vessel] ‖ **˂bottoms** *o.* sludge ‖ **˂körpermantel** *m*
(Zuck) / calandria ‖ **˂pumpe** *f* (Vakuum) / sublimation
pump, evaporation pump ‖ **˂reaktor** *m* (Nukl) / boiling
water reactor ‖ **˂rohrbündel** *n* / evaporator bank of
tubes ‖ **˂schlange** *f* / evaporator coil ‖ **˂sieb** *n* /
vaporizer screen ‖ **˂zentrifuge** *f* / evaporative
centrifuge
Verdampf·schale *f*, Abdampfgefäß *n* / evaporating *o.*
vaporization basin *o.* dish *o.* pan ‖ **˂station** *f* (Zuck) /
evaporator station
Verdampfung *f* / evaporation, vaporization, volatilization
‖ **˂ bei erzwungener Konvektion** / convective *o.* flow
boiling (contr dist: pool boiling) ‖ **zur ˂ bringen** /
evaporate *vt*
Verdampfungs·... / evaporating, evaporative ‖ **˂brenner**
m / vaporizing burner, pot-type burner ‖ **˂enthalpie** *f* /
enthalpy of vaporization, evaporation enthalpy ‖
˂entropie *f* / entropy of vaporization ‖ **˂keimstelle** *f*
(Phys) / nucleation ‖ **˂koeffizient** *m* (Vakuum) /
evaporation coefficient ‖ **˂kolonne** *f* (Chem) / flash
tower ‖ **˂kühlung** *f* / evaporation *o.* evaporative
cooling ‖ **˂kurve** *f* (Destillation) / flash curve ‖ **˂leistung**
f / evaporative capacity *o.* duty ‖ **˂menge** *f* (von
Flüssiggasladung) (Schiff) / boil-off rate (LNG) ‖
˂punkt *m* / evaporating *o.* vaporization point ‖ **˂rohr** *n*
(Turboreaktor) / evaporation tube ‖ **˂rückstand** *m* **von**
roher Kalilauge / brown salts *pl* ‖ **˂rückstände** *m pl*
(Chem) / coke residues *pl* ‖ **˂verlust** *m* (Gasverflüss) /
boil-off ‖ **˂verlust** *m* **nach Noack** (DIN 51581) /
Noack evaporation loss ‖ **˂verlust** *m* **von Wasser** /
flash-off of water ‖ **˂vermögen** *n* / evaporative power
o. capacity, steaming duty ‖ **˂wärme** *f* / evaporation *o.*
vaporization heat, heat of vaporization
Verdan-Verfahren *n* (automatische Signalwiederholung)
(Fernm) / automatic repetition
verdauen / digest
verdaulich, bekömmlich (Nahrung) / digestible
Verdauungsorgane *n pl* (Ungeziefer) / digestive organs *pl*
Verdeck *n* (Kfz) / folding *o.* canopy top, cape hood
Verdeckelung *f*, Endstopfen *m* (Nukl) / plug, end plug
verdecken / cover, hide ‖ **˂** (Geruch, Geräusch) / mask,
swamp, blanket ‖ **˂**, abschirmen / screen, hide
Verdeckspiegel *m* (Kfz) / bow of the folding top
verdeckt (allg, Zeichn, Nägel usw) / hidden ‖ **˂**, nicht
sichtbar / masked ‖ **˂** (Signal, Bahn) / masked ‖ **˂**
(Schweiß) / submerged ‖ **˂**, geheim (Tischl) / secret ‖ **˂**
(Fehler) / subsurface, hidden ‖ **˂e Befestigung** /
concealed *o.* secret fixing ‖ **˂e Fuge** / concealed joint ‖
˂e Linien *f pl* (Grafik) / hidden lines ‖ **˂e offene Fuge**,

Überleimer *m* (Sperrholz) / hidden core gap ‖ **˂er**
Schwalbenschwanz (Tischl) / covered dovetail ‖ **˂e**
Seite (Raumf) / averted side ‖ **˂e Splintverfärbung** /
subsurface sapstain
Verdeckung *f* (Astr) / occultation
verderben *vt*, ruinieren / spoil, destroy ‖ **˂**, fälschen /
tamper, meddle ‖ **˂**, beschädigen / spoil, ruin ‖ **˂** *vi*,
faulen / decompose *vi* ‖ **˂**, schlecht werden / spoil *vi*,
deteriorate, taint ‖ **˂** *n* (Zuckersaft) / contamination
verderblich, [leicht] ˂ / perishable
Verdetsche Konstante *f* (Magnetoopt) / Verdet's constant
verdichtbar, zusammendrückbar / compressible ‖ **˂**,
kondensierbar / condensable ‖ **˂keit** *f* / compressibility
‖ **˂keit** *f* (Gieß) / compactability
verdichten / compress, condense, [render] compact ‖ **˂**,
kondensieren (Chem) / condense ‖ **˂** (Gas) / compress
‖ **˂** *n* (Boden) / ramming, packing ‖ **˂**, dichtpacken /
pack ‖ **˂** (Straßb) / pack, consolidate, compact ‖ **˂**
durch Pressen (Gieß) / squeeze moulding ‖ **˂ durch**
Rütteln / jolt ramming ‖ **˂ durch Vibration** / vibration
ramming ‖ **˂ mit Druckluft** / pneumatic ramming ‖
Sand ˂ / ram sand, impact sand ‖ **sich ˂**, kondensieren
(Chem) / condense
Verdichter *m* (mit Verhältnis End- zu Ansaugdruck > 2)
/ compressor ‖ **˂**, Verflüssiger *m* / condenser, cond. ‖
˂, Lüfter *m* (Verdichtung bis 0,1 kg/cm^{-2}) / fan ‖ **˂**,
Gebläse *n* (Verdichtungsverhältnis bis 3) / blower ‖ **˂**
(Spinn) / condenser ‖ **˂** (Verseilm) / compacting head ‖
˂austrittskanal *m* (Turbotriebwerk) / compressor
delivery duct ‖ **˂feld** *n* (Spinn) / condenser zone ‖
˂[lauf]rad *n* / compressor impeller ‖ **˂pumpen** *n*,
Kompressorpumpen *n* / surge, surging ‖ **˂turbine** *f*
(Luftf) / compressor turbine ‖ **˂-Verflüssigersatz** *m* /
compressor-condenser unit ‖ **˂-Wirkungsgrad** *m*
(Luftf) / pressure coefficient
verdichtet, komprimiert / compressed ‖ **˂es Holz**,
Kunstholz *n* / high-density wood, compreg,
compregnated laminated wood
Verdichtung, Kompression *f* (Mot) / compression ‖ **˂**,
Verflüssigung *f*, Kondensation *f* / condensation ‖ **˂**
(Pulv Met) / densification ‖ **˂** *f* (Straßb, Landw) / packing,
compacting ‖ **˂**, Einstampfung *f* / densification,
compaction ‖ **˂** (Pulv.Met) / redensification ‖ **[zu]**
geringe ˂ (Gieß) / soft ramming ‖ **natürliche ˂** (Geol) /
compaction
Verdichtungs·arbeit *f* / work done on compression ‖
˂druck *m* / compression load *o.* pressure ‖ **˂druck** *m*
(Vakuum) / outlet *o.* discharge pressure ‖ **˂druck** *m*
(Gas) / reference pressure ‖ **˂druck** *m* / compression
pressure ‖ **˂druck** *m* (Vakuum) / outlet pressure ‖
˂einlage *f* (Hütt) / densener *o.* chill ‖ **˂druck** *m* (DV) / packing
factor ‖ **˂grad** *m* (Gieß) / degree of ramming ‖ **˂hub**,
-takt *m* (Mot) / compression stroke ‖ **˂kurve** *f* (Sintern) /
compressibility curve ‖ **˂maß** *n* (Beton) / compactability
‖ **˂pfahl** *m* (Bau) / consolidation pile ‖ **˂pumpenrad** *n*
(Mot) / compressor impeller ‖ **˂raum** *m* (Mot) /
compression space, clearance volume ‖ **˂ring** *m* (Mot) /
compression ring ‖ **˂[stoß]welle** *f* / compression wave,
shock wave ‖ **˂takt**, -hub *m* (Mot) / compression stroke
‖ **˂verhältnis** *n* (z.B. 1:9), Kompression *f* (Mot) /
compression ratio, C.R. ‖ **˂verhältnis** *n* (Gasturbine
usw) / pressure ratio ‖ **höchstes nutzbares ˂verhältnis**
(Benzin) / highest useful compression ratio, HUCR ‖
˂walze *f* (Baumwolle) / calender roll ‖ **˂walze** *f* (Straßb) /
compaction roller ‖ **˂wärme** *f* / heat of compression ‖
˂zündung *f* / compression ignition
verdicken, konzentrieren / evaporate, inspissate,
condense, thicken by boiling ‖ **˂**, eindicken,
konzentrieren (Chem) / concentrate ‖ **sich ˂** / thicken ‖
sich ˂, dick werden / clod, collect in a thick mass ‖ **sich**
˂, gerinnen, zusammenlaufen / congeal
Verdickung *f* / thickening ‖ **˂**, Wulst *m f* / enlargement,
swelling

Verdickungs·kocher *m* (Textil) / cooker for thickeners ‖ **⁺mittel** *n* (Farbe) / inert filler ‖ **⁺mittel** *n*, Eindicke *f* (Färb) / inspissation, thickener, thickening matter ‖ **⁺mittel** *n* (allg) / thickening agent
Verdienst *m* (F.Org) / earnings *pl* ‖ **⁺ über Akkord-Richtsatz** / piecework profit
Verdieselung *f*, Ausrüstung *f* mit Diesellokomotiven / dieselization
Verdingungsordnung *f* (Bau) / contract procedure
Verdit *m* (wesentlich Fuchsit) / verdite
Verdol·maschine *f* (Textil) / Verdol jacquard ‖ **⁺papier** *n* / Verdol paper
ver·doppeln / render twofold, double, duplicate ‖ **sich ~doppeln** / double *vi* ‖ **~doppelte Tür** / doubled door ‖ **~doppeltes System** (DV) / duplicate system ‖ **dopp[e]lung** *f* (Math) / doubling, duplication ‖ **⁺doppelung** *f* **der Stromkreise** / circuit duplication ‖ **⁺doppler** *m* (Elektronik) / doubler, doubling circuit ‖ **⁺dopplerschaltung** *f* (TV) / voltage doubling circuit ‖ **⁺dopplerschaltung** *f* (Elektronik) / doubler connection ‖ **⁺doppler-Verstärker** *m* (Elektronik) / amplifier doubler ‖ **⁺dopplung** *f* / duplication ‖ **⁺dopplungszeit** *f* (Nukl) / doubling time ‖ **⁺dopplungszeitmesser** *m* / doubling time meter
verdorben, verfault / decomposed ‖ **~**, faul (Wasser) / putrid ‖ **~**, ruiniert / spoiled, ruined ‖ **~**, schlecht / decayed, perished
ver·drahten, schalten / wire *v* ‖ **⁺drahtung** *f*, Verdrahten *n*, Installation *f* (Elektr, Elektronik) / wiring
Verdrahtungs·art *f* / wiring mode, lead dress ‖ **⁺fehler** *m* / wiring fault o. error ‖ **⁺kanal** *m* / duct for wiring ‖ **⁺leitung** *f* / nonsheathed cable for internal wiring ‖ **⁺maschine** *f* / wiring machine ‖ **⁺maske** *f* (Halbl) / track mask ‖ **⁺schema** *n*, -plan *m* / circuit diagram, wiring diagram ‖ **⁺tabelle** *f* / wiring table ‖ **⁺technik** *f* (Elektr) / circuitry
verdrallen, -drillen (Drähte) / strand *vt*, twist
verdrängen, entfernen / displace, supplant, oust ‖ **~**, ersetzen / supersede
Verdränger·bauart *f* (Gebläse) / positive displacement design ‖ **⁺kolben** *m* (Mot) / displacement o. displacing piston, displacer ‖ **⁺presse** *f* (Nitrozellulose) / alcoholization press ‖ **⁺pumpe** *f* / positive-displacement pump ‖ **⁺vakuumpumpe** *f* / positive-displacement vacuum pump ‖ **⁺verdichter** *m* / positive type compressor, displacement compressor ‖ **⁺wirkung** *f* **des Schiffes in der Schleuse** / water displacement (in a lock)
verdrängtes Luftgewicht / weight of displaced air
Verdrängung *f*, Déplacement *n* (Schiff) / displacement ‖ **⁺**, Zurückdrängung *f*, Stauung *f* / repression, repressing ‖ **⁺** (Mot, Pumpe) / [piston] displacement ‖ **⁺**, Metasomatose *f* (Geol) / replacement, metasomatism, -tosis
Verdrängungs·chromatographie *f*, -elution *f*, -analyse *f* / displacement chromatography o. development ‖ **⁺entwickler** *m* (Schweiß) / recession as generator, water displacement contact-type generator ‖ **⁺körper** *m* / displacer ‖ **⁺lagerstätte** *f*, metasomatische Lagerstätte (Geol) / replacement o. metasomatic deposit ‖ **⁺pumpen** *f pl* / reciprocating and rotary pumps *pl* ‖ **⁺schleuse** *f* / displacement lock ‖ **⁺wasser** *n* (Ionenaust.) / rinse water ‖ **⁺zähler** *m* (Gas) / displacement meter
Verdreh·dauerfestigkeit *f* / torsional fatigue resistance ‖ **~empfindlicher Piezokristall** / twister [crystal]
verdrehen, verwinden / distort, warp, twist ‖ **~** (Schlüssel) / distort, spoil by bending ‖ **sich ~** / twist *vi*
Verdreh·modul *m* / modulus of elasticity in torsion ‖ **⁺moment** *n* / twisting moment, moment of torsion ‖ **⁺sicherung** *f* (Roboter) / locking piston ‖ **⁺spannung** *f* (Mech) / torsional stress ‖ **⁺spiel** *n* (Getriebe) / circumferential backlash

verdreht / contorted, distorted, twisted, wry ‖ **~**, verzerrt / distorted, forced ‖ **~**, verdrillt / cabled, twisted ‖ **um 90⁰ ~** (Raumf) / retrograde
Verdrehung, Torsion *f* (Mech) / torsion ‖ **auf ⁺ beanspruchen** / subject to torsional stress, torque *vt*
Verdrehungs·... / torsional ‖ **⁺beanspruchung** *f* / torsional strain, twisting strain ‖ **⁺bruch** *m* / torsion failure ‖ **⁺dauerfestigkeitsprüfung**, -wechselfestigkeitsprüfung *f* / torsional endurance test ‖ **⁺feder** *f* / torsional spring ‖ **⁺festigkeit** *f*, Torsionsfestigkeit *f* / torsional strength ‖ **~frei** (Seil) / antitwist ‖ **⁺kraft** *f* / twisting force, torsional force ‖ **⁺moment** *n* / torque ‖ **⁺schreiber** *m* / recording torsiometer ‖ **~steif**, dreh-, torsionssteif / stiff against torsion, torsion-proof (US) ‖ **⁺versuch** *m* / torsional test ‖ **⁺wechselfestigkeit** *f* / torsional fatigue limit under completely reversed stresses ‖ **⁺winkel** *m* / twisting angle
Verdreh·verformung *f* / torsional strain, twisting strain ‖ **⁺welle** *f* / torque shaft
ver·dreifachen / treble, triple ‖ **⁺dreifacher** *m* / tripler ‖ **~drillen**, drillen / twist *v* ‖ **~drillen** (Drähte) / cable ‖ **~drillt** (Elektr) / tw, twisted ‖ **~drillte Doppelleitung** (Fernm) / twisted pair [cable] ‖ **~drillt-nematisch** / twisted nematic ‖ **⁺drillung** *f* (Elektr) / transposition of lines ‖ **koordinierte ⁺drillung** (Leitung) / coordinated transposition ‖ **⁺drillung** *f* **der Feldlinien** / twist of field lines ‖ **⁺drillungsmast** *m* / transposition pole ‖ **⁺drillungssteifigkeit** *f* (Seil) / stiffness in torsion ‖ **~drucken** (Buch) / misprint ‖ **~drückt**, zerdrückt (allg, Pap) / crushed ‖ **~drückt** (Bergb) / pinched ‖ **~drückt** (Textil) / crumpled ‖ **⁺drückung**, Vergratung *f* (des Schienenkopfes) / crushing of the rail head ‖ **~dübeln** / dowel *v* ‖ **~dübelt**, mit Dübeln befestigt / doweled, dowelled ‖ **~dübelter Tragbalken** (Zimm) / built beam with keys ‖ **⁺dübelung** *f* / dowelled joint
Verdunisation *f*, schwache Chlorung (Wasser) / light chlorination of drinking water
ver·dunkeln, dunkel machen / darken, obscure ‖ **~dunkeln**, verfinstern (allg, Sonne, Mond) / eclipse, occult ‖ **~dunkeln**, nachdunkeln (Färb) / darken *vt* ‖ **~dunkeln** (Mil) / blackout *vt* ‖ **~dunkeln** (Lichtstrahl) / obscure a beam of light ‖ **[sich] ~dunkeln** / dim *vi* ‖ **⁺dunkelung** *f* / obscuration ‖ **~dunkelung** *f* (Mil) / blackout ‖ **⁺dunkelung**, Verfinsterung *f* (allg, Astr) / eclipse, occultation ‖ **⁺dunkelung**, Dunkelzeit *f* (zwischen Aufleuchten des Leuchtfeuers) / eclipse ‖ **⁺dunkler** *m*, Dimmer *m* (Licht) / dimmer
verdünnbar (Chem) / dilutable ‖ **~** (Phys) / rarefiable
Verdünnbarkeit *f* / dilutability
verdünnen, dünner machen (Masch) / lessen, thin ‖ **~** (Chem) / dilute, dil, attenuate, weaken ‖ **~** (Phys) / rarefy ‖ **~**, verwässern / water [down], weaken, dilute ‖ **~**, fluxen (Öl) / flux *v* ‖ **~** *n*, Vereinzeln *n* (Landw) / roguing, rogueing ‖ **Getränke ~** / qualify beverages
Verdünner *m*, Verdünnungsmittel *n* / diluent, diluting agent ‖ **⁺**, Verdünnung *f* (Farbe) / [paint] thinner, reducer
verdünnt, verarmt / depleted ‖ **~** (Flüssigkeit) / dilute[d], attenuated, weakened ‖ **~**, dünn (Phys) / rare, rarefied ‖ **~** (Anstrich) / solvent-thinned ‖ **~**, verschnitten (Flüssig, Farb) / reduced ‖ **~**, dünn (Phys) / rarefied ‖ **~e Essigsäure** / aqueous acetic acid ‖ **~e Lösung** / dilute solution ‖ **~e Säure** / dilute acid
Verdünnung *f*, verdünnte Flüssigkeit / dilution ‖ **⁺**, Verkleinerung *f* / reduction, diminution ‖ **⁺** (Nukl) / thindown ‖ **⁺**, Stellöl *n* (Raffinerie) / flux oil ‖ **⁺**, Verschnitt *m* / reduction ‖ **⁺**, Skelettierung *f* (Zeichenerkennung) / thinning ‖ **⁺ und Unschädlichmachung von Schlagwettern** (Bergb) / dadding
Verdünnungs·gesetz *n* / law of dilution ‖ **⁺grad** *m* / degree of dilution ‖ **⁺luft** *f* (für schädliche Gase) / diluent air ‖ **⁺mittel** *n* (Öl) / flux ‖ **⁺pipette** *f* (Chem) /

dilution pipette ‖ ~verhältnis n in der Bypass-Turbine (Luftf) / bypass [dilution] ratio ‖ ~wärme f / heat of dilution
verdunsten vi, sich verflüchtigen / evaporate vi, volatilize, vaporize, steam ‖ ~ lassen, verdampfen vt / volatilize vt
Verdunstung f / evaporation ‖ ~ durch eine Membran / pervaporation
Verdunstungs·... / evaporating, evaporative ‖ ~-Austrocknung f (Boden) / evapotranspiration ‖ ~eis n / evaporative ice ‖ ~kälte f / latent heat ‖ ~kühlung f / evaporation o. evaporative cooling ‖ ~messer m, Evaporimeter n / evaporation meter, evaporimeter (GB), -porometer (US), atmometer ‖ ~thermometer n / wet bulb thermometer ‖ ~verlust m / evaporation loss ‖ ~zahl f / evaporation number ‖ ~zahl f (Anstrichstoff) / evaporation rate
ver·düsen / atomize, pulverize ‖ ~düstes Pulver, Verdüsungspulver n (Pulv.Met) / atomized powder ‖ ~düsungsverfahren n / atomizing process
veredeln / improve vt, refine, finish ‖ ~, okulieren (Landw) / bud ‖ ~ (Erz) / enrich ‖ ~ (Leichtmetall) / modify ‖ ~ (Chem) / purify, prepare ‖ ~, raffinieren / refine ‖ ~ (Pap) / convert, upgrade
veredelt (Nukl) / improved
Veredlung f / processing (US), shaping ‖ ~ (Pap) / conversion, converting, upgrading ‖ ~ (Kohle) / refinement, improvement
Veredlungs·betriebe m pl / improvement industry ‖ ~industrie, -wirtschaft f / processing industry ‖ ~industrie f (Pap) / converting industry ‖ ~maschine f (f. Folien) / foil processing machine ‖ ~weizen m / improver wheat
Verein Deutscher Ingenieure m, VDI m / Association of German Engineers
vereinbaren, spezifizieren / stipulate, specify
vereinbartes Steuerzeichen (DV) / specified control character
Vereinbarung f (DIN) (DV) / declaration ‖ nach ~ / as agreed upon
Vereinbarungssymbol n (DV) / declarator
vereinfachen / simplify ‖ ~, kürzen (Math) / reduce vt, cancel out ‖ zu ~der Bruch (Math) / reducible fraction
vereinfacht·e Bremsprobe (Bahn) / partial brake trial ‖ ~e Darstellung (DV) / schematic representation ‖ ~e Schnurschaltung (Fernm) / sleeve control, cord circuit ‖ ~e Tastatur / condensed keyboard
vereinheitlichen, normen / standardize
vereinheitlicht / unified, unitized ‖ ~e atomare Masseneinheit / unified atomic mass unit ‖ ~es Gewinde (Masch) / unified thread (symbol: U)
Vereinheitlichung f / unification ‖ ~, Standardisierung f / standardization, normalization ‖ große ~ der Feldtheorien / grand unified theories, GUT
vereinigen, zusammenfassen / combine, collect ‖ ~, kombinieren (Eigenschaften) / combine ‖ ~, konzentrieren / concentrate ‖ ~, verbinden / unite, connect ‖ ~, zusammenbringen / splice ‖ in einem Punkt ~ / assemble in one point ‖ in sich ~ / comprehend, comprise ‖ sich ~ / meet vi, unite ‖ zu einem Punkt ~ / centre (GB), center (US)
vereinigt, in einem Punkt ~e Bedienung (o. Steuerung) / centralized control
Vereinigung f, Zusammenführen n / bringing together ‖ ~, Gesellschaft f / association ‖ ~, Verbindung f / conjunction, union ‖ ~, Rekombination f (Chem) / union, recombination ‖ ~, Aggregat n, Vereinigungsmenge f (Math) / union of sets o. of classes ‖ ~ (Mengenlehre) / join of sets ‖ ~ (Verkehr) / merging ‖ ~, Ansammlung f / collection
Vereinigungsmaschine f (Textil) / lapping machine
vereint (Kräfte) / joint, united, combined
Ver·einzelbarkeit f / serialization ‖ ~einzeln, gepaarte Dinge trennen / unmatch ‖ ~einzeln (Buch) / decollate ‖

~einzeln (LoKa) / decollate (p.c.) ‖ ~einzeln (Roboter) / marshal into singles ‖ ~einzelt, verstreut / scattered ‖ ~einzelt (Bau) / isolated, detached ‖ ~einzelt auftretend / sporadically ‖ ~einzelung f (Rüben) / thinning out
vereisen vt / glaciate, cover with ice ‖ ~ vi / get covered by ice o. sleet, ice, freeze up ‖ ~ (Luftf) / ice up
vereisenen (Lötspitzen) / iron-plate
vereist, Glatteis! (Straße) / icy
Vereisung f (Luftf) / formation of ice, icing
Vereisungs·anzeiger m (Luftf) / ice indicator o. detector ‖ ~bremse f (Öl) / antistalling additive ‖ ~geschwindigkeit f (Luftf) / rate of icing ‖ ~index m (Luftf) / icing index ‖ geschlossenes, [offenes] ~netz (vor der o. in der Ansaugöffnung) (Luftf) / gapless-type, [gapped-type] ice guard ‖ ~schutz m, -netz n (Luftf) / ice guard ‖ ~schutzmittel n (Luftf) / anticer
ver·engen, zusammenziehen / contract, narrow ‖ sich ~engen / narrow vi ‖ sich ~engen, klemmen (Bergb) / pinch vi ‖ ~enge[r]n / narrow v ‖ ~engt, schmal / narrowed, constricted ‖ ~engte Fahrbahn (Straßb) / pinch ‖ ~engung f / narrowing, contraction ‖ ~engung f (Querschnitt) / contraction ‖ ~engung, Drosselung f / restriction, narrowing ‖ ~engung, Engstelle f / throat, narrow ‖ ~engungsinstabilität f (Plasma) / sausage type instability ‖ ~engungsverhältnis n (Windkanal) / contraction ratio ‖ ~erdung f, Humifizierung f / humification ‖ ~erzter Kern (Gieß) / burnt-on core ‖ ~erzte Scherzone, Gangader f (Geol) / shear vein ‖ ~erzung f (Gieß) / metal penetration, burning-in ‖ ~estern (Chem) / esterify ‖ ~ethern / etherify ‖ ~fahrbar / travelling, traveling (US), portable, locomotive ‖ ~fahrbereich m (NC) / positioning capacity o. range
Verfahren n / treatment, method ‖ ~, vorgehen / proceed ‖ ~, verschieben / traverse, move ‖ ~ (Bergb) / work out a shift ‖ ~ (aus mehreren Operationen bestehend), Vorgehen n / procedure ‖ ~, Methode f / procedure, method ‖ ~, Weg m / method, mode, way ‖ ~, Behandlung f / treatment ‖ ~, Prozeß m (Chem) / operation, process ‖ ~, Technik f / technique, technology (US) ‖ ~ der größten Wahrscheinlichkeit / method of maximum likelihood ‖ ~ der wiederholten Gleichversuche / replication [method] ‖ ~ des ruhenden Tropfens (Hütt) / sessile drop method ‖ saures ~ (Hütt) / acid process
Verfahrens·abschnitt m / process section ‖ ~beschreibung f (DV) / program[me] system description, program[me] write-up ‖ ~fehler m / error of approximation, error of procedure ‖ ~folge f, Arbeitsgänge m pl / process cycle o. sequence ‖ ~grundsätze m pl / process rules pl ‖ ~ingenieur m / materials processing engineer ‖ ~ingenieur m (Chem) / chemical engineer ‖ ~kreislauf m / process cycle ‖ ~kurve f (Flugsicherheit) / procedure turn ‖ letzte ~kurve (Endanflug, Luftf) / final procedure turn ‖ ~mäßige Voraussetzung / prerequisite in the nature of methods ‖ ~norm f / methods standard ‖ ~orientiert (DV) / procedure-oriented ‖ ~orientierte Programmiersprache (DV) / procedural language, procedure oriented language ‖ ~regeln f pl / procedure rules pl ‖ ~schritt m / procedure step ‖ ~stammbaum m (Aufber) / [diagrammatic] flow sheet, treatment scheme ‖ ~steuerung f / process control, procedure control ‖ ~stufe f / procedure section ‖ ~technik f / materials processing, unit operations pl ‖ ~technik f (Entwurf, Bau u. Betrieb chemischer Werke) / chemical engineering ‖ [chemische] ~technik / [chemical] process technology o. technique ‖ ~technische Überwachung / process control of plants ‖ betriebliche ~untersuchung, Ablauf- und Planungsforschung f / operational research ‖ ~variante f / process variant ‖ ~vorschriften f pl / procedural rules pl

Verfahr·geschwindigkeit f (NC) / path feed rate, traverse rate ‖ **~weg** m (Roboter) / travel
Verfall m, Baufälligkeit f / dilapidation, deterioration, decay, ruin ‖ **~**, Ruin m / ruin, decay ‖ **in ~ geraten** [lassen] / dilapidate ‖ **in ~ [geraten]** / dilapidated ‖ **~datum** n (allg, DV) / expiration date ‖ **~datum** n (COBOL) / purge-date
ver·fallen / become dilapidated, fall o. go to ruin ‖ **~fallen**, ungültig werden / expire ‖ **~fallen** adj (Patent) / void, invalid ‖ **~fallen** adj / gone to ruins, dilapidated ‖ **~fälschen** (Nahrungsmittel) / adulterate ‖ **~fälschen** (Dokument) / falsify ‖ **~fälscht**, verdorben / sophisticated (GB), tampered, meddled
verfälschungs·hemmend, -sicher (Pap) / incorporating protection against falsification ‖ **~mittel** n (Chem) / adulterant ‖ **~sicher** / tamper-resistant
ver·, sich **~fangen** / become o. be o. get caught, become entangled ‖ **~fangen** n **der Stoßfänger** / overriding o. interlocking of bumpers (US) o. fenders (GB) ‖ **~färben** vt / change colour, (esp:) discolour, stain ‖ **~färben** n (TV) / contamination ‖ **sich ~färben**, ausbleichen / fade, change, lose colour ‖ **sich ~färben** / colour, discolour ‖ **durch Hitze ~färben** / scorch ‖ **sich ~färben**, vergehen / grow pale ‖ **~färben** n **durch Abgase** / gas fume fading ‖ **~färben** n **durch Ozon** (Textil) / o-fading ‖ **sich im Sonnenlicht ~färbend** / sunsensored ‖ **~färbende Bestandteile** / staining components pl ‖ **~färbung** f / discolouration ‖ **~fassung**, Kondition f / shape, condition ‖ **~faulen** / putrefy, disintegrate, rot ‖ **~federn**, vernuten (Tischl) / tongue [and groove] ‖ **~fehlt** / failed, miscarried, spoiled, unsuccessfull ‖ **~feinern**, verbessern / improve ‖ **~feinern** (Spinn) / attenuate, refine, improve ‖ **~feinerter Laboraufbau** (IS) / elegant breadboard ‖ **~feinerungsbetrieb** m / finishing works ‖ **~fertigen**, anfertigen / make, prepare, fabricate, manufacture ‖ **~festigen** / compact ‖ **~festigen** (Straßb) / pack, consolidate, compact ‖ **~festigende Phase** (Legierung) / strengthening phase ‖ **~festigtes Vlies** / bonded web ‖ **~festigung** f (Werkstoffe) / hardness increase, hardening ‖ **~festigung** f **des Hülsenabfalls** (Nukl) / immobilization of the waste hulls ‖ **~festigung** f **einer Bindung** (Chem) / stabilization o. tightening of a compound ‖ **~festigungsexponent** m / consolidation index ‖ **~festigungsverfahren** n **für radioaktiven Abfall** / solidification method for nuclear scrap ‖ **~feuern** / burn ‖ **~filzbare Fasern** f pl / intermat n ‖ **~filzbarkeit** f / felting property ‖ **~filzen** vi / mat vi ‖ **~filzen** vt / felt
ver, sich **~filzen** / mat together vi
ver· vt, im Vakuum **~filzen** / vacuum-felt ‖ **~filzend**, filzig / felting ‖ **~filzt** (Haar) / kinky ‖ **~filzte Wolle** / cotted wool, cotts pl ‖ **~finsterung** f (Astr) / occultation ‖ **~fitzen** (Garn) / entangle ‖ **~flechten** / interlace, enlace, braid ‖ **[sich] ~flechten** / intertwist, entwist, intwist ‖ **~flechtung** f (Verkehr) / weaving ‖ **~flechtung** f, Verschlingung f / interlacing ‖ **sich ~flüchtigen**, verdunsten, verfliegen / evaporate, volatilize ‖ **~flüchtiger** m (für Bleizusatz) (Kfz) / scavenger ‖ **~flüchtigungsverfahren** n (Reaktorbrennstoff) / volatility process ‖ **~flüssigen**, zum Schmelzen o. Fließen bringen / liquefy, reduce into a fluid state ‖ **~flüssigen** (Gas) / liquefy ‖ **~flüssiger** m / liquefier ‖ **~flüssiger**, Verdichter m / condenser, cond. ‖ **~flüssigung** f, Flüssigmachen n / liquefaction ‖ **~flüssigung**, Verdichtung f / condensation
Verfolgelenkung f (Radar) / tracking course indication
Verfolgen im fernen Weltraum / deep space tracking ‖ **~** n **nach Echo** (Radar) / skin tracking ‖ **einen Gang ~** (Bergb) / trace a vein ‖ **mit Abstand ~** / track in range
Verfolgerscheinwerfer m (Film) / follow spot[light]
Verfolgung f **mit Festzielunterdrückung** (Radar) / range tracking ‖ **~ und Datenrückübermittlung** (Raumf) /

tracking and data relay ‖ **~ von Satelliten** / satellite tracking
Verfolgungs·kurve, Hundekurve f / dog-curve ‖ **~radar** m n / pursuit radar ‖ **~station** f (Raumf) / tracking station ‖ **~- und Ausweich-Spiel** n (Regeln) / pursuit-evasion game
ver·formbar / ductile, workable ‖ **~formbar**, modellierbar (Keram) / plastic, figuline, mouldable ‖ **~formbare Schicht** (Galv) / ductile layer ‖ **~formbarer Stoßfänger** (Kfz) / deformable safety bumper (US) o. fender (GB) ‖ **~formbarkeit** f / ductility ‖ **~formbarkeit** f **der Karosserie** (Kfz) / package crushability ‖ **~formen**, deformieren / deform ‖ **~formen**, fertig bearbeiten (Wzm) / shape, form v ‖ **sich ~formen** / deform, warp ‖ **spanabhebend ~formen** / machine v ‖ **~formt** / malformed, deformed, contorted ‖ **~formung** f / deformation, change in dimensions o. in shape, strain ‖ **~formung innerhalb der Tragwerksebene** (Mech) / in-plane deformation ‖ **~formung** f **unter Belastung** / deformation under load, strain
Verformungs·arbeit f / work of deformation ‖ **spezifische ~arbeit** / unit resilience ‖ **spezifische ~arbeit bis zur Proportionalitätsgrenze** / modulus of resilience ‖ **~armer Bruch** / low-ductility fracture ‖ **~betrag** m / strain value ‖ **~bruch** m (Mech) / ductile o. plastic fracture ‖ **~grenzbereich** m (Kfz) / deflection limiting volume, DLV ‖ **~martensit** m / strain-induced martensite ‖ **~meßgerät** n (im elastischen Bereich) / elasticity meter ‖ **~relaxation** f / strain relaxation, relaxation of deformation ‖ **~rest** m / set ‖ **~walzwerk** n (Hütt) / forming mill ‖ **~wert** m (Bitumen) / deformation value ‖ **~widerstand** m / deformation resistance
Verformungszustand, ebener **~** (Mech) / plain strain
verfrachten (Schiff) / let a ship ‖ **~** (Hydr) / carry the bed load
Verfrachter m (Schiff) / freighter
verfügbar / available ‖ **~er Auftrieb** / disposable lift ‖ **~e Benutzerzeit** (DV) / available machine time ‖ **~e Betriebszeit** / operable o. up time ‖ **~e Last** (Luftf) / disposable load ‖ **~e Startlaufstrecke** (Luftf) / take-off run available ‖ **~e Startstrecke** (Luftf) / take-off distance available ‖ **~er Tonnenkilometer** / ton-kilometer charged ‖ **beliebig ~ machen** / scratch v
Verfügbarkeit f / availability ‖ **~** (Automation) / service quality
Verfügbarkeits·anzeiger m (DV) / availability indicator ‖ **~-Vorhersage** f / availability prediction
ver·fugen (Bau) / point the joints ‖ **~fünffachen** / quintuple v ‖ **~gabe** f **von Aufträgen** / placing of orders ‖ **~gällen**, denaturieren / denature ‖ **~gällter Alkohol** / denatured alcohol o. spirit ‖ **~gällungsmittel** n (Chem) / denaturant ‖ **~gänglich**, kurzlebig / short-lived, ephemeral ‖ **~gären** / ferment v ‖ **~gären** (Brau) / attenuate ‖ **~gasbar** / gasifiable ‖ **~gasen** vt vi / gasify, turn to gas ‖ **~gasen** (Mot) / carburet ‖ **Schädlinge ~gasen** / destroy pests by poison gas
Vergaser m (Kfz) / carburet[t]or, carburet[t]er ‖ **~**, Vergasungsapparat m (Chem) / gasifier, gasifying apparatus ‖ **~ mit Beschleunigerpumpe** / dashpot [pump] carburetor ‖ **~ mit Druckförderung** / pressure-fed carburetor ‖ **~ mit Heizmantel** / jacketed carburetor ‖ **~ mit Saugförderung** / suction carburetor ‖ **~ mit schallschneller Luftströmung** / sonic idle carburet[t]or ‖ **~ mit Schwimmer**, Schwimmervergaser m / constant level carburetor, float type carburetor ‖ **~anschlußstutzen** m / carburettor connecting ‖ **~brand** m / carburettor fire ‖ **~düse** f (Kfz) / spray[ing] nozzle ‖ **~flansch** m / carburet[t]or flange ‖ **~gehäuse** n / carburettor bowl ‖ **~gestänge** n / accelerator to throttle [o. to carburetor] rod assembly, carburettor [throttle] control linkage ‖ **~knallen** n, -knaller m (Kfz) / backfire, -flash ‖ **~kraftstoff** m, VK / motor gasoline

(US), carburettor fuel ‖ ~luftwärmer *m*, -mantel *m* / carburettor air heater o. heat jacket ‖ ~motor *m*, Vergaser-Ottomotor *m* (DIN) / carburettor o. Otto engine, carburettor type petrol (GB) o. gasoline (US) engine ‖ mit ~motor / petrol o. gasoline engined ‖ ~nadel *f*, Schwimmernadel *f* / carburet[t]or float spindle ‖ ~-Schraubendreher *m* / stubby screwdriver ‖ ~schwimmer *m* / carburettor float ‖ ~seite *f* (Mot) / carburettor side ‖ ~ventil *n*, Schwimmerventil *n* (Kfz) / float valve ‖ ~vereisung *f* / carburettor icing

vergast *f* / gasified

Vergasung *f*, Vergasen *n* / gasification, reduction into gas ‖ ~ (Mot) / carburation, carburetion

Vergasungs·brenner *m* (z.B. Spirituskocher) / vapour burner ‖ ~brenner, Combustor *m* / gasification burner, two-stage burner, combustor ‖ ~raum *m* / gasification chamber

ver·geben (Arbeiten) / allocate (works) ‖ einen Auftrag ~geben / place an order ‖ ~geben, Arbeit an einen Unternehmer / team v ‖ ~geblicher Anruf / uncompleted call, fruitless call ‖ ~gebung *f* öffentlicher Aufträge / allocation of orders ‖ ~gehen, ablaufen (Zeit) / glide by, go by, pass by ‖ ~gehen *n* der Zeit / passage of time ‖ ~geilen (Bot) / etiolate ‖ ~geilen, Verspillern *n* (Bot) / etiolation ‖ ~geuden / waste *vt*, squander ‖ ~gießbar / pourable, castable ‖ ~gießbarkeit *f* / pourability ‖ ~gießen, verschütten *vt* / spill, shed ‖ ~gießen, verteilen / diffuse ‖ ~gießen, eingießen (Masch) / run in, seal ‖ ~gießen, einkapseln (Elektronik) / pot, encapsulate ‖ ~gießen *vi* (Gieß) / pour [from o. out of], cast, teem ‖ mit Asphalt oder Teer ~gießen / cast o. lay o. run in asphalt o. tar ‖ mit Zement ~gießen / grout [in] with cement ‖ ~gießen *n* (Kabelendverschluß) / plugging ‖ ~gießen *n* von Drahtseilen / sweating of [wire] ropes, fastening of sockets to a cable ‖ ~gießmasse *f*, Vergußmasse *f* / casting o. sealing compound ‖ ~gießmasse *f* (Zement) / [grouting] compound ‖ ~gießprüfung *f*, Gießbarkeitsprüfung *f* (Gieß) / running life test, castability test

vergiften (Katalysator) / poison *vt*

Vergiftung *f* / poisoning

Vergiftungs·erscheinung *f* / symptom of poisoning o. intoxication ‖ ~faktor *m*, Massenkoeffizient *m* der Reaktivität (Nukl) / mass coefficient of reactivity, danger coefficient ‖ ~grenze *f* (Nukl) / poison limit ‖ ~rechner *m* (Nukl) / poisoning computer

ver·gilben / yellow v, turn yellow ‖ ~gilbt / yellowed ‖ ~gilbte Wolle / yellowed wool, damp wool ‖ ~gilbungskrankheit *f*, Yellows *pl* (Landw) / yellows *pl* ‖ ~gilbungskrankheit *f* der Zuckerrüben / beet o. virus yellows *pl*, yellow virosis of beets ‖ ~gilbungszahl *f* (Pap) / post colour number ‖ ~gipsen / run in with plaster ‖ ~gittern / grate [up], crossbar, lattice ‖ ~gittern, umgittern / rail in o. off ‖ mit Draht ~gittern / trellis *vt*, provide with a trellis ‖ ~gitterte Lüftungsöffnung (Bau) / air grating ‖ ~gitterungsstab *m* (Stahlbau) / lacing o. lattice bar ‖ ~glasbar, verglasend / vitrifiable ‖ ~glasen *vt*, in Glas verwandeln / vitrify *vt* ‖ ~glasen *vi* (Steinkohle) / clinker ‖ sich ~glasen, zu Glas werden / vitrify *vi* ‖ Fenster ~glasen / glaze windows ‖ ~glast, hinter Glas / glass enclosed ‖ ~glast (Fenster) / glazed ‖ ~glaster Balkon / bay window ‖ ~glaste Bodenluke (Bau) / garret window ‖ ~glasung *f* (Bau) / glazing ‖ ~glasung *f* (Luftf) / canopy ‖ ~glasung *f*, Glasfluß *m* / vitrification ‖ ~glasung *f* von Abfällen (Nukl) / vitrification of waste, glassification ‖ ~glasungsglas *n*, Bauglas *n* / glazing glass, GG ‖ ~glasungsprofil *n* / glazing tees *pl* ‖ ~glasungspunkt *m* (Gieß) / sinter point ‖ ~glasungs-T-Stahl *m* (Walzw) / glazing tees *pl*

Vergleich *m* / comparison ‖ ~ (DV, Algol) / relation [test] ‖ einen ~ anstellen / compare, make o. draw a comparison

vergleichbar / comparable ‖ ~, entsprechend / corresponding ‖ ~, von gleicher Größe o. Dauer usw / commeasurable, commensurate

vergleiche / confer, cf.

vergleichen [mit] / compare [to, with], measure [with]

vergleichend / comparative

Vergleicher *m*, Komparator *m*, Vergleichseinrichtung *f* (DV) / comparator [circuit] ‖ ~, Komparator *m* (NC) / reference input element, comparator ‖ ~ (Regeln) / comparator [device]

vergleichmäßigen (Werte) / even out ‖ ~ (Material) / homogenize (substances)

Vergleichmäßigung *f* (Bergb) / blending ‖ ~ (des Roheisens im Mischer) (Hütt) / averaging ‖ ~ (Aufber) / homogenizing

Vergleichs·... / comparison... ‖ ~... (Phys) / fiducial ‖ ~..., Bezugs... / reference... ‖ ~... (DV, ALGOL, FORTRAN) / relational ‖ ~ausdruck *m* / relational expression ‖ ~ausfärbung *f* (Färb) / comparative dyeing ‖ ~befehl *m* (DV) / compare instruction ‖ ~brücke *f* (Opt) / comparison bridge ‖ ~diagramm *n* / break-even chart ‖ ~-Einzelversuch *m* / individual comparative test ‖ ~elektrode *f* / comparison electrode ‖ ~feld *n* (DV) / match field ‖ ~formänderungszuwachs *m* (Fließpressen) / equivalent o. effective o. generalized strain increment ‖ ~frequenz *f* (Elektronik) / standard frequency ‖ ~geräuschmesser *m* / subjective noise meter ‖ ~geschwindigkeit *f* (Flugkörper) / comparative velocity ‖ ~grenze *f* (Qual.Prüf) / reproducibility limit ‖ ~kolorimeter *n* / colour matcher ‖ ~lampe *f*, -lichtquelle *f* / secondary standard lamp, comparison lamp ‖ ~leitung *f* (Fernm) / reference line ‖ ~maß *n*, Normalmaß *n*, Vergleichs-, Normallehre *f* / reference gauge o. standard ‖ ~maß *n* (Zeichn) / comparison dimension ‖ ~messung *f* / comparison measurement ‖ ~möglichkeit, Ähnlichkeit *f* / comparison ‖ ~muster *n* / control o. reference sample ‖ ~operator *m* (COBOL) / relation operator ‖ ~operator *m* (Algol, Fortran) / relational operator ‖ ~organ, Meßglied *n* (Regeln) / error sensing device ‖ ~peilung *f* / auxiliary direction finding ‖ ~punkt *m* (DV) / benchmark ‖ ~schaltung *f* (Meßwesen) / comparator circuit ‖ ~schutzeinrichtung *f*, Differentialschutz *m* (Elektr) / differential protecting system o. protection ‖ ~schutzeinrichtung *f* mit Hilfsader (Elektr) / pilot-wire differential protecting system ‖ ~selektor *m* (spricht an auf 2 gleiche Impulse) (DV) / recode selector ‖ ~signal *n* / compare signal ‖ ~spannung *f* (Fließpressen) / equivalent o. effective o. generalized strain increment ‖ ~spannung, reduzierte Spannung (Mech) / reduced stress ‖ ~spannung *f* (Elektr) / reference voltage ‖ ~spannungsröhre *f* / voltage reference tube ‖ ~spektroskop *n* / comparison spectroscope ‖ ~spektrum *n* / comparison spectrum ‖ ~station *f* (LoKa) / read-compare station ‖ ~stelle *f* des Thermoelements / cold junction ‖ ~streubereich *m* (Versuche) / reproducibility ‖ ~stromkreis *m* (Fernm) / standard reference circuit ‖ ~substanz *f* (Chem) / standard o. comparison substance ‖ ~symbol, -zeichen *n* (DV) / relational operator ‖ ~tafel *f*, -tabelle *f* / comparison table ‖ ~tafel *f* für Maße / conversion table of units ‖ ~versuch *m* / comparative test ‖ ~wägemaschine *f* / check weigher ‖ ~-Weißpegel *m* (TV) / reference white level ‖ ~wert *m*, -größe *f* (Statistik) / ordinal value ‖ ~wert *m* / comparative value ‖ ~widerstand *m*, Normalwiderstand *m* / comparator resistor ‖ ~zahl *f* / comparative figure ‖ ~zahl, Richtzahl, -ziffer *f* / index ‖ ~zahlen *f pl* (Mat.Prüf) / conversion values *pl* ‖ ~zählrohr *n* / comparison counter tube

Ver·gletscherung *f* (Geol) / glaciation ‖ ~gleyung *f* (Boden) / gleyization

verglichen [mit] / compared [to o. with]

ver·glimmen / die away ‖ ~glühen *vt* (Hütt) / spoil by too high annealing temperatures ‖ ~glühen *vi* / glow away

Vergnügungsindustrie

Vergnügungsindustrie, Unterhaltungsindustrie *f* / entertainment industry
Vergoldeiweiß *n* (Buch) / gilder's size, glair
vergolden / gild, gold-plate ‖ **unecht** ~ / copper-gild
vergoldet (Uhr) / champagne-coloured ‖ ~**es Silber** / vermeil, gilded silver
Vergoldfirnis, -grund, -leim *m* / gold lacquering o. mordant o. size
Vergoldung *f*, Vergolden *n* / gilding, gold plating ‖ ~, dünner Goldüberzug (unter 2 μ) / gold wash ‖ ~ **mit Blattgold**, trockene Vergoldung / leaf o. burnished gilding
vergossen (Elektr) / compound-filled ‖ ~, Becher… (Elektronik) / potted ‖ ~**e Kupplung** (Kabel) / poured fitting ‖ ~**er Stecker** (Elektr) / soft rubber plug ‖ **mit Blei** ~ / sealed with lead
Ver·graben *n* (Nukl) / burial ‖ ~**gratung**, Verdrückung *f* (des Schienenkopfes) / crushing of the rail head ‖ ~**griffen** (Buch) / out-of-print, O.P., o.p. ‖ ~**gröbern** *vt* / coarsen
vergrößern / augment, increase, make bigger ‖ ~, verstärken / raise, increase ‖ ~ (allg, Opt) / magnify ‖ ~, verbreitern / enlarge, make wider ‖ ~ (Phot) / enlarge ‖ ~, vermehren / make more numerous, augment ‖ **im Maßstab** ~, übertragen (z.B. von Labor- auf Produktionsebene) / scale up
vergrößert·es Schirmbild (Kath.Str) / expanded display ‖ ~**er Strich** (OCR) / enlarged dash
Vergrößerung *f* (Abzug) (Film) / blow-up printing ‖ ~ / enlargement, increase in size ‖ ~, Erweiterung *f* / increase, enlargement, amplification ‖ ~, Verlängerung *f* / enlargement, enlarging ‖ ~ (Opt) / magnification ‖ ~, Vergrößerungsgrad *m*, -zahl, -kraft *f* / magnifying power, coefficient of magnification ‖ ~ (Abzug) (Phot) / enlargement, enlarged print, blowup (coll) ‖ ~, Vergrößern *n* (Phot) / enlarging process ‖ ~ **der Umschlingung** (Buch) / more hug ‖ **dreifache** ~ (Opt) / magnification of three diameters, of threefold power, threefold magnification ‖ **100fache** ~ / magnification of 100 diameters, hundredfold magnification, magnification x 100 ‖ **starke** ~ / blow-up, high magnification
Vergrößerungs·… (Opt) / magnifying, enlarging ‖ ~**apparat** *m*, -gerät *n* (Phot) / enlarging machine, enlarger ‖ ~**faktor** *m* / enlargement ratio ‖ ~**glas** *n*, Lupe *f* (Opt) / magnifier, multiplying o. magnifying glass ‖ ~**glas** *n* **mit Ständer** / bull's eye ‖ ~**grad** *m*, Vergrößerung *f* (Opt) / enlargement factor ‖ ~**kraft** *f* (Opt) / magnification ‖ ~**lampe** *f* / enlarging lamp ‖ ~**linse** *f* (Opt) / magnifying lens, amplifier ‖ ~**maßstab** *m* / enlargement factor ‖ ~**nutzgrad** *m* (Opt) / magnification effectiveness ‖ ~**spiegel** *m* / concave mirror ‖ ~**stück** *n* (Werkz) / converter for sockets ‖ ~**technik** *f* (Phot) / macrophotography ‖ ~**wechsler** *m* / magnification changer
Vergrünung *f*, Blattsucht *f* (Bot) / phyllomania
vergrust (Kohle) / rich in fines
Vergünstigungen *f pl* / amenities *pl*
Verguß·harz *n* / sealing resin ‖ ~**kapselung** *f* / encapsulation ‖ ~**masse** *f* / casting compound, [pourable] sealing compound ‖ ~**masse** *f*, -mörtel *m* / grouting compound, grout
vergütbar / heat treatable ‖ ~**e Feder** / heat treatable spring
Vergütbarkeit *f* (Stahl) / heat treating quality
vergüten (Opt) / bloom (GB), coat [lenses], lumenize ‖ ~ (Stahl) / quench and temper, quench and draw, draw the temper, harden and temper ‖ ~ (natürlich o. künstlich altern) (Leichtmetall) / precipitation-harden ‖ ~ (Holz) / improve ‖ ~ **n aus der Warmformungshitze** / tempering from hot-forming temperature ‖ **bei erhöhter Temperatur** ~, künstlich altern (Leichtmetall) / age artificially, temper-harden ‖ **bei normaler Temperatur** ~ (Leichtmetall) / age-harden

Vergüteofen, Härteofen *m* (Alu) / tempering furnace
vergütet (Opt) / coated, lumenized, bloomed (GB) ‖ ~ (Holz) / improved ‖ ~**es Glas** / annealed glass ‖ ~**er Stahl**, Vergütungsstahl *m* / quenched and subsequently drawn steel
Vergütung *f* (Linse) / [antireflection] coating [of lenses], blooming (GB) ‖ ~ (Stahl) / quenching and tempering, quenching and drawing, drawing the temper, hardening and tempering ‖ ~ (Leichtmetall, Sammelbegriff) / precipitation hardening ‖ ~, Zulage *f*, Zuschlag *m* / reimbursement ‖ ~ **bei erhöhter Temperatur** (Leichtmetall) / temper hardening, artificial ageing ‖ ~ **bei normaler Temperatur** (Leichtmetall) / age-hardening, ag[e]ing
Vergütungs·… (Stahl) / heat treatable ‖ ~**glühen** *n*, Lösungsglühen *n* (Leichtmetall) / solution heat treatment ‖ ~**öl** *n* (Hütt) / annealing oil ‖ ~**riß** *m* / heat treatment crack ‖ ~**schaubild** *n* / heat treatment diagram ‖ ~**schicht** *f* (Opt) / blooming coat ‖ ~**stahl** *m* / tempering steel, steel for hardening and tempering ‖ ~**stahlguß** *m* / heat treatable steel casting ‖ ~**zähler** *m* (Elektr) / rebate meter ‖ ~**zustand** *n* **von Alu** / temper of aluminum
Ver·haken / interlocking ‖ ~**hallen**, ausklingen (Schall) / die, fade away
Verhalten *n*, Verhaltensweise *f* / behaviour ‖ ~ (fig) / behaviour, conduct ‖ ~ **des Ganges** (Bergb) / quality of the lode ‖ ~ **einer Funktion** / function course ‖ ~ **eines Flusses** (Hydr) / nature of a river ‖ ~ **unter Strahlenbelastung** / behaviour under radiation ‖ **A verhält sich zu B wie C zu D** / is, a is to be as c is to d ‖ **sich** ~ / behave ‖ **sich** ~ [zu] / be [to] ‖ **sich** ~ **wie 1 zu 2** / be in the ratio of 1 : 2
Verhältnis *n* (Math) / ratio ‖ ~, Beziehung *f* / relation, relationship ‖ ~ [zu], Beziehung *f* [zu] / concern [with] ‖ ~ [zu], Einfluß *m* [auf] / bearing, influence [on, upon] ‖ ~, Proportion *f* / proportion ‖ ~, Quotient *m* / quotient ‖ ~ **, in dem A zu B steht** / ratio that A bears to B ‖ ~ **Anfangs- zu Enddruck** (Raumf) / blow-down ratio ‖ ~ **Auftrieb zu Widerstand**, Gleitzahl *f*, -verhältnis *n* (Luftf) / lift/drag ratio, L/D ratio ‖ ~ **Betriebsstrom zu Vollaststrom** (Elektr) / duty factor ‖ ~ **Blind- zu Scheinkomponente** / inductance factor ‖ ~ **der direkten zur indirekten Lautstärke** / acoustic ratio, loudness ratio ‖ ~ **der E-Module von Stahl u. Beton** (Bauw) / modular ratio ‖ ~ **der Empfangs- zur Spiegelfrequenz** / signal-to-image ratio ‖ ~ **der Entladestromstärke zur Kapazität** (z. B. 60 A aus 30 Ah = 2 C) (Akku) / C-rate ‖ ~ **der Glieder einer geometrischen Reihe** / ratio of consecutive terms ‖ ~ **der Kerbzugfestigkeit zur 0.2-Grenze**, Kerb-Streckgrenzen-Verhältnis *n* (Mat Prüf) / notch-yield ratio ‖ ~ **des Gliedes einer geometrischen Reihe** / rate of consecutive terms in a geometric progression ‖ ~ **Durchschnitts- zu Spitzenlast** (Fernm) / concentration factor, day to busy hour ratio ‖ ~ **Eingangs[wechsel]strom zu Ausgangs[gleich]strom** / transrectification factor ‖ ~ **eingeschlossene Luft zu Brennstoff** / trapped air / fuel ratio ‖ ~ **Gesamtluft zu Brennstoff** / overall air / fuel ratio ‖ ~ **Schein- zu Wirkwiderstand** / impedance factor ‖ ~ **Schmelzstrom zu Nennstrom** (Elektr) / fusing factor ‖ ~ **Spitze zu quadratischem Mittelwert** (Schwingungen) / peak-to-R.M.S. ratio ‖ ~ **Stoß- zu Dauerfestigkeit** (Kabel) / impulse ratio ‖ ~ **Triebrad-Last zu Zugkraft** / tractive efficiency ‖ ~ **von Flüssigkeitsquerschnitt zu benetztem Umfang** (Hydr) / hydraulic mean depth, H.M.D., hydraulic radius ‖ **[Größen-, Mengen- usw.]**~ / proportion, rate ‖ **im** ~ [zu] / in proportion [to], proportionally [to] ‖ **im** ~ [zu], als Funktion [von] / versus ‖ **im** ~ **stehen** [zu] / be [to] ‖ **im richtigen** ~, angemessen / proportionate, proportional ‖ **im selben** ~ **stehen** [zu] / bear the same ratio [to] ‖ **in das richtige** ~ **bringen** / proportion *v* ‖ **in direktem** ~ / direct proportional ‖ **kleines (o. niedriges)** ~ / low ratio

1136

‖ **steht in keinem** ⤙ [zu] / is in no proportion [to] ‖
unter sonst gleichen ⤙**sen** / all other things being equal
‖ ~**gleich,** -mäßig, proportional / proportionate *adj*,
proportional ‖ ⤙**gleichrichter** *m*, Ratiodetektor *m*
(Fernm) / ratio detector ‖ ~**mäßig,** relativ / comparative,
relative ‖ ⤙**mäßigkeits-Grundsatz** *m* / principle of
relationship ‖ ⤙**operator** *m* (DV) / relational operator ‖
⤙**regelung,** -steuerung *f* (Regeln) / ratio control ‖
⤙**telemeter** *n* / ratio type telemeter ‖ ⤙**wert** *m* / ratio *n*
‖ ⤙**widerstand** *m* (der Wheatstonebrücke) (Elektr) /
proportionate arm, ratio arm ‖ ⤙**zahl** *f* (Chem) /
equivalent ‖ ⤙**zahl** *f* (Statistik) / proportional number ‖
⤙**zahl** *f* (Reifen) / nominal aspect ratio ‖ ⤙**zahl** α *f* (Nukl)
/ alpha ratio
Verhaltungsmaßregel, Anweisung *f* / instruction, rule of
action
ver·härten (Leder) / harden *vi* ‖ ~**harzen,** zu Harz
werden / become resin ‖ ~**harzen,** in Harz
verwandeln / resinify ‖ ~**harzen** (Farbe) / gum *vi*,
become gummy ‖ ⤙**harzen** *n* (Öl) / gumming ‖ ~**harzt,**
dickflüssig (Öl, Farbe) / gummy ‖ ⤙**harzungsprobe,**
Abdampfprobe *f* / gum test ‖ ~**hauener Raum** (Bergb) /
emptied space ‖ **eine Zeile** ~**heben** / transpose a line ‖
sich ~**heddern** / foul *vi* ‖ ⤙**heftestich** *m* / back stitch,
backstack, stay stitch ‖ ⤙**heftestich** *m* / stay stitch,
backstack ‖ ⤙**hieb** *m*, Bergwerksbetrieb *m* (Bergb) /
mining, working, winning ‖ ⤙**hieb** *m*, Vortrieb *m*
(Bergb) / face advance ‖ ⤙**hieb** *m* **je Mann u. Schicht** /
man-shift face advance ‖ ~**hindern** / prevent, hinder,
impede ‖ ~**hindern,** verbieten / prohibit ‖ ~**hindern,**
verhüten / preclude ‖ ~**hindern,** unterdrücken / check,
curb, suppress ‖ ~**hindernd, verhütend / preventing** ‖
⤙**hinderung,** Verhütung *f* / prevention ‖ **zur**
⤙**hinderung** [von] / to prevent ‖
⤙**hinderungsmaßnahmen** *f pl* **gegen Verkehrsunfälle**
/ prevention of road accidents ‖ ⤙**hinderungsschaltung**
f **für Nebenstellen** (Fernm) / exchange prohibitory
circuit ‖ ⤙**holeinrichtungen** *f pl* (Schiff) / warping gears
pl ‖ ~**holen** (Schiff) / warp *v* ‖ ⤙**holklampe** *f* (Schiff) /
fairlead, warping chock ‖ ⤙**holleine,** Verholtrosse *f*
(Schiff) / warp ‖ ⤙**holrolle** *f* (Schiff) / pedestal fairlead ‖
⤙**holspill** *n* (Schiff) / warping winch ‖ ~**hol- und
Beistopperwinde** *f* (Schiff) / towing bridle winch ‖
⤙**holwinde** *f*, Konstantzugwinde *f* / combined windlass,
mooring winch ‖ ⤙**holwinde** *f*, Muringwinde *f* /
mooring o. warping winch ‖ ~**holzen** / lignify *vi* ‖
~**holztes Gewebe** (Bot) / woody tissue ‖ ⤙**holzung,**
Ligninabscheidung *f* / lignification ‖ ~**hüllen,**
umhüllen / muffle ‖ ~**hüttbar** / treatable ‖ ~**hütten**
(Hütt) / work *v*, smelt ‖ ~**hüttung** *f* / metallurgical
process, working-off, smelting
Verhütungsmaßregel *f*, -mittel *n* / preventive measure
Verifikationsmodell *n* / verification model
ver·jüngen, einziehen (Bau, Masch) / diminish, taper,
contract ‖ ~**jüngen,** verkleinern (Zeich) / taper ‖ **sich**
~**jüngen** / taper *vi*, batter ‖ ~**jüngt,** konisch zulaufend /
reduced, taper[ed], drawn, diminished ‖ **nach einer
Exponentialkurve** ~**jüngt** / exponentially tapered ‖
⤙**jüngung** *f* / diminution, taper ‖ ⤙**jüngung,** Konizität *f*
(Spritzwerkzeug) (Plast) / draft, draw ‖
⤙**jüngungsmaßstab,** Tiefenmaßstab *m* / diminishing o.
reducing scale ‖ ⤙**jüngungsstelle** *f* / location of taper ‖
⤙**jüngungsverhältnis** *n*, Schlankheitsverhältnis *n* /
taper ratio ‖ ~**kabeln** / cable *v* ‖ **für Tonwiedergabe**
~**kabeln** (Elektr) / wire a hall for sound ‖ ~**kabelt**
(Fernm) / cabled ‖ ~**kabelte Leitung** / cable line ‖
⤙**kabelung** *f* (Elektr) / cabling ‖ ⤙**kabelungsplan** *m* /
cable layout [plan] ‖ ~**kadmen,** kadmieren / cadmium-
plate ‖ ⤙**kadmen** *n*, Kadmieren *n* / cadmium plating ‖
~**kalken** *vt*, in Kalk verwandeln / convert into lime ‖
~**kalken** *m* (Rohr) / calcify *vi*, fur ‖ ~**kämmen** (Zimm) /
cog, join by cogging ‖ ~**kanten,** kippen / tilt *v* ‖
~**kanten,** verklemmen / jam, chock *vt* ‖ ~**kantete
Aufnahme** (TV) / canted shot ‖ ⤙**kantung** *f* **nach außen**

/ toe-out ‖ ⤙**kantung** *f* **nach innen** / toe-in ‖ ~**kapseln** /
incapsulate, encapsulate, enclose in a capsule ‖
⤙**kapselung** *f* / incapsulation, encapsulation ‖ ⤙**käsung**
f / caseation, curdling, turning into cheese
Verkauf *m* **an** (o. **über**) **den Handel,** Handelsverkauf *m* /
consumer products sales *pl*
Verkäufer, Lieferant *m* / seller, vendor ‖ ⤙**markt** *m* /
seller's market
Verkaufs·abrechnung *f* / sales accounting ‖
⤙**-Abrechnungsmaschine** (z.B. Registerkasse) / point-
of-sale recorder ‖ ⤙**abteilung** *f* / sales department ‖
⤙**automat** *m* / vending machine, fruit machine (GB),
vendometer (US), vendor (GB), automatic delivery
apparatus, automatic retailer, mechanical seller,
[penny-in-the-]slot machine, automaton ‖
⤙**bemühungen** *f pl* / marketing of products ‖ **spätestes**
⤙**datum** (z.B. für Milch) / pull date (US) ‖ ⤙**förderer**
m / sales promoter ‖ ⤙**förderung** *f* / merchandizing,
sales promotion ‖ ⤙**ingenieur** *m* / sales engineer ‖
⤙**kühlmöbel** *n* / display freezer cabinet, closed
refrigerator cabinet ‖ ⤙**leiter** *m* / sales manager ‖
⤙**möbel** *n* / display cabinet ‖ ⤙**muster** *n*, -probe *f* / sales
sample ‖ ⤙**preis** *m* / sales price ‖ ⤙**spezialist** *m* / sales
specialist o. engineer ‖ ⤙**stoff** *m* / saleable mass of pulp
‖ ⤙**-Tiefkühltruhe** *f* / open chest-freezer ‖ ⤙**- und
Kassenterminal** *n* / point-of-sale terminal, POS
terminal
verkauft (Luftf) / revenue… ‖ ~**e Auflage** (Buch) / net paid
circulation ‖ ~**e Verkehrsleistung** (Luftf) / revenue load
Verkehr *m* / traffic, intercourse ‖ ⤙, Handelsverkehr *m* /
commerce, trade ‖ ⤙ (allg) / transport and
communications *pl* ‖ ⤙, Transportwesen *n* /
transportation ‖ ⤙, Straßenverkehr *m* / road traffic ‖ ⤙,
Nachrichtenverbindung *f* / communication ‖ ⤙, Betrieb
m (Bahn, Luftf) / service, operation ‖ ⤙ **auf eigener
Fahrbahn** / running on right of way ‖ ⤙ **auf
öffentlichen Straßen** / traffic on public roads ‖ ⤙ **mit
Wartezeiten** (Fernm) / delay working ‖ ⤙ **ohne
Wartezeiten** (Fernm) / demand working o. service, no-
delay working ‖ **aus dem** ⤙ **ziehen** / withdraw from
service ‖ **im** ⤙, dem Verkehr übergeben (Bahn, Straßb) /
opened to traffic
verkehren / run, operate ‖ ~, im Verkehr stehen /
communicate ‖ ~ (Bahn) / ply, run ‖ ~ [zwischen] (Bahn)
/ ply [between], connect [up] ‖ ~, umkehren / invert
Verkehrs·… / traffic… ‖ ⤙**ablenkung,** -verlagerung *f*
(Bahn) / diversion of traffic ‖ ⤙**abschöpfung** *f,*
Abziehen hochwertiger Verkehre / discrimination of
traffic ‖ ⤙**abwicklung** *f* (Fernm) / traffic dispatch ‖
⤙**ader** *f* / traffic arteria ‖ ⤙**ampel** *f* (Straßb) / traffic
light, beacon ‖ ⤙**andrang** *m* / rush of traffic ‖
⤙**anlagen,** -einrichtungen, -anstalten *f pl* /
transportation facilities *pl* ‖ ⤙**ansturm** *m* / traffic surge
‖ ⤙**arm,** -schwach, wenig befahren / light traffic… ‖
⤙**ausscheidungszahl** *f* (Fernm) / prefix number ‖
⤙**behinderung** *f* / obstruction to traffic ‖
⤙**behinderung,** Spurreduzierung *f,* Spurverengerung *f* /
cone ! ‖ **wegen** ⤙**behinderung einfädeln** / cone-off ‖
⤙**beschränkung** *f,* -beruhigung *f* / traffic restriction ‖
⤙**betriebe** *m pl* / transport, transportation (US) ‖
⤙**chaos** *n* / road havoc ‖ ⤙**daten-Aufstellung** *f* (Fernm) /
marshalling of traffic data ‖ ⤙**dichte** *f* / density (US) o.
concentration (GB) of traffic ‖ ⤙**durchsage** *f* / road
message ‖ ⤙**einheit** *f,* Erlang *n,* V.E. (Fernm) / traffic
unit, T.U. ‖ ⤙**einmündung!** (Straßb) / merging traffic!
(US) ‖ ⤙**einrichtungen** *f pl* / traffic installations *pl* ‖
⤙**einrichtungen** *f pl* (Fernm), Verkehrswesen *n* / traffic ‖
⤙**einrichtungen** *f pl*, Transport-, Verkehrswesen *n* /
system of public conveyance ‖ ⤙**erleichterungen** *f pl* /
[better o. new] traffic facilities *pl* ‖ ⤙**erträge** *m pl*
(Luftf) / traffic revenue [yield] ‖ ⤙**fläche** *f* / traffic area ‖
⤙**flugzeug** *n* / commercial [air]plane, air carrier ‖ ⤙**fluß**
m / traffic flow ‖ ⤙**[frequenz]band** *n* (Elektronik) /
communication band ‖ ⤙**gang** *m* / passageway ‖

ᵗgewerbe *n* / transport business o. industry ‖ ᵗgüte *f* / grade of service ‖ ᵗgüte *f* (Fernm) / repetition equivalent ‖ ᵗ-Hilfspolizist *m* / traffic warden (GB) ‖ ᵗhindernis *n* / traffic hindrance o. obstruction ‖ ᵗhörfunk *m* / road traffic broadcasting ‖ ᵗingenieur *m* / traffic engineer ‖ ᵗinsel *f* / safety o. traffic island, central o. street refuge, pedestrian's insula ‖ ᵗknotenpunkt *m* / traffic center, junction point, transport nodal point ‖ ᵗkontrolle *f* / traffic control ‖ ᵗkreisel *m* / traffic circle, roundabout ‖ ᵗlärm *m* / traffic noise ‖ ᵗlast *f* (Brücke) / traffic o. travelling load, live o. movable o. moving load, rolling o. working load ‖ ᵗleistung *f* / traffic o. transport capacity o. performance ‖ ᵗleitungs-Flexibilität *f* / traffic routing flexibility ‖ ᵗlenkung *f* (Fernm) / traffic control, traffic disposal o. handlung ‖ ᵗlichter, -signale *n pl* / traffic lights *pl* ‖ ᵗluftfahrt *f* / commercial air traffic, commercial aviation ‖ ᵗmessung *f*, -zählung *f* / traffic measuring ‖ ᵗmittel *n* / means of conveyance o. of communication o. of transport ‖ ᵗnetz *n* / traffic system o. network ‖ ᵗradar *m n* / road traffic radar ‖ ᵗraum *m* / space reserved for traffic ‖ ᵗrechner *m* / traffic computer ‖ ᵗregelung *f* (Kfz) / traffic control o. regulation ‖ ~reich, stark befahren / with heavy o. dense traffic ‖ ᵗrelation *f* / traffic relation ‖ ᵗrichtung *f* / direction of traffic ‖ ᵗschild *n* (Straßb) / marker (US) ‖ mit ᵗschildern versehen, ausschildern / provide with road signs, mark roads ‖ ~schwach, -arm (Zeit) / slack, off-peak ‖ ~schwache Zeit / slack period o. hours *pl*, off-peak hours *pl* ‖ ᵗsignal *n* / traffic signal o. light ‖ ᵗsperre *f* / traffic suspension ‖ ᵗspitze *f* / traffic peak ‖ ~starke Zeit / rush hours *pl* ‖ ~starke Zeit (Fernm) / busy hours *pl* ‖ ᵗstau *m* / back-up, traffic congestion o. jam (US), traffic bunching (GB) ‖ ᵗstockung *f*, -störung *f*, -unterbrechung *f* / traffic breakdown o. block o. interruption ‖ ᵗstörung *f* (Bahn) / stoppage of traffic ‖ ᵗstraße *f* (Ggs: Hauptverkehrsstraße) (Straßb) / minor road ‖ ᵗstrom *m* / traffic flow ‖ ᵗtechnik *f* / traffic engineering ‖ ᵗteiler *m*, -trenner *m* (Straßb) / traffic divider ‖ ᵗteilergebiet *n*, -trennungsgebiet *n* (Nav) / traffic separation area ‖ ᵗteilerpfosten *m* / traffic bollard ‖ ᵗteilnehmer *m* / participant in traffic, road user ‖ ᵗträger *m*, -unternehmer *m* / transport operator ‖ ~tüchtig (Kfz) / roadworthy ‖ ᵗüberwachung *f* / traffic control o. surveillance ‖ ᵗumleitung *f* (Strecke) / detour, by-pass ‖ ᵗumleitung *f* (Zustand) / diversion of traffic ‖ ᵗunfall *m* / traffic accident, wreck (US) ‖ ᵗunfälle *m pl* / accidents on rail and road *pl* ‖ ᵗunternehmer *m*, -unternehmen *n* / carrier ‖ ᵗverstoß *m* / violation of the traffic regulations ‖ ᵗvolumen *n* / traffic load o. volume ‖ ᵗweg *m* / traffic route o. link ‖ ᵗwege *m pl* / traffic routes *pl* ‖ ᵗwertschreiber *m* (Fernm) / traffic unit recorder ‖ ᵗzähler *m* (Fernm) / traffic meter ‖ ᵗzählung *f* / traffic count ‖ ᵗzeichen *n* / traffic sign ‖ ᵗzeichen *n* ⸝ / road signs ‖ bildliches ᵗzeichen / glyph (US) ‖ beleuchtetes ᵗzeichen / illuminated traffic o. road sign ⸝ ᵗzeichen anbringen / signalize ‖ ᵗzeichenmast *m* (Straßb) / traffic sign post with elliptical arm curvature

verkehrt, von innen nach außen / inside-out ‖ ~, hängend / inverted ‖ ~, umgekehrt / reversed ‖ ~es Gewölbe / countervault ‖ ~er Kreuzknoten, falscher Stich / granny knot ‖ ~e Seite (Textil) / wrong side, back of fabrics, reverse ‖ ᵗpressen *n* (Plast) / reverse moulding, inverted-mould moulding ‖ ᵗspülung *f* (Bergb) / reverse flushing

verkeilen / wedge, fasten by wedges o. keys, key ‖ ~ (Bergb) / block *vt* ‖ ~ (mit Unterlegkeilen) / quoin *v* ‖ ᵗ *n* (Bergb) / blocking ‖ eine Form ~ / clamp a box ‖ sich ~, sich zwängen / wedge *vi*

verketten, aneinanderhängen / concatenate, interlink ‖ ~ (Programm) / [con]catenate

verkettet (Elektr) / interlinked ‖ ~e Dreiphasenspannung (Elektr) / delta voltage ‖ ~e Kreise *m pl* (Elektr) / linked circuits *pl* ‖ ~es Leitungsnetz (Elektr) / interline link network ‖ ~e Sechsphasenspannung (Elektr) / hexagon voltage ‖ ~e Spannung, Außenleiterspannung *f* (Elektr) / mesh voltage, phase-to-phase voltage, delta voltage ‖ ~er Strom / mesh current ‖ ~es Zweiphasensystem / two-phase three-wire system, interlinked two-phase system

Verkettung *f*, Ineinandergreifen *n* / assembling by rings, interlacing ‖ ᵗ (DV) / concatenation, linkage ‖ ᵗ (Chem) / forming of chains ‖ ᵗ (Elektr) / interlinking ‖ ᵗ der Entriegelungen / interlock system ‖ ᵗ der Phasen (Elektr) / interlinkage of phases

Verkettungs·prinzip *n* (Fernm) / link principle

ver·kieseln, sich in Kieselerde verwandeln / silicify *vi* ‖ ᵗkieselung *f*, Silizifikation *f* (Geol) / silicification ‖ ~kitten (Fenster) / putty *v* ‖ ~kitten, [zusammen]kitten, verkleben / cement with putty ‖ ~kittet (Linse) / cemented ‖ ~klammern / cramp *v* ‖ ᵗklappung *f* (Abfälle ins Meer) / ocean dumping ‖ ~kleben / paste together o. up, glue together, conglutinate ‖ ~kleben, dichten / lute ‖ ᵗklebung *f* von Fasern / conglutination of fibers

verkleiden, umhüllen / jacket *v*, case, clad ‖ ~ (Bau) / line *v*, board, revet, face ‖ mit Brettern ~ / board *v* ‖ mit Holz ~ (Bau) / wainscot *vt*

verkleidet / cased

Verkleidung *f* (allg) / panelling, sheathing ‖ ᵗ (Kfz) / covering, soft trim, moulding ‖ ᵗ (Bau) / casing, lining, revetment ‖ ᵗ, Außenverkleidung *f* (Bau) / facing ‖ ᵗ (Masch) / shell, case, jacket ‖ ᵗ (mit Blech o. Holz) / sheeting ‖ ᵗ (z.B. am Kühler) (Kfz) / cowling ‖ ᵗ (Luftf) / fairing ‖ ᵗ des Dachüberhangs / revetment of a porch roof ‖ ᵗ durch Blechplatten (Bau) / sheet steel facing ‖ ᵗ eines Stahlskelettbaus / clothing ‖ ᵗ zwischen den Brennstoffbehältern (Rakete) / intertank ‖ ᵗ zwischen den Raketenstufen / interstage skirt ‖ innere ᵗ / inside lining

Verkleidungs·blech *n* / coating sheet, trim panel ‖ ᵗbohlen, Futterbohlen *f pl* / lagging of a tunnel ‖ ᵗbrett *n* (Bau) / facing board ‖ ᵗpapier *n* (mit Asphalt-Zwischenschicht) / sheathing paper, asphalt-laminated kraft paper ‖ ᵗplatte *f*, Fassadenplatte *f* / facing tile ‖ ᵗträger *m* (Stahlbau) / girt ‖ ᵗübergang *m*, Ausrundung *f* (Luftf) / fillet[ing]

verkleinerbar / reducible

verkleinern, beschneiden / clip ‖ ~ (Zeichn) / reduce [the scale], scale down ‖ ~, kleiner machen / reduce in size ‖ sich ~ / diminish

verkleinert / diminished ‖ ~es Bild / reduced image ‖ ~e Bohrung (Öl) / slim hole ‖ ~er Maßstab / reduced scale, diminished proportions *pl* ‖ in ~em Maßstab / scaled down

Verkleinerung *f* / diminution, reduction ‖ ᵗ, Abnahme *f*, Verminderung *f*, Verringerung / decrease, diminishing ‖ ᵗ, Abnahme *f*, Verminderung *f*, Verringerung / decrement *o* ‖ ᵗ (Abzug) / reduction printing ‖ ᵗ (Phot) / reduction [print] ‖ ᵗ (einer Linse) 2,5 : 1 / demagnification standard [of a lens] of 2.5 to one

Verkleinerungs·fähigkeit *f* (Opt) / reducibility ‖ ᵗfaktor *m*, -verhältnis *n* (Phot) / reduction ratio ‖ ᵗglas *n* / diminishing glass ‖ ᵗkopie *f* (Phot) / reduction copy o. print ‖ ᵗmaßstab *m* / reduction scale ‖ ᵗspiegel *m* / convex mirror

ver·, sich ~klemmen / get jammed ‖ ~klemmter Stab (Nukl) / stuck rod ‖ ᵗklinkung *f* / latching ‖ ~knäuelt (Moleküle) / convolute

verknüpfen, zusammenknüpfen / concatenate ‖ ~ / connect, link ‖ ~ (Zimm) / joint by means of a rabbet o. scarf ‖ ~ (Zimm) / frank ‖ ᵗ *n* von Programmen (DV) / program bind o. chaining

verknüpft, verbunden / conjoined ‖ ~ (DV) / linked, chained

Verknüpfung *f*, Verbindung *f* / linkage ‖ ᵗ, Kombination *f* / combination, connection, connexion (GB) ‖ ᵗ (Chem)

/ cross linkage o. linking ‖ ⁴ (DV) / linkage, chaining ‖ ⁴, logische Schaltung (DV) / logic o. switching operation, connective ‖ ⁴ (Math) / composition, combination
Verknüpfungs·glied *n* (DV) / logic[al] o. switching element, decision element ‖ ⁴**programm** *n* (DV) / binder program ‖ ⁴**relation** *f* (Phys) / unitary ratio ‖ ⁴**schaltung** *f* / combinatorial circuit ‖ ⁴**schaltungen** *f pl* **für Reaktorschutz** (Atom, Nukl) / safety logic assembly ‖ ⁴**steuerung** *f* (DV) / logical control ‖ ⁴**tafel** *f* (DV) / truth table, Boolean operation table
ver·kobalten / cobalt-plate ‖ ~**kochen**, einkochen (Chem) / concentrate ‖ ⁴**kochen** *n* (Zuck) / pan boiling, cooking ‖ ⁴**kocher** *m* (Zuck) / pan
verkohlen, in Kohle umwandeln, verkoken / carbonate, carbonize, [convert into] coal, coke ‖ ~ *vt*, schwärzen / blacken by heat, char ‖ ~ *vi* / char *vi*, get blackened by heat ‖ ⁴ *n* / charring ‖ **[punktweises]** ⁴ **der inneren Isolierlagen** (Kabel) / coring, carbon core ‖ **Pfahlspitzen** ~ / carbonize the points
Verkohlung, -kokung *f* / carbonization, coking process
verkokbar / coking ‖ ⁴**keit** *f* / cokability
verkoken *vt vi* / coke, change into coke
Verkokung *f* (Öl) / coking ‖ ⁴ **in Retorten** / cylinder burning o. charring o. coking o. carbonization
Verkokungs·kammer *f* / retort ‖ ⁴**neigung** *f* / susceptibility to coking ‖ ⁴**ofen** *m*, Kammerofen *m* / chamber oven ‖ ⁴**test** *m* (Öl) / carbon test, coke test ‖ ⁴**vorgang** *m* / coking process ‖ ⁴**zahl** *f* (Öl) / coking index o. number
ver·kommen / decay *v* ‖ ~**koppeln** / couple, join ‖ ~**korken** / cork *v* ‖ ⁴**körnen** *n* (z.B. Schraube) / stake (e.g. screw) ‖ ~**körpern**, darstellen / represent, embody ‖ ~**kracken** / crack *v* ‖ ~**kratzen**, schrammen / graze, scratch ‖ ~**krautung** *f* (Hydr) / excessive growth of weed ‖ ~**kreuzter Harnisch** (Jacquard) / London o. crossed tie ‖ ~**kröpfen** / crank, bend to right angles ‖ ~**kröpfung** *f* (Fernm) / cranking ‖ ⁴**kröpfung** *f* (Dachfenster) / shoulder piece ‖ ⁴**kröpfung** (z.B. Kurbelwelle) / cranking ‖ ⁴**kröpfungsgesenk** *n* / snaker ‖ ~**krümmen** / distort, twist ‖ ~**krumpeln**, zerknittern / rumple, wrinkle ‖ ~**krusten**, mit Kruste beziehen (o. überdecken) / incrust ‖ ~**krusten** *vi* / fur *v*, coat o. become coated with a deposit ‖ ~**krustet**, mit Kesselsteinansatz / scaly, furry ‖ ~**krustete Bettung** (Bahn) / choked o. foul ballast ‖ ~**krustung** *f*, Kalkablagerung *f* (in Wasserrohren) / furring, incrustation ‖ ⁴**krustung** *f* (Nukl) / fouling ‖ ⁴**krustung** *f* **von Schlamm** / caking ‖ ~**kümmern** / starve ‖ ~**kümmert** (Bot) / stunted ‖ ⁴**küpen** *n* (Textil) / vatting ‖ ~**kupfern** / copper *v*, copperplate ‖ ~**kupferter Stahldraht** / C.S. wire (= coppered steel) ‖ ⁴**kupferung** *f* / copperplating ‖ ⁴**kupferungsanlage** *f* / coppering plant ‖ ~**kuppeln** (Träger) (Stahlbau) / couple (girders) ‖ ⁴**kürzbarkeit** *f*, Einziehbarkeit *f* / retractility ‖ ~**kürzen**, kürzen / abbreviate, shorten ‖ ~**kürzen**, beschneiden (zeitlich) / abridge, curtail ‖ ~**kürzen**, kürzer machen / reduce, shorten, curtail ‖ ~**kürzen** (Zeit) / shorten ‖ **durch Einweben** ~**kürzen** / weave in *v* ‖ ~**kürzen** (DV) / truncate ‖ ~**kürzend in senkrechter Richtung** / stooping *adj* ‖ ~**kürzte Division**, **[Multiplikation]** / short[-cut] division, [multiplication] ‖ **[perspektivisch]** ~**kürzt zeichnen** (Zeichn) / foreshorten ‖ ⁴**kürzung**, Abkürzung *f* / abbreviation ‖ ⁴**kürzung** *f*, Verkürzen *n* / shortening ‖ ⁴**kürzung** *f*, Kontraktion *f* / linear contraction ‖ ⁴**kürzungsfaktor** *m* (Antenne) / velocity factor o. rate, shortening factor ‖ ⁴**kürzungskondensator** *m* (Antenne) / shortening capacitor ‖ ⁴**lackung** *f* (Farbherst) / pigmenting
Verlade·anlage *f* (zum Ausladen) (Schiff) / discharging plant ‖ ⁴**anlage**, Ladeanlage *f* / loading plant ‖ ⁴**ausleger** *m* (Bagger) / rear o. tail boom ‖ ⁴**bahnhof** *m* / dispatch o. entraining o. shipping station ‖ ⁴**bahnhof**

m **für Sattelschlepper-Anhänger** / kangaroo entraining station ‖ ⁴**band** *n* / loading belt o. conveyor ‖ ⁴**band** *n* (Bergb) / gate road conveyor ‖ ⁴**brücke** *f*, großer Portalkran (DIN) / travelling bridge, loading o. conveyor bridge, bridge crane ‖ ⁴**brücke** *f* (Bahn) / gangway for transhipment ‖ ⁴**brücke** *f* **mit untenlaufender Drehkatze** / travelling bridge with underslung slewing trolley ‖ ⁴**einrichtung** *f* / loading equipment ‖ ⁴**halle** *f* / shipping bay ‖ ⁴**kran**, Ladekran *m* / loading crane.
verladen, [be]laden / load *v* ‖ ~, verschiffen / take on board ‖ ⁴, Verschiffen *n* / shipping ‖ **Kohle in Grubenwagen** ~ / draw coal into trucks ‖ **mit Torstapler** ~ / van *v*
Verladeplatz *m* / loading yard
Verlader *m* / loader, transporter ‖ **einem** ⁴ **gehörend** / shipper-owned
Verlade·rampe, Laderampe *f*, Loading Rack *n* (Raffinerie) / loading rack ‖ ⁴**rampe** *f* **für Kfz** / car-loading platform o. bay ‖ ⁴**spirale** *f* (Bergb) / telescopic loading spiral
verlagern / displace, dislocate *v* ‖ ~, verrücken / relocate ‖ ~ (DV) / relocate ‖ **einen Betrieb** ~ (Masch) / redeploy o. transfer a shop ‖ **nach auswärts** ~ (Fertigung) / farm out ‖ **Pumpen** ~ (Bergb) / secure pumps *vt* ‖ **sich** ~ (o. verschieben o. bewegen) / shift *vi*
verlagert, versetzt / misaligned ‖ ~**e Seigerung** / displaced segregation
Verlagerung *f* (allg) / dislocation
Verlagerungsbereich *m* (Nukl) / displacement spike
Verlags·einband *m* (Buch) / edition o. publisher's binding ‖ ⁴**kartographie** *f* / commercial cartography ‖ ⁴**rechte** *n pl* / copyright
ver·landen (Hydr) / silt [up] ‖ ⁴**landung** *f* (Geol) / lake fill, silting-up ‖ ⁴**landungsbuhne** *f* / alluvion groin ‖ ⁴**landungszone** *f* / area of filling up by detritus
verlängern / lengthen, elongate, extend, prolong[ate] ‖ ~, ausdehnen / prolong[ate] ‖ ~ (zeitlich u. örtlich), länger machen / protract ‖ ~ (sich), sich dehnen / lengthen *vi* ‖ ~ (Math, Verm) / produce, prolong ‖ **eine Leitung** ~ / extend a line
verlängert (Antenne) / extended ‖ ~ (Buchstabe) / elongated ‖ ~**es Spülen** / prolonged rinsing ‖ ~**es Umdrehungsellipsoid** / oblong ellipsoid o. spheroid ‖ ~**er Wulst** (Reifen) / pulled bead ‖ ~**er Zementbeton**, Zementkalkbeton *m* / lime diluted cement concrete
Verlängerung *f*, Fortsatz *m* (Masch) / elongation, prolongation, extension, lengthening, projection ‖ ⁴, Verlängerungsstück *n* / lengthening piece, elongation piece ‖ ⁴ (Zimm) / eking ‖ ⁴ (der Betriebszeit), Stretch-out *n* (Nukl) / stretch-out ‖ ⁴ (Bau, Tätigkeit) / continuation ‖ ⁴ (eines zu kurzen Balkens) (Zimm) / eking ‖ ⁴ (Math, Verm) / production, prolongation ‖ ⁴ (zeitlich) / prolongation, extension ‖ ⁴ **mit Außen- und Innenvierkant** / square drive universal joint ball-type extension ‖ ⁴ **mit Innen- und Außenvierkant** (für Schraubwerkzeuge (DIN 3123) / extension bar
Verlängerungs·faktor der Belichtungszeit *m*, VF (Phot) / multiplication factor ‖ ⁴**hebel** *m* / lengthening arm o. lever ‖ ⁴**leitung** *f* (Fernm) / artificial extension line, line building-out network, pad (US) ‖ ⁴**rohr** *n* / extension piece, lengthening pipe ‖ ⁴**schiene** *f* / extension bar ‖ ⁴**schnur** *f* (Elektr) / extension cord (US), [extension] flex (GB) ‖ ⁴**spule** *f* (Antenne) / loading coil o. inductance ‖ ⁴**stück** *n*, -rohr usw. *n*, Verlängerung[sstange] *f* / extension piece ‖ ⁴**stück** *n*, Ansatz *m* / piece joined on ‖ ⁴**stück**, Masch o. adapter, adaptor ‖ ⁴**stück** *n*, Zirkelverlängerung *f* (Zeichn) / lengthening bar for compasses ‖ ⁴**stutzen** *m* / threaded extension piece ‖ ⁴**tubus**, Ansatztubus *m* (Phot) / extension tube
verlangsamen / retard, decelerate, slacken ‖ ~, abschwächen / retard

1139

verlangsamend, bremsend / retarding
Verlangsamer m (Kfz) / [electromagnetic o. hydraulic] retarder ‖ ⁺ (Nukl) / moderator
Verlangsamung f / slowing-down
Verlangsamungselektrode f, Bremselektrode f (TV) / retarding o. reflecting electrode
verlangt·er Teilnehmer (Fernm) / wanted subscriber
ver·lappen (Stanz) / lock-form ‖ ~**laschen** (Stahlbau) / butt-strap ‖ ~**laschen** (Bahn, Zimm) / fish[plate] v ‖ ~**laschter Schienenstoß** / fishplated rail joint
verlassen, aufgeben (Bergb) / abandon, give up ‖ ~ (z.B. einen Bezirk) (Luftf) / fly out [of] ‖ ~**e Baue** m pl (Bergb) / abandoned workings pl
Verlassenheitsgefühl n (Raumf) / break-off
verläßlich / calculable
Verläßlichkeit f / reliability, dependability
verlastbar (Mil) / relocatable
verlastet (Mil) / truck mounted
Verlauf m, Verlaufen n / course, progression, march ‖ ⁺, Gradient m (Phys) / gradient ‖ ⁺ (Grenze, Straße) / course ‖ ⁺ (Kurve) / course, march ‖ ⁺ **der Bindungspunkte** (Web) / step number ‖ ⁺ **der Fasern im Werkstoff** / flow of the fibers ‖ **einen** ⁺ **nehmen** / take a course o. run ‖ **1/v-⁺** (Nukl) / 1/v-law ‖ **1/v** ⁺ (Nukl) / 1/v law ‖ **weiterer** ⁺ / continuation, sequel
verlaufen vi (Säge) / saw untrue ‖ ~ (Bohrer) / run off center ‖ ~ (Reaktion) / go, run ‖ ~ (Farbe) / spread vi, run vi ‖ ~, vergehen (Zeit) / pass, elapse ‖ **sich** ~ (Hydr) / ooze o. seep o. trickle away
Verlauf·filter m n (Opt) / gradual o. graduated filter, graded filter ‖ ⁺**kurve** f / behaviour curve ‖ ⁺**mittel** n **für Farben** / level[l]ing agent
Verlegeart f / method of installation
verlegen, legen / run, place, lay ‖ ~, umlegen / relay ‖ ~ (Buch) / publish ‖ ~, an andere Stelle legen / displace, dislocate ‖ ~ (Kabel) / lay, instal ‖ ⁺ **in Reihen o. Schichten** n / tiering ‖ ⁺ **in Rohren** (Elektr) / conduit wiring ‖ **in der Erde** ~ (Elektr) / bury, embed, imbed ‖ **Rohre** ~ / pipe
Verlegevorrichtung f **beim Aufwickeln von Kabeln** / traversing unit of the take-up stand
verlegt, falsch gelegt / misplaced ‖ ~**e Breite** (Teppich) / installed width ‖ ~**e Länge** / laid length ‖ **auf der Bodenoberfläche** ~ (Rohr) / projected ‖ **in Röhren (o. Kanälen)** ~ (Kabel) / laid in ducts
Verlegung f, Versetzung f / transfer, transference
Verlegungs·lücke f **an Schienenstößen** (Bahn) / laying gap of rail joints ‖ ⁺**plan**, Bauteileschaltplan m (Elektronik) / hook-up ‖ ⁺**tiefe** f, Bettungstiefe f (Kabel) / depth of trench, laying depth, depth under surface
verleihen, übertragen (Eigenschaften) / confer, impart
Ver·leihkopie f (Film) / release print ‖ ⁺**leimbarkeit** f, Verleimfähigkeit f / glu[e]ing ability, glu[e]ing property ‖ ⁺**leimmaschine** f (Holz) / bonding machine ‖ ⁺**leimmaschine** f **für Breitseiten** / surface joining machine ‖ ⁺**leimmaschine** f **für Eckverbindungen** (Holz) / squaring-up machine ‖ ⁺**leimpresse** f **für Späne** (Holz) / press for coated particles ‖ ⁺**leimung** f / adhesive bond[ing], glueing ‖ ⁺**leimungsart** f / kind of bonding ‖ ⁺**leseband** n (Landw) / picking o. sorting belt o. band ‖ ~**letten** (Bergb) / clay ‖ **ein Patent** ~**letzen** / infringe a patent (GB) o. on a patent (US)
verliehen, dem Faden ~**e Spannung** (Spinn) / applied tension
verlieren vi (Uhr) / lose, be slow ‖ **die Richtung** ~ / lose the direction ‖ **Fasern** ~ / shed fibers ‖ **sich** ~ (Flöz) / peter [out]
Verlitzmaschine f (Kabelherst) / bunching machine
verloren / lost ‖ ~, tot (Masch) / dead, lost ‖ ~**e Form** (Gieß) / break-mould, broken mould, dead mould ‖ ~**er Kopf** (Hütt) / dead head, rising o. shrink o. sink head, dozzle feeder head, dozzle metal, top discard, hot top ‖ ~**es Modell** (Gieß) / consumable o. disposable pattern ‖ ~**e Palette** / throw-away pallet ‖ ~**er Schuß** (Web) /

mis[s]pick, hidden filling ‖ ~**e Verpackung** / expendable packing ‖ ~**e Verrohrung** (Öl) / lost casing, liner ‖ ~**er Weg im Ankergang** (Uhr) / run ‖ ~**e Zimmerung** (Bergb) / provisional timbering
ver·löschen, ausgehen / go out ‖ ⁺**löschen** n (Elektronik) / quenching ‖ ⁺**löschspannung** f (Elektronik) / quenching voltage ‖ ~**löten** / solder [up] ‖ **mit Blei** ~**löten** (Masch) / plumb
Verlust m, Abgang m / deficiency, loss, perdition ‖ ⁺, Abfall m / wastage ‖ ⁺ **am Ausgleichkolben** (Dampfturbine) / dummy loss ‖ ⁺ **an Löslichem** / soluble-matter loss ‖ ⁺ **der Wulsthaftung** (Reifen) / unseating ‖ ⁺ **durch Auslecken (o. Auslaufen)** / leakage ‖ ⁺ **durch Ausschuß** / reject loss ‖ ⁺ **durch Mitgerissenes** / drag-out ‖ ⁺**e durch Schattenwirkung von Rahmenteilen** m pl (Sonnenkollektor) / shading ‖ ⁺ m **elektrischer Energie** / electrical power dissipation ‖ ⁺**e** m pl **in Flußrichtung** (Gleichrichter) / forward power loss o. dissipation ‖ ⁺**e** m pl **in Sperrichtung** (Dielektrikum) / non-conducting direction loss ‖ ⁺**e niedrig halten** / minimize losses ‖ ⁺ m **von Bits oder Zahlen** (DV) / truncation ‖ **mit** ⁺ **behaftet** (Elektronik) / lossy ‖ ⁺**arbeit** f (Stanz) / lost work of deformation ‖ ~**arm**, mit geringem Verlustwinkel (Elektr) / low loss… ‖ ⁺**aufnahme** f (F.Org) / chronological study o. survey ‖ ⁺**energie** f / lost energy ‖ ⁺**faktor** m, -zahl f, tan δ (Dielektrikum) / dielectric loss factor, dissipation factor, tangent of loss angle ‖ ⁺**faktormessung** f (Elektr) / loss tangent test (GB), dissipation factor test (US) ‖ ⁺**höhe** f (Hydr) / fall in meters ‖ ⁺**kegel** m (Nukl) / loss cone ‖ ~**kompensiert**, vorverzerrt (Filter, Elektronik) / predistorted ‖ ⁺**konstante** f, spezifische Dämpfung [je Längeneinheit] (Fernm) / attenuation factor ‖ ⁺**leistung** f (Elektronik) / dissipated energy, power loss o. dissipation ‖ ⁺**leistung** f (Elektr) / stray power ‖ ~**los**, -frei / lossless, lossfree, lossfree, dissipationless, non-dissipative, zero-loss… ‖ ~**loser Abschwächer** (Fernm) / reactive attenuator ‖ ~**loser Isolator** / perfect dielectric ‖ ~**lose magnetische Kopplung** (Elektronik) / unity coupling ‖ ⁺**quelle** f / source of losses ‖ ⁺**rakete** f (Raumf) / disposable rocket ‖ ⁺**rate** f (Raumf) / loss rate ‖ ⁺**strom** m (Dielektrikum) / leakage current ‖ ⁺**system** n (Fernm) / loss system ‖ ⁺**tan** δ, -zahl f, -faktor m (Dielektrikum) / dielectric loss factor, dissipation factor, tangent of loss angle ‖ ⁺**wahrscheinlichkeit** f / loss probability ‖ ⁺**widerstand** m (Antenne) / equivalent o. loss resistance ‖ ⁺**winkel** m (Elektr) / loss angle, angle tan δ ‖ **mit geringem** ⁺**winkel**, verlustarm (Elektr) / low loss… ‖ ⁺**zahl** f / loss index ‖ ⁺**zahl** f (Hydrodyn) / hydraulic loss figure ‖ ⁺**zähler** m (Elektr) / loss counter ‖ ⁺**zeit** f / lost o. unproductive time ‖ ⁺**zeit** f, persönliche Verteilzeit (F.Org) / personal [need] allowance ‖ ⁺**zeit** f **durch äußere Umstände** (DV) / external delay ‖ ⁺**zeit** f **durch Fehlbedienung** / operating o. operative delay ‖ ⁺**ziffer** f (Elektr) / figure of loss ‖ ⁺**ziffer** f (Dielektrikum) s. Verlustfaktor
Ver·mahlung f / comminution ‖ ⁺**markungspunkt** m, geodätischer Punkt / geodetic point ‖ ⁺**markungspunkt** m **der Landesvermessung** (Verm) / Ordnance Bench Mark ‖ ~**maschen** (Elektr) / mesh v, interconnect ‖ ~**maschen** (Fernm) / mesh ‖ ~**maschtes Netz** (Elektr) / mesh network, lattice network ‖ ⁺**maschter Regelkreis** / multi-loop control system ‖ ⁺**maschungsleitung**, Kuppelleitung f (Elektr) / interconnecting line o. feeder ‖ ⁺**maßung** f / dimensioning ‖ ~**mauern** (Tür) / block up ‖ ~**mauern** (Bergb) / stay by walls ‖ ~**mehren** / augment, increase ‖ **[sich]** ~**mehren** / multiply, propagate ‖ **sich** ~**mehren** (Bot) / spread out ‖ ⁺**mehrung** f / augmentation, increase, increment ‖ ⁺**mehrung** f (Phys, Biol) / propagation ‖ ⁺**mehrung** f **durch Ableger** (Landw) / propagation by layers o. shoots ‖ ⁺**mehrung** f **von Pilzen** / reproduction of fungi ‖ ⁺**mehrungsfaktor** m (Nukl) / multiplication factor o. constant ‖ ~**meiden**, umgehen / by-pass ‖ **meidung**, f,

Vermeiden n / avoidance ‖ ~mengen, vermischen / mix vt, mingle, blend ‖ [sich] ~mengen, vermischen / mingle vi, mix ‖ ~mengt / blended, blent ‖ ~mengung, -mischung f / commixture
Vermerk m, Notiz f / mem, memo[randum]
vermessen, ausmessen (allg) / measure ‖ ~, aufnehmen (Verm) / survey ‖ ~, Ausmessen n / measuring ‖ ~ n (Schiff) / ranging ‖ Grenzen ~ / demarcate borders ‖ mit der Kette ~ / chain-survey v ‖ sich ~ / measure wrong, mismeasure
Vermesser m, Landmesser m / surveyor ‖ ~ (Bau) / specialist for taking measurements
Vermessingen n / brass coating ‖ ~ / brass v
Vermessung f, Ausmessung f (allg) / measurement, mensuration ‖ ~, Geländeaufnahme f / survey of land ‖ ~, Tonnengehalt m (Schiff) / measurement ‖ ~ der Inlands- u. Küstengewässer / hydrographical surveying ‖ ~ im Gezeitengebiet / marine surveying ‖ ~ mit Kennzeichnung der Höhenunterschiede / contoured survey ‖ eine ~ auftragen / plot a survey
Vermessungs·... (Schiff) / registered ‖ ~arbeiten f pl / surveying ‖ ~arbeiten f pl (Hydr) / hydrographic works pl, charting of bodies of water ‖ ~beamter m / surveying officer ‖ ~breite, [-länge, -tiefe] f (Schiff) / registered o. tonnage breadth, [o. length o. depth] ‖ ~deck n (Schiff) / tonnage deck ‖ ~flugzeug n / aerial survey plane ‖ ~gehilfe m / chainman, rodman (US), staffman (GB) ‖ ~heft n (Verm) / level book ‖ ~horizont n / observer's horizon ‖ ~ingenieur m (Verm) / surveyor ‖ ~kamera f, Stereomeßkammer f / mapping camera, stereometric camera ‖ ~kamera f, Stereomeßkammer f, Reihenbildkammer f / stereometric camera ‖ ~kreisel f / surveying gyroscope ‖ ~länge f / registered o. tonnage length ‖ ~laser m / laser type geodimeter ‖ ~plan m (Schiff) / tonnage plan ‖ ~schiff n / surveying vessel ‖ ~technik f / surveying technology ‖ ~tiefe f / registered depth, depth of hold ‖ ~tiefe f / depth of hold ‖ ~trupp m / surveyor's o. surveying gang ‖ ~verwaltung f / surveyor's office ‖ ~wesen n, -kunde, -technik f / surveying
Vermicid n / vermicide
Vermicular... (Graphit) / vermicular
Vermiculit m (Min) / vermiculite ‖ ~stein m / vermiculite brick
vermieten, verpachten / let o. lease [for rent], rent
Vermietung f / renting
Vermikulargraphit m, VGG / vermicular graphite
vermindern, [sich] ~ / diminish, decrease, lessen ‖ die Geschwindigkeit ~ / loose speed, decelerate, reduce the speed
vermindert [um] / diminished [by] ‖ ~er Druck / reduced pressure ‖ ~e Leistung / reduced output ‖ ~es Schleudern (Waschm) / reduced spinning ‖ ~er Träger (Elektronik) / reduced carrier ‖ mit ~er Kapazität / reduced capacity...
Verminderung f / diminution, decrease, decrement, reduction ‖ ~, Abnahme f / fall, decline
Verminderungs·beiwert m, -koeffizient m (Mech) / reduction coefficient ‖ ~faktor m (Beleuchtung) / maintenance factor
Ver·minen n / mining ‖ ~mischen / mix vt, mingle, blend ‖ [sich] ~mischen / intermingle, mix ‖ ~mischt / mixed, blended, blent ‖ ~mischt (Bergb) / promiscuous ‖ ~mitteln, den Mittelwert herstellen / mediate ‖ ein Gespräch ~mitteln (Fernm) / put through [on o. to], connect ‖ ~mittelnd / intermediate, compromising ‖ ~mittler, Beschleuniger m (Chem) / mediator
Vermittlung, Übertragung f / relaying ‖ automatische ~ / dial switching o. service, dial-up system (US)
Vermittlungs·amt n, -stelle f, Zentrale f (Fernm) / exchange, central office (US) ‖ ~beamter m, -beamtin f (Fernm) / operator ‖ ~dienst m (DV) / network service ‖ ~kraft B f (Fernm) / incoming operator ‖ ~platz m

(Fernm) / switchboard position, B-[operator's] o. operator's position ‖ ~platz für Beamtinnenwahl (Fernm) / automanual switchboard ‖ ~rad n (Uhr) / intermediate o. idle wheel ‖ ~schicht f, Schicht f 3 (OSI) / network layer ‖ ~seite f (Fernm, Schrank) / drop side of an equipment ‖ ~technik f / message switching technology ‖ ~technisch (DV) / switching oriented ‖ ~zentrale f (DV, Fernm) / relay center, switching center
ver·modern, faulen / decay v, rot ‖ ~modern n / decay, rot ‖ ~mögen n, Fähigkeit f / ability ‖ ~mögen n, Macht f / power n, capacity ‖ ~mögensbildung f / formation of wealth ‖ ~morschen n, Trockenfäule f / dry rot ‖ ~mullung f (Moor) / formation of mull o. dust ‖ ~murboje f / mooring buoy ‖ ~mutliche Reserve (Bergb) / probable reserve
vernachlässigen / neglect ‖ zu ~, vernachlässigbar / negligible
ver·nageln, zunageln / nail down o. up ‖ ~nähbarkeit f / sewing behaviour ‖ ~nähen, ein-, zunähen / sew up
Vernalisation f (Landw) / vernalization, jarowization
vernalisieren vt (Landw) / vernalize
ver·nebeln (Flüssigk) / atomize ‖ ~nebeln (Mil) / screen by smoke ‖ ~nebeln n (Landw) / fumigation ‖ ~nebler m, Zustäuber m / atomizer, nebulizer ‖ ~nehmbar, verständlich (Fernm) / intelligible, understandable ‖ ~nehmlich, hörbar / audible ‖ ~netzbar (Chem) / cross-linkable ‖ ~netzen (Chem) / interlace, cross-link ‖ ~netzt (Chem) / cross-linked, interlaced ‖ ~netztes Polyethylen, PE-X / crosslinked polyethylene ‖ ~netztes Polymer (Chem) / network polymer ‖ ~netzte Stärke, modifizierte Stärke / cross-linked starch, cross-bounded starch ‖ ~netzung f (Chem) / cross linkage o. linking ‖ ~netzungsmittel n, Vernetzer m / cross-linking agent ‖ ~netzungswasser n (Chem) / cross-linkage water
Verneuil-Verfahren n (Kristallzüchtung) / Verneuil process
ver-n-fachen / form the n-th multiple [of]
vernichten / annihilate, destroy ‖ ~, verbrauchen / consume ‖ ~, auslöschen / obliterate
Vernichtungs·faktor m (Mil, Nukl) / defeat factor ‖ ~strahlung f / annihilation radiation
vernickeln / nickel v, nickel-plate ‖ ~ n (Galv) / nickeling, nickel-plating
vernickeltes Stereo (Buch) / nickel-faced stereo plate
Vernickelungsbad n (Galv) / nickel bath
Vernickler m / nickel plating shop
Vernier m, Nonius m / vernier ‖ ~triebwerk n (Raumf) / vernier engine
ver·nieten / rivet v ‖ ~nieteter Bolzen / clinch[ed] bolt ‖ ~nietung, Nietverbindung f / riveted joint ‖ ~nünftig, angemessen / feasible, reasonable ‖ ~nünftiger Preis (coll) / reasonable price (coll) ‖ ~nuten, verfedern (Tischl) / tongue [and groove] ‖ ~öden vi (Landw) / become desolate
veröffentlichen / publish
Veröffentlichung f / publication ‖ ~, Bericht m / proceedings pl
ver·ölen vi / get oiled-up, get fouled by oil ‖ ~ölt / oiled-up, fouled by oil
Veroneser Gelb n / Cassel's yellow ‖ ~ Grün (Min) / green earth
Veronesergrün n, -erde f (Farbe) / Verona o. Veronese green, terre verde
verpachten (Landw) / farm out
verpachtete Linie (Bahn) / leased line
Verpachtung f, Vermietung f / lease
verpacken / pack, bundle ‖ ~, Packen n / packing, packaging ‖ in Kisten ~ / case v, pack, box ‖ in Verschläge ~ / crate v ‖ unter Druck ~ / press-pack
verpackter Brennstoff (Bergb) / packaged fuel (US)
Verpackung f (allg) / box, case, packing ‖ ~, Hülle f / wrapping, cover ‖ ~ / packing o. packaging material ‖ ~ für Milch o. Säfte, aus Karton o. Plastik / tetrahedral plastic o. paper packing for milk o. juice,

sachet ‖ ⤙ **in Kartons** / cartoning, board packing ‖ ⤙ **in Papier** / paper packing ‖ ⤙ **von Bauelementen für die automatische Verarbeitung** / tape packaging of components

Verpackungs·automat m / automatic packaging machine ‖ ⤙**bandeisen** n / box strap [band], [packing] hoop iron, packaging tape ‖ ⤙**bindfaden** m / pack thread ‖ ⤙**blech** n (Hütt) / packing plate ‖ ⤙**fehler** m / faulty packing ‖ ⤙**flasche** f / packaging bottle ‖ ⤙**folie** f (Plast) / packaging film ‖ ⤙**gewicht** n, Tara f / tare n ‖ ⤙**gläser** n pl / packaging glasses pl ‖ ⤙**industrie** f / packaging industry ‖ ⤙**kiste** f / packing case o. box ‖ ⤙**maschine** f / wrapping machine, packaging machine ‖ ⤙**maschine** f **für metallische Verpackungen** / can-making machine ‖ ⤙**material** n / packing equipment ‖ ⤙**schachtel** f, -karton m / cardboard box, cardbox, carton ‖ ⤙**schichtstoff** m / packaging laminate ‖ ⤙**stoff** m (Web) / packing cloth ‖ ⤙**technik** f / packaging technology

ver·pasten, anteigen (Teig herstellen) (Textil) / prepare the paste ‖ ⤳**pesten** (Luft) / vitiate, infect o. pollute o. taint the air ‖ ⤳**pfählen**, verschalen (Bergb) / lag ‖ ⤙**pfählen** n **zur Bodenbefestigung** / piling, consolidation by piles ‖ ⤙**pfählung** f (Bergb) / poling boards pl, lagging ‖ ⤳**pfänden**, ausbessern (Bergb) / mend the timber work ‖ ⤳**pflanzbar** (DV) / portable ‖ ⤳**pflanzen**, versetzen / transplant ‖ ⤳**pflocken** (Verm) / mark by pales ‖ ⤳**pfuschen**, verderben, verschleudern / waste vt ‖ ⤳**pfuscht** / botched ‖ ⤳**plombt**, plombiert / leaded ‖ ⤙**polungsschutz** m (Elektronik) / reverse battery protection ‖ ⤙**preßanker** m (Bau) / permanent soil anchor, prestressed ground anchorage ‖ ⤙**preßbarkeitskurve**, Preßdichte-/Preßdruckkurve f (Pulv.Met) / compressibility curve ‖ ⤳**pressen** (Plast) / press v ‖ ⤙**pressen** n, Kompaktieren n (Abfälle) / press compaction ‖ ⤙**pressen** n, Verarbeiten n durch Pressen / pressing ‖ ⤙**preßmörtel** m / grouting mortar, injection mortar ‖ ⤳**puffen**, verknallen vi / explode vi, blow up ‖ ⤳**puffen**, zerknistern (Chem) / crackle, [de]crepitate ‖ ⤳**puffen lassen** / explode vt, detonate ‖ ⤳**puffend** (Chem) / fulminic, detonating ‖ ⤙**puffung** f / deflagration ‖ ⤙**puffung** f (Bergb) / fulmination ‖ ⤙**puffungsröhre** f (Chem) / detonating tube ‖ ⤙**puffungs[strahl]rohr**, Schmidtrohr n / pulse jet, aeropulse ‖ ⤳**puppen**, sich verpuppen / cocoon vi

Verputz m / plaster n, plaster work ‖ ⤙, Rauhputz m / roughcast ‖ ⤙ **der Fensterbank** / finish of window sill o. cill (GB)

ver·putzen (Bau) / plaster v ‖ **Gußstücke** ⤳**putzen** / trim o. clean o. dress castings ‖ ⤳**putzte [Latten]wand** / lath and plaster partition ‖ ⤙**queres** n / askew ‖ ⤙**rastung** f / lock, catch ‖ ⤳**rauchen** (Chem) / go up in smoke ‖ ⤙**rauchung [der Umwelt]** f / fumigating ‖ **Grubenbaue** ⤳**räumen** (Bergb) / remove broken rock ‖ ⤳**rauscht** (Regeln) / noise-infested, noisy ‖ ⤳**rauscht** (TV) / grainy ‖ **bereits** ⤳**rechnet** (Kosten) / absorbed ‖ ⤙**rechnung** f (Bank) / settlement ‖ **zur** ⤙**rechnung** / for deposit only ‖ ⤙**rechnungsleistung** f / chargeable demand ‖ ⤙**rechnungsscheck** m / voucher check ‖ ⤙**regnen** n (Landw) / application by rain gun ‖ ⤳**reiben**, zerreiben / comminute, pulverize ‖ ⤳**reiben**, auseinanderreiben, ausbreiten / bray, spread thin, spread by rubbing ‖ ⤙**reiben**, Zerreiben n / attrition, trituration ‖ ⤙**reibwalzen** f pl (Buch) / distributing rollers pl ‖ ⤳**richten**, leisten / perform, carry out ‖ ⤙**richtung** f / accomplishment, achievement, performance

Verrichtungs·prinzip n (Wzm) / performance production arrangement ‖ ⤙**zeiten** f pl **bei nicht produzierendem Betriebsmittel** (F.Org) / outside work ‖ ⤙**zeiten** f pl **bei produzierendem Betriebsmittel** (F.Org) / inside work

verriegeln / bar v, bolt ‖ ⤳ (Relais) / latch-trip, latch-pick ‖ ⤙, Einrasten n / latching ‖ **einen Verstärker** ⤳ / paralyse an amplifier

verriegelt / barred, locked, blocked ‖ ⤳ (gegenseitig) / interlocked ‖ ⤳**es Relais** / latching relay ‖ ⤳**es Relais**,

Zeittaktrelais n / time pulse relay ‖ ⤳**e Taste** (Fernm) / locking key ‖ ⤳**e Verarbeitung** (DV) / interlocked operation

Verriegelung f / lock, catch ‖ ⤙, Verschluß m / locking, closing, closure ‖ ⤙ (Waffe) / safety ‖ ⤙ (gegenseitig) / interlocking ‖ ⤙ (Stecker) / latching device

Verriegelungs·anzeiger m / lock position indicator ‖ ⤙**automatik** f / automatic locking ‖ ⤙**bereich** m, -spiel n / latching clearance ‖ ⤙**knopf** m **des Sicherheitsschlosses** / inner locking button ‖ ⤙**kontakt** m / locking contact ‖ ⤙**kontakt** m (zur gegenseitigen Verriegelung) / interlocking contact ‖ ⤙**mutter** f / speed nut ‖ ⤙**relais** n / latch relay, interlock relay ‖ **ein** ⤙**relais ausschalten** / latch-trip an interlock relay ‖ ⤙**schraube** f / attachment screw ‖ ⤙**selektor** m (DV) / latch type selector ‖ ⤙**sicherung** f / interlock safety device ‖ ⤙**stange** f / stay bar, lock bail ‖ ⤙**stecker** m (Masch) / locking key ‖ ⤙**stich** m (Nähen) / back o. stay stitch, backstack ‖ ⤙**zapfen** m (Container) / twistlock

verrieseln (Abwasser) / irrigate

verringern, vermindern / decrease, lessen ‖ ⤳, reduzieren / lower, reduce, diminish ‖ **die Geschwindigkeit** ⤳ / decelerate, reduce the speed ‖ **[sich]** ⤳ / diminish vi

Verringerung, Abnahme f / diminution, reduction, decrease, decrement

ver·rippt, mit Rippen versteift / ribbed ‖ ⤙**rippung** f (zur Versteifung) / ribbing ‖ ⤙**rippung** f (längslaufend) / finning ‖ ⤙**rippung** f, Riffelung f / fluting ‖ ⤳**roebeln** (Kabel) / transpose the conductors ‖ ⤳**rohren** (Bergb) / tube v ‖ ⤳**rohren** (Bau) / cover with reed o. cane ‖ **einen Brunnen** ⤳**rohren** / case a well ‖ ⤳**rohrt** (Öl) / cased-in, cased, lined ‖ ⤙**rohrung** f, Rohrleitungen f pl (Masch) / pipework ‖ ⤙**rohrung** f (als Ganzes) (Öl) / tubing ‖ ⤙**rohrung** f, Futterrohr n (Öl) / casing ‖ **[end]gültige** ⤙**rohrung** / completion ‖ ⤙**rohrungsplan** m (Öl) / schedule ‖ ⤳**rosten** n / rusting, becoming rusty ‖ ⤳**rostet** / rusty ‖ ⤳**rotten**, verfaulen / rot vi, corrode, decay ‖ ⤳**rotten** (Flachs) / over-ret ‖ **trocken** ⤳**rotten** / mo[u]lder ‖ ⤳**rotten lassen** (Holz) / decay vt ‖ ⤳**rußen** (Zündkerze) / foul v

verrutscht, exzentrisch / off-center, eccentric

versagen vi / fail, break down, conk [out] (coll) ‖ ⤳, schlecht arbeiten / malfunction ‖ ⤳, fehlschlagen (Reaktion) / fail, come to naught ‖ ⤳ (Gewehr) / jam ‖ ⤙ / breakdown, failure, outage (US) ‖ ⤙, Nichtfunktionieren n / malfunction ‖ ⤙ (Halbl) / burn-out ‖ ⤙ **durch Auseinanderfließen** / flow failure ‖ ⤙ **einer Schweißung** / failure of a weld

Versagens·analyse f / failure analysis ‖ ⤙**kriterium** n / criterion of failure, failure criteria pl

Versager, Fehler m / failure, malfunction

Versagung f (Patent) / refusal, rejection

Versalie f, Großbuchstabe m (Buch) / capital [letter], cap, majuscule ‖ ⤙**n** f pl, Großbuchstaben m pl (Buch) / upper case ‖ ⤙**nschrift** f (Buch) / full-faced type

Versammlungsraum m / assembly room

Versand m (Tätigkeit) / shipping ‖ ⤙, Abfertigung f / dispatch, despatch ‖ ⤙**anzeige** f / shipping advice ‖ ⤙**bahnhof** m / dispatch station ‖ ⤙**behälter** m, Frachtbehälter m (DIN) / [shipping] container

versanden (Hydr) / silt up

versandet / silty, full of silt o. sand, silted

versand·fähig, transportabel / transportable ‖ ⤙**faß** n / shipping cask ‖ ⤙**fertig**, -bereit / ready for shipping ‖ ⤙**gefäß** n / shipping box o. container o. can ‖ ⤙**geschäft** n / mail order house ‖ ⤙**kiste** f / packing case o. box ‖ ⤙**packung** f / shipping container ‖ ⤙**probe** f, -muster n / shipping sample ‖ ⤙**schachtel** f / cardboard box, cardbox ‖ ⤙**schaden** m, Transportschaden m / shipping damage ‖ ⤙**schein** m (Bahn) / dispatch note ‖ ⤙**schuppen** m (Bahn) / dispatch shed ‖ ⤙**stelle** f, -abfertigung f / forwarding office ‖ ⤙**tasche** f (Pap) /

correspondence pocket ‖ **gepolsterte ⌐tasche** / paded bag, Jiffy bag (US)
Versandung f / filling with silt o. sand, sand deposit ‖ ⌐ **durch Flugsand** / sanddrift ‖ ⌐ **von Kulturboden** / desertification
Versand·verpackung f / shipping container ‖ ⌐**vorschriften** f pl / forwarding instructions pl
Versatz m, Fehljustierung, -anpassung f / mismatch, offset ‖ ⌐, Bergeversatz m (Bergb) / packing, stowing, stowage ‖ ⌐ (Email) / batch[-composition] ‖ ⌐ **der Formhälften** (Gieß) / mismatch of mould halves ‖ ⌐ **zweier Achsen** / misalignment of axes ‖ ⌐**arbeiter** m (Bergb) / stower, packer, cogger (GB), gobber (GB) ‖ ⌐**bau** m (Bergb) / cutting and filling, cut-and-fill [stope] ‖ ⌐**beleuchtung** f / lighting with portable lamps ‖ ⌐**berge** m pl, -gut n / gob stuff ‖ ⌐**brand** m (Bergb) / gob fire ‖ ⌐**kran** m (Bahn) / shifting crane ‖ ~**los** (Flurförderer) / zeroset ‖ ⌐**maschine** f (Bergb) / packer, packing o. stowing machine, stower ‖ ⌐**maß** n (DIN 1045) (Beton) / displacement, shift ‖ ⌐**matte** f, -draht m (Bergb) / netting for stowing, goaf wire ‖ ⌐**mauer** f (Bergb) / partition o. party wall ‖ ⌐**nietung** f / staggered riveted joint ‖ ⌐**pfeiler** m (Bergb) / cog ‖ ⌐**rohr** n (Bergb) / pneumatic packing pipe ‖ ⌐**schleuder** f / centrifugal packing o. stowing machine ‖ ⌐**strecke** f, -ort n (Bergb) / gob, goaf
Versatzung f, Versatz m (Zimm) / bevel shoulder
Versatz·-Verschlag m (Bergb) / packing partition
versaufen, ersaufen (Bergb) / drown, become submerged
verschachteln (DV) / interlace, interleave
verschachtelt (LoKa) / interstage ‖ ~, Time-sharing… (DV) / time sharing ‖ ~**e Frequenzabtastung** / frequency interleaved sampling ‖ ~**e Parität** (DV) / interlaced parity ‖ ~**e Unterbrechungen** f pl (DV) / multilevel interrupts pl ‖ ~**e Wicklung** (Elektr) / banked winding
Verschachtelung f (DV) / interlacing, interleaving
Verschachtelungs·zuordnung f (DV) / interlaced storage assignment
Ver·schalbrett n (Zimm) / feather-edge plank o. board ‖ ~**schalen** (Bau) / line v, board, plank ‖ ~**schalen**, verpfählen (Bergb) / lag v ‖ ⌐**schaltungstechnik** f / circuit technique, circuitry ‖ ⌐**schalung** f / casing, planking, covering boards pl ‖ ⌐**schalung**, Verpfählung f (Bergb) / lagging ‖ ⌐**schalung** f (Beton) / shuttering, form[work] ‖ ⌐**schalung** f (Bau, Hydr) / sheeting ‖ ⌐**schalung** f **der Strecke** (Bergb) / lagging ‖ ⌐**schalung** f **von Kabeltrommeln** / lagging of cable reels ‖ **die Landschaft ~schandeln** / spoil o. mar the beauty of the landscape ‖ ~**schärft** (Prüfung) / enhanced ‖ ~**schärfte Bedingungen** / tightened-up conditions pl ‖ ~**schärfte Prüfung** / tightened inspection ‖ ⌐**schäumen** (Plast) / foam v ‖ ⌐**schäumungszahl** f (Feuerlöscher) / expansion ratio ‖ ~**scherben** (Tischl) / scarf v ‖ ~**schertes Feld** (Phys) / shear field
verschiebbar / non-rigid, shifting, movable, displaceable ‖ ~, ineinander gleitend / sliding adj ‖ ~ (Brücke, Lok) / shifting, movable ‖ ~ (Programm) / relocatable ‖ ~**e Achse** / sliding axle ‖ ~**e Baubühne** (o. Montagebühne) / erecting platform, portable extension stage (US) ‖ ~**es Gehäuse** (Elektr) / end-shift frame ‖ ~**er Keil** (Entfern.mess) / swinging wedge ‖ ~**er Nocken** / sliding cam ‖ ~**e Nockenwelle** / shifting o. sliding camshaft ‖ ~**es Scharnier** / movable hinge ‖ ~**e Schmiege** / turning bevel ‖ ~ **sein** (Geol) / shear vi ‖ ~**es System** (Mech) / movable system
Verschiebbarkeit, Wegstrecke f / travel, distance ‖ ⌐ **von Achsen** (Bahn) / clearance of axles
Verschiebe·ankermotor m (Elektr) / sliding rotor motor ‖ ⌐**bahn** (Brückb) / moving track ‖ ⌐**bahnhof** m (Bahn) / shunt o. switch o. classification yard ‖ ⌐**bereich** m (Opt) / displacement area ‖ ⌐**dienst** m (Bahn) / shunting ‖ ⌐**differenz** f (DV) / relocation factor ‖ ⌐**einrichtung** f / relocate feature ‖ ⌐**gleis** n (Bahn) / sorting line,

classification yard line (US) ‖ ⌐**impuls** m (DV) / shift pulse ‖ ⌐**lok[omotive]** f / shunting o. switching locomotive o. engine, shunter, switcher, pony engine
verschieben / displace, dislocate, shift ‖ ~, translatieren (Mech) / translate ‖ ~, verfahren / traverse, move ‖ ~, verdrängen / supplant, displace ‖ ~ (Elektr) / shift the phase ‖ ~, verlagern / push aside ‖ ~ (Wzm) / adjust laterally o. vertically ‖ ~, rangieren (Bahn) / switch, shunt ‖ ~, schiften (DV) / shift ‖ ⌐ n **des Gleises**, Wandern n / lengthwise movement of rails ‖ ⌐ **von Kett- und Schußfäden** (Web) / slipping ‖ **das Gleis** ~ (seitlich) / shift the track ‖ **den Bildschirminhalt** ~, (abwärts:) zurückrollen, (aufwärts:) vorrollen (DV) / scroll vt ‖ **ein Programm** ~ (DV) / relocate ‖ **sich** ~ (Bergb) / interrupt ‖ **zeitlich** ~ / postpone, defer
Verschiebeoperation f (DV) / shift operation
Verschieber m (Walzw) / manipulator for shifting
Verschiebe·schaltung f, Kulissenschaltung f (Kfz) / gate-type gear shifting ‖ ⌐**schlitten**, -wagen m (Luftf) / sidetracking skate ‖ ⌐**stempel** m (Stanz) / sliding punch ‖ ⌐**straße**, Rangierfahrstraße f / shunting route ‖ ⌐**vorrichtung** f / shifting device ‖ ⌐**welle** f, verschiebbare Welle / sliding shaft ‖ ⌐**welle** f, Nutwelle f / spline[d] shaft, reamer shaft ‖ ⌐**winde** f, Rangierwinde f / shunting winch
verschieblich / movable, slidable ‖ ~**es Ladeprogramm** (DV) / relocating loader ‖ ~**es Programm** (DV) / relocatable program
Verschieblichkeit f (DV) / relocatability
Verschiebung f / displacement, displacing, dislocation, shifting, transposition ‖ ⌐ (Geol) / leap ‖ ⌐, Schift m (DV) / shift ‖ ⌐ **der Adresse** (DV) / relocation ‖ ⌐ **der Bürsten** (Elektr) / brush adjustment o. displacement o. lead o. shift ‖ ⌐ **entgegen der Drehrichtung** (Bürsten) (Elektr) / backward lead o. shift of brushes ‖ ⌐ **im Zeitbereich** / skewing (of time) ‖ ⌐ **in Kristallgittern** (Krist, Halbl) / dislocation ‖ ⌐ **von Erdölmengen** (Öl) / migration, displacement ‖ ⌐ **waagerechte ⌐ des höchsten Punktes** (Stahlbau, Fehler) / sway (horizontal displacement at the top of a vertical frame)
Verschiebungs·adresse f (DV) / relocation address ‖ ⌐**analyse** f (Getriebe) / displacement analysis ‖ ⌐**arbeit**, Formänderungsarbeit f / strain energy ‖ ⌐**arbeit** f (Mech) / work on translation o. shift ‖ ⌐**ebene** f (Geol) / thrust plane ‖ ⌐**faktor** m (Elektronik) / displacement factor ‖ ⌐**fluß** m (Elektr) / displacement flux ‖ ⌐**-Integralkern** m (Nukl) / displacement kernel ‖ ⌐**konstante** f, ϵ_o / absolute permittivity of the vacuuum ‖ ⌐**methode** f (Mech) / displacement method ‖ **Williotscher ⌐plan** (Mech) / Williot diagram, diagram of transposition ‖ ⌐**satz** m, -gesetz n (Opt) / displacement law ‖ ⌐**spindel**, -schraube f / screw drive [mechanism] ‖ ⌐**störzone** f (Nukl) / displacement spike ‖ ⌐**strom** m / displacement current ‖ ⌐**stromdichte** f / displacement current density ‖ ⌐**volumen** n (Akustik) / displacement volume ‖ ⌐**winkel** m (Elektr) / angle of lead o. shift
verschieden, ungleich / different ‖ ~, unähnlich / dissimilar ‖ ~ **lang** (zeitlich) / for varying lengths of time ‖ **zu ~en Malen** / reiterate[d], repeated ‖ ~**[artig]** / distinct, different ‖ ~**artig**, heterogen / heterogeneous
Verschiedenartigkeit f / heterogeneity, -geneousness ‖ ⌐ (Geol) / unconformity
Verschiedenes, Diverses n / sundries pl
verschiedenfarbig / varicolo[u]red, party- o. parti-coloured
Verschiedenheit, Abweichung f / divergence, divergency, difference, diff., variance ‖ ⌐, Ungleichheit f / inequality ‖ ⌐, Vielfalt f / variety, multifariousness ‖ ⌐, Vielfältigkeit f, Mannigfaltigkeit f / multiplicity
Verschiedenheits·faktor, Diversityfaktor m / diversity factor
verschieden·phasig (Elektr) / dephased

ver·schießen (Farbe) / change *vi*, fade, discolo[u]r, turn grey || ~**schießen**, verschieben (Buch) / impose wrong, transpose, trs || ~**schiffen** / ship || ⊸**schiffung**, Seeverladung *f* / shipment || ⊸**schiffungshafen** *m* / port of shipment || ~**schimmeln** *vi* / become mouldy, turn mo[u]ldy o. fusty o. musty, mo[u]ld || ~**schlacken** *vt* (Probierkunde) / scorify || ~**schlacken** *vi*, zu Schlacke werden, Schlacke bilden / slag *vi*, form into slag || ~**schlackt** / scorious, choked up, clinkered || ⊸**schlackung** *f*, angeschmolzener Sand / vitrification of casting || ⊸**schlackung** *f* / scorification, slagging || ⊸**schlackungsbeständigkeit** *f* (Hütt) / resistance to slagging || ⊸**schlag**, Abstellplatz *m* / bin || ⊸**schlag**, Holzwand *f* (Bau) / screen of boards || ⊸**schlag** *m* (Verpackung) / crate || **Wetter** ~**schlagen** (Bergb) / ventilate in a wrong direction || ~**schlagen** *adj*, lau *adj* / lukewarm || ⊸**schlagwagen** *m* (Bahn) / stanchion o. skeleton wagon || ~**schlammen**, sich verstopfen o. versetzen / get filled with mud, get obstructed o. choked || ~**schlammen** (Hydr) / silt [up] || ~**schlammt** / silty || ~**schlammt** (Bettung, Bahn) / choked, silted || ⊸**schlammung** *f* / accumulation of mud || ⊸**schlammung** *f*, Verschlickung *f* / silting-up || ⊸**schlammung**, Verkrustung *f* des Schotters (Bahn) / incrustation (of the ballast), choking o. fouling of the ballast || ⊸**schlauchung** *f* (Pneum) / piping
verschlechtern / deteriorate, degrade || **sich** ~ / deteriorate, degenerate || **sich** ~, abfallen / fall off in quality
Verschlechterung *f* / deterioration || ⊸, Verschlimmerung *f* / aggravation, worsening || ⊸, Abnahme *f* (allg) / decay, decrease, decrement || ⊸, Wertminderung *f* / debasement || ⊸ (Wirksamkeit) / decrease in effectiveness || ⊸ **der Übertragungsqualität** (Fernm) / performance impairment || ⊸ **während des Betriebs** / depreciation factor
ver·schleiern (allg) / mask || ~**schleiern** (Phot) / fog *vt* || ~**schleiert**, trübe / filmy, hazy, covered with haze || ~**schleiert** (Phot) / foggy
Verschleiß *m*, Abnutzung *f* / wear, tear || ⊸, Auswaschung *f* / tool erosion || ⊸, Abrieb *m* / abrasion, attrition || ⊸ (Straß) / attrition || ⊸ **am Wulst** / chafing on the bead || ⊸ **an der Freifläche** (Drehmeißel) / flank wear || ⊸ **an der Spanfläche** (Drehmeißel) / face wear || ⊸ **durch Eingriffstörungen** (Zahnrad) / interference wear || ⊸ **durch Reibung** / scuffing, wear due to rubbing, attrition || ⊸**anzeiger** *m* (Reifen) / tread wear indication || ⊸**art** *f* / kind of wear || ⊸**ausfall** *m* / failure caused by wear o. attrition || ~**bedingt** / due to wear || ⊸**beton** *m* / wearing course of concrete || ⊸**betrag** *m* / abrasion factor || ⊸**decke** *f* (Straß) / wearing course
verschleißen, sich abnutzen / wear [and tear], wear out
verschleiß·fest / resistant to wear, abrasionproof, resistant to abrasion, wear resisting, resisting wear, long wearing || ⊸**festigkeit**, -härte *f*, -widerstand *m* / capacity of resistance to wear || ⊸**festigkeitszahl** *f* / abrasion resistance index || ⊸**fühler** *m* / wear feeler o. sensor || ⊸**futter** *n* (Hütt) / working lining, wear lining || ⊸**futter** *n*, -lage *f* / wear layer || ⊸**gesetzmäßigkeit** *f* / abrasion interrelationship || ⊸**kehle** *f*, Einlauf *m* (Bahn) / hollow tread in the tire || ⊸**korrosion** *f* / abrasion fretting corrosion || ⊸**linie** *f*, -marke *f* / wear mark || ⊸**marken** *f pl* / abrasion marks *pl* || ⊸**markenbreite** *f* (Wzm) / width of wear land, wear of cutting edge || ⊸**mechanismus** *m* / wear mechanism || ⊸**muster** *m* **der Reifenlaufflächen** (Kfz) / abrasion pattern || ⊸**platte** *f* / wearing plate || ⊸**prüfung** *f*, -versuch *m* / abrasion test || ⊸**rate** *f* / rate of wear || ⊸**schicht** *f* / wearing coat || ⊸**schicht** *f* (Bau) / wearing course || ⊸**schicht** *f* (Straß) / wearing course, wearing coat sheeting o. topping, crust, carpet || ⊸**schutz** *m* / wearing protection || ⊸**schutz** *m*, Panzerung (Keramikofen) / armouring || ⊸**spiel** *n* / wear tolerance || ⊸**spuren** *f pl* (Reifen, Kfz) / buffing marks *pl* || ⊸**teil** *m n* / working part, wearing part || ⊸**teil**,

Wegwerfteil *n* / expendable part || ⊸**teil-Unterlagen** *f pl* / documentation on parts subject to wear || ⊸**widerstand** *m* / wear resistance || ⊸**zahl** *f* / abrasion factor, wear index
Ver·schleppung *f*, Mitreißen *n* (Chem) / carry-over, entrainment || ~**schlicken**, verschlammen / silt up || ~**schließbar** / lock-up || ~**schließbare Taste** / lock-up key || ~**schließbarer Tankdeckel** / locking petrol cap (GB) o. gas cap (US) || ⊸**schließeinrichtung** *f* (Buch.m) / locking mechanism || ~**schließen**, abdichten / obturate, occlude, close, seal || ~**schließen**, wegschließen / lock up || ~**schließen**, zu-, einschließen / lock *v* || **mit Vorhängeschloß** ~**schließen** / padlock *vt* || **luftdicht o. hermetisch** ~**schließen** / close hermetically o. airtight || ⊸**schließen von Springern** (Öl) / tapping of gushers || ⊸**schließkopf** *m* (Dose) / seaming chuck || ⊸**schließmaschine** *f*, Falzmaschine *f* / seaming machine || ⊸**schließmaschine** *f* **für Flaschen** / bottle capping machine || ~**schlingen** / ligature *vt* || **sich** ~**schlingen**, sich kreuzen / interlace, intertwist, entwist, intwist || ⊸**schlingung** *f* (Seil) / kink[ing] || ~**schlissen** (allg) / worn-out || ~**schlissen**, abgenutzt (allg, Tauwerk) / nagged
verschlossen / locked, close || ~, abhängig (Bahn, Signal) / interlocked, dependent || ~, verriegelt / barred, bolted || ~**es Leiterseil** / locked coil conductor || ~**es Seil** / fully lock[ed] coil rope
verschlungen / intertwined, intwined, entwined || ~**e Buchstaben** *m pl* / entwined letters *pl*
Verschluß *m* / seal, lock || ⊸, -vorrichtung *f* / seal, obstructor || ⊸ (Bahn) / interlocking || ⊸, Schließe *f* (Schloß) / closure || ⊸, Verriegelung *f* / locking, barring || ⊸ (Mil) / breech [block], action || ⊸ (Bunker) / flap || ⊸ (Phot, Nukl) / shutter || ⊸ (für Rohre) / stopper, seal || ⊸ **mit regelbarer Öffnung** (Phot) / variable aperture shutter || **[End-]**⊸ (Bleirohre) / end seal || **einen** ⊸ **schließen oder anbringen** / shutter *v* || ⊸ **vom Gleisstromkreis abhängiger (o. zugbedienter)** ⊸ (Bahn) / locking by track circuit || ⊸**auslösung** *f* (Phot) / shutter release || ⊸**band** *n* / closing band || ⊸**bauteile** *n pl* (Waffe) / breech components *pl* || ⊸**deckel** *m*, -kappe *f* (allg) / [screw] cap, [sealing] cover || ⊸**deckel** *m* (Abwasser) / trap-cover || ⊸**deckel** *m* **für Dosen** / packer's end of tins || ⊸**deckel** *m* **zum Eindrücken** / sealing cap, push-in type || ⊸**deckel** *m* **zum Einwalzen** / sealing cap, expanding type || ⊸**dichtung** *f* (Mil) / breech packing, plastic pad obturator || ⊸**düse** *f* (Plast) / shut-off nozzle || ⊸**einrichtung** *f* **von Sicherheitsgurten** / seat belt buckle || ⊸**einstellung** *f* (Phot) / setting the shutter || ⊸**einstellung**, -einstellskala *f* (Phot) / shutter scale
Ver·schlüsseler, Vercoder *m* / encoder || ~**schlüsseln**, chiffrieren / cipher, code, encrypt, encipher || ~**schlüsseln**, cod[ifiz]ieren / encode, code, key || ~**schlüsseln** (Steckverbindg) / key *v* || ~**schlüsseln** *n* (DV) / coding, encoding || ~**schlüsselter Funkspruch** / radio code message || ⊸**schlüsselung** *f* (DV) / encoding, coding || ⊸**schlüsselungsverfahren** *n* **mit Inverter u. gewobbeltem Träger** (Fernm) / warbling carrier system
Verschluß·flansch *m* / sealing flange || ⊸**gitter** *n*, Abschlußgitter *n* / interlocking grate || ⊸**glied** *n* (Rollenkette) / closing link || ⊸**griff** *m* / closing handle || ⊸**hebel** *m* / locking lever || ⊸**kappe** *f*, -kapsel *f* / closing cap, sealing cap || ⊸**kappe** *f*, Abdeckkappe *f* (Fernm) / sealing cap || ⊸**kappe** *f*, Schutzkappe *f* / cowl, hood || ⊸**kegel** *m*, Gichtglocke *f* / bell || ⊸**kegel** *m* / sealing cone, locking cone || ⊸**keil** *m* (Mil) / breech wedge || ⊸**klappe** *f*, Deckel *m* / shutter, flap || ⊸**klappe** *f* (Fallschirm) / petal cap || ⊸**kupplung** *f* / cap (for closing hoses) || ⊸**lamelle** *f* (Phot) / shutter blade || ⊸**maschine** *f* (Brau) / capping machine || ⊸**masse**, Vergußmasse *f* / pourable sealing compound || ⊸**mutter** *f* / hexagon cap nut || ⊸**naht** *f* (Textil) / fastening seam || ⊸**organ** *n* (Ventil) / plug of a valve || ⊸**pfropfen** *m* (Gieß) / bot[t] || ⊸**raum** *m* (Schiff) / strongroom, locker || ⊸**riegel** *m*

(Bahn) / track slide bar ‖ ⁻**riegel** *m* (Schloss) / locking latch ‖ ⁻**ring** *m* (Kfz, Felge) / lock ring ‖ ⁻**scheibe** *f* / sealing washer ‖ ⁻**scheibe** *f*, Blechverschluß *m* / locking tin disk ‖ ⁻**schieber** *m* / interlocking bar ‖ ⁻**schraube** *f* / screwed sealing plug, screw plug ‖ ⁻**schraube** *f*, -deckel *m* (Kfz) / filler cap o. plug ‖ ⁻**schraube** (nicht: -stopfen), Ablaßschraube *f* (Kfz) / drain plug ‖ ⁻**schraube** *f* (Geschütz) / breech screw ‖ ⁻**schraube** *f* mit Außensechskant / hexagon head pipe plug ‖ ⁻**schraube** *f* mit **Bund** / hexagon plug screw ‖ ⁻**schraube** *f* mit Innensechskant / hexagon head socket pipe plug ‖ ⁻**spriegel** *m* (Schiebedach) / shutter bow ‖ ⁻**stein** *m* (Tankofen, Glas) / tweel block, sealing strip ‖ ⁻**stempelstelle** *f* **für Waagen** / plug for stamp of balances ‖ ⁻**stift** *m* (Fallschirm) / rip pin ‖ ⁻**stopfen** *m* (Waschbecken) / drain plug ‖ ⁻**stopfen** *m* (Akku) / inspection o. vent plug ‖ ⁻**streifen** *m* / [stick-on] label ‖ ⁻**streifen** *m*, Klebestreifen *m*, (spez:) Banderole *f* / closing band o. tape, sealing tape ‖ ⁻**stück** *n* / locking tappet o. dog ‖ ⁻**stutzen** *m* (Kfz, Kühler) / plug neck ‖ ⁻**tafel** *f* (Bahn) / interlocking diagram o. table, lever manipulation o. pulling chart ‖ ⁻**vorrichtung** *f*, Schloß *n* / lock ‖ ⁻**zeit** *f* (Phot) / shutter speed
verschmälernd, sich ~, spitz zulaufend / tapering
ver·schmelzen, zusammenschmelzen / fuse o. melt together ‖ ~**schmelzen**, aufgehen lassen [in] / merge ‖ **miteinander** ~**schmelzen** *vi*, zusammenschmelzen *vi* / fuse together ‖ ⁻**schmelzen** *n* der Fallschirmteile / searing (by frictional heat) of parachute parts ‖ ⁻**schmelzung** *f*, Zusammenfassung *f* / amalgamation, fusion ‖ ⁻**schmelzung** *f* (Phot) / fusion ‖ ⁻**schmelzung** *f*, Vitrifizierung *f* (Nukl) / vitrification, glassification ‖ ⁻**schmelzung** *f* Glas-Glas / glass-to-glass sealing ‖ ⁻**schmelzung** *f* Glas-Metall / glass-to-metal sealing ‖ ⁻**schmelzungswinkel** *m* (Stereobild) / fusion angle ‖ ⁻**schmiedegrad** *m* / forging ratio o. grade ‖ ~**schmieren**, zustreichen / smear over, lute ‖ ~**schmieren**, verwischen (Buch) / blur *vt* ‖ ~**schmieren** (Fugen) / point, grout ‖ ~**schmieren** (Chem, Hütt) / lute ‖ **mit Ton o. Lehm** ~**schmieren** / clay *v* ‖ ~**schmieren** *vi* (Feile) / choke [up], clog ‖ ~**schmieren** (Schleifscheibe) / get loaded o. glazed ‖ ⁻**schmieren** *n*, Kitten *n* (Gieß) / relining, glazing, luting (of crucible) ‖ ⁻**schmieren** *n* (Mag.Bd) / head clogging ‖ ⁻**schmieren**, Zusetzen *n* (Schleifscheibe) / loading, glazing ‖ ⁻**schmieren von Öfen mit Ausbesserungsmasse** (Hütt) / claying ‖ ~**schmiert** (Elektronenschale) / expanded ‖ ~**schmiert** (Buchstabe) (Buch) / smudged ‖ ~**schmierter Druck** / slur ‖ ⁻**schmiertes** *n* / smudge, smear ‖ ~**schmolzen** / fused together ‖ ~**schmolzen** (Hütt) / melted ‖ **zwei Benzolringe sind** ~**schmolzen** / two rings occur together ‖ ~**schmoren** *vi* (Elektr) / burn, char ‖ ⁻**schmoren** *n* (Elektr) / charring ‖ ⁻**schmoren** *n* der **Kontakte** (Elektr) / charring of contacts ‖ ~**schmorte Oberfläche** / sweated surface ‖ ~**schmutzen** *vt* / contaminate, dirty, soil, stain ‖ ~**schmutzen** *vi* / choke [up], dirty ‖ ~**schmutzend**, (spez:) umweltverschmutzend / pollutive, contaminating the environment ‖ ⁻**schmutzer** *m* / polluter ‖ ~**schmutzt**, verstopft / clogged, choked, dirty ‖ ~**schmutzt** (Wasser, Baustoffe) / contaminated ‖ ~**schmutzt** (Bahn, Bettung) / slurred ‖ **stärkstens** ~**schmutzt** (Abwasser) / polysaprobe ‖ ⁻**schmutzung** *f* / dirt accumulation, soiling ‖ ⁻**schmutzung** *f*, Verstopfung *f*, Zusetzen *n* / blinding, choking ‖ ⁻**schmutzung** *f* (Mot, Schmieröl) / dirt ‖ ⁻**schmutzung** *f*, Kontamination *f* / contamination ‖ ⁻**schmutzung**, Beschmutzung *f* (Umwelt) / pollution ‖ ⁻**schmutzung beseitigen** / abate pollution, clean ‖ **gegen** ⁻**schmutzung wirkend** / antipollution ‖ ⁻**schmutzungsgrad** *m* / contamination level ‖ ⁻**schmutzungsgrad** *m* / degree of soiling ‖ ⁻**schmutzungsindex** *m* (Luftf) / pollution o. soiling (US) index ‖ ⁻**schmutzungsstoff**, Schmutzstoff *m* /

pollutant (GB), polutant (US) ‖ ⁻**schmutzungsursache** *f* / pollutant ‖ ⁻**schmutzungsverhinderung** *f* / contamination control, pollution control ‖ ⁻**schnaufpause** *f* (Engl) (Bergb) / crib ‖ ~**schneiden**, fehlschneiden / spoil in cutting, miscut, bungle ‖ ~**schneiden** (Alkohol) / blend alcohol ‖ ~**schneiden** (Textil) / spoil by faulty cutting, cut badly ‖ ~**schneiden**, kupieren (Wein) / adulterate, (esp.:) dilute, water down ‖ ~**schneiden** (Textil) / cut badly ‖ ~**schneiden** (Pulv Met) / blend ‖ ⁻**schneidung** *f* von **Flächen** (Math) / intersection ‖ ⁻**schneidung** *f* von geneigten **Ebenen** / cutting of inclined planes
Verschnitt *m* / clipping, waste, refuse, cuttings *pl* ‖ ⁻, Blechabfall *m* / waster, cut, slice ‖ ⁻ (Getränke) / blend ‖ ⁻**asphalt** *m* / bituminous emulsion, cutback [bitumen] ‖ ⁻**bitumen** *n* / cutback [asphaltic] bitumen, cutback asphalt (US)
verschnitten, verdünnt (Flüssig, Farb) / reduced
Verschnitt·masse *f* (Straßb) / cut-back emulsion ‖ ⁻**mittel** *n* / extender ‖ ⁻**mittel** *n* für **Lösungsmittel** (Farbe, lt DIN) / diluent, diluting agent ‖ ⁻**mittel** *n* für **Pigmente** (Farbe) / extender ‖ ⁻**mittel** *n* zur **Verfälschung** / adulterant
ver·schnüren / cord [up], strap ‖ ⁻**schnürmaschine** *f* / cording o. tying machine ‖ ⁻**schnürung** *f* (Paket) / cording, tying up ‖ ~**schoben**, seitlich / off-center, offset, out-of-line ‖ **in der Phase um 90°** ~**schoben** / in quadrature ‖ ⁻**schobenes** *n* / askew ‖ ~**schönern** / embellish, beautify ‖ ⁻**schönerung** *f* (Masch) / appearance treatment ‖ ~**schossen** / discoloured ‖ ~**schrämter Stoß** (Bergb) / carved face ‖ ~**schränken** / cross, interlace, stagger ‖ **die Zähne** ~**schränken** (Säge) / set the teeth ‖ ~**schränkte Anordnung** (DV) / interlace pattern ‖ ~**schränkte Stoßfuge** / joggled butt joint ‖ ⁻**schränkung** *f* (allg) / curl, twist ‖ ⁻**schränkung** *f* (Zimm) / tabled joint, lacing bond
verschrauben, zuschrauben / screw down o. up
Verschraubung, Schraubverbindung *f* / threaded joint ‖ ⁻, geschraubte Verbindung / screw[ed] connection o. joint o. union, screwing, screw fitting ‖ ⁻ (mit Durchsteckschrauben) / bolt[ed] connection ‖ ⁻ (für Rohre) / union piece
Verschraubungs·bügel *m* / union bow
ver·schrotten / scrap *v* ‖ ⁻**schrotten** *n* / scrapping ‖ ⁻**schrottungsbetrieb** *m* (Hütt) / scrapping off plant ‖ ~**schrumpft** [mit] / shrunk [on] ‖ ~**schütten**, vergießen *vt* / spill ‖ ~**schütten**, ausfüllen / dump, fill ‖ **[versehentlich]** ~**schütten** (Bau) / encumber ‖ ~**schwammen**, schwämmen (Keram) / sponge off ‖ ~**schwärzen** / blacken ‖ ~**schweißen** *vt* (Plast) / bond *v* ‖ ⁻**schweißen** *n* (von Folien zwischen geheizten Backen) (Plast) / jig welding ‖ ~**schwelen** / carbonize at low temperatures (Vegetation) / luxuriant ‖ ⁻**schwendung** *f* / waste ‖ ⁻**schwenkung** *f* / horizontal-swing o. sweep ‖ ⁻**schwinden** *n* / disappearance, vanishing ‖ ~**schwinden lassen** / make disappear ‖ ~**schwindend** [klein] / imperceptible ‖ ~**schwindendes Dämpfungsmoment** / vanishing damping moment ‖ ~**schwindend kleine Formänderung** / infinitesimal deformation ‖ ~**schwindende Funktion** (Math) / vanishing function ‖ ⁻**schwindestoff** *m* (Lebensmittelkonserv.) / disappearing matter ‖ ⁻**schwindfahrwerk** *n* (Luftf) / retractable landing gear, retractable undercarriage ‖ ~**schwommen**, trübe / blear[y], blurred ‖ ~**schwommen**, unklar, undeutlich / indistinct, indefinite, fuzzy ‖ ⁻**schwommenheit** *f* / blur, fuzziness ‖ ⁻**segelung** *f* (Nav) / distance covered between bearings taken
versehen [mit] *adj* / provided o. equipped [with] ‖ ~ [mit] *vt* / equip o. furnish o. fit [out] o. provide [with] ‖ **mit einer Zwinge** ~ / ferrule *v*
Versehen *n* / error

ver·seifbar / saponifiable ‖ **~seifen** / saponify ‖ **~seiftes Ethylen-Vinylacetal-Copolymer** *n*, EVAL / saponified ethylene-vinylacetal copolymer ‖ **~seifung** *f* / killing ‖ **~seifung** *f* / saponification, boiling of soap, first change, killing ‖ **~seifung** *f* mit Schwefelsäure / sulphuric saponification ‖ **~seifungswert** *m* / saponification value ‖ **~seifungszahl** *f*, VZ / saponification number o. value, S.V. ‖ **~seilen** / strand *v* ‖ **~seilen** *n* von Drähten / spinning, stranding ‖ **~seilen** *n* von Litzen / stranding

Verseil·faktor *m* / stranding o. Jona effect o. factor, realization factor, spinning loss factor ‖ **~fehler** *m* / defect of lay o. twisting ‖ **~kopf** *m* (Kabelmasch) / laylate ‖ **~maschine** *f* / stranding o. twisting machine ‖ **~maschine** *f* für Drahtseile / wire stranding machine, laying machine

verseilt·es Kabel / stranded cable ‖ **~e Schnur** (Elektr) / stranded cord ‖ **~er Sternvierer** (Elektr) / spiral quad

Verseilungs·verlust *m* / spinning loss

Verseil·winkel *m* / laying-up angle ‖ **~winkel** *m* (Litzen) / angle of stranding of wires, wire angle

Versender *m*, **Verlader** *m* / shipper

Versendung *f* / consignment

versengen / char, blacken by heat ‖ **~**, anbrennen [lassen] / scorch ‖ **~**, verbrennen / blast

Versenk *n* (Gerb) / tanning ‖ festes **~** (Gerb) / lay-away pit, layer, handler

versenkbar / submerging ‖ **~** (Antenne) / retractable ‖ **~** (Fenster) / lowerable ‖ **~**, hochklappbar (Armlehne) / folding up and down ‖ **~er Griff** / retractable handle ‖ **~es Rollschütz** (Hydr) / submersible roller sluice gate ‖ **in Wasser ~** / submergible, submersible

versenken *vt* / immerse, sink, plunge ‖ **~**, ausfräsen / countersink ‖ **~** (Schiff) / send to bottom, sink ‖ **~**, einlassen / embed ‖ **~**, einlassen (Tischl, Zimm) / mortise, sink in ‖ **ein Kabel ~** / submerge a cable ‖ **Wasser ~** / infiltrate into deeper layers

Versenker *m* (DIN 6446) (Holzbearb) / rose bit

Versenkhammer *m* / countersink hammer

versenkt [liegend] / immersed, immerged ‖ **~**, eingelassen / sunk, sunk-in ‖ **~** (Leiter, gedr.Schaltg) / flush ‖ **~** (Masch) / countersunk ‖ **~**, bündig eingelassen / let-in flush, flush countersunk ‖ **~**, kegelig gesenkt (Wzm) / countersunk ‖ **~e Antenne** (Luftf) / suppressed antenna ‖ **~ eingebauter Schalter** (Elektr) / panel o. flush o. recessed switch ‖ **~er Nagel** / driven-in nail ‖ **~e Schiebebühne** / trench type traverser ‖ **~er Schraubenkopf** / sunk head, flat head (US) ‖ **~er Stoß** (Sperrholz) / sunken joint ‖ **~er Tank** / inground tank ‖ **ganz ~er Nietkopf** / flat countersunk o. flush countersunk head o. point ‖ **halb ~** / half-countersunk ‖ **~-erhaben** (Beschrift) / flush ‖ **~nietung** *f* / countersunk riveted joint, flush riveted joint

Versenkung *f*, **Senkung** *f* (für Senkschrauben usw) / countersink[ing] ‖ **~** (Kabel) / difference between theoretical and actual length of a submarine cable ‖ **~**, Untertauchen *n* / immersion ‖ **~ an Formteilen** / recess of a mould ‖ **~ im Meer** / disposal at sea

versetzbar (Adresse) / relocatable

versetzen, umsetzen / displace, dislocate, remove, transfer, change place *v* ‖ **~**, abwechselnd setzen / stagger ‖ **~**, versetzt mauern / offset, form an offset in a wall ‖ **~**, abdichten / caulk, clench ‖ **~**, zukippen / gob, goaf ‖ **~**, zukippen (Bergb) / fill, pack, stow, gob ‖ **~** (Chem) / mix, compound, treat ‖ **~**, verpflanzen / transplant ‖ **A mit B ~** (Chem) / add B to A ‖ **sich ~** / be stopped up

Versetz·grube *f* (Gerb) / binder pit ‖ **~kran** *m* für Grubenwagen (Bergb) / cherry-picker ‖ **~bare o. umstellbare Adresse** / relocatable address

versetzt, verstopft / clogged, dirty ‖ **~**, verlagert / misaligned ‖ **~**, abgesetzt / offset, out-of-line ‖ **~**, in Zickzack / staggered, zig-zag... ‖ **~** (Trägerwellensystem) (TV) / offset ‖ **~e Ablage** (DV)

/ offset stacker ‖ **~e Ablage durch Vergleicherimpulse** (LoKa) / offset stacking with automatic compare-restorer unit ‖ **~es Abtasten** (TV) / staggered scanning ‖ **~ angeordnete Bürsten** / staggered brushes *pl* ‖ **~er Einzug** (Web) / skip draft ‖ **~e Fangware** (Textil) / full cardigan racked fabric ‖ **~e Fuge** (Bau) / breaking joint ‖ **~e Kreise** *m pl* / staggered circles ‖ **~e Löcher** *n pl* / staggered holes *pl* ‖ **~e Nockenwelle** / offset camshaft ‖ **~e Schienenstöße** *m pl*, Wechselstöße *m pl* / staggered joints *pl* ‖ **~es Stanzen** (LoKa) / offset gang punching ‖ **~er Stempel** / misplaced stamp ‖ **gegen Bandmitte ~** (TV, Elektronik) / stagger-tuned ‖ **mit Kohlensäure ~ o. angereichert** / charged with carbon dioxide gas, carbonated ‖ **um ... Grad ~ gezeichnet** / turned by ... degrees

Versetzung *f* / displacement, displacing, shifting ‖ **~**, Verlegung *f* / transfer, transference ‖ **~**, gangartige Fortsetzung (Geol) / offset ‖ **~** (Masch) / offset, misalignment ‖ **~**, Verstopfung *f* (Hydr) / obstruction, choking ‖ **~**, Verstopfung *f* (Hütt) / hanging of the burden ‖ **~**, Stockung *f* (Hydr) / stoppage, stopping-up ‖ **~**, Gegenströmung *f* (Nav) / backset ‖ **~** (z.B. eines Arbeiters) / transfer (e.g. of a workman) ‖ **~ in Kristallgittern** (Krist, Halbl) / dislocation

Versetzungs·dichte *f* / dislocation density ‖ **~dosis** *f*, höchstzulässige berufsbedingte Dosis (Nukl) / standing-off dose ‖ **~energie** *f* (Krist) / energy of dislocation ‖ **~linie** *f* (Krist) / dislocation line ‖ **~strang** *m* (Halbl) / braid, dislocation trail

Versetzzeichen, Markzeichen *n* (Zimm) / benchmark, mark o. point of reference

verseucht, kontaminiert (Nukl) / contaminated ‖ **~**, radioaktiv / radioactive, r.a., hot

Verseuchung, Kontamination *f* (Nukl) / contamination

Verseuchungs·gefahr *f* / contamination hazard ‖ **~meßgerät** *n*, Strahlenzähler *m* / contamination meter ‖ **~stoff** *m* (Reaktor) / contaminant

Versicherungs·mathematik *f* / actuarial theory, insurance mathematics ‖ **~mathematiker**, -statistiker *m* / actuary ‖ **~mathematisch**, -technisch, -statistisch / actuarial ‖ **~nehmer**, Versicherter *m* / insured person ‖ **~träger**, Versicherer *m* / insurance carrier, insurer, underwriter

ver·sicken (Blech) / lock-bead ‖ **~sicken** *n* (Blechverbindung) / canaluring, lock-beading ‖ **~sickern** / ooze o. seep o. trickle away ‖ **~sickerung** *f* (Hydr) / seepage, percolation ‖ **~sickerungsschacht**, Sickerschacht *m* (Bau) / negative well, dead o. absorbing well ‖ **~siegeln** (Fußboden) / seal ‖ **~siegeln** *n* der Eloxalschicht (Galv) / sealing of anodic coating ‖ **~siegeln** *n* von harzenden Aststellen (Anstrich) / knotting ‖ **~siegelter Laser** / TEA laser ‖ **~siegelungslack**, Knotenlack *m* / knot varnish ‖ **~siegen** / be exhausted ‖ **~silbern** / silver *v*, silver-plate ‖ **~silberung** *f* / silvering ‖ **~silberungsbad** *n* (Galv) / silvering bath ‖ **~silberungsflüssigkeit** *f* / silver-plating liquid, argentine water

versinken / become submerged, sink, subside, submerge ‖ **im Schmutz o. Treibsand ~** / sink (e.g. in quicksand)

Versinterung *f* (Feuerfest) / fusion

Version *f* (Software) / version

Versitzgrube *f* (Abwasser) / absorbing well, draining o. waste well, drainage pit, sump

versorgen (Stadt) / supply *v* ‖ **mit Strom ~** / put in electricity

Versorger *m* (Schiff) / supplier, logistic ship, replenishment ship ‖ **~** (Luftf) / servicer ‖ **~ auf dem Flugplatz**, Tankwagen *m* / bouser, bowser

Versorgung *f* / supply ‖ **~**, Unterbringung *f* / accommodation, arrangement ‖ **~ durch Seefahrzeuge** / naval mobile support logistic

Versorgungs·bereich *m* (TV) / coverage o. service area ‖ **~betrieb** *m* / public utility ‖ **~druck**, Gasdruck *m* / gas pressure ‖ **~druck** *m* (Wasser) / supply pressure ‖ **~flugzeug** *n* / supply aircraft ‖ **~frequenz** *f*,

Anschlußfrequenz f, (spez:) Netzfrequenz f / supply frequency ‖ ⌐netz n (Elektr) / supply network o. system o. grid, main circuit, mains pl, system ‖ ⌐sicherheit f / security of supply ‖ ⌐spannung f / distribution voltage ‖ ⌐turm m (beweglich) (Raumf) / service structure o. tower ‖ ⌐turm m (feststehend) (Raumf) / umbilical tower ‖ ⌐wesen n, Logistik f (Mil) / logistics pl ‖ ⌐wirtschaft f / public supplies pl
ver·sotten (Schornstein) / soot vi ‖ ~spanen (Wzm) / remove material ‖ ~spannen, abspannen / brace, wire, stay ‖ ~spannen (beim Aufspannen) / distort, twist, deform by improper fastening ‖ ~spannen, verformen / twist vt, warp vt ‖ ⌐spannung, Abspannung f / bracing, wiring, restraint, steadying with a guy ‖ ⌐spannung f (Wzm) / faulty gripping ‖ ⌐spannung f, Verwindung f / twisting, warping ‖ ~spannungsfrei / free from distorsion, nondistorted ‖ ~spannungslos / braceless, unbraced ‖ ~spannungsloses Flugzeug / cantilever aircraft ‖ ~spanungsleistung f (Wzm) / material removing capacity ‖ ~späteter Zug (Bahn) / delayed train ‖ ⌐spätungsmeldung f / delay message ‖ ~sperren, verstopfen / obstruct ‖ ~sperren n der Querstraße (durch Einfahren in eine bereits versperrte Richtung) / spillback (US) ‖ ⌐sperrung, Hinderung f (allg) / obstruction ‖ ~spiegeln (Kfz, Scheinwerfer) / aluminium-coat by vaporizing, vaporize, vapour-deposit, -plate ‖ ~spiegeln (Glas) / metal-coat v ‖ ~spiegeln (Röhren) / metallize ‖ ⌐spiegeln n (Reflektoren) / vapour deposition technique ‖ ~spiegelte Lampe (Elektr) / vaporized lamp, metallized o. reflector lamp ‖ ⌐spiegelung f / metal coating of reflectors ‖ ~spillern (Bot) / etiolate ‖ ~spinnbar / textile ‖ ⌐spinnbarkeit f / capability of being spun ‖ ~spinnen / spin v ‖ ~spleißen (Seile) / twist together, splice ‖ ⌐spleißung f / spliced joint ‖ ~splinten / fix with a split pin, cotter ‖ ~splinteter Bolzen / cotter bolt ‖ ⌐splintung f / cottering ‖ mit Streben ~spreizen / brace by diagonals ‖ ~spriegeln (Bergb) / drive wedges in ‖ ~spritzen (Plast) / injection-mo[u]ld ‖ ~spröden / embrittle ‖ ⌐sprödung f (Hütt) / brittleness, embrittlement ‖ ⌐sprödheit f / lack of brittlenes ‖ ⌐sprödungspunkt m (Farbe) / brittle point ‖ ⌐sprödungstemperatur f (Plast) / brittle temperature ‖ ~sprühen (Flüssigk) / spray, atomize ‖ ~sprühtes Email / sprue ‖ ~spunden (Fässer) / bung v ‖ ~spundet (Tischl) / ploughed and tongued
Verstaatlichung f / nationalization
verstädtern, zu sehr ~, (Landschaft:) zersiedeln / mar by urban sprawl
verstädtert, zu sehr ~, (Landschaft:) zersiedelt / overurbanized, marred by urban sprawl
Verstädterungsprozeß m / urbanization process
verstählen / steel-face, steelify, steel ‖ ⌐ n von Kupferplatten / acierage of copper plates
Verständigung f (allg) / communication ‖ ⌐ (Fernm) / hearing ‖ gute ⌐ (Fernm) / good audibility o. reception
Verständigungs·bereich m (DV) / communication area o. region ‖ ⌐mittel n pl / means of communication pl ‖ ⌐norm f / terminological standard ‖ ⌐prüfung f (Fernm) / audibility test ‖ ⌐verkehr m (Datenübermittlg) / voice communication ‖ ⌐vorrichtung f / communication device
verständlich, einleuchtend / plain, comprehensible, understandable ‖ ~ (Fernm) / intelligible ‖ ~es Nebensprechen (Fernm) / intelligible o. uninverted (US) crosstalk
Verständlichkeit, prozentuale [Vokal-, Silben- usw.]⌐ (Fernm) / intelligibility
verstärken, stärken / strengthen, reinforce, reenforce ‖ ~, versteifen / reinforce, strengthen, stiffen ‖ ~, bewehren / arm v ‖ ~, vereinigen / concentrate ‖ ~ (Kraft) / intensify, boost, amplify ‖ ~, vergrößern ‖ ~, raise, increase ‖ ~ (Elektronik) / amplify ‖ ~ (Phot) / intensify ‖ den Strom ~ (Elektr) / augment o. increase

the current ‖ eine Säure ~ (o. konzentrieren) / concentrate an acid ‖ einen Zug ~ (Bahn) / strengthen a train
verstärkend·es Medium / amplifying material ‖ sich ~ / cumulative
Verstärker m (Elektronik) / amplifier ‖ ⌐ (Sprengstoff, Waschmittel usw) / booster ‖ ⌐ (Phot) / intensifier ‖ ⌐ (Fernm) / repeater ‖ ⌐ (Pneum) / amplifier relay ‖ ⌐ einer Beschallungsanlage / amplifier of a public address system ‖ ⌐ mit Dynamikregelung / compression amplifier, CMC ‖ ⌐ zur Pegelhaltung (TV) / clamper, clamp circuit ‖ mit ⌐n versehen vt (Fernm) / repeater vt ‖ parametrischer ⌐ (Elektronik) / mavar, parametric amplifier, paramp ‖ ⌐abgleich m (Fernm) / repeater balance, balancing two-way repeaters ‖ ⌐amt n (Fernm) / repeater station ‖ ⌐baugruppe f / amplifier module ‖ ⌐faser f / reinforcement fibre ‖ ⌐feld n (Fernm) / repeater section ‖ ⌐folie f / reinforcing sheet o. foil ‖ ⌐[frequenz]durchlaßbereich m / amplifier frequency response ‖ ⌐geräusch n, -rauschen n / amplifier noise ‖ ⌐geräusch n (Fernm) / repeater noise ‖ ⌐gestell n (Fernm) / repeater rack ‖ ⌐harz n (Gummi) / reinforcing resin ‖ ⌐leistung f / amplifier output [power] ‖ ~loser Stromkreis (Fernm) / passive circuit ‖ ⌐maschine f (Elektr) / rotary amplifier ‖ ⌐prüfgestell n (Fernm) / repeater test rack ‖ ⌐regelung f, -regler m (Elektronik) / gain control ‖ ⌐röhre f / amplifier tube ‖ ⌐säule f (Chem, Fraktionierturm) / rectifying section, enrichment section ‖ ⌐schaltung f / amplifying circuit ‖ ⌐schwingen n, Schwingneigung f / parasitic o. spurious oscillation ‖ ⌐station f (DV) / repeater ‖ ⌐stufe f (Funk) / amplification stage ‖ ⌐-Tunerstufe f (Phono) / combined amplifier-tuner, ampli-tuner
verstärkt (Funk) / amplified ‖ ~ (Plast) / reinforced (e.g. by glass fibers) ‖ ~, hinterlegt / backed ‖ ~, versteift / strengthened ‖ ~ (Pap) / reinforced ‖ ~e Ferse (Strumpf) / spliced heel ‖ ~e Förderung (Bergb) / increased output ‖ ~er Karton / reinforced board ‖ ~er Kunststoff / reinforced plastic ‖ ~er Reifen / reinforced tire, extra-ply tire ‖ ~e Schmalschrift / condensed enlarged letter ‖ an beiden Enden ~ (Speiche) / double-butted
Verstärkung f, Aussteifung f (Masch) / reinforcement, strengthening, stiffening ‖ ⌐, Verfestigung f (Tätigkeit) / reinforcing ‖ ⌐, Verfestigung f (Mittel) / reinforcing piece ‖ ⌐, Verstärkungsteil n (Zimm) / strengthening piece ‖ ⌐, Verdickung f / swelling, bulging out ‖ ⌐, Unterlage f / backing ‖ ⌐, Befestigung f (Straßb, Bau) / fortification ‖ ⌐ (Elektr) / amplification, intensification ‖ ⌐ (Radar) / master gain ‖ ⌐ (Akustik) / reinforcement ‖ ⌐ (Phot) / intensification ‖ ⌐, Plattierung f (Strumpf) / plating ‖ ⌐ (Nukl) / [neutron] multiplication ‖ ⌐ (Schiff) / web frame ‖ ⌐ in einer Übertragung (Fernm) / transmission gain ‖ ⌐ mit Dynamikdehnung (Elektronik) / contrast amplification
Verstärkungs·... / reinforcing, reenforcing ‖ ⌐bad n (Phot) / intensifying bath ‖ ⌐blech n, Versteifungsblech n / stiffening o. reinforcement o. reinforcing sheet o. plate o. strap ‖ ⌐blech n / doubler of metal sheet ‖ ⌐faden m (Textil) / reinforcing thread ‖ ⌐fadenführer m (Strumpf) / reinforcing carrier, splicing guide ‖ ⌐faktor m, Stellfaktor m (Regeln) / gain, amplification ‖ ⌐faktor m (Röhre) / mu factor, amplification factor (valve) ‖ ⌐faktor m (Nukl) / multiplication factor o. constant ‖ ⌐faktor m des Raumladungsstromes (Photoröhre) / gain factor ‖ ⌐feld n (eine Fläche) (Elektronik) / gain box ‖ ⌐füller m / reinforcing filler ‖ ⌐grad m, -faktor m (Elektronik) / amplification factor ‖ ⌐grad m (Fernm) / repeater gain ‖ ⌐gurt m, -rippe f (Bau) / reinforcing rib ‖ ⌐karton m / reinforcement board ‖ ⌐koeffizient m (Elektronik) / amplification constant ‖ ⌐kranz m, -band m (Masch) / shroud[ing] ‖ [die Zahnhöhe voll deckender] ⌐kranz (Getriebe) / full shroud ‖ ⌐leitung, Speiseleitung f (Bahn) / line feeder ‖ ⌐messer m, -meßeinrichtung f (Fernm) / gain measuring

Verstärkungs

set ‖ ~**messer** m (Fernm) / gain measuring instrument ‖ ~**pfeiler** m / counterpilaster ‖ ~**platte** f, Kopfplatte f (Stahlbau) / cover strip, end plate, top flange plate ‖ ~**platte**, Gurtplatte f (Stahlbau) / boom plate ‖ ~**profil** n / corrugations pl, reinforcing strip (US) ‖ ~**rand**, -kranz m, -band n (Masch) / shroud[ing] ‖ ~**regelung**, Verstärkerregelung f, -regler m (Elektronik) / gain control ‖ **automatische** ~**regelung** (Elektronik) / automatic gain stabilization o. stabilizer, AGS ‖ ~**ring** m (an Öffnungen) (Behälter) / compensation ring, reinforcing ring ‖ ~**rippe** f, -gurt m (Bau) / reinforcing rib ‖ ~**rippe** f (Masch) / web, rib, ledge ‖ ~**rippe** f im Guß (Gieß) / moulding, bead ‖ ~**säule** f (Chem) / concentrating column ‖ ~**schicht** f (Reifen) / tread ply ‖ ~**stab** m (Nukl) / spike, seed ‖ ~**steuerung** f (Magn.Bd) / playback level control ‖ ~**überhöhung** f (Linearverstärker) / peaking ‖ ~**verlauf** m (Röhre) / gain slope ‖ ~**verlust** m (TV) / amplification loss ‖ ~**wagen** m (Bahn) / extra coach, strengthening vehicle ‖ ~**welligkeit** f / amplification ripple ‖ ~**zug** m (Bahn) / relief o. conditional (US) train

ver·stauben, einstauben / cover with dust, dust, powder ‖ ~**stäuben** (Flüssigk) / atomize ‖ ~**stäubungsapparat**, Verstäuber m / spray diffuser, vaporizer ‖ ~**stäubungsapparat für pulverförmige Stoffe** / dusting machine

verstauen (Schiff) / stow [away] ‖ ~ n (Schiff) / stowage

Versteckrutsche f (Bergb) / adjustable chute

versteckt / concealed ‖ ~**e Fuge** / concealed joint ‖ ~**er Mangel** / latent o. hidden defect ‖ **im Wasser** ~**er Baum o. Ast** (Schiffahrtshindernis) / snag

versteifen (allg, Flüssigk) / stiffen ‖ ~, verstreben / strut, strut-brace, brace ‖ ~, verstärken / reinforce, strengthen, stiffen ‖ ~, aussteifen (Graben) / shore

versteift (Träger) / compound ‖ ~**er Rahmen** / trussed frame ‖ ~**es Streckmetall** / self-cent[e]ring lathing, stiffened expanded metal ‖ ~**er Träger** / trussed girder

Versteifung f / stiffening ‖ ~, Verstrebung f / strutting, bracing, staying ‖ ~, Verstrebung f (Graben) / shoring of a trench ‖ ~ (für Bleche) / stiffener ‖ ~ **des Rahmens**, Wagensprengwerk n (Bahn) / underframe crosstie ‖ ~ **durch Knotenbleche** / gusset stay

Versteifungs·appretur f (Textil) / stiffness treatment ‖ ~**blech** n / stiffening o. reinforcement o. reinforcing sheet o. plate o. strap ‖ ~**draht** m / reinforcing wire ‖ ~**gewebe** n (Gummi) / skeleton braid ‖ ~**kabel** n, -seil n / reinforcing cable ‖ ~**rahmen** m / frame stiffener ‖ ~**rahmen** m (Brücke) / braced box frame ‖ ~**ring** m (Elektr, Maschine) / banding ‖ ~**rippe** f (Mot) / stiffening rib ‖ ~**rippe** f (längslaufend) / stiffening fin ‖ ~**schrägpfahl** m / batter pile ‖ ~**träger** m, Querträger m / stiffening girder, crossbracing ‖ ~**winkel** m / reinforcing angle

Ver·steinen n (o. Zementieren) **des Bodens** / grouting of the ground ‖ ~**steinern**, petrifizieren / turn into stone, petrify ‖ ~**steinern** (Bot) / mineralize, petrify ‖ ~**steinerung** f (Bot) / mineralization ‖ ~**steinerung** f, Abdruck m (Geol) / mould ‖ ~**steinerung** f, Fossil n / petrifaction, fossil ‖ ~**steinerung**, Petrifikation f / [process of] petrifaction ‖ ~**steinung** f, Versteinerungsverfahren n (Bohrloch) / bore hole cementation

Verstell·... / adjusting, adjustment... ‖ ~**anschlag** m (Diesel) / control rod stop sleeve

verstellbar, einstellbar / adjustable ‖ ~ (Antenne) / steerable ‖ ~**er Anschlag** / adjustable stop ‖ ~**er Einmaulschlüssel** (Rolle querliegend) / open end adjustable wrench ‖ ~**er Einmaulschlüssel** (Rolle längsliegend) / rack spanner ‖ ~**er Flügel**, Verstellflügel m (Luftf) / variable wing ‖ ~**e Gabel** (Stapler) / adjustable fork ‖ ~**er Hakenschlüssel mit Nase** / adjustable hook wrench ‖ ~**e Kolbenpumpe** / variable displacement piston pump ‖ ~**es Lenkrad** (Kfz) / tilt wheel ‖ ~**e Rohrzange** / multigrip pliers pl,

multiple-slip point gripping pliers pl ‖ ~**e Rückenlehne** / tilting back ‖ ~**er Schlitzmutterndreher mit flachem Schaft** / adjustable face spanner for slotted lock rings ‖ ~**e Schmiege** (Tischl) / slide bevel ‖ ~**er Schraubenschlüssel mit Drehgriff** / shifting spanner, coach wrench ‖ ~**er Schraubenschlüssel** / adjustable wrench ‖ ~**e Schubdüse** (Luftf) / variable area propelling nozzle ‖ ~**er Sitz** (Bahn) / reclining seat ‖ ~**e Spannunterlage** / adjustable stopped setting-up block

Verstellbereich m / regulating range o. limits pl ‖ ~ **der Zündung** (Kfz) / timing range

verstellen, einstellen / move, adjust, regulate, change, shift ‖ ~, falsch einstellen / misadjust ‖ **den Bildstrich** ~ (Film) / frame ‖ **Hebel** ~ / shift o. relocate levers ‖ **mittels Zahnstangentrieb** ~ / rack ‖ **nach oben o. unten** ~ / regulate up o. down

Versteller m, Fliehkraftversteller m (Kfz) / centrifugal spark advance

Verstell·flügel m (Luftf) / variable-incidence wing, swing-wing ‖ ~**flügelflugzeug** n / swing-wing aircraft ‖ ~**gelenk** n (Hubschrauber) / feathering hinge ‖ ~**gestänge** n (Mot) / control rod ‖ ~**getriebe** n (Mech) / adjustable mechanism ‖ ~**gewinde** n / adjustment thread ‖ ~**hebel** m / adjusting lever ‖ ~**hebel** m (Einspritzpumpe) / floating lever ‖ ~**hebel** m (Zündung) / timing lever ‖ ~**höhenflosse** f (vom Knüppel gesteuert) (Luftf) / all-moving tail, flying tail, stabilator ‖ ~**möglichkeit** f / possibility for adjustments ‖ ~**motor** m / adjusting o. regulating motor ‖ ~**motor** m (Hydr) / variable displacement motor ‖ ~**propeller** m (im Lauf verstellbar) (Luftf) / controllable pitch o. variable pitch airscrew ‖ ~**propeller** m (nur im Stillstand verstellbar) (Luftf) / adjustable pitch airscrew ‖ ~**propeller** m, -schraube f (Schiff) / controllable pitch propeller, c.-p. propeller ‖ **automatischer** ~**propeller** (für konstante Drehzahl) / constant-speed airscrew ‖ ~**propellerpumpe** f / variable-pitch-blade impeller pump ‖ ~**pumpe** f / variable displacement pump ‖ ~**regler** m (Einspritz) / variable speed governor ‖ ~**schaufelbläser** m / pitch fan ‖ ~**schraube** f / adjusting screw ‖ ~**-Schraubenschlüssel** m **für Schlitz-Sicherungsmuttern** / adjustable face wrench for slotted lock nuts ‖ ~**schraubenspindel** f / lead screw ‖ ~**spindel** f / adjusting spindle ‖ ~**spreader** m (Container) / adjustable spreader

Verstellung f, Justierung f / adjustment, regulation ‖ ~, Verstellen n / displacement, displacing, shifting, moving ‖ ~ (Wzm) / traverse ‖ ~, Verstellen n / displacing, shifting, moving ‖ ~ **des Okularauszuges** / eyepiece draw-tube extension ‖ **grobe** ~, Grobeinstellung f / coarse motion o. feed, rapid motion

Ver·stellweg m **beim Anstellen** (Walzw) / setting range ‖ ~**stemmen** / caulk, calk (US) ‖ ~**stempeln** (Bergb) / stay, underprop, shore [up] ‖ ~**steppung** f / desiccation, exsiccation, transformation into steppe ‖ ~**stiften**, verbohren mit [pin together] ‖ **Kästen** ~**stiften** (Gieß) / place pins for moulding boxes

Verstimmeinrichtung f / detuner

verstimmen (Elektronik) / detune, tune off o. out

verstimmt (Resonanzkreis) / off-resonance, non-resonating ‖ ~ (Elektronik) / off-tune, out of tune, untuned ‖ ~**e Antenne** / dumb antenna ‖ **gegeneinander** ~ (TV, Elektronik) / stagger-tuned

Verstimmung f, Frequenzwanderung f (Elektronik) / detuning ‖ ~ **von Kreisen gegeneinander** (TV, Elektronik) / staggering

Verstockung f (Holz) / dote, incipient decay, hard rot

verstopfen, versperren / obstruct, occlude, choke, plug ‖ ~, zusetzen / clog vt, choke ‖ ~ (Hohlräume) / obliterate ‖ ~ (Sieb) / blind ‖ ~ (Rohre) / block up, choke ‖ ~, blockieren (Verkehr) / jam, block ‖ ~, auskitten (Email) / plug ‖ ~ n (Öl) / plugging ‖ **eine Düse** ~ / choke o. plug a nozzle ‖ **Ritzen** ~ / weather-strip ‖ **sich** ~ / get plugged up ‖ **sich** ~, sich zusetzen (z.B. Filter) / choke

[up], get choked, clog, stop ‖ **sich** ~ (Säge) / clog *vi* ‖ **sich** ~, verschlammen / puddle *vi*, silt [up] **verstopft** / foul, clogged, dirty ‖ ~ (Kühler) (Kfz) / furred ‖ ~ (Auspuff) / restricted ‖ ~, versetzt, verschmutzt (Masch) / clogged, dirty, choked ‖ ~ (Durchgang) / blocked ‖ ~, zu (Loch) / stopped **Verstopfung** *f* / obstruction, occlusion, choking ‖ ~, Versetzung *f*, Stockung *f* (Hydr, Bunker) / choking, obstruction, clogging, stopping-up ‖ ~ (z.B. in einer Pumpe) / gag (e.g. in a pump) ‖ ~ (Fernm, Verkehr) / blocking, jam, snarl ‖ ~**en beseitigen** (Straßb) / relieve, ease the traffic load o. strain **Verstopfungs·gefahr** *f* (Pumpe) / danger of stopping-up **ver·streben** / brace, stay, shore, strut ‖ ~**strebte Zimmerung** / braced timbering ‖ ~**strebung** *f* / bracing, brace ‖ ~**strebung** *f*, Querstreben *f pl* / cross-struts *pl*, diagonal members *pl* ‖ ~**strebung** *f* (Stromabnehmer) / pantograph tie-bar ‖ ~**streckbarkeit** *f* (Garn) / stretchability ‖ ~**strecken** *n*, Verstreckung *f* (Spinn) / drafting, drawing ‖ ~**streckt** (Plast) / drawn ‖ ~**streichbarkeit** *f* (Farbe) / brushability ‖ ~**streichbürste** *f* / distributing brush ‖ ~**streichen** *vi* (Zeit) / expire ‖ ~**streichen** *vt* / spread (gum etc) ‖ **Fugen** ~**streichen** (Bau) / slush up ‖ **dünn** ~**streichen** / apply a thin coat ‖ ~**streichrauhmaschine** *f* (Web) / laying down gig, raising gig ‖ [**sich**] ~**streuen** / disperse *vi*, dissipate ‖ ~**strich** *m* (unter Firstziegeln) / mortar bedding of ridge tile ‖ ~**strichene Zeit** / elapsed time ‖ **Kohle** ~**stromen** / convert coal into electric energy ‖ ~**stümmeln** / mutilate, maim ‖ ~**stümmeln** (Signal) / garble, mutilate ‖ ~**stümmeln** *n*, Beschneiden von Worten (Fernm) / clipping of words ‖ ~**stürzen**, Kippen *n* (Bergb) / dumping ‖ ~**stürzen** *n* **des Abraums** / dumping of spoil **Versuch** *m*, Anlauf *m* / attempt ‖ ~, Experiment *n* / experiment *n* / ~, Probe *f*, Prüfung *f* / trial, test[ing], proving, tryout (coll) ‖ ~... / experimental ‖ ~**e** *m pl* **an Maschinen** / testing of machines ‖ ~**e anstellen** / make tests, experiment ‖ ~ *m* **außerhalb des Reaktors** / out-of-reactor test ‖ ~ **im Reaktor** / in-reactor experiment ‖ ~ **in natürlicher Größe** / full scale test ‖ ~ **und Prüfbescheinigung** / testing and certification ‖ [**angestrengter**] ~ / effort ‖ **den** ~ **wiederholen** / retest ‖ **einen** ~ **machen** [mit] / put to the test, give something a trial ‖ ~**bau** *m* (Bergb) / trial works *pl* **versuchen** / undertake, attempt ‖ ~, Versuche machen / try, prove, test ‖ ~, experimentieren / experiment *v* ‖ **es mit Öl** ~ / try oil **versuchend**, Versuchs... / tentative **Versuchs·abschuß** *m*, Probeschuß *m* (Raumf) / test firing ‖ ~**anlage** *f*, -betrieb *m* / experimental o. pilot plant ‖ ~**anlage** *f*, Prüffeld *n* / trial station ‖ ~**anlage** *f*, Pilot Plant *f* / pilot plant ‖ ~**anordnung** *f*, Vorgehen *n* / mode of [experimental] procedure ‖ ~**anordnung**, -einrichtung *f* / experimental arrangement o. set-up ‖ ~**anstalt** *f* / experimental o. research station ‖ ~**anstalt** *f*, Forschungszentrum *n* / research center ‖ ~**-Atomkraftwerk** *n* / experimental atomic power plant ‖ ~**aufbau** *m* (Elektronik) / experimental set-up, breadboard [model] ‖ ~**auswertung** *f* / interpretation of test results, test evaluation ‖ ~**bahn** *f* / test road o. run ‖ ~**bau** *m* (Bergb) / experimental installation ‖ ~**bedingung** *f* / test condition ‖ ~**bericht** *m* / test evaluation ‖ ~**betrieb** *m* / exploratory operation ‖ ~**bohrung** *f* / exploratory o. experimental boring o. drilling, trial o. test boring ‖ ~**dauer** *f* / time of experimentation ‖ ~**durchführung** *f* / testing method ‖ ~**ergebnis** *n* / test result ‖ ~**fahrt** *f* / test run ‖ ~**fahrzeug** *n* (neuer Unterbau mit altem Aufbau), Erlkönig *m* (coll) (Kfz) / pretest vehicle ‖ ~**fehler** *m* / test error ‖ ~**feld** *n*, -strecke *f*, -gelände *n* / proving grounds *pl* ‖ ~**feld** *n* (für neu entwickelte Geräte) / product testing department ‖ ~**flug** *m* / trial flight ‖

~**gut** *n* (Landw) / pilot o. test farm ‖ ~**hafen** *m* (Glas) / skittle pot, cannon pot, jockey pot, monkey pot ‖ ~**kanal** *m* (Reaktor) / test hole, beam hole, irradiation channel ‖ ~**körper** *m*, -stück *n* / test piece o. specimen ‖ ~**kreislauf** *m* (Nukl) / experimental loop ‖ ~**labor** *n* / experimental lab[oratory] ‖ ~**länge** *f*, Prüflänge *f* / length of test specimen ‖ ~**lauf** *m* / experimental run ‖ ~**material** *n* / tryout material ‖ ~**modell** *n* / test model ‖ ~**ofen** *m* (Labor) / pilot kiln ‖ ~**person** *f* / person experimented upon ‖ ~**person** *f*, -karnickel *n* (coll) / guinea pig (coll) ‖ ~**programm** *n* / test program ‖ ~**rakete** *f* (Raumf) / probe ‖ ~**raum** *m* / test chamber, laboratory ‖ ~**reaktor** *m* / pilot reactor ‖ ~**reihe** *f* / series of tests o. of experiments, experimental run ‖ ~**satellit** *m* / satellite test vehicle ‖ ~**schacht**, Schürfschacht *m* / prospect[ing] shaft ‖ ~**schacht**, Vorschacht *m* (Bergb) / pilot shaft ‖ ~**stab** *m* (Zerreißversuch) / tension bar ‖ ~**stadium** *n* / experimental o. trial stage ‖ ~**stand** *m* (Masch) / test bay o. bed o. stand ‖ ~**strecke** *f* (Bergb) / exploring drift ‖ ~**strecke** *f* (Kfz) / test track ‖ ~**strecke** *f* (Bahn) / trial track ‖ ~**-Überwachungsausschuß** *m* / test review board ‖ ~**vorschrift** *f* / experimental direction ‖ ~**weise**, zur Probe / on appro[val], tentatively ‖ ~**weise**, experimentell / experimental[ly] ‖ ~**zweck** *m* / object of trial **ver·sumpfen** / get marshy ‖ ~**sumpfung** *f* / paludification, marshiness ‖ ~**sunken**, ertrunken / sunken, submerged ‖ ~**täfelung** *f* (Tischl) / wainscoting ‖ ~**tauben** (Bergb) / become sterile, impoverish ‖ ~**täublock** *m* / mooring block ‖ ~**täuboje** *f* / mooring buoy ‖ ~**täuen** (Schiff) / moor *v*, make fast ‖ ~**täupoller** *m* / mooring block ‖ ~**tauschbar** (Math) / commutative ‖ ~**tauschbarkeit** *f* (Math) / commutability, commutativity ‖ ~**tauschen** / exchange, interchange ‖ ~**tauschen** [gegen] / barter *v*, trade ‖ ~**tauschen**, permutieren (Math) / permut[at]e ‖ ~**tauschen**, transponieren (Math) / transpose ‖ ~**tauschte Verdrillung** (Fernm) / split pairs *pl*, twisted pairs *pl* ‖ ~**tauschung** *f* / exchange, interchange ‖ ~**tauschung**, Transposition *f* (Math) / transposition ‖ **zyklische** ~**tauschung** (Math) / cyclic permutation ‖ ~**teerungszahl** *f*, VTZ *f* / tar value o. number **Verteilanlage** *f* **für Post** / mail routing installation **verteilen** / distribute ‖ ~, aufteilen, zumessen, dosieren / proportion *v*, apportion ‖ ~, vergießen / diffuse ‖ ~ *n*, Drahtführung *f* / distribution, wire guiding ‖ ~, Drahtführung *f* / wire guiding **verteilend** / distributing, spreading **Verteiler** *m* (allg, Mot) / distributor ‖ ~ (Bahn, Bergb, Öl) / dispatcher ‖ ~, Zündverteiler *m* (Mot) / ignition distributor, distributor ‖ ~ (Fernm) / splitter ‖ ~, Verteilungstafel *f* (Elektr) / distributing o. distribution [switch]board o. panel ‖ ~, Umkehrstück *n* (Ofen) / header of a furnace ‖ ~ (Dampferz) / manifold ‖ ~ (Druckguß) / spreader, runner ‖ ~, Weiche *f* (DV) / switch ‖ ~ **für Einzellasten** / separator of loads ‖ ~ **für Rohrleitungen** / water tank with manifold ‖ ~ **für Verstärkungsämter** (Fernm) / repeater distribution frame ‖ ~ **nach Postleitgebieten** / mail sorting installation by zip (US) o. post (GB) codes ‖ ~**bahnhof** *m* (für leere Güterwagen) (Bahn) / distribution station, sorting station ‖ ~**bezeichner** *m* (DV) / switch designator ‖ ~**block** *m* (Öl) / manifold block ‖ ~**block** *m* **für Netzstrom** / distributing cabinet ‖ ~**deckel** *m* (Mot) / distributor cap, distributor head ‖ ~**dose** *f* (Elektr) s. Verteilerkasten ‖ ~**draht** *m* (Fernm) / jumper wire ‖ ~**einspritzpumpe** *f* (Kfz) / distributor injection pump ‖ ~**feld** *n* (Elektr) / distribution panel ‖ ~**finger** *m* (Kfz) / distributor rotor ‖ ~**gestell** *n* (Elektronik, Fernm) / distributing frame ‖ ~**getriebe** *n* (Kfz) / power divider ‖ ~**getriebe**, Zapfwellengetriebe *n* / power take-off gear ‖ ~**getriebe** *n* (für 4-Rad-Antrieb) (Kfz) / transfer case o. gear-box ‖ ~**kabel** *n* (Elektr) / distribution cable ‖

~kanal *m*, -schacht *m* (Sonnenwärmekollektor) / plenum ‖ ~kasten *m*, -dose *f* (Elektr) / distributing o. distribution o. distributor o. dividing box, feeder box ‖ ~kasten *m* mit Sicherungen, -schrank *m* (Elektr) / cutout o. service cabinet ‖ ~klemme *f* (Kabel) / distribution terminal, cable terminal ‖ ~kopf *m*, Sammler *m* / header ‖ ~kopf *m* (Hydr) / distribution head, lateral turnout ‖ ~kopf *m* (Plast) / separator head ‖ ~körper *m* der Einspritzpumpe (Kfz) / hydraulic head of the injection pump ‖ ~läufer *m* (Kfz) / rotor of the distributor ‖ ~leitung, Verteilungsleitung *f* / distributing main, distributor ‖ ~leitung *f* (Hauswasserversorgung) / rising mains *pl* ‖ ~mantel *m* / feeder sleeve o. tube ‖ ~mast *m* (Beton) / concrete distributing boom ‖ ~name *m* (DV) / switch identifier ‖ ~netz *n* / electricity distribution supply network ‖ ~nocken *m* (Kfz) / lobe of the distributor shaft ‖ ~rahmen *m* mit waagerechten Ausgängen / horizontal distribution frame ‖ ~rohr *n* / distributing pipe ‖ ~rohrleitung *f* / distributing conduit ‖ ~satz *m* (Chem) / distribution o. partition law ‖ ~scheibe *f*, -deckel *m* (Kfz) / distributor cap o. head ‖ ~scheibe *f* für Füllmasse (Zuck) / massecuite mixer ‖ ~schiene *f* (Elektr) / distributing bus bar ‖ an ~schienen anschließen (Elektr) / bus *v* ‖ ~schrank *m* (Elektr) / distribution cabinet, cutout o. service cabinet ‖ ~seite *f* einer Hochspannungsleitung (Elektr) / sending end ‖ ~station *f*, -werk *n* / distribution center o. station ‖ ~stein *m* (Feuerfest) / center brick, nozzle brick, distributor brick ‖ ~streifen *m* (Fernm) / branch strip ‖ ~stromkreis *m* / distributing network ‖ ~tafel *f* / distribution switchboard ‖ ~transformator *m* / distribution transformer ‖ ~-Unterwerk *n* (Elektr) / tapped substation ‖ ~vereinbarung *f* (DV) / switch declaration ‖ ~verstärker *m* / distributing amplifier ‖ ~walze *f* (Buch) / distributor roll ‖ ~werk *n*, Schaltposten *m*, -stelle *f* (Bahn) / distributing substation ‖ ~zapfen *m* (Gieß) / sprue pin o. post, spreader ‖ ~zone *f* bei Ablaufanlagen (Bahn) / head of a set of sorting sidings

Verteil·fernamt *n* (Fernm) / group center ‖ ~klappe *f* (Förderer) / change-over flap ‖ ~kommunikation *f* / distributed communication ‖ ~netz *n* / distributed network ‖ ~platine, Barre *f* (Strumpf) / dividing sinker, divider ‖ ~randplatine *f*, Verteilschlitz *m* (Strumpf) / selvedge divider platine ‖ ~rohr *n* (Bunker) / manifold ‖ ~schloßteil *n* (Textil, Rundwirken) / dividing cam

verteilt / distributed ‖ ~e Datenbasis / distributed data base, DDB ‖ ~e Datenverarbeitung o. Intelligenz / distributed data processing, distributed computing o. intelligence ‖ ~es Elektron / shared electron ‖ ~e Kapazität / distributed capacitance ‖ ~e Last / distributed load ‖ ~e numerische Steuerung / distributed numerical control, DNC ‖ ~e Parameter *m pl* / distributed parameters *pl* ‖ ~e Wicklung (Motor) / distributed winding ‖ fein ~ / finely divided ‖ gleichmäßig ~ / evenly o. uniformly distributed

Verteilung *f* / distribution ‖ ~, Zu-, Aufteilung *f* / sharing out, repartition ‖ ~ (Hochofen) / distribution ‖ ~, Zuteilung *f* / allotment ‖ ~, Anordnung *f* / arrangement ‖ ~, Teilung *f* / division, div., partition ‖ ~ mit einem Rohr, Einrohrverteilung *f* (Heizung) / single-pipe distribution ‖ ~ o. Sortierung von Daten (DV) / data sort[ing]

Verteilungs·-Chromatographie *f* (Chem) / partition chromatography ‖ ~druck *m* (Druckluft) / distribution pressure ‖ ~faktor *m* (Strahlenschutz) / distribution factor ‖ ~freier Test (Qual.Kontr) / distribution-free test ‖ ~funktion *f* (Statistik) / [probability] distribution function, cumulative frequency o. cumulative probability function ‖ ~gebundener Test / parametric test ‖ ~grad *m* / degree of dispersion ‖ ~kabel *n* / distributing cable ‖ ~kennlinie *f* / distribution characteristic ‖ ~koeffizient *m* (Chem) / distribution coefficient ‖ flache kompakte ~kurve (Statistik) /

platykurtosis ‖ ~kurve *f* mit scharfer Spitze u. langen Ausläufern (Statistik) / leptokurtosis ‖ ~leitung, Verteilerleitung *f* / distributing main, distributor ‖ ~leitung *f* (Elektr) / service conductor ‖ ~leitung *f* (Gas usw.) / distributing main ‖ ~mischer *m* (Zuck) / distributing mixer, mixing pugmill o. trough ‖ ~mittel *n* (Farbe) / dispersing agent ‖ ~netz *n* / distribution network o. system o. grid ‖ ~oktanzahl *f* (Öl) / distribution octane number, DON ‖ ~plan *m* / distribution plan ‖ ~punkt *m* / center of distribution ‖ ~rauschen *n* (Elektronik) / fluctuation noise ‖ ~rinne *f* / distribution channel ‖ ~rohr *n* / distributing pipe ‖ ~rohr *n* am Hochofen / blast main ‖ ~satellit *m* (Fernm) / transmission satellite ‖ ~schiene *f* (Elektr) / distributing [bus-]bar ‖ ~stück *n*, T-Stück *n* (F'wehr) / T-piece ‖ ~teller *m* / distributing plate ‖ ~transformator *m* / public distribution transformer ‖ ~weiche *f* (Bahn) / distributing switch ‖ ~zahl *f* (Aufber) / dispersion figure, partition figure ‖ ~zahl[en]kurve *f* (Flotation) / partition curve, Tromp curve

Verteil·ventil *n* / switching valve ‖ ~vorrichtung *f* / distributing device ‖ ~zeit *f* (F.Org) / allowance ‖ persönliche ~zeit / personal [need] allowance ‖ ~zeitaufnahme *f* (F.Org) / chronological study o. survey

verteuernd (Masch) / costly, heavy (expenditure)

Vertex *m* (Sternstrom) / vertex

vertiefen / deepen ‖ ~, Vertiefungen anbringen / recess *v* ‖ sich ~ / deepen *vi*

vertieft, eingebettet / immersed, immerged ‖ ~ / deepened ‖ ~ (Schrift) / sunk, recessed

Vertiefung *f*, Prägung *f*, Eindruck *m* / impression, indentation, dent ‖ ~, Aushöhlung *f* / cavity, hollow, deepening ‖ ~, leichter Eindruck / dimple, dent ‖ ~, Loch *n* / pit ‖ ~, Tasche *f* / recess ‖ ~ (Tischl) / sinking ‖ ~, Ritze *f* / slot, groove ‖ ~, Rille *f* (Masch) / embedding, imbedding ‖ ~ (IC) / indentation ‖ ~en anbringen (Holz) / sink ‖ ~en anbringen, leicht eindrücken / dimple ‖ ~ in der Mauer für Leitungen / chase ‖ ~ in einer Oberfläche / depression

Verti-Form-Papiermaschine *f* (senkrecht arbeitend) (Pap) / Verti-Form-machine

vertikal, senkrecht / perpendicular, vertical, normal, plumb (US) ‖ ~e Antennenseile / vertical stack of antennas ‖ ~e Auslenkung der Kathodenstrahlen / vertical excursion of cathode rays ‖ ~e Bedeckung, Erfassungsbereich *m* (Radar) / vertical coverage ‖ ~er Bilddurchlauf (Plotter, Fehler) / rolling ‖ ~ gießen / cast in a vertical mould ‖ ~e Paritätskontrolle / vertical parity check ‖ ~e Strahlbreite (Luftf) / elevation beam width ‖ ~e Zusammenschnürung (Strömung) / bottom contraction ‖ ~ablenkplatte *f*, Y-Platte *f* (Radar) / vertical deflection plate, Y-plate ‖ ~-Ablenksystem *n* (TV) / vertical deflection unit ‖ ~ablenk-Transformator *m* (TV) / field output transformer, vertical deflection transformer (US) ‖ ~ablenkung *f* (TV) / field sweep, vertical deflection (US) ‖ ~ablenkung *f*, -abtastung *f* (TV) / vertical scanning ‖ ~ablenkungsspannung *f* (TV) / vertical o. frame scanning voltage ‖ ~-Abquetschfoulard *m* (Textil) / vertical squeezing mangle ‖ ~auflösung *f* (TV) / vertical definition ‖ ~aufnahme *f* (Verm) / vertical aerial photograph ‖ ~Austastimpuls *m* / vertical blanking pulse (US) ‖ ~austastung *f* (TV) / vertical (US) o. field blanking ‖ ~austastzeit *f* / vertical (US) o. field (GB) blanking time ‖ ~beladung *f*, Lift-on/lift-off (Schiff) / lift-on/lift-off ‖ ~beziehung *f* / vertical relationship ‖ ~bö *f* / vertical gust ‖ ~diagramm *n* (Antenne) / vertical pattern

Vertikale *f*, Senkrechte *f* / perpendicular, vertical [line] ‖ ~ (Stahlbau) / vertical rod o. member

Vertikal·einstellung *f* / vertical adjustment ‖ ~frequenz *f* (TV) / vertical frequency ‖ ~gatter *n* / vertical saw frame ‖ ~illuminator *m*, Opakilluminator *m* (Opt) /

opaque illuminator ‖ ⌐impuls, V-Impuls *m* (TV) / field sync signal, field o. frame [synchronizing] impulse
Vertikalität *f* / verticalness, verticality
Vertikal·kammerofen *m* (Gas) / vertical chamber oven ‖ ⌐**komponente** *f* / vertical component ‖ ⌐**kontraktion** *f* (Hydr) / bottom contraction ‖ ⌐**kreis** *m* (Verm, Astron) / vertical circle ‖ ⌐**kreisel** *m* (Luftf) / vertical gyro ‖ ⌐**öffner** *m* (Spinn) / Crighton, vertical opener ‖ ⌐**polarisation** *f* / vertical polarization ‖ ⌐**projektion** *f*, Aufriß *m* / upright projection, vertical plan, elevation ‖ ⌐**prüfung** *f* (auf Redundanz) (DV) / vertical redundancy check, VRC ‖ ⌐**rücklauf** *m* / field o. vertical flyback ‖ ⌐**schnitzelmaschine** *f*, -schneidemaschine *f* (Zuck) / drum slicer ‖ ⌐**siebmaschine** *f* / vertical forming machine ‖ ⌐**sperrschwinger** *m* (TV) / vertical blocking stabilizer ‖ ⌐**stab**, Pfosten *m* (Stahlbau) / vertical rod o. member ‖ ⌐**steuerung** *f* (TV) / vertical stabilization ‖ ⌐**synchronimpuls** *m* (TV) / picture (GB) o. frame (US) synchronizing pulse ‖ ⌐**tabulieren** *n* (Schreibm) / line spacing ‖ ⌐**tabulierung** *f* (Drucker) / vertical tab[ulation] o. tabbing ‖ ⌐**- und Horizontalwalzwerk** *n* / vertical and horizontal rolling mill ‖ ⌐**unterdrückung**, -austastung *f* (TV) / vertical blanking (US), field blanking ‖ ⌐**verband** *m* (Stahlbau) / vertical bracing ‖ ⌐**verschiebung** *f* (TV) / vertical shift ‖ ⌐**verstärker** *m* (Elektronik) / vertical amplifier ‖ ⌐**verstellung** *f* / vertical displacement o. movement ‖ ⌐**versuchsstand** *m*, Elfenbeinturm *m* (Raumf) / ivory tower ‖ ⌐**winkel-Meßeinrichtung** *f* (Theodolit) / angle measuring system
vertippen, sich ~ / make a typing error
ver·tonen (Film) / add sound, set to music ‖ ⌐**tonung** *f* (Film) / sound recording, dubbing scoring
Vertrag *m* / contract, agreement ‖ ⌐ **mit Leistungsanreiz** (F.Org) / incentive contract ‖ ⌐ **umfassend Material u. nachgewiesenen Zeitaufwand zu festem Stundensatz** / time and material contract ‖ **einen** ⌐ **schließen o. eingehen** / enter into an agreement
vertragen (z.B. Temperaturen) / bear
vertraglich, sich ~ **verpflichten**, akkordieren / contract
verträglich, kompatibel / compatible, consistent [with]
Verträglichkeit *f* (Elektr, Math) / compatibility ‖ ⌐, Übereinstimmung *f* (Math) / consistency
Vertrags·..., vertragsmäßig, vertraglich / as per agreement ‖ ⌐**dauer** *f* / duration o. life of contract ‖ ⌐**forschung** *f* / contract research ‖ ⌐**-Händler** *m* / franchised dealer ‖ ⌐**klausel** *f* / contract clause ‖ ⌐**partner** *m* / contracting party
Vertrauen *n* / confidence
Vertrauens·bereich *m* (Qual.Kontr) / confidence interval o. range o. region o. belt ‖ **beidseitiger, [einseitiger]** ⌐**bereich** (Qual.Prüf) / two-sided, [one-sided] confidence interval ‖ ⌐**bereich** *m*, praktische Fehlergrenze / practical limit of error ‖ ⌐**grenze** *f* (Kontrolle) / control limit, confidence limit, C.L. ‖ ⌐**koeffizient** *m* / confidence coefficient o. level
Vertraulichkeit *f* / privacy (US), confidentiality
vertraut [mit], erfahren [in] / familiar [with]
Vertreterabkommen *n* / franchising
Vertrieb *m*, Vertriebsabteilung *f* / sales department
Vertriebs·ingenieur *m* / sales engineer ‖ ⌐**technik** *f* / sales engineering
verunfallt / involved in an accident, crash...
verunkrautet / foul, weed-infested, -ridden
verunreinigen / render impure ‖ ~, kontaminieren / contaminate ‖ ~, beschmutzen / pollute (GB), polute (US) ‖ ~ (Luft) / vitiate
Verunreinigung *f*, Fremdkörper *m* / impurity, crud (coll) ‖ ~ **en** *f pl* **im Altpapier** / waste paper contrary
verunstalten, beeinträchtigen / mar
Verunstaltung *f*, Mißbildung *f* / deformation, disfiguration ‖ ⌐ / mar, blemish
verursachen / cause *v*, occasion, originate ‖ ~, bewirken / give rise [to]

Verursacher·prinzip *n* / polluter pays principle, pay-as-you-pollute principle ‖ ⌐**suche** *f* **von Ölverschmutzungen** / identifying an oil spill, oil fingerprinting
vervielfachen, multiplizieren / form a multiple, multiply ‖ **(sich)** ~ / multiply *vi*
vervielfachendes Getriebe, Vervielfältiger *m* / multiplying linkage o. gear
Vervielfacher *m* (Röhre) (Elektronik) / multiplier tube ‖ ⌐ (Fernm) / multiplier ‖ ⌐ **mit gekreuzten Feldern** / crossed field multiplier ‖ ⌐**-Betriebsspannung** *f* / photomultiplier operating voltage ‖ ⌐**stufe** *f* (TV) / multivibrator, multi, MV
Vervielfachungs·faktor *m* / multiplication factor
vervielfältigbar / reproducible, reproduceable
vervielfältigen, kopieren / manifold, duplicate ‖ ~, kopieren, (Schreibm:) mehrere Kopien machen / duplicate
Vervielfältigung *f* / reproduction, duplication
Vervielfältigungs·apparat *m*, -maschine *f*, Vervielfältiger / duplicator (e.g. manifold writer; cyclostyle etc) ‖ ⌐**apparat** *m*, -maschine *f* (mit Wachsmatrizen arbeitend) / Roneograph ‖ ⌐**kopie** *f* (TV) / duplicating positive, master positive ‖ ⌐**maschine** *f* / duplicating machine ‖ ⌐**matrize**, Matrize *f* / stencil ‖ ⌐**papier** *n* (Pap) / manifold [paper], duplicating paper
Vervielfältigung[stechnik] *f* / duplicating
vervierfachen / quadruplicate *vt* ‖ **[sich]** ~ / quadruple *vi*, quadruplicate, increase o. multiply fourfold
vervollkommnen / improve, perfect
vervollständigen, ergänzen / complete
Vervollständigung *f* / complement, completion
verwachsen *adj* (Min, Erz) / chat, intergrown, complex, textured ‖ ~**er Ast o. Knorren** / intergrown o. adhering o. tight knot ‖ **fein** ~ (Bergb) / disseminated
Verwachsenes *n* (Kohle) / bone, bony coal, true middlings *pl* ‖ ⌐ / bone *n*, true middlings *pl*
Verwachsung *f* (Geol) / intergrowth ‖ ⌐ (Anstrich) / anchoring ‖ ⌐ (Erze) / interstratification, intergrown constituents *pl*, intergrowth
Verwachsungs·fläche *f* (Krist) / composition surface ‖ ⌐**grad** *m* (Kohle) / degree of intergrowth ‖ ⌐**grundkurve** *f*, A-Kurve *f*, Ascheschichtenkurve *f* (Kohle) / instantaneous ash curve ‖ ⌐**kurve** *f* (Bergb) / washability curve based on float-and-sink test ‖ ⌐**kurve** *f* **nach Mayer**, M-Kurve *f* (Bergb) / Mayer curve ‖ ⌐**kurvenbild** *n* **nach Henry-Reinhardt** (Bergb) / washability table
ver·wackeln (Phot) / blur ‖ ⌐**wackeln** *n*, Verwackelung *f* (Phot) / blur, fuzziness, unsharpness ‖ ~**wackelt** (Phot) / blurred ‖ **mit Blech** ~**wahren** / flash *vt*, protect by a piece of metal
Verwahrung *f* (Nukl) / storage ‖ ⌐ (Bau) / flashing ‖ ⌐ (an der Wand längs einer Terrasse) / impervious flashing ‖ **abgetreppte o. abgestufte** ⌐ (Bau) / stepped o. skeleton flashing
verwalten / manage, conduct ‖ ~ (Datei) / maintain
Verwaltung *f* / administration ‖ ⌐, Führung *f* / administration, management ‖ ⌐, Buchführung *f* (Nukl) / accountancy
Verwaltungs·gebäude *n* / administration o. administrative building ‖ ⌐**maßnahmen für Konformitätsbestätigung** *f pl* (DV) / administrative procedures for determining conformity ‖ ⌐**programm** *n* (DV) / housekeeping [program] ‖ ⌐**zentrum** *n* / center of administration
ver·wandelbar / convertible ‖ ~**wandeln** / change *v*, alter ‖ ~**wandeln**, umwandeln / convert, transform ‖ **sich** ~**wandeln** [in] / change [into] *vi*
Verwandlung *f* / conversion ‖ ⌐ **in Asche** / reduction to ashes ‖ ⌐ **in Kohle** (Geol) / carbonization, transformation into coal
Verwandlungshubschrauber *m*, Verwandlungsflugzeug *n* / converta-, convertiplane

verwandt

verwandt (Chem) / allied ‖ ∼, verknüpft / related, joining ‖ ∼, artverwandt / cognate, related ‖ ∼ (Wissenschaft) / related

Verwandtschaft, Sippe *f* (Geol) / clan ‖ ∼, Affinität *f* (Chem) / affinity

Ver·wärmfaktor *m* / sound dissipation factor ‖ ∼**waschen,** zu sehr schwächen (Färb) / wash out ‖ ∼**waschen** *adj* (Phot) / obliterated ‖ ∼**waschung,** Bildplastik *f* (Fehler, TV) / plastic effect ‖ ∼**waschungsgebiet** *n* (Radar) / confusion region ‖ ∼**wässern,** verdünnen / weaken, dilute, water [down] ‖ ∼**weben,** ineinander weben / interweave, inweave, intertwine, entwine, interlace ‖ ∼**wechselbar** (Elektr) / interchangeable ‖ ∼**wechseln** / mix up, mistake ‖ ∼**wechselter Schuß** (Textil) / mixed filling

Verwechselungsgefahr *f* / danger of confusion

verwechslungsfähig (Warenzeichen) / involving danger of confusion

ver·wehen (mit Sand o. Schnee) / drift *v* ‖ ∼**wehung** *f* / sand o. snow drift

Verweil·… (Chem) / hold-up… ‖ ∼**dauer** *f* **im Ofen** / sojourn time in the furnace ‖ ∼**einrichtung** *f* (Textil) / machine for storage and reaction

verweilen (Masch) / dwell

Verweil·tank *m* (Nukl) / delay tank ‖ ∼**zeit,** Stehzeit *f* (Chem) / sojourn o. residence o. retention time, time of direct contact ‖ ∼**zeit** *f* (Masch) / dwell time, holding time ‖ ∼**zeit** *f* (des Elektrons in der höheren Bahn) (Nukl) / lingering period ‖ ∼**zeit** *f* (Zeit zwischen Programmabgabe und Auslieferung des Ergebnisses) (DV) / turn-around time ‖ ∼**zeit** *f* (verfügbare Zeit innerhalb eines Programmschritts) (DV) / hold, dwell time ‖ ∼**zeit** *f* **im Bade** (Löten) / stationary dwell time

Ver·weisadresse *f* (DV) / chaining address ‖ ∼**weisen** [auf] / refer [to] ‖ ∼**weißlichung** *f* (TV) / desaturation, veiling by white ‖ ∼**weisung** *f,* Querverweis *m* / cross reference ‖ ∼**weisung** *f* **auf Normen** / reference to standards ‖ ∼**weisungsmarkierung** *f* (Radar) / reference mark, pen marking ‖ ∼**weiszeichen** *n* (Buch) / [sign o. mark of] reference, reference [mark o. sign]

verwendbar, anwendbar / applicable ‖ ∼, brauchbar / suitable, usable ‖ ∼ [als, zu] / utilizable, usable ‖ **vielseitig** ∼, anpassungsfähig / flexible

Verwendbarkeit, Brauchbarkeit *f* / usability, suitability

verwenden [als] / employ [in, for] ‖ ∼, benutzen / use, make use [of], utilize

verwendet, soll nicht mehr ∼ **werden** / should be phased out

Verwendung, Benutzung *f* / usage

Verwendungs·bereich *m* / range of application, adaptability ‖ ∼**datei** *f* / WU-file, where-used file ‖ ∼**gebiet** *n* / field of application ‖ **an der** ∼**stelle** / in place ‖ ∼**zweck** *m* / intended use o. purpose, application

verwerfen, zurückweisen / reject ‖ ∼ *n,* Verziehen *n* (Holz) / warp[ing] ‖ ∼ (Hütt) / distortion ‖ ∼ (Qual.Prüf) / refusal, [final] rejection ‖ ∼, Gleisverwerfung *f* (Bahn) / lateral buckling o. displacement o. distortion ‖ **sich** ∼ (Geol) / fault *vi* ‖ **sich** ∼ (Holz) / warp *vi*

Verwerfung *f* (Geol) / fault, slip, shifting ‖ ∼, Sprung *m,* Sprunghöhe *f,* Maß *n* der Verwerfung (Geol) / throw of a fault, upthrow, downthrow, drop, downcast ‖ ∼ (in weiterem Sinne), Sprung, Bruch *m,* Paraklase *f,* Störung *f* (Geol) / deep slip fault ‖ ∼ **aufwärts** (Bergb) / upcast, uptake ‖ **abnorme o. widersinnige** ∼ (Geol) / thrust fault ‖ **kleine** ∼ (Geol) / hitch ‖ **mit den Schichten in gleicher Richtung streichende** ∼ (Geol) / strike fault

Verwerfungs·graben *m* (Geol) / trough fault ‖ ∼**kluft** *f* (Geol) / riser ‖ ∼**letten** *m,* Salband *n* (Geol) / gouge ‖ ∼**quelle** *f* (Geol) / fault spring ‖ ∼**spalte,** Rutschfläche *f* (Geol) / fault plane

verwertbar (Meßwert) / acceptable ‖ ∼**er Abfall** / recoverable waste ‖ ∼**es Abfallprodukt** / byproduct

ver·werten, nutzen / utilize ‖ ∼**werten** (z.B. Patent) / exploit (e.g. patent) ‖ ∼**wertung,** Ausnutzung *f* /

utilization ‖ ∼**wertung** *f* (Patent) / patent exploitation ‖ ∼**wertungsindustrie** *f* / processing industry ‖ ∼**wesen,** sich zersetzen / decay, decompose, rot ‖ **[sich]** ∼**wickeln** / entangle ‖ ∼**wickelt,** kompliziert / intricate, complicate[d] ‖ ∼**wickelt,** verwirrt, verschlungen / tangled, entangled ‖ ∼**wickelt werden [in]** / get entangled [in] ‖ ∼**wicklung,** Verwirrung *f* / entanglement ‖ ∼**wicklung** *f,* Verwirrung *f* (Spinn) / tangle *n,* entanglement ‖ ∼**wiegen,** abwiegen / weigh ‖ **sich** ∼**wiegen** / weigh wrong ‖ ∼**wiege- und Mischanlage** *f* / batching and weighing plant ‖ ∼**windbares Flügelende** (Luftf) / flexible tip, warping tip (US) ‖ ∼**winden,** drallen / twist ‖ **den Flügel** ∼**winden** (Luftf) / warp the wing ‖ ∼**windeversuch** *m* / torsion[al] test ‖ ∼**windung** *f* / distortion, deformation ‖ ∼**windung,** Torsion *f* / twist[ing], torsion ‖ ∼**windung,** Torsion *f* [einer Raumkurve] (Math) / torsion ‖ ∼**windung,** Verdrehung *f* (Holz) / wind, warp[ing] ‖ ∼**windung** *f* (IC) / twist ‖ ∼**windung der Flügelspitzen nach unten,** positive Verwindung (Luftf) / wash-in of wing tips ‖ ∼**windung** *f* **der Flügelspitzen nach oben** (Luftf) / wash-out of the wing tips ‖ ∼**windung eines Fahrzeugs** *f* (Bahn) / buckling of a vehicle ‖ ∼**windung** *f* **um die Achse** / torsion on the axis ‖ ∼**windungsfläche** *f* (Luftf) / wing flap

verwirbelt / swirled ‖ ∼**es Filamentgarn** / interlaced yarn, intermingled yarn

Verwirbelung *f* / swirl, turbulence

verwirklichen / put into practice ‖ ∼, realisieren *vt* / realize ‖ ∼ (Patent) / embody, reduce to practice

Verwirklichung *f,* Ausführung *f* / accomplishment

ver·wirren, verwickeln / ravel, make tangled ‖ **sich** ∼**wirren,** sich verheddern / tangle, become entangled, ravel ‖ ∼**wirrung** (Radar) / garble ‖ ∼**wirrungsfeststellung** *f* (Radar) / garble sensing ‖ ∼**wirrungszone** *f* / zone of confusion ‖ ∼**wirrungszone** *f* / cone of confusion ‖ ∼**wischen,** schmitzen (Buch) / mackle, smut ‖ ∼**wischen,** verschmieren (Buch) / blur *vt* ‖ ∼**wittern** / weather *v* ‖ ∼**wittern lassen** / decompose ‖ ∼**wittert** / weather-beaten ‖ ∼**witterung** *f* / weathering ‖ ∼**witterung,** Auskristallisation *f* (Chem, Min) / efflorescence ‖ ∼**witterungsklasse** *f,* Fleckenempfindlichkeit *f* (Glas) / dimming class ‖ ∼**wohnen** *n* **durch Mieter** (Bau) / permissive waste ‖ ∼**wohntheit** *f* (Bau) / dilapidation *pl* ‖ ∼**wölbung** *f,* Verwerfung *f* (Stahlbau) / warpage ‖ ∼**worfen** (Geol) / heaved, downcast, upcast ‖ ∼**wunden** / warped, twisted, wry ‖ ∼**wunden,** drehwüchsig (Holz) / having twisted fibers ‖ ∼**wundene Fahrleitung** (Bahn) / curved catenary ‖ ∼**wundenheit,** Windschiefheit *f* / skewness ‖ ∼**würfeln,** Informationen zerhacken (Fernm) / scramble, jumble ‖ ∼**würfelung** *f* (Fernm) / scrambling, jumbling ‖ ∼**würfler** *m* (Fernm) / scrambler ‖ ∼**wurfswinkel** *m* (Geol) / hade, angle of hade ‖ ∼**würgen** (Drähte) / bunch ‖ **sich** ∼**zählen** / miscount *v*

verzahnen (Getriebe) / tooth *v* ‖ ∼ (Masch) / notch *v,* joggle, indent ‖ ∼ (Abwälzverfahren) / hob *v,* generate gears ‖ ∼ (DV) / interlace, interleave ‖ ∼ *n* / gear tooth forming

Verzahnfräser *m* **der Feinmechanik** / precision gear cutter

verzahnt, eng zusammengeschlossen / interlocked ‖ ∼ **ablaufend** (DV) / concurrent

Verzahnung *f,* Zahnräder *n pl* (Masch) / toothed wheel work ‖ ∼, Verzahnen *n* / gear cutting, gear tooth forming, gearing [of wheels] ‖ ∼ (Bau) / denticulation ‖ ∼, Verzahnen *n,* Ineinanderfügen *n* mit Zähnen (Zimm) / joggle, indenting ‖ ∼ **von Maßnahmen** / overlapping of proceedings ‖ **05-**∼ / 05-toothing

Verzahnungs·art *f* (Getriebe) / teeth characteristics *pl* ‖ ∼**fehler** *m* / tooth forming error ‖ ∼**maschinen** *f pl* / gear cutting machines *pl* ‖ ∼**-Schneidrad** *n* / pinion type cutter

ver·zapfen (Zimm) / mortise, mortice, tenon [and mortise] ‖ ⁐zapfung f (Zimm) / joint by mortise and tenon, tenon dowel joint
verzehnfachen / increase tenfold
Verzehnfachung f / times-ten multiplication
verzehrbare Elektrode / consumable electrode
verzeichnet, verzerrt (Zeichn) / deformed, out of drawing, out of shape
Verzeichnis n / list, register, panel, record, schedule, index ‖ ⁐, Liste f / list (of names, of articles etc.) ‖ ⁐ (DV) / dictionary ‖ alphabetisches ⁐ / alphabetical index
Verzeichnung, Verzerrung f (Opt) / distortion
verzellt (Plast) / cellular
verzerren / distort ‖ ~ (Math) / deform
Verzerrer m (Fernm) / distorter
verzerrt, verzeichnet (Zeichn) / deformed, out of drawing, out of shape ‖ ~, überhöht (Verm) / with vertical exaggeration ‖ ~es Echo (Radar) / flare ‖ ~es Liniengitter (Fließpressen) / deformation pattern, displacement field ‖ ~es Prüfsignal / distorted test signal ‖ ~e Prüfung / biassed test
Verzerrung, Verzeichnung f (Opt) / distortion, deformation ‖ ⁐ f (Funk, TV) / distortion, deformation ‖ ⁐, einseitige Neigung / bias ‖ ⁐ durch Frequenzabweichung (Radio) / deviation distortion ‖ ⁐ durch Mehrwegübertragung (Fernm) / multipath distortion
Verzerrungs·ellipse, Indikatrix f (Verm) / indicatrix ‖ ⁐faktor m (Akustik) / intermodulation distortion ‖ ~frei / free from distortion, distortionless, -free ‖ ~frei / unbiassed, unbiased ‖ ~frei, orthoskopisch (Opt) / orthoscopic ‖ ~freie Modulation (Fernm) / linear modulation ‖ ⁐freiheit f / freedom from distortion ‖ ⁐grad m / distortion ratio ‖ ⁐grad m bei genormten Prüfbedingungen / degree of standardized test distortion ‖ ⁐kompensator m (TV) / tilt mixer ‖ ⁐korrektur f / distortion correction ‖ ⁐messer m (TV) / distortion measuring set ‖ ⁐messer m (Akustik) / distortion meter ‖ ⁐meßgerät n (Fernm) / bias meter ‖ ⁐-Meßschallplatte f / distortion test record ‖ ⁐tensor m (Math) / strain tensor
verzichten [auf] / abandon, withdraw [from]
verziehen, verschalen (Bergb) / face, line ‖ ~, vereinzeln (Landw) / single, thin ‖ ⁐, Werfen n (Holz) / casting, warping ‖ ⁐ n (Web, Fehler) / drawing ‖ ⁐ (Hütt) / total distortion ‖ ⁐, Verziehung f, Verzug m (Holz) / distortion of a surface ‖ ⁐ (Magn.Bd) / buckling ‖ ⁐ des Gewebes / fabric distortion ‖ Anhänger ~ / shift trailers ‖ sich ~ (Holz) / get out of true, get distorted o. warped, cast, warp ‖ sich ~, krumpen (Web, Fehler) / draw ‖ sich ~ beim Kleben (Pap) / undulate
ver·zieren / ornament v, decorate ‖ Buchschnitt ~zieren / goffer ‖ ⁐zierschleifen / decorative-grind ‖ ⁐zierung (an Strümpfen) / clock ‖ ⁐zierung, Ausschmückung f / ornament, decoration ‖ ~zimmern (Bau) / line v, board
verzinken, [ver]schwalben (Tischl) / dovetail v ‖ ~ (jeder Art) (O'flächenschutz) / zinc v, galvanize ‖ ⁐ / zincing, zincking, galvanizing, zinc coating ‖ ⁐ im Schmelzbad, Verzinkung f / galvanizing, zinc coating, zincing, zinking ‖ ⁐ mit Zinkstaub / dry galvanizing ‖ galvanisch ~ / electro-galvanize ‖ im chemischen Bade ~ / cold-galvanize
Verzinker m / galvanizer
Verzinkerei f / zinc coating shop, galvanizer's shop ‖ ⁐krätze f / galvanizer's dross ‖ ⁐-Zink n / zinc for coating
verzinkt / zinc coated, zinced, zincked, galvanized ‖ ~es Blech / galvanized [sheet] iron ‖ ~es Drahtseil / galvanized steel wire rope, g.s.w. ‖ ~er Flachdraht / wire F.G. (= flat galvanized) ‖ ~ gezogen / drawn galvanized, drawn after galvanizing ‖ ~e nachgezogene Oberfläche (Draht) / surface with drawn galvanized protective coating (wire)

Verzinkung f nach dem Ziehen (Draht) / finally galvanized coating ‖ ⁐ vor dem Ziehen (Draht) / drawn galvanized o. drawn after galvanizing coating
Verzinkungsblech n / sheet for galvanizing
Verzinkungs·pfanne f, -bad n / galvanizing kettle o. pot ‖ ⁐sprödigkeit f / galvanizing embrittlement ‖ ⁐wanne f / galvanizing pan
verzinnbar, direkt ~ lackisoliert / self-fluxing enamelled
verzinnen / tin[-plate] v, stannize (rare) ‖ ⁐ n / tinning, whitening ‖ ⁐ vor dem Nitrierhärten (Hütt) / galvanostegy ‖ dünn ~ / blanch ‖ [im Feuer] ~, weißsieden / scour, tin ‖ mit Zinnamalgam ~ / platinate
Verzinner m / tinker
Verzinnerei f / tinning shop o. department o. house
verzinn-nickeln / tin-nickel plate
verzinnt / tinned, tin-coated, tin-plated ‖ ~es Band (Hütt) / tinned strip ‖ ~es Blech, Weißblech n / tinplate n ‖ ~es Blech, Weißblech n / tinned sheet iron ‖ ~er Draht / solder-coated wire, solderable wire
Verzinnung f / tin plating
Verzinnungs·bad n / tinning bath ‖ ⁐herd m / tinning stack o. pot ‖ ⁐station f / tinning stage
verzogen, verformt / buckled, warped, out-of-true ‖ ~ (Band) / twisted ‖ ⁐sein n, Unebenheit f (Platte) / warpage
Verzögerer m (Phot, Chem) / restrainer ‖ ⁐ (Masch, Elektr) / retarder
verzögern vt, verlangsamen, die Geschwindigkeit verringern / slow [down], decelerate, retard ‖ ~ (Phys) / delay vt, put off ‖ ~, aufschieben / delay, postpone, (esp:) defer (a payment) ‖ ~, hemmen / inhibit ‖ sich ~, zurückbleiben / lag vi
verzögerndes Egalisiermittel (Textil) / retarding and levelling agent
verzögert [abfallend] (Relais) / time delay…, -lag…, slow-release…, slow dropping ‖ ~, langsam / delayed, delay-action…, time lag… ‖ ~e Alphastrahlung / delayed alpha emission ‖ ~e automatische Verstärkungsregelung / biassed automatic gain control, delayed automatic gain control ‖ ~e Elastizität / viscous elasticity ‖ ~e Fischschuppenbildung (Email) / delayed fish scaling ‖ ~e Geschwindigkeit / retarded speed o. velocity, decelerated o. slowed-down speed ‖ ~e Geschwindigkeit, Verzögerung f / deceleration ‖ ~e Haarrißbildung / delayed crazing ‖ ~es Neutron / delayed neutron ‖ ~er Regelverstärker / delayed gain control amplifier ‖ ~e Verkokung / delayed coking ‖ ~-kritisch (Nukl) / delayed critical
Verzögerung f / decelerate motion, deceleration, retardation, retarded motion, slowing down ‖ ⁐, Verzug m / delay ‖ ⁐, Nachhängen n / lag ‖ ⁐, zeitliche Nacheilung / time lag ‖ ⁐ (PERT) / slippage ‖ ⁐ im Countdown (Raumf) / hold, delay in countdown ‖ ⁐ zweiter Ordnung (Regeln) / quadratic factor ‖ mit konstanter (o. unabhängiger) ⁐ / with definite o. fixed o. constant o. independent time lag ‖ zu erwartende ⁐ (PERT) / anticipated slippage
Verzögerungs·… (Halbl, DIN) / recovery… ‖ ⁐elektrode f / decelerating electrode ‖ ⁐erscheinung f / lag phenomenon ‖ ~freie Regelung / instantaneous control ‖ ⁐gitter n (bei der Verstärkerröhre) (Elektronik) / decelerating grid ‖ ⁐glied, -element n (Relais) / time element, time-lag device ‖ ⁐kette, -leitung f (Elektronik) / delay line, tank, acoustic o. sonic delay line ‖ ⁐kipp m (Elektronik) / delaying sweep ‖ ⁐kraft f / retarding power ‖ ⁐kreis m (Elektronik) / delay circuit ‖ ⁐leitung f (Elektronik) / delay line, helix ‖ ⁐leitung f für Mikrowellen / slow-wave structure ‖ ⁐linse f (Elektronik) / metallic delay lens, metal lens ‖ ⁐maß n (Elektronik) / delay constant ‖ ⁐messer m / decelerometer ‖ ⁐mittel n, Verzögerer m (Chem) / retarding agent, retarder ‖ ⁐moment n / decelerating torque ‖ ⁐pille f (Bergb) / delay element ‖ ⁐relais n /

1153

slow-acting o. -dropping relay o. contactor, time lag relay, slow-to-operate relay ‖ ⁻relais *n*, -schalter *m* mit Öl- o. Glyzerindämpfung (Elektr) / sucker ‖ einstellbares ⁻relais / adjustable time-lag relay ‖ ⁻satz *m* (Sprengung) / delay-action composition ‖ ⁻schalter *m*, -schaltwerk *n* (Elektr) / delay switch ‖ ⁻schaltung *f* (Elektronik) / delay circuit ‖ ⁻schirm *m* (Luftf) / retarder parachute ‖ ⁻sprung *m* (Fallschirm) / delayed drop ‖ ⁻spur *f* (Straßb) / slow-down lane ‖ ⁻strecke *f* (Reaktor) / delay bed o. loop, hold-up line ‖ ⁻strom *m* (Halbl) / recovery current ‖ ⁻wicklung *f* / slug of a relay ‖ ⁻zeit *f* (allg) / delay time ‖ ⁻zeit *f* (Halbl) / recovery time ‖ ⁻zeit *f* (Elektronik) / propagation delay time ‖ ⁻zeitkonstante *f* (Regeln) / time constant [of time delay] ‖ ⁻zünder *m* / retarded action fuse, delay o. time fuse
ver·zonen (Fernm) / zone *vt* ‖ ⁻zonertechnik *f* (Fernm) / zone principle, zoning ‖ ⁻zonungsgerät *n* (Fernm) / zoner
verzuckern, in Zucker verwandeln / saccharify ‖ Holz ~ / hydrolyze wood
Verzuckerung *f* (Verwandlung im Zucker) / saccharification
Verzuckerungsrast, -zuckerungspause *f* (Brau) / saccharification rest
Verzug *m* s. auch Verziehen ‖ ⁻, Verzögerung *f* / delay ‖ ⁻, Verstreckung *f* (Textil) / draft, drawing ‖ ⁻ (PERT) / negative slack ‖ ⁻ (Bergb) / sheathing, lagging
Verzugs·berechnung *f* (Spinn) / draft calculation ‖ ⁻brett *n* (Bergb) / covering board ‖ ⁻feld *n* (Spinn) / drafting zone ‖ ⁻feldebene *f* (Spinn) / drafting zone plane ‖ ~frei (Stahl) / non warping ‖ ⁻größe *f*, -höhe *f* (Spinn) / degree of draft ‖ ⁻holz *n*, Holzausbau *m* (Bergb) / brattice, lagging ‖ ⁻pfahl *m* (Bergb) / facing board
ver·zundern / oxidize, scale ‖ ⁻zunderungsverlust, Abbrand *m* (Hütt) / scale loss, heat waste, fire waste
verzweifachen, verdoppeln / double, render twofold
verzweigen *vt* / branch *vt* ‖ ⁻, ausfächern (DV) / fan out ‖ ~, springen (DV) / jump *v*, branch ‖ [sich] ~ / ramify, branch
Verzweiger *m* (Elektr) / branch box ‖ ⁻ (Fernm) / cross-connection point, branching point ‖ ⁻ (DV) / expander
verzweigt / ramified, branched ‖ ~e Kette (Kohlenstoffatome) (Chem) / branched chain ‖ ~es Polymer / branched polymer ‖ ~er Stromkreis / divided circuit ‖ ~er Zerfall (Nukl) / branching ‖ [stark] ~, sich verzweigend / ramose, ramous ‖ ~kettig (Chem) / branched-chain…
Verzweigung *f* / ramification, branching ‖ ⁻ (gabelförmig) / bifurcation, forking ‖ ⁻, Anschluß *m* (Bahn, Straßb) / junction ‖ ⁻ (DIN) (DV) / branch[ing], jump ‖ ⁻, Fan-out *n* (DV) / fan-out ‖ ⁻ (Info) / decision
Verzweigungs·adresse *f* (DV) / branch address ‖ ⁻anteil *m* (Nukl) / branching fraction ‖ ⁻anzeiger *m* (DV) / process branch indicator ‖ ⁻baustein *m* (Pneum) / sequencer deviation module ‖ ⁻befehl *m*, -anweisung *f* (DV) / procedure branching statement ‖ ⁻enzym *n* / branching enzyme ‖ ⁻lage *f* (Mech) / change-point position ‖ ⁻möglichkeit *f* (Elektronik, DV) / fan-out ‖ ⁻prozeß *m* (Math) / branching process ‖ ⁻punkt *m* / branch point ‖ ⁻regel *f* (Elektr) / first law of Kirchhoff ‖ ⁻verhältnis *n* (Nukl) / branching ratio
verzwirnen / twist *v*
Vesicans *n*, blasenzeichnendes Mittel, Vesikantie *f* / vesicant *n*
Vestibül *n*, Wandelhalle *f* (Bau) / lobby, gallery
Vestibularschlitten *m* (Raumf) / space sled
Vesuvian, Idokras *m* (Min) / vesuvianite, idocrase
veterinär / veterinary
Vetiver-Öl, Ivarancusa-Öl *n* / vetiver oil
VE-Wasser *n*, (veraltet, jetzt:) Deionat *n* / deionized o. demineralized water
VEZ (Luftf) = Voreinflugzeichen
VFA-Zahl *f* (Latex) / VFA o. volatile fatty acid number
v.F./d. (Bergb) = verwertbare Förderung je Tag

V-Flügel *m* (Luftf) / dihedral wing
V-förmig / V-shaped ‖ ⁻e Ablauflinie (Fehler, Email) / V-draining ‖ ⁻e Kerbe, V-Kerbe *f* / V-shaped notch ‖ ⁻e Windschutzscheibe (Luftf) / V-fronted [wind]screen ‖ ⁻es Zapfenlager / V-shaped bearing
V-Form-Winkel *m* (aufwärts gerichtet) (Luftf) / dihedral angle
VFR·-Flug *m* / VFR-flight ‖ ⁻-Regeln, Sichtflug-Regeln *f pl* (Luftf) / visual flight rules, VFR *pl*
V-Führungsbahn *f*, Prismen *n pl* (Wzm) / prismatic guide o. way
VF-Verstärker *m* (TV) / video amplifier
VGB = Vereinigung der Großkraftwerksbetreiber
V-Getriebe *n* mit positiver o. negativer Profilverschiebungssumme / gear pair with modified center distance
VG-Flugzeug *n* (= variable geometry) / VG-plane (= variable geometry)
Vg-Schreiber *m* (= vertical gust) (Luftf) / vertical-gust o. v.g.-recorder
VHF (Bau) = Verbundplatte mit Mittellage aus Holzfaserplatten ‖ ⁻, Ultrakurzwellen…, Meterwellen… (Elektronik) / very high frequency ‖ ⁻-Antenne *f* / VHF antenna ‖ ⁻-Kanalwähler *m* (TV) / VHF channel selector ‖ ⁻-Wellen, Meterwellen *f pl* (Elektronik) / very high frequency range
VHO-Lampe *f* / very high output lamp, VHO-lamp
VHRR (= very-high-resolution radiometer), hochauflösendes Radiometer (Raumf) / very-high-resolution radiometer
VHR-Sensor *m* / very high resolution sensor, VHR-sensor
VH-Schreiber *m* (velocity, height) (Luftf) / VH-recorder (velocity, height)
VHS-Gerät *n* / VHS player
VHSIC, höchstintegrierter Schaltkreis / very high scale integrated circuit, VHSIC
VI = Viskositätsindex ‖ ⁻ = Vermessungsingenieur
Viadukt *m* / viaduct
Vibration, Schwingung *f* / vibration
Vibrations·… / vibrational, vibrative, vibrating, vibratory ‖ ⁻-Anhängewalze *f* (Straßb) / trailing vibrating roller ‖ ⁻bohle *f* (Bau) / vibratory plank ‖ ⁻bohren *n* (Öl) / vibratory o. vibration drilling ‖ ⁻dämpfer *m* / mean of reducing vibration ‖ ⁻drehbohren *n* / vibro-rotating drilling ‖ ⁻-Eintreiben *n* / vibratory pile driving ‖ ⁻fertiger *m*, Straßenfestiger *m* / vibrating finisher ‖ ⁻förderer *m*, Vibroförderer *m* / vibroconveyor ‖ ⁻galvanometer *n* / vibration galvanometer ‖ ⁻geräusche *n pl* (Elektronik) / hash ‖ ⁻mikrophonie *f* / vibration microphonism ‖ ⁻mischer *m* / vibratory agitator ‖ ⁻mühle *f* / vibratory mill ‖ ⁻regler *m* / vibrating contact regulator ‖ ⁻relais, Gulstadrelais *n* / vibrating relay ‖ ⁻/Rotations-Wechselwirkung *f* (Nukl) / vibration-rotation interaction ‖ ⁻schleifer, Rutscher *m* (Tischl) / sander, rubber, holystone ‖ ⁻schöpfer, Vibrator *m* (Wzm) / vibratory hopper feeder, bowl feeder ‖ ⁻schweißen *n* (Plast) / vibration welding ‖ ⁻schweißmaschine *f* für Stoßfänger (Plast) / bumper welder ‖ ⁻sieb *n* s. Vibratorsieb ‖ ⁻spannung *f* / vibrating stress ‖ ⁻stampfer *m* (Bau) / vibro-tamper ‖ ⁻straßenwalze *f* / vibratory roller ‖ ⁻tisch *m* / vibrating table ‖ ⁻verdichten *n* / compacting by vibration, vibratory compaction ‖ ⁻wendelförderer *m* / vibratory hopper conveyor ‖ ⁻-Ziehen *n* / extraction by vibration
Vibrator *m*, Schwingungserzeuger, -erreger *m* / vibration generator o. exciter, vibrator ‖ ⁻aufgeber *m* / vibrating feeder ‖ ⁻sieb *n*, Vibrosieb *n* / vibrating screen, vibration sifter
vibrieren, schlagen (Welle, Hebel) / whip *vi* ‖ ~, zittern / vibrate *vi*, tremble, oscillate ‖ ~, zittern, tönen / vibrate, quiver, resound, chatter ‖ ~ / pulsate, vibrate ‖ ⁻, Zittern *n* / chatter, vibrating, trembling ‖ ⁻, Rütteln *n* (Luftf) / judder

1154

vibrierend / vibrating, vibratory, oscillating
Vibriertisch *m* (Gieß) / bench jolter
Vibro·bohrmaschine *f* / rotary cam percussion drill ‖
~drehbohrschneide *f* (Öl) / vibro-rotary drill bit, vibro-rotating drilling bit ‖ ~graph, Erschütterungsschreiber
m / vibrograph ‖ ~kleieschleuder *f* / vibro bran sifter ‖
~meter *n* / vibrometer ‖ ~mühle *f* (Chem) / vibromill
vibronisch (Halbl) / vibronic
Vibro·-Rotarybohren *n* (Öl) / vibro-rotatory drilling ‖
~seisverfahren *n* (Öl) / vibratory seismic method ‖
~sieb *n* mit Doppelwuchtmassenantrieb / vibrating screen with double unbalance
VIC, veränderliche Bestrahlungsbedingungen f, / variable irradiation conditions *pl*
Vicat·-Erweichungspunkt *m* / Vicat softening point ‖
~-Formbeständigkeit *f* (Plast) / Vicat dimensional stability [under heat] ‖ ~nadel *f* (Beton) / Vicat needle ‖
~test *m*, Warmfestigkeitsversuch *m* nach Vicat / Vicat test
Vichyform *f* (Flaschen) / Vichy type
vicinal, benachbart (Chem) / vicinal ‖ ~wirkung *f* / vicinal action
Vicinismus *m* (Biol) / vicinism
Vickers·härte *f* / [Vickers] pyramid hardness, diamond penetrator hardness, D.P.H., d.p.h., DH ‖ ~härte *f*
(Betrag) / diamond pyramid hardness number, D.P.N.,
DHN ‖ ~-Härteprüfer *m* / [Vickers] pyramid hardness tester
Video·..., Bild... (TV) / video..., vision..., visual ‖
~abgleich *m* (TV) / vision alinement ‖ ~aufzeichnung *f*
(TV) / video recording ‖ ~band *n*, -magnetband *n* /
video tape ‖ ~-Bandaufnahmegerät *n* / video tape recorder, VTR ‖ ~bandkopie *f* (TV) / video tape duplication ‖ ~bandmontage *f* / video tape editing ‖
~-Bildgleichrichter *m* / video detector ‖
~-Cassetten-Recorder *m*, VCR *m* / video cassette o.
cartridge recorder, VCR ‖ ~demodulator *m* / video
demodulator ‖ ~-Digitalisierer *m* / video digitizer ‖
~-Empfang *m* / video reception ‖ ~endstufe *f* / video
final stage ‖ ~filmkamera f, Magnetbandkamera *f* /
video camera ‖ ~foliengerät *n* / video floppy disk
recorder ‖ ~frequent / videofrequency... ‖ ~frequenz
f (TV) / video frequency, VF ‖ ~frequenztechnik *f* /
video frequency engineering ‖ ~graph,
Sichtweitenmesser *m* (für kurze Entfernungen) (Luftf) /
videograph ‖ ~graphie *f* / videography ‖ ~ingenieur *m*
(TV) / video engineer, vision control supervisor ‖
~kamera f, Magnetbandkamera *f* / video camera ‖
~kamera-Recorder *m* / camcorder ‖
~-Kassetten-Magnetbandgerät *n* / helical-scan video
tape cassette ‖ ~kopf *m* (Videoband) / video head ‖
~kopfrad *n* / video head wheel ‖ ~-Langspielsystem *n*,
VLP (Philips) / video long play system, VLP-system ‖
~netz-Kanal *m* / video network channel ‖ ~phon *n*,
-telefon *n* (Fernm, TV) / videophone, picture phone,
vision phone ‖ ~phon-Konferenz f, Videokonferenz *f* /
videoconferencing, -conference ‖ ~plattengerät *n* /
video disk recorder ‖ ~prüfsignalgeber *m* / video test
signal generator ‖ ~querspur-Aufzeichner *m* /
quadruplex recorder ‖ ~recorder *m* / video recorder ‖
~schüssel *f* (Antenne) / video dish ‖ ~signal[gemisch] *n*
/ composite television o. video signal, picture o. video
o. vision (GB) signal ‖ ~signalgesteuerte Optik / auto-iris ‖ ~spiele *n pl* / video games pl, TV games *pl* ‖
~spur *f* / video track ‖ ~telefonie f, Bildfernsprechen
n, -telefonie *f* / visual telephony ‖ ~terminal *n* / video
terminal ‖ ~tex *m* (interne Bezeichnung des
Btx-Dienstes) / videotex ‖ ~drahtlos übertragener ~text
/ teletext ‖ ~textdienst *m*, Bildschirmtextdienst *m* /
videotext service ‖ ~trägerwelle *f* / video carrier ‖
~umschalter, Hartschnittschalter *m* (TV) / video switch
‖ ~-Verstärker *m* / video amplifier ‖ ~verstärkung *f* /
video amplification ‖ ~-Werbestreifen *m* / videoclip

Vidicon *n* (TV) / vidicon [tube] ‖ ~-Filmabtaster *m* /
vidicon film scanner, vidicon motion-picture pick-up
(US)
Vidie-Dose *f* (Barometer) / sylphon bellows of the aneroid
barometer
Vieh·dung *m* / livestock wastes *pl* ‖ ~einheit *f* / animal
unit ‖ ~futter *n* / fodder ‖ ~haltung *f* (Landw) /
livestock husbandry ‖ ~laderampe *f* (Bahn) / cattle
loading ramp, livestock platform ‖ ~laderampe *f* (Bahn)
/ livestock platform ‖ ~salz *n* / cattle lick ‖ ~stall *m* /
barn (US), cow stable, cowshed ‖ ~[transport]wagen,
-transporter *m* (Kfz) / cattle truck ‖ ~wagen *m* (Bahn) /
cattle wagon o. car (US), stock car (US) ‖ ~zucht *f* /
cattle breeding, stock farming (US)
Viel·..., Mehrzweck... / all- o. multi-purpose... ‖
~ handhaben (o. anwenden) / ply *v* ‖ ~achsig (Kfz) /
multi-axle ‖ ~adreß... (DV) / multiaddress ‖ ~adrig
(Elektr) / multiwire ‖ ~atomig / polyatomic ‖ ~band...
(Elektronik) / multi[ple]-channel... ‖
~bütten-Kartonnagenmaschine *f* / multivat board
machine ‖ ~decker *m* (Luftf) / multiplane ‖ ~deutig
(Math) / multiform, ambiguous ‖ ~deutige Funktion
(Math) / many-valued function ‖ ~deutigkeit *f* /
ambiguity ‖ ~eck, Polygon *n* / polygon ‖ ~eckausbau
m (Bergb) / square setting o. timbering ‖ ~eckig,
polygonal / many-angled, many-cornered, polygonal ‖
~eckiger Balken (Stahlbau) / polygonal bowstring o.
beam ‖ ~ecksprengwerk *n* / polygonal truss ‖
~eckverband *m* (Bau) / polygonal bond
vielfach adj, vielfältig / multifarious, multiple ‖ ~,
multiplex / multiplex ‖ ~ *n* (Fernm) / multiple ‖
~ bewährt / proved his worth many times ‖ ~ geteilt
(o. gespalten) / multipartite ‖ ~er Punkt (Math) /
multiple point ‖ ~ schalten (Fernm) / multiply ‖
~ ungesättigt (Fett) / polyunsaturated ‖ ~ ungesättigtes
Fett / polyunsaturate ‖ ~-Abfrageeinrichtung *f* (Fernm)
/ multiple answering equipment ‖ ~abstimmung *f*
(Antenne) / multiple tuning ‖ ~abstatung *f* (TV) /
multiple scanning ‖ ~aufhängung *f* der Fahrleitung
(Bahn) / catenary suspension system ‖ ~betrieb *m*
(Fernm) / multiple[x] transmission ‖
~-Doppeladerkabel *n* / multiple-twin cable ‖
~drehschalter *m* / tap switch ‖ ~echo *n* / multiple echo
‖ ~echoerzeuger *m* (Radar) / moonshine ‖ ~-Eigenwert
m (Regeln) / multiple eigenvalue ‖ ~emitter-Transistor
m / multi-emitter transistor ‖ ~empfang *m* (Fernm,
Elektronik) / multiple reception
Vielfaches *n* (Math) / multiple *n* ‖ gemeinsames ~ (Math) /
common multiple
Vielfach·feld *n* (Fernm) / [bank] multiple ‖ gerades [o.
unverschränktes] ~feld (Fernm) / straight bank o.
multiple ‖ ~funkenstrecke *f* / multigap arrester ‖
~gerät *n* (Landw) / multi-purpose toolbar o. tool carrier
‖ ~gerät *n* (für Kartoffeln usw) (Landw) / all-crop
implement ‖ ~geräte u. Werkzeuge *n pl* (Landw) /
multi-purpose inter-cultivation implements *pl* ‖
~gespräch *n* / multiple call ‖ ~-Handstück *n* / pad ‖
~-Job-Steuerung *f* (DV) / multi-job scheduling ‖
~-Jobverarbeitung *f* (DV) / multi-job processing ‖
~kabel *n* / multiple cable ‖ ~klinke *f* (Fernm) / multiple
jack ‖ ~-Koinzidenz *f* (DV) / multiple coincidence ‖
~kontrolle *f* (LoKa) / multi-control ‖ ~leitung f,
Übertragungsweg *m* (DV) / highway, trunk, bus (US) ‖
~lochmaschine, -stanze *f* / multiple punch ‖ ~lochung
f / multiple o. multi-punching ‖ ~magnetron *n* / cavity
magnetron ‖ ~meißelhalter *m* (Wzm) / multiple-tool
block ‖ ~meßgerät *n*, -instrument *n* (Elektr) /
multimeter, volt-ohm-milliammeter, VOM ‖
~meßgerät *n*, Mehrbereichsgerät *n* / multirange meter
‖ ~modulation *f* / multiple modulation ‖ ~prüfgerät *n*
/ multitester ‖ ~prüfung *f* / multiple test ‖
~punktschweißung *f* / multiple electrode spot weld ‖
~schalten (Fernm) / connect in multiple ‖ ~schalten *n*
(Fernm) / multipling ‖ ~schaltung *f* / multiple

1155

connection ‖ ⁓**schreiber** *m* / multivariable recorder ‖
⁓**stanze** *f* / multiple punch ‖ ⁓**stecker** *m* /
multiconductor o. multiple plug, manifold plug ‖
⁓**stecker** *m* **mit Rast** / multiconductor locking plug ‖
⁓**steckverbindung** *f* (Radio-Chassis) / unitor ‖
⁓**steuerleitung** *f* (Bahn) / multiple-operation control line
‖ ⁓**steuerung** *f* (Bahn) / multiple-unit control ‖ **mit**
⁓**steuerung** (Bahn) / multiple unit … ‖ ⁓**steuerung** *f*
von Triebfahrzeugen (Bahn) / coupled running o.
coupling of motor vehicles ‖ ⁓**telegrafie** *f*, -betrieb *m* /
multiplex telegraphy ‖ ⁓**umschalter** *m* (Fernm) /
multiple [change-over] switch ‖ ⁓**umschalter** *m* (Elektr)
/ multiple throw switch ‖ ⁓**verbindung** *f* (Raumf) /
multiplex link ‖ ⁓**verbrennung** *f* (Raumf) / multiburn ‖
⁓**verstärker** *m* / multiple amplifier ‖ ⁓**zerfall** *m* (Nukl) /
multiple decay o. disintegration ‖ ⁓**zugriff** *m* (DV) /
multiple access ‖ ⁓**zugriff** *m* **durch Codetrennung** /
code division multiple access, CDMA ‖ ⁓**zugriff** *m*
durch Trägererfassung (Fernm) / carrier sense multiple
access, CSMA ‖ ⁓**zugriff** *m* **im Raummultiplex** /
space division multiple access, SDMA ‖ ⁓**zugriff** *m* **im
Zeitmultiplex mit Vermittlung im Satelliten** / satellite
switched TDMA (= time division multiple access) ‖
⁓**zugriff-Rechnen** *n* (DV) / multi[ple]-access computing
viel·fältig / multifarious, multiple ‖ ⁓**fältigkeit** *f* / variety,
multiplicity ‖ ⁓**farbendruck** *m*, Polychromie *f* (Buch) /
polychromy ‖ ⁓**farbenfilter** *n* / multicolour filter ‖
⁓**farbig** / varicolo[u]red ‖ ⁓**farbig**, polychrom /
polychromatic, -chrome ‖ ⁓**flach** *n*, Polyeder *n* /
polyhedron ‖ ⁓**flächig**, -seitig (Math) / polyhedral ‖
⁓**fontourig** (Cottonmasch) / multisection[ed] ‖ ⁓**förmig** /
multiform ‖ ⁓**funktions…** / multifunction… ‖
⁓**gebäudig**, mit vielen Gebäuden / multibuilding ‖
⁓**geschossig** (Bau) / multistor[e]y… ‖ ⁓**gestaltig** /
multiform ‖ ⁓**gestaltigkeit**, Heteromorphie *f* /
polymorphism, -morphy ‖ ⁓**gruppentheorie** *f* (Nukl) /
multi-groups theory
Vielheit *f* / multitude
Viel·herdofen *m* (Hütt) / multiple-hearth furnace ‖
⁓**höckerige Elektronenverteilung** / multihumped
electron distribution ‖ ⁓**kammermagnetron** *n* /
multihole o. multi-cavity magnetron, hole magnetron ‖
⁓**kanal…** (Elektronik) / multi[ple]-channel… ‖
⁓**kanalrechner** *m* (DV) / multiprocessor ‖
⁓**kanaltelegrafie** *f* / multi[ple]-channel telegraphy ‖
⁓**kantmischer** *m* / polyhedral mixer ‖ ⁓**keilwelle** *f* /
spline shaft ‖ ⁓**kernig** (Biol) / polynucleate ‖
⁓**kontaktfeld** *n* (Fernm, Buch.m) / bank [multiple] ‖
⁓**kontakt-Steckverbindung** *f* / multiple contact
connector ‖ ⁓**kornabrichter** *m* (Schleifm.) / multi-grain
dresser ‖ ⁓**korn-Bindung** *f* / multi-grain bond ‖
⁓**körperproblem** *n* / many body problem ‖
⁓**körper-Verdampfer**, -verdampfapparat *m* (Zuck) /
multiple-effect evaporator ‖ ⁓**kreismagnetron** *n* s.
Vielkammermagnetron ‖
⁓**kristallhalbleiter-Gleichrichterplatte** *f* /
polycrystalline rectifier plate ‖ ⁓**lagenbeschichtung** *f* /
multilayer coating ‖ ⁓**lagig** / multilayer[ed]
Vielling *m* (Krist) / multiple twin ‖ ⁓**bildung** *f* / albite
twinning
Viel·loch… / multihole ‖ ⁓**lochstein** *m* (Hütt) / multihole
brick ‖ ⁓**meißelarbeit** *f* (Wzm) / multiple-tool operation,
gang-tool operation ‖ ⁓**meißeldrehmaschine** *f* /
multiple-tool lathe, multi-cut lathe ‖
⁓**meißeleinrichtung** *f* (Wzm) / multiple-tool block ‖
⁓**motorig** / multiengine[d] ‖ ⁓**paarig** / multipair ‖
⁓**periodensteuerung** *f* / multicycle control ‖ ⁓**phasig**,
Vielphasen… (Elektr) / multiphase, polyphase ‖
⁓**polanker** *m*, vielpoliger Anker / multipolar armature
‖ ⁓**polig** (Stecker) / mutipin, multicontact ‖ ⁓**polig**,
Vielpol… (Elektr) / multipolar ‖ ⁓**punktschweißanlage**
f / multispot welding equipment ‖ ⁓**punktsteuerung** *f*,
quasikontinuierliche Steuerung, MP-Steuerung *f* /
multipoint control ‖ ⁓**rädrig** / multiwheel ‖ ⁓**reihig** /

multiserial ‖ ⁓**reihig**, vielschichtig / in many rows ‖
⁓**riemchenflorteiler** *m* (Textil) / multiple tape divider ‖
⁓**säulig** (Bau) / polystyle ‖ ⁓**scharig** (Pflug) / with many
shares ‖ ⁓**schichten-Interferenzfilter** *n* (Opt) /
multilayer interference filter ‖ ⁓**schichtspaltkammer** *f*
(Nukl) / multilayer fission chamber ‖ ⁓**schichtsperrholz**
n, Multiplexplatte *f* / multi-ply [wood] ‖
⁓**schlitz-Magnetron** *n* / multisegment magnetron ‖
⁓**seitig**, allround / allround ‖ ⁓**seitig** (allg) / many-sided
‖ ⁓**seitig**, -flächig (Math) / polyhedral ‖ ⁓**seitig**
[verwendbar] / versatile ‖ ⁓**seitige**
Verwendung[smöglichkeit], Vielseitigkeit *f* /
versatility ‖ ⁓**spindelautomat** *m* / multi[ple]-spindle
automatic lathe ‖ ⁓**sprecher** *m* (Fernm) / high calling-
rate subscriber ‖ ⁓**stahlaufspannplatte** *f* (Wzm) /
combination tool plate holder ‖ ⁓**stahlwerkzeug** *n* /
combination tool ‖ ⁓**ständerwalzwerk** *n* / multistand
rolling mill ‖ ⁓**stellen…** / multipoint ‖ ⁓**stellig** (Math) /
of many digits, multidenominational, multidigit,
multiplace ‖ ⁓**stempelpresse** *f* (Stanz) / multislide
[machine] ‖ ⁓**stöckig** (Bau) / multistor[e]y ‖
⁓**stoffeutektikum** *n* (Hütt) / polynary eutectic ‖
⁓**stoffmotor** *m* / multifuel engine ‖ ⁓**stoffsystem** *n* /
polynary system ‖ ⁓**strahlmodulator** *m* / multibeam
modulator ‖ ⁓**strängig** (Kran) / multi-rope ‖
⁓**streifenschere** *f* / roller shears *pl* ‖ ⁓**stufig** /
multistage ‖ ⁓**stufige Entspannung** / multistage flash
process ‖ ⁓**teilchensystem** *n* / multiparticle system ‖
⁓**teilig** / multipart[ite] ‖ ⁓**träger-Frequenzmultiplex** *n*
/ multicarrier FDM ‖ ⁓**typen…** (Wellenleiter) /
multimode ‖ ⁓**walzengerüst** *n* (Walzw) / cluster mill ‖
⁓**wegeventil** *n* / multiway valve ‖ ⁓**wegpalette** *f* /
reusable pallet ‖ ⁓**wertig**, mehrwertig (Math) /
multivalent, -valued, multiple valued ‖ ⁓**wertig** (Chem) /
polyvalent ‖ ⁓**wertigkeit** *f* (einer Wurzel) (Math) /
multiplicity ‖ ⁓**zackenschrift** *f* (Film) / variable area
multiple sound track recording ‖ ⁓**zackig** (Impuls) /
multiple-slotted ‖ ⁓**zahnschraube** *f* / multipoint head
cap screw ‖ ⁓**zahn[schrauben]schlüssel** *m* / polygon
head wrench ‖ ⁓**zahn-Sperrad** *n* / multitooth ratchet ‖
⁓**zellen-Lautsprecher** *m* / multicell[ular] loudspeaker ‖
⁓**zellenpumpe** *f* / multistage pump ‖
⁓**zellen-Vakuumpumpe** *f* / multiple vane rotary
vacuum pump, rotary sliding vane pump ‖
⁓**zellenverdichter** *m* / sliding vane compressor, vane-
in-rotor blower ‖ ⁓**zellig** / multi-element ‖ ⁓**zug-Kessel**
m / multipass boiler
Vielzweck·… / multipurpose, multiple purpose… ‖
⁓**-Anhänger** *m* / mutipurpose trailer ‖ ⁓**fahrzeug** *n* /
multipurpose vehicle ‖ ⁓**greifer** *m* / versatile gripper ‖
⁓**-Kampfflugzeug** *n*, Tornado *m* / multirole combat
aircraft, MRCA ‖ ⁓**-Prüfgerät** *n* / general-purpose
check-out equipment ‖ ⁓**satellit** *m* / utility satellite
vier Spezies o. Rechnungsarten *f pl* / four primary
computations *pl* ‖ **~te Wurzel** / biquadratic root ‖
⁓**achsig** / eight-wheeled, four-axle… ‖ ⁓**adreßbetrieb**
m (DV) / four-address operation ‖ ⁓**adrig** / four-
conductor… ‖ ⁓**atomig** / tetratomic ‖ ⁓**backenbremse**
f / four-block brake ‖ ⁓**backenfutter** *n* / four-jaw chuck
‖ ⁓**bahn[en]bett** *n* (Wzm) / four track bed ‖ ⁓**bahnig**
(Tuch) / at four breadths ‖ ⁓**basisch** (Chem) /
quadribasic, tetrabasic ‖ ⁓**bindig** (Web) / four-harness
weave, four-shaft weave ‖ ⁓**bindig**, -wertig (Chem) /
quadrivalent, tetravalent ‖ ⁓**bindiger Köper** (Textil) /
four-end o. -leaf o. -harness o. -shaft twill ‖
⁓**blattluftschraube** *f* (Luftf) / four-blade[d] airscrew o.
propeller (US) ‖ ⁓**dimensional** / four-dimensional ‖
⁓**draht…**, -leiter… / four-conductor…, four-wire… ‖
⁓**drahtdurchschaltung** *f* / four-wire telephone
switching ‖ ⁓**drahtendschaltung** *f* / four-wire
termination ‖ ⁓**drahtschaltung**, -drahtleitung *f* (Fernm)
/ four-wire circuit o. line ‖ ⁓**drahtstammleitung** *f* /
four-wire side circuit ‖ ⁓**drahtverstärker** *m* (Fernm) /
four-wire repeater

Viereck *n*, Karo *n* / check, square ‖ ⁎ (Math) / quadrangle, quadrilateral, quad ‖ ⁎**fallschirm** *m* / square parachute ‖ ⁎**-Geflecht** *n* (Draht) / chain link fencing
viereckig / four-cornered, four-square, tetragonal ‖ ~ (Math) / quadrangular, quadrilateral ‖ ~, quadratisch / square ‖ ~**er Dipolrahmen** / square loop ‖ ~**e Form annehmen** / square *vi* ‖ ~ **machen**, viereckig zurichten / square *vt* ‖ ~**er Pflasterstein** (3-4'' breit, 6-9'' lang, 6'' tief) (Straßb) / sett (GB)
Viereck·schaltung *f* (Fernm) / symmetrical 0 network ‖ flacher ⁎**schirm** (TV) / flat square screen
Vierendeelträger, Rahmenträger *m* / frame beam o. quadrilateral beam o. girder
Vierer, Viererkreis *m*, -leitung, -schaltung *f* (Fernm) / phantom [circuit] ‖ ⁎..., vierteilig / quadripartite ‖ ⁎**abzweigübertrager** *m* (Fernm) / combining transformer ‖ ⁎**betrieb** *m* (Fernm) / phantom operation ‖ ⁎**bündel** *n* (Fernleitung) / bundle of four conductors ‖ ⁎**gruppe** *f* (Fernm) / phantom group ‖ ⁎**gruppe** *f* (Elektr) / quadruplet, quad ‖ ⁎**kabel**, Sternviererkabel *n* / quad cable, quadruple ‖ ⁎**leitungs-Übertrager** *m* (Fernm) / phantom repeating coil, phantom transformer ‖ ⁎**pupinisierung** *f* (Fernm) / composite o. phantom load[ing] ‖ ⁎**ringzähler** *m* / scale-of-four ring counter ‖ ⁎**satz** [von Bohrrohren] *m*, Viererzug *m* (Drehbohren) / fourble ‖ ⁎**simultantelegrafie** *f* mit Erdrückleitung (Fernm) / earth return double phantom circuit ‖ ~**verseilen** (Fernm) / quad *v*, quad-twist ‖ ⁎**-Verseilmaschine** *f* / quadding machine ‖ ~**verseilt**, vierfach (Elektr) / quadruplex ‖ ~**verseiltes Kabel** (aus Doppelleitern) / multiple-twin cable, twin quad cable ‖ ~**verseiltes Kabel** (aus Einzelleitern) / star-quad cable
vierfach, -fältig / fourfold, quadruple ‖ ~, viererverseilt (Elektr) / quadruplex ‖ ~ **redundant** / quad-redundant ‖ ~**e Redundanz** / quad redundancy ‖ ~**es Sperrholz**, Vierlagen-Sperrholz *n* / four-ply plywood ‖ ~ **wirkend** / quadruple effect... ‖ **das** ~**e** / quadruple ‖ ~**basisch** (Chem) / tetrabasic, quadribasic ‖ ⁎**bindung** *f* (Chem) / quadruple bond ‖ ⁎**expansion** *f* / quadruple expansion ‖ ⁎**meißelhalter** *m* (Dreh) / four-way toolblock o. toolholder o. toolpost ‖ ⁎**-Revolverkopf** *m* / four-faced turret head ‖ ⁎**schreiber** *m* / four-point o. four-variable recorder, quadruple recorder ‖ ⁎**-Startgerät** *n* (Flugkörper) / quadruple launcher ‖ ⁎**telegrafie** *f* (Fernm) / quadruple telegraphy ‖ ⁎**verteiler** *m* (Antenne) / four-way junction box ‖ ⁎**weiche** *f* (Elektronik) / four-transmitter combining unit
vier·fädig gezwirnt (Garn) / fourfold ‖ ⁎**faktorenformel** *f* (Nukl) / four-factor formula ‖ ⁎**familienhaus** *n* / fourplex, quadrimonium ‖ ⁎**familienhaus** *n* / quadrimonium ‖ ⁎**farbendruck** *m* / four-colo[u]r printing o. reproduction ‖ ⁎**feldtafel** *f*, Zwei-und-zwei-Tafel *f* (Math) / fourfold table ‖ ⁎**flach**, Tetraeder *n*, Vierflächner *m* / triangular pyramid, tetrahedron ‖ ~**flügelig** (Tischl) / four-leaved ‖ ~**flügelig** (Propeller) / four-bladed ‖ ~**flügelig**, -armig / four-armed ‖ ⁎**frequenz**... (Fernm) / four-frequency... ‖ ⁎**füllungstür**, Kreuztür *f* / four panelled door ‖ ⁎**furchenschlepper** *m* / four-furrow tractor ‖ ~**füßiger Mast** (Freileitung) / pylon with four footings ‖ ⁎**ganggetriebe** *n* / four-speed gear unit o. system ‖ ~**gängig** (Gewinde) / quadruple, four-start... ‖ ⁎**gang-Synchrongetriebe** *n* / four-speed synchromesh gear ‖ ⁎**gehäuse**..., viergehäusig (Turbine) / four-cylinder... ‖ ⁎**gelenkgetriebe** *n* / four-bar [straight-line] mechanism o. equivalent mechanism, four-bar linkage o. chain ‖ ⁎**gelenkkette** *f* (Mech) / four-bar chain ‖ ~**geschossiges Apartment** / fourplex (US) ‖ ⁎**gespann** *n* (Bau) / quadplex (US) ‖ ~**gliedrig**, -teilig (Math) / four-termed, quadrinomial ‖ ~**gliedriges Polynom** (Math) / quadrinomial ‖ ~**gliedriges Raumgetriebe** / space four-bar mechanism ‖ ⁎**kanal**... (Elektronik) / four-channel... ‖ ~**kanalig**, Vierspur... (Magn.Bd) / four-track ‖ ⁎**kanal-Stereo** *n*,

Quadriphonstereo *n* / quadraphonic [stereo], -sonic o. tetraphonic stereo ‖ ⁎**kanal-Übertragung** *f* / four-channel transmission
Vierkant *m n* / square ‖ ⁎ mit abgeschrägten Kanten / quarter octagonal ‖ **mit einem** ⁎ **versehen** *adj* / squared ‖ ⁎**ansatz** *m* (Schraube) / square neck ‖ ⁎**block** *m* (Hütt) / square ingot ‖ ⁎**blockdrehmaschine** *f* / square ingot turning lathe ‖ ⁎**draht** *m* / square wire ‖ ⁎**einsteckschlüssel** *m* **für Ablaßverschraubung** / male square wrench for drain screws ‖ ⁎**feile** *f* / square file ‖ ⁎**gummifaden** *m* / square rubber thread ‖ ⁎**holz** *n* / squared timber, beam ‖ ⁎**holzschraube** *f* / square head lag bolt
vierkantig / four-edged, square ‖ ~ **machen** (o. zurichten o. behauen o. bearbeiten) (allg) / square [up] ‖ ~**er Wickeldorn** / winding square
Vierkant·keil *m* / square wedge ‖ ⁎**kopf** *m* / square head; sq.hd. ‖ ⁎**längsaufnahme** *f* (Wz) / square longitudinal seat ‖ ⁎**loch** *n* / square hole ‖ ⁎**material** *n* / square bar o. stock (US) ‖ ⁎**meißel** *m* (Dreh) / square tool ‖ ⁎**mutter** *f* / square nut ‖ ⁎**profil** *n* / square profile ‖ ⁎**queraufnahme** *f* (Wz) / square cross seat ‖ ⁎**-Räumwerkzeug** *n* / square broach ‖ ⁎**-Ringschlüssel** *m* / single end and square box wrench o. square ring wrench ‖ ⁎**rohr** *n* / rectangular tube ‖ ⁎**rohr** *n* **für Dampfkessel** / header tube ‖ ⁎**scheibe** *f* (DIN 436) / [plain] square washer ‖ ⁎**scheibe für U-** o. **I-Träger** / square taper washer ‖ ⁎**schlüssel** [für 12 mm] *m* / [12-mm] square spanner (GB) o. wrench (US) ‖ ⁎**schraube** *f* / square-head bolt ‖ ⁎**schraube** *f* mit **Ansatzkuppe** / square-head bolt with half-dog point with rounded end ‖ ⁎**schraube** *f* mit **Bund** / collar-head screw, square-head bolt with collar ‖ ⁎ schwach ausgebauchte ⁎**spitzfeile** / taper cotter file ‖ ⁎**stab** *m* / square bar ‖ ⁎**stahl** *m* / square bar steel, squares *pl* ‖ ⁎**stahl** *m* gezogen / drawn square bar steel ‖ ⁎**-Steckschlüssel** *m* / Tee-handled square socket wrench, socket single square Tee wrench ‖ ⁎**-Unterlegscheibe** *f* / square washer ‖ ⁎**walzdraht** *m* / square rolled wire ‖ ⁎**welle** *f* / square shaft ‖ ⁎**welle** *f*, -rohr *n*, -stange *f* (Drehbohren) / grief stem, kelly
Vier·kathoden-Photovervielfacher *m* / quadrant photomultiplier ‖ ⁎**klauenplanscheibe** *f* / four-jaw chuck ‖ ⁎**komponentenwaage** *f* / four-component balance o. scale ‖ ⁎**krempelsatz** *m* / set of four cards ‖ ⁎**kugelapparat** *m*, VKA (Schmierstoffprüfung) / four ball tester for luboils ‖ ⁎**kurs[funk]feuer** *n*, Vierkursleitstrahlbake *f* / four-course radio range beacon ‖ ⁎**kursfunkfeuer** *n* (mit Sicht- und Höranzeige) (Luftf) / visual-aural radio range control ‖ ⁎**kursfunkfeuer** *n* mit **Schleifenantenne** (Luftf) / loop range ‖ ~**lagiges Papier** (DV) / four-part form paper ‖ ⁎**lamellen-Rotationsverschluß** *m* (Phot) / four-disk rotary shutter ‖ ⁎**leiter**..., -draht... / four-conductor..., four-wire... ‖ ⁎**leiter**..., mit Kernvierer (Fernm) / four-core... ‖ ⁎**leitersystem** *n* (Elektr) / four-wire network ‖ ~**linsig** (Elektronenmikrosk) / four-stage, -lens... ‖ ~**litziges Seil** / four-stranded rope ‖ ⁎**loch[quadrat]flansch** *m* / four-hole square flange ‖ ~**mal im Jahr**, vierteljährlich (Buch) / quarterly ‖ ~**mal wiederholt** (o. bestehend o. ausgefertigt) / quadruplicate, four-times repeated ‖ ⁎**mantelkabel** *m* (Drehstrom) / separate lead type cable, S.L.-type cable ‖ ~**molekular** / quadrimolecular ‖ ~**motorig** / four-engine[d] ‖ ~**motorige Düsenmaschine** (Luftf) / quadrijet ‖ ⁎**neunerzink** *n* (99,99%) / four-nines zinc ‖ ⁎**niveau-Laser** *m* / four-level laser ‖ ⁎**phasenmodulation** *f* / quadraphase modulation ‖ ⁎**phasensternschaltung** *f* (Elektr) / four-phase star connection ‖ ⁎**phasen-Vermaschung** *f* / four-phase mesh connection ‖ ~**phasig**, Vierphasen... (Elektr) / four-phase, tetraphase, quadraphase ‖ ⁎**pol** *m*, -polschaltung *f*, Quadrupol *m* (Fernm) / quadripole, four-terminal network, two-terminal pair network ‖ ⁎**pol**,

Quadrupol *m* (Elektr) / quadrupole ‖ ⁓**poldämpfung** *f*, -poldämpfungsmaß *n* (Fernm) / image attenuation coefficient o. constant (US) ‖ ⁓**poldeterminante** *f* / quadripole determinant ‖ ⁓**polig**, Vierpol... / four-pole, -polar ‖ ⁓**poliger magnetischer Lautsprecher** / balanced armature loudspeaker ‖ ⁓**polkreuzglied** *n* (Fernm) / lattice network o. section, bridge network ‖ ⁓**pol-Massenspektrometer** *n* / quadrupole mass spectrometer ‖ ⁓**polphasenfaktor** *m* (Fernm) / image phase factor ‖ ⁓**polröhre** *f*, Tetrode *f* / tetrode, twoport ‖ ⁓**polschaltung** *f*, vierpoliges Netz (Elektr) / four-terminal [transmission] network ‖ ⁓**poltheorie** *f* / network theory, fourpole theory ‖ ⁓**polübertragungsmaß** *n* (Fernm) / image transfer coefficient ‖ ⁓**polwinkelmaß** *n* (Fernm) / image phase change coefficient, image phase constant ‖ ⁓**punktlagerung** *f* / four-point [contact] bearing ‖ ⁓**punktverfahren** *n* (Verm) / graphical rectification by four identical points ‖ ⁓**quadrant...** (Elektronik) / four-quadrant... ‖ ⁓**quadrantenbetrieb** *m* (Elektr) / four-quadrant operation ‖ ⁓**quartier** *n*, ganzer Ziegel (Bau) / whole brick ‖ ⁓**rad** *n* / quadricycle ‖ ⁓**radantrieb** *m* (Kfz) / fourwheel drive ‖ ⁓**radantriebwagen** *m* (Kfz) / fourwheel drive truck, quad (coll.), four by four, 4 x 4 ‖ ⁓**radbremse** *f* / fourwheel brake ‖ ⁓**radgestell** *n* (Luftf) / fourwheel bogie ‖ ⁓**radlenkung** *f* (Flurförderer) / castor steer ‖ ⁓**ringig** (Chem) / tetracyclic ‖ ⁓**säulen...** (Wzm) / four-column... ‖ ⁓**säurig** (Chem) / tetracid ‖ ⁓**schicht...** / four-layer... ‖ ⁓**schichtdiode** *f* / four-layer diode ‖ ⁓**schleifenkapazität**, Viererkapazität *f* (Fernm) / side-to-side capacity ‖ ⁓**schlitzmagnetron** *n* / four-segment-anode magnetron ‖ ⁓**schneider** *m* / four-lipped core drill ‖ ⁓**schraubenfutter** *n* (Dreh) / bell. o. cup chuck ‖ ⁓**schraubenschiff** *n* (Schiff) / quadruple screw ship ‖ ⁓**seilgreifer** *m* / four-rope grab ‖ ⁓**seit** *n* (Math) / quadrilateral *n* ‖ ⁓**seitenbesäumsäge** *f* (Holz) / four-edge trimming saw ‖ ⁓**seitig** (Geom) / four-sided, quadrilateral, quadrangular ‖ ⁓**seitige Pyramide** / square pyramid ‖ ⁓**sitzer** *m* / fourseater ‖ ⁓**spaltig** (Buch) / four-column[ed] ‖ ⁓**spezies...** / four-function... ‖ ⁓**spindelautomat** *m* / four-spindle automatic lathe ‖ ⁓**spurlochstreifen** *m* / four-channel tape ‖ ⁓**spurtechnik** *f* (Ton) / four-track recording ‖ ⁓**stellig** (ganze Zahl) (Math) / four-digit, four-figure ‖ ⁓**stellig** (Dezimale, Math) / four-place ‖ ⁓**stöckig** / four-stor[e]y ‖ ⁓**stoffsystem** *n* (Chem) / quaternary system ‖ ⁓**strahlhochspannungs-Kathodenstrahloszillograph** *m* / quadruple beam high voltage cathode ray oscilloscope ‖ ⁓**strahl-Laserinterferometer** *n* / two-beam laser interferometer ‖ ⁓**strang...** (Strangguß) / four-strand... ‖ ⁓**stromlokomotive** *f*, Viersystemlokomotive *f* / quadruple-system engine

viert·e Dimension (Phys) / fourth dimension ‖ ⁓**en Grades** (Math) / biquadratic, fourth-power... ‖ ⁓**e Potenz** (Math) / fourth power

Vier·taktmotor *m* / four-stroke [cycle] (GB) o. four-cycle (US) engine ‖ ⁓**takt[prozeß]** *m*, -verfahren *n* / four-stroke [cycle] (GB) o. four-cycle (US) principle ‖ ⁓**taktspiel** *n* (Mot) / four-stroke cycle ‖ ⁓**teilen**, vierteln / divide into four parts ‖ ⁓**teilig**, -gliedrig (Math) / quadrinomial ‖ ⁓**teilig**, Vierer... / quadripartite ‖ ⁓**teilige Klinke** (Fernm) / four-point jack, four-way jack ‖ ⁓**teilung** *f* (bei Probenentnahme) / quartering ‖ ⁓**teilungsmethode** *f* bei Probenahmen (Aufber) / coining and quartering

Viertel *n*, vierter Teil / fourth part, quarter ‖ ⁓, Häuserblock *m*, -gruppe *f* (Bau) / quadrangle ‖ ⁓ (Stadtteil, z.B. Industrieviertel) / quarter ‖ **[8-seitiges]** ⁓ **eines Papierformats** (Buch) / quarto ‖ ⁓**addition** *f* (DV) / quarter addition ‖ ⁓**dach** *n* / roof with pitch of 1:4 ‖ ⁓**drehung** *f* / quarter turn ‖ ⁓**drehungsverschluß** *m* / quarter-turn cap ‖ ⁓**elliptikfeder**, Viertelfeder *f* (Kfz) / quarter elliptic spring ‖ ⁓**halbkreis** *m* (Elektronik) / quarter half circle, QHC ‖ ⁓**holz** *n* / quartered timber

‖ ⁓**jährlich** (Buch) / quarterly ‖ ⁓**konus** *m* / one-quarter cone ‖ ⁓**kreis[bogen]** *m* / quarter circle, fourth part of the circumference ‖ ⁓**kreisfläche** *f*, Quadrant *m* / quadrant, quarter of a cercle ‖ ⁓**kreisfräser** *m*, -rundformfräser *m* / single-corner rounding cutter, corner rounding concave cutter ‖ ⁓**kreispunkte** *m pl* / quadrantal points *pl* ‖ ⁓**kugel** *f* (Math) / quadrant ‖ ⁓**liter** *m* / quarter of a liter ‖ ⁓**melker** *m* (Landw) / quarter milker ‖ ⁓**periode** *f* (Elektr) / quarter period ‖ ⁓**pint** *n* (Kanada) / 1/4 pint (Canada) (= 0.284 liter) ‖ ⁓**-Punkt**, 1/4-Punkt *m* (Luftf) / quarter chord point ‖ ⁓**pyramide** *f* (Krist) / tetartopyramid ‖ ⁓**scheibenrad** *n* (Uhr) / 4/4 locking wheel

Viertels·flächner *m*, Tetartoeder *n* (Krist) / tetartohedron

Viertel·strich (2⁰49') (Nautik) / quarter ‖ ⁓**stück** *n*, Quartierstück *n* (Bau) / quarter ‖ ⁓**stundenschlagwerk** *n* (Uhr) / ting-tang ‖ ⁓**trieb** *m* **des Minutenzeigers**, Viertelrohr *n* (Uhr) / cannon pinion ‖ ⁓**welle** *f*, λ/4... (Phys) / quarter-wave ‖ ⁓**wellenanpassungsglied** *n* (Wellenleiter) / quarter-wave [length] transformer, quarter-wave bar o. line ‖ ⁓**wellenantenne** *f* / quarter-wave antenna, QWA ‖ ⁓**wellenlängenplättchen** *n* (Opt) / quarter-wave plate ‖ ⁓**wellen-Leitung** *f* (Frequenzstabilisierung bei UKW) (Elektronik) / tank line ‖ ⁓**wellensperre** *f*, -abschwächer *m* (Wellenleiter) / quarter-wave attenuator o. filter ‖ ⁓**wendelung** *f* (Treppe) / winding quarter ‖ ⁓**wert** *m*, Quartil *n* / quartile ‖ ⁓**ziegel** *m*, Einquartier *n* (Maurer) / quarter ‖ ⁓**zölliges Brett**, Schale *f* (Bau) / quarter stuff ‖ ⁓**zoll-Magnetband** *n* / quarter inch o. 1/4'' magnetic tape

Vier·torschaltung *f* (Elektronik) / quad gate ‖ ⁓**türige Limousine** (Kfz) / fourdoor sedan

Vierundzwanzig·flächner *m*, Ikositetraeder *n* / icositetrahedron ‖ ⁓**-Stundenbetrieb** *m* / 24hours working

Vierung *f*, Quadratur *f* / quadrature

Vier·walzengerüst *n* / four high stand ‖ ⁓**walzenglättvorrichtung** *f* (Spinn) / four-roller friction[ing] calender ‖ ⁓**walzenkalander** *m* / four-roll calender ‖ ⁓**walzenkalander** *m* **für Folien** / four-roll plastics sheeting calender ‖ ⁓**walzenmühle** *f* (Zuck) / four mill tandem ‖ ⁓**walz[en]werk** *n* (Masch) / four-roll[ing] mill ‖ ⁓**wegdrehschieber** *m* / four-way rotary slide valve ‖ ⁓**wegestapler** *m* / four-directional lift truck ‖ ⁓**wegeventil** *n*, -wegeschieber *m* / four-way slide valve ‖ ⁓**weghahn**, Kreuzhahn *m* / four-way cock o. faucet (US) ‖ ⁓**wegpalette** *f* / single-face four-way entry pallet, four-way pallet ‖ ⁓**wegstapler** *m* / four-way truck ‖ ⁓**wertig** (Math) / four-valued ‖ ⁓**wertig** (Chem) / quadrivalent, tetravalent ‖ ⁓**wertig** (Alkohol) / tetrahydric ‖ ⁓**wertiges Element** (Chem) / tetrad ‖ ⁓**wertigkeit** *f* (Chem) / quadrivalence, -ency, tetravalence, -ency ‖ ⁓**zählig** (Chem) / in fourfold coordination ‖ ⁓**zapfenkipper** *m* / tipping-trough four-bolted wagon

Vierzehn-Walzenmühle *f* **mit Crusher** (Zuck) / single 14-roller Fulton tandem [cane sugar mill]

Vierzimmerwohnung *f* / four-room apartment

Vierzylinder·-Boxermotor *m* / flat-four ‖ ⁓**motor** *m* / four-cylinder engine ‖ ⁓**spinnerei** *f* / four-roller spinning process ‖ ⁓**streckwerk** *n*, -walzenstreckwerk *n* (Spinn) / four-roller drawing frame

Vignette *f* (Buch) / vignette, border

Vignettierung *f* (Opt, Fehler) / vignetting

Vignolesschiene *f*, (auch:) Vignolschiene *f* (Bahn) / champignon o. Vignoles (GB) o. Vignol (US) rail, flat bottom rail

Vigogne·garn *n* / vigogne yarn, mixed shoddy yarn ‖ ⁓**tuch** *n* / vicuña

Vigoureux *n* (Web) / vigoureux, vigoreux (GB) ‖ ⁓**druck**, Kammzugdruck *m* (Textil) / melange print ‖ ⁓**-Druckmaschine** *f* / printing equipment for slivers, Vigoureux machine ‖ ⁓**garn** *n* (Textil) / vigoureux yarn

Viktoria·echtviolett *n* (Textil) / Victoria fast violet ‖ ⁺**gelb** O, Metanilgelb *n* / metanil[ine] yellow ‖ ⁺**grün** *n*, Malachitgrün *n* / Victoria green B o. WB, new Victoria green extra 0 o. I o. II, malachite green
Villard-Effekt *m* (Phot) / Villard effect
V-Impuls, Vertikalimpuls *m* (TV) / field sync signal, field o. frame [synchronizing] impulse
Vincentpresse *f* (Schm) / Vincent friction screw press
Vinyl *n* (Chem) / vinyl ‖ ⁺**acetat** *n* / vinyl acetate ‖ ⁺**al** *n* / vinylal ‖ ⁺**alkohol** *m* / vinyl alcohol ‖ ⁺**benzol**, Phenylethylen *n* (Styrol) / styrene, styrol[ene] ‖ ⁺**chlorid** *n* / vinyl chloride, chloroethylene, VC ‖ ⁺**cyanid** / acrylonitrile ‖ ⁺**dichlorid** *n*, Ethylendichlorid *n*, Vinylidenchlorid *n* / vinylidene chloride ‖ ⁺**gruppe** *f* (Chem) / vinyl group ‖ ⁺**harz**, -polymerisat *n*, Vinylit *n* / [poly]vinyl resin ‖ ⁺**idenharz** *n* / vinylidene resin ‖ ⁺**iden-Polyfluorid** *n*, Polyvinylidenfluorid *n*, PVDF / polyvinylidene fluoride, PVDF ‖ ⁺**ierung** *f* / vinylation ‖ ⁺**it** *n* / vinylite ‖ ⁺**polymerisat**, -harz *n*, Vinylit *n* / [poly]vinyl resin ‖ ⁺**styrol** *n* / vinyl styrene ‖ ⁺**toluolharz** *n* / vinyl toluene resin
Violamin *n* / violamine
Violarit *m* (Min) / violarite
violett, Vt / violet, Vt ‖ ~, lilafarben / lilac ‖ ⁺ *n* / violet ‖ ⁺**farbband** *n* (Schreibm) / purple ribbon ‖ ⁺**holz** *n* / kingwood, violetwood, violetta (US) ‖ ~**rot** / red violet
Viricid *n*, virustötendes Mittel / viricide
Viroid *n* / viroid
Virose, Viruskrankheit *f* / virosis, virus disease
virtuell (Phys) / virtual ‖ ~**es Bild** (Opt) / virtual image ‖ ~**er Brennpunkt** (Opt) / virtual focus ‖ ~**er Brutto-Tonnenkilometer** / virtual ton-kilometer hauled ‖ ~**e Daten** *pl* / virtual data *pl* ‖ ~**e Entfernung** (Bahn) / equated distance ‖ ~**es Ersatzstirnrad** / virtual spare cylindrical gear ‖ ~**es Gerät** (DV) / virtual device o. peripheral ‖ ~**es Getriebe** / virtual cylindrical gear pair ‖ ~**e Kathode** (Elektronik) / virtual cathode ‖ ~**er Leistungs-Tonnenkilometer** / virtual ton-kilometer worked ‖ ~**e Primärvalenz** (TV) / virtual reference stimulus ‖ ~**es Quant** / virtual quantum ‖ ~**er Speicher** (DV) / virtual memory ‖ ~**er Tonnenkilometer** (Bahn) / virtual ton-kilometer ‖ ~**e Verbindung** (Fernm) / virtual circuit ‖ ~**e Zähnezahl** / virtual number of teeth ‖ ~**er Zustand**, Zwischenzustand *m* (Nukl) / virtual state o. level
virulent, ansteckungsfähig / virulent
Virulenz *f* / virulence, -ency
Virus *n m* (pl: Viren) / [filterable o. ultramicroscopic] virus ‖ ⁺…/ virus…, viral ‖ ⁺…/ viral ‖ ⁺**partikel** *f* / virus particle ‖ ⁺**-Vektor**, -Träger *m* / virus carrier
VIS-Bereich *m*, Bereich *m* des Sichtbaren / visible range
Visbreaking *n* (Herabsetzung der Viskosität durch thermisches Kracken) (Öl) / visbreaking ‖ ⁺**-Anlage** *f* / visbreaker
Visetholz *n* / fustic, Chlorophora tinctoria
Visier *n*, Sehloch *n* (Opt) / sight vane o. hole ‖ ⁺, Visiervorrichtung *f* (Opt) / collimator, sighting device ‖ ⁺ (Gewehr) / sighting device, sight ‖ ⁺**achse** *f* / axis of sight ‖ ⁺**bake** *f* (Verm) / ranging rod o. pole, range pole ‖ ⁺**einschnitt** *m*, Kimme *f* (Mil) / notch of a sight, backsight [notch] ‖ ⁺**[ein]stellung** *f* / adjustment of sight
visieren (mit einem Auge) / sight with one eye
Visier·fernrohr *n* (Mil) / rifle o. sight[ing] telescope, telescopic sight ‖ ⁺**gerüst**, Schnurgerüst *n* (Bau) / sight rail o. board, batter board ‖ ⁺**klappe** *f* / leaf of sight ‖ ⁺**[korn]** *n* (Gewehr) / muzzle-sight, front-sight ‖ ⁺**kreisel** *m* (für Antennen) (Luftf) / sight-line gyro ‖ ⁺**lineal** *n* (Verm) / alidade ‖ ⁺**linie**, Standlinie *f* (Verm) / line of bearing taken o. of direction o. of sight ‖ ⁺**linie** *f*, Nullinie *f* (Ballistik) / line of sight ‖ ⁺**loch**, Sehloch *n* / sight hole, pinhole for sighting ‖ ⁺**lupe** *f* **mit Strichplatte** / ranging magnifier with a graduated plate

‖ ⁺**schieber** *m* (Mil) / rear sight elevating slide, sliding leaf, sight slide ‖ ⁺**tafel** *f*, -kreuz *n* (Verm) / sighting o. boning board ‖ ⁺**tafel** *f*, Nivellierlatte *f* (Verm) / level indicator ‖ ⁺**vorrichtung** *f* / ranging o. sighting device ‖ ⁺**weite** *f* / sighting range ‖ ⁺**winkel** *m* (Mil) / angle of elevation o. of altitude
Visitronic-Verfahren *n* / Visitronic method
visko·elastisch / elasticoviscous, elastic-viscous ‖ ⁺**-Elastizität** *f* / viscoelasticity ‖ ⁺**gramm** *n* (Öl) / blending chart, viscosity [blending] chart ‖ ~**metrisch** / viscometric ‖ ⁺**plastizität** *f* (Umformen) / viscoplasticity
viskos / viscous, viscid ‖ ~**es Öl** / thick o. viscous oil
Viskose *f*, Natrium-Zellulose-Xanthogenat *n* / viscose ‖ ⁺**folie** *f* / viscose sheet ‖ ⁺**-Plast** *m* / viscose plastics ‖ ⁺**reyon** *m* / viscose rayon ‖ ⁺**schwamm** *m* / viscose sponge ‖ ⁺**seide** *f* / viscose silk
Viskosimeter *n* / visco[si]meter
Viskosimetrie *f* / viscometry
Viskosität *f* / viscosity, viscousness, viscidity ‖ ⁺ *η*, (früher:) dynamische Viskosität o. Zähigkeit (Plast) / dynamic viscosity
Viskositäts·-Dichte-Konstante *f*, VDK / viscosity-gravity constant ‖ ⁺**-Dichteverhältnis** *n*, (früher:) kinematische Zähigkeit, VK (Plast) / kinematic viscosity *γ* ‖ ⁺**index** *m*, V.I. / viscosity index ‖ ⁺**index-Verbesserer** *m* / viscosity index improver ‖ ⁺**koeffizient** *m* (Öl) / viscosity coefficient ‖ ⁺**messer** *m*, Viskosimeter *n* / viscometer ‖ ⁺**polhöhe** *f* / viscosity pole height ‖ ⁺**regler** *m* / viscosity control ‖ ⁺**-Temperatur-Koeffizient** *m* / viscosity-temperature coefficient ‖ ⁺**-Temperaturverhalten** *n*, VT-Verhalten *n* / viscosity-temperature characteristics ‖ ⁺**verhältnis** *n*, (früher:) relative Viskosität / viscosity ratio ‖ ⁺**zahl** *f*, -beiwert *m* / coefficient of viscosity, viscosity number
viskos-plastisch (Mech) / viscoplastic
VISTOL-Flugzeug *n* / VISTOL aircraft (vertical + short take-off and landing)
visuell / optical, visual ‖ ~**e Kontrolle** *f*, Sichtprüfung *f* / visual inspection ‖ ~**e Reichweite** / visual distance o. range, range of vision, visibility ‖ ~**er Störabstand** (TV) / weighted signal-to-noise ratio ‖ ~**e Verschmutzung** / visual pollution
Visur *f* (Verm) / sight, shot
Vitaglas, ultraviolettdurchlässiges Glas / Vita glass
vital, lebenswichtig / vital ‖ ⁺**färbung** *f* / vital stain
Vitamin *n* / vitamin ‖ ⁺ **A1**, Retinol *n* / retinol ‖ ⁺ **E** / vitamin E, α-tocopherol, 5,7,8-trimethyltocol ‖ **mit** ⁺ **anreichern** / add vitamins [to], vitaminize ‖ ⁺**mangel** *m* / vitamin deficiency
Vitellin *n* (Chem) / vitelline
Viterbi-Decodierer *m* / Viterbi decoder
Vitrain *n*, Vitrit *m* (Streifen in der Kohle), Glanzkohle *f* / vitrain, anthraxylon
Vitrifizierung *f* / vitrification
Vitrine *f*, Glaskasten *m*, -schrank *m* / showcase
Vitrinit *m* (Gefügebestandteil der Steinkohle) / vitrinite
Vitriol *n* / vitriol ‖ ⁺**blei[erz]** *n*, Bleiglas *n*, Anglesit *m* / anglesite ‖ ~**[halt]ig** / vitriolic ‖ ⁺**küpe** *f* (Färb) / blue o. copperas vat
Vitrit s. Vitrain
vitro, in ~, im Glas (Chem) / in vitro ‖ ⁺**phyr** *m* (Geol) / vitrophyre ‖ ~**phyrisch** (Geol) / vitrophyric
Vivianit *m*, Blaueisenerz *n* (Min) / vivianite, blue iron ore
VK (Plast) = Vorkondensation
VKA (Schmierstoff) = Vierkugelapparat
V-Karton *m* (witterungsbeständig) (Pap) / V- o. W-board
V-Kerbe *f* / triangular o. Vee-notch
V-Kurven *f pl* (Elektr, Synchronm.) / V-curve characteristic
VLBI *n* (Astr) / very long base interferometry, VLBI
VLCC *m* (Schiff) / very large crude carrier (200-300000 to deadw)
V-Leitwerk *n* (kombiniertes Höhen- und Seitenleitwerk) (Luftf) / butterfly tail, Vee-tail
VLID-Drucker *m* / very low impact printer, VLID-printer

Vlies

Vlies n, Fell n / shear wool, [wool shearing] fleece ‖ ⁓,
Faserflor m (Textil) / fibrous web, card web ‖ ⁓,
Nonwoven n (Textil) / nonwoven, formed fabric (US)
‖ ⁓ (Pap) / mat ‖ ⁓**abrisse** m pl (Wolle) / skirtings pl ‖
⁓**dicke** f (Pap) / mat height ‖ ⁓**krempel** f, Pelzkrempel f
(Textil) / intermediate card, second breaker ‖
⁓**legemaschine** f / fleece folding machine ‖ ⁓**maschine**
f (Spinn) / fleecing machine, sliver lap machine ‖
⁓**nadelfilztuch** n, BB-Filztuch n (= batt-on-base) /
batt-on-base woven felt ‖ ⁓**stoff** m (Textil) / bonded
fiber fabric, nonwoven [fabric] ‖ ⁓**stoffe** m pl / bonded
fabrics pl ‖ ⁓**trockner** m / drier for non-wovens ‖
⁓**trommel** f (Textil) / lap drum ‖ ⁓**verbundstoff** m /
compound formed fabric
VLP, Video-Langspiel... (TV) / video long play, VLP
VLSI=Technik f (= very-large-scale integration) / VLSI
technique, very-large-scale integration technique
VLT n / very large telescope, VLT
VME-Bus m (= Versa-Module-Europe), Systembus II m
/ VME bus, system bus II
V-Meßblende f (Hydr) / notch plate
VME-Subsystem-Bus m, VSB / VME subsystem bus,
VSB
V-minus-Verzahnung f / short addendum gear
V-Mischer m / [batch] V-blender
V-Motor m / V[-type] engine ‖ ⁓, Gabelmotor m / V-
engine
VMPA = Verband der Materialprüfungsämter
V-Null n, Mündungsgeschwindigkeit f (Geschoß) / muzzle
velocity
V-Null-Getriebe n / gear pair with reference center
distance
V-Nut f **des Schneideisens** / adjusting vee of the screwing
die
VOB, Verdingungsordnung für Bauleistungen, .f. /
contract procedure for building works
Vocoder m (Sprachverschlüsselungsgerät) (Fernm) /
vocoder (voice codes to recreate)
Vodas n (Vorrichtung zur Verhinderung der Mikrophonie)
/ vodas (voice operated device for antisinging)
Voder n (Sprachsynthesegerät) (Fernm) / voder (voice
operation demonstrator)
VOD-Verfahren n (Nickel) / vacuum oxygen decarburizing
Vogad n (vom Signal gesteuerter Regelverstärker) (Fernm)
/ vogad (voice operated gain adjustor)
Vogel·augenahorn m, Ahornmaser f / curled maple,
bird's eye maple ‖ ⁓**beerbaum** m / mountain ash
Vogel-Ossag-Viskosimeter n / Vogel-Ossag viscometer
Vogel·pohlsche Gleichung f / Vogelpohl equation ‖
⁓**schau**, -perspektive f / bird's eye view ‖
⁓**schau-Aufnahme** f / high-angle photography o. shot ‖
⁓**scheuche** f (Hochsp.Ltg) / game guard ‖ ⁓**zungenfeile** f
/ file with lenticular cross-section
Void-Effekt m, Blaseneffekt m (Nukl) / void effect
Voile m, Schleierstoff m / voile, veiling
Voith-Schneider-Propeller m / Voith-Schneider
perpendicular (o. cycloidal) propeller
Vokabular n (DV) / vocabulary
Vokalverständlichkeit f (Fernm) / vowel intelligibility
Vol% n / percent by volume
VOL = Verdingungsordnung für Leistungen (ausgenommen
Bauleistungen)
Volant m **der Krempel** (Textil) / card fancy
volkseigen (Betrieb, DDR) / state-owned
Volkswirtschaft f / national economy
voll, ganz / full, entire ‖ ⁓, gefüllt / full, filled ‖ ⁓ adv,
völlig / fully ‖ ⁓, breit (Schiff) / bluff ‖ ⁓..., Ganz... /
all... ‖ ⁓ **aufgedreht** / on full ‖ ⁓ **ausfahren** (Mot) /
step on the gas ‖ ⁓ **ausgebaut** (DV) / fully equipped ‖
⁓ **ausgenutzt** / fully utilized ‖ ⁓ **ausgenutztes Gleis** /
track filled to capacity, solid track (US) ‖ ⁓e
Austauschbarkeit / full interchangeability ‖
⁓ **beaufschlagte Turbine** / full admission o. full supply
turbine ‖ ⁓ **bedruckt** / printed [over] ‖ ⁓e **Drehzahl** o.

Geschwindigkeit, volle Touren f pl / maximum speed ‖
⁓ **durchströmt** (Rohr) / running full ‖ ⁓**er Erdschluß**,
voller Erdkontakt / dead o. full o. total earth [contact]
(GB) o. ground (US) ‖ ⁓**e Frühzündung** (Mot) / full
advance ‖ ⁓**e Fuge**, Vollfuge f (Bau) / flush joint ‖
⁓ **gesteuert** (Elektronik) / fully controllable ‖
⁓ **Grassamen** (Wolle) / seedy ‖ ⁓**er Griff** (Tuch) / full
feel o. handle ‖ ⁓**e Kehlnaht** / rounded weld, convex
filled weld ‖ ⁓**e Kraft voraus** / full speed ahead ‖ ⁓**e**
Leistung, Volleistung f / full load output ‖ ⁓**e**
Lesespannung (DV) / undisturbed output signal o.
response signal ‖ ⁓**e Linien** f pl (Zeichn) / solid o. full
lines ‖ ⁓ **Pflanzenresten** (Wolle) / strawy, shivey ‖ ⁓**er**
Rand (Sieb) / margin ‖ ⁓ **Samenschalen** (Web) / tabby
adj ‖ ⁓**er Schreibimpuls** / full write pulse ‖ ⁓**er Schub**
/ full thrust ‖ ⁓**e Schweißnaht** / reinforced weld,
rounded weld ‖ ⁓**e Spur** (Plattenspeicher) / track record ‖
⁓**er Steuerimpuls** (Kernspeicher) / full drive pulse ‖
⁓ **umsteuerbarer Propeller** / full feathering airscrew ‖
⁓ **verstellbares Leitwerk** (Luftf) / all-flying tail ‖
⁓ **Wasser gesogen** / water-logged ‖ ⁓**es Wort** (DV) /
full word ‖ ⁓**e Zahnflankenberührung** / full-face
contact ‖ ⁓**e Zwangsschmierung** (einschl.
Kolbenbolzen u. Zylinderwänden) / full force feed
lubrication ‖ **den Motor** ⁓ **ausfahren** / run up to
topspeed, run the engine all out ‖ **in** ⁓**em Gange**,
Vollbetrieb / at full work ‖ **in** ⁓**er Fahrt**, Schnell...,
Eil... / at full speed ‖ **mit** ⁓**em Bug** / bulb-bowed ‖
⁓**addierer** m, Addierglied n (DIN) (DV) / full adder,
three-input adder, digital adder ‖ ⁓**adressiert** (DV) /
addressed ‖ ⁓**amt** n, -vermittlungsstelle f (Fernm) / main
exchange ‖ ⁓**analyse** f (Chem) / complete analysis ‖
⁓**anode** f (Galv) / heavy anode o. plate (US) ‖
⁓**appretur** f / full finish, full impregnation
Vollast, Vollbelastung f / full load ‖ ⁓**anlauf** m / full-load
start ‖ ⁓**anschlag** m / full load stop ‖ ⁓**drehzahl** f / full
load speed ‖ ⁓**lebensdauer** f / load life ‖ ⁓**nadel** f
(Vergaser) / high-speed needle ‖ ⁓**-Zusatzfeder** f (Kfz) /
full load auxiliary spring
Vollaufarbeitung, Hauptrevision f (Bahn, Wagen) / general
o. major overhaul
vollaufen / be filled to overflowing
Voll·ausbau m / completion ‖ ⁓**ausbruch** m (Tunnel) /
excavation of full section ‖ ⁓**ausgehärtet** (Alu) / fully
aged ‖ ⁓**ausgeschnittenes Gewinde** / full thread ‖
⁓**ausgeschrieben** / written in full ‖ ⁓**aushärtung** f
(Leichtmetall) / quenching and age-hardening ‖
⁓**auslastung** f / full use of the capacity ‖ ⁓**ausschlag** m
(Instr) / end-scale deflection ‖ ⁓**aussteuerung** f / full
modulation, full drive ‖ ⁓**aussteuerung** f (Tonband) /
maximum recording level, full drive ‖ ⁓**automat** m,
Ganzautomat m / fully automatic machine ‖ ⁓**automat**
m (Wzm) / full automatic lathe o. screw machine etc ‖
⁓**automatisch** / full[y] automatic, all-automatic ‖
⁓**automatische Gitterspannung** (Elektronik) / self-bias ‖
⁓**automatische Kartoffellegemaschine** / automatic
potato planter ‖ ⁓**automatisches Landesystem** (Luftf) /
autoland[ing] system ‖ ⁓**automatisierung** f,
Automation f / automation ‖ ⁓**badappretur** f / ordinary
bath finishing ‖ ⁓**bahn** f / standard-gauge railway ‖
⁓**bauweise** f, Massivbauweise f / solid construction ‖
⁓**beaufschlagung** f / full admission, full supply ‖
⁓**beladen** / loaded to capacity, fully loaded ‖ ⁓**belastet**,
unter Vollast / at full load ‖ ⁓**belastung** f / full loading,
applying full load ‖ ⁓**beschäftigung** f / full employment
‖ ⁓**beschichtet** / with full coating ‖ ⁓**besetzt** (Phys) /
filled ‖ ⁓**besetzter Energiebereich** (Halbl) / full o. filled
band ‖ ⁓**betriebszeit** f / full working time ‖ ⁓**bezahlt** /
full-rate... ‖ ⁓**bild** n (TV) / picture (GB), frame (US) ‖
⁓**bildfrequenz** f (TV) / frame frequency, frame
repetition rate ‖ ⁓**binder** m (Maurer) / bonder,
perpend[stone], through-binder o. -stone ‖
⁓**blechreflektor** m (Antenne) / solid sheet reflector ‖
⁓**block** m (Bau) / solid block, solid brick ‖ ⁓**bohrstahl**

m (Bergb) / solid drill steel ‖ **⁓bolzen** *m* (Masch) / solid bolt ‖ **⁓bolzen** *m* (Kette) / solid pin ‖ **⁓bremsung** *f* / full brake application o. braking ‖ **⁓bringen**, vollenden / accomplish, achieve ‖ **⁓brücke** *f* (Elektr) / full bridge ‖ **⁓containerschiff** *n* / all-container ship ‖ **⁓dampf** *m* / full steam ‖ **⁓decke** *f*, Massivdecke *f* / solid ceiling ‖ **⁓decker** *m* (Schiff) / full-decker ‖ **⁓digital** / all-digital ‖ **⁓draht** *m* / solid wire ‖ **⁓drehpflug** *m* / reversible plough, half turn type ‖ **⁓druck...** / full pressure... ‖ **⁓druckanzug** *m* (Raumf) / full pressure suit ‖ **⁓druckhöhe** *f*, kritische Höhe (Luftf) / critical height ‖ **⁓druckmaschine** *f* (Dampf) / engine without expansion, non-expansion engine ‖ **⁓dünger** *m* (Landw) / complete mineral manure, compound fertilizer ‖ **⁓duplex** / full-duplex *m* (Hahn) / full bore
Volle, aus dem **⁓n** gearbeitet / cut from the solid [block o. blank]
Volleiche *f* (Schiff) / load water line
Volleistung *f* s. volle Leistung
Volleiter *m* / solid conductor
voll·elektrisch, -elektrifiziert (Haushalt) / all-electric ‖ **⁓elektronischer Bildabtaster** (TV) / electron camera ‖ **⁓elektronische Tastung** (Fernm) / electronic keying ‖ **⁓elliptikfeder** *f* / double-elliptic o. full-elliptic spring
vollenden, vollbringen / accomplish, achieve ‖ **⁓**, beendigen / finish ‖ **⁓**, fertig machen / perfect, complete
Vollendung *f*, Fertigstellung *f* / completion ‖ **⁓**, letzte Hand / finishing hand o. stroke ‖ **⁓**, Vollkommenheit *f* / perfection
Vollend·walzwerk *n* (Hütt) / second rolls o. mill *pl*
voll·entsalztes Wasser, (veraltet, jetzt:) Deionat *n* / deionized o. demineralized water ‖ **⁓entwickelter Brand** / fully developed fire ‖ **⁓erntemaschine** *f* (Landw) / pick-up loader ‖ **⁓farbenanteil** *m* (Opt) / full colour content ‖ **⁓flächig** (allg) / all-over ‖ **⁓flächig**, holoedrisch (Krist) / holohedral ‖ **⁓flächigkeit**, Holoedrie *f* (Krist) / holoedrism ‖ **⁓flächner** *m* / holohedral crystal ‖ **⁓fließpressen** *n* / rod o. solid extrusion ‖ **⁓form** *f* (Reifen, Kfz) / full circle mould ‖ **⁓form** *f* (Gieß) / full mould ‖ **⁓formgießen** *n* (Gieß) / full mould casting ‖ **⁓froster** *m* (Schiff) / deep-freeze trawler ‖ **⁓gas** *n* (Mot) / [wide-]open o. full throttle ‖ **mit ⁓gas fahren** / drive at full speed ‖ **⁓gas geben** / open the throttle, step on the gas (coll) ‖ **⁓gas in im Leerlauf** / high-idle running ‖ **⁓gastauglichkeit** *f* (Kfz, Kat) / high-speed resistance ‖ **⁓gatter** *n* / multiple blade frame saw ‖ **⁓geblasen** (mit Penetrationsindex 3-4) (Bitumen) / fully blown ‖ **⁓gebleichter Zellstoff** / fully bleached pulp ‖ **⁓gedämpft** (Schwingung) / aperiodic ‖ **⁓gegossene Bohrung** (Gieß, Fehler) / filled hole ‖ **⁓gekapselt** (Elektr) / metal-clad ‖ **⁓geleimt** (Pap) / hard sized ‖ **⁓geschliffen** / flat ground ‖ **⁓geschoß** *n* (Mil) / steel cored bullet ‖ **⁓gesogen** (Boden) / water-logged ‖ **⁓gießen** (Flüssig) / fill ‖ **⁓glasbaustein** *m* / solid glass block o. brick ‖ **⁓gummiplatte** *f* / solid-rubber sheet ‖ **⁓gummirad** *n* / bonded tired wheel ‖ **⁓gummireifen** *m* (Kfz) / solid tyre (GB) o. tire (US) ‖ **⁓häufler** *m* (Landw) / ridging body
Vollheit, Prallheit *f* / fullness
Voll·holz *n* / solid wood ‖ **⁓holzigkeitszahl**, Form *f* (Wald) / form factor o. figure o. number ‖ **⁓holz-Verdichtmaschine** *f* / compressing machine for solid wood
völlig (Schiff) / broad- o. full-built, of full forms ‖ **⁓ abgebaut** (Bergb) / exhausted ‖ **⁓er Ausfall** / total breakdown ‖ **⁓ gar** (Koks) / fully carbonized ‖ **⁓ geschlossen** (Elektr) / totally enclosed
Völligkeit *f* (Luftf, Rotor) / solidity
Völligkeitsgrad *m* (Schiff) / coefficient of fineness, fatness ratio ‖ **⁓ der Spantflächenskala** / prismatical o. longitudinal coefficient ‖ **⁓ der Verdrängung** (Schiff) / block coefficient ‖ **⁓ der Wasserlinie[nfläche]** / waterplane coefficient ‖ **⁓ des Hauptspants** / midship

[section] coefficient ‖ **⁓ des Motors** (Luftf) / volumetric efficiency of the engine
vollimprägniertes Textilglas / textile glass prepreg
Vollinie *f* (Zeichn) / solid o. full line
voll·integriert / fully integrated ‖ **⁓isoliert** / with solid dielectric, fully insulated ‖ **⁓kantig** (Balken) / full squared o. edged ‖ **⁓kantiges Brett** / flatted plank ‖ **⁓kantiger Schnitt** (Stanz) / cutting, cropping ‖ **⁓kavitierend** (Schiffspropeller) / supercavitation..., fully cavitating ‖ **⁓kernisolator** *m* (Elektr) / full-cored insulator, solid core insulator ‖ **⁓kettenfahrzeug** *n* / full-track vehicle ‖ **⁓kolben** *m* / plunger [piston] ‖ **⁓kolben** *m*, Druckstempel *m*, Plunger[kolben] *m*, Preßkolben *m*, Tauchkolben *m* / plunger, force plate
vollkommen (Flüssigkeit, Zahl usw) / perfect ‖ **⁓ ausgewuchtet** / perfectly balanced ‖ **⁓ demontiert** / completely knocked down, C.K.D. ‖ **⁓e Elastizität** / ideal o. Hookean elasticity ‖ **⁓ fehlerfrei** / free from all defects ‖ **⁓ genau** (Achslage) / dead-true ‖ **⁓ gleich ausfallen** / be a perfect match ‖ **⁓e Interferenz** / zero beat ‖ **⁓ mattweiße Fläche** (Opt) / perfect diffuser ‖ **⁓e Schmierung** / thick-film o. perfect lubrication ‖ **⁓e Tonwiedergabe** / true-to-life sound reproduction
voll·kontinuierlich / fully continuous ‖ **⁓kontinuierliches Stranggießen** (Hütt) / continuous continuous casting ‖ **⁓konus** *m* / solid cone ‖ **⁓körperrührer** *m* (Hütt) / solid-impeller agitator ‖ **⁓kreis** *m* / complete o. full circle ‖ **⁓kundenspezifischer Entwurf** (IS) / full [scale] custom design ‖ **⁓kurzschluß** *m* / dead short ‖ **⁓-Last** s. Vollast ‖ **⁓mantel** *m* / full o. solid jacket
Vollmantelkorb *m* (Zentrif) / solid jacket o. bowl
Voll·mantel[spitz]geschoß *n* / full jacketed [spitzer] bullet ‖ **⁓mantelzentrifuge** *f* / solid bowl centrifuge ‖ **⁓mechanisierung** *f* / complete mechanization ‖ **⁓milch** *f* / unskimmed o. whole milk ‖ **⁓modell** *n* / solid pattern ‖ **⁓motorisiert** / fully motorized ‖ **⁓numerikmaschine** *f* (Wzm) / fully integrated N/C machine ‖ **⁓operation** *f* (DV) / complete operation ‖ **⁓pappe** *f* / solid-fiber board, solid board ‖ **⁓pappe** *f* (etwa 50 bis 150 g/m²) / cardboard ‖ **genormte ⁓pappe von 2,3 mm Dicke** / V3s-board ‖ **⁓periode** *f* (Elektr) / complete alternation o. cycle ‖ **⁓pfropfen** / cram ‖ **⁓pipette** *f* (Chem) / volumetric pipette ‖ **⁓pipette** *f* mit einer Marke / one-mark pipette ‖ **⁓plastisches Moment** (Mech) / full plastic moment ‖ **⁓platinenwerk** *n* (Uhr) / full plate work ‖ **⁓platte** *f* (Latexschaum) / plain sheet ‖ **⁓plattierung** *f* (Strumpf) / plaiting of the entire stocking ‖ **⁓pneumatisch** / all-pneumatic ‖ **⁓pol** *m* (Elektr) / non-salient pole ‖ **⁓polläufer** *m* (Elektr) / smooth-core rotor ‖ **⁓portalkran** *m* / full gantry crane ‖ **⁓prägen** *n* / coining, embossing ‖ **⁓profil** *n* / solid profile ‖ **⁓prüfung** *f* / hundred percent inspection ‖ **⁓rad**, Monoblockrad *n* (Bahn) / solid wheel, wheel in one piece ‖ **⁓raffinierung** *f* / full refining ‖ **⁓[gummi]reifen** *m* / solid tire ‖ **⁓rohr** *n* (Geschütz) / monobloc barrel ‖ **⁓rolliges Rollenlager** / full-type o. cageless roller bearing ‖ **⁓ sich ⁓saugen** / soak, suck itself full, sponge ‖ **⁓säule** *f*, Massivsäule *f* / solid column ‖ **⁓schaftschraube** *f* / double-end bolt ‖ **⁓schiene** *f* (Bahn) / filled section rail ‖ **⁓schlämmen** *n* von Ritzen (Bau) / sludging ‖ **⁓schlüssel** *m* (Schloß) / key with a solid shank ‖ **⁓schmierung** *f* / hydrodynamic lubrication ‖ **⁓schnittmaschine** *f* (Bergb) / full thickness cutting machine ‖ **⁓schnittschleifen** *n* / full-width grinding ‖ **⁓schnittstreckenauffahrung** *f* (Bergb) / full-section driving ‖ **⁓schütten** / fill ‖ **⁓schwingrohrrahmen** *m* / tubular frame with independent suspension of wheels ‖ **⁓seitenband** *n* / full-side band ‖ **⁓selbsttätiger Stromerzeuger** / automatic generating plant ‖ **sich ⁓setzen** / clog ‖ **⁓sicht...** / full-view, -vision ‖ **⁓sichtkanzel** *f* (Luftf) / full-vision cockpit, green-house (coll) ‖ **⁓spur** *f* (1435 mm) (Bahn) / standard gauge (4 ft. 8 1/2 in) ‖ **⁓stab** *m* (Dauerversuch) / unnotched specimen

vollständig / complete, all ‖ ~ **ausgerüstet** / fully equipped, full blown ‖ ~e **Austenitisierung** / complete austenitization ‖ ~e **Chlorierung** / perchlorination ‖ ~ **entgratet** / full-trimmed ‖ ~e **Fachwand** (Stahlbau) / full trellis work ‖ ~e **Induktion** (Math) / complete o. mathematical induction ‖ ~ **ionisiert** / fully ionized ‖ ~e **Kontrolle** / inspection of all the items of a sample ‖ ~e **Mischung** / perfect mix ‖ ~e **Reaktion** (Chem) / complete reaction ‖ ~e **Schnellabschaltung** (Nukl) / total trip ‖ ~ **trocken** (Anstrich) / hard dry ‖ ~er **Übertrag**, Vollübertrag *m* / complete carry ‖ ~ **vernichten** o. **zerstören** / destroy completely, cream (US coll)

Vollständigkeit *f* / completeness, integrity ‖ ⁴, Ganzheit *f* / entireness

Voll·stange *f* / solid bar ‖ ⁴**stein** *m* / full brick, full block ‖ ~**stopfen** / cram, pack, bulk ‖ ~**stopfen** [mit] / pad, cram ‖ ⁴**stopfen** / narrow filling ‖ ⁴**stopfen**, Padding *n* / padding ‖ **[nutzlos]** ~**stopfen** (DV) / pad *v* ‖ ⁴**strahlrohr** *n* (F'wehr) / full jet pipe ‖ ⁴**strich** *m* (Zeichn) / full line ‖ ⁴**-Strich** *m* (Gefäß) / "full" mark ‖ ⁴**subtrahierer** *m* / full subtracter ‖ ⁴**synchrongetriebe** *n* (Kfz) / fully synchronized gear ‖ ~**synthetisch** / fully synthetic ‖ ⁴**tarifstunden** *f pl* (Elektr) / day-tariff hours *pl* ‖ ⁴**tastatur** *f* (Buch.m) / ten-column o. multi-column o. full o. complete keyboard ‖ ⁴**text** *m* (Buch.m) / fulltext ‖ ⁴**ton-Oberfläche** *f* (Pap) / full-tone surface ‖ ⁴**torkran**, Torkran *m* / [full] gantry crane ‖ ~**transistorisiert** / all-transistorized ‖ ⁴**transistorregler** *m* (Kfz) / transistor regulator ‖ ⁴**treffer** *m* / direct hit ‖ ⁴**übertrag** *m* (DV) / full carry, complete carry ‖ ⁴**umbruchmaschine** *f* (Landw) / bush piller ‖ ⁴**verarbeitung** *f* (Öl) / full refining of topping residues ‖ ⁴**vermittlungsstelle** *f*, -amt *n* (Fernm) / main exchange ‖ ⁴**versatz** *m* (Bergb) / compact stowing ‖ ~**verschlossen** (Seil) / full lock coil …, fully locked ‖ ~**verschlossenes Seil** / fully lock[ed] coil rope, aerial rope o. cable ‖ ⁴**verzahnung** *f* / full depth tooth system ‖ ⁴**wandbalken**, -wandträger *m* / plate girder ‖ ⁴**wandbinder** *m* / solid web truss ‖ ⁴**wandbogen** *m* (Stahlbau) / solid web arch ‖ ⁴**wandbrücke** *f* / plate bridge ‖ ⁴**wand-Deckbrücke,[-Trogbrücke]** *f* / plate deck bridge, [trough bridge] ‖ ~**wandig** / massive, solid ‖ ~**wandig** (Stahlbau) / solid o. plain web…, plate webbed ‖ ~**wandiges (o. volles) Rad**, Scheibenrad *n* / disk wheel ‖ ~**wandiger Träger**, Vollwandträger *m* (Stahlbau) / web [plate] girder, solid web girder ‖ ⁴**wandträgerbrücke** *f* / plate girder bridge ‖ ⁴**waschmittel** *n* / heavy-duty detergent, industrial detergent ‖ ⁴**weg-Gleichrichter** *m* (Elektr) / full-wave rectifier ‖ ⁴**weg-Gleichrichter für Drehstrom** / wye rectifier ‖ ⁴**weg-Gleichrichtung** *f* / full-wave rectification ‖ ⁴**-Weichglühen** *n* / full annealing for softening ‖ ⁴**welle** *f*, volle Schwingung / full wave ‖ ~**wertig** / of high value ‖ ⁴**wertkohle** *f* / high grade coal ‖ ⁴**winkel** *m* (Math) / perigon, round angle ‖ ~**zählig** / complete ‖ ⁴**zahn**, Normalzahn *m* (Getriebe) / full-depth tooth (US) ‖ ⁴**ziegel** *m* / solid brick

Vollzugsmeldung *f* (Änderungsauftrag) (DV) / completion notion, 'action taken' notice

Voloxidation *f* (Nukl) / voloxidation

Volt *n* (Elektr) / volt ‖ ⁴ **Gleichspannung** / vdc (US), volt D.C. ‖ ⁴ **Wechselspannung** / vac (US), volt A.C.

Voltait *m* (Min) / voltaite

Volta·meter, Coulo[mb]meter *n* / voltameter, Coulomb meter, coulometer

Volt·ampere *n*, VA (Elektr) / volt-ampere, V.A. ‖ ~**amperemetrisch** / voltammetric ‖ ⁴**-Ampere-Tester** *m* / volt-ampere tester

Volta·sche Säule *f* / voltaic pile

Volt·meter *n*, Spannungsmesser *m* (Elektr) / voltmeter ‖ ⁴**meterumformer** *m* (Elektr) / pilot transformer ‖ ⁴**meterumschalter** *m* (Elektr) / voltmeter switch

Voltol *n* (ein Schmieröl) / electrion oil, voltol

Volumen *n* (Phys) / volume ‖ ⁴, Rauminhalt *m* / cubature, cubage, volume, capacity, cubic[al] contents ‖ ⁴ (eines Stoffes ohne Porenraum) / true volume ‖ ⁴ **des Preßlings** (Sintern) / pressed volume, green volume ‖ ⁴ **im gepreßten Zustand**, Volumen *n* des Preßling, Preßvolumen *n* / pressed volume ‖ ⁴ **im Normzustand**, Vn / volume under standard conditions ‖ ⁴ **in Kubikyard** / yardage ‖ ⁴ **je Gewichteinheit** / volume/ lbs ‖ ⁴**änderung** *f* / change in volume ‖ ⁴**änderung** *f* (Sintern) / spring-back ‖ ⁴**änderung** *f* **durch Scherung**, Kelvin-Effekt / dilatancy ‖ ⁴**anteil** *m* φ / volume percent ‖ ⁴**-Ausdehnungskoeffizient** *m* / expansion coefficient ‖ ⁴**ausgleich** *m*, -kompensation *f* / volume control ‖ ⁴**beständigkeit** *f* / constancy o. stability of volume ‖ ~**bezogene elektromagnetische Energie**, elektromagnetische Energiedichte / volume density of electromagnetic energy ‖ ~**bezogene Masse**, Dichte *f* / density, compactness ‖ ~**bezogene Teilchenanzahl**, Teilchenanzahldichte *f* / number density of molecules ‖ ⁴**dosierung** *f* / volumetric feed ‖ ⁴**dosis** *f* (Atom, Nukl) / volume dose ‖ ⁴**durchfluß** *m* / volume flow rate ‖ ⁴**einheit** *f* / unit of volume, cubic o. volume unit, cunit ‖ ⁴**einheit** *f* (Akust) / volume unit, VU ‖ ⁴**-Elastizität** *f* / elasticity of volume ‖ ⁴**-Förderstand** *m* (Plast) / volume resistivity ‖ ⁴**füllung** *f* (Sintern) / volume filling ‖ ⁴**gehalt** *m* / volumetric content ‖ ⁴**geschwindigkeit** *f* (Phys) / volume velocity ‖ ⁴**hologramm** *n* / volumn hologram ‖ ⁴**kompression** *f* (Plasma) / volume compression ‖ ⁴**kontraktion** *f* / volume contraction ‖ ⁴**leitfähigkeit** *f* (Halbl) / volume conductivity ‖ ⁴**messer** *m* / volumeter (for gases and liquds), volumenometer (for solids) ‖ ⁴**messer** *m* (Fernm) / volume indicator ‖ ⁴**messer**, Tonmesser *m* (Elektronik) / volume meter, amplitude assessor ‖ **eingebauter** ⁴**messer** (Flüssigkeit) / integrated flow meter ‖ ⁴**minderung** *f* / decrease in volume, reduction of volume ‖ ⁴**minderung** *f*, Schrumpfen *n* / shrinkage, contraction of volume ‖ ⁴**modelle** *n pl* (CAD) / solids *pl* ‖ ⁴**ometer** *n* / volumenometer ‖ ⁴**prozent**, Vol % *n* (veraltet), (jetzt:) Volumenanteil *m* φ / percent by volume ‖ ⁴**schnelle** *f* (Phys) / volume velocity ‖ ⁴**schwund** *m* / volume shrinkage ‖ ⁴**strom** *m* (Verdichter) / volume flow ‖ ⁴**teil** *n* / part by volume ‖ ⁴**- und Querschnitteinfluß** *m* (Mat.Prüf) / effect of mass ‖ ⁴**verhältnis** *n* / ratio of volumes ‖ ⁴**viskosität** *f* / volumetric viscosity ‖ ⁴**wassermesser**, -zähler *m* / cylindrical piston water meter ‖ ⁴**welle**, Mengenwelle *m* (Wellenleiter) / bulk wave ‖ ⁴**widerstand** *m* (Elektr) / resistivity, specific resistance ‖ ⁴**zunahme** *f*, -vergrößerung *f* / increase in volume ‖ ⁴**zunahme** *f* **durch Quellung** / volume swell ‖ ⁴**zunahme zwischen gewachsenem u. gebrochenem Zustand**, Schüttung *f* (Bergb) / swell ‖ ⁴**zusammenziehung**, -minderung *f* / contraction of volume, shrinkage

Volumetrie *f* / measurement of volume

volumetrisch·e Analyse, volumetrische Titriermethode / volumetric analysis by titration ‖ ~e **Lösung** / volumetric solution, V.S. ‖ ~er **Wirkungsgrad** / volumetric efficiency

voluminös / voluminous, bulky, high-bulking

Vomhundert, Prozent *n* / percent, per cent, p.c., Pct ‖ ⁴**satz** *m* / rate per hundred, percentage

von a nach b (Math) / between the limits a and b (integral)

vor Gebrauch schütteln! / shake well before using! ‖ ⁴**abbildungsteil** *m*, Bildwandlerstufe *f* / image converter stage ‖ ⁴**abdruck** *m* / preprint ‖ ⁴**abfühlung** *f* (LoKa) / presensing ‖ ~**abgestimmt** / pretuned ‖ ⁴**-Abgleicheinrichtung** *f* (Instr) / preliminary adjustment ‖ ⁴**ablenkung** *f* (TV) / predeflection ‖ ⁴**abscheider** *m* (Chem) / prefractionator ‖ ~**abstimmen** / pretune, preset ‖ ⁴**addukt** *n* (Plast) / prepolymer ‖ ⁴**adduktverfahren** *n* / prepolymer process ‖ ⁴**altern** *n* (Kath Str) / burn-in ‖ ⁴**amt** *n* (Fernm) / control office o. station ‖ ~**anheben**, hervorheben (Elektronik) /

emphasize ‖ ⌐**anhebung** *f* (Elektronik) / pre-emphasis ‖
⌐**ankündigung** *f* / warning ‖ ⌐**ankündigung** *f* (Straßb) /
presignalling ‖ ⌐**ankündigungszeichen** *n* (Straßb) /
advance sign
VOR-Anlage *f* (Luftf) / VOR plant
Vor·anmeldung *f* (Fernm) / personal o. report call, person-
to-person call (US) ‖ ⌐**anmeldungsgespräch** *n* (Fernm) /
person-to-person call, personal call ‖ ⌐**anode**,
Sauganode *f* (Kath.Str.) / first accelerator ‖ ⌐**anschlag** *m*
/ previous estimation o. calculation ‖ ⌐**anschlag** *m*,
Kostenanschlag *m* / estimate ‖ ⌐**anschlag** *m* (Bau) /
builder's o. contractor's estimate ‖ ⌐**anschlag** (DIN),
Hakenanschlag *m* (Stanz) / trigger stop ‖ ~**anstellen** /
prefix *v* ‖ ⌐**anstrich** *m*, Grundierung *f* / first coat[ing],
subcoating ‖ ⌐**anzeige** *f* / preannouncement ‖ ⌐**appretur**
f (Textil) / preparatory finish ‖ ⌐**arbeit** *f* / preliminary o.
preparatory studies o. work ‖ ~**arbeiten** (Wzm) / rough
down ‖ **in der Fabrik** ~**arbeiten** / premachine ‖
⌐**arbeiter** *m* / foreman, ganger, overseer ‖ ⌐**arbeiterin**
f / forelady ‖ ⌐**auftragsplanung** *f* (Netzplan) / pre-order
planning
voraus, nach vorn / ahead ‖ ⌐**anzeige** *f* (Luftf) / head[ing]
flasher o. marker (GB) o. indicator (US) ‖ ⌐**anzeige** *f*
(Radar) / headline ‖ ~**eilen** (Elektr) / lead *v* ‖ ~**gelegene**
Schiene / rail in advance ‖ ~**gesagte Zuverlässigkeit** /
predicted reliability ‖ ~**gesagter Driftwinkel** (Luftf) /
predicted drift angle ‖ ~**gesetzt** [daß] (Math) / given
Vorauslaß *m* (Mot) / exhaust lead, blowdown period
Voraus·lesen *n* (DV) / advanced read ‖ ~**liegende**
Blockstelle (Bahn) / forward box ‖ ~**liegender**
Bandabschnitt (DV) / upstream section of tape ‖
⌐**maße** *n pl* (Bau) / provisional o. preliminary
dimensions *pl* ‖ ⌐**planung** *f* / preliminary planning ‖
⌐**raum** *m* (Schiff, Luftf) / forward area ‖ ⌐**sage**,
Prädiktion *f* (Regeln) / prediction ‖ ~**sehbarer Unfall**
(Nukl) / credible accident ‖ ~**setzen** / presuppose ‖
⌐**setzung** *f* / condition, premise, supposition,
assumption ‖ ⌐**setzung** *f* (PL/1) / predicate expression ‖
nach ⌐**setzung** / hypothetically
voraussichtlich·e Abflugzeit / estimated time of
departure, ETD ‖ ~**er Anflugzeitpunkt** (Luftf) /
expected approach time, EAT ‖ ~**e Ankunftszeit** (Luftf)
/ estimated time of arrival, ETA
Vor·ausströmung *f* / pre-escape ‖ ~**-auswählen** (DV) /
screen, preselect ‖ ⌐**bau** *m*, vorspringender Flügel /
fore-part o. front part of a building ‖ ⌐**bau** *m*, Vorhalle
f / porch ‖ ⌐**bau** *m* (Bergb) / advancing working ‖ ⌐**bau**
m eines Fahrzeugs / front part of a vehicle ‖ ~**bauen**,
verlängern (Bau) / project ‖ ⌐**bauschnabel** *m* (Brücke) /
launching nose ‖ ⌐**baustempel** *m* (Bergb) / prop for
advancing working ‖ ~**beansprucht** (Mech) /
prestressed ‖ ⌐**bearbeitung** *f* / premachining ‖ ⌐**beben**
n (Geol) / trembler ‖ ⌐**begehung** *f* **einer Trasse** /
preliminary inspection of a line
Vorbehalt, unter ⌐ / with reservation
vor·behandeln (Flotation) / condition *v* ‖ ~**behandelt** /
pretreated ‖ ⌐**behandlung** *f* / preparatory treatment,
pretreatment ‖ ⌐**behandlung** *f*, Hand-End-Verfahren *n*
(Reaktorbrennstoff) / head end treatment ‖ ⌐**behandlung** *f*
(Mat Prüf) / preconditioning ‖ ⌐**behandlung** *f* **von**
Proben / conditioning of samples ‖
⌐**behandlungsapparat** *m* (Flotation) / conditioner ‖
⌐**behandlungsmittel** *n* / preparing agent, preprocessing
agent ‖ ⌐**behandlungsschicht** *f* (Hütt) / conversion layer
vorbei·fahren, überholen / overhaul, overtake ‖ ~**fliegen**
(an einem Stern), passieren (einen Stern) / fly past a star
‖ ⌐**flug**, Vorüberflug *m* (Raumf) / flyby ‖ ~**laufen** [an]
(z.B. Walze an Druckhämmern) / rotate past ‖ ⌐**laufen**
n des Gangzahnrades, Galopp *m* (Uhr) / tripping ‖
⌐**strömen** *n* (Mot) / blowby
Vor·beize *f* (Färb) / bottom o. weak mordant ‖ ~**beizen**
(Färb) / bottom *v*, premordant ‖ ⌐**beizen** *n* (Hütt) / first
o. black pickling ‖ ~**bekannt** (Patent) / anticipated ‖

~**belasten**, -spannen (Elektr) / bias *vt* ‖ ~**belasten** (Mech)
/ prestress *v* ‖ ~**belastet** / biassed ‖ ⌐**belastung** *f* / bias
‖ ⌐**belastungswiderstand** *m* (Elektronik) / bleeder
resistor ‖ ~**belegen** (Fernm) / preempt the capacity ‖
~**belegen** (DV) / preallocate ‖ ⌐**belichtung** *f* (Phot) /
preexposure ‖ ⌐**belichtungsfaktor** *m* (Photowiderstd) /
variation of resistance with light history ‖ ⌐**belüftung** *f*
/ pre-aeration ‖ ⌐**benutzung** *f* (Patent) / prior public use
‖ ~**berechnete Entwicklung** (Phot) / factorial
development ‖ ~**bereiten** / prepare ‖ ⌐**bereiten** *n* des
flüssigen Roheisens / preparation of hot metal ‖
~**bereitend**, einleitend / preliminary, prelim ‖
~**bereitend**, als o. der Vorbereitung dienend /
preparatory ‖ ~**bereitet** [für] / prepared [for] ‖
⌐**bereitung** *f* / preparation, preparing ‖ ⌐**bereitung** *f*,
Aufladen *n* (Röhre) / priming
Vorbereitungs·anlage *f* (Hütt) / bedding plant ‖ ⌐**phase** *f* /
lead-up ‖ ⌐**strecke** *f* (Spinn) / preparatory box ‖ ⌐**- u.**
Anlaufzeit *f* (F.Org) / lead time ‖ ⌐**zeit** *f* (Halbl) / set-up
time
Vor·berg, Ausließer *m* (Geol) / outlier ‖ ⌐**besäumsäge** *f*
(Holz) / trimmer saw ‖ ~**beschichtet** (Phot) /
presensibilized ‖ ~**beschleunigen** / preaccelerate ‖
⌐**besetzung** *f* **von Parameterwerten** (DV) / default
option ‖ ~**bestimmt**, festgelegt / predetermined ‖
~**bestimmter Bestimmungsmodus** (DV) / preset
destination modus ‖ ⌐**bestrahlung** *f* / pre-irradiation ‖
~**betankt** (Rakete) / canned ‖ ~**betrieblich** (Nukl) /
preoperational, precommissioning ‖ ~**beugen** / parry,
avoid ‖ ~**beugend**, verhütend / preventive ‖ ~**beugend**,
prophylaktisch / prophylactic ‖ ~**beugende Wartung o.**
Instandsetzung / preventive maintenance ‖
~**beugender Brandschutz** / preventive fire protection ‖
⌐**beugungsmaßregel** *f*, -mittel *n* / preventive measures
pl, measures *pl* of precaution ‖ ⌐**beulen** *n* **einer Platte**
(Bau) / prebuckling of a plate ‖ ⌐**bild**, Muster *m* (allg) /
paragon, model of excellence ‖ ⌐**bild**, Vorlage *f* /
pattern, model ‖ ⌐**bild**, Musterstück *n* / piece to be
copied ‖ ⌐**bild** *n*, Typ *m* / standard model ‖ ⌐**bildung** *f*
/ qualification, educational background ‖ ~**blasen** (Hütt)
/ fore-blow, preblow ‖ ⌐**blick** *m* (Verm) / foresight[ing],
fore observation ‖ ⌐**blick** *m* (Walzw) / cog[ged ingot],
bloom (more than 36 squ.in.) ‖ ⌐**block** *m*
(Datenvermittlg) / advance block ‖ ~**blocken** (Walzw) /
cog down, bloom ‖ ~**blocken** (vor der
Zwischenaufheizung) / sadden ‖ ⌐**block-Putzerei** *f*
(Hütt) / bloom conditioning yard ‖ ⌐**bogen** *m* (Bau) /
fore-arch ‖ ~**bohren** (Bergb) / open up by boring ‖
~**bohren** (Loch) / pilot-drill ‖ ⌐**bohrer** *m* (Bergb, Zimm)
/ first bit ‖ ⌐**bohrloch** *n* (beim Abteufen) (Bergb) /
conductor shaft ‖ ⌐**bohrloch** *n* (Öl) / fore-bore hole, rat
hole ‖ ⌐**bohrloch** *n* **für Gesenk** (Bergb) / conductor
shaft for winze ‖ ⌐**bramme** *f* (Walzw) / roughed slab,
broken-down slab ‖ ~**brechen** / rough-crush ‖
⌐**brecher** *m* / primary crusher ‖ ⌐**brenne** *f* (Galv) /
pickling bath (preparatory) ‖ ⌐**brennen** *n* (von
Glashäfen) / arching (of glass pots) ‖ ⌐**brennen** *n*
(Keram) / preburning ‖ ⌐**carbidausscheidung beim**
Abschrecken / carbide precipitation during quenching ‖
~**codieren** / pre-encode ‖ ⌐**dach** *n* (über dem Eingang)
(Bau) / marquise, canopy [roof] ‖ ⌐**damm**, -deich *m* /
advanced dike o. dyke ‖ ⌐**deck** *n*, Back *f* (Schiff) /
foredeck, forecastle, fo'c's'le ‖ ⌐**deckbad** *n* (Galv) /
strike bath ‖ ⌐**decke** *f* (Zuck) / fore-wash ‖ ⌐**decken** *n*
mit Kupfer, Anschlagverkupferung *f* (Galv) / copper
flash o. strike, flash copper-plating ‖ ~**decodiert** /
predecoded ‖ ~**definiert** / predefined
vorder·er, Vorder… / fore, front…, foreward ‖ ~**er**,
führend / leading ‖ ~**e Achse**, Vorderachse *f* / front axle
‖ ~**er Bremsschuh** (Bahn) o. primary shoe ‖ ~**e**
Laufachse (Bahn) / leading running axle ‖ ~**es Lot**
(Schiff) / forward perpendicular, F.P. ‖ ~**e**
Pol[schuh]kante / leading pole tip o. horn ‖ ~**e**
Schwarztreppe, -schulter *f* (TV) / front porch ‖ ~**er**

1163

Sitzraum (Kfz) / front compartment ‖ ~e Stufe (Satellit) / front end ‖ ~achsantrieb m, Frontantrieb m / front drive ‖ ~achsaufhängung f / front axle suspension ‖ ~achse, Lenk-, Leitachse f (Bahn) / leading o. front axle ‖ ~achslastanteil m / partial load on front axle ‖ ~achsschenkel m (Kfz) / steering stub ‖ ~achswelle f / front axle shaft ‖ ~achswelle f (Antriebswelle der Vorderräder) (Kfz) / differential car axle (GB), drive shaft (US), front axle shaft ‖ ~achszapfen, Achsschenkelbolzen m (Kfz) / steering [knuckle o. pivot] pin (US), steering swivel pin (GB) ‖ ~ansicht f, Aufriß m / front view, elevation ‖ ~antrieb m (Kfz) / front drive ‖ ~bock m (Spinn) / winding stock ‖ ~drehgestell n (Bahn) / leading bogie, leading truck (US) ‖ ~drehgestell n (Bahn) / leading truck (US) ‖ ~ende n / leading end ‖ ~feder f (Bahn) / front o. leading spring ‖ ~fläche, -seite f / front ‖ ~flächenprojektionsröhre f (Kath.Str) / front surface projection tube ‖ ~flanke f (Impuls) / leading edge ‖ ~front f (Bau) / frontage ‖ ~gabel f / front fork ‖ ~gebäude n / front building ‖ ~glied, erstes Glied (eines Verhältnisses) n (Math) / antecedent ‖ ~grund m / foreground ‖ ~grundprogramm n (DV) / foreground program ‖ ~grundprozessor m (DV) / foreground processor ‖ ~grundsignal n (TV) / foreground signal ‖ ~haus n / front building ‖ ~kante f / front edge ‖ ~kante f / leading edge ‖ ~kante, Eintrittskante f (des Luftschraubenblattes) / leading edge of the airscrew [blade], entering edge ‖ ~karre f (Landw) / forecarriage ‖ ~kessel m / fore-hearth ‖ ~kipper m, Stirnkipper m (Bau) / front tipper o. dumper ‖ ~kipper m (Bahn) / end dump wagon o. car, end tip wagon o. tipper ‖ ~lastig / front-heavy ‖ ~licht n (Bahn) / headlight ‖ ~linse f / front lens ‖ ~linse f, Vorsatzlinse f / field lens, field glass ‖ ~luke f (Schiff) / fore-hatchway ‖ ~marke f (Buch) / front lay [mark] ‖ ~motor m (Elektr) / main motor of a cascade ‖ ~plattform f (Bahn) / front platform ‖ ~profil n (Verm) / front profile ‖ ~rad n / leading o. front wheel, forewheel ‖ ~rad n (Fahrrad) / front wheel ‖ ~radantrieb m (Kfz) / front-wheel drive, FWD ‖ ~rad-Aufhängung f / front-wheel suspension ‖ ~radbremse f / front-wheel brake ‖ [beim Parken] die ~räder zum Bürgersteig hin einschlagen (Kfz) / curb wheels ‖ ~radgabel f (Fahrrad) / front[-wheel] fork[s] ‖ ~raum m (Schiff) / fore-hold ‖ ~schlitten m, -support m (Wzm) / front saddle o. slide ‖ ~schraube f, vor den Tragflächen liegende Schraube / tractor airscrew ‖ ~seil n / main rope (contr. dict: tail rope) ‖ ~seite f (Masch, LoKa) / face ‖ ~seite, Stirn[fläche] f (Stein) / face of a stone ‖ ~seite f, Fassade f (Bau) / fore-part ‖ ~seite, Bildseite f (Münzw) / obverse [side], face of coins ‖ ~seite, Arbeitsseite f (Hütt) / working o. operating side ‖ ~seite f, rechte Seite (Web) / right side, fabric face ‖ ~seite (der Type) (Buch) / belly of type ‖ ~seite f (Buch, LoKa, Geldschein) / face, recto ‖ ~seite f, ungerade Seite (Buch) / odd page, obverse ‖ ~seite f, Ansichtsseite f (OCR) / front image ‖ ~seite f der Gabel / inside of a fork ‖ ~seite nach oben / face-up ‖ ~seite nach unten / face-down ‖ ~seitig, Vorder... / front... ‖ ~seitiger Anschluß (Elektr) / front connection ‖ ~seitig gespeiste Antenne / front-fed antenna ‖ ~seitig verspiegelt / first-surface mirrored ‖ ~sitz m / front-seat ‖ ~sitz-Insasse f (Kfz) / front-seat passenger ‖ ~steuer n (Landw) / side steering ‖ ~steven m (Schiff) / stem [bar o. post] ‖ ~teil m n / front part, fore-part ‖ ~teil n (Luftf) / nose [section] ‖ ~tür f / front door ‖ ~walze f (Spinn) / front roll[er] ‖ ~walzer m (Hütt) / entry side roller ‖ ~wand f (Bau) / front o. face wall, facing wall ‖ ~wand, Brust f (Hütt) / front o. face wall, furnace breast ‖ ~wand f (Kfz) / front panel ‖ ~wandphotozelle f / front-wall photovoltaic cell ‖ ~wandrahmen m (Kfz) / front panel frame ‖ ~wandzelle f / frontwall cell ‖ ~würze f (Brau) / first wort ‖ ~zacken m im Hochofengestell (Hütt) / side wall

Vor·destiller m, -blase f / primary still ‖ ~detachiermittel n / prespotting agent

VOR/DME (hochfrequente Rundsicht-Entfernungsmeßeinrichtung) (Luftf) / VOR/ DME station (very high frequency omnidirectional range/distance measuring equipment)

Vor·dock n, Vorhafen m / outer basin, dock ‖ ~draht m (Spinn) / pretwisting, primary twisting ‖ ~draht m (Hütt) / drawing stock ‖ ~drall m (Kreiselpumpe) / prerotation ‖ ~drall m (Seil) / pretwist ‖ ~drehflügel m (Spinn) / pre-twist flyer, creel o. supply flyer ‖ ~drehgestell n, Vorschlagmaschine f (Spinn) / breaker scutcher, first scutching machine, first beater ‖ ~[dreh]schleuder f (Zuck) / forerunner, foreworker ‖ ~drehung f, Falschdraht m (Spinn) / false twist ‖ ~dringlich, Prioritäts... (DV) / foreground..., high-priority... ‖ nicht ~dringlich (DV) / background..., low-priority... ‖ ~dringliche Arbeit (DV) / hot job ‖ ~drossel f (Fernm) / input reactor ‖ ~druck m, Untergrund m (Textil) / bottom printing, first print ‖ ~druck m (Druckregler) / admission pressure ‖ ~druck m, Formular n / printed form ‖ [leerer] ~druck / blank, form ‖ ~druck m für Bauartspezifikation / blank detail specification ‖ ~drücker, Ausstoßer m / pusher, thruster ‖ ~druckreserve f (Färb) / preprinted resist ‖ ~druckverfahren n (Elektr) / precompression method ‖ ~drückzylinder m / pneumatic thruster ‖ ~durchhang m (Seil) / pre-sag ‖ ~editieren (DV) / pre-edit

Voreil·-Aufnadelgerät n (Textil) / overfeed pinning equipment ‖ ~-Aufnadelung f (Textil) / overfeed pinning ‖ ~einrichtung f (Schrumpfrahmen) / overfeeding device, overfeed attachment

Voreilen n (des Walzgutes) (Walzw) / forward slip, peripheral precession ‖ ~ vi / lead, advance, run at a higher speed ‖ ~ n, Voreilung f / advance, lead, leading ‖ ~ des Walzgutes (Walzw) / peripheral precession ‖ in Phase ~ / lead in phase

voreilend·e (o. kapazitive) Belastung (Elektr) / leading load ‖ ~er Kontakt (Stecker) / pre-mating contact ‖ ~er (o. negativer o. kapazitiver) Leistungsfaktor (Elektr) / leading power factor ‖ ~e Phase (Elektr) / leading phase ‖ ~e Strecke (von parallelen Strecken) (Bergb) / fore-drift ‖ ~er Strom / leading current ‖ ~e Wicklung (Spinn) / head-wind

Voreilhebel m (Bremsventil) (Bahn) / lap-and-lead lever (brake valve)

Voreilung f / lead[ing], advance ‖ ~ des Feldes (Elektr) / lead of the field

Voreil·verzerrung f (Fernm) / leading distortion ‖ ~winkel m / angle of advance o. of lead, lead angle

Vor·einflugzeichen n (Luftf) / outer marker [beacon], foremarker ‖ ~eingestellt / preset ‖ ~eingestellter Kontext (OSI) / default context ‖ ~einschneiden n (Tagebau) (Bergb) / approach cutting (open cut), pioneer cut ‖ ~einspritzung f (Mot) / pre-injection, pilot injection ‖ ~einstellänge f (NC) / presetting distance ‖ ~einstellbar / preset adj ‖ ~einstellen (z.B. Zähler) / preset v ‖ ~einstellen, vorfokussieren / prefocus ‖ ~einstellgerät n / equipment for presetting ‖ ~einstellrad n (Zähler) / predetermining wheel ‖ ~einstellung f / preadjustment, presetting ‖ ~einstellung f (DV, OSI) / default value ‖ ~einstellwerk n / predetermining o. preset device ‖ ~einstellwerk n, -glied n / preselector ‖ ~einstellzähler m / predetermining o. preset counter ‖ ~einströmung f / pre-admission ‖ ~eisen, Sech n (Landw) / plough coulter ‖ ~ejektor m, Vorevakuator m (Vakuum) / quick-start ejector ‖ ~entschlämmungssieb n (Bergb) / preliminary desilting screen ‖ ~entteerer m / tar batter ‖ ~entwässerung f / preliminary desiccation ‖ ~entwurf m / preliminary project o. study, plan, project, scheme ‖ ~entzerrung f (Elektronik) / pre-emphasis, pre-equalization ‖ ~erregung f (Elektr) / preexcitation ‖ ~eutektisch (Hütt) / proeutectic ‖ ~eutektoidisch / pro-

eutectoid ‖ ⌐**evakuator** m (Vakuum) / booster ejector ‖
⌐**-Evakuierung** f / preevacuation ‖ ⌐**fabrikation** f,
-fertigung f / prefabrication ‖ ~**fabriziertes Element**
(Bau) / precast segment ‖ ~**fabrizierter Hafen** (Mil) /
mulberry harbour ‖ ⌐**fachen** n (Spinn) / two-end cheese
winding
vorfahren, anhalten (Kfz) / draw up, drive o. pull up vi
Vorfahrer m (Bergb) / gas detector
Vorfahrt f, -fahrtsrecht n / right of way ‖ ⌐ ! (ein
Dreiecksschild) / main road having right of way ‖
⌐ **geben**, jemanden vorfahren lassen / yield (US), give
way (GB) ‖ ⌐ **gewähren!** / observe right of way! ‖
⌐ **mißachten** (Kfz) / fail to observe give-way right ‖ **die**
⌐ **beachten** / watch the right of way
vorfahrts·berechtigt (Straßb) / major (GB), priority…
(US) ‖ ~**berechtigte Straße** / stop arteria (US) ‖
⌐**recht** n (Kfz) / right of way ‖ **das ⌐recht hat …** / . has
the right of way ‖ ⌐**zeichen** n, -schild / right-of-way
sign
Vor·fall m, Ereignis n / incident ‖ ⌐**fall**, Einfall m,
Anrichtung f (Uhr) / stop, warning, surprise piece,
detent stop ‖ ⌐**färben** n, -färbung f (Färb) / grounding,
bottoming ‖ ⌐**faulbecken** n / primary digestion tank ‖
⌐**feinfrotteur**, -feinnitschler m (Textil) / third bobbin
drawing box ‖ ⌐**feld** n (Spinn) / pre-drafting zone ‖
⌐**feld** n (Luftf) / ramp, apron ‖ ⌐**fenster** n / outside o.
storm o. winter window ‖ ⌐**fertigstich** m,
Vorschlichtkaliber n (Walzw) / leader ‖ ⌐**fertigung**,
-fabrikation f (Bau) / prefabrication ‖ ⌐**fertigung** f **für**
kleine Baustellen / construction with individual precast
concrete parts ‖ ⌐**feuer** n (Keram) / prefire, choked o.
smoking fire ‖ ⌐**feuerung** f / forehearth ‖ ⌐**filter** m n /
preliminary filter ‖ ⌐**fixieren** (Textil) / preset ‖ ⌐**fleier**
m (Spinn) / slubbing flyer o. frame o. machine, coarse
roving flyer ‖ ⌐**flotationszelle** f (Bergb) / initial
separatory cell ‖ ⌐**flügel** m (Luftf) / slat ‖ ⌐**flut** f (Hydr) /
drain, draining ‖ ⌐**fluter** m (Abwasser) / receiving [body
of] water, drainage o. draining ditch o. canal, main
outfall, outfall ditch ‖ ⌐**flutwasser** n / effluent overflow
‖ ~**fokussieren**, voreinstellen / prefocus v ‖ ⌐**form** f,
Füllform f (Glas) / blank, blank mould ‖ ~**formen** /
preform v ‖ ⌐**formen**, [Vor]fixieren n (Strumpf) /
preboarding ‖ ⌐**formling** m (Plast) / preform, parison ‖
bandartiger ⌐**formling** (Plast) / strip o. sheet parison ‖
⌐**formmaschine** f (Strumpf) / preboarding machine ‖
⌐**formung** f (Sintern) / preforming ‖ ⌐**fräser** m /
stocking cutter ‖ ⌐**fräser** m **für Wälzfräsmaschinen** /
roughing hob ‖ ⌐**frischen** n (Hütt) / prefining,
preoxidation ‖ ~**frischen** (Hütt) / prefine ‖
⌐**frischmischer** m (Hütt) / active [hot metal] mixer,
primary refining mixer ‖ ⌐**fühlregler** m, Vorhalteregler
m / derivative control unit
Vorführ·apparat m / cinema[tograph] o. movie projector
‖ ⌐**barkeit** f / producibility ‖ ⌐**dame** f, Vorführerin f
(Info) / demonstrator
vorführen, [etwas] ~ / stage a demonstration [of]
Vorführer m (Film) / projectionist
Vorführ·gerät n / apparatus for demonstrating purposes,
demonstration model ‖ ⌐**kabine** f (Film) / projection
booth o. box, projection room [box], operator's cabin o.
room ‖ ⌐**kopie** f (TV) / first release print, show print
Vorführung f / showing, performance, exhibition, (Film:)
projection, screening ‖ ⌐ / demonstration
Vorführungsraum m / showroom
Vorführ·wagen m (Kfz) / demonstration car ‖ ⌐**zeit** f
(Film) / running o. screen time
Vor·füllung f (Druckguß) / prefill[ing] ‖ ⌐**funkenstrecke** f
/ auxiliary o. series spark gap
Vorgabe f **der Folgestichprobenprüfung** f / handicap ‖
⌐**zeit** f (F.Org) / allowed o. standard time, incentive o.
prorated time ‖ **knappe ⌐zeit** / close time ‖ ⌐**[zeit]** f
aufgrund von Zeitstudien / allowed time basing on
time studies, standard time ‖ ⌐**zeit bei abweichenden**
Bedingungen (F.Org) / alternate time standard ‖

⌐**zeitänderung** f (F.Org) / rate change ‖
⌐**zeitermittlung** f (F.Org) / rate fixing o. setting
Vorgalvanisierung f (Galv) / precoating
Vorgang m, Hergang m / event, occurrence, happening
‖ ⌐, Prozeß m / process, action ‖ ⌐, Ablauf m (Masch) /
mechanical action o. operation ‖ ⌐, Reaktion f (Chem) /
reaction
Vorgänger m, -läufer m / forerunner, precursor
Vorgangsdauer f (Netzplan) / action time
Vorgarn, Vorgespinst n, Lunte f (Textil) / roving, rove,
slubbing ‖ ⌐**einführung** f (Spinn) / roving funnel ‖
⌐**-Flanschenspule** f / condenser bobbin with flanges ‖
⌐**krempel** f (Textil) / condenser card ‖ ⌐**öffner** m (Spinn)
/ roving waste opener ‖ ⌐**-Scheibenhülse** f, -spule /
condenser bobbin with flanges ‖ ⌐**spule** f, -hülse,
Vorwickel m (Textil) / condenser o. roving bobbin
(without flanges) ‖ ⌐**spule auf dem Gatter** / roving
bobbin on the creel ‖ ⌐**strecke** f (Textil) / dandy roving ‖
⌐**waage** f / roving quadrant ‖ ⌐**zähler** m (Textil) / roving
indicator
Vor·gautschen n (Pap) / couching backward ‖ ~**gearbeitet**
/ rough-finished, semifinished ‖ ~**gearbeitet** (Sperrholz)
/ prefinished ‖ ~**gebautes Obergeschoß** / salient upper
stor[e]y ‖ ~**gebohrt** / rough-drilled ‖ ~**gedruckt** /
preprinted ‖ ~**gefachte Spule** (Spinn) / assembled cheese
‖ ~**gefällter Niederschlag** (Nukl) / preformed
precipitate ‖ ~**gefertigt** (Bau) / prefabricated ‖
~**gefertigt** (Programm, DV) / compiled beforehand ‖
~**gefertigt** (Masch) / fabricated, preengineered ‖
~**gefertigte Sektion**, Montageabschnitt m (Stahlbau) /
bent ‖ ~**geformt** / preformed ‖ ~**geformter Preßling** /
preform ‖ ~**geformte Tablette** / pellet ‖ ⌐**gefrier…** /
prefreezing ‖ ~**gefrischt** (Hütt) / semi-finished ‖
~**gegeben** / given ‖ ~**gegeben** (DV) / preset ‖
~**gegeben**, Standard… (PL/1) / default adj ‖
~**gegebener Strom** / impressed current ‖ ~**gegebener**
Wert, Sollwert m / preset value ‖ ~**gegebene Zeit**
(F.Org) / allowed time ‖ ~**gegossen** (Gieß, Loch) / cored ‖
~**gehängt** (Dachrinne) / bracket mounted ‖ ~**gehängt**
(Wand) / non-bearing, curtain type ‖ ~**gehen**,
verfahren / proceed ‖ ~**gehen** (Uhr) / gain ‖ ~**gehen** n, Verfahren n
/ procedure, proceeding[s] pl, process ‖ ~**gehend** (Uhr)
/ fast ‖ ~**gekalkt** (Zuck) / prelimed, predefecated ‖
~**gekeimt** (Kartoffel) / chitted, sprouted ‖ ~**gekleistert** /
ready pasted, prepasted ‖ ~**gekragt** (Bau) / bearing out,
corbelled out ‖ ~**gelatinisierte Stärke** / pregelatinized
starch
Vorgelege n, Getriebe n / gear, gear reducer unit,
transmission ‖ ⌐, Zwischenvorgelege n (Masch) /
intermediate gear ‖ ⌐**achse** f (Kfz) / idler shaft ‖
⌐**bremse** f / brake on the transmission shaft ‖ ⌐**haspel**
m f (Bergb) / crab winch ‖ ⌐**motor** m, Getriebemotor m
(Elektr) / back-geared o. gear[ed] motor ‖ ⌐**rad** n,
-triebrad n (Kfz) / layshaft gear, counter gear ‖ ⌐**riemen**
m / driving o. transmission belt ‖ ⌐**welle** f /
countershaft, backgear o. intermediate shaft ‖ ⌐**welle** f
(des Getriebes) (Kfz) / layshaft, countershaft ‖ ⌐**welle** f,
Ritzelwelle f / pinion shaft ‖ ⌐**zahnrad** n / transmission
gear wheel ‖ ⌐**zahnradblock** m / layshaft gear cluster
vor·gelocht (Hütt) / prepierced ‖ ~**gelocht** (LoKa) /
prepunched ‖ ⌐**gemisch** n (Plast) / premix ‖
konzentriertes ⌐**gemisch**, Muttermischung f (Chem) /
master-batch ‖ ~**gemischt** / premixed ‖ ~**gepreßt** /
rough-pressed ‖ ~**gereinigtes Abwasser** / preclarified
sewage water ‖ ⌐**gerüst** n (Walzw) / cogging[-down] o.
roughing[-down] stand, blooming stand, rougher ‖
~**geschaltet** / connected in series, series connected ‖
~**geschaltet** (Modul) / preceding ‖ ~**geschlagen** /
advocated, recommended ‖ ~**geschoben**, nach vorn
verlegt / advanced ‖ ~**geschrieben** / prescribed ‖
~**geschrieben**, spezifiziert / specified ‖ ~**geschriebene**
Werte / prescribed properties pl ‖ ~**geschrumpft**
(Textil) / preshrunk ‖ ~**geschruppt** / rough machined ‖

~gesehen / provided ‖ ~gesehen (Rechn.-Programm) /
figurative ‖ ~gesehene Belastung / rated load ‖
~gesetzte Schaltung (Kfz) / dashboard gear change ‖
~gesintert / presintered
vorgespannt (Mech) / prestressed ‖ ~ (Elektr) / bias[s]ed ‖
~er Beton / prestressed concrete ‖ ~er Beton mit
nachträglicher Vorspannung / post-tensioned
prestressed concrete ‖ ~es Floatglas / tempered float
plate glass ‖ ~es Glas (Sekuritglas) / toughened glass,
tempered glass, prestressed glass ‖ ~e Kontaktfeder
mit Zwangsöffnung, Floc / flexure lift-off contact, floc
‖ ~es Walzgerüst / prestressed rolling stand
Vor·gespinst n (Spinn) / rove, roving ‖ ⁺gespinst n, Lunte
f (Textil) / coarse roving ‖ feines ⁺gespinst, Vorgarn n /
fine roving ‖ ~gestaucht / precompressed ‖ ~gesteuert
(Hydr) / pilot operated ‖ ~gestreckt (Plast) / prestretched
‖ ~gewählt / preset ‖ ~gewählter Kurs (Luftf) /
preselected heading ‖ ~gewalzter Block (Walzw) /
cog[ged ingot], blank, rolled-down o. rough rolled ingot
‖ ~gewalzter Block (über 36 Qu.Zoll) / bloom ‖
~gewalzte Bramme (Hütt) / rough-rolled slab ‖
~gewärmt / heated ‖ ~gewärmte Wand (Vergaser) / hot
spot ‖ ~gezogen, -gesetzt / advanced ‖ ⁺glühen n
(Dieselmotor) / preheat ‖ ⁺glühen n / preliminary
annealing ‖ ⁺glühkontrolle f (Diesel) / glow plug test ‖
⁺glühofen m (Keram) / biscuit furnace ‖ ⁺greifer m
(Buch) / auxiliary gripper, pre-gripper ‖ ⁺griff m /
prefetch[ing] ‖ ⁺griff m, Abbauhöhe f (Bergb) / lift,
buttock ‖ ⁺griff m (in den Lesebereich) (DV) /
lookahead ‖ ⁺grundierung f / preliminary coating ‖
⁺gruppe f (Fernm) / pre-group, basic group ‖ ⁺haben,
Projekt n / project, plan ‖ ⁺hafen m (Schiff) / outer dock
o. harbour, outer port ‖ ⁺hafen [für Supertanker] m /
off-shore terminal ‖ ⁺halle, Diele f / hall, vestibule ‖
⁺halt m, Vorhaltwirkung f (Regeln) / derivative o.
derivation action, rate action ‖ ⁺halt m (Mil) / lead,
guidance ‖ ~halten (Mil) / take a lead ‖ ⁺halten n von
Baumaschinen / building machine supply ‖ ⁺halter m
(Nieten) / dolly, holding-up tool, holder-up ‖
⁺halterechnung f (Mil) / lead prediction ‖ ⁺halteregler
m, Vorfühlregler m / derivative action controller ‖
⁺haltewinkel m (Luftf, Schiff) / correction angle ‖
⁺haltezeit f (Regeltechn) / rate time ‖ ⁺haltezeit bei D-
Wirkung f / derivative action time ‖ ⁺haltnetzwerk n
(Regeln) / lead network
vorhanden, vorrätig / off-the-shelf ‖ ~e Maßabweichung
/ existing difference in dimensions
Vorhang m / curtain ‖ ⁺, Schleier m (Glasofen) / suspended
curtain wall ‖ ⁺antenne f / curtain antenna ‖ ⁺bildung
f (Farbe) / crawling
Vorhänger m (Opt) / clip-on lens attachment
Vorhängeschloß n / padlock ‖ ein ⁺ anlegen / padlock v
Vorhang·stange f / curtain rod ‖ ⁺stoffe m pl / drapery,
draperies pl (US), curtain fabric ‖ ⁺wand (nicht
tragende Außenhaut) (Bau) / curtain wall
vor·härten (Plast) / precure ‖ ~härten (Hütt) / preharden ‖
⁺haupt n (Brücke) / fore starling ‖ ⁺heber m (Sintern) /
prelifting rod ‖ ~hecheln (Flachs) / rough v ‖ ⁺heizzeit f
(Elektronik) / high-tension delay time, stabilization time
vorher zugeordnet / preallocated ‖ ~ zugerichtetes
Sperrholz / prefinished plywood
Vorherd m (Gieß, Hütt, Keram) / fore-hearth, settler,
receiver, breast pan
vorhergehend, Vor[aus]… / previous, preceding, prior,
earlier ‖ ~ (z.B. Stufe) / previous, preceding ‖ ~es Bild
(TV) / preshoot ‖ ~es Ereignis (PERT) / predecessor
event
vorhergesagt (DV) / predicted ‖ ~e Isobarenkarte
(Meteorol) / prebaratic chart, surface prognostic chart
vorherig·es Laden (DV) / preload
vor·herrschend, dominierend / dominant ‖ ~herrschend,
maßgeblich / ruling ‖ ~herrschend (Wind) / prevailing ‖
~herrschender Geschmack / primary taste
vorhersehbar·es Problem / anticapated unknown

Vor·hieb m (Feile) / preliminary cut ‖ ~hobeln,
schrupphobeln / rough-plane v ‖ ⁺hof m (Bau) /
forecourt o. front-court o. -yard ‖ ⁺holer m,
Vorholeinrichtung, -vorrichtung f (Mil) / recuperator,
counterrecoil mechanism ‖ ⁺holvorrichtung f,
Vorholer m (Walzw) / advancing o. feeding device ‖
⁺hub m (Schweiß) / work clearance stroke ‖ ⁺hydrolyse
f / prehydrolysis ‖ ~imprägniert / preimpregnated,
prepreg… ‖ ⁺impuls m (Fernm) / prefix ‖ ⁺impuls m
(Radar) / pretrigger ‖ ⁺ionisator m (Röhre) / primer,
ignitor, keep-alive electrode ‖ ~ionisieren / preionize ‖
⁺ionisierung f (Röhre) / primary ionization ‖ ⁺kaliber n
(Walzw) / blooming o. preceding pass ‖ ~kalken (Saft)
(Zuck) / prelime, predefecate ‖ ⁺kalkulation f / advance
o. preliminary calculation, precalculation ‖
~kalkulierter Preis / precalculation accountant ‖
⁺kalkung f (Zuck) / predefecation, preliming ‖
⁺kammer f (Mot) / antechamber, precombustion
chamber, pre-chamber ‖ ⁺kammerhals m (Mot) /
antechamber port ‖ ⁺kammermotor m / pre-chamber
o. antechamber engine ‖ ⁺karde f, -krempel f (Spinn) /
breaker card, scribbler card ‖ ~kardieren / scribble vt
‖ ⁺kehrungen treffen / arrange, make arrangements ‖
~keimen / pregerminate ‖ ⁺klärbecken n, o. -grube
der Hauskanalisation f (Abwasser) / detritus chamber o.
pit ‖ ~klären / presettle ‖ ⁺klärung f / preliminary
sedimentation ‖ ~klassieren / preclassify ‖
⁺[klassier]sieb n (Bergb) / fore-screen, primary
classifying screen ‖ ⁺klassierung f / primary
classification ‖ ⁺koagulat n / precoagulum
vorkommen [in] / occur [in] ‖ ~ (bei Versuchen) / occur
(when testing) ‖ ~ (Math) / appear ‖ ⁺ (Bergb) / presence,
occurrence ‖ ⁺, Grad des Auftretens m / incidence ‖ ⁺,
Lagerstätte f (Bergb) / deposit
Vor·kondensator m (Elektronik) / series capacitor ‖
⁺kontakt m / series contact ‖ ⁺kopfkipper m (Straßb) /
front dumper ‖ ~kragen / project [from o. above o.
over], be salient, jut [out], protrude, stand out, be
corbelled out ‖ ⁺kragung f, Auskragung f (Bau) /
projection, projecture, jut, bearing-out, corbelling ‖
⁺kragung f, Auskragung f, Ausladung f, Überhang m
(Bau) / projecture ‖ ⁺kragung f, Auskragung f,
Ausladung f, Auskragung f (Bau) / bearing-out n ‖
⁺kragung f, Auskragung f, Ausladung f, Auskragung f
(Bau) / corbelling ‖ ⁺kragung f, Auskragung f,
Ausladung f (Bau) / overhang ‖ ⁺kreis,
Aufnahmestromkreis m (Elektronik) / input circuit ‖
⁺krempel, -karde f (Spinn) / breaker [card], breaking o.
scribbler card, first breaker ‖ ⁺kriegs… / produced
prior to the war, prewar ‖ ~kritisch (Nukl) / precritical
‖ ⁺kröpfgesenk n / snaker ‖ ~kühlen / precool ‖
⁺kühlzone f (Kessel) / precooling zone ‖ ⁺lack m,
Spachtelmasse f / pore filler ‖ ⁺lackierung f /
undercoat
Vorlage f, Vorbild n / pattern, model ‖ ⁺ (Zeichn) / cartoon
‖ ⁺ (Koksofen) / collecting main ‖ ⁺ (Destill) /
[distillation] receiver o. recipient, run-down tank ‖ ⁺,
Sicherheitsvorlage f (Schweiß) / water seal ‖ ⁺ (Spinn) /
feed ‖ ⁺ auf Film (Buch) / typon, offset film ‖ ⁺ für IC-
Herstellung / integrated circuit artwork master, IC
original ‖ [Stein]⁺ (Straßb) / subbase of stone pitching
Vorlagen·halter, Blatthalter m / copy holder ‖
⁺projektor m (Zeichn) / forms projector ‖ ⁺sperre f
(Repro) / document stop
Vor·land, Butenland n (Hydr) / outland, foreland ‖
⁺landbogen m (Brücke) / shore span ‖ ⁺landgewinnung
f / foreshore land reclamation ‖ ~läppen / rough-lap ‖
⁺last f, -belastung f / preload, initial load ‖ ⁺last f
(Regeln) / threshold
Vorlauf m, -bewegung f (Wzm) / advance, approach, run-
on, forward motion o. movement ‖ ⁺ (Magn.Bd) /
forward run ‖ ⁺, Kokillen-Vorlauf m (Hütt) / negative
strip ‖ ⁺, Lutter m, Phlegma n (Destillation) / singlings pl
‖ ⁺ (Destillation) / first o. fore-runnings pl, light ends pl,

low wine, singlings *pl* ‖ ~ (Öl) / first light oil, light ends
pl ‖ ~ (Film) / leader ‖ ~ (Repro) / leader ‖ ~ (Heizung) /
flow [pipe] ‖ ~... (Chem) / once-run... ‖ ~ **des
Abtastpunktes** (TV) / scan, trace, sweep ‖ ~**band** *n*
(DV) / tape leader ‖ ~**behälter**, -Tank *m* / presettling
tank ‖ ~**behälter** *m* (Pap) / preliminary liquor tank
vorlaufende Welle (Elektr) / forward wave
Vorläufer *m* / precursor ‖ ~ (Video) / anticipatory signal
Vorlaufhellsteuerung *f* (Kath.Str) / unblanking
vorläufig, vorübergehend / preliminary, temporary ‖ ~,
provisorisch / provisional ‖ ~e **Abmessungen** *f pl* (Bau)
/ preliminary dimensions ‖ ~e o. **geschätzte
Abmessung** / tentative dimension ‖ ~e o. **geschätzte
Vorgabezeit** / temporary standard rate ‖ ~e o.
geschätzte Vorgabezeit, vorübergehende
Lohneinstufung *f*, -festlegung *f* / temporary time value ‖
~e **Patentbeschreibung** (Patent) / provisional
specification ‖ ~es **Programm** (DV) / preliminary
program ‖ ~e **Spannung** / preliminary tension ‖ ~er
Stempel (Bergb) / catch o. watch o. safety prop ‖ ~e
Zeichnung / preliminary drawing
Vorlauf·karte *f* (LoKa) / lead card ‖ ~**leitung** *f* (Heizung) /
flow pipe ‖ ~**programm** *n* (DV) / preprocessor ‖
~**schlacke** *f* (Hütt) / flush slag, flushing cinder ‖ ~**teil** *m*
(COBOL), Geräteteil *m* / environment division
(COBOL) ‖ ~**temperatur** *f* (Heizung) / flow temperature
‖ ~**weg** *m* (Elektr) / pre-travel ‖ ~**zeit** *f* (F.Org) / lead
time
Vor·legen *n* **von Hand** (Aufber) / hand placing ‖
~**leg[e]schloß** *n* / padlock ‖ ~**legiert** (Sinterpulver) /
prealloyed, master-alloy ... ‖ ~**legiert** (Sinterpulver) /
master alloy ... ‖ ~**legierung** *f* (Gieß) / intermediate o.
master alloy ‖ ~**legierungspulver** *n* (Sintern) / master
alloy powder ‖ ~**lesungsassistent** *m* / assistant lecturer
‖ ~**letzt** / next-to-last, penultimate ‖ ~**licht** *n* (Photozelle)
/ priming illumination ‖ ~**licht** *n* (TV) / ambient light ‖
~**liegende Erfindung** / present invention ‖ ~**listung** *f*
(DV) / prelisting ‖ ~**lochen** / prepunch ‖ ~**lochstempel**
m (Stanzwerkzeug) / piercing punch ‖ ~**lösen** (Textil) /
preliminary-open ‖ ~**luftbehälter** *m* (Bremse, Kfz) /
antechamber air reservoir, wet tank ‖ ~**magnetisieren** /
bias *vt*, premagnetize ‖ ~**magnetisiert** (Magn.Bd) /
biassed ‖ ~**magnetisierung** *f* (Magn.Bd) / magnetic
bias[sing] ‖ ~**magnetisierungsstrom** *m* (Magn.Bd) / bias
current ‖ ~**mahlung** *f*, -zerkleinerung *f* / preliminary
disintegration ‖ ~**mahlung** *f*, Grobzerkleinerung *f* /
coarse breaking o. crushing ‖ ~**maischen** (Brau) / soak
o. steep the malt o. grist ‖ ~**maischer** *m* (Brau) / pre-
masher, converter ‖ ~**material** *n* (Walzw) / input stock,
ingoing material ‖ ~**mauerstein** *m* / fair faced brick,
external brick ‖ ~**mauerziegel** *m* (frostbeständig) / face
brick ‖ ~**mauerziegel**, (früher:) Hartbrandstein *m* /
hard burnt brick, hard stock ‖ ~**melden** / announce,
warn, give notice beforehand ‖ ~**melden** *n* **von Zügen** /
train announcing ‖ ~**melkgeschirr** *n* (Landw) / fore-milk
cup ‖ ~**merkgespräch** *n* (Fernm) / delayed call ‖
~**merkliste** *f* (Luftf) / stand-by list ‖ ~**messen** *n* (Halbl) /
dice testing ‖ ~**metall** *n* (Hütt) / blown metal ‖
~**mischen** / premix ‖ ~**mischung** *f*, vorbereitende
Mischung / premixing ‖ ~**mischung** *f* (Gummi) / premix, master batch ‖ ~**montage** *f*, Untergruppe / pre-
assembly, subassembly ‖ ~**montage** *f* (Tätigkeit) / pre-
assembly ‖ ~**montage** *f*, Probemontage *f* / trial o. check
erection ‖ ~**montage** *f* (Film) / rough cut ‖ ~**montieren**
/ subassemble ‖ ~**montieren** / pre-assemble ‖ ~**muster**
n / preliminary sample
vorn, nach vorn / ahead ‖ ~ / forward, in front
‖ ~ **links** / on the left at the front ‖ **von** ~ **entriegelbar**
(Elektr) / front release... ‖ **von** ~ **gesehen** / seen from
front
vornehmen, ausführen / conduct, carry out ‖ ~ (z.B.
Versuch) / undertake, carry out ‖ ~ (z.B. Umbauten) /
carry out modifications
Vornehm·walze *f* (Sickenmaschine) / wiring wheel

vor·netzen (Textil) / wet out ‖ ~**norm** *f* (Masch) / initial
(US) o. tentative standard ‖ ~**normalisierung** *f* (DV) /
prenormalization
Vorn·schneider *m* / front o. end cutting nippers *pl*
Vor·öffner *m* (Spinn) / preliminary o. porcupine opener ‖
~**öffnung der Ventile** *f* (Mot) / advanced opening ‖
~**orientiertes Garn** / preoriented yarn, POY ‖
~**orientierung** *f* (Fasern) / prestretch orientation ‖
~**-Ort...** / in situ ‖ ~**-Ort-Messen** *n* (Wzm) / in situ
measuring ‖ ~**ortstrecke**, -ortbahn *f* / suburban line,
(London:) District Railway ‖ ~**ortverkehr** *m* (Bahn) /
suburban service ‖ ~**ortzug** *m* / commuter train (US),
suburban train ‖ ~**periode** *f* (Period. System) (Chem) /
short o. first o. preliminary period ‖ ~**pfändausbau** *m*
(Bergb) / forepoling ‖ ~**pfändeisen** *n* / forepoling iron ‖
~**pfänden** (Bergb) / place extensions ‖ ~**pfeilung** *f*
(Luftf) / negative sweep, sweep forward ‖
~**[pflug]messer** *n* / front colter ‖ ~**piek** (Schiff) / fore
peak ‖ ~**piektank** *m* (Schiff) / forepeak tank ‖ ~**pilgern**
(Walzw) / prepilger ‖ ~**planung** *f* / preliminary planning
‖ ~**planung** *f* (Bau) / estimate ‖ ~**planung** *f* (F.Org) /
pilot project ‖ ~**planungs-** *n*, **Entwicklungs- u.
Bewertungsprogramm** / concept development and
evaluation program, CDEP ‖ ~**planungsphase** *f* /
concept[ual] phase ‖ ~**plastifizierung** *f* / preplasticizing
n ‖ ~**plastizieren** (Plast) / preplasticize, presoften ‖
~**plastizierend** / preplasticizing *adj* ‖ ~**plastiziermittel**
n / preplasticizer ‖ ~**plattieren** (Galv) / preplate ‖
~**platz**, -raum, Flur *m* / hall, vestibule ‖ ~**platz**,
Treppenabsatz *m* (Bau) / landing-place ‖ ~**polieren**
(Galv) / cut (kind of buffing) ‖ ~**polymerisat** *n* (Plast) /
prepolymer ‖ ~**polymerisat-Formung** (Plast) /
prepolymer moulding ‖ ~**presse** *f* (Spanplatten) / prepress
‖ ~**pressen** *n* / rough-pressing ‖ ~**pressung** *f* (Dichtung)
/ initial compression ‖ ~**probe** *f* (Hütt) / quick test ‖
~**probe** *f* / preliminary o. pilot sample ‖ ~**produkt**,
Leichtöl *n* / first light oil ‖ ~**produkte** *n pl* / fabricated
materials *pl* ‖ ~**profil** *n* / preliminary section ‖
~**profilierung** *f* / roughing, rough hewing ‖
~**programm** *n* (DV) / interlude ‖ ~**programmiert** /
intended, programmed, preprogrammed ‖ ~**projekt** *n* /
preliminary project o. study ‖ ~**prozessor** *m* /
preprocessor ‖ ~**prüfung** *f* (Chem) / preliminary test ‖
~**prüfung** *f* (Patent) / preliminary examination ‖
~**pumpe** *f* (Vakuum) / backing o. fore-pump ‖ ~**pumpe** *f*
(Brau) / must pump ‖ ~**querschnitt** *m* (Walzw) / initial
section ‖ ~**raffination** *f* (Blei) / improvement ‖ ~**ragen**,
-springen / project [from o. above o. over], be salient,
jut [out], protrude
Vorrang *m*, Priorität (allg, DV) / priority ‖ ~ **geben** /
prioritize ‖ **ohne** ~ / non-precedence, (comp:) non-
priority ‖ **voller** ~ (DV) / advanced priority ‖ ~**anzeiger**
m (DV) / priority indicator ‖ ~**bereitschaft** *f* (DV) /
priority alert mode ‖ ~**daten** *pl* (DV) / expedited data ‖
~**ebene** *f* / priority level
vorrangig, überlagert (DV) / overriding, overruling ‖
~**keit** *f* / override *n*
Vorrang·steuerung *f* / priority control ‖ ~**unterbrecher**
m, -brechung *f* / priority interrupt ‖ ~**verarbeitung** *f* /
priority feature, priority processing ‖ ~**wahl** *f* / priority
selection ‖ ~**weiche** *f* (Fernm) / interlock device ‖
~**zeichen** *n* (Straßb) / sign regulating priority in narrow
sections of road
Vorrat, Bestand *m* / supplies *pl*, stock ‖ ~ *m*, Reserve *f* /
reserves *pl* ‖ ~ **aufnadeln** (Web) / overfeed ‖ **solange**
~ **reicht** / until stocks are exhausted
vorrätig / available, on stock, off-the-shelf, on hand ‖ ~ /
on hand
Vorrats·ader *f* (Fernm) / spare wire ‖ ~**behälter** *m* / bin,
store tank, reservoir ‖ ~**behälterkathode** *f* / dispenser
cathode with reservoir ‖ ~**bunker**, Füllrumpf *m* /
storage bin o. hopper ‖ ~**bunker** *m*, Füllrumpf *m* / feed
bin ‖ ~**flasche** *f* **für Flüssigkeiten** (Chem) / winchester ‖
~**gatter** *n* (Textil) / magazine creel ‖ ~**gefäß** *n* / supply

vessel ‖ ~kammer f (Bau) / pantry ‖ ~kathode f (Röhre) / dispenser cathode ‖ ~lösung f (Repro) / stock solution ‖ ~raum m (Schiff) / store room ‖ ~schädling m / pest of stored food ‖ ~schleuse f, -becken n (Hydr) / reserve lock ‖ ~schrank m / larder, pantry ‖ ~spule f (Magn.Bd) / supply reel, take-off reel ‖ ~spule f (Spinn) / supply coil ‖ ~tank m (Raffinerie) / feeding basin o. reservoir o. tank ‖ ~trommel f / delivery o. feed drum, pay-off drum ‖ ~winde f, -haspel m f / dead reel
Vor·rauhapparat m (Web) / raising device ‖ geschlossener ~raum (Bahn) / vestibule of a car (US) ‖ ~räumer m (Landw) / skim coulter ‖ ~rechner m (DV) / front end computer o. processor, FEP, preprocessor ‖ ~regeneration f / preregeneration ‖ ~reibahle f / roughing reamer, semifinishing reamer ‖ ~reiben n / rough-reaming ‖ ~reiber, Drehriegel m / sash fastener o. lock, casement fastener, turnbuckle for furniture ‖ ~reiber m für Schiffstüren (Nav) / dog for ship doors ‖ ~reife f (Zellulose) / ripening of the alkali cellulose ‖ ~reinigen / prepurify ‖ ~reiniger m / preliminary filter ‖ ~reinigung f / preliminary purification, prepurification ‖ ~reißen, anreißen / mark, scribe ‖ ~reißer m, Kratzenwalze f (Spinn) / taker-in, licker-in ‖ ~reißer m, Anreißer m (Wz) / scriber
Vorrichtung f / device, facility, appliance, arrangement, contrivance ‖ ~, Bohrvorrichtung f / drilling jig ‖ ~, Montagevorrichtung f / mounting device ‖ ~ (Bergb) / advance working o. heading, development leading ‖ ~en f pl / jigs and fixtures pl ‖ ~ für Bremsart-Wechsel (GPR), Umstellvorrichtung G-P f (Bahn) / goods-passenger brake change-over device ‖ ~ f zum Zerreißen der Doppelfäden / appliance to prevent double threads ‖ am Werkstück befestigte [Aufspann-]~ (Wzm) / jig ‖ an der Maschine befestigte ~ / fixture
Vorrichtungs·bau m / construction of jigs and fixtures ‖ ~bohrmaschine f / jig boring machine ‖ ~fuß m für Nivellieren / jig stand ‖ ~patent n / device patent ‖ ~-Schutzbegehren n (Patent) / device claim
vor·rollen (Brücke) / launch a bridge ‖ ~rollen (Bildschirm) / scroll up ‖ ~rollerhebel m (Pap) / reel primary arm ‖ ~rösten n / preparatory roasting, preroasting ‖ ~rotation f (Luftf) / prerotation of landing gear wheels
Vor-Rück-Verhältnis n, Rückdämpfung f (Antenne) / front-to-back ratio, front-to-rear ratio, rear-to-front ratio, forward-backward ratio
Vorsatz m, Anbauteil n / thing annexed, attachment ‖ ~ (Phot) / adapter, adaptor ‖ ~ (DV) / header label ‖ ~ (z.B. Kilo-, Mega-) (Math) / combining form ‖ ~... / attachment... ‖ ~ von Einheiten im SI-System / SI-prefix ‖ ~-Anamorphot m (am Objektiv) / anamorphic attachment, anamorphotic, anamorphic (US) ‖ ~beton m (Bau) / shell lime facing ‖ ~blatt n (Buch) / end paper (of bound book), fly leaf (of unbound book) ‖ ~code m, Präfix n (DV) / prefix ‖ ~filter m n (Opt) / front-lens filter ‖ ~geräte n pl (allg) / attachments pl ‖ ~kreissäge f / circular saw attachment ‖ ~kuchen m (Tankofen, Glas) / tweel block, shear cake ‖ ~kuchen m (Hafenofen) / stopper
vorsätzlich / intentional, deliberate ‖ ~e Störung (Radio) / jamming
Vorsatz·linse f / front lens, attachment o. supplementary lens ‖ ~papier n (Pap) / bookbinder's paper, end leaf paper, cobbs pl ‖ ~farbige ~scheibe (Film) / jelly ‖ ~schwingschleifer m (Wzm) / orbital sanding attachment ‖ ~tubus m (Phot) / lens tube
Vor·schacht m, Versuchsschacht m (Bergb) / pilot shaft ‖ ~schäler, -schneider m (Landw) / jointer, knife cutter, skim coulter ‖ ~schalldämpfer m (Kfz) / front silencer (GB) o. muffler (US), premuffler (GB), presilencer (US)
Vorschalt·drossel f (Elektr) / series reactor ‖ ~drossel f (Leuchtröhre) / fluorescent lamp ballast, choke

vorschalten (Elektr) / superpose, add, connect in series ‖ eine Turbine ~ (Elektr) / top v
Vorschalt·funkenstrecke f (Elektr) / auxiliary spark gap ‖ ~gerät n, Drosselspule f (für Leuchtstoffröhren) / fluorescent lamp ballast, choke ‖ ~glas n (Sextant) / shade ‖ ~turbine f / back pressure turbine, topping turbine o. unit (US) ‖ ~widerstand m (Elektr) / additional o. external o. intermediate o. series resistor ‖ ~widerstand m (Instr) / voltage multiplier
Vor·schau f (Film) / trailers pl ‖ ~schäumer m (Flotation) / rougher ‖ ~schäumerzelle f / rougher cell ‖ ~schäumverfahren n, Frothingprozess m (Plast) / frothing process ‖ ~schieben, rücken / push along, bring forward ‖ den Riegel ~schieben / throw the bolt ‖ ~schieben, zustellen (Wzm) / feed, advance ‖ ~schieben (LoKa) / eject ‖ ~schieben n (Brücke) / launching ‖ ~schiebriegel m (Fenster) / sash bolt ‖ ~schiff n / forebody, forward quarter ‖ ~schlagen / propose, suggest ‖ ~schlagen, Nominieren n / slating (US), designating ‖ ~schläger m (Spinn) / first scutching machine ‖ ~schlaghammer m / forge o. fore o. sledge hammer, sledge, straight pane sledge hammer, two-handed hammer
Vorschlag·, schwerer ~hammer / aboutsledge ‖ ~maschine f (Spinn) / breaker scutcher, first scutching machine ‖ ~schüsse m pl (Web) / group of picks to be beaten home
Vorschlagswesen n, innerbetriebliches [Verbesserungs-]Vorschlagswesen / suggestion book system
vor·schleifen / rough-grind ‖ ~schleuder f (Zuck) / forerunner, foreworker ‖ ~schleuse f, Schleusenhaupt n / sluice head o. bay o. crown ‖ ~schlichte f (Web) / first dressing o. sizing ‖ ~schlichtkaliber n, Vorfertigstich m (Walzw) / leader, planisher ‖ ~schmelze f / premelt ‖ ~schmelzeisen n (Hütt) / first-smelting pig iron, premelted iron ‖ ~[schmiede]gesenk n (Schm) / rougher, blanker, blocker ‖ ~schmiedegravur f (Schm) / edger, breaker ‖ ~schmieden, zwischenformen / preforge, rough-forge ‖ ~schmieden n / blocking ‖ ~schmieden n (Gesenkschm) / dummying ‖ ~schneidemeißel m / spudding bit ‖ ~schneidemesser n (Zuck) / counterblade ‖ ~schneiden / rough-cut v ‖ ~schneider m (Gewinde) / taper tap ‖ ~schneider m (Metall) / bulldog end cutting nippers ‖ ~schneider (DIN 7376) (Holz) / carver ‖ ~[schneide]zahn m (Zentrumbohrer) / nicker ‖ ~[schneide]zahn m (Fräser) / roughing tooth ‖ ~schnitt m (Bagger) / preparatory cutting ‖ ~schreiben, Vorschriften machen / prescribe ‖ ~schrift f / prescript, direction, rule, regulation, specification ‖ ~schrift (Normung) / regulation ‖ eine ~schrift festlegen (o. aufstellen) / establish a specification ‖ ~schrift f für Musternahme / sampling specification ‖ [Einkaufs-, Qualitäts- usw.]~schriften / specification sheet ‖ ~schriften f pl des Lloyd (Schiff) / Lloyd's rules and regulations pl ‖ besondere ~schriften [zu] o. Forderungen [an] / special requirements [regarding...] ‖ ~schriftsmäßig / in accordance with regulations, conforming to specification ‖ ~schriftzeichen n (für Gebote u. Verbote) (Straßb) / commanding and prohibiting sign, regulatory sign
Vorschub m (Masch, Wzm) / advance, forward feed, infeed ‖ ~ (Flurförderer) / reach distance ‖ ~ (NC) / feed function ‖ ~ (LoKa, Drucker) / carriage [skip] ‖ ~... (Brücke) / launching ‖ ~ des Werkstückes / workpiece feed ‖ ~ je Minute / feed per minute, FPM ‖ ~anschlag m / feed stop ‖ ~apparat m, -einrichtung f (Wzm) / automatic advance ‖ ~apparat m (Säge) / traveller ‖ ~auslösung f / feed tripping o. release ‖ ~band n (DV) / control tape, feed control tape ‖ ~-Beeinflussung f (NC) / feed override ‖ ~-Beeinflussung f (hinsichtlich Geschwindigkeit) (NC) / speed of feed override ‖ ~bereich m (Wzm) / range of

feeds ‖ ⁀bewegung f (Wzm) / feed motion o.
engagement o. control ‖ ⁀bewegung f (LoKa) / skip ‖
⁀bogen m (Brücke) / launching arch, (esp.:) formwork
launching girder ‖ ⁀einrichtung, -steuerung f (LoKa) /
carriage control ‖ ⁀gerüst n (Brücke) / launching gantry
‖ ⁀geschwindigkeit f (Wzm) / rate of feed ‖
⁀geschwindigkeit f (Instr) / chart speed ‖ ⁀getriebe n /
feedgear mechanism ‖ ⁀getriebe n mit Schieberädern
(Wzm) / automobile feed gear mechanism ‖ ⁀härten n
(Hütt) / progressive hardening ‖ ⁀kasten m, -getriebe n
(Wzm) / feed box ‖ ⁀kette f / feed chain ‖ ⁀kupplung f
/ feed clutch ‖ ⁀kurve f, -nocken m (Wzm) / feed cam ‖
⁀lochreihe f / feed track ‖ ⁀mechanismus m,
Schaltwerk n / feed[ing] mechanism ‖ ⁀motor m /
torque motor, feed motor ‖ ⁀patrone f (Wzm) / feed
collet o. pusher, stock pusher (US) ‖ ⁀rad n / feed
sprocket wheel ‖ ⁀räderkasten m,
Geschwindigkeitswechselkasten m (Wzm) / change gear
box, change wheel box ‖ ⁀regelgetriebe n / feed
regulator ‖ ⁀regler m (Wzm) / feed regulator ‖ ⁀reihe f
/ series of feeds ‖ ⁀richtung f (Lochstreifen) / advance
direction ‖ ⁀rolle f (allg, Buch) / feed roller ‖ ⁀sperre f
für Papiervorschub (Drucker) / carriage interlock ‖
⁀spindel f (Wzm) / feed screw ‖ ⁀stange f
(Lichtbogenofen) / stinger ‖ ⁀steuerung f (Wzm) / feed
control ‖ ⁀stütze f, -säule f (Bergb) / compressed-air
tripod ‖ ⁀trommel f / feed drum ‖ ⁀überlagerung f
(Wzm) / simultaneous feed motions pl ‖ ⁀umschaltung,
-umsteuerung f / feed reverse ‖ ⁀wagen, Sägeschlitten
m / traveller ‖ ⁀wähler m (Wzmasch) / feed selector ‖
⁀walze f (Biegemaschine) / transporting roller ‖ ⁀walze f
(Walzw) / feed roll ‖ ⁀wechselgetriebe n / feed change
gear ‖ ⁀wechselräder n pl / feed change gear wheels pl
‖ ⁀zahl f (eine Schlüsselzahl) (NC) / feed rate number ‖
⁀zylinder m / thruster, thrustor
vorschuhen (Pfähle) / shoe v ‖ die Stempel ⁀ / tip the
props
Vorschuß m / payment in advance
Vorschweiß·bund m (Rohr) / ⁀bund m
(Flansch) / short stub end ‖ ⁀flansch m / welding neck
flange ‖ ⁀verbinder m (Ölbohr) / tool joint
Vor·schwingen m (Impulsfehler) / preshoot ‖ ⁀sehen /
provide ‖ ⁀selektion f (Radio) / preselection ‖ ⁀serie f /
pilot lot o. production o. run (US) ‖ ⁀serienanlage f /
prototype production installation, pilot production plant
‖ ⁀serien-Bandfertigung f / prototype assembly line
production ‖ ⁀serienmodell n / preproduction model ‖
⁀serienwagen m / pilot production car ‖ ⁀setzen um
einen Block (Magn.Bd) / unwind one block ‖
⁀setzmaschine f (Aufber) / primary washbox
Vorsicht f / caution ‖ ⁀ ! / watch out!, look out!, careful!,
danger!, care! ‖ ⁀ !, Gefahr! / keep off! ‖ ⁀ ! Baustelle!
/ Road works ahead! ‖ ⁀, Glatteis! (Straßb) / danger!
icy road! ‖ ⁀, zerbrechlich!, Vorsicht Glas! / Fragile!
Handle with care! ‖ ⁀befehl m (Bahn) / caution ticket,
cautious-running order, slow order
vorsichtig / careful, cautious ‖ ⁀, mäßig / conservative
Vorsichts·maßnahme f / measures of precaution pl,
safety measure
Vor·sichtung f, vorläufige Sichtung / preliminary sorting
‖ ⁀sieb n / preliminary sieve, primary screen ‖ ⁀sieb
[für Stückgutscheidung] n (Bergb) / scalping screen,
scalper ‖ ⁀signal n (Bahn) / distant o. warning signal ‖
⁀signalabstand m (Bahn) / presignalling distance ‖
⁀signalankündigung f / outer distant signal ‖ ⁀silben f
pl für Zehnerpotenzen / prefixes for powers of ten pl ‖
⁀sintern n (Pulv Met) / presintering ‖ ⁀sinterungsdichte
f / presintered density ‖ ⁀sortieren / preclassify,
presort ‖ ⁀sortieren n (Erz) / ragging, framing ‖ [in
Speicher] ⁀sortiert (DV) / presequenced ‖ ⁀sortierung
f (LoKa) / major sort
Vorspann m (weiß) (Film) / start leader ‖ ⁀ (Titel usw.)
(Film) / cast o. screen credits pl, credits and titles pl,
generic, teaser (coll) ‖ ⁀ (Repro) / title space o. strip ‖ ⁀

(Lochstreifen) / leader ‖ mit ⁀ (Bahn) / double headed o.
heading... ‖ Zugfahrt mit ⁀ (Bahn) / assisted running
with two engines at the head of train ‖ ⁀band n
(Magn.Bd) / leader tape
vorspannen, unter Vorspannung setzen (Elektr, Elektronik,
Masch) / bias v ‖ ~ (Masch, Mech) / prestress, pretension,
preload ‖ ⁀ (Glas) / tempering
Vorspann·glied n im vorgespannten Balken / tendon ‖
⁀stahl m (Hütt) / prestressed concrete [reinforcing] steel
‖ ⁀titel m (Film) s. Vorspann
Vorspannung f (Elektronik) / bias voltage ‖ ⁀ (Mech) /
initial tension o. stress, prestress (US) ‖ ⁀, Einlauf-,
Zulaufspannung f (Spinn) / input tension, preliminary
tension ‖ ⁀ geben o. aufbringen, vorspannen / apply
prestress, prestress v ‖ ohne ⁀ o. -belastung (Elektronik)
/ unbias[s]ed
Vorspannungs·grad m (Speicherröhre) / priming speed
Vorspann·zylinder m (Bremse) / servo-cylinder
vor·speichern, -ordnen (DV) / prestore ‖ ⁀sperr-Röhre f
(Fernm) / pre-TR tube (= transmit-receive) ‖ ~spinnen
(Spinn) / prepare the roving, prespinn ‖ ⁀spinnen n
(Textil) / preparatory spinning, slubbing, roving ‖
⁀spinner n / preparer ‖ ⁀spinnkarde f / carding
engine for slubbing o. for obtaining endless slubbings,
condenser o. finisher card[ing engine] ‖
⁀spinnmaschine f (für Wolle) / slubbing o. roving
frame ‖ ⁀spinnmaschine f (für Baumwolle), Flyer m /
fly[er] frame, speed frame, speeder (US) ‖
⁀spinnselfaktor m (Textil) / self-acting stretcher
vorspringen, hervorstehen / bear out, hang over,
overhang, project
vorspringend / projecting, salient, protruding,
overhanging ‖ ~ bauen (Bau) / incline ‖ ⁀es Dach /
projecting roof ‖ ~e Ecke / cant ‖ ~e Fuge / tuck point
‖ ~e Grundschicht (Bau) / patten, off-set, offset base
Vorsprung m, vorspringender Teil / projecting part, jut,
overhang ‖ ⁀, Überhang m (Bau) / projection,
projecture, jut, bearing-out, overhang ‖ ⁀, Ansatzleiste
f (Masch) / fitting strip ‖ ⁀ [vor] / lead, guidance ‖ ⁀ (an Flanschen) / projection
‖ ⁀ an einer Form / porter ‖ ⁀ mit Eindrehung und
Rücksprung (Flansch) / groove for rubber seal ring ‖
runder ⁀ (Masch) / boss
Vor·spülbad, Sparbad n (Galv) / drag-out rinse o. swill ‖
⁀spülen n (Geschirrspülm.) / rinse [and] hold ‖ ⁀spur f
(Kfz) / toe-in ‖ ⁀stabilisator m / prestabilizer ‖
⁀stabilisieren, -fixieren n (Färb) / presetting ‖
⁀stadium n / primary stage, prestage ‖ ⁀stadt f /
suburb
Vorstandsvorsitz[end]er m / president [of the managing
committee]
Vor·stapeleinrichtung f (Buch) / prepiling device ‖
⁀stechen n (Web) / slaying, sleying ‖ ⁀stecher m
(Schuh) / awl ‖ ⁀stechkamm m (Spinn) / [top] comb,
punching comb ‖ ⁀stechort m / bradawl ‖ einfache
[doppelte] automatische ⁀stechstelle (Bürom) /
front-feed m, Vorsteckstift m (Masch) /
detent o. safety pin ‖ ⁀stecker (am Wagenrad), Splint
m / cotter o. linch pin, forelock ‖ ⁀steckhaspel m f
(Bergb) / independent drum hoist ‖ ⁀steckscheibe f / C-
washer ‖ ~stehen, -ragen / not be flush ‖ ~stehen,
-springen / jut [out] ‖ ⁀stehen (z.B. aus einer Fläche),
Überhängen n / prominence, protuberance, jutting out ‖
⁀stehen n der Polspitze (Mg.kopf) / tip protrusion ‖
~stehend (aus einer Fläche) / protuberant, bulging,
swelling ‖ ~stehende Kollektorlamelle / high bar of
the commutator
vorstellbar·er Unfall (Nukl) / credible accident,
conceivable accident
vor·stellen / present v, produce ‖ ⁀stellung, Idee /
notion, idea ‖ erstmalige ⁀stellung (z.B. eines
Produkts) / first presentation of a new product ‖
⁀steuerung f (Hydr) / pilot control ‖ ⁀steuerventil n,
-schieber m / pilot o. relay valve ‖ ⁀steven m (Schiff) /

stem [bar o. post] ‖ ⁺**stich** m (Walzw) / cogging o. blooming o. roughing pass ‖ ⁺**stoß** m (Walzw, Anschlag) / stopping device, stop[per] ‖ ⁺**straße** f (Hütt) / blooming train, cogging o. breaking-down train ‖ ⁺**strecke** f (Textil) / first o. preliminary o. preparatory drawing frame, preparer gill box ‖ ~**strecken** (Hütt) / rough down ‖ **auf dem Hammerwerk** ~**strecken** / hammer-cog ‖ ⁺**streckgerüst** n (Walzw) / pony rougher ‖ ⁺**streckkaliber** n (Walzw) / cogging o. blooming o. roughing pass ‖ ⁺**streckwalze** f / break[ing]-down roll ‖ ⁺[**streck**]**walzen** n (Walzw) / breaking-down ‖ ⁺**streicher** m (Pap) / precoater ‖ ⁺**strom** m (Phys) / Townsend current ‖ ⁺**studie** [zu] f / preliminary study [on] ‖ ⁺**stufe** f / preliminary stage, pre-stage ‖ ⁺**stufe** f (Elektr, Rakete) / prestage, primary stage ‖ ⁺**stufe** f (Elektronik) / preselector stage ‖ ⁺**stufenmodulation** f / low-power modulation ‖ ⁺**stufen**[**schutz**]**schalter** m, Widerstandsschutzschalter m (Elektr) / protection switch with resistance ‖ ⁺**sturz** m (Walzw) / moulder, scaler ‖ ⁺**sturz-Walzwerk**, Springduo-Walzwerk n (Hütt) / jump roughing mill ‖ ~**synchronisieren** (Film) / prescore

VORTAC-System n (= VOR + TACAN) (Nav) / VORTAC system (= VOR, TACAN)

Vortambour m (Textil) / breast cylinder o. roller

Vorteil, Nutzen m / advantage, use, utility

vorteilhaft / advantageous, expedient

Vortrabanten m pl (TV) / preequalizing pulses pl

Vortrag [**über**] m / lecture [on]

vortragen, den Saldo ~ / carry forward o. over

vortragender Nonius (Verm) / retrograde vernier

Vortrags·raum, Hörsaal m / lecture hall o. room o. theatre ‖ ⁺**tafel** f / presentation easel

vortreiben (allg) / drive ‖ ~ (Bergb) / drive o. push on, advance

Vortreppe f, Außen-, Freitreppe f / flight of steps, door steps pl

Vortrieb m, Antrieb m / propulsion ‖ ⁺ (Bergb) / advance o. development heading, (Strecke:) driving ‖ ⁺ **in der Kohle** / coal advance ‖ ⁺ **in offener Baugrube** (Bau) / cut-and-cover

Vortriebs·arbeit f (Bergb) / advance work ‖ ⁺**hauer** m (Bergb) / stoneman (GB) ‖ ⁺**kraft** f (Luftf) / propulsive thrust ‖ ⁺**leistung** f (Schiff) / propulsive capacity, propulsion ‖ ⁺**leistung** f, Schraubenleistung f / propulsive power of the screw ‖ ⁺**leistung** f (Bergb) / daily headway ‖ ⁺**maschine** f (Bergb) / advance working machine ‖ ⁺**maschine** f **für Tunnel** / mole ‖ ⁺**messer** m **für Schiffsschrauben** / propeller thrust tester ‖ ⁺**mittel** n / means of propulsion ‖ ⁺**mittelpunkt** m / center of propulsion o. of traction o. of thrust ‖ ⁺**schild** m (Bau) / driving shield ‖ ⁺**schrämmaschine** f / wall coal cutter ‖ ⁺**strecke** f (Bergb) / headway, heading ‖ ⁺**widerstand** m (Schiff) / resistance to propulsion ‖ ⁺**wirkungsgrad** m (Luftf) / propulsive efficiency ‖ ⁺**zimmerung** f (Bergb) / spil[l]ing

vor·trocknen / pre-dry ‖ ⁺**trockner** m (Pap) / receiving drier ‖ ⁺**trocknung** f / predrying ‖ ⁺**trommel** f (Kammgarnkarde) / breast roller of a worsted card ‖ ⁺**tür** f, doppelte Haustür (Bau) / storm door (US)

vorübergehend, temporär / temporary, preliminary ‖ ~, flüchtig / transient, momentary, transitory ‖ ~ (zeitlich) / temporary ‖ ~**e Härte** (Wasser) / temporary hardness ‖ ~**e Lohneinstufung**, -festlegung f (F.Org) / temporary rate ‖ ~**e Regelabweichung** (Regeln) / potential correction ‖ ~**er Zustand** / transition state, transient state

Vor·übertrager m, VÜ (Elektronik) / input transformer ‖ ~**umhüllt** (Splitt, Straßb) / precoated ‖ ⁺**- und Rücklauf** m / to-and-fro movement, reciprocating motion o. movement, reciprocation ‖ ⁺**- und Rückwärtsdruck** m (DV) / bidirectional printing ‖ ⁺**- und Rückwärtsdrucker** m (DV) / reverse typing terminal ‖ ⁺**untersuchung** f / preliminary examination ‖ ⁺**untersuchung** f / investigation ‖ ⁺**urteil** n / prejudice

‖ ⁺**vakuum** n / backing (GB) o. fore (US) pressure, fore-vacuum ‖ ⁺**vakuumbeständigkeit** f, -vakuumgrenzdruck m / critical backing pressure, c.b.p. (GB), critical o. limiting o. tolerable forepressure (US) ‖ ⁺**vakuumpumpe** f / backing pump, fore-pump ‖ ⁺**verarbeitungssystem** n (DV) / front-end system ‖ ⁺**verbrennung** f / precombustion ‖ ⁺**verdampfer** m (Turboreaktor) / evaporation tube ‖ ⁺**verdampfung** f / pre-evaporation ‖ ~**verdichten**, aufladen (Mot) / supercharge, boost, blow (coll) ‖ ~**verdichten** (Bau) / precompress ‖ ⁺**verdichter** m, [Auf]ladegebläse n (Mot) / supercharger, blower ‖ ⁺**verdichtungsverhältnis** n (Mot) / primary compression ratio ‖ ~**verdicken** (Farbe) / prebody ‖ ⁺**verdrahtet** / prewired ‖ ⁺**verdunstungsbecken** n / first evaporation basin ‖ ⁺**verkupferung** f (Galv) / copper undercoating, pre-copper plating ‖ ⁺**vernadelungsmaschine** f (Textil) / preneedle loom ‖ ⁺**veröffentlichung** f, in Betracht gezogene Druckschrift (Patent) / publication of prior art, reference [cited], anteriority ‖ ⁺**veröffentlichung** f (Patent) / prior printed publication ‖ ~**versilbern** / presilver ‖ ⁺**versilberung** f, Schwach-, Leichtversilberung f / silver strike o. flash, pre-silver plating ‖ ⁺**versilberung** f, Schwach-, Leichtversilberung f / presilver plating ‖ ⁺**verstärker** m (TV) / head amplifier of the camera ‖ ⁺**verstärker** m (Elektronik) / pre-amplifier, preliminary amplifier, PRE ‖ ⁺**verstärkerröhre** f / preamplification tube ‖ ⁺[**verstärker**]**stufe** f (Elektronik) / preamplification stage ‖ ⁺**versuch** m / preliminary experiment o. test, pretest ‖ ⁺**vertonung** f (Film) / prescoring ‖ ~**verzerrt**, verlustkompensiert (Filter, Elektronik) / predistorted ‖ ⁺**verzerrung**, Preemphasis f (Radio) / pre-emphasis ‖ ⁺**verzinnen** n / pretinning, pretinplating ‖ ⁺**verzug** m (Textil) / preliminary draft ‖ ~**vitamin**, Provitamin n / provitamin, precursor ‖ ⁺**vulkanisiert** / prevulcanized ‖ ~**vulkanisierter Latex** / prevulcanized rubber latex ‖ ⁺**vulkanisierung** f / prevulcanization

Vorwahl f, -wählung f, -wählen n / preselection ‖ ⁺, Freisuchen n (Fernm) / finding [action], hunting ‖ ⁺**...**, Vorwähl... / preselective ‖ ⁺ **nach Ereignissen** / measurement of events per unit time ‖ ⁺**blende** f (Phot) / preset diaphragm o. iris o. stop ‖ ⁺**-Drehwähler** m (Fernm) / rotary line switch

vorwählen / preselect, preset

Vorwähler, Dienstwähler m (Fernm) / preselector ‖ ⁺ **u. Verteiler** (Transporte) / preselective sorter and traffic control

Vorwahl·gerät n / preselect mechanism ‖ ⁺**getriebe** n (Kfz) / preselector gearbox ‖ ⁺**nummer**, Ortsnetzkennzahl f, ONKz (Fernm) / area code (US), preselection number ‖ ⁺**schalter**, Vorwählschalter m / preselector

Vorwählschaltung f (Kfz) / selective system of gear shifting, preselection change

Vorwahl·springblende f (Opt) / automatic preset-diaphragm ‖ ⁺**stufe** f / preselector stage ‖ ⁺**stufe** f (die einzelne) / preselector stage ‖ ⁺**zählgerät** n (für Zeitvorwahl) (Elektronik) / counter timer

Vor·walken n / planking ‖ ⁺**walzblock** m / cog[ged ingot] ‖ ⁺**walze** f (Walzw) / billet o. bloom[ing] o. breakdown roll, cogging o. roughing-down roll ‖ ⁺**walze** f (Wolle) (Textil) / breast roller o. cylinder, first swift ‖ ⁺**walze der Vorkarde** f (Textil) / licker-in, taker-in ‖ ~**walzen** / cog, break o. get o. rough down, bloom ‖ ⁺**walzer** m (Mann) / rougher ‖ ⁺**walzgerüst** n / shaping mill, blooming [mill] stand ‖ ⁺[**walz**]**straße**, -strecke f / roughing[-down] train, roughing line o. train ‖ ⁺[**walz**]**straße**, -strecke f / roughing train ‖ ⁺**walzwerk** n / blooming o. cogging mill, roughing[-down] mill ‖ ⁺**walzwerk** n (Hütt) / roughing mill ‖ ⁺**walzwerk** n (für anderes als Tafel- o. Bandmaterial) / billet mill ‖ ~**wärmen** / preheat ‖ ⁺**wärmen** n / preheating ‖ ⁺**wärmen** n (Keram) / precalcination, preheating ‖

ᐊwärmen n (bei Versuchen) / initial heating ||
ᐊwärmen n des Speisewassers (Dampfm) / heating the feed-water || ᐊwärmer m (SM-Ofen) / bank || ᐊwärmer m, Vorwärmeinrichtung f / preheater || ᐊwärmer, Abhitzeverwerter m / recuperator || ᐊwärmer m (Klimaanlage) / preheater battery || ᐊwärm[e]raum m, -kammer f / preheating o. warming chamber || ᐊwärmermantel m / heater shell || ᐊwärmezone f (Keram) / preheating zone, precalcining zone || ᐊwärmklappe f (Kfz) / pre-heating valve || ᐊwärmofen m / preheating furnace || ᐊwärmschrank m / preheating oven o. cabinet || ᐊwärmzone f / heating-up zone || ᐊwarnsignal n "Formularende" / approach of end of medium warning
vorwärts betriebener Kanal / forward channel ||
~ bringen / advance v || ~ gerichtet / forward ||
~ neigbarer Hubrahmen (Flurförderer) / forward tilting mast || ~ wirkend, Vorwärts... / forward acting ||
ᐊauslösung f (Fernm) / calling party release ||
ᐊbewegung f / progressive movement o. motion, progression || ᐊ-Blättern n (Bildschirm) / paging forward || ᐊeinschneiden n (Verm) / foresight[ing], fore observation || ᐊ-Erdumlaufecho n (Radar) / forward round-the-world echo || ᐊ-Erholzeit f (Halbl) / forward recovery time || ᐊfahrt f (Bahn) / forward motion o. journey || ᐊ-Fehlerkorrektur f (Fernm) / forward error correction, FEC || ᐊfließpressen n, Gleichfließpressen n / forward o. direct extrusion || ᐊgang m (Kfz) / forward speed o. running || ᐊgang m (des Schlittens) (Schreibm, Wzm) / forward travel o. motion || ᐊgebiet n (Diode) / diode forward region || ~gekrümmt (Schaufel) / curved forward || ᐊ-Gleichsperrspannung f (Halbl) / continuous direct off-state voltage || ᐊgleichstrom m (Halbl) / continuous direct o. forward current || ᐊhub m (Masch) / fore stroke || ᐊ-Infrarotausrüstung f (Luftf) / forward looking infrared o. FLIR equipment || ᐊintegration f / forward integration || ᐊ-Kaltfließpressen n (Schm) / forward cold extrusion || ᐊkennlinie f (Halbl) / forward voltage-current characteristic || ᐊlesen n (Lochstreifen) / direct reading || ᐊpfeilung f der Flügel / negative sweep, sweep forward || ᐊpfeilung f der Luftschraube (Luftf) / leading sweep of the airscrew blade || ᐊregelung f / forward automatic gain control, forward AGC || ᐊrichtung f (Halbl) / forward direction || in ᐊrichtung betrieben (Halbl) / forward biased || ᐊ-Rückwärts-Zähler m / reversible counter, bidirectional counter || ᐊruf m (Fernm) / ring-forward signal || ᐊscheinleitwert m, Transadmittanz f (Elektr) / transadmittance || ᐊ-Scheitelsperrspannung f (Halbl) / crest working (o. off-state) forward voltage || ᐊschnitt m (Verm) / foresight[ing] || ᐊschritt m der Wicklung (Elektr) / forward pitch of a winding || ᐊschub..., -booster... (Raumf) / posigrade || ᐊschubrakete f (Raumf) / posigrade rocket || ᐊschweißen n / lefthand o. leftward o. forehand o. foreward welding || ᐊspannung f (der Emitterdiode) / emitter diode voltage || ᐊ-Sperrspannung f / off-state forward voltage || ᐊ-Sperrzeit f (Halbl) / off-state interval || ᐊsteilheit f (Röhre) / short-circuit forward transfer admittance || ᐊsteuerstrom m / forward gate current || ᐊsteuerung f (DV) / forward supervision || ᐊ-Streuausbreitung f / forward scatter propagation || ᐊstreuung f / forward scatter[ing] of radiation || ᐊstrom m (Halbl) / forward current || ᐊstrom-Effektivwert m (Diode) / r.m.s. forward current || ᐊstrom-Mittelwert m (Halbl) / mean forward current || ᐊstromstoß m (Halbl) / surge forward current || ᐊturbine f, Marschturbine f (Schiff) / ahead o. cruising turbine || ᐊ-Übertragungskoeffizient bei kleiner Aussteuerung / forward s-parameter || ᐊverkettung f (DV) / forward chaining || ᐊverlustleistung f (Halbl) / forward power loss o. dissipation || ᐊwahl f (Fernm) / forward selection || ᐊweg m (Regeln) / forward path o. channel || ᐊwelle f (Elektronik) / forward wave || ᐊzählen n (Ggs: Count-down) / count-up || ᐊzeichen n (Fernm) / forward signal || ᐊzielen n (Verm) / forerighting
Vor·waschen n, -wäsche f / prewash[ing] || ᐊwascher m (Aufbereit) / primary washer || ᐊwaschmaschine f / scouring machine || ᐊwecker m (Bahn) / call bell
Vorweg·-Änderung f (DV) / premodification || ᐊnahme f (Patent) / anticipation || ~nehmen, voraussehen / anticipate || ᐊ-Parameter m (DV) / preset parameter
Vor·wegweiser m / advance direction sign || ᐊweichen n (Waschmasch) / presoak || ᐊweite f / widening in a curve || ᐊwelksilage f (Landw) / wilted silage || ᐊwickel m, Vorgarnspule f (Textil) / roving bobbin || ᐊwickelrolle f (Film) / top o. feed sprocket || ᐊwickelrolle f (Textil) / supply spool o. reel || ᐊwiderstand m (Instr) / multiplier [resistor], voltage multiplier || ᐊwiderstand, Schutzwiderstand m (Elektr) / protective resistor || ᐊwiderstand m (Heizkreis) / dropping resistor
vorwiegend direkt, [indirekt] (Licht) / semi-direct, [-indirect]
Vorzahn m, Vorschneidezahn (Fräser) / milling tooth
Vorzeichen n (DV) / algebraic o. operational sign, digit sign || ᐊ (Math) / [preceding] sign || ᐊ (Elektr) / polarity sign || das ᐊ wechseln / change sign || gleiches ᐊ / like sign || mit ᐊ, vorzeichenbehaftet (Math) / signed || mit o. ohne ᐊ (DV) / optionally signed || ᐊbit n (DV) / sign bit || ᐊglied n (Regeln) / sign detecting element || ᐊloch n (LoKa) / sign punch || ~los, ohne Vorzeichen (Math) / unsigned || ᐊprüfung f (DV) / sign test || ᐊregel f (DV) / rule of signs || ᐊstelle f (DV) / sign position || ᐊsymbol n / sign character || ᐊumkehr f (Math) / reverse counting || ᐊumkehrer m / sign reverser o. changer || ᐊwechsel m / change of sign, CH, CHS || ᐊziffer f / sign digit
vorzeichnen / mark, scribe || ᐊ n, Anzeichnen n / tracing, scribing
vorzeitig, frühzeitig / premature || ~ abbrechen / abort v || ~er Abbruch / abort || ~e Kartenabfühlung (LoKa) / early card read || ~er Spulenwechsel (Magn.Bd) / forced tape swap || ~e Zündung (Mot) / premature o. pre-ignition
Vor·zentrifuge f, Vor[dreh]schleuder f (Zuck) / foreworker || ~zerkleinern / break, crush [coarsely], coarse-crush || ᐊzerkleinerung f / [coarse] crushing, preliminary disintegration || ᐊzerlegungskolonne f (Chem) / stripper column || ᐊzeug n (Brau) / top layer of yeast || ᐊzeug m (Hütt) / sandwich products pl || ᐊziehdraht m / wire rod || ~ziehen (Draht) / first-draw v || ~ziehen (F.Org) / pull up vt || ~ziehen (Tiefziehen) / effect the first drawing, pre-draw || ~ziehen, bevorzugen / prefer || ᐊzimmer... (Fernm) / secretarial || ᐊzimmeranlage f (Fernm) / executive-secretary system
Vorzug, Vorteil m / advantage || ᐊ m (Bahn) / extra train o. section (US) [preceeding the regular train] || ᐊ (Tiefziehen) / first draw o. (Drahtz.) / first draw n || ᐊ, Zug m vorn (Drahtziehen) / front tension
Vorzugs·... / preferential, preferred || ᐊ-AQL-Wert m / preferred acceptable quality level || ᐊfahrstraße, Hauptfahrstraße f (Bahn) / priority route || ᐊmaße n pl / preferred dimensions pl || ᐊorientierung f, Textur f (Hütt) / preferred orientation, privileged direction || ᐊrichtung f (Krist) / privileged direction || ᐊrichtung f / preferred o. predominant direction || ᐊwert m / preferred value || ᐊzahlenreihe f / preferred numbers pl
Vor·zündung f, Frühzündung f / preignition || ᐊzündung f, (ISO:) Vorentflammung f (Mot) / spark advance, advanced ignition || ~zuziehend, empfohlen / perferred || ᐊzwirn m / initial twist || ~zwirnen n / pretwisting, primary twisting || ᐊzwirnen n (Seide) / silk spinning
Votatorprozeß m / texturation, texturization (plastic fats)
Voute, Aufstelzung f (Bau) / concrete haunch || ᐊ f, Deckenkehle f (Bau) / cove

Vouten·beleuchtung *f* / cove lighting ‖ **⁻decke** *f*,
Kehldecke *f* (Bau) / arched floor ‖ **⁻strahler** *m*,
Infrarot-Raumheizung *f* / cove radiator
VÖV = Verband öffentlicher Verkehrsbetriebe
VPE = vernetztes Polyethylen
V-Plus-Verzahnung *f* / long addendum gear
VPS, Video-Programmsystem *n* / video program system,
VPS
V-Rad *n* (Verzahnung) / X-gear
V-Radpaar *n* / gear pair with modified center distance ‖ **⁻**
mit vergrößertem [,verkleinertem] Achsenwinkel /
gear pair with extended [,closed] shaft angle
V2-Rakete *f* / robot-bomb 2
V-Ring *m* (Art Seegerring) / truarc inverted ring
V-Ringantenne *f* (Luftf) / V-ring antenna
V-Ringdichtung *f* / V-ring gasket
V-Schaltung *f* (Elektr) / V-connection
V-Schweißnaht *f* / V-groove weld o. seam
VSG = Verbundsicherheitsglas
VSM = [Normen des] Verein[s] schweizerischer Maschinen-
Industrieller
V-Stellung *f* (aufwärts gerichtet), V-Winkel *m* (Luftf) /
dihedral angle
V-Stiel *m* / V- o. Vee-strut
V-Stoß *m* (Schweiß) / single V-butt o. Vee-butt joint
V-Strahl-Radarsystem *n*, Radar *m* mit zwei Richtkeulen
(Radar) / V-beam system
VT (Bahn) = Triebwagen mit Verbrennungsmotor
VTE-Anlage *f* (Meerwasserverdampfung) / vertical tube
evaporator plant
V-Teilchen *n* (Nukl) / V-particle
VTG = Verfahrenstechnische Gesellschaft
VTL (Elektronik) = variable threshold logic
VTOC (DV) / volume table of contents, VTOC
VTOL·-Flugzeug *n*, Flugzeug für Senkrechtstart u.
-landung / vertical take-off and landing plane, VTOL-
plane ‖ **⁻-Flugzeug** *n* **mit festen Flügeln** (Luftf) / verto-,
vertiplane
VTOL-Landeplatz *m* / vertiport, VTOL-port
V-Trieb, Winkel-Trieb *m* / V-drive
VT-Zahl *f*, Verteerungszahl *f*, VTZ *f* (Öl) / tar value, tar
number
VÜ = Vorübertrager
Vulkameter *n* / curemeter
Vulkametrie, Bestimmung *f* des Vulkanisationsverlaufs
(Gummi) / determination of reaction during
vulcanization, curemetry
Vulkanfiber *f* / vulcanized fiber
Vulkanisat *n* / vulcanized material ‖ **⁻**, Gummi *m* /
vulcanized [India] rubber
Vulkanisation *f* (Gummi) / curing, vulcanizing ‖ **⁻ bei**
Raumtemperatur / room temperature vulcanizing,
RTV ‖ **⁻ in der Bleimantelpresse** (Kabel) / lead press
cure
Vulkanisations·-Beschleuniger *m* / vulcanization
accelerator ‖ **⁻grad** *m* / state of cure o. vulcanization ‖
⁻haut *f* / vulcanization skin ‖ **⁻verzögerer** *m* /
antiscorcher, antiscorching agent
Vulkanisator *m*, Heizgerät *n* / [tire] vulcanizer
vulkanisch / volcanic ‖ **⁻e Dämpfe** *m pl* (Geol) / resurgent
gases *pl* ‖ **⁻e Schlacke** / scoria ‖ **⁻er Tuff** / volcanic
tuff, tuff
Vulkanisieranstalt *f* / vulcanization o. vulcanizing works
vulkanisieren (Gummi) / vulcanize, sulphurize, cure
Vulkanisier·kessel *m* / vulcanizing autoclave ‖ **⁻presse** *f*
/ vulcanizing press ‖ **⁻schlauch** *m* / air bag, curing bag
vulkanisiert·er Gummi / vulcanized rubber ‖ **⁻er**
Kautschuk / converted India rubber, cured caoutchouc
‖ **⁻er Latex** / vultex ‖ **⁻es o. angespritztes Schuhwerk**
/ moulded o. vulcanized footwear
Vulkanisierung *f* / vulcanization ‖ **⁻ in geschmolzenem**
Schwefel / sulphur bath vulcanization
Vulkanismus *m* (Geol) / volcanism, volcanicity

Vulkanit *m*, Lavagestein *n* / extrusive rocks *pl*, lava flows
pl ‖ **⁻**, Ebonit *n* / vulcanite, ebonite, rubberite ‖ **⁻** *n*
(Sprengstoff) / vulcanite ‖ **⁻** *m* (Min) / volcanite
Vulpinit *m* (Min) / vulpinite
VU-Meter *n* / volume unit meter, VU-meter
V-Verzahnung *f* (Fräse) / staggered teeth *pl*
VWS = Versuchsanstalt für Wasserbau und Schiffahrt
VZ = Verseifungszahl ‖ **⁻** (Bau) = Erstarrungsverzögerer
V-Zylinder *m* (Zahnrad) / V cylinder

W

WA = Wasseraufbereitung
WAA, Wiederaufbereitungsanlage *f* (Nukl) / fuel
reprocessing plant, FRP
Waage *f* / balance, [pair of] scales *pl* ‖ **⁻**,
Aufzugsstängelchen *n* (Web) / spring shaft ‖ **⁻** (Bergb,
Verm) / level ‖ **⁻ mit Hebelübersetzung** (z.B.
Dezimalwaage) / platform balance o. scales *pl* ‖ **⁻ mit**
Neigungsgewichteinrichtung / inclination balance ‖ **⁻**
mit optischer Ablesung / projection balance ‖ **⁻ zum**
Prüfen des Garns, Garnprüfer *m* / yarn tester ‖ **die**
⁻ halten / counterbalance *v* ‖ **⁻balken** *m* / balance arm
o. beam, scale beam
Waagengehäuse *n* (Labor) / balance case
waagerecht, horizontal / horizontal, level ‖ **⁻**, söhlig
(Bergb) / horizontal ‖ **⁻e Aufzeichnung** (Repro) /
horizontal recording o. mode, comic mode, orientation
B ‖ **⁻e Aufzeichnung** (Repro) / comic mode, orientation
B, horizontal recording o. mode ‖ **⁻e Förderung**
(Bergb) / hauling ‖ **⁻er Gegenschlaghammer** / impacter
(US) ‖ **⁻ gelagert** (Geol) / level ‖ **⁻ gießen** / cast
horizontally ‖ **⁻e Linie** (o. Fläche) / level ‖ **⁻ machen** /
bring to the level, even ‖ **⁻ (o. eben) machen** (Straßb) /
level *v*, planish ‖ **⁻ schwingend** / pivoted, swinging ‖
⁻ sein [mit] / be o. lie level [with] ‖ **⁻e Seitenkraft** /
horizontal component ‖ **⁻er Seitenschub**, Bogenschub
m (z.B. eines Gewölbes) / horizontal o. tangential thrust
‖ **⁻e Spitzenverschiebung** (unerwünscht) (Stahlbau) /
sway (horizontal displacement at the top of a vertical
frame) ‖ **⁻es Zeilenabtasten** (TV) / ratchet[t]ing ‖ **⁻es**
Zonenschmelzen (Hütt) / floating zone melting ‖ **⁻er**
Zuführtisch mit Schaufelrad / horizontal rotary feeder
with paddles ‖ **⁻aufnahme** *f* (Film) / straight-on angle
shot ‖ **⁻-Außenräummaschine** *f* / horizontal surface
broaching machine ‖ **⁻biege- [und Form]presse** *f* /
horizontal bending [and forming] press ‖
⁻bohrmaschine *f* / horizontal boring machine o. mill ‖
⁻bohr- u. Fräswerk *n* / horizontal boring and milling
machine ‖ **⁻bohrwerk** *n* / line boring machine ‖
⁻-Drehautomat *m* / horizontal automatic lathe
Waagerechte *f* / horizontal line ‖ **⁻**, Horizontalebene *f* /
level ‖ **⁻ beim Start** (Raumf) / horizontal at launch *n*
Waagerecht·einstellschraube, Horizontierschraube *f*
(Verm) / level[l]ing screw ‖ **⁻förderung** *f* / level
transportation ‖ **⁻fräsmaschine** *f* / horizontal milling
machine ‖ **⁻gatter** *n* / horizontal saw frame o. saw mill
o. deal frame ‖ **⁻-Innenräummaschine** *f* / horizontal
internal broaching machine ‖
⁻-Innen-Rundschleifmaschine *f* / horizontal
cylindrical internal grinding machine ‖
⁻konsolfräsmaschine *f* / knee-type milling machine,
knee [and column] miller (US) ‖ **⁻schmiedemaschine** *f*
/ horizontal forging machine ‖ **⁻stoßmaschine** *f*,
Schnellhobler *m* / shaper (US), shaping machine ‖
⁻verstellung *f* (Wzm) / horizontal traverse

Waage·schneide f / knife-edge, balance blade ‖ ⟶**speiser** m (Spinn) / hopper feeder
Waagschale f **der Neigungswaage** / weighing scale o. basin ‖ **flache** ⟶ / weighing scale
Wabe f / honeycomb
Waben·bauweise, Kernbauweise f / honeycomb design o. construction ‖ ⟶**element** n / honeycomb element ‖ ⟶**förmig** (Bot, Zool) / alveolate[d], alveolar[y] ‖ ⟶**förmig** (Masch) / honeycombed ‖ ⟶**fundament** n (Buch) / honeycomb base o. mount ‖ ⟶**gleichrichter** m (Windkanal) / straightener, honeycomb ‖ ⟶**kern** m (für Leichtbauteile) / honeycomb core ‖ ⟶**kernverbund** m / honeycomb sandwich structure ‖ ⟶**kühler** m / honeycomb radiator ‖ ⟶**manschette** f (Masch) / honeycomb sleeve ‖ ⟶**wicklung** f (Elektr) / lattice winding
Wache f (Schiff) / watch ‖ **auf** ⟶ **gehen** / stand watch
Wachflamme f / pilot light o. flame of the gas burner
Wacholder m / juniper, Juniperus communis ‖ ⟶**öl** n / juniper oil ‖ ⟶**teeröl**, Cadeöl n / [oil of] juniper tar, empyreumatic oil of juniper, cade oil
Wachs n / wax ‖ ⟶... (Zool) / ceric ‖ **mit** ⟶ **überzogen** / waxy, waxen ‖ ⟶**abdruck** m / wax impression
Wachsamkeitstaste f (Bahn) / vigilance button o. device
Wachs·appretur f (Textil) / wax finishing ‖ ⟶**ähnlich**, -weich / waxlike, ceraceous ‖ ⟶**artig**, -weich / waxy, waxen ‖ ⟶**ausschmelzguß** m / lost-wax o. waste-wax process o. casting ‖ ⟶**ausschmelzguß[teil]** m / lost wax casting, precision investment casting ‖ ⟶**ausschmelzverfahren** n, Wachsguß m (Gieß) / [precision] investement casting, lost-wax o. waste-wax process o. casting, cire-perdue-process ‖ ⟶**beschichtet** / wax-lined ‖ ⟶**draht**, Klingeldraht m / wax wire, ringing wire
wachsen (Bot) / vegetate, grow ‖ ⟶ (Landw) / grow ‖ ⟶, anschwellen / grow bigger o. larger, (river:) swell ‖ ⟶ (Sintern) / grow
wachsen vt, mit Wachs einreiben o. überziehen / wax, coat with wax ‖ ⟶ (Garn) / wax thread vt
Wachsen n (Keram) / growth
wachsend·e Belastung (Elektr) / rising load ‖ **[gleichmäßig]** ⟶**e Belastung** (Mech) / ever-growing strain o. stress
wächsern, aus Wachs, Wachs... / waxen, waxy
Wachs·farbe f / turpentine paint ‖ ⟶**glanz** m / resinous luster o. lustre
wachsig, amylopektinreich (Stärke) / waxy, glutinous, amylopectin...
Wachs·kohle f, Pyropissit m / pyropissite ‖ ⟶**kracken** n / wax cracking ‖ ⟶**leim** m (Pap) / wax size ‖ ⟶**leinwand** f s. Wachstuch ‖ ⟶**leinwandeffekt** m (Textil) / cire ‖ ⟶**maschine** f (Textil) / waxing machine ‖ ⟶**matrize** f / stencil, wax matrix ‖ ⟶**papier** n / wax o. waxed paper ‖ ⟶**reserve** f (Färb) / wax coats pl, wax resist ‖ ⟶**reservedruck** m / wax print ‖ ⟶**schnur** f (Gieß) / wax vent ‖ ⟶ (Präzisionsguß) / cluster ‖ ⟶**traube** f (Präzisionsguß) / cluster ‖ ⟶**-Trennmittel** n / wax releasing agent ‖ ⟶**tuch** n, -leinwand f / American cloth o. leather (GB), enamelled cloth (US), patent cloth, cerecloth
Wachstum n / growth ‖ ⟶, Zunahme f (Astr, Meteorol) / accretion ‖ ⟶, Entfaltung f / development ‖ ⟶ **aus der Dampfphase** (IC) / vapour growth ‖ **im** ⟶ **schädigen** (Landw) / nip
wachstums·fördernd / growth stimulating o. promoting ‖ ⟶**geschwindigkeit** f / growth rate, rate of increase ‖ ⟶**hemmend** / growth inhibiting ‖ ⟶**industrie** f / growth industry ‖ **beste** ⟶**periode** (Landw) / grand period of growth ‖ **erneute** ⟶**periode** (Holz) / flush ‖ ⟶**reaktion** f (Chem) / growth o. propagation reaction ‖ ⟶**ring** m (Ggs: Jahresring) (Holz) / growth ring ‖ ⟶**zyklus** m / growth cycle
Wächter m / guard n, guardian, watchman ‖ **[Faden-]**⟶ m (Web) / catch-thread device ‖ **[kontroll]uhr**, Kontrolluhr f / telltale watch o. clock, watchman's

clock o. [time] detector, controller ‖ ⟶**steuerung** f (Elektr) / automatic contactor control
Wacke f (Geol) / graywacke
Wackelkontakt m (Elektr) / intermittent o. tottering contact, loose connection o. contact, defective contact
wackeln, lose o. wackelig sein o. dangle, be o. hang loose ‖ ⟶, wanken / shake, rock
wacklig / wobbly, shaky ‖ ⟶, baufällig / rickety
Wad n (Min) / [black] wad, waddite
Wade f, Wadenetz n (Schiff) / seine[-net]
Waden·fischerei f (Schiff) / seining ‖ ⟶**fischerei** f **mit zwei Booten** / long-haul seining ‖ ⟶**netzfischer** m (Schiff) / ring netter ‖ ⟶**rolle** f / seine roller ‖ ⟶**schnürleine**, -zugleine, Wadenleine, Schnürleine der Ringwade f (Schiff) / purse rope o. line o. string
Wafer m (Halbl) / wafer, slice ‖ ⟶**-Scale-Integration** f / wafer scale integration ‖ ⟶**-Schneidemaschine** f (Elektronik) / wafering machine
Waffe f / weapon, arm
Waffel·... (Struktur) / waffle-type (structure) ‖ ⟶**bindung** f (Web) / honeycomb o. waffle weave ‖ ⟶**blech** n (Walzw) / goffered plate ‖ ⟶**gewebe** n (Textil) / waffle cloth, honeycomb fabric ‖ ⟶**muster** n (Web) / honeycomb ‖ ⟶**presse** f **für Heu** / hay wafering machine o. waferer
Waffen f pl / arms pl, armament ‖ ⟶**fabrik** f / arms factory ‖ ⟶**leitanlage** f / weapon control system, WCS
wägbar, ponderabel / ponderable
Wägbarkeit f / ponderability
Wäge·bürette f (Chem) / weight burette ‖ ⟶**fehler** m / weighing error ‖ ⟶**glas** n, -gläschen n (Chem) / weighing bottle ‖ ⟶**karte** f / scale ticket ‖ ⟶**maschine** f / weighing machine ‖ ⟶**methode** f / weighing [method]
Wagen m, Fuhrwerk n / carriage, waggon (GB), wagon (US), vehicle ‖ ⟶, Karren m / cart ‖ ⟶, Personenwagen m (Bahn) / carriage, coach, car (US) ‖ ⟶ (Masch, Schreibm, Spinn) / carriage ‖ ⟶ (Bergb) / mine car o. tub ‖ ⟶ (Seilb) / car ‖ ⟶ **anhängen** (o. ankuppeln) (Bahn) / attach cars ‖ ⟶ **mit beweglichem Dach** (Bahn) / opening roof wagon ‖ ⟶ **mit Gehlenkung** / pedestrian type truck
wägen, wiegen / weigh, balance, scale ‖ ⟶, Abwägen n / ponderation ‖ ⟶, [Ab]wiegen n, Wägung f / weighing
Wagen·abstandsregler m (Seilb) / car distance regulator f ‖ ⟶**achse** f / car axle ‖ ⟶**anlage**, Schaltanlage in Einschubtechnik f (Elektr) / draw-out unit ‖ ⟶**aufstoßer** m (Bergb) / tub-pushing device ‖ ⟶**aufzugbedienung**, -steuerung f (Schreibm) / carriage return control ‖ ⟶**ausbesserungsstelle** f (Bahn) / maintenance o. repair sidings pl ‖ ⟶**-Ausbesserungswerk** n (Bahn) / main repair shop ‖ ⟶**ausbesserungswerkstatt** f (Bahn) / waggon repair shop (GB), car shop (US) ‖ ⟶**ausfahrt** f, -auszug m (Textil) / outward run, run-out of the carriage ‖ ⟶**bahn** f (Spinn) / carriage rail ‖ ⟶**bauschraube** f, rohe Senkschraube mit Vierkantansatz / square neck countersunk head bolt ‖ ⟶**beladeanlage** f (Bahn) / car loading equipment ‖ ⟶**breite** f (Buch.m) / carriage width ‖ **offener** ⟶**bremsberg** (Bergb) / graviplane ‖ ⟶**bremse** f (Spinn) / checking motion ‖ ⟶**dach** n (Bahn) / waggon roof, deck (US) ‖ ⟶**deck** n (Fähre) / car deck ‖ ⟶**decke** f (Bahn) / tarpaulin, tarred canvas ‖ ⟶**dolly** m (Film) / camera dolly ‖ ⟶**drehkran** m (Bahn) / slewing wagon crane, revolving wagon crane ‖ ⟶**einfahrt** f, -einzug m (Textil) / inward run, run-in of the carriage ‖ ⟶**einfahrt[glocken]kupplung** f (Spinn) / taking-in friction ‖ ⟶**fahrt** f (Kfz) / car ride, drive ‖ ⟶**falle** f (Textil) / holding-out catch ‖ ⟶**fenster** n / window ‖ ⟶**feststeller** m (Schreibm) / carriage lock ‖ ⟶**förderung** f (Bergb) / winding of tubs ‖ ⟶**führer** m (Straßenbahn) / motor man ‖ ⟶**führer** m, Fahrer m (Kfz) / driver, chauffeur ‖ ⟶**gestellung** f / supply of waggons ‖ ⟶**gleittaste** f, Tabulationstaste f / tabulator key ‖ ⟶**gruppe** f, -zug m (Bahn) / cut o. raft o. rake o. set of coaches o. wagons ‖ ⟶**guß** m (Hütt) / car o. bogie o. buggy casting ‖ ⟶**halle** f (Straßenbahn) / car shed ‖

~haupt n (Textil) / carriage rest ‖ ~hebebühne f (Kfz) / elevator platform ‖ ~heber m (Kfz) / jack, autolifter ‖ ~heber m, -winde f / screw jack ‖ ~heber m, Rangierheber m (Kfz) / movable car lifter, garage jack (US) ‖ ~hebe- und Kippanlage f (Bahn) / waggon tippler hoist ‖ ~hebewerk n (Bahn) / waggon lifting appliance (GB), car lift (US) ‖ ~heizer m (Kfz) / car heater ‖ ~herd m / car bottom, car hearth ‖ ~herdofen m (Hütt) / car bottom furnace, bogie hearth furnace ‖ ~kasten m / box ‖ ~kasten m, Aufbau m (Kfz) / body ‖ ~kasten m (Seilb) / skip, bucket ‖ ~kasten m (Bahn) / superstructure ‖ ~kasten m (Güterwagen) (Bahn) / waggon (GB) o. freight car (US) body ‖ ~kasten m in Schalenbauweise / skin-stressed sheet metal body ‖ ~kasten m in Trägerbauweise (Bahn) / frame-built body ‖ ~kasten mit Seitenklappen / box with side flaps folding down ‖ ~kilometer m (Bahn) / car kilometer ‖ ~kipper m (Bergb) / car dumper o. tipper o. tilter, rotary dumper ‖ ~kipper m (Bahn) / waggon o. car dumper ‖ ~kipperbrücke f / travelling bridge with tipping stage ‖ ~köpfer m (Rüben) / beet-top harvester ‖ ~köpfroder m (Landw) / complete beet harvester ‖ ~kuppler m (Bergb) / coupler-on ‖ ~kupplung f (Bahn) / coupling, coupler ‖ ~lader m (Bergb) / car loader ‖ ~ladung f (Bahn) / waggon load (GB), car load, C.L. (US) ‖ ~lauf m (Bahn) / run of a wagon, distance covered by a wagon ‖ ~laufschild n (Reisezugwagen) (Bahn) / destination board o. panel o. sign (of the coach) ‖ ~lautsprecher m / in-car speaker ‖ ~löserhebel m (Schreibm) / carriage release lever ‖ ~markierung f (elektronisch lesbare), Zettel m (am Güterwagen) (Bahn) / label ‖ ~mittelstück n (Textil) / carriage square ‖ ~park m (Kfz) / fleet ‖ ~park m (Bahn) / carriage o. wagon stock, rolling equipment ‖ ~pflege f (Kfz) / car valeting (US) ‖ ~pflegemittel n / car polish ‖ ~plane f, -decke f / tarpaulin ‖ ~polierbürste f (Kfz) / polishing brush ‖ ~prüfziffer f / check digit of wagon code ‖ ~rad n / cart wheel ‖ ~radio n / car radio ‖ ~roder m / loading beet lifter, loading potato digger ‖ ~rückführung f (Bürom) / carriage return device ‖ ~rückgang m (Textil) / carriage receding motion ‖ ~rückgang, -rücklauf m, -rückzug m (Schreibm) / carriage return [travel] ‖ ~rücklauf m mit Zeilenvorschub / carriage return and line feed ‖ ~rücklaufhebel m / new line control, line spacer and carriage return control ‖ ~rücklauftaste f (Buch.m) / carriage directional key o. return key ‖ ~rücklaufzeichen n (DV) / carriage return character, CR ‖ ~runge, Runge f (Bahn, Kfz) / stake, stanchion, standard ‖ ~schiebebühne f / waggon (GB) o. freight car (US) traverser, wagon traverse o. transfer table ‖ ~schiene, -bahn, -straße f, -lauf m (Textil) / carriage rail ‖ ~sperre f (Bergb) / truck stop ‖ ~spinner m (Textil) / mule[spinning machine], selfactor ‖ ~sprung m (Buch.m) / carriage skip ‖ ~spur f, Geleise n / wheel rut o. track ‖ ~standgeld n (Bahn) / detention charges pl, demurrage ‖ ~standsanzeiger m (Seilb) / car position indicator ‖ ~stellung f (Bahn) / supply of wagons ‖ ~stößer, Schlepper m (Bergb) / haulageman, harrier, carter ‖ ~stößer (maschinell) / tub pushing device ‖ ~technische Untersuchung (Bahn) / inspection o. examination of carriages and wagons ‖ ~tritt m / footboard, step[board], running board ‖ ~tür f / car door ‖ ~umlauf m (Bergb) / tub circulation, roundabout ‖ ~umlauf m (Bahn) / turn-round of wagons ‖ ~untergestell n, Rahmen m / frame ‖ ~verzug m (Textil) / carriage draft o. drag o. gain ‖ ~vorlauf m (Schreibm) / letter spacing travel ‖ ~vorzieher m (Bergb) / drag chain for tubs ‖ ~waschanlage, -wäsche f / car washing plant ‖ ~waschen n / car washing ‖ ~wechselvorrichtung f (am Schacht) (Bergb) / decking device ‖ ~winde f / tooth and pinion-jack, lifting jack ‖ ~winde, Handwinde f / hand-jack ‖ ~wipper, -kipper m (Bergb) / tipple, tippler ‖ ~zähler m / car counter ‖ ~zettel, -rapport m (Schweiz) (Bahn) / guard's journal,

wheel rapport o. report (US) ‖ ~zug m (Bergb) / gang ‖ ~zug, Auszug m (Textil) / stretch ‖ ~zug m (Bahn) / train set ‖ ~zug m mit Gummireifen (Bahn) / pneumatic tired train set ‖ ~zuggewicht n (Bahn) / gross load hauled, gross trailing load ‖ ~zwischenstück n (Textil) / carriage bracket

Wäge·raum m (Labor) / balance room ‖ ~schiffchen n (Chem) / weighing boat ‖ ~schrank m (Brückenwaage) / balance case ‖ ~stück n / weight ‖ ~substanz f, -gut n / weighed substance ‖ ~vorrichtungen f pl / weighing equipment ‖ ~wert m, Gewicht n / measured value of weight, weight ‖ ~zelle f (Meßtechnik) / load cell, weighing cell ‖ ~zimmer n (Chem) / weighing room

Waggon m, gedeckter Güterwagen (Bahn) / [covered goods-]waggon (GB), freight car (US) ‖ ~bau m / wagon building ‖ ~bauanstalt f / wagon building plant ‖ ~entlader m / waggon unloader ‖ ~fabrik, -bauanstalt f (Bahn) / car building plant o. establishment ‖ ~rangierfahrzeug n (Bahn) / car shunting tractor ‖ ~waage f / track scales pl

Wagner m, Stellmacher m / wheelwright, cartwright ‖ ~erde f (Fernm) / Wagner earth ‖ ~fenster n (Bau) / double window with separate frames ‖ ~it m (Min) / wagnerite ‖ ~scher Hammer m / hammer break o. interrupter, Wagner's interrupter, trembler

Wahl f (zwischen zwei Möglichkeiten) / alternative ‖ ~ (zwischen versch. Dingen) / choice ‖ ~ in einer Ebene (Fernm) / rotary hunting ‖ ~ über verschiedene Höhenschritte (Fernm) / level hunting

Wählamt n (Fernm) / automatic exchange, auto-exchange; dial exchange, dial central office (US)

Wahlanruf m (Fernm) / selective calling

Wählaufforderung f (Fernm) / proceed-to-dial tone

wählbar·e Leiterbahnverbindungen f pl (Elektronik) / discretionary wiring approach

Wählbetrieb m (Fernm) / circuit switching

Wahldatei f (DV) / optional file

Wähldekade f (Fernm) / switching decade

wählen / choose, take one's choice ‖ ~ (Fernm) / dial up, select ‖ ~ (bei Tastenwahl) / select by touch ‖ ~ n (Fernm) / dialling ‖ [aus]~ / select ‖ 9 ~ (Fernm) / dial 9 ‖ eine Leitung ~ (Fernm, DV) / switch a line

Wahl·ende n (Fernm) / end of selection, end of impulsing ‖ ~endezeichen n (Fernm) / end-of-pulsing signal, end-of-selection signal

Wähler m, Wählapparat m / selecting apparatus ‖ ~ zur Kennzahlausscheidung (Fernm) / selector ‖ ~ Umsteuerwähler m (Fernm) / discriminating selector ‖ ~amt n s. Wählamt ‖ ~antrieb m (Fernm) / selector drive ‖ ~fernamt m, WFA (Fernm) / automatic trunk exchange ‖ ~fernsteuerung f (Fernm) / automatic trunk dialling (GB) o. toll dialling (US) ‖ ~geräusch n (Fernm) / dialling noise ‖ ~gestell n (Fernm) / selector bay o. frame o. rack, apparatus rack ‖ ~kontaktbank f (Fernm) / selector bank ‖ ~netz n (Fernm, DV) / switching network ‖ ~rahmen m (Fernm) / selector shelf o. panel ‖ ~raum m (Fernm) / apparatus o. switch room, auto room ‖ ~ruhekontakt m (Fernm) / normal contact of a selector ‖ ohne Unterbrechung arbeitender ~-Schaltarm (Fernm) / bridging wiper ‖ ~schiene f (Fernm) / combination o. selector bar ‖ ~stecker m (Fernm) / selector plug ‖ ~stufe f (Fernm) / rank of selectors ‖ ~sucher m (Fernm) / allotter ‖ ~verbindungsleitung f (innerhalb eines Amtes) (Fernm) / link line ‖ ~vielfachfeld n (Fernm) / selector multiple ‖ ~[zu]ordner m (Fernm) / assignment selector

wahlfrei (NC) / optional ‖ ~ Ablenkung (TV) / random scan ‖ ~er Programmierteil / optional programming material ‖ ~e Verarbeitung (DV) / random processing ‖ ~e Wiederholung (DV) / rerun option ‖ ~er Zugriff (DV) / random access

Wähl·-Freigabezeichen n (Fernm) / proceed-to-dial signal ‖ ~impuls m (Fernm) / dial pulse ‖ ~impulse m pl (Fernm) / pulsing ‖ ~leitung f (DV) / switched line ‖

-Nebenstellenanlage f / private automatic branch exchange (PABX) ‖ ⬫netz n (Fernm) / automatic network
Wahl·satz m (Fernm) / signaling set ‖ ⬫schalter m (Wzm) / selector switch
Wähl·schalter, Kontrollschalter m (Elektronik) / monitoring switch ‖ ⬫scheibe, Nummernscheibe f (Fernm) / dial o. finger disk, selector o. calling dial, [number] dial
Wähl, die ⬫scheibe drehen (Fernm) / operate the dial
Wähl·schiene f (Fernm) / code bar ‖ ⬫sternschalter m (Fernm) / line concentrator ‖ ⬫stufe f (Fernm) / selection stage
Wahltastatur f / selection keyboard
Wähl·ton m, Wählaufforderung / proceed-to-dial tone, dial tone ‖ ⬫tonverzug m (Fernm) / dial tone delay
Wahl·umsetzer m (Fernm) / dial converter ‖ ⬫- und Verteilgerät n / multiplex control ‖ ⬫ventil n, Mehrwegehahn m (Luftf) / selector valve
Wähl·verbindung f (Fernm) / switched connection ‖ ⬫verfahren n mit Umrechnung (Fernm) / method of translating ‖ ⬫vermittlungsstelle f (Fernm) / automatic circuit exchange, ACE ‖ ⬫verzug m / post-selection time ‖ ⬫vorgang m (Fernm) / selective process
Wahl·vorschlag m / alternative, overture ‖ ⬫weg m (Bahn) / optional route
wahlweise adj / optional ‖ ~ adv / alternatively, at option ‖ ~ leiten, leiten (Fernm) / route a call ‖ ~s [Serien-]Zubehör, Extras n pl (Kfz) / production option ‖ ~ Sondereinrichtung / optional feature
Wahl·wiederholung f / repeat last call ‖ ⬫wort n (DV) / optional word
Wählzeichen n (Fernm) / dial [ringing] tone, DT, pulsing signal ‖ ⬫ in Vorwärtsrichtung (Fernm) / dial[ing] signal
Wahnholz n / unedged sawn timber
Wahnkante f / dull o. rough edge
wahr·e Anomalie (Astrol) / true anomaly ‖ ~e Dichte / true specific gravity ‖ ~e Eigenbewegung (Radar) / proper motion ‖ ~e Fluggeschwindigkeit (Luftf) / true airspeed, TAS ‖ ~er Frühlingspunkt / true equinox of date ‖ ~e Größe / natural size o. scale ‖ ~er Horizont, Normalhorizont m (Verm) / datum surface, true level ‖ ~er Horizont o. Gesichtskreis (Opt) / real o. rational horizon ‖ ~e Leistung / true power ‖ ~es Lot / true vertical ‖ ~er Ortsmittag / apparent noon ‖ ~e Siedekurve / true boiling point curve, T.B.P. curve ‖ ~e Sonnenzeit / apparent o. true solar time ‖ ~e Spannung / true stress ‖ ~e spezifische Wärme / instantaneous specific heat, true specific heat ‖ ~e Teilchendichte (Sintern) / effective particle density ‖ ~er Wert / true value
Wahrheits·funktion f (Math) / truth function ‖ ⬫tabelle f (DV) / truth table, Boolean operation table ‖ ⬫wert m (DV) / logical value
wahrnehmbar / distinguishable, observable, sensible ‖ ~, hörbar / audible ‖ ~, sichtbar / visible ‖ kleinstes ~es Signal / minimum discernable signal
Wahrnehmung f / perception ‖ ⬫, Beobachtung f / observation
Wahrnehmungs·... / perceptive ‖ ⬫schwelle f / just noticeable difference, minimum perceptible difference, MPCD ‖ ⬫schwelle f, Reizschwelle f (Aroma) / detection threshold (aromatics)
Wahrschau f (Schiff) / landmark
wahrscheinlich·es Erz / indicated ore, probable ore ‖ ~er Fehler / probable error o. deviation, PE ‖ ~e Schwankung (Akust) / interquartile range
Wahrscheinlichkeit f / probability, chance, likelihood ‖ ⬫ des Versagens / fault probability ‖ ⬫ Eins / unit probability ‖ ⬫ Null / zero probability ‖ [die größere] ⬫ / odds pl
Wahrscheinlichkeits·begriff m / probability concept ‖ ⬫begriff m der Sicherheit / probability concept of

safety ‖ ⬫dichte f (Nukl) / probability density ‖ ⬫-Dichtefunktion f / probability density function ‖ ⬫gesetz n / law of probability ‖ ⬫gesetz n für mehrere Merkmalsvariablen / multivariate distribution ‖ ⬫grenze f / probability limit ‖ ⬫kurve f / probability curve ‖ ⬫-Netzpapier n / probability paper ‖ ⬫rechnung, -theorie f / probability calculus, theory o. calculus of probabilities ‖ Auswertung mit ⬫rechnung / probabilistic evaluation ‖ ⬫stichprobe f (Statistik) / probability sample ‖ ⬫verfahren n / probabilistic approach ‖ ⬫-Verteilung f (Statistik) / probability distribution
wahrscheinlichst / [most] probable ‖ ~e Geschwindigkeit (Nukl) / probable velocity
Währungszeichen n (DV) / CS, currency sign o. symbol
Waid m (Bot) / woad
Wald m, Waldgebiet n / wood[land], forest, timber[land] (US) ‖ ⬫, Forst m, Waldung f / forest, woods pl, woodland ‖ kleinerer ⬫ / wood, coppice ‖ kleinerer ⬫ mit Unterholz / spinney (GB) ‖ ⬫arbeiter m, (jetzt:) Forstwirt / forest hand, lumberman, lumberjack (US) ‖ ⬫arbeiteraxt f / forestry axe, bushman's o. chopping axe ‖ ⬫brand m / forest fire
Waldensche Umkehrung f (Chem) / optical o. Walden inversion
Wälder·formation, Deisterformation f / Wealden series ‖ ⬫ton m, Wealdenton m (Geol) / clay of the Wealden formation, weald clay
Wald·gemeinschaft f (Bot) / forest climax ‖ ⬫gestellsäge f / saw for logs ‖ ⬫hammer m, Markierhammer m / numbering hammer ‖ ⬫kante, Baumkante f (Holz) / dull o. rough edge, wane ‖ ~kantig / waney, wany ‖ ~kantiges Holz, Schwarten f pl / waney sawn timber ‖ ⬫land n / wood[land], timber[land] (US) ‖ ⬫riß m, Sonnen-, Luftriß m (Holz) / cleft ‖ ⬫schutzstreifen m (Erosion) / shelter belt ‖ ⬫steifsäge f / one-man cross-cut saw ‖ ⬫weg m / cart track o. road o. way ‖ ⬫wirtschaft f / wood culture ‖ ⬫wolle f (Textil) / pine [needle] wool ‖ ⬫zugsäge f (nicht: Waldsäge) / felling saw
Wal·fabrik f / floating blubber factory ‖ ⬫fang m / whale fishing, whaling ‖ ⬫fänger m (Beruf) / whaler ‖ ⬫fänger m, Walfischfänger m (Schiff) / whale boat, whaler ‖ ⬫fangmutterschiff n / floating blubber factory ‖ ⬫[fisch]speck m / blubber ‖ ⬫fischtran m / whale oil
Walk·arbeit f (Gummi) / flexing work ‖ ⬫baum n (Web) / rocking beam, whip roll
Walke f (Textil) / fulling o. milling operation ‖ ⬫, Walkmaschine f (Tuch) / fulling machine o. mill (US)
Walkechtheit f (Textil) / fastness to fulling
walken (Stanz) / flex-level v ‖ ~ (Gerb) / tumble, mill ‖ ~ (Textil) / mill (GB), full (US)
Walkerde f, -ton m, Walkermergel m / fuller's earth, bentonite
Walkerei f (Textil) / fullery [room]
walk·fähig / millable (GB), good for fulling (US) ‖ ⬫falte f / milling crease (GB), fulling fold (US) ‖ ⬫faß n (Gerb) / drum tumbler ‖ ⬫fett, Extraktöl m / grease from felting water, milling fat ‖ ⬫filz m / milling (GB) o. fulling (US) felt ‖ ⬫filz m, Woll- und Haarfilz m / pressed felt ‖ ⬫hammer m (Web) / milling hammer (GB), fulling hammer (US) ‖ ⬫hilfsmittel n (Textil) / milling GB o. fulling US auxiliary
Walkie-Talkie n / walkie-talkie
Walking-Code m (DV) / reflected binary code, cyclic permuted code
Walkman m / Walkman
Walk·maschine f (Textil) / milling (GB) o. fulling (US) machine, fuller (US) ‖ ⬫penetration f (Fett) / worked penetration ‖ ⬫rippe, -strieme f (Textil) / milling rig o. mark, millrow (GB), fulling mark (US) ‖ ⬫seife f / milling (GB) o. fulling (US)
Walk-through n (DV) / [structured] walkthrough
Walkzone f (Reifen) / flexing zone

Wall

Wall *m*, Erdwall *m* / earth wall ‖ ⌐anker *m* (Schiff) / shore anchor

wallen / boil briskly, bubble ‖ ~, kochen (Metall, Hütt) / flutter

Wall·gang *m* (Schiff) / wing passage ‖ ⌐gangschott *n* (durchgehendes Längsschott) (Schiff) / wing bulkhead ‖ ⌐schiene *f* (Schiff) / sheer rail, rubbing streak ‖ ⌐stab *m*, -stein *m*, Dammstein *m*, -platte *f* (Hütt) / dam stone

Walm *m* (Bau) / hip, slope ‖ halber ⌐, Krüppelwalm *m* / false o. half hip ‖ ⌐dach, Zeltdach *n* / corner o. hip[ped] o. Italian roof

walmen (Bau) / hip a roof

Walm·sparren *m* (Zimm) / hip o. angle rafter, jack o. dwarf rafter ‖ ⌐ziegel *m* / hip starting tile

Walnußholz *n* / walnut

Walrat *m n*, Spermazet *n* / spermaceti ‖ ⌐öl, Spermöl *n* / spermaceti oil, sperm[whale] oil

Walroßleder-Preßpolierscheibe *f* (Galv) / sea-horse wheel

Walter·-Antrieb *m* / Walter engine ‖ ⌐-Sender (Schiff) / walter

Wälz·abweichungen *f pl* (Zahnrad) / composite errors *pl* ‖ ⌐achse, Schraubachse *f* (Getriebe) / instantaneous axis

Walz·ader *f* an Rundeisen (Walzw) / string ‖ ⌐arbeit *f* / rolling power ‖ ⌐asphaltmischanlage, Heißmischanlage *f* (Straßb) / hot mix plant ‖ ⌐ausbrüche *m pl* an der Oberfläche (Hütt) / shelling ‖ ⌐austrittsgeschwindigkeit *f* (Walzw) / delivery o. exit speed ‖ ⌐bahn *f* (Walzw) / pass line

Wälzbahn, Teillinie *f* (Zahnstange) / pitch line

Walzbalken *m* (Walzw) / rest bar [for carrying guides and guards]

Walzbarkeit *f* (Hütt) / rollability, rolling ability

Walz·bart *m* / burr ‖ ⌐belag *m*, -decke *f* (Straßb) / rolled bituminous carpet ‖ ⌐beschichten *n* (Walzw) / roll[er] coating

Wälzbewegung *f* / rolling motion

Walz·blei, Bleiblech *n* / flat o. sheet lead, milled o. rolled lead ‖ ⌐block *m* / ingot suitable for rolling ‖ ⌐block *m*, Barren *m* (Hütt) / billet ‖ ⌐block *m* (über 36 Qu.Zoll) / bloom ‖ ⌐bördeln *n* / roller flanging ‖ ⌐draht *m* / wire rod, hot-rolled rods *pl* ‖ ⌐drahtring *m* / rod coil ‖ ⌐druck *m* / roll pressure, rolling load

Walze *f*, Trommel *f* / cylinder, roll[er], barrel, drum ‖ ⌐ (Schreibm) / platen ‖ ⌐ (Zuck) / mill, roller ‖ ⌐, Ackerwalze *f* (Landw) / [land- o. cylinder-] roller, smooth roller ‖ ⌐, Form *f* (Glas) / cylinder, muff ‖ ⌐ (Buch) / roller ‖ ⌐ (Mus.Instr) / barrel ‖ ⌐n *f pl* (Sammelbegriff) (Straßb) / rollers *pl* (collective term) ‖ ⌐ *f* des Stalldungstreuers / shredding cylinder of the manure ‖ ⌐ des Walzwerks / roll of the rolling mill ‖ ⌐ für Scheibenräder (Hütt) / web roll ‖ ⌐ mit gehärteten Kalibern / chill pass roll ‖ ⌐ mit glattem Ballen, Glattwalze *f* (Walzw) / plain roll[er] ‖ um die ⌐ gehen (Walzw) / collar the roll

walzen (Walzw) / roll *v*, mill ‖ ~, mit der Walze überfahren (Straßb, Landw) / roll *v* ‖ ~ (Gewinde) / roll thread *v* ‖ ~ *n* (Straßb) / rolling ‖ ~, Walzung *f*, Walzvorgang *m* (Walzw) / rolling ‖ ⌐ (Landw) / rolling of ground ‖ ⌐ (Gummi) / milling ‖ ⌐ mit geringem Druck (Walzw) / pinch rolling ‖ ⌐ von Rohren über Stange / rotary piercing of tubes over a plug

wälzen, wälzfräsen / generate gears, hob ‖ ~, rollen *vt* / roll ‖ ~, Marbeln *n* (Glas) / marvering ‖ ~, Rollen *n* / revolving, rolling, volution ‖ [sich] ~ / roll *vi*, move on rolling contact

Walzen·abfall *m* (Textil) / roll waste ‖ ⌐angriff *m* (Walzw) / bite ‖ ⌐anlasser *m* / [camshaft- o. drum] controller, controller drum o. cylinder, barrel controller ‖ ⌐anlasser *m* mit Unterbrecher / drum breaker starter ‖ ⌐anpressung *f* / roll weighting ‖ ⌐anstellung *f* / roll adjustment ‖ ⌐antrieb *m* (Textil) / roller drive ‖ ⌐apparat *m*, -gestell *n* (Färb) / rolling frame ‖ ⌐aufgeber, -speiser *m* / drum feeder ‖ ⌐aufspindelmaschine *f* (Textil) / roll-forcing machine,

mandrel press ‖ ⌐auftrag *m* (Plast) / kiss-roll coating ‖ ⌐auslösung *f* / platen release ‖ ⌐backe *f* (Brecher) / roll jaw

Walz[en]ballen, -körper *m* (Walzw) / roll barrel o. body

Walzen·balligkeit *f* / roll camber o. crown ‖ ⌐bandage *f* / tire of a roll ‖ ⌐beschlag *m*, -garnitur *f* (Textil) / roller filleting ‖ ⌐bezug *m* (Masch) / roller coating o. lining ‖ ⌐bezug *m* (Schreibm) / rubber cover ‖ ⌐blasverfahren *n* (Glas) / cylinder process ‖ ⌐blechrundmaschine *f* / sheet metal bending rolls ‖ ⌐blende *f* (Opt) / cylinder o. cylindrical diaphragm ‖ ⌐brecher *m* (Textil) / breaking calender ‖ ⌐brecher *m* / roll type crusher, rolling crusher, breakdown mill ‖ ⌐breithalter *m* (Web) / roller fabric spreader, roller temple ‖ ⌐bürste, Bürstenwalze *f* / circular o. revolving brush, brush roll o. cylinder ‖ ⌐bürste *f* (Straßb) / revolving o. rotary brush o. broom ‖ ⌐drehknopf *m* (Schreibm) / platen handle, twirler ‖ ⌐drehmaschine *f* / roll [turning] lathe ‖ ⌐druck, Zylinderdruck *m* (Textil) / cylinder printing, roller o. rotary printing ‖ ⌐drucker *m* (DV) / barrel printer, drum printer ‖ ⌐druckmaschine *f* (Textil) / roller printing machine, rotary printing machine ‖ ⌐durchbiegung *f* (Walzw) / deflection of the rolls ‖ ⌐entkörner *m*, -egreniermaschine *f* (Textil) / roller gin, Congreve's granulation machine ‖ ⌐fahrschalter *m* (Bahn) / cylindrical o. drum controller ‖ ⌐fett *n*, -schmiere (Walzw) / neck grease ‖ ⌐finiermaschine *f* (Textil) / roller-polishing machine ‖ ⌐fixiermaschine *f* (Textil) / cylinder setting machine ‖ ~förmig / cylindrical, cylindric ‖ ⌐förmigkeit, -form *f*, zylindrische Form / cylindrical form, cylindricity ‖ ⌐fräser *m* / solid cylindrical [milling] cutter, plain [milling] cutter ‖ ⌐fräser, gekluppelt zweiteilig / interlocking cylindrical cutter ‖ ⌐freilaufhebel *m* (Schreibm) / platen release lever ‖ ⌐garnitur *f*, -beschlag *m* (Textil) / roller filleting ‖ ⌐gießerei *f* / roll casting shop, roller foundry ‖ ~glatte Pappe / laminated board ‖ ⌐gravieren *n* / roller engraving ‖ ⌐graviermaschine, Molettiermaschine *f* / roller engraving machine ‖ ⌐guß *m* / chilled roll iron ‖ ⌐guß *m* (Buch) / casting of rollers ‖ ⌐hals, -zapfen *m* (Hütt) / roll pin o. neck ‖ ⌐hobelmaschine *f*, Dicktenhobelmaschine *f* (Holz) / thicknessing machine ‖ ⌐höhlung *f* / sweep of a roll ‖ ⌐integrierer *m* (DV) / ball and disk and cylinder integrator ‖ ⌐kaliber *n*, Stich *m* (Hütt) / roll pass o. groove ‖ ⌐kalibrieren *n* / roll drafting, roll pass design ‖ ⌐körper *m*, -ballen *m* (Walzw) / roll barrel o. body ‖ ⌐krempel *f* (Spinn) / worker and stripper card, roller [and clearer] card ‖ ⌐krone *f* (Hydr) / top of the roller drum gate ‖ ⌐lackieranlage *f* für Bänder (Hütt) / roll coater ‖ ⌐lager *n*, Rollenlager *n* (Brückb) / rocker o. roller bearing, rolling contact bearing ‖ ⌐lager *n* (Walzw) / roll bearing ‖ ⌐lieferung *f* (Spinn) / roller delivery ‖ ⌐mäher *m* für Handbetrieb / lawn mower with rotating blades, rotary mower ‖ ⌐mangel *f* (Textil) / roller mangle ‖ ⌐mantel *m* / roll sleeve ‖ ⌐masse *f* (Buch) / roller composition ‖ ⌐mühle *f* / roller mill ‖ ⌐mühle *f* (Aufber) / cylinder crusher ‖ ⌐narbe *f* (Hütt) / roll mark ‖ ⌐öffnung *f* (Walzw) / roll clearance ‖ ⌐quetsche *f*, Florquetsche *f* (Textil) / web squeezer ‖ ⌐rad *n* / drum type wheel ‖ ⌐rakelstreichmaschine *f* (Pap) / knife-over-roll coater ‖ ⌐rand *m* (Walzw) / collar between grooves ‖ ⌐rauhmaschine *f* / cylinder teaseling machine ‖ ⌐reiniger, -wischer *m* (Textildruck) / colour ductor ‖ ⌐rheostat *m* (Elektr) / cylinder rheostat ‖ ⌐ring *m* (Walzw) / tire of a roll ‖ ⌐ringmühle *f* / ring-roll[er] crusher o. mill ‖ ⌐rundfrässtift *m* / sphero-cylindrical burr, [cylindrical] round nose burr ‖ ⌐säge, Schneidsäge *f* (Walzw) / cutting cylinder ‖ ⌐satz *m* (Walzw) / set of rolls ‖ ⌐schalter *m*, Trommelschalter *m*, Schaltwalze *f* / drum-type controller, drum switch ‖ ⌐scheider, Trommelmagnetscheider *m* (Aufber) / drum cobber, induced roll separator ‖ ⌐schieber *m* / roller sluice gate, drum gate ‖ ⌐schlag *m* (Walzw) /

Wälzverschleiß

eccentricity of the rolls ‖ ~schleifmaschine f / roll grinding machine ‖ ~schleppe f / roller sledge ‖ ~schloß n / roller lock ‖ ~schrämlader m (Bergb) / disk shearer, shearer loader on armoured face conveyor ‖ ~schüsselmahlmühle f / MPS type roller mill ‖ ~schüsselmühle, Wälzmühle f / roller mill ‖ ~schüsselmühle f (Kohle) / bowl mill crusher ‖ ~schütze f, -wehr n (Hydr) / drum gate, roller sluice gate ‖ ~spalt m (Walzw) / nip, roll slit ‖ oberer ~spalt (Walzw) / top bite ‖ ~speiser, -aufgeber m / drum feeder ‖ ~spindel f / roll shaft o. spindle ‖ ~ständer m, -gerüst n (Walzw) / mill o. roll housing o. standard, housing frame, bearer, upright ‖ ~ständer m mit Querhaupt (Walzw) / topped roller housing ‖ ~stechknopf m (Bürom) / platen variable button ‖ ~stirnfräser m / shell end mill ‖ ~strang m, -strecke f (Hütt) / strand of rolls ‖ ~straße f, Walzwerk n / rolling [mill] train, roll train ‖ ~streckwerk n (Spinn) / drawing rollers pl, roller drafting zone ‖ ~streichverfahren n (Pap) / roll coating ‖ ~stromwender m (Elektr) / drum type reversing commutator ‖ ~stuhl m (Mühle) / cylinder mill ‖ ~stuhl m (Buch) / gusset seal ‖ ~teilung f (Buch.m) / split of platen ‖ ~tempel m (Web) / roller temple ‖ ~treffer m (Walzw) / coupling sleeve ‖ ~trocknung f / drum drying ‖ ~tuch n (Textil) / roller cloth ‖ ~vergüteofen m / roll heat-treating furnace ‖ ~verstellknopf m (Schreibm) / platen positioning control ‖ ~vorschub m (Presse) / [single o. double] roll feed [attachment] ‖ ~waschmaschine f (Textil) / roller washing machine, dolly ‖ ~waschvorrichtung f / roller washing device ‖ ~wehr n / drum o. roller weir, roller drum gate ‖ ~wickeldichtung f (Foulard) / gusset seal ‖ ~wringmaschine f / roller type wringing machine ‖ ~zapfen m (Hütt) / roll pin o. neck ‖ ~zapfen m (Spinn) / roller stud ‖ ~zug, Walzwerksantrieb m / rolling mill drive ‖ ~zugmaschine f (Dampfm, Elektr) / rolling mill engine o. motor
Walzer, Walzwerksarbeiter m / roller
Walz·erzeugnis n / rolled product, rolling mill product ‖ ~faser, Sehne f (Hütt) / fiber (US), fibre, filament ‖ ~faser f / fiber ‖ ~fehler m / rolling defect ‖ ~fell n (Gummi, Plast) / rough o. crude o. rolled [crepe] sheet, rolling hide ‖ ~fellbrecher m / rolled sheet crusher
Wälzfläche f (Zahnrad) / pitch surface
Walz·flansch m / flange secured by rolling ‖ ~folge f (Walzw) / rolling sequence ‖ ~folie f (Plast) / laminated sheet, rolled sheet
wälz·fräsen, abwälzfräsen / hob, generate [gears] ‖ ~fräser m / [self-]generating milling cutter, hob [cutter], gear hob[bing mill] ‖ ~führung f (Wzm) / anti-friction guideway o. slideway
Walzgang m (Walzw) / rolling cycle
Wälzgelenk n / rolling contact joint
walzgerade (Walzw) / rolled straight, in rough manufactured state
Wälzgerade f (Zahnstange) / pitch line of engagement
Walz·gerüst n (Hütt) / roll stand ‖ ~gerüste in Tandem n pl / stands in tandem ‖ ~gerüste nebeneinander n pl (Walzw) / train of stands ‖ ~golddoublé n (Uhr) / rolled gold ‖ ~gut n (Walzw) / rolling stock ‖ ~haut f (Walzw) / rolling skin o. scale
Wälz·hebel m / rolling contact lever ‖ ~hebelsteuerung f / cam lever o. roller lever control ‖ ~hobeln / generate gears by planing, plane by the generating method
Walz·kalander m / calender ‖ ~kaliber n / roll pass o. groove ‖ ~kante, Naturkante f (Hütt) / mill edge, rolled o. rolling o. unsheared edge ‖ ~kassette f / mill stand of a forging rolling mill
Wälzkegel m (Zahnrad) / pitch cone
Walzkeil m (Walzw) / tapered end of stock to be rolled
Wälz·kolbenpumpe, Rootspumpe f / Roots [blower] pump, Roots vacuum booster, Roots rotary positive booster ‖ ~kolbenvakuumpumpe f / Roots vacuum pump ‖ ~kontakt m / rolling butt contact

Walz·körper, -[en]ballen m (Walzw) / roll barrel o. body ‖ ~kraft f / roll separating force
Wälz·kreis m / rolling circle ‖ ~kreis m, Roll-, Teilkreis m / working o. pitch circle
Walzlackieren n (Walzw) / roll[er] coating
Wälz·lager n (allg) / rolling bearing, antifriction bearing ‖ ~lager n (Brücke) / rocker o. roller bearing, rolling contact bearing
Walzlagerfett n / roller bearing grease
Wälz·lagerkopf m (im Lagerschild) (Elektr) / cartridge-type bearing ‖ ~lagerung f / mounting on rolling bearings
Walz·länge f / standard length as rolled ‖ ~mannschaft f / rolling mill crew ‖ ~maschine f, Walzwerk n / rolling machine
Wälzmaschine f (Uhr) / rounding-up tool
Walzmeister m / head o. boss (US) roller, rolling mill foreman
Wälzmühle f / roller grinding mill
Walz·narbe f (Hütt) / roll mark, roll pick-up ‖ ~oberfläche f (Walzw) / rolling skin ‖ ~öl n (Hütt) / rolling oil
Wälzplatte, Marbelplatte f (Glas) / marver ‖ ~ f (Feder) / roller plate
Walz·platte f (Gummi) / slab ‖ ~plattieren / roll-bond ‖ ~plattierung f / roll-bonded cladding ‖ ~prägen n (Textil) / embossing ‖ ~profile n pl / rolled steel sections pl ‖ ~profilieren n (Walzw) / cold forming of sections, roll forming to shape ‖ verstärkte o. versteifte ~profilsäule / compound pillar ‖ ~programm n, -plan m / rolling program o. schedule
Wälz·prüfgerät n (Getriebe) / contact rolling tester ‖ ~punkt m (Getriebe) / pitch point ‖ ~regler m (Elektr) / roller type governor (GB) o. controller (US) ‖ ~reibung f / combined sliding and rolling friction
Walzrichten n / roller levelling o. straightening ‖ Mehrrollen-~ n / mangling
Walz·richtung f (Walzw) / grain, direction of rolling ‖ ~runden n / roll bending ‖ ~rundmaschine f für Blech / sheet metal bending rolls pl
wälzschälen (Getriebe) / hob peeling
Walz·schmieden n / rolling ‖ ~schweißen n / sealed assembly rolling ‖ ~sicke f, Rollsicke f (Blech) / rolled bead ‖ ~sicken / bead by rolling, welt ‖ ~sinter m / mill cinder o. scale ‖ ~sinterpulver n / mill scale powder ‖ ~spalt m (Hütt) / roll nip o. gap ‖ ~spalt m, Flachbahnkaliber n, geschlossenes Kaliber / flat groove ‖ ~spalt m (Hütt) / roll gap ‖ ~spalt m, Flachbahnkaliber n / bullhead pass, box pass, flat groove ‖ ~spaltanzeiger m / roll gap teleindicator ‖ ~spaltaustritt m / delivery side of roll gap ‖ ~späne, -splitter m pl / mill chips o. splinters o. slivers pl ‖ ~spannung f / stress due to rolling ‖ ~splitter m auf dem Blech, Schale f (O'flächenfehler) / sliver ‖ ~stahl m / rolled steel ‖ ~stich m (Walzw) / reduction stage o. pass ‖ ~stopfen m (Walzw) / rolling plug
wälz·stoßen / generate gears by shaping, shape by the generating method ‖ ~stoßmaschine f / gear shaping machine o. shaper by the generating process
Walz·strang m / rolled bar [leaving the rolling train] ‖ ~straße f / mill train ‖ ~strieme f / roll pick-up ‖ ~tafel f (Blech) / rolled plate ‖ ~technisch glatte Oberfläche f / commercially smooth rolled surface ‖ ~textur f (Blech) / rolling [mill] texture ‖ ~tisch m (Walzw) / feed rollers pl ‖ enge ~toleranz / close mill limit ‖ ~träger m / rolled girder ‖ ~- und Planiermaschine f für Sägeblätter / stretching and rolling machine for saw blades
Wälz·- und Stoßverformung f (Zahnrad) / rolling and peening ‖ ~- und Teilflächen f pl (Getriebe) / pitch and reference surfaces pl
Walz- und Wickelmaschine f (Appr) (Textil) / rolling and lapping machine
Wälzverschleiß m / rolling wear

1177

Walzwerk n (Metall) / [rolling] mill
Walzwerk n (Plast) / roll mill ‖ ~ (Gummi) / mill ‖ ~ **erster Hitze** / primary mill ‖ ~ **mit mechanischen Führungen** / guide mill
Walzwerker, -werksingenieur m / rolling mill engineer
Walzwerk·erzeugnisse n pl / rolling mill products pl ‖ ~**hilfsmaschinen** f pl / mill auxiliaries pl ‖ ~**maschine** f (Dampfm, Elektr) / rolling mill engine o. motor
Walzwerks·antrieb, Walzenzug m / rolling mill drive ‖ ~**bescheinigung** f / mill test certificate ‖ ~**fertigerzeugnis** n / finished rolling mill product ‖ ~**halle** f / rolling mill bay ‖ ~**maschine** f / rolling mill engine o. motor ‖ ~**motor** m / rolling mill motor ‖ ~**rollgang**, Rollgang m / roller table, roller gear bed ‖ ~**straße** f / train of rolling mills ‖ ~**umlaufschrott** m / mill revert scrap ‖ ~**wesen** n / rolling mill technique
Wälzwerkzeuge n pl (Verzahnung) / gear hobbing tools, self-generating milling cutters pl
Walz·zeichen n (z.B. auf Schienen) / rolling mark ‖ ~**ziehen** n **über festen** [losen] **Stoffen** / roll drawing over stationary, [floating] mandrel ‖ ~**ziehen** n **über mitlaufende Stange** / roll drawing over travelling o. live rod ‖ ~**zinn** n, gewalztes Zinn / laminated tin ‖ ~**zunder** m (Walzw) / mill o. roll scale ‖ ~**zunder** m / secondary scale ‖ ~**zunderstaub** m / mill scale dust ‖ ~**zunge** f (Breitband) / rough-rolled end ‖ ~**zustand** m / as-rolled condition ‖ **im** ~**zustand** / as rolled
Wälz·zylinder m (Zahnrad) / pitch cylinder ‖ ~**zylinder-Flankenlinie** f / pitch helix
Wamoskop n (TV) / wamoscope
WAN n, weiträumiges Fernmeldenetz / wide area network, WAN
WANA (Bahn) = Wagennormenausschuß
Wand f / wall ‖ ~, Seitenwand f (Gefäß) / side ‖ ~ (Bergb) / detached rock ‖ ~ **kleiner als Stockwerkshöhe**, Teilerwand f / dwarf wall ‖ ~**absteifung** f (Tunnel) / wall shoring ‖ ~**anschluß** m / wall outlet ‖ ~**anschlußdose** f (Elektr) / wall junction box, convenience outlet o. receptacle (US) ‖ ~[**anstrich**]**farbe** f / wall paint ‖ ~**apparat** m, -telefon n / wall telephone ‖ ~**arm** m, -auflager n / wall bracket o. bearer o. support ‖ ~**arm** m (Leuchte) / bracket, lamp fixture ‖ ~**ausführung** f (Telefon) / wall model ‖ ~**auskleidung** f / panel lining ‖ ~**auskleidung** f, Futter n / liner ‖ ~**auslaufventil** n / bib tap ‖ ~**batterie** f (Bau) / mixing tap with visible cross-connected body for mounting on vertical surface ‖ ~**bauplatte** f / precast concrete wall block o. concrete unit ‖ ~**baustoff** m / walling material ‖ ~**befestigung** f / wall fastening ‖ **für** ~**befestigung** / wall fastening type ‖ ~**behang** m, -bekleidung f / hanging, -s pl, wall covering ‖ **karierter** ~**behang** / dado ‖ ~**bekleidung** f, -belag m / paving with flagstones o. plates o. tiles, flagging, slabbing ‖ ~**belag** m (Bau) / incrustation, lining ‖ ~**belastung** f (Container) / side load ‖ ~**bild** n (Phot) / photomural ‖ ~**bogen** m (Bau) / wall arch ‖ ~**bögen** m pl / wall arches pl, arcades pl ‖ ~**dicke** f / wall thickness ‖ ~**dickenempfindlichkeit** f (Hütt) / section sensitivity ‖ ~**dickenkern** m, Lehmpfropfen m (Gieß) / thickness piece ‖ ~**dickenmesser** m / thickness tester ‖ ~**dose** f (für Schalter usw.) (Elektr) / wall box ‖ ~[**dreh**]**kran** m / bracket crane, wall crane ‖ ~**durchbruch** m **für Installationen** / cutting through of a wall ‖ ~**durchführung** f (Elektr) / wall bushing, lead[ing]-in, transition (US) ‖ ~**effekt** m (Nukl) / wall effect ‖ ~**element** n / prefabricated wall panel
Wandel·flugzeug n, Verbundhubschrauber m / compound [helicpter] m ‖ ~**halle** f, Vestibul n (Bau) / lobby, gallery
Wander·arbeiter m (Landw) / migrant worker (US) ‖ ~**deckelkarde** f (Spinn) / revolving (o.travelling) flat card ‖ ~**deckelkrempel** f (Textil) / revolving flat card ‖ ~**düne** f / shifting dune
Wanderfeld n, -wellen f pl / field of travelling waves ‖ ~**bau** m (Landw) / shifting cultivation ‖ ~**magnetron** n /

travelling-wave magnetron, TWM ‖ ~**-Maser** m / travelling-wave maser ‖ ~**motor** m (Elektr) / travelling-wave motor, linear motor ‖ ~**röhre** f, -wellenröhre f / travelling-wave tube, TWT ‖ ~**röhre** f **mit Doppelsteg-Wellenleiter** / double ladder travelling wave tube ‖ ~**röhre** f **vom O-Typ** / O-type forward travelling-wave amplifier tube ‖ ~**scheider** m (Bergb) / travelling-field separator ‖ ~**verstärker** m / travelling-wave amplifier
Wander·fenster n (Radar) / moving window, sliding window ‖ ~**fläche** f (Nukl) / migration area ‖ ~**hebelschiene** f (Fernm) / sliding lever bar ‖ ~**kasten** m / temporary chock ‖ ~**länge** f (Nukl) / migration length ‖ ~**maskenbild** n, Travelling-Matte-Bild n / travelling matte
wandern, sich verschieben o. verstellen / creep, loose adjustment vi ‖ ~, Wanderung f der Ionen / ion migration ‖ ~ **der Schienen** (Bahn) / rail creep[ing], slip o. creeping of the rails ‖ ~ **des Lichtbogens** / drifting of the arc
wandernd, migrierend / migratory ‖ ~e **Belastung o. Last** (Brücke) / traffic o. travelling load, movable o. moving o. rolling load, live load, working load ‖ ~es **Plasma** / drifting plasma ‖ ~e **Versetzung** (Hütt) / mobile dislocation
Wander·pfeiler m, -kasten m (Bergb) / temporary chock ‖ ~**prüfung** f / patrol inspection ‖ ~**regner** m (Abwasser) / travelling distributor ‖ ~**rost** m / chain grate, travelling grate ‖ ~**schalung** f (Bau, Tunnel) / moving o. travelling form[work] ‖ ~**schutzmittel** n, -schutzklemme f (Bahn) / [rail] anchor o. clamp, rail anchoring device, anticreeper ‖ ~**sieb** n **für Abwasser** / travelling screen for sewage ‖ ~**stempel** m (Bergb) / temporary prop ‖ ~**tisch** m / conveyor table ‖ ~**tische** m pl **für Montage** / table assembly conveyor
Wanderung, Migration f / migration
Wanderungs·geschwindigkeit f / velocity of migration
Wander·versetzung f (Krist) / slip dislocation ‖ ~**welle** f (Elektr, Elektronik) / travelling wave, progressive wave, surge ‖ [**leitungsgebundene**] ~**welle** (Elektr) / transient wave ‖ ~**wellenleitung** f (Elektr) / flat line ‖ ~**wellenröhre** f / travelling wave tube, TWT ‖ ~**wellenschutz** m / travelling-wave protection ‖ ~**wellenverstärker** m / travelling-wave amplifier
Wand·, schräge ~**fassung** (Elektr) / inclined wall lamp holder ‖ ~**fernsehen** n **mit plattenförmigen Geräten** / wall television with flat screen ‖ ~**feuermelder** m / wall type fire alarm ‖ ~**fliese** f / wall tile o. flag[stone] o. slab o. panel ‖ ~**gipsplatte** f / gypsum partitional slab ‖ ~**grenzschicht** f / [end-]wall boundary layer ‖ ~**hahn** m / bib-cock o. -valve, draw-off valve ‖ ~**hahn** m, Feuer-, Zapfhahn m / fire plug, F.P. ‖ ~**haken** m / wall hook ‖ ~**haken** m **ringförmig** / eye-bolt ‖ ~**halterung** f (Rohr) / pipe hook ‖ ~**hängend** (z.B. Waschtisch) / suspended, wall-mounted o. -hung ‖ ~**heizkörper** m / heating panel, wall heater ‖ ~**heizung** f / panel heating ‖ ~**hohe Holzverkleidung** / wall-high panel work ‖ ~**höhe** f / wall height ‖ ~**hydrant** m / wall hydrant ‖ ~**kachel** f, -fliese f / wall tile o. flag[stone] ‖ ~**kalender** m / sheet almanac ‖ ~**karte** f / wall map ‖ ~**katalyse** f / wall catalysis ‖ ~**klappe** f, Luftklappe f / wall ventilator ‖ ~**konsole** f / wall bracket ‖ ~**kran** m / wall crane ‖ ~**lager** n / wall bracket ‖ ~**laufkran** m (DIN), Laufkran m / travelling crane ‖ ~**lautsprecher** m / wall speaker ‖ ~**lautsprecher** m / sound panel
Wandler m, Konverter m (Rakete) / converter ‖ ~ (DIN), Umspanner m (Elektr) / transformer ‖ ~, Mikrophonsystem n / transmitter of the microphone ‖ ~, Schwinger m (Ultraschall) / transducer, modulator ‖ ~, Aufnehmer m (DIN 2600) (Meßtechn) / transducer ‖ ~ (in andere Stromart) / current converter ‖ ~ (Regeln) / transmitter ‖ ~, Meßwandler m (Elektr) / instrument transformer ‖ ~ **mit Sperrcharakteristik** (Elektronik) / unilateral transducer ‖ ~**bremse** f (Kfz) / converter

brake ‖ ~gang m (des Flüssigkeitsgetriebes) / hold-gear of a fluid converter ‖ ~öl n / instrument transformer oil
Wand·leuchte f, -lampe f / wall lamp ‖ ~leuchte f, Flächenleuchte f / wall light ‖ ~lose Ionisationskammer / wall-less ionization chamber ‖ ~lüfter m / wall fan ‖ ~lüfter m (Schiff) / wall ventilator
Wandlung, Ab-, Um-, Verwandlung f / change, transformation
Wand·mikrotubuli n pl (Bot) / wall microtubules pl ‖ ~modell n / wall mounted model ‖ ~nische f / wall recess ‖ ~öse f / wall eye ‖ ~pfeiler, Halbpfeiler m (Bau) / pilaster ‖ ~pfeiler m (Stahlbau) / wall pier o. pillar ‖ ~platte f / wall plate ‖ ~platte, -fliese f / wall tile o. flag[stone] o. slab o. panel ‖ glatter ~putz / plain wall plaster ‖ glatter innerer ~putz aus zwei Lagen / fair-faced plaster, floated coat ‖ ~reaktion f / wall interaction ‖ ~riegel m (Bau) / bay rail ‖ ~säule f (ohne Kopf und Fuß), Klebepfosten m / pilaster ‖ ~säule f mit Kopf u. Fuß (Bau) / pilaster ‖ ~scheibe f (Rohrleitung) / wall disk ‖ ~schrank m / wall cupboard ‖ ~schwenkkran m / wall slewing crane ‖ [farbig gestrichener] ~sockel / dado ‖ ~stab m, Füllstab m (Stahlbau) / web member ‖ ~stabilisiert (Plasma) / wall-stabilized ‖ ~stärke f, Fleisch n / wall thickness, substance, cheek ‖ ~steckdose f / wall socket o. outlet (US), power point ‖ ~stiel m (Stahlbau) / vertical wall member ‖ ~strahler m / wall radiator ‖ ~tafel f / blackboard ‖ ~telefon n / wall telephone ‖ ~tisch m / console table ‖ ~uhr f / wall clock
Wand[ung], Seitenwand f (Gefäß) / side
Wandung f / wall ‖ an der ~, am Umfang (Strömung) / peripheral
Wandungs·temperatur f / wall temperature ‖ ~verlust m (Wärme) / wall loss
Wand·urinal n / wall-hung urinal ‖ ~verkleidung f durch [senkrecht hängende] Dachziegel (Bau) / tile hanging, vertical o. weather tiling ‖ ~verkleidung f mit Holz (über die ganze Höhe) / wall-high panel ‖ ~verkleidung f mit vertieften Feldern (Bau) / sunk panel ‖ ~verluste m pl / wall loss[es pl.] ‖ ~versteifung f / reinforcement of a wall ‖ ~vertiefung f, Nische f / recess in a wall ‖ ~vorsprung, -rücksprung m / break of a wall ‖ ~wange f, Außenwange f (gestemmte Treppe) / wall string[board] ‖ ~wange f (aufgesattelte Treppe) / open o. cut string
Wange f, Seitenwand f (Treppe) / cheek ‖ ~, Bahn f (Hobel) / face of a plane ‖ ~, Drehbankwange f / lathe cheek ‖ ~n f pl (Dreh) / bearers pl ‖ ~ f der Aufsetzvorrichtung (Bergb) / cap ‖ ~ des Schornsteins / jamb of the flue
Wangen·hobel m / rabbeting plane ‖ ~hobeleisen n / carriage maker's rabbet plane cutter ‖ ~mauer f, Treppen[haus]mauer f / carriage o. staircase o. string wall
Wankbewegung f, Rollbewegung f (Kfz) / rolling motion
Wankelmotor m / Wankel [RC] engine
wanken, wackeln / shake v, rock ‖ ins ~ bringen / stagger
Wanknutsäge, Taumelsäge f / drunken o. wobble saw
Wanne f / tub, trough, vat ‖ ~, Ölwanne f (Kfz) / crankcase, oil pan, engine sump ‖ ~, Gießwanne f, -hafen m (Glas) / cistern, cuvette ‖ ~, Badewanne f / bathtub ‖ ~, Zuber m / bucket, trough ‖ ~ (als Grundwasserschutz) (Bau) / bascment waterproofing ‖ ~, Entwicklungstank m (Phot) / tank ‖ ~ (Lautsprecher) / line source loudspeaker ‖ ~ (Beleuchtung) / lighting trough ‖ hölzerne ~, Bottich m / wooden bucket o. tub
Wannen·befestigung f (Einspritzpumpe) / cradle mounting ‖ ~boden m (Glas) / siege of a tank ‖ ~form f (Chem) / boat form ‖ ~förmige Durchbiegung (Sperrholz) / disk, dish ‖ ~ofen m (Glas) / tank [furnace] ‖ ~sieb n / bathtub strainer ‖ ~stein m (Glasofen) / tank block, flux block
Want f, -tau n (Schiff) / shroud ‖ ~knoten m / shroud knot

Wanze f (ein Mikrophon) / bug ‖ ~ (Fehler) (Nukl) / blister
Wappen·seite f (Münzw) / tail of a coin ‖ ~zeichen, Firmensymbol n (Kfz) / escutcheon
Ward-Léonard-Satz / Ward-Léonard system o. set
Ware f / merchandise ‖ ~, Artikel m, Erzeugnis n / article of merchandise ‖ ~, Textilzeugnis n (jeder Art) (Textil) / goods pl, fabric ‖ ~, Verbrauchsartikel m / commodity ‖ ~ **gemäß Muster vorbehaltlich etwaiger Beschädigung während der Seereise** (Schiff) / tale quale, t.q. ‖ ~ **von mehr als 18"(GB) o. 12" (US) Breite** (Textil) / broad fabrics o. goods pl ‖ **leichte** ~ (Textil) / lightweight goods pl
Waren·abzug m (Wirkm) / fabric take off, take-down device ‖ ~abzug m, Abzug m (Web) / loom take-up ‖ ~abzugsbaum m, -aufwickelbaum m (Web) / cloth draw-off roller, cloth [take-up] beam ‖ ~angebot n / range of goods offered ‖ ~annahme f / acceptance of goods ‖ ~aufzug m, Lastenaufzug m / freight elevator o. lift, goods lift ‖ ~auslauf m (Färb) / fabric exit ‖ ~automat m / vending machine, vendometer (US), automatic delivery apparatus, automatic retailer, automaton ‖ ~bahn f (Web) / web of endless fabric ‖ ~bahn f (Plast) / continuous material ‖ ~bahnführer m, Warenleiteinrichtung f (Web) / cloth guide[r] ‖ ~bahnstapel m (Web) / cloth pile ‖ ~bank f (Appretur) / inspection table ‖ ~baum m (Textil) / cloth o. piece beam o. roller ‖ ~baum m (Web) / cloth roller ‖ ~bild n / fabric appearance ‖ ~breite f (Wirk) / width of fabric ‖ ~dichte f (Web) / sett o. density o. gauge of cloth ‖ ~doppler m (Web) / piece doubler ‖ ~durchgang, -lauf m (Textil) / passage of the cloth ‖ ~eingang m (als Abteilung) / acceptance ‖ ~eingang, Lagerzugang m / [stock] receipt ‖ ~eingänge m pl / arrivals pl ‖ ~eingangskontrolle f / incoming inspection ‖ ~eingangs-Prüfung f / quality conformance inspection ‖ ~einlauf m, Gewebeeinführung f (Färb) / fabric infeed, fabric supply ‖ ~fall m, Fall m, Faltenwurf m / drape n ‖ ~führer m, Einführapparat m (Färb) / cloth guider ‖ ~kaule f, -docke f (Färb) / batch o. roll of fabric ‖ ~korb m (Wirkm) / work tin, fabric container ‖ ~lager n / warehouse stock o. store, magazine ‖ ~lauf, -durchgang m (Textil) / passage of the cloth ‖ ~präparation f (Färb) / goods preparation ‖ ~rand, -schluß m (Web) / fell of the cloth ‖ ~schau f (Web) / cloth examining ‖ ~schaumaschine f (Textil) / inspection machine, perch ‖ ~speicher m **auf Rollen** (Web) / roller accumulator ‖ ~speicherung f / cloth storing ‖ ~stillstand-Anzeiger m / standstill indicator ‖ ~strang m (Färb) / goods pl in rope form ‖ ~test m (allg) / comparative testing ‖ ~trenneinrichtung f (Textil) / slitting machine ‖ ~umsatzsteuer f / sales tax, turnover tax (GB) ‖ ~verzeichnis n / classified index of goods ‖ ~zeichen n / trade mark ‖ **eingetragenes** ~zeichen, Schutzmarke f / registered trade name o. mark
warm / warm ‖ ~, heiß / hot ‖ ~ **abbindend** (Klebstoff) / hot-setting ‖ ~ **aufgezogen** (z.B. Reifen) / hooped, shrunk-on ‖ ~ **biegen** / bend hot, hot-bend ‖ ~ **biegen** (voll umbiegen) / double hot bend vt, hot-bend ‖ ~ **bildsam** / forgeable ‖ ~ **fertiggewalzt** (Walzw) / hot finished ‖ ~ **gefertigt** / hot-worked ‖ ~ **gefertigt o. geformt** / thermoformed ‖ ~ **gefüttert** (Extruder) / hot fed ‖ ~ **gehärteter Kunststoff,** Duroplast m / thermoset, duroplast ‖ ~ **gezogen** / hot drawn ‖ ~ **werden** / heat vi ‖ ~abbinden n / hot-setting ‖ ~abgraten / hot-trim ‖ ~abtrennen n (Hütt) / hot cropping ‖ ~arbeitsstahl m / hot forming tool steel, hot-work steel ‖ ~auftrag m, -auftragsschicht f (Bau) / hot curing cast ‖ ~aufziehen, aufschrumpfen / shrink on ‖ ~ausgehärteter Kunststoff / thermoset plastic ‖ ~aushärten (Leichtmetall) / age artificially ‖ ~aushärtend (Plast) / thermosetting ‖ ~auslagern n (Stahl) / artificial ag[e]ing ‖ ~badhärten n, -vergüten / interrupted o. step hardening, delayed martensitic

hardening ‖ ⤴**badsalz** n / heat transfer salt ‖ ⤴**band** n / hot [rolled] strip ‖ ⤴**bandkratzer** m / hot strip scratch ‖ ⤴**bandstraße** f, -bandwalzwerk n (Walzw) / hot strip mill ‖ ~**bearbeiten**, -formen / hot-work, work at red heat ‖ ⤴**beet** n (Landw) / hot o. seed bed ‖ ~**behandeln** / heat-treat ‖ ⤴**behandlung** [von] f / hot treatment [of] ‖ ⤴**bett** n (Hütt) / hot bank o. bed, cooling bank o. bed o. trough ‖ ⤴**bildsamkeit** f / hot ductility, forgeability ‖ ⤴**bildsamkeit**, Thermoplastizität f (Plast) / thermoplasticity ‖ ~**blasen** (Hütt) / hot blow ‖ ⤴**blechstraße** f (Hütt) / hot plate mill ‖ ⤴**breitband** n / hot rolled wide strip ‖ ⤴**breitbandstraße** f / hot wide strip mill ‖ ~**brüchig** (Hütt) / brittle when hot o. red, hot-short, red-short ‖ ⤴**brüchigkeit** f / red o. hot shortness ‖ ⤴**dach** n / roof without vapour barrier insulation, non-insulated roof

Wärmdauer f (Hütt) / heating time

Warmdehnung f / creep

Wärme f / mild heat, warmth ‖ ⤴ (Phys) / heat, caloric ‖ ⤴…, Heiß…, (auch:) wärmeerzeugend / calorific, heat generating ‖ ⤴…, Thermo… / thermal ‖ ⤴ **abführen** o. **ableiten** / eliminate heat ‖ ⤴ **ableiten**, kühlen (Elektronik) / sink heat ‖ ⤴ **durchlassend** / diathermic, diathermanous ‖ **die** ⤴ **binden** (o. halten o. aufspeichern) / retain heat ‖ **in** ⤴ **ausgehärtet** / thermoset ‖ **in** ⤴ **umgesetzt** (Leistung) / dissipated ‖ **vor** ⤴ **schützen** ! / keep in cool place! ‖ ⤴**abfall** m / heat drop ‖ ⤴**abfuhr** f (Entsalzung) / heat rejection ‖ ⤴**abfuhr** f, Wärmeableitung f / carrying-off of heat ‖ ⤴**abgabe** f / heat emission ‖ ⤴**abgabe** f, -verlust m / heat loss ‖ ~**abgebend**, exotherm / exothermic, exothermal ‖ ⤴**ableitung**, -abführung f / carrying-off of heat, heat abstraction o. dissipation ‖ ⤴**abschirmung** f / thermal sheet o. shield ‖ ~**absorbierend**, ablativ (Raumf) / ablative, ablation… ‖ ⤴**absorption** f, -entzug m / heat abstraction o. absorption ‖ ⤴**abstrahlung** f **durch Widerstände** / resistive heat dissipation ‖ ⤴**angebot** n / heat supply, available heat ‖ **[mechanisches]** ⤴**äquivalent** / mechanical equivalent of heat, Joule's equivalent (C = 4,186J) ‖ ⤴**aufnahme** f, -bindung, -absorption f / thermal o. heat absorption ‖ ⤴**aufnahme** f **von Stahl in den kritischen Punkten** (Hütt) / decalescence ‖ ~**aufnehmend**, endotherm / endothermic, -thermal ‖ ⤴**aufwind** m, thermischer Aufwind / thermal, ascending convection current ‖ ⤴**[aus-** f**, -ab]strahlung** / radiation of heat ‖ ⤴**ausbeute** f / thermal yield ‖ ⤴**ausdehnung** f (Phys) / thermal o. heat expansion o. dilatation, expansion due to heat ‖ ⤴**ausdehnungskoeffizient** m / coefficient of thermal expansion, thermal expansion coefficient ‖ ⤴**ausdehnungsmessung** f, Dilatometrie f / dilatometry ‖ ⤴**ausgleich** m, Temperaturausgleich m / heat compensation o. interchange ‖ ⤴**ausgleichsgrube** f (Hütt) / dead soaking pit ‖ ⤴**ausgleichzeit** f (Schweiß) / heat equalization time ‖ ~**aushärtend**, duroplastisch (Plast) / duroplastic ‖ ⤴**aushärter** m, Duroplast m / thermoset, duroplast[ic resin] ‖ ⤴**auslöser** m (Elektr) / electrothermally operated release o. circuit breaker o. trip, thermal release o. trip ‖ ⤴**ausnutzung** f / utilization of heat ‖ ⤴**außenwiderstand** m / external thermal resistance ‖ ⤴**ausstrahlung** f, -abstrahlung f / heat dissipation, heat radiation ‖ ⤴**austausch** m / interchange of heat, heat exchange ‖ ⤴**austausch** m **durch Leitung** / conductive heat exchange ‖ ⤴**austauscher** m / heat regenerator o. economizer o. exchanger ‖ ⤴**austauscher** m, Lufterhitzer m / recuperative air-heater ‖ ⤴**austauscher**, Rekuperator m / recuperator ‖ ⤴**beanspruchung** f / thermal stress ‖ ⤴**bedarf** m / heat demand ‖ ⤴**bedarf** m, -verbrauch m / heat consumption ‖ ~**beeinflußt** / heat-affected ‖ ⤴**behälter** m (Phys) / warm body ‖ ~**behandeln** / heat-treat ‖ ~**behandelt nach dem Verzinken** / galvannealed ‖ ~**behandeltes Sicherheitsglas**, Hartglas n / tempered plate glass ‖ ⤴**behandlung** f,

Warmbehandlung f / thermal o. heat treatment ‖ ⤴**behandlungsanweisung** f, WBA (DIN 17023) / order for heat treatment ‖ ⤴**behandlungsstrecke** f (Textil) / thermal treatment zone ‖ ⤴**beiwert**, Temperaturkoeffizient m / temperature coefficient ‖ ⤴**belästigung** f / thermal pollution, calefaction ‖ ⤴**belastung** f / heat load ‖ ⤴**belastung** f (Fluß) / thermal o. heat pollution, hot water pollution ‖ ~**beständig** / heat-proof ‖ ~**beständig**, thermostabil / thermoresistant, thermostable, thermally stable ‖ ⤴**beständigkeit** f, Hitzebeständigkeit f / heat-proofness o. resistance, resistance to [the effects of] heat, thermal endurance o. stability ‖ ⤴**beständigkeit** f **der Abmessungen** / dimensional stability under heat ‖ ⤴**beständigkeitsziffer** f (in ⁰C.cm/W) / thermal resistivity ‖ ⤴**bewegung** f, Brownsche Wärmebewegung / colloidal o. Brownian movement ‖ ⤴**bewegung** f **der Elektronen** (Elektronik) / thermal agitation ‖ ⤴**bilanz** f / thermal balance o. budget ‖ ⤴**bilanz-Meßkammer** f (Raumf) / heat balance facility, HBF ‖ ⤴**bild** n, -aufnahme f (Phot) / heat picture o. image ‖ ⤴**brücke** f (Bau) / thermal bridge ‖ ⤴**charakteristik** f, Wärmesignatur f (Flugkörper) / heat signature ‖ ~**dämmend** / heat insulating ‖ ~**dämmendeer Feuerfeststoff** / insulating refractory ‖ ⤴**dämmfähigkeit** f / heat insulation power ‖ ⤴**dämmpappe** f / fiber thermal board ‖ ⤴**dämmplatte** f / insulating board o. slab ‖ ⤴**dämmstoff** m / heat insulator ‖ ⤴**dämmung** f, Schutz m **gegen Wärme** / heat insulation, thermal covering o. insulation o. protection ‖ ⤴**dämmungsmatte** f / thermal blanket, R-factor (US) ‖ ⤴**dämmzahl** f, -dämmungsbeiwert / heat insulation factor ‖ ⤴**dehnung** f / thermal expansion ‖ ⤴**dehnungsfuge** f / thermal expansion joint ‖ ⤴**dehnzahl** f / coefficient of thermal expansion, C.T.E. ‖ ⤴**diagramm** n, Sankeydiagramm n / heat balance diagram, heat flow chart ‖ ⤴**dichte** f / heat density ‖ ⤴**druck** m (Textil) / heat transfer printing, thermoprinting ‖ ⤴**durchgang** m / heat transition ‖ ⤴**durchgang** m (Ergebnis) / overall heat transfer ‖ ⤴**durchgangszahl** f / outward heat transfer coefficient ‖ ⤴**durchgangszahl** k (zwischen der beiderseits angrenzenden Luft) / heat transition coefficient ‖ ⤴**durchlaß** m, -leitfähigkeit f / heat conductivity ‖ ~**durchlässig** / transparent to heat, diathermic, -thermanous ‖ ⤴**durchlässigkeit** f / diathermancy, -ance, heat carrying capacity ‖ ⤴**durchlässigkeitzahl** f / thermal transmission factor, thermal transmittance ‖ ⤴**durchlaßwiderstand** m / thermal resistance ‖ ⤴**durchlaßzahl** Λ (zwischen den beiden Oberflächen eines Körpers) / thermal transmission coefficient ‖ ⤴**durchsatz** m / heat throughput o. thruput (US) ‖ ⤴**einheit** f / thermal o. heat unit ‖ ⤴**einheit** f **für Lieferung von Stadtgas** (= 10⁵ B.Th.U. = 25,2 · 10⁴ kcal) / therm (GB) ‖ ⤴**empfindlich** / heat-sensitive, thermosensitive ‖ ⤴**empfindlichkeit** f / sensitiveness o. sensibility to heat ‖ ⤴**energie** f / thermal o. heat energy ‖ ⤴**entwicklung** f / development o. evolution o. generation of heat, heat build-up ‖ ⤴**entwicklung** f, Rekaleszenz f (Hütt) / recalescence ‖ ⤴**entwicklung** f (Phot) / thermic development ‖ **mit geringer** ⤴**entwicklung** / low-heat… ‖ ⤴**entzug** m, -absorption f / heat abstraction o. absorption ‖ ⤴**ermüdung** f / thermal fatigue ‖ ⤴**ersparnis** f / economy of heat ‖ ~**erzeugend** (Phys) / heat generating, calorific ‖ ⤴**erzeugungsreaktor** m / process heat reactor ‖ ⤴**falle** f (Nukl) / heat trap, thermal sleeve ‖ ⤴**festigkeit** f / resistance to [the effects of] heat, high temperature strength o. stability ‖ ⤴**filter** n (Phot) / IR-filter ‖ ⤴**fluß** Φ m / heat flow o. flux ‖ ⤴**flußdiagramm** n / heat balance diagram ‖ ⤴**flußdichte** f / heat density ‖ ⤴**flußverfahren** n (Werkstoffprüfung) / thermal non-destructive testing method ‖ ⤴**formen** n (Plast) /

thermoforming ‖ ⊸**fühler** *m* / heat detector ‖ ⊸**funktion** *f* / enthalpy ‖ ~**gebend**, exotherm / exothermal, -thermic, -thermous ‖ ~**gedämmtes Haus** / lo-cal house ‖ ⊸**gefälle** *n* / temperature drop, thermal head ‖ ⊸**generator** *m* / thermogenerator ‖ ⊸**gewicht** *n* (Phys) / thermic weight ‖ ⊸**gewinnung** / heat recovery ‖ ⊸**gleichung** *f* / equation of thermal state ‖ ⊸**grad** *m* / degree of heat ‖ ⊸**gradient** *m*, -gefälle *n* / temperature o. heat gradient ‖ ⊸**haltung** *f* / heat retention o. retaining ‖ ~**härtend** (Kunststoff) / thermosetting ‖ ⊸**haushalt** *m* / thermal economy

Warmeindringprüfung *f* (Schmiermittel) / hot penetration test

Wärme·ingenieur *m* / fuel and heating engineer ‖ ⊸**inhalt** *m*, -kapazität *f* / caloric content ‖ ⊸**inhalt im metrischen System**, Wasserwert *m* (Phys) / water equivalent, thermal capacity ‖ ⊸**inhalt** *m* je **Masseneinheit**, Enthalpie *f* / enthalpy ‖ ⊸**isolation** *f*, -dämmung *f*, -schutz *m* / cladding against loss of heat, heat insulator o. insulation, lagging GB), thermal covering o. insulation o. protection ‖ ~**isoliert**, mit Wärmeschutz versehen / heat insulated, lagged ‖ ⊸**isolierung** *f* **des Strahlrohrs** (Luftf) / jet pipe shroud ‖ ⊸**jalousie** (Raumf) / heat louver ‖ ⊸**kapazität** *f* / heat o. thermal capacity ‖ ⊸**kapazität C** (J/grd) / heat capacity (B.t.u./deg F) ‖ ⊸**klasse** *f* (Isolierstoff) / insulation o. thermal class ‖ ⊸**kollektor** *m* / thermal collector ‖ ⊸**konvektion**, -strömung, -mitführung *f* / heat convection ‖ ⊸**kopie** *f* (Repro) / thermic copy ‖ ⊸**krafterzeugung** *f* / thermoelectric generation ‖ ⊸**-Kraft-Kopplung** *f* / combined heat and power generation ‖ ⊸**kraftmaschine** *f*, -motor *m* / thermal o. heat engine ‖ ⊸**kraft-Stromerzeuger** *m*, -Aggregat *n* / thermoelectric generating set ‖ ⊸**kraftwerk** *n* (Elektr) / thermal [electric] station, fuelled power station (GB) ‖ ~**krümelnd** (Boden) / thermally fragile ‖ ⊸**laser** *m* / thermic laser ‖ ⊸**laser** *m* / thermal laser ‖ ⊸**lehre** *f*, Thermodynamik *f* / thermodynamics *pl* ‖ ⊸**leistung** *f* / thermal output ‖ ~**leitend** (Phys) / heat conducting, thermoconducting ‖ ~**leitende Form** / thermoconducting mould ‖ ~**leitende Legierung** / heat conducting alloy ‖ ⊸**leiter** *m* / conductor of caloric o. heat ‖ ⊸**leitfähigkeit** *f*, -leitungsvermögen *n* / caloric conductibility ‖ **spezifische** ⊸**leitfähigkeit**, Wärmeleitzahl *f* / coefficient of thermal conduction, thermal conductivity ‖ ⊸**leitplatte** *f*, -scheibe *f* / heat conducting spacer ‖ ⊸**leitplatte** *f*, Konvektor *m* / heat conducting plate ‖ ⊸**leitung** *f* (innerhalb eines Mediums) / heat o. thermal conduction, conduction of heat ‖ ⊸**leit[ungs]koeffizient** *m* / coefficient of thermal conduction ‖ ⊸**leitungsmesser** *m* / heat conductivity meter ‖ ⊸**leitwiderstand** *m* / temperature lag o. delay ‖ ⊸**leitzahl**, -leitfähigkeit *f* (Leitfähigkeit dividiert durch das Produkt von spez. Wärme mal Dichte) / [thermal] diffusivity ‖ ⊸**leitzahl** λ (Phys) / [specific] thermal conductivity k, thermal conduction coefficient k ‖ ⊸**lücke** *f* (Bahn) / interstice of rails, gap ‖ ⊸**mauer**, -barriere *f* (Luftf) / heat barrier, thermal barrier ‖ ⊸**mechanik** *f*, mechanische Wärmemetheorie, Thermodynamik *f* / thermodynamics ‖ ⊸**melder** *m* / heat-sensitive detector ‖ ⊸**menge** *f*, -quantum *n* / amount o. quantity of heat ‖ **absorbierte o. aufgenommene o. zugeführte** ⊸**menge** / heat absorbed ‖ ⊸**mengen-Einheit** *f*, Joule *n* / joule ‖ ⊸**mengenmesser** *m*, Kalorimeter *m* *n* (Phys) / calorimeter ‖ ⊸**[mengen]messung** *f*, Kalorimetrie *f* / calorimetry ‖ ⊸**messer** *m*, Thermometer *n* / thermometer ‖ ⊸**meßfarbstift** *m* / thermocolor pencil, temperature indicating crayon

wärmen, an-, erwärmen / warm *v*, heat ‖ ⊸ *n*, An-, Erwärmung *f* / warming, heating ‖ **Speisen** ~ / heat eatables

wärmend, Wärm... / calefactory, heating

Wärme·ofen *m* / heating furnace, reheating furnace ‖ ⊸**ofen** *m* **für satzweise Beschickung** / batch-type o. in-and-out reheating furnace ‖ ⊸**ohm** *n*, kalorisches Ohm / thermal ohm ‖ ⊸**platte** *f* (Elektr) / hot plate ‖ ⊸**prüflampe** *f* / HTS lamp (= heat transfer salt) ‖ ⊸**pumpe** *f* / reverse cycle heating system, heat pump ‖ ⊸**quantum** *n* / quantity of heat ‖ ⊸**quelle** *f* / source of heat ‖ ⊸**rauschen** *n* (Elektronik) / resistance o. thermal noise, circuit o. Johnson o. output noise ‖ ⊸**regelung** *f* / heat control ‖ ⊸**regelung** *f* (Temperatur) / thermal control ‖ ⊸**regler** *m*, Thermostat *m* / thermoregulator, thermostat ‖ ~**resistent** (Biol) / resisting heat, thermoresistant ‖ ⊸**riß** *m* / hot crack ‖ ⊸**rohr** *n* (Rakete) / heat pipe ‖ ⊸**rohr** *n* (ein Wärmeaustauscher) / heat exchanger tube ‖ ⊸**rückgewinnung** *f* / heat recovery ‖ ⊸**sammler**, -akkumulator, -speicher *m* / heat accumulator ‖ ⊸**schaltbild** *n* (Kraftwerk) / heat-flow diagram, thermal circuit diagram ‖ ⊸**schalter** *m* (Elektr) / thermostatic switch ‖ ⊸**schild** *m* (Raumf) / heat shield o. shroud ‖ ⊸**schluckvermögen** *n* (Hochofen) / heat absorbing power ‖ ⊸**schock** *m* / thermal shock ‖ ⊸**schockabschirmung** *f* (Nukl) / thermal shock shielding ‖ ⊸**schockprüfung** *f* / heat shock test ‖ ⊸**schrank** *m* / warming cupboard o. cabinet, hot cabinet o. box, oven ‖ ⊸**schrumpf** *m* / heat shrinkage, shrink-on technique ‖ ⊸**schrumpfung** *f* / heat shrinking ‖ ⊸**schub** *m* / thrust due to heat ‖ ⊸**schutz** *m* (Sammelbegriff) / thermal covering o. insulation o. protection ‖ ⊸**schutz** *m*, -dämmung *f* (Material) / lagging (GB), heat insulation o. insulator ‖ ⊸**schutz** *m* **für Baugruppen** (Raumf) / thermal o. heat screen ‖ ⊸**schutz** *m* **um den Treibstoffsatz** (Raumf) / liner ‖ ⊸**schutzfilter** *n* (Phot) / heat [protection] filter ‖ ⊸**schutzglas** *n* / heat protection glass ‖ ⊸**schutzkleber** *m* / lagging adhesive ‖ ⊸**schutzkleidung** *f* (F'wehr) / fire-protective clothing ‖ ⊸**schutzschild** *m* / thermal shield ‖ ⊸**schutzstoff** *m* / heat insulation o. insulator, lagging (GB) ‖ ~**schutztechnische Prüfung** / testing of thermal insulation materials ‖ ⊸**schutzwagen** *m* (Bahn) / isothermic wagon, insulated car (US) ‖ **heizbarer** ⊸**schutzwagen** / wagon with heating apparatus ‖ ⊸**schutzwert** *m* / thermal insulation value ‖ ⊸**schwankung** *f* / thermal fluctuation ‖ ⊸**schwund** *m*, -schwindung *f* / thermal contraction ‖ ⊸**senke** *f* / heat sink ‖ ⊸**sensibilisator** *m* (Plast) / heat sensitizer ‖ ⊸**sonde** *f* / pyrometer probe ‖ ⊸**spannung** *f* / thermal stress ‖ ⊸**spannungsriß** *m* / crack due to thermal stress ‖ ⊸**speicher**, -akkumulator, -sammler *m* / heat accumulator ‖ ⊸**speicherfähigkeit** *f* / regenerative capacity of a hot blast stove ‖ ⊸**speicherheizgerät** *n* (Elektr) / storage heater ‖ ⊸**spektrum** *n* / thermal spectrum ‖ ⊸**sperre** *f* (Reaktor) / thermal barrier ‖ ⊸**sperre** *f*, Thermosperre *f* (Fenster) / thermal break ‖ ⊸**spritzen** *n* (Plast) / plast spraying ‖ ~**stabilisiert** / heat-stabilized ‖ ⊸**stabilisierungsmittel** *n* / heat stabilizer ‖ ⊸**stabilität**, -beständigkeit *f* / thermal endurance o. stability, heat stability ‖ ⊸**stauung** *f* / accumulation of heat, heat accumulation o. build-up ‖ ⊸**stelle** *f* (Hütt) / fuel and power department ‖ ⊸**stoß** *m* (Masch) / thermal shock ‖ ~**strahlenisolierend**, atherman / impervious to radiant heat, athermanous ‖ ⊸**strahler** *m* / heat radiator ‖ ⊸**strahlung** *f* / thermal o. heat radiation ‖ ⊸**strahlung** *f* **einer nuklearen Bombe** (Nukl) / heat flash ‖ **durch** ⊸**strahlung geheizt** / heated by radiation ‖ ⊸**strahlungs-Undurchlässigkeit** *f* / athermancy ‖ ⊸**strom** Φ *m* / heat flow o. flux ‖ ⊸**stromdichte**, Heizflächenbelastung *f* (Nukl) / surface heat flux, heat flux density ‖ **beginnende kritische** ⊸**stromdichte** / departure from nucleate boiling, DNB ‖ ⊸**stromdichtefaktor** *m* **für ein Heizelement, [ein Brennelement, -bündel]** / hot spot factor for a fuel element, [for a fuel assembly] ‖ ⊸**stromlinie** *f* / heat flow line ‖ ~**suchend** / heat-seeking ‖ ⊸**tauscher** *m* / heat exchanger ‖ ⊸**technik** *f* / heat technology ‖

~technisch, thermisch / thermic ‖ ↭theorem n / heat theorem ‖ ↭tod m (Thermodynamik) / heat death ‖ ↭tönung f, Reaktionswärme f (Chem) / heat tone, heat of reaction ‖ ↭tönung f, -zunahme f (Hütt) / recalescence, evolution of heat ‖ ↭träger m / heat transfer medium ‖ ↭trägeröl n / thermal oil, heat transfer oil ‖ ↭trägheit f / thermal inertia ‖ ↭transport m / heat transport ‖ ↭- u. Mikrometeoriten-Schutz m (Raumf) / integrated thermal micrometeoroid protection assembly ‖ ↭übergang m (zwischen 2 Körpern) / heat transmission o. carriage ‖ ↭übergangswiderstand m / heat transmission resistance ‖ ↭übergangszahl f / heat transmission coefficient ‖ ~übertragend durch strömende Medien / hydronic adj ‖ ↭übertrager m / heat transfer medium, heat exchanger ‖ ↭übertrager m s. auch Wärmeaustauscher ‖ körnige ↭übertrager m pl (Chem) / pebbles pl ‖ ↭übertrager durch sprudelnde Wasserschicht, auffahren / froth-contact heat exchanger ‖ ↭übertragung f (Oberbegriff) / heat transfer o. transmission ‖ ↭übertragungsanlage f / heat conducting equipment ‖ ↭übertragungsfläche f / heat transfer surface ‖ ↭übertragungskoeffizient m / accommodation coefficient of heat transfer, heat transfer coefficient ‖ ↭übertragungsmittel n / heat exchanging o. transfer medium ‖ ↭[übertragungs]rohr n (Nukl, Raumf) / heat pipe ‖ ↭umlaufkühlung f, (früher): Thermosyphonkühlung / cooling by automatic circulation, thermosiphon cooling, natural circulation water cooling ‖ ↭umsatz m / heat transformation ‖ ~unbeständig, thermolabil (Chem) / thermolabile ‖ ~unbeständig / unstable in heat ‖ ↭- und Kältetechnik f / heating and refrigerating technique ‖ ~undurchlässig / athermanous ‖ ↭unwucht f / thermally induced unbalance ‖ ↭verbrauch m / heat consumption ‖ ~verbrauchend, endotherm[isch] / endothermic, -thermal ‖ ↭verhalten n / thermal properties pl ‖ ↭verlust m, -abgabe f / heat loss, loss of heat ‖ ↭verlust des Rußes (Gieß) / heat loss of carbon black ‖ ↭verlust m nach Abstellen des Motors (Mot) / hot soak loss ‖ ↭verschiebung f (Phys) / heat displacement ‖ ↭verteiler m (Halbl) / heat dissipator ‖ ↭verteiler m mit versetzten Fingern (Elektronik) / staggered-finger dissipator o. heat sink ‖ ↭vorgang m / thermal process o. phenomenon ‖ ↭wächter m / heat monitoring relay ‖ ↭warte f / thermal control [switch] board ‖ ↭wert m / thermal o. heat value ‖ ↭widerstand m (Halbl) / thermal resistance ‖ spezifischer ↭widerstand / thermal resistivity ‖ äußerer, [innerer] ↭widerstand (Elektronik) / thermal resistance case-to-ambient, [junction-to-case] ‖ ↭wirkung f / thermal o. heat effect ‖ ↭wirkungsgrad m, -ausnutzung f / heat efficiency o. utilization ‖ ↭wirtschaft f / heat economy, thermo-economy ‖ ↭wirtschaftlich / heat-economical ‖ ↭wissenschaft f (Sammelbegriff) / science of heat ‖ ↭zahl f (Astr) / heat index ‖ ↭zähler, -messer m / heat counter ‖ ↭zufuhr f / heat supply, addition of heat ‖ ↭zunahme f, -tönung f (Hütt) / recalescence

Warm·färbung (durch infrarote Strahlen), Thermochrose f / thermochrosy, -chrosis ‖ ↭fertigerzeugnis n / hot-finished product ‖ ~fertiggewalzt / hot finished ‖ ~fest / high temperature…, heat resisting ‖ ~fest (Stahl) / creep resistant at elevated temperatures ‖ ~fester Stahl / creep-resistant steel, high-temperature steel ‖ ↭festigkeit f / thermal o. [high-]temperature strength o. stability, heat resistance ‖ Langzeit-↭festigkeit f / long-term creep and stress rupture resistance ‖ ↭fließen n (Zahnrad, Fehler) / hot flow ‖ ↭formänderungsvermögen n / hot forming property ‖ ↭formbarkeit f / hot workability ‖ ~formen / hot form v, thermoform ‖ ↭formgebung f / hot forming o. shaping o. working, thermoforming ‖ ↭formgebungshitze f (Schm) / hot forming temperature ‖ ↭fräse f / hot milling machine ‖ ↭front f (Meteorol) / warm front ‖ ~[gelaufen] (Lager) / heated ‖ ↭gesenk n,

-matrize f / hot die ‖ ~gewalzt / hot rolled ‖ ~gezogen / hot-drawn ‖ ↭halteofen m (Glas) / glory-hole ‖ ↭halteofen m (Hütt) / holding furnace ‖ ↭halteplatte f / warming plate ‖ ↭halteverbrauch m (Hütt) / holding consumption ‖ ~härtbar (Plast) / duroplastic ‖ ↭härte f / elevated temperature hardness, red hardness ‖ ↭härter m, in der Wärme aushärtendes Material / hot setting material ‖ ↭haube f (Hütt) / hot dozzle o. top ‖ ↭hauer m (Schm) / chisel for hot working ‖ ↭-Kaltverfestigen n / warm work hardening ‖ ↭kammermaschine f (Plast) / hot-chamber machine ‖ ↭kapazität f (Funk) / capacitance when hot ‖ ↭kleber m / thermal binder ‖ ↭klebung f, Quellschweißen n (Plast) / solvent bonding o. welding ‖ ↭kreissäge f / circular hot sawing machine

Wärmekurve f (Hütt) / heating temperature curve
Warm·lager n, -bett n (Walzw) / hot bank o. bed ‖ ↭laufanreicherung f (bei Kaltstart) (Mot) / cold start enrichment ‖ ~laufen, heißlaufen / overheat vi, run hot ‖ ~laufen lassen (Mot) / run up vt, warm up ‖ ↭laufphase f (Mot) / warm-up period ‖ ~lochen / hollow-forge ‖ ↭luft f / hot air ‖ ↭luftaustritt m / hot-air exit o. outlet ‖ ↭luftenteiser m / hot-air de-icer ‖ ↭lufterzeuger m / warm air heater ‖ ↭lufterzeuger m (mit Ventilator) / fan-assisted air heater ‖ ↭luftgebläse n / hot-air blower ‖ ↭luftheizung f / hot-air heating ‖ ↭luftkanal m / hot-air channel ‖ ↭luftöffnung f / hot-air opening ‖ ↭luftstrahl m / hot-air jet ‖ ↭luftstrom m / hot-air current ‖ ↭luftvorhang m / hot-air curtain ‖ ↭massivumformung f, Schmieden n / forging ‖ ↭matrize f / hot die ‖ ↭meißel m (Schm) / chisel for hot working ‖ ↭nachpressen n / hot repressing ‖ ↭naßspinnerei f / spinning with hot water ‖ ~nieten / hot-rivet

Wärmofen m / reheating furnace
Warm·prägen n (Schm) / hot coining ‖ ↭prägen [von Folien] n / hot stamping ‖ ↭prägewerkzeug n / hot stamping and coining tool ‖ ↭pressen (Sintern) / hot pressing o. compacting ‖ ↭pressen n (Schm) / die pressing, press forging ‖ ↭preßform f (Sintern) / hot-pressing die ‖ ↭preßschweißen n / hot-pressure welding ‖ ↭preßstahl n / hot pressing steel ‖ ↭preßstück n (Schm) / hot-pressed forging ‖ ↭preßteil n m / hot-pressed part ‖ ↭recken n / hot straining ‖ ↭riß m / thermal o. heat crack ‖ ↭riß m (Zinn) / hot tear ‖ ↭riß m (Hütt) / chill crack, chill check, fire check, fire crack ‖ ~rißanfällig (Hütt) / hot-short ‖ ↭rißbildung f, Form-, Brandriß m (Gieß) / heat checking ‖ ↭rißempfindlichkeit, -neigung f / hot crack susceptibility ‖ ↭säge f (Hütt) / warm o. hot saw ‖ ↭schere f / hot shears pl ‖ ~scheren (Hütt) / hot-shear ‖ ↭schmiedegesenk n / hot forging die ‖ ~schmieden / hot-forge ‖ ↭schmiegemaschine f (Schiff) / bulb steel hot bevelling machine ‖ ~schweißen (Schw) / weld with pre- and postheating ‖ ↭sprödigkeit f / hot brittleness ‖ ↭start m / warm start ‖ ↭startlampe f (Entladungslampe) / preheat lamp ‖ ↭stauchen n / hot-heading ‖ ↭strangpressen n / hot extrusion ‖ ↭straße f / hot rolling train ‖ ↭streckgrenze f / high-temperature limit of elasticity ‖ ↭umformen n, Halbwarmumformung f / warm working ‖ ↭umformen n / hot forming o. shaping o. working ‖ ↭umformer n / hot former ‖ ↭- und Kaltwasser n / hot and cold water ‖ ↭verarbeitbarkeit f / hot-workability ‖ ↭verformbarkeit f / hot forming property ‖ ↭verformung f, Deformierung f in Wärme / heat distortion ‖ ↭verformung f (Plast) / hot forming o. shaping ‖ ↭vergärung f / warm fermentation ‖ ↭vergüten n / heat refining ‖ ~verschweißend (Plast) / heat-fusing ‖ ↭versprödung f / hot embrittlement ‖ ↭versuch m / thermal test ‖ ↭walzband n (Hütt) / hot band ‖ ~walzen (Hütt) / hot-roll ‖ ↭walzwerk n / hot-rolling mill

Warmwasser n / hot-water for sanitary purposes ‖ ↭bereiter m / water heater ‖ ↭bereiter m,

Durchlauferhitzer *m* (Gas) / inlet controlled water heater, single-faucet water heater ‖ ~bereitung *f* / water heating ‖ ~hahn *m* (Bau) / hot-water tap ‖ ~heizung *f* / warm-water [system of] heating, hot-water heat[ing system] ‖ ~heizung[sanlage] *f* / water heating system ‖ ~speicher *m*, Entleerungs-, Ablaufspeicher *m* / hot-water cylinder ‖ ~speicher *m*, Boiler *m* (Heizung) / hot-water [supply] tank, hot well, boiler ‖ ~versorgung *f* (Bau) / hot-water supply ‖ ~versorgung *f* für Wohnungen / domestic hot water supply o. HWS
Warmzähigkeit *f* / hot ductility
Wärmzeit *f* / heating time
Warm·ziehbank *f* für Hohlkörper (Hütt) / push bench ‖ ~ziehen *n* / hot drawing
Warn·-Anzeige *f*, Monitor *m* (allg) / monitor ‖ ~apparat *m* / alarm, alerter ‖ ~begriff *m* (Bahn) / warning aspect o. position, caution ascpect o. position ‖ ~blinkanlage *f* (Kfz) / vehicular hazard warning signal flasher (US) ‖ ~blinklampe *f* für Baustellen / warning beacon ‖ ~blinklicht *n* (Luftf) / warning o. anticollision light ‖ ~boje *f* (Schiff) / danger buoy, mark buoy ‖ ~dreieck *n* (Kfz) / emergency reflective triangle (US), advance warning triangle, warning triangle (GB) ‖ ~druckzeiger *m* (Bremse) / low-pressure indicator
warnen / warn ‖ ~ *n*, Warnung *f* / warning
Warn·fackel *f* mit flüssigem Brennstoff (Kfz) / liquid burning pot torch ‖ ~farbe *f* / warning colour ‖ ~feuer *n* (Schiff) / warning light ‖ ~glocke *f* / warning bell ‖ ~grenzen *f* pl / warning limits pl ‖ ~kleidung *f* / warning clothing ‖ ~kreuz *n* (Bahn) / warning cross, cross buck sign (US) ‖ ~leitkegel *m* (Straßb) / roadmarker cone ‖ ~leuchte *f* / warning light ‖ ~marke *f* (DV) / warning flag ‖ ~schild *n*, Gefahrenschild *n* / danger sign ‖ ~signal *n* / danger signal ‖ ~signal *n* (DV) / alert ‖ ~stellung *f*, -begriff *m* (Bahn, Signal) / warning aspect o. caution aspect o. position ‖ ~streifen *m* (Lochstreifen-Ende) / warning mark ‖ ~streik *m* (F.Org) / token stoppage o. strike ‖ ~taste *f* / warning key
Warnungs·rad, Anschlagrad *n* (Uhr) / pin wheel, striking wheel ‖ ~tafel *f* / notice o. warning board ‖ ~zeichen *n* (auf Seekarten) / vigia
Warn·zeichen *n* / warning sign ‖ ~zeichen *n*, -flagge *f* (Luftf) / warning flag ‖ ~zone *f* / caution zone
Warpanker, Wurfanker *m* (Schiff) / kedge [anchor]
Warp·druck *m*, Kettendruck *m* / warp printing ‖ ~kötzer *m*, Kettkötzer *m* / twist-cop, warp-cop
Warrington-Seil [gedeckt] *n* / Warrington rope [compound]
Wartbarkeit *f*, Unterhaltbarkeit *f* / maintainability
Warte·... / queueing... ‖ ~bahn *f* (Raumf) / parking orbit, interim orbit ‖ ~belastung *f* (Fernm) / waiting traffic ‖ ~dauer *f* (Fernm) / delay, waiting time ‖ ~gleis *n* (Bahn) / holding track ‖ ~gruppe *f* (Bahn) / storage sidings pl ‖ ~halle *f* / shelter, waiting room ‖ ~häuschen *n* (Straßb) / passenger o. bus shelter ‖ ~höhe *f* (Luftf) / holding altitude ‖ ~lampe *f* (Fernm) / call storage lamp ‖ ~liste *f* (Luftf) / stand-by list
warten, bedienen / attend [to] ‖ ~, unterhalten / service ‖ ~ *vi* (DV) / idle
wartend (Fernm) / on hold
Warte·pflicht *f* (Verkehr) / obligation to give way ‖ ~punkt *m* (im Luftraum) (Luftf) / holding point
Wärter *m* / attendant
Warteraum *m* im Flughafengebäude / departure hall o. lounge ‖ ~ in der Luft / holding o. circling area
Wärterhäuschen *n* (Bahn) / watch box o. pointsman's box o. cabin
Warte·saal *m* (Bahn) / waiting room ‖ ~schaltung *f* / queueing circuit ‖ ~schlange *f* (DV) / [waiting] queue o. cue ‖ ~schlange *f* (Kfz) / queue of vehicles ‖ eine ~schlange bilden (DV) / queue *vi* ‖ in eine ~schlange einreihen (DV) / queue *vt* ‖ aus der ~schlange entfernen o. entnehmen (DV) / dequeue ‖ ~schlangen-Steuerblock *m* (DV) / queue control block,

QCB ‖ ~schlangentheorie *f* (DV) / queueing theory ‖ ~schlangen-Überprüfung *f* (DV) / user poll ‖ ~schleife *f* (Luftf) / holding pattern ‖ ~schleife *f* (DV) / waiting loop ‖ ~station *f* (DV) / passive station ‖ ~status *m* (DV) / wait state ‖ ~system *n* (Fernm) / delay system ‖ ~verfahren *n* (Luftf) / holding procedure ‖ ~zeit *f* (allg, F.Org) / waiting time, latency ‖ ~zeit *f* (ohne Arbeitsleistung) (F.Org) / attendance time ‖ ~zeit *f* (Taxameter) / time drop, waiting time ‖ ~zeit *f* beim Kleben / assembly time in glueing ‖ ~zeit *f* beim Kleben (offen) / open assembly time ‖ ~zeit *f* beim Kleben (geschlossen) / closed assembly time ‖ ~zeit *f* vor dem Wählen (Fernm) / predialling delay ‖ ~zeitloser Verkehr (Fernm) / C.L.R.- o. clr-service (= combined line and recording) ‖ ~zeitproblem *n* (Fernm) / congestion problem ‖ ~zustand *m* / standby condition ‖ im ~zustand (Elektronik) / preset, quiescent
Wartung *f*, Bedienung *f* / attendance ‖ ~, Pflege, Instandhaltung *f* / maintenance ‖ ~, Kundendienst *m* / [after-sales] service o. servicing
Wartungs·anleitung *f* / service manual ‖ ~arbeiten *f* pl / maintenance work, upkeep ‖ ~arm / low-maintenance... ‖ ~bedarf *m* / maintenance accessory ‖ ~bedürftig / in need of maintenance ‖ ~daten pl (Raumf) / maintenance data pl ‖ ~feld *n* (DV) / maintenance panel o. console ‖ ~frei / maintenance-free ‖ ~frei / maintenance-free ‖ ~freie Batterie, Blei-Antimon-Batterie *f* / maintenance-free o. lead-antimony battery ‖ absolut ~freie Batterie, Blei-Calcium-Batterie *f* / lead-calcium battery ‖ ~freundlich / easy to maintain ‖ ~freundlichkeit *f* / RAS facilities pl (= repair and service) ‖ ~gerecht / easy-to-service ‖ ~-Handbuch / maintenance manual ‖ ~handbuch *n* (Elektr) / system manual ‖ ~heft *n* (Kfz) / owner protection plan booklet ‖ ~hinweise *m* pl / service notes pl ‖ ~intervall *n* (DV) / maintenance rate ‖ ~kosten pl / maintenance cost o. charges, upkeep ‖ ~mannschaft *f* / maintenance personnel o. staff ‖ ~plan *m* (Wzm) / maintenance schedule ‖ ~programm *n* (DV) / maintenance program ‖ ~schild *n* / instruction board ‖ ~schleuse *f* (Nukl) / maintenance lock ‖ ~stunden *f* pl / maintenance manhours pl ‖ ~techniker *m* / maintenance man o. engineer ‖ ~turm *m* (Raumf) / service structure o. tower ‖ ~- und Ersatzteildienst *m* / maintenance and repair service ‖ ~vertrag *m* / maintenance agreement o. contract ‖ ~vertrag *m* (DV) / maintenance o. service contract ‖ ~vorschriften *f* pl / maintenance instructions pl ‖ ~zeit *f* (DV) / maintenance time ‖ ~zeitraum *m* (DV) / maintenance rate
Warventon *m*, Bänderton *m* / varved clay
Warze *f* (Walzw, Fehler) / button ‖ ~, Knospe *f* (Fehler, Galv) / bud ‖ ~ (Jacquardm.) / peg ‖ ~ des Federblattes / wart of the spring blade
Warzen·blech *n* / warted o. nipple plate, button plate ‖ ~-Cutter *m* (Bergb) / wart-cutter ‖ ~einsenkung *f* (als Paßhilfe zusammengehöriger Teile) / dimple ‖ ~nietung *f* / dimpled rivet joint ‖ ~scheibe *f* (Verdolmasch) / peg disk ‖ ~schweißung *f* / boss o. button welding, projection [spot] welding, disk depression welding
WAS (Chem) = waschaktive Substanzen
Wasch·abgänge *m* pl, -verlust *m* (Bergb) / waste washings pl, tailings pl (GB), tails pl (US) ‖ ~abwässer *n* pl (Textil) / waste water ‖ ~aktiv / washing active ‖ ~aktives Öl / detergent oil ‖ ~anlage *f* (Kfz) / wash-mobile ‖ ~anlage *f*, Reihenwaschbecken *n* (Bau) / washing benches pl ‖ ~anleitung *f* (Textil) / laundering instruction ‖ ~anstalt, Wäscherei *f* / laundry ‖ ~automat *m* / launderette
waschbar (Textil) / washable
Waschbarkeit *f* (Bergb) / washability
Wasch·becken *n*, -tisch *m* / lavabo, wash-bowl (US) ‖ ~becken *f* für Wandbefestigung / wash-basin ‖ ~beckenablauf *m* / wash-basin valve ‖

Wasch

~beckenrückwand f / skirting of a wash basin ‖
~beckenüberlauf m / overflow ‖ ~benzin n,
Leichtbenzin n (DIN 51630) / petroleum ether o.
benzine (US) o. naphtha, ligroin ‖ ~berge, -abgänge m
pl, -verlust m (Bergb) / tailings pl (GB), tail[s pl] (US),
waste washings pl ‖ ~berge m pl (Gold) / wash dirt,
tailings pl (GB) ‖ ~berge m pl (Kohle) / washery refuse
o. slack o. slate, washed dirt, refuse slate ‖ ~beton m /
exposed aggregate concrete ‖ ~betontafel f (Bau) /
exposed aggregate panel ‖ ~blau (veraltet),
Permanentblau n / laundry blue ‖ ~boden m (Chem) /
wash tray ‖ ~bühne f (Bergb) / frame, buddle, strake
Waschburn-Kern m (Gieß) / Waschburn [atmospheric]
core, breaker core
Wäsche f (Textil) / linen, linen cloth ‖ ~, Wäschewaschen
n / laundry, washing ‖ ~, Kohlenwäsche f (Bergb) / coal
washing plant o. washery ‖ ~ (Bergb, Tätigkeit) /
dressing, washing, clearing ‖ ~ (Raum) (Bergb) /
washing department o. room ‖ ~
(Brennstoffaufbereitung) (Nukl) / scrubbing (US),
stripping (GB) ‖ ~ brühen / wash the laundry in hot lye
‖ ~ waschen / wash laundry, launder v ‖ ~ zum
Waschen, während des Waschens / laundry, wash ‖
grobe ~, Haushaltwäsche f / household linen ‖ kleine ~
/ small wash ‖ saubere ~ / clean wash ‖ ~-Abwasser n
(Aufber) / washery effluent
waschecht, farbecht / washfast, -proof, wash-resistant,
laundry-proof ‖ ~, kochfest / boil-fast o. -resistant ‖
~es Blau / true blue ‖ ~ sein (Textil) / be
washable o. laundry-proof
Wascheinrichtung f / washing accommodation
Wäsche·knopfloch n (Näbm) / straight buttonhole ‖
~mangel f (Textil) / calender, mangle
waschen, ab-, auswaschen / wash ‖ ~, wässern (Chem) /
purify by washing ‖ ~, klären (Bergb) / clear, wash,
dress ‖ ~, setzen (Aufber) / jig ‖ ~ n, Wäsche f /
laundry, washing ‖ ~ (Pap) / pulp cleaning o. screening
‖ ~ auf festem Herd, schlämmen auf festem Herd
(Bergb) / buddle v ‖ ~ im Wasser / aqueous scouring ‖
~ nach Programm / programmed washing ‖ ~ unter
Wasser (Aufber) / pool washing ‖ **Erz** ~ / stream ore ‖
Gas ~ / wash gas ‖ **Wäsche** ~ / wash laundry, launder v
Wascher m (Chem) / scourer, scouring o. rinsing
apparatus, washer ‖ ~ (Gas) / scrubber
Wäscherei f (Wolle) / wool scouring o. washing plant
Wasch·erz n / alluvial ore deposit ‖ ~erz n (aus Flüssen) /
fluviatile placer deposits o. placers pl, placers pl ‖
Wäsche·schleuder f / spin drier, spin extractor ‖ ~stärke
f / laundry starch ‖ ~steiger m (Kohle) / washery
superintendent ‖ ~stoff m / linen fabric ‖ ~tinte f / ink
for marking linen ‖ ~trockner m / linen drier
wasch·fest s. waschecht ‖ ~flasche f, Spritzflasche f (Chem)
/ wash[ing] bottle v ‖ ~flotte f (Textil) / washing liquor o.
bath ‖ ~flotte f (Menge) / washing liquid quantity ‖
~flottenverstärker m / wash bath intensifier ‖
~flüssigkeit f (Textil) / scouring solution ‖ ~gelegenheit
f, -einrichtung f / lavatory o. washing accommodation,
washroom, restroom, lavatory ‖ ~gold n / placer gold ‖
~grieß m (Kohle) / washed smalls pl ‖ ~grundkurve f,
A~-Kurve f (Bergb) / effective instantaneous ash curve ‖
~gut n, Spülgut n (Bergb) / washed produce o. ‖ ~halle f,
-platz m (Kfz) / washing bay ‖ ~hilfsmittel n / washing
auxiliary o. adjuvant ‖ ~holländer m, Bleich-,
Mischholländer m (Pap) / potcher, washer (US) ‖
~kasten m (Färb) / operating trough ‖ ~kasten m
(Masch) / washing tank ‖ ~kaue f (Bergb) / pit[head]
baths pl, wash house ‖ ~küche f (Bau) / wash house,
laundry (US) ‖ ~kurve f (Bergb) / washability curve ‖
~kurve f nach Mayer / effective Mayer curve ‖ ~lauge
f / suds pl ‖ ~lauge f (Chem) / lees pl ‖ ~leder n /
washable leather, chamois [leather] ‖ ~maschine f /
washing machine, washer
Waschmittel n / washing agent o. material, detergent ‖
~behälter m (Waschmaschine) / detergent container ‖

~echtheit f / stability against detergents ‖ ~füller m /
filler for detergent ‖ ~slurry m / washing powder
slurries pl ‖ ~verlust m / detergent loss ‖ ~zusatz m /
detergent additive
Wasch·-M-Kurve f (Bergb) / effective instantaneous ash
curve ‖ ~öl n / wash[ing] oil, scrubbing oil ‖ ~öl n für
Absorptionskolonnen / absorption oil ‖ ~phosphat n /
washing phosphate ‖ ~platz m, -halle f (Kfz) / washing
bay ‖ ~probe f (Hütt) / assay of buddled ore ‖
~produkte n pl (Bergb) / clean coal, cleans pl, washed
produce ‖ ~pulver n / washing powder ‖ ~raum m,
-einrichtung, -gelegenheit f / lavatory o. washing
accommodation, washroom, restroom, lavatory ‖
~rinne f (Goldgew) / sluice [box] ‖ ~rinne f mit
beweglichem Boden für Zinnbagger / rocking
concentrator for tin ‖ ~rohstoffe m pl / detergent base
material ‖ ~samt m / Genoa back o. cord, washable
velvet ‖ ~schrumpf m / washing shrinkage ‖ ~seide f /
washing silk, washable silk, tub[bable] silk ‖ ~sieb n
(Aufber) / fine sieve o. screen ‖ ~sirup m, Deckkläre f
(Zuck) / wash syrup, covering liquor ‖ ~soda f /
washing soda ‖ ~tisch m, Waschbecken n mit
Ablagefläche / washstand ‖ ~trog im Feuchtwerk m
(Buch) / washup tray ‖ ~trommel f / washing drum ‖
~trommel f (Bergb) / trommel washer, washing trommel
‖ ~trommel f (Pap) / washing drum o. cylinder ‖ ~turm
m (Chem) / wash[ing] column o. tower ‖ ~turm m,
Turmwäscher m / scrubbing tower ‖ ~- und bügelecht
(Textil) / tub-fast ‖ ~- und Plättmaschine f (Textil) /
glazing machine ‖ ~- und Reinigungsmittel n pl /
washing and cleaning agents pl ‖ ~- und
Schleudermaschine f, Wasch-Vollautomat m /
combination washer-drier, spinner-washer ‖ ~- und
Pflegeanleitung f / instructions for washing and care pl
‖ ~- und Schleudermaschine f, Wasch-Vollautomat m,
Wasch-Trockner m / spinner-washer ‖ ~verfahren n
(Textil) / laundering process ‖ ~vergrauung f,
Schmutzwiederaufziehvermögen n (Textil) / soil
redeposition ‖ ~verlust m (Bergb) / dressing loss, yield
loss ‖ ~vermögen n (Waschmittel) / detergency,
detergent power ‖ ~versuch m (Bergb) / washability test
‖ ~vorgang m (Textil) / washing o. laundering operation
‖ ~walze f (Textil) / washing roller ‖ ~wasser n / washings pl,
wash water ‖ ~wasser n (Zuck) / sweet water ‖
~wasserklärung f (Aufber) / washery water clarification
‖ ~werk n, Erzwäsche f (Bergb) / washery, washing
room o. plant, dressing floor ‖ ~-Wichte-Kurve f,
Trennwichte-, W_c-Kurve f (Bergb) / effective washability
curve based on gravity ‖ ~wirkung f / cleansing effect
‖ ~-Wischanlage f (Kfz) / wash-wipe device ‖ ~wolle f
/ scoured wool ‖ ~zettel m (Buch) / blurb ‖ ~zinn n /
alluvial tin ore ‖ ~zug m, Leviathan m (Wolle) /
leviathan washer ‖ ~zyklon m, Hydrozyklon m (Bergb) /
hydrocyclone ‖ ~zylinder m, Drehsieb n / washing
cylinder
Washcoat m (Chem) / washcoat
Wash'n-Wear-Ausrüstung f (Textil) / wash'n wear finish
Washout n (Nukl) / washout, rainout
Washprimer m / reaction o. wash primer, self-etching
primer (GB)
Wasser n / water ‖ ~ [ein]nehmen (o. fassen) (Schiff,
Bahn) / water v ‖ ~ fassen (Bergb) / dam in o. up ‖ auf o.
im ~ lebend (o. wachsend) / aquatic ‖ drückendes ~ /
pressing water ‖ faules o. trübes o. schmutziges o.
verdorbenes ~ / foul water ‖ normales ~, freies
Wasser (Bodenmech) / free water ‖ trübes o.
schmutziges ~ / thick water ‖ unter ~ setzen / flood v
‖ vom Umlauf nicht erfaßtes ~ (Kessel) / dead water ‖
~abflußleiste f (Bau) / canting strip, water table ‖
~abflußrohr n / water outlet pipe ‖ ~abflußrohr,
-abzugsrohr n / drain pipe ‖ ~abgeschirmter Tank
(Nukl) / shielding pool o. pond ‖ ~abhaltender
Anstrich / waterproof paint[ing] ‖ ~ablaßhahn,
Zylinderhahn m (Dampfm) / water outlet tap o. cock,

1184

priming cock ‖ ⁓ablauf *m* (Bau) / scupper ‖ den
⁓ablauf sichern (o. verstärken) (Hydr) / flush ‖
⁓ablaufkörper *m*, Wasserschräge *f* (Flachdach) /
weathering ‖ ⁓ablaufloch *n* in Stützmauern / peephole
in a retaining wall ‖ ⁓ablaufrinne, -ablaufnase,
Hohlkehle *f* (Bau) / drip [nose o. mould], gorge, throat,
gullet, chin of a larmier, water drip ‖ unterirdische
⁓ableitung / culvert ‖ ⁓ableitung *f* zum Kraftwerk,
Entnahmebauwerk *n* (Talsperre) / surge tank ‖
⁓abscheider *m*, -fänger *m* / water trap o. separator ‖
⁓abscheider *m* (Zuck) / sweetwater separator ‖
⁓abscheider *m* (Druckluft) / water separator ‖
⁓abscheidungsfilter *n* / dehydrating filter ‖
⁓abscheidungsvermögen *n* (Öl) / water separation
ability ‖ ⁓absorption, -aufnahme *f* / water [ab]sorption
‖ ⁓abspaltung, Dehydratisierung *f* / dehydration ‖
unter ⁓abspaltung (Chem) / on losing water, by
splitting off water ‖ ⁓abstoßende Eigenschaft (Textil) /
water-repellency ‖ ⁓abstoßend imprägnieren (Textil) /
showerproof, make water-repellent ‖ ⁓abweisend,
-abstoßend / water-repellent, hydrophobic ‖
⁓abweisender Anstrich / hydrophobic coat ‖
⁓abweisende Salze, wasserabstoßende Salze *n pl* /
waterproofing salts *pl* ‖ ⁓abziehstein *m* / water stone,
whetstone, slip ‖ ⁓ähnlich, -artig / ressembling water ‖
⁓aktivität *f* (Lebensmittel) / water activity ‖ ⁓andrang *m*
(Bergb) / rush of water ‖ ⁓anlagernd (Chem) / hydrating
‖ ⁓[anlaß]widerstand *m* (Elektr) / water resistor o.
rheostat ‖ ⁓-Anschluß *m*, -versorgung, -belieferung *f* /
supply of water ‖ ⁓anteil, -gehalt *m* / proportion of
water ‖ ⁓anziehend, hygroskopisch / hygroscopic ‖
⁓appretur *f* (Textil) / water dressing, glossing, glazing ‖
⁓arm / ill supplied with water ‖ ⁓arm (Landw) / dry,
arid ‖ ⁓arm (Beton) / dry ‖ ⁓armaturen *f pl* / water
fittings *pl* ‖ ⁓aufbereitung *f* / water conditioning, water
treatment ‖ ⁓aufnahme, -absorption *f* / water
[ab]sorption ‖ ⁓austritt *m* / penetration of water ‖
⁓bad *n* (Chem) / water bath ‖ ⁓ballast *m* / water o.
liquid ballasting, hydro-inflation, hydroflation (US) ‖
Schiffsraum für ⁓ballast / water ballast tank ‖
⁓ballast *m* im Reifen (Landw) / liquid filling o.
ballasting, hydroflating (US) ‖ ⁓bau *m* / hydraulic
architecture o. water architecture o. engineering ‖ ⁓bau
m, -bauten *pl* / hydraulic structure, -s *pl* ‖ ⁓bäumchen
n (Dielektrikum) / water tree ‖ ⁓bautechniker *m*,
-bauingenieur *m* / hydraulic engineer ‖ ⁓becken,
Bassin *n* / water basin ‖ ⁓bedarf *m* / water demand,
amount of water required ‖ ⁓bedarf *m* einer Schleuse /
water in a lock ‖ ⁓behälter *m* / well, water reservoir o.
cistern o. tank ‖ ⁓behälterwand *f* / waterwall ‖ ⁓beize
f / water mordant ‖ ⁓[be]lieferung *f* / water delivery ‖
⁓berieselung *f* / irrigation ‖ ⁓beruhigungskammer *f*
(Hydr) / water cushion ‖ ⁓beschaffenheit *f* / water
condition ‖ ⁓beständigkeit *f* / water resistance, fastness
to water ‖ ⁓beständigkeit *f* (Glas) / hydrolytic resistance
‖ ⁓bestandteil *m* (Öl) / determination of water content
‖ ⁓bilanz *f* / hydrological balance, water balance ‖
⁓bildung *f* (Öl) / water coning ‖ ⁓blau *n* (Färb) / soluble
blue, water blue ‖ ⁓bohrung *f* / exploratory boring for
water ‖ ⁓bremse *f*, -wirbelbremse *f* / water brake,
hydraulic dynamometer ‖ ⁓brücke *f*, hohle o.
wassergekühlte Feuerbrücke (Hütt) / water bridge o.
table

Wasserdampf *m* / water vapour, steam ‖ ⁓abgabe *f*,
-durchlässigkeit *f* / moisture vapour transmission ‖
⁓behandlung *f* (Sintern) / steam procedure ‖
⁓destillation *f* / steam distillation ‖ ⁓dichtigkeit *f*
(Textil) / barrier properties against water vapours ‖
⁓dichtigkeitszahl *f* / moisture vapour transmission
rate, MVT[R] ‖ ⁓durchgang *m* / water vapour flow ‖
⁓durchgangszahl *f* / water vapour transfer coefficient ‖
⁓durchlässigkeit *f* / water vapour permeability ‖
⁓-Fassungsvermögen *n* / water vapour retention
capacity ‖ ⁓flüchtig / volatile in steam ‖ ⁓spaltung *f* /

decomposition o. dissociation of water vapour ‖
⁓taupunkt *m* / dew point of water vapour ‖
⁓-Überschuß *m* / water vapour excess, excess of water
vapour ‖ ⁓verträglichkeit *f* (Vakuum) / maximum
tolerable water vapour inlet pressure
Wasser·dargebot *n* / water supply ‖ ⁓decke *f* (Zuck) /
water washing ‖ ⁓deckeinrichtung *f* (Zuck) / washing
device, spray injection apparatus ‖ ⁓destillationsanlage
f / water distilling apparatus
wasserdicht, -fest, [wasser]undurchlässig / watertight,
waterproof, impermeable to water ‖ ⁓es Abteil (z.B.
U-Boot) / lock-out ‖ ⁓ gekapselter Elektromotor /
waterproof motor ‖ ⁓e Isolierung / watertight
insulation ‖ ⁓ machen / waterproof *vt* ‖ ⁓er Melton /
box-cloth ‖ ⁓e Schicht (Hydr) / lining of a canal ‖ ⁓e
Schicht (Bau, Straßb) / watertight coating ‖ ⁓er Stoff /
watertight tissue ‖ ⁓ und fest (Straßb) / stanch, staunch ‖
⁓e Verbindung / water joint
Wasser·dichtigkeit *f* / waterproofness, water tightness ‖
⁓dichtmachen *n* (Elektr) / making watertight ‖
⁓dichtmachen, Imprägnieren *n* / waterproofing ‖
⁓druck *m* / water pressure, hydraulic o. hydrostatic
pressure ‖ ⁓druckprobe *f*, -versuch *m* (Masch) /
hydraulic test, hydrostatic test ‖ ⁓druckprobe *f*,
-druckversuch *m* (Textil) / water pressure test ‖
⁓druckregler *m* / water pressure reducing valve ‖
⁓dunst *m* / watery vapo[u]r ‖ ⁓durchbruchshieb *m*
(Bergb) / holing-through ‖ ⁓durchfluß *m* durch eine
Öffnung von 1" Durchm. (etwa 6,7 l/min) / water
inch (US) ‖ ⁓durchlässig / water transmitting,
permeable to water ‖ ⁓durchlässigkeit *f* / water
permeability ‖ ⁓durchtränkt / water-logged ‖ ⁓ebene *f*
(Schiff) / water plane ‖ ⁓echt / water-resisting, fast to
water ‖ ⁓echtheit *f* / water fastness ‖ ⁓einbruch *m*
(Bergb) / inrush o. irruption o. intrusion of water ‖
⁓eindringen *n* / ingress of water ‖ ⁓einnahme,
-entnahme *f* (Tätigkeit) / intake of water ‖ ⁓einpressen *n*
(Öl) / water lift, water drive ‖ ⁓einschluß *m* / water
void ‖ ⁓einspritzung *f* / water injection ‖ ⁓eintritt *m* /
water intake o. feed ‖ ⁓elektrolyse *f* / electrolysis of
water ‖ ⁓empfindlich / susceptible to water ‖
⁓empfindlichkeit *f*, -wert *m* (Treibstoff) / water
susceptibility ‖ ⁓endlast *f* (Wellenleiter) / water load ‖
⁓enteisenung *f* / extraction o. removal of iron from
water ‖ ⁓enthärtung *f* / softening of water ‖
⁓enthärtungsmittel *n* / water softener ‖
⁓entmanganung *f* / demanganizing of water ‖
⁓entnahme *f* / drawing-off of water ‖
⁓entnahmeflasche *f* (Ozeanogr) / water-sampling bottle
‖ ⁓entsäuerung *f* / deoxidation of water ‖ ⁓entziehend
/ dehydrating ‖ ⁓entziehung *f* / abstraction o. removal
of water ‖ ⁓entziehung, Dehydratisierung *f* /
dehydration ‖ ⁓entziehung *f*, Austrocknung *f* /
desiccation ‖ ⁓fahrzeug *n* / watercraft, boat, vessel ‖
⁓fall *m* / waterfall ‖ kleiner o. künstlicher o.
mehrstufiger ⁓fall / cascade ‖ großer ⁓fall / cataract ‖
⁓fallelektrizität *f* / balloelectricity ‖ ⁓farbe *f* /
water-colo[u]r ‖ ⁓farbe *f* (Anstrich) / water paint ‖
deckende ⁓farbe (Zeichn) / gouache ‖ ⁓fassung *f* /
gathering of water ‖ ⁓fassung *f* (Hydr, Bauwerk) / crib,
water chamber ‖ ⁓fester Anstrich / waterproof
paint[ing] ‖ ⁓fester Leim / hydraulic glue ‖ ⁓festigkeit
f / hygrostability ‖ ⁓film [auf der Straße] *m* / water film
‖ ⁓filmbildender Schaum (F'wehr) / aqueous film
forming foam, AFFF ‖ ⁓filter *n m* / water filter ‖
⁓fläche *f* / body of water ‖ [große ruhige] ⁓fläche /
sheet of water ‖ ⁓fleck *m* (Pap) / water spot ‖ ⁓flugzeug
n / seaplane, hydroplane, flying boat ‖
⁓flugzeug-Aufschleppwagen *m* / seaplane benching
trolley ‖ ⁓flugzeugbasis *f* / seaplane base ‖
⁓flugzeugschleppkanal *m* / seaplane tank ‖ ⁓fluß *m*,
Laufen *n* des Wassers / flow o. current of water ‖
⁓fluten *n* (Öl) / waterflood operation, water drive ‖
⁓förderung *f* (Bergb) / raising of water ‖ ⁓frei (allg) /

free from water, without water, waterless ‖ ~frei (Kohle) / moisture-free ‖ ~frei, wasserlos (Chem) / anhydrous ‖ ~frei (Aufber) / dry ‖ ~frei, entwässert (Öl) / pure, dry ‖ ~frei (Chem) / anhydrous, anhydric ‖ ~frei, absolut (Chem) / absolute ‖ ~freier Alkohol / pure alcohol ‖ ~freies Ammoniak, Ammoniakanhydrid n / anhydrous ammonia ‖ ~freier Gips, Anhydrit m / cube o. cubic spar ‖ ~führend / water bearing o. carrying, aquifer[ous] ‖ ~führende Kluft (Bergb) / feeder ‖ ~führende Schicht, Wasserschicht f (Bergb) / water bearing stratum, aquifer ‖ ~führung, -masse f (Hydr) / flow of water ‖ ~führung f (Bergb) / presence of water ‖ ~führung f, -menge f (Hydr) / water regime ‖ ~führung f, -weg m / water channel o. path ‖ ~füllstück n / water bib ‖ ~furche, Runse f (Geol) / gully, gulley (GB) ‖ ~gang m (Schiff) / inner waterway ‖ ~garbe f / column of water ‖ ~gas n / water gas ‖ angereichertes ~gas / carburetted water gas ‖ ~gebunden (Straßb) / water bound ‖ ~gehalt m / water content ‖ ~gehalt m des Dampfes (Dampfm) / primage ‖ ~gehalt in % m / percentage of water ‖ ~gehaltsprüfer für Öl m / Dean and Stark apparatus ‖ ~gehärtet (Stahl) / water quenched, W.Q., water hardened ‖ ~gekühlt / water-cooled ‖ ~gekühlt (mit Kühlmantel) / water-jacketed ‖ mit ~gekühlter Luft gekühlt (Elektr) / water-air cooled ‖ ~gekühlter u. -moderierter Reaktor, Leichtwasser-Reaktor m, LWR / light-water reactor, LWR, water-cooled water moderated reactor ‖ ~geschmiert / water lubricated ‖ ~gewinnung f / procurement of water ‖ ~glas n, Natronwasserglas n, Natriumsilikat n / sodium water glass, soluble sodium ‖ ~glas n, Kaliwasserglas n, Kaliumsilikat n / potassium water glass, soluble potassium ‖ ~glas n, Trinkglas n / drinking cup, water glass ‖ ~glasfarbe f / water glass colo[u]r, silicate paint ‖ ~glaskitt m (Bau) / water glass cement, silicate mortar ‖ ~glätte f, Aquaplaning n (Kfz) / aquaplaning ‖ ~graben m / water ditch ‖ ~graben, Bewässerungsgraben m / catch, intake ‖ ~granuliert (Hütt) / water-spray granulated ‖ ~gußform f (Strangguß) / water mould ‖ ~güte f / water quality ‖ ~hahn m / water cock o. tap o. plug, faucet ‖ ~hahn m / draw-off valve ‖ ~hahn, Wandhahn m / bib-cock o. -valve ‖ ~hahn m mit Ausguß / bib-cock with sink basin ‖ ~haltevermögen n / water retention value, WRV ‖ ~haltig, wässerig, Wasser... / aqueous ‖ ~haltig (Chem) / hydrous ‖ ~haltig, -speichernd (Hydr) / retentive ‖ ~haltiger Gips / hydrated sulphate of lime ‖ ~haltung f, -wältigung f, -hebung f (Bergb) / draining of mines, drainage, water raising ‖ ~haltung f, Pumpensatz m (Bergb) / pumps pl, pumping station ‖ ~haltungsarbeiten f pl (Bau) / de-watering works pl ‖ ~haltungsmaschine f (Bergb) / water raising machine ‖ ~haltungsschacht m / sump shaft, engine pit o. shaft ‖ ~haltungsstollen, -losungsstollen m (Bergb) / adit drainage, deep adit ‖ ~härte f / water hardness ‖ ~härtegrad m / water hardness [degree] ‖ ~härteprüfung f / water hardness testing ‖ ~härter m (Stahl) / water hardening steel ‖ ~härtung f (Masch) / water hardening ‖ ~haushalt m / water economy ‖ ~haushalt m (Dränung) / moisture household ‖ ~haushalt m in Pflanzen / water management in plants ‖ ~haushaltsgesetz n / water resources law ‖ ~haushaltswert m / water balance coefficient ‖ ~hebemaschine f / water raising machine ‖ ~heberad, Paternosterwerk n / noria ‖ ~hebewerk n / pumping station ‖ ~heizer m / water heater ‖ ~heizschlauch m (Gummi) / water bag o. tub ‖ ~hell / waterwhite ‖ ~hochbehälter m, -hochreservoir n / overhead water tank, water tower ‖ ~höhe f / height of water level ‖ ~horizont m (Bergb) / water level ‖ ~hose f (Meteorol) / water spout ‖ wässerig, blaß (Farbe) / diluted ‖ ~e Anschlemmung / aqueous suspension ‖ ~er Auszug / aqueous extract ‖ ~es Holz / glassy wood, wetwood ‖ ~e Lösung /

hydrous solution, aqueous solution ‖ ~es Medium / aqueous medium ‖ ~e Mischung [von …] / aqueous mixture ‖ ~e Phase / aqueous phase ‖ ~-homogener Reaktor / aqueous [homogeneous] reactor
Wässerigkeit f / aquosity
Wasser·inhalt m (Kühler) / water capacity ‖ ~injektions-Plasmaschneiden n / water injection plasma cutting ‖ ~-in-Öl-Emulsion f / water-in-oil emulsion, W/O emulsion ‖ ~installation f (Bau) / water supply installation ‖ ~kalander m (Textil) / water calender o. mangle ‖ ~kalk m, hydraulischer Kalk / water o. lean lime, hydraulic lime ‖ ~kammer f (Masch) / water chamber ‖ ~kammer f, -raum m (Dampfm) / water space o. room, box header ‖ ~kammerkessel m / water chamber boiler ‖ ~kanal m / water channel ‖ ~kanone f / water gun ‖ ~kapazität f (Boden, Landw) / water holding capacity ‖ ~kasten m, -kammer f (Masch) / water chamber ‖ ~kasten, -behälter m / water cistern o. reservoir o. box o. tank ‖ ~kasten m (Buch) / water fountain ‖ ~kasten m des Kühlers (Kfz) / radiator tank, water box ‖ oberer ~kasten (Kühler) / header tank ‖ unterer ~kasten am Kühler (Kfz) / collector tank ‖ ~kegel m (Öl) / water cone ‖ ~kessel m / kettle, boiler ‖ großer ~kessel / ca[u]ldron ‖ ~kesselreaktor m, -kocherreaktor m / water boiler reactor ‖ ~kies, Markasit m / marcasite, hydropyrites ‖ ~kissen n (Hydr) / water cushion ‖ ~klar / waterwhite ‖ ~klosett n / water closet, WC ‖ ~kraft f / hydrodynamic o. water power ‖ ~kraftanlage f / hydrostation, water power station ‖ ~kraftmaschine f, Hydromotor m / hydraulic engine o. motor ‖ ~kraftwerk n / hydroelectric plant o. [power o. generating] station, hydrostation, water power station o. plant ‖ ~kreislauf m (in der Natur) / hydrological cycle ‖ ~-Kreislauf m (Aufber) / water circuit o. circulation ‖ ~krumpe f (Tuch) / damping by water ‖ ~kühler m / water cooler ‖ ~kühlmantel m / water jacket ‖ ~kühlung f / water cooling ‖ ~kultur, Hydroponik f / hydroponics sg, soilless culture ‖ ~kultur f / water culture (experimental means of determining the mineral requirement of a plant) ‖ ~kunde f, -wesen n / hydroscience, hydrology ‖ ~kundlich / hydrological ‖ ~lack m, Aqualack m / water lacquer o. enamel ‖ ~lamelle f (Hydr) / nappe ‖ ~-Land... / amphibian, amphibious ‖ ~-Land-Flugzeug n, Amphibienflugzeug n / amphibian [plane] ‖ ~landung, Wasserung f, Wassern n (Luftf) / alighting on water ‖ ~lauf m / water course ‖ ~lauf m, Rinne f (auf Schiffsdeck) / waterway (on deck of a ship) ‖ ~lauf, Bach m / rivulet, brook ‖ ~lauf, Fluß m / stream ‖ ~lauf, Strom m / waterway, [large] river ‖ ~leitung f / water conduit o. pipe ‖ ~leitung f in Röhren, Rohrleitung f / water main o. conduit o. piping ‖ ~leitungs-Druckregler m / standpipe (a reservoir) ‖ ~leitungsinstallateur m / water fitter ‖ ~leitungsinstallation f / plumbery, piping ‖ ~[leitungs]rohr n / water conduit o. pipe ‖ ~linie f (Schiff) / floating o. water line ‖ ~linie, Egoutteurrippe f (Pap) / water line, chain o. water mark ‖ ~linie f, -marke f (Hydr) / water mark ‖ über der ~linie (Schiff) / supernatant ‖ ~linien I f pl (Pap) / laid lines pl ‖ ~linien II f pl (Pap) / water lines pl ‖ ~linienriß m (Schiff) / half-breadth plan ‖ ~linienschwerpunkt m (Schiff) / center of flotation ‖ ~loser Gasbehälter / waterless gasholder, piston type o. disk type gasholder ‖ ~löslich / water-soluble ‖ ~lösliches Gold / colloidal gold ‖ ~lösliches Kühlmittel (Wzm) / soluble cutting oil ‖ ~lösliches Kunstharz / soluble resin ‖ ~lösliches Öl / soluble oil ‖ ~lösung f, -haltung f (Bergb) / draining of mines, drainage ‖ ~[lösungs]stollen m (Bergb) / deep adit, drift [for collecting water], sough (GB) ‖ ~lösungsvermögen m, Sättigungslöslichkeit f / solubility limit of water, water saturation solubility, saturation water level ‖ ~mangel m / lack of water ‖ ~mangelmelder m / low-water alarm ‖ ~mantel m /

water cooling jacket ‖ ⤴**marke** f, -linie f (Hydr) / water mark ‖ ⤴**masse** f / body of water ‖ ⤴**mauer**, Ufereinfassung f (Brücke) / water wing ‖ ⤴**menge** f (Hydr) / amount o. quantity o. volume of water ‖ ⤴**menge** f **bei Trockenwetter** / dry water flow ‖ ⤴**mengenmessung** f / hydrometry ‖ ⤴**mengenwirtschaft** f, Wasserhaushalt m / water balance, water economy ‖ ⤴**meß...** / hydrometric, -ical ‖ ⤴**messer**, -zähler m / water meter ‖ ⤴**messung**, Hydrometrie f / hydrometry ‖ ⤴**monitor** m (Nukl) / water monitor ‖ ⤴**mörtel** m / hydraulic o. water mortar ‖ ⤴**motor** m / water engine o. motor, hydraulic [geared] motor

wassern, auf dem Wasser niedergehen o. landen (Luftf) / alight o. descend on the water, water

wässern, feuchten / steep in water ‖ ~, eintauchen / soak vt, steep vt ‖ ~, bewässern / water vt ‖ ~, waschen (Chem, Phot) / wash ‖ ~, [aus]waschen (Chem) / edulcorate, dulcify ‖ ~, einweichen / steep, soak ‖ ~, netzen (Tuch) / wet, moisten, steam ‖ ~, moirieren (Textil) / water v ‖ ⤴ n (Hanf) / watering ‖ **den Film ~** / wash the film

Wasser·nase, Unterschneidung f (Bau) / drip nose, drip mould ‖ ⤴**nebel** m / fog ‖ ⤴**nehmen** n (Schiff, Bahn) / watering ‖ ⤴**[not]landung** f (Luftf) / ditching ‖ ⤴**nutzung** f / utilization of water ‖ ⤴**[ober]fläche** f / surface of water, water level ‖ ⤴**-Öl-Kühler** m / water-oil cooler ‖ ⤴**papier** n / waterleaf [paper] ‖ ⤴**paß** m (eine Farbgrenze) (Schiff) / boot top ‖ ⤴**pflanzen** f pl, Hydrophyten pl, -philen pl / aquatic o. water plants pl, aquatics pl, hydrophytes pl ‖ ⤴**pforte** f (Schiff) / freeing port, wash port ‖ ⤴**polster** n, -kissen n (Hydr) / water cushion ‖ ⤴**probe** f / sample of water ‖ ⤴**prüfung** f **auf Kalkgehalt** / lime test of water ‖ ⤴**pumpe** f (Kfz) / cooling water circulating pump ‖ ⤴**pumpendeckel** m / water pump cover ‖ ⤴**pumpenstopfbuchse** f / water pump gland ‖ ⤴**pumpenzange** f **mit doppelseitigem Gewerbe** / water pump pliers with slip joint ‖ ⤴**pumpenzange** f **mit Gleitgelenk** / water pump pliers with channel locking, forged groove joint pliers (US) ‖ ⤴**putzanlage** f (Gieß) / hydraulic blast cleaning plant ‖ ⤴**querschnitt** m (Hydr) / wetted cross section ‖ ⤴**rad** n / water wheel ‖ ⤴**raum** m (Dampfm) / water space o. room ‖ ⤴**raum** m (Kühler) / radiator tank ‖ ⤴**rechte** n pl **der Anlieger** / riparian rights pl ‖ ⤴**rechtsfragen** f pl / laws pl relating to water, rules relating to use of water ‖ ~**reich** (Beton) / wet ‖ ⤴**reiniger** m / water purification filter ‖ ⤴**reinigung** f / water purification ‖ ⤴**reservoir** n / water reservoir o. basin ‖ ⤴**resourcen** f pl / water resources pl ‖ ⤴**ring** m (Pumpendichtung) / water-ring ‖ ⤴**ringpumpe** f / water ring pump ‖ ⤴**rinne** f (Bau) / [water] gutter ‖ ⤴**rohr** n / water pipe ‖ ⤴**rohr** n **in einem Durchlaß** / barrel of a culvert ‖ ⤴**rohrbruch** m / burst in a water pipe o. main ‖ ⤴**rohrkessel** m / water-tube boiler, tubular boiler ‖ ⤴**rösche** f (Graben), -seige f (Bergb) / slough, slovan, gullet ‖ ⤴**rost** m (Feuerung) / water-cooled grate ‖ ⤴**rotte**, -röste f (Flachs) / retting ‖ ⤴**rückhaltevermögen** n, WRV / water retention value, WRV ‖ ⤴**rücknahme** f / water retentivity ‖ ⤴**sack** m (Bergb) / water in abandoned workings ‖ ⤴**sack** m (Stahlbau, Bau) / water pocket ‖ **toter ⤴sack einer Leitung** / water pocket [in a conduit] ‖ ⤴**sackrohr** n / siphon ‖ **kranzförmige ⤴-Sammelrinne** (im Schacht) (Bergb) / garland ‖ ⤴**säule** f / head of water, water column o. head ‖ ⤴**säule** f (bei Unterwasser-Atomexplosion) / plume (underwater atomic explosion) ‖ ⤴**säulenmaschine** f / water column machine ‖ ⤴**schacht** m (Bau) / draining shaft ‖ ⤴**schaden** m / damage caused by water ‖ ⤴**schall** m / underwater sound ‖ ⤴**schallsender** m / underwater transducer ‖ ⤴**scheide** f (Geol, Brücke, Tunnel) / water shed o. parting, drainage divide (US) ‖ ⤴**scheide** f, Scheitelstrecke f (Bahn, Hydr) / water shed o. parting ‖ ⤴**schekelstahl** n / window drip profile ‖ ⤴**schenkel** m,

Wetternase f (Bau) / window drip ‖ ⤴**schicht** f (Bergb) / water [bearing] stratum ‖ ⤴**schichtung** f / water layers pl ‖ ⤴**schirm** m (Feuerung) / water screen ‖ ⤴**schlag** m, Schlagen n des bewegten Wassers (im Tank) (Schiff) / inside splashing of the water ‖ ⤴**schlag** m (in Rohrleitungen) (Hydr) / water hammer, hammer-blow in pipes ‖ ⤴**schlag** m (Dampfm) / water shock ‖ ⤴**schlag** m, -stoß m (Wasserturbine) / water impact ‖ ⤴**schlauch** m / hose, garden o. water hose ‖ ⤴**schleier** m / water screen o. film ‖ ⤴**schloß** n (Hydr) / surge tank o. chamber ‖ ⤴**schlotte** f (Bergb) / hollow, cavity ‖ ⤴**schnecke** f (Schädling) / water snail ‖ ⤴**schräge** f (Bau) / weathering, slope of the window sill ‖ **archimedische ⤴schraube**, -schnecke f (Hydr) / spiral pump, Archimedean o. lifting screw ‖ ⤴**schutz** m / protection against water ‖ ⤴**schutzgebiet** n / preservation of ground water ‖ ⤴**seige** f s. Wasserrösche ‖ ⤴**seite** f / upstream side o. face of a barrage dam ‖ ⤴**ski** m / water ski ‖ **einziehbarer ⤴ski** (Luftf) / hydroski ‖ ⤴**speicher** m / water storage tank o. basin ‖ ⤴**speier** m (Bau) / water shoot o. spout ‖ ⤴**spiegel** m / water plane o. level ‖ ⤴**spiegel** m, Wasserstandshöhe f / height of still water ‖ ⤴**sport** m / aquatics pl ‖ ⤴**spritzer** m / splash of water ‖ ⤴**sprung** m, Wechselsprung m (Rohrleitung) / water hammer, hammer blow in pipes ‖ ⤴**sprung** m, -schwelle f / hydraulic jump ‖ ⤴**spülapparat** m (W.C.) / water flush[ing apparatus] ‖ ⤴**spül-Bohrröhre** f (Bergb) / flushing scoop ‖ ⤴**spülkasten** m / closet cistern ‖ ⤴**spülrohr** n / flush pipe ‖ ⤴**spülung** f (Textil) / water rinse ‖ ⤴**spülung** f (Bau) / flushing ‖ ⤴**spülung** f (System) (Bau) / water carriage system ‖ ⤴**spülung** f (Öl) / water base mud ‖ **mit ⤴spülung** (Bau) / water-borne ‖ ⤴**spülung** f **beim Pfahltreiben** / water jet driving ‖ ⤴**spülung** f **des Bohrers** (Bergb) / water clearing ‖ ⤴**stammbaum** m (Aufber) / liquids flow sheet

Wasserstand, Pegel[stand] m, -höhe f (Hydr) / depth o. height o. level of water, water level ‖ ⤴ **im Kanal** / water level (in a canal) ‖ **höchster ⤴**, Hochwasserstand m / maximum high water level ‖ **höchster schiffbarer ⤴**, H. Sch. Wst. / highest navigable water level ‖ **niedrigster ⤴**, Niedrigwasser n (Meßgröße) / low water level ‖ **niedrigster ⤴**, Tiefwasserstand m / low water level

Wasserständer m (Bewässerung) / irrigation hydrant

Wasserstandrohr n / water level pipe

Wasserstands·anzeiger m / water level gauge ‖ ⤴**glas** n, -messer m (Kessel) / glass o. water ga[u]ge, water o. gauge glass ‖ ⤴**hahn**, Probierhahn m / [water] gauge-cock, try-cock ‖ ⤴**höhe**, -linie f / water level line o. flood mark ‖ ⤴**marke** f, -anzeiger, Peil m (Hydr) / water gauge o. level indicator ‖ ⤴**melder** m / water level transmitter o. teleindicator ‖ ⤴**messer** m, Pegel m / water level indicator o. marker ‖ ⤴**messung** f **mit Schwimmer** / float gauging ‖ ⤴**regler** m / constant level regulator ‖ ⤴**verhältnisse** n pl / water regime

Wasser·stau m / banked-up water level, banking ‖ ⤴**staub** m, Gischt m / spray ‖ ⤴**stein** m / sediment in boilers, boiler scale, incrustation, deposit

Wasserstoff m, H / hydrogen, H ‖ **flüssiger ⤴** / liquid hydrogen, LH₂ ‖ **in ⤴ verwandeln**, mit Wasserstoff verbinden o. zusammensetzen / hydrogenate ‖ ⤴**abscheider** m / hydrogen separating vessel ‖ ~**angereichert** / rich in hydrogen ‖ ⤴**arm** / poor in hydrogen, anhydrogenous ‖ ⤴**atom** n / hydrogen atom ‖ **endständiges, [mittelständiges] ⤴atom** / hydrogen atom on the ends, [in the middle] ‖ ⤴**aufnahme** f / hydrogen absorption ‖ ⤴**bakterien** pl / hydrogen bacteria ‖ ⤴**blase** f (Hütt) / hydrogen blister ‖ ⤴**blasenbildung** f / hydrogen blistering ‖ ⤴**bombe** f / hydrogen o. fusion bomb, thermonuclear bomb ‖ ⤴**brennen** n (Astr) / hydrogen burning ‖ ⤴**brücke** f (Chem) / hydrogen bridge ‖ ⤴**[brücken]bindung** f (Chem) / bridge linkage, hydrogen bond ‖ ⤴**elektrode** f (pH-Wert-Messung) / hydrogen o. Hildebrand electrode ‖ ⤴**entschwefelung** f (Öl) / hydrodesulphurization,

Sinclair hydrogen treatment ‖ ~entwicklung f / evolution of hydrogen ‖ ~erzeuger m / hydrogen generator ‖ ~flasche f / hydrogen cylinder ‖ ~-Form f (Ionen-Aust.) / H-form ‖ ~gas n / hydrogen gas ‖ ~gehalt m / hydrogen content ‖ ~haltig, -reich / hydrogenous ‖ ~induziert / hydrogen induced ‖ ~ion n / hydrogen ion, hydrion ‖ ~ionenkonzentration f / concentration of hydrogen ions, hydrogen ion concentration, available acidity ‖ ~kontinuum n (Spektrum) / hydrogen continuum ‖ ~kühlung f / hydrogen cooling ‖ ~-Lichtbogen-Pyrolyse f / hydrogen arc pyrolysis ‖ ~peroxid, -superoxid n / hydrogen peroxide o. dioxide ‖ natürliches ~peroxid / oxygenated water ‖ ~-Pipeline f / hydrogen pipeline ‖ ~raffination f, Hydrofinieren n / hydrofining ‖ ~reduzierbar (Sintern) / hydrogen reducible ‖ ~-Sauerstoffschweißung f / oxyhydrogen welding ‖ ~säure f / hydrogen acid ‖ ~sprödigkeit, -brüchigkeit f, -versprödung f / hydrogen brittleness o. embrittlement ‖ ~verbindung f / hydrogen compound ‖ ~versprödung f von Kupfer / gassing of copper ‖ ~zelle f (Elektr) / Allan cell ‖ ~-Zulieferkompressor m (Öl) / hydrogen make-up compressor
Wasser·stollen m, -strecke f (Bergb) / water level for draining, drainage o. draining level ‖ ~stoß m / impact of water ‖ ~strahl m / water jet ‖ ~strahlantrieb m (Schiff) / hydrojet ‖ ~strahlblasvorrichtung f (Lab) / water pump blower ‖ ~strahlkondensator m / water jet condenser ‖ ~strahlpumpe, Vakuumpumpe f (Chem) / glass filter pump ‖ ~strahlpumpe f, -gebläse n (Masch) / water jet blast ‖ ~strahlregler m / [built-in] anti-splash plug ‖ ~strahlsaugpumpe, -strahlluftpumpe f (Masch) / water jet injector pump, water jet air o. vacuum pump ‖ ~strahl-Schneidgerät n / water torch ‖ ~straße f / waterway ‖ ~straßennetz n / waterway system ‖ ~streifen m (Geol) / water streak ‖ ~streifen m (Pap) s. Wasserlinie ‖ ~stube f, Brunnenstube f (Wasserversorgg) / water chamber, well chamber ‖ ~tasse f (Gas) / water lute ‖ ~thermostat m / water thermostat ‖ ~tiefe f / depth of water ‖ ~tiefe f (Nav) / sounding ‖ ~tiefe f unter dem Kiel / under-keel clearance ‖ an der Oberfläche lebende ~tiere n pl / neuston ‖ ~transformator m, wassergekühlter Trafo / water-cooled transformer ‖ ~transport m / water carriage ‖ ~trogsperre f (Bergb) / water tank explosion barrier, water trough barrier ‖ ~trommelgebläse n (Bergb) / tromp[e] ‖ ~tropfen m / drop of water ‖ ~tropfenechtheit f (Färb) / fastness to water spotting o. drops ‖ ~turbine f / water turbine, hydroturbine, water wheel (coll) ‖ ~turbinen-Generator m / water wheel generator ‖ ~turm m, -hochbehälter m / water tower, overhead water tank ‖ ~umlauf m / water circulation o. circuit ‖ ~[umlauf]kühlung f / cooling by circulating water ‖ ~- und aschefrei, waf (Bergb) / dry [and] ash free, DAF, moisture-and ash free, maf ‖ ~ und n Sedimente (Öl) / water and sediments ‖ ~ und Sinkstoffe m pl / basic water and sediments pl, B.W. S. ‖ ~undurchlässig / waterproof, impermeable to water ‖ ~undurchlässig (Boden) / tight
Wasserung f (Luftf, Raumf) / splashdown
Wässerung f, Wässern n (z.B. Holz) / soaking, wetting thoroughly
Wässerungs·becken n (Phot) / plate washer ‖ ~schleier m (Phot) / rinse fog
wasser·unlöslich, in Wasser nicht löslich / water-insoluble, insoluble in water ‖ ~untersuchung f / water analysis ‖ ~verbrauch m / water consumption ‖ ~verdrängung f, Déplacement n (Schiff) / displacement ‖ ~verdrängung f aus dem Reifenprofil / water disposal ‖ ~verdrängungs-Entwickler m (Schweiß) / water displacement contact type generator ‖ ~verdrängungs-Flüssigkeit f / water displacing liquid ‖ ~verdüst / water-atomized ‖ ~vergoldung f / water o. burnished gilding, gilding in distemper ‖ ~vergüten

n (Hütt) / water quenching followed by tempering ‖ ~verhältnisse n pl / water regime ‖ ~verkehr m / water-borne traffic ‖ ~verlust m / loss of water ‖ ~verschluß m (Schweiß) / flash-back chamber, water seal ‖ ~verseuchung, -verschmutzung f / water contamination o. pollution ‖ ~versorgung f / water supply ‖ öffentliche ~versorgung / public water supply ‖ ~versorgungsanlage f s. Wasserwerke ‖ ~vorabzug m (Flotation) / dewatering on a preliminary fixed screen ‖ ~vorhang m / water curtain ‖ ~vorlage f (Schw) / hydraulic seal ‖ ~vorrat m / water supply o. reserve ‖ ~vorwärmer m / water preheater ‖ ~waage, Setzwaage f / [mason's] level ‖ ~waage, Röhrenlibelle f / air o. spirit o. bubble level ‖ ~waage, Libelle f (Verm) / water level ‖ ~wagen m / water tank car o. wagon ‖ ~wältigung f (Bergb) / draining of mines, drainage, discharge of water ‖ pneumatische ~wanne (Chem) / pneumatic trough ‖ ~weg m / transportation by ship ‖ auf dem ~wege / by ship ‖ ~wegigkeit f (Geol) / water conductivity ‖ ~wehr n / barrage ‖ ~welle f / billow, wave ‖ ~werfer m (F'wehr) / water gun ‖ ~werke n pl, -versorgungsanlage f / waterworks pl ‖ ~wert m, Wärmeinhalt m im metrischen System (Phys) / water equivalent, thermal capacity ‖ ~wesen n / hydroscience ‖ ~widerstand m (Elektr) / water resistor o. rheostat ‖ ~wirbel m / whirlpool ‖ ~[wirbel]bremse f / fluid friction dynamometer ‖ ~wirkung f / effect of water ‖ ~wirtschaft f / water economy, water resources policy ‖ ~wirtschaftsamt n / Conservancy Board (GB), Water Conservation Bureau ‖ ~zähler, -messer m / water meter ‖ ~zapfstelle f / water tap connection
Wasserzeichen n, -marke f (Pap) / water mark ‖ ~ in Durchsicht / transparent watermark ‖ echtes ~ / real watermark ‖ hochgeprägtes o. helles ~ / raised o. clear watermark ‖ mit ~ versehen / water-mark v ‖ tiefgeprägtes o. dunkles ~ / sunk o. shaded watermark ‖ unechtes ~, Mollettewasserzeichen n / facsimile o. impressed watermark, press-mark
Wasser·zementwert m, -verhältnis n, WZV / water-cement ratio ‖ ~zerstäubung f / atomizing of water ‖ ~zuflußentwickler m (Schweiß) / water-to-carbide gas generator ‖ ~zuflußrohr n / water inflow- o. inlet-pipe, water feed pipe ‖ ~zugabe f (Zement) / tempering ‖ ~zulauf, -zufluß m / water intake o. feed ‖ ~zusatz m zu Milch / watering down of milk ‖ ~zyklon m (Bergb) / hydrocyclone
wäßrig s. wässerig
WaStrG = Wasserstraßengesetz
watbar / fordable
Wate f / facet of a blade
waten (Kfz) / ford v
Water·boiler-Reaktor m, Kochendwasser-Reaktor m / water-boiler reactor ‖ ~garn n (als Kettgarn) / warp yarn, [water] twist ‖ ~garn n, Ringspinngarn n, Watertwist m / water yarn, ring-spun yarn ‖ ~lift m (Öl) / water lift
Waterman-Ringanalyse, Ringanalyse f (Öl) / ring analysis
waterproof (Textil) / waterproof ‖ ~leder n / waterproof leather
Water·spindel f, Flügelspindel f / flyer spindle ‖ ~[spinn]maschine f / continuous spinning frame
Water-Treeing n, WT (Dielektrikum) / water treeing, WT
water-tree-retardierend / water-tree retarding
Water·zwirnmaschine f (Textil) / continuous doubler o. doubling frame o. machine, water twisting o. doubling frame
Watfähigkeit f (Kfz) / water-crossing ability, fording ability
Watt n, Watte f (Hydr) / banks of sand pl
Watt n (= 1 Js⁻¹) (Elektr) / watt ‖ ~anteil m, -komponente f (Elektr) / active o. power component
Watte f / cotton wad[ding] o. wool (GB), absorbent cotton (US) ‖ ~, Füllung f / stuffing, padding ‖ ~,

Wickelwatte f (Textil) / lap ‖ ⁓, leicht verfilzte [Baum]wolle (Textil) / batting ‖ ⁓bausch m / mob, swab ‖ ⁓bildung f (Textil) / lap formation ‖ ⁓line f (Wirkm) / wadding
Wattenmaschine f, Aufbreitmaschine f (Textil) / [blower and] spreader, spreading o. lap machine
Wattenmaschine f (Textil) / lap machine, ribbon lapper
Watte·schlichtmaschine f (Textil) / wadding-sizing machine ‖ ⁓wickel, Wickel m (Textil) / lap roll ‖ ⁓wickel, Schlagmaschinenwickel m (Textil) / picker o. scutcher lap
wattieren, mit Watte auslegen / wad, pad, line with wadding
Wattier·fuß m (Nähm) / quilter foot ‖ ⁓leinen n (Web) / linen interlining ‖ ⁓lineal n (Nähm) / quilting guide
Wattierung, Füllung f / padding, stuffing, wadding
Watt·komponente f, -anteil m (Elektr) / active o. power component ‖ ⁓leistung f (Elektr) / active o. actual o. real output o. power ‖ ⁓leistungs..., Wirkleistungs... / wattful ‖ ⁓los, Blindstrom... / reactive, inactive, wattless, quadrature, idle ‖ ⁓lose Belastung (Elektr) / reactive load ‖ ⁓lose Komponente, Blindwert m / wattless component ‖ ⁓loser Strom, Blindstrom m / reactive o. wattless current ‖ ⁓meter n / wattmeter ‖ ⁓metermethode f (Dynamoblech) / wattmeter method ‖ ⁓seide f / watt silk ‖ ⁓sekunde f, Joule o. / wattsecond, joule ‖ ⁓spannung f (Elektr) / active potential o. voltage
Wattssches Bad n (Galv) / Watts-type solution
Watt·stunde f (= 3.6 x 10³ J) / watt-hour (= 3600 joules) ‖ ⁓stundenzähler m (Elektr) / energy meter, watt-hour meter ‖ ⁓verbrauch m / wattage ‖ ⁓verlust, Leistungsverlust m / power loss ‖ ⁓verluste m pl durch Wirbelstrom / eddy current losses pl
Wavellit m (Min) / wavellite
Wavikel n (Quantenmech) / wavicle
Wawa m (Baumart) / wawa, Ghana obeche
Wb n, Weber (= 1 Vs) (Phys) / Wb, weber
WBA = Wärmebehandlungsanweisung
WBE = Weißbroteinheit
WBS (Schiff) = Wetterbeobachtungsschiff ‖ ⁓ (Raumf) = Wetterbeobachtungssatellit
WBz = Walzbronze
WC, Wasserklosett n / water closet, WC, toilet ‖ ⁓ mit Wascheinrichtung / lavatory with washing facility
WD = Wirkungsdosis
WE = Wärmeeinheit
Weakon n (Nukl) / weakon
Wealden m, Wealdenformation f / Wealden series ‖ ⁓ton m (Geol) / clay of the Wealden formation, weald clay
Web·art m / weave, kind o. mode of weaving, texture ‖ ⁓automat m (Textil) / automatic loom ‖ ⁓band n / woven ribbon
Webe·blatt n (Textil) / weaving reed ‖ ⁓blattbims- und -bürstmaschine f (Web) / reed cleaning and brushing machine ‖ ⁓blatt-Bindemaschine f (Web) / reed making machine ‖ ⁓blattnut f (Web) / reed lay groove ‖ ⁓blattsetzer m / comb o. reed maker ‖ ⁓draht m, Draht m für Drahtnetze / netting wire ‖ ⁓garn n / thread for weaving
Webeleinsteg m (ein Knoten) / waterman's knot, clove hitch
Webelitze f / heald (GB), heddle (US)
weben / weave ‖ ⁓ n, Weberei f / weaving
Webenden n pl / warp ends pl
Weber n, Wb (= 1 Vs) (Einheit des magnetischen Flusses) / weber, Wb
Weber m / weaver
Weberei f, Weberhandwerk n / weaver's art o. trade ‖ ⁓ (Fabrik) / weaving mill ‖ ⁓abgang m / weaver's waste ‖ ⁓maschinen f pl / weaving machinery ‖ ⁓-Vorbereitung f / preparatory operations for weaving mills ‖ ⁓vorwerk n / weaving preparation department

Weber-Fechnersches Gesetz (Akustik) / Weber-Fechner law
Weber·glas n, Fadenzähler m / weaver's o. whaling glass, cloth prover, pick counter ‖ ⁓handwerk n / art of weaving ‖ ⁓kamm m, Webgeschirr n / mounting ‖ ⁓knoten m, Kreuzknoten m (Schiff) / crown o. reef knot, weaver's knot, thief knot (US) ‖ ⁓schiffspule f (Web) / spool of the shuttle ‖ ⁓vogel m, Picker m, Treiber m / loom driver, picker ‖ ⁓zange f, Noppzange f / weaver's nippers pl
Web·fach n / shed ‖ ⁓fehler m / fault in weaving, weaving fault ‖ ⁓filz m (Textil) / felted fabric, woven felt ‖ ⁓garn n / yarn for weaving purposes ‖ ⁓geschirr n, Kamm m (Web) / mounting, harness ‖ ⁓industrie f / weaving industry ‖ ⁓kante f / selvedge, selvage, (Seide:) leizure ‖ ⁓kanten-Abtaster m / mechanical selvedge feeler ‖ ⁓kanten-Anbringung f / selvedging ‖ ⁓kette f / warp ‖ ⁓gezettelte ⁓ketten (Schiff) / warp ends pl ‖ ⁓kettenanknüpfmaschine f / warp tying machine ‖ ⁓kunst f / textile art ‖ ⁓lade f / batten, slay, sley ‖ ⁓litze f / heald ‖ ⁓litzenwirkstuhl m / heald knitting frame
WEBM = Wirtschaftsverband Eisen, Blech und Metall verarbeitende Industrie
Web·maschine f / mechanical o. power [weaving] loom ‖ ⁓maschine mit glatter Lade f (Textil) / plain loom ‖ ⁓maschine f mit Greifer[stangenschuß]eintrag, mit Lanzenantrieb / rapier weaving machine, loom with road gripper ‖ ⁓maschine f mit selbsttätigem Spulen-, Schlauchkops- oder Schützenwechsel / loom with automatic bobbin, pirn, cop, or shuttle changing ‖ ⁓meister m / loom master, foremen weaver ‖ ⁓muster n, Bindungsmuster n / weave diagram ‖ ⁓nest n (Textil, Fehler) / tangle, skip ‖ ⁓plüschteppich m / woven pile carpet ‖ ⁓rand m / selvedge ‖ ⁓randnaht f, Kantennaht f / stitching at the selvedge ‖ ⁓rietzahl f, Fadendichte f (Web) / sett (GB) ‖ ⁓saal m, Webstuhlsaal m (Textil) / loomery ‖ ⁓schaft m / heald frame (GB) o. shaft (US) ‖ ⁓schützen m / [fly-] shuttle ‖ ⁓schützen m mit Mittelauge (Web) / center eye shuttle ‖ ⁓schützenabrichtmaschine f / shuttle rectifying machine ‖ ⁓schützenspule, selbststeuernd / spontaneous, autonomic
Websterit m (Min) / websterite
Webstersche Losung / Webster's solution
Web·stoff m / web, tissue, weft, woven textile fabrics pl, textile, texture ‖ ⁓stuhl m / weaver's loom, [weaving] loom
Webstuhl·meister m / loom master ‖ ⁓motor m / loom motor ‖ ⁓öl n / loom oil ‖ ⁓schraube f (DIN 63301) / reinforced head square neck bolt [for looms]
web·technisch / referring to the technology of weaving ‖ ⁓vogel, Treiber m, Picker m (Web) / picker, [loom] driver ‖ ⁓waren, Wirkwaren pl (Sammelbegriff) / wovens pl, textile fabrics pl
Wechsel m, Veränderung f / change ‖ ⁓, Umstellung f / change-over ‖ ⁓, Übergang m / passing ‖ ⁓, Überleitung f / transition [process] ‖ ⁓[balken] m (Zimm) / header, header joist ‖ ⁓, Schifter m (Dach) / assembling piece of rafters ‖ ⁓, Weiche (Bergb) / lye, double parting ‖ ⁓, Halbperiode (Elektr) / half period, alternation ‖ ⁓ (Bank) / bill [of draft] ‖ ⁓ Buchstaben-Zahlen (DV) / letter-figure shift ‖ ⁓ I. Ordnung (Geol) / break thrust [along a fault] ‖ doppelter ⁓ (Elektr) / complete alternation o. cycle ‖ ⁓abfrage f (Elektronik) / mode interlace ‖ ⁓aufbau m (Kfz, Lkw) / interchangeable body ‖ ⁓balken m, Auswechselung f (Zimm) / joint beam ‖ ⁓bandeinheit f (DV) / alternate tape drive ‖ ⁓beanspruchung f / alternating stress ‖ ⁓beanspruchung f, (jetzt:) Schock m (Ionenaustauscher) / shock ‖ ⁓begriff m, Korrelat n / correlative ‖ ⁓behälter m (Kfz) / interchangeable container ‖ ⁓behälter m [auf Füßen] (Bahn, Kfz) / swap body, swop body ‖ ⁓bereich m (Mat Prüf) / alternate area ‖ ⁓betrieb

m (DV) / half duplex transmission ‖ ↻**beziehung** *f* / correlation ‖ ↻**beziehung** *f*, Zusammenhang *m* / interrelationship ‖ ↻**beziehung** *f*, -verhältnis *n* / reciprocal relation o. proportion ‖ **in** ↻**beziehung stehen** (o. bringen) / correlate ‖ ↻**[biege]festigkeit** *f* / fatigue strength for completely reversed bending stress ‖ ↻**biegen** *n* (Prüfung) / alternate bending ‖ ↻**biegeprüfmaschine** *f* **für Federn** / reversed plane bending machine for springs ‖ ↻**blinkleuchte** *f* / twin flasher lamp ‖ ↻**bremse** *f* (Strumpfwirk) / changeable friction ‖ ↻**brenner** *m* (Schweiß) / variable head torch ‖ ↻**drehwuchs** *m* (Holz) / interlocked grain ‖ ↻**duogerüst** *n* (Walzw) / alternate upper and lower two-high stand ‖ ↻**faden** *m* (Web) / change end ‖ ↻**faden-Abschneidemaschine** *f* (Web) / weft cutting machine, selvage trimming machine ‖ ↻**feld** *n* (Elektr) / alternating field ‖ ↻**feldfokussierung** *f* / periodic focus[s]ing ‖ ↻**festigkeits[grenze]** *f* / fatigue limit o. endurance limit under completely reversed stress ‖ ↻**feuer** *n* (Nav) / alternate [flashing] light ‖ ↻**filter** *n* / easy-change filter ‖ ↻**folge** *f* / alternation ‖ ↻**gerät** *n* (allg) / alternate device ‖ ↻**gerüst** *n* (Walzw) / change stand ‖ ↻**getriebe** *n* / change [wheel] gear ‖ ↻**getriebe** *n* (Kfz) / gear change box ‖ ↻**größe** *f* (Elektr) / alternating quantity ‖ ↻**kanal** *m* (Hütt) / reversal conduit ‖ ↻**karte** *f* (Jacquard) / change box card ‖ ↻**kassette** *f*, -magazin *n* (Phot) / changing magazine ‖ ↻**kasten**, -koffer *m* [für Umschlag per Greifzange] (Kfz, Lkw) / swap body ‖ ↻**kasten** *m* (Web) / reversing box ‖ ↻**klappe** *f* (Lüftung) / change-over damper ‖ ↻**klima** *n* / alternating climate ‖ ↻**kondensor** *m* (Opt) / change-over condensor ‖ ↻**kontakt** *m* (Relais) / change-over contact ‖ ↻**kopplung** *f* (Elektronik) / back-to-back connection ‖ ↻**lade** *f* (Web) / drop-box lay, multiple box lathe ‖ ↻**laderaufbau** *m*, Wechselbehälter *m* / swoop body, swap body ‖ ↻**lager** *n* / double thrust ball bearing ‖ ↻**last** *f* (abwechselnd) / alternating load ‖ ↻**last** *f* (wechselnd) / changing load ‖ ↻**lautsprecher** *m* / two-way loudspeaker ‖ ↻**maschine** *f* (Reaktor) / fuel handling machine ‖ ↻**motor** *m* / multifuel engine

wechseln *vt* / change, replace ‖ ~, austauschen / exchange, interchange ‖ ~ *vi* / change *vi*

wechselnd / changing, varying ‖ ~, abwechselnd / alternating *adj*, altern[ate] *adj*, alternately *adv* ‖ ~**e Belastung** / alternating load ‖ ~**bewölkt** / cloudy with bright intervals ‖ ~**e Biegungsbelastung** / reversals of bending *pl* ‖ ~**e Drehzahl** / varying speed ‖ ~**es Läuten**, Glockenspiel *n* / change ringing ‖ ~**e Spannung** (Mech) / alternating stress ‖ ~**e Zeitdauer** / varying lengths of time

Wechsel·objektiv *n* / interchangeable lens ‖ ↻**optik** *f* / interchangeable lenses *pl* ‖ ↻**ort** *n*, -stelle *f* (Bergb) / meeting ‖ ↻**pflug** *m* / reversible plough, alternating type, two-way [sulky] plow (US), pick-up plough (GB) ‖ ↻**pflug** *m* **mit Fahrersitz** / two-way sulky plow (US) ‖ ↻**plattenspeicher** *m* (DV) / removable disk memory, moving-head disk, MHD, exchangeable disk store, EDS ‖ ↻**polgenerator** *m* / heteropolar alternator o. generator ‖ ↻**polmagnet** *m* / heteropolar inductor ‖ ↻**polmaschine** *f* (Elektr) / heteropolar generator o. machine ‖ ↻**potential** *n* (Elektr) / alternating potential ‖ ↻**pritsche** *f* (Kfz, Lkw) / interchangeable open body ‖ ↻**puffer** *m* / dual buffer ‖ ↻**punkt** *m* (Math) / class limit, class boundary, cell boundary ‖ ↻**rad** *n* / change [gear] wheel, change gear ‖ ↻**rad** *n* (Uhr) / minute wheel ‖ ↻**rad zwischen metrischem und Zollgewinde**, Übersetzungsrad *n* (Dreh) / translating o. transposing gear wheel ‖ ↻**rädergetriebe** *n* / change gear train ‖ ↻**räderschaltkasten** *m*, -magazin *n* (Wzm) / change gear box o. wheel box ‖ ↻**räderschere** *f* / change gear quadrant ‖ ↻**radkloben** *m* (Uhr) / center wheel bar ‖ ↻**radstift** *m* (Uhr) / post ‖ ↻**rahmen** *m* / changing frame, alternate frame ‖ ↻**rahmen** *m* / alternate frame ‖ ↻**rapport** *m* (Web) / box change repeat ‖ ↻**richten** *n*

(Elektron) / inversion (IEC) ‖ ↻**richter** *m*, WR (Elektr) / inverse o. inverted rectifier, [current] inverter, d.c.-a.c. converter ‖ ↻**richterkippen** *n* (Elektr, Fehler) / conduction through ‖ ↻**schaftmaschine** *f* (Web) / cross border dobby ‖ ↻**schalter** *m*, Wendeschalter *m* / pole changing switch ‖ ↻**schalter** *m*, Wählschalter *m* (Elektr) / selective switch ‖ ↻**schalter** *m* (Beleuchtg) / three-way o. -point o. -position switch ‖ ↻**schalter** *m*, Treppenschalter *m* (Elektr) / three-way o. -point o. -position switch (Kfz) / manual transmission ‖ ↻**schere** *f*, -stück *n*, Rutschschere *f* (Bergb) / fish-joint of bore-rods ‖ ↻**schlag** *m* (Verseilung) / reverse lay ‖ ↻**schrift** *f* (Elektronik) / nonreturn to zero with mark, NRZM ‖ ↻**schublager** *n* / double thrust ball bearing

wechselseitig / reciprocal, mutual ‖ ~**e Beziehung** / interrelation [between, of] ‖ ~ **biegen** / bend in alternate directions ‖ ~**er Informationsfluß** / either-way communication, two-way alternate communication ‖ ~**e Multiplextelegrafie** / selective multiplex telegraphy ‖ ~**er Richtungsverkehr**, Simplexverkehr *m* (Fernm) / simplex traffic, alternate talking ‖ ~**er Schrägschliff** (Säge) / alternating bevel grinding ‖ ~**er Verkehr** (Fernm) / two-way traffic

Wechselseitigkeit *f* / interrelationship

Wechsel·spannung *f* (Mech) / alternating stress ‖ ↻**spannung** *f* (Elektr) / alternating voltage, a.c. voltage, VAC ‖ ↻**spannung** *f* (Mat Prüf) / alternating stress amplitude ‖ ↻**spannungsanteil** *m*, -spannungskomponente *f* / alternating component ‖ ↻**sperre** *f* / reciprocal interlocking ‖ ↻**sperrspannung** *f* (Diode) / alternating reverse voltage ‖ ↻**spiel** *n*, (jetzt:) Austauschzyklus *m* (Ionenaust.) / exchange cycle ‖ ↻**sprechanlage** *f* / press-to-talk intercom system, intercom [exchange] ‖ ~**sprechen** / intercommunicate ‖ ↻**sprechen**, -schreiben *n*, wechselweises Schreiben o. Sprechen (Fernm) / simplex communication, alternate working ‖ ~**sprung** *m* (Hydr) / hydraulic jump ‖ ↻**sprung** *m*, Wassersprung *m* (Rohrleitung) / water hammer, hammer blow in pipes ‖ ↻**spuleninstrument** *n* / change-coil instrument ‖ ↻**stab** *m*, Gegendiagonale *f* / counterbrace, countertie ‖ ↻**ständig** (Bot) / alternate *adj* ‖ ↻**stecker** *m* (Elektr) / wander plug ‖ ↻**stelle** *f*, Schienenwechsel *m* (Bergb) / flat ‖ ↻**stöße** *m pl*, versetzte Schienenstöße *m pl* / staggered joints *pl*

Wechselstrom *m* (Elektr) / alternating current, A.C., a-c (US) ‖ ↻**anlage** *f* / A.C. installation ‖ ↻**anschluß** *m* / A.C. [power] supply ‖ ↻**anteil** *m*, -komponente *f* / alternating component ‖ ↻**betrieb** *m* / A.C. working ‖ ↻**bordanlage** *f* / A.C. installation for ships ‖ ↻**empfänger** *m* / A.C. mains receiver ‖ ↻**fahrbetrieb** *m* (Bahn) / A.C. traction ‖ ↻**[fern]wahl** *f* (Fernm) / A.C. dialling ‖ ↻**generator**, -erzeuger *m* / A.C. generator, alternator ‖ ↻**generator**, -erzeuger *m*, -maschine *f* / alternator ‖ ↻**-Gleichstrom…** / A.C. to D.C… ‖ ↻**/Gleichstrom Umformer-Lok** *f* / locomotive with A.C./d.C. motor converter set ‖ ↻**-Gleichstrom-Einankerumformer** *m* / A.C.-D.C. continuous converter ‖ ↻**größe** *f* / alternating quantity ‖ ↻**kommutatormotor** *m* / A.C. commutator motor ‖ ↻**kommutatormotor mit Bürstenverstellung** / A.C. commutator motor with brush displacement ‖ ↻**lichtmaschine** *f* (Kfz) / alternator ‖ ↻**maschine** *f* / A.C. generator, alternator ‖ ↻**motor** *m* (Elektr) / A.C. motor ‖ ↻**-Nebenschlußkommutatormotor** *m* / shunt-conduction motor ‖ ↻**nebenschlußmotor** *m* / A.C. shunt motor ‖ ↻**netz** *n* / A.C. network o. system ‖ ↻**quelle** *f* / A.C. power supply ‖ ↻**reihenschluß-Kommutatormotor** *m* / A.C. series commutator motor ‖ ↻**-Reihenschlußmotor** *m* / A.C. series motor ‖ ↻**schleifringe** *m pl* / A.C. slip rings *pl* ‖ ↻**schleifringe** *m pl* / collector of an A.C. motor ‖ ↻**seite** *f* / A.C. side ‖ ↻**speisung** *f* / A.C. [power] supply ‖ ↻**steller** *m* (Regeln) / AC power stage, a.c. controller, direct a.c. voltage converter ‖ ⌐steller m / A.C. power controller ‖ ⌐steuerspannung f / A.C. control voltage ‖ ⌐telegrafie f, WT / sound telegraphy, ST, voice frequency telegraphy ‖ ⌐transformator m (Elektr) / A.C. transformer ‖ ⌐-Übertragung f mit Gleichstromkomponente / D.C. transmission ‖ ⌐-Übertragung f ohne Gleichstromkomponente / A.C. transmission ‖ ⌐-Vormagnetisierung f / A.C. biassing ‖ ⌐wecker m (Fernm) / magneto bell ‖ ⌐widerstand m / A.C. resistance ‖ ⌐widerstand (absoluter Betrag), Scheinwiderstand m / impedance ‖ ⌐zähler m (Elektr) / A.C. meter

Wechsel·taktschrift f (DIN) (Magn.Bd) / pulse width recording, two-frequency recording mode, CNRZ ‖ ⌐tauchversuch m (Korros.Prüfg) / alternate immersion test ‖ ⌐trieb n (Uhr) / minute wheel pinion o. nut ‖ ⌐umrichter, Frequenzwandler m / frequency changer o. converter, cyclo-inverter ‖ ⌐ventil n (Bremse, Pap, Hydr) / shuttle valve ‖ ⌐verhältnis n, -beziehung f / reciprocal relation o. proportion ‖ ⌐verkehr, Halbduplexverkehr m (Übertragung jeweils nur in einer Richtung) (Fernm) / half-duplex traffic ‖ ⌐verkehr m (Elektronik) / intercommunication ‖ ⌐verkehr m (Kfz) / alternating traffic ‖ ⌐verkehr m (Pendelverkehr) / shuttle traffic ‖ auf ⌐verkehr umstellen (Bahn) / prepare for either-direction working ‖ ⌐verkehr m zwischen Verwaltungen (Bahn) / exchange traffic ‖ ⌐verkehrszeichen n (Straßb) / variable message sign ‖ ~warm, poikilotherm (Zool) / poikilothermal, -thermic ‖ ⌐webmaschine f, -[web]stuhl m (Textil) / check loom, [multiple-]box loom ‖ ⌐wegpaar n (Elektronik) / pair of antiparallel arms ‖ ~weise / alternate adj, alternately adv ‖ ~weise adv / reciprocally, mutually, conversely ‖ ~weises Schreiben o. Sprechen, Wechselschreiben n, -sprechen n (Fernm) / simplex communication, alternate working ‖ ⌐windeversuch m / alternating torsion test ‖ ⌐winkel m (Geom) / alternate angle ‖ ⌐wirkung f / interaction, mutual reaction, reciprocal action o. effect ‖ ⌐wirkung f (Regeln) / dialog ‖ mit ⌐wirkung, wechselseitig wirkend / interactive, interactional, reciprocally acting o. effective, mutually reacting ‖ ⌐wirkungsdämpfung f (Fernm) / interaction loss ‖ ⌐wirkungsfaktor m (Elektronik) / interaction factor ‖ ⌐wirkungsraum m (Röhre) / interaction space ‖ ⌐wirkungsraum m, -zone f / interaction region ‖ ⌐wirtschaft f (Landw) / rotation ‖ ⌐zahl, Schwingungszahl f (Elektr) / frequency, number of cycles ‖ ⌐zahl f (Ferment) / turnover number

Wechsler m, Umschaltkontakt m / change-over contact ‖ ⌐, Umschaltkontakt m mit Unterbrechung (Relais) / change-over contact break before make ‖ ⌐, Umschaltkontakt m ohne Unterbrechung / center-zero relay ‖ ⌐ (Masch) / changer ‖ ⌐ (Relais) / center-zero relay ‖ ⌐ mit Brückenkontakt (Relais) / double make double break (GB), double change-over (US) ‖ ⌐ mit Unterbrechung (Umschaltkontakt) / break-make [contact], change-over contact break before make ‖ ⌐-Schließer m (Relais) / make-break-make [contact], make before change-over

Weck·amin n (Chem) / analeptic amine ‖ ⌐anlage f (Hotel) / early-calling system ‖ ⌐befehl m (DV) / prompting instruction

Wecker m, Läutewerk n / alarm [bell] ‖ ⌐, Weck[er]uhr f / alarm clock ‖ ⌐, Weck[er]uhr f (Kleinuhr) / alarm watch ‖ ⌐ (Fernm) / bell set, ringer, alarm [bell] ‖ ⌐ (Fernm) / ringer ‖ ⌐ (Fernm) / alarm [bell] ‖ ⌐ (DV) / prompter ‖ ⌐auslösung f / alarm triggering ‖ ⌐batterie f (Fernm) / ringing battery ‖ ⌐induktor m (Fernm) / magneto-electric generator ‖ ⌐kreis m (Fernm) / ringing circuit ‖ ⌐leitung f / ringing line ‖ ⌐strom m / ringing current ‖ ⌐werk n / alarm mechanism

Weck·mittel n (Pharm) / analeptic ‖ ⌐ruf m (Fernm) / wake-up service ‖ ⌐taste f (Fernm) / alarm button,

ringing key ‖ ⌐zeitpunkt m (DV) / prompt instant o. time

WEDER-NOCH-Schaltung f (DV) / NOR-circuit

WEG = Wirtschaftsverband Erdölgewinnung

weg von der Erde, nach außen (Raumf) / outbound

Weg m, Bahn, Straße f (allg) / road, way ‖ ⌐, Bahn f (Mech) / way, path ‖ ⌐, Verfahren n / method, mode, way ‖ ⌐, Arbeitsablauf m / procedure, process ‖ ⌐, Zugang m / means sg pl, channel, access ‖ ⌐, Möglichkeit f (Versuch) / approach ‖ ⌐ (Kinematik) / displacement ‖ ⌐ (NC) / path ‖ ⌐, Bahn f (Astr) / orbit ‖ ⌐ in der Schrecksekunde (Kfz) / reaction distance ‖ ⌐ vom u. zum Dienst (Bahn) / service path o. road ‖ ⌐ während der Reaktionszeit (Kfz) / thinking distance ‖ im ⌐e stehen / frustrate, interfere [with] ‖ sich den ⌐ bahnen, kriechen (Chem) / creep ‖ über mehrere ⌐e / multipath

wegabhängig / path-dependent ‖ ~er Schaltpunkt (NC) / slow-down point

Weg·amplitude f (Akustik) / displacement ‖ ⌐antrieb m (Taxameter) / distance drive

WEGA-Stellerator m / WEGA stellerator

Weg·aufnehmer m (Regeln) / displacement transducer, distance sensor ‖ ⌐bedingung f (NC) / preparatory function

wegbleiben (Strom) / fail

Weg·brücke f / foot bridge ‖ ⌐drehzahl f (Kfz) / constant W for vehicles

Wege·bau m / road building o. construction ‖ ⌐bauten m pl / road works pl

Wegeinheit f / unit-distance traveled

Wegenersche Verschiebungstheorie f (Geol) / Wegener's hypothesis

Wege·netz n / road system ‖ ⌐reißfeder f (Zeichn) / road pen, railroad pen

Wegerung f (Schiff) / ceiling

Wege·schieber m / directional control slide valve ‖ ⌐sitzventil n / directional seat valve ‖ ⌐suchabschnitt m (Fernm) / path-finding section ‖ ⌐suche f (Fernm) / path o. line finding ‖ ⌐suche f (DV) / link finding ‖ ⌐ventil n (DIN) / directional control valve, distributing valve ‖ ⌐ventil n [mit festgelegten Schaltstellungen] / distributing valve with fixed positions ‖ 5/2-⌐ventil, impulsbetätigt (Pneum) / 5/2-port directional control valve, pulse operated

Weg·fall m, Aufhören n / cessation ‖ ~fallen, abfallen / fall away ‖ ~fallen, aufhören / be omitted ‖ ~fressen (Chem) / eat-away

Wegfühler m (Regeln) / position sensor

Wegfüllarbeit f (Bergb) / treatment of loose rock and ore

weggehend / outgoing

weg·-gesteuert / displacement-controlled ‖ ⌐information f (NC) / path o. position data pl ‖ ⌐kratzen n / scratching out

Weglänge f / length of path, distance covered ‖ ⌐, Lichtweg m (Laser) / optical path length ‖ ⌐ (Nukl) / range ‖ ⌐, Flugstrecke f, Fahrstrecke f / run, length of run ‖ freie ⌐ (Elektr, Mech) / free length of path

Weglängen·-Linsenantenne f / path length lens antenna ‖ ⌐messer m (Verm) / map measurer, opisometer

weg·lassen / omit ‖ ⌐lassung f / omission ‖ ⌐lassungszeichen n (Buch) / dele[atur] ‖ ~laufen, auswandern (Nullpunkt) / drift ‖ ~legen (F.Org) / dispose (micromotion)

Wegmeßsystem n, -meßeinrichtung f (NC) / position sensor o. transducer, path-measuring system, distance measuring system

Wegmessung f, Schrittzählung f / hodometry

weg·nehmen, -schaffen / eliminate, remove ‖ Gas ~nehmen / shut off, cut off the engine ‖ ~radieren, -kratzen / erase ‖ ~räumen, -schaffen / clear ‖ ~räumen (Bergb) / stow ‖ ⌐räumen n von Gestein (Bergb) / lashing (South Africa) ‖ ~schieben / push out of the way ‖ ⌐schießen n losen Gesteins (Steinbr) /

bulling ‖ ⌐schlagen *n* der Farbe (Buch) / ink absorption ‖ ~schneiden / cut away
Wegschranke *f*, Barriere *f* / barrier
weg·schütten / cast away ‖ **den Grund** ~spülen (Hydr) / sweep away, wash away ‖ ⌐stopfen *n* (Gieß) / tucking
Wegstrecke *f* (Länge) / distance ‖ ⌐ (Taxameter) / distance drive
Wegstrecken·messer *m*, Schrittzähler *m* / odometer ‖ **[eichfähiger]** ⌐messer, EKZ / journeymeter ‖ ⌐tabelle *f* (Taxameter) / table of distance [drive] tariffs ‖ ⌐zählerstand *m* bei Ankunft, [bei Abfahrt] / mileage on arrival, [on departure]
wegstreichen, ausstreichen / cross out, strike out, cancel, delete
Weg·suche *f* (Fernm) / path check ‖ ⌐überführung *f*, -brücke *f* (Bahn) / overbridge ‖ ⌐übergang *m*, Niveaukreuzung *f* (Bahn) / level crossing ‖ ⌐unterführung *f* (Bahn) / underbridge, underpass ‖ ⌐vergleich *m* (Regeln) / motion balance ‖ ⌐vielfach-Schaltkreis *m* (Fernm) / space multiplex switching network ‖ ⌐vorschrift *f* (Bahn) / routing instruction ‖ ⌐weiser *m* / signpost ‖ ⌐weiser *m*, Richtungsschild *n* (Autobahn) / direction sign
Wegwerf·... / throw-away, disposable, expendable (US) ‖ ⌐artikel *m* / disposable *n*, expendable, nonreturnable, one-trip article, throw-away ‖ ⌐brennstoff *m* (Nukl) / throw-away spent fuel
wegwerfen / discard, cast off ‖ ~, verschrotten / scrap *vi vt*
Wegwerf·-Option *f* (Nukl) / throw-away option ‖ ⌐packung *f* / throw-away pack, one-way pack, nonreturnable package, expendable packing, disposable container ‖ ⌐[schneid]platte *f* (Wzm) / throw-away insert
weg·wischen / wipe away o. out ‖ ⌐-Zeit-Kurve *f* / path-time curve
wegziehen, abziehen / draw-off, pull off
Wehnelt·-Elektrode *f*, -Zylinder *m*, Steuer-Elektrode *f* (Kath.Str) / modulator o. modulating electrode, Wehnelt [electrode] ‖ ⌐kathode *f* / Wehnelt cathode ‖ ⌐unterbrecher *m* / Wehnelt cutout ‖ ⌐zylinder *m* (Kath.Str) / concentrating o. concentration cup, focus[s]ing cup, Wehnelt cylinder
Wehr *n*, Wehranlage *f* / weir ‖ ⌐, Teil einer Wehranlage (Hydr) / gate of a dam ‖ ⌐ voller Breite / full-width weir ‖ ⌐brücke *f*, -steg *m* / service platform of a weir ‖ ⌐krone *f* / crest o. top of a weir, sill of a weir ‖ ⌐löten *n* / weir soldering ‖ ⌐nadel *f* (Hydr) / water stop pin o. pole o. plank o. needle ‖ ⌐rechen *m* (Hydr) / weir grate ‖ ⌐schütz *n* / wicket of a weir ‖ ⌐sohle *f* / weir bottom ‖ ⌐stoß *m* (Bergb) / barrier [pillar], safety pillar, chain wall ‖ ⌐technik *f* / military engineering o. technics *pl* ‖ ⌐walze *f* (Hydr) / weir roller ‖ ⌐wange *f* / abutment sidewall
WEI = Wirtschaftsgruppe Elektroindustrie
Weibull-Funktion *f* / Weibull function
Weibull-Verteilung *f* / Weibull distribution
weich, nicht starr (allg, Plast) / nonrigid ‖ ~ (allg, Werkstoff, Strahlen) / soft ‖ ~, nachgebend / weak ‖ ~ (Sitz) / soft ‖ ~, ungehärtet / unhardened, soft ‖ ~ (Kfz-Motor) / flexible ‖ ~ aufgekohlt (Hütt) / carbon corrected ‖ ~er Beton (Bau) / low-contrast image ‖ ~ dichtend (Schieber) / with elastomer coated obturator ‖ ⌐er Draht / mild wire ‖ ~e Drehzahl (Mot) / smooth characteristics *pl* ‖ ⌐es Erz / soft ore ‖ ~es Ferrochrom / low-carbon ferrochrome ‖ ~ gesponnen / soft twisted ‖ ~es Glas / soft glass ‖ ~er Grauguß / soft casting o. cast iron, SCI ‖ ~er Gummi o. Kautschuk / soft rubber ‖ ~e Hartfaserplatte / soft fiber building board ‖ ~e Lagerung (Masch) / soft bearing ‖ ~ landen (Raumf) / soft-land ‖ ~e Landung (Raumf) / soft landing ‖ ~er Laser / cold laser, soft laser ‖ ~ machen / soften *vt* ‖ ~e Masse / pulp ‖ ~es Porzellan / tender China ware o.

porcelain ‖ ~er Stahl / low carbon steel ‖ ~e u. haarige Seite, weiches Haar (Textil) / pile, nap ‖ ~es Wasser / soft water ‖ ~ werden, erweichen (feuerfest) / squat, soak ‖ ~ werden / soften *vi* ‖ ~e Wissenschaft / soft science ‖ ⌐arbeit *f* (Brau) / steeping operations *pl* ‖ ⌐bild *n* / urban o. municipal area ‖ ⌐bildscheibe *f* (Phot) / diffusing disk ‖ ~blank geglüht (Hütt) / bright soft ‖ ⌐blei *n*, Frischblei *n* / refined o. soft lead, merchant lead ‖ ~bleibend, nichthärtend / non-hardening ‖ ⌐brand... (Keram) / soft burned ‖ ⌐bütte *f*, -kufe *f*, -bottich *m*, -stock *m* (Brau) / soaking tub o. cistern, steeping tank, steep *n* ‖ ⌐dichtung *f* / soft packing
Weiche *f* (Bahn) / shunt, switch, points *pl* ‖ ⌐, Ausweichgleis *n*, -stelle *f* (Bahn) / turnout ‖ ⌐ (Walzw) / distributing guide ‖ ⌐, Wechsel *m* (Bergb) / lye, double parting ‖ ⌐ o. Kreuzung (Bahn) / switch gear, points and crossing *pl* ‖ ⌐ (Elektronik) / separating filter ‖ ⌐ (Gerb) / soak [pit] ‖ ⌐ (Brau) s. Weichbütte ‖ ⌐ auf Ablenkung (Bahn) / points in reverse position ‖ ⌐ in Halblage (Bahn) / half-closed points *pl* ‖ ⌐ mit federnder Zunge (Bahn) / flexible switch o. points *pl*, heelless switch ‖ die ⌐ aufschneiden (o. -fahren) (Bahn) / split the points ‖ die ⌐ spitz, [stumpf] befahren (Bahn) / pass the point facing, [trailing] ‖ die ⌐ umlegen / reverse the points
Weich·eisen *n* (Hütt) / soft iron ‖ ⌐eiseninstrument *n* (Elektr) / moving iron instrument ‖ ⌐eiseninstrument *n* mit Dauermagnet / polarized-vane o. stationary-coil instrument ‖ ⌐eisenkern *m* / core of soft iron, soft-iron core ‖ ⌐eisenmembran *f* (Fernm) / soft iron diaphragm ‖ ⌐eisenmeßwerk *n* (Instr) / electromagnetic movement ‖ ~elastisch / flexible ‖ ~-elastischer Schaumstoff / flexible cellular material
weichen, durch-, auf-, einweichen, [ein]wässern / soak, drench, steep ‖ ~, einweichen (Brau) / steep, soak
Weichen·antrieb *m* (Bahn) / point mechanism, point operating apparatus ‖ ⌐antrieb mit Kurbel, [mit Umstellhebel] / point machine with hand crank, [with long lever] ‖ ⌐anzeiger *m*, -signal *n* (Bahn) / mechanical point indicator, switch signal ‖ ⌐bock *m* (Bahn) / points box o. stand, switch box, switchstand ‖ ⌐bogen *m* (Bahn) / curve of the switch ‖ ⌐drehzapfen *m* / heel of the switch tongue ‖ ⌐-Grundplatte *f* / switch plate ‖ ⌐hebel *m* / switch lever ‖ ⌐heizgerät *f* (Bahn) / point heater ‖ ⌐herzstück *n*, -herzspitze *f* (Bahn) / frog point, diamond ‖ ⌐kopf, Bahnhofskopf *m* (Bahn) / station gridiron ‖ ⌐kreuz *n*, symmetrische doppelte Gleisverbindung (Bahn) / scissors crossing, double crossover ‖ ⌐laterne *f* (Bahn) / point indicator lamp, switchpoint lamp ‖ ⌐motor *m* (Bahn) / point motor, switch motor ‖ ⌐riegel *m*, -verriegelung *f* (Bahn) / facing point lock ‖ ⌐riegel-Kontakt, -Schalter *m* / facing point lock circuit controller ‖ ⌐riegelüberwachung *f* / facing point lock proving ‖ ⌐rost *m* / switch sleepers *pl* ‖ ⌐sicherung, Blockierung *f* (Bahn) / point locking ‖ ⌐signal *n*, -anzeiger *m* (Bahn) / mechanical point indicator, switch signal ‖ runde ⌐signalscheibe / target ‖ ⌐spitze, -zunge *f* / point of switch tongue ‖ ~stellen (Bahn) / make the road, throw the points ‖ ⌐steller, Rangierer *m* (Bergb) / shunter ‖ ⌐[stell]hebel *m*, Umlegehebel *m* am Weichenbock / switch lever ‖ ⌐[stell]stange *f* / point operating stretcher, point o. throw rod, head rod (US) ‖ ⌐[stellungs]signal *n* / signal point indicator ‖ ⌐stellvorrichtung *f* / points setting o. switch setting o. throwing o. operating device o. mechanism, switchstand handle, switch lever ‖ ⌐stellwerk *n* (Bahn) / interlocking cabin, signal box o. cabin ‖ ⌐stoß, Zungenstoß *m* (Bahn) / end of stock rail next to switches ‖ ⌐straße, Fahrstraße *f* (Bahn) / route, set of points ‖ ⌐straßengruppe *f* (Bahn) / group of scissor crossings ‖ ⌐überspannung *f* mit kreuzender Fahrleitung (Bahn) / overhead junction crossing ‖ ⌐verbindung *f* (Bahn,

Schweiz) / single crossover ‖ ⤙**verriegelung** *f*, -riegel *m*
(Bahn) / facing point lock ‖ ⤙**verriegelungsstange** *f* /
lock bar of the point machine ‖ ⤙**wärter** *m*,
Betriebsaufseher *m* St / signalman, points man,
switchman (US) ‖ ⤙**winkel**, Neigungswinkel *m* (Bahn) /
crossing angle in a switch ‖ ⤙**zunge** *f* (Bahn) / points o.
switch blade o.tongue ‖ ⤙**zungenplatte** *f* (Bahn) / point
plate
Weich·fasern *f pl* / soft fibers *pl* ‖ ⤙**fäule** *f*, Naßfäule *f*
durch Erwinia carotovora (Landw) / [bacterial] soft rot ‖
⤙**fäule** *f* (Nadelholz) / soft sap rot ‖ ⤙**fleckigkeit** *f* / soft
spot formation ‖ ⤙**floß** *n*, poröses Eisen / porous pig ‖
~**gegerbt** (Gerb) / tender ‖ ~**geglüht** (Hütt) / soft-
annealed ‖ ~**geglüht** (Draht) / close annealed ‖ ~**geglüht**
und nicht entzundert / black softened ‖ ~**gekocht**
(Zellstoff) / high-boiled ‖ ~**gelötet** / soft-soldered ‖
~**gemacht** / softened, mollified ‖ [extra] ~**gewalzt** /
[extra] soft rolled ‖ ~**glühen** *vt* (Hütt) / soft-anneal ‖
⤙**glühen** *n* (Hütt) / soft annealing ‖ ⤙**glühen** *n* (bis A₁) /
soft o. dead annealing ‖ ⤙**glühen** *n* (über A₃) / full
annealing ‖ ⤙**glühen**, Enthärten *n* / softening of steel ‖
⤙**glühen**, Kugeligglühen *n* (Hütt) / spheroidizing,
spherodize annealing ‖ ⤙**gummi** *m* / soft rubber, G.R. ‖
⤙**harz** *n* (Plast) / soft resin, liquid resin ‖ ⤙**heit** *f* /
softness, weakness ‖ ⤙**holz** *n* / soft wood ‖ ⤙**kernstahl**,
Verbundstahl *m* / soft-center steel ‖ ⤙**kohle** *f* / soft coal,
bituminous coal ‖ ⤙**küpe** *f*, Netzkessel *m* (Färb) /
steeping vat o. warm vat o. copper o. trough, steeper ‖
⤙**küpe**, Vitriolküpe *f* / copperas vat, blue vat ‖
⤙**kupferdraht** *m* / soft copper wire ‖ ⤙**lot** *n* (unter 450
⁰C schmelzend) / soft solder ‖ ⤙**lot**, Lötzinn *n* (mit 50
% Blei) / tin-lead solder ‖ ⤙**lot**, Lötzinn *n* (mit weniger
als 50 % Blei) / tinman's solder ‖ ⤙**lot** *n* **mit 50 bis 66**
% Blei / plumber's solder ‖ ~**löten** / soft-solder, sweat
‖ ⤙**löten** *n* / soft soldering, sweating ‖ ~**machen** /
soften ‖ ~**machen** (Sämischleder) / dress hides ‖
⤙**machen** *n* (Wasser) / softening, conditioning ‖
⤙**machen** *n* **der Seide** (Färb) / smoothing of silk ‖
~**machend** / emollient, softening ‖ ⤙**macher** *m* (Gummi)
/ emollient, softening agent, softener ‖ ⤙**macher** *m*
(Plast) / softener, plasticizer ‖ ⤙**macheraufnahme** *f* /
plasticizer sorption ‖ ~**macherfrei** (Plast) / unplasticized
‖ ~**macherfreies PVC**, PVC-U *n* / unplasticized PVC,
PVC-U ‖ ~**macherhaltig** / plasticized ‖
~**macherhaltiges PVC**, PVC-P *n* / plasticized PVC,
PVC-P ‖ ⤙**macheröl** *n* (Chem) / process[ing] oil ‖
⤙**macherwanderung** *f* / migration of plasticizer o.
softener ‖ ⤙**machungsgrad** *m* (Plast) / plasticizing rate ‖
~**magnetisch** / low-retentivity… ‖ ~**magnetischer**
Ferrit / soft ferrite ‖ ~**magnetischer Stahl** / soft
magnetic steel ‖ ~**magnetische Sinterlegierung** /
sintered soft magnetic metal ‖ ⤙**manganerz** *n*, Pyrolusit
m / pyrolusite, manganese dioxide ‖ ⤙**metall** *n* / soft
metal ‖ ⤙**metallfeile** *f* / soft metal file, lead file ‖
⤙**nitrieren** *n*, Teniferbehandlung *f* / soft nitriding,
tenifer treatment ‖ ⤙**packung**, Beutelpackung *f* /
packaging in paper bags ‖ ⤙**paraffin** *n* / soft [paraffin]
wax ‖ ⤙**polyethylen** *n*, LD-PE / low-density
polyethylene, LD-PE ‖ ⤙**-PVC** *n* (= Polyvinylchlorid)
/ plasticized PVC ‖ ⤙**schaum** *m* / flexible foam, high-
resilient foam ‖ ⤙**schrot** *n* / soft pellet o. shot ‖ ⤙**seide** *f*
/ souple silk ‖ ~**spülen** (Wäsche) / soften ‖ ⤙**spülmittel**
n, Gewebeweichmacher *m*, Weichspüler *m* (Textil) /
[fabric] softener ‖ ⤙**stoffmaterial** *n* / soft material ‖
⤙**strahlkammer** *f* / soft radiation chamber ‖
⤙**strahl-Röntgen-Spektroskopie** *f* / soft X-ray
spectroscopy ‖ ⤙**tastfilter** *n* (Telegrafie) / keying filter,
lag circuit ‖ ⤙**teile** *n pl* (allg, Seidenwürmer) / entrails *pl* ‖
⤙**tiere** *n pl* / mollusks, molluscs ‖ ⤙**weizen** *m*, Triticum
vulgare / bread wheat, soft wheat ‖ ~**werden**,
erweichen (Feuerfest) / soak *vi*, squat ‖ **werden** *n* **und**
Runzeln des Grundanstrichs / lifting of the base coat ‖
⤙**zeichnen** *n* / soft-focus effect ‖ ⤙**zeichner** *m* (Phot) /
[light] diffusing screen, diffuser scrim, scrim diffuser,

butter worker (coll) ‖ ⤙**zeichnerbild** *n* / soft-focus
image ‖ ⤙**zeichnerlinse** *f* (Phot) / soft-focus lens,
softening o. spectacle lens, monocle
Weide *f*, Salix / willow, osier, sallow ‖ ⤙ (Landw) /
grazing land, herbage, pasture ‖ ⤙**koppel**, Koppel *f*
(Landw) / paddock ‖ ⤙**land** *n* / [open] pasture, [open]
grazing land, range (US)
weiden [lassen] (Landw) / stock *v*, graze
Weide·wirtschaft *f* / pasture farming ‖ [**elektrischer**]
⤙**zaun** / electric fence
Weierstraßscher Approximisationssatz *m* (Math) /
Weierstrass' test for uniform convergence
Weife *f* (Textil) / reeling machine, [yarn] reel
weifen / reel *v* ‖ ~, haspeln (Spinn) / reel off ‖ ⤙ *n* (Spinn) /
reeling
Weifverfahren *n* (Textil, Prüf) / reel method
Weillersches Spiegelrad *n* (TV) / mirror drum o. wheel
wein·artig, Wein… / vinous ‖ ⤙**bau** *m* / vine culture,
viniculture ‖ ⤙**[bau]kunde**, Önologie *f* / oenology
(GB), enology (US) ‖ ⤙**baupflug** *m* / vineyard plow
[US] o. plough [GB] ‖ ⤙**bauschlepper** *m* / vineyard o.
vineyard tractor ‖ ⤙**beere** *f* / grape ‖ ⤙**berg**, -garten *m* /
vineyard ‖ ⤙**bergdraht** *m* / crimped wire for vineyards
‖ ⤙**gärung** *f* / vinous fermentation ‖ ⤙**geist**,
Ethylalkohol *m* / ethyl alcohol, spirit[s] of wine ‖
⤙**geistmesser** *m*, Alkoholwaage *f* / spirit gauge ‖
⤙**geistthermometer** *n* / spirit thermometer ‖ ⤙**heber** *m*
/ plunging siphon, thief ‖ ⤙**hefe** *f*, niederschlag *m* /
dregs *pl*, wine yeast o. lees *pl* ‖ ⤙**hefeöl** *n* / -beeröl,
-brandöl *n* / wine oil
Weinholdsches Gefäß *n* / Dewar vessel o. flask
Wein·kernöl *n*, Traubenkernöl *m* / grapeseed oil ‖
⤙**kulturgerät** *n* **auf Stelzen** / straddling vineyard
tractor ‖ ⤙**ranke** / vine branch ‖ ⤙**rebe** *f*, -stock *m*,
Vitis vinifera / vine, grape[vine] ‖ ⤙**rot** *n* (Farbe) / ruby
‖ ~**rot** (RAL 3005) / wine red ‖ ⤙**säure** *f* / acidity of
wine ‖ **D-**⤙**säure** *f*, Traubensäure *f* / D-tartaric acid ‖
mit ⤙**säure behandeln** / tartarize ‖ ⤙**stein** *m*, Granulit
m (Geol) / granulite ‖ ⤙**stein** *n* (Chem) / tartar ‖ **roher**
⤙**stein**, Argal *m* / crude tartar ‖ **roher** ⤙**stein**, Argal *m*
/ argal ‖ ~**steinartig**, Weinstein… / containing tartar ‖
⤙**steinsatz** *m* (Färb) / acid sodium sulphate ‖ ⤙**treber**
m pl, -trester *m pl* / rape, marc ‖ ⤙**waage** *f*, Oenometer
n / vinometer
weisen, [an]zeigen / indicate, point, show
Weiser, Zeiger *m* (Meßinstr, Uhr) / pointer
weiß, Wh / white *adj*, Wh ‖ ⤙ *n*, weiße Farbe, weißer
Stoff / white ‖ ~**e Bronze** / white o. silver bronze ‖ ~**es**
Gußeisen, Hartguß *m* / white [cast] iron ‖ ~**e Kreide**,
weißer Kreidestift / white pencil ‖ ~**e Küchengeräte** *n*
pl / white goods (US) ‖ ~**es Licht** (Opt) / white light o.
radiation, specified achromatic light ‖ ~**es Mineralöl** /
white mineral oil ‖ ~**es Phasensignal** (Faksimile) / phase
white ‖ ~**er Phosphor** / white o. yellow phosphorus ‖
~**es Rauschen**, statistisches Rauschen (Elektronik) /
[uniform] random noise, white sound o. noise ‖ ~**es**
Roheisen / forge pig iron ‖ ~**er Rost** (Zink) / whet
storage stain, white rust ‖ ~**er Schellack** / white lac ‖
~**e Strahlung** / white radiation, radiation of unvarying
amplitude ‖ ~**er Strich** (Straßb) / white line ‖ ~**er**
Temperguß / white-heart malleable cast iron, white
malleable iron ‖ ~**e Ware** (Ggs.: braune Ware) / white
goods *pl* ‖ ~**e Ware**, markenlose Ware / no-name
merchandise ‖ ~**e Wickelpappe** / white wet machine
board ‖ ~**er Zwerg** (Astr) / white dwarf ‖ ⤙**abgleich** *m*
(TV) / white balance ‖ ⤙**ablauf** *m*, Grünablauf *m* (Zuck)
/ green molasses *pl* ‖ ⤙**aluminium** *n* (RAL 9006)
(Farbe) / white aluminum ‖ ⤙**anstrich** *m* (Bau) /
whitening, whitewash, whiting, limewash, LW ‖
⤙**anteil** *m* (Farbe) / white content ‖ ⤙**asbest** *m*, Chrysotil
m / chrysotile ‖ ⤙**ätzbarkeit** *f* / dischargeability to
white ‖ ⤙**ätze** *f* (Textil) / discharge-white print paste ‖
⤙**ausmischung** *f* (Probe, Buch) / bleach test (US) ‖
⤙**automatik** *f* (TV) / white balance ‖ ⤙**balken** *m* (TV) /

white bar ‖ **⁻band[blech]** *n* (Hütt) / tinband o. -strip ‖
⁻beize *f* (Blech) / white pickler ‖ **⁻blech** *n* (Hütt) /
tinplate, tinned sheet-iron ‖ **dünn verzinntes ⁻blech** /
coke tinplate, cokes *pl* ‖ **mattes ⁻blech** / dull-finish
tinplate ‖ **künstlerisch behandeltes ⁻blech** / tincraft ‖
stark verzinntes ⁻blech (Walzw) / charcoal tinplate ‖
stark verzinnte ⁻blechtafeln / best cokes *pl* ‖
⁻blechwalzwerk *n* / tin[plate] mill ‖ **⁻blechwalzwerk**
n / tin mill ‖ **⁻blechwaren** *f pl* / tinware ‖ **⁻bleiche** *f*
(Textil) / bleaching of cotton, optical white ‖ **⁻bleiche** *f* /
optical white ‖ **⁻bleichen** *n* (Textil) / full bleach finish ‖
⁻broteinheit *f*, WBE / white bread equivalent ‖
⁻buche, Hain-, Hagebuche *f*, Carpinus betalus ‖
common beech, hornbeam, carpinus betulus ‖
amerikanische ⁻buche, Carpinus caroliniana /
American hornbeam, ironwood ‖ **⁻dehnung** *f* (TV) /
pulling on whites
Weiße *f*, Weiß *n* / whiteness *n*
Weiß·einstrahlung *f* (Gieß) / tendency to chilling, chill ‖
⁻einstrahlung *f*, Weißerstarrung *f* (Gieß) / chill,
tendency to chilling ‖ **⁻eisen** *n*, weißes Gußeisen,
Weißguß *m* / white cast iron
weiße[l]n, kalken / whitewash, white[n], lime-wash o.
-white, LW
Weiß·email *n* / porcelain enamel (US) ‖ **⁻entzerrung** *f*
(TV) / white peaking ‖ **⁻erle** *f*, Roterle *f*, Alnus
glutinosa / gray alder ‖ **⁻-erzeugende**
Komplementärfarbe / minus colour ‖ **⁻färben**, blauen
(Textil) / bleach [and blue] ‖ **⁻färbung** *f* **durch**
Mikrorisse (Plast) / crazing ‖ **⁻fäule** *f* (Holz) / pocket
rot, white pocket ‖ **⁻film** *m* (TV) / white film o. spacing
‖ **⁻fitz** *m* (Textil) / white label ‖ **⁻gar** (Gerb) / alumed,
dressed with alum, tawed ‖ **⁻geglüht** (Hütt) / white
annealed [finish] ‖ **⁻gehalt** *m* (Email) / reflectance ‖
⁻gehalt *m* (Pap) / blue reflectance factor, brightness ‖
⁻gerben / taw, dress in alum ‖ **⁻gerber** *m* / tawer ‖
⁻gipfel *m* (TV) / white peak ‖ **⁻glühen** *n* /
incandescence, -cency, incandescent heat, white [flame]
heat
weißglühend (über 1570 K = 2200 °F) / white-hot, at
white heat, incandescent ‖ **~ machen** / incandesce *vt* ‖
~ sein (o. werden o. machen) / incandesce *vi*
Weißglut, -glühhitze *f*, -glühen *n* / incandescence, -cency,
incandescent heat, white [flame] heat ‖ **helle ⁻ von**
1675 K (= 2340° F) / white heat (1675 K)
Weiß·gold *n* / white gold ‖ **⁻golddoublé...** / gray gold-
filled... ‖ **⁻grad** *m* (Pap) / brightness ‖ **~grau** / whitish
gray, pale gray ‖ **~grauer Zustand des Stahls beim**
Härten / shelled state whilst hardening ‖ **~grün** (RAL
6019) / pastel green ‖ **dunkles ⁻güldigerz** / freibergite
‖ **~guß** *m*, Bahnmetall *n* / white metal, babbit o.
bearing metal ‖ **⁻kalk** *m* / fat o. white lime ‖
⁻kalkhydrat *n* (Wasser) / hydrate of white lime, calcium
hydroxide ‖ **⁻[kern]guß** *m* / white-heart malleable cast
iron, white malleable iron ‖ **⁻kochen** *n* (Seide) / second
boiling-off ‖ **⁻krümmung** *f* (TV) / white non-linearity ‖
⁻kupfer *n*, weißer Tombak / white copper ‖ **⁻leder** *n* /
alumed o. tawed o. white leather, alum-tanned leather ‖
⁻leim *m*, Kaseinleim *m* / casein [cold] glue
weißlich, ins Weiße gehend / whitish
Weiß·licht *n* s. weißes Licht ‖ **⁻lichtinterferenz** *f* (Opt) /
white light fringe ‖ **~machen** (Textil) / whiten ‖
⁻machen *n* (Wolle) / wool bleaching ‖ **⁻-Maximum**,
Spitzenweiß *n* (TV) / white peak ‖ **⁻mehl** *n* / fine flour ‖
⁻messing *n* / white brass ‖ **⁻metall**, Lagermetall *n* /
antifriction o. white o. babbitt o. bearing metal,
Babbitt['s] metal ‖ **⁻metallausguß** *m* (Lager) /
antifriction[ing] ‖ **⁻mischung** *f* / tint, tinge, tonality ‖
⁻nickelkies *m* (Min) / chloantite ‖ **⁻öl** *n* / [technical]
white oil ‖ **⁻pappel** *f*, Populus alba / white poplar ‖
⁻pause *f* / white print ‖ **⁻pegel**, -wert *m* (TV) / picture
white, white level ‖ **⁻pegelfrequenz** *f* / white level
frequency ‖ **⁻pegelkompression** *f* (TV) / white
compression o. crushing ‖ **⁻pegel-Sättigung** *f* (TV) /

white saturation ‖ **⁻pigment** *n* / white pigment ‖
⁻pigmentpulver *n* (Pap) / white pigment powder ‖
⁻punkt, Illuminant *m* (TV) / illuminant ‖ **⁻punkt** *m*
(Plast) / white point temperature ‖ **~rauchende**
Salpetersäure mit Inhibitoren / inhibited white fuming
nitric acid, IWFNA ‖ **⁻rauschen** *n* (Elektronik) / white
noise, flat random noise, white sound ‖ **⁻rost** *m*,
Cystopus candidus (Landw) / white blister ‖ **⁻rost** *m*
(Zink) / wet storage stain, white rust
Weissscher Bezirk *m* (Phys) / Weiss' domain o. sphere
weiß·schönen (Wein) / neutralize the acid by calcium
carbonate ‖ **⁻-Schwarz-Amplitudengebiet** *n* (TV) /
white-to-black amplitude range ‖
⁻-Schwarz-Empfindlichkeit *f* (Elektronik) / white-to-
black response ‖ **⁻schweißen** *n* / welding at white heat
‖ **~sieden** (Silber) / blanch, whiten ‖ **⁻spießglanz** *m*
(Min) / valentinite ‖ **⁻spitze** *f* (TV) / peak white ‖
⁻standard *m* (Farbmessung) / white standard, reflectance
standard ‖ **⁻stauchung** *f* (TV) / white compression o.
crushing ‖ **⁻strahl** *m* (Hütt) / white spiegel looking pig
iron ‖ **~streifig** / white radiated ‖ **⁻tanne** *f*, Edel-,
Silbertanne *f*, Abies alba Miller / silver fir, Abies alba ‖
⁻tanne *f*, Edel-, Silbertanne *f* / Abies alba ‖ **⁻tellur** *n*,
Gelberz *n* (Min) / yellow o. white tellurium ‖ **⁻töner** *m*,
optischer Aufheller (Chem, Textil, Pap) / optical bleach o.
brightener o. white, 26 !/.⟨, FWA ‖ **⁻trübungsmittel** *n*
(Email) / white opacifier, white overclouding agent ‖
⁻tüncher *m* / whitewasher ‖ **⁻vorläufer** *m* (TV) /
leading white ‖ **⁻waren** *f pl* (Textil) / white goods ‖
⁻wert *m* (TV) / white level ‖ **⁻wertautomatik** *f* /
automatic white-level control, white balance ‖
⁻wertbegrenzung *f* / white-level limiting o. clipping ‖
⁻zone *f* (Drucker) / clear area ‖ **⁻zucker** *m*, Raffinade *f*
/ white refined sugar, white [direct-consumption] sugar
‖ **⁻zucker 1** / first product, first o. high jet [white
sugar] ‖ **⁻zucker 2** / second-class white sugar,
intermediate white sugar ‖ **⁻zuckerfabrik** *f* / sugar
refinery ‖ **⁻zuckerfüllmasse** *f* / white sugar massecuite
‖ **⁻zuckersud** *m* / white sugar strike
weit, geräumig / ample, large, spacious, capacious ‖ **~**,
ausgedehnt / wide, broad ‖ **~**, entfernt / remote, distant,
far-away, far-off ‖ **~**, in gehörigem Abstand / clear,
distant ‖ **~ entfernt**, in genügendem Abstand / clear,
distant ‖ **~e Entfernung** / great distance ‖ **~ gesetzter**
Satz (Buch) / open matter ‖ **~es Paar** (Astr) / wide pair ‖
⁻abstandsaufnahme *f* (Röntgen) / teleradiography ‖
⁻bereichsradar *m* *n* / long range radar
Weite *f* / width ‖ **⁻**, Breite *f* / breadth ‖ **⁻**, Geräumigkeit *f*
/ capacity ‖ **⁻**, Umfang *m*, Größe *f* / largeness,
amplitude ‖ **⁻**, Umfang *m* / extent, size, area ‖ **⁻**,
Weitung *f* (Bergb) / cavity ‖ **⁻** (Handschuh) / size of
gloves o. shoes ‖ **lichte ⁻** (Bau) / clear span, width ‖
lichte ⁻ (Rohre u. ä.) / diameter inside
Weiteinstellung *f* (Phot) / extreme long shot, ELS, very
long shot, VLS
weiten, weiter machen / widen, expand, dilate ‖ **⁻** *n* (Rohr)
/ bulge forming ‖ **⁻** (DIN 8585) (Wzm) / sizing
weitentferntes Einfahr[t]signal (Bahn) / outer home signal
weiter abteufen / deepen the shaft ‖ **~e Aussichten** *f pl*
(Meteorol) / further outlook ‖ **~e Hinzufügung**, Zusatz
m / superaddition ‖ **[nach außen] ~ werden** / flue *vi*,
expand ‖ **~befördern** (Material) / carry on, convey on ‖
~behandlung, -bearbeitung *f* / subsequent machining o.
treatment o. work ‖ **sich [in gleichem Maße]**
~bewegen / coast *vi* ‖ **⁻bildungsprogramm** *n* /
training and development program[me] ‖ **~entwickelt**,
verbessert / advanced ‖ **⁻entwicklung** *f* / progress,
advancement, further development ‖ **⁻färben** *n* (Textil) /
continuous dyeing ‖ **~führen**, fortsetzen / carry on,
continue ‖ **⁻gabe** *f* **ohne Zwischenkontrolle** (Wzm,
Transferstraße) / linking ‖ **~ vollautomatische**
⁻gabeeinrichtung (Fernschreiber) / fully-automatic relay
installation ‖ **~geben**, mitteilen / divulge ‖ **~gehen**,
fortschreiten / proceed ‖ **⁻kopierdichte** *f* (Repro) /

reprint D-Max ‖ ~leiten / hand on ‖ ⌐leitung f (Elektr) / transmission ‖ ⌐leitung f (Bahn) / reforwarding ‖ ~machen, fortfahren / continue ‖ ⌐machen! (Raumf) / keep going
Weitern, Aufdecken n (Strumpf) / widening
weiter·reißen / continue tearing ‖ ⌐**reißen** n / tear-off propagation ‖ ⌐**reißfestigkeit** f, -reißwiderstand m / resistance to tear propagation, tear strength, slit-tear o. tear-growth resistance ‖ ⌐**reißtest** m (Textil) / tear growth test ‖ ⌐**reißversuch** m (DIN 53575) (Gummi, Plast) / tearing test ‖ ⌐**rufrelais** n (Fernm) / continuous ring relay ‖ ⌐**schalten** n (Wzm) / indexing ‖ ⌐**schaltleitung** f (Fernm) / transfer circuit ‖ ⌐**schaltung** f / relaying ‖ ⌐**schlag** m (Tiefziehen) / second draw ‖ ~**tragend** (Phys) / translational ‖ ⌐**übertragung** f von Nachrichten / retransmission of messages ‖ ~**verarbeitend** (Industrie) / manufacturing ‖ ⌐**verarbeiter** m, Converter m / converter ‖ ⌐**verarbeitung,** -bearbeitung, Weiterbehandlung f / further manipulation o. processing o. treatment, subsequent treatment ‖ ⌐**verarbeitungsbetrieb** m / finishing plant ‖ ~**verbinden** n (Fernm) / transfer [a call] ‖ ⌐**verbinden** n (Fernm) / call transfer ‖ ⌐**verbindungsknopf** m (Fernm) / transfer button ‖ ~**vergebene Arbeiten** f pl / work done by subcontractor ‖ ⌐**vergeben** n **einer Konzession** (Öl) / farming-out ‖ ~**ziehen** (Draht) / redraw ‖ ⌐**zug** m (Stanz) / second draw
weit·gehende Drehzahlregelbarkeit / wide adjustable-speed range ‖ ~**gespannt** (Brücke) / wide-spanned ‖ ⌐**hals** m (Flasche) / wide mouth ‖ ~**halsig** (Flasche) / wide-necked, wide-mouth ‖ ⌐**hals-Standflasche** f / wide-mouthed pyknometer ‖ ⌐**hals-Standflasche** f / laboratory bottle with wide mouth ‖ ⌐**leuchte** f / long-range projector ‖ ~**maschig** / wide-meshed ‖ ~**maschiges Sieb,** Grobsieb n / wide-mesh[ed] screen ‖ ~**räumiges Fernmeldenetz** / wide area network, WAN ‖ ~**reichend** / sweeping, extending over a whole range ‖ ~**reichend,** -tragend, Langstrecken… / long range…, LR ‖ ~**reichender ballistischer Flugkörper** / ERBM, extended-range ballistic missile ‖ ~**sichtig,** fernsichtig (Opt) / hyperopic, farsighted ‖ ~**sichtig,** altersweitsichtig / presbyopic ‖ ⌐**sichtigkeit** f (Opt) / hyperopiy, farsightedness ‖ ~**spurig** (Bahn) / broad o. wide gauge ‖ ~**stehende Sägenzahnung** / widely spaced teeth pl ‖ ⌐**strahler** m (Kfz) / distance beam headlight, long-distance beam, long range lamp ‖ ⌐**strahlregner** m / wide range sprinkler ‖ ⌐**streckenradar** m n (20-80 MHz), Gee-Gerät n (Radar) / gee (= ground electronic engineering) ‖ ⌐**streckenradar** m n (1750-1950 Megahertz), Loransystem n / long range navigation system, loran ‖ ~**tragend** (Ton) / long carrying ‖ ⌐**übertragung** f (Fernm) / long-haul transmission
Weitung f, Weite f (Bergb) / cavity, hollow
Weitungsbau m (Bergb) / working by excavations, shrinkage o. random stoping
Weitverkehr m (Fernm) / long-distance traffic
Weitverkehrs·frequenz f / high frequency for long-distance traffic ‖ **niedrigste brauchbare Frequenz** / lowest useful high frequency, LUHF ‖ ⌐**hohlkabel** n (Fernm) / long-distance waveguide ‖ ⌐**[nachrichten]technik** f / long-distance communication engineering, long-range communication technique ‖ ⌐**röhre** f (Fernm) / repeater tube
weitverzweigte Anwendbarkeit / diversity of usefulness
Weitwinkel m / wide angle ‖ ⌐**empfänger,** Panoramaempfänger m (Radar) / panoramic receiver ‖ ⌐**-Holographie** f / wide angle holography ‖ ⌐**instrument** n / wide angle instrument ‖ ⌐**objektiv** n (Phot) / wide angle lens o. objective ‖ ⌐**radar** m n / panar, panoramic radar
Weitwurfdüse f (Landw) / wide-angle nozzle
Weizen m / wheat, corn (GB) ‖ ⌐**bier** n / wheat beer ‖ ⌐**gallmücke** f / wheat blossom midge ‖ ⌐**gries** m /

semolina ‖ ⌐**mehl** n / wheat flour ‖ **feinstes** ⌐**mehl** / finest wheat flour ‖ ⌐**schrot** m n / shredded wheat ‖ grober o. **grobes** ⌐**schrot** / coarse wheaten groats pl ‖ ⌐**schwarzrost** m, Puccinia graminis / wheat rust ‖ ⌐**stärke** f / wheat starch
WEK (Raumf) = Wiedereintrittskörper
Weldon·schlamm m / Weldon mud ‖ ⌐**-Verfahren** n (zur Chlorherstellung) / Weldon's process
Welke[krankheit] f (Kartoffel) / potato wilt
welken (Bot) / fade, wither
Welk·heutrocknung f / drying high-moisture hay ‖ ⌐**malz** n / withered malt
Well·…, gewellt (U'Scheibe) / curved ‖ ⌐… (Blech) / corrugated
Wellasbest m / corrugated asbestos cement
Wellblech n / corrugated iron o. sheet o. [sheet]steel o. plate ‖ ⌐**dach** n / corrugated sheet roof ‖ ⌐**haut,** -bekleidung f / corrugated metal covering ‖ ⌐**nagel** m / corrugated fastener ‖ ⌐**strecke zur zwangsweisen Geschwindigkeitsverringerung** / rumble strip (USA) ‖ ⌐**walzwerk** n / corrugating sheet rolling mill
Well·deck n (Schiff) / well deck ‖ ⌐**deckschiff** n / well-deck ship ‖ ⌐**dichtung** f / undulatory packing o. gasket
Welle f (Masch) / shaft ‖ ⌐, Spindel f (Masch) / spindle ‖ ⌐ (Elektr, Phys, Hydr) / wave ‖ ⌐, Woge f / billow, wave ‖ ⌐, Längsüberwalzungs-Fehler m (Walzw) / pinch, pincher, flopper ‖ ⌐ (Großuhr) / arbor, staff ‖ ⌐, Flute f (der Wellpappe) / flute ‖ ⌐ (Straßb) / undulation ‖ ⌐n f pl, wellig gesägte Fläche (Holz) / snaking ‖ ⌐ f der Ringzwirnmaschine / shaft of the ring twister ‖ ⌐ in der Mitte (Walzfehler von Band) / buckle (rolling defect) ‖ ⌐ u. Lager (Masch, Schiff) / shafting ‖ auf ⌐… (Elektronik) / on wavelength …
wellen / corrugate, undulate ‖ **sich** ~ / wave, go wavy ‖ ⌐**abdichtung** f / shaft seals pl ‖ ⌐**abschnitt** m (Phys) / wave section ‖ ⌐**achse** f (Masch) / shaft axis ‖ ⌐**antenne** f, Beveridge-Antenne f / wave o. Beveridge antenna ‖ ⌐**anzeiger** m, -detektor m (Elektronik) / wave detector o. indicator ‖ ⌐**art** f (Elektronik) / wave mode ‖ **Umspringen der** ⌐**art** / mode jump o. shift ‖ ~**artige Riffelung** / riffle ‖ ⌐**[ausbreit]geschwindigkeit** f / wave velocity ‖ ⌐**ausbreitung,** -fortpflanzung f (Phys) / wave propagation, radiation o. propagation of the waves ‖ ⌐**austrittsrohr** n (Schiff) / stern tube ‖ ⌐**austrittsstutzen** m (Schiff) / shaft spectacle piece ‖ ⌐**bahn** f (für Wellpappe) / fluting o. corrugating medium ‖ ⌐**band** n (Phys) / waveband ‖ ⌐**band** n (eine Holzbefestigg) / corrugated fastener (for wood) ‖ ⌐**bauch** m / wave loop, antinode ‖ ⌐**bereich** m (Elektronik) / wave range, frequency range ‖ ⌐**[bereichs]schalter** m (Elektronik) / band switch o. selector ‖ ⌐**bereichs[um]schalter** m (Elektronik) / change tune switch ‖ ⌐**bereichsumschaltung** f / band switching ‖ ⌐**berg** m (Schiff, Elektr) / crest of a wave, wave crest ‖ ⌐**beruhigungsöl** n / wave calming o. quelling oil ‖ ~**betätigt** / spindle operated ‖ ⌐**bewegung,** -linie, -form f / undulation, wave motion, waving ‖ **in** ⌐**bewegung versetzen** / wave v ‖ ⌐**bild** n (Phys) / wave representation ‖ ⌐**bildung** f auf Schienen / corrugation of rails, rail corrugation ‖ ⌐**bock** m (Schiff) / propeller bracket o. strut ‖ ⌐**brecher** m / breakwater, mole, bulwark ‖ ⌐**brecher** m (Brücke) / cut-water ‖ ⌐**bremsscheibe** f (Bahn) / axle-mounted brake disk ‖ ⌐**bund** m (Masch) / shaft collar ‖ ⌐**dämpfung** f (Fernm) / image attenuation coefficient o. constant (US) ‖ ⌐**detektor** m (Elektronik) / wave detector o. indicator ‖ ⌐**dichtring** m (DIN3750) (radial) / rotary shaft [lip] seal, radial packing ring ‖ ⌐**dichtung** f (axial) / shaft seal ‖ ⌐**dichtungsdampf** m, Sperrdampf m / gland steam, sealing steam ‖ ⌐**dreh- und Schälmaschine** f / bar-turning and scalping machine ‖ ⌐**durchtritt** m (durch ein Gehäuse) / shaft exit ‖ ⌐**einstellknopf** m (Elektronik) / wave passage button ‖ ⌐**ende** n (Masch) / shaft [butt] end ‖ ⌐**energie** f / wave energy o. power ‖

~fachwebmaschine f / wave-shed weaving machine, multi-phase weaving machine || ~falle f (Wellenleiter) / ditch, groove, trap circuit || ~fallenrand m (Wellenleiter) / skirt (around the end of a waveguide) || ~feder f (aus Draht) / sinous o. zigzag o. no-sag spring || ~filter n (Elektronik) / wave filter || ~fläche f / wavy surface || ~flansch m / shaft collar o. flange || ~form f / waveform o. -shape || ~form f (Elektronik) / wave mode || sich in ~form legend / undulating, wavy || ~former m, Undulator m / undulator || ~formgestaltung f / wave shaping || ~förmig, wellig, Wellen… / undulating, undulated, undulatory, waved || ~fortpflanzungsgeschwindigkeit f / wave propagation speed || ~frei (Straßb) / without undulations || ~frequenz f / wave frequency || ~front f (Elektr) / wave front || ~frontnormale f / wave normal || ~frontwinkel m / wave tilt || ~führung f (Elektronik) / wave duct || ~funktion f (Math) / wave function || ~gelenk n (DIN 808) / cardan joint || ~generator m (Schiff) / shaft-driven alternator || ~gerader Drehko / straight-line wavelength capacitor f, ~geschwindigkeit f, Phasenlaufzeit f / phase velocity || ~gitterdraht m / woven wire mesh || ~gleichung f / wave equation || ~gruppenfrequenz f / group frequency || ~hals m / neck o. throat of a shaft || ~hohlleiter m (Fernm) / waveguide tube || ~hose f (Schiff) / shaft o. shell bossing || ~kamm m / wave crest || ~kanal m (Elektronik) / channel, [frequency] band || ~knoten m / wave node || ~konferenz f / frequency planning conference || ~kontakt m (Fernm) / secondary off-normal contact || ~köper m (Web) / undulating twill, wave twill || ~kopf m (Elektr) / wave front || ~kupplung f (Masch) / shaft coupling || ~lager (Schiff) / stern tube bearing || ~länge f / wavelength || ~längenbereich m / wave range || ~längenbereich m (Elektron) / spectral range || ~längendispersiv (Röntgen) / wavelength-dispersive || ~längenmultiplex n / wavelength division multiplex || ~leistung f effektiv / effective shaft output

Wellenleiter m, Hohlleiter m / waveguide || ~ im Radarbereich / radar duct || ~ mit herabgesetzter kritischer Frequenz / evanescent o. cutoff waveguide || ~fenster n / waveguide window || ~modus m / waveguide mode || ~siegel n / seal of a waveguide || ~strecke f / waveguide run

Wellen·leitung f (Schiff) / shaft line || ~leitung, Transmission f (Masch) / transmission [line], shafting || ~leitwert m (Elektronik) / reciprocal of characteristic impedance || ~linie f (Phys) / wave o. wavy line || ~linie f (Buch) / wavy rule || ~linie f (Bau) / winding curve || ~linie f (Fehler, Email) / shore line || ~linienschreiber m, Ondograph m / ondograph || ~löten n / wave soldering || ~maschine f, Wellpappenmaschine f (Pap) / corrugator || ~mechanik f (Phys) / wave mechanics || ~messer m / wavemeter || ~messer m für stehende Wellen / standing-wave meter || ~mischer m / shaft mixer || ~natur f (Phys) / undulatory o. wave character || ~normal n / wavelength standard || ~optik (Ggs.: Strahlenoptik), Lichtwellenlehre f / physical optics || ~paket n (Phys) / wave pack[et] || ~papier n / fluting paper || ~parameter-Filter n (Fernm) / composite filter || ~pferdestärke f, WPS f (veraltet) / shaft horse power, SHW || ~plan m (Radio) / frequency [allotment] plan || ~reflektor m / wave reflector || ~reiterprinzip n (Nukl) / surfing principle || ~richter m, Direktor m (Antenne) / director || ~salat m (coll), Störung f von einem anderen Sender (Elektronik) / jamming || ~sauger m (Elektronik) / suppressor of harmonics || ~schälen n (Hütt) / bar scalping || ~schälmaschine f / shaft peeling machine || ~schalter m (Radio) / waveband switch || ~schaubild n / periodogram || ~scheibe f / wave washer || ~schlag m (Nav) / washing of waves || ~schleifen n, -schliff m (Wzm) / cylindrical grinding || ~schluckend (Hydr, Elekt) / absorbing surges || ~schlucker, Überspannungsableiter, -schutz m (Elektr) /

surge absorber o. arrester o. diverter o. modifier || ~schnelligkeit f (Hydr) / wave propagation velocity || ~schreiber m (Elektr) / clydonograph, ondograph || ~schwanz m / wave tail || ~sieb n (Elektronik) / wave filter || ~stahl m / shaft steel || ~stern m einer Turbine / molette of a turbine shaft || ~stirn f, -front f / wave front || ~stoß m (Hydr) / wave impact || ~strahl m / beam of waves, wave beam || ~strahlgleichrichter m / jet wave rectifier || ~strang m (Masch) / shafting || ~strecker m (Wellenleiter) / line lengthener o. stretcher || ~strom m (Elektr) / ripple current || ~strommotor m, Fahrmotor für welligen Gleichstrom (Bahn) / pulsating current motor || ~stumpf m (Mot, Luftf) / propeller cone o. pin (US) || ~stumpf m (Masch) / shaft [butt] end || ~tal n (Elektronik) / hollow of a wave, wave trough || ~tal n (Hydr) / trough of the sea || ~theorie, Undulationstheorie f / wave o. undulatory theory || ~transformationsschaltung, Superheterodynschaltung f / superheterodyne coupling || ~tübbing m (Bergb) / corrugated tubbing || ~tube f (Fernm) / waveguide tube || ~tunnel m (Kfz) / center hump || ~tunnel m (Schiff) / [tail] shaft passage o. tunnel || ~turbine f (Luftf) / shaft turbine || ~typ m (Hohlleiter) / wave mode || ~typ-Anzahl f / mode number[s] || ~typfilter, Modusfilter n (Wellenleiter) / diaphragm ring [mode] filter, mode filter || ~typ-Frequenzunterschied m / mode separation || ~typkoppler m, Modenkoppler m (Laser) / mode coupler || ~typ-Wandler m / mode changer o. transducer o. transformer || ~umschalter m (Elektronik) / wave changing switch || ~umwandlung f / mode transformation || ~verkürzung f (Elektronik) / wavelength shortening || ~verlängerung f (Elektronik) / wavelength prolongation || ~verteilungsplan m (Elektr) / frequency allotment plan || ~wicklung f (Elektr) / two-circuit winding, wave winding || ~widerstand m (Fernm, Kabel) / characteristic o. surge impedance, impedance level || ~widerstand m (des freien Raums) / intrinsic impedance, characteristic wave impedance || ~widerstand m (gegen Stoßwellen) (Luftf) / wave o. shock drag || ~widerstandsrichtig abschließen (Wellenleiter) / match-terminate || ~winkelmaß n (Fernm) / image phase change coefficient, image phase constant || ~zahl f (Phys) / wave number || ~zapfen m (Masch) / journal of a shaft || ~zug m (Phys) / wave train || ~zugfrequenz f / group frequency || ~zuteilung f (Elektronik) / allocation of frequencies, wave allocation

Wellerbau, Lehmstampfbau m / [beaten] cobwork o. cob walling

wellern, mit Lehm und Stroh mauern (Bau) / mud wall v, cob wall

Weller·wand, Lehmwand f / mud wall, cob wall

Welle-Teilchen-Dualismus m / wave-particle dualism, wave corpuscle dualism

Welle-Teilchen-Wechselwirkung f / wave-particle interaction

Well·feder f, -federring m / ondular washer || ~flammrohr n / corrugated flue || ~glas n / corrugated glass

wellig, gewellt / wavy, waved, fishbellied || ~ (Gelände) / undulating || ~ (Straßb) / bumpy || ~, pulsierend (Elektr) / ripple || ~ (Funk) / undulating || ~e Faser / wavy grain || ~ gemasert (Holz) / curly || ~ geschnitten (coll) / cockle cut || ~e Leiste (Web, Fehler) / slack selvedge || ~e Oberfläche / rippled surface

Welligkeit f, Gestaltabweichung f 2. Ordnung / waviness || ~ (Trasse) / waviness || ~ (Fehler, Email) / hairline crack, crazing || ~ (Elektr, Elektronik) / ripple || ~ (Glas) / settle mark o. wave || ~, ungewollte Umlenkung (Spannglieder) / wobble || ~ (Pap) / washboard marks pl || ~ der Verstärkung (Elektronik) / gain ripple || ~ des Geländes / undulation of ground || ~ im Durchlaßbereich (Elektronik) / passband ripple || ~ von Papierrollen / bagginess

Welligkeits·anteil *m* (Elektronik) / hum o. ripple component ‖ **~faktor** *m*, Stehwellen-Verhältnis *n* (Antenne) / [voltage] standing wave ratio, [V]SWR ‖ **~faktor** *m* (Elektr) / ripple factor ‖ **~frequenz** *f* / hum o. ripple frequency ‖ **~messer** *m* / standing-wave meter ‖ **~prüfung** *f* (Stahlblech) / corrugation testing **Well·mantel** *m* / corrugated sheath ‖ **~papier** *n* / corrugated paper ‖ **~pappe** *f* / corrugated board o. cardboard o. fibreboard o. paperboard o. pasteboard ‖ kaschierte o. doppelseitige **~pappe** / double face corrugated board, double facer ‖ **beidseitig gedeckte ~pappe** / doublebacker ‖ **feste ~pappe mit 0,6 mm dicker Außenlage** / V3c-board ‖ **~pappenmaschine**, Wellenmaschine *f* / corrugating machine ‖ **~platte** *f* (Bau) / corrugated [roof] slab ‖ **~plattendach** *n* / corrugated sheet roofing ‖ **~propeller** *m* / pulsating screw propeller ‖ **~rohr** *n* / corrugated pipe ‖ **~rohr** *n* (Kessel) / corrugated [furnace] tube o. flue ‖ **~rohrfeder** *f* / pressure capsule, sylphon bellows *pl* ‖ **~rohrkessel** *m* / boiler with corrugated flues ‖ **~scheibe** *f* / corrugated washer ‖ **~schlauch** *m* / corrugated hose ‖ **~schrenz** *m*, -schrenzpapier *n* / waste paper fluting ‖ **~siebboden** *m* (Chem) / ripple tray ‖ **~stegmaschine** *f* (Holz) / corrugated core beam making machine ‖ **~stein** *m* (Bau) / corrugated brick ‖ **~tafel** *f* (Dach) / corrugated sheet

Wellung *f* / undulation

Welt·..., global (Raumf) / global ‖ **~ der Ingenieure o. Techniker** / technical community ‖ **~datenwahlnetz** *n* / worldwide switched data network ‖ **~-Energiekonferenz** *f* / World Energy (o. Power) Conference, WEC, WPC ‖ **~förderung** *f* (Öl) / world output o. production ‖ **~-Herstellernummer** *f*, WMI / world manufacturer identifier, WMI ‖ **~karte** *f* **der Deklination** / magnetic map ‖ **~koordinate** *f*, WK (DV) / world coordinate, WC ‖ **~körper** *m*, Himmelskörper *m* / celestial body ‖ **~kraftkonferenz** *f* / World Power Conference

Weltraum *m* / space, deep sky (US), cosmic o. outer o. universal space ‖ **~ in Mondentfernung und außerhalb**, ferner Weltraum / deep space ‖ **~anzug** *m* / space suit ‖ **~bedingungen** *f pl* / space environment ‖ **~fahrer** *m* / spaceman ‖ **~fahrt** *f* / astronautics *sg*, cosmonautics ‖ **~fahrzeug** *n* / space craft o. vehicle ‖ **~fernmessung** *f* / space telemetering o. telecommand ‖ **~fernmessung** *f* (von Flugkörpern) (Raumf) / maintenance telemetering ‖ **auf ~flug** / spacebound ‖ **~flugbahnverfolgung** *f* / space tracking ‖ **~forschung** *f* / space exploration o. research ‖ **~forschungsfunkdienst** *m* / space research service ‖ **~funkdienst** *m* / space service ‖ **~funkstelle für Weltraumforschung** / space research space station ‖ **~gegenstand** *m* / space object ‖ **~kamera** *f* / space camera ‖ **~kompatibel**, für Raumfahrt geeignet / space compatible ‖ **~labor** *n* / space lab ‖ **~leere** *f*, -vakuum *n* / space vacuum ‖ **~nutzung** *f* **für industrielle Zwecke** / space industrialization o. manufacturing ‖ **~observatorium** *n* / orbiting astronomical observatory, OAO ‖ **~schiff** *n* / space ship ‖ **~schrott** *m* / space scrap ‖ **~simulationsanlage** *f* / environmental test chamber ‖ **~-Simulationskammer** *f* / space simulation chamber ‖ **~sonde** *f* / space probe ‖ **~station** *f* / space platform o. station ‖ **~station** *f*, -werkstatt *f* / space o. orbital workshop ‖ **~strahlen** *m pl* / cosmic rays *pl* ‖ **~-Überwachungssystem** *n* / space surveillance system o. facility ‖ **~wärmequelle** *f* / space based heat source

Welt·telexnetz *n* / worldwide telex network ‖ **~-Telexnetzplan** *m* / world telex routing plan ‖ **~tonnage** *f* / world tonnage ‖ **~umspannend**, weltweit / world..., worldwide ‖ **~weite Datenübertragung** *f* / international data transmission ‖ **~-Wetter-Beobachtung** *f* / World Weather Watch, WWW ‖ **~zeit** *f* (um Mitternacht beginnende Ortszeit von Greenwich) / universal time, U.T. ‖ **~zeituhr** *f* / universal time clock

WEMA = Wirtschaftsverband Eisen-, Maschinen- und Apparatebau

Wende·anzeiger *m* (Luftf) / turn indicator ‖ **~bahnhof** *m* / reversing station ‖ **~becken** *n* (Hydr) / turning basin ‖ **~betrieb** *m* / shuttle service ‖ **~betrieb** *m* (Rohrpost) / single-tube operation ‖ **~einrichtung** *f* / turning arrangement ‖ **~eisen** *n*, Windeisen *n* (Werkz) / wrench ‖ **~feld** *n*, -polfeld *n* (Elektr) / commutating field ‖ **~felddrossel** *f* / inductive shunt ‖ **~feldwicklung** *f* (Elektr) / commutating winding ‖ **~feldwiderstand** *m* / shunt resistance of the commutating field ‖ **~filz** *m* (Pap) / reverse press felt ‖ **~flügel** *m* (Fenster) / sash opening about a vertical axis ‖ **~formen** *n* / turnover moulding ‖ **~formmaschine** *f* (Gieß) / turnover moulding machine ‖ **~getriebe** *n*, Umkehrgetriebe *n* / reverse o. reversing gear [box] ‖ **~getriebe** *n* **der Leitspindel** (Dreh) / reverse plate ‖ **~haken**, Stammwender *m* (Forstw) / cant-hook o. dog, rolling dog, peavey ‖ **~haken** *m* (Textil) / operating hook ‖ **~herz** *n* (Dreh) / tumbler gear ‖ **~horizont** *m* (Luftf) / turn-and-bank indicator combined with artificial horizon ‖ **~kreis** *m* (Kfz) / turning circle ‖ **~kreis** *m* (Geogr) / tropic ‖ **~kreis** *m* (Mech) / inflection circle ‖ **einen kleinen ~kreis haben** / have a good lock ‖ **~kreisdurchmesser** *m* / turning circle diameter ‖ **kleinster ~kreisdurchmesser** / turning clearance circle diameter ‖ **kleinster ~kreisdurchmesser des inneren Vorderrades** / turning lock ‖ **~kreisel** *m* (Satellit) / rate gyro ‖ **~[kreis]halbmesser**, Wenderadius *m* / turning radius ‖ **~kurve** *f* (Luftf) / base turn

Wendel *f*, Schraubenlinie *f* (Math) / helix ‖ **~** (Bau, Masch) / spiral, helix ‖ **~abtastung** *f* / helical scanning ‖ **~antenne** *f*, Schraubenantenne *f* / helical[-beam] antenna, corkscrew antenna ‖ **~bohrer** *m* (DIN), Spiralbohrer *m* / twist drill ‖ **~drehwiderstand** *m* / multiturn potentiometer, helical potentiometer ‖ **~feder** *f* (Uhr) / spiral coiled spring ‖ **~förderer** *m* / spiral conveyor ‖ **~form-Körper** *m* (Pflug) / semidigger body ‖ **~gekoppelt** (Elektronik) / helix-coupled ‖ **~-Hohlleiter** *m* / helical waveguide

Wendelibelle *f* / reversible spirit level

Wendel·kabel *n* / helix cable ‖ **~koppler** *m* (Wellenleiter) / helix coupler

wendeln (Glühfaden) / coil *v*

Wendel·potentiometer *n* / multiturn o. helical potentiometer, helipot ‖ **~rampe** *f* / helical ramp ‖ **~rohr-Wärmetauscher** *m* / helical coil type heat exchanger ‖ **~rollenbahn** *f* / spiral roller chute ‖ **~rührer** *m* / helical ribbon impeller ‖ **~rutsche** *f*, -schurre *f* / spiral chute, antibreakage chute ‖ **~rutschenmagazin** *n* (Teilezuführung) / spiral chute feed hopper ‖ **~schwingrinne** *f* / helicoidal vibrating conveyor ‖ **~span** (Bohren) / helical chip ‖ **~span** *m* (Dreh) / helical chip type A ‖ **~stufe** *f* / diminishing step, winder, wheeling step ‖ **~stufe** *f* **zwischen geraden Läufen** (Treppe) / kite winder, turn tread ‖ **~treppe** *f* / circular staircase o. stairs *pl*, cockle o. screw o. winding stairs *pl*, newelled o. spiral o. well staircase ‖ **~treppe** *f* **mit Spindel** / circular newelled staircase, solid newel stair ‖ **~treppe** *f* **mit Treppenauge** / circular hollow staircase, hollow newel stair ‖ **~treppenhaus** *n* (Bau) / well hole

Wende·manöver, Transpositionsmanöver *n* (Raumf) / transposition maneuver o. manoeuvre ‖ **~marke** *f* (Kfz, Luftf) / turning point ‖ **~marke** *f* (Schiff) / rounding mark ‖ **~motor** *m*, Umkehrmotor *m* / reversing motor

wenden / direct *v*, turn ‖ ~, umwälzen / revolve ‖ ~ *vi*, umdrehen *vi* (Kfz) / turn back, make an U-turn ‖ ~, umwenden *vi* / turn *vi* round ‖ ~ (Schiff) / tack about ‖ ~ (Kfz) / turn round, take a U-turn ‖ ~, zurückkehren / return, turn back, reverse ‖ **~** *n* / U-turn ‖ **~** (Gieß) /

rolling over ‖ **[Strom]** ~, umpolen (Elektr) / commutate, invert

Wende·pflug m / alternating plow, two-way plow ‖ ~**platte**, Spitzkehre f (Straßb) / turning ‖ ~**platte** f (Dreh) / reversible carbide tip ‖ ~**platte** f (Gieß) / turnover board ‖ ~**platte** f, zweiseitige Modellplatte (Gieß) / double-sided pattern plate, match plate ‖ ~**plattenformmaschine** f / turning plate moulding machine ‖ ~**plattenfräser** m / cutter with indexable inserts ‖ ~**plattieren** n (Textil) / reverse plating, cross-plating ‖ ~**platz** m, -stelle f (Straß) / turn-around ‖ ~**pol** m (Elektr) / auxiliary o. compensating o. commutating o. reciprocating pole, compole, interpole ‖ ~**pol** m (Mech) / inflection pole o. center ‖ ~**polfeld** n, -feld n (Elektr) / commutating field ‖ ~**polwicklung** f (Elektr) / commutating winding ‖ ~**presse** f (Pap) / reverse[d] press ‖ ~**punkt** m (Math) / reversal point ‖ ~**punkt** m (Math) / inflection o. turning point, flex [point], point of inflection o. of contraflexure ‖ ~**punkt** m (Flugroute, Luftf) / way point, WP ‖ ~**punkt** m (Astr) / apse, apsis ‖ ~**punkt** m **der Sonne** (Astr) / solstitial point

Wender m (Elektr) / circuit changing switch o. changer, reversing switch ‖ ~ **der Karde**, Wendewalze f (Textil) / clearer [roller], stripper

Wende·radius m, Lenkbarkeit f (Kfz) / turn, degree of lock ‖ ~**-Radsatzgetriebe** n (Bahn) / reversing wheel set gearing ‖ ~**rechen**, Heuwender und Schwadrechen m / [hay] rake and tedder ‖ ~**rollmoment** n (Luftf) / yawing moment ‖ ~**schalter**, Wechselschalter m / pole changing switch ‖ ~**schalter**, Umkehrschalter m (Elektr) / reversing switch, reverser ‖ ~**schaufel** f **im Rührwerk** / rabble ‖ ~**schemel** m (Stellmach) / axle tree bolster ‖ ~**schiene** f (Textil) / reversing rail ‖ ~**schleife** f (Bahn) / terminal loop ‖ ~**schneidplatte** f (Dreh) / [throwaway carbide] indexable insert ‖ ~**schnitt** m (Stanz) / reversing tool ‖ ~**schraube** f, -propeller m, Umkehrschraube f (Schiff) / reversible screw o. propeller ‖ ~**sitz** m / reversible seat ‖ ~**spannvorrichtung** f / reversible clamping device ‖ ~**stange** f (Buch) / angle bar, turner o. turning bar ‖ ~**strahlrohr** n (Bergb) / monitor ‖ ~**tangente** f / stationary o. flex o. inflectional tangent ‖ ~**-Teilzirkel** m / reversible spring bow dividers pl ‖ ~**tisch** m, Drehtisch m / revolving table, turntable ‖ ~**tisch** m, umkehrbarer Tisch / reversible table ‖ ~**trommel** f / turning drum ‖ ~**- und Abhebemaschine** f (Gieß) / turnover and pinlift machine ‖ ~**- und Arbeitswalze** f (Textil) / stripper and worker ‖ ~**- und Querneigungs[an]zeiger** m (Luftf) / turn-and-bank indicator ‖ ~**- und Schiebefluganzeiger** m (Luftf) / turn-and-[side]slip indicator ‖ ~**vorrichtung** f, Wender m (Schm) / hydraulic handling device ‖ ~**vorrichtung** f **für Bleche**, Blechwender m / plate tilter ‖ ~**vorrichtung** f **für Malz**, Malzwender m / malt turner ‖ ~**walze** f (Spinn) / clearer [roller], stripper ‖ ~**zange** f (Wzm) / tilting tongs ‖ ~**zapfen**, Kippzapfen m / trunnion ‖ ~**zeiger** m (Luftf) / kymograph ‖ ~**zeit** f (Liegezeit im Hafen) (Schiff) / turnround time ‖ ~**zug** m (Bahn) / pull and push train, reversible train ‖ ~**zugbetrieb** m (Bahn) / push-pull running ‖ ~**zugsteuerwagen** m (Bahn) / push-pull train motor coach

wendig (Kfz, Schiff) / easily steered, manoeuvrable

Wendigkeit f, Manövrierbarkeit f / manoeuvrability, maneuverability

Wendigkeitsprüfung f (Kfz) / maneuverability test

Wendung, Richtungsänderung f / turn o. ‖ ~, Drehung f / inflexion (GB), inflection / **scharfe** ~ (Luftf) / bank turn

Wendungswechsel m, Schaltrad n (Spinn) / winding ratchet wheel

wenig befahren, verkehrsarm, -schwach / light traffic... ‖ ~ **ergiebig**, schlecht / lean ‖ ~ **gedämpft** (Elektronik) / underdamped

weniger als ... / less than ...

Weniggruppen... (Nukl) / few group...

WENN-Klausel f (FORTRAN) / IF-statement

Wenn-Klausel f / IF-clause

Werbe·abteilung f / advertising o. publicity department ‖ ~**aufnahme** f / publicity still ‖ ~**beleuchtung** f / advertisement illumination ‖ ~**druck** m / publicity print ‖ ~**etat** m / advertising appropriation ‖ ~**fernsehen** n / commercial o. sponsored television ‖ ~**film** m / commercial film, publicity film ‖ ~**funk** m / wireless advertising (GB), broadcast advertizing (US) ‖ ~**inserat** n, -anzeige f / ad[vertisement] ‖ ~**kurzfilm** m, Werbespot / short feature, spot ‖ ~**leiter** m / publicity manager ‖ ~**material** n / promotion matter ‖ ~**plan** m / media planning ‖ ~**schrift** f, [ausführlicher] Prospekt m / leaflet, prospectus ‖ ~**schrift**, Druckschrift f / pamphlet ‖ ~**spot** m, Commercial n (TV) / publicity spot, commercial

Werbung[1] f, Reklame f / advertisement, ad[vt], advertizing, publicity

Werbung[2] f (Heu) / hay-making

Wer-da-Zeichen n (DV) / who are you, WRU

Werdegang m (eines Erzeugnisses) / process of manufacture

werfen, schleudern / throw [forward], cast, hurl, toss, project ‖ ~ (Licht, Schatten) / cast, project ‖ **sich** ~ (Holz, Metall) / buckle, warp ‖ **sich** ~ (Holz) / wind, warp, twist, cast, give, go o. get out of true, get distorted o. warped ‖ **über Bord** ~ (o. schleudern) (Luftf, Schiff) / jettison

Werfer m (Transportband) / pitcher ‖ ~ (Opt) / projector

Werft m, Werfer m, Kette f (Web) / warp

Werft f / yard, dockyard, shipyard ‖ ~**arbeiter** m / dockyard labourer, yardman, shipyard labourer ‖ ~**hafen** m / shipyard basin ‖ ~**industrie** f, Schiffbau m / shipbuilding industry ‖ ~**kran** m / dock crane, dockyard crane ‖ ~**probefahrt** f (Schiff) / preliminary trial run

Werg n / hards, hurds pl, tow ‖ ~, Flachsabfall m / flax tow, heckling tow ‖ ~**garn** n / tow yarn ‖ ~**wolf** m / tow opener

Werk n, Mechanismus m / action ‖ ~, Triebwerk n / mover, moving apparatus, movement, motor ‖ ~, Erzeugnis n / work, product[ion] ‖ ~ (Buch) / work, book ‖ ~, Fabrik f / works sg, plant, factory, installation ‖ ~ (Uhr) / wheel work, movement ‖ ~, Gangwerk n / action of a clock ‖ **ab** ~ **verladen** / at works ‖ **oberste** ~**aufsicht** / works supervision ‖ ~**bahn** f / industrial o. works railway, interplant haulage equipment ‖ ~**bank** f, -tisch m / work bench, vise bench, shop-board ‖ ~**bank...** / bench-type... ‖ **[schwere]** ~**bank** / fitter's bench ‖ ~**bank-Bohrmaschine** f / bench type drilling machine ‖ ~**bankofen** m / work bench furnace ‖ ~**bankplatte** f, -blatt n / bench plate ‖ ~**bankschleifmaschine** f / bench[-type] grinding machine ‖ ~**bankstütze** f **für lange Teile** / bench vice ‖ ~**befestigung** f (Uhr) / case screw ‖ ~**blei** n / crude o. pig o. raw o. work lead, workable raw lead ‖ ~**blei** n, silberhaltiges Blei / argentiferous lead ‖ **silber- o. goldhaltiges** ~**blei in Barren** / base bullion ‖ ~**druckfarbe** f (Buch) / jobbing ink

Werker m (Chem) / workman, worker

Werk·feuerwehr f / factory fire brigade (GB) o. department (US) ‖ ~**frisch** / freshly manufactured ‖ ~**führer**, -meister m (Bahn) / foreman ‖ ~**führer** (Bau) (Bahn) / foreman ganger (permanent way) ‖ ~**gestell** n (Uhr) / frame ‖ ~**kanal**, Triebwasserkanal m (DIN) / feeding o. head o. working o. supply canal, lead race channel, head race [channel] ‖ ~**kontrolle** f, -prüfung f / factory inspection ‖ ~**lokomotive** f / industrial locomotive

werkmäßig hergestellt (Bau) / factory produced

Werk·meister m / head-workman, master-workman, work master ‖ ~**mörtel** m / factory mortar ‖ ~**norm** f / company standard, in-house standard, works standard ‖

~nummer f / factory o. works number, constructor's number || ~platte, Platine f (Uhr) / bottom plate || ~raum m / work room
Werks·abnahme f / acceptance at maker's work o. manufacturer's work || ~angehöriger m / employee || ~-Anlage, -Abteilung f / unit
Werksatz m (Buch) / common composition
Werks·belegschaft f / men on the payroll pl || ~bescheinigung f, -attest n / certificate of conformity || ~bescheinigung f über auftragsgemäße Ausführung / attestation of conformity with the order || ~besichtigung f / tour through the factory (GB), plant visitation (US)
Werk·schrift f / body type || ~schutz m / works protection force o. squad
Werks·computer m / in-house computer || ~eingestellt / factory-alined o. -set o. preset || ~elektriker m / works electrician || ~flieger m, -pilot m / test pilot, factory pilot || ~flug m / non-revenue flight || ~gießerei f (für Eigenbedarf) / captive foundry || ~halle f / workshop hall
Werksilber n / liquation silver
Werks·inspektor m / works inspector || ~intern, innerbetrieblich / intra-company, intra-plant || ~kantine f / company store o. canteen (GB) o. lunchroom (US) || ~kontrolle [beim Hersteller] f / manufacturer's quality control || ~leiter m / works manager o. superintendent || ~leiter m (Walzw, Spinn) / mill manager || ~marke f / trade mark || ~nummer f (Nummernschild) / serial number, works number
Werk·speicher m, Nahspeicher m (Hydr) / near storage basin || ~spionage f / industrial espionage
Werks·planung f / plant layout || ~prüfung [beim Hersteller] f / manufacturer's inspection || ~prüfzeugnis n / work's test certificate || ~rufanlage, -signalanlage f / staff location plant, staff locator installation || ~ruf-Sprechsystem n / intercommunication installation
Werkstatt f / workshop, shop || ~, Werkshalle f / workshop, hall, bay, aisle || ~ für Einzelaufträge / job shop (GB) || ~abnahmelehre f / factory acceptance gauge, workshop inspection gauge || ~anstrich m / shop coat o. painting || ~arbeit, -ausführung f / workmanship || ~arbeiter m pl, Fertigungspersonal n / production workers pl, shop workers pl, plant workers pl || ~auftrag m (Ggs: Produktionsauftrag) (F.Org) / run-of-the-shop job || ~betrieb m / shop practice || ~einrichtung f / workshop outfit o. equipment
Werkstättenteil m eines Gleislagers (Bahn) / permanent-way workshop
Werkstatt·feile f / engineer's file || ~gefertigt / shop fabricated || ~gleis n (Bahn) / repair track, rip track (US) || ~grundierung f / shop priming || ~heber m (Kfz) / trolley jack || ~laufkran m / overhead travelling crane || ~leiter m / workshop foreman || ~leuchte f / factory o. mill fitting || ~mann m / shop man || ~-Meister m / master mechanic || ~mikroskop n / shop microscope || ~montage f / shop assembly || ~niet m / shop rivet || ~orientiert (Programm) / shop-oriented || ~prüfgerät n / working standard || ~prüfung f / shop test || ~schiebelehre f / shop caliper gauge || ~[schnur]leitung f (Elektr) / workshop cord || ~schraubenzieher m, -schraubendreher m / mechanic's screw driver || ~schweißung f / shop weld || ~stoß m (Stahlbau) / shop joint || ~verdrahtet (Elektr) / shop-wired || ~wagen m / motorized shop, travelling [repair]shop, repair truck || ~wagen m, Abschleppwagen m (Kfz) / service car || ~wagen, Gerätewagen m / tool and gear wagon o. truck || ~wagen m (Bahn) / repair o. workshop wagon || schwerer ~wagenheber / heavy-duty floor axle jack || ~zeichnung f / [work]shop drawing || ~zug m (Bahn) / workshop train || ~zusammenbau m / shop assembly
Werksteil m / works part

Werkstein m / ashlar, cut stone || ~, Haustein m (bes. Sand- o. Kalkstein) / freestone || ~mauerwerk n / regular-coursed ashlar stone work, ashlaring || ~verblendung f / ashlar revetment
Werkstoff m, Material n / material || ~, Stangen f pl, Stangenmaterial n / bars pl, [bar] stock || neue ~e / new materials pl || ~anhäufung f / material accumulation || ~bedarf, -verbrauch m / consumption of material || ~bedingt / material-conditioned || ~dämpfung f / internal damping o. friction || ~durchlaß m (Wzm) / diameter of work admitted || ~ermüdung f / fatigue of metals || ~ersparnis f / saving in material || ~-Festigkeit f / strength of materials || ~fluß m (Fließpressen) / flow [conditions] || ~fluß m (Spinn) / flow of material || freier ~fluß / free-flow conditions pl || gesteuerter ~fluß / restricted-flow conditions pl || ~-Führungsrohr n / stock guide tube || ~-Führungsschieber m / bar feeder || ~-Führungsständer m / bar stand || ~gerecht / appropriate for the material involved || ~kartei f (F.Org) / material catalogue || ~kunde f / material science || ~nummer f / material number || ~nummern f pl / list of material numbers || ~paarung f / mating of material || ~prüfer m (Arbeiter) / material tester || ~prüfgerät n, -apparat m, Materialprüfer m / material testing apparatus || ~prüfung f / material test o. research, research o. testing of materials || ~prüfung, -untersuchung f nach Spezifikationen / specification test || ~schaden m / material damage || ~übergang m (Lichtbogen) / material transfer || ~verbrauch, -bedarf m / consumption of material || ~verlust m durch Verzundern / scale loss, heat waste || ~verteilung f (Schm) / edging || ~vertreter m, -beispiel n / example of materials || ~zuführung f / feed of material
Werkstoleranz f / work tolerance
Werkstück n, Arbeitsstück n / subject (US), production (US), work piece || bearbeitetes ~ / machined part || unbearbeitetes, vorgeschmiedetes o. ausgestanztes ~ / unworked piece || ~antrieb m / work drive || ~antriebswelle, Mitnehmerspindel f (Wzm) / live spindle || ~auflage f / work support || ~auflagefläche f (Wzm) / locating face || ~aufnahme f / seat, receiver || ~[aufnahme]brett, Teilebrett n (F.Org) / tote board || ~durchmesser m / work dia[meter] || ~einspannung f, -aufspannung f / work loading o. mounting || ~geometrie f / part o. workpiece geometry || ~-Handling n / workpiece handling || ~kasten m, Teilekasten m (F.Org) / tote box, work tray || ~-Koordinatensystem n / workpiece coordinate system || ~mitnahme f / work drive || ~-Oberfläche f / work surface
Werkstückprüftisch m / workpiece inspection table
Werkstück·schlitten m / workpiece slide || ~spannvorrichtung f / work fixture || ~spindel f / workpiece spindle || ~spindelstock m / workpiece spindle head || ~tisch m / work table || ~-Wechseleinrichtung f / automatic workloading equipment || ~wender m / workpiece reversing device || ~zentrierung f / work locating device
Werks·vorschriften, -normen f pl / factory specifications o. specs pl (US) || ~wohnung f / workman's dwelling [owned by the employer], company-owned dwelling || ~zeitung f / company magazine o. newspaper, house organ || ~zeugnis n / test certificate
Werktag, an ~en / on week-days
Werk·teil m, Einzelteil n / workpiece, subject (US) || ~tisch m, Arbeitstisch m / working table, work bench o. table || ~tisch, Zuschneidetisch m (Schneid) / shop-board || ~träger m (Großuhr) / false plate || ~verkehr m / works transportation system o. traffic || ~zeichen n, Bezeichnung f / sign, mark || ~zeichnung f, Fertigungszeichnung f / working drawing o. plan || ~zeichnung f (Bau) / work drawing

Werkzeug n / tool || ~, Mittel n / appliance, implement || ~, Spritzform f (Plast) / mould || ~ **für Niederdruckpreßverfahren** (Plast) / form || ~ **für spangebende Formung** / [metal-]cutting tool || ~ **für spanlose Formung** / non-cutting tool || ~ **mit Kanälen** (Plast) / cored mould for fluid circulation || ~ **zum Einbauen von [Schrauben]sicherungen** / screw retention setting tool || ~ **zum Lösen von [Schrauben]sicherungen** / tool for loosening screw locking devices || **bestücktes** ~ / hard-faced tool || **mit** ~**en ausstatten** / implement v || ~**anordnung** f, Einstellplan m, -zeichnung f / tooling diagram o. lay-out || ~**anzeige** f (NC) / tool number read-out || ~**aufnahme** f / tool holding fixture || ~**aufruf** m (NC) / tool function || ~**ausgabe** f / tool crib o. hatch, toolshop || ~**ausgeber** m / tool dispenser || ~**ausrüstung**, -ausstattung f (Kfz) / tool outfit o. kit || ~**ausrüstung**, -ausstattung f (Wzm) / tooling equipment o. outfit || ~**bau** m (als Abteilung) / toolmaker's shop || ~**bau** m, -herstellung, -macherei f / tool manufacture || ~**bestückung** f / tooling || ~**bezugsebene** f (Wzm) / tool reference plane || ~**bezugspunkt** m (NC) / tool datum point || ~**-Bruchsensor** m / tool breakage sensor || ~**code** m (NC) / tool code || ~**datei** f (NC) / tool file || ~**dreher** m / toolroom lathe operator || ~**durchmesser-Korrektur** f / tool diameter offset || ~**einführung** f unter See (Öl) / reentry of tools || ~**-Eingriffswinkel** m (Zahnrad) / nominal pressure angle || ~**einstellgerät** n (NC) / tool-setting equipment || ~**einstellung** f / setting of tools || ~**-Fasenfreiwinkel** m / first working orthogonal clearance || ~**fräser** m (Arbeiter) / tool milling operator || ~**fräsmaschine** f / toolroom milling machine, [universal] tool milling machine || ~**futter** n (Wzm) / [clamping] chuck || ~**garnitur** f, -satz m / set of tools || ~**gebunden** (Plast) / depending on the mould dimensions || ~**halter** m, Stahlhalter m / toolholder || ~**halterspindel** f / tool holder spindle || ~**heft** n / handle of a tool || ~**-Hohlstahl** m / steel for fluting tool || ~**-Identifikationssystem** n / tool identification system || ~**-Identnummer** f (NC) / tool number || ~**kartei** f (Wzm) / tool catalogue || ~**kasten** m / case of tools and implements, tool box o. chest || **kleiner** ~**kasten** / tool kit o. bag || ~**kegel** m / tool taper || ~**keilebene** f, Schneidennormalebene f / cutting edge normal plane || ~**klappe** f (Stoßmasch) / clapper, jim-crow || ~**koffer**, -kasten m / tool box o. case || ~**-Kombinationssatz** m / tool construction set || ~**korrektur** f (bezüglich Ist-Wert-Abweichung des Wz) (NC) / tool offset compensation || ~**kostenanteil** m / proportion of tooling costs || ~**laden** n (CLDATA) / load tool || ~**längenkorrektur** f (NC) / tool length offset || ~**macher** m, -mechaniker m / toolmaker, -man || ~**macher und Formenbauer** m / tool and die maker || ~**[macher]drehmaschine** f / toolmaker's o. toolroom lathe || ~**macherei** f / toolroom, -shop || ~**-Magazin** n, Lager n / store room for tools, tool shop || ~**maschine** f / machine tool || **schwere** ~**maschine** / heavy-duty machine tool || ~**maschine** f in Ständerbauart / floor-type o. movable column machine || ~**maschine** f mit Tisch / table type machine || ~**maschinenbau** m / machine tool building o. manufacture || ~**maschinen-Bediener** m / machine tool operator || ~**maschinenguß** m / castings pl for machine tools || ~**maschinenhalle** f / machine shop || ~**maschinenindustrie** f / machine tool industry || ~**maschinen-Konstruktion** f / machine tool design || ~**maschinen-Reparaturwerkstatt** f / machine tool repair shop || ~**maschinen-Technik** f / machine tool engineering o. technology || ~**meßmikroskop** n / toolmaker's measuring microscope || ~**modul** m (Zahnrad) / cutter module || ~**radiuskorrektur** f (NC) / tool radius offset || ~**regal**, -gestell n / tool rack || ~**rückebene** f, Werkzeugbezugsebene f / tool back

plane || ~**satz** m, Satz Werkzeuge / set of tools, tool kit || ~**satz** m **für Außengewindeschneiden** / screw plate set || ~**schaft** m / tool shank || ~**schleifer** m / tool grinder || ~**schleifmaschine** f / [unversal] tool grinder o. grinding machine || ~**schlitten** m (Wzm) / tool carriage o. slide || ~**schlitten** m (Wzm) / tool slide || **mittlerer** ~**schlitten** (Wzm) / center support || ~**schlosser** m / tool mechanic || ~**schneide** f / lip of a tool || ~**schneidenradius** m / tool lip radius || ~**schrank** m / tool cabinet o. cupboard || ~**spitze** f / tool tip || ~**stahl** m / tool steel || ~**stahl** m **für Kaltarbeit** / cold forming tool steel || ~**stahl** m **für Warmarbeit** / hot-work tool steel || ~**stein** m (Halbl) / jewel for transistor manufacturing || ~**stößel**, -stempel m / press ram o. slide || ~**tafel** f / tool board || ~**tasche** f / tool kit o. bag || ~**tasche** f (Fahrrad) / saddle bag || ~**tasche** f (Motorrad) / tool kit o. bag || ~**teilung** f (Zahnrad) / nominal pitch of the cutter || ~**träger** m (Bohrwerk) / rail head of a planer || ~**träger** m **am [Seiten]ständer**, Seitenschlitten m (Wzm) / side-head || ~**verlängerung** f / tool extension socket || ~**versatz** m (NC) / tool offset || ~**-Vierkant** m / driving square for tools || ~**vorschub** m / tool feed o. travel || ~**wagen** m / tool car || ~**wechsel** m / tool change || ~**wechselstellung** f (NC) / tool change position || ~**wechselzeit** f (F.Org) / tool allowance || ~**weg** m (Wzm) / cutter o. tool path || ~**zeichnung** f / tool drawing || ~**-Zentrierbohrung** f / stem hole

Wermutöl n / absinth[e] oil, wormwood oil

Wernerit m (Min) / wernerite, scapolite

Wernersche Theorie (Bindungen) f (Chem) / Werner's theory

Wert m / value || ~, Wertigkeit f (Chem) / valence, -ency || ~**, der von Hundert minus n % erreicht wird** (Statistik) / n[th] percentile (US)) || ~ **etc. festlegen** (o. bestimmen) / pitch v, rate || ~ **größter statistischer Häufigkeit** (DV) / mode, modal value || ~ **Spitze-Spitze**, S.-S.-Wert m (TV, Elektronik) / peak-to-peak value, pp.-value, double amplitude peak value, D.A.P. || **25%- oder 75%-**~, Quartil n / quartile || **dem** ~ **nach** / qualitative || **von nur einem** ~ (Math) / uniform || ~**analyse** f / value analysis o. engineering, VA || ~**bereich** m / range of values, extent || ~**bereichsklausel** f (DV) / range clause || ~**diskret** (DV) / of discrete values (parameters)

wertediskretes Signal / discrete-value signal

Wertefluß m (COBOL) / source-sum value || ~**klausel** f (COBOL) / source-sum-value clause

Werteinheit, Wertstelle f (Math, Bürom) / denomination

werte·kontinuierliches Signal / continuous-value signal || ~**paar** n / pair of variates || ~**tabelle** f, Wahrheitswertetafel f (DV) / truth table || ~**tafel** f (DV) / value part

Wert·funktion f (Nukl) / value function || ~**hohes Bit** / high-order bit

Wertigkeit f, Valenz f (Chem) / valence, -ency || ~, Stellenwert m (DV) / weight, significance || ~ **beim Sortieren** (DV) / priority, weight || ~ **der Schweißnaht** / quality assessment of a welded joint || ~ **einer Bitstelle** (DV) / significance [of bit position] || ~ **mit mehreren** ~**en** (Chem) / polygenic, -genous

Wertigkeits·stufe f / valency stage

Wert·kartentelefon n / check card phone || ~**klausel** f (DV) / value clause || ~**kontinuierlich**, -stetig (DV) / of continuous values (parameters) || ~**messer**, -maßstab m / standard of value || ~**minderung** f, -verlust m / decrease o. loss in value, depreciation || ~**minderung**, Verschlechterung f / debasement || ~**münze** f / slug, token || ~**niedriges Bit** / low order bit || ~**stelle** f (Math) / significant figure || ~**stoff** m / valuable substance || ~**taste** f (Buch.m) / amount key || ~**übertragung** f / transmission of values

Wertung f, Bewertung f / assessment, valuation, rating || ~, Auswertung f / evaluation

Wert·zeichenpapier n / security paper || ~ziffer f / significant digit || ~zoll m / ad valorem duty || ~zuwachs m / increment value
Wesensmerkmal n / character[istic]
wesentlich / essential, fundamental || ~, beträchtlich / substantial, considerable || ~, wichtig, lebenswichtig / fundamental, principal, important || ~e Bedingung / essential condition || ~er Bestandteil / essential part || ~e Eigenschaft / attribute || ~e Konstante (DV) / essential constant || ~e Oberfläche, wichtige Oberfläche (Furnier) / significant surface || ~e Typen, Hauptarten f pl / principal types pl
Westcott·-Faktor m / Westcott factor || ~-Modell n (Nukl) / Westcott model
Westindisches Satinholz / West Indian satinwood
Westinghouse-Luftbremse f / Westinghouse air brake
westlich, aus ~er Richtung / westerly
Weston·element n, -zelle f / Weston standard cadmium cell || ~grade m pl, Empfindlichkeit f nach Weston / Weston film-speed
Wettable Powder n, benetzbares Pulver / wettable powder
Wettbewerb m / competition
Wettbewerber m / competitor
Wetter n / weather || ~, Wetter n pl (Bergb) / [mine] air || ~ fassen (Bergb) / build ventilators || ~ halten (Bergb) / ventilate, aerate || ~ umsetzen (Bergb) / change the ventilation || ~ verschlagen (Bergb) / ventilate in a wrong direction || böse (o. giftige) ~ n pl, Kohlen[mon]oxid n (Bergb) / white damp || ~abteilung f (Bergb) / ventilating district || ~abzug m (Bergb) / air escape || ~abzugstrecke f (Bergb) / air intake into the upcast shaft || ~anzeiger m (Bergb) / safety lamp, fire-damp indicator || ~aussichten f pl (Luftf) / weather outlook || ~ballon, Registrierballon m / registering balloon || ~bauwerk n (Bergb) / roadway air door || ~beobachtung, -vorhersage f (Raumf) / weather watch || ~bericht m / weather forecast o. report || ~besserung f / improvement in the weather || ~beständig s. wetterfest || ~beständigkeit f (Farbe) / outdoor life || ~blende s. Wettertür || ~[bohr]loch n (Bergb) / bore hole for ventilation || ~brücke f, -kreuzung f (Bergb) / air crossing || ~dach, Schutzdach n / shed, penthouse || [weit] überhängendes ~dach (z.B. für Laderampen), Schirmdach n / station-roof, umbrella roof || ~damm m (Bergb) / air barrier o. stop[ping], ventilation dam || ~deck n (Schiff) / weather deck || ~dicht (Bergb) / airtight || ~dienst m / meteorological service || ~dienstbehörde f / meteorological authority || ~drosselung f (Bergb) / air regulator || ~düse f (Bergb) / air nozzle || ~dynamit n / wetter dynamite || ~echtheit f (Textil) / fastness to weathering || ~einzugstrecke f (Bergb) / air intake || ~esse f, -loch n (Bergb) / air flue o. hole || ~fang f / syringe, air tube || ~fehlstrom m (Bergb) / air leakage || ~fest, -beständig / weatherproof, -tight, -resisting, fast to exposure || ~fester Anstrich / weatherproof painting || ~fester gummiisolierter Draht / RCWP wire || ~fest machen / weatherize v || ~fest sein / defy weather || ~fester Stahl / weathering o. patinable steel || ~festigkeit f / weather[ing] resistance || ~festigkeitsversuch f / weather [exposure] test || ~führung, -versorgung f (Bergb) / air supply || ~gardine f (Bergb) / brattice cloth || ~gebläse n, Grubengebläse (Bergb) / colliery fan o. ventilator || ~geschützt (Elektr) / weatherproof || ~hut, Windfang m (Bergb) / wind collector || ~kanal m (Bergb) / fan drift || ~karte f (Meteorol) / synoptic chart, weather map || ~kreuz n, -brücke f (Bergb) / air crossing || ~kunde f / meteorology || ~lage f / atmospheric o. meteorological conditions pl || ~lampe f (Bergb) / miner's o. mining o. safety o. Davy's lamp || ~lampenbenzin n / safety lamp petroleum spirit o. mineral spirit || ~loch n (Bergb) / air hole, monkey (coll) || ~loch n im Versatz (Bergb) / gutter || ~lösung f (Bergb) / ventilation || ~lutte, -leitung

f, -fang, -kanal m (Bergb) / air conduit o. tube, airduct, casing tube, duct fan || ~mann m (Bergb) / ventilator, fireman, gasman || ~maschine f (Bergb) / colliery fan o. ventilator || ~meldung f, -bericht m / weather report o. forecast || ~meßstelle f (Meteorol) / data collection platform, DCP || ~meßstelle f (Bgb) / ventilation measuring point || ~minimum n (Luftf) / meteorological minimum || ~nachrichten f pl, -vorhersage f (Radio) / meteorological broadcasts pl || ~nase f, Wasserschenkel m (Bau) / window drip || ~phase f, WPH / weather phase || ~querschlag m (Bergb) / air drift || ~radar m n / weather radar || ~riß m (Bergb) / plan of ventilation || ~rückstau m (Bergb) / back draught o. draft (US) of air || ~satellit m / meteorological o. weather satellite, metsat || ~saugend (Bergb) / exhausting || ~schacht m (Bergb) / ventilating o. air shaft || ~schacht m (einziehend) / downcast [shaft] || ~schacht m (ausziehend) (Bergb) / upcast ventilating shaft, uptake || ~schacht und Förderschacht m (Bergb) / wind hatch || ~scheide f / meteorological limit || ~scheidetür f, -scheider m / separating door || ~schenkel m (Fenster) / window drip || ~schleuse f (Bergb) / air lock || ~seite f (Bau) / weather side || ~sohle f (Bergb) / air return level, ventilating course o. road || ~sonde f / weather sensor o. probe || ~sonde f / meteorological rocket || ~sprengstoff m (Bergb) / permitted (GB) o. permissive (US) explosive, safety o. wetter explosive || ~station f / meteorological office o. station || ~steiger (Bergb) / examiner, fire boss (US) || ~strecke f (Bergb) / air course o. gallery o. level o. road, ventilating course || ~strom m (Bergb) / current of air, blowing road || ~strom m (Bergb) / current of air, ventilating current || über Wetterbrücke geführter ~strom (Bergb) / over-cast || ~sturz m, -umschlag m / sudden change || ~tafel f (Bgb) / ventilation board information sign || ~trum n m (Bergb) / ventilating compartment of the shaft || ~tuch n, -gardine f (Bergb) / brattice cloth || ~tür f (Bergb) / air o. trap o. gauge door, regulator || druckentlastete ~tür / power assisted air gate || provisorische ~tür / provisional air trap || allgemeine ~übersicht / general inference, general forecast || ~umschlag m (Meteorol) / snap || ~versorgung, -führung f (Bergb) / air supply, ventilation || ~vorhersage f / weather forecast o. report || ~vorhersage, -beobachtung f (Raumf) / weather watch || ~vorhersagekarte f / prognostic chart || ~warnung f, -warnmeldung f (Luftf) / warning || ~warte f / meteorological office o. station o. observatory || ~wechsel m (Meteorol) / change in the o. of weather || ~wechsel m (Bergb) / circulation of the air || ~wechselschacht m (Bergb) / principal air shaft || ~wirtschaft f (Bergb) / control of ventilation || ~zeiger, Schwadenzeiger m (Bergb) / gas alarm || ~zug m (Bergb) / air draft o. flow || ~zünder m (Bergb) / safety detonator o. fuse
wetzen, schärfen / whet, set an edge
Wetz·stahl m / tool sharpening steel || ~stein m / rubber, grindstone, whetstone, rubstone || ~stein m (Landw) / strickle || ~stein, Abziehstein m / hone [stone]
WEV = Wirtschaftsgruppe Elektrizitätsversorgung
Weymouthskiefer f, Pinus strobus / yellow pine, Eastern white pine (US), Weymouth pine
WFA s. Wählerfernamt
WFEO = World Federation of Engineering Organizations
W-förmig / W-shaped || ~e Doppelstütze / terminal double pin
WFR (Elektronik) = Wanderfeldröhre
WGLR = Wissenschaftliche Gesellschaft für Luft- und Raumfahrt
Wheatstonebrücke f (Elektr) / Wheatstone o. meter bridge || ~ im Kasten (Fernm) / post office box o. bridge, P.O. box o. bridge || ~ mit Brückendraht und Schleifkontakt (Elektr) / slide bridge || technische ~ mit Widerstandskasten / box bridge, commercial Wheatstone [bridge]
Wheelabrating n (Art Stahlsanden) / wheelabrating

Whipcord m (Web) / whipcord
Whipstock m, Ablenkkeil m (Bergb) / whipstock, wedge
Whisker·[kristall], Haarkristall m (Krist) / whisker ‖
~**verstärkter Kunststoff**, WK / whisker reinforced
plastic ‖ **ᵹ-Wachstum** n / whisker growth
Whistler m (Radio) / whistler
White Spirit m, Testbenzin n / mineral turpentine, white
spirit
White-Box-Testing n (DV) / white-box testing
Whitworth·-Feingewinde [für Automobilbau] n / British
Standard fine thread, B.S.F.thread ‖ **ᵹgewinde** n /
British Standard Whitworth thread, B.S.W. [screw]
thread, British Standard [screw] thread ‖ **feines**
ᵹ-Rohrgewinde (26 Gänge/Zoll) / British Standard
brass thread (GB) ‖ **ᵹ-Standard-Gasgewinde** n /
British Standard gas o. pipe thread, B.S.P.thread
Wichte f, spezifisches Gewicht / specific gravity, Sp.Gr.,
sp.gr., s.g., volume o. unit weight, weight of unit
volume ‖ **ᵹanalyse**, Schwimm- und Sinkanalyse f / float
and sink analysis ‖ **ᵹ-Asche-Analyse** f (Bergb) / weight-
ash analysis ‖ **ᵹkurve**, W-Kurve f (Flotation) / specific
gravity curve, washability curve based on gravity ‖
ᵹregler m (Aufber) / density control device ‖
ᵹ-Siebanalyse f / float and sink analysis (by sizes) ‖
ᵹstufe f (Aufber) / density interval ‖ **ᵹzahl** f (Bergb) /
densimetric degree
wichtige Anlagen f pl / essential equipment
Wichtigkeit, Bedeutung f / account ‖ **der ᵹ nach**
einreihen (DV) / rank
Wichtung f, Gewichtung f / weighting
Wickel m, Pelz m (Textil) / lap [roll], fleece ‖ **ᵹ** (Elektr) /
winding ‖ **ᵹ** (Spinn) / roll o. wind lap ‖ **ᵹ** (DIN 61800)
(Spinn) / muff
wickelbar (z.B. Rohr) / coiling (e.g. pipe)
Wickel·behälter m (Reaktor) / strip-wound pressure vessel
(Stahl), wire-wound pressure vessel (Beton) ‖ **ᵹbildung**
f (Textil) / lap formation, licking ‖ **ᵹblock**, -kondensator
m / wound o. wrapped capacitor ‖ **ᵹbreite** f (Kabel) /
traverse width ‖ **ᵹbund** m (Fernm) / wire joint o.
binding o. connection ‖ **ᵹbund** m (Elektr) / twisted wire
joint ‖ **ᵹdorn** m / winding spindle ‖ **ᵹdorn** m, -kern m
(Tonband) / hub for a magnetic tape ‖ **ᵹdorn** m
(Potentiometer) / mandrel of a potentiometer ‖ **ᵹdose** f
aus Blech / convolute can ‖ **ᵹdraht** m, Bindedraht m /
binding o. winding wire, nealed wire ‖ **ᵹdraht** m,
verdrillter Draht / twisted wire ‖ **ᵹdurchmesser** m
(Kabel) / winding diameter
Wickelei, Spulerei f (Spinn) / winding room ‖ **ᵹ** f / winding
room
Wickel·einrichtung f (Textil) / bobbin carriage ‖
ᵹeinrichtung f (DV) / spooler ‖ **ᵹfaktor** m (Elektr) /
winding coefficient o. factor ‖ **ᵹfalz-Metallschlauch** m
/ folded spiral-seam tube ‖ **ᵹfeder**, Bandfeder f (Schloss)
/ volute spring, flat spiral spring ‖ **[kegelige] ᵹfeder**,
Evolutfeder f / volute spring, buffer spring ‖ **ᵹform** f
(Wz) / winding accessory ‖ **ᵹgestell** n (Spinn) / lap roller
guide ‖ **ᵹgut** n / winding material ‖ **ᵹhalter** m
(Schlagm.) / wound lap undercasing ‖ **ᵹhaspel** m n /
coiling winch ‖ **ᵹhohlkörper** m / strip-wound pressure
vessel ‖ **ᵹhülse** f (Spinn) / winding tube ‖ **ᵹkern** m
(Magn.Bd) / hub of a reel ‖ **ᵹkern** m (Elektronik) / wound
core ‖ **ᵹkeule** f (Kabel) / stress cone ‖ **ᵹkondensator** m
/ wrapped capacitor, wound capacitor ‖ **ᵹkontakt** m
(Elektronik) / wire-wrap ‖ **ᵹkopf** m (Elektr) / [armature]
end windings o. end connections o. end turns pl,
winding overhang ‖ **ᵹkopfhaube** f, -kappe f (Elektr) /
end bell ‖ **ᵹkörper** m (Textil) / package in the creel,
wound o. yarn package ‖ **ausgenutzte ᵹlänge** (Elektr) /
effective wire coverage ‖ **ᵹlötstelle** f / Britannia o.
winding joint ‖ **ᵹmaschine** f, Wickler m / coiler,
reeler, coiling o. reeling machine ‖ **ᵹmaschine**,
Aufbreit-, Wattenmaschine f (Textil) / lap-machine,
lapping machine ‖ **ᵹmaschine** f, Spulmaschine f (Spinn)
/ spooling frame, spooler ‖ **ᵹmaschine** f, Banddoppler

m (Spinn) / sliver lap machine ‖ **ᵹmaschine** f, Wickler
m / reeling machine ‖ **ᵹmaschine** f (Web) / machine for
winding woven o. knitted fabrics ‖ **ᵹmaschine**,
Knäuelmaschine f (Spinn) / ball winding o. balling
machine ‖ **ᵹmaschine**, Kettenspulmaschine f (Spinn) /
winding engine o. machine o. frame, swift engine ‖
ᵹmaschine f (Hütt) / coiler, recoiler, coiling machine ‖
ᵹmaschine f, Ablaufhaspel m n (Hütt) / pouring reel,
pay-off reel ‖ **ᵹmotor** m (Magn.Bd) / [re]wind motor
wickeln, aufwickeln / coil [round o. up], roll, reel, wind ‖
~, einwickeln / lap ‖ ~, umwickeln, bewickeln (allg,
Elektr) / wind ‖ **zu Knäueln** ~ (Spinn) / ball-wind v
Wickel·pappe f / millboard, press-rolled board ‖
ᵹpappenmaschine f / intermittent board machine ‖
ᵹpistole f (Fernm, Elektronik) / wire wrapping tool ‖
ᵹplatte f (Buch) / wrap-around (GB) o. wrap-round
(US) plate ‖ **ᵹraum** m (Elektr) / winding space ‖ **ᵹrohr**
n / roller (o. rolled) laminated tube, wrapped tube ‖
ᵹrohr-Herstellung f (Plast) / duct winding ‖ **ᵹrumpf** m
(Luftf) / shell body ‖ **ᵹschablone** f (Elektr) / former ‖
ᵹschale f (Bau) / wire wound concrete shell ‖ **ᵹschritt**
m (Elektr) / pitch of the armature, winding pitch ‖ **ᵹsinn**
m / direction of winding ‖ **ᵹspule** f, -stab m (Textil,
Kammgarn) / lap rod ‖ **ᵹspule** f (Baumwolle) / winding
bobbin ‖ **ᵹstab** m, -stange f (Spinn) / lap rod of a flat
card ‖ **ᵹstern** m (Textil) / winding star ‖ **ᵹstift** m (IS) /
wrap post ‖ **in ᵹtechnik hergestellt** (Raumf) / filament-
wound ‖ **ᵹteller** m (Band) / winding disk ‖
ᵹtragkörpergestell n (Textil) / box roller ‖
ᵹtransportwagen m (Textil) / batch wagon ‖ **ᵹtrommel**
f (Walzw) / coiling drum ‖ **ᵹverbindung** f (Fernm) / twist
joint o. ligature ‖ **ᵹverbindung** f, lötlose Verbindung
(Fernm, Elektronik) / wire wrap system ‖ **ᵹversuch** m
(Draht) / wrapping test for wire ‖ **ᵹvolumen** n (Kabel) /
winding capacity ‖ **ᵹwalze** f (Web) / take-up roller ‖
ᵹwalze f (Buch) / winder, winding roller o. drum ‖
ᵹwatte f (Baumwolle) / breaker lap ‖ **ᵹwiderstand** m /
helixed resistor, wound-wire resistor ‖ **ᵹzuschlag** m /
wrap allowance
Wickler m (Kabelmasch) / rewinding stand, coiler, take-
up ‖ ~, Wicklerin f (Arbeiter) / winder ‖ **ᵹ** (Hütt) / coiler,
recoiler, coiling machine ‖ **ᵹ** (Textil) s. Wickelmaschine ‖
ᵹ, Tortricida (Schädling) / leaf roller moth, tortrix moth
‖ **16fach-ᵹ** (Textil) / 16-pad lapper
Wicklung f (Elektr) / winding ‖ **ᵹ**, Wickel m, Spule f
(Elektr) / coil ‖ **ᵹ** (Garn) / wound yarn (a package) ‖
ᵹ mit einer Spule je Pol (Elektr) / whole-coiled winding
‖ **ᵹ mit Formspulen** / preformed winding ‖ **ᵹ mit**
großen Schritten (Elektr) / long pitch winding ‖
[einzelne] ᵹ (o. Umwicklung o. Lage) / lap
Wicklungs·anfang m (Elektr) / begin of a winding ‖ **ᵹdiagramm**,
-schema n (Elektr) / winding diagram ‖ **[verstärktes]**
ᵹende (Elektr) / leading-out wire ‖ **ᵹfaktor** m (Elektr) /
winding coefficient o. factor ‖ **ᵹformel** f (Elektr) /
winding formula ‖ **ᵹisolation** f (Elektr) / barrier ‖
ᵹkapazität f (Elektr) / internal capacitance ‖ **ᵹkopf** m
(Elektr) / [armature] end windings o. end connections o.
end turns pl, winding overhang ‖ **ᵹnut** f, -schlitz m
(Elektr) / winding slot ‖ **ᵹprüfung** f / high-voltage test ‖
ᵹraum / winding space ‖ **ᵹschablone** f (Elektr) /
winding form ‖ **ᵹschema** n / winding diagram ‖
ᵹschritt m (Elektr) / winding pitch ‖ **ᵹschritt** m,
Spulenweite f (Elektr) / coil span (GB), coil pitch (US) ‖
relativer ᵹschritt / relative coil o. winding pitch ‖
ᵹschritt m antriebsseitig auf der Gegenschaltseite /
back span ‖ **ᵹschritt** m auf der Schaltseite / front span
‖ **ᵹverhältnis** m (Trafo) / winding ratio, transformer
ratio ‖ **ᵹzweig** m (Anker) (Elektr) / armature coil
Widder, hydraulischer **ᵹ**, Stoßheber m / hydraulic o.
water ram
Wide-Gap-Funkenkammer f (Phys) / wide gap spark
chamber
Wide-Oval-Breitreifen m (Kfz) / wide-oval tire

Wider·druck m (Buch) / backing-up, perfecting, second printing ‖ ~drucken (Buch) / back v, perfect [up] ‖ ~druckform f (Buch) / perfecting o. second forme ‖ ~druckseite, Rückseite f (Buch) / even page, reverse ‖ ~druckwerk n (Buch) / inner o. inside forme printing mechanism, backing-up mechanism ‖ ~haken m / barb ‖ mit ~haken / barbed ‖ ~hall m (Ton) / resound, reverberation, repercussion ‖ ~hall m, Echo n / echo ‖ ~hallen / resound, reverberate ‖ ~hallend / repercussive, reverberating ‖ ~hallend, nachklingend / resonant, echoing ‖ ~lage[mauer] f / abutment, buttress, pier ‖ ~lager, Druckfundament n (Bau) / abutment ‖ ~lager n (Gewölb) / skewback, springer ‖ ~lagerbalken m / buttress beam ‖ ~lagerpfeiler m (Brücke) / abutment pier ‖ ~lagerstein m (Gewölbe) / first brick out, skewback ‖ ~lagerstütze f / buttress stay ‖ ~ristwolle f / withers wool ‖ ~ruf m / cancellation, revocation ‖ bis auf ~ruf / until revoked o. cancelled ‖ ~rufen adj / cancelled ‖ ~schein, Reflex m / reflex ‖ ~sinnig (Math) / absurd ‖ ~sinnig, fallend (Bergb) / hade against the dip ‖ ~sinnige Verwerfung (Geol) / reversed fault ‖ ~spenstig, spröde (Hütt) / rebel ‖ ~spiegeln, spiegeln / mirror v ‖ ~sprechend, entgegengesetzt / contrary ‖ im ~spruch [zu] / in opposition [with] ‖ ~spruchsfrei (Math) / consistent, compatible ‖ in sich ~spruchsfrei, selbständig / self-consistent ‖ in sich ~spruchsfreie Annäherung (Math) / self-consistent approximation ‖ ~spruchsfreiheit f (Math) / consistency, compatibility

Widerstand m (Mech, Phys) / resistance ‖ ~ (als Bauteil) (Elektr) / resistor ‖ ~, Rheostat m (Elektr) / rheostat ‖ ~ durch die [notwendige] Kühlluft (Luftf) / cooling drag ‖ ~ einer Flüssigkeitssäule, Flüssigkeitswiderstand / liquid resistance ‖ ~ entgegensetzen, trotzen / defy, resist ‖ ~ gegen plastisches Fließen / flow strength ‖ ~ in Durchlaßrichtung (Elektronik) / forward d.c. resistance ‖ ~ mit Kühlmantel / heat-sink encased resistor ‖ ~ mit Sektorenwicklung / resistor with sectorial windings ‖ [Luft- , Fahrt]~ / drag, head resistance (coll) ‖ [elektrischer] ~ (eine physik. Größe) / resistance ‖ mit ~ behaftet (Elektr) / resistive ‖ unbelasteter ~ (Halbl) / open junction ‖ Widerstände u. Induktivitäten u. Kapazitäten (Elektronik) / R-L-C-components

Widerstands-…, Kraft… / staminal ‖ ~abbremsung f (Raumf) / aerodynamic braking ‖ ~abgriff m / resistor tap ‖ ~abschmelzschweißung, -abbrennschweißung f / resistance flash welding o. butt welding ‖ ~achse f (Luftf) / drag axis ‖ ~Änderungsmesser m / E-meter ‖ ~anlasser m (Bahn) / impedance starter ‖ ~behebung f (Raumf) / drag cancellation ‖ ~beiwert, Luftwiderstandsbeiwert m, -zahl f, c_w / drag coefficient ‖ ~belag m (Elektr) / resistance load per unit length ‖ ~-Bolzenschweißen n / resistance stud welding ‖ ~bremse, Strombremse f (Elektr, Bahn) / rheostatic control o. brake, dynamic brake ‖ ~bremsung f / rheostatic o. dynamic braking, potentiometer braking ‖ ~brücke, Meßbrücke f (Elektr) / resistance bridge ‖ ~buckelschweißverbindung f / projection joint by resistance welding ‖ ~dämpfung f (Fernm) / resistance loss ‖ ~draht m / [cletric] resistance wire ‖ ~element n / element of a resistor ‖ ~element n (z.B. eines Gußeisenwiderstandes) (Elektr) / resistance grid ‖ ~fähig, Widerstands… / resistive, capable of resistance, resistant o. resisting [to], …-proof ‖ ~fähigkeit, -kraft f / resistibility, resistivity ‖ ~fähigkeit [gegen] / resistance [to] ‖ ~farbcode m / resistor color code ‖ ~ferngeber m / rheostatic teletransmitter ‖ ~frei, -los / resistanceless ‖ ~geschweißtes Rohr / e.r.w. tube (electric resistance welded tube) ‖ ~heizung f / resistance heating ‖ ~kabel n (Luftf) / drag wire ‖ ~kapazität f (Chem, Leitfähigkeitsgefäß) / resistance capacity, cell constant ‖

~-Kapazitäts…, RC… (Funk) / RC… ‖ ~koeffizient m / resistance coefficient ‖ ~kompensierter Satellit / drag-free satellite ‖ ~komponente f der Anodenimpedanz / slope resistance of the anode ‖ ~komponente f der Elektrodenimpedanz / electrode differential resistance ‖ ~kopplung f / resistance coupling ‖ ~körper m, Widerstand m / resistor ‖ ~kraft f / stamina, resisting force ‖ ~kraft f (Luftf) / drag ‖ ~lampe f (Elektr) / resistance lamp ‖ ~läufer m (Elektr) / increased resistance rotor ‖ ~legierung f / resistance alloy ‖ ~legierung mit niedrigem ρ / SB alloy ‖ ~leiter m (Funk) / heating resistor ‖ ~linie f (Mech) / line of resistance ‖ ~los, -frei / resistanceless ‖ ~manometer n (Vakuum) / Pirani vacuum gauge ‖ ~material n / high-resistivity material ‖ ~meßbrücke f / resistance bridge ‖ ~messer m, Ohmmeter n / ohmmeter ‖ ~messer m (in Megohm) / megger ‖ ~messung f (Elektr) / resistance measuring ‖ ~metall n / high-resistivity metal ‖ ~moment n (Mech) / section modulus ‖ ~nahtschweißung f / resistance seam welding ‖ ~normal n / resistance standard, calibrating o. precision resistor ‖ ~ofen m / [electric] resistance furnace o. oven ‖ ~ofen m mit Drahtwiderständen / Wild-Barfield furnace ‖ ~parameter, z-Vierpolparameter m (Halbl) / z-parameter ‖ ~paste f (Elektronik) / resistor paste ‖ ~patentieren n / resistance patenting ‖ ~photozelle f / photo-resistive cell ‖ ~preßschweißung f / resistance pressure welding ‖ ~punktschweißung f / resistance spot welding o. point welding ‖ ~punktschweißung für T-förmige Querschnitte / T-spot welding ‖ ~punktschweißverbindung f / spot[-welded] joint ‖ ~rauschen n (Elektronik) / resistance o. thermal noise, thermal agitation noise, Johnson noise ‖ ~regelung f / rheostatic control ‖ ~röhre f (Elektronik) / ballast tube, baretter ‖ ~rollenpunktschweißung f / resistance roller-spot-welding ‖ ~schicht f / resistive coat ‖ ~schlagschweißung f / resistance percussive welding ‖ ~schmelzschweißen n / resistance fusion welding ‖ ~schutzschalter m (Elektr) / protection switch with resistance ‖ ~schweißmaschine f / resistance welder ‖ ~-Schweißtransformator m / press-package transformer ‖ ~schweißung / resistance welding ‖ ~schweißwalzwerk n / electric resistance-welding mill ‖ ~spule, -spirale f (Elektr) / resistance coil ‖ ~stoßschweißung f / automatic butt welding, contact flash welding ‖ ~stoßschweißung für Nichteisenmetalle, Elektrostoßschweißung f / electropercussive welding, electrostatic percussion welding ‖ ~stufe f (Elektr) / resistance scale o. step ‖ ~stumpfschweißung f / resistance [upset-]butt welding ‖ ~tabelle f / resistance table ‖ ~thermometer n / resistance o. platinum thermometer ‖ ~thermometer n (für hohe Temp) / resistance pyrometer ‖ ~tinte f / resistor ink ‖ ~träger m, Heizspiralenträger m (Elektr) / element former, -carrier ‖ ~transformator m / impedance matching transformer ‖ ~verbinder m (Bahn) / resistive bond ‖ ~verstärker m (Elektronik) / resistance amplifier ‖ ~verteilerläufer m / suppression distributor rotor ‖ ~-Verteilerschleifkohle f / resistive distributor brush ‖ ~werkstoff m / heating resistor material ‖ ~wert m / value o. amount of resistance ‖ ~zahl f (Strömung) / flow resistance coefficient ‖ ~zelle f, Photowiderstand m / photoconductive cell ‖ ~-Zündleitung f / interference suppression ignition cable

widerstehen / resist ‖ ~, aushalten / withstand
Widerwasser n (Hydr) / backwater
Widia n (Wzm) / Widia
Widmannstättensche Figuren f pl (Hütt) / Widmannstätten structures pl
widrig, ungünstig (Wetter) / contrary
wieder anblasen (Hütt) / restart, put in blast again, blow in [again] ‖ ~ anlassen / restart vt ‖ ~ anlaufen / restart vi

‖ ~ **anzünden** / reignite ‖ ~ **aufarbeiten** / rework, recondition ‖ ~ **aufarbeiten** (Chem) / reprocess ‖ ~ **aufbauen** / re-erect ‖ ~ **auffinden** / retrieve ‖ ~ **aufforsten** / re-afforest ‖ ~ **aufglühen** (beim Abkühlen) (Hütt) / recalesce ‖ ~ **aufladen**, nachladen (Elektr) / recharge ‖ ~ **aufnehmen** / resume ‖ ~ **aufrollen**, -spulen, -wickeln (Magn.Bd) / rewind ‖ ~ **ausbrechen** (Geol) / recrudesce ‖ ~ **ausrichten**, nachrichten / realign ‖ ~ **ausstrahlen** / reemit ‖ ~ **beginnen** / restart vi ‖ ~ **beleben**, wieder aufleben lassen / revive ‖ ~ **beschaffen** / retrieve ‖ ~ **beschleunigen** (Kfz) / reaccelerate ‖ ~ **diazotieren** / rediazotize ‖ ~ **einkuppeln** (Masch) / recouple ‖ ~ **einrücken** / reengage ‖ ~ **einschalten** (allg) / restart vt ‖ ~ **einschalten** (Elektr) / reclose, restore [power] ‖ ~ **einschnappen lassen**, wieder einklinken / relatch ‖ ~ **einschreiben** (DV) / regenerate ‖ ~ **einspeichern** (DV) / store back ‖ ~ **einstellen** (Masch) / readjust ‖ ~ **eintippen** / reenter on a keyboard ‖ ~ **erwärmen**, -erhitzen / reheat ‖ ~ **flottmachen** (Schiff) / refloat ‖ ~ **flottmachen** (allg) / put into working order, repair [on the spot] ‖ ~ **formen** / mould again ‖ ~ **herrichten** / work over, recondition ‖ ~ **in Eingriff bringen** / remesh ‖ ~ **instandsetzen** / renovate, do up like new ‖ ~ **speichern** (DV) / re-store ‖ ~ **trockenwerden** (nach Überschwemmung) / dry vi (after overflooding) ‖ ~ **vermahlen**, aufgearbeitet / reground ‖ ~ **zünden** (Raumf) / fire again ‖ ~ **zusammenfügen** / rejoin, join ‖ ~ **zusammensetzen**, -bauen / reassemble ‖ **den Motor [im Flug]** ~ **anstellen** (Luftf) / re-light the engine ‖ **Lager** ~ **ausgießen** / remetal, reline ‖ ⁓**abdruck** m / reprint ‖ ⁓**ablagerungen verhindernd** / anti-redepositing ‖ ⁓**anfahren** n **eines Reaktors** / renewed start-up procedure ‖ ⁓**anlassen** n (Hütt) / retempering ‖ ⁓**anlauf** m **nach Zusammenbruch** (DV) / emergency restart ‖ ⁓**anlaufadresse** f, -anlaufpunkt m (DV) / restart point, rescue point (GB) ‖ ⁓**anlaufbedingung** f, -anlaufzustand m (DV) / restart condition o. point ‖ ⁓**anlaufbefehl** m (DV) / restart instruction ‖ ⁓**anlaufverfahren** n (DV) / restart procedure ‖ ⁓**anlaufzeit** f (DV) / system recovery time ‖ ⁓**anlegen** n (der Schwenkflügel) (Luftf) / reattachment ‖ ⁓**aufarbeitung** f / reworking ‖ ⁓**aufarbeitung** f (Nukl) / reprocessing of irradiated fuel ‖ ⁓**aufarbeitungsraum** m (Nukl) / on-site reprocessing room ‖ ⁓**aufbau** m / rebuilding ‖ ~**aufbauen** / reconstruct, rebuild ‖ ⁓**aufbereitung**, Aufarbeitung f (DIN) (Reaktor) / reprocessing ‖ ⁓**aufbereitungsanlage** f, WAA f / fuel reprocessing plant, FRP ‖ ~**auffinden** / find again ‖ ⁓**aufforstung** f / reafforestation ‖ ⁓**aufgabe** f **des Groben** (Sieb) / oversize return ‖ ⁓**aufglühen** n **im kritischen Bereich** (Hütt) / recalescence ‖ ⁓**aufheizzeit** f / comeback ‖ ⁓**aufkohlung** f (Hütt) / carbon restoration ‖ ~**aufladbar** / rechargeable ‖ ⁓**aufnahme** f / resumption, revival ‖ ⁓**aufnahmepunkt** m (DV) / restart point ‖ ⁓**aufsetzpunkt** m (Teletex) / document resynchronizing point ‖ ⁓**aufstieg** m / reascent ‖ ⁓**-auf-Touren-Kommen** n (Mot) / revving up ‖ ⁓**auftreten** n / recurrence ‖ ⁓**aufwältigung** f (Öl) / workover ‖ ⁓**aufwickelvorrichtung** f (Hütt) / recoiler ‖ ~**ausfällen** / reprecipitate ‖ ⁓**ausflockung** f / reflocculation ‖ ⁓**ausfugen** (Bau) / rejointing, repointing ‖ ⁓**ausrichtung** f / realignment, -alinement ‖ ⁓**befestigung** f / reattachment ‖ ⁓**belebung** f (Wirtschaft) / resuscitation, recovery ‖ ⁓**belebung**, Reaktivierung f (Chem) / reactivation, regeneration ‖ ⁓**belebungsapparat** m / life restoring apparatus ‖ ⁓**bereitschaftszeit** f (Relais) / recovery time ‖ ⁓**beschaffung**, -gewinnung f / retrieval ‖ ⁓**beschaffungskosten** pl / replacement costs pl ‖ ⁓**einführung** f (Trägerfrequenz) / reinsertion ‖ ⁓**einkuppeln** n (Masch) / recoupling ‖ ~**einrichten** (Wzm) / reset, retool ‖ ⁓**einschaltautomatik** f / hold-in circuit ‖ ~**einschalten** (Elektr) / restore power ‖

⁓**einschalten** n (Relais) / reclosing ‖ ⁓**einschaltschütz** n / reset contactor ‖ ⁓**einschaltsperre** f (Elektr) / reclosure preventing device ‖ ⁓**einsetzung** f (DV) / restoration ‖ ⁓**einstellgenauigkeit** f (Instr) / resettability ‖ ⁓**eintauchen** n, Wiedereintritt m (Rakete) / reentry ‖ ⁓**eintauch-Flugkörper** m (Raumf) / reentry vehicle ‖ ⁓**eintauchkapsel** f / reentry package ‖ ⁓**eintritt** m **unter flachem Winkel** (Raumf) / shallow entry ‖ ⁓**eintrittsbahn** f / return trajectory ‖ ⁓**eintritts-Fahrzeug** n **im Gleitflug** / lifting reentry vehicle ‖ ⁓**eintrittskörper** m **mit lenkbaren Einzelnutzlasten** / TGSM, terminally guided submissile ‖ ⁓**eintrittsschneise** f / [earth] reentry corridor ‖ ⁓**-Erscheinen**, n, Auftauchen n, Sichtbarwerden n / emergence ‖ ⁓**erwärmen** n (Flüssigkeiten) / reheating ‖ ~**flottmachen**, flottwerden / refloat ‖ ⁓**fluten** n (Nukl) / reflooding, reflood phase ‖ **Wiedergabe** f, Reproduktion f / reproduction ‖ ⁓ (Mag.Bd) / replay, playback ‖ ⁓ (Fernm) / restitution ‖ ⁓, Darstellung f (Info) / intelligence ‖ ⁓ **der Fernmeßergebnisse** / playback of telemeasurements ‖ **[Inhalt der]** ⁓ / rendering, rendition ‖ **auf** ⁓ **stellen** / set to reproduction function, set to playback ‖ ⁓**-Bildgröße** f (Film) / projected image area ‖ ⁓**genauigkeit** f (Roboter) / pick back accuracy ‖ ⁓**gerät** n (TV) / play-back o. reproducing system ‖ ⁓**kennlinie** f / picture display transfer characteristic ‖ ⁓**kopf** m (Elektronik) / reproducing o. playback head, replay head, reading head ‖ ⁓**maßstab** m / image scale ‖ ⁓**schärfe**, Bildauflösung f (TV) / resolution ‖ ⁓**[schärfe]** f (Phot) / rendition ‖ ⁓**schärfe** f, Auflösungsvermögen n (Funk) / resolution (US), definition ‖ ⁓**spule** f (Film) / reel for projection of films ‖ ⁓**taste** f / playback key ‖ ⁓**treue**, -qualität f / faithfulness o. fidelity of reproduction ‖ **hohe** ⁓**treue** / high fidelity, hi-fi ‖ ⁓**verfahren** n, -technik f / reproducing method o. technology ‖ ⁓**verstärker** m (Magn.Bd) / reproducing amplifier ‖ ⁓**verstärkung** f (Diktiergerät) / gain control, play-back level control

wieder·geben (Ton) / play back, reproduce ‖ ~**gemahlene Masse** / regrind ‖ ~**gewinnen** / recover, recuperate, regain ‖ ~**gewinnen** (aus Altmaterial) / salvage ‖ ~**gewinnen** (Information) (DV) / retrieve ‖ ⁓**gewinnung** f / recovery, recuperation, regain ‖ ⁓**gewinnung** f (DV) / retrieval ‖ ⁓**gewinnung** f (Wärme) / regeneration, recuperation ‖ ⁓**gewinnung** f **von brauchbaren Materialen** / reclamation, salvaging ‖ ⁓**gewinnungsanlage** f (Lösungsmittel) / [solvent] recovery plant ‖ ⁓**gewinnungsgrad** m / recovery rate ‖ ~**gutmachen** / make up for ‖ ~**herrichten**, wiederinstandsetzen, überholen / recondition ‖ ~**herstellbar** (DV) / recoverable ‖ ⁓**herstellbarkeits-Verhältnis** n / restorability ratio ‖ ~**herstellen**, rekonstruieren, ausbessern / restore, revive, renew, rebuild ‖ **eine Nachricht** ~**herstellen** / unscramble a message ‖ **das Gleichgewicht** ~**herstellen** / restore the equilibrium ‖ ⁓**herstellung** f, Rekonstruktion f / reconstruction ‖ ⁓**herstellung** f (Zustand) / restoration ‖ ⁓**herstellung** f, Reparatur f / repair ‖ ⁓**herstellung** f, Restauration f / restoration ‖ ⁓**herstellung** f (DV) / recovery [procedure] ‖ ⁓**herstellung** f **der Emulsionsschichtdicke** (Nukl) / deshrinkage ‖ ⁓**herstellung** f **des Bildes** (Video) / video readout ‖ ⁓**herstellung** f **des Schwarzpegels** (TV) / d.c. restoration (GB) o. reinsertion (US)

Wiederhol·angabe f (DV) / repeat specification ‖ ⁓**bake** f (Radar) / beacon, responder [beacon] ‖ ~**bar**, rekursiv / recursive ‖ ⁓**barkeit** f, Reproduzierbarkeit f / reproducibility ‖ ⁓**barkeit** f, Möglichkeit f des Wiederholens / repeatability ‖ ⁓**barkeit** f **von Messungen** / repeatability of measurements ‖ ⁓**baustein** m (Elektronik) / unitized module ‖ ⁓**befehl** m (DV) / repeat o. repetition instruction ‖ ⁓**dauer** f / rerun time ‖ ⁓**einrichtung** f / duplicating device

Wiederholen *n*, -holung *f* / repetition ‖ ⁓ / repeat, iterate ‖ ⁓, nochmals [ab]laufen lassen / rerun *vt* ‖ ⁓ (DV) / repeat ‖ **Arbeitsgänge** ⁓ (F.Org) / repeat operations ‖ **eine Sendung** ⁓ (Elektronik) / rebroadcast ‖ **einen Auftrag** ⁓ / repeat an order ‖ **sich** ⁓, wiederkehren (Math) / recur ‖ **sich** ⁓ (Vorgang) / repeat *vi* **wiederholend**, iterativ / iterative
Wiederholer, Rückmelder *m* (Bahn) / repeater
Wiederhol·genauigkeit *f* (NC) / repeating accuracy ‖ ⁓**genauigkeit** *f* o. -streubereich nach langen zeitlichen Zwischenräumen (NC) / repeatability ‖ ⁓**grenze** *f* (Qual.Prüf) / repeatability limit ‖ ⁓**muster** *n* / replicate sample ‖ ⁓**-Positioniergenauigkeit** *f* (Roboter) / positioning repeatability ‖ ⁓**programm** *n* (DV) / reroll o. rerun o. return program ‖ ⁓**programm** *n*, Iterationsschleife *f* (DV) / iterative loop ‖ ⁓**prozedur** *f* (DV) / rerun procedure ‖ ⁓**punkt** *m* (DV) / rerun o. return o. roll-back point ‖ ⁓**sender** *m*, Nebensender *m* (Radar) / repeater transmitter ‖ ⁓**sperre** *f* / antirepeat device ‖ ⁓**streubereich** *m* (Versuche) / repeatability **wiederholt**, mehrmalig / reiterate[d], iterated, repeated ‖ ⁓, mehrmalig, in neuen Anläufen / repeated[ly] ‖ ⁓ **auftretender Fehler** / repetitive error ‖ ⁓**e Destillation** / redistillation ‖ ⁓ **drücken** (Taste) / press again the button ‖ ⁓**e Gleichversuche** *m pl* / replicates *pl* ‖ ⁓**e Handbewegung** (F.Org) / repeated motion ‖ ⁓ **kopieren** / recopy ‖ ⁓**es Wählen** / repeated dialling attempt ‖ **[stetig]** ⁓, sich wiederholend / repetitive
Wiederhol·taste *f* (Schreibm) / repeater, repeat key ‖ ⁓**teil** *n* / repetition part
Wiederholung *f* / reiteration ‖ ⁓, wiederholtes Auftreten / repetition, repeat, rep ‖ ⁓ (Fernm) / readback ‖ ⁓ [von] (zur Erinnerung [an]) / reminder ‖ ⁓ (Fernschreiber) / rerun *n* ‖ ⁓ (Informatik) / iteration ‖ ⁓ **der Wiedergabe** (Ton) / autorepeat ‖ ⁓ **gleicher Versuche** (unter gleichen Bedingungen) / replication
Wiederholungs·-Bestimmung *f* (Aufber) / duplicate determination ‖ ⁓**faktor** *m* (DV) / iteration factor ‖ ⁓**folge** *f* / recurrence rate ‖ ⁓**frequenz** *f* / frequency of recurrence ‖ ⁓**kreis** *m* (Verm) / repeating circle ‖ ⁓**lauf** *m*, Wiederholung *f* / rerun ‖ ⁓**locher** *m* (LoKa) / duplicating punch ‖ ⁓**programm** *n* (DV) / rerun program o. routine ‖ ⁓**schaltung** *f* (Plattenspieler) / repeat handle ‖ ⁓**signal** *n* (Bahn) / repeating signal ‖ ⁓**sperre** *f* (Bahn) / conditional o. rotation interlocking ‖ ⁓**spezifikation** *f* (DV) / repetitive specification ‖ ⁓**versuch** *m* / duplicate o. check test, replicate ‖ ⁓**versuch** *m*, Gegenprobe *f*, -versuch *m*, Vergleichsversuch *m* / check test, countertest
Wiederhol·zahl *f* (DV) / repeat count ‖ ⁓**zeichen** *n* (DV) / repetition character
Wieder·hydrierung *f* / rehydration ‖ ⁓**inbetriebnahme** *f* / reopening of a line, reopation ‖ ⁓**inbetriebnahmezeit** *f* / change-over time ‖ ⁓**instandsetzen**, überholen / recondition ‖ ⁓**instandsetzen**, wieder in Ordnung bringen / refit ‖ ⁓**instandsetzen**, auffrischen, auffarbeiten / do up like new ‖ ⁓**käuend** (Landw) / cud-chewing, ruminant *adj* ‖ ⁓**käuer** *m* / ruminant ‖ ⁓**kehr** *f* (Bau) / junction o. meeting of two roofs ‖ ⁓**kehr** *f* (in den alten Zustand) / recovery, recuperation ‖ ⁓**kehr** *f* (Web) / return, extremity ‖ ⁓**kehr** *f* (Web) / extremity ‖ ⁓**kehr** *f* (in den alten Zustand) / recuperation, restoration ‖ ⁓**kehren**, sich wiederholen (Math) / recur ‖ ⁓**kehrend**, sich wiederholend / recurrent ‖ ⁓**kehrend** (Spannung, Elektr) / recovered ‖ ⁓**kehrend Neue Sterne** *m pl* (Astr) / recurring novae *pl* ‖ ⁓**lager** *n* / abutment ‖ ⁓**nutzbarmachung**, -verwendung *f* / reutilization ‖ ⁓**programmierbar** (DV) / reprogrammable ‖ ⁓**startfähigkeit** *f* (Magnetron) / restarting ability ‖ ⁓**trennung** *f* / resegregating ‖ ⁓**umlauf** *m* / recirculation ‖ **[sich]** ⁓**verbinden** (Gene) / recombine ‖ ⁓**vereinigung** *f* **von Elektronen und Löchern** (Halbl) / recombination ‖ ⁓**vereinigungsleuchten** *n* (Nukl) /

recombination luminescence ‖ ⁓**verkauf** *m* / resale ‖ ⁓**verkäufer** *m* / dealer ‖ ⁓**verkäuferpreis** *m*, Großhandelspreis *m* / wholesale price ‖ ⁓**verkaufspreis** *m*, Brutto-, Einzel-, Ladenpreis *m* / retail price, retailer's price ‖ ⁓**verwendbar** / reusable ‖ ⁓**verwendbar** (Raumf) / reflyable ‖ ⁓**verwendbar**, nichtlöschbar (DV) / nonerasable ‖ ⁓**verwendbares Pendelfahrzeug**, Space Shuttle *n* / [reusable] space shuttle ‖ ⁓**verwendbare Schiene** (Bahn) / recovered rail ‖ ⁓**verwendbare Verpackung** / dual-use o. reuse package, premium container (US) ‖ ⁓**verwendbarkeit** *f* / recoverability ‖ ⁓**verwenden**, aufarbeiten / reuse ‖ ⁓**verwendung** *f* / repeated application o. use, reuse, reemployment ‖ ⁓**verwendung**, -nutzbarmachung *f* / reutilization ‖ ⁓**verwendung** *f* **von Abfällen** / recycling ‖ ⁓**verwertbar**, -verwendbar / reusable ‖ ⁓**verwertung** *f* **von Brauchwasser** / reutilization of industrial water ‖ ⁓**vorstellen** *n* **eines Loses** (Qual Prüf) / resubmission of a lot ‖ ⁓**zünden** *n* / refiring ‖ ⁓**zündspannung** *f* (Elektr) / restriking voltage ‖ ⁓**zündung** *f* (Röhre) / re-ignition ‖ ⁓**zündung** *f* (Rakete) / restart *n* ‖ ⁓**zusammenfügen** *n* / recombination, rejoining ‖ ⁓**zusammensetzen** / reassemble
Wiegand-Effekt *m* / Wiegand effect
Wiege *f* (Masch) / engine mount, cradle ‖ ⁓ (Mat.Zuführung) / swing-tray ‖ ⁓ **des Drehgestells** (Bahn) / bogie bolster ‖ ⁓**anlage** *f* / weighing installation ‖ ⁓**balken**, -träger *m* / movable beam ‖ ⁓**bescheinigung** *f* (Bahn) / weight docket ‖ **mit** ⁓**bett** / rolling contact type… ‖ ⁓**bewegung**, Querschwingung *f* (Bahn) / side rocking o. sway ‖ ⁓**brücke** *f* / weigh[ing] bridge ‖ ⁓**bunker** *m* / weighing hopper ‖ ⁓**gelenk** *n* / cradle type joint ‖ ⁓**karte** *f*, -schein *m* / weight card ‖ ⁓**maschine** *f*, Waage *f* / weighing machine ‖ ⁓**meister** *m* (Bergb) / check weighman ‖ ⁓**messer** *n*, Hackemesser *n* / chopping blade o. knife
wiegen *vt vi* / scale ‖ ⁓, ver-, aus-, abwiegen / weigh [out] ‖ ⁓ *vi*, Gewicht haben / weigh *vi* ‖ ⁓, Abwiegen *n* / weighing
wiegenartig·es Zapfenlager / V-shaped bearing
Wiegen·federung, -aufhängung *f* (Bahn) / secondary suspension ‖ ⁓**kipper** *m* / cradle tipper o. dumper o. dump car
Wiege·schale *f*, Waagschale *f* / weighing basin o. tray, scale pan ‖ ⁓**schein** *m*, -karte *f* / weight card ‖ ⁓**träger**, -balken *m* / movable beam ‖ ⁓**tragrolle** *f* (Bandförderer) / weighing idler ‖ ⁓**trichter** *m* (Pap) / weighing scales *pl*
Wiegmannträger *m*, Polonceauträger *m* / Polonceau girder, French truss
Wien·-Brücke *f* (Elektr) / Wien bridge ‖ ⁓**-Effekt** *m* (Elektr) / Wien effect
Wiener [Putz]kalk *m* (Galv) / Vienna [polishing] chalk o. lime
Wien·sche Formel *f*, Wiensche Verschiebungsgesetz *n* (Phys) / Wien's displacement law ‖ ⁓**sche Strahlungsformel** *f* / Wien's law for radiation from a black body
Wiese *f* / grassland ‖ ⁓, Rasen *m* / meadow ‖ **auf der grünen** ⁓ (Bau) / on greenfield site
Wiesen·egge *f* (mit Messern) (Landw) / chain[-link] harrow (with cutters) ‖ ⁓**erz** *n* / bog [iron] ore, morass ore ‖ ⁓**ritzer** *m* (Landw) / pasture ripper, rejuvenator
Wiggler *m*, Schüttler *m* (Nucl) / wiggler
Wigner·effekt *m* (Nukl) / Wigner o. discomposition effect ‖ ⁓**-Energie** *f* (Nukl) / Wigner energy ‖ ⁓**-Entspannung** *f* / Wigner release ‖ ⁓**-Kern** *m* / Wigner kernel ‖ ⁓**-Kraft** *f* (Nukl) / Wigner force ‖ ⁓**-Nuklid** *n* / Wigner nuclide ‖ ⁓**-Wilkins-Methode** *f* (Nukl) / Wigner-Wilkins method
WIG-Schweißen, Wolfram-Inertgas-Schweißen *n* / TIG o. T.I.G. o. Tig o. tig welding, tungsten-inert gas [shielded] welding
wild / wild (torrent), boisterous (sea) ‖ ⁓**e Deponie** / indiscriminate dumping ‖ ⁓ **eruptierende Sonde** (Öl) /

blow-out ‖ ~e **Hefe** (Brau) / wild yeast ‖ ~e **Kopplung** (Elektronik) / stray coupling ‖ ~e **Kreuzwicklung** (Spinn) / constant-angle cross winding, random cross winding ‖ ~es **Parken** / rogue parking ‖ ~e **Rückkopplung** / parasitic reaction, stray reaction ‖ ~e **Schwingungen** *f pl* / spurious oscillations *pl* ‖ ~e **Seide** / wild silk, Tussah silk ‖ ~er **Streik** / wildcat strike ‖ ~e **Wicklung** (Elektr) / random o. mush winding ‖ ⁻**bachverbauung** *f* / regulation of a torrent, torrent control o. damming o. works *pl*

Wildcat-Bohrung, Bohrung auf unerforschtem Gelände *f* (Öl) / wildcat [drilling]

wild·gewickelt (Elektr) / random-wound ‖ ⁻**kautschuk** *m* / wild rubber ‖ ⁻**leder** *n* / buckskin, suede, suède ‖ ⁻**ledergewebe** *n* (Textil) / suede fabric ‖ ⁻**lederimitat** *n* / artificial suede ‖ ⁻**maßlänge** *f* (Hütt) / random length

Wild Ping *n* (Mot) / wild ping

wild·wachsend / wild ‖ ⁻**wasser** *n* / wild water

Wilfley-Schüttelherd *m* (Bergb) / Wilfley table

Wilkinit *m* (ein Bentonit für die Papierindustrie) / wilkinite

Willemit *m* (Min) / willemite

Williamsspeicher *m* (DV) / cathode-ray tube store, Williams tube storage

Williams-Speiser (Gieß) / blind feeder o. riser (US), blind head

Williotscher Verschiebungsplan *m* (Mech) / Williot diagram, diagram of transposition

willkürlich / arbitrary, by arbitration ‖ ~, willensmäßig / voluntary ‖ ~ **angenommen** / any, random… ‖ ~ **anordnen o. verteilen** / randomize ‖ ~e **Konstante** / arbitrary constant

Wilsonsche Nebelkammer *f* (Nukl) / Wilson cloud chamber

Wilton-Teppich *m* / Wilton

WIMA-Schweißung *f* (Drahtquetschnahtschweißung) (Fa. Soudronic, Dietikon, Schweiz) / WIMA welding (wire mesh welding)

Wimmern (Schwebung von 6-30 Hz) (Elektronik) / flutter

Wimmler *m* (Hütt) / vibrator

Winceyetteflanell *m* / winceyette

Winchester-·Laufwerk *n* / Winchester drive ‖ ⁻-**Platte** *f* (DV) / Winchester disk ‖ ⁻-**Plattenantrieb** *m* / Winchester disk drive

Wind *m* / wind ‖ ~, Gebläseluft *f* (Hütt) / blast, forced air ‖ ⁻ **von achtern,** Wind *m* von hinten, Rücken-, Schiebewind (Luftf) / following o. rear-on o. tail wind ‖ ⁻ **von der Seite,** Seitenwind *m* (Luftf) / cross-wind ‖ ⁻ **von vorn,** Gegenwind *m* (Luftf) / contrary wind ‖ **in den** ⁻ **drehen** (Luftf) / weathercock ‖ **vom** ⁻ **verursacht,** Wind… / eolian (US) ‖ ⁻**absperrschieber** *m* (Hütt) / damper register ‖ ⁻**abtragung,** Deflation *f* (Geol) / deflation, wind erosion ‖ ⁻**angriffsfläche** *f* / area o. side o. surface exposed to the wind ‖ ⁻**anker** *m* (Schiffsbrücke) / kedge [anchor] ‖ ⁻**anker** *m* (Fernm) / transversal stay ‖ ⁻**antrieb** *m* (Luftf) / impeller o. windmill drive ‖ ⁻**aufbereitung** *f* (Bergb) / pneumatic classification o. dressing ‖ ⁻**belastung** *f* / wind load ‖ ⁻**belastung** *f* **bei Kranen** / wind drag ‖ ~**berichtigt** / corrected for drift ‖ ⁻**bremse** *f* / wind o. fan brake ‖ ⁻**bremse** *f* (Dynamometer) / fan dynamometer ‖ ⁻**bruch,** -fall *m* / wind fall[en wood], rolled lumber (US) ‖ ⁻**diagramm** *n,* -rose *f* (Meteorol) / wind rose ‖ ⁻**druck** *m* / wind pressure ‖ ⁻**druck** *m* (Hütt) / blast pressure ‖ ⁻**druckschreiber** *m* (Luftf) / air pressure recorder ‖ ⁻**durchgang** *m* (Hütt) / blast passage ‖ ⁻**düse,** -form *f* (Hütt) / tuyere, blast pipe, nozzle

Winde *f* / whim, winch, windlass ‖ ⁻ (Schiff) / capstan engine, winch ‖ ⁻ **für Verrohrung** (Seilschlagbohrer) / calf o. casing reel ‖ ⁻ **mit senkrechter Welle,** Spill *n* / [whim] capstan ‖ **[Heiß]**⁻ (Schiff) / hoisting winch

Wind·eisen *n* (Wz) / tap wrench ‖ ⁻**eisen** *n* **für Draht** / twist clamp

Windekraft *f* (Bagger) / hoisting power

winden (z.B. Garn) / reel, wind ‖ ~, aufwinden / lift, raise, hoist ‖ **sich** ~ / crinkle ‖ **sich** ~ (o. schlängeln) / wind *vi* ‖ **sich schraubenförmig** ~ / coil *vi*

Windenergie *f,* -kraft *f* / wind power

Winden·haus *n* (Schiff) / winch house ‖ ⁻**läufer** *m* (Schiff) / runner ‖ ⁻**start** *m* (Luftf) / winch launch ‖ ⁻**trommel** *f* / barrel o. drum of a winch

Winder *m,* Dyname *f* (Mech) / wrench

Wind·erhitzer, Cowper[apparat] *m* / blast heating apparatus o. preheater, hot blast apparatus o. stove, [regenerating] air heater, recuperator, Cowper stove ‖ ⁻**erhitzerbesatz** *m* (Hütt) / stove fillings ‖ ⁻**fahne** *f* (Luftf) / wind-T ‖ ⁻**fahne** *f* **der Windkraftanlage** / vane of the wind power wheel ‖ ⁻**fahnenstabilität** *f* (Luftf) / weathercock stability ‖ ⁻**fall,** -bruch *m* / wind fall[en wood], rolled lumber (US) ‖ ⁻**fang** *m* (Bergb) / blower, airscoop, wind collector ‖ ⁻**fang** *m* (Uhr) / fly[wheel] ‖ ⁻**fang** *m* **an Türen** (Bau) / windscreen ‖ ⁻**fangtür** *f* / vestibule o. swing door ‖ ⁻**festigkeit,** Sturmsicherheit *f* / wind resisting strength ‖ ⁻**flügel** *m* / air vane ‖ ⁻**flügel** *m* (Masch) / fly regulator o. governor, governor fly ‖ ⁻**flügel** *m* (Uhr) / fly-vane, fan ‖ ⁻**form,** Ofenform *f* (Hütt) / mouth o. opening o. orifice of the tuyere, blast tuyere ‖ ⁻**frischen** *n* (Hütt) / air refining o. blowing, converting ‖ ⁻**frischstahl** *m* / air-refined steel ‖ ⁻**frischverfahren** *n* (Hütt) / blast process ‖ ⁻**fühler** *m,* Böensichter *m* / gust detector ‖ ⁻**führung** *f* (Hütt) / air o. blast conduction ‖ ⁻**generator** *m* (Elektr) / wind-driven generator ‖ ⁻**geschwindigkeit** *f* / wind velocity ‖ ⁻**geschwindigkeits-Komponente** *f* / wind velocity component ‖ ⁻**[geschwindigkeits]messer** *m* / wind velocity indicator, anemometer ‖ ~**gesichteter Ton** / aeroclay ‖ ⁻**gewölbe** *n,* Blasgewölbe *n* / tuyere arch ‖ ⁻**haube** *f* (Schiff) / cowl ‖ ⁻**haube** *f* **einer Wetterlutte** (Bergb) / cap o. air cover of an air conduit ‖ ⁻**hose** *f,* Wasserhose *f* / tornado, wind spout

windig / windy, wind-swept

Windkanal *m* (Luftf) / wind tunnel, flume ‖ ⁻ **mit Ausblasung u. Normaldruck** / Eiffel type wind tunnel (open jet non-return flow) ‖ ⁻ **mit Ausblasung u. Überdruck** / standard NPL-type wind tunnel (closed jet non return flow) (NPL = Nat. Phys. Lab, GB) ‖ ⁻ **mit geschlossener Meßstrecke** / closed-jet wind tunnel ‖ ⁻ **mit Umlaufwind u. Normaldruck** / Göttingen type wind tunnel (open jet return flow) ‖ ⁻ **mit Umlaufwind u. Überdruck** / original NPL-type wind tunnel (closed jet return flow) ‖ ⁻-**Gehäuse** *n* / wind tunnel shell ‖ ⁻**versuch** *m* / wind tunnel test

Wind·kappe *f* (Schornstein) / cowl ‖ ⁻**kappe** *f* (Mikrophon) / wind gag, wind shield ‖ ⁻**kasten** *m* (Hütt) / blast box ‖ ⁻**kasten** *m* **der Bessemerbirne** / air box, blast box, wind box ‖ ⁻**kessel** *m* / air dome o. chamber o. vessel o. tank, antifluctuator, receiver (GB) ‖ ⁻**kluft** *f* (Holz) / crack, wind shock ‖ ⁻**kraft** *f,* -energie *f* / wind power ‖ ⁻**kraftmaschine** *f* / wind power engine ‖ ⁻**kraftwerk** *n* / wind [driven] power station ‖ ⁻**last** *f,* -belastung *f* / load due to o. from wind pressure, wind load stressing ‖ ⁻**last** *f* **auf der Leeseite** (Bau) / suction wind loading ‖ ⁻**latte,** -strebe *f* (Bau) / wind beam, cross lath ‖ ⁻**lauf** *m* (Kfz) / apron, cowl ‖ ⁻**laufquerteil** *m* (Kfz) / scuttle ‖ ⁻**laufteil** *m* (zwischen Windschutzscheibe und Instrumentenbrett) (Kfz) / scuttle-dash ‖ ⁻**leitblech** *n* (Bahn) / smoke deflector plate, smoke-shield plate ‖ ⁻**leitung** *f* (Hütt) / blast pipe ‖ ⁻**loch** *n* (Bergb) / blast inlet ‖ ⁻**messer** *m* / air speed indicator o. meter, ASI, anemometer ‖ ⁻**messer,** -zähler *m* (Hütt) / blast meter ‖ ⁻**messung** *f* / anemometry ‖ ⁻**motor** *m,* -rad *n,* -turbine *f* / windmill, wind wheel ‖ ⁻**motorpumpe** *f* / windmill o. wind pump ‖ ⁻**mühle** *f* / windmill ‖ ⁻**mühlenflügel** *m* / sail ‖ ⁻**mühlenflugzeug** *n* / Autogiro, windmill air-plane ‖ ⁻**mühlenrad** *n* (für Antrieb von Geräten durch Luftströmung) (Luftf) / windmill

Windomantenne *f* / Windom antenna

Window-Filter n / window filter
Wind·portal n (Stahlbau) / crossbracing end frame ‖ ⁺rad
n (Masch) / windmill, wind wheel ‖ ⁺radanemograph
m, Kreuzflügelanemometer n / wind-wheel o. -vane
anemograph, rotating o. rotational wheel anemograph ‖
⁺radanemometer n, Flügelradanemometer n / vane
anemometer, fan wheel anemometer ‖ ⁺radpumpe f /
windmill o. wind pump ‖ ⁺regulator m,
Gebläseregulator m / blast regulator ‖ ⁺richtung f /
direction o. set of the wind ‖ ⁺richtungsanzeiger m
(Luftf) / wind direction indicator, wind-T ‖
⁺richtungsanzeiger m, Windfahne f (Bau) / vane,
weather-cock ‖ ⁺ring m (Hütt) / air chamber ‖
⁺-Ringleitung f (Hütt) / bustle pipe ‖ ⁺riß m, -kluft f,
Trockenriß m (Holz) / wind shock ‖ ⁺rose f,
Kompaßrose / rose of a compass [containing the thirty-
two winds], compass card o. dial o. face ‖ ⁺rose f,
-diagramm n (Meteorol) / wind rose ‖ ⁺sack m (Luftf,
Straßb) / wind cone o. sleeve o. sock, wind stocking, air
sleeve ‖ ⁺schattenseite f / side sheltered from the wind
‖ ⁺scheibe f (Bau) / shear wall ‖ ⁺scherung f (Meteorol)
/ wind shear ‖ ⁺schichtung f (Spanplatten) / air spreading
‖ ⁺schieber m (Hütt) / blast [slide] valve, blast gate ‖
∼schief / skew-whiff
windschief, krumm (Masch) / winding, warped, wry ‖ ∼e
Fahrleitung (Bahn) / curved catenary, inclined contact
line, inclined catenary suspension ‖ ∼e **Fläche** / skew
surface ‖ ∼e (o. nicht schneidende) **Linien** (Math) /
skew lines pl ‖ ∼er **Stereokomparator** (Verm) / wind-
tipped stereocomparator ‖ ∼ **werden** (Holz) / warp vi,
get warped, set, cast
Windschiefheit f / skewness
Wind·schirm m, -schutz m / windscreen ‖ ⁺schirm m
(Mikrophon) / windscreen, wind cap o. gag ‖ ⁺schliff m
(Geol) / sand cutting o. scratch, eolian corrasion ‖
∼schlüpfig, stromlinienförmig, windschnittig /
streamlined, faired ‖ ∼schlüpfig machen / streamline v
‖ ⁺schreiber m / anemograph ‖ ⁺schürze f (Bau) /
windscreen ‖ ⁺schutz m / windbreak[er] (GB) ‖
⁺schutzscheibe f (Kfz) / windscreen (GB), windshield
(US) ‖ [oben blau- o. grün]farbige ⁺schutzscheibe
(Kfz) / tinted screen ‖ ⁺seite f, -angriffsfläche f /
windward side ‖ ⁺seite, Luv[seite] f (Schiff) / luff ‖
⁺seite f (Hochofen) / blast side ‖ ⁺sichten n (Pulv.Met) /
air separation, gas classification, air elutriation ‖
⁺sichter m / air separator, pneumatic sifter, wind sifter
‖ ⁺sichter m (Pulv.Met) / gas classifier ‖ ⁺sichter,
Wirbler m (Hütt) / cyclone dust catcher ‖ ⁺sichter m
(Kohle) / pneumatic deduster o. sifter, air separator,
wind sifter ‖ ⁺sichtung f (Bergb) / air separation o.
classification ‖ ⁺sichtung f (Spanplatten) / wind
screening
Windstärke f (Meteorol) / wind force o. intensity ‖ ⁺ 0,
Windstille / calm ‖ ⁺ 1, leichter Zug / light air ‖ ⁺ 2,
leichte Brise / light breeze ‖ ⁺ 3, schwache Brise /
gentle breeze ‖ ⁺ 4, mäßige Brise / moderate breeze ‖
⁺ 5, frische Brise / fresh breeze ‖ ⁺ 6, starker Wind /
strong breeze ‖ ⁺ 7, steifer Wind / moderate gale ‖ ⁺ 8,
stürmischer Wind / fresh gale ‖ ⁺ 9, Sturm m / strong
gale ‖ ⁺ 10, schwerer Sturm / whole gale ‖ ⁺ 11,
orkanartiger Sturm / storm ‖ ⁺ 12, Orkan m / hurricane
Wind·stau m / raising of water level by wind ‖ ⁺stock m
(Hütt) / blast connection ‖ ⁺stoß m, Bö f / gust, flaw ‖
⁺stoß m / gust, blast of wind ‖ ⁺stoßfaktor m (Stahlbau)
/ gust factor ‖ ⁺strebe f / sway rod, wind brace ‖
⁺streichholz n / fusee, fuzee ‖ ⁺strich, Kompaßstrich
m / rhumb. rumb of the compass ‖ ⁺surfer m / wind
surfer ‖ ⁺träger m / wind bracing girder o. beam ‖
⁺tüchtigkeit f / wind state capability ‖ ⁺tunnel m / air
tunnel ‖ ⁺turbine f / wind turbine, windmill ‖
⁺turbinenpumpe f / windmill o. wind pump
Windung f / winding, turn ‖ ⁺ (Spulerei, Tau) / wrap ‖ ⁺
(Straßb, Fluß) / loop ‖ ⁺ einer **Fläche**, Schraubengang m

/ convolution ‖ ⁺ einer **Spirale** (Masch) / thread, turn,
spire
Windungs·durchschlag m / short circuit in coil ‖ ⁺fluß m
/ flux linking of a winding ‖ ⁺isolation f / turn
insulation ‖ ⁺leger m (Walzw) / laying head ‖ ⁺prüfung
f (Elektr) / interturn test (GB), turn-to-turn test (US) ‖
⁺sammler m (Drahtwalzen) / coil accumulating station,
coil collecting station ‖ ⁺schluß m (Elektr) / short circuit
in coil, short[-circuit]ed coil ‖ ⁺schluß m (Elektr) /
shorted coil ‖ ⁺schlußprüfer m (Elektr) / growler ‖
⁺spannung f / potential difference along a turn ‖
⁺unterbrechung f (Elektr) / open circuit in the armature
o. field, open coil ‖ ⁺verhältnis n (Trafo) / turn[s] ratio
‖ ⁺zahl f (Elektr) / number of turns ‖ ⁺zahl-Verhältnis
n / wind ratio
Wind·verband m, -verstrebung, -versteifung f (Bau,
Stahlbau) / crossbracing, wind o. sway bracing,
transverse bracing ‖ waagerechter ⁺verband (Stahlbau)
/ horizontal brace ‖ ⁺verband (Stahlbau) / wind
brace, wind bracing member o. bracing bar ‖
⁺verbreitung f (Bot) / wind dispersal, anemochory ‖
⁺verbreitung f (Bot) / anemochory ‖ ⁺verhältnisse n pl
/ wind conditions pl ‖ ⁺versteifung f (Bau) /
crossbracing, wind o. sway bracing, transverse bracing
‖ ⁺versteifungen anbringen (Zimm) / crossbrace v ‖
⁺verstrebung f (das Bauelement) / wind-resisting stay
‖ ⁺verteilungsregler m (Hütt) / blast distribution
controller ‖ ⁺werk n, Winde f / winding gear o.
mechanism, winch ‖ ⁺werksbrücke f / winding gear
platform ‖ ⁺werkskatze f (Kran) / winding gear trolley ‖
⁺zacken, -stein, Gichtstein m (Hütt) / stone rest o.
facing of the twyer ‖ ⁺zeiger m, Anemoskop n /
anemoscope ‖ ⁺zug m, Luftströmung f / draught
Winglet n (Luftf) / winglet
Wingtank m (Schiff) / wingtank
Wink n (= 1/2000 min) (F.Org) / wink
Winkel m / angle ‖ ⁺, Fensterwinkel m, Scheinecke f
(Tischl) / sash angle ‖ ⁺, -stahl m / angle steel ‖ ⁺,
Dreieck n (Zeichn) / square, triangle, set square ‖ ⁺,
Kniestück n (Masch) / knee, angle, elbow ‖ ⁺...,
winkelförmig / angular ‖ ⁺ ($\langle 90^0$) zum magnetischen
Meridian (Verm) / reduced bearing ‖ ⁺ 1 im
Bogenmaß, Radian[t] m, rad (= 57,29578⁰ (Altgrad),
= 63,66197ᵍ (Gon)) (Math) / radian, rad ‖ ⁺ der
Windrichtung / wind azimuth angle ‖ ⁺ geringster
Ablenkung / angle of minimum deviation ‖ ⁺ in einer
Mauer / break of a wall ‖ ⁺ mit Innen- und
Außengewinde reduziert, Winkel A4 DIN 2950 (Rohr)
/ street ell ‖ ⁺ mit sich paarweise deckenden
Schenkeln / coterminal angles pl ‖ ⁺ 2π im Bogenmaß /
2π in radians ‖ ⁺ von 22 1/2⁰ (Rohr) / eighth bend ‖ ⁺
zur Achse, Vektorargument n (Math) / argument ‖ ⁺ den
zwischen Wellen (Masch) / shaft angle ‖ den
⁺ einstellen / angle v ‖ einen ⁺ bilden / corner v ‖
einen ⁺ einschließend (Math) / included ‖ einen
⁺ messen (o. aufnehmen o. beobachten) / measure o.
determine a bearing ‖ im ⁺ zu einer anderen
angeschlossene Mauer / canted wall ‖ in den
⁺ bringen / square v ‖ ⁺abgleich m / angle calibration
‖ ⁺abgriff m / pick-off of anguler mouvement ‖
⁺ablenkung f / angular deviation ‖ ⁺abzweigdose f
(Elektr) / angle conduit box ‖ ∼ähnlich (Min) / vicinal ‖
⁺[an- m, -ab]trieb / [right-]angle drive, angular o.
bevel drive ‖ ⁺anzeiger, -messer m / angle counter ‖
⁺anzeiger m (Auswuchten) / angle indicator ‖
⁺[aufspann]tisch m (Dreh) / tilting table ‖
⁺aufspanntisch m (Wzm) / angle plate ‖ ⁺ausschlag m
des Drehgestells (Bahn) / truck swing ‖ ⁺band n / angle
o. corner iron, sash angle ‖ ⁺beschleunigung f /
angular acceleration ‖ ⁺bewegung f (Mech) / angular
movement ‖ ⁺bezugsgenerator m (Auswuchten) / angle
reference generator ‖ ⁺biegewerkzeug n (Stanz) / Vee
bending tool ‖ zwischen 2 Flächen ∼bildend / dihedral
‖ ⁺bock m / corner bracket ‖ ⁺bogen m / arc of an

angle ‖ ~**bogensegment** *n* / curved angle segment ‖
~**bohrer** *m* / angle o. corner brace o. drill ‖
~**bohrmaschine** *f* / angle drill ‖ ~**codierer** *m* / angle
encoder ‖ ~**dach** *n* (Firstwinkel = 90⁰) / square roof ‖
~**dose** *f* (Elektr) / angle junction box ‖ ~**drehpflug** *m*
(Landw) / quarter-turn plough, reversible plough,
quarter-turn type ‖ ~**einheit** *f* / angular unit, unit of
angle ‖ ~**einschraubstutzen** *m* / elbow-type screwed
socket ‖ ~**einstellung**, -verstellung *f* / angular
adjustment ‖ ~**eisen** *n* s. Winkelstahl ‖ ~**endmaß** *n*
(Masch) / angle block o. ga[u]ge ‖ ~**fehler** *m* / angle
error ‖ ~**fehler** *m*, Schielen *n* (Antenne) / squint ‖
~**fernrohr** *n* / elbow telescope ‖ ~**flachzange** *f* / bent
flat pliers ‖ ~**flansch** *m* / angle flange ‖ ~**förmig**,
wink[e]lig / angular ‖ ~**förmig biegen**, aufstellen
(Stanz) / vee-bend *vt*, angle-bend ‖ ~**fräser**,
Lückenfräser *m* / angular [milling] cutter ‖ ~**fräser** *m* /
angular milling cutter ‖ ~**fräser** *m* für
Schwalbenschwänze / dovetail milling cutter ‖ ~**fräser**
m **mit Zylinderschaft DIN 1833 Form A** / inverse
dovetail cutter with parallel shank ‖ ~**fräser** *m* **mit**
Zylinderschaft DIN 1833 Form B / dovetail cutter with
parallel shank ‖ ~**-Fräskopf** *m* / vertical milling head ‖
~**frässtift** *m* (Werkz) / inverted cone burr ‖ ~**frequenz**,
Kreisfrequenz *f* (Elektr) / radian o. angular frequency,
pulsatance ‖ ~**führung** *f* / angular guide ‖ ~**funktion** *f*,
goniometrische Funktion / trigonometric function ‖
~**funktionen** *f pl* / trigonometrical ratios, trigonometric
functions *pl* ‖ ~**geber** *m* (Regeln) / angle transmitter ‖
~**gelenk** *n* / angle joint ‖ ~**geschwindigkeit** *f* / angular
velocity ‖ elektrische ~**geschwindigkeit** / angular
frequency ‖ ~**geschwindigkeitskomponente** *f* / angular
velocity component ‖ ~**getreu**, konform (Geom, Verm) /
conformal ‖ ~**getriebe** *n* / angular gear ‖ ~**grad** *m* /
degree of angle, angular degree ‖ ~**griff** *m* (für
Schraubwz) (DIN 3122) / offset handle ‖ ~**haken** *m*
(Buch) / setting o. composing stick ‖ ~**halbierende** *f*
(Geom) / median [line], bisecting line of an angle ‖
~**halbiergerät** *n* (Verm) / angle bisector ‖ ~**haltigkeit**,
Rechtwinkligkeit *f* / squareness ‖ ~**hebel** *m*
(rechtwinklig) / rectangular lever ‖ ~**hebel** *m* (Uhr) /
setting lever ‖ ~**hebel** *m*, Kniehebel *m* / bell-crank
lever, angle o. elbow o. knee lever ‖ ~**hebelbewegung** *f*
(Steinbrecher) / toggle lever motion
winkelig, winklig, mit Winkeln [versehen] / angular,
angled ‖ ~, winklig, mit Winkeln [versehen] / angled ‖
~ **umbiegen** / angle *v*
Winkel·indikator *m* (Elektronik) / pin and arc indicator ‖
~**instrument** *n* (Verm) / goniometric instrument ‖
~**kabelschuh** / angle socket ‖
~**kantenabrichthobelmaschine** *f* **zum Abrichten u.**
Fügen in einem Arbeitsgang / surface-planing and
edge-jointing machine for truing-up and squaring in one
operation ‖ ~**klammer** *f* (Buch) / angle bracket ‖ ~**knie**
n / bent knee ‖ ~**knie** *n*, rechtwinkliges Knie / square
knee ‖ ~**konsole** *f* / corner bracket ‖ ~**konstante** *f*
(Fernm) / wavelength (US) o. phase (GB) constant ‖
~**kopf** *m*, -trommel *f* (Verm) / cross-staff [head] ‖
~**korrektur** *f* (Verm) / correction of angles ‖
~**korrelation** *f* (Nukl) / angular correlation ‖ ~**lage** *f* /
relative position ‖ ~**lage-Anzeige** *f* (Luftf) / VSD,
vertical situation display ‖ ~**lasche** *f* (Bahn) / angular o.
angle fishplate, bracket joint ‖ ~**lasche** *f* (Rollenkette) /
bent lug link plate ‖ **gebogene ~lasche** (Stahlbau) /
corner strap ‖ ~**linie** *f*, Diagonale *f* / diagonal *n* ‖
~**markierung** *f* (Auswuchten) / angle datum mark ‖
~**maß** *n*, Winkel[haken] *m* / rule triangle, rectangle ‖
~**maß** *n*, -messung *f* / angular measure[ment] ‖ ~**maß** *n*
(Fernm) / phase constant ‖ **mit Setzwaage vereinigtes**
~**maß** (Zimm) / level square ‖ ~**maß** *n* **mit Anschlag**,
Anschlagwinkel *m* / back square, try-square ‖ ~**mast** *m*
(Elektr) / angle tower o. pylon, angle support ‖
~**meßeinheit** *f* (Gerät) / angle measuring system ‖

~**messen** *n*, Goniometrie *f* / goniometry ‖ ~**messer**,
-spiegel *m*, Goniometer *n* (Krist) / goniometer ‖
~**messer** *m* (Verm) / graphometer [circle] ‖ ~**messer** *m*
(Math) / protractor ‖ ~**messer** *n* (Landw) / L-blade ‖
~**messer** *n* des Baustahlmattenschneiders (Bau) / offset
jaw of a bolt cutter ‖ ~**meßokular** *n* (Mikrosk) /
protractor eyepiece, goniometric eyepiece ‖
~**meßsystem** *n* (NC) / angular-position measuring
system ‖ ~**minute** *f* / angular minute ‖ ~**modulation** *f*
(Elektronik) / angle modulation ‖ ~**öffnung** *f* (Opt) /
angular aperture ‖ ~**pfosten** *m* / corner column ‖
~**platte** *f* (Wzm) / angle plate ‖ ~**presse** *f* (Plast) / angle
press ‖ ~**prisma** *n*, rechtwinkliges Prisma / rectangular
prism, prismatic square ‖ ~**probe** *f* (Schweiß) / wedge
test, fillet weld inspection test ‖ ~**probe** *f* nach Greves
mit Einschnitt (Gummi) / Greves nicked angle test ‖
~**profil** *n* (Walzw) / corner iron o. steel ‖ ~**profil** *n* /
angle section ‖ ~**querschnitt** *m*, raumwinkelbezogener
Wirkungsquerschnitt (Nukl) / angular cross section ‖
~**räumer** *m* (Straßb) / angle dozer ‖ ~**recht**, im Winkel /
[by] square ‖ ~**recht**, einen rechten Winkel
bildend / rectangular, right-angled, orthogonal ‖
~**rechte Stoßverbindung** (Zimm) / square joint ‖
~**reflektor** *m* (Antenne) / corner reflector ‖ ~**reflektor**
m, Tripelspiegel *m* / triple reflector o. mirror ‖
~**reflektorantenne** *f* / corner reflector antenna ‖ ~**ring**
m (Rollenlager) / separate thrust collar ‖ ~**ring** *m* (Art
Kolbenring) / torsionally twisted piston ring ‖ ~**ring** *m*,
-stahlring *m* / ring angle steel ‖ ~**rohr**, -stück *n* (Rohr) /
ell ‖ ~**rotor** *m* (Mikrosk) / angle rotor ‖ ~**rutsche** *f* /
corner chute ‖ ~**säge** *f*, Zink[en]säge *f* / dovetail saw ‖
~**schäler** *m*, Trassenschäler *m* (Planierraupe mit
Winkelschild) / angledozer ‖ ~**schälversuch** *m*
(Klebung) / T-peel test ‖ ~**schar** *f* (Landw) / landside
share ‖ ~**schleifer** *f* / right angle grinder ‖ ~**schlüssel** *m*
für Schrauben s. Winkelschraubendreher ‖
~**schmierbüchse** *f* / angle lubricator ‖ ~**schnitt** *m* /
angular o. bevel cut ‖ ~**schnitt** *m* (Stahlbau) / angle cut ‖
~**schnitt** *m* (Pap) / angle cutting ‖ ~**schnittanalyse** *f*
(DV) / angular section analysis ‖ ~**schraubendreher** *m* /
[double] offset screwdriver ‖ ~**schraubendreher** *m* **für**
Innensechskantschrauben (DIN) / hexagon-socket
offset screw key ‖ ~**schraubendreher** *m* **für**
Innenkeilprofilschrauben / spline socket screws key ‖
~**schraubendreher** *m* **für Schlitzschrauben** /
screwdriver for slotted head screws, double offset ‖
~**schraubendreher** *m* **mit Zapfen [für**
Innensechskantschrauben] / key for hexagon socket
screws with pilot ‖ ~**schrittgeber** *m* (Wzm) / angular
encoder ‖ ~**schweißen** *n* (Plast) / angular movement
friction welding ‖ ~**sekunde** *f* / second of an angle,
angular second ‖ ~**separator**, Elbowseparator *m* (Hütt) /
elbow separator ‖ ~**spant** *n* (Schiff) / square rib ‖
~**spiegel** *m* (Opt, Verm) / corner reflector ‖ ~**spiegel** *m*,
Spiegelkreuz *n* (Verm) / optical square ‖ ~**stahl** *m*,
Winkelprofil *n* / angle [steel], angular steel, L-bar o.
steel ‖ ~**stahl** *m*, Verstrebung *f* (Hütt) / strut ‖
[un]gleichschenkliger ~stahl / [un]equal angle [steel] ‖
~**stahl** *m* **nach US-Norm** / American Standard angle ‖
~**stahllochmaschine** *f* / angle steel punching machine ‖
~**stahlschere** *f* / angle steel shears *pl* ‖ ~**station** *f* (Seilb)
/ angle o. curve station ‖ ~**-Steckdose** *f* (Elektr) / right
angle socket ‖ ~**stecker** *m* (Elektr) / right angle plug ‖
nach oben gerichtete ~stellung der Rotorblätter
(Hubschrauber) / coning angle ‖ ~**stellungsgeber**,
-stellungssensor *m* / angle sensor ‖ ~**stirnfräser** *m* /
single-angle milling cutter, angular end mill ‖
~**stirnfräser** *m* / dovetail cutter ‖ ~**stoß** *m* (Stahlbau,
Gurt) / angle splice ‖ ~**streichmaß** *n* / square marking
gauge *pl* ‖ ~**stück** *n*, Knie *n* / bend, elbow ‖ ~**stufe** *f*
(Bau) / tread and riser ‖ ~**stütze** *f*, -konsole *f* /
rectangular bracket ‖ ~**stutzen** *m* / ell-bend, elbow
socket ‖ ~**summe** *f* / angular sum ‖ ~**-Szintillation** *f*
(Radar) / glint ‖ ~**teilung** *f* / subdivision of an angle ‖

~teilung f (NC) / angular pitch ‖ ~thermometer n / angle thermometer ‖ ~tisch m (Wzm) / angle table, knee ‖ ~treu, isogonal / isogonic, -gonal ‖ ~treu, konform / conformal ‖ ~treue Abbildung / orthomorphic projection ‖ ~-Trieb, V-Trieb m / V-drive ‖ ~trieb m, -antrieb m / right-angle gear drive ‖ ~trieb m, -riementrieb m / 90⁰turn belt drive ‖ ~trommel f, -kopf m (Verm) / cross-staff [head] ‖ ~tülle f (Elektr) / angular porcelain bush ‖ ~umrechnung f / conversion of angles ‖ ~- und Konuseffekte m pl (Kfz) / conicity and ply steer effects pl ‖ ~ventil n, Eckventil n / corner valve ‖ ~ventil 90⁰(Pneu) n (Kfz) / tube valve 90⁰single-bent ‖ ~verbindung f (mittels Winkeleisen) (Stahlbau) / L-bar connection ‖ ~-Verbindungsstutzen m (Rohr) / union elbow, elbow coupling ‖ ~versatz 6⁰ m / 6⁰offset angle ‖ ~verschiebung f / angular displacement ‖ ~verschraubung f / threaded elbow joint, elbow union ‖ ~versteifung f / knee brace ‖ ~voreilung f / angular advance ‖ ~wert-Übertrager m / angular resolver ‖ ~wulststahl m / bulb angle ‖ ~zahnrad n, Pfeilrad n / herringbone gear

winken (Kfz) / flash, signal vi

Winklerverfahren, Wirbelschichtverfahren, Wirbelfließverfahren n (Vergasung) / Winkler system, fluidization

winklig / angular, angled

Winsch f (Schiff) / winch

winschen (Schiff) / winch v, haul by winch

Winseln n (Elektronik) / whine

Winter·anomalie f / winter anomaly ‖ ~ausrüstung f (Kfz) / winter equipment ‖ ~-Betonieren n / winter-time concrete work ‖ ~deich m / main dam o. dike ‖ ~dienstfahrzeug n (Kfz) / snow fighting vehicle

Winter-Eichbergmotor m, Repulsionsmotor m / Winter-Eichberg-Latour motor

Winter·eiche f, Quercus petrea o. sessiliflora / sessile oak, durmast oak ‖ ~fahrplan m / winter timetable ‖ ~fenster n / winter window ‖ ~fest machen (Kfz) / winterize ‖ ~gerste f / winter barley ‖ ~getreide n, -frucht f / winter crop o. corn o. grain ‖ ~gras n (Landw) / fog ‖ mit ~gras füttern (Landw) / fog v ‖ ~grünöl n / wintergreen oil ‖ ~hafen m (Fluß) / harbour of refuge ‖ ~hydrant m / winter hydrant

winterlichen Bedingungen aussetzen / weathering (in winter) (GB)

wintern (Ziegl) / season, mature

Winter·öl n / winter oil ‖ ~rauh (Klima) / winter-inclement adj ‖ ~reifen m (Kfz) / snow o. winter tire ‖ ~reifen m / snow tire ‖ ~saat f / sowing of winter grain ‖ ~speicher m (Elektr) / winter storage ‖ ~weizen m / winter wheat ‖ ~wolle f / spring wool

winzig / minute ‖ ~ [klein], sehr klein / tiny

wipfel·dürr / dry topped ‖ ~ende n / top end of a trunk ‖ ~holz n / topping

Wipp·ausleger m (Kran) / derricking jib, level luffing jib ‖ ~brücke f, Klappbrücke f mit Gegengewicht / bascule o. balance bridge ‖ ~drehkran m / level luffing slewing crane

Wippe f, Schwinge f / rocker ‖ ~ (Elektr) / rocker button ‖ ~ (Walzw) / tilting chute ‖ ~ (Web) / jack ‖ ~ (Uhr) / sliding gear, rocking bar, yoke

wippen, schaukeln / seesaw ‖ ~feder f (Stromabn.) / pantograph spring ‖ ~federung f (Bahn) / bow suspension ‖ ~schalter m (Elektr) / rocker switch ‖ ~schaltung f (TV) / seesaw circuit

Wipper, Kipper m (Bergb) / tipper, tipple (US) ‖ ~beschickung f (Bergb) / insertion of tubs into the tipper ‖ ~bühne f, -boden m / tipper floor

Wipp·klobenzeigerstellung f (Uhr) / rocking bar setting ‖ ~kran m / level luffing crane, derrick[ing jib] crane ‖ ~taste f (Phono) / four-edge operation button ‖ ~tisch m (Walzw) / tilting table, rising table

Wirbel m (allg, Phys) / whirl, eddy, swirl, twirl ‖ ~ (Elektr, Luftf) / whirl, eddy ‖ ~ (Vektor, Math) / curl ‖ ~

(Anatomie) / vertebra ‖ ~ (Mus.Instr) / tuning peg o. pin ‖ ~ (Druckguß) / swirl ‖ ~ m pl (Holz) / curly grain ‖ ~..., Strudel... / whirling adj ‖ ~ bilden / eddy v ‖ ~ m in einer Kette / swivel ‖ starker ~ (Elektr, Luftf) / vortex ‖ ~ablösung f / shedding of vortices ‖ ~anschnitttrichter m (Gieß) / whirlgate feeder ‖ ~bett n (Chem) / fluid[ized] bed ‖ ~bettmethode f / fluidization ‖ ~bettofen m / fluidized bed kiln ‖ ~bewegung f, Wirbeln n / vortex o. whirling motion ‖ ~bewegung f (Meteorol) / vorticity ‖ ~blech n (Verbr.kammer) / swirl vane ‖ ~brecher m / vortex breaker ‖ ~brenner m / turbulent burner ‖ ~diffusion f, turbulente Diffusion / eddy diffusion, turbulent diffusion ‖ ~düse f / swirl nozzle o. sprayer ‖ ~einguß m (Gieß) / whirl gate ‖ ~einguß m (Gieß) / spinner- o. whirl-gate ‖ ~energie f / energy of turbulence ‖ ~erzeuger m / vortex generator ‖ ~faden m (Luftf) / vortex filament o. line ‖ ~fehler m (Kompaß) / swirl error ‖ ~feld n (Elektr) / curl field, rotational field ‖ ~flächentheorie f (Zentrifugalpumpe) / actuator disk theory ‖ ~flutentfettung f, -reinigung f (Galv) / eddy cleaning ‖ ~frei (Elektr) / irrotational ‖ ~freies Feld / irrotational field ‖ ~freie Strömung / irrotational flow ‖ ~haken m, drehbarer Haken / swivel hook ‖ ~isolator m (Elektr) / vertebra insulator ‖ ~kammer f (Mot) / whirl chamber, swirl chamber, turbulence chamber ‖ ~kammermotor m / whirl chamber engine, turbulence chamber engine ‖ ~kern m (Hydr) / vortex core ‖ ~linie f / vortex line

wirbeln (z.B. Wasser zu Schaum) / churn v ‖ ~, sich drehen / gyrate ‖ ~, [sich] schnell drehen / spin v, reel, whirl, swirl ‖ ~ (Schnee) / wreathe ‖ ~ (Chem) / fluidize, treat in fluid[ized] bed ‖ ~ (Chem) / treat in fluid[ized] bed ‖ ~ vt, umherwirbeln / eddy vt ‖ ~ n, schnelle Drehung / spin, swirl ‖ Gewinde ~ / whirl thread

wirbelnd, sich drehend / gyratory ‖ ~, turbulent / turbulent

Wirbel·pumpe f / vortex vacuum pump ‖ ~punkt m / fluidizing point ‖ ~reduktionsverfahren n / turbulence reduction method ‖ ~ring m (Elektr) / vortex ring ‖ ~rohr n (Zyklon) / cyclone tube ‖ ~rohr n (Kälteerzeug) / vortex tube ‖ ~scheibenmethode f (Turbo) / actuator disk method ‖ ~schicht f (Chem) / fluid[ized] bed ‖ ~schicht f (in Säulenform) / fluid column ‖ flüssigkeits- o. gasdurchströmte ~schicht / liquid fluidized solid system ‖ ~schichtreaktor m, Reaktor mit fluidisiertem Brennstoff m / fluidized [bed] reactor ‖ ~schichtreduktion f (Sintern) / fluidized bed reduction ‖ ~schichtverfahren n / fluid bed roasting ‖ ~schicht-Sprühgranulator m / fluid bed granulator ‖ ~schichttechnik f, -schichtverfahren n (Chem) / fluidized solids technique ‖ ~schichttrockner m / fluidized bed drier ‖ ~schichtverfahren, Winklerverfahren, Wirbelfließverfahren n (Vergasung) / Winkler system, fluidization ‖ ~schichtverfahren n, -fließverfahren n, Fluidisation f (Chem) / fluidized solids technique ‖ ~schlagmühle f (Sintern) / eddy mill ‖ ~schlagpulver n / eddy mill powder ‖ ~sichter, Spiralwindsichter m / fluidized separator ‖ ~sintergerät n für Kunststoffe / whirl sintering installation ‖ ~sintern n (Pulvermetall) / fluidized bed sintering process ‖ ~sintern n (Plast) / whirl sintering, powder painting ‖ ~stoßtrockner m / spouted bed drier ‖ ~straße f (Meteorol) / vortex street o. path (US), vortex trail o. train

Wirbelstrom, Foucaultscher Strom m / eddy current, Foucault current (rare) ‖ ~ m (Gasbrenner) / whirling o. swirling stream ‖ ~, Nachlauf m (Raumf, Hydr) / wake ‖ ~ / Foucault current ‖ ~auslaufbremse f, Telmabremse f / TELMA type eddy current brake, TELMA brake ‖ ~bremse f / eddy current brake ‖ ~bremsmagnet m (Bahn) / eddy current brake magnet ‖ ~-Brennkammer f / turbulence combustion chamber ‖ ~erwärmung f, Hochfrequenzerwärmung f / eddy

current heating, induction heating ‖ ⁺[läufer]motor *m*, Stromverdrängungsmotor *m* / eddy current motor ‖ ⁺prüfung *f* (Mat.Prüf) / eddy current testing ‖ ⁺sintern *n* (Plast) / fluidized bed sintering ‖ ⁺-Staubabscheider *m* / whirler type dust catcher ‖ ⁺tachograph *m* / eddy current tachograph ‖ ⁺tacho[meter] *n* / eddy current speed indicator
Wirbel·strömung *f* / turbulent o. eddy flow, sinuous flow ‖ ⁺stromventil *n* (Rakete) / fluidic vortex valve ‖ ⁺stromverlust, Eisenverlust *m* / eddy current loss ‖ ⁺sturm, Zyklon *m* / cyclone
Wirbelung *f* / whirling, eddying
wirbel·verhindernd / antiswirl ‖ ⁺wand, -rippe *f* (Mot) / shroud[ing] ‖ ⁺wind *m* / whirlwind ‖ ⁺wuchtkühler *m* / fluidized bed vibro cooler ‖ ⁺wulst *m f* (Raumf) / burble fence of the ballute
Wirbler, Windsichter *m* (Hütt) / cyclone dust catcher
Wirblichkeit *f*, Drehungsgeschwindigkeit *f* des Flüssigkeitsteilchens / vorticity
Wirebar, Drahtbarren *m* (Kupfer) / wirebar
Wire-Wrap *n* (Elektronik) / wire-wrap ‖ ⁺-Anschluß *m* / [wire-]wrap contact tail ‖ ⁺-Verbindung *f* (Fernm, Elektronik) / wire wrap system
Wirk·anteil *m*, Energiekomponente *f* (Elektr) / active o. energy component ‖ ⁺artikel *m pl* / knitted goods *pl* ‖ ⁺band *n* (Seidenweb) / working band ‖ ⁺-Bezugs... (Wz) / working-reference... ‖ ⁺-Bezugsebene *f* (Wzm) / working reference plane ‖ ⁺bild *n*, Fließschema *n* / flow sheet o. chart ‖ ⁺breite *f* (Keilriemen) / effective width ‖ ⁺dämpfung *f* (Fernm) / transducer loss ‖ ⁺druck *m* / effective pressure ‖ ⁺druck *m*, Differentialdruck *m* / differential pressure ‖ ⁺druck *m* (Regeln) / pressure drop ‖ ⁺druckgeber *m* (Gaszähler) / differential pressure producer o. device ‖ ⁺druckgeber *m*, -druckaufnehmer *m* / differential pressure transmitter o. transducer ‖ ⁺druckverfahren *n* / active (o. differential) pressure method ‖ ⁺druckwandler *m* / active flowmeter
wirken (Masch) / work, be effective, act, function, operate ‖ ~, stricken / knit ‖ ⁺ *n*, Wirksamkeit *f* / activity ‖ ⁺, Funktionieren *n* / functioning
wirkend, aktiv / active ‖ ~, treibend / operative
Wirkenergie *f* / active energy
Wirker *m* (Textil) / knitter
Wirkerei *f* (Fabrik) / hosiery factory o. mill ‖ ⁺, Wirken *n* (Textil) / [machine o. mechanical] knitting
Wirk·fläche *f* (Antenne) / absorption area ‖ ⁺fläche *f*, wirksame Fläche (Nukl) / active area o. surface ‖ ⁺freiwinkel *m* (Dreh) / tool normal clearance ‖ ⁺garn *n* / knitting yarn for machine knitted goods) ‖ ⁺glied *n* (Regeln) / acting element ‖ ⁺glied *n*, Übertragungsglied *n* (Regeln) / transfer element ‖ ⁺höhe *f* (Antenne) / radiation height, effective height ‖ ⁺kanal *m* (Regeln) / transfer path ‖ ⁺-Keilmeßebene *f*, Wirk-Schneidennormalebene *f* (Dreh) / working cutting edge plane o. orthogonal plane o. reference plane ‖ ⁺kette *f* (Regeln) / active chain ‖ ⁺komponente *f* (Elektr) / active o. in-phase o. wattful component, effective o. power component ‖ ⁺komponente *f* des Scheinwiderstandes (Elektr) / dissipative impedance ‖ ⁺länge *f* (Keilriemen) / working length ‖ ⁺leistung *f* (Elektr) / active o. actual o. effective o. real output o. power, nonreactive power, true watts *pl* ‖ ⁺leistung *f* in VA / active volt-amperes *pl* ‖ ⁺leistungsabgabe *f* / output ‖ ⁺leistungsmesser *m* (Elektr) / wattmeter ‖ ⁺leitwert *m*, Konduktanz *f* / conductance
wirklich / real, effective, actual ‖ ~, wahr / substantial, real, true ‖ ~e Antenne / real antenna ‖ ~er Extraktgehalt (Chem) / true extract ‖ ~e Größe / natural size o. scale ‖ ~e Länge (o. Baulänge) eines Kabels / paying-out o. laying out length of a cable ‖ ~e Leistung / true power ‖ ~er Modulationsgrad (Elektronik) / effective percentage modulation ‖ ~e

Strahlungsleistung (Antenne) / effective radiated power ‖ ~er Wert / intrinsic value
Wirk·maschine *f* / self-acting knitting machine, hosiery machine, knitting machine o. frame o. loom ‖ ⁺medium *n* / active means ‖ ⁺nadel *f* / knitting needle ‖ ⁺richtung *f* (Regeln) / direction of flow transferred ‖ ⁺richtung *f* (Bohrer) / effective direction of cut ‖ ⁺-Richtungswinkel *m* (Bohrer) / angle of the effective direction of cut
wirksam, aktiv / active, acting ‖ ~, wirklich / effective, eff. ‖ ~, wirkungsvoll / efficient, efficacious, effectual ‖ ~, bewegend, aktiv / acting, active ‖ ~ (Phot) / actinic ‖ ~ sein / operate, work ‖ ~e Angleichung (Fernm) / active balance ‖ ~e Ausströmgeschwindigkeit (Raumf) / effective exit velocity ‖ ~e Blattfläche (Luftf, Propeller) / blade activity factor ‖ ~e Bremsfläche (Kfz) / effective brake area ‖ ~er Durchmesser (Keilriemen) / working diameter ‖ ~e elektromotorische Kraft / virtual electromotive force ‖ ~er Erdradius (ca. 4/3 des wahren Radius) / effective radius of the Earth ‖ ~e Fläche, Wirkfläche *f* (Nukl) / active area o. lattice o. zone, effective area o. surface ‖ ~e Grenzfrequenz / effective cut-off frequency ‖ ~e Höhe (Antenne) / effective height, radiation height ‖ ~es Ion / effective ion ‖ ~e Lichtintensität / effective intensity ‖ ~e Masse (Akku) / active material ‖ ~e Masse (Phys) / effective mass ‖ ~e Oberfläche, Nutzfläche *f* / effective area o. surface ‖ ~e Oberfläche (Chem) / specific area o. surface ‖ ~e Oberfläche, Angriffsfläche *f* / working surface ‖ ~e Porosität (Sintern) / effective porosity ‖ ~er Querschnitt / active cross-section ‖ ~er Reifenhalbmesser (Kfz) / dynamic effective [loaded-] tire radius, effective rolling radius ‖ ~e Schätzfunktion / efficient estimator ‖ ~e Selektion / effective selectivity ‖ ~e Sieböffnung (Sintern) / effective sieve aperture size ‖ ~e Spannweite (Mech) / effective span ‖ ~e Strahlbreite (Antenne) / effective beamwidth ‖ ~es Werkzeug (NC) / active tool ‖ ~e Windungen je Phase o. Strang (Elektr) / effective turns per phase *pl* ‖ ~e Zeit [einer Spurenkammer] (Nukl) / sensitive time
Wirksamkeit *f*, Tätigkeit *f* / agency ‖ ⁺, Leistungsfähigkeit *f* / efficacy ‖ ⁺, Kraft *f* / potency, -ence ‖ ⁺, Kraft *f* (Chem) / strength, power ‖ ⁺ der Füllkörpersäule (Chem) / height equivalent to a theoretical plate o. stage, H.E.T.P., H.E.T.S. ‖ ⁺ von Bodenkolonnen (Chem) / tray efficiency ‖ ⁺ von Lösemitteln / functionality of solvents
Wirksamkeits·grad *m* (PERT) / effectiveness
Wirk·schaltplan *m* / detailed wiring diagram ‖ ⁺-Schneidennormalebene *f* s. Wirk-Keilmeßebene ‖ ⁺-[Schnitt]kraft *f* (Wzm) / effective cutting force ‖ ⁺-Seitenfreiwinkel *m* / effective tool side clearance ‖ ⁺-Seitenspanwinkel *m* / effective tool side rake ‖ ⁺spannung *f* (Elektr) / active potential o. voltage ‖ ⁺stoff *m* (Chem) / active ingredient o. substance ‖ ⁺stoff *m*, Additiv *n* (Chem) / additive, addition agent ‖ ⁺stoff *m*, Additiv *n* (Öl) / dope, additive ‖ ⁺stoff *m* (Biol) / biocatalyst ‖ ⁺stoffhaltig (Öl) / containing additives o. dope ‖ ⁺stoffklasse *f* / systemic class ‖ ⁺strom *m* (Elektr) / active o. actual current, wattful current ‖ ⁺teil *m n* (Wz) / cutting part ‖ ⁺temperaturbereich *m* / effective temperature range ‖ ⁺- und Blindkompensator *m* / coordinate potentiometer ‖ ⁺- und Blindleistungsschreiber *m* / recording watt- and Varmeter ‖ ⁺- und Strickmaschine *f* / knitting and hosiery machine ‖ ⁺- und Strickwarenindustrie *f* / knitting and hosiery industry
Wirkung *f* (Energie x Zeit) (Phys) / action ‖ ⁺, Einwirkung *f* / effect, action ‖ ⁺, Wirken *n* / operation ‖ ⁺, Tätigkeit *f*, Einwirkung *f* / activity ‖ ⁺, Erfolg *m* / effect, result ‖ ⁺, Wirksamkeit *f* (Chem) / properties *pl*, function of a body ‖ ⁺ der Hydroxylgruppe / function of the hydroxyl group

Wirkungs·bereich *m*, -breite *f* / range o. sphere of influence o. of action ‖ **~dauer** *f* / duration of action ‖ **~dauer** *f* (Nachwirkung) / residual effect ‖ **~funktion** *f* / action function ‖ **~gebiet** *n* (TV, Funk) / coverage o. service area, blanket area

Wirkungsgrad *m* (Elektr, Masch, Phys) / efficiency ‖ ~, effektiver Betriebsfaktor (DV) / operating o. operation ratio ‖ ~ **bezogen auf Bremsleistung** / brake thermal efficiency ‖ ~ **der Trennung** (Nukl) / separation efficiency ‖ ~ **der Verbrennung** / combustion efficiency ‖ ~ **einer Energieumwandlung;m.** / energy conversion efficiency ‖ ~ **in Wattstunden** (Akku) / watt-hour efficiency ‖ ~ **von Kühlmaschinen** / coefficient of performance ‖ **~bestimmung** *f* / efficiency test ‖ **~ermittlung** *f* **aus den Verlusten** (Elektr) / calculation of efficiency from total losses ‖ **~kurve** *f* / efficiency curve ‖ **~messung** *f* / measurement of efficiency ‖ **~verhältnis** *n* / efficiency ratio

Wirkungs·größe *f* / action quantity ‖ **~höhe** *f* (Destillation) / height of transfer unit, HTU ‖ **~integral** *n* / action integral, principal function of Hamilton ‖ **~linie** *f*, Drucklinie *f* (Mech) / line of application, working o. straining line ‖ **~linie**, Einflußlinie *f* / line of influence ‖ **~los** / ineffective, -fectual, inefficient ‖ **~los**, inert (Chem, Phys) / inert ‖ **~mechanismus** *m* / working mechanism ‖ **~quant[um]** *n* / quantum of action, action quantum

Wirkungsquerschnitt *m* (Nukl) / [activation] cross section ‖ ~, Dopplerquerschnitt *m* (Nukl) / Doppler averaged cross-section ‖ ~ (Elektronik) / effective [collision] cross-section ‖ ~ **der elastischen Streuung** (Nukl) / elastic scattering cross section ‖ ~ **des Kerns** (Nukl) / nuclear cross section ‖ ~ **für** [in]**kohärente Streuung** / [in]coherent scattering cross section ‖ ~ **für Kernspaltung** / fission cross section ‖ ~ **für Streuung** / scattering cross section ‖ ~ **für thermische Neutronen** (Nukl) / thermal cross-section ‖ ~ **für unelastische Streuung thermischer Neutronen** (Nukl) / thermal inelastic scattering cross section ‖ ~ **für unelastische Streuung mit Strahlungsemission** / radiative inelastic scattering cross section ‖ ~ **freier, [gebundener]** (Nukl) / free, [bound] atom cross section ‖ **mikroskopischer** ~ / [activation] cross section ‖ **totaler** ~ / total cross section

Wirkungs·richtung *f* (Phys) / direction of action o. effect ‖ **~spektrum** *n* / spectrum of activity ‖ **breites ~spektrum** / wide spectrum of activity ‖ **~- und Stoffkenngrößen** *f pl* (Abwasser) / mesures of effects and substances ‖ **~unterschied** *m* / difference in effect ‖ **~variable** *f* (Nukl) / action variable ‖ **~vermögen** *n* / potency, -ence ‖ **~weg** *m* (Regeln) / loop ‖ **~weise**, Funktion *f* / action, function, effect, operation

Wirkung· und Gegenwirkung *f* / action and reaction

Wirk·verbrauch *m* (Elektr) / watt-hour consumption ‖ **~verbrauchszähler** *m* (Elektr) / watt-hour meter, active-energy meter ‖ **~verstärkung** *f* (Fernm) / transducer gain ‖ **~waren** *f pl*, Strickwaren *f pl*, Maschenwaren *f pl* / knits *pl*, knitted articles o. goods *pl*, knitwear, hosiery ‖ **~weg** *m* (Wzm) / resultant cutting path length ‖ **~wert** *m* (Elektr) / effective o. real component ‖ **~widerstand** *m* (Elektr) / active o. actual o. effective resistance ‖ **~winkel** *m* (Wzm) / working angle ‖ **~zeit** *f* (von Rechner o. Maschine) (DV) / machine-available time ‖ **~zeit** *f* (Bremse) / operating time

Wirr·faserlaminat *n* / matted laminate ‖ **~garn** *n* (Fehler) / foggy o. tangle yarn ‖ **~lage** *f* (Fasern) / random orientation ‖ **~ordnung** *f* / random structure ‖ **~seide** *f* / refuse silk, silk waste ‖ **~span** *m* (Wzm) / snarl chip ‖ **~stroh** *n* / dishevelled straw

Wirt *m* (Biol, Bot) / host ‖ **den** ~ **in einem Frühstadium verlassend** (Parasit) / lipoxenous ‖ **in o. an verschiedenen** ~**en lebend** / pleophagous ‖ **~atom** *n* / host atom

Wirtel *m* (Spinn) / wharve, whorl ‖ ~ **der Etagenzwirnmaschine** / pulley o. wharve of an uptwister ‖ **~glocke** *f*, Triebwirtel (Spulmaschine) / wharve, whorl

Wirt·-Fremdatom *n* (Halbl) / host-impurity atom ‖ **~gitter** *n* / matrix lattice ‖ **~[s]kristall** *m*, Grundkristall *m* / host crystal ‖ **~kristall** *m*, Mutterkristall *m* / host crystal

Wirtschaft *f* / commercial life

wirtschaftlich, sparsam / thrifty, economical ‖ ~, rentabel / profitable ‖ **~e Geschwindigkeit** / cruising speed ‖ **~e Losgröße** / economic ordering quantity (EOQ) o. lot size, economic batch size ‖ **~e Menge** / commercial quantity ‖ **~e Nutzungszeit** / period of economic use ‖ **~e Qualität** / economic quality ‖ **~e Speichernutzung** (DV) / storage economy ‖ **~stes Verhältnis Stahl/Beton** (Bau) / economic ratio

Wirtschaftlichkeit *f* / economic efficiency

Wirtschaftlichkeitsberechnung / economics calculation

Wirtschaftlichkeitsgründe, aus ~**n** / for economical reasons

wirtschaftlichste Reichweite (Luftf) / most economical range

Wirtschafts·dünger *m* (o. Stalldünger) / manure ‖ **[flüssiger] ~dünger** / liquid manure ‖ **~gebäude** *n* (Landw) / administrative building ‖ **~gebäude** *n pl* (Landw) / farm offices o. buildings *pl* ‖ **~geographie** *f* / economic geography ‖ **~raum** *m* (Bau) / utility room ‖ **~raum** *m* (Volkswirtschaft) / market area ‖ **~vereinigung** *f* / industrial association ‖ **~wald**, Nutzholzwald *m* / timberland, timber ‖ **~weg** *m* / farm way, all-purpose rural road

Wirts·pflanze *f* / plant host ‖ **~rechner** *m* (DV) / host computer

wirtstet, in einem Wirt gedeihend (Parasit) / monoxenous, -genetic

wirts·wechselnd (Parasit) / heteroxenous

Wirt-Wirt-Atom *n* (Halbl) / host-host-atom

Wisch·arm *m* (Kfz) / wiper arm ‖ **~blatt** *n* (Kfz) / wiper blade ‖ **gebogenes ~blatt** (Kfz) / flexible blade [for curved screens]

wischen, abwischen / wipe ‖ **die Scheibe** ~ (Kfz) / wipe the windshield ‖ **Zinn** ~ / wipe tin

Wischer *m* (Elektr) / line transient ‖ ~, Scheibenwischer *m* (Kfz) / windshield (US) o. windscreen (GB) wiper

Wisch·feld *n*, -fläche *f* (Kfz) / wiped area ‖ **~fest** (Buch) / non-smudge, smudge-proof ‖ **~festigkeit** *f*, -beständigkeit *f* / stability against wiping ‖ **~funktion** *f* (Relais) / wiping function ‖ **~gummi** *m* *n* (Kfz) / squeegee, wiper blade rubber ‖ **~gummihalter** *m* / wiper blade fixture ‖ **~hebel** *m* **mit Blatt** (Kfz) / wiper arm assembly ‖ **~kontaktrelais** *n* / wiping contact relay ‖ **~lot** *n* / wiping solder ‖ **~motor** *m* **mit Parkstellung** / wiper motor with parking position ‖ **~papier** *n* (Buch) / plate wiping paper ‖ **~test** *m*, Reibeprüfung *f* (Nukl) / smear o. wipe test ‖ **~tuch** *n*, -lappen *m* / cleaning rag, scouring cloth ‖ **~verzinnt** / wipe-tinned ‖ **~walze** *f*, Feuchtwalze *f* (Buch) / damp[en]ing roller (US), damping roller (GB) ‖ **~wasser** *n* (Offset) / fountain solution

Wismut *n* (Österreich auch: *m*), Bi / bismuth ‖ **aus** ~ **gewonnen**, Wismut… / bismuthic ‖ **~chlorid** *n*, -butter *f* / bismuth chloride ‖ **~glanz** *m* (Min) / bismuth glance, bismuthinite ‖ **~lot** *n* / bismuth solder ‖ **~nitrat** *n* / bismuth nitrate ‖ **~ocker** *m*, -oxid *n* / bismuth ochre, bismite ‖ **~(III)-oxid**, Wismuttrioxid *n* / bismuth trioxide ‖ **~silber** *n* / alloy of silver and bismuth ‖ **~subnitrat** *n*, Bismutylnitrat *n* / bismuth subnitrate o. white ‖ **~weiß** *n*, Schmink-, Perlweiß *n* / pearl (GB) o. paint (US) white

Wissen *n*, Kenntnis *f* / knowledge, science

Wissensbasis *f*, -bank (DV) / knowledge basis, know-how basis

Wissenschaft, Lehre f / science ‖ ⌐ **menschlicher Tätigkeiten** (Ökonomie, Soziologie usw.), weiche Wissenschaft / soft science ‖ **theoretische (o. reine o. abstrakte)** ⌐ / abstract science
wissenschaftlich / scientific ‖ ⌐e **Betriebsführung** / scientific management, management engineering ‖ ⌐**er Experte** / boffin (GB), scientific expert ‖ ⌐e **Forschung** / scientific research ‖ ⌐ **[gebildet]** / learned ‖ ⌐e **Glaswaren** f pl / glassware for scientific purposes ‖ ⌐**er Hilfsarbeiter** / assistant, supernumerary ‖ ⌐**er Mitarbeiter** / scientific assistant ‖ ⌐**er Rechner** / scientific computer ‖ ⌐**er Satellit** / scientific satellite ‖ ⌐e **Schreibweise** / scientific notation ‖ ⌐e **Veröffentlichung** / scientific paper ‖ ⌐**-technisch** / scientific and technical ‖ ⌐**-technischer Ausschuß** / committee for scientific and technical matters
Wissenschafts·gebiet n / field o. scope of a science
Wissens·erfassung, -akquisition f (DV) / knowlegde acquisition ‖ ⌐**gebiet** n / field of knowledge, subject [field] ‖ ⌐**ingenieur** m (DV) / knowledge engineer ‖ ⌐**verarbeitung** f / knowledge processing ‖ ⌐**zweig** m / branch of knowledge, discipline
Withamit m (Min) / withamite
Witherit m (Min) / witherite, barium carbonate
Witterung f, Großwetterlage f / meteorological conditions pl, weather character ‖ ⌐, Wetter n / weather (for a longer time) ‖ **bei jeder** ⌐ / in all weathers
Witterungs·... s. auch Wetter... ‖ ⌐**beständiger Stahl** / weathering steel, patinable steel ‖ ⌐**beständigkeit** f / resistance to atmospheric corrosion, weathering resistance ‖ ⌐**einfluß** m / atmospheric influence o. exposure ‖ **dem** ⌐**einfluß standhalten** / resist o. defy weather ‖ ⌐**geführt** (Heizung) / controlled by atmospheric conditions ‖ ⌐**kunde** f, Meteorologie f / meteorology ‖ ⌐**schwankung** f / variations of weather pl ‖ ⌐**spiegel** m / meteorological data pl ‖ ⌐**verhältnisse** n pl / atmospheric o. meteorological conditions pl
WK = whiskerverstärkter Kunststoff
WKS = Bundesversuchsanstalt für Wärme-, Kälte- und Strömungstechnik
W-Kurve, Wichtekurve f (Flotation) / specific gravity curve, washability curve based on gravity
WM = Wattmeter ‖ ⌐ = Wechselstrommotor ‖ ⌐ = Weißmetall ‖ ⌐ = Wirtschaftsministerium
WMI = Welt-Herstellernummer
W-Motor, Fächermotor m / arrow o. W-type o. fan-type engine, broad-arrow type engine (US)
Wobbel·frequenz f (Meßtechnik) / sweep o. wobble frequency ‖ ⌐**frequenz zur Prüfung von Lautsprechern und Sprachverschlüsselung** (Fernm) / warble tone ‖ ⌐**generator** m (Elektronik) / sweep generator o. oscillator, sweeper, wobbler, wobbulator ‖ ⌐**generator** m (Fernm) / warbler ‖ ⌐**geschwindigkeit**, Sweeprate f / sweep rate ‖ ⌐**meßsender** m / sweep[-frequency] signal generator
wobbeln vt vi (Meßtechnik) / wobble v, sweep v ‖ ⌐ (zur Prüfung und Sprachverschlüsselung) (Fernm) / warble ‖ ⌐ n (Meßtechnik) / wobble, wobbling, sweeping ‖ ⌐ (Funk) / sweep, time base sweep
Wobbel·störsender m / wobbulating interference unit ‖ ⌐**störung** f / sweep frequency interference
Wobbezahl f (Gas) / Wobbe index
Wobbler m (Elektronik) s. Wobbelgenerator ‖ ⌐ (Fernm) / warbler
Wochen·durchschnitt m (F.Org) / average rate per week ‖ ⌐**endhaus** n / lodge, weekend house ‖ ⌐**lohn** m / weekly pay o. wage, week's pay ‖ ⌐**löhner** m (Buch) / stab n, establishment ‖ ⌐**schau** f (Film) / news reel ‖ ⌐**speicher** m (Elektr) / weekly o. week's storage
wöchentlich / weekly ‖ ⌐e **Ruhezeit von mindestens 24 zusammenhängenden Stunden** (Kfz) / weekly uninterrupted rest time

WO·-Dispersion f (Klebstoff) / water-in-oil dispersion ‖ ⌐**-Emulsion** f / water-in-oil emulsion
Woge, Welle f / wave, billow ‖ ⌐, Sturzsee f / surge
wogen / wave, heave
Wogstrecke f (Hydr) / length of waterway
wohldefiniert (Math) / well defined
Wöhler·kurve, Dauerfestigkeitskurve f, -schaubild n / stress-number curve, S/N-curve, stress-cycle diagram ‖ ⌐**sche Biegeschwingungs- Prüfmaschine**, Dauerbiege-Prüfmaschine f / Wöhler fatigue testing machine for rotating beam o. cantilever test piece ‖ ⌐**versuch** m / Wöhler fatigue test
wohl·geordnete Menge (Math) / well ordered set ‖ ⌐**geruch** m / odor, odour (GB) ‖ ⌐**geruch**, Duft m / perfume, fragrance ‖ **[von einem Stoff ausgehender]** ⌐**geruch** (o. Duft) / scent ‖ ⌐**riechend**, Duft... / odor[ifer]ous, fragrant
Wohn·baracke f / housing barracks pl ‖ ⌐**bauten** m pl / residential buildings pl ‖ ⌐**dichte** f / occupant density ‖ ⌐**einheit** f (Skylab) / living module, facility ‖ ⌐**einheit** f (Bau) / living module
wohnen / dwell, lodge [in], reside ‖ ⌐ n, Bewohnen n / habitation, occupancy
Wohn·fläche f / floor area, inhabited area ‖ ⌐**gebäude** n / residential building ‖ ⌐**gebiet** n / residence o. residential district o. area ‖ **gemischtes** ⌐**gebiet** / section containing residential and commercial entities, quadro (US) ‖ ⌐**gebiet** n **mit Eigenheimen** / residential district with privately owned houses ‖ ⌐**gegend** f, -bereich m / residential pl quarters ‖ ⌐**haus**, -gebäude n / dwelling house, residential o. domestic building ‖ ⌐**haus** n **mit Nebengebäuden und Grundstücken** (Landw) / messuage ‖ ⌐**haus** n **und Einzelwohnungen** / apartment house o. building, multiple dwelling building ‖ ⌐**hausbau** m / domestic architecture ‖ ⌐**hausbaustelle** f / residential building site ‖ ⌐**hochhaus** n / multistor[e]y [building], residential highrise (above 10 floors) (US) ‖ ⌐**hütte** f / cottage, small house ‖ ⌐**komfort** m / modern conveniences pl, mod cons pl, amenities pl ‖ ⌐**komplex** m (Plan) / housing scheme ‖ ⌐**komplex** m (nach Bebauung) / housing estate ‖ ⌐**küche** f / eat-in kitchen, kitchen living room
wohnlich / comfortable ‖ ⌐**keit** f / habitability
Wohn·mobil n / camping car ‖ ⌐**raum** s. auch Wohzimmer ‖ ⌐**raum**, bewohnter Raum / housing space ‖ ⌐**raumklima** n (Raumf) / shirt-sleeve environment ‖ ⌐**siedlung** f (von einem Unternehmen gebaut) / housing estate (GB) o. development (US) ‖ ⌐**stätte** f / dwelling, habitation, residence ‖ ⌐**[- und Spiel]straße** f / residential and play street ‖ ⌐**turm** m (Bau) / tower block, residence tower
Wohnung f / lodging, housing, flat (GB) ‖ ⌐, Appartement n (Zimmerflucht) / suite, apartment, rooms pl ‖ ⌐ **innerhalb eines Stockwerks** / flat pl (US) ‖ ⌐ **mit normalem Mietpreis** / normal rent dwelling ‖ ⌐ **mit Zimmern in zwei Stockwerken** (Bau) / duplex apartment ‖ **3-Zimmer-**⌐ **mit Zubehör** / 3-room flat (GB) o. apartment (US) with all conveniencies
Wohnungs·anschluß m (Fernm) / subscriber's residence station ‖ ⌐**anschluß** m, Haus-, Privatanschluß m (Elektr, Fernm) / private connection[s], service (US) ‖ ⌐**bau** m / domestic buildings o. construction pl ‖ ⌐**sozialer** ⌐**bau** / social housing scheme, council houses (GB) pl ‖ ⌐**bauprojekt** n / housing project ‖ ⌐**bauten** pl / residential o. domestic buildings pl ‖ ⌐**bau-Unternehmen** n / project developer ‖ ⌐**eigentum** n / condominium (US) ‖ ⌐**mangel** m, Wohnraumnot f / housing shortage
Wohn·viertel n / residential district o. area ‖ ⌐**wagen** m (Kfz) / motor caravan ‖ ⌐**wagen** m (für Dauerbenutzung) / mobile home ‖ **für** ⌐**wagen geeignet** / caravaning ‖ ⌐**wagen** m **im Bauzug** (Bahn) / boarding car (US) ‖ ⌐**wagen[an]hänger** m, Campinganhänger m

/ caravan (GB), camper (US) (as trailer) ‖
⌐wagensiedlung f / mobile town ‖ **⌐zimmer** n / living
o. sitting room, drawing room, family room
Wölbedeckel m / convex lid
wölben, zylindrisch biegen / arch vt, deflect, curve ‖ ~,
Bogen einbauen, auswölben (Bau) / over-arch vt ‖ ⌐ n
(Pappe, Fehler) / washboarding effect ‖ sich ~ / arch vi
Wölb·höhe, Stichhöhe f / rising of a vault ‖ **⌐höhe** f
(Berstversuch) / bulging height ‖ **⌐linie** f / interior curve
of an arch, intrados curve ‖ **⌐moment** n / warping
moment ‖ **⌐ring** m (Bau) / upright shell ‖ **⌐stärke** f /
thickness of the vaulting ‖ **⌐stein,** Keilstein m, Wölber
m / arch brick o. stone, voussoir
Wölbung f / arch[ing], vault ‖ ⌐, konvexe Form / bulging
‖ ⌐, Überhöhung f / camber[ing] ‖ ⌐, Ausbauchung f /
convexity, barrelling, swell ‖ ⌐, Rundung zw. Decke u.
Wand (Bau) / cove ‖ ⌐, Horst m (Geol) / uplift of strata
‖ ⌐, Gewölbe n / vault ‖ ⌐ (Statistik) / kurtosis ‖ ⌐ **einer
Oberfläche** / top camber, surface curvature ‖ ⌐ **eines
Trägers** / bending of a girder ‖ ⌐ **von gedruckten
Schaltungen** / bow of printed circuits, warpage ‖
konische ⌐ (Luftf) / conical camber ‖ **untere** ⌐ **eines
ovalen Abzugskanals** (Bau) / inversion
Wölbungs·klappe f (Luftf) / plain o. camber flap ‖
⌐radius m **des Linsenkopfes** (Schraube) / radius of
raised portion ‖ **⌐schluß** m / closing section of vault
Wölbversuch m (Web) / vaulting test
Wolf m (Baumwolle) / opener ‖ ⌐ (Wolle) / willow ‖ ⌐ (für
Lebensmittel) / passing machine ‖ ⌐, Schlag-,
Klopfwolf m / battering willow
wolfen, krempeln (Textil) / willow v ‖ ~, reißen (Lumpen) /
devil v
Wolfer, Reißwolfarbeiter m (Textil) / deviller, willower
Wolfram n, W / wolfram, W, tungsten ‖ ⌐**(VI)- o.** (V)-...
/ tungstic ‖ **⌐at,** Tungstat, Wolframsalz n / wolframate,
tungstate ‖ **⌐blau** n, -bronze f (Chem) / tungsten blue o.
bronze ‖ **⌐bronze** f (Masch) / tungsten bronze ‖ **⌐dioxid**
n / tungsten dioxide ‖ **⌐elektrode** f / tungsten electrode
‖ **⌐faser-verstärker Stahl** / tungsten fiber reinforced
steel ‖ **~frei** / tungstenless ‖ **⌐gelb,** Mineralgelb n /
tungstic yellow ‖ **⌐glühdraht,** -faden m / tungsten
filament ‖ **⌐glühfaden** m **mit Thorzusatz** / thoriated
filament ‖ **~haltig** / tungsteniferous ‖ **⌐hexacarbonyl** n
/ tungsten hexacarbonyl ‖ **⌐-Inertgas-Schweißen** n,
WIG-Schweißen n / tungsten inert-gas welding, TIG-
welding ‖ **⌐it** m (Min) / wolframite ‖ **⌐karbid** n /
tungsten carbide ‖ **⌐kathode** f / tungsten cathode ‖
⌐lampe f / tungsten lamp ‖ **⌐legierung** f (Nukl) / heavy-
metal o. tungsten alloy ‖ **⌐oxid** n / tungsten oxide ‖
⌐(VI)-oxid n / tungsten(VI) oxide, tungstic acid o.
oxide ‖ **⌐-Plasmaschweißen** n / constricted arc welding
‖ **⌐punktlampe** f / tungsten point lamp ‖ **⌐rohofen** m /
tungsten tube furnace ‖ **~sauer** / tungstate... ‖ **⌐säure** f
/ tungstic acid o. oxide, tungsten trioxide, wolframic
acid ‖ **⌐säureanhydrid** n, Wolframtrioxid n / tungstic
anhydride, tungsten trioxide ‖ **⌐-Schutzgasschweißen** n
/ gas-shielded tungsten arc welding ‖ **⌐stahl** m /
tungsten steel ‖ **⌐-Wasserstoff-Schweißen** n / atomic-
hydrogen welding ‖ **⌐weiß** n / tungsten white
Wolfsbergit m (Min) / wolfsbergite, chalcostibite
Wolfsche Nummer (Astronom) / Zurich number
Wolfs·maulzange f (Schm) / wolf's jaw tongs,
blacksmith's tongs pl
Wolfstift m (Textil) / willow pin
Wolfs·zahn, Hakenzahn m (Säge) / peg tooth ‖ **⌐zahnung**
f (Säge) / rake teeth pl
Wolke f (Luftf) / willow pin ‖ **⌐n** ((2000m) f pl / low clouds pl
Wolken·analyse aus Satellitenbildern / nepanalysis ‖
⌐bedeckungskarte f / nephanalysis ‖ **⌐bildung** f /
cloud formation ‖ **⌐bildung** f (Chem) / cloudiness ‖
⌐bildung f (Farbe) / blushing ‖ **⌐decke** f / cover of
clouds, cloud pall ‖ **oberhalb der ⌐decke** (Luftf) / on
top ‖ **⌐echo** n / cloud echo ‖ **⌐fetzen** m / fracto-cloud ‖
⌐fetzen m, sturmgepeitschte Welle / scud ‖ **⌐flug** m,

Flug m in den Wolken / flying in the clouds ‖ **⌐form** f /
pattern of cloud ‖ **⌐gipfelhöhe** f / cloud top height ‖
⌐höhenmesser m / ceilograph ‖ **⌐kratzer** m /
skyscraper (US) ‖ **⌐loch** n / cloud gap ‖
⌐photopolarimeter n / cloud photopolarimeter ‖
⌐schicht f / cloud stratum ‖ **⌐schleier** m / cloud veil ‖
⌐- und Zusammenstoß-Warnanlage f / cloud and
collision warning system ‖ **⌐untergrenze** f / cloud base
‖ **⌐wand** f **um das Taifunauge** / eyewall, cloudwall
wolkig, wolkenbedeckt / cloudy ‖ ~ / wild (e.g.
lookthrough) ‖ ~, trübe (Pap) / cloudy, clouded ‖ ~,
unrein (Glas) / flawy, having flaws ‖ ~ (Färb) / cloudy ‖
~er Anlauf (Glas) / whitish film, hum
Wolkigkeit f (Farbe) / fogginess, fogging ‖ ⌐ (Pap) / cloudy
formation
Woll·abfälle m pl / waste wool, mungo ‖ **⌐abfälle** m pl
der Konfektion / new clips
Wollaston·draht m (Phys) / Wollaston wire ‖ **⌐it** m /
tabular spar, wollastonite ‖ **⌐prisma** n / Wollaston
prism
Woll·atlas m / woollen satin ‖ **⌐aufbereitungsmaschine** f
/ wool dressing machine ‖ **⌐aufleger** m (Krempel) / wool
supplier ‖ **⌐auswurf** m (Krempel) / wool outlet ‖
⌐ballen m / bale of wool, wool bale ‖ **⌐bart** m / wool
tuft ‖ **⌐baum** m, Kapokbaum m, Ceiba bombax o.
pentandra / kapok tree, ceiba tree, bombax ‖ **⌐brecher**
m / wool devilling machine o. deviller, wool opening
machine o. opener, willow, willey, willy ‖ **⌐brecher** m
(Arbeiter) / deviller, opener ‖ **⌐chlorierung** f / wool
chlorination ‖ **⌐decke** f / rug, woollen blanket ‖
⌐druckerei f / printing of wool fabrics
Wolle f, Schafwolle f / wool ‖ ⌐ **für Auflegematratzen** /
mattress wool ‖ ⌐ **im Schweiß,** Schweißwolle f / wool
in the yolk o. in the suint o. in the grease, suint wool ‖ ⌐
in der Lisseuse gewaschen / back-washed wool ‖ ⌐ **mit
Stichelhaaren** / kempy wool ‖ ⌐ **von der zweiten
Schur** / fleece wool ‖ **beste** ⌐ **einer Schur** / fine n (US)
‖ **beste** ⌐ **eines Vlieses** (Textil) / picklock ‖ **in der**
⌐ **gefärbt** / wool-dyed ‖ **kurze, zarte** ⌐ / short and
tender wool, short-stapled ewes pl
wollen, aus Wolle, Woll[en]… / woollen, woolen ‖ **ganz**
~ / all-wool, pure wool adj
Woll·entschweißmaschine f / wool scouring machine ‖
⌐entschweißung, Wollwäsche f / wool scouring o.
degreasing ‖ **⌐ertrag** m **einer Schur** / clip ‖ **⌐färber** m
/ woollen dyer ‖ **⌐faser** f / wool hair ‖ **⌐feinstrecker** m
/ finisher box minder ‖ **⌐fett** n, -schweiß m / yolk,
suint, wool fat, grease ‖ **⌐fettsäure** f / degras acid ‖
⌐filz m / wool felt ‖ **⌐filzpappe** f / felted woollen board
‖ **⌐flocke** f / flock of wool ‖ **⌐garn** n, gesponnene
Wolle / wool thread o. yarn, spun wool ‖ **⌐garn** n,
Kammwolle f, Zettel m / combed yarn ‖ **⌐gestricke** n /
knitted woollen fabric ‖ **⌐glättmaschine** f / sleeking
machine ‖ **⌐haar** n, -faser f / wool fiber ‖
⌐hadernsortierung, -lumpensortierung f (Pap) / wool
rag sorting ‖ **⌐handkrabbe** f / mitten crab
wollig, / woolly ‖ ~, mollig, weich (Stoff) / snug ‖ ~,
flaumig / cottony ‖ ~, mit Wollhaaren / lanate, woolly ‖
~, kraus (Textil) / nappy, napped ‖ ~ **machen** / render
fleecy ‖ ~**e Masse** f / fleece
Wolligkeit f / wool[l]iness
Woll·industrie f / woollen manufacture ‖ **⌐kamm** m /
wool comb ‖ **⌐kämmerei** f / wool combing works ‖
⌐kämmling m / wool noil, worsted noil ‖ **⌐kammzug**
m (Textil) / combed top ‖ **⌐klassierung** f / wool grading
o. classification ‖ **⌐kratze** f, -karde f, -krempel f / wool
card ‖ **⌐mischer** m / wool blender ‖ **⌐mischung** f /
wool blend ‖ **⌐musselin** m (Textil) / mousseline-de-
laine, muslin de laine, delaine ‖ **⌐musselingarn** n /
wool muslin yarn ‖ **⌐noppe** f / burl, wool knob ‖
⌐noppe f / wool knob ‖ **⌐öffner** m (Spinn) / opener for
wool ‖ **⌐plüsch** m / wool plush ‖ **⌐putzer,** -zupfer,
-entkletter m / bur picker ‖ **⌐reißer** m / wool devilling
machine o. deviller ‖ **⌐reißkrempel,** -vorkrempel f /

wool[len] scribbler ‖ **↶reserve** f (Färb) / wool-resist effect ‖ **↶rips** m (Textil) / russel cord ‖ **↶samt** m / worsted velvet ‖ **↶satin**, Prunell, Lasting m (Web) / lasting, prunella ‖ **↶schur** f / sheep shearing, wool clip ‖ **↶schuraufkommen** n / wool clip ‖ **↶schweiß** m, -fett n / yolk, suint, wool fat, grease ‖ **↶sortierung**, -sichtung f / wool breaking o. picking o. sorting ‖ **↶spinnerei** f / wool spinning ‖ **↶staub** m / flock, wool powder ‖ **↶stoff** m / woollen cloth, stuff ‖ **feiner schwarzer ↶stoff** / broad cloth ‖ **glatter ↶stoff**, Kammwollstoff m / carded o. worsted [wool] fabric ‖ **grober ↶stoff** / coarse woollen cloth ‖ **↶stoffe** m pl / wool[len] clothing, woollens pl ‖ **↶strecker** m / wool frame tenter (US) o. stenter (GB) ‖ **↶tiere** n pl / laniferous animals pl ‖ **↶waren** f pl / woollen [goods] pl ‖ **↶waren** f pl / woollens pl, woollen goods pl ‖ **↶wäsche**, Wollentschweißung f / wool scouring o. washing ‖ **↶wäsche[rei]** f / wool washing factory, wool scouring plant ‖ **↶waschmaschine** f / wool scouring machine ‖ **↶waschmaschine** f, Leviathan m / leviathan washer ‖ **↶weber** m / wool weaver

WOL-Probestab m (Mat Prüf) / WOL-specimen (= wedge opening load specimen)

Woltmann-Zähler m, Woltmannsches Flügelrad (Hydr) / sail wheel of Woltmann, hydrometric vane

Woodlampe f / Wood's lamp

Woodruffkeil m, Scheibenfeder f / Woodruff key

Woodsches Metall n / Wood's alloy o. metal

Wootzstahl m (echter Damaszenerstahl) / Wootz steel

worfeln / winnow vt

Workfaktor m, Arbeitsmerkmal n (F.Org) / work factor

Workpiece-Pointer m (DV) / workpiece pointer

Workshop m, Seminar n / workshop (US), seminar (GB)

Workstation f / workstation

WORM-Speicher m (ein optischer Speicher), (= write once read multiple) / WORM store

Worstedgarn n / worsted yarn

Wort n (allg, DV) / word ‖ **↶**, Codon n (genetische Information) / codon ‖ **↶ fester Länge** (z.B. 4 Bytes) / fixed-length word ‖ **↶adressenformat** n / word address format ‖ **↶adreßschreibweise** f / word address format ‖ **↶angabe**, Beschriftung f (Zeichn) / annotation ‖ **↶begrenzungszeichen** n (DV) / word separator ‖ **↶endezeichen** n (DV) / end of word character

Wörterbuch [für] n / vocabulary [of], glossary, dictionary

Wort·grenze f (DV) / integral boundary ‖ **↶gruppe** f (DV) / blockette ‖ **Teil einer zusammenhängenden ↶gruppe** (o. Informationsgruppe) / sub-block ‖ **↶kombination** f, komplexer Ausdruck / complex term o. form, combination of words, morphem combination ‖ **↶länge** f (DV) / capacity, word length o. size, machine word length ‖ **↶länge** f, Genauigkeit f (DV) / precision, word length ‖ **mehrfache ↶länge** (DV) / multiple precision ‖ **↶[lauf]zeit** f (DV) / word time

wörtlich, buchstäblich / literal ‖ **↶e Bedeutung** / literal meaning

Wort·marke f (DV) / word mark[er] ‖ **↶maschine** f (DV) / fixed-length computer ‖ **↶organisiert** / word-organized, -structured ‖ **↶orientiert** (DV) / word-oriented ‖ **↶schrift** f / pictography, picture writing ‖ **↶speicher** m / word organized o. structured storage ‖ **die Bedeutung gebender ↶stamm** (DV) / lexeme ‖ **↶stelle** f (Wörterbuch) / article o. entry o. item of a glossary ‖ **↶symbol** n / word delimiter (ALGOL) ‖ **↶taktzeit** f (DV) / word time ‖ **↶trennzeichen** n / word separator ‖ **↶verarbeitend** / word treating ‖ **↶verständlichkeit** f (Fernm) / word articulation, intelligibility of words ‖ **↶zählung** f / word count ‖ **↶-Zugriff** m (DV) / word access

Woulfesche Flasche f (Chem) / Woulfe['s] bottle ‖ **↶ Flasche mit Bodentubus** / .Woulfe bottle with bottom outlet

Wow m, Jaulen n (Schwebung o. Frequenzschwankung bis 6 Hz) (Elektronik) / wow

WPC = World Power Conference

WPH, Wetterphase f / weather phase

WPS = Wellenpferdestärke (veraltet)

WR = Wechselrichter

Wrack n / wreck ‖ **↶bergung** f / salvage of a wreck ‖ **↶block** m (Hütt) / scrap ingot ‖ **↶gewalztes Stück** (Walzw) / cobble, reject ‖ **↶guß** m (Gieß) / spoiled casting ‖ **↶tonne** f (Schiff) / wreck buoy ‖ **↶walzen** / cobble v

Wrange f, Bodenwrange f (Schiff) / floor-timber

Wrap-Kontakt m / wrap contact

Wrappen n (eine Drahtbefestigung) / wrapping

Wrapstift m (Elektr) / wrap pin

Wrasen m pl, Brüden pl / [water] vapours pl ‖ **↶klappe** f / ventilator valve

wringen, auswringen / wring o. squeeze [out]

Wringmaschine f / wringing machine

Wronski-Determinante f / Wronskian

WRV, Wasserrückhaltevermögen n / WRV, water retention value

ws (Fernm) = weiß

WS, Ws = Wassersäule ‖ **↶** = Wechselstrom

Ws (Elektr) = Wattsekunde

WSI, Wafer-Scale-Integration f / wafer scale integration, WSI

W.-Sp = Wasserspiegel

WT = Wechselstromtelegrafie

WT-Fernschreibanschluß m (Fernm) / world trade telegraph line adapter

W-Tischfernsprecher m / dial table telephone

WTK = Wechselstrom-Telegrafie-System auf Kurzwelle

WTZ = Wechselstrom-Zweitontelegrafie

wuchern (Bot) / grow exuberantly, luxuriate

Wucherung f (Bot) / proliferation

Wuchs m, Form f / figure, form, shape ‖ **↶**, Wachstum, Wachsen n / growth ‖ **↶stoff** m, Anxin n / growth promoting substance o. factor, anxin ‖ **↶stoff** m, Wuchs-, Phytohormon n / growth hormone, phytohormone ‖ **↶stoff-Unkrautmittel** n / hormone weed killer, hormone herbicide

Wucht f, lebendige Kraft / active force ‖ **↶**, Bewegungsenergie f / kinetic energy ‖ **↶**, Stoß m / momentum, impact ‖ **↶**, Last f / heaviness, weightiness

wuchten, heben / heave ‖ **↶**, auswuchten / [counter]balance ‖ **einen Hebel ↶** / bear on a lever, press hard

Wucht·förderer m / vibrating conveyor ‖ **↶körper** m / balancing body ‖ **↶maschine** f, Auswuchtmaschine f / balancing machine ‖ **↶rinne** f / vibrofeeder ‖ **↶sieb** n / vibrating screen with adjustable counterweight

wühlen (Landw) / cultivate

Wühlmaus, große ↶, Schermaus f, Arvicola terrestris / black water rat

Wulcherklotz m, -löffel m, -holz n (Glas) / shaping block, forming block

Wulfenit n, Gelbbleierz n (Min) / wulfenite, yellow lead ore

Wulst m f, Verdickung f / build-up, swelling ‖ **↶** (Formstahl) / bulb ‖ **↶**, Ausbauchung f (Hahn) / drain boss ‖ **↶** (Bau) / roll, bead ‖ **↶** (Schiff) / bulb ‖ **↶** (Schweiß) / bead, reinforcement ‖ **↶** (Reifen) / heel of tires ‖ **↶ ...** (Kfz) / beaded ‖ **↶abrundung** f (Reifen) / heel ‖ **↶band** n (Reifen, Kfz) / flap, clincher band ‖ **↶bug** m (Schiff) / bulbous bow ‖ **stark ausgeprägter ↶bug**, Rammbug (Schiff) / ram bow ‖ **↶draht** m (Reifen) / bead wire ‖ **↶fahne** f (Reifen, Kfz) / flipper strip ‖ **↶falz** m / welted dog-ear ‖ **↶felge** f (Kfz) / beaded edge rim ‖ **↶felge** f (Fahrrad) / clinch rim ‖ **↶ferse** f (Reifen, Kfz) / bead heel ‖ **↶flachstahl** m **mit doppelseitigem Wulst** / plain bulb plate o. flats pl, bulb flat ‖ **↶förmig**, torisch / toric ‖ **↶füller** m (Reifen, Kfz) / bead filler ‖ **↶fuß** m (Reifen, Kfz) / bead foot ‖ **↶gewebe** n (für Reifen) / chafer fabric ‖ **↶haftfähigkeit**, -haftung f (Reifen, Kfz) / unseating resistance

wulstig / padded, stuffed
Wulst·kante f (Reifen, Kfz) / bead base ‖ **⁎kennlippe** f,
Zentrierrippe f / fitting line on tyre, rim centering rib
(US) ‖ **⁎kern** m (Reifen) / bead core o. cable ‖ ~**los**
(Schweiß) / flush contour ‖ ~**los** (Reifen) / straight-side ‖
~**los**, gratfrei / ridgeless ‖ **⁎maschine** f (Holz) / beading
machine ‖ **⁎naht** f (Schweiß) / reinforced o. stuffed seam
‖ **⁎presse** f **für Dachpfannenbleche** / embossing press
for roofing sheets ‖ **⁎rahmen-Schlitzmaschine** f
(Schuh) / welt slashing machine ‖ **⁎randkondensator** m
(Hochspannung) / rim capacitor ‖ **⁎reifen** m (Kfz) /
[straight side] bead tire, beaded edge tire ‖ **⁎reifen** m,
-decke f (Fahrrad) / clincher [bead] tire ‖ **⁎sitz** m (Reifen)
/ bead seat ‖ **⁎sitzradius** m (Reifen) / bead seat radius ‖
⁎spitze, -zehe f (Reifen) / bead toe ‖ **⁎spreizer** m
(Reifen) / bead expander ‖ **⁎stahl** m / bulb rail o. steel ‖
⁎winkel m, -winkelstahl m / bulb angle [steel] ‖ **⁎zehe**
f (Reifen, Kfz) / bead toe ‖ **⁎zone** f (Reifen) / bead region
Wundbenzin n / benzine, medical grade, surgical spirits
pl
Wunsch, auf ⁎ [lieferbar, erhältlich] / optional
Wünschel·rute f / dowser's rod, divining rod ‖
⁎rutengänger m / dowser, water diviner o. finder,
water-witch (US) ‖ **⁎rutengehen** n / dowsing
Wurbon n, WBN (ein Schneidstoff aus Wurtzit u.
Bornstrid) / wurbon, WBN
Wurf m, Werfen n / throw, cast, hurl ‖ **⁎**, Wurfbewegung
f (Masch) / projection, ejection ‖ **⁎bahn** f, -linie f /
aerodynamic trajectory ‖ **⁎band** n **mit Wurftrommel**
(Landw) / spreading conveyor ‖ **⁎beschicker** m / belt
charging machine ‖ **⁎bewegung** f (Mech) / motion of
projection, projectile motion
Würfel m, Kubus m, Hexaeder n / cube ‖ **⁎**, Spielwürfel
m / die (pl.: dice) ‖ **⁎...**, kubisch / cubic, cubical,
hexaedral ‖ **⁎ von 6 ft.** Kantenlänge / fathom, 6 ft.
cube ‖ **in ⁎ schneiden** / cube v, cut into cubes, dice ‖
⁎antenne f / cubical antenna ‖ **⁎bindung** f (Textil) /
basket weave, hopsack o. Celtic o. matt weave ‖
⁎bindung f, Panamabindung f / dice weave ‖
⁎-Druckfestigkeit f (Bau) / pressure resistance of a test
cube, cube compressive strength ‖ **⁎erz** n,
Pharmakosiderit m (Min) / cube ore, pharmacosiderite,
arsenicated iron ore ‖ **⁎erz** n, Bleiglanz m / galena,
galenite, lead glance ‖ **⁎festigkeit** f / cube strength ‖
⁎form f / cubic shape ‖ ~**förmig**, kubisch / cubic[al] ‖
[annähernd] ~**förmig** / cuboid ‖ **⁎fries** m,
Schachbrettverzierung f (Bau) / diamond moulding
würfelig·e Struktur / cubical structure
Würfel·kante f / cube edge ‖ **⁎knippmaschine** f (Zuck) /
cube cutting machine, cutter ‖ **grobe ⁎kohlen** f pl
(Kohle) / lumps pl, lump coal (US), cobbles ‖
⁎leinwand f / panama fabric ‖ **⁎mischer** m (Pulv.Met) /
rotating cube mixer ‖ **⁎muster** n / check [pattern],
checker square ‖ **⁎muster** n (Bau) / checker work style ‖
mit ⁎muster (Web) / dice checks pl ‖ **mit ⁎muster**
versehen, gekästelt / checkered ‖ **⁎stein** m (Straßb) /
cube ‖ **mit ⁎steinen pflastern** (Straßb) / cube v ‖
⁎zucker m / cube sugar ‖ **kleiner ⁎zucker** / cubelets pl
‖ **ein Stuck ⁎zucker** / lump of sugar
Wurf·gabel-Kartoffelroder m (Landw) / fork-type
[potato] spinner o. potato digger ‖ **⁎gebläse** n (Landw) /
impeller blower ‖ ~**geschichtete Feinspanplatte** /
gravity-spread fine-particle board ‖ **⁎häcksler** m
(Landw) / impeller type chopper ‖ **⁎[hebel]bremse** f
(Bahn) / counterweight brake ‖ **⁎leine** f (Schiff) / heaving
line ‖ **⁎linie**, -bahn f / trajectory ‖ **⁎probe** f, Fallprobe
f / fall test ‖ **⁎-Rübenbröckler**, -Rübenschneider m /
impeller type root chopper ‖ **⁎schaufellader** m (Straßb) /
rocker shovel loader, throwshovel loader ‖
⁎schichtung f (Spanplatte) / gravity spreading, bucket-
wheel type spreading ‖ **⁎-Wanderrost** m / spreader-
stoker ‖ **⁎weite** f / throw, cast, hurl ‖ **⁎weite** f,
Schußweite f / range of a projectile ‖ **⁎winkel** m / angle
of cast o. of throw

Würgehülse f / twisting sleeve
Würgel·hub, Nitschelhub m (Spinn) / traverse of the
rubbing leathers
Würgelitze f (Elektr) / bunched conductor
Würgelmaschine f, Nitschelapparat m (Spinn) / rubber
condenser o. gear, rotafrotteur
würgeln, frottieren (Textil) / rub
Würgel·pumpe f / semirotary hand pump ‖ **⁎walze** f /
rubbing o. top o. upper roller, traversing condenser
roller ‖ **⁎werk** n (Textil) / rubber gear,
rubbing o. condensing leathers pl
Würge·verbindung, -[löt]stelle f, -drahtverschluß m
(Fernm) / twist joint o. ligature, American twist joint ‖
⁎verbindung f **von Drähten** / twisting joining of wires
‖ **⁎zange**, -klemme f / twist clamp
Wurm·bewegung f / vermicular motion ‖ **⁎fraß** m /
damage done by worms ‖ **⁎gang** m / shallow worm hole
‖ **⁎graphit** m, GGV / vermicular graphite ‖ **⁎linie** f /
vermiculation ‖ **⁎loch** n / worm hole, bored hole ‖
kleines ⁎loch, Wurmstich m / small wormhole ‖
⁎schraube f, (jetzt:) Gewindestift m / headless pin,
hdlss ‖ **⁎stich**, -gang m, -loch n (Holz) / shot-hole,
worm hole o. groove ‖ ~**stichig** (Früchte) / worm eaten ‖
~**stichig** / wormy
Wurst f, Faschinenwurst f (Hydr) / water fascine
Würstchen-Instabilität f (Raumf) / sausage instability
Würste f pl, Würstebildung f (Drahtziehen) / balling up
wurstförmig / botuliform, sausage-shaped
Wurtzit m (Min) / wurtzite
Wurtzsche Synthese f (Chem) / Wurtz synthesis
Würze, Bierwürze f (Brau) / wort, gyle ‖ **⁎grand** m / wort
trough, underback ‖ **⁎kondensator** m / wort condenser
Wurzel f (allg, Math) / root ‖ **⁎**, Rübe f (Landw) / carrot ‖ **⁎**
der Schweißnaht / root of seam ‖ n^{te} **⁎** / n^{th} root ‖
[zweite] ⁎, Quadratwurzel f / square root ‖ **⁎ausdruck**
m, Radikand m (Math) / radicand ‖ **rein irrationaler**
⁎ausdruck / entire surd ‖ **⁎ausreißer** m (Landw) /
rooter, stubbing machine ‖ **⁎ballen** m (Landw) /
conglomerate of roots ‖ **⁎bewässerung** f / root
irrigation ‖ **⁎brand der Rübe**, Phytium
debaryanum / phytium disease ‖ **⁎brand der**
Zuckerrübe, Pythium debaryanum / black leg of sugar
beet, root rot, pytium disease ‖ **⁎druck** m (Bot) / root
pressure ‖ **⁎echt**, ungepfropft (Baum) / ungrafted ‖
⁎ende n, unteres Stammende (Baum) / butt end ‖
⁎exponent m (Math) / exponent o. index of a root ‖
⁎fehler m (Schweiß) / incomplete penetration, root
defect ‖ **⁎größe** f, -wert m (Math) / value of the root ‖
⁎hede f (Textil) / tow of root ends ‖ **⁎holz** n / root
timber ‖ **⁎kegel** m / root cone ‖ **⁎knolle** f / bulb ‖
⁎kropf m, Krongalle f, Agrobacterium tumefaciens
(Landw) / bacterial crown gall ‖ **⁎lasche** f (an der
Weichenzunge) (Bahn) / heel fishplate ‖ **⁎linie** f (Nietung)
/ gauge line, center line of rivet holes ‖ **⁎maß** n
(Stahlbau) / distance from outside of angle to rivet center,
[back]gauge ‖ **⁎maß**, Anreißmaß n (Stahlbau) / marking
off dimension, tracing dimension
Wurzeln einer Gabel f pl / roots pl of a fork
Wurzel·ort m, -hodograph m (Math) / root locus (pl: loci)
‖ **⁎pfahl** m (Bau) / root pile ‖ **⁎rechen** m (Straßb) / root
rake, land clearing rake ‖ **⁎reißen** n (Straßb) / stubbing ‖
⁎reißer m (Bau) / rooter ‖ **⁎reißer-Ansatz** m (Schlepper)
/ stubber ‖ **⁎roder** m (Landw) / root cutter ‖ **⁎stock** m
(Forstw) / rootstock ‖ **⁎stoß** m (an der Weiche) (Bahn) /
end of stockrail next to heel (of points) ‖
⁎töterkrankheit f (verursacht durch Rhizoctonia
solani) (Pflanzenkrankheit) / black speck o. scurf ‖
⁎waschmaschine f (Landw) / beet cleaning o. washing
machine ‖ **⁎werk** n (Bot) / roots pl ‖ **⁎zeichen** n (Math) /
radical [sign], root sign ‖ ~**zerstörend** (Parasit) /
radicicolous ‖ ~**ziehen**, radizieren / extract o. evolve o.
take a root
Würzemesser m, Enometer m n (Brau) / wort meter
würzen / flavo[u]r ‖ **Speisen ⁎** / season dishes

Würze·pfanne *f* / wort copper ‖ **⁓prober** *m* (Brau) /
saccharometer ‖ **⁓strom** *m* / wort stream
Würz·menge *f* (Brau) / length of wort ‖ **⁓mittel** *n* /
condiment, seasoning
Wüsten·bildung / desertification ‖ **⁓sand** *m* / drift sand
Wüstit *m* (Hütt) / wuestite
WWV = Stationszeichen des Senders des National Bureau of
Standards, Washington, D.C.
Wyomingit *m* (Min) / wyomingite
WZ, Wz = Warenzeichen ‖ **⁓**, Wz (Pap) = Wasserzeichen ‖
Wz (Fernm) = Wählzeichen ‖ **⁓** (Post) = Wertzeichen ‖ **⁓** =
Werkzeug
W/Z-Faktor, -Wert *m*, -Verhältnis *n*,
Wasserzementverhältnis *n*, WZV / water-cement ratio

X

1X... (= Maßstab 1:1) (IS) / plain o. full scale o. size
X-Ablenkplatte *f* / horizontal deflection plate
X-Ablenkung *f* (Kath.Str) / horizontal deflection
X-Achse *f*, Abszissenachse *f* (Math) / X-axis, axis of
abscisses
Xanthat *n*, Xanthogenat *n* / xanthate, xanthogenate ‖
⁓kneter *m* (Textil) / xanthating churn
Xanthen *n* / xanthen *n*
Xanthenfarben *f pl* / xanthene dyestuffs *pl*
xanthieren (Viskose) / xanthate
Xanthin *n*, Dihydroxy-2,6-Purin *n* / xanthine ($C_5H_4N_4O_2$))
xanthisch / xanthic
Xantho·gen *n* (Chem) / xanthogen ‖ **⁓genat** *n* / xanthate,
xanthogenate ‖ **~genieren** / xanthogenize ‖ **⁓gensäure**,
Hydroxanthinsäure *f* / xanth[ogen]ic acid
Xanthon *n* / xanthone
Xantho·phyll, Lutein, Dihydroxy-α-carotin *n* /
xanthophyl[l] ‖ **⁓protein** *n* / xanthoprotein ‖
⁓proteinreaktion *f* / xanthoprotein reaction ‖ **⁓siderit**
m, gelber Limonit (Min) / xanthosiderite, yellow
limonite
X-Band *n* (5,2 - 11 GHz, 5.77 - 2.73 cm) (Radar) / X-
band, (now:) Cx-band
xBauen, industrielles ~ / industrial construction [work]
X-Blitzlicht-Synchronisierung *f* / X-synchronization,
speed flash synchronization
X-Einheit *f*, XE (= $1.00202 \cdot 10^{-13}$ m) (Nukl) / X-unit
X-Elimination *f* (LoKa) / split column relay
Xenolith *m*, exogener Einschluß (Geol) / xenolith,
exogenous enclosure
Xeno·logie *f* (Frühgeschichtsforschung mittels Xenon) /
xenology ‖ **~morph**, granitoid (Min) / xenomorphic
Xenon *n*, Xe (Chem) / xenon, X[e] ‖ **⁓berg** *m*, -spitze *f*
(Nukl) / xenon peak, xenon build-up after shutdown ‖
⁓bogenlicht *n*, -lichtlampe *f* / xenon arc lamp ‖
⁓gleichgewicht *n* (Nukl) / xenon equilibrium ‖
⁓instabilität *f* / xenon instability ‖ **⁓lampe** *f* / xenon
lamp ‖ **⁓-Plasmalichtbogen** *m* / xenon plasma arc ‖
⁓-Predictor *m* / xenon poisoning predictor ‖
⁓-Reaktivitätsreserve *f* / xenon override ‖
⁓-Transiente *f* / xenon transient ‖ **⁓vergiftung** *f* (Nukl)
/ xenon effect o. poisoning ‖ **⁓-[Vergiftungs]effekt** *m* /
xenon [poisoning] effect
Xenotim, Ytterspat *m* (Min) / xenotime
Xero·druck *m* (Buch) / xerographic o. electrostatic
printing ‖ **⁓drucker** *m* / xerographic printer ‖
⁓graphie *f* / xerography ‖ **⁓phyt** *m*, Trockenpflanze *f* /
xerophyte ‖ **⁓radiografie** *f*, Elektroradiografie *f* /
xeroradiography
Xeroxdruck, mit ⁓ drucken / xerox *v*

X-Erregung, Selektorerregung X *f* (DV) / X-pickup
X-förmig / X-shaped
X-Glied *n* (Fernm) / bridge network ‖ **⁓ des Vierpols**,
Vierpolkreuzglied *n* (Fernm) / lattice section
Xi-Hyperon, Kaskadenteilchen *n* (Nukl) / Xi-particle,
cascade particle
X-Kontakt *m* (Phot) / synchronization contact X
X-Koordinate *f* (NC) / X-coordinate
X-Kristall *m*, -Quarz *m* / X-cut crystal
X-Lageregelung *f* (Kath.Str) / horizontal position control,
H-centering control
X-Loch *n*, -Lochung *f* (LoKa) / X-punch, eleven punch
X-Motor *m* (Luftf) / X-engine
X-Naht-geschweißt / bevelled with an X
X-Platten *f pl* (TV) / horizontal deflection unit
X-Prozentpunkt *m* (Benzol) / X-percent point, the X-point,
running point
XPS, Expertensystem *n* (DV) / XPS, expert system
X-Rahmen *m* (Kfz) / X-frame
X-Schaltung *f*, Brückenschaltung *f* (Fernm) / bridge circuit
X-Schnitt *m*, Orientierung I *f* (Krist) / X-cut, normal cut,
face-perpendicular cut
X-Schweißnaht *f* / double Vee-groove weld o. seam
X-Sprung *m* (LoKa) / X-skip
X-Spule *f*, Kreuzspule *f* (Textil) / cheese
X-Ständer *m*, X-förmige Stütze / X-shaped column
X-Steuerbürste *f* (LoKa) / X-control brush
X-Stoß, Doppel-V-Stoß *m* (Schweiß) / double V-butt weld
X-Strahlen *m pl*, Röntgenstrahlen *m pl* / X-rays *pl*
X-Strahlung, Röntgen-Strahlung *f* / X-radiation
X-Stück *n*, Blindflansch *m* (DIN 28546) / blank flange
X-Synchronisation *f* (Phot) / speed flash, X-
synchronization
X-Transformation *f* (Math) / x-transform
X-Überblendung *f* (TV) / synchronous mixing
X-Verstärkung *f* (Kath.Str) / X-gain, horizontal gain
Xylan *n* (Chem) / xylan
Xylem *n* (Bot) / xyleme ‖ **⁓parenchym**, Holzparenchym *n*
(Bot) / wood parenchyma ‖ **⁓strahl** *m* (Bot) / wood ray
Xylen *n* (Chem) / xylene
Xylenol, Monooxyxylol, Dimethylphenol *n* (Chem) /
xylenol ‖ **⁓blau** *n* / xylenol blue ‖ **⁓harz** *n* / xylenol
resin
Xylidin *n* / xylidine ‖ **⁓rot** *n* / xylidine red
Xylit *n* (Sprengstoff) / xylite ‖ **⁓** *m* (eine Pentose) / xylitol
Xylochinon *n* / xyloquinone
Xyloidin *n* / xyloidin
Xylol *n* / xylene ‖ **⁓ des Handels** / xylol ‖
⁓formaldehyd-Harz, XF-Harz *n* / xylene
formaldehyde resin
Xylolin *n* (Spinn) / xylolin yarn
Xylolith *m*, Steinholz *n* / xylolite ‖ **⁓fußboden** *m* /
xylolite floor
Xylose *f*, Holzzucker *m* / xylose, wood sugar
Xylotil *m* (Min) / xylotile
Xylyl *n* (Chem) / xylyl
XY-⁓Schreiber *m* / X-Y recorder ‖ **⁓-Wähler** *m* (Fernm) /
X-Y selector

Y

Y-Ablenksystem *n* (TV) / vertical deflection unit
Y-Abzweigung *f*, Hosenrohr *n* / Y-tube, bifurcated pipe,
breeches o. forked pipe
Y-Achse *f* (Math) / Y-axis, axis of the ordinate
Yacht *f* / yacht

Z

YAG, Yttrium-Aluminium-Granat,m. / YAG, yttrium-aluminium-garnet

Yagiantenne *f* / Yagi antenna o. array

Yag-Laser *m* / yag laser, yttrium-aluminum-garnet laser

Yamamaiseide *f* / yamamai silk

Yam[s]wurzel *f* / yam

Yankee·-Maschine *f* (Pap) / yankee machine ‖ ⁺-**Zylinder** *m* (Pap) / cylinder of the yankee machine

Yaquillafaser *f* / yaquilla fiber

Yard *n* (= 0,9144 m = 36 in.) (allg) / yard ‖ ⁺**maß** *n* / yard measure o. stick ‖ ⁺**rolle** *f* (Textil) / wrapping block

Yellowmetall *n* (60% Cu, 40% Sn) (Schiff) / yellow metal

Yellowpine *f* / Weymouth pine, eastern white pine (US)

Yellows *pl*, Vergilbungskrankheit *f* (Landw) / yellows

Yerkes-System, MK-System (= Morgan u. Keenan) (Astr) / MK- o. Yerkes-system

Yig *m* (Mikrowellen) / yig, yttrium iron garnet ‖ ⁺**filter** *n* (Elektronik) / yig filter, yttrium-iron-garnet filter

Y-Koordinate *f* (NC) / Y-coordinate

Y-Kristall *m*, -Quarz *m* / Y-cut cristal

Y-Lageregelung *f* (TV) / vertical centering control

Ylang-Ylangöl *n* / ylang-ylang oil, cananga oil

Y-Legierung *f* (Art Duraluminlegierung der Gattung Al-Cu-Ni nach DIN 1713) / Y-alloy

Ylem, Urplasma *n* / ylem, primordial plasma

Y-Loch *n*, -Lochung *f* (LoKa) / Y-punch, twelve punch

Yoyo-Spinbremse *f* (Raumf) / yoyo despin

Yperit *n* (Senfgas) (Chem) / Yperite, mustard gas

Y-Platten *f pl* (TV) / Y-deflection unit

Y-Quarz *m*, -Kristall *m* / Y-cut cristal

Y-Rohr, Hosenrohr *n* (Feuerlösch) / Siamese joint (US) ‖ ⁺ *n* s. Y-Abzweigung

Y-Schaltung, Sternschaltung *f* (Elektr) / Y o. star connection, Y o. star connected threephase system

Y-Schnitt *m*, Orientierung II *f* (Krist) / Y-cut, face-parallel cut

Y-Signal *n* (TV) / luminance signal

Ysopöl *n* / hyssop oil

Y-Steuerbürste *f* (LoKa) / Y-control brush

Y-Stiel *m*, Y-Strebe *f*, Gabelstiel *m*, -strebe *f* / Y-strut

Ytterbinerde *f*, Ytterbin *n*, Ytterbiumoxid *n* / ytterbium oxide

Ytterbit *m* (Min) / gadolinite

Ytterbium *n*, Yb (Chem) / ytterbium, Yb ‖ ⁺**(III)-...** / ytterbic, ytterbium(III)... ‖ ⁺**(II)-...** / ytterbous, ytterbium(II)...

Ytter·erde *f*, Yttriumoxid *n*, Ytterit *m* / yttria, yttric oxide ‖ ⁺**erden** *f pl* / yttric earths *pl* ‖ ~**haltig** / yttric, yttrious, containing yttrium, yttriferous

Ytterium·(III)-... / yttrious, yttrium(III)...

Ytterspat *m*, Xenotim *m* (Min) / xenotime

Yttrialith *m* (Min) / yttrialite

Yttrium *n*, Y (Chem) / yttrium, Y ‖ ⁺**gadolinium-Aluminium-Eisengranat** *m* (Elektronik) / yttrium aluminium iron garnet ‖ ⁺**haloidsalz** *n*, -oxidsalz *n* / yttrium(III) salt ‖ ⁺**oxid** *n* / yttria, yttric oxide

Yttro·cerit *m*, Ytterflußspat *m* (Min) / yttrocerite ‖ ⁺**tantalit** *m* (Min) / yttrotantalite

Y-Überblendung *f* (TV) / nonsynchronous mixing

Y-Überblendverstärker *m* / nonsynchronous composite signal mixer

Yuccafaser *f* / yucca fiber

Yukatanfaser *f*, Sisalhanf *m* / sisal hemp

Yukawateilchen *n*, -meson *n*, Yukon *n* (Nukl) / Yukawa particle o. meson, Yukon

Y-Verstärkung *f* (Kath.Str.Röhre) / Y-gain, vertical gain

y-Vierpolparameter *m* (Halbl) / y-parameter

Z (Textil) = Drehungsrichtung rechts

Z-Achse *f* (Math) / Z-axis

Z-Achsen-Modulation *f* / Z-axis modulation

Zäckchen *n* (Textil) / purl, loop

Zacke *f*, Zacken *m* / tooth, indentation ‖ ⁺, Auszackung *f* / indentation ‖ ⁺, Zinke *f* / prong, tine ‖ ⁺, Impulsspitze *f* (Funk) / spike, pulse overshoot ‖ ⁺, Felszacken *m* (Geol) / jag ‖ ⁺, Blip *m* (Radar) / blip

zacken / tooth *v*, indent ‖ ~, verzahnen / notch *v*, joggle, indent ‖ ~, ausschneiden / pink [out] ‖ ⁺, Zahn *m* (Kath.Str) / pip ‖ ⁺**muster-Schneidemaschine** *f* (Textil) / serrated edge pattern cutting machine, zigzag cutting machine ‖ ⁺**ornament** *n* / indented ornament ‖ ⁺**ornament im Putz** / trowel-point ornament ‖ ⁺**rad-Dekadenschalter** *m* (Elektronik) / thumb wheel switch ‖ ⁺**schere** *f* / pinking shears *pl* ‖ ⁺**schneidemaschine** *f* (Textil) / pinking machine ‖ ⁺**schnitt** *m* / notching, jagging ‖ ⁺**schnitt** *m*, -werk *n* (kleine Zacken) / denticulation ‖ ⁺**schrift** *f* (Film) / variable area recording o. track

zackig (Bruch Krist) / hackly ‖ ~**er Bruch** / hackly fracture

zäh / tenacious ‖ ~, lederartig / leathery ‖ ~, sehnig / stringy ‖ ~, fadenziehend (Mängel) / ropy ‖ ~**e kochen** (Zuck) / boil in ‖ ~ o. **fest machen** / toughen ‖ ~**er Verkehr[sfluß]** / slow traffic flow, slow moving traffic ‖ ⁺**bruch** *m* / ductile fracture ‖ ~**elastisch** (Mech) / viscoplastic ‖ ~**flüssig**, halbflüssig / semiliquid, semifluid ‖ ~**flüssig**, viskos / viscous, viscid ‖ ~**gepolt**, hammergar (Kupfer) / tough-pitch

Zähigkeit, Viskosität *f* / viscosity ‖ ⁺, Festigkeit *f* / tenacity, toughness ‖ ⁺ *f* (Nukl) / strength ‖ ⁺, Zähheit *f*, Zähflüssigkeit *f* / viscosity, viscidity, viscousness ‖ ⁺, Klebrigkeit *f* / siziness, stickiness, viscidity ‖ ⁺, Ausdauer *f* / stamina, endurance

Zähigkeitsfunktion *f* / strength function

Zähkupfer *n* / hard-drawn copper

Zahl *f*, Zahlenzeichen *n* / numeral ‖ ⁺ / number ‖ ⁺, Ziffernstelle *f* / digit ‖ ⁺, Anzahl *f* / number, count (US) ‖ ⁺ (= Verhältnis zweier Größen) / coefficient ‖ ⁺ **1 bedeutet...** / numeral 1 designates... ‖ ⁺**en 1 bis 9** / numerals 1 through 9 *pl* ‖ ⁺**en als Unterlagen der Statistik** *f pl* / quantitative data used for statistics *pl*, statistical figures *pl* ‖ ⁺ *f* **aus gleichen Ganzzahlen** (z.B. 999) / repunit (US), number consisting of equal integers ‖ ⁺ **der Biegungen** (Seil) / rate of bending ‖ ⁺ **der Drehschwingungen je Umdrehung** / order number ‖ ⁺ **der ertragenen Lastwechsel** / endurance ‖ ⁺ **der Gewindegänge** (Masch) / number of threads ‖ **allgemeine** ⁺ / literal number ‖ **fünfstellige** ⁺ / five-digit number ‖ **für** ⁺**en veränderlicher Länge** (Math) / multilength ‖ **Gesetz der großen** ⁺**en** / law of large numbers ‖ **große** ⁺, Menge *f* / multitude

Zähl·abstand *m* (Rotat.Druck) / quire spacing ‖ ⁺**ader** *f* (Fernm) / meter o. M wire

zählbar, diskret (Statistik) / countable, discrete

Zähl·baugruppe *f* (DV) / count module ‖ ⁺**blatt** *n* (F.Org) / tally sheet ‖ ⁺**block** *m* (Bahn) / block signal box with axle counter ‖ ⁺**byte** *n* (DV) / count byte ‖ ⁺**dekade** *f* / decade counter ‖ ⁺**drossel** *f* / counting choke [coil] ‖ ⁺**einrichtung** *f* / counter, counting device

zahlen / pay *v* ‖ ⁺**...** / numeral, numerical ‖ ⁺ *f pl* **zwischen zwei Zehnern** (Math) / digital numbers within a decade

zählen, auszählen / number *v*, count [out], score ‖ ~ [zu] / include [in] ‖ ⁺ *n*, Zählung *f* / metering, counting ‖ ⁺ (Fernm) / registering ‖ ⁺ (Nukl) / count

Zahlen·angaben *f pl* / numerical data *pl*, figures *pl* ‖ ⁺**aufstellung**, Statistik *f* / statistics *pl* ‖ ⁺**ausscheidung** *f* / digit cut-out ‖ ⁺**beispiel** *n* / numerical example ‖

⌐bericht *m* (DV) / log [book] ‖ ⌐blanktaste *f*, Zahlenblank *n* (Fernm) / figure o. cipher blank key zahlend·er Fluggast (Luftf) / revenue passenger ‖ ~e Massengutladung (Schiff) / dead weight (US) ‖ ~e Nutzlast (Luftf) / payload ‖ ~e Nutzlast (Container) / actual payload zählend, integrierend / counting *adj*, integrating ‖ ~er Leistungsmesser / integrating wattmeter Zahlen·darstellung *f* / number notation ‖ ⌐darstellung *f* (z.B. binär) / numeral representation ‖ ⌐darstellung *f* mit fester Basis (DV) / fixed-base o. fixed-radix notation o. representation ‖ ⌐darstellung *f* mit wechselnder Basis / mixed-base o. -radix notation ‖ ⌐eingabe *f* (DV) / numerical entry ‖ ⌐fenster *n* (Phot) / back window ‖ ⌐filter *n* (DV) / digit filter ‖ ⌐folge *f* / sequence of numbers ‖ ⌐geber *m* (Fernm) / impulse machine, sender ‖ ⌐gruppe *f* / group of figures o. ciphers ‖ ⌐gruppe *f*, Zifferngruppe *f* / bracket of numerals ‖ ⌐index *m* / numerical suffix ‖ ⌐körper *m* (Math) / number field ‖ ⌐kugel *f* (Math) / number sphere ‖ ⌐kunde *f* / science of numerals ‖ ~lesend (DV) / figure-reading ‖ ⌐lochen *n* (LoKa) / digit punching ‖ ~mäßig / quantitative, numerical ‖ ~mäßig, statistisch / statistical, numerical ‖ ~mäßig erfaßbar / numerically evaluable ‖ ⌐material *n* / data *pl* ‖ ⌐material aufgliedern / process data ‖ ⌐modul *m* (Math) / number module ‖ ⌐paar *n* / number couple ‖ ⌐rad *n* / number wheel ‖ ⌐rechnung *f* / numerical calculation o. computation ‖ ⌐reif *m* (Großuhr) / dial ring ‖ ⌐reihe *f* / series of numbers ‖ ⌐richtreihe *f* / standard series of numbers ‖ ⌐rolle *f* / ciphering roller ‖ ⌐rolle *f* (Taxameter) / fare o. figure drum ‖ ⌐schloß *n* / combination lock ‖ ⌐selektor *m* / digit analyzer ‖ ⌐stempel *m*, -schlagstempel *m* / numbering stamp o. tool ‖ ⌐symbol *n* / numeric character, numeral ‖ ⌐synthese *f* / number synthesis ‖ ⌐system *n* (Math) / number system ‖ ⌐tafel *f* / numerical table ‖ ⌐tafel, Tabelle *f* (Buch) / table ‖ ⌐taste *f* (Rechner) / numeral key ‖ ⌐theorie *f* / theory of numbers, number theory, theoretical arithmetic ‖ ⌐trommel *f* (Fernm) / figure pointing drum ‖ ⌐verhältnis *n* / numerical ratio ‖ ⌐verteiler, Direktorwähler *m* (Fernm) / digit selector ‖ ⌐weiß *n* (Fernm) / figure blanc ‖ ⌐wert *m*, numerischer Wert / numerical value ‖ ⌐wert-Gleichung *f*, Einheiten-Gleichung *f* / numerical value equation, unit equation ‖ ⌐zeichen *n* / numeral Zähler *m*, Messer *m* (Instr) / meter (US), metre, counter, counting apparatus o. device ‖ ⌐, zählendes Meßgerät / totalizer ‖ ⌐ (Elektr) / meter ‖ ⌐ (Math) / numerator ‖ ⌐ (COBOL) / tally ‖ ⌐ für Durchdreher (Fernm) / all-trunks-busy register, congestion meter ‖ ⌐ für Vorwärts- u. Rückwärtszählung (DV) / count-up-and-down counter ‖ ⌐ableser *m* / meter man ‖ ⌐ablesung *f* / meter reading ‖ ⌐ausbeute *f* (Nukl) / counter efficiency ‖ ⌐bereich *m* (Reaktor) / counter range ‖ ⌐feld *n* (Elektr) / meter board ‖ ⌐fortschaltung *f* / counter advance ‖ ⌐gehäuse *n* (Elektr) / meter case ‖ ⌐gestell *n* / meter rack ‖ ⌐konstante *f* (Elektr) / meter constant ‖ ⌐kontroll-Lampe *f* / meter lamp ‖ ⌐lebensdauer *f* (Nukl) / counter life ‖ ⌐-Nebenschluß-Widerstand *m* / meter shunt ‖ ⌐nische *f* (Bau) / recess for meters ‖ ⌐platz *m* / meter mounting board, meter panel ‖ ⌐prüfeinrichtung *f* (Elektr) / meter test console ‖ ⌐rad *n* / counter wheel ‖ ⌐relais *n* (Fernm) / metering relay ‖ ⌐rückstellung *f*, -nullstellung *f* / counter reset ‖ ⌐rückübertragung *f* / counter read-back ‖ ⌐[schalt]magnet *m* / counter magnet ‖ ⌐schaltuhr *f* / meter change-over clock ‖ ⌐scheibe *f* (Elektr) / meter disk ‖ ⌐schrank *m* (Elektr) / meter cubicle ‖ ⌐schutzschaltung *f* / meter protection circuit ‖ ⌐stand *m* / count of a counter ‖ ⌐stein *m* (Instr) / meter-cup jewel ‖ ⌐stellung *f* / counter position ‖ ⌐steuerung *f* (NC) / incremental-digital control ‖ mit ⌐steuerung / counter-controlled ‖ ⌐summenausgang *m* (LoKa) /

counter total exit ‖ ⌐tafel *f* (Elektr) / meter board, meter panel ‖ ⌐totzeit *f* (Nukl) / counter recovery time ‖ ⌐umschaltelement, -umschaltwerk *n* (Elektr) / discriminator of supply meters Zahlgast *m* (Luftf) / revenue passenger Zähl·glas *n*, Lupe *f* (Phys) / counting glass ‖ ⌐impuls *m* / counting pulse, meter pulse ‖ ⌐impuls *m* (Röhre) / count ‖ ⌐kammer *f* (Nukl) / counting chamber ‖ ⌐karte *f* (Statistik) / tally card Zahlkasse *f*, Regist[ri]erkasse *f* / cash register Zählkette *f* (DV) / counting chain Zahlknopf *m* (Fernm) / pay button Zählkreis *m* (Funk) / counting circuit o. chain zahllos / countless, innumerable, umptieth (US) Zähl·rad *n*, -scheibe *f* / counter, counting wheel ‖ ⌐ratemeter *n*, -ratenmesser *m* (Nukl) / counting ratemeter ‖ ⌐register *n* (DV) / tally register, counting register zahlreich, häufig / numerous Zähl·relais *n* / counting relay ‖ ⌐rohr *n* / counter o. counting tube ‖ ⌐rohr *n* mit Probenkanal (Nukl) / well counter ‖ ⌐strich *m* / tally Zahlsynthese *f* / number synthesis Zähl·taste *f* (Fernm) / meter o. register key ‖ ⌐technik *f* / counting methods *pl* Zahl·teller *m* / money tray ‖ ⌐tisch *m* / counter Zähl- und Rechentechnik *f* / counting and calculating methods *pl* Zahlung *f* / payment Zählung *f*, Zählen *n* / count, counting Zahlungsaufforderungston *m* (Fernm) / pay tone (GB) Zähl·volumen *n* (Nukl) / sensitive volume ‖ ⌐waage *f* / weighing machine with counting scale, counting scales *pl* ‖ ⌐weife *f* (Textil) / counting reel ‖ ⌐werk *n*, Meßwerk, -gerät *n*, -uhr *f* / meter (US), metre ‖ ⌐werk *n* (3-Spezies-Masch) / multiplier o. quotient o. revolution register ‖ ⌐werk *n* (Masch) / counting train, counter ‖ ⌐werk *n* (addierend), -uhr (Masch) / integrating train o. device, totalizer ‖ ⌐werk *n* (numerierend) (Masch) / numerator ‖ ⌐werk *n* mit schleichenden Zahlen / floating-figure counter ‖ ⌐werk *n* mit springenden Zahlen / click-action meter, jumping-figure counter ‖ ⌐zeit *f* / counting interval ‖ ⌐ziffer *f* (Fernm) / metering digit Zahn *m* (Feile, Karde, Säge, Zahnrad usw) / tooth ‖ ⌐, Nocken *m*, Nocke *f* (Masch) / lifter, lifting cog ‖ ⌐, der das Übersetzungsverhältnis irrational macht / hunting tooth ‖ ⌐ des Walzenbrechers / slugger ‖ ⌐ eines Kettenrades (Masch) / sprocket ‖ ⌐ im Gesims (Bau) / dentil ‖ ⌐ im Reißverschluß / tooth o. scoop (US) of zip fastener ‖ ⌐ am Radkranz eingesetzter ⌐ (Masch) / cog ‖ ⌐ mit Zähnen versehen (Rad) / cog *v* ‖ ⌐abkant-Wälzfräser *m* / tooth chamfering hob ‖ ⌐abrund[fräs]maschine *f* / tooth chamfering machine ‖ ⌐abrundung *f* (Masch) / tooth chamfer o. camfer (US) ‖ ⌐anker *m* (Elektr) / toothed-ring armature ‖ ⌐anlage *f* (Masch) / tooth contact, meshing ‖ ⌐anlagefläche *f* / tooth contact area ‖ ⌐antrieb *m* / gear drive ‖ ~ärztlich, Zahn..., Dental..., dental / dental ‖ ~ärztliche Bohrmaschine / burr ‖ ⌐balken *m* (Zimm) / joggle beam, indented-built beam ‖ ⌐belastung *f* / tooth load ‖ ⌐bogen *m*, -segment *n* (Masch) / toothed quadrant, sector gear ‖ ⌐bohrer *m* (Bergb) / jagged bit ‖ ⌐breite *f* / width of tooth face ‖ ⌐bremse *f* (Bahn) / cogwheel brake ‖ ⌐brust *f* (Wz) / breast o. face of a cutting tooth ‖ ⌐brustwinkel *m* / tooth face angle ‖ ⌐dicke *f* als Bogen (z.B. am Teilkreis) / arc o. circular thickness ‖ ⌐dicke *f* am Grundzylinder im Sternschnitt / transverse normal base thickness ‖ ⌐dicke *f* im Normalschnitt (Getriebe) / normal tooth thickness ‖ ⌐dicke *f* im Stirnschnitt / transverse tooth thickness ‖ ⌐dicke *f* im Teilkreis / tooth thickness ‖ ⌐dickenhalbwinkel *m* / tooth-thickness half angle ‖

~dickensehne f / chordal tooth thickness ‖ ~druck m (Masch) / tooth pressure at pitch line
Zähne m pl, Verzahnung f / teeth
Zahn·eingriff, Radeingriff m (Getriebe) / meshing ‖ ~eisen n, -meißel m / denticulate[d] o. indented chisel ‖ ~eisen n, -meißel m / indented chisel
zähneln, mit dem Zahnhammer bearbeiten (Steinmetz) / pick v
zahnen, mit Zähnen versehen / tooth v ‖ ~ s. auch zacken
Zähne·zahl f / tooth number ‖ ideelle ~zahl (Schrägverzahnung) / equivalent number of teeth ‖ ~zahl f je Zoll Teilkreisdurchmesser, Diametral Pitch m / diametr[ic]al pitch, D.P. ‖ ~zahlverhältnis n / gear ratio
Zahn·film m / dentist's X-ray film ‖ ~flachriemen m (Kfz) / timing belt ‖ ~flanke f (Masch) / tooth profile, face of tooth ‖ obere Hälfte der ~flanke, Flanke f zwischen Teilkreis und Kopf / addendum flank ‖ untere Hälfte der ~flanke, Flanke f zwischen Teilkreis und Fuß / tooth flank (contradist: addendum flank) ‖ volle ~flankenberührung / face contact ‖ ~flankenberührung f nur am Zahnkopf / partial face contact ‖ ~flankenberührung f nur im Grunde / flank contact ‖ ~flankenberührung f nur seitlich / toe contact ‖ ~flankenschliff m / profile grinding of gear teeth ‖ ~flanken-Wälzprüfung f / radial composite error test ‖ ~form f, Profilform f / tooth formation ‖ ~formfräser m / tooth form cutter ‖ ~förmig / dentiform ‖ ~fräser m, Zahnradfräser m / gear[wheel] cutter, tooth cutter ‖ ~fuß m (Masch) / base o. root of a gear tooth ‖ ~fuß (Sägezahn) / throat ‖ ~fußdicke f / root width of a tooth ‖ ~fußfestigkeit f / root-strength of teeth ‖ ~fußhöhe f, -fußtiefe f / dedendum ‖ ~fußhöhe bezogen auf Teilkreis (Schneckenrad) / reference dedendum ‖ ~fußhöhe f bezogen auf Wälzkreis (Schneckenrad) / working dedendum ‖ ~gesims n (Bau) / dentil cornice ‖ ~gesperre, Gesperre n / ratchet ‖ ~gesperre an Zahnstange / tooth rack ‖ ~hammer m (Maurer) / pick hammer, dentate o. serrated pick axe ‖ ~herstellung, -gestaltung f nach dem Abwälzverfahren / tooth generation ‖ ~hobel m (Holz) / tooth plane, tenoner ‖ ~höhe f, -tiefe f (Masch) / [total o. whole] depth of teeth ‖ ~höhe f über der Sehne / chordal height ‖ ~kante f / tooth edge ‖ ~kantenfräsmaschine f / tooth chamfering machine ‖ ~keilriemen m / toothed V-belt ‖ ~kette f / inverted tooth type chain, ladder chain ‖ ~knarre f, Ratsche f / ratchet ‖ ~kopf (Zahnrad) / tip of a tooth ‖ ~kopfform f / tooth pointing ‖ ~kopfhöhe f / addendum ‖ ~kopfhöhe f bezogen auf Teilkreis, [auf Wälzkreis] (Schneckengetriebe) / reference, [working] addendum ‖ ~kranz m / gear rim o. ring, toothed ring, crown gear, toothed wheel rim ‖ ~kranz m (Fahrrad) / sprocket [wheel], chain wheel ‖ ~kranz m der Planscheibe (Dreh) / rim gear o. gear drive of the face plate ‖ ~kranz m der Schwungscheibe (Kfz) / toothed flywheel ring ‖ ~krone f (Bohrkrone) (Bergb) / tooth crown ‖ ~kupplung f / denture clutch, positive denture o. clutch ‖ ~lehre f / tooth ga[u]ge ‖ ~lücke f (Masch) / tooth space, gash (US) ‖ ~lücke f, Zahnzwischenraum m (Zahnrad) / spacewidth ‖ ~lücke f (Krempel) / blank space in the doffer comb ‖ ~lückenfläche f, -lückengrund m (Zahnrad) / bottom land ‖ ~lückenfräser m für Kettenräder / sprocket cutter ‖ ~lückenhalbwinkel n / space width half angle ‖ ~lückenprofil n / tooth space form ‖ ~meißel m / notched chisel ‖ ~modul m / module, reciprocal of the diametral pitch ‖ ~nabenprofil n / internal spline ‖ ~nabenprofil n mit Evolventenflanken / internal involute spline ‖ ~oberkante f / upper edge of a tooth ‖ ~platte f / tooth rack ‖ ~profil n / tooth contour o. shape, tooth profile ‖ ~profil n, -flanke f / tooth profile
Zahnrad n / toothed wheel o. gear, gearwheel ~, (spez): Kronen-, Kammrad n / cog[ged wheel] ‖ ~ (Uhr) /

dented wheel ‖ ~ (Bahn) / cogwheel ‖ ~ aus Kunstharzpreßstoff / composition gear ‖ ~ mit Innenverzahnung, Hohlrad n / internally toothed o. internally geared wheel ‖ ~ mit Kurvenverzahnung / spiral gear ‖ ~ mit Primzahl-Zähnezahl / prime-number gear ‖ kleines ~, Ritzel n / pinion ‖ ~[ab]wälzfräsmaschine f / gear hobbing machine o. hobber ‖ ~anode f (Galv) / ripple-round anode ‖ ~antrieb m / gearwheel drive, gearing ‖ ~bahn f / cogwheel railway, rack[-and-pinion] railway ‖ ~[bahn]lokomotive f / cogwheel o. rack engine o. locomotive ‖ ~block, -pilz m / cluster gear ‖ ~block m / cluster gear
Zahnräder·berechnung f / gearwheel calculation ‖ ~-Teilkopf m / gear dividing head ‖ ~werk n / toothed gearing o. wheel-work
Zahnrad·formmaschine f (Gieß) / gear moulding machine ‖ ~fräser m / gear[wheel] cutter, tooth cutter ‖ ~fräsmaschine f / gear cutting o. milling machine, gear cutter ‖ ~getriebe n / toothed gearing o. wheel-work ‖ ~hobelmaschine f / gear shaping machine ‖ ~knarre f (Werkz) / standard ratchet ‖ ~läppmaschine f / gear lapping machine ‖ ~motor [mit geraden o. schrägen o. Pfeilzähnen] m (Bergb) / [compressed] air motor ‖ ~paar n / gear pair ‖ ~prüfmaschine f / gear testing machine ‖ ~pumpe f / gear pump ‖ ~rohling, -körper m / gear blank ‖ ~-Schabmaschine f / gear shaving machine ‖ ~schleifmaschine f / gear grinder ‖ ~schleifmaschine f mit Profil-Schleifscheibe / formed wheel grinder ‖ ~schleifmaschine f nach dem Abwälzverfahren / gear generating grinder ‖ ~schutzkasten m / gearbox case o. casing ‖ ~stellung f (Uhr) / stop wheel ‖ ~stoßmaschine f / gear shaping machine o. shaper by the generating process ‖ ~teilkopf m / gear indexing attachment o. transmission ‖ ~übersetzung f / toothed wheel gear o. transmission ‖ ~vorgelege n / backgear ‖ ~vorgelege n, Rädersatz m / train of gear wheels ‖ ~walzen n / rolling coldforming of gears ‖ ~-Wälzfräsmaschine f / gear hobbing machine o. hobber ‖ ~walzmaschine f / gear rolling machine ‖ ~welle f / long-face pinion ‖ ~wendegetriebe n / reversing gear
Zahn·riemen m / toothed belt, synchronous belt ‖ doppelseitiger ~riemen / two-faced synchronous belt, two-face toothed belt ‖ ~riementrieb m / synchronous belt drive ‖ ~riffelung f / toothed fluting ‖ ~ring m (verzahnter Ring) / annular gear ‖ ~ritzel n / pinion ‖ ~rücken m / tooth back ‖ ~scheibe f, Planrad n (Kegelwinkel 90⁰) / crown gear ‖ ~scheibe f (Photozellen-Unterbrecher) / chopper disk ‖ [innen- o. außengezahnte] ~scheibe (eine U-Scheibe) / [internal- o. external] tooth lock washer ‖ ~scheibenmühle f / toothed disk mill ‖ ~schiene f / rack rail ‖ ~schrägung, -schräge f (Schrägverzahnung) / pitch of the helix ‖ ~segment n (Masch) / toothed quadrant ‖ ~sehne f (Getriebe) / normal chordal tooth thickness ‖ ~spindel f / toothed spindle ‖ ~spitze f (Karde) / tip of the card wire ‖ ~spitzenlinie f (Säge) / top line o. edge ‖ ~stange f / [toothed] rack ‖ ~stange f (Kfz) / steering rack
Zahnstangen·fräsmaschine f (Wzm) / rack milling machine ‖ ~getriebe, -triebwerk n (Bahn) / cogwheel mechanism, rack[-and-pinion] gear ‖ ~-Hydrolenkung f / rack-and-pinion hydro-steering gear ‖ ~lenkung f (Kfz) / rack[-and-pinion] steering ‖ ~schlitten m / rack carriage o. guide ‖ ~teilvorrichtung f (Wzm) / rack indexing o. spacing attachment ‖ ~winde f / rack[-and-pinion]-jack, tooth and pinion jack ‖ ~-Zahnradprinzip n (Linearmotor) / rack-gear principle
Zahn·stärke s. Zahndicke ‖ ~steigung f (Schrägrad) / spiral pitch o. lead ‖ ~stein, Verzahnungsstein m (Maurer) / toothing stone ‖ ~streifen m pl (Buch) / gear marks o. streaks pl ‖ ~technik, -heilkunde f / dentistry, dental surgery ‖ ~techniker m / dental laboratory technician ‖ ~technisches Labor / dental laboratory ‖ ~teilung f,

Teilung der Zahnspitzen (Säge) / spacing, space ‖
⌐teilung f (Elektr) / tooth pitch ‖ ⌐teilung f entlang der Sehne im Rollkreis gemessen / chordal pitch ‖
⌐teilung f im Teilkreis gemessen, Circular pitch m (Masch) / circular pitch, C.P. ‖ ⌐teilung f senkrecht zum Zahn (Schraubenrad) / normal circular pitch ‖
⌐teilung f senkrecht zur Achse (Schraubenrad) / real circular pitch, circumferential circular pitch ‖ ⌐teilung f senkrecht zur Achse, Stirnteilung f (Schraubenrad) / transverse pitch ‖ ⌐trieb, Trieb m (Masch) / pinion [gear] ‖ ⌐triebwerk n (Opt) / pinion gear ‖ ⌐trommel f, Igeltrommel f (Spinn) / porcupine roller o. cylinder ‖
⌐trommel f (Masch) / sprocket wheel
Zahnung f / toothing ‖ ⌐ (Messer) / scallop of a knife ‖ ⌐, Zahneinschnitt m / indent, indentation
Zahn·walze f (Asphalt) / branding iron, indenter, crimper ‖
⌐walze f, Krauswalze f (Landw) / toothed roller ‖
⌐weite f (Zahnrad) / base tangent length ‖ ⌐welle f mit Evolventenflanken / involute spline shaft ‖
⌐wellenprofil n / external spline ‖
⌐wellen-Verbindung f mit Evolventenflanken / involute spline ‖ ⌐werk n (Teleskop) / rack work ‖
⌐winkel von 90° m (Säge) / ordinary pitch ‖ ⌐winkel m von 100 bis 110° (Säge) / slight pitch ‖ ⌐zwischenraum m (Zahnrad) / space width
zähpolen, Kupfer ~ / toughen copper
Zamak n (Zinklegierung) / die-casting zinc alloy "Zamak"
Zanella m (Futter-, Schürzenstoff) (Textil) / zanella, Italian cloth
Zange f, Beißzange f / pincers pl sg ‖ ⌐ (allg) / nippers pl ‖ ⌐ (bes. Schmiedezange) / tongs pl sg, a pair of tongs ‖ ⌐ (klein) / pliers pl ‖ ⌐, Greifer m / tongs pl ‖ ⌐ (Schw) / welding pl tongs, electrode holder ‖ ⌐, Ziehzange f (Draht) / drawing tongs ‖ ⌐, Koppelbalken m des Dachbinders (Zimm) / tie beam ‖ ⌐, Koppelbalken eines Rostes (Zimm) / straining piece, binding piece, bridging [piece] ‖ ⌐, Querschwelle f eines Rostes (Hydr) / traverse beam of a grating ‖ ⌐, Kluppe f (Textil) / nippers;pl. ‖ ⌐ (Uhr, Med) / forceps pl ‖ ⌐ des Zangenmanipulators / tong of the manipulator ‖ ⌐ für Sicherungsringe für Wellen, [für Bohrungen] (DIN 5254, [5256]) / pliers pl for retaining rings for shafts, [for bores], circlip pliers pl ‖ ⌐ für Steckverbindungen / plugging pliers pl ‖ ⌐ zum Drahtschneiden, Drahtzange f / cutting pliers pl ‖ ⌐ flache ⌐, Flachzange f / flat nose plier ‖ ⌐ mit ⌐n halten / tong v
Zangen·-Amperemeter n / snap-on o. clip-on ammeter ‖
⌐apparat m, -zuführung f (Presse) / gripper ‖ ⌐backe f / jaw of tongs ‖ untere ⌐backe (Spinn) / under-nipper ‖ ⌐balken m (Hydr) / grappling beam ‖ ⌐bremse f (Bahn) / double jaw brake, clasp brake (US) ‖ ⌐ende n (Schm) / tong-hold, bar hold ‖ ⌐gelenk n / joint of tongs ‖
⌐geschirr n (Schiff) / grappler tackle ‖ ⌐greifer m / gripper finger ‖ ⌐griffpaar n / handle of tongs ‖
⌐griffweite f / width of handles (tongs) ‖ ⌐hebel, Gabelhebel m / forked lever ‖ ⌐instrument n, -meßgerät n (Elektr) / clip-on instrument ‖ ⌐kopf m / head of tongs ‖ ⌐kran m (Hütt) / ingot tong crane, dog[ging] crane ‖ ⌐kran, Stripper[kran] m (Hütt) / stripper o. stripping crane ‖ ⌐manipulator m (Nukl) / ball-and-socket manipulator ‖ ⌐mann m (Walzw) / tongsman ‖ ⌐maul n / bit of tongs ‖ ⌐niet m / joint rivet of tongs ‖ ⌐ring m, -klemme f / coupler of pliers, coupling o. sliding o. tongs ring ‖ ⌐spannfutter n (Dreh) / draw-in attachment, spring [collet] chuck, split chuck ‖ ⌐spindel f (Hobelbank) / chop spindle ‖
⌐strommesser m, Anlegestrommesser m / snap-on o. clip-on ammeter ‖ ⌐stromwandler m / split-core type transformer ‖ ⌐verbindung f (Fernm, Elektr) / double brace ‖ ⌐vorschub m, -zuführung f, Greifervorschub m / gripper feed [system], (C.I.R.P.:) slide feed ‖
⌐wagen m (Glaswerk) / large tongs on wheels pl
Z-Antrieb m (Schiff) / Z-type propeller

Zapf·... / dispensing ‖ ⌐... / dealing out in portions ‖
⌐anlage f (Kfz) / fuel dispenser
Zäpfchen pl (feuerfeste Stoffe) / stalactites pl ‖ ⌐ n im Auge / retinal cone
zapfen, an-, abzapfen / broach v ‖ ~ (Zimm) / mortice, mortise, fasten by tenon and mortice ‖ ⌐ / dispensing n ‖ Wasser ~ o. ablassen (Hahn) / draw water
Zapfen, Pflock m / peg ‖ ⌐, Daumen m (Masch) / cog, tappet ‖ ⌐ m (Zimm) / [mortise] tenon ‖ ⌐ (Mech) / journal, turning o. revolute pair, trunnion, spigot ‖ ⌐, Dorn m (Schloss) / gudgeon ‖ ⌐ (Gewindestift) / full dog point ‖ ⌐, Faßhahn m / faucet, spigot ‖ ⌐, Spund m (Brau) / bung ‖ ⌐ der Achse (Uhr) / pivot ‖ ⌐ der Kurbel[welle], Kurbelzapfen m / crank pin, stud, journal ‖ ⌐ der Verzapfung (Zimm) / plug tenon ‖ ⌐ der Walze (Walzw) / neck ‖ ⌐ des Konverters / trunnion of converter ‖ ⌐ in das Gewinde einbringen (Öl) / stab v ‖ [langer] ⌐ (Schraubenende) / [full] dog point ‖ aus einem Faß ~, abziehen / draw-off, broach, tap ‖ den ⌐ schneiden / tenon a piece of wood ‖
⌐aufhängung, -lagerung f (Masch) / pivot suspension ‖ ⌐bohrer m (Tischl) / borer with circular bit, tap borer ‖ ⌐bohrer m, Dübelbohrer m / tap borer, pin drill ‖
⌐bohrung f (Lagerung in Blech) / dead eye ‖
⌐durchmesser m (Gewindestift) / diameter of dog point ‖
⌐düse f (Diesel) / pintle-type nozzle o. injector ‖
⌐egoutteur m (Pap) / closed journal type dandy roll ‖
~förmig / peg-shaped ‖ ⌐frucht f (Bot) / strobile ‖
⌐gelenk n (Brücke) / pivot joint ‖ ⌐kipper m / trunnion tip[ping] car o. wagon ‖ ⌐klemme f (Zerreißm) / revolving jaw ‖ ⌐lager n (Masch) / journal o. trunnion bearing o. box o. rest ‖ ⌐lager, Drehlager o / pivot bearing o. rest ‖ unteres ⌐lager, Lagerpfanne f / footstep bearing ‖ oberes ⌐lager, Halslager n (Masch) / neck [journal] bearing, top step ‖ V-förmiges oder wiegenartiges ⌐lager / V-shaped bearing ‖ ⌐lagerung f / trunnion mounting ‖ ⌐loch n (Zimm) / nick, notch, gain, peg hole ‖ ⌐lochmaschine f, Stemmaschine f (Zimm) / mortising machine, mortiser ‖ ⌐platte f (Bahn) / hooked sole plate with tenon ‖ ⌐reibung f / journal o. pivot friction ‖ ⌐rolle f / studded roller ‖
⌐-Rolliermaschine, Kuppenrundmaschine f / roller-burnishing machine for bolt ends ‖ ⌐rollerstuhl m (Uhr) / Jacot tool ‖ ⌐säge, Zinkensäge f / dovetail saw ‖ [feste] ⌐säge (Tischl) / offset dovetail saw [with fixed handle] ‖ umlegbare ⌐säge (Tischl) / reversible dovetail saw ‖ ⌐schlüssel m für Zweilochmuttern / pin spanner o. wrench ‖ ⌐schneidemaschine f / tenon cutting machine, tenoning machine, tenoner ‖ ⌐schraube f / locating o. pilot o. shank screw ‖ ⌐schraube f mit Schlitz / slotted shoulder screw ‖ ⌐senker m / spot facer o. facing cutter ‖ ⌐senker m (mit Flachmesser) / counterbore ‖ ⌐stern m (Kfz) / pinion frame ‖
⌐streichmaß n, -lochlehre f (Zimm) / mortise gauge ‖
⌐verbindung f / joggle joint ‖ ⌐verbindung, Zapfung f (Tischl, Zimm) / mortise [and tenon] joint ‖ ⌐verkeilung f (Zimm) / foxtail wedging
Zapf·gerät n (für Kraftstoff) / fuel dispenser ‖ ⌐hahn m / faucet, tap, cock, tapping cock ‖ ⌐hahn, Feuerhahn m / hydrant, fire plug, F.P. ‖ ⌐hahn m (Benzinpumpe) / nozzle of a gasoline pump ‖ ⌐hahn m (Faß) / spigot, tap ‖ ⌐hahnaufnahme f (Tanksäule) / boot of a gasoline pump ‖ ⌐loch n (Brau) / bunghole, bung ‖ ⌐pumpe f / petrol pump, roadside gasoline pump ‖ ⌐rohr n (Staubecken) / spigot pipe ‖ ⌐säule f, Tanksäule f / roadside petrol (GB) o. gas[oline] (US) pump ‖
⌐schienenverteiler m (Elektr) / [power distribution] tap trunking ‖ ⌐schlauch m / hose of the gasoline pump ‖
⌐schnitt m (Kautschuk) / tapping cut ‖ ⌐stelle f, -punkt m (Dampf) / bleeding point ‖ ⌐stelle f, Hydrant m (F'wehr) / water plug, hydrant ‖ ⌐stelle f, Tankstelle f (Kfz) / filling o. service station, petrol (GB) o. gas[oline] (US) station ‖ ⌐trichter m / tapping funnel ‖ ⌐welle f (Landw) / power take-off shaft ‖ ⌐welle f mit

Dauerantrieb, direkt angetriebene o. motorabhängige o. Motor-Zapfwelle (Landw) / live power take-off ‖ ⌐**wellenanschluß** m / power take-off connection ‖ ⌐**wellenantrieb**, Abtrieb m (Landw) / power take-off, p.t.o. ‖ ⌐**wellengetriebe**, Verteilergetriebe n / power take-off gear ‖ ⌐**wellenkraftheber** m / shaft-driven power lift

Zaponlack m / zapon varnish o. enamel, cellulose lacquer

Zaratit m (Min) / zaratite, emerald nickel

Zarge f, Nut[e] f, Falz m / notch, groove ‖ ⌐, Tür-, Fensterzarge f / frame o. case of doors o. windows ‖ ⌐ (Plattenspieler) / plinth ‖ ⌐ (Konservendose) / body of a can, body blank ‖ ⌐ **aus Falzblech** (Bau) / sheet metal window frame ‖ ⌐ **des senkrechten Schiebefensters** / casement of a sash window, English casement ‖ ⌐ **einer Feuertür**, Feuergeschränk n (Bau, Bahn) / fire door box ‖ ⌐ **eines Wellpappkartons** / tube of a corrugated box ‖ ⌐ **für rundes Fenster** (Schiff) / main frame of a scuttle

Zargen·fenster n / frame window ‖ ⌐**reißer** m (Hütt) / cup wall fracture ‖ ⌐**rundmaschine** f (Dosen) / body forming machine

zart, zerbrechlich / tender ‖ ~ (Farbton) / delicate ‖ ~ (Gewebe) / sheer

ZA-Schnecke f / straight-sided axial worm, worm-type ZA

Zäsium, Cäsium n, Cs / caesium, cesium (US) ‖ ⌐**atomuhr** f / Atomicron, caesium clock ‖ ⌐**dampf-Atomfrequenznormal** n / caesium vapour frequency standard ‖ ⌐**element** n / caesium cell ‖ ⌐**frequenznormal** n / caesium reference oscillator ‖ ⌐**strahl** m (Atomuhr) / caesium beam ‖ ⌐**strahler** m / caesium unit

Zaum m (Sattl) / bridle

Zaun m / fence, fencing ‖ ⌐**draht** m / fence wire ‖ ⌐**latte** f / fence lath, picket ‖ ⌐**pfahl** m / fence post o. picket, pale

ZB, Zentralbatterie f (Fernm) / central battery, common battery

Z-Bake f (Luftf) / Z- o. zero marker beacon, ZM, cone-of-silence marker beacon

ZB-Betrieb m (Fernm) / central battery working

Z-Diode f (DIN) / Zener diode ‖ ⌐ **als Referenzdiode** / voltage reference and regulator diode

Z-Draht m (Elektronik) / inhibit [wire]

Z-Drehung f (Spinn) / [regular o. right-hand] twist, open-band (GB) ‖ ⌐ (Math) / z-transform

Zeaxanthin n / zeaxanthin (a xanthophyll)

Zebra·gewölbe n (Feuerfest) / zebra roof ‖ ⌐**röhre**, Indexröhre f (TV) / index tube ‖ ⌐**streifen** m (Straßb) / zebra markings pl ‖ ⌐**streifen**, Fußgängerüberweg m / pedestrian crossing, zebra crossing (GB), crosswalk (US)

Zeche, Grube f (Bergb) / mine, pit ‖ ⌐, Bergwerksgesellschaft f / mining company

Zechen·bahn f (Bahn) / colliery o. mine railway ‖ ⌐**bahnhof** m (Bahn) / mining depot o. siding ‖ ⌐**betrieb** m / mine operation ‖ ⌐**halde** f / colliery dump o. heap ‖ ⌐**koks** m / byproduct coke, - cokes pl ‖ ⌐**platz** m (Bergb) / pit yard ‖ ⌐**teer** m, Kokerei-, Koksteer m / coke tar

Zechstein m (Geol) / zechstein ‖ ⌐**dolomit** m / compact dolomite ‖ ⌐**[kalk]** m / Permian limestone

Zecke f / tick

Zeder f / cedar ‖ ⌐ **für Bleistiftherstellung**, Florida- o. Bermudazeder f / pencil cedar, Juniperus bermudiana

Zedernholzöl n / cedar oil, cedar wood odour

Zeeman-Effekt m (Spektrum) / Zeeman effect

Zefir, Zephir m (Textil) / zephyr

Zehenderkammer f (Mikrosk) / Zehender chamber

Zehen·kappe f (Schuh) / toecap ‖ ⌐**verstärkung** f (Strumpf) / toe guard

zehn / ten ‖ ⌐, Zehner m, Zehnerstelle f / ten ‖ ⌐ **hoch hundert**, 10^{100} / googol ‖ ~ **Jahre** n pl, Decennium n

(Zeit) / decade, decennium ‖ **nach** ⌐ **gerechnet** / denary ‖ ~**bindig** (Web) / ten-shaft... ‖ ⌐**eck**, -seit n / decagon ‖ ~**eckig**, -seitig (ebene Figur) / decagonal, ten-angled

Zehner m, -stelle f (Math) / ten's o. tens place ‖ ⌐ **...**, Dezimal... / decadic, decimal ‖ ⌐**blocktastatur** f / ten-key block keyboard ‖ ⌐**gruppe** f (DV) / decade ‖ ⌐**komplement** n (Math) / ten's complement ‖ ⌐**logarithmus** m / common o. decimal o. Briggsian logarithm ‖ ⌐**potenz** f (Math) / power of ten ‖ ⌐**potenzschreibweise** f (DV) / decimal power mode ‖ ⌐**prozentpunkt** m / ten-percent point ‖ ⌐**ringzähler** m (Fernm) / scale-of-ten, scaling circuit ‖ ⌐**durchgehende** ⌐**schaltung** / full carry-over ‖ ⌐**schreibweise** f / decimal notation ‖ ⌐**stelle** f / tens digit ‖ ⌐**system** n, Dezimalsystem n / decimal system ‖ ⌐**tastatur** f (Buch.m) / ten-key keyboard ‖ ⌐**übertrag** m, -übertragung, -schaltung f (Buch.m) / carry mechanism, decimal carry ‖ **[durchgehender]** ⌐**übertrag** / tens carry [throughout] o. transfer [throughout] ‖ ⌐**übertrag-Kontakt** m (Buch.m) / carry contact ‖ ⌐**übertragsbuchse** f (LoKa) / carry entry ‖ **nächsthöherer** ⌐**wert** / next higher decade

zehn·fach / decuple, tenfold ‖ ~**fache Vergrößerung** / tenfold magnification ‖ ~**fache Verkleinerung** / scale of a tenth ‖ ⌐**fache** n / decuple ‖ ⌐**finger-Maschinenschreibkraft** f / touch-typist ‖ ⌐**fingerschreiben** n / touch typing ‖ ~**flächig** / ten-sided ‖ ⌐**flächner** m / decahedron ‖ ⌐**gradteilung** f / graduation from ten to ten degrees ‖ ⌐**jährig** / decadal ‖ ~**jährige Garantie** / decadal guarantee ‖ ⌐**pointsmaschine** f (Textil) / bobbinet frame with ten needles per inch ‖ ~**prozentig** / ten percent... ‖ ~**seitig**, -flächig (Körper) / decahedron, -hedral, ten-sided ‖ ~**stündig** / ten hours... ‖ ~**stündige Entladezeit** (Akku) / ten hours discharging time ‖ ~**stündige Kapazität** (Akku) / capacity at ten-hour rate, ten-hours discharge rate ‖ ⌐**tastenfeld** n (Buch.m) / ten-key keyboard

Zehntel n, Dezi... / deci..., one tenth of a unit ‖ ⌐**liter** m / deciliter ‖ ~**normal** / decinormal ‖ ⌐**normallösung** f / decinormal solution ‖ ⌐**prozent** n / one tenth percent ‖ ⌐**streuwinkel** m (Opt) / tenth angle of dispersion ‖ ⌐**wert-Dicke** f / tenth-value thickness ‖ ⌐**zoll** m (= 2,54 mm) / line, 1/10 inch

Zeichen, Symbol n / [conventional] sign ‖ ⌐ n, Marke f / mark ‖ ⌐, Anzeichen n / sign n, mark ‖ ⌐, Zahl f / character, digit ‖ ⌐, Ton m (Fernm) / tone ‖ ⌐ (DV) / character ‖ ⌐ (Programmspr) / symbol ‖ ⌐, Signal n (allg, Fernm, Elektronik) / signal ‖ ⌐, Mal n / print ‖ ⌐ (je nach System: Trennschritt o. Stromschritt) (Fernm) / mark ‖ ⌐ (Strumpf) / fancy lace welt design ‖ ⌐/s n pl / characters pl per second ‖ ⌐ , **daß ein anderer Anrufer wartet** (Fernm) / tone indicating a third party waiting ‖ ⌐ **abfühlen** (DV) / marksense ‖ ⌐ **erkennen** (DV) / recognize characters ‖ ⌐ **erkennen** (DV) / sense marks v ‖ ⌐ **für Halten u. Parken** / standing and parking signs pl ‖ ⌐ n **für Klingelzeichen** (DV) / bell character, BEL ‖ ⌐ **größer als** / greater than sign ‖ ⌐ **im Morsesystem** / mark ‖ ⌐ n pl **je Zeile** [je Zoll] / characters per line, cpl [per inch, cpi] ‖ ⌐ n **kleiner als** / lesser than sign ‖ **im normalen Schriftsortiment nicht enthaltene** ⌐ (Buch) / peculiar characters pl ‖ ⌐**abfühlung** f / mark sensing o. scanning ‖ ⌐**abstand** m (zwischen den Mittelsenkrechten zweier Zeichen), Typenabstand m / horizontal spacing (between centers of characters), character spacing ‖ ⌐**anzeige** f (DV) / character display, symbol display ‖ ⌐**aufsatz** m (Radar) / reflection plotter ‖ ⌐**ausrichtung** f (Drucker) / character alinement ‖ ⌐**begrenzer** m / signal limiter ‖ ⌐**begrenzung** f / character boundary ‖ ⌐**belegung**, -zuordnung f / character assignment ‖ ⌐**-Bildschirmeinheit** f / character display [device], read-out [device] ‖ ⌐**bogen** m / drawing sheet ‖ ⌐**brett** n / drawing board ‖ ⌐**büro** n, -saal m / designing o. drawing office, drafting office ‖ ⌐**code** m (Fernm) / character code ‖ ⌐**darstellung** f

(DV) / character representation || ~datei f / character file || ~deckerei f (Strumpf) / lace-clock attachment, marking attachment || ~decknadel, Zwickeldecknadel f (Strumpf) / lace [narrowing] point, clocking point || ~dichte f (Drucker) / print density, characters/inch, CPI || ~dichte f (DV) / bit density || ~dreieck n / set square || ~druck m, Symboldruck m (DV) / symbol printing || ~drucker m (DV) / character[-at-a-time] printer || ~druckmaschine f (Web) / marking machine o. equipment || ~ebene, Ansichtsebene f / plane of projection || ~einrichtung f, Speichersichtgerät n (Radar) / plotter || ~element n / signal element o. component || ~empfänger m / signal receiver || ~erkennung f (allg) / mark recognition || ~erkennung f (DV) / character recognition o. reading || ~erklärung f, -schlüssel m / key of a map || ~erklärung, Bildunterschrift f / legend || ~feder f / pen || ~fehlerquote f (DV) / character error rate || ~folge f, Zeichenkette f / character string || ~gabe f, -gebung f (Radar) / plotting || ~geber, Fernmelder m (Fernm) / communicator || ~gebung, Signalgebung f / signalling, signaling (US) || ~generator m / character generator || ~gerät n, -maschine f / drafting o. scribing machine || ~gerät n, Plotter m (DV) / graphic output unit, plotter || ~haltig (Wolle) / painted || ~hammer m (Masch) / marking hammer || ~höhe f, Schrifthöhe f (Display) / font size, character height || ~konstante f / character constant || ~kontur f / character outline || ~konzentrator m (Magn.Bd) / pack/unpack facility || ~kopf m (Zeichenmasch) / drafting machine button || ~kreide f / crayon || ~leinwand f, Pausleinwand f / tracing cloth || ~lesen n / character reading || ~leser m / character reader || ~lineal n / tee-square, T-square || ~lochung f (LoKa) / marksensed punching || ~maschine f, -gerät n / drafting o. scribing machine || ~-Mittellinie f / character centerline || ~mittenabstand m, Pitch m (lt. Bundespost) (Drucker) / character pitch, character centerline spacing || ~papier n / design o. drawing paper || ~kartonstarkes ~papier f / Bristol paper o. board || ~parallel (DV) / parallel by character || ~/Pauseverhältnis, Tastverhältnis n (Fernm) / mark[-to]-space ratio || ~platte f (Radar) / plotting plate, position o. reflector tracker || ~platte f (DIN 3100) / Reißbrett n / drawing board || ~programm n (DV) / plotting program || ~punkt m (Morse) / dot || ~reihe f (DV) / string of characters || ~rohr n für Tuschzeichengeräte / tubular tip for drawing ink instruments || ~saal m / drafting room, designing o. drawing o. drafting office || ~satz-Änderungszeichen n (DV) / font-change character || ~sätze m pl (DV) / character sets pl || ~schiene f, Reißschiene f (Zeichn) / T-square, tee-square || ~schlüssel m / signal code || ~schlüssel m, Legende f / legend || ~schreibröhre f (TV) / character storage tube || ~schritt m (Fernm) / code pulse || ~seriell (Elektronik) / serial by character, character-serial || ~stärke f (Funk) / signal intensity || ~stelle f (Sichtanzeige) / character position || ~stift m / drawing pencil || ~stift m (NC) / pen || ~strich m (Morse) / dash || ~strom-Überhang m / mark bias || ~stromwelle f / marking wave || ~system n, Code m / code || ~taktscheibe f (Drucker) / character strobe disk || ~teilmenge f, -teilvorrat m / character subset || ~teilung f, -mittelabstand m / centerline spacing of characters || ~tisch m, -pult n / drawing desk o. table || ~tisch m, -brett n, -pult n / drawing table || ~tisch m (Analogrechner) / writing tablet, plotter || waagerechter ~tisch / trestleboard || ~transferrate f / character transfer rate || ~trickfilm m / cartoon film, animated cartoon || ~versatz m (Drucker) / character alignment || ~verzerrung f (IEC) (Fernm) / telegraph distortion || ~vorlage f / drawing pattern || ~vorrat m (Drucker) / character set || ~vorrichtung, Markiervorrichtung f / marking device || ~wechsel m (Fernm) / change-over || ~welle f, Tastwelle f (Fernm, Elektronik) / keying o.

marking wave || ~welle f (für Zeichen geeignete Welle) (Fernm) / signal wave || ~zuordnung, -belegung f / character assignment || ~zwischenraum m (zwischen den vertikalen Seiten zweier Zeichen) (Drucker) / character separation

zeichnen, eine Zeichnung anfertigen / draft, draught, draw || ~, mit einem Zeichen versehen, anzeichnen, markieren / sign, mark || ~, mit einer Ziffer versehen / mark the number, ticket || ~ (Bäume) / blaze || ~ n / drafting, draughting, drawing || ~ einer Linie / tracing || ~ nach Vorlagen, nach Gegenständen / object drawing || ~ in Naturgröße / draft natural size || [See]karten ~ / chart || technisches ~ / engineering drawing || zusammengehörende Teile ~ (Tischl) / scribe

Zeichner m / draftsman || ~, Entwerfer m (Textil) / sketcher, fabric designer

zeichnerisch, grafisch / by graphic method, graphic[al] || ~e Statik / graphical statics, graphics (US) || ~ summieren / add up graphically

Zeichnung f / drawing, drg., design || ~, Kennzeichnung f / mark || ~, zeichnerische o. genaue Darstellung / delineation || ~, Effekt m (Web) / design, figure || ~, Maserung f (Holz) / texture || ~ für Objektplanung (Bau) / architectural drawing || [in Tusche] angelegte ~ / drawing rendered in water colour || nach Ihrer ~ / according to your drawing

Zeichnungs·änderung f / design change || ~angaben f pl / inscriptions in a drawing pl || ~ausschnitt m (vergrößert) (Plotter) / window || ~ausschnitte darstellen (Zeichenplotter) / window v || ~eintragung f / inscription in a drawing || ~kopie, Pause f / traced design, tracing || ~leser m (Elektronik) / drawing reader || ~leser m mit Laufschienen / gantry drawing reader || ~maß n / dimension, size || ~maßstab m / scale (e.g. 1 : 1000) || ~satz m / set of drawings || ~schrank m / plan chest || ~schriftfeld n (DIN), -kopf m (Zeichn) / title block o. box, case in a drawing || ~überlagerung f (NC) / over-plot || ~verfilmung f / microfilming of engineering drawings || ~[versand]rolle f / mailing tube

zeigen, demonstrieren / demonstrate ~, darstellen / display || ~ vi (Thermometer) / read vi, show, register vi || [sich] ~ / show vi

Zeiger m (Instr) / index [hand], hand, pointer || ~ (Sonnenuhr) / gnomon, pointer of a sun dial || ~, Zunge f der Waage / index o. needle o. tongue of a balance || ~, Index m (Math) / index, exponent || ~, Hinweisadresse f (DV) / pointer || ~... (Instr) / direct reading || ~ im Stromdiagramm / complexor, phasor, sinor || ~ablesung f (Instr) / indicator o. pointer reading || ~anschlag m / pointer stop, index stop pin || ~ausschlag m / deflection of the hand, travel of a pointer || ~barometer n / wheel barometer || ~befestigung f (Uhr) / hand bushing || ~diagramm n, Vektordiagramm n, -darstellung f / vector diagram || ~[ein]stellung f / pointer setting || ~frequenzmesser m / direct reading frequency meter || ~galvanoskop n / needle galvanoscope || ~gesteuerte Programmunterbrechung f / vectored interrupt || ~instrument, -gerät n, -apparat m / indicating o. pointer instrument, direct reading instrument || ~kennzeichnung f (DV) / pointer qualification || ~kopfwaage f / dial-type weigh scale || ~kreis m, Alhidade f (Verm) / alidade || ~nadel f / needle of an instrument || ~okular n / pointer eyepiece || ~rückführung f (Stoppuhr) / flyback action || ~spitze f / point of hand o. index || ~stand m, -ablesung f / reading of a pointer || ~stellrad n (Uhr) / setting wheel || ~stellwelle f (Uhr) / set-hands arbor || ~struktur f (DV) / pointer structure || ~thermometer n / dial [indicator] thermometer || ~variable f (DV) / pointer variable || ~[ver]stellung f / setting of hands || ~viereck n (Uhr) / set-hands square || ~waage f / dial o. indicator balance, bent-lever balance || ~welle f (Uhr) / set-hands arbor || ~wellentrieb m (Uhr) / motion work [for hands] ||

↳werk n (Uhr) / dial train, motion work ‖ ↳werkshöhe f (Uhr) / height of the motion work o. dial train (US) ‖ ↳zählwerk n / dial type timer

Zeile f (Buch, TV) / line ‖ ↳ (TV) / strip ‖ ↳, Reihe / row ‖ ↳, Häuserzeile f / row of houses ‖ ↳ einer Determinante (Math) / row ‖ ↳ im Zeilensatz / slug ‖ eine ↳ einziehen (Buch) / indent v, draw-in ‖ letzte ↳ eines Absatzes, Ausgang m (Buch) / club o. break line ‖ weniger als 200 ↳n je Bild (TV) / low definition ‖ ↳-für-Zeile-Abtastung f, Zeilenfolgeverfahren n (TV) / sequential scanning

Zeilen·..., Horizontal... (TV) / horizontal, level ‖ ↳ablenkeinheit, -ablenkstufe f (TV) / line scanning unit ‖ ↳ablenkspule f (Elektronik) / sweeping coil ‖ ↳ablenktrafo m, -ablenktransformator m (TV) / line output transformer, LOPT ‖ ↳ablenkung f (TV) / horizontal sweep ‖ ↳abstand m (Drucker) / line space o. spacing ‖ ↳abstand m (TV) / line advance ‖ ↳abstands-Einstellung f / line space control ‖ ↳abstandshebel m (Schreibm) / line space lever, line vertical-spacing lever ‖ ↳abstandsregler m / line spacer ‖ ↳abtastdauer f / trace interval ‖ ↳abtasten n (TV) / horizontal o. line scanning ‖ ↳abtasten n in stets entgegengesetzter Richtung (TV) / oscillatory scanning ‖ ↳abtaster m (Video) / line drive ‖ ↳abtast-Leistungsröhre f (TV) / line scan output tube ‖ ↳adressierung f (DV) / line addressing ‖ ↳amplitude, -breite f / line amplitude ‖ ↳anfang m / beginning of line, start of line ‖ ↳anfang m (TV) / horizontal hold, line hold ‖ ↳anzeige f, Zeilendisplay (DV) / line display ‖ ↳ausdruck m / line printout ‖ ↳ausfransen n, -ausreißen n (TV) / line pulling, line tearing ‖ ↳austastimpuls m / line blanking pulse ‖ ↳austastlücke f / line blanking interval ‖ ↳austastung f, -unterdrückung f (TV) / line blanking ‖ ↳bau m (Bau) / arrangement in rows ‖ ↳bild n / line image ‖ ↳bildung f, -struktur f (Hütt) / banding ‖ ↳breitenregler m (TV) / horizontal size control, line amplitude control ‖ ↳dauer f / line duration ‖ ↳dichte f (DV) / line density ‖ ↳diode f (TV) / damper o. damping diode ‖ ↳display, Zeilenanzeige f (DV) / line display ‖ ↳draht m (DV) / line wire ‖ ↳druck m, Parallel[aus]drucken n (DV) / line-[at-]a-time printing ‖ ↳drucker m / line-[at-]a-time printer, line printer ‖ ↳drucker-Typenwalze, Typenwalze f (DV) / line printer barrel ‖ ↳durchlauf m (TV) / line traversal ‖ ↳eingabe f (DV) / line entry ‖ ↳einschwinger m (TV) / scan ring ‖ ↳einsteller m (Schreibm) / line-spacing lever ‖ feste ↳einstellung / fixed line posting ‖ ↳ende n / end of line ‖ ↳endröhre f (TV) / line output tube ‖ ↳-Endstufentransistor m (TV) / horizontal scan output transistor ‖ ↳endtrafo m (TV) / flyback transformer ‖ ↳entzerrung f (TV) / line bend o. tilt ‖ ↳fang m, -fangregler m (TV) / line hold, horizontal hold ‖ ↳findung f (Buch.m) / line find attachment, line identification o. selection ‖ ↳flimmern n (TV) / line jitter, line shake ‖ ↳folgeverfahren n, Zeile-für-Zeile-Abtastung f (TV) / progressive o. sequential scanning, line sequential system ‖ ↳förmige Anordnung / linear array ‖ ↳fortschalter, -einsteller m (Schreibm) / line spacer, line spacing mechanism ‖ ↳fräsen n (Wzm) / traverse milling, parallel-stroke milling ‖ ↳frei (TV) / line-free, spot-wobbled ‖ ↳frequenz f (TV) / horizontal frequency o. power (US), line frequency ‖ [manuelle] ↳frequenz-Einstellung (TV) / horizontal hold control ‖ ↳gefüge n, -struktur f (Hütt) / bands pl, banded o. banding structure ‖ ↳generator m s. Zeilenkippgenerator ‖ ↳gießmaschine f (Buch) / line[s]-casting machine, slug-casting machine ‖ ↳gleichlaufsignal n (TV) / line sync signal ‖ ↳impuls m (TV) / line sync[hronizing im]pulse, horizontal sync pulse ‖ ↳impulsverfahren n / line impulse method ‖ ↳inhalt m (TV) / the scanning spots of a line ‖ ↳intervall n (TV) / line interval ‖ ↳kippgenerator m / horizontal time-base generator, line-frequency generator ‖ ↳kippschaltung f (TV) / line scan circuit ‖ ↳kippspannung f / line-scanning voltage ‖ ↳länge f / line length ‖ ↳länge f, Satzbreite f / measure (length of lines) ‖ ↳maß n (Buch) / typometer, type o. line gauge

Zeilen-Matrixdrucker m / line matrix printer

Zeilen/min f pl (DV) / lines per minute, lpn

Zeilen·norm f (TV) / line standard ‖ ↳nummer f / line no., line number ‖ ↳offset n (TV) / line offset ‖ ↳paarigkeit f (TV) / line pairing ‖ ↳raster n (TV) / line scanning pattern ‖ ↳raster m (Kontokarte) / spacing of [printed] lines ‖ ↳raster-Frequenz-Verhältnis n (TV) / line frequency to frame frequency ratio ‖ ↳rastung f (Schreibm) / platen detent ‖ ↳rauschen n (TV) / low frequency noise ‖ ↳reißen n (TV) / line tearing ‖ ↳rücklauf m (TV) / horizontal flyback o. retrace, line flyback ‖ ↳rückstelltaste f / return key ‖ ↳satz, -guß m (Buch) / slug composition ‖ ↳schaltung f (Schreibm) / vertical spacing, line advance, platen space control ‖ ↳schaltungstaste f / space key ‖ ↳schlupf m (TV) / line slip ‖ ↳schrittausrastung f (Schreibm) / line space release ‖ ↳sequentialverfahren, -sequentialsystem n (TV) / line sequential system ‖ ↳setzmaschine f, Linotype f / linotype ‖ ↳sprung m (TV) / line interlacing ‖ ↳sprungfaktor m (TV) / interlace factor o. ratio ‖ ↳sprung-Halbbild n (TV) / interlaced field ‖ ↳sprungverfahren n (TV) / line-jump scanning, interlaced scanning, line o. progressive interlace ‖ ↳steuerung f (TV) / line control ‖ ↳struktur f (TV) / line structure ‖ ↳struktur f (Hütt) / banding o. banded structure, bands pl ‖ [störende] ↳struktur (TV) / interfering lines pl ‖ ↳synchronisation f / X-synchronization, line lock ‖ ↳[synchronisier]impuls, H-Impuls m / [scanning] line sync[hronizing im]pulse ‖ ↳transformator m (TV) / line output transformer, LOPT, horizontal deflection transformer ‖ ↳transport m / line feed mechanism ‖ ↳überlappung f / overlapping of lines ‖ ↳umsetzer m (TV) / line rate converter ‖ ↳[un]gebundenes Verfahren (Videotext) / coding with [without] correction of line and row ‖ ↳unterdrückung f, -austastung f (TV) / line blanking ‖ ↳versatz m, Bildexpansion f (TV) / line-pulling ‖ ↳verschiebung f / displacement of lines ‖ ↳verzerrungskompensator m (TV) / tilt mixer ‖ ↳vorschub m (DV) / line feed, LF, line skipping ‖ ↳vorschub m (Drucker) / LF, line feed ‖ ↳vorschubzeichen n / new-line character, NL, line feed character ‖ ↳vorwahleinrichtung f / line preselection ‖ ↳wahl f (Drucker) / selective line printing ‖ ↳wahl f / line identification o. selection ‖ ↳wähler m / line selector ‖ ↳wandern n (TV) / line-pulling ‖ ↳[wechsel]frequenz f (TV) / line frequency ‖ ↳weise / line-by-line ‖ ↳weises Abtasten, Zeilenabtasten n, -abtastung, -ablenkung f (TV) / line scanning, raster scan ‖ ↳wobbelung f (TV) / spot wobble ‖ ↳zahl f (TV) / definition ‖ ↳zähler m (DV) / line counter ‖ ↳-Zeitbasis f (TV) / line time base ‖ ↳zusteller m (Wzm) / line feed adjuster ‖ ↳zwischenraum m (Faksimile) / underlap ‖ ↳zwischenraum m (Drucker) / line separation

Zeiligkeit f (Hütt) / banding, formation of bands

Zein, Maiseiweiß n (Chem) / zein ‖ ↳faser f (Textil) / maize protein fiber

Zeit f / time ‖ ↳, Dauer f / term, duration ‖ ↳ , in der Aufmerksamkeit erforderlich ist (F.Org) / attention time ‖ ↳ am Steuer (Kfz) / driving time ‖ ↳ aufholen (Bahn) / make [up lost] time ‖ ↳ bis Brennschluß / time remaining until burnout, time-to-cutoff ‖ ↳ der abnutzungsbedingten Ausfälle / wear-out failure period ‖ ↳ der Anfangsausfälle (DV) / burn-in [time] ‖ ↳ der Anwesenheit am Arbeitsplatz / attendance time ‖ ↳ der Frühausfälle / early failure period ‖ ↳ der Nichtbetriebsfähigkeit / unoperable time ‖ ↳ der Nichtverfügbarkeit / unavailable time ‖ ↳ für Arbeitsplatz- o. Maschinenputzen (F.Org) / clean-up ‖ ↳ für geplante technische Arbeiten (DV) / scheduled engineering time ‖ ⁓ **für Materialbewegungen** (F.Org) / handling time ‖ ⁓ **für planmäßige Wartung** / routine maintenance time, scheduled maintenance time ‖ ⁓ **für Wiederherstellung des Vakuums** (Vakuum) / build-up time ‖ ⁓ **je Einheit** (F.Org) / unit time, time per unit ‖ ⁓ **seit Überholung** (Luftf) / TSO, time since overhaul ‖ ⁓ **von Aufspannen bis nach Ausspannen eines Werkstückes** (Wzm) / machine cycle time ‖ ⁓ **zwischen Fälligkeit u. Auszahlung der Löhne** (F.Org) / lying time ‖ ⁓ **zwischen Sehen und Hören einer Explosion** / bang time ‖ ⁓ **zwischen Überholungen** (DV) / TBO, time between overhaul ‖ **die** ⁓ **nehmen**, stoppen / take the time ‖ **die** ⁓ **wählen o. einrichten** / time *v* ‖ ⁓**abhängig** / time controlled, TC, time dependent ‖ ⁓**abhängiger Kippgenerator** (TV) / time base generator ‖ ⁓**abhängige Stärkeregelung** (Radar, Seegangentstörung) / suppression control ‖ ⁓**abhängige Verstärkungsregelung** (Regeln) / sensitivity time control, STC ‖ ⁓**abhängige Verstärkungsregelung** (Radar) / gain-time control ‖ ⁓**abhängiger Wert** / time history ‖ ⁓**ablauf** *m* / time lapse ‖ ⁓**ablenkgenerator** *m* / time-base generator, sweep generator ‖ ⁓**ablenkspannung** *f* / sweep voltage ‖ ⁓**ablenkung** *f* (Elektronik) / sweep, time-base sweep ‖ ⁓**abschnitt** *m* / time segment, time slot ‖ ⁓**abstand** *m* / time interval, interspace ‖ **[mittlerer]** ⁓**abstand**, Trägheit *f* / time lag ‖ ⁓**abstand** *m* **zwischen Schreib- und Lesekopf** (Magn.Bd) / magnetic delay ‖ ⁓**achse** *f* (Oszill.) / time axis o. base ‖ ⁓**achsendrehung** *f* / trace rotation system ‖ ⁓**achsen-Kippgenerator** *m* (Elektronik) / timing axis oscillator, sweep generator ‖ ⁓**alter** *n*, Periode *f* (Geol) / period ‖ ⁓**angabe** *f*, Datum *n* / date ‖ ⁓**angabe** *f*, Datierung *f* / dating ‖ ⁓**angaben** *f pl* / time data ‖ ⁓**ansage** *f* (Fernm) / speaking clock [service] ‖ ⁓**ansage** *f* (Radio) / announcement of the time ‖ ⁓**antrieb** *m* (Taxameter) / time drive ‖ ⁓**arten** *f pl* (F.Org) / time classifications *pl* ‖ ⁓**auflösung** *f* (Raumf) / time resolution ‖ ⁓**aufnahme** *f*, Arbeitsstudie *f* / time [and motion] study, timing ‖ ⁓**aufnahme** *f* (Phot) / time exposure ‖ **die** ⁓**aufnahme durchführen**, [die Zeit] aufnehmen, zeitnehmen / observe and record time ‖ ⁓**aufnahme machen** (Phot) / take a picture, (esp.:) make a time exposure ‖ ⁓**aufwand** [**für**] *m* / expenditure of time, time consumed ‖ ⁓**aufwendig**, zeitraubend / time-consuming ‖ ⁓**auslöser** *m* / time release ‖ ⁓**automatik** *f* (Phot) / automatic time release, automatic exposure timer ‖ ⁓**ball** *m* (Schiff) / time ball ‖ ⁓**basis** *f*, -ablenkung *f* (TV) / time base, sweep ‖ **[lineare]** ⁓**basis** / linear time base ‖ ⁓**basisgenerator** *m* (TV) / time base generator ‖ ⁓**begrenzer** *m* (Elektr) / time-limit attachment ‖ ⁓**begrenzung** *f* (Fernm) / time clipping ‖ ⁓**begrenzungsrelais** *n* / time limit relay ‖ ⁓**berechnung** *f*, zeitlich richtige Einteilung / timing ‖ ⁓**bereich** *m* (Regeln) / time domain ‖ ⁓**bereichverfahren** *n* (Regeln) / time-domain method ‖ ⁓**betrag** *m* (DV) / time quantum ‖ ⁓**-Bezirk-Reflexmessung** *f* / time-domain reflectometry ‖ ⁓**bezogen** / time-related, time-tagged ‖ ⁓**bezogener Schwenkstrahl** (Luftf) / time reference scanning beam, TRSB ‖ ⁓**bruch...** s. auch Zeitstand... ‖ ⁓**bruch** *m* / creep fracture ‖ ⁓**bruchdehnung** *f* / creep elongation ‖ ⁓**bruchfestigkeit** *f* (Hütt) / creep rupture strength ‖ ⁓**bruchlinie** *f* / creep strength curve ‖ ⁓**charakteristik** *f* (Elektr) / time characteristic ‖ ⁓**code** *m* (auf Bildfilm) / time code (on film) ‖ ⁓**code** *m* (Magn.Bd) / time code ‖ ⁓**codegenerator** *m* / time-code generator ‖ ⁓**dauer** *f* / period, term, space of time ‖ ⁓**dauer** *f*, Dauer *f* / duration ‖ ⁓**dauer** *f* **der Betriebsstockung** (für Werkzeug-Wechsel, Reparatur usw) (F.Org) / downtime ‖ ⁓**dehner** *m*, Kipplupe *f* (Kath.Str.) / sweep magnifier ‖ ⁓**dehner** *m*, -lupe *f* (Film) / slow-motion device ‖ ⁓**dehner** *m*, -lupe *f* (Film) / slow-motion camera ‖ ⁓**dehngrenze** *f* (Mat.Prüf) / creep strain limit in tensile test, time yield limit ‖ ⁓**dehnung** *f* (Phot) / slow-motion,

retarded action ‖ ⁓**dehnung** *f* (Masch) / creep ‖ ⁓**-Dehnungskurve** *f* (Hütt) / creep curve, creep-time diagram ‖ ⁓**dehnverhalten** *n* (Hütt) / creep characteristics *pl* ‖ ⁓**dehnwerte** *m pl* / creep properties *pl* ‖ ⁓**diagramm** *n* / time-dependency diagram ‖ ⁓**dilatation** *f* (Phys) / time dilatation o. dilation (US) ‖ ⁓**diskret** (DV) / of discrete values in time (parameters) ‖ ⁓**diskretes Signal** / discrete-time signal ‖ ⁓**diskriminator** *m* (Fernm) / time discriminator ‖ ⁓**diversity** *f* / time diversity ‖ ⁓**drucker** *m* / time printer ‖ ⁓**-Durchschlags-Spannungs-Charakteristik** *f* (Kabel) / time-breakdown-voltage characteristics ‖ ⁓**durchschnittsmethode** *f* (Holographie) / time average method ‖ ⁓**einheit** *f* / unit of time ‖ ⁓**einheit** *f* (COBOL) (DV) / clock unit ‖ ⁓**einsparungsprämie** *f* (F.Org) / premium for saving of time ‖ ⁓**einstellung** *f* (Relais) / time element, time-lag device ‖ ⁓**einstellung** *f* (Instr) / time setting ‖ ⁓**ersparnis** *f*, -gewinn *m* / saving of time ‖ ⁓**faktor** *m* / time factor ‖ ⁓**fehler** *m* (Magn.Bd) / time-base error, TBE ‖ ⁓**fehlerausgleich** *m* (TV) / time error compensation ‖ ⁓**fehlerausgleicher** *m* / time error compensator ‖ ⁓**fehlerkorrektur** *f* (Magnet-TV) / time-base error correction ‖ ⁓**festigkeit** *f*, Zeitschwing-, -standfestigkeit *f* / fatigue strength [for finite life], resistance to fatigue ‖ ⁓**fließgrenze** *f* (Mech) / time yield ‖ ⁓**folge** *f* / time interval ‖ ⁓**folge** *f* **der Auslösungen** (Phot) / time interval between exposures, timing of the shutter, consecutive release (US) ‖ ⁓**folgeverfahren** *n* (Farbe, TV) / field o. frame sequential system (US), sequential colour system ‖ ⁓**freie Tätigkeit** (PERT) / zero-time activity ‖ ⁓**funk** *m* / newscast ‖ ⁓**funktion** *f*, Funktion *f* der Zeit / time function ‖ ⁓**geber** *m* / timing unit, timer ‖ ⁓**geber**, Taktgeber *m* (Elektronik) / timing pulse generator ‖ ⁓**geber**, Taktgeber *m* (DV) / master clock, timer, time emitter ‖ ⁓**geber** *m* **der Zentraleinheit für Befehle** / CPU timer ‖ ⁓**geberbetrieb** *m* (DV) / fixed-cycle operation ‖ ⁓**geberfrequenz** *f* (DV) / clock frequency o. rate ‖ ⁓**geberfrequenz** *f*, Grundtakt *m* (DV) / elementary frequency

Zeitgeber·register *n* / timer [register], clock [register] **zeit·gebunden** / time dependent ‖ ⁓**gebung** *f*, -gabe *f* / timing ‖ ⁓**geführt** (Regeln) / time-oriented ‖ ⁓**geführte Ablaufsteuerung** / time-oriented sequential control ‖ ⁓**gestaltung** *f* / time management ‖ ⁓**gewinn** *m* / gain in time ‖ ⁓**gleich** / isochronous, -chronic, -chronal ‖ ⁓**gleichung** *f* / equation of time ‖ ⁓**glied** *n* (Regeln) / time function element ‖ ⁓**grad** *m* (F.Org) / performance efficiency ‖ ⁓**haftstelle** *f* (Halbl) / trap ‖ ⁓**häufigkeitsstudie**, Multimomentaufnahme *f* (F.Org) / ratio delay study ‖ ⁓**impuls** *m* / horary impulse ‖ ⁓**[impuls]geber** *m* (DV) / interval timer ‖ ⁓**impulszählung** *f* (Fernm) / metering during the call, time pulse metering ‖ ⁓**integral** *n* / time integral ‖ ⁓**intervall** *n*, Periode *f* / period ‖ ⁓**intervall** *n*, -abstand *m* / time interval ‖ ⁓**-invariant** (Regeln) / time-invariant ‖ ⁓**kanal** *m*, -schlitz *m* / time slot ‖ ⁓**karte** *f* / season ticket, commutation ticket (US) ‖ ⁓**kennbild** *n* / time graph ‖ ⁓**koeffizient**, -maßstab *m* (Kath.Str) / time coefficient ‖ ⁓**konstante** *f* (Regeln) / time constant [of time delay] ‖ ⁓**konstante** *f* (Relais) / time constant ‖ ⁓**konstante** *f* **mit kleiner** ⁓**konstante** / low-time constant... ‖ ⁓**konstante** *f* **des Neutronenflusses** / neutron period ‖ ⁓**konstante** *f* **des RC-Gliedes** / RC-constant ‖ ⁓**konstante** *f* **eines Reaktors**, Reaktorperiode *f* / reactor period, time constant of a reactor ‖ ⁓**konstantenbereich**, Periodenbereich *m* (Nukl) / period range, time-constant range ‖ ⁓**konstantenmesser** *m*, Periodenmeßgerät *n* (Nukl) / period meter ‖ ⁓**kontinuierlich**, -stetig (DV) / constant in time (parameters) ‖ ⁓**kontinuierliches Signal** / continuous-time signal ‖ ⁓**kreis** *m* (DV) / timing circuit ‖ ⁓**kriechgrenze** *f* / time-creep limit ‖ ⁓**kunde** *f*,

Chronologie f / chronology ‖ ⊹leistung f / intermittent duty o. rating

zeitlich, temporär / temporal, temporary ‖ ~, chronologisch / chronologic[al] ‖ ~ **abgestimmt**, synchronisiert / timed ‖ ~ **abhängig**, zeitabhängig / time dependent, time controlled, TC ‖ ~e **Abhängigkeit** (Netzplan) / constraint ‖ ~ **abpassen** / ⊹time v ‖ ~er **Abstand** / distance of time ‖ ~en **Abstand lassen** / make less frequent ‖ ~e **Amplitudenänderung** / variation of amplitude in time ‖ ~e **Änderung** / time rate of change ‖ ~ **ausgedehnt** / protracted ‖ ~ **begrenzt** / limited in time ‖ ~ **bestimmt o. definiert** / defined in time ‖ ~ **dem Plan voraus sein** / be ahead of schedule ‖ ~ **dosieren** (o. festlegen o. in Einklang bringen) / time v ‖ ~e **Folge** / chronological order ‖ ~ **geordnet** / chronological ‖ ~ **gleichbleibend** / invariable with time (US), constant in time ‖ ~ **kohärent** / coherent in time ‖ ~e **Kohärenz** / coherence of time ‖ ~ **lohnend** / time-effective ‖ ~e **Nacheilung**, Verzögerung f / time lag ‖ ~ **richtig liegen** / be on schedule ‖ ~ **richtige Einteilung** (o. **Abstimmung**) / timing ‖ ~ **sich ändernd** (Regeln) / time-variant, -varying ‖ ~ **überbricken** / bridge v ‖ ~ **überbrücken** / cover a time lapse ‖ ~ **unbeständig**, sich im Verlauf der Zeit ändernd (Chem) / tempolabile ‖ ~ **unveränderlich** (Regeln) / time-invariant ‖ ~e **Verlängerung** / extension ‖ ~er **Verlauf** / time history ‖ ~ **verlegen** (o. verschieben) / postpone, defer, delay ‖ ~ **zurück sein** / be behind schedule ‖ ~ **zusammenfallen** / synchronize ‖ ~ **zusammenfallen**, kollidieren / clash

Zeit·linie f, Spur f (Radar) / sweep ‖ ⊹**linien** f pl (Instr) / chart time lines pl ‖ ~**lohn** m, Stundenlohn m / hourly wage ‖ ⊹**lohnarbeit** f / timework ‖ ⊹**löhner** m / daily o. hourly labourer ‖ ⊹**lohnstunden** f pl, Zeitlohnstundenanteil m / timework hours pl ‖ ⊹**lohntarif** m / time-wages tariff ‖ ~**los** / timefree ‖ ⊹**lupe** f, -dehner m (Film) / slow-motion camera ‖ ⊹**lupenanalyse** f / micromotion analysis ‖ ⊹**lupenaufnahme** f / slow-motion picture, photochronograph ‖ ⊹**lupenkamera** f (F.Org) / photochronograph ‖ ⊹**lupenverfahren** n (Film) / stretch ‖ ⊹**marke** f (Film) / time marker ‖ ⊹**markengenerator** m (Funk) / time mark generator ‖ ⊹**markierung** f (Meßinstr) / time record ‖ ⊹**markierung** f (Elektronik) / time marker, screen marker ‖ ⊹**maß** n, Tempo n / tempo ‖ ⊹**maßstab** m / time scale ‖ ⊹**maßstabänderung**, Zeitdehnung o. -raffung f (DV) / time scaling ‖ ⊹**-Mengenschreiber** m / production-time recorder ‖ ⊹**messer** m / timekeeper, timepiece, timer, horologe ‖ ⊹**messer** m, Chronometer n m / chronometer, timekeeper ‖ ⊹**meßgeräte** n pl / time-keeping instruments pl ‖ ~**meßtechnisch** / horological ‖ ⊹**messung** f / chronometry, timing ‖ ⊹**messungslehre** f / horology

Zeitmultiplex n (Fernm) / time-division o. pulse-time multiplex, T.D.M. ‖ ⊹**-Durchschaltnetz** n / time-division multiplex network, TDNET ‖ ⊹**kanal** m / time-derived channel ‖ ⊹**-Kreispolarisierung** f / time-division circular polarization, TDCP ‖ ⊹**-Puls-Code-Modulation** f / time-division multiplex pulse-code modulation ‖ ⊹**-Puls-Code-Verfahren** n / time-division pulse-code multiplex ‖ ⊹**-Rechner** m (DV) / compatible time sharing system, CTSS ‖ ⊹**-Schalten** n / time-multiplex switching ‖ ⊹**-Signale** m pl / time-multiplex signals pl ‖ ⊹**-Verfahren** n / time-division multiplex method ‖ ⊹**-Vermittlung** f (DV) / time multiplex switching ‖ ⊹**-Vielfachzugriff** m / time-division multiplex access

zeit·nehmen (F.Org) / take the time ‖ ⊹**nehmer**, Zeitstudienfachmann m (F.Org) / time study man, assistant time-study engineer, time observer, timer, timekeeper ‖ ~**optimal** / time optimal ‖ ⊹**plan** m (TV) / time pattern ‖ ⊹**plan** m, Terminkalender m / memo

book, tickler (US) ‖ ⊹**planregelung** f (Regeln) / time pattern control, time program control ‖ ⊹**planung** f (Raumf) / time prediction ‖ ~**proportionale Frequenzmodulation** (Elektronik) / swept frequency modulation, chirp modulation ‖ ~**proportionaler Stromanstieg** (Elektronik) / current sweep ‖ ⊹**punkt** m, Frist f / time, term ‖ ⊹**punkt** m **des Erscheinens und Verschwindens** (Satelliten) / set and rise time ‖ ⊹**quantifizierung** f / time quantification ‖ ~**raffend** (Qual.Prüf) / time accelerating ‖ ⊹**raffer** m (Film) / time accelerator ‖ ⊹**raffer...** (Phot) / time-lapse…, quick-motion ‖ ⊹**rafferaufnahme** f (F.Org) / memo-motion study ‖ ⊹**rafferaufnahme** f (Film) / fast motion shooting, undercranking ‖ ⊹**raffer-Kamera** f / quick motion camera ‖ **im** ⊹**raffertempo** / quick-motion … ‖ ⊹**raffung** f (Film) / quick motion effect, stop-motion effect, time compression, acceleration ‖ ⊹**raffung** f (Phot) / acceleration ‖ ⊹**raffungsfaktor** m / acceleration factor ‖ ⊹**raster** m (Drucker) / time-slot pattern ‖ ~**raubend** / time-consuming ‖ ⊹**raum** m / period, stretch of time ‖ ⊹**reaktion** f (Chem) / clock reaction ‖ ⊹**rechner** m (F.Org) / job coster ‖ ⊹**relais** n / time lag relay, marginal relay, sucker ‖ ⊹**schachtelung** f, Zeitscheibenverfahren n (DV) / time slicing ‖ ⊹**schalter** m, -schaltwerk n / time switch, timer, time cut-out ‖ ⊹**schalter** m, Treppenautomat m / automatic time switch (for staircase lighting etc) ‖ ⊹**schaltrelais** n / specified time all-or-nothing relay ‖ ⊹**scheibe** f (DV) / time slice ‖ ⊹**schloß** n / time lock ‖ ⊹**schreiber** m / chronograph, time recorder ‖ ⊹**schreiber** m (o. **Mitschreiber**) **für physikalische Vorgänge** / logger ‖ ⊹**schrift** f / periodical n, magazine ‖ ⊹**schriftenpapier** n / magazine paper ‖ ⊹**schwingfestigkeit** f (ISO/R 194) / fatigue strength ‖ ⊹**schwingfestigkeit** f (ISO/R 194), Dauerhaltbarkeit f / fatigue life ‖ ⊹**[schwing]festigkeitsbereich** m (Mech) / fracture range ‖ ⊹**selektion** f / time selection ‖ ⊹**-Setzungskurve** f (Bergb) / time-settlement curve ‖ ⊹**sicherung** f (Elektr) / time-delay fuse ‖ ⊹**signal** n (Funk) / time signal ‖ ⊹**-Simultanverfahren** n (Farbe, TV) / field o. frame simultaneous system ‖ ⊹**skala** f **für atomare Altersbestimmung** / atomic time scale ‖ ⊹**-Spannungs-Durchschlagcharakteristik [bei Kurzzeitbelastung]** f (Kabel) / voltage [short-]time-to-breakdown curve, V.T.B. curve ‖ ⊹**spanvolumen** n / rate of metal removal, time-cutting volume ‖ ~**sparend** / time-saving ‖ ⊹**spektrum** n / time spectrum ‖ ⊹**sperrbasis** f / saw tooth scanning ‖ ⊹**sperre** f (Fernm, DV) / time out

Zeitstand·bruchdehnung f / creep elongation ‖ ⊹**brucheinschnürung** ψ f / creep reduction of area ‖ ⊹**eigenschaften** f pl / creep characteristics pl ‖ ⊹**festigkeit** f / long-time rupture strength, creep strength ‖ ⊹**festigkeit** f **1000 h** / 1000-h rupture stress value ‖ ⊹**festigkeit** f **bei erhöhter Temperatur** / creep rupture strength ‖ ⊹**-Innendruckversuch** m / creep-depending-on-time test under internal compression

Zeit[stand]kriechgrenze f / creep limit for finite life

Zeitstand·kurzversuch m, DVM-Versuch m / DVM test ‖ ⊹**prüfmaschine** f / long period creep testing machine ‖ ⊹**prüfmaschine** f **für Zug** / long-period creep testing machine for tensile stress ‖ ⊹**schaubild** n / creep diagram ‖ ⊹**-Stapelversuch** m (Plast) / determination of stacking, long-time stacking test ‖ ⊹**verhalten** n / behaviour under long period stressing ‖ ⊹**versuch** m / stress/time-to-rupture test, stress-rupture test ‖ ⊹**versuch** m (DIN) (Schweiß) / time-fracture test ‖ ⊹**versuch bei erhöhter Temperatur** / creep test depending on time ‖ ⊹**versuch** m **unter Zugspannung** / stress-rupture test with tensile stress ‖ ⊹**werte** m pl / creep and stress rupture properties

Zeit·stauchgrenze σ_d f / creep compression limit ‖ ⊹**steckstift** m / timing pin ‖ ⊹**stempel** m, Datumstempel m / time stamp, date stamp, dater ‖

⌁stempel m, Stundenstempel m / time stamp, hour stamp ‖ ⌁[steuer]impuls m / timing pulse ‖ ⌁streckgrenze f (Mech) / time yield ‖ ⌁studie f (F.Org) / time-study ‖ ⌁studienabteilung f, Akkordbüro n / time-study department ‖ ⌁studien[fach]mann m, Zeitnehmer m / time study man ‖ ⌁studieningenieur m / work study engineer ‖ ⌁tafel f / timing chart ‖ ⌁taktrelais n / time-pulse relay ‖ ⌁taktsteuerung f (DV) / timing signal generator, timer ‖ ⌁tarif m (Fernm) / time rate, time charging ‖ ⌁teiler m (Großuhr) / timekeeping mechanism ‖ ⌁-Temperatur-Umwandlungsschaubild n, ZTU-Kurve (Hütt) / S-curve, time-temperature-transformation curve, TTT-curve ‖ ⌁überschreitung f / overrun of the time provided, exceeding the time provided ‖ ⌁uhr f s. Zeitmesser ‖ ⌁umkehr f (Phys) / time reversal, time inversion ‖ ~unabhängig / time independent ‖ gleichzeitige Anwendung von ⌁-und Frequenz-Multiplex (Elektronik) / double multiplexing ‖ ⌁- und Steuercode m / time and control code, time and location code

Zeitung f, Journal n, (auch:) Zeitschrift f / journal, newspaper

Zeitungs·ausschnitt m / press cutting (a clipping from newspaper), press clipping (US) ‖ ⌁bündelpresse f / newspaper baling press ‖ ⌁format n / newspaper size ‖ ⌁gewerbe n / newspaper industry ‖ ⌁mater f / newspaper flong ‖ ⌁papier n / newspaper, newsprint ‖ altes ⌁papier n / old newspapers pl ‖ ⌁rotationsdruck m / newspaper rotary printing ‖ ⌁-Rotationsdruckmaschine f / newspaper rotary printing press

Zeit·unterschied m / difference in time ‖ ~variant, -variabel, -veränderlich (Regeln) / time-variant, -varying ‖ ⌁vektor m, -linie f / time vector ‖ ⌁verhalten n (Regeln) / time response ‖ ⌁verhalten n (Mat Prüf) / time response ‖ ⌁verlauf m / variation in time ‖ ⌁verlust m / loss of time ‖ ohne ⌁verlust / without delay ‖ ⌁verlust m durch äußere Umstände (DV) / external delay, external idle time ‖ ⌁[ver]schachtelungs-System n (DV) / time sharing system ‖ ⌁verschiebung f / lag between operations, time lag ‖ ⌁verschluß m (Bahn) / time locking ‖ ohne ⌁verzögerung / time-invariant ‖ ⌁vielfach n (Fernm) / time multiple ‖ ⌁vielfachkanäle m pl mit Periodenverteilung nach einfachen Zeitverhältnissen / simple ratio channels pl ‖ ⌁vorgabe f, Vorgabezeit f / time allowance o. allowed ‖ ⌁vorgabe f / incentive rate setting ‖ ⌁vorwahl f (Elektronik) / measurement of time per unit event, preset time-counter ‖ ⌁vorwähler m / predetermining o. preset time-counter ‖ ⌁waage f (für Uhren) / timing machine ‖ ⌁-Weg-Diagramm n / time-travel diagram, time-traverse diagram ‖ ⌁-Weg-Schreiber m / time-traverse recorder

zeitweilig·er Besucher (Luftf) / temporary visitor ‖ ~er Erdschluß durch schwingende Drähte (Elektr) / swinging earth ‖ ~e Hemmung / temporal inhibition ‖ ~er Rostschutz (beim Versand) / temporary [anticorrosion] film

zeitweise Abschaltung (Elektr) / partial disconnection ‖ ~ auftretender Fehler / intermittent fault ‖ ~ eingleisiger Betrieb (Bahn) / temporary single-line working ‖ ~r Erdschluß (Elektr) / temporary earth ‖ ~ Leitungsberührung (Freileitung) / intermittent contact

Zeit·wert m (Bau) / standing value, present value ‖ ⌁werte m pl / time characteristics ‖ ⌁wertmethode f / present worth methode ‖ ⌁wort n (DV) / control word ‖ ⌁zähler m / [operating] time-counter ‖ ⌁zähler m (Elektr) / hour counter o. meter, time meter ‖ ⌁zählung f (Fernm) / timing, time metering ‖ ⌁zeichen n / time signal ‖ ⌁zeichengeber m (Elektronik) / time signal transmitter ‖ ⌁zeichengeber, -übertrager im Observatorium m (Elektronik) / chronopher ‖ ⌁zentrale f / time central ‖ ⌁zone f (Geogr) / time zone ‖

⌁zonenzähler m, Z.Z.Z. (Fernm) / timezone meter ‖ ⌁zünder m / time fuse, delayed o. retarded action fuse ‖ ⌁zünder m (Bergb) / delayed detonator ‖ ⌁zündschnur f (Bergb) / slow fuse o. match ‖ ⌁zündung f (Bergb) / blast with delayed detonator ‖ ⌁zuschlag m (F.Org) / excess work allowance

Zellase f / cellase

Zell·atmung f / cellular respiration ‖ ~bildend / cytogenous ‖ ⌁bildung f / cytogenesis

Zelle f, kleiner Raum / cubicle ‖ ⌁, Kabine f (Fernm) / booth, box, cabin ‖ ⌁ (Flugzeug ohne Triebwerk) (Luftf) / airframe ‖ ⌁, Element n (Elektr) / pile, battery ‖ ⌁ (Schaumstoff) / cell ‖ ⌁ des Wasserrades / bucket ‖ ⌁ mit poröser Scheidewand (Galv) / divided cell ‖ heiße ⌁ (Nukl) / hot o. shielded cell ‖ heiße ⌁ (Labor für hochaktives Material) / hot laboratory ‖ offene ⌁ (Schaumstoff) / open cell

Zellenbauweise f / cellular design o. construction

Zell[en]beton m / cellular concrete ‖ ⌁ im Autoklaven hergestellt / cellular autoclave concrete

Zellen·deckel m (Akku) / cell cover ‖ ⌁doppelboden m (Schiff) / cellular double bottom ‖ ⌁empfindlichkeit f / PEC sensitivity ‖ ⌁filter m n / revolving o. rotating filter, rotary [cellular] filter ‖ ⌁filter-Saugtrockner m / filter drier ‖ ~förmig (Elektr) / cubicle-type, cellular-type ‖ ⌁förmig, zellig, wabenförmig / honeycombed, alveolate[d], alveolar[y] ‖ ~förmig (Bau) / cellular ‖ ~förmige Wärmeströmung / cellular convection ‖ ⌁gefäß n (Akku) / cell box

Zell[en]gewebe n (Holz) / cellular tissue

Zellen·isolator m (Akku) / cell insulator ‖ ⌁kühler m (Mot) / cellular type radiator ‖ ⌁metall n / cellular metal ‖ ⌁plan m / allocation plan ‖ ⌁prüfer m (Kfz) / cell tester ‖ ⌁pumpe f / vane pump ‖ ⌁querschnitt (Stahlbau) / cellular section ‖ ⌁rad n (Bagger) / bucket wheel ‖ ⌁rad n (Materialzufuhr) / star feeder ‖ ⌁rad n für Rüben (Zuck) / beet feeder ‖ ⌁radaufgeber m / cellular wheel feeder ‖ ⌁radaustragregler m (Aufber) / refuse rotor ‖ ⌁rad-Blasversatzmaschine f (Bergb) / wheel pneumatic stower ‖ ⌁radkompressor m / rotary blade piston compressor ‖ ⌁radschleuse f (Feuerfest) / cellular wheel sluice ‖ ⌁rechner m / cell computer ‖ ⌁schalter m (Akku) / cell switch, battery [regulating] switch ‖ ⌁schiff n (Schiff) / cellular ship o. vessel ‖ ⌁schmelz m / cloisonné [enamel] ‖ ⌁spannung f (Akku) / cell voltage ‖ ⌁speicher m, Schachtspeicher m (Landw) / elevator (US), silo ‖ ⌁stopfen m (Akku) / inspection plug ‖ ⌁system n (Schiff) / bracket plate system ‖ ⌁tiefofen m / cell pit furnace o. soaking pit ‖ ⌁träger m / cell array ‖ ⌁verbinder m (Akku) / cell connector ‖ ⌁verdichter m / cellular blower ‖ ⌁ziegel m / cellular brick

Zell·faser f / cellulose ‖ ~förmig, zellenförmig, Zellen... / cell..., celled, cellular, cellular-type... ‖ ⌁gefüge n / cellular structure ‖ ⌁gewebe n (Bot) / cellular tissue ‖ ⌁glas n, Klarsichtfolie f (Plast) / transparent foil o. sheet, regenerated cellulose film ‖ ⌁gummi m / foam rubber ‖ ⌁gummi m / cellular rubber with closed cells, closed-cell sponge ‖ ⌁horn n, Zelluloid n / celluloid ‖ ⌁hornfilm m, Zellulosenitratfilm m / cellulose nitrate film

zellig / cell..., celled, cellular ‖ ~, bienenzellenförmig, -wabenförmig / alveolate[d], alveolar[y]

Zell·kern m (Biol) / nucleus (pl.: nuclei) ‖ ⌁kernteilung f / mitosis (pl: -ses) ‖ ⌁körper m / cellular body ‖ ⌁korrekturfaktor m (Nukl) / cell correction factor ‖ ⌁membran f / cellular membrane ‖ ⌁neubildung f / cellulation

Zellobiase, Zellubiase, Cellulase f / cellulase

Zellobiose f / cellobiose

Zelloidinpapier n (Phot) / celloidin paper

Zellon / Cellon, cellone

Zell·pech n (Pap) / cell pitch ‖ ⌁plasma n / cytoplasm, cell protoplasm ‖ ⌁-Polyurethan n / polyurethane foam ‖ ⌁saft m / cell sap

Zellstoff *m* (Pap) / chemical pulp ‖ ~ / cellulose, woodpulp ‖ ~..., Zellulose... / cellulosic *adj* ‖ ~ aus Lederabfällen / leather pulp ‖ ~ nach dem Chlorverfahren / chlorine pulp ‖ eingedickter ~ / slush stock, slushed pulp ‖ ~chemie *f* / cellulose chemistry ‖ ~extrakt *m* (Badzusatz) (Galv) / goulac ‖ ~-Fabrik *f* / woodpulp works *pl* ‖ ~-Faser *f* / pulp fibre ‖ ~-Filter *n* / woodpulp filter ‖ ~-Forschung *f* / pulp research ‖ ~freies Papier (Plast) / paper without wood-pulp, without cellulose ‖ ~guß-Erzeugnis *n*, Formkörper *m* / moulded pulp product ‖ ~holz, Faserholz *n* (Pap) / pulp wood ‖ ~industrie *f* / pulp industry ‖ ~kocher *m* / digester ‖ ~papier *n* / woodpulp paper ‖ einlagige ~pappe (Pap) / pulp board ‖ ~pappen *f pl* / woodpulp sheets *pl* ‖ ~technologie *f* / pulp technology ‖ ~watte *f* / cellulose wadding, cellucotton
Zellteilung *f*, -spaltung *f* / cell division
zellular / cellular, cell...
Zelluloid *n*, Zellhorn *n* / celluloid ‖ ~..., auf Zelluloidbasis / celluloid-based
Zellulose *f* / cellulose ‖ technische ~, [Zell]stoff *m* / chemical wood pulp ‖ ~acetat *n* / cellulose [tetr]acetate, acetyl cellulose ‖ ~acetatdraht *m* / cellulose tetracetate wire ‖ ~acetatseide *f* / cellulose acetate silk ‖ ~acetobutyrat *n* / cellulose acetobutyrate ‖ ~acetopropionat *n* / cellulose acetate propionate, cap ‖ ~bakterien *pl* / cellulose bacteria *pl* ‖ ~chemie *f* / cellulose chemistry ‖ ~derivat *n*, -kunststoff *m* / cellulosic ‖ ~dinitrat *n* / cellulose dinitrate, collodion cotton ‖ ~ester *m* / cellulose ester, nitrocellulose ‖ ~ether *m* / cellulose [methyl] ether ‖ ~firnis *m* / solvent for decals ‖ ~füller *m* / cellulose filler (E. = high electric, G. = best general, I. = best impact resistance), C.F. ‖ ~garn *n* / cellulose yarn ‖ ~klebband *n* / cellulose tape, cel[l]otape, sellotape (GB) ‖ ~kunststoff *m* / cellulosic plastic ‖ ~lack *n* / cellulose lacquer ‖ ~nitrat *n* / cellulose nitrate, nitrocellulose ‖ ~nitrat in 10 - 12%iger Lösung / adhesive cotton (US), colloxyline ‖ ~papier *n* / cellulose paper, cellulosic paper ‖ ~schnitzel *pl* (Pap) / crumbs *pl* ‖ ~trinitrat *n* / cellulose trinitrate ‖ ~-Xanthogenat *n*, Viskose *f* / cellulose xanth[ogen]ate, viscose
zellulosisch / cellulosic *adj*
Zell·wand *f* (Bot) / cell wall o. membrane, membrane of the cellule ‖ ~wirkstoff *m*, Ergon *n* (Biol) / ergon, biocatalyst ‖ ~wolle *f* / viscose staple fiber, rayon staple fiber ‖ ~woll-Mischgewebe *n* / viscose staple blended fabrics
Zelt *n* / tent ‖ ~bahn *f*, -leinwand *f*, -plane *f* / tent awning o. canopy ‖ ~bahn *f* (gegen Bodenfeuchtigkeit) / ground sheet, ground cloth ‖ ~bahn *f* (gegen Bodenfeuchtigkeit) / ground cloth (to protect from humidity) ‖ ~bahnstoff *m* / tent fabric o. cloth ‖ ~dach *n* / tent roof ‖ ~dach *n* (Höhe größer als Breite) (Bau) / high pitched roof, pyramid type roof ‖ ~gestänge *n* / tent pegs and poles *pl* ‖ ~grau (RAL 7010) / tarpaulin gray ‖ ~pflock, Hering *m* / peg of a tent
Zement *m* (Bau) / cement ‖ ~ 50 / cement 50 ‖ ~ (Lösung von Kautschuk in Kohlenwasserstoffen) / cement ‖ ~ für Bauzwecke / masonry cement ‖ dünn angemachter ~ / cement slurry o. grout ‖ loser ~ / bulk cement ‖ mit ~ ausgießen / cement in ‖ ~absackmaschine *f*, -packmaschine *f* / cement bagging machine ‖ ~anteil *m* (Beton) / cement factor [of concrete] ‖ ~arbeiter *m* / concrete worker ‖ ~asbest *m* / transite
Zementation *f*, sekundäre Anreicherung (Geol) / secondary enrichment
Zement[ations]kupfer *n* / cement[atory] copper
Zementationsmittel, -pulver *n* / carbonizing o. carburizing mixture o. powder, case hardening composition

Zement[ations]stahl *m* / blister steel, cemented steel
Zementationszone *f* (Geol) / zone of cementation
Zement·ausstrich *m* (statt Blechverwahrung) (Bau) / weather o. cement fillet ‖ ~beton *m* / ciment concrete ‖ verlängerter ~beton, Zementkalkbeton *m* / slow-setting cement concrete ‖ ~-Beton-Tragschicht *f* (Straßb) / cement-concrete base ‖ ~brei, dünnflüssiger Zement *m*, Zementbrühe *f* / cement grout o. slurry ‖ ~-Deckschicht *f* / upper cement layer ‖ ~diele *f* / concrete deal o. slab ‖ ~drehofen *m* / cement rotary kiln ‖ ~einspritzung *f* / cementation, grouting ‖ ~estrich *m*, -gußboden *m* / composition floor, cement floor ‖ ~fabrik *f* / cement plant o. works ‖ ~farbe *f* (für Edelputz- und Betonanstrich) / cement paint ‖ ~förderschlauch *m* / cement delivery hose ‖ ~formstück *n* (Elektr, Fernm) / cement duct ‖ ~fußboden *m* / cement floor ‖ ~gehalt *m* (Bau) / cement percentile ‖ ~glattstrich *m* / smooth cement finish ‖ ~gold *n* / refined gold
zementieren (Bau) / cement *v*, spread o. cover with cement ‖ ~, aufkohlen (Hütt) / cement *v*, carburize, carbonize, case-harden ‖ ~, Zementierung *f* (Bau) / cement work ‖ ~, Aufkohlen (Hütt) / cementation, cementing, carburizing, carbonizing, case hardening ‖ ~ (o. Versteinen) des Bodens / grouting of the ground
Zementier·kasten *m* (Hütt) / cementing box o. chest o. trough, hardening case ‖ ~ofen *m* (Hütt) / cementing o. converting furnace ‖ ~pulver *n*, Einsatz *m* (Chem, Hütt) / converting powder
zementiert·er Kupferdraht / cemented copper wire ‖ ~er Widerstand (Elektronik) / cement-coated resistor
Zementierung *f* s. Zementieren
Zement·industrie *f* / cement industry ‖ ~it *m* (Hütt) / cementite ‖ ~kabelkanal *m* (Elektr, Fernm) / cement duct ‖ ~kalk *m* / lime-cement ‖ ~kalkbeton *m*, verlängerter Zementbeton / lime diluted cement concrete ‖ ~kalkmörtel *m* / cement-lime mortar ‖ ~klinker *m* / cement clinker ‖ ~[kunst]stein *m* / cement brick ‖ ~kupfer *n*, Niederschlagkupfer *n*, Kupferzement *m* / precipitated copper ‖ ~leim *m* / cement paste ‖ ~mahlanlage *f* / cement mill ‖ ~milch *f* / cement slurry ‖ ~milch *f*, Vergußmasse *f* / grout ‖ ~mörtel *m* / cement mortar, compo (GB) ‖ verlängerter ~mörtel, Zementkalkmörtel *m* / cement-lime mortar ‖ ~mörtelspritzmaschine *f* / cement gun, cement-throwing jet ‖ ~mühle *f* / ball-and-pebble mill ‖ ~-Naßdrehofen *m* / wet process rotary kiln for cement ‖ ~ofen *m* / cement kiln ‖ ~packmaschine *f*, -absackmaschine *f* / cement bagging machine ‖ ~platte *f* / promenade o. quarry tile, (pl:) quarries ‖ ~putz, -verputz *m* / cement facing ‖ ~rohr *n* / cement pipe ‖ ~rohr *n* für Kabelverlegung (Elektr, Fernm) / cement duct ‖ ~schicht *f* / layer of cement ‖ ~schlamm *m*, Schlempe *f* / laitance ‖ ~silber *n* / precipitated silver ‖ ~silo *m* / cement silo ‖ ~stabilisierter Boden / grouted ground ‖ ~stahl *n* / cemented o. converted steel ‖ ~staub *m*, -pulver *n* / cement dust o. powder ‖ ~stein *m* / hardened cement paste ‖ ~ton *m* / cement clay ‖ ~verfestigter Kiessand / cement-bound sand and gravel ‖ ~wagen *m* (Bahn) / cement wagon ‖ ~-Wasser-Verhältnis *n* (Bau) / cement to water ratio
Zener·diode *f* / Zener o. breakdown diode ‖ ~durchbruch *m* (Elektronik) / Zener breakdown ‖ ~effekt *m* (Halbl) / Zener effect ‖ ~knie *n* / breakdown knee ‖ ~spannung *f* (Elektr) / Zener o. breakdown voltage ‖ ~strom / Zener current ‖ ~widerstand *m* / Zener impedance
Zenit, Scheitelpunkt *m* (allg) / zenith, vertex
Zenit[al]... / zenithal
Zenitabstand *m*, -distanz *f* (Astr) / zenith distance, co-altitude
Zenital·punkt, Projektionspunkt *m* (Astr) / zenith point
Zenit·reduktion *f* (Astr) / zenith reduction ‖ ~teleskop, -fernrohr *n* / zenith telescope

zentesimal, Zentesimal... / centesimal ‖
↓**-Alkoholometer** *m* / centesimal alcoholometer ‖
↓**grad** *m*, Neugrad *m*, g, gr (Math) / centesimal degree,
grade ‖ ↓**teilung** *f* (Thermometer) / centesimal scale ‖
↓**waage** *f* / centesimal weighing machine o. weigh-
bridge o. balance

Zenti·bel *n* (= 1/10 dB), cB / centibel, cB ‖ ↓**grad** *m*
(Temperatur) / centigrade ‖ ↓**gramm** *n* / centigram, cent.
‖ ↓**liter** *n m*, cl / centilitre

Zentimeter *n m*, cm / centimetre (GB), centimeter (US) ‖
↓**...** / centimetric, centimeter... ‖ ↓**band** *n* (Elektronik) /
centimetric band ‖ ↓**-Gramm-Sekunde-System**, CGS-
System *n* (Phys) / centimetre-gramme-second system,
c.g.s.-system, Gaussian units *pl* ‖ ↓**maß** *n* / centimeter
rule o. stick ‖ ↓**maß**, **-band** *n* / centimeter tape ‖ ↓**welle**
f / centimeter wave

Zenti·poise *n*, cP *n* (dynamische Viskosität) (veraltet,
jetzt: m Pa s) / centipoise, cP, C.P. ‖ ↓**stokes** *n*, cSt
(kinematische Viskosität) (veraltet, jetzt: mm²s⁻¹) /
centistokes, cSt

Zentner *m* (= 50 kg) (veraltet) / metric hundredweight

zentral / central, cent. ‖ ↘e **Abfragestelle** (Fernm) / central
switchboard for intercommunication ‖ ↘**es absolutes**
Moment / centered absolute moment ‖ ↘e
Anreicherung beim Rösten (Hütt) / coring ‖ ↘e
Ansaugung (Gebläse) / end suction ‖ ↘e
Datenverarbeitungsanlage (o. Rechenanlage),
Zentralrechner *m* für Terminalbetrieb (DV) / central
processing unit, CPU, processor, host computer ‖ ↘**er**
Einstellsatz (DV) / common switching director ‖ ↘e
Fachbildung / center shedding ‖ ↘e **Hauptachse** /
central principal axis ‖ ↘e **Hauptträgheitsachse** /
central principal axis of inertia ‖ ↘**es**
Hauptträgheitsmoment / central principal moment of
inertia ‖ ↘e **Lagerstätte**, Zentrallager *n* / centralized
facility for storage ‖ ↘e **Lebensdauer** / central lifetime
‖ ↘e **Recheneinheit** (DV) / processor, central
processing unit, CPU ‖ ↘**es Ritzel** / sun gear ‖ ↘e
Wähl-Nebenstellenanlage / centrex, centralized
PABX, CABX ‖ ↘**es Wählnetz** (Fernm) / central
switching network ‖ ↘**er Zeichenkanal** (Fernm) /
common signalling channel ‖ ↘e **Zugbeleuchtung**
(Bahn) / group lighting system ‖ ↘e
Zuglaufüberwachung (Bahn) / centralized traffic
control, C.T.C. ‖ ↘**achsanhänger** *m* / center-axle
trailer ‖ ↘**amerikanische Kiefer** / slash pine, Pinus
elliottii ‖ ↓**antenne** *f* / base antenna ‖ ↓**antenne**,
Gemeinschaftsantenne *f* / common o. community o.
block (US) antenna ‖ ↓**archiv** *n* / main reference library
‖ ↓**aufbereitung[sanlage]** *f* (Bergb) / centralized
preparation plant ‖ ↓**batterie** *f* (Fernm) / central o.
common battery, CB ‖ ↓**befestigung** *f* **von**
wellenbetätigten Bauelementen / single-hole bush
mounting of spindle-operated components ‖
↓**bewegung** *f* / centripetal motion ‖ ↓**diktiersystem** *n* /
centralized dictation system ‖ ↓**druckschmierung** *f* /
centralized pressure [feed] lubrication

Zentrale *f* (allg) / central office ‖ ↓ (Ggs: Peripherie) (DV)
/ main frame (contr.dist: periphery) ‖ ↓ (Fernm) / central
office (US), exchange ‖ ↓, Mittellinie *f* / median line
‖ ↓ **am Kopf der Abschußzone** (Raumf) / range head
‖ ↓ **für Funkberatung**, Z.f.F. / radio information
center ‖ ↓ **mit Gebührenzählern** (Fernm) / metered
service exchange

Zentral·einheit *f* (DV) / main frame, central processing
unit, CPU ‖ ↓**einheit** *f*, Zentralrechner *m* (DV) / CPU,
central processing unit ‖ ↓**einheits-Aktivzeit**,
Zentraleinheitszeit *f* (DV) / mill time (GB), CPU time
(US) ‖ ↓**einspritzung** *f* (Kfz) / one-point injection ‖
↓**elektronik** *f* **für Raumfahrtversuche** (Raumf) /
experiment electronics

Zentralen·leistung *f* (Elektr) / plant capacity ‖ ↓**spannung**
f / station voltage, bus pressure (US)

Zentral·fach *n* (Web) / center shed ‖ ↓**heizung** *f*,
Sammelheizung *f* / central heating ‖ ↓**heizungskessel** *m*
/ central heating furnace

zentralisieren, zusammenfassen / centralize

Zentralisierung *f* / centralization

Zentral·kartei *f* / master file ‖ ↓**kraft** *f* (Mech) / central
force ‖ ↓**linie** *f* (Radar) / equidistant line ‖ ↓**öler** *m* /
central lubricator ‖ ↓**perspektive** *f* / central perspective
‖ ↓**potentialberg** *m* (Nukl) / central barrier ‖
↓**projektion** *f* / central projection ‖ ↓**rad** *n* / planet
wheel, spider gear ‖ ↓**rechner** *m*, Verarbeitungs-,
Gastprozessor *m*, Number Cruncher *m* / host [computer
o. processor], number cruncher ‖ ↓**rechner** *m* **für**
Terminalbetrieb (DV) / central processing unit, CPU,
host computer ‖ ↓**rohr**, Steigrohr *n* (Vakuumbehälter) /
downtake of a vacuum tank, central well ‖ ↓**schaltpult**
n (Elektr) / main switch desk ‖ ↓**schlachthof** / town
abattoir ‖ ↓**schmierung** *f* / central[ized] lubrication ‖
↓**schmierung** *f* (als System) / centralized lubricating
system ‖ ↓**schrank**, Konzentrator *m* (Fernsprech) /
concentrator, concentration section o. switchboard ‖
↓**-Sekundenzeiger** *m* (Uhr) / sweep-second o. -hand ‖
↓**speicher** *m*, interner Speicher (DV) / internal memory
o. storage ‖ ↓**spulengreifer** *m* (Nähm) / central bobbin
shuttle, C.B. shuttle ‖ ↓**spulung** *f* (Textil) / central
bobbin action ‖ ↓**station** *f* (Fernwirk) / master station ‖
↓**stellwerk** *n* (Bahn) / centralized control box o. control
point ‖ ↓**steuerung** *f* / central[ized] control ‖
↓**steuerung**, Tonfrequenzrundsteuerung *f* (Elektr) /
audiofrequency remote control method ‖
↓**synchronisierung** *f* / master-slave synchronisation ‖
↓**überwacher** *m* (Raumf) / master events sequence
controller ‖ ↓**überwachung** *f* (F.Org) / centralized
remote control ‖ ↓**uhr** *f* / master clock ‖ ↓**uhrenanlage**
f / electrical time distribution system ‖ ↓**umschalter** *m*
(Fernm) / intercommunication switch ‖
↓**vermittlungsstelle** *f*, ZVSt (Fernm) / central exchange
o. office ‖ ↓**verriegelung** *f* (Kfz) / centrally controlled
locking system, door-lock control, central locking ‖
↓**verschluß** *m* (Fallschirm) / quick release box ‖
↓**verschluß** *m* (Phot) / between-the-lens shutter, central
o. diaphragm shutter ‖ ↓**werkstatt** *f* / main shop ‖
↓**wert** *m* (Statistik) / median ‖ ↓**wertkarte**, Mediankarte
f (Statistik) / X and R chart ‖ ↓**zündung** *f* (Gewehr) /
center priming

Zentrier·... / centering ‖ ↓**ansatz**, **-rand** *m*, **-wulst** *m f* /
centering shoulder ‖ ↓**arm**, Flipper *m* (Schiff, Spreader) /
flipper of the spreader ‖ ↓**blende** *f* / centering
diaphragm ‖ ↓**bohrer** *m* / combined drill o.
combination drill and countersink, center drill ‖
↓**bohrung** *f*, **-bohrungsloch** *n* (Wzm) / center hole ‖
↓**bohrung** *f* **für Werkzeuge** (Wzm) / stem hole ‖
↓**bolzen** *m*, **-zapfen** *m* / centering pin, spigot shaft ‖
↓**bolzen** *m* **für Gerüste** / loose spigot for scaffolds

zentrieren, mittig einstellen / centre (GB), center (US) ‖
↘, richten / true ‖ ↘, in einem Punkt vereinigen /
assemble in one point ‖ ↘ *n*, Zentrierung *f* / centering
(US), centring (GB)

Zentrier·fehler *m* / centering error ‖ ↓**futter** *n* (Wzm) /
concentric o. self-centering chuck ‖ ↓**glocke** *f* (Opt) /
centering bell ‖ ↓**körner** *m* (Wzm) / center punch ‖
↓**lager** *n* / locating bearing ‖ ↓**magnet** *m* (TV) /
centering control [magnet] ‖ ↓**punkt** *m* / centering
point ‖ ↓**rand** *m*, **-wulst** *m f* / centering shoulder ‖
↓**ring** *m* / eccentric ring ‖ ↓**scheibe** *f* (Zeichn) / horn
centre ‖ ↓**scheibe** *f* (Masch) / plugwasher ‖ ↓**schneide** *f*,
Schneidenlager *n* (Waage) / knife-edge bearing ‖
↓**schraube** *f* / centering screw ‖ ↓**schulter** *f* / centering
collar ‖ ↓**sitz** *m* / centering seat ‖ ↓**spitze** *f* / center
point, locating center ‖ ↓**spitze**, Körnerspitze *f* (Dreh) /
lathe center ‖ ↓**spitze** *f* (Bohrer) / brad point of a drill ‖
↓**stern** *m* (Lautsprecher) / inside spider ‖ ↓**stift**, **-zapfen**
m / centering pin o. bolt o. spigot, spigot shaft o. pin o.

bolt ‖ **⌐stück** *n* als Hilfsmittel bei der Bearbeitung / centering piece
zentriert, zentrisch / centered, centred (GB) ‖ **~e Zufallsgröße** / centered random variable ‖ **kubisch ~** (Krist) / cubically centered
Zentrier- und Plandrehmaschine *f* / centering and end facing machine
Zentrierung *f* (Masch) / centering (US), centring (GB) ‖ **⌐** (TV) / camera alignment
Zentrier·winkel *m* (zum Auffinden und Anzeichnen von Mittelpunkten) (Masch) / center square ‖ **⌐wulst** *m f* / centering band o. shoulder ‖ **⌐zapfen** s. Zentrierstift
zentrifugal / centrifugal ‖ **⌐bremse** *f* / centrifugal brake ‖ **⌐exhaustor** *m* / centrifugal exhauster ‖ **⌐extraktor**, RDC *m* (Öl) / rotating o. rotary disk contactor, RDC ‖ **⌐gebläse** *n*, -lüfter *m* / rotary blower, centrifugal airpump o. blower ‖ **⌐knotenfänger** *m* (Pap) / centrifiner ‖ **⌐kraft** *f* / centrifugal force ‖ **⌐kupplung** *f* / centrifugal clutch ‖ **⌐maschine** *f* (Phys) / centrifugal whirler ‖ **⌐moment** *n* / centrifugal moment ‖ **⌐ölreiniger** *m*, Ölschleuder *f* / oil whizzer ‖ **⌐pendel** *n*, Kegelpendel *n*, konisches Pendel / centrifugal o. conical pendulum ‖ **⌐pumpe** *f* / centrifugal pump ‖ **⌐regulator**, -regler *m* / centrifugal o. pendulum governor, [Watt] governor ‖ **⌐regulator**, Pendelzähler *m* (Elektr) / pendulum meter ‖ **⌐schmierung** *f* / centrifugal lubrication ‖ **⌐sichter** *m* (Mühle) / centrifugal bolting o. dressing machine ‖ **⌐sortierer** *m* / centrifugal screen o. strainer ‖ **⌐spinnen** *n* (Textil) / pot spinning ‖ **⌐-Staubabscheider** *m* / whirler type dust catcher ‖ **⌐turbine** *f* / outward-flow turbine
Zentrifugat *n* (Aufber) / centrifuge effluent
Zentrifuge *f* / centrifugal [machine], centrifuge, whizzer ‖ **⌐**, Milchschleuder *f* / cream separator ‖ **⌐** (Zuck) / sugar centrifugal [machine] o. centrifuge ‖ **⌐**, Schleuder *f* / centrifuge *n*
Zentrifugen·kaskade *f* (Nukl) / centrifugal cascade ‖ **⌐rückstand** *m* / residue from hydro-extraction, concentrate (US) ‖ **⌐rückstand** *m* / concentrate (US) ‖ **⌐station** *f* (Zuck) / curing department ‖ **⌐trommel** *f*, -korb *m* / centrifugal basket o. drum ‖ **⌐verfahren** *n* (Nukl) / centrifugal process ‖ **⌐wasser** *n*, schmutziges Filtrat / centrifugal running
Zentrifugierablauf *m* (Zuck) / centrifugal running
zentrifugieren, mittels Zentrifuge ausscheiden / centrifuge *vt*, whiz[z], hydro-extract ‖ **~**, trocknen / centrifuge *v*, dry ‖ **⌐** *n*, Schleudern *n* / centrifuging, hydro-extraction
Zentrifugiersirup *m* (Zuck) / green syrup
zentrifugierter Latex / centrifuged rubber latex
zentripetal / centripetal ‖ **~**, nach dem Mittelpunkt hinstrebend (Phys) / centripetal ‖ **⌐beschleunigung** *f* / centripetal acceleration ‖ **⌐kraft** *f*, Anstrebekraft *f* / centripetal force ‖ **⌐turbine** *f* / inward-flow turbine
zentrisch / centric[al] ‖ **~**, zentriert / centered ‖ **~ spannend** (Wzm) / self-cent[e]ring ‖ **auf ~en Sitz prüfen** / inspect for centering ‖ **~-symmetrisch** / central-symmetrical
Zentriwinkel *m* / central angle
Zentrum *n* / centre (GB), center (US), central point ‖ **⌐ für bemannte Weltraumflüge** / manned spacecraft center ‖ **aus dem ⌐ bringen** / move out of center ‖ **⌐bohrer** *m*, Forstnerbohrer *m* / center bit ‖ **⌐bohrer** *m* (Zimm) / center bit ‖ **⌐bohrer** *m* **mit verstellbarem Messer** (DIN 6447) (Holz) / expansive center bit
Zentrums·... / centric[al] ‖ **⌐lehre** *f* / center gauge
Zentrumspitze *f* **des Bohrers** / brad point of the bit
Zentrums·rad *n*, Großbodenrad *n* (Uhr) / center wheel and pinion ‖ **⌐sekundenrad** *n* (Uhr) / sweep second wheel
Zentrumstein *m* (Instr) / center jewel
Zentrums·wickler *m* (Textil) / center wind ‖ **⌐winkel**, Zentriwinkel *m* / angle at center ‖ **⌐zentrierung** *f* (Wzm) / locating between centers

Zeolith *m*, Siedestein *m* / zeolite ‖ **⌐** (Waschmittel) / synthesized zeolite ‖ **⌐gruppe** *f* (Min) / zeolites *pl* ‖ **⌐-Katalysator** *m* / zeolith-catalyzer
Zephir, Zefir *m* (Textil) / zephyr ‖ **⌐krepp** *m* / light crape ‖ **⌐wolle** *f* / Berlin wool
Zeppelinantenne *f* / Zepp[elin] antenna
Zer *n*, Ce (Chem) / cerium, Ce
zerbeulen / batter, bruise, bust
zerbrechen *vt* [*vi*] / break ‖ **~** *vt*, zertrümmern / crash, break into pieces
zerbrechlich, spröde / brittle ‖ **~**, fein / delicate ‖ **~**, brüchig / fragile ‖ **~ !** / handle with care!
Zerbrechlichkeit, Brüchigkeit *f* / fragility
zerbröckeln *vt vi* / crumble [away] ‖ **~** *vi*, zerfallen / disintegrate, fall to pieces ‖ **⌐** *n*, Abplatzen *n* (Gummi) / chipping, flaking ‖ **⌐** / desintegration ‖ **⌐ der Oberfläche** (Straßb) / fretting, ravelling
zerbröckelnd, bröcklig / friable
zerdrücken, eindrücken / bust, crush ‖ **~**, zerknittern / crease, crumple
zerdrückte Masse, Matsch *m* / squelch, sludge
Zerealien *pl* / cereals *pl*, grain
Zerfall *m* (Nukl) / disintegration, decay ‖ **⌐**, Dissoziation *f* / dissociation ‖ **⌐**, Verfall *m* / decadence, deterioration ‖ **Zerfälle pro Sekunde** / disintegrations per second *pl*
zerfallen, auseinandergehen / come asunder o. apart, break, rupture, fall to pieces ‖ **~** (in Bestandteile) (Chem) / decompose, disintegrate ‖ **~**, zerbröckeln / disintegrate *vi*, crumble, shatter ‖ **~**, dissoziieren (Chem) / dissociate ‖ **~** [in] / divide [into], be composed [of] ‖ **~**, schmelzen *vi* (Feuerfest) / perish ‖ **~** (Nukl) / decay ‖ **~** [spontan] (Atom) / decay [spontaneously] ‖ **in mehrere Teile ~** / become separated into parts ‖ **~es Elektron** / decayed electron
Zerfalls·anteil *m* (Nukl) / branching fraction
Zerfallschlacke *f* / slaking slag
Zerfalls·energie *f* (Nukl) / disintegration o. decay energy ‖ **⌐folge** *f* / radioactive chain o. series ‖ **⌐förderer** *m* (Gieß) / decomposition promoter ‖ **⌐gesetz** *n* (Nukl) / decay law ‖ **⌐konstante** *f* (Nukl) / transformation constant ‖ **⌐konstante**, -wahrscheinlichkeit *f* (Nukl) / disintegration o. decay constant ‖ **⌐produkt** *n* / decomposition o. disintegration product ‖ **⌐produkt** *n* (Nukl) / decay product ‖ **⌐rate** *f* (Nukl) / disintegration rate ‖ **⌐reihe** *f* (Nukl) / decay chain o. family ‖ **⌐zeit** *f* (Nukl) / decay period o. time
Zer·faserer *m*, Stofflöser *m* (Pap) / pulper, defibrator ‖ **⌐faserer** *m*, Holzschleifmaschine *f* (Pap) / wood grinder o. grinding machine ‖ **~fasern**, mahlen (Pap) / beat, refine, grind, defibrate ‖ **~fasern**, trennen (Textil) / disaggregate, unravel ‖ **~fasern** (Zuckerrohr) / disintegrate ‖ **~fasern** *vi* (Textil) / fray out ‖ **⌐fasern** *n* (Holz) / defibration, pulping ‖ **⌐faserung** *f*, Stoffaufbereitung *f* (Pap) / slushing ‖ **⌐faserungsscheibe**, Schleiderscheibe *f* (Glasfasern) / Hager disk ‖ **~fetzen** / shred *v*, lacerate ‖ **~fetzen**, in Stücke zerreißen / tear to pieces ‖ **~fließen**, zergehen / deliquesce, dissolve ‖ **⌐fließen**, Zergehen *n* (Chem) / deliquescence ‖ **⌐fließen**, Flüssigwerden *n* / diffluence ‖ **~fließend** (Chem) / deliquescing, deliquescent
Zerfluor *m* / fluocerium ‖ **⌐id** *n* / cerium fluoride
zer·fressen, mit Narben bedecken (Chem, Masch) / pit *vt* ‖ **~fressende**, angreifende / corrosive ‖ **~furcht**, holprig (Straßb) / rugged ‖ **~gliedern**, zerlegen / dissect, dismember ‖ **~gliedern**, analysieren / analyze, analyse (GB) ‖ **~hacken** / chop *v*, mince ‖ **~hacken**, verwürfeln (Fernm) / scramble ‖ **⌐hacker** *m* (Funk) / chopper, vibrator ‖ **⌐hacker** *m* **mechanischer** (Elektronik) / chopper ‖ **⌐hackereinheit** *f*, Wechselrichter *m* / vibrator-rectifier unit ‖ **⌐hacker-Verstärker** *m* (Elektronik) / chopper-amplifier, vibrating-reed o. contact-modulated amplifier ‖ **~hackter Gleichstrom** / interrupted d.c.

Zeriden pl, zerhaltige Mineralien n pl / cerium containing minerals pl

Zerit m (Min) / cerite || **~erde** f / cerite earth || **~metalle** n pl / cerite metals pl

Zerkleinerer m (Masch) / disintegrator

zerkleinern, zerquetschen / masticate || ~, zerstückeln / comminute, disintegrate || ~ (Gummi) / [re]mill || ~, zerbröckeln / crumble vt || ~ ~ n / size reduction, crushing, breaking || **[Grob]~** / crushing || **[Fein]~** / grinding, pulverizing, milling

Zerkleinerung f / disintegration, comminution || ~ (Pulv.Met) / milling || ~, Zerstückelung f / comminution, disintegration, size reduction || **~ von Granulat** / comminution of granulates

Zerkleinerungs·arbeit f / size reduction energy || **~grad** m (Bergb) / degree of size reduction (with coal preparation) || **~grad** m, Reduktionsgrad m (Sintern) / reduction ratio (with sintering), degree of reduction || **~gut** n / broken material || **~maschine** f / size reduction machine, comminution machine || **~maschine** f (Holz) / fragmentizing machine || **~pulver** n (Pulv.Met) / comminuted powder || **~technik** f / size reduction technics || **~verhältnis** n / ratio of sizes before and after crushing || **~vorgang** m / comminution process || **~zyklus** m (Aufber) / crushing cycle

zer·klüftet / cleaved, full of fissures, rugged, fissured || **~klüftung** f von Schichten (Geol) / fracturing || **~klüftungszone** f (Geol) / fracturing zone || **~knallen** vi / explode, blow up, burst, detonate || **~knallen** n, Explosion f (Chem) / explosion, detonation || **~knicken** vi / buckle, collapse, break || **~knistern**, verpuffen (Chem) / crackle, [de]crepitate || **~knittern**, verkrumpeln / rumple, wrinkle, crease || **~knittert**, -knüllt (Textil) / crumpled || **~kochen** / reduce to pulp by overboiling || **~krümeler** m (Landw) / clod breaker, pulveriser || **~krümeln** vt, zerstückeln / crumble [away]

zerlappt·e Abbildung (Kartographie) / interrupted projection

zer·lassen (Fett) / liquefy, melt || **~laufen** / bleed vi

zerlegbar (Math, Matrix, Form, Element) / decomposable || ~, zersetzbar (Chem) / decompoundable, decomposable || ~ (Masch) / separable, dismountable, decomposable || ~, spaltbar (Phys) / fissile || **~e Kette** / detachable chain || **~e Maschine** / knock-down machine || **~es Werkzeug** / collapsible tool || **in zwei Teile** ~ / bipartite

zerlegen, spalten / decompose || ~, abbauen (Chem) / decompound, decompose, resolve || ~, auseinandernehmen / separate, dismount, disassemble, dismantle, strip, take apart o. asunder, undo || ~ (Chem) / analyze || ~, zergliedern / dissect, dismember || ~, zerstreuen (Opt) / disperse || **in die Bestandteile** ~ / disaggregate || **in Faktoren** ~ (Math) / factor[ize], expand into factors || **Kräfte** ~ / resolve forces

zerlegt·er Bügel (Betonbau) / split loop || **~es Netzwerk** (Math) / primitive network || **~es Polynom** / reducible polynomial, factorable polynomial || **in Teile** ~, auseinander / apart, asunder

Zerlegung f, Analyse f (Chem) / breakdown, analysis, resolution || ~, Zersetzung f (Chem) / decomposition || ~, Auflösung f (TV) / dissection || ~ (Spektrum) / decomposition, splitting || ~, Demontage f / dismounting, taking apart || ~ **in Abschnitte** / sectioning || ~ **in Faktoren** (Math) / factorization

Zerlegungs·anlage f (Koksgas) / fractionating plant || **~gleis** n (Bahn) / siding for splitting trains || **~[gleis]gruppe**, Ablaufzone f (Bahn) / set of splitting-up sidings

zer·mahlen, pulverisieren / pulverize || **~malmen** / break, crush, squelch

Zermetall n / cerium

Zermürbungswiderstand m (Mat.Prüf) / service life during fatigue test

Zero·reader m (Luftf) / zero reader

---

zer·platzen / explode, blow up, burst asunder || **~quetschen** / crush || **~quetschen**, zerkleinern / masticate || **~quetschen**, mahlen (Chem) / triturate || **zu Brei ~quetschen** / mash || **völlig ~quetschen** / reduce to pulp || **~quetschter Satz** (Buch) / batter || **~quetschungsbeanspruchung** f (der Schienen) (Bahn) / crushing effort of rails || **~reibbarkeit** f / friability || **~reiben**, reiben / crush, grate, comminute, pulverize, levigate || **~reiben** (naß), pulverisieren / levigate || **~reiben**, zerstoßen (Chem) / pound, crush, bruise || **~reiben** n, Fein[st]mahlung f / comminution, pulverization

Zerreiche f, Quercus cerris L. / Turkey oak, moss-cupped o. mossy oak || ~, Quercus cerris L. / Turkey oak

Zerreißarbeit, spezifische ~ / specific rupturing work

Zerreiß·beanspruchung f / ultimate tensile stress || **~dehnung** f / elongation at break

zerreißen, zersprengen vt / burst vt || ~, zerfetzen vt / lacerate || ~, in Stücke o. entzwei reißen / rip up, rend o. tear [to pieces] || ~ vi / tear vi, rip || ~ (zu Lumpen) / tatter v || ~ n des Bildes (TV) / tearing of the picture || ~ des Protektors (Reifen) / tread tearing || **Lumpen** ~, zu Halbzeug zerkleinern (Pap) / tear rags

Zerreißer m (Landw) / husker shredder

Zerreiß·festigkeit f / tensile strength || **~festigkeit** f (Plast) / tear resistance || **~grenze** f / breaking limit || **~maschine** f, Zugprüfmaschine f / tension o. tensile testing machine || **~maschine** f (Textil) / devil, willow || **~probe** f / breaking test || **~prüfung** f (Textil) / tearing test || **~stab** m, Zugstab m / tension test bar || **~versuch** m, -probe f (Mat.Prüf) / tension o. tensile test

zerren / pull hard || ~, schleifen / lug || ~, reißen / drag, wrench

Zerrieseln n (von Calciumorthosilikat) (Keram) / dusting || ~ **von Kalziumorthosilikat** / dusting of calcium orthosilicate

zerrissen·e Faser / torn grain || ~ **werden**, in Streifen zerreißen / shred vi || **~er Wulstrand** (Reifen) / torn gum toc

Zerrkluft f, Tracht f (Geol) / tension joint

Zerrlinse f, -optik f / distorting lens

Zerrungen f pl, Stöße m pl (Bahn) / slack action of the wagons, surging of vehicles

Zer·rüttung f von Gesteinen (durch Strahlung) / rock shattering, rock spalling || **~schellen** vi (Schiff) / be wrecked, smash || **~schellen** vi (Luftf) / crash || **~schießen** (Bergb) / blast || **~schlagen**, zerbrechen / shatter, beat to pieces || **~schlagen**, zerbeulen / batter || **die Erdschollen ~schlagen** / break clods || **~schleifen**, -mahlen / grind down || **~schmieden** / spoil in forging || **~schneidemaschine** f für Akten / document shredder || **~schneiden** / slice, skive, pare || **~schneiden**, -stückeln / cut up || **~schneiden**, fehlschneiden / butcher vt || **~schneiden** n (ohne Abfall) (Stanz) / scrap-free blanking || **~schneiden** (mit Abfall o. Verschnitt) (Stanz) / cropping || **~schneiden u. Auslaugen** n (Nukl) / chop and leach || **~schnitten** (Walzenoberfläche) / fretted

zersetzbar / decomposable, decompoundable

zersetzen vt (Chem) / decompose vt || ~ **durch Elektrolyse**, elektrolysieren / electrolyze || ~ **sich** ~ / decompose vi || **sich** ~ (Nahrung) / spoil vi, get spoiled || **sich** ~, verwesen / decay vi, get putrid || **sich** ~, sich auflösen / disintegrate

Zersetzung f, [Auf]lösung f (Chem) / solution, dissolution, decomposition, disintegration

Zersetzungs·grad m (Mol s⁻¹ cm⁻³) / rate of decomposition || **~produkt** n, -erzeugnis n / decomposition product || **~prozeß** m / decomposition o. disintegration process || **~punkt** m (Chem) / decomposition point || **~spannung** f (Galv) / decomposition voltage || **~widerstand** m / electrolytic resistance

Zersiedelung f / [urban] sprawl

Zerspan·arbeit f / cutting energy o. force ‖ ~**bar** / free o. rapid machining ‖ ~**barkeit** f, Zerspanungseigenschaft f / cutting o. machining property, ease of machining
zerspanen (Wzm) / remove material, machine ‖ ~ (Holz) / chip
Zerspan·kraft f, [Ab]drängkraft f (Wzm) / shear force, resultant force ‖ ~**technik** f / cutting procedures pl
Zerspanung f (Wzm) / cut, chip removal
Zerspanungs·leistung f, zerspante Menge (Wzm) / volume o. quantity of metal removed, chip production ‖ **zulässige o. vorhandene** ~**leistung** / chip o. cutting capacity, metal removing capacity ‖ ~**mechaniker** m, Dreher m / lathe operator turner ‖ ~**mechaniker** m, Automateneinrichter m / set-up man for automatic lathes ‖ ~**mechaniker** m, Fräser m / milling worker, milling machine o. boring mill operator ‖ ~**mechaniker** m, Schleifer m / grinding machine operator ‖ ~**technik** f / cutting procedures pl ‖ ~**vorgang** m / machining operation ‖ ~**werkzeug** n, Zerspanwerkzeug n / [metal-]cutting tool, chip removing tool
zer·splittern vi / crack vi, splinter, break, shiver ‖ ~**splittern** vt / shatter, splinter ‖ [sich] ~**splittern** (fig) / scatter vi ‖ ~**splittern** vt (Holz) / split when felling a tree ‖ ~**splitterung** f / fragmentation ‖ ~**sprengen** vt / blow up, blast, burst ‖ ~**sprengen** n **von Wracks** / blasting of wrecks ‖ ~**springen** / crack, break, splinter, burst ‖ ~**springen**, bersten / explode, fly into pieces ‖ ~**springen** (Gläser) / crack vi ‖ ~**sprühen** / atomize, spray vt ‖ ~**stampfen**, -malmen / squelch, crush, pound ‖ ~**stäubbar** / pulver[iz]able ‖ ~**stäuben** (Flüssigk) / atomize, spray, nebulize ‖ ~**stäuben** (feste Stoffe) / reduce to powder o. to dust, powder, attrite, comminute, triturate, scatter as dust ‖ **feste Stoffe o. Flüssigkeiten** ~**stäuben** / pulverize
Zerstäuber m (Flüssigk) / atomizer, sprayer, spray apparatus o. diffuser, nebulizer ‖ ~ (Spektrum) / nebulizer ‖ ~**anlage** f (Vakuum) / sputtering unit ‖ ~**brenner** m / atomizing burner ‖ ~**düse** f (Öl) / quill ‖ ~**kegel** m / atomizer cone ‖ ~**luftdüse** f (Kfz) / atomizer nozzle
Zerstäubung f (Flüssigk) / atomization, spraying, disintegration ‖ ~ **des Glühfadens** (Lampe) / disintegration of filament ‖ ~ **fester Stoffe** / comminution, scattering [as dust]
Zerstäubungs·düse f **für Flüssigkeiten** / liquid spray diffuser ‖ ~**-Luftbefeuchter** m / nebulizing humidifier ‖ ~**mittel** n, Spray m n / dispersion medium, spray ‖ ~**pulver** n (Sintern) / atomized powder ‖ ~**trockner** m / [jet] spray drier, pulverizing drier ‖ ~**-Verbrennungsofen** m (Schwefelverbrennung) (Pap) / spray burner
zerstörbar / destructible
zerstören / devastate, despoil, destroy ‖ ~ (Rakete) / kill ‖ ~, kaputtmachen / bust, smash ‖ ~, verzehren / consume ‖ ~, ruinieren / ruin, demolish ‖ ~ (z.B. Landschaft) / mar
zerstörend, vernichtend / destructive, annihilating ‖ ~ **destilliert** (Holz) / pyrolign[e]ous, -lignic ‖ ~**es Lesen** (DV) / destructive read[out]
Zerstörfestigkeit f (Signal) / surge immunity
Zerstörung f / demolition, destruction ‖ ~, Vernichtung f / annihilation ‖ ~ **der Emulsion** (Phot) / [chemical] fog ‖ ~ **durch Brand** / destruction by fire
zerstörungs·frei / nondestructive ‖ ~**freies Lesen** (DV) / nondestructive read[ing] o. readout, NDRO ‖ ~**freie Prüfung** / nondestructive testing, NDT ‖ ~**ladung** f (Raumf) / break-up charge ‖ ~**mechanismus** m / destruct mechanism ‖ ~**prüfung** f / destructive test ‖ ~**sicher** / vandal-safe
zerstoßen, zerstampfen / bray ‖ ~, zerreiben / bruise ‖ ~ (zu Brei) / masticate ‖ ~, zerreiben (Chem) / pound, crush ‖ ~, triturieren (Chem) / triturate ‖ ~**es Glas** / pounded glass

Zer·strahlung f / annihilation radiation, disintegration of matter into radiation, dematerialization ‖ ~**strahlungsphoton** n / annihilation photon
zerstreuen / diffuse ‖ ~, zerlegen (Opt) / disperse ‖ ~, verstreuen / scatter vt ‖ ~ (sich), sich heben o. klären / clear up vi, lift vi ‖ [sich] ~ / disperse, dissipate, scatter
zerstreuend, streuend / dispersive ‖ ~, Zerstreuungs…, Streu… (Opt) / divergent, dispersing
zerstreut, diffus / diffuse
Zerstreuung f / diffusion, dispersion, dispersal, scattering ‖ ~, Auflösung f von Nebel (Luftf) / dispersal of fog
Zerstreuungs·gitter n / dispersion grating ‖ ~**kreis** m (Phys) / circle of divergence ‖ ~**kreis**, Unschärfekreis m (Phot) / circle of confusion, coma ‖ ~**linse** f (Opt) / concave o. divergent o. negative lens, dispersing lens ‖ ~**photometer** n / dispersion photometer ‖ ~**punkt** m, gedachter o. virtueller Brennpunkt (Opt) / point of divergence, virtual focus ‖ ~**vermögen** n / diffusibility
zerstückeln, zerkleinern / comminute, disintegrate ‖ ~, zerkrümeln / crumble [away] ‖ ~, [in] Stücke schneiden / cut into pieces
Zerteilanlage f (Walzw) / shearing and slitting line
zerteilen, zertrennen / separate vt, divide, dissolve, cleave, split ‖ ~, [sich] teilen / divide vi, become separated into parts ‖ ~ vt, [zer]trennen vt / dismember, break up o. tear into pieces ‖ ~ n (DIN 8588) (Wzm) / severing operation
Zertifikat n / certificate ‖ ~**schrauber** m / certified screw driver
zer·tropfen / splitter vi ‖ ~**trümmern** / shatter, break up, crash, smash, kluge (US coll) ‖ ~**trümmerter Feststoff** / shattered o. smashed solid ‖ ~**walzen** n / breakdown by rolling
Zeta n (Nukl) / zeta, zero energy thermonuclear assembly ‖ ~**funktion** f (Math) / zeta function ‖ ~**gerät** n (Plasma) / plasma apparatus Zeta ‖ ~**potential** n / zeta potential
Zettel m / ticket, slip ‖ ~, Abriß, Abschnitt m / slip of paper ‖ ~ (am Güterwagen), Wagenmarkierung f (elektronisch lesbare) (Bahn) / label ‖ ~, Kette f (Web) / warp, single warp ‖ ~, Kammwolle f / long[-stapled] wool ‖ ~**baum** m / warp beam, loom o. warper's beam, yarn beam o. roller ‖ ~**baumgestell** n / warper's beam creel
Zettelei f (Web) / warping department
Zettel·einleger m **beim Bogenstapel** (Pap) / tag inserter ‖ ~**fahrausweis** m (Bahn) / leaflet ticket ‖ ~**förderer** m, -förderanlage f, -rohrpost f / pneumatic ticket carrier, ticket pneumatic tube system ‖ ~**garn** n / warp yarn o. thread ‖ ~**geschwindigkeit** f, Schärgeschwindigkeit f / warping speed ‖ ~**gestell** n, -rahmen m (Textil) / warping creel, warper's beam creel ‖ ~**halter** m (am Güterwagen) (Bahn) / label rack o. holder, card rack (US) ‖ ~**kötzer** m (Spinn) / twist-cop, warp-cop ‖ ~**länge** f (Spinn) / length of the warp ‖ ~**maschine** f (für kurze Ketten) / warping frame ‖ ~**maschine** f (für lange Ketten) / warping mill o. machine o. reel
zetteln (Web) / warp v ‖ ~ n (Web) / warping
zetten, anstreuen (Landw) / ted
Zetter, Zettwender m / tedder, tedding machine
Zeug n, Stoff m (Textil) / fabric, textile material goods, cloth ‖ ~, Ganz-Papierzeug n, [Ganz]stoff m (Pap) / paper stock ‖ ~**baum** m (Web) / piece beam, taking-up beam, cloth roller ‖ ~**baum** m (Wirkw) / work beam ‖ ~**druck** m (Textil) / textile printing, printing of cloth o. calico ‖ ~**fänger** m (Pap) / stuff catcher ‖ ~**kasten** m (Buch) / hell-chest o. -box ‖ ~**kasten** m (Pap) / stuff box ‖ ~**regler** m (Pap) / pulp meter ‖ ~**sichter**, Knotenfänger m (Pap) / pulp strainer, knotter, breast roller
Zeuner·it m (Min) / zeunerite ‖ ~**sches Schieber-Diagramm** n (Dampfm) / Zeuner's valve diagram
ZF, Zwischenfrequenz f / I.F., intermediate frequency, i.f.

Z-Faktor *m*, Ungleichförmigkeit des
Wellenwiderstandes / impedance irregularity
Z-Faltung *f* (DV) / concertina fold
ZF-Anschlußimpedanz *f* (Halbl) / I.F.-impedance
Z-förmig·e Bauklammer (DIN 7961) / bitch ‖ ↵**e
Bohrerschneide** / Z-shaped drilling bit
ZF·-Stufe *f* / intermediate frequency stage ‖
↵**·-Übertrager** *m* / I.F. transformer
Z-Funkfeuer *n* (Luftf) / Z- o. zero marker beacon, ZM
ZF·-Verstärker *m* / intermediate frequency amplifier ‖
↵**·-Verstärker-Chassis** / I.F. strip
Z-Gratköper *m* / right-hand twill
Zibeline *f*, Himalaya *m* (Web) / zibeline, ziberline
Zibet *m* (Chem) / civet
Zichorie *f* / roasted chicory
Zichoriendarre *f* / chicory drying kiln
Zickzack *m* / zigzag ‖ ↵ (Fahrdraht) / staggering ‖ im
↵ **schneiden** (o. formen) / zigzag *vt* ‖ im ↵ **setzen**,
abwechselnd setzen / stagger ‖ im ↵ **verlaufen** (o. sich
bewegen) / zigzag *vi* ‖ in ↵ / staggered, zig-zag… ‖
↵**anordnung** *f* / staggering ‖ ↵**antenne** *f* / zigzag
antenna ‖ ↵**-Doppelsteppstich** *m* / double needle zigzag
lockstitch ‖ ↵**duo** *f*, gestaffelte Straße (Walzw) /
staggered mill ‖ ↵**egge** *f* (Landw) / zigzag harrow ‖
↵**faltung** *f* (Pap) / concertina fold (GB), fanfold (US) ‖
↵**falzung** *f* / accordion fold o. pleat ‖ ↵**feder** *f*,
Wellenfeder *f* / sinous o. zigzag spring, no-sag spring ‖
~**förmig** / zigzagging, zigzag *adv* ‖ ↵**führung** *f*
(Fahrdraht) / staggering of the contact wire ‖ ~**geführter
Glühfaden** (Elektr) / straight-up-and-down filament,
Vee-filament ‖ ↵**-Köper** *m* (Textil) / zigzag twill ‖
↵**leiste** *f* (Bau) / chevron ‖ ↵**linie** *f* / zigzag ‖ ↵**lochung** *f*
/ alternating o. zigzag perforation ‖ ↵**nähmaschine** *f* /
zigzag-stitch machine ‖ ↵**nietung** *f*, Versatznietung *f* /
staggered riveted joint, zigzag riveting ‖ ↵**ofen** *m* /
zigzag kiln ‖ ↵**presse** *f* / top and bottom press ‖
↵**punktschweißung** *f* / staggered spot welding ‖
↵**richtung** *f* / zigzaging ‖ ↵**rippen** *f pl*, -verrippung *f* /
diagonal o. zigzag ribbing ‖ ↵**schaltung** *f* (Elektr) /
zigzag connection, interconnected star connection ‖
↵**stich** *m* (Nähm) / zigzag stitch ‖ ↵**streuverluste** *m pl*
(Elektr) / zigzag leakage ‖ ↵**trio** *n* (Walzw) / cross-
country mill ‖ ↵**überlappungsnietung** *f* / zigzag riveted
lap, staggered lap joint ‖ ↵**verbinder** *m* (Gurtförderer) /
zigzag connector ‖ ↵**verrippung** *f*, -rippen *f pl* /
diagonal o. zigzag ribbing ‖ ↵**-Versatznietung** *f* /
alternating riveted joint ‖ ↵**verspannung** *f* (Bahn) /
polygonal catenary ‖ ↵**wendel** *f* (Glühlampe) / Vee-
filament
Ziegel *m*, Mauerziegel *m* / clay brick, brick ‖ ↵ **3. Wahl**
m pl / place o. grizzle bricks *pl* ‖ ↵ **aufsetzen** (o.
stapeln) / wall bricks ‖ ↵ *m* **für tragende Wände** /
engineering brick ‖ ↵ **streichen** / mould bricks ‖
aufrecht stehender ↵ (Bau) / soldier ‖ **[bunte]** ↵ **mit
rauher Oberfläche** *m pl* / rustics *pl*, tapestry o. texture
bricks *pl* ‖ **gewöhnliche** ↵ (Bau) / stocks *pl* ‖ **halber** ↵
(Bau) / half header ‖ **sonst brauchbare aber krumme** ↵
(Bau) / shippers *pl* ‖ **ungebrannter** ↵ / cob ‖ **zu scharf
gebrannte** ↵ / hard stocks *pl* ‖ ↵**abdeckung** *f* / brick
coping ‖ ↵**architektur**, -bau *m* / brick architecture,
brickwork, bricking ‖ **in** ↵**architektur**, im Ziegelbau /
brick-built ‖ ↵**ausfachung** *f* / brick nogging, brick-and-
stud work ‖ ↵**bau** *m*, -gebäude *n* / building, brick
building ‖ **im** ↵**bau**, mit Ziegeln erbaut / brick-built ‖
↵**bedachung** *f*, -dach *n* / tile roof ‖ ↵**brenner** *m* / brick
o. tile maker o. burner ‖ ↵**[brenn]ofen** *m* / brick kiln ‖
[brauchbarer] ↵**brocken** (Bau) / bat ‖ ↵**bruch** *m*,
-brocken *m pl*, -stücke *n pl* / broken bricks *pl* ‖ ↵**bruch**
m **aus Dachplatten** / broken tiles *pl* ‖ ↵**draht** *m* / sling,
wire cutter
Ziegelei *f* / brickworks *pl*, brickyard
Ziegel·erz *n* (Kupfer) / brick o. tile ore ‖ ↵**farbe** *f*, -rot *n* /
brick colour o. red ‖ ↵**hammer** *m*, Spalthammer *m* /
brick axe, bricklayer's hammer, scutch[er] ‖

↵**imitation** *f* / bricking, imitation brickwork ‖
↵**industrie** *f* / brick making industry ‖
zusammengesinterte ↵**klumpen** *m pl* / burrs *pl* ‖
↵**lage**, -schicht *f* / brick course ‖ **horizontale** ↵**lage**
(Bau) / slab ‖ ↵**lehm** *m* / common clay, brick clay ‖
↵**maschine** *f* / tile-mo[u]lding machine ‖ ↵**mauer** *f* /
wall of brickwork, brick wall ‖ ↵**mauerung** *f*,
-mauerwerk *n* (Tätigkeit) / bricklaying ‖ ↵**mauerung** *f*,
-mauerwerk *n* / brick masonry, brickwork ‖
↵**mauerung** *f* **mit Stahleinlage** / reinforced brickwork
‖ **imitiertes** ↵**mauerwerk** / bricking, imitation
brickwork ↵**mehl** *n*, -staub *m* / brick o. tile dust, grog
(GB) ‖ ↵**mehlmörtel** *m* / Khorassar o. Turkish mortar ‖
↵**ofen** *m* / brick kiln ‖ ↵**ofen** *m* **für Dachplatten** / tile
kiln ‖ ↵**pflaster** *n* / brick pavement, brick paving ‖
↵**platte** *f* (unter 52 mm Dicke) / split ‖ ↵**platte**, -fliese *f*
/ square brick o. tile ‖ ↵**presse** *f* / brick moulding
machine o. press ‖ ↵**presse**, Strangpresse *f* / pugstream
machine, trace press ‖ ↵**rohbau** *m* / common o. raw
brickwork ‖ ↵**rohbau** *m* (Gebäude) / raw brick building
‖ ~**rot** / brick-red ‖ ↵**schicht**, -lage *f* / brick course ‖
↵**schneider** *m* (Ziegelei) / brick cutting device ‖ ↵**schutt**
m (Maurer) / rubbish, broken bricks *pl* ‖ ↵**splitt** *m* /
stone chips *pl* ‖ ↵**stein** *m* / brick ‖ ↵**steinrieseler** *m*
(Abwasser) / brick scrubber ‖ ↵**steinverblendung** *f* /
facing in bricks ‖ ↵**streichen**, -formen *n* / moulding of
tiles o. bricks ‖ ↵**streicher** *m* / brick moulder ‖ ↵**stück**
n / brick bat ‖ ↵**verband** *m* / wall bond, walling manner
o. bond
Ziegen·haar *n* / goat hair ‖ ↵**leder** *n* / goatskin o. kid
[leather], kidskin
Ziegler·alkohol *m* / Ziegler alcohol ‖ ↵**katalysator** *m* /
Ziegler catalyst ‖ ↵**-Niederdruckverfahren** *n* (Plast) /
Ziegler process
Zieh·… / drawing ‖ ↵**…**, Zug… ‖ / drawing, traction… ‖
↵**angel** *m* (Hütt) / drawing point ‖ ↵**apparat** *m* / drawing
apparatus ‖ ↵**apparat** *m* (z.B. für Kristalle) / puller
(e.g. for crystals) ‖ ↵**balken**, Leitkörper *m* (Glas) /
drawbar ‖ ↵**band** *n* (Install) / pull-in o. fish[ing]tape ‖
↵**band** *n* **für Querträger** (Fernm) / arm clip ‖ ↵**bank**,
Schleppzangenbank *f* / drawing bench ‖ ↵**bank** (Gewehr)
/ rifling machine ‖ **[Draht-]**↵**bank** / wire drawing
machine o. bench o. mill ‖ ↵**bereich** *m* (TV) / pull-in
range ‖ ↵**blech** *n* (Hütt) / [deep-]drawing sheet ‖
↵**bonderflüssigkeit** *f* (Hütt) / lubricant for bonder-
drawing ‖ ↵**dorn** *m* / mandrel for drawing pipes ‖
↵**düse** *f* (Glas) / debiteuse ‖ ↵**düse** *f*, -eisen *n*, -stein *m*
(Draht) / drawing plate, die, wortle ‖ ↵**düsenabrundung**
f / draw-die relief ‖ ↵**düsen-Aufpolieren** *n* (Draht) / die
ripping ‖ ↵**düsenhalter** *m* / die holder o. plate, die
proper, draw-plate ‖ ↵**düsenkopf** *m* / drawing head ‖
↵**effekt** *m* (Kath.Str) / tailing ‖ ↵**eisen** *n* **an der Krempel**
(Spinn) / hook spanner of card
ziehen *vt* (allg) / draw *vt* ‖ ~, schleppen / haul ‖ ~,
recken / lengthen ‖ ~, ausziehen / stretch, distend,
draw-out ‖ ~ (z.B. Wagen) / draw, pull ‖ ~, treideln
(Schiff) / track *v* ‖ ~ (Schlacke) / drag, tap, discharge ‖ ~
(Draht) / draw wire ‖ ~ (Stanz) / draw ‖ ~ *vi* (allg, Ofen) /
draw *vi* ‖ ~, durchweichen / steep, soak ‖
~ (Störungen) (Meteorol) / shift *vi*, move ‖ ↵ *n*, Zug *m*
(Phys, Mech) / pull, pulling, draw[ing] ‖ ↵, Dehnen *n*
(Phys, Mech) / traction, tension ‖ ↵, Recken *n* /
stretching ‖ ↵, Schleppen *n* / haulage ‖ ↵ (Ofen) / draft,
draught ‖ ↵ **im Anschlag** (Stanz) / first draw ‖ ↵ **im
Weiterschlag o. im Nachzug** / redraw ‖ ~ **lassen** /
infuse ‖ ↵ **über Formen** (Plast) / moulding ‖ ↵ **über
kurzen Stopfen** (Hütt) / rodding ‖ ↵ **von Fasern** /
drawing out of fibers ‖ **an sich** ~ / attract ‖ **auf Draht**
/ wire *v* ‖ **auf Fässer** ~ (Flüssigkeiten) / cask ‖ **Blasen** ~ /
bubble *v* ‖ **Blech über Wulst** ~ / double-draw ‖ **den
Stöpsel** ~ (Fernm) / draw the plug, unplug ‖ **die Wurzel
einer Zahl** ~ (Math) / extract the root of a number ‖
durch ein Loch ~ **o. fädeln** / thread *v*, run in, lead in ‖
ein Rohr [ohne Stopfen] ~ (Hütt) / sink a tube ‖ **ein Seil**

~ / pull a rope ‖ **ein Seil** ~, auslegen / pay-out a cable ‖
eine Linie ~ / draw a line ‖ **eine Linie um etwas** ~ /
circumscribe ‖ **eine Mauer** ~ / build a wall ‖ **einen
Graben** ~ / cut o. run a ditch, dig a trench, trench v ‖
einen Kristall ~ / pull a crystal ‖ **einen Lauf** ~ (Gewehr)
/ rifle v ‖ **einen Lichtbogen** ~ / draw an arc ‖ **einen
Vergleich** ~ / draw o. make a comparison ‖ **Fäden** ~ /
be ropy o. stringy o. thready ‖ **[hinter sich her]** ~,
zerren / trail ‖ **mit sich** ~, in Bewegung bringen / carry
along o. away, drag o. draw along ‖ **Nieten** ~ / set
rivets ‖ **sich** ~, sich dehnen / stretch vi, expand ‖ **sich** ~
(Holz, Metall) / buckle vi, warp ‖ **sich** ~, arbeiten / cast ‖
Stabstahl ~ / draw rods v ‖ **Strom** ~ (Elektronik) / draw
current ‖ **Wasser** ~, einsaugen / absorb water, soak up
water

ziehend, Zieh…, Zug… / tractive ‖ ~ **arbeitender
Löffelbagger** (Straßb) / backhoe ‖ ~**er Schnitt** (Wzm) /
oblique shearing, draw[ing] cut ‖ ~**es Seiltrum** / loaded
side [of a] rope ‖ ~**es Trum** (Antriebsriemen) / driving
end

Ziehende n (Rohr) / nozzle ‖ **das** ~ **herstellen** (Hütt) /
nozzle a tube

Zieher m, Snag m (Wirkware) / snag ‖ ~**anfälligkeit** f
(Textil) / snagging ‖ ~**beständige Ausrüstung** / snag-
free finish

Zieherei f (Drahtzieh) / drawing shop

Zieh·erscheinung f (Radio) / pulling ‖ ~**fähigkeit,**
Zügigkeit f (Offset-Tuch) / tack ‖ ~**fähigkeit** f **von
Walzen** (Buch) / tack of rollers ‖ ~**falte** f (Blech, Papier) /
draw wrinkle ‖ ~**feder** f, Reißfeder f / drawing pen ‖
~**fest** (Farbe) / tacky ‖ ~**fett** n / drawing compound o.
grease o. lubricant ‖ ~**flüssigkeit** f, -öl n (Stanz) /
drawing compound ‖ ~**güte** f (Blech) / drawing quality
‖ ~**hacke** f / one-bladed hand hoe ‖ ~**herd** m (Walzw) /
discharge end of the furnace ‖ ~**herd** m (Glas) / drawing
pot ‖ ~**hol**, -loch n (DIN 1547) (Drahtz) / bore of a
drawing plate, drawing hole ‖ ~**holdurchmesser** m
(Drahtz) / drawing hole diameter ‖ ~**holrechtteckmaß** n
des Ziehrings / hexagon size of a drawing die ‖
~**kaliber** n (Walzw) / drawing pass ‖ ~**kammer** f (Glas) /
drawing chamber ‖ ~**kartei** f (LoKa) / tub file ‖ ~**kegel**
m (Drahtz) / drawing angle ‖ **mit** ~**kegeln** (Draht) / cuppy
‖ ~**kegelbildung** f (Draht) / cupping ‖ ~**keil** m / draw
key ‖ ~**keilgetriebe** n / draw key transmission ‖
~**kissen** n (Wzm) / die cushion ‖ ~**klinge** f, Schabhobel
m (Tischl) / scraper ‖ ~**klingen** v, mit der Ziehklinge
bearbeiten / scrape ‖ ~**kopf** m (Drahtz) / drawing head ‖
~**kopf** m, -werk n (Wzm) / drawing head, pulling head ‖
~**kraft** f (Stecker) / withdrawing force ‖ ~**latte** f (Maurer)
/ guiding rule ‖ ~**loch** (DIN 1547), -hol n (Drahtz) / bore
of a drawing plate, drawing hole ‖ ~**lochplatte,**
-steinplatte f / wortle o. whirtle plate, drawing plate o.
die ‖ ~**marke** f / pull-type lay [mark] ‖ ~**marke** f,
Streifkernmarke f (Gieß) / tail print ‖ ~**maschine** f
(Wzm) / drawing machine ‖ ~**messer** n / draw[ing] knife
‖ ~**nadel** f, auf Zug arbeitende Räumnadel / pull broach
‖ ~**öl** n, -flüssigkeit f (Stanz) / drawing compound ‖
~**palette** f / pull-back- o. push-pull pallet ‖ ~**pappe** f /
moulded board, deep-drawn board ‖ ~**presse** f (Stanz) /
drawing press ‖ ~**presse** f **mit beweglichem Tisch** /
bottom slide drawing press ‖ ~**presse** f **mit
kurvengesteuertem Blechhalterstößel
[doppeltwirkend]** / [double-action] cam drawing press ‖
~**pulver** n (Drahtzieh) / drawing powder ‖ ~**punze** f /
tracer ‖ ~**radius** m (Stanz) / sweep ‖ ~**räummaschine** f
/ pull[-type] broaching machine ‖ ~**riefe** f / drawing
groove ‖ **[innere]** ~**riefe** f (Rohrziehen) / plug line ‖
~**riefe** f (Draht) / die mark, die scar o. scratch ‖
~**riefenbildung** f / grooving ‖ ~**ring** m (Stanz) / drawing
die ‖ ~**ring** m **für Draht** / wire draw[ing] die ‖ ~**ring**
m **für Röhren** / gauge-plate for drawing tubes ‖
~**rohmaß** n / common draw size ‖ ~**schacht** m (Bergb) /
draw-shaft ‖ ~**schlacke** f (Hütt) / iron-rich slag ‖
~**schleifen**, honen (Wzm) / hone v ‖ ~**schleifmaschine** f

/ honing machine ‖ ~**schnitt** m / draw[ing] cut ‖
~**schnur** f (Web) / simple cord ‖ ~**schütze** f, -schütz n
(Hydr) / sliding sluice ‖ ~**spalt** m (Stanz) / drawing gap ‖
~**stein** (Draht) s. Ziehdüse ‖ ~**steine u. -ringe** m pl /
drawing dies pl ‖ ~**stempel** m (Stanz) / drawing punch ‖
~**stock** m, -zange f (Drahtzieh) / pliers pl ‖ **loser**
~**stopfen** (Rohrzieh) / floating plug ‖ ~**-Strangpressen**
n, Pultrusion f / pultrusion ‖ ~**teil** n / deep-drawn piece
‖ ~**trichter** m (Draht-, Rohrziehen) / forming bell ‖
~**trommel** f / wire drawing block o. cylinder ‖ ~**- u.
Wölbpresse** f / drawing and doming press ‖
~**verhältnis** n (Stanz) / drawing ratio ‖ ~**vermögen** n
von Farbstoffen (Textil) / absorptive capacity of
dyestuffs ‖ ~**walzwerk** n / coiler tension rolling mill ‖
~**walzwerk** n / coiler tension rolling mill ‖ ~**werk** n,
-kopf m (Wzm) / drawing head, pulling head ‖
~**werkzeug** n (Stanz, Draht) / drawing die ‖ ~**werkzeug**
n, -form f (Tiefziehen) / deep-drawing tool ‖ ~**wulst** m f
(Blech) / drawing bead ‖ ~**zange** f, -stock m (Drahtzieh) /
pliers pl

Ziel n / objective, object, aim ‖ ~ (Radar) / obstacle ‖ ~
(Verm, Radar) / target ‖ ~, Zweck m / purpose ‖ ~,
Bestimmung f / destination ‖ ~**abtaster** m (Rohrpost) /
scanning device ‖ ~**achse** f (Opt) / axis of collimation ‖
~**achse** f (Theodolit) / visual axis, telescope axis ‖ ~**amt**
n (Telegraf) / office of destination ‖ ~**anflugfunkfeuer** n
/ homing beacon ‖ ~**ansteuernd** / homing ‖ ~**anzeige** f
(bewegter Ziele) (Radar) / moving target indication ‖
~**aufnahmekamera** f (Sport) / camera timer, photo-
finish camera ‖ ~**ausdruck** m (DV) / designational
expression ‖ ~**bohrmeißel** m / target drill bit ‖
~**compiler** m / target compiler ‖ ~**einrichtung,**
-vorrichtung f (Mil) / aiming device o. mechanism o.
contrivance, director of a gun

zielen [nach, auf] (allg) / drive [at] ‖ ~ **[auf]**, anvisieren
(Mil) / sight v, aim o. take aim [at] ‖ ~ n (Mil) / aiming,
laying

Ziel·entfernung f / target distance ‖ ~**entfernung und
-peilung** f / target range and bearing ‖ ~**erfassung** f
(Mil) / target acquisition ‖ ~**erfassungsradar** m n /
acquisition radar ‖ ~**erkennbarkeit** f **gegenüber
Bodenechos** (Radar) / SCV, sub-clutter visibility ‖
~**extraktion** f / plot extraction ‖ ~**extraktor** m (Radar) /
digital plot extractor, target extractor ‖ ~**fernrohr** n
(Mil) / aiming o. sight[ing] telescope, telescope o.
telescopic sight, riflescope ‖ ~**findung** f, Eigenpeilung
f (Radar) / self-bearing ‖ ~**flug** m, -flugverfahren n
(Luftf) / homing ‖ ~**flugempfänger** m (Luftf) / homing
receiver ‖ ~**flugfunk** m, Ziellenkung f / homer ‖
~**flug-Funkstelle** f (Luftf) / homer station ‖ ~**fluggerät**
n / homing receiver ‖ ~**flughilfsmittel** n / homing aid ‖
~**flugzeug** n (Luftf) / target plane ‖ ~**folge** f, -verfolgung
f / tracking ‖ ~**folge-Schaltung** f (Radar) / tracking
circuit ‖ ~**funktion** f (Prozeßrechn) / objective o.
performance function ‖ ~**geschwindigkeit** f / target
speed ‖ ~**höhenwinkel** m (Mil) / angle of site, angular
height of target ‖ ~**kern** m / target nucleus ‖ ~**körnung**
f (Aufber) / designated size range ‖ ~**lenkung** f,
Zielflugfunk m / homer ‖ ~**linie** f, Kollimationslinie f /
line of collimation ‖ ~**linie** f, Visierlinie f (Mil) / line of
sight, bore sight ‖ ~**linie** f (Sport) / finish line ‖ ~**marke**
f (Mil, Opt) / graticule, reticule, reticle, hair cross, cross
hairs pl ‖ ~**mittenmarkierung** f (Radar) / center
marking ‖ ~**objekt** n (Radar) / target ‖ ~**photographie** f
(Sport) / photo finish ‖ ~**planet** m (Raumf) / target planet
‖ ~**programm** n (DV) / target program[me], object
program[me] ‖ ~**punkt** m, Bestimmungsort m /
destination ‖ ~**punkt**, Haltepunkt m (Mil) / point aimed
at, point of aim ‖ ~**rauschen** n (Radar) / terminal noise ‖
~**scheibe** f / mark, aim, practice target ‖ ~**sprache** f
(eine natürliche Sprache) / target o. receptor language ‖
~**sprache** f (Übersetzen) / target language ‖ ~**sprache** f
(DV) / object language ‖ ~**sprache** f **für Assembler-
Verarbeitung** / catalanguage ‖ ~**stange** f (Verm) / level

pole ‖ **⁀startdatum** *n* / target launch date ‖ **⁀suchen** *n*
(Mil) / active homing, targeting ‖ **⁀suchkopf** *m* /
homing head ‖ **⁀suchlenkung** *f*, -suche *f* (Luftf) /
homing [guidance] ‖ **⁀tafel** *f* (Verm) / target signal ‖
⁀verfolgen, Folgen *n* (Radar) / tracking ‖ **⁀verfolger** *m*
/ target tracker ‖ **automatische ⁀verfolgung** (Radar) /
automatic following ‖ **⁀verfolgungs-Radar** *m n* /
missile radar ‖ **⁀verfolgungsrechner** *m* / track
computer ‖ **⁀verfolgungsstation** *f* / RTS, radar
tracking station ‖ **⁀verkehr** *m* / terminating traffic ‖
⁀vermittlungsstelle *f* (Fernm) / destination point
exchange ‖ **⁀vorrichtung** *f* / aiming device ‖
⁀weg-Auflösungsversuch *m* (Radar) / split detection ‖
⁀weite *f* (Verm) / target distance ‖ **⁀werte** *m pl* /
targeting data ‖ **⁀wertermittlung** *f* (Flugkörper) /
targeting ‖ **⁀zeichen** *n* (Radar) / target blip o. pip
ziemlich, beträchtlich / comparative, relative
Zier…, Schmuck… / decorative
Zierat *m*, Schmuck *m*, Verzierung *f*, Ausschmückung *f* /
ornament, decoration, embellishment
Zier·band *n* (Schloss) / ornate hinge ‖ **⁀band** *n* (Textil) /
riband ‖ **⁀blech** *n* / decorative sheet o. fancy sheet
metal [cover] ‖ **⁀blende** *f*, (DIN:) Zierdeckel *m* (Kfz) /
wheel shield o. disk, automotive wheel cover,
ornamental hub cap ‖ **⁀blende** *f* **mit Speichen** (Kfz) /
spoke disk ‖ **⁀blendenring** *m* (Kfz) / ornamental disk
ring ‖ **⁀buchstabe** *m* / ornamented o. swash o. fancy
letter
zieren, verzieren / decorate ‖ **⁀**, schmücken / embellish
Zier·faden *m* / fancy thread, ornamental thread ‖ **⁀garn** *n*
/ fancy yarn ‖ **⁀giebel über Fenster o. Tür** / frontal,
pediment ‖ **⁀gitter** *n* / grille ‖ **⁀kapsel** *f* (DIN 5066) /
fancy cap ‖ **⁀knopf** *m* / fancy knob o. button ‖ **⁀leiste** *f*
/ decorative o. fancy o. ornamental batten o. strip ‖
⁀leiste *f* (Tischl) / planted moulding ‖ **⁀leiste** *f*, -rahmen
m / decorative strip ‖ **⁀leiste** *f* (Kfz) / trim [strip] ‖
⁀leiste *f* (Buch) / vignette ‖ **⁀leiste** *f* (Bau) / ornament,
decoration ‖ **⁀linie** *f* / fancy line, ornamented rule ‖
⁀nagel *m* / bullen nail, stud ‖ **⁀naht** *f* (Nähm) /
ornamental seam ‖ **⁀nahtfuß** *m* (Nähm) / foot for
ornamental seams ‖ **⁀ring** *m* (Kfz) / ornamental ring,
wheel trim ‖ **⁀schrift** *f* (Buch) / ornamental o. fancy type
o. letters *pl* ‖ **⁀[schrift]druck** *m* (Buch) / decorative
printing ‖ **⁀stich** *m* (Nähm) / festoon stitch, ornamental
stitch ‖ **⁀zwirn** *m*, -garn *m* / fancy twist o. yarn
Ziffer *f* / figure, numeral ‖ **⁀**, Grundzahl *f* / basic o.
cardinal numeral ‖ **⁀ innerhalb einer Zahl** (Math) /
figure, digit ‖ **⁀ mit Zahlenwert** / significant digit ‖
⁀-Blanktaste *f* (Fernm) / figure o. cipher blank key ‖
⁀blatt *n* (Uhr) / clockface ‖ **⁀blatt**, Scheibe *f* (Verm) /
compass card o. dial o. face ‖ **rundes ⁀blatt** / dial face
o. plate ‖ **⁀blattfabrik** *f* / dial maker ‖ **⁀blattfuß** *m*
(Uhr) / dial foot ‖ **⁀impuls** *m* / digit impulse
Ziffern·… / numeral, numerical ‖ **⁀anzeige** *f* / numerical
display ‖ **⁀anzeigeröhre** *f* (z.B. Nixie, Nodistron usw)
(Elektronik) / [glow] display tube, numerical indicator
tube ‖ **⁀auswahl** *f* / digit selection ‖ **⁀code** *m* / numeric
code ‖ **⁀folgefrequenz** *f* / digit repetition rate ‖
⁀lochung *f* (LoKa) / numerical punching ‖ **⁀lochzone** *f*
(LoKa) / sector area ‖ **⁀maske** *f* (Zählrohr) / cipher mask
‖ **⁀mäßig bewerten** / rank-order *v* ‖ **⁀rechnung** *f* /
numerical calculation o. computation ‖ **⁀reihe** *f*, -serie *f*
/ digit string, string of digits ‖ **⁀skale** *f*, Skz / numerical
scale ‖ **⁀stelle** *f* (DV) / decimal position ‖ **⁀stelle** *f* /
digit position o. place ‖ **⁀stellung** *f* (Drücker) / figures
case ‖ **⁀taste** *f* / numeral key ‖ **⁀umschaltung** *f* / figure
shift ‖ **⁀umschaltzeichen** *n* / figures shift character ‖
⁀werk *n* / numbering machine
Zigaretten·maschine, -füll-, -rollmaschine *f* / cigarette
[making] machine ‖ **⁀papier** *n* / cigarette o. smoking
paper
Zigarr[ett]enkäfer *m*, Kleiner Tabakkäfer / tobacco
beetle, Lasioderma serricorne

Zimmer *n* / room ‖ **⁀antenne** *f* / indoor o. inside antenna
‖ **⁀arbeiten** *f pl*, Zimmermannsarbeiten *f pl* /
carpenter's work ‖ **⁀decke** *f* / ceiling ‖ **⁀flucht**, -reihe *f*
/ flight o. suite o. row of rooms ‖ **⁀geselle** *m* /
journeyman carpenter ‖ **⁀handwerk** *n* / carpentry ‖
⁀hauer *m* (Bergb) / carpenter, timberman, timberer ‖
⁀hof *m*, Bauplatz *m* / carpenter's yard ‖ **⁀holz** *n*,
Bauholz *n* / straight o. strength o. structural timber (US)
o. lumber (GB) ‖ **⁀lautstärke** *f* (Akust) / household
noise level ‖ **auf ⁀lautstärke stellen** / turn down to
moderate volume ‖ **⁀leitung** *f* (Fernm) / indoor leads *pl* ‖
⁀mann *m* / carpenter ‖ **⁀[manns]arbeiten** *f pl* /
carpenter's work ‖ **⁀[manns]axt** *f* / carpenter's axe ‖
⁀mannsbohrer *m* / gimlet ‖ **⁀manns[breit]beil** *n* /
[broad] hatchet for carpenters ‖ **⁀manns-Nageleisen** *n* /
carpenter's pinching bar ‖ **⁀mannsstift** *m* / carpenter's
pencil
zimmern / do carpenter's work
Zimmer·platz *m* / timber yard ‖ **⁀polier**, -meister *m* /
carpenter foreman ‖ **⁀späne** *m pl* / parings of wood ‖
⁀temperatur *f* / room temperature ‖ **⁀tür** *f* / room door
Zimmerung, Verbauung *f* (Bergb) / timbering, lining ‖ **⁀**,
Gebälk *n* (Bau) / woodwork, timbers *pl*
Zimmer·verband *m* / construction of the frame o. timber-
o. lumberwork, lumberwork (GB) o. timber (US)
construction ‖ **⁀werkstatt** *f* / carpenter's workshop
Zimt *m* / cinnamon ‖ **⁀aldehyd** *m* / cinnamic aldehyde,
cinnamal[dehyde] (US) ‖ **⁀blätteröl** *m* / cinnamon leaf
oil ‖ **⁀braun** / cinnamon brown ‖ **⁀öl** *n*, -rindenöl *n* /
cinnamon [bark] oil ‖ **⁀säure** *f* / cinnamic acid
Zinckenit *m* (Min) / zinckenite
Zink *n*, Zn (Chem) / zinc, Zn ‖ **⁀…**, aus Zink / zincous,
zincic ‖ **⁀amalgam** *n* / amalgam of zinc ‖ **⁀artig**,
-ähnlich / zin[c]ky, zinzic ‖ **⁀asche** *f* / zinc ash o. dross
‖ **⁀at** *n* / zincate ‖ **⁀ätzung** *f*, -druckerei /
zincography ‖ **⁀auflage** *f* / zinc deposit ‖ **⁀bad** *n* / zinc
bath, galvanizing bath ‖ **⁀beschlagen** / zinc sheathed ‖
⁀blech *n* / zinc plate o. sheet, sheet zinc ‖
⁀blechdachplatten *f pl* / galvanized roofing plates ‖
⁀blende *f*, Sphalerit *m* (Min) / zinc blende, black-jack,
sphalerite ‖ **⁀blumen** *f pl* / flowers of zinc *pl* ‖ **⁀blüte**
f, Hydrozinkit *m* (Min) / zinc bloom, hydrozincite ‖
⁀blüte, -asche (Hütt) / zinc flowers *pl* ‖ **⁀chlorid** *n*,
Zinkbutter *f* / zinc chloride, butter of zinc ‖
⁀chlorid-Imprägnierung *f* (Holz) / Burnett's fluid ‖
⁀chromat, Zinkgelb *n* / zinc chromate [pigment], zinc
chrome (GB) o. yellow, citron yellow ‖
⁀chromatpigment *n* / zinc chromate pigment ‖ **⁀dach**
n, -bedachung *f* (Bau) / zinc covering ‖ **⁀destillation** *f* /
zinc fuming process ‖ **⁀-Dialkyldithiophosphat** *n*
(Schmiermittel) / zinc-dialkyldithiophosphate ‖ **⁀druck**
m, -druckerei *f*, -ätzung *f* (Verfahren) / zincography,
chemigraphy ‖ **⁀druck** *m* (Erzeugnis) / zincograph, zinc
etching, zinc plate printing ‖ **⁀druckguß** *m* / zinc
diecasting ‖ **⁀druckplatte** *f* (Buch) / zinco[graph]
Zinke *f* (Gabel) / prong, tine ‖ **⁀**, Schwalbenschwanz *m*
(Tischl) / dovetail ‖ **⁀** (Kamm) / tooth of a comb
Zink·einbrennen *n* **im Drehofen**, Sherardisieren *n* /
sherardization ‖ **⁀einlage** *f* / zinc lining ‖ **⁀elektrode** *f* /
zinc electrode
zinken (Tischl) / mortise, dovetail
Zinken *m*, Zinke *f* / tooth of a comb, prong o. tine of a
fork
Zinken·abstand *m* / tine spacing ‖ **⁀breite** *f* (Gabelstapler)
/ width of prong ‖ **äußerer ⁀abstand**, Gesamtbreite *f*
der Gabeln (Gabelstapler) / width across forks ‖
⁀fräsmaschine *f* (Holz) / dovetailing machine ‖
⁀fräsmaschine *f* **für gerade Zinken** / ordinary dovetail
making machine ‖ **⁀fuge** *f* (Tischl) / finger joint ‖
⁀maschine *f*, -fräse *f* / dovetailing machine ‖ **⁀säge**,
Zapfensäge *f* / dovetail saw ‖ **⁀zwischenraum** *m* (Gabel)
/ slot of a fork
Zink·erz *n* / zinc ore ‖ **⁀ethyl** *n* / zinc ethyl ‖ **⁀fällkästen**
m pl (Cyanlaugerei) / zinc boxes *pl* ‖ **⁀gelb** *n* s.

Zinkchromat ‖ ⌐gießer m / zinc smelter ‖ ⌐grundierung f / zinc priming ‖ ~haltig / zinciferous, zincic, zincous, zinkiferous, zinky, zincky, zincy ‖ ⌐hochätzung, Zinkotypie f / zincotype ‖ ⌐hütte f / zinc works o. smelting plant ‖ ⌐it m, Rotzinkerz n / zincite, spartalite, sterlingite ‖ ⌐kalk, -ocker m / oxide of common calamine ‖ ⌐karbonat n / carbonate of zinc ‖ ⌐kopie f / zinc print ‖ ⌐-Luft-Batterie f / zinc-air battery ‖ ⌐met[a]arsenit n / zink meta-arsenite, ZMA ‖ ⌐ofen m / zinc oven ‖ ⌐[ofen]staub m, Poussière f (Hütt) / zinc [oven flue] dust, blue powder o. metal ‖ ⌐ographie, Zinkotypie, (veraltet für:) Chemigraphie f / chemigraphy ‖ ⌐oxid, -weiß n, zinkoxidweiß / oxide of zinc, zinc white ‖ ⌐oxidpapier n / zinc oxide paper ‖ ⌐-Phosphat-Zement m / zinc phosphate cement ‖ ⌐pumpe f / zinc pump ‖ ⌐rauch m (zinkoxidhaltiger Hüttenrauch) / zinc fume, solidified zinc vapo[u]rs pl ‖ ⌐[röst]ofen m / zinc [roasting] furnace ‖ ⌐salz n / zinc(II) salt ‖ ⌐schaum m, Parkesschaum m (Hütt) / Parkes' foam, zinc scum ‖ ⌐schutzplatte f (Schiff) / zinc protector ‖ ⌐spat, Galmei, Smithsonit m (Min) / zinc spar, smithsonite, calamine (GB), electric calamine (US) ‖ ⌐spinell, Gahnit m / zinc spinel, gahnite ‖ ⌐spritzer m / zinc spatter ‖ ⌐staub m, Zinkofenstaub m / zinc [oven flue] dust ‖ ⌐staubpaste f, -staubkompound / zinc dust compound ‖ ⌐staub-Pigment n / zinc dust pigment ‖ ⌐stearat n / zinc stearate ‖ ⌐sulfat n / zinc sulphate, sulphate of zinc ‖ ⌐sulfat n (aus der Sierra Almagreira, Spanien) (Min) / zinkosite ‖ ⌐sulfidschirm m / zinc sulphide screen ‖ ⌐[sulfid]weiß n, Lithopone f / lithopon[e] ‖ ⌐tannat n / sal barnit (US), zinc tannate (GB) ‖ ⌐tellurid m (Halbl) / zinc telluride ‖ ⌐trichlorphenat n / zinc trichlorophenoxide o. -phenate ‖ ⌐überzug m / zinc coating

Zinkung f (Tischl) / dovetail joint ‖ verdeckte ⌐ (Tischl) / lap[ped] dovetail, countersunk dovetail
Zink·vitriol n m, -sulfat n (Färb) / white vitriol ‖ ⌐wanne f / zinc bath ‖ ⌐weiß, -oxid n (Hütt) / zinc flowers pl ‖ ⌐weiß, -oxid n (Chem) / zinc white, non-leaded zinc oxide

Zinn m, Sn (Chem) / tin, Sn ‖ ⌐(II)-..., Stanno... / tin(II)-..., stannous ‖ ⌐(IV)-..., Stanni... / tin(IV)-..., stannic ‖ ⌐ für Hausgerät / pewter ‖ reiches ⌐ / lofty tin ‖ ⌐abbau m nach dem Palong-Verfahren / gravel pump method o. palong method of tin mining ‖ ⌐ader, -stufe f, -anbruch m / tin lode o. floor ‖ ⌐amalgam n / amalgam of tin, electric amalgam ‖ ⌐asche f, Zinn[di]oxid n, Polierpulver n / tin anhydride o. ash o. putty, flowers of tin pl, putty o. polishing powder ‖ ⌐asche, -krätze f, -gekrätz n / tin refuse o. sweepings pl ‖ ⌐aufschmelzen n auf gedruckte Schaltungen / solder fusion for printed circuit boards ‖ ⌐bad n für gedruckte Schaltungen (Galv) / solder plating bath ‖ ⌐beize f (Färb) / spirit, tin mordant ‖ ⌐beizendruck m (Textil) / tin mordant printing ‖ ⌐bergwerk n, -grube f / tin mine, stannary (GB) ‖ ⌐blech n / sheet tin ‖ ⌐-Blei-Bronze f / leaded bronze ‖ ⌐-Blei-Niederschlag m 60/40 / 60:40 Sn-Pb coating ‖ ⌐-Blei-Überzug m (Galv) / tin-lead plating ‖ ⌐-Blei-Weißmetall n / tin and lead based white metal alloy ‖ ⌐block m / brick of tin ‖ ⌐bronze f (Legierung) / tin bronze ‖ ⌐butter f / tin butter ‖ ⌐(II)-chlorid n / stannous chloride, tin(II)-chloride ‖ ⌐(IV)-chlorid n, -tetrachlorid n / stannic chloride, tin (IV) chloride ‖ ⌐chlorwasserstoffsäure f / chlorostannic acid ‖ ⌐dioxid n (Chem) / stannic oxide ‖ ⌐[di]oxid n, Zinnasche f / tin ash, tin putty

Zinne·n f pl (Bau) / battlement ‖ mit ⌐n versehen (Bau) / crenellate
Zinnen[ornament], mit ⌐ (Bau) / crenellate[d]
zinnern / [made] of tin
Zinn·erschwerung f (Textil) / tin loading, tin weighting ‖ ⌐erz n, Zwitter m / black tin ore ‖ ⌐erz n, Zinnstein m,

Kassiterit m / cassiterite ‖ leichtes ⌐erz / slimes pl ‖ natürliches ⌐erz / raw tin ore ‖ reines ⌐erz / heads pl ‖ ⌐(II)-ethylhexoat, Zinn(II)-octoat n / tin(II)-ethylhexoate, stannous octate ‖ ⌐(II)-ethylhexoat, Zinn(II)-octoat n / stannous octoate ‖ ⌐feile f / file for soft metal, lead file ‖ ⌐(II)-fluorid n / stannous fluoride ‖ ⌐-Flutwerk, -Seifenwerk n / stream works ‖ ⌐folie f / tin foil o. foiling, foil tin ‖ ~führend, -haltig / stanniferous, tin-bearing ‖ ⌐gerät n / pewter [ware] ‖ ⌐geschrei n, -schrei m / crackling o. creaking of tin, tin cry o. crackling ‖ ⌐gitter n / tin grate ‖ ⌐glasur f / tin glaze o. glazing ‖ ⌐graupe f, -kristall m / crystallized oxide of tin, tin crystal ‖ ⌐grube f / tin mine, stannary (GB) ‖ ⌐(IV)-Halogen n / tin (IV) halide ‖ ⌐hütte f, -werk n / tinworks ‖ ⌐-Kadmium-Legierung f / tin cadmium alloy ‖ ⌐kies m (Min) / stannite, bell metal ore ‖ ⌐komposition, -solution f (Färb) / tin composition ‖ ⌐-Kupferoxid-Gel n / tin-copper oxide gel ‖ ⌐legiertes Gußeisen / tin-alloyed cast iron ‖ ⌐legierung f / tin alloy ‖ ⌐lot n / tin solder ‖ ⌐lot n mit 50% Bleigehalt / soft solder ‖ ⌐-Nickelauftrag m (Galv) / tin-nickel [finish]

Zinnober m / cinnabar ‖ ⌐, Cinnabarit m (Min) / cinnabarite, native red mercuric sulphide ‖ ⌐grün, Chromgrün n / chrome green, chromic oxide, chromium sesquioxide ‖ ⌐grün n (Zeichn) / cinnabar green ‖ ~haltig / cinnabarine, cinnabaric ‖ ~rot, leuchtend rot / vermeil adj, vermillion ‖ ⌐rot n / cinnabar red, vermilion

Zinn·-Oktoat n / stannous octoate ‖ ⌐(IV)oxid, Zinndioxid n / tin(IV) oxide ‖ β-⌐, hydratisiertes Zinnoxid, Metazinnoxid n / β-stannic acid ‖ ⌐pest f / tin plague o. pest ‖ ⌐pulver n (Galv) / tin grain ‖ ⌐rauch m (Zinnoxidstaub) (Zinnoxidstaub) / tin fume ‖ ⌐salz n / tin salt ‖ ⌐(II)-Salz n / tin(II)-salt ‖ ⌐salz-Spray n (Keram) / tin salt spray ‖ ⌐säure f / stannic acid ‖ ⌐schmelzverbindung f / tin fusing ‖ ⌐schrei m s. Zinngeschrei ‖ ⌐seife f (Schmierfett) / tin soap ‖ ⌐seifen f pl, Seifenzinn n / alluvial tin ore, stream tin ‖ ⌐-Seifenwerk, -Flutwerk n / stream works ‖ ⌐-Silber-Lot n / tin-silver-solder ‖ ⌐späne m pl, Zinn in Spänen m / tin slips pl ‖ ⌐stein m, Kassiterit m (Min) / cassiterite, tinstone, tin roughs pl ‖ ⌐(II)sulfat, Stannosulfat n / stannous sulphate ‖ ⌐sulfid n, Zinnblende f (Min) / hepatic tin ore ‖ ⌐(II)-sulfid n, Stannosulfid n / tin(II) sulphide ‖ ⌐(IV)sulfid n, Musivgold n, (jetzt:) Bronzepigment n / stannic sulphide, mosaic gold ‖ ⌐vanadat n / tin vanadate ‖ ⌐waldit m (Min) / zinnwaldite ‖ ⌐wäscherei f / stream works ‖ ⌐wasserstoff m, Stannan n / stannane, tin hydride ‖ ⌐-Zinkauftrag m (Galv) / tin-zinc [finish]

Zinseszins m / compound interest
Zins·staffel f / interest gradation ‖ ⌐staffelung f (DV) / compound calculation of interests
Zipfel m / tip ‖ ⌐, Ende n, lose hängendes Stück / tag ‖ ⌐ (in Feinblech) (Hütt) / distortion wedge, ear ‖ ⌐ (Strahlung, Walzw) / ear ‖ ⌐, Lappen m (Antenne) / lobe ‖ ⌐bildung f (Walzw) / earing ‖ ⌐prüfung f / earing test
Zippeit, Dauberit m (Min) / zippeite, dauberite
Zirbelkiefer f, Arve f, Zirbe f, Pinus cembra / Swiss stone pine, cembran pine, Siberian yellow pine ‖ ⌐, Arve f / Siberian yellow pine
Zirkaloy m / zircaloy
Zirkel m / [pair of] compass[es] ‖ ⌐ mit auswärts gekrümmten Schenkeln (Zeichn) / caliper compasses pl ‖ ⌐ mit auswechselbaren Spitzen / compasses with interchangeable attachments ‖ ⌐ mit Bleieinsatz / compasses with pencil point pl ‖ ⌐ mit gezahntem Führungsbogen / rack compasses o. dividers pl ‖ ⌐ mit Spitzen, Stechzirkel m / compass with needle point attachments ‖ ⌐ mit Stellbogen / quadrant compasses o. dividers pl ‖ den ⌐ ansetzen / set the compasses ‖ federnder ⌐ / spring ring hinge compasses pl ‖ feststellbarer ⌐ / lock-joint divider o. compasses pl ‖

˽einsatz *m*, -spitze *f* / compass point ‖ ˽gelenk, Flachgelenk *n* / prop o. rule joint ‖ ˽schlüssel *m* (für gebohrte Muttern) / pin spanner o. wrench ‖ ˽verlängerung *f*, Verlängerungsstück *n* (Zeichn) / lengthening bar for compasses

Zirkon *m* (Min) / zircon ‖ ˽... / zirconic ‖ ˽at *n* / zirconate ‖ ˽erde *f*, -[di]oxid *n* / zirconia ‖ ~haltig ͜ zirconic ‖ ˽[ium] *n*, Zr (Chem) / zirconium, Zr ‖ ˽iumhydrid *n*, Zirkonwasserstoff *m* / zirconium hydride ‖ ˽iumsilikat *n* / zircon mineral ‖ ˽licht *n* / zirconium light ‖ ˽weiß *n* (Farbe) / zirconium white

Zirkular·beschleuniger *m* / circular accelerator ‖ ˽-Gewindefräsen *n* / circular thread milling ‖ ˽krempel *f* (Textil) / full circle downstriker card ‖ ˽polarisation *f* / circular polarization ‖ ˽schere *f* / circular shears *pl*

Zirkulation *f*, Umlauf *m* / circulation ‖ ˽, Kreisströmung *f* / cyclic flow, circulation

Zirkulations·pumpe *f*, Umlauf-, Umwälzpumpe *f* / circulation pump

Zirkulationszeit *f* (Parasiten) / circulation time

Zirkulator *m*, Richtungsgabel *f* (Hohlleiter) / circulator

Zirkulierapparat *m*, -gefäß *n* / circulatory apparatus

zirkulieren, umlaufen / circulate ‖ ~ lassen / make circulate

zirkulierend·e Flotte (Web) / circulating liquor ‖ ~er Rücklauf / pumpback reflux ‖ ~e Wirbelschicht *f* / circulating fluidized bed

Zirkumflex *m*, -zeichen *n* (Buch) / circumflex accent

zirkum·lunar / circumlunar ‖ ~planetar / circumplanetary ‖ ~polar / circumpolar ‖ ~solar / circumsolar ‖ ~stellar / circumstellar ‖ ~terrestrisch / circumterrestrial

Zirpen *n* (beim Tasten) (Fernm) / chirps *pl*

Zirro·kumulus *m*, -wolke *f* / cirro-cumulus [cloud] ‖ ˽kumulus-Bewölkung *f* / cirro-cumuli *pl*, mackerel sky ‖ ˽stratus *m*, -stratuswolke *f* / cirro-stratus [cloud]

Zirruswolke *f* / cirrus cloud

zischen / fizz, hiss ‖ ~, brutzeln / sizzle *vi*, frizz ‖ ~ *n* (Mikrophon) / sibilance, hiss

zischender Lichtbogen / frying (US) o. hissing arc

ZI-Schnecke *f* / involute helicoid, worm type, worm-type ZI

Ziselierarbeit *f* / enchasing o. engraving work

ziselieren, gravieren, stechen / enchase, engrave, carve o. cut with the graver

Ziselierpunze *f* / chasing chisel

Zissoide *f* (Math) / cissoid

Zisterne *f* / cistern ‖ ˽, Speicher *m* (Nukl) / reservoir

Zitrakonsäure *f*, Methyl-Maleinsäure *f* / methylmaleic o. citraconic acid

Zitrat *n* / citrate

Zitronellöl *n* / citronella oil

Zitronen·farbe *f*, -gelb *n* / citrine o. lemon colo[u]r, lemon chrome (US) o. yellow (GB) ‖ ~förmig / citriform ‖ ˽gelb, Zinkgelb *n* / citron yellow ‖ ˽öl *n* / oil of lemons ‖ ˽säure *f* / citric acid ‖ ˽säurelöslichkeit *f* / citric acid solubility ‖ ˽säurezyklus *m* (Biol) / citric acid cycle, tricarboxylic acid cycle ‖ ˽schale *f* / lemon peel o. rind

Zitrus·fruchtanbau *m* / citriculture ‖ ˽früchte *f pl* / cirtrus fruit[s], hesperidium

Zitterbewegung *f* (des Ladungsschwerpunkts eines Elektrons) / zitterbewegung, trembling motion o. vibration of electrons

zittern, beben / tremble, quiver, shake, shiver ‖ ~, rattern / chatter ‖ ˽ *n*, Flackern *n* (TV) / flutter ‖ ˽, zitternde Bewegung (Masch) / niril *n* ‖ ˽, zitternde Bewegung (Masch) / vibration, niril ‖ ˽, Instabilität *f* (Kath.Str) / jitter ‖ ˽, "Mäusezähnchen" *n pl* (TV, Radar) / jitter

Zitter·pappel, Aspe, Espe *f*, AS, Populus tremula / aspen tree ‖ ˽signal *n* (Regeln) / dither ‖ ˽spule *f* (Elektr) / bucking coil

Zitzenbecher *m* (Melkmasch.) / teat cup

Zivil·ingenieur *m*, beratender Ingenieur / consulting engineer ‖ ˽ingenieur *m*, Inhaber *m* eines Ingenieurbüros / private engineer ‖ ˽luftfahrt *f* / civil aviation ‖ aller ˽luftverkehr / general aviation (US) ‖ ˽schutz, (früher:) Luftschutz *m* / civil defense, aerial o. air defense, anti-aircraft defense, air-raid protection o. precaution ‖ ˽verteidigung *f* / civil emergency planning, non military defense

Z-Koordinate *f* (NC) / Z-coordinate

ZK-Schnecke *f* / milled helicoid worm, worm-type ZK

ZM = Zeitmultiplex ‖ ˽, Zwischenmodulation *f* / intermodulation, IM

Z-Markierungsfunkfeuer *n* (Luftf) / Z- o. zero marker beacon, ZM

ZMC *n* (Spritzgießverfahren für glasfaserverstärktes Harz) / injection moulding of glass fiber reinforced plastic

ZMD = Zentralstelle für maschinelle Dokumentation

ZN-Schnecke *f* / worm with straight-sided normal flancs (GB), chased helicoid (US), worm type ZN

ZnS-Leuchtstoff *m* / ZnS-type phosphor

Zobelfilter *n* (Fernm) / Zobel filter

Zodiakallicht *n* / zodiacal light

Zoisit *m* (Min) / zoisite

Zölestin *m* (Min) / celestine, celestite (US)

Zoll *m* / [custom's] duty ‖ ˽ (= 25,40 mm seit 1.7.59), (jetzt:) Inch *m* / inch, in ‖ ein Millionstel ˽ / microinch ‖ ˽amt *n*, -behörde *f* / customs *pl* ‖ ~freier Verkaufsstand / tax-free shop, duty-free shop ‖ ˽gebühr *f*, Zoll *m* / customs duty ‖ ˽gewinde *n* / screw thread basing on inch-system ‖ ˽inhaltserklärung *f* / customs declaration of contents ‖ ˽kreuzer *m*, Grenzzollschutzschiff *n* / customs o. revenue cutter ‖ ˽kutter *m* / revenue cutter ‖ ˽maß *n* / measure in inches ‖ im ˽maß / measured in inches ‖ ~pflichtig / dutiable ‖ ˽rückvergütung *f* im Veredelungsverfahren / drawback ‖ 19-˽-Standardrahmen *m* (= 482,6 mm) / 19 inch rack mounting unit ‖ ˽stock *m*, Gliedermaßstab *m* / [zigzag] folding rule o. measure, folding meter-rule o. -stick ‖ ˽tarif *m* / customs tariff ‖ ˽teilung *f* (Zahnrad) / English pitch ‖ ˽teilung *f* (Skala) / inch-graduation, English [Imperial] graduation ‖ ˽wachtschiff *n* / coast guard vessel ‖ ~weise / by inches ‖ [sich] ~weise bewegen / inch *v*

Zölostat *m* (Astr) / coelostat

zonale harmonische Funktion (Math) / zonal harmonic

Zonarkristall *m* / zoned crystal

Zone *f*, Distrikt *m* / district, area, zone ‖ ˽, Teilgebiet *n* (Transistor) / region, zone ‖ ˽ der Hörbarkeit (Radio) / zone of audibility ‖ ˽ des Schweigens (Elektronik) / zone of silence ‖ ˽ mit Beschränkungen (Atom, Nukl) / restricted area ‖ ˽ zwischen Meeresoberfläche und Abyssal / midwater zone ‖ [waagerechte] ˽, Horizont *m* (Geol) / horizon

Zonen·ausgleich *m* (Transistor) / zone levelling ‖ ˽bildung, Schichtbildung *f* (Min, Hütt) / zoning ‖ ˽bildung *f* (Sintern) / segregation ‖ ˽bit *n* (DV) / zone bit ‖ ˽bunker *m* (Bergb) / zonal bunker ‖ ˽einteilung *f* (Luftf, Urbanisation) / zoning ‖ ˽einteilung *f* (Elektr) / classification of areas ‖ ˽elektrophorese *f*, Trägerelektrophorese *f* / electropherography ‖ ˽faktor *m* (des Wicklungsfaktors) (Elektr) / distribution factor (US), spread factor (GB) ‖ ˽fällen *n* (Chem) / zone precipitation ‖ ˽fehler *m*, Flächen-Aberration *f* (Opt) / zonal aberration ‖ ˽folge *f* (Halbl) / sequence of zones o. of regions ‖ ˽gefrierverfahren *n* / zone refrigeration process ‖ ˽gitterkamera *f* / zone plate camera ‖ ˽gitterung *f* (Hütt) / checker work arranged in zones o. stages ‖ ˽heizung *f* / zone heating ‖ ˽kristall *m*, Schicht-, Mischkristall *m* / mixed crystal ‖ ˽linse *f* / zoned lens ‖ ˽lochung *f* (LoKa) / zone punching ‖ ˽nivellierung *f* (Halbl) / zone levelling ‖ ˽parkverbot *n*, blaue Zone / restricted parking zone ‖ ‹platte, -linse *f* (Opt) / zone plate ‖ ‹reflektor *m* / circular reflector ‖ ‹reinigung *f* (Halbl) / zone refining o. purification ‖ ‹schmelzverfahren *n* (Halbl) / zone melting o. refining ‖ tiegelfreies ‹schmelzverfahren / floating zone melting technique ‖ ‹schrägbunker *m* (Bergb) / inclined zonal bunker ‖ ‹schraube *f* (Buch) / duct-adjusting screw ‖ ‹sintern *n* / zone sintering ‖ ‹tarif *m* (Fernm) / block rate [tariff] ‖ ‹tarif *m* (Bahn) / zonal rate o. fare ‖ ‹teil *m* (DV) / zone portion ‖ ‹übergang *m* (Halbl) / junction, transition region ‖ ‹-Überloch *n* (LoKa) / zone punch ‖ ‹unterdrückung *f* / zone elimination ‖ ‹wanderrost *m* / compartment-type travelling grate stoker ‖ ~weise Erwärmung (Indukt.Härten) / progressive o. scanning heating ‖ ‹zeit, Einheitszeit *f* / zone o. standard time (US)

Zonung *f*, Überlochbereich *m* (LoKa) / zone, zoning
Zooglöen *pl* / zoogleas *pl*, -gleae *pl*
Zoom-Effekt *m*, dynamisches Skalieren (DV) / zooming (in plotting)
Zoomen, normales ‹ / zoom in ‖ umgekehrtes ‹ / zoom back
Zoom·linse, Gummilinse *f* / zoom lens
Zooplankton *n*, tierisches Plankton / zooplankton
Zopf *m*, Flechte *f* / tress, plait, plat ‖ ‹, Spitze *f*, Zopfende *n* (Holz) / top end of a trunk ‖ ‹, Faserbart *m* des Flachses (Spinn) / strick of flax o. hemp ‖ ‹ **Wolle** / tress of wool ‖ ‹block *m* (Holz) / top log ‖ ‹drehmaschine *f* (Spinn) / plaiting machine
zopfen, Stammholz ~ / cut off the top end of timber
Zopf·hede *f*, -werg *n* / plaited tow ‖ ‹stärke *f* / diameter of the top end of a tree ‖ ‹ware *f* (Holz) / topping
Zoresstahl, Belagstahl *m* / Zorès section
zottig·e Wolle / shaggy wool ‖ ‹es *n* (Wolle) / cotted fleece
Z-Pinch-Entladung *f* (Nukl) / Z-pinch discharge
ZP-Papier *n*, Sulfit-Zellstoff-Packpapier *n* / sulfite packing paper
Z-Scheibe, Zwischenscheibe *f* / washer machined to close tolerances
Z-Schnitt *m* (Krist) / zero [-degree] cut
Z-Stahl *m* (Hütt) / Z-steel, zeds, zees *pl* (US)
ZTL (Luftf) = Zweikreis-TL-Triebwerk
Z-Transformierte *f* (Regeln) / Z-transform
ZTU-Schaubild *n* (= Zeit-Temperatur-Umwandlung) / time-temperature-transformation curve, TTT curve, S-curve
zu, gesperrt, geschlossen (Hahn) / closed, off, to
"Zu" (Schließstellung) / "Off"
zubauen / wall in, build up ‖ ~ / obstruct by a building ‖ ~ (Hydr) / obstruct
Zubehör *n*, Ausrüstung *f* / accessories *pl*, supplies *pl* ‖ ‹, Ausstattung *f* / appurtenance, -ances *pl* ‖ ‹, Ausrüstung *f*, Beschlagteile *m pl* / furniture, mountings, armaments, fittings *pl* ‖ ‹, Zugehör *n*, Außenliegendes *n* (Bau) / appurtenances *pl* ‖ mit ‹ ausstatten / provide with accessories o. requisites ‖ mit allem ‹ (Bau) / with all conveniences ‖ ‹industrie *f* (Kfz) / supporting industry ‖ ‹lieferant *m* / [component] supplier, [outside] vendor (US) ‖ ‹teile *n pl* / accessories *pl*, fittings *pl*
zubereiten, zurechtmachen / dress ‖ ~ / prepare
zubetonieren (Bau) / cover with concrete
zubinden, -schnüren / string
Zubrand *m* (Hütt) / pick-up
zubringen / feed, supply
Zubringer *m*, -linie *f* (Bahn) / feeding line, feeder (US), branch line carrying feeder traffic ‖ ‹, Zuführvorrichtung *f* / feeder, feeding mechanism ‖ ‹, Speisekanal *m* (Hydr) / feeder ditch ‖ ‹ (Bergb) / retriever ‖ ‹ zu einem Erschließungsgebiet (Straßb) / feedway ‖ ‹ zu einem Urbanisierungszentrum (Straßb) / access expressway ‖ ‹ zur Autobahn / motorway access road (GB), freeway access road (US) ‖ ‹band *n* / feeder, feeding belt [conveyor], delivery belt ‖

‹dienst *m* (Bahn) / feeder service ‖ ‹feder *f* (Waffe) / magazine spring ‖ ‹leitung *f* (Radio) / program line ‖ ‹pumpe *f* / feed pump ‖ ‹speicher *m* (DV) / external memory o. store ‖ ‹-Teilgruppe *f* (Fernm) / grading group ‖ ‹verkehr *m* (Luftf) / feeder service ‖ ‹wagen *m* (Hütt) / travelling hopper
Zubruchbauen *n* des Hangenden (Bergb) / cover caving, broken working
Zubruchgehen *n* (allg) / breaking-down, failure ‖ ‹, Verbruch *m* (Bergb) / falling-in, rupture, caving-in
Zucht, Rasse *f* / breed ‖ ‹, Kultur *f* / culture of bees, fishes, bacteriae ‖ ‹ f von Pflanzen / growing ‖ ‹ von Tieren o. Pflanzen / breeding, rearing
züchten (Landw) / rear
Züchter, Produzent *m* (Landw) / grower, raiser
Zuchtkeim *m* / seed
zucken (Faden) (Textil) / twitch
Zucker *m* / sugar ‖ ‹ *m pl*, Kohlehydrate *n pl* / saccharoses, carbohydrates *pl* ‖ brauner (o. roher o. ungeläuterter) ‹ / brown sugar ‖ ‹ahorn *m* / sugar o. American o. hard maple, Acer saccharum ‖ ‹ahornplantage *f* / sugar maple plantation ‖ ‹ahornsirup *m* / maple sugar sirup ‖ ~artig, -ähnlich / sugar-like ‖ ‹ausbeute *f*, Rendement *n* (Zuckerfabrik) / rendement, yield of sugar o. of sucrose ‖ ‹bestimmung *f* / determination of sugar ‖ ‹bildung *f*, Verwandlung in Zucker / saccharification ‖ ‹chemie *f* / chemistry of sugar, sucrochemistry ‖ ‹dicksaft *m*, -sirup *m*, Dicksaft *m* / syrup ‖ ‹einheit *f* / sugar equivalent ‖ ‹fabrik *f* / sugar factory o. mill o. works ‖ ‹fabrikant *m* / sugar maker ‖ ‹farbe, -couleur *f* / sugar dye, browning, burnt sugar [colouring], caramel ‖ ‹gehaltswaage *f* / sugar meter ‖ ‹gewichtsprozent *n* / total sugars percentage ‖ ‹gewinnung *f* / extraction of sugar ‖ ‹halter *m* (Halbl) / dissopad ‖ ~haltig / sacchariferous, saccharated, saccharine ‖ ‹haus *n* / sugar end o. house ‖ ‹hausarbeit *f* / sugar house work o. practice, crystallizing and curing ‖ ‹hut *m* / sugar loaf o. cone ‖ ‹industrie *f* / sugar industry ‖ ‹kalk *m*, Kalziumsaccharat *n* (Chem) / calcium saccharate o. sucrate ‖ ‹kand *m*, Kandiszucker *m* / candy, candied sugar ‖ ‹knoten, -klumpen *m pl* (Zuck) / tailings *pl*, clustered sugar ‖ ‹kochapparat *m* (Zuck) / cooler ‖ ‹kocher *m* (Arbeiter) / sugar man ‖ ‹kohle *f* / charcoal from sugar ‖ ‹korn *n* / sugar nucleus ‖ ‹küpe *f* (Wolle) / glucose vat ‖ ‹lauge *f* / lime water used in refining sugar ‖ ‹mühle *f* / sugar [crushing] mill, cylinder press ‖ ‹pflanzung *f* / sugar cane plantation ‖ ‹polarimeter *m* / sugar polarimeter o. ‹probe *f* / sugar touch ‖ ‹prozente *n pl* / percentage of sugar ‖ ‹raffinerie *f* / sugar refinery, refining works ‖ ‹refraktometer *n* / Abbe refractometer
Zuckerrohr / cane, sugarcane ‖ ausgepreßtes ‹ / cane trash, bagasse ‖ ‹mühle *f*, -walzwerk *n* / sugarcane mill ‖ ‹saft *m* / sugarcane juice o. liquor
Zucker[rohr]saft *m*, Rohrzuckersaft *m* / sugarcane juice o. liquor
Zuckerrohr·, roher ‹saft / cane-juice syrup ‖ ‹sprit *m* / cane spirit
Zuckerrübe *f* / sugar beet
Zuckerrüben·bau *m* / beet root culture ‖ ‹erntemaschine *f* / sugar-beet harvester ‖ ‹saft *m* / sugar-beet juice o. liquor ‖ ‹schnitzel *m* / sugar beet cossettes ‖ ‹vergilbungsvirus *n* / sugar-beet yellows virus
Zucker·saft *m* / sugar [cane] juice o. liquor ‖ hartgebackener ‹satz / hard-baked molasses *pl*, hardbake, claggum ‖ ‹säure *f* / saccharic acid ‖ ‹schleuder *f*, -zentrifuge *f* / sugar centrifugal [machine] o. centrifuge ‖ ‹schneider *m* / slipping machine ‖ ‹sieder *m* (Zuck) / filler ‖ ‹sirup *m* / sugar syrup (GB) o. sirup (US) ‖ ‹sirup *m*, Melasse *f* / treacle, sugarhouse molasses (GB) *pl* ‖ ‹speicher *m* / bulk bin for sugar ‖ ‹strontian *m* / strontium sucrate ‖

˄technik f, -technologie f / sugar mill o. factory technology ‖ ˄**transportrinne** f (Zuck) / grasshopper conveyor ‖ ˄**trockner** m (Zuck) / granulator ‖ ˄**waren** f pl, Süßwaren f pl / confections pl ‖ ˄**würfelpresse** f / sugar cube press

zudecken, ersticken / blanket ‖ ～ (Ton) / drown out

Zudosierung f / metered addition

zudrehen (Hahn) / close

zudrücken / close o. shut by pressure ‖ ～ (Gesenk beim Umformen) / nose v, bottle

zueinander passend / matching

zuerkennen, zubilligen / allow

zufahren (Presse) / close v

Zufahrt f, Auffahrt f / approach road

Zufahrts·gleis n (Bahn) / rail spur, spur track ‖ ˄**kanal** m / entry channel

Zufahrtstraße f (Straßb) / entry road

Zufall m / accident, chance

zufallen, zugehen / shut vi

zufallend·e Schichten (o. Schlechten) f pl (Bergb) / face slips pl ‖ **von selbst** ～, Pendel… (Tür) / swinging

zufällig / accidental, casual, chance… ‖ ～, Zufalls… / at random, haphazard ‖ ～, regellos / fortuitous, accidental ‖ ～, auf Zufall beruhend, ungewiß (Phys) / aleatory ‖ ～, stochastisch (DV) / stochastic ‖ ～**e Auswahl o. Stichprobe** / random sampling ‖ ～ **auswählen** / randomize, select at random ‖ ～**e Belastung** (Strahlung) / accidental exposure to radiation

Zufälligkeit f / contingency

Zufalls·abweichung f (Math) / deviate n, centered random variable, random deviation ‖ ˄**anordnung** f / random arrangement ‖ ˄**ausfall** m / random failure o. malfunction ‖ ～**bedingt** / hazardous, depending on chance ‖ ˄**belastung** f / random loading ‖ ˄**bewegung** f / random motion ‖ ˄**daten** plt / random data ‖ ˄**einheit** f (Statistik) / random element ‖ ˄**erscheinung** f, -versager m / random effect (US), incidental failure ‖ ˄**fehler** m pl / accidental o. compensating errors pl ‖ ˄**fehler** m, statistischer Fehler / random o. statistic error ‖ ˄**fehler** m pl, -versagen n / chance failures pl ‖ ˄**fehlerbereich** m (Qual.Kontr) / confidence interval ‖ ˄**folge** f (Math) / random sequence ‖ ˄**funktion** f / random function ‖ ˄**geschehen** n, -ereignis n / random event, randomization ‖ ˄**größe** f / random o. stochastic variable ‖ ˄**komponente** f (Prüf) / stochastic component ‖ ˄**korn** n (Bergb, Aufber) / tramp size ‖ ˄**kurve**, Galtonsche Kurve f / Galtonian curve ‖ ˄**orientierung** f / random orientation ‖ ˄**probe** f (Qual.Prüf) / random sample ‖ ˄**signale** n pl / random signals ‖ ˄**stichproben machen** / random-test v, sample at random ‖ ˄**streubereich** m (Statistik) / error band ‖ ˄**streuung** f / chance variation ‖ ˄**treffer** m / accidental hit ‖ ˄**variable** f (Qual.Kontr) / random variable ‖ ˄**variable** f (Math) / stochastic variable, variate ‖ ˄**versager** m, -erscheinung f / random effect (US), incidental failure ‖ ˄**vorrichtung** f / random device ‖ ˄**zahl** f, beliebige Zahl / random number ‖ ˄**zahlenfolge** f (Math) / random number sequence ‖ ˄**zahlengenerator** m / random number generator ‖ ˄**zeit** f (während der Zeitaufnahme) (F.Org) / abnormal time

Zufluchtshafen m / port of refuge

Zufluß m, Zustrom m / afflux ‖ ˄, Einströmen, Zuströmen n / inflow, influx ‖ ˄, Source f (Halbl) / source ‖ ˄, Nebenfluß m / tributary [stream], influent, confluent ‖ ˄**graben** m, -rinne f / inflow trench ‖ ˄**messer** m / flow meter ‖ ˄**messer** m (Hydr) / head meter ‖ ˄**rinne** f, Fluter m (Bergb) / trough, gutter ‖ ˄**rohr** n (Bau) / supply o. service pipe o. tube

zufördern (Bergb) / bring to the pit eye

zufrieren, vereisen (Gewässer) / ice-up ‖ ～ vi / freeze up

zufügen, -geben / add ‖ ˄, Zusetzen n / adding

Zufügung, Zugabe f / addition

Zufuhr f / conveyance, conveying, transport ‖ ˄, Materialzufuhr f / feed, supply ‖ ˄, Advektion f (Raumf) / advection

Zufuhr·apparat m, -einrichtung f (Masch) / feeder, feeding mechanism ‖ ˄**band** n / transition belt

zuführen, zubringen / furnish, carry ‖ ～, liefern (Strom, Wasser, Teile usw.) / supply ‖ ～, einlassen / admit ‖ ～ (Material) / feed, supply ‖ ～ (z.B. Luftstrom) / furnish, deliver ‖ **Luft** ～ / supply air v

Zuführer m / feeder ‖ ˄, Speise-, Einführ-Vorrichtung f (Spinn) / feeding device o. attachment ‖ **unterer** ˄ (Nähm) / bottom feed

Zufuhrgleis n (Bahn) / entry o. feed line

Zuführ·greifer m (Nähm) / feed gripper ‖ ˄**kasten** m / feed chute ‖ ˄**lattentuch** n s. Zuführtisch ‖ ˄**rinne** f / feeding chute

Zufuhr·rollgang m (Walzw) / approach roller gear, mill approach table, entry table ‖ ˄**schacht** m (Buch.m) / front feed chute

Zuführschnecke f / feeding screw

Zufuhr·straße f / access road ‖ ˄**strecke** f (Bergb) / feed gallery

Zuführ·system [für Treibstoff] n (Raumf) / feed system ‖ ˄**tisch** m, Lattentuch n, Zuführtuch n (Spinn) / feed lattice o. table ‖ ˄**trichter** m / feed o. feeding hopper

Zuführung f, Einlaß m / admission ‖ ˄, Vorschub m (Wzm) / feeding, advance ‖ ˄, Speisung f (Elektr, Masch) / supply ‖ ˄, Speisung f (Hydr) / conveyance, delivery, feeding ‖ ˄ **an Pressen** / feed[ing], loading ‖ ˄ **durch Abhaspeln** / feeding by unwinding ‖ ˄ **in Längsrichtung, [in Querrichtung]** (LoKa) / endwise, [sideways] feed ‖ ˄ **von Hand** / hand feed ‖ ˄ **von Reaktivität** / reactivity insertion o. addition ‖ **[oberirdische]** ˄, [Zu]leitung f (Elektr) / lead, lead[ing]-in, leads pl

Zuführungs·draht m (Elektr) / feed[er] wire ‖ ˄**fehler** m (Buch.m) / misfeed ‖ ˄**kanal** m / admission channel ‖ ˄**leitung** f / feeding conduct o. pipe ‖ ˄**magazin** n (Wzm) / magazine feed attachment ‖ ˄**messer** n (Drucker) / picker knife ‖ ˄**mulde** f (Textil) / shell feed plate ‖ ˄**nut** f (Repro) / loading notch ‖ ˄**riemen** m (Bürom) / picker belt ‖ ˄**rohr** n / feeding main o. pipe, delivery pipe ‖ ˄**rohr** n (Nukl) / tube conveyor ‖ ˄**schiene** f / conductor bar

Zuführ[ungs]schnecke f (am Becherwerk) / charging o. feeding screw ‖ ˄**walze** f / feed cylinder o. roller

Zuführ·walze f (Holzbearb) / calender roll[er] ‖ ˄**walze**, Vorreißer m (Spinn) / licker-in ‖ ˄**zylinder** m, Einwalze f (Textil) / back o. feed roller

Zug m, Ziehen n (Phys, Mech) / pull, pulling, draw[ing], traction ‖ ˄, Zugkraft f (Phys, Mech) / tensible force ‖ ˄, Spannung f (Mech) / tension ‖ ˄, Drahtzug m (Zieh) / wire drawing ‖ ˄, Ziehform f (Stanz) / drawing die ‖ ˄, Ziehvorgang m (Stanz) / drawing operation ‖ ˄, Luftzug m / draft (US), draught (GB) ‖ ˄, Schornsteinzug m (Bau) / chimney draft ‖ ˄, Feuerzug m / flue ‖ ˄, Markscheiderzug m (Bergb) / dialling ‖ ˄, Kettenlänge f (Verm) / length of chain ‖ ˄, Kammzug m (Spinn) / combed sliver o. top, worsted top ‖ ˄, Wagenzug m (Mulestuhl) / carriage draft ‖ ˄, Register n (Orgel) / stop ‖ ˄ (Gieß) / air hole ‖ ˄, Rauchkanal m / chimney flue ‖ ˄ (z.B. Dreizug…) (Kessel) / pass (e.g. threepass) ‖ ˄, Betätigungszug m / cords pl ‖ ˄, Flaschenzug m / pulley block ‖ ˄, Auszug m (Tischl) / drawer, chest of drawers ‖ ˄ (Gewehrlauf) / groove of a rifle, rifle, rifling ‖ ˄ (Bahn) / train ‖ ˄ (Kfz) / combination of vehicles ‖ ˄, Zügigkeit f (Lack) / adhesiveness, tack ‖ ˄, Federstrich m / stroke, line ‖ ˄, Fahne f (Wolle) / ply, stretch ‖ ˄ (Baumwolle) / sliver ‖ ˄ **am Zughaken** (Bahn, Kfz) / drawbar pull ‖ ˄ **im Durchlauf** / through-train ‖ ˄ **mit beschränkter Platzzahl** (Bahn) / limited [express] ‖ ˄ **mit Druckluftbremse** (Bahn) / fitted train ‖ ˄ **mit gerader [,ungerader] Zugnummer** / up, [down] train ‖ ˄ **mit Namen** (Bahn) / named o. crack train, flag train

‖ ~ mit Postbeförderung (Bahn) / mail train ‖ auf ~ beansprucht / under tension ‖ auf ~ beanspruchte Schräge (Stahlbau) / tie brace o. -diagonal, tension diagonal ‖ erster ~ (Draht-Kaltziehen) / rumpling ‖ künstlicher ~ (Feuerung) / artificial draft ‖ leiser ~ (Meteorol) / light air ‖ mechanischer ~ / pull[ing], draw[ing] ‖ seitlicher ~, Seitenzug *m* (Phys, Mech) / lateral o. side pull ‖ tierischer ~ / animal traction

Zugabe *f*, Zufügung *f* / addition ‖ ~ (Maß) / overmeasure ‖ ~ an Gewicht / makeweight ‖ unter ~ [von] / [with] ... added

Zug·abfahrtstafel *f* (Bahn) / train departure indicator ‖ ~abfertiger, -aufschreiber *m* (Bahn) / checker for wagons ‖ ~abstand *m* (Bahn) / distance between trains, spacing of trains, interval between trains

Zugang *m*, Eingang *m* (Bau) / access, adit, entrance, approach ‖ ~ (Bergb) / adit ‖ ~ (z.B. zu abgesonderten Räumen) (Bau) / entryway ‖ ~, Zuwachs *m* / supply, arrivals *pl* ‖ ~, Bestandszunahme *f* / amount increased ‖ ~ über ein Wählvermittlungsnetz / dial port

zugänglich / accessible ‖ ~ (DV) / addressable ‖ leicht (o. gut) ~ / easily accessible, of easy access ‖ leicht ~ von vorn / close-approach

Zugänglichkeit *f* / accessibility ‖ ~, Empfänglichkeit *f* / susceptibility ‖ gute ~ für Prüfzwecke / easy access for testing

Zugangs·bereich *m* (DV) / additions area ‖ ~loch *n* (IC) / access hole ‖ ~methoden-Wahlmöglichkeit *f* (DV) / access method option ‖ ~straße *f*, Zufahrtstraße *f* / access road ‖ ~tunnel *m* (Bahn) / entrance tunnel ‖ ~zahl *f* (Fernm) / access code

Zugang··Überwachungssystem *n* (für Räumlichkeiten) (IBM) / CAS-system (controlled access)

Zug·anker *m*, Stangenanker *m*, -band *n* / tie rod, tension rod ‖ ~anker *m* (Bau) / tie o. tension rod ‖ ~anker *m* (Fernm) / [wire] stay ‖ ~ankunftstafel *f* (Bahn) / train arrival indicator ‖ ~anzeiger *m* (Bahn) / train service indicator ‖ fernbedienter ~anzeiger / remote-controlled train indicator ‖ ~balken *m*, Binderbalken *m* (Zimm) / main beam of a truss-frame ‖ ~band *n* (Karde) / combed sliver, combed top ‖ ~band *n*, -anker *m* (Bau) / beam tie ‖ ~beanspruchung *f* / tension o. tensile load ‖ ~beeinflussung *f* (Bahn) / train running control ‖ ~beförderung *f* / routing of trains ‖ ~begleiter *m* (Bahn) / convoy man, train guard, pilot (US) ‖ ~begleiter *m* (Bergb) / trip rider ‖ ~begrenzer *m* (Bau) / draft limiter ‖ ~belastung *f* / tension o. tensile load ‖ ~beleuchtung *f* / train lighting ‖ durchgehende ~beleuchtung (Bahn) / collective lighting ‖ ~betätigt, Zug... / pull-actuated ‖ ~betätigt, Zug... (Bahn) / train-actuated ‖ ~betätigung *f* durch Drähte (z.B. für Schalter) / tracker wires *pl* ‖ ~bewehrung *f* (Bau) / tensile reinforcement ‖ ~bildung *f* (Bahn) / making-up of trains, marshalling ‖ ~bildungsbahnhof *m* (Bahn) / formation yard, make-up yard (US) ‖ ~bildungsgruppe *f* (Bahn) / set of formation sidings ‖ ~bolzen *m* / holding o. tie bolt ‖ ~bremse *f* (Bahn) / automatic brake ‖ ~bündel *n* (Bahn) / group of trains ‖ ~bus *m* (DV, Bahn) / train bus ‖ ~busteilnehmer *m*, ZBT (DV, Bahn) / train bus user ‖ ~deckung, -sicherung *f* (Bahn) / protection of train running ‖ ~deformationsrest *m* (Gummi) / tensile set ‖ ~diagonale *f* (auf Zug beanspruchte Schräge) (Stahlbau) / main oblique tie, oblique suspension rod, tie o. tension brace o. diagonal, diagonal tie ‖ ~dichte *f*, -folge *f* / density of trains ‖ ~draht *m* / transmission wire, wire pull ‖ ~-Druck-Dauerfestigkeit *f*, -schwingungsfestigkeit *f*, -wechselfestigkeit *f* / compression-tension fatigue limit o. endurance limit ‖ wechselnde ~-Druckkraft / compression-tension load o. force ‖ ~-Druck-Pulser *m* / compression-tension endurance tester ‖ ~druckumformen *n* (DIN 8584) / forming under combination of tensile and compressive conditions ‖ ~dynamometer *n*, -kraftmesser *m* / traction dynamometer

zugeben, -fügen / add ‖ ~, ausdecken (Textil) / widen

zugefügt (Teil) / added, separate

zugeführt·e Arbeit in einem System / work done on a system ‖ ~e Energie (Strahlung) / energy imparted ‖ ~er Indikator (Chem) / external indicator ‖ ~e Leistung / input power

zugehen, zufallen / shut *vi*

zugehörig [zu] / belonging [to], [ap]pertaining [to], appurtenant [to] ‖ ~, ergänzend / ancillary, auxiliary ‖ ~, zugeordnet / associated [to] ‖ ~e Daten *pl* / linked data *pl* ‖ ~e Norm / appropriate specification ‖ ~e Technik [zu] / pertaining [to] technique ‖ nicht ~ / extrinsic

Zug·einheit *f* des Schürfzuges (Straßb) / scraper tractor, tractor of a scraper ‖ ~einrichtung *f* / drawgear

zugelassen / approved, authorized ‖ ~, zulässig / permissible, permitted ‖ ~ (Kfz) / registered ‖ ~es Anhängergewicht / authorized towed weight ‖ ~es Prüfsieb (Aufber) / certified test sieve ‖ [eich - usw.] amtlich ~ / homologated, authorized

Zug·elastizität *f* / elasticity of [ex]tension, of elongation ‖ ~elastizitätsmodul *m* / modulus of elasticity in [ex]tension

Zügel·gurtbrücke *f* / bridle-chord bridge ‖ ~leder *n* / bridle leather

zug·entlastet / nontension, strain-relieved ‖ ~entlastung *f* (Elektr) / pull o. strain relief, mains lead cleat ‖ ~entlastungsklemme *f* / strain relief clamp

zugeordnet / conjugate, associated [to] ‖ ~, korrespondierend (Math) / corresponding ‖ ~e Bodenstation (Raumf) / dedicated ground station ‖ ~e Verbindung (Fernm) / dedicated interconnexion

zugerichtet·es Kalbleder / kip-curried leather, curried calf leather

Zug-Ermüdungsversuch *m* / tension fatigue test

zugeschärft, mit scharfer Kante / feather-edged

zugeschmolzen (Glühlampe) / sealed off

zugeschnitten / cut to size ‖ ~es Bauholz, Bindholz *n* / scantlings *pl* ‖ genau o. richtig ~ / cut to fit well

zugesetzt, verschmiert (Schleifscheibe) / loaded

zugespitzt, scharf / pointed, sharp-edged ‖ ~, spitz zulaufend / tapered, tapering

zugeteilt·e Arbeit / assignment (US) ‖ ~e Frequenz / allocated o. assigned frequency ‖ ~e Frequenz (eines FM-Senders) (Elektronik) / resting frequency ‖ ~es Frequenzband (Elektronik) / service band, [allocated] channel ‖ ~e [Mitten]frequenz eines FM-Senders / center frequency ‖ nicht ~, nicht vermietet (Fernm) / undedicated

zugewiesen·e Höhe (Luftf) / assigned altitude

Zug·falten *f pl* (Pap) / ribbing ‖ ~faser *f*, gedehnte, gezogene Faser (Mech) / fiber in tension, stretched fiber ‖ ~feder *f* / [ex]tension spring ‖ ~feder (Bahn) / draw spring ‖ ~feder *f* (Uhr) / driving o. main spring ‖ ~feder und Stoßfeder (Bahn) / drawbar spring ‖ ~federlasche *f* (Bahn) / draw-spring connecting rod ‖ ~festigkeit *f*, Widerstand *m* gegen Ausdehnung / resistance to extension, strength of extension ‖ ~festigkeit *f*, Festigkeit gegen Zugbeanspruchung / [ultimate] tensile strength, tens.str. ‖ ~festigkeit *f* (Raumf) / tenacity ‖ ~festigkeit im geglühten Zustand *f* / annealed yield strength ‖ ~festigkeitsklasse *f* / tensile grade ‖ ~[festigkeits]prüfmaschine *f* / tension o. tensile testing machine ‖ ~festigkeitsprüfung *f* an Papier aus ungemahlenem Stoff / non-beating test ‖ ~feuerung *f* / flue heating ‖ ~fließspannung *f* / yield stress under tensile load ‖ ~folge, -pause *f*, -abstand *m* (Bahn) / headway, interval between trains ‖ ~folge *f*, Raumabstand *m* der Züge (Bahn) / distance spacing ‖ ~folgestelle *f* (Bahn) / intermediate train distancing point, block post o. station ‖ ~förderung *f* (Bergb) / traction haulage ‖ ~frei / protected from draft, no-draught ‖ ~führer *m* (Bahn) / train conductor (US), guard ‖ ~funk, -postfunk *m* / radio-service on trains, train radio telephony ‖ ⁓**funkverbindung** f / radio communication with trains ‖ ⁓**futter** n (Dreh) / draw-in type chuck ‖ ⁓**gabel** f(Kfz) / forked draw-bar ‖ ⁓**garnitur** f(Bahn) / raft o. rake o. set of coaches o. wagons ‖ ⁓**geschirr** n, -einrichtung f / drawbar, drawgear, draught- o. drag-bar, hitch ‖ ⁓**geschirr** n (Web) / lowering harness ‖ ⁓**gewicht** n (Bahn) / weight of a train ‖ ⁓**glied** n (Masch, Stahlbau) / brace, tension[al] member o. bar o. rod, tie [rod] ‖ ⁓**graben** m, Haupt-, Vorflutgraben m / carriage, main ditch ‖ ⁓**griff** m / pull ‖ ⁓**griff** m (an der Zugstange) / tugbar handle ‖ ⁓**gurt[ung]** m (Stahlbau) / tension boom (GB) o. chord (US) ‖ ⁓**haken** m (Schlepper) / drawbar, drawgear, draught- o. drag-bar ‖ ⁓**haken** m (DIN) (Kfz) / tow-hook ‖ ⁓**haken** m (Bahn) / coupling o. draw hook ‖ ⁓**hakenbolzen** m / draw-hook pin ‖ ⁓**hakenkopf** m (Bahn) / draw-hook head ‖ ⁓**haspel** m f (Hütt) / tension reel ‖ ⁓**holz** n (Wuchsfehler) / tension wood ‖ ⁓**hub** m mit Gallscher Kette / ratchet hook tackle

zügig, in einem Zug, ohne Unterbrechung / in one impetus, without interruption ‖ ⁓**e Eingabe** (DV) / continuous input ‖ ⁓**e Einstellbarkeit** (z.B. Mikrometerschraube) / drag (e.g. micrometer)

Zügigkeit f, Zug m (Lack) / adhesiveness, tack ‖ ⁓, Ziehfähigkeit f(Offset-Tuch) / tack ‖ ⁓ (Latex) / pulling ‖ ⁓ **der Druckfarbe** / tack of the printing ink

Zug·isolator m / tension insulator ‖ ⁓**jalousie**, Jalousie f (mit Holzstäben) / Venetian blind o. shutter, jalousie ‖ ⁓**[kanal]** m (Schornstein) / take-up, uptake ‖ ⁓**keil** m, Gegenkeil m / lightening key ‖ ⁓**kette** f(Masch) / pull chain ‖ ⁓**kette** f(zugübertragend) / tension chain ‖ ⁓**kette** f(WC) / pull chain ‖ ⁓**kettensäge** f / link tooth saw ‖ ⁓**kilometer** m / train-kilometer ‖ ⁓**klappe** f, -register n (Schornstein) / slide trap ‖ ⁓**klinke** f (Jacquard) / clawker ‖ ⁓**knopf** m / draw-button ‖ ⁓**knoten** m, Strupfenknoten m (Jacquard) / slip-knot ‖ ⁓**kontakt** m (Elektr) / pull contact ‖ ⁓**kontakt** m (Bahn) / rail contact actuated by the train ‖ **automatische** ⁓**kontrolle** / automatic train stop, automatic warning system, AWS

Zugkraft f (Mech) / tensile o. tie (US) force o. load ‖ ⁓ (Bahn, Kfz) / pull, tractive power o. force ‖ ⁓, -stärke f (Ventilator) / suction power, intensity of draft ‖ ⁓ **am Radumfang** / tractive effort o. force at wheel rim ‖ ⁓ **eines Ventilators** / power of a ventilator ‖ **größte zulässige** ⁓ / limit of tension ‖ ⁓**-Geschwindigkeitskurve** f / tractive-force/speed curve ‖ ⁓**kurve** f / tractive-force curve ‖ **registrierender** ⁓**messer** m / dynamograph ‖ ⁓**messer** m **für Wagen, Pflüge usw.** / tractiometer ‖ ⁓**organ** n (Mech) / belt, chain ‖ ⁓**schwingung** f(von Rädern) (Kfz) / power hop ‖ ⁓**vermögen** n, Motorzugkraft f(Bahn) / haulage capacity of a motor ‖ ⁓**winkel** m / angle of pull

Zug·kühlofen m (Glas) / blast cooling furnace ‖ ⁓**laufanzeiger** m (Bahn) / route indicator on platforms, train describer ‖ ⁓**laufschreiber** m / train running recorder ‖ ⁓**laufüberwachung** f, Zugleitung f / centralized traffic control, C.T.C., consolidated control (US) ‖ ⁓**leistung** f / tractive power o. effort, traction capacity ‖ ⁓**leiter** m, -überwacher m (Bahn) / dispatcher (US), traffic controller ‖ ⁓**leitungstafel**, Leitungstafel f (Bahn) / route diagram ‖ ⁓**lenker** m (Kran) / tie member (of a double guide jib system) ‖ ⁓**leuchte** f, -lampe f (Elektr) / counterweight pendant, rise-and-fall pendant ‖ ⁓**loch** n (Bau) / air drain, airing hole ‖ ⁓**loch**, Wetterloch n (Bergb) / air hole o. flue, vent draught o. hole, ventiduct ‖ ⁓**loch** n, Zug m (Gieß) / air o. vent hole ‖ ⁓**luft**, Luftströmung f (Bau) / draft (US), draught (GB) ‖ **der** ⁓**luft aussetzen** (Glas) / starve ‖ ⁓**luftöffnung** f (Klimatechnik) / duct o. intake opening ‖ ⁓**luft-Schutz** m **an Kippflügelfenstern** (Bau) / hopper ‖ ⁓**luft-Verhinderer** m (an Türritzen) / draught excluder, door o. weather strip ‖ ⁓**magnet** m / pull-type electromagnet ‖ ⁓**maschine** f / traction engine, tractive

machine, tractor, towing vehicle ‖ ⁓**maschinenzug** m (Kfz) / drawbar tractor combination ‖ ⁓**meldebuch** n / train record book, train register ‖ ⁓**meldestelle** f(Bahn) / train announcing point ‖ ⁓**messer** m (Wz) / draw[ing] knife ‖ ⁓**messer** m, Dynamometer n (Mech) / tension dynamometer ‖ ⁓**messer** m **für Feuerungen** / draft indicator o. ga[u]ge ‖ ⁓**mittel** n / traction mechanism ‖ ⁓**muffel** f (Keram) / continuous muffle ‖ ⁓**nadel**, Ritznadel f (Sammet) / round velvet-needle, velvet pile wire ‖ ⁓**nummernmelder** m (Bahn) / [optical] train describer, train identification system ‖ ⁓**nummernmelder**, Zugnummern[lauf]schreiber, -zeitdrucker m (speichernd) (Bahn) / magazine train describer ‖ ⁓**öse** f, Zugstangenöse f / drawbar eye ‖ ⁓**öse** f(Kfz) / trailer coupling ring ‖ ⁓**pendel** n s. Zugleuchte ‖ ⁓**personal** n (Bahn) / train crew (US) o. staff o. personnel ‖ ⁓**probenstück** n / specimen for tensile test ‖ ⁓**propeller** m (Luftf) / tractor [airscrew] ‖ ⁓**prüfmaschine** f / tension testing machine, tensile testing machine ‖ ⁓**querschnitt** m / cross-section under tension ‖ ⁓**ramme** f(Hydr) / ringing pile-engine, ring engine ‖ ⁓**raupe** f(Schw) / string bead ‖ ⁓**register**, Heizregister n (Bau) / damper register ‖ ⁓**register** n, -klappe f(Schornstein) / slide trap ‖ ⁓**registriereinrichtung** f(Bahn) / train describer ‖ ⁓**regler** m, Schieber m (Bau) / damper ‖ **drehbarer** ⁓**regler**, Klappe f / throttle valve, regulating flap ‖ ⁓**regler** m **für Feuerungen** / draught regulator

zugreifen (DV) / access v

Zug·richtungswinkel m / angle of pull ‖ ⁓**riegel** m, -band n (Bau) / tie bars pl ‖ ⁓**riemen** m / pulling strap

Zugriff m (DV) / access ‖ ⁓ **haben** (o. finden) (DV) / access v, gain access ‖ ⁓ **in Reihenfolge der Speicherung** (DV) / sequence of access ‖ ⁓ **ohne Wartezeit** (DV) / zero access ‖ ⁓ **über Datenendstationen** / terminal access ‖ **kein** ⁓ (DV) / access inoperable

Zugriffs·arm m (Magn.Platte) / access arm ‖ ⁓**berechtigung** f / token ‖ ⁓**kamm** m (Plattenspeicher) / access arm ‖ **erweiterte** ⁓**methode** (DV) / queued access method ‖ ⁓**modus** m / access mode ‖ ⁓**zahl** f (Dauerhaftigkeit der im mehrfach gelesenes Bit umgebenden Bits) (DV) / read around ratio ‖ ⁓**zeit** f (DV) / access time ‖ **geringste** ⁓**zeit** (DV) / minimum o. minimal latency, minimum access time ‖ **auf kürzeste** ⁓**zeit auslegen** (DV) / optimize ‖ ⁓**zeitfrei**, Schnell… (DV) / zero access

Zug·ring m / pull ring ‖ ⁓**ringschlüssel** m / heavy-duty box spanner ‖ ⁓**rolle** f, -ring m (Buch) / propeller, boss

Zugrundelegung, unter ⁓ [von] / taking…as a basis

Zug·rute f (Web) / round wire ‖ ⁓**säge** (DIN), Zweimannblattsäge f / long o. logging saw, cross-cut saw ‖ ⁓**säge**, (früher:) Streck-, Quersäge f / trim saw ‖ ⁓**sammelschiene** f(Bahn) / bus bar of the train ‖ ⁓**sattelzapfen** m (Kfz) / fifth-wheel kingpin, semi-trailer fifth-wheel coupling pin ‖ ⁓**schalter** m / pull switch ‖ ⁓**schalter** m, Deckenschalter m / ceiling switch ‖ ⁓**schalter** m **für Badezimmer** / pull switch for bathroom ‖ ⁓**scherfestigkeit** f / combined tension and shear resistance ‖ ⁓**scherversuch** m (Kleber) / shear tension test ‖ ⁓**schlüssel** m / single-head open end spanner with extra long handle ‖ ⁓**schlußsignal** n (Bahn) / rear light o. lamp, marker lamp ‖ ⁓**schlußsignal** n, Oberwagenscheibe f(Bahn) / tail disk ‖ ⁓**schnur** f / pull cord ‖ ⁓**schraube** f, Bewegungsschraube / draw-in bolt ‖ ⁓**schraube** f(Masch) / tension bolt ‖ ⁓**schraube** f, -propeller m (Luftf) / tractor airscrew ‖ ⁓**schraubenmotor** m (Luftf) / traction type engine ‖ ⁓**schwellbereich** m / range for pulsating tensile stresses ‖ ⁓**seil** n (Zweiseilbahn) / hauling o. traction rope o. cable ‖ ⁓**seil** n (Schrämmasch.) / coal cutter traction rope ‖ ⁓**seilantriebscheibe** f / traction rope sheave ‖ ⁓**seilgurtförderer** m / traction rope belt conveyor ‖ ⁓**seilrolle** f (Seilb) / traction rope roller ‖ ⁓**seite** f

(Riemen) / tightened o. tight end, driving side || **-sicherung**, -deckung *f* (Bahn) / protection of train running, train protection || **-sonde** *f* (Bodenprüfg) / tension probe || **-spannbewehrung** *f*, Zugspannglied *n* / posttensioned reinforcement || **-spannung** *f*, innere Zugbeanspruchung / tensile stress || **-spannungsmesser** *m* / tensile stress indicator || **-spannungsriß** *m*, Härteriß *m* / hardening o. quenching crack || **--Spannzange** *f* / draw-back o. draw-in collet || **-spindel** *f* (Dreh) / feed rod o. shaft || **-spindeldrehbank**, -spindeldrehmaschine *f* (Wzm) / bar lathe || **-spitzensignal** *n* (Bahn) / headlight || **-spule** *f* (Elektr) / draw-in coil || **-stab** *m*, -stange *f* (Stahlbau) / tension[al] member o. bar o. rod, member in tension, tie [rod] || **-stab** *m*, Zerreißstab *m* / tensile o. tension test bar || **-stab** *m* **[zur Streckensicherung]** (Bahn) / single-line token || **-stabstrecke** *f* (Textil) / pull bar drawing frame || **-stange** *f* / tow-bar, towing bar || **-stange** *f* (allg) / connecting rod, con-rod, tie rod || **-stange**, Kuppelstange *f* (Bahn) / drawbar, drawgear, draught- o. drag-bar || **-stange** *f* **des Anhängers** (Kfz) / tongue || **-stange für Flugzeuge** *f* (Luftf) / draw tongue || **-stangenauge** *n* / trail eye, drawbar eye || **-stangenfeder** *f* / drawbar spring || **-stangenkopf** *m* / crosshead, stay head || **-stangenlänge** *f* / drawgear length || **-stangenverspannung** *f* **mit Mittelring** / ring strainers *pl* || **-stangenwiderlager** *n* / drawbar plate || **-stärke** *f* (Schornstein) / draft measured at chimney exit || **-start**, Seilstart *m* (Luftf) / rope start (US) || **-steuerung** *f* / train control || **Fahrt mit durchgehender -steuerung** / multiple-unit control running || **-strebe**, -diagonale *f* (Stahlbau) / diagonal tie || **-stromkreis** *m* (Bahn) / traction o. main circuit || **-stromkreis** *m* (Bahn) / main circuit || **-telefon** *n* (Bahn) / telephone on the train || **--Texturieren** *n* / draw texturing || **-tier** *n* / draught (GB) o. draft (US) animal || **-träger**, Bindebalken *m* (Bau) / tie beam || **-traktor** *m* (Drucker) / pull tractor || **-trennung** *f* (Unfall) (Bahn) / division of a train, breaking of coupling || **-überwacher** *m*, -leiter *m* (Bahn) / dispatcher (US), traffic controller || **-umformen** *n* (DIN 8585) (Wzm) / forming under tensile conditions || **-- und Druckprüfmaschine** *f* / tension and compression testing machine || **-- und Druckspannung** *f* / tensile and compressive stress

Zuguß *m*, Nachfüllung *f* (Chem) / adding of liquid, affusion

Zug·verbindung *f* (Bahn) / train connection || **-verformung** *f* (Mech) / stretching strain || **-verformungsrest** *m* (Gummi) / tension set || **-verkehr** *m* / running of trains || **-verlust** *m* (Feuerung) / reduction of draught || **-verspätung** *f* / train delay || **-versuch** *m*, Zerreißversuch *m* / tension o. tensile test || **-vorrichtung** *f* / pulling device || **-wagen** *m*, -maschine *f* / traction engine, tractive machine, tractor || **-wagenbremskraftregler** *m* (Kfz) / brake regulator of the tractor || **-wagenbremsventil** *n* (Kfz) / tractor brake valve || **-walze** *f* (Web) / drawing roller, calender [take-off] roller || **-walzen** *f pl* (Rotationsdruck) / draw rollers *pl* || **-[web]stuhl** *m* (Web) / draw loom || **-widerstand** *m* / draft, drag || **-widerstand** *m* (Bahn) / resistance to traction o. of train, tractive o. train resistance || **-winde** *f* / draw winch || **-winde**, Holzabschleppwinde *f* / logging winch || **-winkel** *m* / angle of traction || **-wirkung** *f* (Ventilator) / draught (GB), draft (US) || **-zeitdrucker** *m* (Bahn) / magazine train describer || **-zerlegung** *f* (Bahn) / splitting up of trains || **-zerlegung** *f* **durch Ablaufen** / gravity shunting || **-zerlegung** *f* **durch Abstoß** (Bahn) / fly shunting o. switching || **-zerlegung** *f* **durch Umsetzen** (Bahn) / flat shunting || **-zielanzeiger** *m* (Bahn) / train target indicator || **-zone** *f* (Mech) / zone subject to tensile forces || **-zusammensetzung** *f* (Bahn) / train formation o. consist (US) || **-zwirn** *m*, Jaspégarn *n* / jaspé yarn

zuhaken / clasp

Zuhaltekraft *f* (Plast, Wz) / locking pressure

Zuhaltung *f*, Aufhalter *m* (Schloss) / staple, tumbler, follower

Zuhaltungs·bart *m* (Schl) / lever bit || **-feder** *f* / tumbler spring || **-haken** *m* (Schloss) / snug || **-schloß** *n* (Schl) / dead lock

Zuhilfenahme, unter - [von] / with the aid [of]

Zuhörer *m pl* / public || **-raum** *m* / auditorium

Zukauf·..., Fremd... / bought, external || **-schrott** *m* (Hütt) / external scrap

zukippen, versetzen (Bergb) / fill *v*, pack

zukitten, Retorten ~, verschmieren (Chem, Hütt) / lute *v*

zukleben, -leimen / glue up

zuklinken, einklinken / latch *v*

zukorken, stöpseln / cork *v*, stop[per]

Zukurzkommen *n* (Aufsetzen vor der Landebahn) (Luftf) / undershoot

Zuladung, bezahlte - (Luftf) / useful load, revenue load

Zuladungsfaktor *m* (Luftf) / load factor

Zulage *f*, Holzverband *m*, -verbindung *f* (Zimm) / bond, joining, junction || **-**, Werkbank *f* (Bau, Stahlbau) / work bench || **- zum Dache**, Balkenriß *m* / frame of a timber work o. roof, plan of timber work || **[Gefahren-, Schmutz- usw] -** (Bergb) / furtherance

zulassen, amtlich ~ / homologate

zulässig / allowable, permissible, admissible, safe || **~**, zugelassen / allowed || **~**, noch annehmbar, akzeptabel / acceptable || **~**, gestattet / permitted || **~**, erträglich / tolerable, permissible || **~**, gültig / valid, permissible || **~es Abmaß** (Masch) / allowance, size tolerance || **~es Abmaß**, Grenz-, Größt-, Paßmaß *n* / size limit || **~e Abnutzung** / admissible wear || **~e Abweichung** / size tolerance || **~e Arbeitsbelastung** / safe working load || **~e Beanspruchung o. Spannung** / safe[ty] load o. stress || **~e Bearbeitungsabweichung** / machining tolerance || **~e Beimischung** / permissible admixture || **~e Belastung** (o. Beanspruchung) / permissible load || **~e Belastung**, Tragfähigkeit *f* / carrying capacity || **~e Bezeichnung** / permitted term || **~e Dosis** / permissible dose || **~e Durchbiegung** / safe deflection || **~e Geschwindigkeit** (Kfz) / speed limit || **~e Höchstspannung** (Generator) / ceiling voltage || **~er Kesseldruck** / maximum working pressure || **~e Kontaktbelastung** *f* / contact rating || **~e Nutzlast** / safe carrying capacity || **~e Prozentwerte** *m pl* / permissible percentage limits *pl* || **~e Reifenbelastung** (Kfz) / tire safe load || **~e Stromstärke**, Belastbarkeit *f* (Kabel) / current-carrying capacity || **~e Stromstärke in Ampere** / ampacity || **~e Verzerrung** (Elektronik) / distortion tolerance || **~es Zeichen** (DV) / legal character || **~es Zeichen** (OCR) / admissible character || **~es Zuggesamtgewicht** (Kfz) / gross combination weight rating, GCWR

Zulassung *f*, Erlaubnis *f* / allowance, permit || **-**, Genehmigung *f* / authorization, approval || **- [einer Lokomotive]** / running permit || **-** (Kfz) / vehicle registration || **- zur Berufsausübung** / admission || **[eich- usw.] amtliche -** / homologation

Zulassungs·bedingungen *f pl* / conditions *pl* of admission || **-behörde** *f* / approval authority || **-bestimmungen für Laboratorien** *f pl* / good laboratory practice regulation || **-gewicht** *n* (Kfz) / authorized weight || **-nummer** *f* (Kfz) / registration (GB) o. license (US) number || **-nummer** *f* (Elektr) / approval number || **-prüfung** *f*, Typprüfung *f* / homologation || **-prüfung** *f* (Masch) / approval test

Zulauf *m*, Zuführung *f* / admission, supply || **-** (Gieß) / pouring gate, inlet || **- des Getreides** (Mühl) / grain supply || **- von oben** (Bidet) / over-rim supply (bidet) || **freier -** (Wasser) / independent water supply || **-höhe** *f* (Hydr) / elevation of setting of the machine sets || **-schacht** *m* **einer Kolonne** (Chem) / weir of a column || **-separator** *m* (Mühle) / gravity separator || **-spannung** *f*, Einlauf-, Vorspannung *f* (Textil) / feed tension ||

⁎**stollen** m (Hydr) / head race tunnel ‖ ⁎**system** n, Schubladensystem n (Schweiß) / water-to-carbide generator, semi-solid residue type

zulegen, ein Gebäude ～ (Zimm) / join the timberwork on the timber yard

Zulegestift m (Gieß) / coring-up pin

zulegieren / add by alloying

Zulegwalze f (Sickenmaschine) / closing wheel

Zuleitung f (Rohr) / feeding main o. pipe ‖ ⁎ (Bau) / supply o. service pipe o. tube ‖ ⁎, Zuleitungsdraht m (Elektr) / feeder, incoming feeder, supply line, feed line ‖ ⁎ (Halbl) / bump, lead

Zuleitungs·... s. auch Zuführungs... ‖ ⁎**draht** m, -Kabel n (Elektr) / lead, lead[ing]-in, leads pl, feed[er] wire o. cable ‖ ⁎**hahn** m / feed cock ‖ ⁎**kapazität** f (Elektronik) / external capacitance ‖ ⁎**rohr** n / inlet o. feed pipe ‖ ⁎**rohr** n (Gasherd) / gas pipe o. tube ‖ ⁎**schnur** f, biegsames Kabel (Elektr) / flexible cable

Zulieferant, Großlieferant m (allg) / [sub]contractor ‖ ⁎, -lieferer m (Kfz) / purveyor [of accessories], [component] supplier, [outside] vendor (US)

Zuliefer·betriebe m pl / ancillary industries pl ‖ ⁎**industrie** f / supporting industry ‖ ⁎**teile** n pl / vendor parts pl

zulöten / solder [up]

Zuluft f / additional air ‖ ⁎**stutzen** m / air inlet [pipe] ‖ ⁎**ventilator** m / fresh air ventilator

zumachen / close, lock ‖ ～, abdrehen (Hahn) / switch off ‖ ～ (Brief usw.) / close

zumauern, vermauern / wall up, brick up, block a door

zumessen, -teilen / apportion, proportion, admeasure ‖ ～, dosieren / mix, proportion ‖ ～, zuteilen / mete out

Zumeß·gefäß n (Bau) / gauge o. batch box ‖ ⁎**pumpe** f / proportioning o. dosing pump ‖ ⁎**schlitz** m (Kfz) / metering port

zumischen / admix, add

Zunahme f, Zuwachs m / accretion ‖ ⁎, Erhöhung f / raise, increase ‖ ⁎ (Astr, Meteorol) / accretion ‖ ⁎ **der Ausfallhäufigkeit** (Nukl) / failure rate acceleration factor ‖ ⁎ **nach einem Exponentialgesetz** / exponential rise ‖ ⁎**maschine** f (Wirkm) / widening machine

Zünd·anlage f (Kfz) / ignition system ‖ ⁎**anode** f (Elektronik) / exciting o. ignition anode ‖ ⁎**apparat** m (Bergb) / priming apparatus ‖ ⁎**apparat** m (Kfz) / ignition apparatus ‖ ⁎**ausfall** m (Gleichrichter) / misfire ‖ ⁎**aussetzer** m (Kfz) / spark failure, backfiring, misfiring ‖ ⁎**bereich** m / ignition range ‖ ⁎**beschleuniger** m, Klopfpeitsche f (Chem, Kfz) / ignition accelerator, cetane number improver ‖ ⁎**blättchen** n / percussion cap (for toys) ‖ ⁎**brenner** m / pilot burner ‖ ⁎**draht** m, Zünderkabel n (Bergb) / priming wire, cartridge wire ‖ ⁎**drehmoment** n (Mot) / firing torque ‖ ⁎**einrichtung** f / ignition device ‖ ⁎**einsatzsteuerung** f (Gleich.) / phase control ‖ ⁎**einstellung** f (Kfz) / timing of ignition ‖ ⁎**elektrode** f, Initialelektrode f (Elektronik) / initiating electrode ‖ ⁎**empfindlichkeit** f, Entflammbarkeit f / ignitibility, inflammability

zünden vt (Elektr) / ignite ‖ ～ (Mine) / fire o. detonate [a mine] ‖ ～ (Rakete) / fire [a rocket] ‖ ～ vi, zu brennen beginnen, anbrennen, sich entzünden / kindle vi, catch o. take fire ‖ ～ (Mine) / detonate [a mine] ‖ ～, aktivieren (Röhre) / fire ‖ ～ (Schweiß, Lichtbogen) / strike ‖ ⁎ **der oberen Stufe vor dem Abtrennen** (Raumf) / firing in the hole ‖ **zum** ⁎ **bringen** / prime v

Zündenergie f (Röhre) / firing power

Zunder, Schmiedesinter m / forge o. forging scales pl, hammer scales pl ‖ ⁎ m (Hütt) / cinder, [draw-in] scale

Zünder, Zündapparat m (Bergb) / igniter, igniting apparatus ‖ ⁎, Geschoßzünder m / fuse of a shell ‖ ⁎, Zündgerät n (Leuchtstofflampe) / starter ‖ ⁎, Zündvorrichtung f (Elektr) / igniter, ignitor, ignition device ‖ ⁎ **einer Sprengkapsel** / fuse head ‖ ⁎ **für Minen** / mine exploder

Zunder·abspritzen n / spray descaling ‖ ～**arm** (Hütt) / low scale-formation... ‖ ⁎**armglühen** n / white o. bright annealing ‖ ～**beständig**, -fest / nonscaling, scale-resisting ‖ ⁎**beständigkeit** f / scaling resistance ‖ ⁎**brecher** m, -brechgerüst n (Walzw) / scale breaker ‖ ⁎**brech- u. -abrollvorrichtung** f (Hütt) / processor, processing uncoiler o. unit ‖ ⁎**einpressung** f (Hütt) / draw-in scale ‖ ⁎**einsprenkelung** f **vom Beizbad** (Hütt) / pickle sticker ‖ ⁎**fleck** m (Hütt) / black patch, kisser ‖ ～**frei** (Hütt) / bright ‖ ⁎**freiglühen** n, Blankglühen n / bright annealing, white annealing

Zünderkabel n, Zünddraht m (Bergb) / priming wire

Zundern n / scaling, high temperature oxidation

Zündersatz m / fuse composition

Zunder·schicht f / layer of scale ‖ ⁎**spülrinne** f / scale flame

Zünderstellmaschine f (Bergb) / fuse setter

Zunder·streifen m pl (Hütt) / scale pattern, breaker roll scale ‖ ⁎**wäsche** f / descaling sprays pl

zünd·fähig (Gas) / inflammable, flammable, fiery, ignitable, explosive ‖ ～**fähig** / ignitable ‖ ～**fähiges Gemisch** (Mot) / explosive mixture, composition ‖ ⁎**flamme** f (Gasherd) / pilot [light o. flame] of a gas burner ‖ ⁎**folge** (Mot) / timing sequence, firing o. ignition order ‖ ⁎**funke** m / ignition spark ‖ ⁎**geschwindigkeit** f / rate of flame propagation ‖ ⁎**gewölbe** n (Hütt) / ignition arch ‖ ⁎**grenzen** f pl / limits of inflammability pl ‖ ⁎**gruppe** f (Elektr) / temperature class ‖ ⁎**halm** m (Bergb) / firing duct ‖ ⁎**holz** n / match ‖ ⁎**holzheftchen** n / matchbook ‖ ⁎**holzparaffin** n / match wax ‖ ⁎**holzschachtel** f / match box ‖ ⁎**holzschachtelpapier** n / matchbox lining paper ‖ ⁎**hütchen** n / detonating o. percussion cap, primer, priming cap, copper cap of a primer ‖ ⁎**hütchensatz** m / priming composition o. matter ‖ ⁎**impulstrafo** m (Thyratron) / peaking transformer ‖ ⁎**kapazität** f (Kapazitätsangabe einer reinen Zündbatterie) (Akku) / ignition rating ‖ ⁎**kennlinie** f (Thyratron) / firing characteristic ‖ ⁎**kerze**, Kerze f (Kfz) / spark (US) o. sparking (GB) plug, ignition plug ‖ ⁎**kerze** f **hohen**, [**niederen**] **Wärmewerts** (Kfz) / cold, [hot] plug ‖ ⁎**kerzenentstörstecker** m / spark plug interference suppressor ‖ ⁎**kerzengehäuse** m / spark plug barrel o. shell ‖ ⁎**[kerzen]kabel** n / spark plug cable, ignition cable ‖ ⁎**kerzenprüfer** m / spark plug cleaner and tester ‖ ⁎**kerzenstecker** m, Zündleitungs-[Entstör]stecker (DIN) (Kfz) / spark plug connector o. socket ‖ ⁎**kerzenstörschutz** m / spark plug suppressor ‖ ⁎**kirsche**, -ladung f (Bergb) / igniter ‖ ⁎**klasse** f / inflammability classification ‖ ⁎**kondensator** m / ignition capacitor ‖ ⁎**kontrolle** f / timing control ‖ ⁎**ladung** f / priming charge ‖ ⁎**legierung** f, -metall m, -stein m / pyrophorous alloy, spark metal ‖ ⁎**leitung** f, -stromkreis m / firing o. ignition o. sparking circuit ‖ ⁎**lichtmaschine** f, Lichtmagnetzünder m (Kfz) / mag-dyn[am]o, magneto-generator, dynamomagneto ‖ ⁎**litze** f (Bergb) / igniter cord ‖ ⁎**loch** n (Bergb) / touch hole ‖ ⁎**lunte** f (Bergb) / slow match wick ‖ ⁎**lunte** f, -papier n (Mot) / sparking o. touch paper ‖ ⁎**magnet**, -apparat m (Kfz) / [high-tension] magneto ‖ ⁎**maschine** f (Bergb) / firing apparatus, blasting machine, exploder ‖ ⁎**masse** f (Zündhölzchen) / igniting composition o. mixture ‖ **mit** ⁎**masse versehen** / prime v ‖ ⁎**mittel** n / detonating agent ‖ ⁎**nadel** f, -stift m (Mil) / firing pin, percussion needle ‖ ⁎**papier** n (Mot) / sparking o. touch paper ‖ ⁎**patrone** f / priming cartridge ‖ ⁎**pille** f (Bergb) / primer, priming cap, match point ‖ ⁎**plättchen** n / percussion cap for toys ‖ ⁎**platte**, Bodenplatte f (Lichtbogenofen) / starting plate ‖ ⁎**pulver** n / priming o. touch powder ‖ ⁎**punkt** m (Chem) / ignition point, point of ignition ‖ ⁎**punkteinsteller** m (Mot) / spark timer ‖ ⁎**punktprüfer** m / ignition point tester ‖ ⁎**quelle** / ignition source ‖ ⁎**röhre** f (Elektronik) / trigger relay o.

valve ‖ ⤴**satz** *m* / fuse composition ‖ ⤴**satz** *m* (Rakete) /
initiating composition ‖ ⤴**schalter** *m* (Kfz, Batt.zündung) /
ignition switch ‖ ⤴**schloß** *n* (Kfz) / ignition lock ‖
⤴**schlüssel** *m* (Kfz) / ignition key ‖ ⤴**schnur** *f* (Bergb) /
[detonating] fuse, match cord, quick match ‖ ⤴**schnur**
f, Sicherheitsschnur *f* (Bergb) / safety match ‖ ⤴**schnur**,
Lunte *f* / slow match wick ‖ ⤴**schutzart** *f* "e" (Elektr) /
type of protection "e" ‖ ⤴**sicherung** *f* (Gasgeräte) / safety
pilot ‖ ⤴**spannung** *f* / ignition voltage ‖ ⤴**spannung**
[des Schweißaggregates] *f* (Schweiß) / striking voltage ‖
⤴**spannung** *f* (Funkenstrecke) / breakdown o. sparking
voltage ‖ ⤴**spannung** *f* (Glühentlad) / starting o. striking
o. ionizing voltage, striking potential ‖ ⤴**spannung** *f*
(Thyristor) / gate trigger voltage ‖ ⤴**sperre** *f* (bei nicht
angelegtem Sicherheitsgurt) (Kfz) / ignition interlock
system ‖ ⤴**spule** *f* (Kfz) / ignition coil ‖
⤴**spulenprüfgerät** *n* / ignition coil tester ‖
⤴**startschalter** *m* (Kfz) / ignition starter switch ‖ ⤴**stein**
m, -metall *n* / pyrophorous alloy, spark metal, Auer
metal ‖ ⤴**stift** *m* (Kath.Str) / igniter, ignitor, pilot o.
trigger electrode, keep-alive electrode, starter ‖ ⤴**stift**
m, -nadel *f* (Mil) / firing pin, percussion needle ‖
⤴**stiftsteuerung** *f* / igniter control ‖ ⤴**stoff** *m* /
inflammable matter ‖ ⤴**stoff** *m*, Initialsprengstoff *m* /
detonator ‖ ⤴**strahl-Gasmotor** *m* / pilot injection gas
engine ‖ ⤴**strecke** *f* (Glühentlad) / starter gap ‖ ⤴**strom** *m*
(Thyristor) / gate trigger current ‖ ⤴**stromkreis** *m*,
-leitung *f* / firing o. ignition o. sparking circuit ‖
⤴**system** *n* / ignition system ‖ ⤴**temperatur** *f* (Chem) /
inflammation point o. temperature ‖ ⤴**temperatur** *f*
(Mot) / ignition point o. temperature

Zündung *f* (gasgef.Röhre) / firing ‖ ⤴, Entflammung *f*
(ISO) (Kfz) / ignition, inflammation ‖ ⤴ (Bergb) /
ignition, firing ‖ ⤴ (Raumf) / burn ‖ ⤴ **der Trägerrakete**
(Raumf) / blast-off ‖ ⤴ **in mehreren Stufen** (Raumf) /
multistage ignition

Zündungs·aussetzer *m* (Kfz) / spark failure, backfiring,
misfiring ‖ ⤴**einstellung** *f* (Kfz) / spark timing ‖
⤴**einstellung** *f* **bei Zweifunkenzündung** (Kfz) /
synchronizing spark timing ‖ ⤴**klopfen** *n* (Mot) / spark
ping o. knock ‖ ⤴**-Prüfgerät** *n* (Mot) / engine scope ‖
⤴**tester** *m* / ignition tester

Zünd·unterbrechung *f* (Rakete) / ignition cut-off ‖
⤴**versager** *m* (Elektronik) / firing failure ‖ ⤴**versatz** *m* /
angular ignition spacing irregularities *pl* ‖ ⤴**verstellung**
f s. Zündzeitpunktverstellung ‖ ⤴**verstellverteiler** *m* /
ignition timer distributor ‖ ⤴**verteiler** *m* (Mot) / ignition
distributor o. timer, distributor ‖ ⤴**verteilerdeckel** *m*,
-verteilerscheibe *f* (Kfz) / distributor disk o. head o. cap
‖ ⤴**verteilerfinger** *m*, Rotor *m* (Kfz) / distributor rotor,
rotor arm ‖ ⤴**verzug** *m* / ignition lag o. delay, delay
period ‖ ⤴**verzug** *m* (Chem) / ignition delay ‖ ⤴**verzug**
m (Raumf) / drift ‖ ⤴**verzug** *m* (Thyristor) / gate-
controlled delay time ‖ ⤴**vorgang** *m* / ignition,
inflammation ‖ ⤴**vorrichtung** *f* (Elektr) / igniter, ignitor,
ignition device ‖ ⤴**vorrichtung** *f* (Mot) / ignition device
‖ ⤴**vorverstellung** *f* (Kfz) / ignition advance, sparking
advance ‖ ⤴**waren** *f pl* / inflammables *pl*, flammables
pl, matches and other igniters *pl* ‖ ⤴**willigkeit** *f* (Diesel) /
[good] ignition qualities *pl*, ignition performance ‖
⤴**winkel** *m*, positive Sperrzeit (Röhre) / blocking period
‖ ⤴**winkel** *m* (Thyristor) / firing angle ‖ ⤴**winkel** *m* (Mot)
/ advance angle ‖ ⤴**winkelverschiebung** *f* (Mot) /
advance angle shift ‖ ⤴**zeit** *f* (Thyristor) / gate-controlled
turn-on time ‖ ⤴**zeit** *f* (Röhre) / firing time ‖ ⤴**zeit** *f* **des
Thyristors** / gate-controlled turn-on time ‖ ⤴**zeitfolge** *f*
(Mot) / firing o. ignition order, timing sequence ‖
⤴**zeitpunkt** *m* / ignition point, firing point ‖
⤴**[zeitpunkt]verstellung** *f* / ignition control o. timing,
sparking advance o. retard ‖ ⤴**[zeitpunkt]verstellung** *f*
(Vorrichtung) / ignition timing device ‖ **selbsttätige**
⤴**[zeitpunkt]verstellung** (Kfz) / automatically timed
advance

zunehmen *vi*, anwachsen / accumulate *vi*, grow, increase
‖ ~ *vt* (Maschen) (Wirkm) / widen *vt* ‖ ⤴ *n* (Wirkm) / knit
widening

zunehmend (allg) / increasing ‖ ~, progressiv /
progressive ‖ ~ (Geschwindigkeit) / accelerated,
increasing ‖ ~ (Lautstärke) / ascending ‖ ~e **Steigung**
(Schraube) / expanding pitch ‖ **in ~em Maße** / more and
more

Zunge *f* / tongue ‖ ⤴ (Flamme) / inner cone of a flame ‖ ⤴
(Kontakt) / contact stud ‖ ⤴, Lasche *f* (Schuh) / tongue of
a shoe, latchet, tab, toe wing ‖ ⤴ **am Waagebalken** /
index o. needle o. tongue of a balance ‖ ⤴ **der Weiche** /
switch tongue o. blade ‖ ⤴ **der Zungennadel** / latch of a
needle ‖ ⤴ **des Musikinstruments** / reed ‖ ⤴ **des
Schornsteins** / midfeather o. partition of chimney

Zungen·angriffsstange, -verbindungsstange *f* (Bahn) /
stretcher rod ‖ ⤴**frequenzmesser** *m* / resonant reed o.
tuned reed o. vibrating reed instrument (o. frequency
meter) ‖ ⤴**kloben** *m* (Bahn) / tongue attachment ‖
⤴**kontakt** *m* (Elektr) / rubbing spring contact, wedge
contact ‖ ⤴**lautsprecher** *m* (Elektronik) / reed
loudspeaker ‖ ⤴**nadel** *f* (Strickmasch) / latch type needle
‖ ⤴**platte** *f* (Bahn) / slide plate o. chair ‖ ⤴**probe** *f*,
Sinnenprüfung *f* / organoleptic o. tongue test ‖ ⤴**prüfer**
m (Bahn) / switch blade detector, point detector ‖
⤴**prüfer** *m* (mit der Zunge starr verbunden) (Bahn) /
facing point lock stretcher ‖ ⤴**relais** *n* / reed relay ‖
⤴**riegel** *m*, -verriegelung *f* (Bahn) / facing point lock ‖
⤴**schiene** *f* (Bahn) / tongue blade ‖ ⤴**spitze** *f* (Weiche) /
tip of switch ‖ ⤴**stoß**, Weichenstoß *m* (Bahn) / end of
stock rail next to switches ‖ ⤴**verbiegung** *f* (Bahn) /
joggle for straight-cut switches ‖ ⤴**verbindungsstange**,
-angriffsstange *f* (Bahn) / stretcher rod ‖ ⤴**verriegelung**
f, -riegel *m* (Bahn) / facing point lock ‖ ⤴**verschluß** *m*
(Bahn) / point lock ‖ ⤴**vorrichtung** *f*, (auch:) Weiche *f*
(Bahn) / switching device ‖ ⤴**wand** *f* (Glasofen) / port
baffle ‖ ⤴**weiche** *f* (Bahn) / point switch ‖
⤴**-Weiterreißversuch** *m* (Textil) / tongue tear [growth]
test ‖ ⤴**wurzel** *f* (Bahn) / heel of blade o. points

Zünsler *m*, Pyralidina, -lidea / pyralid[id]

zuordnen, zuweisen / allocate ‖ ~ (Math) / assign ‖ ~,
einordnen / coordinate ‖ **einander** ~ / map on each
other ‖ **eine Einheit** ~ (DV) / schedule a unit

Zuordner *m* (allg, DV) / allocator ‖ ⤴, Größenwandler *m*
(DV) / quantizer ‖ ⤴, Sortierer *m* (DV) / sequencer ‖ ⤴,
Umwerter *m* (Fernm, Elektronik) / translator

Zuordnung *f*, Zuweisung *f* / allocation ‖ ⤴, Einordnung *f*
/ coordination ‖ ⤴ (Math) / correspondence, coordination
‖ ⤴ **von Werkstoffen zur Toleranzgruppe** /
correspondence between material and tolerance group

Zuordnungs·liste *f* (DV) / reference list ‖ ⤴**problem** *n* /
coordination problem ‖ ⤴**programm** *n*, Zuordner *m*
(DV) / allocator [routine] ‖ ⤴**tabelle** *f* (DV) / cross-
reference list ‖ ⤴**tabelle** *f* **für Symbole** / symbol table ‖
⤴**zähler**, Adressenzähler *m* (DV) / location counter

zupfen (Wolle) / unbur o. cull the wool

Zupf·maschine *f* (Textil) / plucking machine ‖ ⤴**wolle** *f* /
unraveled worsted

zurecht·machen / adjust, finish ‖ ~**schneiden** (Holz) /
buck *v* ‖ ~**schneiden** *n*, Schnittholzherstellung *f* /
conversion of timber ‖ **für Maschinenverarbeitung**
~**schneiden** (Warenetiketten) / manicure *v*

Zurichtebogen *m* (Buch) / make-ready o. overlay sheet

zurichten, glätten (Masch) / finish, dress ‖ ~ (glatt hobeln,
behauen, befeilen, beschneiden) / trim, shape, rough
down, smooth, straighten ‖ ~ (Textil) / finish *vt* ‖ ~
(Holz) / break down, block, cut up ‖ ~ (Gerb) / curry *v*,
dress, finish ‖ ~, druckfertig machen (Buch) / overlay,
make ready ‖ ~, zusammenschießen (Buch) / set a form
‖ ⤴ *n* (Gerb) / currying, dressing, finishing ‖ **das
Register** ~ (Buch) / range

Zurichterei *f* / finishing shop ‖ ⤴ (Hütt) / dressing shop,
conditioning department ‖ ⤴ (Gerb) / currying work

Zurichtmaschine *f* (Leder) / dressing o. finishing machine

Zurichtung *f* / reconditioning ‖ ⌐ (Leder) / finish[ing], dressing, currying ‖ ⌐ (Buch) / making ready o. makeready, underlay ‖ ⌐ (Saat) / dressing, finishing
zurosten / get covered (surface) o. stopped (pipe) with rust
zurren / lash, tie down
Zurr·gurt *m* (Schiff, Container) / lashing strap ‖ ⌐**kante** *f* (Palette) / lip ‖ ⌐**punkt** *m* (Lkw) / anchor point ‖ ⌐**-Ring** *m* (Schiff) / lashing ring
Zurrung *f* (Schiff) / clamp knot
zurück ! (Schiff) / backward[s]!, turn astern! ‖ ~**biegen** / redress ‖ ~**biegen**, ab-, umbiegen / bend back o. down ‖ ~**bleiben** / fall behind, lose, be slow, drag ‖ ~**bleiben** [hinter], nachhinken / trail, lay behind ‖ ~**bleiben**, sich verzögern / lag, retard ‖ ⌐**bleiben** *n*, Schlupf *m* (Masch) / lagging, retard ‖ ⌐**bleiben** *n* **der Spule** (Textil) / drag ‖ ⌐**bleiben** *n* **des Schiebers** (Dampfm) / lag of the slide, keeping back ‖ ~**bleiben** [hinter] / fall short [of] ‖ ~**bleibend** / dragging, falling behind ‖ ~**bleibend**, remanent (Phys) / remanent, residual ‖ ~**bleibend**, verzögert / slow, lagging ‖ ~**bürsten** / brush up ‖ ~**drängen**, -drücken / drive o. force back ‖ ~**drehen** / turn back, reverse ‖ ~**drücken**, -stoßen (Bahn) / push back ‖ ⌐**fahren** / go back, back [up] ‖ **den Wagen** ~**fahren** / return the carriage ‖ ~**federn** / spring back *v* ‖ ⌐**federn** / spring-back ‖ ~**fließen** / flow back, back-flow ‖ ⌐**fließen** *n*, -fluten *n* / flowing back ‖ ~**führbar** [auf] / traceable [to] ‖ ~**führen**, -bringen / bring back, carry o. take back ‖ **in die Ausgangslage** ~**führen**, zurückstellen (Instr, DV) / restore ‖ ⌐**führung** *f* **auf die Bahn** (Raumf) / orbital catchup ‖ ~**füllen**, -schütten / back-fill ‖ ~**geben**, erstatten / render ‖ **einen Ruf an die Zentrale** ~**geben** (Fernm) / return a call to the office ‖ ~**gehalten**, -behalten / retained ‖ ~**gehen**, -fallen / retrograde *v*, go backward ‖ ~**gehen** / fall back ‖ ~**gehen** [auf] (DV) / roll down [to] ‖ ~**gehen** *n* (Brau) / falling-back ‖ ⌐**gehen** *n* **der Triebwerksleistung** / engine rollback ‖ ~**gehend** (Flut) / outgoing ‖ ~**gelegte Strecke** / covered distance ‖ ~**gesandt** (Packmittel) / returned (packings) ‖ ~**gestellt** (Fernm, Anmeldung) / deferred ‖ ~**gewiesenes Zeichen** (DV) / illegal character ‖ ~**gewinnen** / recover, recuperate, reclaim ‖ ~**geworfen**, reflektiert / reverberatory, reflected ‖ ~**geworfen**, reflektiert, (auch:) im Spiegelbild / reflected, mirrored ‖ ~**halten**, hindern / restrain *vt* ‖ ~**halten** / arrest, keep back, retain ‖ ~**holen** / recall *vt*, call back ‖ ~**kippen** (Elektronik) / flop back ‖ ~**klappbar** / swing-back ‖ ~**kommen** / come o. go back, return ‖ ~**kommen** [auf] / recur [to] ‖ ~**kurbeln**, -drehen / turn back[wards] ‖ ~**laden** (DV) / retrieve ‖ ~**laufen** (Masch) / run back, return ‖ ~**laufen** (Wählscheibe) / run back ‖ ~**laufen** (Wasser) / flow back up a drain ‖ ~**legen** *l* put back ‖ **die Verbindung** ~**legen** (Fernm) / return ‖ **eine Strecke** ~**legen** / travel, cover a distance ‖ **eine vorgegebene Strecke** ~**legen** / log, move an indicated distance ‖ ~**liegender Bandabschnitt** (DV) / downstream section of tape ‖ ~**liegende Blockstelle** (Bahn) / rear box ‖ ~**liegende Düse** (Raumf) / submerged nozzle ‖ ~**mischen** *n* (Öl) / back blending ‖ ~**nehmen** (z.B. Beleuchtung) / take down ‖ **Priorität** ~**nehmen** / cancel priority ‖ ⌐**nehmen** *n*, Recycling *n* / recycling ‖ ~**prallen** / rebound ‖ ~**prellen lassen** / make rebound ‖ ~**richten**, redress ‖ ~**rufen** (Fernm) / call o. ring back ‖ ~**schalten** (Kfz) / change down, shift down ‖ ~**schiebbar** / retractable ‖ ~**schieben** / push back ‖ ~**schlagen** (Flamme) / flash back, backfire ‖ ~**schnappen**, auffedern / recoil, snap o. fly back, resile *vi* ‖ ⌐**schnellen** *n* / resilience, -ency, bounce ‖ ~**senden** / return *v* ‖ ~**setzen** (an die alte Stelle) / replace, restore to former place ‖ ~**spielen** (Tonaufzeichn) / play back ‖ ~**springen**, abprallen / rebound *vi*, recoil ‖ ~**springend** (Bau) / standing back ‖ ⌐**spulen** *n* **im Schnellgang** (Magn.Bd) / highspeed rewind ‖ ~**stellen** / reset ‖ ⌐**stellen** (zeitlich) / postpone ‖ ~**stellen** (Uhr) / put back

‖ ~**stellen**, in die Ausgangslage zurückführen (Instr, DV) / restore ‖ ~**stellen** (F.Org) / push out *vt*, pull out ‖ **auf später** ~**stellen** / leave over ‖ ~**stoßen**, abstoßen (Bahn) / repel ‖ ⌐**stoßen**, -treiben, -schlagen / repulse *v* ‖ ~**strahlen** / reflect, reverberate ‖ ⌐**strahlen**, Zurückwerfen *n* / reflection, reverberation ‖ **in den Weltraum** ~**strahlen** / scatter back into space ‖ ~**strahlend**, reflektierend / reflecting, -tive, reflex, reverberating, -tive, reverberatory ‖ **parallel [zur Einfallsrichtung]** ~**strahlend** (Opt) / retrodirective ‖ ~**strömen** / back-flow, flow back ‖ ⌐**titrieren** *n*, -titrierung *f* / back-titration, return-titration ‖ ~**treten**, -gehen / recede ‖ ~**verbinden** (Fernm) / return ‖ ~**verlangen** / reclaim ‖ ~**verwandeln** / reconvert ‖ ~**verweisen** [auf] / refer [to] ‖ ~**wägen**, -wiegen / reweigh ‖ ~**weben**, abzetteln / undo, unravel ‖ ~**weichen** / recede ‖ ~**weichen** (Bau) / set back ‖ ⌐**weichen** *n* **der Gebäudefront** (Bau) / setback ‖ ~**weisen** / reject, refuse ‖ ~**weisen**, beanstanden / object ‖ ⌐**weisung** *f* (Qual Prüf) / rejection ‖ ⌐**weisungswahrscheinlichkeit** *f* / probability of rejection ‖ ~**werfen**, reflektieren (Hitze, Klang usw) / reverberate, reflect ‖ ⌐**werfen** *n* / repercussion, rebound, recoil ‖ ⌐**werfen** *n* (Schall) / reverberation, repercussion ‖ ⌐**werfen**, Zurückstrahlen *n* / reflection ‖ ~**werfend** (Schall) / repercussive, reverberating ‖ ~**wirken** / retroact ‖ ~**ziehen** (allg, Wzm) / withdraw ‖ ~**ziehen**, einziehen (Bau) / build in recesses, make recessed ‖ ⌐**ziehen** [sich] ~**ziehen** / retire, withdraw, retreat ‖ ⌐**ziehen** *n*, -fahren *n* (Wzm) / withdrawing ‖ ~**zuführen** [auf] / reducible [to]
zusammen [mit] / together [with], concomitant [to], conjoined [with] ‖ ~ [mit], vollständig / complete [with] ‖ [heftig] ~**brechen** / kluge (US coll) ‖ ⌐**arbeit** *f* / cooperation ‖ ⌐**arbeit**, Teamarbeit *f* / team work ‖ ⌐**arbeit** *f* **Teletex-Telex** / interworking teletex-telex ‖ ~**arbeiten** / work together ‖ ~**arbeitend**, gekuppelt (Masch) / coupled ‖ ~**backen** *vi* / agglomerate *vi* ‖ ~**backen**, -kleben *vi* / bake *vi*, cake ‖ ⌐**backen**, -sintern *n* / sintering ‖ ⌐**backen** *n* **der Kohle** / caking ‖ ~**ballen** *vt* / agglomerate *vt*, mass together ‖ ~**ballen**, in Klumpen formen / lump ‖ **sich** ~**ballen** (o. klumpen) / agglomerate, aggregate, conglomerate ‖ **sich** ~**ballen** (Chem, Phys) / ball together *vi* ‖ ⌐**ballung** *f* / concretion, conglomeration, agglomeration ‖ ⌐**ballung** *f*, Klumpen *m* / cluster, lump ‖ ⌐**bau** *m*, -bauen *n*, Montage *f* / assembly, assembling, assemblage, mounting, erection ‖ ⌐**bau** *m* (das Ergebnis der Montagen) / assembly ‖ **für** ⌐**bau an Ort und Stelle** / field applied o. supplied ‖ ~**bauen**, -setzen / assemble, mount, erect ‖ ⌐**bauhalle** *f* / assembling o. erecting hall o. shop ‖ ⌐**bäumen** *n*, Assemblieren *n* (Textil) / assembly beaming ‖ ⌐**bauzeichnung**, Montagezeichnung *f* / assembly o. erection drawing ‖ ~**binden** / tie up ‖ ~**blatten**, überblatten (Zimm) / scarf *v* ‖ ~**bolzen** / pin [together] ‖ ~**brechen** (Masch) / break down, collapse, fail, fold up (US coll) ‖ ~**brechen** (Spannung) / break down *vi* ‖ ⌐**brechen** *n* / breakdown, breakage, collapse, failure ‖ ⌐**brechen** *n* (Dach, Schaum) / collapse ‖ ⌐**brechen** *n* **der geschlossenen Feldlinien um die Erde** (Raumf) / breakdown of trapping ‖ ~**bringen**, -fügen, -stellen / unite ‖ ⌐**bruch** *m* (Elastomer) / collapse ‖ ⌐**bruch** *m* (Geol) / foundering ‖ ⌐**bruch** *m* **der Produktion** / production pitfall ‖ ⌐**bruch** *m* **des Hangenden** (Bergb) / fall of the roof ‖ ⌐**drängen** *n* / crowding together ‖ ~**drehen** (Drähte) / cable *v* ‖ ~**drehen**, zwirnen (Textil) / double, twist, twine ‖ ~**drückbar** / compressible, crushable ‖ **nicht** ~**drückbar** / incompressible ‖ ⌐**drückbarkeit** *f* / compressibility ‖ ~**drücken**, komprimieren / compress, condense ‖ ~**drücken**, drücken / press ‖ ~**drücken**, -quetschen / compress, squeeze, cram, pinch ‖ ⌐**drücken** *n* (Vakuumbehälter) / implosion, collapse, buckling (US) ‖ ~**drückend**, -pressend / compressive ‖ ⌐**drückung** *f* (Mech) /

pressing, compression ‖ **⌐drückung** f (Mech) / pressing rate ‖ **⌐drückung** f **der Synchronisierung** (TV) / synchronization compression ‖ **⌐drückungsversuch** m, Kompressionsversuch m (Landw) / soil compression test ‖ **~dübeln** / dowel v, treenail, bolt ‖ **kurze ⌐fassung** / docket (US), abstract ‖ **~fahren** [mit] vi, anfahren / collide, foul ‖ **~fallen**, sich decken / coincide ‖ **⌐fallen**, -treffen n / coincidence ‖ **⌐fallen** n, Kollaps m (Schaumstoff) / collapse ‖ **~fallend**, -treffend / coincident ‖ **~fallend** (zeitlich) / concurrent ‖ **~falten** / fold up ‖ **~falten** (Lastzüge) / jackknife (trucks) ‖ **~fassen**, vereinigen / collect, combine ‖ **~fassen**, enthalten / comprehend, comprise, include ‖ **~fassen**, kurz darstellen / condense, abridge ‖ **~fassen**, koordinieren / pool, coordinate ‖ **~fassen**, rekapitulieren / summarize ‖ **⌐fassung** f / summary, résumé, digest ‖ **⌐fassung** f, Verschmelzung f / amalgamation, fusion ‖ **⌐fassung** f, Konzentration f / concentration ‖ **⌐fassung** f **von Attributen** (DV, PL/1) / factoring of attributes ‖ **⌐fassung** f **von Daten** / summarization ‖ **⌐fassung** f **von Leitungen** / collection of ducts ‖ **~flicken** / patch up, piece up ‖ **~fließen**, -strömen / flow together ‖ **~fließen** (Geol) / merge ‖ **⌐fluß** m, Einmündung f / confluence, junction ‖ **⌐frieren** n / congealing, freezing together ‖ **⌐frieren** n **von Taueis** / regelation ‖ **~fügen** / couple vt, join ‖ **~fügen**, vereinigen (DV, Daten) / coalesce data ‖ **~fügen** (Zimm) / assemble ‖ **~fügen**, -stoßen / join, splice, connect ‖ **⌐fügung** f / joining, junction ‖ **~führen**, konzentrieren / bring together, concentrate, funnel (US) ‖ **~führen** (DV) / fan-in ‖ **⌐führung** f (DV) / junction [of a program] ‖ **⌐führung[smöglichkeit]** f, Fan-In n (Elektronik, DV) / fan-in ‖ **~geballt**, kugelig / conglobate ‖ **~geballt**, geknäuelt / conglomerate, balled, clewed ‖ **~gebaute Einheiten** f pl (Skylab) / cluster configuration ‖ **der Länge nach ~gebogenes Rohr** / close-joint tube ‖ **[räumlich] ~gedrängt** / cramped, crowded ‖ **~gedrückt**, gedrückt / compressed ‖ **~gedrückt werden** (Unterdruckbehälter) / collapse vi, implode ‖ **~gefaßte Datei** (DV) / concatenated data set ‖ **⌐gefrorenes** n, gefrorene Masse / congelation ‖ **~geklebt** (Pap) / pasted ‖ **~geklebte Pappe** (Pap) / pasteboard ‖ **~gelagert** (Chem) / condensed ‖ **gut ~gepaßt** / well fitted o. adjusted ‖ **~gepreßt**, gepreßt / compressed ‖ **~gerollt**, -gewickelt / convolute, coiled ‖ **~geschaltet** / interconnected ‖ **~geschraubt** (aus Einzelteilen) / built[-up] ‖ **~geschustert** (coll) / botchy **zusammengesetzt** [aus] / made up [of], composed [of] ‖ **~** (Math) / composite ‖ **~**, Verbund… (DV) / compound ‖ **~** (aus Einzelteilen) / built[-up], made, composite, CX ‖ **~**, mehrteilig / complex ‖ **~**, aus vielen Komponenten bestehend / multicomponent ‖ **~**, montiert / assembled ‖ **~er Ausdruck** / complex term o. form, combination of morphmes, word combination ‖ **~er Balken** / built[-up] beam ‖ **~e Beanspruchung** / compound stress ‖ **~e Belastung** / compound load ‖ **~es Bild** (Fernm, Radar) / complex display ‖ **~er Datentyp** (DV) / structured data type ‖ **~e Farbe** / secondary colour ‖ **~e Festigkeit** / composite strength ‖ **~e Funktion** (Math) / compound function ‖ **~er Kern** (Nukl) / compound nucleus ‖ **~e Krümmung** (Verm) / compound curvature o. curve ‖ **~e Kurbelwelle** / built-up crankshaft ‖ **~er Leiter** (z.B. Stahl-Alu) (Eleku) / composite conductor ‖ **~e Mikroschaltung** (Elektronik) / microcircuit ‖ **~es Mikroskop** / compound microscope ‖ **~es Objektiv** / composite objective ‖ **~es Pendel** / built-up o. compound o. physical pendulum ‖ **~er Querschnitt** / compound o. built-up section ‖ **~es System** (Bau) / face-to-face system ‖ **~er Ton** / complex sound ‖ **~e Welle** (Phys) / complex wave ‖ **~es Wort** / compound word ‖ **aus Brett- und Blechlagen ~er Träger** / sandwich o. flitch beam **zusammengestoßen**, stumpf **~** / end to end, butt o. jump jointed

zusammen·haken / clasp v ‖ **⌐halt** m **von Plasma** / plasma confinement **Zusammenhang** [mit] m, Einfluß m [auf] / bearing, influence [on, upon] ‖ **~**, -halt m / coherence, cohesion, cohesiveness ‖ **~**, Wechselbeziehung f / interrelationship **zusammenhängen** vi, [fest] aneinanderhängen / adhere, cohere, be adhesive, stick close o. fast o. on o. together **zusammenhängend**, verbunden / coherent, connected ‖ **~**, ununterbrochen / continuous ‖ **~**, -klebend / adherent, sticking ‖ **~e Binärzahlenwort** / gulp ‖ **~e Drehung** / coherent rotation ‖ **~e Poren** f pl (Pulv.Met) / communicating pores ‖ **~e Porosität** (Sintern) / interconnected porosity, open porosity ‖ **~e Speicherbereiche** m pl / contiguous memory areas **Zusammen·klammern**, Heften n mit Klammern / stapling ‖ **⌐klang** m (Prim o. Oktave) / unison ‖ **⌐klang** m, Akkord m / chord ‖ **~klappbar** / collapsible, collapsing, folding ‖ **~klappbarer Behälter** / folding o. collapsible container ‖ **~klappbare Meßlatte** (Verm) / Scotch staff ‖ **~klappbare Scheibenegge** / folding disk harrow ‖ **~kleben** vt, -leimen / glue o. paste together, agglutinate, conglutinate ‖ **~kleben** vi / cohere, stick together, bond ‖ **~klebend**, verklebt / conglutinate ‖ **⌐kleber m für Schläuche** / splicer for flexible tubes ‖ **~knüpfen**, verknüpfen / concatenate ‖ **~koppeln** / couple, connect ‖ **⌐lauf m der Papierstränge** (Buch) / cross-association ‖ **~laufen**, konvergieren / converge ‖ **~laufen**, eingehen / shrink vi, contract, shrivel ‖ **~laufen** (Farben) / blend vi, shade [into] vi ‖ **~laufen** (Zahnräder) / mate vi ‖ **~laufen**, verschmelzen (Farben) / shade [into] vi ‖ **~laufen**, kriechen (Email, Fehler) / crawl ‖ **~laufen**, gerinnen / curdle, clod ‖ **⌐laufen** n, Konvergenz f / convergence, -ency ‖ **⌐laufen** n, -fluß m / concourse ‖ **⌐laufen** n **der Feldlinien** / field line merging ‖ **⌐laufen** n **von Zahnrädern** / mating of gears ‖ **~laufend**, konvergierend / convergent, converging ‖ **~legbar**, -klappbar / collapsible, collapsing, folding ‖ **~legbarer Container** / collapsible container, folding container ‖ **~legbares Flugzeug** / folding plane ‖ **~legen**, Falten n / folding ‖ **⌐legung** f (Netzplan) / overlay ‖ **⌐legung** f (Stadt) / consolidation ‖ **~leimen** / glue together ‖ **~nageln** / nail [together] ‖ **~nähen** / seam v, sew together ‖ **⌐nähen** n (Riemen) / lacing ‖ **~nieten** / rivet together ‖ **~passen** vt / match vt, adjust, suit ‖ **~passen**, passend machen / suit vt, accommodate, adapt ‖ **mit Paßstiften ~passen** / dowel v ‖ **genau o. streng ~passen** / fay, fit o. join closely together ‖ **~passen**, paaren / pair, match, mate ‖ **~passen** vi / match vi, suit, fit ‖ **⌐prall** m, Aufprall m / impact ‖ **⌐prall** m, Frontalzusammenstoß m (Bahn, Kfz) / end-on collision, telescoping ‖ **~pressen**, -ziehen / constrict ‖ **~pressen**, -quetschen / press o. squeeze together ‖ **sich ~pressen** (o. ballen) / ball vi ‖ **~rollen**, -wickeln / roll up ‖ **[sich] ~rollen** / convolve ‖ **⌐schaltbarkeit** f **verschiedener Geräte** / connectivity ‖ **~schalten** / interconnect ‖ **⌐schalter** m (TV) / groupman ‖ **⌐schaltung** f / interconnection, hook-up ‖ **~schiebbar** / telescopic, telescoping, sliding ‖ **~schiebbares Stativ** / telescoping o. folding o. sliding tripod ‖ **~schieben** / push together ‖ **teleskopartig ~schieben** / telescope vt ‖ **~schlagen** vt, zerschlagen / beat to pieces ‖ **~schlagen** v / strike together ‖ **~schließen**, zurichten (Buch) / set a forme ‖ **Maschinen ~schließen** (DV) / pool equipment v ‖ **⌐schluß m mehrerer Systeme** (DV) / multi-system mode ‖ **~schmelzen** / fuse together ‖ **~schmelzen** / fuse together ‖ **⌐schmelzen** n **des Kerns** (Nukl) / core melt-down ‖ **~schnüren** / strap, lace together ‖ **~schnüren**, einengen / compress, [make too] narrow, constrict, contract ‖ **~schrauben** / bolt o. screw together ‖ **~schrumpfen** vt / contract, shrink, join by shrinking ‖ **~schrumpfen** vi / shrink, shrivel ‖ **~schütten**, mischen / pour together ‖ **~setzbar** / dismountable ‖ **~setzbarer Antennenmast** / compound

antenna mast ‖ ~setzen / compose, compound ‖
~setzen, -fügen, -bauen (Masch) / put together ‖ sich
~setzen [aus] / consist [of], be composed [of], be built
up [of] ‖ ⁔setzen n des Formkastens (Gieß) / mould
assembly ‖ ⁔setzung, Verbindung f / compound ‖
⁔setzung f, Gefüge n, Struktur f / structure ‖ ⁔setzung
f, das Zusammengesetzte / composition ‖ chemische
⁔setzung / chemical composition, structure ‖ ⁔setzung
f der Kräfte o. Bewegungen (Mech) / composition of
forces o. movements ‖ ⁔setzung f einer Anlage (DV) /
configuration ‖ ~sintern vi / bake, cake ‖ ~spleißen /
splice together ‖ ~stellen (allg) / assemble, put together
‖ ~stellen / compose, compound ‖ ~stellen, ordnen /
collate, compile ‖ Systeme ~stellen (o. gruppieren)
(DV) / configure ‖ die Wagenreihen o. Züge ~stellen
(Bahn) / marshal v ‖ schlecht ~stellen / mismatch ‖
Statistiken ~stellen / compile statistics ‖ ⁔stellung f,
-setzung f / combination, composition ‖ ⁔stellung,
-fassung f / summary, résumé ‖ ⁔stellung f des
Handschalters (als Beispiel eines Zeichnungstitels) /
assembly ‖ ⁔stellung[szeichnung] f / assembly
drawing, general drawing ‖ ⁔stoß m, -stoßen n (allg,
Bahn) / collision ‖ ⁔stoß m (frontal) (Bahn) / end-on
collision, telescoping ‖ ⁔stoß m, Stoß m,
Aneinanderprallen m (Phys) / collision ‖ ⁔stoß von
Kartenblättern m / junction of map sheets ‖ ~stoßen vt
vi / butt ‖ ~stoßen [mit] / bump [against], collide [with]
‖ ~stoßen, ineinanderfahren (Kfz) / smash, crash ‖
frontal ~stoßen / telescope v ‖ seitlich ~stoßen / run
into o. take slantwise ‖ ~stoßende Enden / abutting
ends pl ‖ ~strebend / convergent, converging ‖ ⁔sturz
m (Bau, Bergb) / breaking-down, falling down ‖
~stürzen, -fallen, -brechen / break down, fall down o.
in ‖ ~tragen / gather, assemble ‖ ⁔tragen n (Buch) /
gathering, collating, collecting ‖ ⁔tragmaschine f
(Buch) / assembling machine, gathering machine,
collating machine (misnomer) ‖ ~treffen, -fallen /
coincide, meet ‖ ⁔treffen n, Treffen n / meeting ‖
⁔treffen (von Ereignissen) / juncture ‖ ⁔treffen,
-fallen n / coincidence ‖ ⁔treffen, Vereinigung f /
conjunction ‖ ⁔treffen von engster Bohrung u.
stärkster Welle / maximum material condition ‖
⁔treffen n von Umständen / coincidence of
circumstances ‖ ⁔treffen n zweier Schienenwege,
Schnittpunkt m (Bahn) / intersection ‖ ~wachsen /
concrete v, grow together, unite, coalesce ‖ ~wachsen
(Bot) / grow together ‖ ⁔wachsen n / concretion,
growing together, union ‖ ~werfen / throw o. lump
together ‖ ~werfen, vermengen / confuse, mix up ‖
~werfen (Baue) (Bergb) / let fall in ‖ ~winden, -drehen,
zwirnen (Spinn) / twist together ‖ ⁔wirken n / combined
effect o. action o. efforts pl, cooperation ‖ ~wirkend
(Mech) / cooperating ‖ ~wirkend, in gleicher Richtung
wirkend (Mech) / conspiring ‖ ~wirkende Kräfte f pl /
concurrent forces ‖ ~zählen, addieren / sum v, cast up,
add, totalize, tot up ‖ ~zählend / integrating, counting
‖ ⁔zählung f, Addition f (Math) / addition, summation ‖
~ziehbar / contracti[b]le ‖ ~ziehbare Schlaufe /
[running] noose ‖ ⁔ziehbarkeit f / contracti[bi]lity

zusammenziehen / draw together ‖ ~, -pressen / constrict
‖ ~, verengen / contract ‖ ~, kürzen / abbreviate ‖ ~,
raffen (Näh) / gather ‖ ⁔ n von Filmrollen / cinch[ing] ‖
[sich] ~ / tighten ‖ sich ~ / contract vi, shrink

zusammen·ziehend, adstringierend / adstringent ‖
⁔ziehung, Kontraktion f / contraction ‖ ⁔ziehung f,
Verdichtung f / contraction, compression ‖
⁔ziehungskoeffizient m an einer Düse / coefficient of
contraction ‖ ~zinken (Tischl) / dovetail v ‖ ~zwirnen
(Spinn) / twist together

Zusatz m, Beimengung, -mischung f / addition [by
mixing], admixture ‖ ⁔, Nachtrag m / annex,
supplement, appendix ‖ ⁔ (Chem, Gieß) / addition,
admixture, additament ‖ ⁔, Anhang m, Ergänzung f /
supplement ‖ ⁔, Erweiterung f / amplification,

increase, enlargement ‖ ⁔, Milderung f (Färb) / allaying
‖ ⁔, Folgesatz m (Math) / corollary ‖ ⁔ (DV) / option,
addition record ‖ ⁔, Milderung f (Färb) / tempering,
allaying ‖ ⁔ (Einrichtung) s. Zusatzgerät ‖ ⁔ zur
Erzeugung von sphärolitischem Gußeisen /
nodulizing agent ‖ unter ⁔ [von] / by adding ‖
⁔agenzien n pl, Badzusätze m pl (Galv) / addition agents
pl ‖ ⁔aggregat n (Elektr) / additional set ‖ ⁔aggregat n,
Booster m (Elektr) / booster set ‖ ⁔anmeldung f (Patent) /
additional application ‖ ⁔antrieb m / accessory drive ‖
⁔-Ausgleichsaggregat n (Elektr) / auxiliary
compensation set, additional compensation set,
auxiliary booster machine ‖ ⁔ausstattung f / optional
features pl ‖ ⁔batterie f (Elektr) / booster battery ‖
⁔-Befestigungspunkt m (Uhr) / auxiliary attachment ‖
⁔belastung, -last f / additional load ‖ ⁔bit n (DV) /
extra bit ‖ ⁔bremse f, Regulierbremse f (Bahn) / through
brake, direct acting brake ‖ ⁔bremse f (Kfz) / auxiliary
o. supplementary brake ‖ ⁔draht m (Fahrleitung) /
auxiliary wire ‖ ⁔draht m, Führungsdraht m
(Straßenbahn) / frog wire ‖ ⁔düse f (nicht:
Hochleistungsdüse) (Vergaser) / high-speed auxiliary jet
‖ ⁔dynamo m, Spannungserhöher m, Boostermaschine
f / booster machine

Zusätze m pl (Chem) / feed stream

Zusatz·einrichtung f (DV) / special feature ‖
⁔einrichtungen f pl / accessory parts pl ‖ ⁔elektrolyt
m / supplementary electrolyte ‖ ⁔element, -metall n
(Legierung) / alloying constituent o. metal ‖ ⁔fallschirm
m / parachute lobe ‖ ⁔feder, Progressivfeder f /
auxiliary spring ‖ ⁔feder f (Kfz) / helper o. overload
spring ‖ ⁔fernlicht n / long range lamp ‖ ⁔funktion f
(NC) / miscellaneous function ‖ ⁔gas n / added gas ‖
⁔gerät n, -instrument n, -einrichtung f / accessory o.
additional o. auxiliary o. supplementary apparatus o.
implement o. instrument, add-on unit, accessory unit,
attachment ‖ ⁔gerät n (Funk) / attachment, additional
implement ‖ ⁔gerät n (Phot) / attachment ‖
⁔kraftstoffbehälter m / additional fuel tank ‖ ⁔kühler
m, -gerät n (Klimaanlage) / add-on cooler

zusätzlich, hinzukommend / accessory ‖ ~, zugefügt /
added, additional ‖ ~, sich addierend / additive ‖
unterstützend / booster... ‖ ~, Extra... / extra ‖ ~ (z.B.
Funktion) / additional ‖ ~e Einrichtung (o.
Vorrichtung) / auxiliary attachment ‖ ~e Eisenverluste
(durch höhere Harmonische) m pl (Elektr) / incremental
iron losses pl ‖ ~e Gebühr (Fernm) / surcharge ‖ ~e
Programmierhilfen f pl / advanced programming ‖ ~e
Teile m pl / additional parts o. pieces pl

Zusatz·linse f / supplementary lens ‖ ⁔luft / additional
air ‖ ⁔luft f (Vergaser) / auxiliary air ‖ ⁔luft, Zweitluft f
/ secondary o. supplementary air ‖ ⁔luftbehälter m /
supplementary air tank, auxiliary air reservoir ‖
⁔luftregler m (Vergaser) / supplementary air valve ‖
⁔maschine f, Hilfsmaschine f / additional o. auxiliary
o. supplementary machine ‖ ⁔maschine f (für
Zuschaltung) (Elektr) / positive booster ‖ ⁔maschine f
für Spannungserhöhung (Elektr) / [positive] booster ‖
⁔maschine f in Gegenschaltung, negative
Boostermaschine f (Elektr) / negative booster ‖ ⁔metall n
(Schweiß) / added metal, filler metal ‖ ⁔metall n
(Legierung) / second metal ‖ ⁔metall n (Gieß) / alloying
metal ‖ ⁔mittel n (Chem, Hütt) / reagent ‖ ⁔nachbildung
f (Kabel, Fernm) / building-out section ‖ ⁔patent n /
patent-of-addition ‖ ⁔pumpe f (für Kraftstoff) (Luftf) /
booster pump ‖ ⁔pumpe f / accessory o. auxiliary
pump ‖ ⁔rakete f / booster rocket ‖
⁔raketentriebwerk n / boost rocket motor ‖
⁔scheinwerfer m (Kfz) / additional o. extra headlight ‖
⁔schild n (Straß) / additional panel ‖ ⁔schneide f
(Zange) / side cutting edge, side cutter ‖ ⁔schub m,
Nachverbrennung f (Luftf) / post-combustion, reheat
(GB), afterburning (US) ‖ ⁔spannung f (Elektr) / boost
‖ ⁔speicher m (DV) / auxiliary o. backing o.

second[ary] storage o. store o. memory, extended memory ‖ ~speiseleitung f (Elektr) / duplicate feeder ‖ ~stoff m, Wirkstoff m (Chem) / additive, addition agent ‖ ~stoff m, Additiv n (Waschmittel) / ancillary ‖ ~stoff m (Bau, Chem) / additive, admixture, assistant ‖ ~stromerzeuger, Booster m / booster generator o. dynamo ‖ ~transformator m / secondary o. booster transformer, buck transformer ‖ ~triebwerk n (Rakete) / booster rocket ‖ ~trübe f (Aufber) / make-up medium ‖ ~verluste m pl / additional losses ‖ ~wagen m (Bahn) / strengthening vehicle ‖ ~wasser, Frischwasser n (Bergb) / make-up water ‖ ~wasser n (zum Ausgleich von Verlusten) / make-up water ‖ ~werkstoff m (Schweiß) / weld metal o. filler, filler metal ‖ ~wicklung f / auxiliary winding ‖ ~widerstand m / additional o. supplementary resistance o. resistor, booster resistance o. resistor ‖ ~zeichen n (DV) / additional character

zuschalten (Elektr) / connect, switch on, hook up

Zuschaltung f (Elektr) / connection

Zuschaltventil n (Pneum) / emergency valve

zuschärfen, abschrägen / bevel, chamfer, lighten down

Zuschärfmaschine f (Leder) / scarfer

Zuschärfung f des **Vorschiffes** / entrance form of the forebody

Zuschärfungs·fläche f, Abschrägungsfläche f / basil, bezel, sloping edge o. face ‖ ~verhältnis n (Luftf) / aspect o. fineness ratio ‖ ~winkel m, Seitenkeilwinkel m (Dreh) / tool-orthogonal wedge angle

Zuschauer m pl / public, audience ‖ ~, Zuhörer m pl / audience ‖ ~plätze m pl / seating capacity ‖ ~raum m, Auditorium n / auditorium, auditory

Zuschlag m, Zuschlagsgebühr f / additional o. extra charge, surcharge, overcharge ‖ ~ (Beton) / aggregate ‖ ~, Flußmittel n (Hütt) / flux powder o. stone ‖ ~ (Bahn) / excess fare, supplement ‖ ~, Aufpreis m / surcharge, plussage ‖ ~, Vermehrung f / increase, augmentation ‖ ~ (Taxameter) / excess fare, supplement ‖ ~ (F.Org) / allowance ‖ ~ bei Auftragserteilung / conferring the contract, award of the order, adjudication, acceptance of tender ‖ ~ für bei Akkordfestlegung nicht vorgesehene Schwierigkeiten (F.Org) / delay allowance ‖ ~ für rotierende Massen, Massenfaktor m / rational inertia coefficient ‖ ~ für Zurückbeorderung nach Arbeitszeitende (F.Org) / call-back pay ‖ ~ zum Lohn / extra pay ‖ betrieblich vereinbarter ~ (F.Org) / policy allowance ‖ den ~ erteilen / award the contract ‖ einen ~ erheben o. verlangen (Bahn) / excess vt

zuschlagen (Hütt) / add as a flux ‖ ~, mit dem Hammer bearbeiten / hammer, strike, forge ‖ ~ (Tür) / slam a door ‖ kurz ~ (Schm) / hammer with short blows vi

Zuschläger m (beim Handschmieden) / hammer man

Zuschlag·hammer m / two-handed hammer ‖ ~kalkstein m (Hütt) / flux limestone ‖ ~pflichtig / subject to payment of a supplement

Zuschlags·frist f (Bau) / time of adjudication ‖ ~gebühr f / surcharge, additional o. extra charge ‖ ~kalkulation f (F.Org) / job order costing

Zuschlagstoffe m pl, Aggregat n (Bau) / aggregate

zuschließen, einschließen / lock in

zuschmelzen (Glas) / close hermetically o. airtight

zuschnappen / click vi, catch o. latch with a spring ‖ ~, sich schließen / close ‖ ~ lassen / click vt

zuschneiden / cut up, cut to size ‖ ~, passend machen [für] / tailor [to] ‖ ~ (Schn) / cut out ‖ ~ (Blech) / cut to size ‖ ~ (Holz) / break down, block

Zuschneider m (Schn) / cutter

Zuschneiderei f (Stanz) / cutting-up shop ‖ ~ (Schuh) / (Oberleder): clicking room o. department, (Sohlen): cutting room o. department

Zuschneide·schablone f / template ‖ ~tisch, Werktisch m (Schneid) / shop-board, cutting table

Zuschnitt m (Stanz) / blank ‖ runder ~ (Stanz) / circular blank, circle

zuschrauben / screw down o. up ‖ den Schraubverschluß ~ / screw down a cap

Zuschreibung f, Zurechnung f / imputation

Zuschuß m / allowance ‖ ~betrieb m / subsidized firm, debts-incurring business ‖ ~[bogen] m (Buch) / extra sheet ‖ ~[bogen] m, Druckzuschuß m (Buch) / paper overs pl

zuschütten (Bau) / fill up ‖ ~, verschütten / fill to overflowing, overload

zuschweißen / weld up ‖ ~, ausfüllen / close by welding

Zusendung f / consignment

zusetzen vt, -fügen / add ‖ ~ vi, zusitzen (Wasser, Bergb) / run in ‖ ~, Verschmieren n (Schleifscheibe) / loading, glazing ‖ sich ~, sich schließen / clog vi

Zusammenweg m (Bremse) / brake application stroke

zuspitzen, schärfen / fine v, sharpen, point ‖ [kegelförmig] ~ (Masch) / taper [to a point]

Zuspitzungsverhältnis n (Luftf) / taper ratio

zusprechen, ein Telegramm ~ / phonogram v, telephone a message

Zusprechgebühr f (Fernm) / additional charge for telephoning of telegrams

Zustand m / state, condition ‖ ~, Status m (DV) / status ‖ ~ der **Betriebsfähigkeit** / working condition ‖ **Aggregat~** / state o. condition of aggregation, physical condition ‖ **fester** ~ (Eisen-Kohlenstoff-Diagramm) / solidus ‖ **flüssiger** ~ (Eisen-Kohlenstoffdiagramm) / liquidus ‖ **in gutem** ~ (Boden) (Landw) / in good heart ‖ **in schlechtem** ~ (Landw) / out of heart ‖ **in schlechtem, [gutem]** ~ (Bau) / in bad, [good] repair ‖ **richtiger** ~ / temper

zustande·bringen / bring about ‖ ~gekommen (Fernm) / effective, eff., completed

zuständig, kompetent / competent, responsible ‖ **nicht** ~ / incompetent

Zuständigkeit f / responsibility

Zuständigkeits·bereich m (allg) / purview ‖ ~bereich m (Programm) / sensitivity

Zustands·... / constitutional, structural ‖ ~änderung f / change of state, constitutional change ‖ ~änderung f (Magn.-Aufzeichnung) / polarity reversal ‖ ~anzeiger m (Plattenspeicher) / status indicator ‖ ~aufzeichnung f / environment recording ‖ ~begrenzung f / bounded state ‖ ~byte n (DV) / status byte ‖ ~diagramm, -schaubild n (Hütt) / constitutional o. equilibrium diagram, phase diagram ‖ ~diagramm n (Eisen-Kohlenstoff) / iron-carbon diagram ‖ ~diagramm n (Astr) / two-parameter diagram ‖ ~diagramm n des **Verzinkens** / phase diagram ‖ ~feld n / phase field ‖ ~gesteuerter **Eingang** (DV) / level operated input ‖ ~gleichung f / equation of state, state equation ‖ ~größe f / state quantity ‖ ~größe, -variable f / state variable, variable [quantity] ‖ ~größe f (Astr) / physical parameter ‖ ~kennzeichen n (Fernm) / continuous signal ‖ ~meldung f / state information, status message ‖ ~meldung f (Fernwirken) / monitored state ‖ ~modell n (Regeln) / state model ‖ ~prüfung f (DV) / status test ‖ ~register n, Statusregister n / status register ‖ ~schätzung f / state estimation ‖ ~überwachung f / condition monitoring ‖ ~vektor m (Math) / state vector ‖ ~verhältnis n, Zustand m / condition of state ‖ ~wort n, Statuswort n / status word

Zustell·bereich m (Wzm) / adjustment range ‖ ~betrag m (Wzm) / amount of infeed, infeed increment ‖ ~bewegung f (Wzm) / feed motion, depth setting

zustellen, anliefern / deliver, carry ‖ ~, vorschieben (Wzm) / feed, advance ‖ ~ (Hütt) / repair o. line a blast furnace

Zustell·handrad n (Wzm) / feed handwheel ‖ ~mechanik f (Mag.Bd) / positioning mechanism

Zustellung f, Lieferung f / delivery ‖ ~, Vorschub m (Wzm) / feed motion o. engagement o. control, infeed, advance ‖ ~ (Hütt) / lining ‖ ~ (Post) / delivery by mail (US) o. post (GB) ‖ ~, Ausmauerung f, Futter n (Ofen) /

bricking up, [brick] lining, refractories *pl* ‖ **⌖ der Schleifscheibe** / feed motion of the grinding wheel

Zustellweg *m* / feed travel

Zustimmungs·block *m* (Bahn) / permissive block ‖ **⌖block** *m* **mit Gleisstromkreisen** (Bahn) / track circuit permissive block ‖ **⌖hebel**, Befehlshebel *m* (Bahn) / permission o. permissive lever

zustopfen / plug *v* ‖ **ein Loch ⌐** / stop up

zustöpseln / stopper *v*, stop

zustreichen, verschmieren / smear over, stop up

Zustrom *m*, -strömen *n* / afflux ‖ **⌖** (Chem) / feed stream ‖ **⌖düse** *f* / afflux nozzle

Zustromdüse *f*, Regeldüse *f* / flow equalizing nozzle

Zuströmen *n* **der Luft in den Ofen** / streaming of the air into the furnace

zuströmend (Gas) / incoming

zutage ausgehende Schicht (Geol) / superficial layer ‖ **⌖liegen**, -streichen *n* (Bergb) / cropping of ores, outcrop, outburst, showing on the surface ‖ **⌐treten** (Bergb) / crop out

Zutat *f*, Zugabe *f*, Zufügung *f* / addition, admixture, additament ‖ **⌖en** *f pl*, Material *n* / makings *pl*

Zuteilanlage *f* (Bau, Straßb) / batching plant

zuteilen / allot, allocate ‖ **⌐**, -messen / apportion, proportion, dose, meter ‖ **⌐**, zuweisen / assign

Zuteiler *m*, Dosiergerät *n* / metering hopper ‖ **⌖**, Dispatcher *m* (DV) / dispatcher

Zuteil·gefäß *n·*/ batcher ‖ **⌖pumpe** *f* / metering o. dosing pump ‖ **⌖schnecke** *f* / metering screw

Zuteilung, Verteilung *f* / allotment, allocation ‖ **⌖**, Austeilung *f* / distribution ‖ **⌖** (Frequenzen) / assignment o. allocation o. allotment of frequencies ‖ **⌖ an Stationen** (Elektronik) / assignment of stations ‖ **⌖ nach Bedarf** (Kanäle, Radio) / demand assignment ‖ **⌖ von Speicherzellen** (DV) / allocation of memory cells

Zuteilungsvorrang *m* (DV) / dispatching priority

Zutritt, Zugang *m* / adit, entrance ‖ **⌖ verboten!**, kein Zutritt! / keep off!, private! ‖ **⌖- und Identifizierungskontrolle** *f* / access control and identification

zu- und abführen (mit Lkw) / transport by lorry *v* (GB) o. truck (US)

zu- und gegenschalten (Elektr) / connect and counterconnect

Zu- und Gegenschaltungs-Boostermaschine *f* / reversible booster

zu- und abführen (mit Lkw), mit Lkw transportieren / truck goods (US)

Zu- und Gegenschaltung *f* (Elektr) / boost and buck connection

zuverlässig, sicher / safe, secure ‖ **⌐**, betriebssicher / reliable, dependable ‖ **⌐es Halten** (Schraube) / reliable holding

Zuverlässigkeit *f*, Betriebssicherheit *f* / operational dependability o. reliability, reliability of operation o. of service ‖ **⌖** (DV) / reliability, fault rate per 1000 hrs ‖ **⌖** (Raketen) / failsafety

Zuverlässigkeits·angaben *f pl* / reliability details ‖ **⌖aufteilung** *f* / reliability allocation o. apportionment ‖ **⌖beauftragter** *m* / reliability engineer ‖ **⌖kenngrößen** *f pl* / reliability characteristics *pl* ‖ **⌖management** *n* / rehability and maintainability management ‖ **⌖maßstab** *m* / RPM, reliability performance measure ‖ **⌖prüfung** *f* / reliability testing ‖ **⌖schätzung** *f* / reliability assessment ‖ **⌖technik** *f* / reliability engineering ‖ **⌖-Vorhersage** *f* / reliability prediction

Zuwachs *m*, Zunahme *f* / growth, increase, increment, accretion ‖ **⌖ einer Funktion** (Math) / increment of a function ‖ **⌖bohrer** *m*, Mastsonde *f* (Fernm) / pole testing drill o. tester

zuwachsen (allg, Math) / accrue

Zuwachs·faktor *m* (Nukl) / build-up factor ‖ **⌖rate** *f* / rate of growth

Zuwassergehen *n* (Öl) / emulsion-forming

zuwasserlassen, ein Boot aussetzen (Schiff) / launch *v*, (lifeboat:) lower ‖ **⌐** / floating, launching

zuweisen, zuordnen / allocate ‖ **⌐**, zuteilen / assign

Zuweisung *f* (DV) / job assignement ‖ **⌖ an Funkdienste** (Elektronik) / allocation ‖ **⌖ von Speicherplatz** (DV) / storage allocation

Zuweisungs·routine *f* (DV) / allocator ‖ **⌖zeichen** *n* (DV) / assignment symbol

zuwiderhandeln, verletzen / contravene [to], offend [against]

Zu-Zeichen, [kommerzielles] ⌖, zu je (Buch, DV) / at-sign,@,commercial at

zuziehbare Schleife (o. Schlinge) / noose, slip-knot, running knot

zuziehen / pull tight ‖ **⌐**, einhalsen (Ziehtechnik) / neck *v*

ZVEI (Elektr) = Zentralverband der Elektrotechnischen Industrie

Z-Verzeichnung *f* (TV) / Z-distorsion

z-Vierpolparameter, Widerstandsparameter *m* (Halbl) / z-parameter

ZVSt (Fernm) = Zentralvermittlungsstelle

ZVt (Fernm) = Zweigverteiler

Zwang *m* / compulsion, restraint ‖ **⌖**, Anstrengung *f* (Mech) / constraint ‖ **⌖...** s. auch Zwangs...

zwängen, mit Zwang zusammenfügen / crowd ‖ **⌐ [in]**, hineinzwängen / squeeze [into], cram, jam

Zwanglauf *m* / controlled o. positive movement, constrained motion

zwangläufig s. zwangsläufig

Zwangs·..., obligatorisch / compulsory ‖ **⌖...**, erzwungen / constrained, forced ‖ **⌖bewirtschaftung** *f* / economic control ‖ **⌖bremsung** *f* / automatic train stop, automatic application of the brakes ‖ **⌖durchlaufkessel** *m* / once-through boiler ‖ **⌖durchlaufkessel**, Bensonkessel *m* / Benson boiler, forced flow-through boiler ‖ **⌖führung** *f* / restraint, restricted guidance ‖ **⌖geführte Fortpflanzung** / ducted propagation ‖ **⌐geführtes Verkehrsmittel** / guided surface transport ‖ **⌖haltestelle** *f* / compulsory stop ‖ **⌖kommutierung** *f* (Elektr) / forced commutation ‖ **⌖konvektionstrockner** *m* / forced convection drier, high velocity [impingement air] drier ‖ **⌖kraft** *f* / constraining force ‖ **⌖kühlung** *f* (Luftf) / ducted cooling ‖ **⌖lage** *f* / constrained position

zwangsläufig, unumgänglich / necessary ‖ **⌐**, -schlüssig (Bewegung) / positive [locking], mechanically operated, controlled, constrained ‖ **⌐**, Zwangs... / restricted ‖ **⌐ angelenkt** (z. B. Hilfsruder) (Luftf) / geared ‖ **⌐er Antrieb** / geared drive ‖ **⌐er Antrieb** / geared drive ‖ **⌐ betätigt** / forcibly actuated ‖ **⌐e Führung** / forced guide ‖ **⌐e Gaszufuhr** / forced induction of gas ‖ **⌐e Radialstellung** / forced radial position ‖ **⌐e Strömungsführung** / positive flow ‖ **⌐e Überwachung der Weichen** / absolute control of the switch points

Zwangs·laufkessel *m* / forced circulation boiler ‖ **⌖laufverfahren** *n* (Fernm) / compelled signalling ‖ **⌖lizenz** *f* / compulsory licence ‖ **⌖mischer** *m* (Keram) / positive mixer, compulsory mixer ‖ **⌖mittel** *n* (Waffe, Brecheisen usw) / persuader ‖ **⌐schlüssig** (Bewegung) / constrained, controlled ‖ **⌖schmierung** *f* / positive lubrication, force-feed lubrication ‖ **⌖umlauf** *m* / forced circulation o. flow ‖ **⌖umlaufkessel** *m*, Velox-, La Mont-Kessel *m* / controlled circulation boiler, forced circulation o. forced flow boiler ‖ **⌖umlaufreaktor** *m* / forced circulation reactor ‖ **⌖weg** *m* (Schiff) / established route ‖ **⌖zentrierung** *f* / positive centering

Zwängungsmoment *n* / secondary bending moment

Zwanzig·flächner *m*, Ikosaeder *n* / icosahedron ‖ **⌖walzengerüst** *n* / twenty roll stand

Zweck *m*, Aufgabe *f* / function [to do] ‖ **⌖**, Ziel *n* / purpose, aim, goal

Zweckbau *m* / functional building

Zwecke, Reißzwecke *f* / thumbtack, drawing pin ‖ **⌖** *f*, Stift *m* / tack, pin

zweck·entsprechend, -dienlich, -mäßig / answering its purpose, expedient ‖ **~entsprechend**, erfolgreich / efficacious ‖ **~forschung** f / applied research ‖ **~holz** n (Bau-, Nutzholz) (geschnitten) / lumber (US), sawn wood (GB) ‖ **~kennzeichen** n / characteristic of purpose ‖ **~leuchte** f / functional lamp
zweckmäßig [für], tauglich / fit [for o. to], proper, useful, suitable ‖ **~**, funktionell / functional ‖ **~**, praktisch / practical ‖ **~erweise** / advantageously ‖ **~keit** f / usefulness, utility
zwei ähnliche Stücke / twins pl ‖ **~ dreispurige Fahrbahnen** / two three-lane carriageways ‖ **~ Strich** / double dash
zwei-, [drei, vier]bahnig / at two, [three, four] breadths
Zwei·achser m / fourwheel vehicle, fourwheeler ‖ **~achsig** (Math, Krist) / biaxial ‖ **~achsig** (Fahrzeug) / fourwheel[ed], two-axle, (semitrailer:) tandem ‖ **~achsig biegen** / bend about two axes o. two planes, raise ‖ **~achsiges Drehgestell** (Bahn) / fourwheel bogie ‖ **~achsiger Sattelauflieger** / tandem axle semitrailer ‖ **~achsiger Spannungszustand** m / plane strain ‖ **~adreß** m (DV) / two-address ‖ **~adrig**, -drähtig (Elektr) / bifilar ‖ **~adriges Kabel** / twin-core o. two-core cable, twin-wire cable ‖ **~adriges Koaxialkabel** / twin-concentric cable ‖ **~adriger Verkehr** (Fernm) / two-wire traffic ‖ **~armig** (Hebel) / double o. two-armed (GB), of the first kind o. class (US) ‖ **~armnabe** f / twin-sector clutch hub ‖ **~atomig** / biatomic, diatomic ‖ **~äugige Spiegelreflexkamera** / double lens reflex [camera] ‖ **~-aus-Eins-Code** m (DV) / two-for-one code ‖ **~-aus-Fünf-Code** m (DV) / two-out-of-five code ‖ **~backenfutter** n / two-jaw chuck ‖ **~badverfahren** n (Buch) / two-bath process ‖ **~bahnenbett** n (Dreh) / dual track bed ‖ **~bahnig** (Tuch) / at two breadths ‖ **~bahniger Drucker** (DV) / dual web printer ‖ **~band...** (Fernm, Funk) / double-band... ‖ **~band-Telefonkabel** n / cable for twin band telephony ‖ **~bandverfahren** n (Film) / separate recording of picture and sound, dual film-tape method o. recording ‖ **~basig** (Säure), (besser:) zweiwertig / bibasic, dibasic, secondary (acid) ‖ **~bein** n / bipod ‖ **~beinig** (Gestell) / two-legged, bipod ‖ **~beinmast** m·(Schiff) / bipod mast ‖ **~bitfehler** m (DV) / two-bit error ‖ **~blatt** n (Math) / double folium, bifolium ‖ **~blatt...** (Propeller) / two-bladed ‖ **~blockschwelle** f (Bahn) / concrete-block and steel tie-bar ‖ **~bödig** (Förderkorb) / two-storey (GB) o. -story (US) ‖ **~bogig** (Math) / two-lobed ‖ **~decker** m (Luftf) / biplane ‖ **~decker** m (Schiff) / two-decker ‖ **~deckig** (Schiff) / two-deck[ed] ‖ **~deutig**, unbestimmt / ambiguous, equivocal ‖ **~deutig** (Math) / two-valued, ambiguous ‖ **~deutigkeit**, Ungewißheit f (DV) / amphiboly ‖ **~deutigkeit** f (Math) / equivocation, ambiguity, 2D ‖ **~dimensional** / two-dimensional, 2D ‖ **~dimensionales Filter** / XY filter ‖ **~dimensionaler Wirbel** (Luftf) / point vortex ‖ **~draht...** (Fernm) / two-wire... ‖ **~drahtantenne** f / two-wire antenna ‖ **~drahtendleitung** f / two-wire termination ‖ **~draht-Getrenntlage-System** n (Trägerfrequenz) / equivalent four-wire-system ‖ **~draht-Gleichlage** f (Fernm) / common carrier duplex ‖ **~drähtig**, -fädig (Spinn) / two-thread ..., twofold..., double-thread... ‖ **~drahtleitung** f / two-wire circuit ‖ **~drahtoberleitung** f / two-wire contact line, twin contact wire ‖ **~drahtverstärker** m (Fernm) / two-wire repeater ‖ **~drahtzwischenverstärker** m (Fernm) / two-wire two-way repeater ‖ **~-Drei-Nullentaste** f / two-three-cipher o. -zero key ‖ **~druck[dampf]turbine** f / mixed pressure [steam] turbine ‖ **~düsen-Flugzeug** n / twin-jet plane ‖ **~ebenenradiografie** f / biplane radiography ‖ **~elektrodenlampe** f, -elektrodenröhre f, Diode f / two-electrode thermionic tube ‖ **~elektrodenröhre** f, Diode f / diode, two-electrode thermionic tube ‖ **~elementkristall** m (Mikrophon) /

bimorph ‖ **~-Energierichtung-Stromrichter** m / reversible converter
Zweier·anschluß m (Fernm) / dual subscriber connection, shared-service connection ‖ **~bündel** n (Fernleitung) / twin conductor ‖ **~gruppe** f, Paar m (Math) / dyad, duad ‖ **~komplement** n (Math) / two's complement ‖ **~leitung** f (Fernm) / two-party line, shared-service line ‖ **~logarithmus** m / logarithm to the base 2 ‖ **~potenz** f / power of two ‖ **~schale** f (Nukl) / duplet ring ‖ **~stoß** m (Nukl) / two-body collision ‖ **~system** n (Math) / dyadic system, binary system
Zweietagen·-Förderkorb m (Bergb) / doubledeck cage ‖ **~ofen** m / two-storied furnace ‖ **~-Zwirnmaschine** f (Textil) / doubledeck twisting machine
zweifach / double, doubly, adv. ‖ **~** (Zwirn) / twofold ‖ **~**, doppelt / doubly adv ‖ **~** / double, doubly adv, twofold adj adv ‖ **~e Bindung** (Chem) / double bond o. linkage ‖ **~ brechend** (Phys) / berefringent, double refracting o. refractive ‖ **~ geladen** (Atom, Phys) / doubly charged ‖ **~e Nickelschicht** / double nickel layer ‖ **~es Programm** (DV) / second program level ‖ **~e Schleifenwicklung** / duplex lap winding ‖ **~er Schutz** m (Galv) / double protection ‖ **~e Wellenwicklung** / duplex wave winding ‖ **das ~e** / double ‖ **mit ~er Abstimmung** / double tuned ‖ **~-Antennendiversity** f / dual antenna selection ‖ **~betrieb** m, Duplexbetrieb m (Fernm) / duplex operation, up-and-down working ‖ **~-Diversity** f (Elektronik) / dual diversity ‖ **~-Doppelkegelantenne** f / dual bicone antenna ‖ **~-Drehkondensator** m / twin-gang variable capacitor ‖ **~garn** n, zweifädiges o. -drähtiges Garn / twofold yarn, two-ply yarn ‖ **~-Hindernisleuchte** f (Luftf) / double obstruction light ‖ **~kondensator** m / twin gang capacitor ‖ **~regelung** f / dual control ‖ **~reihenbildkammer** f / twin serial camera ‖ **~röhre** f / double tube ‖ **~-[Rollen]kette** f / duplex roller chain ‖ **~treibstoff** m (Luftf) / bipropellant ‖ **~untersetzer** m, bistabiler Kreis (Elektronik) / scale-of-two [circuit] ‖ **~verstärker** m (Elektronik) / two-stage amplifier ‖ **~werkzeug** n (Druckguß) / two-cavity die
Zwei·fadenlampe f (Kfz) / two-filament bulb ‖ **~fadennaht** f / double thread sewing ‖ **~fädig** (Spinn) / two-thread..., double-thread... ‖ **~fädiger geschleifter Zwirn**, -drähtiger geschleifter Zwirn m (Textil) / double mule-twist ‖ **~fädiger Zwirn**, zweidrähtiger Zwirn (Spinn) / two-threads, two-cord, double thread ‖ **~fädiges o. -drähtiges Garn**, Zweifachgarn n / twofold yarn ‖ **~familienhaus** n / duplex house (US), two-family dwelling (Canada) ‖ **~farbendruck** m / two-colo[u]r printing o. process, duotone printing ‖ **~farbendruckmaschine** f / colour printing machine for two colours ‖ **~farbenspritzmaschine** f (Plast) / two-colour injection machine ‖ **~farben-Spritzverfahren** n (Plast) / multiple shot moulding
zweifarbig, Zweifarben... / bicolor, bicolo[u]red, two-colo[u]red ‖ **~** (Plast) / two-tone ‖ **~es Farbband** / colour ribbon ‖ **~er Kristall** / merochrome
Zweifederspindel f (Spinn) / double spring tongue
zweifelhaft·e Markierung (DV) / doubtful mark
Zwei·filmtheorie f / two-film theory ‖ **~flach**, Dieder n / dihedral, dihedron ‖ **~flach** m (Masch) / pivot with cheeks ‖ **~flächig** / dihedral adj ‖ **~flammenbrenner** m (Schweiß) / twin-flame blowpipe o. torch ‖ **~flammrohrkessel** m / double-flue boiler ‖ **~flanken...** / dual-flank... ‖ **~flankenwälzabweichung** f (Getriebe) / radial composite error ‖ **~flankenwälzsprung** m (Getriebe) / radial tooth-to-tooth composite error ‖ **~flanschnabe** f (Kfz) / double flange hub ‖ **~flügelblende** f (Phot) / two-blade o. two-wing shutter ‖ **~flügelig** (Propeller) / two-bladed ‖ **~flügeliger Lüfter** (Kfz) / two-blade fan ‖ **~flügelige Tür**, Flügeltür f / double-wing o. two-leaf[ed] door, door with two leaves ‖ **~flügelmeißel** m / two-wing bit ‖ **~flüssigkeitstheorie** f / double- o. two-fluid theory ‖

~flutig (Turbine) / double-flow || ~flutiger Boden (Chem) / dual flow tray || ~flutiges Turbogebläse / double-entry compressor || ~fontourige Strickmaschine / double-knit knitting machine || ~frequenz... (Bahn) / dual frequency... || ~frequenzabstimmung f / double-spot tuning || ~frequenztriebfahrzeug n (Bahn) / tractive unit using two systems of frequencies || ~füllungstür f / two-panelled door || ~funkenzündung f (Mot) / two-spark o. dual ignition || ~furchenpflug m / two-bottom plow (US), two- o. double-furrow plough (GB)

Zweig m, Ast m / branch || ~, Ausläufer m (Bergb) / branch of a lode || ~ (Wissenschaft) / discipline, domain, province || ~, Zerfallsanteil m (Nukl) / branching fraction || ~ (Informatik) / path || ~ eines Stromkreises / arm of a circuit || mit zwei ~en (Stromkreis) / two-legged || ~ader f (Bergb) / dropper || ~amt n (Fernm) / branch exchange o. office

Zweigang·... / two-speed || ~bohrmaschine f / two-speed drilling machine

zweigängig (Schraubengewinde) / double-thread[ed], two-start || ~er Abwälzfräser / double-lead self-generating milling cutter || ~e Schnecke / double-lead screw || ~e Wicklung s. zweifache Schleifenwicklung oder Wellenwicklung

Zweigangwischer m (Kfz) / two-speed windshield wiper

Zweig·betrieb m / branch [establishment] || ~draht m (Elektr) / derived wire

zweigehäusig (Turbine) / two-cylinder || ~e Turbine mit 2 Wellen / cross compound unit || ~e Turbine mit einer Welle / tandem compound unit

Zweig·element n (Elektronik) / circuit valve

Zwei·gelenk... / double-jointed || ~gelenkbogen m / two-o. double-hinged arch || ~gelenkbogen m / two-hinged arch || ~geschossig (Brücke) / doubledeck... || ~geschossig (Bau) / two-storey (GB) o. -story (US) || ~gespalten, -spaltig (Buch) / in o. with two columns || ~gestaltigkeit, Dimorphie f (Krist) / dimorphic condition, dimorphism

Zweig·gleis n (Bahn) / branch track || ~hahn m / service cock

zwei·gipflig (Statistik) / bimodal || ~gitterröhre f (Elektronik) / double o. two-grid valve

Zweig·kanal m (Hydr) / secondary arm of a canal || ~kreis m (Elektr) / derived circuit

zweigleisig (Bahn) / double-tracked || ~er Ausbau (Bahn) / doubling of the track || ~ ausbauen / lay a second track, double the track || ~e Brücke / double track bridge || ~e Strecke, -spurige Strecke (Bahn) / double [track] line

Zweig·leitung f (Rohr) / branch piping, shunt pipe || ~leitung f (Elektr) / branch wire

zweigliedrig (Math) / two-term[ed], binomial || ~ / two-termed, binomial || ~e Gleichung / binomial equation

zweiglockiges Läutewerk / two sounders pl

Zweig·paar n (Elektronik) / pair of arms || ~polymerisation f / graft polymerization || ~programm n (DV) / branch routine || ~rohr n, -röhre f / branch pipe

Zweigruppentheorie f (Nukl) / two-group theory

Zweig·schalter m (Elektr) / shunting switch || ~station f (Bahn) / junction station || ~stelle f (Mech) / branch point || ~stellensystem n (DV) / ramification system || ~strecke f (Bergb) / branch road || ~strecke f (Bahn) / branch line || ~strom m (Elektr) / branch o. divided current || ~strom, Nebenschlußstrom m / shunt current || ~strom m im Arm des Gleichrichters / current of a rectifier arm || ~widerstand m (Elektr) / branch resistance

Zweigwiderstand, Nebenschlußwiderstand m / shunt resistance || ~ f (Elektr) / branch resistance

zwei·halsige Flasche, Zweihalsflasche f (Chem) / two-necked bottle || ~handarbeiten n (F.Org) / right-and left-hand working || ~handbetätigung f (Presse), -sicherung f / two-hand trip guard || ~handeinrückung

f / two-hand trip gear || ~händig / two-handed || ~hand-Steuergerät n / two-hand control unit || ~hängiges Dach, Satteldach n / ridge roof, gable roof || ~herdofen m / tandem furnace || ~hiebig (Feile) / double-cut || ~hordendarre f / two-floor kiln || ~kammerbremse f (Bahn) / two-chamber brake || ~kammerhauptzylinder m (Bremse) / dual master cylinder || ~kammer-Klystron n / two-cavity o. two-resonator klystron || ~kammerleuchte f (Kfz) / two-unit lamp || ~kammerofen m / twin chamber[ed] furnace || ~kammerschleuse f, Kuppelschleuse f / coupled locks pl || ~kammerwasserrohrkessel m / water-tube boiler with two headers || ~kanal-Frequenzumtastung f / double frequency shift keying, DFSK, duoplex method || ~kanalschalter m (Elektronik) / two-channel switch || ~kanal-Simplexverkehr m (Fernm) / double channel simplex || ~kanalton-Betrieb m bei Mehrkanalton-Übertragungsverfahren (TV) / two-channel mode concerning multi-channel sound transmission || ~kanalton-Empfänger m (TV) / two-channel sound TV receiver || ~kanalverstärker m / dual-trace amplifier || ~kastenplansichter m (Bergb) / double-hopper plansifter || ~klanghorn n aus zwei Einzelhörnern (Kfz) / twin horn set, two-tone horn set || ~knüppelsteuerung f (Luftf) / double-stick control || ~komponentenfarbe f / two-pot paint || ~komponentenfaser f / conjugate fiber || ~komponenten-Flüssigtreibstoffsystem n (Raumf) / liquid bipropellant system || ~komponentenkleber m / two package system, mixed adhesive || ~komponenten-Reaktionshaftgrund m / two-component o. two-pot primer || ~komponenten-Reaktionshaftgrund m / two-pot primer || ~komponenten-Spritzgerät n / two-component spray gun || ~komponententarif, Tarif m basierend auf Grund- u. Arbeitspreis (Elektr) / two-part o. contract-rate tariff || ~kontakt[spannungs]regler m / two-stage voltage regulator || ~koordinaten-Navigation f / two-coordinate navigation || ~körperkräfte f pl (Phys) / two-body forces || ~körperproblem n (Phys) / two-body problem || ~kränzig (Turbine) / double- o. two-row || ~kreis... (Elektronik) / two-circuit..., double circuit... || ~kreisbremse f / dual circuit brakes pl, divided brake system || ~kreisdiagramm n, Peilacht f (Ortung) / cosine diagram || ~kreisdiskriminator m (Elektronik) / dual tank discriminator || ~kreisel... / twin-gyro... || ~kreisempfänger m, Sekundärempfänger m (Funk) / two-circuit receiver || ~kreislaufsystem n (Nukl) / dual cycle system || ~kreisreaktor m / dual-cycle reactor || ~kreis-TL-Triebwerk n (Luftf) / turbofan, ducted-fan turbine engine, by-pass engine o. power-unit o. turbine || ~kreistriebwerk n / bypass engine, turbofan engine || ~kreisverstärker m / double tuned amplifier || ~krempelsatz m (Spinn) / two-card set || ~kurvenregler m / two-point recording controller || ~lagen..., -schicht... / double layer... || ~lagenregler m / two-stage o. two-level controller || ~lagenwicklung f / double-layer winding || ~lagig / double-ply || ~lamelig / bimetal[lic] || ~läufiger Steigeisengang (Bau) / staggered manhole steps pl || ~läufige Treppe / dog-legged stair || ~leiterkabel n / twin core o. two-core cable || ~leiternetz, -leitersystem n (Elektr) / two-wire system o. network || ~leitertechnik f (Fernm) / N + N technique, two-wire technique || ~leiterzähler m (Elektr) / two-wire meter || ~leitungsbremse f / dual line brake || ~leitungskolbenverteiler m / two-conductor piston distributor || ~linsen-Spiegelreflex-Kamera f / twin lens [reflex] camera || ~linser m, Doppelobjektiv n (Phot) / doublet || ~lochflansch m / two-hole flange || ~lochmutter f / round nut with drilled holes in one face (DIN 547) || ~lochmutterndreher m / pin-type face spanner || ~lochmutterndreher [verstellbar] m /

spanner wrench ‖ **⁻lochwicklung** f (Elektr) / two-slot winding
zweimalig·e [Frequenz]überlagerung / double frequency changing, DFC ‖ **~es Verkupfern** / duplex copper plating
Zweimal·spinnen n / double spinning
Zwei·-mal-Zwei-Tafel f (Math) / fourfold table ‖ **⁻mannblattsäge**, Zugsäge f (DIN) / long o. logging o. timber saw ‖ **⁻mannblattsäge** f (mit gekrümmtem Blatt) / pit o. cleaving saw ‖ **⁻mannsäge** f / two-handed saw, cross-cut saw ‖ **⁻mantelisolator** m (Elektr) / double bell o. double petticoat insulator ‖ **⁻maschinenbedienung** f / two-machine operation ‖ **⁻maschinensystem** n (Kfz, Elektr) / two-unit system ‖ **⁻meißeldrehmaschine** f / duplex lathe ‖ **~metallische Unruh** (Uhr) / bimetallic balance ‖ **~motorig** / two o. twin-engined, double motor... ‖ **~motoriger Jet** / twin-jet plane ‖ **~motoriger Turboprop** / twin-engined prop-jet ‖ **⁻normen...** (TV) / dual standard... ‖ **⁻nullentaste** f (Buch.m) / two-cipher o. two-zero key ‖ **~ohrig**, binaural / binaural
Zweiphasen·... (Chem) / diphase, diphasic ‖ **⁻-Dreileitersystem** n / two-phase three-wire system, interlinked two-phase system ‖ **⁻-Dreiphasen-Transformator** m / two-phase three-phase transformer ‖ **⁻druckverfahren** n **für Küpenfarbstoffe** / colloresin process, two-phase printing process ‖ **⁻generator** m / two-phase generator ‖ **⁻-Speicherauszug** m (DV) / memory dump and print ‖ **⁻strömung** f (Phys) / two-phase flow ‖ **⁻system**, -netz n / two-phase network o. system ‖ **um 90⁰ versetztes ⁻system** (Elektr) / quarter phase system ‖ **unverkettetes ⁻system**, Zweiphasen-Vierleitersystem n / two-phase four-wire system ‖ **verkettetes ⁻system**, Zweiphasen-Dreileitersystem n / two-phase three-wire system, interlinked two-phase system ‖ **⁻wandler** m (Hydrodynamik) / two-phase torque converter ‖ **⁻[wechsel]strom** m (Elektr) / two-phase [alternating] current ‖ **⁻wechselstromgenerator** m / two-phase alternator
zweiphasig, Zweiphasen... / two-phase, biphase, diphase, diphasic ‖ **~**, in zwei Phasen [erfolgend] (Vorgang) / two-phase ‖ **~er Erdschluß** / ground (US) o. earth (GB) leakage on two phases, double earth fault (GB) ‖ **~e Widerstandsvorschaltung** (Motor) (Elektr, Motor) / two-phase arrangement of stator resistance control
Zwei·-plus-Eins-Adreßbefehl m (DV) / two-plus one address instruction ‖ **⁻pol** m (Elektr) / two-terminal network
zweipolig, mit zwei Polen (Elektr) / double-pole..., two-pole, bipolar ‖ **~** (Stecker) / two-pin ‖ **~er Ausschalter** (Elektr) / STDP, single-throw double-pole switch ‖ **~er Kippschalter** / double pole snap switch, DPS, DPSS ‖ **~er Messerschalter** [mit Rückseitenanschluß] / two-pole double-throw a 2-P.D.T. [back connected] knife switch ‖ **~er Stecker** / two-contacts connector ‖ **~er Umschalter** / double throw-over switch
Zwei·pol-Rauschtemperatur f / noise temperature of a one-port ‖ **⁻polröhre** f, Diode f / dipole ‖ **⁻poltheorie** f / theory of the two-terminal network ‖ **⁻prismenmaschine** f / double-cylinder Jacquard loom ‖ **⁻produktscheidung** f / two-product separation
Zweipunkt·abstimmung f, Spiegelfrequenzabstimmung f (Elektronik) / double-spot tuning ‖ **⁻betrieb** m / on-off o. on-and-off control o. function ‖ **⁻glied** n (Regeln) / two-position control unit ‖ **⁻lagerung** f / two-point [contact] bearing
Zweipunktmaß n / two-point distance
Zweipunkt·regelung f (Regeln) / flicker control, bang-bang o. black-white o. flip-flop o. on-off control, dual-mode control ‖ **⁻regelungssystem** n / high-low action control system ‖ **⁻regler** m / two-position o. -step controller ‖ **⁻signal** n (DV) / binary signal

Zwei·punktverhalten n / two-output ‖ **⁻quadrant...** (Elektronik) / two-quadrant... ‖ **⁻quartier** n, halber Stein (Bau) / half-bat, two quarters pl ‖ **⁻rad** n / bicycle, cycle, bike (US coll) ‖ **⁻rad...** / one-axle..., double- o. two-wheel ‖ **⁻radfahrgestell** n (Luftf) / double-wheel o. two-wheel landing gear ‖ **⁻radfahrzeug** n / twowheeler ‖ **⁻radkarren** m / cart, two-wheel cart ‖ **~rädrig**, einachsig / two-wheel, -wheeled, single-axle ‖ **⁻raumkamera**, Dunkelraum-Reproduktionskamera f (Phot) / darkroom [process] camera ‖ **~reihig** (Kugellager) / double- o. two-row ‖ **~reihig** (Nietung) / double-chain o. -row ‖ **~reihig** (Nietung) / double-row ‖ **~reihige parallele Doppellaschennietung** / double chain riveted double strap butt joint ‖ **⁻richtungs...** / bidirectional ‖ **⁻richtungsbetrieb**, Gegentaktbetrieb m (Regeln) / push-pull action ‖ **⁻richtungsdruck** m **mit Wegoptimierung** (DV) / optimized bidirectional printing ‖ **⁻richtungsschrift** f (Magn.Bd) / bidirectional waveform ‖ **⁻richtungsthyristordiode** f, Diac n / diac, bidirectional diode thyristor ‖ **⁻richtungs-Thyristor-Triode** f, Triac n / bidirectional triode thyristor, triac ‖ **⁻richtungsventil** n (Elektronik) / bidirectional valve ‖ **⁻richtungszähler** m (DV) / reversible counter ‖ **⁻rohrsystem** n (für Heizen und Kühlen) / split system heating-cooling ‖ **⁻rollenrotationsdruckmaschine** f / two-reel rotary printing machine ‖ **⁻rumpfflugzeug** n / double fuselage plane ‖ **⁻säulen...** (Wzm) / straight-sided, two column... ‖ **⁻säulenpresse** f / two-column press ‖ **⁻säulentransformator** m / [double-]core transformer ‖ **~säurig** (Chem) / diacid[ic] ‖ **⁻schachtdrucker** m / dual bin printer ‖ **~schäftig** (Bindfaden) / two-strand (twine) ‖ **⁻schalendach** n, Kaltdach n / roof with air insulation ‖ **⁻schalenfehler** m, Astigmatismus m / astigmatism ‖ **⁻schalengreifer** m / clamshell bucket ‖ **~schalig** (Greifer) / clamshell type ‖ **~schaliges Hyperboloid** / hyperboloid of two sheets ‖ **~schaliges Mauerwerk** / double wall masonry ‖ **~scharig** (Math) / doubly ruled ‖ **~scharig** (Landw) / two-share ‖ **~schariger Pflug**, Zweischarpflug m / two-bottom plow (US), two- o. double-furrow plough (GB) ‖ **~schariger Schneepflug** (Bahn) / snow plough with blades ‖ **⁻scheibenkupplung** f / double disk clutch ‖ **⁻scheiben-Schleuderstreuer** m (Landw) / twin disk fertilizer broadcaster ‖ **⁻scheibenwicklung** f (Elektr) / double-disk winding ‖ **⁻schenkeltransformator** m / double-core transformer ‖ **⁻schicht...**, -lagen... / double layer... ‖ **⁻schichtband** n (Magn.Bd) / powder coated tape ‖ **⁻schichtbetrieb** m, Zweischichtarbeit f / work in two-shifts, two-shift operation ‖ **⁻schichtbetrieb** m / two-shift operation ‖ **⁻schichten-Bildschirm** m (TV) / double screen ‖ **⁻schichten-Filmverfahren** n (Buch) / two-layer film process ‖ **~schichtenglas** n / duplex glass ‖ **⁻schichtenpreßling** m (Sintern) / double layer compact ‖ **⁻schichtenputz** m (Bau) / two-coat work ‖ **⁻schichten[sicherheits]glas** n / laminated safety glass ‖ **⁻schichtig**, Zweischicht... (F.Org) / double-shifted ‖ **~schichtig**, mit zwei verschiedenen Zusammensetzungen (Straßendecke) / two-grade ‖ **⁻schichtpapier** n (Papier mit Geber- und/oder Nehmerschicht) / double-sided prepared self-copying paper ‖ **⁻schichtwicklung** f (Elektr) / double-layer winding ‖ **⁻schienen-Gleisstromkreis** m (Bahn) / double rail track circuit ‖ **⁻schienenhängebahn** f / double-beam trolley ‖ **⁻schienenkatze** f / crab running on two rails ‖ **~schienig** / running on two rails ‖ **~schiffig** (Bau) / two-span, two-nave, two-aisle ‖ **⁻schlackenverfahren** n (Hütt) / two-slag practice ‖ **⁻schlag** m (Kinematik) / crank with [attached] coupling link ‖ **⁻schlauchbrenner** m (Schweiß) / single-oxygen-hose cutting torch ‖ **⁻schlitz-Magnetron** m / split anode magnetron ‖ **⁻schneide-Astsäge** f / double-edged pruning saw ‖ **~schneidig** / double- o. two-edged ‖ **~schneidig** (Säge) / double-cut ‖ **~schneidiger Bohrer** /

double chamfered drill, double cutting drill ‖
~schneidige Furniersäge / double-edged veneer saw ‖
~schnittig (Mech) / two-shear ‖ ~schnittiges Gelenk /
double-section linkage ‖ ⌐schraubenflansch m / two-
bolt flange ‖ ⌐schraubenschiff n / twinscrew ship ‖
~schürige Wolle, Zweischurwolle f / double-clip wool
‖ ⌐schußbindung f (Web) / double-weft binding ‖
~schwänzig, doppelschwänzig (Zuck) / fanged,
sprangled ‖ ⌐schwimmerflugzeug n / double-float
seaplane ‖ ⌐seilbahn f / bicable [ropeway] ‖
⌐seilgreifer m / double chain grab, two-rope grab ‖
⌐seitenband n / double side band ‖
⌐seitenbandmodulation f / double-sideband o. dsb
modulation ‖ ⌐seitenentlader m / either side discharger
‖ ⌐seitenkipper m / two-way dumper ‖ ⌐seitenkipper
m (Bahn) / wagon with side tipping bucket
zweiseitig / two-sided ‖ ~, bilateral / bilateral ‖ ~ (Web) /
reversible, double faced, face-and-back… ‖ ~ (z.B.
Anzeige) (Buch) / two-page [spread], double-page
[spread] ‖ ~ (Pap) / two-sided ‖ ~e Abbildung (über 2
Seiten gehend) (Buch) / center spread ‖ ~er Ablaufberg
(Bahn) / dual hump ‖ ~e Abzweigung f / tandem turnout
‖ ~e Appretur / double sizing, face-and-back finish ‖
~ ausgespart / double recessed ‖ ~ beschichteter Film
/ sandwich film ‖ ~ fahrbarer Querstapler / four-
direction side loader ‖ ~ [gerichtet] ‖ ~e
Laschennietung / double butt strap joint, double strap
butt joint ‖ ~er Maulschlüssel / double-headed
[open-end] wrench (US), double-ended open-jawed
spanner ‖ ~es Mikrophon / bidirectional o. bilateral
microphone o. transmitter ‖ ~e Richtcharakteristik
(Elektronik) / bidirectional characteristic ‖ ~es Schloß /
double handed lock ‖ ~er Umschlaghebel / double-
throw lever ‖ ~ wirkend (Kugellager) / double-thrust ‖
~ wirkende Presse / double action press
Zweiseitigkeit f (Fehler) (Pap) / twosidedness
Zwei·silowagen m (Bahn) / wagon carrying two silos ‖
⌐sitzer m (Kfz) / two-seater ‖ ~sitzig / two-seated ‖
⌐sonden-Gleichstromverfahren n (Mat Prüf) / d.c.
testing method with two electrodes ‖ ~spaltig,
-gespalten (Buch) / in o. with two columns ‖
⌐spindelbohrmaschine f / two-spindle drill press ‖
⌐spindelheber m (Kfz) / two spindle jack ‖ ⌐spitz m
(Werkz) / stone pick ‖ ⌐spitzamboß, Hornamboß m /
rising anvil ‖ ⌐spulengerät n (Band) / reel-to-reel
recorder, twin-hub recorder ‖ ⌐spulig
Wellenanordnung, Zweiwellenanordnung f (Luftf) /
two-spool o. twin-spool arrangement ‖ ~spurig (Film) /
double edged ‖ ~spurig, für zwei Spurweiten (Bahn) /
mixed gauge…, double-tracked ‖ ~spurig (Straßb) /
two-lane ‖ ~spuriges Fahren (Bahn) / splitting point ‖
⌐spurtechnik f (Magn.Bd) / two-track recording ‖
⌐stand-Entfernungsmesser m (Verm) / long base range
finder ‖ ⌐ständer… (Wzm) / straight-sided, two
column… ‖ ⌐ständerhobelmaschine f / straight-side
planing machine ‖ ⌐ständerpresse f / double-sided
excentric press ‖ ⌐ständerschere f / double-standard o.
closed shear ‖ ⌐standgetriebe n (Mech) / linkage with
two frame joists, two-pivot linkage ‖ ⌐stärkenglas n
(Opt) / bifocal lens ‖ ~stegig, doppelstegig (Stahlbau) /
double-webbed ‖ ⌐stegplatte f (Raupenfahrz) / double
grouser track shoe ‖ ~stellig (ganze Zahl) (Math) / two-
digit ‖ ~stellig (Dezimale) / two-place ‖ ~stellig
(Statistik) / double-digit… ‖ ⌐stellungsventil n (Pneum) /
two-position push-button ‖ ⌐stellungswahlschalter m
(Pneum) / two-position relay ‖ ⌐sternmotor m / two- o.
double-bank o. -row (US) radial engine ‖ ~stöckig (Bau)
/ two-storey (GB), two-story (US) ‖ ~stöckiger
Förderkorb (Bergb) / two-stage drawing cage ‖
~stöckiger mehrfeldriger Rahmen / multi-span two-
story frame ‖ ⌐stockwagen m (Bahn) / double-deck
coach ‖ ⌐stoff… / binary ‖ ⌐stoffgemisch n / two-
component mix ‖ ⌐stofflegierung f / two-component
alloy, binary alloy ‖ ⌐stoffmotor m / dual-fuel engine ‖

⌐stoffsystem n (Hütt) / binary system ‖ ⌐strahl… (Opt) /
two- o. double-beam…, dual-beam… ‖
⌐strahl-Flächen-Speicherröhre f (Kath.Str) / two-beam
plane storage tube ‖ ~strahlig (Luftf) / twin-jet ‖
~strahliges Flugzeug / twin-jet plane ‖
⌐strahl-Interferenz f (Laser) / two-beam interference ‖
⌐strahl-Interferometer n / double-gap interferometer ‖
⌐strahl-Laserinterferometer n / two-beam laser
interferometer ‖ ⌐strahl-Linien-Speicherröhre f
(Kath.Str) / two-beam line storage tube ‖
⌐strahl-Oszilloshop n / dual-trace oscilloscope,
double-beam o. -gun oscilloscope ‖ ⌐strahlphotometer
n / double-beam photometer ‖ ⌐strahlspektrometer n /
double beam spectrometer ‖ ~strängig / double-strand
‖ ~strängige Kette / double-strand chain ‖ ~straßige
Fahrweise (Fernm) / twin operation of two signalling
channels ‖ ⌐strom… (Turbine) / double-flow ‖
⌐stromeinspritzdüse f / two-flow rate injector ‖
⌐stromlokomotive f / dual current locomotive ‖
⌐stromsystem n, doppelflutiges System (Turbine) /
ducted fan system, by-pass system ‖
⌐strom-Triebwerk s. Zweikreis-TL-Triebwerk ‖
⌐stufen-Auslagern n (Hütt) / two-step ageing ‖
⌐stufenbrenner, Combustor m / two-stage o.
gasification burner, combustor ‖ ⌐stufenmodulation f
(Elektronik) / double modulation ‖ ⌐stufen-Schären n,
-Zetteln n (Web) / two-stage warping ‖
⌐stufenverstärker m (Elektronik) / two-stage amplifier
zweistufig (Treppe) / two-step ‖ ~, in 2 Stufen / in two
stages ‖ ~ (Kompressor, Rakete) / two-stage … ‖ ~ (Relais)
/ double acting o. action ‖ ~e Abschaltung / double
knock-off ‖ ~er Druckgasbrenner / two-stage pressure
gas burner ‖ ~e Einspritzung / two-stage injection ‖ ~e
Expansion / compounding (US), two-stage expansion ‖
~e Gasturbine / two-stage gas turbine ‖ ~es Gerät
(Raumf) / two-stage vehicle ‖ ~e Riemenscheibe /
double cone pulley
zwei·stündig / lasting two hours ‖ ~stündlich / every
second hour
Zweisystem·lokomotive f (hinsichtlich Frequenz o.
Strom) / dual-frequency o. dual-current locomotive ‖
zweiseitig empfindliches ⌐-Mikrophon / dipole
microphone
zweit·e Ableitung, zweiter Differentialquotient (Math) /
second derivative ‖ ~er Anrufsucher (Fernm) /
secondary line switch ‖ ~er Endschalter,
Sicherheitsendschalter m / final o. ultimate limit switch
‖ ~e Form (Buch) / second ‖ ~er Klasse / second-class ‖
~er Kreislauf (Nukl) / secondary circuit ‖ ~e o. innere
Form, Widerdruckform f / inner form ‖ ~er Ordnung,
2. Grades (Math) / second-order ‖ ~e Potenz, Quadrat n
(Math) / square, second power ‖ ~e Putzschicht (Bau) /
second coat ‖ ~er Stock / second floor (Europe), third
floor (USA, Japan) ‖ ~e Wahl / second quality, second-
choice… ‖ ~e Wahl (Ware) / seconds pl ‖ in ~er Reihe
parken (Kfz) / double-park
Zwei·tafelverfahren n (Zeichn) / projection on two planes
‖ ⌐takt m / two-stroke [cycle], two-cycle ‖
⌐taktgemisch n (Kfz) / lubricated petrol (GB) o.
gasoline (US) ‖ ⌐taktmotor m / two [stroke] cycle
engine
Zweit·anzeigegerät n / remote indicator
Zweitarif… / two-tariff…, double-rate…
Zweit·auslenkecho n (Fernm) / second-trace echo, second-
time-around echo ‖ ⌐band n (DV) / alternate band ‖
⌐besitzer m (Kfz) / second-hand owner
zweiteilig / two-piece, bipartite, having two parts ‖ ~e
Dose (Brau) / two-piece can ‖ ~es Fenster / twofold
window ‖ ~e Form / single split mould ‖ ~er Fräser /
twin [milling] cutter ‖ ~es Gesenk / open die ‖ ~e
Kastenform (Gieß) / two-parted mould ‖ ~e Klinke
(Fernm) / two-way jack ‖ ~er Kollektor / two-part
commutator ‖ ~es Objektiv / two-lens object glass ‖ ~e
Rolle (Unruh) / double roller [safety action] ‖ ~er Satz

(Wz) / set of two ‖ ~e **Scheibenegge** / A-type disk harrow ‖ ~es **Tor**, Falttor *n* / folding gate
Zwei·teilnehmerbetrieb *m* / double-user operation ‖ ~**temperatur-Austausch-Trennverfahren** *n* / dual-temperature exchange separation ‖ ~**temperatur-Kühlschrank** *m* / nofrost refrigerator
Zweit·empfänger *m* / second[ary] receiver ‖ ~**entwicklung** *f* / secondary development
Zweiter *m*, zweiter Gang (Kfz) / second [gear]
Zweit·exemplar *n* / duplicate ‖ ~**extrakt** *m* (Schmiermittel) / solvent retreated extract ‖ ~**gerät** *n* (Elektronik) / branch set ‖ ~**kanal** *m* / alternate channel ‖ ~**karten** *f pl* (LoKa) / secondary cards, secondaries *pl* ‖ ~**lautsprecher** *m* / external loudspeaker, remote o. extra loudspeaker ‖ ~**letzt** / next-to-last ‖ ~**lieferant** *m* / second source ‖ **als** ~**lieferant eintreten** (o. liefern) / second-source *vi* ‖ **einen** ~**lieferanten einschalten** / second-source *vt* ‖ ~**luft** *f*, Zusatzluft / secondary o. additional air, supplementary air ‖ ~**luft** *f*, Nebenluft *f* / bleed air ‖ ~**muster** *n* / duplicated sample
Zwei·ton... (Farbe) / two-tone ‖ ~**tonmethode** *f* / intermodulation method ‖ ~**tonruffrequenz** *f* / dual tone multifrequency, DTMF ‖ ~**tor** *n* / two-port *n* ‖ ~**tor** *n*, Vierpol *m* (Elektronik) / two-port network, two-terminal pair network ‖ ~**tor** *n* **in Kreuzschaltung** / lattice network ‖ ~**tourengreifer** *m* (Nähm) / rotary hook ‖ ~**tourenpresse** *f* (Buch) / two-revolution printing press ‖ ~**tourig** (Schloß) / double-turn ‖ ~**tourig** (Geschwindigkeit) / two-speed ‖ ~**touriger Elektromotor** / pole changing motor
Zweit·-Probenahme *f* / duplicate sampling ‖ ~**produkt** *n*, B-Produkt *n* (Zuck) / second class raw o. white sugar, intermediate raw o. white sugar
Zweiträgersystem *n* (TV) / two-carrier system
zweitrangig / secondary
Zweitrommel·-Schleppwinde *f* (Schiff) / yarder, donkey winch ‖ ~**winde** *f* (Kran) / grab winch with separate hoisting and discharging drums
Zweit·schlacke *f* (Hütt) / secondary slag ‖ ~**speicherung** *f* (DV) / secondary storage
zwei·türig (Kfz) / two-door..., tudor... (USA) ‖ ~**türige Limousine** / coach (US), two-door o. tudor (US) sedan
Zweit·wagen *m* (Kfz) / second car ‖ ~**wohnsitz** *m*, -wohnung *f* / second home
Zweiunddreißigerleitung *f* (Fernm) / octuple-phantom circuit
Zwei- u. Zwei-Twill *m* / two-and-two o. 2-and-2 twill, Harvard o. sheeting twill
Zwei·ventil-Heizschlauch *m* (Gummi) / steam airbag ‖ ~**-von-Drei-System** *n* (Regeln) / auctioneering system ‖ ~**walzenbrecher** *m* / double roll crusher ‖ ~**walzenfoulard** *m* (Textil) / two-roll padding mangle ‖ ~**walzengerüst** *n*, Zweiwalzen-Walzwerk *n* (Walzw) / two-high rolling stand o. mill ‖ ~**walzenquetsche** *f* (Textil) / two-bowl squeezer ‖ ~**walzenreiniger** *m* (Spinn) / two-cylinder opener ‖ ~**walzenstuhl** *m* (Mühle) / two-roller mill ‖ ~**wandig** / two- o. double-walled ‖ ~**wandig** (Stahlbau) / of the open box girder type ‖ ~**wattmeter-Schaltung** *f* / Aron connection [of two wattmeters] ‖ ~**weg-Antenne** *f*, Simultan-Antenne *f* (Antenne) / duplexer ‖ ~**wege-[Box]palette** *f* / two-way [box] pallet ‖ ~**wege-Einbauventil** *n* / two-port hydraulic cartridge valve, slip-in valve ‖ ~**wegefahrzeug** *n* / rail-road vehicle ‖ ~**wegepalette** *f* / two-way entry pallet ‖ ~**wegeschurre** *f*, -wegerutsche *f* / twin chute, bifurcated chute ‖ ~**wegeumschalter**, Umschalter *m* / double-throw switch, two-way switch ‖ ~**wegfluß** *m*, Übertragung in beiden Richtungen *f* / bidirectional flow ‖ ~**weggleichrichter** *m* / full-wave rectifier ‖ ~**weghahn** *m* (Bohrung im Winkel von 30⁰ zur Durchgangsrichtung) (Chem) / two-way cock ‖ ~**weg-Kegelhahn** *m* **mit Parallelbohrungen** / double oblique bore stopcock ‖ ~**weg-Schaltdiode** *f*, Diac *m* (Elektronik) / diac, bidirectional diode thyristor ‖

~**wegschalter** *m* (Elektr) / two-way switch ‖
~**wegschaltung** *f* (Stromrichter) / double-way connection ‖ ~**wegschließer** (Relais), -wegschließkontakt *m* (mittenstabil) / change-over center-stable contact ‖ ~**weg-Thyristor**, Zweirichtungs-Thyristor *m* (bidirektionaler Wechselstrom-Thyristor), Triac *n* / triac, (triode A.C. semiconductor switch) ‖ ~**weg-Tiefofen** *m* (Hütt) / two-way soaking pit ‖ ~**wegumschalter**, Umschalter *m* / two-way switch ‖ ~**wegumschalter** *m*, Umschalter *m* / two-way switch ‖ ~**wegverstärker** *m* / go-and-return repeater ‖ ~**wellenanordnung** *f* (Turbine) / cross-compound o. two-shaft arrangement ‖ ~**wellenanordnung** *f* (Luftf) / two-spool o. twin-spool arrangement ‖ ~**wellenkneter** *m*, Zweiwalzenkneter *m* / two-roll kneading machine ‖ ~**wellen-Mantelstrom...** (Turboreaktor) / twin spool fan jet ‖ ~**wellenturbine** *f* (Luftf) / twin shaft turbine ‖ ~**wellige Wellpappe** / double-double face corrugated fibreboard ‖ ~**wertig** (Chem) / bivalent, divalent ‖ ~**wertiger Alkohol** / dihydric alcohol ‖ ~**wertiges Atom** o. **Radikal** / diad ‖ ~**wertige Base** / bivalent base ‖ ~**wertigkeit** *f* / bivalence ‖ ~**wertigkeit** *f* (Math) / duplicity, two-valuedness ‖ ~**wicklungsmaschine** *f*, -generator *m* (Elektr) / double-wound generator ‖ ~**wochenbericht** *m* (Bau) / two-weekly o. fortnightly (GB) report ‖ ~**zahl**, Dyade *f* / dyad, duad ‖ ~**zeichenglied** *n* (Regeln) / two-state device ‖ ~**zeilig** (Buch, Schreibm) / double-spaced ‖ ~**zimmerwohnung** *f* / two-room apartment o. flat (GB) ‖ ~**zinkig**, -zackig / two-prong[ed] ‖ ~**zonenofen** *m* / double fired furnace ‖ ~**zonenreaktor** *m* / two-zone reactor ‖ ~**zugkessel** *m* / two-pass boiler ‖ ~**zugware**, Doppelstretchware *f* (Textil) / double-stretch articles ‖ ~**zylinder...** (Mot) / two-cylinder ‖ ~**zylinderblock** *m* / two-cylinder block, cylinders cast in pairs *pl* ‖ ~**zylinder-Boxermotor** *m* / twin-[horizontal] opposed cylinder engine, two-cylinder flat type engine, flat twin ‖ ~**zylindergarn** *n* / condenser yarn ‖ ~**zylindermotor** *m* (Mot) / twin-cylinder engine

Zwerg·... / dwarf, miniature ‖ ~**fassung** *f* / miniature socket ‖ ~**lampe** *f* (unter 30 mm Länge und 16 mm Durchmesser) (Elektr) / pygmy lamp, miniature lamp ‖ ~**röhre** *f* (Elektronik) / dwarf tube, [sub]miniature tube o. valve ‖ ~**signal** *n* (Bahn) / dwarf o. ground signal ‖ ~**sockel**, Mignonsockel *m* (Lampensockel E 10 DIN) (Elektr) / miniature [Edison screw] cap o. socket ‖ ~**stern** *m* / dwarf star ‖ ~**tube** *f* (Wellenleiter) / miniature tube ‖ ~**tubenkabel** *n* / coaxial cable with small diameter tubes, small-diameter coaxial tube cable ‖ ~**wuchs** *m* / nanism ‖ ~**zündkerze** *f* / miniature plug
Zwickel *m*, Keil *m* / gore, gusset ‖ ~, Pendentif *n* (zwischen Kuppel u. quadratischem Sockel) (Bau) / panache, pendentive ‖ ~ (Strumpf) / clock of stockings ‖ ~, Keil *m*, eingesetztes Stück / godet ‖ ~, Keil *m*, eingesetztes Stück / let-in piece ‖ ~ (Strumpf) / clock, gusset, crotch (USA) ‖ ~**decknadel**, Zeichendecknadel *f* (Strumpf) / lace [narrowing] point, clocking point ‖ ~**maschine** *f* (Strumpf) / clock machine ‖ ~**naht** *f* (Textil) / clock seam ‖ ~**spitze** *f* (Strumpf) / double narrowing toe ‖ ~**strumpf** *m* / clocked stocking
Zwicken *n* (Schuh) / lasting [operation]
Zwickerei *f* (Schuh) / lasting room o. department, making room
Zwickmaschine *f* (Schuh) / [console] lasting machine
Zwiebel·dach *n* (Bau) / Moorish dome o. imperial dome o. roof ‖ ~**fisch**, Ablegefehler *m* (Buch) / wrong letter o. fount ‖ ~**fische** *m pl* (Buch) / pie ‖ ~**fliege** *f*, Hylemya antiqua Meig / onion maggot ‖ ~**hautpapier**, -schalenpapier *n* / onion skin paper
zwiegenäht (Schuh) / inverted-seam sewn, inverted inseam work, vertical welt...
Zwilling *m* / twin ‖ ~, Doppelflinte *f* / double barrelled gun ‖ ~ (Krist) s. Zwillingskristall ‖ ~, zugehöriger Partner (Masch) / Siamese (US), mate

Zwillings·..., Doppel... / twin..., geminate ‖ **⁻achse** f (Krist) / twinning axis ‖ **⁻antenne** f / two-wire antenna ‖ **⁻antrieb** m / twin drive ‖ **⁻arbeitskontakt,** -schließer m / make-make-contact o. relay ‖ **⁻artig verwachsen** (Krist) / macled ‖ **⁻bereifung** f / dual application ‖ **⁻bereifung** f, -reifen m pl (Kfz) / dual o. double twin tires pl ‖ **⁻bildung** f (Krist) / twin accommodation, twinning ‖ **⁻drossel** f (Elektr) / twin reactor ‖ **⁻drucker** m (DV) / auxiliary printer ‖ **⁻fahrleitung** f, Zweidrahtoberleitung f / twin-contact wire, two-wire contact line ‖ **⁻fenster,** Zweilichtenfenster n / gemel window ‖ **⁻flug** m (Raumf) / dual flight ‖ **⁻futterdrehmaschine** f / twin front operated chucking lathe ‖ **⁻klemme** f (Elektr) / double terminal ‖ **⁻klinke** f (Fernm) / pair of jacks ‖ **⁻kolbenmotor** m / twin piston engine ‖ **⁻kontrolle** f, Duplikatvergleich m (DV) / duplicating o. duplication check, duplicate operation check, twin check ‖ **⁻kristall** m / compound o. geminate o. twin crystal, macle, twin ‖ **⁻leiter** m, -leitung f / twin conductor ‖ **⁻mast** m / twin poles pl ‖ **⁻öffner** m (Relais) / break-break contact ‖ **⁻öffner** m **mit Brückenkontakt** / double break contact-on-arm contact ‖ **⁻öffner-Schließer** m (Relais) / break-break-make (GB), break-changeover [contact] (US) ‖ **⁻öffner-Zwillingsschließer** m (Relais) / double changeover [contact] ‖ **⁻öffner-Zwillingsschließer** m **mit Brückenkontakt** / double make double break contact-on-arm (GB) ‖ **⁻paar** n / twin pair ‖ **⁻pumpe** f / twin pump ‖ **⁻rad** n / twin wheel ‖ **⁻reifen** m pl (Kfz) / dual o. double o. twin tires pl ‖ **⁻salz** n (Chem) / double salt ‖ **⁻schacht** m (Bergb) / double pit ‖ **⁻schiene** f / twin o. double rail ‖ **⁻schleuse** f (Hydr) / double o. twin lock ‖ **⁻schließer,** -arbeitskontakt m / make-make-contact o. relay ‖ **⁻schließer** m **mit Brückenkontakt** / double-make contact-on-arm contact ‖ **⁻schwelle** f (Bahn) / twin sleeper ‖ **⁻streifung** f (Hütt) / twinning bands pl ‖ **⁻träger** m / double o. twin girder ‖ **⁻vollgummireifen** m pl / dual solid tires pl ‖ **⁻walzen,** Duowalzen f pl / duo-rolls pl ‖ **⁻walzwerk** n, Duowalzwerk n / two-high mill ‖ **⁻zug-Verbundkoksofen** / twin-draught compound coke oven ‖ **⁻zündung** f (Mot) / twin ignition ‖ **⁻zylinder-Trommelmischer** m / twin-cylinder mixer

Zwinge f / clamp, cramp ‖ ⁻, Hirnring m (Wz) / thimble ‖ ⁻, Hülse f / collet, collar, ferrule, ferrel ‖ **mit einer** ⁻ **versehen** / ferrule vt

zwingend / coercive

Zwirn m, zweidrähtiges (o. -fädiges) gezwirntes Garn / doubled yarn, double twist ‖ ⁻ (allg) / strong yarn ‖ ⁻ (Spinn) / twist, twisted thread, ply-yarn ‖ ⁻ **mit linker Schußdrehung,** Linkszwirn m (Textil) / lefthand thread ‖ **dreifädiger, -drähtiger** ⁻ / three-cord twist ‖ **[eindrähtiger o. einfacher]** ⁻ / twine, twisted yarn ‖ **mehrfacher (o. dublierter)** ⁻ / cabled yarn o. thread, multifold yarn ‖ **⁻drehung** f / ply torque o. twist, twist torsion ‖ **⁻effekt** m, Auswirkung f des Zwirnens / twisting effect

zwirnen, zusammendrehen (Textil) / ply v, twist, twine ‖ ⁻ (Seide) / throw ‖ ⁻ n / twist[ing], twining, doubling ‖ ⁻ (Seide) / throwing ‖ ⁻ **der Kettfäden** / plying ‖ **aufdrehendes** ⁻ (Textil) / doubling in the opposite direction ‖ **zudrehendes** ⁻ (Textil) / doubling in the same direction as the twist

Zwirner m, Zwirnmaschinen-Arbeiter m / twister, doubler

Zwirnerei f (Spinn) / doubling mill

Zwirn·faden m, Zwirn m (Spinn) / twist[ed thread], twine ‖ **⁻fixieren** n (Spinn) / twist setting ‖ **⁻flügel** m, -flyer m (Spinn) / twisting flyer ‖ **⁻glätter** m (Spinn) / thread finisher ‖ **⁻kette** f / double warp, ply warp ‖ **⁻kette** f **von Merinowolle** (Textil) / Botany worsted weft ‖ **⁻koeffizient** m (Spinn) / twist multiplier o. factor ‖ **⁻kops** m / twist cop ‖ **⁻maschine** f, Zwirner m (Spinn) / twisting o. doubling o. twine frame o. machine, twister, doubler (GB) ‖ **⁻ring** m / twisting ring ‖ **⁻selfaktor** m /

twiner mule, mule doubler ‖ **⁻spinnmaschine** f / combined spinning and twisting machine ‖ **⁻umspinnung** f / yarn covering

Zwirnung f (Spinn) / twisting effect

Zwirnungsgrad m / degree of twist

Zwirnwickel, papierner ⁻ / yarn package paper, twist package

zwischen Ämtern (Fernm) / inter-office ‖ ~ **den Polen liegend** / interpolar ‖ ~ **Flugzeugen** / inter-aircraft... ‖ **~abbildend** (Opt) / intermediate image forming ‖ **~abbildende Optik** / intermediate-image-forming optical system ‖ **⁻abbildung** f, -bild n / intermediate image o. projection ‖ **⁻abklinglager** n (Nukl) / interim storage site ‖ **⁻ablesung** f (Verm) / intermediate sight ‖ **⁻achsanbau** m (Landw) / center mounting, mid-mounting ‖ **⁻amt** n (Fernm) / intermediate exchange o. office o. station ‖ **⁻anflug** m (ILS) / intermediate approach ‖ **⁻anschlag** m (Bergb) / intermediate hopper o. inset ‖ **⁻anschlag** m (Wzm) / intermediate stop ‖ **⁻anschlag** m **am Folgeschnitt** (Stanz) / finger stop ‖ **⁻anstrich** m / intermediate coat, undercoat ‖ **⁻anzapfturbine** f / reducing turbine ‖ **~atomar** (zwischen Atomen wirkend) / interatomic ‖ **~atomare Kraft** / interatomic force ‖ **⁻ausmauerung** f / intermediate brickwork ‖ **⁻bahnhof** m, Unterwegsbahnhof m / intermediate station ‖ **⁻bahnsteig** m, Mittelbahnsteig m / intermediate platform ‖ **⁻basisschaltung** f (Elektronik) / grounded-base circuit ‖ **⁻bau** m / intermediate building ‖ **⁻bau** m (Reifen) / breaker strip ‖ **⁻behälter** m, -gefäß n (Strangguß) / pony ladle, tundish ‖ **⁻beizen** n (Hütt) / interstage pickling ‖ **⁻bereich** m **für Bestand** (DV) / holding area ‖ **⁻bereich für Veränderungen** (DV) / stacking area ‖ **⁻bericht** m / progress report ‖ **⁻beschleuniger** m / intermediate accelerator ‖ **~betrieblich** (Fernm) / intercompany ‖ **⁻bild** m (Mikrosk) / first image ‖ **⁻bild-Ikonoscop** n (TV) / image o. super-iconoscope ‖ **⁻block[stelle]** (Bahn) / intermediate block post ‖ **⁻boden** m / intermediate bottom ‖ **⁻boden** m (Turbine) / diaphragm ‖ **⁻boden** m (Bau) / false floor ‖ **⁻bodenauffüllung** f (Bau) / filling of the false floor ‖ **⁻brett** n **der Palette** / stringer of a pallet ‖ **⁻bunker** m / surge bin o. tank ‖ **⁻chip** m / chip carrier ‖ **⁻dampfentnahme** f (Dampf) / intermediate tapping, extraction, bleeding ‖ **⁻datei** f (DV) / temporary file ‖ **⁻deck** n (Schiff) / between-deck, tweendeck ‖ **⁻deck** n (Schiff) / 'tweendeck ‖ **⁻decke** f (Bau) / inserted o. intermediate ceiling ‖ **⁻decke** f (Email) / intermediate coat ‖ **⁻decke** f **im Laderaum** (Schiff) / intermediate floor of the hold ‖ **⁻empfang** m (Funk) / intermediate reception ‖ **⁻ergebnis** n (Math) / extension ‖ **⁻ergebnisse** n pl (allg) / intermediate data pl ‖ **⁻[ergebnis]speicher** m (DV) / temporary storage ‖ **⁻erhitzer** m (Gas Turb) / interheater ‖ **⁻erzeugnis** n (allg) / intermediate product ‖ **⁻erzeugnis** n (Bergb) s. Zwischenprodukt ‖ **⁻fläche** f, Grenzfläche f / boundary layer ‖ **⁻flächen...** / interfacial ‖ **⁻flüssigkeit** f (Galv) / intermediate liquid, salt bridge ‖ **⁻form** f / intermediate form ‖ **~formen,** vorschmieden (Schm) / preforge ‖ **⁻formgebung** f (Walzw) / intermediate shaping ‖ **⁻formung** f, Vorschmieden n / preforging

Zwischenfrequenz f, ZF / intermediate frequency, i.f., I.F. ‖ ⁻ **... s. auch ZF...** ‖ **⁻bandfilter** n / I.F. pass-band ‖ **⁻empfindlichkeit** f / intermediate frequency response ‖ **⁻festigkeit** f (TV) / intermediate frequency rejection factor ‖ **⁻filter** n / I.F.-filter, intermediate frequency filter ‖ **⁻generator** m / intermediate frequency generator o. oscillator ‖ **⁻pfeifen** n / heterodyne whistle ‖ **⁻-Sperrkreis** m (Elektronik) / parallel tuned IF-trap ‖ **⁻stufe** f / intermediate frequency stage ‖ **⁻trafo** m / IFT, intermediate frequency transformer ‖ **⁻verstärker** m (Funk) / intermediate frequency amplifier, superheterodyne amplifier

Zwischen·frotteur m (Textil) / second bobbin drawing box ‖ ~frucht, Fangpflanze f (Landw) / catch crop ‖ ~fruchtbau m (Landw) / catch-crop growing, intercropping (US) ‖ ~funktion f / intermediate function ‖ ~futter n (Textil) / interlining ‖ ~futter n ("Katzenkopf") (Wzm) / cathead, spider ‖ ~galvanisierung f (Galv) / precoating ‖ ~gang m / passage, corridor ‖ ~gas geben / double-declutch ‖ ~gebinde, -gespärre, Leergebinde n (Zimm) / common couple o. truss, empty truss ‖ ~gefäß n (zwischen kontinuierlichen Prozessen) / surge drum ‖ ~gefäß n (Strangguß) s. Zwischenbehälter ‖ ~geglüht (Hütt) / intermediate o. process annealed, interannealed ‖ ~gelagert, -geschichtet (Bergb) / interstratified ‖ ~gelegt / inserted ‖ ~gelegt, in Sandwichbauart / sandwiched ‖ ~gerade f (zwischen Krümmungen) (Verm) / straight ‖ ~gerüst n (Textil) / intermediate stand ‖ ~geschaltet, eingeschaltet (Elektr) / inserted, interconnected, interposed ‖ ~geschirr n (Bergb) / intermediate cage suspension, intermediate gear, rope attachment ‖ ~geschobene Aufnahme / intercut shot ‖ ~geschoß, Hochparterre n (Bau) / intermediate storey, mezzanine ‖ ~gespeichert, nicht-live (Radio) / pre-recorded, delayed broadcast o. program ‖ ~gestell n (Masch) / auxiliary frame ‖ ~getriebe n / intermediate gear o. link-motion ‖ mit ~getriebe / geared ‖ ~gewebe n (Gummi) / intercalated fabric ‖ ~gewölbe n (Keram) / drop arch ‖ ~gitteratom n (Phys) / interstitial [atom] ‖ ~gitter-Mischkristall m / interstitial solution ‖ ~gitterplatz m / interstitial n ‖ ~glied, -stück n (allg) / connecting link o. member, intermediate [member], link ‖ ~glied n (Math) / intermediate term ‖ ~glied n der Bewegung (Mech) / motion link ‖ ~glühen / process-anneal ‖ ~glühung, -glühe f (Hütt) / intermediate o. process annealing, work annealing ‖ ~größe f / intermediate size ‖ ~grundplatte f (Instr) / intermediate mounting plate ‖ ~gut n (Erz-Bergb) / middlings pl ‖ ~hafen m / intermediate port o. harbour ‖ ~halt m (Bahn) / intermediate station o. stop ‖ ~haltlos (Bahn) / non-stop ‖ im ~handel verkaufen / job v ‖ ~händler m / jobber, wholesale merchant ‖ ~hilfsträger m (Elektronik) / intermediate subcarrier ‖ ~hören n (Fernm) / listening through ‖ ~hülse f / reduction sleeve ‖ ~kanal-Zeitfehler m (Magn.Bd) / skew error ‖ ~kasten m (unbekannten Aufbaus) / blackbox, black box ‖ ~kern m (Nukl) / compound o. intermediate nucleus ‖ ~kolben m (Mot) / intermediate piston ‖ ~kondensator m, -kühler m / intercondenser ‖ ~kopie f / intermediate [copy] ‖ ~korngrößen f pl (Bergb) / intermediates pl ‖ ~kornvolumen n (Aufber) / void volume ‖ ~kreis m / intermediate circuit ‖ ~kreisgleichrichter m / indirect rectifier ‖ ~kühler m / intercooler ‖ ~kühlung f / intermediate cooling ‖ ~kupferung f (Galv) / pre-copper plating ‖ ~kupplung f (Drahtseilbahn) / wire rope coupling

Zwischenlage f, -schicht, Einlage f / intermediate layer, ply ‖ ~, Abstandsstück n / intermediate shim, spacer, liner, distance block o. piece ‖ ~, Futterblech n (Stahlbau) / lining [plate], filler ‖ ~, Ausfütterung f (Masch) / pillow, lining ‖ ~, Schonschicht f von Pappe / underliner of board ‖ ~ (Reifen) / inner liner, liner (US) ‖ ~, -schicht f (Schichtglas) / interlayer sheeting

Zwischenlagen·papier n (Buch) / interleaving paper

Zwischen·lager n, Lager für die Fertigmontage / in-process inventory o. stock ‖ ~lager n, -lagerung f (Masch) / intermediate bearing ‖ ~lager n für Halbfabrikate / bank (US) ‖ ~lagerung f / intermediate storage ‖ ~lagerung f (Nukl) / interim storage ‖ ~lagerung, Einlagerung f (Geol) / interstratification ‖ ~lagerung f in Kühlanlagen / cold storage ‖ ~landen / make an intermediate landing o. stop ‖ ~landung f (Luftf) / intermediate stop o. landing ohne ~landung / nonstop ‖ ~längsträger m (Luftf) / intermediate longitudinal [girder] ‖ ~läufer,

Druckmitläufer m (Färb) / print back cloth, printer's blanket o. felt, back gray ‖ ~legierung f / intermediate alloy ‖ ~leitung f (Fernm) / link ‖ ~linsenverschluß m (Phot) / between-the-lens shutter, central shutter ‖ ~lochung f (LoKa) / interstage punching ‖ ~mantel m (Kabel) / intersheath ‖ ~maß n / intermediate size ‖ ~-Massenspeicher m / intermediate mass storage ‖ ~mauer f / window pier ‖ ~mittel n (Chem) / intermediate [preparation] ‖ ~mittel n (Bergb) / interburden, rock vein ‖ ~modenwelle f / intermodal wave ‖ ~modulation f, ZM / intermodulation, IM ‖ ~molekular, intermolekular / intermolecular ‖ ~molekulare Bindung (o. Kraft) (Flüssigk) / molecular association o. interaction ‖ ~negativ n (Video) / dupe ‖ ~nitschler, -frotteur m (Textil) / second bobbin drawing box ‖ ~original n / master ‖ ~pfanne f, -behälter m (Strangguß) / [atmosphere controlled] tundish, pony ladle ‖ ~pfannenwagen m (Strangguß) / tundish carriage ‖ ~pfeiler m (Brücke) / intermediate pier o. abutment o. post ‖ ~pfeiler m zwischen Fenstern / window pier ‖ ~pfette, Mittelpfette f / middle purlin ‖ ~phase f, intermediäre phase / intermediate phase ‖ ~planie f (Straß) / intermediate level ‖ ~platte, -scheibe f / distance plate ‖ ~platte f (Schiff) / intercostal plate ‖ ~podest m n, Treppenabsatz m innerhalb des Laufes / half-pace, footpace ‖ ~produkt n / intermediate [product] ‖ ~produkt, -gut n (Bergb) / intermediate product ‖ ~produkt, -mittel n (Chem) / intermediate ‖ ~produkt n (Math) / intermediate product ‖ ~pumpe f (für Kraftstoff) (Luftf) / booster pump ‖ ~punktabtastung f, Punktverflechtung f (TV) / dot interlacing, dot interlace scanning ‖ ~punktflimmern n (TV) / interdot flicker ‖ ~rad n (Masch) / intermediate wheel, carrier, idle o. stud wheel ‖ ~rad n (Kfz) / intermediate timing gear ‖ ~rahmen m (Kfz) / subframe ‖ ~rahmen m (Buch) / intermediate chase

Zwischenraum, Abstand m / space, clearance, distance, pitch, spacing ‖ ~, Lücke f / gap, break ‖ ~, Öffnung f / gap, break, blank ‖ ~, Spiel n (Masch) / clearance, backlash, play ‖ ~, Spalt m / interstice, gap ‖ ~ (Krist) / interstitial space ‖ ~, Stoßfuge f / gap at the joint ‖ ~ Leerspalten f (DV) / SP, space ‖ ~ von Pfeiler zu Pfeiler (o. zwischen den Pfeilern o. Trägern) (Bau) / bay, compartment ‖ ~ zwischen Brennelementehülle und Brennstoff / clad/fuel clearance, fuel/clad clearance ‖ ~ zwischen den Mauerschalen (Bau) / cavity between double walls ‖ ~ zwischen den Trägern eines Gebäudes / bay between joists ‖ ~ zwischen Säulen / intercolumniation ‖ ~ zwischen Wänden (Bau) / clear ‖ mit ~ anordnen, Abstand einführen / space [out] v ‖ ~kontakt m (Fernm) / space contact ‖ ~taste, Leertaste f (Schreibm) / space bar o. key ‖ ~tastung f (Schreibm) / horizontal spacing ‖ ~zeichen n, ZWR (OCR) / space character, SP ‖ ~zeichen n (Fernm) / separative signal

Zwischen·reaktion f / intermediate reaction ‖ ~reflux m (Öl) / internal o. intermediate reflux ‖ ~revision f (Bahn) / intermediate overhaul ‖ ~ring m / intermediate ring ‖ ~rippe f / ridge ‖ ~ruf m, Unterbrechung f (Fernm) / break-in, intrusion ‖ ~säule f in einer Wand / filling post ‖ ~schacht, Stapel m, Verbindungsschacht m (Bergb) / blind pit o. shaft, jack head pit, winze, staple [pit] ‖ ~schalten (Elektr) / connect in series, insert ‖ ~schalten, -setzen o / in-line arrangement ‖ ~schalter, Kreuzschalter m (Elektr) / intermediate switch ‖ ~schalttafel f (Fernm) / cross connecting board ‖ ~scheibe, Z-Scheibe f / washer machined to close tolerances ‖ ~scheibe f zur Luftspaltregulierung (Elektr) / pole shim ‖ ~schicht f (Schlauch) / insulation layer ‖ ~schicht f (allg) / intermediate coat o. layer, interlayer ‖ ~schicht, Unterlage f (Galv) / precoat, preplating, undercoating ‖ ~schicht f (Kfz, Katalysator) / washcoat ‖ ~schicht f (Bergb) / band, parting ‖ ~schicht f, Zwischenmittel n im Flöz (Bergb) / rock vein ‖

˘schicht f (Oxidkathode) / interface ‖ [dämpfende]
˘schicht (Straßb) / cushion layer ‖ ˘schlag m zw.
Spalten (Buch) / space between columns ‖ ˘schwelle f
(Bahn) / intermediate sleeper ‖ ˘[schwing]kreis m
(Elektronik) / intermediate circuit ‖ ˘sender m (Fernm) /
link transmitter ‖ ˘sender m (Radio) / relay transmitter,
relay [broadcasting] station, radio relay station,
rebroadcasting o. repeat[er] station, reradiating sender,
retransmitter ‖ ˘sender m (TV) / fill-in transmitter ‖
˘sockel m (Elektronik) / tube adapter ‖ ˘sockel m (Elektr)
/ adapter cap ‖ ˘sohle f (Bergb) / intermediate level ‖
˘sohle f (Schuh) / throughsole ‖ ˘speicher m (DV) /
intermediate stor[ag]e o. memory, buffer store (GB) o.
storage (US) ‖ ˘speicher m (Trinkwasser) / service o.
distribution reservoir, clear water reservoir ‖ ˘speicher
m, -silo m (Bergb) / surge bin ‖ ˘speicher-Bibliothek f
(DV) / staging library ‖ ˘speicherung f / temporary
storage ‖ ˘spur f (DV) / insertion track ‖ ˘staatlicher
Beratender Ausschuß für den Fernsprech- u.
Telegrafendienst m / Intern. Telegraph and Telephone
Consultative Committee, CCITT ‖ ˘stadium n /
transitional stage, intermediate stage ‖ ˘station f (Bahn)
/ intermediate station ‖ ˘stecker m (Elektr) / adapter o.
attachment plug ‖ ˘stellenumschalter m (Fernm) / inter-
through switch ‖ ˘stellung f / intermediate position ‖
˘stock m (Bau) / intermediate stor[e]y ‖ ˘stoff m
(Chem) / precursor ‖ ˘stop m (DV) / break point ‖
˘stop[-Befehl] m (NC) / check point instruction ‖
˘stück n / intermediary ‖ ˘stück n, Adapter m /
adaptor, adapter ‖ ˘stück n, Trennstück n (Bau, Masch) /
separator ‖ ˘stück, Übergangsstück n / transition piece
‖ ˘stück n des Schmiedesattels / saddle bolster ‖
˘stufe f, -stadium n / intermediate stage o. state ‖
˘stufe, -form f (Chem) / intermediate [preparation] ‖
˘stufe f am Kontroller (Elektr) / intermediate notch of
the controller ‖ ˘stufengefüge n (Hütt) / intermediate
structure, bainite (US) ‖ ˘stufen-Umwandeln n (Hütt) /
bainitic hardening ‖ ˘stufenverbindung f (Raumf) /
interstage skirt ‖ ˘stufenvergütung f, -umwandeln n
(Hütt) / austempering ‖ ~stuflich, intermediär (Chem) /
intermediate ‖ ˘stütze f, -unterstützung f (Seilb) /
intermediate support ‖ ˘summe f (Add.m.) / subtotal,
group-total ‖ ˘summentaste f (Add.m.) / subtotal key ‖
˘summenzeichen n (Buch.m) / lozenge ‖
˘symbolstörung f / intersymbol interference, ISI ‖
Wandern des ˘synchronisierzeichens nach Schwarz
(TV) / chickens pl ‖ ˘titel m / title link, subtitle,
information caption ‖ ˘trafo m (bes. zum Einschrauben
in Lampenfassungen) / adapter transformer ‖ ˘träger m
(Bau) / secondary beam o. girder, intermediate member
‖ ˘träger m (Elektronik) / subcarrier ‖ ˘träger,
Differenzträger m (TV) / intercarrier ‖
˘träger-Amplitudenmodulation / SCAM, subcarrier
amplitude modulation ‖ ˘träger-Frequenzmodulation
/ SCFM, subcarrier frequency modulation ‖
˘trägerpapier n / transfer paper, intermediate ‖
˘trägerverfahren, -trägersystem n (TV) / intercarrier
sound system ‖ ˘träger-Verhältnis n / subcarrier ratio
‖ ˘transformator m (Elektronik) / intertube transformer
‖ ˘transparent n / transparent copy sheet ‖
˘überhitzer m / intermediate superheater, reheater ‖
˘überhitzung f / re[super]heating ‖ mehrfache
˘überhitzung / multiple reheat ‖ mit ˘überhitzung /
re[super]heated ‖ ˘überhitzungsturbine f /
resuperheat turbine ‖ ˘überschrift f (Buch) / sub-
heading ‖ ˘-Übertrager m (Elektronik) / interstage
transformer ‖ ˘umhüllung f / interwrap ‖
˘untersuchung f (Kfz) / interim-inspection,
intermediate inspection ‖ ˘vakuum n / vacuum 100 to 1
torr ‖ ˘verkehr m (Fernm) / way traffic ‖ ˘verkehrs…,
Dialog… (DV) / interactive ‖ ˘verstärker m (Fernm) /
intermediate repeater ‖ ˘verstärker m (Funk) /
intermediate amplifier ‖ ˘verteiler m (Fernm) /
intermediate distribution frame o. distributor, IDF ‖

˘verteilerkasten m (Elektr) / intermediate distribution
box ‖ ˘verzug m (Textil) / intermediate draft ‖
˘vorgelege n, -welle f / countershaft ‖ ˘vorgelege n,
-getriebe n (Masch) / intermediate o. reduction o.
transmission gear ‖ ˘wahl f (Fernm) / interdialling ‖
˘wand, Trennwand f (Bau) / partition o. party o. parting
wall ‖ ˘wand f (nicht tragend) / internal partition[ing] ‖
˘wand f (tragend) / bearing partition ‖ ˘wand f (im
Ballon) / diaphragm ‖ ˘wand f (Hütt) / bridge wall ‖
˘weichglühen n (Hütt) / intermediate tempering ‖
˘weite f / space ‖ ˘welle f / countershaft, intermediate
shaft ‖ ˘welle f, Blindwelle f (Bahn, Lok) / jack shaft ‖
˘wert m / intermediate value ‖ ˘wirt m (Bakt) /
intermediate host ‖ ˘zähler m (Gas) / house gas meter ‖
˘zeichenstrom m (Fernm) / spacing current ‖
˘zeichenwelle f (Fernm) / back o. spacing wave ‖ ˘zeile
f (TV) / interline, interlace ‖ ˘zeile f (Buch) /
intermediate line ‖ ˘zeilenabtastung f (TV) / interlaced
scanning, skipping line scanning, progressive o. line
interlace ‖ ˘zeilenflimmern n (TV) / flicker with
interlaced scanning, interline flicker ‖
˘zeilen-Gesamtbild n (TV) / interlaced picture ‖
~zeilig, -gedruckt (Buch) / interlinear ‖ ˘zeit f / time
interval, interspace ‖ ˘zeitmesser m (Radio) / interval
timer ‖ ˘ziehen n (Stanz) / intermediate drawing ‖
˘ziehprodukte n pl (Hütt) / intermediate drawn products
pl ‖ ˘zink n (99,5 % Zn) / intermediate zinc ‖
˘zustand m (allg) / interstage ‖ ˘zustand m, virtueller
Zustand (Nukl) / virtual state o. level ‖ sich ~zwängen /
crowd down [to]
Zwitschern n, zwitschernder Ton (Elektronik) / chirp,
canaries pl
Zwitter m (Zinnerz) / black tin ore ‖ ˘ (Elektr) /
hermaphrodite ‖ ˘ion n (Ion mit positiver und negativer
Ladung) / amphoteric o. dipolar o. dual ion, zwitterion
‖ ˘spule f (Kfz) / hybrid coil ‖ ˘stecker m (Elektr) /
sexless connector, hermaphrodite connector
Zwölf·eck, Dodekagon n / dodecagon ‖ ~eckig / twelve-
angled
Zwölfer·system n / duodecimal [number] system ‖
˘überloch n / 12-zone punch, twelve punch, Y-punch
zwölffaches Viererkabel n / twelve-quad cable
Zwölffach·schreiber m / twelve-point recorder
Zwölf·flach, Dodekaeder n / dodecahedron ‖
˘kant-Antriebsform f (Schraube) / bihexagonal
wrenching configuration ‖ ˘kant-Einsatz m / twelve-
point socket ‖ ˘kantkopf m / bihexagonal head ‖
˘kantmutter f / bihexagonal nut ‖ ˘kantschraube f /
bihexagonal head bolt ‖ ˘kant-Schraubendreher m /
screwdriver for screws with internal serrations ‖
˘kant-Winkelschraubendreher m / key for screws
with internal serrations ‖ ˘stiftsockel m (Elektronik) /
duodecal base
Zwölftel n (der Linie) (Uhr) / douzième
Zwölfzahn-Mutter f / twelve point nut
ZWR (DV) = Zwischenraumzeichen
Zyan, Cyan n / cyanogen, carburet of nitrogen ‖ ˘… s.
Cyan…
Zyklante f (Math) / circulant
zyklisch / cyclic ‖ ~, ringförmig, Ring… (Chem) / cyclic,
ring… ‖ ~e Adreßfolge im Kernspeicher (DV) / wrap-
around ‖ ~e Blockprüfung (DV) / cyclic redundancy
check ‖ ~er Dezimalcode / cyclic decimal code ‖
~ durchlaufen o. wiederholen / cycle vi ‖ ~e Gruppe,
Untergruppe f (Math) / cyclic group, undergroup ‖ ~e
Programmierung (DV) / loop coding ‖ ~es Prüfbit /
cyclic check bit, CCB ‖ ~e Verbindung (Chem) / cyclic
o. ring compound ‖ ~e Verschiebung (o.
Vertauschung) (DV) / cycle shift, cyclic shift ‖
~ vertauschen / cycle-shift v ‖ ~ vertauschen (Chem,
DV) / rotate, revolve ‖ ~ vertauschter Binärcode,
Gray-Code m / reflected binary code, Gray code ‖ ~e
Vertauschung / cycle shift ‖ ~e Vertauschung (Math) /
cyclic o. circular permutation o. variation ‖ ~-absolutes

Meßverfahren (NC) / cyclic-absolute measuring system || ~-binär (Math) / cyclic binary || ~-plastische Verformung / low-cycle fatigue, LCF
Zyklisierung f (Chem) / cyclization
zykloid, Zykloiden… / cycloid[al]
Zykloide, Radlinie f / cycloid
Zykloiden·getriebe n, -radpaar n / cycloid[al] gear [pair] || ~-Massenspektrometer n (Nukl) / trochoidal mass analyzer || ~pendel n / cycloid[al] pendulum || ~walzwerk n / cycloidal pendulum mill || ~-Zahnrad n / cycloid[al] gear [wheel]
Zyklo·kautschuk m / cyclized rubber || ~metrisch (Math) / inverse trigonometric, antitrigonometric, arc-trigonometric
Zyklon, Wirbelsturm m / cyclone || ~, Staubabscheider m (Hütt) / cyclone [dust separator], dust chamber o. precipitator
Zyklone f, Tiefdruckgebiet n / depression, low, cyclone
Zyklon·eindicker m / cyclone thickener || ~feuerung f / cyclone firing
Zyklonieren n, Zyklonaufbereitung f (Aufber) / cycloning
Zyklon·klassierer m / cyclone classifier || ~ofen m (NE-Metall) / cyclone furnace || ~überlauf m (Aufber) / cyclone overflow || ~unterlauf m (Aufber) / cyclone underflow || ~verbrennung f / cyclone incineration || ~wascher, Hydrozyklon m (Bergb) / cyclone washer, hydrocyclone
Zyklo-Palloid-Spiralkegelrad n / cyclo-palloid spiral bevel gear
zyklopisch, Zyklopen… (Bau) / cyclopean, cyclopic
Zyklostahlverfahren n (Hütt) / cyclo-steel process
Zyklotron n (Teilchenbeschleuniger) (Nukl) / cyclotron || frequenzmoduliertes ~, Synchro-Zyklotron n / synchro-cyclotron, frequency-modulated cyclotron || ~erzeugt / cyclotron-produced || ~frequenz f / cyclotron frequency
Zyklus m, Kreislauf m, Folge f / cycle, circle || ~ (DIN), Schleife f (DV) / loop || ~ (Ionenaust.) / exchange cycle || ~impuls m (DV) / position pulse, P-pulse, commutator o. digit pulse || ~zeit f, Taktzeit f (DV) / cycle time
Zylinder m (Masch) / cylinder || ~ (Uhr) / cylinder, barrel || ~, Walze f, Trommel f / cylinder, roll[er], drum || ~ (für geradlinige Bewegung) (Druckluft) / thrustor o. thruster || ~ des Zylinderschlosses / plug || ~ mit halbkugeliger Vorkammer / dome-head cylinder || ~ ohne Zylinderdeckel (Mot) / cylinder barrel || mit einem ~ / one-cylinder… || mit zwei ~n / two-cylinder… || ~ablaßhahn m (Dampfm) / mud cock o. drain, purge cock || ~abstellung f, -abschaltung f (Mot) / cylinder cut-off || ~antenne f / cylindrical antenna || ~aufzug m (Buch) / cylinder dressing o. covering o. packing || ~bank f (Textil) / cylinder support || ~blechschraube f / pan head tapping screw || ~blende f, Walzenblende f (Opt) / cylinder o. cylindrical diaphragm || ~block m (Mot) / cylinder block || ~bohrer m / tubular drill || ~bohrmaschine f / cylinder boring machine || ~bohrung f / cylinder bore || ~büchse f (Mot) / cylinder liner || ~bug m (Schiff) / cylinder bow || ~bügelmaschine f / rotary ironer || ~dämpfer m (Textil) / cylinder steamer || ~deckel m / cylinder cover o. top o. lid || ~deckelverkleidung f / cylinder cover jacket o. cleading || ~dichtungsfläche f / cylinder packing face || ~druck, Walzendruck m / cylinder printing || ~einspritzpumpe f (Mot) / direct injection pump || ~endmaß n / gauge block with cylindrical ends || ~falz m (Buch) / cylinder fold || ~farbwerk n / cylindric inking duct || ~fläche f (Math) / surface o. superficies of a cylinder || ~fläche f des Kolbens, Kolbenmantel m / piston skirt || ~förmig, -artig, rund / cylindrical, cylindric || ~funktion f (Math) / cylindrical function || ~granulat n (Plast) / granules pl || ~greifer m (Buch) / cylinder gripper || ~grundöl n, rohes Zylinderöl / cylinder stock [oil] || ~hahn m (Bauart) / parallel plug valve || ~hahn, Wasserablaßhahn m (Dampfm) / priming

cock, delivery cock o. valve, cylinder cock || ~hemmung f, -gang m (Uhr) / horizontal o. cylinder escapement || ~huf m (Math) / ungula of a cylinder || ~inhalt m (Mot) / cylinder capacity o. volume || ~inhalt m des Motors / cylinder contents pl || ~karde f (Textil) / cylinder card || ~kerbstift m (DIN 1473) / full length parallel grooved dowel pin, straight grooved pin || ~kerbstift m mit Einführende / full length parallel grooved dowel pin with pilot || ~koordinaten f pl / cylindrical coordinates pl
Zylinderkopf m (Mot) / cylinder head || ~, (jetzt:) zylindrischer Schraubenkopf (Schraube) / cheese head || ~dichtung f / cylinder head gasket || ~haube f (nicht: Zylinderkopfdeckel) / cylinder head cover || ~niet m / flat cheese head rivet || ~packung f, -dichtung f / cylinder head gasket || ~ring m (Schiebermotor) / junk ring || ~schraube f (Mot) / cylinder head stud || ~schraube f, Schraube f mit Zylinderkopf s. Zylinderschraube
Zylinder·körper m (Math) / solid cylinder || ~kurve f (Wzm) / cylinder o. cylindrical cam, cam barrel o. drum || ~kurvenfräsapparat m / cylindrical cam profiling apparatus || ~[lauf]büchse f / cylinder liner || ~lauffläche f / cylinder face || ~laufring, Schmitzring m (Buch) / bearer ring, cylinder bearer || ~linse f / cylinder o. cylindrical lens || ~mantel m (Mot) / cylinder jacket || ~mantel-Glanzblech n / cylinder jacket bright steel || ~öffnung f / port || ~öffnung, Ausström[ungs]öffnung f (Dampfm) / exhaust port || ~öffnung, Einströmöffnung f / cylinder orifice o. port || ~öl n / cylinder oil || ~ölemulsion f / emulsion type cylinder lubricant || ~paar n (Getriebe) / cylindric pair || ~parabolantenne f / parabolic cylinder antenna || ~plüsch m / panne velvet || ~presse f (für Korrekturabzüge) (Buch) / cylinder press || ~projektion f (Karte) / cylindrical projection || ~putzwalze f (Spinn) / cylinder clearer roller || ~rad n, Stirnrad n / cylindrical gear || ~räder, Stirnräder n pl / cylindrical gears pl || ~radgetriebe n / cylindrical gear pair || ~reaktor m / cylindrical reactor || ~reflektor m (Antenne) / cheese || ~reihe f / cylinder row, cylinder bank || ~ringanker m (Elektr) / cylindrical ring armature || ~rollenlager n / cylindrical roller bearing || ~rollenlager, Radial-Zylinderrollenlager n / parallel roller journal bearing || ~-Rotationsviskosimeter n / cylinder rotational viscometer || ~säge f / cylinder saw || ~schaft m (Wzm) / parallel o. straight shank || ~schaftfräser (Wzm) / parallel-shank end-mill || ~schermaschine f (Textil) / cylinder shearing machine || ~schleifmaschine f (Mot) / cylinder-grinding machine || ~schleifmaschine f (Holz) / cylinder sanding machine || ~schliff m (Opt) / cylindrical grinding || ~schloß n / cylinder lock || ~schmierhahn m / cylinder lubricating valve || ~schnecke f / cylinder o. cylindrical worm || ~schneckengetriebe n / cylindrical worm gear [pair] (shaft angle 90°) || ~schneckenrad n / cylindrical worm wheel || ~schraube f / cheese head (GB) o. fillister head (US) o. pan head (US) [cap o. machine] screw || ~schraube f mit Innensechskant / socket head cap screw || ~schraubenlinie f / helix || ~schraubradpaar n / crossed helical gear pair || ~seite f (Bremsbacke) / heel side of the brake shoe || ~sengmaschine f (Web) / cylinder-type singeing machine || ~senkschraube f mit Nase / countersunk cheese head nib bolt || ~-Spalt-Magnetron n / hole-and-slot magnetron || ~spule f (Elektr) / cylindrical coil || ~-Stanzautomat m (Pap) / cylinder cutting machine || ~stift m / parallel o. straight pin || ~stopfbüchse f / cylinder stuffing box || ~stumpf m / truncated cylinder || ~symmetrisch / cylindrically symmetric || ~symmetrische Transversalwelle (Mikrowellen) / circular magnetic wave || ~träger m (Spinn) / cap bar of the flyer doubler || ~trieur m (Landw) / cylinder seed grader || ~trockner m (Textil) / cylinder drying machine, drum drier ||

⤴**umdrehung** f / cylinder revolution ‖ ⤴**ventil** n
(Dampfm) / cylinder valve ‖ ⤴**verkleidung** f, -**mantel** m
(Dampfm) / cylinder cleading o. clothing o. cover o.
jacket[ing] o. casing o. case ‖ ⤴**verkokung,**
-**verkohlung** f / cylinder burning o. charring o. coking
o. carbonization ‖ ⤴**verschluß** m (Mil) / bolt action ‖
⤴**völligkeitsgrad, Längenschärfegrad** m (Schiffsform) /
prismatic coefficient ‖ ⤴**walke** f / roller milling
machine (GB), cylinder fulling machine (US) ‖
⤴**wand[ung]** f / cylinder wall ‖ ⤴**welle** f / cylindrical
wave ‖ ⤴**wicklung** f (Elektr) / cylindrical winding ‖
⤴**zahl** f / number of cylinders ‖ ⤴**zapfenkipplager** n
(Stahlbau) / pin rocker bearing

zylindrisch, zylinder-, walzenförmig, -artig / cylindrical,
cylindric ‖ ~ **biegen** / deflect, arch ‖ ~**e Brennkammer**
(Luftf) / can-type o. cannular combustion chamber ‖ ~**e**
Drahtschraubenfeder / helical wire spring ‖ ~**e**
Einscheibenspule (Spinn) / single-flanged package ‖ ~**e**
Feile / equal round file, cylindrical o. circular file ‖ ~**e**
Form / cylindrical form, cylindricity ‖ ~**es Gewinde** /
parallel thread ‖ ~ **gewölbt** (Fläche) / curved ‖ ~**e Hülse**
(Spinn) / cylindrical tube o. package ‖ ~**er Kern**
(Kabeltrommel) / cylindrical barrel [for cables] ‖ ~**er**
Kohlensack (Hütt) / saucer bosh ‖ ~**e Kreuzspule**
(Spinn) / [cylindrical o. parallel] cheese ‖ ~**e**
Kreuzspule mit kurzem Hub, Sonnenspule f (Spinn) /
short traverse cheese ‖ ~**e Kreuzspule mit schrägen**
Stirnflächen, symmetrisch, [unsymmetrisch] /
cylindrical pineapple with symmetrical, [asymmetrical]
taper ends ‖ ~**e Reibahle** / straight reamer ‖ ~**es**
Rohrgewinde / straight pipe thread ‖ ~**e Scheibenspule**
(Spinn) / double-flanged package ‖ ~**er Schleiftopf** /
straight-cup grinding wheel ‖ ~**e Schnecke** / cylindrical
worm ‖ ~**e Schraubendruckfeder** (DIN) / helical
compression spring ‖ ~**e Schraubenfeder** / helical
spring (not: spiral spring) ‖ ~ **sein sollend** (Bohrung) /
basically cylindric (bore) ‖ ~**e Spule aus nur einem**
Leitungsdraht (Elektr) / helix, cylindrical one-wire coil
‖ ~**e Steuerkurve** / cylindrical cam, cam barrel o. drum
‖ ~**es Zahnrad,** Stirnrad n / spur gear ‖ ~**e Zugfeder** /
helical extension spring
Zylindrischschleifen n / cylindrical o. circular grinding
Zylindrizität f / cylindricity, cylindrical form ‖ ⤴ (Wzm) /
roundness and parallelism
Zylpeps n (Zementmühle) / cylpebs, cylindrical pebble
Zymase f (Gärungsenzyme) (Chem) / zymase
Zymol n, Cymol n (Chem) / cymene
Zymo·logie, Gärungschemie f / zymology, zymurgy ‖
⤴**skop** n, Hefeprüfer m / zymoscope ‖ ⤴**technik,**
Gärungstechnik f / zymotechnology
Zypressen·holz n / cypress wood ‖ ⤴**kampfer** m / cedrol
Zytoplasma n / cytoplasm, cell protoplasm
Z-Zentrum n (Strahlung) / Z center